La…

Großes …

Englisch-Deutsch

von
Heinz Messinger
und der
Langenscheidt-Redaktion

LANGENSCHEIDT
BERLIN · MÜNCHEN · WIEN · ZÜRICH · NEW YORK

Redaktion:
Martin Fellermayer, Helga Krüger

Info-Fenster:
Dr. Sonia Brough

Die Nennung von Waren erfolgt in diesem Werk, wie in Nachschlagewerken üblich, ohne Erwähnung etwa bestehender Patente, Gebrauchsmuster oder Marken. Das Fehlen eines solchen Hinweises begründet also nicht die Annahme, eine Ware sei frei.

Ergänzende Hinweise, für die wir jederzeit dankbar sind, bitten wir zu richten an:
Langenscheidt-Verlag, Postfach 40 11 20, 80711 München

Druck: Graph. Betriebe Langenscheidt, Berchtesgaden/Obb.
Printed in Germany · ISBN 3-468-07130-2

1. 2. 3. 4. 5. 2005 04 03 02 01

Vorwort

Langenscheidt-Wörterbücher sind auf die Wünsche und Bedürfnisse ihrer Benutzer zugeschnitten. Hinter ihnen steht zum einen eine lange Tradition, die geprägt ist von der sprachlichen und fachlichen Kompetenz erfahrener Wörterbuchmacher. Zum anderen berücksichtigen sie gleichermaßen die Anforderungen der modernen Lexikographie sowie die Entwicklung der jeweiligen Sprache. Dies gilt in besonderem Maße für die vorliegende Neubearbeitung des ***Großen Schulwörterbuches Englisch-Deutsch***, deren wichtigste Merkmale wir hier kurz vorstellen:

Blaue Stichwörter

Waren die Einträge im ***Großen Schulwörterbuch*** schon immer sehr klar gegliedert und mithilfe der ABC-Griffleiste gut zu finden, so schafft die zusätzliche Farbe Blau bei allen nach links ausgerückten Hauptstichwörtern nun noch mehr Übersichtlichkeit und ermöglicht den noch schnelleren Zugriff auf ein Stichwort.

Info-Fenster mit lernerrelevanten Inhalten

Ein ganz neues Feature im ***Großen Schulwörterbuch*** stellen die zahlreichen blau hervorgehobenen Info-Fenster mit nützlichen Informationen zum Sprachgebrauch und zur Landeskunde dar. Die behandelten Themen reichen von kontrastiven Listen zu bestimmten Wortfeldern über schwierig auszusprechende geographische Namen und prägnante Grammatikinfos bis hin zu *Ivy League, political correctness, hot cross buns* und vielem mehr. Die Info-Fenster sind weit über eine attraktive Auflockerung des Wörterbuchtextes hinaus ein Anreiz zum spontanen Schmökern und Lernen. Die beiden Bände Englisch-Deutsch und Deutsch-Englisch ergänzen sich dabei perfekt in ihrer Auswahl der Themen.

Aktualität

Es versteht sich von selbst, dass in dieser Neubearbeitung viele hochaktuelle Neuwörter ergänzt wurden, so dass der Wortschatz den augenblicklichen Stand der englischen Sprache in einem breiten Spektrum widerspiegelt. Die Auswahl reicht von allgemeinsprachlichen Begriffen wie *freebie, highlights, nanny state, mailshot, ruggedize, serendipitous, spin doctor* und der gehobenen Schriftsprache mit Wörtern wie *immobilizer, media coverage* oder *paramountcy* über Umgangssprachliches wie *chocolate-boxy, clocking, glitch, hype, mouse potato, natch, ram-raid, ringer, street cred, sussed, wobbler, zapped* bis hin zu Vulgärausdrücken wie *bonk* oder *piss artist* und Slangbegriffen wie *honcho, naffing* oder *rozzer.* Alle deutschen Übersetzungen folgen den Regeln der neuen deutschen Rechtschreibung gemäß DUDEN.

Fachwortschatz

Hier haben wir uns besonders auf die folgenden Bereiche konzentriert: Computer und Internet, z. B. *clipboard, default, multitasking, netiquette, smartphone, spamming, template, toughbook, URL,* neue Technologien, z. B. *biotechnology, cyborg, DNA fingerprint, genetic engineering, keyhole surgery, leading-edge technology, MRI,* Gesellschaft und Politik, z. B. *body piercing, doomsday cult, fanzine, glitzy, high-profile, nuisance call, road rager,* Wirtschaft und Börse, z. B. *daytrader, downsizing, Internet commerce, key currency, product liability, redundancies, stock swap,* EU-Wortschatz, z. B. *MEP, participating country, state of convergence,* Ökologie und Umwelt, z. B. *environmental compatibility, MCA, space debris, sustainability, zero-emission* und nicht zuletzt Sport, z. B. *carver, half-pipe, hang gliding, Mexican wave, paraglider, Paralympics.*

Kontext

Wörter werden meist in einem typischen sprachlichen Zusammenhang verwendet. Damit die Benutzer des ***Großen Schulwörterbuches*** stets die treffende Übersetzung der verschiedenen Bedeutungen eines Wortes finden, bietet es eine Vielzahl von Beispielsätzen und Kollokationen, z. B. *pitch-dark, talk big, freak of nature* bzw. Redewendungen, z. B. *keep one's shirt on, throw a wobbly.*

Erläuterungen in Deutsch

In diesem speziell für deutschsprachige Lernende konzipierten Wörterbuch werden alle Erläuterungen und Zusatzinformationen zu Stichwörtern, Wendungen und Übersetzungen in Deutsch gegeben.

Lautschrift und Silbentrennung

Wir verwenden die dem Lernenden heute vertraute Lautschrift (nach Jones und Gimson, *English Pronouncing Dictionary*) und haben natürlich auch die bewährte Angabe der Trennstellen in den englischen Stichwörtern beibehalten.

Nützliche Extras in den Anhängen

In den Anhängen findet man zusätzlich englische und amerikanische Abkürzungen, Eigennamen inklusive Länder- und Städtenamen, unregelmäßige Verben, Zahlwörter, leicht verwechselbare englische Wörter, Maße und Gewichte und andere nützliche Extras.

Mit seinen vielen benutzerfreundlichen Neuerungen, dem modernen Inhalt und der bewährten Grundstruktur bietet das neu bearbeitete ***Große Schulwörterbuch Englisch-Deutsch*** seinen Benutzern also echte Langenscheidt-Qualität bis zum Abitur und darüber hinaus.

LANGENSCHEIDT VERLAG

Inhaltsverzeichnis

Hinweise für die Benutzung des Wörterbuchs

Keine Angst vor unbekannten Wörtern!

Das Wörterbuch tut alles, um Ihnen das Nachschlagen und Kennenlernen eines gesuchten Wortes so leicht wie möglich zu machen. Legen Sie diese Einführung daher bitte nicht gleich zur Seite. Folgen Sie uns Schritt für Schritt. Wir versprechen Ihnen, dass Sie mit uns am Ende sagen werden “It isn’t as bad as all that, is it?”

Und damit Sie in Zukunft von Ihrem Wörterbuch den besten Gebrauch machen können, wollen wir Ihnen zeigen, wie und wo Sie all die Informationen finden können, die Sie für Ihre Übersetzungen in der Schule und privat, im Beruf, in Briefen oder zum Sprechen brauchen.

Wie und wo finden Sie ein Wort?

Sie suchen ein bestimmtes Wort. Und wir sagen Ihnen erst einmal, dass das Wörterbuch in die Buchstaben von A–Z unterteilt ist. Auch innerhalb der einzelnen Buchstaben sind die Wörter **alphabetisch geordnet:**

ha**y** – ha**z**e
se·cre·tar·**i**·al – sec·re·tar·**y**

Neben den Stichwörtern mit ihren Ableitungen und Zusammensetzungen finden Sie an ihrem alphabetischen Platz auch noch

a) die unregelmäßigen Formen des Komparativs und Superlativs,
b) die verschiedenen Formen der Pronomina,
c) die Stammformen (Infinitiv, Präteritum, Partizip Perfekt) der unregelmäßigen Verben.

Eigennamen und Abkürzungen haben wir für Sie am Schluss des Buches – ebenfalls alphabetisch geordnet – in einem besonderen Verzeichnis zusammengestellt.

Wenn Sie nun ein bestimmtes englisches Wort suchen, wo fangen Sie damit an? – Sehen Sie sich einmal die fett gedruckten Wörter über den Spalten in den oberen äußeren Ecken auf jeder Seite an. Das sind die so genannten **Leitwörter**, an denen Sie sich orientieren können. Diese Leitwörter geben Ihnen jeweils (links) das ***erste*** fett gedruckte Stichwort auf der linken Seite des Wörterbuches an bzw. (rechts) das ***letzte*** fett gedruckte Stichwort auf der rechten Seite, z. B.

bactericide – balance

Wollen Sie nun ein Wort wie ***badly*** suchen, so muss es in unserem Beispiel im Alphabet zwischen **bactericide** und **balance** liegen. Suchen Sie jetzt z.B. das Wort ***effigy***. Blättern Sie dazu schnell das Wörterbuch durch, und achten Sie dabei auf die linken und rechten Leitwörter. Welches Leitwort steht Ihrem gesuchten Wort ***effigy*** wohl am nächsten? Dort schlagen Sie das Wörterbuch auf (in diesem Fall zwischen ***effectiveness*** und ***élan***). Vielleicht müssen Sie auch noch einige Male vor- oder zurückblättern. Sie werden so aber sehr bald die gewünschte Spalte mit *Ihrem Stichwort* finden.

Wie ist das aber nun, wenn Sie auch einmal ein Stichwort nachschlagen wollen, das aus zwei einzelnen Wörtern besteht? Nehmen Sie z.B. ***evening classes*** oder einen Begriff, bei dem die Wörter mit einem Bindestrich (hyphen) miteinander verbunden sind, wie in ***bullet-proof***. Diese Wörter werden wie ein einziges Wort behandelt und dementsprechend alphabetisch eingeordnet. Sollten Sie einmal ein solches zusammengesetztes Wort nicht finden, so zerlegen Sie es einfach in seine Einzelbestandteile und schlagen dann bei diesen an ihren alphabetischen Stellen nach. Sie werden sehen, dass Sie sich auf diese Weise viele Wörter selbst erschließen können.

Beim Nachschlagen werden Sie auch merken, dass viele so genannte „Wortfamilien“ entstanden sind. Das sind Stichwortartikel, die von einem gemeinsamen Stamm oder Grundwort ausgehen und deshalb – aus Gründen der Platzersparnis – in einem Artikel, einem so genannten ‚Nest‘, zusammengefasst sind:

de·pend – **de·pend·a·bil·i·ty** – **de·pend·a·ble** – **de·pend·ance** etc.
hair – **'~·breadth** – **'~·brush** – **~ clip·pers** – **'~·cloth** etc.

Wie schreiben Sie ein Wort?

Sie können in Ihrem Wörterbuch wie in einem Rechtschreibwörterbuch nachschlagen, wenn Sie wissen wollen, wie ein Wort richtig geschrieben wird. Sind die **britische** und die **amerikanische Schreibung** eines Stichwortes verschieden, so wird von der amerikanischen Form auf die britische verwiesen:

a·ne·mi·a, **a·ne·mic** *Am.* → ***anaemia, anaemic***
cen·ter *etc. Am.* → ***centre*** *etc.*
col·or *etc. Am.* → ***colour*** *etc.*

Ein eingeklammertes u oder l in einem Stichwort oder Anwendungsbeispiel kennzeichnet ebenfalls den Unterschied zwischen britischer und amerikanischer Schreibung:

col·o(u)red bedeutet: britisch ***coloured***, amerikanisch ***colored***; **trav·el·(l)er** bedeutet: britisch ***traveller***, amerikanisch ***traveler***.

In seltenen Fällen bedeutet ein eingeklammerter Buchstabe aber auch ganz allgemein zwei Schreibweisen für ein und dasselbe Wort: **lan·o·lin(e)** wird entweder ***lanolin*** oder ***lanoline*** geschrieben.

Für die Abweichungen in der Schreibung geben wir Ihnen für das amerikanische Englisch ein paar einfache Regeln:

Die amerikanische Rechtschreibung

weicht von der britischen hauptsächlich in folgenden Punkten ab:

1. Für **...our** tritt **...or** ein, z. B. hon*or* = honour, lab*or* = labour.
2. **...re** wird zu **...er**, z. B. cent*er* = centre, theat*er* = theatre, meag*er* = meagre; ausgenommen sind og*re* und die Wörter auf ...cre, z. B. massa*cre*, a*cre*.
3. Statt **...ce** steht **...se**, z. B. defen*se* = defence, licen*se* = licence.
4. Bei den meisten Ableitungen der Verben auf **...l** und einigen wenigen auf **...p** unterbleibt die Verdoppelung des Endkonsonanten, also travel – trave*l*ed – trave*l*ing – trave*l*er, worship – worshi*p*ed – worshi*p*ing – worshi*p*er. Auch in einigen anderen Wörtern wird der Doppelkonsonant durch einen einfachen ersetzt, z. B. woo*l*en = woollen, carbure*t*or = carburettor.
5. Ein stummes **e** wird in gewissen Fällen weggelassen, z. B. abrid*gm*ent = abridg*e*ment, acknowled*gm*ent = acknowledg*e*ment, jud*gm*ent = judg*e*ment, ax = ax*e*, goodby = goodby*e*.
6. Bei einigen Wörtern mit der Vorsilbe **en...** gibt es auch noch die Schreibung **in...**, z. B. *in*close = enclose, *in*snare = ensnare.
7. Der Schreibung **ae** und **oe** wird oft diejenige mit **e** vorgezogen, z. B. an*e*mia = anaemia, diarrh*e*a = diarrhoea.
8. Aus dem Französischen stammende stumme Endsilben werden meist weggelassen, z. B. catalog = catalog*ue*, program = program*me*, prolog = prolog*ue*.
9. Einzelfälle sind: st*a*nch = staunch, m*o*ld = mould, m*o*lt = moult, gr*a*y = grey, pl*ow* = plough, ski*ll*ful = skilful, t*i*re = tyre.

Wie trennen Sie ein Wort?

Die Silbentrennung im Englischen ist für uns Deutsche ein heikles Kapitel. Aus diesem Grunde haben wir Ihnen die Sache erleichtert und geben Ihnen für jedes englische Wort die Aufteilung in Silben an. Bei mehrsilbigen Stichwörtern müssen Sie nur darauf achten, wo zwischen den Silben ein halbhoher Punkt oder ein Betonungsakzent steht, z. B. **ex·pect**, **ex'pect·ance**. Bei Wortbildungselementen, wie z. B. **electro-**, entfällt die Angabe der Silbentrennung, weil diese sich je nach der weiteren Zusammensetzung ändern kann.

Die Silbentrennungspunkte haben für Sie den Sinn, zu zeigen, an welcher Stelle im Wort Sie am Zeilenende trennen können. Sie sollten es aber vermeiden, nur einen Buchstaben abzutrennen, wie z. B. in **a·mend** oder **cit·y**. Hier nehmen Sie besser das ganze Wort auf die neue Zeile.

Was bedeuten die verschiedenen Schriftarten?

Sie finden **fett gedruckt** alle englischen Stichwörter, alle römischen Ziffern zur Unterscheidung der Wortarten (Substantiv, transitives und intransitives Verb, Adjektiv, Adverb etc.) und alle arabischen Ziffern zur Unterscheidung der einzelnen Bedeutungen eines Wortes:

feed ... **I** *v/t.* [*irr.*] **1.** Nahrung zuführen (*dat.*) ... ; **II** *v/i.* [*irr.*] **10.** a) fressen (*Tier*) ... ; **III** *s.* **12.** Fütterung *f* ...

Sie finden *kursiv*

a) alle Grammatik- und Sachgebietsabkürzungen: *s.*, *v/t.*, *v/i.*, *adj.*, *adv.*, *hist.*, *pol.* etc.;

b) alle Genusangaben (Angaben des Geschlechtswortes): *m*, *f*, *n*;

c) alle Zusätze, die entweder als Dativ- oder Akkusativobjekt der Übersetzung vorangehen oder ihr als erläuternder Hinweis vor- oder nachgestellt sind:

e·lect ... **1.** *j-n in ein Amt* wählen ...
cut ... **19.** ... *Baum* fällen ...
byte ... *Computer:* Byte *n*
bike ... ‚Maschine' *f* (*Motorrad*) ...

d) alle Erläuterungen bei Wörtern, die keine genaue deutsche Entsprechung haben:

cor·o·ner ... ⚖ Coroner *m* (*richterlicher Beamter zur Untersuchung der Todesursache in Fällen unnatürlichen Todes*) ...

Sie finden in ***halbfetter kursiver Auszeichnungsschrift*** alle Wendungen und Hinweise zur Konstruktion mit Präpositionen:

gain ... ***~ experience*** ...
de·pend ... ***it ~s on you*** ...
de·part ... **1.** (***for*** nach) weg-, fortgehen ...
glance ... **6.** flüchtiger Blick (***at*** auf *acc.*) ...

Sie finden in normaler Schrift

a) alle Übersetzungen;

b) alle kleinen Buchstaben zur weiteren Bedeutungsdifferenzierung eines Wortes oder einer Wendung:

Goth·ic . . . **4.** . . . a) ba'rock, ro'mantisch, b) Schauer...
give in . . . **2.** (***to*** *dat.*) a) nachgeben (*dat.*), b) sich anschließen (*dat.*) . . .

Wie sprechen Sie ein Wort aus?

Nehmen wir an, Sie haben nach einigem Hin- und Herblättern das von Ihnen gesuchte Stichwort mithilfe der Leitwörter gefunden. Plötzlich stehen Sie vor einem neuen Hindernis – der eckigen Ausspracheklammer. Kein Grund zu verzweifeln!

Die Lautschrift beschreibt nur, wie Sie ein Wort aussprechen sollen. So ist das „th" in ***thin*** ein ganz anderer Laut als das „th" in ***these***. Da die normale Schrift für solche Unterschiede keine Hilfe bietet, ist es nötig, diese Laute mit anderen Zeichen zu beschreiben. Damit *jeder* genau weiß, welches Zeichen welchem Laut entspricht, hat man sich international auf eine Lautschrift geeinigt. Da die Zeichen von der **I**nternational **P**honetic **A**ssociation als verbindlich angesehen werden, nennt man sie auch **IPA-Lautschrift**.

Wenn Sie sich also vorher mit der (zugegeben) „trockenen" Materie der Lautschriftzeichen etwas beschäftigt haben und sich dabei die Zeichen einigermaßen eingeprägt haben, so rufen Sie sie jetzt aus Ihrem Gedächtnis ab, und Sie werden sehen: im Nu haben Sie die Nuss – sprich Lautschriftklammer – geknackt!

Hier sind nun die so viel geschmähten Zeichen, ohne die Sie aber leider bei unbekannten englischen Wörtern nicht auskommen werden.

Die englischen Laute in der Internationalen Lautschrift

[ʌ]	much [mʌtʃ], come [kʌm]	kurzes *a* wie in *Matsch*, *Kamm*
[ɑː]	after ['ɑːftə], park [pɑːk]	langes *a*, etwa wie in *Bahn*
[æ]	flat [flæt], madam ['mædəm]	mehr zum *a* hin als *ä* in Wäsche
[ə]	after ['ɑːftə], arrival [ə'raɪvl]	wie das End-*e* in *Berge*, *mache*, *bitte*
[e]	let [let], men [men]	*ä* wie in *hätte*, *Mäntel*
[ɜː]	first [fɜːst], learn [lɜːn]	etwa wie *ir* in *flirten*
[ɪ]	in [ɪn], city ['sɪtɪ]	kurzes *i* wie in *Mitte*, *billig*
[iː]	see [siː], evening ['iːvnɪŋ]	langes *i* wie in *nie*, *lieben*

[ɒ]	shop [ʃɒp], job [dʒɒb]	wie *o* in *Gott*
[ɔː]	morning ['mɔːnɪŋ], course [kɔːs]	wie in *Lord*, aber ohne *r*
[ʊ]	good [gʊd], look [lʊk]	kurzes *u* wie in *Mutter*
[uː]	too [tuː], shoot [ʃuːt]	langes *u* wie in *Schuh*
[aɪ]	my [maɪ], night [naɪt]	etwa wie in *Mai*, *Neid*
[aʊ]	now [naʊ], about [ə'baʊt]	etwa wie in *blau*, *Couch*
[əʊ]	home [həʊm], know [nəʊ]	von [ə] zu [ʊ] gleiten
[eə]	air [eə], square [skweə]	wie *är* in *Bär*, aber kein *r* sprechen
[eɪ]	eight [eɪt], stay [steɪ]	klingt wie *äi*
[ɪə]	near [nɪə], here [hɪə]	von [ɪ] zu [ə] gleiten
[ɔɪ]	join [dʒɔɪn], choice [tʃɔɪs]	etwa wie *eu* in *neu*
[ʊə]	sure [ʃʊə], tour [tʊə]	wie *ur* in *Kur*, aber kein *r* sprechen
[j]	yes [jes], tube [tjuːb]	wie *j* in *jetzt*
[w]	way [weɪ], one [wʌn], quick [kwɪk]	sehr kurzes *u* – kein deutsches *w*!
[ŋ]	thing [θɪŋ], English ['ɪŋglɪʃ]	wie *ng* in *Ding*
[r]	room [ruːm], hurry ['hʌrɪ]	kein ‚Zäpfchen-r', nicht rollen!
[s]	see [siː], famous ['feɪməs]	stimmloses *s* wie in *lassen*, *Liste*
[z]	zero ['zɪərəʊ], is [ɪz], runs [rʌnz]	stimmhaftes *s* wie in *lesen*, Linsen
[ʃ]	shop [ʃɒp], fish [fɪʃ]	wie *sch* in *Scholle*, *Fisch*
[tʃ]	cheap [tʃiːp], much [mʌtʃ]	wie *tsch* in *tschüs*, *Matsch*
[ʒ]	television ['telɪvɪʒn]	stimmhaftes *sch* wie in *Genie*, *Etage*
[dʒ]	just [dʒʌst], bridge [brɪdʒ]	wie in *Job*, *Gin*
[θ]	thanks [θæŋks], both [bəʊθ]	wie *ss* in *Fass*, aber gelispelt
[ð]	that [ðæt], with [wɪð]	wie *s* in *Sense*, aber gelispelt
[v]	very ['verɪ], over ['əʊvə]	etwa wie deutsches *w*, aber Oberzähne auf Oberkante der Unterlippe
[x]	loch [lɒx]	wie *ch* in *ach*

[ː] bedeutet, dass der vorhergehende Vokal lang zu sprechen ist.

Lautsymbole der nicht anglisierten Stichwörter

In nicht anglisierten Stichwörtern, d. h. in Fremdwörtern, die noch nicht als eingebürgert empfunden werden, werden gelegentlich einige Lautsymbole der französischen Sprache verwandt, um die nichtenglische Lautung zu kennzeichnen. Die nachstehende Liste gibt einen Überblick über diese Symbole:

[ɑ̃] ein nasaliertes, offenes a wie im französischen Wort *enfant*.

[ɛ̃] ein nasaliertes, offenes ä wie im französischen Wort *fin*.

[ɔ̃] ein nasaliertes, offenes o wie im französischen Wort *bonbon*.

[œ] ein offener ö-Laut wie im französischen Wort *jeune*.

[ø] ein geschlossener ö-Laut wie im französischen Wort *feu*.

[y] ein kurzes ü wie im französischen Wort *vu*.

[ɥ] ein kurzer Reibelaut, Zungenstellung wie beim deutschen ü („gleitendes ü"). Wie im französischen Wort *muet*.

[ɲ] ein j-haltiges n, noch zarter als in *Champagner*. Wie im französischen Wort *Allemagne*.

Kursive phonetische Zeichen und Betonungsakzente

Ein kursives phonetisches Zeichen bedeutet, dass der Buchstabe gesprochen oder nicht gesprochen werden kann. Beide Aussprachen sind dann im Englischen, je nach Sprechgeschwindigkeit, gleich häufig. Das kursive *ʊ* in der Umschrift von molest [mə*ʊ*ˈlest] bedeutet z. B., dass die Aussprache des Wortes mit [ə] oder mit [əʊ] etwa gleich häufig ist.

Die **Betonung** der englischen Wörter wird durch das Zeichen ˈ für den Hauptakzent bzw. ˌ für den Nebenakzent vor der zu betonenden Silbe angegeben:

on·ion [ˈʌnjən] – **dis·loy·al** [ˌdɪsˈlɔɪəl]

Bei den zusammengesetzten Stichwörtern ohne Lautschriftangabe wird der Betonungsakzent im zusammengesetzten Stichwort selbst gegeben, z. B. **ˌupˈstairs**. Die Betonung erfolgt auch dann im Stichwort, wenn nur ein Teil der Lautschrift gegeben wird, z. B. **adˈmin·is·tra·tor** [-treɪtə], **ˈripˌsnort·er** [-ˌsnɔːtə].

Bei einem Stichwort, das aus zwei oder mehreren einzelnen Wörtern besteht, können Sie die Aussprache bei dem jeweiligen Einzelwort nachschlagen, z. B. **school leav·ing cer·tif·i·cate**.

Einige Worte noch zur amerikanischen Aussprache:

Amerikaner sprechen viele Wörter anders aus als die Briten. In diesem Wörterbuch geben wir Ihnen aber meistens nur die britische Aussprache, wie Sie sie auch in Ihren Lehrbüchern finden. Ein paar Regeln für die Abweichungen in der amerikanischen Aussprache wollen wir Ihnen hier aber doch geben.

Die amerikanische Aussprache

weicht hauptsächlich in folgenden Punkten von der britischen ab:

1. ɑː wird zu (gedehntem) æ(ː) in Wörtern wie *ask* [æ(ː)sk = ɑːsk], *castle* ['kæ(ː)sl = 'kɑːsl], *grass* [græ(ː)s = grɑːs], *past* [pæ(ː)st = pɑːst] etc.; ebenso in *branch* [bræ(ː)ntʃ = brɑːntʃ], *can't* [kæ(ː)nt = kɑːnt], *dance* [dæ(ː)ns = dɑːns] etc.
2. ɒ wird zu ɑ in Wörtern wie *common* ['kɑmən = 'kɒmən], *not* [nɑt = nɒt], *on* [ɑn = ɒn], *rock* [rɑk = rɒk], *bond* [bɑnd = bɒnd] und vielen anderen.
3. juː wird zu uː, z. B. *due* [duː = djuː], *duke* [duːk = djuːk], *new* [nuː = njuː].
4. r zwischen vorhergehendem Vokal und folgendem Konsonanten wird stimmhaft gesprochen, indem die Zungenspitze gegen den harten Gaumen zurückgezogen wird, z. B. *clerk* [klɜːrk = klɑːk], *hard* [hɑːrd = hɑːd]; ebenso im Auslaut, z. B. *far* [fɑːr = fɑː], *her* [hɜːr = hɜː].
5. Anlautendes p, t, k in unbetonter Silbe (nach betonter Silbe) wird zu b, d, g abgeschwächt, z. B. in *property*, *water*, *second*.
6. Der Unterschied zwischen stark und schwach betonten Silben ist viel weniger ausgeprägt; längere Wörter haben einen deutlichen Nebenton, z. B. *dictionary* ['dɪkʃəˌnerɪ = 'dɪkʃənrɪ], *ceremony* ['serəˌməʊnɪ = 'serɪmənɪ], *inventory* ['ɪnvənˌtɔːrɪ = 'ɪnvəntrɪ], *secretary* ['sekrəˌterɪ = 'sekrətrɪ].
7. Vor, oft auch nach nasalen Konsonanten (m, n, ŋ) sind Vokale und Diphthonge nasal gefärbt, z. B. *stand*, *time*, *small*.

Was sagen Ihnen die Symbole und Abkürzungen?

Die Symbole und Abkürzungen im Wörterbuch sollen Sie davor bewahren, durch falsche Anwendung einer Übersetzung in das berühmte „Fettnäpfchen" zu treten.

Eine Liste mit den **Abkürzungen** zur Kennzeichnung des Grammatik- und Sachgebietsbereiches finden Sie am Ende des Buches.

Die **Symbole** zeigen Ihnen, in welchem Lebens-, Arbeits- und Fachbereich ein Wort am häufigsten benutzt wird.

~ ⁓ siehe Seite 15: Tilde.
⚘ Botanik, *botany*.
⚙ Handwerk, *handicraft*; Technik, *engineering*.
⚒ Bergbau, *mining*.
⚔ militärisch, *military term*.
⚓ Schifffahrt, *nautical term*.
☤ Handel u. Wirtschaft, *commercial term*.
🚂 Eisenbahn, *railway*, *railroad*.
✈ Flugwesen, *aviation*.
📯 Postwesen, *post and telecommunications*.
♪ Musik, *musical term*.

- ⚠ Architektur, *architecture*.
- ϟ Elektrotechnik, *electrical engineering*.
- ⚖ Rechtswissenschaft, *legal term*.
- Ꭿ Mathematik, *mathematics*.
- ⸝ Landwirtschaft, *agriculture*.
- ⚗ Chemie, *chemistry*.
- ⚕ Medizin, *medicine*.
- → siehe Seite 18: Verweiszeichen.

Ein weiteres Symbol ist das Kästchen: □. Steht es nach einem englischen Adjektiv, so bedeutet das, dass das Adverb regelmäßig durch Anhängung von ***-ly*** an das Adjektiv oder durch Umwandlung von ***-le*** in ***-ly*** oder von ***-y*** in ***-ily*** gebildet wird, z. B.

bald □ = ***baldly***
change·a·ble □ = ***changeably***
bus·y □ = ***busily***

Es gibt auch noch die Möglichkeit, ein Adverb durch Anhängen von ***-ally*** an das Stichwort zu bilden. In diesen Fällen haben wir auch das angegeben:

his·tor·ic (□ ***~ally***) = ***historically***

Bei Adjektiven, die auf ***-ic*** und ***-ical*** enden können, wird die Adverbbildung auf folgende Weise gekennzeichnet:

phil·o·soph·ic, phil·o·soph·i·cal *adj.* □

d. h. ***philosophically*** ist das Adverb zu beiden Adjektivformen.

Wird bei der Adverbangabe auf das Adverb selbst verwiesen, so bedeutet dies, dass unter diesem Stichwort vom Adjektiv abweichende Übersetzungen zu finden sind:

a·ble □ → ***ably***

Was bedeutet das Zeichen ~, die Tilde?

Ein Symbol, das Ihnen ständig in den Stichwortartikeln begegnet, ist ein Wiederholungszeichen, die Tilde (~ ≗).

Zusammengehörige oder verwandte Wörter sind häufig zum Zweck der Platzersparnis unter Verwendung der Tilde zu Gruppen vereinigt. Die Tilde vertritt dabei entweder das ganze Stichwort oder den vor dem senkrechten Strich (|) stehenden Teil des Stichworts. Bei den in halbfetter kursiver Auszeichnungsschrift gesetzten Redewendungen vertritt die Tilde stets das unmittelbar vorhergehende Stichwort, das auch aus mehreren Wörtern bestehen oder selbst schon mithilfe der Tilde gebildet worden sein kann. Wechselt die Schreibung von klein zu groß oder von groß zu klein, steht statt der einfachen Tilde (~) die Kreistilde (≗), z. B.

drink·ing . . . **~ wa·ter** = ***drinking water***
ˌdou·ble|-ˈact·ing . . . **ˌ~-ˈedged** . . . ***: ~ sword*** = ***double-edged sword***
ho·ly . . . **≗ Scrip·ture** = ***Holy Scripture***
Ren·ais·sance . . . **2.** ≗ ˈWiedergeburt *f* . . . = ***renaissance***

Einige Worte zu den Übersetzungen und Wendungen

Nach dem fett gedruckten Stichwort, der Ausspracheangabe in eckigen Klammern und der Bezeichnung der Wortart kommt als Nächstes das, was für Sie wahrscheinlich das Wichtigste ist: **die Übersetzung**. Na endlich!, werden Sie sagen. Aber vergessen Sie bitte nicht, dass die Vorarbeit einen wichtigen Schritt zum besseren Verständnis des Wörterbuches bedeutet. Und Sie wollen doch *Ihr* Wörterbuch ebenso gut „lesen" können wie Ihre übrigen Fachbücher oder Ihren Computer. Es hilft also nichts, wir müssen noch einmal ans „Trockene" gehen:

Die Übersetzungen haben wir folgendermaßen untergliedert: römische Ziffern zur Unterscheidung der Wortarten (Substantiv, Verb, Adjektiv, Adverb etc.), arabische Ziffern zur Unterscheidung der einzelnen Bedeutungen, kleine Buchstaben zur weiteren Bedeutungsdifferenzierung, z. B.

> **face** … **I** *s.* **1.** Gesicht *n* …; ***in* (*the*) ~ *of*** a) angesichts (*gen.*), gegenüber (*dat.*), b) trotz (*gen. od. dat.*) …; **II** *v/t.* **11.** ansehen …; **III** *v/i.* …

Weist ein Stichwort grundsätzlich verschiedene Bedeutungen auf, so wird es mit einer hochgestellten Zahl, dem Exponenten, als eigenständiges Stichwort wiederholt:

> **chap¹** [tʃæp] *s.* F Bursche *m*, Junge *m* …
> **chap²** [tʃæp] *s.* Kinnbacken *m* …
> **chap³** [tʃæp] **I** *v/t. u. v/i.* rissig machen *od.* werden …; **II** *s.* Riss *m*, Sprung *m*.

Dies geschieht aber nicht in Fällen, in denen sich die zweite Bedeutung aus der Hauptbedeutung des Grundwortes entwickelt hat.

Anwendungsbeispiele in halbfetter kursiver Auszeichnungsschrift werden meist unter den zugehörigen Ziffern aufgeführt. Sind es sehr viele Beispiele, so werden sie in einem eigenen Abschnitt „*Besondere Redewendungen*" zusammengefasst (siehe Stichwort ***heart***). Eine Übersetzung der Beispiele wird nicht gegeben, wenn diese sich aus der Grundübersetzung von selbst ergibt:

> **a·like** … **II** *adv.* gleich, ebenso, in gleichem Maße: ***she helps enemies and friends ~.***

Bei sehr umfangreichen Stichwortartikeln werden auch die Zusammensetzungen von **Verben mit Präpositionen oder Adverbien** an das Ende der betreffenden Artikel angehängt und bekommen dann Stichwortcharakter (siehe Stichwort ***get***, ***give***, ***go***).

Bei den Übersetzungen wird in Fällen, in denen die Aussprache Schwierigkeiten verursachen könnte, die Betonung durch **Akzent(e)** vor der zu betonenden Trennsilbe gegeben. Akzente werden gesetzt bei Wörtern, die nicht auf der ersten Silbe betont werden, z. B. „Bäcke'rei", „je'doch", außer wenn es sich um eine der stets unbetonten Vorsilben handelt, sowie bei Zusammensetzungen mit Vorsilben, deren Betonung wechselt, z. B. „'Misstrauen“, „miss'trauen“. Grundsätzlich entfällt der Akzent jedoch bei Verben auf „-ieren“ und deren Ableitungen. Bei kursiven Erläuterungen und bei den Übersetzungen von Anwendungsbeispielen werden keine Akzente gesetzt.

Der **verkürzte Bindestrich** (-) steht zwischen zwei Konsonanten, um anzudeuten, dass sie getrennt auszusprechen sind, z. B. „Häus-chen“, ebenso in Fällen, die zu Missverständnissen führen können, z. B. „Erb-lasser“.

Wie Sie sicher wissen, gibt es im **britischen und amerikanischen Englisch** hier und da unterschiedliche Bezeichnungen für dieselbe Sache. Ein Engländer sagt z. B. ***pavement***, wenn er den „Bürgersteig“ meint, der Amerikaner spricht dagegen von ***sidewalk***. Im Wörterbuch finden Sie die Wörter, die hauptsächlich im britischen Englisch gebraucht werden, mit *Brit.* gekennzeichnet. Die Wörter, die typisch für den amerikanischen Sprachgebrauch sind, werden mit *Am.* gekennzeichnet.

Auf die verschiedenen Wortarten haben wir bereits hingewiesen. Der Eintrag ***dependence*** z. B. ist ein Substantiv (Hauptwort). Dies können Sie daran erkennen, dass hinter der Lautschriftklammer ein kursives *s.* steht. Dementsprechend steht hinter der deutschen Übersetzung „Abhängigkeit“ ein kursives *f*, bzw. hinter „Vertrauen“ ein kursives *n*. Diese Buchstaben geben – wie auch das kursive *m* – das **Genus** (Geschlecht) des deutschen Wortes an und kennzeichnen es damit als Substantiv. Die Genusangabe unterbleibt, wenn das Genus aus dem Zusammenhang ersichtlich ist, z. B. „scharfes Durchgreifen“, und wenn die weibliche Endung in Klammern steht, z. B. „Verkäufer(in)“. Sie unterbleibt auch bei Erläuterungen in kursiver Schrift, wird aber in den Anwendungsbeispielen dann gegeben, wenn sich das Genus der Übersetzungen hier nicht aus der Grundübersetzung ergibt.

Oft wird Ihnen aber auch die folgende Abweichung begegnen:

Unter ***dependant*** finden Sie die Übersetzung „(Fa'milien)Angehörige(r *m*) *f*“. „Angehörige“ ist weiblich; deshalb steht hinter der Klammer ein *f*. Es besteht aber auch die Möglichkeit, ***dependant*** als „Angehöriger“ zu übersetzen – und das ist männlich. Genau das steht in der Klammer: (r *m*), das Endungs-r und *m* = maskulin.

Sie werden bereits gemerkt haben, dass es selten vorkommt, dass nur eine Übersetzung hinter dem jeweiligen Stichwort steht. Meist ist es so, dass ein Stichwort mehrere sinnverwandte Übersetzungen hat, die durch **Komma** voneinander getrennt werden.

Die Bedeutungsunterschiede in den Übersetzungen werden gekennzeichnet:

a) durch das **Semikolon** und die Unterteilung in **arabische Ziffern**:

bal·ance ... **1.** Waage *f* ...; **2.** Gleichgewicht *n* ...

b) durch Unterteilung in **kleine Buchstaben** zur weiteren Bedeutungsdifferenzierung,
c) durch **Erläuterungen** in kursiver Schrift,
d) durch vorangestellte **bildliche Zeichen** und **abgekürzte Begriffsbestimmungen** (siehe das Verzeichnis auf Seite 14 und die Liste mit den Abkürzungen am Ende des Buches).

Siehe auch das Kapitel über die verschiedenen Schriftarten auf Seite 10.

Einfache Anführungszeichen bedeuten, dass eine Übersetzung entweder einer niederen Sprachebene angehört:

gov·er·nor ... **4.** F *der* ‚Alte'

oder in figurativer (bildlicher) Bedeutung gebraucht wird:

land·slide ... **1.** Erdrutsch *m*; **2.** ... *fig.* ‚Erdrutsch' *m*

Häufig finden Sie auch bei einem Stichwort oder einem Stichwortartikel ein **Verweiszeichen** (→). Es hat folgende Bedeutungen:

a) Verweis von Stichwort zu Stichwort bei Bedeutungsgleichheit, z. B.

gaun·try → ***gantry***

b) Verweis innerhalb eines Stichwortartikels, z. B.

dice [daɪs] **I** *s. pl. von* ***die***[2] 1 Würfel *pl.*, Würfelspiel *n*: ***play*** (***at***) **~** → II ... **II** *v/i.* würfeln, knobeln ...

c) oft wurde an Stelle eines Anwendungsbeispiels auf ein anderes Stichwort verwiesen, das ebenfalls in dem Anwendungsbeispiel enthalten ist:

square ... **15.** ⩓ a) den Flächeninhalt berechnen von (*od. gen.*), b) *Zahl* quadrieren, ins Qua'drat erheben, c) *Figur* quadrieren; → ***circle*** 1

Das heißt, dass die Wendung ***square the circle*** unter dem Stichwort ***circle*** aufgeführt und dort übersetzt ist.

Runde Klammern werden verwendet

a) zur Erläuterung der Übersetzung, z. B.

cov·er ... **4.** ... (Bett-, Möbel- *etc.*)Bezug *m* ...

b) zur Platzersparnis bei gekoppelten Anwendungsbeispielen, z. B.

make (***break***) ***contact*** Kontakt herstellen (unterbrechen) = ***make contact*** / ***break contact*** ...

Grammatik auch im Wörterbuch?

Etwas Grammatik wollen wir Ihnen zumuten. Mit diesem letzten Punkt sind Sie, wie wir glauben, für die Arbeit mit *Ihrem Wörterbuch* bestens gerüstet.

Den grammatisch richtigen Gebrauch eines Wortes können Sie häufig den „Zusätzen“ entnehmen.

Die **Rektion** (d. h. der Kasus, Fall, den sie erfordern) von deutschen Präpositionen wird dann angegeben, wenn sie verschiedene Fälle regieren, z. B. „vor“, „über“.

Die Rektion von Verben wird nur dann angegeben, wenn sie von der des Grundwortes abweicht oder wenn das englische Verb von einer bestimmten Präposition regiert wird. Folgende Anordnungen sind möglich:

a) wird ein Verb, das im Englischen transitiv ist, im Deutschen intransitiv übersetzt, so wird die abweichende Rektion angegeben:

con·tro·vert *v/t.* … **2.** … wider'sprechen (*dat.*) …

b) gelten für die deutschen Übersetzungen verschiedene Rektionen, so steht die englische Präposition in halbfetter kursiver Auszeichnungsschrift in Klammern vor der ersten Übersetzung, die deutschen Rektionsangaben stehen hinter jeder Einzelübersetzung:

de·scend … **4.** (***to***) zufallen (*dat.*), 'übergehen, sich vererben (auf '*acc.*) …

c) stimmen Präposition und Rektion für alle Übersetzungen überein, so stehen sie in Klammern hinter der letzten Übersetzung:

ob·serve … **4.** Bemerkungen machen, sich äußern (***on***, ***upon*** über *acc.*) …

Außerdem finden Sie bei den Stichwörtern noch die folgenden **besonderen Grammatikpunkte** aufgeführt:

a) unregelmäßiger Plural:

child … *pl.* **chil·dren** …
a·nal·y·sis … *pl.* **-ses** … (= *pl.* ***analyses***)

b) unregelmäßige Verben:

give … **II** *v/t.* [*irr.*] … **III** *v/i.* [*irr.*] …
out·grow … [*irr.* → ***grow***] …

Der Hinweis *irr.* bedeutet: in der Liste der unregelmäßigen englischen Verben auf Seite 1367 ff. finden Sie die unregelmäßigen Formen.

c) auslautendes ***-c*** wird zu ***-ck*** vor ***-ed***, ***-er***, ***-ing*** und ***-y***:

frol·ic … **II** *v/i. pret. u. p.p.* '**frol·icked** …

d) bei unregelmäßigen Steigerungsformen Hinweis auf die Grundform:

bet·ter … **I** *comp. von* ***good*** … **III** *comp. von* ***well*** …
best … **I** *sup. von* ***good*** … **II** *sup. von* ***well*** …

Die vorausgegangenen Seiten zeigen, dass Ihnen das Wörterbuch mehr bietet als nur einfache Wort-für-Wort-Gleichungen, wie Sie sie in den Vokabelspalten von Lehrbüchern finden.

Und nun viel Erfolg bei Ihrer Wörterbucharbeit!

A

A, a [eɪ] **I** *s.* **1.** A *n*, a *n* (*Buchstabe*, ♪ *Note*): ***from A to Z*** von A bis Z; **2.** ***A*** *ped. Am.* Eins *f* (*Note*); **II** *adj.* **3.** ***A*** erst; **4.** ***A*** *Am.* ausgezeichnet.

A 1 [ˌeɪ'wʌn] *adj.* **1.** ⚓ erstklassig (*Schiff*); **2.** F I a, 'prima.

a [eɪ; ə], *vor vokalischem Anlaut* **an** [æn; ən] **1.** ein, eine (*unbestimmter Artikel*): ***a woman***; *manchmal vor pl.*: ***a barracks*** eine Kaserne; ***a bare five minutes*** knappe fünf Minuten; **2.** der-, die-, das'selbe: ***two of a kind*** zwei (von jeder Art); **3.** per, pro, je: ***twice a week*** zweimal wöchentlich *od.* in der Woche; ***fifty pence a dozen*** fünfzig Pence pro *od.* das Dutzend; **4.** einzig: ***at a blow*** auf 'einen Schlag.

aard·vark ['ɑːdvɑːk] *s. zo.* Erdferkel *n.*

Aar·on's rod [ˌeərənz-] *s.* ⚘ **1.** Königskerze *f*; **2.** Goldrute *f.*

a·back [ə'bæk] *adv.* **1.** ⚓ back, gegen den Mast; **2.** nach hinten, zurück; **3.** *fig.* ***taken ~*** bestürzt, verblüfft, sprachlos.

ab·a·cus ['æbəkəs] *pl.* **-ci** [-saɪ] *u.* **-cus·es** *s.* 'Abakus *m*: a) Rechenbrett *n*, -gestell *n*, b) △ Kapi'telldeckplatte *f.*

a·baft [ə'bɑːft] ⚓ **I** *prp.* achter, hinter; **II** *adv.* achteraus.

a·ban·don [ə'bændən] **I** *v/t.* **1.** auf-, preisgeben, verzichten auf (*acc.*) (*a.* ✝), entsagen (*dat.*), *Hoffnung* fahren lassen; **2.** (*a.* ⚓ *Schiff*) aufgeben, verlassen; *Aktion* einstellen; *sport* Spiel abbrechen; **3.** im Stich lassen; *Ehefrau* böswillig verlassen; *Kinder* aussetzen; **4.** (***s.th. to s.o.*** j-m et.) über'lassen, ausliefern; **5.** ***~ o.s.*** (***to***) sich 'hingeben, sich über'lassen (*dat.*); **II** *s.* [abɑ̃dɔ̃] **6.** Hemmungslosigkeit *f*, Wildheit *f*; ***with ~*** mit Hingabe, wie toll; **a'ban·doned** [-nd] *adj.* **1.** verlassen, aufgegeben; herrenlos; **2.** liederlich; **3.** hemmungslos, wild; **a'ban·don·ment** [-mənt] *s.* **1.** Auf-, Preisgabe *f*, Verzicht *m*; (***to*** an *acc.*) Über'lassung *f*, Abtretung *f*; **2.** (⚖ böswilliges) Verlassen; (Kindes-) Aussetzung *f*; **3.** → ***abandon*** 6.

a·base [ə'beɪs] *v/t.* erniedrigen, demütigen, entwürdigen; **a'base·ment** [-mənt] *s.* Erniedrigung *f*, Demütigung *f*, Verfall *m.*

a·bash [ə'bæʃ] *v/t.* beschämen; in Verlegenheit *od.* aus der Fassung bringen.

a·bate [ə'beɪt] **I** *v/t.* **1.** vermindern, verringern; *Preis etc.* her'absetzen, ermäßigen; **2.** *Schmerz* lindern; *Stolz, Eifer* mäßigen; **3.** ⚖ *Missstand* beseitigen; *Verfügung* aufheben; *Verfahren* einstellen; **II** *v/i.* **4.** abnehmen, nachlassen; sich legen (*Wind, Schmerz*); fallen (*Preis*); **a'bate·ment** [-mənt] *s.* **1.** Abnehmen *n*, Nachlassen *n*, Verminderung *f*, Linderung *f*; (*Lärm- etc.*)Bekämpfung *f*; **2.** Abzug *m*, (*Preis- etc.*)Nachlass *m*; **3.** ⚖ Beseitigung *f*, Aufhebung *f.*

ab·a·tis ['æbətɪs] *s. sg. u. pl.* [*pl.* -tiːz] ⚔ Baumverhau *m.*

ab·at·toir ['æbətwɑː] (*Fr.*) *s.* Schlachthaus *n.*

ab·ba·cy ['æbəsɪ] *s.* Abtswürde *f*; **ab·bess** ['æbes] *s.* Äb'tissin *f*; **ab·bey** ['æbɪ] *s.* **1.** Ab'tei *f*: ***the ~*** *Brit.* die Westminsterabtei; **2.** *Brit.* herrschaftlicher Wohnsitz (*frühere Abtei*); **ab·bot** ['æbət] *s.* Abt *m.*

ab·bre·vi·ate [ə'briːvɪeɪt] *v/t.* (ab)kürzen; **ab·bre·vi·a·tion** [əˌbriːvɪ'eɪʃn] *s.* (*bsd. ling.* Ab)Kürzung *f.*

ABC, Abc [ˌeɪbiː'siː] **I** *s.* **1.** *Am. oft pl.* Abc *n*, Alpha'bet *n*; **2.** *fig.* Anfangsgründe *pl.*; **3.** alpha'betisch angeordnetes Handbuch; **II** *adj.* **4.** ***the ~ powers*** die ABC-Staaten (*Argentinien, Brasilien, Chile*); **5.** ***~ weapons*** ABC-Waffen, atomare, biologische u. chemische Waffen; ***~ warfare*** ABC-Kriegführung *f.*

ab·di·cate ['æbdɪkeɪt] **I** *v/t. Amt, Recht etc.* aufgeben, niederlegen; verzichten auf (*acc.*), entsagen (*dat.*); **II** *v/i.* abdanken; **ab·di·ca·tion** [ˌæbdɪ'keɪʃn] *s.* Abdankung *f*, Verzicht *m* (***of*** auf *acc.*); freiwillige Niederlegung (*e-s Amtes etc.*): ***~ of the throne*** Thronverzicht *m.*

ab·do·men ['æbdəmen] *s.* **1.** *anat.* Ab'domen *n*, 'Unterleib *m*, Bauch *m*; **2.** *zo.* ('Hinter)Leib *m* (*von Insekten etc.*); **ab·dom·i·nal** [æb'dɒmɪnl] *adj.* **1.** *anat.* Unterleibs..., Bauch...; **2.** *zo.* Hinterleibs...

ab·duct [æb'dʌkt] *v/t. gewaltsam* entführen; **ab'duc·tion** [-kʃn] *s.* Entführung *f.*

a·beam [ə'biːm] *adv. u. adj.* ⚓, ✈ querab, dwars.

a·be·ce·dar·i·an [ˌeɪbiːsiː'deərɪən] **I** *s.* **1.** Abc-Schütze *m*; **II** *adj.* **2.** alpha'betisch (geordnet); **3.** *fig.* elemen'tar.

a·bed [ə'bed] *adv.* zu *od.* im Bett.

Ab·er·don·i·an [ˌæbə'dəʊnjən] **I** *adj.* aus Aber'deen stammend; **II** *s.* Einwohner (-in) von Aberdeen.

ab·er·ra·tion [ˌæbə'reɪʃn] *s.* **1.** Abweichung *f*; **2.** *fig.* a) Verirrung *f*, Fehltritt *m*, b) (geistige) Verwirrung; **3.** *phys.*, *ast.* Aberrati'on *f.*

a·bet [ə'bet] *v/t.* begünstigen, Vorschub leisten (*dat.*); aufhetzen; anstiften; ⚖ → ***aid*** 1; **a'bet·ment** [-mənt] *s.* Beihilfe *f*, Vorschub *m*; Anstiftung *f*; **a'bettor** [-tə] *s.* Anstifter *m*, (Helfers)Helfer *m*, ⚖ *a.* Gehilfe *m.*

a·bey·ance [ə'beɪəns] *s.* Unentschiedenheit *f*, Schwebe *f*: ***in*** ~ a) *bsd.* ⚖ in der Schwebe, schwebend unwirksam, b) ⚖ herrenlos (*Grund u. Boden*); ***fall into*** ~ zeitweilig außer Kraft treten.

ab·hor [əb'hɔː] *v/t.* ver'abscheuen; **ab·hor·rence** [əb'hɒrəns] *s.* **1.** Abscheu *m* (***of*** vor *dat.*); **2.** → ***abomination*** 2; **ab·hor·rent** [əb'hɒrənt] *adj.* □ verabscheuungswürdig; abstoßend; verhasst (***to*** *dat.*).

a·bide [ə'baɪd] [*irr.*] **I** *v/i.* **1.** bleiben, fortdauern; **2.** ~ ***by*** treu bleiben (*dat.*), bleiben bei, festhalten an (*dat.*); sich halten an (*acc.*); sich abfinden mit; **II** *v/t.* **3.** erwarten; **4.** F (*mst neg.*) (v)ertragen, ausstehen: ***I can't ~ him***; **a'bid·ing** [-dɪŋ] *adj.* □ dauernd, beständig.

Ab·i·gail ['æbɪgeɪl] (*Hebrew*) **I** *npr.* **1.** *bibl.* Abi'gail *f*; **2.** *weiblicher Vorname*; **II** *s.* **3.** ♀ (Kammer)Zofe *f.*

a·bil·i·ty [ə'bɪlətɪ] *s.* **1.** Fähigkeit *f*, Befähigung *f*; Können *n*; *psych.* A'bility *f*: ***to the best of one's*** ~ nach besten Kräften; ~ ***to pay*** ✝ Zahlungsfähigkeit; ~ ***test*** Eignungsprüfung *f*; **2.** *mst pl.* geistige Anlagen *pl.*

ab·ject ['æbdʒekt] *adj.* □ **1.** niedrig, gemein; elend; kriecherisch; **2.** *fig.* tiefst, höchst, äußerst: ~ ***despair***; ~ ***misery***.

ab·ju·ra·tion [ˌæbdʒʊə'reɪʃn] *s.* Abschwörung *f*; **ab·jure** [əb'dʒʊə] *v/t.* abschwören, (feierlich) entsagen (*dat.*); aufgeben; wider'rufen.

ab·lac·ta·tion [ˌæblæk'teɪʃn] *s.* Abstillen *n e-s Säuglings.*

ab·la·ti·val [ˌæblə'taɪvl] *adj. ling.* Ablativ...; **ab·la·tive** ['æblətɪv] **I** *s.* 'Ablativ *m*; **II** *adj.* Ablativ...

ab·laut ['æblaʊt] (*Ger.*) *s. ling.* Ablaut *m.*

a·blaze [ə'bleɪz] *adv. u. adj.* **1.** *a. fig.* in Flammen, *a. fig.* lodernd: ***set*** ~ entflammen; **2.** *fig.* (***with***) a) entflammt (von), b) glänzend (vor *dat.*, von): ***all*** ~ Feuer und Flamme.

a·ble ['eɪbl] *adj.* □ → ***ably***; **1.** fähig, geschickt, tüchtig: ***be ~ to*** können, imstande sein zu; ***he was not ~ to get up*** er konnte nicht aufstehen; ~ ***to work*** arbeitsfähig; ~ ***to pay*** ✝ zahlungsfähig; ~ ***seaman*** → ***able-bodied*** 1; **2.** begabt, befähigt; **3.** (vor)'trefflich: ***an ~ speech***; **4.** ⚖ befähigt, fähig; **ˌable-'bod·ied** *adj.* **1.** körperlich leistungsfähig, kräftig: ~ ***seaman*** *Brit.* Vollmatrose (*abbr.* ***A.B.***); **2.** ⚔ wehrfähig, (dienst)tauglich.

ab·let ['æblɪt] *s. ichth.* Weißfisch *m.*

a·bloom [ə'bluːm] *adv. u. adj.* in Blüte (stehend), blühend.

ab·lu·tion [ə'bluːʃn] *s. eccl. u. humor.* Waschung *f.*

a·bly ['eɪblɪ] *adv.* geschickt, mit Geschick, gekonnt.

A-B meth·od *s.* ⚡ A-B-Betrieb *m.*

ab·ne·gate ['æbnɪgeɪt] *v/t.* (ab-, ver-)leugnen; aufgeben, verzichten auf (*acc.*); **ab·ne·ga·tion** [ˌæbnɪ'geɪʃn] *s.* **1.** Ab-, Verleugnung *f*; **2.** Verzicht *m* (***of*** auf *acc.*); **3.** *mst* ***self-~*** Selbstverleugnung *f.*

ab·nor·mal [æb'nɔːml] *adj.* □ **1.** 'abnorˌmal, 'anomal, ungewöhnlich; geistig behindert; missgebildet; **2.** ⚙ 'normwidrig; **ab·nor·mal·i·ty** [ˌæbnɔː'mælətɪ] *s.*, **ab'nor·mi·ty** [-mətɪ] *s.* Abnormi'tät *f*; Anoma'lie *f.*

a·board [ə'bɔːd] *adv. u. prp.* ⚓, ✈ an Bord; in (*e-m od. e-n Bus etc.*): ***go*** ~ an Bord gehen, ⚓ *a.* sich einschiffen; ***all ~!*** a) alle Mann *od.* alle Reisenden an Bord!, b) 🚂 *etc.* alles einsteigen!

a·bode [ə'bəʊd] **I** *pret. u. p.p. von* ***abide***; **II** *s.* Aufenthalt *m*; Wohnort *m*, -sitz *m*; Wohnung *f*: ***take one's*** ~ s-n Wohnsitz aufschlagen; ***of no fixed*** ~ ⚖ ohne festen Wohnsitz.

a·boil [ə'bɔɪl] *adv. u. adj.* siedend, kochend, in Wallung (*alle a. fig.*).

a·bol·ish [ə'bɒlɪʃ] *v/t.* **1.** abschaffen, aufheben; **2.** vernichten; **ab·o·li·tion** [ˌæbəʊ'lɪʃn] *s.* Abschaffung *f* (*Am. bsd. der Sklaverei*), Aufhebung *f*, Beseitigung *f*; ⚖ Niederschlagung *f* (*e-s Verfahrens*); **ˌab·o'li·tion·ism** [-ʃənɪzəm] *s.* Abolitio'nismus *m*: a) *hist.* (Poli'tik *f* der) Sklavenbefreiung *f*, b) Bekämpfung *f* e-r bestehenden Einrichtung; **ˌab·o'li·tion·ist** [-ʃənɪst] *s. hist.* Aboli-tio'nist(in).

'A-bomb *s.* A'tombombe *f.*

a·bom·i·na·ble [ə'bɒmɪnəbl] *adj.* □ abscheulich, scheußlich; **a'bom·i·nate** [-neɪt] *v/t.* ver'abscheuen; **a·bom·i·na·tion** [əˌbɒmɪ'neɪʃn] *s.* **1.** Abscheu *m* (***of*** vor *dat.*); **2.** Gräuel *m*, Gegenstand *m* des Abscheus: ***smoking is her pet*** ~ F das Rauchen ist ihr ein wahrer Gräuel.

ab·o·rig·i·nal [ˌæbə'rɪdʒənl] **I** *adj.* □ eingeboren, ureingesessen, ursprünglich, einheimisch; **II** *s.* Ureinwohner *m*; **ab·o'rig·i·nes** [-dʒəniːz] *s. pl.* **1.** Ureinwohner *pl.*, Urbevölkerung *f*; **2.** *die* ursprüngliche Flora und Fauna.

a·bort [ə'bɔːt] **I** *v/i.* **1.** ⚕ e-e Fehl- *od.*

Frühgeburt haben; **2.** *biol.* verkümmern; **3.** fehlschlagen; **II** *v/t.* **4.** *Raumflug etc.* abbrechen; **a'bort·ed** [-tɪd] *adj.* → ***abortive*** 1, 3, 4; **a͵bor·ti'fa·cient** [-tɪ'feɪʃənt] *s.* Abtreibungsmittel *n*; **a·bor·tion** [ə'bɔːʃn] *s.* **1.** ⚕ a) Ab'ort *m*, Fehl- *od.* Frühgeburt *f*, b) Abtreibung *f*, 'Schwangerschaftsunter͵brechung *f*: ***procure an ~*** e-e Abtreibung vornehmen (***on s.o.*** bei j-m); **2.** 'Missgeburt *f* (*a. fig.*); Verkümmerung *f*; **3.** *fig.* Fehlschlag *m*; **a·bor·tion·ist** [ə'bɔːʃnɪst] *s.* Abtreiber(in); **a'bor·tive** [-tɪv] *adj.* ☐ **1.** zu früh geboren; **2.** vorzeitig; **3.** miss'lungen, erfolg-, fruchtlos: ***prove ~*** sich als Fehlschlag erweisen; **4.** *biol.* verkümmert; **5.** ⚕ Frühgeburt verursachend; abtreibend.

a·bound [ə'baʊnd] *v/i.* **1.** im 'Überfluss *od.* reichlich vor'handen sein; **2.** 'Überfluss haben (***in*** an *dat.*); **3.** voll sein, wimmeln (***with*** von); **a'bound·ing** [-dɪŋ] *adj.* reichlich (vor'handen); reich (***in*** an *dat.*), voll (***with*** von).

a·bout [ə'baʊt] **I** *prp.* **1.** um, um ... herum; **2.** umher in (*dat.*): ***wander ~ the streets***; **3.** bei, auf (*dat.*), an (*dat.*), um, in (*dat.*): (***somewhere***) ***~ the house*** irgendwo im Haus; ***have you any money ~ you?*** haben Sie Geld bei sich?; ***look ~ you!*** sieh dich um!; ***there is nothing special ~ him*** an ihm ist nichts Besonderes; **4.** wegen, über (*acc.*), um (*acc.*), von: ***talk ~ business*** über Geschäfte sprechen; ***I'll see ~ it*** ich werde danach sehen *od.* mich darum kümmern; ***what is it ~?*** worum handelt es sich?; **5.** im Begriff, da'bei: ***he was ~ to go out***; **6.** beschäftigt mit: ***what is he ~?*** was macht er (da)?; ***he knows what he is ~*** er weiß, was er tut *od.* was er will; **II** *adv.* **7.** um'her, ('rings-, 'rund)her͵um: ***drive ~*** umher- *od.* herumfahren; ***the wrong way ~*** falsch herum; ***three miles ~*** drei Meilen im Umkreis; ***all ~*** überall; ***a long way ~*** ein großer Umweg; ***~ face!*** *Am.*, ***~ turn!*** *Brit.* ⚔ (ganze Abteilung) kehrt!; **8.** ungefähr, etwa, um, gegen: ***~ three miles*** etwa drei Meilen; ***~ this time*** ungefähr um diese Zeit; ***~ noon*** um die Mittagszeit, gegen Mittag; ***that's just ~ enough!*** das reicht (mir gerade)!; **9.** auf, in Bewegung: ***be*** (***up and***) ***~*** auf den Beinen sein; ***there is no one ~*** es ist niemand in der Nähe *od.* da; ***smallpox is ~*** die Pocken gehen um; **10.** → ***bring about*** *etc.*; **~-face**, **~-turn** *s.* Kehrtwendung *f*, *fig. a.* (völliger) 'Umschwung.

a·bove [ə'bʌv] **I** *prp.* **1.** über (*dat.*), oberhalb (*gen.*): ***~ sea level*** über dem Meeresspiegel; ***~*** (***the***) ***average*** über dem Durchschnitt; **2.** *fig.* über, mehr als; erhaben über (*acc.*): ***~ all*** vor allem; ***you, ~ all others*** von allen Menschen gerade du; ***he is ~ that*** er steht über der Sache, er ist darüber erhaben; ***she was ~ taking advice*** sie war zu stolz, Rat anzunehmen; ***he is not ~ accepting a bribe*** er scheut sich nicht, Bestechungsgelder anzunehmen; ***~ praise*** über alles Lob erhaben; ***be ~ s.o.*** j-m überlegen sein; ***it is ~ me*** es ist mir zu hoch, es geht über m-n Verstand; **II** *adv.* **3.** oben, oberhalb; **4.** *eccl.* droben im Himmel: ***from ~*** von oben, vom Himmel; ***the powers ~*** die himmlischen Mächte; **5.** über, dar'über (hin'aus): ***over and ~*** obendrein, überdies; **6.** weiter oben, oben ...: ***~-mentioned***; **7.** nach oben; **III** *adj.* **8.** obig, oben erwähnt: ***the ~ remarks***; **IV** *s.* **9.** *das* Obige, *das* Obenerwähnte.

a͵bove|-'board *adv. u. adj.* **1.** offen, ehrlich; **2.** einwandfrei; **~-'ground** *adj.* **1.** ⚙, ⚒ über Tage, oberirdisch; **2.** *fig.* (noch) am Leben.

A-B pow·er pack *s.* ϟ Netzteil *n* für Heiz- u. An'odenleistung.

ab·ra·ca·dab·ra [͵æbrəkə'dæbrə] *s.* **1.** Abraka'dabra *n* (*Zauberwort*); **2.** *fig.* Kauderwelsch *n*.

ab·rade [ə'breɪd] *v/t.* abschürfen, ab-, aufscheuern; abnutzen, verschleißen (*a. fig.*); ⚙ *a.* abschleifen.

A·bra·ham ['eɪbrəhæm] *npr. bibl.* 'Abraham *m*: ***in ~'s bosom*** (sicher wie) in Abrahams Schoß.

ab·ra·sion [ə'breɪʒn] *s.* **1.** Abreiben *n*, Abschleifen *n* (*a.* ⚙); **2.** ⚙ Abrieb *m*; Abnützung *f*, Verschleiß *m*; **3.** ⚕ (Haut)Abschürfung *f*, Schramme *f*; **ab'ra·sive** [-sɪv] **I** *adj.* ☐ abreibend, abschleifend, Schleif..., Schmirgel...; *fig.* ätzend; **II** *s.* ⚙ Schleifmittel *n*.

ab·re·act [͵æbrɪ'ækt] *v/t. psych.* abreagieren; **͵ab·re'ac·tion** [-kʃn] *s.* 'Abreakti͵on *f*.

a·breast [ə'brest] *adv.* Seite an Seite, nebenein'ander: ***four ~***; ***~ of*** *od.* ***with*** auf der Höhe *gen.* *od.* von, neben; ***keep ~ of*** (*od.* ***with***) *fig.* Schritt halten mit.

a·bridge [ə'brɪdʒ] *v/t.* **1.** (ab-, ver)kürzen; zs.-ziehen; **2.** *fig.* beschränken, beschneiden; **a'bridged** [-dʒd] *adj.* (ab-) gekürzt, Kurz...; **a'bridg(e)·ment** [-mənt] *s.* **1.** (Ab-, Ver)Kürzung *f*; **2.** Abriss *m*, Auszug *m*; gekürzte (Buch-) Ausgabe; **3.** Beschränkung *f*.

a·broad [ə'brɔːd] *adv.* **1.** im *od.* ins Ausland, auswärts, draußen: ***go ~*** ins Ausland reisen; ***from ~*** aus dem Ausland; **2.** draußen, im Freien: ***be ~ early*** schon früh aus dem Haus sein; **3.** weit um'her, überall'hin: ***spread ~*** (weit) verbreiten; ***the matter has got ~*** die Sache ist ruchbar geworden; ***a rumo(u)r is ~*** es geht das Gerücht; **4.**

fig. ***all ~*** a) ganz im Irrtum, b) völlig verwirrt.

ab·ro·gate ['æbrəʊgeɪt] *v/t.* abschaffen, *Gesetz etc.* aufheben; **ab·ro·gation** [ˌæbrəʊ'geɪʃn] *s.* Abschaffung *f*, Aufhebung *f*.

ab·rupt [ə'brʌpt] *adj.* □ **1.** abgerissen, zs.-hanglos (*a. fig.*); **2.** jäh, steil; **3.** kurz angebunden, schroff; **4.** plötzlich, ab'rupt, jäh; **ab'rupt·ness** [-nɪs] *s.* **1.** Abgerissenheit *f*, Zs.-hangslosigkeit *f*; **2.** Steilheit *f*; **3.** Schroffheit *f*; **4.** Plötzlichkeit *f*.

ab·scess ['æbsɪs] *s.* ⚕ Abs'zess *m*, Geschwür *n*, Eiterbeule *f*.

ab·scis·sion [æb'sɪʒn] *s.* Abschneiden *n*, Abtrennung *f*.

ab·scond [əb'skɒnd] *v/i.* **1.** sich heimlich da'vonmachen, flüchten (***from*** vor *dat.*); *a.* ***~ from justice*** sich den Gesetzen *od.* der Festnahme entziehen: ***~ing debtor*** flüchtiger Schuldner; **2.** sich verstecken.

ab·sence ['æbsəns] *s.* **1.** Abwesenheit *f* (***from*** von): ***~ of mind*** → ***absent-mindedness***; **2.** (***from***) Fernbleiben *n* (von), Nichterscheinen *n* (in *dat.*, bei, zu): ***~ without leave*** ⚔ unerlaubte Entfernung von der Truppe; **3.** (***of***) Fehlen *n* (*gen. od.* von), Mangel *m* (an *dat.*): ***in the ~ of*** in Ermangelung von (*od. gen.*).

ab·sent I *adj.* □ ['æbsənt] **1.** abwesend, fehlend, nicht vor'handen *od.* zu'gegen: ***be ~*** fehlen; **2.** geistesabwesend, zerstreut; **II** *v/t.* [æb'sənt] **3.** ***~ o.s.*** (***from***) fernbleiben (*dat. od.* von), sich entfernen (von, aus); **ab·sen·tee** [ˌæbsən'tiː] *s.* **1.** Abwesende(r *m*) *f*: ***~ ballot***, ***~ vote*** *pol.* Briefwahl *f*; ***~ voter*** Briefwähler(in); **2.** (unentschuldigt) Fehlende(r *m*) *f*; **3.** Eigentümer, der nicht auf s-m Grundstück lebt; **ab·sen·tee·ism** [ˌæbsən'tiːɪzəm] häufiges *od.* längeres (unentschuldigtes) Fehlen (am Arbeitsplatz, in der Schule); **ˌab·sent-'mind·ed** *adj.* □ geistesabwesend, zerstreut; **ˌab·sent-'mind·ed·ness** [-nɪs] *s.* Geistesabwesenheit *f*, Zerstreutheit *f*.

ab·sinth(e) ['æbsɪnθ] *s.* **1.** ⚘ Wermut *m*; **2.** Ab'sinth *m* (*Branntwein*).

ab·so·lute ['æbsəluːt] **I** *adj.* □ **1.** abso'lut (*a.* Å, *ling.*, *phys.*, *phls.*): ***~ altitude*** ✈ absolute (Flug)Höhe; ***~ majority*** *pol.* absolute Mehrheit; ***~ temperature*** absolute (*od.* Kelvin)Temperatur; ***~ zero*** absoluter Nullpunkt; **2.** unbedingt, unbeschränkt: ***~ monarchy*** absolute Monarchie; ***~ ruler*** unumschränkter Herrscher; ***~ gift*** Schenkung *f*; **3.** ⚗ rein, unvermischt: ***~ alcohol*** absoluter Alkohol; **4.** rein, völlig, abso'lut, voll'kommen: ***~ nonsense***; **5.** bestimmt, wirklich; 'positiv: ***~ fact*** nackte Tatsache; ***become ~*** ⚖ rechtskräftig werden; **II** *s.* **6.** ***the ~*** das Absolute; **'ab·so·lute·ly** [-lɪ] *adv.* **1.** abso'lut, völlig, vollkommen, 'durchaus; **2.** F genau(!), abso'lut(!), unbedingt(!), ganz recht(!); **ab·so·lu·tion** [ˌæbsəluːʃn] *s.* **1.** *eccl.* Absoluti'on *f*, Sündenerlass *m*; **2.** ⚖ Freisprechung *f*; **ab·so·lu·tism** ['æbsəluːtɪzəm] *s.* *pol.* Absolu'tismus *m*, unbeschränkte Regierungsform *od.* Herrschergewalt.

ab·solve [əb'zɒlv] *v/t.* **1.** frei-, lossprechen (***of*** von *Sünde*, ***from*** von *Verpflichtung*), entbinden (***from*** von *od. gen.*); **2.** *eccl.* Absoluti'on erteilen (*dat.*)

ab·sorb [əb'sɔːb] *v/t.* **1.** absorbieren, auf-, einsaugen, (ver)schlucken; *a. fig. Wissen etc.* (in sich) aufnehmen; vereinigen (***into*** mit); **2.** sich einverleiben, trinken; **3.** *fig.* aufzehren, verschlingen, schlucken; † *Kaufkraft* abschöpfen; **4.** *fig.* ganz in Anspruch nehmen *od.* beschäftigen, fesseln; **5.** *phys.* absorbieren, resorbieren, in sich aufnehmen, auffangen, *Schall* schlucken, *Schall, Stoß* dämpfen; **ab'sorbed** [-bd] *adj.* □ *fig.* (***in***) gefesselt (von), vertieft *od.* versunken (in *acc.*): ***~ in thought***; **ab'sorb·ent** [-bənt] **I** *adj.* absorbierend, aufsaugend: ***~ cotton*** ⚕ Verbandwatte *f*; **II** *s.* Absorpti'onsmittel *n*; **ab'sorb·ing** [-bɪŋ] *adj.* □ **1.** aufsaugend; *fig.* fesselnd, packend; **2.** ⚙, *biol.* Absorptions..., Aufnahme... (*a.* †); **ab·sorp·tion** [əb'sɔːpʃn] *s.* **1.** *a.* ⚡, ⚘, ⚙, *biol.*, *phys.* Auf-, Einsaugung *f*, Aufnahme *f*, Absorpti'on *f*; Vereinigung *f*; **2.** Verdrängung *f*, Verbrauch *m*; (*Schall-, Stoß*)Dämpfung *f*; **3.** *fig.* (***in***) Vertieftsein *n* (in *acc.*), gänzliche In'anspruchnahme (durch); **ab·sorp·tive** [əb'sɔːptɪv] *adj.* absorp'tiv, Absorptions..., absorbierend, (auf)saug-, aufnahmefähig.

ab·stain [əb'steɪn] *v/i.* **1.** sich enthalten (***from*** *gen.*); **2.** *a.* ***~ from voting*** sich der Stimme enthalten; **ab'stain·er** [-nə] *s.* *mst* ***total ~*** Absti'nenzler *m*.

ab·ste·mi·ous [æb'stiːmjəs] *adj.* □ enthaltsam, mäßig, fru'gal (*a. Essen*).

ab·sten·tion [æb'stenʃn] *s.* **1.** Enthaltung *f* (***from*** von); **2.** *a.* ***~ from voting*** *pol.* Stimmenthaltung *f*.

ab·sti·nence ['æbstɪnəns] *s.* Absti'nenz *f*, Enthaltung *f* (***from*** von), Enthaltsamkeit *f*: ***total ~*** (völlige) Abstinenz, vollkommene Enthaltsamkeit; ***day of ~*** *R.C.* Abstinenztag *m*; **'ab·sti·nent** [-nt] *adj.* □ enthaltsam, mäßig, absti'nent.

ab·stract[1] ['æbstrækt] **I** *adj.* □ **1.** abstrakt, theo'retisch, rein begrifflich; **2.** *ling.* ab'strakt (*Ggs. konkret*); **3.** Å abstrakt, rein (*Ggs. angewandt*): ***~ number*** abstrakte Zahl; **4.** → ***abstruse***; **5.** *paint.* ab'strakt; **II** *s.* **6.** *das* Ab'strakte:

in the ~ rein theoretisch (betrachtet), an u. für sich; **7.** *ling.* Ab'straktum *n*, Begriffs(haupt)wort *n*; **8.** Auszug *m*, Abriss *m*, Inhaltsangabe *f*, 'Übersicht *f*: ***~ of account*** ✝ Konto-, Rechnungsauszug; ***~ of title*** ⚖ Besitztitel *m*, Eigentumsnachweis *m*.

ab·stract² [æb'strækt] *v/t.* **1.** *Geist etc.* ablenken; (ab)sondern, trennen; **2.** abstrahieren; für sich *od.* (ab)gesondert betrachten; **3.** e-n Auszug machen von, kurz zs.-fassen; **4.** ⚗ destillieren; **5.** entwenden; **ab'stract·ed** [-tɪd] *adj.* □ **1.** (ab)gesondert, getrennt; **2.** zerstreut, geistesabwesend; **ab'strac·tion** [-kʃn] *s.* **1.** Abstrakti'on *f*, *a.* ⚗ Absonderung *f*; **2.** *a.* ⚖ Wegnahme *f*, Entwendung *f*; **3.** *phls.* Abstrakti'on *f*, abstrakter Begriff; **4.** Versunkenheit *f*, Zerstreutheit *f*; **5.** ab'straktes Kunstwerk.

ab·struse [æb'struːs] *adj.* □ dunkel, schwer verständlich, ab'strus.

ab·surd [əb'sɜːd] *adj.* □ ab'surd (*a. thea.*), unsinnig, lächerlich; **ab'surd·i·ty** [-dətɪ] *s.* Absurdi'tät *f*, Sinnlosigkeit *f*, Albernheit *f*, Unsinn *m*: ***reduce to ~*** ad absurdum führen.

a·bun·dance [ə'bʌndəns] *s.* **1.** (***of***) 'Überfluss *m* (an *dat.*), Fülle *f* (von), (große) Menge (von): ***in ~*** in Hülle und Fülle; **2.** 'Überschwang *m der Gefühle*; **3.** Wohlstand *m*, Reichtum *m*; **a'bun·dant** [-nt] *adj.* □ **1.** reichlich (vor'handen); **2.** (***in*** *od.* ***with***) im 'Überfluss besitzend (*acc.*), reich (an *dat.*), reichlich versehen (mit); **3.** & abun'dant; **a'bun·dant·ly** [-ntlɪ] *adv.* reichlich, völlig, in reichem Maße.

a·buse I *v/t.* [ə'bjuːz] **1.** miss'brauchen; 'übermäßig beanspruchen; **2.** grausam behandeln, miss'handeln; *Frau* miss'brauchen; **3.** beleidigen, beschimpfen; **II** *s.* [ə'bjuːs] **4.** 'Missbrauch *m*, -stand *m*, falscher Gebrauch; 'Übergriff *m*: ***~ of authority*** ⚖ Amts-, Ermessensmissbrauch; **5.** Miss'handlung *f*; **6.** Kränkung *f*, Beschimpfung *f*, Schimpfworte *pl.*; **a'bu·sive** [-juːsɪv] *adj.* □ **1.** 'missbräuchlich; **2.** beleidigend, ausfallend: ***he became ~***; ***~ language*** Schimpfworte *pl.*; **3.** falsch (angewendet).

a·but [ə'bʌt] *v/i.* angrenzen, -stoßen, (sich) anlehnen (***on***, ***upon***, ***against*** an *acc.*); **a'but·ment** [-mənt] *s.* ⚠ Strebepfeiler *m*, 'Widerlager *n e-r Brücke etc.*; **a'but·tals** [-tlz] *s. pl.* (Grundstücks-)Grenzen *pl*; **a'but·ter** [-tə] *s.* ⚖ Anlieger *m*, Anrainer *m*.

a·bysm [ə'bɪzəm] *s. poet.* Abgrund *m*; **a'bys·mal** [-zml] *adj.* □ abgrundtief, bodenlos, unergründlich (*a. fig.*): ***~ ignorance*** grenzenlose Dummheit; **a·byss** [ə'bɪs] *s.* **1.** *a. fig.* Abgrund *m*, Schlund *m*; **2.** Hölle *f*.

Ab·ys·sin·i·an [ˌæbɪ'sɪnjən] **I** *adj.* abes'sinisch; **II** *s.* Abes'sinier(in).

a·ca·cia [ə'keɪʃə] *s.* **1.** ⚘ a) A'kazie *f*, b) *a.* ***false ~*** Gemeine Ro'binie; **2.** A'kazienˌgummi *m*, *n*.

ac·a·dem·i·a [ˌækə'diːmɪə] *s.* die akademische Welt; **ac·a·dem·ic** [ˌækə'demɪk] **I** *adj.* (□ ***~ally***) **1.** aka'demisch, Universitäts...: ***~ dress*** *od.* ***costume*** akademische Tracht; ***~ year*** Studienjahr *n*; **2.** (geistes)wissenschaftlich: ***~ achievement***; ***an ~ course***; **3.** a) aka'demisch, (rein) theo'retisch: ***an ~ question***, b) unpraktisch, nutzlos; **4.** konventio'nell, traditio'nell; **II** *s.* **5.** Aka'demiker(in); **6.** Universi'tätsmitglied *n* (*Dozent*, *Student etc.*); **ˌac·a'dem·i·cal** [-kl] **I** *adj.* □ → ***academic*** 1, 2; **II** *s. pl.* aka'demische Tracht; **a·cad·e·mi·cian** [əˌkædə'mɪʃn] *s.* Aka-de'miemitglied *n*; **a·cad·e·my** [ə'kædəmɪ] *s.* **1.** ♀ Akade'mie *f* (*Platos Philosophenschule*); **2.** a) Hochschule *f*, b) höhere Lehranstalt (*allgemeiner od. spezieller Art*): ***military ~*** Militärakademie *f*, Kriegsschule *f*; ***riding ~*** Reitschule *f*; **3.** Akade'mie *f der Wissenschaften etc.*, gelehrte Gesellschaft.

ac·a·jou ['ækəʒuː] → ***cashew***.

a·can·thus [ə'kænθəs] *s.* **1.** ⚘ Bärenklau *m*, *f*; **2.** ⚠ A'kanthus *m*, Laubverzierung *f*.

ac·cede [æk'siːd] *v/i.* ***~ to*** **1.** *e-m Vertrag*, *Verein etc.* beitreten; *e-m Vorschlag* beipflichten, in *et.* einwilligen; **2.** zu *et.* gelangen; *Amt* antreten; *Thron* besteigen.

ac·cel·er·ant [æk'selərənt] **I** *adj.* beschleunigend; **II** *s.* ⚗ 'positiver Kataly'sator; **ac·cel·er·ate** [æk'seləreɪt] **I** *v/t.* **1.** beschleunigen, die Geschwindigkeit erhöhen von (*od. gen.*); *fig. Entwicklung etc.* beschleunigen, fördern; *et.* ankurbeln; **2.** *Zeitpunkt* vorverlegen; **II** *v/i.* **3.** schneller werden; **ac'cel·er·at·ing** [-reɪtɪŋ] *adj.* Beschleunigungs...: ***~ grid*** ϟ Beschleunigungs-, Schirmgitter *n*; **ac·cel·er·a·tion** [ækˌselə'reɪʃn] *s.* **1.** *bsd.* ⚙, *phys.*, *ast.* Beschleunigung *f*: ***~ lane*** *mot.* Beschleunigungsspur *f*; **2.** ⚕ Akzelerati'on *f*, Entwicklungsbeschleunigung *f*; **ac'cel·er·a·tor** [-reɪtə] *s.* **1.** *bsd.* ⚙ Beschleuniger *m*, *mot. a.* Gashebel *m*, 'Gaspeˌdal *n*: ***step on the ~*** Gas geben; **2.** *anat.* Sym'pathikus *m*.

ac·cent I *s.* ['æksənt] Ak'zent *m*: a) *ling.* Ton *m*, Betonung *f*, b) *ling.* Tonzeichen *n*, c) Tonfall *m*, Aussprache *f*, d) ♪ Ak'zent(zeichen *n*) *m*, e) *fig.* Nachdruck (***on*** auf *dat.*); **II** *v/t.* [æk'sent] → **ac·cen·tu·ate** [æk'sentjʊeɪt] *v/t.* akzentuieren, betonen: a) her'vorheben (*a. fig.*), b) mit e-m Ak'zent(zeichen) versehen; **ac·cen·tu·a·tion** [ækˌsentjʊ'eɪʃn] *s. allg.* Betonung *f*.

ac·cept [ək'sept] **I** *v/t.* **1.** annehmen: a) entgegennehmen: ***~ a gift***, b) akzeptieren: ***~ a proposal***; **2.** *fig.* akzeptieren: a) *j-n od. et.* anerkennen, *bsd. et.* gelten lassen, b) *et.* 'hinnehmen, sich mit *et.* abfinden; **3.** *j-n* aufnehmen (***into*** in *acc.*); **4.** auffassen, verstehen: → ***accepted***; **5.** ✝ *Auftrag* annehmen; *Wechsel* akzeptieren: ***~ the tender*** den Zuschlag erteilen; **II** *v/i.* **6.** annehmen, zusagen, einverstanden sein; **ac·cept·a·bil·i·ty** [əkˌseptə'bɪlətɪ] *s.* **1.** Annehmbarkeit *f*, Eignung *f*; **2.** Erwünschtheit *f*; **ac'cept·a·ble** [-təbl] *adj.* □ **1.** akzep'tabel, annehmbar, tragbar (***to*** für); **2.** angenehm, will'kommen; **3.** ✝ beleihbar, lom'bardfähig; **ac'cept·ance** [-təns] *s.* **1.** Annahme *f*, Empfang *m*; **2.** Aufnahme *f* (***into*** in *acc.*); **3.** Zusage *f*, Billigung *f*, Anerkennung *f*; **4.** 'Übernahme *f*; **5.** 'Hinnahme *f*; **6.** *bsd.* ✝ Abnahme *f von Waren*: ***~ test*** Abnahmeprüfung *f*; **7.** ✝ a) Annahme *f od.* Anerkennung *f e-s Wechsels*, b) Ak'zept *n*, angenommener Wechsel; **ac·cep·ta·tion** [ˌæksep'teɪʃn] *s. ling.* gebräuchlicher Sinn, landläufige Bedeutung; **ac'cept·ed** [-tɪd] *adj.* allgemein anerkannt; üblich, landläufig: ***in the ~ sense***; ***~ text*** offizieller Text; **ac'cept·er**, **ac'cep·tor** [-tə] *s.* **1.** Annehmer *m*, Abnehmer *m etc.*; **2.** ✝ Akzep'tant *m*, Wechselnehmer *m*.

ac·cess ['ækses] *s.* **1.** Zugang *m* (*Weg*): ***~ hatch*** ⚓, ✈ Einsteigluke *f*; ***~ road*** *Am.* a) Zufahrtsstraße *f*, b) (Autobahn-)Zubringerstraße *f*; **2.** *fig.* (***to***) Zugang *m* (zu), Zutritt *m* (zu, bei); Gehör *n* (bei); *Computer*: Zugriff *m* (auf *acc.*): ***~ time*** *Computer*: Zugriffszeit *f*; ***~ to means of education*** Bildungsmöglichkeiten *pl.*; ***easy of ~*** leicht zugänglich; **3.** (Wut-, Fieber- *etc.*)Anfall *m*, Ausbruch *m*; **ac'ces·sa·ry** → ***accessory***; **ac·ces·si·bil·i·ty** [ækˌsesə'bɪlətɪ] *s.* Erreichbarkeit *f*, Zugänglichkeit *f* (*a. fig.*); **ac·ces·si·ble** [æk'sesəbl] *adj.* □ **1.** zugänglich, erreichbar (***to*** für); **2.** *fig.* 'um-, zugänglich; **3.** zugänglich, empfänglich (***to*** für); **ac·ces·sion** [æk'seʃn] *s.* **1.** (***to***) Gelangen *n* (zu *e-r Würde*): ***~ to power*** Machtübernahme *f*; **2.** (***to***) Anschluss *m* (an *acc.*), Beitritt *m* (zu); Antritt *m* (*e-s Amtes*): ***~ to the throne*** Thronbesteigung *f*; **3.** (***to***) Zuwachs *m* (an *dat.*), Vermehrung *f* (*gen.*): ***recent ~s*** Neuanschaffungen; **4.** Wertzuwachs *m*, Vorteil *m*; **5.** (***to***) Erreichung *f e-s Alters*.

ac·ces·so·ry [æk'sesərɪ] **I** *adj.* **1.** zusätzlich, beitragend, Hilfs..., Neben..., Begleit...; **2.** nebensächlich, 'untergeordnet; **3.** teilnehmend, mitschuldig (***to*** an *dat.*); **II** *s.* **4.** Zusatz *m*, Anhang *m*; **5.** *pl.* ⚙ Zubehör(teile *pl.*) *n*, *m*; **6.** *oft pl.* Hilfsmittel *n*, Beiwerk *n*; **7.** ⚖ Teilnehmer *m an e-m Verbrechen*: ***~ after the fact*** Begünstiger *m*, *z. B.* Hehler *m*; ***~ before the fact*** a) Anstifter *m*, b) (Tat-)Gehilfe *m*.

ac·ci·dence ['æksɪdəns] *s. ling.* Formenlehre *f*.

ac·ci·dent ['æksɪdənt] *s.* **1.** Zufall *m*, zufälliges Ereignis: ***by ~*** zufällig; **2.** zufällige Eigenschaft, Nebensächlichkeit *f*; **3.** Unfall *m*, Unglücksfall *m*: ***in an ~*** bei e-m Unfall; ***~ benefit*** Unfallentschädigung *f*; ***~-free*** unfallfrei; ***~-prone*** unfallgefährdet; **4.** Missgeschick *n*; **ac·ci·den·tal** [ˌæksɪ'dentl] **I** *adj.* □ **1.** zufällig, unbeabsichtigt; nebensächlich; **2.** Unfall...: ***~ death*** Tod *m* durch Unfall; **II** *s.* **3.** ♪ Vorzeichen *n*; **4.** *mst pl. paint.* Nebenlichter *pl.*

ac·claim [ə'kleɪm] **I** *v/t.* **1.** *j-n*, *fig. et.* mit (lautem) Beifall *od.* Jubel begrüßen; *j-m* zujubeln; **2.** jauchzend ausrufen: ***they ~ed him*** (***as***) ***king*** sie riefen ihn zum König aus; **3.** sehr loben; **II** *s.* **4.** Beifall *m*.

ac·cla·ma·tion [ˌæklə'meɪʃn] *s.* **1.** lauter Beifall; **2.** hohes Lob; **3.** *pol.* Abstimmung *f* durch Zuruf: ***by ~*** durch Akklamation.

ac·cli·mate [ə'klaɪmət] *bsd. Am.* → ***acclimatize***; **ac·cli·ma·tion** [ˌæklaɪ'meɪʃn] *s.*, **ac·cli·ma·ti·za·tion** [əˌklaɪmətaɪ'zeɪʃn] *s.* Akklimatisierung *f*, Eingewöhnung *f* (*beide a. fig.*); ⚘ *zo.* Einbürgerung *f*; **ac·cli·ma·tize** [ə'klaɪmətaɪz] *v/t. u. v/i.* (sich) akklimatisieren, (sich) gewöhnen (***to*** an *acc.*) (*a. fig.*).

ac·cliv·i·ty [ə'klɪvətɪ] *s.* Steigung *f*.

ac·co·lade ['ækəʊleɪd] *s.* **1.** Akko'lade *f*: a) Ritterschlag *m*, b) (feierliche) Um'armung. **2.** *fig. Am.* Auszeichnung *f*. **3.** ♪ Klammer *f*.

ac·com·mo·date [ə'kɒmədeɪt] **I** *v/t.* **1.** (***to***) a) anpassen (*dat.*, an *acc.*): ***~ o.s. to circumstances***, b) in Einklang bringen (mit): ***~ facts to theory***; **2.** *j-n* versorgen, *j-m* aushelfen *od.* gefällig sein (***with*** mit): ***~ s.o. with money***; **3.** *Streit* schlichten, beilegen; **4.** 'unterbringen, Platz haben für, fassen; **II** *v/i.* **5.** sich einstellen (***to*** auf *acc.*); **6.** ⚕ sich akkommodieren; **ac'com·mo·dat·ing** [-tɪŋ] *adj.* □ gefällig, entgegenkommend; anpassungsfähig; **ac·com·mo·da·tion** [əˌkɒmə'deɪʃn] *s.* **1.** Anpassung *f* (***to*** an *acc.*); Über'einstimmung *f*; **2.** Über'einkommen *n*, gütliche Einigung; **3.** Gefälligkeit *f*, Aushilfe *f*, geldliche Hilfe; **4.** Versorgung *f* (***with*** mit); **5.** *a. pl.* Einrichtung(en *pl.*) *f*; Bequemlichkeit(en *pl.*) *f*; Räumlichkeit(-en *pl.*) *f*: ***seating ~*** Sitzgelegenheit *f*; **6.** *Brit. sg.*, *Am. mst pl.* (Platz *m* für) 'Unterkunft *f*, -bringung *f*, Quar'tier *n*; **7.** *a.* ***~ train*** *Am.* Per'sonenzug *m*.

ac·com·mo·da·tion| ad·dress *s.* 'Decka,dresse *f*; ~ **bill**, ~ **draft** *s.* ✝ Gefälligkeitswechsel *m*; ~ **lad·der** *s.* ⚓ Fallreep *n*; ~ **road** *s.* Hilfs-, Zufahrtsstraße *f*.

ac·com·pa·ni·ment [ə'kʌmpənɪmənt] *s.* **1.** ♪ Begleitung *f*, *a. fig. iro.* Begleitmusik *f*; **2.** *fig.* Begleiterscheinung *f*; **ac'com·pa·nist** [-pənɪst] *s.* ♪ Begleiter (-in); **ac·com·pa·ny** [ə'kʌmpənɪ] *v/t.* **1.** *a.* ♪ *u. fig.* begleiten; **2.** *fig.* e-e Begleiterscheinung sein von *od. gen.*: ***accompanied by*** *od.* ***with*** begleitet von, verbunden mit; ***~ing address*** (***phenomenon***) Begleitadresse *f* (-erscheinung *f*); **3.** verbinden (***with*** mit): ***~ the advice with a warning***.

ac·com·plice [ə'kʌmplɪs] *s.* Kom'plize *m*, 'Mittäter(in).

ac·com·plish [ə'kʌmplɪʃ] *v/t.* **1.** *Aufgabe* voll'bringen, voll'enden, erfüllen, *Absicht* ausführen, *Zweck* erreichen, erfüllen, *Ziel* erreichen; **2.** leisten; **3.** ver'vollkommnen, schulen; **ac'com·plished** [-ʃt] *adj.* **1.** 'vollständig ausgeführt; **2.** kultiviert, (fein *od.* vielseitig) gebildet; **3.** voll'endet, per'fekt (*a. iro.*): ***an ~ liar*** ein Erzlügner; **ac'com·plish·ment** [-mənt] *s.* **1.** Ausführung *f*, Voll'endung *f*; Erfüllung *f*; **2.** Ver'vollkommnung *f*; **3.** Voll'kommenheit *f*; Könnerschaft *f*; **4.** *mst pl.* Fertigkeiten *pl.*, Ta'lente *pl.*, Künste *pl.*; **5.** Leistung *f*.

ac·cord [ə'kɔːd] **I** *v/t.* **1.** bewilligen, gewähren, *Lob* spenden; **II** *v/i.* **2.** über'einstimmen, harmonieren, passen; **III** *s.* **3.** Über'einstimmung *f*, Einklang *m*; **4.** Zustimmung *f*; **5.** Über'einkommen *n*, *pol.* Abkommen *n*; ⚖ Vergleich *m*: ***with one ~*** einstimmig, einmütig; ***of one's own ~*** aus eigenem Antrieb, freiwillig; **ac'cord·ance** [-dəns] *s.* Über'einstimmung *f*: ***be in ~ with*** über-einstimmen mit; ***in ~ with*** in Übereinstimmung mit, gemäß; **ac'cord·ing** [-dɪŋ] **I** ***~ as*** *cj.* je nach'dem (wie *od.* ob), so wie; **II** ***~ to*** *prp.* gemäß, nach, laut (*gen.*): ***~ to taste*** (je) nach Geschmack; ***~ to directions*** vorschriftsmäßig; **ac'cord·ing·ly** [-dɪŋlɪ] *adv.* demgemäß, folglich; entsprechend.

ac·cor·di·on [ə'kɔːdjən] *s.* Ak'kordeon *n*, 'Zieh-, 'Handhar,monika *f*.

ac·cost [ə'kɒst] *v/t.* her'antreten an (*acc.*), *j-n* ansprechen.

ac·couche·ment [ə'kuːʃmɑ̃ːŋ] (*Fr.*) *s.* Entbindung *f*, Niederkunft *f*; **ac·cou·cheur** [,ækuː'ʃɜː; akuʃœːr] *s.* Geburtshelfer *m*; **ac·cou·cheuse** [,ækuː'ʃɜːz; akuʃøːz] *s.* Hebamme *f*.

ac·count [ə'kaʊnt] **I** *v/t.* **1.** ansehen als, erklären für, betrachten als: ***~ s.o.*** (***to be***) ***guilty***; ***~ o.s. happy*** sich glücklich schätzen; **II** *v/i.* ***~ for*** **2.** Rechenschaft ablegen über *acc.*; verantwortlich sein für; **3.** (er)klären, begründen: ***how do you ~ for that?*** wie erklären Sie das?; ***Henry ~s for ten of them*** zehn davon kommen auf H.; ***there is no ~ing for it*** das ist nicht zu begründen, das ist Ansichtssache; (***not***) ***~ed for*** (un)geklärt; **4.** *hunt.* (ab)schießen; *fig. sport* ,erledigen'; **III** *s.* **5.** Rechnung *f*, Ab-, Berechnung *f*; ✝ *pl.* (Geschäfts)Bücher *pl.*, (Rechnungs-, Jahres)Abschluss *m*; 'Konto *n*: ***~ book*** Konto-, Geschäftsbuch *n*; ***~ current*** *od.* ***current ~*** laufende Rechnung, Kontokorrent *n*; ***~ movements*** Kontobewegungen *pl*; ***~ sales*** Verkaufsabrechnung; ***~s payable*** Verbindlichkeiten, Kreditoren; ***~s receivable*** Außenstände, Debitoren; ***on ~*** auf Abschlag, a conto, als Teilzahlung; ***for ~ only*** nur zur Verrechnung; ***for one's own ~*** auf eigene Rechnung; ***payment on ~*** Anzahlung *f*; ***on one's own ~*** auf eigene Rechnung (u. Gefahr), für sich selber; ***balance an ~*** e-e Rechnung bezahlen, ein Konto ausgleichen; ***carry to a new ~*** auf neue Rechnung vortragen; ***charge to s.o.'s ~*** j-s Konto belasten mit, j-m in Rechnung stellen; ***keep an ~*** Buch führen; ***open an ~*** ein Konto eröffnen; ***place to s.o.'s ~*** j-m in Rechnung stellen; ***render an ~*** (***for***) Rechnung (vor)legen (für); ***~ rendered*** vorgelegte Rechnung; ***settle an ~*** e-e Rechnung begleichen; ***settle*** *od.* ***square ~s with***, ***make up one's ~ with*** *a. fig.* abrechnen mit; ***square an ~*** ein Konto ausgleichen; → ***statement*** 5; **6.** Rechenschaft(sbericht *m*) *f*: ***bring to ~*** *fig.* abrechnen mit; ***call to ~*** zur Rechenschaft ziehen; ***give*** *od.* ***render an ~ of*** Rechenschaft ablegen über (*acc.*) → 7; ***give a good ~ of*** *et.* gut erledigen, *Gegner* abfertigen; ***give a good ~ of o.s.*** s-e Sache gut machen, sich bewähren; **7.** Bericht *m*, Darstellung *f*, Beschreibung *f*: ***by all ~s*** nach allem, was man hört; ***give*** *od.* ***render an ~ of*** Bericht erstatten über (*acc.*) → 6; **8.** Liste *f*, Verzeichnis *n*; **9.** 'Umstände *pl.*, Erwägung *f*: ***on ~ of*** um ... willen, wegen; ***on his ~*** seinetwegen; ***on no ~*** keineswegs, unter keinen Umständen; ***leave out of ~*** außer Betracht lassen; ***take ~ of***, ***take into ~*** Rechnung tragen (*dat.*), in Betracht ziehen, berücksichtigen; **10.** Wichtigkeit *f*, Wert *m*: ***of no ~*** ohne Bedeutung; **11.** Vorteil *m*: ***find one's ~ in*** bei *et.* profitieren *od.* auf s-e Kosten kommen; ***turn to*** (***good***) ***~*** (gut) (aus)nutzen, Kapital schlagen aus; **ac·count·a·bil·i·ty** [ə,kaʊntə'bɪlətɪ] *s.* Verantwortlichkeit *f*; **ac'count·a·ble** [-təbl] *adj.* □ **1.** verantwortlich, rechenschaftspflichtig (***to*** *dat.*); **2.** erklärlich; **ac'count·an·cy**

[-tənsɪ] *s.* Buchhaltung *f*; Buchführung *f*, Rechnungswesen *n*; *Brit.* Steuerberatung *f*; **ac'count·ant** [-tənt] *s.* **1.** (*a.* Bilanz)Buchhalter *m*, Rechnungsführer *m*; **2.** (***chartered*** *od.* ***certified ~*** amtlich zugelassener) Buchprüfer *od.* Steuerberater; ***certified public ~*** *Am.* Wirtschaftsprüfer *m*; **3.** *Brit.* Steuerberater *m*; **ac'count·ing** [-tɪŋ] *s.* **1.** → ***accountancy***; **2.** Abrechnung *f*: ***~ period*** Abrechnungszeitraum *m*; ***~ year*** Geschäftsjahr *n*.

ac·cou·tred [ə'kuːtəd] *adj.* ausgerüstet; **ac'cou·tre·ment** [-təmənt] *s. mst pl.* **1.** Kleidung *f*, Ausstattung *f*; **2.** ⚔ Ausrüstung *f* (*außer Uniform u. Waffen*).

ac·cred·it [ə'kredɪt] *v/t.* **1.** *bsd. e-n Gesandten* akkreditieren, beglaubigen (***to*** bei); **2.** bestätigen, als berechtigt anerkennen; **3.** ***~ s.th. to s.o.*** *od.* ***s.o. with s.th.*** j-m et. zuschreiben.

ac·cre·tion [æ'kriːʃn] *s.* **1.** Zuwachs *m*, Zunahme *f*, Anwachsen *n*; **2.** ⚖ Anwachsung *f* (*Erbschaft*); (Land)Zuwachs *m*; **3.** ✱ Zs.-wachsen *n*.

ac·cru·al [ə'kruːəl] *s.* ✝, ⚖ Anfall *m* (*Dividende, Erbschaft etc.*); Entstehung *f* (*Anspruch etc.*); Auflaufen *n* (*Zinsen*); Zuwachs *m*.

ac·crue [ə'kruː] *v/i.* erwachsen, entstehen, zufallen, zukommen (***to*** *dat.*, ***from***, ***out of*** aus): ***~d interest*** aufgelaufene Zinsen *pl*.

ac·cu·mu·late [ə'kjuːmjʊleɪt] **I** *v/t.* ansammeln, anhäufen, aufspeichern (*a.* ⚙), aufstauen; **II** *v/i.* anwachsen, sich anhäufen *od.* ansammeln *od.* akkumulieren, ⚙ sich summieren; auflaufen (*Zinsen*); **ac·cu·mu·la·tion** [əˌkjuːmjʊ'leɪʃn] *s.* Ansammlung *f*, Auf-, Anhäufung *f*, Akkumulation *f*, *a.* ⚙ (Auf-)Speicherung *f*, *a. psych.* (Auf)Stauung *f*: ***~ of capital*** ✝ Kapitalansammlung *f*; ***~ of interest*** Auflaufen *n* von Zinsen; ***~ of property*** Vermögensanhäufung *f*; **ac'cu·mu·la·tive** [-lətɪv] *adj.* (sich) anhäufend *etc.*; Häufungs..., Zusatz..., Sammel...; **ac'cu·mu·la·tor** [-tə] *s.* ϟ Akkumu'lator *m*, 'Akku *m*, (Strom-) Sammler *m*.

ac·cu·ra·cy ['ækjʊrəsɪ] *s.* Genauigkeit *f*, Sorgfalt *f*, Präzisi'on *f*; Richtigkeit *f*, Ex'aktheit *f*; **'ac·cu·rate** [-rət] *adj.* □ **1.** genau; sorgfältig; pünktlich; **2.** richtig, zutreffend, ex'akt.

ac·curs·ed [ə'kɜːsɪd] *adj.*, *a.* **ac'curst** [-st] *adj.* verflucht, verwünscht, F *a.* ‚verflixt'.

ac·cu·sa·tion [ˌækjuː'zeɪʃn] *s.* Anklage *f*, An-, Beschuldigung *f*: ***bring an ~ against s.o.*** e-e Anklage gegen j-n erheben; **ac·cu·sa·ti·val** [əˌkjuːzə'taɪvl] *adj.* □ *ling.* 'akkusativisch; **ac·cu·sa·tive** [ə'kjuːzətɪv] *s. a.* ***~ case*** 'Akkusativ *m*, 4. Fall.

ac·cuse [ə'kjuːz] *v/t. a.* ⚖ anklagen, beschuldigen (***of*** *gen.*; ***before***, ***to*** bei); **ac'cused** [-zd] *s.* a) Angeklagte(r *m*) *f*, b) *die* Angeklagten *pl*; **ac'cus·ing** [-zɪŋ] *adj.* □ anklagend.

ac·cus·tom [ə'kʌstəm] *v/t.* gewöhnen (***to*** an *acc.*): ***be ~ed to do(ing) s.th.*** gewohnt sein, et. zu tun, et. zu tun pflegen; ***get ~ed to s.th.*** sich an et. gewöhnen; **ac'cus·tomed** [-md] *adj.* **1.** gewohnt, üblich; **2.** gewöhnt (***to*** an *acc.*, zu *inf.*).

ace [eɪs] **I** *s.* **1.** Ass *n* (*Spielkarte*): ***an ~ in the hole*** *Am.* F ein Trumpf in petto; **2.** Eins *f* (*Würfel*); **3.** *fig.* ***he came within an ~ of losing*** um ein Haar hätte er verloren; **4.** ⚔ (Flieger)Ass *n*; **5.** *bsd. sport* ‚Ka'none' *f*, Ass *n*; **6.** *Tennis:* (Aufschlag)Ass *n*. **II** *adj.* **7.** her'vorragend, Spitzen..., Star...: ***~ reporter***.

ac·er·bate ['æsəbeɪt] *v/t.* er-, verbittern; **a·cer·bi·ty** [ə'sɜːbətɪ] *s.* **1.** Herbheit *f*, Bitterkeit *f* (*a. fig.*); **2.** saurer Geschmack, Säure *f*; **3.** *fig.* Schärfe *f*, Heftigkeit *f*.

ac·e·tate ['æsɪteɪt] *s.* **1.** ⚗ Ace'tat *n*, Aze'tat *n*; **2.** *a.* ***~ rayon*** Acetatseide *f*; **a·ce·tic** [ə'siːtɪk] *adj.* ⚗ essigsauer: ***~ acid*** Essigsäure *f*; **a·cet·i·fy** [ə'setɪfaɪ] **I** *v/t.* in Essig verwandeln, säuern; **II** *v/i.* sauer werden; **a·cet·y·lene** [ə'setɪlɪn] *s.* ⚗ Acety'len *n*: ***~ welding*** ⚙ Autogenschweißen *n*.

ache [eɪk] **I** *v/i.* **1.** schmerzen, wehtun; Schmerzen haben: ***I am aching all over*** mir tut alles weh; **2.** F sich sehnen (***for*** nach), dar'auf brennen (***to do*** *et.* zu tun); **II** *s.* **3.** (*anhaltender*) Schmerz.

a·chieve [ə'tʃiːv] *v/t.* **1.** zu'stande bringen, voll'bringen, schaffen, leisten; **2.** erlangen; *Ziel* erreichen, *Erfolg* erzielen; **a'chieve·ment** [-mənt] *s.* **1.** Voll'bringung *f*, Schaffung *f*, Zu'standebringen *n*; **2.** Erzielung *f*, Erreichen *n*; **3.** Erringung *f*; **4.** (Groß)Tat *f*, (große) Leistung, Errungenschaft *f*: ***~-oriented*** leistungsorientiert; ***~ test*** *psych.* Leistungstest *m*; **a'chiev·er** [-və] *s.* j-d, der es zu et. bringt.

A·chil·les [ə'kɪliːz] *npr.* A'chill(es) *m*: ***~ heel*** *fig.* Achillesferse *f*; ***~ tendon*** *anat.* Achillessehne *f*.

ach·ing ['eɪkɪŋ] *adj.* schmerzend.

ach·ro·ma·tic [ˌækrəʊ'mætɪk] *adj.* (□ ***~ally***) **1.** *phys.*, *biol.* achro'matisch, farblos: ***~ lens***; **2.** ♪ dia'tonisch.

ac·id ['æsɪd] **I** *adj.* □ **1.** sauer, scharf (*Geschmack*): ***~ drops*** *Brit.* saure (Frucht)Bonbons, Drops; **2.** *fig.* bissig, beißend: ***~ remark***; **3.** ⚗, ⚙ säurehaltig, Säure...: ***~ bath*** Säurebad *n*; ***~ rain*** saurer Regen; **II** *s.* **4.** ⚗ Säure *f*: ***~-proof*** ⚙ säurefest; **5.** *sl.* LS'D *n*: ***~head*** LSD-Süchtiger *m*; **a·cid·i·fy**

[ə'sɪdɪfaɪ] *v/t.* (an)säuern; in Säure verwandeln; **a·cid·i·ty** [ə'sɪdətɪ] *s.* **1.** Säure *f*, Schärfe *f*, Säuregehalt *m*; **2.** ('überschüssige) Magensäure; **ac·id re·sistance** *s.* Säurefestigkeit *f*; **ac·id test** *s.* **1.** ⚗, ⚡ Scheide-, Säureprobe *f*; **2.** *fig.* strengste Prüfung, Feuerprobe *f*: ***put to the ~*** auf Herz u. Nieren prüfen.

a·cid·u·lat·ed [ə'sɪdjʊleɪtɪd] *adj.* (an-) gesäuert: ***~ drops*** saure Bonbons; **a'cid·u·lous** [-ləs] *adj.* säuerlich; *fig.* → ***acid*** 2.

ack-ack [ˌæk'æk] *s* ⚔ *sl.* Flak(feuer *n*, -kanone[n *pl.*] *f*) *f*.

ack·em·ma [æk'emə] *Funkerwort für* ***a.m.*** *Brit. sl.* **I** *adv.* vormittags; **II** *s.* 'Flugzeugmeˌchaniker *m*.

ac·knowl·edge [ək'nɒlɪdʒ] *v/t.* **1.** anerkennen; **2.** zugeben, einräumen; **3.** sich bekennen zu; **4.** (dankbar) anerkennen; sich erkenntlich zeigen für; **5.** *Empfang* bestätigen, quittieren; *Gruß* erwidern; **6.** ⚖ *Urkunde* beglaubigen; **ac'knowl·edged** [-dʒd] *adj.* anerkannt; **ac'knowl·edg(e)·ment** [-mənt] *s.* **1.** Anerkennung *f*; **2.** Ein-, Zugeständnis *n*; **3.** Bekenntnis *n*; **4.** (lobende) Anerkennung; Erkenntlichkeit *f*, Dank *m* (***of*** für); **5.** (Empfangs)Bestätigung *f*; **6.** ⚖ Beglaubigungsklausel *f* (*Urkunde*).

ac·me ['ækmɪ] *s.* **1.** Gipfel *m*; *fig. a.* Höhepunkt *m*; **2.** ⚕ 'Krisis *f*.

ac·ne ['æknɪ] *s.* ⚕ 'Akne *f*.

ac·o·lyte ['ækəʊlaɪt] *s.* **1.** *eccl.* Messgehilfe *m*, Al'tardiener *m*; **2.** Gehilfe *m*; Anhänger *m*.

a·corn ['eɪkɔːn] *s.* ♀ Eichel *f*.

a·cous·tic *adj.*, **a·cous·ti·cal** [ə'kuːstɪk(l)] *adj.* ☐ ⚙, *phys.* a'kustisch, Schall..., *a.* ⚕ Gehör..., Hör...: ***~ engineering*** Tontechnik *f*; ***~ frequency*** Hörfrequenz *f*; ***~ nerve*** Gehörnerv *m*; **a'cous·tics** [-ks] *s. pl. phys.* **1.** *mst sg. konstr.* A'kustik *f*, Lehre *f* vom Schall; **2.** *pl. konstr.* A'kustik *f e-s Raumes*.

ac·quaint [ə'kweɪnt] *v/t.* **1.** (***o.s.*** sich) bekannt (*fig. a.* vertraut) machen (***with*** mit); → ***acquainted***; **2.** *j-m* mitteilen (***with a th.*** et., ***that*** dass); **ac'quaint·ance** [-təns] *s.* **1.** (***with***) Bekanntschaft *f* (mit), Kenntnis *f* (von *od. gen.*): ***make s.o.'s ~*** j-n kennen lernen; ***on closer ~*** bei näherer Bekanntschaft; **2.** Bekanntschaft *f*: a) Bekannte(r *m*) *f*, b) Bekanntenkreis *m*: ***an ~ of mine*** eine(r) meiner Bekannten; **ac'quaint·ed** [-tɪd] *adj.* bekannt: ***be ~ with*** kennen; ***become ~ with*** *j-n od. et.* kennen lernen.

ac·qui·esce [ˌækwɪ'es] *v/i.* **1.** (***in***) sich fügen (in *acc.*), hinnehmen (*acc.*), dulden (*acc.*); **2.** einwilligen; **ˌac·qui'es·cence** [-sns] *s.* (***in***) Ergebung *f* (in *acc.*); Einwilligung *f* (in *acc.*); Nachgiebigkeit *f* (gegenüber); **ˌac·qui'es·cent** [-snt] *adj.* ☐ ergeben, fügsam.

ac·quire [ə'kwaɪə] *v/t.* (käuflich *etc.*) erwerben; erlangen, erreichen, gewinnen; *fig. a. Wissen etc.* erwerben, (er-) lernen, sich aneignen: ***~d taste*** anerzogener *od.* angewöhnter Geschmack; **ac'quire·ment** [-mənt] *s.* **1.** Erwerbung *f*; **2.** (erworbene) Fähig- *od.* Fertigkeit; *pl.* Kenntnisse *pl.*

ac·qui·si·tion [ˌækwɪ'zɪʃn] *s.* **1.** Erwerbung *f*, Erwerb *m*; Kauf *m*, (Neu-) Anschaffung *f*; Errungenschaft *f*; **2.** Gewinn *m*, Bereicherung *f*.

ac·quis·i·tive [ə'kwɪzɪtɪv] *adj.* **1.** auf Erwerb gerichtet, gewinnsüchtig, Erwerbs...; **2.** (lern)begierig; **ac'quis·i·tive·ness** [-nɪs] *s.* Gewinnsucht *f*, Erwerbstrieb *m*.

ac·quit [ə'kwɪt] *v/t.* **1.** *Schuld* bezahlen, *Verbindlichkeit* erfüllen; **2.** entlasten; ⚖ freisprechen (***of*** von); **3.** (***of***) *j-n e-r Verpflichtung* entheben; **4.** ***~ o.s.*** (***of***) *Pflicht etc.* erfüllen; sich *e-r Aufgabe* entledigen: ***~ o.s. well*** s-e Sache gut machen; **ac'quit·tal** [-tl] *s.* **1.** ⚖ Freisprechung *f*, Freispruch *m*; **2.** Erfüllung *f e-r Pflicht*; **ac'quit·tance** [-təns] *s.* **1.** Erfüllung *f e-r Verpflichtung*, Begleichung *f*, Tilgung *f e-r Schuld*; **2.** Quittung *f*.

a·cre ['eɪkə] *s.* Acre *m* (*4047 qm*): ***~s and ~s*** weite Flächen; **a·cre·age** ['eɪkərɪdʒ] *s.* Fläche(ninhalt *m*) *f* (nach Acres).

ac·rid ['ækrɪd] *adj.* ☐ scharf, ätzend, beißend (*alle fig.*).

ac·ri·mo·ni·ous [ˌækrɪ'məʊnjəs] *adj.* ☐ *fig.* scharf, bitter, beißend; **ac·ri·mo·ny** ['ækrɪmənɪ] *s.* Schärfe *f*, Bitterkeit *f*.

ac·ro·bat ['ækrəbæt] *s.* Akro'bat *m*; **ac·ro·bat·ic**, **ac·ro·bat·i·cal** [ˌækrəʊ'bætɪk(l)] *adj.* ☐ akro'batisch: ***acrobatic flying*** Kunstfliegen *n*; **ac·ro·batics** [ˌækrəʊ'bætɪks] *s. pl. mst sg. konstr.* Akro'batik *f*; akro'batische Kunststücke *pl.*; Kunstflug *m*.

ac·ro·nym ['ækrəʊnɪm] *s. ling.* Akro'nym *n*, Initi'alwort *n*.

a·cross [ə'krɒs] **I** *prp.* **1.** (quer *od.* mitten) durch; **2.** a) (quer) über (*acc.*), b) jenseits (*gen.*), auf der anderen Seite (*gen.*): ***~ the street*** über die Straße *od.* auf der gegenüberliegenden Straßenseite; ***from ~ the lake*** von jenseits des Sees; **II** *adv.* **3.** kreuzweise, über Kreuz; verschränkt; **4.** ***ten feet ~*** zehn Fuß im Durchmesser *od.* breit; **5.** (quer) hin- *od.* herüber, (quer) durch; → ***come across*** *etc.*; **6.** drüben, auf der anderen Seite; **aˌcross-the-'board** *adj.* glo'bal, line'ar: ***~ tax cut***.

a·cros·tic [ə'krɒstɪk] *s.* A'krostichon *n*.

act [ækt] **I** *s.* **1.** Tat *f*, Werk *n*, Handlung

f, Maßnahme *f*, Akt *m*: **~ *of force*** Gewaltakt; **~ *of God*** ⚖ höhere Gewalt; **~ *of grace*** Gnadenakt; **~ *of state*** (staatlicher) Hoheitsakt; **~ *of war*** kriegerische Handlung; (***sexual***) **~** Geschlechts-, Liebesakt; ***catch s.o. in the* ~** j-n auf frischer Tat ertappen; **2.** ⚖ a) *a.* **~ *and deed*** Urkunde *f*, Akte *f*, Willenserklärung *f*, b) Rechtshandlung *f*, c) Tathandlung *f*, d) (Straf)Tat *f*: → ***bankruptcy*** 1; **3.** *mst* **2** Verordnung *f*, Gesetz *n*: **2 *of Parliament*** *Brit.*, **2 *of Congress*** *Am.* (verabschiedetes) Gesetz; **4. 2*s*** (***of the Apostles***) *pl. bibl.* Apostelgeschichte *f*; **5.** *thea.* Aufzug *m*, Akt *m*; **6.** Stück *n*, (Zirkus)Nummer *f*; **7.** F *fig.* Pose *f*, ‚Tour' *f*: ***put on an* ~** ‚Theater spielen'; **II** *v/t.* **8.** aufführen, spielen; darstellen: **~ *a part*** e-e Rolle spielen; **~ *the fool*** a) sich wie ein Narr benehmen, b) sich dumm stellen; **~ *one's part*** s-e Pflicht tun; **~ *out*** F *et.* durchspielen; **III** *v/i.* **9.** (The'ater) spielen, auftreten; *fig.* ‚The'ater spielen'; **10.** handeln, tätig sein *od.* werden, eingreifen: **~ *as*** fungieren *od.* amtieren *od.* dienen als; **~ *in a case*** in e-r Sache vorgehen; **~ *for s.o.*** für j-n handeln, j-n vertreten; **~** (***up***)***on*** handeln *od.* sich richten nach; **11.** (***towards***) sich (*j-m* gegenüber) verhalten; **12.** *a.* ⚗, ⚙ (***on***) (ein)wirken (auf *acc.*); **13.** funktionieren, gehen, arbeiten; **14. ~ *up*** F a) verrückt spielen (*Person od. Sache*), b) sich aufspielen; **'act·a·ble** [-təbl] *adj. thea.* bühnengerecht; **'act·ing** [-tɪŋ] **I** *adj.* **1.** handelnd, tätig: **~ *on your instructions*** gemäß Ihren Anweisungen; **2.** stellvertretend, amtierend, geschäftsführend: ***the* 2 *Consul***; **3.** *thea.* spielend, Bühnen...: **~ *version*** Bühnenfassung *f*; **II** *s.* **4.** Handeln *n*, A'gieren *n*; **5.** *thea.* Spiel(en) *n*, Aufführung *f*; Schauspielkunst *f*.

ac·tion ['ækʃn] *s.* **1.** Handeln *n*, Handlung *f*, Tat *f*, Akti'on *f*: ***man of* ~** Mann *m* der Tat; ***full of* ~** → ***active*** 1; ***course of* ~** Handlungsweise *f*; ***for further* ~** zur weiteren Veranlassung; **~ *committee*** *pol.* Aktionskomitee *n*, (Bürger)Initiative *f*; ***put into* ~** in die Tat umsetzen; ***take* ~** Schritte unternehmen, handeln, et. *in e-r Angelegenheit* tun; ***take* ~ *against*** vorgehen gegen; → 9; **2.** *a.* ⚙ a) Tätigkeit *f*, Gang *m*, Funktionieren *n*, b) Mecha'nismus *m*, Werk *n*: **~ *of the bowels*** (***heart***) ⚕ Stuhlgang *m* (Herztätigkeit *f*); ***put out of* ~** unfähig *od.* unbrauchbar machen, außer Betrieb setzen; → 10; **~*!*** *Film*: Aufnahme!; **3.** *a.* ⚗, ⚙, *phys.* (Ein)Wirkung *f*, Einfluss *m*; Vorgang *m*, Pro'zess *m*: ***the* ~ *of acid on metal*** die Einwirkung der Säure auf Metall; **4.** Handlung *f e-s Dramas*; **5.** Verhalten *n*, Benehmen *n*; **6.** Bewegung *f*, Gangart *f e-s Pferdes*; **7.** *rhet.*, *thea.* Vortragsweise *f*, Ausdruck *m*; **8.** *Kunst u. fig.*: Action *f*, (dra'matisches) Geschehen: **~ *painting*** Action-Painting *n*; ***where the* ~ *is*** F wo was los ist; **9.** ⚖ Klage *f*, Prozess *m*: ***bring an* ~ *against*** *j-n* verklagen; ***take* ~** Klage erheben; → 1; **10.** ⚔ Gefecht *n*, Kampf *m*, Einsatz *m*: ***killed*** (***wounded***) ***in* ~** gefallen (verwundet); ***go into* ~** eingreifen, in Aktion treten (*a. fig.*); ***put out of* ~** außer Gefecht setzen (*a. sport etc.*; → 2); **~ *station*** Gefechtsstation *f*; **~ *stations!*** Alarm!; ***he saw* ~** er war im Einsatz *od.* an der Front; **'ac·tion·able** [-ʃnəbl] *adj.* ⚖ (ein-, ver)klagbar; strafbar.

ac·ti·vate ['æktɪveɪt] *v/t* **1.** ⚗, ⚙ aktivieren, in Betrieb setzen, (*a. radio*)ak'tiv machen: **~*d carbon*** Aktivkohle *f*; **2.** ⚔ a) *Truppen* aufstellen, b) *Zünder* scharf machen; **ac·ti·va·tion** [ˌæktɪ'veɪʃn] *s.* Aktivierung *f*.

ac·tive ['æktɪv] *adj.* ☐ **1.** tätig, emsig, geschäftig, rührig, lebhaft, tatkräftig, ak'tiv: ***an* ~ *mind*** ein reger Geist; **~ *volcano*** tätiger Vulkan; ***become* ~** in Aktion treten, aktiv werden; **2.** wirklich, tatsächlich: ***take an* ≈ *interest*** reges Interesse zeigen; **3.** *a.* ⚗, ⚕, *biol.*, *phys.* (schnell) wirkend, wirksam, ak'tiv: **~ *current*** Wirkstrom *m*; **4.** ☤ produk'tiv, zinstragend (*Wertpapiere*); rege, lebhaft (*Markt*): **~ *balance*** Aktivsaldo *m*; **5.** ⚔ ak'tiv: ***on* ~ *service***, ***on the* ~ *list*** im aktiven Dienst; **6.** *ling.* ak'tiv(isch): **~ *verb*** aktivisch konstruiertes Verb; **~ *voice*** Aktiv *n*, Tatform *f*; **'ac·ti·vist** [-vɪst] *s. pol.* Akti'vist *m*; **ac·tiv·i·ty** [æk'tɪvətɪ] *s.* **1.** Tätigkeit *f*, Betätigung *f*; Rührigkeit *f*; *pl.* Leben *n* u. Treiben *n*, Unter'nehmungen *pl.*, Veranstaltungen *pl.*: ***social activities***; ***political activities*** politische Betätigung(en *pl.*) *f od.* Aktivitäten *od. b.s.* Umtriebe *pl.*; ***in full* ~** in vollem Gang; **~ *holiday*** Aktivurlaub *m*; **2.** Lebhaftigkeit *f*, Beweglichkeit *f*; Betrieb(samkeit *f*) *m*, Aktivi'tät *f*; **3.** Wirksamkeit *f*.

ac·tor ['æktə] *s.* **1.** Schauspieler *m*; **2.** *fig.* Ak'teur *m*, Täter *m* (*a.* ⚖); **'~-ˌman·ag·er** *s.* The'aterdiˌrektor, der selbst Rollen über'nimmt.

ac·tress ['æktrɪs] *s.* Schauspielerin *f*.

ac·tu·al ['æktʃʊəl] *adj.* ☐ **1.** wirklich, tatsächlich, eigentlich: ***an* ~ *case*** ein konkreter Fall; **~ *power*** ⚙ effektive Leistung; **2.** gegenwärtig, jetzig: **~ *cost*** ☤ Istkosten *pl.*; **~ *inventory*** (*od.* ***stock***) Istbestand *m*; **ac·tu·al·i·ty** [ˌæktʃʊ'ælətɪ] *s.* **1.** Wirklichkeit *f*; **2.** *pl.* Tatsachen *pl.*, Gegebenheiten *pl.*; **ac·tu·a·lize** ['æktʃʊəlaɪz] **I** *v/t.* **1.** verwirklichen; **2.** rea'listisch darstellen; **II** *v/i.* **3.** sich verwirklichen; **'ac·tu·al·ly** [-lɪ] *adv.* **1.** wirklich, tatsächlich; **2.** augenblicklich, jetzt; **3.** so'gar, tatsächlich (*obwohl nicht erwartet*); **4.** F eigentlich (*unbetont*): ***what time is it ~?***

ac·tu·ar·i·al [ˌæktjʊ'eərɪəl] *adj.* ver'sicherungsstaˌtistisch; **ac·tu·ar·y** ['æktjʊərɪ] *s.* Ver'sicherungsstaˌtistiker *m*, -matheˌmatiker *m*.

ac·tu·ate ['æktjʊeɪt] *v/t.* **1.** in Gang bringen; **2.** antreiben, anreizen; **3.** ⚙ betätigen, auslösen; **ac·tu·a·tion** [ˌæktjʊ'eɪʃn] *s.* Anstoß *m*, Antrieb *m* (*a.* ⚙); ⚙ Betätigung *f*.

a·cu·i·ty [ə'kjuːətɪ] *s.* Schärfe *f* (*a. fig.*); → ***acuteness*** 2.

a·cu·men [ə'kjuːmen] *s.* Scharfsinn *m*.

ac·u·pres·sure ['ækjʊˌpreʃə] *s.* ⚕ Akupres'sur *f*; **'ac·uˌpunc·ture** [-ˌpʌŋktʃə] ⚕ **I** *s.* Akupunk'tur *f*; **II** *v/t.* akupunktieren; **ˌac·u'punc·tur·ist** [-'pʌŋktʃərɪst] *s.* Akupunk'teur *m*.

a·cute [ə'kjuːt] *adj.* □ **1.** scharf; *bsd.* ⩓ spitz: ***~ triangle*** spitzwink(e)liges Dreieck; → ***angle¹*** 1; **2.** scharf (*Sehvermögen*); heftig (*Schmerz, Freude etc.*); fein (*Gehör*); a'kut, brennend (*Frage*); bedenklich: ***~ shortage***; **3.** scharfsinnig, schlau; **4.** schrill, 'durchdringend; **5.** ⚕ a'kut, heftig; **6.** *ling.* ***~ accent*** A'kut *m*; **a'cute·ness** [-nɪs] *s.* **1.** Schärfe *f*, Heftigkeit *f*, A'kutheit *f* (*a.* ⚕); **2.** Scharfsinnigkeit *f*.

ad [æd] *s. abbr. für* ***advertisement***: ***small ~*** Kleinanzeige *f*.

ad·age ['ædɪdʒ] *s.* Sprichwort *n*.

Ad·am ['ædəm] *npr.* 'Adam *m*: ***I don't know him from ~*** F ich kenne ihn überhaupt nicht; ***cast off the old ~*** F den alten Adam ausziehen; ***~'s ale*** F ‚Gänsewein' *m*; ***~'s apple*** Adamsapfel *m*.

ad·a·mant ['ædəmənt] *adj.* **1.** steinhart; **2.** *fig.* unerbittlich, unnachgiebig, eisern (***to*** gegenüber).

a·dapt [ə'dæpt] **I** *v/t.* **1.** anpassen, angleichen (***for, to*** an *acc.*), *a.* ⚙ 'umstellen (***to*** auf *acc.*), zu'rechtmachen: ***~ the means to the end*** die Mittel dem Zweck anpassen; **2.** anwenden (***to*** auf *acc.*); **3.** *Text* bearbeiten: ***~ed from English*** nach dem Englischen bearbeitet; ***~ed from*** (frei) nach; **II** *v/i.* **4.** sich anpassen (***to*** *dat. od.* an *acc.*); **a·dapt·a·bil·i·ty** [əˌdæptə'bɪlətɪ] *s.* **1.** Anpassungsfähigkeit *f* (***to*** an *acc.*); **2.** (***to***) Anwendbarkeit *f* (auf *acc.*), Verwendbarkeit *f* (für, zu); **a'dapt·a·ble** [-təbl] *adj.* **1.** anpassungsfähig (***to*** an *acc.*); **2.** anwendbar (***to*** auf *acc.*); **3.** verwendbar (***to*** für); **ad·ap·ta·tion** [ˌædæp'teɪʃn] *s.* **1.** *a. biol.* Anpassung *f* (***to*** an *acc.*); **2.** Anwendung *f*; **3.** *thea. etc.* Bearbeitung *f* (***from*** nach, ***to*** für); **a'dapt·er** [-tə] *s.* **1.** *thea. etc.* Bearbeiter *m*; **2.** *phys.* A'dapter *m*, Anpassungsvorrichtung *f*; **3.** ⚙ Zwischen-, Pass-, Anschlussstück *n*, Vorsatzgerät *n*; ⚡ Zwischenstecker *m*; **a'dap·tive** [-tɪv] *adj.* → ***adaptable*** 1; **a'dap·tor** [-tə] → ***adapter***.

add [æd] **I** *v/t.* **1.** (***to***) hin'zufügen, -rechnen (zu); ⚗ beimischen, zufügen (*dat.*): ***he ~ed that ...*** er fügte hinzu, dass ...; ***~ to this that ...*** hinzu kommt, dass ...; **2.** *a.* ***~ up*** *od.* ***together*** addieren, zs.-zählen; **3.** ✝, ⩓, ⚙ aufschlagen: ***~ 5% to the price*** 5% auf den Preis aufschlagen; **II** *v/i.* **4.** ***~ to*** hin'zukommen zu, beitragen zu, vermehren (*acc.*); **5.** ***~ up*** a) ⩓ aufgehen, stimmen (*a. fig.*), b) *fig.* e-n Sinn ergeben, ‚hinhauen'; ***~ up to*** a) sich belaufen auf (*acc.*), b) *fig.* hinauslaufen auf (*acc.*), bedeuten; **add·ed** ['ædɪd] *adj.* vermehrt, erhöht, zusätzlich: ***~ value*** ✝ Wertschöpfung *f*.

ad·den·dum [ə'dendəm] *pl.* **-da** [-də] *s.* Zusatz *m*, Nachtrag *m*.

ad·der ['ædə] *s. zo.* Natter *f*, Otter *f*, 'Viper *f*: ***common ~*** Gemeine Kreuzotter.

ad·dict I *s.* ['ædɪkt] **1.** Süchtige(r *m*) *f*: ***alcohol*** (***drug***) ***~***; **2.** *humor.* (*Fußball- etc.*)Fan *m*; (*Film- etc.*)Narr *m*; **II** *v/t.* [ə'dɪkt] **3.** ***~ o.s.*** sich hingeben (***to s.th.*** e-r Sache); **4.** *j-n* süchtig machen, *j-n* gewöhnen (***to*** an *Rauschgift etc.*); **III** *v/i.* **5.** süchtig machen; **ad'dic·ted** [-tɪd] *adj.* süchtig, abhängig (***to*** von), verfallen (***to*** *dat.*): ***~ to drugs*** (***television***) drogen- *od.* rauschgift- (fernseh-) süchtig; ***be ~ to films*** (***football***) ein Filmnarr (Fußballfanatiker) sein; **ad·dic·tion** [æ'dɪkʃən] *s.* **1.** Hingabe *f* (to an *acc.*); **2.** Sucht *f*, (*Zustand*) *a.* Süchtigkeit *f*: ***~ to drugs*** (***television***) Drogen- *od.* Rauschgift- (Fernseh)Sucht *f*; **ad·dic·tive** [æ'dɪktɪv] *adj.* Sucht erzeugend: ***be ~*** süchtig machen; ***~ drug*** Suchtmittel *n*.

add·ing ma·chine ['ædɪŋ] *s.* Ad'dier-, Additi'onsmaˌschine *f*.

ad·di·tion [ə'dɪʃn] *s.* **1.** Hin'zufügung *f*, Ergänzung *f*, Zusatz *m*, Beigabe *f*: ***in ~*** noch dazu, außerdem; ***in ~ to*** außer (*dat.*), zusätzlich zu; **2.** Vermehrung *f* (***to*** *gen.*), (*Familien-, Vermögens- etc.*) Zuwachs *m*: ***recent ~s*** Neuerwerbungen; **3.** ⩓ Additi'on *f*, Zs.-zählen *n*: ***~ sign*** Pluszeichen *n*; **4.** ✝ Auf-, Zuschlag *m*; **5.** ⚗, ⚙ Zusatz *m*, Beimischung *f*; ⚙ Anbau *m*, Zusatz *m*; **6.** *Am.* neu erschlossenes Baugelände; **ad'di·tion·al** [-ʃənl] *adj.* □ **1.** zusätzlich, ergänzend, weiter(er, -e, -es); **2.** Zusatz..., Mehr..., Extra..., Über..., Nach...: ***~ charge*** ✝ Auf-, Zuschlag *m*; ***~ charges*** ✝ Mehrkosten; ***~ postage*** Nachporto *n*; **ad'di·tion·al·ly** [-ʃnəlɪ] *adv.* zusätzlich, in verstärktem Maße, außerdem; **ad·di·tive** ['ædɪtɪv] **I**

adj. zusätzlich; **II** *s.* Zusatz *m* (*a.* ⚕).
ad·dle ['ædl] **I** *v/i.* **1.** faul werden, verderben (*Ei*); **II** *v/t.* **2.** *Ei* verderben; **3.** *Verstand* verwirren; **III** *adj.* **4.** unfruchtbar, faul (*Ei*); **5.** verwirrt, kon'fus; **'~·brain** *s.* Hohlkopf *m*; **'~-ˌhead·ed**, **'~-ˌpat·ed** *adj.* **1.** hohlköpfig; **2.** → ***addle*** 5.
add-on board *s. Computer:* Erweiterungsplatine *f.*
ad·dress [ə'dres] **I** *v/t.* **1.** *Worte etc.* richten (***to*** an *acc.*), *j-n* anreden (***as*** als); *Brief* adressieren, richten, schreiben (***to*** an *acc.*); **2.** e-e Ansprache halten an (*acc.*); **3.** *Waren* (ab)senden (***to*** an *acc.*); **4.** ***~ o.s. to*** sich zuwenden (*dat.*), sich an *et.* machen; sich anschicken zu; sich an *j-n* wenden; **II** *s.* **5.** Anrede *f*, Ansprache *f*, Rede *f*; **6.** A'dresse *f*, Anschrift *f*: ***change one's ~*** s-e Adresse ändern, umziehen; ***~ tag*** Kofferanhänger *m*; **7.** Eingabe *f*, Bitt-, Dankschrift *f*, Er'gebenheitsaˌdresse *f*: ***the ℒ*** *Brit. parl.* die Erwiderung des Parlaments auf die Thronrede; **8.** Lebensart *f*, Manieren *pl.*; **9.** Geschick *n*, Gewandtheit *f*; **10.** *pl.* Huldigungen *pl.*: ***pay one's ~es to a lady*** e-r Dame den Hof machen; **ad·dress·ee** [ˌædre'siː] *s.* Adres'sat *m*, Empfänger(in).
ad·duce [ə'djuːs] *v/t. Beweis etc.* bei-, erbringen.
ad·e·noid ['ædɪnɔɪd] ⚕ **I** *adj.* die Drüsen betreffend, Drüsen..., drüsenartig; **II** *mst pl.* Po'lypen *pl.* (*in der Nase*); (Rachenmandel)Wucherungen *pl.*
ad·ept ['ædept] **I** *s.* **1.** Meister *m*, Ex'perte *m* (***at, in*** in *dat.*); **2.** A'dept *m*, Anhänger *m* (*e-r Lehre*); **II** *adj.* **3.** erfahren, geschickt (***at, in*** in *dat.*).
ad·e·qua·cy ['ædɪkwəsɪ] *s.* Angemessenheit *f*, Zulänglichkeit *f*; **ad·e·quate** ['ædɪkwət] *adj.* □ **1.** angemessen, entsprechend (***to*** *dat.*); **2.** aus-, 'hinreichend, genügend.
ad·here [əd'hɪə] *v/i.* (***to***) **1.** kleben, haften (an *dat.*); **2.** *fig.* festhalten (an *dat.*), *Regel etc.* einhalten, sich halten (an *e-e Regel etc.*), bleiben (bei *e-r Meinung, e-r Gewohnheit, e-m Plan*), *j-m, e-r Partei, e-r Sache etc.* treu bleiben, halten (zu *j-m*); **3.** angehören (*dat.*); **ad'her·ence** [-ərəns] *s.* (***to***) **1.** (An-, Fest)Haften *n* (an *dat.*); **2.** Anhänglichkeit *f* (an *dat.*); **3.** Festhalten *n* (an *dat.*), Befolgung *f*, Einhaltung (*e-r Regel*); **ad'her·ent** [-ərənt] **I** *adj.* **1.** (an-)haftend, (an)klebend; **2.** *fig.* festhaltend, (fest) verbunden (***to*** mit), anhänglich; **II** *s.* **3.** Anhänger(in).
ad·he·sion [əd'hiːʒn] *s.* **1.** (An-, Fest)Haften *n*; ⚙ *phys.* Haftvermögen *n*, Klebkraft *f*, Adhäsi'on *f*; **2.** *fig.* → ***adherence*** 2, 3; **3.** Beitritt *m*; Einwilligung *f*; **ad'he·sive** [-sɪv] **I** *adj.* □ **1.** (an)haftend, klebend, gummiert, Klebe...: ***~ foil*** Selbstklebefolie *f*; ***~ plaster*** Heftpflaster *n*; ***~ powder*** Haftpulver *n*; ***~ tape*** a) Heftpflaster *n*, b) Klebstreifen *m*; ***~ rubber*** Klebgummi *m*, *n*; **2.** gar zu anhänglich, aufdringlich; **3.** ⚙, *phys.* haftend, Adhäsions...: ***~ power*** → ***adhesion*** 1; **II** *s.* **4.** Bindemittel *n*, Klebstoff *m*.
ad hoc [ˌæd'hɒk] (*Lat.*) *adv. u. adj.* ad hoc, (eigens) zu diesem Zweck (gemacht), spezi'ell; Augenblicks..., Ad-hoc-...
a·dieus, **a·dieux** [ə'djuːz] *pl.* Lebe'wohl *n*: ***make one's ~*** Lebewohl sagen.
ad in·fi·ni·tum [ˌæd ɪnfɪ'naɪtəm] (*Lat.*) *adv.* endlos, ad infi'nitum.
ad·i·pose ['ædɪpəʊs] **I** *adj.* fett(haltig), Fett...: ***~ tissue*** Fettgewebe *n*; **II** *s.* (Körper)Fett *n*.
ad·it ['ædɪt] *s.* **1.** *bsd.* ⚒ Zugang *m*, Stollen *m*; **2.** *fig.* Zutritt *m*.
ad·ja·cent [ə'dʒeɪsənt] *adj.* □ angrenzend, -liegend, -stoßend (***to*** an *acc.*); benachbart (*dat.*), Nachbar..., Neben...: ***~ angle*** ∡ Nebenwinkel *m*.
ad·jec·ti·val [ˌædʒek'taɪvl] *adj.* □ 'adjektivisch; **ad·jec·tive** ['ædʒɪktɪv] **I** *s.* **1.** 'Adjektiv *n*, Eigenschaftswort *n*; **II** *adj.* □ **2.** 'adjektivisch; **3.** abhängig; **4.** *Färberei:* 'adjektiv: ***~ dye*** Beizfarbe *f*; **5.** ⚖ for'mell (*Recht*).
ad·join [ə'dʒɔɪn] **I** *v/t.* **1.** (an)stoßen *od.* (an)grenzen an (*acc.*); **2.** beifügen (***to*** *dat.*); **II** *v/i.* **3.** angrenzen; **ad'join·ing** [-nɪŋ] *adj.* angrenzend, benachbart, Nachbar..., Neben...
ad·journ [ə'dʒɜːn] **I** *v/t.* **1.** aufschieben, vertagen: ***~ sine die*** ⚖ auf unbestimmte Zeit vertagen; **2.** *Sitzung etc.* schließen; **II** *v/i.* **3.** *a.* ***stand ~ed*** sich vertagen; **4.** den Sitzungsort verlegen (***to*** nach): ***~ to the sitting room*** F sich ins Wohnzimmer zurückziehen; **ad'journ·ment** [-mənt] *s.* **1.** Vertagung *f*, Verschiebung *f*; **2.** Verlegung *f* des Sitzungsortes.
ad·judge [ə'dʒʌdʒ] *v/t.* **1.** ⚖ entscheiden (über *acc.*), erkennen (für), für *schuldig etc.* erklären, *ein Urteil* fällen: ***~ s.o. bankrupt*** über j-s Vermögen den Konkurs eröffnen; **2.** ⚖, *a. sport* zuerkennen; zusprechen; **3.** verurteilen (***to*** zu).
ad·ju·di·cate [ə'dʒuːdɪkeɪt] **I** *v/t.* **1.** gerichtlich *od.* als Schiedsrichter entscheiden, ein Urteil fällen über (*acc.*): ***~d bankrupt*** Gemeinschuldner *m*; **II** *v/i.* **2.** (zu Recht) erkennen, entscheiden (***upon*** über *acc.*); **3.** als Schieds- *od.* Preisrichter fungieren (***at*** bei); **ad·ju·di·ca·tion** [əˌdʒuːdɪ'keɪʃn] *s.* **1.** richterliche Entscheidung, Urteil *n*; **2.** Zuerkennung *f*; **3.** Kon'kurseröffnung *f*.
ad·junct ['ædʒʌŋkt] *s.* **1.** Zusatz *m*, Bei-

gabe *f*, Zubehör *n*; **2.** *ling.* Attri'but *n*, Beifügung *f*; **ad·junc·tive** [ə'dʒʌŋktɪv] *adj.* □ beigeordnet, verbunden.

ad·ju·ra·tion [ˌædʒʊ'reɪʃn] *s.* **1.** Beschwörung *f*, inständige Bitte; **2.** Auferlegung *f* des Eides; **ad·jure** [ə'dʒʊə] *v/t.* **1.** beschwören, inständig bitten; **2.** *j-m* den Eid auferlegen.

ad·just [ə'dʒʌst] **I** *v/t.* **1.** in Ordnung bringen, ordnen, regulieren, abstimmen; berichtigen; **2.** anpassen (*a. psych.*), angleichen (**to** *dat.*, an *acc.*); **3. ~ o.s.** (**to**) sich anpassen (*dat.*, an *acc.*) *od.* einfügen (in *acc.*) *od.* einstellen (auf *acc.*); **4.** ✝ *Konto etc.* bereinigen; *Schaden etc.* berechnen, festsetzen; **5.** *Streit* schlichten; **6.** ⚙ an-, einpassen, (ein-, ver-, nach)stellen, richten, regulieren; *a. Gewehr etc.* justieren; **7.** *Maße* eichen; **II** *v/i.* **8.** sich anpassen; **9.** sich einstellen lassen; **ad'just·a·ble** [-təbl] *adj.* □ *bsd.* ⚙ regulierbar, ein-, nach-, verstellbar, Lenk..., Dreh..., Stell...: **~ speed** regelbare Drehzahl; **ad'just·er** [-tə] *s.* **1.** j-d der *od.* et. was regelt, ausgleicht, ordnet; Schlichter *m;* **2.** *Versicherung*: Schadenssachverständige(r) *m*; **ad'just·ing** [-tɪŋ] *adj. bsd.* ⚙ (Ein)Stell..., Richt..., Justier...: **~ balance** Justierwaage *f*, **~ lever** (Ein)Stellhebel *m*; **~ screw** Stellschraube *f*, **~ entry** Berichtigungsbuchung *f*; **~ payment** Ausgleichszahlung *f*; **ad'just·ment** [-tmənt] *s.* **1.** *a.* ✝, *psych. etc.* Anpassung *f* (**to** an *acc.*); **2.** Regelung *f*, Berichtigung *f*, Abstimmung *f*, Ausgleich *m;* **3.** Schlichtung *f*, Beilegung *f* (*e-s Streits*); **4.** ⚙ Ein-, Nach-, Verstellung *f*, Einstellvorrichtung *f*, Berichtigung *f*, Regulierung *f*, Eichung *f*, **5.** Berechnung *f* von Schadens(ersatz)ansprüchen.

ad·ju·tant ['ædʒʊtənt] *s.* ⚔ Adju'tant *m*; **~ gen·er·al** *pl.* **~s gen·er·al** *s.* ⚔ Gene'raladjuˌtant *m.*

ad-lib [ˌæd'lɪb] **I** *v/i. u. v/t.* F improvisieren, aus dem Stegreif sagen; **II** *adj.* Stegreif..., improvisiert.

ad lib·i·tum [ˌæd 'lɪbɪtəm] (*Lat.*) *adj. u. adv.* ad libitum: a) nach Belieben, b) aus dem Stegreif.

ad·man ['ædmæn] *s.* [*irr.*] F **1.** Anzeigen-, Werbetexter *m*; **2.** Anzeigenvertreter *m*; **3.** *typ.* Akzi'denzsetzer *m*; **ad·mass** ['ædmæs] *s.* **1.** Kon'sumbeeinflussung *f*; **2.** werbungsmanipulierte Gesellschaft.

ad·min ['ædmɪn] *s.* F Verwaltung *f.*

ad·min·is·ter [əd'mɪnɪstə] **I** *v/t.* **1.** verwalten; **2.** ausüben, handhaben: **~ justice** (*od.* **the law**) Recht sprechen; **~ punishment** Strafe(n) verhängen; **3.** verabreichen, erteilen (**to** *dat.*): **~ medicine** Arznei (ein)geben; **~ a shock** e-n Schrecken einjagen; **~ an oath** e-n Eid abnehmen; **~ the Blessed Sacrament** das heilige Sakrament spenden; **II** *v/i.* **4.** als Verwalter fungieren; **5.** *obs.* beitragen (**to** zu); **ad·min·is·trate** [əd'mɪnɪstreɪt] *v/t. u. v/i.* verwalten; **ad·min·is·tra·tion** [ədˌmɪnɪ'streɪʃn] *s.* **1.** (*Betriebs-*, *Vermögens-*, *Nachlass-*, *etc.*)Verwaltung *f*; **2.** Verwaltung(sbehörde) *f*, Mini'sterium *n*; Staatsverwaltung *f*, Regierung *f*; **3.** *Am.* 'Amtsperiˌode *f* (*bsd. e-s Präsidenten*); **4.** Handhabung *f*, 'Durchführung *f*: **~ of justice** Rechtsprechung *f*; **~ of an oath** Eidesabnahme *f*; **5.** Aus-, Erteilung *f*, Verabreichung *f* (*Arznei*); Spendung *f* (*Sakrament*); **ad'min·is·tra·tive** [-trətɪv] *adj.* □ verwaltend, Verwaltungs..., Regierungs...: **~ body** Behörde *f*, Verwaltungskörper *m*; **ad'min·is·tra·tor** [-treɪtə] *s.* **1.** Verwalter *m*, Verwaltungsbeamte(r) *m*; **2.** ⚖ Nachlass-, Vermögensverwalter *m*; **ad'min·is·tra·trix** [-treɪtrɪks] *pl.* **-trices** [-trɪsiːz] *s.* (Nachlass)Verwalterin *f.*

ad·mi·ra·ble ['ædmərəbl] *adj.* □ bewundernswert, großartig.

ad·mi·ral ['ædmərəl] *s.* **1.** Admi'ral *m*: **2 of the Fleet** Großadmiral; **2.** *zo.* Admi'ral *m* (*Schmetterling*); **'ad·mi·ral·ty** [-tɪ] *s.* **1.** Admi'ralsamt *n*, -würde *f*; **2.** Admirali'tät *f*: **Lords Commissioners of 2** (*od.* **Board of 2**) *Brit.* Marineministerium *n*; **First Lord of the 2** (britischer) Marineminister; **~ law** ⚖ Seerecht *n*; **3. 2** *Brit.* Admiralitätsgebäude *n* (*in London*).

ad·mi·ra·tion [ˌædmə'reɪʃn] *s.* Bewunderung *f* (**of**, **for** für): **she was the ~ of everyone** sie wurde von allen bewundert.

ad·mire [əd'maɪə] *v/t.* **1.** bewundern (**for** wegen); **2.** hoch schätzen, verehren; **ad'mir·er** [-ərə] *s.* Bewunderer *m*; Verehrer *m*; **ad'mir·ing** [-ərɪŋ] *adj.* □ bewundernd.

ad·mis·si·bil·i·ty [ədˌmɪsə'bɪlətɪ] *s.* Zulässigkeit *f*, **ad·mis·si·ble** [əd'mɪsəbl] *adj.* **1.** *a.* ⚖ zulässig; statthaft; **2.** würdig, zugelassen zu werden; **ad·mis·sion** [əd'mɪʃn] *s.* **1.** Einlass *m*, Ein-, Zutritt *m*: **gain ~** Einlass finden; **~ free** Eintritt frei; **~ ticket** Eintrittskarte *f*; **2.** Eintrittserlaubnis *f*, *a.* **~ fee** Eintritt(sgeld *n*, -gebühr *f*) *m*; **3.** Zulassung *f*, Aufnahme *f* (*als Mitglied etc.*; *Am. a. e-s Staates in die Union*): **2 Day** Jahrestag *m* der Aufnahme in die Union; **4.** Ernennung *f*, **5.** Eingeständnis *n*, Einräumung *f*: **by** (*od.* **on**) **his own ~** wie er selbst zugibt *od.* zugab; **6.** ⚙ Eintritt *m*, -lass *m*, Zufuhr *f*: **~ stroke** Einlasshub *m.*

ad·mit [əd'mɪt] **I** *v/t.* **1.** zu-, ein-, vorlassen: **~ bearer** dem Inhaber *dieser Karte* ist der Eintritt gestattet; **~ s.o. into one's confidence** j-n ins Vertrauen ziehen; **2.** Platz haben für, fassen: **the theatre ~s 800 persons**; **3.** *als Mitglied in e-e Gemeinschaft, Schule etc.* aufnehmen; *in ein Krankenhaus* einliefern, *zu e-m Amt etc.* zulassen: → **bar** 10; **4.** gelten lassen, anerkennen, zugeben: **I ~ this to be wrong** *od.* **that this is wrong** ich gebe zu, dass dies falsch ist; **~ a claim** e-e Reklamation anerkennen; **5.** ⚖ a) für amtsfähig erklären, b) als rechtsgültig anerkennen; **6.** ⚙ zuführen, einlassen; **II** *v/i.* **7. ~ of** gestatten, *a. weitS. Zweifel etc.* zulassen: **it ~s of no excuse** es lässt sich nicht entschuldigen; **ad'mit·tance** [-təns] *s.* **1.** Zulassung *f*, Einlass *m*, Zutritt *m*: **no ~ (except on business)** Zutritt (für Unbefugte) verboten; **2.** Aufnahme *f*; **3.** ⚡ Admit'tanz *f*, Scheinleitwert *m*; **ad'mit·ted** [-tɪd] *adj.* □ anerkannt, zugegeben: **an ~ fact**; **an ~ thief** anerkanntermaßen ein Dieb; **ad'mit·ted·ly** [-tɪdlɪ] *adv.* anerkanntermaßen, zugegeben(ermaßen).

ad·mix [əd'mɪks] *v/t.* beimischen (**with** *dat.*); **ad'mix·ture** [-tʃə] *s.* Beimischung *f*, Mischung *f*; Zusatz(stoff) *m*.

ad·mon·ish [əd'mɒnɪʃ] **1.** *v/t.* (er-) mahnen, *j-m* dringend raten (**to** *inf.* zu *inf.*, **that** dass); **2.** *j-m* Vorhaltungen machen (**of** *od.* **about** wegen *gen.*); **3.** warnen (**not to** *inf.* davor, zu *inf. od.* **of** vor *dat.*): **he was ~ed not to go** er wurde davor gewarnt zu gehen; **ad·mo·ni·tion** [ˌædmə'nɪʃn] *s.* **1.** Ermahnung *f*; **2.** Warnung *f*, Verweis *m*; **ad'mon·i·to·ry** [-ɪtərɪ] *adj.* ermahnend, warnend.

ad nau·se·am [ˌæd 'nɔːzɪæm] (*Lat.*) *adv.* (bis) zum Erbrechen.

ad·noun ['ædnaʊn] *s. ling.* Attri'but *n*.

a·do [ə'duː] *s.* Getue *n*, Wirbel *m*, Mühe *f*: **much ~ about nothing** viel Lärm um nichts; **without more ~** ohne weitere Umstände.

a·do·be [ə'dəʊbɪ] *s.* Lehmstein(haus *n*) *m*, Luftziegel *m*, A'dobe *m*.

ad·o·les·cence [ˌædəʊ'lesns] *s.* jugendliches Alter, Adoles'zenz *f*; **ˌad·o'les·cent** [-nt] **I** *s.* Jugendliche(r *m*) *f*, Heranwachsende(r *m*) *f*; **II** *adj.* her'anwachsend, jugendlich; Jünglings...

A·do·nis [ə'dəʊnɪs] *npr. antiq. u. s. fig.* A'donis *m*.

a·dopt [ə'dɒpt] *v/t.* **1.** adoptieren, (an Kindes statt) annehmen: **~ out** *Am.* zur Adoption freigeben; **2.** *fig.* annehmen, über'nehmen, einführen, sich *ein Verfahren etc.* zu eigen machen; *Handlungsweise* wählen; *Maßregeln* ergreifen; **3.** *pol. e-r Gesetzesvorlage* zustimmen; **4. ~ a town** die Patenschaft für e-e Stadt über'nehmen; **5.** *pol. e-n Kandidaten (für die nächste Wahl)* annehmen; **6.** F sti'bitzen; **a'dopt·ed** [-tɪd] *adj. an Kindes statt* angenommen, Adoptiv...: **his ~ country** s-e Wahlheimat; **a'dop·tion** [-pʃn] *s.* **1.** Adopti'on *f*, Annahme *f* (an Kindes statt); **2.** Aufnahme *f in e-e Gemeinschaft*; **3.** *fig.* Annahme *f*, Aneignung *f*, 'Übernahme *f*, Wahl *f*; **a'dop·tive** [-tɪv] → **adopted**: **~ parents** Adoptiveltern.

a·dor·a·ble [ə'dɔːrəbl] *adj.* □ **1.** anbetungswürdig; liebenswert; **2.** allerliebst, entzückend; **ad·o·ra·tion** [ˌædə'reɪʃn] *s.* **1.** *a. fig.* Anbetung *f*, Verehrung *f*; **2.** *fig.* (innige) Liebe, (tiefe) Bewunderung; **a·dore** [ə'dɔː] *v/t.* **1.** anbeten (*a. fig.*); **2.** *fig.* (innig) lieben, (heiß) verehren, (tief) bewundern; **3.** schwärmen für; **a'dor·er** [-rə] *s.* Anbeter(in); Verehrer(in); Bewunderer *m*; **a'dor·ing** [-rɪŋ] *adj.* □ anbetend, bewundernd, schmachtend.

a·dorn [ə'dɔːn] *v/t.* **1.** schmücken, zieren (*a. fig.*); **2.** *fig.* verschöne(r)n, Glanz verleihen (*dat*); **a'dorn·ment** [-mənt] *s.* Schmuck *m*, Verzierung *f*, Zierde *f*, Verschönerung *f*.

ad·re·nal [ə'driːnl] *anat.* **I** *adj.* Nebennieren...: **~ gland** → **II** *s.* Nebennierendrüse *f*; **ad·ren·al·in** [ə'drenəlɪn] *s.* Adrena'lin *n*.

A·dri·at·ic [ˌeɪdrɪ'ætɪk] *geogr.* **I** *adj.* adri'atisch: **~ Sea** → **II** *s.* **the ~** das Adriatische Meer, die 'Adria.

a·drift [ə'drɪft] *adv. u. adj.* **1.** (um'her-) treibend, Wind und Wellen preisgegeben: **cut ~** treiben lassen; **2.** *fig.* aufs Geratewohl; hilflos: **be all ~** weder aus noch ein wissen; **cut o.s. ~** sich losreißen *od.* freimachen *od.* lossagen; **turn s.o. ~** j-n auf die Straße setzen.

a·droit [ə'drɔɪt] *adj.* □ geschickt, gewandt; schlagfertig, pfiffig.

ad·u·late ['ædjʊleɪt] *v/t.* *j-m* schmeicheln, lobhudeln; **ad·u·la·tion** [ˌædjʊ'leɪʃn] *s. niedere* Schmeiche'lei, Lobhude'lei *f*; **'ad·u·la·tor** [-tə] *s.* Schmeichler *m*, Speichellecker *m*; **'ad·u·la·to·ry** [-tərɪ] *adj.* schmeichlerisch, lobhudelnd.

a·dult ['ædʌlt] **I** *adj.* **1.** erwachsen; reif, *fig. a.* mündig; **2.** (nur) für Erwachsene: **~ film**; **~ education** Erwachsenenbildung *f*, *engS.* Volkshochschule *f*; **3.** ausgewachsen (*Tier, Pflanze*); **II** *s.* **4.** Erwachsene(r *m*) *f*.

a·dul·ter·ant [ə'dʌltərənt] *s.* Verfälschungsmittel *n*; **a·dul·ter·ate** [ə'dʌltəreɪt] *v/t.* **1.** *Nahrungsmittel* verfälschen; **2.** *fig.* verschlechtern, verderben; **a·dul·ter·a·tion** [əˌdʌltə'reɪʃn] *s.* Verfälschung *f*, verfälschtes Pro'dukt, Fälschung *f*; **a'dul·ter·er** [-rə] *s.* Ehebrecher *m*; **a'dul·ter·ess** [-rɪs] *s.* Ehebrecherin *f*; **a'dul·ter·ous** [-tərəs] *adj.* □

ehebrecherisch; **a'dul·ter·y** [-rɪ] *s.* Ehebruch *m.*

a·dult·hood ['ædʌlthʊd] *s.* Erwachsensein *n*, Erwachsenenalter *n.*

ad·um·brate ['ædʌmbreɪt] *v/t.* **1.** skizzieren, um'reißen, andeuten; **2.** 'hindeuten auf (*acc.*), vor'ausahnen lassen; **ad·um·bra·tion** [ˌædʌm'breɪʃn] *s.* Andeutung *f*: a) flüchtiger Entwurf, Skizze *f*, b) Vorahnung *f.*

ad va·lo·rem [ˌædvə'lɔːrem] (*Lat.*) *adj. u. adv.* dem Wert entsprechend: **~ duty** Wertzoll *m.*

ad·vance [əd'vɑːns] **I** *v/t.* **1.** vorwärts bringen, vorrücken (lassen), vorschieben; **2.** a) *Uhr, Fuß* vorstellen, b) *Zeitpunkt* vorverlegen, c) hin'aus-, aufschieben; **3.** *Meinung, Grund, Anspruch* vorbringen, geltend machen; **4.** a) fördern, verbessern: **~ one's position**, b) beschleunigen: **~ growth**; **5.** *pol. Am.* als Wahlhelfer fungieren in (*dat.*); **6.** erheben (*im Amt od. Rang*), befördern (**to the rank of general** zum General); **7.** *Preis* erhöhen; **8.** *Geld* vor'ausbezahlen; vorschießen, leihen; im Voraus liefern; **II** *v/i.* **9.** vorgehen, vorwärts gehen, vordringen, vormarschieren, vorrücken (*a. fig. Zeit*); **10.** vorankommen, Fortschritte machen: **~ in knowledge**; **11.** *im Rang* aufrücken, befördert werden; **12.** a) zunehmen (**in** an *dat.*), steigen, b) ✝ steigen (*Preis*); teurer werden (*Ware*); **13.** *pol. Am.* a) als Wahlhelfer fungieren, b) Wahlveranstaltungen vorbereiten (**for** für); **III** *s.* **14.** Vorwärtsgehen *n*, Vor-, Anrücken *n*, Vormarsch *m* (*a. fig.*); Vorrücken *n des Alters*; **15.** Aufrücken *n* (*im Amt*), Beförderung *f*; **16.** Fortschritt *m*, Verbesserung *f*; **17.** Vorsprung *m*: **in ~** a) voraus, b) vorn, c) im Voraus, vorher; **~ section** vorderer Teil; **be in ~** (e-n) Vorsprung haben (**of** vor *dat.*); **arrive in ~ of the others** vor den anderen ankommen; **order** (*od.* **book**) **in ~** vor(aus)bestellen; **~ booking** a) Vorbestellung *f*, Vorausbestellung *f*, b) Vorverkauf *m*; **~ censorship** Vorzensur *f*; **~ copy** *typ.* Vorausexemplar *n*; **~ publication** *typ.* Vorabdruck *m*; **18.** *a.* **~ payment** Vorschuss *m*, Vor'auszahlung *f*: **in ~** in pränumerando; **19.** (Preis)Erhöhung *f*, Mehrgebot *n* (*Versteigerung*); **20.** *mst pl.* Entgegenkommen *n*, Vorschlag *m*, erster Schritt (*zur Verständigung*): **make ~s to s.o.** a) j-m entgegenkommen, b) sich an j-n heranmachen, *bsd. e-r Frau* Avancen machen; **21.** ⚔ *Am.* Vorhut *f*, Spitze *f*: **~ guard** *a. Brit.* Vorhut *f*; **22.** *pol. Am.* Wahlhilfe *f*: **~ man** Wahlhelfer *m*; **ad'vanced** [-st] *adj.* **1.** vorgerückt (*Alter, Stunde*), vorgeschritten: **~ in pregnancy** hochschwanger; **2.** fortgeschritten (*Stadium etc.*); fortschrittlich, modern: **~ opinions**; **~ students**; **~ English** Englisch für Fortgeschrittene; **highly ~** hoch entwickelt (*Kultur, Technik*); **3.** gar zu fortschrittlich, ex'trem, kühn; **4.** ⚔ vorgeschoben, Vor(aus)...; **ad'vancement** [-mənt] *s.* **1.** Förderung *f*; **2.** Beförderung *f*; **3.** Em'por-, Weiterkommen *n*, Aufstieg *m*, Fortschritt *m*, Wachstum *n.*

ad·van·tage [əd'vɑːntɪdʒ] **I** *s.* **1.** Vorteil *m*: a) Über'legenheit *f*, Vorsprung *m*, b) Vorzug *m*: **to ~** günstig, vorteilhaft; **have an ~ over** *j-m* gegenüber im Vorteil sein; **you have the ~ of me** ich kenne leider Ihren (werten) Namen nicht; **2.** Nutzen *m*, Gewinn *m*: **take ~ of s.o.** j-n übervorteilen *od.* ausnutzen; **take ~ of s.th.** et. ausnutzen; **derive** *od.* **gain ~ from s.th.** aus et. Nutzen ziehen; **3.** günstige Gelegenheit; **4.** *Tennis etc.*: Vorteil *m*; **II** *v/t.* **5.** fördern, begünstigen; **ad·van·ta·geous** [ˌædvən'teɪdʒəs] *adj.* ☐ vorteilhaft, günstig, nützlich.

Ad·vent ['ædvənt] *s.* **1.** *eccl.* Ad'vent *m*, Ad'ventszeit *f*; **2.** ♀ Kommen *n*, Erscheinen *n*, Ankunft *f*; **'Ad·vent·ist** [-tɪst] *s.* Adven'tist *m*; **ˌad·ven'ti·tious** [-'tɪʃəs] *adj.* ☐ **1.** (zufällig) hin'zugekommen; zufällig, nebensächlich: **~ causes** Nebenursachen; **2.** ⚘, ⚖ zufällig erworben.

ad·ven·ture [əd'ventʃə] **I** s. **1.** Abenteuer *n*: a) Wagnis *n*: **life of ~** Abenteurerleben *n*, b) (tolles) Erlebnis, c) ✝ Spekulati'onsgeschäft *n*; **~ playground** Abenteuerspielplatz *m*; **II** *v/t.* **2.** wagen, gefährden; **3. ~ o.s.** sich wagen (**into** in *acc.*); **III** *v/i.* **4.** sich wagen (**on, upon** in, auf *acc.*); **ad'ven·tur·er** [-tʃərə] *s.* Abenteurer *m*: a) Wagehals *m*, b) Glücksritter *m*, Hochstapler *m*, c) Speku'lant *m*; **ad'ven·ture·some** [-tʃəsəm] *adj.* → **adventurous**; **ad'ven·tur·ess** [-tʃərɪs] *s.* Abenteu(r)erin *f* (*a. fig. b.s.*); **ad'ven·tur·ism** [-tʃərɪzəm] *s.* Abenteurertum *n*; **ad'ven·tur·ous** [-tʃərəs] *adj.* ☐ **1.** abenteuerlich: a) waghalsig, verwegen, b) gewagt, kühn (*Sache*); **2.** abenteuerlustig.

ad·verb ['ædvɜːb] *s.* Ad'verb *n*, Umstandswort *n*; **ad·ver·bi·al** [əd'vɜːbjəl] *adj.* ☐ adverbi'al: **~ phrase** adverbiale Bestimmung.

ad·ver·sar·y ['ædvəsərɪ] *s.* **1.** Gegner (-in), 'Widersacher(in); **2.** ♀ *eccl.* Teufel *m*; **ad·ver·sa·tive** [əd'vɜːsətɪv] *adj.* ☐ *ling.* gegensätzlich, adversa'tiv: **~ word**; **ad·verse** ['ædvɜːs] *adj.* ☐ **1.** entgegenwirkend, zu'wider, widrig (**to** *dat.*): **~ winds** widrige Winde; **2.** gegnerisch, feindlich: **~ party** Gegenpartei *f*; **3.** ungünstig, nachteilig (**to** für): **~ decision**; **~ balance of trade** passive

Handelsbilanz; ***have an ~ effect*** (***up***)***on***, ***affect ~ly*** sich nachteilig auswirken auf (*acc.*); **4.** ⚖ entgegenstehend: ***~ claim***; **ad·ver·si·ty** [əd'vɜːsətɪ] *s.* Missgeschick *n*, Not *f*, Unglück *n*.

ad·vert I *v/i.* [əd'vɜːt] hinweisen, sich beziehen (***to*** auf *acc.*); **II** *s.* ['ædvɜːt] *Brit.* F *für* ***advertisement***.

ad·ver·tise, *Am. a.* **ad·ver·tize** ['ædvətaɪz] **I** *v/t.* **1.** ankündigen, anzeigen, *durch die Zeitung etc.* bekannt machen: ***~ a post*** eine Stellung *öffentlich* ausschreiben; **2.** *fig.* ausposaunen: ***you need not ~ the fact*** *a.* du brauchst es nicht an die große Glocke zu hängen; **2.** *durch Zeitungsanzeige etc.* Re'klame machen für, werben für; **II** *v/i.* **3.** inserieren, annoncieren, öffentlich ankündigen: ***~ for*** durch Inserat suchen; **4.** werben, Reklame machen; **ad·ver·tise·ment** [əd'vɜːtɪsmənt] *s.* **1.** *öffentliche* Anzeige, Ankündigung *f in e-r Zeitung*, Inse'rat *n*, An'nonce *f*: ***put an ~ in a paper*** ein Inserat in e-r Zeitung aufgeben; **2.** Re'klame *f*, Werbung *f*; **'ad·ver·tis·er** [-zə] *s.* **1.** Inse'rent(in); **2.** Werbeträger *m*; **3.** Werbefachmann *m*; **4.** Anzeiger *m*, Anzeigenblatt *n*; **'ad·ver·tis·ing** [-zɪŋ] **I** *s.* **1.** Inserieren *n*; Ankündigung *f*; **2.** Reklame *f*, Werbung *f*; **II** *adj.* **3.** Reklame..., Werbe...: ***~ agency*** Werbeagentur *f*; ***~ agent*** a) Anzeigenvertreter *m*, b) Werbeagent *m*; ***~ appeal*** Werbekraft *f*; ***~ campaign*** Werbefeldzug *m*; ***~ expert*** Werbefachmann *m*; ***~ media*** Werbeträger, -medien *pl.*; ***~ message*** Werbebotschaft *f*; ***~ space*** Reklamefläche *f*; **'ad·ver·tize** *etc.* → ***advertise*** *etc.*

ad·vice [əd'vaɪs] *s.* **1.** (*a.* ***piece of***) Rat(schlag) *m*; Ratschläge *pl.*: ***at*** (*od.* ***on***) ***s.o.'s ~*** auf j-s Rat hin; ***take medical ~*** e-n Arzt zurate ziehen; ***take my ~*** folge meinem Rat; **2.** Nachricht *f*, Anzeige *f*, (schriftliche) Mitteilung; **3.** ✝ A'vis *m*, Bericht *m*: ***letter of ~*** Benachrichtigungsschreiben *n*; ***as per ~*** laut Aufgabe *od.* Bericht.

ad·vis·a·bil·i·ty [ədˌvaɪzə'bɪlətɪ] *s.* Ratsamkeit *f*; **ad·vis·a·ble** [əd'vaɪzəbl] *adj.* □ ratsam; **ad·vis·a·bly** [əd'vaɪzəblɪ] *adv.* ratsamerweise.

ad·vise [əd'vaɪz] **I** *v/t.* **1.** *j-m* raten *od.* empfehlen (***to*** *inf.* zu *inf.*); *et.* (an)raten; *j-n* beraten: ***he was ~d to go*** man riet ihm zu gehen; **2.** ***~ against*** warnen vor (*dat.*); *j-m* abraten von; **3.** ✝ benachrichtigen (***of*** von, ***that*** dass), avisieren (***s.o. of s.th.*** j-m et.); **II.** *v/i.* **4.** sich beraten (***with*** mit); **ad'vised** [-zd] *adj.* □ **1.** beraten: ***badly ~***; **2.** wohl bedacht, über'legt; → ***ill-advised***; ***well--advised***; **ad'vis·ed·ly** [-zɪdlɪ] *adv.* **1.** mit Bedacht *od.* Über'legung; **2.** vorsätzlich, absichtlich; **ad'vis·er** *od.* **ad'vi·sor** [-zə] *s.* **1.** Berater *m*, Ratgeber *m*; **2.** *ped. Am.* 'Studienberater *m*; **ad'vi·so·ry** [-zərɪ] *adj.* beratend, Beratungs...: ***~ board***, ***~ committee*** Beratungsausschuss *m*, Beirat *m*, Gutachterkommission *f*; ***~ body***, ***~ council*** Beirat *m*; → ***capacity*** 6.

ad·vo·ca·cy ['ædvəkəsɪ] *s.* (***of***) Befürwortung *f*, Empfehlung *f* (*gen.*), Eintreten *n* (für); **ad·vo·cate I** *s.* ['ædvəkət] **1.** Verfechter *m*, Befürworter *m*, Verteidiger *m*, Fürsprecher *m*: ***an ~ of peace***; **2.** *Scot. u. hist.* Advo'kat *m*, (plädierender) Rechtsanwalt: ***Lord*** ~ Oberster Staatsanwalt; **3.** *Am.* Rechtsbeistand *m*; **II** *v/t.* ['ædvəkeɪt] **4.** verteidigen, befürworten, eintreten für.

adze [ædz] *s.* Breitbeil *n*.

Ae·ge·an [iː'dʒiːən] *geogr.* **I** *adj.* ä'gäisch: ***~ Sea*** Ägäisches Meer; **II** *s.* ***the ~*** die Ä'gäis.

ae·gis ['iːdʒɪs] *s. myth.* 'Ägis *f*; *fig.* Ä'gide *f*, Schirmherrschaft *f*: ***under the ~ of***.

Ae·o·li·an [iː'əʊljən] *adj.* ä'olisch: ***~ harp*** Äolsharfe *f*.

ae·on ['iːən] *s.* Ä'one *f*; Ewigkeit *f*.

aer·ate ['eɪəreɪt] *v/t.* **1.** (*a.* ⚙ be- *od.* 'durch- *od.* ent)lüften; **2.** a) mit Kohlensäure sättigen, b) zum Sprudeln bringen; **3.** ⚕ *dem Blut* Sauerstoff zuführen.

aer·i·al ['eərɪəl] **I** *adj.* □ **1.** Luft..., in der Luft lebend *od.* befindlich, fliegend, hoch: ***~ advertising*** Luftwerbung *f*, Himmelsschrift *f*; ***~ cableway*** Seilschwebebahn *f*; ***~ camera*** Luftbildkamera *f*; ***~ railway*** Hänge-, Schwebebahn *f*; ***~ spires*** hochragende Kirchtürme; **2.** aus Luft bestehend, leicht, gasförmig, flüchtig; **3.** ä'therisch, zart: ***~ fancies*** Fantastereien; **4.** ✈ Flug(zeug)..., Luft..., Flieger...: ***~ attack*** Luft-, Fliegerangriff *m*; ***~ barrage*** a) (Luft)Sperr-, Flakfeuer *n*, b) Ballonsperre *f*; ***~ combat*** Luftkampf *m*; ***~ map*** Luftbildkarte *f*; ***~ navigation*** Luftschifffahrt *f*; ***~ survey*** Luftbildvermessung *f*; ***~ view*** Flugzeugaufnahme *f*, Luftbild *n*; **5.** ⚙ oberirdisch, Ober..., Frei..., Luft...: ***~ cable*** Luftkabel *n*; ***~ wire*** ⚡ Ober-, Freileitung *f*; **6.** ⚡, *Radio, TV*: Antennen...: ***~ wire***; **II** *s.* **7.** ⚡, *Radio, TV*: An'tenne *f*; **'aer·i·al·ist** [-lɪst] *s.* Tra'pezkünstler *m*.

aer·ie, *Am. a.* **aër·ie** ['eərɪ] *s.* **1.** Horst *m* (*Raubvogelnest*); **2.** *fig.* Adlerhorst *m* (*hoch gelegener Wohnsitz etc.*).

aer·o ['eərəʊ] **I** *pl.* **-os** *s.* Flugzeug *n*, Luftschiff *n*; **II** *adj.* Luft(schiffahrt)..., Flug(zeug)...: ***~ engine***.

aero- [eərəʊ] *in Zssgn*: Aëro..., Luft...

aer·o·bat·ics [ˌeərəʊ'bætɪks] *s. pl. sg. konstr.* Kunstflug *m*.

aer·o·bic [eə'rəʊbɪk] *adj. biol.* ae'rob.

'aer·o·bics [eə'rəʊbɪks] *pl. sg. konstr.* Ae'robic *n.*
aer·o·drome ['eərədrəʊm] *s. bsd. Brit.* Flugplatz *m.*
aer·o|·dy·nam·ic [ˌeərəʊdaɪ'næmɪk] **I** *adj.* □ aerody'namisch, Stromlinien...; **II** *s. pl. sg. konstr.* Aerody'namik *f*; **'~·dyne** [-əʊdaɪn] *s.* Luftfahrzeug *n* schwerer als Luft; **'~·foil** [-əʊfɔɪl] *s. Brit.* Tragfläche *f*, *a.* Höhen-, Kiel- *od.* Seitenflosse *f*; **'~·gram** [-əʊgræm] *s.* **1.** Funkspruch *m*; **2.** Luftpostleichtbrief *m*; **'~·lite** [-əʊlaɪt] *s.* Aero'lith *m*, Mete'orstein *m.*
aer·ol·o·gy [eə'rɒlədʒɪ] *s. phys.* **1.** Aerolo'gie *f*, Erforschung *f* der höheren Luftschichten; **2.** aero'nautische Wetterkunde; **aer·o·med·i·cine** [ˌeərəʊ'medsɪn] *s.* 'Aero-, 'Luftfahrtmediˌzin *f*; **aer'om·e·ter** [-'ɒmɪtə] *s. phys.* Aero'meter *m*, Luftdichtemesser *m.*
aer·o|·naut ['eərənɔːt] *s.* Aero'naut *m*, Luftschiffer *m*; **~·nau·tic**, **~·nau·ti·cal** [ˌeərə'nɔːtɪk(l)] *adj.* □ aero'nautisch, Flug...; **~·nau·tics** [ˌeərə'nɔːtɪks] *s. pl. sg. konstr.* Aero'nautik *f*: a) *obs.* Luftfahrt *f*, b) Luftfahrtkunde *f*; **~·plane** ['eərəpleɪn] *s. bsd. Brit.* Flugzeug *n*; **~·sol** ['eərəʊsɒl] *s.* **1.** ⚗ Aero'sol *n*; **2.** Spraydose *f*; **~·space** ['eərəʊspeɪs] **I** *s.* Weltraum *m*; **II** *adj.* a) Raumfahrt..., b) (Welt)Raum...; **~·stat** ['eərəʊstæt] *s.* Luftfahrzeug *n* leichter als Luft; **~·stat·ic**, **~·stat·i·cal** [ˌeərəʊ'stætɪk(l)] *adj.* □ aero'statisch; **~·stat·ics** [ˌeərəʊ'stætɪks] *s. pl. sg. konstr.* Aero'statik *f.*
Aes·cu·la·pi·an [ˌiːskjʊ'leɪpjən] *adj.* **1.** Äskulap...; **2.** ärztlich.
aes·thete ['iːsθiːt] *s.* Äs'thet *m*; **aes·thet·ic**, **aes·thet·i·cal** [iːs'θetɪk(l)] *adj.* □ äs'thetisch; **aes·thet·i·cism** [iːs'θetɪsɪzəm] *s.* **1.** Ästheti'zismus *m*; **2.** Schönheitssinn *m*; **aes·thet·ics** [iːs'θetɪks] *s. pl. sg. konstr.* Äs'thetik *f.*
aes·ti·val [iː'staɪvl] *adj.* sommerlich.
ae·ther *etc.* → **ether** *etc.*
a·far [ə'fɑː] *adv.* fern: ***~ off*** in der Ferne; ***from ~*** von fern, weither, von weit her.
af·fa·bil·i·ty [ˌæfə'bɪlətɪ] *s.* Leutseligkeit *f*, Freundlichkeit *f*; **af·fa·ble** ['æfəbl] *adj.* □ leutselig, freundlich, 'umgänglich.
af·fair [ə'feə] *s.* **1.** Angelegenheit *f*, Sache *f*: ***a disgraceful ~***; ***that is his ~*** das ist seine Sache; ***that is not my ~*** das geht mich nichts an; ***make an ~ of s.th.*** et. aufbauschen; ***my own ~*** meine (eigene) Angelegenheit, meine Privatsache; ***~ of honour*** Ehrensache *f*, -handel *m*; **2.** *pl.* Angelegenheiten *pl.*, Verhältnisse *pl.*: ***public ~s*** öffentliche Angelegenheiten; ***state of ~s*** Lage *f* der Dinge, Sachlage *f*; → ***foreign*** 1; **3.** Af'färe *f*: a) Ereignis *n*, b) Skan'dal *m*, c) (Liebes)Verhältnis *n*; **4.** F Ding *n*, Sache *f*, ‚Appa'rat' *m*: ***the car was a shiny ~.***
af·fect[1] [ə'fekt] *v/t.* **1.** lieben, e-e Vorliebe haben für, neigen zu, be'vorzugen: ***~ bright colo(u)rs*** lebhafte Farben bevorzugen; ***much ~ed by*** sehr beliebt bei; **2.** zur Schau tragen, erkünsteln, nachahmen: ***he ~s an Oxford accent*** er redet mit gekünstelter Oxforder Aussprache; ***he ~s the freethinker*** er spielt den Freidenker; **3.** vortäuschen: ***~ ignorance***; ***~ a limp*** so tun, als hinke man; **4.** bewohnen, vorkommen in (*dat.*) (*Tiere u. Pflanzen*).
af·fect[2] [ə'fekt] *v/t.* **1.** betreffen: ***that does not ~ me***; **2.** (ein- *od.* sich aus-) wirken auf (*acc.*), beeinflussen, beeinträchtigen, in Mitleidenschaft ziehen, ⚕ *a.* angreifen, befallen: ***~ the health***; **3.** bewegen, rühren, ergreifen.
af·fec·ta·tion [ˌæfek'teɪʃn] *s.* **1.** Affektiertheit *f*, Gehabe *n*; **2.** Verstellung *f*; **3.** Vorliebe (***of*** für).
af·fect·ed[1] [ə'fektɪd] *adj.* □ **1.** affektiert, gekünstelt, geziert; **2.** angenommen, vorgetäuscht; **3.** geneigt, gesinnt.
af·fect·ed[2] [ə'fektɪd] *adj.* **1.** ⚕ befallen (***with*** von *Krankheit*), angegriffen (*Augen etc.*); **2.** betroffen, berührt; **3.** gerührt, bewegt, ergriffen.
af·fect·ing [ə'fektɪŋ] *adj.* □ ergreifend; **af'fec·tion** [-kʃn] *s.* **1.** *oft pl.* Liebe *f*, (Zu)Neigung *f* (***for***, ***towards*** zu); **2.** Gemütsbewegung *f*, Stimmung *f*; **3.** ⚕ Erkrankung *f*, Leiden *n*; **4.** Einfluss *m*, Einwirkung *f*; **af'fec·tion·ate** [-kʃnət] *adj.* □ gütig, liebevoll, herzlich, zärtlich; **af'fec·tion·ate·ly** [-kʃnətlɪ] *adv.*: ***yours ~*** dein dich liebender (*Briefschluss*); ***~ known as Pat*** unter dem Kosenamen Pat bekannt.

Common first names and their affectionate forms –
Vornamen und ihre Koseformen

Vollform	*Koseform*
Amanda	**Mandy**
Andrew	**Andy**
Anthony ['æntənɪ, *bsd. Am.* 'ænθənɪ]	**Tony**
Catherine ['kæθrɪn]	**Cathy, Kathy, Katy, Kate, Kath**
Charles	**Charlie, Charly, Chuck**

Christine ['krɪstiːn, krɪ'stiːn]	**Chris**
Christopher ['krɪstəfə]	**Chris**
David	**Dave**
Deborah ['debərə]	**Debby**
Douglas	**Doug**
Edward	**Ed, Eddie, Eddy, Ted**
Elizabeth [ɪ'lɪzəbəθ]	**Liz, Lizzie, Beth, Betty**
Geoffrey ['dʒefrɪ]	**Geoff**
Harold	**Harry**
Jacqueline ['dʒæk(ə)liːn]	**Jacky**
James	**Jim, Jimmy**
Joseph ['dʒəʊzɪf]	**Joe**
Leonard ['lenəd]	**Len, Lenny**
Margaret	**Maggie**
Marjorie	**Marje** [mɑːdʒ]
Michael ['maɪkl]	**Mike**
Nicholas ['nɪkələs]	**Nick**
Nicola ['nɪkələ]	**Nicky**
Pamela ['pæmələ]	**Pam**
Patricia	**Pat, Tricia, Trisha, Trish**
Raymond ['reɪmənd]	**Ray**
Richard ['rɪtʃəd]	**Dick, Rick**
Robert	**Bob. Bobby**
Rodney	**Rod**
Ronald ['rɒnld]	**Ron, Ronnie**
Rosemary ['rəʊzmərɪ]	**Rosie**
Thomas ['tɒməs]	**Tom, Tommy**
Timothy ['tɪməθɪ]	**Tim, Timmy**
William	**Bill, Billy**

af·fi·ci·o·na·do → ***aficionado***.

af·fi·ance [ə'faɪəns] **I** *s.* **1.** Vertrauen *n*; **2.** Eheversprechen *n*; **II** *v/t.* **3.** *j-n od. sich* verloben (***to*** mit).

af·fi·ant [ə'faɪənt] *s. Am.* Aussteller (-in) e-s ***affidavit***.

af·fi·da·vit [ˌæfɪ'deɪvɪt] *s.* ⚖ *schriftliche* beeidigte Erklärung: **~ *of means*** Offenbarungseid *m*.

af·fil·i·ate [ə'fɪlɪeɪt] **I** *v/t.* **1.** *als Mitglied* aufnehmen; **2.** *j-m* die Vaterschaft *e-s Kindes* zuschreiben: **~ *a child on*** (*od.* ***to***); **3.** (***on, upon***) zu'rückführen (auf *acc.*), zuschreiben (*dat.*); **4.** (***to***) verknüpfen, verbinden (mit); angliedern, anschließen (*dat.*, an *acc.*); **II** *v/i.* **5.** sich anschließen (***with*** an *acc.*); **III** *s.* [-ɪɪt] **6.** *Am.* 'Zweigorganisatiˌon *f*, Tochtergesellschaft *f*; **af'fil·i·at·ed** [-tɪd] *adj.* angeschlossen: **~ *company*** Tochter-, Zweiggesellschaft *f*; **af·fil·i·a·tion** [əˌfɪlɪ'eɪʃn] *s.* **1.** Aufnahme *f* (*als Mitglied etc.*); **2.** Zuschreibung *f* der Vaterschaft; **3.** Zu'rückführung *f* (*auf den Ursprung*); **4.** Angliederung *f*; **5.** *oft eccl.* Zugehörigkeit *f*, Mitgliedschaft *f*.

af·fin·i·ty [ə'fɪnətɪ] *s.* **1.** ⚖ Schwägerschaft *f*; **2.** *fig.* a) (Wesens)Verwandtschaft *f*, Affini'tät *f*, b) (Wahl-, Seelen-) Verwandtschaft *f*, gegenseitige Anziehung; **3.** ⚗ Affini'tät *f*, stofflich-'chemische Verwandtschaft.

af·firm [ə'fɜːm] *v/t.* **1.** versichern, beteuern; **2.** bekräftigen; ⚖ *Urteil* bestätigen; **3.** ⚖ an Eides statt versichern; **af·fir·ma·tion** [ˌæfɜː'meɪʃn] *s.* **1.** Versicherung *f*, Beteuerung *f*; **2.** Bestätigung *f*, Bekräftigung *f*; **3.** ⚖ Versicherung *f* an Eides statt; **af'firm·a·tive** [-mətɪv] **I** *adj.* ☐ **1.** bejahend, zustimmend, positiv; **2.** positiv, bestimmt: **~ *action*** *Am.* Aktion *f* gegen die Diskriminierung von Minderheitsgruppen; **II** *s.* **3.** Bejahung *f*: ***answer in the* ~** bejahen.

af·fix **I** *v/t.* [ə'fɪks] **1.** (***to***) befestigen, anbringen (an *dat.*), anheften, ankleben (an *acc.*); **2.** (***to***) beilegen, -fügen (*dat.*), hin'zufügen (zu); *Siegel* anbringen (an *dat.*); *Unterschrift* setzen (unter *acc.*); **II** *s.* ['æfɪks] **3.** *ling.* Af'fix *n*, Anhang *m*, Hin'zufügung *f*.

af·flict [ə'flɪkt] *v/t.* betrüben, quälen, plagen, heimsuchen; **af'flict·ed** [-tɪd] *adj.* **1.** niedergeschlagen, betrübt; **2.** (***with***) leidend (an *dat.*); belastet, behaftet (mit), geplagt (von); **af'flic·tion** [-kʃn] *s.* **1.** Betrübnis *f*, Kummer *m*; **2.** a) Gebrechen, b) *pl.* Beschwerden; **3.** Elend *n*, Not *f*; Heimsuchung *f*.

af·flu·ence ['æfluəns] *s.* **1.** Fülle *f*, 'Überfluss *m*; **2.** Reichtum *m*, Wohlstand *m*: ***demoralization by* ~** Wohlstandsverwahrlosung *f*; **'af·flu·ent** [-nt] **I** *adj.* ☐ **1.** reichlich; **2.** wohlhabend, reich (***in*** an *dat.*): **~ *society*** Wohlstandsgesellschaft *f*; **II** *s.* **3.** Nebenfluss *m*; **af·flux** ['æflʌks] *s.* **1.** Zufluss *m*, Zustrom *m* (*a. fig.*); **2.** ⚕ (Blut-) Andrang *m*.

af·ford [ə'fɔːd] *v/t.* **1.** gewähren, bieten; *Schatten* spenden; *Freude* bereiten; **2.** *als Produkt* liefern; **3.** sich leisten, sich erlauben, die Mittel haben für; *Zeit* erübrigen: ***I can't ~ it*** ich kann es mir nicht leisten (*a. fig.*); **af'ford·a·ble** *adj.* erschwinglich.

af·for·est·a·tion [æˌfɒrɪ'steɪʃn] *s.* Aufforstung *f*.

af·fran·chise [ə'frænt*ʃ*aɪz] *v/t.* befreien (***from*** aus).

af·fray [ə'freɪ] *s.* **1.** Schläge'rei *f*, Kra'wall *m*; **2.** ⚖ Raufhandel *m*.

af·freight [ə'freɪt] *v/t.* ⚓ chartern, befrachten.

af·fri·cate ['æfrɪkət] *s. ling.* Affri'kata *f* (*Verschlusslaut mit folgendem Reibelaut*).

af·front [ə'frʌnt] **I** *v/t.* **1.** beleidigen, beschimpfen; **2.** trotzen (*dat.*); **II** *s.* **3.** Beleidigung *f*, Af'front *m*.

Af·ghan ['æfgæn] **I** *s.* **1.** Af'ghane *m*, Af'ghanin *f*; **2.** Af'ghan *m* (*Teppich*); **II** *adj.* **3.** af'ghanisch.

a·fi·ci·o·na·do [əˌfɪsjə'nɑːdəʊ] *s.* (*Span.*) begeisterter Anhänger *m*, ‚Fan' *m*.

a·field [ə'fiːld] *adv.* **1.** a) im *od.* auf dem Feld, b) ins *od.* aufs Feld; **2.** in der *od.* in die Ferne, draußen, hin'aus: ***far ~*** weit entfernt; **3.** *bsd. fig.* in die Irre: ***lead s.o. ~***; ***quite ~*** a) auf dem Holzweg(e) (*Person*), b) ganz falsch (*Sache*).

a·fire [ə'faɪə] *adv. u. adj.* brennend, in Flammen: ***all ~*** *fig.* Feuer und Flamme.

a·flame [ə'fleɪm] → ***afire***.

a·float [ə'fləʊt] *adv. u. adj.* **1.** flott, schwimmend: ***keep ~*** (sich) über Wasser halten (*a. fig.*); **2.** an Bord, auf See; **3.** in 'Umlauf; **4.** im Gange; **5.** über'schwemmt.

a·foot [ə'fʊt] *adv. u. adj.* **1.** zu Fuß, auf den Beinen; **2.** *fig.* a) im Gange, b) im Anzug, im Kommen.

a·fore [ə'fɔː] *obs.* **I** *prp.* vor; **II** *adv.* (nach) vorn; **III** *cj.* ehe, bevor; **~·men·tioned** [əˌfɔː'menʃənd], **~·said** [ə'fɔːsed] *adj.* oben erwähnt, oben genannt; **~·thought** [ə'fɔːθɔːt] *adj.* vorbedacht; → ***malice*** 3.

a·fraid [ə'freɪd] *adj.*: ***be ~*** Angst haben, sich fürchten (***of*** vor *dat.*); ***I am ~ (that) he will not come*** ich fürchte, er wird nicht kommen; ***I am ~ I must go*** F leider muss ich gehen; ***I'm ~ so*** leider ja!; ***I shall tell him, don't be ~!*** F (nur) keine Angst, ich werde es ihm sagen!; **~ *of hard work*** F arbeitsscheu; ***be ~ to do*** sich scheuen zu tun.

a·fresh [ə'freʃ] *adv.* von neuem, von vorn: ***start ~***.

Af·ri·can ['æfrɪkən] **I** *s.* **1.** Afri'kaner (-in); **II** *adj.* **2.** afri'kanisch; **3.** afri'kanischer Abstammung, Neger...; **~ A·mer·i·can** *s.* 'Afroameriˌkaner(in); **ˌ~-'A·mer·i·can** *adj.* 'afroameriˌkanisch.

Af·ri·kaans [ˌæfrɪ'kɑːns] *s. ling.* Afri'kaans(ch) *n*, Kapholländisch *n*; **ˌAf·ri·'kan·(d)er** [-'kæn(d)ə] *s.* Afri'kander *m* (*Weißer mit Afrikaans als Muttersprache*).

Af·ro ['æfrəʊ] *pl.* **-ros** *s.* **1.** Afrolook *m*; **2.** *a.* **~ *hairdo*** 'Afrofriˌsur *f*.

ˌAf·ro|-A'mer·i·can [ˌæfrəʊ-] *s.* Afroameri'kaner(in); **ˌ~-'A·sian** *adj.* 'afroasi'atisch.

aft [ɑːft] *adv.* ⚓ (nach) achtern.

af·ter ['ɑːftə] **I** *prp.* **1.** nach: **~ *lunch***; **~ *a week***; ***day ~ day*** Tag für Tag; ***the day ~ tomorrow*** übermorgen; ***the month ~ next*** der übernächste Monat; **~ *all*** schließlich, im Grunde, immerhin, (also) doch; **~ *all my trouble*** nach *od.* trotz all meiner Mühe; → ***look after*** *etc.*; **2.** hinter ... (*dat.*) (her): ***I came ~ you***; ***shut the door ~ you***; ***the police are ~ you*** die Polizei ist hinter dir her; **~ *you, sir!*** nach Ihnen!; ***one ~ another*** nacheinander; **3.** nach, gemäß: ***named ~ his father*** nach s-m Vater genannt; **~ *my own heart*** ganz nach m-m Herzen *od.* Wunsch; ***a picture ~ Rubens*** ein Gemälde nach (*im Stil von*) Rubens; **II** *adv.* **4.** nach'her, hinter'her, da'nach, später: ***follow ~*** nachfolgen; ***for months ~*** noch monatelang; ***shortly ~*** kurz danach; **III** *adj.* **5.** später, künftig, Nach...: ***in ~ years***; **6.** ⚓ Achter...; **IV** *cj.* **7.** nach'dem: **~ *he (had) sat down***; **V** *s. pl.* **8.** *Brit.* F Nachspeise *f*: ***for ~s*** zum Nachtisch; **'~·birth** *s.* ⚕ Nachgeburt *f*; **'~ˌburn·er** *s.* ✈ Nachbrenner *m*; **'~-ˌcab·in** *s.* ⚓ 'Heckkaˌbine *f*; **'~·care** *s.* **1.** ⚕ Nachbehandlung *f*; **2.** ⚖ Resozialisierungshilfe *f*; **'~·crop** *s.* Nachernte *f*; **'~·death** → ***afterlife*** 1; **'~·deck** *s.* ⚓ Achterdeck *n*; **'~-ˌdin·ner** *adj.* nach Tisch: **~ *speech*** Tischrede *f*; **'~·efˌfect** [-ərɪ-] *s.* Nachwirkung *f* (*a.* ⚕), Folge *f*; **'~·glow** *s.* **1.** Nachglühen *n* (*a.* ⚙ *u. fig.*); **2.** a) Abendrot *n*, b) Alpenglühen *n*; **'~·hold** *s.* ⚓ Achterraum *m*; **'~--hours** *s. pl.* Zeit *f* nach Dienstschluss: **~ *dealing*** Nachbörse *f*; **'~·life** *s.* **1.** Leben *n* nach dem Tode; **2.** (zu)künftiges Leben; **'~·math** [-mæθ] *s.* **1.** ✓ Grummet *n*, Spätheu *n*; **2.** *fig.* Nachwirkungen *pl.*; **ˌ~'noon** *s.* Nachmittag *m*: ***in the ~*** am Nachmittag, nachmittags; ***this ~*** heute Nachmittag; **~ *of life*** Herbst *m* des Lebens; → ***good*** 1; **'~·pains** *s. pl.* ⚕ Nachwehen *pl.*; **'~·play** *s.* (sexu'elles) Nachspiel; **'~--sales serv·ice** *s.* ✝ Kundendienst *m*; **'~-ˌsea·son** *s.* 'Nachsaiˌson *f*; **'~·shave lo·tion** *s.* Aftershave-Lotion *f*, Rasierwasser *n*; '**~·shock** *s.* Nachbeben *n*; '**~·taste** *s.* Nachgeschmack *m* (*a. fig.*); **~ tax** *adj.* ✝ nach Abzug der Steuern, *a.* Netto...; '**~·thought** *s.* nachträglicher Einfall: ***as an ~*** nachträglich; '**~-ˌtreat·ment** *s.* ⚕, ⚙ Nachbehandlung *f.*

af·ter|·ward ['ɑːftəwəd] *Am.*, '**~·wards** [-dz] *adv.* später, nach'her, hinter'her; '**~·years** *s. pl.* Folgezeit *f.*

a·gain [ə'gen] *adv.* **1.** 'wieder(um), von neuem, aber-, nochmals: ***come ~!*** komm wieder!; ***~ and ~*** immer wieder; ***now and ~*** hin und wieder; ***be o.s. ~*** wieder gesund *od.* der Alte sein; **2.** schon wieder: ***that fool ~*** schon wieder dieser Narr!; ***what's his name ~?*** F wie heißt er doch schnell?; **3.** außerdem, ferner; **4.** noch einmal: ***as much ~*** noch einmal so viel; ***half as much ~*** anderthalbmal so viel; **5.** *a.* ***then ~*** andererseits, da'gegen, aber: ***these ~ are more expensive.***

a·gainst [ə'genst] *prp.* **1.** gegen, wider, entgegen: ***~ the law***; ***run (up) ~ s.o.*** j-n zufällig treffen; **2.** gegen, gegen'über: ***my rights ~ the landlord***; ***over ~ the town hall*** gegenüber dem Rathaus; **3.** auf ... (*acc.*) zu, an (*dat. od. acc.*), vor (*dat. od. acc.*), gegen: ***~ the wall***; **4.** *a.* ***as ~*** verglichen mit, gegenüber; **5.** in Erwartung (*gen.*), für.

a·gamic [ˌeɪ'gæmɪk] *adj. biol.* a'gam, geschlechtslos.

a·gape [ə'geɪp] *adv. u. adj.* gaffend, mit offenem Munde (*vor Staunen*).

a·gar·ic ['ægərɪk] *s.* ⚘ Blätterpilz *m*, -schwamm *m*; → ***fly agaric.***

ag·ate ['ægət] *s.* **1.** *min.* A'chat *m*; **2.** *Am.* bunte Glasmurmel; **3.** *typ. Am.* Pa'riser Schrift *f.*

a·ga·ve [ə'geɪvɪ] *s.* ⚘ A'gave *f.*

age [eɪdʒ] **I** *s.* **1.** (Lebens)Alter *n*, Altersstufe *f*: ***what is his ~*** *od.* ***what ~ is he?*** wie alt ist er?; ***ten years of ~*** 10 Jahre alt; ***at the ~ of*** im Alter von; ***at his ~*** in seinem Alter; ***be over ~*** über der Altersgrenze liegen; ***act one's ~*** sich s-m Alter entsprechend benehmen; ***be your ~!*** sei kein Kindskopf!; ***a girl your ~*** ein Mädchen deines Alters; ***he does not look his ~*** man sieht ihm sein Alter nicht an; **2.** (Zeit *f* der) Reife: ***full ~*** Volljährigkeit *f*; ***(come) of ~*** mündig *od.* volljährig (werden); ***under ~*** minderjährig; **3.** *a.* ***old ~*** Alter *n*: ***~ before beauty*** Alter kommt vor Schönheit; **4.** Zeit *f*, Zeitalter *n*; Menschenalter *n*, Generati'on *f*: ***Ice*** ♎ Eiszeit *f*; ***the ~ of Queen Victoria***; ***in our ~*** in unserer (*od.* der heutigen) Zeit; ***down the ~s*** durch die Jahrhunderte; **5.** *oft pl.* F lange Zeit, Ewigkeit *f*: ***I haven't seen him for ~s*** ich habe ihn seit e-r Ewigkeit nicht gesehen; **II** *v/t.* **6.** alt machen; **7.** j-n um Jahre älter machen; **8.** ⚙ altern, vergüten; *Wein etc.* ablagern lassen; *Käse etc.* reifen lassen; **III** *v/i.* **9.** alt werden, altern; **age brack·et** → ***age group***; **aged** [eɪdʒd] *adj.* ... Jahre alt: ***~ twenty***; **a·ged** ['eɪdʒɪd] *adj.* bejahrt, betagt; **age group** *s.* Altersklasse *f*, Jahrgang *m*; **age·ing** → ***aging***; **age·ism** ['eɪdʒɪzəm] *s.* Altersdiskriminierung *f*; **ageless** ['eɪdʒlɪs] *adj.* nicht alternd, zeitlos; **age lim·it** *s.* Altersgrenze *f*; '**age·long** *adj.* lebenslänglich, dauernd.

a·gen·cy ['eɪdʒənsɪ] *s.* **1.** (wirkende) Kraft *f*, (ausführendes) Or'gan, Werkzeug *n* (*fig.*); **2.** Tätigkeit *f*, Wirkung *f*; **3.** Vermittlung *f*, Mittel *n*, Hilfe *f*: ***by*** *od.* ***through the ~ of***; **4.** ✝ Agen'tur *f*: a) (Handels)Vertretung *f*, b) Bü'ro *n od.* Amt *n* e-s A'genten; **5.** ⚖ ('Handlungs)ˌVollmacht *f*; **6.** ('Nachrichten-) Agenˌtur *f*; **7.** Geschäfts-, Dienststelle *f*; Amt *n*, Behörde *f*; **~ busi·ness** *s.* Kommissi'onsgeschäft *n.*

a·gen·da [ə'dʒendə] *s.* Tagesordnung *f.*

a·gent ['eɪdʒənt] *s.* **1.** Handelnde(r *m*) *f*, Urheber(in): ***free ~*** selbstständig Handelnde(r), *weitS. ein* freier Mensch; **2.** ⚗, ⚕, *biol.*, *phys.* 'Agens *n*, Wirkstoff *m*, (be)wirkende Kraft *od.* Ursache, Mittel *n*, Werkzeug *n*: ***protective ~*** Schutzmittel; **3.** a) ✝ (Handels)Vertreter *m*, A'gent *m*, *a.* Makler *m*, Vermittler *m*, b) ⚖ (Handlungs)Bevollmächtigte(r *m*) *f*, (Stell)Vertreter(in); **4.** *pol.* (Geheim)Agent(in).

a·gent pro·vo·ca·teur *pl.* **a·gents pro·vo·ca·teurs** [æʒɑ̃ːŋ prəˌvɒkə'tɜː] (*Fr.*) *s.* Lockspitzel *m.*

'**age|-old** *adj.* uralt; '**~-worn** *adj.* altersschwach.

ag·glom·er·ate **I** *v/t. u. v/i.* [ə'glɒməreɪt] **1.** (sich) zs.-ballen, (sich) an- *od.* aufhäufen; **II** *s.* [-rət] **2.** angehäufte Masse, Ballung *f*; **3.** ⚙, *geol.*, *phys.* Agglome'rat *n*; **III** *adj.* [-rət] **4.** zs.-geballt, gehäuft; **ag·glom·er·a·tion** [əˌglɒmə'reɪʃn] *s.* Zs.-ballung *f*, Anhäufung *f*; (wirrer) Haufen.

ag·glu·ti·nate **I** *adj.* [ə'gluːtɪnət] **1.** zs.-geklebt, verbunden; **2.** *ling.* agglutiniert; **II** *v/t.* [-neɪt] **3.** zs.-kleben, verbinden; **4.** *biol.*, *ling.* agglutinieren; **ag·glu·ti·na·tion** [əˌgluːtɪ'neɪʃn] *s.* **1.** Zs.-kleben *n*; anein'ander klebende Masse; **2.** *biol.*, *ling.* Agglutinati'on *f.*

ag·gran·dize [ə'grændaɪz] *v/t.* **1.** *Macht, Reichtum* vermehren, -größern, erhöhen; **2.** verherrlichen, ausschmücken, *j-n* erhöhen; **ag'gran·dize·ment** [-dɪzmənt] *s.* Vermehrung *f*, Vergrößerung *f*, Erhöhung *f*, Aufstieg *m.*

ag·gra·vate ['ægrəveɪt] *v/t.* **1.** erschweren, verschärfen, verschlimmern; verstärken: ***~d larceny*** ⚖ schwerer Diebstahl; **2.** F erbittern, ärgern; '**ag·gra·vat·ing** [-tɪŋ] *adj.* □ **1.** erschwerend *etc.*, gra'vierend; **2.** F ärgerlich, aufreizend; **ag·gra·va·tion** [ˌægrə'veɪʃn] *s.* **1.** Erschwerung *f*, Verschlimmerung *f*, erschwerender 'Umstand; **2.** F Ärger *m*.

ag·gre·gate ['ægrɪgət] **I** *adj.* □ **1.** angehäuft, vereinigt, gesamt, Gesamt...: ***~ amount*** → II; **2.** zs.-gesetzt, Sammel...; **II** *s.* **3.** Anhäufung *f*; (Gesamt-)Menge *f*; Summe *f*: ***in the ~*** insgesamt; **4.** ⚡, ⚙, *biol.* Aggre'gat *n*; **III** *v/t.* [-geɪt] **5.** anhäufen, ansammeln; vereinigen (***to*** mit); **6.** sich insgesamt belaufen auf (*acc.*); **ag·gre·ga·tion** [ˌægrɪ'geɪʃn] *s.* **1.** Anhäufung *f*, Ansammlung *f*; Zs.-fassung *f*; **2.** *phys.* Aggre'gat *n*: ***state of ~*** Aggregatzustand *m*.

ag·gres·sion [ə'greʃn] *s.* Angriff *m*, 'Überfall *m*; Aggressi'on *f* (*a. pol. u. psych.*); **ag'gres·sive** [-esɪv] *adj.* □ aggres'siv: a) streitsüchtig, angriffslustig, b) e'nergisch, draufgängerisch, dy'namisch, forsch; **ag'gres·sor** [-esə] *s.* Angreifer *m*.

ag·grieved [ə'griːvd] *adj.* **1.** bedrückt, betrübt; **2.** *bsd.* ⚖ geschädigt, beschwert, benachteiligt.

ag·gro ['ægrəʊ] *s. sl.* Randale *f*; Ärger *m*.

a·ghast [ə'gɑːst] *adj.* entgeistert, bestürzt, entsetzt (***at*** über *acc.*).

ag·ile ['ædʒaɪl] *adj.* □ flink, be'händ(e) (*Verstand etc.*); **a·gil·i·ty** [ə'dʒɪlətɪ] *s.* Flinkheit *f*, Be'händigkeit *f*; Aufgewecktheit *f*.

ag·ing ['eɪdʒɪŋ] **I** *s.* **1.** Altern *n*; **2.** ⚙ Alterung *f*, Vergütung *f*; **II** *pres. p. u. adj.* **3.** alternd.

ag·i·o ['ædʒɪəʊ] *pl.* **ag·i·os** *s.* ✝ 'Agio *n*, Aufgeld *n*; **ag·i·o·tage** ['ædʒətɪdʒ] *s.* Agio'tage *f*.

ag·i·tate ['ædʒɪteɪt] **I** *v/t.* **1.** hin und her bewegen, schütteln; (um)rühren; **2.** *fig.* beunruhigen, auf-, erregen; **3.** aufwiegeln; **4.** erwägen, lebhaft erörtern; **II** *v/i.* **5.** agitieren, wühlen, hetzen; Propa'ganda machen (***for*** für, ***against*** gegen); '**ag·i·tat·ed** [-tɪd] *adj.* □ aufgeregt; **ag·i·ta·tion** [ˌædʒɪ'teɪʃn] *s.* **1.** Erschütterung *f*, heftige Bewegung; **2.** Aufregung *f*, Unruhe *f*; **3.** Agitati'on *f*, Hetze'rei *f*; Bewegung *f*, Gärung *f*; '**ag·i·ta·tor** [-tə] *s.* **1.** Agi'tator *m*, Aufwiegler *m*, Wühler *m*, Hetzer *m*; **2.** ⚙ 'Rührappaˌrat *m*, -werk *n*, -arm *m*; **ag·it·prop** [ˌædʒɪt'prɒp] **1.** Agit'prop *f* (*kommunistische Agitation u. Propaganda*); **2.** Agit'propredner *m*.

a·glow [ə'gləʊ] *adv. u. adj. a. fig.* glühend (***with*** von, vor *dat.*).

ag·nate ['ægneɪt] **I** *s.* **1.** A'gnat *m* (*Verwandter väterlicherseits*); **II** *adj.* **2.** väterlicherseits verwandt; **3.** stamm-, wesensverwandt; **ag·nat·ic** *adj.*; **ag·nat·i·cal** [æg'nætɪk(l)] *adj.* □ → ***agnate*** 2, 3.

ag·nos·tic [æg'nɒstɪk] **I** *s.* A'gnostiker *m*; **II** *adj.* → ***agnostical***; **ag'nos·ti·cal** [-kl] *adj.* a'gnostisch; **ag'nos·ti·cism** [-tɪsɪzəm] *s.* Agnosti'zismus *m*.

a·go [ə'gəʊ] *adv. u. adj.* vor'über, her, vor: ***ten years ~*** vor zehn Jahren; ***long ~*** vor langer Zeit; ***long, long ~*** lang, lang ists her; ***no longer ~ than last month*** erst vorigen Monat.

a·gog [ə'gɒg] *adv. u. adj.* gespannt, erpicht (***for*** auf *acc.*): ***all ~*** ganz aus dem Häuschen, ‚gespannt wie ein Regenschirm'.

ag·o·nize ['ægənaɪz] **I** *v/t.* **1.** quälen, martern; **II** *v/i.* **2.** mit dem Tode ringen; **3.** Höllenqualen leiden; **4.** sich (ab-)quälen, verzweifelt ringen; '**ag·o·niz·ing** [-zɪŋ] *adj.* □ qualvoll, herzzerreißend; '**ag·o·ny** [-nɪ] *s.* **1.** heftiger Schmerz, Höllenqualen *pl.*, Qual *f*, Pein *f*, Seelenangst *f*: ***~ of despair***; ***~ column*** F *Zeitung*: Seufzerspalte *f*; ***pile on the ~*** F ‚dick auftragen'; **2.** ♀ Ringen *n* Christi mit dem Tode; **3.** Todeskampf *m*, Ago'nie *f*.

> Neben der **agony column** ['ægənɪˌkɒləm] gibt es natürlich auch die **agony aunt** [ɑːnt]: So heißt auf Englisch die Kummerkastentante. Wesentlich seltener trifft man den **agony uncle** an.

ag·o·ra·pho·bi·a [ˌægərə'fəʊbjə] *s.* ⚕ Platzangst *f*.

a·grar·i·an [ə'greərɪən] **I** *adj.* **1.** a'grarisch, landwirtschaftlich, Agrar...: ***~ unrest*** Unruhe in der Landwirtschaft; **2.** gleichmäßige Landaufteilung betreffend; **II** *s.* **3.** Befürworter *m* gleichmäßiger Aufteilung des (Acker)Landes.

a·gree [ə'griː] **I** *v/i.* **1.** (***to***) zustimmen (*dat.*), einwilligen (in *acc.*), beipflichten (*dat.*), genehmigen (*acc.*), einverstanden sein (mit), eingehen (auf *acc.*), gutheißen (*acc.*): ***~ to a plan***; ***I ~ to come with you*** ich bin bereit mitzukommen; ***you will ~ that*** du musst zugeben, dass; **2.** (***on***, ***upon***, ***about***) sich einigen *od.* verständigen (über *acc.*); vereinbaren, verabreden (*acc.*): ***they ~d about the price***; ***~ to differ*** sich auf verschiedene Standpunkte einigen; ***let us ~ to differ!*** ich fürchte, wir können uns da nicht einigen!; **3.** über'einkommen, vereinbaren (***to*** *inf.* zu *inf.*, ***that*** dass): ***it is ~d*** es ist vereinbart, es steht fest; → ***agreed*** 2; **4.** (***with*** mit) über'einstimmen (*a. ling.*), (sich) einig sein, gleicher Meinung sein: ***I ~ that your***

advice is best auch ich bin der Meinung, dass Ihr Rat der beste ist; → ***agreed*** 1; **5.** sich vertragen, auskommen, zs.-passen, sich vereinigen (lassen); **6.** ***~ with*** *j-m* bekommen, zuträglich sein: ***wine does not ~ with me***; **II** *v/t.* **7.** ✝ *Konten etc.* abstimmen.

a·gree·a·ble [ə'grɪəbl] *adj.* □ → ***agreeably***; **1.** angenehm; gefällig, liebenswürdig; **2.** einverstanden (***to*** mit): ***~ to the plan***; **3.** F bereit, gefügig; **4.** (***to***) über'einstimmend (mit), entsprechend (*dat.*): ***~ to the rules***; **a'gree·a·ble·ness** [-nɪs] *s.* angenehmes Wesen; Annehmlichkeit *f*; **a'gree·a·bly** [-lɪ] *adv.* **1.** angenehm: ***~ surprised***; **2.** einverstanden (***to*** mit); entsprechend (***to*** *dat.*): ***~ to his instructions***.

a·greed [ə'griːd] *adj.* **1.** einig (***on*** über *acc.*); einmütig: ***~ decisions***; **2.** vereinbart: ***the ~ price***; ***~!*** abgemacht!, einverstanden!; **a'gree·ment** [-mənt] *s.* **1.** a) Abkommen *n*, Vereinbarung *f*, Einigung *f*, Verständigung *f*, Über'einkunft *f*, b) Vertrag *m*, c) (gütlicher) Vergleich: ***by ~*** wie vereinbart; ***come to an ~*** sich einigen, sich verständigen; ***by mutual ~*** in gegenseitigem Einvernehmen; ***~ country*** (***currency***) ✝ Verrechnungsland *n* (-währung *f*); **2.** Einigkeit *f*, Eintracht *f*; **3.** Über'einstimmung *f* (*a. ling.*), Einklang *m*; **4.** Genehmigung *f*, Zustimmung *f*.

ag·ri·cul·tur·al [ˌægrɪ'kʌltʃərəl] *adj.* □ landwirtschaftlich, Landwirtschaft(s)...: ***~ labo(u)rer*** Landarbeiter *m*; ***~ levy*** *EU* Abschöpfung *f*; ***~ show*** Landwirtschaftsausstellung *f*; **ˌag·ri'cul·tur·al·ist** [-rəlɪst] → ***agriculturist***; **ag·ri·cul·ture** ['ægrɪkʌltʃə] *s.* Landwirtschaft *f*, Ackerbau *m* (u. Viehzucht *f*); **ˌag·ri'cul·tur·ist** [-tʃərɪst] *s.* (Dip'lom)Landwirt *m*.

ag·ro·nom·ics [ˌægrə'nɒmɪks] *s. pl. sg. konstr.* Agrono'mie *f*, Ackerbaukunde *f*; **a·gron·o·mist** [ə'grɒnəmɪst] *s.* Agro'nom *m*, (Dip'lom)Landwirt *m*; **a·gron·o·my** [ə'grɒnəmɪ] → ***agronomics***.

a·ground [ə'graʊnd] *adv. u. adj.* ⚓ gestrandet: ***run ~*** a) auflaufen, stranden, b) auf Grund setzen; ***be ~*** a) aufgelaufen sein, b) *fig.* auf dem Trocknen sitzen.

a·gue ['eɪgjuː] *s.* Schüttelfrost *m*; (Wechsel)Fieber *n*.

ah [ɑː] *int.* ah, ach, oh, ha, ei!

a·ha [ɑː'hɑː] **I** *int.* a'ha, ha'ha!; **II** *adj.*: ***~ experience*** Aha-Erlebnis *n*.

a·head [ə'hed] *adv. u. adj.* **1.** vorn; voraus, vor'an; vorwärts, nach vorn; einen Vorsprung habend, an der Spitze; be'vorstehend: ***right*** (*od.* ***straight***) ***~*** geradeaus; ***the years ~*** (***of us***) die bevorstehenden (*od.* vor uns liegenden) Jahre; ***look*** (***think***, ***plan***) ***~*** vorausschauen (-denken, -planen); ***look ~!*** a) sieh dich vor!, b) *fig.* denk an die Zukunft!; → ***get ahead***, ***go ahead***, ***speed*** 1; **2.** ***~ of*** vor (*dat.*), vor'aus (*dat.*): ***be ~ of the others*** vor den anderen sein *od.* liegen, den anderen voraus sein, (e-n) Vorsprung vor den anderen haben, die anderen übertreffen; ***get ~ of s.o.*** j-n überholen *od.* überflügeln; ***~ of the times*** der *od.* s-r Zeit voraus.

a·hem [m'mm] *int.* hm!

a·hoy [ə'hɔɪ] *int.* ⚓ ho!, a'hoi!

aid [eɪd] **I** *v/t.* **1.** unter'stützen, fördern; *j-m* helfen, behilflich sein (***in*** bei, ***to*** *inf.* zu *inf.*): ***~ and abet*** ⚖ a) Beihilfe leisten (*dat.*), b) begünstigen (*acc.*); **II** *s.* **2.** Hilfe *f* (***to*** für), -leistung *f* (***in*** bei), Unter'stützung *f*: ***he came to her ~*** er kam ihr zu Hilfe; ***by*** *od.* ***with*** (***the***) ***~ of*** mithilfe von; ***in ~ of*** zugunsten von (*od. gen.*); **3.** Helfer(in), Beistand *m*, Assis'tent(in); **4.** Hilfsmittel *n*, (Hilfs-) Gerät *n*, Mittel *n*: → ***hearing*** 2.

aide [eɪd] *s.* **1.** Berater *m*; **2.** → **aid(e)-de-camp** [ˌeɪddə'kɑ̃ːŋ] *pl.* **ˌaid(e)s-de-'camp** [ˌeɪdz-] *s.* ⚔ Adju'tant *m*.

aide-mé·moire [ˌeɪdmem'wɑː] (*Fr.*) *s. sg. u. pl.* **1.** Gedächtnisstütze *f*, No'tiz *f*; **2.** *pol.* Denkschrift *f*.

AIDS, Aids [eɪdz] *s.* Aids *n*: ***~ risk*** Aidsgefahr *f*; ***~ sufferer*** Aidskranke(r *m*) *f*; ***~ victim*** Aidskranke(r *m*) *f*, -opfer *n*.

ai·grette ['eɪgret] *s.* **1.** *orn.* kleiner, weißer Reiher; **2.** Ai'grette *f*, Kopfschmuck *m* (*aus Federn etc.*).

ail [eɪl] **I** *v/t.* schmerzen: ***what ~s you?*** *a. fig.* was hast du denn?; **II** *v/i.* kränkeln.

ai·ler·on ['eɪlərɒn] (*Fr.*) *s.* ✈ Querruder *n*.

ail·ing ['eɪlɪŋ] *adj.* kränklich, leidend; **ail·ment** ['eɪlmənt] *s.* Unpässlichkeit *f*, Leiden *n*.

aim [eɪm] **I** *v/i.* **1.** zielen (***at*** auf *acc.*, nach); **2.** *mst* ***~ at*** *fig. et.* beabsichtigen, an-, erstreben, bezwecken: ***~ing to please*** zu gefallen suchend; ***be ~ing to do*** *Am.* vorhaben *et.* zu tun; **3.** abzielen (***at*** auf *acc.*): ***that was not ~ed at you*** das war nicht auf dich gemünzt; **II** *v/t.* (***at***) **4.** *Waffe etc., a. Bestrebungen* richten (auf *acc.*); **5.** *Bemerkungen* richten (gegen); **III** *s.* **6.** Ziel *n*, Richtung *f*: ***take ~ at*** zielen auf (*acc.*) *od.* nach; **7.** Ziel *n*, Zweck *m*, Absicht *f*; **'aim·less** [-lɪs] *adj.* □ ziel-, zweck-, planlos.

ain't [eɪnt] F *abbr. für*: ***am not***, ***is not***, ***are not***, ***has not***, ***have not***.

air[1] [eə] **I** *s.* **1.** Luft *f*, Atmo'sphäre *f*, Luftraum *m*: ***by ~*** auf dem Luftweg(e), mit dem Flugzeug; ***in the open ~*** im Freien; ***hot ~*** *sl.* leeres Geschwätz, blauer Dunst; → ***beat*** 11; ***clear the ~*** die Luft (*fig.* die Atmosphäre) reinigen; ***vanish into thin ~*** *fig.* sich in nichts auflösen; ***change of* ~** Luftveränderung *f*; ***be in the* ~** *fig.* a) in der Luft liegen, b) in der Schwebe sein (*Frage etc.*), c) im Umlauf sein (*Gerücht etc.*); ***be up in the* ~** *fig.* a) (völlig) in der Luft hängen, b) völlig ungewiss sein, c) F ganz aus dem Häuschen sein (***about*** wegen); ***take the* ~** a) frische Luft schöpfen, b) ✈ abheben, aufsteigen; ***walk on* ~** sich wie im Himmel fühlen, selig sein; ***in the* ~** *fig.* (völlig) ungewiss; ***give s.o. the* ~** *Am.* j-n an die (frische) Luft setzen; **2.** Brise *f*, Luftzug *m*, Lüftchen *n*; **3.** ⚒ Wetter *n*: ***foul* ~** schlagende Wetter *pl.*; **4.** *Radio, TV*: 'Äther *m*: ***on the* ~** im Rundfunk *od.* Fernsehen; ***be on the* ~** a) senden, b) gesendet werden, c) auf Sendung sein (*Person*), d) zu hören *od.* zu sehen sein (*Person*); ***go off the* ~** a) die Sendung beenden (*Person*), b) sein Programm beenden (*Sender*); ***put on the* ~** senden, übertragen; ***stay on the* ~** auf Sendung bleiben; **5.** Art *f*, Stil *m*; **6.** Miene *f*, Aussehen *n*, Wesen *n*: ***an* ~ *of importance*** e-e gewichtige Miene; **7.** *mst pl.* Getue *n*; ‚Gehabe' *n*, Pose *f*: ***~s and graces*** affektiertes Getue; ***put on*** (*od.* ***give o.s***) ***~s*** vornehm tun; **II** *v/t.* **8.** der Luft aussetzen, lüften; **9.** *Wäsche* trocknen, zum Trocknen aufhängen; **10.** *Getränke* abkühlen; **11.** an die Öffentlichkeit *od.* zur Sprache bringen, äußern: **~ *one's grievances***; **12. ~ *o.s.*** frische Luft schöpfen; **III** *adj.* **13.** Luft..., pneu'matisch.

air² [eə] *s.* ♪ **1.** Lied *n*, Melo'die *f*, Weise *f*; **2.** Arie *f*.

air| a·lert *s.* 'Flieger-, 'Lufta,larm *m*; **~ arm** *s.* ✈ *Brit.* Luftwaffe *f*; **~ bag** *s. mot.* Airbag *m*, Luftsack *m*; **~ bar·rage** *s.* ✈ Luftsperre *f*; **'~·base** *s.* ✈ Luft-, Flugstützpunkt *m*, Fliegerhorst *m*; **'~-bath** *s.* Luftbad *n*; **~ bea·con** *s.* ✈ Leuchtfeuer *n*; **'~·bed** *s.* 'Luftma,tratze *f*; **~ blad·der** *s. ichth.* Schwimmblase *f*; **'~·borne** *adj.* **1.** a) im Flugzeug befördert *od.* eingebaut, Bord...: **~ *transmitter*** Bordfunkgerät *n*, b) Luftlande...: **~ *troops***, c) auf dem Luftweg(e); **2.** in der Luft befindlich, aufgestiegen: ***be* ~**; **'~·brake** *s.* **1.** ⚙ Luft(druck)bremse *f*; **2.** ✈ Landeklappe *f*: **~ *parachute*** Landefallschirm *m*; **'~·brick** *s.* ⚙ Luftziegel *m*; **'~·bridge** *s.* ✈ **1.** Luftbrücke *f*; **2.** Fluggastbrücke *f*; **~ bub·ble** *s.* Luftblase *f*; **'~·bump** *s.* ✈ Bö *f*, aufsteigender Luftstrom; **'~·bus** *s.* ✈ Airbus *m*; **~ car·go** *s.* Luftfracht *f*; **~ car·ri·er** *s.* ✈ **1.** Fluggesellschaft *f*; **2.** Charterflugzeug *n*; **~ cas·ing** *s.* ⚙ Luftmantel *m*; **~ cham·ber** *s.* ⚘, *zo.*, ⚙ Luftkammer *f*; **~ com·pres·sor** *s.* ⚙ Luftverdichter *m*; **'~-con,di·tion** *v/t.* ⚙ mit Klimaanlage versehen, klimatisieren; **~ con·di·tion·ing** *s.* ⚙ Klimatisierung *f*, *a.* **~ *plant*** Klimaanlage *f*; **'~-cooled** *adj.* luftgekühlt; **♀ Corps** *s. hist. Am.* Luftwaffe *f*; **~ cor·ri·dor** *s.* 'Luft,korridor *m*, Einflugschneise *f*; **~ cov·er** *s.* Luftsicherung *f*.

'air·craft *s.* Flugzeug *n*; *coll.* Luftfahr-, Flugzeuge *pl.*; **~ car·ri·er** *s.* Flugzeugträger *m*; **~ en·gine** *s.* 'Flug,motor *m*; **~ in·dus·try** *s.* 'Luftfahrt-, 'Flugzeugindu,strie *f*; **'~·man** [-mən] *s.* [*irr.*] *Brit.* Flieger *m* (*Dienstgrad*); **~ weap·ons** *s. pl.* Bordwaffen *pl.*

air| crash *s.* Flugzeugabsturz *m*; **~ crew** *s.* (Flugzeug)Besatzung *f*; **~ cush·ion** *s. a.* ⚙ Luftkissen *n*; **'~-,cush·ion ve·hic·le** *s.* ⚙ Luftkissenfahrzeug *n*; **~ de·fence**, *Am.* **~ de·fense** *s.* ⚔ Luftschutz *m*, -verteidigung *f*, Fliegerabwehr *f*.

air·drome ['eədrəʊm] *s. Am.* Flugplatz *m*.

'air|·drop I *s.* a) Fallschirmabwurf *m*, b) ⚔ Luftlandung *f*; **II** *v/t.* a) mit dem Fallschirm abwerfen, b) ⚔ *Fallschirmjäger etc.* absetzen; **'~-dry** *v/t. u. v/i.* lufttrocknen; **'~·field** *s.* Flugplatz *m*; **~ flap** *s.* ⚙ Luftklappe *f*; **'~·foil** *s.* ✈ Tragfläche *f*; **~ force**, **♀ Force** *s.* ✈ Luftwaffe *f*, Luftstreitkräfte *pl.*; **'~·frame** *s.* ✈ Flugwerk *n*, (Flugzeug-) Zelle *f*; **'~·freight** *s.* Luftfracht *f*; **'~,freight·er** *s.* **1.** Luftfrachter *m*; **2.** 'Luftspediti,on *f*; **'~·graph** [-grɑːf] *s.* 'Fotoluftpostbrief *m*; **,~-'ground** *adj.* ✈ Bord-Boden-...; **'~·gun** *s.* Luftgewehr *n*; **~ host·ess** *s.* ✈ ('Luft),Stewardess *f*; **'~·house** *s.* Traglufthalle *f*.

air·i·ly ['eərɪlɪ] *adv.* 'leicht'hin, unbekümmert; **'air·i·ness** [-nɪs] *s.* **1.** Luftigkeit *f*, luftige Lage; **2.** Leichtigkeit *f*; Munterkeit *f*; **3.** Leichtfertigkeit *f*; **'air·ing** [-rɪŋ] *s.* **1.** (Be)Lüftung *f*, Trocknen *n*: ***give s.th. an* ~** et. lüften; **2.** Spaziergang *m*: ***take an* ~** frische Luft schöpfen; **3.** Äußerung *f*, Erörterung *f*.

air| in·take *s.* ⚙ **1.** Lufteinlass *m*; **2.** Zuluftstutzen *m*; **~ jack·et** *s.* **1.** Schwimmweste *f*; **2.** ⚙ Luftmantel *m*; **~ jet** *s.* ⚙ Luftstrahl *m*, -düse *f*; **'~·lane** *s.* Luftroute *f*.

air·less ['eəlɪs] *adj.* **1.** ohne Luft(zug); **2.** dumpf, stickig.

air| let·ter *s.* **1.** Luftpostbrief *m* (*auf Formular*); **2.** *Am.* Luftpostleichtbrief *m*; **~ lev·el** *s.* ⚙ Li'belle *f*, Setzwaage *f*; **'~·lift I** *s.* Luftbrücke *f*; **II** *v/t.* über e-e Luftbrücke befördern; **'~·line** *s.* Luft-, Flugverkehrsgesellschaft *f*; **'~,lin·er** *s.* ✈ Verkehrs-, Linienflugzeug *n*; **'~·lock** *s.* ⚙ **1.** Luftschleuse *f*; **2.** Druckstauung *f*; **'~·mail** *s.* (***by* ~** mit *od.* per) Luftpost *f*; **'~·man** [-mən] *s.* [*irr.*] Flieger *m*; **~ me·chan·ic** *s.* ✈ 'Bordmon,teur *m*; **'~-,mind·ed** *adj.* ✈ luft(fahrt)-, flug-

(sport)begeistert; **'~-ˌop·er·at·ed** *adj.* ⚙ pressluftbetätigt; **~ par·cel** *Brit.* 'Luftpostpaˌket *n*; **~ pas·sage** *s.* **1.** *anat.*, *biol.*, Luft-, Atemweg *m*; **2.** ⚙ Luftschlitz *m*; **~ pas·sen·ger** *s.* ✈ Fluggast *m*; **~ pho·to(·graph)** *s.* ✈ Luftbild *n*, -aufnahme *f*; **~ pi·ra·cy** *s.* 'Luftpirateˌrie *f*; **~ pi·rate** *s.* 'Luftpiˌrat *m*; **'~·plane** *s.* ✈ *bsd. Am.* Flugzeug *n*; **'~·plane car·ri·er** *bsd. Am.* → ***aircraft carrier***; **~ pock·et** *s.* Fallbö *f*, Luftloch *n*; **~ pol·lu·tion** *s.* Luftverschmutzung *f*; **'~·port** *s.* ✈ Flughafen *m*; **'~·proof** *adj.* luftbeständig, -dicht; **~ pump** *s.* ⚙ Luftpumpe *f*; **~ raft** *s.* Schlauchboot *n*; **~ raid** *s.* Luftangriff *m*.

Zu den Hauptflughäfen in Großbritannien gehören:

Heathrow (LHR)
westlich von London, der größte britische Flughafen
Gatwick (LGW)
ca. 40 Kilometer südlich von London
Stansted (STN)
ca. 50 Kilometer nordöstlich von London
Luton (LTN)
ca. 50 Kilometer nordwestlich von London
Birmingham (BHX)
Manchester (MAN)
Newcastle upon Tyne (NCL)
Edinburgh (EDI)
Glasgow (GLA)

In den USA gibt es eine Vielzahl wichtiger Airports. New York City allein wird durch drei internationale Flughäfen bedient:

JFK = John F. Kennedy (JFK)
La Guardia (LGA)
Newark (EWR)

'air-raid| pre·cau·tions *s. pl.* Luftschutz *m*; **~ shel·ter** *s.* Luftschutzraum *m*, -bunker *m*, -keller *m*; **~ ward·en** *s.* Luftschutzwart *m*; **~ warn·ing** *s.* Luft-, Fliegerwarnung *f*, 'Fliegeraˌlarm *m*.

air| ri·fle *s.* Luftgewehr *n*; **~ route** *s.* ✈ Flugroute *f*; **~ sched·ule** *s.* Flugplan *m*; **'~·screw** *s.* ✈ Luftschraube *f*; **'~-seal** *v/t.* ⚙ luftdicht verschließen; **'~·ship** *s.* Luftschiff *n*; **'~·sick** *adj.* luftkrank; **'~ˌsick·ness** *s.* Luftkrankheit *f*; **'~·space** *s.* Luftraum *m*; **~ speed** *s.* ✈ (Flug)Eigengeschwindigkeit *f*; **'~·strip** *s.* ✈ **1.** Behelfslandeplatz *m*; **2.** *Am.* Roll-, Start-, Landebahn *f*; **~ tax·i** *s.* ✈ Lufttaxi *n*; **~ tee** *s.* ✈ Landekreuz *n*; **~ ter·mi·nal** *s.* ✈ **1.** Großflughafen *m*; **2.** Terminal *m*, *n*: a) (Flughafen)Abfertigungsgebäude, b) *Brit.* 'Endstatiˌon *f* der 'Zubringerˌlinie zum und vom Flughafen; **'~·tight** *adj.* **1.** luftdicht; **2.** *fig.* todsicher, völlig klar; **ˌ~-to-'air** *adj.* ✈ Bord-Bord-...; **ˌ~-to-'ground** *adj.* ✈ Bord-Boden-...; **~ traf·fic** *s.* Luft-, Flugverkehr *m*; **'~-ˌtraf·fic con·trol** *s.* ✈ Flugsicherung *f*; **'~-ˌtraf·fic con·trol·ler** *s.* ✈ Fluglotse *m*; **~ tube** *s.* **1.** ⚙ Luftschlauch *m*; **2.** *anat.* Luftröhre *f*; **~ um·brel·la** *s.* ✈ Luftschirm *m*; **'~·way** *s.* **1.** ⚙, ⚒ Wetterstrecke *f*, Luftschacht *m*; **2.** ✈ a) Luft(verkehrs)weg *m*, Luftroute *f*, b) → ***airline***; **'~ˌwom·an** *s.* [*irr.*] Fliegerin *f*; **'~ˌwor·thi·ness** *s.* ✈ Lufttüchtigkeit *f*.

air·y ['eərɪ] *adj.* □ → ***airily***; **1.** Luft...; **2.** luftig, *a.* windig; **3.** körperlos; **4.** grazi'ös; **5.** lebhaft, munter; **6.** über'spannt, verstiegen: **~ *plans***; **7.** lässig: ***an ~ manner***; **8.** vornehmtuerisch.

aisle [aɪl] *s.* **1.** ⛪ a) Seitenschiff *n*, -chor *m* (*e-r Kirche*), b) Schiff *n*, Abteilung *f* (*e-r Kirche od. e-s Gebäudes*); **2.** (Mittel)Gang *m* (*zwischen Bänken etc.*); **3.** *fig.* Schneise *f*.

aitch [eɪtʃ] *s.* H *n*, h *n* (*Buchstabe*): ***drop one's ~es*** das H nicht aussprechen (*Zeichen der Unbildung*); **'aitch-bone** *s.* **1.** Lendenknochen *m*; **2.** Lendenstück *n* (*vom Rind*).

a·jar [ə'dʒɑː] *adv. u. adj.* **1.** halb offen, angelehnt (*Tür*); **2.** *fig.* im Zwiespalt.

a·kim·bo [ə'kɪmbəʊ] *adv. die Arme* in die Seite gestemmt.

a·kin [ə'kɪn] *adj.* **1.** (bluts- *od.* stamm-) verwandt (***to*** mit); **2.** verwandt; sehr ähnlich (***to*** *dat.*).

al·a·bas·ter ['æləbɑːstə] **I** *s. min.* Ala'baster *m*; **II** *adj.* ala'bastern, ala'basterweiß, Alabaster...

a·lac·ri·ty [ə'lækrətɪ] *s.* **1.** Munterkeit *f*; **2.** Bereitwilligkeit *f*, Eifer *m*.

A·lad·din's lamp [ə'lædɪnz] *s.* 'Aladins Wunderlampe *f*; *fig.* Wunder wirkender 'Talisman.

à la mode [ˌɑːlɑː'məʊd] (*Fr.*) *adj.* **1.** à la mode, modisch; **2.** gespickt u. geschmort u. mit Gemüse zubereitet: ***beef ~***; **3.** *Am.* mit (Speise)Eis (serviert): ***cake ~***.

a·larm [ə'lɑːm] **I** *s.* **1.** A'larm *m*, Warnruf *m*, Warnung *f*: ***false ~*** blinder Alarm, falsche Meldung; ***give*** (***raise***, ***sound***) ***the ~*** Alarm geben *od. fig.* schlagen; **2.** a) Weckvorrichtung *f*, b) Wecker *m*; **3.** A'larmvorrichtung *f*; **4.** Lärm *m*, Aufruhr *m*; **5.** Angst *f*, Unruhe *f*, Bestürzung *f*; **II** *v/t.* **6.** alarmieren, warnen; **7.** beunruhigen, erschrecken (***at*** über *acc.*, ***by*** durch): ***be ~ed*** sich ängstigen, bestürzt sein; **~ bell** *s.* A'larm-, Sturmglocke *f*; **~ clock** *s.* Wecker *m* (*Uhr*).

a·larm·ing [ə'lɑːmɪŋ] *adj.* □ beunruhigend, beängstigend; **a'larm·ist** [-mɪst] **I** *s.* Bangemacher *m*, Schwarzseher *m*, ‚Unke' *f*; **II** *adj.* schwarzseherisch.

a·las [ə'læs] *int.* ach!, leider!

alb [ælb] *s. eccl.* Albe *f*, Chorhemd *n*.

Al·ba·ni·an [æl'beɪnjən] **I** *adj.* al'banisch; **II** *s.* Al'ban(i)er(in).

al·ba·tross ['ælbətrɒs] *s. orn.* 'Albatros *m*, Sturmvogel *m*.

al·be·it [ɔːl'biːɪt] *cj.* ob'gleich, wenn auch.

al·bert ['ælbət] *s. a.* ***ʀ chain Brit.*** (kurze) Uhrkette.

al·bi·no [æl'biːnəʊ] *pl.* **-nos** *s.* Al'bino *m*, 'Kakerlak *m*.

Al·bion ['ælbjən] *npr. poet.* 'Albion *n* (*Britannien od. England*).

al·bum ['ælbəm] *s.* **1.** 'Album *n*, Stammbuch *n*; **2.** (Briefmarken-, Foto-, Schallplatten- *etc.*)Album *n*; **3.** a) 'Schallplattenkas͵sette *f*, b) Album *n* (*Langspielplatte*[*n*]); **4.** Gedichtsammlung *etc.* (in Buchform).

al·bu·men ['ælbjʊmɪn] *s.* **1.** *zo.* Eiweiß *n*, Al'bumen *n*; **2.** ⚘, ⚗, ⚕ Eiweiß(stoff *m*) *n*, Albu'min *n*; **al·bu·min** ['ælbjʊmɪn] → ***albumen*** 2; **al·bu·mi·nous** [æl'bjuːmɪnəs] *adj.* eiweißartig, -haltig.

al·chem·ic *adj.*, **al·chem·i·cal** [æl'kemɪk(l)] *adj.* □ alchi'mistisch; **al·che·mist** ['ælkɪmɪst] *s.* Alchi'mist *m*, Goldmacher *m*; **al·che·my** ['ælkɪmɪ] *s.* Alchi'mie *f*.

al·co·hol ['ælkəhɒl] *s.* 'Alkohol *m*: a) Sprit *m*, 'Spiritus *m*, Weingeist *m*: ***ethyl ~*** Äthylalkohol *m*, b) geistige *od.* alko'holische Getränke *pl.*; **al·co·hol·ic** [͵ælkə'hɒlɪk] **I** *adj.* **1.** alko'holisch, 'alkoholartig, -haltig, Alkohol...: ***~ drinks***; ***~ strength*** Alkoholgehalt *m*; **II** *s.* **2.** (Gewohnheits)Trinker(in), Alko'holiker(in); **3.** *pl.* Alko'holika *pl.*, alkoholische Getränke *pl.*; **'al·co·hol·ism** [-lɪzəm] *s.* Alkoho'lismus *m*: a) Trunksucht *f*, b) *durch Trunksucht verursachte Organismusschädigungen.*

> Aus **alcoholic** haben sich einige weitere Wörter gebildet, die bestimmte Arten von „Sucht" beschreiben:
>
> **chocoholic** Schokoladensüchtige(r)
> **shopaholic** Kaufsüchtige(r)
> **workaholic** Arbeitssüchtige(r)

al·cove ['ælkəʊv] *s.* Al'koven *m*, Nische *f*; (Garten)Laube *f*, Grotte *f*.

al·de·hyde ['ældɪhaɪd] *s.* ⚗ Alde'hyd *m*.

al·der ['ɔːldə] *s.* ⚘ Erle *f*.

al·der·man ['ɔːldəmən] *s.* [*irr.*] Ratsherr *m*, Stadtrat *m*; **'al·der·man·ry** [-rɪ] *s.* **1.** (von e-m Ratsherrn vertretener) Stadtbezirk; **2.** → **'al·der·man·ship** [-ʃɪp] *s.* Amt *n* e-s Ratsherrn; **al·der·wom·an** ['ɔːldə͵wʊmən] *s.* [*irr.*] Stadträtin *f*.

ale [eɪl] *s.* Ale *n* (*helles, obergäriges Bier*).

a·leck ['ælɪk] *s. Am.* F → ***smart aleck***.

a·lee [ə'liː] *adv. u. adj.* leewärts.

'ale·house *s.* 'Bierlo͵kal *n*.

a·lem·bic [ə'lembɪk] *s.* **1.** Destillierkolben *m*; **2.** *fig.* Re'torte *f*.

a·lert [ə'lɜːt] **I** *adj.* □ **1.** wachsam, auf der Hut; achtsam: ***~ to*** klar bewusst (*gen.*); **2.** rege, munter; **3.** aufgeweckt, forsch, a'lert; **II** *s.* **4.** (A'larm)Bereitschaft *f*: ***on the ~*** auf der Hut, in Alarmbereitschaft; **5.** A'larm(si͵gnal *n*) *m*, Warnung *f*; **III** *v/t.* **6.** alarmieren, warnen, ⚔*a.* in A'larmzustand versetzen, *weitS.* mobilisieren: ***~ s.o. to s.th.*** *fig.* j-m et. zum Bewusstsein bringen; **a'lert·ness** [-nɪs] *s.* **1.** Wachsamkeit *f*; **2.** Munterkeit *f*, Flinkheit *f*; **3.** Aufgewecktheit *f*, Forschheit *f*.

A lev·el *s. Brit. ped.* (*etwa*) Abi'tur *n*: ***take one's ~s*** *etwa*: das Abitur machen; ***he has three ~s*** er hat das Abitur in drei Fächern gemacht.

> **A level** ist die Kurzform von **Advanced level** und bezeichnet eine Schulprüfung, die in England und Wales im Alter von ca. 18 Jahren gemacht wird. Normalerweise werden **A levels** in drei (manchmal mehr) Fächern gemacht und qualifizieren zum Hochschulstudium.

Al·ex·an·drine [͵ælɪg'zændraɪn] *s.* Alexan'driner *m* (*Versart*).

al·fal·fa [æl'fælfə] *s.* ⚘ Lu'zerne *f*.

al·fres·co [æl'freskəʊ] (*Ital.*) *adj. u. adv.* im Freien: ***~ lunch***.

al·ga ['ælgə] *pl.* **-gae** [-dʒiː] *s.* ⚘ Alge *f*, Tang *m*.

al·ge·bra ['ældʒɪbrə] *s.* Ꭿ Algebra *f*; **͵al·ge'bra·ic** [-reɪɪk] *adj.* □ alge'braisch: ***~ calculus*** Algebra *f*.

Al·ge·ri·an [æl'dʒɪərɪən] **I** *adj.* al'gerisch; **II** *s.* Al'gerier(in).

Al·gol ['ælgɒl] *s.* ALGOL *n* (*Computersprache*).

a·li·as ['eɪlɪæs] **I** *adv.* 'alias, sonst (... genannt); **II** *s. pl.* **-as·es** angenommener Name, Deckname *m*.

al·i·bi ['ælɪbaɪ] *s.* **1.** ⚖ 'Alibi *n*: ***establish one's ~*** sein Alibi erbringen; **3.** F Ausrede *f*, 'Alibi *n*.

al·ien ['eɪljən] **I** *adj.* **1.** fremd; ausländisch: ***~ subjects*** ausländische Staatsangehörige; **2.** außerirdisch (*Wesen*); **3.** *fig.* andersartig, fern liegend, fremd (***to*** *dat.*); **4.** *fig.* zu'wider, 'unsymˌpathisch (***to*** *dat.*); **II** *s.* **5.** Fremde(r *m*) *f*, Ausländer(in): ***enemy ~*** feindlicher Ausländer; ***~s police*** Fremdenpolizei *f*; **6.** nicht naturalisierter Bewohner des Landes; **7.** *fig.* Fremdling *m*; **8.** außerirdisches Wesen; **9.** *ling.* Fremdwort *n*; **'al·ien·a·ble** [-nəbl] *adj.* veräußerlich; über'tragbar; **'al·ien·age** [-nɪdʒ] *s.* Ausländertum *n*; **'al·ien·ate** [-neɪt] *v/t.* **1.** ⚖ veräußern, über'tragen; **2.** entfremden, abspenstig machen (***from*** *dat.*); **al·ien·a·tion** [ˌeɪljə'neɪʃn] *s.* **1.** ⚖ Veräußerung *f*, Über'tragung *f*; **2.** Entfremdung *f* (*a. psych., pol.*) (***from*** von), Abwendung *f*, Abneigung *f*: ***~ of affections*** ⚖ Entfremdung (ehelicher Zuneigung); **3.** *a.* ***mental ~*** Alienati'on *f*, Psy'chose *f*; **4.** *literarische* Verfremdung: ***~ effect*** Verfremdungs-, V-Effekt *m*; **'al·ien·ist** [-nɪst] *s. obs.* Nervenarzt *m*.

a·light[1] [ə'laɪt] *v/i.* **1.** ab-, aussteigen; **2.** sich niederlassen, sich setzen (*Vogel*), fallen (*Schnee*): ***~ on one's feet*** auf die Füße fallen; **3.** ✈ niedergehen, landen; **4.** (***on***) (zufällig) stoßen (auf *acc.*), antreffen (*acc.*).

a·light[2] [ə'laɪt] *adj.* **1.** → ***ablaze***; **2.** erleuchtet (***with*** von).

a·lign [ə'laɪn] **I** *v/t.* **1.** ausfluchten, in e-e (gerade) 'Linie bringen; in gerader Linie *od.* in Reih und Glied aufstellen; ausrichten (***with*** nach); **2.** *fig.* zu e-r Gruppe (*Gleichgesinnter*) zs.-schließen; **3.** ***~ o.s.*** (***with***) sich anschließen, sich anpassen (an *acc.*); **II** *v/i.* **4.** sich in gerader Linie *od.* in Reih und Glied aufstellen; sich ausrichten (***with*** nach); **a'lign·ment** [-mənt] *s.* **1.** Anordnung *f* in 'einer Linie, Ausrichten *n*; Anpassung *f*: ***in ~ with*** in 'einer Linie *od.* Richtung mit (*a. fig.*); **2.** ⚙ a) Ausfluchten *n*, Ausrichten *n*, b) 'Linien-, Zeilenführung *f*, c) 'Absteckungsˌlinie *f*, Trasse *f*, Flucht *f*, Gleichlauf *m*; **3.** *fig.* Ausrichtung *f*, Gruppierung *f*: ***~ of political forces***.

a·like [ə'laɪk] **I** *adj.* gleich, ähnlich; **II** *adv.* gleich, ebenso, in gleichem Maße: ***she helps enemies and friends ~***.

al·i·ment ['ælɪmənt] *s.* Nahrung(smittel *n*) *f*; **2.** *et.* Lebensnotwendiges; **al·i·men·ta·ry** [ˌælɪ'mentərɪ] *adj.* **1.** nahrhaft; **2.** Nahrungs..., Ernährungs...: ***~ canal*** Verdauungskanal *m*; **al·i·men·ta·tion** [ˌælɪmen'teɪʃn] *s.* Ernährung *f*, Unterhalt *m*.

al·i·mo·ny ['ælɪmənɪ] *s.* ⚖ 'Unterhalt(szahlung *f*) *m*.

a·line *etc.* → ***align*** *etc.*

al·i·quant ['ælɪkwənt] *adj.* ⩫ ali'quant, mit Rest teilend; **'al·i·quot** [-kwɒt] *adj.* ⩫ ali'quot, ohne Rest teilend.

a·live [ə'laɪv] *adj.* **1.** lebend, (noch) am Leben: ***the proudest man ~*** der stolzeste Mann der Welt; ***no man ~*** kein Sterblicher; ***man ~!*** F Menschenskind!; **2.** tätig, in voller Kraft *od.* Wirksamkeit, im Gange: ***keep ~*** a) aufrechterhalten, bewahren, b) am Leben bleiben; **3.** lebendig, lebhaft, belebt: ***~ and kicking*** F gesund u. munter; ***look ~!*** F (mach) fix!, pass auf!; **4.** (***to***) empfänglich (für), bewusst (*gen.*), achtsam (auf *acc.*); **5.** voll, belebt, wimmelnd (***with*** von); **6.** ⚡ Strom führend, geladen, unter Strom stehend.

al·ka·li ['ælkəlaɪ] ⚗ **I** *pl.* **-lies** *od.* **-lis** *s.* **1.** Al'kali *n*; **2.** (in wässriger Lösung) stark al'kalisch reagierende Verbindung: ***caustic ~*** Ätzalkali; ***mineral ~*** kohlensaures Natron; **3.** *geol.* kalzinierte Soda; **II** *adj.* **4.** al'kalisch: ***~ soil***; **'al·ka·line** [-laɪn] *adj.* ⚗ al'kalisch, al'kalihaltig, basisch; **al·ka·lin·i·ty** [ˌælkə'lɪnətɪ] *s.* ⚗ Alkalini'tät *f*, al'kalische Eigenschaft; **'al·ka·lize** [-laɪz] *v/t.* ⚗ alkalisieren, auslaugen; **'al·ka·loid** [-lɔɪd] ⚗ **I** *s.* Alkalo'id *n*; **II** *adj.* al'kaliartig, laugenhaft.

all [ɔːl] **I** *adj.* **1.** all, sämtlich, vollständig, ganz: ***~ the wine*** der ganze Wein; ***~ day*** (***long***) den ganzen Tag; ***for ~ that*** dessen ungeachtet, trotzdem; ***~ the time*** die ganze Zeit; ***for ~ time*** für immer; ***~ the way*** die ganze Strecke, *fig.* völlig, rückhaltlos; ***with ~ respect*** bei aller Hochachtung; **2.** jeder, jede, jedes (beliebige); alle *pl.*: ***at ~ hours*** zu jeder Stunde; ***beyond ~ question*** fraglos; → ***event*** 3, ***mean***[3] 3; **3.** ganz, rein: ***~ wool*** reine Wolle; → ***all-American***; **II** *s.* **4.** das Ganze, alles; Gesamtbesitz *m*: ***his ~*** a) sein Hab u. Gut, b) sein Ein u. Alles; **III** *pron.* **5.** alles: ***~ of it*** alles; ***~ of us*** wir alle; ***~'s well that ends well*** Ende gut, alles gut; ***when ~ is said*** (***and done***) F letzten Endes, im Grunde genommen; ***what is it ~ about?*** um was handelt es sich?; ***the best of ~ would be*** das Allerbeste wäre; ***in ~*** insgesamt; ***~ in ~*** alles in allem; ***is that ~?*** a) sonst noch et.?, b) F schöne Geschichte!; **IV** *adv.* **6.** ganz, gänzlich, völlig, höchst: ***~ wrong*** ganz falsch, völlig im Irrtum; ***that is ~ very well, but ...*** das ist ja ganz schön u. gut, aber ...; ***he was ~ ears*** (***eyes***) er war ganz Ohr (Auge); ***she is ~ kindness*** sie ist die Güte selber; ***~ the better*** umso besser; ***~ one*** einerlei, gleichgültig; ***~ the same*** a) ganz gleich, gleichgültig,

b) gleichwohl, trotzdem, immerhin; → ***above*** 2, ***after*** 1, ***at***[1] 7, ***but*** 13, ***once*** 4 b; **7.** *Sport:* ***two*** ~ zwei beide, zwei zu zwei;
Zssgn mit adv. u. prp.:
all| a·long a) der ganzen Länge nach, b) F die ganze Zeit, schon immer; ~ **in** *sl.* ‚fertig', ganz ‚erledigt'; ~ **out** a) ‚auf dem Holzweg', b) völlig ‚ka'putt', c) mit aller Macht: ***be ~ for s.th.*** mit aller Macht auf et. aus sein; → ***go*** 16; ~ **o·ver** a) *es ist* alles aus, b) gänzlich: ***that is Max ~*** F das sieht Max ähnlich, das ist typisch Max, c) am ganzen Körper, d) über'all(hin); ~ **right** ganz richtig; in Ordnung(!), schön!, (na) gut!; ~ **round** 'ringsum'her, über'all; ~ **there**: ***he is not ~*** F er ist nicht ganz bei Trost; ~ **up**: ***it's ~ with him*** mit ihm ists aus; **for** ~ a) trotz: ***~ his smartness***; ***~ that*** trotzdem, b) so'viel: ***~ I know***; ***~ I care*** F das ist mir doch egal!, meinetwegen!; **in** ~ insgesamt.

ˌall|-A'mer·i·can *adj.* rein ameri'kanisch, die ganzen USA vertretend; *Sport:* National...; **ˌ~-a'round** *Am.* → ***all-round***; **'all-ˌau·to'mat·ic** *adj.* ⚙ 'vollautoˌmatisch.

al·lay [ə'leɪ] *v/t.* beschwichtigen, beruhigen; *Streit* schlichten; mildern, lindern, *Hunger, Durst* stillen.

ˌall|-'clear *s.* **1.** Ent'warnung(ssiˌgnal *n*) *f*; **2.** *fig.* ‚grünes Licht'; **'~-ˌdu·ty** *adj.* ⚙ Allzweck...

al·le·ga·tion [ˌælɪ'geɪʃn] *s. unerwiesene* Behauptung, Aussage *f*, Vorbringen *n*; Darstellung *f*.

al·lege [ə'ledʒ] *v/t.* **1.** *Unerwiesenes* behaupten, erklären, vorbringen; **2.** vorgeben, vorschützen; **al'leged** [-dʒd] *adj*; **al'leg·ed·ly** [-dʒɪdlɪ] *adv.* an-, vorgeblich.

al·le·giance [ə'liːdʒəns] *s.* **1.** 'Untertanenpflicht *f*, -treue *f*, -gehorsam *m*: ***oath of ~*** Treu-, ⚔ Fahneneid *m*; ***change one's ~*** s-e Staats- *od.* Parteiangehörigkeit wechseln; **2.** (***to***) Treue *f* (zu), Loyali'tät *f*; Bindung *f* (an *acc.*); Ergebenheit *f*, Gefolgschaft *f*.

al·le·gor·ic, al·le·gor·i·cal [ˌælɪ'gɒrɪk(l)] *adj.* □ alle'gorisch, (sinn)bildlich; **al·le·go·rize** ['ælɪgəraɪz] **I** *v/t.* allegorisch darstellen; **II** *v/i.* in Gleichnissen reden; **al·le·go·ry** ['ælɪgərɪ] *s.* Allego'rie *f*, Sinnbild *n*, sinnbildliche Darstellung, Gleichnis *n*.

al·le·lu·ia [ˌælɪ'luːjə] **I** *s.* Halle'luja *n*, Loblied *n*; **II** *int.* halleluja!

al·ler·gic [ə'lɜːdʒɪk] *adj.* ⚕ *u.* F *fig.* allergisch, äußerst empfindlich (***to*** gegen); **al·ler·gist** ['ælədʒɪst] *s.* Allergologe *m*; **al·ler·gy** ['ælədʒɪ] *s.* **1.** ⚘, ⚕, *zo.* Aller'gie *f*, 'Überempfindlichkeit *f*; **2.** F ‚Aller'gie' *f*, 'Widerwille *m* (***to*** gegen).

al·le·vi·ate [ə'liːvɪeɪt] *v/t.* erleichtern, lindern, mildern, (ver)mindern; **al·le·vi·a·tion** [əˌliːvɪ'eɪʃn] *s.* Erleichterung *f etc.*

al·ley ['ælɪ] *s.* **1.** (schmale) Gasse, Verbindungsgang *m*, 'Durchgang *m* (*a. fig.*): ***that's down*** (*od.* ***up***) ***my ~*** F das ist et. für mich, das ist ganz mein Fall; → ***blind alley***; **2.** Spielbahn *f*, → ***bowling alley*** *etc.*; **'~·way** *s.* → ***alley*** 1.

All| Fools' Day [ˌɔːl'fuːlzdeɪ] *s.* der 1. A'pril; ♀ **fours** alle vier (*Kartenspiel*); → ***four*** 2; ~ **Hal·lows** [ˌɔːl'hæləʊz] *s.* Aller'heiligen *n*.

al·li·ance [ə'laɪəns] *s.* **1.** Verbindung *f*, Verknüpfung *f*; **2.** Bund *m*, Bündnis *n*: ***offensive and defensive ~*** Schutz- und Trutzbündnis; ***form an ~*** ein Bündnis schließen; **3.** Heirat *f*, Verwandtschaft *f*, Verschwägerung *f*; **4.** *weitS.* Verwandtschaft *f*; **5.** *fig.* Bund *m*, (Inter'essen)Gemeinschaft *f*; **6.** Über'einkunft *f*; **al·lied** [ə'laɪd; *attr.* 'ælaɪd] *adj.* **1.** verbündet, alliiert (***with*** mit): ***the*** ♀ ***Powers***; **2.** *fig.* (art)verwandt (***to*** mit); **Al·lies** ['ælaɪz] *s. pl.*: ***the ~*** die Alliierten, die Verbündeten.

al·li·ga·tor ['ælɪgeɪtə] *s. zo.* Alli'gator *m*; 'Kaiman *m*; ~ **pear** *s.* → ***avocado***; ~ **skin** *s.* Kroko'dilleder *n*.

'all|-imˌpor·tant *adj.* äußerst wichtig; **ˌ~-'in**, **'all-inˌclu·sive** *adj. bsd. Brit.* alles inbegriffen, Gesamt..., Pauschal...: ***~ insurance*** Generalversicherung *f*; ***~ wrestling*** *sport* Catchen *n*.

al·lit·er·ate [ə'lɪtəreɪt] *v/t.* **1.** alliterieren; **2.** im Stabreim dichten; **al·lit·er·a·tion** [əˌlɪtə'reɪʃn] *s.* Alliterati'on *f*, Stabreim *m*; **al'lit·er·a·tive** [-rətɪv] *adj.* □ alliterierend.

ˌall|-'mains *adj.* ⚡ Allstrom..., mit Netzanschluss; **ˌ~-'met·al** *adj.* Ganzmetall...

al·lo·cate ['æləʊkeɪt] *v/t.* **1.** ver-, zuteilen, an-, zuweisen (***to*** *dat.*): ***~ duties***; ***~ shares*** Aktien zuteilen; **2.** → ***allot*** 3; **3.** den Platz bestimmen für; **al·lo·ca·tion** [ˌæləʊ'keɪʃn] *s.* **1.** Zu-, Verteilung *f*, An-, Zuweisung *f*, Kontin'gent *n*; Aufschlüsselung *f*; **2.** ✝ Bewilligung *f*, Zahlungsanweisung *f*.

al·lo·cu·tion [ˌæləʊ'kjuːʃn] *s.* feierliche *od.* ermahnende Ansprache.

al·lo·path ['æləʊpæθ] *s.* ⚕ Allo'path *m*; **al·lop·a·thy** [ə'lɒpəθɪ] *s.* ⚕ Allopa'thie *f*.

al·lot [ə'lɒt] *v/t.* **1.** zu-, aus-, verteilen; auslosen; **2.** bewilligen, abtreten; **3.** bestimmen (***to***, ***for*** für *j-n od. e-n Zweck*); **al'lot·ment** [-mənt] *s.* **1.** Ver-, Zuteilung *f*; Anteil *m*; zugeteilte 'Aktien *pl.*; **2.** *Brit.* Par'zelle *f*; (*a.* ***~ garden***) Schrebergarten *m*; **3.** Los *n*, Schicksal *n*.

ˌall-'out *adj.* **1.** to'tal, um'fassend, Groß...: ***~ effort***; **2.** kompro'misslos, radi'kal.

al·low [əˈlaʊ] **I** *v/t.* **1.** erlauben, gestatten, zulassen: ***he is not ~ed to go there*** er darf nicht hingehen; **2.** gewähren, bewilligen, gönnen, zuerkennen: ***~ more time***; ***we are ~ed two ounces a day*** uns stehen täglich zwei Unzen zu; ***~ an item of expenditure*** e-n Ausgabeposten billigen; **3.** a) zugeben: ***I ~ I was rather nervous***, b) gelten lassen, *Forderung* anerkennen: ***~ a claim***; **4.** lassen, dulden, ermöglichen: ***you must ~ the soup to get cold*** du musst die Suppe abkühlen lassen; **5.** *Summe für gewisse Zeit* zuwenden, geben: ***my father ~s me £100 a year*** mein Vater gibt mir jährlich £ 100 (*Zuschuss od. Unterhaltsgeld*); **6.** ab-, anrechnen, abziehen, nachlassen, vergüten: ***~ a discount*** e-n Rabatt gewähren; ***~ 10% for inferior quality***; **7.** *Am.* a) meinen, b) beabsichtigen; **II** *v/i.* **8.** ***~ of*** erlauben, zulassen, ermöglichen (*acc.*): ***it ~s of no excuse*** es lässt sich nicht entschuldigen; **9.** ***~ for*** berücksichtigen, bedenken, in Betracht ziehen, anrechnen (*acc.*): ***~ for wear and tear***; **alˈlow·a·ble** [-əbl] *adj.* □ **1.** erlaubt, zulässig, rechtmäßig; **2.** abziehbar, -zugsfähig: ***~ expenses*** ✝ abzugsfähige Ausgaben; **alˈlow·ance** [-əns] **I** *s.* **1.** Erlaubnis *f*, Be-, Einwilligung *f*, Anerkennung *f*; **2.** *geldliche* Zuwendung; Zuteilung *f*, Raˈtiˈon *f*, Maß *n*; Zuschuss *m*, Beihilfe *f*, Taschengeld *n*: ***weekly ~***; ***family ~*** Familienunterstützung *f*; ***dress ~*** Kleidergeld *n*; **3.** Nachsicht *f*: ***make ~ for*** berücksichtigen, bedenken, in Betracht ziehen; **4.** Entschädigung *f*, Vergütung *f*: ***expense ~*** Aufwandsentschädigung; **5.** ✝ Nachlass *m*, Raˈbatt *m*: ***~ for cash*** Skonto *m*, *n*; ***tax ~*** Steuerermäßigung *f*; **6.** ⚙, ✇ Toleˈranz *f*, Spiel(raum *m*) *n*, zulässige Abweichung; **7.** *sport* Vorgabe *f*; **II** *v/t.* **8.** a) *j-n* auf Rationen setzen, b) *Waren* rationieren.

al·loy I *s.* [ˈælɔɪ] **1.** Meˈtalllegierung *f*; **2.** ⚙ Legierung *f*, Gemisch *n*; **3.** [əˈlɔɪ] *fig.* (Bei)Mischung *f*: ***pleasure without ~*** ungetrübte Freude; **II** *v/t.* [əˈlɔɪ] **4.** *Metalle* legieren, mischen; **5.** *fig.* beeinträchtigen, verschlechtern.

ˌall|-ˈpar·ty *adj. pol.* Allparteien...; **ˌ~-ˈpur·pose** *adj.* für jeden Zweck verwendbar, Allzweck..., Universal...: ***~ outfit***; **ˌ~-ˈred** *adj. bsd. geogr.* rein ˈbritisch; **ˌ~-ˈround** *adj.* all-, vielseitig, Allround...; **ˌ~-ˈround·er** *s.* Alleskönner *m*; *sport* Allˈroundsportler *m*, -spieler *m*; **♀ Saints' Day** [ˌɔːlˈseɪntsdeɪ] *s.* Allerˈheiligen *n*; **♀ Souls' Day** [ˌɔːlˈsəʊlzdeɪ] *s.* Allerˈseelen *n*; **ˌ~-ˈstar** *adj. thea., sport* nur mit ersten Kräften besetzt: ***~ cast*** Star-, Galabesetzung *f*; **ˌ~-ˈsteel** *adj.* Ganzstahl...; **ˌ~-terˈrain** *adj. mot.* geländegängig, Gelände...; **ˌ~-ˈtime** *adj.* **1.** bisher unerreicht, *der (die, das) beste etc.* aller Zeiten: ***~ high*** Höchstleistung *f*, -stand *m*; ***~ low*** Tiefststand *m*; **2.** hauptberuflich, Ganztags...: ***~ job***.

al·lude [əˈluːd] *v/i.* (***to***) anspielen, hinweisen (auf *acc.*); *et.* andeuten, erwähnen.

al·lure [əˈljʊə] **I** *v/t.* **1.** (an-, ver)locken, gewinnen (***to*** für); abbringen (***from*** von); **2.** anziehen, reizen; **II** *s.* **3.** → **alˈlure·ment** [-mənt] *s.* **1.** (Ver)Lockung *f*; **2.** Lockmittel *n*, Köder *m*; **3.** Anziehungskraft *f*, Zauber *m*, Reiz *m*; **alˈlur·ing** [-ərɪŋ] *adj.* □ verlockend, verführerisch.

al·lu·sion [əˈluːʒn] *s.* (***to***) Anspielung *f*, Hinweis *m* (auf *acc.*); Erwähnung *f*, Andeutung *f* (*gen.*); **alˈlu·sive** [-uːsɪv] *adj.* □ anspielend, verblümt, viel sagend.

al·lu·vi·al [əˈluːvjəl] *adj. geol.* angeschwemmt, alluviˈal; **alˈlu·vi·on** [-ən] *s.* **1.** *geol.* Anschwemmung *f*; **2.** Alluviˈon *f*, angeschwemmtes Land; **alˈlu·vi·um** [-əm] *pl.* **-vi·ums** *od.* **-vi·a** [-vjə] *s.* *geol.* Alˈluvium *n*, Schwemmland *n*.

ˌall|-ˈwave *adj.* ⚡: ***~ receiving set*** Allwellenempfänger *m*; **ˌ~-ˈweath·er** *adj.* ⚙ Allwetter...; **ˌ~-ˈwheel** *adj.* ⚙, *mot.* Allrad...

al·ly [əˈlaɪ] **I** *v/t.* **1.** (*durch Heirat, Verwandtschaft, Ähnlichkeit*) vereinigen, verbinden (***to***, ***with*** mit); **2.** ***~ o.s.*** sich verbinden *od.* verbünden (***with*** mit); **II** *v/i.* **3.** sich vereinigen, sich verbinden, sich verbünden (***to***, ***with*** mit); → ***allied***; **III** *s.* [ˈælaɪ] **4.** Alliierte(r *m*) *f*, Verbündete(r *m*) *f*, Bundesgenosse *m*, -genossin *f* (*a. fig.*); **5.** ♣, *zo.* verwandte Sippe.

al·ma·nac [ˈɔːlmənæk] *s.* ˈAlmanach *m*, Kaˈlender *m*, Jahrbuch *n*.

al·might·y [ɔːlˈmaɪtɪ] *adj.* **1.** allmächtig: ***the ♀*** der Allmächtige; **2.** *a. adv.* F ‚riesig', ‚mächtig'.

al·mond [ˈɑːmənd] *s.* ♣ Mandel *f*; Mandelbaum *m*; **ˈ~-eyed** *adj.* mandeläugig.

al·mon·er [ˈɑːmənə] *s.* **1.** *hist.* ˈAlmosenpfleger *m*; **2.** *Brit.* Soziˈalarbeiter(in) im Krankenhaus.

al·most [ˈɔːlməʊst] *adv.* fast, beinahe.

alms [ɑːmz] *s. sg. u. pl.* ˈAlmosen *n*; **ˈ~·house** *s.* **1.** *Brit.* a) priˈvates Altenheim, b) privates Wohnheim für soziˈal Schwache; **2.** *hist.* Armenhaus *n*; **ˈ~·man** [-mən] *s.* [*irr.*] *hist.* ˈAlmosenempfänger *m*.

al·oe [ˈæləʊ] *s.* **1.** ♣ ˈAloe *f*; **2.** *pl. sg. konstr.* ⚕ Aloe *f* (*Abführmittel*).

a·loft [əˈlɒft] *adv.* **1.** *poet.* hoch (oben *od.* hinˈauf), emˈpor, droben, in der *od.* die Höhe; **2.** ⚓ oben, in der *od.* die Takelung.

a·lone [əˈləʊn] **I** *adj.* alˈlein, einsam; →

leave alone, ***let alone***, ***let***¹ *Redew.*; **II** *adv.* allein, bloß, nur.

a·long [ə'lɒŋ] **I** *prp.* **1.** entlang, längs; **II** *adv.* **2.** entlang, längs; **3.** vorwärts, weiter: → ***get along***; **4.** zu'sammen (mit), mit, bei sich: ***take ~*** mitnehmen; ***come ~*** komm mit!, ‚komm doch schon!'; ***I'll be ~ in a few minutes*** ich werde in ein paar Minuten da sein; **5.** → ***all along***; **a͵long'shore** *adv.* längs der Küste; **a͵long'side** **I** *adv.* **1.** ⚓ längsseits; **2.** *fig.* (***of***, ***with***) verglichen (mit), im Vergleich (zu); **II** *prp.* **3.** längsseits (*gen.*); neben (*dat.*).

a·loof [ə'lu:f] **I** *adv.* fern, abseits, von fern: ***keep ~*** sich fern halten (***from*** von), Distanz wahren; ***stand ~*** für sich bleiben; **II** *adj.* zu'rückhaltend, reser'viert; **a'loof·ness** [-nɪs] *s.* Zu'rückhaltung *f*, Reser'viertheit *f*, Dis'tanz *f*.

a·loud [ə'laʊd] *adv.* laut, mit lauter Stimme.

alp [ælp] *s.* Alp(e) *f*, Alm *f*.

al·pac·a [æl'pækə] *s.* **1.** *zo.* 'Pako *n*, Al'paka *n*; **2.** a) Al'pakawolle *f*, b) Al'pakastoff *m*.

'al·pen|·glow ['ælpən-] *s.* Alpenglühen *n*; **'~·horn** (*Ger.*) *s.* Alphorn *n*; **'~·stock** ['ælpɪn-] (*Ger.*) *s.* Bergstock *m*.

al·pha ['ælfə] *s.* **1.** 'Alpha *n*: ***the ~ and omega*** *fig.* das A u. O; **2.** ***~ particles*** (***rays***) *pl. phys.* 'Alphateilchen (-strahlen) *pl.*; **3.** *univ. Brit.* Eins *f* (*beste Note*): ***~ plus*** hervorragend.

al·pha·bet ['ælfəbɪt] *s.* **1.** Alpha'bet *n*, Abc *n*; **2.** *fig.* Anfangsgründe *pl.*, Abc *n*; **al·pha·bet·ic**, **al·pha·bet·i·cal** [͵ælfə'betɪk(l)] *adj.* □ alpha'betisch: ***~ order*** alphabetische Reihenfolge.

Al·pine ['ælpaɪn] *adj.* **1.** Alpen...; **2.** al'pin, Hochgebirgs...: ***~ sun*** ⚕ Höhensonne *f*; ***~ combined*** *sport* alpine Kombination; **'Al·pin·ism** [-pɪnɪzəm] *s.* **1.** Alpi'nismus *m*; **2.** al'piner Skisport; **'Al·pin·ist** [-pɪnɪst] *s.* Alpi'nist(in); **Alps** [ælps] *s. pl. die* Alpen *pl.*

al·read·y [ɔ:l'redɪ] *adv.* schon, bereits.

al·right [͵ɔ:l'raɪt] *adv. Brit.* F *od. Am. für* ***all right***.

Al·sa·tian [æl'seɪʃjən] **I** *adj.* **1.** elsässisch; **II** *s.* **2.** Elsässer(in); **3.** *a.* ***~ dog*** (Deutscher) Schäferhund.

al·so ['ɔ:lsəʊ] *adv.* auch, ferner, außerdem, ebenfalls; **'al·so-ran** *s.* **1.** *sport Rennteilnehmer* (*a. Pferd*), *der sich nicht platzieren kann*: ***she was an ~*** sie kam unter ‚ferner liefen' ein; **2.** F Versager *m*, Niete *f*.

al·tar ['ɔ:ltə] *s.* Al'tar *m*: ***lead to the ~*** zum Altar führen, heiraten; ***~ boy*** *s.* Mini'strant *m*; ***~ cloth*** *s.* Al'tardecke *f*; **'~·piece** *s.* Al'tarblatt *n*, -gemälde *n*; ***~ screen*** *s. reich verzierte* Al'tarrückwand, Re'tabel *n*.

al·ter ['ɔ:ltə] **I** *v/t.* **1.** (ver)ändern, ab-, 'umändern; **2.** *Am. dial. Tiere* kastrieren; **II** *v/i.* **3.** sich (ver)ändern; **'al·ter·a·ble** [-tərəbl] *adj.* veränderlich, wandelbar; **al·ter·a·tion** [͵ɔ:ltə'reɪʃn] *s.* **1.** (Ab-, 'Um-, Ver)Änderung *f*; **2.** *a. pl.* 'Umbau *m*.

al·ter·ca·tion [͵ɔ:ltə'keɪʃn] *s.* heftige Ausein'andersetzung.

al·ter e·go [͵æltər'egəʊ] (*Lat.*) *s.* Alter Ego *n*: a) *das* andere Ich, b) *j-s* Busenfreund(in).

al·ter·nate [ɔ:l'tɜ:nət] **I** *adj.* □ → ***alternately***; **1.** (mitein'ander) abwechselnd, wechselseitig: ***on ~ days*** jeden zweiten Tag; **2.** ⚔ Ausweich...: ***~ position***; **II** *s.* **3.** *pol. Am.* Stellvertreter *m*; **III** *v/t.* ['ɔ:ltəneɪt] **4.** wechselweise tun; abwechseln lassen, *miteinander* vertauschen; **5.** ⚡, ⚙ peri'odisch verändern; **IV** *v/i.* ['ɔ:ltəneɪt] **6.** abwechseln, alternieren; **7.** ⚡ wechseln; **al'ter·nate·ly** [-lɪ] *adv.* abwechselnd, wechselweise; **al·ter·nat·ing** ['ɔ:ltəneɪtɪŋ] *adj.* abwechselnd, Wechsel...: ***~ current*** ⚡ Wechselstrom *m*; ***~ voltage*** ⚡ Wechselspannung *f*; **al·ter·na·tion** [͵ɔ:ltə'neɪʃn] *s.* Abwechslung *f*, Wechsel *m*; **al'ter·na·tive** [-nətɪv] **I** *adj.* □ → ***alternatively***; **1.** alterna'tiv, die Wahl lassend, ein'ander ausschließend, nur 'eine Möglichkeit lassend; **2.** ander(er, -e, -es) (*von zweien*), Ersatz..., Ausweich...: ***~ airport*** Ausweichflughafen *m*; **II** *s.* **3.** Alterna'tive *f*, Wahl *f*: ***have no*** (***other***) ***~*** keine andere Möglichkeit *od.* Wahl *od.* keinen anderen Ausweg haben; **al'ter·na·tive·ly** [-nətɪvlɪ] *adv.* im anderen Falle, ersatz-, hilfsweise; **al·ter·na·tor** ['ɔ:ltəneɪtə] *s.* ⚡ 'Wechselstromma͵schine *f*.

al·tho [ɔ:l'ðəʊ] *Am.* → ***although***.

alt·horn ['æltho:n] *s.* ♪ Althorn *n*.

al·though [ɔ:l'ðəʊ] *cj.* ob'wohl, ob'gleich, wenn auch.

al·tim·e·ter ['æltɪmi:tə] *s. phys.* Höhenmesser *m*.

al·ti·tude ['æltɪtju:d] *s.* **1.** Höhe *f* (*bsd. über dem Meeresspiegel, a.* ⛰, ✈, *ast.*): ***~ control*** Höhensteuerung *f*; ***~ flight*** Höhenflug *m*; ***~ of the sun*** Sonnenstand *m*; **2.** *mst pl.* hoch gelegene Gegend, (Berg)Höhen *pl.*; **3.** *fig.* Erhabenheit *f*.

al·to ['æltəʊ] *pl.* **'al·tos** (*Ital.*) *s.* ♪ **1.** Alt *m*, Altstimme *f*; **2.** Al'tist(in), Altsänger(in).

al·to·geth·er [͵ɔ:ltə'geðə] **I** *adv.* **1.** völlig, gänzlich, ganz u. gar *schlecht etc.*; **2.** insgesamt, im Ganzen genommen; **II** *s.* **3.** ***in the ~*** splitternackt.

al·to-re·lie·vo [͵æltəʊrɪ'li:vəʊ] (*Ital.*) *s.* 'Hochreli͵ef *n*.

al·tru·ism ['æltrʊɪzəm] *s.* Altru'ismus *m*, Nächstenliebe *f*, Uneigennützigkeit *f*; **'al·tru·ist** [-ɪst] *s.* Altru'ist(in); **al·tru-**

is·tic [ˌæltrʊˈɪstɪk] *adj.* (□ ***~ally***) altru'istisch, uneigennützig, selbstlos.

al·um [ˈæləm] *s.* ⚗ A'laun *m.*

a·lu·mi·na [əˈljuːmɪnə] *s.* ⚗ Tonerde *f.*

al·u·min·i·um [ˌæljʊˈmɪnjəm], *Am.* **a·lu·mi·num** [əˈluːmɪnəm] *s.* ⚗ Alu'minium *n.*

a·lum·na [əˈlʌmnə] *pl.* **-nae** [-niː] *s.* ehemalige Stu'dentin *od.* Schülerin; **a'lum·nus** [-nəs] *pl.* **-ni** [naɪ] *s.* ehemaliger Stu'dent *od.* Schüler.

al·ve·o·lar [ælˈvɪələ] *adj.* **1.** *anat.* alveo'lär, das Zahnfach betreffend; **2.** *ling.* alveo'lar, am Zahndamm artikuliert; **al·ve·o·lus** [ælˈvɪələs] *pl.* **-li** [-laɪ] *s. anat.* Alve'ole *f*: a) Zahnfach *n*, b) Zungenbläs-chen *n.*

al·ways [ˈɔːlweɪz] *adv.* **1.** immer, stets, jederzeit; **2.** F auf jeden Fall, immer'hin.

a·lys·sum [ˈælɪsəm] *s.* ⚘ Steinkraut *n.*

Alz·hei·mer's dis·ease [ˈæltshaɪməz] *s.* ⚕ Alzheimerkrankheit *f.*

am [æm; əm] *1. sg. pres. von* **be.**

a·mal·gam [əˈmælgəm] *s.* **1.** Amal'gam *n*; **2.** *fig.* Mischung *f*, Gemenge *n*, Verschmelzung *f*; **a'mal·gam·ate** [-meɪt] **I** *v/t.* **1.** amalgamieren; **2.** *fig.* vereinigen, verschmelzen; zs.-legen, zs.-schließen, ✝ fusionieren; **II** *v/i.* **3.** sich amalgamieren; **4.** sich vereinigen, verschmelzen, sich zs.-schließen, ✝ fusionieren; **a·mal·gam·a·tion** [əˌmælgəˈmeɪʃn] *s.* **1.** Amalgamieren *n*; **2.** Vereinigung *f*, Verschmelzung *f*, Mischung *f*; **3.** *bsd.* ✝ Zs.-schluss *m*, Fusi'on *f.*

a·man·u·en·sis [əˌmænjʊˈensɪs] *pl.* **-ses** [-siːz] *s.* Amanu'ensis *m*, (Schreib)Gehilfe *m*, Sekre'tär(in).

am·a·ranth [ˈæmərænθ] *s.* **1.** ⚘ Ama'rant *m*, Fuchsschwanz *m*; **2.** *poet.* unverwelkliche Blume; **3.** Ama'rantfarbe *f*, Purpurrot *n.*

am·a·ryl·lis [ˌæməˈrɪlɪs] *s.* ⚘ Ama'ryllis *f*, Nar'zissenlilie *f.*

a·mass [əˈmæs] *v/t. bsd. Geld etc.* an-, aufhäufen, ansammeln.

am·a·teur [ˈæmətə] *s.* Ama'teur *m*: a) (Kunst- *etc.*)Liebhaber *m*, b) Amateursportler(in): ***~ flying*** Sportfliegerei *f*, c) Nichtfachmann *m*, *contp.* Dilet'tant *m*, Stümper *m* (***at painting*** im Malen), d) Bastler *m*; **am·a·teur·ish** [ˌæməˈtɜːrɪʃ] *adj.* □ dilet'tantisch; **'am·a·teur·ism** [-ərɪzəm] *s.* **1.** *sport* Amateu'rismus *m*; **2.** Dilet'tantentum *n.*

am·a·tive [ˈæmətɪv] *adj.*, **'am·a·to·ry** [-tərɪ] → ***amorous.***

a·maze [əˈmeɪz] *v/t.* in Staunen setzen, verblüffen, über'raschen; **a'mazed** [-zd] *adj.*; **a'maz·ed·ly** [-zɪdlɪ] *adv.* erstaunt, verblüfft (***at*** über *acc.*); **a'maze·ment** [-mənt] *s.* (Er)Staunen *n*, Verblüffung *f*, Verwunderung *f*; **a'maz·ing** [-zɪŋ] *adj.* □ erstaunlich, verblüffend; unglaublich, ‚toll'.

Am·a·zon [ˈæməzən] *s.* **1.** *antiq.* Ama'zone *f*; **2.** ♀ *fig.* Ama'zone *f*, Mannweib *n*; **Am·a·zo·ni·an** [ˌæməˈzəʊnjən] *adj.* **1.** ama'zonenhaft, Amazonen...; **2.** *geogr.* Amazonas...

am·bas·sa·dor [æmˈbæsədə] *s.* **1.** *pol.* a) Botschafter *m* (*a. fig.*), b) Gesandte(r) *m*; **2.** Abgesandte(r) *m*, Bote *m* (*a. fig.*): ***~ of peace***; **am·bas·sa·do·ri·al** [æmˌbæsəˈdɔːrɪəl] *adj.* Botschafts...; **am'bas·sa·dress** [-drɪs] *s.* **1.** Botschafterin *f*; **2.** Gattin *f* e-s Botschafters.

am·ber [ˈæmbə] **I** *s.* **1.** *min.* Bernstein *m*; **2.** Gelb *n*, gelbes Licht (*Verkehrsampel*): ***at ~*** bei Gelb; ***the lights were at ~*** die Ampel stand auf Gelb; **II** *adj.* **3.** Bernstein...; **4.** bernsteinfarben.

am·ber·gris [ˈæmbəgriːs] *s.* (Graue) Ambra.

am·bi·dex·trous [ˌæmbɪˈdekstrəs] *adj.* □ **1.** beidhändig; **2.** mit beiden Händen gleich geschickt, *weitS.* ungewöhnlich geschickt; **3.** doppelzüngig, 'hinterhältig.

am·bi·ence [ˈæmbɪəns] *s. Kunst*: Ambi'ente *n*, *fig. a.* a) Mili'eu *n*, 'Umwelt *f*, b) Atmo'sphäre *f*; **'am·bi·ent** [-nt] *adj.* um'gebend, um'kreisend; ⚙ Umgebungs...(*-temperatur etc.*), Neben... (*-geräusch*).

am·bi·gu·i·ty [ˌæmbɪˈgjuːɪtɪ] *s.* Zwei-, Vieldeutigkeit *f*, Doppelsinn *m*; Unklarheit *f*; **am·big·u·ous** [æmˈbɪgjʊəs] *adj.* □ zweideutig; unklar.

am·bit [ˈæmbɪt] *s.* **1.** 'Umkreis *m*; **2.** a) Um'gebung *f*, b) Grenzen *pl.*; **3.** *fig.* Bereich *m.*

am·bi·tion [æmˈbɪʃn] *s.* Ehrgeiz *m*, Ambiti'on *f* (*beide a. Gegenstand des Ehrgeizes*); Streben *n*, Begierde *f*, Wunsch *m* (***of*** nach *od. inf.*), Ziel *n*, *pl.* Bestrebungen *pl.*; **am'bi·tious** [-ʃəs] *adj.* □ **1.** ehrgeizig (*a. Plan etc.*); **2.** strebsam; begierig (***of*** nach); **3.** ambiti'ös, anspruchsvoll.

am·bi·va·lence [ˌæmbɪˈveɪləns] *s. psych.*, *phys.* Ambiva'lenz *f*, Doppelwertigkeit *f*; *fig.* Zwiespältigkeit *f*; **ˌam·bi'va·lent** [-nt] *adj. bes. psych.* ambiva'lent.

am·ble [ˈæmbl] **I** *v/i.* im Passgang gehen *od.* reiten; *fig.* schlendern; **II** *s.* Pass(-gang) *m* (*Pferd*); *fig.* gemächlicher (Spazier)Gang, Schlendern *n.*

am·bro·si·a [æmˈbrəʊzjə] *s. antiq.* Ambrosia *f*, Götterspeise *f* (*a. fig.*); **am'bro·si·al** [-əl] *adj.* □ am'brosisch; *fig.* köstlich (duftend).

am·bu·lance [ˈæmbjʊləns] *s.* **1.** Ambu'lanz *f*, Kranken-, Sani'tätswagen *m*; **2.** ⚔ 'Feldlazaˌrett *n*; **~ bat·tal·ion** *s.* ⚔ 'Krankentransˌportbataiˌlon *n*; **~ box** *s.* Verbandskasten *m*; **~ sta·tion** *s.* Sani'tätswache *f*, 'Unfallstatiˌon *f.*

am·bu·lant [ˈæmbjʊlənt] *adj.* ambu'lant:

a) wandernd: ~ ***trade*** Wandergewerbe *n*, b) ⚕ gehfähig: ~ ***patients***; ~ ***treatment*** ambulante Behandlung; '**am·bu·la·to·ry** [-ətərɪ] **I** *adj.* **1.** beweglich, (orts)veränderlich; **2.** → ***ambulant***; **II** *s.* **3.** Ar'kade *f*, Wandelgang *m*.

am·bus·cade [ˌæmbəs'keɪd], **am·bush** ['æmbʊʃ] **I** *s.* **1.** 'Hinterhalt *m*; **2.** im 'Hinterhalt liegende Truppen *pl.*; **II** *v/i.* **3.** im 'Hinterhalt liegen; **III** *v/t.* **4.** in e-n 'Hinterhalt legen; **5.** aus dem 'Hinterhalt über'fallen, auflauern (*dat.*).

a·me·ba, **a·me·bic** *Am.* → ***amoeba***, ***amoebic***.

a·mel·io·rate [ə'miːljəreɪt] **I** *v/t.* verbessern (*bsd.* ✓); **II** *v/i.* besser werden, sich bessern; **a·mel·io·ra·tion** [əˌmiːljə'reɪʃn] *s.* (✓ Boden)Verbesserung *f*.

a·men [ˌɑː'men; ˌeɪ'men] **I** *int.* 'amen!; **II** *s.* 'Amen *n*.

a·me·na·ble [ə'miːnəbl] *adj.* ☐ (***to***) **1.** zugänglich (*dat.*): ~ ***to flattery***; **2.** gefügig; **3.** unter'worfen (*dat.*): ~ ***to a fine***; **4.** verantwortlich (*dat.*).

a·mend [ə'mend] **I** *v/t.* **1.** (ver)bessern, berichtigen; **2.** *Gesetz etc.* (ab)ändern, ergänzen; **II** *v/i.* **3.** sich bessern (*bsd. Betragen*).

a·mende ho·no·ra·ble [amɑ̃ːd ɔnɔrabl] (*Fr.*) *s.* öffentliche Ehrenerklärung *od.* Abbitte.

a·mend·ment [ə'mendmənt] *s.* **1.** (*bsd. sittliche*) Besserung; **2.** Verbesserung *f*, Berichtigung *f*, Neufassung *f*; **3.** *bsd.* ⚖, *parl.* (Ab)Änderungs-, Ergänzungsantrag *m* (*zu e-m Gesetz*), *Am.* 'Zusatzarˌtikel *m* zur Verfassung, Nachtragsgesetz *n*: ***the Fifth*** ♀.

a·mends [ə'mendz] *s. pl. sg. konstr.* (Schaden)Ersatz *m*, Genugtuung *f*: ***make*** ~ Schadenersatz leisten, es wieder gutmachen.

a·men·i·ty [ə'miːnətɪ] *s.* **1.** Annehmlichkeit *f*, angenehme Lage; **2.** Anmut *f*, Liebenswürdigkeit *f*; **3.** *pl.* Konventi'on *f*, Eti'kette *f*; Höflichkeiten *pl.*; **4.** *pl.* (na'türliche) Vorzüge *pl.*, Reize *pl.*, Annehmlichkeiten *pl.*

Am·er·a·sian [ˌæmə'reɪʃjən] *adj. u. s.* (Per'son *f*) ameri'kanisch-asi'atischer Abstammung.

A·mer·i·can [ə'merɪkən] **I** *adj.* **1.** a) ameri'kanisch, b) die USA betreffend: ***the*** ~ ***navy***; **II** *s.* **2.** a) Ameri'kaner(in), b) Bürger(in) der USA; **3.** Ameri'kanisch *n* (*Sprache der USA*); **A·mer·i·ca·na** [əˌmerɪ'kɑːnə] *s. pl.* Ameri'kana *pl.* (*Schriften etc. über Amerika*).

A·mer·i·can| cloth *s.* Wachstuch *n*; ~ **foot·ball** *s. sport* American Football *m* (*rugbyähnliches Spiel*); ~ **In·di·an** *s.* Indi'aner(in).

A·mer·i·can·ism [ə'merɪkənɪzəm] *s.* **1.** Ameri'kanertum *n*; **2.** Amerika'nismus *m*: a) ameri'kanische Spracheigentümlichkeit, b) ameri'kanischer Brauch; **A·mer·i·can·i·za·tion** [əˌmerɪkənaɪ'zeɪʃən] *s.* Amerikanisierung *f*; **A·mer·i·can·ize** [ə'merɪkənaɪz] **I** *v/t.* amerikanisieren; **II** *v/i.* Ameri'kaner *od.* ameri'kanisch werden.

Achten Sie auf die Aussprache folgender geographischer Namen aus dem amerikanischen Raum:

Albuquerque	['ælbəkɜːkɪ]
Arkansas	['ɑːkənsɔː]
Boise	['bɔɪzɪ]
Colorado	[ˌkɒlə'rɑːdəʊ; *Am.* ˌkɑːlə'rædəʊ, -'rɑːdəʊ]
Connecticut	[kə'netɪkət]
Des Moines	[dɪ'mɔɪn]
Idaho	['aɪdəhəʊ]
Illinois	[ˌɪlɪ'nɔɪ]
Iowa	['aɪəʊə]
Missouri	[mɪ'zʊərɪ]
New Orleans	[ˌnjuː'ɔːlɪənz; *Am.* ˌnuː-]
Ohio	[əʊ'haɪəʊ]
Phoenix	['fiːnɪks]
Utah	['juːtɑː, 'juːtɔː]
Yosemite	[jəʊ'semɪtɪ]

A·mer·i·can| leath·er → ***American cloth***; ~ **Le·gion** *s. Am.* Frontkämpferbund *m*; ~ **or·gan** *s.* ♪ Har'monium *n*; ~ **plan** *s. Am.* 'Vollpensiˌon *f*.

Am·er·ind ['æmərɪnd], **Am·er·in·di·an** [ˌæmər'ɪndjən] *s.* ameri'kanischer Indi'aner *od.* 'Eskimo.

am·e·thyst ['æmɪθɪst] *s. min.* Ame'thyst *m*.

a·mi·a·bil·i·ty [ˌeɪmjə'bɪlətɪ] *s.* Freundlichkeit *f*, Liebenswürdigkeit *f*; **a·mi·a·ble** ['eɪmjəbl] *adj.* ☐ liebenswürdig, freundlich, gewinnend, reizend.

am·i·ca·ble ['æmɪkəbl] *adj.* ☐ freund(schaft)lich, friedlich: ~ ***settlement*** gütliche Einigung; '**am·i·ca·bly** [-lɪ] *adv.* freundschaftlich, in Güte, gütlich.

a·mid [ə'mɪd] *prp.* in'mitten (*gen.*), (mitten) in *od.* unter (*dat. od. acc.*); **a'mid·ship(s)** [-ʃɪp(s)] ⚓ **I** *adv.* mittschiffs; **II** *adj.* in der Mitte des Schiffes (befindlich); **a'midst** [-st] → ***amid***.

a·mine ['æmaɪn] *s.* ⚗ A'min *n*.

a·mi·no- [əmiːnəʊ] ⚗ *in Zssgn* Amino...: ~ ***acid***.

a·miss [əˈmɪs] **I** *adv.* verkehrt, verfehlt, schlecht: ***take ~*** übel nehmen; **II** *adj.* unpassend, verkehrt, falsch, übel: ***there is s.th. ~*** etwas stimmt nicht; ***it would not be ~*** es würde nicht schaden.

am·i·ty [ˈæmətɪ] *s.* Freundschaft *f*, gutes Einvernehmen.

am·me·ter [ˈæmɪtə] *s.* ⚡ Amˈpereˌmeter *n*, Strom(stärke)messer *m*.

am·mo [ˈæməʊ] *s. sl.* Munitiˈon *f*.

am·mo·ni·a [əˈməʊnjə] *s.* ⚗ Ammoniˈak *n*: ***liquid ~*** (*od.* ***~ solution***) Salmiakgeist *m*; **amˈmo·ni·ac** [-nɪæk] *adj.* ammoniaˈkalisch: (***gum***) **~** Ammoniakgummi *m*, *n*; → ***sal***.

am·mo·ni·um [əˈməʊnjəm] s. ⚗ Amˈmonium *n*; **~ car·bon·ate** *s.* ⚗ Hirschhornsalz *n*; **~ chlo·ride** *s.* ⚗ Amˈmoniumchloˌrid *n*, ˈSalmiak *m*; **~ ni·trate** *s.* ⚗ Amˈmoniumniˌtrat *n*, Ammoniˈaksalˌpeter *m*.

am·mu·ni·tion [ˌæmjʊˈnɪʃn] *s.* Munitiˈon *f* (*a. fig.*): ***~ belt*** Patronengurt *m*; ***~ carrier*** Munitionswagen *m*; ***~ dump*** Munitionslager *n*.

am·ne·si·a [æmˈniːzjə] *s.* ✱ Amneˈsie *f*, Gedächtnisschwund *m*.

am·nes·ty [ˈæmnɪstɪ] **I** *s.* Amneˈstie *f*, allgemeiner Straferlass; **II** *v/t.* begnadigen, amnestieren.

a·moe·ba [əˈmiːbə] *s. zo.* Aˈmöbe *f*; **aˈmoe·bic** [-bɪk] *adj.* aˈmöbisch: ***~ dysentery*** Amöbenruhr *f*.

a·mok [əˈmɒk] → ***amuck***.

a·mong(st) [əˈmʌŋ(st)] *prp.* (mitten) unter (*dat. od. acc.*), inˈmitten (*gen.*), zwischen (*dat. od. acc.*), bei: ***who ~ you?*** wer von euch?; ***a custom ~ the savages*** e-e Sitte bei den Wilden; ***be ~ the best*** zu den Besten gehören; ***~ other things*** unter anderem; ***from among*** aus der Zahl (derer), aus ... heraus; ***they had two pounds ~ them*** sie hatten zusammen zwei Pfund.

a·mor·al [ˌeɪˈmɒrəl] *adj.* ˈamoˌralisch.

am·o·rist [ˈæmərɪst] *s.* Eˈrotiker *m*: a) Herzensbrecher *m*, b) Verfasser *m* von ˈLiebesroˌmanen *etc.*

am·o·rous [ˈæmərəs] *adj.* ☐ amouˈrös: a) eˈrotisch, sinnlich, Liebes..., b) liebebedürftig, verliebt (***of*** in *acc.*); **ˈam·o·rous·ness** [-nɪs] *s.* amouˈröse Art, Verliebtheit *f*.

a·mor·phous [əˈmɔːfəs] *adj.* aˈmorph: a) formlos, b) ungestalt, c) *min.* ˈunkrisˌtalˌlinisch.

a·mor·ti·za·tion [əˌmɔːtɪˈzeɪʃn] *s.* **1.** Amortisierung *f*, Tilgung *f* (*von Schulden*); **2.** Abschreibung *f* (*von Anlagewerten*); **3.** ⚖ Veräußerung *f* (*von Grundstücken*) an die tote Hand; **a·mor·tize** [əˈmɔːtaɪz] *v/t.* **1.** amortisieren, tilgen, abzahlen; **2.** ⚖ an die tote Hand veräußern.

a·mount [əˈmaʊnt] **I** *v/i.* **1.** (***to***) sich belaufen (auf *acc.*), betragen (*acc.*): ***his debts ~ to £120***; **2.** hinˈauslaufen (***to*** auf *acc.*), bedeuten: ***it ~s to the same thing*** es läuft *od.* kommt auf dasselbe hinaus; ***that doesn't ~ to much*** das ist unbedeutend; ***you'll never ~ to much*** F aus dir wird nie etwas werden; **II** *s.* **3.** Betrag *m*, Summe *f*, Höhe *f* (*e-r Summe*); Menge *f*: ***to the ~ of*** bis zur *od.* in Höhe von, im Betrag *od.* Wert von; ***net ~*** Nettobetrag; ***~ carried forward*** Übertrag *m*; **4.** *fig.* Inhalt *m*, Ergebnis *n*, Wert *m*, Bedeutung *f*.

a·mour [əˈmʊə] (*Fr.*) *s.* Liebschaft *f*, Aˈmour *f*, ‚Verhältnis' *n*; **~-pro·pre** [ˌæmʊəˈprɒprə] (*Fr.*) *s.* Eigenliebe *f*, Eitelkeit *f*.

amp [æmp] *s.* F **1.** a) → ***ampere***, b) → ***amplifier***; **2.** ♪ ˈE-GiˌtarRe *f*.

am·per·age [æmˈpeərɪdʒ] *s.* ⚡ Stromstärke *f*, Amˈperezahl *f*; **am·pere, am·père** [ˈæmpeə] (*Fr.*) *s.* ⚡ Amˈpere *n*; **~ me·ter** → ***ammeter***.

am·per·sand [ˈæmpəsænd] *s. typ.* das Zeichen & (*abbr. für* ***and***).

am·phet·a·mine [æmˈfetəmɪn] *s.* ⚗ Ampхetaˈmin *n*.

am·phi- [æmfɪ] *in Zssgn* doppelt, zwei..., zweiseitig, beiderseitig, umher...

Am·phib·i·a [æmˈfɪbɪə] *s. pl. zo.* Amˈphibien *pl.*, Lurche *pl.*; **amˈphib·i·an** [-ən] **I** *adj.* **1.** *zo.*, *a.* ⚔, ⚙ amˈphibisch, Amphibien...; **II** *s.* **2.** *zo.* Amˈphibie *f*, Lurch *m*; **3.** a) Amˈphibienflugzeug *n*, b) Amˈphibien-, Schwimmfahrzeug *n*, c) ⚔ Schwimmkampfwagen *m*; **amˈphib·i·ous** [-əs] *adj.* **1.** → ***amphibian*** 1: ***~ landing*** amphibische Landung *od.* Operation; ***~ tank*** → ***amphibian*** 3 c; ***~ vehicle*** → ***amphibian*** 3 b; **3.** von gemischter Naˈtur, zweierlei Wesen habend.

am·phi·the·a·tre, *Am.* **am·phi·the·a·ter** [ˈæmfɪˌθɪətə] *s.* Amˈphitheˌater *n* (*a. fig. Gebäudeteil od. Tal etc. in der Form e-s Amphitheaters*).

am·pho·ra [ˈæmfərə] *pl.* **-rae** [-riː] *od.* **-ras** (*Lat.*) *s.* Amˈphore *f*.

am·ple [ˈæmpl] *adj.* ☐ → ***amply***; **1.** weit, groß, geräumig; weitläufig; stattlich (*Figur*), üppig (*Busen*); **2.** ausführlich, umˈfassend; **3.** reich(lich), mehr als genug, (vollauf) genügend: ***~ means*** reich(lich)e Mittel; **ˈam·ple·ness** [-nɪs] *s.* **1.** Weite *f*, Geräumigkeit *f*; **2.** Reichlichkeit *f*, Fülle *f*.

am·pli·fi·ca·tion [ˌæmplɪfɪˈkeɪʃn] *s.* **1.** Erweiterung *f*, Vergrößerung *f*, Ausdehnung *f*; **2.** weitere Ausführung, Weitschweifigkeit *f*, Ausschmückung *f*; **3.** ⚡, *Radio, phys.* Vergrößerung *f*, Verstärkung *f*.

am·pli·fi·er [ˈæmplɪfaɪə] *s.* **1.** *phys.* Vergrößerungslinse *f*; **2.** *Radio, phys.* Verstärker *m*: **~ *tube*** (*od.* ***valve***) Verstärkerröhre *f*; **am·pli·fy** ['æmplɪfaɪ] **I** *v/t.* **1.** erweitern, vergrößern, ausdehnen; **2.** ausmalen, -schmücken; weitläufig darstellen; näher ausführen *od.* erläutern; **3.** *Radio, phys.* verstärken; **II** *v/i.* **4.** sich weitläufig ausdrücken *od.* auslassen; **'am·pli·tude** [-tju:d] *s.* **1.** Weite *f*, 'Umfang *m* (*a. fig.*), Reichlichkeit *f*, Fülle *f*; **2.** *phys.* Ampli'tude *f*, Schwingungsweite *f* (*Pendel etc.*).

am·ply ['æmplɪ] *adv.* reichlich.

am·poule ['æmpu:l] *s.* Am'pulle *f*.

am·pul·la [æm'pʊlə] *pl.* **-lae** [-li:] *s.* **1.** *antiq.* Am'pulle *f*, Phi'ole *f*, Salbengefäß *n*; **2.** Blei- *od.* Glasflasche *f der Pilger*; **3.** *eccl.* Krug *m* für Wein u. Wasser (*Messe*); Gefäß *n* für das heilige Öl (*Salbung*).

am·pu·tate ['æmpjʊteɪt] *v/t.* **1.** *Bäume* stutzen; **2.** ⚕ amputieren (*a. fig.*), *ein Glied* abnehmen; **am·pu·ta·tion** [ˌæmpjʊ'teɪʃn] *s.* Amputati'on *f*; **'am·pu·tee** [-ti:] *s.* Ampu'tierte(r *m*) *f*.

a·muck [ə'mʌk] *adv.*: ***run ~*** Amok laufen, *fig. a.* blindwütig rasen (***at***, ***on***, ***against*** gegen *et.*).

am·u·let ['æmjʊlɪt] *s.* Amu'lett *n*.

a·muse [ə'mju:z] *v/t.* (***o.s.*** sich) amüsieren, unter'halten, belustigen: ***you ~ me!*** da muss ich (über dich) lachen!; ***be ~d*** sich freuen (***at***, ***by***, ***in***, ***with*** über *acc.*); ***it ~s them*** es macht ihnen Spaß; ***he ~s himself with gardening*** er gärtnert zu s-m Vergnügen; **a'mused** [-zd] *adj.* amüsiert, belustigt, erfreut; **a'muse·ment** [-mənt] *s.* Unter'haltung *f*, Belustigung *f*, Vergnügen *n*, Freude *f*, Zeitvertreib *m*: ***to the ~ of*** zur Belustigung (*gen.*); ***~ arcade*** *Brit.* Spielsalon *m*; ***~ park*** Vergnügungspark *m*; **a'mus·ing** [-zɪŋ] *adj.* □ amü'sant, unter'haltsam; 'komisch.

am·yl ['æmɪl] *s.* ⚗ A'myl *n*; **am·y·la·ceous** [ˌæmɪ'leɪʃəs] *adj.* stärkemehlartig, stärkehaltig.

an [æn; ən] *unbestimmter Artikel* (*vor Vokalen od. stummem H*) ein, eine.

an·a·bap·tism [ˌænə'bæptɪzəm] *s.* Anabap'tismus *m*; **ˌan·a'bap·tist** [-ɪst] *s.* Wiedertäufer *m*.

an·a·bol·ic [ˌænə'bɒlɪk] *s.* ⚕ Ana'bolikum *n*.

a·nach·ro·nism [ə'nækrənɪzəm] *s.* Anachro'nismus *m*; **a·nach·ro·nis·tic** [əˌnækrə'nɪstɪk] *adj.* (□ ***~ally***) anachro'nistisch.

a·nae·mi·a [ə'ni:mjə] *s.* ⚕ Anä'mie *f*, Blutarmut *f*, Bleichsucht *f*; **a'nae·mic** [-mɪk] *adj.* **1.** ⚕ blutarm, bleichsüchtig, an'ämisch; **2.** *fig.* farblos, blass.

an·aes·the·si·a [ˌænɪs'θi:zjə] *s.* ⚕ **1.** Anästhe'sie *f*, Nar'kose *f*, Betäubung *f*; **2.** Unempfindlichkeit *f* (*gegen Schmerz*); **ˌan·aes'thet·ic** [-'θetɪk] **I** *adj.* (□ ***~ally***) nar'kotisch, betäubend, Narkose...; **II** *s.* Betäubungsmittel *n*; **an·aes·the·tist** [æ'ni:sθətɪst] *s.* Anästhe'sist *m*, Nar'kosearzt *m*; **an·aesthe·tize** [æ'ni:sθətaɪz] *v/t.* betäuben, narkotisieren.

an·a·gram ['ænəgræm] *s.* Ana'gramm *n*.

a·nal ['eɪnl] *adj. anat.* a'nal, Anal...

an·a·lects ['ænəlekts] *s. pl.* Ana'lekten *pl.*, Lesefrüchte *pl.*

an·al·ge·si·a [ˌænæl'dʒi:zjə] *s.* ⚕ Unempfindlichkeit *f* gegen Schmerz, Schmerzlosigkeit *f*; **ˌan·al'ge·sic** [-'dʒesɪk] **I** *adj.* schmerzlindernd; **II** *s.* schmerzlinderndes Mittel.

an·a·log·ic, **an·a·log·i·cal** [ˌænə'lɒdʒɪk(l)] *adj.* □, **a·nal·o·gous** [ə'næləgəs] *adj.* □ ana'log, ähnlich, entsprechend, paral'lel (***to*** *dat.*); **an·a·logue** ['ænəlɒg] *s.* A'nalogon *n*, Entsprechung *f*: ***~ computer*** Analogrechner *m*; **a·nal·o·gy** [ə'nælədʒɪ] *s.* **1.** *a. ling.* Analo'gie *f*, Entsprechung *f*: ***on the ~ of*** (*od.* ***by ~ with***) analog, nach, gemäß (*dat.*); **2.** A Proporti'on *f*.

an·a·lyse ['ænəlaɪz] *v/t.* **1.** analysieren: a) ⚗, A, *psych. etc.* zergliedern, zerlegen, b) *fig.* genau unter'suchen, c) erläutern, darlegen; **a·nal·y·sis** [ə'næləsɪs] *pl.* **-ses** [-si:z] *s.* **1.** Ana'lyse *f*: a) ⚗ *etc.* Zerlegung *f*, ('kritische) Zergliederung, b) *fig.* gründliche Unter'suchung, Darlegung *f*, Deutung *f*: ***in the last ~*** im Grunde, letzten Endes; **2.** A A'nalysis *f*; **3.** (Psycho)Ana'lyse *f*; **'an·a·lyst** [-lɪst] *s.* **1.** ⚗, A Ana'lytiker(in); *fig.* Unter'sucher(in): ***public ~*** (behördlicher) Lebensmittelchemiker; **2.** Psychoana'lytiker *m*; **3.** Sta'tistiker *m*; **an·a·lyt·ic, an·a·lyt·i·cal** [ˌænə'lɪtɪk(l)] *adj.* □ **1.** ana'lytisch: ***analytical chemist*** Chemiker(in); **2.** psychoana'lytisch; **an·a·lyt·ics** [ˌænə'lɪtɪks] *s. pl. sg. konstr.* Ana'lytik *f*.

an·a·lyze *bsd. Am.* → ***analyse***.

an·am·ne·sis [ˌænæm'ni:sɪs] *pl.* **-ses** [-si:z] *s.* Anam'nese *f*: a) Wiedererinnerung *f*, b) ⚕ Vorgeschichte *f*.

an·aph·ro·dis·i·ac [æˌnæfrəʊ'dɪzɪæk] ⚕ **I** *adj.* den Geschlechtstrieb hemmend; **II** *s.* Anaphrodi'siakum *n*.

an·ar·chic, **an·ar·chi·cal** [æ'nɑ:kɪk(l)] *adj.* □ an'archisch, anar'chistisch, gesetzlos, zügellos.

an·arch·ism ['ænəkɪzəm] *s.* **1.** Anar'chie *f*, Regierungs-, Gesetzlosigkeit *f*; **2.** Anar'chismus *m*; **'an·arch·ist** [-ɪst] **I** *s.* Anar'chist(in), 'Umstürzler *m*; **II** *adj.* anar'chistisch, 'umstürzlerisch.

an·ar·cho- [ænɑ:kəʊ] *in Zssgn* Anarcho...: ***~-scene***; ***~-situationist*** Chaot *m*.

an·arch·y ['ænəkɪ] *s.* **1.** → ***anarchism***; **2.** *fig.* 'Chaos *n*.

an·as·tig·mat·ic [əˌnæstɪg'mætɪk] *adj. phys.* anastig'matisch (*Linse*).

a·nath·e·ma [əˈnæθəmə] (*Greek*) *s.* **1.** *eccl.* Aˈnathema *n*, Kirchenbann *m*; *fig.* Fluch *m*, Verwünschung *f*; **2.** *eccl.* Exkommunizierte(r *m*) *f*, Verfluchte(r *m*) *f*; **3.** *fig.* *etwas* Verhasstes, Gräuel *m*; **aˈnath·e·ma·tize** [-ətaɪz] *v/t.* in den Bann tun, verfluchen.

an·a·tom·ic, an·a·tom·i·cal [ˌænəˈtɒmɪk(l)] *adj.* □ anaˈtomisch.

a·nat·o·mist [əˈnætəmɪst] *s.* **1.** Anaˈtom *m*; **2.** Zergliederer *m* (*a. fig.*); **aˈnat·o·mize** [-maɪz] *v/t.* **1.** ✱ zerlegen, sezieren; **2.** *fig.* zergliedern; **aˈnat·o·my** [-mɪ] *s.* **1.** Anatoˈmie *f* (*Aufbau, Wissenschaft, Abhandlung*); **2.** F a) ‚Wanst' *m*, Körper *m*, b) ‚Gerippe' *n*, Gestell *n*.

an·ces·tor [ˈænsestə] *s.* **1.** Vorfahr *m*, Ahn(herr) *m*, Stammvater *m* (*a. fig.*): **~ *worship*** Ahnenkult *m*; **2.** *fig.* Vorläufer *m*; **3.** ⚖ Vorbesitzer *m*; **an·ces·tral** [ænˈsestrəl] *adj.* der Vorfahren, Ahnen..., angestammt, Erb..., Ur...; **ˈan·ces·tress** [-trɪs] *s.* Ahnfrau *f*, Stammmutter *f*; **ˈan·ces·try** [-trɪ] *s.* Abstammung *f*, *hohe* Geburt; Ahnen(reihe *f*) *pl*; *fig.* Vorgänger *pl.*: **~ *research*** Ahnenforschung *f*.

an·chor [ˈæŋkə] **I** *s.* **1.** ⚓ Anker *m*: ***at ~*** vor Anker; ***weigh ~*** a) den Anker lichten, b) abfahren; ***cast*** (*od.* ***drop***) **~** ankern, vor Anker gehen; ***ride at ~*** vor Anker liegen; **2.** *fig.* Rettungsanker *m*, Zuflucht *f*; **3.** ⚙ Anker *m*, Schließe *f*, Klammer *f*; **4.** *Radio, TV*: *Am.* a) Modeˈrator *m*, Moderaˈtorin *f* *e-r Nachrichtensendung*, b) Diskussiˈonsleiter (-in); **5.** *sport*: a) Schlussläufer(in), b) Schlussschwimmer(in); **II** *v/t.* **6.** verankern, vor Anker legen; **7.** ⚙ *u. fig.* verankern; **8.** *Radio, TV*: *Am.* a) *e-e Nachrichtensendung* moderieren, b) *e-e Diskussion* leiten; **9.** Schlussläufer(in) *od.* -schwimmer(in) *e-r Staffel* sein; **III** *v/i.* **10.** ankern, vor Anker gehen *od.* liegen; **11.** *Radio, TV*: *Am.* Moderator (-in) *od.* Diskussiˈonsleiter(in) sein.

an·chor·age [ˈæŋkərɪdʒ] *s.* **1.** Ankerplatz *m*; **2.** *a.* **~ *dues*** Anker-, Liegegebühr *f*; **3.** fester Halt, Verankerung *f*; **4.** *fig.* → ***anchor*** 2.

an·cho·ress [ˈæŋkərɪs] *s.* Einsiedlerin *f*; **ˈan·cho·ret** [-ret], **ˈan·cho·rite** [-raɪt] *s.* Einsiedler *m*.

ˈan·chor|·man [-mən] *s.* [*irr.*], **ˈ~ˌwom·an** *s* [*irr.*] → ***anchor*** 4, 5.

an·cho·vy [ˈæntʃəvɪ] *s.* *ichth.* Anˈ(s)chovis *f*, Sarˈdelle *f*.

an·cient [ˈeɪnʃənt] **I** *adj.* □ **1.** alt, aus alter Zeit, das Altertum betreffend, anˈtik: **~ *Rome***; **2.** uralt (*a. humor.*), altberühmt; **3.** altertümlich; ehemalig; **II** *s.* **4.** ***the ~s*** a) die Alten (*Griechen u. Römer*), b) die (antiken) Klassiker; **5.** Alte(r *m*) *f*, Greis(in); F ‚Olle(r' *m*) *f*; **ˈan·cient·ly** [-lɪ] *adv.* vorˈzeiten.

an·cil·lar·y [ænˈsɪlərɪ] *adj.* ˈuntergeordnet (***to*** *dat.*), Hilfs..., Neben...: **~ *agreement*** Nebenabrede *f*; **~ *equipment*** Zusatz-, Hilfsgerät *n*; **~ *industries*** Zulieferbetriebe; **~ *road*** Nebenstraße *f*.

and [ænd; ən(d)] *cj.* und: **~ *so forth*** und so weiter; ***there are books ~ books*** es gibt gute und schlechte Bücher; ***nice ~ warm*** schön warm; **~ *all*** F und so weiter; ***skin ~ all*** mitsamt der Haut; ***a little more ~ ...*** es fehlte nicht viel, so ...; ***try ~ come*** versuchen Sie zu kommen.

and·i·ron [ˈændaɪən] *s.* Feuer-, Brat-, Kaˈminbock *m*.

An·drew [ˈændruː] *npr.* Anˈdreas *m*: ***St. ~'s cross*** Andreaskreuz *n*.

an·drog·y·nous [ænˈdrɒdʒɪnəs] *adj.* zwitterartig, zweigeschlechtig; ⚘ zwitterblütig.

an·droid [ˈændrɔɪd] *s.* Androˈid(e) *m* (*Kunstmensch*).

an·droph·a·gous [ænˈdrɒfəgəs] *adj.* Menschen fressend.

an·dro·pho·bi·a [ˌændrəʊˈfəʊbjə] *s.* Androphoˈbie *f*, Männerscheu *f*.

an·ec·do·tal [ˌænekˈdəʊtl] → ***anecdotic***; **an·ec·dote** [ˈænɪkdəʊt] *s.* Anekˈdote *f*; **an·ec·dot·ic, an·ec·dot·i·cal** [ˌænekˈdɒtɪk(l)] *adj.* □ anekˈdotenhaft, anekˈdotisch.

a·ne·mi·a, a·ne·mic *Am.* → ***anaemia, anaemic***.

an·e·mom·e·ter [ˌænɪˈmɒmɪtə] *s.* *phys.* Windmesser *m*.

a·nem·o·ne [əˈnemənɪ] *s.* **1.** ⚘ Aneˈmone *f*; **2.** *zo.* ˈSeeaneˌmone *f*.

an·er·oid [ˈænərɔɪd] *s.* *phys.* *a.* **~ *barometer*** Aneroˈidbaroˌmeter *n*.

an·es·the·si·a *etc. Am.* → ***anaesthesia*** *etc.*

a·new [əˈnjuː] *adv.* von neuem, aufs Neue; auf neue Art und Weise.

an·gel [ˈeɪndʒəl] *s.* **1.** Engel *m*: **~ *of death*** Todesengel; ***rush in where ~s fear to tread*** sich törichter- *od.* anmaßenderweise in Dinge einmischen, an die sich sonst niemand heranwagt; **2.** *fig.* Engel *m* (*Person*): ***be an ~ and ...*** sei doch so lieb und ...; **3.** *sl.* Geldgeber *m*, fiˈnanzkräftiger ˈHintermann.

ˈan·gel|·food *Am.*, **~ cake** *s.* *Art* Bisˈkuitkuchen *m*.

an·gel·ic [ænˈdʒelɪk] *adj.* (□ **~*ally***) engelhaft, -gleich, Engels...

an·gel·i·ca [ænˈdʒelɪkə] *s.* **1.** ⚘ Brustwurz *f* (*als Gewürz*); **2.** kandierte Anˈgelikawurzel.

an·gel·i·cal [ænˈdʒelɪkl] *adj.* □ → ***angelic***.

An·ge·lus [ˈændʒɪləs] *s.* *eccl.* ˈAngelus (-gebet *n*, -läuten *n*) *m*.

an·ger [ˈæŋgə] **I** *s.* Ärger *m*, Zorn *m*, Wut *f* (***at*** über *acc.*); **II** *v/t.* erzürnen, ärgern.

An·ge·vin ['ændʒɪvɪn] **I** *adj.* **1.** aus An'jou (*in Frankreich*); **2.** die Plan'tagenets betreffend; **II** *s.* **3.** Mitglied *n* des Hauses Plan'tagenet.

an·gi·na [æn'dʒaɪnə] *s.* ✻ An'gina *f* 'pectoris; ~ **pec·to·ris** ['pektərɪs] *s.* ✻ An'gina *f* 'pectoris.

an·gle¹ ['æŋgl] **I** *s.* **1.** *bsd.* ⩓ Winkel *m*: ***acute*** (***obtuse***, ***right***) ~ spitzer (stumpfer, rechter) Winkel; ~ ***of incidence*** Einfallswinkel; ***at right*** ~***s to*** im rechten Winkel zu; **2.** ⚙ a) Knie(stück) *n*, b) *pl.* Winkeleisen *pl.*; **3.** Ecke *f*, Vorsprung *m*, spitze Kante; **4.** *fig.* a) Standpunkt *m*, Gesichtswinkel *m*, b) As'pekt *m*, Seite *f*: ***consider all*** ~***s of a question***; **5.** *Am.* Me'thode *f* (*et. zu erreichen*); **6.** *sl.* Trick *m*, ‚Tour' *f*, ‚Masche' *f*; **II** *v/t.* **7.** 'umbiegen; **8.** *fig.* tendenzi'ös färben, verdrehen.

an·gle² ['æŋgl] *v/i.* angeln (*a. fig.* ***for*** nach).

an·gled ['æŋgld] *adj.* **1.** winklig, *mst in Zssgn*: ***right***-~ rechtwinklig; **2.** *fig.* tendenzi'ös.

'an·gle|ˌdo·zer [-ˌdəʊzə] *s.* ⚙ Pla'nierraupe *f*, Winkelräumer *m*; **'**~**-park** *v/t. u. v/i. mot.* schräg parken.

an·gle·poise *TM* (**lamp**) ['æŋglpɔɪz] *s.* Gelenkleuchte *f*, Arbeitsleuchte *f*.

an·gler ['æŋglə] *s.* **1.** Angler(in); **2.** *ichth.* Seeteufel *m*.

An·gles ['æŋglz] *s. pl. hist.* Angeln *pl.*; **'An·gli·an** [-glɪən] **I** *adj.* englisch; **II** *s.* Angehörige(r *m*) *f* des Volksstammes der Angeln.

An·gli·can ['æŋglɪkən] *eccl.* **I** *adj.* angli'kanisch, hochkirchlich; **II** *s.* Angli'kaner(in).

An·gli·cism ['æŋglɪsɪzəm] *s.* **1.** *ling.* Angli'zismus *m*; **2.** englische Eigenart; **'An·gli·cist** [-ɪst] *s.* An'glist(in); **'An·gli·cize** [-saɪz], *a.* ♎ *v/t. u. v/i.* (sich) anglisieren, englisch machen (werden).

an·gling ['æŋglɪŋ] *s.* Angeln *n*.

An·glist ['æŋglɪst] *s.* An'glist(in); **Ang·lis·tics** [æŋ'glɪstɪks] *s. pl. sg. konstr.* An'glistik *f*.

Anglo- [æŋgləʊ] *in Zssgn* Anglo..., anglo..., englisch, englisch und ...

ˌAn·glo|-A'mer·i·can [-əʊ-] **I** *s.* 'Angloameri'kaner(in); **II** *adj.* angloameri'kanisch; **ˌ**~**-'In·di·an** [-əʊ-] **I** *s.* Anglo-'inder(in); **II** *adj.* anglo'indisch; **ˌ**~**'ma·ni·a** [-əʊ-] *s.* Angloma'nie *f*; **ˌ**~**-'Nor·man** [-əʊ-] **I** *s.* **1.** Anglonor'manne *m*; **2.** *ling.* Anglonor'mannisch *n*; **II** *adj.* **3.** anglonor'mannisch; **'**~**·phile** [-əʊfaɪl] **I** *s.* Anglo'phile *m*, Englandfreund *m*; **II** *adj.* anglo'phil, englandfreundlich; **'**~**·phobe** [-əʊfəʊb] **I** *s.* Anglo'phobe *m*, Englandfeind *m*; **II** *adj.* englandfeindlich; **ˌ**~**'pho·bi·a** [-əʊ'fəʊbjə] *s.* Anglopho'bie *f*; **ˌ**~**-'Sax·on** [-əʊ-] **I** *s.* **1.** Angelsachse *m*; **2.** *ling.* Altenglisch *n*, Angelsächsisch *n*; **3.** F urwüchsiges u. einfaches Englisch; **II** *adj.* **4.** angelsächsisch; **ˌ**~**-'Scot** [-əʊ-] *s.* dauernd in England lebender Schotte.

an·go·ra [æŋ'gɔːrə], *a.* ♎ *s.* Gewebe *n* aus An'gorawolle; ~ **cat** *s. zo.* An'gorakatze *f*; ~ **goat** *s. zo.* An'goraziege *f*; ~ **wool** *s.* An'gorawolle *f*, Mo'här *m*.

an·gry ['æŋgrɪ] *adj.* ☐ **1.** (***at***, ***about***) ärgerlich, ungehalten (über *acc.*), zornig, böse (auf *j-n*, über *et.*, ***with*** mit *j-m*): ~ ***young man*** *Literatur*: ‚zorniger junger Mann'; **2.** ✻ entzündet, schlimm; **3.** *fig.* drohend, stürmisch; finster.

angst [æŋst] *s. psych.* Angst *f*.

ang·strom, *a.* ♎ ['æŋstrəm] *s. phys. a.* ~ ***unit*** Angström(einheit *f*) *n*.

an·guish ['æŋgwɪʃ] *s.* Qual *f*, Pein *f*, Angst *f*, Schmerz *m*: ~ ***of mind*** Seelenqual(en *pl.*) *f*.

an·gu·lar ['æŋgjʊlə] *adj.* ☐ **1.** winklig, winkelförmig, eckig; Winkel...; **2.** *fig.* knochig, hager; **3.** *fig.* eckig, steif; barsch; **an·gu·lar·i·ty** [ˌæŋgjʊ'lærətɪ] *s.* **1.** Winkligkeit *f*; **2.** *fig.* Eckigkeit *f*, Steifheit *f*.

an·hy·drous [æn'haɪdrəs] *adj.* ⚗, *biol.* kalziniert, wasserfrei; getrocknet, Dörr... (*Obst etc.*).

an·il ['ænɪl] *s.* ⚘ 'Indigopflanze *f*; Indigo (-farbstoff) *m*.

an·i·line ['ænɪliːn] *s.* Ani'lin *n*: ~ ***dye*** Anilinfarbstoff *m*, *weitS.* chemisch hergestellte Farbe.

an·i·mad·ver·sion [ˌænɪmæd'vɜːʃn] *s.* Tadel *m*, Rüge *f*, Kri'tik *f*; **ˌan·i·mad'vert** [-'vɜːt] *v/i.* (***on***, ***upon***) kritisieren; tadeln, rügen (*acc.*).

an·i·mal ['ænɪml] **I** *s.* **1.** Tier *n*, ‚Vierfüß(l)er' *m*; tierisches Lebewesen (*Ggs. Pflanze*, F *a. Ggs. Vogel*): ***there's no such*** ~***!*** F so was gibts ja gar nicht!; **2.** *fig.* Tier *n*, viehischer Mensch, 'Bestie *f*; **II** *adj.* **3.** ani'malisch, tierisch (*beide a. fig.*); Tier...: ~ ***kingdom*** Tierreich *n*; ~ ***magnetism*** a) tierischer Magnetismus, b) *bsd. humor.* erotische Anziehungskraft; ~ ***spirits*** *pl.* Lebenskraft *f*, -geister *pl.*, Vitalität *f*; ~ ***welfarist*** Tierschützer *m*.

an·i·mal·cu·le [ˌænɪ'mælkjuːl] *s.* mikro'skopisch kleines Tierchen: ***infusorial*** ~***s***.

an·i·mal·ism ['ænɪməlɪzəm] *s.* **1.** Vertiertheit *f*; **2.** Sinnlichkeit *f*; **3.** Lebenstrieb *m*, -kraft *f*; **'an·i·mal·ist** [-ɪst] *s.* Tiermaler(in), -bildhauer(in).

an·i·mate **I** *v/t.* ['ænɪmeɪt] **1.** beseelen, beleben, mit Leben erfüllen (*alle a. fig.*); anregen, aufmuntern; **2.** lebendig gestalten: ~ ***a cartoon*** e-n Zeichentrickfilm herstellen; **II** *adj.* [-mət] **3.** belebt, lebend; lebhaft, munter; **'an·i·mat·ed** [-tɪd] *adj.* ☐ **1.** lebendig, beseelt (*with*, *by* von), voll Leben: **~ cartoon** Zeichentrickfilm *m*; **2.** ermutigt; **3.** lebhaft, angeregt; **an·i·ma·tion** [ˌænɪˈmeɪʃn] *s.* **1.** Leben *n*, Feuer *n*, Lebhaftigkeit *f*, Munterkeit *f*; Leben *n* und Treiben *n*; **2.** a) Herstellung *f* von Zeichentrickfilmen, b) (Zeichen)Trickfilm *m*; **ˈan·i·ma·tor** [-tə] *s.* Zeichner *m* von Trickfilmen.

an·i·mos·i·ty [ˌænɪˈmɒsətɪ] *s.* Feindseligkeit *f*, Erbitterung *f*, Animosiˈtät *f*.

an·i·mus [ˈænɪməs] *s.* **1.** (innewohnender) Geist; **2.** *psych.* Animus *m*; **3.** ⚖ Absicht *f*; **4.** → ***animosity***.

an·ise [ˈænɪs] *s.* ⚘ Aˈnis *m*; **ˈan·i·seed** [-siːd] *s.* Aˈnis(samen) *m*.

an·i·sette [ˌænɪˈzet] *s.* Aniˈsett *m*, Aˈnisliˌkör *m*.

an·kle [ˈæŋkl] **I** *s. anat.* **1.** (Fuß)Knöchel *m*: ***sprain one's ~*** sich den Fuß verstauchen; **2.** Knöchelgegend *f des Beins*; **II** *v/i.* **3.** F marschieren; **ˈ~·bone** *s.* Sprungbein *n*; **~ boot** *s.* Halbstiefel *m*; **ˌ~-ˈdeep** *adj.* knöcheltief, bis zu den Knöcheln; **ˌ~-ˈlength** *adj.* knöchellang; **~ sock** *s.* Knöchelsocke *f*, Söckchen *n*; **~ strap** *s.* Schuhspange *f*: ***ankle-strap shoes*** Spangenschuhe.

an·klet [ˈæŋklɪt] *s.* **1.** Fußkettchen *n*, -spange *f* (*als Schmuck od. Fessel*); **2.** → ***anklesock***.

an·na [ˈænə] *s.* Anˈna *m* (*ind. Münze*).

an·nal·ist [ˈænəlɪst] *s.* Chroˈnist *m*; **annals** [ˈænlz] *s. pl.* **1.** Anˈnalen *pl.*, Jahrbücher *pl.*; **2.** hiˈstorischer Bericht; **3.** *regelmäßig erscheinende* wissenschaftliche Berichte *pl.*; **4.** *a. sg. konstr.* (Jahres)Bericht *m*.

an·neal [əˈniːl] *v/t.* **1.** ⚙ *Metall* ausglühen, anlassen, vergüten, tempern; *Glas* kühlen; **2.** *fig.* härten, stählen.

an·nex I *v/t.* [əˈneks] **1.** (*to*) beifügen (*dat.*), anhängen (an *acc.*); **2.** annektieren, (sich) einverleiben: ***the province was ~ed to France*** Frankreich verleibte sich das Gebiet ein; **3.** ***~ to*** verknüpfen mit; **4.** F sich aneignen, ‚sich unter den Nagel reißen'; **II** *s.* [ˈæneks] **5.** Anhang *m*, Nachtrag *m*; Anlage *f zum Brief*; **6.** Nebengebäude *n*, Anbau *m*; **an·nex·a·tion** [ˌænekˈseɪʃn] *s.* **1.** Hinˈzufügung *f* (*to* zu); **2.** Annexiˈon *f*, Einverleibung *f* (*to* in *acc.*); **3.** Aneignung *f*; **an·nexe** [ˈæneks] (*Fr.*) → ***annex*** 6; **anˈnexed** [-kst] *adj.* ✝ beifolgend, beigefügt.

an·ni·hi·late [əˈnaɪəleɪt] *v/t.* **1.** vernichten (*a. fig.*); **2.** ⚔ aufreiben; **3.** *sport* vernichtend schlagen; **4.** *fig.* zuˈnichte machen, aufheben; **an·ni·hi·la·tion** [əˌnaɪəˈleɪʃn] *s.* Vernichtung *f*, Aufhebung *f*.

an·ni·ver·sa·ry [ˌænɪˈvɜːsərɪ] *s.* Jahrestag *m*, -feier *f*, jährlicher Gedenktag, Jubiˈläum *n*: ***wedding ~*** Hochzeitstag *m*; ***the 50th ~ of his death*** die 50. Wiederkehr s-s Todestages.

an·no Dom·i·ni [ˌænəʊˈdɒmɪnaɪ] (*Lat.*) im Jahre des Herrn, anno Domini.

an·no·tate [ˈænəʊteɪt] **I** *v/t. e-e Schrift* mit Anmerkungen versehen, kommentieren; **II** *v/i.* (*on*) Anmerkungen machen (zu), einen Kommenˈtar schreiben (über *acc.*); **an·no·ta·tion** [ˌænəʊˈteɪʃn] *s.* Kommentieren *n*; Anmerkung *f*, Kommenˈtar *m*; **ˈan·no·ta·tor** [-tə] *s.* Kommenˈtator *m*.

an·nounce [əˈnaʊns] **I** *v/t.* **1.** ankündigen; **2.** bekannt geben, verkünden; **3.** a) *Radio*, *TV*: ansagen, b) (*über Lautsprecher*) ˈdurchsagen; **4.** *Besucher etc.* melden; **5.** *Geburt etc.* anzeigen, bekannt geben; **II** *v/i.* **6.** *pol. Am.* seine Kandidaˈtur bekannt geben (*for* für das Amt *gen.*); **7.** ***~ for*** *Am.* sich aussprechen für; **anˈnounce·ment** [-mənt] *s.* **1.** Ankündigung *f*; **2.** Bekanntgabe *f*; (*Geburts- etc.*)Anzeige *f*; **3.** a) *Radio, TV*: Ansage *f*, b) (ˈLautsprecher-)ˌDurchsage *f*; **anˈnounc·er** [-sə] *s. Radio, TV*: Ansager(in), Sprecher(in).

an·noy [əˈnɔɪ] *v/t.* **1.** ärgern: ***be ~ed*** sich ärgern (***at s.th.*** über et., ***with s.o.*** über j-n); **2.** belästigen, stören; schikanieren; **anˈnoy·ance** [-ɔɪəns] *s.* **1.** Störung *f*, Belästigung *f*, Ärgernis *n*; Ärger *m*; **2.** Plage(geist *m*) *f*; **anˈnoyed** [-ɔɪd] *adj.* ärgerlich; **anˈnoy·ing** [-ɔɪɪŋ] *adj.* ☐ ärgerlich (*Sache*), lästig; **anˈnoy·ing·ly** [-ɔɪɪŋlɪ] *adv.* ärgerlicherweise.

an·nu·al [ˈænjʊəl] **I** *adj.* ☐ **1.** jährlich, Jahres…; ***~ accounts*** Jahresabschluss *m*; **2.** *bsd.* ⚘ einjährig: ***~ ring*** Jahresring *m*; **II** *s.* **3.** jährlich erscheinende Veröffentlichung, Jahrbuch *n*; **4.** einjährige Pflanze; → ***hardy*** 2.

an·nu·i·tant [əˈnjuːɪtənt] *s.* Empfänger (-in) e-r Jahresrente, Rentner(in); **anˈnu·i·ty** [-tɪ] *s.* **1.** (Jahres)Rente *f*; **2.** Jahreszahlung *f*; **3.** ✝ *a.* ***~ bond*** Rentenbrief *m*; **4.** *pl.* ˈRentenpaˌpiere *pl.*

an·nul [əˈnʌl] *v/t.* aufheben, für ungültig erklären, annullieren.

an·nu·lar [ˈænjʊlə] *adj.* ☐ ringförmig; **ˈan·nu·late** [-leɪt], **ˈan·nu·lat·ed** [-leɪtɪd] *adj.* geringelt, aus Ringen bestehend, Ring…

an·nul·ment [əˈnʌlmənt] *s.* Aufhebung *f*, Nichtigkeitserklärung *f*, Annullierung *f*; ***action for ~*** Nichtigkeitsklage *f*.

an·nun·ci·ate [əˈnʌnʃɪeɪt] *v/t.* verkünden, ankündigen; **an·nun·ci·a·tion** [əˌnʌnsɪˈeɪʃn] *s.* **1.** An-, Verkündigung *f*; **2.** ♀, *a.* ***♀ Day*** *eccl.* Maˈriä Verkündigung *f*; **anˈnun·ci·a·tor** [-tə] *s.* ϟ Signalanlage *f*, -tafel *f*.

an·ode [ˈænəʊd] *s.* ϟ Anˈode *f*, ˈpositiver Pol: ***~ potential*** Anodenspannung *f*; ***DC ~*** Anodenruhestrom *m*; **an·od·ize** [ˈænəʊdaɪz] *v/t.* eloxieren.

an·o·dyne ['ænəʊdaɪn] **I** *adj.* schmerzstillend; *fig.* a) lindernd, beruhigend, b) verwässert, kraftlos; **II** *s.* schmerzstillendes Mittel; *fig.* Beruhigungspille *f.*

a·noint [ə'nɔɪnt] *v/t.* **1.** einölen, einschmieren; **2.** *bsd. eccl.* salben; **a'noint·ment** [-mənt] *s.* Salbung *f.*

a·nom·a·lous [ə'nɒmələs] *adj.* □ 'anomal, ab'norm; ungewöhnlich, abweichend; **a'nom·a·ly** [-lɪ] *s.* Anoma'lie *f.*

a·non [ə'nɒn] *adv.* bald, so'gleich: ***ever and ~*** immer wieder.

an·o·nym·i·ty [ˌænə'nɪmətɪ] *s.* Anonymi'tät *f*; **a·non·y·mous** [ə'nɒnɪməs] *adj.* □ ano'nym, namenlos, ungenannt; unbekannten Ursprungs.

a·noph·e·les [ə'nɒfɪliːz] *s. zo.* Fiebermücke *f.*

a·no·rak ['ænəræk] *s.* Anorak *m.*

an·oth·er [ə'nʌðə] *adj. u. pron.* **1.** ein anderer, eine andere, ein anderes (***than*** als): ***~ thing*** etwas anderes; ***one ~*** a) einander, b) uns (euch, sich) gegenseitig; ***one after ~*** einer nach dem andern; ***he is ~ man now*** jetzt ist er ein (ganz) anderer Mensch; **2.** ein zweiter *od.* weiterer *od.* neuer, eine zweite *od.* weitere *od.* neue, ein zweites *od.* weiteres *od.* neues; **3.** *a.* ***yet ~*** noch ein(er, e, es): ***~ cup of tea*** noch eine Tasse Tee; ***~ five weeks*** weitere *od.* noch fünf Wochen; ***tell us ~!*** F das glaubst du doch selbst nicht!; ***you are ~!*** F *iro.* danke gleichfalls!; ***~ Shakespeare*** ein zweiter Shakespeare; ***A.N.Other*** *sport* ein ungenannter (Ersatz)Spieler.

an·ov·u·lant [ˌæn'ɒvjʊlənt] *s.* ⚕ Ovulati'onshemmer *m.*

An·schluss ['ɑːnʃlʊs] (*Ger.*) *s. pol.* Anschluss *m.*

an·swer ['ɑːnsə] **I** *s.* **1.** Antwort *f*, Entgegnung *f* (***to*** auf *acc.*): ***in ~ to*** a) in Beantwortung (*gen.*), b) auf *et.* hin; **2.** *fig.* Antwort *f*, Erwiderung *f*; Reakti'on *f* (*alle*: ***to*** auf *acc.*); **3.** Gegenmaßnahme *f*, -mittel *n*; **4.** ⚖ Klagebeantwortung *f*, Gegenschrift *f*; *weitS.* Rechtfertigung *f*; **5.** Lösung *f* (***to*** *e-s Problems etc.*); ♪ Auflösung *f*: ***he knows all the ~s*** a) ‚er blickt voll durch', b) *contp.* er weiß immer alles besser; **II** *v/i.* **6.** antworten (***to*** *j-m*, auf *acc.*): ***~ back*** a) freche Antworten geben, b) widersprechen, sich (*mit Worten*) verteidigen *od.* wehren; **7.** sich verantworten, Rechenschaft ablegen (***for*** für); **8.** verantwortlich sein, haften, bürgen (***for*** für); **9.** die Folgen tragen, büßen (***for*** für): ***you have much to ~ for*** du hast viel auf dem Kerbholz; **10.** *fig.* (***to***) reagieren (auf *acc.*), hören (auf *e-n Namen*); gehorchen, Folge leisten (*dat.*); **11.** ***~ to*** *e-r Beschreibung* entsprechen; **12.** sich eignen, taugen; gelingen (*Plan*); **III** *v/t.* **13.** a) *j-m* antworten, b) *et.* beantworten, antworten auf (*acc.*); **14.** a) sich *j-m gegenüber* verantworten, *j-m* Rechenschaft ablegen (***for*** für), b) sich gegen *e-e Anklage etc.* verteidigen; **15.** reagieren *od.* eingehen auf (*acc.*); *e-m Befehl etc.* Folge leisten; sich auf *eine Anzeige etc.* hin melden: ***~ the bell*** (*od.* ***door***) auf das Läuten *od.* Klopfen die Tür öffnen; ***~ the telephone*** den Anruf entgegennehmen, ans Telefon gehen; **16.** *dem Steuer* gehorchen; *Gebet* erhören; *Zweck, Wunsch etc.* erfüllen; *Auftrag etc.* ausführen: ***~ the call of duty*** dem Ruf der Pflicht folgen; **17.** *bsd. Aufgabe* lösen; **18.** *e-r Beschreibung, e-m Bedürfnis* entsprechen; **19.** *j-m* genügen, *j-n* zu'frieden stellen; **'an·swer·a·ble** [-sərəbl] *adj.* **1.** verantwortlich (***for*** für): ***to be ~ to s.o. for s.th.*** j-m für et. bürgen, sich vor j-m für et. verantworten müssen; **2.** (***to***) entsprechend, angemessen, gemäß (*dat.*); **3.** zu beantworten(d).

an·swer·ing ma·chine *s.* Anrufbeantworter *m.*

ant [ænt] *s. zo.* Ameise *f.*

an't [ɑːnt; ænt] → ***ain't***.

ant·ac·id [ˌænt'æsɪd] *adj. u. s.* ⚕ gegen Magensäure wirkend(es Mittel).

an·tag·o·nism [æn'tægənɪzəm] *s.* **1.** 'Widerstreit *m*, Gegensatz *m*, 'Widerspruch *m* (***between*** zwischen *dat.*); **2.** Feindschaft *f* (***to*** gegen); 'Widerstand *m* (***against***, ***to*** gegen); **an'tag·o·nist** [-ɪst] *s.* Gegner(in), 'Widersacher(in); **an·tag·o·nis·tic** [ænˌtægə'nɪstɪk] *adj.* (□ ***~ally***) gegnerisch, feindlich (***to*** gegen); wider'streitend (***to*** *dat.*); **an'tag·o·nize** [-naɪz] *v/t.* ankämpfen gegen; sich *j-n* zum Feind machen, *j-n* gegen sich aufbringen.

ant·arc·tic [ænt'ɑːktɪk] **I** *adj.* ant'arktisch, Südpol...: ***♀ Circle*** südlicher Polarkreis; ***♀ Ocean*** südliches Eismeer; **II** *s.* Ant'arktis *f.*

'ant·bear *s. zo.* Ameisenbär *m.*

an·te ['æntɪ] (*Lat.*) **I** *adv.* vorn, vo'ran, b) *zeitlich*: vorher, zu'vor; **II** *prp.* vor; **III** *s.* F *Poker*: Einsatz *m*: ***raise the ~*** a) den Einsatz (*weitS.* den Preis *etc.*) erhöhen, b) F (das nötige) Geld beschaffen; **IV** *v/t. u. v/i. mst* ***~ up*** (ein)setzen; *fig. Am.* a) (be)zahlen, ‚blechen', b) (dazu) beisteuern.

'antˌeat·er *s. zo.* Ameisenfresser *m.*

an·te·ced·ence [ˌæntɪ'siːdəns] *s.* **1.** Vortritt *m*, -rang *m*; **2.** *ast.* Rückläufigkeit *f*; **ˌan·te'ced·ent** [-nt] **I** *adj.* **1.** vor'hergehend, früher (***to*** als); **II** *s.* **2.** *pl.* Vorgeschichte *f*: ***his ~s*** sein Vorleben; **3.** *fig.* Vorläufer *m*; **4.** *ling.* Beziehungswort *n.*

an·te|·cham·ber ['æntɪˌtʃeɪmbə] *s.* Vorzimmer *n*; **~·date** [ˌæntɪ'deɪt] *v/t.* **1.** vor- *od.* zu'rückdatieren, ein früheres

Datum setzen auf (*acc.*); **2.** vor'wegnehmen; **3.** *zeitlich* vor'angehen (*dat.*); **~·di·lu·vi·an** [ˌæntɪdɪ'luːvjən] **I** *adj.* vorsintflutlich (*a. fig.*); **II** *s.* vorsintflutliches Wesen; *contp.* a) rückständige Per'son, b) ‚Fos'sil' *n* (*sehr alte Person*).

an·te·lope ['æntɪləʊp] *s.* **1.** *zo.* Anti'lope *f*; **2.** Anti'lopenleder *n*.

an·te me·rid·i·em [ˌæntɪmə'rɪdɪəm] (*Lat.*) *abbr.* ***a.m.*** vormittags.

an·te·na·tal [ˌæntɪ'neɪtl] **I** *adj.* präna'tal: ***~ care*** Mutterschaftsfürsorge *f*; **II** *s.* F Mutterschaftsvorsorgeuntersuchung *f*.

an·ten·na [æn'tenə] *s.* **1.** *pl.* **-nae** [-niː] *zo.* Fühler *m*; Fühlhorn *n*; *fig.* Gespür *n*, ‚An'tenne' *f*; **2.** *pl.* **-nas** *bsd. Am.* ⚡ Antenne *f*.

an·te|·nup·tial [ˌæntɪ'nʌpʃl] *adj.* vorhochzeitlich; **~·pe·nul·ti·mate** [ˌæntɪpɪ'nʌltɪmət] **I** *adj.* drittletzt (*bsd. Silbe*); **II** *s.* drittletzte Silbe.

an·te·ri·or [æn'tɪərɪə] *adj.* **1.** vorder; **2.** vor'hergehend, früher (***to*** als).

an·te·room ['æntɪrʊm] *s.* Vor-, Wartezimmer *n*.

an·them ['ænθəm] *s.* 'Hymne *f*, Cho'ral *m*: ***national ~*** Nationalhymne.

an·ther ['ænθə] *s.* ⚘ Staubbeutel *m*.

'ant·hill *s. zo.* Ameisenhaufen *m*.

an·thol·o·gy [æn'θɒlədʒɪ] *s.* Antholo'gie *f*, (Gedicht)Sammlung *f*.

an·thra·cite ['ænθrəsaɪt] *s. min.* Anthra'zit *m*, Glanzkohle *f*.

an·thrax ['ænθræks] *s.* ⚕ 'Anthrax *m*, Milzbrand *m*.

an·thro·poid ['ænθrəʊpɔɪd] *zo.* **I** *adj.* menschenähnlich, Menschen...; **II** *s.* Menschenaffe *m*; **an·thro·po·log·i·cal** [ˌænθrəpə'lɒdʒɪk(l)] *adj.* □ anthropo'logisch; **an·thro·pol·o·gist** [ˌænθrə'pɒlədʒɪst] *s.* Anthropo'loge *m*; **an·thro·pol·o·gy** [ˌænθrə'pɒlədʒɪ] *s.* Anthropolo'gie *f*; **an·thro·po·mor·phous** [ˌænθrəpəʊ'mɔːfəs] *adj.* anthropo'morph(isch), von menschlicher *od.* menschenähnlicher Gestalt; **an·thro·poph·a·gi** [ˌænθrəʊ'pɒfəgaɪ] *s. pl.* Menschenfresser *pl.*; **an·thro·poph·a·gous** [ˌænθrəʊ'pɒfəgəs] *adj.* Menschen fressend.

an·ti ['æntɪ] F **I** *prp.* gegen; **II** *adj.*: ***be ~*** dagegen sein; **III** *s.* Gegner(in).

ˌan·ti|-'air·craft [ˌæntɪ-] *adj.* ⚔ Fliegerabwehr...: ***~ gun*** Flakgeschütz *n*, Fliegerabwehrkanone *f*; **'~·auˌthor·i·'tar·i·an** *adj.* antiautori'tär; **ˌ~-'ba·by pill** *s.* ⚕ Anti'babypille *f*; **ˌ~·bal'lis·tic** *adj.* ⚔ antibal'listisch; **ˌ~·bi'ot·ic** [-baɪ'ɒtɪk] **I** *s.* Antibi'otikum *n*; **II** *adj.* antibi'otisch; **'~ˌbod·y** *s.* ⚕, *biol.* 'Antikörper *m*, Abwehrstoff *m*; **ˌ~'cath·ode** *s.* ⚡ Antika'thode *f*; **'~·christ** *s. eccl.* 'Antichrist *m*; **ˌ~-'Chris·tian** **I** *adj.* christenfeindlich; **II** *s.* Christenfeind(in).

an·tic·i·pate [æn'tɪsɪpeɪt] *v/t.* **1.** vor'ausempfinden, -sehen, -ahnen; **2.** erwarten, erhoffen: ***~d profit*** voraussichtlicher Verdienst; **3.** im Vor'aus tun *od.* erwähnen, vor'wegnehmen; *Ankunft* beschleunigen; vor'auseilen (*dat.*); **4.** *j-m od. e-m Wunsch etc.* zu'vorkommen; **5.** *e-r Sache* vorbauen, verhindern; **6.** *bsd.* ✝ vorzeitig bezahlen *od.* verbrauchen; **an·tic·i·pa·tion** [ænˌtɪsɪ'peɪʃn] *s.* **1.** Vorgefühl *n*, Vorahnung *f*, Vorgeschmack *m*; **2.** Ahnungsvermögen *n*, Vor'aussicht *f*; **3.** Erwartung *f*, Hoffnung *f*, Vorfreude *f*; **4.** Zu'vorkommen *n*, Vorgreifen *n*, Vor'wegnahme *f*: ***in ~*** im Voraus; **5.** Verfrühtheit *f*: ***payment by ~*** Vorauszahlung *f*; **an'tic·i·pa·to·ry** [-tərɪ] *adj.* **1.** vor'wegnehmend, vorgreifend, erwartend, Vor...; **2.** *ling.* vor'ausdeutend; **3.** *Patentrecht*: neuheitsschädlich: ***~ reference*** Vorwegnahme *f*.

ˌan·ti|'cler·i·cal *adj.* kirchenfeindlich; **ˌ~'cli·max** *s.* (enttäuschendes) Abfallen, Abstieg *m*; *a.* ***sense of ~*** plötzliches Gefühl der Leere *od.* Enttäuschung; **ˌ~'clock·wise** *adv. u. adj.* entgegen dem Uhrzeigersinn: ***~ rotation*** Linksdrehung *f*; **ˌ~·cor'ro·sive** *adj.* rostfest; Rostschutz...

an·tics ['æntɪks] *s. pl.* Possen *pl.*, *fig.* Mätzchen *pl.*, (tolle) Streiche *pl.*

ˌan·ti|'cy·cli·cal *adj.* ✝ anti'zyklisch, konjunk'turdämpfend; **ˌ~'cy·clone** *s. meteor.* Hoch(druckgebiet) *n*; **ˌ~'daz·zle** *adj.* Blendschutz...: ***~ switch*** Abblendschalter *m*; **ˌ~·de'pres·sant** *s.* ⚕ Antidepres'sivum *n*; **'~-dim** *adj.* ⚙ Klar(sicht)...; **ˌ~·dis'tor·tion** *s.* ⚡ Entzerrung *f*; **'~·dot·al** [-dəʊtl] *adj.* als Gegengift dienend (*a. fig.*); **'~·dote** [-dəʊt] *s.* Gegengift *n*, -mittel *n* (***against***, ***for***, ***to*** gegen); **ˌ~'fad·ing** ⚡ **I** *s.* Schwundausgleich *m*; **II** *adj.* schwundmindernd; **ˌ~-'Fas·cist** *pol.* **I** *s.* Antifa'schist(in); **II** *adj.* antifa'schistisch; **ˌ~'fe·brile** *s.* ⚕ Fiebermittel *n*; **ˌ♀'fed·er·al·ist** *s. Am. hist.* Antiföderа'list *m*; **'~·freeze** **I** *adj.* Gefrier-, Frostschutz...; **II** *s.* Frostschutzmittel *n*; **ˌ~'fric·tion** *s.* Schmiermittel *n*: ***~ metal*** Lagermetall *n*; **'~-gas** *adj.* Gasschutz...

an·ti·gen ['æntɪdʒən] *s.* ⚕ Anti'gen *n*, Abwehrstoff *m*.

ˌan·ti|'glare → ***antidazzle***; **ˌ~'ha·lo** *adj. phot.* lichthoffrei; **'~-ˌhe·ro** *s.* Antiheld *m*; **ˌ~·im'pe·ri·al·ist** *s.* Gegner *m* des Imperia'lismus; **'~-ˌin·ter'fer·ence** *adj.* ⚡ Entstörungs..., Störschutz...; **'~·jam** *v/t. u. v/i. Radio* entstören; **ˌ~'knock** ⚗, *mot.* **I** *adj.* klopffest; **II** *s.* Anti'klopfmittel *n*; **ˌ~-lock 'brak·ing sys·tem** *s.* Antiblockiersystem *n*.

an·ti|·ma·cas·sar [ˌæntɪmə'kæsə] **I** *s.* Sofa- *od.* Sesselschoner *m*; **II** *adj. fig.*

altmodisch; ˌ~-**ma'lar·i·al** *s.* ⚕ Ma'la-riamittel *n*; '~ˌ**mat·ter** *s. phys.* 'Anti-maˌterie *f*; ˌ~'**mis·sile** *s.* ⚔ Antira'ke-tenraˌkete *f*.

an·ti·mo·ny ['æntɪmənɪ] *s.* ⚗, *min.* An-ti'mon *n*.

an·tin·o·my [æn'tɪnəmɪ] *s.* Antino'mie *f*, 'Widerspruch *m*.

ˌ**an·ti·pa'thet·ic**, ˌ**an·ti·pa'thet·i·cal** [-pə'θetɪk(l)] *adj.* ☐ (**to**) **1.** zu'wider (*dat.*); **2.** abgeneigt (*dat.*); **an·tip·a·thy** [æn'tɪpəθɪ] *s.* Antipa'thie *f*, Abneigung *f* (**against**, **to** gegen).

ˌ**an·ti|-per·son'nel** *adj.*: ⚔ ~ **bomb** Splitterbombe *f*; ~ **mine** Schützen-, Tretmine *f*; ˌ~-**phlo'gis·tic** [-flәʊ'dʒɪs-tɪk] **I** *adj.* **1.** ⚗ antiphlo'gistisch; **2.** ⚕ entzündungshemmend; **II** *s.* **3.** ⚕ An-tiphlo'gistikum *n*.

an·tiph·o·ny [æn'tɪfənɪ] *s.* Antipho'nie *f*, Wechselgesang *m*.

an·tip·o·dal [æn'tɪpədl] *adj.* anti'po-disch, *fig. a.* genau entgegengesetzt; **an·tip·o·de·an** [ænˌtɪpə'diːən] *s.* Anti-'pode *m*, Gegenfüßler *m*; **an·tip·o·des** [æn'tɪpədiːz] *s. pl.* **1.** die diame'tral ge-gen'überliegenden Teile *pl.* der Erde; **2.** *sg. u. pl.* Gegenteil *n*, -satz *m*, -seite *f*.

ˌ**an·ti|-pol'lu·tion** *adj.* umweltschüt-zend; ˌ~-**pol'lu·tion·ist** [-pә'luːʃənɪst] *s.* Umweltschützer *m*; '~-**pope** *s.* Gegen-papst *m*; ˌ~-**py'ret·ic** ⚕ **I** *adj.* Fieber verhütend; **II** *s.* Fiebermittel *n*; ˌ~'**py-rin(e)** [-'paɪərɪn] *s.* ⚕ Antipy'rin *n*.

an·ti·quar·i·an [ˌæntɪ'kweərɪən] **I** *adj.* al-tertümlich; **II** *s.* → **an·ti·quar·y** ['æntɪ-kwərɪ] *s.* **1.** Altertumskenner *m*, -for-scher *m*; **2.** Antiqui'tätensammler *m*, -händler *m*; **an·ti·quat·ed** ['æntɪkweɪ-tɪd] *adj.* veraltet, altmodisch, über'holt, anti'quiert.

an·tique [æn'tiːk] **I** *adj.* ☐ **1.** an'tik, alt; **2.** altmodisch, veraltet; **II** *s.* **3.** Antiqui-'tät *f*: ~ **dealer** Antiquitätenhändler *m*; **4.** *typ.* Egypti'enne *f*; **an·tiq·ui·ty** [æn'tɪkwətɪ] *s.* **1.** Altertum *n*, Vorzeit *f*; **2.** die Alten *pl.* (*bsd. Griechen u. Rö-mer*); **3.** *die* Antike; **4.** *pl.* Antiqui'tä-ten *pl.*, Altertümer *pl.*; **5.** (ehrwürdi-ges) Alter.

ˌ**an·ti|'rust** *adj.* Rostschutz...; '~ˌ**sab-ba'tar·i·an** *adj. u. s.* der strengen Sonntagsheiligung abgeneigt(e Per-'son); ˌ~-'**Sem·ite** *s.* Antise'mit(in); ˌ~-**Se'mit·ic** *adj.* antise'mitisch; ˌ~-'**Sem-i·tism** *s.* Antisemi'tismus *m*; ˌ~'**sep·tic** ⚕ **I** *adj.* (☐ ~**ally**) anti'septisch; **II** *s.* Anti'septikum *n*; ˌ~'**skid** *adj.* ⚙, *mot.* gleit-, schleudersicher, Gleitschutz...; rutschfest; ˌ~'**so·cial** *adj.* 'unsoziˌal, ge-sellschaftsfeindlich; ungesellig; ˌ~-'**tank** *adj.* ⚔ Panzerabwehr... (*-kano-ne etc.*), Panzer... (*-sperre etc.*); Pan-zerjäger...: ~ **battalion**.

an·tith·e·sis [æn'tɪθɪsɪs] *pl.* **-ses** [-siːz] *s.* Anti'these *f*: a) Gegensatz *m*, b) 'Wi-derspruch *m*; **an·ti·thet·ic**, **an·ti·thet-i·cal** [ˌæntɪ'θetɪk(l)] *adj.* ☐ im Wider-spruch stehend, gegensätzlich, anti'the-tisch; **an'tith·e·size** [-saɪz] *v/t.* in Ge-gensätzen ausdrücken; in 'Widerspruch bringen.

ˌ**an·ti|'tox·in** *s.* ⚕ Antito'xin *n*, Gegen-gift *n*; ˌ~'**trust** *adj.* kar'tell- u. mono-'polfeindlich, Antitrust...; ˌ~'**un·ion** *adj.* gewerkschaftsfeindlich; ˌ~'**vi·rus** *adj. Computer*: Anti'viren...; '~**world** *s.* Antiwelt *f*.

ant·ler ['æntlə] *s. zo.* **1.** Geweihsprosse *f*; **2.** *pl.* Geweih *n*.

an·to·nym ['æntənɪm] *s. ling.* Anto'nym *n*.

a·nus ['eɪnəs] *s.* After *m*, Anus *m*.

an·vil ['ænvɪl] *s.* Amboss *m* (*a. anat. u. fig.*).

anx·i·e·ty [æŋ'zaɪətɪ] *s.* **1.** Angst *f*, Unru-he *f*; Bedenken *n*, Besorgnis *f*, Sorge *f* (**for** um); **2.** ⚕ Angst(gefühl *n*) *f*, Be-klemmung *f*: ~ **neurosis** Angstneurose *f*; ~ **state** Angstzustand *m*; **3.** starkes Verlangen, eifriges (Be)Streben *n* (**for** nach); **anx·ious** ['æŋkʃəs] *adj.* ☐ **1.** ängstlich, bange, besorgt, unruhig (**a-bout** um, wegen): ~ **about his health** um s-e Gesundheit besorgt; **2.** *fig.* (**for**, **to** *inf.*) begierig (auf *acc.*, nach, zu *inf.*), bestrebt (zu *inf.*), bedacht (auf *acc.*): ~ **for his report** auf s-n Bericht begierig *od.* gespannt; **he is ~ to please** er gibt sich alle Mühe(, es recht zu machen); **I am ~ to see him** mir liegt daran, ihn zu sehen; **I am ~ to know** ich möchte zu gern wissen, ich bin begierig zu wissen.

an·y ['enɪ] **I** *adj.* **1.** (*fragend, verneinend od. bedingend*) (irgend)ein, (ir-gend)welch; etwaig; einige *pl.*; etwas: **have you ~ money on you?** haben Sie Geld bei sich?; **if I had ~ hope** wenn ich irgendwelche Hoffnung hätte; **not ~** kein; **there was not ~ milk in the house** es war keine Milch im Hause; **I cannot eat ~ more** ich kann nichts mehr essen; **2.** (*bejahend*) jeder, jede, jedes (beliebige): ~ **cat will scratch** jede Katze kratzt; ~ **amount** jede belie-bige Menge, ein ganzer Haufen; **in ~ case** auf jeden Fall; **at ~ rate** jeden-falls, wenigstens; **at ~ time** jederzeit; **II** *pron. sg. u. pl.* **3.** irgendein; irgendwel-che *pl.*; etwas: **no money and no prospect of ~** kein Geld und keine Aussicht auf welches; **I'm not having ~!** *sl.* ich pfeife drauf!; **it doesn't help ~** *sl.* es hilft einen Dreck; **III** *adv.* **4.** ir-gend(wie), (noch) etwas: **~ more?** noch (etwas) mehr?; **not ~ more than** ebenso wenig wie; **is he ~ happier now?** ist er denn jetzt glücklicher?; →

if 1; **'~ˌbod·y** *pron.* irgendjemand, irgendeine(r), ein Beliebiger, eine Beliebige: ***~ but you*** jeder andere eher als du; ***is he ~ at all?*** ist er überhaupt jemand (von Bedeutung)?; ***ask ~ you meet*** frage den ersten Besten, den du triffst; ***it's ~'s match*** F das Spiel ist (noch) völlig offen; → ***guess*** 7; **'~·how** *adv.* **1.** irgendwie; so gut wies geht, schlecht und recht; **2.** a) trotzdem, jedenfalls, b) sowie'so, ohne'hin, c) immer'hin: ***you won't be late ~*** jedenfalls wirst du nicht zu spät kommen; ***who wants him to come ~?*** wer will denn überhaupt, dass er kommt?; ***I am going there ~*** ich gehe ohnehin dorthin; **'~·one** → ***anybody***; **'~·place** *Am.* → ***anywhere***; **'~·thing** *pron.* **1.** (irgend-)etwas, etwas Beliebiges: ***not ~*** gar nichts; ***not for ~*** um keinen Preis; ***take ~ you like*** nimm, was du willst; ***my head aches like ~*** F mein Kopf schmerzt wie toll; ***for ~ I know*** soviel ich weiß; ***~ goes!*** F alles ist ‚drin'!; **2.** alles: ***~ but*** alles andere (eher) als; **'~·way** *adv.* **1.** irgendwie; **2.** → ***anyhow*** 2; **'~·where** *adv.* **1.** irgendwo (-hin): ***not ~*** nirgendwo; **2.** über'all: ***from ~*** von überall her.

A one → ***A 1***.

a·o·rist ['eərɪst] *s. ling.* Ao'rist *m.*

a·or·ta [eɪ'ɔːtə] *s. anat.* A'orta *f*, Hauptschlagader *f.*

a·pace [ə'peɪs] *adv.* schnell, rasch, zusehends.

A·pach·e *pl.* **-es** *od.* **-e** *s.* **1.** [ə'pætʃɪ] A'pache *m* (*Indianer*); **2.** ♀ [ə'pæʃ] A'pache *m*, 'Unterweltler *m.*

ap·a·nage → ***appanage***.

a·part [ə'pɑːt] *adv.* **1.** einzeln, für sich, (ab)gesondert (***from*** von): ***keep ~*** getrennt *od.* auseinander halten; ***take ~*** zerlegen, auseinander nehmen (*a. fig.* F *j-n*); ***~ from*** abgesehen von; **2.** abseits, bei'seite: ***joking ~*** Scherz beiseite.

a·part·heid [ə'pɑːtheɪt] *s.* A'partheid *f*, (Poli'tik *f* der) Rassentrennung *f in Südafrika.*

a·part·ho·tel [əˌpɑːthəʊ'tel] *s. Brit. Eigentumswohnanlage, deren Wohneinheiten bei Abwesenheit der Eigentümer als Hotelsuiten vermietet werden.*

a·part·ment [ə'pɑːtmənt] *s.* **1.** Zimmer *n*; **2.** *Am.* (E'tagen)Wohnung *f*; **3.** *Brit.* große Luxuswohnung; **~ block** *s.*, **~ build·ing** *s.* Mietshaus *n*; **~ ho·tel** *s. Am.* A'parthoˌtel *n* (*das Appartements mit Bedienung u. Verpflegung vermietet*); **~ house** *s.* Mietshaus *n.*

ap·a·thet·ic, ap·a·thet·i·cal [ˌæpə'θetɪk(l)] *adj.* ☐ a'pathisch, teilnahmslos; **ap·a·thy** ['æpəθɪ] *s.* Apa'thie *f*, Teilnahmslosigkeit *f*; Gleichgültigkeit *f* (***to*** gegen).

ape [eɪp] **I** *s. zo.* (*bsd.* Menschen)Affe *m*; *fig.* a) Nachäffer(in), b) ‚Affe' *m*, ‚Go'rilla' *m*: ***go ~*** ‚überschnappen'; **II** *v/t.* nachäffen.

a·pe·ri·ent [ə'pɪərɪənt] ⚕ **I** *adj.* abführend; **II** *s.* Abführmittel *n.*

a·pé·ri·tif [ɑːˌperɪ'tiːf] *s.* Aperi'tif *m.*

ap·er·ture ['æpəˌtjʊə] *s.* **1.** Öffnung *f*, Schlitz *m*, Loch *n*; **2.** *phot.*, *phys.* Blende *f.*

a·pex ['eɪpeks] *pl.* **'a·pex·es** *od.* **'a·pi·ces** [-pɪsiːz] *s.* **1.** (*a. anat. Lungen- etc.*) Spitze *f*, Gipfel *m*, Scheitelpunkt *m*; **2.** *fig.* Gipfel *m*, Höhepunkt *m.*

a·phe·li·on [æ'fiːljən] *s.* **1.** *ast.* A'phelium *n*; **2.** *fig.* entferntester Punkt.

a·phid ['eɪfɪd], *a.* **a·phis** ['eɪfɪs] *pl.* **'aph·i·des** [-diːz] *s. zo.* Blattlaus *f.*

aph·o·rism ['æfərɪzəm] *s.* Apho'rismus *m*, Gedankensplitter *m*; **'aph·o·rist** [-ɪst] *s.* Apho'ristiker *m.*

aph·ro·dis·i·ac [ˌæfrəʊ'dɪzɪæk] ⚕ **I** *adj.* aphro'disisch, den Geschlechtstrieb steigernd; *weitS.* erotisierend, erregend; **II** *s.* Aphrodi'siakum *n.*

a·pi·ar·i·an [ˌeɪpɪ'eərɪən] *adj.* Bienen(zucht)...; **a·pi·a·rist** ['eɪpjərɪst] *s.* Bienenzüchter *m*, Imker *m*; **a·pi·ar·y** ['eɪpjərɪ] *s.* Bienenhaus *n.*

ap·i·cal ['æpɪkl] *adj.* ☐ Spitzen...: ***~ angle*** ⩓ Winkel *m* an der Spitze; ***~ pneumonia*** ⚕ Lungenspitzenkatarr(h) *m.*

a·pi·cul·ture ['eɪpɪkʌltʃə] *s.* Bienenzucht *f.*

a·piece [ə'piːs] *adv.* für jedes Stück, je; pro Per'son, pro Kopf.

ap·ish ['eɪpɪʃ] *adj.* ☐ **1.** affenartig; **2.** nachäffend; albern, läppisch.

a·plomb [ə'plɒm] (*Fr.*) *s.* **1.** A'plomb *m*, (selbst)sicheres Auftreten, Selbstbewusstsein *n*; **2.** Fassung *f.*

A·poc·a·lypse [ə'pɒkəlɪps] *s.* **1.** *bibl.* Apoka'lypse *f*, Offen'barung *f* Jo'hannis; **2.** ♀ a) Enthüllung *f*, Offen'barung *f*, b) Apoka'lypse *f*, ('Welt)kataˌstrophe *f*; **a·poc·a·lyp·tic** [əˌpɒkə'lɪptɪk] *adj.* (☐ ***~ally***) **1.** apoka'lyptisch (*a. fig.*); **2.** *fig.* dunkel, rätselhaft; **3.** *fig.* Unheil kündend.

a·poc·ry·pha [ə'pɒkrɪfə] *s. bibl.* Apo'kryphen *pl.*; **a'poc·ry·phal** [-fl] *adj.* apo'kryphisch, von zweifelhafter Verfasserschaft; zweifelhaft; unecht.

ap·o·gee ['æpəʊdʒiː] *s.* **1.** *ast.* Apo'gäum *n*, Erdferne *f*; **2.** *fig.* Höhepunkt *m*, Gipfel *m.*

a·po·lit·i·cal [ˌeɪpə'lɪtɪkl] *adj.* 'apolitisch.

A·pol·lo [ə'pɒləʊ] *npr. myth. u. s. fig.* A'poll(o) *m.*

a·pol·o·get·ic [əˌpɒlə'dʒetɪk] **I** *s.* **1.** Entschuldigung *f*, Verteidigung *f*; **2.** *mst pl. eccl.* Apolo'getik *f*; **II** *adj.* **3.** → **aˌpol·o'get·i·cal** [-kl] *adj.* ☐ **1.** entschuldigend, rechtfertigend; **2.** kleinlaut, reumütig, schüchtern; **ap·o·lo·gi·a** [ˌæpə-

ˈləʊdʒɪə] *s.* Verteidigung *f*, (Selbst-)Rechtfertigung *f*, Apoloˈgie *f*; **a·pol·o·gist** [əˈpɒlədʒɪst] *s.* **1.** Verteidiger(in); **2.** *eccl.* Apoloˈget *m*; **a·pol·o·gize** [əˈpɒlədʒaɪz] *v/i.* : **~ to s.o.** (**for s.th.**) sich bei j-m (für et.) entschuldigen, j-n (für et.) um Verzeihung bitten; **a·pol·o·gy** [əˈpɒlədʒɪ] *s.* **1.** Entschuldigung *f*, Abbitte *f*; Rechtfertigung *f*: **make an ~ to s.o.** (**for s.th**) → **apologize**; **2.** Verteidigungsrede *f*, -schrift *f*; **3.** F minderwertiger Ersatz: **an ~ for a meal** ein armseliges Essen.

ap·o·phthegm → **apothegm**.

ap·o·plec·tic, **ap·o·plec·ti·cal** [ˌæpəˈplektɪk(l)] *adj.* □ apoˈplektisch: a) Schlaganfall..., b) zum Schlaganfall neigend; *fig.* e-m Schlaganfall nahe (vor Wut): **~ fit**, **~ stroke** → **ap·o·plex·y** [ˈæpəpleksɪ] *s.* ⚕ Apopleˈxie *f*, Schlaganfall *m*, (Gehirn)Schlag *m*.

a·pos·ta·sy [əˈpɒstəsɪ] *s.* Abfall *m*, Abtrünnigkeit *f* (*vom Glauben, von e-r Partei etc.*); **aˈpos·tate** [-teɪt] **I** *s.* Abtrünnige(r *m*) *f*, Reneˈgat *m*; **II** *adj.* abtrünnig; **aˈpos·ta·tize** [-tətaɪz] *v/i.* **1.** (**from**) abfallen (von), abtrünnig *od.* untreu werden (*dat.*); **2.** ˈübergehen (**from ... to** von ... zu).

a·pos·tle [əˈpɒsl] *s.* **1.** *eccl.* Aˈpostel *m*: **2s' Creed** Apostolisches Glaubensbekenntnis; **2.** *fig.* Aˈpostel *m*, Verfechter *m*, Vorkämpfer *m*: **~ of Free Trade**; **a·pos·to·late** [əˈpɒstəʊlət] *s.* Apostoˈlat *n*, Aˈpostelamt *n*, -würde *f*; **ap·os·tol·ic**, *oft* 2 [ˌæpəˈstɒlɪk] *adj.* (□ **~ally**) apoˈstolisch: **~ succession** apostolische Nachfolge; 2 **See** Heiliger Stuhl.

a·pos·tro·phe [əˈpɒstrəfɪ] *s.* **1.** (feierliche) Anrede; **2.** *ling.* Apoˈstroph *m*; **aˈpos·tro·phize** [-faɪz] *v/t.* apostrophieren: a) mit e-m Apoˈstroph versehen, b) *j-n besonders* ansprechen, sich wenden an (*acc.*).

a·poth·e·car·y [əˈpɒθəkərɪ] *s. obs. bsd. Am.* Apoˈtheker *m*.

ap·o·thegm [ˈæpəʊθem] *s.* Denk-, Kern-, Lehrspruch *m*; Maˈxime *f*.

a·poth·e·o·sis [əˌpɒθɪˈəʊsɪs] *s.* **1.** Apotheˈose *f*: a) Vergöttlichung *f*, b) *fig.* Verherrlichung *f*, Vergötterung *f*; **2.** *fig.* Ideˈal *n*.

Ap·pa·lach·i·an [ˌæpəˈleɪtʃjən] *adj.*: **~ Mountains** *die* Appalachen (*Gebirge im Nordosten der USA*).

ap·pal, *Am. a.* **ap·pall** [əˈpɔːl] *v/t.* erschrecken, entsetzen: **be ~led** entsetzt sein (**at** über *acc.*); **apˈpal·ling** [-lɪŋ] *adj.* □ erschreckend, entsetzlich, beängstigend.

ap·pa·nage [ˈæpənɪdʒ] *s.* **1.** Apaˈnage *f e-s Prinzen*; *fig.* Erbteil *n*; Einnahme (-quelle) *f*; **2.** abhängiges Gebiet; **3.** *fig.* Merkmal *n*, Zubehör *n*.

ap·pa·ra·tus [ˌæpəˈreɪtəs] *pl.* **-tus** [-təs], **-tus·es** *s.* **1.** Appaˈrat *m*, Gerät *n*, Vorrichtung *f*; *coll.* Apparat(e *pl.*) *m* (*a. fig.*), Appaˈratur *f*, Maschineˈrie *f* (*a. fig.*): **~ work** Geräteturnen *n*; **2.** ⚕ System *n*, Appaˈrat *m*: **respiratory ~** Atmungsapparat, Atemwerkzeuge *pl.*

ap·par·el [əˈpærəl] *s.* **1.** Kleidung *f*, Tracht *f*; **2.** *fig.* Gewand *n*, Schmuck *m*.

ap·par·ent [əˈpærənt] *adj.* □ → **apparently**; **1.** sichtbar; **2.** augenscheinlich, offenbar; ersichtlich, einleuchtend: → **heir**; **3.** scheinbar, anscheinend, Schein...; **apˈpar·ent·ly** [-lɪ] *adv.* anscheinend, wie es scheint; **ap·pa·ri·tion** [ˌæpəˈrɪʃən] *s.* **1.** (plötzliches) Erscheinen; **2.** Erscheinung *f*, Gespenst *n*, Geist *m*.

ap·peal [əˈpiːl] **I** *v/i.* **1.** (**to**) appellieren, sich wenden (an *acc.*); *j-n od. et.* (als Zeugen) anrufen, sich berufen (auf *acc.*): **~ to the law** das Gesetz anrufen; **~ to history** die Geschichte als Zeugen anrufen; **~ to the country** *pol. Brit.* (das Parlament auflösen u.) Neuwahlen ausschreiben; **2.** (**to s.o. for s.th.**) (j-n) dringend (um et.) bitten, (j-n um et.) anrufen; **3.** Einspruch erheben; *bsd.* ⚖ Berufung *od.* Revisiˈon *od.* Beschwerde einlegen (**against**, ⚖ *mst* **from** gegen); **4.** (**to**) wirken (auf *acc.*), reizen (*acc.*), gefallen, zusagen (*dat.*), Anklang finden (bei); **II** *s.* **5.** (**to**) dringende Bitte (an *acc.*, **for** um); Aufruf *m*, Mahnung *f* (an *acc.*); Werbung *f* (bei); Aufforderung *f* (*gen.*); **6.** (**to**) Apˈpell *m* (an *acc.*), Anrufung *f* (*gen.*): **~ to reason** Appell an die Vernunft; **7.** (**to**) Verweisung *f* (an *acc.*), Berufung *f* (auf *acc.*); **8.** ⚖ Rechtsmittel *n* (**from** *od.* **against** gegen): a) Berufung *f*, Revisiˈon *f*, b) (Rechts)Beschwerde *f*, Einspruch *m*: **Court of** 2 Berufungs- *od.* Revisionsgericht *n*; **9.** (**to**) Wirkung *f*, Anziehung(skraft) *f* (auf *acc.*); ✝, *thea. etc.* Zugkraft *f*; Anklang *m*, Beliebtheit *f* (bei); **apˈpeal·ing** [-lɪŋ] *adj.* □ **1.** flehend; **2.** ansprechend, reizvoll, gefällig.

ap·pear [əˈpɪə] *v/i.* **1.** erscheinen (*a. von Büchern*), sich zeigen; *öffentlich* auftreten; **2.** erscheinen, sich stellen (*vor Gericht etc.*); **3.** scheinen, den Anschein haben, aussehen, *j-m* vorkommen: **it ~s to me you are right** mir scheint, Sie haben Recht; **he ~s to be tired**; **it does not ~ that** es liegt kein Anhaltspunkt dafür vor, dass; **4.** sich herˈausstellen: **it ~s from this** hieraus ergibt sich *od.* geht hervor; **ap·pearance** [əˈpɪərəns] *s.* **1.** Erscheinen *n*, *öffentliches* Auftreten, Vorkommen *n*: **make one's ~** sich einstellen, sich zeigen; **put in an ~** (persönlich) erscheinen; **2.** (äußere) Erscheinung, Aussehen *n*, *das* Äußere: **at first ~** beim ersten Anblick; **3.** äußerer Schein, (An)Schein *m*: ***there is every ~ that*** es hat ganz den Anschein, dass; ***in ~*** anscheinend; ***to all ~(s)*** allem Anschein nach; ***~s are against him*** der (Augen)Schein spricht gegen ihn; ***keep up*** (*od.* ***save***) ***~s*** den Schein wahren.

ap·pease [ə'piːz] *v/t.* **1.** *j-n od. j-s Zorn etc.* beruhigen, beschwichtigen; *Streit* schlichten, beilegen; *Leiden* mildern; *Durst etc.* stillen; *Neugier* befriedigen; **2.** *bsd. pol.* (durch Nachgiebigkeit *od.* Zugeständnisse) beschwichtigen; **ap'pease·ment** [-mənt] *s.* Beruhigung *f etc.*; Be'schwichtigung(spoliˌtik) *f*; **ap'peas·er** [-zə] *s. pol.* Be'schwichtigungspoˌlitiker *m*.

ap·pel·lant [ə'pelənt] **I** *adj.* appellierend; **II** *s.* Appel'lant *m*, Berufungskläger(in); Beschwerdeführer(in); **ap'pel·late** [-lət] *adj.* Berufungs...: ***~ court*** Berufungsinstanz *f*, Revisions-, Appellationsgericht *n*.

ap·pel·la·tion [ˌæpə'leɪʃn] *s.* Benennung *f*, Name *m*; **ap·pel·la·tive** [ə'pelətɪv] **I** *adj.* □ *ling.* appella'tiv: ***~ name*** Gattungsname *m*; **II** *s. ling.* Gattungsname *m*.

ap·pel·lee [ˌæpe'liː] *s.* ⚖ Berufungsbeklagte(r *m*) *f*.

ap·pend [ə'pend] *v/t.* **1.** (***to***) befestigen, anbringen (an *dat.*), anhängen (an *acc.*); **2.** hin'zu-, beifügen (***to*** *dat.*, zu): ***~ the signature***; ***~ a price list***; **ap'pend·age** [-dɪdʒ] *s.* **1.** Anhang *m*, Anhängsel *n*, Zubehör *n*, *m*; **2.** *fig.* Anhängsel *n*: a) Beigabe *f*, b) (ständiger) Begleiter; **ap·pen·dec·to·my** [ˌæpen'dektəmɪ] *s.* 'Blinddarmoperatiˌon *f*; **ap·pen·di·ces** *pl. von* ***appendix***; **ap·pen·di·ci·tis** [əˌpendɪ'saɪtɪs] *s.* ✱ Blinddarmentzündung *f*; **ap·pen·dix** [ə'pendɪks] *pl.* **-dix·es**, **-di·ces** [-dɪsiːz] *s.* **1.** Anhang *m e-s Buches*; **2.** ⚙ Ansatz *m*; **3.** *anat.* Fortsatz *m*: (***vermiform***) ***~*** Wurmfortsatz *m*, Blinddarm *m*.

ap·per·tain [ˌæpə'teɪn] *v/i.* (***to***) gehören (zu), (zu)gehören (*dat.*); *j-m* zustehen, gebühren (*dat.*).

ap·pe·tence ['æpɪtəns], **'ap·pe·ten·cy** [-sɪ] *s.* **1.** Verlangen *n* (***of***, ***for***, ***after*** nach); **2.** instink'tive Neigung; (Na'tur)Trieb *m*.

ap·pe·tite ['æpɪtaɪt] *s.* **1.** (***for***) Verlangen *n*, Gelüst *n* (nach); Neigung *f*, Trieb *m*, Lust *f* (zu), ‚Appe'tit' (auf *acc.*); **2.** Appe'tit *m* (***for*** auf *acc.*), Esslust *f*: ***have an ~*** Appetit haben; ***take away*** (*od.* ***spoil***) ***s.o.'s ~*** j-m den Appetit nehmen *od.* verderben; ***loss of ~*** Appetitlosigkeit *f*; ***~ suppressant*** Appetitzügler *m*; **'ap·pe·tiz·er** [-aɪzə] *s.* appe'titanregendes Mittel *od.* Getränk *od.* Gericht, Aperi'tif *m*; **'ap·pe·tiz·ing** [-aɪzɪŋ] *adj.* □ appe'titanregend; appe'titlich, lecker (*beide a. fig.*); *fig.* reizvoll, ‚zum Anbeißen'.

ap·plaud [ə'plɔːd] **I** *v/i.* applaudieren, Beifall spenden; **II** *v/t.* beklatschen, *j-m* Beifall spenden; *fig.* loben, billigen; *j-m* zustimmen; **ap·plause** [ə'plɔːz] *s.* **1.** Ap'plaus *m*, Beifall(klatschen *n*) *m*: ***break into ~*** in Beifall ausbrechen; **2.** *fig.* Zustimmung *f*, Anerkennung *f*, Beifall *m*.

ap·ple ['æpl] *s.* Apfel *m*: ***~ of discord*** *fig.* Zankapfel; ***~ of one's eye*** *anat.* Augapfel (*a. fig.*); **'~·cart** *s.* Apfelkarren *m*: ***upset the*** *od.* ***s.o.'s ~*** *fig.* alle *od.* j-s Pläne über den Haufen werfen; **~ char·lotte** ['ʃɑːlət] *s.* 'Apfelcharˌlotte *f* (*e-e Apfelspeise*); **~ dump·ling** *s.* Apfel *m* im Schlafrock; **~ frit·ters** *s. pl.* (in Teig gebackene) Apfelschnitten *pl.*; **'~·jack** *s. Am.* Apfelschnaps *m*; **~ pie** *s.* (warmer) gedeckter Apfelkuchen; **'~-pie or·der** *s.* F schönste Ordnung: ***everything is in ~*** alles ‚in Butter' *od.* in bester Ordnung; **~ pol·ish·er** *s. Am.* F Speichellecker *m*; **~ sauce** *s.* **1.** Apfelmus *n*; **2.** *Am. sl.* a) ‚Schmus' *m*, Schmeiche'lei *f*, b) *int.* Quatsch!; **~ tree** *s.* ⚘ Apfelbaum *m*.

> **Big Apple** ist eine liebevolle Bezeichnung für New York. Er geht auf die Jazzmusiker der 20er und 30er Jahre zurück, für die New York die besten Karriereaussichten bot.

ap·pli·ance [ə'plaɪəns] *s.* Gerät *n*, Vorrichtung *f*, Appa'rat *m*.

ap·pli·ca·bil·i·ty [ˌæplɪkə'bɪlətɪ] *s.* (***to***) Anwendbarkeit *f* (auf *acc.*), Eignung *f* (für); **ap·pli·ca·ble** ['æplɪkəbl] *adj.* □ (***to***) anwendbar (auf *acc.*), passend, geeignet (für): ***not ~*** *in Formularen*: nicht zutreffend, entfällt; **ap·pli·cant** ['æplɪkənt] *s.* (***for***) Bewerber(in) (um), Besteller(in) (*gen.*); Antragsteller(in); (Pa'tent)Anmelder(in); **ap·pli·ca·tion** [ˌæplɪ'keɪʃn] *s.* **1.** ✱ Auf-, Anlegen *n e-s Verbandes etc.*; Anwendung *f* (***to*** auf *acc.*); **2.** (***to*** für) An-, Verwendung *f*, Gebrauch *m*: ***~ of poison***; ***~ of drastic measures***; **3.** (***to***) Anwendung *f*, Anwendbarkeit *f* (auf *acc.*); Beziehung *f* (zu); ***~ software*** Anwendersoftware *f*; ***have no ~*** keine Anwendung finden, unangebracht sein, nicht zutreffen; **4.** (***for***) Gesuch *n*, Bitte *f* (um); Antrag *m* (auf *acc.*): ***an ~ for help***; ***make an ~*** ein Gesuch einreichen, e-n Antrag stellen; ***~ for a patent*** Anmeldung *f* zum Patent; ***samples on ~*** Muster auf Verlangen *od.* Wunsch; **5.** Bewerbung *f* (***for*** um): (***letter of***) **~** Bewerbungsschreiben *n*; **6.** Fleiß *m*, Eifer *m* (***in*** bei): **~ *in one's studies***; **ap·plied** [əˈplaɪd] *adj.* angewandt: **~ *chemistry*** (***psychology*** *etc.*); **~ *art*** Kunstgewerbe *n*, Gebrauchsgrafik *f*.

ap·pli·qué [æˈpliːkeɪ] *adj.* aufgelegt, -genäht, appliziert: **~ *work*** Applikation(sstickerei) *f*.

ap·ply [əˈplaɪ] **I** *v/t.* **1.** (***to***) auflegen, -tragen, legen (auf *acc.*), anbringen (an, auf *dat.*): **~ *a plaster to a wound***; **2.** (***to***) a) verwenden (auf *acc.*, für), b) anwenden (auf *acc.*): **~ *a rule***; ***applied to modern conditions*** auf moderne Verhältnisse angewandt, c) gebrauchen (für): **~ *the brakes*** bremsen, d) verwerten (zu, für); **3.** *Sinn* richten (***to*** auf *acc.*); **4. ~ *o.s.*** sich widmen (***to*** *dat.*): **~ *o.s. to a task***; **II** *v/i.* **5.** (***to***) sich wenden (an *acc.*, ***for*** wegen), sich melden (bei): **~ *to the manager***; **6.** (***for***) beantragen (*acc.*); sich bewerben, sich bemühen, ersuchen (um): **~ *for a job***; **7.** (***for***) (*bsd.* zum Paˈtent) anmelden (*acc.*); **8.** (***to***) Anwendung finden (bei, auf *acc.*), passen, zutreffen (auf *acc.*), gelten (für): ***cross out that which does not*** **~** Nichtzutreffendes (*od.* nicht Zutreffendes) bitte streichen.

ap·point [əˈpɔɪnt] *v/t.* **1.** ernennen, berufen, an-, bestellen: **~ *a teacher*** e-n Lehrer anstellen; **~ *an heir*** e-n Erben einsetzen; **~ *s.o. governor*** j-n zum Gouverneur ernennen, j-n als Gouverneur berufen; **~ *s.o. to a professorship*** j-m e-e Professur übertragen; **2.** festsetzen, bestimmen; vorschreiben; verabreden: **~ *a time***; ***the ~ed day*** der festgesetzte Tag *od.* Termin, der Stichtag; ***the ~ed task*** die vorgeschriebene Aufgabe; **3.** einrichten, ausrüsten: ***a well-~ed house***; **ap·point·ee** [əpɔɪnˈtiː] *s.* Ernannte(r *m*) *f*; **apˈpoint·ment** [-mənt] *s.* **1.** Ernennung *f*, Anstellung *f*, Berufung *f*, Einsetzung *f* (*a. e-s Erben*), Bestellung *f* (*bsd. e-s Vormunds*); **2(*s*) *Board*** Behörde *f* zur Besetzung höherer Posten; ***by special ~ to the King*** Königlicher Hoflieferant; **2.** Amt *n*, Stellung *f*; **3.** Festsetzung *f bsd. e-s Termins*; **4.** Verabredung *f*; Zs.-kunft *f*; *geschäftlich, beim Arzt etc.*: Terˈmin *m*: ***by ~*** nach Vereinbarung; ***make an ~*** e-e Verabredung treffen; ***keep*** (***break***) ***an ~*** eine Verabredung (nicht) einhalten; **~ *book*** Terminkalender *m*; **5.** *pl.* Ausstattung *f*, Einrichtung *f e-r Wohnung etc.*

ap·por·tion [əˈpɔːʃn] *v/t. e-n Anteil* zuteilen, (proportioˈnal *od.* gerecht) ein-, verteilen; *Lob* erteilen, zollen; *Aufgabe* zuteilen; *Schuld* beimessen; *Kosten* ˈumlegen; **apˈpor·tion·ment** [-mənt] *s.* (gleichmäßige *od.* gerechte) Ver-, Zuteilung, Einteilung *f*; (ˈKosten)ˌUmlage *f*.

ap·po·site [ˈæpəʊzɪt] *adj.* □ (***to***) passend (für), angemessen (*dat.*), geeignet (für); angebracht, treffend; **ˈap·po·site·ness** [-nɪs] *s.* Angemessenheit *f*; **ap·po·si·tion** [ˌæpəˈzɪʃn] *s.* **1.** Bei-, Hinˈzufügung *f*; **2.** *ling.* Appositiˈon *f*, Beifügung *f*.

ap·prais·al [əˈpreɪzl] *s.* (Ab)Schätzung *f*, Taxierung *f*; Schätzwert *m*, *a. ped.* Bewertung *f*; *fig.* Beurteilung *f*, Würdigung *f*; **ap·praise** [əˈpreɪz] *v/t.* (ab-, ein)schätzen, taxieren, bewerten, beurteilen, würdigen; **apˈpraise·ment** [-mənt] → ***appraisal***; **apˈprais·er** [-zə] *s.* (Ab)Schätzer *m*.

ap·pre·ci·a·ble [əˈpriːʃəbl] *adj.* □ merklich, spürbar, nennenswert; **ap·pre·ci·ate** [əˈpriːʃɪeɪt] **I** *v/t.* **1.** (hoch) schätzen; richtig einschätzen, würdigen, zu schätzen *od.* würdigen wissen; **2.** aufgeschlossen sein für, Gefallen finden an (*dat.*), Sinn haben für: **~ *music***; **3.** dankbar sein für: ***I ~ your kindness***; **4.** (richtig) beurteilen, einsehen, (klar) erkennen: **~ *a danger***; **5.** *bsd. Am.* a) den Wert *e-r Sache* erhöhen, b) aufwerten; **II** *v/i.* **6.** im Wert steigen; **ap·pre·ci·a·tion** [əˌpriːʃɪˈeɪʃn] *s.* **1.** Würdigung *f*, (Wert-, Ein)Schätzung *f*, Anerkennung *f*; **2.** Verständnis *n*, Aufgeschlossenheit *f*, Sinn *m* (***of*** für): **~ *of music***; **3.** richtige Beurteilung, Einsicht *f*; **4.** (kritische) Würdigung, *bsd. günstige* Kriˈtik; **5.** (***of***) Dankbarkeit *f* (für), (dankbare) Anerkennung (*gen.*); **6.** † a) Wertsteigerung *f*, b) Aufwertung *f*; **apˈpre·ci·a·tive** [-ʃjətɪv] *adj.*; **apˈpre·ci·a·to·ry** [-ʃjətərɪ] *adj.* □ (***of***) **1.** anerkennend, würdigend (*acc.*); **2.** verständnisvoll, empfänglich, dankbar (für): ***be ~ of*** zu schätzen wissen.

ap·pre·hend [ˌæprɪˈhend] *v/t.* **1.** ergreifen, festnehmen, verhaften: **~ *a thief***; **2.** *fig.* wahrnehmen, erkennen; begreifen, erfassen; **3.** *fig.* (be)fürchten, ahnen, wittern; **ˌap·preˈhen·sion** [-nʃn] *s.* **1.** Festnahme *f*, Verhaftung *f*; **2.** *fig.* Begreifen *n*, Erfassen *n*; Verstand *m*, Fassungskraft *f*; **3.** Begriff *m*, Ansicht *f*: ***according to popular ~***; **4.** (Vor)Ahnung *f*, Besorgnis *f*: ***in ~ of*** *et.* befürchtend; **ˌap·preˈhen·sive** [-sɪv] *adj.* □ besorgt (***for*** um; ***of*** wegen; ***that*** dass), ängstlich: **~ *for one's life*** um sein Leben besorgt; ***be ~ of dangers*** sich vor Gefahren fürchten.

ap·pren·tice [əˈprentɪs] **I** *s.* Lehrling *m*, Auszubildende(r) *m*; Praktiˈkant(in); *fig.* Anfänger *m*, Neuling *m*; **II** *v/t.* in die Lehre geben: ***be ~d to*** in die Lehre kommen zu, in der Lehre sein bei; **apˈpren·tice·ship** [-tɪʃɪp] *s.* a) *a. fig.* Lehrjahre *pl.*, -zeit *f*, Lehre *f*: ***serve***

one's ~ (with) in die Lehre gehen (bei), b) Lehrstelle *f*.

ap·prise [ə'praɪz] *v/t.* in Kenntnis setzen, unter'richten (***of*** von).

ap·pro ['æprəʊ] *s.*: ***on ~*** † F zur Ansicht, zur Probe.

ap·proach [ə'prəʊtʃ] **I** *v/i.* **1.** sich nähern; (her'an)nahen, bevorstehen; **2.** *fig.* nahe kommen, ähnlich sein (***to*** *dat.*); **3.** ✈ an-, einfliegen; **II** *v/t.* **4.** sich nähern (*dat.*): ***~ the city***; ***~ the end***; **5.** *fig.* nahe kommen (*dat.*), (fast) erreichen: ***~ the required sum***; **6.** her'angehen an (*acc.*): ***~ a task***; **7.** her'antreten *od.* sich her'anmachen an (*acc.*): ***~ a customer***; ***~ a girl***; **8.** *j-n* angehen, bitten; sich an *j-n* wenden (***for*** um, ***on*** wegen); **9.** auf *et.* zu sprechen kommen; **III** *s.* **10.** (Heran)Nahen *n* (*a. e-s Zeitpunktes etc.*); Annäherung *f*, Anmarsch *m* (*a.* ⚔), ✈ Anflug *m*; **11.** *fig.* (***to***) Nahekommen *n*, Annäherung *f* (an *acc.*); Ähnlichkeit *f* (mit): ***an ~ to truth*** annähernd die Wahrheit; **12.** Zugang *m*, Zufahrt *f*, Ein-, Auffahrt *f*; *pl.* ⚔ Laufgräben *pl.*; **13.** (***to***) Einführung *f* (in *acc.*), erster Schritt (zu), Versuch *m* (*gen.*): ***a good ~ to philosophy***; ***an ~ to a smile*** der Versuch e-s Lächelns; **14.** *oft pl.* Herantreten *n* (***to*** an *acc.*), Annäherungsversuche *pl.*; **15.** *a.* ***method*** *od.* ***line of ~*** (***to***) a) Art *f* und Weise *f et.* anzupacken, Me'thode *f*, Verfahren *n*: (***basic***) ***~*** Ansatz *m*, b) Auffassung *f* (*gen.*), Haltung *f*, Einstellung *f* (zu), Stellungnahme *f* (zu); Behandlung *f e-s Themas etc.*; **ap'proach·a·ble** [-tʃəbl] *adj.* zugänglich (*a. fig.*).

ap·pro·ba·tion [ˌæprəʊ'beɪʃn] *s.* Billigung *f*, Genehmigung *f*; Bestätigung *f*; Zustimmung *f*, Beifall *m*.

ap·pro·pri·ate I *adj.* [ə'prəʊprɪət] ☐ **1.** (***to, for***) passend, geeignet (für, zu), angemessen (*dat.*), entsprechend (*dat.*), richtig (für); **2.** eigen, zugehörig (***to*** *dat.*); **II** *v/t.* [-ɪeɪt] **3.** verwenden, bereitstellen; *parl. bsd. Geld* bewilligen (***to*** zu, ***for*** für); **4.** sich *et.* aneignen (*a. widerrechtlich*); **ap·pro·pri·a·tion** [əˌprəʊprɪ'eɪʃn] *s.* **1.** Aneignung *f*, Besitzergreifung *f*; **2.** Verwendung *f*, Bereitstellung *f*; *parl.* (Geld)Bewilligung *f*.

ap·prov·a·ble [ə'pruːvəbl] *adj.* zu billigen(d), anerkennenswert; **ap'prov·al** [-vl] *s.* **1.** Billigung *f*, Genehmigung *f*: ***the plan has my ~***; ***on ~*** zur Ansicht, auf Probe; **2.** Anerkennung *f*, Beifall *m*: ***meet with ~*** Beifall finden; **ap·prove** [ə'pruːv] **I** *v/t.* **1.** billigen, gutheißen, anerkennen, annehmen; bestätigen, genehmigen; **2.** ***~ o.s.*** sich erweisen *od.* bewähren (***as*** als); **II** *v/i.* **3.** billigen, anerkennen, gutheißen, genehmigen (***of*** *acc.*): ***~ of s.o.*** j-n akzeptieren; ***be ~d of*** Anklang finden; **ap'proved** [-vd] *adj.* **1.** erprobt, bewährt: ***an ~ friend***; ***in the ~ manner***; **2.** anerkannt: ***~ school*** *Brit. hist.* (staatliche) Erziehungsanstalt; **ap'prov·er** [-və] *s.* ⚖ *Brit.* Kronzeuge *m*; **ap'prov·ing·ly** [-vɪŋlɪ] *adv.* zustimmend, beifällig.

ap·prox·i·mate I *adj.* [ə'prɒksɪmət] ☐ → ***approximately***; **1.** annähernd, ungefähr; Näherungs... (*-formel, -rechnung, -wert*); **2.** *fig.* sehr ähnlich; **II** *v/t.* [-meɪt] **3.** sich *e-r Menge od. e-m Wert* nähern, nahe *od.* näher kommen (*dat.*); **III** *v/i.* [-meɪt] **4.** nahe *od.* näher kommen (*oft mit* ***to*** *dat.*); **ap'prox·i·mate·ly** [-lɪ] *adv.* annähernd, ungefähr, etwa; **ap·prox·i·ma·tion** [əˌprɒksɪ'meɪʃn] *s.* **1.** Annäherung *f* (***to*** an *acc.*): ***an ~ to the truth*** annähernd die Wahrheit; **2.** 𝔄 a) (An)Näherung *f* (***to*** an *acc.*), b) Näherungswert *m*; annähernde Gleichheit; **ap'prox·i·ma·tive** [-ətɪv] *adj.* ☐ annähernd.

ap·pur·te·nance [ə'pɜːtɪnəns] *s.* **1.** Zubehör *n, m*; **2.** *pl.* ⚖ Re'alrechte *pl.* (*aus Eigentum an Liegenschaften*); **ap'pur·te·nant** [-nt] *adj.* zugehörig (***to*** *dat.*).

a·pri·cot ['eɪprɪkɒt] *s.* Apri'kose *f*.

A·pril ['eɪprəl] *s.* A'pril *m*: ***in ~*** im April; ***~ fool*** Aprilnarr *m*; ***~ Fools Day*** der 1. April; ***make an ~ fool of s.o.***, ***~-fool s.o.*** j-n in den April schicken.

a pri·o·ri [ˌeɪpraɪ'ɔːraɪ] *adv. u. adj. phls.* **1.** a pri'ori, deduk'tiv; **2.** F mutmaßlich, ohne (Über)'Prüfung.

a·pron ['eɪprən] *s.* **1.** Schürze *f*, Schurz (-fell *n*) *m*; **2.** Schurz *m von Freimaurern od. engl. Bischöfen*; **3.** ⚙ a) Schutzblech *n*, -haube *f*, b) *mot.* Blech-, Windschutz *m*, c) Schutzleder *n*, Kniedecke *f an Fahrzeugen*; **4.** ✈ (betoniertes) (Hallen)Vorfeld; **5.** *a.* ***~ stage*** *thea.* Vorbühne *f*; ***~ strings*** *s. pl.* Schürzenbänder *pl.*; *fig.* Gängelband *n*: ***tied to one's mother's ~*** an Mutters Schürzenzipfel hängend; ***tied to s.o.'s ~*** unter j-s Fuchtel stehend.

ap·ro·pos ['æprəpəʊ] **I** *adv.* **1.** angemessen, zur rechten Zeit: ***he arrived very ~*** er kam wie gerufen; **2.** 'hinsichtlich (***of*** *gen.*): ***~ of our talk***; **3.** apro'pos, nebenbei bemerkt; **II** *adj.* **4.** passend, angemessen, treffend: ***his remark was very ~***.

apse [æps] *s.* ⚠ 'Apsis *f*.

apt [æpt] *adj.* ☐ **1.** passend, geeignet; treffend: ***an ~ remark***; **2.** geneigt, neigend (***to*** *inf.* zu *inf.*): ***he is ~ to believe it*** er wird es wahrscheinlich glauben; ***~ to be overlooked*** leicht zu übersehen; ***~ to rust*** leicht rostend; **3.** (***at***) geschickt (in *dat.*), begabt (für): ***an ~ pupil***.

ap·ter·ous ['æptərəs] *adj.* **1.** *zo.* flügellos; **2.** ⚘ ungeflügelt.

ap·ti·tude ['æptɪtjuːd] *s.* (*ped.* Sonder-) Begabung *f*, Befähigung *f*, Ta'lent *n*; Fähigkeit *f*; Auffassungsgabe *f*; Eignung *f* (**for** für, zu): **~ test** *Am.* Eignungsprüfung *f*; **apt·ness** ['æptnɪs] *s.* **1.** Angemessenheit *f*, Tauglichkeit *f* (**for** für, zu); **2.** (**for**, **to**) Neigung *f* (zu), Eignung *f* (für, zu), Geschicklichkeit *f* (in *dat.*).

aq·ua·cul·ture ['ækwəkʌltʃə] *s.* 'Aquakulˌtur *f*.

aq·ua for·tis [ˌækwə'fɔːtɪs] *s.* ⚗ Scheidewasser *n*, Sal'petersäure *f*.

aq·ua·lung ['ækwəlʌŋ] *s.* Taucherlunge *f*, Atmungsgerät *n*; **'aq·ua·lun·ger** [-ŋə] *s.* Tiefsee-, Sporttaucher(in).

aq·ua·ma·rine [ˌækwəmə'riːn] *s.* **1.** *min.* Aquama'rin *m*; **2.** Aquama'rinblau *n*.

aq·ua·plane ['ækwəpleɪn] **I** *s.* **1.** *Wassersport*: Monoski *m*; **II** *v/i.* **2.** Monoski laufen; **3.** *mot.* a) aufschwimmen (*Reifen*), b) ‚schwimmen', die Bodenhaftung verlieren; **'aq·ua·plan·ing** *s.* **1.** Monoskilauf *m*; **2.** *mot.* Aqua'planing *n*.

aq·ua·relle [ˌækwə'rel] *s.* Aqua'rell(maleˌrei *f*) *n*; **ˌaq·ua'rel·list** [-lɪst] *s.* Aqua'rellmaler(in).

A·quar·i·an [ə'kweərɪən] *s. ast.* Wassermann *m* (*Person*).

a·quar·i·um [ə'kweərɪəm] *pl.* **-i·ums** *od.* **-i·a** [-ɪə] *s.* A'quarium *n*.

A·quar·i·us [ə'kweərɪəs] *s. ast.* Wassermann *m*.

aq·ua show ['ækwə] *s. Brit.* 'Wasserbalˌlett *n*.

a·quat·ic [ə'kwætɪk] **I** *adj.* **1.** Wasser...: **~ plants**; **~ sports** Wassersport *m*; **II** *s.* **2.** *biol.* Wassertier *n*, -pflanze *f*; **3.** *pl.* Wassersport *m*.

aq·ua·tint ['ækwətɪnt] *s.* Aqua'tinta *f*, 'Tuschmaˌnier *f*.

aq·ua vi·tae [ˌækwə'vaɪtiː] *s.* **1.** ⚗ *hist.* 'Alkohol *m*; **2.** Branntwein *m*.

aq·ue·duct ['ækwɪdʌkt] *s.* Aquä'dukt *m*, *n*.

a·que·ous ['eɪkwɪəs] *adj.* wäss(e)rig (*a. fig.*), wasserartig, -haltig.

Aq·ui·la ['ækwɪlə] *s. ast.* Adler *m*.

aq·ui·le·gi·a [ˌækwɪ'liːdʒjə] *s.* ⚘ Ake'lei *f*.

aq·ui·line ['ækwɪlaɪn] *adj.* gebogen, Adler..., Habichts...: **~ nose**.

Ar·ab ['ærəb] **I** *s.* **1.** Araber(in); **2.** Araber *m* (*Pferd*); **3.** → ***street Arab***; **II** *adj.* **4.** a'rabisch; **ar·a·besque** [ˌærə'besk] **I** *s.* Ara'beske *f*; **II** *adj.* ara'besk; **A·ra·bi·an** [ə'reɪbjən] **I** *adj.* **1.** a'rabisch: ***The ~ Nights*** Tausendundeine Nacht; **II** *s.* **2.** → ***Arab*** 1; **3.** → ***Arab*** 2; **'Ar·a·bic** [-bɪk] **I** *adj.* a'rabisch: **~ *figures*** (*od.* ***numerals***) arabische Ziffern *od.* Zahlen; **II** *s. ling.* A'rabisch *n*; **'Ar·ab·ist** [-bɪst] *s.* Ara'bist *m*.

ar·a·ble ['ærəbl] **I** *adj.* pflügbar, anbaufähig; **II** *s.* Ackerland *n*.

Ar·a·by ['ærəbɪ] *s. poet.* A'rabien *n*.

ar·au·ca·ri·a [ˌærɔː'keərɪə] *s.* ⚘ Zimmertanne *f*, Arau'karie *f*.

ar·bi·ter ['ɑːbɪtə] *s.* **1.** Schiedsrichter *m*; **2.** *fig.* Richter *m* (**of** über *acc.*); **3.** *fig.* Herr *m*, Gebieter *m*; **ar·bi·trage** [ˌɑːbɪ'trɑːʒ] *s.* † Arbi'trage *f*; **ar·bi·tral** ['ɑːbɪtrəl] *adj.* schiedsrichterlich: **~ *award*** Schiedsspruch *m*; **~ *body*** *od.* ***court*** Schiedsgericht *n*, -stelle *f*; **~ *clause*** Schiedsklausel *f*; **ar·bi·trar·i·ness** ['ɑːbɪtrərɪnɪs] *s.* Willkür *f*, Eigenmächtigkeit *f*; **ar·bi·trar·y** ['ɑːbɪtrərɪ] *adj.* □ **1.** willkürlich, eigenmächtig, -willig; **2.** launenhaft; **3.** ty'rannisch; **ar·bi·trate** ['ɑːbɪtreɪt] **I** *v/t.* **1.** (als Schiedsrichter *od.* durch Schiedsspruch) entscheiden, schlichten, beilegen; **2.** e-m Schiedsspruch unter'werfen; **II** *v/i.* **3.** Schiedsrichter sein; **ar·bi·tra·tion** [ˌɑːbɪ'treɪʃn] *s.* **1.** Schieds(gerichts)verfahren *n*; Schiedsspruch *m*; Schlichtung *f*: ***court of ~*** Schiedsgericht *n*, -hof *m*; **~ *board*** Schiedsstelle *f*; ***submit to ~*** e-m Schiedsgericht unterwerfen; ***settle by ~*** schiedsgerichtlich beilegen; **2.** † (**~ *of exchange*** Wechsel)Arbitrage *f*; **'ar·bi·tra·tor** [-reɪtə] *s.* ⚖ Schiedsrichter *m*, -mann *m*.

ar·bor[1] *Am.* → ***arbour***; **♀ *Day*** *Am.* Tag *m* des Baums.

ar·bor[2] ['ɑːbə] *s.* ⚙ Achse *f*, Welle *f*; (Aufsteck)Dorn *m*, Spindel *f*.

ar·bo·re·al [ɑː'bɔːrɪəl] *adj.* baumartig; Baum...; auf Bäumen lebend; **ar'bo·re·ous** [-ɪəs] *adj.* **1.** baumreich, waldig; **2.** baumartig; Baum...; **ar·bo·res·cent** [ˌɑːbə'resnt] *adj.* baumartig, verzweigt; **ar·bo·re·tum** [ˌɑːbə'riːtəm] *pl.* **-ta** [-tə] *s.* Arbo'retum *n*; **ar·bo·ri·cul·ture** ['ɑːbərɪkʌltʃə] *s.* Baumzucht *f*.

ar·bor vi·tae [ˌɑːbə'vaɪtɪ] *s.* ⚘ Lebensbaum *m*.

ar·bour ['ɑːbə] *s.* Laube *f*.

arc [ɑːk] **I** *s.* **1.** *a.* ♈, ⚙, *ast.* Bogen *m*; **2.** ⚡ (Licht)Bogen *m*: **~ *welding*** Lichtbogenschweißen *n*; **II** *v/i. a.* **~ *over*** ⚡ e-n (Licht)Bogen bilden, ‚funken'.

ar·cade [ɑː'keɪd] *s.* Ar'kade *f*: a) Säulen-, Bogen-, Laubengang *m*, b) Pas'sage *f*; **ar'cad·ed** [-dɪd] *adj.* mit Arkaden (versehen).

Ar·ca·di·a [ɑː'keɪdjə] *s.* Ar'kadien *n*, ländliches Para'dies *od.* I'dyll; **Ar'ca·di·an** [-ən] *adj.* ar'kadisch, i'dyllisch.

ar·cane [ɑː'keɪn] *adj.* geheimnisvoll; **ar'ca·num** [-nəm] *pl.* **-na** [-nə] *s.* **1.** *hist.* ⚘ Ar'kanum *n*; Eli'xier *n*; **2.** *mst pl.* Geheimnis *n*, My'sterium *n*.

arch[1] [ɑːtʃ] **I** *s.* **1.** *mst* ⚠ (Brücken-, Fenster- *etc.*)Bogen *m*; über'wölbter (Ein-, 'Durch)Gang; ('Eisenbahn- *etc.*) Überˌführung *f*; Tri'umphbogen *m*; **2.** Wölbung *f*, Gewölbe *n*: **~ *of the instep*** (Fuß)Rist *m*, Spann *m*; **~ *support*** Senkfußeinlage *f*; ***fallen ~es*** Senkfuß *m*; **II** *v/t.* **3.** *a.* **~ *over*** mit Bogen versehen, über'wölben; **4.** wölben, krümmen: **~ *the back*** e-n Buckel machen (*Katze*); **III** *v/i.* **5.** sich wölben; sich krümmen.

arch² [ɑːtʃ] *adj. oft* **arch-** erst, oberst, Haupt..., Erz...; schlimmst, Riesen...: **~ *rogue*** Erzschurke *m*.

arch³ [ɑːtʃ] *adj.* □ schalkhaft, schelmisch: ***an ~ look***.

arch- [ɑːtʃ] *Präfix bei Titeln etc.*: erst, oberst, Haupt..., Erz...

ar·chae·o·log·ic, ar·chae·o·log·i·cal [ˌɑːkɪə'lɒdʒɪk(l)] *adj.* □ archäo'logisch, Altertums...; **ar·chae·ol·o·gist** [ˌɑːkɪ'ɒlədʒɪst] *s.* Archäo'loge *m*, Altertumsforscher *m*; **ar·chae·ol·o·gy** [ˌɑːkɪ'ɒlədʒɪ] *s.* Archäolo'gie *f*, Altertumskunde *f*.

ar·cha·ic [ɑː'keɪɪk] *adj.* (□ **~*ally***) ar'chaisch: a) altertümlich, b) *bsd. ling.* veraltet, altmodisch; **ar·cha·ism** ['ɑːkeɪɪzəm] *s.* **1.** *ling.* Archa'ismus *m*, veralteter Ausdruck; **2.** *et.* Veraltetes.

arch·an·gel ['ɑːkˌeɪndʒəl] *s.* Erzengel *m*.

ˌarch|'bish·op [ˌɑːtʃ-] *s.* Erzbischof *m*; **ˌ~'bish·op·ric** *s.* **1.** Erzbistum *n*; **2.** Amt *n* e-s Erzbischofs; **ˌ~'dea·con** *s.* Archidia'kon *m*; **ˌ~'di·o·cese** *s.* 'Erzdiöˌzese *f*; **ˌ~'du·cal** *adj.* erzherzoglich; **ˌ~'duch·ess** *s.* Erzherzogin *f*; **ˌ~'duch·y** *s.* Erzherzogtum *n*; **ˌ~'duke** *s.* Erzherzog *m*.

arched [ɑːtʃt] *adj.* gewölbt, gebogen, gekrümmt.

ˌarch'en·e·my *s.* → ***archfiend***.

arch·er ['ɑːtʃə] *s.* **1.** Bogenschütze *m*; **2.** ♎ *ast.* Schütze *m*; **'arch·er·y** [-ərɪ] *s.* **1.** Bogenschießen *n*; **2.** *coll.* Bogenschützen *pl*.

ar·che·typ·al ['ɑːkɪtaɪpl] *adj.* arche'typisch; **'ar·che·type** [-taɪp] *s.* Urform *f*, -bild *n*, Arche'typ(us) *m*.

ˌarch'fiend [ˌɑːtʃ-] *s.* Erzfeind *m*: a) Todfeind *m*, b) 'Satan *m*, Teufel *m*.

ar·chi·e·pis·co·pal [ˌɑːkɪɪ'pɪskəpl] *adj.* erzbischöflich; **ˌar·chi·e'pis·co·pate** [-pɪt] *s.* Amt *n od.* Würde *f* e-s Erzbischofs.

Ar·chi·pel·a·go [ˌɑːkɪ'pelɪgəʊ] **I** *npr.* Ä'gäisches Meer; **II** ♎ *pl.* **-gos** *s.* Archi'pel *m*, Inselmeer *n*, -gruppe *f*.

ar·chi·tect ['ɑːkɪtekt] **I** *s.* **1.** Archi'tekt (-in); **2.** *fig.* Schöpfer(in), Urheber(in), Archi'tekt *m*: ***the ~ of one's fortunes*** des eigenen Glückes Schmied; **II** *v/t.* **3.** bauen, entwerfen; **ar·chi·tec·ton·ic** [ˌɑːkɪtek'tɒnɪk] **I** *adj.* (□ **~*ally***) **1.** architek'tonisch, baulich; **2.** aufbauend, konstruk'tiv, planvoll, schöpferisch, syste'matisch; **II** *s. mst pl. sg. konstr.* **3.** Architek'tonik *f*: a) Baukunst *f* (*als Fach*), b) künstlerischer Aufbau; **ar·chi·tec·tur·al** [ˌɑːkɪ'tektʃərəl] *adj.* □ architek'tonisch, Architektur..., Bau...; **'ar·chi·tec·ture** [-tʃə] *s.* Architek'tur *f*: a) Baukunst *f*; Bauart *f*, Baustil *m*, b) Konstrukti'on *f*; (Auf)Bau *m*, Struk'tur *f*, Anlage *f* (*a. fig.*), c) Bau(werk *n*) *m*, *coll.* Gebäude *pl.*, Bauten *pl*.

ar·chi·trave ['ɑːkɪtreɪv] *s.* ⚠ Archi'trav *m*, Tragbalken *m*.

ar·chive ['ɑːkaɪv] *s. mst pl.* Ar'chiv *n*; Urkundensammlung *f*; **ar·chi·vist** ['ɑːkɪvɪst] *s.* Archi'var *m*.

arch·ness ['ɑːtʃnɪs] *s.* Schalkhaftigkeit *f*, Durch'triebenheit *f*.

ˌarch'priest [ˌɑːtʃ-] *s. eccl. hist.* Erzpriester *m*.

'arch|·way ['ɑːtʃ-] *s.* ⚠ Bogengang *m*, über'wölbter Torweg; **'~·wise** [-waɪz] *adv.* bogenartig.

arc| lamp *s.* ⚡ Bogenlampe *f*; **~ light** *s.* Bogenlicht *n*, -lampe *f*.

arc·tic ['ɑːktɪk] **I** *adj.* **1.** 'arktisch, nördlich, Nord..., Polar...: ♎ ***Circle*** Nördlicher Polarkreis; ♎ ***Ocean*** Nördliches Eismeer; **~ *fox*** Polarfuchs *m*; **2.** *fig.* sehr kalt, eisig; **II** *s.* **3.** *die* 'Arktis; **4.** *pl. Am.* gefütterte, wasserdichte 'Überschuhe *pl*.

ar·dent ['ɑːdənt] *adj.* □ **1.** *bsd. fig.*

Architectural styles

Classical	a) klassisch; b) klassizistisch
Romanesque [ˌrəʊmə'nesk]	romanisch
Norman ['nɔːmən]	normannisch
Gothic ['gɒθɪk]	gothisch
Renaissance [rə'neɪsəns]	Renaissance...
baroque [bə'rɒk]	barock
rococo [rəʊ'kəʊkəʊ]	Rokoko...
neoclassical [ˌniːəʊ'klæsɪkl]	klassizistisch
modernist ['mɒdənɪst]	modernistisch
postmodern [ˌpəʊst'mɒdən], **postmodernist** [ˌpəʊst'mɒdənɪst]	postmodern

heiß, glühend, feurig: ~ ***eyes***; ~ ***love***; ~ ***spirits*** hochprozentige Spirituosen; **2.** *fig.* feurig, heftig, inbrünstig, leidenschaftlich: ~ ***wish***; ~ ***admirer*** glühender Verehrer; **3.** *fig.* begeistert; **ar·dour**, *Am.* **ar·dor** ['ɑːdə] *s. fig.* **1.** Feuer *n*, Glut *f*, Inbrunst *f*, Leidenschaft *f*; **2.** Eifer *m*, Begeisterung *f* (***for*** für).

ar·du·ous ['ɑːdjʊəs] *adj.* □ **1.** schwierig, anstrengend, mühsam: ***an*** ~ ***task***; **2.** ausdauernd, zäh, e'nergisch: ***an*** ~ ***worker***; **3.** steil, jäh (*Berg etc.*); '**ar·du·ous·ness** [-nɪs] *s.* Schwierigkeit *f*, Mühsal *f*.

are[1] [ɑː; ə] *pres. pl. u. 2 sg. von* **be**.

are[2] [ɑː] *s.* Ar *n* (*Flächenmaß*).

a·re·a ['eərɪə] *s.* **1.** (begrenzte) Fläche, Flächenraum *m od.* -inhalt *m*; Grundstück *n*, Are'al *n*; Ober-, Grundfläche *f*; **2.** Raum *m*, Gebiet *n*, Gegend *f*: ***danger*** ~ Gefahrenzone *f*; ***prohibited*** (*od.* ***restricted***) ~ Sperrzone *f*; ~ ***code*** *teleph. Am.* Vorwahl *f*, Vorwählnummer *f*; ***in the Chicago*** ~ im (Groß-) Raum (von) Chikago; **3.** *fig.* Bereich *m*, Gebiet *n*; **4.** *a.* ~***way*** Kellervorhof *m*; **5.** ⚔ Operati'onsgebiet *n*: ~ ***bombing*** Bombenflächenwurf *m*; ***back*** ~ Etappe *f*; ***forward*** ~ Kampfgebiet *n*; **6.** *anat.* (*Seh- etc.*)Zentrum *n*; **a·re·al** [-əl] *adj.* Flächen(inhalts)...

a·re·na [ə'riːnə] *s.* A'rena *f*: a) Kampfplatz *m*, b) 'Stadion *n*, c) *fig.* Schauplatz *m*, Bühne *f*: ***political*** ~.

aren't [ɑːnt] F *für* ***are not***.

a·rête [æ'reɪt] (*Fr.*) *s.* (Fels)Grat *m*.

ar·gent ['ɑːdʒənt] **I** *s.* Silber(farbe *f*) *n*; **II** *adj.* silberfarbig.

Ar·gen·tine ['ɑːdʒəntaɪn], **Ar·gen·tin·e·an** [ˌɑːdʒən'tɪnɪən] **I** *adj.* argen'tinisch; **II** *s.* Argen'tinier(in).

ar·gil ['ɑːdʒɪl] *s.* Ton *m*, Töpfererde *f*; **ar·gil·la·ceous** [ˌɑːdʒɪ'leɪʃəs] *adj.* tonartig, Ton...

ar·gon ['ɑːgɒn] *s.* ⚗ 'Argon *n*.

Ar·go·naut ['ɑːgənɔːt] *s.* **1.** *myth.* Argo'naut *m*; **2.** *Am.* Goldsucher *m* in Kali'fornien (*1848/49*).

ar·got ['ɑːgəʊ] *s.* Ar'got *n*, Jar'gon *m*, Slang *m*, *bsd.* Gaunersprache *f*.

ar·gu·a·ble ['ɑːgjʊəbl] *adj.* □ disku'tabel, vertretbar: ***it is*** ~ man könnte mit Recht behaupten; '**ar·gu·a·bly** [-lɪ] *adv.* vertretbarerweise; **ar·gue** ['ɑːgjuː] **I** *v/i.* **1.** argumentieren; Gründe (für *od.* wider) anführen: ~ ***for s.th.*** a) für et. eintreten, b) für et. sprechen (*Sache*); ~ ***against s.th.*** a) gegen et. Einwände machen, b) gegen et. sprechen (*Sache*); ***don't*** ~***!*** keine Widerrede!; **2.** streiten, rechten (***with*** mit); disputieren (***about*** über *acc.*, ***for*** für, ***against*** gegen, ***with*** mit); **II** *v/t.* **3.** *e-e Angelegenheit* erörtern, diskutieren; **4.** *j-n* über'reden *od.* (durch Argu'mente) bewegen: ~ ***s.o. into s.th.*** j-n zu et. überreden; ~ ***s.o. out of s.th.*** j-n von et. abbringen; **5.** geltend machen, behaupten: ~ ***that black is white***; **6.** begründen, beweisen; folgern (***from*** aus); **7.** verraten, (an)zeigen, beweisen: ***his clothes*** ~ ***poverty***; **ar·gu·ment** ['ɑːgjʊmənt] *s.* **1.** Argu'ment *n*, (Beweis)Grund *m*; Beweisführung *f*, Schlussfolgerung *f*; **2.** Behauptung *f*; Entgegnung *f*, Einwand *m*; **3.** Erörterung *f*, Besprechung *f*: ***hold an*** ~ diskutieren; **4.** F (Wort)Streit *m*, Ausein'andersetzung *f*; Streitfrage *f*; **5.** 'Thema *n*, (Haupt)Inhalt *m*; **ar·gu·men·ta·tion** [ˌɑːgjʊmen'teɪʃn] *s.* **1.** Beweisführung *f*, Schlussfolgerung *f*; **2.** Erörterung *f*; **ar·gu·men·ta·tive** [ˌɑːgjʊ'mentətɪv] *adj.* □ **1.** streitlustig; **2.** strittig, um'stritten; **3.** 'kritisch; **4.** ~ ***of*** hindeutend auf (*acc.*).

Ar·gus ['ɑːgəs] *npr. myth.* 'Argus *m*; '~**-eyed** *adj.* 'argusäugig, wachsam, mit 'Argusaugen.

a·ri·a ['ɑːrɪə] *s.* ♪ 'Arie *f*.

Ar·i·an ['eərɪən] *eccl.* **I** *adj.* ari'anisch; **II** *s.* Ari'aner *m*.

ar·id ['ærɪd] *adj.* □ dürr, trocken, unfruchtbar; *fig.* trocken, öde; **a·rid·i·ty** [æ'rɪdətɪ] *s.* Dürre *f*, Trockenheit *f*, Unfruchtbarkeit *f* (*a. fig.*).

A·ri·es ['eəriːz] *s. ast.* Widder *m*.

a·right [ə'raɪt] *adv.* recht, richtig: ***set*** ~ richtig stellen.

a·rise [ə'raɪz] *v/i.* [*irr.*] **1.** (***from***, ***out of***) entstehen, entspringen, her'vorgehen (aus), herrühren, stammen (von); **2.** entstehen, sich ergeben (***from*** aus); sich erheben, erscheinen, auftreten; **3.** aufstehen, sich erheben; **a·ris·en** [ə'rɪzn] *p.p. von* ***arise***.

ar·is·toc·ra·cy [ˌærɪ'stɒkrəsɪ] *s.* **1.** Aristokra'tie *f*, *coll. a.* Adel *m*; **2.** *fig.* E'lite *f*, Adel *m*; **a·ris·to·crat** ['ærɪstəkræt] *s.* Aristo'krat(in); Adlige(r *m*) *f*; *fig.* Pa'trizier(in); **a·ris·to·crat·ic**, **a·ris·to·crat·i·cal** [ˌærɪstə'krætɪk(l)] *adj.* □ aristo'kratisch, Adels...; *fig.* adlig, vornehm.

a·rith·me·tic [ə'rɪθmətɪk] *s.* Arith'metik *f*, Rechnen *n*, Rechenkunst *f*; **ar·ith·met·ic**, **ar·ith·met·i·cal** [ˌærɪθ'metɪk(l)] *adj.* □ arith'metisch, Rechen...; **a·rith·me·ti·cian** [əˌrɪθmə'tɪʃn] *s.* Rechner(in), Rechenmeister(in).

ark [ɑːk] *s.* **1.** Arche *f*: ***Noah's*** ~ Arche Noah(s); **2.** Schrein *m*: ***2 of the Covenant*** *bibl.* Bundeslade *f*.

arm[1] [ɑːm] *s.* **1.** *anat.* Arm *m*: ***keep s.o. at*** ~***'s length*** *fig.* sich j-n vom Leibe halten; ***within*** ~***'s reach*** in Reichweite; ***with open*** ~***s*** *fig.* mit offenen Armen; ***fly into s.o.'s*** ~***s*** j-m in die Arme fliegen; ***take s.o. in one's*** ~***s*** j-n in die Arme nehmen; ***infant*** (*od.* ***babe***) ***in*** ~***s***

Säugling *m*; **2.** Fluss-, Meeresarm *m*; **3.** Arm-, Seitenlehne *f*; **4.** Ast *m*, großer Zweig; **5.** Ärmel *m*; **6.** ⚙ Arm *m e-r Maschine etc.*: **~ of a balance** Waagebalken *m*; **7.** *fig.* Arm *m des Gesetzes etc.*

arm² [ɑːm] **I** *s.* **1.** ⚔ *mst pl.* Waffe(n *pl.*) *f*: **do ~s drill** Gewehrgriffe üben; **in ~s** bewaffnet; **rise in ~s** zu den Waffen greifen, sich empören; **up in ~s** a) in Aufruhr, b) *fig.* in Harnisch, in hellem Zorn; **by force of ~s** mit Waffengewalt; **bear ~s** a) Waffen tragen, b) als Soldat dienen; **lay down ~s** die Waffen strecken; **take up ~s** zu den Waffen greifen (*a. fig.*); **~s dealer** Waffenhändler *m*; **~s control** Rüstungskontrolle *f*; **~s race** Wettrüsten *n*; **ground ~s!** Gewehr nieder!; **order ~s!** Gewehr ab!; **pile ~s!** setzt die Gewehre zusammen!; **port ~s!** fällt das Gewehr!; **present ~s!** präsentiert das Gewehr!; **slope ~s!** das Gewehr über!; **shoulder ~s!** das Gewehr an Schulter!; **to ~s!** zu den Waffen!, ans Gewehr!; → **passage at arms**; **2.** Waffengattung *f*, Truppe *f*: **the naval ~** die Kriegsmarine; **3.** *pl.* Wappen *n*; → **coat** 1; **II** *v/t.* **4.** bewaffnen: **~ed to the teeth** bis an die Zähne bewaffnet; **5.** ⚙ armieren, bewehren, befestigen, verstärken, *mit Metall* beschlagen; **6.** ⚔ *Munition, Mine* scharf machen; **7.** (aus)rüsten, bereit machen, versehen: **be ~ed with an umbrella**; **be ~ed with arguments**; **III** *v/i.* **8.** sich bewaffnen, sich (aus)rüsten.

ar·ma·da [ɑːˈmɑːdə] *s.* **1.** ♀ *hist.* Arˈmada *f*; **2.** Kriegsflotte *f*, Luftflotte *f*, Geschwader *n*.

ar·ma·dil·lo [ˌɑːməˈdɪləʊ] *s. zo.* **1.** Armaˈdill *n*, Gürteltier *n*; **2.** Apoˈthekerassel *f*.

Ar·ma·ged·don [ˌɑːməˈgedn] *s.* **1.** *bibl.* Armaˈgeddon *n*, Entscheidungskampf *m* (*a. fig.*); **2.** globale Kataˈstrophe; **3.** *fig.* totaler Zs.-bruch, Deˈsaster *n*.

ar·ma·ment [ˈɑːməmənt] *s.* ⚔ **1.** Kriegsstärke *f*, -macht *f e-s Landes*: **naval ~** Kriegsflotte *f*; **2.** Bewaffnung *f*, Bestückung *f e-s Kriegsschiffes etc.*; **3.** (Kriegsaus)Rüstung *f*: **~ race** Wettrüsten *n*; **ar·ma·ture** [ˈɑːməˌtjʊə] *s.* **1.** Rüstung *f*, Panzer *m*; **2.** ⚙ Panzerung *f*, Beschlag *m*, Bewehrung *f*, Armierung *f*, Armaˈtur *f*; **3.** ⚡ Anker *m* (*a. e-s Magneten etc.*), Läufer *m*: **~ shaft** Ankerwelle *f*; **4.** ⚘, *zo.* Bewehrung *f*.

ˈ**arm|·band** *s.* Armbinde *f*; ˌ**~ˈchair I** *s.* Lehnstuhl *m*, (Lehn)Sessel *m*; **II** *adj.* vom (*od.* am) grünen Tisch; Stammtisch..., Salon...: **~ strategists**.

armed [ɑːmd] *adj.* **1.** bewaffnet: **~ conflict**; **~ neutrality**; **~ forces** (Gesamt-) Streitkräfte; **~ robbery** schwerer Raub; **2.** ⚔ a) scharf, zündfertig (*Munition etc.*), b) *a.* ⚙ → **armoured**.

Ar·me·ni·an [ɑːˈmiːnjən] **I** *adj.* arˈmenisch; **II** *s.* Arˈmenier(in).

ˈ**arm·ful** [-fʊl] *s.* Armvoll *m*.

arm·ing [ˈɑːmɪŋ] *s.* **1.** Bewaffnung *f*, (Aus)Rüstung *f*; **2.** ⚙ Armierung *f*, Armaˈtur *f*; **3.** Wappen *n*.

ar·mi·stice [ˈɑːmɪstɪs] *s.* Waffenstillstand *m* (*a. fig.*); ♀ **Day** *s.* Jahrestag *m* des Waffenstillstandes vom 11. November 1918.

arm·let [ˈɑːmlɪt] *s.* **1.** Armbinde *f als Abzeichen*; Armspange *f*; **2.** kleiner Meeres- *od.* Flussarm.

ar·mor *etc. Am.* → **armour** *etc.*

ar·mo·ri·al [ɑːˈmɔːrɪəl] **I** *adj.* Wappen..., heˈraldisch: **~ bearings** Wappen(schild *m*, *n*) *n*; **II** *s.* Wappenbuch *n*; **ar·mor·y** [ˈɑːmərɪ] *s.* **1.** Heˈraldik *f*, Wappenkunde *f*; **2.** *Am.* → **armoury**.

ar·mour [ˈɑːmə] *s.* **1.** Rüstung *f*, Panzer *m* (*a. fig.*); **2.** ⚔, ⚙ Panzer(ung *f*) *m*, Armierung *f*; *coll.* Panzerfahrzeuge *pl.*, -truppen *pl.*; **3.** ⚘, *zo.* Panzer *m*, Schutzdecke *f*; ˈ**~-clad** → **armour-plated**.

ar·moured [ˈɑːməd] *adj.* ⚔, ⚙ gepanzert, Panzer...: **~ cable** armiertes Kabel, Panzerkabel *n*; **~ car** a) Panzerkampfwagen *m*, b) gepanzerter (Geld-) Transportwagen; **~ infantry** Panzergrenadiere *pl*; **~ train** Panzerzug *m*; ˈ**ar·mour·er** [-ərə] *s.* Waffenschmied *m*; ⚔, ⚓ Waffenmeister *m*.

ˈ**ar·mour|-ˌpierc·ing** *adj.* panzerbrechend, Panzer...: **~ ammunition**; ˈ**~-ˌplat·ed** *adj.* gepanzert, Panzer...

ar·mour·y [ˈɑːmərɪ] *s.* **1.** Rüst-, Waffenkammer *f* (*a. fig.*), Arseˈnal *n*, Zeughaus *n*; **2.** *Am.* a) ˈWaffenfaˌbrik *f*, b) Exerzierhalle *f*.

ˈ**arm|·pit** *s.* Achselhöhle *f*; ˈ**~·rest** *s.* Armlehne *f*, -stütze *f*; ˈ**~-ˌtwist·ing** *s.* F Druckausübung *f*.

ar·my [ˈɑːmɪ] *s.* **1.** Arˈmee *f*, Heer *n*; Miliˈtär *n*: **~ contractor** Heereslieferant *m*; **join the ~** Soldat werden; **~ of occupation** Besatzungsarmee; **~ issue** *die* dem Soldaten gelieferte Ausrüstung, Heereseigentum *n*; **2.** Arˈmee *f* (*als militärische Einheit*); **3.** *fig.* Heer *n*, Menge *f*: **a whole ~ of workmen**; **~ chap·lain** *s.* Miliˈtärgeistliche(r) *m*; **~ corps** *s.* Arˈmeekorps *n*.

ar·ni·ca [ˈɑːnɪkə] *s.* ⚘ ˈArnika *f*.

A-road [ˈeɪrəʊd] *s. Brit. etwa*: Bundesstraße *f*.

a·ro·ma [əˈrəʊmə] *s.* **1.** Aˈroma *n*, Duft *m*, Würze *f*, Blume *f* (*Wein*); **2.** *fig.* Würze *f*, Reiz *m*; **ar·o·mat·ic** *adj.* [ˌærəʊˈmætɪk] *adj.* (□ **~ally**) aroˈmatisch, würzig, duftig: **~ bath** Kräuterbad *n*.

a·ro·ma·ther·a·py [əˌrəʊməˈθerəpɪ] *s.* ⚘ Aˈromatheraˌpie *f*.

a·rose [ə'rəʊz] *pret. von* ***arise***.
a·round [ə'raʊnd] **I** *adv.* **1.** 'ringsher'um, im Kreise; rundum, nach *od.* auf allen Seiten, über'all: ***I've been ~*** F *fig.* ich kenn mich aus; **2.** *bsd. Am.* F um'her, (in der Gegend) herum; in der Nähe, da'bei; **II** *prp.* **3.** um, um ... her(um), rund um; **4.** *bsd. Am.* F a) (rings- *od.* in der Gegend) herum; durch, hin und her, b) (nahe) bei, in, c) ungefähr, etwa; **a,round-the-'clock** *adj.* den ganzen Tag dauernd, 24-stündig; Dauer...
a·rouse [ə'raʊz] *v/t.* **1.** *j-n* (auf-) wecken; **2.** *fig.* aufrütteln; *Gefühle etc.* erregen.
ar·que·bus ['ɑːkwɪbəs] → ***harquebus***.
ar·rack ['ærək] *s.* 'Arrak *m.*
ar·raign [ə'reɪn] *v/t.* **1.** ⚖ a) vor Gericht stellen, b) zur Anklage vernehmen; **2.** *öffentlich* beschuldigen, rügen; **3.** *fig.* anfechten; **ar'raign·ment** [-mənt] *s.* ⚖ Vernehmung *f* zur Anklage; *bsd. fig.* Anklage *f.*
ar·range [ə'reɪndʒ] **I** *v/t.* **1.** (an)ordnen; aufstellen; einteilen; ein-, ausrichten; erledigen: ***~ one's ideas*** s-e Gedanken ordnen; ***~ one's affairs*** s-e Angelegenheiten regeln; **2.** verabreden, vereinbaren; festsetzen, planen: ***everything had been ~d beforehand***; ***an ~d marriage*** e-e (von den Eltern) arrangierte Ehe; **3.** *Streit etc.* beilegen, schlichten; **4.** ♪, *thea.* einrichten, bearbeiten; **II** *v/i.* **5.** sich verständigen (***about*** über *acc.*); **6.** Anordnungen *od.* Vorkehrungen treffen (***for***, ***about*** für, zu, ***to*** *inf.* zu *inf.*); es einrichten, dafür sorgen, veranlassen (***that*** dass): ***~ for the car to be ready***; **7.** sich einigen (***with s.o. about s.th.*** mit j-m über et.); **ar'range·ment** [-mənt] *s.* **1.** (An)Ordnung *f*, Einrichtung *f*, Einteilung *f*, Auf-, Zs.-stellung *f*; Sy'stem *n*; **2.** Vereinbarung *f*, Verabredung *f*, Abmachung *f*: ***make an ~ with s.o.*** mit j-m e-e Verabredung treffen; **3.** Ab-, Über'einkommen *n*; Schlichtung *f*: ***come to an ~*** e-n Vergleich schließen; **4.** *pl.* ***make ~s*** Vorkehrungen *od.* Vorbereitungen *od.* s-e Dispositionen treffen; ***today's ~s*** die heutigen Veranstaltungen; **5.** *thea.* Bearbeitung *f*, ♪ *a.* Arrange'ment *n.*
ar·rant ['ærənt] *adj.* □ völlig, ausgesprochen, ‚kom'plett': ***an ~ fool***; ***~ nonsense***; ***an ~ rogue*** ein Erzgauner.
ar·ray [ə'reɪ] **I** *v/t.* **1.** ordnen, aufstellen (*bsd. Truppen*); **2.** ⚖ *Geschworene* aufrufen; **3.** *fig.* aufbieten; **4.** (***o.s.*** sich) kleiden, putzen; **II** *s.* **5.** Ordnung *f*; Schlachtordnung *f*; **6.** ⚖ Geschworenen(liste *f*) *pl.*; **7.** 'Phalanx *f*, stattliche Reihe, Menge *f*, Aufgebot *n*; **8.** Kleidung *f*, Staat *m*, Aufmachung *f.*
ar·rear [ə'rɪə] *s.* a) *mst pl.* Rückstand *m*, *bsd.* Schulden *pl.*: ***~s of rent*** rückständige Miete; ***in ~(s)*** im Rückstand *od.* Verzug, b) *et.* Unerledigtes, Arbeitsrückstände *pl.*
ar·rest [ə'rest] **I** *s.* **1.** Aufhalten *n*, Hemmung *f*, Stockung *f*; **2.** ⚖ a) Verhaftung *f*, Haft *f*: ***under ~*** verhaftet, in Haft, b) Beschlagnahme *f*, c) *a.* ***~ of judgment*** Urteilssistierung *f*; **II** *v/t.* **3.** an-, aufhalten, hemmen, hindern: ***~ progress***; ***~ed growth*** *biol.* gehemmtes Wachstum; ***~ed tuberculosis*** ⚕ inaktive Tuberkulose; **4.** ⚙ feststellen, sperren, arretieren; **5.** ⚖ a) verhaften, b) beschlagnahmen, c) ***~ judgment*** das Urteil vertagen; **6.** *Geld etc.* einbehalten, konfiszieren; **7.** *Aufmerksamkeit etc.* fesseln, festhalten; **ar'rest·ing** [-tɪŋ] *adj.* fesselnd, interes'sant; **ar'restment** [-mənt] *s.* Beschlagnahme *f.*
ar·rière-pen·sée [ˌærɪeə(r)'pɒnseɪ] (*Fr.*) *s.* 'Hintergedanke *m.*
ar·riv·al [ə'raɪvl] *s.* **1.** Ankunft *f*, Eintreffen *n*; *fig.* Gelangen *n* (***at*** zu); **2.** Erscheinen *n*, Auftreten *n*; **3.** a) Ankömmling *m*: ***new ~*** Neuankömmling, Familienzuwachs *m*, b) *et.* Angekommenes; **4.** *pl.* ankommende Züge *pl. od.* Schiffe *pl. od.* Flugzeuge *pl. od.* Per'sonen *pl.*; Zufuhr *f*; ✝ (Waren)Eingänge *pl.*; **ar·rive** [ə'raɪv] *v/i.* **1.** (an-) kommen, eintreffen; **2.** erscheinen, auftreten; **3.** *fig.* (***at***) erreichen (*acc.*), gelangen (zu): ***~ at a decision***; **4.** kommen, eintreten (*Zeit, Ereignis*); **5.** Erfolg haben.
ar·ro·gance ['ærəgəns] *s.* Arro'ganz *f*, Anmaßung *f*, Über'heblichkeit *f*; **'ar·ro·gant** [-nt] *adj.* □ arro'gant, anmaßend, über'heblich; **ar·ro·gate** ['ærəʊgeɪt] *v/t.* **1.** ***~ to o.s.*** sich *et.* anmaßen, *et.* für sich in Anspruch nehmen; **2.** zuschreiben, zuschieben (***s.th. to s.o.*** j-m et.); **ar·ro·ga·tion** [ˌærəʊ'geɪʃn] *s.* Anmaßung *f.*
ar·row ['ærəʊ] *s.* **1.** Pfeil *m*; ***~ keys*** *Computer*: Pfeiltasten *pl*; **2.** Pfeil (-zeichen *n*) *m*; **3.** *surv.* Zähl-, Markierstab *m*; **'ar·rowed** [-əʊd] *adj.* mit Pfeilen *od.* Pfeilzeichen (versehen).
'ar·row|·head *s.* **1.** Pfeilspitze *f*; **2.** (Zeichen *n* der) Pfeilspitze *f* (*brit. Regierungsgut kennzeichnend*); **'~·root** *s.* ♀ a) Pfeilwurz *f*, b) Pfeilwurzstärke *f.*
ar·roy·o [ə'rɔɪəʊ] *s. geol.* Ar'royo *m*, Erosi'onsrinne *f*, -schlucht *f.*
arse [ɑːs] **I** *s.* V Arsch *m*; **II** *v/i. sl.* ***~ around*** ‚herumspinnen'; **'~·hole** *s.* V ‚Arschloch' *n* (*a. fig. contp.*); **~ lick·er** *s.* V ‚Arschkriecher' *m.*
ar·se·nal ['ɑːsənl] *s.* **1.** Arse'nal *n* (*a. fig.*), Zeughaus *n*, Waffenlager *n*; **2.** 'Waffen-, Muniti'onsfaˌbrik *f.*
ar·se·nic **I** *s.* ['ɑːsnɪk] Ar'sen(ik) *n*; **II** *adj.* [ɑː'senɪk] ar'senhaltig; Arsen...

ar·sis ['ɑːsɪs] *s.* **1.** *poet.* Hebung *f*, betonte Silbe; **2.** ♪ Aufschlag *m.*

ar·son ['ɑːsn] *s.* ⚖ Brandstiftung *f*; **'ar·son·ist** [-nɪst] *s.* Brandstifter *m.*

art¹ [ɑːt] **I** *s.* **1.** (*bsd.* bildende) Kunst: ***the fine ~s*** die schönen Künste; ***brought to a fine ~*** *fig.* zu e-r wahren Kunst entwickelt; ***work of ~*** Kunstwerk *n*; **2.** Kunst(fertigkeit) *f*, Geschicklichkeit *f*: ***the ~ of the painter***; ***the ~ of cooking***; ***industrial ~(s)*** (*od.* ***~s and crafts***) Kunstgewerbe *n*, -handwerk *n*; ***the black ~*** die schwarze Kunst, die Zauberei; **3.** *pl. univ.* Geisteswissenschaften *pl.*: ***Faculty of 2s***, *Am.* ***2s Department*** philosophische Fakultät; ***liberal ~s*** humanistische Fächer; → ***master*** 10, ***bachelor*** 2; **4.** *mst pl.* Kunstgriff *m*, Kniff *m*, List *f*, Tücke *f*; **5.** *Patentrecht*: a) Fach(gebiet) *n*, b) Fachkenntnis *f*, c) (***state of the ~*** Stand *m* der) Technik; → ***prior*** 1; **II** *adj.* **6.** Kunst...: ***~ critic***; ***~ director*** a) *thea. etc.* Bühnenmeister *m*, b) *Werbung*: Art-Director *m*, künstlerischer Leiter; **7.** künstlerisch, dekora'tiv: ***~ pottery***; **III** *v/t.* **8.** ***~ up*** *sl.* (künstlerisch) ‚aufmöbeln'.

art² [ɑːt] *obs. 2. pres. sg. von* ***be***.

ar·te·fact → ***artifact***.

ar·te·ri·al [ɑː'tɪərɪəl] *adj.* **1.** ⚕ arteri'ell, Arterien...: ***~ blood*** Pulsaderblut *n*; **2.** *fig.* ***~ road*** Hauptverkehrsader *f*, Ausfall-, Durchgangs-, Hauptverkehrs-, *a.* Fernverkehrsstraße *f*.

ar·te·ri·o·scle·ro·sis [ɑːˌtɪərɪəʊsklɪə'rəʊsɪs] *s.* ⚕ Arterioskle'rose *f*, Ar'terienverkalkung *f*.

ar·ter·y ['ɑːtərɪ] *s.* **1.** Ar'terie *f*, Puls-, Schlagader *f*; **2.** *fig.* Verkehrsader *f*, *bsd.* Hauptstraße *f*, -fluss *m*: ***~ of traffic***; ***~ of trade*** Haupthandelsweg *m*.

ar·te·sian well [ɑː'tiːzjən] *s.* ar'tesischer (*Am.* tiefer) Brunnen.

art·ful ['ɑːtfʊl] *adj.* □ schlau, listig, verschlagen; **'art·ful·ness** [-nɪs] *s.* List *f*, Schläue *f*, Verschlagenheit *f*.

ar·thrit·ic, ar·thrit·i·cal [ɑː'θrɪtɪk(l)] *adj.* ⚕ ar'thritisch, gichtisch; **ar·thri·tis** [ɑː'θraɪtɪs] *s.* ⚕ Ar'thritis *f*; **ar·thro·sis** [ɑː'θrəʊsɪs] *s.* Ar'throse *f*.

Ar·thu·ri·an [ɑː'θʊərɪən] *adj.* (König) Arthur *od.* Artus betreffend, Arthur..., Artus...

ar·ti·choke ['ɑːtɪtʃəʊk] *s.* ♀ **1.** *a.* ***globe ~*** Arti'schocke *f*; **2.** ***Jerusalem ~*** 'Erdartiˌschocke *f*.

ar·ti·cle ['ɑːtɪkl] **I** *s.* **1.** ('Zeitungs- *etc.*) Arˌtikel *m*, Aufsatz *m*; **2.** Ar'tikel *m*, Gegenstand *m*, Sache *f*; Posten *m*, Ware *f*: ***~ of trade*** Handelsware; ***the genuine ~*** F der ‚wahre Jakob'; **3.** Abschnitt *m*, Para'graph *m*, Klausel *f*, Punkt *m*: ***~s of apprenticeship*** Lehrvertrag *m*; ***~s (of association***, *Am.* ***incorporation***) ✝ Satzung *f*; ***the Thirty-nine 2s*** die 39 Glaubensartikel *der anglikanischen Kirche*; ***according to the ~s*** ✝ satzungsgemäß; **4.** *ling.* Ar'tikel *m*, Geschlechtswort *n*; **II** *v/t.* **5.** vertraglich binden; in die Lehre geben (***to*** bei); **'ar·ti·cled** [-ld] *adj.* **1.** vertraglich gebunden; **2.** in der Lehre (***to*** bei): ***~ clerk*** *Brit.* Anwaltsgehilfe *m*.

ar·tic·u·late **I** *v/t.* [ɑː'tɪkjʊleɪt] **1.** artikulieren, deutlich (aus)sprechen; **2.** gliedern; **3.** *Knochen* zs.-fügen; **II** *adj.* [-lət] **4.** klar erkennbar, deutlich (gegliedert), artikuliert, verständlich (*Wörter etc*); **5.** fähig, sich klar auszudrücken, sich klar ausdrückend; **6.** sich Gehör verschaffend; **7.** ⚕, ♀, *zo.* gegliedert; **ar'tic·u·lat·ed** [-tɪd] *adj.* ⚙ Gelenk..., Glieder...: ***~ train***; ***~ lorry*** *Brit.* Sattelschlepper *m*; **ar·tic·u·la·tion** [ɑːˌtɪkjʊ'leɪʃn] *s.* **1.** *bsd. ling.* Artikula'ti'on *f*, deutliche Aussprache; Verständlichkeit *f*; **2.** Anein'anderfügung *f*; **3.** ⚙ Gelenk(verbindung *f*) *n*; **4.** Gliederung *f*.

ar·ti·fact ['ɑːtɪfækt] *s.* Arte'fakt *n*: a) Werkzeug *n od.* Gerät *n bsd. primitiver od. prähistorischer Kulturen*, b) ⚕ 'Kunstproˌdukt *n*; **'ar·ti·fice** [-fɪs] *s.* Kunstgriff *m*; Kniff *m*, List *f*; **ar·tif·i·cer** [ɑː'tɪfɪsə] *s.* **1.** → ***artisan***; **2.** ⚔ a) Feuerwerker *m*, b) Handwerker *m*; **3.** Urheber(in).

ar·ti·fi·cial [ˌɑːtɪ'fɪʃl] *adj.* □ **1.** künstlich, Kunst...: ***~ silk***; ***~ leg*** Beinprothese *f*; ***~ teeth*** künstliche Zähne; ***~ person*** ⚖ juristische Person; ***~ turf*** *sport* Kunststoffrasen *m*; **2.** *fig.* gekünstelt, falsch; **ar·ti·fi·ci·al·i·ty** [ˌɑːtɪfɪʃɪ'ælətɪ] *s.* Künstlichkeit *f*; *et.* Gekünsteltes.

ar·til·ler·ist [ɑː'tɪlərɪst] *s.* Artille'rist *m*, Kano'nier *m*.

ar·til·ler·y [ɑː'tɪlərɪ] *s.* **1.** Artille'rie *f*; **2.** *sl.* ‚Artille'rie' *f*, Schießeisen *n od. pl.*

ar·ti·san [ˌɑːtɪ'zæn] *s.* (Kunst)Handwerker *m*.

art·ist ['ɑːtɪst] *s.* **1.** a) Künstler(in), *bsd.* Kunstmaler(in), b) → ***artiste***; **2.** *fig.* Künstler(in), Könner(in); **ar·tiste** [ɑː'tiːst] (*Fr.*) *s.* Ar'tist(in), Künstler (-in), Sänger(in), Schauspieler(in), Tänzer(in); **ar·tis·tic, ar·tis·ti·cal** [ɑː'tɪstɪk(l)] *adj.* □ **1.** künstlerisch, Künstler..., Kunst...; **2.** kunstverständig; **3.** kunst-, geschmackvoll; **'art·ist·ry** [-trɪ] *s.* **1.** Künstlertum *n*, *das* Künstlerische; **2.** künstlerische Wirkung *od.* Voll'endung; **3.** Kunstfertigkeit *f*.

art·less ['ɑːtlɪs] *adj.* □ **1.** ungekünstelt, na'türlich, schlicht, unschuldig, na'iv; **2.** offen, arglos, ohne Falsch; **3.** unkünstlerisch, stümperhaft.

Art Nou·veau [ˌɑːrnuː'vəʊ] (*Fr.*) *s.* *Kunst*: Art *f* nou'veau, Jugendstil *m*.

ar·tsy ['ɑːtsɪ] → ***arty***.

'art·work *s.* Artwork *n*: a) künstlerische Gestaltung, Illustrati'on(en *pl.*) *f*, Grafik *f*, b) (grafische *etc.*) Gestaltungsmittel *pl.*

art·y ['ɑːtɪ] *adj.* F **1.** (gewollt) künstlerisch *od.* bohemi'enhaft; **2.** ‚kunstbeflissen'; **ˌ~(-and)-'craft·y** *adj.* **1.** *iro.* ‚künstlerisch', mo'dern-verrückt; **2.** → ***arty*** 1.

Ar·y·an ['eərɪən] **I** *s.* **1.** Arier *m*, Indoger'mane *m*; **2.** *ling.* arische Sprachengruppe; **3.** Arier *m*, Nichtjude *m* (*in der Nazi-Ideologie*); **II** *adj.* **4.** arisch; **5.** arisch, nichtjüdisch.

as [æz; əz] **I** *adv.* **1.** (ebenso) wie, so: ***~ usual*** wie gewöhnlich *od.* üblich; ***~ soft ~ butter*** weich wie Butter; ***twice ~ large*** zweimal so groß; ***just ~ good*** ebenso gut; **2.** als: ***he appeared ~ Macbeth***; ***I knew him ~ a child***; ***~ prose style this is bad*** für Prosa ist das schlecht; **3.** wie (z. B.): ***cathedral cities, ~ Ely***; **II** *cj.* **4.** wie, so wie: ***~ follows***; ***do ~ you are told!*** tu, wie man dir sagt!; ***~ I said before***; ***~ you were!*** ⚔ Kommando zurück!; ***~ it is*** unter diesen Umständen, ohnehin; ***~ it were*** sozusagen, gleichsam; **5.** als, in'dem, während: ***~ he entered*** als er eintrat, bei s-m Eintritt; **6.** ob'gleich, wenn auch; wie, wie sehr, so sehr: ***old ~ I am*** so alt wie ich bin; ***try ~ he would*** sosehr er (es) auch versuchte; **7.** da, weil: ***~ you are sorry I'll forgive you***; **III** *pron.* **8.** was, wie: ***~ he himself admits***; → ***such*** 7;
Zssgn mit adv. u. prp.:
as| ... as (eben)so ... wie: ***as fast as I could*** so schnell ich konnte; ***as sweet as can be*** so süß wie möglich; ***as cheap as five pence a bottle*** schon für (*od.* für nur) fünf Pence die Flasche; ***as recently as last week*** noch (*od.* erst) vorige Woche; ***as good as*** so gut wie, sozusagen; ***not as bad as (all) that*** gar nicht so schlimm; ***as fine a song as I ever heard*** ein Lied, wie ich kein schöneres je gehört habe; **~ far as** so weit (wie), so'weit, so'viel: ***~ I know*** soviel ich weiß; ***~ Cologne*** bis (nach) Köln; ***as far back as 1890*** schon im Jahre 1890; **~ for** was ... (an)betrifft, bezüglich (*gen.*); **~ from** *vor Zeitangaben*: von ... an, ab, mit Wirkung vom...; **~ if** *od.* **though** als ob, als wenn: ***he talks ~ he knew them all***; **~ long as** a) so lange wie, solange: ***~ he stays***, b) wenn (nur); vor'ausgesetzt, dass: ***~ you have enough money***; **~ much** gerade (*od.* eben) das: ***I thought ~***; ***~ again*** doppelt so viel; **~ much as** (*neg. mst* ***not so much as***) a) (eben)so viel wie: ***~ my son***, b) so sehr, so viel: ***did he pay ~ that?*** hat er so viel (dafür) bezahlt?, c) so'gar, über'haupt (*neg.* nicht einmal): ***without ~ looking at him*** ohne ihn überhaupt *od.* auch nur anzusehen; **~ per** laut, gemäß (*dat.*); **~ soon as** → ***soon*** 3; **~ to 1.** → ***as for***; **2.** (als *od.* so) dass: ***be so kind ~ come*** sei so gut und komm; **3.** nach, gemäß (*dat.*); **~ well** → ***well***[1] 11; **~ yet** → ***yet*** 2.

as·bes·tos [æz'bestɒs] *s. min.* As'best *m*: ***~ board*** Asbestpappe *f*; ***~-contaminated*** asbestbelastet.

as·bes·to·sis [æsbe'stəʊsɪs] *s.* Asbeststaublunge *f*.

as·cend [ə'send] **I** *v/i.* **1.** (auf-, em'por-, hin'auf)steigen; **2.** ansteigen, (schräg) in die Höhe gehen: ***the path ~s here***; **3.** *zeitlich* hin'aufreichen, zu'rückgehen (***to*** bis in *acc.*, bis auf *acc.*); **4.** ♪ steigen (*Ton*); **II** *v/t.* **5.** be-, ersteigen: ***~ a river*** e-n Fluss hinauffahren; ***~ the throne*** den Thron besteigen; **as'cend·an·cy, as'cend·en·cy** [-dənsɪ] *s.* (***over***) Über'legenheit *f*, Herrschaft *f*, Gewalt *f* (über *acc.*); (bestimmender) Einfluss (auf *acc.*); **as'cend·ant, as'cend·ent** [-dənt] **I** *s.* **1.** *ast.* Aufgangspunkt *m e-s Gestirns*: ***in the ~*** *fig.* im Kommen *od.* Aufstieg; **2.** → ***ascendancy***; **3.** Verwandte(r *m*) *f* (*in aufsteigender Linie*); Vorfahr *m*; **II** *adj.* **4.** aufgehend, aufsteigend; **5.** über'legen, (vor)herrschend; **as'cend·ing** [-dɪŋ] *adj.* (auf-) steigend (*a. fig.*): ***~ air current*** Aufwind *m*; **as'cen·sion** [-nʃn] *s.* **1.** Aufsteigen *n* (*a. ast.*), Besteigung *f*; **2. *the*** ☊ die Himmelfahrt Christi: ***☊ Day*** Himmelfahrtstag *m*; **as'cent** [-nt] *s.* **1.** Aufstieg *m* (*a. fig.*), Besteigung *f*; **2.** *bsd.* ⛟, ⚙ Steigung *f*, Gefälle *n*, Abhang *m*; **3.** Auffahrt *f*, Rampe *f*, (Treppen)Aufgang *m*.

as·cer·tain [ˌæsə'teɪn] *v/t.* feststellen, ermitteln; in Erfahrung bringen; **ˌas·cer'tain·a·ble** [-nəbl] *adj.* feststellbar, zu ermitteln(d); **ˌas·cer'tain·ment** [-mənt] *s.* Feststellung *f*, Ermittlung *f*.

as·cet·ic [ə'setɪk] **I** *adj.* (□ ***~ally***) as'ketisch, Asketen...; **II** *s.* As'ket *m*; **as'cet·i·cism** [-ɪsɪzəm] *s.* As'kese *f*; Kasteiung *f*.

as·cor·bic ac·id [ə'skɔːbɪk] *s.* Askor'binsäure *f*, Vitamin C *n*.

as·crib·a·ble [ə'skraɪbəbl] *adj.* zuzuschreiben(d), beizumessen(d); **as·cribe** [ə'skraɪb] *v/t.* (***to***) zuschreiben, beimessen, beilegen (*dat.*); zu'rückführen (auf *acc.*).

a·sep·sis [æ'sepsɪs] *s.* ⚕ A'sepsis *f*; keimfreie Wundbehandlung; **a'sep·tic** [-ptɪk] *adj.* (□ ***~ally***) a'septisch, keimfrei, ste'ril.

a·sex·u·al [eɪ'seksjʊəl] *adj.* □ *biol.* asexual: a) geschlechtslos (*a. fig.*), b) ungeschlechtlich: ***~ reproduction*** ungeschlechtliche Fortpflanzung.

ash[1] [æʃ] *s.* ⚘ **1.** *a.* ***~ tree*** Esche *f*:

weeping ~ Traueresche; **2.** *a.* ***~ wood*** Eschenholz *n.*

ash² [æʃ] *s.* **1.** Asche *f* (*a.* ⚗): ***~ bin*** (*Am.* ***can***) Aschen-, Mülleimer *m*; ***~ furnace*** Glasschmelzofen *m*; **2.** *mst pl.* Asche *f*: ***lay in ~es*** niederbrennen; **3.** *pl. fig.* sterbliche 'Überreste *pl.*; Trümmer *pl.*, Staub *m*: ***rise from the ~es*** *fig.* (wie ein Phönix) aus der Asche aufsteigen; **4.** ***win the 2es*** (*Kricket*) gegen Australien gewinnen.

a·shamed [ə'ʃeɪmd] *adj.* □ sich schämend, beschämt: ***be*** (*od.* ***feel***) ***~ of*** sich *e-r Sache od. j-s* schämen; ***be ~ to*** (*inf.*) sich schämen zu (*inf.*); ***I am ~ that*** es ist mir peinlich, dass; ***you ought to be ~ of yourself!*** du solltest dich schämen!

ash·en¹ ['æʃn] *adj.* ⚘ eschen, aus Eschenholz.

ash·en² ['æʃn] *adj.* Aschen...; *fig.* aschfahl, -grau.

Ash·ke·naz·im [ˌæʃkɪ'næzɪm] (*Hebrew*) *s. pl.* As(ch)ke'nasim *pl.*

ash·lar ['æʃlə] *s.* ⚠ Quaderstein *m.*

a·shore [ə'ʃɔː] *adv. u. adj.* ans *od.* am Ufer *od.* Land: ***go ~*** an Land gehen; ***run ~*** a) stranden, auflaufen, b) auf Strand setzen.

'ash|·pit *s.* Aschengrube *f*; **'~·tray** *s.* Aschenbecher *m*; **2 Wednes·day** *s.* Ascher'mittwoch *m.*

ash·y ['æʃɪ] *adj.* **1.** aus Asche (bestehend); mit Asche bedeckt; **2.** → ***ashen²***.

A·sian ['eɪʃn], **A·si·at·ic** [ˌeɪʃɪ'ætɪk] **I** *adj.* asi'atisch; **II** *s.* Asi'at(in).

a·side [ə'saɪd] **I** *adv.* **1.** bei'seite, auf die *od.* zur Seite, seitwärts; abseits: ***step*** (***set***) ***~***; **2.** *thea.* beiseite: ***speak ~***; **3.** ***~ from*** *Am.* abgesehen von; **II** *s.* **4.** *thea.* A'parte *n*, beiseite gesprochene Worte *pl.*; **5.** a) Nebenbemerkung *f*, b) geflüsterte Bemerkung.

as·i·nine ['æsɪnaɪn] *adj.* eselartig, Esels...; *fig.* eselhaft, dumm.

ask [ɑːsk] **I** *v/t.* **1.** a) *j-n* fragen: ***~ the policeman***, b) nach *et.* fragen: ***~ the way***; ***~ the time*** fragen, wie spät es ist; ***~ a question of s.o.*** e-e Frage an j-n stellen; **2.** *j-n* nach *et.* fragen, sich bei *j-m* nach *et.* erkundigen: ***~ s.o. the way***; ***may I ~ you a question?*** darf ich Sie (nach) etwas fragen?; ***~ me another!*** F keine Ahnung!; **3.** *j-n* bitten (***for*** um, ***to*** *inf.* zu *inf.*, ***that*** dass): ***~ s.o. for advice***; ***we were ~ed to believe*** man wollte uns glauben machen; **4.** bitten um, erbitten: ***~ his advice***; ***be there for the ~ing*** umsonst *od.* mühelos zu haben sein; → ***favour*** 2; **5.** einladen, bitten: ***~ s.o. to lunch***; ***~ s.o. in*** j-n hereinbitten; **6.** fordern, verlangen: ***~ a high price***; ***that is ~ing too much!*** das ist zu viel verlangt!; **7.** → ***banns***; **II** *v/i.* **8.** (***for***) bitten (um), verlangen (*acc. od.* nach); fragen (nach), *j-n* zu sprechen wünschen; *et.* erfordern: ***~*** (***s.o.***) ***for help*** (j-n) um Hilfe bitten; ***s.o. has been ~ing for you*** es hat jemand nach Ihnen gefragt; ***the matter ~s for great care*** die Angelegenheit erfordert große Sorgfalt; **9.** *fig.* her'beiführen: ***you ~ed for it*** (*od.* ***for trouble***) du wolltest es ja so haben; **10.** fragen, sich erkundigen (***after***, ***about*** nach, wegen).

a·skance [ə'skæns] *adv.* von der Seite; *fig.* schief, scheel, misstrauisch: ***look ~ at s.o.*** (*od.* ***s.th.***).

a·skew [ə'skjuː] *adv.* schief, schräg (*a. fig.*).

a·slant [ə'slɑːnt] **I** *adv. u. adj.* schräg, quer; **II** *prp.* quer über *od.* durch.

a·sleep [ə'sliːp] *adv. u. adj.* **1.** schlafend, im *od.* in den Schlaf: ***be ~*** schlafen; ***fall ~*** einschlafen; **2.** *fig.* entschlafen, leblos; **3.** *fig.* schlafend, unaufmerksam; **4.** *fig.* eingeschlafen (*Glied*).

a·slope [ə'sləʊp] *adv. u. adj.* abschüssig, schräg.

a·so·cial [æ'səʊʃəl] *adj.* □ **1.** ungesellig, kon'taktfeindlich; **2.** → ***antisocial***.

asp¹ [æsp] *s. zo.* Natter *f.*

asp² [æsp] → ***aspen***.

as·par·a·gus [ə'spærəgəs] *s.* ⚘ Spargel *m*: ***~ tips*** Spargelspitzen.

as·pect ['æspekt] *s.* **1.** Aussehen *n*, Äußere(s) *n*, Erscheinung *f*, Anblick *m*, Gestalt *f*; **2.** Gebärde *f*, Miene *f*; **3.** A'spekt *m* (*a. ast.*), Gesichtspunkt *m*, Seite *f*, Hinsicht *f*, (Be)Zug *m*: ***in its true ~*** im richtigen Licht; **4.** Aussicht *f*, Lage *f*: ***the house has a southern ~*** das Haus liegt nach Süden.

as·pen ['æspən] ⚘ **I** *s.* Espe *f*, Zitterpappel *f*; **II** *adj.* espen: ***tremble like an ~ leaf*** wie Espenlaub zittern.

as·per·gill ['æspədʒɪl], **as·per·gil·lum** [ˌæspə'dʒɪləm] *s. eccl.* Weihwedel *m.*

as·per·i·ty [æ'sperətɪ] *s. bsd. fig.* Rauheit *f*, Schroffheit *f*, Schärfe *f*, Strenge *f*, Herbheit *f.*

as·perse [ə'spɜːs] *v/t.* verleumden, in schlechten Ruf bringen, schlecht machen, schmähen; **as'per·sion** [-ɜːʃn] *s.* **1.** *eccl.* Besprengung *f*; **2.** Verleumdung *f*, Anwurf *m*, Schmähung *f*: ***cast ~s on*** *j-n* verleumden *od.* mit Schmutz bewerfen.

as·phalt ['æsfælt] **I** *s. min.* As'phalt *m*; **II** *v/t.* asphaltieren.

as·phyx·i·a [æs'fɪksɪə] *s.* ⚕ a) Erstickung(stod *m*) *f*, b) Scheintod *m*; **as·phyx·i·ant** [əs'fɪksɪənt] **I** *adj.* erstickend; **II** *s.* erstickender (⚔ Kampf-)Stoff; **as·phyx·i·ate** [əs'fɪksɪeɪt] *v/t.* ersticken: ***be ~d*** ersticken; **as·phyx·i·a·tion** [əsˌfɪksɪ'eɪʃn] *s.* Erstickung *f.*

as·pic ['æspɪk] *s.* A'spik *m*, Ge'lee *n.*

as·pir·ant [ə'spaɪərənt] *s.* (***to***, ***after***,

for) Aspi'rant(in), Kandi'dat(in) (für); (eifriger) Bewerber (um): ~ ***officer*** Offiziersanwärter *m*.

as·pi·rate ['æspərət] *ling.* **I** *s.* Hauchlaut *m*; **II** *adj.* aspiriert; **III** *v/t.* [-pəreɪt] aspirieren; **as·pi·ra·tion** [ˌæspə'reɪʃn] *s.* **1.** Bestrebung *f*, Aspirati'on *f*, Trachten *n*, Sehnen *n* (***for***, ***after*** nach); **2.** *ling.* Aspirati'on *f*; Hauchlaut *m*; **3.** ⚙, ⚕ An-, Absaugung *f*; **as·pi·ra·tor** ['æspəreɪtə] *s.* ⚙, ⚕ 'Saugappaˌrat *m*; **as·pire** [əs'paɪə] *v/i.* **1.** streben, trachten, verlangen (***to***, ***after*** nach, ***to*** *inf.* zu *inf.*); **2.** *fig.* sich erheben.

as·pi·rin ['æspərɪn] *s.* ⚕ Aspi'rin *n*: ***two*** ~***s*** zwei Aspirintabletten.

as·pir·ing [əs'paɪərɪŋ] *adj.* □ hochstrebend, ehrgeizig.

ass¹ [æs] *s. zo.* Esel *m*; *fig.* Esel *m*, Dummkopf *m*: ***make an*** ~ ***of o.s.*** sich lächerlich machen.

ass² [æs] *s. Am.* V Arsch *m*.

as·sail [ə'seɪl] *v/t.* **1.** angreifen, über'fallen, bestürmen (*a. fig.*): ~ ***a city***; ~ ***s.o. with blows***; ~ ***s.o. with questions*** j-n mit Fragen überschütten; ~***ed by fear*** von Furcht ergriffen; ~***ed by doubts*** von Zweifeln befallen; **2.** (eifrig) in Angriff nehmen; **as'sail·a·ble** [-ləbl] *adj.* angreifbar (*a. fig.*); **as'sail·ant** [-lənt], **as'sail·er** [-lə] *s.* Angreifer(in), Gegner(in); *fig.* 'Kritiker *m*.

as·sas·sin [ə'sæsɪn] *s.* (Meuchel)Mörder(-in); po'litischer Mörder, Atten'täter(-in); **as'sas·si·nate** [-neɪt] *v/t.* (meuchlings) (er)morden; **as·sas·si·na·tion** [əˌsæsɪ'neɪʃn] *s.* Meuchelmord *m*, Ermordung *f*, (politischer) Mord, Atten'tat *n*.

as·sault [ə'sɔːlt] **I** *s.* **1.** Angriff *m* (*a. fig.*), 'Überfall *m* (***upon***, ***on*** auf *acc.*); **2.** ⚔ Sturm *m*: ***carry*** (*od.* ***take***) ***by*** ~ erstürmen; ~ ***boat*** a) Sturmboot *n*, b) Landungsfahrzeug *n*; ~ ***troops*** Stoßtruppen; **3.** ⚖ tätliche Bedrohung *od.* Beleidigung: ~ ***and battery*** schwere tätliche Beleidigung, Misshandlung *f*; ***indecent*** *od.* ***criminal*** ~ unzüchtige Handlung (*Belästigung*), Sittlichkeitsvergehen *n*; **II** *v/t.* **4.** angreifen, über'fallen (*a. fig.*); anfallen, tätlich werden gegen; **5.** ⚔ bestürmen (*a. fig.*); **6.** ⚖ tätlich *od.* schwer beleidigen; **7.** vergewaltigen.

as·say [ə'seɪ] **I** *s.* **1.** ⚙, ⚗ Probe *f*, Ana'lyse *f*, Prüfung *f*, Unter'suchung *f*, *bsd.* Me'tall-, Münzprobe *f*: ~ ***office*** Prüfungsamt *n*; **II** *v/t.* **2.** *bsd.* (*Edel*)*Metalle* prüfen, unter'suchen; **3.** *fig.* versuchen, probieren; **III** *v/i.* **4.** *Am.* 'Edelmeˌtall enthalten; **as'say·er** [-eɪə] *s.* (Münz-) Prüfer *m*.

as·sem·blage [ə'semblɪdʒ] *s.* **1.** Zs.-kommen *n*, Versammlung *f*; **2.** Ansammlung *f*, Schar *f*, Menge *f*; **3.** ⚙ Zs.-setzen *n*, Mon'tage *f*; **4.** *Kunst*: Assem'blage *f*; **as·sem·ble** [ə'sembl] **I** *v/t.* **1.** versammeln, zs.-berufen; *Truppen* zs.-ziehen; **2.** ⚙ *Teile* zs.-setzen, -bauen, montieren; *Computer*: assemblieren; **II** *v/i.* **3.** sich versammeln, zs.-kommen; *parl.* zs.-treten; **as'sem·bler** [-lə] *s.* **1.** ⚙ Mon'teur *m*; **2.** *Computer*: As'sembler *m*; **as'sem·bly** [-lɪ] *s.* **1.** Versammlung *f*, Zs.-kunft *f*, Gesellschaft *f*: ~ ***hall***, ~ ***room*** Gesellschafts-, Ballsaal *m*; **2.** *oft* ♀ *pol.* beratende *od.* gesetzgebende Körperschaft; *Am.* ♀, *a.* ***General*** ♀ 'Unterhaus *n* (*in einigen Staaten*): ~ ***man*** Abgeordnete(r) (→ 3); **3.** ⚙ Zs.-bau *m*, Mon'tage *f*; *a. Computer*: Baugruppe *f*: ~ ***line*** Montage-, Fließband *n*, (Fertigungs)Straße *f*, laufendes Band; ~ ***man*** Fließbandarbeiter *m* (→ 2); ~ ***plant*** Montagewerk *n*; ~ ***shop*** Montagehalle *f*; **4.** ⚔ a) Bereitstellung *f*, b) 'Sammelsiˌgnal *n*: ~ ***area*** Bereitstellungsraum *m*.

as·sent [ə'sent] **I** *v/i.* (***to***) zustimmen (*dat.*), beipflichten (*dat.*), billigen (*acc.*); genehmigen (*acc.*); **II** *s.* Zustimmung *f*: ***royal*** ~ *pol. Brit.* königliche Genehmigung.

as·sert [ə'sɜːt] *v/t.* **1.** behaupten, erklären; **2.** *Anspruch, Recht* behaupten, geltend machen; 'durchsetzen; bestehen auf (*acc.*); verteidigen, einstehen für: ~ ***one's liberties***; **3.** ~ ***o.s.*** a) sich behaupten, sich geltend machen *od.* 'durchsetzen, b) sich zu viel anmaßen; **as·ser·tion** [ə'sɜːʃn] *s.* **1.** Behauptung *f*, Erklärung *f*: ***make an*** ~ e-e Behauptung aufstellen; **2.** Geltendmachung *f* *od.* 'Durchsetzung *f e-s Anspruches etc.*; **as'ser·tive** [-tɪv] *adj.* □ **1.** 'positiv, zur Geltung kommend, ausdrücklich; **2.** anspruchsvoll, anmaßend.

as·sess [ə'ses] *v/t.* **1.** besteuern, zur Steuer einschätzen *od.* veranlagen (***in*** *od.* ***at*** [***the sum of***] mit); **2.** *Steuer, Geldstrafe etc.* auferlegen (***upon*** *dat.*): ~***ed value*** Einheitswert *m*; **3.** *bsd. Wert zur Besteuerung od. e-s Schadens* schätzen, veranschlagen, festsetzen; **4.** *fig. Leistung etc.* bewerten, einschätzen, beurteilen, würdigen; **as'sess·a·ble** [-səbl] *adj.* □ **1.** (ab)schätzbar; **2.** (~ ***to income tax*** einkommens)steuerpflichtig; **as'sess·ment** [-mənt] *s.* **1.** (Steuer)Veranlagung *f*, Einschätzung *f*, Besteuerung *f*: ~ ***notice*** Steuerbescheid *m*; ***rate of*** ~ Steuersatz *m*; **2.** Festsetzung *f* e-r Zahlung (*als Entschädigung etc.*), (*Schadens*)Feststellung *f*; **3.** (*Betrag der*) Steuer *f*, Abgabe *f*, Zahlung *f*; **4.** *fig.* Bewertung *f*, Beurteilung *f*, Würdigung *f*; **as'ses·sor** [-sə] *s.* **1.** Steuereinschätzer *m*; **2.** ⚖ (sachverständiger) Beisitzer *m*, Sachverständige(r) *m*.

as·set ['æset] *s.* **1.** ✝ Vermögen(swert *m*, -gegenstand *m*) *n*; *Bilanz*: Ak'tivposten *m*, *pl.* Ak'tiva *pl.*, (Aktiv-, Betriebs)Vermögen *n*; (Kapital)Anlagen *pl.*; Guthaben *n u. pl.*: **~s and liabilities** Aktiva u. Passiva; **concealed** (*od.* **hidden**) **~s** stille Reserven; **2.** *pl.* ⚖ Vermögen(smasse *f*) *n*, Nachlass *m*; (**bankrupt's**) **~s** Kon'kursmasse *f*; **3.** *fig.* a) Vorzug *m*, -teil *m*, Plus *n*, Wert *m*, b) Gewinn (**to** für), wertvolle Kraft, guter Mitarbeiter *etc.*

as·sev·er·ate [ə'sevəreɪt] *v/t.* beteuern; **as·sev·er·a·tion** [əˌsevə'reɪʃn] *s.* Beteuerung *f*.

as·si·du·i·ty [ˌæsɪ'djuːətɪ] *s.* Emsigkeit *f*, (unermüdlicher) Fleiß; Dienstbeflissenheit *f*; **as·sid·u·ous** [ə'sɪdjʊəs] *adj.* □ **1.** emsig, fleißig, eifrig, beharrlich; **2.** aufmerksam, dienstbeflissen.

as·sign [ə'saɪn] **I** *v/t.* **1.** *Aufgabe etc.* zu-, anweisen, zuteilen, über'tragen (**to s.o.** j-m); **2.** *j-n zu e-r Aufgabe etc.* bestimmen, *j-n mit et.* beauftragen; *e-m Amt*, ⚔ *e-m Regiment* zuteilen; **3.** *fig. et.* zuordnen (**to** *dat.*); **4.** *Zeit, Aufgabe* festsetzen, bestimmen; **5.** *Grund etc.* angeben, anführen; **6.** zuschreiben (**to** *dat.*); **7.** ⚖ (**to**) über'tragen (auf *acc.*), abtreten (an *acc.*); **II** *s.* **8.** ⚖ Rechtsnachfolger(in), Zessio'nar *m*; **as'sign·a·ble** [-nəbl] *adj.* bestimmbar, zuweisbar; zuzuschreiben(d); anführbar; ⚖ über'tragbar; **as·sig·na·tion** [ˌæsɪg'neɪʃn] *s.* **1.** → **assignment** 1, 2, 4; **2.** *et.* Zugewiesenes, (Geld)Zuwendung *f*; **3.** Stelldichein *n*; **as·sign·ee** [ˌæsɪ'niː] *s.* ⚖ **1.** → **assign** 8; **2.** Bevollmächtigte(r *m*) *f*; Treuhänder *m*: **~ in bankruptcy** Konkursverwalter *m*; **as'sign·ment** [-mənt] *s.* **1.** An-, Zuweisung *f*; **2.** Bestimmung *f*, Festsetzung *f*; **3.** Aufgabe *f*, Arbeit *f* (*a. ped.*); Auftrag *m*; *bes. Am.* Stellung *f*, Posten *m*; **4.** ⚖ a) Übertragung *f*, Abtretung *f*, b) Abtretungsurkunde *f*; **as·sign·or** [ˌæsɪ'nɔː] *s.* ⚖ Ze'dent(in), Abtretende(r *m*) *f*.

as·sim·i·late [ə'sɪmɪleɪt] **I** *v/t.* **1.** assimilieren: a) angleichen (*a. ling.*), anpassen (**to, with** *dat.*), b) *bsd. sociol.* aufnehmen, absorbieren, *a.* gleichsetzen (**to, with** mit), c) *biol. Nahrung* einverleiben, 'umsetzen; **2.** vergleichen (**to, with** mit); **II** *v/i.* **3.** sich assimilieren, gleich *od.* ähnlich werden, sich anpassen, sich angleichen; **4.** aufgenommen werden; **as·sim·i·la·tion** [əˌsɪmɪ'leɪʃn] *s.* (**to**) Assimilati'on *f* (an *acc.*): a) *a. sociol.* Angleichung *f* (an *acc.*), Gleichsetzung *f* (mit), b) *biol., sociol.* Aufnahme *f*, Einverleibung *f*, c) *bot.* Photosyn'these *f*, d) *ling.* Assimilierung *f*.

as·sist [ə'sɪst] **I** *v/t.* **1.** *j-m* helfen, beistehen; *j-n od. et.* unter'stützen: **~ed take-off** Abflug *m* mit Starthilfe; **2.** fördern, (*mit Geld*) unter'stützen: **~ed immigration** Einwanderung mit (staatlicher) Beihilfe; **II** *v/i.* **3.** Hilfe leisten, mithelfen (**in** bei): **~ in doing a job** bei e-r Arbeit (mit)helfen; **4.** (**at**) beiwohnen (*dat.*), teilnehmen (an *dat.*); **III** *s.* **5.** F → **assistance**; **6.** *Eishockey etc.*: Vorlage *f*; **as'sist·ance** [-təns] *s.* Hilfe *f*, Unter'stützung *f*, Beistand *m*: **economic** (**judicial**) **~** Wirtschafts-(Rechts)Hilfe; **social ~** Sozialhilfe *f*; **afford** (*od.* **lend**) **~** Hilfe gewähren *od.* leisten; **as'sist·ant** [-tənt] **I** *adj.* **1.** behilflich (**to** *dat.*); **2.** Hilfs..., Unter..., stellvertretend, zweite(r): **~ driver** Beifahrer *m*; **~ judge** ⚖ Beisitzer *m*; **II** *s.* **3.** Assi'stent(in), Gehilfe *m*, Gehilfin *f*, Mitarbeiter(in); Angestellte(r *m*) *f*; **4.** Ladengehilfe *m*, -gehilfin *f*, Verkäufer(in).

as·size [ə'saɪz] *s. hist.* **1.** ⚖ (Schwur-) Gerichtssitzung *f*, Gerichtstag *m*; **2.** **≈s** *pl.* ⚖ *Brit.* As'sisen *pl.*, peri'odische (Schwur)Gerichtssitzungen *pl.* des **High Court of Justice** in den einzelnen Grafschaften (*bis 1971*).

as·so·ci·a·ble [ə'səʊʃjəbl] *adj.* (gedanklich) vereinbar (**with** mit).

as·so·ci·ate [ə'səʊʃɪeɪt] **I** *v/t.* **1.** (**with**) vereinigen, verbinden, verknüpfen (mit); hin'zufügen, angliedern, -schließen, zugesellen (*dat.*): **~d company** ✝ *Brit.* Schwestergesellschaft *f*; **2.** *bsd. psych.* assoziieren, (gedanklich) verbinden, in Zs.-hang bringen, verknüpfen; **3. ~ o.s.** sich anschließen (**with** *dat.*); **II** *v/i.* (**with** mit) **4.** 'Umgang haben, verkehren; **5.** sich verknüpfen, sich verbinden; **III** *adj.* [-ʃɪət] **6.** eng verbunden, verbündet; verwandt (**with** mit); **7.** beigeordnet, Mit...: **~ editor** Mitherausgeber *m*; **~ judge** beigeordneter Richter; **8.** außerordentlich: **~ member**; **~ professor**; **IV** *s.* [-ʃɪət] **9.** ✝ Teilhaber *m*, Gesellschafter *m*; **10.** Gefährte *m*, Genosse *m*, Kol'lege *m*, Mitarbeiter *m*; **11.** außerordentliches Mitglied, Beigeordnete(r *m*) *f*; **12.** *Am. univ.* Lehrbeauftragte(r *m*) *f*.

as·so·ci·a·tion [əˌsəʊsɪ'eɪʃn] *s.* **1.** Vereinigung *f*, Verbindung *f*, An-, Zs.-schluss *m*; **2.** Verein(igung *f*) *m*, Gesellschaft *f*; Genossenschaft *f*, Handelsgesellschaft *f*, Verband *m*; **3.** Freundschaft *f*, Kame'radschaft *f*; 'Umgang *m*, Verkehr *m*; **4.** Zs.-hang *m*, Beziehung *f*, Verknüpfung *f*; (Gedanken)Verbindung *f*, (I'deen)Assoziatiˌon *f*: **~ of ideas**; **~ foot·ball** *s. sport* (Verbands-) Fußball(spiel *n*) *m* (*Ggs. Rugby*).

as·so·nance ['æsənəns] *s.* Asso'nanz *f*, vo'kalischer Gleichklang; **'as·so·nant** [-nt] **I** *adj.* anklingend; **II** *s.* Gleichklang *m*.

as·sort [əˈsɔːt] **I** *v/t.* **1.** sortieren, gruppieren, (passend) zs.-stellen; **2.** ✝ assortieren; **II** *v/i.* **3.** (*with*) passen (zu), überˈeinstimmen (mit); **4.** verkehren, ˈumgehen (*with* mit); **asˈsort·ed** [-tɪd] *adj.* **1.** sortiert, geordnet; **2.** ✝ assortiert, *a. fig.* gemischt, verschiedenartig, allerlei; **asˈsort·ment** [-mənt] *s.* **1.** Sortieren *n*, Ordnen *n*; **2.** Zs.-stellung *f*, Sammlung *f*; **3.** *bsd.* ✝ Sortiˈment *n*, Auswahl *f*, Mischung *f*, Kollektiˈon *f*.

as·suage [əˈsweɪdʒ] *v/t.* **1.** erleichtern, lindern, mildern; **2.** besänftigen, beschwichtigen; **3.** *Hunger etc.* stillen.

as·sume [əˈsjuːm] *v/t.* **1.** annehmen, vorˈaussetzen, unterˈstellen: ***assuming that*** angenommen, dass; **2.** *Amt, Pflicht, Schuld etc.* überˈnehmen, (*a. Gefahr*) auf sich nehmen: **~ *office***; **3.** *Gestalt, Eigenschaft etc.* annehmen, bekommen; sich zulegen, sich geben, sich angewöhnen; **4.** sich anmaßen *od.* aneignen: **~ *power*** die Macht ergreifen; **5.** vorschützen, vorgeben, (er)heucheln; **6.** *Kleider etc.* anziehen; **asˈsumed** [-md] *adj.* □ **1.** angenommen, vorˈausgesetzt; **2.** vorgetäuscht, unecht: **~ *name*** Deckname *m*; **asˈsum·ed·ly** [-mɪdlɪ] *adv.* vermutlich; **asˈsum·ing** [-mɪŋ] *adj.* □ anmaßend.

as·sump·tion [əˈsʌmpʃn] *s.* **1.** Annahme *f*, Vorˈaussetzung *f*, Vermutung *f*: ***on the ~ that*** in der Annahme, dass; **2.** ˈÜbernahme *f*, Annahme *f*; **3.** (ˈwiderrechtliche) Aneignung; **4.** Anmaßung *f*; **5.** Vortäuschung *f*; **6.** ♀ (***Day***) *eccl.* Mariä Himmelfahrt *f*.

as·sur·ance [əˈʃʊərəns] *s.* **1.** Ver-, Zusicherung *f*; **2.** Bürgschaft *f*, Garanˈtie *f*; **3.** ✝ (*bsd.* Lebens)Versicherung *f*; **4.** Sicherheit *f*, Gewissheit *f*; Sicherheitsgefühl *n*, Zuversicht *f*; **5.** Selbstsicherheit *f*, -vertrauen *n*; sicheres Auftreten; *b.s.* Dreistigkeit *f*; **as·sure** [əˈʃʊə] *v/t.* **1.** sichern, sicherstellen, bürgen für: ***this will ~ your success***; **2.** ver-, zusichern: **~ *s.o. of s.th.*** j-n e-r Sache versichern, j-m et. zusichern; **~ *s.o. that*** j-m versichern, dass; **3.** beruhigen; **4.** (***o.s.*** sich) überˈzeugen *od.* vergewissern; **5.** *Leben* versichern: **~ *one's life with*** e-e Lebensversicherung abschließen bei *e-r Gesellschaft*; **as·sured** [əˈʃʊəd] **I** *adj.* □ **1.** ge-, versichert; **2.** a) sicher, überˈzeugt, b) selbstsicher, c) beruhigt, ermutigt; **3.** gewiss, zweifellos; **II** *s.* **4.** Versicherte(r *m*) *f*; **asˈsur·ed·ly** [-rɪdlɪ] *adv.* ganz gewiss; **as·sured·ness** [əˈʃʊədnɪs] *s.* Gewissheit *f*; Selbstvertrauen *n*; *b.s.* Dreistigkeit *f*; **asˈsur·er** [-rə] *s.* Versicherer *m*.

As·syr·i·an [əˈsɪrɪən] **I** *adj.* asˈsyrisch; **II** *s.* Asˈsyrer(in).

as·ter [ˈæstə] *s.* ⚘ Aster *f*.

as·ter·isk [ˈæstərɪsk] *s. typ.* Sternchen *n*.

a·stern [əsˈtɜːn] *adv.* ⚓ **1.** achtern, hinten; **2.** achteraus.

as·ter·oid [ˈæstərɔɪd] *s. ast.* Asteroˈid *m* (*kleiner Planet*).

asth·ma [ˈæsmə] *s.* ⚕ ˈAsthma *n*, Atemnot *f*; **asth·mat·ic** [æsˈmætɪk] **I** *adj.* (□ ***~ally***) asthˈmatisch; **II** *s.* Asthˈmatiker (-in); **asth·mat·i·cal** [æsˈmætɪkl] → ***asthmatic*** I.

as·tig·mat·ic [ˌæstɪgˈmætɪk] *adj.* (□ ***~ally***) *phys.* astigˈmatisch; **a·stig·ma·tism** [æˈstɪgmətɪzəm] *s.* Astigmaˈtismus *m*.

a·stir [əˈstɜː] *adv. u. adj.* **1.** auf den Beinen: a) in Bewegung, rege, b) auf(gestanden), aus dem Bett, munter; **2.** in Aufregung (***with*** über *acc.*, wegen).

as·ton·ish [əˈstɒnɪʃ] *v/t.* **1.** in Erstaunen *od.* Verwunderung setzen; **2.** überˈraschen, befremden: ***be ~ed*** erstaunt *od.* überrascht sein (***at*** über *acc.*, ***to*** *inf.* zu *inf.*), sich wundern (***at*** über *acc.*); **asˈton·ish·ing** [-ʃɪŋ] *adj.* □ erstaunlich, überraschend; **asˈton·ish·ing·ly** [-ʃɪŋlɪ] *adv.* erstaunlich(erweise); **asˈton·ish·ment** [-mənt] *s.* Verwunderung *f*, (Er)Staunen *n*, Befremden *n* (***at*** über *acc.*): ***fill*** (*od.* ***strike***) ***with ~*** in Erstaunen setzen.

as·tound [əˈstaʊnd] *v/t.* verblüffen, in Erstaunen setzen, äußerst überˈraschen; **asˈtound·ing** [-dɪŋ] *adj.* □ verblüffend, höchst erstaunlich.

as·tra·chan → ***astrakhan***.

a·strad·dle [əˈstrædl] *adv.* rittlings.

as·tra·khan [ˌæstrəˈkæn] *s.* ˈAstrachan *m*, Krimmer *m* (*Pelzart*).

as·tral [ˈæstrəl] *adj.* Stern(en)..., Astral...: **~ *body*** Astralleib *m*; **~ *lamp*** Astrallampe *f*.

a·stray [əˈstreɪ] **I** *adv.*: ***go ~*** a) vom Weg abkommen, b) *fig.* auf Abwege geraten, c) *fig.* irre-, fehlgehen, d) das Ziel verfehlen (*Schuss etc.*); ***lead ~*** *fig.* irreführen, verleiten; **II** *adj.* irregehend, abschweifend (*a. fig.*); irrig, falsch.

a·stride [əˈstraɪd] *adv., adj. u. prp.* rittlings (***of*** auf *dat.*), mit gespreizten Beinen: ***ride ~*** im Herrensattel reiten; **~ (*of*) *a horse*** zu Pferde; **~ (*of*) *a road*** quer über die Straße.

as·tringe [əˈstrɪndʒ] *v/t.* (*a.* ⚕) zs.-ziehen, adstringieren; **asˈtrin·gent** [-dʒənt] **I** *adj.* □ **1.** ⚕ adstringierend, zs.-ziehend; **2.** *fig.* streng, hart; **II** *s.* **3.** ⚕ Adˈstringens *n*.

as·tri·on·ics [ˌæstrɪˈɒnɪks] *s. pl. sg. konstr.* Astriˈonik *f*, ˈRaumfahrtelektˌronik *f*.

as·tro·dome [ˈæstrəʊdəʊm] *s.* ✈ Kuppel *f* für astroˈnomische Navigatiˈon;

as·tro·labe [ˈæstrəʊleɪb] *s. ast.* Astroˈlabium *n*.

as·trol·o·ger [əˈstrɒlədʒə] *s.* Astroˈloge *m*, Sterndeuter *m*; **as·tro·log·ic**,

as·tro·log·i·cal [ˌæstrə'lɒdʒɪk(l)] *adj.* □ astro'logisch; **as·trol·o·gy** [ə'strɒlədʒɪ] *s.* Astrolo'gie *f*, Sterndeutung *f*.
as·tro·naut ['æstrənɔːt] *s.* (Welt-)Raumfahrer *m*, Astro'naut *m*; **as·tro·nau·tics** [ˌæstrə'nɔːtɪks] *s. pl. sg. konstr.* Raumfahrt *f*.
as·tron·o·mer [ə'strɒnəmə] *s.* Astro'nom *m*; **as·tro·nom·ic**, **as·tro·nom·i·cal** [ˌæstrə'nɒmɪk(l)] *adj.* □ **1.** astro'nomisch, Stern..., Himmels...; **2.** *fig.* riesengroß: ~ ***figures*** astronomische Zahlen; **as·tron·o·my** [ə'strɒnəmɪ] *s.* Astrono'mie *f*, Sternkunde *f*.
as·tro·phys·i·cist [ˌæstrəʊ'fɪzɪsɪst] *s.* Astro'physiker *m*; **as·tro·phys·ics** [ˌæstrəʊ'fɪzɪks] *s. pl. sg. konstr.* Astrophy'sik *f*.
as·tute [ə'stjuːt] *adj.* □ **1.** scharfsinnig; **2.** schlau, gerissen, raffiniert; **as'tute·ness** [-nɪs] *s.* Scharfsinn *m*; Schlauheit *f*.
a·sun·der [ə'sʌndə] **I** *adv.* ausein'ander, ent'zwei, in Stücke: ***cut s.th.*** ~; **II** *adj.* ausein'ander (liegend); *fig.* verschieden.
a·sy·lum [ə'saɪləm] *s.* **1.** A'syl *n*, Heim *n*, (Pflege)Anstalt *f*: (***insane*** *od.* ***lunatic***) ~ Irrenanstalt *f*; **2.** A'syl *n*: a) Freistätte *f*, Zufluchtsort *m*, b) *fig.* Zuflucht *f*, Schutz *m*, c) po'litisches A'syl: ***right of*** ~ Asylrecht *n*; ~ ***camp*** Asylantenlager *n*; ~ ***seeker*** Asylbewerber *m*.
a·sym·met·ric, **a·sym·met·ri·cal** [ˌæsɪ'metrɪk(l)] *adj.* □ asym'metrisch, 'unsymˌmetrisch, ungleichmäßig: ***asymmetrical bars*** *Turnen*: Stufenbarren *m*; **a·sym·me·try** [æ'sɪmətrɪ] *s.* Asymme'trie *f*, Ungleichmäßigkeit *f*.
a·syn·chro·nous [æ'sɪŋkrənəs] *adj.* □ 'asynchron, Asynchron...
at[1] [æt; *unbetont* ət] *prp.* **1.** (*Ort*) an (*dat.*), bei, zu, auf (*dat.*), in (*dat.*): ~ ***the corner*** an der Ecke; ~ ***the door*** an *od.* vor der Tür; ~ ***home*** zu Hause, *östr., schweiz.* zuhause; ~ ***the baker's*** beim Bäcker; ~ ***school*** in der Schule; ~ ***a ball*** bei (*od.* auf) e-m Ball; ~ ***Stratford*** in Stratford (**at** *vor dem Namen jeder Stadt außer London u. dem eigenen Wohnort; vor den beiden Letzteren* **in**); **2.** (*Richtung*) auf (*acc.*), nach, gegen, zu, durch: ***point*** ~ ***s.o.*** auf j-n zeigen; **3.** (*Art u. Weise, Zustand*) in (*dat.*), bei, zu, unter (*dat.*), auf (*acc.*): ~ ***work*** bei der Arbeit; ~ ***your service*** zu Ihren Diensten; ***good*** ~ ***Latin*** gut in Latein; ~ ***my expense*** auf meine Kosten; ~ ***a gallop*** im Galopp; ***he is still*** ~ ***it*** er ist noch dabei *od.* dran *od.* damit beschäftigt; **4.** (*Zeit*) um, bei, zu, auf (*dat.*): ~ ***3 o'clock*** um 3 Uhr; ~ ***dawn*** bei Tagesanbruch; ~ ***Christmas*** zu Weihnachten; ~ (***the age of***) ***21*** im Alter von 21 Jahren; **5.** (*Grund*) über (*acc.*), von, bei: ***alarmed*** ~ beunruhigt über; **6.** (*Preis, Maß*) für, um, zu: ~ ***6 dollars***; ***charged*** ~ berechnet mit; **7.** ~ ***all*** *in neg. od. Fragesätzen*: über'haupt, gar *nichts etc.*: ***is he suitable*** ~ ***all?*** ist er überhaupt geeignet?; ***not*** ~ ***all*** überhaupt nicht; ***not*** ~ ***all!*** F nichts zu danken!, gern geschehen!
At[2] [æt] *s. Brit.* ⚔ *hist.* F Angehörige *f* der Streitkräfte.
at·a·vism ['ætəvɪzəm] *s. biol.* Ata'vismus *m*, (Entwicklungs)Rückschlag *m*; **at·a·vis·tic** [ˌætə'vɪstɪk] *adj.* ata'vistisch.
a·tax·i·a [ə'tæksɪə], **a'tax·y** [-ksɪ] *s.* Ata'xie *f*, Bewegungsstörung *f*.
ate [et] *pret. von* **eat**.
at·el·ier ['ætəlɪeɪ] (*Fr.*) *s.* Ateli'er *n*.
a·the·ism ['eɪθɪɪzəm] *s.* Athe'ismus *m*, Gottesleugnung *f*; **'a·the·ist** [-ɪst] *s.* **1.** Athe'ist(in); **2.** gottloser Mensch; **a·the·is·tic** *adj.*; **a·the·is·ti·cal** [ˌeɪθɪ'ɪstɪk(l)] *adj.* □ **1.** athe'istisch; **2.** gottlos.
A·the·ni·an [ə'θiːnjən] **I** *adj.* a'thenisch; **II** *s.* A'thener(in).
a·thirst [ə'θɜːst] *adj.* **1.** durstig; **2.** begierig (***for*** nach).
ath·lete ['æθliːt] *s.* **1.** Ath'let *m*: a) Sportler *m*, Wettkämpfer *m*, b) *fig.* Hüne *m*; **2.** *Brit.* 'Leichtathˌlet *m*; **~'s foot** *s.* ⚕ Fußpilz *m*; **~'s heart** *s.* Sportlerherz *n*.
ath·let·ic [æθ'letɪk] *adj.* (□ ***~ally***) ath'letisch: a) Sport..., b) von athletischem Körperbau, musku'lös, c) sportlich (gewandt); ~ **heart** *s.* ⚕ Sportlerherz *n*.
ath·let·i·cism [æθ'letɪsɪzəm] *s.* → ***athletics*** 2; **ath'let·ics** [-ɪks] *s. pl. sg. konstr.* **1.** a) Sport *m*, b) *Brit.* 'Leichtathˌletik *f*; **2.** sportliche Betätigung *od.* Gewandtheit, Sportlichkeit *f*.
at-home [ət'həʊm] *s.* (zwangloser) Empfang(stag), At-'home *n*.
a·thwart [ə'θwɔːt] **I** *adv.* **1.** quer, schräg hin'durch; ⚓ dwars (über); **2.** *fig.* verkehrt, ungelegen, in die Quere; **II** *prp.* **3.** (quer) über (*acc.*) *od.* durch; ⚓ dwars (über *acc.*); **4.** *fig.* (ent)gegen.
a·tilt [ə'tɪlt] *adv. u. adj.* **1.** vorgebeugt, kippend; **2.** mit eingelegter Lanze: ***run*** (*od.* ***ride***) ~ ***at s.o.*** *fig.* gegen j-n e-e Attacke reiten.
At·lan·tic [ət'læntɪk] **I** *adj.* at'lantisch; **II** *s.*: ***the*** ~ der At'lantik, der Atlantische Ozean; ~ **Char·ter** *s. pol.* At'lantikˌCharta *f*; ~ (**standard**) **time** *s.* at'lantische ('Standard)Zeit (*im Osten Kanadas*).
at·las ['ætləs] *s.* **1.** Atlas *m* (*Buch*); **2.** △ At'lant *m*, Atlas *m* (*Gebälkträger*); **3.** *fig.* Hauptstütze *f*; **4.** *anat.* Atlas *m* (*oberster Halswirbel*); **5.** *großes Papierformat*; **6.** Atlas(seide *f*) *m*.
at·mos·phere ['ætməˌsfɪə] *s.* **1.** Atmo'sphäre *f*, Lufthülle *f*; **2.** Luft *f*: ***a moist*** ~; **3.** ⚙ Atmo'sphäre *f* (*Druckeinheit*);

4. *fig.* Atmo'sphäre *f*: a) Um'gebung *f*, b) Stimmung *f*.

at·mos·pher·ic [ˌætməs'ferɪk] *adj.* (□ **~ally**) **1.** atmo'sphärisch, Luft...: **~ pressure** *phys.* Luftdruck; **2.** Witterungs..., Wetter...; **3.** ⚙ mit (Luft-)Druck betrieben; **4.** *fig.* stimmungsvoll, Stimmungs...; **at·mos'pher·ics** [-ks] *s. pl.* **1.** ⚙ atmo'sphärische Störungen *pl.*; **2.** *fig.* (*bsd.* opti'mistische) Atmo'sphäre.

at·oll ['ætɒl] *s. geogr.* A'toll *n.*

at·om ['ætəm] *s.* **1.** *phys.* A'tom *n*: **~ bomb** Atombombe *f*; **~ smashing** Atomzertrümmerung *f*; **~ splitting** Atom(kern)spaltung *f*; **2.** *fig.* A'tom *n*, winziges Teilchen, bisschen *n*: **not an ~ of truth** kein Körnchen Wahrheit.

a·tom·ic [ə'tɒmɪk] *adj. phys.* (□ **~ally**) ato'mar, a'tomisch, Atom...: **~ age** Atomzeitalter *n*; **~ bomb** Atombombe *f*; **~ clock** Atomuhr *f*; **~ decay**, **~ disintegration** Atomzerfall *m*; **~ energy** Atomenergie *f*; **~ fission** Atomspaltung *f*; **~ fuel** Kernbrennstoff *m*; **~ index**, **~ number** Atomzahl *f*; **~ nucleus** Atomkern *m*; **~ pile** Atombatterie *f*, -säule *f*, -meiler *m*; **~-powered** mit Atomkraft getrieben, Atom...; **~ power plant** Atomkraftwerk *n*; **~ weight** Atomgewicht *n*.

a·tom·i·cal [ə'tɒmɪkl] → **atomic**.

a·tom·ics [ə'tɒmɪks] *s. pl. mst sg. konstr.* A'tomphyˌsik *f*.

at·om·ism ['ætəmɪzəm] *s. phls.* Ato'mismus *m*; **at·om·is·tic** [ˌætəʊ'mɪstɪk] *adj.* (□ **~ally**) ato'mistisch.

at·om·ize ['ætəʊmaɪz] *v/t.* **1.** in A'tome auflösen; **2.** *Flüssigkeit* zerstäuben; **3.** in s-e Bestandteile auflösen, atomisieren; **4.** ⚔ mit Atombomben belegen; **'at·om·iz·er** [-maɪzə] *s.* ⚙ Zerstäuber *m*.

at·o·my¹ ['ætəmɪ] *s.* **1.** A'tom *n*; **2.** *fig.* Zwerg *m*, Knirps *m*.

at·o·my² ['ætəmɪ] *s.* F ,Gerippe' *n*.

a·tone [ə'təʊn] *v/i.* (**for**) büßen (für); sühnen, wieder gutmachen (*acc.*); **a'tone·ment** [-mənt] *s.* **1.** Buße *f*, Sühne *f*, Genugtuung *f* (**for** für): **Day of ♀** *eccl.* a) Buß- und Bettag *m*, b) Versöhnungstag *m* (*jüd. Feiertag*); **2. the ♀** *eccl.* das Sühneopfer Christi.

a·ton·ic [æ'tɒnɪk] *adj.* **1.** ⚕ a'tonisch, schlaff, schwächend; **2.** *ling.* a) unbetont, b) stimmlos; **at·o·ny** ['ætənɪ] *s.* ⚕ Ato'nie *f*.

a·top [ə'tɒp] **I** *adv.* oben(auf), zu'oberst; **II** *prp. a.* **~ of** (oben) auf (*dat.*); *fig.* besser als.

a·trip [ə'trɪp] *adj.* ⚓ **1.** gelichtet (*Anker*); **2.** steif geheißt (*Segel*).

a·tri·um ['ɑːtrɪəm] *pl.* **-a** [-ə] *s.* 'Atrium *n*: a) *antiq.* Hauptraum *m*, b) ⚠ Lichthof *m*, c) *anat.* (*bsd.* Herz)Vorhof *m*, Vorkammer *f*.

a·tro·cious [ə'trəʊʃəs] *adj.* □ scheußlich, grässlich, grausam, *fig.* F *a.* mise'rabel; **a·troc·i·ty** [ə'trɒsətɪ] *s.* **1.** Scheußlichkeit *f*; **2.** Gräuel(tat *f*) *m*; **3.** F a) Ungeheuerlichkeit *f*, (grober) Verstoß, b) ,Gräuel' *m*, *et.* Scheußliches.

at·ro·phied ['ætrəfɪd] *adj.* ⚕ atrophiert, geschrumpft, verkümmert (*a. fig.*); **'at·ro·phy** [-fɪ] ⚕ **I** *s.* Atro'phie *f*, Abzehrung *f*, Schwund *m*, Verkümmerung *f* (*a. fig.*); **II** *v/t.* abzehren *od.* verkümmern lassen; **III** *v/i.* schwinden, verkümmern (*a. fig.*).

Ats [æts] *s. pl. Brit. hist.* F *statt* **A.T.S.** ['eɪ'tiː'es] *abbr. für* (***Women's***) ***Auxiliary Territorial Service*** *Organisation der weiblichen Angehörigen der Streitkräfte.*

at sign *s. E-mail etc.* at-Zeichen *n*, F ,Klameraffe' *m*.

at·ta·boy ['ætəbɔɪ] *int. Am.* F bravo!, so ists recht!

at·tach [ə'tætʃ] **I** *v/t.* **1.** (**to**) befestigen, anbringen (an *dat.*), beifügen (*dat.*), anheften, -binden, -kleben (an *acc.*), verbinden (mit); **2.** *fig.* (**to**) *Sinn etc.* verknüpfen, verbinden (mit); *Wert, Wichtigkeit, Schuld* beimessen (*dat.*), *Namen* beilegen (*dat.*): **~ conditions** (**to**) Bedingungen knüpfen (an *acc.*); → **importance** 1; **3.** *fig. j-n* fesseln, gewinnen, für sich einnehmen: **be ~ed to s.o.** an j-m hängen; **be ~ed** ,in festen Händen sein' (*Mädchen etc.*); **~ o.s.** sich anschließen (**to** *dat.*, an *acc.*); **4.** (**to**) *j-n* angliedern, zuteilen (*dat.*); **5.** ⚖ a) *j-n* verhaften, b) *et.* beschlagnahmen, *Forderung, Konto etc.* pfänden; **II** *v/i.* **6.** (**to**) anhaften (*dat.*), verknüpft *od.* verbunden sein (mit): **no blame ~es to him** ihn trifft keine Schuld; **7.** ⚖ als Rechtsfolge eintreten: **liability ~es**; **at'tach·a·ble** [-tʃəbl] *adj.* **1.** anfügbar, an-, aufsteckbar; **2.** *fig.* verknüpfbar (**to** mit); **3.** ⚖ zu beschlagnahmen(d); beschlagnahmefähig, pfändbar.

at·ta·ché [ə'tæʃeɪ] (*Fr.*) *s.* Atta'ché *m*: **commercial ~** Handelsattaché; **~ case** *s.* Aktenkoffer *m*.

at·tached [ə'tætʃt] *adj.* **1.** befestigt, fest, da'zugehörig: **with collar ~** mit festem Kragen; **2.** angeschlossen, zugeteilt; **3.** anhänglich, *j-m* zugetan; **at'tach·ment** [-tʃmənt] *s.* **1.** Befestigung *f*, Anbringung *f*; Anschluss *m*; **2.** Verbindung *f*, Verknüpfung *f*; **3.** Anhängsel *n*, Beiwerk *n*; ⚙ Zusatzgerät *n*; **4.** *fig.* (**to**, **for**) Bindung *f* (an *acc.*); Zugehörigkeit *f* (zu); Anhänglichkeit *f* (an *acc.*), Neigung *f*, Liebe *f* (zu); **5.** ⚖ a) Verhaftung *f*, b) Beschlagnahme *f*, Pfändung *f*, dinglicher Ar'rest: **~ of a debt** Forderungspfändung; **order of ~** Beschlagnahmeverfügung *f*.

at·tack [ə'tæk] **I** *v/t.* **1.** angreifen, über-

'fallen; **2.** *fig.* angreifen, scharf kritisieren; **3.** *fig. Arbeit etc.* in Angriff nehmen, sich über *Essen etc.* hermachen; **4.** *fig.* befallen (*Krankheit*); angreifen: ***acid ~s metals***; **II** *s.* **5.** Angriff *m* (**on** auf *acc.*) (*a.* ⚗ *Einwirkung*), 'Überfall *m*; **6.** *fig.* Angriff *m*, At'tacke *f*, (scharfe) Kri'tik: ***be under ~*** unter Beschuss stehen; **7.** ⚕ Anfall *m*, At'tacke *f*; **8.** In'angriffnahme *f*; **at'tack·er** [-kə] *s.* Angreifer *m*.

at·tain [ə'teɪn] **I** *v/t. Zweck etc.* erreichen; erlangen; erzielen; **II** *v/i.* (**to**) gelangen (zu), erreichen (*acc.*): ***after ~ing the age of 18 years*** nach Vollendung des 18. Lebensjahres; **at'tain·a·ble** [-nəbl] *adj.* erreichbar; **at'tain·der** [-ndə] *s.* ⚖ Verlust *m* der bürgerlichen Ehrenrechte u. Einziehung *f* des Vermögens; **at'tain·ment** [-mənt] *s.* **1.** Erreichung *f*, Erwerbung *f*; **2.** *pl.* Kenntnisse *pl.*, Fertigkeiten *pl.*; **at'taint** [-nt] **I** *v/t.* **1.** zum Tode und zur Ehrlosigkeit verurteilen; **2.** befallen (*Krankheit*); **3.** *fig.* beflecken, entehren; **II** *s.* **4.** Makel *m*, Schande *f*.

at·tar ['ætə] *s.* 'Blumenes,senz *f*, *bsd.* ***~ of roses*** Rosenöl *n*.

at·tempt [ə'tempt] **I** *v/t.* **1.** versuchen, probieren; **2.** ***~ s.o.'s life*** e-n Mordanschlag auf j-n verüben; ***~ed murder*** Mordversuch *m*; **3.** in Angriff nehmen, sich wagen *od.* machen an (*acc.*); **II** *s.* **4.** Versuch *m*, Bemühung *f* (***to*** *inf.* zu *inf.*): ***~ at explanation*** Erklärungsversuch; **5.** Angriff *m*: ***~ on s.o.'s life*** (Mord)Anschlag *m*, Attentat *n* auf j-n.

at·tend [ə'tend] **I** *v/t.* **1.** *j-m* aufwarten; als Diener *od.* dienstlich begleiten; **2.** *bsd. Kranke* pflegen; *ärztlich* behandeln; **3.** *fig.* begleiten: ***~ed by*** *od.* ***with*** begleitet von, verbunden mit (*Schwierigkeiten etc.*); **4.** beiwohnen (*dat.*), teilnehmen an (*dat.*); *Vorlesung, Schule, Kirche etc.* besuchen; **5.** ⚙ a) bedienen, b) warten, pflegen, über'wachen; **II** *v/i.* **6.** (**to**) beachten (*acc.*), hören, achten (auf *acc.*): ***~ to what I am saying***; **7.** (**to**) sich kümmern (um), sich widmen (*dat.*); ✝ *j-n* bedienen (*im Laden*), abfertigen; **8.** (**to**) sorgen (für); besorgen, erledigen (*acc.*); **9.** ([**up**]**on**) *j-m* aufwarten, zur Verfügung stehen; *j-n* bedienen; **10.** erscheinen, zu'gegen sein (**at** bei); **11.** *obs.* Acht geben; **at'tend·ance** [-dəns] *s.* **1.** Bedienung *f*, Aufwartung *f*, Pflege *f* (**on**, **upon** *gen.*), Dienst(leistung *f*) *m*: ***medical ~*** ärztliche Hilfe; ***hours of ~*** Dienststunden; ***in ~*** Dienst habend *od.* tuend; → ***dance*** 3; **2.** (**at**) Anwesenheit *f*, Erscheinen *n* (bei), Beteiligung *f*, Teilnahme *f* (an *dat.*), Besuch *m* (*gen.*): ***~: compulsory*** Anwesenheitspflicht *f*; ***~ list*** Anwesenheitsliste *f*; ***hours of ~*** Besuchszeit *f*; **3.** ⚙ Bedienung *f*, Wartung *f*; **4.** Begleitung *f*, Dienerschaft *f*, Gefolge *n*; **5.** a) Besucher(zahl *f*) *pl.*, b) Besuch *m*, Beteiligung *f*: ***in ~ at*** anwesend bei; **at'tend·ant** [-dənt] **I** *adj.* **1.** (**on**, **upon**) begleitend (*acc.*), Dienst tuend (bei); **2.** anwesend (**at** bei); **3.** *fig.* (**upon**) verbunden (mit), zugehörig (*dat.*), Begleit...: ***~ circumstances*** Begleitumstände; ***~ expenses*** Nebenkosten; **II** *s.* **4.** Begleiter(in), Gefährte *m*, Gesellschafter(in); **5.** Diener(in), Bediente(r *m*) *f*; Aufseher(in), Wärter (-in); **6.** *pl.* Dienerschaft *f*, Gefolge *n*; **7.** ⚙ Bedienungsmann *m*; **8.** Begleiterscheinung *f*, Folge *f*.

at·ten·tion [ə'tenʃn] *s.* **1.** Aufmerksamkeit *f*, Beachtung *f*: ***call ~ to*** die Aufmerksamkeit lenken auf (*acc.*); ***come to s.o.'s ~*** j-m zur Kenntnis gelangen; ***pay ~ to*** *j-m od. et.* Beachtung schenken; **2.** Berücksichtigung *f*, Erledigung *f*: (***for the***) ***~ of*** zu Händen von (*od. gen.*); ***for immediate ~*** zur sofortigen Erledigung; **3.** Aufmerksamkeit *f*, Freundlichkeit *f*; *pl.* Aufmerksamkeiten *pl.*: ***pay one's ~s to s.o.*** j-m den Hof machen; **4.** ***~!*** Achtung!, ⚔ *a.* stillgestanden!; ***stand at*** *od.* ***to ~*** ⚔ stillstehen, Haltung annehmen; **5.** Bedienung *f*, Wartung *f*; **at'ten·tive** [-ntɪv] *adj.* □ (**to**) aufmerksam: a) achtsam (auf *acc.*), b) *fig.* höflich (zu).

at·ten·u·ate **I** *v/t.* [ə'tenjʊeɪt] **1.** dünn *od.* schlank machen; verdünnen; ⚡ dämpfen; **2.** *fig.* vermindern, abschwächen; **II** *adj.* [-jʊət] **3.** verdünnt, vermindert, abgeschwächt, abgemagert; **at·ten·u·a·tion** [ə,tenjʊ'eɪʃn] *s.* Verminderung *f*, Verdünnung *f*, Schwächung *f*, Abmagerung *f*; ⚡ Dämpfung *f*.

at·test [ə'test] **I** *v/t.* **1.** a) beglaubigen, bescheinigen, b) amtlich begutachten *od.* attestieren: ***~ cattle***; **2.** bestätigen, beweisen; **3.** ⚔ *Br.* vereidigen; **II** *v/i.* **4.** zeugen (**to** für); **at·tes·ta·tion** [,ætes'teɪʃn] *s.* **1.** Bezeugung *f*, Zeugnis *n*, Beweis *m*, Bescheinigung *f*, Bestätigung *f*; **2.** Eidesleistung *f*, Vereidigung *f*.

at·tic¹ ['ætɪk] *s.* **1.** Dachstube *f*, Man'sarde *f*; *pl.* Dachgeschoss, *östr.* -geschoß *n*; **2.** F *fig.* ‚Oberstübchen' *n*, Kopf *m*.

At·tic² ['ætɪk] *adj.* 'attisch: ***~ salt***, ***~ wit*** attisches Salz, feiner Witz.

at·tire [ə'taɪə] **I** *v/t.* **1.** kleiden, anziehen; **2.** putzen; **II** *s.* **3.** Kleidung *f*, Gewand *n*; **4.** Schmuck *m*.

at·ti·tude ['ætɪtjuːd] *s.* **1.** Stellung *f*, Haltung *f*: ***strike an ~*** e-e Pose annehmen; **2.** *fig.* Haltung *f*: a) Standpunkt *m*, Verhalten *n*: ***~ of mind*** Geisteshaltung, b) Stellung(nahme) *f*, Einstellung *f* (**to**, **towards** zu, gegenüber); **3.** (*a.* ✈) Lage *f*; **at·ti·tu·di·nize** [,ætɪ'tjuːdɪnaɪz] *v/i.* **1.** sich in Posi'tur setzen, posieren; **2.** affektiert tun.

at·tor·ney [ə'tɜːnɪ] *s.* ⚖ (Rechts)Anwalt *m* (*Am. a.* ~ ***at law***); Bevollmächtigte(r *m*) *f*, (Stell)Vertreter *m*: ***letter*** (*od.* ***warrant***) ***of*** ~ schriftliche Vollmacht; ***power of*** ~ Vollmacht(surkunde) *f*; ***by*** ~ im Auftrag; **At,tor·ney-'Gen·er·al** *s.* ⚖ *Brit.* Kronanwalt *m*, Gene'ralstaatsanwalt *m*; *Am.* Ju'stizmi,nister *m*.

at·tract [ə'trækt] *v/t.* **1.** anziehen (*a. phys.*); **2.** *fig.* anziehen, anlocken, fesseln, reizen; *Missfallen etc.* auf sich lenken (*od.* ziehen): ~ ***attention*** Aufmerksamkeit erregen; ~ ***new members*** neue Mitglieder gewinnen; ~***ed by the music*** von der Musik angelockt; ***be*** ~***ed*** (***to***) eingenommen sein (für), liebäugeln (mit), sich hingezogen fühlen (zu); **at'trac·tion** [-kʃn] *s.* **1.** *phys.* Anziehungskraft *f*: ~ ***of gravity*** Gravitationskraft *f*; **2.** *fig.* Anziehungskraft *f*, -punkt *m*, Reiz *m*, Attrakti'on *f*; *thea.* ('Haupt)Attrakti,on *f*, Zugstück *n*, -nummer *f*; **at'trac·tive** [-tɪv] *adj.* □ anziehend, *fig. a.* attrak'tiv, reizvoll, fesselnd, verlockend; zugkräftig; **at'trac·tive·ness** [-tɪvnɪs] *s.* Reiz *m*, *das* Attrak'tive.

at·trib·ut·a·ble [ə'trɪbjʊtəbl] *adj.* 'zuzuschreiben(d), beizumessen(d); **at·trib·ute I** *v/t.* [ə'trɪbjuːt] (***to***) **1.** zuschreiben, beilegen, -messen (*dat.*); *b.s. a.* unter'stellen (*dat.*); **2.** zu'rückführen (auf *acc.*); **II** *s.* ['ætrɪbjuːt] **3.** Attri'but *n* (*a. ling.*), Eigenschaft *f*, Merkmal *n*; **4.** (Kenn)Zeichen *n*, Sinnbild *n*; **at·tri·bu·tion** [,ætrɪ'bjuːʃn] *s.* **1.** Zuschreibung *f*; **2.** beigelegte Eigenschaft; **3.** zuerkanntes Recht; **at'trib·u·tive** [-tɪv] **I** *adj.* □ **1.** zugeschrieben, beigelegt; **2.** *ling.* attribu'tiv; **II** *s.* **3.** *ling.* Attri'but *n*.

at·trit·ed [ə'traɪtɪd] *adj.* abgenutzt; **at·tri·tion** [ə'trɪʃn] *s.* **1.** Abrieb *m*, Abnutzung *f*, ⚙ *a.* Verschleiß *m*; **2.** Zermürbung *f*: ***war of*** ~ Zermürbungs-, Abnutzungskrieg *m*.

at·tune [ə'tjuːn] *v/t.* ♪ stimmen; *fig.* (***to***) in Einklang bringen (mit), anpassen (*dat.*); abstimmen (auf *acc.*).

a·typ·i·cal [,eɪ'tɪpɪkl] *adj.* □ 'atypisch.

au·ber·gine ['əʊbəʒiːn] *s.* ⚘ Auber'gine *f*.

au·burn ['ɔːbən] *adj.* ka'stanienbraun (*Haar*).

auc·tion ['ɔːkʃn] **I** *s.* Aukti'on *f*, Versteigerung *f*: ***sell by*** (*Am.* ***at***) ~, ***put up for*** (*od.* ***to***, *Am.* ***at***) ~ verauktionieren, versteigern; ***Dutch*** ~ Auktion, bei der der Preis so lange erniedrigt wird, bis sich ein Käufer findet; ***sale by*** (*od.* ***at***) ~ Versteigerung; ~ ***bridge*** *Kartenspiel*: Auktionsbridge *n*; ~ ***room*** Auktionslokal *n*; **II** *v/t. mst* ~ ***off*** versteigern; **auc·tion·eer** [,ɔːkʃə'nɪə] **I** *s.* Auktio'nator *m*, Versteigerer *m*, *pl. a.* Aukti'onshaus *n*; **II** *v/t.* → ***auction*** II.

au·da·cious [ɔː'deɪʃəs] *adj.* □ kühn: a) verwegen, b) keck, dreist, unverfroren; **au·dac·i·ty** [ɔː'dæsətɪ] *s.* Kühnheit *f*: a) Verwegenheit *f*, Waghalsigkeit *f*, b) Dreistigkeit *f*, Unverfrorenheit *f*.

au·di·bil·i·ty [,ɔːdɪ'bɪlətɪ] *s.* Hörbarkeit *f*, Vernehmbarkeit *f*; Lautstärke *f*; **au·di·ble** ['ɔːdəbl] *adj.* □ hör-, vernehmbar, vernehmlich; ⚙ a'kustisch: ~ ***signal***.

au·di·ence ['ɔːdjəns] *s.* **1.** Anhören *n*, Gehör *n* (*a.* ⚖): ***give*** ~ ***to s.o.*** j-m Gehör schenken, j-n anhören; ***right of*** ~ ⚖ rechtliches Gehör; **2.** Audi'enz *f* (***of***, ***with*** bei), Gehör *n*; **3.** 'Publikum *n*: a) Zuhörer(schaft *f*) *pl.*, b) Zuschauer *pl.*, c) Besucher *pl.*, d) Leser(kreis *m*) *pl.*: ~ ***rating*** *Radio*, *TV* Einschaltquote *f*.

audio- [ɔːdɪəʊ] *in Zssgn* Hör..., Ton..., Audio...: ~ ***frequency*** Tonfrequenz *f*; ~ ***range*** Tonfrequenzbereich *m*.

au·di·on ['ɔːdɪən] *s. Radio*: 'Audion *n*: ~ ***tube*** *Am.*, ~ ***valve*** *Brit.* Verstärkerröhre *f*.

au·di·o·phile ['ɔːdɪəʊfaɪl] *s.* Hi-Fi-Fan *m*.

au·di·o|·tape ['ɔːdɪəʊteɪp] *s.* (besprochenes) Tonband; ~**·typ·ist** ['ɔːdɪəʊ,taɪpɪst] *s.* Phonoty'pistin *f*; ~**·vis·u·al** [,ɔːdɪəʊ'vɪzjʊəl] **I** *adj. ped.* audiovisu'ell: ~ ***aids*** → **II** *s. pl.* audiovisu'elle 'Unterrichtsmittel *pl.*

au·dit ['ɔːdɪt] **I** *s.* **1.** † (Rechnungs-, Wirtschafts)Prüfung *f*, 'Bücherrevisi,on *f*: ~ ***year*** Prüfungs-, Rechnungsjahr *n*; **2.** *fig.* Rechenschaftslegung *f*; **II** *v/t.* **3.** *Geschäftsbücher* (amtlich) prüfen, revidieren; **'au·dit·ing** [-tɪŋ] *s.* → ***audit*** 1.

au·di·tion [ɔː'dɪʃn] **I** *s.* **1.** ⚕ Hörvermögen *n*, Gehör *n*; **2.** *thea.*, ♪ a) Vorsprechen *n od.* -singen *n od.* -spielen *n*, b) Anhörprobe *f*; **II** *v/t.* **3.** *thea. etc. j-n* vorsprechen *od.* vorsingen *od.* vorspielen lassen.

au·di·tor ['ɔːdɪtə] *s.* **1.** Rechnungs-, Wirtschaftsprüfer *m*, 'Bücherre,visor *m*; **2.** *Am. univ.* Gasthörer(in); **au·di·to·ri·um** [,ɔːdɪ'tɔːrɪəm] *s.* Audi'torium *n*, Zuhörer-, Zuschauerraum *m*, Hörsaal *m*; *Am.* Vortragssaal *m*, Festhalle *f*; **'au·di·to·ry** [-tərɪ] **I** *adj.* **1.** Gehör..., Hör...; **II** *s.* **2.** Zuhörer(schaft *f*) *pl.*; **3.** → ***auditorium***.

au fait [,əʊ 'feɪ] (*Fr.*) *adj.* auf dem Laufenden, vertraut (***with*** mit).

au fond [,əʊ 'fɔ̃ːŋ] (*Fr.*) *adv.* im Grunde.

Au·ge·an [ɔː'dʒiːən] *adj.* Augias..., 'überaus schmutzig: ***cleanse the*** ~ ***stables*** *fig.* die Augiasställe reinigen.

au·ger ['ɔːgə] *s.* ⚙ *großer* Bohrer, Löffel-, Schneckenbohrer *m*; Förderschnecke *f*.

aught [ɔːt] *pron.* (irgend) etwas: ***for ~ I care*** meinetwegen; ***for ~ I know*** soviel ich weiß.

aug·ment [ɔːg'ment] **I** *v/t.* vermehren, vergrößern; **II** *v/i.* sich vermehren, zunehmen; **III** *s.* ['ɔːgmənt] *ling.* Aug'ment *n* (*Vorsilbe in griech. Verben*); **aug·men·ta·tion** [ˌɔːgmen'teɪʃn] *s.* Vergrößerung *f*, Vermehrung *f*, Zunahme *f*, Wachstum *n*, Zuwachs *m*; Zusatz *m*; **aug'ment·a·tive** [-tətɪv] **I** *adj.* vermehrend, verstärkend; **II** *s. ling.* Verstärkungsform *f*.

au gra·tin [ˌəʊ 'grætæŋ] (*Fr.*) *adj. Küche*: au gra'tin, über'krustet.

au·gur ['ɔːgə] **I** *s. antiq.* 'Augur *m*, Wahrsager *m*; **II** *v/t. u. v/i.* prophe'zeien, ahnen (lassen), verheißen: ***~ ill*** (***well***) ein schlechtes (gutes) Zeichen sein (***for*** für), Böses (Gutes) ahnen lassen; **au·gu·ry** ['ɔːgjʊrɪ] *s.* **1.** Weissagung *f*, Prophe'zeiung *f*; **2.** Vorbedeutung *f*, Anzeichen *n*, Omen *n*; Vorahnung *f*.

au·gust[1] [ɔː'gʌst] *adj.* □ erhaben, hehr, maje'stätisch.

Au·gust[2] ['ɔːgəst] *s.* Au'gust *m*: ***in ~*** im August.

Au·gus·tan age [ɔː'gʌstən] *s.* **1.** Zeitalter *n* des (Kaisers) Au'gustus; **2.** Blütezeit *f* e-r Nati'on.

Au·gus·tine [ɔː'gʌstɪn], *a.* **~ fri·ar** *s.* Augu'stiner(mönch) *m*.

auld [ɔːld] *adj. Scot.* alt; **~ lang syne** [ˌɔːldlæŋ'saɪn] *s. Scot.* die gute alte Zeit.

aunt [ɑːnt] *s.* Tante *f*; **'aunt·ie** [-tɪ] *s.* F Tantchen *n*; **Aunt Sal·ly** ['sælɪ] *s.* **1.** volkstümliches Wurfspiel; **2.** *fig.* (gute) Zielscheibe *f*, *a.* Hassobjekt *n*.

au pair [ˌəʊ 'peə] **I** *adv.* als Au-'pair-Mädchen (*arbeiten etc.*); **II** *s. a.* ***~ girl*** Au-'pair-Mädchen *n*; **III** *v/i.* als Au-'pair-Mädchen arbeiten.

au·ra ['ɔːrə] *pl.* **-rae** [-riː] *s.* **1.** Hauch *m*, Duft *m*; A'roma *n*; **2.** ⚕ Vorgefühl *n* vor Anfällen; **3.** *fig.* Aura *f*: a) Fluidum *n*, Ausstrahlung *f*, b) Atmo'sphäre *f*, c) 'Nimbus *m*.

au·ral ['ɔːrəl] *adj.* □ Ohr..., Ohren..., Gehör...; Hör..., a'kustisch: ***~ surgeon*** Ohrenarzt *m*.

au·re·o·la [ɔː'rɪəʊlə], **au·re·ole** ['ɔːrɪəʊl] *s.* **1.** Strahlenkrone *f*, Aure'ole *f*; **2.** *fig.* 'Nimbus *m*; **3.** *ast.* Hof *m*.

au·ri·cle ['ɔːrɪkl] *s. anat.* **1.** äußeres Ohr, Ohrmuschel *f*; **2.** Herzvorhof *m*; Herzohr *n*.

au·ric·u·la [ə'rɪkjʊlə] *s.* ⚘ Au'rikel *f*.

au·ric·u·lar [ɔː'rɪkjʊlə] *adj.* □ **1.** Ohren..., Hör...: ***~ confession*** Ohrenbeichte *f*; ***~ tradition*** mündliche Überlieferung; ***~ witness*** Ohrenzeuge *m*; **2.** *anat.* zu den Herzohren gehörig.

au·rif·er·ous [ɔː'rɪfərəs] *adj.* goldhaltig.

au·rist ['ɔːrɪst] *s.* ⚕ Ohrenarzt *m*.

au·rochs ['ɔːrɒks] *s. zo.* Auerochs *m*, Ur *m*.

au·ro·ra [ɔː'rɔːrə] *s.* **1.** *poet.* Morgenröte *f*; **2.** ♀ *myth.* Au'rora *f*; **~ bo·re·a·lis** *s. phys.* Nordlicht *n*.

aus·cul·tate ['ɔːskəlteɪt] *v/t.* ⚕ *Lunge, Herz etc.* abhorchen; **aus·cul·ta·tion** [ˌɔːskəl'teɪʃn] *s.* ⚕ Abhorchen *n*.

aus·pice ['ɔːspɪs] *s.* **1.** (günstiges) Vor-, Anzeichen; **2.** *pl. fig.* Au'spizien *pl.*; Schutzherrschaft *f*: ***under the ~s of …*** unter der Schirmherrschaft von …; **aus·pi·cious** [ɔː'spɪʃəs] *adj.* □ günstig, verheißungsvoll, glücklich; **aus·pi·cious·ness** [ɔː'spɪʃəsnɪs] *s.* günstige Aussicht, Glück *n*.

Aus·sie ['ɒzɪ] F **I** *s.* Au'stralier(in); **II** *adj.* aus'tralisch.

aus·tere [ɒ'stɪə] *adj.* □ **1.** streng, herb; rau, hart; **2.** einfach, nüchtern; mäßig, enthaltsam, genügsam; **3.** dürftig, karg; **aus·ter·i·ty** [ɒ'sterətɪ] *s.* **1.** Strenge *f*, Ernst *m*; **2.** As'kese *f*, Enthaltsamkeit *f*; **3.** Herbheit *f*; **4.** Nüchternheit *f*, Strenge *f*, Schmucklosigkeit *f*; **5.** Einfachheit *f*, Nüchternheit *f*; **6.** Mäßigung *f*, Genügsamkeit *f*; *Brit.* strenge (wirtschaftliche) Einschränkung, Sparmaßnahmen *pl.* (*in Notzeiten*): ***~ program(me)*** Sparprogramm *n*.

aus·tral ['ɔːstrəl] *adj. ast.* südlich.

Aus·tral·a·sian [ˌɒstrə'leɪʒn] **I** *adj.* aust'ralˌasisch; **II** *s.* Au'stralˌasier(in), Bewohner(in) Oze'aniens.

Aus·tral·ian [ɒ'streɪljən] **I** *adj.* au'stralisch; **II** *s.* Au'stralier(in).

Aus·tri·an ['ɒstrɪən] **I** *adj.* österreichisch; **II** *s.* Österreicher(in).

Aus·tro- [ɒstrəʊ] *in Zssgn* österreichisch: ***~-Hungarian Monarchy*** österreichisch-ungarische Monarchie.

au·tar·chic, au·tar·chi·cal [ɔː'tɑːkɪk(l)] *adj.* **1.** selbstregierend; **2.** → ***autarkic***; **au·tarch·y** ['ɔːtɑːkɪ] *s.* **1.** Selbstregierung *f*, volle Souveräni'tät; **2.** → ***autarky*** 1.

au·tar·kic, au·tar·ki·cal [ɔː'tɑːkɪk(l)] *adj.* au'tark, wirtschaftlich unabhängig; **au·tar·ky** ['ɔːtɑːkɪ] *s.* **1.** Autar'kie *f*, wirtschaftliche Unabhängigkeit; **2.** → ***autarchy***.

au·then·tic [ɔː'θentɪk] *adj.* (□ ***~ally***) **1.** au'thentisch: a) echt, verbürgt, b) glaubwürdig, zuverlässig, c) origi'nal, urschriftlich: ***~ text*** maßgebender Text, authentische Fassung; **2.** ⚖ rechtskräftig, -gültig, beglaubigt; **au'then·ti·cate** [-keɪt] *v/t.* **1.** die Echtheit (*gen.*) bescheinigen; **2.** beglaubigen, beurkunden, rechtskräftig machen; **au·then·ti·ca·tion** [ɔːˌθentɪ'keɪʃn] *s.* Beglaubigung *f*, Legalisierung *f*; **au·then·tic·i·ty** [ˌɔːθen'tɪsətɪ] *s.* **1.** Authentizi'tät *f*: a) Echtheit *f*, b) Glaubwürdigkeit *f*; **2.** ⚖ (Rechts)Gültigkeit *f*.

au·thor ['ɔːθə] *s.* **1.** Urheber(in); **2.** 'Autor *m*, Au'torin *f*, Schriftsteller(in), Verfasser(in); **au·thor·ess** ['ɔːθərɪs] *s.* Au'torin *f*, Schriftstellerin *f*, Verfasserin *f*.

au·thor·i·tar·i·an [ɔːˌθɒrɪ'teərɪən] *adj.* autori'tär; **auˌthor·i'tar·i·an·ism** [-nɪzəm] *s. pol.* autori'täres Re'gierungssystem; **au·thor·i·ta·tive** [ɔː'θɒrɪtətɪv] *adj.* ☐ **1.** gebieterisch, herrisch; **2.** autorita'tiv, maßgebend, -geblich.

au·thor·i·ty [ɔː'θɒrətɪ] *s.* **1.** Autori'tät *f*, (Amts)Gewalt *f*: ***by ~*** mit amtlicher Genehmigung; ***on one's own ~*** aus eigener Machtbefugnis; ***be in ~*** die Gewalt in Händen haben; **2.** 'Vollmacht *f*, Ermächtigung *f*, Befugnis *f* (***for***, ***to*** *inf.* zu *inf.*): ***on the ~ of ...*** im Auftrage *od.* mit Genehmigung von (*od. gen.*) ...; → 4; **3.** Ansehen *n* (***with*** bei), Einfluss *m* (***over*** auf *acc.*); Glaubwürdigkeit *f*: ***of great ~*** von großem Ansehen; **4.** a) Zeugnis *n e-r Persönlichkeit*, b) Gewährsmann *m*, Quelle *f*, Beleg *m*: ***on good ~*** aus glaubwürdiger Quelle; ***on the ~ of ...*** a) nach Maßgabe *od.* aufgrund von (*od. gen.*) ..., b) mit ... als Gewährsmann; → 2; **5.** Autori'tät *f*, Sachverständige(r *m*) *f*, Fachmann *m* (***on*** auf *e-m Gebiet*): ***he is an ~ on the subject of Law***; **6.** *mst pl.* Behörde *f*, Obrigkeit *f*: ***the local authorities*** die Ortsbehörde(n); **au·thor·i·za·tion** [ˌɔːθəraɪ'zeɪʃn] *s.* Ermächtigung *f*, Genehmigung *f*, Befugnis *f*; **au·thor·ize** ['ɔːθəraɪz] *v/t.* **1.** *j-n* ermächtigen, bevollmächtigen, berechtigen, autorisieren; **2.** *et.* gutheißen, billigen, genehmigen; *Handlung* rechtfertigen; **au·thor·ized** ['ɔːθəraɪzd] *adj.* **1.** autorisiert, bevollmächtigt, befugt; zulässig: ***~ capital*** ✝ autorisiertes Kapital; ***~ person*** Befugte(r *m*) *f*; ***~ to sign*** unterschriftsberechtigt; ***2 Version*** *eccl.* engl. Bibelübersetzung von 1611; **2.** ⚖ rechtsverbindlich; **au·thor·ship** ['ɔːθəʃɪp] *s.* **1.** 'Autorschaft *f*, Urheberschaft *f*; **2.** Schriftstellerberuf *m*.

au·tism ['ɔːtɪzm] *s. psych.* Au'tismus *m*.

au·to ['ɔːtəʊ] *Am.* F **I** *pl.* **-tos** *s.* Auto *n*: ***~ graveyard*** Autofriedhof *m*; **II** *v/i.* (mit dem Auto) fahren.

auto- [ɔːtəʊ] *in Zssgn* a) selbsttätig, selbst..., Selbst..., auto..., Auto..., b) Auto..., Kraftfahr...

au·to·bahn ['ɔːtəʊbɑːn] *pl.* **-bahnen** [-nən] (*Ger.*) *s.* Autobahn *f*.

au·to·bi·og·ra·pher [ˌɔːtəʊbaɪ'ɒgrəfə] *s.* Autobio'graph(in); **au·to·bi·o·graph·ic** ['ɔːtəʊˌbaɪəʊ'græfɪk] *adj.* (☐ ***~ally***) autobio'graphisch; ˌ**au·to·bi'og·ra·phy** [-fɪ] *s.* Autobiogra'phie *f*, 'Selbstbiograˌphie *f*.

au·to·bus ['ɔːtəʊbʌs] *s. Am.* Autobus *m*.

au·to·cade ['ɔːtəʊkeɪd] → ***motorcade***.

au·to·car ['ɔːtəʊkɑː] *s.* Auto(mo'bil) *n*, Kraftwagen *m*.

'**au·toˌchang·er** *s.* Plattenwechsler *m*.

au·toch·thon [ɔː'tɒkθən] *s.* Autochthone *m*, Ureinwohner *m*; **au'toch·tho·nous** [-θənəs] *adj.* autochthon, ureingesessen, bodenständig.

au·to·cide ['ɔːtəʊsaɪd] *s.* **1.** Selbstvernichtung *f*; **2.** Selbstmord *m* mit dem Auto.

au·to·clave ['ɔːtəʊkleɪv] *s.* **1.** Schnell-, Dampfkochtopf *m*; **2.** ⚗, ⚙ Auto'klav *m*.

au·to·code ['ɔːtəʊkəʊd] *s. Computer*: Autokode *m*.

au·toc·ra·cy [ɔː'tɒkrəsɪ] *s.* Autokra'tie *f*, Selbstherrschaft *f*; **au·to·crat** ['ɔːtəʊkræt] *s.* Auto'krat(in), unumschränkter Herrscher; **au·to·crat·ic**, **au·to·crat·i·cal** [ˌɔːtəʊ'krætɪk(l)] *adj.* ☐ auto'kratisch, selbstherrlich, unum'schränkt.

au·to·cue ['ɔːtəʊkjuː] *s. TV* ‚Neger' *m*.

au·to-da-fé [ˌɔːtəʊdɑː'feɪ] *pl.* **au·tos-da-fé** [ˌɔːtəʊzdɑː'feɪ] *s.* **1.** *hist.* Autoda'fé *n*, Ketzergericht *n*, -verbrennung *f*; **2.** *pol.* (Bücher- *etc.*)Verbrennung *f*.

au·to·di·dact ['ɔːtəʊdɪˌdækt] *s.* Autodi'dakt(in).

au·to·e·rot·ic [ˌɔːtəʊɪ'rɒtɪk] *adj. psych.* autoe'rotisch.

au·tog·a·mous [ɔː'tɒgəməs] *adj.* ⚘ auto'gam, selbstbefruchtend.

au·tog·e·nous [ɔː'tɒdʒɪnəs] *adj. allg.* auto'gen: ***~ training***; ***~ welding*** ⚙ Autogenschweißen *n*.

au·to·gi·ro [ˌɔːtəʊ'dʒaɪərəʊ] *pl.* **-ros** *s.* ✈ Auto'giro *n*, Tragschrauber *m*.

au·to·graph ['ɔːtəgrɑːf] **I** *s.* **1.** Auto'gramm *n*, eigenhändige 'Unterschrift; **2.** eigene Handschrift; **3.** Urschrift *f*; **II** *adj.* **4.** eigenhändig unter'schrieben: ***~ letter*** Handschreiben *n*; **III** *v/t.* **5.** eigenhändig (unter)'schreiben; mit s-m Auto'gramm versehen: ***~ing session*** Autogrammstunde *f*; **6.** ⚙ autographieren, 'umdrucken; **au·to·graph·ic** [ˌɔːtəʊ'græfɪk] *adj.* (☐ ***~ally***) auto'graphisch, eigenhändig geschrieben; **au·tog·ra·phy** [ɔː'tɒgrəfɪ] *s.* **1.** ⚙ Autogra'phie *f*, 'Umdruck *m*; **2.** Urschrift *f*.

au·to·ig·ni·tion [ˌɔːtəʊɪg'nɪʃn] *s.* ⚙ Selbstzündung *f*.

au·to·ist ['ɔːtəʊɪst] *s. Am.* F Autofahrer(in).

au·to·mat ['ɔːtəʊmæt] *s.* **1.** Auto'matenrestauˌrant *n*; **2.** (Ver'kaufs)Autoˌmat *m*; **3.** ⚙ Auto'mat *m* (*Maschine*); '**au·to·mate** [-meɪt] *v/t.* automatisieren: ***~d teller*** (***machine***) Geldautomat *m*; **au·to·mat·ic** [ˌɔːtə'mætɪk] **I** *adj.* ☐ → ***automatically***; **1.** auto'matisch: a) selbsttätig, ⚙ *a.* Selbst..., zwangsläufig, ⚔ *a.* Selbstlade...: ***~ redial*** *teleph.* automatische Wahlwiederholung, b) *fig.*

unwillkürlich, me'chanisch; **II** *s.* **2.** 'Selbstladepi͵stole *f*, -gewehr *n*; **3.** → ***automat*** 3; **4.** *mot.* Auto *n* mit Auto'matik; **au·tomat·i·cal** [͵ɔːtəˈmætɪkl] → ***automatic*** 1; **au·to·mat·i·cal·ly** [͵ɔːtəˈmætɪkəlɪ] *adv.* auto'matisch; ohne weiteres.

au·to·mat·ic| lathe *s.* ⚙ 'Drehauto͵mat *m*; **~ ma·chine** → ***automat*** 2; **~ pi·lot** *s.* ✈ → ***autopilot***; **~ pis·tol** *s.* 'Selbstladepi͵stole *f*; **~ start·er** *s.* ⚙ Selbstanlasser *m*.

au·to·ma·tion [͵ɔːtəˈmeɪʃn] *s.* ⚙ Automati'on *f*; **au·tom·a·ton** [ɔːˈtɒmətən] *pl.* **-ta** [-tə], **-tons** *s.* Auto'mat *m*, 'Roboter *m* (*beide a. fig.*).

au·to·mo·bile ['ɔːtəməʊbiːl] *s. bsd. Am.* Auto *n*, Automo'bil *n*, Kraftwagen *m*; **au·to·mo·bil·ism** [͵ɔːtəˈməʊbɪlɪzəm] *s.* Kraftfahrwesen *n*; **au·to·mo·bil·ist** [͵ɔːtəˈməʊbɪlɪst] *s.* Kraftfahrer *m*; **au·to·mo·tive** [͵ɔːtəˈməʊtɪv] *adj.* selbstbewegend, -fahrend; *bsd. Am.* 'kraftfahr͵technisch, Auto(mobil)..., Kraftfahrzeug...

au·ton·o·mous [ɔːˈtɒnəməs] *adj.* auto'nom, sich selbst regierend; **au'ton·o·my** [-mɪ] *s.* Autono'mie *f*, Selbstständigkeit *f*.

au·to·pi·lot ['ɔːtəʊ͵paɪlət] *s.* ✈ Autopi'lot *m*, auto'matische Steuervorrichtung.

au·top·sy ['ɔːtəpsɪ] **I** *s.* **1.** ⚕ Autop'sie *f*, Obdukti'on *f*; **2.** *fig.* kritische Ana'lyse; **II** *v/t.* **3.** ⚕ e-e Autop'sie vornehmen an (*dat.*).

au·to·sug·ges·tion [͵ɔːtəʊsəˈdʒestʃən] *s.* Autosuggesti'on *f*.

au·to·tell·er ['ɔːtəʊ͵telə] *s.* 'Bankauto͵mat *m*.

au·to·type ['ɔːtətaɪp] **I** *s. typ.* Autoty'pie *f*: a) Rasterätzung *f*, b) Fak'simileabdruck *m*; **II** *v/t.* mittels Autotypie vervielfältigen.

au·tumn ['ɔːtəm] *s. bsd. Brit.* Herbst *m* (*a. fig.*): ***the ~ of life***; **au·tum·nal** [ɔːˈtʌmnəl] *adj.* herbstlich, Herbst... (*a. fig.*).

aux·il·ia·ry [ɔːɡˈzɪljərɪ] **I** *adj.* **1.** helfend, mitwirkend, Hilfs...: **~ *engine*** Hilfsmotor *m*; **~ *troops*** Hilfstruppen; **~ *verb*** Hilfszeitwort *n*; **2.** ⚔ Behelfs..., Ausweich...; **II** *s.* **3.** Helfer *m*, Hilfskraft *f*, *pl. a.* Hilfspersonal *n*; **4.** *pl.* ⚔ Hilfstruppen *pl.*; **5.** *ling.* Hilfszeitwort *n*.

a·vail [əˈveɪl] **I** *v/t.* **1.** nützen (*dat.*), helfen (*dat.*), fördern; **2. ~ *o.s. of s.th.*** sich e-r Sache bedienen, et. benutzen, Gebrauch von et. machen; **II** *v/i.* **3.** nützen, helfen; **III** *s.* **4.** Nutzen *m*, Vorteil *m*, Gewinn *m*: ***of no ~*** nutzlos; ***of what ~ is it?*** was nützt es?; ***to no ~*** vergeblich; **5.** *pl.* ✝ *Am.* Ertrag *m*; **a·vail·a·bil·i·ty** [ə͵veɪləˈbɪlətɪ] *s.* **1.** Vor'handensein *n*; **2.** Verfügbarkeit *f*; **3.** *Am.* verfügbare Per'son *od.* Sache; **4.** ⚖ Gültigkeit *f*; **a'vail·a·ble** [-ləbl] *adj.* □ **1.** verfügbar, erhältlich, vor'handen, vorrätig, zu haben(d): ***make ~*** bereitstellen, verfügbar machen; **2.** anwesend, abkömmlich; **3.** benutzbar; statthaft; **4.** ⚖ a) gültig, b) zulässig.

av·a·lanche ['ævəlɑːnʃ] *s.* La'wine *f*, *fig. a.* Unmenge *f*.

av·ant-garde [͵ævɑ̃ːŋˈɡɑːd] (*Fr.*) **I** *s.* *fig.* A'vantgarde *f*; **II** *adj.* avantgar'distisch; **͵av·ant-'gard·ist(e)** [-dɪst] *s.* Avantgar'dist(in).

av·a·rice ['ævərɪs] *s.* Geiz *m*, Habsucht *f*; **av·a·ri·cious** [͵ævəˈrɪʃəs] *adj.* □ geizig (***of*** mit), habgierig.

a·ve ['ɑːvɪ] **I** *int.* **1.** sei gegrüßt!; **2.** leb wohl!; **II** *s.* **3.** ✝ 'Ave(-Ma'ria) *n*.

a·venge [əˈvendʒ] *v/t.* **1.** rächen (***on***, ***upon*** an *dat.*): **~ *one's friend*** s-n Freund rächen; **~ *o.s., be ~d*** sich rächen; **2.** *et.* rächen, ahnden; **a'veng·er** [-dʒə] *s.* Rächer(in); **a'veng·ing** [-dʒɪŋ] *adj.*: **~ *angel*** Racheengel *m*.

av·e·nue ['ævənjuː] *s.* **1.** *mst fig.* Zugang *m*, Weg *m* (***to***, ***of*** zu): **~ *to fame*** Weg zum Ruhm; **2.** Al'lee *f*; **3.** a) Haupt-, Prachtstraße *f*, Ave'nue *f*, b) (Stadt)Straße *f*.

a·ver [əˈvɜː] *v/t.* **1.** behaupten, als Tatsache hinstellen (***that*** dass); **2.** ⚖ beweisen.

av·er·age ['ævərɪdʒ] **I** *s.* **1.** 'Durchschnitt *m*: ***on an*** (*od.* ***the***) **~** im Durchschnitt, durchschnittlich; ***strike an ~*** den Durchschnitt schätzen *od.* nehmen; **2.** ⚓, ⚖ Hava'rie *f*, Seeschaden *m*: **~ *adjuster*** Dispacheur *m*; ***general ~*** große Havarie; ***particular ~*** besondere (*od.* partikulare) Havarie; ***petty ~*** kleine Havarie; ***under ~*** havariert; **3.** *Börse: Am.* 'Aktienindex *m*; **II** *adj.* □ **4.** 'durchschnittlich; Durchschnitts...: **~ *access time*** *Computer:* mittlere Zugriffszeit; **~ *amount*** Durchschnittsbetrag *m*; **~ *Englishman*** Durchschnittsengländer *m*; **~ *useful life*** durchschnittliche Nutzungsdauer; ***be only ~*** nur Durchschnitt sein; **III** *v/t.* **5.** den 'Durchschnitt schätzen (***at*** auf *acc.*) *od.* nehmen von (*od. gen.*); **6.** ✝ anteilsmäßig auf-, verteilen: **~ *one's losses***; **7.** 'durchschnittlich betragen, haben, erreichen, verlangen, tun *etc.*: ***I ~ £60 a week*** ich verdiene durchschnittlich £ 60 die Woche; **IV** *v/i.* **8. ~ *out at*** sich im Durchschnitt belaufen auf (*acc.*).

a·ver·ment [əˈvɜːmənt] *s.* **1.** Behauptung *f*; **2.** ⚖ Beweisangebot *n*, Tatsachenbehauptung *f*.

a·verse [əˈvɜːs] *adj.* □ **1.** abgeneigt (***to***, ***from*** *dat.*, ***to*** *inf.* zu *inf.*): ***not ~ to a drink***; **~ *from such methods***; **2.** zu'wider (***to*** *dat.*); **a·ver·sion** [əˈvɜːʃn] *s.* **1.** (**to**, **for**, **from**) 'Widerwille *m*, Abneigung *f* (gegen), Abscheu *m* (vor *dat.*): **take an ~ (to)** e-e Abneigung fassen (gegen); **2.** Unlust *f*, Abgeneigtheit *f* (**to** *inf.* zu *inf.*); **3.** Gegenstand *m* des Abscheus: **beer is my pet** (*od.* **chief**) **~** Bier ist mir ein Gräuel.

a·vert [ə'vɜːt] *v/t.* **1.** abwenden, -kehren: **~ one's face**; **2.** *fig.* abwenden, -wehren, verhüten.

a·vi·ar·y ['eɪvjərɪ] *s.* Vogelhaus *n*, Voli'ere *f*.

a·vi·ate ['eɪvɪeɪt] *v/i.* ✈ fliegen; **a·vi·a·tion** [ˌeɪvɪ'eɪʃn] *s.* ✈ Luftfahrt *f*, Flugwesen *n*, Fliegen *n*, Flugsport *m*: **~ industry** Flugzeugindustrie *f*; **Ministry of** **~** Ministerium *n* für zivile Luftfahrt; **a·vi·a·tor** ['eɪvɪeɪtə] *s.* Flieger *m*.

a·vi·cul·ture ['eɪvɪkʌltʃə] *s.* Vogelzucht *f*.

av·id ['ævɪd] *adj.* □ (be)gierig (**of** nach, **for** auf *acc.*); *weitS.* leidenschaftlich, begeistert; **a·vid·i·ty** [ə'vɪdətɪ] *s.* Gier *f*, Begierde *f*, Habsucht *f*.

a·vi·on·ics [ˌeɪvɪ'ɒnɪks] *s. pl. sg. konstr.* Avi'onik *f*, 'Flugelekˌtronik *f*.

a·vi·ta·min·o·sis ['eɪˌvaɪtəmɪ'nəʊsɪs] *s.* Vita'minmangel(krankheit *f*) *m*.

av·o·ca·do [ˌævəʊ'kɑːdəʊ] *s.* ⚘ Avo'cado(birne) *f*.

av·o·ca·tion [ˌævəʊ'keɪʃn] *s. obs.* **1.** (Neben)Beschäftigung *f*; **2.** F (Haupt)Beruf *m*.

a·void [ə'vɔɪd] **1.** (ver)meiden, ausweichen (*dat.*), aus dem Wege gehen (*dat.*), *Pflicht etc.* um'gehen, *e-r Gefahr* entgehen: **~ s.o.** j-n meiden; **~ doing s.th.** es vermeiden, et. zu tun; **2.** ⚖ a) aufheben, ungültig machen, b) anfechten; **a'void·a·ble** [-dəbl] *adj.* **1.** vermeidbar; **2.** ⚖ a) annullierbar, b) anfechtbar; **a'void·ance** [-dəns] *s.* **1.** Vermeidung *f* (*Sache*), Meidung *f* (*Person*); Um'gehung *f*; **2.** ⚖ a) Aufhebung *f*, Nichtigkeitserklärung *f*, b) Anfechtung *f*.

av·oir·du·pois [ˌævədə'pɔɪz] *s.* **1.** ✝ *a.* **~ weight** Handelsgewicht *n* (*1 Pfund = 16 Unzen*): **~ pound** Handelspfund *n*; **2.** F ‚Lebendgewicht' *n e-r Person*.

a·vow [ə'vaʊ] *v/t.* (offen) bekennen, (ein)gestehen; rechtfertigen; anerkennen: **~ o.s.** sich bekennen, sich erklären; **a·vow·al** [ə'vaʊəl] *s.* Bekenntnis *n*, Geständnis *n*, Erklärung *f*; **a·vowed** [ə'vaʊd] *adj.* □ erklärt: **his ~ principle**; **he is an ~ Jew** er bekennt sich offen zum Judentum; **a·vow·ed·ly** [ə'vaʊɪdlɪ] *adv.* eingestandenermaßen.

a·vun·cu·lar [ə'vʌŋkjʊlə] *adj.* **1.** Onkel...; **2.** *iro.* onkelhaft.

a·wait [ə'weɪt] *v/t.* **1.** erwarten (*acc.*), entgegensehen (*dat.*); **2.** *fig. j-n* erwarten: **a hearty welcome ~s you.**

a·wake [ə'weɪk] **I** *v/t.* [*irr.*] **1.** wecken; **2.** *fig.* erwecken, aufrütteln (**from** aus): **~ s.o. to s.th.** j-m et. zum Bewusstsein bringen; **II** *v/i.* [*irr.*] **3.** auf-, erwachen; **4.** *fig. zu neuer Tätigkeit etc.* erwachen: **~ to s.th.** sich e-r Sache bewusst werden; **III** *adj.* **5.** wach; **6.** *fig.* munter, wach(sam), auf der Hut: **be ~ to s.th.** sich e-r Sache bewusst sein; **a'wak·en** [-kən] → **awake** 1–4; **a'wak·en·ing** [-knɪŋ] *s.* Erwachen *n*: **a rude ~** *fig.* ein unsanftes Erwachen.

a·ward [ə'wɔːd] **I** *v/t.* **1.** zuerkennen, zusprechen, ⚖ *a.* (*durch Urteil od. Schiedsspruch*) zubilligen: **he was ~ed the prize** der Preis wurde ihm zuerkannt; **2.** gewähren, verleihen, zuwenden, zuteilen; **II** *s.* **3.** ⚖ Urteil *n*, (Schieds)Spruch *m*; **4.** Belohnung *f*, Auszeichnung *f*, (*a.* Film- *etc.*)Preis *m*, (Ordens)Verleihung *f*, ✝ 'Prämie *f*; **5.** ✝ Zuschlag *m* (*auf ein Angebot*), (Auftrags)Vergabe *f*.

a·ware [ə'weə] *adj.* **1.** gewahr (**of** *gen.*, **that** dass): **be ~** sich bewusst sein, wissen, (er)kennen; **become ~ of s.th.** et. gewahr werden *od.* merken, sich e-r Sache bewusst werden; **not that I am ~ of** nicht, dass ich wüsste; **2.** aufmerksam, ‚hellwach'; **a'ware·ness** [-nɪs] *s.* Bewusstsein *n*, Kenntnis *f*.

a·wash [ə'wɒʃ] *adv. u. adj.* ⚓ **1.** über'flutet; **2.** über'füllt (**with** von).

a·way [ə'weɪ] **I** *adv.* **1.** weg, hin'weg, fort: **go ~** weg-, fortgehen; **~ with you!** fort mit dir!; **2.** (**from**) entfernt, (weit) weg (von), fern, abseits (*gen.*): **~ from the question** nicht zur Frage *od.* Sache gehörend; **3.** fort, abwesend, verreist: **~ from home** nicht zu Hause; **~ on leave** auf Urlaub; **4.** *bei Verben oft* (drauf)'los: **chatter ~**; **work ~**; **5.** *bsd. Am.* bei weitem: **~ below the average**; **II** *adj.* **6.** *sport* Auswärts...: **~ match** → **III** *s.* **7.** *sport* Auswärtsspiel *n*.

awe [ɔː] **I** *s.* **1.** Ehrfurcht *f*, (heilige) Scheu (**of** vor *dat.*): **hold s.o. in ~** Ehrfurcht vor j-m haben; **stand in ~ of** a) e-e heilige Scheu haben *od.* sich fürchten vor (*dat.*), b) e-n gewaltigen Respekt haben vor (*dat.*); **2.** *fig.* Macht *f*, Maje'stät *f*; **II** *v/t.* **3.** (Ehr)Furcht einflößen (*dat.*), einschüchtern; **'awe-inˌspir·ing** *adj.* Ehrfurcht gebietend, eindrucksvoll; **awe·some** ['ɔːsəm] *adj.* □ **1.** Furcht einflößend, schrecklich; **2.** → **awe-inspiring**; **'awe·struck** *adj.* von Ehrfurcht *od.* Scheu *od.* Schrecken ergriffen.

aw·ful ['ɔːfʊl] *adj.* □ **1.** → **awe-inspiring**; **2.** furchtbar, schrecklich; **3.** F ['ɔːfl] furchtbar: a) riesig, kolos'sal: **an ~ lot** e-e riesige Menge, b) scheußlich, schrecklich: **an ~ noise**; **aw·ful·ly** ['ɔːflɪ] *adv.* F furchtbar, schrecklich, äußerst: **~ cold**; **~ nice** furchtbar *od.* riesig nett; **I am ~ sorry** es tut mir schrecklich Leid; **thanks ~!** tausend Dank!; **'aw·ful·ness** [-nɪs] *s.* **1.** Schrecklichkeit *f*; **2.** Erhabenheit *f*.

a·while [ə'waɪl] *adv.* ein Weilchen.

awk·ward ['ɔːkwəd] *adj.* □ **1.** ungeschickt, unbeholfen, linkisch, tölpelhaft: **feel ~** verlegen sein; → **squad** 1; **2.** peinlich, misslich, unangenehm: **an ~ silence** (**matter**); **3.** unhandlich, schwer zu behandeln, schwierig, lästig, ungünstig, ‚dumm': **an ~ door to open** e-e schwer zu öffnende Tür; **an ~ customer** ein unangenehmer Zeitgenosse; **it's a bit ~ on Sunday** am Sonntag passt es (mir) nicht so recht; **'awk·wardness** [-nɪs] *s.* **1.** Ungeschicklichkeit *f*, Unbeholfenheit *f*; **2.** Peinlichkeit *f*, Unannehmlichkeit *f*; **3.** Lästigkeit *f*.

awl [ɔːl] *s.* ⚙ Ahle *f*, Pfriem *m*.

awn [ɔːn] *s.* ⚘ Granne *f*.

awn·ing ['ɔːnɪŋ] *s.* **1.** ⚓ Sonnensegel *n*; **2.** Wagendecke *f*, Plane *f*; **3.** Mar'kise *f*; 'Baldachin *m*; Vorzelt *n*.

a·woke [ə'wəʊk] *pret. von* **awake** I *u.* II; **a'wok·en** *p.p. von* **awake** I *u.* II.

a·wry [ə'raɪ] *adv. u. adj.* **1.** schief, krumm: **look ~** *fig.* schief *od.* scheel blicken; **3.** *fig.* verkehrt: **go ~** fehlgehen (*Person*), schief gehen (*Sache*).

ax, *mst* **axe** [æks] **I** *s.* **1.** Axt *f*, Beil *n*: **have an ~ to grind** eigennützige Zwecke verfolgen, es auf et. abgesehen haben; **2.** F *fig.* a) rücksichtslose Sparmaßnahme, b) Abbau *m*, Entlassung *f*: **get the ~** entlassen werden, ‚rausfliegen'; **3.** ♪ *Am. sl.* Instru'ment *n*; **II** *v/t.* **4.** F *fig.* drastisch kürzen *od.* zs.-streichen; *Beamte etc.* abbauen, *Leute* entlassen, ‚feuern'.

ax·i·al ['æksɪəl] *adj.* □ ⚙ Achsen..., axi'al.

ax·il ['æksɪl] *s.* ⚘ Blattachsel *f*.

ax·i·om ['æksɪəm] *s.* Ax'iom *n*, allgemein anerkannter Grundsatz: **~ of law** Rechtsgrundsatz; **ax·i·o·mat·ic** [ˌæksɪəʊ'mætɪk] *adj.* (□ **~ally**) axio'matisch, 'unumˌstößlich, selbstverständlich.

ax·is ['æksɪs] *pl.* **'ax·es** [-siːz] *s.* **1.** ⩚, ⚙, *phys.* Achse *f*, 'Mittelˌlinie *f*: **~ of the earth** Erdachse; **2.** *pol.* Achse *f*: **the** 𝔖 die Achse Berlin-Rom-Tokio (*vor dem u. im 2. Weltkrieg*); **the** 𝔖 **powers** die Achsenmächte.

ax·le ['æksl] *s.* ⚙ **1.** *a.* **~ tree** (Rad-)Achse *f*, Welle *f*; **2.** Angel(zapfen *m*) *f*.

ay → **aye**.

a·yah ['aɪə] *s. Brit. Ind.* 'Aja *f*, indisches Kindermädchen.

aye [aɪ] **I** *int. bsd.* ⚓ *u. parl.* ja: **~, ~, Sir!** zu Befehl!; **II** *s. parl.* Ja *n*, Jastimme *f*: **the ~s have it** die Mehrheit ist dafür.

a·za·le·a [ə'zeɪljə] *s.* ⚘ Aza'lee *f*.

az·i·muth ['æzɪməθ] *s. ast.* Azi'mut *m*, Scheitelkreis *m*.

a·zo·ic [ə'zəʊɪk] *adj. geol.* a'zoisch (*ohne Lebewesen*): **the ~ age**.

Az·tec ['æztek] s. Az'teke *m*.

az·ure ['æʒə] **I** *adj.* a'zur-, himmelblau; **II** *s.* a) A'zur(blau *n*) *m*, b) *poet.* das blaue Himmelszelt.

B

B, b [biː] *s.* **1.** B *n*, b *n* (*Buchstabe*); **2.** ♪ H *n*, h *n* (*Note*): ***B flat*** B *n*, b *n*; ***B sharp*** His *n*, his *n*; **3.** *ped. Am.* Zwei *f* (*Note*); **4.** ***B flat*** *Brit. sl.* Wanze *f*.

baa [bɑː] **I** *s.* Blöken *n*; **II** *v/i.* blöken; **III** *int.* bäh!

Ba·al ['beɪəl] **I** *npr. bibl. Gott* Baal *m*; **II** *s.* Abgott *m*, Götze *m*; **'Ba·al·ism** [-lɪzəm] *s.* Götzendienst *m*.

baas [bɑːs] *s. S. Afr.* Herr *m*.

Bab·bitt ['bæbɪt] *s.* **1.** *Am.* (selbstzufriedener) Spießer; **2.** ♀ (***metal***) ⚙ 'Lagerweißmeˌtall *n*.

bab·ble ['bæbl] **I** *v/t. u. v/i.* **1.** stammeln; plappern, schwatzen; nachschwatzen, ausplaudern; **2.** plätschern, murmeln (*Bach*); **II** *s.* **3.** Geplapper *n*, Geschwätz *n*; **'bab·bler** [-lə] *s.* **1.** Schwätzer(in); **2.** *orn. e-e* Drossel *f*.

babe [beɪb] *s.* **1.** kleines Kind, Baby *n*, *fig. a.* Na'ivling *m*; → ***arm¹*** 1; **2.** *Am. sl.* ‚Puppe' *f* (*Mädchen*).

Ba·bel ['beɪbl] **I** *npr. bibl.* Babel *n*; **II** *s.* ♀ *fig.* Babel *n*, Wirrwarr *m*, Stimmengewirr *n*.

ba·boo ['bɑːbuː] *s. Brit.-Ind.* **1.** Herr *m* (*bei den Hindus*); **2.** Inder *m* mit oberflächlicher engl. Bildung.

ba·boon [bə'buːn] *s. zo.* 'Pavian *m*.

ba·by ['beɪbɪ] **I** *s.* **1.** Baby *n*: a) Säugling *m*, b) jüngstes Kind: ***be left holding the ~*** F der Dumme sein, die Sache am Hals haben; **2.** a) ‚Kindskopf' *m*, b) ‚Heulsuse' *f*; **3.** *sl.* ‚Schatz' *m*, ‚Kindchen' *n* (*Mädchen*); **4.** *sl.* Sache *f*: ***it's your ~***; **II** *adj.* **5.** Säuglings..., Baby..., Kinder...; **6.** kindlich, kindisch: ***plead the ~ act*** *Am.* F auf Unreife plädieren; **7.** klein; **~ bond** *s.* ✝ *Am.* BabyBond *m*, Kleinschuldverschreibung *f*; **~ boom·er gen·er·a·tion** *s.* geburtenstarke Jahrgänge *pl.*; **~ bot·tle** *s.* (Saug)Flasche *f*; **~ car** *s.* Klein(st)wagen *m*; **~ car·riage** *s. Am.* Kinderwagen *m*; **~ farm·er** *s. mst contp.* Frau, die gewerbsmäßig Kinder in Pflege nimmt; **~ grand** *s.* ♪ Stutzflügel *m*.

ba·by·hood ['beɪbɪhʊd] *s.* Säuglingsalter *n*; **'ba·by·ish** [-ɪɪʃ] *adj.* **1.** kindlich; **2.** kindisch.

Bab·y·lon ['bæbɪlən] **I** *npr.* 'Babylon *n*; **II** *s. fig.* (Sünden)Babel *n*; **Bab·y·lo·ni·an** [ˌbæbɪ'ləʊnjən] **I** *adj.* baby'lonisch; **II** *s.* Baby'lonier(in).

'ba·by|-ˌmind·er *s. Brit.* Tagesmutter *f*; **'~-sit** *v/i.* [*irr.* → ***sit***] babysitten; **'~-ˌsit·ter** *s.* Babysitter *m*; **~ snatch·er** *s. ältere Person* (*Mann od. Frau*), *die mit einem blutjungen Mädchen od. Mann ein Verhältnis hat*: ***I'm no ~*** ich vergreif mich doch nicht an kleinen Kindern!; **~ spot** *s.* Baby-Spot *m* (*kleiner Suchscheinwerfer*); **~ talk** *s.* Babysprache *f*.

bac·ca·lau·re·ate [ˌbækə'lɔːrɪət] *s. univ.* Bakkalaure'at *n*; **2.** *a.* ***~ sermon*** *Am.* Predigt *f* an die promovierten Stu'denten.

bac·ca·ra(t) ['bækərɑː] *s.* 'Bakkarat *n* (*Glücksspiel*).

bac·cha·nal ['bækənl] **I** *s.* **1.** Bac'chant (-in); **2.** ausgelassener *od.* trunkener Zecher; **3.** *a. pl.* Baccha'nal *n* (*wüstes Gelage*); **II** *adj.* **4.** 'bacchisch; **5.** bac'chantisch; **bac·cha·na·li·a** [ˌbækə'neɪljə] → ***bacchanal*** 3; **bac·cha·na·li·an** [ˌbækə'neɪljən] **I** *adj.* bac'chantisch, ausschweifend; **II** *s.* Bac'chant(in); **bac·chant** ['bækənt] **I** *s.* Bac'chant *m*; *fig.* wüster Trinker *od.* Schwelger; **II** *adj.* bac'chantisch; **bac·chan·te** [bə'kæntɪ] *s.* Bac'chantin *f*; **bac·chic** ['bækɪk] → ***bacchanal*** 4 *u.* 5.

bac·cy ['bækɪ] *s.* F *abbr. für* ***tobacco***.

bach [bætʃ] F **I** *s.* → ***bachelor*** 1; **II** *v/i.* *mst* ***~ it*** ein Strohwitwerdasein führen.

bach·e·lor ['bætʃələ] *s.* **1.** Junggeselle *m*; *in Urkunden*: ledig (*dem Namen nachgestellt*); **2.** *univ.* Bakka'laureus *m* (*Grad*): ♀ ***of Arts*** (*abbr.* ***B.A.***) Bakkalaureus der philosophischen Fakultät; ♀ ***of Science*** (*abbr.* ***B.Sc.***) Bakkalaureus der Naturwissenschaften; **~ girl** *s.* Junggesellin *f*.

bach·e·lor·hood ['bætʃələhʊd] *s.* **1.** Junggesellenstand *m*; **2.** *univ.* Bakkalaure'at *n*.

ba·cil·lar·y [bə'sɪlərɪ] *adj.* **1.** stäbchenförmig; **2.** ⚕ Bazillen...; **ba·cil·lus** [bə'sɪləs] *pl.* **-li** [-laɪ] *s.* ⚕ Ba'zillus *m* (*a. fig.*).

back¹ [bæk] **I** *s.* **1.** Rücken *m* (*Mensch, Tier*); **2.** 'Hinter-, Rückseite *f* (*Kopf, Haus, Tür, Bild, Brief, Kleid etc*); (Rücken)Lehne *f* (*Stuhl*); **3.** *untere od. abgekehrte Seite*: (*Hand-, Buch-, Messer*)Rücken *m*, 'Unterseite *f* (*Blatt*), linke Seite (*Stoff*), Kehrseite *f* (*Münze*), Oberteil *m*, *n* (*Bürste*); → ***beyond*** 6; **4.** *rückwärtiger od. entfernt gelegener Teil*:

hinterer Teil (*Mund, Schrank, Wald* etc.), 'Hintergrund *m*; Rücksitz *m* (*Wagen*); **5.** Rumpf *m* (*Schiff*); **6.** ***the ~s*** die Parkanlagen *pl.* hinter den Colleges in Cambridge; **7.** *sport* Verteidiger *m*; *Besondere Redewendungen*: **(*at the*) *~ of*** hinter (*dat.*), hinten in (*dat.*); ***be at the ~ of s.th.*** *fig.* hinter e-r Sache stecken; ***~ to front*** die Rückseite nach vorn, falsch herum; ***have s.th. at the ~ of one's mind*** a) insgeheim an et. denken, b) sich dunkel an et. erinnern; ***turn one's ~ on*** *fig. j-m* den Rücken kehren, *et.* aufgeben; ***behind s.o.'s ~*** hinter j-s Rücken; ***on one's ~*** a) auf dem Körper (*Kleidungsstück*), b) bettlägerig, c) am Boden, hilflos, verloren; ***have one's ~ to the wall*** mit dem Rücken zur Wand stehen; ***break s.o.'s ~*** a) j-m das Kreuz brechen (*a. fig.*), b) j-n ,fertig machen' *od.* zugrunde richten; ***break the ~ of s.th.*** das Schwierigste e-r Sache hinter sich bringen; ***put one's ~ into s.th.*** sich bei e-r Sache ins Zeug legen, sich in et. hineinknien; ***put s.o.'s ~ up*** j-n ,auf die Palme bringen';
II *adj.* **8.** rückwärtig, letzt, hinter, Rück..., Hinter..., Nach...: ***the ~ left-hand corner*** die hintere linke Ecke; **9.** rückläufig; **10.** rückständig (*Zahlung*); **11.** zu'rückliegend, alt (*Zeitung etc.*); **12.** fern, abgelegen; *fig.* finster; **III** *adv.* **13.** zu'rück, rückwärts; zurückliegend; (wieder) zurück: ***he is ~ again*** er ist wieder da; ***he is ~ home*** er ist wieder zu Hause; ***~ home*** *Am.* bei uns (zu Lande); ***~ and forth*** hin und her; **14.** zu'rück, 'vorher: ***20 years ~*** vor 20 Jahren; ***~ in 1900*** (schon) im Jahre 1900; **IV** *v/t.* **15.** *Buch* mit e-m Rücken *od. Stuhl* mit e-r Lehne *od.* Rückenverstärkung versehen; **16.** hinten grenzen an (*acc.*), den Hintergrund *e-r Sache* bilden; **17.** *a.* ***~ up*** *j-m* den Rücken decken *od.* stärken, *j-n* unter'stützen, eintreten für; **18.** *a.* ***~ up*** zu'rückbewegen; *Wagen, Pferd, Maschine* rückwärts fahren *od.* laufen lassen: ***~ one's car up*** mit dem Auto zurückstoßen; ***~ a car out of the garage*** e-n Wagen rückwärts aus der Garage fahren; ***~ water*** (*od.* ***the oars***) rückwärts rudern; ***~ed up*** (***with traffic***) *Am.* verstopft (*Straße*); **19.** auf der Rückseite beschreiben; *Wechsel* verantwortlich gegenzeichnen, avalieren; **20.** wetten *od.* setzen auf (*acc.*); **V** *v/i.* **21.** *a.* ***~ up*** sich rückwärts bewegen, zu'rückgehen *od.* -fahren; **22.** ***~ and fill*** a) ⚓ lavieren, b) *Am.* F unschlüssig sein; **~ down (from)**, **~ out (of)** *v/i.* zu'rücktreten *od.* sich zu'rückziehen (von), aufgeben (*acc.*); F sich drücken (vor *dat.*), abspringen (von), ,aussteigen' (bei), kneifen (vor *dat.*); klein beigeben, ,den Schwanz einziehen'.

back[2] [bæk] *s.* ⚙, *Brauerei, Färberei etc.*: Bottich *m.*

Backbenchers, wortwörtlich „Hinterbänkler", heißen die Abgeordneten des britischen Unterhauses (**MPs, Members of Parliament**) ohne besonderen Rang, die auf den hinteren Bänken (**back benches**) sitzen. Die **frontbenchers** dagegen umfassen die Minister und Mitglieder des Schattenkabinetts, denen die vorderen Bänke zustehen.

'back|·ache *s.* Rückenschmerzen *pl.*; **~ al·ley** *s. Am.* finsteres Seitengässchen; **,~-'bench·er** *s. parl.* 'Hinterbänkler *m*; **'~·bend** *s. sport* Brücke *f* (aus dem Stand); **'~·bite** *v/t. u. v/i.* [*irr.* → ***bite***] *j-n* verleumden; **'~,bit·er** *s.* Verleumder (-in); **'~·bone** *s.* **1.** Rückgrat *n*: ***to the ~*** bis auf die Knochen, ganz u. gar; **2.** *fig.* Rückgrat *n*: a) (Cha'rakter)Stärke *f*, Mut *m*, b) Hauptstütze *f*; **'~-,break·ing** *adj.* ,mörderisch', zermürbend: ***a ~ job***; **'~-,burn·er** *adj.* F nebensächlich, zweitrangig; **'~·chat** *s. sl.* **1.** freche Antwort(en *pl.*); **2.** *Brit.* schlagfertiges Hin und Her; **~·cloth** → ***backdrop***; **'~-,cou·pled** *adj.* ⚡ rückgekoppelt; **,~-'date** *v/t.* **1.** zu'rückdatieren; **2.** rückwirkend in Kraft setzen; **~ door** *s.* 'Hintertür *f* (*a. fig. Ausweg*); **,~-'door** *adj.* heimlich, geheim; **'~·down** *s. Am.* F ,Rückzieher' *m*; **'~·drop** *s.* **1.** *thea.* Prospekt *m*; **2.** 'Hintergrund *m*, 'Folie *f.*

backed [bækt] *adj.* **1.** mit Rücken, Lehne *etc.* (versehen); **2.** gefüttert: ***a curtain ~ with satin***; **3.** *in Zssgn*: ***straight-~*** mit geradem Rücken, geradlehnig.

back·er ['bækə] *s.* **1.** Unter'stützer(in), Helfer(in), Förderer *m*; **2.** ✝ a) (Wechsel)Bürge *m*, b) 'Hintermann *m*, Geldgeber *m*; **3.** Wetter(in).

,back|'fire **I** *v/i.* **1.** *mot.* früh-, fehlzünden; **2.** *fig.* fehlschlagen, ,ins Auge gehen': ***the plan ~d*** der Schuss ging nach hinten los; **II** *s.* **3.** ⚙ Früh-, Fehlzündung *f*; **~ for·ma·tion** *s. ling.* Rückbildung *f*; **~'gam·mon** *s.* Back'gammon *n*, Puffspiel *n*; **'~·ground** *s.* **1.** 'Hintergrund *m*: ***keep in the ~***; **2.** *fig.* 'Hintergrund *m*, 'Hintergründe *pl.*, 'Umstände *pl.*; 'Umwelt *f*, Mili'eu *n*; 'Herkunft *f*; Werdegang *m*, Vorgeschichte *f*; Bildung *f*, Erfahrung *f*, Wissen *n*: ***educa-***

tional ~ Vorbildung *f*; **'~·hand I** *s.* **1.** nach links geneigte Handschrift; **2.** *sport* Rückhand(schlag *m*) *f*; **II** *adj.* **3.** *sport* Rückhand...: ***~ stroke*** Rückhandschlag *m*; **ˌ~'hand·ed** *adj.* **1.** nach links geneigt (*Schrift*); **2.** Rückhand...; **3.** zweideutig; unredlich, 'indiˌrekt; **'~·hand·er** *s.* **1.** a) → ***backhand*** 2, b) Schlag *m* mit dem Handrücken; **2.** F 'indiˌrekter Angriff; **3.** F ‚Schmiergeld' *n*.

back·ing ['bækɪŋ] *s.* **1.** Unter'stützung *f*, Hilfe *f*; Beifall *m*; *coll.* Unter'stützer *pl.*, Förderer *pl.*, 'Hintermänner *pl.*; **2.** rückwärtige Verstärkung; (*Rock- etc.*) Futter *n*; Stützung *f*; **3.** ✝ a) Wechselbürgschaft *f*, b) Gegenzeichnen *n*, c) Deckung *f*.

'back|·lash *s.* **1.** ⚙ toter Gang, Flankenspiel *n*; **2.** (heftige) Reakti'on, Rückwirkung *f*; **'~·log** *s.* **1.** großes Scheit hinten im Ka'min; **2.** (*Arbeits-, Auftrags- etc.*)Rückstand *m*, 'Überhang *m* (**of** an *dat.*): ***~ demand*** Nachholbedarf *m*; **3.** Rücklage *f*, Re'serve *f* (**of** an *dat.*, von); **~ num·ber** *s.* **1.** alte Nummer *e-r Zeitung etc.*; **2.** *fig.* rückständige *od.* altmodische Per'son *od.* Sache; **'~·pack I** *s.* Rucksack *m*, Back Pack *m*; **II** *v/i.* ***~ it*** F (mit dem Rucksack) trampen; **'~·pack·er** *s.* Rucksacktourist *m*; **'~·pack·ing** *s.* Rucksacktourismus *m*; **~ pay** *s.* Lohn-, Gehaltsnachzahlung *f*; **ˌ~-'ped·al** *v/i.* **1.** rückwärts treten (*Radfahrer*); **2.** F *fig.* e-n ‚Rückzieher' machen; **'~ˌped·al brake** *s.* Rücktrittbremse *f*; **'~·rest** *s.* Rückenstütze *f*; **~ room** *s.* 'Hinterzimmer *n*; **'~-room boy** *s. Brit.* F Wissenschaftler, der an Ge'heimproˌjekten arbeitet; **~ sal·a·ry** → ***back pay***; **'~ˌscratch·ing** *s.* F gegenseitige Unter'stützung; **~ seat** *s.* Rücksitz *m*: ***back-seat driver*** *fig.* Besserwisser(in); ***take a ~*** *fig.* in den Hintergrund treten.

back·sheesh → ***baksheesh***.

ˌback|'side *s.* **1.** F Hintern *m*; **2.** *mst* ***back side*** Kehr-, Rückseite *f*, hintere *od.* linke Seite; **'~·sight** *s.* **1.** ⚙ Visier *n*; **2.** ⚔ (Visier)Kimme *f*; **~ slang** *s.* 'Umkehrung *f* der Wörter (*beim Sprechen*); **'~ˌslap·per** *s. Am.* jovi'aler *od.* plumpvertraulicher Mensch; **ˌ~'slide** *v/i.* [*irr.* → ***slide***] **1.** rückfällig werden; **2.** auf die schiefe Bahn geraten, abtrünnig werden; **'~ˌslid·er** *s.* Rückfällige(r *m*) *f*; **'~·space con·trol** *s.* Rückholtaste *f* (*Tonbandgerät*); **ˌ~'spac·er** *s.* Rücktaste *f* (*Schreibmaschine*); **~·stage I** *s.* ['bæksteɪdʒ] **1.** *thea.* Garde'robenräume *pl.* u. Bühne *f* hinter dem Vorhang; **II** *adv.* [ˌbæk'steɪdʒ] **2.** (hinten) auf der Bühne; **3.** hinter dem *od.* den Vorhang, hinter den *od.* die Ku'lissen (*a. fig.*); **ˌ~'stairs** *s.* 'Hintertreppe *f*: ***~ talk*** (bösartige) Anspielungen *pl.*; ***~ influence*** Protektion *f*; **'~·stop** *s.* **1.** *Kricket*: Feldspieler *m*, Fänger *m*; **2.** *Baseball*: Gitter *n* (*hinter dem Fänger*); **3.** *Am. Schießstand*: Kugelfang *m*; **'~·stroke** *s. sport* **1.** Rückschlag *m des Balls*; **2.** Rückenschwimmen *n*; **'~·swept** *adj.* **1.** ⚙, ✈ nach hinten verjüngt, pfeilförmig; **2.** zu'rückgekämmt (*Haar*); **~ talk** *s. sl.* unverschämte Antwort(en *pl.*); **'~·track** *v/i. Am.* **1.** den'selben Weg zu'rückgehen; **2.** *fig.* a) → ***back down*** (***from***), b) e-e Kehrtwendung machen; **'~·up I** *s.* **1.** Unter'stützung *f*; **2.** → ***backing*** 2; **3.** *mot. Am.* (Rück)Stau *m*; **4.** *fig.* ‚Rückzieher' *m*; **5.** ⚙ Ersatzgerät *n*; **6.** *Computer*: a) Datensicherung *f*, b) → ***back-up copy***; **II** *adj.* **7.** Unterstützungs..., Hilfs...; ⚙ Ersatz..., Reserve...; ***~ copy*** Sicherungskopie *f*.

back·ward ['bækwəd] **I** *adj.* **1.** rückwärts gerichtet, Rück(wärts)...; 'umgekehrt; **2.** hinten gelegen, Hinter...; **3.** langsam, schwerfällig, schleppend; **4.** zu'rückhaltend, schüchtern; **5.** *in der Entwicklung* zu'rückgeblieben (*Kind etc.*), rückständig (*Land, Arbeit*); **6.** vergangen; **II** *adv.* **7.** *a.* ***backwards*** [-dz] rückwärts, zu'rück: ***~ and forwards*** vor u. zurück; **8.** *fig.* 'umgekehrt; zum Schlechten; **back·ward·a·tion** [ˌbækwə'deɪʃn] *s. Brit.* ✝ De'port *m*, Kursabschlag *m*; **'back·ward·ness** [-nɪs] *s.* **1.** Rückständigkeit *f*; **2.** Langsamkeit *f*, Trägheit *f*; **3.** Wider'streben *n*; **'back·wards** [-dz] → ***backward*** 7.

'back|·wash *s.* **1.** Rückströmung *f*; Kielwasser *n*; **2.** *fig.* Nachwirkung *f*; **'~ˌwa·ter** *s.* **1.** totes Wasser, Stauwasser *n*; **2.** Seitenarm *m e-s Flusses*; **3.** *fig.* a) tiefste Provinz, (kultu'relles) Notstandsgebiet, b) Rückständigkeit *f*, Stagnati'on *f*; **'~·woods I** *s. pl.* **1.** 'Hinterwälder *pl.*, abgelegene Wälder; *fig.* (tiefste) Pro'vinz; **II** *adj.* **2.** 'hinterwälderisch (*a. fig.*), Provinz...; **3.** *fig.* rückständig; **'~·woods·man** [-mən] *s.* [*irr.*] **1.** 'Hinterwäldler *m* (*a. fig.*); **2.** *Brit. parl.* Mitglied *n* des Oberhauses, das selten erscheint; **~ yard** *s.* 'Hinterhof *m*; *Am. a.* Garten *m* hinter dem Haus.

ba·con ['beɪkən] *s.* Speck *m*: ***~ and eggs*** Speck mit (Spiegel)Ei; ***he brought home the ~*** F er hat es geschafft; ***save one's ~*** F a) mit heiler Haut davonkommen, b) s-e Haut retten.

Ba·co·ni·an [beɪ'kəʊnjən] *adj.* Sir Francis Bacon betreffend; **~ the·o·ry** *s.* 'Bacon-Theoˌrie *f* (*dass Francis Bacon Shakespeares Werke verfasst habe*).

bac·te·ri·a [bæk'tɪərɪə] *s. pl.* Bak'terien *pl.*; **bac'te·ri·al** [-əl] *adj.* Bakterien...; **bac·te·ri·cid·al** [bækˌtɪərɪ'saɪdl] *adj.*

bakteri'zid, Bak'terien tötend; **bac·te·ri·cide** [bæk'tɪərɪsaɪd] *s.* Bakteri'zid *n*; **bac·te·ri·o·log·i·cal** [bækˌtɪərɪə'lɒdʒɪkl] *adj.* □ bakterio'logisch; **bac·te·ri·ol·o·gist** [bækˌtɪərɪ'ɒlədʒɪst] *s.* Bakterio'loge *m*; **bac·te·ri·ol·o·gy** [bækˌtɪərɪ'ɒlədʒɪ] *s.* Bak'terienkunde *f*; **bac·te·ri·um** [bæk'tɪərɪəm] *sg. von* **bacteria**.

Bac·tri·an cam·el ['bæktrɪən] *s. zo.* Trampeltier *n*, zweihöckriges Ka'mel.

bad [bæd] **I** *adj.* □ → **badly**; **1.** *allg.* schlecht, schlimm: *~* **manners** schlechte Manieren; **from ~ to worse** immer schlimmer; **2.** böse, ungezogen: **a ~ boy**; **a ~ lot** F ein schlimmes Pack; **3.** lasterhaft, schlecht: **a ~ woman**; **4.** anstößig, hässlich: **a ~ word**; **~ language** a) hässliche Ausdrücke *pl.*, b) lästerliche Reden *pl.*; **5.** unbefriedigend, ungünstig, schlecht: **~ lighting** schlechte Beleuchtung; **~ name** schlechter Ruf; **in ~ health** kränkelnd; **his ~ German** sein schlechtes Deutsch; **he is ~ at mathematics** er ist in Mathematik schwach; **~ debts** ✝ zweifelhafte Forderungen; **~ debt losses** ✝ Forderungsausfälle *pl.*; **~ title** mangelhafter Rechtstitel; **6.** unangenehm, schlecht: **a ~ smell**; **~ news**; (**that's**) **too ~!** F (das ist doch) zu dumm *od.* schade!; **not** (**half** *od.* **too**) **~** (gar) nicht übel; **7.** schädlich: **~ for the eyes**; **~ for you**; **8.** schlecht, verdorben (*Fleisch, Ei etc.*): **go ~** schlecht werden; **9.** ungültig, falsch (*Münze etc.*); **10.** unwohl, krank: **he is** (*od.* **feels**) **~**; **a ~ finger** ein schlimmer *od.* böser Finger; **he is in a ~ way** es geht ihm nicht gut, er ist schlecht d(a)ran; **11.** heftig, schlimm, arg: **a ~ cold**; **a ~ crime** ein schweres Verbrechen; **II** *s.* **12.** *das* Schlechte: **go to the ~** F auf die schiefe Bahn geraten; → **worse** 4; **13.** ✝ 'Defizit *n*, Verlust *m*: **be £5 to the ~** £5 Defizit haben; **14. be in ~ with s.o.** *Am.* F bei j-m in Ungnade sein; **III** *adv.* **15.** → **badly**.

bad·die ['bædɪ] *s.* F *Film etc.*: Bösewicht *m*, Schurke *m*.

bad·dish ['bædɪʃ] *adj.* ziemlich schlecht.

bad·dy → **baddie**.

bade [beɪd] *pret. von* **bid** 7, 8, 9.

badge [bædʒ] *s.* Ab-, Kennzeichen *n* (*a. fig.*); (Dienst- *etc.*)Marke *f*; ⚔ (Ehren)Spange *f*; *fig.* Merkmal *n*, Stempel *m*.

badg·er ['bædʒə] **I** *s.* **1.** *zo.* Dachs *m*; **2.** *Am.* F Bewohner(in) von Wis'consin; **II** *v/t.* **3.** hetzen; **4.** *fig.* plagen, ‚piesacken', *j-m* zusetzen.

bad·i·nage ['bædɪnɑːʒ] *s.* Necke'rei *f*, Schäke'rei *f*.

'**bad·lands** *s. pl. Am.* Ödland *n*.

bad·ly ['bædlɪ] *adv.* **1.** schlecht, schlimm: **he is ~** (*Am. a.* **bad**) **off** es geht ihm schlecht (*mst finanziell*); **do** (*od.* **come off**) **~** schlecht fahren (**in** bei, mit); **be in ~ with** (*od.* **over**) *Am.* F über Kreuz stehen mit; **feel ~** (*Am. a.* **bad**) (**about it**) ein ‚mieses' Gefühl haben (deswegen); **2.** dringend, heftig, sehr: **~ needed** dringend nötig; **~ wounded** schwer verwundet.

bad·min·ton ['bædmɪntən] *s.* **1.** *sport* Badminton *n*; **2.** Federballspiel *n*.

'**bad·mouth** *v/t.* F *j-n* übel beschimpfen.

bad·ness ['bædnɪs] *s.* **1.** schlechte Beschaffenheit; **2.** Schlechtigkeit *f*, Verderbtheit *f*; Bösartigkeit *f*.

ˌ**bad-'tem·pered** *adj.* schlecht gelaunt, übellaunig.

Bae·de·ker ['beɪdɪkə] *s.* Baedeker *m*, Reiseführer *m*; *weitS.* Handbuch *n*.

baf·fle ['bæfl] *v/t.* **1.** *j-n* verwirren, verblüffen, narren, täuschen, *j-m* ein Rätsel aufgeben: **be ~d** vor e-m Rätsel stehen; **2.** *Plan etc.* durch'kreuzen, unmöglich machen: **it ~s description** es spottet jeder Beschreibung; **~ paint** *s.* ⚔ Tarnungsanstrich *m*; **~ plate** *s.* Ablenk-, Prallplatte *f*; Schlingerwand *f* (*im Kraftstoffbehälter*).

baf·fling ['bæflɪŋ] *adj.* □ **1.** verwirrend, vertrackt, rätselhaft; **2.** vereitelnd, hinderlich; **3.** 'umspringend (*Wind*).

bag [bæg] **I** *s.* **1.** Sack *m*, Beutel *m*, Tüte *f*, (Schul-, Hand- *etc.*)Tasche *f*; *engS.* a) Reisetasche *f*, b) Geldbeutel *m*: **mixed ~** *fig.* Sammelsurium *n*; **~ and baggage** (mit) Sack u. Pack, mit allem Drum und Dran; **the whole ~ of tricks** alles, der ganze Krempel; **give s.o. the ~** F j-m den Laufpass geben; **be left holding the ~** *Am.* F die Sache ausbaden müssen; **that's** (**just**) **my ~** *sl.* das ist genau mein Fall; **that's not my ~** *sl.* das ist nicht ‚mein Bier'; **that's in the ~** das haben wir (so gut wie) sicher; → **bone** 1; **2.** *hunt.* a) Jagdtasche *f*, b) Jagdbeute *f*, Strecke *f*; **3.** (**pair of**) **~s** F Hose *f*; **4.** (**old**) **~** *sl.* Weibsbild *n*, ‚alte Ziege'; **II** *v/t.* **5.** in e-n Sack *etc.* tun, ⚙ einsacken, abfüllen; **6.** *hunt.* zur Strecke bringen, fangen (*a. fig.*); **7.** *sl.* a) sich *et.* schnappen, b) ‚klauen', c) *j-n* ‚in die Tasche stecken', besiegen; **8.** bauschen; **III** *v/i.* **9.** sich bauschen.

bag·a·telle [ˌbægə'tel] *s.* **1.** Baga'telle *f* (*a.* ♪), Kleinigkeit *f*; **2.** 'Tivolispiel *n*.

bag·gage ['bægɪdʒ] *s.* **1.** *bsd. Am.* (Reise)Gepäck *n*; **2.** ⚔ Ba'gage *f*, Gepäck *n*, Tross *m*; **3.** V ‚Flittchen' *n*; **4.** F ‚Fratz' *m*, (kleiner) Racker (*Mädchen*); **~ al·low·ance** *s.* ✈ Freigepäck *n*; **~ car** *s. Am.* Gepäckwagen *m*; **~ check** *s. Am.* Gepäckschein *m*; **~ claim** *s.* ✈ Gepäckausgabe *f*; **~ hold** *s. Am.* Gepäckraum *m*; **~ in·sur·ance** *s. Am.* (Reise)Gepäckversicherung *f*.

bag·ging ['bægɪŋ] **I** *s.* **1.** Sack-, Packleinwand *f*; **II** *adj.* **2.** sich bauschend; **3.** → **bag·gy** ['bægɪ] *adj.* bauschig, zu weit, sackartig herabhängend; ausgebeult (*Hose*).

Bag lady ist die Bezeichnung für eine Stadtstreicherin, die ihr gesamtes Hab und Gut in Plastiktüten mit sich herumträgt.

'**bag|·pipe** *s.* ♪ Dudelsack(pfeife *f*) *m*; '**~,pip·er** *s.* Dudelsackpfeifer *m*; '**~-,snatch·er** *s.* Handtaschenräuber *m*.

bah [bɑ(:)] *int.* pah! (*Verachtung*).

bail[1] [beɪl] ⚖ **I** *s.* (*nur sg.*) **1.** a) Bürge *m*: ***find ~*** sich e-n Bürgen verschaffen, b) Bürgschaft *f*, Sicherheitsleistung *f*, Kauti'on *f*: ***admit to ~*** → 4; ***allow*** (*od.* ***grant***) ***~*** a) → 4, b) Kaution zulassen; ***be out on ~*** gegen Kaution auf freiem Fuß sein; ***forfeit one's ~*** (*bsd. wegen Nichterscheinens*) die Kaution verlieren; ***go*** (*od.* ***stand***) ***~ for s.o.*** für j-n Sicherheit leisten *od.* Kaution stellen; ***jump ~*** *Am.* F die Kaution ‚sausen lassen' (u. verschwinden); ***release on ~*** → 4; ***surrender to*** (*od.* ***save***) ***one's ~*** vor Gericht erscheinen; **2.** *a.* ***release on ~*** Freilassung *f* gegen Kauti'on *od.* Sicherheitsleistung *f*; **II** *v/t.* **3.** *mst* ***~ out*** *j-s* Freilassung gegen Kauti'on erwirken; **4.** *j-n* gegen Kauti'on freilassen; **5.** *Güter* (*zur treuhänderischen Verwahrung*) übergeben (***to s.o.*** j-m); **6.** ***~ out*** *fig. j-n* retten, *j-m* her'aushelfen (***of*** aus *dat.*).

bail[2] [beɪl] **I** *v/t.* ⚓ ausschöpfen: ***~ out water*** (***a boat***); **II** *v/i.* ***~ out*** ‚aussteigen': a) ✈ mit dem Fallschirm abspringen, b) *fig.* nicht mehr mitmachen.

bail[3] [beɪl] *s.* Bügel *m*, Henkel *m*.

bail·a·ble ['beɪləbl] *adj.* ⚖ kauti'onsfähig.

bail·ee [,beɪ'li:] *s.* ⚖ Verwahrer *m* (*e-r beweglichen Sache*), *z.B.* Spedi'teur *m*.

bai·ley ['beɪlɪ] *s. hist.* Außenmauer *f*, Außenhof *m e-r Burg*: ***Old*** ♀ *Hauptkriminalgericht in London*.

bail·iff ['beɪlɪf] *s.* **1.** ⚖ a) Gerichtsvollzieher *m*, b) Gerichtsdiener *m*, c) *Am.* Jus'tizwachtmeister *m*; **2.** *bsd. Brit.* (Guts)Verwalter *m*; **3.** *hist. Brit.* königlicher Beamter.

bail·i·wick ['beɪlɪwɪk] *s.* ⚖ Amtsbezirk *m* e-s ***bailiff***.

bail·ment ['beɪlmənt] *s.* ⚖ (vertragliche) Hinter'legung (*e-r beweglichen Sache*), Verwahrung(svertrag *m*) *f*.

bail·or ['beɪlə] *s.* ⚖ Hinter'leger *m*.

bairn [beən] *s. Scot.* Kind *n*.

bait [beɪt] **I** *s.* **1.** Köder *m*; *fig. a.* Lockung *f*, Reiz *m*: ***take*** (*od.* ***rise to***) ***the ~*** anbeißen, den Köder schlucken, *fig. a.* auf den Leim gehen; **2.** Rast *f*, Imbiss *m*; **3.** Füttern *n* (*Pferde*); **II** *v/t.* **4.** mit Köder versehen; **5.** *fig.* ködern, (an-)locken; **6.** *obs. Pferde unterwegs* füttern; **7.** mit Hunden hetzen; **8.** *fig. j-n* reizen, quälen, peinigen; '**bait·er** [-tə] *s.* Hetzer *m*, Quäler *m*; '**bait·ing** [-tɪŋ] *s.* **1.** *fig.* Hetze *f*, Quäle'rei *f*; **2.** Rast *f*.

baize [beɪz] *s.* Boi *m*, *mst grüner* Fries (*Wollstoff für Tischüberzug*).

bake [beɪk] **I** *v/t.* **1.** backen, im (Back-)Ofen braten: ***~d potatoes*** Folien-, Ofenkartoffeln *pl.*; **2.** a) dörren, austrocknen, härten: ***sun-baked ground***, b) *Ziegel* brennen, c) ⚙ *Lack* einbrennen; **II** *v/i.* **3.** backen, braten (*a. fig. in der Sonne*); gebacken werden (*Brot etc.*); **4.** dörren, hart werden; **III** *s.* **5.** *Am.* gesellige Zs.-kunft; '**~·house** *s.* Backhaus *n*, -stube *f*.

ba·ke·lite ['beɪkəlaɪt] *s.* ⚙ Bake'lit *n*.

bak·er ['beɪkə] *s.* **1.** Bäcker *m*: ***~'s dozen*** dreizehn; **2.** *Am.* tragbarer Backofen; '**bak·er·y** [-ərɪ] *s.* Bäcke'rei *f*.

bakh·shish → ***baksheesh***.

bak·ing ['beɪkɪŋ] **I** *s.* Backen *n*; Brennen *n* (*Ziegel*); **II** *adv. u. adj.* glühend heiß; ***~ pow·der*** *s.* Backpulver *n*.

bak·sheesh, **bak·shish** ['bækʃi:ʃ] *s.* 'Bakschisch *n*, Trinkgeld *n*; Bestechungsgeld *n* (*im Orient*).

Ba·la·kla·va (hel·met) [,bælə'klɑ:və] *s.* ⚔ *Brit.* (wollener) Kopfschützer.

bal·a·lai·ka [,bælə'laɪkə] *s.* Bala'laika *f* (*russ. Zupfinstrument*).

bal·ance ['bæləns] **I** *s.* **1.** Waage *f* (*a. fig.*); **2.** Gleichgewicht *n* (*a. fig.*): ***~*** (***of mind***) inneres Gleichgewicht, Gelassenheit *f*; ***~ of nature*** Gleichgewicht der Natur; ***~ of power*** (politisches) Gleichgewicht der Kräfte; ***loss of ~*** ⚕ Gleichgewichtsstörungen *pl.*; ***hold the ~*** *fig.* das Zünglein an der Waage bilden; ***turn the ~*** den Ausschlag geben; ***lose one's ~*** das Gleichgewicht *od. fig.* die Fassung verlieren; ***in the ~*** in der Schwebe; ***tremble*** (*od.* ***hang***) ***in the ~*** auf Messers Schneide stehen; **3.** Gegengewicht *n*, Ausgleich *m*; **4.** ***on ~*** alles in allem, ‚unterm Strich'; **5.** → ***balance-wheel***; **6.** ✝ 'Saldo *m*, Ausgleichsposten *m*, 'Überschuss *m*, Guthaben *n*, 'Kontostand *m*; Bi'lanz *f*; Rest (-betrag) *m*: ***adverse ~*** Unterbilanz; ***~ brought*** (*od.* ***carried***) ***forward*** Übertrag *m*, Saldovortrag *m*; ***(un)favo(u)rable ~ of trade*** aktive (passive) Handelsbilanz; ***~ due*** Debetsaldo; ***~ at the bank*** Bankguthaben; ***~ in hand*** Kassenbestand *m*; ***~ of payments*** Zahlungsbilanz; ***strike a ~*** den Saldo *od.* (*a. fig.*) die Bilanz ziehen; **7.** Bestand *m*; F ('Über)Rest *m*; **II** *v/t.* **8.** *fig.* (er-, ab)wägen; **9.** (*a.* ***o.s.*** sich) im Gleichgewicht halten; ins Gleichgewicht bringen, ausgleichen; ausbalancieren; ✝ *Rechnung od. Konto* ausgleichen, aufrechnen, saldieren, abschließen: **~ the cash** Kasse(nsturz) machen; → **account** 5; **10.** *Kunstwerk* har'monisch gestalten; **III** *v/i.* **11.** balancieren, *fig. a.* **~ out** sich im Gleichgewicht halten (*a. fig.*); **12.** sich (hin u. her) wiegen; *fig.* schwanken; **13.** ✝ sich ausgleichen; **14.** *a.* **~ out** ⚙ (sich) einspielen; **~ beam** *s. Turnen*: Schwebebalken *m*.

bal·anced ['bælənst] *adj. fig.* (gut) ausgewogen, wohlerwogen, ausgeglichen (*a.* ✝ *u.* ⚡), gleichmäßig: **~ diet** ausgeglichene Kost; **~ judg(e)ment** wohlerwogenes Urteil.

bal·ance| i·tem *s.* Bi'lanzposten *m*; **~ sheet** *s* ✝ Bi'lanz *f*; Rechnungsabschluss *m*: **first** (*od.* **opening**) **~** Eröffnungsbilanz; **~ wheel** *s.* ⚙ Hemmungsrad *n*, Unruh *f* (*Uhr*).

bal·co·ny ['bælkənɪ] *s.* Bal'kon *m* (*a. thea.*).

bald [bɔːld] *adj.* □ **1.** kahl (*ohne Haar, Federn, Laub, Pflanzenwuchs*): **as ~ as a coot** völlig kahl; **2.** *fig.* kahl, schmucklos, nüchtern, armselig, dürftig; **3.** *fig.* nackt, unverhüllt, trocken, unverblümt: **a ~ statement**; **4.** *zo.* weißköpfig (*Vögel*), mit Blesse (*Pferde*).

bal·da·chin, **bal·da·quin** ['bɔːldəkɪn] *s.* 'Baldachin *m*, Thron-, Traghimmel *m*.

bal·der·dash ['bɔːldədæʃ] *s.* ‚Quatsch' *m*, Unsinn *m*.

'bald|·head *s.* Kahlkopf *m*; **ˌ~-'head·ed** *adj.* kahlköpfig: **go ~ into** *sl.* blindlings hineinrennen in (*acc.*).

bald·ing ['bɔːldɪŋ] *adj.* kahl werdend; **bald·ness** ['bɔːldnɪs] *s.* Kahlheit *f*; *fig.* Dürftigkeit *f*, Nacktheit *f*; **'bald·pate** *s.* **1.** Kahl-, Glatzkopf *m*; **2.** *orn.* Pfeifente *f*.

bale[1] [beɪl] **I** *s.* ✝ Ballen *m*: **~ goods** Ballengüter *pl.*, Ballenware *f*; **II** *v/t.* in Ballen verpacken.

bale[2] → **bail**[2].

'bale·fire *s.* **1.** Si'gnalfeuer *n*; **2.** Freudenfeuer *n*.

bale·ful ['beɪlfʊl] *adj.* □ **1.** unheilvoll (*Einfluss*); **2.** a) bösartig, rachsüchtig, b) hasserfüllt (*Blick*); **3.** niedergeschlagen.

balk [bɔːk] **I** *s.* **1.** Hindernis *n*; **2.** Enttäuschung *f*; **3.** *dial. u. Am.* Auslassung *f*, Fehler *m*, Schnitzer *m*; **4.** (Furchen-)Rain *m*; **5.** Hindernis *n*, Hemmnis *n*; **6.** ⚠ Hauptbalken *m*; **7.** *Billard*: Quartier *n*; **8.** *Am. Baseball*: vorgetäuschter Wurf; **II** *v/i.* **9.** stocken, stutzen; scheuen (**at** bei, vor. *dat.*) (*Pferd*); *Reitsport*: verweigern (*acc.*); **10. ~ at** *fig.* a) sich sträuben gegen, b) zu'rückschrecken vor (*dat.*); **III** *v/t.* **11.** (ver)hindern, vereiteln: **~ s.o. of s.th.** j-n um et. bringen; **12.** ausweichen (*dat.*), um'gehen; **13.** sich entgehen lassen.

Bal·kan ['bɔːlkən] **I** *adj.* Balkan...; **II** *s.*: **the ~s** *pl.* die 'Balkanstaaten, der 'Balkan; **'Bal·kan·ize** [-naɪz] *v/t. Gebiet* balkanisieren.

ball[1] [bɔːl] **I** *s.* **1.** Ball *m*, Kugel *f*; Knäuel *m, n*, Klumpen *m*, Kloß *m*, Ballen *m*: **three ~s** drei Kugeln (*Zeichen des Pfandleihers*); **2.** Kugel *f* (*zum Spiel*); **3.** *sport* a) Ball *m*, b) *Am.* Ballspiel *n*, *bsd.* Baseball(spiel *n*) *m*, c) *Tennis*: Ball *m*, Schlag *m*, d) *Fußball*: Ball *m*, Schuss *m*, e) Wurf *m*: **be on the ~** F ‚auf Draht' sein; **have a lot on the ~** *Am.* F ‚schwer was loshaben'; **have the ~ at one's feet** s-e große Chance haben; **keep the ~ rolling** das Gespräch *od.* die Sache in Gang halten; **the ~ is with you** *od.* **in your court!** jetzt bist 'du dran!; **play ~** F mitmachen, ‚spuren'; **4.** ⚔ *etc.* Kugel *f*; **5.** (Abstimmungs)Kugel *f*; → **black ball**; **6.** *ast.* Himmelskörper *m*, Erdkugel *f*; **7. ~ of the eye** Augapfel *m*; **~ of the foot** Fußballen *m*; **~ of the thumb** Handballen; **8.** *pl.* V → **balls**; **II** *v/t.* **9.** (*v/i.* sich) zs.-ballen; **10. ~ up** *Am. sl.* a) (völlig) durcheinander bringen, b) ‚vermasseln'; **11.** (*a. v/i.*) V ‚bumsen'.

ball[2] [bɔːl] *s.* (Tanz- *etc.*)Ball *m*: **open the ~** a) den Ball (*mst fig.* den Reigen) eröffnen, b) *fig.* die Sache in Gang bringen; **have a ~** *Am.* F sich (prima) amüsieren; **get a ~ out of s.th.** *Am.* F an et. Spaß haben.

ball[3] [bɔːl] *s.* große Arz'neipille (*für Pferde etc.*).

bal·lad ['bæləd] *s.* Bal'lade *f*; **'bal·lad·ˌmon·ger** *s.* Bänkelsänger *m*; Dichterling *m*; **'bal·lad·ry** [-drɪ] *s.* Bal'ladendichtung *f*.

ˌball-and-'sock·et joint *s.* ⚙, *anat.* Kugel-, Drehgelenk *n*.

bal·last ['bæləst] **I** *s.* **1.** ⚓, ✈ Ballast *m*, Beschwerung *f*: **in ~** in Ballast; **2.** *fig.* (sittlicher) Halt; **3.** ⚙ Schotter *m*, 'Bettungsmateriˌal *n*; **II** *v/t.* **4.** ⚓, ✈ mit Ballast beladen; **5.** *fig. j-m* Halt geben; **6.** ⚙ beschottern.

ball| bear·ing(s *pl.*) *s.* ⚙ Kugellager *n*; **'~·boy** *s. Tennis*: Balljunge *m*.

bal·le·ri·na [ˌbælə'riːnə] *s.* **1.** (Prima-)Balle'rina *f*; **2.** Bal'letttänzerin *f*.

bal·let ['bæleɪ] *s.* **1.** *allg.* Bal'lett *n*; **2.** Bal'lettkorps *n*; **~ danc·er** ['bælɪ] *s.* Bal'letttänzer(in); **~ danc·ing** ['bælɪ] *s.* Bal'letttanzen *n*; Tanzen *n*.

bal·let·o·mane ['bælɪtəʊmeɪn] *s.* Bal'lettfaˌnatiker(in).

'ball|ˌflow·er *s.* ⚠ Ballenblume *f* (*gotische Verzierung*); **~ game** *s.* **1.** *sport* (*Am.* Base)Ballspiel *n*; **2.** *Am.* F a) Situati'on *f*, b) Sache *f*.

bal·lis·tic [bəˈlɪstɪk] *adj.* (☐ **~ally**) *phys.*, ⚔ balˈlistisch; → ***missile*** 2; **balˈlis·tics** [-ks] *s. pl. mst sg. konstr. phys.*, ⚔ Balˈlistik *f.*

ball joint *s. anat.*, ⚙ Kugelgelenk *n.*

bal·lon d'es·sai [balɔ̃ desɛ] (*Fr.*) *s. bsd. fig.* Verˈsuchsbalˌlon *m.*

bal·loon [bəˈluːn] **I** *s.* **1.** ✈ Balˈlon *m*: ***~ barrage*** ⚔ Ballonsperre *f*; ***when the ~ goes up*** F wenn es losgeht; **2.** Luftballon *m* (*Spielzeug*); **3.** △ (Pfeiler)Kugel *f*; **4.** ⚗ Balˈlon *m*, Rezipiˈent *m*; **5.** *in Comics etc.*: (Sprech-, Denk)Blase *f*; **6.** ***~ (glass)*** ˈKognakschwenker *m*; **7.** *sl. sport* ‚Kerze' *f* (*Hochschuss*); **II** *v/i.* **8.** im Ballon aufsteigen; **9.** sich blähen; **III** *v/t.* **10.** *sl. sport den Ball* ‚in die Wolken jagen'; **11.** aufblasen; *fig.* aufblähen, überˈtreiben, steigern; **12.** ✝ *Am. Preise* in die Höhe treiben; **IV** *adj.* **13.** aufgebläht: ***~ sleeve*** Puffärmel *m*; **bal·loon·ist** [bəˈluːnɪst] *s.* Balˈlonfahrer *m*; **bal·loon tire** (*Brit.* **tyre**) *s.* ⚙ Balˈlonreifen *m.*

bal·lot [ˈbælət] **I** *s.* **1.** *hist.* Wahlkugel *f*; *weitS.* Stimmzettel *m*; **2.** (geheime) Wahl: ***voting is by ~*** die Wahl ist geheim; ***at the first ~*** im ersten Wahlgang; **3.** Zahl *f* der abgegebenen Stimmen, *weitS.* Wahlbeteiligung *f*; **II** *v/i.* **4.** (geheim) abstimmen; **5.** losen (***for*** um); **~ box** *s.* Wahlurne *f*; **~ pa·per** *s.* Stimmzettel *m*; **~ vote** *s.* Urabstimmung *f* (*bei Lohnkämpfen*).

ˈball|(·point) pen *s.* Kugelschreiber *m*; **~ race** *s.* ⚙ Kugellager-, Laufring *m*; **~ re·cep·tion** *s. TV* Ball-, Reˈlaisempfang *m*; **ˈ~·room** *s.* Ball-, Tanzsaal *m*: ***~ dancing*** Gesellschaftstanz *m*, -tänze *pl.*

balls [bɔːlz] **I** *s. pl.* V **1.** ‚Eier' *pl.* (*Hoden*); **II** *int.* ‚Quatsch'!, Blödsinn!

ˈball-up *s. Am. sl.* Durcheinˈander *n.*

bal·ly·hoo [ˌbælɪˈhuː] F **I** *s.* (Reˈklame)Rummel *m*, Ballyhoo *n*, *a. weitS.* ‚Tamˈtam' *n*, ‚Wirbel' *m*; **II** *v/i. u. v/t.* e-n Rummel machen (um), marktschreierisch anpreisen.

bal·ly·rag [ˈbælɪræg] *v/t.* mit *j-m* Possen *od.* Schindluder treiben.

balm [bɑːm] *s.* **1.** ˈBalsam *m*: a) aroˈmatisches Harz, b) wohlriechende Salbe, c) *fig.* Trost *m*, *a.* Wohltat *f*; **2.** *fig.* balˈsamischer Duft; **3.** ⚘ ***~ of Gilead*** ˈBalsamstrauch *m od.* -harz *n.*

bal·mor·al [bælˈmɒrəl] *s.* Schottenmütze *f.*

balm·y [ˈbɑːmɪ] *adj.* ☐ **1.** balˈsamisch; **2.** *fig.* mild; heilend; **3.** *Brit. sl.* ‚bekloppt'.

bal·ne·ol·o·gy [ˌbælnɪˈɒlədʒɪ] *s.* ⚕ Balneoloˈgie *f*, Bäderkunde *f.*

ba·lo·ney [bəˈləʊnɪ] → ***boloney***.

bal·sam [ˈbɔːlsəm] *s.* **1.** → ***balm*** 1; **2.** ⚘ a) Springkraut *n*, b) Balsaˈmine *f*; **bal·sam·ic** [bɔːlˈsæmɪk] *adj.* (☐ **~ally**) **1.** ˈbalsamartig, Balsam...; **2.** balˈsamisch (duftend); **3.** *fig.* mild, sanft; lindernd, heilend.

Balt [bɔːlt] *s.* Balte *m*, Baltin *f*; **ˈBal·tic** [-tɪk] **I** *adj.* **1.** baltisch; **2.** Ostsee...; **II** *s.* **3.** *a.* ***~ Sea*** Ostsee *f.*

bal·us·ter [ˈbæləstə] → ***banister***; **bal·us·trade** [ˌbæləsˈtreɪd] *s.* Baluˈstrade *f*, Brüstung *f*, Geländer *n.*

bam·boo [bæmˈbuː] *s.* **1.** ⚘ ˈBambus *m*: ***~ curtain*** *pol.* Bambusvorhang *m* (*von Rotchina*); ***~ shoot*** Bambussprosse *f*; **2.** ˈBambusrohr *n*, -stock *m.*

bam·boo·zle [bæmˈbuːzl] *v/t. sl.* **1.** beschwindeln (***out of*** um), übers Ohr hauen; **2.** foppen, verwirren.

ban [bæn] **I** *v/t.* **1.** verbieten: ***~ a play***; ***~ s.o. from speaking*** j-m verbieten zu sprechen; **2.** *sport j-n* sperren; **II** *s.* **3.** (amtliches) Verbot, Sperre *f* (*a. sport*): ***travel ~*** Reiseverbot; ***lift a ~*** ein Verbot aufheben; **4.** Ablehnung *f* durch die öffentliche Meinung: ***under a ~*** allgemein missbilligt, geächtet; **5.** ⚖, *eccl.* Bann *m*, Acht *f*: ***under the ~*** in die Acht erklärt, exkommuniziert.

ba·nal [bəˈnɑːl] *adj.* baˈnal, abgedroschen, seicht; **ba·nal·i·ty** [bəˈnælətɪ] *s.* Banaliˈtät *f*; **ba·na·lize** [bəˈnɑːlaɪz] *v/t.* banalisieren.

ba·nan·a [bəˈnɑːnə] *s.* ⚘ Baˈnane *f*: ***go ~s*** *sl.* ‚überschnappen'; **~ plug** *s.* ϟ Baˈnanenstecker *m*; **~ re·pub·lic** *s. iro.* Baˈnanenrepuˌblik *f.*

band¹ [bænd] **I** *s.* **1.** Schar, *f*, Gruppe *f*; Bande *f*: ***~ of robbers*** Räuberbande; **2.** Band *f*, (Muˈsik)Kaˌpelle *f*, (ˈTanz-) Orˌchester *n*: ***big ~*** Big Band; → ***beat*** 12; **II** *v/t.* **3.** ***~ together*** (zu e-r Gruppe *etc.*) vereinigen; **III** *v/i.* **4.** ***~ together*** sich zs.-tun, *b.s.* sich zs.-rotten.

band² [bænd] **I** *s.* **1.** (flaches) Band; (Heft)Schnur *f*: ***rubber ~*** Gummiband; **2.** Band *n* (*an Kleidern*), Gurt *m*, Binde *f*, (Hosen- *etc.*)Bund *m*, Einfassung *f*; **3.** Band *n*, Ring *m* (*als Verbindung od. Befestigung*); Bauchbinde *f* (*Zigarre*); **4.** ⚕ (Gelenk)Band *n*; Verband *m*; **5.** (Meˈtall)Reifen *m*; Ring *m*; Streifen *m*; **6.** ⚙ Treibriemen *m*; **7.** *pl.* Beffchen *n der Geistlichen u. Richter*; **8.** *andersfarbiger od. andersartiger* Streifen, Querstreifen *m*; Schicht *f*; **9.** *Radio*: (Freˈquenz)Band *n*; **II** *v/t.* **10.** mit e-m Band *od.* e-r Binde versehen, zs.-binden; *Am. Vogel* beringen; **11.** mit (e-m) Streifen versehen; **band·age** [ˈbændɪdʒ] **I** *s.* **1.** ⚕ Verband *m*, Binde *f*, Banˈdage *f*: ***~ case*** Verbandskasten *m*; **2.** Binde *f*, Band *n*; **II** *v/t.* **3.** *Wunde etc.* verbinden, *Bein etc.* bandagieren.

ˈBand-Aid *TM*, F **ˈband-aid** *Am.* **I** *s.* Heftpflaster *n*; **II** *adj.* F Behelfs...

ban·dan·(n)a [bænˈdænə] *s.* buntes Taschen- *od.* Halstuch.

band|·box ['bændbɒks] *s.* Hutschachtel *f*: ***as if he*** (***she***) ***came out of a ~*** wie aus dem Ei gepellt; **~ brake** *s.* ⚙ Band-, Riemenbremse *f.*
ban·deau ['bændəʊ] *pl.* **-deaux** [-dəʊz] (*Fr.*) *s.* Haar- *od.* Stirnband *n.*
ban·de·rol(e) ['bændərəʊl] *s.* **1.** langer Wimpel, Fähnlein *n*; **2.** Inschriftenband *n.*
ban·dit ['bændɪt] *pl. a.* **-ti** [bæn'dɪtɪ] *s.* Ban'dit *m*, (Straßen)Räuber *m*, *weitS.* Gangster *m*: ***a banditti*** *coll.* e-e Räuberbande; → ***one-armed***; **'ban·dit·ry** [-trɪ] *s.* Ban'ditentum *n.*
band·mas·ter ['bænd,mɑːstə] *s.* ♪ Ka'pellmeister *m.*
'ban·dog *s. Brit.* Kettenhund *m.*
ban·do·leer, ban·do·lier [,bændəʊ'lɪə] *s.* ⚔ (*um die Brust geschlungener*) Patronengurt.
'band|-pass fil·ter *s. Radio*: Bandfilter *n, m*; **~ pul·ley** *s.* ⚙ Riemenscheibe *f*, Schnurrad *n*; **~ saw** *s.* ⚙ Bandsäge *f*; **~ shell** *s.* (muschelförmiger) Or'chester,pavillon.
bands·man ['bændzmən] *s.* [*irr.*] ♪ 'Musiker *m*, Mitglied *n* e-r (Mu'sik)Ka,pelle.
'band|·stand *s.* Mu'sik,pavillon *m*; Podium *n*; **~ switch** *s. Radio*: Fre'quenz(band),umschalter *m*; **'~,wag·on** *s.* **1.** Wagen *m* mit e-r Mu'sikka,pelle; **2.** F *pol.* erfolgreiche Seite *od.* Par'tei: ***climb on the ~*** mit ‚einsteigen', sich der Erfolg versprechenden Sache anschließen; **'~·width** *s. Radio*: Bandbreite *f.*
ban·dy ['bændɪ] **I** *v/t.* **1.** sich *et.* zuwerfen; **2.** sich *et.* erzählen; **3.** sich (gegenseitig) *Vorwürfe, Komplimente etc.* machen, *Blicke, böse Worte, Schläge etc.* tauschen: ***~ words*** sich streiten; **4.** *a.* ***~ about*** *Gerüchte* in 'Umlauf setzen *od.* weitertragen; **5.** *a.* ***~ about*** *j-s Namen* immer wieder erwähnen: ***his name was bandied about*** *a.* er war ins Gerede gekommen; **II** *s.* **6.** *sport* Bandy *n* (*Abart des Eishockey*).
'bandy-legged [-legd] *adj.* o- *od.* säbelbeinig.
bane [beɪn] *s.* Verderben *n*, Ru'in *m*: ***the ~ of his life*** der Fluch s-s Lebens; **'bane·ful** [-fʊl] *adj.* □ verderblich, tödlich, schädlich.
bang¹ [bæŋ] **I** *s.* **1.** Bums *m*, Schlag *m*, Krach *m*, Knall *m*: ***go over with a ~*** *Am.* F ein Bombenerfolg sein; **2.** V ‚Nummer' *f* (*Koitus*); **3.** *sl.* ‚Schuss' *m* (*Rauschgift*); **II** *v/t.* **4.** dröhnend schlagen, knallen mit, *Tür etc.* zuknallen: ***~ one's head against*** sich den Kopf anschlagen an (*dat.*); ***~ one's fist on the table*** mit der Faust auf den Tisch schlagen; ***~ sense into s.o.*** j-m Vernunft einbläuen; ***~ up*** kaputtmachen, -schlagen, *Auto* zu Schrott fahren; ***~ed(-)up*** zerbeult, (arg) mitgenommen, demoliert; **5.** ***~ about*** *fig.* *j-n* he'rumstoßen; **6.** V ‚bumsen', ‚vögeln'; **III** *v/i.* **7.** knallen: a) krachen, b) zuschlagen (*Tür etc.*), c) ballern, schießen: ***~ at*** an *die Tür etc.* schlagen; ***~ away*** drauflosballern; ***~ into*** bumsen *od.* knallen gegen; **8.** V ‚bumsen', ‚vögeln'; **IV** *adv.* **9.** bums: a) mit e-m Knall *od.* Krach, b) F *fig.* ‚zack', genau: ***~ in the eye***, c) F *fig.* plötzlich: ***~ off*** *sl.* sofort, ‚zack'; ***~ on*** *sl.* (haar)genau; **V** *int.* **10.** bums!, peng!
bang² [bæŋ] *s. mst pl.* Pony *m*; 'Ponyfri,sur *f.*
bang·er ['bæŋə] *s.* **1.** Knallkörper *m*, Feuerwerkskörper *m.*; **2.** ‚Klapperkiste' *f* (*Auto*); **3.** (Brat)Würstchen *n*: ***~s pl. and mash*** Würstchen *pl.* mit Kartoffelbrei.
ban·gle ['bæŋgl] *s.* Armring *m*, -reif *m*; Fußring *m*, -spange *f.*
'bang|-on *adv.* F haargenau; genau (richtig); **'~-up** *adv. u. adj. Am. sl.* ‚prima'.
ban·ish ['bænɪʃ] *v/t.* **1.** verbannen, ausweisen (***from*** aus); **2.** *fig.* (ver)bannen, verscheuchen, vertreiben: ***~ care***; **'banish·ment** [-mənt] *s.* **1.** Verbannung *f*, Ausweisung *f*; **2.** *fig.* Vertreiben *n*, Bannen *n.*
ban·is·ter ['bænɪstə] *s.* Geländersäule *f*; *pl.* Treppengeländer *n.*
ban·jo ['bændʒəʊ] *pl.* **-jos, -joes** *s.* ♪ Banjo *n*; **'ban·jo·ist** [-əʊɪst] *s.* Banjospieler *m.*
bank¹ [bæŋk] **I** *s.* **1.** ✝ Bank *f*, Bankhaus *n*: ***the 𝔅*** *Brit.* die Bank von England; ***~ of deposit*** Depositenbank; ***~ of issue*** (*od.* ***circulation***) Noten-, Emissionsbank; **2.** (Spiel)Bank *f*: ***break*** (***keep***) ***the ~*** die Bank sprengen (halten); ***go*** (***the***) ***~*** Bank setzen; **3.** Vorrat *m*, Re'serve *f*, Bank *f*: → ***blood bank*** *etc.*; **II** *v/i.* **4.** ✝ Geld auf e-r Bank haben: ***I ~ with ...*** ich habe mein Bankkonto bei ...; **5.** *Glücksspiel*: die Bank halten; **6.** ***~ on*** *fig.* bauen *od.* s-e Hoffnung setzen auf (*acc.*); **III** *v/t.* **7.** *Geld* bei e-r Bank einzahlen *od.* hinter'legen.

Neben der Bank, auf der man sein Geld aufbewahrt, gibt es inzwischen auch diverse Arten von „Banken" für ganz andere Zwecke:

bottle bank	Altglascontainer
can bank	Altmetallcontainer

paper bank	Altpapier-container
gene bank	Genbank
organ bank	Organbank
sperm bank	Samenbank

bank² [bæŋk] **I** *s.* **1.** (Erd)Wall *m*, Damm *m*, (Straßen- *etc.*)Böschung *f*; Über'höhung *f e-r Straße*; **2.** Ufer *n*; **3.** (Sand)Bank *f*, Untiefe *f*: ***Dogger*** ⁓ Doggerbank; **4.** Bank *f*, Wand *f*, Wall *m*; Zs.-ballung *f*: ***⁓ of clouds*** Wolkenbank; ***snow ⁓*** Schneewall; **5.** ✈ Querneigung *f in der Kurve*; **II** *v/t.* **6.** eindämmen, mit e-m Wall um'geben; *fig.* dämpfen; **7.** *e-e Straße in der Kurve* über'höhen; **8.** *a.* ***⁓ up*** aufhäufen, zs.- ballen; **9.** ✈ in die Kurve legen, in Schräglage bringen; **10.** *a.* ***⁓ up*** *ein Feuer* mit Asche belegen; **III** *v/i.* **11.** *a.* ***⁓ up*** sich aufhäufen, sich zs.-ballen; **12.** ✈ in die Kurve gehen; **13.** e-e Über'höhung haben (*Straße in der Kurve*).

bank³ [bæŋk] *s.* **1.** Ruderbank *f od.* (Reihe *f* der) Ruderer *pl. in e-r Galeere*; **2.** ⚙ Reihe *f*, Gruppe *f*, Reihenanordnung *f*.

bank·a·ble ['bæŋkəbl] *adj.* ✝ bankfähig, diskontierbar; *fig.* verlässlich, zuverlässig.

bank| ac·count *s.* ✝ Bankkonto *n*; **⁓ bill** → ***bank draft***; **⁓ book** *s.* Sparbuch *n*; **⁓ clerk** *s.* Bankangestellte(r *m*) *f*, -beamte(r) *m*, -beamtin *f*; **⁓ code num·ber** *s.* Bankleitzahl *f*; **⁓ dis·count** *s.* 'Bankdis,kont *m*; **⁓ draft** *s.* Bankwechsel *m* (*von e-r Bank auf e-e andere gezogen*).

bank·er ['bæŋkə] *s.* **1.** ✝ Banki'er *m*: ***⁓'s discretion*** Bankgeheimnis *n*; ***⁓'s order*** Dauerauftrag *m*; **2.** *Kartenspiel etc.*: Bankhalter *m*.

bank hol·i·day *s.* Bankfeiertag *m*.

In Großbritannien heißt ein öffentlicher Feiertag **bank holiday,** weil früher an diesen Tagen hauptsächlich die Banken geschlossen hatten. Großbritannien hat zwar nicht so viele Feiertage wie manch andere europäischen Länder, jedoch wird ein Feiertag, der auf das Wochenende fällt, generell am folgenden Montag nachgeholt. Zu den wichtigsten bank holidays gehören z. B.:

May Day Bank Holiday
der erste Montag im Mai
Spring Bank Holiday
der letzte Montag im Mai
August Bank Holiday
der letzte (*in Schottland:* der erste) Montag im August

bank·ing¹ ['bæŋkɪŋ] ✝ **I** *s.* Bankwesen *n*; **II** *adj.* Bank...

bank·ing² ['bæŋkɪŋ] *s.* ✈ Schräglage *f*.

bank·ing| ac·count *s.* ✝ 'Bank,konto *n*; **⁓ charg·es** *s. pl.* Bankgebühren *pl.*; **⁓ house** *s.* Bankhaus *n*; **⁓ hours** *s.* Banköffnungszeiten *pl.*

bank| lend·ing rate *s.* Kreditzinssatz *m*; **⁓ man·ag·er** *s.* 'Bankdi,rektor *m*; **'⁓·note** *s.* ✝ Banknote *f*; **⁓ rate** *s.* ✝ Dis'kontsatz *m*; **⁓ re·turn** *s.* Bankausweis *m*; **⁓ rob·ber·y** *s.* Bankraub *m*; **'⁓·roll** *s. Am.* **1.** Bündel *n* Banknoten; **2.** Geld(mittel *pl.*) *n*.

bank·rupt ['bæŋkrʌpt] **I** *s.* **1.** ⚖ Kon'kurs-, Gemeinschuldner *m*, Bankrot'teur *m*: ***⁓'s certificate*** Dokument *n* über Einstellung des Konkursverfahrens; ***⁓'s creditor*** Konkursgläubiger *m*; ***⁓'s estate*** Konkursmasse *f*; ***declare o.s. a ⁓*** (s-n) Konkurs anmelden; **2.** *fig.* bank'rotter *od.* her'untergekommener Mensch; **II** *adj.* **3.** ⚖ bank'rott: ***go ⁓*** in Konkurs geraten, Bankrott machen; **4.** *fig.* bank'rott (*a. Politik, Politiker etc.*), ruiniert: ***morally ⁓*** moralisch bankrott, sittlich verkommen; ***⁓ in intelligence*** bar aller Vernunft; **III** *v/t.* **5.** ⚖ Bank'rott machen; **6.** *fig.* zu'grunde richten; **'bank·rupt·cy** [-rəptsɪ] *s.* **1.** ⚖ Bank'rott *m*, Kon'kurs *m*: ***act of ⁓*** Konkurshandlung *f*; ***⁓ Act*** Konkursordnung *f*; ***declaration of ⁓*** Konkursanmeldung *f*; ***petition in ⁓*** Konkursantrag *m*; ***referee in ⁓*** Konkursrichter *m*; **2.** *fig.* Ru'in *m*, Bank'rott *m*.

bank state·ment *s.* ✝ **1.** Bankausweis *m*; **2.** *Brit.* Kontoauszug *m*.

ban·ner ['bænə] **I** *s.* **1.** Banner *n*, Fahne *f*, Heeres-, Kirchen-, Reichsfahne *f*; **2.** *fig.* Banner *n*, Fahne *f*: ***the ⁓ of freedom***; **3.** Spruchband *n*, Transpa'rent *n bei politischen Umzügen*; **4.** *a.* ***⁓ headline*** 'Balken,überschrift *f*, Schlagzeile *f*; **II** *adj. Am.* **5.** führend, 'prima: ***⁓ class*** beste Sorte; **'⁓,bear·er** *s.* **1.** Fahnenträger *m*; **2.** Vorkämpfer *m*.

banns [bænz] *s. pl. eccl.* Aufgebot *n des Brautpaares vor der Ehe*: ***ask the ⁓*** das Aufgebot bestellen; ***publish*** (*od.* ***put up***) ***the ⁓*** (***of***) (*das Brautpaar*) kirchlich aufbieten.

ban·quet ['bæŋkwɪt] **I** *s.* Ban'kett *n*, Festessen *n*; **II** *v/t.* festlich bewirten; **III**

v/i. tafeln; '**ban·quet·er** [-tə] *s.* Ban'kettteilnehmer(in).

ban·shee [bæn'ʃiː] *s. Ir., Scot.* Todesfee *f.*

ban·tam ['bæntəm] **I** *s.* **1.** *zo.* 'Bantam-, Zwerghuhn *n*, -hahn *m*; **2.** *fig.* Zwerg *m*, Knirps *m*; **II** *adj.* **3.** klein, ⚙ Klein..., *a.* handlich; '**~·weight** *s. sport* 'Bantamgewicht(ler *m*) *n*.

ban·ter ['bæntə] **I** *v/t.* necken, hänseln; **II** *v/i.* necken, scherzen; **III** *s.* Necke'rei *f*, Scherz(e *pl.*) *m*; '**ban·ter·er** [-ərə] *s.* Spaßvogel *m*.

Ban·tu [ˌbæn'tuː] **I** *pl.* **-tu, -tus** *s.* **1.** 'Bantu(neger) *m*; **2.** 'Bantusprache *f*; **II** *adj.* **3.** Bantu...

ban·zai [ˌbæn'zaɪ] *int.* Banzai! (*japanischer Hoch- od. Hurraruf*).

ba·o·bab ['beɪəʊbæb] *s.* ⚘ 'Baobab *m*, Affenbrotbaum *m*.

bap·tism ['bæptɪzəm] *s.* **1.** *eccl.* Taufe *f*: **~ of blood** Märtyrertod *m*; **2.** *fig.* Taufe *f*, Einweihung *f*, Namensgebung *f*: **~ of fire** ⚔ Feuertaufe; **bap·tis·mal** [bæp'tɪzml] *adj. eccl.* Tauf...; '**bap·tist** [-ɪst] *s. eccl.* **1.** Bap'tist(in); **2.** Täufer *m*: **John the** ♀; '**bap·tis·ter·y** [-ɪstərɪ], '**bap·tist·ry** [-ɪstrɪ] *s.* **1.** 'Taufkaˌpelle *f*; **2.** Taufbecken *n*; **bap·tize** [bæp'taɪz] *v/t. u. v/i. eccl. u. fig.* taufen.

bar [bɑː] **I** *s.* **1.** Stange *f*, Stab *m*: **~s** Gitter *n*; **prison ~s** Gefängnis *n*; **behind ~s** *fig.* hinter Schloss u. Riegel; **2.** Riegel *m*, Querbalken *m*, -holz *n*, -stange *f*; Schranke *f*, Sperre *f*; **3.** *fig.* (**to**) Hindernis *n* (für) (*a.* ⚖), Verhinderung *f* (*gen.*), Schranke *f* (gegen); ⚖ Ausschließungsgrund *m*: **~ to progress** Hemmnis *n* für den Fortschritt; **~ to marriage** Ehehindernis *n*; **as a ~ to, in ~ of** ⚖ zwecks Ausschlusses (*gen.*); **4.** Riegel *m*, Stange *f*: **a ~ of soap** ein Riegel Seife; **~ soap** Stangenseife *f*; **a chocolate ~** ein Riegel (*a.* e-e Tafel) Schokolade; **gold ~** Goldbarren *m*; **5.** Barre *f*, Sandbank *f* (*am Hafeneingang*); **6.** Strich *m*, Streifen *m*, Band *n*, Strahl *m* (*Farbe, Licht*): **~ chart** Säulendiagramm *n*; **~ code** Strichkode *m*; **7.** ↯ La'melle *f*; **8.** ♪ a) Taktstrich *m*, b) *ein* Takt; **9.** Streifen *m*, Band *n an e-r Medaille*; Spange *f am Orden*; **10.** ⚖ a) Schranke *f vor der Richterbank*: **prisoner at the ~** Angeklagte(r *m*) *f*; **trial at ~** *Brit.* Verhandlung *f* vor dem vollen Strafsenat des **High Court of Justice** (*z.B. bei Landesverrat*), b) Schranke *f* in den **Inns of Court**: **be called** (*Am.* **admitted**) **to the ~** als Anwalt *od. Brit.* als Barrister (*plädierender Anwalt*) zugelassen werden; **be at the ~** Barrister sein; **read for the ~** Jura studieren, c) **the ~** die (gesamte) Anwaltschaft, *Brit.* die Barristers *pl.*: ♀ **Association** *Am.* (halbamtliche) Anwaltsvereinigung, -kammer; **11.** *parl.*: **the ~ of the House** Schranke im brit. Unterhaus (*bis zu der geladene Zeugen vortreten dürfen*); **12.** *fig.* Gericht *n*, Tribu'nal *n*: **the ~ of public opinion** das Urteil der Öffentlichkeit; **13.** Bar *f*: a) Bü'fett *n*, Theke *f*, b) Schankraum *m*, Imbissstube *f*; → **ice-cream bar**; **II** *v/t.* **14.** verriegeln: **~ in** (**out**) ein- (aus)sperren; **15.** *a.* **~ up** vergittern, mit Schranken um'geben: **~red window** Gitterfenster *n*; **16.** versperren: **~ the way** (*a. fig.*); **17.** hindern (**from** an *dat.*); hemmen, auf-, abhalten; **18.** ausschließen (**from** von; *a.* ⚖), verbieten; → **barred** 4; **19.** absehen von; **20.** *Brit. sl.* nicht leiden können; **21.** mit Streifen versehen; **III** *prp.* **22.** außer, abgesehen von: **~ one** außer einem; **~ none** (alle) ohne Ausnahme.

barb[1] [bɑːb] *s.* **1.** 'Widerhaken *m*; **2.** *fig.* a) Stachel *m*, b) Spitze *f*, spitze Bemerkung, Pfeil *m* des Spottes; **3.** *zo.* Bart (-faden) *m*; Fahne *f e-r Feder.*

barb[2] [bɑːb] *s.* Berberpferd *n*.

bar·bar·i·an [bɑː'beərɪən] **I** *s.* **1.** Bar'bar *m*; **2.** *fig.* Bar'bar *m*, roher u. ungesitteter Mensch; Unmensch *m*; **II** *adj.* **3.** bar'barisch, unzivilisiert; **4.** *fig.* roh, ungesittet, grausam; **bar·bar·ic** [bɑː'bærɪk] *adj.* (☐ **~ally**) bar'barisch, wild, roh, ungesittet; **bar·ba·rism** ['bɑːbərɪzəm] *s.* **1.** Barba'rismus *m*, Sprachwidrigkeit *f*; **2.** Barba'rei *f*, 'Unkulˌtur *f*; **bar·bar·i·ty** [bɑː'bærətɪ] *s.* Barba'rei *f*, Rohheit *f*, Grausamkeit *f*, Unmenschlichkeit *f*; **bar·ba·rize** ['bɑːbəraɪz] **I** *v/t.* **1.** verrohen *od.* verwildern lassen; **2.** *Sprache, Kunst etc.* barbarisieren, verderben; **II** *v/i.* **3.** verrohen; **bar·ba·rous** ['bɑːbərəs] *adj.* ☐ bar'barisch, roh, ungesittet, grausam.

bar·be·cue ['bɑːbɪkjuː] **I** *s.* **1.** Barbecue *n*: a) Grillfest *n* (*bei dem ganze Tiere gebraten werden*), b) Bratrost *m*, Grill *m*, c) gegrilltes *od.* gebratenes Fleisch; **2.** *Am.* in Essigsoße zubereitete Fleisch- *od.* Fischstückchen; **II** *v/t.* **3.** (auf dem Rost *od.* am Spieß) im Ganzen *od.* in großen Stücken) braten; **4.** braten, grillen; **5.** *Am.* in stark gewürzter (Essig)Soße zubereiten; **6.** *Am.* a) dörren, b) räuchern.

barbed [bɑːbd] *adj.* **1.** mit 'Widerhaken *od.* Stacheln (versehen), Stachel...; **2.** *fig.* bissig, spitz: **~ remarks**; **~ wire** *s.* Stacheldraht *m*.

bar·bel ['bɑːbəl] *s. ichth.* Barbe *f*.

'**bar·bell** *s. sport* Hantel *f mit langer Stange*, Kugelstange *f*.

bar·ber ['bɑːbə] **I** *s.* Bar'bier *m*, ('Herren)Friˌseur *m*; **II** *v/t. Am.* rasieren; frisieren.

bar·ber·ry ['bɑːbərɪ] *s.* ⚘ Berbe'ritze *f*.

'**bar·ber·shop** *s.* **1.** *bsd. Am.* Fri'seurgeschäft *n*; **2.** *a.* ~ ***singing*** *Am.* F (zwangloses) Singen im Chor.

bar·ber's| itch ['bɑːbəz] *s.* Bartflechte *f*; ~ **pole** *s. spiralig bemalte Stange als Geschäftszeichen der Friseure.*

bar·bi·tal ['bɑːbɪtæl] *s. pharm. Am.* Barbi'tal *n*; ~ **so·di·um** *s. pharm.* 'Natriumsalz *n* von Barbi'tal.

bar·bi·tone ['bɑːbɪtəʊn] *s. Brit.* → ***barbital***; **bar·bi·tu·rate** [bɑː'bɪtjʊrət] *s. pharm.* □ Barbitu'rat *n*; **bar·bi·tu·ric** [ˌbɑːbɪ'tjʊərɪk] *adj. pharm.*: ~ ***acid*** Barbitursäure *f*.

bar·ca·rol(l)e ['bɑːkərəʊl] *s.* ♪ Barka'role *f* (*Gondellied*).

bar cop·per *s.* ⚙ Stangenkupfer *n*.

bard [bɑːd] *s.* **1.** Barde *m* (*keltischer Sänger*); **2.** *fig.* Barde *m*, Sänger *m* (*Dichter*): ♀ ***of Avon*** Shakespeare; '**bard·ic** [-dɪk] *adj.* Barden...; **bard·ol·a·try** [bɑː'dɒlətrɪ] *s.* Shakespearevergötterung *f*.

bare [beə] **I** *adj.* □ → ***barely***; **1.** nackt, unbekleidet, bloß: ***in one's ~ skin*** splitternackt; **2.** kahl, leer, nackt, unbedeckt: ~ ***walls*** kahle Wände; ***the ~ boards*** der nackte Fußboden; ***the larder was ~*** *fig.* es war nichts zu essen im Hause; ~ ***sword*** bloßes *od.* blankes Schwert; **3.** ⚘, *zo.* kahl; **4.** unverhüllt, klar: ***lay ~*** zeigen, enthüllen (*a. fig.*); ***the ~ facts*** die nackten Tatsachen; ~ ***nonsense*** barer *od.* reiner Unsinn; **5.** (***of***) entblößt (von), arm (an *dat.*), ohne; **6.** knapp, kaum hinreichend: ~ ***majority*** a) knappe Mehrheit, b) (***of votes***) einfache Stimmenmehrheit; ***a ~ ten pounds*** gerade noch 10 Pfund; **7.** bloß, al'lein, nur: ***the ~ thought*** der bloße (*od.* allein der) Gedanke; **II** *v/t.* **8.** entblößen, entkleiden; **9.** *fig.* bloßlegen, enthüllen: ~ ***one's heart*** sein Herz öffnen (***to*** *j-m*); '**~·back(ed)** [-bæk(t)] *adj. u. adv.* ungesattelt; '**~·faced** [-feɪst] *adj.* □ schamlos, frech; '**~·foot** *adj. u. adv.* barfuß; ˌ**~'foot·ed** [-'fʊtɪd] *adj.* barfuß, barfüßig; ˌ**~'head·ed** [-'hedɪd] *adj. u. adv.* mit bloßem Kopf, barhäuptig; ˌ**~'legged** [-'legd] *adj.* mit nackten Beinen.

bare·ly ['beəlɪ] *adv.* **1.** kaum, knapp, gerade (noch): ~ ***enough time***; **2.** ärmlich, spärlich; **bare·ness** ['beənɪs] *s.* **1.** Nacktheit *f*, Blöße *f*, Kahlheit *f*; **2.** Dürftigkeit *f*.

bare·sark ['beəsɑːk] **I** *s.* Ber'serker *m*; **II** *adv.* ohne Rüstung.

bar·gain ['bɑːgɪn] **I** *s.* **1.** (geschäftliches) Abkommen, Handel *m*, Geschäft *n*: ***a good*** (***bad***) ~; **2.** *a.* ***good ~*** vorteilhaftes Geschäft, günstiger Kauf, Gelegenheitskauf *m* (*a. die gekaufte Sache*): ***at £10 it is a*** (***dead***) ~ für £10 ist es spottbillig; ***it's a ~!*** abgemacht!, topp!; ***into the ~*** obendrein, noch dazu; ***strike*** *od.* ***make a ~*** ein Abkommen treffen, e-n Handel abschließen; ***make the best of a bad ~*** sich so gut wie möglich aus der Affäre ziehen; ***drive a hard ~*** hart feilschen, ‚mächtig rangehen'; **3.** *Brit. Börse*: (*einzelner*) Abschluss: ~ ***for account*** Termingeschäft *n*; **II** *v/i.* **4.** handeln, feilschen (***for***, ***about*** um); **5.** verhandeln, über'einkommen (***for*** über *acc.*, ***that*** dass): ~***ing point*** Verhandlungspunkt *m*; ~***ing position*** Verhandlungsposition *f*; **6.** ~ ***for*** rechnen mit, erwarten (*acc.*) (*mst neg.*): ***I did not ~ for that*** darauf war ich nicht gefasst; ***it was more than we had ~ed for*** damit hatten wir nicht gerechnet; **7.** ~ ***on*** *fig.* zählen auf (*acc.*); **III** *v/t.* **8.** (ein)tauschen (***for*** gegen); **9.** ~ ***away*** verschachern, *fig. a.* verschenken; ~ **basement** *s.* Niedrigpreisabteilung *f* im Tiefgeschoss *e-s Warenhauses*; ~ **counter** *s.* **1.** ✝ Wühltisch *m*; **2.** *fig. pol.* 'Tauschobˌjekt *n*.

bar·gain·er ['bɑːgɪnə] *s.* **1.** Feilscher (-in); **2.** Verhandler *m*; '**bar·gain·ing** [-nɪŋ] *s.* Handeln *n*, Feilschen *n*; Verhandeln *n*: → ***collective bargaining***.

bar·gain| price *s.* Spott-, Schleuderpreis *m*; ~ **sale** *s.* (Ramsch)Ausverkauf *m*.

barge [bɑːdʒ] **I** *s.* **1.** ⚓ a) flaches Fluss- *od.* Ka'nalboot, Lastkahn *m*, b) Bar'kasse *f*, c) Hausboot *n*; **II** *v/i.* **2.** F ungeschickt gehen *od.* fahren *od.* sich bewegen, torkeln, stürzen, prallen (***into*** in *acc.*, ***against*** gegen); **3.** ~ ***in*** F her'einplatzen, sich einmischen; **bar·gee** [bɑː'dʒiː] *s. Brit.* Kahnführer *m*: ***swear like a ~*** fluchen wie ein Landsknecht.

'**barge|·man** [-mən] *s.* [*irr.*] *Am.* Kahnführer *m*; '**~·pole** *s.* Bootsstange *f*: ***I wouldn't touch him*** (***it***) ***with a ~*** *Brit.* F a) den (das) würde ich nicht mal mit e-r Feuerzange anfassen, b) mit dem (damit) will ich nichts zu tun haben.

bar·ic ['beərɪk] *adj.* ⚗ Barium...

bar i·ron *s.* ⚙ Stabeisen *n*.

bar·i·tone ['bærɪtəʊn] *s.* ♪ 'Bariton *m* (*Stimme u. Sänger*).

bar·i·um ['beərɪəm] *s.* ⚗ 'Barium *n*; ~ **meal** *s.* ⚕ Kon'trastmittel *n*, -brei *m*.

bark[1] [bɑːk] **I** *s.* **1.** ⚘ (Baum)Rinde *f*, Borke *f*; **2.** → ***Peruvian*** I; **3.** ⚙ (Gerber)Lohe *f*; **II** *v/t.* **4.** abrinden; **5.** abschürfen: ~ ***one's knees***.

bark[2] [bɑːk] **I** *v/i.* **1.** bellen, kläffen (*a. fig.*): ~ ***at s.o.*** *fig.* j-n anschnauzen; ~***ing dogs never bite*** Hunde, die bellen, beißen nicht; ~ ***up the wrong tree*** a) auf dem Holzweg sein, b) an der falschen Adresse sein; **2.** *fig.* ‚bellen' (*husten*); ‚bellen', krachen (*Schusswaffe*); **3.** F *Ware* marktschreierisch anpreisen; **II** *s.* **4.** Bellen *n*: ***his ~ is worse***

than his bite er kläfft nur (aber beißt nicht); **5.** *fig.* ‚Bellen' *n* (*Husten*); Krachen *n*.

bark³ [bɑːk] *s.* **1.** ⚓ Bark *f*; **2.** *poet.* Schiff *n*.

'**bar|·keep** *Am.* F → '**~,keep·er** *s.* **1.** Barkellner *m*, -mixer *m*; **2.** Barbesitzer *m*.

bark·er ['bɑːkə] *s.* **1.** Beller *m*, Kläffer *m*; **2.** F ‚Anreißer' *m* (*Kundenwerber*); Marktschreier *m*; *Am. a.* Fremdenführer *m*.

bark| pit *s. Gerberei*: Lohgrube *f*; **~ tree** *s.* ⚘ 'Chinarindenbaum *m*.

bar·ley ['bɑːlɪ] *s.* ⚘ Gerste *f*: ***French ~***, ***pearl ~*** Perlgraupen *pl.*; ***pot ~*** ungeschälte Graupen *pl.*; '**~·corn** *s.* Gerstenkorn *n*: ***John*** ♀ *scherzhafte Personifikation* (*der Gerste als Grundstoff*) *von Bier* (*‚Gerstensaft'*) *od. Whisky*; **~ sugar** *s.* Gerstenzucker *m*; **~ wa·ter** *s. aromatisiertes Getränk aus Gerstenextrakt*; **~ wine** *s. ein Starkbier.*

bar line *s.* ♪ Taktstrich *m*.

barm [bɑːm] *s.* Bärme *f*, (Bier)Hefe *f*.

'**bar|·maid** *s. bsd. Brit.* Bardame *f*, -kellnerin *f*; '**~·man** [-mən] *s.* [*irr.*] → ***barkeeper*** 1.

barm·y ['bɑːmɪ] *adj.* **1.** heftig, gärend, schaumig; **2.** *Brit. sl.* ‚bekloppt': ***go ~*** überschnappen.

barn [bɑːn] *s.* **1.** Scheune *f*; **2.** *Am.* (Vieh)Stall *m*.

bar·na·cle¹ ['bɑːnəkl] *s.* **1.** *orn.* Ber'nikel-, Ringelgans *f*; **2.** *zo.* Entenmuschel *f*; **3.** *fig.* a) ‚Klette' *f* (*lästiger Mensch*), b) (lästige) Fessel.

bar·na·cle² ['bɑːnəkl] *s.* **1.** *mst pl.* Nasenknebel *m für unruhige Pferde*; **2.** *pl. Brit.* F Kneifer *m*, Zwicker *m*.

barn| dance *s. Am.* ländlicher Tanz; **~ door** *s.*: ***as big as a ~*** F (so) groß wie ein Scheunentor, nicht zu verfehlen; '**~-door fowl** *s.* Haushuhn *n*; **~ owl** *s.* Schleiereule *f*; '**~·storm** *v/i.* F ‚auf die Dörfer gehen': a) *thea. etc.* auf Tour'nee (durch die Pro'vinz) gehen, b) *pol.* überall Wahlreden halten; '**~,storm·er** *s.* F **1.** Wander- *od.* Schmierenschauspieler *m*; **2.** her'umreisender Wahlredner; **~ swal·low** *s.* Rauchschwalbe *f*.

bar·o·graph ['bærəʊgrɑːf] *s. phys.*, *meteor.* Baro'graph *m* (*selbstaufzeichnender Luftdruckmesser*).

ba·rom·e·ter [bə'rɒmɪtə] *s.* Baro'meter *n*: a) Wetterglas *n*, Luftdruckmesser *m*, b) *fig.* Grad-, Stimmungsmesser *m*; **bar·o·met·ric** [ˌbærəʊ'metrɪk] *adj.* (□ **~ally**) *phys.* baro'metrisch, Barometer...: **~ *maximum*** Hoch(druckgebiet) *n*; **~ *pressure*** Luftdruck *m*; ˌ**bar·o'met·ri·cal** [-'metrɪkl] *adj.* → ***barometric***.

bar·on ['bærən] *s.* **1.** *hist.* Pair *m*, Ba'ron *m*; *jetzt*: Ba'ron *m* (*brit. Adelstitel*); **2.** *nicht-Brit.* Ba'ron *m*, Freiherr *m*; **3.** *fig.* (Indu'strie- *etc.*)Baˌron *m*, Ma'gnat *m*; **4.** **~** (***of beef***) *Küche*: doppeltes Lendenstück.

bar·on·age ['bærənɪdʒ] *s.* **1.** *coll. die* Ba'rone *pl.*; **2.** Verzeichnis *n* der Ba'rone; **3.** Rang *m* e-s Ba'rons; '**bar·on·ess** [-nɪs] *s.* **1.** *Brit.* Ba'ronin *f*; **2.** *nicht-Brit.* Ba'ronin *f*, Freifrau *f*; '**bar·on·et** [-nɪt] **I** *s.* Baronet *m* (*brit. Adelstitel*; *abbr.* ***Bart.***); **II** *v/t.* zum Baronet ernennen; '**bar·on·et·age** [-nɪtɪdʒ] *s.* **1.** *coll.* die Baronets *pl.*; **2.** Verzeichnis *n* der Baronets; '**bar·on·et·cy** [-nɪtsɪ] *s.* Titel *m od.* Rang *m* e-s Baronet; **ba·ro·ni·al** [bə'rəʊnjəl] *adj.* **1.** Barons..., freiherrlich; **2.** prunkvoll, großartig; '**bar·o·ny** [-nɪ] *s.* Baro'nie *f* (*Gebiet od. Würde*).

ba·roque [bə'rɒk] **I** *adj.* **1.** ba'rock (*a. von Perlen u. fig.*); **2.** *fig.* prunkvoll; über'steigert; bi'zarr, verschnörkelt; **II** *s.* **3.** *allg.* Ba'rock *n*, *m*.

bar par·lour *s. Brit.* Schank-, Gaststube *f*.

barque → ***bark³***.

bar·rack ['bærək] **I** *s.* **1.** *mst pl.* Ka'serne *f*: ***a ~s*** e-e Kaserne; → ***confine*** 3; **2.** *mst pl. fig.* 'Mietskaˌserne *f*; **II** *v/t.* **3.** in Ka'sernen *od.* Ba'racken 'unterbringen; **4.** F *sport*, *pol.* auspfeifen, -buhen; **III** *v/i.* **5.** F buhen, pfeifen: **~ *for*** (lautstark) anfeuern; **~ square** *s.* ⚔ Ka'sernenhof *m*.

bar·rage¹ ['bærɑːʒ] *s.* **1.** ⚔ Sperrfeuer *n*; **2.** ⚔ Sperre *f*: ***creeping ~*** Feuerwalze *f*; **~ *balloon*** Sperrballon *m*; **3.** *fig.* über'wältigende Menge: ***a ~ of questions*** ein Schwall *od.* Kreuzfeuer von Fragen.

bar·rage² ['bærɑːʒ] *s.* Talsperre *f*, Staudamm *m*.

bar·ra·try ['bærətrɪ] *s.* **1.** ⚖, ⚓ Baratte'rie *f* (*Veruntreuung*); **2.** ⚖ schika'nöses Prozessieren (*od.* Anstiftung *f* dazu); **3.** Ämterschacher *m*.

barred [bɑːd] *adj.* **1.** (ab)gesperrt, verriegelt; **2.** gestreift; **3.** ♪ durch Taktstriche abgeteilt; **4.** ⚖ verjährt.

bar·rel ['bærəl] **I** *s.* **1.** Fass *n*, Tonne *f*; *im Ölhandel*: Barrel *n*: ***have s.o. over a ~*** F j-n in s-r Gewalt haben; ***scrape the ~*** F den letzten, schäbigen Rest zs.-kratzen; **2.** ⚙ Walze *f*, Rolle *f*, Trommel *f*, Zy'linder *m*, (rundes) Gehäuse; (Gewehr)Lauf *m*, (Geschütz)Rohr *n*; Kolbenrohr *n*; Rumpf *m e-s Dampfkessels*; Tintenbehälter *m e-r Füllfeder*; Walze *f der Drehorgel*; Kiel *m e-r Feder*; Zylinder *m e-r Spritze*; **3.** Rumpf *m e-s Pferdes etc.*; **II** *v/t.* **4.** in Fässer füllen *od.* packen; **III** *v/i.* **5.** F rasen, sausen; **~ chair** *s.* Lehnstuhl *m* mit hoher runder Lehne; **~ drain** *s.* ⚙, ⚠ gemauerter runder 'Abzugskaˌnal; '**~·house** *s. Am. sl.* Spe'lunke *f*, Kneipe *f*.

bar·rel(l)ed ['bærəld] *adj.* **1.** fassförmig; **2.** in Fässer gefüllt; **3.** ...läufig (*Gewehr*).

'bar·rel|,mak·er *s.* Fassbinder *m*; **~ organ** *s.* ♪ Drehorgel *f*; **~ roll** *s.* ✈ Rolle *f* (*im Kunstflug*); **~ roof** *s.* ⚠ Tonnendach *n*; **~ vault** *s.* ⚠ Tonnengewölbe *n*.

bar·ren ['bærən] **I** *adj.* ☐ **1.** unfruchtbar (*Lebewesen, Pflanze etc.*; *a. fig.*); **2.** öde, kahl, dürr; **3.** *fig.* trocken, langweilig, seicht; dürftig; **4.** 'unproduk,tiv (*Geist*); tot (*Kapital*); **5.** leer, arm (**of** an *dat.*); **II** *s.* **6.** *mst pl.* Ödland *n*; **'bar·ren·ness** [-nɪs] *s.* **1.** Unfruchtbarkeit *f* (*a. fig.*); **2.** *fig.* Trockenheit *f*, geistige Leere, Dürftigkeit *f*, Dürre *f*.

bar·ri·cade [,bærɪ'keɪd] **I** *s.* **1.** Barri'kade *f*: ***mount*** (*od.* ***go to***) ***the ~s*** auf die Barrikaden steigen (*a. fig.*); **2.** *fig.* Hindernis *n*; **II** *v/t.* **3.** (ver)barrikadieren, (ver)sperren (*a. fig.*).

bar·ri·er ['bærɪə] *s.* **1.** Schranke *f* (*a. fig.*), Barri'ere *f*, Sperre *f*: ***~ cream*** Schutzcreme *f*; **2.** Schlag-, Grenzbaum *m*; **3.** *sport* 'Startma,schine *f*; **4.** *fig.* Hindernis *n* (**to** für); Mauer *f*; (*Sprach- etc.*)Barri'ere *f*; **5.** ♌ 'Eisbarri,ere *f* der Ant'arktis: ***♌ Reef*** Barrierriff *n*.

The Great Barrier Reef an der Nordostküste Australiens ist das größte Korallenriff der Welt und ein beliebtes Touristenziel. Es erstreckt sich über ca. 2.000 Kilometer und bietet einmalige Tauchgelegenheiten.

bar·ring ['bɑːrɪŋ] *prp.* abgesehen von, ausgenommen: ***~ errors*** Irrtümer vorbehalten; ***~ a miracle*** wenn kein Wunder geschieht.

bar·ris·ter ['bærɪstə] *s.* ⚖ **1.** *a.* ***~-at-law*** *Brit.* Barrister *m*, *plädierender* Rechtsanwalt (vor höheren Gerichten); **2.** *Am. allg.* Rechtsanwalt *m*.

bar room *s.* Schankstube *f*.

bar·row[1] ['bærəʊ] *s.* **1.** 'Tumulus *m*, Hügelgrab *n*; **2.** Hügel *m*.

bar·row[2] ['bærəʊ] *s.* (Hand-, Schub-, Gepäck-, Obst)Karre(n *m*) *f*.

bar·row[3] ['bærəʊ] *s.* ⚘ Bork *m* (*im Ferkelalter kastriertes Schwein*).

bar·row| boy *s.*, **'~·man** [-mən] *s.* [*irr.*] Straßenhändler *m*, ‚fliegender Händler'.

bar| steel *s.* ⚙ Stangenstahl *m*; **'~,tend·er** *s.* → ***barkeeper*** 1.

bar·ter ['bɑːtə] **I** *v/i.* Tauschhandel treiben; **II** *v/t.* *im Handel* (ein-, 'um)tauschen, austauschen (**for, *against*** gegen): ***~ away*** verschachern, -kaufen (*a. fig. Ehre etc.*); **III** *s.* Tauschhandel *m*, Tausch *m* (*a. fig.*): ***~ shop*** Tauschladen *m*; **~ trans·ac·tion** *s.* ✝ Tausch(handels)-, Kompensati'onsgeschäft *n*.

bar·y·tone → ***baritone***.

bas·al ['beɪsl] *adj.* ☐ **1.** an der Basis *od.* Grundfläche befindlich; **2.** *mst fig.* grundlegend: ***~ metabolism*** ⚕ Grundstoffwechsel *m*; ***~ metabolic rate*** ⚕ Grundumsatz *m*; ***~ cell*** *biol.* Basalzelle *f*.

ba·salt ['bæsɔːlt] *s.* *geol.* Ba'salt *m*; **ba·sal·tic** [bə'sɔːltɪk] *adj.* ba'saltisch, Basalt...

base[1] [beɪs] **I** *s.* **1.** Basis *f*, 'Unterteil *m, n*, Boden *m*; 'Unterbau *m*, -lage *f*; Funda'ment *n*; **2.** Fuß *m*, Sockel *m*; Sohle *f*; **3.** *fig.* Basis *f*: a) Grund(lage *f*) *m*, b) Ausgangspunkt *m*, c) *a.* ***~ camp*** *mount.* Basislager *n*; **4.** Grundstoff *m*, Hauptbestandteil *m*; **5.** ⩕ Grundlinie *f*, -fläche *f*, -zahl *f*; **6.** ⚗ Base *f*; *Färberei*: Beize *f*; **7.** *sport* a) Grund-, Startlinie *f*, b) Mal *n*: ***not to get to first ~*** (***with s.o.***) F *fig.* keine Chance haben (bei j-m); **8.** ⚔, ⚓ a) Standort *m*, Stati'on *f*, b) (Operati'ons)Basis *f*, Stützpunkt *m*, c) (Flug)Basis *f*, *Am.* (Flieger)Horst *m*: ***naval ~*** Flottenstützpunkt, d) E'tappe *f*; **II** *v/t.* **9.** stützen, gründen (***on, upon*** auf *acc.*): ***be ~d on*** beruhen auf (*dat.*), sich stützen auf (*acc.*); ***~ o.s. on*** sich verlassen auf (*acc.*); **10.** *a.* ⚔ stationieren; → ***based*** 2.

base[2] [beɪs] *adj.* ☐ **1.** gemein, niedrig, niederträchtig; **2.** minderwertig; unedel: ***~ metals***; **3.** falsch, unecht (*Geld*): ***~ coin*** falsche Münze, *coll.* Falschgeld *n*, *Am.* Scheidemünze *f*; **4.** *ling.* unrein, unklassisch.

'base·ball *s.* *sport* **1.** Baseball(spiel *n*) *m*; **2.** Baseball *m*.

based [beɪst] *adj.* **1.** (**on**) gegründet (auf *acc.*), beruhend (auf *dat.*), mit e-r Grundlage (von); **2.** ⚔ *in Zssgn* mit ... als Stützpunkt, stationiert in (*dat.*), *a.* (land- *etc.*)gestützt; **3.** *in Zssgn* mit Sitz in (*dat.*): ***a London-~ company***.

base·less ['beɪslɪs] *adj.* grundlos, unbegründet.

base| line *s.* **1.** Grundlinie *f* (*a. sport*); **2.** *surv.* Standlinie *f*; **3.** ⚔ Basislinie *f*; **~ load** *s.* ⚡ Grundlast *f*, -belastung *f*; **'~·man** [-mən] *s.* [*irr.*] *Baseball*: Malhüter *m*.

base·ment ['beɪsmənt] *s.* ⚠ **1.** Kellergeschoss, *östr.* -geschoß *n*; **2.** Grundmauer(n *pl.*) *f*.

base·ness ['beɪsnɪs] *s.* **1.** Gemeinheit *f*, Niederträchtigkeit *f*; **2.** Minderwertigkeit *f*; **3.** Unechtheit *f*.

ba·ses ['beɪsiːz] *pl. von* ***basis***.

base wal·lah *s.* ⚔ *Brit. sl.* E'tappenschwein *n*.

bash [bæʃ] F **I** *v/t.* **1.** heftig schlagen,

einhauen auf (*acc.*) (*a.* F *fig.*): ~ **in** a) einschlagen, b) verbeulen; ~ **up** a) *j-n* zs.-schlagen, b) *Auto* zu Schrott fahren; **II** *s.* **2.** heftiger Schlag: ***have a ~ at s.th.*** es mit et. probieren; **3.** Beule *f* (*am Auto etc.*); **4.** *Brit.* (tolle) Party.

bash·ful ['bæʃfʊl] *adj.* □ schüchtern, verschämt, scheu; zu'rückhaltend; '**bash·ful·ness** [-nɪs] *s.* Schüchternheit *f*, Scheu *f*.

bash·ing ['bæʃɪŋ] *s.* F ‚Senge' *f*, Prügel *pl.*: ***get*** (*od.* ***take***) ***a ~*** Prügel beziehen (*a. fig.*).

bas·ic ['beɪsɪk] **I** *adj.* (□ ***~ally***) **1.** grundlegend, die Grundlage bildend; elemen'tar; Einheits..., Grund...; **2.** ⚗, *geol.*, *min.* basisch; **3.** ⚡ ständig (*Belastung*); **II** *s.* **4.** *pl.* a) Grundlagen *pl.*, b) *das* Wesentliche; **5.** → ***Basic English***; '**bas·i·cal·ly** [-kəlɪ] *adv.* im Grunde, grundsätzlich.

Bas·ic| Eng·lish *s.* Basic English *n* (*vereinfachte Form des Englischen von C. K. Ogden*); ≈ **for·mu·la** *s.* ⚖ Grundformel *f*; ≈ **in·dus·try** *s.* 'Grund(stoff)-, 'Schlüsselindu,strie *f*; ≈ **i·ron** *s.* ⚙ Thomaseisen *n*; ≈ **load** *s.* ⚡ ständige Grundlast; ≈ **ma·ter·i·als** *s. pl.* Grund-, Ausgangsstoffe *pl.*; ≈ **ra·tion** *s.* ⚔ Mindestverpflegungssatz *m*; ≈ **research** *s.* Grundlagenforschung *f*; ≈ **sal·a·ry** *s.* ✝ Grundgehalt *n*; ≈ **size** *s.* ⚙ Sollmaß *n*; ≈ **slag** *s.* ⚗ Thomasschlacke *f*; ≈ **steel** *s.* ⚙ Thomasstahl *m*; ≈ **train·ing** *s. a.* ⚔ Grundausbildung *f*; ≈ **wage** *s.* ✝ Grundlohn *m*.

bas·il ['bæzl] *s.* ⚘ Ba'silienkraut *n*, Ba'silikum *n*.

ba·sil·i·ca [bə'zɪlɪkə] *s.* ⚠ Ba'silika *f*.

bas·i·lisk ['bæzɪlɪsk] **I** *s.* **1.** Basi'lisk *m* (*Fabeltier*); **2.** *zo.* Legu'an *m*; **II** *adj.* **3.** Basilisken...: ~ ***eye***.

ba·sin ['beɪsn] *s.* **1.** (Wasser-, Wasch- *etc.*)Becken *n*, Schale *f*, Schüssel *f*; **2.** Fluss-, Hafenbecken *n*; Schwimmbecken *n*, Bas'sin *n*; **3.** a) Stromgebiet *n*, b) (kleine) Bucht; **4.** Wasserbehälter *m*; **5.** Becken *n*, Einsenkung *f*, Mulde *f*; **6.** (Kohlen- *etc.*)Lager *n od.* Revier *n*.

ba·sis ['beɪsɪs] *pl.* **-ses** [-si:z] *s.* **1.** Basis *f*, Grundlage *f*, Funda'ment *n*: ***~ of discussion*** Diskussionsbasis *f*; ***take as a ~*** zugrunde legen; **2.** Hauptbestandteil *m*; **3.** ⚖ Basis *f*, Grundlinie *f*, -fläche *f*; **4.** ⚔, ⚓ (Operati'ons)Basis *f*, Stützpunkt *m*.

bask [bɑ:sk] *v/i.* sich aalen, sich sonnen (*a. fig.*): ~ ***in the sun*** ein Sonnenbad nehmen.

bas·ket ['bɑ:skɪt] *s.* **1.** Korb *m*: ✝ ***~ of commodities*** Warenkorb *m*; **2.** Korb *m* (voll); **3.** *Basketball*: a) Korb *m*, b) Treffer *m*, Korb *m*; **4.** (Passa'gier)Korb *m*, Gondel *f* (*e-s Luftballons od. Luftschiffes*); **5.** Säbelkorb *m*; **6.** Tastenfeld *n* (*der Schreibmaschine*); '**~·ball** *s. sport* **1.** Basketball(spiel *n*) *m*; **2.** Basketball *m*; ~ **case** *Am.* F **1.** Arm- u. Beinamputierte(r *m*) *f*; **2.** to'tales ‚Wrack'; ~ **chair** *s.* Korbsessel *m*; ~ **din·ner** *s. Am.* Picknick *n*.

bas·ket·ful ['bɑ:skɪtfʊl] *pl.* **-fuls** *s. ein* Korb (voll).

bas·ket| hilt *s.* Säbelkorb *m*; ~ **lunch** *s. Am.* Picknick *n*.

bas·ket·ry ['baskɪtrɪ] *s.* Korbwaren *pl.*

Basque [bæsk] **I** *s.* Baske *m*, Baskin *f*; **II** *adj.* baskisch.

bas-re·lief ['bæsrɪ,li:f] *s. sculp.* 'Bas-, 'Flachreli,ef *n*.

bass¹ [beɪs] ♪ **I** *adj.* Bass...; **II** *s.* Bass *m* (*Stimme, Sänger, Instrument u. Partie*).

bass² [bæs] *pl. mst* **bass** *s. ichth.* Barsch *m*.

bass³ [bæs] *s.* **1.** (Linden)Bast *m*; **2.** Bastmatte *f*.

bas·set ['bæsɪt] *s. zo.* Basset *m* (*ein Dachshund*).

bas·si·net [,bæsɪ'net] *s.* **1.** Korbwiege *f*; Stubenwagen *m*; Korb(kinder)wagen *m* (*mit Verdeck*).

bas·soon [bə'su:n] *s.* ♪ Fa'gott *n*.

bas·so| pro·fun·do ['bæsəʊ prə'fʌndəʊ] (*Ital.*) *s.* ♪ tiefster Bass (*Stimme od. Sänger*); **~-re'lie·vo** [-rɪ'li:vəʊ] *pl.* **-vos** → ***bas-relief***.

'**bass-re,lief** ['bæs-] → ***bas-relief***.

bass vi·ol [beɪs] *s.* ♪ 'Cello *n*.

'**bass·wood** ['bæs-] *s.* ⚘ **1.** Linde *f*; **2.** Lindenholz *n*.

bast [bæst] *s.* (Linden)Bast *m*.

bas·tard ['bæstəd] **I** *s.* **1.** Bastard *m*, *a.* ⚖ uneheliches Kind; **2.** *biol.* Bastard *m*, Mischling *m*; **3.** *fig.* a) Fälschung *f*, Nachahmung *f*, b) Scheußlichkeit *f*; **4.** a) V ‚Schwein' *n*, ‚Scheißkerl' *m*, b) *iro.* alter Ha'lunke, c) Kerl *m*; **II** *adj.* **5.** unehelich, Bastard...; **6.** *biol.* Bastard...; **7.** *fig.* unecht, falsch; **8.** ab'norm; '**bas·tard·ize** [-daɪz] **I** *v/t.* **1.** ⚖ für unehelich erklären; **2.** verschlechtern, verfälschen; **II** *v/i.* **3.** entarten; '**bas·tard·ized** [-daɪzd] *adj.* entartet, Mischlings..., Bastard...

bas·tard| slip → ***bastard*** 1; ~ **ti·tle** *s. typ.* Schmutztitel *m*.

bas·tar·dy ['bæstədɪ] *s.* uneheliche Geburt: ~ ***procedure*** Verfahren *n* zur Feststellung der (unehelichen) Vaterschaft u. Unterhaltspflicht.

baste¹ [beɪst] *v/t.* **1.** ‚(ver)hauen', verprügeln; **2.** *fig.* beschimpfen, herfallen über (*acc.*).

baste² [beɪst] *v/t.* **1.** *Braten etc.* mit Fett begießen; **2.** *Docht der Kerze* mit geschmolzenem Wachs begießen.

baste³ [beɪst] *v/t.* lose (an)heften.

bast·ing ['beɪstɪŋ] *s.* (Tracht *f*) Prügel *pl.*

bas·tion ['bæstɪən] *s.* ⚔ Ba'stei *f*, Basti'on *f*, Bollwerk *n* (*a. fig.*).

bat¹ [bæt] **I** *s.* **1.** *sport* a) Schlagholz *n*, Schläger *m* (*bsd. Baseball u. Kricket*): ***carry one's ~*** *Kricket*: noch im Spiel sein; ***off one's own ~*** *Kricket u. fig.* selbstständig, ohne Hilfe, auf eigene Faust; ***right off the ~*** F auf Anhieb; ***be at*** (***the***) ***~*** am Schlagen sein, dran sein; ***go to ~ for s.o.*** *Baseball*: für j-n einspringen, *fig.* → 6, b) → ***batsman***; **2.** F Stockhieb *m*; **3.** *Brit. sl.* (Schritt)Tempo *n*: ***at a rare ~*** mit e-m ‚Affenzahn'; **4.** *Am. sl.* ‚Saufe'rei' *f*: ***go on a ~*** e-e ‚Sauftour' machen; **II** *v/i.* **5.** a) (mit dem Schlagholz) schlagen, b) am Schlagen sein; → ***batting*** 3; **6.** ***~ for s.o.*** *fig.* für j-n eintreten.

bat² [bæt] *s.* **1.** *zo.* Fledermaus *f*: ***have ~s in the belfry*** verrückt sein, ‚e-n Vogel haben'; → ***blind*** 1; **2.** ✈, ⚔ 'radargelenkte Bombe.

bat³ [bæt] *v/t.*: ***~ the eyes*** mit den Augen blinzeln *od.* zwinkern; ***without ~ting an eyelid*** (***Am. eyelash***) ohne mit der Wimper zu zucken; ***I never ~ted an eyelid*** ich habe kein Auge zugetan.

ba·ta·ta [bə'tɑːtə] *s.* ⚘ Ba'tate *f*, 'Süßkar͵toffel *f*.

batch [bætʃ] *s.* **1.** Schub *m* (*die auf einmal gebackene Menge Brot*): ***a ~ of bread***; **2.** ⚙ a) Schub *m*, b) Satz *m* (*Material*), Charge *f*, Füllung *f*; **3.** Schub *m*, ‚Schwung' *m*: a) Gruppe *f* (*von Personen*), Trupp *m* (*Gefangener*), b) Schicht *f*, Satz *m* (*Muster*), Stapel *m*, Stoß *m* (*Briefe etc.*), Par'tie *f*, Posten *m* (*gleicher Dinge*), *Computer*: Stapel *m*: ***in ~es*** schubweise; **'~-͵pro·cess** *v/t. Computer*: stapelweise verarbeiten; **~ pro·duc·tion** *s.* Serienfertigung *f*.

bate¹ [beɪt] **I** *v/i.* abnehmen, nachlassen; **II** *v/t.* schwächen, *Hoffnung etc.* vermindern, *Neugier etc.* mäßigen, *Forderung etc.* her'absetzen: ***with ~d breath*** mit verhaltenem Atem, gespannt.

bate² [beɪt] *s.* ⚙ *Gerberei*: Ätzlauge *f*.

bate³ [beɪt] *s. Brit. sl.* Wut *f*.

ba·teau [bɑː'təʊ] *pl.* **-teaux** [-'təʊz] (*Fr.*) *s. Am.* leichtes langes Flussboot; **~ bridge** *s.* Pon'tonbrücke *f*.

bath [bɑːθ] **I** *pl.* **baths** [-ðz] *s.* **1.** (Wannen)Bad *n*: ***take a ~*** ein Bad nehmen, baden, *Am. sl.* (*bsd. finanziell*) ‚baden gehen'; **2.** Badewasser *n*; **3.** Badewanne *f*: ***enamelled ~***; **4.** Badezimmer *n*; **5.** *mst pl.* a) Badeanstalt *f*, b) Badeort *m*; **6.** ⚗ *phot.* a) Bad *n* (*Behandlungsflüssigkeit*), b) Behälter *m dafür*; **7.** *Brit.*: ***order of the Ձ*** Bathorden *m*; ***Knight of the Ձ*** Ritter *m* des Bathordens; ***Knight Commander of the Ձ*** Komtur *m* des Bathordens; **II** *v/t.* **8.** *Kind etc.* baden; **III** *v/i.* **9.** baden, ein Bad nehmen.

Bath| brick *s.* Me'tallputzstein *m*; **~ bun** *s.* über'zuckertes Kuchenbrötchen; **~ chair** *s.* Rollstuhl *m*.

bathe [beɪð] **I** *Auge, Hand,* (*verletzten*) *Körperteil* baden, in Wasser *etc.* tauchen; **2.** ***~d in sunlight*** (***perspiration***) in Sonne (Schweiß) gebadet; ***~d in tears*** in Tränen aufgelöst; **3.** *poet.* bespülen; **II** *v/i.* **4.** (sich) baden; **5.** schwimmen; **6.** (Heil)Bäder nehmen; **7.** *fig.* sich baden *od.* schwelgen (***in*** in *dat.*); **III** *s.* **8.** *bsd. Brit.* Bad *n im Freien*; **'bath·er** [-ðə] *s.* **1.** Badende(r *m*) *f*; **2.** Badegast *m*.

'bath·house *s. Am.* **1.** Badeanstalt *f*; **2.** 'Umkleideka͵binen *pl.*

bath·ing ['beɪðɪŋ] *s.* Baden *n*; **~ beau·ty** *s.*, **~ belle** *s.* F Badeschönheit *f*; **~ cos·tume** → ***bathing suit***; **~ drawers** *s. pl.* Badehose *f*; **~ dress** → ***bathing suit***; **~ gown** *s.* Bademantel *m*; **~ ma·chine** *s. hist.* Badekarren *m* (*fahrbare Umkleidekabine*); **~ suit** *s.* Badeanzug *m*.

Bath met·al *s.* ⚙ 'Tombak *m*.

ba·thos ['beɪθɒs] *s.* **1.** Abgleiten *n* vom Erhabenen zum Lächerlichen; **2.** Gemeinplatz *m*, Plattheit *f*; **3.** falsches Pathos; **4.** a) Null-, Tiefpunkt *m*, b) Gipfel *m der Dummheit etc.*

'bath|·robe *s.* Bademantel *m*; **'~·room** [-rʊm] *s.* Badezimmer *n*; *weitS.* Klo'sett *n*; **~ salts** *s. pl.* Badesalz *n*; **Ձ stone** *s.* Muschelkalkstein *m*; **~ tow·el** *s.* Badetuch *n*; **'~·tub** *s.* Badewanne *f* (*a.* F *Skisport*).

ba·thym·e·try [bə'θɪmɪtrɪ] *s.* Tiefen- *od.* Tiefseemessung *f*.

bath·y·sphere ['bæθɪ͵sfɪə] *s.* ⚙ Tiefseetaucherkugel *f*.

ba·tik ['bætɪk] *s.* 'Batik(druck) *m*.

ba·tiste [bæ'tiːst] *s.* Ba'tist *m*.

bat·man ['bætmən] *s.* [*irr.*] ⚔ *Brit.* Offi'ziersbursche *m*.

ba·ton ['bætən] *s.* **1.** (Amts-, Kom'mando)Stab *m*: ***Field-Marshal's ~*** Marschallsstab; **2.** ♪ Taktstock *m*, Stab *m*; **3.** *sport* (Staffel)Stab *m*; **4.** *Brit.* Schlagstock *m*, (Poli'zei)Knüppel *m*.

ba·tra·chi·an [bə'treɪkjən] *zo.* **I** *adj.* frosch-, krötenartig; **II** *s.* Ba'trachier *m*, Froschlurch *m*.

bats·man ['bætsmən] *s.* [*irr.*] *Kricket, Baseball etc.*: Schläger *m*, Schlagmann *m*.

bat·tal·ion [bə'tæljən] *s.* ⚔ Batail'lon *n*.

bat·tels ['bætlz] *s. pl.* (*Universität Oxford*) College-Rechnungen *pl.* für Lebensmittel *etc.*

bat·ten¹ ['bætn] *v/i.* **1.** fett werden (***on*** von *dat.*), gedeihen; **2.** (***on***) *a. fig.* sich mästen (mit), sich gütlich tun (an *dat.*): ***~ on others*** auf Kosten anderer dick u. fett werden.

bat·ten² ['bætn] **I** *s.* **1.** Latte *f*, Leiste *f*;

2. Diele *f*, (Fußboden)Brett *n*; **II** *v/t.* **3.** mit Latten verkleiden *od.* befestigen; **4.** *~ down the hatches* a) ⚓ die Luken schalken, b) *fig.* dichtmachen.

bat·ter¹ [ˈbætə] △ **I** *v/i.* sich nach oben verjüngen; **II** *s.* Böschung *f*, Verjüngung *f*, Abdachung *f*.

bat·ter² [ˈbætə] **I** *v/t.* **1.** mit heftigen Schlägen traktieren; (zer)schlagen, demolieren; *Ehefrau, Kind* (ständig) misshandeln *od.* schlagen *od.* prügeln: *~ed wives* misshandelte (Ehe)Frauen; *~ down* (*od.* *in*) *Tür* einschlagen; **2.** ⚔ *u. weitS.* bombardieren: *~ down* zs.-schießen; **3.** beschädigen, zerbeulen, *a. j-n* böse zurichten, arg mitnehmen; **II** *v/i.* **4.** heftig *od.* wiederholt schlagen: *~ at the door* gegen die Tür hämmern; **ˈbat·tered** [-təd] *adj.* **1.** zerschlagen, zerschmettert, demoliert; **2.** a) abgenutzt, zerbeult, beschädigt, b) *a. fig.* arg mitgenommen, übel zugerichtet, c) missˈhandelt (*Kind etc.*).

bat·ter·ing ram [ˈbætərɪŋ-] *s.* ⚔ *hist.* (Belagerungs)Widder *m*, Sturmbock *m*.

bat·ter·y [ˈbætərɪ] *s.* **1.** a) ⚔ Batteˈrie *f*, b) ⚓ Geschützgruppe *f*; **2.** ⚡, ⚙ Batteˈrie *f*, Eleˈment *n*: **3.** *fig.* Reihe *f*, Satz *m*, Batteˈrie *f* (*von Maschinen, Flaschen etc.*); **4.** ⟋ ˈLegebatteˌrie *f*; **5.** ♪ Batteˈrie *f*, Schlagzeuggruppe *f*; **6.** *Baseball*: Werfer *m* u. Fänger *m*; **7.** ⚖ Tätlichkeit *f*, *a.* Körperverletzung *f*; → *assault* 3; *~ cell* *s.* Sammlerzelle *f*; ˈ*~-ˌcharg·ing sta·tion* *s.* ⚡ ˈLadestatiˌon *f*; *~ farming* *s.* Massentierhaltung *f*.; ˈ*~-ˌop·er·at·ed* *adj.* batteriebetrieben, Batterie...; *~ hen* *s.* Batteˈriehenne *f*.

bat·ting [ˈbætɪŋ] *s.* **1.** Schlagen *n* *bsd. der Rohbaumwolle zu Watte*; **2.** (Baumwoll)Watte *f*; **3.** *Kricket, Baseball etc.*: Schlagen *n*, Schlägerspiel *n*: *~ average a. fig.* Durchschnitt(sleistung *f*) *m*.

bat·tle [ˈbætl] **I** *s.* **1.** Schlacht *f* (*of mst* bei), Gefecht *n*: *~ of Britain* Schlacht um England (*2. Weltkrieg*); **2.** *fig.* Kampf *m*, Ringen *n* (*for* um, *against* gegen): *do ~* kämpfen, sich schlagen; *fight a ~* e-n Kampf führen; *fight a losing ~ against* e-n aussichtslosen Kampf führen gegen; *fight s.o.'s ~* j-s Sache vertreten; *give* (*od.* *join*) *~* e-e Schlacht liefern, sich zum Kampf stellen; *that is half the ~* damit ist es schon halb gewonnen; *line of ~* Schlachtlinie *f*; *~ of words* Wortgefecht *n*; *~ of wits* geistiges Duell; **II** *v/i.* **3.** *mst fig.* kämpfen, streiten, fechten (*with* mit, *for* um, *against* gegen); *~ ar·ray* *s.* ⚔ Schlachtordnung *f*; ˈ*~·ax(e)* *s.* **1.** ⚔ *hist.* Streitaxt *f*; **2.** F ‚alter Drachen' (*Frau*); *~ cruis·er* *s.* ⚔ Schlachtkreuzer *m*; *~ cry* *s.* Schlachtruf *m* (*a. fig.*).

bat·tle·dore [ˈbætldɔː] *s.* **1.** Waschschlägel *m*; **2.** *sport hist.* a) Federballschläger *m*, b) *a. ~ and shuttlecock* Art Federballspiel *n*.

bat·tle| dress *s. Brit.* ⚔ Dienst-, Feldanzug *m*; *~ fa·tigue* *s.* ˈKriegsneuˌrose *f*; ˈ*~·field*, ˈ*~·ground* *s.* Schlachtfeld *n* (*a. fig.*).

bat·tle·ment [ˈbætlmənt] *s. mst pl.* (Brustwehr *f* mit) Zinnen *pl*.

bat·tle| or·der *s.* **1.** Schlachtordnung *f*; **2.** Gefechtsbefehl *m*; *~ piece* *s.* Schlachtenszene *f* (*in Malerei od. Literatur*); *~ roy·al* *s.* erbitterter Kampf (*a. fig.*); Massenschlägeˈrei *f*; ˈ*~·ship* *s.* ⚔ Schlachtschiff *n*.

bat·tue [bæˈtuː] (*Fr.*) *s.* **1.** Treibjagd *f*; **2.** (auf e-r Treibjagd erlegte) Strecke; **3.** *fig.* Masˈsaker *n*.

bat·ty [ˈbætɪ] *adj. sl.* ‚bekloppt'.

bau·ble [ˈbɔːbl] *s.* **1.** Nippsache *f*; **2.** (protziger) Schmuck; **3.** (Kinder)Spielzeug *n*; **4.** *fig.* Spieleˈrei *f*, Tand *m*.

baulk [bɔːk] → *balk*.

Ba·var·i·an [bəˈveərɪən] **I** *adj.* bay(e)risch; **II** *s.* Bayer(in).

bawd [bɔːd] *s. obs.* Kupplerin *f*; **ˈbawd·ry** [-drɪ] *s.* **1.** Kuppeˈlei *f*; **2.** Unzucht *f*; **3.** Obszöniˈtät *f*.

bawd·y [ˈbɔːdɪ] *adj.* unzüchtig, unflätig (*Rede*); ˈ*~·house* *s.* Borˈdell *n*.

bawl [bɔːl] **I** *v/i.* schreien, grölen, brüllen, *Am. a.* ‚heulen' (*weinen*): *~ at s.o.* j-n anbrüllen; **II** *v/t. a. ~ out* F *j-n* anbrüllen, zs.-stauchen.

bay¹ [beɪ] *s.* **1.** ⚘ *a. ~ tree* Lorbeer (-baum) *m*; **2.** *pl.* a) Lorbeerkranz *m*, b) *fig.* Lorbeeren *pl.*, Ehren *pl*.

bay² [beɪ] *s.* **1.** Bai *f*, Bucht *f*, Meerbusen *m*; **2.** Talbucht *f*.

bay³ [beɪ] *s.* **1.** △ Fach *n*, Abteilung *f*, Feld *n zwischen Pfeilern, Balken etc.*; Brückenglied *n*, Joch *n*; **2.** △ Fensternische *f*, Erker *m*; **3.** ✈ Abteilung *f od.* Zelle *f* im Flugzeugrumpf; **4.** ⚓ ˈSchiffslazaˌrett *n*; **5.** 🚂 *Brit.* Seitenbahnsteig *m*, *bsd.* ˈEndstatiˌon *f* e-s Nebengeleises.

bay⁴ [beɪ] **I** *v/i.* **1.** (dumpf) bellen (*bsd. Jagdhund*): *~ at s.o. od. s.th.* j-n *od.* et. anbellen; **II** *v/t.* **2.** *obs.* anbellen: *~ the moon*; **III** *s.* **3.** dumpfes Gebell *der Meute*: *be* (*od.* *stand*) *at ~* gestellt sein (*Wild*), *fig.* in die Enge getrieben sein; *bring to ~ Wild* stellen, *fig.* in die Enge treiben; *keep* (*od.* *hold*) *at ~* a) sich *j-n* vom Leibe halten, b) *j-n* in Schach halten, fern halten; *Seuche, Feuer etc.* unter Kontrolle halten; *turn to ~* sich stellen (*a. fig.*).

bay⁵ [beɪ] **I** *adj.* kaˈstanienbraun (*Pferd*): *~ horse* → **II** *s.* Braune(r) *m*.

bay leaf *s.* Lorbeerblatt *n*.

bay·o·net [ˈbeɪənɪt] ⚔ **I** *s.* Bajoˈnett *n*, Seitengewehr *n*: *at the point of the ~* mit dem Bajoˈnett, im Sturm; *fix the ~*

das Seitengewehr aufpflanzen; **II** *v/t.* mit dem Bajo'nett angreifen *od.* niederstechen; **III** *adj.* ⚙ Bajonett... (*-fassung, -verschluss*).

bay·ou ['baɪuː] *s. Am.* sumpfiger Flussarm (*Südstaaten der USA*).

bay| rum *s.* 'Bayrum *m*, Pi'mentrum *m*; **~ salt** *s.* Seesalz *n*; **2 State** *s. Am.* (*Beiname von*) Massachusetts; **~ window** *s.* **1.** Erkerfenster *n*; **2.** *Am. sl.*, ‚Vorbau' *m*, Bauch *m*; '**~·work** *s.* ⚠ Fachwerk *n*.

ba·zaar [bə'zɑː] *s.* **1.** (*Orient*) Ba'sar *m*; **2.** ✝ Warenhaus *n*; **3.** 'Wohltätigkeitsba,sar *m*.

ba·zoo·ka [bə'zuːkə] *s.* ⚔ Ba'zooka *f* (*Panzerabwehrwaffe*).

B bat·ter·y *s.* ⚡ An'odenbatte,rie *f*.

be [biː; bɪ] [*irr.*] **I** *v/aux.* **1.** *bildet das Passiv transitiver Verben*: ***I was cheated*** ich wurde betrogen; ***I was told*** man sagte mir; **2.** *lit., bildet das Perfekt einiger intransitiver Verben*: ***he is come*** er ist gekommen *od.* da; **3.** *bildet die umschriebene Form* (*continuous od. progressive form*) *der Verben*: ***he is reading*** er liest gerade; ***the house was being built*** das Haus war im Bau; ***what I was going to say*** was ich sagen wollte; **4.** *drückt die* (*nahe*) *Zukunft aus*: ***I am leaving for Paris tomorrow*** ich reise morgen nach Paris (ab); **5.** *mit inf. zum Ausdruck der Absicht, Pflicht, Möglichkeit etc.*: ***I am to go*** ich soll gehen; ***the house is to let*** das Haus ist zu vermieten; ***he is to be pitied*** er ist zu bedauern; ***it was not to be found*** es war nicht zu finden; **6.** *Kopula*: ***trees are green*** (die) Bäume sind grün; ***the book is mine*** (***my brother's***) das Buch gehört mir (m-m Bruder); **II** *v/i.* **7.** (vor'handen *od.* anwesend) sein, bestehen, sich befinden, geschehen; werden: ***I think, therefore I am*** ich denke, also bin ich; ***to be or not to be*** sein oder nicht sein; ***it was not to be*** es hat nicht sollen sein; ***so be it!*** so sei es!, gut so!; ***how is it that ...?*** wie kommt es, dass ...?; ***what will you be when you grow up?*** was willst du werden, wenn du erwachsen bist?; ***there is no substitute for wool*** für Wolle gibt es keinen Ersatz; **8.** stammen (***from*** aus): ***he is from Liverpool***; **9.** gleichkommen, bedeuten: ***seeing is believing*** was man (selbst) sieht, glaubt man; ***that is nothing to me*** das bedeutet mir nichts; **10.** kosten: ***the picture is £10*** das Bild kostet 10 Pfund; **11. been** (*p.p.*): ***have you been to Rome?*** sind Sie (je) in Rom gewesen?; ***has anyone been?*** F ist j-d da gewesen?

beach [biːtʃ] **I** *s.* Strand *m*; **II** *v/t.* ⚓ *Schiff* auf den Strand setzen *od.* ziehen; **~ ball** *s.* Wasserball *m*; **~ bug·gy** *s. mot.* Strandbuggy *m*; '**~,comb·er** *s.* **1.** ⚓ F a) Strandgutjäger *m*, b) Her'umtreiber *m*, c) *fig.* Nichtstuer *m*; **2.** breite Strandwelle; '**~·head** *s.* **1.** ⚔ Lande-, Brückenkopf *m*; **2.** *fig.* Ausgangsbasis *f*; **~ wear** *s.* Strandkleidung *f*.

bea·con ['biːkən] **I** *s.* **1.** Leucht-, Signalfeuer *n*; (Feuer)Bake *f*, Seezeichen *n*; **2.** Leuchtturm *m*; **3.** ✈ Funkfeuer *n*, -bake *f*, Landelicht *n*; **4.** (***traffic***) **~** Verkehrsampel *f*, *bsd.* Blinklicht *n* an Zebrastreifen; **5.** *fig.* a) Fa'nal *n*, b) Leitstern *m*, c) 'Warnsig,nal *n*; **II** *v/t.* **6.** mit Baken versehen; **7.** *fig.* a) erleuchten, b) *j-n* leiten.

bead [biːd] **I** *s.* **1.** (Glas-, Stick-, Holz-) Perle *f*; **2.** (*Blei- etc.*)Kügelchen *n*; **3.** *pl. eccl.* Rosenkranz *m*: ***tell one's ~s*** den Rosenkranz beten; **4.** (Schaum-) Bläs-chen *n*, (Tau-, Schweiß- *etc.*)Perle *f*, Tröpfchen *n*; **5.** ⚠ perlartige Verzierung; **6.** ⚙ Wulst *m*; **7.** ⚔ (Perl)Korn *n am Gewehr*: ***draw a ~ on*** zielen auf (*acc.*); **II** *v/t.* **8.** mit Perlen *od.* perlartiger Verzierung *etc.* versehen; **9.** *wie Perlen* aufziehen, aufreihen; **III** *v/i.* **10.** perlen, Perlen bilden; '**bead·ed** [-dɪd] *adj.* **1.** mit Perlen versehen *od.* verziert; **2.** ⚙ mit Wulst; '**bead·ing** [-dɪŋ] *s.* **1.** 'Perlsticke,rei *f*; **2.** ⚠ Rundstab *m*; **3.** ⚙ Wulst *m*.

bea·dle ['biːdl] *s.* **1.** *bsd. Brit.* Kirchendiener *m*; **2.** *univ. Brit.* Pe'dell *m*, (Fest- *etc.*)Ordner *m*; **3.** *obs.* Büttel *m*, Gerichtsdiener *m*; '**bea·dle·dom** [-dəm] *s.* büttelhaftes Wesen.

bead mo(u)ld·ing *s.* ⚠ Perl-, Rundstab *m*, Perlleiste *f*.

bead·y ['biːdɪ] *adj.* **1.** mit Perlen verziert; **2.** perlartig; **3.** perlend; **4. ~ eyes** glänzende Knopfaugen.

bea·gle ['biːgl] *s.* **1.** *zo.* Beagle *m* (*Hunderasse*); **2.** *fig.* Spi'on *m*.

beak[1] [biːk] *s.* **1.** *zo.* Schnabel *m*; **2.** F (scharfe) Nase, ‚Zinken' *m*; **3.** ⚙ a) Tülle *f*, Ausguss *m*, b) Schnauze *f*, Nase *f*, Röhre *f*.

beak[2] [biːk] *s. Brit. sl.* **1.** ‚Kadi' *m* (*Richter*); **2.** *ped.* ‚Rex' *m* (*Direktor*).

beaked [biːkt] *adj.* **1.** geschnäbelt, schnabelförmig; **2.** vorspringend, spitz.

beak·er ['biːkə] *s.* **1.** Becher *m*; **2.** ⚗ Becherglas *n*.

'**be-all**: ***the ~ and end-all*** F das A und O, das Wichtigste; *j-s* Ein und Alles.

beam [biːm] **I** *s.* **1.** ⚠ Balken *m*; Tragbalken *m* (*Haus, Brücke*); *a.* ✈ Holm *m*; **2.** ⚓ a) Deckbalken *m*, b) größte Schiffsbreite: ***in the ~*** in der Breite; ***on the starboard ~*** querab an Steuerbord; **3.** *fig.* F Körperbreite *f e-s Menschen*: ***broad in the ~*** breit (gebaut); **4.** ⚙ a) (Waage)Balken *m*, b) Weberbaum *m*, c) Pflugbaum *m*, d) Spindel *f der Drehbank*; **5.** *zo.* Stange *f am Geweih*; **6.**

(Licht)Strahl *m*; (Strahlen)Bündel *n*; *mot.* Fernlicht *n*; **7.** *Funk*: Richt-, Peil-, Leitstrahl *m*: ***ride the ~*** ✈ genau auf dem Leitstrahl steuern; ***on the ~*** a) auf dem richtigen Kurs, b) *fig.* F ‚auf Draht'; ***off the ~*** *fig.* auf dem Holzweg, (völlig) daneben (*abwegig*); **8.** strahlender Blick, Glanz *m*; **II** *v/t.* **9.** ⚙ *Weberei*: *Kette* aufbäumen; **10.** *a. phys.* (aus-)strahlen; **11.** a) ϟ *Funkspruch* mit Richtstrahler senden, b) *Radio*, *TV*: ausstrahlen; **III** *v/i.* **12.** strahlen, glänzen (*a. fig.*): ***~ (up)on s.o.*** j-n anstrahlen; ***~ing with joy*** freudestrahlend; **~ aer·i·al**, *bsd. Am.* **~ an·ten·na** *s. Radio*: 'Richtstrahler *m*, -an‚tenne *f*; **‚~-'ends** *s. pl.* **1.** ⚓ ***on her ~*** mit starker Schlagseite, in Gefahr; **2.** *fig.*: ***on one's ~*** ‚pleite'; **~ trans·mis·sion** *s.* Richtsendung *f*; **~ trans·mit·ter** *s.* Richt(strahl)sender *m*.

bean [biːn] **I** *s.* **1.** ⚘ Bohne *f*: ***full of ~s*** F ‚putzmunter', ‚aufgekratzt'; ***give s.o. ~s*** *sl.* j-m ‚Saures geben' (*j-n schlagen, strafen, schelten*); ***not to know ~s*** *Am. sl.* keine Ahnung haben; ***I haven't a ~*** *sl.* ich habe keinen roten Heller; ***spill the ~s*** *sl.* alles ausplaudern, ‚auspacken'; **2.** bohnenförmiger Samen, (*Kaffee- etc.*)Bohne *f*; **3.** *sl.* a) Kerl *m*, b) ‚Birne' *f* (*Kopf*), c) ‚Grips' *m* (*Verstand*); **II** *v/t.* **4.** *Am. sl. j-m* ‚auf die Rübe hauen'; **~ curd** *s.* Tofu *m*; **'~·feast** *s. Brit.* F **1.** *jährliches Festessen für die Belegschaft*; **2.** (feucht)fröhliches Fest.

bean·o ['biːnəʊ] F → ***beanfeast*** 2.

bean| pod *s.* Bohnenhülse *f*; **~ pole** *s.* Bohnenstange *f* (*a.* F *Person*).

bean·y ['biːnɪ] *adj.* F ‚putzmunter', tempera'mentvoll.

bear[1] [beə] **I** *v/t.* [*irr.*] [*p.p.* ***borne***; ***born*** (*bei Geburt*; → *a.* ***borne*** 2)] **1.** *Lasten etc.* tragen, befördern: ***~ a message*** e-e Nachricht überbringen; → ***borne*** 1; **2.** *fig. Waffen, Namen etc.* tragen, führen; *Datum* tragen; **3.** *fig. Kosten, Verlust, Verantwortung, Folgen etc.* tragen, über'nehmen; → ***blame*** 4, ***palm***[2] 2, ***penalty*** 1; **4.** *fig. Zeichen, Stempel etc.* tragen, zeigen; → ***resemblance***; **5.** zur Welt bringen, gebären: ***~ children***; ***he was born into a rich family*** er kam als Kind reicher Eltern zur Welt; ***there's one born every minute*** F die Dummen werden nicht weniger; → ***born***; **6.** *fig.* her'vorbringen: ***~ fruit*** Früchte tragen (*a. fig.*); ***~ interest*** Zinsen tragen; **7.** *fig. Schmerzen etc.* ertragen, (er)dulden, (er)leiden, aushalten; *e-r Prüfung etc.* standhalten: ***~ comparison*** den Vergleich aushalten; *mst neg. od. interrog.*: ***I cannot ~ him*** ich kann ihn nicht leiden *od.* ausstehen; ***I cannot ~ it*** ich kann es nicht ausstehen *od.* aushalten; ***his words won't ~ repeating*** s-e Worte lassen sich unmöglich wiederholen; ***it does not ~ thinking about*** daran mag man gar nicht denken; **8.** *fig.*: ***~ a hand*** zur Hand gehen, helfen (*dat.*); ***~ love*** (***a grudge***) Liebe (Groll) hegen; ***~ a part in*** e-e Rolle spielen bei; **9.** ***~ o.s.*** sich betragen: ***~ o.s. well***; **II** *v/i.* [*irr.*] **10.** tragen, halten (*Balken, Eis etc.*): ***will the ice ~ today?*** wird das Eis heute tragen?; **11.** Früchte tragen; **12.** Richtung annehmen: ***~*** (***to the***) ***left*** sich links halten; ***~ to the north*** sich nach Norden erstrecken; **13.** → ***bring*** 1.

Zssgn mit prp.:

bear| a·gainst *v/i.* drücken gegen; 'Widerstand leisten (*dat.*); **~ on** *od.* **up·on** *v/i.* **1.** sich beziehen auf (*acc.*), betreffen (*acc.*); **2.** einwirken *od.* zielen auf (*acc.*); **3.** drücken *od.* sich stützen auf (*acc.*), lasten auf (*dat.*); **4.** ***bear hard on*** *j-m* sehr zusetzen, *j-n* bedrücken; **5.** ⚔ beschießen; **~ with** *v/i.* Nachsicht üben mit, Geduld haben mit;

Zssgn mit adv.:

bear| a·way **I** *v/t.* forttragen, -reißen (*a. fig.*); **II** *v/i.* ⚓ absegeln, abfahren; **~ down** **I** *v/t.* über'winden, über'wältigen; **II** *v/i.*: ***~ on*** a) sich wenden gegen, sich stürzen auf (*acc.*), überwältigen (*acc.*), b) sich (schnell) nähern (*dat.*), zusteuern auf (*acc.*); **~ in** *v/t.*: ***it was borne in upon him*** es wurde ihm klar, es drängte sich ihm auf; **~ out** *v/t.* **1.** bestätigen, bekräftigen: ***bear s.o. out*** j-m Recht geben; **2.** unter'stützen; **~ up** **I** *v/t.* **1.** stützen, ermutigen; **II** *v/i.* **2.** (***against***) (tapfer) standhalten (*dat.*), die Stirn bieten (*dat.*), mutig ertragen (*acc.*), *weitS.* sich fabelhaft halten; **3.** *Brit.* Mut fassen: ***~!*** Kopf hoch!

bear[2] [beə] **I** *s.* **1.** *zo.* Bär *m*; **2.** *fig.* a) Bär *m*, Tollpatsch *m*, b) ‚Brummbär' *m*, Ekel *n*; **3.** ✝ 'Baissespeku‚lant *m*, Baissi'er *m*: ***~ market*** Baissemarkt *m*; **4.** *ast.*: ***Great***(***er***) ♎ Großer Bär; ***Little*** *od.* ***Lesser*** ♎ Kleiner Bär; **II** *v/i.* **5.** ✝ auf Baisse spekulieren; **III** *v/t.* **6.** ✝ ***~ the market*** die Kurse drücken (wollen).

bear·a·ble ['beərəbl] *adj.* □ tragbar, erträglich, zu ertragen(d).

'bear-bait·ing *s. hist.* Bärenhetze *f*.

beard [bɪəd] **I** *s.* **1.** Bart *m* (*a. von Tieren*); → ***grow*** 6; **2.** ⚘ Grannen *pl.*; **3.** ⚙ 'Widerhaken *m* (*an Pfeil, Angel etc.*); **II** *v/t.* **4.** *fig.* mutig entgegentreten, Trotz bieten (*dat.*): ***~ the lion in his den*** sich in die Höhle des Löwen wagen; **'beard·ed** [-dɪd] *adj.* **1.** bärtig; **2.** ⚘ mit Grannen; **3.** ⚙ mit (e-m) 'Widerhaken; **'beard·less** [-lɪs] *adj.* **1.** bartlos; **2.** ⚘ ohne Grannen; **3.** *fig.* jugendlich, unreif.

bear·er ['beərə] *s.* **1.** Träger(in); **2.** Über'bringer(in) *e-s Briefes, Schecks* *etc.*; **3.** ✝ Inhaber(in) *e-s Wechsels etc.*: **~ bond** Inhaberobligation *f*; **~ cheque** (*Am.* **check**) Inhaberscheck *m*; **~ securities** Inhaberpapiere; **~ share** (*od.* **stock**) Inhaberaktie *f*; → **payable** 1; **4.** ⚘ **a good ~** ein Baum, der gut trägt; **5.** *her.* Schildhalter *m*.

bear| gar·den *s.* **1.** Bärenzwinger *m*; **2.** *fig.* ‚Tollhaus' *n*; **~ hug** *s.* F heftige Um'armung.

bear·ing ['beərɪŋ] **I** *adj.* **1.** tragend; **2.** ⚒, *min.* ... enthaltend, ...haltig; **II** *s.* **3.** (Körper)Haltung *f*: **of noble ~**; **4.** Betragen *n*, Verhalten *n*: **his kindly ~**; **5.** (**on**) Bezug *m* (auf *acc.*), Beziehung *f* (zu), Verhältnis *n* (zu), Zs.-hang *m* (mit); Tragweite *f*, Bedeutung *f*: **have no ~ on** keinen Einfluss haben auf (*acc.*), nichts zu tun haben mit; **consider it in all its ~s** es in s-r ganzen Tragweite *od.* von allen Seiten betrachten; **6.** *pl.* ⚓, ✈, *surv.* Richtung *f*, Lage *f*, Peilung *f*, *fig.* Orientierung *f*: **take the ~s** die Richtung *od.* Lage feststellen, peilen; **take one's ~s** sich orientieren; **find** (*od.* **get**) **one's ~s** sich zurechtfinden; **lose one's ~s** die Orientierung verlieren, *fig.* in Verlegenheit *od.* ‚ins Schwimmen' geraten; **7.** Ertragen *n*, Erdulden *n*, Nachsicht *f*: **beyond** (**all**) **~** unerträglich; **there is no ~ with such a fellow** solch ein Kerl ist unerträglich; **8.** *mst pl.* ⚙ a) (Zapfen-, Achsen- *etc.*)Lager *n*, b) Stütze *f*; **9.** *pl. her.* → **armorial** I; **10.** (Früchte)Tragen *n*: **beyond ~** ⚘ nicht mehr tragend.

bear·ing| com·pass *s.* ⚓ 'Peil,kompass *m*; **~ line** *s.* ⚓, ✈ 'Peil-, Vi'sier,linie *f*; **~ met·al** *s.* ⚙ 'Lagerme,tall *n*; **~ pin** *s.* ⚙ Lagerzapfen *m*.

bear·ish ['beərɪʃ] *adj.* **1.** bärenhaft; **2.** *fig.* plump; brummig, unfreundlich; **3.** ✝ flau, Baisse...: **~ operation** Baissespekulation *f*.

bear lead·er *s. hist.* Bärenführer *m* (*a. fig. Reisebegleiter*).

'**bear|·skin** *s.* **1.** Bärenfell *n*; **2.** ⚔ Bärenfellmütze *f*; '**~·wood** *s.* ⚘ Kreuz-, Wegdorn *m*.

beast [biːst] *s.* **1.** *bsd. vierfüßiges u. wildes* Tier: **~ of burden** Lasttier; **~s of the forest** Waldtiere; **~ of prey** Raubtier; **the ~ in us** *fig.* das Tier(ische) in uns; **2.** ✓ Vieh *n* (*Rinder*), *bsd.* Mastvieh *n*; **3.** *fig.* a) bru'taler Mensch, Rohling *m*, 'Bestie *f*, b) ‚Biest' *n*, Ekel *n*; **beast·li·ness** ['biːstlɪnɪs] *s.* **1.** Brutali'tät *f*, Rohheit *f*; **2.** F a) Scheußlichkeit *f*, b) Gemeinheit *f*; **beast·ly** ['biːstlɪ] **I** *adj.* **1.** *fig.* viehisch, bru'tal, roh, gemein; **2.** F ab'scheulich, garstig, eklig, *Person*: *a.* ekelhaft, gemein; **II** *adv.* **3.** F scheußlich, ‚verdammt': **it was ~ hot**.

beat [biːt] **I** *s.* **1.** (*regelmäßig wiederholter*) Schlag; Herz-, Puls-, Trommelschlag *m*; Ticken *n* (*Uhr*); **2.** ♪ a) Takt (-schlag) *m*, b) *Jazz*: Beat *m*, 'rhythmischer Schwerpunkt, c) → **beat music**; **3.** *Versmaß*: Hebung *f*; **4.** *phys.*, *Radio*: Schwebung *f*; **5.** Runde *f od.* Re'vier *n e-s Schutzmanns etc.*: **be on one's ~** die Runde machen; **be off** (*od.* **out of**) **one's ~** *fig.* nicht in s-m Element sein; **that is outside my ~** *fig.* das schlägt nicht in mein Fach *od.* ist mir ungewohnt; **6.** *Am.* (Verwaltungs)Bezirk *m*; **7.** *Am.* F a) *wer od. was alles übertrifft*: **I've never seen his ~** der schlägt alles, was ich je gesehen habe, b) (sensatio'nelle) Erst- *od.* Al'leinmeldung *e-r Zeitung*, c) → **deadbeat**, d) → **beatnik**; **8.** *hunt.* Treibjagd *f*; **II** *adj.* **9.** F (wie) erschlagen: a) ‚ganz ka'putt', erschöpft, b) verblüfft; **10.** *Am. sl.* 'antikonfor,mistisch, illusi'onslos: **the ♀ Generation** die Beat-Generation; **III** *v/t.* [*irr.*] **11.** (*regelmäßig od. häufig*) schlagen; *Teppich etc.* klopfen; *Metall* hämmern *od.* schmieden; *Eier*, *Sahne* (zu Schaum *od.* Schnee) schlagen; *Takt*, *Trommel* schlagen: **~ a horse** ein Pferd schlagen; **~ a path** e-n Weg (durch Stampfen *etc.*) bahnen; **~ the wings** mit den Flügeln schlagen; **~ the air** *fig.* vergebliche Versuche machen, gegen Windmühlen kämpfen; **~ a charge** *Am. sl.* e-r Strafe entgehen; **~ s.th. into s.o.'s head** j-m et. einbläuen; **~ one's brains** sich den Kopf zerbrechen; **~ it** *sl.* ‚abhauen', ‚verduften'; → **retreat** 1; **12.** *Gegner* schlagen, besiegen; über'treffen, -'bieten; zu viel sein für *j-n*: **~ s.o. at tennis** j-n im Tennis schlagen; **~ the record** den Rekord brechen; **to ~ the band** (*Wendung*) mit aller Macht, wie toll; **~ s.o. hollow** j-n vernichtend schlagen; **~ s.o. to it** j-m zuvorkommen; **that ~s me!** F das ist mir zu hoch!, da komme ich nicht mit!; **this poster takes some ~ing** dieses Plakat ist schwer zu überbieten; **that ~s everything!** F a) das ist die Höhe!, b) ist ja sagenhaft!; **can you ~ that!** F das darf doch nicht wahr sein!; **the journey ~ me** die Reise hat mich völlig erschöpft; **hock ~s claret** Weißwein ist besser als Rotwein; **13.** *Wild* aufstöbern, treiben: **~ the woods** e-e Treibjagd *od.* Suche durch die Wälder veranstalten; **14.** schlagen, verprügeln, (ver)hauen; **15.** abgehen, ‚abklopfen', e-n Rundgang machen um; **IV** *v/i.* [*irr.*] **16.** schlagen (*a. Herz etc.*); ticken (*Uhr*): **~ at** (*od.* **on**) **the door** (fest) an die Tür pochen; **rain ~ on the windows** der Regen schlug *od.* peitschte gegen die Fenster; **the hot sun was ~ing down on us** die heiße Sonne brannte auf uns nieder; **17.** *hunt.* treiben; → **bush**[1] 1; **18.** ⚓ lavieren: **~ against the wind** gegen den Wind kreuzen;

Zssgn mit adv.:
beat| back *v/t.* zu'rückschlagen, -treiben, abwehren; **~ down I** *v/t.* **1.** *fig.* niederschlagen, unter'drücken; **2.** ✝ a) *den Preis* drücken, b) *j-n* her'unterhandeln (***to*** auf *acc.*); **II** *v/i.* **3.** a) her'unterbrennen (*Sonne*), b) niederprasseln (*Regen*); **~ off** *v/t. Angriff, Gegner* abschlagen, -wehren; **~ out** *v/t.* **1.** *Metall* (aus)schmieden, hämmern: ***~ s.o.'s brains*** j-m den Schädel einschlagen; **2.** *Feuer* ausschlagen; **3.** *fig. et.* ‚ausknobeln', her'ausarbeiten; **4.** F *j-n* ausstechen; **~ up** *v/t.* **1.** *Eier, Sahne* (zu Schaum *od.* Schnee) schlagen; **2.** ⚔ *Rekruten* werben; **3.** *j-n* zs.-schlagen, verprügeln; **4.** *fig.* aufrütteln; **5.** *et.* auftreiben.

beat·en ['bi:tn] *p.p. u. adj.* geschlagen; besiegt; erschöpft; ausgetreten, viel begangen (*Weg*): ***~ gold*** Blattgold *n*; ***the ~ track*** *fig.* das ausgefahrene Geleise; ***off the ~ track*** a) abgelegen, b) *fig.* ungewohnt; ***~ biscuit*** *Am. ein* Blätterteiggebäck *n*.

beat·er ['bi:tə] *s.* **1.** Schläger *m*, Klopfer *m* (*Person od. Gerät*); Stößel *m*, Stampfe *f*; **2.** *hunt.* Treiber *m*.

be·a·tif·ic [ˌbi:ə'tɪfɪk] *adj.* **1.** glück'selig; **2.** selig machend; **be·at·i·fi·ca·tion** [bi:ˌætɪfɪ'keɪʃn] *s. eccl.* Seligsprechung *f*; **be·at·i·fy** [bi:'ætɪfaɪ] *v/t.* **1.** beseligen, selig machen; **2.** *eccl.* selig sprechen, beatifizieren.

beat·ing ['bi:tɪŋ] *s.* **1.** Schlagen *n* (*a. Herz, Flügel etc.*); **2.** Prügel *pl.*: ***give s.o. a good ~*** j-m e-e tüchtige Tracht Prügel verabreichen, *fig.* j-m e-e böse Schlappe bereiten; ***give the enemy a good ~*** den Feind aufs Haupt schlagen; ***take a ~*** Prügel beziehen, e-e Schlappe erleiden.

be·at·i·tude [bi:'ætɪtju:d] *s.* (Glück)'Seligkeit *f*: ***the 2s*** *bibl.* die Seligpreisungen.

beat mu·sic *s.* 'Beatmuˌsik *f*.

beat·nik ['bi:tnɪk] *s. hist.* Beatnik *m*, junger 'Antikonforˌmist.

beau [bəʊ] *pl.* **beaus** *od.* **beaux** [bəʊz] (*Fr.*) *s. obs.* **1.** Beau *m*, Geck *m*; **2.** Liebhaber *m*, ‚Kava'lier' *m*.

beau i·de·al *s.* **1.** ('Schönheits)Ideˌal *n*, Vorbild *n*; **2.** vollkommene Schönheit.

beaut [bju:t] *s. sl.* → ***beauty*** 3.

beau·te·ous ['bju:tjəs] *adj. mst poet.* (*äußerlich*) schön.

beau·ti·cian [bju:'tɪʃn] *s.* Kos'metiker (-in).

beau·ti·ful ['bju:təfʊl] **I** *adj.* ☐ **1.** schön: ***the ~ people*** F die ‚Schickeria'; **2.** wunderbar; **II** *s.* **3.** ***the ~*** das Schöne; die Schönen *pl.*; **'beau·ti·ful·ly** [-təflɪ] *adv.* F schön, wunderbar, ausgezeichnet: ***~ warm*** schön warm; **'beau·ti·fy** [-tɪfaɪ] *v/t.* verschönern, verzieren.

beau·ty ['bju:tɪ] *s.* **1.** Schönheit *f*; **2.** *das* Schön(st)e, *et.* Schönes: ***that is the ~ of it*** das ist das Schönste daran; **3.** a) Prachtstück *n*: ***a ~ of a vase*** ein Gedicht von e-r Vase, b) F ‚tolles Ding', schicke Sache: ***that goal was a ~!*** das Tor war Klasse!; **4.** Schönheit *f*, schöne Per'son (*mst Frau*; *a. Tier*): ***~ queen*** Schönheitskönigin *f*; **5.** *iro.*: ***you are a ~!*** du bist mir ein Schöner *od.* ein Schlimmer!; **~ con·test** *s.* Schönheitswettbewerb *m*; **~ par·lo(u)r**, **~ sa·lon**, **~ shop** *s.* 'Schönheitssaˌlon *m*; **~ sleep** *s.* Schlaf *m* vor Mitternacht; **~ spot** *s.* **1.** Schönheitspflästerchen *n*; **2.** schönes Fleckchen Erde, lohnendes Ausflugsziel.

beaux *pl. von* **beau**.

bea·ver[1] ['bi:və] **I** *s.* **1.** *zo.* Biber *m*: ***work like a ~*** → 5; **2.** Biberpelz *m*; **3.** ✝ Biber *m* (*filziger Wollstoff*); **4.** *sl.* a) Bart(träger) *m*, b) *Am.* ‚Muschi' *f*; **II** *v/i.* **5.** *mst* ***~ away*** (schwer) schuften.

bea·ver[2] ['bi:və] *s.* ⚔ *hist.* Vi'sier *n*, Helmsturz *m*.

be·bop ['bi:bɒp] *s.* ♪ Bebop *m* (*Jazz*).

be·calm [bɪ'kɑ:m] *v/t.* **1.** beruhigen; **2.** ***be ~ed*** ⚓ in e-e Flaute geraten.

be·came [bɪ'keɪm] *pret. von* **become**.

be·cause [bɪ'kɒz] **I** *cj.* weil, da; **II ~ of** *prp.* wegen (*gen.*), in'folge von (*od. gen.*).

bêche-de-mer [ˌbeɪʃdə'meə] (*Fr.*) *s. zo.* essbare Seewalze, 'Trepang *m*.

beck[1] [bek] *s.* Wink *m*, Nicken *n*: ***be at s.o.'s ~ and call*** j-m auf den (leisesten) Wink gehorchen, nach j-s Pfeife tanzen.

beck[2] [bek] *s. Brit.* (Wild)Bach *m*.

beck·on ['bekən] **I** *v/t. j-m* (zu)winken, zunicken, *j-n* her'anwinken, *j-m* ein Zeichen geben; **II** *v/i.* winken, *fig. a.* locken.

be·cloud [bɪ'klaʊd] *v/t.* um'wölken, verdunkeln, *fig. a.* vernebeln.

be·come [bɪ'kʌm] [*irr.* → ***come***] **I** *v/i.* **1.** werden: ***~ an actor***; ***~ warmer***; ***what has ~ of him?*** a) was ist aus ihm geworden?, b) F wo steckt er nur?; **II** *v/t.* **2.** sich schicken für, sich (ge)ziemen für: ***it does not ~ you***; **3.** *j-m* stehen, passen zu, *j-n* kleiden (*Hut etc.*); **be'com·ing** [-mɪŋ] *adj.* ☐ **1.** schicklich, geziemend, anständig; **2.** kleidsam.

bed [bed] **I** *s.* **1.** Bett *n*: ***~ and breakfast*** Übernachtung *f* mit Frühstück; ***his life is no ~ of roses*** er ist nicht auf Rosen gebettet; ***marriage is not always a ~ of roses*** die Ehe hat nicht nur angenehme Seiten; ***die in one's ~*** e-s natürlichen Todes sterben; ***get out of ~ on the wrong side*** mit dem verkehrten *od.* linken Fuß zuerst aufstehen; ***go to ~*** zu Bett *od.* schlafen gehen; ***keep one's ~*** das Bett hüten;

make the ~ das Bett machen; ***as you make your ~, so you must lie upon it*** wie man sich bettet, so schläft man; ***put to ~*** *j-n* zu Bett bringen; ***take to one's ~*** sich (krank) ins Bett legen; **2.** Federbett *n*; **3.** Ehebett *n*: ***~ and board*** Tisch *m* u. Bett (*Ehe*); **4.** Lager(statt *f*) *n* (*a. e-s Tieres*): ***~ of straw*** Strohlager; **5.** *fig.* letzte Ruhestätte; **6.** 'Unterkunft *f*: ***~ and breakfast*** Zimmer *n* mit Frühstück; **7.** (Fluss- *etc.*)Bett *n*; **8.** ⚘ Beet *n*; **9.** ⚙, ⚠ Bett *n* (*a. e-r Werkzeugmaschine*), Bettung *f*, 'Unterlage *f*, Schicht *f*: ***~ of concrete*** Betonunterlage *f*; **10.** *geol.*, ⚒ Bett *n*, Schicht *f*, Lage *f*, Lager *n*, Flöz *n* (*Kohle*); **11.** 🚂 'Unterbau *m*; **II** *v/t.* **12.** zu Bett bringen; **13.** ***be bedded*** bettlägerig sein; **14.** *mst* ***~ down*** a) *j-m* das Bett machen, b) *j-n* für die Nacht 'unterbringen, d) *Pferd etc.* mit Streu versorgen; **15.** *mst* ***~ out*** in ein Beet pflanzen, auspflanzen; **III** *v/i.* **16.** *a.* ***~ down*** a) ins *od.* zu Bett gehen, b) sein Nachtlager aufschlagen; **17.** (sich ein)nisten (*a. fig.*).

Beds

single bed	Einzelbett
twin beds	zwei Einzelbetten
double bed	Doppelbett
bunk bed	Etagenbett
folding bed	Klappbett
camp bed	Campingliege
airbed, *Am.*	
air mattress	Luftmatratze
cot, *Am.* **crib**	Kinderbett

be·dad [bɪ'dæd] *int. Ir.* bei Gott!

be·daub [bɪ'dɔːb] *v/t.* beschmieren.

be·daz·zle [bɪ'dæzl] *v/t.* blenden.

'bed|·bug *s. zo.* Wanze *f*; ***~ bun·ny*** *s.* F ‚Betthäschen' *n*; **'~ˌcham·ber** *s.* (königliches) Schlafgemach: ***Gentleman*** *od.* ***Groom of the ♀*** königlicher Kammerherr; ***Lady of the ♀*** königliche Kammerzofe; **'~·clothes** *s. pl.* Bettwäsche *f*.

bed·der ['bedə] *s. Brit.* Zimmermädchen *n* (*in Colleges*).

bed·ding ['bedɪŋ] **I** *s.* **1.** Bettzeug *n*, Bett *n* u. 'Zubehör *n*, *m*; **2.** (Lager-)Streu *f für Tiere*; **3.** ⚙ Bettung *f*, 'Unterschicht *f*, -lage *f*, Lager *n*; **II** *adj.* **4.** ***~ plants*** Beetpflanzen (*Blumen etc.*).

be·deck [bɪ'dek] *v/t.* (ver)zieren, schmücken.

be·del(l) [be'del] *s. Brit. univ.* Herold *m*.

be·dev·il [bɪ'devl] *v/t. fig.* **1.** *fig.* verhexen; **2.** a) plagen, peinigen, b) bedrücken, belasten; **3.** *fig.* verwirren, durchein'ander bringen.

be·dew [bɪ'djuː] *v/t.* betauen, benetzen.

'bed|·fast *adj.* bettlägerig; **'~ˌfel·low** *s.* **1.** 'Schlafkameˌrad *m*, Bettgenosse *m*; **2.** *fig.* Genosse *m*; **'~·gown** *s.* (Frauen)Nachthemd *n*.

be·dim [bɪ'dɪm] *v/t.* trüben.

be·diz·en [bɪ'daɪzn] *v/t.* (über'trieben) her'ausputzen.

bed·lam ['bedləm] *s. fig.* Tollhaus *n*: ***cause a ~*** e-n Tumult auslösen; **'bed·lam·ite** [-maɪt] *s. obs.* Irre(r *m*) *f*.

Bed·ou·in ['beduɪn] **I** *s.* Bedu'ine *m*; **II** *adj.* Beduinen...

'bed|·pan *s.* ⚕ Stechbecken *n*, Bettschüssel *f*; **'~·plate** *s.* ⚙ 'Unterlagsplatte *f*, -gestell *n od.* -rahmen *m*; **'~·post** *s.* Bettpfosten *m*: ***between you and me and the ~*** F unter uns *od.* im Vertrauen (gesagt).

be·drag·gled [bɪ'drægld] *adj.* **1.** a) verdreckt, b) durch'nässt; **2.** *fig.* verwahrlost.

'bed|ˌrid·den *adj.* bettlägerig; **'~·rock I** *s.* **1.** *geol.* unterste Felsschicht, Grundgestein *n*; **2.** (*mst fig.*) Grundlage *f*: ***get down to ~*** der Sache auf den Grund gehen; **3.** *fig.* Tiefpunkt *m*; **II** *adj.* **4.** F a) grundlegend, b) (felsen)fest, c) ✝ äußerst, niedrigst: ***~ price***; **'~·roll** *s.* zs.-gerolltes Bettzeug; **'~·room** [-rʊm] *s.* Schlafzimmer *n*: ***~ eyes*** F ‚Schlafzimmeraugen'; ***~ suburb*** Schlafstadt *f*; **'~-setˌtee** *s.* Schlafcouch *f*; **'~-sheet** *s.* Bettlaken *n*.

'bed·side *s.*: ***at the ~*** am (Kranken-)Bett; ***good ~ manner*** gute Art, mit Kranken umzugehen; ***~ lamp*** *s.* Nachttischlampe *f*; ***~ read·ing*** *s.* 'Bettlekˌtüre *f*; ***~ rug*** *s.* Bettvorleger *m*; ***~ stor·y*** *s.* Gutenachtgeschichte *f*; ***~ ta·ble*** *s.* Nachttisch *m*.

ˌbed|'sit *Brit.* **I** *v/i.* [*irr.*] ein möbliertes Zimmer bewohnen; **II** *s.* → **ˌ~'sit·ter** *s.*, **ˌ~-'sit·ting room** *s. Brit.* **1.** möbliertes Zimmer; **2.** Ein'zimmerapparteˌment *n*; **'~·sore** *s.* ⚕ wund gelegene Stelle; **'~·space** *s.* (An)Zahl *f* der Betten (*in Klinik etc.*); **'~·spread** *s.* (Zier-)Bettdecke *f*; Tagesdecke *f*; **'~·stead** *s.* Bettstelle *f*, -gestell *n*; **'~·straw** *s.* ⚘ Labkraut *n*; **'~·tick** *s.* Inlett *n*; **'~·time** *s.* Schlafenszeit *f*; **'~-ˌwet·ting** *s.* Bettnässen *n*.

bee[1] [biː] *s.* **1.** *zo.* Biene *f*: ***have a ~ in one's bonnet*** F ‚e-n Vogel haben'; **2.** *fig.* Biene *f*, fleißiger Mensch; → ***busy*** 2; **3.** *bsd. Am.* a) Treffen *n von Freunden* zur Gemeinschaftshilfe *od.* Unter'haltung: ***sewing ~*** Nähkränzchen *n*, b) Wettbewerb *m*.

bee[2] [biː] *s.* B, b *n* (*Buchstabe*).

Beeb [biːb] *s.*: ***the ~*** *Brit.* F die BB'C.

beech [biːtʃ] *s.* ♆ Buche *f*; Buchenholz *n*; **beech·en** [ˈbiːtʃən] *adj.* aus Buchenholz, Buchen...

beech| mar·ten *s. zo.* Steinmarder *m*; **ˈ~·mast** *s.* Bucheckern *pl.*; **ˈ~·nut** *s.* Buchecker *f.*

beef [biːf] *pl.* **beeves** [biːvz], *a.* **beefs I** *s.* **1.** Mastrind *n*, -ochse *m*, -bulle *m*; **2.** Rindfleisch *n*; **3.** F a) Fleisch *n* (*am Menschen*), b) (Muskel)Kraft *f*; **4.** *sl.* ‚Meckeˈrei' *f*, Beschwerde *f*; **5.** *Am. sl.* ‚dufte Puppe'; **II** *v/i.* **6.** *sl.* nörgeln, ‚meckern', sich beschweren; **III** *v/t.* **7.** ***~ up*** F *et.* ‚aufmöbeln'; **ˈ~·cake** *s. Am. sl.* Bild *n* e-s Muskelprotzen; **ˈ~ˌeat·er** *s. Brit.* Beefeater *m*, Towerwächter *m* (*in London*); **ˌ~ˈsteak** *s.* ˈBeefsteak *n*; **~ tea** *s.* (Rind)Fleisch-, Kraftbrühe *f*, Bouilˈlon *f.*

beef·y [ˈbiːfɪ] *adj.* **1.** fleischig; **2.** F bullig, kräftig.

ˈbee|·hive *s.* **1.** Bienenstock *m*, -korb *m*; **2.** *fig.* ‚Taubenschlag' *m*; **ˈ~ˌkeep·er** *s.* Bienenzüchter *m*, Imker *m*; **ˈ~ˌkeep·ing** *s.* Bienenzucht *f*, Imkeˈrei *f*; **ˈ~·line** *s.*: ***make a ~ for*** schnurgerade auf *et.* losgehen.

Be·el·ze·bub [biːˈelzɪbʌb] **I** *npr.* Beˈelzebub *m*; **II** *s.* Teufel *m.*

ˈbeeˌmas·ter *s.* → ***beekeeper***.

been [biːn; bɪn] *p.p. von* **be**.

beep [biːp] *s.* **1.** ϟ Piepton *m*; **2.** *mot.* ˈHupsigˌnal *n.*

beer [bɪə] *s.* **1.** Bier *n*: ***two ~s*** zwei Glas Bier; ***life is not all ~ and skittles*** *Brit.* F das Leben besteht nicht nur aus Vergnügen; → ***small beer***; **2.** bierähnliches Getränk (*aus Pflanzen*); **~ can** *s.* Bierdose *f*; **~ en·gine** *s.* ˈBierˌdruckappaˌrat *m*; **~ gar·den** *s.* Biergarten *m*; **ˈ~·house** *s. Brit.* Bierschenke *f*; **~ mat** *s.* Bierfilz *m*, -deckel *m*; **ˈ~·pull** *s.* (Griff *m* der) Bierpumpe *f.*

beer·y [ˈbɪərɪ] *adj.* **1.** bierartig; **2.** bierselig; **3.** nach Bier riechend.

beest·ings [ˈbiːstɪŋz] *s.* Biestmilch *f* (*erste Milch nach dem Kalben*).

bees·wax [ˈbiːzwæks] *s.* Bienenwachs *n.*

beet [biːt] *s.* ♆ **1.** Runkelrübe *f*, Mangold *m*, Bete *f*: ***~ greens*** Mangoldgemüse *n*; **2.** *Am.* Rote Bete.

bee·tle¹ [ˈbiːtl] **I** *s.* **1.** *zo.* Käfer *m*; → ***blind*** 1.; **II** *v/i* F **2.** ***~ along*** F entlangflitzen, -pesen; **3.** ***~ off*** F abschwirren, sich davonmachen.

bee·tle² [ˈbiːtl] **I** *s.* **1.** Holzhammer *m*, Schlägel *m*; **2.** ⚙ a) Erdstampfe *f*, b) ˈStampfkaˌlander *m*; **II** *v/t.* **3.** mit e-m Schlägel bearbeiten, (ein)stampfen; **4.** ⚙ kaˈlandern.

bee·tle³ [ˈbiːtl] **I** *adj.* ˈüberhängend; **II** *v/i.* vorstehen, ˈüberhängen.

ˈbee·tle|-browed *adj.* **1.** mit buschigen Augenbrauen; **2.** finster blickend; **ˈ~ˌcrush·ers** *s. pl.* ‚Elbkähne' *pl.* (*riesige Schuhe*).

ˈbeet|·root *s.* ♆ **1.** *Brit.* Wurzel *f* der Roten Bete; **2.** *Am.* → ***beet*** 1; **~ sug·ar** *s.* ♆ Rübenzucker *m.*

beeves [biːvz] *pl. von* **beef**.

be·fall [bɪˈfɔːl] [*irr.* → ***fall***] *obs. od. poet.* **I** *v/i.* sich ereignen; **II** *v/t.* zustoßen, widerˈfahren (*dat.*).

be·fit [bɪfɪt] *v/t.* sich ziemen *od.* schicken für; **beˈfit·ting** [-tɪŋ] *adj.* □ geziemend, schicklich.

be·fog [bɪˈfɒg] *v/t.* **1.** in Nebel hüllen; **2.** *fig.* a) umˈnebeln, b) verwirren.

be·fool [bɪˈfuːl] *v/t.* zum Narren haben, täuschen.

be·fore [bɪfɔː] **I** *prp.* **1.** *räumlich*: vor: ***he sat ~ me***; ***~ my eyes***; ***the question ~ us*** die (uns) vorliegende Frage; **2.** vor, in Gegenwart von: ***~ witnesses***; **3.** *Reihenfolge, Rang*: vorˈaus: ***be ~ the others in class*** den anderen in der Klasse voraus sein; **4.** *zeitlich*: vor, früher als: ***~ lunch*** vor dem Mittagessen; ***an hour ~ the time*** e-e Stunde früher *od.* zu früh; ***~ long*** in Kürze, bald; ***~ now*** schon früher *od.* vorher; ***the day ~ yesterday*** vorgestern; ***the month ~ last*** vorletzten Monat; ***be ~ one's time*** s-r Zeit voraus sein; **II** *cj.* **5.** beˈvor, ehe: ***he died ~ I was born***; ***not ~*** nicht früher *od.* eher als bis, erst als *od.* wenn; **6.** lieber ... als dass: ***I would die ~ I lied***; **III** *adv.* **7.** *räumlich*: vorn, voˈran: ***go ~*** vorangehen; ***~ and behind*** vorn u. hinten; **8.** *zeitlich*: ˈvorher, vormals, früher, zuˈvor; (schon) früher: ***the year ~*** das vorige *od.* vorhergehende Jahr, das Jahr zuvor; ***an hour ~*** e-e Stunde vorher *od.* früher *od.* zuvor; ***long ~*** lange vorher; ***never ~*** noch nie (-mals), nie zuvor; **beˈfore·hand** *adv.* zuˈvor, im Voraus: ***know s.th. ~*** et. im Voraus wissen; ***be ~ in one's suspicions*** zu früh e-n Verdacht äußern; **beˈfore-ˌmen·tioned** *adj.* vorerwähnt; **beˈfore-tax** *adj.* ✝ vor Abzug der Steuern, Brutto...

be·foul [bɪˈfaʊl] *v/t.* besudeln, beschmutzen (*a. fig.*).

be·friend [bɪˈfrend] *v/t.* *j-m* Freundschaft erweisen; *j-m* behilflich sein, sich *j-s* annehmen.

be·fud·dle [bɪˈfʌdl] *v/t.* ‚benebeln', berauschen.

beg [beg] **I** *v/t.* **1.** *et.* erbitten (***of s.o.*** von j-m), bitten um: ***~ leave*** um Erlaubnis bitten; → ***pardon*** 4; **2.** betteln *od.* bitten um: ***~ a meal***; **3.** *j-n* bitten (***to do s.th.*** et. zu tun); **II** *v/i.* **4.** betteln: ***go ~ging*** a) betteln (gehen), b) keinen Interessenten finden; **5.** (dringend) bitten (***for*** um, ***of s.o. to*** *inf.* j-n zu *inf.*): ***~ off*** sich entschuldigen, absagen; **6.** sich erlauben: ***I ~ to differ*** ich erlaube mir, anderer Meinung zu sein; ***I ~ to inform you*** ✝ *obs.* ich erlaube mir, - Ihnen mitzuteilen; **7.** schönmachen,

Männchen machen (*Hund*); **8.** → ***question*** 1.

be·gad [bɪ'gæd] *int.* F bei Gott!

be·gan [bɪ'gæn] *pret. von* **begin**.

be·gat [bɪ'gæt] *obs. pret. von* **beget**.

be·get [bɪ'get] *v/t.* [*irr.*] **1.** zeugen; **2.** *fig.* erzeugen, her'vorbringen; **be'get·ter** [-tə] *s.* **1.** Erzeuger *m*, Vater *m*; **2.** *fig.* Urheber *m*.

beg·gar ['begə] **I** *s.* **1.** Bettler(in); Arme(r *m*) *f*: ***~s must not be choosers*** arme Leute dürfen nicht wählerisch sein; **2.** F Kerl *m*, Bursche *m*: ***lucky ~*** Glückspilz *m*; ***a naughty little ~*** ein kleiner Schelm; **II** *v/t.* **3.** an den Bettelstab bringen; **4.** *fig.* erschöpfen; über'steigen: ***it ~s description*** a) es spottet jeder Beschreibung, b) es lässt sich nicht mit Worten beschreiben; **'beg·gar·ly** [-lɪ] *adj.* **1.** (sehr) arm; **2.** *fig.* armselig, lumpig; **ˌbeg·gar-my-'neigh·bo(u)r** [-mɪ-] *s.* Bettelmann *m* (*Kartenspiel*); **'beg·gar·y** [-ərɪ] *s.* Bettelarmut *f*: ***reduce to ~*** an den Bettelstab bringen.

be·gin [bɪ'gɪn] [*irr.*] **I** *v/t.* **1.** beginnen, anfangen: ***~ a new book***; **2.** (be-) gründen; **II** *v/i.* **3.** beginnen, anfangen: ***~ with s.o.*** *od.* ***s.th*** mit *od.* bei j-m *od.* et. anfangen; ***to ~ with*** (*Wendung*) a) zunächst, b) erstens (einmal); ***~ on s.th.*** et. in Angriff nehmen; ***he began by asking*** zuerst fragte er; ***... began to be put into practice*** ... wurde bald in die Praxis umgesetzt; ***he does not even ~ to try*** er versucht es nicht einmal; ***it doesn't ~ to do him justice*** F es wird ihm nicht annähernd gerecht; **4.** entstehen; **be'gin·ner** [-nə] *s.* Anfänger(in), Neuling *m*: ***~'s luck*** Anfängerglück *n*; **be'gin·ning** [-nɪŋ] *s.* **1.** Anfang *m*, Beginn *m*: ***from the*** (***very***) ***~*** (ganz) von Anfang an; ***the ~ of the end*** der Anfang vom Ende; **2.** Ursprung *m*; **3.** *pl.* a) Anfangsgründe *pl.*, b) Anfänge *pl.*

be·gone [bɪ'gɒn] *int.* fort (mit dir)!

be·go·ni·a [bɪ'gəʊnjə] *s.* Be'gonie *f*.

be·got [bɪ'gɒt] *pret. von* **beget**.

be·got·ten [bɪ'gɒtn] *p.p. von* **beget**: ***God's only ~ son*** Gottes eingeborener Sohn.

be·grime [bɪ'graɪm] *v/t.* (*mit Ruß, Rauch etc.*) beschmutzen.

be·grudge [bɪ'grʌdʒ] *v/t.* **1.** ***~ s.o. s.th.*** j-m et. missgönnen; **2.** *et.* nur ungern geben.

be·guile [bɪ'gaɪl] *v/t.* **1.** täuschen; betrügen (***of*** *od.* ***out of*** um); **2.** verleiten (***into doing*** zu tun); **3.** *Zeit* (angenehm) vertreiben; **4.** betören; **be'guil·ing** [-lɪŋ] *adj.* □ verführerisch, betörend.

be·gun [bɪ'gʌn] *p.p. von* **begin**.

be·half [bɪ'hɑːf] *s.*: ***on*** (*od.* ***in***) ***~ of*** zugunsten *od.* im Namen *od.* im Auftrag von (*od. gen*), für *j-n*; ***on*** (*od.* ***in***) ***my ~*** zu m-n Gunsten, für mich; ***act on one's own ~*** im eigenen Namen handeln.

be·have [bɪ'heɪv] **I** *v/i.* **1.** sich (gut) benehmen, sich zu benehmen wissen: ***please ~!*** bitte benimm dich!; ***he doesn't know how to ~, he can't ~*** er kann sich nicht (anständig) benehmen; **2.** sich verhalten; funktionieren (*Maschine etc.*); **II** *v/t.* **3.** ***~ o.s.*** sich (gut) benehmen: ***~ yourself!*** beninmm dich!; **be'haved** [-vd] *adj.*: ***he is well-~*** er hat ein gutes Benehmen.

be·hav·io(u)r [bɪ'heɪvjə] *s.* Benehmen *n*, Betragen *n*; Verhalten *n* (*a.* 🪼, ⚙, *phys.*): ***~ pattern*** *psych.* Verhaltensmuster *n*; ***~ therapy*** *psych.* Verhaltenstherapie *f*; ***during good ~*** *Am.* auf Lebenszeit (*Ernennung*); ***be in office on one's good ~*** ein Amt auf Bewährung innehaben; ***be on one's best ~*** sich von seiner besten Seite zeigen; ***put s.o. on his good ~*** j-m einschärfen, sich gut zu benehmen; **be'hav·io(u)r·al** [-ərəl] *adj. psych.* Verhaltens...: ***~ science*** Verhaltensforschung *f*; **be'hav·io(u)r·ism** [-ərɪzəm] *s. psych.* Behavio'rismus *m*.

be·head [bɪ'hed] *v/t.* enthaupten.

be·held [bɪ'held] *pret. u. p.p. von* **behold**.

be·he·moth [bɪ'hiːmɒθ] **1.** *Bibl.* Behemoth; **2.** *fig.* Ko'loss *m*, Ungeheuer *n*.

be·hest [bɪ'hest] *s. poet.* Geheiß *n*: ***at s.o.'s ~*** auf j-s Geheiß *od.* Befehl *od.* Veranlassung.

be·hind [bɪ'haɪnd] **I** *prp.* **1.** hinter: ***~ the tree*** hinter dem *od.* den Baum; ***he looked ~ him*** er blickte hinter sich; ***be ~ s.o.*** a) hinter j-m stehen, j-n unterstützen, b) j-m nachstehen, hinter j-m zurück sein; ***what is ~ all this?*** was steckt dahinter?; **II** *adv.* **2.** hinten, da'hinter, hinter'her: ***walk ~*** hinterhergehen; **3.** nach hinten, zu'rück: ***look ~*** zurückblicken; **4.** zu'rück, im Rückstand: ***~ with one's work*** mit s-r Arbeit im Rückstand; ***my watch is ~*** meine Uhr geht nach; → ***time*** 7; **5.** *fig.* da'hinter, verborgen: ***there is more ~*** da steckt (noch) mehr dahinter; **III** *s.* **6.** F ‚Hintern' *m*, Gesäß *n*; **be'hind·hand** *adv. u. pred. adj.* **1.** → ***behind*** 4; **2.** *fig.* rückständig; altmodisch.

be·hold [bɪ'həʊld] **I** *v/t.* [*irr.* → ***hold***] erblicken, anschauen; **II** *int.* siehe da!; **be'hold·en** [-dən] *adj.* verpflichtet, dankbar (***to*** *dat.*); **be'hold·er** [-də] *s.* Beschauer(in), Betrachter(in).

be·hoof [bɪ'huːf] *s. lit.*: ***in*** (*od.* ***to***, ***for***, ***on***) (***the***) ***~ of*** um ... willen; ***on her ~*** zu ihren Gunsten.

be·hoove [bɪ'huːv] *Am.*, **be'hove**

[-'həʊv] *Brit. v/t. impers.*: **it ~s you (to** *inf.*), a) es obliegt dir *od.* ist deine Pflicht (zu *inf.*), b) es gehört sich für dich (zu *inf.*).

beige [beɪʒ] **I** *s.* Beige *f* (*Wollstoff*); **II** *adj.* beige(farben).

be·ing ['biːɪŋ] *s.* **1.** (Da)Sein *n*: ***in ~*** existierend, wirklich (vorhanden); ***come into ~*** entstehen; ***call into ~*** ins Leben rufen; **2.** *j-s* Wesen *n od.* Sein, Na'tur *f*; **3.** Wesen *n*; Geschöpf *n*: ***living ~*** Lebewesen.

be·la·bo(u)r [bɪ'leɪbə] *v/t.* **1.** (mit den Fäusten *etc.*) bearbeiten, 'durchprügeln; **2.** *fig. j-n* ‚bearbeiten', *j-m* zusetzen.

be·lat·ed [bɪ'leɪtɪd] *adj.* **1.** verspätet; **2.** von der Nacht über'rascht.

be·laud [bɪ'lɔːd] *v/t.* preisen.

be·lay [bɪ'leɪ] *v/t.* [*irr.* → ***lay***] **1.** ⚓ festmachen, *Tau* belegen; **2.** *mount. j-n* sichern.

belch [beltʃ] **I** *v/i.* **1.** aufstoßen, rülpsen; **II** *v/t.* **2.** *Rauch etc.* ausspeien; **III** *s.* **3.** Rülpsen *n*; **4.** *fig.* Ausbruch *m* (*Rauch etc.*).

bel·dam(e) ['beldəm] *s. obs.* Ahnfrau *f*; alte Frau; Vettel *f*, Hexe *f*.

be·lea·guer [bɪ'liːgə] *v/t.* **1.** belagern (*a. fig.*); **2.** *fig.* a) heimsuchen, b) um'geben.

bel es·prit [ˌbel es'priː] *pl.* **beaux es·prits** [ˌbəʊz es'priː] (*Fr.*) *s.* Schöngeist *m*.

bel·fry ['belfrɪ] *s.* **1.** Glockenturm *m*; → ***bat***[2] 1; **2.** Glockenstuhl *m*.

Bel·gian ['beldʒən] **I** *adj.* belgisch; **II** *s.* Belgier(in).

be·lie [bɪ'laɪ] *v/t.* **1.** Lügen erzählen über (*acc.*), *et.* falsch darstellen; **2.** *j-n od. et.* Lügen strafen; **3.** wider'sprechen (*dat.*); **4.** hin'wegtäuschen über (*acc.*); **5.** *Hoffnung etc.* enttäuschen, *e-r Sache* nicht entsprechen.

be·lief [bɪ'liːf] *s.* **1.** *eccl.* Glaube *m*, Reli'gion *f*: ***the*** ♀ das Apostolische Glaubensbekenntnis; **2.** (***in***) a) Glaube *m* (an *acc.*): ***beyond ~*** unglaublich, b) Vertrauen *n* (auf *et. od.* zu *j-m*); **3.** Meinung *f*, Anschauung *f*, Über'zeugung *f*: ***to the best of my ~*** nach bestem Wissen u. Gewissen.

be·liev·a·ble [bɪ'liːvəbl] *adj.* glaubhaft; **be·lieve** [bɪ'liːv] **I** *v/i.* **1.** glauben (***in*** an *acc.*); **2.** (***in***) Vertrauen haben (zu), viel halten (von): ***I do not ~ in sports*** F ich halte nicht viel von Sport; **II** *v/t.* **3.** glauben, meinen, denken: ***~ it or not*** ob Sie es glauben *od.* nicht!, ganz sicher; ***do not ~ it*** glaube es nicht; ***would you ~ it!*** nicht zu glauben!; ***he is ~d to be a miser*** man hält ihn für e-n Geizhals; **4.** Glauben schenken, glauben (*dat.*): ***~ me*** glaube mir; ***not to ~ one's eyes*** s-n Augen nicht trauen; **be'liev·er** [-və] *s.* **1.** ***be a great*** *od.* ***firm ~ in*** fest glauben an (*acc.*), viel halten von; **2.** *eccl.* Gläubige(r *m*) *f*: ***a true ~*** ein Rechtgläubiger; **be'liev·ing** [-vɪŋ] *adj.* □ gläubig: ***a ~ Christian***.

Be·lish·a bea·con [bɪ'liːʃə] *s. Brit.* (gelbes) Blinklicht *n* an 'Fußgängerˌüberwegen.

be·lit·tle [bɪ'lɪtl] *v/t.* **1.** verkleinern; **2.** her'absetzen, schmälern; **3.** herabsetzen, schmähen; **4.** verharmlosen.

bell[1] [bel] **I** *s.* **1.** Glocke *f*, Klingel *f*, Schelle *f*: ***carry away*** (*od.* ***bear***) ***the ~*** Sieger sein; ***does that name ring a*** (*od.* ***the***) ***~?*** erinnert dich der Name an et.?; ***the ~ has rung*** es hat geklingelt; → ***clear*** 5, ***sound***[1] 1; **2.** *pl.* ⚓ (halbstündige Schläge *pl.* der) Schiffsglocke *f*; **3.** Taucherglocke *f*; **4.** ⚘ glockenförmige Blumenkrone, Kelch *m*; **5.** △ Glocke *f*, Kelch *m* (*am Kapitell*); **II** *v/t.* **6.** ***~ the cat*** *fig.* der Katze die Schelle umhängen.

bell[2] [bel] *v/i.* röhren (*Hirsch*).

bel·la·don·na [ˌbelə'dɒnə] *s.* ⚘ Bella'donna *f* (*a. pharm.*), Tollkirsche *f*.

'bell|-ˌbot·tomed *adj.* unten weit ausladend: ***~ trousers***; **'~·boy** *s. Am.* Ho'telpage *m*; **~ buoy** *s.* ⚓ Glockenboje *f*; **~ but·ton** *s.* ϟ Klingelknopf *m*.

belle [bel] (*Fr.*) *s.* Schöne *f*, Schönheit *f*: ***~ of the ball*** Ballkönigin *f*.

belles-let·tres [ˌbel'letrə] (*Fr.*) *s. pl. sg. konstr.* Belle'tristik *f*, Unter'haltungsliteraˌtur *f*.

'bell|ˌflow·er *s.* ⚘ Glockenblume *f*; **~ found·ry** *s.* Glockengieße'rei *f*; **~ glass** *s.* Glasglocke *f*; **'~·hop** *s. Am.* Ho'telpage *m*.

bel·li·cose ['belɪkəʊs] *adj.* □ kriegslustig, kriegerisch; **bel·li·cos·i·ty** [ˌbelɪ'kɒsətɪ] *s.* **1.** Kriegslust *f*; **2.** → ***belligerence*** 2.

bel·lied ['belɪd] *adj.* bauchig; *in Zssgn* ...bauchig, ...bäuchig.

bel·lig·er·ence [bɪ'lɪdʒərəns] *s.* **1.** Kriegführung *f*; **2.** Kampfeslust *f*, Streitsucht *f*; **bel'lig·er·en·cy** [-rənsɪ] *s.* **1.** Kriegszustand *m*; **2.** → ***belligerence***; **bel'lig·er·ent** [-nt] **I** *adj.* □ **1.** Krieg führend: ***the ~ powers***; ***~ rights*** Rechte der Krieg Führenden; **2.** *fig.* streitlustig; **II** *s.* **3.** Krieg führender Staat.

bell| lap *s. sport* letzte Runde; **'~·man** [-mən] *s.* [*irr.*] öffentlicher Ausrufer; **~ met·al** *s.* ⚙ 'Glockenmeˌtall *n*, -speise *f*; **'~-mouthed** *adj.* (*a.* ⚔) mit trichterförmiger Öffnung.

bel·low ['beləʊ] **I** *v/t. u. v/i.* brüllen; **II** *s.* Gebrüll *n*.

bel·lows ['beləʊz] *s. pl.* (*a. sg. konstr.*) **1.** ⚙ a) Gebläse *n*, b) *a.* ***pair of ~*** Blasebalg *m*; **2.** Lunge *f*; **3.** *phot.* Balg *m*.

bell| pull *s.* Klingelzug *m*; **~ push** *s.*

Klingelknopf *m*; ~ **ring·er** *s.* Glöckner *m*; ~ **rope** *s.* **1.** Glockenstrang *m*; **2.** Klingelzug *m*; '~**-shaped** *adj.* glockenförmig; ~ **tent** *s.* Rundzelt *n*; '~,**weth·er** *s.* Leithammel *m* (*a. fig., mst contp.*).

bel·ly ['belɪ] **I** *s.* **1.** Bauch *m* (*a. fig.*); 'Unterleib *m*: ***go ~ up*** → 8; **2.** Magen *m*; **3.** *fig.* a) Appe'tit *m*, b) Schlemme'rei *f*; **4.** Bauch *m*, Ausbauchung *f*, Höhlung *f*; **5.** 'Unterseite *f*; **6.** ♪ Reso'nanzboden *m*; Decke *f* (*Saiteninstrument*); **II** *v/i.* **7.** sich (aus)bauchen, (an)schwellen; **8.** ~ ***up*** a) ‚abkratzen' (*sterben*), b) ‚Pleite' machen, ‚eingehen'; '~**·ache I** *s.* Bauchweh *n*; **II** *v/i.* F ‚meckern', nörgeln; '~**·band** *s.* Bauch-, Sattelgurt *m*; ~ **but·ton** *s.* F (Bauch-)Nabel *m*; ~ **danc·er** *s.* Bauchtänzerin *f*; ~ **flop** *s.* F ‚Bauchklatscher' *m*; ✈ Bauchlandung *f*; '~**·ful** *s.*: ***have had a ~ (of)*** F die Nase voll haben (von); '~**·hold** *s.* ✈ Frachtraum *m*; ~ **land·ing** *s.* ✈ Bauchlandung *f*; ~ **laugh** *s.* F dröhnendes Lachen; ~ **tank** *s.* Rumpfabwurfbehälter *m*.

be·long [bɪ'lɒŋ] *v/i.* **1.** gehören (***to*** *dat.*): ***this ~s to me***; **2.** gehören (***to*** zu), da'zugehören, am richtigen Platz sein: ***this lid ~s to another pot*** dieser Deckel gehört zu e-m anderen Topf; ***where does this book ~?*** wohin gehört dieses Buch?; ***he does not ~*** er gehört nicht dazu *od.* hierher; **3.** (***to***) sich gehören (für), *j-m* ziemen; **4.** *Am.* a) verbunden sein (***with*** mit), gehören *od.* passen (***with*** zu), b) wohnen (***in*** in *dat.*); **5.** an-, zugehören (***to*** *dat*): ~ ***to a club***; **be'long·ings** [-ŋɪŋz] *s. pl.* a) Habseligkeiten *pl.*, Habe *f*, Gepäck *n*, b) Zubehör *n*, c) F Angehörige *pl.*

be·lov·ed [bɪ'lʌvd] **I** *adj.* [*attr. a.* -vɪd] (innig) geliebt (***of, by*** von); **II** *s.* [*mst* -vɪd] Geliebte(r *m*) *f*.

be·low [bɪ'ləʊ] **I** *adv.* **1.** unten: ***he is ~*** er ist unten (*im Haus*); ***as stated ~*** wie unten erwähnt; **2.** hin'unter; **3.** *poet.* hie'nieden; **4.** in der Hölle; **5.** (dar)'unter, niedriger: ***the class ~***; **6.** strom'ab; **II** *prp.* **7.** unter, 'unterhalb, tiefer als: ~ ***the line*** unter der *od.* die Linie; ~ ***cost*** unter dem Kostenpreis; ~ ***s.o.*** unter j-s Rang, Würde, Fähigkeit *etc.*; ***20 ~*** F 20 Grad Kälte.

belt [belt] **I** *s.* **1.** Gürtel *m*, Gurt *m*: ***hit below the ~*** *Boxen u. fig. j-m* e-n Tiefschlag versetzen; ***that was below the ~*** *a. fig.* das war unter der Gürtellinie *od.* unfair; ***tighten one's ~*** *fig.* den Gürtel enger schnallen; ***the Black*** ♀ *Judo*: der Schwarze Gürtel (→ 5); ***under one's ~*** F a) im Magen, b) *fig.* ‚in der Tasche', c) hinter sich; **2.** ⚔ Koppel *n*; Gehenk *n*; **3.** ⚓ Panzergürtel *m* (*Kriegsschiff*); **4.** Gürtel *m*, Gebiet *n*, Zone *f*: ***green ~*** Grüngürtel (*um e-e Stadt*); ***cotton ~*** *Am. geogr.* Baumwollgürtel; **5.** *Am.* Gebiet *n* (*in dem ein Typus vorherrscht*): ***the black ~*** vorwiegend von Schwarzen bewohnte Staaten der USA; **6.** ⚙ a) (Treib)Riemen *m*: ~ ***drive*** Riemenantrieb *m*, b) *a.* ***conveyer ~*** Förderband *n*, c) Streifen *m*, d) ⚔ (Ma'schinengewehr)Gurt *m*; **II** *v/t.* **7.** um'gürten, mit Riemen befestigen; zs.-halten; **8.** 'durchprügeln; *j-m* ‚eine knallen'; **9.** ~ ***out*** *sl. Lied* schmettern; **10.** *a.* ~ ***down*** *Schnaps etc.* ‚kippen'; **III** *v/i.* **11.** ~ ***up!*** *sl.* (halt die) Schnauze!; **12.** *sl.* rasen: ~ ***down the road***; ~ **con·vey·er** *s.* ⚙ Bandförderer *m*; ~ **drive** *s.* ⚙ Riemenantrieb *m*; ~ **line** *s. Am.* Verkehrsgürtel *m um e-e Stadt*; ~ **pul·ley** *s.* ⚙ Riemenscheibe *f*; ~ **saw** *s.* Bandsäge *f*; ~ **trans·mis·sion** *s.* ⚙ 'Riementransmissi,on *f*; '~**·way** *s. Am.* Um'gehungsstraße *f*.

be·lu·ga [bɪ'lu:gɑ:] *s. ichth.* Be'luga *f*: a) Weißwal *m*, b) Hausen *m*.

be·moan [bɪ'məʊn] *v/t.* beklagen, betrauern, beweinen.

be·muse [bɪ'mju:z] *v/t.* verwirren, benebeln, betäuben; nachdenklich stimmen; **be'mused** [-zd] *adj.* **1.** verwirrt *etc.*; **2.** nachdenklich; gedankenverloren.

bench [bentʃ] *s.* **1.** Bank *f* (*zum Sitzen*); **2.** ⚖ (*oft* ♀) a) Richterbank *f*, b) Gerichtshof *m*, c) *coll.* Richter *pl.*: ***raised to the ~*** zum Richter ernannt; ~ ***and bar*** die Richter u. die Anwälte; ***be on the ~*** Richter sein; **3.** *parl. etc.* Platz *m*, Sitz *m*; **4.** ⚙ a) Werkbank *f*, -tisch *m*, Experimentiertisch *m*: ***carpenter's ~*** Hobelbank, b) Bank *f*, Reihe *f von Geräten*; **5.** *geogr. Am.* a) Riff *n*, b) ter'rassenförmiges Flussufer; **6.** *sport* a) (Teilnehmer-, Auswechsel-, Re'serve-)Bank *f*, b) Ruderbank *f*; '**bench·er** [-tʃə] *s.* **1.** *Brit.* Vorstandsmitglied *n* e-r Anwaltsinnung; **2.** *parl.* → ***back-bencher, front-bencher***.

bench| lathe *s.* ⚙ Me'chanikerdrehbank *f*; '~**·mark I** *s.* **1.** *surv.* Fest-, Fixpunkt *m*; **2.** *fig.* a) Bezugspunkt *m*, -größe *f*: ~ ***problem*** *Computer*: Bewertungsaufgabe *f*; ~ ***test*** *Computer*: Benchmarktest *m* (*Leistungstest*), b) Maßstab *m* (***in*** für); **II** *v/i* **3.** s-e eigene Position bestimmen (***against*** im Vergleich zu *od.* mit); **III** *v/t.* **4.** die Position *von etw.* bestimmen (***against*** im Vergleich zu *od.* mit); ~ **sci·en·tist** *s.* La'borwissenschaftler *m*; '~,**war·rant** *s.* ⚖ richterlicher Haftbefehl.

bend [bend] **I** *v/t.* [*irr.*] **1.** biegen, krümmen: ~ ***out of shape*** verbiegen; ~ ***s.o.'s ear*** F *fig.* j-m sein Herz ausschütten, j-m die Ohren voll quatschen; **2.** beugen, neigen: ~ ***the knee*** a) das Knie beugen, *fig.* sich unterwerfen, b) beten; **3.** *Bogen, Feder* spannen; **4.** ⚓ *Tau,*

Segel festmachen; **5.** *fig.* beugen: ***~ the law*** das Recht beugen; ***~ s.o. to one's will*** sich j-n gefügig machen; **6.** richten, (zu)wenden: ***~ one's steps towards home*** s-e Schritte heimwärts lenken; ***~ o.s.*** (***one's mind***) ***to a task*** sich (s-e Aufmerksamkeit) e-r Sache zuwenden, sich auf e-e Sache konzentrieren; **II** *v/i.* [*irr.*] **7.** sich biegen, sich krümmen, sich winden: ***the road ~s here*** die Straße macht hier e-e Kurve; **8.** sich neigen, sich beugen: ***~ down*** sich niederbeugen, sich bücken; **9.** (***to***) *fig.* sich beugen, sich fügen (*dat.*); **10.** (***to***) sich zuwenden, sich widmen (*dat.*); **III** *s.* **11.** Biegung *f*, Krümmung *f*, Windung *f*, Kurve *f*; **12.** Knoten *m*, Schlinge *f*; **13.** ***drive s.o. round the ~*** *sl.* j-n verrückt machen; **14.** ***the ~s*** *pl.* ⚕ Cais'sonkrankheit *f*; **'bend·ed** [-dɪd] *adj.* gebeugt: ***on ~ knees*** kniefällig; **'bend·er** [-də] *s. sl.* ‚Saufe'rei' *f*, ‚Bummel' *m*; **'bend·ing** [-dɪŋ] *adj.* ⚙ Biege...: ***~ pressure***; ***~ test***.

bend sin·is·ter *s. her* Schrägbalken *m*.

be·neath [bɪ'niːθ] **I** *adv.* dar'unter, 'unterhalb, (weiter) unten; **II** *prp.* unter, unterhalb (*gen.*): ***~ a tree*** unter e-m Baum; ***it is ~ him*** es ist unter s-r Würde; ***~ notice*** nicht der Beachtung wert; ***~ contempt*** unter aller Kritik.

Ben·e·dic·tine *s.* **1.** [ˌbenɪ'dɪktɪn] Benedik'tiner *m* (*Mönch*); **2.** [-tiːn] Benedik'tiner *m* (*Likör*).

ben·e·dic·tion [ˌbenɪ'dɪkʃn] *s. eccl.* Segnung *f*, Segen(sspruch) *m*.

ben·e·fac·tion [ˌbenɪ'fækʃn] *s.* **1.** Wohltat *f*; **2.** Spende *f*, Geschenk *n*; Zuwendungen *pl.*; **3.** wohltätige Stiftung; **ben·e·fac·tor** ['benɪfæktə] *s.* **1.** Wohltäter *m*; **2.** Gönner *m*; Stifter *m*; **ben·e·fac·tress** ['benɪfæktrɪs] *s.* Wohltäterin *f etc.*

ben·e·fice ['benɪfɪs] *s. eccl.* Pfründe *f*; **'ben·e·ficed** [-st] *adj.* im Besitz e-r Pfründe; **be·nef·i·cence** [bɪ'nefɪsns] *s.* Wohltätigkeit *f*; **be·nef·i·cent** [bɪ'nefɪsnt] *adj.* □ wohltätig, gütig, wohltuend.

ben·e·fi·cial [ˌbenɪ'fɪʃl] *adj.* □ **1.** (***to***) nützlich, wohltuend, förderlich (*dat.*); vorteilhaft (für); **2.** ⚖ nutznießend: ***~ owner*** unmittelbarer Besitzer, Nießbraucher *m*; **ˌben·e'fi·ci·ar·y** [-'fɪʃərɪ] *s.* **1.** Nutznießer(in); Begünstigte(r *m*) *f*; Empfänger(in); **2.** Pfründner *m*.

ben·e·fit ['benɪfɪt] **I** *s.* **1.** Vorteil *m*, Nutzen *m*, Gewinn *m*: ***for the ~ of*** zum Besten *od.* zugunsten (*gen.*); ***derive ~ from*** Nutzen ziehen aus *od.* haben von; ***give s.o. the ~ of*** j-n in den Genuss *e-r Sache* kommen lassen, j-m *et.* gewähren; ***~ of the doubt*** Rechtswohltat *f* des Grundsatzes ‚im Zweifel für den Angeklagten'; ***give s.o. the ~ of the doubt*** im Zweifelsfalle zu j-s Gunsten entscheiden; **2.** ✝ Zuwendung *f*, Beihilfe *f*: a) (*Sozial-*, *Versicherungs- etc.*)Leistung *f*, b) (*Alters- etc.*)Rente *f*, c) (*Arbeitslosen- etc.*)Unter'stützung *f*, d) (*Kranken-*, *Sterbe- etc.*)Geld *n*; **3.** Bene'fiz(vorstellung *f*, *sport* -spiel *n*) *n*, Wohltätigkeitsveranstaltung *f*; **4.** Wohltat *f*, Gefallen *m*, Vergünstigung *f*; **II** *v/t.* **5.** nützen (*dat.*), zu'gute kommen (*dat.*), fördern (*acc.*), begünstigen (*acc.*), *a. j-m* (gesundheitlich) gut tun; **III** *v/i.* **6.** (***by***, ***from***) Vorteil haben (von, durch), Nutzen ziehen (aus).

Ben·e·lux ['benɪlʌks] *s.* Benelux-Länder *pl.* (*Belgien*, *Niederlande*, *Luxemburg*).

be·nev·o·lence [bɪ'nevələns] *s.* Wohlwollen *n*, Güte *f*, Wohltätigkeit *f*, Wohltat *f*; **be'nev·o·lent** [-nt] *adj.* □ wohl-, mildtätig, gütig; wohlwollend: ***~ fund*** Unterstützungsfonds *m*; ***~ society*** Hilfsverein *m* (auf Gegenseitigkeit).

Ben·gal [ˌbeŋ'gɔːl] *npr.* Ben'galen *n*: ***~ light*** bengalisches Feuer; **Ben'ga·li** [-lɪ] **I** *s.* **1.** Ben'gale *m*, Ben'galin *f*; **2.** *ling.* das Ben'galische; **II** *adj.* **3.** ben'galisch.

be·night·ed [bɪ'naɪtɪd] *adj.* **1.** von der Dunkelheit über'rascht; **2.** *fig.* a) ‚geistig um'nachtet', ‚verblödet', b) unbedarft.

be·nign [bɪ'naɪn] *adj.* □ **1.** gütig; **2.** günstig, mild, zuträglich; **3.** ⚕ gutartig; **be·nig·nant** [bɪ'nɪgnənt] *adj.* □ **1.** gütig, freundlich; **2.** günstig, wohltuend; **3.** → ***benign*** 3; **be·nig·ni·ty** [bɪ'nɪgnətɪ] *s.* Güte *f*, Freundlichkeit *f*.

ben·i·son ['benɪzn] *s. poet.* Segen *m*, Gnade *f*.

bent[1] [bent] **I** *pret. u. p.p. von* ***bend*** I *u.* II; **II** *adj.* a) entschlossen (***on doing*** zu tun), b) erpicht (***on*** auf *acc.*), darauf aus (***on doing*** zu tun); **III** *s.* Neigung *f*, Hang *m*, Trieb *m* (***for*** zu); Veranlagung *f*: ***to the top of one's ~*** nach Herzenslust; ***allow full ~*** freien Lauf lassen (*dat.*).

bent[2] [bent] *s.* ⚘ **1.** *a.* ***~ grass*** Straußgras *n*; **2.** Sandsegge *f*.

'bent·wood *s.* Bugholz *n*: ***~ chair*** Wiener Stuhl *m*.

be·numb [bɪ'nʌm] *v/t.* betäuben: a) gefühllos machen, b) *fig.* lähmen; **be'numbed** [-md] *adj.* betäubt, gelähmt (*a. fig.*), starr, gefühllos.

ben·zene ['benziːn] *s.* ⚗ Ben'zol *n*.

ben·zine ['benziːn] *s.* ⚗ Ben'zin *n*.

ben·zo·ic [ben'zəʊɪk] *adj.* ⚗ Benzoe...: ***~ acid*** Benzoesäure *f*; **ben·zo·in** ['benzəʊɪn] *s.* Ben'zoeˌgummi *n*, *m*, -harz *n*, Ben'zoe *f*.

ben·zol(e) ['benzɒl] *s.* ⚗ Ben'zol *n*; **'ben·zo·line** [-zəʊliːn] → ***benzine***.

be·queath [bɪ'kwiːð] *v/t.* **1.** *Vermögen* hinter'lassen, vermachen (***to s.o.*** j-m); **2.** über'liefern, vererben (*fig.*).

be·quest [bɪ'kwest] *s.* Vermächtnis *n*,

Hinter'lassenschaft *f*.
be·rate [bɪ'reɪt] *v/t.* heftig ausschelten, auszanken.
Ber·ber ['bɜːbə] **I** *s.* **1.** Berber(in); **2.** *ling.* Berbersprache(n *pl.*) *f*; **II** *adj.* **3.** Berber...
Ber·ber·is ['bɜːbərɪs], **ber·ber·ry** ['bɜːbərɪ] → ***barberry***.
be·reave [bɪ'riːv] *v/t.* [*irr.*] **1.** berauben (***of*** *gen.*); **2.** hilflos zu'rücklassen; **be'reaved** [-vd] *adj.* durch den Tod beraubt, hinter'blieben: ***the*** ~ die (trauernden) Hinterbliebenen; **be'reave·ment** [-mənt] *s.* schmerzlicher Verlust (*durch Tod*); Trauerfall *m*.
be·reft [bɪ'reft] **I** *pret. u. p.p. von* ***bereave***; **II** *adj.* beraubt (***of*** *gen.*) (*mst fig.*): ~ ***of hope*** aller Hoffnung beraubt; ~ ***of reason*** von Sinnen.
be·ret ['bereɪ] *s.* **1.** Baskenmütze *f*; **2.** ⚔ *Brit.* 'Felduni,formmütze *f*.
berg [bɜːg] → ***iceberg***.
ber·ga·mot ['bɜːgəmɒt] *s.* **1.** ⚘ Berga'mottenbaum *m*; **2.** Berga'mottöl *n*; **3.** Berga'motte *f* (*Birnensorte*).
be·rib·boned [bɪ'rɪbənd] *adj.* mit (Ordens)Bändern geschmückt.
ber·i·ber·i [ˌberɪ'berɪ] *s.* ⚕ Beri'beri *f*, Reisesserkrankheit *f*.
Ber·lin| black [bɜː'lɪn] *s.* schwarzer Eisenlack; ~ **wool** *s.* feine Strickwolle.
ber·ry ['berɪ] **I** *s.* **1.** ⚘ a) Beere *f*, b) Korn *n*, Kern *m* (*beim Getreide*); **2.** *zo.* Ei *n* (*vom Hummer od. Fisch*); **II** *v/i.* **3.** a) ⚘ Beeren tragen, b) Beeren sammeln.
ber·serk [bə'sɜːk] *adj. u. adv.* wütend, rasend: ***go*** ~ (***with***) rasend werden (vor), *fig. a.* wahnsinnig werden (vor); **ber'serk·er** [-kə] *s. hist.* Ber'serker *m* (*a. fig. Wüterich*): ~ ***rage*** Berserkerwut *f*; ***go*** ~ wild werden, Amok laufen.
berth [bɜːθ] **I** *s.* **1.** ⚓ (genügend) Seeraum (*an der Küste od. zum Ausweichen*): ***give a wide*** ~ ***to*** a) weit abhalten von (*Land, Insel etc.*), b) *fig.* um *j-n* e-n Bogen machen; **2.** ⚓ Liegeplatz *m* (*e-s Schiffes am Kai*); **3.** a) ⚓ (Schlaf-) Koje *f*, b) Bett *n* (*Schlafwagen*); **4.** *Brit.* F Stellung *f*, ‚Pöstchen' *n*: ***he has a good*** ~; **II** *v/t.* **5.** ⚓ am Kai festmachen; vor Anker legen, docken; **6.** *Brit* *j-m* einen (Schlaf)Platz anweisen; *j-n* 'unterbringen; **III** *v/i.* **7.** ⚓ anlegen.
ber·yl ['berɪl] *s. min.* Be'ryll *m*; **be·ryl·li·um** [be'rɪljəm] *s.* ⚗ Be'ryllium *n*.
be·seech [bɪ'siːtʃ] *v/t.* [*irr.*] *j-n* dringend bitten (***for*** um), ersuchen, anflehen (***to*** *inf.* zu *inf.*, ***that*** dass); **be'seech·ing** [-tʃɪŋ] *adj.* □ flehend, bittend; **be'seech·ing·ly** [-tʃɪŋlɪ] *adv.* flehentlich.
be·seem [bɪ'siːm] *v/t.* sich ziemen *od.* schicken für.
be·set [bɪ'set] [*irr.* → ***set***] *v/t.* **1.** um'geben, (von allen Seiten) bedrängen, verfolgen: ~ ***with difficulties*** mit Schwierigkeiten überhäuft; **2.** *Straße* versperren; **be'set·ting** [-tɪŋ] *adj.* **1.** hartnäckig, unausrottbar: ~ ***sin*** Gewohnheitslaster *n*; **2.** ständig drohend (*Gefahr*).
be·side [bɪ'saɪd] *prp.* **1.** neben, dicht bei: ***sit*** ~ ***me*** setz dich neben mich; **2.** *fig.* außerhalb (*gen.*), außer, nicht gehörend zu: ~ ***the point*** nicht zur Sache gehörig; ~ ***o.s.*** außer sich (***with*** vor *dat.*); **3.** im Vergleich zu; **be'sides** [-dz] **I** *adv.* **1.** außerdem, ferner, über'dies, noch da'zu; **2.** *neg.* sonst; **II** *prp.* **3.** außer, neben (*dat.*); **4.** über ... hin'aus.
be·siege [bɪ'siːdʒ] *v/t.* **1.** belagern (*a. fig.*); **2.** *fig.* bestürmen, bedrängen.
be·slav·er [bɪ'slævə] *v/t.* **1.** begeifern; **2.** *fig.* *j-m* lobhudeln.
be·slob·ber [bɪ'slɒbə] *v/t.* **1.** → ***beslaver***; **2.** ‚abschlecken', abküssen.
be·smear [bɪ'smɪə] *v/t.* beschmieren.
be·smirch [bɪ'smɜːtʃ] *v/t.* besudeln (*bsd. fig.*).
be·som ['biːzəm] *s.* (Reisig)Besen *m*.
be·sot·ted [bɪ'sɒtɪd] *adj.* □ **1.** töricht, dumm; **2.** (***on, about***) vernarrt (in *acc.*), verrückt (auf *acc.*); **3.** berauscht (***with*** von).
be·sought [bɪ'sɔːt] *pret. u. p.p. von* ***beseech***.
be·spat·ter [bɪ'spætə] *v/t.* **1.** (mit Kot *etc.*) bespritzen, beschmutzen; **2.** *fig.* (mit Vorwürfen *etc.*) über'schütten.
be·speak [bɪ'spiːk] [*irr.* → ***speak***] *v/t.* **1.** (vor'aus)bestellen, im Voraus bitten um: ~ ***a seat*** e-n Platz bestellen; ~ ***s.o.'s help*** j-n um Hilfe bitten; **2.** zeigen, zeugen von; **3.** *poet.* anreden.
be·spec·ta·cled [bɪ'spektəkld] *adj.* bebrillt.
be·spoke [bɪ'spəʊk] **I** *pret. von* ***bespeak***; **II** *adj. Brit.* auf Bestellung *od.* nach Maß angefertigt, Maß...: ~ ***tailor*** Maßschneider *m*; **be'spo·ken** [-kən] *p.p. von* ***bespeak***.
be·sprin·kle [bɪ'sprɪŋkl] *v/t.* besprengen, bespritzen, bestreuen.
Bes·se·mer steel ['besɪmə] *s.* ⚙ Bessemerstahl *m*.
best [best] **I** *sup. von* ***good*** *adj.* **1.** best: ***the*** ~ ***of wives*** die beste aller (Ehe-) Frauen; ***be*** ~ ***at*** hervorragend sein in (*dat.*); **2.** geeignetst; höchst; ~***-before date*** Mindesthaltbarkeitsdatum *n*; **3.** größt, meist: ***the*** ~ ***part of*** der größte Teil (*gen.*); **II** *sup. von* ***well*** *adv.* **4.** am besten (meisten, passendsten): ***as*** ~ ***I can*** so gut ich kann; ***the*** ~ ***hated man of the year*** der meist- *od.* bestgehasste Mann des Jahres; ~ ***used*** meistgebraucht; ***you had*** ~ ***go*** es wäre das Beste, Sie gingen; **III** *v/t.* **5.** über'treffen; **6.** F über'vorteilen; **IV** *s.* **7.** *der* (*die, das*) Beste (Passendste *etc.*): ***at*** ~ bestenfalls, höchstens; ***with the*** ~ min-

destens so gut wie jeder andere; ***for the ~*** zum Besten; ***do one's (level) ~*** sein Bestes geben, sein Möglichstes tun; ***be at one's ~*** in bester Verfassung (*od.* Form) sein, *a.* in seinem Element sein; ***that is the ~ of ...*** das ist der Vorteil (*gen. od.* wenn ...); ***give s.o. ~*** sich vor j-m beugen; ***look one's ~*** am vorteilhaftesten *od.* blendend aussehen; ***have*** (*od.* ***get***) ***the ~ of it*** am besten dabei wegkommen; ***make the ~ of*** a) bestens ausnutzen, b) sich abfinden mit, c) *e-r Sache* die beste Seite abgewinnen, das Beste machen aus; ***all the ~!*** alles Gute!, viel Glück!; → ***ability*** 1, ***belief*** 3, ***job¹*** 5.

bes·tial ['bestjəl] *adj.* □ **1.** tierisch (*a. fig.*); *fig.* besti'alisch, entmenscht, viehisch; **2.** *fig.* gemein, verderbt; **bes·ti·al·i·ty** [ˌbestɪ'ælətɪ] *s.* **1.** Bestiali'tät *f*: a) tierisches Wesen, b) *fig.* besti'alische Grausamkeit; **2.** ⚖ Sodo'mie *f.*

be·stir [bɪ'stɜː] *v/t.*: ***~ o.s.*** sich rühren, sich aufraffen; sich bemühen: ***~ yourself!*** tummle dich!

best man *s.* [*irr.*] *Freund des Bräutigams, der bei der Ausrichtung der Hochzeit e-e wichtige Rolle spielt.*

be·stow [bɪ'stəʊ] *v/t.* **1.** schenken, gewähren, geben, spenden, erweisen, verleihen (***s.th.*** [***up***]***on s.o.*** j-m et.): ***~ one's hand on s.o.*** j-m die Hand fürs Leben reichen; **2.** *obs.* 'unterbringen; **be'stow·al** [-əʊəl] *s.* **1.** Gabe *f*, Schenkung *f*, Verleihung *f*; **2.** *obs.* 'Unterbringung *f.*

be·strew [bɪ'struː] [*irr.* → ***strew***] *v/t.* **1.** bestreuen; **2.** verstreut liegen auf (*dat.*).

be·strid·den [bɪ'strɪdn] *p.p. von* ***bestride***; **be·stride** [bɪ'straɪd] *v/t.* [*irr.*] **1.** rittlings sitzen auf (*dat.*), reiten; **2.** mit gespreizten Beinen stehen auf *od.* über (*dat.*); **3.** über'spannen, über'brücken; **4.** sich (schützend) breiten über (*acc.*); **be·strode** [bɪ'strəʊd] *pret. von* ***bestride***.

'best|ˌsell·er *s.* 'Bestseller *m*, Verkaufsschlager *m* (*Buch etc.*); **'~-ˌsell·ing** *adj.* meistgekauft, Erfolgs..., Bestseller...

bet [bet] **I** *s.* Wette *f*; Wetteinsatz *m*; gewetteter Betrag *od.* Gegenstand: ***the best ~*** F das Beste(, was man tun kann), die sicherste Methode; ***that's a better ~ than*** das ist viel besser *od.* sicherer als...; **II** *v/t. u. v/i.* [*irr.*] wetten, (ein)setzen: ***I ~ you ten pounds*** ich wette mit Ihnen um zehn Pfund; (***I***) ***you ~!*** *sl.* aber sicher!; ***~ one's bottom dollar*** *Am. sl.* den letzten Heller wetten, *a.* sich s-r Sache völlig sicher sein.

be·ta ['biːtə] *s.* 'Beta *n*: a) *griech. Buchstabe,* b) ⚗, *ast., phys. Symbol für 2. Größe,* c) *ped. Brit.* Zwei *f* (*Note*): ***~ rays*** *phys.* Betastrahlen *pl.*

be·take [bɪ'teɪk] [*irr.* → ***take***] *v/t.*: ***~ o.s.*** (***to***) sich begeben (nach); s-e Zuflucht nehmen (zu).

be·tel ['biːtl] *s.* 'Betel *m*; **'~-nut** *s.* ⚘ 'Betelnuss *f.*

bête noire [ˌbeɪt'nwɑː] (*Fr.*) *s. fig.* Schreckgespenst *n.*

beth·el ['beθl] *s.* **1.** *Brit.* Dis'senterkaˌpelle *f*; **2.** *Am.* Kirche *f* für Ma'trosen.

be·think [bɪθɪŋk] *v/t.* [*irr.* → ***think***]: ***~ o.s.*** sich über'legen, sich besinnen; sich vornehmen; ***~ o.s. to do*** sich in den Kopf setzen zu tun.

be·thought [bɪ'θɔːt] *pret. u. p.p. von* ***bethink***.

be·tide [bɪ'taɪd] *v/i. u. v/t.* (*nur 3. sg. pres. subj.*) (*j-m*) geschehen; *v/t. j-m* zustoßen; → ***woe*** II.

be·times [bɪ'taɪmz] *adv.* **1.** bei'zeiten, rechtzeitig; **2.** früh(zeitig).

be·to·ken [bɪ'təʊkən] *v/t.* **1.** bezeichnen, bedeuten; **2.** anzeigen.

be·took [bɪ'tʊk] *pret. von* ***betake***.

be·tray [bɪ'treɪ] *v/t.* **1.** Verrat begehen an (*dat.*), verraten (***to*** an *acc.*); **2.** *j-n* hinter'gehen; *j-m* die Treue brechen: ***~ s.o.'s trust*** j-s Vertrauen missbrauchen; **3.** *fig.* offen'baren; (*a.* ***o.s.*** sich) verraten; **4.** verleiten (***into***, ***to*** zu); **be'tray·al** [-eɪəl] *s.* Verrat *m*, Treubruch *m.*

be·troth [bɪ'trəʊð] *v/t. j-n* (*od.* ***o.s.*** sich) verloben (***to*** mit); **be'troth·al** [-ðl] *s.* Verlobung *f*; **be'trothed** [-ðd] *s.* Verlobte(r *m*) *f.*

bet·ter¹ ['betə] **I** *comp. von* ***good*** *adj.* **1.** besser: ***I am ~*** es geht mir (*gesundheitlich*) besser; ***get ~*** a) besser werden, b) sich erholen; ***~ late than never*** besser spät als nie; ***go one ~ than s.o.*** j-n (noch) übertreffen; ***~ off*** a) besser daran, b) wohlhabender; ***be ~ than one's word*** mehr tun als man versprach; ***my ~ half*** m-e bessere Hälfte; ***on ~ acquaintance*** bei näherer Bekanntschaft; **II** *s.* **2.** *das* Bessere: ***for ~ for worse*** a) in Freud u. Leid (*Trauformel*), b) was auch geschehe; ***get the ~*** (***of***) die Oberhand gewinnen (über *acc.*), *j-n* besiegen *od.* ausstechen, *et.* überwinden; **3.** *pl. mit pers. pron.* Vorgesetzte *pl.*, Höherstehende *pl.*, Über'legene *pl.*; **III** *comp. von* ***well*** *adv.* **4.** besser: ***I know ~*** ich weiß es besser; ***think ~ of it*** sich e-s Besseren besinnen, es sich anders überlegen; ***think ~ of s.o.*** e-e bessere Meinung von j-m haben; ***so much the ~*** desto besser; ***you had ~*** (*od.* F *mst* ***you ~***) ***go*** es wäre besser, wenn du gingest; ***you'd ~ not!*** F lass das lieber sein!; ***know ~ than to ...*** gescheit genug sein, nicht zu ...; **5.** mehr: ***like ~*** lieber haben; ***~ loved***; **IV** *v/t.* **6.** *allg.* verbessern; **7.** über'treffen;

8. *~ **o.s.*** sich (*finanziell*) verbessern, vorwärts kommen; *a.* sich weiterbilden; **V** *v/i.* **9.** besser werden.

bet·ter² ['betə] *s.* Wetter(in).

bet·ter·ment ['betəmənt] *s.* **1.** (Ver-)Besserung *f*; **2.** Wertzuwachs *m* (*bei Grundstücken*), Meliorati'on *f*.

bet·ting ['betɪŋ] *s. sport* Wetten *n*; *~* **man** *s.* [*irr.*] (regelmäßiger) Wetter; *~* **of·fice** *s.*, *~* **shop** *s.* 'Wettbü,ro *n*.

bet·tor → ***better***².

be·tween [bɪ'twiːn] **I** *prp.* **1.** zwischen: *~ **the chairs*** a) zwischen den Stühlen, b) zwischen die Stühle; *~ **nine and ten at night*** abends zwischen neun und zehn; **2.** unter: ***they shared the money ~ them*** sie teilten das Geld unter sich; *~ **ourselves***, *~ **you and me*** unter uns (gesagt); ***we had fifty pence ~ us*** wir hatten zusammen fünfzig Pence; **II** *adv.* **3.** da'zwischen: ***the space ~*** der Zwischenraum; ***in ~*** dazwischen, zwischendurch; *~* **decks** *s. pl. sg. konstr.* ⚓ Zwischendeck *n*; **be'tween·times**; **be'tween·whiles** *adv.* zwischendurch.

be·twixt [bɪ'twɪkst] **I** *adv.* da'zwischen: *~ **and between*** halb u. halb, weder das e-e noch das andere; **II** *prp. obs.* zwischen.

bev·el ['bevl] ⚙ **I** *s.* **1.** Abschrägung *f*, Schräge *f*; **2.** Fase *f*, Fa'cette *f*; **2.** Schrägmaß *n*; **3.** Kegel *m*, Konus *m*; **II** *v/t.* **4.** abschrägen: *~**(l)ed edge*** abgeschrägte Kante; *~**(l)ed glass*** facettiertes Glas; **III** *adj.* **5.** abgeschrägt; *~* **cut** *s.* Schrägschnitt *m*; *~* **gear** *s.* ⚙ Kegelrad(getriebe) *n*, konisches Getriebe; *~* **plane** *s.* ⚙ Schräghobel *m*; *~* **wheel** *s.* ⚙ Kegelrad *n*.

bev·er·age ['bevərɪdʒ] *s.* Getränk *n*.

bev·y ['bevɪ] *s.* Schar *f*, Schwarm *m* (*Vögel*; *a. fig. Mädchen etc.*).

be·wail [bɪ'weɪl] **I** *v/t.* beklagen, betrauern; **II** *v/i.* wehklagen.

be·ware [bɪ'weə] *v/i.* sich in Acht nehmen, sich hüten (***of*** vor *dat.*, ***lest*** dass nicht): *~**!*** Achtung!; *~ **of pickpockets!*** vor Taschendieben wird gewarnt!; *~ **of the dog!*** Warnung vor dem Hunde!

be·wil·der [bɪ'wɪldə] *v/t.* **1.** irreführen; **2.** verwirren, verblüffen; **3.** bestürzen; **be'wil·dered** [-əd] *adj.* verwirrt; verblüfft, bestürzt, verdutzt; **be'wil·der·ing** [-dərɪŋ] *adj.* □ verwirrend; **be'wil·der·ment** [-mənt] *s.* Verwirrung *f*, Bestürzung *f*.

be·witch [bɪ'wɪtʃ] *v/t.* berücken, betören, bezaubern; **be'witch·ing** [-tʃɪŋ] *adj.* □ berückend *etc.*

bey [beɪ] *s.* Bei *m* (*Titel e-s höheren türkischen Beamten*).

be·yond [bɪ'jɒnd] **I** *prp.* **1.** jenseits: *~ **the seas*** in Übersee; **2.** außer, abgesehen von: *~ **dispute*** außer allem Zweifel, unstreitig; **3.** über ... (*acc.*) hin'aus; mehr als, weiter als: *~ **the time*** über die Zeit hinaus; *~ **belief*** unglaublich; *~ **all blame*** über jeden Tadel erhaben; *~ **endurance*** unerträglich; *~ **hope*** hoffnungslos; *~ **measure*** über die Maßen; ***it is ~ my power*** es übersteigt m-e Kraft; *~ **praise*** über alles Lob erhaben; *~ **repair*** nicht mehr zu reparieren; *~ **reproach*** untadelig; ***that is ~ me*** das ist mir zu hoch, das geht über m-n Verstand; *~ **me in Latin*** weiter als ich in Latein; **II** *adv.* **4.** da'rüber hin'aus, jenseits; **5.** weiter weg; **III** *s.* **6.** Jenseits *n*: ***at the back of ~*** im entlegensten Winkel, am Ende der Welt.

'B-girl *s. Am.* Animierdame *f*.

bi·an·nu·al [ˌbaɪ'ænjʊəl] *adj.* □ halbjährlich, zweimal jährlich.

bi·as ['baɪəs] **I** *s.* **1.** schiefe Seite, schräge Richtung; **2.** schräger Schnitt: ***cut on the ~*** diagonal geschnitten; **3.** *Bowling*: 'Überhang *m* der Kugel; **4.** (***towards***) *fig.* Hang *m*, Neigung *f* (zu); Vorliebe *f* (für); **5.** *fig.* a) Ten'denz *f*, b) Vorurteil *n*, c) ⚖ Befangenheit *f*: ***free from ~*** unvoreingenommen; ***challenge a judge for ~*** e-n Richter wegen Befangenheit ablehnen; **6.** *Statistik etc.*: Verzerrung *f*: ***cause ~ to the figures*** die Zahlen verzerren; **7.** ⚡ (Gitter-)Vorspannung *f*; **II** *adj u. adv.* **8.** schräg, schief; **III** *v/t.* **9.** (*mst* ungünstig) beeinflussen; gegen *j-n* einnehmen; **'bi·as(s)ed** [-st] *adj.* voreingenommen; ⚖ befangen; tendenzi'ös.

bi·ath·lete [ˌbaɪ'æθliːt] *s. sport* 'Biathˌlet *m*, 'Biathlonkämpfer *m*; **bi'ath·lon** [-'æθlɒn] *s.* 'Biathlon *n*.

bi·ax·i·al [ˌbaɪ'æksɪəl] *adj.* zweiachsig.

bib [bɪb] **I** *s.* **1.** Lätzchen *n*; **2.** Schürzenlatz *m*; → ***tucker*** 2; **II** *v/i.* **3.** (unmäßig) trinken.

Bi·ble ['baɪbl] *s.* **1.** Bibel *f*; **2.** ♀ *fig.* Bibel *f* (*maßgebendes Buch*); *~* **clerk** *s.* (*in Oxford*) *Student, der in der College-Kapelle während des Gottesdienstes die Bibeltexte verliest*; *~* **thump·er** *s.* Mo'ralprediger *m*.

bib·li·cal ['bɪblɪkl] *adj.* □ biblisch, Bibel...

bib·li·og·ra·pher [ˌbɪblɪ'ɒgrəfə] *s.* Biblio'graph *m*; **bib·li·o·graph·ic**, **bib·li·o·graph·i·cal** [ˌbɪblɪəʊ'græfɪk(l)] *adj.* □ biblio'graphisch; **bib·li'og·ra·phy** [-fɪ] *s.* Bibliogra'phie *f*; **bib·li·o·ma·ni·a** [ˌbɪblɪəʊ'meɪnjə] *s.* Biblioma'nie *f*, (krankhafte) Bücherleidenschaft; **bib·li·o·ma·ni·ac** [ˌbɪblɪəʊ'meɪnɪæk] *s.* Büchernarr *m*; **bib·li·o·phil** ['bɪblɪəʊfɪl], **bib·li·o·phile** ['bɪblɪəʊfaɪl] *s.* Biblio'phile *m*, Bücherliebhaber(in); **bib·li·o·the·ca** [ˌbɪblɪəʊ'θiːkə] *s.* **1.** Biblio'thek *f*; **2.** 'Bücherkataˌlog *m*.

bib·u·lous ['bɪbjʊləs] *adj.* □ **1.** trunk-

süchtig; **2.** weinselig.
bi·cam·er·al [baɪ'kæmərəl] *adj. pol.* Zweikammer...
bi·car·bon·ate [baɪ'kɑːbənɪt] *s.* ⚗ Bi-karbo'nat *n*: **~ of soda** doppel(t)kohlensaures Natrium.
bi·cen·te·nar·y [ˌbaɪsen'tiːnərɪ] **I** *adj.* zweihundertjährig; **II** *s.* Zweihundertjahrfeier *f*; ˌ**bi·cen'ten·ni·al** [-'tenjəl] **I** *adj.* zweihundertjährig; alle zweihundert Jahre eintretend; **II** *s. bsd. Am.* → **bicentenary** II.
bi·ceph·a·lous [ˌbaɪ'sefələs] *adj.* zweiköpfig.
bi·ceps ['baɪseps] *s. anat.* 'Bizeps *m.*
bick·er ['bɪkə] *v/i.* **1.** (sich) zanken; quengeln; **2.** plätschern (*Fluss, Regen*); **3.** zucken; '**bick·er·ing** [-ərɪŋ] *s. a. pl.* Gezänk *n.*
bi·cy·cle ['baɪsɪkl] **I** *s.* Fahrrad *n*, Zweirad *n*; **II** *v/i.* Rad fahren, radeln; '**bi·cy·cler** [-lə] *Am.*, '**bi·cy·clist** [-lɪst] *Brit. s.* Radfahrer(in).
bid [bɪd] **I** *s.* **1.** a) Gebot *n* (*bei Versteigerungen*), b) ✝ Angebot *n* (*bei öffentlichen Ausschreibungen*), c) *Börse*: Geld *n* (*Nachfrage*): **~ and asked** Geld u. Brief; **higher ~** Mehrgebot; **highest ~** Meistgebot; **invitation for ~s** Ausschreibung *f*; **2.** *Kartenspiel*: Reizen *n*, Melden *n*: **no ~** ich passe; **3.** Bemühung *f*, Bewerbung *f* (**for** um); Versuch *m* (**to** *inf.* zu *inf.*): **~ for power** Versuch, an die Macht zu kommen; **make a ~ for** sich bemühen um *et. od.* zu *inf.*; **4.** *Am.* F Einladung *f*; **II** *v/t.* [*irr.*] 5 *u.* 6 *pret. u. p.p.* **bid**; 7–9 *pret.* **bade** [beɪd], *p.p. mst* **bid·den** ['bɪdn] **5.** bieten (*bei Versteigerungen*): **~ up** *den Preis* in die Höhe treiben; **6.** *Kartenspiel*: melden, reizen; **7.** *Gruß* entbieten; wünschen: **~ good morning** e-n guten Morgen wünschen; **~ farewell** Lebewohl sagen; **8.** *lit. j-m et.* gebieten, befehlen; *j-n et. tun* lassen, heißen: **~ him come in** lass ihn hereinkommen; **9.** *obs.* einladen (**to** zu); **III** *v/i.* [*irr., pret. u. p.p.* **bid**] **10.** ✝ ein (Preis)Angebot machen; **11.** *Kartenspiel*: melden, reizen; **12.** (**for**) werben, sich bemühen (um); '**bid·den** [-dn] *p.p. von* **bid**; '**bid·der** [-də] *s.* **1.** Bieter *m* (*bei Versteigerungen*): **highest ~** Meistbietende(r); **2.** Bewerber *m bei Ausschreibungen*; '**bid·ding** [-dɪŋ] *s.* **1.** Gebot *n*, Bieten *n* (*bei Versteigerungen*); **2.** Geheiß *n*: **do s.o.'s ~** tun, was j-d will.
bide [baɪd] *v/t.* [*irr.*] er-, abwarten: **~ one's time** (den rechten Augenblick) abwarten.
bi·en·ni·al [baɪ'enɪəl] **I** *adj.* □ **1.** alle zwei Jahre eintretend; **2.** ⚘ zweijährig; **II** *s.* **3.** ⚘ zweijährige Pflanze; **bi'en·ni·al·ly** [-lɪ] *adv.* alle zwei Jahre.
bier [bɪə] *s.* (Toten)Bahre *f.*
biff [bɪf] *sl.* **I** *v/t.* ‚hauen', schlagen; **II** *s.* Schlag *m*, Hieb *m.*
bif·fin ['bɪfɪn] *s.* roter Kochapfel.
bi·fo·cal [ˌbaɪ'fəʊkl] **I** *adj.* **1.** Bifokal-, Zweistärken...; **II** *s.* **2.** Bifo'kal-, Zweistärkenlinse *f*; **3.** *pl.* Bifo'kal-, Zweistärkenbrille *f.*
bi·fur·cate ['baɪfəkeɪt] **I** *v/t.* gabelförmig teilen; **II** *v/i.* sich gabeln; **III** *adj.* gegabelt, gabelförmig; **bi·fur·ca·tion** [ˌbaɪfə'keɪʃn] *s.* Gabelung *f.*
big [bɪg] **I** *adj.* **1.** groß, dick; stark, kräftig (*a. fig.*): **the ~ toe** der große Zeh; **~ business** Großunternehmertum *n*, Großindustrie *f*; **~ ideas** F ‚große Rosinen im Kopf'; **~ money** ein Haufen Geld; **a ~ voice** e-e kräftige Stimme; **2.** groß, weit: **get too ~ for one's boots** (*od.* **breeches**) *fig.* ‚üppig' *od.* größenwahnsinnig werden; **3.** groß, hoch: **~ game** Großwild *n*, *fig.* hoch gestecktes Ziel; **4.** groß, erwachsen: **my ~ brother**; **5.** schwanger; *fig.* voll: **~ with child** hochschwanger; **~ with fate** schicksalsschwer; **6.** hochmütig, eingebildet: **~ talk** ‚große Töne', Angeberei *f*; **7.** F groß, bedeutend, wichtig, führend: **the ♀ Three** (**Five**) die großen Drei (Fünf) (*führende Staaten, Banken etc.*); **8.** großmütig, edel: **a ~ heart**; **that's ~ of you** F das ist sehr anständig von dir; **II** *adv.* **9.** großspurig: **talk ~** ‚große Töne spucken', angeben; **10.** *sl.* a) ‚mächtig', b) *Am.* tapfer.

> **Big Ben** heißt die 13,5 Tonnen schwere Glocke im Uhrturm des Parlamentsgebäudes in London, die als Zeitzeichen der BBC dient.

big·a·mist ['bɪgəmɪst] *s.* Biga'mist(in); '**big·a·mous** [-məs] *adj.* □ biga'mistisch; '**big·a·my** [-mɪ] *s.* Biga'mie *f*, Doppelehe *f.*
big| bang *s. phys.* Urknall *m*; **~ game** *s.* Großwild *n*; **~ gun** *s.* F **1.** ‚schweres Geschütz'; **2.** → **bigwig**.
bight [baɪt] *s.* **1.** Bucht *f*; Einbuchtung *f*; **2.** Krümmung *f*; **3.** ⚓ Bucht *f* (*im Tau*).
'**big·mouth** *s.* F Großmaul *n.*
big·ness ['bɪgnɪs] *s.* Größe *f.*
big·ot ['bɪgət] *s.* **1.** blinder Anhänger, Fa'natiker *m*; **2.** Betbruder *m*, -schwester *f*, Frömmler(in); '**big·ot·ed** [-tɪd] *adj.* bi'gott, fa'natisch, frömmlerisch; '**big·ot·ry** [-trɪ] *s.* **1.** blinder Eifer, Fana'tismus *m*, Engstirnigkeit *f*; **2.** Bigot'te'rie *f*, Frömme'lei *f.*
big| shot *s.* → **bigwig**; **~ stick** *s.* F *pol.* ‚großer Knüppel': **~ policy** Politik *f* des Säbelrasselns; '**~-time** *adj. sl.* ‚groß', Spitzen...; '**~-ˌtim·er** *s.* ‚Spitzenmann'

m, ‚großer Macher'; **~ top** *s. Am.* **1.** großes 'Zirkuszelt; **2.** 'Zirkus *m* (*a. fig.*).

'big·wig *s.* ‚großes' *od.* ‚hohes Tier', Bonze *m.*

bike [baɪk] F **I** *s.* a) (Fahr)Rad *n*, b) ‚Maschine' *f* (*Motorrad*); **II** *v/i.* a) radeln, b) (mit dem) Motorrad fahren.

bi·lat·er·al [ˌbaɪ'lætərəl] *adj.* □ zweiseitig, bilate'ral: a) ⚖ beiderseitig verbindlich, gegenseitig (*Vertrag etc.*), b) *biol.* beide Seiten betreffend, c) ⚙ doppelseitig (*Antrieb*).

bil·ber·ry ['bɪlbərɪ] *s.* ⚘ Heidel-, Blaubeere *f.*

bile [baɪl] *s.* **1.** ⚕ a) Galle *f*, b) Gallenflüssigkeit *f*; **2.** *fig.* Galle *f*, Ärger *m.*

bilge [bɪldʒ] *s.* **1.** ⚓ Kielraum *m*, Bilge *f*, Kimm *f*; **2.** → ***bilge water***; **3.** *sl.* ‚Quatsch' *m*, ‚Mist' *m*, Unsinn *m*; **~ pump** *s.* ⚓ Lenzpumpe *f*; **~ wa·ter** *s.* ⚓ Bilgenwasser *n.*

bi·lin·e·ar [ˌbaɪ'lɪnɪə] *adj.* doppellinig; ⩕ biline'ar.

bi·lin·gual [baɪ'lɪŋgwəl] *adj.* zweisprachig.

bil·ious ['bɪljəs] *adj.* □ **1.** ⚕ Gallen...: **~ *complaint*** Gallenleiden *n*; **2.** *fig.* gallig, gereizt, reizbar; **'bil·ious·ness** [-nɪs] *s.* **1.** Gallenkrankheit *f*; **2.** *fig.* Gereiztheit *f.*

bilk [bɪlk] **I** *v/t.* prellen, betrügen; **II** *s.*, *a.* **'bilk·er** [-kə] *s.* Betrüger *m.*

bill¹ [bɪl] **I** *s.* **1.** *zo.* a) Schnabel *m*, b) schnabelähnliche Schnauze; **2.** Spitze *f am Anker, Zirkel etc.*; **3.** *geogr.* spitz zulaufende Halbinsel; **4.** *hist.* ⚔ Pike *f*; **5.** → ***billhook***; **II** *v/i.* **6.** (sich) schnäbeln; **7.** *fig.*, *a.* **~ *and coo*** (mitein'ander) turteln.

bill² [bɪl] **I** *s.* **1.** *pol.* (Gesetzes)Vorlage *f*, Gesetzentwurf *m*: **♀ *of Rights*** a) *Brit.* Staatsgrundgesetz *n*, Freiheitsurkunde *f* (*von 1689*), b) *USA*: die ersten 10 Zusatzartikel zur Verfassung; ***bring in a ~*** e-n Gesetzentwurf einbringen; **2.** ⚖ *a.* **~ *of indictment*** Anklageschrift *f*: ***find a true ~*** die Anklage für begründet erklären; **3.** ✝ *a.* **~ *of exchange*** Wechsel *m*, Tratte *f*: **~*s payable*** Wechselschulden; **~*s receivable*** Wechselforderungen; ***long*(*-dated*) ~** langfristiger Wechsel; **~ *after date*** Datowechsel *m*; **~ *after sight*** Nachsichtwechsel *m*; **~ *at sight*** Sichtwechsel *m*; **~ *of lading*** Seefrachtbrief *m*, Konnossement *n*, *Am. a.* Frachtbrief *m*; **4.** Rechnung *f*: **~ *of costs*** Kostenberechnung *f*; **~ *of sale*** Kauf-, Übereignungsvertrag *m*; F *fig.* ***fill the ~*** den Ansprüchen genügen; ***sell s.o. a ~ of goods*** F j-n ‚verschaukeln'; **5.** Liste *f*, Schein *m*, Zettel *m*, Pla'kat *n*: **~ *of fare*** Speisekarte *f*; (***theatre***) **~** Theaterzettel *m*, -programm *n*; (***clean***) **~ *of health*** Gesundheitszeugnis *n*, -pass *m*, *fig.* Unbedenklichkeitsbescheinigung *f*; **6.** *Am.* Banknote *f*, (Geld-)Schein *m*; **II** *v/t.* **7.** **~ *s.o. for s.th.*** j-m et. in Rechnung stellen *od.* berechnen; **8.** (durch Pla'kate) ankündigen, *thea. etc. a. Am. Darsteller etc.* ‚bringen'.

'bill|·board *s.* Anschlagbrett *n*, Re'klamefläche *f*, -tafel *f*: **~ *advertising*** Plakatwerbung *f*; **~ case** *s.* ✝ 'Wechselporteˌfeuille *n e-r Bank*; **~ dis·count** *s.* ✝ 'Wechseldisˌkont *m.*

bil·let¹ ['bɪlɪt] **I** *s.* **1.** ⚔ a) Quartierzettel *m*, b) Quartier *n*: ***in ~s*** privat einquartiert; **2.** 'Unterkunft *f*; **3.** F ‚Job' *m*, Posten *m*; **II** *v/t.* **4.** 'unterbringen, einquartieren (***on*** bei).

bil·let² ['bɪlɪt] *s.* **1.** Holzscheit *n*, -klotz *m*; **2.** *metall.* Knüppel *m.*

bil·let-doux [ˌbɪleɪ'duː] (*Fr.*) *s. humor.* Liebesbrief *m.*

'bill|·fold *s. Am.* Scheintasche *f*; **'~·head** *s.* gedrucktes 'Rechnungsformuˌlar; **'~·hook** *s.* ⸔ Hippe *f.*

bil·liard ['bɪljəd] **I** *s.* **1.** *pl. mst sg. konstr.* Billard(spiel) *n*; **2.** *Billard*: Karambo'lage *f*; **II** *adj.* **3.** Billard...; **~ ball** *s.* Billardkugel *f*; **~ cue** *s.* Queue *n*, Billardstock *m.*

bill·ing ['bɪlɪŋ] *s.* **1.** ✝ a) Rechnungsschreibung *f*, b) Buchung *f*, *a.* (Voraus)Bestellung *f*; **2.** *thea.* a) Ankündigung *f*, b) Re'klame *f.*

Bil·lings·gate ['bɪlɪŋzgɪt] **I** *npr. Fischmarkt in London*; **II** ♀ *s.* wüstes Geschimpfe, Unflat *m*: ***talk ~*** keifen wie ein Fischweib.

bil·lion ['bɪljən] *s.* **1.** Milli'arde *f*; **2.** *Brit. obs.* Billi'on *f.*

> **Billion** bedeutet heute auf beiden Seiten des Atlantiks „Milliarde". Früher bedeutete jedoch **billion** im britischen Gebrauch „Billion" (also 1.000.000.000.000) und wird immer noch von manchen mit dieser Bedeutung verwendet. „Eine Milliarde" hieße nach dem alten System dann **a thousand million** (ohne "**-s**").
>
> **trillion** = Billion
> **zillions** = „zig Milliarden"

'bill|-ˌjob·ber *s.* ✝ *Brit.* Wechselreiter *m*; **'~-ˌjob·bing** *s.* ✝ *Brit.* Wechselreite'rei *f.*

bil·low ['bɪləʊ] **I** *s.* **1.** Woge *f* (*a. fig.*); **2.** (Nebel- *etc.*)Schwaden *m*; **II** *v/i.* **3.** wogen; **4.** *a.* **~ *out*** sich bauschen *od.* blä-

hen; **III** *v/t.* bauschen, blähen; '**bil·low·y** [-əʊɪ] *adj.* **1.** wogend; **2.** gebauscht, gebläht.
'**bill|ˌpost·er**, '**~ˌstick·er** *s.* Pla'kat-, Zettelankleber *m.*
bil·ly ['bɪlɪ] *s. Am.* (Poli'zei)Knüppel *m*; '**~·cock** (**hat**) *s. Brit.* F ‚Me'lone' *f* (*steifer Filzhut*); **~ goat** *s.* F Ziegenbock *m.*
bim·bo ['bɪmbəʊ] *s. sl.* ‚Puppe' *f*, ‚Dummerchen' *n* (*Frau*).
bi·met·al·lism [ˌbaɪ'metəlɪzəm] Bimetal'lismus *m*, Doppelwährung *f* (*Gold u. Silber*).
bi·month·ly [ˌbaɪ'mʌnθlɪ] **I** *adj. u. adv.* **1.** a) zweimonatlich, alle zwei Monate ('wiederkehrend *od.* erscheinend), b) zweimal im Monat (erscheinend); **II** *s.* **2.** zweimonatlich erscheinende Veröffentlichung; **3.** Halbmonatsschrift *f.*
bi·mo·tored [ˌbaɪ'məʊtəd] *adj.* ✈ 'zweimoˌtorig.
bin [bɪn] *s.* **1.** (großer) Behälter, Kasten *m*; *a.* Silo *m*, *n*; **2.** Verschlag *m*; **3.** *sl.* ‚Klapsmühle' *f.*
bi·na·ry ['baɪnərɪ] *adj.* ⚗, ⚙, ⩓, *phys.* bi'när, aus zwei Einheiten bestehend: **~ *digit*** Binärziffer *f*; **~ (*number*)** ⩓ Binär-, Dualzahl *f*; **~ (*star*)** *ast.* Doppelstern *m*; **~ *fission*** *biol.* Zellteilung *f.*
bind [baɪnd] **I** *s.* **1.** Band *n*; **2.** ♪ Halte- *od.* Bindebogen *m*; **3.** F ***be in a ~*** in ‚Schwulitäten' sein; ***be in a ~ for*** *et. od. j-n* dringend brauchen, verlegen sein um; **II** *v/t.* [*irr.*] **4.** binden, an-, 'um-, festbinden, verbinden: **~ *to a tree*** an e-n Baum binden; ***bound hand and foot*** *fig.* an Händen u. Füßen gebunden; **5.** *Buch* (ein)binden; **6.** *Saum etc.* einfassen; **7.** *Rad etc.* (mit Me'tall) beschlagen; **8.** *Sand etc.* fest *od.* hart machen; zs.-fügen; **9.** (***o.s.*** sich) binden (*a. vertraglich*), verpflichten; zwingen: **~ *an apprentice*** *j-n* in die Lehre geben (***to*** bei); **~ *a bargain*** e-n Handel (durch Anzahlung) verbindlich machen; → ***bound***[1] 1; **10.** ⚗, ⚙ binden; **11.** ⚕ verstopfen; **II** *v/i.* **12.** binden, fest *od.* hart werden, zs.-halten; **~ o·ver** *v/t.* ⚖ **1.** zum Erscheinen verpflichten (***to*** vor *e-m Gericht*); **2.** *Brit. j-n* auf Bewährung entlassen; **~ up** *v/t.* **1.** vereinigen, zs.-binden; *Wunde* verbinden; **2.** *pass.* ***be bound up*** (***in*** *od.* ***with***) a) eng verknüpft sein (mit), b) ganz in Anspruch genommen werden (von).
bind·er ['baɪndə] *s.* **1.** a) (*Buch-, Garben*)Binder(in), b) Garbenbinder *m* (*Maschine*); **2.** Binde *f*, Band *n*, Schnur *f*; **3.** Aktendeckel *m*, 'Umschlag *m*; **4.** ⚙ Bindemittel *n*; **5.** ✝ Vorvertrag *m*; '**bind·er·y** [-ərɪ] *s.* Buchbinde'rei *f.*
bind·ing ['baɪndɪŋ] **I** *adj.* **1.** *fig.* bindend, (rechts)verbindlich (([***up***]***on*** für): **~ *force*** bindende Kraft; **~ *law*** zwingendes Recht; **II** *s.* **2.** (Buch)Einband *m*; **3.** a) Einfassung *f*, Borte *f*, b) (Me'tall-) Beschlag *m* (*Rad*), c) (Ski)Bindung *f*; **~ a·gent** → ***binder*** 4; **~ post** *s.* ⚡ (Pol-, Anschluss)Klemme *f.*
'**bind·weed** *s.* ⚘ *e-e* Winde *f.*
bine [baɪn] *s.* ⚘ Ranke *f.*
binge [bɪndʒ] *s.* F ‚Sauf- *od.* Fressgelage' *n*: ***go on a ~*** ‚einen draufmachen'.
bin·go ['bɪŋgəʊ] *s.* Bingo *n* (*ein Glücksspiel*): **~ *!*** F Zack!, Volltreffer!
bin lin·er *s.* Müllbeutel *m.*
bin·na·cle ['bɪnəkl] *s.* ⚓ 'Kompasshaus *n.*
bin·oc·u·lar **I** *adj.* [ˌbaɪ'nɒkjʊlə] binoku'lar, für beide *od.* mit beiden Augen; **II** *s.* [bɪ'n-] *mst pl.* Fernglas *n*; Opernglas *n.*
bi·no·mi·al [ˌbaɪ'nəʊmjəl] *adj.* **1.** ⩓ bi'nomisch, zweigliedrig; **2.** ⚘, *zo.* → ***binominal.***
bi·nom·i·nal [ˌbaɪ'nɒmɪnl] *adj.* ⚘, *zo.* binomi'nal, zweinamig: **~ *system*** (System *n* der) Doppelbenennung *f.*
bi·nu·cle·ar [ˌbaɪ'nju:klɪə], **bi'nu·cle·ate** [-ɪət] *adj. phys.* zweikernig.
bi·o·chem·i·cal [ˌbaɪəʊ'kemɪkl] *adj.* □ bio'chemisch; ˌ**bi·o'chem·ist** [-ɪst] *s.* Bio'chemiker *m*; ˌ**bi·o'chem·is·try** [-ɪstrɪ] *s.* Bioche'mie *f.*
bi·o·de·gra·dab·le [ˌbaɪəʊdɪ'greɪdəbl] *adj.* ⚗ (bio'logisch) abbaubar; **bi·o·deg·ra·da·tion** ['baɪəʊˌdegrə'deɪʃn] *s.* biologischer Abbau, Rotte *f.*
bi·o·di·ver·si·ty ['baɪəʊˌdaɪ'vɜ:sətɪ] *s.* Artenvielfalt *f*; **~ con·ven·tion** *s.* Artenschutzabkommen *n.*
bio·dy·nam·ic [ˌbaɪəʊdaɪ'næmɪk] *adj.* □ ˌbiody'namisch.
bi·o·en·er·get·ics ['baɪəʊˌenə'dʒetɪks] *s. pl. sg. konstr.* Bioener'getik *f.*
bi·o·en·gi·neer·ing ['baɪəʊˌendʒɪ'nɪərɪŋ] *s.* Biotechnik *f.*
bi·o·fu·el ['baɪaʊˌfjʊəl] *s.* Biotreibstoff *m.*
bi·og·ra·pher [baɪ'ɒgrəfə] *s.* Bio'graph *m*; **bi·o·graph·ic**, **bi·o·graph·i·cal** [ˌbaɪəʊ'græfɪk(l)] *adj.* □ bio'graphisch; **bi'og·ra·phy** [-fɪ] *s.* Biogra'phie *f*, Lebensbeschreibung *f.*
bi·o·log·ic [ˌbaɪəʊ'lɒdʒɪk] *adj.* (□ **~*ally***) → **bi·o'log·i·cal** [-kl] *adj.* □ bio'logisch: **~ *warfare*** Bakterienkrieg *m*; **bi·ol·o·gist** [baɪ'ɒlədʒɪst] *s.* Bio'loge *m*; **bi·ol·o·gy** [baɪ'ɒlədʒɪ] *s.* Biolo'gie *f.*
bi·ol·y·sis [baɪ'ɒləsɪs] *s. biol.* Bio'lyse *f.*
bi·on·ics [baɪ'ɒnɪks] *s. pl. sg. konstr. phys.* Bi'onik *f.*
bi·o·nom·ics [ˌbaɪəʊ'nɒmɪks] *s. pl. sg. konstr. biol.* Ökolo'gie *f*; **bi·o·phys·ics** [ˌbaɪəʊ'fɪzɪks] *s. pl. sg. konstr.* Biophy'sik *f.*
bi·op·ic [baɪ'ɒpɪk] *s.* biographisches Filmepos.
bi·o·tech·nol·o·gy [ˌbaɪəʊtek'nɒlədʒɪ]

s. Biotechnik *f.*

bi·o·tope [ˌbaɪəʊ'təʊp] *s. biol. geogr.* Bio'top *m, n.*

bi·par·ti·san [ˌbaɪpɑːtɪ'zæn] *adj.* zwei Par'teien vertretend, Zweiparteien...; ˌ**bi·par·ti'san·ship** [-ʃɪp] *s.* Zugehörigkeit *f* zu zwei Parteien; **bi·par·tite** [ˌbaɪ'pɑːtaɪt] *adj.* **1.** zweiteilig; **2.** *pol.*, ⚖ a) zweiseitig (*Vertrag etc.*), b) in doppelter Ausfertigung (*Dokumente*).

bi·ped ['baɪped] *s. zo.* Zweifüß(l)er *m.*

bi·plane ['baɪpleɪn] *s.* ✈ Doppel-, Zweidecker *m.*

birch [bɜːtʃ] **I** *s.* **1.** a) ⚘ Birke *f*, b) Birkenholz *n*; **2.** (Birken)Rute *f*; **II** *v/t.* **3.** mit der Rute züchtigen; '**birch·en** [-tʃən] *adj.* birken, Birken...; '**birch·ing** [-tʃɪŋ] *s.* (Ruten)Schläge *pl.*; '**birch·rod** → ***birch*** 2.

bird [bɜːd] *s.* **1.** Vogel *m*: ***~ of paradise*** Paradiesvogel; ***~ of passage*** Zugvogel (*a. fig.*); ***~ of prey*** Raub-, Greifvogel; F ***early ~*** Frühaufsteher *m*, wer früh kommt; ***the early ~ catches the worm*** Morgenstund hat Gold im Mund; ***~s of a feather flock together*** Gleich u. Gleich gesellt sich gern; ***kill two ~s with one stone*** zwei Fliegen mit e-r Klappe schlagen; ***a ~ in the hand is worth two in the bush*** ein Spatz in der Hand ist besser als e-e Taube auf dem Dach; ***fine feathers make fine ~s*** Kleider machen Leute; ***the ~ is*** (*od.* ***has***) ***flown*** *fig.* der Vogel ist ausgeflogen; ***give s.o. the ~*** j-n auspfeifen *od.* ‚abfahren lassen', j-m den Laufpass geben; F ***a little ~ told me*** mein kleiner Finger hat es mir gesagt; ***tell a child about the ~s and the bees*** ein Kind aufklären; ***that's for the ~s*** F das ist ‚für die Katz'; **2.** a) F ‚Knülch' *m*, Kerl *m*, b) *Brit. sl.* ‚Puppe' *f* (*Mädchen*): ***queer ~*** komischer Kauz; ***old ~*** alter Knabe; ***gay ~*** lustiger Vogel; **3.** *sl.* a) ‚Vogel' *m* (*Flugzeug*), b) *Am.* Rangabzeichen *n e-s Colonel etc.*; '**~·brain** *s.* F ‚Spatzen(ge)hirn' *n*; **~ cage** *s.* Vogelbauer *n*, -käfig *m*; '**~·call** *s.* Vogelruf *m*; Lockpfeife *f*; **~ dog** *s.* Hühnerhund *m*; **~ fan·ci·er** *s.* Vogelliebhaber(in), -züchter(in), -händler(in).

bird·ie ['bɜːdɪ] *s.* **1.** Vögelchen *n*; **2.** ‚Täubchen' *n* (*Kosewort*); **3.** *Golf*: 'Birdie *n* (*1 Schlag unter Par*).

bird| life *s.* Vogelleben *n*, -welt *f*; '**~·lime** *s.* Vogelleim *m*; '**~·man** *s.* [*irr.*] **1.** Vogelkenner *m*; **2.** ✈ F Flieger *m*; '**~-ˌnest·ing** *s.* Ausnehmen *n* von Vogelnestern; '**~·seed** *s.* Vogelfutter *n.*

'**bird's|-eye** [bɜːdz] **I** *s.* **1.** ⚘ A'donisröschen *n*; **2.** Feinschnittabak *m*; **3.** ✝ Pfauenauge(nmuster) *n*; **II** *adj.* **4.** ***~ view*** (Blick *m* aus der) Vogelperspektive *f*, allgemeiner Überblick; **~ nest** *s.* (*a. essbares*) Vogelnest.

bird watch·er *s.* Vogelbeobachter *m.*

bi·ro ['baɪərəʊ] *s.* (*TM*) *Brit.* Kugelschreiber *m.*

birth [bɜːθ] *s.* **1.** Geburt *f*; Wurf *m* (*Hunde etc.*): ***give ~ to*** gebären, zur Welt bringen, *fig.* hervorbringen, -rufen; ***by ~*** von Geburt; **2.** Abstammung *f*, Herkunft *f*; *engS.* edle Herkunft; **3.** Ursprung *m*, Entstehung *f*; **~ cer·tif·i·cate** *s.* Geburtsurkunde *f*; **~ con·trol** *s.* Geburtenregelung *f*, -beschränkung *f*; '**~·day** *s.* Geburtstag *m*: ***~ honours*** *Brit.* Titelverleihungen zum Geburtstag des Königs *od.* der Königin; ***in one's ~ suit*** im Adams- *od.* Evaskostüm; ***~ party*** Geburtstagsparty *f*; '**~·mark** *s.* Muttermal *n*; '**~·place** *s.* Geburtsort *m*; **~ rate** *s.* Geburtenziffer *f*: ***falling ~*** Geburtenrückgang *m*; '**~·right** *s.* (Erst-) Geburtsrecht *n.*

bis·cuit ['bɪskɪt] **I** *s.* **1.** *Brit.* Keks *m*: ***that takes the ~!*** F a) das ist doch das Allerletzte!, b) das ist (einsame) Spitze!; **2.** *Am.* weiches Brötchen; **3.** → ***biscuit ware***; **II** *adj.* **4.** a) blassbraun, b) graugelb; **~ ware** *s.* ⚙ Bis'kuit *n* (*Porzellan*).

bi·sect [baɪ'sekt] *v/t.* **1.** in zwei Teile zerschneiden; **2.** ⩓ halbieren; **bi·sec·tion** [ˌbaɪ'sekʃn] *s.* ⩓ Halbierung *f.*

bi·sex·u·al [ˌbaɪ'seksjʊəl] *adj. allg.* bisexu'ell.

bish·op ['bɪʃɒp] *s.* **1.** Bischof *m*; **2.** *Schach*: Läufer *m*; **3.** Bischof *m* (*Getränk*); '**bish·op·ric** [-rɪk] *s.* Bistum *n*, Diö'zese *f.*

bi·son ['baɪsn] *s. zo.* **1.** Bison *m*, amer. Büffel *m*; **2.** euro'päischer Wisent.

bis·sex·tile [bɪ'sekstaɪl] **I** *s.* Schaltjahr *n*; **II** *adj.* Schalt...: ***~ day*** Schalttag *m.*

bit[1] [bɪt] *s.* **1.** Gebiss *n* (*am Pferdezaum*): ***take the ~ between one's teeth*** a) durchgehen (*Pferd*), b) störrisch werden (*a. fig.*), c) *fig.* ‚rangehen'; → ***champ***[1]; **2.** *fig.* Zaum *m*, Zügel *m u. pl.*; **3.** ⚙ a) Bohrerspitze *f*, b) Hobeleisen *n*, c) Maul *n* der Zange *etc.*, d) Bart *m* des Schlüssels.

bit[2] [bɪt] *s.* **1.** Stückchen *n*: ***a ~ of bread***; ***a ~*** ein bisschen, ein wenig, leicht; ***a ~ of a ...*** so et. wie ein(e) ...; ***a ~ of a fool*** etwas närrisch; ***~ by ~*** Stück für Stück, allmählich; ***after a ~*** nach e-m Weilchen; ***every ~ as good*** ganz genauso gut; ***not a ~ better*** kein bisschen besser; ***not a ~ (of it)*** ‚keine Spur', ganz und gar nicht; ***do one's ~*** a) s-e Pflicht tun, b) s-n Beitrag leisten; ***give s.o. a ~ of one's mind*** j-m (gehörig) die Meinung sagen; **2.** kleine Münze: a) *Brit.* F ***threepenny ~***, b) *Am.* F ***two ~s*** 25 Cent; **3.** F ‚Mieze' *f* (*Mädchen*); **4.** *a.* ***~ part*** *thea.* F kleine Rolle: ***~ player***.

bit[3] [bɪt] *s. Computer*: Bit *n.*

bit[4] [bɪt] *pret. von* ***bite***.

bitch [bɪtʃ] **I** *s.* **1.** Hündin *f*; **2.** *a.* ***~ fox*** Füchsin *f*; *a.* ***~ wolf*** Wölfin *f*; **3.** V *contp.* a) Schlampe *f*, b) ‚Miststück' *n*; **4.** *sl.* ‚Scheißding' *n*; **II** *v/t.* **5.** *sl. a.* ***~ up*** ‚versauen'; **III** *v/i.* **6.** *sl.* ‚meckern'; **bitch·y** ['bɪtʃɪ] *adj.* F ‚gemein'.

bite [baɪt] **I** *s.* **1.** Beißen *n*, Biss *m*; Stich *m* (*Insekt*): ***put the ~ on s.o.*** *Am. sl.* j-n unter Druck setzen; **2.** Bissen *m*, Happen *m*: ***not a ~ to eat***; **3.** (An-)Beißen *n* (*Fisch*); **4.** ⚙ Fassen *n*, Greifen *n*; **5.** *fig.* a) Bissigkeit *f*, Schärfe *f*, Spitze *f*, b) ‚Biss' *m* (*Aggressivität*): ***the ~ was gone***; **6.** *fig.* Würze *f*, Geist *m*; **II** *v/t.* [*irr.*] **7.** beißen: ***~ one's lips*** sich auf die Lippen (*fig.* auf die Zunge) beißen; ***~ one's nails*** an den Nägeln kauen; ***bitten with a desire*** *fig.* von e-m Wunsch gepackt; ***what's biting you?*** *Am. sl.* was ist mit dir los?; → ***dust*** 1; **8.** beißen, stechen (*Insekt*); **9.** ⚙ fassen, greifen; schneiden in (*acc.*); **10.** ⚗ beizen, zerfressen, angreifen; beschädigen; **11.** F *pass.*: ***be bitten*** hereingefallen sein; ***once bitten twice shy*** ein gebranntes Kind scheut das Feuer; **III** *v/i.* [*irr.*] **12.** beißen; **13.** (an-)beißen; *fig.* sich verlocken lassen; **14.** ⚙ fassen, greifen (*Rad*, *Bremse*, *Werkzeug*); **15.** *fig.* beißen, schneiden, brennen, stechen, scharf sein (*Kälte*, *Wind*, *Gewürz*, *Schmerz*); **16.** *fig.* beißend *od.* verletzend sein; ***~ off*** *v/t.* abbeißen: ***~ more than one can chew*** sich zu viel zumuten.

bit·er ['baɪtə] *s.*: ***the ~ bit*** der betrogene Betrüger; ***the ~ will be bitten*** wer andern e-e Grube gräbt, fällt selbst hinein.

bit·ing ['baɪtɪŋ] *adj.* ☐ *a. fig.* beißend, scharf, schneidend.

bit·ten ['bɪtn] *p.p. von* ***bite***.

bit·ter ['bɪtə] **I** *adj.* ☐ → *a.* 4; **1.** bitter (*Geschmack*); **2.** *fig.* bitter (*Schicksal*, *Wahrheit*, *Tränen*, *Worte etc.*), schmerzlich, hart: ***to the ~ end*** bis zum bitteren Ende; **3.** *fig.* verärgert, böse, verbittert; streng, unerbittlich; rau, unfreundlich (*a. Wetter*); **II** *adv.* **4.** *nur*: ***~ cold*** bitter kalt; **III** *s.* **5.** Bitterkeit *f* (*a. fig.*): ***take the ~ with the sweet*** das Leben (so) nehmen, wie es ist; **6.** *a.* ***~ beer*** *Brit. stark gehopftes Fassbier*; **7.** *pl.* Magenbitter *m*.

bit·tern[1] ['bɪtən] *s. orn.* Rohrdommel *f*.

bit·tern[2] ['bɪtən] *s.* **1.** ⚗ Mutterlauge *f*; **2.** Bitterstoff *m* (*für Bier*).

bit·ter·ness ['bɪtənɪs] *s.* **1.** Bitterkeit *f*; **2.** *fig.* Bitterkeit *f*, Schmerzlichkeit *f*; **3.** *fig.* Verbitterung *f*, Härte *f*, Grausamkeit *f*.

'**bit·ter·sweet** **I** *adj.* bittersüß; halbbitter; **II** *s.* ⚘ Bittersüß *n*.

bi·tu·men ['bɪtjʊmɪn] *s.* **1.** *min.* Bi'tumen *n*, Erdpech *n*, As'phalt *m*; **2.** *geol.* Bergteer *m*.

bi·tu·mi·nous [bɪ'tjuːmɪnəs] *adj. min.* bitumi'nös, as'phalt-, pechhaltig; ***~ coal*** *s.* Stein-, Fettkohle *f*.

bi·va·lent ['baɪˌveɪlənt] *adj.* ⚗ zweiwertig.

bi·valve ['baɪvælv] *s. zo.* zweischalige Muschel (*z.B. Auster*).

biv·ouac ['bɪvʊæk] **I** *s.* 'Biwak *n*; **II** *v/i.* biwakieren.

bi·week·ly [ˌbaɪ'wiːklɪ] **I** *adj. u. adv.* **1.** zweiwöchentlich, vierzehntägig, halbmonatlich; **2.** zweimal die Woche; **II** *s.* **3.** Halbmonatsschrift *f*.

biz [bɪz] *s.* F *für* ***business***.

bi·zarre [bɪ'zɑː] *adj.* bi'zarr, fan'tastisch, ab'sonderlich.

blab [blæb] **I** *v/t.* ausplaudern; **II** *v/i.* schwatzen; **III** *s.* Schwätzer(in), Klatschbase *f*, -weib *n*; '**blab·ber** [-bə] *s.* Schwätzer(in).

black [blæk] **I** *adj.* **1.** schwarz (*a. Tee*, *Kaffee*): ***~ as coal*** (*od.* ***the devil*** *od.* ***ink*** *od.* ***night*** *od.* ***pitch***) kohlrabenpechschwarz; → ***black eye***, ***belt*** 1, 5, ***diamond*** 1; **2.** dunkel: ***~ in the face*** dunkelrot im Gesicht (*vor Aufregung etc.*); **3.** dunkel(häutig): ***~ man*** Schwarzer *m*, Neger *m*; **4.** schwarz, schmutzig: ***~ hands***; **5.** *fig.* dunkel, trübe, düster (*Gedanken*, *Wetter*); **6.** böse, schlecht: ***~ soul*** schwarze Seele; ***not so ~ as he is painted*** besser als sein Ruf; **7.** ‚schwarz', ungesetzlich: ***~ economy*** Schattenwirtschaft *f*; **8.** ärgerlich, böse: ***~ look(s)*** böser Blick; ***look ~ at s.o.*** j-n böse anblicken; **9.** schlimm: ***~ despair*** völlige Verzweiflung; **10.** *Am.* eingefleischt; **11.** ‚schwarz' (*makaber*): ***~ humo(u)r***; **12.** *TV* schwarz'weiß; **II** *s.* **13.** Schwarz *n*; **14.** *et.* Schwarzes, schwarzer Fleck: ***wear ~*** Trauer(kleidung) tragen; **15.** Schwarze(r *m*) *f*, Neger(in); **16.** Schwärze *f*, schwarze Schuhcreme; **17.** ***be in the ~*** *bsd.* ✝ a) mit Gewinn arbeiten, b) aus den roten Zahlen heraus sein; **III** *v/t.* **18.** schwärzen, *Schuhe* wichsen; ***~ out*** **I** *v/t.* **1.** (völlig) abdunkeln, *a.* ⚔ verdunkeln; **2.** ⚙ *u. fig.* ausschalten, außer Betrieb setzen; *Funkstation* (durch Störgeräusche) ausschalten; **3.** *j-n* bewusstlos machen; **4.** *fig.* (*a. durch Zensur*) unter'drücken; **II** *v/i.* **5.** sich verdunkeln; **6.** a) das Bewusstsein verlieren, b) e-n ‚Black-out' haben; **7.** ⚙ *etc.* ausfallen.

black Af·ri·ca *s. pol.* Schwarzafrika *n*.

black·a·moor ['blækəˌmʊə] *s. obs.* Neger(in *f*) *m*, Mohr(in *f*) *m*.

black| and blue *adj.*: ***beat s.o. ~*** j-n grün und blau schlagen; ***~ and tan*** *adj.* schwarz mit braunen Flecken; ***~ and white*** *s.* **1.** Schwarz'weißzeichnung *f*; **2.** ***in ~*** schwarz auf weiß, schriftlich, gedruckt; **3.** *TV etc.* schwarz'weiß; **~ art** → ***black magic***; **~ ball** *s.* schwarze (Wahl)Kugel; *fig.* Gegenstimme *f*; **'~-ball** *v/t.* gegen *j-n* stimmen, *j-n* ausschließen; **~ bee·tle** *s. zo.* Küchenschabe *f*; **'~·ber·ry** [-bərɪ] *s.* ⚘ Brombeere *f*; **'~·bird** *s. orn.* Amsel *f*; **'~·board** *s.* (Schul-, Wand)Tafel *f*; **~ box** *s.* ✈ Flugschreiber *m*; **~ cap** *s.* schwarze Kappe (*des Richters bei Todesurteilen*); **'~·cap** *s. orn.* a) Kohlmeise *f*, b) Schwarzköpfige Grasmücke; **~ cat·tle** *s. zo.* schwarze Rinderrasse; **'~-ˌcoat(·ed)** *adj. Brit.*: **~ *worker*** Büroangestellte(r) *m* (*Ggs. Arbeiter*); **'~·cock** *s. orn.* Schwarzes Schottisches Moorhuhn (*Hahn*); **2 Coun·try** *s.* Industriegebiet *n* von Staffordshire u. Warwickshire; **2 Death** *s. der* schwarze Tod, Pest *f*; **~ dog** *s.* F schlechte Laune.

black·en ['blækən] **I** *v/t.* **1.** schwärzen; wichsen; **2.** *fig.* anschwärzen: ***~ing the memory of the deceased*** ⚖ Verunglimpfung *f* Verstorbener; **II** *v/i.* **3.** schwarz werden.

black| eye *s.* ‚blaues Auge': ***get away with a ~*** mit e-m blauen Auge davonkommen; **'~·face** *s. typ.* (halb)fette Schrift; **~ flag** *s.* schwarze (Pi'raten-) Flagge; **2 Fri·ar** *s. eccl.* Domini'kaner *m*; **~ frost** *s.* strenge, aber trockene Kälte; **~ game** *s. orn.* schwarzes Rebhuhn; **~ grouse** *s. orn.* Birkhuhn *n*.

black·guard ['blægɑːd] **I** *s.* Lump *m*, Schuft *m*; **II** *v/t. j-n* beschimpfen; **'black·guard·ly** [-lɪ] *adj.* gemein; unflätig.

'black|·head *s.* ⚕ Mitesser *m*; **~ ice** *s.* Glatteis *n*.

black·ie ['blækɪ] *s.* → ***blacky***.

black·ing ['blækɪŋ] *s.* **1.** schwarze (Schuh)Wichse; **2.** (Ofen)Schwärze *f*.

black·ish ['blækɪʃ] *adj.* schwärzlich.

'black|·jack I *s.* **1.** → ***black flag***; **2.** *Am.* Totschläger *m* (*Waffe*); **3.** 'Siebzehnund'vier *n* (*Kartenspiel*); **II** *v/t.* **4.** *Am.* mit e-m Totschläger zs.-schlagen; **~ lead** [led] *s. min.* Gra'phit *m*, Reißblei *n*; **ˌ~-'lead pen·cil** *s.* Graphitstift *m*; **'~·leg I** *s.* **1.** a) Falschspieler *m*, b) Wettbetrüger *m*; **2.** *Brit.* Streikbrecher *m*; **II** *v/i.* **3.** als Streikbrecher auftreten; **~ let·ter** *s. typ.* Frak'tur *f*, gotische Schrift; **ˌ~-'let·ter** *adj.*: **~ *day*** schwarzer Tag, Unglückstag *m*; **'~·list I** *s.* schwarze Liste; **II** *v/t. j-n* auf die schwarze Liste setzen; **~ mag·ic** *s.* schwarze Ma'gie; **'~·mail I** *s.* **1.** ⚖ Erpressung *f*; **2.** Erpressungsgeld *n*; **II** *v/t.* **3.** *j-n* erpressen, von *j-m* Geld erpressen: **~ *s.o. into s.th*** j-n durch Erpressung zu et. zwingen; **'~ˌmail·er** *s.* Erpresser *m*; **2 Ma·ri·a** [mə'raɪə] *s.* F ‚Grüne Minna', (Poli'zei)Gefangenenwagen *m*; **~ mark** *s.* schlechte Note, Tadel *m*; **~ mar·ket** *s.* schwarzer Markt, Schwarzmarkt *m*, -handel *m* (***in*** mit); **~ mar·ket·eer** *s.* Schwarzhändler(in); **~ mass** *s.* schwarze Messe, Teufelsmesse *f*; **~ monk** *s.* Benedik'tiner(mönch) *m*.

black·ness ['blæknɪs] *s.* **1.** Schwärze *f*, Dunkelheit *f*; **2.** *fig.* Verderbtheit *f*, Ab'scheulichkeit *f*.

'black|·out *s.* **1.** *bsd.* ⚔ Verdunkelung *f*; **2.** (*Nachrichten- etc.*)Sperre *f*: ***news ~***; **3.** ⚕ a) Black-out *n*, *m* (*kurze Ohnmacht, Bewusstseinsstörung etc.*), b) Bewusstlosigkeit *f*, Ohnmacht *f*; **4.** ⚙ u. *fig.* Ausfall *m*; ϟ to'taler Stromausfall; **5.** *TV* a) Austasten *n*, b) Pro'grammod. Bildausfall *m*; **6.** *phys. etc.*, *a. thea.* Black-out *n*, *m*; **2 Prince** *s. der* Schwarze Prinz (*Eduard, Prinz von Wales*); **~ pud·ding** *s. Brit.* Blutwurst *f*; **2 Rod** *s.* **1.** oberster Dienstbeamter des brit. Oberhauses; **2.** erster Zere'monienmeister des Hosenbandordens; **~ sheep** *s. fig.* schwarzes Schaf; **'~·shirt** *s.* Schwarzhemd *n* (*italienischer Faschist*); **'~·smith** *s.* (Grob-, Huf)Schmied *m*; **~ spot** *s. mot.* schwarzer Punkt, Gefahrenstelle *f*; **'~·strap** *s. Am.* **1.** *Getränk aus Rum u. Sirup*; **2.** F Rotwein *m* aus dem Mittelmeergebiet; **'~·thorn** *s.* ⚘ Schwarz-, Schlehdorn *m*; **~ tie** *s.* **1.** schwarze Fliege; **2.** Smoking *m*; **'~·top** *s.* Asphaltbelag *m od.* -straße *f*; **'~ˌwa·ter fe·ver** *s.* ⚕ Schwarzwasserfieber *n*; **~ wid·ow** *s. zo.* Schwarze Witwe (*Spinne*).

black·y ['blækɪ] *s.* F Schwarze(r *m*) *f* (*Neger od. Schwarzhaarige*[*r*]).

blad·der ['blædə] *s.* **1.** *anat.* (Gallen-, *engS.* Harn)Blase *f*; **2.** (*Fußball- etc.*) Blase *f*; **3.** *zo.* Schwimmblase *f*; **~ wrack** *s.* ⚘ Blasentang *m*.

blade [bleɪd] *s.* **1.** ⚘ Blatt *n* (*mst poet.*), Spreite *f* (*e-s Blattes*), Halm *m*: ***in the ~*** auf dem Halm; **~ *of grass*** Grashalm; **2.** ⚙ Blatt *n* (*Säge, Axt, Schaufel, Ruder*); **3.** ⚙ a) Flügel *m* (*Propeller*); *Hubschrauber*: Rotor *m*, Drehflügel *m*, b) Schaufel *f* (*Schiffsrad, Turbine*); **4.** ⚙ Klinge *f* (*Messer, Degen etc.*); **5.** → ***shoulder blade***; **6.** *poet.* a) Degen *m*, Klinge *f*, b) Kämpfer *m*; **7.** F (forscher) Kerl, Bursche *m*.

blae·ber·ry ['bleɪbərɪ] → ***bilberry***.

blah[1] [blɑː] *a.* **ˌblah-'blah** F **I** *s.* ‚Bla'bla' *n*, Geschwafel *n*; **II** *v/i.* schwafeln.

blah[2] [blɑː] F **I** *adj.* (stink)fad; **II** *s. pl. Am.* a) Langeweile *f*, b) ‚mieses Gefühl'.

blain [bleɪn] *s.* ⚕ Pustel *f*.

blam·a·ble ['bleɪməbl] *adj.* ☐ zu tadeln(d), schuldig; **blame** [bleɪm] **I** *v/t.* **1.** tadeln, rügen, *j-m* Vorwürfe machen (***for*** wegen); **2.** (***for***) verantwortlich machen (für), *j-m* die Schuld geben (an *dat.*): ***he is to ~ for it*** er ist daran schuld; ***he has only himself to ~*** das hat er sich selbst zuzuschreiben; ***I cannot ~ him for it*** ich kann es ihm nicht verübeln; **II** *s.* **3.** Tadel *m*, Vorwurf *m*, Rüge *f*; **4.** Schuld *f*, Verantwortung *f*: ***lay*** (*od.* ***put***) ***the ~ on s.o.*** j-m die Schuld geben; ***bear*** (*od.* ***take***) ***the ~*** die Schuld auf sich nehmen; **'blame·less** [-lɪs] *adj.* □ untadelig, schuldlos (***of*** an *dat.*); **'blame·less·ness** [-lɪsnɪs] *s.* Schuldlosigkeit *f*, Unschuld *f*; **'blame,wor·thy** *adj.* tadelnswert, schuldig.

blanch [blɑːntʃ] **I** *v/t.* **1.** bleichen, weiß machen; *fig.* erbleichen lassen; **2.** ✓ (*durch Ausschluss von Licht*) bleichen; **3.** *Küche*: *Mandeln etc.* blanchieren, brühen; **4.** ⚙ weiß sieden; brühen; **5.** ***~ over*** *fig.* beschönigen; **II** *v/i.* **6.** erbleichen.

blanc·mange [blə'mɒnʒ] *s.* *Küche*: Pudding *m.*

bland [blænd] *adj.* □ **1.** a) mild, sanft, b) höflich, verbindlich, c) (ein)schmeichelnd; **2.** a) kühl, b) i'ronisch.

blan·dish ['blændɪʃ] *v/t.* schmeicheln, zureden (*dat.*); **'blan·dish·ment** [-mənt] *s.* Schmeiche'lei *f*, Zureden *n*; *pl.* Über'redungskünste *pl.*

blank [blæŋk] **I** *adj.* □ **1.** leer, nicht ausgefüllt, unbeschrieben; Blanko... (*bsd.* ✝): ***a ~ page***; ***a ~ space*** ein leerer Raum; ***~ tape*** Leerband *n*; ***in ~*** blanko; ***leave ~*** frei lassen; ***~ acceptance*** Blankoakzept *n*; ***~ signature*** Blankounterschrift *f*; → ***cheque***; **2.** leer, unbebaut; **3.** blind (*Fenster*, *Tür*); **4.** leer, ausdruckslos; **5.** verdutzt, verblüfft, verlegen: ***a ~ look***; **6.** bar, rein, völlig: ***~ astonishment*** sprachloses Erstaunen; ***~ despair*** helle Verzweiflung; **7.** → ***cartridge*** 1, ***fire*** 13, ***verse*** 3; **II** *s.* **8.** Formblatt *n*, Formu'lar *n*, Vordruck *m*; unbeschriebenes Blatt (*a. fig.*); **9.** leerer *od.* freier Raum (*bsd. für Wort[e] od. Buchstaben*); Lücke *f*, Leere *f* (*a. fig.*): ***leave a ~*** e-n freien Raum lassen (*beim Schreiben etc.*); ***his mind was a ~*** a) er hatte alles vergessen, b) in s-m Kopf herrschte völlige Leere; **10.** *Lotterie*: Niete *f*: ***draw a ~*** a) e-e Niete ziehen, b) *fig.* kein Glück haben; **11.** *bsd. sport* Null *f*; **12.** *das* Schwarze (*Zielscheibe*); **13.** Öde *f*, Nichts *n*; **14.** ⚙ unbearbeitetes Werkstück, Rohling *m*; ungeprägte Münzplatte; **15.** Gedankenstrich *m* (*an Stelle e-s [unanständigen] Wortes*), ‚Pünktchen' *pl.*; **III** *v/t.* **16.** *mst* ***~ out*** a) verhüllen, auslöschen, b) *fig.* ‚erledigen', abtun; **17.** ***~ out*** *typ.* gesperrt drucken; **18.** *Wort* durch e-n Gedankenstrich *od.* Pünktchen ersetzen; **19.** *TV Brit.* austasten; **20.** *sport* zu null schlagen.

blan·ket ['blæŋkɪt] **I** *s.* **1.** (wollene) Decke, Bettdecke *f*: ***get between the ~s*** F in die Federn kriechen; ***born on the wrong side of the ~*** F unehelich; → ***wet*** 1; **2.** *fig.* Decke *f*, Hülle *f*: ***~ of snow*** Schneedecke; **3.** ⚙ 'Filz,unterlage *f*; **II** *v/t.* **4.** zudecken; **5.** ⚓ den Wind abfangen (*dat.*); **6.** *fig.* verdecken, unter'drücken, ersticken, vertuschen; **7.** ⚡, ⚔ abschirmen; **8.** *Radio*: stören, über'lagern; **9.** prellen; **10.** *Am.* zs.-fassen, um'fassen; **III** *adj.* **11.** alles einschließend, gene'rell: ***~ clause*** Generalklausel *f*; ***~ insurance*** Kollektivversicherung *f*; ***~ mortgage*** Gesamthypothek *f*; ***~ policy*** Pauschalpolice *f*; ***~ sheet*** *Am.* Zeitung *f* in Großfolio.

blan·ket·ing ['blæŋkɪtɪŋ] *s.* Stoff *m* für Wolldecken.

blare [bleə] **I** *v/i. u. v/t.* a) schmettern (*Trompete*), b) brüllen, plärren (*a. Radio etc.*); **II** *s.* a) Schmettern *n*, b) Brüllen *n*, Plärren *n*, c) Lärm *m*.

blar·ney ['blɑːnɪ] F **I** (plumpe) Schmeiche'lei, ‚Schmus' *m*; **II** *v/t. u. v/i.* (*j-m*) schmeicheln.

bla·sé ['blɑːzeɪ] (*Fr.*) *adj.* gleichgültig, gelangweilt.

blas·pheme [blæs'fiːm] **I** *v/t.* (*engS. Gott*) lästern; schmähen; **II** *v/i.*: ***~ against*** *j-m* fluchen, *j-n* lästern; **blas'phem·er** [-mə] *s.* (Gottes)Lästerer *m*; **blas·phe·mous** ['blæsfəməs] *adj.* □ blas'phemisch; **blas·phe·my** ['blæsfəmɪ] *s.* **1.** Blasphe'mie *f*, (Gottes)Lästerung *f*; **2.** Fluchen *n.*

blast [blɑːst] **I** *s.* **1.** (heftiger) Windstoß *m*; **2.** ♪ Schmettern *n*, Schall *m*: ***~ of a trumpet*** Trompetenstoß *m*; **3.** Si'gnal *n*, (Heul-, Pfeif)Ton *m*; Tuten *n*; **4.** *fig.* Pesthauch *m*, Fluch *m*; **5.** ⚘ Brand *m*, Mehltau *m*; Verdorren *n*; **6.** ⚙ a) Sprengladung *f*, b) Sprengung *f*; **7.** a) Explosi'on *f*, Detonati'on *f*, b) *a.* ***~ wave*** Druckwelle *f*; **8.** ⚙ Gebläse(luft *f*) *n*: (***at***) ***full ~*** *a. fig.* auf Hochtouren, *a.* mit voller Lautstärke; **9.** F a) heftige At'tacke, b) ‚Anschiss' *m*; **10.** *Am. sl.* Party *f*; **II** *v/t.* **11.** sprengen; **12.** *a.* ⚘ vernichten (*a.* F *sport*), *fig. a.* zu'nichte machen; **13.** ⚔ unter Beschuss nehmen, *fig. a.* heftig attackieren, F ‚anscheißen'; *Science Fiction*: durch Strahler(schuss) töten; **14.** verfluchen: ***~ed*** verflucht; ***~ it!*** verdammt!; ***~ him!*** der Teufel soll ihn holen!; **15.** ***~ off*** in den Weltraum schießen; **III** *v/i.* **16.** sprengen; **17.** ‚knallen': ***~ away at*** ballern auf (*acc.*), *fig.* heftig attackieren; **18.** ***~ off*** abheben (*Rakete*); ***~ fur·nace*** *s.* ⚙ Hochofen *m*; **'~-hole** *s.* ⚙ Sprengloch *n*; **'~-off** *s.* (Ra'keten)Start *m*.

bla·tan·cy ['bleɪtənsɪ] *s.* lärmendes Wesen, Angebe'rei *f*; **'bla·tant** [-nt] *adj.* □

1. brüllend; **2.** marktschreierisch, lärmend; **3.** aufdringlich; **4.** offenkundig, ekla'tant: ~ ***lie***.

blath·er ['blæðə] **I** *v/i.* ,(blöd) quatschen'; **II** *s.* ,Gewäsch' *n*; Quatsch *m*; '**~·skite** [-skaɪt] *s.* F **1.** ,Quatschkopf' *m*; **2.** → ***blather*** II.

blaze [bleɪz] **I** *s.* **1.** *lodernde* Flamme, Feuer *n*, Glut *f*: ***be in a ~*** in Flammen stehen; **2.** *pl.*Hölle *f*: ***go to ~s!*** *sl.* scher dich zum Teufel!; ***like ~s*** F wie verrückt *od.* toll; ***what the ~s is the matter?*** F was zum Teufel ist denn los?; **3.** Leuchten *n*, Glanz *m* (*a. fig.*): ***~ of noon*** Mittagshitze *f*; ***~ of fame*** Ruhmesglanz *m*; ***~ of colo(u)r*** Farbenpracht *f*; ***~ of publicity*** volles Licht der Öffentlichkeit; **4.** *fig.* (plötzlicher) Ausbruch, Auflodern *n* (*Gefühl*): ***~ of anger*** Wutanfall *m*; **5.** Blesse *f* (*bei Rind od. Pferd*); **6.** Anschalmung *f*, Markierung *f an Waldbäumen*; **II** *v/i.* **7.** (auf)flammen, (auf)lodern, (ent)brennen (*alle a. fig.*): ***~ into prominence*** *fig.* e-n kometenhaften Aufstieg erleben; ***~ with anger*** vor Zorn glühen; ***in a blazing temper*** in heller Wut; **8.** leuchten, strahlen (*a. fig.*); **III** *v/t.* **9.** Bäume anschalmen; → ***trail*** 15;

Zssgn mit adv.:

blaze| a·broad *v/t.* verkünden, 'auspo,saunen; **~ a·way** *v/i.* drauf'losschießen; *fig.* F loslegen (***at*** mit *et.*), herziehen (***about*** über *acc.*); **~ out**, **~ up** *v/i.* **1.** auflodern, -flammen; **2.** *fig.* in Wut geraten, (wütend) auffahren.

blaz·er ['bleɪzə] *s.* Blazer *m*, Klub-, Sportjacke *f*.

blaz·ing ['bleɪzɪŋ] *adj.* **1.** lodernd (*a. fig.*); **2.** *fig.* a) schreiend, auffallend: ***~ colo(u)rs***, b) offenkundig, ekla'tant: ***~ lie***, c) *hunt.* warm (*Fährte*); → ***scent*** 3; **3.** F verteufelt; ***~ star*** *s.* Gegenstand *m* allgemeiner Bewunderung.

bla·zon ['bleɪzn] **I** *s.* **1.** a) Wappenschild *m*, *n* b) Wappenkunde *f*; **2.** lautes Lob; **II** *v/t.* **3.** *Wappen* ausmalen; **4.** *fig.* schmücken, zieren; **5.** *fig.* her'ausstreichen, rühmen; **6.** *mst* ***~ abroad***, ***~ out*** 'auspo,saunen; '**bla·zon·ry** [-rɪ] *s.* **1.** a) Wappenzeichen *n*, b) He'raldik *f*; **2.** *fig.* Farbenschmuck *m*.

bleach [bliːtʃ] **I** *v/t.* bleichen (*a. fig.*); **II** *s.* Bleichmittel *n*; '**bleach·er** [-tʃə] *s.* **1.** Bleicher(in); **2.** *mst pl. Am. sport* 'unüber,dachte Tri'büne.

bleak [bliːk] *adj.* ☐ **1.** kahl, öde; **2.** ungeschützt, windig (gelegen); **3.** rau (*Wind, Wetter*); **4.** *fig.* trost-, freudlos, trübe, düster: ***~ prospects*** trübe Aussichten.

blear [blɪə] **I** *adj.* verschwommen, trübe (*a. Augen*); **II** *v/t.* trüben; **~-eyed** ['blɪəraɪd] *adj.* **1.** a) mit trüben Augen, b) verschlafen; **2.** kurzsichtig, *fig. a.* einfältig.

bleat [bliːt] *v/i.* **1.** blöken (*Schaf, Kalb*), meckern (*Ziege*); **2.** in weinerlichem Ton reden; **II** *s.* **3.** Blöken *n*, Gemecker *n* (*a. fig.*).

bled [bled] *pret. u. p.p. von* ***bleed***.

bleed [bliːd] [*irr.*] **I** *v/i.* **1.** (ver)bluten (*a. Pflanze*): ***~ to death*** verbluten; **2.** sein Blut vergießen, sterben (***for*** für); **3.** *fig.* (***for***) bluten (um) (*Herz*), (tiefes) Mitleid empfinden (mit); **4.** F ,bluten' (*zahlen*): ***~ for s.th.*** für et. schwer bluten müssen; **5.** auslaufen, ,bluten' (*Farbe*); zerlaufen (*Teer etc.*); leck sein, lecken; **6.** *typ.* angeschnitten *od.* bis eng an den Druck beschnitten sein (*Buch, Bild*); **II** *v/t.* **7.** ⚕ zur Ader lassen; **8.** *Flüssigkeit, Dampf etc.* ausströmen lassen, abzapfen: ***~ valve*** Ablassventil *n*; **9.** ⚙, *bsd. mot. Bremsleitung* entlüften; **10.** F ,bluten lassen', schröpfen: ***~ white*** *j-n* bis zum Weißbluten auspressen; '**bleed·er** [-də] *s.* **1.** ⚕ Bluter *m*; **2.** F a) Erpresser *m*, b) (blöder *etc.*) Kerl, c) ,Scheißding' *n*; **3.** ⚙ 'Ablassven,til *n*; **4.** ϟ 'Vorbelastungs,widerstand *m*.

bleed·ing ['bliːdɪŋ] **I** *s.* **1.** Blutung *f*, Aderlass *m* (*a. fig.*): ***~ of the nose*** Nasenbluten *n*; **2.** ⚙ ,Bluten' *n*, Auslaufen *n* (*Farbe, Teer*); **3.** ⚙ Entlüften *n*; **II** *adj.* **4.** *sl.* verdammt; ***~ heart*** *s.* ⚘ F Flammendes Herz.

bleep [bliːp] **I** *s.* **1.** Piepton *m*; **2.** → ***bleeper***; **II** *v/i.* **3.** piepen; '**bleep·er** [-pə] *s.* F ,Piepser' *m* (*Funkrufempfänger*).

blem·ish ['blemɪʃ] **I** *v/t.* verunstalten, schaden (*dat.*); *fig.* beflecken; **II** *s.* Fehler *m*, Mangel *m*; Makel *m*, Schönheitsfehler *m*.

blench[1] [blentʃ] **I** *v/i.* **1.** verzagen; **2.** zu'rückschrecken (***at*** vor *dat.*); **II** *v/t.* (ver)meiden.

blench[2] [blentʃ] → ***blanch*** 6.

blend [blend] **I** *v/t.* **1.** (ver)mengen, (ver)mischen, verschmelzen; **2.** mischen, mixen; e-e (*Tee-, Tabak-, Whisky*)Mischung zs.-stellen; *Wein etc.* verschneiden; **II** *v/i.* **3.** (***with***) sich mischen *od.* har'monisch verbinden (mit); **4.** verschmelzen, inein'ander 'übergehen (*Farben*); **III** *s.* **5.** Mischung *f*, (harmonische) Zs.-stellung (*Getränke, Tabak, Farben*); (*Wein*)Verschnitt *m*; ***~ word*** *s. ling.* Misch-, Kurzwort *n*.

blende [blend] *s. min.* Blende *f*, *engS.* Zinkblende *f*.

Blen·heim or·ange ['blenɪm] *s. Brit. eine Apfelsorte*.

blent [blent] *obs. pret. u. p.p. von* ***blend***.

bless [bles] *v/t.* **1.** segnen; **2.** segnen, preisen; glücklich machen: ***~ed with*** gesegnet mit (*Talent, Reichtum etc.*); ***I ~***

the day I met you ich segne *od.* preise den Tag, an dem ich dich kennen lernte; ***~ one's stars*** sich glücklich schätzen; **3.** ***~ o.s.*** sich bekreuzigen;
Besondere Redewendungen:
(***God***) ***~ you!*** a) alles Gute!, b) *beim Niesen*: Gesundheit!; ***well, I'm ~ed!*** F na, so was!; ***I'm ~ed if I know*** F ich weiß es wirklich nicht; ***Mr. Brown, ~ him*** Herr Brown, der Gute; ***~ my soul!*** F du meine Güte!; ***not at all, ~ you!*** *iro.* o nein, mein Verehrtester! *od.* meine Beste!; ***~ that boy, what is he doing there?*** F was zum Kuckuck stellt der Junge dort an?; ***not to have a penny to ~ o.s. with*** keinen roten Heller besitzen.

bless·ed ['blesɪd] **I** *adj.* **1.** gesegnet, selig, glücklich: ***of ~ memory*** seligen Angedenkens; ***~ event*** freudiges Ereignis (*Geburt e-s Kindes*); **2.** gepriesen, selig, heilig: ***the ♀ Virgin*** die Heilige Jungfrau (Maria); **3.** ***the whole ~ day*** F den lieben langen Tag; ***not a ~ soul*** keine Menschenseele; **II** *s.* **4.** ***the ~*** (***ones***) die Seligen; '**bless·ed·ness** [-nɪs] *s.* Glück'seligkeit *f*, Glück *n*; Seligkeit *f*: ***live in single ~*** Junggeselle sein; '**blessing** [-sɪŋ] *s.* Segen *m*, Segnung *f*, Wohltat *f*, Gnade *f*: ***ask a ~*** a) Segen erbitten, b) das Tischgebet sprechen; ***what a ~ that ...*** welch ein Segen, dass ...; ***it turned out to be a ~ in disguise*** es stellte sich im nachhinein als Segen heraus; ***count one's ~s*** dankbar sein für das, was e-m beschert ist; ***give one's ~ to*** s-n Segen geben zu, *fig. a. et.* absegnen.

blest [blest] **I** *poet. pret. u. p.p. von* **bless**; **II** *pred. adj. poet.* → **blessed**; **III** *s.*: ***the Isles of the ♀*** die Inseln der Seligen.

bleth·er ['bleðə] → ***blather***.

blew [bluː] *pret. von* **blow¹** II *u.* III *u.* **blow³**.

blight [blaɪt] **I** *s.* **1.** ⚘ Mehltau *m*, Fäule *f*, Brand *m* (*Pflanzenkrankheit*); **2.** *fig.* Gift-, Pesthauch *m*; Vernichtung *f*; Fluch *m*; Enttäuschung *f*, Schatten *m*; **3.** Verwahrlosung *f e-r Wohngegend*; **II** *v/t.* **4.** *fig.* im Keim ersticken, zu'nichte machen, vereiteln; '**blight·er** [-tə] *s. Brit.* F a) Kerl *m*, ‚Knülch' *m*, b) ‚Mistkerl' *m*, c) ‚Mistding' *n*.

Blight·y ['blaɪtɪ] *s.* ⚔ *Brit. sl.* **1.** die Heimat, England *n*; **2.** a) ***a. a ~ one*** ‚Heimatschuss' *m*, b) Heimaturlaub *m*.

bli·mey ['blaɪmɪ] *int.* F *Brit.* a) ich werd' verrückt! (*überrascht*), b) verdammt!

blimp¹ [blɪmp] *s.* F **1.** unstarres Kleinluftschiff; **2.** *phot.* schalldichte Kamerahülle.

Blimp² [blɪmp] *s.*: (***Colonel***) ***~*** *Brit.* selbstgefälliger Erzkonservativer.

blind [blaɪnd] **I** *adj.* □ → *a.* 9 **1.** blind: ***~ in one eye*** auf 'einem Auge blind; ***struck ~*** mit Blindheit geschlagen; ***as ~ as a bat*** (*od.* ***beetle***) stockblind; **2.** *fig.* blind, verständnislos (***to*** gegen['über]): ***~ to s.o.'s faults*** j-s Fehlern gegenüber blind; ***~ chance*** blinder Zufall; ***~ with rage*** blind vor Wut; ***~ side*** *fig.* schwache Seite; ***turn a ~ eye*** *fig.* ein Auge zudrücken, *et.* absichtlich übersehen; **3.** unbesonnen: ***~ bargain***; **4.** zweck-, ziellos, leer: ***~ excuse*** Ausrede *f*; **5.** verborgen, geheim: ***~ staircase*** Geheimtreppe; **6.** schwer erkennbar: ***~ corner*** unübersichtliche Ecke *od.* Kurve; ***~ copy*** *typ.* unleserliches Manuskript; **7.** ⚠ blind: ***~ window***; **8.** ⚘ blütenlos, taub; **II** *adv.* **9.** ***~ drunk*** sinnlos betrunken, ‚blau'; *fig.* ***go it ~*** blindlings handeln; **III** *v/t.* **10.** blenden, blind machen; *j-m* die Augen verbinden: ***~ing rain*** alles verhüllender Regen; **11.** verblenden, täuschen; blind machen (***to*** gegen); **12.** *fig.* verdunkeln, verbergen, vertuschen, verwischen; **IV** *v/i.* **13.** *Brit. sl.* blind drauf'lossausen; **V** *s.* **14.** ***the ~*** die Blinden *pl.*; **15.** a) Rollladen *m*, b) Rou'leau *n*, Rollo *n*, c) Mar'kise *f*; → ***Venetian*** I; **16.** *pl.* Scheuklappen *pl.*; **17.** *fig.* a) Vorwand *m*, b) (Vor)Täuschung *f*, c) Tarnung *f*, d) F Strohmann *m*; **18.** *hunt.* Deckung *f*; **19.** *Brit. sl.* Saufe'rei *f*; **~ al·ley** *s.* Sackgasse *f* (*a. fig.*); ˌ**~-'al·ley** *adj.*: ***~ occupation*** Stellung *f* ohne Aufstiegsmöglichkeit; **~ coal** *s.* Anthra'zit *m*; **~ date** *s.* F a) Verabredung *f* mit e-r *od.* e-m Unbekannten, b) unbekannter Partner bei e-m solchen Rendezvous.

blind·er ['blaɪndə] *s. Am.* Scheuklappe *f* (*a. fig.*).

blind| flight *s.* ✈ Blindflug *m*; '**~·fold I** *adj. u. adv.* **1.** mit verbundenen Augen: ***~ chess*** Blindschach *n*; **2.** blind (-lings) (*a. fig.*): ***~ rage*** blinde Wut; **II** *v/t.* **3.** *j-m* die Augen verbinden; **4.** *fig.* blind machen; **~ gut** *s. anat.* Blinddarm *m*; ˌ**~-man's-'buff** [ˌblaɪndmænz-] *s.* Blindekuh(spiel *n*) *f*.

blind·ness ['blaɪndnɪs] *s.* **1.** Blindheit *f* (*a. fig.*); **2.** *fig.* Verblendung *f*.

blind| shell *s.* ⚔ Blindgänger *m*; **~ spot** *s.* **1.** ⚕ blinder Fleck *auf der Netzhaut;* **2.** *fig.* schwacher *od.* wunder Punkt; **3.** *mot.* toter Winkel *im Rückspiegel*; **4.** *Radio*: Empfangsloch *n*; **~ stitch** *s.* blinder (*unsichtbarer*) Stich; '**~·worm** *s. zo.* Blindschleiche *f*.

blink [blɪŋk] **I** *v/i.* **1.** blinken, blinzeln, zwinkern: ***~ at*** a) *j-m* zublinzeln, b) → 2 *u.* 5; **2.** erstaunt *od.* verständnislos dreinblicken: ***~ at*** *fig.* sich maßlos wundern über (*acc.*); **3.** flimmern, schimmern; **II** *v/t.* **4.** ***~ one's eyes*** mit den Augen zwinkern; **5.** *et.* ignorieren, die

Augen verschließen vor (*dat.*): ***there is no ~ing the fact*** (***that***) es ist nicht zu leugnen (, dass); **6.** *Meldung* blinken; **III** *s.* **7.** Blinzeln *n*; **8.** (Licht)Schimmer *m*; **9.** flüchtiger Blick; **10.** Augenblick *m*; **11.** ***on the ~*** *sl.* a) de'fekt, nicht in Ordnung, b) ‚am Eingehen' (*Gerät etc.*); '**blink·er** [-kə] **I** *s.* **1.** *pl.* Scheuklappen *pl.* (*a. fig.*); **2.** *pl.* F Schutzbrille *f*; **3.** F ‚Gucker' *pl.* (*Augen*); **4.** a) Blinklicht *n*, b) *mot.* Blinker *m*; **5.** a) Blinkgerät *n*, b) Blinkspruch *m*; **II** *v/t.* **6.** *e-m Pferd* Scheuklappen anlegen: ***~ed*** mit Scheuklappen (*a. fig.*); **7.** → ***blink*** 6.

'**blink·ing** [-kɪŋ] *adj. u. adv. Brit. sl.* verdammt.

blip [blɪp] *s.* **1.** Klicken *n*; **2.** *Radar*: 'Echoim,puls *m*, -zeichen *n*.

bliss [blɪs] *s.* Freude *f*, Entzücken *n*, (Glück)'Seligkeit *f*, Wonne *f*; '**bliss·ful** [-fʊl] *adj.* □ (glück)'selig, völlig glücklich; '**bliss·ful·ness** [-fʊlnɪs] *s.* Wonne *f*.

blis·ter ['blɪstə] **I** *s.* **1.** ⚕ (*Haut*)Blase *f*, Pustel *f*; **2.** Blase *f* (*auf bemaltem Holz, in Glas etc.*); **3.** ⚕ Zugpflaster *n*; **4.** ⚔, ✈ a) Bordwaffen- *od.* Beobachterstand *m*, b) Radarkuppel *f*; **II** *v/t.* **5.** Blasen her'vorrufen auf (*dat.*); **6.** *fig.* scharf kritisieren, ‚fertig machen'; **7.** brennenden Schmerz her'vorrufen auf (*dat.*): ***~ing heat*** glühende Hitze; **III** *v/i.* **8.** Blasen ziehen *od.* ⚙ werfen.

blithe [blaɪð] *adj.* □ vergnügt.

blith·er·ing ['blɪðərɪŋ] *adj. Brit.* F verdammt: ***~ idiot*** Vollidiot *m*.

blitz [blɪts] ⚔ **I** *s.* **1.** Blitzkrieg *m*; **2.** schwerer Luftangriff; schwere Luftangriffe *pl.*; **II** *v/t.* **3.** schwer bombardieren: ***~ed area*** zerbombtes Gebiet; '**~·krieg** [-kriːg] → ***blitz*** 1.

bliz·zard ['blɪzəd] *s.* Schneesturm *m*.

bloat[1] [bləʊt] **I** *v/t. a.* ***~ up*** aufblasen, -blähen (*a. fig.*); **II** *v/i. a.* ***~ out*** auf-, anschwellen; '**bloat·ed** [-tɪd] *adj.* aufgebläht (*a. fig.*), (auf)gedunsen.

bloat·er ['bləʊtə] *s.* Räucherhering *m*.

blob [blɒb] *s.* **1.** Tropfen *m*, Klümpchen *n*, Klecks *m*; **2.** *Kricket*: null Punkte; **3.** F ‚Kloß' (*Person*).

bloc [blɒk] *s. pol.* Block *m*: ***sterling ~*** ✝ Sterlingblock

block [blɒk] **I** *s.* **1.** Block *m*, Klotz *m* (*mst Holz, Stein*): ***on the ~*** zur Versteigerung anstehend, unterm Hammer; **2.** Hackklotz *m*; **3.** ***the ~*** der Richtblock: ***go to the ~*** das Schafott besteigen; **4.** ⚙ Block *m*, Rolle *f*; ***pulley*** 1, ***tackle*** 3; **5.** *typ.* Kli'schee *n*, Druckstock *m*; Prägestempel *m*; **6.** a) *a.* ***~ of flats*** *Brit.* Wohnhaus *n*, b) → ***office block***, c) *Am.* Zeile *f* (*Reihenhäuser*), d) *bsd. Am.* Häuserblock *m*: ***three ~s from here*** drei Straßen weiter; **7.** Block *m*, Masse *f*, Gruppe *f*; *attr.* Gesamt...: ***~ of shares*** Aktienpaket *n*; (***data***) ***~*** *Computer*: (Daten)Block *m*; ***the new kid on the ~*** F der Neuling, der Newcomer; **8.** Abreißblock *m*: ***scribbling ~*** Notiz-, Schmierblock; **9.** *fig.* Klotz *m*, Tölpel *m*; **10.** a) Verstopfung *f*, Hindernis *n*, Stockung *f*, b) Sperre *f*, Absperrung *f*: ***traffic ~*** Verkehrsstockung *f*; ***mental ~*** *fig.* ‚geistige Ladehemmung'; **11.** 🚂 Blockstrecke *f*; **12.** *sport*: a) Sperren *n*, b) *Volleyball etc.*: Block *m*; **II** *v/t.* **13.** (auf e-m Block) formen: ***~ a hat***; **14.** hemmen, hindern, blockieren, *fig. a.* durch'kreuzen: ***~ a bill*** *Brit. pol.* die Beratung e-s Gesetzentwurfs verhindern; **15.** *oft* ***~ up*** (ab-, ver)sperren, verstopfen, blockieren: ***road ~ed*** Straße gesperrt; **16.** ✝ *Konto*, ⚡ *Röhre, Leitung* sperren; ✝ *Kredit etc.* einfrieren: ***~ed account*** Sperrkonto *n*; **17.** *sport* a) *Gegner* sperren, *a. Schlag etc.* abblocken, b) *Ball* stoppen, halten; ***~ in*** *v/t.* skizzieren, entwerfen; ***~ out*** *v/t.* **1.** → ***block in***; **2.** *Licht* nehmen (*Bäume etc.*); **3.** *phot. Negativteil* abdecken; ***~ up*** *v/t.* → ***block*** 15.

block·ade [blɒ'keɪd] **I** *s.* Bloc'kade *f*, (Hafen)Sperre *f*: ***impose a ~*** e-e Blockade verhängen; ***raise a ~*** e-e Blockade aufheben; ***run the ~*** die Blockade brechen; **II** *v/t.* blockieren, absperren; **block'ad·er** [-də] *s.* Bloc'kadeschiff *n*; **block'ade-,run·ner** *s.* Bloc'kadebrecher *m*.

block| brake *s.* Backenbremse *f*; '**~·buster** *s.* F **1.** ⚔ Minenbombe *f*; **2.** *fig.* ‚Knüller' *m*, ‚Hammer' *m*, tolles Ding; **~ di·a·gram** *s.* ⚙, ⚡ 'Blockdia,gramm *n*, -schaltbild *n*; '**~·head** *s.* Dummkopf *m*; '**~·house** *s.* Blockhaus *n*; **~ let·ters** *s. pl. typ.* Blockschrift *f*; **~ print·ing** *s.* Handdruck *m*; **~ sys·tem** *s.* **1.** 🚂 'Blocksy,stem *n*; **2.** ⚡ Blockschaltung *f*; **~ vote** *s.* Sammelstimme *f* (*e-e ganze Organisation vertretend*).

bloke [bləʊk] *s.* F Kerl *m*.

blond [blɒnd] *adj.* **1.** blond (*Haar*), hell (*Gesichtsfarbe*); **2.** blond(haarig); **blonde** [blɒnd] *s.* **1.** Blon'dine *f*; **2.** ✝ Blonde *f* (*seidene Spitze*).

blood [blʌd] *s.* **1.** Blut *n*: ***spill ~*** Blut vergießen; ***give one's ~*** (***for***) sein Blut (*od.* Leben) lassen (für); ***taste ~*** *fig.* Blut lecken; ***fresh ~*** *fig.* frisches Blut; ***~-and-thunder*** (***story***) *Brit.* F ‚Reißer' *m* (*Roman*); Schauergeschichte *f*; **2.** *fig.* Blut *n*, Tempera'ment *n*, Wesen *n*: ***it made his ~ boil, his ~ was up*** er kochte vor Wut; ***his ~ froze*** (*od.* ***ran cold***) das Blut erstarrte ihm in den Adern; ***breed*** (*od.* ***make***) ***bad ~*** böses Blut machen; → ***cold blood***, ***curdle*** II; **3.** (edles) Blut, Geblüt; *n* Abstammung *f*; Rasse *f* (*Mensch*), 'Vollblut *n* (*bes.*

Pferd): ***prince of the ~ royal*** Prinz *m* von königlichem Geblüt; ***noble ~*** → ***blue blood***; ***related by ~*** blutsverwandt; ***it runs in the ~*** es liegt im Blut *od.* in der Familie; ***~ will out*** Blut bricht sich Bahn; **~ al·co·hol (con·cen·tra·tion)** *s.* Blutalkohol(gehalt) *m*; **~ bank** *s.* ⚕ Blutbank *f*; **~ broth·er** *s.* **1.** leiblicher Bruder; **2.** Blutsbruder *m*; **~ cir·cu·la·tion** *s.* ⚕ Blutkreislauf *m*; **~ clot** *s.* ⚕ Blutgerinnsel *n*; **'~ˌcur·dler** *s.* F ‚Reißer' *m* (*Roman etc.*); **'~ˌcur·dling** *adj.* grauenhaft; **~ do·nor** *s.* ⚕ Blutspender *m*.

blood·ed ['blʌdɪd] *adj.* **1.** Vollblut...; **2.** *in Zssgn* ...blütig.

blood| feud *s.* Blut-, Todfehde *f*; **~ group** *s.* ⚕ Blutgruppe *f*; **~ group·ing** *s.* ⚕ Blutgruppenbestimmung *f*; **'~·guilt** *s.* Blutschuld *f*; **~ heat** *s.* ⚕ Blutwärme *f*, 'Körpertempera,tur *f*; **~ horse** *s.* 'Vollblut(pferd) *n*; **'~·hound** *s.* **1.** Schweiß-, Bluthund *m*; **2.** F ‚Schnüffler' *m* (*Detektiv*).

blood·less ['blʌdlɪs] *adj.* ☐ **1.** blutlos, -leer (*a. fig.*); **2.** bleich; **3.** *fig.* kalt; **4.** unblutig (*Kampf etc.*).

'blood|ˌlet·ting *s.* **1.** Aderlass *m* (*a. fig.*); **2.** → ***bloodshed***; **~ mon·ey** *s.* Blutgeld *n*; **~ poi·son·ing** *s.* ⚕ Blutvergiftung *f*; **~ pres·sure** *s.* ⚕ Blutdruck *m*; **~ re·la·tion** *s.* Blutsverwandte(r *m*) *f*; **~ re·venge** *s.* Blutrache *f*; **~ sam·ple** *s.* ⚕ Blutprobe *f*; **'~·shed** *s.* Blutvergießen *n*; **'~·shot** *adj.* 'blutunter,laufen; **~ spec·i·men** *s.* ⚕ Blutprobe *f*; **~ sports** *s.* Hetz-, *bsd.* Fuchsjagd *f*; **'~·stained** *adj.* blutbefleckt (*a. fig.*); **'~·stock** *s.* 'Vollblutpferde *pl.*; **'~·stream** *s.* **1.** ⚕ Blut(kreislauf *m*) *n*; **2.** *fig.* Lebensstrom *m*; **'~ˌsuck·er** *s.* Blutsauger *m* (*a. fig.*); **~ sug·ar** *s.* ⚕ Blutzucker *m*; **~ test** *s.* ⚕ Blutprobe *f*, 'Blutunter,suchung *f*; **'~ˌthirst·i·ness** *s.* Blutdurst *m*; **'~ˌthirst·y** *adj.* blutdürstig; **~ trans·fu·sion** *s.* ⚕ 'Blutüber,tragung *f*; **~ typ·ing** *s.* → ***blood grouping***; **~ ven·geance** *s.* Blutrache *f*; **~ ves·sel** *s.* *anat.* Blutgefäß *n*.

blood·y ['blʌdɪ] **I** *adj.* ☐ **1.** blutig, blutbefleckt: ***~ flux*** ⚕ rote Ruhr; **2.** blutdürstig, mörderisch, grausam: ***a ~ battle*** e-e blutige Schlacht; **3.** *Brit. sl.* verdammt, saumäßig, Scheiß... (*oft nur verstärkend*): ***not a ~ soul*** kein Schwanz; ***a ~ fool*** ein Vollidiot *m*; ***~ thing*** ‚Scheißding' *n*; **II** *adv.* **4.** *Brit. sl.* mordsmäßig, verdammt: ***~ awful*** ‚beschissen'; ***you ~ well know*** du weißt ganz genau; **♀ Ma·ri·a** [mə'raɪə; mə'rɪə] *s. Am. Getränk aus Tequila u. Tomatensaft*; **♀ Mar·y** ['meərɪ] *s. Getränk aus Wodka u. Tomatensaft*; **ˌ~-'mind·ed** *adj. Br.* F **1.** gemein, ekelhaft; **2.** störrisch, stur.

bloom[1] [bluːm] **I** *s.* **1.** Blüte *f*, Blume *f*: ***in full ~*** in voller Blüte; **2.** *fig.* Blüte (-zeit) *f*, Jugendfrische *f*; **3.** Flaum *m* (*auf Pfirsichen etc.*); **4.** *fig.* Schmelz *m*, Glanz *m*; **II** *v/i.* **5.** (er)blühen (*a. fig.*).

bloom[2] [bluːm] *metall.* **I** *s.* **1.** Walzblock *m*; **2.** Puddelluppe *f*: ***~ steel*** Puddelstahl *m*; **II** *v/t.* **3.** luppen: ***~ing mill*** Luppenwalzwerk *n*.

bloom·er ['bluːmə] *s. sl.* grober Fehler, Schnitzer *m*, (Stil)Blüte *f*.

bloom·ers ['bluːməz] *s. pl.* a) *obs.* (Damen)Pumphose *f*, b) Schlüpfer *m* mit langem Bein, ‚Liebestöter' *m*.

bloom·ing ['bluːmɪŋ] *pres. p. u. adj.* **1.** blühend (*a. fig.*); **2.** *sl.* → ***bloody*** 3.

blos·som ['blɒsəm] **I** *s.* (*bsd.* Obst)Blüte *f*; Blütenfülle *f*: ***in ~*** in (voller) Blüte; **II** *v/i. a. fig.* blühen, Blüten treiben: ***~ (out) (into)*** erblühen, gedeihen (zu).

blot [blɒt] **I** *s.* **1.** (Tinten)Klecks *m*, Fleck *m*; **2.** *fig.* Schandfleck *m*, Makel *m*; → ***escutcheon*** 1; **3.** Verunstaltung *f*, Schönheitsfehler *m*; **II** *v/t.* **4.** *mit Tinte* beschmieren, beklecksen; **5.** ***~ out*** *Schrift* ausstreichen; **6.** ***~ out*** *fig.* a) *Erinnerungen etc.* auslöschen, b) verdunkeln, verhüllen: ***fog ~ted out the view*** Nebel verhüllte die Aussicht; **7.** *mit Löschpapier* (ab)löschen.

blotch [blɒtʃ] **I** *s.* **1.** Fleck *m*, Klecks *m*; **2.** *fig.* → ***blot*** 2; **3.** ⚕ Hautfleck *m*; **II** *v/t.* **4.** beklecksen; **III** *v/i.* **5.** klecksen; **'blotch·y** [-tʃɪ] *adj.* **1.** klecksig; **2.** ⚕ fleckig.

blot·ter ['blɒtə] *s.* **1.** (Tinten)Löscher *m*; **2.** *Am.* Kladde *f*, Berichtsliste *f* (*bsd. der Polizei*).

blot·ting| pad ['blɒtɪŋ] *s.* 'Schreib,unterlage *f od.* Block *m* aus 'Löschpa,pier; **~ pa·per** *s.* Löschpapier *n*.

blot·to ['blɒtəʊ] *adj. sl.* ‚sternhagelvoll', ‚stinkbesoffen'.

blouse [blaʊz] *s.* **1.** Bluse *f*; **2.** ⚔ a) Uni'formjacke *f*, b) Feldbluse *f*.

blow[1] [bləʊ] **I** *s.* **1.** Blasen *n*, Luftzug *m*, Brise *f*: ***go for a ~*** an die frische Luft gehen; **2.** Blasen *n*, Schall *m*: ***a ~ on a whistle*** ein Pfiff; **3.** *Am.* F a) Angebe'rei *f*, b) Angeber *m*; **II** *v/i.* [*irr.*] **4.** blasen, wehen, pusten: ***it is ~ing hard*** es weht ein starker Wind; ***~ hot and cold*** *fig.* ‚mal so, mal so' *od.* wetterwendisch sein; **5.** ertönen: ***the horn is ~ing***; **6.** keuchen, schnaufen; **7.** spritzen, blasen (*Wal*); **8.** *Am.* F ‚angeben'; **9.** a) explodieren, b) platzen (*Reifen*), c) ⚡ 'durchbrennen (*Sicherung*), d) ausbrechen (*Erdöl etc.*); **III** *v/t.* [*irr.*] **10.** wehen, treiben (*Wind*): ***~n ashore*** auf Strand geworfen; **11.** anfachen: ***~ the fire***; **12.** (an)blasen: ***~ the soup***; **13.**

blasen, ertönen lassen: ~ ***the horn*** ins Horn stoßen; **14.** auf-, ausblasen: ~ ***bubbles*** Seifenblasen machen; ~ ***glass*** Glas blasen; ~ ***one's nose*** sich die Nase putzen, sich schnauben; ~ ***an egg*** ein Ei ausblasen; **15.** *sl. Geld* ,verpulvern'; **16.** zum Platzen bringen: ***blew itself to pieces*** zersprang in Stücke; → ***top*** 4; **17.** F (*p.p.* ***blowed***) verfluchen: ~ ***it!*** verflucht!; ***I'll be ~ed (if) ...!*** zum Teufel (wenn) ...!; **18.** *sl.* a) ,verpfeifen', verraten, b) aufdecken, c) ,verduften' aus (*dat.*); **19.** *sl.* ,vermasseln'; **20.** V *j-m* ,e-n blasen';
Zssgn mit adv.:
blow| a·way *v/t.* **1.** wegblasen; **2.** F *j-n* ,wegpusten' (*töten*); ~ **down** *v/t.* herunter-, 'umwehen; ~ **in I** *v/i. fig.* auftauchen, her'einschneien; **II** *v/t. Scheiben* eindrücken; ~ **off I** *v/i.* **1.** fortwehen; **2.** abtreiben (*Schiff*); **II** *v/t.* **3.** fortblasen; verjagen; **4.** *Dampf etc.* ablassen; → ***steam*** 1; ~ **out I** *v/i.* **1.** verlöschen; **2.** platzen; **3.** ϟ 'durchbrennen (*Sicherung*); **II** *v/t.* **4.** *Licht* ausblasen, *Feuer* (aus)löschen; **5.** her'ausblasen, -treiben: ~ ***one's brains*** sich e-e Kugel durch den Kopf jagen; **6.** sprengen, zertrümmern; ~ **o·ver I** *v/i. fig.* vor'beigehen, sich legen; **II** *v/t.* 'umwehen; ~ **up I** *v/t.* **1.** a) (in die Luft) sprengen, b) vernichten, *fig. a.* ruinieren; **2.** aufblasen, -pumpen; *fig. et.* aufbauschen; **3.** *Foto* (stark) vergrößern; **4.** F *j-n* ,anschnauzen'; **II** *v/i.* **5.** a) in die Luft fliegen, b) explodieren (*a.* F *fig. Person*): ~ ***at s.o.*** j-m ,ins Gesicht springen'; **6.** aus-, losbrechen; **7.** *fig.* eintreten, auftauchen.

blow² [bləʊ] *s.* **1.** Schlag *m*, Streich *m*, Stoß *m*: ***at a*** (*od.* ***one***) ~ mit 'einem Schlag *od.* Streich; ***without striking a ~*** *fig.* ohne jede Gewalt(anwendung), mühelos; ***come to ~s*** handgemein werden; ***strike a ~ at*** e-n Schlag führen gegen (*a. fig.*); ***strike a ~ (for)*** sich einsetzen (für), helfen (*dat.*); **2.** *fig.* (Schicksals)Schlag *m*, Unglück *n*: ***it was a ~ to his pride*** es traf ihn schwer in s-m Stolz.

blow³ [bləʊ] *v/i.* [*irr.*] (auf)blühen, sich entfalten (*a. fig.*).

'blow|·ball *s.* ⚘ Pusteblume *f*; **'~-dry** *v/t.* (*j-m* die Haare) föhnen; ~ **dry·er** *s.* Haartrockner *m*.

blowed [bləʊd] *p.p. von* ***blow¹*** 17.

blow·er ['bləʊə] *s.* **1.** Bläser *m*: ***glass-~***; ***~ of a horn***; **2.** ⚙ a) Gebläse *n*, b) *mot.* Vorverdichter *m*; **3.** F Telefon *n*.

'blow|·fly *s. zo.* Schmeißfliege *f*; **'~·gun** *s.* **1.** Blasrohr *n*; **2.** ⚙ 'Spritzpis,tole *f*; **'~·hard** *s. Am.* F Angeber *m*; **'~·hole** *s.* **1.** Luft-, Zugloch *n*; **2.** Nasenloch *n* (*Wal*); **'~·lamp** *s.* ⚙ Lötlampe *f*.

blown¹ [bləʊn] **I** *p.p. von* ***blow¹*** II *u.* III; **II** *adj.* **1.** *oft* ~ ***up*** aufgeblasen, -gebläht (*a. fig.*); **2.** außer Atem.

blown² [bləʊn] **I** *p.p. von* ***blow³***; **II** *adj. a. fig.* blühend, aufgeblüht.

'blow|·out *s.* **1.** a) Zerplatzen *n*, b) Reifenpanne *f*; **2.** F Koller *m*, (Wut)Ausbruch *m*; **3.** *sl.* a) große Party, b) ('Fress),Orgie *f*; **'~·pipe** *s.* **1.** ⚙ Lötrohr *n*, Schweißbrenner *m*; **2.** Puste-, Blasrohr *n*; **'~·torch** *s.* ⚙ *Am.* Lötlampe *f*; **'~·up** *s.* **1.** Explosi'on *f*; **2.** *fig.* a) ,Krach' *m*, b) Koller *m*; **3.** *phot.* Vergrößerung *f*, Großfoto *n*.

blow·y ['bləʊɪ] *adj.* windig, luftig; stürmisch.

blowz·y ['blaʊzɪ] *adj.* **1.** schlampig (*bsd. Frau*); **2.** rotgesichtig (*Frau*).

blub·ber ['blʌbə] **I** *s.* Tran *m*, Speck *m*; **II** *v/i.* heulen, ,flennen'.

bludg·eon ['blʌdʒən] **I** *s.* **1.** Knüppel *m*, Keule *f*; **II** *v/t.* **2.** 'niederknüppeln; **3.** *j-n* zwingen (***into*** zu).

blue [bluː] **I** *adj.* **1.** blau: ***till you are ~ in the face*** F bis Sie schwarz werden; → ***moon*** 1; **2.** F trübe, schwermütig, traurig: ***feel ~*** niedergeschlagen sein; ***look ~*** trübe aussehen (*Person, Umstände*); **3.** *pol. Brit.* ,schwarz', konserva'tiv; **4.** *Brit.* F nicht sa'lonfähig, ordi'när: ~ ***jokes***; ~ ***movie*** Pornofilm *m*; **5.** F schrecklich; → ***funk*** 1, ***murder*** 1; **II** *s.* **6.** Blau *n*, blaue Farbe; **7.** Waschblau *n*; **8.** blaue Kleidung; **9.** *mst poet.* ***the ~*** a) der Himmel, b) das Meer: ***out of the ~*** aus heiterem Himmel, völlig unerwartet; **10.** *pol. Brit.* Konserva'tive(r *m*) *f*; **11.** ***the dark*** (***light***) ***~s*** *pl. Studenten von Oxford* (*Cambridge*), *die bei Wettkämpfen ihre Universität vertreten*: ***get one's ~*** in die Universitätsmannschaft aufgenommen werden; **12.** *pl.* F Trübsinn *m*: ***have the ~s*** ,den Moralischen haben'; **13.** *pl.* ♪ Blues *m*; **III** *v/t.* **14.** *Wäsche* bläuen; **15.** *sl. Geld* ,verjuxen';
~ **ba·by** *s.* ⚕ Blue Baby *n* (*mit angeborenem Herzfehler*); **'~,beard** *s.* (Ritter) Blaubart *m* (*Frauenmörder*); **'~·bell** *s.* ⚘ **1.** 'Sternhya,zinthe *f* (*England*); **2.** *e-e* Glockenblume *f* (*Schottland*); ~ **be·rets** *s. pl.* Blauhelme *pl.*; **'~·ber·ry** [-bərɪ] *s.* ⚘ Blau-, Heidelbeere *f*; ~ **blood** *s.* **1.** blaues Blut, alter Adel; **2.** Aristo'krat(in), Adlige(r *m*) *f*; ~ **book** *s.* Blaubuch *n*: a) *Brit. amtliche politische Veröffentlichung*, b) F *Am. Verzeichnis prominenter Persönlichkeiten*; **'~,bot·tle** *s.* **1.** *zo.* Schmeißfliege *f*; **2.** ⚘ Kornblume *f*; **3.** F *Brit.* ,Bulle' *m* (*Polizist*); ~ **chips** *s. pl.* † Spitzenwerte *pl.*; **'~-,col·lar work·er** *s.* Fa'brikarbeiter *m*; **'~-eyed** *adj.* blauäugig (*a. fig.*): ~ ***boy*** F ,Liebling' *m des Chefs etc.*; **'~,jack·et** *s. fig.* Blaujacke *f*, Matrose *m*; ~ **laws** *s. pl. Am.* strenge

puri'tanische Gesetze *pl.* (*bsd. gegen die Entheiligung des Sonntags*).

Blue-collar worker heißt der Fabrikarbeiter nach dem blauen Arbeitsanzug, den er bei der Arbeit trägt. **White-collar worker** heißt dagegen der/die Büroangestellte nach dem weißen Kragen, der traditionell zur Bürokleidung gehörte.

blue·ness ['blu:nɪs] *s.* Bläue *f.*

blue| pen·cil *s.* **1.** Blaustift *m*; **2.** *fig.* Zen'sur *f*; **,~-'pen·cil** *v/t.* **1.** *Manuskript etc.* (mit Blaustift) korrigieren *od.* (zs.-, aus)streichen; **2.** *fig.* zensieren, unter'sagen; **'~·print** *s.* **1.** Blaupause *f*; **2.** *fig.* Plan *m*, Entwurf *m*: ***do you need a ~?*** *iro.* ‚brauchst du e-e Zeichnung'?; **'~-print I** *v/t.* entwerfen, planen; **II** *adj.*: ***~ stage*** Planungsstadium *n*; **~ rib·bon** *s.* blaues Band: a) *des Hosenbandordens*, b) *als Auszeichnung für e-e Höchstleistung, bsd.* ⚓ *das* Blaue Band des 'Ozeans; **'~,stock·ing** *s. fig.* Blaustrumpf *m*; **'~·stone** *s.* ⚒ 'Kupfervitri,ol *n*; **'~·throat** *s. orn.* Blaukehlchen *n*; **~ tit (-mouse)** *s. orn.* Blaumeise *f.*

bluff[1] [blʌf] **I** *v/t.* **1.** a) *j-n* bluffen, b) ***~ it out*** sich (kühn) herausreden *od.* ‚durchmogeln'; **2.** *et.* vortäuschen; **II** *v/i.* **3.** bluffen; **III** *s.* **4.** Bluff *m*: ***call s.o.'s ~*** j-n zwingen Farbe zu bekennen.

bluff[2] [blʌf] **I** *adj.* **1.** ⚓ breit (*Bug*); **2.** schroff, steil (*Felsen, Küste*); **3.** rau, aber herzlich; gutmütig-derb; **II** *s.* **4.** Steilufer *n*, Klippe *f.*

bluff·er ['blʌfə] *s.* Bluffer *m.*

blu·ish ['blu:ɪʃ] *adj.* bläulich.

blun·der ['blʌndə] **I** *s.* **1.** (grober) Fehler, Schnitzer *m*; **II** *v/i.* **2.** e-n (groben) Fehler *od.* Schnitzer machen, e-n Bock schießen; **3.** pfuschen, unbesonnen handeln; **4.** stolpern (*a. fig.*): ***~ into a dangerous situation***; ***~ about*** umhertappen; ***~ on*** *fig.* weiterwursteln; ***~ upon s.th.*** zufällig auf et. stoßen; **III** *v/t.* **5.** verpfuschen, verpatzen; **6.** ***~ out*** her'ausplatzen mit.

blun·der·buss ['blʌndəbʌs] *s.* ⚔ *hist.* Donnerbüchse *f.*

blun·der·er ['blʌndərə] *s.* Stümper *m*, Pfuscher *m*, Tölpel *m*; **'blun·der·ing** [-dərɪŋ] *adj.* stümper-, tölpelhaft, ungeschickt.

blunt [blʌnt] **I** *adj.* □ **1.** stumpf: ***~ instrument*** ⚖ stumpfer Gegenstand (*Mordwaffe*); **2.** *fig.* unempfindlich (***to*** gegen); **3.** *fig.* ungeschliffen, derb, ungehobelt (*Manieren etc.*); **4.** schonungslos, offen; schlicht; **II** *v/t.* **5.** stumpf machen, abstumpfen (*a. fig.*); **6.** *Gefühle etc.* mildern, schwächen; **III** *s.* **7.** *pl.* kurze Nähnadeln *pl.*; **'blunt·ly** [-lɪ] *adv. fig.* freiher'aus, grob: ***to put it ~*** um es ganz offen zu sagen; ***refuse ~*** glatt ablehnen; **'blunt·ness** [-nɪs] *s.* **1.** Stumpfheit *f* (*a. fig.*); **2.** *fig.* Grobheit *f*; schonungslose Offenheit.

blur [blɜ:] **I** *v/t.* **1.** *Schrift* verwischen, verschmieren; *Bild* verschwommen machen; verschleiern; **2.** verdunkeln, verwischen, *Sinne* trüben; **3.** *fig.* besudeln, entstellen; **II** *v/i.* **4.** verschwimmen; **III** *s.* **5.** Fleck *m*, verwischte Stelle; **6.** *fig.* Makel *m*; **7.** undeutlicher *od.* nebelhafter Eindruck; **8.** (huschender) Schatten; **9.** Schleier *m* (*vor den Augen*).

blurb [blɜ:b] *s.* F *Buchhandel*: a) ‚Waschzettel' *m*, Klappentext *m*, b) ‚Bauchbinde' *f* (*Reklamestreifen*).

blurred [blɜ:d] *adj.* unscharf, verschwommen, verwischt; schattenhaft; *fig.* nebelhaft.

blurt [blɜ:t] *v/t.* ***~ out*** ('voreilig *od.* unbesonnen) her'ausplatzen mit, ausschwatzen.

blush [blʌʃ] **I** *v/i.* erröten, rot werden, in Verwirrung geraten (***at, for*** über *acc.*); sich schämen (***to do*** zu tun); **II** *s.* Erröten *n*, (Scham)Röte *f*: ***at first ~*** *obs.* auf den ersten Blick; ***put to (the) ~*** *j-n* zum Erröten bringen; **'blush·er** [-ʃə] *s.* F Rouge *n*; **'blush·ing** [-ʃɪŋ] *adj.* □ errötend; *fig.* züchtig.

blus·ter ['blʌstə] **I** *v/i.* **1.** brausen, tosen, stürmen; **2.** *fig.* poltern, toben, schimpfen; **3.** prahlen, bramarbasieren: ***~ing fellow*** Bramarbas *m*, Großmaul *n*; **II** *s.* **4.** Brausen *n*, Getöse *f*, Toben *n* (*a. fig.*); **5.** Schimpfen *n*; **6.** Prahlen *n*, ‚große Töne' *pl.*

bo [bəʊ] *int.* hu!: ***he can't say ~ to a goose*** er ist ein Hasenfuß.

bo·a ['bəʊə] *s.* **1.** *zo.* Boa *f*, Riesenschlange *f*; **2.** *Mode*: Boa *f.*

boar [bɔ:] *s. zo.* Eber *m*, Keiler *m*: ***wild ~*** Wildschwein *n.*

board [bɔ:d] **I** *s.* **1.** Brett *n*, Planke *f*; **2.** (*Schach-, Bügel*)Brett *n*: ***~ game*** Brettspiel *n*; ***sweep the ~*** alles gewinnen; **3.** Anschlagbrett *n*; **4.** *ped.* → ***blackboard***; **5.** *sport* a) (Surf)Board *n*, b) *pl.* ‚Bretter' *pl.*, Skier *pl.*; **6.** *pl. fig.* Bretter *pl.*, Bühne *f*: ***tread*** (*od.* ***walk***) ***the ~s*** auf den Brettern stehen, Schauspieler sein; **7.** Tisch *m*, Tafel *f* (*nur in festen Ausdrücken*): → ***above-board, bed*** 3, ***groan*** 2; **8.** Kost *f*, Verpflegung *f*: ***~ and lodging*** Kost und Logis, Wohnung u. Verpflegung; **9.** *fig. oft* 2 Ausschuss *m*, Behörde *f*, Amt *n*: ***2 of Admiralty*** Admiralität *f*; ***2 of Examiners*** Prüfungskommission *f*; ***2 of Governors***

Verwaltungsrat *m*, (Schul- *etc.*)Behörde *f*; ☊ ***of Trade*** a) *Brit.* Handelsministerium *n*, b) *Am.* Handelskammer *f*; **10.** ~ ***of directors***, (*the*) ☊ ✝ Verwaltungsrat *m*, Direkti'on *f* (*Vorstand u. Aufsichtsrat in einem*); ~ ***of management*** ✝ Vorstand *m e-r AG*; **11.** ⚓ Bord *m*, Bordwand *f* (*nur in festen Ausdrücken*): ***on*** ~ a) an Bord *e-s Schiffs, Flugzeugs*, b) im Zug *od.* Bus; ***on*** ~ ***a ship*** an Bord e-s Schiffes; ***free on*** ~ (*abbr.* ***f.o.b.***) ✝ frei an Bord (geliefert); ***go by the*** ~ über Bord gehen *od.* fallen, *fig. a.* zugrunde gehen, verloren gehen, scheitern; ***take s.th. on*** ~ F *fig.* a) et. akzeptieren (*od.* anerkennen, verstehen), b) et. annehmen (*Arbeit, Aufgabe*); **12.** Pappe *f*: ***in*** ~***s*** kartoniert (*Buch*); **II** *v/t.* **13.** täfeln; mit Brettern bedecken *od.* absperren, dielen, verschalen; **14.** beköstigen, in Kost nehmen *od.* geben (***with*** bei); **15.** a) an Bord *e-s Schiffs od. Flugzeugs* gehen, b) in *e-n Zug etc.* einsteigen, c) ⚔, ⚓ entern; **III** *v/i.* **16.** sich in Kost *od.* Pensi'on befinden, wohnen (***with*** bei); ~ ***out*** **I** *v/t.* außerhalb in Kost geben; **II** *v/i.* auswärts essen; ~ ***up*** *v/t.* mit Brettern vernageln.

board·er ['bɔːdə] *s.* **1.** a) Kostgänger (-in), b) Pensi'onsgast *m*; **2.** Inter'natsschüler(in).

board·ing ['bɔːdɪŋ] *s.* **1.** Bretterverschalung *f*, Dielenbelag *m*, Täfelung *f*; **2.** Kost *f*, Verpflegung *f*; ~ ***card*** *s.* ✈ Bordkarte *f*; '~**·house** *s.* Pensi'on *f*; ~ ***school*** *s.* Inter'nat *n*, Pensio'nat *n*.

board| meet·ing *s.* Vorstandssitzung *f*; ~ ***room*** *s.* Sitzungssaal *m*; ~ ***wag·es*** *s. pl.* Kostgeld *n des Personals*; '~**·walk** *s. Am.* Plankenweg *m*, (hölzerne) 'Strandprome,nade.

boast [bəʊst] **I** *s.* **1.** Prahle'rei *f*, Großtue'rei *f*; **2.** Stolz *m* (*Gegenstand des Stolzes*): ***it was his proud*** ~ ***that ...*** es war sein ganzer Stolz, dass ...; ***he was the*** ~ ***of his age*** er war der Stolz s-r Zeit; **II** *v/i.* **3.** (***of***, ***about***) prahlen, großtun (mit): ***he*** ~***s of his riches***; ***it is not much to*** ~ ***of*** damit ist es nicht weit her; **4.** (***of***) sich rühmen (*gen.*), stolz sein (auf *acc.*): ***our village*** ~***s of a fine church***; **III** *v/t.* **5.** sich (des Besitzes) *e-r Sache* rühmen, aufzuweisen haben: ***our street*** ~***s the tallest house in the town***; '**boast·er** [-tə] *s.* Prahler(in); '**boast·ful** [-fʊl] *adj.* ☐ prahlerisch, über'heblich.

boat [bəʊt] **I** *s.* **1.** Boot *n*, Kahn *m*; *allg.* Schiff *n*; Dampfer *m*: ***we are all in the same*** ~ *fig.* wir sitzen alle in 'einem Boot; ***miss the*** ~ *fig.* den Anschluss verpassen; ***burn one's*** ~***s*** alle Brücken hinter sich abbrechen; **2.** bootförmiges Gefäß, (*bsd.* Soßen)Schüssel *f*; **II** *v/i.* **3.** (in e-m) Boot fahren: ***go*** ~***ing*** e-e Bootsfahrt machen (*mst* rudern).

boat·er ['bəʊtə] *s. Brit.* steifer Strohhut, ‚Kreissäge' *f*.

boat·ing ['bəʊtɪŋ] *s.* Bootfahren *n*; Rudersport *m*; Bootsfahrt *f*.

'**boat|·man** [-mən] *s.* [*irr.*] Bootsführer *m*, -verleiher *m*; ~ ***race*** *s.* 'Ruderre,gatta *f*; ~**·swain** ['bəʊsn] *s.* ⚓ Bootsmann *m*; ~ ***train*** *s.* Zug *m* mit Schiffsanschluss.

Das **University Boat Race** ist ein traditionelles Bootsrennen von zwei Achtern, das jedes Jahr im März oder April auf einer ca. 7 Kilometer langen Strecke der Themse in London zwischen den Universitäten Oxford und Cambridge ausgetragen wird. Der spannende Wettkampf wird international im Fernsehen übertragen.

bob[1] [bɒb] **I** *s.* **1.** Haarschopf *m*, Büschel *n*; Bubikopf(haarschnitt) *m*; gestutzter Pferdeschwanz; Quaste *f*; **2.** Ruck *m*; Knicks *m*; **3.** *sg. u. pl. obs. Brit.* F Schilling *m*: ***five*** ~; ~ ***a job*** e-n Schilling für jede Arbeit; **4.** *abbr. für* ***bobsled***; **II** *v/t.* **5.** ruckweise (hin u. her, auf u. ab) bewegen; **6.** *Haare, Pferdeschwanz etc.* kurz schneiden, stutzen: ~***bed hair*** Bubikopf *m*; **III** *v/i.* **7.** sich auf u. ab *od.* hin u. her bewegen, baumeln, tänzeln; **8.** schnappen (***for*** nach); **9.** knicksen; **10.** Bob fahren; **11.** ~ ***up*** (plötzlich) auftauchen: ~ ***up like a cork*** *fig.* immer wieder hochkommen, sich nicht unterkriegen lassen.

Bob[2] [bɒb] *npr., abbr. für* ***Robert***: ~***'s your uncle*** ‚fertig ist die Laube'.

bob·bin ['bɒbɪn] *s.* **1.** ⚙ Spule *f*, (Garn-) Rolle *f*; **2.** ϟ Indukti'onsspule *f*; **3.** Klöppel(holz *n*) *m*; ~ ***lace*** *s.* Klöppelspitze *f*.

bob·by ['bɒbɪ] *s. Brit.* F ‚Bobby' *m* (*Polizist*); ~ ***pin*** *s.* Haarklemme *f* (*aus Metall*); ~ ***socks*** *s. pl. Am.* F Söckchen *pl.*; '~,**sox·er** [-,sɒksə] *s. Am.* F *hist.* ‚Backfisch' *m*.

bobby

Dieser freundliche Kosename für einen britischen Polizisten geht auf den Begründer der

Polizei zurück, den Innenminister Sir Robert Peel, der 1828 die **Metropolitan Police Force** ins Leben rief, denn **Bobby** ist eine Koseform von **Robert.** Auf einen Polizisten bezogen, ist **bobby** (mit kleinem „b“) jedoch kein Eigenname: Man spricht zwar von einem **bobby,** redet ihn aber nicht mit **„Bobby“** an!

'bob|·sled, '~·sleigh *s.* Bob *m* (*Rennschlitten*); **'~·tail** *s.* **1.** Stutzschwanz *m*; **2.** Pferd *n od.* Hund *m* mit Stutzschwanz.

bock (beer) [bɒk] *s.* Bockbier *n.*

bode¹ [bəʊd] **I** *v/t.* ahnen lassen: ***this ~s you no good*** das bedeutet nichts Gutes für dich; **II** *v/i.*: **~ *well*** Gutes versprechen: **~ *ill*** Schlimmes ahnen lassen.

bode² [bəʊd] *pret. von* **bide**.

bod·ice ['bɒdɪs] *s.* **1.** *allg.* Mieder *n*; **2.** Oberteil *n.*

bod·ied ['bɒdɪd] *adj. in Zssgn* ...gebaut, von ... Körperbau *od.* Gestalt: ***small-~*** klein von Gestalt.

bod·i·less ['bɒdɪlɪs] *adj.* **1.** körperlos; **2.** unkörperlich, wesenlos; **'bod·i·ly** [-ɪlɪ] **I** *adj.* körperlich, leiblich: **~ *injury*** (⚖ ***harm***) Körperverletzung *f*; **II** *adv.* leib'haftig, per'sönlich.

bod·kin ['bɒdkɪn] *s.* **1.** ⚙ Ahle *f*, Pfriem *m*: ***sit*** **~** eingepfercht sitzen; **2.** 'Durchzieh-, Schnürnadel *f*; **3.** *obs.* lange Haarnadel.

bod·y ['bɒdɪ] **I** *s.* **1.** Körper *m*, Leib *m*: ***heir of one's ~*** Leibeserbe *m*; ***in the ~*** lebend; **~ *and soul*** mit Leib u. Seele; ***keep ~ and soul together*** Leib u. Seele zs.-halten; **2.** *engS.* Rumpf *m*, Leib *m*: ***one wound in the leg and one in the ~***; **3.** *oft* ***dead ~*** Leiche *f*; **4.** Hauptteil *m*, *das* Wesentliche, Kern *m*, Stamm *m*, Rahmen *m*, Gestell *n*; Rumpf *m* (*Schiff*, *Flugzeug*); eigentlicher Inhalt, Sub'stanz *f* (*Schriftstück*, *Rede*): ***car ~*** Karosserie *f*; ***hat ~*** Hutstumpen *m*; **5.** Gesamtheit *f*, Masse *f*: ***in a ~*** zusammen, geschlossen, wie 'ein Mann; **~ *of water*** Wassermasse *f*, -fläche *f*, Gewässer *n*; **~ *of facts*** Tatsachenmaterial *n*; **~ *of laws*** Gesetz(es)-sammlung *f*; **6.** Körper(schaft *f*) *m*, Gesellschaft *f*, Gruppe *f*, Gremium *n*: **~ *politic*** a) juristische Person, b) Gemeinwesen *n*; ***diplomatic ~*** diplomatisches Korps; ***governing ~*** Verwaltungskörper *m*; ***a ~ of unemployed*** e-e Gruppe Arbeitsloser; ***student ~*** Studentenschaft *f*; **7.** ⚔ Truppenkörper *m*, Trupp *m*, Ab'teilung *f*; **8.** *phys.* Körper *m*: ***solid ~*** fester Körper; ***heavenly ~*** *ast.* Himmelskörper; **9.** ⚗ Masse *f*, Sub'stanz *f*; **10.** F Bursche *m*, Kerl *m*; **11.** *fig.* Güte *f*, Stärke *f*, Festigkeit *f*, Gehalt *m*, Körper *m* (*Wein*), (Klang-)Fülle *f*; **II** *v/t.* **12.** *mst* **~ *forth*** *fig.* verkörpern; **~ blow** *s. Boxen*: Körperschlag *m*; *fig.* harter Schlag; **~ build** *s. biol.* Körperbau *m*; **~ build·er** *s.* Bodybuilder *m*; **~ build·ing** *s.* Bodybuilding *n*; **'~·check** *s. sport* Bodycheck *m*; **'~·guard** *s.* **1.** Leibwächter *m*; **2.** Leibgarde *f*; **~ lan·guage** *s. psych.* Körpersprache *f*; **'~-ˌmak·er** *s.* ⚙ Karosse'riebauer *m*; **~ o·do(u)r** *s.* Körpergeruch *m*; **~ pierc·ing** *Mode*: Piercing *n*; **~ plasm** *s. biol.* 'Körperˌplasma *n*; **~ search** *s.* 'Leibesvisitatiˌon *f*; **~ seg·ment** *s. biol.* 'Rumpfsegˌment *n*; **~ serv·ant** *s.* Leib-, Kammerdiener *m*; **~ snatch·er** *s.* ⚖ Leichenräuber *m*; **~ stock·ing, '~·suit** *s.* Body(stocking) *m* (*einteilige Unterkleidung* [*mit Strümpfen*]); **'~·work** *s.* ⚙ Karosse'rie *f.*

bof·fin ['bɒfɪn] *s. Brit. sl.* (Geheim)Wissenschaftler *m.*

Boer ['bəʊə] **I** *s.* Bur(e) *m*, Boer *m* (*Südafrika*); **II** *adj.* burisch: **~ *War*** Burenkrieg *m.*

bog [bɒg] **I** *s.* **1.** Sumpf *m*, Mo'rast *m* (*a. fig.*); Moor *n*; **2.** V Scheißhaus *n*; **II** *v/t.* **3.** im Sumpf versenken; *fig. a.* **~ *down*** zum Stocken bringen, versanden lassen; **III** *v/i.* **4.** *a.* **~ *down*** im Sumpf *od.* Schlamm versinken; *a. fig.* stecken bleiben, sich festfahren, versanden.

bo·gey ['bəʊgɪ] *s.* **1.** *Golf*: a) Par *n*, b) Bogey *n* (*1 Schlag über Par*); **2.** → ***bogy***.

bog·gle ['bɒgl] *v/i.* **1.** (***at***) zu'rückschrecken (vor *dat.*): ***imagination ~s at the thought*** es wird einem schwindlig bei dem Gedanken; **2.** stutzen (***at*** vor, bei *dat.*); zögern (***at doing*** zu tun): ***the mind ~s*** F da bist du platt, es ist nicht zu fassen; **3.** pfuschen.

bog·gy ['bɒgɪ] *adj.* sumpfig.

bo·gie ['bəʊgɪ] *s.* **1.** ⚙ *Brit.* a) Blockwagen *m*, b) 🚂 Dreh-, Rädergestell *n*; **2.** ⚒ *Art* Förderkarren *m*; **3.** → ***bogy***; **~ wheel** *s.* ⚔ (Ketten)Laufrad *n.*

'bogˌtrot·ter *s. contp.* Ire *m.*

bo·gus ['bəʊgəs] *adj.* falsch, unecht, Schein..., Schwindel...: **~ *asylum seeker*** 'Scheinasyˌlant(in).

bo·gy ['bəʊgɪ] *s.* **1.** 'Kobold *m*, 'Popanz *m* **2.** (*a. fig.* Schreck)Gespenst *n*; **~ man** *s.* [*irr.*] **1.** Butzemann *m*, *der* schwarze Mann (*Kindersprache*); **2.** *fig.* ‚Buhmann' *m.*

Bo·he·mi·an [bəʊ'hiːmjən] **I** *s.* **1.** Böhme *m*, Böhmin *f*; **2.** Bohemi'en *m* (*bsd. Künstler*); **II** *adj.* **3.** böhmisch; **4.** *fig.* bo'hemehaft; **bo'he·mi·an·ism** [-nɪzəm] *s.* Bo'heme *f*, ‚Künstlerleben' *n.*

boil[1] [bɔɪl] *s.* ⚕ Geschwür *n*, Fu'runkel *m*; Eiterbeule *f*.

boil[2] [bɔɪl] **I** *s.* **1.** Kochen *n*, Sieden *n*: ***bring to the ~*** zum Kochen bringen; ***come to the ~*** zu kochen anfangen, *fig.* F sich zuspitzen, s-n Höhepunkt erreichen; ***come off the ~*** F sich ‚legen' *od.* beruhigen; **2.** Wallen *n*, Wogen *n*, Schäumen *n* (*Gewässer*); **3.** *fig.* Erregung *f*, Wut *f*, Wallung *f*; **II** *v/i.* **4.** kochen, sieden; **5.** wallen, wogen, brausen, schäumen; **6.** *fig.* kochen, schäumen (***with*** vor *Wut*); **III** *v/t.* **7.** kochen (lassen), zum Kochen bringen, ab-, einkochen: ***~ eggs*** Eier kochen; ***~ clothes*** Wäsche kochen; ***go ~ your head!*** F häng dich doch auf!; **~ a·way** *v/i.* **1.** verdampfen; **2.** weiterkochen; **~ down** **I** *v/t.* verdampfen, einkochen; *fig.* zs.-fassen, kürzen; **II** *v/i.*: ***~ to*** hinauslaufen auf (*acc.*); **~ o·ver** *v/i.* 'überkochen, -laufen, -schäumen (*alle a. fig.*).

boiled| din·ner [bɔɪld] *s. Am.* Eintopf (-gericht *n*) *m*; **~ po·ta·toes** *s. pl.* Salzkartoffeln *pl.*; **~ shirt** *s.* F Frackhemd *n*; **~ sweet** *s.* Bon'bon *m, n*.

boil·er ['bɔɪlə] *s.* **1.** Sieder *m*: ***soap ~***; **2.** ⚙ Dampfkessel *m*; **3.** 'Boiler *m*, Heißwasserspeicher *m*; **4.** Siedepfanne *f*; **5.** ***be a good ~*** sich (gut) zum Kochen eignen; **6.** Suppenhuhn *n*; **~ suit** *s.* 'Overall *m*.

boil·ing ['bɔɪlɪŋ] **I** *adj.* kochend, heiß; *fig.* kochend, schäumend (***with rage*** vor Wut); **II** *adv.*: ***~ hot*** kochend heiß; **~ point** *s.* Siedepunkt *m* (*a. fig.*).

bois·ter·ous ['bɔɪstərəs] *adj.* ☐ **1.** stürmisch, ungestüm, rau; **2.** ausgelassen, lärmend, turbu'lent; **'bois·ter·ous·ness** [-nɪs] *s.* Ungestüm *n*.

bold [bəʊld] *adj.* ☐ **1.** kühn, zuversichtlich, mutig, unerschrocken; **2.** keck, verwegen, dreist, frech; anmaßend: ***make ~ to ...*** sich erdreisten *od.* es wagen zu ...; ***make ~*** (***with***) sich Freiheiten herausnehmen (gegen); ***as ~ as brass*** F frech wie Oskar, unverschämt; **3.** kühn, gewagt: ***a ~ plan*** **4.** a) kühn (*Entwurf etc.*), b) scharf her'vortretend, ins Auge fallend: ***in ~ outline*** in deutlichen Umrissen; ***a few ~ strokes of the brush*** ein paar kühne Pinselstriche; **5.** steil (*Küste*); **6.** → **'bold·face** *adj. typ.* (halb)fett; **'~-faced** *adj.* **1.** kühn, frech; **2.** *typ.* → ***boldface***.

bold·ness ['bəʊldnɪs] *s.* **1.** Kühnheit *f*: a) Mut *m*, Beherztheit *f*, b) Keckheit *f*, Dreistigkeit *f*; **2.** scharfes Her'vortreten.

bole [bəʊl] *s.* starker Baumstamm.

bo·le·ro[1] [bə'leərəʊ] *s.* Bo'lero *m* (*spanischer Tanz*).

bo·le·ro[2] ['bɒlərəʊ] *s.* Bo'lero *m* (*kurzes Jäckchen*).

boll [bəʊl] *s.* ⚘ Samenkapsel *f*.

bol·lard ['bɒləd] *s.* ⚓ Poller *m* (*a. weitS. Sperrpfosten an Verkehrsinseln etc.*).

bol·lock·ing ['bɒləkɪŋ] *s. sl.* Anschiss *m*.

bol·locks ['bɒləks] *s. pl.* V ‚Eier' *pl.* (*Hoden*).

Bo·lo·gna sau·sage [bə'ləʊnjə] *s. bsd. Am.* Morta'della *f*.

bo·lo·ney [bə'ləʊnɪ] *s.* **1.** *sl.* ‚Quatsch' *m*, Geschwafel *n*; **2.** *bsd. Am.* Morta'della *f*; → ***polony***.

Bol·she·vik ['bɒlʃɪvɪk] **I** *s.* Bolsche'wik *m*; **II** *adj.* bolsche'wistisch; **'Bol·she·vism** [-ɪzəm] *s.* Bolsche'wismus *m*; **'Bol·she·vist** [-ɪst] **I** *s.* Bolsche'wist *m*; **II** *adj.* bolsche'wistisch; **'Bol·she·vize** [-vaɪz] *v/t.* bolschewisieren.

bol·ster ['bəʊlstə] **I** *s.* **1.** Kopfpolster *n* (*unter dem Kopfkissen*), Keilkissen *n*; **2.** Polster *n*, Polsterung *f*, 'Unterlage *f* (*a.* ⚙); **II** *v/t.* **3.** *j-m* Kissen 'unterlegen; **4.** (aus)polstern; **5.** ***~ up*** unter'stützen, stärken, künstlich aufrechterhalten.

bolt[1] [bəʊlt] **I** *s.* **1.** Schraube *f* (mit Mutter), Bolzen *m*: ***~ nut*** Schraubenmutter *f*; **2.** Bolzen *m*, Pfeil *m*: ***shoot one's ~*** e-n (letzten) Versuch machen; ***he has shot his ~*** er hat sein Pulver verschossen; ***~ upright*** kerzengerade; **3.** ⚙ (Tür-, Schloss)Riegel *m*: ***behind ~ and bar*** hinter Schloss u. Riegel; **4.** Schloss *n an Handfeuerwaffen*; **5.** Blitzstrahl *m*: ***a ~ from the blue*** ein Blitz aus heiterem Himmel; **6.** plötzlicher Sprung, Flucht *f*: ***he made a ~ for the door*** er machte e-n Satz zur Tür; ***he made a ~ for it*** F er machte sich aus dem Staube; **7.** *pol. Am.* Abtrünnigkeit *f* von der Poli'tik der eigenen Par'tei; **8.** ✝ a) (Stoff)Ballen *m*, b) (Ta'peten- *etc.*)Rolle *f*; **II** *v/t.* **9.** *Tür etc.* ver-, zuriegeln; **10.** *Essen* hin'unterschlingen; **11.** *Am. pol.* sich von *s-r Partei* lossagen; **III** *v/i.* **12.** 'durchgehen (*Pferd*); **13.** da'vonlaufen, ausreißen, ‚'durchbrennen'.

bolt[2] [bəʊlt] *v/t. Mehl* sieben.

bolt·er ['bəʊltə] *s.* **1.** 'Durchgänger *m* (*Pferd*); **2.** *pol. Am.* Abtrünnige(r *m*) *f*.

bo·lus ['bəʊləs] *s.* ⚕ Bolus *m*, große Pille.

bomb [bɒm] **I** *s.* **1.** Bombe *f*: ***the*** ***~*** die (Atom)Bombe; **2.** ⚙ a) Gasflasche *f*, b) Zerstäuberflasche *f*; **3.** F a) Bombenerfolg *m*, b) Heidengeld *n*, c) *thea. etc. Am.* ‚'Durchfall' *m*, ‚Flop' *m*; **II** *v/t.* **4.** mit Bomben belegen, bombardieren; zerbomben: ***~ed out*** ausgebombt; ***~ed site*** Ruinengrundstück *n*; **5.** ***~ up*** ✈ mit Bomben beladen; **III** *v/i.* **6.** *sl.* e-e ‚Pleite' sein, *thea.* ‚'durchfallen', *bsd. Am.* (*im Examen*) ‚'durchrasseln'.

bom·bard [bɒm'bɑːd] *v/t.* **1.** ⚔ bombardieren, Bomben werfen auf (*acc.*), beschießen; **2.** *fig.* (***with***) bombardieren, bestürmen (mit); **3.** *phys.* bombardieren, beschießen; **bom·bard·ier** [ˌbɒmbə'dɪə] *s.* ⚔ **1.** *Brit.* Artille'rie-

ˌunteroffiˌzier *m*; **2.** Bombenschütze *m* (*im Flugzeug*); **bom'bard·ment** [-mənt] *s.* Bombarde'ment *n*, Beschießung *f* (*a. phys.*), Belegung *f* mit Bomben, Bombardierung *f*.

bom·bast ['bɒmbæst] *s. fig.* Bom'bast *m*, (leerer) Wortschwall, Schwulst *m*; **bom·bas·tic** [bɒm'bæstɪk] *adj.* (□ **~al-ly**) bom'bastisch, schwülstig.

bomb| at·tack *s.* Bombenanschlag *m*; **~ bay** *s.* ✈ Bombenschacht *m*; **~ dis-pos·al** *s.* ⚔ Bombenräumung *f*: **~ squad** Bombenräumungs-, Sprengkommando *n*.

bom·be [bɔ̃ːmb] (*Fr.*) *s.* Eisbombe *f*.

bombed [bɒmd] *adj. sl.* **1.** ‚besoffen'; **2.** ‚high' (*im Drogenrausch*).

bomb·er ['bɒmə] *s.* **1.** Bomber *m*, Bombenflugzeug *n*; **2.** Bombenleger *m*.

bomb·ing ['bɒmɪŋ] *s.* Bombenabwurf *m*: **~ raid** Bombenangriff *m*.

'bomb|·proof ⚔ **I** *adj.* bombensicher; **II** *s.* Bunker *m*; **~ scare** *s.* Bombendrohung *f*; **'~·shell** *s. fig.* Bombe *f*: **the news came like a ~** die Nachricht schlug ein wie e-e Bombe.

bo·na fi·de [ˌbəʊnə'faɪdɪ] *adj. u. adv.* **1.** in gutem Glauben, auf Treu u. Glauben: **~ owner** ⚖ gutgläubiger Besitzer; **2.** ehrlich; echt; **ˌbo·na 'fi·des** [-diːz] *s. pl.* guter Glaube, Treu *f* und Glauben *m*, ehrliche Absicht; Rechtmäßigkeit *f*.

bo·nan·za [bəʊ'nænzə] **I** *s.* **1.** *min.* reiche Erzader (*bsd. Edelmetalle*); **2.** F Goldgrube *f*, Glücksquelle *f*, *a.* Fundgrube *f*; **3.** Fülle *f*, Reichtum *m*; **II** *adj.* **4.** sehr einträglich *od.* lukra'tiv.

bon·bon ['bɒnbɒn] *s.* Bon'bon *m*, *n*; *fig.* Zuckerl *n*.

bond [bɒnd] **I** *s.* **1.** *pl. obs.* Fesseln *pl.*: **in ~s** in Fesseln, gefangen, versklavt; **burst one's ~s** s-e Ketten sprengen; **2.** *sg. od. pl. fig.* Bande *pl.*: **~s of love**; **3.** Verpflichtung *f*; Bürgschaft *f*; (*a.* 'Haft)Kautiˌon *f*; Vertrag *m*; Urkunde *f*; Garan'tie(schein *m*) *f*: **enter into a ~** e-e Verpflichtung eingehen; **his word is as good as his ~** er ist ein Mann von Wort; **4.** † a) Schuldschein *m*, b) *öffentliche* Schuldverschreibung, (festverzinsliches) 'Wertpaˌpier *n*, Obligati'on *f*, (Schuld-, Staats)Anleihe *f*: **industrial ~** Industrieobligation, -anleihe; → **mortgage bond**; **5.** † Zollverschluss *m*: **in ~** unter Zollverschluss; **6.** ⚠ Verband *m*, Verbindungsstück *n*; **7.** ⚗ a) Bindung *f*, b) Bindemittel *n*, c) Wertigkeit *f*; **8.** → **bond paper**; **II** *v/t.* **9.** verpfänden; **10.** † unter Zollverschluss legen; **11.** ⚙ *Lack etc.* binden (*a. v/i.*): **~ing agent** Bindemittel *n*; **'bond·age** [-dɪdʒ] *s. hist.* Knechtschaft *f*, Sklave'rei *f* (*a. fig.*); *fig. a.* Hörigkeit *f*: **in the ~ of vice** dem Laster verfallen; **'bond-ed** [-dɪd] *adj.* †: **~ debt** fundierte Schuld; **~ goods** Waren unter Zollverschluss; **~ warehouse** Zollspeicher *m*.

'bond|ˌhold·er *s.* Obligati'onsinhaber *m*; **'~·man** [-mən] *s.* [*irr.*] Sklave *m*, Leibeigene(r) *m*; **~ mar·ket** *s.* † Rentenmarkt *m*; **~ pa·per** *s.* Bankpost *f*, 'Post-, 'Banknotenpaˌpier *n*; **~ slave** *s. fig.* Sklave *m*.

bonds·man ['bɒndzmən] *s.* [*irr.*] **1.** → **bondman**; **2.** ⚖ a) Bürge *m*, b) *Am.* gewerblicher Kauti'onssteller.

bone [bəʊn] **I** *s.* **1.** Knochen *m*; Bein *n*: **~ of contention** Zankapfel *m*; **to the ~** bis auf die Knochen *od.* die Haut, durch u. durch (*nass od. kalt*); **price cut to the ~** aufs Äußerste reduzierter Preis, Schleuderpreis; **I feel it in my ~s** *fig.* ich spüre es in den Knochen (*ahne es*); **a bag of ~s** F nur (noch) Haut u. Knochen, ein Skelett; **my old ~s** m-e alten Knochen; **bred in the ~** angeboren; **make no ~s about it** nicht viel Federlesens machen, nicht lange (damit) fackeln; **have a ~ to pick with s.o.** ein Hühnchen mit j-m zu rupfen haben; **2.** *pl.* Gebeine *pl.*; **3.** (Fisch)Gräte *f*; **4.** *pl.* Kor'settstangen *pl.*; **5.** *pl. Am.* a) Würfel *pl.*, b) 'Dominosteine *pl.*; **II** *v/t.* **6.** die Knochen her'ausnehmen aus (*dat.*), *Fisch* entgräten; **III** *v/i.* **7.** *oft* **~ up on** *sl. et.* ‚büffeln', ‚ochsen', ‚pauken'; **IV** *adj.* **8.** beinern, knöchern, aus Bein *od.* Knochen; **'~·black** *s.* **1.** ⚗ Knochenkohle *f*; **2.** Beinschwarz *n* (*Farbe*); **~ chi·na** *s.* 'Knochenporzelˌlan *n*.

boned [bəʊnd] *adj.* **1.** *in Zssgn* ...knochig: **strong-~** starkknochig; **2.** *Küche*: a) ohne Knochen: **~ chicken**, b) entgrätet: **~ fish**.

ˌbone|-'dry *adj.* **1.** staubtrocken; **2.** F völlig ‚trocken': a) streng ˌantialkoˌholisch, b) ohne jeden Alko'hol (*Party etc.*); **~ glue** *s.* Knochenleim *m*; **'~·head** *s. sl.* Holz-, Dummkopf *m*; **'~ˌhead·ed** *adj. sl.* dumm; **~ lace** *s.* Klöppelspitze *f*; **ˌ~'la·zy** *adj.* F ‚stinkfaul'; **~ meal** *s.* Knochenmehl *n*.

bon·er ['bəʊnə] *s. Am. sl.* Schnitzer *m*, (grober) Fehler.

'bone|ˌshak·er *s. sl.* ‚Klapperkasten' *m* (*Bus etc.*); **'~·yard** *s. Am.* **1.** Schindanger *m*; **2.** F (*a.* Auto- *etc.*)Friedhof *m*.

bon·fire ['bɒnfaɪə] *s.* **1.** Freudenfeuer *n*; **2.** Feuer *n* im Freien (*zum Unkrautverbrennen etc.*); **3.** *allg.* Feuer *n*, ‚Scheiterhaufen' *m*: **make a ~ of s.th.** et. vernichten.

Bonfire Night

Ein anderer Name für **Guy Fawkes Night**, die auf den 5. November fällt. An diesem

Abend feiern vor allem Kinder mit Freudenfeuern und Feuerwerk die Vereitelung der katholischen Pulververschwörung, an der Guy Fawkes beteiligt war, gegen die britische Regierung im Jahr 1605.

bon·ho·mie ['bɒnɒmiː] (*Fr.*) *s.* Gutmütigkeit *f*, Joviali'tät *f*.

bonk [bɒŋk] V *v/i. u. v/t.* V vögeln.

bon·kers ['bɒŋkəz] *adj. sl.* verrückt.

bon·net ['bɒnɪt] **I** *s.* **1.** (*bsd.* Schotten)Mütze *f*, Kappe *f*; → ***bee¹*** 1; **2.** (Damen)Hut *m*, (Damen- *od.* Kinder-) Haube *f* (*mst randlos*); **3.** Kopfschmuck *m* der Indi'aner; **4.** ⚙ Schornsteinkappe *f*; **5.** *mot. Brit.* 'Motorhaube *f*; **6.** ⚙ Schutzkappe *f* (*für Ventil, Zylinder etc.*); **II** *v/t.* **7.** *j-m* den Hut über die Augen drücken; '**bon·net·ed** [-tɪd] *adj.* e-e Mütze *etc.* tragend.

bon·ny ['bɒnɪ] *adj. bsd. Scot.* **1.** hübsch, nett (*a. iron.*), *fig.* ‚prima'; **2.** F drall.

bo·nus ['bəʊnəs] *s.* ✝ **1.** 'Bonus *m*, 'Prämie *f*, Gratifikati'on *f*, Sondervergütung *f*, (Sonder)Zulage *f*, Tanti'eme *f*: ***Christmas ~*** Weihnachtsgratifikation; ***~ number*** *Lotto*: Zusatzzahl *f*; **2.** 'Prämie *f*, 'Extradivi,dende *f*, Sonderausschüttung *f*: ***~ share*** Gratisaktie *f*; **3.** *Am.* Dreingabe *f* (*beim Kauf*); **4.** Vergünstigung *f*.

bon·y ['bəʊnɪ] *adj.* **1.** knöchern, Knochen...; **2.** starkknochig; **3.** voll Knochen *od.* Gräten; **4.** knochendürr.

bonze [bɒnz] *s.* Bonze *m* (*buddhistischer Mönch od. Priester*).

boo [buː] **I** *int.* **1.** huh! (*um j-n zu erschrecken*); → *a.* ***bo***; **2.** buh!, pfui! (*Ausruf der Verachtung*); **II** *s.* **3.** Buh (-ruf *m*) *n*, Pfui(ruf *m*) *n*; **III** *v/i.* **4.** buh! *od.* pfui! schreien, buhen; **IV** *v/t.* **5.** durch Pfui- *od.* Buhrufe verhöhnen; auspfeifen, ausbuhen, niederbrüllen.

boob [buːb] *sl.* **I** *s.* **1.** ‚Schnitzer' *m*, Fehler *m*; **2.** → ***booby*** 1; **3.** *pl.* ‚Titten' *pl.* (*Brüste*); **II** *v/i.* **4.** e-n ‚Schnitzer' machen, ‚Mist bauen'.

boo-boo ['buːbuː] *s. Am. sl.* → ***boob*** 1.

boob tube *s. Am. sl. TV* ‚Röhre' *f*, ‚Glotze' *f* (*Fernseher*).

boo·by ['buːbɪ] *s.* **1.** ‚Dussel' *m*, Trottel *m*; **2.** Letzte(r *m*) *f*, Schlechteste(r *m*) *f* (*in Wettkämpfen etc.*); **3.** *orn.* Tölpel *m*, Seerabe *m*; **~ hatch** *s. Am. sl.* ‚Klapsmühle' *f* (*Irrenanstalt*); **~ prize** *s.* Trostpreis *m*; **~ trap** *s.* (versteckte) Sprengladung *od.* Bombe; *allg.* (*bsd.* Todes)Falle *f*; '**~-trap** *v/t.* a) e-e Bombe *etc.* verstecken in (*dat.*), b) durch e-e versteckte Bombe *etc.* e-n Anschlag verüben auf (*acc.*).

boo·dle ['buːdl] *s. Am. sl.* **1.** → ***caboodle***; **2.** Falschgeld *n*; **3.** Schmiergelder *pl.*

boo·gie-woo·gie [ˌbuːgɪ'wuːgɪ] *s.* ♪ Boogie-Woogie *m* (*Tanz*).

boo·hoo [ˌbuː'huː] **I** *s.* lautes Geschluchze; **II** *v/i.* laut schluchzen, plärren.

book [bʊk] **I** *s.* **1.** Buch *n*: ***be at one's ~s*** über s-n Büchern sitzen; ***without the ~*** auswendig; ***he talks like a ~*** er redet sehr gestelzt; ***the ~ of life*** (***nature***) *fig.* das Buch des Lebens (der Natur); ***a closed ~*** a) ein Buch mit sieben Siegeln, b) e-e erledigte Sache; ***the 2*** (***of 2s***) die Bibel; ***kiss the 2*** die Bibel küssen; ***swear on the 2*** bei der Bibel schwören; ***suit s.o.'s ~*** *fig.* j-m passen *od.* recht sein; ***throw the ~ at s.o.*** F a) j-n (zur Höchststrafe) ‚verdonnern', b) j-n wegen sämtlicher einschlägigen Delikte belangen; ***by the ~*** a) ganz korrekt *od.* genau, b) ‚nach allen Regeln der Kunst'; ***in my ~*** F wie 'ich es sehe; → ***leaf*** 3; **2.** Buch *n* (*Teil e-s Gesamtwerkes*); **3.** ✝ Geschäfts-, Handelsbuch *n*: ***close the ~s*** die Bücher abschließen; ***keep ~s*** Bücher führen; ***be deep in s.o.'s ~s*** bei j-m tief in der Kreide stehen; ***bring to ~*** a) *j-n* zur Rechenschaft ziehen, b) ✝ (ver)buchen; ***be in s.o.'s good*** (***bad*** *od.* ***black***) ***~s*** bei j-m gut (schlecht) angeschrieben sein; **4.** (Schreib)Heft *n*, No'tizblock *m*; **5.** (Namens)Liste *f*, Verzeichnis *n*, Buch *n*: ***visitors' ~*** Gästebuch; ***be on the ~s*** auf der Mitgliedsliste (*univ.* Liste der Immatrikulierten) stehen; **6.** Heft(chen) *n*, Block *m*: ***~ of stamps*** Briefmarkenheft; **7.** Wettbuch *n*: ***you can make a ~ on that!*** F darauf kannst du wetten!; **8.** a) *thea.* Text *m*, b) ♪ Textbuch *n*, Lib'retto *n*; **II** *v/t.* **9.** ✝ (ver)buchen, eintragen; **10.** *j-n* verpflichten, engagieren; **11.** *j-n als (Fahr)Gast, Teilnehmer etc.* einschreiben, vormerken; **12.** *Platz, Zimmer* bestellen, *a. Überfahrt etc.* buchen; *Eintritts-, Fahrkarte* lösen; *Auftrag* notieren; *Güter, Gepäck* (*zur Beförderung*) aufgeben; *Ferngespräch* anmelden; → ***booked***; **13.** *j-n polizeilich* aufschreiben *od. sport* notieren (**for** wegen); **III** *v/i.* **14.** eine Fahrkarte *etc.* lösen *od.* nehmen: ***~ through*** (***to***) durchlösen (bis, nach); **15.** Platz *etc.* bestellen; **16.** ***~ in*** sich (*im Hotel*) eintragen: ***~ in at*** absteigen in (*dat.*); '**book·a·ble** [-kəbl] *adj.* im Vorverkauf erhältlich (*Karten etc.*).

'**book|ˌbind·er** *s.* Buchbinder *m*; '**~ˌbinding** *s.* Buchbinderhandwerk *n*, Buchbinde'rei *f*; '**~·case** *s.* 'Bücherschrank *m*, -re,gal *n*; **~ cloth** *s*. Buchbinderleinwand *f*; **~ club** *s*. Buchgemeinschaft *f*; **~ cov·er** *s*. 'Buchdecke *f*, -,umschlag *m*; **~ debt** *s*. ✝ Buchschuld *f*.

booked [bʊkt] *adj*. **1.** gebucht, eingetragen; **2.** vorgemerkt, bestimmt, bestellt: ***all ~ (up)*** voll besetzt *od*. belegt, ausverkauft.

book end *s. mst pl*. Bücherstütze *f*.

book·ie ['bʊkɪ] *sl*. → ***bookmaker***.

book·ing ['bʊkɪŋ] *s*. **1.** Buchung *f*, Eintragung *f*; **2.** Bestellung *f*; **~ clerk** *s*. Schalterbeamte(r) *m*, Fahrkartenverkäufer *m*; **~ hall** *s*. Schalterhalle *f*; **~ of·fice** *s*. **1.** Fahrkartenschalter *m*; **2.** *thea. etc*. Kasse *f*, Vorverkaufsstelle *f*; **3.** *Am*. Gepäckschalter *m*.

book·ish ['bʊkɪʃ] *adj*. □ **1.** belesen, gelehrt; **2.** voll Bücherweisheit: ***~ person*** a) Büchernarr *m*, b) Stubengelehrte(r) *m*; ***~ style*** papierener Stil; '**book·ish·ness** [-nɪs] *s*. trockene Gelehrsamkeit.

'**book|,keep·er** *s*. Buchhalter(in); '**~,keep·ing** *s*. Buchhaltung *f*, -führung *f*: ***~ by single (double) entry*** einfache (doppelte) Buchführung; **~ knowl·edge**, **~ learn·ing** *s*. Buchwissen *n*, Bücherweisheit *f*.

book·let ['bʊklɪt] *s*. Büchlein *n*, Bro'schüre *f*.

'**book|,mak·er** *s*. Buchmacher *m*; '**~·man** [-mən] *s*. [*irr*.] Büchermensch *m*, Gelehrte(r) *m*; '**~·mark** *s*. Lesezeichen *n*; '**~·mo,bile** [-məʊ,biːl] *s*. *Am*. 'Auto-, 'Wanderbüche,rei *f*; '**~·plate** *s*. Ex'libris *n*; **~ post** *s*. *Brit*. (***by ~*** als) Büchersendung *f*; **~ prof·it** *s*. ✝ Buchgewinn *m*; '**~·rack** *s*. 'Büchergestell *n*, -re,gal *n*; '**~·rest** *s*. **1.** Buchstütze *f*; **2.** (kleines) Lesepult; **~ re·view** *s*. Buchbesprechung *f*; **~ re·view·er** *s*. 'Buch,kritiker *m*; '**~,sell·er** *s*. Buchhändler (-in); '**~·shelf** *s*. Bücherbrett *n*, -gestell *n*; '**~·shop** *s*. Buchhandlung *f*; '**~·stack** *s*. Bücherregal *n*; '**~·stall** *s*. **1.** Bücher(verkaufs)stand *m*; **2.** Zeitungsstand *m*; '**~·stand** → ***bookrack***; '**~·store** *s*. *Am*. Buchhandlung *f*.

book·sy ['bʊksɪ] *adj*. *Am*. F ‚hochgestochen'.

book| to·ken *s*. *Brit*. Büchergutschein *m*; **~ trade** *s*. Buchhandel *m*; **~ val·ue** *s*. ✝ Buchwert *m*; '**~·worm** *s*. *zo. u. fig*. Bücherwurm *m*.

boom¹ [buːm] **I** *s*. Dröhnen *n*, Donnern *n*, Brausen *n*; **II** *v/i*. dröhnen, donnern, brausen; **III** *v/t*. *a*. ***~ out*** dröhnen(d äußern).

boom² [buːm] *s*. **1.** ⚓ Baum *m* (*Hafen- od. Flusssperrgerät*); **2.** ⚓ Baum *m*, Spiere *f* (*Stange am Segel*); **3.** *Am*. Schwimmbaum *m* (*zum Auffangen des Floßholzes*); **4.** *Film*, *TV*: (Mikro'fon)Galgen *m*.

boom³ [buːm] **I** *s*. **1.** Aufschwung *m*; Berühmtheit *f*, *das* Berühmtwerden, Blüte(zeit) *f*; **2.** ✝ Boom *m*: a) ('Hoch-) Konjunk,tur *f*: ***building ~*** Bauboom, b) Aufschwung *m*, c) *Börse*: Hausse *f*; **3.** Re'klamerummel *m*, aufdringliche Propa'ganda; **II** *v/i*. **4.** e-n (ra'piden) Aufschwung nehmen, in die Höhe schnellen, anziehen (*Preise, Kurse*), blühen: ***~ing*** florierend, blühend; **III** *v/t*. **5.** die Werbetrommel rühren für; *Preise* in die Höhe treiben; **,~-and-'bust** *s*. *Am*. F außergewöhnlicher Aufstieg, dem e-e ernste Krise folgt.

boom·er·ang ['buːməræŋ] **I** *s*. Bumerang *m* (*a. fig*.); **II** *v/i*. *fig*. (***on***) sich als Bumerang erweisen (für), zurückschlagen (auf *acc*.).

boon¹ [buːn] *s*. **1.** Wohltat *f*, Segen *m*; **2.** Gefälligkeit *f*.

boon² [buːn] *adj*. *lit*. freundlich, munter: ***~ companion*** lustiger 'Kumpan *od*. Zechbruder.

boon·docks ['buːndɒks] *s. pl*. *Am. sl*. *die* Pro'vinz.

boor [bʊə] *s*. *fig*. a) ‚Bauer' *m*, ungehobelter Kerl, b) Flegel *m*; **boor·ish** ['bʊərɪʃ] *adj*. □ *fig*. ungehobelt, flegelhaft; **boor·ish·ness** ['bʊərɪʃnɪs] *s*. ungehobeltes Benehmen *od*. Wesen.

boost [buːst] **I** *v/t*. **1.** hochschieben, -treiben; nachhelfen (*dat*.) (*a. fig*.); **2.** ✝ F a) fördern, Auftrieb geben (*dat*.) (*a. fig*.), *Produktion etc*. ‚ankurbeln', *Preise* in die Höhe treiben: ***~ the morale*** die (*Arbeits- etc*.)Moral heben, b) anpreisen, Re'klame machen für; **3.** ⚙, ⚡ *Druck*, *Spannung* erhöhen, verstärken; **II** *s*. **4.** Förderung *f*, Erhöhung *f*; Auftrieb *m*; **5.** *fig*. Re'klame *f*.

boost·er ['buːstə] *s*. **1.** F Förderer *m* Re'klamemacher *m*; Preistreiber *m*; **2.** ⚙, ⚡ 'Zusatz(aggre,gat *n*, -dy,namo *m*, -verstärker *m*) *m*; Kom'pressor *m*; Servomotor *m*; *Rakete*: a) 'Antriebsaggre,gat *n*, b) Zündstufe *f*, c) 'Trägerra,kete *f*; **~ bat·ter·y** *s*. ⚡ 'Zusatzbatte,rie *f*; **~ rock·et** *s*. 'Startra,kete *f*; **~ shot** *s*. ⚕ Wieder'holungsimpfung *f*.

boot¹ [buːt] **I** *s*. **1.** (*Am*. Schaft)Stiefel *m*; *pl*. *Mode*: Boots *pl*.: ***the ~ is on the other leg*** a) der Fall liegt umgekehrt, b) die Verantwortung liegt bei der anderen Seite; ***die in one's ~s*** a) *am Ende e-s langen Arbeitslebens* ‚am Schreibtisch' sterben b) e-s plötzlichen *od*. gewaltsamen Todes sterben; ***get the ~*** *sl*. ‚rausgeschmissen' (*entlassen*) werden; → ***big*** 2; **2.** *Brit*. *mot*. Kofferraum *m*; **3.** ⚙ Schutzkappe *f*, -hülle *f*; **II** *v/t*. **4.** *sl*. *j-m* e-n Fußtritt geben; **5.** *sl*. *fig*. *j-n* ‚rausschmeißen' (*entlassen*); **6.** F

Fußball treten; **7.** *Computer*: *Programm* booten, starten.

Car boot sales sind eine Art Flohmarkt, der in Großbritannien an Wochenenden und Feiertagen stattfindet. Gegen Zahlung von Eintritt darf man seinen Trödel auf einem Parkplatz, einem Schulhof oder dergleichen aus dem Kofferraum des Familienwagens zum Verkauf anbieten. Die amerikanische Entsprechung heißt **garage sale** (Garagenverkauf), der inzwischen auch in Großbritannien Anklang findet.

boot[2] [buːt] *s. nur noch in*: ***to ~*** obendrein, noch dazu.

'boot|·black *s. Am.* Schuhputzer *m*; **~ camp** *Am.* ⚔ Ausbildungslager *n* (*der Navy u. Marines*).

boot·ed ['buːtɪd] *adj.* Stiefel tragend: ***~ and spurred*** gestiefelt u. gespornt.

booth [buːð] *s.* **1.** (Markt)Bude *f*, (Messe)Stand *m*; **2.** (Fernsprech-, *pol.* Wahl)Zelle *f*; **3.** a) *Radio, TV*: (Über'tragungs)Ka,bine *f*, b) ('Abhör-)Ka,bine *f* (*Schallplattengeschäft*); **4.** Nische *f*, Sitzgruppe *f im Restaurant.*

'boot|·jack *s.* Stiefelknecht *m*; **'~·lace** *s. bsd. Brit.* Schnürsenkel *m*.

boot·leg ['buːtleg] *v/t. u. v/i. Am. sl. bsd. Spirituosen* 'illegal herstellen, schwarz verkaufen, schmuggeln; **'boot,leg·ger** [-gə] *s. Am. sl.* ('Alkohol-)Schmuggler *m*, (-)Schwarzhändler *m*; **'boot,leg·ging** [-gɪŋ] *s. Am. sl.* ('Alkohol)Schmuggel *m*.

boot·less ['buːtlɪs] *adj.* □ nutzlos, vergeblich.

'boot|·lick *v/t. u. v/i.* F (vor *j-m*) kriechen; **'~,lick·er** *s.* F ‚Kriecher' *m*.

boots [buːts] *s. sg.* Hausdiener *m* (*im Hotel*).

'boot|·strap *s.* Stiefelstrippe *f*, -schlaufe *f*: ***pull o.s. up by one's own ~s*** sich aus eigener Kraft hocharbeiten; **~ top** *s.* Stiefelstulpe *f*; **~ tree** *s.* Schuh-, Stiefelleisten *m*.

boot·y ['buːtɪ] *s.* **1.** (Kriegs)Beute *f*, Raub *m*; **2.** *fig.* Beute *f*, Fang *m*.

booze [buːz] F **I** *v/i.* ‚saufen'; **II** *s.* a) Schnaps *m*, 'Alkohol *m*, b) ‚Saufe'rei' *f*, Besäufnis *n*: ***go on*** (*od.* ***hit***) ***the ~*** → I; **boozed** [-zd] *adj.* F ‚blau', ‚voll', besoffen; **'booz·er** [-zə] *s.* **1.** F Säufer *m*; **2.** *Brit. sl.* Kneipe *f*.

'booze-up → ***booze*** II b.

booz·y ['buːzɪ] *adj.* F **1.** → ***boozed***; **2.** versoffen.

bo·rac·ic [bə'ræsɪk] *adj.* ⚗ 'boraxhaltig, Bor...: ***~ acid*** Borsäure *f*.

bor·age ['bɒrɪdʒ] *s.* ⚘ Borretsch *m*, Gurkenkraut *n*.

bo·rax ['bɔːræks] *s.* ⚗ 'Borax *m*.

bor·der ['bɔːdə] **I** *s.* **1.** Rand *m*, Kante *f*; **2.** (*Landes- od. Gebiets*)Grenze *f*; *a.* ***~ area*** Grenzgebiet *n*: ***the*** ***2*** Grenze *od.* Grenzgebiet zwischen England u. Schottland; ***north of the 2*** in Schottland; ***~ incident*** Grenzzwischenfall *m*; **3.** Um'randung *f*, Borte *f*, Einfassung *f*, Saum *m*; Zierleiste *f*; **4.** Randbeet *n*, Ra'batte *f*; **II** *v/t.* **5.** einfassen, besetzen; **6.** begrenzen, (um)'säumen: ***a lawn ~ed by trees***; **7.** grenzen an (*acc.*): ***my park ~s yours***; **III** *v/i.* **8.** grenzen (***on*** an *acc.*) (*a. fig.*); **'bor·der·er** [-ərə] *s.* **1.** Grenzbewohner *m*; **2.** **2s** *pl.* ⚔ 'Grenzregi,ment *n*.

'bor·der|·land *s.* Grenzgebiet *n* (*a. fig.*); **'~·line I** *s.* 'Grenz,linie *f*; *fig.* Grenze *f*; **II** *adj.* auf *od.* an e-r Grenze: ***~ case*** Grenzfall *m*.

bor·dure ['bɔː,djʊə] *s. her.* 'Schild-, 'Wappenum,randung *f*.

bore[1] [bɔː] **I** *v/t.* **1.** (durch)'bohren: ***~ a well*** e-n Brunnen bohren; ***~ one's way*** *fig.* sich (mühsam) e-n Weg bahnen; **II** *v/i.* **2.** (***for***) bohren, Bohrungen machen (nach); ⚒ schürfen (nach); **3.** ⚙ *bei Holz*: (ins Volle) bohren; *bei Metall*: (aus-, auf)bohren; **4.** sich einbohren (***into*** in *acc.*); **III** *s.* **5.** ⚒ Bohrung *f*, Bohrloch *n*; **6.** ⚔, ⚙ Bohrung *f*, Seele *f*, Ka'liber *n* (*e-r Schusswaffe*).

bore[2] [bɔː] **I** *s.* **1.** *et.* Langweiliges *od.* Lästiges *od.* Stumpfsinniges: ***what a ~*** a) wie langweilig, b) wie dumm; ***the book is a ~ to read*** das Buch ist ‚stinkfad'; **2.** a) fader Kerl, b) unangenehmer Kerl, (altes) Ekel; **II** *v/t.* **3.** langweilen: ***be ~d*** sich langweilen; ***look ~d*** gelangweilt aussehen.

bore[3] [bɔː] *s.* Springflut *f*.

bore[4] [bɔː] *pret. von* ***bear***[1].

bo·re·al ['bɔːrɪəl] *adj.* nördlich, Nord...; **bo·re·a·lis** [bɔːrɪ'eɪlɪs] → ***aurora borealis***; **Bo·re·as** ['bɒrɪæs] **I** *npr.* 'Boreas *m*; **II** *s. poet.* Nordwind *m*.

bore·dom ['bɔːdəm] *s.* **1.** Langeweile *f*, Gelangweiltsein *n*; **2.** Langweiligkeit *f*, Stumpfsinn *m*.

bor·er ['bɔːrə] *s.* **1.** ⚙ Bohrer *m*; **2.** *zo.* Bohrer *m* (*Insekt*).

bo·ric ['bɔːrɪk] *adj.* ⚗ Bor...: ***~ acid*** Borsäure *f*.

bor·ing ['bɔːrɪŋ] *adj.* **1.** bohrend, Bohr...; **2.** langweilig.

born [bɔːn] **I** *p.p. von* ***bear***[1]; **II** *adj.* geboren: ***~ of ...*** geboren von ..., Kind des *od.* der ...; ***a ~ poet***, ***~ a poet*** ein geborener Dichter, zum Dichter geboren; ***a ~ fool*** ein völliger Narr; ***an Englishman ~ and bred*** ein echter Engländer; ***never in all my ~ days*** mein Lebtag (noch) nie; **~-a·gain** *adj. relig. u. fig.* spätberufen.

borne [bɔːn] *p.p. von* **bear¹** **1.** getragen *etc.*: ***lorry-~*** mit (e-m) Lastwagen befördert; **2.** geboren (*in Verbindung mit* **by** *und dem Namen der Mutter*): ***Elizabeth I was ~ by Anne Boleyn.***

bor·né ['bɔːneɪ] (*Fr.*) *adj.* borniert.

bo·ron ['bɔːrɒn] *s.* ⚗ Bor *n.*

bor·ough ['bʌrə] *s.* **1.** *Brit.* a) Stadt *f od.* im Parla'ment vertretener städtischer Wahlbezirk, b) Stadtteil *m* (*von Groß-London*): ***ℒ Council*** Stadtrat *m*; **2.** *Am.* a) Stadt- *od.* Dorfgemeinde *f*, b) Stadtbezirk *m* (*in New York*).

bor·row ['bɒrəʊ] *v/t.* **1.** (aus)borgen, (ent)leihen (***from, of*** von): ***~ed funds*** ✝ Fremdmittel *pl.*; **2.** *fig.* entlehnen, *humor.* ‚borgen': ***~ed word*** Lehnwort *n*; **'bor·row·er** [-əʊə] *s.* **1.** Entleiher(-in), Borger(in); **2.** ✝ Kre'ditnehmer(-in); **'bor·row·ing** [-əʊɪŋ] *s.* (Aus)Borgen *n*; Darlehens-, Kre'ditaufnahme *f*, Anleihe *f*: ***~ power*** ✝ Kreditfähigkeit *f*.

Bor·stal (In·sti·tu·tion) ['bɔːstl] *s. Brit. erzieherisch gestaltete Jugendstrafanstalt*: ***Borstal training*** Strafvollzug *m* in e-m ***Borstal.***

bosh [bɒʃ] *s.* F ‚Quatsch' *m*.

bos·om ['bʊzəm] *s.* **1.** Busen *m*, Brust *f*, *fig. a.* Herz *n*: ***~ friend*** Busenfreund(-in); ***keep*** (*od.* ***lock***) ***in one's*** (***own***) ***~*** in s-m Busen verschließen; ***take s.o. to one's ~*** j-n ans Herz drücken; **3.** *fig.* Schoß *m*: ***in the ~ of one's family*** (***the Church***); → ***Abraham***; **4.** Brustteil *m* (*Kleid etc.*); *bsd. Am.* Hemdbrust *f*; **5.** Tiefe *f*, *das* Innere: ***in the ~ of the earth*** im Erdinnern; **'bos·omed** [-md] *adj. in Zssgn* ...busig; **'bos·om·y** [-mɪ] *adj.* vollbusig.

boss¹ [bɒs] **I** *s.* Beule *f*, Buckel *m*, Knauf *m*, Knopf *m*, erhabene Verzierung; ⚙ (*Rad-, Schiffsschrauben*)Nabe *f*; **II** *v/t.* mit Buckeln *etc.* verzieren, bosseln, treiben.

boss² [bɒs] F **I** *s.* **1.** *a.* ***~ man*** Chef *m*, Vorgesetzte(r) *m*, ‚Boss' *m*; **2.** *fig.* ‚Macher' *m*, ‚Boss' *m*, Tonangebende(r) *m*; **3.** *Am. pol.* (Par'tei)Bonze *m*, (-)Boss *m*; **II** *v/t.* **4.** Herr sein über (*acc.*): ***~ the show*** der Chef vom Ganzen sein; **III** *v/i.* **5.** den Chef *od.* Herrn spielen, kommandieren; **6.** ***~ about*** herumkommandieren; **boss·y** ['bɒsɪ] *adj.* F **1.** herrisch, dikta'torisch; **2.** rechthaberisch.

bo·sun ['bəʊsn] → ***boatswain.***

bo·tan·ic, bo·tan·i·cal [bə'tænɪk(l)] *adj.* □ bo'tanisch.

bot·a·nist ['bɒtənɪst] *s.* Bo'taniker *m*, Pflanzenkenner *m*; **'bot·a·nize** [-naɪz] *v/i.* botanisieren; **'bot·a·ny** [-nɪ] *s.* Bo'tanik *f*, Pflanzenkunde *f*.

botch [bɒtʃ] **I** *s.* Flickwerk *n*, *fig. a.* Pfuscharbeit *f*: ***make a ~ of s.th*** et. verpfuschen; **II** *v/t.* zs.-schustern *od.* -stoppeln; verpfuschen; **III** *v/i.* pfuschen, stümpern; **'botch·er** [-tʃə] *s.* **1.** Flickschneider *m*, -schuster *m* (*a. fig.*); **2.** Pfuscher *m*, Stümper *m*.

both [bəʊθ] **I** *adj. u. pron.* beide, beides: ***~ my sons*** m-e beiden Söhne; ***~ parents*** beide Eltern; ***~ of them*** sie (*od.* alle) beide; ***you can't have it ~ ways*** du kannst nicht beides *od.* nur eins von beiden haben; **II** *adv. od. cj.*: ***~ ... and*** sowohl ... als (auch): ***~ boys and girls.***

both·er ['bɒðə] **I** *s.* **1.** a) Last *f*, Plage *f*, Mühe *f*, Ärger *m*, Schere'rei *f*, b) Aufregung *f*, ‚Wirbel' *m*, Getue *n*: ***this boy is a great ~*** dieser Junge ist e-e große Plage; **II** *v/t.* **2.** belästigen, quälen, stören, beunruhigen, ärgern: ***don't ~ me!*** lass mich in Frieden!; ***be ~ed about s.th.*** über et. beunruhigt sein; ***I can't be ~ed with it*** ich kann mich nicht damit abgeben; ***~ one's head about s.th.*** sich über et. den Kopf zerbrechen; ***~ (it)!*** F verflixt!; **III** *v/i.* **3.** (***about***) sich sorgen (um), sich aufregen (über *acc.*); **4.** sich Mühe geben: ***don't ~!*** bemüh dich nicht!; **5.** (***about***) sich kümmern (um), sich befassen (mit), sich Gedanken machen (wegen): ***I shan't ~ about it***; **both·er·a·tion** [ˌbɒðə'reɪʃn] F **I** *s.* Belästigung *f*; **II** *int.* ‚Mist'!

bo tree ['bəʊtriː] *s. der* heilige Feigenbaum (*Buddhas*).

bot·tle ['bɒtl] **I** *s.* **1.** Flasche *f* (*a.* ⚙): ***wine in ~s*** Flaschenwein *m*; ***bring up on the ~*** *Säugling* mit der Flasche aufziehen; ***be fond of the ~*** gern ‚einen heben'; **II** *v/t.* **2.** in Flaschen abfüllen; **3.** *bsd. Brit. Früchte etc.* in Gläsern einmachen; **~ up** *v/t.* **1.** *fig. Gefühle etc.* unter'drücken: ***bottled-up*** aufgestaut; **2.** einschließen: ***~ the enemy's fleet.***

bot·tle bank *s.* (Alt)Glascontainer *m*.

bot·tled ['bɒtld] *adj.* in Flaschen *od.* (Einmach)Gläser (ab)gefüllt: ***~ beer*** Flaschenbier *n*; → ***bottle up*** 1.

'bot·tle|-feed *v/t.* [*irr.*] mit der Flasche aufziehen, aus der Flasche ernähren: ***bottle-fed child***; **~ gourd** *s.* ⚘ Flaschenkürbis *m*; **'~-green** *adj.* flaschen-, dunkelgrün; **'~-ˌhold·er** *s.* **1.** *Boxen*: Sekun'dant *m*; **2.** *fig.* Helfershelfer *m*; **~ imp** *s.* Flaschenteufelchen *n*; **'~-neck** *s.* Engpass *m* (*a. fig.*); **'~-nosed** *adj.* mit e-r Säufernase; **~ par·ty** *s.* Bottle-Party *f* (*zu der jeder Gast e-e Flasche Wein etc. mitbringt*); **~ post** *s.* Flaschenpost *f*.

bot·tler ['bɒtlə] *s.* 'Abfüllmaˌschine *f od.* -betrieb *m*.

'bot·tle,wash·er *s.* **1.** Flaschenreiniger *m*; **2.** *humor.* Fak'totum *n*, ‚Mädchen *n* für alles'.

bot·tom ['bɒtəm] **I** *s.* **1.** *der* unterste Teil, 'Unterseite *f*, Boden *m* (*Gefäß etc.*), Fuß *m* (*Berg, Treppe, Seite etc.*), Sohle *f* (*Brunnen, Tal etc.*): **~s up!** *sl.* ex! (*beim Trinken*); **2.** Boden *m*, Grund *m* (*Gewässer*): **go to the ~** versinken; **send to the ~** versenken; **touch ~** a) auf Grund geraten, b) *fig.* den Tiefpunkt erreichen; **the ~ has fallen out of the market** der Markt hat e-n Tiefstand erreicht; **3.** *fig.* Grund(lage *f*) *m*: **what is at the ~ of it?** was ist der Grund dafür?, was steckt dahinter?; **knock the ~ out of s.th.** et. gründlich widerlegen; **get to the ~ of s.th.** e-r Sache auf den Grund gehen *od.* kommen: **from the ~ up** von Grund auf; **4.** *fig. das* Innere, Tiefe *f*: **from the ~ of my heart** aus tiefstem Herzen; **at ~** im Grunde; **5.** ⚓ Schiffsboden *m*; Schiff *n*: **~ up(wards)** kieloben; **shipped in British ~s** in brit. Schiffen verladen; **6.** (*Stuhl*)Sitz *m*; **7.** F *der* Hintern, ‚Po (-'po)' *m*: **smack the boy's ~** den Jungen ‚versohlen'; **smooth as a baby's ~** glatt wie ein Kinderpopo; **8.** (unteres) Ende (*Tisch, Klasse, Garten*); **II** *adj.* **9.** unterst, letzt, äußerst: **~ shelf** unterstes (*Bücher*)Brett; **~ drawer** a) unterste Schublade (*a. fig.*), b) *Brit.* Aussteuer (-truhe) *f*; **~ price** äußerster Preis; **~ line** letzte Zeile; **III** *v/t.* **10.** mit e-m Boden *od.* Sitz versehen; **11.** ergründen; **IV** *v/i.* **~ out** *Rezession*: die Talsohle durchschritten haben; **'bot·tomed** [-md] *adj.*: **~ on** beruhend auf (*dat.*); **double-~** mit doppeltem Boden; **cane-~** mit Rohrsitz (*Stuhl*); **'bot·tom·less** [-lɪs] *adj.* bodenlos (*a. fig.*); unergründlich; unerschöpflich; **'bot·tom·ry** [-rɪ] *s.* ⚓ Bodme'rei(geld *n*) *f*.

bot·u·lism ['bɒtjʊlɪzəm] *s.* ⚕ Botu'lismus *m* (*Fleischvergiftung etc.*).

bou·doir ['buːdwaː] (*Fr.*) *s.* Bou'doir *n*.

bough [baʊ] *s.* Ast *m*, Zweig *m*.

bought [bɔːt] *pret. u. p.p. von* **buy**.

boul·der ['bəʊldə] *s.* Fels-, Geröllblock *m*; *geol.* er'ratischer Block: **~ period** Eiszeit *f*.

bou·le·vard ['buːlvɑː] *s.* Boule'vard *m*, Prachtstraße *f*, *Am. a.* Hauptverkehrsstraße *f*.

boult → **bolt²**.

bounce [baʊns] **I** *v/i.* **1.** springen, (hoch)schnellen, hüpfen: **the ball ~d**; **he ~d out of his chair**; **~ about** herumhüpfen; **2.** stürzen, stürmen: **~ into a room**; **3.** auf-, anprallen (**against** gegen): **~ off** abprallen; **4.** ✝ ‚platzen' (*Scheck*); **II** *v/t.* **5.** *Ball* (auf)springen lassen; **6.** *Brit.* F *j-n* drängen (**into** zu); **7.** *Am. sl. j-n* ‚rausschmeißen' (*a. fig. entlassen*); **III** *s.* **8.** Sprungkraft *f*; **9.** Sprung *m*, Schwung *m*, Stoß *m*; **10.** Unverfrorenheit *f*; **11.** F ‚Schwung' *m*, E'lan *m*; **12.** *Am. sl.* ‚Rausschmiss' *m* (*Entlassung*); **'bounc·er** [-sə] *s.* F **1.** a) Angeber *m*, b) Lügner *m*; **2.** freche Lüge; **3.** a) ‚Mordskerl' *m*, b) ‚Prachtweib' *n*, c) ‚Mordssache' *f*; **4.** *Am.* ‚Rausschmeißer' *m* (*in Nachtlokalen etc.*); **5.** ungedeckter Scheck; **'bounc·ing** [-sɪŋ] *adj.* **1.** stramm (*kräftig*): **~ baby**; **~ girl**; **2.** munter, lebhaft; **3.** Mords...

bound¹ [baʊnd] **I** *pret. u. p.p. von* **bind**; **II** *adj.* **1. be ~ to do** zwangsläufig *et.* tun müssen; **he is ~ to tell me** er ist verpflichtet, es mir zu sagen; **he is ~ to be late** er muss ja zu spät kommen; **he is ~ to come** er kommt bestimmt; **I'll be ~** ich bürge dafür, ganz gewiss; **2.** *in Zssgn* festgehalten *od.* verhindert durch: **ice-~**; **storm~**.

bound² [baʊnd] *adj.* (**for**) bestimmt, unter'wegs (nach): **~ for London**; **homeward** (**outward**) **~** ⚓ auf der Heimreise (Hin-, Ausreise) (befindlich); **where are you ~ for?** wohin reisen *od.* gehen Sie?

bound³ [baʊnd] **I** *s.* **1.** Grenze *f*, Schranke *f*, Bereich *m*: **beyond all ~s** maß-, grenzenlos; **keep within ~s** in vernünftigen Grenzen halten; **set ~s to** Grenzen setzen (*dat.*), in Schranken halten; **within the ~s of possibility** im Bereich des Möglichen; **out of ~s** a) *sport* aus, im Aus, b) (**to**) Zutritt verboten (für); **II** *v/t.* **2.** be-, abgrenzen, die Grenze von *et.* bilden; **3.** *fig.* beschränken, in Schranken halten.

bound⁴ [baʊnd] **I** *v/i.* **1.** (hoch)springen, hüpfen (*a. fig.*); **2.** lebhaft gehen, laufen; **3.** an-, abprallen; **II** *s.* **4.** Sprung *m*, Satz *m*, Schwung *m*: **at a single ~** mit 'einem Satz; **on the ~** beim Aufspringen (*Ball*).

bound·a·ry ['baʊndərɪ] *s.* **1.** *a. fig.* Grenze *f*, *a.* **~ line** 'Grenz,linie *f*; **2.** *fig.* Bereich *m*; **4.** ⩚, *phys.* a) Begrenzung *f*, b) Rand *m*, c) 'Umfang *m*.

bound·en ['baʊndən] *adj.*: **my ~ duty** m-e Pflicht u. Schuldigkeit.

bound·er ['baʊndə] *s. sl.* ‚Stromer' *m*, Kerl *m*.

bound·less ['baʊndlɪs] *adj.* □ grenzenlos, unbegrenzt, *fig. a.* 'übermäßig.

boun·te·ous ['baʊntɪəs] *adj.* □ **1.** freigebig, großzügig; **2.** (allzu) reichlich; **'boun·ti·ful** [-tɪfʊl] *adj.* □ → **bounteous**; **boun·ty** ['baʊntɪ] *s.* **1.** Freigebigkeit *f*; **2.** (milde) Gabe; Spende *f* (*bsd. e-s Herrschers*); **3.** ⚔ Handgeld *n*; **4.** ✝ (*bsd.* Ex'port),Prämie *f*, Zuschuss *m* (**on** auf, für); **5.** Belohnung *f*.

bou·quet [bʊ'keɪ] *s.* **1.** Bu'kett *n*, (Blumen)Strauß *m*; **2.** A'roma *n*; Blume *f* (*Wein*); **3.** *bsd. Am.* Kompli'ment *n*.

Bour·bon ['bʊəbən] *s.* **1.** *pol. Am.* Reaktio'när *m*; **2.** ≈ ['bɜːbən] 'Bourbon *m* (*amer. Whiskey aus Mais*).

bour·geois[1] ['bʊəʒwɑː] *contp.* **I** *s.* Bour'geois *m*; **II** *adj.* bour'geois, (spieß)bürgerlich.

bour·geois[2] [bɜː'dʒɔɪs] *typ.* **I** *s.* 'Borgis *f*; **II** *adj.* in 'Borgis,lettern gedruckt.

bourn(e)[1] [bʊən] *s.* (Gieß)Bach *m*.

bourn(e)[2] [bʊən] *s.* **1.** *obs.* Grenze *f*; **2.** *poet.* Ziel *n*; Gebiet *n*, Bereich *m*.

bourse [bʊəs] *s.* ✝ Börse *f*.

bout [baʊt] *s.* **1.** Arbeitsgang *m*; *Fechten, Tanz*: Runde *f*: ***drinking ~*** Zeche'rei *f*; **2.** (Krankheits)Anfall *m*, At'tacke *f*; **3.** Zeitspanne *f*; **4.** Kraftprobe *f*, Kampf *m*; **5.** (*bsd.* Box-, Ring)Kampf *m*.

bo·vine ['bəʊvaɪn] *adj.* **1.** *zo.* Rinder...; **2.** *fig.* (*a. geistig*) träge, schwerfällig, dumm.

bov·ver ['bɒvə] *s. Brit. sl.* Schläge'rei *f bsd.* zwischen Rockern: ***~ boots*** Rockerstiefel *pl*.

bow[1] [baʊ] **I** *s.* **1.** Verbeugung *f*, Verneigung *f*: ***make one's ~*** a) sich vorstellen, b) sich verabschieden; ***take a ~*** sich verbeugen, sich für den Beifall bedanken; **II** *v/t.* **2.** beugen, neigen: ***~ one's head*** den Kopf neigen; ***~ one's neck*** *fig.* den Nacken beugen; ***~ one's thanks*** sich dankend verneigen; ***~ed with grief*** gramgebeugt; → ***knee*** 1; **3.** biegen: ***the wind has ~ed the branches***; **III** *v/i.* **4.** (***to***) sich verbeugen *od.* verneigen (vor *dat.*), grüßen (*acc.*): ***a ~ing acquaintance*** e-e Grußbekanntschaft; ***on ~ing terms*** auf dem Grußfuße, flüchtig bekannt; ***~ and scrape*** Kratzfüße machen, *fig.* katzbuckeln; **5.** *fig.* sich beugen *od.* unter'werfen (***to*** *dat.*): ***~ to the inevitable*** sich in das Unvermeidliche fügen; ***~ down*** *v/i.* (***to***) **1.** verehren, anbeten (*acc.*); **2.** sich unter'werfen (*dat.*); ***~ in*** *v/t.* *j-n* unter Verbeugungen hin'eingeleiten; ***~ out*** **I** *v/t.* *j-n* hin'auskomplimentieren; **II** *v/i.* sich verabschieden.

bow[2] [bəʊ] **I** *s.* **1.** (Schieß)Bogen *m*: ***have more than one string to one's ~*** *fig.* mehrere Eisen im Feuer haben; ***draw the long ~*** *fig.* aufschneiden, übertreiben; **2.** ♪ (*Violin- etc.*)Bogen *m*; **3.** ⚒, ⚙ a) Bogen *m*, Kurve *f*, b) *pl.* 'Bogen,zirkel *m*; **4.** Bügel *m* (*der Brille*); **5.** Knoten *m*, Schleife *f*; **II** *v/i.* **6.** ♪ den Bogen führen.

bow[3] [baʊ] *s.* ⚓ **1.** *a. pl.* Bug *m*; **2.** Bugmann *m* (*im Ruderboot*).

Bow| bells [bəʊ] *s. pl.* Glocken *pl.* der Kirche ***St. Mary le Bow*** (*London*): ***be born within the sound of ~ bells*** ein echter Cockney sein; ***≈ com·pass(·es)*** *s. sg. od. pl.* ⚒, ⚙ → ***bow***[2] 3b.

bowd·ler·ize ['baʊdləraɪz] *v/t.* *Bücher* (von anstößigen Stellen) säubern; *fig.* verwässern.

bow·els ['baʊəlz] *s. pl.* **1.** *anat.* Darm *m*; Gedärm *n*, Eingeweide *pl.*: ***open ~*** ⚕ offener Leib; ***have open ~*** regelmäßig Stuhlgang haben; **2.** *das* Innere, Mitte *f*: ***the ~ of the earth*** das Erdinnere.

bow·er[1] ['baʊə] *s.* (Garten)Laube *f*, schattiges Plätzchen; *obs.* (Frauen)Gemach *n*.

bow·er[2] ['baʊə] *s.* ⚓ Buganker *m*.

bow·er·y ['baʊərɪ] *s. hist. Am.* Farm *f*, Pflanzung *f*: ***the ≈*** die Bowery (*heruntergekommene Straße u. Gegend in New York City*).

'bow·head ['bəʊ-] *s. zo.* Grönlandwal *m*.

bow·ie knife ['bəʊɪ-] *s.* [*irr.*] 'Bowiemesser *n* (*langes Jagdmesser*).

bowl[1] [bəʊl] *s.* **1.** Napf *m*, Schale *f*; Bowle *f* (*Gefäß*); **2.** Schüssel *f*, Becken *n*; **3.** *poet.* Gelage *n*; **4.** a) (Pfeifen-)Kopf *m*, b) Höhlung *f* (*Löffel etc.*); **5.** *Am.* 'Stadion *n*.

bowl[2] [bəʊl] **I** *s.* **1.** a) (*Bowling-, Bowls-, Kegel*)Kugel *f*, b) → ***bowls*** 1, c) Wurf *m*; **II** *v/t.* **2.** *allg.* rollen (lassen); *Bowling etc*: *die Kugel* werfen; *Ball* rollen, werfen (*a. Kricket*); *Reifen* schlagen, treiben; **III** *v/i.* **3.** a) bowlen, Bowls spielen, b) bowlen, Bowling spielen, c) kegeln, d) werfen; **4.** *mst* ***~ along*** ‚(da'hin)gondeln' (*Wagen*); ***~ out*** *v/t. Kricket*: *den Schläger* (durch Treffen des Dreistabes) ‚ausmachen'; *fig. j-n* ‚erledigen', schlagen; ***~ o·ver*** *v/t.* 'umwerfen (*a. fig.*).

'bow-legged ['bəʊ-] *adj.* säbel-, o-beinig; **'bow·legs** *s. pl.* Säbel-, O-Beine *pl*.

bowl·er ['bəʊlə] *s.* **1.** a) Bowlsspieler (-in), b) Bowlingspieler(in), c) Kegler (-in); **2.** *Kricket*: Werfer *m*; **3.** *a.* ***~ hat*** *Brit.* ‚Me'lone' *f*.

bow·line ['bəʊlɪn] *s.* ⚓ Bu'lin *f*.

bowl·ing ['bəʊlɪŋ] *s.* **1.** Bowling *n*; **2.** Kegeln *n*; ***~ al·ley*** *s.* **1.** Bowlingbahn *f*; **2.** Kegelbahn *f*; ***~ green*** *s. Bowls etc*: Rasenplatz *m*.

bowls [bəʊlz] *s. pl. sg. konstr.* **1.** Bowls (-spiel) *n*; **2.** Kegeln *n*.

bow|·man ['bəʊmən] *s.* [*irr.*] Bogenschütze *m*; **'~·shot** *s.* Bogenschussweite *f*; **'~·sprit** *s.* ⚓ Bugspriet *m*; ***≈ Street*** *npr. Straße in London mit dem Polizeigericht*; **'~·string** **I** *s.* Bogensehne *f*; **II** *v/t.* erdrosseln; ***~ tie*** *s.* (Frack)Schleife *f*, Fliege *f*; ***~ win·dow*** *s.* Erkerfenster *n*.

bow-wow **I** *int.* [,baʊ'waʊ] wau'wau!; **II** *s.* ['baʊwaʊ] *Kindersprache*: Wau'wau *m* (*Hund*).

box[1] [bɒks] **I** *s.* **1.** Kasten *m*, Kiste *f*;

Brit. a. Koffer *m*; **2.** Büchse *f*, Schachtel *f*, Etu'i *n*, Dose *f*, Kästchen *n*; **3.** Behälter *m*, (*a. Buch-, Film- etc.*)Kas'sette *f*, Hülse *f*, Gehäuse *n*, Kapsel *f*; **4.** Häus-chen *n*; Ab'teil *n*, Ab'teilung *f*, Loge *f* (*Theater etc.*); ⚖ a) Zeugenstand *m*, b) (Geschworenen)Bank *f*; **5.** Box *f*: a) *Pferdestand*, b) *mot. Einstellplatz in e-r Großgarage*; **6.** Fach *n* (*a. für Briefe etc.*); **7.** Kutschbock *m*; **8.** *Am.* Wagenkasten *m*; **9.** *Baseball*: Standplatz *m* (*des Schlägers*); **10.** a) Postfach *n*, b) → ***box number***, c) Briefkasten *m*; **11.** *pol.* (Wahl)Urne *f*; **12.** *typ.* Kasten *m*, Kästchen (*eingeschobener, umrandeter Text*), Rub'rik *f*; **13.** F ‚Kasten' *m* (*Fernsehapparat, Fußballtor etc.*); **II** *v/t.* **14.** in Schachteln, Kasten *etc.* legen, packen, einschließen; **15.** ***~ the compass*** a) ⚓ alle Kompasspunkte aufzählen, b) *fig.* alle Gesichtspunkte vorbringen u. schließlich zum Ausgangspunkt zurückkehren, e-e völlige Kehrtwendung machen; **~ in** *v/t.* **1.** → ***box¹*** 14; **2.** → **~ up** *v/t.* einschließen, -klemmen.

box² [bɒks] **I** *s.* **1.** Schlag *m* mit der Hand: ***~ on the ear*** Ohrfeige *f*; **II** *v/t.* **2.** ***~ s.o.'s ears*** j-n ohrfeigen; **3.** gegen *j-n* boxen; **III** *v/i.* **4.** *sport* boxen.

box³ [bɒks] *s.* ⚘ Buchsbaum(holz *n*) *m*.

box| bar·rage *s.* ⚔Abriegelungsfeuer *n*; '**~·calf** *s.* 'Boxkalf *n* (*Leder*); **~ cam·er·a** *s. phot.* 'Box(ˌkamera) *f*; '**~·car** *s.* 🚃 *Am.* geschlossener Güterwagen.

box·er ['bɒksə] *s.* **1.** *sport* Boxer *m*; **2.** *zo.* Boxer *m* (*Hunderasse*); **3.** ♀ *hist.* Boxer *m* (*Anhänger e-s chinesischen Geheimbundes um 1900*).

box·ing ['bɒksɪŋ] *s.* **1.** *sport* Boxen *n*; **2.** Ver-, Einpacken *n*; ♀ **Day** *s. Brit.* der zweite Weihnachtsfeiertag; **~ gloves** *s. pl.* Boxhandschuhe *pl.*; **~ match** *s. sport* Boxkampf *m*.

> **Boxing Day** heißt der 2. Weihnachtstag, weil es früher Tradition war, dem Hauspersonal sowie Lieferanten an diesem Tag ein Trinkgeld – so genannte **Christmas boxes** – zu geben.

box| i·ron *s.* Bolzen(bügel)eisen *n*; **~ junc·tion** *s. Brit. markierte Kreuzung, in die bei stehendem Verkehr nicht eingefahren werden darf*; '**~ˌkeep·er** *s. thea.* 'Logenschließer(in); **~ num·ber** *s.* 'Chiffre(nummer) *f* (*in Zeitungsanzeigen*); **~ of·fice** *s.* **1.** (The'ater- *etc.*) Kasse *f*; **2. *be good*** **~** ein Kassenerfolg *od.* -schlager sein; **3.** Einspielergebnis *n*; '**~-ˌof·fice** *adj.* Kassen...: ***~ success*** *od.* ***draw*** Kassenschlager *m*; **~ ra·di·o** *s.* F Dampfradio *n*; '**~·room** *s.* Abstellraum *m*; '**~ˌwal·lah** *s. Brit.-Ind.* **1.** F indischer Hausierer; **2.** *contp.* Handlungsreisende(r) *m*; '**~·wood** →***box³***.

boy [bɔɪ] **1.** Knabe *m*, Junge *m*, Bursche *m*, ‚Mann' *m*: ***the*** (*od.* ***our***) **~s** unsere Jung(en)s (*z. B. Soldaten*); ***old ~*** a) ‚alter Knabe', b) → ***old boy***; ***a ~ child*** ein Kind männlichen Geschlechts, ein Junge; **~ *singer*** Sängerknabe; **~ *wonder*** *oft iro.* Wunderknabe; **2.** Laufbursche *m*; **3.** Boy *m*, (*bsd.* eingeborener) Diener.

boy·cott ['bɔɪkət] **I** *v/t.* boykottieren; **II** *s.* Boy'kott *m*.

'**boy·friend** *s.* Freund *m* (*e-s Mädchens*).

boy·hood ['bɔɪhʊd] *s.* Knabenalter *n*, Kindheit *f*, Jugend *f*.

boy·ish ['bɔɪɪʃ] *adj.* □ a) jungenhaft: **~ *laughter***, b) knabenhaft.

boy scout *s.* Pfadfinder *m*.

bo·zo ['bəʊzəʊ] *s. Am. sl.* Kerl *m*.

B pow·er sup·ply *s.* ⚡ Ener'gieversorgung *f* des An'odenkreises.

bra [brɑː] *s.* F *für* ***brassière***: B'H *m*.

brace [breɪs] **I** *s.* **1.** ⚙ Stütze *f*, Strebe *f*, (*a.* ⚕ Zahn)Klammer *f*, Anker *m*, Versteifung *f*, (Trag)Band *n*, Gurt *m*; ⚕ Stützband *n*; **2.** ⚙ Griff *m* der Bohrkurbel: ***~ and bit*** Bohrkurbel *f*; **3.** ⚠, ♪, ℞, *typ.* (geschweifte) Klammer *f*; **4.** ⚓ Brasse *f*; **5.** (***a pair of***) **~s** *pl. Brit.* Hosenträger *m od. pl.*; **6.** (*pl.* ***brace***) ein Paar, zwei (*bsd. Hunde, Kleinwild, Pistolen*; *contp. Personen*); **II** *v/t.* **7.** ⚙ versteifen, -streben, stützen, verankern, befestigen; **8.** ⚙, ♪, *typ.* klammern; **9.** ⚓ brassen; **10.** *fig.* stärken, erfrischen; **11.** *a.* **~ *up*** *s-e Kräfte, s-n Mut* zs.-nehmen; **12.** **~ *o.s.*** (***up***) a) → 11, b) ***for s.th.*** sich auf et. gefasst machen; **brace·let** ['breɪslɪt] *s.* **1.** Armband *n*, -reif *m*, -spange *f*; **2.** *pl. humor.* Handschellen *pl.*; '**brac·er** [-sə] *s. Am.* F Stärkung *f*, *bsd.* Schnäpschen *n*; *fig.* Ermunterung *f*.

bra·chi·al ['breɪkjəl] *adj.* Arm...; '**bra·chi·ate** [-kɪeɪt] *adj.* ⚘ paarweise gegenständig.

brach·y·ce·phal·ic [ˌbrækɪke'fælɪk] *adj.* kurzköpfig.

brac·ing ['breɪsɪŋ] *adj.* stärkend, kräftigend, erfrischend (*bsd. Klima*).

brack·en ['brækən] *s.* **1.** Farnkraut *n*; **2.** farnbewachsene Gegend.

brack·et ['brækɪt] **I** *s.* **1.** ⚙ Träger *m*, Halter *m*; **2.** Kon'sole *f*, Krag-, Tragstein *m*, Stützbalken *m*, Winkelstütze *f*; **3.** Wandarm *m*; **4.** ⚔Gabel *f* (*Einschießen*); **5.** ℞, *typ.* (*Am. mst* eckige) Klammer: ***in ~s***; ***square ~s*** eckige Klammern; **6.** Gruppe *f*, Klasse *f*, Stufe *f*: ***lower income ~*** niedrige Einkommensstufe; **II** *v/t.* **7.** einklammern; **8.** *a.* **~ together** in dieselbe Gruppe einordnen; auf gleiche Stufe stellen; **9.** ⚔eingabeln.

brack·ish ['brækɪʃ] *adj.* brackig.

bract [brækt] *s.* ⚘ Deckblatt *n.*

brad [bræd] *s.* ⚙ Nagel *m* ohne Kopf; (Schuh)Zwecke *f.*

Brad·shaw ['brædʃɔː] *s. Brit.* (Eisenbahn)Kursbuch *n (1839–1961).*

brae [breɪ] *s. Scot.* Abhang *m*, Böschung *f.*

brag [bræg] **I** *s.* **1.** Prahle'rei *f*; **2.** → **braggart** I; **II** *v/i.* **3.** (**about**, **of**) prahlen (mit), sich rühmen (*gen.*).

brag·ga·do·ci·o [ˌbrægə'dəʊtʃɪəʊ] *s.* Prahle'rei *f*, Aufschneide'rei *f.*

brag·gart ['brægət] **I** *s.* Prahler *m*, Aufschneider *m*; **II** *adj.* prahlerisch.

Brah·man ['brɑːmən] *s.* Brah'mane *m*; '**Brah·ma·ni** [-nɪ] *s.* Brah'manin *f*; **Brah·man·ic**, **Brah·man·i·cal** [brɑː'mænɪk(l)] *adj.* brah'manisch.

Brah·min ['brɑːmɪn] *s.* **1.** → **Brahman**; **2.** gebildete, kultivierte Per'son; **3.** *Am. iro.* dünkelhafte(r) Intellektu'elle(r).

braid [breɪd] **I** *v/t.* **1.** *bsd. Haar, Bänder* flechten; **2.** mit Litze, Band, Borte besetzen, schmücken; **3.** ⚙ um'spinnen; **II** *s.* **4.** (*Haar*)Flechte *f*; **5.** Borte *f*, Litze *f*, Tresse *f* (*bsd.* ⚔): **gold ~** goldene Tresse(n); '**braid·ed** [-dɪd] *adj.* geflochten; mit Litze *etc.* besetzt; um'sponnen; '**braid·ing** [-dɪŋ] *s.* Litzen *pl.*, Borten *pl.*, Tressen *pl.*, Besatz *m.*

braille [breɪl] *s.* Blindenschrift *f.*

brain [breɪn] **I** *s.* **1.** Gehirn *n*; → **blow out** 5; **2.** *fig.* (*oft pl.*) a) ‚Köpfchen' *n*, ‚Grips' *m*, Verstand *m*, b) Kopf *m* (*Leiter*), *b.s.* ‚Drahtzieher' *m*: **a clear ~** ein klarer Kopf; **who is the ~ behind it?** wessen Idee ist das?; **have ~s** intelligent sein, ‚Köpfchen' haben; **have (got) s.th on the ~** et. dauernd im Kopf haben; **cudgel** (*od.* **rack**) **one's ~s** sich den Kopf zerbrechen, sich das Hirn zermartern; **pick s.o.'s ~s** a) geistigen Diebstahl an j-m begehen, b) j-n ‚ausholen'; **II** *v/t.* **3.** *j-m* den Schädel einschlagen; **~ child** *s.* 'Geistesproˌdukt *n*; **~ drain** *s.* Abwanderung *f* von Wissenschaftlern, Brain-Drain *m.*

brained [breɪnd] *adj.*, *nur in Zssgn* ...köpfig, mit e-m ... Gehirn: **feeble-~** schwachköpfig.

'**brain|·fag** *s.* geistige Erschöpfung; **~ fe·ver** *s.* ⚕ Gehirnentzündung *f.*

brain·less ['breɪnlɪs] *adj.* **1.** hirnlos, dumm; **2.** gedankenlos.

'**brain|·pan** *s. anat.* Hirnschale *f*, Schädeldecke *f*; '**~·storm** *s.* **1.** geistige Verwirrung; **2.** verrückter Einfall; **3.** *Am.* F → **brain wave** 2; '**~ˌstorm·ing** *s.* Brainstorming *n* (*Problemlösung durch Sammeln spontaner Einfälle*).

brains trust [breɪnz] *s.* **1.** *Brit.* Teilnehmer *pl.* an e-r 'Podiumsdiskussiˌon; **2.** → **brain trust**.

brain| trust *s. Am.* F po'litische *od.* wirtschaftliche Beratergruppe, Brain-Trust *m*; **~ trust·er** *s. Am.* F Brain-Truster *m*, Mitglied *n* e-s **brain trust**; **~ twist·er** *s.* ‚(harte) Nuss', schwierige Aufgabe; '**~·wash** *v/t. bsd. pol. j-n* e-r Gehirnwäsche unter'ziehen; *weitS.* verdummen; '**~ˌwash·ing** *s. pol.* Gehirnwäsche *f*; **~ wave** *s.* **1.** Hirn(strom)welle *f*; **2.** F Geistesblitz *m*, ‚tolle I'dee'; '**~ˌwork·er** *s.* Kopf-, Geistesarbeiter *m.*

brain·y ['breɪnɪ] *adj.* gescheit.

braise [breɪz] *v/t. Küche*: schmoren: **~d beef** Schmorbraten *m.*

brake[1] [breɪk] **I** *s.* ⚙ Bremse *f*, Hemmschuh *m* (*a. fig.*): **put on** (*od.* **apply**) **the ~** bremsen, die Bremse ziehen, *fig. a.* der Sache Einhalt gebieten; **II** *v/t.* bremsen.

brake[2] [breɪk] ⚙ **I** *s.* (*Flachs- etc.*)Breche *f*; **II** *v/t. Flachs etc.* brechen.

brake[3] → **break** 11.

brake| block → **brake shoe**; **~ horse·pow·er** *s.* ⚙ (*abbr.* **b.h.p.**) Nutz-, Bremsleistung *f*; **~ flu·id** *s.* Bremsflüssigkeit *f*; **~ lin·ing** *s.* Bremsbelag *m*; '**~·man** *Am.* → **brakesman**; **~ par·a·chute** *s.* ✈ Bremsfallschirm *m*; **~ shoe** *s.* ⚙ Bremsbacke *f*, -klotz *m.*

brakes·man ['breɪksmən] *s.* [*irr.*] 🚂 *Brit.* Bremser *m.*

brak·ing dis·tance ['breɪkɪŋ] *s. mot.* Bremsweg *m.*

bra·less ['brɑːlɪs] *adj.* F ohne B'H.

bram·ble ['bræmbl] *s.* **1.** ⚘ Brombeerstrauch *m*: **~ jelly** Brombeergelee *n*; **2.** Dornenstrauch *m*, -gestrüpp *n*; **~ rose** *s.* ⚘ Hundsrose *f.*

bram·bly ['bræmblɪ] *adj.* dornig.

bran [bræn] *s.* Kleie *f.*

branch [brɑːntʃ] **I** *s.* **1.** ⚘ Zweig *m*; **2.** *fig.* a) Zweig *m*, ('Unter)Abteilung *f*, Sparte *f*, b) Branche *f*, Wirtschafts-, Geschäftszweig *m*, c) *a.* **~ of service** ⚔ Waffen-, Truppengattung *f*; **3.** *fig.* Zweig *m*, 'Linie *f* (*Familie*); **4.** *a.* **~ establishment** ✝ Außen-, Zweig-, Nebenstelle *f*, Fili'ale *f*, Niederlassung *f*: **~ bank** Filialbank *f*; **5.** 🚂 Zweigbahn *f*, 'Nebenˌlinie *f*; **6.** *geogr.* a) Arm *m* (*Gewässer*), b) Ausläufer *m* (*Gebirge*), c) *Am.* Nebenfluss *m*, Flüsschen *n*; **II** *adj.* **7.** Zweig..., Tochter..., Filial..., Neben...; **III** *v/i.* **8.** Zweige treiben; **9.** *oft* **~ off** (*od.* **out**) sich verzweigen, sich ausbreiten; abzweigen: **here the road ~es** hier gabelt sich die Straße; **~ out** *v/i.* s-e Unter'nehmungen ausdehnen, sich vergrößern; → **branch** 9.

bran·chi·a ['bræŋkɪə] *pl.* **-chi·ae** [-kiː] *s. zo.* Kieme *f*; '**bran·chi·ate** [-kɪeɪt] *adj. zo.* Kiemen tragend.

branch| line *s.* **1.** 🚂 'Zweig-, 'Neben,linie *f,* **2.** 'Seiten,linie *f (Familie)*; **~ man·ag·er** *s.* Fili'al-, Zweigstellenleiter *m*; **~ of·fice** *s.* Fili'ale *f*; **~ road** *s. Am.* Nebenstraße *f.*

brand [brænd] **I** *s.* **1.** Feuerbrand *m*; *fig.* Fackel *f*; **2.** Brandmal *n (auf Tieren, Waren etc.)*; **3.** *fig.* Schandmal *n*, -fleck *m*: ***~ of Cain*** Kainszeichen *n*; **4.** Brand-, Brenneisen *n*; **5.** a) ✝ (Handels-, Schutz)Marke *f*, Warenzeichen *n*, Markenbezeichnung *f*, Sorte *f*, Klasse *f*; ***~ awareness*** Markenbewusstsein *n*; ***~ leader*** Markenführer *m*; ***~ loyalty*** Markentreue *f*; ***~ name*** Markenname *m*; ***best ~ of tea*** beste Sorte Tee, b) *fig.* ‚Sorte' *f*, Art *f*: ***his ~ of humour***; **6.** ⚘ Brand *m (Getreidekrankheit)*; **II** *v/t.* **7.** mit e-m Brandmal *od.* -zeichen *od.* ✝ mit e-r Schutzmarke *etc.* versehen: ***~ed goods*** Markenartikel; **8.** *fig.* brandmarken; **9.** einprägen (***on s.o.'s mind*** j-m).

brand·ing i·ron ['brændɪŋ] → ***brand*** 4.

bran·dish ['brændɪʃ] *v/t.* (*bsd.* drohend) schwingen.

brand·ling ['brændlɪŋ] *s. ichth.* junger Lachs.

brand-new [ˌbrændˈnjuː] *adj.* (funkel-) nagelneu.

bran·dy ['brændɪ] *s.* Weinbrand *m*, Kognak *m*; **'~·ball** *s. Brit.* 'Weinbrandbon,bon *m, n.*

bran-new [ˌbræn'njuː] → ***brand-new***.

brant [brænt] *s. orn.* *e-e* Wildgans *f.*

brash [bræʃ] **I** *s.* **1.** *geol.* Trümmergestein *n*; **2.** ⚓ Eistrümmer *pl.*; **II** *adj. Am.* **3.** brüchig, bröckelig; **4.** *fig.* a) (nass)forsch, frech, unverfroren, b) ungestüm, c) grell, aufdringlich.

brass [brɑːs] **I** *s.* **1.** Messing *n*; **2.** *Brit.* ziselierte Gedenktafel (*aus Messing od. Bronze, bsd. in Kirchen*); **3.** Messingzierrat *m*; **4.** ♪ ***the ~*** die 'Blechinstru,mente *pl.* (*e-s Orchesters*), Blechbläser *pl.*; **5.** F *coll.* ‚hohe Tiere' *pl.*, *a.* hohe Offi'ziere *pl.*: ***top ~*** die höchsten ‚Tiere' (*e-s Konzerns etc.*) *od.* Offiziere; **6.** *Brit. sl.* ‚Moos' *n*, ‚Kies' *m (Geld)*; **7.** F Unverschämtheit *f*, Frechheit *f*; → ***bold*** 2; **II** *adj.* **8.** Messing...; **III** *v/t.* **9.** mit Messing über'ziehen.

bras·sard ['bræsɑːd] *s.* Armbinde *f (als Abzeichen)*.

brass band *s.* ♪ 'Blaska,pelle *f*; 'Blechmu,sik *f*; Mili'tärka,pelle *f.*

Brass bands (Blaskapellen) sind in ganz Großbritannien, aber besonders in den Industriegegenden Nordenglands beliebt. Hauptsächlich aus Blechbläsern bestehend, stammten die meisten dieser Kapellen aus den Belegschaften von (ehemaligen) Kohlebergwerken und Fabriken. Der Film *Brassed Off* (1996) bietet eine unterhaltsame Darstellung einer solchen **brass band**.

bras·se·rie ['bræsərɪ] (*Fr.*) *s.* 'Bierstube *f*, -lo,kal *n*; Restau'rant *n.*

brass| far·thing *s.* F ‚roter Heller': ***I don't care a ~*** das kümmert mich e-n Dreck; **~ hat** *s.* ⚔ *sl.* ‚hohes Tier', hoher Offi'zier.

bras·sière ['bræsɪə] (*Fr.*) *s.* Büstenhalter *m*, F B'H *m.*

brass| knuck·les *s. pl. Am.* Schlagring *m*; **~ plate** *s.* Messingschild *n (mit Namen)*, Türschild *n*; **~ tacks** *s. pl.*: ***get down to ~*** zur Sache kommen; **'~·ware** *s.* Messinggeschirr *n*, -gegenstände *pl.*; **~ winds** *bsd. Am.* → ***brass*** 4.

brass·y ['brɑːsɪ] *adj.* ☐ **1.** messingartig, -farbig; **2.** blechern (*Klang*); **3.** *fig.* unverschämt, frech.

brat [bræt] *s.* Balg *m, n*, Gör *n*, Racker *m (Kind)*.

bra·va·do [brəˈvɑːdəʊ] *s.* gespielte Tapferkeit, her'ausforderndes Benehmen.

brave [breɪv] **I** *adj.* ☐ **1.** tapfer, mutig, unerschrocken: ***as ~ as a lion*** mutig wie ein Löwe; **2.** *obs.* stattlich, ansehnlich; **II** *s.* **3.** *poet.* Tapfere(r) *m*: ***the ~*** *coll.* die Tapferen; **III** *v/t.* **4.** mutig begegnen, trotzen, die Stirn bieten (*dat.*): ***~ death***; ***~ it out*** es (trotzig) durchstehen; **5.** her'ausfordern; **'brav·er·y** [-vərɪ] *s.* **1.** Tapferkeit *f*, Mut *m*; **2.** Pracht *f*, Putz *m*, Staat *m.*

bra·vo¹ [ˌbrɑːˈvəʊ] **I** *int.* 'bravo!; **II** *pl.* **-vos** *s.* 'Bravo(ruf *m*) *n.*

bra·vo² ['brɑːvəʊ] *s.* 'Bravo *m*, Ban'dit *m.*

bra·vu·ra [brəˈvʊərə] *s.* ♪ *od. fig.* **1.** Bra'vour *f*, Meisterschaft *f*; **2.** Bra'vourstück *n.*

brawl [brɔːl] **I** *s.* **1.** Streite'rei *f*, Kra'keel *m*, Lärm *m*; **2.** Raufe'rei *f*, Kra'wall *m*, ⚖ Raufhandel *m*; **II** *v/i.* **3.** kra'keelen, zanken, keifen, lärmen; **4.** rauschen (*Fluss*); **'brawl·er** [-lə] *s.* Raufbold *m*, Kra'keeler(in); **'brawl·ing** [-lɪŋ] *s.* **1.** → ***brawl*** 1, 2; **2.** ⚖ *Brit.* Ruhestörung *f bsd. in Kirchen.*

brawn [brɔːn] *s.* **1.** Muskeln *pl.*; **2.** *fig.* Muskelkraft *f*, Stärke *f*; **3.** Presskopf *m*,

(Schweine)Sülze *f*; '**brawn·y** [-nɪ] *adj.* musku'lös; *fig.* kräftig, stämmig, stark.

bray[1] [breɪ] **I** *s.* **1.** (*bsd.* Esels)Schrei *m*; **2.** Schmettern *n* (*Trompete*); gellender *od.* 'durchdringender Ton; **II** *v/i.* **3.** schreien (*bsd. Esel*); **4.** schmettern; kreischen, gellen.

bray[2] [breɪ] *v/t.* zerstoßen, -reiben, -stampfen (*im Mörser*).

braze [breɪz] *v/t.* ⚙ (hart)löten.

bra·zen ['breɪzn] **I** *adj.* ☐ **1.** ehern, bronzen, Messing...; **2.** *fig.* me'tallisch, grell (*Ton*); **3.** *a.* **~-faced** *fig.* unverschämt, frech, schamlos; **II** *v/t.* **4.** **~ it out** die Sache ‚frech wie Oskar' durchstehen; '**bra·zen·ness** [-nɪs] *s.* Unverschämtheit *f.*

bra·zier ['breɪzjə] *s.* **1.** Kupferschmied *m*, Gelbgießer *m*; **2.** große Kohlenpfanne.

Bra·zil [brə'zɪl] → **brazilwood**; **Bra'zil·ian** [-ljən] **I** *adj.* brasili'anisch; **II** *s.* Brasili'aner(in).

Bra·zil| nut *s.* ⚘ 'Paranuss *f*; **~·wood** *s.* ⚘ Bra'sil-, Rotholz *n.*

breach [bri:tʃ] **I** *s.* **1.** *fig.* Bruch *m*, Über'tretung *f*, Verletzung *f*, Verstoß *m*: **~ of contract** Vertragsbruch; **~ of duty** Pflichtverletzung; **~ of etiquette** Verstoß gegen den guten Ton; **~ of faith** (*od.* **trust**) Vertrauensbruch, Untreue *f*; **~ of the law** Übertretung des Gesetzes; **~ of the peace** öffentliche Ruhestörung, Aufruhr *m*, *oft* grober Unfug; **~ of promise** (**to marry**) ⚖ Bruch des Eheversprechens; **~ of prison** Ausbruch *m* aus dem Gefängnis; **2.** *fig.* Bruch *m*, Riss *m*, Zwist *m*; **3.** ⚔ *u. fig.* Bresche *f*, Lücke *f*: **stand in** (*od.* **step into**) **the ~** in die Bresche springen, (aus)helfen; **4.** ⚓ Einbruch *m* der Wellen; **5.** ⚙ 'Durchbruch *m*; **II** *v/t.* **6.** ⚔ e-e Bresche schlagen in (*acc.*), durch'brechen; **7.** *Vertrag etc.* brechen.

bread [bred] **I** *s.* **1.** Brot *n*; **2.** *fig.*, *a.* **daily ~** (tägliches) Brot, 'Lebens,unterhalt *m*: **earn one's ~** sein Brot verdienen; **~ and butter** a) Butterbrot, b) Lebensunterhalt, ‚Brötchen' *pl.*; **quarrel with one's ~ and butter** a) mit s-m Los hadern, b) sich ins eigene Fleisch schneiden; **~ buttered both sides** großes Glück, Wohlstand *m*; **know which side one's ~ is buttered** s-n Vorteil (er)kennen; **take the ~ out of s.o.'s mouth** j-n brotlos machen; **cast one's ~ upon the waters** et. ohne Aussicht auf Erfolg tun; **~ and water** Wasser u. Brot; **~ and wine** *eccl.* Abendmahl *n*; **3.** *sl.* ‚Kies' *m*, ‚Kohlen' *pl.* (*Geld*); **II** *v/t.* **4.** *Am. Küche*: panieren.

,**bread|-and-'but·ter** *adj.* F **1.** einträglich, Brot...: **~ education** Brotstudium *n*; **2.** praktisch, sachlich; **3.** **~ letter** Dankesbrief *m* für erwiesene Gastfreundschaft; '**~,bas·ket** *s.* **1.** Brotkorb *m*; **2.** *sl.* Magen *m*; **~ bin** *s.* Brotkasten *m*; '**~·board** *s. Brit.* Brotschneidebrett *n*: **~ circuit** ⚡ Brettschaltung *f*; '**~·crumb** **I** *s.* **1.** Brotkrume *f*, **2.** *das* Weiche des Brotes (*ohne Rinde*); **II** *v/t.* **3.** *Küche*: panieren; '**~·fruit** *s.* ⚘ **1.** Brotfrucht *f*; **2.** → **bread tree**; **~ grain** *s.* Brotgetreide *n*; '**~·line** *s.* Schlange *f* von Bedürftigen (*an die Nahrungsmittel verteilt werden*): **live on the ~** an der Armutsgrenze leben; **~ sauce** *s.* Brottunke *f*; '**~·stuffs** *s. pl.* Brotgetreide *n.*

breadth [bredθ] *s.* **1.** Breite *f*, Weite *f*; **2.** ⚙ Bahn *f*, Breite *f* (*Stoff*); **3.** *fig.* Ausdehnung *f*, Größe *f*; **4.** *fig.*, *a. Kunst*: Großzügigkeit *f.*

bread| tree *s.* ⚘ Brotfruchtbaum *m*; '**~,win·ner** *s.* Ernährer *m*, Geldverdiener *m* (*e-r Familie*).

break [breɪk] **I** *s.* **1.** (Ab-, Zer-, 'Durch)Brechen *n*, Bruch *m* (*a. fig.*), Abbruch *m* (*a. fig. von Beziehungen*), Bruchstelle *f*: **~ in the voice** Umschlagen *n* der Stimme; **~ of day** Tagesanbruch *m*; **a ~ with tradition** ein Bruch mit der Tradition; **make a ~ for it** (sich) flüchten, das Weite suchen; **2.** Lücke *f* (*a. fig.*), Zwischenraum *m*; Lichtung *f*; **3.** Pause *f*, Ferien *pl.*; Unter'brechung *f* (*a.* ⚡), Aufhören *n*, *fig. u. Metrik*: *a.* Zä'sur *f*: **without a ~** ununterbrochen; **tea ~** Teepause; **4.** Wechsel *m*, Abwechslung *f*, 'Umschwung *m*; Sturz *m* (*Wetter*, *Preis*); **5.** *typ.* Absatz *m*; **6.** *Billard*: Serie *f*; **7.** *Tennis*: Break *m*, *n* (*Durchbrechen des gegnerischen Aufschlagspiels*); **8.** *Jazz*: Break *m*, *n*; **9.** *Am. sl.* Chance *f*, Gelegenheit *f*: **bad ~** ‚Pech' *n*; **give s.o. a ~** j-m e-e Chance geben; **10.** *Am. sl.* Schnitzer *m*, Faux'pas *m*; **11.** a) Kremser *m*, b) Wagen *m* zum Einfahren von Pferden; **12.** ⚙ → **brake**[1]; **II** *v/t.* [*irr.*] **13.** brechen (*a. fig.*), auf-, 'durch-, zerbrechen, ent'zweibrechen: **~ one's arm** (sich) den Arm brechen; **~ s.o.'s heart** j-m das Herz brechen; **~ jail** aus dem Gefängnis ausbrechen; **~ a seal** ein Siegel erbrechen; **~ s.o.'s resistance** j-s Widerstand brechen; **14.** *Geldschein* klein machen, wechseln; **15.** zerreißen, -schlagen, -trümmern, ka'puttmachen: **I've broken my watch** m-e Uhr ist kaputt; **16.** unter'brechen (*a.* ⚡), aufheben, -geben: **~ a journey** e-e Reise unterbrechen; **~ the circuit** ⚡ den Stromkreis unterbrechen; **~ the silence** das Schweigen brechen; **~ a custom** e-e Gewohnheit aufgeben; **17.** *Vorrat etc.* anbrechen; **18.** *fig.* brechen, verletzen, verstoßen gegen, nicht (ein-) halten: **~ a contract** e-n Vertrag brechen; **~ the law** das Gesetz übertreten;

19. *fig.* zu'grunde richten, ruinieren, *a. j-n* ka'puttmachen: **~ *the bank*** die Bank sprengen; **20.** vermindern, abschwächen; **21.** *Tier* zähmen, abrichten; gewöhnen (***to*** an *acc.*): **~ *a horse to harness*** ein Pferd einfahren *od.* zureiten; **22.** *Nachricht* eröffnen: **~ *that news gently to her*** bring ihr diese (*schlechte*) Nachricht schonend bei; **23.** ⚒ pflügen, urbar machen; → ***ground***[1] 1; **24.** *Flagge* aufziehen; **III** *v/i.* [*irr.*] **25.** brechen, zerbrechen, -springen, -reißen, platzen, ent'zwei-, ka'puttgehen: ***glass* ~*s easily*** Glas bricht leicht; ***the rope broke*** das Seil zerriss; **26.** *fig.* brechen (*Herz*, *Kraft*); **27.** sich brechen (*Wellen*); **28.** unter'brochen werden; **29.** sich (zer)teilen (*Wolken*); sich auflösen (*Heer*); **30.** nachlassen (*Gesundheit*); zu'grunde gehen (*Geschäft*); vergehen, aufhören; **31.** anbrechen (*Tag*); aufbrechen (*Wunde*); aus-, losbrechen (*Sturm*, *Gelächter*); **32.** brechen (*Stimme*): ***his voice broke*** *a.* er befand sich im Stimmwechsel, er mutierte; **33.** sich verändern, 'umschlagen (*Wetter*); **34.** ✝ im Preise fallen; **35.** bekannt (gegeben) werden (*Nachricht*); **36.** *Boxen*: brechen;

Zssgn mit adv. u. prp.:

break| a·way *v/i.* **1.** ab-, losbrechen; **2.** sich losreißen, ausreißen; **3.** sich trennen, sich lossagen, absplittern; **4.** *sport* a) sich absetzen (***from***, ***of*** von), ausreißen, b) *Am.* e-n Fehlstart verursachen; **~ down I** *v/t.* **1.** niederreißen, abbrechen; **2.** *fig. j-n, j-s Widerstand* brechen; **3.** zerlegen (*a.* ⚙); auflösen; *Statistik*: aufgliedern, -schlüsseln; **II** *v/i.* **4.** zs.-brechen (*a. fig.*); **5.** zerbrechen (*a. fig.*); **6.** versagen, scheitern; stecken bleiben; *mot. a.* e-e Panne haben; **7.** *fig.* zerfallen (*in einzelne Gruppen etc.*); **~ e·ven** *v/i.* ✝ kostendeckend arbeiten; **~ forth** *v/i.* **1.** her'vorbrechen; **2.** sich erheben (*Geschrei etc.*); **~ in I** *v/t.* **1.** einschlagen; **2.** *Tier* abrichten; *Pferd* zureiten; *Auto etc.* einfahren; *Person* einarbeiten; *j-n* gewöhnen (***to*** an *acc.*); **II** *v/i.* **3.** einbrechen: **~ *on*** sich einmischen in (*acc.*), *Unterhaltung etc.* unterbrechen; **~ in·to** *v/i.* **1.** einbrechen *od.* -dringen in (*acc.*); **2.** *fig.* in *Gelächter etc.* ausbrechen; **3.** *Vorrat etc.* anbrechen; **~ off** *v/t. u. v/i.* abbrechen (*a. fig.*); **~ out** *v/i.* ausbrechen (*a. fig.*): **~ *in a rash*** ⚕ e-n Ausschlag bekommen; **~ through I** *v/t.* (durch)'brechen, über'winden; **II** *v/i.* 'durchbrechen, erscheinen; **~ up I** *v/t.* **1.** zer-, aufbrechen; zerlegen (*a. hunt. Wild*); *weitS.* zerstören, ka'puttmachen, *fig. a.* zerrütten: ***that breaks me up!*** F ich lach mich tot!; **2.** abbrechen, *Sitzung etc.* aufheben, *Versammlung*, *Menge*, *a. Haushalt* auflösen; **II** *v/i.* **3.** aufgehoben werden, sich auflösen (*Versammlung etc.*, *a. Nebel etc.*); **4.** aufhören; schließen (*Schule etc.*); **5.** zerbrechen (*Ehe etc.*); sich trennen, Schluss machen (*Paar*); zerfallen (*Reich etc.*); **6.** *fig.* zs.-brechen (*Person*); **7.** aufklaren (*Wetter*, *Himmel*); **8.** aufbrechen (*Straße*, *Eis*); **~ with** *v/i.* brechen *od.* Schluss machen mit (*e-m Freund*, *e-r Gewohnheit*).

break·a·ble ['breɪkəbl] **I** *adj.* zerbrechlich; **II** *s. pl.* zerbrechliche Ware *sg.*;

'break·age [-kɪdʒ] *s.* **1.** Bruch(stelle *f*) *m*; **2.** Bruchschaden *m*;

'break·a·way *s.* **1.** (***from***) *pol.* Absplitterung *f*, Lossagung *f* (von), Bruch *m* (mit): **~ *group*** Splittergruppe *f*; **2.** *sport* a) Ausreißen *n*, b) 'Durchbruch *m*, c) *Am.* Fehlstart *m*.

'break·down *s.* **1.** Zs.-bruch *m*, Scheitern *n*: ***nervous* ~** Nervenzusammenbruch; **~ *of marriage*** ⚖ Zerrüttung *f* der Ehe; **2.** Panne *f*, (Ma'schinen)Schaden *m*, (Betriebs)Störung *f*; ⚡ 'Durchschlag *m*; **3.** Zerlegung *f*, *bsd. statistische* Aufgliederung, Aufschlüsselung *f*, Ana'lyse *f* (*a.* ⚗); **~ serv·ice** *s. mot. Brit.* Pannendienst *m*; **~ truck**, **~ van** *s. Brit.* Abschleppwagen *m*; **~ volt·age** *s.* ⚡ 'Durchschlagsspannung *f*.

break·er ['breɪkə] *s.* **1.** Brecher *m* (*bsd. in Zssgn Person od. Gerät*); 'Abbruchunter,nehmer *m*, Verschrotter *m*; **2.** Abrichter *m*, Dres'seur *m*; **3.** Brecher *m*, Sturzwelle *f*: **~*s*** Brandung *f*.

,break-'e·ven| point *s.* ✝ Rentabili'tätsgrenze *f*, Gewinnschwelle *f*; **~ price** *s.* Selbstkostenpreis *m*.

break·fast ['brekfəst] **I** *s.* Frühstück *n*: **~ *television*** Frühstücksfernsehen *n* (*am frühen Morgen*); ***have* ~** → **II** *v/i.* frühstücken.

Das traditionelle **English breakfast** (auch **full** oder **fried/cooked breakfast** genannt) besteht aus Eiern (Spiegeleiern, Rührei bzw. pochierten Eiern), Schinkenspeck, gebratenen Würstchen, Tomaten und Pilzen, oder auch geräuchertem Fisch. Aus zeitlichen und gesundheitlichen Gründen wird ein solches aufwändiges Frühstück immer seltener zu Hause eingenommen, ist aber in Hotels und Pensionen sowie man-

chen Schnellimbissstuben zu bekommen.
Anders das **continental breakfast,** das lediglich aus Cornflakes oder dergleichen und Toast/Brötchen mit Butter und Marmelade besteht.

'break-in → ***breaking-in.***
break·ing ['breɪkɪŋ] *s.* Bruch *m*: **~ *of the voice*** Stimmbruch, -wechsel *m*; **~ *and entering*** ⚖ Einbruch *m*; **'~-in** *s.* **1.** ⚖ Einbruch *m*; **2.** Abrichten *n*; Zureiten *n*; *mot.* Einfahren *n*; Einarbeitung *f*, Anlernen *n von Personen*; **~ point** *s.* ⚙, *phys.* Bruch-, Festigkeitsgrenze *f*: ***to*** **~** *fig.* bis zur (totalen) Erschöpfung; ***have reached*** **~** kurz vor dem Zs.-bruch stehen; **~ strength** *s.* ⚙, *phys.* Bruch-, Reißfestigkeit *f*.
'break|·neck *adj.* halsbrecherisch; **'~·out** *s.* Ausbruch *m* (*aus Gefängnis etc.*); **'~·through** *s. bsd.* ⚔ 'Durchbruch *m* (*a. fig. Erfolg*); **'~·up** *s.* **1.** Zerbrechen *n*, -bersten *n*; Bersten *n* (*von Eis*); **2.** *fig.* Zerrüttung *f*, Zs.-bruch *m*, Zerfall *m*; **3.** Bruch *m* (*e-r Freundschaft etc.*); **4.** Auflösung *f* (*e-r Versammlung etc.*); **'~ˌwa·ter** *s.* Wellenbrecher *m*.
bream¹ [bri:m] *s. ichth.* Brassen *m*.
bream² [bri:m] *v/t.* ⚓ den Schiffsboden rein kratzen u. brennen.
breast [brest] **I** *s.* **1.** Brust *f*; (*weibliche*) Brust, Busen *m*; **2.** *fig.* Brust *f*, Herz *n*, Busen *m*: ***make a clean*** **~** ***of s.th.*** et. gestehen; **3.** Brust(stück *n*) *f e-s Kleides etc.*; **4.** Wölbung *f e-s Berges*; **II** *v/t.* **5.** mutig auf *et.* losgehen; gegen *et.* ankämpfen, mühsam bewältigen: **~ *the waves*** gegen die Wellen ankämpfen; **6.** *sport das Zielband* durch'reißen; **'~·bone** ['bres*t*-] *s.* Brustbein *n*; **ˌ~-'deep** *adj.* brusthoch.
breast·ed ['brestɪd] *adj. in Zssgn* ...brüstig.
'breast|-feed *v/t. u. v/i.* [*irr.*] stillen: ***breast-fed child*** Brustkind *n*; **'~·pin** ['bres*t*-] *s.* Ansteck-, Kra'wattennadel *f*; **'~·stroke** *s. sport* Brustschwimmen *n*; **'~·work** *s.* ⚔, ⚠ Brustwehr *f*.
breath [breθ] *s.* **1.** Atem(zug) *m*: ***bad*** **~** (übler) Mundgeruch; ***draw one's first*** **~** das Licht der Welt erblicken; ***draw one's last*** **~** den letzten Atemzug tun (*sterben*); ***it took my*** **~** ***away*** *fig.* es verschlug mir den Atem; ***take*** **~** Atem schöpfen (*a. fig.*); ***catch one's*** **~** den Atem anhalten; ***save your*** **~!** spar dir die Worte!; ***waste one's*** **~** *fig.* in den Wind reden; ***out of*** **~** außer Atem; ***under one's*** **~** leise, im Flüsterton; ***with his last*** **~** mit s-m letzten Atemzug, als Letztes; ***in the same*** **~** im gleichen Atemzug; **2.** *fig.* Spur *f*, Anflug *m*; **3.** Hauch *m*, Lüftchen *n*: ***a*** **~** ***of air***; **4.** Duft *m*.
breath·a·lyz·er ['breθəlaɪzə] *s. mot.* Alkoholtestgerät *n*.
breathe [bri:ð] **I** *v/i.* **1.** atmen; *fig.* leben; **2.** Atem holen; *fig.* sich verschnaufen: **~ *again*** (*od.* ***freely***) (erleichtert) aufatmen; **3. ~ *upon*** anhauchen; *fig.* besudeln; **4.** duften (***of*** nach); **II** *v/t.* **5.** (ein- u. aus)atmen; *fig.* ausströmen: **~ *a sigh*** seufzen; **6.** hauchen, flüstern: ***not to*** **~** ***a word*** kein Sterbenswörtchen sagen; **'breath·er** [-ðə] *s.* **1.** Atem-, Verschnaufpause *f* (*a. fig.*): ***take a*** **~** sich verschnaufen; **2.** *sport* F ‚Spa'ziergang' *m*; **3.** F Stra'paze *f*; **'breath·ing** [-ðɪŋ] *s.* **1.** Atmen *n*, Atmung *f*; **2.** (Luft)Hauch *m*: **~ *space*** Atempause *f*.
breath·less ['breθlɪs] *adj.* □ **1.** außer Atem; atemlos (*a. fig.*); **2.** *fig.* atemberaubend; **3.** windstill.
'breath|ˌtak·ing *adj.* □ atemberaubend; **~ test** *s. Brit.* (*an e-m Verkehrsteilnehmer vorgenommener*) Alkoholtest.
bred [bred] *pret. u. p.p. von* ***breed***.
breech [bri:tʃ] *s.* **1.** Hosenboden *m*; **2.** ⚔ Verschluss *m* (*Geschütz, Hinterlader*); **~ de·liv·er·y** *s.* ⚕ Steißgeburt *f*.
breech·es ['brɪtʃɪz] *s. pl.* Knie-, Reithose(n *pl.*) *f*, Breeches *pl.*; → ***big*** 1, ***wear*** 1.
'breechˌload·er *s.* ⚔ 'Hinterlader *m*.
breed [bri:d] **I** *v/t.* [*irr.*] **1.** her'vorbringen, gebären; **2.** *Tiere* züchten; *Pflanzen* züchten, ziehen: ***French-bred*** in Frankreich gezüchtet; **3.** *fig.* her'vorrufen, verursachen, erzeugen: ***war*** **~s** ***misery***; **4.** auf-, erziehen; ausbilden; **II** *v/i.* [*irr.*] **5.** zeugen, brüten, sich paaren, sich fortpflanzen, sich vermehren; **6.** entstehen; **III** *s.* **7.** Rasse *f*, Zucht *f*, Stamm *m*; **8.** Art *f*, Schlag *m*, Herkunft *f*; **'breed·er** [-də] *s.* **1.** Züchter(in); **2.** Zuchttier *n*; **3.** *a.* **~ *reactor*** *phys.* Brüter *m*, 'Brutreˌaktor *m*; **'breed·ing** [-dɪŋ] *s.* **1.** Fortpflanzung *f*; Züchtung *f*, Zucht *f*: **~ *place*** *fig.* Brutstätte *f*; **2.** Erziehung *f*, Ausbildung *f*; **3.** Benehmen *n*; Bildung *f*, (gute) Lebensart *od.* ‚Kinderstube'.
breeze¹ [bri:z] **I** *s.* **1.** Brise *f*, leichter Wind; **2.** F Krach *m*: a) Lärm *m*, b) Streit *m*; **3.** *Am.* ‚Kinderspiel' *n*, ‚Spaziergang' *m*; **II** *v/i.* **4.** wehen; **5.** F a) ‚schweben' (*Person*), b) sausen.
breeze² [bri:z] *s.* ⚙ Kohlenlösche *f*.
breez·y ['bri:zɪ] *adj.* □ **1.** luftig, windig; **2.** F a) forsch, flott, unbeschwert, b) oberflächlich.
Bren gun [bren] *s.* leichtes Ma'schinengewehr.

brent goose [brent] → ***brant***.
breth·ren ['breðrən] *pl. von* **brother** 2.
Bret·on ['bretən] **I** *adj.* bre'tonisch; **II** *s.* Bre'tone *m*, Bre'tonin *f*.
breve [bri:v] *s. typ.* Kürzezeichen *n*.
bre·vet ['brevɪt] ⚔ **I** *s.* Bre'vet *n* (*Offizierspatent zu e-m Titularrang*): ~ ***major*** Hauptmann *m* im Range e-s Majors (*ohne entsprechendes Gehalt*); **II** *adj.* Brevet...: ~ ***rank*** Titularrang *m*.
bre·vi·ar·y ['bri:vjərɪ] *s.* Bre'vier *n*.
bre·vier [brə'vɪə] *s. typ.* Pe'titschrift *f*.
brev·i·ty ['brevətɪ] *s.* Kürze *f*.
brew [bru:] **I** *v/t.* **1.** *Bier* brauen; **2.** *Getränke* (*a. Tee*) (zu)bereiten; **3.** *fig.* aushecken, -brüten; **II** *v/i.* **4.** brauen, Brauer sein; **5.** sich zs.-brauen, in der Luft liegen, im Anzuge sein (*Gewitter, Unheil*); **III** *s.* **6.** Gebräu *n* (*a. fig.*); **brew·age** ['bru:ɪdʒ] *s.* Gebräu *n* (*a. fig.*); **brew·er** ['bru:ə] *s.* Brauer *m*: ***~'s yeast*** Bierhefe *f*; **brew·er·y** ['brʊərɪ] *s.* Braue'rei *f*.
bri·ar → ***brier***.
brib·a·ble ['braɪbəbl] *adj.* bestechlich; **bribe** [braɪb] **I** *v/t.* **1.** bestechen; **2.** *fig.* verlocken; **II** *s.* **3.** Bestechung *f*; **4.** Bestechungsgeld *n*, -geschenk *n*: ***taking (of) ~s*** ⚖ Bestechlichkeit *f*, passive Bestechung, *pol.* Vorteilsnahme *f*; **'brib·er** [-bə] *s.* Bestecher *m*; **'brib·er·y** [-bərɪ] *s.* Bestechung *f*.
bric-à-brac ['brɪkəbræk] *s.* **1.** Antiqui'täten *pl.*; **2.** Nippsachen *pl*.
brick [brɪk] **I** *s.* **1.** Ziegel-, Backstein *m*: ***drop a ~*** F ‚ins Fettnäpfchen treten'; ***swim like a ~*** wie e-e bleierne Ente schwimmen; **2.** (Bau)Klötzchen *n* (*Spielzeug*): ***box of ~s*** Baukasten *m*; **3.** F prima Kerl; **II** *adj.* **4.** Ziegel..., Backstein...: ***red-~ university*** *Brit.* moderne Universität (*ohne jahrhundertealte Tradition*); **III** *v/t.* **5.** mit Ziegelsteinen belegen *od.* pflastern: ***to ~ in*** (*od.* ***up***) zumauern; **'~·bat** *s.* Ziegelbrocken *m* (*bsd. als Wurfgeschoss*); **'~ˌlay·er** *s.* Maurer *m*; **'~ˌlay·ing** *s.* Maure'rei *f*; **'~ˌmak·er** *s.* Ziegelbrenner *m*; **~ tea** *s.* (*chinesischer*) Ziegeltee; **~ wall** *s.* Backsteinmauer *f*; *fig.* Wand *f*: ***see through a ~*** das Gras wachsen hören; **'~·work** *s.* **1.** Mauerwerk *n*; **2.** *pl. sg. konstr.* Ziege'lei *f*.
brid·al ['braɪdl] **I** *adj.* □ bräutlich, Braut...; Hochzeits...; **II** *s. poet.* Hochzeit *f*.
bride [braɪd] *s.* Braut *f* (*am u. kurz vor u. nach dem Hochzeitstage*), Neuvermählte *f*: ***give away the ~*** Brautvater sein.
bride·groom ['braɪdgrʊm] *s.* Bräutigam *m*; **brides·maid** ['braɪdzmeɪd] *s.* Brautjungfer *f*.
bride·well ['braɪdwəl] *s.* Gefängnis *n*, Besserungsanstalt *f*.
bridge[1] [brɪdʒ] **I** *s.* **1.** Brücke *f*: ***burn one's ~s (behind one)*** *fig.* alle Brücken hinter sich abbrechen; ***don't cross your ~s before you come to them*** *fig.* lass doch die Dinge einfach auf dich zukommen; **2.** ⚓ Kom'mandobrücke *f*; **3.** ♪ (Vio'linen- *etc.*)Steg *m*; ⚕ (Zahn-) Brücke *f*; (Brillen)Steg *m*; **4.** *a.* ~ ***of the nose*** Nasenrücken *m*; **5.** ('Straßen)Überˌführung *f*; **6.** *Turnen, Ringen*: Brücke *f*; **7.** ⚡ (Mess)Brücke *f*; Brückenschaltung *f*; **II** *v/t.* **8.** e-e Brücke schlagen über (*acc.*); **9.** *fig.* über'brücken: ***bridging loan*** ✝ Überbrückungskredit *m*.
bridge[2] [brɪdʒ] *s.* Bridge *n* (*Kartenspiel*).
'bridge|·head *s.* ⚔ Brückenkopf *m*; **~ toll** *s.* Brückenmaut *f*; **'~·work** *s.* ⚕ (Zahn)Brücke *f*.
bri·dle ['braɪdl] **I** *s.* **1.** Zaum *m*, Zaumzeug *n*; **2.** Zügel *m*: ***give a horse the ~*** e-m Pferd die Zügel schießen lassen; **II** *v/t.* **3.** *Pferd* (auf)zäumen; **4.** *Pferd* (*a. fig. Leidenschaft etc.*) zügeln, im Zaum halten; **III** *v/i.* **5.** *a.* ~ ***up*** (*verächtlich od. stolz*) den Kopf zu'rückwerfen, *weitS.* hochfahren, ärgerlich werden; **6.** Anstoß nehmen (***at*** an *dat.*); **~ hand** *s.* Zügelhand *f* (*Linke des Reiters*); **~ path** *s.* schmaler Reitweg, Saumpfad *m*; **~ rein** *s.* Zügel *m*.
brief [bri:f] **I** *adj.* □ **1.** kurz: ***be ~!*** fasse dich kurz!; **2.** kurz, gedrängt: ***in ~*** kurz (gesagt); **3.** kurz angebunden, schroff; **II** *s.* **4.** (päpstliches) Breve; **5.** ⚖ a) Schriftsatz *m*, b) *Brit.* Beauftragung *f* u. Informierung *f* (*des* **barrister** *durch den* **solicitor**) zur Vertretung vor Gericht, *weitS.* Man'dat *n*, c) *Am.* (schriftliche) Informierung des Gerichts (*durch den Anwalt*): ***abandon*** (*od.* ***give up***) ***one's ~*** sein Mandat niederlegen; ***hold a ~ for s.o.*** ⚖ j-s Sache vertreten, *fig.* für j-n e-e Lanze brechen; ***I hold no ~ for*** ich halte nichts von ...; ***hold a watching ~*** j-s Interessen (*bei Gericht*) als Beobachter vertreten; **6.** → ***briefing***; **III** *v/t.* **7.** *j-n* instruieren *od.* einweisen, *j-m* genaue Anweisungen geben; **8.** ⚖ a) *e-m Anwalt* e-e Darstellung des Sachverhalts geben, b) *e-n Anwalt* mit s-r Vertretung beauftragen; **'~·case** *s.* Aktentasche *f*.
brief·ing ['bri:fɪŋ] *s.* **1.** ⚖ Beauftragung *f e-s Anwalts*; **2.** *a.* ⚔ (genaue) Anweisung, Instrukti'on *f*, Einweisung *f*; **3.** ⚔ Lage-, Einsatzbesprechung *f*, Befehlsausgabe *f*; **'brief·less** [-lɪs] *adj.* unbeschäftigt (*Anwalt*); **'brief·ness** [-nɪs] *s.* Kürze *f*.
briefs [bri:fs] *s. pl.* Slip *m* (*kurze Unterhose*).
bri·er ['braɪə] *s.* ⚘ **1.** Dornstrauch *m*; **2.** wilde Rose: ***sweet ~*** Weinrose; **3.**

Bruy'èreholz *n*: ~ (***pipe***) Bruyèrepfeife *f*.

brig [brɪg] *s.* **1.** ⚓ Brigg *f*; **2.** ⚔ F ‚Bau' *m*.

Bri·gade [brɪ'geɪd] *s.* **1.** ⚔ Bri'gade *f*; **2.** (*mst* uniformierte) Vereinigung; *contp.* ‚Verein' *m*; **brig·a·dier** [ˌbrɪgə'dɪə] *s.* ⚔ a) *Brit.* Bri'gadekommanˌdeur *m*, -geneˌral *m*, b) *Am. a.* ~ ***general*** Brigadegeneral *m*.

brig·and ['brɪgənd] *s.* Ban'dit *m*, (Straßen)Räuber *m*; **'brig·and·age** [-dɪdʒ] *s.* Räuberunwesen *n*.

bright [braɪt] *adj.* ☐ **1.** hell, glänzend, blank, leuchtend; strahlend (*Wetter*, *Augen*): ~ ***red*** leuchtend rot; **2.** klar, 'durchsichtig; heiter (*Wetter*); **3.** *fig.* ‚hell', gescheit, klug; **4.** munter, fröhlich; **5.** glänzend, berühmt; **6.** günstig; **7.** ⚙ blank, Blank...: ~ ***wire***; **'bright·en** [-tn] **I** *v/t.* **1.** hell(er) machen; *a. fig.* auf-, erhellen; **2.** *fig.* a) heiter(er) machen, beleben, b) fröhlich stimmen; **3.** polieren, blank putzen; **II** *v/i. oft* ~ ***up*** **4.** sich aufhellen (*Gesicht*, *Wetter etc.*), aufleuchten (*Gesicht*); **5.** *fig.* a) sich beleben, b) besser werden (*Aussichten etc.*); **'bright·ness** [-nɪs] *s.* **1.** Glanz *m*, Helle *f*, Klarheit *f*: ~ ***control*** *TV* Helligkeitssteuerung *f*; **2.** Aufgewecktheit *f*, Gescheitheit *f*; **3.** Munterkeit *f*.

Bright's dis·ease [braɪts] *s.* ⚕ brightsche Krankheit *f*, Nierenentzündung *f*.

brill [brɪl] *adj. Brit.* F super, ‚geil'.

bril·liance ['brɪljəns], **'bril·lian·cy** [-sɪ] *s.* **1.** Leuchten *n*, Glanz *m*; Helligkeit *f* (*a. TV*); **2.** *fig.* a) Scharfsinn *m*, b) Bril'lanz *f*, (*das*) Her'vorragende; **'bril·liant** [-nt] **I** *adj.* ☐ **1.** leuchtend, glänzend; **2.** *fig.* bril'lant, glänzend, her'vorragend; **II** *s.* **3.** Bril'lant *m* (*Diamant*); **4.** *typ.* Bril'lant *f* (*Schriftgrad*).

bril·lian·tine [ˌbrɪljən'tiːn] *s.* **1.** Brillan'tine *f*, 'Haarpoˌmade *f*; **2.** *Am.* al'pakaartiger Webstoff.

brim [brɪm] **I** *s.* **1.** Rand *m* (*bsd. Gefäß*); **2.** (Hut)Krempe *f*; **II** *v/i.* **3.** voll sein (***with*** von; *a. fig.*): ~ ***over*** übervoll sein, überfließen, -sprudeln; **ˌbrim'ful** [-'fʊl] *adj.* rand-, 'übervoll (*a. fig.*); **brimmed** [-md] *adj.* mit Rand, mit Krempe.

brim·stone ['brɪmstən] *s.* **1.** Schwefel *m*; **2.** → ~ **but·ter·fly** *s. zo.* Zi'tronenfalter *m*.

brin·dled ['brɪndld] *adj.* gestreift, scheckig.

brine [braɪn] *s.* **1.** Sole *f*, (Salz)Lake *f*; **2.** *poet.* Meer(wasser) *n*; ~ **pan** *s.* Salzpfanne *f*.

bring [brɪŋ] *v/t.* [*irr.*] **1.** bringen, mit-, herbringen, her'beischaffen: ~ ***him*** (***it***) ***with you*** bring ihn (es) mit; ~ ***before the judge*** vor den Richter bringen; ~ ***good luck*** Glück bringen; ~ ***to bear*** *Einfluss etc.* zur Anwendung bringen, geltend machen, *Druck etc.* ausüben; **2.** *Gründe*, *Beschuldigung etc.* vorbringen; **3.** her'vorbringen; *Gewinn* einbringen; mit sich bringen, her'beiführen: ~ ***into being*** ins Leben rufen, entstehen lassen; ~ ***to pass*** zustande bringen; **4.** *j-n* veranlassen, bewegen, dazu bringen (***to*** *inf.* zu *inf.*): ***I can't ~ myself to do it*** ich kann mich nicht dazu durchringen (, es zu tun);

Zssgn mit adv.:

bring| a·bout *v/t.* **1.** zu'stande bringen; **2.** bewirken, verursachen; **3.** ⚓ wenden; ~ **a·long** *v/t.* **1.** → ***bring*** 1; **2.** *fig.* mit sich bringen; ~ **back** *v/t.* zu'rück-, *a. fig.* wiederbringen; *fig.* a) *Erinnerungen* wachrufen (***of*** an *acc.*), b) Erinnerungen wachrufen an (*acc.*); ~ **down** *v/t.* **1.** *a. Flugzeug* her'unterbringen; **2.** *hunt. Wild* erlegen; **3.** ⚔ *Flugzeug* abschießen; **4.** *sport j-n* ‚legen'; **5.** *Regierung etc.* stürzen, zu Fall bringen; **6.** *Preise* drücken; **7.** ~ ***on one's head*** sich *j-s Zorn* zuziehen; **8.** ~ ***the house*** F a) stürmischen Beifall auslösen, b) Lachstürme entfesseln; ~ **forth** *v/t.* **1.** her'vorbringen, gebären; **2.** verursachen, zeitigen; ~ **for·ward** *v/t.* **1.** *Wunsch etc.* vorbringen; **2.** ✝ *Betrag* über'tragen: (***amount***) ***brought forward*** Übertrag *m*; ~ **in** *v/t.* **1.** hereinbringen; **2.** *Ernte*, *a.* ✝ *Gewinn*, *Kapital*, *a. parl. Gesetzesentwurf* einbringen; **3.** a) *j-n* einschalten, b) *j-n* beteiligen (***on*** an *dat.*); **4.** ⚖ *Schuldspruch etc.* fällen: ~ ***a verdict of guilty***; ~ **off** *v/t.* **1.** retten; **2.** ‚schaffen', fertig bringen; ~ **on** *v/t.* **1.** her'beibringen; **2.** her'beiführen, verursachen; **3.** in Gang bringen; **4.** zur Sprache bringen; **5.** *thea. Stück* ‚bringen', aufführen; ~ **out** *v/t.* **1.** a) *Buch*, *Theaterstück* her'ausbringen, b) ✝ *Waren* auf den Markt bringen; **2.** *Sinn etc.* her'ausarbeiten; **3.** ***bring s.o. out of himself*** j-n dazu bringen, mehr aus sich her'auszugehen; **4.** *j-n* in die Gesellschaft einführen; ~ **o·ver** *v/t.* 'umstimmen, bekehren; ~ **round** *v/t.* **1.** *Ohnmächtigen* wieder zu sich bringen, *Patienten* 'durchbringen; **2.** *j-n* umstimmen, ‚her'umkriegen'; **3.** *das Gespräch* bringen (***to*** auf *acc.*); ~ **through** *v/t.* *Kranken od. Prüfling* 'durchbringen; ~ **to** *v/t.* **1.** *Ohnmächtigen* wieder zu sich bringen; **2.** ⚓ stoppen; ~ **up** *v/t.* **1.** *Kind* auf-, erziehen; **2.** zur Sprache bringen; **3.** ⚔ *Truppen* her'anführen; **4.** zum Stillstand bringen; **5.** *et.* (er-) brechen: ~ ***one's lunch***; **6.** ~ ***short*** zum Halten bringen; **7.** → ***date***² 5, ***rear***² 3.

bring·ing-up [ˌbrɪŋɪŋ'ʌp] *s.* **1.** Auf-, Großziehen *n*; **2.** Erziehung *f*.

brink [brɪŋk] *s.* Rand *m* (*mst fig.*): ***on***

the ~ of am Rande (*e-s Krieges, des Ruins etc.*); ***be on the ~ of the grave*** mit e-m Fuß im Grabe stehen; **'~·man·ship** [-mənʃɪp] *s. pol.* Poli'tik *f* des äußersten 'Risikos.

brin·y ['braɪnɪ] **I** *adj.* salzig, solehaltig; **II** *s. Brit.* F: ***the ~*** die See.

bri·oche [briː'ɒʃ] (*Fr.*) *s.* Bri'oche *f* (*süßes Hefegebäck*).

bri·quet(te) [brɪ'ket] (*Fr.*) *s.* Bri'kett *n.*

brisk [brɪsk] **I** *adj.* ☐ **1.** lebhaft, flott, flink; **2.** frisch (*Wind*), lustig (*Feuer*); schäumend (*Wein*); **3.** a) lebhaft, munter, b) forsch, e'nergisch; **4.** ✝ lebhaft, flott; **II** *v/t.* **5.** *mst* ***~ up*** anfeuern, beleben.

bris·ket ['brɪskɪt] *s. Küche*: Brust(stück *n*) *f* (*Rind*).

bris·ling ['brɪslɪŋ] *s. ichth.* Sprotte *f.*

bris·tle ['brɪsl] **I** *s.* **1.** Borste *f*; (Bart-) Stoppel *f*; **II** *v/i.* **2.** sich sträuben (*Haar*); **3.** *a.* ***~ up*** (***with anger***) hochfahren, zornig werden: ***~ with anger***; **4.** (***with***) strotzen, starren, voll sein (von).

bris·tling → ***brisling***.

bris·tly ['brɪslɪ] *adj.* stachelig, rau; struppig; stoppelig, Stoppel...

Brit [brɪt] *s.* F Brite *m*, Britin *f.*

Bri·tan·nic [brɪ'tænɪk] *adj.* bri'tannisch.

Brit·i·cism ['brɪtɪsɪzəm] *s.* Angli'zismus *m*; **'Brit·ish** [-tɪʃ] **I** *adj.* britisch: ***~ subject*** britischer Staatsangehöriger; **II** *s.*: ***the ~*** die Briten *pl.*; **'Brit·ish·er** [-tɪʃə] *s.* Brite *m*; **'Brit·on** [-tn] *s.* **1.** Brite *m*, Britin *f*; **2.** *hist.* Bri'tannier(in)

> **The British Isles:** England, Schottland, Wales, Irland
> **Great Britain:** England, Schottland, Wales (d.h. die Hauptinsel)
> **The United Kingdom = Great Britain and Northern Ireland,** d.h. England, Schottland, Wales, Nordirland

brit·tle ['brɪtl] *adj.* **1.** spröde, zerbrechlich; bröckelig; brüchig (*metall etc.*; *a. fig.*); **2.** reizbar.

broach [brəʊtʃ] **I** *s.* **1.** Stecheisen *n*; Räumnadel *f*; **2.** Bratspieß *m*; **3.** Turmspitze *f*; **II** *v/t.* **4.** *Fass* anstechen; **5.** ⚙ räumen; **6.** *fig. Thema* anschneiden.

B-road ['biːrəʊd] *s. Brit. etwa*: Staatsstraße *f*, Landstraße *f.*

broad [brɔːd] **I** *adj.* ☐ → ***broadly***; **1.** breit: ***it is as ~ as it is long*** *fig.* es ist gehüpft wie gesprungen; **2.** weit, ausgedehnt; weit reichend, um'fassend, voll: ***~ jump*** *sport* Weitsprung *m*; ***in the ~est sense*** im weitesten Sinne; ***in ~ daylight*** am helllichten Tage; **3.** deutlich, ausgeprägt; breit (*Akzent, Dialekt*); → ***hint*** 1; **4.** ungeschminkt, offen, derb: ***a ~ joke*** ein derber Witz; **5.** allgemein, einfach: ***the ~ facts*** die allgemeinen Tatsachen; ***in ~ outline*** in groben Umrissen, in großen Zügen; **6.** großzügig: ***a ~ outlook*** e-e tolerante Auffassung; **7.** *Radio*: unscharf; **II** *s.* **8.** *sl.* a) ‚Weib(sbild)' *n*, b) ‚Nutte' *f*; **~ ar·row** *s.* breitköpfiger Pfeil (*amtliches Zeichen auf brit. Regierungsgut u. auf Sträflingskleidung*); **'~·ax(e)** *s.* **1.** Breitbeil *n*; **2.** *hist.* Streitaxt *f*; **~ beam** *s.* ⚡ Breitstrahler *m*; **~ bean** *s.* ⚘ Saubohne *f*; **'~·brush** *adj.* (ganz) grob, ganz allgemein.

broad·cast ['brɔːdkɑːst] **I** *v/t.* [*irr.* → ***cast***; *pret. u. p.p. a.* ***~ed***] **1.** breitwürfig säen; **2.** *fig. Nachricht* verbreiten, *iro.* 'auspo,saunen; **3.** durch Rundfunk *od.* Fernsehen verbreiten, über'tragen, senden, ausstrahlen; **II** *v/i.* **4.** im Rundfunk *od.* Fernsehen auftreten; **5.** senden; **III** *s.* **6.** Rundfunk-, Fernsehsendung *f*, Über'tragung *f*; **IV** *adj.* **7.** Rundfunk..., Fernseh...; **'broad·cast·er** [-tə] *s.* **1.** Rundfunk-, Fernsehsprecher(in); **2.** → ***broadcasting station***.

broad·cast·ing ['brɔːdkɑːstɪŋ] **I** *s.* **1.** → ***broadcast*** 6; **2.** a) Rundfunk *m od.* Fernsehen *n*: ***~ area*** Sendebereich *m*, b) Sendebetrieb *m*; **II** *adj.* **3.** Rundfunk..., Fernseh...; **~ sta·tion** *s.* 'Rundfunk-, 'Fernsehstati,on *f*, Sender *m*; **~ stu·di·o** *s.* Senderaum *m*, 'Studio *n.*

Broad| Church *s. liberale Richtung in der anglikanischen Kirche*; **'ℒ·cloth** *s.* feiner Wollstoff.

broad·en ['brɔːdn] *v/t. u. v/i.* (sich) verbreitern, (sich) erweitern: ***~ one's mind*** *fig.* sich bilden, s-n Horizont erweitern; ***travel(l)ing ~s the mind*** Reisen bildet.

'broad-ga(u)ge *adj.* 🚂 Breitspur...

broad·ly ['brɔːdlɪ] *adv.* **1.** weitgehend (*etc.*, → ***broad*** I); **2.** allgemein (gesprochen), in großen Zügen.

,broad'mind·ed *adj.* großzügig, tole'rant.

'broad|·sheet *s.* **1.** *typ.* Planobogen *m*; **2.** *hist.* große, einseitig bedruckte Flugschrift; Flugblatt *n*; **'~·side** *s.* **1.** ⚓ Breitseite *f* (*Geschütze u. Salve*): ***fire a ~*** e-e Breitseite abgeben; **2.** F ‚Breitseite' *f*, mas'sive At'tacke; **3.** → ***broadsheet***; **'~·sword** *s.* breites Schwert, 'Pallasch *m.*

> Der **Broadway,** die längste Straße des Stadtteils Manhattan in New York, ist für seine zahlreichen Theater bekannt, an denen hauptsächlich

Repertoire-Stücke sowie Musicals aufgeführt werden. Der Name wird auch als Sammelbegriff für die dortigen Theater und als Adjektiv benutzt: **Broadway show/musical/artist, he has performed on Broadway many times** usw.

bro·cade [brəʊ'keɪd] *s.* ✝ **1.** Bro'kat *m*; **2.** Broka'tell(e *f*) *m*.
bro·chure ['brəʊʃə] *s.* Bro'schüre *f*.
brock·et ['brɒkɪt] *s. hunt.* Spießer *m*, zweijähriger Hirsch.
brogue [brəʊg] *s.* **1.** a) irischer Ak'zent (des Englischen), b) dia'lektisch gefärbte Aussprache; **2.** derber Straßenschuh.
broil[1] [brɔɪl] **I** *v/t.* auf dem Rost braten, grillen; **II** *v/i.* schmoren, braten, kochen (*alle a. fig.*).
broil[2] [brɔɪl] *s.* Krach *m*, Streit *m*.
broil·er[1] ['brɔɪlə] *s.* **1.** Bratrost *m*; Bratofen *m* mit Grillvorrichtung; **2.** Brathühnchen *n* (*bratfertig*); **3.** F glühend heißer Tag.
broil·er[2] ['brɔɪlə] *s.* Streithammel *m*.
broil·ing ['brɔɪlɪŋ] *adj. a.* ~ ***hot*** glühend heiß.
broke[1] [brəʊk] *pret. von* ***break***.
broke[2] [brəʊk] *adj.* F pleite: a) bank'rott, ruiniert, b) ‚abgebrannt', ‚blank': ***go*** ~ Pleite gehen; ***go for*** ~ alles riskieren.
bro·ken ['brəʊkən] **I** *p.p. von* ***break***; **II** *adj.* □ → ***brokenly***; **1.** zerbrochen, entzwei, ka'putt; zerrissen; **2.** gebrochen; **3.** unter'brochen (*Schlaf*); angebrochen, unvollständig: ~ ***line*** gestrichelte *od.* punktierte Linie; **4.** *fig.* (seelisch) gebrochen: ***a*** ~ ***man***; **5.** zerrüttet (*Ehe, Gesundheit*): ~ ***home*** zerrüttete Familienverhältnisse *pl.*; **6.** uneben, holperig (*Boden*); zerklüftet (*Gelände*); bewegt (*Meer*); **7.** *ling.* gebrochen: ~ ***German***; ˌ~-'**down** *adj.* **1.** ruiniert, unbrauchbar; **2.** erschöpft, geschwächt, zerrüttet, ‚ka'putt'; **3.** zs.-gebrochen (*a. fig.*); ˌ~-'**heart·ed** *adj.* un'tröstlich, (ganz) gebrochen.
bro·ken·ly ['brəʊkənlɪ] *adv.* **1.** stoßweise, mit Unter'brechungen; **2.** mit gebrochener Stimme.
bro·ken| num·ber *s.* ⅌ gebrochene Zahl, Bruch *m*; ~ **stone** *s.* Splitt *m*, Schotter *m*; ˌ~-'**wind·ed** *adj.* dämpfig, kurzatmig (*Pferd*).
bro·ker ['brəʊkə] *s.* a) (Handels)Makler *m*, (*weitS. a.* Heirats)Vermittler *m*: ***honest*** ~ *pol., fig.* ehrlicher Makler, b) (Börsen)Makler *m*, Broker *m* (*der im Kundenauftrag Geschäfte tätigt*); '**bro·ker·age** [-ərɪdʒ] *s.* **1.** Maklergebühr *f*, Cour'tage *f*; **2.** Maklergeschäft *n*.
brol·ly ['brɒlɪ] *s. Brit.* F Schirm *m*.
bro·mide ['brəʊmaɪd] *s.* **1.** ⚗ Bro'mid *n*: ~ ***paper*** *phot.* Bromsilberpapier *n*; **2.** *fig.* a) Plattheit *f*, Banali'tät *f*, b) langweiliger Mensch; '**bro·mine** [-miːn] *s.* ⚗ Brom *n*.
bron·chi ['brɒŋkaɪ], '**bron·chi·a** [-kɪə] *s. pl. anat.* 'Bronchien *pl.*; '**bron·chi·al** [-kjəl] *adj.* Bronchial...; **bron·chi·tis** [brɒŋ'kaɪtɪs] *s.* ⚕ Bron'chitis *f*, Bronchi'alkaˌtarr(h) *m*.
bron·co ['brɒŋkəʊ] *pl.* **-cos** *s.* kleines, halbwildes Pferd (*Kalifornien*); '~ˌ**buster** *s.* Zureiter *m* (von wilden Pferden).
Bronx cheer [brɒŋks] *s. Am. sl.* ‚Pfeifkonˌzert' *n*.
bronze [brɒnz] **I** *s.* **1.** Bronze *f*: ~ ***age*** Bronzezeit *f*; ~ ***medal(l)ist*** Bronzemedaillengewinner(in); **2.** ('Statue *f etc.* aus) Bronze *f*; **II** *v/t.* **3.** bronzieren; **III** *adj.* **4.** bronzefarben, Bronze...; **bronzed** [-zd] *adj.* **1.** bronziert; **2.** (sonnen)gebräunt.
brooch [brəʊtʃ] *s.* Brosche *f*, Spange *f*.
brood [bruːd] **I** *s.* **1.** Brut *f*; **2.** Nachkommenschaft *f*; **3.** *contp.* Brut *f*, Horde *f*; **II** *v/i.* **4.** brüten; **5.** *fig.* (**on**, **over**) brüten (über *dat.*), grübeln (über *acc.*); **6.** brüten, lasten (*Hitze etc.*); **III** *adj.* **7.** Brut..., Zucht...: ~ ***mare*** Zuchtstute *f*; '**brood·er** [-də] *s.* **1.** Bruthenne *f*; **2.** Brutkasten *m*; '**brood·y** [-dɪ] *adj.* **1.** brütig (*Henne*); **2.** *fig.* brütend, grüblerisch; trübsinnig.
brook[1] [brʊk] *s.* Bach *m*.
brook[2] [brʊk] *v/t.* erdulden: ***it*** ~***s no delay*** es duldet keinen Aufschub.
broom [bruːm] *s.* **1.** Besen *m*: ***a new*** ~ ***sweeps clean*** neue Besen kehren gut; **2.** ⚘ (Besen)Ginster *m*; '~·**stick** ['brʊm-] *s.* Besenstiel *m*.
broth [brɒθ] *s.* (Fleisch-, Kraft)Brühe *f*, Suppe *f*.
broth·el ['brɒθl] *s.* Bor'dell *n*.
broth·er ['brʌðə] *s.* **1.** Bruder *m*: ~***s and sisters*** Geschwister; ***Smith*** ♀***s*** ✝ Gebrüder Smith; **2.** *eccl. pl.* ***brethren*** Bruder *m*, Nächste(r) *m*, Mitglied *n* e-r (religi'ösen) Gemeinschaft; **3.** Amtsbruder *m*, Kol'lege *m*: ~ ***in arms*** Waffenbruder; ~ ***student*** Kommilitone, Studienkollege *m*; ~ ***officer*** Regimentskamerad *m*; ~***!*** F Mann!, Mensch!; ˌ**broth·er-'ger·man** *s.* leiblicher Bruder; '**broth·er·hood** [-hʊd] *s.* **1.** Bruderschaft *f*; **2.** Brüderlichkeit *f*; **broth·er-in-law** ['brʌðərɪnlɔː] *s.* Schwager *m*.
broth·er·ly ['brʌðəlɪ] *adj.* brüderlich.
brough·am ['bruːəm] *s.* **1.** Brougham *m* (*geschlossener, vierrädriger, zweisitziger Wagen*); **2.** *hist. mot.* Limou'sine *f* mit offenem Fahrersitz.
brought [brɔːt] *pret. u. p.p. von* ***bring***.
brou·ha·ha [bruː'hɑːhɑː] *s.* Getue *n*, Wirbel *m*, Lärm *m*.

brow [braʊ] *s.* **1.** (Augen)Braue *f*: ***knit*** (*od.* ***gather***) ***one's ~s*** die Stirn runzeln; **2.** Stirn *f*; **3.** Vorsprung *m*, Abhang *m*, (Berg)Kuppe *f*; **'~·beat** *v/t.* [*irr.* → ***beat***] einschüchtern, tyrannisieren.

brown [braʊn] **I** *adj.* braun: ***do s.o.*** (***up***) ~ F j-n ‚anschmieren' *od.* ‚reinlegen'; **II** *s.* Braun *n*; **III** *v/t. Haut etc.* bräunen, *Fleisch etc.* (an)bräunen; ⚙ brünieren: ***~ed off*** F ‚restlos bedient', ‚sauer'; **IV** *v/i.* braun werden; ~ **bear** *s. zo.* Braunbär *m*; ~ **bread** *s.* Vollkorn- *od.* Schwarzbrot *n*; ~ **coal** *s.* Braunkohle *f*.

brown·ie ['braʊnɪ] *s.* **1.** Heinzelmännchen *n*; **2.** *Am.* kleiner Schoko'ladenkuchen mit Nüssen; **3.** ‚Wichtel' *m* (*junge Pfadfinderin*).

Brown·ing ['braʊnɪŋ] *s.* Browning *m* (*e-e Pistole*).

'brown|-nose *Am.* V **I** *s.* ‚Arschkriecher' *m*; **II** *v/t. j-m* ‚in den Arsch kriechen'; ~ **pa·per** *s.* 'Packpa,pier *n*; **'ℒ·shirt** *s. hist.* Braunhemd *n* (*SA-Mann od. Nazi*); **'~·stone** *Am.* **I** *s.* brauner Sandstein; **II** *adj.* F wohlhabend, vornehm.

browse [braʊz] *v/i.* **1.** grasen, weiden; *fig.* naschen (***on*** von); **2.** *in Büchern* blättern *od.* schmökern; *im Internet* browsen; **3.** *a.* ~ ***around*** sich (unverbindlich) 'umsehen (*in e-m Laden*); **'browser** *s.* **1.** *Internet:* Browser *m* (*Programm, mit dem man sich im Internet bewegt*); **2.** a) *j-d, der in Büchern etc. herumblättert*, b) *j-d, der sich in e-m Geschäft unverbindlich umsieht.*

bru·in ['bru:ɪn] *s. poet.* (Meister) Petz *m* (*Bär*).

bruise [bru:z] **I** *v/t.* **1.** *Körperteil* quetschen; *Früchte* anstoßen; **2.** zerstampfen, schroten; **3.** *j-n* grün u. blau schlagen; **II** *v/i.* **4.** e-e Quetschung *od.* e-n blauen Fleck bekommen; **III** *s.* **5.** ⚕ Quetschung *f*, Bluterguss *m*; blauer Fleck; **6.** Druckstelle *f* (*auf Obst*); **'bruis·er** [-zə] *s.* **1.** F Boxer *m*; **2.** a) ‚Schläger' *m*, b) ‚Schrank' *m* (*Hüne*).

bruit [bru:t] *v/t.*: ~ ***about*** *obs. Gerücht* verbreiten.

Brum·ma·gem ['brʌmədʒəm] F **I** *s.* **1.** *npr.* Birmingham (*Stadt*); **2.** ℒ Schund (-ware *f*) *m* (*bsd. in Birmingham hergestellt*); **II** *adj.* **3.** billig, kitschig, Schund..., unecht.

brunch [brʌntʃ] *s.* F (*aus* ***breakfast*** *u.* ***lunch***) Brunch *m*.

> Der auch im Deutschen gebräuchliche Begriff **brunch** ist eine Zusammensetzung von **breakfast** (= Frühstück) und **lunch** (= Mittagessen).

bru·nette [bru:'net] **I** *adj.* brü'nett, dunkelbraun; **II** *s.* Brü'nette *f*.

brunt [brʌnt] *s.* Hauptstoß *m*, -last *f*, volle Wucht *des Angriffs* (*a. fig.*): ***bear the ~*** die Hauptlast tragen.

brush [brʌʃ] **I** *s.* **1.** Bürste *f*; Besen *m*: ***tooth~*** Zahnbürste *f*; **2.** Pinsel *m*: ***shaving ~***; **3.** a) Pinselstrich *m* (*Maler*), b) Maler *m*, c) ***the ~*** die Malerei; **4.** Bürsten *n*: ***give a ~*** (***to***) *et.* abbürsten; **5.** buschiger Schwanz (*bsd. Fuchs*); **6.** ⚡ (Kon'takt)Bürste *f*; **7.** *phys.* Strahlenbündel *n*; **8.** ⚔ Feindberührung *f*; Schar'mützel *n* (*a. fig.*): ***have a ~ with s.o.*** mit j-m aneinander geraten; **9.** → ***brushwood***; **II** *v/t.* **10.** bürsten; **11.** fegen: ~ ***away*** (*od.* ***off***) abwischen, -streifen (*a. mit der Hand*); ~ ***off*** *fig. j-n* abwimmeln *od.* abweisen; ~ ***aside*** *fig.* beiseite schieben, abtun; **12.** ~ ***up*** *fig.* ‚aufpolieren', auffrischen; **13.** streifen, leicht berühren; **III** *v/i.* **14.** ~ ***against*** streifen (*acc.*); **15.** da'hinrasen: ~ ***past*** vorbeisausen; **'brush·ing** [-ʃɪŋ] *s. mst pl.* Kehricht *m*, *n*; **'brush·less** [-lɪs] *adj.* **1.** ohne Bürste; **2.** ohne Schwanz (*Fuchs*); **'brush·off** *s.* F Abfuhr *f*; **'brush·wood** *s.* **1.** 'Unterholz *n*, Gestrüpp *n*; Busch *m* (*USA u. Australien*); **2.** Reisig *n*.

> **Brushes**
>
> | | |
> |---|---|
> | **bottle brush** | Flaschenbürste |
> | **clothes brush** | Kleiderbürste |
> | **hair brush** | Haarbürste |
> | **nailbrush** | Nagelbürste |
> | **paintbrush** | Pinsel |
> | **scrubbing brush** | Scheuerbürste; Schrubber |
> | **toothbrush** | Zahnbürste |
>
> Beachten Sie den Unterschied zwischen **brush** (= Bürste) und **broom** (= Besen).

brusque [brʊsk] *adj.* □ brüsk, barsch, schroff.

Brus·sels ['brʌslz] *npr.* Brüssel *n*; ~ **lace** *s.* Brüsseler Spitzen *pl.*; ~ **sprouts** [ˌbrʌsl'spraʊts] *s. pl.* Rosenkohl *m*.

bru·tal ['bru:tl] *adj.* □ **1.** viehisch; bru'tal, roh, unmenschlich; **2.** scheußlich; **bru·tal·i·ty** [bru:'tælətɪ] *s.* Brutali'tät *f*, Rohheit *f*; **'bru·tal·ize** [-təlaɪz] **I** *v/t.* **1.** zum Tier machen, verrohen lassen; **2.** brutal behandeln; **II** *v/i.* verrohen, zum Tier werden.

brute [bru:t] **I** *s.* (*unvernünftiges*) Tier, Vieh *n*, *fig. a.* Untier *n*, Scheusal *n*: ***the ~ in him*** das Tier in ihm; **II** *adj.* tierisch (*a.* = *triebhaft, unvernünftig, brutal*); viehisch, roh; hirnlos, dumm; gefühllos: **~ force** rohe Gewalt; **'brut·ish** [-tɪʃ] *adj.* □ → **brute** II.

Bry·thon·ic [brɪ'θɒnɪk] *s.* Ursprache *f* der Kelten in Wales, 'Cornwall u. der Bre'tagne.

bub·ble ['bʌbl] **I** *s.* **1.** (*Luft-, Gas-, Seifen*)Blase *f*; **2.** *fig.* Seifenblase *f*; Schwindel(geschäft *n*) *m*: **prick the ~** den Schwindel aufdecken; **~ company** Schwindelfirma *f*; **3.** Sprudeln *n*, Brodeln *n*, (Auf)Wallen *n*; **4.** *Am.* Traglufthalle *f*; **II** *v/i.* sprudeln, brodeln, wallen; perlen: **~ over** übersprudeln (*a. fig.* **with** vor *dat.*); **~ up** aufsprudeln, in Blasen aufsteigen; **~ bath** *s.* Schaumbad *n*; **~ car** *s.* **1.** Kleinstauto *n*, Ka'binenroller *m*; **2.** Wagen *m* mit kugelsicherer Kuppel; **~ gum** *s.* Bal'lon-, Knallkaugummi *m*.

bu·bo ['bju:bəʊ] *pl.* **-boes** *s.* ⚕ 'Bubo *m* (*Drüsenschwellung*); Beule *f*; **bu·bon·ic** [bju:'bɒnɪk] *adj.*: **~ plague** ⚕ Beulenpest *f*.

buc·ca·neer [ˌbʌkə'nɪə] **I** *s.* Seeräuber *m*, Freibeuter *m*; **II** *v/i.* Seeräube'rei betreiben.

buck¹ [bʌk] **I** *s.* **1.** *zo.* Bock *m* (*Hirsch, Reh, Ziege etc.*; *a. Turnen*); Rammler *m* (*Hase, Kaninchen*); *engS.* Rehbock *m*; **2.** *obs.* Stutzer *m*, Geck *m*; Lebemann *m*; **3.** *Am. obs. contp.* a) Rothaut *f*, b) Nigger *m*; **4.** *Am. Poker*: *Spielmarke, die e-n Spieler daran erinnern soll, dass er am Geben ist*: **pass the ~ to** F *j-m* ‚den schwarzen Peter (*die Verantwortung*) zuschieben'; **II** *v/i.* **5.** bocken (*Pferd, Esel etc.*); **6.** *Am.* F ‚meutern', sich sträuben (**at, against** bei, gegen); **7. ~ up** F a) sich ranhalten, b) sich zs.-reißen: **~ up!** Kopf hoch!; **III** *v/t.* **8.** *Reiter* durch Bocken abwerfen (wollen); **9.** *Am.* wütend angreifen; angehen gegen; **10.** *a.* **~ up** F aufmuntern: **greatly ~ed** hocherfreut; **IV** *adj.* **11.** männlich; **12. ~ private** ⚔ *Am.* F einfacher Soldat.

buck² [bʌk] *s. Am.* F Dollar *m*.

buck wird der Dollar umgangssprachlich nach dem Bock genannt, dessen Fell früher einen spanischen Dollar kostete (das war während des amerikanischen Unabhängigkeitskrieges im späten 18. Jahrhundert die gültige Währung).

buck·et ['bʌkɪt] **I** *s.* **1.** Eimer *m*, Kübel *m*: **champagne ~** Sektkühler *m*; **kick the ~** F ‚abkratzen' (*sterben*); **2.** ⚙ a) Schaufel *f e-s Schaufelrades*, b) Eimer *m od.* Löffel *m e-s Baggers*, c) (Pumpen)Kolben *m*; **II** *v/t.* **3.** (aus)schöpfen; **4.** *Pferd* zu'schanden reiten; **III** *v/i.* **5.** F (da'hin)rasen; **~ con·vey·or** *s.* Becherwerk *n*; **~ dredg·er** *s.* Löffelbagger *m*; **'~·ful** [-fʊl] *pl.* **-fuls** *s. ein* Eimer (voll).

buck·et| seat *s.* **1.** *mot.*, ✈ Klapp-, Notsitz *m*; **2.** *mot.* Schalensitz *m*; **~ shop** *s.* **1.** 'unreˌelle Maklerfirma; **2.** ‚Klitsche' *f*, kleiner ‚Laden'.

'buck|·eye *s. Am.* **1.** ⚘ *e-e* 'Rosskaˌstanie *f*; **2.** ♀ F Bewohner(in) von Ohio; **'~·horn** *s.* Hirschhorn *n*; **'~·hound** *s. zo.* Jagdhund *m*; **'~ˌjump·er** *s.* störrisches Pferd.

buck·le ['bʌkl] **I** *s.* **1.** Schnalle *f*, Spange *f*; **2.** ⚔ Koppelschloss *n*; **3.** ⚙ verbogene *od.* verzogene Stelle; **II** *v/t.* **4.** *a.* **~ on, ~ up** an-, 'um-, zuschnallen; **5.** ⚙ (ver)biegen, krümmen; **6. ~ o.s. to** → 9; **III** *v/i.* **7.** ⚙ sich (ver)biegen *od.* verziehen, sich wölben *od.* krümmen; **8.** nachgeben *unter e-r Last*: **~ (under)** *fig.* zs.-brechen; **9. ~ down to** F sich hinter *e-e Aufgabe* ‚klemmen'.

buck·ling ['bʌklɪŋ] (*Ger.*) *s.* Bückling *m* (*geräucherter Hering*).

buck·ling strength ['bʌklɪŋ] *s.* ⚙ Knickfestigkeit *f*.

buck·ram ['bʌkrəm] **I** *s.* **1.** Steifleinen *n*; **2.** *fig.* Steifheit *f*, Förmlichkeit *f*; **II** *adj.* **3.** *fig.* steif, for'mell.

buck·saw ['bʌksɔ:] *s. Am.* Bocksäge *f*.

Buck's Fizz [ˌbʌks'fɪz] *npr. Brit.* Sekt *m* orange (*Mischung aus Sekt u. Orangensaft*).

'buck|·shot *s. hunt.* grober Schrot, Rehposten *m*; **'~·skin** *s.* **1.** a) Wildleder *n*, b) *pl.* Lederhose *f*; **2.** Buckskin *m* (*Wollstoff*); **'~·thorn** *s.* ⚘ Kreuzdorn *m*; **'~·tooth** *s.* [*irr.*] vorstehender Zahn; **'~·wheat** *s.* ⚘ Buchweizen *m*.

bu·col·ic [bju:'kɒlɪk] **I** *adj.* (□ **~ally**) **1.** bu'kolisch: a) Hirten..., b) ländlich, i'dyllisch; **II** *s.* **2.** I'dylle *f*, Hirtengedicht *n*; **3.** *humor.* Landmann *m*.

bud [bʌd] **I** *s.* **1.** ⚘ Knospe *f*; Auge *n* (*Blätterknospe*): **be in ~** knospen; **2.** Keim *m*; **3.** *fig.* Keim *m*, Ursprung *m*; → **nip**¹ 2; **4.** unentwickeltes Wesen; **5.** *Am.* F Debü'tantin *f*; **II** *v/i.* **6.** knospen, sprossen; **7.** sich entwickeln *od.* entfalten: **~ding lawyer** angehender Jurist; **III** *v/t.* **8.** ⸗ okulieren.

Bud·dha ['bʊdə] *s.* 'Buddha *m*; **'Bud·dhism** [-dɪzəm] *s.* Bud'dhismus *m*; **'Bud·dhist** [-dɪst] **I** *s.* Bud'dhist *m*; **II** *adj.* → **Bud·dhis·tic** [bʊ'dɪstɪk] *adj.* bud'dhistisch.

bud·dy ['bʌdɪ] *s.* F **1.** ‚Kumpel' *m*, ‚Spezi' *m*, Kame'rad *m*; **2.** *Anrede*: Freundchen *n*.

budge [bʌdʒ] *mst neg.* **I** *v/i.* sich (von

der Stelle) rühren, sich (im Geringsten) bewegen: ~ **from** *fig.* von *et.* abrücken; **II** *v/t.* (vom Fleck) bewegen.

budg·er·i·gar ['bʌdʒərɪgɑː] *s. orn.* Wellensittich *m.*

budg·et ['bʌdʒɪt] **I** *s.* **1.** *bsd. pol.* Bud'get *n*, (Staats)Hauhalt *m*, E'tat *m*, (*a.* pri'vater) Haushaltsplan: **open the ~** das Budget vorlegen; **~ cut** Etatkürzung *f*; **for the low ~** für den schmalen Geldbeutel; **~(-priced)** preisgünstig; **2.** *fig.* Vorrat *m*: **a ~ of news** ein Sack voll Neuigkeiten; **II** *v/t.* **3.** a) *Mittel* bewilligen, vorsehen, *Ausgaben* einplanen; **III** *v/i.* **4.** planen, ein Bud'get machen: **~ for s.th.** et. im Haushaltsplan vorsehen, die Kosten für et. veranschlagen; '**budg·et·ar·y** [-tərɪ] *adj.* Budget..., Etat..., Haushalts...: **~ deficit**.

bud·gie ['bʌdʒɪ] *s.* F *für* **budgerigar**.

buff¹ [bʌf] *s.* **1.** starkes Ochsen- *od.* Büffelleder; **2.** F bloße Haut: **in the ~** im Adams- *od.* Evaskostüm (*nackt*); **3.** Lederfarbe *f*; **4.** F ‚Fex' *m*, Fan *m*: **hi-fi ~**; **II** *adj.* **5.** lederfarben.

buff² [bʌf] *v/t.* ⚙ schwabbeln, polieren.

buf·fa·lo ['bʌfələʊ] *pl.* **-loes**, *Am. a.* **-los I** *s.* **1.** *zo.* Büffel *m*; nordamer. 'Bison *m*; **2.** ⚔ am'phibischer Panzerwagen; **II** *v/t.* **3.** *Am.* F *j-n* täuschen *od.* einschüchtern.

buf·fer ['bʌfə] **I** *s.* ⚙ a) Stoßdämpfer *m*, b) Puffer *m* (*a.* ⚡, *Computer u. fig.*), c) Prellbock (*a. fig.*): **~ solution** ⚡ Pufferlösung *f*; **~ state** *pol.* Pufferstaat *m*; **3.** *a.* **~ memory** *Computer*: Pufferspeicher *m*; **II** *v/t.* **4.** als Puffer wirken gegen; **5.** *Computer*: puffern, zwischenspeichern.

buf·fet¹ ['bʌfɪt] **I** *s.* **1.** Puff *m*, Stoß *m*; Schlag *m* (*a. fig.*); **II** *v/t.* **2.** a) *j-m* e-n Schlag versetzen, b) *j-n od. et.* her'umstoßen: **~ (about)** durchrütteln; **3.** gegen *Wellen etc.* (an)kämpfen.

buf·fet² *s.* **1.** ['bʌfɪt] Bü'fett *n*, Anrichte *f*; **2.** ['bʊfeɪ] Bü'fett *n*: a) Theke *f*, b) *Tisch mit Speisen*, c) Erfrischungsbar *f*, Imbissstube *f*: **~ car** 🚃 Büfettwagen *m*; **~ dinner** kaltes Büfett.

buf·foon [bʌ'fuːn] *s.* **1.** Possenreißer *m*, Hans'wurst *m* (*a. fig. contp.*); **2.** derber Witzbold; **buf'foon·er·y** [-nərɪ] *s.* Possen(reißen *n*) *pl.*

bug [bʌg] **I** *s.* **1.** *zo.* (Bett)Wanze *f*; **2.** *zo. bsd. Am. allgemein* In'sekt *n* (*Ameise, Fliege, Spinne, Käfer*); **3.** F Ba'zillus *m* (*a. fig.*): **the golf ~** die Golfleidenschaft; **4.** ⚙ *Am.* F De'fekt *m*, *mst pl.* ‚Mucken' *pl.*; *Computer*: (Programm[ier])Fehler *m*, F Bug *m*; **5. big ~** F ‚großes' *od.* ‚hohes Tier' (*Person*); **6.** *Am.* F Fan *m*, Fa'natiker *m*: **baseball ~**; **7.** *sl.* ‚Wanze' *f* (*Abhörgerät*); **II** *v/t. sl.* **8.** a) ‚Wanzen' anbringen in *e-m Raum etc.*, b) (heimlich) abhören; **9.** *Am.* F *j-n* nerven: **what's ~ging you?** was hast du denn?

bug·a·boo ['bʌgəbuː] *s.* **1.** → **bugbear**; **2.** ‚Quatsch' *m.*

'**bug|·bear** *s.* a) ‚Buhmann' *m*, b) Schreckgespenst *n*; '**~-eyed** *adj.* mit her'vorquellenden Augen.

bug·ger ['bʌgə] **I** *s.* **1.** a) Sodo'mit *m*, b) Homosexu'elle(r) *m*; **2.** V a) ‚Scheißkerl' *m*, b) Kerl *m*, ‚Knülch' *m*, c) ‚Scheißding' *n*; **II** *v/t.* **3.** a) Sodo'mie treiben mit, b) a'nal verkehren mit: **~ (it)!** V Scheiße!; **~ you!** V leck mich!; **4.** a) *j-n* ‚fertig machen', b) *j-n* ‚nerven'; **5. ~ (up)** V *et.* versauen *od.* vermasseln; **III** *v/i.* **6. ~ around** V he'rumgammeln; **7. ~ off** V ‚abhauen'; '**bug·ger·y** [-ərɪ] *s.* **1.** Sodo'mie *f*, 'widerna,türliche Unzucht; **2.** Homosexuali'tät *f*.

'**bug·ging| af·fair** *s.* Abhöraffäre *f*; **~ sys·tem** *s.* Abhöranlage *f*.

bug·gy¹ ['bʌgɪ] *s.* **1.** leichter (Pferde-)Wagen; **2.** *mot.* Buggy *m* (*geländegängiges, offenes Freizeitauto*); **3.** *Am.* Kinderwagen *m.*

bug·gy² ['bʌgɪ] *adj.* **1.** verwanzt; **2.** *Am. sl.* ‚bekloppt', verrückt.

'**bug|·house** *Am. sl.* **I** *s.* ‚Klapsmühle' *f* (*Nervenheilanstalt*); **II** *adj.* verrückt; '**~-,hunt·er** *s. sl.* In'sektensammler *m.*

bu·gle ['bjuːgl] *s.* **1.** Wald-, Jagdhorn *n*; **2.** ⚔ Si'gnalhorn *n*: **sound the ~** ein Hornsignal blasen; **bu·gle call** *s.* 'Hornsi,gnal *n*; '**bu·gler** [-lə] *s.* Hor'nist *m.*

buhl [buːl] *s.* Einlege-, Boulearbeit *f*.

build [bɪld] **I** *v/t.* [*irr.*] **1.** (er)bauen, errichten: **~ a fire** (ein) Feuer machen; **~ in** a) einbauen (*a. fig.*), b) zubauen; **2.** ⚙ bauen: a) konstruieren, b) herstellen: **~ cars**; **3.** *mst* **~ up** aufbauen, gründen, (er)schaffen: **~ up a business** ein Geschäft aufbauen; **~ up one's health** s-e Gesundheit festigen; **~ up a reputation** sich e-n Namen machen; **~ up a case** *bsd.* ⚖ (Beweis)Material zs.-tragen; **4. ~ up** a) zubauen, vermauern: **~ up a window**, b) *Gelände* aus-, bebauen; **5. ~ up** *fig. j-n* ‚aufbauen' *od.* groß her'ausstellen, Re'klame machen für; **6.** *fig.* gründen, setzen: **~ one's hopes on s.th.**; **II** *v/i.* [*irr.*] **7.** bauen; gebaut werden: **the house is ~ing** das Haus ist im Bau; **8.** *fig.* bauen, sich verlassen (**on** auf *acc.*); **9. ~ (up)** a) sich entwickeln, b) zunehmen, wachsen; **III** *s.* **10.** Bauart *f*, Gestalt *f*; **11.** Körperbau *m*, Fi'gur *f*; **12.** Schnitt *m* (*Kleid*); '**build·er** [-də] *s.* **1.** Erbauer *m*; **2.** Baumeister *m*; **3.** 'Bauunter,nehmer *m*, Bauhandwerker *m*: **~'s merchant** Baustoffhändler *m.*

build·ing ['bɪldɪŋ] *s.* **1.** Bauen *n*, Bauwesen *n*; **2.** Gebäude *n*, Bau *m*, Bauwerk *n*; **~ block** *s.* **1.** ⚙ *u. fig.* Baustein *m*; **2.**

Bauklötzchen *n für Kinder*; **~ con·trac·tor** *s.* 'Bauunter͵nehmer *m*; **~ lease** *s.* ⚖ *Brit.* Baupacht(vertrag *m*) *f*; **~ line** *s.* ⚙ 'Baufl ucht(͵linie) *f*; **~ lot**, **~ plot**, **~ site** *s.* **1.** Bauplatz *m*, -stelle *f*; **2.** Baugrundstück *n*, Baugelände *n*; **~ own·er** *s.* Bauherr *m*; **~ so·ci·e·ty** *s. Brit.* Bausparkasse *f*.

'build-up *s.* **1.** Aufbau *m*, Zs.-stellung *f*; **2.** Zunahme *f*; **3.** ‚Aufbauen' *n*, Re'klame *f*, Propa'ganda *f*; **4.** dra'matische Steigerung.

built [bɪlt] **I** *pret. u. p.p. von* ***build*** I *u.* II; **II** *adj.* gebaut, geformt: ***he is ~ that way*** F so ist er eben; **͵~-'in** *adj.* eingebaut (*a. fig.*), Einbau...; **'~-up a·re·a** *s.* **1.** bebautes Gelände; **2.** *Verkehr*: geschlossene Ortschaft.

bulb [bʌlb] **I** *s.* **1.** ⚘ Knolle *f*, Zwiebel *f* (*e-r Pflanze*); **2.** Zwiebelgewächs *n*; **3.** (*Glas- etc.*)Bal'lon *m od.* Kolben *m*; Kugel *f* (*Thermometer*); **4.** ⚡ Glühbirne *f*, -lampe *f*; **II** *v/i.* **5.** rundlich anschwellen; Knollen bilden; **bulbed** [-bd] *adj.* knollenförmig; **'bulb·ous** [-bəs] *adj.* knollig, Knollen...: ***~ nose***.

Bul·gar ['bʌlgɑː] *s.* Bul'gare *m*, Bul'garin *f*; **Bul·gar·i·an** [bʌl'geərɪən] **I** *adj.* bul'garisch; **II** *s.* → ***Bulgar***.

bulge [bʌldʒ] **I** *s.* **1.** (Aus)Bauchung *f*, (*a.* ⚔ Front)Ausbuchtung *f*; Anschwellung *f*, Beule *f*; Vorsprung *m*, Buckel *m*; Rundung *f*, Bauch *m*, Wulst *m*: ***the battle of the ~*** *fig.* der Kampf um die Pfunde, der Versuch, abzunehmen; ***Battle of the ~*** Ardennenschlacht *f* (*1944*); **2.** ⚓ → ***bilge*** 1; **3.** Anschwellen *n*, Zunahme *f*, plötzliches Steigen (*bsd. der Börsenkurse*); **4.** *a.* ***~ age-group*** geburtenstarker Jahrgang; **5.** ***have a ~ on s.o.*** *sl.* j-m gegenüber im Vorteil sein; **II** *v/i.* **6.** sich (aus)bauchen, her'vortreten, -ragen, -quellen, sich blähen *od.* bauschen; **'bulg·ing** [-dʒɪŋ] *adj.* (zum Bersten) voll (***with*** von).

bu·lim·i·a [bjuː'lɪmɪə] *s.* Bulimie *f*, Fresssucht *f*.

bulk [bʌlk] **I** *s.* **1.** 'Umfang *m*, Größe *f*, Masse *f*; **2.** große *od.* massige Gestalt; 'Körper͵umfang *m*, -fülle *f*; **3.** Hauptteil *m*, -masse *f*, Großteil *m*, Mehrheit *f*; **4.** ✝ (gekaufte) Gesamtheit; ⚓ (unverpackte) Schiffsladung: ***in ~*** a) unverpackt, lose, b) in großen Mengen, en gros; ***break ~*** ⚓ zu löschen anfangen; ***~ cargo***, ***~ goods*** ✝ Schüttgut *n*, Massengüter *pl.*; ***~ buying*** ✝ Mengeneinkauf *m*; ***~ mail*** Postwurfsendung *f*; ***~ mortgage*** *Am.* Fahrnishypothek *f*; **II** *v/i.* **5.** 'umfangreich *od.* sperrig sein; **6.** *fig.* wichtig sein: ***~ large*** e-e große Rolle spielen; **III** *v/t.* **7.** *bsd. Am.* aufstapeln; **'~·head** *s.* **1.** ⚓ Schott *n*; **2.** ⚙ a) Schutzwand *f*, b) Spant *m*.

bulk·y ['bʌlkɪ] *adj.* **1.** (sehr) 'umfangreich, massig; **2.** sperrig: ***~ goods*** ✝ Sperrgut *n*.

bull[1] [bʊl] **I** *s.* **1.** *zo.* Bulle *m*, Stier *m*: ***like a ~ in a china shop*** wie ein Elefant im Porzellanladen; ***take the ~ by the horns*** den Stier bei den Hörnern packen; **2.** *zo.* (*Elefanten-, Elch-, Wal- etc.*)Bulle *m*; **3.** ✝ Haussi'er *m*, 'Haussespeku͵lant *m*; **4.** *Am. sl.* ‚Bulle' *m* (*Polizist*); **5.** *ast.* Stier *m*; **6.** → ***bull's-eye*** 3 *u.* 4; **II** *v/t.* **7.** ✝ Preise in die Höhe treiben für *et.*: ***~ the market*** auf Hausse kaufen; **III** *v/i.* **8.** ✝ auf Hausse spekulieren; **IV** *adj.* **9.** männlich; **10.** ✝ steigend, Hausse...: ***~ market***.

bull[2] [bʊl] *s.* (päpstliche) Bulle.

bull[3] [bʊl] *s. sl.* **1.** *a.* ***Irish ~*** ungereimtes Zeug, 'widersprüchliche Behauptung; **2.** Schnitzer *m*, Faux'pas *m*; **3.** *Am.* Quatsch *m*, Blödsinn *m*.

'bull|-͵bait·ing *s.* Stierhetze *f*; **~ bars** *s. pl. mot.* Schutzgitter *n* (*an Vorderseite von Fahrzeugen*); **'~·dog I** *s.* **1.** *zo.* Bulldogge *f*; **2.** *Brit. univ.* Begleiter *m* des 'Proctors; **3.** *e-e* Pi'stole *f*; **II** *adj.* **4.** mutig, zäh, hartnäckig; **'~·doze** *v/t.* **1.** planieren, räumen; **2.** F ‚über'fahren', einschüchtern, terrorisieren; zwingen (***into*** zu); **'~͵doz·er** [-͵dəʊzə] *s.* **1.** ⚙ Planierraupe *f*, Bulldozer *m*; **2.** *fig.* F → ***bully***[2] 1.

bul·let ['bʊlɪt] *s.* (Gewehr- *etc.*)Kugel *f*, Geschoss, *östr.* Geschoß *n*: ***bite the ~*** *fig.* die bittere Pille schlucken; **'~·head** *s.* **1.** Rundkopf *m*; **2.** *Am.* F Dickkopf *m*.

bul·le·tin ['bʊlɪtɪn] *s.* **1.** Bulle'tin *n*: a) Tagesbericht *m* (*a.* ⚔), b) Krankenbericht *m*, c) offizi'elle Bekanntmachung: ***~ board*** *Am.* schwarzes Brett (*für Anschläge*); **2.** Mitteilungsblatt *n*; **3.** *Am.* Kurznachricht *f*.

'bul·let-proof *adj.* kugelsicher.

'bull|·fight *s.* Stierkampf *m*; **'~͵fight·er** *s.* Stierkämpfer *m*; **'~·finch** *s.* **1.** *orn.* Dompfaff *m*; **2.** hohe Hecke; **'~·frog** *s. zo.* Ochsenfrosch *m*; **͵~-'head·ed** *adj.* starrköpfig.

bul·lion ['bʊljən] *s.* **1.** ungemünztes Gold *od.* Silber: ***~ point*** ✝ Goldpunkt *m*; **2.** Gold *n od.* Silber *n* in Barren; **3.** Gold-, Silberlitze *f*, -schnur *f*, -troddel *f*.

bull·ish ['bʊlɪʃ] *adj.* **1.** dickköpfig; **2.** ✝ steigend, Hausse...

͵bull-'necked *adj.* stiernackig.

bull·ock ['bʊlək] *s. zo.* Ochse *m*.

bull| pen *s. Am.* **1.** *sl.* Ba'racke *f* für Holzfäller; **2.** F a) ‚Kittchen' *n*, b) große (Gefängnis)Zelle; **3.** *Baseball*: Übungsplatz *m* für Re'servewerfer; **'~·ring** *s.* 'Stierkampfa͵rena *f*.

bull's-eye ['bʊlzaɪ] *s.* **1.** ⚓, ⚠ Bullauge *n*, rundes Fensterchen; **2.** *a.* ***~ pane*** Ochsenauge *n*, Butzenscheibe *f*; **3.**

Zentrum *n od. das* Schwarze *der Zielscheibe*; **4.** *a. fig.* Schuss *m* ins Schwarze, 'Volltreffer *m*; **5.** 'Blendlaˌterne *f*; **6.** großer runder 'Pfefferminzbonˌbon.

'bull|·shit *s. u. int.* V Scheiß(dreck) *m*; **~ ter·ri·er** *s. zo.* 'Bullˌterrier *m*.

bul·ly¹ ['bʊlɪ] *s. a.* **~ *beef*** Rinderpökelfleisch *n* (in Büchsen).

bul·ly² ['bʊlɪ] **I** *s.* **1.** bru'taler Kerl, ‚Schläger' *m*; Ty'rann *m*; Maulheld *m*; **2.** *obs.* Zuhälter *m*; **3.** *Hockey*: Bully *n*, Anspiel *n*; **II** *v/t.* **4.** tyrannisieren, schikanieren, einschüchtern, piesacken; **III** *adj.* **5.** F ‚prima' (*a. int.*); **IV** *int.* **6.** F bravo!, Klasse!

bul·ly| beef → ***bully¹***; **'~·rag** → ***ballyrag***.

bul·rush ['bʊlrʌʃ] *s.* ⚘ *große* Binse.

bul·wark ['bʊlwək] *s.* **1.** Bollwerk *n*, Wall *m* (*beide a. fig.*); **2.** ⚓ a) Hafendamm *m*, b) Schanzkleid *n*.

bum¹ [bʌm] *bsd. Brit.* F **1.** ‚Hintern' *m*; **2.** ‚Niete' *f*, ‚Flasche' *f*.

bum² [bʌm] *bsd. Am.* F **I** *s.* **1.** a) ‚Stromer' *m*, ‚Gammler' *m*, He'rumtreiber *m*, b) Tippelbruder *m*, c) Schnorrer *m*, d) Mistkerl *m*; **II** *v/i.* **2.** *mst* **~ *around*** ‚he'rumgammeln'; **3.** schnorren (***off*** bei); **III** *v/t.* **4.** *et.* schnorren (***of*** bei, von); **IV** *adj.* **5.** a) ‚mies', schlecht, b) ka'putt.

bum·ble-bee ['bʌmblbiː] *s. zo.* Hummel *f*.

bum·ble·dom ['bʌmbldəm] *s.* Wichtigtue'rei *f* der kleinen Beamten.

bumf [bʌmf] *s. Brit. sl.* **1.** *contp.* ‚Pa'pierkram' *m* (*Akten, Formulare etc.*); **2.** ‚'Klopaˌpier' *n*.

bum·mer ['bʌmə] → ***bum²*** 1.

bump [bʌmp] **I** *v/t.* **1.** (heftig) stoßen, (an)prallen: **~ *one's head*** sich den Kopf anstoßen; ***I ~ed my head against*** (*od.* ***on***) ***the door*** ich stieß *od.* rannte mit dem Kopf gegen die Tür; **~ *a car*** auf ein Auto auffahren; **2.** *Rudern*: *Boot* über'holen u. anstoßen; **3.** **~ *off*** *sl.* ‚'umlegen', ‚kaltmachen'; **4.** **~ *up*** F *Preise etc.* hochtreiben, *Gehalt etc.* aufbessern; **II** *v/i.* **5.** (***against***, ***into***) stoßen, prallen, bumsen (gegen), zs.-stoßen (mit): **~ *into*** *fig. j-n* zufällig treffen, zufällig stoßen auf (*acc.*); **6.** rütteln, holpern (*Wagen*); **III** *s.* **7.** heftiger Stoß, Bums *m*; **8.** ⚕ Beule *f*, Höcker *m*; **9.** Unebenheit *f* (*Straße*); **10.** Sinn *m* (*für et.*): **~ *of locality*** Ortssinn; **11.** ✈ (Steig)Bö *f*; **IV** *adv.* **12.** bums!

bump·er ['bʌmpə] *s.* **1.** randvolles Glas (*Wein etc.*); **2.** F *et.* Riesiges: **~ *crop*** Rekordernte *f*; **~ *house*** *thea.* volles Haus; **3.** 🚂 *Am.* Puffer *m*; **4.** *mot.* Stoßstange *f*: **~ *car*** (Auto)Skooter *m*; **~ *guard*** Stoßstangenhorn *n*; **~ *sticker*** Autoaufkleber *m*.

bump·kin ['bʌmpkɪn] *s.* Bauernlackel *m*.

'bump-start *s. Brit. mot.* **I** *s.* Anschieben *n*; **II** *v/t. Auto* anschieben.

bump·tious ['bʌmpʃəs] *adj.* ☐ aufgeblasen.

bump·y ['bʌmpɪ] *adj.* **1.** holperig, uneben; **2.** ✈ ‚bockig', böig.

bum| steer *s. Am. sl.*: ***give s.o. the ~*** j-n ‚verschaukeln'; **'~ˌsuck·er** *s.* V ‚Arschkriecher' *m*.

bun¹ [bʌn] *s.* **1.** süßes Brötchen: ***she has a ~ in the oven*** *sl.* bei ihr ist was unterwegs; **2.** (Haar)Knoten *m*.

bun² [bʌn] *s. Brit.* Ka'ninchen *n*.

bunch [bʌntʃ] **I** *s.* **1.** Bündel *n* (*a.* ⚡), Bund *n*, Büschel *n*: **~ *of flowers*** Blumenstrauß *m*; **~ *of grapes*** Weintraube *f*; **~ *of keys*** Schlüsselbund; **2.** F a) Haufen *m*, b) ‚Verein' *m*: ***the best of the ~*** der Beste von allen; **II** *v/t.* **3.** bündeln (*a.* ⚡), zs.-fassen, -binden; falten: ***~ed circuit*** ⚡ Leitungsbündel *n*; **III** *v/i.* **4.** sich zs.-legen, -schließen; **5.** sich bauschen; **6.** *oft* **~ *up*** (*od.* ***together***) Grüppchen (*od.* Haufen) bilden; **7.** *oft* **~ *up*** sich zs.-knüllen (*Kleid etc.*); **'bunch·ing** *s. mot.* Ko'lonnenbildung *f*, -fahren *n*; **'bunch·y** [-tʃɪ] *adj.* büschelig, bauschig, in Bündeln.

bunc·ing ['bʌnsɪŋ] *Brit.* F *Preiserhöhungen als Ausgleich für Verluste durch Ladendiebstahl.*

bun·co ['bʌŋkəʊ] *v/t. Am. sl.* ‚reinlegen', betrügen.

bun·dle ['bʌndl] **I** *s.* **1.** Bündel *n*, Bund *n*; Pa'ket *n*; Ballen *m*: **~ *of energy*** (***nerves***) *fig.* Kraft-(Nerven)Bündel *n*; **2.** *fig.* a) Menge *f*, Haufen *m*, b) F ‚Batzen' *m* Geld; **II** *v/t.* **3.** in Bündel zs.-binden, -packen; **4.** *et. wohin* stopfen; **5.** *mst* **~ *off*** (*od.* ***out***) *j-n* abschieben, (eilig) fortschaffen: ***he was ~d into a taxi*** er wurde in ein Taxi verfrachtet *od.* gepackt; **III** *v/i.* **6.** **~ *off*** (*od.* ***out***) sich packen *od.* da'vonmachen.

bung [bʌŋ] **I** *s.* **1.** Spund(zapfen) *m*, Stöpsel *m*; **2.** ⚔ Mündungspfropfen *m* (*Geschütz*); **II** *v/t.* **3.** verspunden, verstopfen; zupfropfen; **4.** F ‚schmeißen', werfen; **5.** **~ *up*** *Röhre, Öffnung* verstopfen (*mst pass.*): ***~ed up*** verstopft; **6.** *mst* **~ *up*** *Am.* F *Auto etc.* schwer beschädigen, verbeulen.

bun·ga·low ['bʌŋgələʊ] *s.* 'Bungalow *m*.

bun·gee jump·ing ['bʌndʒiː] *s.* 'Bungeeˌjumping *n*.

bung·hole ['bʌŋhəʊl] *s.* Spund-, Zapfloch *n*.

bun·gle ['bʌŋgl] **I** *v/i.* **1.** stümpern, pfuschen; **II** *v/t.* **2.** verpfuschen; **III** *s.* **3.** Stümpe'rei *f*; **4.** Fehler *m*, ‚Schnitzer' *m*; **'bun·gler** [-lə] *s.* Stümper *m*, Pfuscher *m*; **'bun·gling** [-lɪŋ] *adj.* ☐ ungeschickt, stümperhaft.

bun·ion ['bʌnjən] *s.* ⚕ entzündeter Fußballen.

bunk[1] [bʌŋk] **I** *s.* a) ⚓ (Schlaf)Koje *f*, b) Schlafstelle *f*, Bett *n*, ‚Falle' *f*: **~ bed** Etagenbett *n*; **II** *v/i.* a) in e-r Koje schlafen, b) *oft* **~ down** F ‚kampieren'.

bunk[2] [bʌŋk] *abbr. für* **bunkum**.

bunk[3] [bʌŋk] *Brit.* F **I** *s.*: **do a ~** → **II** *v/i.* ‚ausreißen', ‚türmen'.

bunk·er ['bʌŋkə] **I** *s.* **1.** ⚓ (Kohlen)Bunker *m*; **2.** ⚔ Bunker *m*, bombensicherer 'Unterstand; **3.** *Golf*: Bunker *m* (*Hindernis*); **II** *v/t.* **4.** ⚓ bunkern; **5.** *Golf*: *Ball* in e-n Bunker schlagen; '**bunk·ered** [-əd] *adj.* F in der Klemme.

bun·kum ['bʌŋkəm] *s.* ‚Blech' *n*, Blödsinn *m*, Quatsch *m*.

bun·ny ['bʌnɪ] *s.* Häs-chen *n* (*a.* F *süßes Mädchen*).

bun·ting[1] ['bʌntɪŋ] *s.* **1.** Flaggentuch *n*; **2.** *coll.* Flaggen *pl.*

bun·ting[2] ['bʌntɪŋ] *s. orn.* Ammer *f*.

buoy [bɔɪ] **I** *s.* **1.** ⚓ Boje *f*, Bake *f*, Seezeichen *n*; **II** *v/t.* **2.** *a.* **~ out** *Fahrrinne* durch Bojen markieren; **3.** *mst* **~ up** flott erhalten; **4.** *fig.* Auftrieb geben (*dat.*), beleben: **~ed up** hoffnungsvoll; **buoy·an·cy** ['bɔɪənsɪ] *s.* **1.** *phys.* Schwimm-, Tragkraft *f*; **2.** ✈ Auftrieb *m* (*a. fig.*); **3.** *fig.* Schwung *m*, Spann-, Lebenskraft *f*; **buoy·ant** ['bɔɪənt] *adj.* ☐ **1.** schwimmend, tragend (*Wasser etc.*); **2.** *fig.* schwungvoll, lebhaft; **3.** ✝ steigend; lebhaft.

bur [bɜː] *s.* **1.** ⚘ Klette *f* (*a. fig.*): **cling to s.o. like a ~** *fig.* wie e-e Klette an j-m hängen; **2.** → **burr**[1] I.

bur·ble ['bɜːbl] **I** *v/i.* **1.** brodeln, sprudeln; **2.** plappern; **II** *s.* **3.** ⚙, ✈ Wirbel *m*.

bur·bot ['bɜːbət] *s. ichth.* Quappe *f*.

bur·den[1] [bɜːdn] *s.* **1.** Re'frain *m*, Kehrreim *m*; **2.** Hauptgedanke *m*, Kern *m*.

bur·den[2] ['bɜːdn] **I** *s.* **1.** Last *f*, Ladung *f*; **2.** *fig.* Last *f*, Bürde *f*, (*a.* finanzi'elle) Belastung, Druck *m*: **~ of proof** ⚖ Beweislast; **~ of years** Last der Jahre; **he is a ~ on me** er fällt mir zur Last; **3.** ⚙ Traglast *f*; **4.** ⚓ Tragfähigkeit *f*, Ladung *f*; **II** *v/t.* **5.** belasten: **~ s.o. with s.th.** j-m et. aufbürden; '**bur·den·some** [-səm] *adj.* lästig, drückend.

bur·dock ['bɜːdɒk] *s.* ⚘ Große Klette.

bu·reau ['bjʊərəʊ] *pl.* **-reaus**, **-reaux** [-rəʊz] *s.* **1.** Bü'ro *n*; Geschäfts-, Amtszimmer *n*; **2.** Behörde *f*; **3.** *Brit.* Schreibpult *n*; **4.** *Am.* ('Spiegel)Kom,mode *f*; **bu·reauc·ra·cy** [bjʊə'rɒkrəsɪ] *s.* **1.** Bürokra'tie *f*; **2.** *coll.* Beamtenschaft *f*; '**bu·reau·crat** [-əʊkræt] *s.* Büro'krat *m*; **bu·reau·crat·ic** [ˌbjʊərəʊ'krætɪk] *adj.* (☐ **~ally**) büro'kratisch; **bu·reauc·ra·tize** [bjʊə'rɒkrətaɪz] *v/t.* bürokratisieren.

bu·reau de change [ˌbjʊərəʊdə'ʃɑ̃ːŋʒ] *s.* Wechselstube *f*.

bu·rette [bjʊə'ret] *s.* ⚗ Bü'rette *f*.

burg [bɜːg] *s. Am.* F Stadt *f*.

bur·geon ['bɜːdʒən] **I** *s.* ⚘ Knospe *f*; **II** *v/i.* knospen, (her'vor)sprießen (*a. fig.*).

bur·gess ['bɜːdʒɪs] *s. hist.* **1.** Bürger *m*; **2.** Abgeordnete(r) *m*.

burgh ['bʌrə] *s. Scot.* Stadt *f* (= *Brit.* **borough**); **burgh·er** ['bɜːgə] *s.* **1.** (konserva'tiver) Bürger; **2.** Städter *m*.

bur·glar ['bɜːglə] *s.* Einbrecher: **we had ~s last night** bei uns wurde letzte Nacht eingebrochen; **~ a·larm** *s.* A'larmanlage *f*.

bur·glar·i·ous [bɜː'gleərɪəs] *adj.* ☐ Einbruchs..., einbrecherisch; **bur·glar·ize** ['bɜːgləraɪz] → **burgle**.

'**bur·glar·proof** *adj.* einbruchsicher.

bur·gla·ry ['bɜːglərɪ] *s.* (nächtlicher) Einbruch; Einbruchdiebstahl *m*; **bur·gle** ['bɜːgl] *v/t.* einbrechen in (*acc.*).

bur·go·mas·ter ['bɜːgəʊˌmɑːstə] *s.* Bürgermeister *m* (*in Deutschland, Holland etc.*).

bur·gun·dy ['bɜːgəndɪ] *s. a.* **~ wine** Bur'gunder *m*.

bur·i·al ['berɪəl] *s.* **1.** Begräbnis *n*, Beerdigung *f*; **2.** Leichenfeier *f*; **3.** Ein-, Vergraben *n*; **~ ground** *s.* Begräbnisplatz *m*, Friedhof *m*; **~ mound** *s.* Grabhügel *m*; **~ place** *s.* Grabstätte *f*; **~ serv·ice** *s.* Trauerfeier *f*.

burke [bɜːk] *v/t. fig.* a) vertuschen, b) vermeiden.

bur·lap ['bɜːlæp] *s.* Sackleinwand *f*, Rupfen *m*, Juteleinen *n*.

bur·lesque [bɜː'lesk] **I** *adj.* **1.** bur'lesk, possenhaft; **II** *s.* **2.** Bur'leske *f*, Posse *f*; **3.** *Am.* Varie'tee *n*.

bur·ly ['bɜːlɪ] *adj.* stämmig.

Bur·man ['bɜːmən] *s.* Bir'mane *m*, Bir'manin *f*; **Bur·mese** [ˌbɜː'miːz] **I** *adj.* bir'manisch; **II** *s.* a) → **Burman**, b) Bir'manen *pl.*

burn[1] [bɜːn] **I** *s.* **1.** verbrannte Stelle; **2.** Brandwunde *f*, -mal *n*; **II** *v/i.* [*irr.*] **3.** (ver)brennen, in Flammen stehen, in Brand geraten: **the house is ~ing** das Haus brennt; **the stove ~s well** der Ofen brennt gut; **all the lights were ~ing** alle Lichter brannten; **4.** *fig.* (ent)brennen, dar'auf brennen (**to** *inf.* zu *inf.*): **~ing with anger** wutentbrannt; **~ing with love** von Liebe entflammt; **5.** an-, verbrennen, versengen: **the meat is ~t** das Fleisch ist angebrannt; **6.** brennen (*Gesicht, Zunge etc.*); **7.** verbrannt werden, in den Flammen 'umkommen; → 9; **III** *v/t.* [*irr.*] **8.** (ver)brennen: **our boiler ~s coke**; **his house was ~t** sein Haus brannte ab; **9.** ver-, anbrennen, versengen, durch Feuer *od.* Hitze verletzen: **~ a hole** ein Loch brennen; **the soup is ~t** die Suppe ist angebrannt; **I have ~t**

my fingers ich habe mir die Finger verbrannt (*a. fig.*); **~ *to death*** verbrennen; → 7; **10.** ⚙ *e-e CD, Porzellan,* (*Holz-*) *Kohle, Ziegel* brennen; **~ down** *v/t. u. v/i.* ab-, niederbrennen; **~ out I** *v/i.* ausbrennen; ⚡ 'durchbrennen; **II** *v/t.* ausbrennen, -räuchern: **~ *o.s. out*** *fig.* sich kaputtmachen *od.* völlig verausgaben; **~ up I** *v/t.* **1.** ganz verbrennen; **2.** *Am.* F *j-n* wütend machen; **II** *v/i.* **3.** auflodern; **4.** a) ab-, aus-, verbrennen, b) verglühen (*Rakete etc.*).

burn² [bɜːn] *s. Scot.* Bach *m.*

burn·er ['bɜːnə] *s.* Brenner *m* (*Person u. Gerät*): ***gas ~.***

burn·ing ['bɜːnɪŋ] *adj.* brennend, heiß, glühend (*a. fig.*): ***a ~ question*** e-e brennende Frage; **~ glass** *s.* Brennglas *n.*

bur·nish ['bɜːnɪʃ] **I** *v/t.* **1.** polieren, blank reiben; **2.** ⚙ brünieren; **II** *v/i.* **3.** blank *od.* glatt werden; **'bur·nish·er** [-ʃə] *s.* Polierer *m*, Brünierer *m*;

bur·nouse [bɜː'nuːz] *s.* 'Burnus *m.*

'burn·out *s.* **1.** ⚡ 'Durchbrennen *n*; **2.** Brennschluss *m* (*e-r Rakete*).

Burns' Night

Am 25. Januar feiern die Schotten in aller Welt den Geburtstag ihres Nationaldichters **Robert** („**Rabbie**") **Burns** (1759-96). Dazu wird **haggis** (*siehe dort*) mit Kartoffelbrei und Pastinaken gegessen, es werden eine Auswahl seiner Gedichte vorgetragen, meist gibt es einen Dudelsackspieler, und nach dem Essen wird getanzt.

burnt| al·monds [bɜːnt] *s. pl.* gebrannte Mandeln *pl.*; **~ lime** *s.* ⚙ gebrannter Kalk; **~ of·fer·ing** *s. bibl.* Brandopfer *n.*

burp [bɜːp] **I** rülpsen, aufstoßen, ein ‚Bäuerchen' machen (*Baby*); **II** *v/t. Baby* ein ‚Bäuerchen' machen lassen.

burr¹ [bɜː] **I** *s.* **1.** ⚙ Grat *m* (*raue Kante*); **2.** ⚙ Schleif-, Mühlstein *m*; **3.** ⚕ (Zahn)Bohrer *m*; **II** *v/t.* **4.** ⚙ abgraten.

burr² [bɜː] **I** *s.* **1.** Zäpfchenaussprache *f* des R; **II** *v/t. u. v/i.* **2.** (das R) schnarren; **3.** undeutlich sprechen.

burr³ [bɜː] → ***bur*** 1.

burr drill *s.* ⚙, ⚕ Drillbohrer *m.*

bur·row ['bʌrəʊ] **I** *s.* **1.** (*Fuchs- etc.*)Bau *m*, Höhle *f*; **II** *v/i.* **2.** sich eingraben; **3.** *fig.* sich verkriechen *od.* verbergen; sich vertiefen (***into*** in *acc.*); **III** *v/t.* **4.** *Bau* graben.

bur·sar ['bɜːsə] *s. univ.* **1.** 'Quästor *m*, Fi'nanzverwalter *m*; **2.** Stipendi'at *m*; **'bur·sa·ry** [-ərɪ] *s. univ.* **1.** Quä'stur *f*; **2.** Sti'pendium *n.*

bur·si·tis [bɜː'saɪtɪs] *s.* ⚕ Schleimbeutelentzündung *f.*

burst [bɜːst] **I** *v/i.* [*irr.*] **1.** bersten, (auf- *od.* zer)platzen, (auf-, zer)springen; explodieren; sich entladen (*Gewitter*); aufspringen (*Knospe*); aufgehen (*Geschwür*): **~ *open*** aufplatzen, -springen; **2. ~ *in*** (***out***) herein-, (hinaus)stürmen: **~ *in*** (***up***)***on*** a) hereinplatzen bei *j-m*, b) sich einmischen in (*acc.*); **3.** *fig.* ausbrechen, her'ausplatzen: **~ *into tears*** in Tränen ausbrechen; **~ *into laughter*, ~ *out laughing*** in Gelächter ausbrechen; **~ *out*** herausplatzen (*sagen*); **4.** *fig.* platzen, bersten (***with*** vor *dat.*); gespannt sein, brennen: **~ *with envy*** vor Neid platzen; ***I am ~ing to tell you*** ich brenne darauf, es dir zu sagen; **5.** zum Bersten voll sein (***with*** von): ***a larder ~ing with food*** e-e zum Bersten volle Speisekammer; **~ *with health*** (***energy***) vor Gesundheit (Kraft) strotzen; **6.** *a.* **~ *up*** zs.-brechen, Bank'rott gehen; **7.** plötzlich sichtbar werden: **~ *into view***; **~ *forth*** hervorbrechen, -sprudeln; **~ *upon s.o.*** j-m plötzlich klar werden; **II** *v/t.* [*irr.*] **8.** sprengen, auf-, zerbrechen, zum Platzen bringen (*a. fig.*): **~ *open*** sprengen, aufbrechen; ***I have ~ a bloodvessel*** mir ist e-e Ader geplatzt; ***the river ~ its banks*** a) der Fluss trat über die Ufer, b) der Fluss durchbrach die Dämme; ***the car ~ a tyre*** ein Reifen am Wagen platzte; **~ *one's sides with laughter*** sich vor Lachen ausschütten; **9.** *fig.* zum Scheitern bringen, auffliegen lassen, ruinieren; **III** *s.* **10.** Bersten *n*, Platzen *n*, Explosi'on *f*; ⚔ Feuerstoß *m* (*Maschinengewehr*); Auffliegen *n*, Ausbruch *m*: **~ *of laughter*** Lachsalve *f*; **~ *of applause*** Beifallssturm *m*; **~ *of hospitality*** plötzliche Anwandlung von Gastfreundschaft; **11.** Bruch *m*, Riss *m*, Sprung *m* (*a. fig.*); **12.** plötzliches Erscheinen; **13.** *sport* (Zwischen)Spurt *m.*

'burst-up *s. sl.* **1.** Bank'rott *m*, Zs.-bruch *m*, Pleite *f*; **2.** Krach *m*, Streit *m*; **3.** Saufe'rei *f.*

bur·y ['berɪ] *v/t.* **1.** begraben, beerdigen; **2.** ein-, vergraben, verschütten, versenken (*a. fig.*): ***buried cable*** ⚙ Erdkabel *n*; **3.** verbergen; **4.** *fig.* begraben, vergessen; **5. ~ *o.s.*** sich verkriechen; *fig.* sich vertiefen.

bus [bʌs] **I** *pl.* **'bus·es** [-sɪz] *s.* **1.** Omnibus *m*, (Auto)Bus *m*: ***miss the ~*** F den Anschluss (*Gelegenheit*) verpassen; **2.** *sl.* ‚Kiste' *f* (*Auto od. Flugzeug*); **II** *v/i.* **3.** *a.* **~ *it*** mit dem Omnibus fahren; **III** *v/t.* **4.** mit dem Bus transportieren; **~**

bar *s.* ⚡ Sammel-, Stromschiene *f*; **~ boy** *s. Am.* 'Pikkolo *m*, Hilfskellner *m*.

bus·by ['bʌzbɪ] *s.* ⚔ Bärenmütze *f*.

bush¹ [bʊʃ] *s.* **1.** Busch *m*, Strauch *m*: ***beat about the ~*** *fig.* wie die Katze um den heißen Brei herumgehen, um die Sache herumreden; **2.** Gebüsch *n*, Dickicht *n*; **3.** Busch *m*, Urwald *m*; **4.** (Haar)Schopf *m*.

bush² [bʊʃ] *s.* ⚙ Lagerfutter *n*.

bushed [bʊʃt] *adj.* ‚erledigt', erschöpft.

bush·el¹ ['bʊʃl] *s.* Scheffel *m* (*36,37 l*); → ***light¹*** 1.

bush·el² ['bʊʃl] *v/t. Am. Kleidung* ausbessern, flicken, ändern.

bush| fight·er *s.* Gue'rillakämpfer *m*; **~ league** *s. bsd. Baseball: Am.* F a) untere Spielklasse, b) Pro'vinzliga *f*; **'~-league** *adj. Am.* F Schmalspur...; Provinz...; **'~·man** [-mən] *s.* [*irr.*] **1.** Buschmann *m*; **2.** 'Hinterwäldler *m*.

bush·y ['bʊʃɪ] *adj.* buschig.

busi·ness ['bɪznɪs] *s.* **1.** Geschäft *n*, Tätigkeit *f*, Arbeit *f*, Beruf *m*, Gewerbe *n*: ***what is his ~?*** was ist er von Beruf?; → *a.* 5; ***on ~*** beruflich, geschäftlich; ***~ of the day*** Tagesordnung *f*; **2.** a) Handel *m*, Kaufmannsberuf *m*, Geschäftsleben *n*, b) *a.* ***~ activity*** Ge'schäftsvo,lumen *n*, 'Umsatz *m*: ***go into ~*** Kaufmann werden; ***be in ~*** Kaufmann sein; ***go out of ~*** das Geschäft *od.* den Beruf aufgeben; ***do good ~*** (***with***) gute Geschäfte machen (mit); ***lose ~*** Kundschaft *od.* Aufträge verlieren; ***~ as usual!*** nichts Besonderes!; → ***big*** 1; **3.** Geschäft *n*, Firma *f*, Unter'nehmen *n*, Laden *m*, Ge'schäftslo,kal *n*; **4.** Aufgabe *f*, Pflicht *f*; Recht *n*: ***make it one's ~*** (***to*** *inf.*) es sich zur Aufgabe machen (zu *inf.*); ***have no ~*** (***to*** *inf.*) kein Recht haben (zu *inf.*); ***what ~ had you*** (***to*** *inf.*)***?*** wie kamst du dazu (zu *inf.*)?; ***send s.o. about his ~*** j-m heimleuchten; ***he means ~*** er meint es ernst; **5.** Sache *f*, Angelegenheit *f*: ***that is none of your ~*** das geht dich nichts an; ***mind your own ~*** kümmere dich um d-e eigenen Angelegenheiten; ***what is your ~?*** was ist dein Anliegen?; → *a.* 1; ***what a ~ it is!*** das ist ja e-e schreckliche Geschichte!; ***like nobody's ~*** F ‚wie nichts', ‚ganz toll'; ***get down to ~*** zur Sache kommen; **~ ad·dress** *s.* Ge'schäftsa,dresse *f*; **~ ad·min·is·tra·tion** → ***business economics***; **~ al·low·ance** *s.* Werbungskosten *pl.*; **~ cap·i·tal** *s.* Be'triebskapi,tal *n*; **~ card** *s.* Geschäftskarte *f*; **~ col·lege** *s.* Wirtschaftsoberschule *f*; **~ con·fi·dence** *s.* optimistische Grundhaltung der Wirtschaft; **~ con·sult·ant** *s.* Betriebsberater *m*; **~ cy·cle** *s.* Konjunk'tur(zyklus *m*) *f*; **~ down·turn** *s.* Konjunkturrückgang *m*; **~ e·co·nom·ics** *s. pl. sg. konstr. Brit.* Betriebswirtschaft(slehre) *f*; **~ end** *s.* F wesentlicher Teil, *z.B.* Spitze *f e-s Bohrers od. Dolches*, Mündung *f e-s Gewehres*; **~ hours** *s. pl.* Geschäftsstunden *pl.*, -zeit *f*; **~ let·ter** *s.* Geschäftsbrief *m*; **'~·like** *adj.* **1.** geschäftsmäßig, sachlich, nüchtern; **2.** (geschäfts)tüchtig; **~ line** *s.* Branche *f*; **~ lunch** *s.* Arbeitsessen *n*; **'~·man** *s.* [*irr.*] Geschäfts-, Kaufmann *m*; **~ prac·tic·es** *s. pl.* Geschäftsmethoden *pl.*, -gebaren *n*; **~ prem·is·es** *s. pl.* Geschäftsräume *pl.*; **~ re·search** *s.* Konjunk'turforschung *f*; **~ re·viv·al** *s.* Konjunkturbelebung *f*; **~ suit** *Am.* → ***lounge suit***; **~ trip** *s.* Geschäfts-, Dienstreise *f*; **'~,wom·an** *s.* [*irr.*] Geschäftsfrau *f*; **~ year** *s.* Geschäftsjahr *n*.

busk¹ [bʌsk] *s.* Kor'settstäbchen *n*.

busk² [bʌsk] *v/i. Brit.* F auf der Straße musizieren *etc.*; **'busk·er** [-kə] *s. Brit.* 'Straßenmusi,kant *m od.* -akro,bat *m*.

bus·kin ['bʌskɪn] *s.* **1.** Halbstiefel *m*; **2.** Ko'thurn *m*; **3.** *fig.* Tra'gödie *f*.

'bus·man [-mən] *s.* [*irr.*] Omnibusfahrer *m*: ***~'s holiday*** mit der üblichen Berufsarbeit verbrachter Urlaub.

bus·sing ['bʌsɪŋ] *s. Am. Beförderung von Schülern mit Bussen in andere Schulen, um Rassenintegration zu erreichen.*

bust¹ [bʌst] *s.* Büste *f*: a) Brustbild *n*, Kopf *m* (*aus Marmor, Bronze etc.*), b) *anat.* Busen *m*.

bust² [bʌst] *sl.* **I** *v/i.* **1.** *oft* ***~ up*** ‚ka'puttgehen', ‚eingehen', ✝ *a.* ‚Pleite' gehen; **2.** ‚auffliegen', ‚platzen'; **II** *v/t.* **3.** ‚ka'puttmachen': a) sprengen, b) ruinieren; **4.** ‚auffliegen' lassen, zerschlagen; **5.** *Am.* ‚knallen', hauen; **6.** einbrechen in (*acc.*); **7.** einsperren; **8.** ⚔ degradieren; **III** *s.* **9.** Sauftour *f*: ***go on the ~*** ‚einen draufmachen'; **10.** ‚Pleite' *f*, Bank'rott *m*; **11.** Razzia *f*; **IV** *adv.* **12.** ***go ~*** → 1.

bus·tard ['bʌstəd] *s. orn.* Trappe *f*.

bust·er ['bʌstə] *s.* **1.** *sl.* a) ‚Mordsding' *n*, b) Kerl *m*, Bursche *m*, ‚Kumpel' *m*; **2.** *in Zssgn* ...knacker *m*: ***safe ~*** Geldschrankknacker; **3.** → ***bust²*** 9.

bus·tle¹ ['bʌsl] *s. hist.* Tur'nüre *f*.

bus·tle² ['bʌsl] **I** *v/i. a.* ***~ about*** geschäftig hin u. her rennen, ‚her'umfuhrwerken', hasten, sich tummeln; **II** *v/t.* ***~ up*** hetzen; **III** *s.* Geschäftigkeit *f*, geschäftiges Treiben, Getriebe *n*, Gewühl *n*; Gehetze *n*; Getue *n*; **'bus·tler** [-lə] *s.* geschäftiger Mensch; **'bus·tling** [-lɪŋ] *adj.* geschäftig.

'bust-up *s.* F ‚Krach' *m*.

bus·y ['bɪzɪ] **I** *adj.* ☐ **1.** beschäftigt, tätig: ***be ~ packing*** mit Packen beschäftigt sein; ***get ~*** F sich ‚ranmachen'; **2.** geschäftig, rührig, fleißig: ***as ~ as a bee*** bienenfleißig; **3.** belebt (*Straße* *etc.*); ereignis-, arbeitsreich (*Zeit*); **4.** auf-, zudringlich; **5.** *teleph. Am.* besetzt (*Leitung*): **~ signal** Besetztzeichen *n*; **II** *v/t.* **6.** (**o.s.** sich) beschäftigen (**with**, **in**, **at**, **about** *ger.* mit); **'~ˌbod·y** *s.* ‚Gschaftlhuber' *m*, 'Übereifrige(r) *m*, Wichtigtuer *m*.

bus·y·ness ['bɪzɪnɪs] *s.* Geschäftigkeit *f.*

but [bʌt; bət] **I** *cj.* **1.** aber, je'doch, sondern: **small ~ select** klein, aber fein; ***I wished to go ~ I couldn't*** ich wollte gehen, aber ich konnte nicht; ***not only ... ~ also*** nicht nur ..., sondern auch; **2.** außer, als: ***what could I do ~ refuse*** was blieb mir übrig, als abzulehnen; ***he couldn't ~ laugh*** er musste einfach lachen; **3.** ohne dass: ***justice was never done ~ someone complained***; **4. ~ that** a) wenn nicht: ***I would do it ~ that I am busy***, b) dass: ***you cannot deny ~ that it was you***, c) dass nicht: ***I am not so stupid ~ that I can learn it*** ich bin nicht so dumm, dass ich es nicht lernen könnte; **5. ~ then** andererseits, immer'hin; **6. ~ yet**, **~ for all that** (aber) trotzdem; **II** *prp.* **7.** außer: **~ that** außer dass; ***all ~ me*** alle außer mir; → 13; ***anything ~ clever*** alles andere als klug: ***the last ~ one*** der Vorletzte; ***the last ~ two*** der Drittletzte; **8. ~ for** ohne, wenn nicht: ***~ for the war*** ohne den Krieg, wenn der Krieg nicht (gewesen *od.* gekommen) wäre; **III** *adv.* **9.** nur, bloß: ***~ a child***; ***I did ~ glance*** ich blickte nur flüchtig hin; **~ once** nur 'einmal; **10.** erst, gerade: ***he left ~ an hour ago***; **11.** immerhin, wenigstens: ***you can ~ try***; **12.** ***nothing ~***, ***none ~*** nur; **13.** ***all ~*** fast: ***he all ~ died*** er wäre fast gestorben; → 7; **IV** *neg. rel. pron.* **14.** ***few of them ~ rejoiced*** es gab wenige, die sich nicht freuten; **V** *s.* **15.** Aber *n*; → ***if*** 5.

bu·tane ['bjuːteɪn] *s.* ⚗ Bu'tan *n*.

butch [bʊtʃ] *s. sl.* Mannweib, (*Lesbierin*) kesser Vater.

butch·er ['bʊtʃə] **I** *s.* **1.** Fleischer *m*, Schlachter *m*, Metzger *m*: ***~'s meat*** Schlachtfleisch *n*; **2.** *fig.* Mörder *m*, Schlächter *m*; **3.** 🚂 *Am.* (Süßwaren- *etc.*)Verkäufer *m*; **II** *v/t.* **4.** schlachten; **5.** *fig.* morden, abschlachten; **'butch·er·ly** [-lɪ] *adj.* blutdürstig; **'butch·er·y** [-ərɪ] *s.* **1.** Schlachterhandwerk *n*; **2.** Schlachthaus *n*, -hof *m*; **3.** *fig.* Gemetzel *n*.

but·ler ['bʌtlə] *s.* **1.** Butler *m*; **2.** Kellermeister *m*.

butt [bʌt] **I** *s.* **1.** (dickes) Ende (*e-s Werkzeugs etc.*); **2.** (*Gewehr*)Kolben *m*; **3.** (*Zigaretten- etc.*)Stummel *m*; **4.** ⚘ unteres Ende (*von Stiel od. Stamm*); **5.** ⚙ Stoß *m*; → ***butt joint***; **6.** ⚔ Kugelfang *m*; *pl.* Schießstand *m*; **7.** *fig.* Zielscheibe *f* (*des Spottes etc.*); **8.** (Kopf- *etc.*)Stoß *m*; **9.** *sl.* ‚Hintern' *m*; **II** *v/t.* **10.** (*bsd.* mit dem Kopf) stoßen; **11.** ⚙ anein'ander fügen; **III** *v/i.* **12.** (an-) stoßen, angrenzen (**on**, **against** an *acc.*); **13. ~ in** F sich einmischen: **~ in on**, **~ into** sich einmischen in (*acc.*); **~ end** *s.* **1.** (Gewehr)Kolben *m*; **2.** dickes Endstück; Ende *n*.

but·ter ['bʌtə] **I** *s.* **1.** Butter *f*: ***melted ~*** zerlassene Butter; ***he looks as if ~ would not melt in his mouth*** er sieht aus, als könnte er nicht bis drei zählen; **2.** (*Erdnuss-, Kakao- etc.*)Butter *f*; **3.** F ‚Schmus' *m*, Schmeiche'lei(en *pl.*) *f*; **II** *v/t.* **4.** mit Butter bestreichen *od.* zubereiten; **5. ~ up** F *j-n* ‚einwickeln', *j-m* schmeicheln; **~ bean** *s.* ⚘ Wachsbohne *f*; **~ churn** *s.* Butterfass *n* (*zum Buttern*); **'~·cup** *s.* ⚘ Butterblume *f*; **~ dish** *s.* Butterdose *f*; **'~ˌfin·gers** *s. pl. sg. konstr.* F Tollpatsch *m*, ‚Tapps' *m*.

but·ter·fly ['bʌtəflaɪ] *s.* **1.** *zo.* Schmetterling *m* (*a. fig. flatterhafter Mensch*); **2.** *sport a.* **~ stroke** Schmetterlingsstil *m*; **~ nut** *s.* ⚙ Flügelmutter *f*; **~ valve** *s.* ⚙ Drosselklappe *f*.

but·ter·ine ['bʌtəriːn] *s.* Kunstbutter *f*.

'but·ter|·milk *s.* Buttermilch *f*; **'~·scotch** *s.* Kara'mellbonˌbon *m*, *n*.

but·ter·y ['bʌtərɪ] **I** *adj.* **1.** butterartig, Butter...; **2.** F schmeichlerisch; **II** *s.* **3.** Speisekammer *f*; **4.** *Brit. univ.* Kan'tine *f*.

butt joint *s.* ⚙ Stoßfuge *f*, -verbindung *f*.

but·tock ['bʌtək] *s.* **1.** *anat.* 'Hinterbacke *f*; *mst pl.* 'Hinterteil *n*, Gesäß *n*; **2.** *Ringen*: Hüftschwung *m*.

but·ton ['bʌtn] **I** *s.* **1.** (Kleider)Knopf *m*: ***not worth a ~*** keinen Pfifferling wert; ***not to care a ~*** (***about***) F sich nichts machen (aus); ***a ~ short*** F ‚leicht beknackt'; (***boy in***) ***~s*** (Hotel)Page *m*; ***take by the ~*** a) *j-n* fest-, aufhalten, b) sich *j-n* vorknöpfen; **2.** (*Klingel-, Licht- etc.*)Knopf *m*; → ***press*** 2; **3.** Knopf *m* (*Gegenstand*), *z.B.* a) Abzeichen *n*, Pla'kette *f*, b) (Mikro'fon)Kapsel *f*; **4.** ⚘ Knospe *f*, Auge *n*; **5.** *sport sl.* ‚Punkt' *m*, Kinnspitze *f*; **II** *v/t.* **6.** *a.* **~ up** (zu-) knöpfen: ***~ one's mouth*** den Mund halten; ***~ed up*** *fig.* a) ‚zugeknöpft' (*Person*), b) ‚in der Tasche', unter Dach und Fach (*Sache*); **III** *v/i.* **7.** sich knöpfen lassen, geknöpft werden; **'~-cell** (**bat·ter·y**) *s.* Knopfzelle *f*; **'~·hole** **I** *s.* **1.** Knopfloch *n*; **2.** *Brit.* Knopflochsträußchen *n*, Blume *f* im Knopfloch; **II** *v/t.* **3.** *j-n* festhalten (u. auf ihn einreden); **4.** mit Knopflöchern versehen.

but·tress ['bʌtrɪs] **I** *s.* **1.** △ Strebepfeiler *m*, -bogen *m*; **2.** Stütze *f* (*a. fig.*); **II** *v/t. a.* **~ up** **3.** (durch Strebepfeiler) stützen; **4.** *fig.* stützen.

'**butt-weld** *v/t.* ⚙ stumpfschweißen.
but·ty ['bʌtɪ] *s. Brit.* F **1.** Butterbrot *n*, Stulle *f*: ***jam*** ~ Marmeladenbrot *n*; **2.** ⚒ Kumpel *m*.
bu·tyl ['bjuːtɪl] *s.* ⚗ Bu'tyl *n*.
bu·tyr·ic [bjuː'tɪrɪk] *adj.* ⚗ Butter...
bux·om ['bʌksəm] *adj.* drall.
buy [baɪ] **I** *s.* **1.** F Kauf *m*, *das* Gekaufte: ***a good*** ~ ein günstiger Kauf; **II** *v/t.* [*irr.*] **2.** (an-, ein)kaufen (***of***, ***from*** von, ***at*** bei): ***money cannot*** ~ ***it*** es ist für Geld nicht zu haben; ~***ing habit*** Kaufgewohnheit *f*; ~***ing power*** (überschüssige) Kaufkraft; **3.** *fig.* erkaufen: ***dearly bought*** teuer erkauft; **4.** *j-n* kaufen, bestechen; **5.** loskaufen, auslösen; **6.** *Am. sl. et.* ‚abkaufen', glauben; **7.** ~ ***it*** *Brit. sl.* ‚dran glauben müssen'; **III** *v/i.* [*irr.*] **8.** kaufen; **9.** ~ ***into*** ✝ sich einkaufen in (*acc.*);
Zssgn mit adv.:
buy| in *v/t.* **1.** sich eindecken mit; **2.** (*auf Auktionen*) zu'rückkaufen; **3.** ***buy o.s. in*** ✝ sich einkaufen; ~ **off** *v/t.* → ***buy*** 4; ~ **out** *v/t.* **1.** *Teilhaber etc.* auszahlen, abfinden; **2.** *Firma etc.* aufkaufen; ~ **o·ver** *v/t.* → ***buy*** 4; ~ **up** *v/t.* aufkaufen.
buy·er ['baɪə] *s.* **1.** Käufer(in), Abnehmer(in): ~***-up*** Aufkäufer; ~***s' market*** ✝ Käufermarkt *m*; ~***s' strike*** Käuferstreik *m*; **2.** ✝ Einkäufer(in).
buy·out ['baɪaʊt] *s. a.* ***management*** ~ Aufkauf *m* e-r Firma durch deren Manager (*der damit neuer Eigentümer wird*).
buzz [bʌz] **I** *v/i.* **1.** summen, brummen, surren, schwirren: ~ ***about*** (*od.* ***around***) herumschwirren (*a. fig.*); ~***ing with excitement*** in heller Aufregung; ~ ***off*** *sl.* ‚abschwirren', ‚abhauen'; **2.** säuseln, sausen; **3.** murmeln, durcheinander reden; **II** *v/t.* **4.** F a) *j-n* mit dem Pieper rufen, b) *teleph. j-n* anrufen; **5.** ✈ a) in geringer Höhe über'fliegen, b) (bedrohlich) anfliegen; **III** *s.* **6.** Summen *n*, Brummen *n*, Schwirren *n*; **7.** F *teleph.* Anruf *m*: ***give s.o. a*** ~ j-n anrufen; **8.** Stimmengewirr *n*; **9.** Gerücht *n*.
buz·zard ['bʌzəd] *s. orn.* Bussard *m*.
buzz·er ['bʌzə] *s.* **1.** Summer *m*, *bsd.* summendes In'sekt; **2.** Summer *m*, Summpfeife *f*; **3.** ⚡ Summer *m*; **4.** ⚔ a) 'Feldtele,graf *m*, b) *sl.* Telegra'fist *m*; **5.** *Am. sl.* Poli'zeimarke *f*.
buzz saw *s. Am.* Kreissäge *f*.
buzz·word ['bʌzwɜːd] *s.* **1.** Modewort *n*; **2.** Parole *f*.
by [baɪ] **I** *prp.* **1.** (*Raum*) (nahe) bei *od.* an (*dat.*), neben (*dat.*): ~ ***the window*** beim *od.* am Fenster; **2.** durch (*acc.*), über (*acc.*), via, an (*dat.*) ... entlang *od.* vor'bei: ***he came*** ~ ***Park Road*** er kam über *od.* durch die Parkstraße; ***we drove*** ~ ***the park*** wir fuhren am Park entlang; ~ ***land*** zu Lande; **3.** (*Zeit*) während, bei: ~ ***day*** bei Tage; ***day*** ~ ***day*** Tag für Tag; ~ ***lamplight*** bei Lampenlicht; **4.** bis (zu *od.* um *od.* spätestens): ***be here*** ~ ***4.30*** sei um 4 Uhr 30 hier; ~ ***the allotted time*** bis zum festgesetzten Zeitpunkt; ~ ***now*** nunmehr, inzwischen, schon; **5.** (*Urheber*) von, durch: ***a book*** ~ ***Shaw*** ein Buch von Shaw; ***settled*** ~ ***him*** durch ihn *od.* von ihm geregelt; ~ ***nature*** von Natur (aus); ~ ***oneself*** aus eigener Kraft, selbst, allein; **6.** (*Mittel*) durch, mit, vermittels: ~ ***listening*** durch Zuhören; ***driven*** ~ ***steam*** mit Dampf betrieben; ~ ***rail*** per Bahn; ~ ***letter*** brieflich; **7.** gemäß, nach: ~ ***my watch it is now ten*** nach m-r Uhr ist es jetzt zehn; **8.** (*Menge*) um, nach: ***too short*** ~ ***an inch*** um einen Zoll zu kurz; ***sold*** ~ ***the metre*** meterweise verkauft; **9.** Ꭿ a) mal: ***3*** (***multiplied***) ~ ***4***; ***the size is 9 feet*** ~ ***6*** die Größe ist 9 mal 6 Fuß, b) durch: ***6*** (***divided***) ~ ***2***; **10.** ~ ***the way*** *od.* ~ ***the*** ~(***e***) übrigens; **II** *adv.* **11.** da'bei: ***close*** ~, ***hard*** ~ dicht dabei; **12.** ~ ***and large*** im Großen u. Ganzen; ~ ***and*** ~ demnächst, nach u. nach; **13.** vor'bei, -'über: ***pass*** ~ vorübergehen; **14.** bei'seite: ***put*** ~.
by- [baɪ] *Vorsilbe* **1.** Neben..., Seiten...; **2.** geheim.
bye [baɪ] **I** *s. sport* a) *Kricket*: durch einen vor'beigelassenen Ball ausgelöster Lauf, b) Freilos *n*: ***draw a*** ~ ein Freilos ziehen; **II** *adj.* 'untergeordnet, Neben...
bye- → ***by-***.
bye-bye **I** *s.* ['baɪbaɪ] *Kindersprache*: ‚Heia' *f*, Bett *n*, Schlaf *m*; **II** *int.* [ˌbaɪ'baɪ] F Wiedersehen!, Tschüss!
'**bye-law** → ***bylaw***.
'**by|-eˌlec·tion** *s.* Ersatz-, Nachwahl *f*; '~**·gone** **I** *adj.* vergangen; **II** *s. das* Vergangene: ***let*** ~***s be*** ~***s*** lass(t) das Vergangene ruhen; '~**·law** *s.* **1.** Gemeindeverordnung *f*, -satzung *f*; **2.** *pl.* Sta'tuten *pl.*, Satzung *f*; **3.** 'Durchführungsverordnung *f*; '~**·line** *s.* **1.** 🚂 'Nebenˌlinie *f*; **2.** Verfasserangabe *f* (*unter der Überschrift e-s Zeitungsartikels*); **3.** Nebenbeschäftigung *f*; '~**·name** *s.* **1.** Beiname *m*; **2.** Spitzname *m*; '~**·pass** **I** *s.* **1.** 'Umleitung *f*, Um'gehungsstraße *f*; **2.** Nebenleitung *f*; **3.** *Gasbrenner*: Dauerflamme *f*; **4.** ⚡ Nebenschluss *m*; **5.** ⚕ Bypass *m*; **II** *v/t.* **6.** 'umleiten; **7.** um'gehen (*a. fig.*); **8.** vermeiden, über'gehen; '~**·path** *s.* Seitenweg *m* (*a. fig.*); '~**·play** *s. thea.* Nebenhandlung *f*; '~**-ˌprod·uct** *s.* 'Nebenproˌdukt *n*, *fig. a.* Nebenerscheinung *f*.
byre ['baɪə] *s. Brit.* Kuhstall *m*.
'**by|·road** *s.* Seiten-, Nebenstraße *f*; '~**ˌstand·er** *s.* Zuschauer(in); '~**·street** → ***byroad***.

byte [baɪt] *s. Computer*: Byte *n*.

'**by**|·**way** *s.* **1.** Seiten-, Nebenweg *m*; **2.** *fig.* 'Nebenas,pekt *m*; '**~·word** *s.* **1.** Sprichwort *n*; **2.** (***for***) Inbegriff *m* (*gen.*), Musterbeispiel *n* (für); **3.** Schlagwort *n*.

By·zan·tine [bɪ'zæntaɪn] *adj.* byzan'tinisch.

C

C, c [siː] *s.* **1.** C *n*, c *n* (*Buchstabe*); **2.** ♪ C *n*, c *n* (*Note*); **3.** *ped. Am.* Drei *f*, Befriedigend *n* (*Note*); **4.** *Am. sl.* ‚Hunderter' *m* (*Banknote*).

cab [kæb] **I** *s.* **1.** a) Droschke *f*, b) Taxi *n*; **2.** a) 🚂 Führerstand *m*, b) Führersitz *m* (*Lastauto*), c) Lenkerhäus-chen *n* (*Kran*); **II** *v/i.* **3.** mit e-r Droschke *od.* e-m Taxi fahren.

ca·bal [kəˈbæl] **I** *s.* **1.** Kaˈbale *f*, Inˈtrige *f*; **2.** Clique *f*, Klüngel *m*; **II** *v/i.* **3.** intrigieren, Ränke schmieden, sich verschwören.

cab·a·ret [ˈkæbəreɪ] *s.* **1.** (*a. politisches*) Kabaˈrett, Kleinkunstbühne *f*: ~ ***performer*** Kabarettist(in); **2.** Restauˈrant *n od.* Nachtklub *m* mit Varieˈteedarbietungen.

cab·bage [ˈkæbɪdʒ] *s.* ⚘ **1.** Kohl(pflanze *f*) *m*: ***become a ~*** F verblöden, dahinvegetieren; **2.** Kohlkopf *m*; ~ **but·ter·fly** *s. zo.* Kohlweißling *m*; ˈ**~·head** *s.* **1.** Kohlkopf *m*; **2.** F Dummkopf *m*; ˈ**~-white** → ***cabbage butterfly***.

ca(b)·ba·la [kəˈbɑːlə] *s.* ˈKabbala *f*, Geheimlehre *f* (*a. fig.*).

cab·by [ˈkæbɪ] F → ***cab driver***.

cab driv·er *s.* **1.** Droschkenkutscher *m*; **2.** Taxifahrer *m*.

ca·ber [ˈkeɪbə] *s. Scot.* Baumstamm *m*: ***tossing the ~*** Baumstammwerfen *n*.

cab·in [ˈkæbɪn] *s.* **1.** Häus-chen *n*, Hütte *f*; **2.** ⚓ Kaˈbine *f*, Kaˈjüte *f*; **3.** ✈ Kaˈbine *f*: a) Fluggastraum *m*, b) Kanzel *f*; **4.** *Brit.* 🚂 Stellwerk *n*; ~ **boy** *s.* ⚓ Kaˈbinenˌsteward *m*; ~ **class** *s.* ⚓ Kaˈjütenklasse *f*; ~ **cruis·er** *s.* Kaˈbinenkreuzer *m*.

cab·i·net [ˈkæbɪnɪt] *s.* **1.** *oft* ♀ *pol.* Kabiˈnett *n*: ~ ***council***, ~ ***meeting*** Kabinettssitzung *f*; ~ ***crisis*** Regierungskrise *f*; **2.** (Schau-, Sammlungs-, *a.* Büˈro-, Karˈtei- *etc.*)Schrank *m*, (Wand-)Schränkchen *n*, Viˈtrine *f*; **3.** *Radio etc.*: Gehäuse *n*; **4.** *phot.* Kabiˈnettforˌmat *n*; ˈ**~ˌmak·er** *s.* **1.** Kunsttischler *m*; **2.** *humor.* Miˈnisterpräsiˌdent *m* bei der Regierungsbildung; ˈ**~ˌmak·ing** *s.* ˈKunsttischleˌrei *f*; ♀ **Min·is·ter** *s. pol.* Kabiˈnettsmiˌnister *m*; ~ **size** → ***cabinet*** 4.

cab·in scoot·er *s. mot.* Kaˈbinenroller *m*.

ca·ble [ˈkeɪbl] **I** *s.* **1.** Kabel *n*, Tau *n*, (Draht)Seil *n*; **2.** ⚓ Trosse *f*, Ankertau *n*, -kette *f*; **3.** ⚡ (Leitungs)Kabel *n*; **4.** → ***cablegram***; **II** *v/t. u. v/i.* **5.** kabeln, telegrafieren; ~ **car** *Seilbahn*: a) Kaˈbine *f*, b) Wagen *m*; ˈ**~·cast I** *v/t.* [*irr.* → ***cast***] per Kabelfernsehen überˈtragen; **II** *s.* Sendung *f* im Kabelfernsehen; ~ **chan·nel** *s. TV* Kabelkanal *m*.

ca·ble·gram [ˈkeɪblgræm] *s.* Kabel *n*, (ˈÜbersee)Teleˌgramm *n*.

ca·ble rail·way *s.* **1.** Drahtseilbahn *f*; **2.** *Am.* Drahtseilstraßenbahn *f*.

ca·blese [keɪˈbliːz] *s.* Teleˈgrammstil *m*.

ˈ**ca·ble's-length** [ˈkeɪblz-] *s.* ⚓ Kabellänge *f* (*100 Faden*).

ca·ble| tel·e·vi·sion *s.* Kabelfernsehen *n*; ˈ**~·way** *s.* Drahtseilbahn *f*.

ˈ**cab·man** [-mən] *s.* [*irr.*] → ***cab driver***.

ca·boo·dle [kəˈbuːdl] *s. sl.*: ***the whole ~*** a) der ganze Klimbim, b) die ganze Sippschaft.

ca·boose [kəˈbuːs] *s.* **1.** ⚓ Komˈbüse *f*, Schiffsküche *f*; **2.** 🚂 *Am.* Dienst-, Bremswagen *m*.

cab rank *s. Brit.* Taxi-, Droschkenstand *m*.

cab·ri·o·let [ˈkæbrɪəleɪ] *s. a. mot.* Kabrioˈlett *n*.

ca'can·ny [ˌkɑːˈkænɪ] *s. Scot.* ✝ Bummelstreik *m*.

ca·ca·o [kəˈkɑːəʊ] *s.* **1.** ⚘ *a.* ***~-tree*** Kaˈkaobaum *m*; **2.** Kaˈkaobohnen *pl.*; ~ **bean** *s.* Kaˈkaobohne *f*; ~ **but·ter** *s.* Kaˈkaobutter *f*.

cache [kæʃ] **I** *s.* geheimes (Waffen- *od.* Proviˈant- *etc.*)Lager, Versteck *n*; **II** *v/t.* verstecken.

ca·chet [ˈkæʃeɪ] *s.* **1.** a) Siegel *n*, b) *fig.* Stempel *m*, Merkmal *n*; **2.** ⚕ Kapsel *f*.

cack·le [ˈkækl] **I** *v/i.* gackern (*a. fig. lachen*), schnattern (*a. fig. schwatzen*); **II** *s.* (*a. fig.*) Gegacker *n*, Geschnatter *n*: ***cut the ~!*** F quatsch nicht!

ca·coph·o·nous [kæˈkɒfənəs] *adj.* ˈmisstönend; **caˈcoph·o·ny** [-nɪ] *s.* Kakophoˈnie *f* (*Missklang*).

cac·tus [ˈkæktəs] *pl.* **-ti** [-taɪ], **-tus·es** *s.* ⚘ ˈKaktus *m*.

cad [kæd] *s.* **1.** ordiˈnärer Kerl; **2.** gemeiner Kerl.

ca·das·tral [kəˈdæstrəl] *adj.*: ~ ***survey*** Katasteraufnahme *f*.

ca·dav·er·ous [kəˈdævərəs] *adj.* leichenhaft.

cad·die [ˈkædɪ] *s.* a) ˈCaddie *m* (*Golfjunge*), b) → ˈ**~-cart** *s.* ˈCaddie *m* (*Golfschlägerwagen*).

cad·dish ['kædɪʃ] *adj.* **1.** pro'letenhaft, **2.** gemein, niederträchtig.

cad·dy[1] → ***caddie***.

cad·dy[2] ['kædɪ] *s.* Teedose *f*; **~ spoon** *s.* Tee-, Messlöffel *m*.

ca·dence ['keɪdəns] *s.* **1.** ('Vers-, 'Sprech),Rhythmus *m*; **2.** ♪ Ka'denz *f*; **3.** Tonfall *m* (*am Satzende*); **'ca·denced** [-st] *adj.* 'rhythmisch.

ca·det [kə'det] *s.* **1.** ⚔ Ka'dett *m*; **2.** (Poli'zei- *etc.*)Schüler *m*; **3.** jüngerer Sohn *od.* Bruder; **4.** *in Zssgn a.* Nachwuchs...: ***~ researcher***; ***~ nurse*** Lernschwester *f*.

cadge [kædʒ] *v/i. u. v/t.* ‚schnorren'; **'cadg·er** [-dʒə] *s.* ‚Schnorrer' *m*, ‚Nassauer' *m*.

ca·di ['kɑːdɪ] *s.* Kadi *m*, Bezirksrichter *m* (*im Orient*).

cad·mi·um ['kædmɪəm] *s.* ⚗ 'Kadmium *n*; **'~-,plate** *v/t.* ⚙ kadmieren.

ca·dre ['kɑːdə] *s.* **1.** Kader *m*: a) ⚔ (Truppen)Stamm *m*, b) *pol.* Führungsgruppe *f*, c) 'Rahmenorganisati,on *f*; **2.** *fig.* Grundstock *m*.

ca·du·ce·us [kə'djuːsjəs] *pl.* **-ce·i** [-sjaɪ] *s.* Mer'kurstab *m* (*a. ärztliches Abzeichen*).

cae·cum ['siːkəm] *s. anat.* Blinddarm *m*.

Cae·sar ['siːzə] *s.* **1.** 'Cäsar *m* (*Titel römischer Kaiser*); **2.** Auto'krat *m*.

Cae·sar·e·an, **Cae·sar·i·an** [siː'zeərɪən] *adj.* cä'sarisch: **~** (***operation*** *od.* ***section***) ⚕ Kaiserschnitt *m*.

Cae·sar·ism ['siːzərɪzəm] *s.* Dikta'tur *f*; Herrschsucht *f*.

cae·su·ra [siː'zjʊərə] *s.* Zä'sur *f*: a) (Vers)Einschnitt *m*, b) ♪ Ruhepunkt *m*.

ca·fé ['kæfeɪ] *s.* **1.** a) Ca'fé *n*, b) Restau'rant *n*; **2.** *Am.* Bar *f*.

caf·e·te·ri·a [,kæfɪ'tɪərɪə] *s.* 'Selbstbedienungsrestau,rant *n*, Cafete'ria *f*.

caf·fe·ine ['kæfiːn] *s.* ⚗ Koffe'in *n*; **'~-free** *adj.* koffe'infrei.

caf·tan ['kæftæn] *s.* 'Kaftan *m* (*a. Damenmode*).

cage [keɪdʒ] **I** *s.* **1.** Käfig *m* (*a. fig.*); (Vogel)Bauer *n*; **2.** Gefängnis *n* (*a. fig.*); **3.** Kriegsgefangenenlager *n*; **4.** Ka'bine *f e-s Aufzuges*; **5.** ⚒ Förderkorb *m*; **6.** *a.* ⚠ Stahlgerüst *n*; **7.** a) *Baseball*: abgegrenztes Trainingsfeld, b) *Eishockey*: Tor *n*, c) *Basketball*: Korb *m*; **II** *v/t.* **8.** (in e-n Käfig) einsperren; **9.** *Eishockey*: *den Puck* ins Tor schießen; **~ aer·i·al** *s. Brit.*, **~ an·ten·na** *s. Am.* ϟ 'Käfigan,tenne *f*.

ca·gey ['keɪdʒɪ] *adj.* F **1.** verschlossen; **2.** vorsichtig, berechnend; **3.** ‚gerissen', schlau.

ca·hoot [kə'huːt] *s.*: ***be in ~s*** (***with***) F unter e-r Decke stecken (mit).

Cain [keɪn] *s.*: ***raise ~*** F Krach schlagen.

cairn [keən] *s.* **1.** Steinhaufen *m* (*als Grenz- od. Grabmal*); **2.** *mount.* Steinmann *m*; **3.** *a.* ***~ terrier*** *zo.* 'Cairn-,Terrier *m* (*Hund*).

cais·son [kə'suːn] *s.* **1.** ⚙ Cais'son *m*, Senkkasten *m*; **2.** ⚔ Muniti'onswagen *m*; **~ dis·ease** *s.* ⚕ Cais'sonkrankheit *f*.

ca·jole [kə'dʒəʊl] *v/t. j-m* schmeicheln *od.* schöntun; *j-n* beschwatzen, verleiten (***into*** zu): ***~ s.th. out of s.o.*** j-m et. abbetteln; **ca'jol·er·y** [-lərɪ] *s.* Schmeiche'lei *f*, gutes Zureden; Liebediene'rei *f*.

cake [keɪk] **I** *s.* **1.** Kuchen *m* (*a. fig.*): ***parcel out the ~*** *fig.* den (*finanziellen*) Kuchen verteilen; ***take the ~*** den Preis davontragen, *fig.* den Vogel abschie-

Cakes

cake	Kuchen
crumpet ['krʌmpɪt]	*eine Art kleiner Pfannkuchen, der getoastet und mit Butter (und Marmelade) gegessen wird*
Danish (pastry ['peɪstrɪ])	Plunderstück (*süßes Blätterteiggebäck*)
flan	(Obst)Torte
gateau ['gætəʊ]	Sahnetorte
pie	1. *meist gedeckter* Obstkuchen 2. Pastete
scone [skɒn]	*kleiner, ausgestochener, brotähnlicher Kuchen, der mit Butter bzw. extra dicker Sahne und Marmelade gegessen wird*
Swiss roll	Biskuitrolle
tart	1. Obstkuchen 2. Mürbeteigkuchen mit Marmelade- oder Cremefüllung

(!) „Keks" heißt auf Englisch nicht **cake**, sondern **biscuit** bzw. *Am.* **cookie/cooky**

ßen; ***that takes the ~!*** F a) das ist (einsame) Spitze!, b) *contp.* das ist die Höhe!; ***be selling like hot ~s*** weggehen wie warme Semmeln; ***you can't eat your ~ and have it!*** du kannst nur eines von beiden tun *od.* haben!, entweder – oder!; ***~s and ale*** Lustbarkeit(en *pl.*) *f*, ‚süßes Leben'; **2.** Kuchen *m* (*Masse*); Tafel *f Schokolade*, Riegel *m Seife etc.*; **3.** (Schmutz- *etc.*)Kruste *f*; **II** *v/i.* **4.** zs.-backen, -ballen, verkrusten: ***~d with filth*** mit e-r Schmutzkruste (überzogen *od.* bedeckt); **~ mix** *s.* Backmischung *f*; **'~·walk** *s.* 'Cakewalk *m* (*Tanz*).

cal·a·bash ['kæləbæʃ] *s.* ♀ Kale'basse *f*: a) Flaschenkürbis *m*, b) *daraus gefertigtes Trinkgefäß*.

ca·lam·i·tous [kə'læmɪtəs] *adj.* □ katastro'phal, unheilvoll, Unglücks...

ca·lam·i·ty [kə'læmətɪ] *s.* **1.** Unglück *n*, Unheil *n*, Kata'strophe *f*; **2.** Elend *n*, Mi'sere *f*; **~ howl·er** *s. bsd. Am.* Schwarzseher *m*, 'Panikmacher *m*; **~ Jane** *s.* F Pechmarie *f*, Unglückswurm *m*.

cal·car·e·ous [kæl'keərɪəs] *adj.* ⚗ kalkartig, Kalk...; kalkhaltig.

cal·cif·er·ous [kæl'sɪfərəs] *adj.* ⚗ kalkhaltig; **cal·ci·fi·ca·tion** [ˌkælsɪfɪ'keɪʃn] *s.* **1.** ⚕ Verkalkung *f*; **2.** *geol.* Kalkablagerung *f*; **cal·ci·fy** ['kælsɪfaɪ] *v/t. u. v/i.* verkalken; **cal·ci·na·tion** [ˌkælsɪ'neɪʃn] *s.* ⚙ Kalzinierung *f*, Glühen *n*; **cal·cine** ['kælsaɪn] *v/t.* ⚙ kalzinieren, (aus)glühen, zu Asche verbrennen.

cal·ci·um ['kælsɪəm] *s.* ⚗ 'Kalzium *n*; **~ car·bide** *s.* ⚗ ('Kalzium)Karˌbid *n*; **~ chlo·ride** *s.* ⚗ Chlor'kalzium *n*; **~ light** *s.* Kalklicht *n*.

cal·cu·la·ble ['kælkjʊləbl] *adj.* berechenbar, kalkulierbar (*Risiko*).

cal·cu·late ['kælkjʊleɪt] **I** *v/t.* **1.** aus-, er-, berechnen; ☤ kalkulieren; **2.** *mst pass.* berechnen, planen; → ***calculated***; **3.** *Am.* F vermuten, glauben; **II** *v/i.* **4.** rechnen; ☤ kalkulieren; **5.** über'legen; **6.** (***upon***) rechnen (mit, auf *acc.*), sich verlassen (auf *acc.*); **'cal·cu·lat·ed** [-tɪd] *adj.* berechnet, gewollt, beabsichtigt: **~ *indiscretion*** gezielte Indiskretion; **~ *risk*** kalkuliertes Risiko; **~ *to deceive*** darauf angelegt zu täuschen; ***not ~ for*** nicht geeignet *od.* bestimmt für; **'cal·cu·lat·ing** [-tɪŋ] *adj.* **1.** (schlau) berechnend, (kühl) über'legend; **2.** Rechen...: **~ *machine***; **cal·cu·la·tion** [ˌkælkjʊ'leɪʃn] *s.* **1.** Kalkulati'on *f*, Berechnung *f*: ***be out in one's ~*** sich verrechnet haben; **2.** Voranschlag *m*; **3.** Über'legung *f*; **4.** *fig.* a) Berechnung *f*, b) Schläue *f*; **'cal·cu·la·tor** [-tə] *s.* **1.** Kalku'lator *m*; **2.** 'Rechentaˌbelle *f*; **3.** 'Rechenmaˌschine *f*, Rechner *m*.

cal·cu·lus ['kælkjʊləs] *pl.* **-li** [-laɪ] *s.* **1.** ⚕ (*Blasen-, Gallen-, Nieren- etc.*)Stein *m*; **2.** 𝔄 a) (*bsd. Differenzial-, Integral-*) Rechnung *f*, Rechnungsart *f*, b) höhere A'nalysis: **~ *of probabilities*** Wahrscheinlichkeitsrechnung.

cal·dron ['kɔːldrən] → ***cauldron***.

Cal·e·do·ni·an [ˌkælɪ'dəʊnjən] *poet.* **I** *adj.* kale'donisch (*schottisch*); **II** *s.* Kale'donier *m* (*Schotte*).

cal·e·fac·tion [ˌkælɪ'fækʃn] *s.* Erwärmung *f*, Erhitzung *f*.

cal·en·dar ['kælɪndə] **I** *s.* **1.** Ka'lender *m*; **2.** *fig.* Zeitrechnung *f*; **3.** Jahrbuch *n*; **4.** Liste *f*, Re'gister *n*; **5.** *Brit. univ.* Vorlesungsverzeichnis *n*; **6.** ☤, *Am.* ⚖ Ter'minkaˌlender *m*; **II** *v/t.* **7.** registrieren; **~ month** *s.* Ka'lendermonat *m*.

cal·en·der ['kælɪndə] ⚙ **I** *s.* Ka'lander *m*; **II** *v/t.* ka'landern.

cal·ends ['kælɪndz] *s. pl. antiq.* Ka'lenden *pl.*: ***on the Greek ~*** am St.-Nimmerleins-Tag.

calf[1] [kɑːf] *pl.* **calves** [-vz] *s.* **1.** Kalb *n* (*der Kuh, a. von Elefant, Wal, Hirsch etc.*): ***with*** (*od.* ***in***) **~** trächtig (*Kuh*); **2.** Kalbleder *n*: ***~-bound*** in Kalbleder gebunden (*Buch*); **3.** F ‚Kalb' *n*, ‚Schaf' *n*; **4.** treibende Eisscholle.

calf[2] [kɑːf] *pl.* **calves** [-vz] *s.* Wade *f* (*Bein, Strumpf etc.*).

'calf|·love *s.* F erste, junge Liebe; **'~'s-foot jel·ly** ['kɑːvz-] *s.* Kalbsfußsülze *f*; **'~·skin** *s.* Kalbleder *n*.

cal·i·ber *Am.* → ***calibre***; **'cal·i·bered** *Am.* → ***calibred***; **cal·i·brate** ['kælɪbreɪt] *v/t.* ⚙ kalibrieren: a) mit e-r Gradeinteilung versehen, b) eichen; **cal·i·bra·tion** [ˌkælɪ'breɪʃn] *s.* ⚙ Kalibrierung *f*, Eichung *f*; **cal·i·bre** ['kælɪbə] *s.* **1.** ⚔ Ka'liber *n*; **2.** ⚙ a) ('Innen)Durchmesser *m*, b) Ka'liberlehre *f*; **3.** *fig.* Ka'liber *n*, For'mat *n*; **'cal·i·bred** [-bəd] *adj.* ...kalibrig.

cal·i·ces ['kælɪsiːz] *pl. von* ***calix***.

cal·i·co ['kælɪkəʊ] **I** *pl.* **-coes**, *Am. a.* **-cos** *s.* **1.** 'Kaliko *m*, (bedruckter) Kat'tun; **2.** *Brit.* weißer *od.* ungebleichter Baumwollstoff; **II** *adj.* **3.** Kattun...; **4.** F bunt.

ca·lif, **cal·if·ate** → ***caliph***, ***caliphate***.

Cal·i·for·ni·an [kælɪ'fɔːnjən] **I** *adj.* kali'fornisch; **II** *s.* Kali'fornier(in).

cal·i·pers ['kælɪpəz] *s. pl.* Greif-, Tastzirkel *m*; ⚙ Tast(er)lehre *f*.

ca·liph ['kælɪf] *s.* Ka'lif *m*; **'cal·iph·ate** [-feɪt] *s.* Kali'fat *n*.

cal·is·then·ics → ***callisthenics***.

ca·lix ['keɪlɪks] *pl.* **cal·i·ces** ['kælɪsiːz] *s. anat., zo., eccl.* Kelch *m*; → ***calyx***.

calk[1] [kɔːk] **I** *s.* **1.** Stollen *m* (*am Hufeisen*); **2.** Gleitschutzbeschlag *m* (*an der Schuhsohle*); **II** *v/t.* **3.** mit Stollen *od.* Griffeisen versehen.

calk[2] [kɔːk] *v/t.* ('durch)pausen.

calk[3] [kɔːk] → ***caulk***.

cal·kin ['kælkɪn] *Brit.* → ***calk***[1] I.

call [kɔːl] **I** *s.* **1.** Ruf *m* (*a. fig.*); Schrei *m*: ***within ~*** in Rufweite; ***the ~ of duty***; ***the ~ of nature*** *humor.* ‚ein dringendes Bedürfnis'; **2.** (Tele'fon)Anruf *m*, (-)Gespräch *n*: ***give s.o. a ~*** j-n anrufen; → ***local*** 1, ***personal*** 1; **3.** *thea.* Her'vorruf *m*; **4.** Lockruf *m* (*Tier*); *fig.* Ruf *m*, Lockung *f*: ***the ~ of the East***; **5.** Namensaufruf *m*; **6.** Ruf *m*, Berufung *f* (***to*** in *ein Amt etc.*, auf *e-n Lehrstuhl*); **7.** (innere) Berufung, Drang *m*, Missi'on *f*; **8.** Si'gnal *n*; **9.** (Auf)Ruf *m*; (✝ Zahlungs)Aufforderung *f*; ✝ Abruf *m*, Kündigung *f von Geldern*; 'Kaufopti,on *f*; *Brit.* Vorprämie *f*, Vorprämiengeschäfte *pl.*; *a.* Nachfrage *f* (***for*** nach): ***~ on shares*** Aufforderung zur Einzahlung auf Aktien; ***at ~***, ***on ~*** auf Abruf *od.* sofort bereit(stehend), ✝ *a.* jederzeit kündbar; ***money at ~*** ✝ Tagesgeld *n*; **10.** a) Veranlassung *f*, Grund *m*, b) Recht *n*: ***he had no ~ to do that***; **11.** In'anspruchnahme *f*: ***many ~s on my time*** starke Beanspruchung m-r Zeit; ***have the first ~*** den Vorrang haben; **12.** kurzer Besuch (***at*** in *e-m Ort*, ***on*** bei *j-m*); ⚓ Anlaufen *n*: ***port of ~*** Anlaufhafen *m*; **II** *v/t.* **13.** *j-n* (her'bei)rufen; *et.* (*a. weitS. Streik*) ausrufen; *Versammlung* einberufen; *teleph.* anrufen; *thea. Schauspieler* her'vorrufen: ***~ into being*** *fig.* ins Leben rufen; **14.** berufen (***to*** in *ein Amt*); **15.** ⚖ a) *Zeugen*, *Sache* aufrufen, b) *als Zeugen* vorladen; **16.** *Arzt*, *Auto* kommen lassen; **17.** nennen, bezeichnen als; **18.** *pass.* heißen (***after*** nach): ***he is ~ed Max***; ***what is it ~ed in English?*** wie heißt es auf Englisch?; **19.** nennen, heißen (*lit.*), halten für: ***I ~ that a blunder***; ***we'll ~ it a pound*** wir wollen es bei einem Pfund bewenden lassen; **20.** wecken: ***~ me at 6 o'clock***; **21.** *Kartenspiel*: a) *Farbe* ansagen, b) ***~ s.o.'s hand*** *Poker*: j-n auffordern, s-e Karten vorzuzeigen; **III** *v/i.* **22.** rufen: ***you must come when I ~***; ***duty ~s***; ***he ~ed for help*** er rief um Hilfe; → ***call for***; **23.** *teleph.* anrufen: ***who is ~ing?*** wer ist dort?; **24.** (kurz) vor'beischauen (***on s.o.*** bei j-m);

Zssgn mit prp. u. adv.:

call| at *v/i.* **1.** besuchen (*acc.*), vorsprechen bei *od.* in (*dat.*), gehen *od.* kommen zu; **2.** ⚓ *Hafen* anlaufen; anlegen in (*dat.*); 🚂 halten in (*dat.*); **~ a·way** *v/t.* ab-, wegrufen; *fig.* ablenken; **~ back I** *v/t.* **1.** zu'rückrufen; **2.** wider'rufen; **II** *v/i.* **3.** *teleph.* zu'rückrufen; **~ down** *v/t.* **1.** *Segen etc.* her'abrufen, -flehen; *Zorn etc.* auf sich ziehen; **2.** *Am.* F ‚zs.-stauchen'; **~ for** *v/i.* **1.** nach *j-m* rufen; *Waren* abrufen; *thea.* herausrufen; **2.** *et.* erfordern, verlangen: ***~ courage***; ***your remark was not called for*** Ihre Bemerkung war unnötig; **3.** *j-n od. et.* abholen: ***to be called for*** a) abzuholen(d), b) postlagernd; **~ forth** *v/t.* **1.** her'vorrufen, auslösen; **2.** *Kraft* aufbieten; **~ in I** *v/t.* **1.** her'ein-, her'beirufen; hin'zu-, zurate ziehen; **2.** zu'rückfordern; *Geld* kündigen; *Schulden* einfordern; *Banknoten etc.* einziehen; **II** *v/i.* **3.** vorsprechen (***on*** bei *j-m*; ***at*** in *dat.*); **~ off** *v/t.* **1.** ab(be)rufen: ***~ goods*** Waren abrufen; **2.** *fig. et.* abbrechen, absagen, abblasen: ***~ a strike***; **3.** *Aufmerksamkeit*, *Gedanken* ablenken; **~ on** *od.* **up·on** *v/i.* **1.** *j-n* besuchen; bei *j-m* vorsprechen; **2.** *j-n* auffordern; **3.** ***~ s.o. for s.th.*** et. von j-m fordern, sich an j-n um et. wenden; ***I am*** (*od.* ***I feel***) ***called upon*** ich bin *od.* fühle mich genötigt (***to*** *inf.* zu *inf.*); **~ out I** *v/t.* **1.** her'ausrufen; **2.** *Polizei*, *Militär* aufbieten; **3.** *zum Kampf* herausfordern; *zum Streik* auffordern; **II** *v/i.* **4.** aufschreien; laut rufen; **~ o·ver** *v/t.* **1.** *Namen* verlesen; **2.** *Zahlen*, *Text* kollationieren; **~ to** *v/i. j-m* zurufen, *j-n* anrufen; **~ up** *v/t.* **1.** auf-, her'beirufen; *teleph.* anrufen; **2.** ⚔ einberufen; **3.** *fig.* her'vor-, wachrufen, her'aufbeschwören; **4.** sich ins Gedächtnis zu'rückrufen; **~ up·on** → ***call on***.

call·a·ble ['kɔːləbl] *adj.* ✝ kündbar (*Geld*, *Kredit*); einziehbar (*Forderungen etc.*).

'call|·back *s.* ✝, ⚙ 'Rückrufakti,on *f in die Werkstatt*; **~ box** *s.* **1.** *Brit.* Fernsprechzelle *f*; **2.** *Am.* a) Postfach *n*, b) Notrufsäule *f*; **'~·boy** *s.* **1.** Ho'telpage *m*; **2.** *thea.* Inspizi'entengehilfe *m*; **~ but·ton** *s.* Klingelknopf *m*; **~ card** *s.* Tele'fonkarte *f* (*bsd. in Irland*); **~ charge** *s. teleph.* Anrufgebühr *f*.

called [kɔːld] *adj.* genannt, namens.

call·er ['kɔːlə] *s.* **1.** *teleph.* Anrufer(in); **2.** Besucher(in); **3.** Abholer(in).

call| girl *s.* Callgirl *n* (*Prostituierte*); **~ house** *s. Am.* Bor'dell *n*.

cal·lig·ra·phy [kəˈlɪgrəfɪ] *s.* Kalligra'phie *f*, Schönschreibkunst *f*.

'call-in *s. Radio*, *TV*: Sendung *f* mit tele'fonischer Publikumsbeteiligung.

call·ing ['kɔːlɪŋ] *s.* **1.** Beruf *m*, Geschäft *n*, Gewerbe *n*; **2.** *eccl.* Berufung *f*; **3.** Einberufung *f e-r Versammlung*; **~ card** *s.* Vi'sitenkarte *f*.

cal·li·pers → ***calipers***.

cal·lis·then·ics [ˌkælɪs'θenɪks] *s. pl. mst sg. konstr.* Freiübungen *pl.*

call| loan *s.* ✝ täglich kündbares Darlehen; **~ mon·ey** *s.* ✝ Tagesgeld *n*; **~ num·ber** *s. teleph.* Rufnummer *f*; **~ of·fice** *s.* Fernsprechstelle *f*, -zelle *f*.

cal·los·i·ty [kæ'lɒsətɪ] *s.* Schwiele *f*, Hornhautbildung *f*; **cal·lous** ['kæləs] **I** *adj.* □ schwielig; *fig.* abgebrüht, gefühllos; **II** *v/i.* sich verhärten, schwielig werden; *fig.* abstumpfen; **cal·lous-**

C

ness ['kæləsnɪs] *s.* Schwieligkeit *f*; *fig.* Abgebrühtheit *f*, Gefühllosigkeit *f*.

cal·low ['kæləʊ] *adj.* **1.** ungefiedert, nackt; **2.** *fig.* ‚grün', unreif.

call| sign, **~ sig·nal** *s. teleph. etc.* Rufzeichen *n*; **~ u·nit** *s. teleph.* Gesprächseinheit *f*; '**~-up** *s.* ⚔ a) Einberufung, b) Mobilisierung *f*.

cal·lus ['kæləs] *pl.* **-li** [-laɪ] *s.* ⚕ **1.** Knochennarbe *f*; **2.** Schwiele *f*.

calm [kɑːm] **I** *s.* **1.** Stille *f*, Ruhe *f* (*a. fig.*); **2.** Windstille *f*, Flaute *f*; **II** *adj.* □ **3.** still, ruhig; friedlich; **4.** windstill; **5.** *fig.* ruhig, gelassen: **~ *and collected*** ruhig u. gefasst; **6.** F unverfroren, ‚kühl'; **III** *v/t.* **7.** beruhigen, besänftigen; **IV** *v/i.* **8.** *a.* **~ *down*** sich beruhigen; '**calm·ness** [-nɪs] *s.* **1.** Ruhe *f*, Stille *f*; **2.** Gemütsruhe *f*, Gelassenheit *f*.

ca·lor·ic [kə'lɒrɪk] *phys.* **I** *s.* Wärme *f*; **II** *adj.* ka'lorisch, Wärme...: **~ *engine*** Heißluftmaschine *f*; **cal·o·rie** ['kælərɪ] *s.* Kalo'rie *f*, Wärmeeinheit *f*; **cal·o·rif·ic** [ˌkælə'rɪfɪk] *adj.* (□ **~*ally***) Wärme erzeugend; Wärme..., Heiz...; **cal·o·ry** → ***calorie***.

cal·u·met ['kæljʊmet] *s.* Kalu'met *n*, (indi'anische) Friedenspfeife.

ca·lum·ni·ate [kə'lʌmnɪeɪt] *v/t.* verleumden; **ca·lum·ni·a·tion** [kəˌlʌmnɪ'eɪʃn] *s.* Verleumdung *f*; **ca'lum·ni·a·tor** [-tə] *s.* Verleumder(in); **ca'lum·ni·ous** [-ɪəs] *adj.* □ verleumderisch; **cal·um·ny** ['kæləmnɪ] *s.* Verleumdung *f*.

Cal·va·ry ['kælvərɪ] *s.* **1.** *bibl.* 'Golgatha *n*; **2.** *eccl.* Kal'varienberg *m*; **3.** ♎ Bildstock *m*, Marterl *n*; **4.** ♎ *fig.* Mar'tyrium *n*.

calve [kɑːv] *v/i.* **1.** *zo.* kalben; **2.** kalben, Eisstücke abstoßen (*Eisberg*, *Gletscher*).

calves [kɑːvz] *pl. von* ***calf***; '**~-foot jel·ly** → ***calf's-foot jelly***.

Cal·vin·ism ['kælvɪnɪzəm] *s. eccl.* Kalvi'nismus *m*; '**Cal·vin·ist** [-ɪst] *s.* Kalvi'nist(in).

ca·lyx ['keɪlɪks] *pl.* '**ca·lyx·es** [-ɪksɪz], '**ca·ly·ces** [-ɪsiːz] *s.* ⚘ (*Blüten*)Kelch *m*; → ***calix***.

cam [kæm] *s.* ⚙ Nocken *m*, Mitnehmer *m*, (Steuer)Kurve *f*: **~ *gear*** Nockensteuerung *f*, Kurvengetriebe *n*; **~*shaft*** Nocken-, Steuerwelle *f*; **~-*control(l)ed*** nockengesteuert.

ca·ma·ra·de·rie [ˌkæmə'rɑːdərɪ] *s.* Kame'radschaft(lichkeit) *f*; *b.s.* Kumpa'nei *f*.

cam·a·ril·la [ˌkæmə'rɪlə] *s.* Kama'rilla *f*; 'Hofkaˌbale *f*.

cam·ber ['kæmbə] **I** *v/t. u. v/i.* (sich) wölben; **II** *s.* leichte Wölbung, Krümmung *f*; *mot.* (Rad)Sturz *m*; '**cam·bered** [-əd] *adj.* **1.** gewölbt, geschweift; **2.** gestürzt (*Achse*, *Rad*).

Cam·bo·di·an [kæm'bəʊdjən] **I** *s.* Kambo'dschaner(in); **II** *adj.* kambo'dschanisch.

Cam·bri·an ['kæmbrɪən] **I** *s.* **1.** Wa'liser(-in); **2.** *geol.* 'Kambrium *n*; **II** *adj.* **3.** wa'lisisch; **4.** *geol.* 'kambrisch.

cam·bric ['keɪmbrɪk] *s.* Ba'tist *m*.

cam·cor·der ['kæmkɔːdə] *s.* 'Camcorder *m*.

came [keɪm] *pret. von* ***come***.

cam·el ['kæml] *s.* **1.** *zo.* Ka'mel *n*: ***Arabian* ~** Dromedar *n*; → ***Bactrian camel***; **2.** ⚓, ⚙ Ka'mel *n*, Hebeleichter *m*; **cam·el·eer** [ˌkæmɪ'lɪə] *s.* Ka'meltreiber *m*; **cam·el hair** → ***camel's hair***.

ca·mel·li·a [kə'miːljə] *s.* ⚘ Ka'melie *f*.

cam·el's| hair ['kæmlz] *s.* Ka'melhaar(-stoff *m*) *n*; '**~-hair** *adj.* Kamelhaar...

cam·e·o ['kæmɪəʊ] **I** *s.* Ka'mee *f*; **II** *adj.* *fig.* Miniatur...

cam·er·a ['kæmərə] *s.* **1.** 'Kamera *f*: a) 'Fotoappaˌrat *m*, b) 'Film- *od.* 'Fernsehˌkamera *f*: ***be on* ~** a) auf Sendung *od.* im Bild sein, b) vor der Kamera stehen; **2.** ***in* ~** ⚖ unter Ausschluss der Öffentlichkeit, nicht öffentlich; *fig.* geheim; '**~·man** [-mæn] *s.* [*irr.*] **1.** 'Pressefotoˌgraf *m*; **2.** *Film*: 'Kameramann *m*; **~ ob·scu·ra** [ɒb'skjʊərə] *s. opt.* 'Lochˌkamera *f*, 'Camera *f* ob'scura; '**~-shy** *adj.* 'kamerascheu.

cam·i·knick·ers ['kæmɪˌnɪkəz] *s. pl.* *Brit.* (Damen)Hemdhose *f*.

cam·i·sole ['kæmɪsəʊl] *s.* **1.** Bett-, Morgenjäckchen *n*; **2.** (Trachten- *etc.*)Mieder *n*.

cam·o·mile ['kæməʊmaɪl] *s.* ⚘ Ka'mille *f*: **~ *tea*** Kamillentee *m*.

cam·ou·flage ['kæmʊflɑːʒ] **I** *s.* ⚔ Tarnung *f* (*a. fig.*): **~ *paint*** Tarnanstrich *m*; **II** *v/t.* tarnen, *fig. a.* verschleiern.

camp[1] [kæmp] **I** *s.* **1.** (Zelt-, Ferien)Lager *n*, Lagerplatz *m*, Camp *n*: ***break*** *od.* ***strike* ~** das Lager abbrechen, aufbrechen; **2.** ⚔ Feld-, Heerlager *n*; **3.** *fig.* Lager *n*, Par'tei *f*, Anhänger *pl.* *e-r Richtung*: ***the rival* ~** das gegnerische Lager; **II** *adj.* **4.** Lager..., Camping...: **~ *bed*** a) Feldbett *n*, b) Campingliege *f*; **III** *v/i.* **5.** *a.* **~ *out*** zelten, campen, kampieren.

camp[2] [kæmp] F **I** *adj.* **1.** a) ‚schwul', ‚tuntenhaft', b) über'zogen, über'trieben, ‚irr', c) verkitscht; **II** *v/i.* **2.** → 4; **III** *v/t.* **3.** *et.* ‚aufmotzen', *thea. etc. a.* über'ziehen, über'trieben darstellen, *a.* verkitschen; **4.** **~ *it up*** a) die Sache ‚aufmotzen', *thea. etc. a.* über'ziehen, b) sich ‚tuntenhaft' benehmen.

cam·paign [kæm'peɪn] **I** *s.* **1.** ⚔ Feldzug *m*; **2.** *pol. u. fig.* Schlacht *f*, Kam'pagne *f*, (*a.* Werbe)Feldzug *m*, Akti'on *f*; **3.** *pol.* 'Wahlkampf *m*, -kamˌpagne *f*: **~ *button*** Wahlkampfplakette *f*; **II** *v/i.* **4.** ⚔ an e-m Feldzug teilnehmen, kämpfen; **5.** *fig.* kämpfen, zu Felde ziehen (***for*** für; ***against*** gegen); **6.** *pol.* a) sich am Wahlkampf beteiligen, im Wahlkampf stehen, b) Wahlkampf machen (***for*** für), c) *Am.* kandidieren; **cam'paign·er** [-nə] *s.* **1.** Feldzugteilnehmer *m*: ***old ~*** *fig.* alter Praktikus *od.* Hase; **2.** *fig.* Kämpfer *m* (***for*** für).

cam·pan·u·la [kəm'pænjʊlə] *s.* ⚘ Glockenblume *f.*

camp·er ['kæmpə] *s.* **1.** Camper(in); **2.** *Am.* a) Wohnanhänger *m*, -wagen *m*, b) 'Wohnmo͵bil *n.*

camp| fe·ver *s.* ⚕ 'Typhus *m*; '**~-͵fire** *s.* Lagerfeuer *n*: **~ *girl*** Pfadfinderin *f*; **~ fol·low·er** *s.* **1.** Sol'datenprostituierte *f*; **2.** *pol. etc.* Sympathi'sant(in), Mitläufer(in); '**~·ground** → ***camping ground***.

cam·phor ['kæmfə] *s.* ⚗ Kampfer *m*; '**cam·phor·at·ed** [-əreɪtɪd] *adj.* mit Kampfer behandelt, Kampfer...

cam·phor| ball *s.* Mottenkugel *f*; '**~·wood** *s.* Kampferholz *n.*

camp·ing ['kæmpɪŋ] *s.* Camping *n*, Zelten *n*; Kampieren *n*; **~ ground**, **~ site** *s.* Zelt-, Campingplatz *m.*

cam·pi·on ['kæmpjən] *s.* ⚘ Lichtnelke *f.*

camp meet·ing *s. Am.* religi'öse Versammlung im Freien; 'Zeltmissi͵on *f.*

cam·po·ree [͵kæmpə'riː] *s. Am.* regio'nales Pfadfindertreffen.

cam·pus ['kæmpəs] *s.* Campus *m* (*Gesamtanlage e-r Universität od. Schule*), *weitS.* ‚Uni' *f od.* Gym'nasium *n.*

'**cam·wood** *s.* Kam-, Rotholz *n.*

can[1] [kæn; kən] *v/aux.* [*irr.*], *pres. neg.* '**can·not 1.** können: ***~ you do it?***; ***he cannot read***; ***we could do it now*** wir könnten es jetzt tun; ***how could you?*** wie konntest du nur (so etwas tun)?; ***~ do!*** *sl.* (wird) gemacht!; ***no ~ do!*** *sl.* das geht nicht!; **2.** dürfen, können: ***you ~ go away now.***

can[2] [kæn] **I** *s.* **1.** (Blech)Kanne *f*; (*Öl-*)Kännchen *n*: ***carry the ~*** *sl.* der Sündenbock sein, dran sein; **2.** (Kon'serven)Dose *f*, (-)Büchse *f*: **~ *opener*** Büchsenöffner *m*; ***in the ~*** F ‚abgedreht', ‚im Kasten' (*Film*), *allg.* unter Dach u. Fach; **3.** (Blech)Trinkgefäß *n*; **4.** Ka'nister *m*; **5.** *Am. sl.* a) ‚Kittchen' *n*, ‚Knast' *m*, b) ‚Klo' *n*, c) ‚Arsch' *m*; **II** *v/t.* **6.** in Büchsen konservieren, eindosen; **7.** F auf Schallplatte *od.* Band aufnehmen; **8.** *Am sl.* a) ‚rausschmeißen', entlassen, b) ‚einlochen', c) aufhören mit.

Ca·na·di·an [kə'neɪdjən] **I** *adj.* ka'nadisch; **II** *s.* Ka'nadier(in).

ca·naille [kə'nɑːiː] (*Fr.*) *s.* Pöbel *m.*

ca·nal [kə'næl] *s.* **1.** Ka'nal *m* (*für Schifffahrt etc.*): ***~s of Mars*** Marskanäle; **2.** *anat.*, *zo.* Ka'nal *m*, Gang *m*, Röhre *f*; **ca·nal·i·za·tion** [͵kænəlaɪ'zeɪʃn] *s.* Kanalisierung *f*; Ka'nalnetz *n*; **ca·nal·ize** ['kænəlaɪz] *v/t.* **1.** kanalisieren, schiffbar machen; **2.** *fig.* (in bestimmte Bahnen) lenken, kanalisieren.

can·a·pé ['kænəpeɪ] (*Fr.*) *s.* Appe'tithappen *m*, Cocktailhappen *m.*

ca·nard [kæ'nɑːd] (*Fr.*) *s.* (Zeitungs)Ente *f*, Falschmeldung *f.*

ca·nar·y [kə'neərɪ] **I** *s.* **1.** *a.* **~ *bird*** *orn.* Ka'narienvogel *m*; **2.** *a.* ♋ ***wine*** Ka'narienwein *m*; **II** *adj.* **3.** hellgelb.

can·cel ['kænsl] **I** *v/t.* **1.** (durch-, aus-) streichen; **2.** wider'rufen, aufheben (*a.* ♪), annullieren (*a.* ✝), rückgängig machen, absagen; ✝ stornieren; **3.** ungültig machen, tilgen; erlassen; *Briefmarke, Fahrschein etc.* entwerten; *fig.* zu'nichte machen; *a.* **~ *out*** ausgleichen, kompensieren; **4.** ⚒ heben, streichen; **II** *v/i.* **5.** *mst* **~ *out*** sich (gegenseitig) aufheben *od.* ausgleichen **6.** **~ *out*** absagen, die Sache abblasen; **III** *s.* **7.** Streichung *f*; **can·cel·la·tion** [͵kænsə'leɪʃn] *s.* **1.** Streichung *f*; Aufhebung *f*; 'Widerruf *m*; Absage *f*; **2.** ✝ Annullierung *f*, Stornierung *f*: **~ *clause*** Rücktrittsklausel *f*; **~ *charge***, **~ *fee*** Rücktrittsgebühr *f*; **3.** Entwertung *f* (*Briefmarke etc.*).

can·cer ['kænsə] *s.* **1.** ⚕ Krebs *m*; Karzi'nom *n*; **2.** *fig.* Krebsgeschwür *n*, Übel *n*; **3.** ♋ *ast.* Krebs *m*; '**can·cer·ous** [-sərəs] *adj.* ⚕ a) krebsbefallen: **~ *lung***, b) Krebs...: **~ *tumo(u)r***, c) krebsartig: **~ *growth*** *fig.* Krebsgeschwür *n.*

can·de·la·bra [͵kændɪ'lɑːbrə] *pl.* **-bras**, **can·de'la·brum** [-brəm] *pl.* **-bra**, *Am. a.* **-brums** *s.* Kande'laber *m*; (Arm-, Kron)Leuchter *m.*

can·des·cence [kæn'desns] *s.* Weißglut *f.*

can·did ['kændɪd] *adj.* □ **1.** offen (u. ehrlich), freimütig; **2.** aufrichtig, unvoreingenommen, objek'tiv; **3.** freizügig, (ta'bu)frei: ***a ~ film***; **4.** *phot.* ungestellt, unbemerkt aufgenommen: **~ *camera*** a) Kleinstbildkamera *f*, b) versteckte Kamera; **~ *shot*** Schnappschuss *m.*

can·di·da·cy ['kændɪdəsɪ] *s.* Kandida'tur *f*, Bewerbung *f*, Anwartschaft *f*; **can·di·date** ['kændɪdət] *s.* **1.** (***for***) Kandi'dat *m* (für) (*a. fig.*), Bewerber *m* (um), Anwärter (auf *acc.*): **~ *country*** 'Beitrittskandi͵dat *m* (*zur EU etc.*); **2.** ('Prüfungs)Kandi͵dat(in); '**can·di·dature** [-dətʃə] → ***candidacy.***

can·died ['kændɪd] *adj.* **1.** kandiert, über'zuckert: **~ *peel*** Zitronat *n*; **2.** *fig. contp.* ‚honigsüß'.

can·dle ['kændl] *s.* **1.** (Wachs- *etc.*)Kerze *f*, Licht *n*: ***burn the ~ at both ends*** *fig.* Raubbau mit s-r Gesundheit treiben; ***not to be fit to hold a ~ to*** das Wasser nicht reichen können (*dat.*); →

C

game¹ 4; **2.** → ***candlepower***; **'~,berry** [-,bərɪ] *s.* ⚘ Wachsmyrtenbeere *f*; **'~-end** *s.* **1.** Kerzenstummel *m*; **2.** *pl. fig.* Abfälle *pl.*, Krimskrams *m*; **'~·light** *s.* **1.** (***by*** ~ bei) Kerzenlicht *n*; **2.** Abenddämmerung *f*.

Can·dle·mas ['kændlməs] *s. R.C.* (Ma'riä) Lichtmess *f*.

'can·dle|,pow·er *s. phys.* (Nor'mal)Kerze *f* (*Lichteinheit*); **'~·stick** *s.* (Kerzen-)Leuchter *m*; **'~·wick** *s.* Kerzendocht *m*.

can·do(u)r ['kændə] *s.* **1.** Offenheit *f*, Aufrichtigkeit *f*; **2.** 'Unpar,teilichkeit *f*, Objektivi'tät *f*.

can·dy ['kændɪ] **I** *s.* **1.** Kandis(zucker) *m*; **2.** *Am.* a) Süßigkeiten *pl.*, Kon'fekt *n*, b) *a.* ***hard*** ~ Bon'bon *m*, *n*; **II** *v/t.* **3.** kandieren, glacieren; mit Zucker einmachen; **4.** *Zucker* kristallisieren lassen; **III** *v/i.* **5.** kristallisieren (*Zucker*); **'~·floss** *s.* Zuckerwatte *f*; ~ **store** *s. Am.* Süßwarengeschäft *n*.

cane [keɪn] **I** *s.* **1.** ⚘ (*Bambus-, Zucker-, Schilf*)Rohr *n*; **2.** spanisches Rohr; **3.** Rohrstock *m*; **4.** Spazierstock *m*; **II** *v/t.* **5.** (mit dem Stock) züchtigen *od.* prügeln; **6.** *Stuhl* mit Rohrgeflecht versehen: ***~-bottomed*** mit Sitz aus Rohr; ~ **chair** *s.* Rohrstuhl *m*; ~ **sug·ar** *s.* Rohrzucker *m*; **'~·work** *s.* Rohrgeflecht *n*.

ca·nine **I** *adj.* ['keɪnaɪn] Hunde...; *fig. contp.* hündisch; **II** *s.* ['kænaɪn] *anat. a.* ~ ***tooth*** Eckzahn *m*.

can·ing ['keɪnɪŋ] *s.*: ***give s.o. a*** ~ → ***cane*** 5.

can·is·ter ['kænɪstə] *s.* **1.** Ka'nister *m*, Blechdose *f*; **2.** ⚔ *a.* ~ ***shot*** Kar'tätsche *f*.

can·ker ['kæŋkə] **I** *s.* **1.** ⚕ Mund- *od.* Lippengeschwür *n*; **2.** *vet.* Strahlfäule *f*; **3.** ⚘ Rost *m*, Brand *m*; **4.** *fig.* Krebsgeschwür *n*; **II** *v/t.* **5.** *fig.* an-, zerfressen, verderben; **III** *v/i.* **6.** angefressen werden, verderben; **'can·kered** [-əd] *adj.* **1.** ⚘ a) brandig, b) (von Raupen) zerfressen; **2.** *fig.* a) bösartig, b) mürrisch; **'can·ker·ous** [-ərəs] *adj.* **1.** → ***cankered*** 1; **2.** fressend, schädlich, vergiftend.

can·na·bis ['kænəbɪs] *s.* 'Cannabis *m*: a) ⚘ Hanf *m*, b) Haschisch *n*.

canned [kænd] *adj.* **1.** konserviert, Dosen..., Büchsen...: ~ ***food*** Konserven *pl.*; ~ ***meat*** Büchsenfleisch *n*; **2.** F ‚aus der Konserve': ~ ***music***; ~ ***film*** *TV* Aufzeichnung *f*; **3.** *sl.* ‚blau', betrunken; **4.** stereo'typ, scha'blonenhaft; **can·ner** ['kænə] *s.* **1.** Kon'servenfabri,kant *m*; **2.** Arbeiter(in) in e-r Kon'servenfa,brik; **'can·ner·y** [-ərɪ] *s.* Kon'servenfa,brik *f*.

can·ni·bal ['kænɪbl] **I** *s.* Kanni'bale *m*, Menschenfresser *m*; **II** *adj.* kanni'balisch (*a. fig.*); **'can·ni·bal·ism** [-bəlɪzəm] *s.* Kanniba'lismus *m* (*a. zo.*); *fig.* Unmenschlichkeit *f*; **can·ni·bal·is·tic** [,kænɪbə'lɪstɪk] *adj.* (☐ ***~ally***) kanni'balisch (*a. fig.*); **'can·ni·bal·ize** [-bəlaɪz] *v/t. altes Auto etc.* ‚ausschlachten'.

can·ning ['kænɪŋ] *s.* Kon'servenfabrikati,on *f*: ~ ***factory*** *od.* ***plant*** → ***cannery***.

can·non ['kænən] **I** *s.* **1.** ⚔ a) Ka'none *f*, Geschütz *n*, b) *coll.* Ka'nonen *pl.*, Artille'rie *f*; **2.** Wasserwerfer *m*; **3.** ⚙ Zy'linder *m* um e-e Welle; **4.** *Billard: Brit.* Karambo'lage *f*; **II** *v/i.* **5.** *Billard: Brit.* karambolieren; **6.** (***against***, ***into***, ***with***) rennen, prallen (gegen), karambolieren (mit); **can·non·ade** [,kænə'neɪd] **I** *s.* **1.** Kano'nade *f*; **2.** *fig.* Dröhnen *n*; **II** *v/t.* **3.** beschießen.

'can·non|·ball *s.* **1.** Ka'nonenkugel *f*; **2.** *Fußball:* F Bombe(nschuss *m*) *f*; **'~-bone** *s. zo.* Ka'nonenbein *n* (*Pferd*); **'~-,fod·der** *s. fig.* Ka'nonenfutter *n*.

can·not ['kænɒt] → ***can***¹.

can·nu·la ['kænjʊlə] *s.* ⚕ Ka'nüle *f*.

can·ny ['kænɪ] *adj.* ☐ *Scot.* **1.** schlau, gerissen; **2.** nett.

ca·noe [kə'nuː] **I** *s.* Kanu *n* (*a. sport*), Paddelboot *n*: ~ ***slalom*** Kanu-, Wildwasserslalom *m*; ***paddle one's own*** ~ auf eigenen Füßen stehen, selbstständig sein; **II** *v/i.* Kanu fahren, paddeln; **ca'noe·ist** [-uːɪst] *s.* Ka'nute *m*, Ka'nutin *f*.

can·on¹ ['kænən] *s.* **1.** Regel *f*, Richtschnur *f*, Grundsatz *m*, 'Kanon *m*; **2.** *eccl.* 'Kanon *m*: a) ka'nonische Bücher *pl.*, b) 'Mess,kanon *m*, c) Ordensregeln *pl.*, d) → ***canon law***; **3.** ♪ 'Kanon *m*; **4.** *typ.* 'Kanon(schrift) *f*.

can·on² ['kænən] *s. eccl.* Ka'noniker *m*, Dom-, Stiftsherr *m*.

ca·ñon ['kænjən] → ***canyon***.

can·on·ess ['kænənɪs] *s. eccl.* Kano'nissin *f*, Stiftsdame *f*.

ca·non·i·cal [kə'nɒnɪkl] **I** *adj.* ☐ ka'nonisch, vorschriftsmäßig; *bibl.* au'thentisch; **II** *s. pl. eccl.* kirchliche Amtstracht; ~ **books** → ***canon***¹ 2 a; ~ **hours** *s. pl.* a) regelmäßige Gebetszeiten *pl.*, b) *Brit.* Zeiten *pl.* für Trauungen.

can·on·ist ['kænənɪst] *s.* Kirchenrechtslehrer *m*; **can·on·i·za·tion** [,kænənaɪ'zeɪʃn] *s. eccl.* Heiligsprechung *f*; **'can·on·ize** [-naɪz] *v/t. eccl.* heilig sprechen; **can·on law** *s.* ka'nonisches Recht, Kirchenrecht *n*.

ca·noo·dle [kə'nuːdl] *v/t. u. v/i. sl.* ‚schmusen', ‚knutschen'.

can·o·py ['kænəpɪ] **I** *s.* **1.** 'Baldachin *m*, (Bett-, Thron-, Trag)Himmel *m*: ~ ***of heaven*** Himmelszelt *n*; **2.** Schutz-, Ka'binendach *n*, Verdeck *n*; **3.** Fallschirm (-kappe *f*) *m*; **4.** ⚠ Über'dachung *f*; **II** *v/t.* **5.** über'dachen; *fig.* bedecken.

canst [kænst; kənst] *obs. 2. sg. pres. von* ***can***¹.

cant[1] [kænt] **I** *s.* **1.** Fach-, Zunftsprache *f*; **2.** Jar'gon *m*, Gaunersprache *f*; **3.** Gewäsch *n*; **4.** Frömme'lei *f*, scheinheiliges Gerede; **5.** (leere) Phrase(n *pl.*) *f*; **II** *v/i.* **6.** frömmeln, scheinheilig reden; **7.** Phrasen dreschen.

cant[2] [kænt] **I** *s.* **1.** (Ab)Schrägung *f*, schräge Lage; **2.** Ruck *m*, Stoß *m*; plötzliche Wendung; **II** *v/t.* **3.** (ver)kanten, kippen; **4.** ⚙ abschrägen; **III** *v/i.* **5.** *a.* ~ ***over*** sich neigen, sich auf die Seite legen; 'umkippen.

can't [kɑːnt] F *für* ***cannot***; → ***can***[1].

Can·tab ['kæntæb] *abbr. für* **Can·ta·brig·i·an** [ˌkæntə'brɪdʒɪən] *s.* Stu'dent (-in) *od.* Absol'vent(in) der Universi'tät Cambridge (*England*) *od.* der Harvard University (*USA*).

can·ta·loup(e) ['kæntəluːp] *s.* ⚘ Kanta'lupe *f*, 'Warzenmeˌlone *f*.

can·tan·ker·ous [kæn'tæŋkərəs] *adj.* □ streitsüchtig.

can·ta·ta [kæn'tɑːtə] *s.* ♪ Kan'tate *f*.

can·teen [kæn'tiːn] *s.* **1.** (Mili'tär-, Be'triebs- *etc.*)Kanˌtine *f*; **2.** ⚔ a) Feldflasche *f*, b) Kochgeschirr *n*; **3.** Besteck-, Silberkasten *m*.

can·ter ['kæntə] **I** *s.* 'Kanter *m*, kurzer Ga'lopp: ***win in a*** ~ mühelos siegen; **II** *v/i.* im kurzen Galopp reiten.

can·ti·cle ['kæntɪkl] *s. eccl.* Lobgesang *m*: **2s** *bibl. das* Hohelied (Salo'monis).

can·ti·le·ver ['kæntɪliːvə] **I** *s.* **1.** ⚠ Kon'sole *f*, **2.** ⚙ freitragender Arm, vorspringender Träger, Ausleger *m*; **II** *adj.* **3.** freitragend; ~ **bridge** *s.* Auslegerbrücke *f*; ~ **wing** *s.* ✈ unverspreizte Tragfläche.

can·to ['kæntəʊ] *pl.* **-tos** *s.* Gesang *m* (*Teil e-r größeren Dichtung*).

can·ton[1] ['kæntɒn] **I** *s.* Kan'ton *m*, (Verwaltungs)Bezirk *m*; **II** *v/t.* in Kan'tone *od.* Bezirke einteilen.

can·ton[2] ['kæntən] **I** *s.* **1.** *her.* Feld *n*; **2.** Gösch *f* (*Obereck an Flaggen*); **II** *v/t.* **3.** *her.* in Felder einteilen.

can·ton[3] [kæn'tuːn] *v/t.* ⚔ einquartieren.

Can·ton·ese [ˌkæntə'niːz] **I** *adj.* kanto'nesisch; **II** *s.* Bewohner(in) 'Kantons.

can·ton·ment [kæn'tuːnmənt] *s.* ⚔ *oft pl.* Quar'tier *n*, 'Ortsˌunterkunft *f*.

Ca·nuck [kə'nʌk] *s.* a) Ka'nadier(in) (*französischer Abstammung*), b) *Am. contp.* Ka'nadier(in).

can·vas ['kænvəs] *s.* **1.** a) Segeltuch *n*: ~ ***shoes*** Segeltuchschuhe, b) *coll.* (*alle*) Segel *pl.*: ***under*** ~ unter Segel; **2.** Pack-, Zeltleinwand *f*: ***under*** ~ in Zelten; **3.** 'Kanevas *m*, Stra'min *m* (*zum Sticken*); **4.** a) (Maler)Leinwand *f*, b) (Öl)Gemälde *n*.

can·vass ['kænvəs] **I** *v/t.* **1.** gründlich erörtern *od.* prüfen; **2.** a) *pol. Stimmen* werben, b) *Am. Wahlresultate* prüfen, c) ✝ *Aufträge* her'einholen, *Abonnenten, Inserate* sammeln; **3.** *Wahlkreis od. Geschäftsbezirk* bereisen, bearbeiten; **4.** um *et.* werben, *j-n od. et.* anpreisen; **II** *v/i.* **5.** e-n Wahlfeldzug veranstalten; **6.** *Am.* 'Wahlresulˌtate prüfen; **7.** werben (***for*** um); **III** *s.* **8.** *pol.* a) Stimmenwerbung *f*, Wahlfeldzug *m*, b) *Am.* Wahl(stimmen)prüfung *f*; **9.** ✝ Kundenwerbung *f*; He'reinholen *n* von Aufträgen; '**can·vass·er** [-sə] *s.* **1.** ✝ Kundenwerber *m*; **2.** *pol.* a) Wahleinpeitscher *m*, b) *Am.* Wahl(stimmen)prüfer *m*; '**can·vass·ing** [-sɪŋ] *s.* **1.** 'Wahlpropaˌganda *f*; **2.** ✝ Kundenwerbung *f*.

can·yon ['kænjən] *s.* 'Cañon *m*, Felsschlucht *f*.

> Der **Grand Canyon** ist wegen seiner dramatischen Felsformationen und leuchtenden Farben eine der beliebtesten Sehenswürdigkeiten in den USA. Über Jahrmillionen wurde diese riesige Schlucht im Nordwesten Arizonas vom **Colorado River** herausgearbeitet.

caou·tchouc ['kaʊtʃʊk] *s.* 'Kautschuk *m*, 'Gummi *n*, *m*.

cap[1] [kæp] **I** *s.* **1.** Mütze *f*, Kappe *f*, Haube *f*: ~ ***and bells*** Schellen-, Narrenkappe; ~ ***in hand*** mit der Mütze in der Hand, demütig; ***if the*** ~ ***fits wear it*** *fig.* wens juckt, der kratze sich; ***set one's*** ~ ***at s.o.*** F hinter j-m her sein, sich j-n zu angeln suchen (*Frau*); **2.** *univ.* Ba'rett *n*: ~ ***and gown*** *univ.* Barett u. Talar; **3.** (Sport-, Stu'denten-, Klub-, Dienst)Mütze *f*; **4.** *sport Brit.* Auswahl-, Natio'nalspieler(in): ***get*** *od.* ***win one's*** ~ in die Nationalmannschaft berufen werden; **5.** (Schutz-, Verschluss)Kappe *f od.* (-)Kapsel *f*, Deckel *m*, Aufsatz *m*; ⚔ Zündkapsel *f*; **6.** *mot.* (Reifen)Auflage *f*: ***full*** ~ Runderneuerung *f*; **7.** ⚕ Pes'sar *n*; **8.** Spitze *f*, Gipfel *m*; **II** *v/t.* **9.** (mit *od.* wie mit e-r Kappe) bedecken; **10.** mit (Schutz-) Kappe, Kapsel, Deckel, Aufsatz *etc.* versehen; *mot. Reifen* runderneuern; **11.** *Brit. univ. j-m* e-n aka'demischen Grad verleihen; **12.** oben liegen auf (*dat.*), krönen (*a. fig. abschließen*); **13.** *fig.* über'treffen, -'trumpfen; **14.** *sport Brit. j-n* in die Natio'nalmannschaft berufen.

cap[2] [kæp] *abbr. für* ***capital***[1] 2.

ca·pa·bil·i·ty [ˌkeɪpə'bɪlətɪ] *s.* **1.** Fähigkeit *f* (***of*** zu); **2.** Tauglichkeit *f* (***for*** zu);

C

3. *a. pl.* Ta'lent *n*, Begabung *f*; **ca·pa·ble** ['keɪpəbl] *adj.* □ **1.** (*Personen*) a) fähig, tüchtig, b) (**of**) fähig (zu *od. gen.*), im'stande (zu *inf.*) (*mst b.s.*): ***legally ~*** rechts-, geschäftsfähig; **2.** (*Sachen*) a) geeignet, tauglich (**for** zu), b) (**of**) (*et.*) zulassend, (zu *et.*) fähig: ***~ of being divided*** teilbar.

ca·pa·cious [kə'peɪʃəs] *adj.* □ geräumig, weit; um'fassend (*a. fig.*).

ca·pac·i·tance [kə'pæsɪtəns] *s.* ⚡ kapazi'tiver ('Blind)ˌWiderstand, Kapazi'tät *f*; **ca'pac·i·tate** [-teɪt] *v/t.* befähigen, ermächtigen (*a.* ⚖); **ca'pac·i·tor** [-tə] *s.* ⚡ Konden'sator *m*; **ca'pac·i·ty** [-sətɪ] **I** *s.* **1.** (Raum)Inhalt *m*, Fassungsvermögen *n*; Kapazi'tät *f* (*a.* ⚡, *phys.*): ***measure of ~*** Hohlmaß *n*; ***seating ~*** Sitzgelegenheit *f* (**of** für); ***full to ~*** ganz voll, *thea. etc.* ausverkauft; **2.** Leistungsfähigkeit *f*, Vermögen *n*; **3.** †, ⚙ Kapazi'tät *f*, Leistungsfähigkeit *f*, (Nenn)Leistung *f*: ***~ utilization*** Kapazitätsauslastung *f*; ***working to ~*** mit Höchstleistung arbeitend, voll ausgelastet; **4.** *fig.* Auffassungsgabe *f*, *geistige* Fähigkeit; **5.** ⚖ (Geschäfts-, Tes'tier- *etc.*)Fähigkeit *f*: ***~ to sue and to be sued*** Prozessfähigkeit; **6.** Eigenschaft *f*, Stellung *f*: ***in my ~ as*** in m-r Eigenschaft als; ***in an advisory ~*** in beratender Funktion; **II** *adj.* **7.** maxi'mal, Höchst...: ***~ business*** Rekordgeschäft *n*; **8.** *thea. etc.* voll, ausverkauft: ***~ house***; ***~ crowd*** *sport* ausverkauftes Stadion.

ca·par·i·son [kə'pærɪsn] *s.* **1.** Scha'bracke *f*; **2.** *fig.* Aufputz *m*.

cape[1] [keɪp] *s.* Cape *n*, 'Umhang *m*; Schulterkragen *m*.

cape[2] [keɪp] *s.* Kap *n*, Vorgebirge *n*: ***the*** **2** das Kap der Guten Hoffnung; **2** ***Dutch*** Kapholländisch *n*; **2** ***wine*** Kapwein *m*.

ca·per[1] ['keɪpə] **I** *s.* **1.** Kapri'ole *f*: a) Freuden-, Luftsprung *m*, b) Streich *m*, Schabernack *m*: ***cut ~s*** → 3; **2.** F *fig.* ‚Ding' *n*, ‚Spaß' *m*, Sache *f*; **II** *v/i.* **3.** a) Luftsprünge machen, b) he'rumtollen.

ca·per[2] ['keɪpə] *s.* **1.** ⚘ Kapernstrauch *m*; **2.** Kaper *f*.

cap·er·cail·lie [ˌkæpə'keɪlɪ], **ˌcap·er'cail·zie** [-lɪ] *s. orn.* Auerhahn *m*.

ca·pi·as ['keɪpɪæs] *s.* ⚖ Haftbefehl *m* (*bsd. im Vollstreckungsverfahren*).

cap·il·lar·i·ty [ˌkæpɪ'lærətɪ] *s. phys.* Kapillari'tät *f*; **cap·il·lar·y** [kə'pɪlərɪ] **I** *adj.* haarförmig, -fein, kapil'lar: ***~ attraction*** Kapillaranziehung *f*; ***~ tube*** → II; **II** *s. anat.* Kapil'largefäß *n*.

cap·i·tal[1] ['kæpɪtl] **I** *s.* **1.** Hauptstadt *f*; **2.** Großbuchstabe *m*; **3.** † Kapi'tal *n*: a) Vermögen *n*, b) Unter'nehmer(tum *n*) *pl.*: **2** ***and Labo(u)r***; **4.** Vorteil *m*, Nutzen *m*: ***make ~ out of*** aus *et.* Kapital schlagen; **II** *adj.* **5.** ⚖ a) kapi'tal, todeswürdig: ***~ crime*** Kapitalverbrechen *n*, b) Todes...: ***~ punishment*** Todesstrafe *f*; **6.** größt, wichtigst, Haupt...: ***~ city*** Hauptstadt *f*; ***~ ship*** Großkampfschiff *n*; **7.** verhängnisvoll: ***a ~ error*** ein Kapitalfehler *m*; **8.** großartig: ***a ~ joke***; ***a ~ fellow*** ein Prachtkerl *m*; **9.** † Kapital...: ***~ fund*** Stamm-, Grundkapital *n*; **10.** ***~ letter*** → 2; ***~ B*** großes B.

cap·i·tal[2] ['kæpɪtl] *s.* ▲ Kapi'tell *n*.

cap·i·tal| ac·count *s.* † Kapi'talkonto *n*; **~ ac·cu·mu·la·tion** *s.* Kapi'talakkumulatiˌon *f*; **~ as·sets** *s. pl.* Anlagevermögen *n*; **~ ex·pend·i·ture** *s.* Investiti'onsaufwand *m*; **~ flight** *s.* Kapi'talflucht *f*; **~ gains tax** *s.* Kapi'talertragssteuer *f*; **~ gen·er·a·tion** *s.* Kapi'talbeschaffung *f*; **~ goods** *s. pl.* Investiti'onsgüter *pl.*; **'~-inˌten·sive** *adj.* kapi'talintenˌsiv; **~ in·vest·ment** *s.* Kapi'talanlage *f*.

cap·i·tal·ism ['kæpɪtəlɪzəm] *s.* Kapita'lismus *m*; **'cap·i·tal·ist** [-ɪst] **I** Kapita'list *m*; **II** *adj.* → **cap·i·tal·is·tic** [ˌkæpɪtə'lɪstɪk] *adj.* (□ **~ally**) kapita'listisch; **cap·i·tal·i·za·tion** [ˌkæpɪtəlaɪ'zeɪʃn] *s.* **1.** † *allg.* Kapitalisierung *f*; **2.** Großschreibung *f*; **'cap·i·tal·ize** [-laɪz] **I** *v/t.* **1.** † kapitalisieren; **2.** *fig.* sich *et.* zu'nutze machen; **3.** großschreiben (*mit Großbuchstaben od. mit großen Anfangsbuchstaben schreiben*); **II** *v/i.* **4.** Kapi'tal anhäufen; **5.** e-n Kapi'talwert haben (**at** von); **6.** *fig.* Kapital schlagen (**on** aus).

cap·i·tal| lev·y *s.* † Vermögensabgabe *f*; **~ mar·ket** *s.* Kapi'talmarkt *m*; **~ re·quire·ments** *s. pl.* Kapitalbedarf *m*; **~ re·serves** *s. pl.* Kapitalrücklagen *pl.*; **~ stock** *s.* † 'Aktienkapiˌtal *n*; **~ tie-up** *s.* Kapitalbindung *f*.

cap·i·ta·tion [ˌkæpɪ'teɪʃn] *s.* **1.** *a.* ***~ tax*** Kopfsteuer *f*; **2.** Zahlung *f* pro Kopf: ***~ grant*** Zuschuss *m* pro Kopf.

Cap·i·tol ['kæpɪtl] *s.* Kapi'tol *n*: a) *im alten Rom*, b) *in Washington*.

ca·pit·u·lar [kə'pɪtjʊlə] *eccl.* **I** *adj.* kapitu'lar, zum Ka'pitel gehörig; **II** *s.* Kapitu'lar *m*, Domherr *m*.

ca·pit·u·late [kə'pɪtjʊleɪt] *v/i.* ⚔ *u. fig.* kapitulieren (**to** vor *dat*); **ca·pit·u·la·tion** [kəˌpɪtjʊ'leɪʃn] *s.* ⚔ a) Kapitulati'on *f*, 'Übergabe *f*, b) Kapitulati'onsurkunde *f*.

ca·pon ['keɪpən] *s.* Ka'paun *m*; **'ca·pon·ize** [-naɪz] *v/t.* *Hahn* kastrieren, ka'paunen.

capped [kæpt] *adj.* mit e-r Kappe *od.* Mütze bedeckt: ***~ and gowned*** in vollem Ornat.

ca·price [kə'pri:s] *s.* Ka'prize *f*, Laune *f*, Grille *f*, Launenhaftigkeit *f*; **ca'pricious** [-ɪʃəs] *adj.* □ launenhaft, launisch;

kaprizi'ös; **ca'pri·cious·ness** [-ɪʃəsnɪs] *s.* Launenhaftigkeit *f*; kaprizi'öse Art.

Cap·ri·corn ['kæprɪkɔːn] *s. ast.* Steinbock *m.*

cap·ri·ole ['kæprɪəʊl] **I** *s.* Kapri'ole *f* (*a. Reiten*), Bock-, Luftsprung *m*; **II** *v/i.* Kapri'olen machen.

cap·si·cum ['kæpsɪkəm] *s.* ⚘ 'Paprika *m*, Spanischer Pfeffer.

cap·size [kæp'saɪz] **I** *v/i.* **1.** ⚓ kentern; **2.** *fig.* 'umschlagen; **II** *v/t.* **3.** ⚓ zum Kentern bringen.

cap·stan ['kæpstən] *s.* ⚓ Gangspill *n*, Ankerwinde *f*; **~ lathe** *s.* ⚙ Re'volverdrehbank *f.*

cap·su·lar ['kæpsjʊlə] *adj.* kapselförmig, Kapsel...; **cap·sule** ['kæpsjuːl] **I** *s.* **1.** *anat.* (Gelenk- *etc.*)Kapsel *f*, Hülle *f*, Schale *f*; **2.** ⚘ a) Kapselfrucht *f*, b) Sporenkapsel *f*; **3.** *pharm.* (Arz'nei-)Kapsel *f*; **4.** (Me'tall-, Verschluss)Kapsel *f*; **5.** (Raum)Kapsel *f*; **6.** ⚗ Abdampfschale *f*; **7.** *fig.* kurze 'Übersicht *od.* Beschreibung *etc.*; **II** *adj.* **8.** *fig.* kurz, gedrängt, Kurz...

cap·tain ['kæptɪn] **I** *s.* **1.** Führer *m*, Oberhaupt *n*: **~ *of industry*** Industriekapitän *m*; **2.** ⚔ a) Hauptmann *m*, b) *Kavallerie*: *hist.* Rittmeister *m*; **3.** ⚓ a) Kapi'tän *m*, Komman'dant *m*, b) *Kriegsmarine*: Kapitän *m* zur See; **4.** 'Flugkapi,tän *m*; **5.** *sport* ('Mannschafts)Kapi,tän *m*; **6.** *ped.* Klassensprecher(in); **7.** Vorarbeiter *m*; ⚒ Obersteiger *m*; **8.** *Am.* (Poli'zei-),Hauptkommis,sar *m*; **II** *v/t.* **9.** (an)führen; **'cap·tain·cy** [-sɪ], **'cap·tain·ship** [-ʃɪp] *s.* **1.** ⚔ Hauptmanns-, Kapi'tänsposten *m*, -rang *m*; **2.** Führerschaft *f.*

cap·tion ['kæpʃn] **I** *s.* **1.** a) 'Überschrift *f*, Titel *m*, b) ('Bild),Unterschrift *f*, c) *Film*: 'Untertitel *m*; **2.** ⚖ a) Prä'ambel *f*, b) *Prozessrecht*: 'Rubrum *n*; **II** *v/t.* **3.** mit e-r Überschrift *etc.* versehen; *Film* unter'titeln.

cap·tious ['kæpʃəs] *adj.* □ **1.** verfänglich; **2.** spitzfindig; **3.** krittelig, pe'dantisch.

cap·ti·vate ['kæptɪveɪt] *v/t. fig.* gefangen nehmen, fesseln, bestricken, bezaubern; **'cap·ti·vat·ing** [-tɪŋ] *adj. fig.* fesselnd, bezaubernd; **cap·ti·va·tion** [ˌkæptɪ'veɪʃn] *s. fig.* Bezauberung *f.*

cap·tive ['kæptɪv] **I** *adj.* **1.** gefangen, in Gefangenschaft: ***be held* ~** gefangen gehalten werden; ***take* ~** gefangen nehmen (*a. fig.*); **2.** festgehalten, ‚gefangen': **~ *balloon*** Fesselballon *m*; **~ *market*** ✝ monopolistisch beherrschter Markt; **3.** *fig.* gefangen, gefesselt (***to*** von); **II** *s.* **4.** Gefangene(r) *m*, *fig. a.* Sklave *m* (***to*** *gen.*); **cap·tiv·i·ty** [kæp'tɪvətɪ] *s.* **1.** Gefangenschaft *f*; **2.** *fig.* Knechtschaft *f.*

cap·tor ['kæptə] *s.* **1.** ***his* ~** der ihn gefangen nahm; **2.** ⚓ Kaper *m*; **'cap·ture** [-tʃə] **I** *v/t.* **1.** fangen; gefangen nehmen; **2.** ⚔ erobern; erbeuten; **3.** ⚓ kapern, aufbringen; **4.** *fig.* (*a. Stimmung etc., a. phys. Neutronen*) einfangen; erobern, für sich einnehmen, gewinnen, erlangen; an sich reißen; **II** *s.* **5.** Gefangennahme *f*, Fang *m*; **6.** ⚔ Eroberung *f* (*a. fig.*); Erbeutung *f*, Beute *f*; **7.** ⚓ a) Kapern *n*, Aufbringung *f*, b) Prise *f.*

Cap·u·chin ['kæpjʊʃɪn] *s.* **1.** *eccl.* Kapu'ziner(mönch) *m*; **2.** ♀ 'Umhang *m* mit Ka'puze; **3.** *a.* **~ *monkey*** *zo.* Kapu'zineraffe *m.*

car [kɑː] *s.* **1.** Auto *n*, Wagen *m*: ***by* ~** mit dem (*od.* im) Auto; **2.** (Eisenbahn *etc.*)Wagen *m*, Wag'gon *m*; **3.** Wagen *m*, Karren *m*; **4.** (*Luftschiff- etc.*)Gondel *f*; **5.** Ka'bine *f e-s Aufzuges*; **6.** *poet.* Kriegs- *od.* Tri'umphwagen *m.*

ca·rafe [kə'ræf] *s.* Ka'raffe *f.*

car·a·mel ['kærəmel] *s.* **1.** Kara'mel *m*, gebrannter Zucker; **2.** Kara'melle *f* (*Bonbon*).

car·a·pace ['kærəpeɪs] *s. zo.* Rückenschild *m* (*Schildkröte, Krebs*).

car·at ['kærət] *s.* Ka'rat *n*: a) *Juwelen- od. Perlengewicht*, b) *Goldfeingehalt*: ***18-~ gold*** 18-karätiges Gold.

car·a·van ['kærəvæn] **I** *s.* **1.** Kara'wane *f* (*a. fig.*); **2.** a) Wohnwagen *m* (*von Schaustellern etc.*), b) *Brit.* Caravan *m*, Wohnwagen *m*, -anhänger *m*: **~ *park*** *od.* ***site*** Campingplatz *m* für Wohnwagen; **II** *v/i.* **3.** im Wohnwagen *etc.* reisen; **'car·a·van·ner** [-nə] *s.* **1.** Reisende(r) in e-r Kara'wane; **2.** *mot. Brit.* Caravaner *m*; **ˌcar·a'van·sa·ry** [-sərɪ], **ˌcar·a'van·se·rai** [-səraɪ] *s.* Karawanse'rei *f.*

car·a·vel ['kærəvel] *s.* ⚓ Kara'velle *f.*

car·a·way ['kærəweɪ] *s.* ⚘ Kümmel *m*; **~ *seeds*** *s. pl.* Kümmelkörner *pl.*

car·bide ['kɑːbaɪd] *s.* ⚗ Kar'bid *n.*

car·bine ['kɑːbaɪn] *s.* ⚔ Kara'biner *m.*

car bod·y *s.* ⚙ Karosse'rie *f.*

car·bo·hy·drate [ˌkɑːbəʊ'haɪdreɪt] *s.* ⚗ 'Kohle(n)hy,drat *n.*

car·bol·ic ac·id [kɑː'bɒlɪk] *s.* ⚗ Kar'bol(säure *f*) *n*, Phe'nol *n.*

car·bo·lize ['kɑːbəlaɪz] *v/t.* ⚗ mit Kar'bolsäure behandeln.

car·bon ['kɑːbən] *s.* **1.** ⚗ Kohlenstoff *m*; **2.** ⚡ 'Kohle(elek,trode) *f*; **3.** a) 'Kohlepa,pier *n*, b) 'Durchschlag *m*; **car·bo·na·ceous** [ˌkɑːbəʊ'neɪʃəs] *adj.* kohlenstoff-, kohleartig; Kohlen...; **'car·bon·ate** ⚗ **I** *s.* [-nɪt] **1.** kohlensaures Salz: **~ *of lime*** Kalziumkarbonat *n*, Kreide *f*; **~ *of soda*** Natriumkarbonat *n*, kohlensaures Natrium, Soda *f*; **II** *v/t.* [-neɪt] **2.** mit Kohlensäure *od.* Kohlen'dio,xid behandeln: **~*d water*** kohlensäurehaltiges Wasser, Sodawasser; **3.** karbonisieren, verkohlen.

C

car·bon| brush *s.* ⚡ Kohlebürste *f*; **~ cop·y** *s.* **1.** 'Durchschlag *m*, -schrift *f*, Ko'pie *f*; **2.** *fig.* Abklatsch *m*, Dupli'kat *n*; **~ dat·ing** *s.* Radiokar'bonme,thode *f*, 'C-'14-Me,thode *f* (*zur Altersbestimmung*); **~ di·ox·ide** *s.* ⚗ Kohlen'dio,xid *n*; **~ fil·a·ment** *s.* ⚡ Kohlefaden *m*.

car·bon·ic [kɑː'bɒnɪk] *adj.* ⚗ kohlenstoffhaltig; Kohlen...; **~ ac·id** *s.* ⚗ Kohlensäure *f*; **~-'ac·id gas** *s.* ⚗ Kohlen'dio,xid *n*, Kohlensäuregas *n*; **~ ox·ide** *s.* ⚗ Kohlen('mon)o,xid *n*.

car·bon·if·er·ous [,kɑːbə'nɪfərəs] *adj.* kohlehaltig, Kohle führend: **2 *Period*** *geol.* Karbon *n*, Steinkohlenzeit *f*; **car·bon·i·za·tion** [,kɑːbənaɪ'zeɪʃn] *s.* **1.** Verkohlung *f*; **2.** Verkokung *f*: **~ *plant*** Kokerei *f*; **'car·bon·ize** [-naɪz] *v/t.* **1.** verkohlen; **2.** verkoken.

car·bon| mi·cro·phone *s.* 'Kohlemikro,fon *n*; **~ pa·per** *s.* 'Kohlepa,pier *n* (*a. phot.*); **~ print** *s. typ.* Kohle-, Pig'mentdruck *m*; **~ steel** *s.* Kohlenstoff-, Flussstahl *m*.

car·bo·run·dum [,kɑːbə'rʌndəm] *s.* ⚙ Karbo'rundum *n* (*Schleifmittel*).

car·boy ['kɑːbɔɪ] *s.* Korbflasche *f*, ('Glas)Bal,lon *m* (*bsd. für Säuren*).

car·bun·cle ['kɑːbʌŋkl] *s.* **1.** ⚕ Kar'bunkel *m*; **2.** Kar'funkel *m*, geschliffener Gra'nat.

car·bu·ret ['kɑːbjʊret] *v/t.* ⚙ karburieren; *mot.* vergasen; **'car·bu·ret·(t)ed** [-tɪd] *adj.* karburiert; **'car·bu·ret·ter, -ret·tor** [-tə], *Am. mst* **-ret·or** [-reɪtə] *s.* ⚙, *mot.* Vergaser *m*.

car·bu·rize ['kɑːbjʊraɪz] *v/t.* **1.** ⚗ a) mit Kohlenstoff verbinden, b) karburieren; **2.** ⚙ einsatzhärten.

car·cass, car·case ['kɑːkəs] *s.* **1.** Ka'daver *m*, (Tier-, Menschen)Leiche *f*; *humor.* ‚Leichnam' *m* (*Körper*); **2.** Rumpf *m* (*e-s geschlachteten Tieres*): **~ *meat*** frisches Fleisch (*Ggs. konserviertes*); **3.** Gerippe *n*, Ske'lett *n*, ⚠ *a.* Rohbau *m*; **4.** ⚙ Kar'kasse *f e-s Gummireifens*; **5.** *fig.* Ru'ine *f*.

car·cin·o·gen [kɑː'sɪnədʒən] *s.* Karzino'gen *n*, Krebserreger *m*; **car·cin·o·gen·ic** [,kɑːsɪnə'dʒenɪk] *adj.* karzino'gen, Krebs erzeugend; **car·ci·nol·o·gy** [,kɑːsɪ'nɒlədʒɪ] *s.* ⚕, *a. zo.* Karzinolo'gie *f*; **car·ci·no·ma** [,kɑːsɪ'nəʊmə] *pl.* **-ma·ta** [-mətə] *od.* **-mas** *s.* ⚕ Karzi'nom *n*, Krebsgeschwür *n*.

card[1] [kɑːd] *s.* **1.** (*Spiel*)Karte *f*: ***play (at) ~s*** Karten spielen; ***game of ~s*** Kartenspiel *n*; ***a pack of ~s*** ein Spiel Karten; ***house of ~s*** *fig.* Kartenhaus *n*; ***a safe ~*** *fig.* eine sichere Sache, et., auf das (*a.* j-d, auf den) man sich verlassen kann; ***play one's ~s well*** *fig.* geschickt vorgehen; ***put one's ~s on the table*** *fig.* s-e Karten auf den Tisch legen; ***show one's ~s*** *fig.* s-e Karten aufdecken; ***on the ~s*** *fig.* (durchaus) möglich, ‚drin'; **2.** (*Post-, Glückwunsch etc., Geschäfts-, Visiten-, Eintritts-, Einladungs*)Karte *f*; **3.** Mitgliedskarte *f*: **~-*carrying member*** eingeschriebenes Mitglied; **4.** *pl.* ('Arbeits)Pa,piere *pl.*: ***get one's ~s*** F entlassen werden; **5.** ⚙ (Loch)Karte *f*; **6.** *sport* Pro'gramm *n*; **7.** Windrose *f* (*Kompass*); **8.** F ‚Type' *f*, Witzbold *m*.

card[2] [kɑːd] ⚙ **I** *s.* Wollkratze *f*, Krempel *f*; **II** *v/t. Wolle* krempeln, kämmen: ***~ed yarn*** Streichgarn *n*.

car·dan| joint ['kɑːdən] *s.* ⚙ Kar'dangelenk *n*; **~ shaft** *s.* ⚙ Kar'dan-, Gelenkwelle *f*.

'card|-,bas·ket *s.* Vi'sitenkartenschale *f*; **'~·board I** *s.* **1.** Kar'ton(pa,pier *n*) *m*, Pappe *f*; **II** *adj.* **2.** Karton..., Papp...: **~ *box*** Pappschachtel *f*, Karton *m*; **3.** *fig. contp.* ‚nachgemacht', Pappmaschee-...; **~ *cat·a·logue*** → ***card index***.

card·er ['kɑːdə] *s.* ⚙ **1.** Krempler *m*, Wollkämmer *m*; **2.** 'Krempelma,schine *f*.

card·holder ['kɑːd,həʊldə] *s.* Kre'ditkarteninhaber(in).

car·di·ac ['kɑːdɪæk] ⚕ **I** *adj.* **1.** Herz...: **~ *arrest*** Herzstillstand *m*; **II** *s.* **2.** Herzmittel *n*; **3.** 'Herzpati,ent *m*.

car·di·gan ['kɑːdɪgən] *s.* Strickjacke *f*.

car·di·nal ['kɑːdɪnl] **I** *adj.* **1.** grundsätzlich, grundlegend, hauptsächlich, Haupt..., Kardinal...: **~ *points*** *die* vier (Haupt)Himmelsrichtungen; **~ *principles*** Grundprinzipien; **~ *number*** Kardinalzahl *f*; **2.** *eccl.* Kardinals...; **3.** scharlachrot, hochrot: **~-*flower*** ⚘ hochrote Lobelie; **II** *s.* **4.** *eccl.* Kardi'nal *m*; **5.** *orn. a.* **~-*bird*** Kardi'nal *m*; **'car·di·nal·ship** [-ʃɪp] *s.* Kardi'nalswürde *f*.

card in·dex *s.* Karto'thek *f*, Kar'tei *f*; **'card-,in·dex** *v/t.* **1.** e-e Kartei anlegen von, verzetteln; **2.** in e-e Kartei eintragen.

card·ing ['kɑːdɪŋ] *s.* ⚙ Krempeln *n*, Kratzen *n* (*Wolle*): **~ *machine*** Krempel-, Kratzmaschine *f*.

cardio- [kɑːdɪəʊ] *in Zssgn* Herz...

car·di·o·gram ['kɑːdɪəʊgræm] *s.* ⚕ Kardio'gramm *n*; **car·di·ol·o·gy** [,kɑːdɪ'ɒlədʒɪ] *s.* Kardiolo'gie *f*, Herz(heil)kunde *f*.

card|·phone *s. Brit.* 'Kartentele,fon *n*; **~ room** *s.* (Karten)Spielzimmer *n*; **'~·sharp, '~,sharp·er** *s.* Falschspieler *m*; **~ ta·ble** *s.* Spieltisch *m*; **~ trick** *s.* Kartenkunststück *n*; **~ vote** *s. Brit.* (*mst gewerkschaftliche*) Abstimmung durch Wahlmänner.

care [keə] **I** *s.* **1.** Sorge *f*, Kummer *m*: ***be free from ~(s)*** keine Sorgen haben; ***without a ~ in the world*** völlig sorgenfrei; **2.** Sorgfalt *f*, Aufmerksamkeit *f*,

Vorsicht *f*: ***ordinary ~*** ⚖ verkehrsübliche Sorgfalt; ***with due ~*** mit der erforderlichen Sorgfalt; ***have a ~!*** *Brit.* F a) pass doch auf!, b) ich bitte dich!; ***take ~*** a) vorsichtig sein, aufpassen, b) sich Mühe geben, c) darauf achten *od.* nicht vergessen (***to do*** zu tun; ***that*** dass); ***take ~ not to do s.th.*** sich hüten, et. zu tun; et. ja nicht tun; ***take ~ not to drop it!*** lass es ja nicht fallen; ***take ~!*** F machs gut!; **3.** a) Obhut *f*, Schutz *m*, Fürsorge *f*, Betreuung *f*, (*Kinder- etc.*, *a.Körper- etc.*)Pflege *f*, b) Aufsicht *f*, Leitung *f*: ***~ and custody*** (*od.* ***control***) ⚖ Sorgerecht *n* (***of*** für *j-n*); ***take ~ of*** a) → 6, b) aufpassen auf (*acc.*), c) *et.* erledigen *od.* besorgen; ***take ~ of yourself!*** pass auf dich auf!, machs gut!; ***that takes ~ of that!*** F das wäre (damit) erledigt!; **4.** Pflicht *f*: ***his special ~s***; **II** *v/i.* **5.** sich sorgen (***about*** über *acc.*, um); **6.** ***~ for*** sorgen für, sich kümmern um, betreuen, pflegen: (***well***) ***~d-for*** (gut) gepflegt; **7.** (***for***) (*j-n*) gern haben *od.* mögen: ***he doesn't ~ for her*** er macht sich nichts aus ihr, er mag sie nicht; ***he does ~*** (***for her***) er mag sie wirklich; **8.** sich etwas daraus machen: ***I don't ~ for whisky*** ich mache mir nichts aus Whisky; ***he ~s a great deal*** es ist ihm sehr daran gelegen, es macht ihm schon etwas aus; ***she doesn't really ~*** in Wirklichkeit liegt ihr nicht viel daran: ***I don't ~ a damn*** (*od.* ***fig***, ***pin***, ***straw***), ***I couldn't ~ less*** es ist mir völlig gleich(gültig) *od.* egal *od.* ‚schnuppe'; ***who ~s?*** na, und?, (und) wenn schon?; ***for all I ~*** meinetwegen, von mir aus; ***for all you ~*** wenn es nach dir ginge; ***I don't ~ to do it now*** ich habe keine Lust, es jetzt zu tun; ***I don't ~ to be seen with you*** ich lege keinen Wert darauf, mit dir gesehen zu werden; ***would you ~ for a drink?*** möchtest du et. zu trinken?; ***we don't ~ if you stay here*** wir haben nichts dagegen *od.* es macht uns nichts aus, wenn du hierbleibst; ***I don't ~ if I do!*** F von mir aus!

ca·reen [kəˈriːn] **I** *v/t.* **1.** ⚓ *Schiff* kielholen; **II** *v/i.* **2.** ⚓ krängen, sich auf die Seite legen; **3.** *fig.* (hin u. her) schwanken, torkeln.

ca·reer [kəˈrɪə] **I** *s.* **1.** Karri'ere *f*, Laufbahn *f*, Werdegang *m*: ***enter upon a ~*** e-e Laufbahn einschlagen; **2.** (*erfolgreiche*) Karri'ere: ***make a ~ for o.s.*** Karriere machen; **3.** (Lebens)Beruf *m*: ***~ diplomat*** Berufsdiplomat *m*; ***~ girl*** *od.* ***woman*** Karrierefrau *f*; ***~ prospects*** Aufstiegsmöglichkeiten *pl.*; ***~s guidance*** *Brit.* Berufsberatung *f*; ***~s officer*** *Brit.* Berufsberater *m*; **4.** gestreckter Ga'lopp, Karri'ere *f*: ***in full ~*** in vollem Galopp (*a. weitS.*); **II** *v/i.* **5.** galoppieren; **6.** rennen, rasen, jagen; **ca·reer·ist** [kəˈrɪərɪst] *s.* Karri'eremacher *m*.

'care·free *adj.* sorgenfrei.

care·ful [ˈkeəfʊl] *adj.* ☐ **1.** vorsichtig, achtsam: ***be ~!*** nimm dich in Acht!; ***be ~ to*** *inf.* darauf achten zu *inf.*, nicht vergessen zu *inf.*; ***be ~ not to*** *inf.* sich hüten zu *inf.*; aufpassen, dass nicht; ***be ~ of your clothes!*** gib Acht auf deine Kleidung!; **2.** bedacht, achtsam (***of***, ***for***, ***about*** auf *acc.*), 'umsichtig; **3.** sorgfältig, genau, gründlich: ***a ~ study***; **4.** *Brit.* sparsam; **'care·ful·ness** [-nɪs] *s.* Vorsicht *f*, Sorgfalt *f*, Gründlichkeit *f*; 'Umsicht *f*.

care·less [ˈkeəlɪs] *adj.* ☐ **1.** nachlässig, unvorsichtig, unachtsam; leichtsinnig; **2.** (***of***, ***about***) unbekümmert (um), unbesorgt (um), gleichgültig (gegen'über): ***~ of danger***; **3.** unbedacht, unbesonnen: ***a ~ remark***; ***a ~ mistake*** ein Flüchtigkeitsfehler; **4.** sorgenfrei, fröhlich: ***~ youth***; **'care·less·ness** [-nɪs] *s.* Nachlässigkeit *f*; Unbedachtheit *f*; Sorglosigkeit *f*, Unachtsamkeit *f*.

ca·ress [kəˈres] **I** *s.* Liebkosung *f*; *pl. a.* Zärtlichkeiten *pl.*; **II** *v/t.* liebkosen; streicheln; *fig. der Haut etc.* schmeicheln; **ca'ress·ing** [-sɪŋ] *adj.* ☐ zärtlich; schmeichelnd.

car·et [ˈkærət] *s.* Einschaltungszeichen *n* (*für Auslassung im Text*).

'care|ˌtak·er *s.* **1.** a) Hausmeister *m*, b) (Haus- *etc.*)Verwalter *m*; **2.** ***~ government*** geschäftsführende Regierung, 'Übergangskabiˌnett *n*; **'~·worn** *adj.* vergrämt, abgehärmt.

Ca·rey Street [ˈkeərɪ] *s.*: ***in ~*** *Brit.* F ‚pleite', bankrott.

'car·fare *s. Am.* Fahrgeld *n*, -preis *m*.

car·go [ˈkɑːgəʊ] *pl.* **-goes**, *Am. a.* **-gos** *s.* ⚓, ✈ Ladung *f*, Fracht(gut *n*) *f*; **~ boat** *s.* ⚓ Frachtschiff *n*; **'~-ˌcar·ry·ing** *adj.* Fracht..., Transport...: ***~ glider*** Lastensegler *m*; **~ hold** *s.* Laderaum *m*; **~ par·a·chute** *s.* Lastenfallschirm *m*; **~ plane** *s.* ✈ Trans'portflugzeug *n*.

'car·hop *s. Am.* Kellner(in) in e-m Drive-'in-Restauˌrant.

Car·ib·be·an [ˌkærɪˈbiːən] **I** *adj.* ka'ribisch; **II** *s. geogr.* Ka'ribisches Meer.

car·i·bou, **car·i·boo** [ˈkærɪbuː] *s. zo.* 'Karibu *m*.

car·i·ca·ture [ˈkærɪkəˌtjʊə] **I** *s.* Karika'tur *f* (*a. fig.*); **II** *v/t.* karikieren; **'car·i·caˌtur·ist** [-ʊərɪst] *s.* Karikatu'rist *m*.

car·i·es [ˈkeərɪiːz] *s.* ⚕ 'Karies *f*: a) Knochenfraß *m*, b) Zahnfäule *f*.

car·il·lon [ˈkærɪljən] *s.* (Turm)Glockenspiel *n*, 'Glockenspielmuˌsik *f*.

car·ing [ˈkeərɪŋ] *adj.* liebevoll, mitfühlend; sozi'al (engagiert).

Ca·rin·thi·an [kəˈrɪnθɪən] **I** *adj.* kärntnerisch; **II** *s.* Kärntner(in).

C

car·i·ous ['keərɪəs] *adj.* ⚕ kari'ös, angefressen, faul.

car| jack *s.* ⚙ Wagenheber *m*; '**~,jack·ing** *s. bsd. Am.* 'Car,jacking *n*, Autoentführung *f*; '**~·load** *s.* **1.** Wagenladung *f*; **2.** *Am.* a) Güterwagenladung *f*, b) Mindestladung *f* (*für Frachtermäßigung*); **3.** *Am. fig.* ‚Haufen' *m*, Menge *f*; '**~·man** [-mən] *s.* [*irr.*] **1.** Fuhrmann *m*; **2.** (Kraft)Fahrer *m*; **3.** Spedi'teur *m*.

car·mine ['kɑːmaɪn] **I** *s.* Kar'minrot *n*; **II** *adj.* kar'minrot.

car·nage ['kɑːnɪdʒ] *s.* Blutbad *n*, Gemetzel *n*.

car·nal ['kɑːnl] *adj.* □ fleischlich, sinnlich; geschlechtlich: **~ *knowledge*** ⚖ Geschlechtsverkehr (***of*** mit); **car·nal·i·ty** [kɑː'nælətɪ] *s.* Fleischeslust *f*, Sinnlichkeit *f*.

car·na·tion [kɑː'neɪʃn] *s.* **1.** ⚘ (Garten-)Nelke *f*; **2.** Blassrot *n*.

car·net ['kɑːneɪ] *s. mot.* Car'net *n*, 'Zollpas,sierschein *m*.

car·ni·val ['kɑːnɪvl] *s.* **1.** 'Karneval *m*, Fasching *m*; **2.** Volksfest *n*; **3.** ausgelassenes Feiern; **4.** *Am.* (Sport- *etc.*)Veranstaltung *f*.

car·niv·o·ra [kɑː'nɪvərə] *s. pl. zo.* Fleischfresser *pl.*; **car·ni·vore** ['kɑːnɪvɔː] *s. zo.* Fleischfresser *m*, *bsd.* Raubtier *n*; **car'niv·o·rous** [-rəs] *adj. zo.* Fleisch fressend.

car·ob ['kærəb] *s.* ⚘ Jo'hannisbrot(baum *m*) *n*.

car·ol ['kærəl] **I** *s.* **1.** Freuden-, *bsd.* Weihnachtslied *n*; **II** *v/i.* **2.** Weihnachtslieder singen; **3.** jubilieren.

Car·o·lin·gi·an [,kærəʊ'lɪndʒɪən] *hist.* **I** *adj.* 'karolingisch; **II** *s.* 'Karolinger *m*.

car·om ['kærəm] *bsd. Am.* **I** *s.* **1.** *Billard*: Karambo'lage *f*; **II** *v/i.* **2.** karambolieren; **3.** abprallen.

ca·rot·id [kə'rɒtɪd] *s. u. adj. anat.* (die) Halsschlagader (betreffend).

ca·rous·al [kə'raʊzl] *s.* Trinkgelage *n*, Zeche'rei *f*; **ca·rouse** [kə'raʊz] **I** *v/i.* (lärmend) zechen; **II** *s.* → ***carousal***.

carp¹ [kɑːp] *v/i.* (***at***) nörgeln (an *dat.*), kritteln (über *acc.*).

carp² [kɑːp] *s. ichth.* Karpfen *m*.

car·pal ['kɑːpl] *anat.* **I** *adj.* Handwurzel...; **II** *s.* Handwurzelknochen *m*.

car park *s.* Parkplatz *m*, -haus *n*: ***underground* ~** Tiefgarage *f*.

car·pel ['kɑːpel] *s.* ⚘ Fruchtblatt *n*.

car·pen·ter ['kɑːpəntə] **I** *s.* Zimmermann *m*; **II** *v/t. u. v/i.* zimmern; **~ ant** *s. zo.* Holzameise *f*; **~ bee** *s. zo.* Holzbiene *f*.

car·pen·ter's| bench ['kɑːpəntəz] *s.* Hobelbank *f*; **~ lev·el** *s.* ⚙ Setzwaage *f*.

car·pen·try ['kɑːpəntrɪ] *s.* Zimmerhandwerk *n*; Zimmerarbeit *f*.

car·pet ['kɑːpɪt] **I** *s.* **1.** Teppich *m* (*a. fig.*), (*Treppen- etc.*)Läufer *m*: ***be on the ~*** *fig.* a) zur Debatte stehen, auf dem Tapet sein, b) F ‚zs.-gestaucht' werden; ***sweep under the ~*** *a. fig.* unter den Teppich kehren; → ***red carpet***; **II** *v/t.* **2.** mit (*od.* wie mit) e-m Teppich belegen; **3.** *Brit.* F ‚zs.-stauchen'; **~ bag** *s.* Reisetasche *f*; '**~,bag·ger** *s. Am.* F **1.** (po'litischer) Abenteurer (*ursprünglich nach dem Bürgerkrieg*); **2.** *allg.* Schwindler *m*; **~ bomb·ing** *s.* ⚔ Bombenteppichwurf *m*; **~ dance** *s.* zwangloses Tänzchen; '**~·knight** *s. Brit.* Sa'lonlöwe *m*; **~ sweep·er** *s.* 'Teppichkehrma,schine *f*.

car·phone ['kɑːfəʊn] *s.* Autotelefon *n*.

carp·ing ['kɑːpɪŋ] **I** *s.* Kritte'lei *f*; **II** *adj.* □ krittelig: **~ *criticism*** → I.

car| pool *s.* **1.** Fuhrpark *m*; **2.** Fahrgemeinschaft *f*; '**~·port** *s.* Einstellplatz *m* (*im Freien*).

car·pus ['kɑːpəs] *pl.* **-pi** [-paɪ] *s. anat.* Handgelenk *n*, -wurzel *f*.

car·rel ['kærəl] *s.* Lesenische *f* (*in e-r Bibliothek*).

car·riage ['kærɪdʒ] *s.* **1.** Wagen *m*, Kutsche *f*: **~ *and pair*** Zweispänner *m*; **2.** *Brit.* Eisenbahnwagen *m*; **3.** Beförderung *f*, Trans'port *m*: **~ *by sea*** Seetransport; **4.** ✝ Trans'portkosten *pl.*, Fracht(gebühr) *f*; Fuhrlohn *m*, Rollgeld *n*: **~ *paid*** frachtfrei, franko; **~ *forward*** *Brit.* Fracht gegen Nachnahme; **5.** ⚔ La'fette *f*; **6.** ✈ Fahrgestell *n*; **7.** a) Karren *m*, Laufbrett *n* (*e-r Druckerpresse*), b) Wagen *m* (*e-r Schreibmaschine etc.*), c) Schlitten *m* (*e-r Werkzeugmaschine*); **8.** (Körper)Haltung *f*, Gang *m*: ***a graceful* ~**; **9.** *pol.* 'Durchbringen *n*, Annahme *f* (*Gesetz etc.*); '**car·riage·a·ble** [-dʒəbl] *adj.* befahrbar.

car·riage| bod·y *s.* Wagenkasten *m*, Karosse'rie *f*; '**~·drive** *s.* Fahrweg *m*; '**~·road**, '**~·way** *s. Brit.* Fahrbahn *f*.

car·ri·er ['kærɪə] *s.* **1.** Über'bringer *m*, Bote *m*; **2.** Spedi'teur *m*, *a.* **~s** *pl.* Spediti'onsfirma *f*: ***common* ~** ✝ Frachtführer *m*, Transportunternehmer *m*, -unternehmen *n* (*a.* 🚂, ⚓ *etc.*); **3.** ⚕ ('Krankheits)Über,träger *m*; Keimträger *m*; **4.** ⚗ (Über)'Träger *m*, Kataly'sator *m*; **5.** ⚡ Träger(strom *m*, -welle *f*) *m*; **6.** Träger *m*, Tragbehälter *m*, -netz *n*, -kiste *f*, -gestell *n*; Gepäckhalter *m am Fahrrad*; *mot.* Dachgepäckträger *m*; **7.** ⚙ a) Schlitten *m*, Trans'port *m*, b) Mitnehmer *m*; **8.** *abbr. für* ***aircraft carrier***; **~ bag** *s.* Tragtasche *f*, -tüte *f*; **~ pi·geon** *s.* Brieftaube *f*; **~ rock·et** *s.* 'Trägerra,kete *f*.

car ring·ing ['kɑː,rɪŋɪŋ] *s. betrügerisches Abändern der Identität e-s Kfz durch Anbringen e-s falschen Kennzeichens.*

car·ri·on ['kærɪən] *s.* **1.** Aas *n*; **2.** verdorbenes Fleisch; **3.** *fig.* Unrat *m*,

Schmutz *m*; ~ **bee·tle** *s. zo.* Aaskäfer *m.*

car·rot ['kærət] *s.* **1.** ⚘ Ka'rotte *f*, Mohrrübe *f*: ~ ***or stick*** *fig.* Zuckerbrot oder Peitsche; ***hold out a ~ to s.o.*** *fig.* j-n zu ködern versuchen; **2.** F a) *pl.* rotes Haar, b) Rotkopf *m*; '**car·rot·y** [-tɪ] *adj.* **1.** gelbrot; **2.** rothaarig.

car·rou·sel [ˌkærʊ'zel] *s. bsd. Am.* Karus'sell *n.*

car·ry ['kærɪ] **I** *s.* **1.** Trag-, Schussweite *f*; **2.** Flugstrecke *f* (*Golfball*); **3.** → ***portage*** 2; **II** *v/t.* **4.** tragen: ~ ***a burden***; ~ ***o.s.*** (*od.* ***one's body***) ***well*** e-e gute (Körper)Haltung haben; **5.** bei sich haben, (an sich) haben: ~ ***money about one*** Geld bei sich haben; ~ ***in one's head*** im Kopf haben *od.* behalten; ~ ***authority*** großen Einfluss ausüben; ~ ***conviction*** überzeugen(d sein *od.* klingen); ~ ***a moral*** e-e Moral (zum Inhalt) haben; **6.** befördern, bringen; mit sich bringen *od.* führen; (ein)bringen: ***railways ~ goods*** die Eisenbahnen befördern Waren; ~ ***a message*** e-e Nachricht überbringen; ~ ***interest*** Zinsen tragen *od.* bringen; ~ ***insurance*** versichert sein; ~ ***consequences*** Folgen haben; **7.** (hin'durch-, he'rum)führen; fortsetzen, ausdehnen: ~ ***a wall around the park*** e-e Mauer um den Park ziehen; ~ ***to excess*** übertreiben; ***you ~ things too far*** du treibst die Dinge zu weit; **8.** erlangen, gewinnen; erobern (*a.* ⚔): ~ ***all before one*** auf der ganzen Linie siegen, vollen Erfolg haben; ~ ***the audience with one*** die Zuhörer mitreißen; ~ ***an election*** e-e Wahl gewinnen; ~ ***a district*** *Am.* e-n Wahlkreis *od.* -bezirk erobern, den Wahlsieg in e-m Bezirk davontragen; **9.** 'durchbringen, -setzen: ~ ***a motion*** e-n Antrag durchbringen; ***carried unanimously*** einstimmig angenommen; ~ ***one's point*** s-e Ansicht durchsetzen, sein Ziel erreichen; **10.** *Waren* führen; *Zeitungsmeldung* bringen; **11.** *Rechnen*: über'tragen, ‚sich merken': ~ ***two*** gemerkt zwei; ~ ***to a new account*** ✝ auf neue Rechnung vortragen; **III** *v/i.* **12.** *weit* tragen, reichen (*Stimme, Schall; Schusswaffen*);

Zssgn mit adv.:

car·ry| a·way *v/t.* **1.** wegtragen; fortreißen (*a. fig.*); **2.** *fig.* hinreißen: a) begeistern, b) verleiten: ***get carried away*** a) in Verzückung geraten, b) die Selbstkontrolle verlieren, sich hinreißen lassen (***into doing*** *et.* zu tun); ~ **for·ward** *v/t.* **1.** fortsetzen, vor'anbringen; **2.** ✝ *Summe od. Saldo* vortragen: ***amount carried forward*** a) Vor-, Übertrag *m*, b) *Rechnen*: Transport *m*; ~ **off** *v/t.* forttragen, -schaffen; ab-, entführen, verschleppen; *j-n* hinwegraffen (*Krankheit*); *Preis etc.* gewinnen, erringen; ~ **on I** *v/t.* **1.** *fig.* fortführen, -setzen; *Plan* verfolgen; *Geschäft* betreiben; *Gespräch* führen; **II** *v/i.* **2.** fortfahren; weitermachen; **3.** fortbestehen; **4.** F a) ein ‚The'ater' *od.* e-e Szene machen, sich schlecht aufführen, es wild *od.* wüst treiben, b) ‚es (*ein Verhältnis*) haben' (***with*** mit); ~ **out** *v/t.* aus-, 'durchführen, erfüllen; ~ **o·ver** *v/t.* ✝ **1.** → ***carry forward*** 2; **2.** *Waren* übrig behalten; **3.** *Börse*: prolongieren; ~ **through** *v/t.* 'durchführen; *j-m* 'durchhelfen, *j-n* 'durchbringen.

'**car·ry|·all** *s. Am.* **1.** Per'sonenˌauto *n* mit Längssitzen; **2.** große (Einkaufs-, Reise)Tasche; '**~·cot** *s.* (Baby)Tragetasche *f*; '**~-ˌfor·ward** *s.* ✝ *Brit.* ('Saldo-)Vortrag *m*, 'Übertrag *m*.

car·ry·ing ['kærɪɪŋ] *s.* Beförderung *f*; Trans'port *m*; ~ **a·gent** *s.* Spedi'teur *m*; ~ **ca·pac·i·ty** *s.* Lade-, Tragfähigkeit *f*; ˌ**~-'on** *pl.* ˌ**~s-'on** *s.* F **1.** ‚The'ater' *n*: a) Getue *n*, b) Af'färe *f*; **2.** schlechtes Benehmen; ~ **trade** *s.* Spediti'onsgewerbe *n.*

ˌ**car·ry'o·ver** *s.* ✝ **1.** → ***carry-forward***; **2.** *Brit. Börse*: Prolongati'on *f*: ~ ***rate*** Reportsatz *m.*

'**car|·sick** *adj.* eisenbahn- *od.* autokrank; '**~-ˌsick·ness** *s.* Autokrankheit *f*, Übelkeit *f* beim Autofahren.

cart [kɑːt] **I** *s.* (Fracht)Karren *m*, Lieferwagen *m*; Handwagen *m*: ***put the ~ before the horse*** *fig.* das Pferd beim Schwanz aufzäumen; ***in the ~*** *Brit.* F in der Klemme; **II** *v/t.* karren, fördern, fahren: ~ ***about*** umherschleppen; '**cart·age** [-tɪdʒ] *s.* Fuhrlohn *m*, Rollgeld *n.*

carte blanche [ˌkɑːt'blɑ̃ːnʃ] *s.* **1.** ✝ Blan'kett *n*; **2.** *fig.* unbeschränkte Vollmacht: ***have ~*** (völlig) freie Hand haben.

car·tel [kɑː'tel] *s.* **1.** ✝, *a. pol.* Kar'tell *n*; **2.** ⚔ Abkommen *n* über den Austausch von Kriegsgefangenen; **car·tel·i·za·tion** [ˌkɑːtəlaɪ'zeɪʃn] *s.* ✝ Kartellierung *f*; **car·tel·ize** ['kɑːtəlaɪz] *v/t. u. v/i.* ✝ kartellieren.

cart·er ['kɑːtə] *s.* ('Roll)Fuhrunterˌnehmer *m.*

Car·te·sian [kɑː'tiːzjən] **I** *adj.* kartesi'anisch; **II** *s.* Kartesi'aner *m*, Anhänger *m* der Lehre Des'cartes'.

'**cart-horse** *s.* Zugpferd *n.*

Car·thu·sian [kɑː'θjuːzjən] *s.* **1.** Kar'täuser(mönch) *m*; **2.** Schüler *m* der Charterhouse-Schule (*in England*).

car·ti·lage ['kɑːtɪlɪdʒ] *s. anat., zo.* Knorpel *m*; **car·ti·lag·i·nous** [ˌkɑːtɪ'lædʒɪnəs] *adj.* knorpelig.

'**cart·load** *s.* Wagenladung *f*, Fuhre *f*; *fig.* Haufen *m.*

car·tog·ra·pher [kɑː'tɒgrəfə] *s.* Karto-

C

'graph *m*, Kartenzeichner *m*; **car'tog·ra·phy** [-fɪ] *s.* Kartogra'phie *f.*

car·ton ['kɑːtən] *s.* **1.** (Papp)Schachtel *f*, Kar'ton *m*: ***a ~ of cigarettes*** e-e Stange Zigaretten; **2.** das ‚Schwarze' (*der Zielscheibe*).

car·toon [kɑː'tuːn] *s.* **1.** Karika'tur *f*: ***~ (film)*** Zeichentrickfilm *m*; **2.** *mst pl.* Cartoon(s *pl.*) *m*, Comics-Serie *f*, Bilder(fortsetzungs)geschichte *f*; **3.** *paint.* Kar'ton *m*, Entwurf *m* (*in natürlicher Größe*); **car'toon·ist** [-nɪst] *s.* Karikatu'rist *m*.

car·touch(e) [kɑː'tuːʃ] *s.* ⚠ Kar'tusche *f* (*Ornament*).

car·tridge ['kɑːtrɪdʒ] *s.* **1.** ⚔ a) Pa'trone *f*, b) *Artillerie*: Kar'tusche *f*: ***blank ~*** Platzpatrone *f*; **2.** *phot.* ('Film)Pa,trone *f* (*Kleinbildkamera*), (-)Kas,sette *f* (*Film- od. Kassettenkamera*); **3.** Tonabnehmer *m*; **4.** ('Füllhalter)Pa,trone *f*; **~ belt** *s.* ⚔ Pa'tronengurt *m*; **~ case** *s.* Pa'tronenhülse *f*; **~ clip** *s.* Ladestreifen *m*; **~ pa·per** *s.* 'Zeichenpa,pier *n*; **~ pen** *s.* Pa'tronenfüllhalter *m*.

'cart|·wheel *s.* **I** *s.* **1.** Wagenrad *n*; **2.** ***turn a ~*** *sport* Rad schlagen; **II** *v/i.* **3.** Rad schlagen; **4.** sich mehrmals (seitlich) über'schlagen; **'~·wright** *s.* Stellmacher *m*, Wagenbauer *m*.

carve [kɑːv] **I** *v/t.* **1.** (*in*) *Holz* schnitzen, (*in*) *Stein* meißeln: ***~ out of stone*** aus Stein meißeln *od.* hauen; ***~ one's name on a tree*** s-n Namen in e-n Baum einritzen *od.* -schneiden; **2.** mit Schnitze'reien *etc.* verzieren: ***~ the leg of a table***; **3.** *Fleisch* vorschneiden, zerlegen, tranchieren; **4.** *fig. oft* ***~ out*** gestalten: ***~ out a fortune*** ein Vermögen machen; ***~ out a career for o.s.*** sich e-e Karriere aufbauen; **5.** ***~ up*** aufteilen, zerstückeln; **6.** ***~ up*** F *j-n* mit dem Messer übel zurichten; **II** *v/i.* **7.** schnitzen, meißeln; **8.** (Fleisch) vorschneiden.

car·vel ['kɑːvl] → ***caravel***; **'~-built** *adj.* ⚓ kra'weelgebaut.

carv·er ['kɑːvə] *s.* **1.** (Holz)Schnitzer *m*, Bildhauer *m*; **2.** Carver *m*, Carving-Ski *m*; **3.** Tranchierer *m*; **4.** a) Tranchiermesser *n*, b) *pl.* Tranchierbesteck *n*; **'carv·er·y** [-ərɪ] *s. Lokal, in dem man für e-n Einheitspreis so viel Fleisch essen kann, wie man will.*

carv·ing ['kɑːvɪŋ] *s.* Schnitze'rei *f*, Schnitzwerk *n*; **~ knife** → ***carver*** 4 a; **~ ski** *s.* Carving-Ski *m*.

'car·wash *s.* **1.** Autowäsche *f*; **2.** (Auto)Waschanlage *f*.

car·y·at·id [,kærɪ'ætɪd] *s.* ⚠ Karya'tide *f*.

cas·cade [kæ'skeɪd] **I** *s.* **1.** Kas'kade *f*, Wasserfall *m*; **2.** *fig.* Kas'kade *f*, *z.B.* Feuerregen *m* (*Feuerwerk*), Faltenbesatz *m*, Faltenwurf *m* (*Kleidung*), *chem. Tandemanordnung von Gefäßen od. Geräten*; **3.** ⚡ *a.* ***~ connection*** Kas'kade(nschaltung) *f*; **II** *adj.* **4.** ⚡ Kaskaden...(*-motor, -verstärker etc.*); **III** *v/i.* **5.** kas'kadenartig her'abstürzen; wellig fallen.

case¹ [keɪs] **I** *s.* **1.** Fall *m*, 'Umstand *m*, Vorfall *m*, Sache *f*, Frage *f*: ***a ~ in point*** ein typischer Fall, ein treffendes Beispiel; ***a ~ of fraud*** ein Fall von Betrug; ***a ~ of conscience*** e-e Gewissensfrage; ***a hard ~*** a) ein schwieriger Fall, b) ein schwerer Gegner, c) F ein ‚schwerer Junge'; ***that alters the ~*** das ändert die Sache *od.* Lage; ***in ~*** im Falle, falls; ***in ~ of*** im Falle von (*od. gen.*); ***in ~ of need*** im Notfall; ***in any ~*** auf jeden Fall, jedenfalls; ***in that ~*** in dem Falle; ***if that is the ~*** wenn das der Fall ist, wenn das zutrifft; ***as the ~ may be*** je nachdem; ***it is a ~ of*** es handelt sich um; ***the ~ is this*** die Sache liegt so; ***state one's ~*** s-e Sache *od.* s-n Standpunkt vortragen *od.* vertreten (*a.* ⚖); → 3; ***come down to ~s*** zur Sache kommen; **2.** ⚖ (Rechts)Fall *m*, Pro'zess *m*: ***leading ~*** Präzedenzfall; **3.** ⚖ Sachverhalt *m*; Begründung *f*, Be'weismateri,al *n*; (*a.* begründeter) Standpunkt *e-r Partei*: ***~ for the Crown*** Anklage *f*; ***~ for the defence*** Verteidigung *f*; ***make out a (od. one's) ~ for (against)*** alle Rechtsgründe *od.* Argumente vorbringen für (gegen); ***he has a strong ~*** er hat schlüssige Beweise, s-e Sache steht günstig; ***he has no ~*** s-e Sache ist unbegründet; ***there is a ~ for s.th.*** et. ist begründet *od.* berechtigt, es gibt triftige Gründe für et.; **4.** *ling.* 'Kasus *m*, Fall *m*,; **5.** ⚕ (Krankheits)Fall *m*; Pati'ent(in): ***two ~s of typhoid*** zwei Typhusfälle *od.* Typhuskranke; ***a mental ~*** F ein Geisteskranker; **6.** *Am.* F komischer Kauz; **II** *v/t.* **7.** ***~ the joint*** *sl.* ‚den Laden ausbaldowern'.

case² [keɪs] **I** *s.* **1.** Kiste *f*, Kasten *m*; Koffer *m*; (*Schmuck*)Kästchen *n*; Schachtel *f*; Behälter *m*; **2.** (*Bücher-, Glas*)Schrank *m*; (*Uhr*)Gehäuse *n*; (*Patronen*)Hülse *f*, (*Samen*)Kapsel *f*, (*Zigaretten*)E'tui *n*; (*Brillen-, Messer*)Futte'ral *n*; (Schutz)Hülle *f* (*für Bücher, Messer etc.*); (*Akten*)Tasche *f*; (*Schreib*)Mappe *f*; (*Kissen*)Bezug *m*, 'Überzug *m*: ***pencil ~*** Federmäppchen *n*; **3.** ⚙ Verkleidung *f*, Einfassung *f*, Mantel *m*, Rahmen *m*; Scheide *f*: ***lower (upper) ~*** *typ.* (Setzkasten *m* für) kleine (große) Buchstaben *pl.*; **II** *v/t.* **4.** in ein Gehäuse *od.* Futte'ral *etc.* stecken; **5.** ver-, um'kleiden, um'geben (***in, with*** mit); **6.** *Buchbinderei*: *Buch* einhängen.

'case|·book *s.* **1.** ⚖ kommentierte Entscheidungssammlung; **2.** ⚕ Pati'entenbuch *n*; **~ end·ing** *s. ling.* 'Kasusendung *f*; **'~-,hard·ened** *adj.* **1.** *metall.*

schalenhart, im Einsatz gehärtet; **2.** *fig.* abgehärtet, hartgesotten; **~ his·to·ry** *s.* **1.** Vorgeschichte *f* (*e-s Falles*); **2.** ⚕ Krankengeschichte *f*, Ana'mnese *f*; **3.** typisches Beispiel.

ca·se·in ['keɪsiːɪn] *s.* Kase'in *n*.

case law *s.* ⚖ ‚Fallrecht' *n* (*auf Präzedenzfällen beruhend*).

case·mate ['keɪsmeɪt] *s.* ⚔ Kase'matte *f*.

case·ment ['keɪsmənt] *s.* a) Fensterflügel *m*, b) *a.* **~-*window*** Flügelfenster *n*.

ca·se·ous ['keɪsɪəs] *adj.* käsig, käseartig.

case| shot *s.* ⚔ Schrap'nell *n*, Kar'tätsche *f*; **~ stud·y** *s.* (Einzel)Fallstudie *f*; '**~·work** *s. sociol.* Einzelfallhilfe *f*, sozi'ale Einzelarbeit; '**~,work·er** *s.* Sozi'alarbeiter(in) (für Individu'albetreuung).

cash¹ [kæʃ] **I** *s.* **1.** (Bar)Geld *n*; **2.** ✝ Barzahlung *f*, Kasse *f*: **~ *down*, *for* ~** gegen Barzahlung, in bar; **~ *in advance*** gegen Vorauszahlung; → ***cash and carry***; **~ *at bank*** Bankguthaben *n*; **~ *in hand*** Bar-, Kassenbestand *m*; **~ *on delivery*** per Nachnahme, zahlbar bei Lieferung; **~ *with order*** zahlbar bei Bestellung; ***be in* (*out of*) ~** bei (nicht bei) Kasse sein; ***he is rolling in* ~** er hat Geld wie Heu; **II** *v/t.* **3.** *Scheck etc.* einlösen, -kassieren; **~ in I** *v/t.* **1.** *Poker etc.*: *s-e Spielmarken* einlösen; **II** *v/i.* **2.** F ‚abkratzen', sterben; **3.** F **~ (*on*)** ‚absahnen' (bei), profitieren (von).

cash² [kæʃ] *s. sg. u. pl.* Käsch *n* (*kleine Münze in Indien u. China*).

cash| ac·count *s.* ✝ Kassenkonto *n*; **~ ad·vance** *s.* Barkredit *m*; **~ and car·ry I** *s.* **1.** Selbstabholung *f* gegen Barzahlung; **2.** Cash-and-carry-Geschäft *n*; **II** *adv.* **3.** (nur) gegen Barzahlung u. Selbstabholung; **,~-and-'car·ry** *adj.* Cash-and-carry-...; **~ au·dit** *s.* Kassenprüfung *f*; **~ bal·ance** *s.* Kassenbestand *m*; Barguthaben *n*; **~ book** *s.* Kassenbuch *n*; **~ card** *s.* Geldautomatenkarte *f*; **~ cheque** *s. Brit.* Barscheck *m*; **~ crop** *s.* für den Verkauf bestimmte Anbaufrucht; **~ desk** *s.* Kasse *f im Warenhaus etc.*; **~ dis·count** *s.* 'Barzahlungsra,batt *m*; **~ dis·pens·er** *s.* 'Geldauto,mat *m*; **~ div·i·dend** *s.* Barausschüttung *f*.

> Der Geldautomat hat im Englischen verschiedene Bezeichnungen. Neben **cash dispenser** heißt er auch:
>
> **cashpoint**
> **hole-in-the-wall** (*umgangssprachlich*)

> **ATM** [,eɪtiː'em] (= **automated teller machine**)

ca·shew [kæ'ʃuː] *s.* **1.** Aca'joubaum *m*; **2.** *a.* **~ *nut*** Aca'jou-, 'Cashewnuss *f*.

cash flow *s.* ✝ Cash-Flow *m*, Kassenzufluss *m*.

cash·ier¹ [kæ'ʃɪə] *s.* Kassierer(in): **~'s *check*** *Am.* Bankscheck *m*; **~'s *desk* od. *office*** Kasse *f*.

cash·ier² [kə'ʃɪə] *v/t.* ⚔ (unehrenhaft) entlassen.

cash·less ['kæʃlɪs] *adj.* ✝ bargeldlos.

cash·mere [kæʃ'mɪə] *s.* **1.** 'Kaschmir *m* (*feiner Wollstoff*); **2.** 'Kaschmirwolle *f*.

cash·o·mat ['kæʃəʊmæt] → ***cash dispenser***.

cash| pay·ment *s.* Barzahlung *f*; '**~·point** *s. Brit.* Geldautomat *m*; **~ price** *s.* Bar(zahlungs)preis *m*; **~ prob·lem** *s.* Liquiditätsproblem *n*; **~ po·si·tion** *s.* Liquiditätslage *f*; **~ re·ceipts** *s. pl.* Bareinnahmen *pl*; **~ reg·is·ter** *s.* Registrierkasse *f*; **~ sale** *s.* Barverkauf *m*; **~ sur·ren·der val·ue** *s.* Rückkaufswert *m* (*e-r Police*); **~ vouch·er** *s.* Kassenbeleg *m*.

cas·ing ['keɪsɪŋ] *s.* **1.** Be-, Um'kleidung *f*, Um'hüllung *f*; **2.** (Fenster)Futter *n*; (Tür)Verkleidung *f*; **3.** Gehäuse *n*, Futte'ral *n*; *mot.* Mantel *m e-s Reifens*; **4.** (Wurst)Darm *m*, (-)Haut *f*.

ca·si·no [kə'siːnəʊ] *pl.* **-nos** *s.* ('Spiel-, Unter'haltungs)Ka,sino *n*.

cask [kɑːsk] *s.* Fass *n*; (hölzerne) Tonne: ***a* ~ *of wine*** ein Fass Wein; '**~-con,di·tioned** *adj.* fassvergoren, ungefiltert u. nicht pasteurisiert (*Bier*, *Real Ale*).

cas·ket ['kɑːskɪt] *s.* **1.** (Schmuck)Kästchen *n*; **2.** (Bestattungs)Urne *f*; **3.** *Am.* Sarg *m*.

Cas·pi·an ['kæspɪən] *adj.* kaspisch: **~ *Sea*** Kaspisches Meer.

Cas·san·dra [kə'sændrə] *s. fig.* Kas'sandra *f* (*Unglücksprophetin*).

cas·sa·tion [kæ'seɪʃn] *s.* ⚖ Kassati'on *f*: ***Court of*** ♀ Kassationshof *m*.

cas·se·role ['kæsərəʊl] *s.* Kasse'rolle *f*, Schmortopf *m* (mit Griff).

cas·sette [kæ'set] *s.* ('Film-, 'Tonband-*etc.*)Kas,sette *f*; **~ re·cord·er** *s.* Kas'settenre,korder *m*.

cas·sock ['kæsək] *s. eccl.* Sou'tane *f*.

cast [kɑːst] **I** *s.* **1.** Wurf *m* (*a. mit Würfeln*); **2.** a) Auswerfen *n* (*Angel, Netz, Lot*), b) Angelhaken *m*; **3.** a) Auswurf *m* (*gewisser Tiere*), *bsd.* Gewölle *n* (*von Raubvögeln*), b) abgestoßene Haut (*Schlange, Insekt*); **4.** **~ *in the eye*** Schielen *n*; **5.** Aufrechnung *f*, Additi'on *f*; **6.** ⚙ Gussform *f*, Abguss *m*, -druck *m*; ⚕ Gipsverband *m*; *fig.* Zuschnitt *m*, Anordnung *f*; **7.** *thea.* (Rollen)Besetzung *f*; Mitwirkende *pl.*; Truppe *f*; **8.**

C

Farbton *m*; *fig.* Anflug *m*; **9.** Typ *m*, Art *f*, Schlag *m*: **~ *of mind*** Geistesart *f*; **~ *of features*** Gesichtsausdruck *m*; **II** *v/t.* [*irr.*] **10.** werfen: ***the die is ~*** die Würfel sind gefallen; **~ *s.th. in s.o.'s teeth*** j-m et vorwerfen; **11.** *Angel, Netz, Anker, Lot* (aus)werfen; **12.** *zo.* a) *Haut, Geweih* abwerfen, b) *Junge* vorzeitig werfen; **13.** *fig.Blick, Licht, Schatten* werfen; *Horoskop* stellen: **~ *the blame*** die Schuld zuschieben (***on*** *dat.*); **~ *a slur*** (***on***) verunglimpfen (*acc.*); **~ *one's vote*** s-e Stimme abgeben; **~ *lots*** losen; **14.** *thea.* a) *Stück* besetzen: ***the play is well ~***, b) *Rollen* besetzen, verteilen: ***he was badly ~*** er war e-e Fehlbesetzung; **15.** *Metall, Statue etc.* gießen; *fig.* formen, bilden, anordnen; **16.** ⚖ *pass.* ***be ~ in costs*** zu den Kosten verurteilt werden; **17.** *a.* **~ *up*** aus-, zs.-rechnen: ***to ~ accounts*** Abrechnung machen; **III** *v/i.* [*irr.*] **18.** sich werfen, sich (ver)ziehen; **19.** die Angel auswerfen.

Zssgn mit adv.:

cast| a·bout, **~ a·round** *v/i.* **1. ~ *for*** suchen nach, *fig. a.* sich 'umsehen nach; **2.** ⚓ um'herlavieren; **~ a·way** *v/t.* **1.** wegwerfen; **2.** verschwenden; **3. *be ~*** ⚓ verschlagen werden; **~ back** *v/t.*: **~ *one's mind*** (***to***) zu'rückdenken (an *acc.*); **~ down** *v/t.* **1.** *fig.* entmutigen: ***be ~*** niedergeschlagen sein; **2.** *die Augen* niederschlagen; **~ in** *v/t.*: **~ *one's lot with s.o.*** sein Los mit j-m teilen, sich j-m anschließen; **~ off I** *v/t.* **1.** ab-, wegwerfen; *Kleider etc.* ablegen, ausrangieren; **2.** sich befreien von, sich entledigen (*gen.*); **3.** *Freund etc.* fallen lassen; **4.** *Stricken*: *Maschen* abketten; **5.** *typ.* den 'Umfang (*gen.*) berechnen; **II** *v/i.* **6.** ⚓ ablegen, losmachen; **~ on** *v/t. u. v/i. Stricken: die ersten Maschen* aufnehmen; **~ out** *v/t.* vertreiben, ausstoßen; **~ up** *v/t.* **1.** *die Augen* aufschlagen; **2.** anspülen; **3.** → ***cast*** 17.

cas·ta·net [ˌkæstə'net] *s.* Kasta'gnette *f*.

'cast·a·way I *s.* **1.** Ausgestoßene(r *m*) *f*; **2.** ⚓ Schiffbrüchige(r *m*) *f* (*a. fig.*); **3.** *et.* Ausrangiertes, *bsd.* abgelegtes Kleidungsstück; **II** *adj.* **4.** ausgestoßen; **5.** ausrangiert (*Möbel etc.*), abgelegt (*Kleider*); **6.** ⚓ schiffbrüchig.

caste [kɑːst] *s.* **1.** (*indische*) Kaste: **~ *feeling*** Kastengeist *m*; **2.** Kaste *f*, Gesellschaftsklasse *f*; **3.** Rang *m*, Stellung *f*, Ansehen *n*: ***lose ~*** an gesellschaftlichem Ansehen verlieren (***with*** bei).

cas·tel·lan ['kæstələn] *s.* Kastel'lan *m*;

'cas·tel·lat·ed [-leɪtɪd] *adj.* **1.** mit Türmen u. Zinnen; **2.** burgenreich.

cast·er ['kɑːstə] *s.* → ***castor***³.

cas·ti·gate ['kæstɪgeɪt] *v/t.* **1.** züchtigen; **2.** *fig.* geißeln; **3.** *fig. Text* verbessern; **cas·ti·ga·tion** [ˌkæstɪ'geɪʃn] *s.* **1.** Züchtigung *f*; **2.** Geißelung *f*; scharfe Kri'tik; **3.** Textverbesserung *f*.

cast·ing ['kɑːstɪŋ] *s.* **1.** ⚙ a) Guss *m*, Gießen *n*, b) Gussstück *n*; *pl.* Gusswaren *pl.*; **2.** ⚠ (roher) Bewurf; **3.** *thea.* Rollenverteilung *f*; **4.** *a.* **~-up** Additi'on *f*; **5.** Fischen *n* (*mit dem Netz*); **~ net** *s.* Wurfnetz *n*; **~ vote** *s.* entscheidende Stimme.

cast| i·ron *s.* Gusseisen *n*; **ˌ~-'i·ron** *adj.* **1.** gusseisern; **2.** *fig.* eisern (*Konstitution, Wille etc.*); hart (*Gesetze etc.*); hieb- u. stichfest (*Alibi*), 'unumˌstößlich, unbeugsam: **~ *constitution*** eiserne Gesundheit.

cas·tle ['kɑːsl] **I** *s.* **1.** Burg *f*, Schloss *n*: ***~s in the air*** (*od.* ***in Spain***) *fig.* Luftschlösser; **2.** *Schach*: Turm *m*; **II** *v/i.* **3.** *Schach*: rochieren; **~ nut** *s.* ⚙ Kronenmutter *f*.

cas·tling ['kɑːslɪŋ] *s.* *Schach*: Ro'chade *f*.

'cast|·off *s.* **1.** ausrangiertes Kleidungsstück; **2.** *typ.* 'Umfangsberechnung *f*; **ˌ~-'off** *adj.* **1.** abgelegt, ausrangiert: **~** clothes; **2.** *et.* Abgelegtes *od.* Weggeworfenes.

Cas·tor¹ ['kɑːstə] *s.* *ast.* 'Kastor *m*.

cas·tor² ['kɑːstə] *s.* *vet.* Spat *m*.

cas·tor³ ['kɑːstə] *s.* **1.** (*Salz- etc.*)Streuer *m*; **2.** *pl.* Me'nage *f*, Gewürzständer *m*; **3.** (schwenkbare) Laufrolle.

cas·tor| oil *s.* ⚕ 'Rizinus-, 'Kastoröl *n*; **~ sug·ar** *s.* 'Kastorzucker *m*.

cas·trate [kæ'streɪt] *v/t.* **1.** ⚕, *vet.* kastrieren (*a. fig. iro.*); **2.** *Buch* zensieren; **cas'tra·tion** [-eɪʃn] *s.* Kastrierung *f*, Kastrati'on *f*.

cast steel *s.* Gussstahl *m*.

cas·u·al ['kæʒjʊəl] **I** *adj.* ☐ **1.** zufällig, unerwartet; **2.** gelegentlich, unregelmäßig: **~ *labo(u)r(er)*** Gelegenheitsarbeit(er *m*) *f*; **3.** unbestimmt, ungenau; **4.** lässig: a) nachlässig, gleichgültig, b) ungezwungen, zwanglos, *bsd. Mode*: sa'lopp, sportlich: **~ *wear*** Freizeitkleidung *f*; **5.** beiläufig: ***a ~ remark***; **~ *glance*** flüchtiger Blick; **II** *s.* **6.** a) sportliches Kleidungsstück, Straßenanzug *m*, b) *pl.* Slipper *pl.* (*flache Schuhe*); **7.** *Brit.* a) Gelegenheitsarbeiter *m*, b) gelegentlicher Kunde *od.* Besucher;

'cas·u·al·ism [-lɪzəm] *s.* *philos.* Kasua'lismus *m*; **'cas·u·al·ness** [-nɪs] *s.* (Nach)Lässigkeit *f*, Gleichgültigkeit *f*.

cas·u·al·ty ['kæʒjʊəltɪ] *s.* **1.** Unfall *m* (*e-r Person*); **2.** a) Verunglückte(r *m*) *f*, (Unfall)Opfer *n*, b) ⚔ Verwundete(r) *m od.* Gefallene(r) *m*: ***casualties*** Opfer *pl. e-r Katastrophe etc.*, ⚔ *mst* Verluste *pl.*; **~ *list*** Verlustliste *f*; **3.** *a.* **~ *department*** *od.* ***ward*** ⚕ Notaufnahme *f*.

cas·u·ist ['kæzjʊɪst] *s.* Kasu'ist *m*; **cas·u·is·tic**, **cas·u·is·ti·cal** [ˌkæzjʊ'ɪstɪk(l)] *adj.* □ **1.** kasu'istisch; **2.** spitzfindig; **'cas·u·ist·ry** [-trɪ] *s.* **1.** Kasu'istik *f*; **2.** Spitzfindigkeit *f*.

cat [kæt] *s.* **1.** *zo.* Katze *f*: ***let the ~ out of the bag*** die Katze aus dem Sack lassen; ***it's raining ~s and dogs*** F es gießt wie mit Kübeln; ***has the ~ got your tongue?*** hat es dir die Sprache verschlagen?; ***wait for the ~ to jump*** *od.* ***see which way the ~ jumps*** *fig.* sehen, wie der Hase läuft; ***that ~ won't jump!*** F so gehts nicht!; ***set the ~ among the pigeons*** für helle Aufregung sorgen; ***think one is the cat's whiskers*** *od.* ***pyjamas*** sich für was Besonderes halten; ***not room to swing a ~*** *sl.* kaum Platz zum Umdrehen; ***they lead a ~-and-dog life*** sie leben wie Hund u. Katze; ***it's enough to make a ~ laugh*** F da lachen ja die Hühner; **2.** *zo. bsd. pl.* (Fa'milie *f* der) Katzen *pl.*; **3.** *fig.* falsche Katze (*Frau*): ***old ~*** alte Hexe; **4.** *Am. sl.* a) 'Jazzfa,natiker *m*, b) *a.* ***cool ~*** ‚dufter Typ'; **5.** ⚓ Kattanker *m*; **6.** *mot.* F Kat *m* (*Katalysator*): ***~ car*** F Katauto *n*.

cat·a·clysm ['kætəklɪzəm] *s.* **1.** *geol.* Kata'klysmus *m*, erdgeschichtliche Kata'strophe; **2.** Über'schwemmung *f*; **3.** *fig.* (gewaltige) 'Umwälzung.

cat·a·comb ['kætəku:m] *s.* Kata'kombe *f*.

cat·a·falque ['kætəfælk] *s.* **1.** Kata'falk *m*; **2.** offener Leichenwagen.

Cat·a·lan ['kætələn] **I** *adj.* kata'lanisch; **II** *s.* Kata'lane *m*, Kata'lanin *f*.

cat·a·lep·sis [,kætə'lepsɪs], **cat·a·lep·sy** ['kætəlepsɪ] *s.* ⚕ Starrkrampf *m*.

cat·a·logue, *Am. a.* **cat·a·log** ['kætəlɒg] **I** *s.* **1.** Kata'log *m*; **2.** Verzeichnis *n*, (Preis- *etc.*)Liste *f*; **3.** *Am. univ.* Vorlesungsverzeichnis *n*; **II** *v/t.* **4.** katalogisieren.

ca·tal·y·sis [kə'tælɪsɪs] *s.* ⚗ Kata'lyse *f*; **cat·a·lyst** ['kætəlɪst] *s.* ⚗ *u. fig.* Kataly'sator *m*; **cat·a·lyt·ic** [,kætə'lɪtɪk] **I** *adj.* ⚗ kata'lytisch: ***~ converter*** Kataly'sator *m*; **II** *s.* → ***catalyst***; **cat·a·lyze** ['kætəlaɪz] *v/t.* katalysieren (*a. fig.*); **cat·a·lyz·er** ['kætəlaɪzə] → ***catalyst***.

cat·a·ma·ran [,kætəmə'ræn] *s.* **1.** ⚓ a) Floß *n*, b) Auslegerboot *n*; **2.** F ‚Kratzbürste' *f*, Xan'thippe *f*.

cat·a·mite ['kætəmaɪt] *s.* Lustknabe *m*.

cat·a·plasm ['kætəplæzəm] *s.* ⚕ 'Brei,umschlag *m*, Kata'plasma *n*.

cat·a·pult ['kætəpʌlt] **I** *s.* **1.** Kata'pult *m*, *n*: a) *hist.* 'Wurfma,schine *f*, b) (Spiel)Schleuder *f*, c) ✈ Startschleuder *f*; **II** *adj.* **2.** ✈ Schleuder...(*-sitz, -start*); **III** *v/t.* **3.** schleudern, katapultieren (*a.* ✈); **4.** mit e-r Schleuder beschießen.

cat·a·ract ['kætərækt] *s.* **1.** Kata'rakt *m*: a) Wasserfall *m*, b) Stromschnelle *f*, c) *fig.* Flut *f*; **2.** ⚕ grauer Star.

ca·tarrh [kə'tɑ:] *s.* ⚕ Ka'tarr(h) *m*; Schnupfen *m*; **ca'tarrh·al** [-ɑ:rəl] *adj.* katar'r(h)alisch: ***~ syringe*** Nasenspritze *f*.

ca·tas·tro·phe [kə'tæstrəfɪ] *s.* Kata'strophe *f* (*a. im Drama u. geol.*), Verhängnis *n*, Unheil *n*, Unglück *n*; **cat·a·stroph·ic**, **cat·a·stroph·i·cal** [,kætə'strɒfɪk(l)] *adj.* katastro'phal.

'cat|·bird *s. orn.* amer. Spottdrossel *f*; **'~·boat** *s.* ⚓ kleines Segelboot (*mit einem Mast*); **~ bur·glar** *s.* Fas'sadenkletterer *m*, Einsteigdieb *m*; **'~·call I** *s.* a) Buh(ruf *m*) *n*, b) Pfiff *m*; **II** *v/i.* buhen, pfeifen; **III** *v/t.* *j-n* ausbuhen, -pfeifen.

catch [kætʃ] **I** *s.* **1.** Fangen *n*, Fang *m*; *fig.* Fang *m*, Beute *f*, Vorteil *m*: ***a good ~*** a) ein guter Fang (*beim Fischen u. fig.*), b) e-e gute Partie (*Heirat*); ***no ~*** kein gutes Geschäft; **2.** *Kricket, Baseball*: a) Fang *m*, b) Fänger *m*; **3.** Halter *m*, Griff *m*, Klinke *f*, Haken *m*; **4.** Sperr-, Schließhaken *m*, Schnäpper *m*; Sicherung *f*; Verschluss *m*; **5.** Stocken *n*, Anhalten *n*; **6.** *fig.* a) Haken *m*, Schwierigkeit *f*, b) Falle *f*, Trick *m*, Kniff *m*: ***there is a ~ in it*** die Sache hat e-n Haken; ***~-22*** F gemeiner Trick; **II** *v/t.* [*irr.*] **7.** *Ball, Tier etc.* fangen; *Dieb etc. a.* fassen, ‚schnappen', *a. Blick* erhaschen; *Tropfendes* auffangen; *allg.* erwischen, ‚kriegen': ***~ a train*** e-n Zug erreichen *od.* kriegen; → ***glimpse*** 1, ***sight*** 3; **8.** ertappen, über'raschen (***s.o. at*** j-n bei): ***be caught in the act*** auf frischer Tat ertappt werden; ***~ me (doing that)!*** F ich denke (ja) nicht dran!, ‚denkste'!; ***I caught myself lying*** ich ertappte mich beim Lügen; ***caught in a storm*** vom Unwetter überrascht; **9.** ergreifen, packen, *Gewohnheit, Aussprache* annehmen; → ***hold***² 1; **10.** *fig.* fesseln, packen, gewinnen; einfangen; → ***eye*** 2, ***fancy*** 5; **11.** *fig.* ‚mitkriegen', verstehen: ***I didn't ~ what you said***; **12.** einholen: ***I soon caught him***; → ***catch up*** 2; **13.** sich holen *od.* zuziehen, angesteckt werden von (*Krankheit etc.*); → ***cold*** 8, ***fire*** 1; **14.** sich zuziehen, *Strafe, Tadel* bekommen: ***~ it*** F ‚sein Fett abbekommen'; **15.** streifen, mit *et.* hängen bleiben: ***a nail caught my dress*** mein Kleid blieb an e-m Nagel hängen; ***~ one's finger in the door*** sich den Finger in der Tür klemmen; **16.** a) schlagen: ***~ s.o. a blow*** j-m e-n Schlag versetzen, b) *mit e-m Schlag* treffen *od.* ‚erwischen': ***the blow caught him on the chin***; **III** *v/i.* [*irr.*] **17.** greifen: ***~ at*** greifen *od.* schnappen nach, (*fig. Gelegenheit* gern) ergreifen; → ***straw*** 1; **18.** ⚙ (ein)greifen (*Räder*), einschnappen (*Schloss etc.*); **19.** sich verfangen, hängen bleiben: ***the plane caught in the trees***;

C

20. klemmen; **21.** *mot.* anspringen; *Zssgn mit adv.*:
catch| on *v/i.* F **1.** ‚kapieren' (**to s.th.** et.); **2.** Anklang finden, einschlagen; **~ out** *v/t.* **1.** ertappen; **2.** *Kricket*: (durch Fangen des Balles) *den Schläger* ‚ausmachen'; **~ up I** *v/t.* **1.** *j-n* unter'brechen; **2.** *j-n* einholen; **3.** *et.* schnell ergreifen; *Kleid* aufraffen; **4. *be caught up in*** a) vertieft sein in (*acc.*), b) verwickelt sein in (*acc.*); **II** *v/i.* **5.** aufholen: **~ *with*** einholen (*a. fig.*); **~ *on*** *od.* ***with*** *et.* auf- *od.* nachholen.

'catch|-all *s. Am.* **1.** Tasche *f od.* Behälter *m* für alles Mögliche; **2.** *fig.* Sammelbezeichnung *f*, -begriff *m*; **'~-as-ˌcatch-'can** *s. sport* Catchen *n*; **~ *wrestler*** Catcher *m*.

catch·er ['kætʃə] *s.* Fänger *m*; **'catch·ing** [-tʃɪŋ] *adj.* **1.** ⚕ ansteckend (*a. fig.*); **2.** *fig.* anziehend, fesselnd; **3.** eingängig (*Melodie*); **4.** verfänglich; arglistig.

catch·ment ['kætʃmənt] *s.* **1.** Auffangen *n von Wasser etc.*; **2.** *geol.* Reser'voir *n*; **~ a·re·a** *s.* Einzugsgebiet *n* (*e-s Flusses; a. fig.*).

'catch|ˌpen·ny **I** *adj.* Schund...; auf Kundenfang berechnet, Lock..., Schleuder...: **~ *title*** reißerischer Titel; **II** *s.* Schundware *f*, 'Ramscharˌtikel *m*; **'~-phrase** *s.* Schlagwort *n*, (hohle) Phrase; **'~·pole**, **'~·poll** *s.* Gerichtsdiener *m*; **~ ques·tion** *s.* Fangfrage *f*; **'~·up** → ***ketchup***; **'~·weight** *s. sport* durch keinerlei Regeln beschränktes Gewicht e-s Wettkampfteilnehmers; **'~·word** *s.* **1.** *bsd. thea.* Stichwort *n*; **2.** Schlagwort *n*; **3.** *typ.* a) *hist.* 'Kustos *m*, b) Ko'lumnentitel *m*.

catch·y ['kætʃɪ] *adj.* F **1.** → ***catching*** 2, 3; **2.** unregelmäßig; **3.** schwierig.

cat·e·chism ['kætɪkɪzəm] *s.* **1.** ♀ *eccl.* Kate'chismus *m*; **2.** *fig.* Reihe *f od.* Folge *f* von Fragen; **'cat·e·chist** [-kɪst] *s.* Kate'chet *m*, Religi'onslehrer *m*; **'cat·e·chize** [-kaɪz] *v/t.* **1.** *eccl.* katechisieren; **2.** gründlich ausfragen, examinieren.

cat·e·chu ['kætɪtʃuː] *s.* ⚗ 'Katechu *n*.

cat·e·chu·men [ˌkætɪ'kjuːmen] *s.* **1.** *eccl.* Konfir'mand(in); **2.** *fig.* Neuling *m*.

cat·e·gor·i·cal [ˌkætɪ'gɒrɪkl] *adj.* □ kate'gorisch, bestimmt, unbedingt; **cat·e·go·ry** ['kætɪgərɪ] *s.* Katego'rie *f*, Klasse *f*, Gruppe *f*.

ca·ter ['keɪtə] **I** *v/i.* **1.** (***for***) Speisen u. Getränke liefern (für): **~*ing industry*** *od.* ***trade*** Gaststättengewerbe *n*; **2.** sorgen (***for*** für); **3.** *fig.* befriedigen (***for***, ***to*** *acc.*); etwas bieten (***to*** *dat.*); **II** *v/t.* **4.** mit Speisen u. Getränken beliefern; **'ca·ter·er** [-ərə] *s.* Liefe'rant *m* für Speisen u. Getränke; **ca·ter·ing serv·ice** *s.* 'Partyˌservice *m*.

cat·er·pil·lar ['kætəpɪlə] *s.* **1.** *zo.* Raupe *f*; **2.** ® (*Warenzeichen*) Raupenfahrzeug *n*.

cat·er·waul ['kætəwɔːl] **I** *v/i.* **1.** jaulen (*Katze etc.*); **2.** kreischen; keifen; **II** *s.* **3.** Jaulen *n*; **4.** Keifen *n*, Kreischen *n*.

'cat|-eyed *adj.* katzenäugig; *weitS.* im Dunkeln sehend; **'~·fish** *s. ichth.* Katzenfisch *m*, Wels *m*; **'~-foot** *v/i. a.* **~ *it*** F schleichen; **'~·gut** *s.* **1.** Darmsaite *f*; **2.** ⚕ 'Katgut *n*; **3.** *Art* Steifleinen *n*.

ca·thar·sis [kə'θɑːsɪs] *s.* **1.** *Ästhetik, a. psych.*: 'Katharsis *f*; **2.** ⚕ Abführung *f*.

ca·the·dral [kə'θiːdrəl] **I** *s.* Kathe'drale *f*, Dom *m*; **II** *adj.* Dom...: **~ *church*** → I; **~ *town*** → ***city*** 2.

> Weniger bekannt als die **Westminster Abbey** ist die **Westminster Cathedral** in der Nähe der **Victoria Station** in London. Diese auffällige, im byzantinischen Stil erbaute Kirche ist die katholische Hauptkirche Großbritanniens.

Cath·er·ine wheel ['kæθərɪnwiːl] *s.* **1.** ⚠ Katha'rinenrad *n* (*Radfenster*); **2.** *Feuerwerk*: Feuerrad *n*; **3.** *sport* ***turn ~s*** Rad schlagen.

cath·e·ter ['kæθɪtə] *s.* ⚕ Ka'theter *m*.

cath·ode ['kæθəʊd] *s.* ϟ Ka'thode *f*; **~ ray** *s.* Ka'thodenstrahl *m*; **'~-ray tube** *s.* Ka'thodenstrahlröhre *f*.

cath·o·lic ['kæθəlɪk] **I** *adj.* (□ **~*ally***) **1.** ('all)umˌfassend, univer'sal: **~ *interests*** vielseitige Interessen; **2.** großzügig, tole'rant; **3.** ♀ ka'tholisch; **II** *s.* **4.** ♀ Katho'lik(in); **Ca·thol·i·cism** [kə'θɒlɪsɪzəm] *s.* Katholi'zismus *m*; **cath·o·lic·i·ty** [ˌkæθəʊ'lɪsətɪ] *s.* **1.** Universali'tät *f*; **2.** Großzügigkeit *f*, Tole'ranz *f*; **3.** a) ka'tholischer Glaube, b) ♀ Katholizi'tät *f* (*Gesamtheit der katholischen Kirche*).

cat ice *s.* dünne Eisschicht.

cat·kin ['kætkɪn] *s.* ⚘ (Blüten)Kätzchen *n* (*an Weiden etc.*).

'cat|·lick *s.* F ‚Katzenwäsche' *f*; **'~·nap** *s.* ‚Nickerchen' *n*, kurzes Schläfchen.

cat-o'-nine-tails [ˌkætə'naɪnteɪlz] *s.* neunschwänzige Katze (*Peitsche*).

'cat's|-eye ['kæts-] *s.* **1.** *min.* Katzenauge *n*; **2.** a) Katzenauge *n*, Rückstrahler *m*, b) Leuchtnagel *m*; **'~-paw** *s. fig.* Handlanger *m*, *j-s* Werkzeug *n*.

cat suit *s.* einteiliger Hosenanzug, Overall *m*.

cat·sup ['kætsəp] → ***ketchup***.

cat·tish ['kætɪʃ] *adj.* katzenhaft; *fig.* boshaft, gehässig, gemein.

cat·tle ['kætl] *s. coll.* (*mst pl. konstr.*) **1.**

(Rind)Vieh *n*, Rinder *pl.*; **2.** *contp.* Viehzeug *n* (*Menschen*); **~ car** *s.* 🐄 *Am.* Viehwagen *m*; **'~-ˌfeed·er** *s.* ✓ 'Futtermaˌschine *f*; **'~-ˌlead·er** *s.* Nasenring *m*; **'~-ˌlift·er** *s.* Viehdieb *m*; **~ plague** *s. vet.* Rinderpest *f*; **~ ranch**, **~ range** *s.* Viehweide(land *n*) *f*.

cat·ty ['kætɪ] → ***cattish***.

'cat|·walk *s.* **1.** ⚙ Laufplanke *f*, Steg *m*; **2.** *Mode*: Laufsteg *m*; **~ whisk·er** *s.* ⚡ De'tektornadel *f*.

Cau·ca·sian [kɔː'keɪzjən] **I** *adj.* kau'kasisch; **II** *s.* Kau'kasier(in).

cau·cus ['kɔːkəs] *s. pol. bsd. Am.* **1.** Par'teiausschuss *m* zur Wahlvorbereitung; **2.** Par'teikonfeˌrenz *f*, -tag *m*; **3.** Par'teiclique *f*.

cau·dal ['kɔːdl] *adj. zo.* Schwanz...; **'cau·date** [-deɪt] *adj.* geschwänzt.

caught [kɔːt] *pret. u. p.p. von* ***catch***.

caul·dron ['kɔːldrən] *s.* (großer) Kessel.

cau·li·flow·er ['kɒlɪflaʊə] *s.* ⚘ Blumenkohl *m*; **~ ear** *s. Boxen*: ‚Blumenkohlohr' *n*.

caulk [kɔːk] *v/t.* ⚓ kal'fatern, *a. allg.* abdichten; **'caulk·er** [-kə] *s.* ⚓, ⚙ Kal'faterer *m*.

caus·al ['kɔːzl] *adj.* □ ursächlich, kau'sal: **~ *connection*** → ***causality*** 2; **cau·sal·i·ty** [kɔː'zælətɪ] *s.* **1.** Ursächlichkeit *f*, Kausali'tät *f*: ***law of ~*** Kausalgesetz *n*; **2.** Kau'salzuˌsammenhang *m*; **cau·sa·tion** [kɔː'zeɪʃn] *s.* **1.** Verursachung *f*; **2.** Ursächlichkeit *f*; **3.** Kau'salprinˌzip *n*; **'caus·a·tive** [-zətɪv] *adj.* □ **1.** kau'sal, begründend, verursachend; **2.** *ling.* 'kausativ.

cause [kɔːz] **I** *s.* **1.** Ursache *f*: ***~ of death*** Todesursache; **2.** Grund *m*; Veranlassung *f*, Anlass *m*: ***~ for complaint*** Grund *od.* Anlass zur Klage; ***~ to be thankful*** Grund zur Dankbarkeit; ***without ~*** ohne (triftigen) Grund, grundlos (*entlassen etc.*); **3.** (gute) Sache: ***fight for one's ~*** für s-e Sache kämpfen; ***make common ~ with*** gemeinsame Sache machen mit; **4.** ⚖ a) (Streit)Sache *f*, Rechtsstreit *m*, Pro'zess *m*, b) Gegenstand *m*; Rechtsgründe *pl.*: ***~-list*** Terminliste *f*; ***show ~*** s-e Gründe darlegen *od.* dartun (***why*** warum); ***upon good ~ shown*** bei Vorliegen von triftigen Gründen; ***~ of action*** Klagegrund *m*; **5.** Sache *f*, Angelegenheit *f*, Gegenstand *m*, 'Thema *n*, Frage *f*, Problem *n*: ***lost ~*** verlorene *od.* aussichtslose Sache; ***in the ~ of*** um ... (*gen.*) willen, für; **II** *v/t.* **6.** veranlassen, (*j-n et.*) lassen: ***I ~ed him to sit down*** ich ließ ihn sich setzen; ***he ~ed the man to be arrested*** er ließ den Mann verhaften, er veranlasste, dass der Mann verhaftet wurde; **7.** verursachen, bewirken, her'vorrufen, her'beiführen: ***~ a fire*** e-n Brand verursachen; **8.** bereiten, zufügen: ***~ s.o. a loss*** j-m e-n Verlust zufügen; ***~ s.o. trouble*** j-m Schwierigkeiten bereiten.

cause cé·lè·bre [ˌkəʊz se'lebrə] (*Fr.*) *s.* Cause *f* célèbre.

cause·less ['kɔːzlɪs] *adj.* □ grundlos.

cau·se·rie ['kəʊzərɪ] (*Fr.*) *s.* Plaude'rei *f*.

cause·way ['kɔːzweɪ], *Brit. a.* **'cau·sey** [-zeɪ] *s.* erhöhter Fußweg, Damm *m* (*durch e-n See od. Sumpf*).

caus·tic ['kɔːstɪk] **I** *adj.* (□ ***~ally***) **1.** ⚗ kaustisch, ätzend, beizend, brennend: ***~ potash*** Ätzkali *n*; ***~ soda*** Ätznatron *n*; ***~-soda solution*** Ätzlauge *f*; **2.** *fig.* ätzend, beißend, sar'kastisch (*Worte etc.*); **II** *s.* **3.** ⚗ Beiz-, Ätzmittel *n*: ***lunar ~*** ⚕ Höllenstein *m*; **caus·tic·i·ty** [kɔː'stɪsətɪ] *s.* **1.** Ätz-, Beizkraft *f*; **2.** *fig.* Sar'kasmus *m*, Schärfe *f*.

cau·ter·i·za·tion [ˌkɔːtəraɪ'zeɪʃn] *s.* ⚕, ⚙ (Aus)Brennen *n*; Ätzen *n*; **cau·ter·ize** ['kɔːtəraɪz] *v/t.* **1.** ⚕, ⚙ (aus)brennen, ätzen; **2.** *fig. Gefühl etc.* abstumpfen; **cau·ter·y** ['kɔːtərɪ] *s.* Brenneisen *n*; Ätzmittel *n*.

cau·tion ['kɔːʃn] **I** *s.* **1.** Vorsicht *f*, Behutsamkeit *f*: ***proceed with ~*** Vorsicht walten lassen; **2.** Warnung *f*, *a. sport* Verwarnung; **3.** ⚖ Eides- *od.* Rechtsmittelbelehrung *f*; **4.** ⚔ 'Ankündigungskomˌmando *n*; **5.** F a) *et.* Origi'nelles, ‚tolles Ding', b) ulkige ‚Nummer' (*Person*), c) unheimlicher Kerl; **II** *v/t.* **6.** warnen (***against*** vor *dat.*); **7.** verwarnen; **8.** ⚖ belehren (***as to*** über *acc.*); **'cau·tion·ary** [-ʃnərɪ] *adj.* warnend, Warnungs...: ***~ tale*** Geschichte *f* mit e-r Moral.

cau·tious ['kɔːʃəs] *adj.* □ vorsichtig, behutsam, auf der Hut; **'cau·tious·ness** [-nɪs] → ***caution*** 1.

cav·al·cade [ˌkævl'keɪd] *s.* Kaval'kade *f*, Reiterzug *m*, *a.* Zug *m* von Autos *etc.*

cav·a·lier [ˌkævə'lɪə] **I** *s.* **1.** *hist.* Ritter *m*; **2.** Kava'lier *m*; **3.** ♀ *hist.* Roya'list *m* (*Anhänger Karls I. von England*); **II** *adj.* □ **4.** anmaßend, rücksichtslos; **5.** unbekümmert, ‚eiskalt', keck.

cav·al·ry ['kævlrɪ] *s.* ⚔ Kavalle'rie *f*, Reite'rei *f*; **'~·man** [-mən] *s.* [*irr.*] Kavalle'rist *m*.

cave¹ [keɪv] **I** *s.* **1.** Höhle *f*; **2.** *pol. Brit.* a) Abspaltung *f e-s Teils e-r Partei*, b) Sezessi'onsgruppe *f*; **II** *v/t.* **3.** *mst **~ in*** eindrücken, zum Einsturz bringen; **III** *v/i.* **4.** *mst **~ in*** einstürzen, -sinken; **5.** *mst **~ in*** F a) nachgeben, klein beigeben (***to*** *dat.*), b) zs.-brechen, ‚zs.-klappen'; **6.** *pol. Brit.* sich *von der Partei* absondern.

ca·ve² ['keɪvɪ] (*Lat.*) *ped. sl.* **I** *int.* Vorsicht!, Achtung!; **II** *s.*: ***keep ~*** ‚Schmiere stehen', aufpassen.

ca·ve·at ['kævɪæt] *s.* **1.** ⚖ Einspruch *m*,

C

Verwahrung *f*: ***enter a ~*** Verwahrung einlegen; ***~ emptor*** Mängelausschluss *m*; **2.** Warnung *f*.

cave| bear [keɪv] *s. zo.* Höhlenbär *m*; **~ dwell·er** → ***caveman*** 1; **'~·man** [-mæn] *s. [irr.]* **1.** Höhlenbewohner *m*, -mensch *m*; **2.** F a) Na'turbursche *m*, ‚Bär' *m*, b) ‚Tier' *n*.

cav·ern ['kævən] *s.* **1.** Höhle *f*; **2.** ⚕ Ka'verne *f*; **'cav·ern·ous** [-nəs] *adj.* **1.** voller Höhlen; **2.** po'rös; **3.** tief liegend, hohl (*Augen*); eingefallen (*Wangen*); tief (*Dunkelheit*); **4.** ⚕ kaver'nös.

cav·i·ar(e) ['kævɪɑː] *s.* 'Kaviar *m*: ***~ to the general*** Kaviar fürs Volk.

cav·il ['kævɪl] **I** *v/i.* nörgeln, kritteln (***at*** an *dat.*); **II** *s.* Nörge'lei *f*; **'cav·il·(l)er** [-lə] *s.* Nörgler(in).

cav·i·ty ['kævətɪ] *s.* **1.** (Aus)Höhlung *f*, Hohlraum *m*; **2.** *anat.* Höhle *f*, Raum *m*, Grube *f*: ***abdominal ~*** Bauchhöhle; ***mouth ~*** Mundhöhle; **3.** ⚕ Loch *n* (*im Zahn*).

ca·vort [kə'vɔːt] *v/i.* F he'rumtollen, -tanzen.

ca·vy ['keɪvɪ] *s. zo.* Meerschweinchen *n*.

caw [kɔː] **I** *s.* Krächzen *n* (*Rabe, Krähe etc.*); **II** *v/i.* krächzen.

cay·enne [keɪ'en], *a.* **~ pep·per** ['keɪən] *s.* Cay'ennepfeffer *m*.

cay·man ['keɪmən] *pl.* **-mans** *s. zo.* 'Kaiman *m*.

CD [ˌsiː'diː] *s.* CD *f*; **~ burn·er** *s.* CD-Brenner *m* (*Gerät*); **~ play·er** *s.* C'D-ˌPlayer *m*, CD-Spieler *m*; **ˌ~-'ROM** *s. Computer*: ˌCD-'ROM *f*; **ˌ~-'ROM drive** *s.* ˌCD-'ROM-Laufwerk *n*; **~ writer** → ***CD burner***.

cease [siːs] **I** *v/i.* **1.** aufhören, enden: ***the noise ~d***; **2.** (***from***) ablassen (von), aufhören (mit): ***~ and desist order*** ⚖ *Am.* Unterlassungsanordnung *f*; **II** *v/t.* **3.** aufhören (***doing*** *od.* ***to do*** mit *et. od. et.* zu tun); **4.** einstellen: ***~ fire*** ⚔ das Feuer einstellen; ***~ payment*** ✝ die Zahlungen einstellen; **ˌcease'fire** *s.* ⚔ **1.** (Befehl *m* zur) Feuereinstellung *f*; **2.** Waffenruhe *f*; **'cease·less** [-lɪs] *adj.* □ unaufhörlich.

ce·dar ['siːdə] *s.* **1.** ⚘ Zeder *f*; **2.** Zedernholz *n*.

cede [siːd] **I** *v/t.* (***to***) abtreten (*dat. od.* an *acc.*), über'lassen (*dat.*); **II** *v/i.* nachgeben, weichen.

ce·dil·la [sɪ'dɪlə] *s.* Ce'dille *f*.

cee [siː] *s.* C *n*, c *n* (*Buchstabe*).

ceilidh ['keɪlɪ] *s. Scot., Ir. gemütlicher Abend mit Musik, Tanz u. Gedichtvorträgen etc.*

ceil·ing ['siːlɪŋ] *s.* **1.** Decke *f e-s Raumes*; **2.** ⚓ Innenbeplankung *f*; **3.** Höchstmaß *n*, -grenze *f*, ✝ *a.* Pla'fond *m e-s Kredits*: ***~ price*** ✝ Höchstpreis *m*; **4.** ✈ a) Gipfelhöhe *f*, b) Wolkenhöhe *f*.

cel·e·brant ['selɪbrənt] *s. eccl.* Zelebrant *m*; **cel·e·brate** ['selɪbreɪt] **I** *v/t.* **1.** *Fest etc.* feiern, begehen; **2.** *j-n* feiern (*preisen*); **3.** *R. C. Messe* zelebrieren, lesen; **II** *v/i.* **4.** feiern; *R. C.* zelebrieren; **'cel·e·brat·ed** [-breɪtɪd] *adj.* gefeiert, berühmt (***for*** für, wegen); **cel·e·bra·tion** [ˌselɪ'breɪʃn] *s.* **1.** Feier *f*, Feiern *n*: ***in ~ of*** zur Feier (*gen.*); **2.** *R. C.* Zelebrieren *n*, Lesen *n* (*Messe*); **ce·leb·ri·ty** [sɪ'lebrətɪ] *s.* **1.** Berühmtheit *f*, Ruhm *m*; **2.** Berühmtheit *f* (*Person*).

ce·ler·i·ac [sɪ'lerɪæk] *s.* ⚘ Knollensellerie *m, f*.

ce·ler·i·ty [sɪ'lerɪtɪ] *s.* Geschwindigkeit *f*.

cel·er·y ['selərɪ] *s.* ⚘ (Stauden)Sellerie *m, f*.

ce·les·tial [sɪ'lestjəl] **I** *adj.* □ **1.** himmlisch, Himmels…, göttlich; selig; **2.** *ast.* Himmels…: ***~ body*** Himmelskörper *m*; ***~ map*** Himmelskarte *f*; **3.** ♀ chi'nesisch: ***♀ Empire*** China (*alter Name*); **II** *s.* **4.** Himmelsbewohner(in), Selige(r *m*) *f*; **5.** ♀ F Chi'nese *m*, Chi'nesin *f*; **♀ Cit·y** *s. das* himmlische Je'rusalem.

cel·i·ba·cy ['selɪbəsɪ] *s.* Zöli'bat *n, m*, Ehelosigkeit *f*; **'cel·i·bate** [-bət] **I** *s.* Unverheiratete(r *m*) *f*, Zöliba'tär *m*; **II** *adj.* unverheiratet, zöliba'tär.

cell [sel] *s.* **1.** (*Kloster-, Gefängnis- etc.*) Zelle *f*: ***condemned ~*** Todeszelle; **2.** *allg., a. biol., phys., pol.* Zelle *f*, *a.* Kammer *f*, Fach *n*: ***~ division*** Zellteilung *f*; **3.** ⚡ Zelle *f*, Ele'ment *n*.

cel·lar ['selə] *s.* **1.** Keller *m*; **2.** Weinkeller *m*: ***he keeps a good ~*** er hat e-n guten Keller; **'cel·lar·age** [-ərɪdʒ] *s.* **1.** Keller(räume *pl.*) *m*; **2.** Einkellerung *f*; **3.** Kellermiete *f*; **'cel·lar·er** [-ərə] *s.* Kellermeister *m*.

-celled [seld] *adj. in Zssgn* …zellig.

cel·list ['tʃelɪst] *s.* ♪ Cel'list(in); **cel·lo** ['tʃeləʊ] *pl.* **-los** *s.* (Violon)'Cello *n*.

cel·lo·phane ['seləʊfeɪn] *s.* ⚙ Zello'phan *n*, Zellglas *n*.

cell·phone ['selfəʊn] *s. bsd. Am.* Mo'biltele,fon *n*, Handy *n*.

cel·lu·lar ['seljʊlə] *adj.* **1.** zellig, Zell(en)…: ***~ phone*** *bsd. Am.* Mo'biltele,fon *n*, Handy *n*; ***~ tissue*** Zellgewebe *n*; ***~ therapy*** ⚕ Zelltherapie *f*; **2.** netzartig: ***~ shirt*** Netzhemd *n*; **'cel·lule** [-juːl] *s.* kleine Zelle.

cel·lu·loid ['seljʊlɔɪd] *s.* ⚙ Zellu'loid *n*.

cel·lu·lose ['seljʊləʊs] *s.* Zellu'lose *f*, Zellstoff *m*.

Cel·si·us ['selsjəs], **~ ther·mom·e·ter** *s. phys.* 'Celsiusthermo,meter *n*.

Celt [kelt] *s.* Kelte *m*, Keltin *f*; **'Celt·ic** [-tɪk] **I** *adj.* keltisch; **II** *s. ling. das* Keltische; **'Celt·i·cism** [-tɪsɪzəm] *s.* Kelti'zismus *m* (*Brauch od. Spracheigentümlichkeit*).

ce·ment [sɪ'ment] **I** *s.* **1.** Ze'ment *m*,

(Kalk)Mörtel *m*; **2.** Klebstoff *m*, Kitt *m*; Bindemittel *n*; **3.** a) *biol.* 'Zahnzeˌment *m*, b) ⚕ Ze'ment *m* zur Zahnfüllung; **4.** *fig.* Band *n*, Bande *pl.*; **II** *v/t.* **5.** a) zementieren, b) kitten; **6.** *fig.* festigen, ‚zementieren'; **ce·men·ta·tion** [ˌsiːmen'teɪʃn] *s.* **1.** Zementierung *f* (*a. fig.*); **2.** Kitten *n*; **3.** *metall.* Einsatzhärtung *f*; **4.** *fig.* Bindung *f*.

cem·e·ter·y ['semɪtrɪ] *s.* Friedhof *m*.

cen·o·taph ['senəʊtɑːf] *s.* (leeres) Ehren(grab)mal: ***the*** *≗ das brit. Ehrenmal in London für die Gefallenen beider Weltkriege.*

cense [sens] *v/t.* (mit Weihrauch) beräuchern; '**cen·ser** [-sə] *s.* (Weih-) Rauchfass *n*.

cen·sor ['sensə] **I** *s.* **1.** ('Kunst-, 'Schrifttums)ˌZensor *m*; **2.** 'Briefˌzensor *m*; **3.** *antiq.* 'Zensor *m*, Sittenrichter *m*; **II** *v/t.* **4.** zensieren; **cen·so·ri·ous** [sen'sɔːrɪəs] *adj.* □ **1.** 'kritisch, streng; **2.** tadelsüchtig, krittelig; '**cen·sor·ship** [-ʃɪp] *s.* **1.** Zen'sur *f*; **2.** 'Zensoramt *n*; **cen·sur·a·ble** ['senʃərəbl] *adj.* tadelnswert, sträflich; **cen·sure** ['senʃə] **I** *s.* Tadel *m*, Verweis *m*; Kri'tik *f*, 'Missbilligung *f*: ***motion of ~*** *parl.* Misstrauensantrag *m*; → ***vote*** 1; **II** *v/t.* tadeln, miss'billigen, kritisieren.

cen·sus ['sensəs] *s.* 'Zensus *m*, (*bsd.* Volks)Zählung *f*, Erhebung *f*: ***livestock ~*** Viehzählung *f*; ***~-taker*** Volkszähler *m*; ***take a ~*** e-e (Volks- *etc.*) Zählung vornehmen.

cent [sent] *s.* **1.** Hundert *n* (*nur noch in*): ***per ~*** Prozent, vom Hundert; **2.** Cent *m*: a) 1/100 *Dollar*: ***not worth a ~*** keinen (roten) Heller wert, b) 1/100 *Euro*.

cen·taur ['sentɔː] *s.* **1.** *myth.* Zen'taur *m*; **2.** *fig.* Zwitterwesen *n*; **Cen·tau·rus** [sen'tɔːrəs] *s. ast.* Zen'taur *m*.

cen·te·nar·i·an [ˌsentɪ'neərɪən] **I** *adj.* hundertjährig; **II** *s.* Hundertjährige(r *m*) *f*; **cen·te·nar·y** [sen'tiːnərɪ] **I** *adj.* **1.** hundertjährig; **2.** hundert betragend; **II** *s.* **3.** Jahr'hundert *n*; **4.** Hundert'jahrfeier *f*.

cen·ten·ni·al [sen'tenjəl] **I** *adj.* hundertjährig; **II** *s. bsd. Am.* Hundert'jahrfeier *f*.

cen·ter *etc. Am.* → ***centre*** *etc.*

cen·tes·i·mal [sen'tesɪml] *adj.* □ zentesi'mal, hundertteilig.

cen·ti·grade ['sentɪgreɪd] *adj.* hundertteilig, -gradig: ***~ thermometer*** Celsiusthermometer *n*; ***degree(s) ~*** Grad Celsius; '**cen·ti·gram(me)** [-græm] *s.* Zenti'gramm *n*; '**cen·tiˌme·tre**, *Am.* '**cen·tiˌme·ter** [-ˌmiːtə] *s.* Zenti'meter *m, n*; '**cen·ti·pede** [-piːd] *s. zo.* Hundertfüßer *m*.

cen·tral ['sentrəl] **I** *adj.* □ **1.** zen'tral (gelegen); **2.** Haupt..., Zentral...: ***~ office*** Hauptbüro *n*, Zentrale *f*; ***~ idea*** Hauptgedanke *m*; **II** *s.* **3.** *Am.* a) (Tele'fon)Zenˌtrale *f*, b) Telefo'nist(in) (*in e-r Zentrale*); **≗ A·mer·i·can** *adj.* 'mittelameriˌkanisch; **~ cit·y** *s. Am.* Stadtkern *m*, Innenstadt *f*; **≗ Eu·ro·pe·an time** *s.* 'mitteleuroˌpäische Zeit (*abbr. MEZ*); **~ heat·ing** *s.* Zen'tralheizung *f*.

cen·tral·ism ['sentrəlɪzəm] *s.* Zentra'lismus *m*, (Sy'stem *n* der) Zentralisierung *f*; '**cen·tral·ist** [-ɪst] *s.* Verfechter *m* der Zentralisierung; **cen·tral·i·za·tion** [ˌsentrəlaɪ'zeɪʃn] *s.* Zentralisierung *f*; '**cen·tral·ize** [-laɪz] *v/t.* (*v/i.* sich) zentralisieren.

cen·tral| lock·ing *s. mot.* Zen'tralverriegelung *f*; **~ nerv·ous sys·tem** *s. anat.* Zen'tralˌnervensyˌstem *n*; **~ point** *s.* ⛬ Mittelpunkt *m*; ⚡ Nullpunkt *m*; **≗ Pow·ers** *s. pl. pol. hist.* Mittelmächte *pl.*; **~ pro·cess·ing u·nit** *s. Computer*: Zen'traleinheit *f*; **~ re·serve** *s. mot. Brit.* Mittelstreifen *m*; **~ sta·tion** *s.* **1.** ⚓ ('Bord)Zenˌtrale *f*, Kom'mandostand *m*; **2.** Haupt-, Zen'tralbahnhof *m*; **3.** ⚡ Zen'trale *f*.

cen·tre ['sentə] **I** *s.* **1.** 'Zentrum *n*, Mittelpunkt *m* (*a. fig.*): ***~ of attraction*** *fig.* Hauptanziehungspunkt *m*; ***~ of gravity*** *phys.* Schwerpunkt *m*; ***~ of motion*** *phys.* Drehpunkt *m*; ***~ of trade*** Handelszentrum; **2.** Hauptstelle *f*, -gebiet *n*, Sitz *m*, Herd *m*: ***amusement ~*** Vergnügungszentrum *n*; ***~ of interest*** Hauptinteresse *n*; → ***shopping***, ***training centre***; **3.** *pol.* Mitte *f*, 'Mittelparˌtei *f*; **4.** ⚙ Spitze *f*: ***~ lathe*** Spitzendrehbank *f*; **5.** *sport* Flanke *f*; **6.** (Pra'linen- *etc.*)Füllung *f*; **II** *v/t.* **7.** in den Mittelpunkt stellen (*a. fig.*); konzentrieren, vereinigen (***on***, ***in*** auf *acc.*); ⚙ einmitten, zentrieren; ankörnen: ***~ the bubble*** die Libelle einspielen lassen; **III** *v/i.* **8.** im Mittelpunkt stehen (*a. fig.*); *fig.* sich drehen (***round*** um); **9.** (***in***, ***on***) sich konzentrieren, sich gründen (auf *acc.*); **10.** *Fußball*: flanken; **~ bit** *s.* ⚙ 'Zentrumsbohrer *m*; '**~·board** *s.* ⚓ (Kiel)Schwert *n*; **~ cir·cle** *s. Fußball*: Anstoßkreis *m*; **~ court** *s. Tennis*: 'Centre-Court *m*; **~ for·ward** *s. Fußball*: Mittelstürmer *m*; **~ half** *s. Fußball*: 'Vorˌstopper *m*; **~ par·ty** *s. pol.* 'Mittelparˌtei *f*, 'Zentrum *n*; '**~·piece** *s.* **1.** Mittelstück *n*; **2.** (mittlerer) Tafelaufsatz; **3.** *fig.* Hauptstück *n*; **~ punch** *s.* ⚙ (An)Körner *m*; **~ sec·ond** *s.* Zent'ralseˌkundenzeiger *m*.

cen·tric, **cen·tri·cal** ['sentrɪk(l)] *adj.* □ zen'tral, zentrisch.

cen·trif·u·gal [sen'trɪfjʊgl] *adj. phys.* zentrifu'gal; Schleuder..., Schwung...: ***~ force*** Zentrifugal-, Fliehkraft *f*; ***~ governor*** Fliehkraftregler *m*; **cen·tri·fuge** ['sentrɪfjuːdʒ] **I** *s.* Zentri'fuge *f*, Trennschleuder *f*; **II** *v/t.* zentrifugieren, schleudern.

C

cen·trip·e·tal [sen'trɪpɪtl] *adj.* zentripe'tal: **~ force** Zentripetalkraft *f.*

cen·tu·ple ['sentjʊpl], **cen·tu·pli·cate** [sen'tjuːplɪkət] **I** *adj.* hundertfach; **II** *v/t.* verhundertfachen; **III** *s.* (*das*) Hundertfache.

cen·tu·ri·on [sen'tjʊərɪən] *s. antiq.* (*Rom*) ⚔ Zen'turio *m.*

cen·tu·ry ['sentʃʊrɪ] *s.* **1.** Jahr'hundert *n*: **centuries-old** jahrhundertealt; **2.** Satz *m od.* Gruppe *f* von hundert; *bsd. Kricket*: 100 Läufe *pl.*; **3.** *Am. sl.* hundert Dollar *pl.*; **4.** *antiq.* (*Rom*) Zen'turie *f*, Hundertschaft *f.*

ce·phal·ic [ke'fælɪk] *adj. anat.*, *zo.* Schädel..., Kopf...; **ceph·a·lo·pod** ['sefələʊpɒd] *s. zo.* Kopffüßer *m*; **ceph·a·lous** ['sefələs] *adj. zo.* mit e-m ... Kopf, ...köpfig.

ce·ram·ic [sɪ'ræmɪk] **I** *adj.* **1.** ke'ramisch; **II** *s.* **2.** Ke'ramik *f* (*einzelnes Produkt*); **3.** *pl. mst sg. konstr.* Ke'ramik *f* (*Technik*); **4.** *pl.* Ke'ramik *f*, ke'ramische Erzeugnisse; **cer·a·mist** ['serəmɪst] *s.* Ke'ramiker *m.*

Cer·ber·us ['sɜːbərəs] *s. fig.* 'Zerberus *m* (*a. ast.*), grimmiger Wächter: **sop to ~** Beschwichtigungsmittel *n.*

ce·re·al ['sɪərɪəl] **I** *adj.* **1.** Getreide...; **II** *s.* **2.** *mst pl.* Zere'alien *pl.*, Getreidepflanzen *pl.*, -früchte *pl.*; **3.** Frühstückskost *f aus Weizen, Hafer etc.*

cer·e·bel·lum [ˌserɪ'beləm] *s. anat.* Kleinhirn *n*; **cer·e·bral** ['serɪbrəl] *adj.* **1.** *anat.* Gehirn...: **~ death** ⚕ Hirntod *m*; **2.** *ling.* alveo'lar; **ˌcer·e'bra·tion** [-'breɪʃn] *s.* Gehirntätigkeit *f*; Denken *n*, 'Denkproˌzess *m*; **cer·e·brum** ['serɪbrəm] *s. anat.* Großhirn *n*, Ze'rebrum *n.*

cere·cloth ['sɪəklɒθ] *s.* Wachsleinwand *f*, *bsd. als* Leichentuch *n.*

cere·ment ['sɪəmənt] *s. mst pl.* Leichentuch *n*, Totenhemd *n.*

cer·e·mo·ni·al [ˌserɪ'məʊnjəl] **I** *adj.* ☐ **1.** feierlich, förmlich; **2.** ritu'ell; **II** *s.* **3.** Zeremoni'ell *n*; **ˌcer·e'mo·ni·ous** [-jəs] *adj.* ☐ **1.** → **ceremonial** 1 *u.* 2; **2.** 'umständlich, steif; **cer·e·mo·ny** ['serɪmənɪ] *s.* **1.** Zeremo'nie *f*, Feierlichkeit *f*, feierlicher Brauch; Feier *f*; → **master** 12; **2.** Förmlichkeit(en *pl.*) *f*: **without ~** ohne Umstände; **stand on ~** a) sehr förmlich sein, b) Umstände machen; **3.** Höflichkeit *f.*

ce·rise [sə'riːz] *adj.* kirschrot, ce'rise.

cert [sɜːt] *s. a.* **dead ~** *Brit. sl.* ‚todsichere Sache'.

cer·tain ['sɜːtn] *adj.* ☐ **1.** (*von Sachen*) sicher, gewiss, bestimmt: **it is ~ to happen** es wird gewiss geschehen; **I know for ~** ich weiß ganz bestimmt; **2.** (*von Personen*) über'zeugt, sicher, gewiss: **to make ~ of s.th.** sich e-r Sache vergewissern; **3.** bestimmt, zuverlässig, sicher: **a ~ cure** e-e sichere Kur; **a ~ day** ein (ganz) bestimmter Tag; **4.** gewiss: **a ~ Mr. Brown** ein gewisser Herr Brown; **for ~ reasons** aus bestimmten Gründen; **'cer·tain·ly** [-lɪ] *adv.* **1.** sicher, zweifellos, bestimmt; **2.** sicherlich, (aber) sicher *od.* na'türlich; **'cer·tain·ty** [-tɪ] *s.* **1.** Sicherheit *f*, Bestimmtheit *f*, Gewissheit *f*: **know for a ~** mit Sicherheit wissen; **2.** Über'zeugung *f.*

cer·ti·fi·a·ble [ˌsɜːtɪ'faɪəbl] *adj.* ☐ **1.** feststellbar; **2.** ⚕ *Brit.* a) meldepflichtig (*Krankheit*), b) geisteskrank, c) F verrückt.

cer·tif·i·cate I *s.* [sə'tɪfɪkət] Bescheinigung *f*, At'test *n*, Zeugnis *n*, Schein *m*, Urkunde *f*: **death ~** Sterbeurkunde; **school ~** Schul(abgangs)zeugnis; **~ of baptism** Taufschein; **~ of identification** ✝ Nämlichkeitsbescheinigung *f*; **~ of origin** ✝ Ursprungszeugnis; **share** (*Am.* **stock**) **~** Aktienzertifikat *n*; → **health** 1, **master** 7, **medical** 1; **II** *v/t.* [-keɪt] *j-m* e-e Bescheinigung *od.* ein Zeugnis geben; *et.* attestieren, bescheinigen: **~d** amtlich anerkannt *od.* zugelassen; **~d bankrupt** rehabilitierter Konkursschuldner; **~d engineer** Diplomingenieur *m*; **cer·ti·fica·tion** [ˌsɜːtɪfɪ'keɪʃn] *s.* **1.** Bescheinigung *f*; Bestätigung *f* (*Am.* ✝ *a. e-s Schecks*); **2.** (amtliche) Beglaubigung *od.* beglaubigte Erklärung.

cer·ti·fied ['sɜːtɪfaɪd] *adj.* **1.** bescheinigt, beglaubigt, garantiert: **~ copy** beglaubigte Abschrift; **2.** staatlich zugelassen *od.* anerkannt, *Am.* Diplom...; **3.** ⚕ *Brit.* für geisteskrank erklärt; **~ accountant** *s.* ✝ *Brit.* konzessionierter Buch- *od.* Steuerprüfer; **~ cheque**, *Am.* **check** *s.* (*als gedeckt*) bestätigter Scheck; **~ mail** *s. Am.* eingeschriebene Sendung(en *pl.*) *f*; **~ milk** *s.* amtlich geprüfte Milch; **~ pub·lic ac·count·ant** *s.* ✝ *Am.* amtlich zugelassener 'Bücherreˌvisor *od.* Wirtschaftsprüfer.

cer·ti·fy ['sɜːtɪfaɪ] **I** *v/t.* **1.** bescheinigen: **this is to ~** hiermit wird bescheinigt; **2.** beglaubigen; **3.** *Scheck* (als gedeckt) bestätigen (*Bank*); **4. ~ s.o.** (**insane**) ⚖ *Brit.* j-n für geisteskrank erklären; **5.** ⚖ *Sache* verweisen (**to** an *ein anderes Gericht*); **II** *v/i.* **6.** (**to**) bezeugen (*acc.*).

cer·ti·tude ['sɜːtɪtjuːd] *s.* Sicherheit *f*, Gewissheit *f.*

ce·ru·men [sɪ'ruːmen] *s.* Ohrenschmalz *n.*

ce·ruse ['sɪəruːs] *s.* **1.** ⚗ Bleiweiß *n*; **2.** weiße Schminke.

cer·vi·cal [sɜː'vaɪkl] *anat.* **I** *adj.* Hals..., Nacken...; **II** *s.* Halswirbel *m.*

Ce·sar·e·vitch [sɪ'zɑːrəvɪtʃ] *s. hist.* Za'rewitsch *m.*

ces·sa·tion [se'seɪʃn] *s.* Aufhören *n*, Ende *n*; Stillstand *m*, Einstellung *f.*

ces·sion ['seʃn] *s.* Abtretung *f*, Zessi'on *f*.

cess·pit ['sespɪt], '**cess·pool** [-puːl] *s.* **1.** Jauche-, Senkgrube *f*; **2.** *fig.* (Sünden)Pfuhl *m*.

ce·ta·cean [sɪ'teɪʃjən] *zo.* **I** *s.* Wal(-fisch) *m*; **II** *adj.* Wal(fisch)...

ce·tane ['siːteɪn] *s.* ⚗ Ce'tan *n*: **~ number** Cetanzahl *f*.

chafe [tʃeɪf] **I** *v/t.* **1.** warm reiben, frottieren; **2.** ('durch)reiben, wund reiben, scheuern; **3.** *fig.* ärgern, reizen; **II** *v/i.* **4.** sich ('durch)reiben, sich wund reiben, scheuern (***against*** an *dat.*); **5.** ⚙ verschleißen; **6.** a) sich ärgern, b) toben, wüten.

chaf·er ['tʃeɪfə] *s. zo.* Käfer *m*.

chaff [tʃɑːf] **I** *s.* **1.** Spreu *f*: ***separate the ~ from the wheat*** die Spreu vom Weizen trennen; ***as ~ before the wind*** wie Spreu im Winde; **2.** Häcksel *m*, *n*; **3.** ⚔ 'Stör‚folie *f* (*Radar*); **4.** *fig.* wertloses Zeug; **5.** Necke'rei *f*; **II** *v/t.* **6.** zu Häcksel schneiden; **7.** *fig.* necken, aufziehen; '**~-cut·ter** *s.* ✓ Häckselbank *f*.

chaf·fer ['tʃæfə] **I** *s.* Feilschen *n*; **II** *v/i.* feilschen, schachern.

chaf·finch ['tʃæfɪntʃ] *s.* Buchfink *m*.

chaf·ing dish ['tʃeɪfɪŋ] *s.* Re'chaud *m*, *n*.

cha·grin ['ʃægrɪn] **I** *s.* **1.** Ärger *m*, Verdruss *m*; **2.** Kränkung *f*; **II** *v/t.* **3.** ärgern, verdrießen: ***~ed*** ärgerlich, gekränkt.

chain [tʃeɪn] **I** *s.* **1.** Kette *f* (*a.* ⚗, ⚡, ⚙, *phys.*): **~ *of office*** Amtskette; **2.** *fig.* Kette *f*, Fessel *f*: ***in ~s*** in Ketten, gefangen; **3.** *fig.* Kette *f*, Reihe *f*: **~ *of events***; **4.** *a.* **~ *of mountains*** Gebirgskette *f*; **5.** ✝ (Laden- *etc.*)Kette *f*; **6.** ⚙ Messkette *f* (*66 engl. Fuß*); **II** *v/t.* **7.** (an)ketten, mit e-r Kette befestigen: **~ (*up*) *a dog*** e-n Hund an die Kette legen; **~ *a prisoner*** e-n Gefangenen in Ketten legen; **~ *a door*** e-e Tür durch e-e Kette sichern; **8.** *fig.* (***to***) verketten (mit), ketten *od.* fesseln (an *acc.*); **9.** *Land* mit der Messkette messen; **~ armo(u)r** *s.* Kettenpanzer *m*; **~ belt** *s.* ⚙ endlose Kette, 'Kettentransmissi‚on *f*; **~ bridge** *s.* Hängebrücke *f*; **~ drive** *s.* ⚙ Kettenantrieb *m*; **~ gang** *s.* Trupp *m* anein'ander geketteter Sträflinge; '**~·less** ['tʃeɪnlɪs] *adj.* ⚙ kettenlos; **~ let·ter** *s.* Kettenbrief *m*; **~ mail** → ***chain armo(u)r***; **~ pump** *s.* Pater'nosterwerk *n*; **~ re·ac·tion** *s. phys. u. fig.* 'Kettenreakti‚on *f*; '**~-smoke** *v/i. u. v/t.* Kette rauchen; '**~-‚smok·er** *s.* Kettenraucher *m*; **~ stitch** *s. Nähen*: Kettenstich *m*; **~ store** *s.* ✝ Kettenladen *m*.

chair [tʃeə] **I** *s.* **1.** Stuhl *m*, Sessel *m*: ***take a ~*** sich setzen; **2.** *fig.* a) Vorsitz *m*: ***be in*** (***take***) ***the ~*** den Vorsitz führen (übernehmen); ***leave the ~*** die Sitzung aufheben, b) Vorsitzende(r *m*) *f*: ***address the ~*** sich an den Vorsitzenden wenden; ***~! ~!*** *parl. Brit.* zur Ordnung!; **3.** Lehrstuhl *m*, Profes'sur *f* (***of German*** für Deutsch); **4.** *Am.* F *der* e'lektrische Stuhl; **5.** 🚂 Schienenstuhl *m*; **6.** Sänfte *f*; **II** *v/t.* **7.** (in ein Amt) einsetzen, auf *e-n Lehrstuhl etc.* berufen; **8.** den Vorsitz führen von (*od. gen.*); **9. *~ s.o. off*** j-n (im Tri'umph) auf den Schultern (da'von)tragen; **~ back** *s.* Stuhllehne *f*; **~ bottom** *s.* Stuhlsitz *m*; **~ car** *s.* 🚂 Sa'lonwagen *m*; **~ lift** *s.* Sesselbahn *f*, -lift *m*.

chair·man ['tʃeəmən] *s.* [*irr.*] **1.** Vorsitzende(r) *m*, Präsi'dent *m*; **2.** Sänftenträger *m*; '**chair·man·ship** [-ʃɪp] *s.* Vorsitz *m*.

chair·o·plane ['tʃeərəpleɪn] *s.* 'Kettenkarus‚sell *n*.

'**chair|‚per·son** *s.* Vorsitzende(r *m*) *f*; '**~‚wom·an** *s.* [*irr.*] Vorsitzende *f*.

Der sprachlichen Gleichberechtigung halber werden heutzutage etliche in **–man** endende Begriffe „neutralisiert“:

traditionelle Form	*neutralere Form*
chairman	**chairperson**
spokesman	**spokes-person**
salesman	**salesperson**
layman	**layperson**
fireman	**firefighter**
policeman	**police officer**
businessmen	**business-people***
sportsmen	**sports-people***

* Hier unterscheidet man noch im Singular zwischen **businessman/businesswoman** bzw. **sportsman/sportswoman**

chaise [ʃeɪz] *s.* Chaise *f*, Halbkutsche *f*; **~ longue** [lɔ̃ːŋg] *s.* Chaise'longue *f*, Liegesofa *n*.

chal·cog·ra·pher [kæl'kɒgrəfə] *s.* Kupferstecher *m*.

cha·let ['ʃæleɪ] *s.* Cha'let *n*: a) Sennhütte *f*, b) Landhaus *n*.

chal·ice ['tʃælɪs] *s.* **1.** *poet.* (Trink)Becher *m*; **2.** *eccl.* (Abendmahls)Kelch *m*; **3.** ⚘ Blütenkelch *m*.

chalk [tʃɔːk] **I** *s.* **1.** *min.* Kreide *f*; **2.**

C

(Zeichen)Kreide *f*, Kreidestift *m*: ***colo(u)red* ~** Buntstift; ***red* ~** a) Rötel *m*, b) Rotstift; ***as different as* ~ *and cheese*** grundverschieden; **3.** Kreidestrich *m*: a) (Gewinn)Punkt *m* (*bei Spielen*), b) *Brit.* (angekreidete) Schuld: ***by a long* ~** bei weitem; **II** *v/t.* **4.** mit Kreide (be)zeichnen; **5. ~ *out*** entwerfen; *fig. Weg* vorzeichnen; **6. ~ *up*** anschreiben; ankreiden, auf die Rechnung setzen: **~ *it up to s.o.*** es j-m ankreiden; **~ mark** *s.* Kreidestrich *m*; **~ pit** *s.* Kreidegrube *f*; **'~-stone** *s.* ⚕ Gichtknoten *m*.

chalk·y ['tʃɔːkɪ] *adj.* kreidig; kreidehaltig.

chal·lenge ['tʃælɪndʒ] **I** *s.* **1.** Her'ausforderung *f* (*a. sport u. fig.*), Forderung *f* (*zum Duell etc.*); (Auf-, An)Forderung *f*; Aufruf *m*; **2.** ⚔ Anruf *m* (*Wachtposten*); **3.** *hunt.* Anschlagen *n* (*Hund*); **4.** *bsd.* ⚖ a) Ablehnung *f* (*e-s Geschworenen od. Richters*), b) Anfechtung *f* (*e-s Beweismittels*); **5.** 'Widerspruch *m*, Kri'tik *f*, Bestreitung *f*, Kampfansage *f*; Angriff *m*; Streitfrage *f*; **6.** Her'ausforderung *f*: a) Bedrohung *f*, kritische Lage, b) Schwierigkeit *f*, Pro'blem *n*, c) (schwierige *od.* lockende) Aufgabe; **7.** ⚕ Immuni'tätstest *m*; **II** *v/t.* **8.** her'ausfordern (*a. sport u. fig.*); zur Rede stellen; aufrufen, -fordern; ⚔ anrufen; **9.** Anforderungen an *j-n* stellen; auf die Probe stellen; **10.** bestreiten, anzweifeln; *bsd.* ⚖ anfechten, *Geschworenen etc.* ablehnen; → ***bias*** 5; **11.** trotzen (*dat.*); angreifen; **12.** *j-n* reizen, locken, fordern (*Aufgabe*); **13.** *j-m Bewunderung etc.* abnötigen; **'chal·lenge·a·ble** [-dʒəbl] *adj.* her'auszufordern(d); anfechtbar; **chal·lenge cup** *s. sport* 'Wanderpo,kal *m*; **'chal·leng·er** [-dʒə] *s.* Her'ausforderer *m*; **chal·lenge tro·phy** *s.* Wanderpreis *m*; **'chal·leng·ing** [-dʒɪŋ] *adj.* ☐ **1.** herausfordernd; **2.** *fig.* lockend *od.* schwierig (*Aufgabe*).

cha·lyb·e·ate [kə'lɪbɪət] *min.* **I** *adj.* stahl-, eisenhaltig: **~ *spring*** Stahlquelle *f*; **II** *s.* Stahlwasser *n*.

cham·ber ['tʃeɪmbə] *s.* **1.** *obs.* Zimmer *n*, Kammer *f*, Gemach *n*; **2.** *pl. Brit.* a) (*zu vermietende*) Zimmer *pl.*: ***live in* ~s** privat wohnen, b) Geschäftsräume *pl.*; **3.** (*Empfangs*)Zimmer *n* (*im Palast etc.*); **4.** *parl.* a) Ple'narsaal *m*, b) Kammer *f*; **5.** *pl. Brit.* a) 'Anwaltsbü,ro *n*, b) Amtszimmer *n* des Richters: ***in* ~s** in nichtöffentlicher Sitzung; **6.** ⚙ Kammer *f*; Raum *m*; (Gewehr)Kammer *f*; **~ con·cert** *s.* 'Kammerkon,zert *n*; **~ coun·sel** *s. Brit.* (nur) beratender Anwalt.

cham·ber·lain ['tʃeɪmbəlɪn] *s.* **1.** Kammerherr *m*; **2.** Schatzmeister *m*.

'cham·ber|·maid *s.* Zimmermädchen *n* (*in Hotels*); **~ mu·sic** *s.* 'Kammermu,sik *f*; ♀ **of Com·merce** *s.* Handelskammer *f*; **~ pot** *s.* Nachtgeschirr *n*.

cha·me·le·on [kə'miːljən] *s. zo.* Cha'mäleon *n* (*a. fig.*).

cham·fer ['tʃæmfə] **I** *s.* **1.** ⚠ Auskehlung *f*; **2.** ⚙ Schrägkante *f*, Fase *f*; **II** *v/t.* **3.** ⚠ auskehlen; **4.** ⚙ abfasen, abschrägen.

cham·ois ['ʃæmwɑː] *pl.* **~** [-ɑːz] *s.* **1.** *zo.* Gämse *f*; **2.** *a.* **~ *leather*** [*mst* 'ʃæmɪ] a) Sämischleder *n*, b) ⚙ Polierleder *n*.

champ¹ [tʃæmp] *v/i. u. v/t.* (heftig *od.* geräuschvoll) kauen: **~ *at the bit*** a) am Gebiss kauen (*Pferd*), b) *fig.* vor Ungeduld (fast) platzen, c) mit den Zähnen knirschen.

champ² [tʃæmp] *sl.* → ***champion*** 3.

cham·pagne [,ʃæm'peɪn] *s.* **1.** Cham'pagner *m*, Sekt *m*, Schaumwein *m*: **~ *cup*** Sektkelch *m*, -schale *f*; **2.** Cham'pagnerfarbe *f*.

cham·pi·on ['tʃæmpjən] **I** *s.* **1.** Kämpe *m*, (Tur'nier)Kämpfer *m*; **2.** *fig.* Vorkämpfer *m*, Verfechter *m*, Fürsprecher *m*; **3.** a) *sport* Meister *m*, Titelhalter *m*, b) Sieger *m* (*Wettbewerb*); **II** *v/t.* **4.** verfechten, eintreten für, verteidigen; **III** *adj.* **5.** Meister..., best, preisgekrönt; **'cham·pi·on·ship** [-ʃɪp] *s.* **1.** Meisterschaft *f*, -titel *m*; **2.** *pl.* Meisterschaftskämpfe *pl.*, Meisterschaften *pl.*; **3.** Verfechten *n*, Eintreten *n für etwas*.

chance [tʃɑːns] **I** *s.* **1.** Zufall *m*: ***by* ~** zufällig; **2.** Glück *n*; Schicksal *n*; 'Risiko *n*: ***game of* ~** Glücksspiel *n*; ***take one's* ~** sein Glück versuchen; ***take a*** (*od.* ***one's***) **~** es darauf ankommen lassen, es riskieren; ***take no* ~s** nichts riskieren (wollen); **3.** Chance *f*: a) Glücksfall *m*, (günstige) Gelegenheit: ***the* ~ *of his lifetime*** die Chance s-s Lebens, e-e einmalige Gelegenheit; ***give him a* ~!** gib ihm e-e Chance!, versuchs mal mit ihm!; → ***main chance***, b) Aussicht *f* (***of*** auf *acc.*): ***stand a* ~** Aussichten haben, c) Möglichkeit *f*, Wahrscheinlichkeit *f*: ***the* ~s *are that*** aller Wahrscheinlichkeit nach; ***the* ~s *are against you*** die Umstände sind gegen dich; ***on the*** (***off***) **~** auf gut Glück, ‚auf Verdacht', für den Fall (*dass*); **II** *v/t.* **4.** riskieren: **~ *it*** es darauf ankommen lassen, es wagen; **III** *v/i.* **5.** (unerwartet) geschehen: ***I* ~*ed to meet her*** zufällig traf ich sie; **6. ~ *upon*** auf *j-n od. et.* stoßen; **IV** *adj.* **7.** zufällig, Zufalls..., gelegentlich, † *a.* Gelegenheits...; unerwartet: **~ *customers*** Laufkundschaft *f*.

chan·cel ['tʃɑːnsl] *s.* ⚠ Al'tarraum *m*, hoher Chor.

chan·cel·ler·y ['tʃɑːnsələrɪ] *s.* 'Botschafts- *od.* Konsu'latskanz,lei *f*.

chan·cel·lor ['tʃɑːnsələ] *s.* **1.** Kanzler *m* (*a. univ.*); *univ. Am.* Rektor *m*; ♀ **of the Exchequer** *Brit.* Schatzkanzler *m*, Finanzminister *m*; → **Lord** ♀; **2.** Kanz'leivorstand *m*; '**chan·cel·lor·ship** [-ʃɪp] *s.* Kanzleramt *n*, -würde *f*.

chan·cer·y ['tʃɑːnsərɪ] *s.* Kanz'leigericht *n* (*Brit. Gerichtshof des Lordkanzlers*; *Am. Billigkeitsgericht*): **in ~** a) unter gerichtlicher Verwaltung, b) F in der Klemme; **ward in ~** Mündel *n* unter Amtsvormundschaft; ♀ **Di·vi·sion** *s.* ⚖ *Brit.* Kammer *f* für Billigkeitsrechtsprechung des **High Court of Justice**.

chan·cre ['ʃæŋkə] *s.* ⚕ Schanker *m*.

chan·de·lier [ˌʃændə'lɪə] *s.* Arm-, Kronleuchter *m*, Lüster *m*.

chan·dler ['tʃɑːndlə] *s.* Krämer *m*; ♀ **Act** *s. Am.* Kon'kursordnung *f*.

change [tʃeɪndʒ] **I** *v/t.* **1.** (ver)ändern, 'umändern, verwandeln (**into** in *acc.*): **~ one's lodgings** umziehen; **~ the subject** das Thema wechseln, von et. anderem reden; **~ one's position** die Stellung wechseln, sich beruflich verändern; → **mind** 4, **colour** 3; **2.** ('um-, ver)tauschen (**for** gegen), wechseln: **~ one's shirt** ein anderes Hemd anziehen; **~ hands** den Besitzer wechseln; **~ places with s.o.** den Platz mit j-m tauschen; **~ trains** umsteigen; → **side** 9; **3.** *Geld*, *Banknoten* (ein)wechseln; *Scheck* einlösen; **4.** *j-m* andere Kleider anziehen; *Säugling* trockenlegen; *Bett* frisch über'ziehen *od.* beziehen; **5.** ⚙ schalten: **~ up** (**down**) hinauf- (herunter)schalten; **~ over** *Betrieb*, *Maschinen etc.* umstellen (**to** auf *acc.*); **II** *v/i.* **6.** sich (ver)ändern, wechseln; **7.** sich verwandeln (**to** *od.* **into** in *acc.*); **8.** 🚂 *etc.* 'umsteigen: **all ~!** alles umsteigen *od.* aussteigen!; **9.** sich 'umziehen: **~ into evening dress** sich für den Abend umziehen; **10. ~ to** 'übergehen zu: **~ to cigars**; **III** *s.* **11.** (Ver)Änderung *f*, Wechsel *m*; Wandlung *f*, Wendung *f*, 'Umschwung *m*: **no ~** unverändert; **~ for the better** Besserung *f*; **~ of heart** Sinnesänderung *f*; **~ of life** Wechseljahre *pl.*; **~ of moon** Mondwechsel; **~ of voice** Stimmwechsel; **~ in the weather** Witterungsumschlag *m*; **12.** Abwechs(e)lung *f*, *et.* Neues; Tausch *m*: **for a ~** zur Abwechs(e)lung; **a ~ of clothes** Wäsche zum Wechseln; **you need a ~** Sie müssen mal ausspannen; **13.** Wechselgeld *n*: (**small**) **~** Kleingeld; **~ dispenser** (od. **machine**) Wechselautomat *m*; **can you give me ~ for a pound?** a) können Sie mir auf ein Pfund herausgeben?, b) können Sie mir ein Pfund wechseln?; **get no ~ out of s.o.** *fig.* nichts (*keine Auskunft od. keinen Vorteil*) aus j-m herausholen können, bei j-m nicht ‚landen' können; **14.** ♀ *Brit.* Börse *f*; **change·a·bil·i·ty** [ˌtʃeɪndʒə'bɪlətɪ] *s.* Veränderlichkeit *f*; *fig.* Wankelmut *m*; '**change·a·ble** [-dʒəbl] *adj.* ☐ **1.** veränderlich; **2.** wankelmütig; '**change·ful** [-fʊl] *adj.* ☐ veränderlich, wechselvoll; **change gear** *s.* ⚙ Wechselgetriebe *n*; '**change·less** [-lɪs] *adj.* unveränderlich, beständig; '**change·ling** [-lɪŋ] *s.* Wechselbalg *m*; 'untergeschobenes Kind; '**changeˌo·ver** *s.* **1.** (**to**) 'Übergang *m* (zu), Wechsel *m* (zu), 'Umstellung *f* (auf *acc.*) (*a.* ⚙ *von Maschinen, e-s Betriebs etc.*); **2.** ⚙ 'Umschaltung *f*; **3.** *sport* (Stab)Wechsel *m*; '**chang·er** [-dʒə] *s. in Zssgn* ...wechsler *m* (*Person od. Gerät*); '**chang·ing** [-dʒɪŋ] *s.* Wechsel *m*, Veränderung *f*: **~ of the guard** ⚔ Wachablösung *f*; **~ room** Umkleidezimmer *n*; **~ cubicle** Umkleidekabine *f*.

chan·nel ['tʃænl] **I** *s.* **1.** Flussbett *n*; **2.** Fahrrinne *f*, Ka'nal *m*; **3.** Rinne *f*; 'Durchlassröhre *f*; **4.** breite Wasserstraße: **the** (**English**) ♀ *geogr.* der (Ärmel-) Kanal; **5.** Rille *f*, Riefe *f*; ⚠ Auskehlung *f*; **6.** *fig.* Weg *m*, Ka'nal *m*: **~s of distribution** Vertriebswege *pl.*; **~s of trade** Handelswege, *a.* Absatzgebiete; **official ~s** Dienstweg; **through the usual ~s** auf dem üblichen Wege; **7.** *Radio*, *TV*: Pro'gramm *n*, Ka'nal *m*: **~ hopping** Zappen *n*, dauerndes 'Umschalten; **~ selector** Kanalwähler *m*; **II** *v/t.* **8.** *fig.* leiten, lenken; **9.** ⚙ furchen, riefeln; ⚠ kannelieren, auskehlen.

Channel Tunnel heißt der 1994 eröffnete Tunnel unter dem Ärmelkanal, der England per Bahn mit Frankreich und somit dem europäischen Festland verbindet.

chant [tʃɑːnt] **I** *s.* **1.** *eccl.* Kirchengesang *m*, -lied *n*; **2.** Singsang *m*, eintöniger Gesang *od.* Tonfall; **3.** Sprechchor *m* (*als Geschrei*); **II** *v/t.* **4.** *Kirchenlied* singen; **5.** absingen, 'herleiern; **6.** im Sprechchor rufen.

chan·te·relle [ˌtʃæntə'rel] *s.* ⚘ Pfifferling *m*.

chan·ti·cleer [ˌtʃæntɪ'klɪə] *s. poet.* Hahn *m*.

chan·try ['tʃɑːntrɪ] *s. eccl.* **1.** Stiftung *f* von Seelenmessen; **2.** Vo'tivkaˌpelle *f od.* -alˌtar *m*.

chant·y ['tʃɑːntɪ] *s.* Ma'trosenlied *n*, Shanty *n*.

cha·os ['keɪɒs] *s.* 'Chaos *n*, *fig. a.* Wirrwarr *m*, Durchein'ander *n*; **cha·ot·ic** [keɪ'ɒtɪk] *adj.* (☐ **~ally**) cha'otisch, wirr.

C

chap¹ [tʃæp] *s.* F Bursche *m*, Junge *m*: ***a nice ~*** ein netter Kerl; ***old ~*** ‚alter Knabe'.

chap² [tʃæp] *s.* Kinnbacken *m* (*bsd. Tier*), *pl.* Maul *n*.

chap³ [tʃæp] **I** *v/t. u. v/i.* rissig machen *od.* werden: ***~ped hands*** aufgesprungene Hände; **II** *s.* Riss *m*, Sprung *m*.

chap·el ['tʃæpl] *s.* **1.** Ka'pelle *f*, Gotteshaus *n* (der Dis'senters): ***I am ~*** F ich bin ein Dissenter; **2.** ('Seiten)Ka‚pelle *f* in e-r Kathe'drale; **3.** Gottesdienst *m*; **4.** *typ.* betriebliche Ge'werkschaftsorganisati‚on der Drucker; **'chap·el·ry** [-rɪ] *s. eccl.* Sprengel *m*.

chap·er·on ['ʃæpərəʊn] **I** *s.* **1.** Anstandsdame *f*; **2.** Be'gleitper‚son *f*; **II** *v/t.* (als Anstandsdame) begleiten.

'chap‚fall·en *adj.* niedergeschlagen.

chap·lain ['tʃæplɪn] *s.* **1.** Ka'plan *m*, Geistliche(r) *m* (*an e-r Kapelle*); **2.** Hof-, Haus-, Anstalts-, Mili'tär-, Ma'rinegeistliche(r) *m*; **'chap·lain·cy** [-sɪ] *s.* Ka'plans-amt *n*, -pfründe *f*.

chap·let ['tʃæplɪt] *s.* **1.** Kranz *m*; **2.** *eccl.* Rosenkranz *m*.

chap·py ['tʃæpɪ] *adj.* rissig, aufgesprungen: ***~ hands***.

chap·ter ['tʃæptə] *s.* **1.** Ka'pitel *n* (*Buch u. fig.*): ***~ and verse*** a) *bibl.* Kapitel u. Vers, b) genaue Einzelheiten; ***give ~ and verse*** *a.* genau zitieren; ***to the end of the ~*** bis ans Ende; **2.** *eccl.* 'Dom-, 'Ordenska‚pitel *n*; **3.** *Am.* Orts-, 'Untergruppe *f e-r Vereinigung*; ***~ house*** *s.* **1.** *eccl.* 'Domka‚pitel *n*, Stiftshaus *n*; **2.** *Am.* Verbindungshaus *n* (*Studenten*).

char¹ [tʃɑː] *v/t. u. v/i.* verkohlen.

char² [tʃɑː] *s. ichth.* 'Rotfo‚relle *f*.

char³ [tʃɑː] *Brit.* **I** *v/i.* **1.** als Putzfrau *od.* Raumpflegerin arbeiten; **II** *s.* **2.** Putzen *n* (*als Lebensunterhalt*); **3.** → ***charwoman***.

char-à-banc ['ʃærəbæŋ] *pl.* **-bancs** [-z] *s.* **1.** Kremser *m* (*Kutsche*); **2.** Ausflugsautobus *m*.

char·ac·ter ['kærəktə] *s.* **1.** Cha'rakter *m*, Wesen *n*, Na'tur *f* (*e-s Menschen*): ***a bad ~*** a) ein schlechter Charakter, b) ein schlechter Kerl; ***a strange ~*** ein eigenartiger Mensch; ***quite a ~*** ein Original; **2.** Cha'rakter(stärke *f*) *m*, (ausgeprägte) Per'sönlichkeit: ***a man of ~***; ***a public ~*** e-e bekannte Persönlichkeit; ***~ actor*** *thea.* Charakterdarsteller *m*; ***~ part*** *thea.* Charakterrolle *f*; ***~ assassination*** Rufmord *m*; ***~ building*** Charakterbildung *f*; ***~ defect*** Charakterfehler *m*; **3.** Cha'rakter *m*, Gepräge *n*, Eigenart *f*; Merkmal *n*, Kennzeichen *n*; **4.** Stellung *f*, Rang *m*, Eigenschaft *f*: ***he came in the ~ of a friend*** er kam (in s-r Eigenschaft) als Freund; **5.** Leumund *m*, Ruf *m*, Name *m*: ***have a good ~*** in gutem Ruf stehen; ***~ witness*** ⚖ Leumundszeuge *m*; **6.** Zeugnis *n* (*für Personal*): ***give s.o. a good ~*** a) j-m ein gutes Zeugnis geben, b) gut von j-m sprechen; **7.** *thea.* Per'son *f*, Rolle *f*: ***in ~*** a) der Rolle gemäß, b) (zs.-)passend; ***it is out of ~*** es passt nicht (dazu, zu ihm *etc.*); **8.** *Roman*: Fi'gur *f*, Gestalt *f*; **9.** Schriftzeichen *n* (*a. Computer*), Schrift *f*; Handschrift *f*.

char·ac·ter·is·tic [‚kærəktə'rɪstɪk] **I** *adj.* □ → ***characteristically***; charakte'ristisch, bezeichnend, typisch (***of*** für): ***~ curve*** ⚙ Leistungskurve *f*; **II** *s.* charakte'ristisches Merkmal, Eigentümlichkeit *f*, Kennzeichen *n*, Eigenschaft *f*: (***performance***) ***~*** ⚙ (Leistungs)Angabe *f*, (-)Kennwert *m*; **‚char·ac·ter'is·ti·cal** [-kl] → ***characteristic*** I; **‚char·ac·ter'is·ti·cal·ly** [-kəlɪ] *adv.* bezeichnenderweise; **char·ac·ter·i·za·tion** [‚kærəktəraɪ'zeɪʃn] *s.* Charakterisierung *f*, Kennzeichnung *f*; **char·ac·ter·ize** ['kærəktəraɪz] *v/t.* charakterisieren: a) beschreiben, b) kennzeichnen, charakte'ristisch sein für; **char·ac·ter·less** ['kærəktəlɪs] *adj.* nichts sagend.

cha·rade [ʃə'rɑːd] *s.* **1.** Scha'rade *f* (*Ratespiel mit Verkleidungsszenen*); **2.** *fig.* Farce *f*.

'char·broil *v/t.* auf Holzkohle grillen.

char·coal ['tʃɑːkəʊl] *s.* **1.** Holzkohle *f*; **2.** (Zeichen)Kohle *f*, Kohlestift *m*; **3.** Kohlezeichnung *f*; ***~ burn·er*** *s.* Köhler *m*, Kohlenbrenner *m*; ***~ draw·ing*** *s.* Kohlezeichnung *f*.

chard [tʃɑːd] *s.* ♀ Mangold(gemüse *n*) *m*.

charge [tʃɑːdʒ] **I** *v/t.* **1.** belasten, beladen, beschweren (***with*** mit) (*mst fig.*); **2.** *Gewehr etc.* laden; *Batterie* aufladen: (***emotionally***) ***~d atmosphere*** *fig.* geladene (*od.* angeheizte) Stimmung; **3.** (an)füllen; ⚙, ⚒ beschicken; ⚗ sättigen; **4.** beauftragen, betrauen: ***~ s.o. with a task***; **5.** ermahnen: ***I ~d him not to forget*** ich schärfte ihm ein, es nicht zu vergessen; **6.** Weisungen geben (*dat.*); belehren: ***~ the jury*** ⚖ den Geschworenen Rechtsbelehrung geben; **7.** zur Last legen, vorwerfen, anlasten (***on*** *dat.*): ***he ~d the fault on me*** er schrieb mir die Schuld zu; **8.** beschuldigen, anklagen (***with*** *gen.*): ***~ s.o. with murder***; **9.** angreifen, *sport a.* ‚angehen', rempeln; anstürmen gegen: ***~ the enemy***; **10.** *Preis etc.* fordern, berechnen: ***he ~d (me) a dollar for it*** er berechnete (mir) e-n Dollar dafür; **11.** † *j-n* mit *et.* belasten, *j-m et.* in Rechnung stellen: ***~ these goods to me*** (*od.* ***to my account***); **II** *v/i.* **12.** angreifen; stürmen: ***the lion ~d at me*** der Löwe fiel mich an; **13.** (e-n Preis) fordern, (Kosten) berechnen: ***~ too much*** zu viel berechnen; ***I shall not ~ for it*** ich werde es nicht berechnen; **III** *s.* **14.** ⚔, ⚡, *mot.* Ladung *f*, ⚙ (Spreng)Ladung *f*, Füllung *f*, Beschickung *f*; *metall.* Einsatz *m*; **15.** Belastung *f*, Forderung *f* (*beide a.* ✝), Last *f*, Bürde *f*; Anforderung *f*, Beanspruchung *f*: ***~ (on an estate)*** (Grundstücks)Belastung; ***real ~*** Grundschuld *f*; ***be a ~ on s.o.*** j-m zur Last fallen; ***a first ~ on s.th.*** e-e erste Forderung an et. (*acc.*); **16.** (*a. pl.*) Preis *m*, Kosten *pl.*, Spesen *pl.*, Unkosten *pl.*; Gebühr *f*: ***no ~, free of ~*** kostenlos, gratis; ***~s forward*** per Nachnahme; ***~s (to be) deducted*** abzüglich der Unkosten; **17.** Aufgabe *f*, Amt *n*, Pflicht *f*, Verantwortung *f*; **18.** Aufsicht *f*, Obhut *f*, Pflege *f*, Sorge *f*; Verwahrung *f*; Verwaltung *f*: ***person in ~*** verantwortliche Person, Verantwortliche(r), Leiter(in); ***be in ~ of*** verantwortlich sein für, die Aufsicht *od.* den Befehl führen über (*acc.*), leiten; ***have ~ of*** in Obhut *od.* Verwahrung haben, betreuen, versorgen; ***put s.o. in ~ of*** j-m die Leitung *od.* Aufsicht *etc.* übertragen (*gen.*); ***take ~*** die Leitung *etc.* übernehmen, die Sache in die Hand nehmen; **19.** Gewahrsam *m*: ***give s.o. in ~*** j-n der Polizei übergeben; ***take s.o. in ~*** j-n festnehmen; **20.** ⚖ Mündel *m*; Pflegebefohlene(r *m*) *f*, Schützling *m*; *a.* anvertraute Sache; **21.** Befehl *m*, Anweisung *f*, Mahnung *f*; ⚖ Rechtsbelehrung *f*; **22.** Vorwurf *m*, Beschuldigung *f*; ⚖ (Punkt *m* der) Anklage *f*: ***on a ~ of murder*** wegen Mord; ***return to the ~*** *fig.* noch einmal ‚einhaken' (*Diskussion*); **23.** Angriff *m*, (An)Sturm *m*; **24.** ***get a ~ out of*** *Am. sl.* an *e-r Sache* mächtig Spaß haben.

charge·a·ble ['tʃɑːdʒəbl] *adj.* ☐ **1.** anzurechnen(d), zulasten gehen(d) (***to*** von); zu berechnen(d) (***on*** *dat.*); zu belasten(d) (***with*** mit); *teleph.* gebührenpflichtig; **2.** zahlbar; **3.** strafbar.

charge| ac·count *s.* ✝ **1.** ('Kunden-) Kreˌditkonto *n*; **2.** Abzahlungskonto *n*; ***~ card*** *s.* Kunden(kredit)karte *f*.

char·gé (d'af·faires) [ˌʃɑːʒeɪ(dæ'feə)] *pl.* **char·gés (d'af·faires)** [-ʒeɪdæ'feəz] (*Fr.*) *s. pol.* Geschäftsträger *m*.

charge nurse *s.* ⚕ Stati'ons-, Oberschwester *f*.

charg·er ['tʃɑːdʒə] *s.* **1.** ⚔ Dienstpferd *n* (*es Offiziers*); **2.** *poet.* Schlachtross *n*; **3.** ⚙ Aufgeber *m*.

charge sheet *s. Brit.* **1.** polizeiliches Aktenblatt über den Beschuldigten u. die ihm zur Last gelegte Tat; **2.** ⚔ Tatbericht *m*.

char·i·ness ['tʃeərɪnɪs] *s.* **1.** Behutsamkeit *f*; **2.** Sparsamkeit *f*.

char·i·ot ['tʃærɪət] *s. antiq.* zweirädriger Streit- *od.* Tri'umphwagen; **char·i·ot·eer** [ˌtʃærɪə'tɪə] *s. poet.* Wagen-, Rosselenker *m*.

cha·ris·ma [kə'rɪzmə] *pl.* **-ma·ta** [-mətə] *s. eccl.* 'Charisma *n* (*a. fig. persönliche Ausstrahlung*); **char·is·mat·ic** [ˌkærɪz'mætɪk] *adj.* charis'matisch.

char·i·ta·ble ['tʃærətəbl] *adj.* ☐ **1.** mild-, wohltätig, karita'tiv, Wohltätigkeits...; **2.** mild, nachsichtig; **'char·i·ta·ble·ness** [-nɪs] *s.* Wohltätigkeit *f*; Güte *f*, Milde *f*, Nachsicht *f*; **char·i·ty** ['tʃærətɪ] *s.* **1.** Nächstenliebe *f*; **2.** Wohltätigkeit *f*; Freigebigkeit *f*: ***~ performance*** Wohltätigkeits-, Benefizveranstaltung *f*; ***~ stamp*** Wohlfahrtsmarke *f*; ***~ begins at home*** zuerst kommt die eigene Familie *od.* das eigene Land; → ***cold*** 3; **3.** Güte *f*; Milde *f*, Nachsicht *f*; **4.** Almosen *n*, milde Gabe; Wohltat *f*, gutes Werk; **5.** Wohlfahrtseinrichtung *f*.

Charity shops

Zu den zahlreichen **charity shops** in Großbritannien kann man gebrauchte Kleider, Bücher, Spielwaren, Haushaltswaren usw. bringen, die dort von freiwilligen Helfern billig weiterverkauft werden. Die Erlöse gehen an die jeweilige Wohltätigkeitsgesellschaft, z. B. **Oxfam** (*siehe dort*), **Imperial Cancer Research Fund, Age Concern.**

cha·ri·va·ri [ˌʃɑːrɪ'vɑːrɪ] *s.* **1.** 'Katzenmuˌsik *f*; **2.** Lärm *m*, Getöse *n*.

char·la·dy ['tʃɑːˌleɪdɪ] → ***charwoman***.

char·la·tan ['ʃɑːlətən] *s.* 'Scharlatan *m*: a) Quacksalber *m*, Marktschreier *m*, b) Schwindler *m*; **'char·la·tan·ry** [-tənrɪ] *s.* Scharlatane'rie *f*.

Charles's Wain [ˌtʃɑːlzɪz'weɪn] *s. ast.* Großer Bär.

char·ley horse ['tʃɑːlɪ] *s. Am.* F Muskelkater *m*.

char·lock ['tʃɑːlɒk] *s.* ⚘ Hederich *m*.

charm [tʃɑːm] **I** *s.* **1.** Anmut *f*, Charme *m*, (Lieb)Reiz *m*, Zauber *m*: ***(feminine) ~s*** weibliche Reize; ***~ of style*** reizvoller Stil; ***turn on the old ~*** s-n Charme spielen lassen; **2.** Zauber *m*, Bann *m*; Zauberformel *f*: ***it worked like a ~*** *fig.* es klappte fantastisch; **3.** Amu'lett *n*, 'Talisman *m*; **II** *v/t.* **4.** bezaubern, reizen, entzücken: ***be ~ed to meet s.o.*** entzückt *od.* erfreut sein, j-n zu treffen; ***~ed with*** entzückt von; **5.**

C

be-, verzaubern: **~ed against** gefeit gegen; **~ away** wegzaubern; **III** *v/i.* **6.** bezaubern(d wirken), entzücken; '**charm·er** [-mə] *s.* **1.** *fig.* Zauberer *m*, Zauberin *f*; **2.** a) bezaubernder Mensch, Char'meur *m*, b) reizvolles Geschöpf, ‚Circe' *f*; '**charm·ing** [-mɪŋ] *adj.* □ char'mant; *a. Sache*: bezaubernd, entzückend, reizend.

char·nel house ['tʃɑːnl] *s.* Leichen-, Beinhaus *n*.

chart [tʃɑːt] **I** *s.* **1.** (*bsd.* See-, Himmels)Karte *f*: **~room** ⚓ Kartenhaus *n*; **2.** Ta'belle *f*; **3.** a) grafische Darstellung, *z.B.* (Farb)Skala *f*, (Fieber)Kurve *f*, (Wetter)Karte *f*, b) *bsd.* ⚙ Dia'gramm *n*, Schaubild *n*, Kurve(nblatt *n*) *f*; **II** *v/t.* **4.** auf e-r (See- *etc.*)Karte einzeichnen; **5.** grafisch darstellen, skizzieren; **6.** *fig.* planen, entwerfen.

char·ta ['tʃɑːtə] → ***Magna C(h)arta***.

char·ter ['tʃɑːtə] **I** *s.* **1.** Urkunde *f*; Freibrief *m*; Privi'leg *n*; **2.** a) Gründungsurkunde *f*, b) *Am.* Satzung *f* (*e-r AG etc.*), c) Konzessi'on *f*; **3.** *pol.* Charta *f*; **4.** ⚓, ✈ a) Chartern *n*, b) → ***charter party***; **II** *v/t.* **5.** *Bank etc.* konzessionieren: **~ed company** zugelassene Gesellschaft; → ***accountant*** 2; **6.** chartern: a) ⚓, ✈ mieten, b) befrachten; '**char·ter·er** [-ərə] *s.* ⚓ Befrachter *m*.

char·ter| flight *s.* Charterflug *m*; **~ par·ty** *s.* 'Charterpar,tie *f*, Miet-, Frachtvertrag *m*; **~ plane** *s.* Charterflugzeug *n*.

char·wom·an ['tʃɑː,wʊmən] *s.* [*irr.*] Reinemach-, Putzfrau *f*, Raumpflegerin *f*.

char·y ['tʃeərɪ] *adj.* □ **1.** vorsichtig, behutsam (***in***, ***of*** in *dat.*, bei); **2.** sparsam, zu'rückhaltend (***of*** mit).

chase[1] [tʃeɪs] **I** *v/t.* **1.** jagen, nachjagen (*dat.*), verfolgen; **2.** *hunt.* hetzen, jagen; **3.** *fig.* verjagen, vertreiben; **II** *v/i.* **4.** nachjagen (***after*** *dat.*); F sausen, rasen; **III** *s.* **5.** Verfolgung *f*: ***give ~*** die Verfolgung aufnehmen; ***give ~ to*** → 1; **6.** *hunt.* ***the ~*** die Jagd; **7.** *Brit.* 'Jagdre,vier *n*; **8.** gejagtes Wild (*a. fig.*) *od.* Schiff *etc.*

chase[2] [tʃeɪs] **I** *s.* **1.** *typ.* Formrahmen *m*; **2.** Rinne *f*, Furche *f*; **II** *v/t.* **3.** ziselieren, ausmeißeln, punzen: ***~d work*** getriebene Arbeit; **4.** ⚙ *Gewinde* strehlen, schneiden.

chas·er[1] ['tʃeɪsə] *s.* **1.** Jäger *m*; Verfolger *m*; **2.** ⚓ a) Verfolgungsschiff *n*, (*bsd.* U-Boot-)Jäger *m*, b) Jagdgeschütz *n*; **3.** ✈ Jagdflugzeug *n*; **4.** F ‚Schluck *m* zum Nachspülen'; **5.** *sl.* a) Schürzenjäger *m*, b) mannstolles Weib.

chas·er[2] ['tʃeɪsə] *s.* ⚙ **1.** Zise'leur *m*; **2.** Gewindestahl *m*; Treibpunzen *m*.

chasm ['kæzəm] *s.* **1.** Kluft *f*, Abgrund *m* (*beide a. fig.*) **2.** Schlucht *f*; **3.** Riss *m*, Spalte *f*; **4.** Lücke *f*.

chas·sis ['ʃæsɪ] *pl.* '**chas·sis** [-sɪz] *s.* **1.** Chas'sis *n*: a) ✈, *mot.* Fahrgestell *n*, b) *Radio*: Grundplatte *f*; **2.** ⚔ La'fette *f*.

chaste [tʃeɪst] *adj.* □ **1.** keusch (*a. fig. schamhaft; anständig, tugendhaft*); rein, unschuldig; **2.** rein, von edler Schlichtheit: ***~ style***.

chas·ten ['tʃeɪsn] *v/t.* **1.** züchtigen, strafen; **2.** läutern; **3.** mäßigen, dämpfen; ernüchtern.

chas·tise [tʃæ'staɪz] *v/t.* **1.** züchtigen, strafen; **2.** geißeln, tadeln; **chas·tise·ment** ['tʃæstɪzmənt] *s.* Züchtigung *f*, Strafe *f*.

chas·ti·ty ['tʃæstətɪ] *s.* **1.** Keuschheit *f*: ***~ belt*** Keuschheitsgürtel *m*; **2.** Reinheit *f*; **3.** Schlichtheit *f*.

chas·u·ble ['tʃæzjʊbl] *s. eccl.* Messgewand *n*.

chat [tʃæt] **I** *v/i.* plaudern, schwatzen, *Internet*: chatten; **II** *v/t.* **~ s.o. (up)** F a) auf j-n einreden, b) j-n ‚anquatschen'; **III** *s.* Plaude'rei *f*, *Internet*: Chat *m*: ***~ show*** *Brit.* Talkshow *f*; ***have a ~*** → I.

chat·e·laine ['ʃætəleɪn] *s.* **1.** Schlossherrin *f*; **2.** Kastel'lanin *f*; **3.** (Gürtel)Kette *f* (*für Schlüssel etc.*).

chat·tel ['tʃætl] *s.* **1.** *mst pl.* bewegliches Eigentum, Habe *f*: ***~ mortgage*** Mobiliarhypothek *f*; ***~ paper*** *Am.* Verkehrspapier *n*; → ***good*** 18; **2.** *mst* ***~ slave*** Leibeigene(r) *m*.

chat·ter ['tʃætə] **I** *v/i.* **1.** plappern, schwatzen; **2.** schnattern; **3.** klappern (*a. Zähne*), rattern; **4.** plätschern; **II** *s.* **5.** Geplapper *n*, Geschnatter *n*; Klappern *n*; '**chat·ter·box** *s.* Plappermaul *n*; '**chat·ter·er** [-ərə] *s.* Schwätzer(in).

chat·ty ['tʃætɪ] *adj.* **1.** gesprächig; **2.** unter'haltsam (*Person*, *Brief*), im Plauderton (geschrieben *etc.*).

chauf·feur ['ʃəʊfə] (*Fr.*) *s.* Chauf'feur *m*, Fahrer *m*; **chauf·feuse** [ʃəʊ'fɜːz] *s.* Fahrerin *f*.

chau·vie ['ʃəʊvɪ] *s.* F ‚Chauvie' *m* (→ ***chauvinist*** 2).

chau·vin·ism ['ʃəʊvɪnɪzəm] *s.* Chauvi'nismus *m*; '**chau·vin·ist** [-ɪst] *s.* **1.** Chauvi'nist *m*; **2.** ***male ~*** *sociol.* männlicher Chauvinist; **chau·vin·is·tic** [,ʃəʊvɪ'nɪstɪk] *adj.* (□ ***~ally***) chauvi'nistisch.

cheap [tʃiːp] **I** *adj.* □ **1.** billig, preiswert: ***get off ~*** mit e-m blauen Auge davonkommen; ***hold ~*** wenig halten von; ***~ as dirt*** spottbillig; **2.** billig, minderwertig; schlecht, kitschig: ***~ and nasty*** billig u. schlecht; **3.** verbilligt, ermäßigt: ***~ fare***; ***~ money*** billiges Geld; **4.** *fig.* billig, mühelos; **5.** *fig.* ‚billig', schäbig: ***feel ~*** a) sich ‚billig' *od.* ärmlich vorkommen, b) *sl.* sich elend fühlen; **II** *adv.* **6.** billig; **III** *s.* **7.** ***on the ~*** F billig; '**cheap·en** [-pən] *v/t.* (*v/i.* sich) verbilligen; her'absetzen (*a. fig.*):

C

~ o.s. sich herabwürdigen; **'cheap·jack** **I** *s.* billiger Jakob; **II** *adj.* Ramsch...; **'cheap·ness** [-nɪs] *s.* Billigkeit *f* (*a. fig.*); **'cheap·skate** *s. Am. sl.* ‚Knicker' *m*, Geizhals *m*.

cheat [tʃiːt] **I** *s.* **1.** Betrüger(in), Schwindler(in); ‚Mogler(in)'; **2.** Betrug *m*, Schwindel *m*; Moge'lei *f*; **II** *v/t.* **3.** betrügen (**of**, **out of** um); **4.** durch List bewegen (**into** zu); **5.** sich entziehen (*dat.*), ein Schnippchen schlagen (*dat.*): **~ justice**; **III** *v/i.* **6.** betrügen, schwindeln, mogeln.

check [tʃek] **I** *s.* **1.** Schach(stellung *f*) *n*: **in ~** im Schach (stehend); **give ~** Schach bieten; **hold** (*od.* **keep**) **in ~** *fig.* in Schach halten; **2.** Hemmnis *n*, Hindernis *n* (**on** für): **put a ~ upon s.o.** j-m e-n Dämpfer aufsetzen, j-n zurückhalten; **3.** Unter'brechung *f*, Rückschlag *m*: **give a ~ to** Einhalt gebieten (*dat.*); **4.** Kon'trolle *f*, Über'prüfung *f*, Nachprüfung *f*, Über'wachung *f*: **keep a ~ upon s.th.** etwas unter Kontrolle halten; **5.** Kon'trollzeichen *n*, *bsd.* Häkchen *n* (*auf Listen etc.*); **6.** ✝ *Am.* Scheck *m* (**for** über *acc.*); **7.** *bsd. Am.* Kassenschein *m*, -zettel *m*, Rechnung *f* (*im Kaufhaus od. Restaurant*); **8.** Kon'trollabschnitt *m*, -marke *f*, -schein *m*; **9.** *bsd. Am.* Aufbewahrungsschein *m*: a) Garde'robenmarke *f*, b) Gepäckschein *m*; **10.** (*Essens- etc.*)Bon *m*, Gutschein *m*; **11.** a) Schachbrett-, Würfel-, Karomuster *n*, b) Karo *n*, Viereck *n*, c) karierter Stoff; **12.** Spielmarke *f*: **to pass** (*od.* **hand**) **in one's ~s** *Am.* F ‚abkratzen' (*sterben*); **13.** *Eishockey*: Check *m*; **II** *v/t.* **14.** Schach bieten (*dat.*): **~!** Schach!; **15.** hemmen, hindern, aufhalten, eindämmen; **16.** ⚙, *a. fig.* ✝ *etc.* drosseln, bremsen; **17.** zu'rückhalten, bremsen, zügeln, dämpfen: **~ o.s.** (plötzlich) innehalten, sich e-s anderen besinnen; **18.** *Eishockey*: *Gegner* checken; **19.** kontrollieren, über'prüfen, nachprüfen, ‚checken' (**for** auf *e-e Sache* hin): **~ against** vergleichen mit; **20.** *Am.* (*auf e-r Liste etc.*) abhaken, ankreuzen; **21.** *bsd. Am.* a) (zur Aufbewahrung *od.* in der Garde'robe) abgeben, b) (als Reisegepäck) aufgeben; **22.** *bsd. Am.* a) (zur Aufbewahrung) annehmen, b) zur Beförderung (als Reisegepäck) über'nehmen *od.* annehmen; **23.** karieren, mit e-m Karomuster versehen; **III** *v/i.* **24.** a) stimmen, b) (**with**) über'einstimmen (mit); **25.** *oft* **~ up** (**on**) nachprüfen, (*e-e Sache od. j-n*) über'prüfen: **~!** *Am.* F klar!; **26.** *Am.* e-n Scheck ausstellen (**for** über *acc.*); **27.** (plötzlich) inne-*od.* anhalten, stutzen.
Zssgn mit adv.:

check| back *v/i.* rückfragen (**with** bei); **~ in I** *v/i.* **1.** sich anmelden; **2.** ✝ einstempeln; **3.** ✈ einchecken; **II** *v/t.* **4.** anmelden; **5.** ✈ einchecken, abfertigen; **~ off** → **check** 20; **~ out I** *v/t.* **1.** → **check** 19; **II** *v/i.* **2.** (*aus e-m Hotel*) abreisen; **3.** ✝ ausstempeln; **4.** *Am. sl.* ‚abkratzen'; **~ o·ver** → **check** 19; **~ up** → **check** 25.

'check|·back *s.* Rückfrage *f*; **~ bit** *s. Computer*: Kon'trollbit *n*; **'~·book** → **chequebook**; **'~·card** *s. Am.* Scheckkarte *f*; **~ clock** *s.* Stechuhr *f*.

checked [tʃekt] *adj.* kariert: **~ pattern** Karomuster *n*.

check·er ['tʃekə] *etc. Am.* → **chequer** *etc.*

'check·in *s.* **1.** Anmeldung *f in e-m Hotel*; **2.** ✝ Einstempeln *n*; **3.** ✈ Einchecken *n*: **~ counter** Abfertigungsschalter *m*; **~ time** Eincheckzeit *f*.

check·ing ac·count ['tʃekɪŋ] *s. econ. Am.* Girokonto *n*.

check| list *s.* Kon'trolliste *f*; **~ lock** *s.* kleines Sicherheitsschloss; **'~·mate I** *s.* **1.** (Schach)'Matt *n*, Mattstellung *f*; **2.** *fig.* Niederlage *f*; **II** *v/t.* **3.** (schach)'matt setzen (*a. fig.*); **III** *int.* **4.** schach'matt!; **~ nut** *s.* ⚙ Gegenmutter *f*; **'~·out** *s.* **1.** Abreise *f aus e-m Hotel*; **2.** ✝ Ausstempeln *n*; **3.** *a.* **~ counter** Kasse *f im Kaufhaus*; **'~·out test** *s.* ✝ Tauglichkeitstest *m für ein Produkt*; **'~-ˌo·ver** → **checkup** 1; **'~·point** *s. pol.* Kon'trollpunkt *m* (*an der Grenze*); **'~·room** *s. Am.* **1.** 🚂 Gepäckaufbewahrung(sstelle) *f*; **2.** Garde'robe(nraum *m*) *f*; **'~·up** *s.* **1.** Über'prüfung *f*, Kon'trolle *f*; **2.** ⚕ 'Vorsorgeunterˌsuchung *f*, Check-up *m*; **~ valve** *s.* ⚙ 'Absperr- *od.* 'Rückschlagvenˌtil *n*.

Ched·dar (cheese) ['tʃedə] *s.* 'Cheddarkäse *m*.

cheek [tʃiːk] **I** *s.* **1.** Backe *f*, Wange *f*: **~ by jowl** dicht *od.* vertraulich beisammen; **2.** ⚙ Backe *f*; **3.** F Frechheit *f*, Unverfrorenheit *f*: **have the ~** die Frechheit *od.* Stirn besitzen (**to** *inf.* zu *inf.*); **II** *v/t.* **4.** frech sein zu; **'cheekbone** *s.* Backenknochen *m*; **cheeked** [-kt] *adj.* ...wangig, ...bäckig; **'cheek·i·ness** [-kɪnɪs] *s.* F Frechheit *f*; **'cheek·y** [-kɪ] *adj.* □ frech.

cheep [tʃiːp] **I** *v/t. u. v/i.* piep(s)en; **II** *s.* Pieps(er) *m* (*a. fig.*).

cheer [tʃɪə] **I** *s.* **1.** Beifall(sruf) *m*, Hur'ra(ruf *m*) *n*, Hoch(ruf *m*) *n*: **three ~s for him!** ein dreifaches Hoch auf ihn!, er lebe hoch, hoch, hoch!; **to the ~s of** unter dem Beifall *etc.* (*gen.*); **2.** Ermunterung *f*, Trost *m*: **words of ~**; **~s!** a) prosit!, b) *Brit.* F tschüss!, c) *Brit.* F danke; **3.** a) gute Laune, vergnügte Stimmung, Fröhlichkeit *f*, b) Stimmung *f*: **good ~** → a); **be of good ~** gu-

C

ter Laune *od.* Dinge sein, vergnügt sein; ***be of good ~!*** sei guten Mutes!; ***make good ~*** sich amüsieren, *a.* gut essen u. trinken; **II** *v/t.* **4.** Beifall spenden (*dat.*), zujubeln (*dat.*), mit Hoch- *od.* Bravorufen begrüßen, hochleben lassen; **5.** *a.* ***~ on*** anspornen, anfeuern; **6.** *a.* ***~ up*** *j-n* er-, aufmuntern, aufheitern; **III** *v/i.* **7.** Beifall spenden, hoch *od.* hur'ra rufen, jubeln; **8.** *meist* ***~ up*** Mut fassen, (wieder) fröhlich werden: ***~ up!*** Kopf hoch!

cheer·ful ['tʃɪəfʊl] *adj.* □ **1.** heiter, fröhlich; (*iro.* quietsch)vergnügt; **2.** erfreulich, freundlich; **3.** freudig, gern; **'cheer·ful·ness** [-nɪs], **cheer·i·ness** ['tʃɪərɪnɪs] *s.* Heiterkeit *f*, Frohsinn *m*; **cheer·i·o** [ˌtʃɪərɪ'əʊ] *int.* F *bsd. Brit.* a) machs gut!, tschüs!, b) 'prosit!; **'cheerˌlead·er** *s. sport Am.* Einpeitscher *m* (*beim Anfeuern*); **cheer·less** ['tʃɪəlɪs] *adj.* □ freudlos, trüb, trostlos; unfreundlich (*Zimmer, Wetter etc.*); **cheer·y** ['tʃɪərɪ] *adj.* □ fröhlich, heiter, vergnügt.

Ein **cheerleader** ist eine Teenagerin oder junge Frau, die bei Basketball-, Football- und Baseballspielen in den USA in einer Gruppe mit anderen **cheerleaders** das heimische Team anfeuert. Dazu gehören synchronisierte Tanzschritte, Akrobatikübungen und das Anstimmen von Jubelrufen, Sprechchören usw.

cheese [tʃiːz] **I** *s.* **1.** Käse *m*; → ***chalk*** 2; **2.** käseartige Masse; Ge'lee *n*, *m*; **3.** ***big ~*** *sl.* ‚hohes Tier'; **4.** *sl. das* Richtige *od.* einzig Wahre: ***that's the ~!*** so ists richtig!; ***hard ~!*** schöne Pleite!; **II** *v/t.* **5.** *sl.*: ***~ it!*** ‚hau ab'!; **'~·cake** *s.* **1.** Käsekuchen *m*, -törtchen *n*; **2.** *Am.* Pin-up-Girl *n*, Sexbombe *f* (*Bild*); **'~·cloth** *s.* Mull *m*, Gaze *f*; **'~ˌmon·ger** *s.* Käsehändler *m*; **'~ˌpar·ing I** *s.* **1.** wertlose Sache; **2.** Knause'rei *f*; **II** *adj.* **3.** knauserig; **~ straws** *s. pl.* Käsestangen *pl.*

chee·tah ['tʃiːtə] *s. zo.* 'Gepard *m*.

chef [ʃef] (*Fr.*) *s.* Küchenchef *m*.

chem·i·cal ['kemɪkl] **I** *adj.* □ chemisch, Chemie...: ***~ agent*** ⚔ Kampfstoff *m*; ***~ engineer*** Chemotechniker *m*; ***~ fibre*** Chemie-, Kunstfaser *f*; ***~ warfare*** chemische Kriegführung; **II** *s.* Chemi'kalie, chemisches Präpa'rat.

che·mise [ʃɪ'miːz] **1.** (Damen)Hemd *n*; **2.** *a.* ***~ dress*** Hängekleid *n*.

chem·ist ['kemɪst] *s.* **1.** *a.* ***analytical ~*** Chemiker *m*; **2.** *Brit. a.* ***dispensing ~*** Apo'theker *m*: ***~'s shop*** *Brit.* Apotheke *f*, Drogerie *f*; **'chem·is·try** [-trɪ] *s.* **1.** Che'mie *f*; **2.** chemische Zs.-setzung; **3.** *fig.* Na'tur *f*, Wirken *n*.

chem·o·ther·a·py [ˌkiːməʊ'θerəpɪ] *s.* ⚕ 'Chemotheraˌpie *f*.

cheque [tʃek] *s.* ✝ *Brit.* Scheck *m* (***for*** über *e-e Summe*): ***blank ~*** Blankoscheck, *fig.* unbeschränkte Vollmacht; ***crossed ~*** Verrechnungsscheck; **~ account** *s.* ✝ *Brit.* 'Giroˌkonto *n*; **'~book** *s. Brit.* Scheckbuch *n*; **~ card** *s.* Scheckkarte *f*; **~ fraud** *s.* Scheckbetrug *m*.

cheq·uer ['tʃekə] *Brit.* **I** *s.* **1.** Schach-, Karomuster *n*; **2.** *pl. sg. konstr.* Damespiel *n*; **II** *v/t.* **3.** karieren; **4.** bunt *od.* unregelmäßig gestalten; **'cheq·uer·board** *s. Brit.* Damebrett *n*; **'cheq·uered** [-əd] *adj. Brit.* kariert; *fig.* bunt; wechselvoll, bewegt.

cher·ish ['tʃerɪʃ] *v/t.* **1.** schätzen, hochhalten; **2.** sorgen für, pflegen; **3.** *Gefühle etc.* hegen; bewahren; **4.** *fig.* festhalten an (*dat.*).

che·root [ʃə'ruːt] *s.* Stumpen *m* (*Zigarre*).

cher·ry ['tʃerɪ] **I** *s.* **1.** ⚘ Kirsche *f* (*Frucht od. Baum*); **2.** *sl.* a) Jungfräulichkeit *f*, b) Jungfernhäutchen *n*; **II** *adj.* **3.** kirschrot; **~ bran·dy** *s.* Cherry Brandy *m*, 'Kirschliˌkör *m*; **~ pie** *s.* **1.** Kirschtorte *f*; **2.** ⚘ Helio'trop *n*; **~ stone** *s.* Kirschkern *m*; **'~·wood** *s.* Kirschbaumholz *n*.

cher·ub ['tʃerəb] *pl.* **-ubs**, **-u·bim** [-əbɪm] *s.* **1.** *bibl.* 'Cherub *m*, Engel *m*; **2.** geflügelter Engelskopf; **3.** a) pausbäckiges Kind, b) *fig.* Engel(chen *n*) *m* (*Kind*).

cher·vil ['tʃɜːvɪl] *s.* ⚘ Kerbel *m*.

Chesh·ire| cat ['tʃeʃə] *s.*: ***grin like a ~*** grinsen wie ein Affe; **~ cheese** *s.* 'Chesterkäse *m*.

chess [tʃes] *s.* Schach(spiel) *n*: ***a game of ~*** e-e Partie Schach; **'~·board** *s.* Schachbrett *n*; **'~·man** [-mæn] *s.* [*irr.*] 'Schachfiˌgur *f*; **~ prob·lem** *s.* Schachaufgabe *f*.

chest [tʃest] *s.* **1.** Kiste *f*, Kasten *m*, Truhe *f*: ***~ of drawers*** Kommode *f*; **2.** kastenartiger Behälter; **3.** Brust(kasten *m*) *f*: ***have a weak ~*** schwach auf der Brust sein; ***~ expander*** Expander *m*; ***~ note*** Brustton *m*; ***~ trouble*** Lungenleiden; ***beat one's ~*** *fig.* sich reuig an die Brust schlagen; ***get s.th. off one's ~*** F sich et. von der Seele schaffen; ***play*** (***one's cards***) ***close to one's ~*** *a. fig.* sich nicht in die Karten gucken lassen; **4.** Kasse *f*, Kassenverwaltung *f*; '**chest·ed** [-tɪd] *adj. in Zssgn* ...brüstig.

ches·ter·field ['tʃestəfiːld] *s.* **1.** Chesterfield *m* (*Herrenmantel*); **2.** 'Polster-ˌsofa *n*.

chest·nut ['tʃesnʌt] **I** *s.* **1.** ⚘ Ka'stanie *f* (*Frucht, Baum od. Holz*); **2.** Braune(r) *m* (*Pferd*); **3.** alter Witz, ‚alte Ka'melle'; **II** *adj.* **4.** ka'stanienbraun.

chest·y ['tʃestɪ] *adj.* **1.** F tief (sitzend) (*Husten*); **2.** F dickbusig; **3.** *sl.* eingebildet, arro'gant.

chev·a·lier [ˌʃevə'lɪə] *s.* **1.** (Ordens)Ritter *m*; **2.** *fig.* Kava'lier *m*.

chev·ron ['ʃevrən] *s.* **1.** *her.* Sparren *m*; **2.** ⚔ Winkel *m* (*Rangabzeichen*); **3.** ⚠ Zickzackleiste *f*.

chev·y ['tʃevɪ] → ***chiv(v)y***.

chew [tʃuː] **I** *v/t.* **1.** kauen: **~ *the rag*** *od.* ***fat*** a) ‚quatschen', plaudern, b) ‚meckern'; → ***cud***; **2.** *fig.* sinnen auf (*acc.*), über'legen, brüten; **3.** **~ *over*** F *et.* besprechen; **4.** **~ *up*** *Am. sl. j-n* ‚anscheißen'; **II** *v/i.* **5.** kauen; **6.** F 'Tabak kauen; **7.** nachsinnen, grübeln (***on***, ***over*** über *acc.*); **III** *s.* **8.** Kauen *n*; **9.** Priem *m*; '**chew·ing-gum** ['tʃuːɪŋ-] *s.* 'Kauˌgummi *m*.

chi·a·ro·scu·ro [kɪˌɑːrəs'kʊərəʊ] *pl.* **-ros** (*Ital*) *s. paint.* Helldunkel *n*.

chic [ʃiːk] **I** *s.* Schick *m*, Ele'ganz *f*, Geschmack *m*; **II** *adj.* schick, ele'gant.

chi·cane [ʃɪ'keɪn] **I** *s.* **1.** Schi'kane *f* (*a. Motorsport*); **2.** *Bridge*: Blatt *n* ohne Trümpfe; **II** *v/t. u. v/i.* **3.** schikanieren; **4.** betrügen (***out of*** um); **chi'can·er·y** [-nərɪ] *s.* Schi'kane *f*, (*bsd.* Rechts-) Kniff *m*.

chi·chi ['ʃiːʃiː] *adj.* F **1.** (tod)schick; **2.** *contp.* auf schick gemacht.

chick [tʃɪk] *s.* **1.** Küken *n* (*a. fig. Kind*); junger Vogel; **2.** *sl.* ‚Biene' *f*, ‚Puppe' *f*.

chick·en ['tʃɪkɪn] **I** *s.* **1.** Küken *n*; Hühnchen *n*, Hähnchen *n*: ***count one's ~s before they are hatched*** das Fell des Bären verkaufen, ehe man ihn hat; **2.** Huhn *n*; **3.** Hühnerfleisch *n*; **4.** F ‚Küken' *n*: ***she is no ~*** sie ist auch nicht mehr die Jüngste; **5.** *sl.* Mutprobespiel *n*; **6.** ***give s.o. ~*** ⚔ *sl.* ‚mit j-m Schlitten fahren'; **II** *adj.* **7.** *sl.* feig(e); **III** *v/i.* **8.** *sl.* ‚Schiss' bekommen: **~ *out*** ‚kneifen'; '**~-ˌbreast·ed** *adj.* hühnerbrüstig; **~ broth** *s.* Hühnerbrühe *f*; **~ feed** *s.* **1.** Hühnerfutter *n*; **2.** *sl.* ‚ein paar Groschen', lächerliche Summe: ***no ~*** kein Pappenstiel; '**~-ˌheart·ed**, '**~-ˌliv·ered** *adj.* feig(e); **~ pox** *s.* ⚕ Windpocken *pl.*; **~ run** *s.* Hühnerauslauf *m*.

'**chick·pea** *s.* ⚘ Kichererbse *f*.

chic·le ['tʃɪkl], *a.* **~ gum** *s.* (Rohstoff *m* von) 'Kauˌgummi *m*.

chic·o·ry ['tʃɪkərɪ] *s.* ⚘ **1.** Zi'chorie *f*; **2.** Chicorée *m*, *f*.

chid [tʃɪd] *pret. u. p.p. von* ***chide***; **chidden** [-dn] *p.p. von* ***chide***; **chide** [tʃaɪd] *v/t. u. v/i.* [*irr.*] schelten, tadeln, (aus-) schimpfen.

chief [tʃiːf] **I** *s.* **1.** Haupt *n*, Oberhaupt *n*, Anführer *m*; Chef *m*, Vorgesetzte(r) *m*; Leiter *m*: ≗ ***of Staff*** ⚔ (General-) Stabschef *m*; ≗ ***of State*** Staatschef *m*, -oberhaupt *n*; ***in ~*** hauptsächlich; **2.** Häuptling *m*; **3.** *her.* Schildhaupt *n*; **II** *adj.* ☐ → ***chiefly***; **4.** erst, oberst, höchst; bedeutendst, Ober..., Höchst..., Haupt...: **~ *designer*** Chefkonstrukteur *m*; **~ *mourner*** Hauptleidtragende(r *m*) *f*; **~ *part*** Hauptrolle *f*; **~ clerk** *s.* **1.** Bü'rovorsteher *m*; erster Buchhalter; **2.** *Am.* erster Verkäufer; ≗ **Con·sta·ble** *s.* Poli'zeipräsiˌdent *m*; **~ en·gi·neer** *s.* **1.** 'Chefingeniˌeur *m*; **2.** ⚓ erster Maschi'nist; ≗ **Ex·ec·u·tive** *s. Am.* Leiter *m* der Verwaltung, *bsd.* Präsi'dent *m* der U.S.A.; ≗ **Jus·tice** *s.* Oberrichter *m*.

chief·ly ['tʃiːflɪ] *adv.* hauptsächlich.

chief·tain ['tʃiːftən] *s.* Häuptling *m* (*Stamm*); Anführer *m* (*Bande*); '**chief·tain·cy** [-sɪ] *s.* Stellung *f* e-s Häuptlings.

chif·fon ['ʃɪfɒn] *s.* Chif'fon *m*.

chil·blain ['tʃɪlbleɪn] *s.* Frostbeule *f*.

child [tʃaɪld] *pl.* **chil·dren** ['tʃɪldrən] *s.* **1.** Kind *n*: ***with ~*** schwanger; ***from a ~*** von Kindheit an; ***be a good ~!*** sei artig!; ***~'s play*** *fig.* ein Kinderspiel (***to*** für); **2.** *fig.* Kind *n*, kindische *od.* kindliche Per'son; **3.** Kind *n*, Nachkomme *m*: ***the children of Israel***; **4.** *fig.* Kind *n*, Pro'dukt *n*; **5.** Jünger *m*; **~ a·buse** *s.* **1.** Kindesmisshandlung *f*; **2.** sexueller Kindesmissbrauch; **~ al·low·ance** *s.* Kinderfreibetrag *m*; '**~ˌbear·ing** *s.* Gebären *n*; '**~·bed** *s.* Kind-, Wochenbett *n*; **~ ben·e·fit** *s. Brit.* Kindergeld *n*; '**~·birth** *s.* Geburt *f*, Entbindung *f*, Niederkunft *f*; **~ care** *s.* Jugendfürsorge *f*; **~ guidance** *s.* 'heilpädaˌgogische Betreuung (des Kindes).

child·hood ['tʃaɪldhʊd] *s.* Kindheit *f*: ***second ~*** zweite Kindheit (*Senilität*); '**child·ish** [-dɪʃ] *adj.* ☐ **1.** kindisch; **2.** kindlich; '**child·ish·ness** [-dɪʃnɪs] *s.* **1.** Kindlichkeit *f*; **2.** kindisches Wesen; '**child·less** [-lɪs] *adj.* kinderlos; '**child·like** *adj.* kindlich; **child mind·er** *s.* Tagesmutter *f*; **child prod·i·gy** *s.* Wunderkind *n*; '**child·proof** [-pruːf] *adj.* kindersicher.

chil·dren ['tʃɪldrən] *pl. von* ***child***: ***~'s allowance*** Kindergeld; *Radio, TV*: ***~'s hour*** Kinderstunde *f*.

child| wel·fare *s.* Jugendfürsorge *f*: **~ *worker*** Jugendfürsorger(in), Jugendpfleger(in); **~ wife** *s.* Kindweib *n*, sehr junge Ehefrau.

chil·e → ***chilli***.

Chil·e·an ['tʃɪlɪən] **I** *s.* Chi'lene *m*, Chi'lenin *f*; **II** *adj.* chi'lenisch.

C

Chil·e| pine ['tʃɪlɪ] *s.* ⚘ Chiletanne *f*, Arau'karie *f*; **~ salt·pe·tre**, *Am.* **salt·pe·ter** *s.* ⚗ 'Chilesal,peter *m*.
chil·i *Am.* → ***chilli***.
chil·i·asm ['kɪlɪæzəm] *s. Religion*: Chili'asmus *m*.
chill [tʃɪl] **I** *s.* **1.** Kältegefühl *n*, Frösteln *n*; (*a.* Fieber)Schauer *m*: ***~ of fear*** eisiges Gefühl der Angst; **2.** Kälte *f*: ***take the ~ off*** leicht anwärmen, überschlagen lassen; **3.** Erkältung *f*: ***catch a ~*** sich erkälten; **4.** *fig.* Kälte *f*, Lieblosigkeit *f*, Entmutigung *f*: ***cast a ~ upon*** → 9; **5.** ⚙ Ko'kille *f*, Gussform *f*; **II** *adj.* **6.** kalt, frostig, kühl (*a. fig.*); entmutigend; **III** *v/i.* **7.** abkühlen; **IV** *v/t.* **8.** (ab)kühlen; erstarren lassen: ***~ed meat*** Kühlfleisch *n*; **9.** *fig.* abkühlen, dämpfen, entmutigen; **10.** ⚙ abschrecken, härten: ***~ed*** (***cast***) ***iron*** Hartguss *m*.
chil·li ['tʃɪlɪ] *s.* ⚘ Chili *m*.
chill·i·ness ['tʃɪlɪnɪs] *s.* Kälte *f*, Frostigkeit *f* (*beide a. fig.*); **chill·ing** ['tʃɪlɪŋ] *adj.* kalt, frostig; *fig.* niederdrückend; **chill·y** ['tʃɪlɪ] *adj.* a) kalt, frostig, kühl (*alle a. fig.*), b) fröstelnd: ***feel ~*** frösteln.
Chil·tern Hun·dreds ['tʃɪltən] *s. Brit. parl.*: ***apply for the ~*** s-n Sitz im Unterhaus aufgeben.
chi·mae·ra [kaɪ'mɪərə] *s.* **1.** *zo.* a) Chi'märe *f*, Seehase *m*, b) Seedrachen *m*; **2.** → ***chimera***.
chime [tʃaɪm] **I** *s.* **1.** *oft pl.* Glockenspiel *n*, Geläut(e) *n*; **2.** *fig.* Einklang *m*, Harmo'nie *f*; **II** *v/i.* **3.** läuten; ertönen; schlagen (*Uhr*); **4.** *fig.* über'einstimmen, harmonieren: ***~ in*** einfallen, -stimmen, *weitS.* sich (ins Gespräch) einmischen; ***~ in with*** a) beipflichten (*dat.*), b) übereinstimmen mit; **III** *v/t.* **5.** läuten, ertönen lassen; *die Stunde* schlagen.
chi·me·ra [kaɪ'mɪərə] *s.* **1.** *myth.* Chi'mära *f*; **2.** Schi'märe *f*: a) Schreckgespenst *n*, b) Hirngespinst *n*; **chi'mer·i·cal** [-'merɪkl] *adj.* □ schi'märisch, fan'tastisch.
chim·ney ['tʃɪmnɪ] *s.* **1.** Schornstein *m*, Schlot *m*, Ka'min *m*; Rauchfang *m*: ***smoke like a ~*** F rauchen wie ein Schlot; **2.** (*Lampen*)Zy'linder *m*; **3.** a) *geol.* Vul'kanschlot *m*, b) *mount.* Ka'min *m*; **~ cor·ner** *s.* Sitzecke *f* am Ka'min; **~ piece** *s.* Ka'minsims *m*, *n*; **~ pot** *s.* Schornsteinaufsatz *m*: ***~ hat*** F ‚Angströhre' *f* (*Zylinderhut*); **~ stack** *s.* Schornstein(kasten) *m*; **~ sweep** (**-er**) *s.* Schornsteinfeger *m*.
chimp [tʃɪmp] *s.* F, **chim·pan·zee** [,tʃɪmpən'ziː] *s. zo.* Schim'panse *m*.
chin [tʃɪn] **I** *s.* Kinn *n*: ***up to the ~*** *fig.* bis über die Ohren; ***take it on the ~*** *fig.* a) schwer einstecken müssen, b) e-e böse ‚Pleite' erleben, c) es standhaft ertragen; (***keep your***) ***~ up!*** halt die Ohren steif!; **II** *v/i. sl.* ‚quasseln'; **III** *v/t.* ***~ o.s.*** (***up***) *Am.* e-n Klimmzug *od.* Klimmzüge machen.
chi·na ['tʃaɪnə] **I** *s.* **1.** Porzel'lan *n*; **2.** (Porzel'lan)Geschirr *n*; **II** *adj.* **3.** Porzellan...; **♀ bark** *s.* ⚘ Chinarinde *f*; **~ clay** *s. min.* Kao'lin *n*, Porzel'lanerde *f*; '**♀·man** [-mən] *s.* [*irr.*] Chi'nese *m*; **♀ tea** *s.* chi'nesischer Tee; '**♀·town** *s.* Chi'nesenviertel *n*; '**~·ware** *s.* Porzel'lan(waren *pl.*) *n*.
chinch [tʃɪntʃ] *s. Am.* Wanze *f*.
chin-chin [,tʃɪn'tʃɪn] *int.* (*Pidgin-English*) **1.** a) (guten) Tag!, b) tschüss!; **2.** 'prosit!, prost!
chine [tʃaɪn] *s.* **1.** Rückgrat *n*, Kreuz *n* (*Tier*); **2.** *Küche*: Kammstück *n*; **3.** (Berg)Grat *m*, Kamm *m*.
Chi·nese [,tʃaɪ'niːz] **I** *adj.* **1.** chi'nesisch; **II** *s.* **2.** Chi'nese *m*, Chi'nesin *f*, Chi'nesen *pl.*; **3.** *ling.* Chi'nesisch *n*; **~ cab·bage** *s.* ⚘ Chinakohl *m*; **~ lan·tern** *s.* **1.** Lampi'on *m*, *n*; **2.** ⚘ Lampi'onpflanze *f*; **~ puz·zle** *s.* **1.** Ve'xier-, Geduldspiel *n*; **2.** *fig.* schwierige Sache.
Chink[1] [tʃɪnk] *s. sl.* Chi'nese *m*.
chink[2] [tʃɪŋk] *s.* **1.** Riss *m*, Ritz *m*, Ritze *f*, Spalt *m*, Spalte *f*: ***the ~ in his armo***(***u***)***r*** *fig.* sein schwacher Punkt; **2.** ***~ of light*** dünner Lichtstrahl.
chink[3] [tʃɪŋk] **I** *v/i. u. v/t.* klingen *od.* klirren (lassen), klimpern (mit) (*Geld etc.*); **II** *s.* Klirren *n*, Klang *m*.
chin strap *s.* Kinnriemen *m*.
chintz [tʃɪnts] *s.* Chintz *m*, bunt bedruckter 'Möbelkat,tun; '**chintz·y** [-sɪ] *adj.* **1.** Plüsch...; **2.** *fig.* kleinbürgerlich, spießig.
'**chin·wag** **I** *s.* **1.** Plausch *m*; **2.** Tratsch *m*; **II** *v/i.* **3.** plauschen; **2.** tratschen.
chip [tʃɪp] **I** *s.* **1.** (*Holz- od. Metall*)Splitter *m*, Span *m*, Schnitzel *n*, *m*; Scheibchen *n*; abgebrochenes Stückchen; *pl.* Abfall *m*: ***dry as a ~*** fade, *fig. a.* trocken, ledern; ***a ~ of the old block*** ganz (wie) der Vater; ***have a ~ on one's shoulder*** F sehr empfindlich sein; **2.** angeschlagene Stelle; **3.** *pl.* a) *Brit.* Pommes 'frites *pl.*: ***fish and ~s***, b) *Am.* (Kar'toffel)Chips *pl.*; **4.** Spielmarke *f*: ***when the ~s are down*** *fig.* wenn es hart auf hart geht; ***hand in one's ~s*** *Am. sl.* ‚abkratzen'; ***have had one's ~s*** *sl.* ‚fertig' sein; **5.** *pl. sl.* ‚Zaster' *m* (*Geld*): ***in the ~s*** (gut) bei Kasse; **6.** *Computer*: Chip *m* (*Mikrobaustein*); **II** *v/t.* **7.** (ab)schnitzeln; abraspeln; **8.** *Kante von Geschirr etc.* ab-, anschlagen; *Stückchen* ausbrechen; **9.** F hänseln; **III** *v/i.* **10.** (leicht) abbrechen; **~ in** *v/i.* **1.** sich (in ein Gespräch) einmischen; **2.** F beisteuern (*a. v/t.*); **~ off** *v/i.* abblättern, abbröckeln.

Achten Sie auf den Unterschied:

Brit. **chips**	Pommes frites
Am. (**potato**) **chips**	Kartoffelchips
Kartoffelchips	*Brit.* **crisps,** *Am.* (**potato**) **chips**
Pommes frites	*Am.* (**French**) **fries,** *Brit.* **chips**

Übrigens: Auch in britischen Restaurants werden Pommes frites oft als **French fries** bzw. **French fried potatoes** bezeichnet.

chip| bas·ket *s.* Spankorb *m*; **~ hat** *s.* Basthut *m*; **'~·board** *s.* (Holz)Spanplatte *f.*

chip·muck ['tʃɪpmʌk], **'chip·munk** [-mʌŋk] *s. zo.* amer. gestreiftes Eichhörnchen.

chip pan *s. Küche*: Frit'teuse *f.*

Chip·pen·dale ['tʃɪpəndeɪl] *s.* Chippendale(stil *m*) *n* (*Möbelstil*).

chip·per ['tʃɪpə] *Am.* **I** *v/i.* zwitschern; schwatzen; **II** *adj.* F munter, vergnügt.

chip·ping ['tʃɪpɪŋ] *s.* Schnitzel *n*, *m*, abgeschlagenes Stück, angestoßene Ecke; Span *m*; *pl.* Splitt *m.*

chip·py ['tʃɪpɪ] **I** *adj.* **1.** angeschlagen (*Geschirr etc.*); schartig; **2.** *fig.* trocken, fade; **3.** *sl.* verkatert; **II** *s.* **4.** *Am. sl.* ‚Flittchen' *n.*

chi·ro·man·cer ['kaɪərəʊmænsə] *s.* Handleser *m*; **'chi·ro·man·cy** [-sɪ] *s.* Handlesekunst *f.*

chi·rop·o·dist [kɪ'rɒpədɪst] *s.* Fußpfleger(in), Pedi'küre *f*; **chi·rop·o·dy** [-dɪ] *s.* Fußpflege *f*, Pedi'küre *f.*

chi·ro·prac·tor ['kaɪərəʊˌpræktə] *s.* Chiro'praktiker(in).

chirp [tʃɜːp] **I** *v/i. u. v/t.* zirpen, zwitschern; schilpen (*Spatz*); **II** *s.* Gezirp *n*, Zwitschern *n*; **'chirp·y** [-pɪ] *adj.* F munter, vergnügt.

chirr [tʃɜː] *v/i.* zirpen (*Heuschrecke*).

chir·rup ['tʃɪrəp] *v/i.* **1.** zwitschern; **2.** schnalzen.

chis·el ['tʃɪzl] **I** *s.* **1.** Meißel *m*; **2.** ⚙ Beitel *m*, Grabstichel *m*; **II** *v/t.* **3.** meißeln; **4.** *fig.* sti'listisch ausfeilen; **5.** *sl.* a) betrügen, ‚reinlegen', b) ergaunern, her'ausschinden; **'chis·el(l)ed** [-ld] *adj. fig.* **1.** ausgefeilt: **~ *style***; **2.** scharf geschnitten: **~ *face***; **'chis·el·(l)er** [-lə] *s.* F Gauner(in); ‚Nassauer' *m.*

chit¹ [tʃɪt] *s.* Kindchen *n*: ***a ~ of a girl*** ein junges Ding, ein Fratz.

chit² [tʃɪt] *s.* **1.** kurzer Brief; Zettel *m*; **2.** vom Gast abgezeichnete (Speise-) Rechnung.

chit·chat ['tʃɪttʃæt] → ***chinwag.***

chit·ter·ling ['tʃɪtəlɪŋ] *s. mst pl.* Gekröse *n*, Inne'reien *pl.* (*bsd. Schwein*).

chiv·al·rous ['ʃɪvlrəs] *adj.* □ ritterlich, ga'lant; **'chiv·al·ry** [-rɪ] *s.* **1.** Ritterlichkeit *f*; **2.** Tapferkeit *f*; **3.** Rittertum *n*; **4.** Ritterdienst *m.*

chive¹ [tʃaɪv] *s.* ⚘ Schnittlauch *m.*

chive² [tʃaɪv] *sl.* **I** *s.* Messer *n*; **II** *v/t.* (er)stechen.

chiv·(v)y ['tʃɪvɪ] *v/t.* **1.** *j-n* her'umjagen, hetzen; **2.** schikanieren.

chlo·ral ['klɔːrəl] *s.* ⚗ Chlo'ral *n*: **~ *hydrate*** Chloralhydrat *n*; **'chlo·rate** [-reɪt] *s.* ⚗ chlorsaures Salz; **'chlo·ric** [-rɪk] *adj.* ⚗ Chlor...: **~ *acid*** Chlorsäure *f*; **'chlo·ride** [-raɪd] *s.* ⚗ Chlo'rid *n*, Chlorverbindung *f*: **~ *of lime*** Chlorkalk *m*; **'chlo·rin·ate** [-rɪneɪt] *v/t.* chloren, chlorieren; **chlo·rin·a·tion** [ˌklɔːrɪ'neɪʃn] *s.* Chloren *n*; **'chlo·rine** [-riːn] *s.* ⚗ Chlor *n.*

chlo·ro·flu·o·ro·car·bon ['klɔːrəʊˌflʊərəʊ'kɑːbən] *s.* Fluorchlorkohlenwasserstoff *m*, FCKW.

chlo·ro·form ['klɒrəfɔːm] **I** *s.* ⚗, ⚕ Chloro'form *n*; **II** *v/t.* chloroformieren; **'chlo·ro·phyll** [-fɪl] *s.* ⚘ Chloro'phyll *n*, Blattgrün *n.*

chlo·ro·sis [klə'rəʊsɪs] *s.* ⚕, ⚘ Bleichsucht *f*; **chlo·rous** ['klɔːrəs] *adj.* chlorig.

choc [tʃɒk] *s.* F *abbr. für* ***chocolate***: **~ *ice*** Eis *n* mit Schokoladenüberzug.

chock [tʃɒk] **I** *s.* **1.** (Brems-, Hemm-) Keil *m*; **2.** ⚓ Klampe *f*; **II** *v/t.* **3.** festkeilen; **4.** *fig.* voll pfropfen; **III** *adv.* **5.** dicht; **~-a-block** [ˌtʃɒkə'blɒk] *adj.* voll gepfropft; **ˌ~-'full** *adj.* zum Bersten voll.

choc·o·late ['tʃɒkələt] **I** *s.* **1.** Schoko'lade *f* (*a. als Getränk*); **2.** Pra'line *f*: **~s** Pralinen, Konfekt *n*; **II** *adj.* **3.** schoko'ladenbraun; **'~-ˌbox(·y)** *adj.* F kitschig, süßlich-sentimental; **~ cream** *s.* 'Cremepraˌline *f.*

choice [tʃɔɪs] **I** *s.* **1.** Wahl *f*: ***make a ~*** wählen, e-e Wahl treffen; ***take one's ~*** s-e Wahl treffen; ***this is my ~*** dies habe ich gewählt; **2.** freie Wahl: ***at ~*** nach Belieben; ***by*** (*od.* ***for***) **~** vorzugsweise; ***from ~*** aus Vorliebe; **3.** (große) Auswahl; Sorti'ment *n*: ***a ~ of colours***; **4.** Wahl *f*, Möglichkeit *f*: ***I have no ~*** ich habe keine (andere) Wahl, *a.* es ist mir einerlei; **5.** Auslese *f*, *das* Beste; **II** *adj.* □ **6.** auserlesen, vor'züglich; ✝ Quali'täts...: **~ *fruit*** feinstes Obst; **~ *words*** a) gewählte Worte, b) *humor.* deftige Sprache; ~ ***quality*** ✝ ausgesuchte Qualität; **'choice·ness** [-nɪs] *s.* Erlesenheit *f.*

choir ['kwaɪə] **I** *s.* **1.** (Kirchen-, Sänger-) Chor *m*; **2.** Chor *m*, ('Chor)Em,pore *f*; **II** *v/i. u. v/t.* **3.** im Chor singen; **'~·boy** *s.* Chor-, Sängerknabe *m*; **'~,mas·ter** *s.* Chorleiter *m*; ~ **stalls** *s. pl.* Chorgestühl *n.*

choke [tʃəʊk] **I** *s.* **1.** Würgen *n*; **2.** *mot.* Luftklappe *f*, Choke *m*: ***pull out the ~*** den Choke ziehen; **3.** → ***choke coil***; **4.** → ***chokebore***; **II** *v/i.* **5.** würgen; ersticken (*a. fig.*): ***with a choking voice*** mit erstickter Stimme; **III** *v/t.* **6.** ersticken (*a. fig.*); erwürgen; würgen (*a. weitS. Kragen etc.*); **7.** hindern; dämpfen, drosseln (*a.* ⚡, ⚙); **8.** *a.* ~ ***up*** a) verstopfen, b) voll stopfen; ~ **back** *v/t.* **1.** *Lachen etc.* ersticken, unter'drücken; **2.** → ***choke off***; ~ **down** *v/t.* **1.** hin'unterwürgen (*a. fig.*); **2.** → ***choke back*** 1; ~ **off** *v/t. fig.* ‚abwürgen', nicht aufkommen lassen; *Konjunktur etc.* drosseln; ~ **up** → ***choke*** 8.

'choke|·bore *s.* ⚙ Chokebohrung *f*; ~ **coil** *s.* ⚡ Drosselspule *f*; **'~·damp** *s.* ⚒ Nachschwaden *m.*

chok·er ['tʃəʊkə] *s.* F enger Kragen *od.* Schal; enge Halskette.

chol·er ['kɒlə] *s.* **1.** *obs.* Galle *f*; **2.** *fig.* Zorn *m.*

chol·er·a ['kɒlərə] *s.* ⚕ 'Cholera *f.*

chol·er·ic ['kɒlərɪk] *adj.* cho'lerisch.

cho·les·ter·ol [kə'lestərɒl] *s. physiol.* Choleste'rin *n*; ~ **lev·el** *s.* Cholesterinspiegel *m.*

choose [tʃuːz] **I** *v/t.* [*irr.*] **1.** (aus)wählen, aussuchen: ***to ~ a hat***; ***he was chosen king*** er wurde zum König gewählt; ***the chosen people*** *bibl.* das auserwählte Volk; **2.** belieben (*a. iro.*), (es) vorziehen, lieber wollen; beschließen: ***he chose to go*** er zog es vor *od.* er beschloss fortzugehen; ***do as you ~*** tu, wie *od.* was du willst; **II** *v/i.* [*irr.*] **3.** wählen: ***not much to ~*** kaum ein Unterschied; ***he cannot ~ but come*** er hat keine andere Wahl als zu kommen; **'choos·er** [-zə] *s.* (Aus)Wählende(r *m*) *f*; → ***beggar*** 1; **'choos·y** [-zɪ] *adj.* F wählerisch.

chop¹ [tʃɒp] **I** *s.* **1.** Hieb *m*, Schlag *m* (*a. Karate*); *Boxen, Tennis*: Chop *m*; **2.** *Küche*: Kote'lett *n*; **3.** *pl.* a) (Kinn)Backen *pl.*: ***lick one's ~s*** sich die Lippen lecken, b) *fig.* Maul *n*, Rachen *m*; **II** *v/t.* **4.** (zer)hacken, hauen, spalten: ~ ***wood*** Holz hacken; ~ ***one's words*** abgehackt sprechen; **5.** *Tennis*: *den Ball* choppen; ~ **down** *v/t.* fällen; ~ **in** *v/i.* sich einmischen; ~ **off** *v/t.* abhauen; ~ **up** *v/t.* zerhacken, klein hacken.

chop² [tʃɒp] **I** *v/i. a.* ~ ***about***, ~ ***round*** sich drehen, 'umschlagen (*Wind*): ~ ***and change*** s-n Standpunkt dauernd ändern, hin u. her schwanken; **II** *v/t. Worte* wechseln; **III** *s. pl.* ***~s and changes*** ewiges Hin und Her.

chop³ [tʃɒp] *s.* (*Indien u. China*) **1.** Stempel *m*, Siegel *n*; **2.** Urkunde *f*; **3.** (Handels)Marke *f*; **4.** Quali'tät *f*: ***first-~*** erste Sorte, erstklassig.

'chop·house *s.* Steakhaus *n.*

chop·per ['tʃɒpə] *s.* **1.** Hackmesser *n*, -beil *n*; **2.** ⚡ Zerhacker *m*; **3.** *Am. sl.* Hubschrauber *m*; **4.** *pl. sl.* Zähne *pl.*

chop·ping¹ ['tʃɒpɪŋ] *adj.* stramm (*Kind*).

chop·ping² ['tʃɒpɪŋ] *s.* Wechsel *m*: ~ ***and changing*** ewiges Hin und Her.

chop·ping| block ['tʃɒpɪŋ] *s.* Hackblock *m*, -klotz *m*; ~ **board** *s.* Hackbrett *n*; ~ **knife** *s.* [*irr.*] Hackmesser *n.*

chop·py ['tʃɒpɪ] *adj.* **1.** kabbelig (*Meer*); **2.** böig (*Wind*); **3.** *fig.* wechselnd; **4.** *fig.* abgehackt.

'chop|·stick *s.* Essstäbchen *n* (*China etc.*); ~ **su·ey** [-'suːɪ] *s.* Chopsuey *n* (*chinesisches Mischgericht*).

cho·ral ['kɔːrəl] *adj.* □ Chor..., im Chor gesungen: ~ ***service*** Gottesdienst *m* mit Chorgesang; ~ ***society*** Chor *m*; **cho·rale** [kɒ'rɑːl] *s.* Cho'ral *m.*

chord [kɔːd] *s.* **1.** ♪, *poet.*, *fig.* Saite *f*; **2.** ♪ Ak'kord *m*; *fig.* Ton *m*: ***break into a ~*** e-n Tusch spielen; ***strike the right ~*** *bei j-m* die richtige Saite anschlagen; ***does that strike a ~?*** erinnert *dich* das an etwas?; **3.** A Sehne *f*; **4.** *anat.* Band *n*, Strang *m*; **5.** ✈ Pro'filsehne *f*; **6.** ⚙ Gurt *m.*

chore [tʃɔː] *s.* **1.** (Haus)Arbeit *f*; **2.** schwierige Aufgabe.

cho·re·a [kɒ'rɪə] *s.* ⚕ Veitstanz *m.*

cho·re·og·ra·pher [,kɒrɪ'ɒgrəfə] *s.* Choreo'graph *m*; **cho·re'og·ra·phy** [-fɪ] *s.* Choreogra'phie *f.*

chor·is·ter ['kɒrɪstə] *s.* **1.** Chorsänger (-in), *bsd.* Chorknabe *m*; **2.** *Am.* Kirchenchorleiter *m.*

chor·tle ['tʃɔːtl] **I** *v/i.* glucksen(d lachen); **II** *s.* Glucksen *n.*

cho·rus ['kɔːrəs] **I** *s.* **1.** Chor *m* (*a. antiq.*), Sängergruppe *f*; **2.** Tanzgruppe *f* (*e-r Revue*); **3.** *a. thea.* Chor *m*, gemeinsames Singen: ~ ***of protest*** Protestgeschrei *n*; ***in ~*** im Chor (*a. fig.*); **4.** Chorsprecher *m* (*im elisabethanischen Theater*); **5.** (im Chor gesungener) Kehrreim; **6.** Chorwerk *n*; **II** *v/i. u. v/t.* **7.** im Chor singen *od.* sprechen *od.* rufen; ~ **girl** *s.* (Re'vue)Tänzerin *f.*

chose [tʃəʊz] *pret. von* ***choose***.

cho·sen ['tʃəʊzn] *p.p. von* ***choose***.

chough [tʃʌf] *s. orn.* Dohle *f.*

chow [tʃaʊ] *s.* **1.** *zo.* Chow-'Chow *m* (*Hund*); **2.** *sl.* ‚Futter' *n*, Essen *n.*

chow·chow [,tʃaʊ'tʃaʊ] (*Pidginenglisch*) *s.* **1.** chi'nesische Mixed Pickles *pl. od.* 'Fruchtkonfi,türe *f*; **2.** → ***chow*** 1.

chow·der ['tʃaudə] *s. Am. dicke Suppe aus Meeresfrüchten.*

Christ [kraɪst] **I** *s.* der Gesalbte, 'Christus *m*: ***before ~*** (***B.C.***) vor Christi Geburt (*v. Chr.*); **II** *int. sl.* verdammt noch mal!; **~ child** *s.* Christkind *n.*

chris·ten ['krɪsn] *v/t. eccl.*, ⚓ *u. fig.* taufen; **'Chris·ten·dom** [-dəm] *s.* Christenheit *f*; **'chris·ten·ing** [-nɪŋ] **I** *s.* Taufe *f*; **II** *adj.* Tauf...

Chris·tian ['krɪstjən] **I** *adj.* □ **1.** christlich; **2.** F anständig; **II** *s.* **3.** Christ(in); **4.** guter Mensch; **5.** Mensch *m* (*Ggs. Tier*); **~ e·ra** *s.* christliche Zeitrechnung.

Chris·ti·an·i·ty [,krɪstɪ'ænətɪ] *s.* Christentum *n*; **Chris·tian·ize** ['krɪstjənaɪz] *v/t.* zum Christentum bekehren, christianisieren.

Chris·tian| name *s.* Tauf-, Vorname *m*; **~ Sci·ence** *s.* Christian Science *f*; **~ Sci·en·tist** *s.* Anhänger(in) der Christian Science.

Christ·mas ['krɪsməs] *s.* Weihnachten *n u. pl.*: ***at ~*** zu *od.* an Weihnachten; ***merry ~!*** frohe Weihnachten!; **~ bo·nus** *s.* ✝ 'Weihnachtsgratifikati,on *f*; **~ card** *s.* Weihnachtskarte *f*; **~ car·ol** *s.* Weihnachtslied *n*; **~ Day** *s.* der erste Weihnachtsfeiertag; **~ Eve** *s.* der Heilige Abend; **~ pud·ding** *s. Brit.* Plumpudding *m*; **'~·tide**, **'~·time** *s.* Weihnachtszeit *f*; **'~·tree** *s.* Weihnachts-, Christbaum *m.*

Christ·mas·y ['krɪsməsɪ] *adj.* F weihnachtlich.

chro·mate ['krəumeɪt] *s.* ⚗ Chro'mat *n*, chromsaures Salz.

chro·mat·ic [krəʊ'mætɪk] *adj.* (□ ***~ally***) **1.** *phys.* chro'matisch, Farben...; **2.** ♪ chromatisch; **chro'mat·ics** [-ks] *s. pl. sg. konstr.* **1.** Farbenlehre *f*; **2.** ♪ Chro'matik *f.*

chrome [krəum] **I** *s.* **1.** ⚗ a) Chrom *n*, b) Chromgelb *n*; **2.** Chromleder *n*; **II** *v/t.* **3.** *a.* ***~-plate*** verchromen.

chro·mi·um ['krəumjəm] *s.* ⚗ Chrom *n*; **,~-'plat·ed** *adj.* verchromt; **,~-'plat·ing** *s.* Verchromung *f*; **~ steel** *s.* Chromstahl *m.*

chro·mo·lith·o·graph [,krəuməʊ'lɪθəʊgrɑːf] *s.* Chromolithogra'phie *f*, Mehrfarbensteindruck *m* (*Bild*); **,chro·mo·li'thog·ra·phy** [-lɪ'θɒgrəfɪ] *s.* Mehrfarbensteindruck *m* (*Verfahren*).

chro·mo·some ['krəuməsəum] *s. biol.* Chromo'som *n*; **'chro·mo·type** [-məʊtaɪp] *s.* **1.** Farbdruck *m*; **2.** Chromoty'pie *f.*

Christmas

Weihnachten wird in den englischsprachigen Ländern generell am 1. Weihnachtstag (**Christmas Day**) und nicht an Heiligabend (**Christmas Eve**) gefeiert. Die Geschenke werden nachts vom Weihnachtsmann (**Father Christmas/Santa Claus/Santa**) mithilfe seiner Rentiere (**reindeer**) von der Nordpolgegend aus in aller Welt verteilt.

Während der Adventszeit wird viel gefeiert und in den Schulen werden Krippenspiele (**nativity plays**) veranstaltet. Das Verschicken von Weihnachtskarten (**Christmas cards**) ist weit verbreitet und die Karten werden meistens im Wohnzimmer aufgestellt (bzw. aufgehängt), das mit einem Weihnachtsbaum sowie farbenfrohen Papiergirlanden geschmückt ist.

Christmas dinner heißt das Festessen, das am **Christmas Day** zu Mittag serviert wird. Dazu gehört typischerweise die Weihnachtspute mit einer Salbei- und Zwiebelfüllung, die mit gerösteten Kartoffeln und diversen Gemüsearten (z.B. Rosenkohl, Pastinaken, Möhren) serviert wird. Als Nachtisch gibt es **mince pies** (süße Pasteten mit einer Füllung aus Rosinen, Trockenobst und Gewürzen) oder **Christmas pudding** (Plumpudding), der mit Weinbrand getränkt und kurz vor dem Verzehr angezündet wird. Vor dem Essen bekommt jeder einen **Christmas cracker** (Knallbonbon), der meist einen Papierhut, einen Scherzartikel und einen Witz enthält.

C

chron·ic ['krɒnɪk] *adj.* (□ **~ally**) **1.** ständig, (an)dauernd, ‚chronisch': **~ unemployment** Dauerarbeitslosigkeit *f*; **2.** *mst* ⚕ chronisch, langwierig; **3.** *sl.* scheußlich.

chron·i·cle ['krɒnɪkl] **I** *s.* **1.** Chronik *f*; **2.** **&s** *pl. bibl.* (*das* Buch der) Chronik *f*; **II** *v/t.* **3.** aufzeichnen; '**chron·i·cler** [-lə] *s.* Chro'nist *m.*

chron·o·gram ['krɒnəʊgræm] *s.* Chrono'gramm *n*; '**chron·o·graph** [-grɑːf] *s.* Chrono'graph *m*, Zeitmesser *m*; **chron·o·log·i·cal** [ˌkrɒnə'lɒdʒɪkl] *adj.* □ chrono'logisch: **~ order** zeitliche Reihenfolge; **chro·nol·o·gize** [krə'nɒlədʒaɪz] *v/t.* chronologisieren; **chro·nol·o·gy** [krə'nɒlədʒɪ] *s.* **1.** Chronolo'gie *f*, Zeitbestimmung *f*; **2.** Zeittafel *f*; **chro·nom·e·ter** [krə'nɒmɪtə] *s.* Chrono'meter *n*; **chro·nom·e·try** [krə'nɒmɪtrɪ] *s.* Zeitmessung *f.*

chrys·a·lis ['krɪsəlɪs] *pl.* **-lis·es** [-lɪsɪz], **chry·sal·i·des** [krɪ'sælɪdiːz] *s. zo.* (*Insekten*)Puppe *f.*

chrys·an·the·mum [krɪ'sænθəməm] *s.* ⚘ Chrysan'theme *f.*

chub [tʃʌb] *s. ichth.* Döbel *m.*

chub·by ['tʃʌbɪ] *adj.* a) pausbäckig, b) rundlich.

chuck[1] [tʃʌk] **I** *s.* **1.** F Wurf *m*; **2.** zärtlicher Griff unters Kinn; **3.** ***give s.o. the ~*** F j-n ‚rausschmeißen' (*entlassen*); **II** *v/t.* **4.** F schmeißen, werfen; **5.** ***~ s.o. under the chin*** j-n unters Kinn fassen; **6.** F a) Schluss machen mit: ***~ it!*** lass das!, b) → ***chuck up***; **~ a·way** *v/t.* F **1.** ‚wegschmeißen'; **2.** *Geld* verschwenden; **3.** *Gelegenheit* ‚verschenken'; **~ out** *v/t.* F ‚rausschmeißen'; **~ up** *v/t.* F *Job etc.* ‚hinschmeißen'.

chuck[2] [tʃʌk] **I** *s.* **1.** Glucken *n* (*Henne*); **2.** F ‚Schnuckie' *m* (*Kosewort*); **II** *v/i. u. v/t.* **3.** glucken; **III** *int.* **4.** put, put! (*Lockruf für Hühner*).

chuck[3] [tʃʌk] ⚙ **I** *s.* Spann- *od.* Bohrfutter *n*; **II** *v/t.* (in das Futter) einspannen.

chuck·er-out [ˌtʃʌkər'aʊt] *s.* F ‚Rausschmeißer' *m* (*in Lokalen etc.*).

chuck·le ['tʃʌkl] **I** *v/i.* **1.** glucksen, in sich hin'einlachen; **2.** sich (insgeheim) freuen (***at***, ***over*** über *acc.*); **3.** glucken (*Henne*); **II** *s.* **4.** leises Lachen, Glucksen *n*; '**~·head** *s.* Dummkopf *m.*

chuffed [tʃʌft] *adj. Brit.* F froh.

chug [tʃʌg], **chug-chug** [ˌtʃʌg'tʃʌg] **I** *s.* Tuckern *n* (*Motor*); **II** *v/i.* tuckern(d fahren).

chuk·ker ['tʃʌkə] *s. Polospiel*: Chukker *m* (*Spielabschnitt*).

chum [tʃʌm] F **I** *s.* **1.** ‚Kumpel' *m*, ‚Spezi' *m*, Kame'rad *m*: ***be great ~s*** dicke Freunde sein; **2.** Stubengenosse *m*; **II** *v/i.* **3.** gemeinsam wohnen (***with*** mit); **4.** ***~ up with s.o.*** sich mit j-m anfreunden; '**chum·my** [-mɪ] *adj.* **1.** ‚dick' befreundet; **2.** gesellig; **3.** *contp.* plump-vertraulich.

chump [tʃʌmp] *s.* **1.** Holzklotz *m*; **2.** dickes Ende (*bsd. Hammelkeule*); **3.** F Dummkopf *m*; **4.** *bsd. Brit. sl.* ‚Kürbis' *m*, ‚Birne' *f* (*Kopf*): ***off one's ~*** (total) verrückt.

chunk [tʃʌŋk] *s.* F **1.** (Holz)Klotz *m*; Klumpen *m*, dickes Stück (*Fleisch etc.*), ‚Runken' *m* (*Brot*); *weitS.* ‚großer Brocken'; **2.** *Am.* a) unter'setzter Mensch, b) kleines, stämmiges Pferd; '**chunk·y** [-kɪ] *adj.* **1.** *Am.* unter'setzt, stämmig; **2.** klobig, klotzig.

Chun·nel ['tʃʌnl] *npr.* Ka'nalˌtunnel *m*, Eurotunnel *m.*

church [tʃɜːtʃ] **I** *s.* **1.** Kirche *f*: ***in ~*** in der Kirche, beim Gottesdienst; ***~ is over*** die Kirche ist aus; **2.** Kirche *f*, Religi'onsgemeinschaft *f*, *bsd.* Christenheit *f*; **3.** Geistlichkeit *f*: ***enter the ~*** Geistlicher werden; **II** *adj.* **4.** Kirch(en)...; kirchlich; '**~ˌgo·er** *s.* Kirchgänger(in); **& of Eng·land** *s.* englische Staatskirche, anglikanische Kirche; **~ rate** *s.* Kirchensteuer *f*; ˌ**~'ward·en** *s.* **1.** *Brit.* Kirchenvorsteher *m*: ***~ pipe*** langstielige Tonpfeife; **2.** *Am.* Verwalter *m* der weltlichen Angelegenheiten e-r Kirche; **~ wed·ding** *s.* kirchliche Trauung.

Church

aisle [aɪl]	(Mittel)Gang; Seitenschiff
altar ['ɔːltə]	Altar
altarpiece ['ɔːltəpiːs]	Altarbild
apse [æps]	Apsis
chancel ['tʃɑːnsl]	(!) Altarraum, (hoher) Chor
choir stalls ['kwaɪəstɔːlz]	Chorgestühl
font	Taufbecken
gallery	Empore
nave	Hauptschiff
pew	(Kirchen)Bank
pews	Kirchengestühl
pulpit ['pʊlpɪt]	Kanzel
side aisle [ˌsaɪd'aɪl]	Seitenschiff
side chapel [ˌsaɪd'tʃæpl]	Seitenkapelle
stained glass [ˌsteɪnd'glɑːs]	Buntglas

stained glass window [ˌsteɪnd-glɑːs'wɪndəʊ]	Buntglasfenster, buntes Glasfenster
steeple	(Kirch)Turm
vestry ['vestrɪ]	Sakristei

church·y ['tʃɜːtʃɪ] *adj.* F kirchlich (gesinnt).

'church·yard *s.* Kirchhof *m.*

churl [tʃɜːl] *s.* **1.** Flegel *m*, Grobian *m*; **2.** Geizhals *m*, Knauser *m*; **'churl·ish** [-lɪʃ] *adj.* ☐ **1.** grob, ungehobelt, flegelhaft; **2.** geizig, knauserig; **3.** mürrisch.

churn [tʃɜːn] **I** *s.* **1.** Butterfass *n* (*Maschine*); **2.** *Brit.* (große) Milchkanne; **II** *v/t.* **3.** verbuttern; **4.** ('durch)schütteln, aufwühlen; **5.** *fig.* **~ *out*** am laufenden Band produzieren, ausstoßen; **III** *v/i.* **6.** buttern; **7.** schäumen; **8.** sich heftig bewegen.

chute [ʃuːt] *s.* **1.** Stromschnelle *f*, starkes Gefälle; **2.** ⚙ a) Rutsche *f*, b) Schacht *m*, c) Müllschlucker *m*; **3.** Rutsche *f*, Rutschbahn *f* (*auf Spielplätzen etc.*); **4.** Rodelbahn *f*; **5.** F → ***parachute*** 1; **ˌ~-the-'chute(s)** → ***chute*** 3.

chutz·pa(h) ['hʊtspə] *s.* F Chuzpe *f*, Frechheit *f.*

ci·bo·ri·um [sɪ'bɔːrɪəm] *s. eccl.* **1.** 'Hostienkelch *m*, Zi'borium *n*; **2.** Al'tarˌbaldachin *m.*

ci·ca·da [sɪ'kɑːdə], **ci'ca·la** [-ɑːlə] *s. zo.* Zi'kade *f.*

cic·a·trice ['sɪkətrɪs] *s.* Narbe *f*; ⚘ Blattnarbe *f*; **'cic·a·triced** [-st] *adj.* ⚕ vernarbt; **'cic·a·trize** [-raɪz] *v/i. u. v/t.* vernarben (lassen).

cic·er·o ['sɪsərəʊ] *s. typ.* Cicero *f* (*Schriftgrad*).

ci·ce·ro·ne [ˌtʃɪʃə'rəʊnɪ] *pl.* **-ni** [-niː] *s.* Cice'rone *m*, Fremdenführer *m.*

ci·der ['saɪdə] *s.* (*Am.* ***hard*** **~**) Apfelwein *m*: (***sweet***) **~** *Am.* Apfelmost *m.*

ci·gar [sɪ'gɑː] *s.* Zi'garre *f*; **~ box** *s.* Zi'garrenkiste *f*; **~ case** *s.* Zi'garreneˌtui *n*, -tasche *f*; **~ cut·ter** *s.* Zi'garrenabschneider *m.*

cig·a·ret(te) [ˌsɪgə'ret] *s.* Ziga'rette *f*; **~ case** *s.* Ziga'retteneˌtui *n*; **~ end** *s.* Ziga'rettenstummel *m*; **~ hold·er** *s.* Ziga'rettenspitze *f* (*Halter*).

cil·i·a ['sɪlɪə] *s. pl.* **1.** (Augen)Wimpern *pl.*; **2.** ⚘, *zo.* Wimper-, Flimmerhärchen *pl.*; **'cil·i·ar·y** [-ərɪ] *adj.* Wimper...; **'cil·i·at·ed** [-ɪeɪtɪd] *adj.* ⚘, *zo.* bewimpert.

cinch [sɪntʃ] *s.* **1.** *Am.* Sattelgurt *m*; **2.** *sl.* a) ‚todsichere Sache', ‚klarer Fall', b) ‚Kinderspiel' *n.*

cin·cho·na [sɪŋ'kəʊnə] *s.* **1.** ⚘ 'Chinarindenbaum *m*; **2.** 'Chinarinde *f.*

cinc·ture ['sɪŋktʃə] **I** *s.* **1.** Gürtel *m*, Gurt *m*; **2.** (Säulen)Kranz *m*; **II** *v/t.* **3.** um'gürten, um'geben.

cin·der ['sɪndə] *s.* **1.** Schlacke *f*: ***burnt to a*** **~** verkohlt, völlig verbrannt; **2.** *pl.* Asche *f.*

Cin·der·el·la [ˌsɪndə'relə] *s.* Aschenbrödel *n*, -puttel *n* (*a. fig.*).

cin·der path *s.* **1.** Schlackenweg *m*; **2.** → **~ track** *s. sport* Aschenbahn *f.*

cine- [sɪnɪ] *in Zssgn* Kino..., Film...: **~ *camera*** (Schmal)Filmkamera *f*; **~ *film*** Schmalfilm *m*; **~-*record*** filmen, mit der Schmalfilmkamera aufnehmen.

cin·e·aste ['sɪnɪæst] *s.* Cine'ast *m*, Filmliebhaber(in).

cin·e·ma ['sɪnɪmə] *s.* **1.** 'Lichtspiéltheˌater *n*, 'Kino *n*; **2.** ***the*** **~** Film(kunst *f*) *m*; **'~ˌgo·er** *s.* 'Kinobesucher(in).

cin·e·mat·ic [ˌsɪnɪ'mætɪk] *adj.* (☐ **~*ally***) filmisch, Film...; **cin·e·mat·o·graph** [ˌsɪnə'mætəgrɑːf] **I** *s.* Kinemato'graph *m*; **II** *v/t.* (ver)filmen; **cin·e·ma·tog·ra·pher** [ˌsɪnəmə'tɒgrəfə] *s.* 'Kameramann *m*; **cin·e·mat·o·graph·ic** [ˌsɪnəmætə'græfɪk] (☐ **~*ally***) kinemato'graphisch; **cin·e·ma·tog·ra·phy** [ˌsɪnəmə'tɒgrəfɪ] *s.* Kinematogra'phie *f.*

cin·e·ra·ri·um [ˌsɪnə'reərɪəm] *s.* Urnennische *f od.* -friedhof *m.*

cin·er·ar·y ['sɪnərərɪ] *adj.* Aschen...; **~ urn** *s.* Totenurne *f.*

cin·er·a·tor ['sɪnəreɪtə] *s.* Feuerbestattungsofen *m.*

cin·na·bar ['sɪnəbɑː] *s.* Zin'nober *m.*

cin·na·mon ['sɪnəmən] **I** *s.* **1.** Zimt *m*, Ka'neel *m*; **2.** Zimtbaum *m*; **II** *adj.* **3.** zimtfarbig.

cinque [sɪŋk] (*Fr.*) *s.* Fünf *f* (*Würfel od. Spielkarten*); **'~·foil** [-fɔɪl] *s.* **1.** ⚘ Fingerkraut *n*; **2.** ⚠ Fünfpass *m*; ♎ **Ports** ['sɪŋkpɔːts] *s. pl. Gruppe von ursprünglich fünf südenglischen Seestädten.*

ci·on ['saɪən] → ***scion.***

ci·pher ['saɪfə] **I** *s.* **1.** ⚞ *die Ziffer* Null *f*; **2.** (a'rabische) Ziffer, Zahl *f*; **3.** *fig.* a) Null *f* (*Person*), b) Nichts *n*; **4.** Chiffre *f*, Geheimschrift *f*: ***in*** **~** chiffriert; **5.** *fig.* Schlüssel *m*, Kennwort *n*; **6.** Mono'gramm *n*; **II** *v/i.* **7.** rechnen; **III** *v/t.* **8.** chiffrieren; **9.** *a.* **~ *out*** be-, ausrechnen; entziffern; *Am.* F ‚ausknobeln'; **~ code** *s.* Kodechiffre *f*, Tele'gramm-, Chiffrierschlüssel *m.*

cir·ca ['sɜːkə] *prp.* um (*vor Jahreszahlen*).

Cir·ce ['sɜːsɪ] *npr. myth.* 'Circe *f* (*a. fig. Verführerin*).

cir·cle ['sɜːkl] **I** *s.* **1.** ⚞ Kreis *m*: ***full*** **~** im Kreise herum, volle Wendung, wieder da, wo *man* angefangen hat; ***run*** (*a.* ***talk***) ***in*** **~*s*** *fig.* sich im Kreis bewegen; ***square the*** **~** ⚞ den Kreis quadrieren

C

(*a. fig.* das Unmögliche vollbringen); → ***vicious circle***; **2.** *ast.*, *geogr.* Kreis *m*; **3.** Kreis *m*, Gruppe *f*: ***~ of friends*** Freundeskreis; → ***upper*** I; **4.** Ring *m*, Kranz *m*, Reif *m*; **5.** Kreislauf *m*, 'Umlauf *m*, Runde *f*; Wiederkehr *f*, 'Zyklus *m*; **6.** *thea.* Rang *m*; **7.** Kreis *m*, Gebiet *n*; **8.** a) *Turnen*: Welle *f*, b) *Hockey*: (Schuss)Kreis *m*; **II** *v/t.* **9.** um'kreisen; um'zingeln; **10.** um'winden; **III** *v/i.* **11.** sich im Kreise bewegen, kreisen; die Runde machen; **12.** ⚔ schwenken.

cir·clet ['sɜːklɪt] *s.* **1.** kleiner Kreis, Reif, Ring; **2.** Dia'dem *n*.

circs [sɜːks] *s. pl.* F *für* ***circumstances***.

cir·cuit ['sɜːkɪt] **I** *s.* **1.** 'Kreis,linie *f*, 'Um-, Kreislauf *m*; Bahn *f*; **2.** 'Umkreis *m*; **3.** 'Umweg *m*; **4.** Rundgang *m*, -flug *m*; *mot.* Rennstrecke *f*; **5.** ⚖ a) *Brit. hist.* Rundreise *f* der Richter e-s Bezirks (*zur Abhaltung der* ***assizes***), b) Anwälte *pl.* e-s Gerichtsbezirks, c) Gerichtsbezirk *m*; **6.** ⚡ a) Strom-, Schaltkreis *m*: → ***short*** (***closed***) ***circuit***, b) Schaltung *f*, 'Schaltsy,stem *n*; **7.** *Am.* (Per'sonen)Kreis *m*; **8.** *sport* ‚Zirkus' *m*: ***the tennis ~***; **II** *v/t.* **9.** um'kreisen; **III** *v/i.* **10.** kreisen; '**~·board** *s.* ⚡, *Computer*: Pla'tine *f*; **~ break·er** *s.* ⚡ Ausschalter *m*; **~ di·a·gram** *s.* ⚡ Schaltbild *n*, -plan *m*.

cir·cu·i·tous [sə'kjuːɪtəs] *adj.* □ weitschweifig, -läufig: ***~ route*** Umweg *m*; **cir·cuit·ry** ['sɜːkɪtrɪ] *s.* ⚡ **1.** 'Schaltsys,tem *n*; **2.** Schaltungen *pl.*; **3.** Schaltbild *n*.

cir·cu·lar ['sɜːkjʊlə] **I** *adj.* □ **1.** (kreis-)rund, kreisförmig; **2.** Rund..., Kreis..., Ring...; **II** *s.* **3.** a) Rundschreiben *n*, b) (Post)Wurfsendung *f*; '**cir·cu·lar·ize** [-əraɪz] *v/t.* *a.* (Post)Wurfsendungen verschicken an (*acc.*); Fragebogen schicken an (*acc.*); durch (Post)Wurfsendungen werben für.

cir·cu·lar| let·ter → ***circular*** 3a; **~ let·ter of cred·it** *s.* ✝ 'Reisekre,ditbrief *m*; **~ note** *s.* **1.** *pol.* Zirku'larnote *f*; **2.** 'Reisekre,ditbrief *m*; **~ saw** *s.* ⚙ Kreissäge *f*; **~ skirt** *s.* Glockenrock *m*; **~ tick·et** *s.* Rundreisekarte *f*; **~ tour**, **~ trip** *s.* Rundreise *f*, -fahrt *f*.

cir·cu·late ['sɜːkjʊleɪt] **I** *v/i.* **1.** zirkulieren: a) 'umlaufen, kreisen, b) im 'Umlauf sein, kursieren (*Geld, Gerücht etc.*); **2.** her'umreisen, -gehen; **II** *v/t.* **3.** in Umlauf setzen, zirkulieren lassen.

cir·cu·lat·ing ['sɜːkjʊleɪtɪŋ] *adj.* zirkulierend, 'umlaufend; **~ cap·i·tal** *s.* 'Umlauf-, Be'triebskapi,tal *n*; **~ dec·i·mal** *s.* ⩘ peri'odischer Dezi'malbruch; **~ li·brar·y** *s.* 'Leihbüche,rei *f*.

cir·cu·la·tion [,sɜːkjʊ'leɪʃn] *s.* **1.** Kreislauf *m*, Zirkulati'on *f*; **2.** *physiol.* ('Blut)Zirkulati,on *f*, (-)Kreislauf *m*; **3.** ✝ a) 'Umlauf *m*, Verkehr *m*, b) Verbreitung *f*, Absatz *m*, c) Auflage(nziffer) *f* (*Zeitung etc.*), d) 'Zahlungsmittel-,umlauf *m*: ***out of ~*** außer Kurs (gesetzt); ***put into ~*** in Umlauf setzen; ***withdraw from ~*** aus dem Verkehr ziehen (*a. fig.*); **4.** Strömung *f*, 'Durchzug *m*, -fluss *m*; **cir·cu·la·tor** ['sɜːkjʊleɪtə] *s.* Verbreiter(in); **cir·cu·la·to·ry** [,sɜːkjʊ'leɪtərɪ] *adj.* zirkulierend, 'umlaufend; *physiol.* Kreislauf...: ***~ collapse***; ***~ system*** (Blut)Kreislauf *m*.

cir·cum·cise ['sɜːkəmsaɪz] *v/t.* **1.** ⚕, *eccl.* beschneiden; **2.** *fig.* läutern; **cir·cum·ci·sion** [,sɜːkəm'sɪʒn] *s.* **1.** ⚕, *eccl.* Beschneidung *f*; **2.** *fig.* Läuterung *f*; **3.** ♀ Fest *n* der Beschneidung Christi; **4.** ***the ~*** *bibl.* die Beschnittenen *pl.* (*Juden*).

cir·cum·fer·ence [sə'kʌmfərəns] *s.* 'Umkreis *m*, 'Umfang *m*, Periphe'rie *f*; **cir·cum·flex** ['sɜːkəmfleks] *s. a.* ***~ accent*** *ling.* Zirkum'flex *m*; **cir·cum·ja·cent** [,sɜːkəm'dʒeɪsənt] *adj.* 'umliegend.

cir·cum·lo·cu·tion [,sɜːkəmlə'kjuːʃn] *s.* **1.** Um'schreibung *f*; **2.** a) 'Umschweife *pl.*, b) Weitschweifigkeit *f*; **cir·cum·loc·u·to·ry** [,sɜːkəm'lɒkjʊtərɪ] *adj.* weitschweifig.

cir·cum·nav·i·gate [,sɜːkəm'nævɪgeɪt] *v/t.* um'schiffen, um'segeln; **cir·cum·nav·i·ga·tion** ['sɜːkəm,nævɪ'geɪʃn] *s.* Um'segelung *f*; **,cir·cum'nav·i·ga·tor** [-tə] *s.* Um'segler *m*.

cir·cum·scribe ['sɜːkəmskraɪb] *v/t.* **1.** a) um'schreiben (*a.* ⩘), b) definieren; **2.** begrenzen, einschränken; **cir·cum·scrip·tion** [,sɜːkəm'skrɪpʃn] *s.* **1.** Um'schreibung *f* (*a.* ⩘) **2.** 'Umschrift *f* (*Münze etc.*); **3.** Begrenzung *f*, Beschränkung *f*.

cir·cum·spect ['sɜːkəmspekt] *adj.* □ 'um-, vorsichtig; **cir·cum·spec·tion** [,sɜːkəm'spekʃn] *s.* 'Um-, Vorsicht *f*, Behutsamkeit *f*.

cir·cum·stance ['sɜːkəmstəns] *s.* **1.** 'Umstand *m*, Tatsache *f*, Ereignis *n*; Einzelheit *f*: ***a fortunate ~*** ein glücklicher Umstand; **2.** *pl.* 'Umstände *pl.*, Lage *f*, Sachverhalt *m*, Verhältnisse *pl.*: ***in*** (*od.* ***under***) ***the ~s*** unter diesen Umständen; ***under no ~s*** auf keinen Fall; **3.** *pl.* Verhältnisse *pl.*, Lebenslage *f*: ***in good ~s*** gut situiert; **4.** 'Umständlichkeit *f*, Weitschweifigkeit *f*; **5.** Förmlichkeit(en *pl.*) *f*, Umstände *pl.*: ***without ~*** ohne (alle) Umstände; '**cir·cum·stanced** [-st] *adj.* in e-r ... Lage; ... situiert; gelagert (*Sache*): ***poorly ~*** in ärmlichen Verhältnissen; ***well timed and ~*** zur rechten Zeit u. unter günstigen Umständen; **cir·cum·stan·tial** [,sɜːkəm'stænʃl] *adj.* □ **1.** 'umständlich; **2.** ausführlich, genau; **3.** zufällig; **4.** ***~ evidence*** ⚖ Indizienbeweis *m*; **cir-**

cum·stan·ti·ate [ˌsɜːkəm'stænʃɪeɪt] *v/t.* **1.** genau beschreiben; **2.** ⚖ durch In'dizien beweisen.

cir·cum·vent [ˌsɜːkəm'vent] *v/t.* **1.** über'listen; **2.** vereiteln, verhindern; **3.** um'gehen; ˌ**cir·cum'ven·tion** [-nʃn] *s.* **1.** Vereitelung *f*; **2.** Um'gehung *f*.

cir·cum·vo·lu·tion [ˌsɜːkəmvə'luːʃn] *s.* **1.** 'Umdrehung *f*, 'Umwälzung *f*; **2.** Windung *f*.

cir·cus ['sɜːkəs] *s.* **1.** a) 'Zirkus *m*, b) 'Zirkustruppe *f*, c) ('Zirkus)Vorstellung *f*, d) A'rena *f*; **2.** *Brit. runder Platz mit Straßenkreuzungen*; **3.** *Brit. sl.* ⚔ a) im Kreis fliegende Flugzeugstaffel, b) ‚fliegende' Einheit; **4.** F ‚'Zirkus' *m*, Rummel *m*.

cir·rho·sis [sɪ'rəʊsɪs] *s.* ⚕ Zir'rhose *f*, (*Leber*)Schrumpfung *f*.

cir·rose [sɪ'rəʊs], **cir·rous** ['sɪrəs] *adj.* **1.** ⚘ mit Ranken; **2.** *zo.* mit Haaren *od.* Fühlern; **3.** federartig.

cir·rus ['sɪrəs] *pl.* **-ri** [-raɪ] *s.* **1.** ⚘ Ranke *f*; **2.** *zo.* Rankenfuß *m*; **3.** 'Zirrus *m*, Federwolke *f*.

cis·al·pine [sɪs'ælpaɪn] *adj.* diesseits der Alpen; **cis·at·lan·tic** [sɪsət'læntɪk] *adj.* diesseits des At'lantischen 'Ozeans.

cis·sy → ***sissy***.

Cis·ter·cian [sɪ'stɜːʃjən] **I** *s.* Zisterzi'enser(mönch) *m*; **II** *adj.* Zisterzienser...

cis·tern ['sɪstən] *s.* **1.** Wasserbehälter *m*; **2.** Zi'sterne *f*, ('unterirdischer) Regenwasserspeicher.

cit·a·del ['sɪtədəl] *s.* **1.** Zita'delle *f* (*a. fig.*); **2.** Burg *f*; *fig.* Zuflucht *f*.

ci·ta·tion [saɪ'teɪʃn] *s.* **1.** Anführung *f*; **2.** a) Zi'tat *n* (*zitierte Stelle*), b) ⚖ (**of**) Berufung *f* (auf *acc.*), Her'anziehung *f* (*gen.*), c) ⚖ Vorladung *f*; **3.** *bsd.* ⚔ ehrenvolle Erwähnung.

cite [saɪt] *v/t.* **1.** zitieren; **2.** (als Beispiel *od.* Beweis) anführen; **3.** ⚖ vorladen; **4.** ⚔ lobend erwähnen.

cith·er ['sɪθə] *poet.* → ***zither***.

cit·i·fy ['sɪtɪfaɪ] *v/t.* verstädtern.

cit·i·zen ['sɪtɪzn] *s.* **1.** Bürger *m*, Staatsangehörige(r *m*) *f*: ~ ***of the world*** Weltbürger; **2.** Städter(in); **3.** Einwohner(in): **~s' *band*** CB-Funk *m*; **4.** Zivi'list *m*; '**cit·i·zen·ry** [-rɪ] *s.* Bürgerschaft *f* (*e-s Staates*); '**cit·i·zen·ship** [-ʃɪp] *s.* **1.** Staatsangehörigkeit *f*; **2.** Bürgerrecht *n*.

cit·rate ['sɪtreɪt] *s.* ⚗ Zi'trat *n*.

cit·ric ac·id ['sɪtrɪk] *s.* ⚗ Zi'tronensäure *f*.

cit·ri·cul·ture ['sɪtrɪkʌltʃə] *s.* Anbau *m* von 'Zitrusfrüchten.

cit·rus ['sɪtrəs] *s.* ⚘ 'Zitrusgewächs *n*, -frucht *f*.

cit·y ['sɪtɪ] *s.* **1.** (Groß)Stadt *f*: ***2 of God*** *fig.* Himmelreich *n*; **2.** *Brit.* inkorporierte Stadt (*mst mit Kathedrale*); **3. *the*** 2 die (Londoner) City (*Altstadt od. Geschäftsviertel od. Geschäftswelt*); **4.** *Am.* inkorporierte Stadtgemeinde; 2 **ar·ti·cle** *s.* Börsenbericht *m*; 2 **Com·pa·ny** *s. Brit.* e-e der großen Londoner Gilden; ~ **coun·cil** *s.* Stadtrat *m*; ~ **desk** *s. Brit.* 'Wirtschafts-, *Am.* Lo'kalredaktiˌon *f*; ~ **ed·i·tor** *s.* **1.** *Am.* Lo'kalredakˌteur *m*; **2.** *Brit.* Redak'teur *m* des Handelsteiles; ~ **fa·ther** *s.* Stadtrat *m*; *pl.* Stadtväter *pl.*; ~ **hall** *s.* Rathaus *n*; 2 **man** *s. Brit.* Fi'nanz-, Geschäftsmann *m* der City; ~ **man·ag·er** *s. Am.* 'Stadtdiˌrektor *m*; ~ **per·son** *s.* Stadtmensch *m*; ~ **state** *s.* Stadtstaat *m*.

> **The City** bzw. **City of London** ist ein von der Londoner Stadtverwaltung unabhängiges Gebiet im Osten der Hauptstadt. Sie bildet den historischen Kern Londons und das Hauptfinanzzentrum Großbritanniens.

civ·et (cat) ['sɪvɪt] *s. zo.* 'Zibetkatze *f*.

civ·ic ['sɪvɪk] *adj.* (☐ **~*ally***) **1.** städtisch, Stadt...; **2.** → ***civil*** 2; ~ **cen·tre**, *Am.* **cen·ter** *s.* Behördenviertel *n*, Verwaltungszentrum *n*.

civ·ics ['sɪvɪks] *s. pl. sg. konstr.* Staatsbürgerkunde *f*.

civ·ies ['sɪvɪz] *bsd. Am.* → ***civvies***.

civ·il ['sɪvl] *adj.* (☐ *nur für* 6.) **1.** staatlich: ~ ***affairs*** Verwaltungsangelegenheiten; **2.** (staats)bürgerlich, Bürger...: ~ ***duty***; ~ ***commotion*** Aufruhr *m*, innere Unruhen *pl.*; ~ ***death*** bürgerlicher Tod; ~ ***liberties*** bürgerliche Freiheiten; ~ ***list*** *Brit.* Zivilliste *f*; ~ ***rights*** Bürgerrechte, bürgerliche Ehrenrechte; ~ ***rights activist*** Bürgerrechtler(in); ~ ***rights movement*** Bürgerrechtsbewegung *f*; 2 ***Servant*** Staatsbeamte(r); 2 ***Service*** Staats-, Verwaltungsdienst *m*; ~ ***war*** Bürgerkrieg *m*; → ***disobedience*** 1; **3.** zi'vil (*Ggs. militärisch*): ~ ***aviation*** Zivilluftfahrt *f*; ~ ***defence***, *Am.* ~ ***defense*** Zivilverteidigung *f*, -schutz *m*; ~ ***government*** Zivilverwaltung *f*; ~ ***life*** Zivilleben *n*; **4.** zi'vil (*Ggs. kirchlich*): ~ ***marriage*** Ziviltrauung *f*; **5.** ⚖ zi'vil(rechtlich), bürgerlich: ~ ***case*** *od.* ***suit*** Zivilprozess *m*; ~ ***code*** Bürgerliches Gesetzbuch; ~ ***year*** bürgerliches Jahr; ~ ***law*** a) römisches *od.* kontinentales Recht, b) Zivilrecht *n*, bürgerliches Recht; **6.** höflich: **~*-spoken*** höflich; ~ **en·gi·neer** *s.* 'Bauingeniˌeur *m*; ~ **en·gi·neer·ing** *s.* Tiefbau *m*.

ci·vil·ian [sɪ'vɪljən] **I** *s.* Zivi'list *m*; **II** *adj.* zi'vil, Zivil...: ~ ***life***; ~ ***casualties*** Ver-

C

luste unter der Zivilbevölkerung; **ci'vil·i·ty** [-lətɪ] *s.* Höflichkeit *f*, Artigkeit *f*.

civ·i·li·za·tion [ˌsɪvɪlaɪ'zeɪʃn] *s.* Zivilisati'on *f*, Kul'tur *f*; **civ·i·lize** ['sɪvɪlaɪz] *v/t.* zivilisieren; **civ·i·lized** ['sɪvɪlaɪzd] *adj.* **1.** zivilisiert: *~ nations* Kulturvölker; **2.** gebildet, kultiviert.

civ·vies ['sɪvɪz] *s. pl. sl.* Zi'vil(klaˌmotten *pl.*) *n*; **civ·vy street** ['sɪvɪ] *s. sl.* Zi'villeben *n*.

clack [klæk] **I** *v/i.* **1.** klappern, knallen; **2.** plappern; **II** *s.* **3.** Klappern *n*; **4.** Plappern *n*; **5.** ⚙ (Ven'til)Klappe *f*.

clad [klæd] *adj.* gekleidet.

claim [kleɪm] **I** *v/t.* **1.** fordern, verlangen: *~ damages* Schadenersatz fordern; **2.** a) Anspruch erheben auf (*acc.*), beanspruchen: *~ the crown*, b) *fig.* in Anspruch nehmen, erfordern: *~ attention*; **3.** für sich in Anspruch nehmen: *~ victory*; **4.** (*a.* von sich) behaupten (*a.* ***to*** *inf.* zu *inf.*, ***that*** dass): *~ accuracy* die Richtigkeit behaupten; ***the club ~s 200 members*** der Klub behauptet, 200 Mitglieder zu haben; **5.** zu'rück-, einfordern; *Opfer, Leben* fordern: ***death ~ed him*** der Tod ereilte ihn; **II** *v/i.* **6.** ✝ reklamieren; **7.** *~ against s.o.* j-n verklagen; **III** *s.* **8.** Forderung *f* (***on s.o.*** gegen *od.* an j-n), (*a.* Rechts- *od.* Pa'tent)Anspruch *m*: *~ for damages* Schaden(s)ersatzanspruch; *~ under a contract* Anspruch aus e-m Vertrag; ***lay*** (*od.* ***make a***) *~ **to*** Anspruch erheben auf (*acc.*); ***put in a ~ for*** e-e Forderung auf *et.* stellen; ***make ~s upon*** *fig. j-n od. j-s Zeit* (stark) in Anspruch nehmen; **9.** (An)Recht *n* (***to*** auf *acc.*); **10.** Behauptung *f*; **11.** ✝ Reklamati'on *f*; **12.** Versicherungssumme *f*; Schaden(sfall) *m*; **13.** ⚖ Klage(begehren *n*) *f*; → ***statement*** 4; **14.** ⚒ Mutung *f*; *bsd. Am.* zugeteiltes *od.* beanspruchtes Stück Land; '**claim·a·ble** [-məbl] *adj.* zu beanspruchen(d); '**claim·ant** [-mənt] *s.* **1.** Antragsteller(-in), ⚖ *a.* Kläger(in); (Pa'tent)Anmelder(in); **2.** (***for***) Anwärter(in) (auf *acc.*), Bewerber(in) (für): ***rightful ~*** Anspruchsberechtigte(r).

clair·voy·ance [kleə'vɔɪəns] *s.* Hellsehen *n*; **clair'voy·ant** [-nt] **I** *adj.* hellseherisch; **II** *s.* Hellseher(in).

clam [klæm] *s.* **1.** *zo.* essbare Muschel: ***hard*** *od.* ***round ~*** 'Venusmuschel *f*; **2.** *Am.* F ,zugeknöpfter' Mensch; '**~·bake** *s. Am.* **1.** Picknick *n*; **2.** große Party; **3.** ,Gaudi' *f*.

Clam chowder [ˌklæm'tʃaʊdə] ist eine dicke Suppe aus Muscheln sowie gehacktem Sellerie und Zwiebeln (und anderen Gemüsen), die in den USA sehr beliebt ist. Sie kann entweder weißlich oder rötlich aussehen.

cla·mant ['kleɪmənt] *adj.* **1.** lärmend, schreiend (*a. fig.*); **2.** dringend.

clam·ber ['klæmbə] *v/i.* (mühsam) klettern, klimmen.

clam·my ['klæmɪ] *adj.* □ feuchtkalt (u. klebrig), klamm.

clam·or·ous ['klæmərəs] *adj.* □ lärmend, schreiend, laut; tobend; *fig.* lautstark; **clam·o(u)r** ['klæmə] **I** *s.* **1.** *a. fig.* Lärm *m*, (zorniges) Geschrei, Tu'mult *m*; **2.** *bsd. fig.* (Auf)Schrei *m* (***for*** nach); Schimpfen; **3.** Tu'mult *m*; **II** *v/i.* **4.** (laut) schreien (***for*** nach; *a. fig. wütend verlangen*); heftig protestieren; toben; **III** *v/t.* **5.** *~ down* niederbrüllen.

clamp[1] [klæmp] *s.* **1.** Haufen *m*; **2.** (Kar'toffel- *etc.*)Miete *f*.

clamp[2] [klæmp] **I** *s.* **1.** ⚙ Klammer *f*, Krampe *f*, Klemmschraube *f*, Zwinge *f*, ↯ Erdungsschelle *f*; **2.** *sport* Strammer *m* (*Ski*); **II** *v/t.* **3.** festklammern, -klemmen; befestigen; **4.** *fig. a. ~ down* als Strafe auferlegen; **III** *v/i.* **5.** *~ down* *fig.* zuschlagen, einschreiten, scharf vorgehen (***on*** gegen); '**clamp·down** *s.* F scharfes Vorgehen (***on*** gegen).

clan [klæn] *s.* **1.** *Scot.* Clan *m*, Stamm *m*, Sippe *f*; **2.** *fig.* Clan *m*, Sippschaft *f*, Clique *f*.

clan·des·tine [klæn'destɪn] *adj.* □ heimlich, verstohlen, Schleich...

clang [klæŋ] **I** *v/i.* schallen, klingen, klirren; **II** *v/t.* laut schallen *od.* erklingen lassen; **III** *s.* → ***clango(u)r***; **clang·er** ['klæŋə] *s. sl.* Faux'pas *m*: ***drop a ~*** ,ins Fettnäpfchen treten'; **clang·or·ous** ['klæŋgərəs] *adj.* □ schallend, schmetternd; klirrend; **clang·o(u)r** ['klæŋgə] → ***clank***.

clank [klæŋk] **I** *s.* Klirren *n*, Gerassel *n*, harter Klang; **II** *v/i. u. v/t.* rasseln *od.* klirren (mit).

clan·nish ['klænɪʃ] *adj.* **1.** Sippen...; **2.** stammesbewusst; **3.** (unter sich) zs.-haltend, *contp.* cliquenhaft; '**clan·nish·ness** [-nɪs] *s.* **1.** Stammesbewusstsein *n*; **2.** Zs.-halten *n*, *contp.* Cliquenwesen *n*; **clan·ship** ['klænʃɪp] *s.* **1.** Vereinigung *f* in e-m Clan; **2.** → ***clannishness*** 1; **clans·man** ['klænzmən] *s.* [*irr.*] Mitglied *n* e-s Clans.

clap[1] [klæp] **I** *s.* **1.** (Hände)Klatschen *n*; **2.** (Beifall)Klatschen *n*; **3.** Klaps *m*; **4.** Knall *m*, Krach *m*: *~ of thunder* Donnerschlag *m*; **II** *v/t.* **5.** a) klatschen: *~ one's hands* in die Hände klatschen, b) schlagen: *~ the wings* mit den Flügeln schlagen; **6.** klopfen; **7.** *j-m* Beifall klatschen; **8.** hastig an-, auflegen *od.* ausführen: **~ *eyes on*** erblicken; **~ *a hat on one's head*** den Hut auf den Kopf stülpen; **9. ~ *on*** F *j-m et.* ‚aufbrummen'; **III** *v/i.* **10.** (Beifall) klatschen.

clap² [klæp] *s.* V (*a.* ***dose of ~***) Tripper *m.*

'clap|·board I *s.* **1.** *Brit.* Fassdaube *f*; **2.** *Am.* Verschalungsbrett *n*; **II** *v/t.* **3.** *Am.* verschalen; **'~·net** *s.* Fangnetz *n* (*für Vögel etc.*).

clap·per ['klæpə] *s.* **1.** Klöppel *m* (*Glocke*); **2.** Klapper *f*; **3.** Beifallsklatscher *m*; **'~·board** *s. Am. Film*: Klappe *f.*

clap·trap ['klæptræp] **I** *s.* Ef'fekthasche,rei *f*; Klim'bim *m*; Re'klame(rummel *m*) *f*; Gewäsch *n*, Unsinn *m*; **II** *adj.* ef'fekthaschend; hohl.

claque [klæk] *s.* Claque *f.*

clar·en·don ['klærəndən] *s. typ.* halbfette Egypti'enne.

clar·et ['klærət] *s.* **1.** roter Bor'deaux (-wein); *weitS.* Rotwein *m*; **2.** Weinrot *n*; **3.** *sl.* Blut *n*; **~ *cup*** *s.* Rotweinbowle *f.*

clar·i·fi·ca·tion [ˌklærɪfɪ'keɪʃn] *s.* **1.** ⚙ (Ab)Klärung *f*, Läuterung *f*; **2.** Aufklärung *f*, Klarstellung *f*; **clar·i·fy** ['klærɪfaɪ] **I** *v/t.* **1.** ⚙ (ab)klären, läutern, reinigen; **2.** (auf-, er)klären; **II** *v/i.* **3.** ⚙ sich (ab)klären; **4.** sich (auf)klären, klar werden.

clar·i·net [ˌklærɪ'net] *s.* ♪ Klari'nette *f*; **ˌclar·i'net·(t)ist** [-tɪst] *s.* Klarinet'tist *m.*

clar·i·on ['klærɪən] **I** *s.* **1.** ♪ Cla'rino *n*; **2.** *poet.* Trom'petenschall *m*: **~ *call*** *fig.* Auf-, Weckruf *m*; Fan'fare *f*; **~ *voice*** Trompetenstimme *f*; **II** *v/t.* **3.** laut verkünden, 'auspoˌsaunen.

clar·i·ty ['klærətɪ] *s. allg.* Klarheit *f.*

clash [klæʃ] **I** *v/i.* **1.** klirren, rasseln; **2.** prallen (***into*** gegen), (*a. feindlich u. fig.*) zs.-prallen, -stoßen (***with*** mit); **3.** *fig.* (***with***) kollidieren: a) (zeitlich) zs.-fallen (mit), b) im 'Widerspruch stehen (zu), unvereinbar sein (mit); **4.** nicht zs.-passen (***with*** mit), sich ‚beißen' (*Farben*); **II** *v/t.* **5.** klirren *od.* rasseln mit; klirrend zs.-schlagen; **III** *s.* **6.** Geklirr *n*, Getöse *n*, Krach *m*; **7.** Zs.-prall *m*, Kollisi'on *f*; **8.** (feindlicher) Zs.-stoß; **9.** (zeitliches) Zs.-fallen; **10.** Kon'flikt *m*, 'Widerstreit *m.*

clasp [klɑːsp] **I** *v/t.* **1.** ein-, zuhaken, zuschnallen; **2.** fest ergreifen, um'klammern, fest um'fassen; um'ranken: **~ *s.o.'s hand*** j-m die Hand drücken; **~ *s.o. in one's arms*** j-n umarmen; **~ *one's hands*** die Hände falten; **II** *v/i.* **3.** sich die Hand reichen; **III** *s.* **4.** Klammer *f*, Haken *m*; Schnalle *f*, Spange *f*, Schließe *f*; Schloss *n* (*Buch etc.*); **5.** Um'klammerung *f*, Um'armung *f*; Händedruck *m*; **6.** ⚔ (Ordens)Spange *f*; **~ *knife*** *s.* [*irr.*] Klapp-, Taschenmesser *n.*

class [klɑːs] **I** *s.* **1.** Klasse *f* (*a.* 🚂 *etc.*, ⚘, *zo.*), Gruppe *f*; **2.** Klasse *f*, Sorte *f*, Güte *f*, Quali'tät *f*; *engS.* Erstklassigkeit *f*: ***in the same ~ with*** gleichwertig mit; ***in a ~ of one's*** (*od.* ***its***) ***own*** e-e Klasse für sich (*überlegen*); ***no ~*** F minderwertig; **3.** Stand *m*, Rang *m*, Schicht *f*: ***the*** (***upper***) ***~es*** die oberen (Gesellschafts)Klassen; ***pull ~ on s.o.*** F j-n s-e gesellschaftliche Überlegenheit fühlen lassen; **4.** *ped., univ.* a) Klasse *f*: ***top of the ~*** Klassenerste(r), b) 'Unterricht *m*, Stunde *f*: ***a ~ in cookery*** Kochstunde, c) *pl.* 'Kurs(us) *m*, d) Semi'nar *n*, e) *Brit.* Stufe *f* bei der Universi'tätsprüfung: ***take a ~*** e-n ***honours degree*** erlangen; **5.** *univ. Am.* Jahrgang *m*; **II** *v/t.* **6.** klassifizieren: a) in Klassen einteilen, b) einordnen, einstufen: **~ *with*** gleichstellen mit; ***be ~ed as*** angesehen werden als; **'~·book** *s. ped.* **1.** *Brit.* Lehrbuch *n*; **2.** *Am.* Klassenbuch *n*; **'~-ˌcon·scious** *adj.* klassenbewusst; **~ dis·tinc·tion** *s. sociol.* 'Klassenˌunterschied *m*; **~ ha·tred** *s.* Klassenhass *m.*

clas·sic ['klæsɪk] **I** *adj.* (☐ ***~ally***) **1.** erstklassig, ausgezeichnet; **2.** klassisch, mustergültig, voll'endet; **3.** klassisch: a) griechisch-römisch, b) die klassische Litera'tur *od.* Kunst *etc.* betreffend, c) berühmt, d) edel (*Stil etc.*); **4.** klassisch: a) 'herkömmlich, b) zeitlos; **II** *s.* **5.** Klassiker *m*; **6.** klassisches Werk; **7.** Jünger(in) der Klassik; **8.** *pl.* a) klassische Litera'tur, b) *die* alten Sprachen; **'clas·si·cal** [-kl] *adj.* ☐ **1.** → ***classic*** 1, 2, 3: **~ *music*** klassische Musik; **2.** a) altsprachlich, b) huma'nistisch (gebildet): **~ *education*** humanistische Bildung; ***the ~ languages*** die alten Sprachen; **~ *scholar*** Altphilologe *m*, Humanist *m*; **'clas·si·cism** [-ɪsɪzəm] *s.* **1.** Klassi'zismus *m*; **2.** klassische Redewendung; **'clas·si·cist** [-ɪsɪst] *s.* Kenner *m od.* Anhänger *m* des Klassischen u. der Klassiker.

clas·si·fi·ca·tion [ˌklæsɪfɪ'keɪʃn] *s.* Klassifizierung *f* (*a.* ⚓), Einteilung *f*, -stufung *f*, Anordnung *f*, Ru'brik *f*: (***security***) **~** *pol.* a) Geheimhaltungseinstufung *f*, b) Geheimhaltungsstufe *f*; **class·i·fied** ['klæsɪfaɪd] *adj.* **1.** klassifiziert, eingeteilt: **~ *advertisements*** Kleinanzeigen (*Zeitung*); **~ *directory*** Branchenverzeichnis *n*; **2.** ⚔, *pol.* geheim, Geheim...: **~ *material*; ~ *information*** Verschlusssache(n *pl.*) *f*; **clas·si·fy** ['klæsɪfaɪ] *v/t.* klassifizieren, einteilen; einstufen; ⚔, *pol.* für geheim erklären.

class·less ['klɑːslɪs] *adj.* klassenlos: **~ *society***.

'class|·mate *s.* 'Klassenkameˌrad(in); **'~·room** *s.* Klassenzimmer *n*; **~ war** *s. pol.* Klassenkampf *m.*

C

class·y ['klɑːsɪ] *adj. sl.* ‚klasse' (*od.* ‚Klasse'), ‚Klasse...'.
clat·ter ['klætə] **I** *v/i.* **1.** klappern, rasseln; **2.** trappeln, trampeln; **II** *v/t.* **3.** klappern *od.* rasseln mit; **III** *s.* **4.** Klappern *n*, Rasseln *n*, Krach *m*; **5.** Getrappel *n*; **6.** Lärm *m*; Stimmengewirr *n*.
clause [klɔːz] *s.* **1.** *ling.* Satz(teil *m*, -glied *n*) *m*; **2.** *jur.* a) 'Klausel *f*, Bestimmung *f*, Vorbehalt *m*, b) Absatz *m*, Para'graph *m*.
claus·tro·pho·bi·a [ˌklɔːstrə'fəʊbjə] *s.* Klaustropho'bie *f*.
clav·i·chord ['klævɪkɔːd] *s.* ♪ Clavi'chord *n*.
clav·i·cle ['klævɪkl] *s. anat.* Schlüsselbein *n*.
claw [klɔː] **I** *s.* **1.** *zo.* a) Klaue *f*, Kralle *f* (*beide a. fig.*), b) Schere *f* (*Krebs etc.*), c) Pfote *f* (*a. fig.* F *Hand*): ***get one's ~s into s.o.*** *fig.* j-n in s-e Klauen bekommen; ***pare s.o.'s ~s*** *fig.* j-m die Krallen beschneiden; **2.** ⚙ Klaue *f*, (Greif)Haken *m*; **II** *v/t.* **3.** (zer)kratzen, zerreißen, zerren; **4.** *a.* ***~ hold of*** um'krallen, packen; **5.** ***~ back*** *fig.* a) zurückgewinnen, b) zurücknehmen; **III** *v/i.* **6.** kratzen; **7.** reißen, zerren (***at*** an); **8.** packen, greifen (***at*** nach); **9.** ⚓ ***~ off*** vom Ufer abhalten; **'~-ˌham·mer** *s.* **1.** ⚙ Klauenhammer *m*; **2.** *a.* ***~ coat*** F Frack *m*.
clay [kleɪ] *s.* **1.** Ton *m*, Lehm *m*: ***~ hut*** Lehmhütte *f*; ***feet of ~*** *fig.* tönerne Füße; → ***potter²*** 1; **2.** *fig.* Erde *f*, Staub *m* u. Asche *f*; **3.** → ***clay pipe***; **~ court** *s.* *Tennis*: Rotgrantplatz *m*.
clay·ey ['kleɪɪ] *adj.* lehmig, Lehm...
clay·more ['kleɪmɔː] *s. hist.* schottisches Breitschwert.
clay| pi·geon *s. sport* Wurf-, Tontaube *f*; **~ pipe** *s.* Tonpfeife *f*; **~ pit** *s.* Lehmgrube *f*.
clean [kliːn] **I** *adj.* ☐ **1.** rein, sauber; → ***breast*** 2; **2.** sauber, frisch, neu (*Wäsche*); unbeschrieben (*Papier*); **3.** reinlich; stubenrein; **4.** einwandfrei, makellos (*a. fig.*); astfrei (*Holz*); fast fehlerlos (*Korrekturbogen*); → ***copy*** 1; **5.** (*moralisch*) lauter, sauber; anständig, gesittet; schuldlos: ***~ record*** tadelloser Ruf; ***keep it ~!*** keine Ferkeleien!; ***~ living!*** bleib sauber!; ***Mr. ♀*** Saubermann *m*; **6.** ebenmäßig, von schöner Form; glatt (*Schnitt, Bruch*); **7.** sauber, geschickt (ausgeführt), tadellos; **8.** F ‚sauber' (*ohne Waffen, Schmuggelware etc.*); **II** *adv.* **9.** rein, sauber: ***sweep ~*** rein ausfegen; ***come ~*** F alles gestehen; **10.** rein, glatt, völlig, to'tal: ***I ~ forgot*** ich vergaß ganz; ***~ gone*** a) spurlos verschwunden, b) *sl.* total übergeschnappt; ***~ through the wall*** glatt durch die Wand; **III** *v/t.* **11.** reinigen, säubern; *Kleider* ('chemisch) reinigen; **12.** *Fenster, Schuhe, Zähne* putzen; **IV** *v/i.* **13.** sich reinigen lassen; **~ down** *v/t.* gründlich reinigen; abwaschen; **~ out** *v/t.* **1.** reinigen; **2.** auslesen, -räumen; räumen; **3.** *sl.* a) ‚ausnehmen', ‚schröpfen', b) *Am. a. j-n* ‚fertig machen'; **4.** F *Kasse etc.* leer machen; *Laden etc.* leer kaufen; **5.** F *Bank etc.* ‚ausräumen'; **~ up** *v/t.* **1.** gründlich reinigen; **2.** aufräumen (mit *fig.*); in Ordnung bringen, erledigen, *fig. a.* bereinigen; *Stadt etc.* säubern; **3.** *sl.* (*v/i.* schwer) einheimsen.
clean| and jerk *s. Gewichtheben*: Stoßen *n*; **~ bill of lad·ing** *s.* ✝ reines Konosse'ment; **ˌ~-'bred** *adj.* reinrassig; **ˌ~-'cut** *adj.* **1.** klar um'rissen; klar, deutlich; **2.** regelmäßig; wohlgeformt; **3.** scharf geschnitten: ***~ face***.
clean·er ['kliːnə] *s.* **1.** Reiniger *m* (*Person, Gerät od. Mittel*); Reinemachfrau *f*, Raumpflegerin *f*; (Fenster- *etc.*)Putzer *m*; **2.** *pl.* Reinigung(sanstalt) *f*: ***take s.o. to the ~s*** *sl.* a) j-n total ‚ausnehmen', b) j-n ‚fertig machen'.
ˌclean|-'hand·ed *adj.* schuldlos; **ˌ~-'limbed** *adj.* wohlproportioniert.
clean·li·ness ['klenlɪnɪs] *s.* Reinlichkeit *f*; **clean·ly** ['klenlɪ] *adj.* ☐ reinlich.
cleanse [klenz] *v/t.* **1.** (*a. fig.*) reinigen, säubern, rein waschen (***from*** von); **2.** läutern; **'cleans·er** [-zə] *s.* Reinigungsmittel *n*; **'cleans·ing** [-zɪŋ] *adj.* Reinigungs...: ***~ cream***.
ˌclean|-'shav·en *adj.* glatt rasiert; **'~·up** *s.* **1.** (gründliche) Reinigung *f*; **2.** F 'Säuberungsaktiˌon *f*; Ausmerzung *f*; **3.** *Am. sl.* ‚Schnitt' *m*, (großer) Pro'fit.
clear [klɪə] **I** *adj.* ☐ → ***clearly***; **1.** klar, hell, 'durchsichtig, rein (*a. fig.*): ***a ~ day*** ein klarer Tag; ***as ~ as day(light)***, ***~ as mud*** F sonnenklar; ***a ~ conscience*** ein reines Gewissen; **2.** klar, deutlich; 'übersichtlich; scharf (*Foto, Sprache, Verstand*): ***a ~ head*** ein klarer Kopf; ***~ judgment*** gesundes Urteil; ***be ~ in one's mind*** sich klar darüber sein; ***make o.s. ~*** sich verständlich machen; **3.** klar, offensichtlich; sicher, zweifellos: ***I am quite ~ (that)*** ich bin ganz sicher (dass); **4.** klar, rein; unvermischt; ✝ netto: ***~ amount*** Nettobetrag *m*; ***~ profit*** Reingewinn *m*; ***~ loss*** reiner Verlust; ***~ skin*** reine Haut; ***~ soup*** klare Suppe; ***~ water*** (nur) reines Wasser; **5.** klar, hell (*Ton*): ***as ~ as a bell*** glockenrein; **6.** frei (***of*** von), offen; unbehindert; ohne: ***keep the roads ~*** die Straßen offen halten; ***~ of debt*** schuldenfrei; ***~ title*** *jur.* unbestrittenes Recht; ***see one's way ~*** freie Bahn haben; ***keep ~ of*** a) (ver)meiden, b) sich fern halten von; ***keep ~ of the gates!*** Eingang (*Tor*) freihalten!; ***be ~ of s.th.*** et. los sein; ***get ~ of*** loskom-

men von; **7.** ganz, voll: ***a ~ month*** ein voller Monat; **8.** ⚙ licht (*Höhe, Weite*); **II** *adv.* **9.** hell; klar, deutlich; **10.** frei, los, fort; **11.** völlig, glatt: ***~ over the fence*** glatt über den Zaun; **III** *s.* **12.** ⚙ lichte Weite; **13.** ***in the ~*** a) frei, heraus, b) *sport* frei stehend, c) aus der Sache heraus, vom Verdacht gereinigt, d) *Funk etc.*: im Klartext; **IV** *v/t.* **14.** *a.* ***~ up*** (auf)klären, erläutern; **15.** säubern, reinigen (*a. fig.*), befreien; losmachen (***of*** von): ***~ the street of snow*** die Straße von Schnee reinigen; **16.** *Saal etc.* räumen, leeren; ✝ *Waren(lager)* räumen (→ 23); *Tisch* abräumen, abdecken; *Straße* freimachen; *Land, Wald* roden: ***~ the way*** Platz machen, den Weg bahnen; ***~ out of the way*** *fig.* beseitigen; **17.** reinigen, säubern: ***~ the air*** *a. fig.* die Atmosphäre reinigen; ***~ one's throat*** sich räuspern; **18.** frei-, lossprechen; entlasten (***of, from*** von *e-m Verdacht etc.*); *Am. j-m* (po'litische) Unbedenklichkeit bescheinigen; *Am.* die Genehmigung für *et.* einholen (***with*** bei): ***~ one's conscience*** sein Gewissen entlasten; ***~ one's name*** s-n Namen rein waschen; **19.** (knapp *od.* heil) vor'beikommen an (*dat.*): ***my car just ~ed the bus***; **20.** *Hindernis* nehmen, glatt springen über (*acc.*): ***~ the hedge***; ***~ 6 feet*** 6 Fuß hoch springen; **21.** Gewinn erzielen, einheimsen: ***~ expenses*** die Unkosten einbringen; **22.** ⚓ a) *Schiff* klarmachen (***for action*** zum Gefecht), b) *Schiff* ausklarieren, c) *Ladung* löschen, d) *aus e-m Hafen* auslaufen; **23.** ✝ bereinigen, bezahlen; verrechnen; *Scheck* einlösen; *Hypothek* tilgen; *Ware* verzollen (→ 16); abfertigen; **V** *v/i.* **24.** sich klären, klar werden; **25.** sich aufklären (*Wetter*): ***~ (away)*** sich verziehen (*Nebel etc.*); **26.** sich klären (*Wein etc.*); **27.** ⚓ a) die 'Zollformali,täten erledigen, b) ausklarieren;

Zssgn mit adv.:

clear| a·way I *v/t.* **1.** wegräumen; beseitigen; **II** *v/i.* **2.** verschwinden; → ***clear*** 25; **3.** (den Tisch) abdecken; **~ off I** *v/t.* **1.** beseitigen, loswerden; **2.** erledigen; **II** *v/i.* **3.** → ***clear out*** 3; **~ out I** *v/t.* **1.** ausräumen, reinigen; **2.** ✝ ausverkaufen; **II** *v/i.* **3.** verschwinden, ‚sich verziehen', ‚abhauen'; **~ up I** *v/t.* **1.** ab-, forträumen; **2.** bereinigen, erledigen; **3.** aufklären, lösen; **II** *v/i.* **4.** sich aufklären (*Wetter*).

clear·ance ['klɪərəns] *s.* **1.** Räumung *f* (*a.* ✝), Beseitigung *f*; Leerung *f*; Freilegung *f*; **2.** a) Rodung *f*, b) Lichtung *f*; **3.** ⚙ lichter Raum, Zwischenraum *m*; Spiel(raum *m*) *n*; *mot. etc.* Bodenfreiheit *f*; **4.** *allg.* Abfertigung *f*, *bsd.* a) ✈ Freigabe *f*, Start- od. 'Durchflugerlaubnis *f*, b) ⚓ Auslaufgenehmigung *f* (→ 7); **5.** ✝ a) Tilgung *f*, volle Bezahlung *f*, b) Verrechnung *f* (→ ***clearing*** 2), c) → ***clearance sale***; **6.** ⚓ a) (Ein-, Aus-) Klarierung *f*, Zollabfertigung *f*, b) Zollschein *m*: **~ (*papers*)** Zollpapiere; **7.** *pol. etc.* Unbedenklichkeitsbescheinigung *f*; **~ sale** *s. Brit.* (Räumungs)Ausverkauf *m*.

,clear|-'cut *adj.* scharf um'rissen; klar, eindeutig; **,~-'head·ed** *adj.* klar denkend, intelli'gent.

clear·ing ['klɪərɪŋ] *s.* **1.** Lichtung *f*, Rodung *f*; **2.** ✝ Clearing *n*, Verrechnungsverkehr *m* (*Bank*); **~ bank** *s.* 'Girobank *f*; **≈ Hos·pi·tal** *s.* ⚔ *Brit.* 'Feldlaza,rett *n*; **~ house** *s.* ✝ 'Clearinginsti,tut *n*, Verrechnungsstelle *f*; **~ of·fice** *s.* Verrechnungsstelle *f*; **~ sys·tem** *s.* ✝ Clearingverkehr *m*.

clear·ly ['klɪəlɪ] *adv.* **1.** klar, deutlich; **2.** ***~, that is wrong*** offensichtlich ist das falsch; **3.** zweifellos, ‚klar'; **clear·ness** ['klɪənɪs] *s.* **1.** Klarheit *f*, Deutlichkeit *f*; **2.** *fig.* Reinheit *f*; Schärfe *f*.

,clear|-'sight·ed *adj.* **1.** scharfsichtig; **2.** *fig.* klar denkend, hellsichtig, klug; **'~-starch** *v/t. Wäsche* stärken; **'~·way** *s. Brit.* Schnellstraße *f*.

cleat [kliːt] *s.* **1.** ⚓ Klampe *f*; **2.** Keil *m*, Pflock *m*; **3.** ⚡ Isolierschelle *f*; **4.** ⚙ Querleiste *f*; **5.** breiter Schuhnagel.

cleav·age ['kliːvɪdʒ] *s.* **1.** Spaltung *f* (*a.* ⚒ *u. fig.*); Spaltbarkeit *f*; **2.** Zwiespalt *m*; **3.** *biol.* (Zell)Teilung *f*; **4.** Brustansatz *m*, Dekolletee *n*.

cleave¹ [kliːv] *v/i.* **1.** kleben (***to*** an *dat.*); **2.** *fig.* (***to***) festhalten (an *dat.*), halten (zu *j-m*), treu bleiben (*dat.*), anhängen (*dat.*).

cleave² [kliːv] **I** *v/t.* [*irr.*] **1.** (zer)spalten; **2.** hauen, reißen; *Weg* bahnen; **3.** *Wasser, Luft etc.* durch'schneiden, (zer)teilen; **II** *v/i.* [*irr.*] **4.** sich spalten, bersten; **'cleav·er** [-və] *s.* Hackmesser *n*, -beil *n*.

clef [klef] *s.* ♪ (Noten)Schlüssel *m*.

cleft¹ [kleft] *pret. u. p.p. von* ***cleave²***.

cleft² [kleft] **I** *s.* Spalte *f*, Kluft *f*, Riss *m*; **II** *adj.* gespalten, geteilt; **~ pal·ate** *s.* Gaumenspalte *f*, Wolfsrachen *m*; **~ stick** *s.*: ***be in a ~*** ‚in der Klemme' sitzen.

clem·a·tis ['klemətɪs] *s.* ⚘ Kle'matis *f*.

clem·en·cy ['klemənsɪ] **I** *s.* Milde *f* (*a. Wetter*), Nachsicht *f*; **II** *adj.* Gnaden... (*-behörde etc.*); **'clem·ent** [-nt] *adj.* □ mild (*a. Wetter*), nachsichtig, gnädig.

clench [klentʃ] **I** *v/t.* **1.** *bsd. Lippen* zs.-pressen; *Zähne* zs.-beißen; *Faust* ballen: ***~ one's fist***; **2.** fest anpacken; (an)spannen (*a. fig.*); **3.** → ***clinch*** 1, 2, 3; **II** *v/i.* **4.** sich fest zs.-pressen; sich ballen.

C

cler·gy ['klɜːdʒɪ] *s. eccl.* Geistlichkeit *f*, Klerus *m*, *die* Geistlichen *pl.*: ***20 ~*** 20 Geistliche; '**~·man** [-mən] *s.* [*irr.*] Geistliche(r) *m*.

cler·ic ['klerɪk] *s.* Kleriker *m*; '**cler·i·cal** [-kl] **I** *adj.* □ **1.** geistlich: ***~ collar*** Kragen *m* des Geistlichen; **2.** *pol.* kleri'kal; **3.** Schreib..., Büro...: ***~ error*** Schreibfehler *m*; ***~ work*** Büroarbeit *f*; **II** *s.* **4.** *pol.* Kleri'kale(r) *m*; '**cler·i·cal·ism** [-kəlɪzəm] *s. pol.* Klerika'lismus *m*, kleri'kale Poli'tik.

cler·i·hew ['klerɪhjuː] *s.* 'Clerihew *n* (*witziger Vierzeiler*).

clerk [klɑːk] **I** *s.* **1.** Sekre'tär *m*; Schriftführer *m*; (Bü'ro)Schreiber *m*: ***~ of the court*** Urkundsbeamte(r) *m*; → ***articled*** 2, ***town clerk***; **2.** Bü'roangestellte(r *m*) *f*; Buchhalter(in); (Bank)Beamte(r) *m*, (-)Beamtin *f*; **3.** *Brit.* Vorsteher *m*, Leiter *m*: ***~ of (the) works*** Bauleiter; ***~ of the weather*** *fig.* Wettergott, Petrus; **4.** *Am.* a) Verkäufer(in) *im Laden*, b) (Ho'tel)Porti,er *m*, Empfangschef *m*, -dame *f*; **5.** ***~ in holy orders*** *eccl.* Geistliche(r) *m*; **II** *v/i.* **6.** als Schreiber *etc. od. Am.* als Verkäufer (-in) tätig sein; '**clerk·ship** [-ʃɪp] *s.* Stellung *f* e-s Bü'roangestellten *etc. od. Am.* Verkäufers.

clev·er ['klevə] *adj.* □ **1.** geschickt, raffiniert (*Person u. Sache*); gewandt: ***~ dick*** F ‚Klugscheißer' *m*; **2.** klug, gescheit; begabt (***at*** in); **3.** geistreich (*Worte, Buch*); **4.** *a.* '**~-'~** *contp.* ‚superklug'; '**clev·er·ness** [-nɪs] *s.* Geschicklichkeit *f*, Klugheit *f etc.*

clew [kluː] **I** *s.* **1.** Knäuel *m*, *n* (*Garn*); **2.** → ***clue*** 1, 2; **3.** ⚓ Schothorn *n*; **II** *v/t.* **4.** ***~ up*** *Segel* aufgeien; **~ gar·net** *s.* ⚓ Geitau *n*.

cli·ché ['kliːʃeɪ] *s.* Kli'schee *n*: a) *typ.* Druckstock *m*, b) *fig.* Gemeinplatz *m*, abgedroschene Phrase.

click [klɪk] **I** *s.* **1.** Klicken *n*, Knipsen *n*, Knacken *n*, Ticken *n*; Einschnappen *n*; **2.** ⚙ Schnapp-, Sperrvorrichtung *f*; Sperrhaken *m*, Klinke *f*; **3.** Schnalzen *n*; **II** *v/i.* **4.** klicken, knacken, ticken; **5.** schnalzen; **6.** (zu-, ein)schnappen: ***~ into place*** einrasten, *fig.* sein (richtiges) Plätzchen finden; **7.** *sl.* F ‚einschlagen', Erfolg haben (***with*** mit); **8.** sofort Gefallen anein'ander finden, *engS.* sich inein'ander ‚verknallen'; **9.** F über'einstimmen (***with*** mit); **10.** ***it ~ed*** F bei *mir etc.* ‚klingelte' es (*als ich hörte etc.*); **III** *v/t.* **11.** klicken *od.* ticken *od.* knacken *od.* einschnappen lassen: ***~ the door (to)*** die Tür zuklinken; ***~ one's heels*** die Hacken zs.-schlagen; **12.** schnalzen mit: ***~ one's tongue***.

cli·ent ['klaɪənt] *s.* **1.** ⚖ Kli'ent(in), Man'dant(in): ***~ (state)*** *pol.* abhängiger Staat; **2.** ✝ Kunde *m*, Kundin *f*; **3.** Pati'ent(in) (*e-s Arztes*); **cli·en·tele** [ˌkliːɑ̃ːnˈtel] *s.* **1.** Klien'tel *f*, Kli'enten *pl.*; **2.** Pa'tienten(kreis *m*) *pl.*; **3.** Kunden(kreis *m*) *pl.*, Kundschaft *f*.

cliff [klɪf] *s.* Klippe *f*, Felsen *m*: ***go over the ~*** F *fig.* ‚eingehen', Pleite gehen; **~ dwell·ing** *s.* Felsenwohnung *f*; '**~-ˌhang·er** *s.* F **1.** 'Fortsetzungsroˌman *m* (*etc.*), der jeweils im spannendsten Mo'ment abbricht; **2.** äußerst spannende Sache.

cli·mac·ter·ic [klaɪ'mæktərɪk] **I** *adj.* **1.** entscheidend, 'kritisch; **2.** ⚕ klimak'terisch; **II** *s.* **3.** ⚕ Klimak'terium *n*, Wechseljahre *pl.*; **4.** a) kritische Zeit, b) (Lebens)Wende *f*.

cli·mate ['klaɪmɪt] *s.* **1.** 'Klima *n*; ***~ change*** Klimaveränderung *f*; **2.** Gegend *f*; **3.** *fig.* (*politisches, Betriebs- etc.*)'Klima *n*, Atmo'sphäre *f*; **cli·mat·ic** [klaɪ'mætɪk] *adj.* (□ **~ally**) kli'matisch; **cli·ma·to·log·ic, cli·ma·to·log·i·cal** [ˌklaɪmətə'lɒdʒɪk(l)] *adj.* □ klimato'logisch; **cli·ma·tol·o·gy** [ˌklaɪmə'tɒlədʒɪ] *s.* Klimatolo'gie *f*, 'Klimakunde *f*.

cli·max ['klaɪmæks] **I** *s.* **1.** Steigerung *f*; **2.** Gipfel *m*, Höhepunkt *m*; 'Krisis *f*; **3.** (sexu'eller) Höhepunkt, Or'gasmus *m*; **II** *v/t.* **4.** auf e-n Höhepunkt bringen; *Laufbahn etc.* krönen; **III** *v/i.* **5.** e-n Höhepunkt erreichen; **6.** e-n Or'gasmus haben.

climb [klaɪm] **I** *s.* **1.** Aufstieg *m*, Besteigung *f*; 'Kletterparˌtie *f*; **2.** ✈ Steigen *n*, Steigflug *m*; **II** *v/i.* **3.** klettern; **4.** steigen (*Straße, Flugzeug*); **5.** (auf-, em'por)steigen, (hoch)klettern (*a. fig. Preise etc.*); **6.** ⚘ sich hin'aufranken; **III** *v/t.* **7.** be-, ersteigen; steigen *od.* klettern auf (*acc.*), erklettern; **~ down** *v/i.* **1.** hin'untersteigen, -klettern; **2.** *fig.* e-n ‚Rückzieher' machen, klein beigeben; **~ up** *v/t. u. v/i.* hin'aufsteigen, -klettern.

climb·a·ble ['klaɪməbl] *adj.* ersteigbar; '**climb·down** *s.* F ‚Rückzieher' *m*, Nachgeben *n*; '**climb·er** [-mə] *s.* **1.** Kletterer *m*; Bergsteiger(in); **2.** ⚘ Kletter-, Schlingpflanze *f*; **3.** *orn.* Klettervogel *m*; **4.** F (gesellschaftlicher) Streber, Aufsteiger *m*.

climb·ing| a·bil·i·ty ['klaɪmɪŋ] *s.* **1.** ✈ Steigvermögen *n*; **2.** *mot.* Bergfreudigkeit *f*; **~ i·rons** *s. pl. mount.* Steigeisen *pl.*

clime [klaɪm] *s. poet.* Gegend *f*, Landstrich *m*; *fig.* Gebiet *n*, Sphäre *f*.

clinch [klɪntʃ] **I** *v/t.* **1.** entscheiden, zum Abschluss bringen; *Handel* festmachen: ***that ~ed it*** damit war die Sache entschieden; ***~ an argument*** den Streit für sich entscheiden; **2.** ⚙ a) sicher befestigen, b) vernieten; **3.** *Boxen*: um'klammern; **II** *v/i.* **4.** *Boxen*: clinchen; **III** *s.*

C

5. fester Griff *od.* Halt; **6.** *Boxen*: Clinch *m* (*a. sl. Umarmung*); **7.** ⚙ Vernietung *f*; Niet *m*; '**clinch·er** [-tʃə] *s.* F entscheidender 'Umstand *od.* Beweis *etc.*, Trumpf *m.*

cling [klɪŋ] *v/i.* [*irr.*] **1.** (*to*) *a. fig.* kleben, haften (an *dat.*); anhaften (*dat.*): **~ *together*** zs.-halten; **2.** (*to*) *a. fig.* sich klammern (an *j-n*, *e-e Hoffnung etc.*), festhalten (an *e-r Sitte*, *Meinung etc.*): **~ *to the text*** am Text kleben; **3.** sich (an)schmiegen (***to*** an *acc.*); **4.** *fig.* (***to***) hängen (an *dat.*), anhängen (*dat.*); **cling film** *s.* Frischhaltefolie *f*; '**cling·ing** [-ŋɪŋ] *adj.* eng anliegend, hauteng (*Kleid*).

clin·ic ['klɪnɪk] *s.* **1.** Klinik *f*, (Pri'vat *od.* Universi'täts)Krankenhaus *n*; **2.** Klinikum *n*, klinischer 'Unterricht; **3.** 'Poliklinik *f*, Ambu'lanz *f*; **4.** *Am.* Fachkurs(us) *m*, Semi'nar *n*; '**clin·i·cal** [-kl] *adj.* ☐ **1.** klinisch: **~ *instruction*** Unterweisung *f* am Krankenbett; **~ *thermometer*** Fieberthermometer *n*; **2.** *fig.* nüchtern, kühl analysierend; **clin·i·car** ['klɪnɪkɑː] *s.* Notarztwagen *m*; **cli·ni·cian** [klɪ'nɪʃn] *s.* Kliniker *m.*

clink[1] [klɪŋk] **I** *v/i.* klingen, klimpern, klirren; **II** *v/t.* klingen *od.* klirren lassen: **~ *glasses*** (mit den Gläsern) anstoßen; **III** *s.* Klingen *n etc.*

clink[2] [klɪŋk] *s. sl.* ‚Knast' *m*, ‚Kittchen' *n* (*Gefängnis*): ***in* ~.**

clink·er[1] ['klɪŋkə] *s.* **1.** Klinker *m*, Hartziegel *m*; **2.** Schlacke *f.*

clink·er[2] ['klɪŋkə] *bsd. Am. sl.* **1.** ‚Patzer' *m*; **2.** ‚Pleite' *f* (*Misserfolg*).

'**clink·er-built** *adj.* ⚓ in Klinkerbauweise.

cli·nom·e·ter [klaɪ'nɒmɪtə] *s.* Neigungs-, Winkelmesser *m.*

Cli·o ['klaɪəʊ] *s. Am. alljährlicher Preis für die beste Leistung im Werbefernsehen.*

clip[1] [klɪp] **I** *v/t.* **1.** abschneiden; *a. fig.* beschneiden; *Schwanz, Flügel, Hecke* stutzen: **~ *s.o.'s wings*** *fig.* j-m die Flügel beschneiden; **2.** *Haare* (*mit der Maschine*) schneiden; *Tiere* scheren; **3.** *aus der Zeitung* ausschneiden; *Fahrschein* lochen; **4.** *Silben od. Buchstaben* verschlucken: **~*ped speech*** a) undeutliche (Aus)Sprache, b) knappe *od.* schneidige Sprechweise; **5.** *j-m* e-n Schlag ‚verpassen'; **6.** F a) *j-n* ‚erleichtern' (***for*** um), b) *j-n* ‚neppen'; **II** *s.* **7.** Haarschnitt *m*; **8.** Schur *f*; **9.** Wollertrag *m e-r Schur*; **10.** F Hieb *m*; **11.** F Tempo *n*: ***at a good* ~** in scharfem Tempo.

clip[2] [klɪp] **I** *s.* **1.** (Bü'ro-, Heft)Klammer *f*, Klemme *f*, Spange *f*, Halter *m*; **2.** ⚔ (*Patronen*)Rahmen *m*, Ladestreifen *m*; **II** *v/t.* **3.** festhalten; befestigen, (an)klammern.

'**clip|·board** [-bɔːd] *s. Computer*: Zwischenablage *f*; **~ joint** *s. sl.* 'Nepplo,kal *n.*

clip·per ['klɪpə] *s.* **1.** ⚓ Klipper *m*, Schnellsegler *m*; **2.** ✈ Clipper *m*; **3.** Renner *m* (*schnelles Pferd*); **4.** *pl.* 'Haarschneide-, 'Scherma,schine *f*, Schere *f.*

clip·pie ['klɪpɪ] *s.* F *Brit.* Busschaffnerin *f.*

clip·ping ['klɪpɪŋ] *s.* **1.** *Am.* (Zeitungs-) Ausschnitt *m*: **~ *bureau*** Zeitungsausschnittsdienst *m*; **2.** *mst pl.* Schnitzel *pl.*, Abfälle *pl.*

clique [kliːk] *s.* Clique *f*, Klüngel *m*; '**cli·quish** [-kɪʃ] *adj.* cliquenhaft.

clit [klɪt] *sl. für* **cli·to·ris** ['klɪtərɪs] *s. anat.* 'Klitoris *f*, Kitzler *m.*

clo·a·ca [kləʊ'eɪkə] *pl.* **-s, -cae** [-kiː] *s.* Klo'ake *f* (*a. zo.*; *a. fig. Sündenpfuhl*).

cloak [kləʊk] **I** *s.* **1.** (loser) Mantel, 'Umhang *m*; **2.** *fig.* Deckmantel *m*: ***under the* ~ *of night*** im Schutz der Nacht; **II** *v/t.* **3.** (wie) mit e-m Mantel bedecken; **4.** *fig.* bemänteln, verhüllen; **ˌ~-and-'dag·ger** *adj.* **1.** ‚Mantel-und-Degen-...': **~ *drama***; **2.** Spionage...: **~ *story***; '**~·room** *s.* **1.** Garde'robe *f*; **2.** *Brit.* F Toi'lette *f.*

clob·ber ['klɒbə] *v/t. sl.* **1.** verprügeln, *fig.* ‚fertig machen'; **2.** *sport* ‚über'fahren', ‚vernaschen'.

cloche [kləʊʃ] *s.* **1.** Glasglocke *f* (*für Pflanzen*); **2.** Glocke *f* (*Damenhut*).

clock[1] [klɒk] **I** *s.* **1.** (*Wand-, Turm-, Stand*)Uhr *f*: ***five o'clock*** fünf Uhr; (***a***)***round the* ~** rund um die Uhr, den ganzen Tag (*arbeiten etc.*); ***put the* ~ *back*** *fig.* das Rad zurückdrehen; **2.** F a) Kon'troll-, Stoppuhr *f*, b) Fahrpreisanzeiger *m* (*Taxi*); **3.** *Computer*: Taktgeber *m*; **4.** F ⚘ Pusteblume *f*; **II** *v/t.* **5.** *bsd. sport* a) (*mit der Uhr*) (ab)stoppen, b) *Zeit* nehmen, c) *Zeit* erreichen; **6.** *a.* **~ *up*** F *Zeit, Zahlen etc.* registrieren; **7.** *a.* **~ *back*** *Brit. mot.* den Kilometerstand *von et.* verändern, F *den Tacho* ‚frisieren' *od.* zurückstellen: **~*ed vehicle*** Fahrzeug *n* mit ‚frisiertem' Tacho; **III** *v/i.* **8.** **~ *in*** *od.* ***on*** (***off*** *od.* ***out***) einstempeln (ausstempeln) (*Arbeitnehmer*); **9.** **~ *back*** *Brit. mot.* den Kilometerstand verändern, den Tacho ‚frisieren' *od.* zurückstellen.

clock[2] [klɒk] *s.* (Strumpf)Verzierung *f.*

clock·er ['klɒkə] *s. Brit. mot.* F *j-d, der den Tacho zurückgestellt hat.*

clock face *s.* Zifferblatt *n.*

'**clock·ing** *s. Brit. mot.* F betrügerisches Zurückstellen des Tachos.

clock| ra·di·o *s.* 'Radiowecker *m*; '**~-ˌwatch·er** *s.* F Angestellte(r), der *od.* die immer nach der Uhr sieht; '**~·wise** *adj. u. adv.* im Uhrzeigersinn; rechtsläufig, Rechts...: **~ *rotation***; '**~·work** *s.* Uhrwerk *n*: ***like* ~** a) wie am Schnür-

C

chen, b) (pünktlich) wie die Uhr; **~ *toy*** mechanisches Spielzeug; **~ *fuse*** ⚔ Uhrwerkzünder *m*.

clod [klɒd] *s.* **1.** Erdklumpen *m*, Scholle *f*; **2.** *fig.* ‚Heini' *m*, Trottel *m*; **'~,hop·per** *s.* Bauerntölpel *m*; **'~,hop·ping** *adj.* F ungehobelt.

clog [klɒg] **I** *s.* **1.** Holzklotz *m*; **2.** Pan'tine *f*, Holzschuh *m*; **3.** *fig.* Hemmnis *n*, Hindernis *n*; **II** *v/t.* **4.** (be)hindern, hemmen; **5.** verstopfen; **6.** *fig.* belasten, voll pfropfen; **III** *v/i.* **7.** sich verstopfen; stocken; **8.** klumpig werden, sich zs.-ballen; **~ dance** *s.* Holzschuhtanz *m*.

clois·ter ['klɔɪstə] **I** *s.* **1.** Kloster *n*; **2.** △ a) Kreuzgang *m*, b) *oft pl.* gedeckter (Säulen)Gang *um e-n Hof*; **II** *v/t.* **3.** in ein Kloster stecken; **4.** *fig.* (*a.* ***o.s.*** sich) von der Welt abschließen; **'clois·tered** [-əd] *adj.* zu'rückgezogen, abgeschieden; **'clois·tral** [-trəl] *adj.* klösterlich.

clone [kləʊn] **I** *s.* **1.** *biol.* Klon *m*; **2.** *fig.* baugleiches Modell; **II 3.** *v/t.* klonen (*a.* *fig.*).

close¹ [kləʊs] **I** *adj.* □ → ***closely***; **1.** geschlossen (*a. ling.*): **~ *formation*** (*od.* ***order***) ⚔ (Marsch)Ordnung *f*; **~ *company*** *Brit.*, **~ *corporation*** ✝ *Am.* GmbH *f*; **2.** zu'rückgezogen, abgeschlossen; **3.** verschlossen, verschwiegen, zu'rückhaltend; **4.** verborgen, geheim; **5.** geizig; sparsam; **6.** knapp (*Geld*; *Sieg*): **~ *election*** knapper Wahlsieg; **~ *price*** ✝ scharf kalkulierter Preis; **7.** eng, beschränkt (*Raum*); **8.** nahe, dicht; *fig.* eng, vertraut: **~ *friend***; **~ *combat*** ⚔ Nahkampf *m*; **~ *proximity*** nächste Nähe; **~ *fight*** zähes Ringen, Handgemenge *n*; **~ *finish*** scharfer Endkampf; **~ *shave*** (*od.* ***call***) F knappes Entrinnen; ***that was ~!*** F das war knapp!; **~ *shot*** *phot.* Nahaufnahme *f*; → ***quarter*** 10; **9.** dicht, eng; fest; eng anliegend (*Kleid*): **~ *texture*** dichtes Gewebe; **~ *writing*** gedrängte Schrift; **10.** genau, gründlich, streng, eingehend (*Prüfung, Verhör etc.*); scharf (*Aufmerksamkeit, Bewachung*); streng (*Haft*); scharf (*Wettbewerb*); stark (*Ähnlichkeit*); (wort)getreu (*Übersetzung, Abschrift*); **11.** schwül, dumpf; **II** *adv.* **12.** nahe, eng, dicht, gedrängt: **~ *by*** nahe (da)bei; **~ *at hand*** nahe bevorstehend; **~ *to the ground*** dicht am Boden; **~ *on 40*** beinahe 40; ***come ~ to*** *fig.* dicht herankommen an (*acc.*); ***cut ~*** sehr kurz schneiden; ***keep ~*** in der Nähe bleiben; ***keep o.s. ~*** sich zurückhalten; ***press s.o. ~*** j-n (be)drängen; ***run s.o. ~*** j-m fast gleichkommen; **III** *s.* **13.** Einfriedigung *f*, (eingefriedetes) Grundstück; **14.** (Schul)Hof *m*; **15.** Sackgasse *f*; **16.** *Scot.* 'Haus,durchgang *m zum Hof*.

close² [kləʊz] **I** *s.* **1.** (Ab)Schluss *m*, Ende *n*: ***bring to a ~*** beendigen; ***draw to a ~*** sich dem Ende nähern; **2.** a) Schlusswort *n*, b) Briefschluss *m*; **3.** ♪ Ka'denz *f*; **II** *v/t.* **4.** *Augen, Tür etc.* schließen, zumachen (→ ***door*** 2, ***eye*** 2); *Straße* sperren; *Loch* verstopfen: **~ *a shop*** a) e-n Laden schließen, b) ein Geschäft aufgeben; **~ *about s.o.*** j-n umschließen *od.* umgeben; **5.** beenden, ab-, beschließen; zum Abschluss bringen, erledigen: **~ *the books*** ✝ die Bücher abschließen; **~ *an account*** ein Konto auflösen; **III** *v/i.* **6.** schließen, geschlossen werden; sich schließen; **7.** enden, aufhören; **8.** sich nähern, heranrücken; **9.** **~ *with*** a) (handels)einig werden mit *j-m*, sich mit *j-m* einigen (***on*** über *acc.*), b) handgemein mit *j-m* werden; **~ down I** *v/t.* **1.** schließen; *Geschäft* aufgeben; *Betrieb* stilllegen; **II** *v/i.* **2.** schließen; stillgelegt werden; **3.** *Radio, TV*: Sendeschluss haben; **4.** **~ *on*** scharf vorgehen gegen; **~ in** *v/i.* (***upon***) her'einbrechen (über *acc.*), sich her'anarbeiten (an *acc.*); **~ out** *v/t.* **1.** ✝ a) *Lager* räumen, b) → ***wind up*** 4; **2.** *fig. Am.* abwickeln, erledigen; **~ up I** *v/t.* (ver)schließen, verstopfen, ausfüllen; **II** *v/i.* näher rücken, aufschließen; sich schließen *od.* füllen.

,close|-'bod·ied [,kləʊs-] *adj.* eng anliegend (*Kleider*); **,~-'cropped** *adj.* kurz geschoren.

closed| cir·cuit [kləʊzd] *s.* ⚡ geschlossener Stromkreis; **'~-,cir·cuit tel·e·vi·sion** *s.* Kurzschluss-, Betriebsfernsehen *n*.

'close-down ['kləʊz-] *s.* **1.** Schließung *f*, Stilllegung *f*; **2.** *Radio, TV*: Sendeschluss *m*.

closed shop *s.* gewerkschaftspflichtiger Betrieb.

,close|-'fist·ed [,kləʊs-] *adj.* geizig, knauserig; **~ fit** *s.* enge Passform; ⚙ Edelpassung *f*; **,~-'fit·ting** *adj.* eng anliegend; **,~-'grained** *adj.* feinkörnig (*Holz etc.*); **,~-'hauled** *adj.* ⚓ hart am Winde; **,~-'knit** *adj. fig.* eng verbunden; **,~-'lipped** *adj.* verschlossen.

close·ly ['kləʊslɪ] *adv.* **1.** dicht, eng, fest; **2.** aus der Nähe; **3.** genau; **4.** scharf, streng; **'close·ness** [-snɪs] *s.* **1.** Nähe *f*; **2.** Enge *f*, Knappheit *f*; **3.** Dichte *f*, Festigkeit *f*; **4.** Genauigkeit *f*, Schärfe *f*, Strenge *f*; **5.** Verschlossenheit *f*; **6.** Schwüle *f*; **7.** Geiz *m*.

'close|-out ['kləʊz-] *s. a.* **~ *sale*** Ausverkauf *m* wegen Geschäftsaufgabe; **'~-range** ['kləʊs-] *adj.* aus nächster Nähe, Nah...; **~ sea·son** [kləʊs] *s. hunt.* Schonzeit *f*.

clos·et ['klɒzɪt] **I** *s.* **1.** kleine Kammer; Gelass *n*, Kabi'nett *n*; Geheimzimmer *n*: **~ *drama*** Lesedrama *n*; **2.** *Am.*

(Wand)Schrank *m*; **3.** ('Wasser)Kloˌsett *n*; **II** *adj.* **4.** pri'vat, geheim; **III** *v/t.* **5.** einschließen: ***be ~ed together with s.o.*** e-e vertrauliche Besprechung mit j-m haben.

close| time [kləʊs] *s. hunt.* Schonzeit *f*; ˌ**~-'tongued** *adj.* verschlossen; '**~-up** *s.* **1.** *Film*: Nah-, Großaufnahme *f*; **2.** *fig.* genaue Betrachtung, scharfes Bild.

clos·ing| date ['kləʊzɪŋ] *s.* letzter Ter'min; ˌ**~-'down sale** *s.* Räumungsverkauf *m*; **~ price** *s. Börse*: 'Schlussnoˌtierung *f*; **~ speech** *s.* Schlussrede; ⚖ 'Schlussplädoˌyer *n*; **~ time** *s.* **1.** Geschäftsschluss *m*; **2.** Poli'zeistunde *f*.

clo·sure ['kləʊʒə] **I** *s.* **1.** Verschluss *m* (*a. Vorrichtung*); **2.** Schließung *f e-s Betriebs*, Stilllegung *f*; **3.** *parl.* Schluss *m* der De'batte: ***apply*** (*od.* ***move***) ***the ~*** Antrag auf Schluss der Debatte stellen; **II** *v/t.* **4.** *Debatte etc.* schließen.

clot [klɒt] **I** *s.* **1.** Klumpen *m*, Klümpchen *n*: **~ *of blood*** Blutgerinnsel *n*; **2.** F ‚Blödmann' *m*; **II** *v/i.* **3.** gerinnen, Klumpen bilden: ***~ted hair*** verklebtes Haar.

cloth [klɒθ] *pl.* **cloths** [-θs] *s.* **1.** Tuch *n*, Stoff *m*; *engS.* Wollstoff *m*: **~ *of gold*** Goldbrokat *m*; → ***coat*** 1, ***whole*** 3; **2.** Tuch *n*, Lappen *m*: ***lay the ~*** den Tisch decken; **3.** geistliche Amtstracht: ***the ~*** die Geistlichkeit; **4.** ⚓ a) Segeltuch *n*, b) Segel *pl.*; **5.** (Buchbinder)Leinwand *f*: **~ *binding*** Leinenband *m*; ***~-bound*** in Leinen gebunden; **~-cap** *adj.* F Arbeiterklassen . . ., Proleten . . .

clothe [kləʊð] *v/t.* **1.** (an- be)kleiden; **2.** einkleiden, mit Kleidung versehen; **3.** *fig. in Worte* kleiden; **4.** *fig.* einhüllen; um'hüllen.

clothes [kləʊðz] *s. pl.* **1.** Kleider *pl.*, Kleidung *f*; **2.** (Leib-, Bett)Wäsche *f*; **~ hang·er** *s.* Kleiderbügel *m*; '**~·horse** *s.* Wäscheständer *m*; **~ line** *s.* Wäscheleine *f*; **~ peg**, '**~·pin** *s.* Wäscheklammer *f*; '**~·press** *s.* Wäsche-, Kleiderschrank *m*; **~ tree** *s.* Kleiderständer *m*.

cloth hall *s. hist.* Tuchbörse *f*.

cloth·ier ['kləʊðɪə] *s.* Tuch-, Kleiderhändler *m*; '**cloth·ing** [-ðɪŋ] *s.* Kleidung *f*: ***article of ~*** Kleidungsstück *n*; **~ *industry*** Bekleidungsindustrie *f*.

clo·ture ['kləʊtʃə] *Am.* → ***closure*** 3.

cloud [klaʊd] **I** *s.* **1.** Wolke *f* (*a. fig.*); Wolken *pl.*: **~ *of dust*** Staubwolke; ***have one's head in the ~s*** *fig.* a) in höheren Regionen schweben, b) geistesabwesend sein; ***be on ~ nine*** F im siebten Himmel schweben; → ***silver lining***; **2.** *fig.* Schwarm *m*, Haufen *m*: ***a ~ of flies***; **3.** dunkler Fleck, Fehlstelle *f*; **4.** *fig.* Schatten *m*: **~ *of title*** ⚖ (geltend gemachter) Fehler im Besitz; ***cast a ~ on s.th.*** e-n Schatten auf et. werfen; ***under the ~ of night*** im Schatten der Nacht; ***under a ~*** a) unter Verdacht, b) in Ungnade, c) in Verruf; **II** *v/t.* **5.** be-, um'wölken; **6.** *fig.* verdunkeln, trüben: **~ *the issue*** die Sache vernebeln; **7.** ädern, flecken; **8.** ⚙ *Stoff* moirieren; **III** *v/i.* **9.** *a.* **~ *over*** sich be- *od.* um'wölken, sich trüben (*a. fig.*); '**~-burst** *s.* Wolkenbruch *m*; ˌ**~-'cuck·oo-land** *s.* Wolken'kuckucksheim *n*.

cloud·ed ['klaʊdɪd] *adj.* **1.** be-, um'wölkt; *fig.* nebelhaft; **2.** trübe, wolkig (*Flüssigkeit etc.*); beschlagen (*Glas*); **3.** gefleckt, geädert; '**cloud·ing** [-dɪŋ] *s.* **1.** Wolkigkeit *f*, Trübung *f* (*a. fig.*); **2.** Wolken-, Moirémuster *n*; '**cloud·less** [-lɪs] *adj.* ☐ **1.** wolkenlos; **2.** *fig.* ungetrübt; '**cloud·y** [-dɪ] *adj.* ☐ **1.** wolkig, bewölkt; **2.** geädert; moiriert (*Stoff*); **3.** trübe (*Flüssigkeit*); unklar, verschwommen; **4.** düster.

clout [klaʊt] F **I** *s.* **1.** Schlag *m*; **2.** *fig.* a) Macht *f*, Einfluss *m*, b) Wucht *f*; **II** *v/t.* **3.** hauen, schlagen; **~ nail** *s.* (Schuh)Nagel *m*.

clove¹ [kləʊv] *s.* ♀ Gewürznelke *f*.

clove² [kləʊv] *s.* ♀ Brut-, Nebenzwiebel *f*: **~ *of garlic*** Knoblauchzehe *f*.

clove³ [kləʊv] *pret. von* ***cleave²***.

clove⁴ [kləʊv] *s. Am.* Bergschlucht *f*.

clo·ven ['kləʊvn] **I** *p.p. von* ***cleave²***; **II** *adj.* gespalten; **~ foot** → **~ hoof** *s.* **1.** Huf *m* der Paarhufer; **2.** *fig.* ‚Pferdefuß' *m*: ***show the ~*** *fig.* den Pferdefuß *od.* sein wahres Gesicht zeigen; ˌ**~-'hoofed** *adj.* **1.** *zo.* paarzehig, -hufig; **2.** teuflisch.

clove pink *s.* ♀ Gartennelke *f*.

clo·ver ['kləʊvə] *s.* ♀ Klee *m*: ***be*** (*od.* ***live***) ***in ~*** ‚in der Wolle' sitzen, üppig leben; '**~·leaf** *s.* Kleeblatt *n*: **~ (*intersection*)** Kleeblatt (*Autobahnkreuzung*).

clown [klaʊn] **I** *s.* **1.** Clown *m*, Hans'wurst *m*, Kasper *m* (*alle a. fig.*); **2.** Bauernlümmel *m*, 'Grobian *m*; **II** *v/i.* **3.** *a.* **~ *around*** he'rumkaspern; '**clown·er·y** [-nərɪ] *s.* **1.** Clowne'rie *f*; **2.** Posse *f*; '**clown·ish** [-nɪʃ] *adj.* ☐ **1.** bäurisch, tölpelhaft; **2.** närrisch.

cloy [klɔɪ] *v/t.* **1.** über'sättigen; **2.** anwidern; **cloy·ing** ['klɔɪɪŋ] *adj.* widerlich.

club [klʌb] **I** *s.* **1.** Keule *f*, Knüppel *m*; **2.** *sport* a) Schlagholz *n*, Schläger *m*, b) *a.* ***Indian ~*** (Schwing)Keule *f*; **3.** Klub *m*: a) Verein *m*, Gesellschaft *f*, b) Klub-, Vereinshaus *n*, c) *fig.*, *a. pol.* Klub *m*; **4.** *Spielkarten*: Treff *n*, Kreuz *n*, Eichel *f*; **II** *v/t.* **5.** mit e-r Keule *od.* mit dem Gewehrkolben schlagen; **6.** *Geld* zs.-legen, -schießen; sich teilen in (*acc.*); **III** *v/i.* **7.** *mst* **~ *together*** (Geld) zs.-legen, sich zs.-tun; **club·(b)a·ble** ['klʌbəbl] *adj.* **1.** klub-, gesellschaftsfähig; **2.** → '**club·by** [-bɪ] *adj.* gesellig.

C

club| car *s.* 🚃 *Am.* Sa'lonwagen *m*; ˌ**~-'foot** *s.* ⚕ Klumpfuß *m*; ˌ**~-'foot·ed** *adj.* klumpfüßig; '**~·house** → **club** 3b; '**~·land** *s.* Klubviertel *n* (*bsd. in London*); '**~·man** [-mən] *s.* [*irr.*] **1.** Klubmitglied *n*; **2.** Klubmensch *m*; **~ sandwich** *s. Am.* 'Sandwich *n* (*aus drei Lagen bestehend*); **~ steak** *s.* Klubsteak *n*.

cluck [klʌk] **I** *v/i.* **1.** glucken, locken: **~ing hen** Glucke *f*; **II 2.** Glucken *n*; **3.** *Am. sl.* ‚Blödmann' *m*.

clue [kluː] **I 1.** Anhaltspunkt *m*, Fingerzeig *m*, Spur *f*: ***I haven't a ~!*** keine Ahnung!; **2.** *fig.* a) Faden *m*, b) Schlüssel *m* (*e-s Rätsels etc.*); **3.** → ***clew*** 1, 3; **II** *v/t.* **4. ~ *s.o.*** (***in*** *od.* ***up***) *sl.* j-n ins Bild setzen *od.* informieren.

clump [klʌmp] **I** *s.* **1.** Klumpen *m* (*Erde*), (*Holz*)Klotz *m*; **2.** (Baum)Gruppe *f*; **3.** Doppelsohle *f*; **4.** schwerer Tritt; **II** *v/i.* **5.** trampeln; **III** *v/t.* **6.** zs.-ballen; **7.** doppelt besohlen; **8.** F *j-m* e-n Schlag ‚verpassen'.

clum·si·ness ['klʌmzɪnɪs] *s.* Plumpheit *f*: a) Ungeschicklichkeit *f*, b) Unbeholfenheit *f*, Schwerfälligkeit *f*, c) Taktlosigkeit *f*, d) Unförmigkeit *f*; **clum·sy** ['klʌmzɪ] *adj.* □ plump: a) ungeschickt, unbeholfen, schwerfällig (*a. Stil*), b) taktlos, c) unförmig.

clung [klʌŋ] *pret. u. p.p. von* ***cling***.

clus·ter ['klʌstə] **I** *s.* **1.** ⚘ Büschel *n*, Traube *f*; **2.** Haufen *m* (*a. ast.*), Menge *f*, Schwarm *m*, Gruppe *f*; *a.* ⚙ Bündel *n*, traubenförmige Anordnung; **3.** ⚔ *Am.* (Ordens)Spange *f*; **II** *v/i.* **4.** in Büscheln *od.* Trauben wachsen; **5.** sich sammeln *od.* häufen *od.* drängen *od.* ranken (***round*** um); in Gruppen stehen.

clutch¹ [klʌtʃ] **I** *v/t.* **1.** fest (er)greifen, packen; drücken; **2.** ⚙ kuppeln; **II** *v/i.* **3.** (gierig) greifen (***at*** nach); **III** *s.* **4.** fester Griff: ***make a ~ at*** (gierig) greifen nach; **5.** *pl.*, *mst. fig.* Klauen *pl.*; Gewalt *f*, Macht *f*, Bande *pl.*: ***in*** (***out of***) ***s.o.'s ~es*** in (aus) j-s Klauen *od.* Gewalt; **6.** ⚙ (Schalt-, Ausrück)Kupplung *f*; Kupplungshebel *m*: ***let in the ~*** einkuppeln; ***disengage the ~*** auskuppeln; **7.** ⚙ Greifer *m*.

clutch² [klʌtʃ] *s.* **1.** Gelege *n*; Brut *f*; **2.** *fig.* F Schwarm *m von Leuten*.

clutch| disk *s.* Kupplungsscheibe *f*; **~ le·ver** *s.*, **~ ped·al** *s.* 'Kupplungspeˌdal *n*, -hebel *m*.

clut·ter ['klʌtə] **I** *v/t.* **1.** *a.* **~ *up*** in Unordnung bringen; **2.** voll stopfen, anfüllen, über'häufen; um'herstreuen; **II** *s.* **3.** Wirrwarr *m*.

clys·ter ['klɪstə] *s.* ⚕ *obs.* Kli'stier *n*.

coach [kəʊtʃ] **I** *s.* **1.** Kutsche *f*: ***~ and four*** Vierspänner *m*; **2.** 🚃 *Brit.* (*Personen*)Wagen *m*; **3.** *mot.* a) (Fern-, Reise)Omnibus *m*, b) *Am.* Limou'sine *f*, c) → ***coachwork***; **4.** Nachhilfe-, Pri'vatlehrer *m*, Einpauker *m*; **5.** *sport* 'Trainer *m*, Betreuer *m*; **II** *v/t.* **6.** 'Nachhilfeˌunterricht *od.* Anweisungen geben (*dat.*), instruieren, einarbeiten: **~ *s.o. in s.th.*** j-m et. einpauken; **7.** *sport* trainieren; **III** *v/i.* **8.** in e-r Kutsche reisen; **9.** Nachhilfeunterricht erteilen; **~ box** *s.* Kutschbock *m*; '**~ˌbuild·er** *s.* **1.** Stellmacher *m*; **2.** *mot. Brit.* Karosse'riebauer *m*; **~ horse** *s.* Kutschpferd *n*; **~ house** *s.* Wagenschuppen *m*.

coach·ing ['kəʊtʃɪŋ] *s.* **1.** Reisen *n* in e-r Kutsche; **2.** 'Nachhilfeˌunterricht *m*; **3.** Unter'weisung *f*, Anleitung *f*.

'**coach·work** *s. mot.* Karosse'rie *f*.

co·ac·tion [kəʊ'ækʃn] *s.* **1.** Zs.-wirken *n*; **2.** Zwang *m*.

co·ag·u·late [kəʊ'ægjʊleɪt] **I** *v/i.* **1.** gerinnen; **2.** flockig *od.* klumpig werden; **II** *v/t.* **3.** gerinnen lassen; **co·ag·u·la·tion** [kəʊˌægjʊ'leɪʃn] *s.* Gerinnen *n*; Flockenbildung *f*.

coal [kəʊl] **I** *s.* **1.** Kohle *f*; *engS.* Steinkohle *f*; *a* (ein) Stück Kohle; **2.** *pl. Brit.* Kohle *f*, Kohlen *pl.*, Kohlenvorrat *m*: ***lay in ~s*** sich mit Kohlen eindecken; ***carry ~s to Newcastle*** *fig.* Eulen nach Athen tragen; ***call*** (*od.* ***haul***) ***s.o. over the ~s*** j-n ‚fertig machen'; ***heap ~s of fire on s.o.'s head*** *fig.* feurige Kohlen auf j-s Haupt sammeln; **3.** glimmendes Stück Kohle *od.* Holz; **II** *v/t.* **4.** 🚃, ⚓ bekohlen, mit Kohle versorgen, **III** *v/i.* **5.** 🚃, ⚓ Kohle einnehmen, bunkern; '**~·bed** *s. geol.* Kohlenflöz *n*; '**~·box** *s.* Kohlenkasten *m*; **~ car** *s.* 🚃 *Am.* Kohlenwagen *m*; '**~·dust** *s.* Kohlengrus *m*.

coal·er ['kəʊlə] *s.* Kohlenschiff *n*; 'Kohlenzug *m*, -wagˌgon *m*.

co·a·lesce [ˌkəʊə'les] *v/i.* **1.** verschmelzen, sich verbinden *od.* vereinigen; **2.** *fig.* zs.-passen; ˌ**co·a'les·cence** [-sns] *s.* Verschmelzung *f*, Vereinigung *f*.

'**coal|·field** *s.* 'Kohlenreˌvier *n*; **~ gas** *s.* Leuchtgas *n*.

coal·ing sta·tion ['kəʊlɪŋ] *s.* ⚓ 'Bunker-, 'Kohlenstatiˌon *f*.

co·a·li·tion [ˌkəʊə'lɪʃn] *s.* Zs.-schluss *m*, Vereinigung *f*; *pol.* Koaliti'on *f*; **~ partner** *s. pol.* Koaliti'onspartner *m*.

coal| mine *s.* Kohlenbergwerk *n*, Kohlengrube *f*, -zeche *f*; **~ min·er** *s.* Grubenarbeiter *m*, Bergmann *m*; **~ min·ing** *s.* Kohlenbergbau *m*; **~ oil** *s. Am.* Petroleum *n*; '**~·pit** *s.* Kohlengrube *f*; **~ seam** *s. geol.* Kohlenflöz *n*; **~ tar** *s.* Steinkohlenteer *m*; **~ wharf** *s.* ⚓ Bunkerkai *m*.

coarse [kɔːs] *adj.* □ **1.** grob (*Ggs. fein*): **~ *texture*** grobes Gewebe; **2.** grobkörnig: **~ *bread*** Schrotbrot *n*; **3.** *fig.* grob, derb, ungehobelt; unanständig, anstößig; **4.** einfach, gemein: **~ *fare*** grobe *od.* einfache Kost; '**~-grained** *adj.* **1.**

grobkörnig, -faserig; grob (*Gewebe*); **2.** → ***coarse*** 3.

coars·en ['kɔːsn] **I** *v/t.* grob machen, vergröbern (*a. fig.*); **II** *v/i.* grob werden (*bsd. fig.*); '**coarse·ness** [-nɪs] *s.* **1.** grobe Quali'tät; **2.** *fig.* Grob-, Derbheit *f*; Unanständigkeit *f*.

coast [kəʊst] **I** *s.* **1.** Küste *f*, Meeresufer *n*: ***the ~ is clear*** *fig.* die Luft ist rein, die Bahn ist frei; **2.** Küstenlandstrich *m*; **3.** *Am.* a) Rodelbahn *f*, b) (Rodel-) Abfahrt *f*; **II** *v/i.* **4.** ⚓ a) die Küste entlangfahren, b) Küstenschifffahrt treiben; **5.** *Am.* rodeln; **6.** *mit e-m Fahrzeug* (berg'ab) rollen; im Freilauf (*Fahrrad*) *od.* im Leerlauf (*Auto*) fahren: **~ *on*** *sl.* auf *e-n Trick etc.* ‚reisen'; **7.** *sl.* mühelos vor'ankommen; '**coast·al** [-tl] *adj.* Küsten...

coast·er ['kəʊstə] *s.* **1.** ⚓ Küstenfahrer *m* (*bsd. Schiff*); **2.** *Am.* Rodelschlitten *m*; **3.** *Am.* Achterbahn *f*; **4.** Ta'blett *n*, *bsd.* Serviertischchen *n*; **~ brake** *s.* *Am.* Rücktrittbremse *f*.

coast guard *s.* **1.** *Brit.* Küstenwache *f* (*a.* ⚔); Küstenzollwache *f*; **2.** *Am.* ♎ (staatlicher) Küstenwach- u. Rettungsdienst; **3.** Angehörige(r) *m* von 1 u. 2.

coast·ing ['kəʊstɪŋ] *s.* **1.** Küstenschifffahrt *f*; **2.** *Am.* Rodeln *n*; **3.** Berg'abfahren *n* (*im Freilauf od. bei abgestelltem Motor*); **~ trade** *s.* Küstenhandel *m*.

'**coast|·line** *s.* Küstenlinie *f*, -strich *m*; '**~·wise** *adj. u. adv.* längs der Küste; Küsten...

coat [kəʊt] **I** *s.* **1.** Jac'kett *n*, Jacke *f*: ***wear the king's ~*** *hist.* des Königs Rock tragen (*Soldat sein*); ***~ and skirt*** (Schneider)Kostüm *n*; ***~ of arms*** Wappen *n*; ***~ armo(u)r*** Familienwappen *n*; ***~ of mail*** Panzerhemd *n*; ***cut one's ~ according to one's cloth*** sich nach der Decke strecken; **2.** Mantel *m*: ***turn one's ~*** sein Mäntelchen nach dem Wind hängen; **3.** Fell *n*, Pelz *m* (*Tier*); **4.** Schicht *f*, Lage *f*; Decke *f*, Hülle *f*, (*a. Farb-, Metall- etc.*)'Überzug *m*, Belag *m*, Anstrich *m*; Bewurf *m*: ***a second ~ of paint*** ein zweiter Anstrich; **II** *v/t.* **5.** anstreichen, über'streichen, -'ziehen, beschichten: ***~ with silver*** plattieren; **6.** um'hüllen, -'kleiden, bedecken; auskleiden (***with*** mit); '**coat·ed** [-tɪd] *adj.* **1.** mit e-m (...) Rock *od.* Mantel *od.* Fell (versehen): ***black-~*** schwarz gekleidet; **2.** mit ... über'zogen *od.* gestrichen *od.* bedeckt: ***sugar-~*** mit Zuckerüberzug; **3.** ⚕ belegt (*Zunge*); **coat·ee** ['kəʊtiː] *s.* kurzer (Waffen)Rock.

coat hang·er *s.* Kleiderbügel *m*.

coat·ing ['kəʊtɪŋ] *s.* **1.** Mantelstoff *m*; **2.** ⚙ Anstrich *m*, 'Überzug *m*, Schicht *f*; Bewurf *m*; **3.** ⚙ Auskleidung *f*, Futter *n*.

coat| stand *s.* Garde'robenständer *m*; '**~-tail** *s.* Rockschoß *m*; '**~-ˌtrail·ing** *adj.* provoka'tiv.

co·au·thor [kəʊ'ɔːθə] *s.* Mitverfasser *m*, -autor *m*.

coax [kəʊks] **I** *v/t.* **1.** schmeicheln (*dat.*); gut zureden (*dat.*), beschwatzen (***to do*** *od.* ***into doing*** zu tun): ***~ s.th. out of s.o.*** j-m et. abschwatzen; **2.** *et.* mit Gefühl *od.* ‚mit Geduld und Spucke' bringen (***into*** in *acc.*); **II** *v/i.* **3.** schmeicheln.

co·ax·al [ˌkəʊ'æksl], ˌ**co'ax·i·al** [-sɪəl] ⩚, ⚙ koaxi'al, kon'zentrisch.

cob [kɒb] *s.* **1.** *a.* ***~ swan*** *orn.* männlicher Schwan; **2.** *zo.* kleineres Reitpferd; **3.** Klumpen *m*, Stück *n* (*z. B.* Kohle); **4.** Maiskolben *m*; **5.** *Brit.* Strohlehm *m* (*Baumaterial*); **6.** → ***cob-loaf***; **7.** → ***cobnut***.

co·balt [kəʊ'bɔːlt] *s.* *min.*, ⚗ Kobalt *m*; **~ blue** *s.* Kobaltblau *n*; **~ bomb** *s.* **1.** ⚔ Kobaltbombe *f*; **2.** ⚕ 'Kobaltkaˌnone *f*.

cob·ble[1] ['kɒbl] **I** *s.* **1.** runder Pflasterstein, Kopfstein *m*; **2.** *pl.* → ***cob coal***; **II** *v/t.* **3.** mit Kopfsteinen pflastern.

cob·ble[2] ['kɒbl] *v/t.* *Schuhe* flicken; *fig.* zs.-flicken, zs.-schustern; '**cob·bler** [-lə] *s.* **1.** (Flick)Schuster *m*: ***~'s wax*** Schusterpech *n*; **2.** *fig.* Stümper *m*; **3.** *Am.* Cobbler *m* (*ein Cocktail*).

'**cob·ble·stone** → ***cobble***[1] 1.

cob coal *s.* Nuss-, Stückkohle *f*.

Cob·den·ism ['kɒbdənɪzəm] *s.* ♆ 'Manchestertum *n*, Freihandelslehre *f*.

co·bel·lig·er·ent [ˌkəʊbɪ'lɪdʒərənt] *s.* mit Krieg führender Staat.

'**cob|·loaf** *s.* rundes Brot; '**~·nut** *s.* ♀ Haselnuss *f*.

Co·bol ['kəʊbɒl] *s.* COBOL *n* (*Computersprache*).

co·bra ['kəʊbrə] *s.* *zo.* Brillenschlange *f*, 'Kobra *f*.

cob·web ['kɒbweb] *s.* **1.** Spinn(en)gewebe *n*; Spinnenfaden *m*; **2.** feines, zartes Gewebe; **3.** *fig.* Hirngespinst *n*: ***blow away the ~s*** sich e-n klaren Kopf schaffen; **4.** *fig.* Netz *n*, Schlinge *f*; **5.** *fig.* alter Staub; '**cob·webbed** [-bd], '**cobˌweb·by** [-bɪ] *adj.* voller Spinnweben.

co·ca ['kəʊkə] *s.* 'Koka(blätter *pl.*) *f*.

co·cain(e) [kəʊ'keɪn] *s.* ⚗ Koka'in *n*; **co'cain·ism** [-nɪzəm] *s.* **1.** Koka'invergiftung *f*; **2.** Koka'insucht *f*.

coc·cus ['kɒkəs] *pl.* **-ci** [-kaɪ] *s.* ⚕ 'Kokkus *m*, 'Kokke *f* (*a.* ♀).

coch·i·neal ['kɒtʃiniːl] *s.* Kosche'nille (-laus) *f*; Kosche'nille(rot *n*) *f*.

coch·le·a ['kɒklɪə] *s.* *anat.* Cochlea *f*, Schnecke *f* (*im Ohr*).

cock[1] [kɒk] **I** *s.* **1.** *orn.* Hahn *m*: ***old ~*** F alter Knabe; ***that ~ won't fight*** F a) so geht das nicht, b) das zieht nicht; **2.**

C

Vogelmännchen *n*: **~ sparrow** Sperlingsmännchen; **3.** Wetterhahn *m*; **4.** ⚙ (*Absperr*)Hahn *m*; **5.** (*Gewehr- etc.*) Hahn *m*: ***full ~*** Hahn gespannt; ***half ~*** Hahn in Ruh; **6.** Anführer *m*: ***~ of the roost*** (*od.* ***walk***) *oft contp.* der Größte; ***~ of the school*** Anführer *m* unter den Schülern; **7.** Aufrichten *n*: ***~ of the eye*** (bedeutsames) Augenzwinkern; ***give one's hat a saucy ~*** s-n Hut keck aufs Ohr setzen; **8.** V ‚Schwanz' *m* (*Penis*); **9.** F Quatsch *m*; **II** *v/t.* **10.** *Gewehrhahn* spannen; **11.** aufrichten: ***~ one's ears*** die Ohren spitzen; ***~ one's eye at s.o.*** j-n viel sagend *od.* verächtlich ansehen; ***~ one's hat*** den Hut schief *od.* keck aufsetzen; → ***cocked hat***; **12.** ***~ up*** *sl.* ‚versauen'.

cock² [kɒk] *s.* kleiner Heuhaufen.

cock·ade [kɒ'keɪd] *s.* Ko'karde *f.*

cock·a·doo·dle·doo [ˌkɒkəduːdl'duː] *s.* a) Kikeri'ki *n* (*Hahnenschrei*), b) *humor.* Kikeri'ki *m* (*Hahn*).

Cock·aigne [kɒ'keɪn] *s.* Schla'raffenland *n.*

ˌcock-and-'bull sto·ry *s.* Ammenmärchen *n*, Lügengeschichte *f.*

cock·a·too [ˌkɒkə'tuː] *s.* 'Kakadu *m.*

cock·a·trice ['kɒkətraɪs] *s.* Basi'lisk *m.*

Cock·ayne → ***Cockaigne.***

'cock|·boat *s.* ⚓ Jolle *f*; **'~ˌchaf·er** *s.* Maikäfer *m*; **'~·crow** *s.* Hahnenschrei *m*; *fig.* Tagesanbruch *m.*

cocked hat [kɒkt] *s.* Zwei-, Dreispitz *m* (*Hut*): ***knock into a ~*** a) zu Brei schlagen, b) (restlos) ‚fertig machen'.

cock·er¹ ['kɒkə] → ***cocker spaniel.***

cock·er² ['kɒkə] *v/t.* verhätscheln, verwöhnen: ***~ up*** aufpäppeln.

Cock·er³ ['kɒkə] *npr.*: ***according to ~*** nach Adam Riese, genau.

cock·er·el ['kɒkərəl] *s.* Hähnchen *n.*

cock·er span·iel *s.* 'Cockerˌspaniel *m.*

'cock|·eyed *adj. sl.* **1.** schielend; **2.** (krumm u.) schief; **3.** ‚doof'; **4.** ‚blau' (*betrunken*); **'~ˌfight·ing** *s.* Hahnenkampf *m*: ***that beats ~!*** F das ist 'ne Wucht!

cock·i·ness ['kɒkɪnɪs] *s.* F Großspurigkeit *f*, Anmaßung *f.*

cock·le¹ ['kɒkl] **I** *s.* **1.** *zo.* (essbare) Herzmuschel: ***that warms the ~s of my heart*** das tut mir gut; **2.** → ***cockleshell***; **II** *v/i.* **3.** sich bauschen *od.* kräuseln *od.* werfen; **III** *v/t.* **4.** kräuseln.

cock·le² ['kɒkl] → ***corncockle.***

'cock·le|·boat → ***cockboat***; **'~·shell** *s.* **1.** Muschelschale *f*; **2.** ‚Nussschale' *f*, kleines Boot.

cock·ney ['kɒknɪ] *s. oft* ♀ **1.** Cockney *m*, (waschechter) Londoner; **2.** 'Cockney (-diaˌlekt *m*, -aussprache *f*) *n*; **'cock·ney·dom** [-dəm] *s.* **1.** Cockneybezirk *m*; **2.** *coll.* die Cockneys *pl.*; **'cockney·ism** [-ɪɪzəm] *s.* Cockneyausdruck *m.*

Traditionell ist ein **cockney** ein Londoner, der in Hörweite von **Bow Bells** [ˌbəʊ'belz] – den Glocken der Kirche St Mary-le-Bow im **East End** der englischen Hauptstadt – geboren ist. **Cockneys** stammen hauptsächlich aus der Arbeiterklasse und zeichnen sich vor allem durch ihren starken Londoner Akzent aus.

'cock|·pit *s.* **1.** Hahnenkampfplatz *m*; **2.** *fig.* Kampfplatz *m*; **3.** ⚓, ✈, *mot.* Cockpit *n*; **'~·roach** *s.* Kaker'lak *m*, (Küchen)Schabe *f.*

cocks·comb ['kɒkskəʊm] *s.* **1.** *zo.* Hahnenkamm *m*; **2.** ⚘ Hahnenkamm *m*; **3.** → ***coxcomb*** 1.

'cock|·shy Wurfziel *n*; *fig.* Zielscheibe *f*; **'~·spur** *s.* **1.** *zo.* Hahnensporn *m*; **2.** ⚘ Hahnen-, Weißdorn *m*; **ˌ~'sure** *adj.* **1.** todsicher, 'vollkommen über'zeugt; **2.** über'trieben selbstsicher, anmaßend; **'~·tail** *s. allg.* Cocktail *m*: ***~ cabinet*** Hausbar *f*; ***~ dress*** Cocktailkleid *n.*

'cock-up *s. Brit. sl.* 'Durcheinander *n*: ***make a ~ of s.th.*** et. vermasseln.

cock·y ['kɒkɪ] *adj.* F großspurig, anmaßend.

co·co ['kəʊkəʊ] *pl.* **-cos I** *s. mst in Zssgn* ⚘ 'Kokospalme *f*; **II** *adj.* Kokos...; aus 'Kokosfasern.

co·coa ['kəʊkəʊ] *s.* **1.** Ka'kao(pulver *n*) *m*; **2.** Ka'kao *m* (*Getränk*); **~ bean** *s.* Ka'kaobohne *f.*

co·co·nut ['kəʊkənʌt] *s.* **1.** ⚘ 'Kokosnuss *f*: ***that accounts for the milk in the ~*** F daher der Name!; **2.** *sl.* ‚Kürbis' *m* (*Kopf*); **~ but·ter** *s.* 'Kokosbutter *f*; **~ milk** *s.* 'Kokosmilch *f*; **~ palm, ~ tree** *s.* 'Kokospalme *f.*

co·coon [kə'kuːn] **I** *s. zo.* Ko'kon *m*, Puppe *f der Seidenraupe*; *weitS.* Gespinst *n*; ⚔, ⚙ Schutzhülle *f*; **II** *v/t. u. v/i.* (sich) einspinnen *od.* (*fig.*) einhüllen; *Gerät etc.* ‚einmotten'.

co·cotte [kɒ'kɒt] *s.* Ko'kotte *f.*

cod¹ [kɒd] *s. ichth.* Kabeljau *m*, Dorsch *m*: ***dried ~*** Stockfisch *m*; ***cured ~*** Klippfisch *m.*

cod² [kɒd] *v/t. j-n* foppen.

co·da ['kəʊdə] *s.* ♪ 'Koda *f.*

cod·dle ['kɒdl] *v/t.* verhätscheln, verzärteln, verwöhnen: ***~ up*** aufpäppeln.

code [kəʊd] **I** *s.* **1.** *bsd.* ⚖ 'Kodex *m*, Gesetzbuch *n*; *weitS.* Regeln *pl.*: ***~ of hono(u)r*** Ehrenkodex; **2.** ⚓, ⚔ Signalbuch *n*; **3.** (Tele'grafen)Kode *m*,

(-)Schlüssel *m*; **4.** a) Kode *m* (*a. Computer*), Schlüssel(schrift *f*) *m*, b) Chiffre *f*: ~ ***name*** Deckname *m*; ~ ***number*** Kode-, Kennzahl *f*; ~ ***word*** Kodewort *n*; **II** *v/t.* **5.** kodieren, chiffrieren, verschlüsseln: ***~d message***; ***coding device*** → ***coder***.

co·de·ine ['kəʊdiːn] *s. pharm.* Kode'in *n*.

cod·er ['kəʊdə] *s.* Kodiergerät *n*, Kodierer *m*, Verschlüssler *m*.

co·de·ter·mi·na·tion ['kəʊdɪˌtɜːmɪ'neɪʃn] *s.* ✝ (***parity*** ~ pari'tätische) Mitbestimmung.

co·dex ['kəʊdeks] *pl.* '**co·di·ces** [-dɪsiːz] *s.* 'Kodex *m*, alte Handschrift (*Bibel, Klassiker*).

'**cod|·fish** → ***cod***[1]; '**~ˌfish·er** *s.* Kabeljaufischer *m*.

codg·er ['kɒdʒə] *s.* F alter Kauz.

co·di·ces *pl. von* ***codex***.

cod·i·cil ['kɒdɪsɪl] *s.* ⚖ Kodi'zill *n*.

cod·i·fi·ca·tion [ˌkəʊdɪfɪ'keɪʃn] *s.* Kodifizierung *f*; **cod·i·fy** ['kəʊdɪfaɪ] *v/t.* **1.** *bsd.* ⚖ kodifizieren; **2.** *Nachricht* verschlüsseln; '**cod·ing** *s.* Verschlüsselung *f*, Kodierung *f*.

cod·ling[1] ['kɒdlɪŋ] *s.* junger Dorsch.

cod·ling[2] ['kɒdlɪŋ] *s. ein* Kochapfel *m*; ~ **moth** *s. zo.* Obstmade *f*.

cod liv·er oil [ˌkɒdlɪvər'ɔɪl] *s.* Lebertran *m*.

co·driv·er ['kəʊˌdraɪvə] *s.* Beifahrer *m*.

co·ed [ˌkəʊ'ed] *s. ped.* Stu'dentin *f od.* Schülerin *f* e-r gemischten Schule; **co·ed·u·ca·tion** [ˌkəʊedjuː'keɪʃn] *s. ped.* Koedukati'on *f*, Gemeinschaftserziehung *f*.

co·ef·fi·cient [ˌkəʊɪ'fɪʃnt] **I** *s.* **1.** ⩚, *phys.* Koeffizi'ent *m*; **2.** mitwirkende Kraft, 'Faktor *m*; **II** *adj.* **3.** mitwirkend.

coe·li·ac ['siːlɪæk] *adj. anat.* Bauch...

co·erce [kəʊ'ɜːs] *v/t.* **1.** nötigen, zwingen (***into*** zu); **2.** erzwingen; **co'er·ci·ble** [-sɪbl] *adj.* □ zu (er)zwingen(d); **co'er·cion** [-'ɜːʃn] *s.* **1.** Zwang *m*; Gewalt *f*; ⚖ Nötigung *f*; **2.** *pol.* Zwangsherrschaft *f*; **co'er·cive** [-sɪv] **I** *adj.* □ zwingend (*a. fig.*), Zwangs...; **II** *s.* Zwangsmittel *n*.

co·es·sen·tial [ˌkəʊɪ'senʃl] *adj.* wesensgleich.

co·e·val [kəʊ'iːvl] *adj.* □ **1.** gleichzeitig; **2.** gleichaltrig; **3.** von gleicher Dauer.

co·ex·ist [ˌkəʊɪg'zɪst] *v/i.* gleichzeitig *od.* nebenein'ander bestehen *od.* leben, koexistieren; ˌ**co·ex'ist·ence** [-təns] *s.* Koexi'stenz *f*; ˌ**co·ex'ist·ent** [-tənt] *adj.* gleichzeitig *od.* nebenein'ander bestehend, koexi'stent.

cof·fee ['kɒfɪ] *s.* **1.** 'Kaffee *m* (*Getränk, Bohnen od. Baum*): ***black*** ~ schwarzer Kaffee; ***white*** ~ Milchkaffee; **2.** 'Kaffeebraun *n*; ~ **bar** *s.* **1.** Ca'fé *n*; **2.** Imbissstube *f*; ~ **bean** *s.* 'Kaffeebohne *f*; ~ **break** *s.* 'Kaffeepause *f*; ~ **grounds** *s. pl.* 'Kaffeesatz *m*; '**~·house** *s.* 'Kaffeehaus *n*; '**~ˌmak·er** *s. Am.* 'Kaffeemaˌschine *f*; ~ **mill** *s.* 'Kaffeemühle *f*; '**~·pot** *s.* 'Kaffeekanne *f*; ~ **set** *s.* 'Kaffeeserˌvice *n*; ~ **shop** *s. Am. für* ***coffee bar***; ~ **ta·ble** *s.* Couchtisch *m*; ~ ***book*** prächtiger Bildband; ~ **urn** *s.* ('Groß)ˌKaffeemaˌschine *f*.

In den englischsprachigen Ländern wird Kaffee inzwischen mindestens so gern wie Tee getrunken. Entsprechend gibt es eine Vielzahl von Cafés (**coffee bars**) mit einer wachsenden Auswahl an Kaffeesorten und Zubereitungsarten. Hier die wichtigsten:

(filter) coffee	Filterkaffee
espresso	Espresso
double espresso	doppelter Espresso
milky coffee, café au lait [ˌkæfeɪəʊ'leɪ], **caffè latte** [ˌkæfeɪ'læteɪ]	Milchkaffee
cappuccino	Cappuccino
pot of coffee	Kännchen Kaffee
decaffeinated coffee [ˌdiː'kæfɪneɪtɪd], *kurz:* **decaf** ['diːkæf]	koffeinfreier Kaffee

cof·fer ['kɒfə] **I** *s.* **1.** Kasten *m*, Kiste *f*, Truhe *f*, Kas'sette *f* (*für Wertsachen*); **2.** *pl.* a) Schatz *m*, Gelder *pl.*, b) Schatzkammer *f*, Tre'sor *m*; **3.** △ Deckenfeld *n*, Kas'sette *f*; **4.** → ***cofferdam***; **II** *v/t.* **5.** verwahren; '**~·dam** *s.* ⚙ Kastendamm *m*, Senkkasten *m*, Cais'son *m*.

cof·fin ['kɒfɪn] **I** *s.* Sarg *m* (*a.* F *schlechtes Schiff*); **II** *v/t.* einsargen; ~ **bone** *s. zo.* Hufbein *n* (*Pferd*); ~ **joint** *s.* Hufgelenk *n* (*Pferd*).

cog[1] [kɒg] *s.* **1.** ⚙ (Rad)Zahn *m*; **2.** *fig.* ***he's just a ~ in the machine*** er ist nur ein Rädchen im Getriebe.

cog[2] [kɒg] **I** *v/t.* *Würfel* beschweren: ~ ***the dice*** beim Würfeln mogeln; **II** *v/i.* betrügen.

C

co·gen·cy ['kəʊdʒənsɪ] *s.* Schlüssigkeit *f*, Triftigkeit *f*; '**co·gent** [-nt] *adj.* □ zwingend, triftig.
cogged [kɒgd] *adj.* ⚙ gezahnt, Zahn(rad)...: ~ ***railway*** Zahnradbahn *f*.
cog·i·tate ['kɒdʒɪteɪt] **I** *v/i.* **1.** (nach-) denken, (nach)sinnen (***upon*** über *acc.*); **2.** *phls.* denken; **II** *v/t.* **3.** ersinnen; **cog·i·ta·tion** [ˌkɒdʒɪ'teɪʃn] *s.* **1.** (Nach)Denken *n*; **2.** Denkfähigkeit *f*; **3.** Gedanke *m*.
co·gnac ['kɒnjæk] *s.* 'Kognak *m*.
cog·nate ['kɒgneɪt] **I** *adj.* **1.** (*selten*) (bluts)verwandt; **2.** verwandt (*Wörter etc.*); **3.** *ling.* (sinn)verwandt: ~ ***object*** Objekt *n* des Inhalts; **II** *s.* **4.** ⚖ Blutsverwandte(r *m*) *f*; **5.** verwandtes Wort.
cog·ni·tion [kɒg'nɪʃn] *s. bsd. phls.* Erkennen *n*, Wahrnehmung *f*; Kenntnis *f*; **cog·ni·tive** ['kɒgnɪtɪv] *adj.* kogni'tiv, erkenntnismäßig.
cog·ni·za·ble ['kɒgnɪzəbl] *adj.* □ **1.** erkennbar; **2.** ⚖ a) der Gerichtsbarkeit unter'worfen, b) gerichtlich verfolgbar, c) zu verhandeln(d); '**cog·ni·zance** [-zəns] *s.* **1.** Kenntnis *f*, Erkenntnis *f*; **2.** ⚖ a) Zuständigkeit *f*, b) (richterliche) Verhandlung, c) (richterliches) Erkenntnis, d) *Brit.* Anerkenntnis *n*: ***take ~ of*** sich zuständig mit *e-m Fall* befassen, *weitS.* zur Kenntnis nehmen; ***beyond my ~*** außerhalb m-r Befugnis; **3.** *her.* Ab-, Kennzeichen *n*; '**cog·ni·zant** [-zənt] *adj.* **1.** unter'richtet (***of*** über *acc. od.* von); **2.** *phls.* erkennend.
cog·no·men [kɒg'nəʊmen] *s.* **1.** Fa'milien-, Zuname *m*; **2.** Bei-, *bsd.* Spitzname *m*.
'**cog·wheel** *s.* ⚙ Zahnrad *n*; ~ **drive** *s.* ⚙ Zahnradantrieb *m*; ~ **rail·way** *s.* Zahnradbahn *f*.
co·hab·it [kəʊ'hæbɪt] *v/i.* (*bsd.* unverheiratet) zs.-leben; **co·hab·i·ta·tion** [ˌkəʊhæbɪ'teɪʃn] *s.* **1.** Zs.-leben *n*; **2.** Beischlaf *m*, Beiwohnung *f*.
co·heir [ˌkəʊ'eə] *s.* Miterbe *m*; **co·heir·ess** [ˌkəʊ'eərɪs] *s.* Miterbin *f*.
co·here [kəʊ'hɪə] *v/i.* **1.** zs.-hängen (*a. fig.*); **2.** *fig.* in Zs.-hang stehen; **3.** zs.-halten; **4.** zs.-passen, über'einstimmen (***with*** mit); **5.** *Radio*: fritten; **co'her·ence** [-ɪərəns], **co'her·en·cy** [-ɪərənsɪ] *s.* **1.** *phys.* Kohäsi'on *f*; **2.** *fig.* a) Zs.-hang *m*, b) Klarheit *f*, c) Über'einstimmung *f*; **3.** *Radio*: Frittung *f*; **co'her·ent** [-ɪərənt] *adj.* □ **1.** zs.-hängend (*a. fig.*), -haftend; *phys.* kohä'rent; **2.** einheitlich, verständlich, klar; **3.** über'einstimmend, zs.-passend; **co'her·er** [-ɪərə] *s. Radio*: Fritter(empfänger) *m*.
co·he·sion [kəʊ'hiːʒn] *s.* **1.** Zs.-halt *m*, -hang *m* (*a. fig.*); **2.** Bindekraft *f*; **3.** *phys.* Kohäsi'on *f*; **co'he·sive** [-iːsɪv] *adj.* □ **1.** zs.-haltend *od.* -hängend, *fig. a.* bindend; **2.** Kohäsions...; **co'he·sive·ness** [-iːsɪvnɪs] *s.* **1.** *phys.* Kohäsi'ons-, Bindekraft *f*; **2.** Festigkeit *f*.
co·hort ['kəʊhɔːt] *s.* **1.** *antiq.* ⚔ Ko'horte *f*; **2.** Schar *f*, Haufen *m*.
coif [kɔɪf] *s.* Kappe *f*, Haube *f*.
coif·feur [kwɑː'fɜː] (*Fr.*) *s.* Fri'seur *m*; **coif·fure** [kwɑː'fjʊə; kwafyːr] (*Fr.*) *s.* Fri'sur *f*.
coil[1] [kɔɪl] **I** *v/t.* **1.** *a.* ~ ***up*** auf-, zs.-rollen, winden; **2.** ⚡ wickeln; **II** *v/i.* **3.** *a.* ~ ***up*** sich winden, sich zs.-rollen; **4.** sich schlängeln; **III** *s.* **5.** Rolle *f*, Spi'rale *f* (*a. Pessar*), Knäuel *m*, *n*; **6.** ⚡ Wicklung *f*; Spule *f*; **7.** Windung *f*; **8.** ⚙ (Rohr)Schlange *f*; **9.** Locke *f*, Wickel *m* (*Haar*).
coil[2] [kɔɪl] *s. poet.* Tu'mult *m*, Wirrwarr *m*; Plage *f*: ***mortal ~*** Drang *m od.* Mühsal *f* des Irdischen.
coil| ig·ni·tion *s.* ⚡ Abreißzündung *f*; ~ **spring** *s.* ⚙ Spi'ralfeder *f*.
coin [kɔɪn] **I** *s.* **1.** a) Münze *f*, Geldstück *n*, b) Münzgeld *n*, c) Geld *n*: ***the other side of the ~*** *fig.* die Kehrseite (der Medaille); ***pay s.o. back in his own ~*** *fig.* es j-m mit gleicher Münze heimzahlen; **II** *v/t.* **2.** a) *Metall* münzen, b) *Münzen* prägen: ***be ~ing money*** F Geld wie Heu verdienen; **3.** *fig.* *Wort* prägen; '**coin·age** [-nɪdʒ] *s.* **1.** Prägen *n*; **2.** *coll.* Münzgeld *n*; **3.** 'Münzsyˌstem *n*; **4.** *fig.* Prägung *f* (*Wörter*); '**coin-box tel·e·phone** *s.* Münzfernsprecher *m*.
co·in·cide [ˌkəʊɪn'saɪd] *v/i.* (***with***) **1.** *örtlich od. zeitlich* zs.-treffen, -fallen (mit); **2.** über'einstimmen, sich decken (mit); genau entsprechen (*dat.*); **co·in·ci·dence** [kəʊ'ɪnsɪdəns] *s.* **1.** Zs.-treffen *n* (*Raum od. Zeit*); **2.** zufälliges Zs.-treffen: ***mere ~*** bloßer Zufall; **3.** Über'einstimmung *f*; **co·in·ci·dent** [kəʊ'ɪnsɪdənt] *adj.* □ (***with*** mit); **1.** zs.-fallend, -treffend; **2.** über'einstimmend, sich deckend; **co·in·ci·den·tal** [kəʊˌɪnsɪ'dentl] *adj.* **1.** → ***coincident*** 2; **2.** zufällig; **3.** *bsd.* ⚙ gleichzeitig.
coin·er ['kɔɪnə] *s.* **1.** Münzer *m*; **2.** *bsd. Brit.* Falschmünzer *m*; **3.** *fig.* Präger *m*, (Wort)Schöpfer *m*.
coin|-op ['kɔɪnɒp] F **1.** 'Waschsaˌlon *m*; **2.** Münztankstelle *f*; '**~-ˌop·er·at·ed** *adj.* Münz...
coir ['kɔɪə], *a.* ~ **fi·bre** *s.* 'Kokosfaser *f*; ~ **mat** *s.* 'Kokosmatte *f*.
co·i·tal ['kəʊɪtl] *adj.* (den) Geschlechtsverkehr betreffend; **co·i·tion** [kəʊ'ɪʃn], '**co·i·tus** [-təs] *s.* 'Koitus *m*, Geschlechtsverkehr *m*.
coke[1] [kəʊk] **I** *s.* **1.** Koks *m*; **2.** *sl.* ‚Koks' *m*, Koka'in *n*; **II** *v/t.* **3.** verkoken.
coke[2] [kəʊk] *s.* F a) ℒ ‚Cola' *f*, *n*, (*Coca-Cola*), b) Limo'nade *f etc.*
co·ker ['kəʊkə] *s.* ✝ *Brit.* → ***coco***; '**~·nut** *s. sl.* 'Kokosnuss *f*.

col [kɒl] *s.* Gebirgspass *m*, Joch *n*.
co·la ['kəʊlə] *s.* ⚘ 'Kolabaum *m*.
col·an·der ['kʌləndə] *s.* Sieb *n*, 'Durchschlag *m*.
co·la nut *s.* 'Kolanuss *f*.
col·chi·cum ['kɒltʃɪkəm] *s.* **1.** ⚘ Herbstzeitlose *f*; **2.** *pharm.* 'Colchicum *n*.
cold [kəʊld] **I** *adj.* □ **1.** kalt: ***as ~ as ice*** eiskalt; ***~ meat*** *od.* ***cuts*** kalte Platte, Aufschnitt *m*; ***I feel*** (*od.* ***am***) ***~*** mir ist kalt, mich friert; **2.** kalt, kühl, ruhig, gelassen; trocken: ***that leaves me ~*** das lässt mich kalt; ***~ reason*** kalter Verstand; ***the ~ facts*** die nackten Tatsachen; ***~ scent*** kalte Fährte (*a. fig.*); → ***comfort*** 6, ***print*** 12; **3.** kalt (*Blick, Herz etc.*; *a. Frau*), kühl, frostig, unfreundlich, gefühllos: ***a ~ reception*** ein kühler Empfang; ***give s.o. the ~ shoulder*** → ***cold-shoulder***; ***have*** (***get***) ***~ feet*** F kalte Füße (*Angst*) haben (kriegen); ***as ~ as charity*** hart wie Stein, lieblos; **4.** kalt (*noch nicht in Schwung*): ***~ player***; ***~ motor***; **5.** ‚kalt' (*im Suchspiel u. fig.*); **6.** *Am. sl.* a) bewusstlos, b) (tod)sicher; **II** *s.* **7.** Kälte *f*; Frost *m*: ***leave s.o. out in the ~*** *fig.* a) j-n übergehen *od.* ignorieren *od.* kaltstellen, b) j-n im Stich lassen; **8.** ⚕ Erkältung *f*: ***common ~***, ***~ in the head*** Schnupfen *m*; ***~ on the chest*** Bronchialkatarr(h) *m*; ***catch*** (***a***) ***~*** sich erkälten.
cold| blood *s. fig.* kaltes Blut, Kaltblütigkeit *f*: ***murder s.o. in ~*** j-n kaltblütig *od.* kalten Blutes ermorden; **ˌ~-'blood·ed** *adj.* □ **1.** *zo.* kaltblütig; **2.** kälteempfindlich; **3.** *fig.* kaltblütig (begangen): ***~ murder***; **~ cream** *s.* Cold Cream *f, n*; **ˌ~-'drawn** *adj.* ⚙ kaltgezogen; kaltgepresst; **~ duck** *s.* kalte Ente (*Getränk*); **~ front** *s.* Kaltfront *f*; **ˌ~-'ham·mer** *v/t.* ⚙ kalthämmern, -schmieden; **ˌ~-'heart·ed** *adj.* □ kalt-, hartherzig.
cold·ish ['kəʊldɪʃ] *adj.* ziemlich kalt.
cold·ness ['kəʊldnɪs] *s.* Kälte *f* (*a. fig.*).
ˌcold|-'shoul·der *v/t.* *j-m* die kalte Schulter zeigen, *j-n* kühl behandeln *od.* abweisen; **~ steel** *s.* blanke Waffe (*Bajonett etc.*); **~ stor·age** *s.* Kühllagerung *f*; Kühlraum *m*: ***put in ~*** *fig.* ‚auf Eis legen' (*aufschieben*); **ˌ~-'stor·age** *adj.* Kühl(haus)...; **~ store** *s.* Kühlhalle *f*; Kühlanlage *f*; ♀ **War** *s. pol.* kalter Krieg; ♀ **War·ri·or** *s. pol.* kalter Krieger; **~ wave** *s.* **1.** Kältewelle *f*; **2.** Kaltwelle *f* (*Frisur*); **'~-ˌwork·ing** *s.* ⚙ Kaltverformung *f*.
cole [kəʊl] *s.* ⚘ **1.** (*Blätter*)Kohl *m*; **2.** Raps *m*.
co·le·op·ter·a [ˌkɒlɪ'ɒptərə] *s. pl. zo.* Käfer *pl.*
'cole|·seed *s.* ⚘ Rübsamen *m*; **'~·slaw** *s. Am.* 'Kohlsaˌlat *m*.
col·ic ['kɒlɪk] *s.* ⚕ 'Kolik *f*; **'col·ick·y** [-ɪkɪ] *adj.* ⚕ 'kolikartig.
col·i·se·um [ˌkɒlɪ'sɪəm] *s.* **1.** a) Sporthalle *f*, b) 'Stadion *n*; **2.** ♀ Kolos'seum *n* (*Rom*).
co·li·tis [kɒ'laɪtɪs] *s.* ⚕ Ko'litis *f*, 'Dickdarmkaˌtarr(h) *m*.
col·lab·o·rate [kə'læbəreɪt] *v/i.* **1.** zs.-, mitarbeiten; **2.** behilflich sein; **3.** *pol.* mit dem Feind zs.-arbeiten, kollaborieren; **col·lab·o·ra·tion** [kəˌlæbə'reɪʃn] *s.* **1.** Zs.-arbeit *f*: ***in ~ with*** gemeinsam mit; **2.** *pol.* Kollaborati'on *f*; **col·lab·o·ra·tion·ist** [kəˌlæbə'reɪʃnɪst] *s. pol.* Kollabora'teur *m*; **col'lab·o·ra·tor** [-tə] *s.* **1.** Mitarbeiter *m*; **2.** *pol.* Kollabora'teur *m*.
col·lage [kɒ'lɑːʒ] *s. Kunst*: Col'lage *f*.
col·lapse [kə'læps] **I** *v/i.* **1.** zs.-brechen, einfallen, einstürzen; **2.** *fig.* zs.-brechen, scheitern, versagen; **3.** (körperlich *od.* seelisch) zs.-brechen, ‚zs.-klappen'; **II** *s.* **4.** Zs.-fallen *n*, Einsturz *m*; **5.** Zs.-bruch *m*, Versagen *n*; Sturz *m*: ***~ of a bank*** Bankkrach *m*; ***~ of prices*** Preissturz *m*; **6.** ⚕ Kol'laps *m*, Zs.-bruch *m*; **col'laps·i·ble** [-səbl] *adj.* zs.-klappbar, Klapp..., Falt...: ***~ boat*** Faltboot *n*; ***~ chair*** Klappstuhl *m*; ***~ hood***, ***~ roof*** Klappverdeck *n*.
col·lar ['kɒlə] **I** *s.* **1.** Kragen *m*: ***double ~***, ***turn-down ~*** (Steh)Umlegekragen; ***stand-up ~*** Stehkragen; ***wing ~*** Eckenkragen; ***get hot under the ~*** F wütend werden; **2.** Halsband *n* (*Tier*); **3.** Kummet *n* (*Pferd etc.*): ***against the ~*** *fig.* angestrengt; **4.** Kolli'er *n*, Halskette *f*; Amts-, Ordenskette *f*; **5.** *zo.* Halsstreifen *m*; **6.** ⚙ Ring *m*, Bund *m*, Man'schette *f*, Muffe *f*; **II** *v/t.* **7.** *sport den Gegner* aufhalten; **8.** *j-n* beim Kragen packen; fassen, festnehmen; **9.** F *et.* ergattern, sich aneignen; **10.** *Fleisch etc.* rollen u. zs.-binden; **'~·bone** *s.* Schlüsselbein *n*; **~ stud** *s.* Kragenknopf *m*.
col·late [kɒ'leɪt] *v/t.* **1.** *Texte* vergleichen, kollationieren; zs.-stellen (u. vergleichen); **2.** *typ.* *Fahnen* kollationieren, auf richtige Anzahl prüfen.
col·lat·er·al [kɒ'lætərəl] **I** *adj.* □ **1.** seitlich, Seiten...; **2.** begleitend, paral'lel, zusätzlich, Neben...: ***~ acceptance*** ⚖ Avalakzept *n*; ***~ circumstances*** Begleitumstände; ***~ credit*** Lombardkredit *m*; **3.** 'indirekt; **4.** in der Seitenlinie verwandt; **II** *s.* **5.** *a.* ***~ security*** zusätzliche Sicherheit, Nebenbürgschaft *f*; **6.** Seitenverwandte(r *m*) *f*.
col·la·tion [kɒ'leɪʃn] *s.* **1.** Vergleichung *f von Texten*, Über'prüfung *f*; **2.** leichte (Zwischen)Mahlzeit: ***cold ~*** kalter Imbiss.
col·league ['kɒliːg] *s.* Kol'lege *m*, Kol'legin *f*; Mitarbeiter(in).

C

col·lect[1] [kə'lekt] **I** *v/t.* **1.** *Briefmarken, Bilder etc.* sammeln: **~ed work(s)** gesammelte Werke; **2.** versammeln; **3.** einsammeln, auflesen; zs.-bringen, ansammeln; auffangen; **4.** *Sachen od. Personen* (ab)holen: **we ~ and deliver** ✝ wir holen ab und bringen zurück; **5.** *fig.* **~ one's thoughts** s-e Gedanken sammeln *od.* zs.-nehmen; **~ courage** Mut fassen; **6. ~ o.s.** sich fassen; **7.** *Geld etc.* einziehen, (ein)kassieren; **8.** *Pferd* versammeln; **II** *v/i.* **9.** sich versammeln; sich ansammeln; **10. ~ on delivery** ✝ *Am.* per Nachnahme; **III** *adj.* **11.** *Am.* Nachnahme...: **~ call** *teleph.* R-Gespräch *n*; **IV** *adv.* **12.** *Am.* gegen Nachnahme: **telegram sent ~** Nachnahmetelegramm *n*; **call ~** *Am.* ein R-Gespräch führen.

col·lect[2] ['kɒlekt] *s. eccl.* Kol'lekte *f, ein Kirchengebet n.*

col·lect·ed [kə'lektɪd] *adj.* □ *fig.* gefasst; → **calm** 5; **col'lect·ed·ness** [-nɪs] *s. fig.* Sammlung *f*, Gefasstheit *f*.

col·lect·ing| a·gent [kə'lektɪŋ] *s.* ✝ In'kassovertreter *m*; **~ bar** *s.* ⚡ Sammelschiene *f*; **~ cen·tre** (*Am.* **cen·ter**) *s.* Sammelstelle *f*.

col·lec·tion [kə'lekʃn] *s.* **1.** Sammeln *n*; **2.** Sammlung *f*; **3.** Kol'lekte *f*, (Geld-)Sammlung *f*; **4.** *bsd.* ✝ Einziehung *f*, In'kasso *n*; (Steuer-, *a.* sta'tistische) Erhebung(en *pl.*) *f*: **forcible ~** Zwangsbeitreibung *f*; **5.** ✝ Kollekti'on *f*, Auswahl *f*; **6.** Abholung *f*, Leerung *f* (*Briefkasten*); **7.** Ansammlung *f*, Anhäufung *f*; **8.** *Brit.* Steuerbezirk *m*; **9.** *pl. Brit. univ.* Prüfung *f* am Ende des Tri'mesters.

col·lec·tive [kə'lektɪv] **I** *adj.* □ → **collectively**; **1.** gesammelt, vereint, zs.-gefasst; gesamt, kollek'tiv, Sammel..., Gemeinschafts...: **~ (wage) agreement** Kollektiv-, Tarifvertrag *m*; **~ guilt** *pol.* Kollektivschuld *f*; **~ interests** Gesamtinteressen; **~ name** Sammelbegriff *m*; **~ order** ✝ Sammelbestellung *f*; **~ ownership** gemeinsamer Besitz *m*; **~ security** kollektive Sicherheit; **~ subscription** Sammelabonnement *n*; **II** *s.* **2.** *ling. a.* **~ noun** Kollek'tivum *n*, Sammelwort *n*; **3.** Gemeinschaft *f*, Gruppe *f*; **4.** *pol.* a) Kollek'tiv *n*, Produkti'onsgemeinschaft *f*, b) → **collective farm**; **~ bar·gain·ing** *s.* Ta'rifverhandlungen *pl.* (*zwischen Arbeitgeber[n] u. Gewerkschaften*); **~ con·sign·ment** *s.* ✝ Sammelladung *f*; **~ farm** *s.* Kol'chose *f*.

col·lec·tive·ly [kə'lektɪvlɪ] *adv.* insgesamt, gemeinschaftlich, zu'sammen, kollek'tiv.

col·lec·tiv·ism [kə'lektɪvɪzəm] *s.* ✝, *pol.* Kollekti'vismus *m*; **col'lec·tiv·ist** [-ɪst] *s.* Anhänger *m* des Kollekti'vismus; **col·lec·tiv·i·ty** [ˌkɒlek'tɪvətɪ] *s.* **1.** *das* Ganze; **2.** Gesamtheit *f* des Volkes; **3.** → **collectedness**; **col·lec·tiv·i·za·tion** [kəˌlektɪvaɪ'zeɪʃn] *s.* Kollektivierung *f*.

col·lec·tor [kə'lektə] *s.* **1.** Sammler *m*: **~'s item** Sammlerstück *n*; **~'s value** Liebhaberwert *m*; **2.** ✝ (Ein)Kassierer *m*, Einnehmer *m*: **~ of taxes** Steuereinnehmer; **3.** Einsammler *m*, Abnehmer *m* (*Fahrkarten*); **4.** ⚡ Stromabnehmer *m*, 'Auffangelekˌtrode *f*; **5.** ⚡ 'Sammelappaˌrat *m*.

col·leen ['kɒliːn] *s. Ir.* Mädchen *n*.

col·lege ['kɒlɪdʒ] *s.* **1.** College *n* (*Wohngemeinschaft von Dozenten u. Studenten innerhalb e-r Universität*): **~ of education** *Brit.* pädagogische Hochschule; **2.** höhere Lehranstalt, College *n*; Insti'tut *n*, Akade'mie *f* (*oft für besondere Studienzweige*): **Naval ~** Marineakademie; **3.** (*anmaßender*) *Name mancher Schulen*; **4.** College (-gebäude) *n*; **5.** Kol'legium *n*; Vereinigung *f*: **~ of cardinals** Kardinalskollegium; **electoral ~** Wahlausschuss *m*; **~ pud·ding** *s.* kleiner 'Plumpudding.

col·leg·er ['kɒlɪdʒə] *s.* **1.** *Brit.* (im College wohnender) Stipendi'at (*in Eton*); **2.** *Am.* → **col·le·gi·an** [kə'liːdʒjən] *s.* Mitglied *n od.* Stu'dent *m* e-s College; höherer Schüler.

col·le·gi·ate [kə'liːdʒɪət] *adj.* □ **1.** College..., Universitäts..., aka'demisch: **~ dictionary** Schulwörterbuch *n*; **2.** Kollegial...; **~ church** *s.* **1.** *Brit.* Kollegi'at-, Stiftskirche *f*; **2.** *Am.* Vereinigung *f* mehrerer Kirchen (*unter gemeinsamem Pastorat*); **~ school** *s. Brit.* höhere Schule.

col·lide [kə'laɪd] *v/i.* (**with**) kollidieren (mit): a) zs.-stoßen (mit) (*a. fig.*), stoßen (gegen), b) *fig.* im 'Widerspruch stehen (zu).

col·lie ['kɒlɪ] *s. zo.* Collie *m*, Schottischer Schäferhund.

col·lier ['kɒlɪə] *s.* **1.** Kohlenarbeiter *m*, Bergmann *m*; **2.** ⚓ a) Kohlenschiff *n*, b) Ma'trose *m* auf e-m Kohlenschiff; **col·lier·y** ['kɒljərɪ] *s.* Kohlengrube *f*, (Kohlen)Zeche *f*.

col·li·mate ['kɒlɪmeɪt] *v/t. ast., phys.* **1.** *zwei Linien* zs.-fallen lassen; **2.** *Fernrohr* einstellen.

col·li·sion [kə'lɪʒn] *s.* **1.** Zs.-stoß *m*, Kollisi'on *f*: **be on (a) ~ course** auf Kollisionskurs sein (*a. fig.*); **2.** *fig.* 'Widerspruch *m*, Gegensatz *m*, Kon'flikt *m*.

col·lo·cate ['kɒləʊkeɪt] *v/t.* zs.-stellen, ordnen; **col·lo·ca·tion** [ˌkɒləʊ'keɪʃn] *s.* **1.** Zs.-stellung *f*; **2.** *ling.* Kollokati'on *f*.

col·loc·u·tor ['kɒləkjuːtə] *s.* Gesprächspartner(in).

col·lo·di·on [kə'ləʊdjən] *s.* ⚗ Kol'lodium *n*.

col·loid ['kɒlɔɪd] ⚗ **I** *s.* Kollo'id *n;* **II** *adj.* kolloi'dal, gallertartig.

col·lop ['kɒləp] *s. Scot.* Klops *m.*

col·lo·qui·al [kə'ləʊkwɪəl] *adj.* □ 'umgangssprachlich, famili'är: **~ English** Umgangsenglisch *n;* **~ expression** → **col'lo·qui·al·ism** [-lɪzəm] *s.* Ausdruck *m* der 'Umgangssprache.

col·lo·quy ['kɒləkwɪ] *s.* (förmliches) Gespräch; Konfe'renz *f.*

col·lo·type ['kɒləʊtaɪp] *s. phot.* **1.** Lichtdruckverfahren *n od.* -platte *f;* **2.** Farbenlichtdruck *m.*

col·lude [kə'lu:d] *v/i. obs.* in geheimem Einverständnis stehen; unter 'einer Decke stecken; **col'lu·sion** [-u:ʒn] *s.* ⚖ **1.** Kollusi'on *f,* geheimes *od.* betrügerisches Einverständnis; **2.** Verdunkelung *f des Sachverhalts*: **danger of ~** Verdunkelungsgefahr *f;* **3.** abgekartete Sache, Schwindel *m;* **col'lu·sive** [-u:sɪv] *adj.* □ geheim *od.* betrügerisch verabredet.

col·ly·wob·bles ['kɒlɪˌwɒblz] *s. pl.*: **have the ~** F ein flaues Gefühl in der Magengegend haben.

Co·lom·bi·an [kə'lɒmbɪən] **I** *adj.* ko'lumbisch; **II** *s.* Ko'lumbier(in).

co·lon[1] ['kəʊlən] *s.* Dickdarm *m.*

co·lon[2] ['kəʊlən] *s.* Doppelpunkt *m.*

colo·nel ['kɜ:nl] *s.* ⚔ Oberst *m;* **'colo·nel·cy** [-sɪ] *s.* Stelle *f od.* Rang *m* e-s Obersten.

co·lo·ni·al [kə'ləʊnjəl] **I** *adj.* □ **1.** koloni'al, Kolonial...: **2 Office** *Brit.* Kolonialministerium *n;* **2 Secretary** Kolonialminister *m;* **2.** *Am. hist.* die ersten 13 Staaten der heutigen USA *od.* die Zeit vor 1776 *od.* des 18. Jahrhunderts betreffend; **II** *s.* **3.** Bewohner(in) e-r Kolo'nie; **co'lo·ni·al·ism** [-lɪzəm] *s.* **1.** Kolonia'lismus *m;* **2.** koloni'aler (Wesens)Zug *od.* Ausdruck.

col·o·nist ['kɒlənɪst] *s.* Kolo'nist(in), (An)Siedler(in); **col·o·ni·za·tion** [ˌkɒlənaɪ'zeɪʃn] *s.* Kolonisati'on *f,* Besiedlung *f;* **'col·o·nize** [-naɪz] **I** *v/t.* **1.** kolonisieren, besiedeln; **2.** ansiedeln; **II** *v/i.* **3.** sich ansiedeln; **4.** e-e Kolo'nie bilden; **'col·o·niz·er** [-naɪzə] *s.* Koloni'sator *m,* An-, Besiedler *m.*

col·on·nade [ˌkɒlə'neɪd] *s.* **1.** Kolon'nade *f,* Säulengang *m;* **2.** Al'lee *f.*

col·o·ny ['kɒlənɪ] *s.* **1.** Kolo'nie *f* (*Siedlungsgebiet*): **the Colonies** *Am.* die ersten 13 Staaten der heutigen USA; **2.** Gruppe *f* von Ansiedlern: **the German ~ in Rome** die deutsche Kolonie in Rom; **a ~ of artists** e-e Künstlerkolonie; **3.** *biol.* (*Pflanzen-, Bakterien-, Zellen*)Kolo'nie *f.*

co·loph·o·ny [kə'lɒfənɪ] *s.* Kolo'phonium *n,* Geigenharz *n.*

col·or *etc. Am.* → **colour** *etc.*

Col·o·ra·do bee·tle [ˌkɒlə'rɑ:dəʊ] *s. zo.* Kar'toffelkäfer *m.*

col·o·ra·tu·ra [ˌkɒlərə'tʊərə] *s.* ♪ **1.** Kolora'tur *f;* **2.** Kolora'tursängerin *f;* **~ so·pran·o** *s.* ♪ Kolora'turso,pran *m* (*Stimme u. Sängerin*).

col·or·if·ic [ˌkɒlə'rɪfɪk] *adj.* farbgebend; **ˌcol·or'im·e·ter** [-'rɪmɪtə] *s. phys.* Farbmesser *m,* Kolori'meter *n.*

co·los·sal [kə'lɒsl] *adj.* □ **1.** kolos'sal, riesig, Riesen..., ungeheuer (*alle a.* F *fig.*); riesenhaft; **2.** F kolos'sal, e'norm; **col·os·se·um** [ˌkɒlə'sɪəm] → **coliseum**; **Co'los·sians** [-ɒʃənz] *s. pl. bibl.* (Brief *m* des Paulus an die) Ko'losser *pl.*; **co'los·sus** [-səs] *s.* **1.** Ko'loss *m*: a) Riese *m,* b) *et.* Riesengroßes; **2.** Riesenstandbild *n.*

col·our ['kʌlə] **I** *s.* **1.** Farbe *f;* Färbung *f;* **what ~ is ...?** welche Farbe hat ...?; **2.** *mst pl. Malerei*: Farbe *f,* Farbstoff *m*: **lay on the ~s too thickly** *fig.* zu dick auftragen; **paint in bright (dark) ~s** *fig.* in rosigen (düsteren) Farben schildern; **3.** (*a.* gesunde) Gesichtsfarbe: **she has little ~** sie ist blass; **change (lose) ~** die Farbe wechseln (verlieren); → **off-colo(u)r**; **4.** Hautfarbe *f*: **~ problem** Rassenfrage *f;* **5.** Anschein *m,* Anstrich *m,* Vorwand *m,* Deckmantel *m*: **~ of law** ⚖ Amtsmissbrauch *m;* **~ of title** ⚖ unzureichender Eigentumsanspruch; **give ~ to** den Anstrich der Wahrscheinlichkeit geben (*dat.*); **under ~ of** unter dem Vorwand *od.* Anschein von; **6.** a) Färbung *f,* Ton *m,* b) Farbe *f,* Lebendigkeit *f,* Kolo'rit *n*: **lend (*od.* add) ~ to** beleben, lebendig gestalten, *e-r Sache* Farbe verleihen; **in one's true ~s** in s-m wahren Licht; **local ~** Lokalkolorit; **7.** ♪ Klangfarbe *f;* **8.** *pl.* Farben *pl.*, Abzeichen *n* (*Klub, Schule, Partei, Jockei*): **show one's ~s** a) sein wahres Gesicht zeigen, b) Farbe bekennen; **to get one's ~s** sein Mitgliedsabzeichen bekommen; **9.** *pl.* bunte Kleider; **10.** *oft pl.* ⚔ *od. fig.* Fahne *f,* Flagge *f*: **call to the ~s** einberufen; **join the ~s** Soldat werden; **with flying ~s** *fig.* mit fliegenden Fahnen; **come off with flying ~s** e-n glänzenden Sieg *od.* Erfolg erzielen; **nail one's ~s to the mast** nicht kapitulieren (wollen), standhaft bleiben; **sail under false ~s** unter falscher Flagge segeln; **stick to one's ~s** e-r Sache treu bleiben; → **troop** 6; **11.** *Kartenspiel*: rote u. schwarze Farbe; **II** *v/t.* **12.** färben, kolorieren; anstreichen; **13.** *fig.* färben, e-n Anstrich geben (*dat.*); **14.** a) schönfärben, b) entstellen; **III** *v/i.* **15.** sich (ver)färben; e-e Farbe annehmen; *a.* **~ up** erröten.

col·o(u)r·a·ble ['kʌlərəbl] *adj.* □ *fig.* **1.** vor-, angeblich; fingiert: **~ title** ⚖ unzureichender Eigentumsanspruch; **2.**

C

glaubhaft, plau'sibel; **'col·o(u)r·ant** [-rənt] *s.* Farbstoff *m.*

col·o(u)r·a·tion [ˌkʌlə'reɪʃn] *s.* Färben *n*; Färbung *f*, Farbgebung *f*.

col·o(u)r| bar *s.* Rassenschranke *f*; **'~-blind** *adj.* farbenblind; **~ chart** *s.* Farbenskala *f*; **'~-code** *v/t.* mit Kennfarben versehen.

col·o(u)red ['kʌləd] *adj.* **1.** farbig, bunt (*beide a. fig.*), koloriert; *in Zssgn* ...farbig: **~ *pencil*** Bunt-, Farbstift *m*; **~ *plate*** → ***colo(u)r plate***; **2.** farbig, *Am. bsd.* Neger...: ***a ~ man*** ein Farbiger; **3.** *fig.* gefärbt: a) beschönigt, b) tendenzi'ös entstellt; **4.** *fig.* angeblich, falsch; **'col·o(u)r·fast** *adj.* farbecht; **'col·o(u)r·ful** [-əfʊl] *adj.* **1.** farbenfreudig; **2.** *fig.* farbig, bunt, lebhaft, abwechslungsreich; **'col·o(u)r·ing** [-ərɪŋ] **I** *s.* **1.** Farbe *f*, Farbton *m*; **2.** Farbgebung *f*; **3.** Gesichts- (u. Haar)farbe *f*; **4.** *fig.* Anstrich *m*, Färbung *f*; **II** *adj.* **5.** Farb...: **~ *matter*** Farbstoff *m*; **'col·o(u)r·ist** [-ərɪst] *s.* Farbenkünstler *m*, *engS.* Kolo'rist *m*; **'col·o(u)r·less** [-əlɪs] *adj.* □ farblos (*a. fig.*).

col·o(u)r| line *s.* Rassenschranke *f*; **~ pho·tog·ra·phy** *s.* 'Farbfotograˌfie *f*; **~ plate** *s.* Farben(kunst)druck *m*; **~ print** *s. ein* Farbendruck *m*; **~ prin·ter** *s.* Farbdrucker *m*; **~ print·ing** *s.* Bunt-, Farbendruck *m* (*Verfahren*); **~ scheme** *s.* Farbgebung *f*, Farbenanordnung *f*; **~ screen** *s.* Farbbildschirm *m*; **~ ser·geant** *s.* ⚔ (*etwa*) Oberfeldwebel *m*; **~ set** *s.* Farbfernseher *m*; **~ sup·ple·ment** *s.* Farbbeilage *f* (*Zeitung*); **~ tel·e·vi·sion** *s.* Farbfernsehen *n*; **'~-wash I** *s.* farbige Tünche; **II** *v/t.* farbig tünchen.

colt¹ [kəʊlt] **I** *s.* **1.** Füllen *n*, Fohlen *n*; **2.** *fig.* ‚Grünschnabel' *m*, *sport* F *a.* ‚Fohlen' *n*; **3.** ⚓ Tauende *n*; **II** *v/t.* **4.** mit dem Tauende prügeln.

colt² [kəʊlt] *s.* Colt *m* (*Revolver*).

col·ter ['kəʊltə] *Am.* → ***coulter***.

'colts·foot *s.* ⚘ Huflattich *m*.

col·um·bine ['kɒləmbaɪn] *s.* **1.** ⚘ Ake'lei *f*; **2.** *thea.* Kolom'bine *f*.

Columbus Day

Öffentlicher Feiertag in den USA, der in den meisten Bundesstaaten auf den 12. Oktober fällt und an die Entdeckung Amerikas 1492 durch Christoph Columbus erinnern soll. U. a. in New York City gibt es an diesem Tag einen großen Umzug.

col·umn ['kɒləm] *s.* **1.** Säule *f*, Pfeiler *m*; **2.** (*Rauch-, Wasser-, Luft- etc.*)Säule *f*; **3.** *typ.* (Zeitungs-, Buch)Spalte *f*; Ru'brik *f*: ***in double ~s*** zweispaltig; **4.** Spalte *f*, Ko'lumne *f* (*regelmäßig erscheinender Meinungsbeitrag*); **5.** ⚔ Ko'lonne *f*; → ***fifth column***; **6.** Ko'lonne *f*, senkrechte Zahlenreihe; **co·lum·nar** [kə'lʌmnə] *adj.* säulenartig, -förmig; Säulen...; **'col·um·nist** [-mnɪst] *s.* *Zeitung*: Kolum'nist(in).

col·za ['kɒlzə] *s.* ⚘ Raps *m*: **~ *oil*** Rüb-, Rapsöl *n*.

co·ma¹ ['kəʊmə] *pl.* **-mae** [-miː] *s.* **1.** ⚘ Haarbüschel *n* (*an Samen*); **2.** *ast.* Nebelhülle *f e-s Kometen*.

co·ma² ['kəʊmə] *s.* ✱ Koma *n*, tiefe Bewusstlosigkeit: ***be in*** (***fall into***) ***a ~*** im Koma liegen (ins Koma fallen); **'co·ma·tose** [-ətəʊs] *adj.* koma'tös, im Koma (befindlich).

comb [kəʊm] **I** *s.* **1.** Kamm *m*; **2.** ⚙ a) (Wollweber)Kamm *m*, b) (Flachs)Hechel *f*, c) Gewindeschneider *m*, d) ⚡ (Kamm)Stromabnehmer *m*; **3.** *zo.* Hahnenkamm *m*; **4.** Kamm *m* (*Berg*; *Woge*); **5.** → ***honeycomb*** 1; **II** *v/t.* **6.** *Haar* kämmen; **7.** ⚙ a) *Wolle* kämmen, krempeln, b) *Flachs* hecheln; **8.** *Pferd* striegeln; **9.** *fig.* 'durchkämmen, durch'kämmen, absuchen; **10.** *fig. a.* **~ *out*** a) sieben, sichten, b) aussondern, c) ⚔ ausmustern.

com·bat ['kɒmbæt] **I** *v/t.* bekämpfen, kämpfen gegen; **II** *v/i.* kämpfen; **III** *s.* Kampf *m*; Streit *m*; ⚔ *a.* Einsatz *m*: ***single ~*** Zweikampf; **'com·bat·ant** [-bətənt] **I** *s.* **1.** Kämpfer *m*; **2.** ⚔ Frontkämpfer *m*; **II** *adj.* **3.** kämpfend; **4.** ⚔ zur Kampftruppe gehörig; Kampf...

com·bat| car *s.* ⚔ *Am.* Kampfwagen *m*; **~ fa·tigue** *s.* ⚔ *psych.* 'Kriegsneuˌrose *f*.

com·ba·tive ['kɒmbətɪv] *adj.* □ **1.** kampfbereit; **2.** kampflustig, streitsüchtig.

com·bat| plane *s.* ✈ *Am.* Kampfflugzeug *n*; **~ sport** *s.* Kampfsport *m*; **~ train·ing** *s.* Gefechtsausbildung *f*; **~ troops** *s. pl.* Kampftruppen *pl.*; **~ u·nit** *s.* ⚔ *Am.* Kampfverband *m*.

combe [kuːm] → ***coomb(e)***.

comb·er ['kəʊmə] *s.* **1.** ⚙ a) 'Krempelmaˌschine *f*, b) 'Hechelmaˌschine *f*; **2.** Sturzwelle *f*.

comb hon·ey *s.* Scheibenhonig *m*.

com·bi·na·tion [ˌkɒmbɪ'neɪʃn] *s.* **1.** Verbindung *f*, Vereinigung *f*; Zs.-setzung *f*; Kombinati'on *f* (*a. sport*, ♞ *etc.*); **2.** Zs.-schluss *m*, Bündnis *n*; *b.s.* Kom'plott *n*; **3.** ☨ *etc.* → ***combine*** 6, 7, 8; **4.** ⚗ Verbindung *f*; **5.** *mot.* Gespann *n*, 'Motorrad *n* mit Beiwagen; **6.** *mst. pl.* Kombinati'on *f*: a) Hemdhose *f*, b)

Mon'tur *f*; **7.** ♪ → ***combo***; **~ lock** *s.* ⚙ Kombinati'ons-, Ve'xierschloss *n*; **~ room** *s. Brit. univ.* Gemeinschaftsraum *m*.

com·bine [kəm'baɪn] **I** *v/t.* **1.** verbinden (*a.* ⚗), vereinigen, kombinieren; **2.** in sich vereinigen; **II** *v/i.* **3.** sich verbinden (*a.* ⚗), sich vereinigen; **4.** sich zs.-schließen; **5.** zs.-wirken; **III** *s.* ['kɒmbaɪn] **6.** Verbindung *f*, Vereinigung *f*; **7.** ⚜ Kon'zern *m*, Verband *m*; **8.** po'litische *od.* wirtschaftliche Interessengemeinschaft; **9.** *a.* **~ *harvester*** ⚘ Mähdrescher *m*.

com·bined [kəm'baɪnd] *adj.* vereinigt, verbunden; vereint, gemeinsam, Gemeinschafts...; kombiniert: **~ *arms*** ⚔ gemischte Verbände; **~ *event*** *sport* Mehrkampf *m*.

comb·ings ['kəʊmɪŋz] *s. pl.* ausgekämmte Haare *pl.*

com·bo ['kɒmbəʊ] *s.* Combo *f*, kleine Jazzband.

'comb-out *s.* Auskämmen *n*; *fig.* Siebung *f*, Sichtung *f*.

com·bus·ti·bil·i·ty [kəmˌbʌstə'bɪlətɪ] *s.* Brennbarkeit *f*, Entzündlichkeit *f*; **com·bus·ti·ble** [kəm'bʌstəbl] **I** *adj.* **1.** brennbar, leicht entzündlich; **2.** *fig.* erregbar; **II** *s.* **3.** Brenn-, Zündstoff *m*; 'Brennmateriˌal *n*.

com·bus·tion [kəm'bʌstʃən] *s.* Verbrennung *f* (*a.* ⚗, *biol.*): ***spontaneous* ~** Selbstentzündung *f*; **~ cham·ber** *s.* ⚙ Verbrennungsraum *m*; **~ en·gine**, **~ mo·tor** *s.* ⚙ Ver'brennungsˌmotor *m*.

come [kʌm] **I** *v/i.* [*irr.*] **1.** kommen: ***be long in coming*** lange auf sich warten lassen; ***he came to see us*** er besuchte uns, er suchte uns auf; ***that ~s on page 4*** das kommt auf Seite 4; **~ *what may!*** komme, was da wolle!; ***a year ago ~ March*** im März vor e-m Jahr; ***as stupid as they ~*** dumm wie Bohnenstroh; ***the message has ~*** die Nachricht ist gekommen *od.* eingetroffen; ***I was coming to that*** darauf wollte ich gerade hinaus; **~ *to that*** was das betrifft; **~ *again!*** F sags noch mal!; **2.** (dran)kommen, an die Reihe kommen: ***who ~s first?***; **3.** kommen, erscheinen, auftreten: **~ *and go*** a) kommen u. gehen, b) erscheinen u. verschwinden; ***love will ~ in time*** mit der Zeit wird die Liebe sich einstellen; **~ (*to pass*)** geschehen, sich ereignen, kommen; ***how ~?*** wie kommt das?, wieso (denn)?; **4.** kommen, gelangen (***to*** zu): **~ *to the throne*** den Thron besteigen; **~ *into danger*** in Gefahr geraten; **5.** kommen, abstammen (***of, from*** von): ***he ~s of a good family*** er kommt *od.* stammt aus gutem Hause; ***I ~ from Leeds*** ich stamme aus Leeds; **6.** kommen, 'herrühren (***of*** von): ***that's what ~s of your hurry*** das kommt von deiner Eile; ***nothing came of it*** es wurde nichts daraus; **7.** sich erweisen: ***it ~s expensive*** es kommt teuer; ***the expenses ~ rather high*** die Kosten kommen recht hoch; ***it ~s to this that*** es läuft darauf hinaus, dass; ***it ~s to the same thing*** es läuft auf dasselbe hinaus; → *a.* ***come to*** 4; **8.** *fig.* ankommen (***to s.o.*** j-n): ***it ~s hard (easy) to me*** es fällt mir schwer (leicht); **9.** werden, sich entwickeln, dahin *od.* dazu kommen: ***he has ~ to be a good musician*** er ist ein guter Musiker geworden; ***it has ~ to be the custom*** es ist Sitte geworden; **~ *to know s.o.*** j-n kennen lernen; ***I have ~ to believe that*** ich bin zu der Überzeugung gekommen, dass; ***how did you ~ to do that?*** wie kamen Sie dazu, das zu tun?; **~ *true*** wahr werden, sich erfüllen; **~ *undone*** auf-, ab-, losgehen, sich lösen: **10.** ⚘ (her'aus)kommen, sprießen, keimen; **11.** erhältlich *od.* zu haben sein: ***these shirts ~ in three sizes***; **12. *to ~*** (*als adj. gebraucht*) (zu)künftig, kommend: ***the life to ~*** das zukünftige Leben; ***for all time to ~*** für alle Zukunft; ***in the years to ~*** in den kommenden Jahren; **13.** *sport etc.* ‚kommen' (*angreifen, stärker werden*); **14.** *sl.* ‚kommen' (*e-n Orgasmus haben*); **II** *v/t.* **15.** F sich aufspielen als, *j-n od. etwas* spielen, her'auskehren: ***don't try to ~ the great scholar over me!*** versuche nicht, mir gegenüber den großen Gelehrten zu spielen!; **III** *int.* **16.** na (hör mal)!, komm!, bitte!: **~, ~!** a) *a.* **~ *now!*** nanu!, nicht so wild!, immer langsam!, b) (*ermutigend*) na komm schon!, auf gehts!; **IV** *s.* **17.** V ‚Saft' *m* (*Sperma*);
Zssgn mit prp.:

come| a·cross *v/i.* zufällig treffen *od.* finden, stoßen auf (*acc.*); **~ af·ter** *v/i.* **1.** *j-m* folgen; **2.** *et.* holen kommen; **3.** suchen, sich bemühen um; **~ at** *v/i.* **1.** erreichen, bekommen; **2.** angreifen, auf *j-n* losgehen; **~ by** *v/i.* zu *et.* kommen, bekommen; **~ for** *v/i.* **1.** abholen kommen; **2.** → ***come at*** 2; **~ in·to** *v/i.* **1.** eintreten in (*acc.*); **2.** *e-m Klub etc.* beitreten; **3.** (*rasch od. unerwartet*) zu *et.* kommen: **~ *a fortune*** ein Vermögen erben; **~ near** *v/i.* **1.** *fig.* nahe kommen (*dat.*); **2. ~ *doing*** (***s.th.***) beinahe (et.) tun; **~ on** → ***come upon***; **~ o·ver** *v/i.* **1.** über'kommen, beschleichen, befallen: ***what has ~ you?*** was ist mit dir los?, was fällt dir ein?; **2.** *sl. j-n* reinlegen; **3.** → ***come*** 15; **~ to** *v/i.* **1.** *j-m* zufallen (*bsd. durch Erbschaft*); **2.** *j-m* zukommen, zustehen: ***he had it coming to him*** F er hatte das längst verdient; **3.** zum *Bewusstsein etc.* kommen; **4.** kommen *od.* gelangen zu: ***what are things coming to?*** wohin sind wir (*od.*

C

ist die Welt) geraten?; ***when it comes to paying*** wenn es ans Bezahlen geht; **5.** sich belaufen auf (*acc.*): ***it comes to £100***; → *a.* ***come*** 7; ~ **un·der** *v/i.* **1.** kommen *od.* fallen unter (*acc.*): ***~ a law***; **2.** geraten unter (*acc.*); ~ **up·on** *v/i.* **1.** *j-n* befallen, über'kommen, *j-m* zustoßen; **2.** über *j-n* 'herfallen; **3.** (*zufällig*) treffen, stoßen auf (*acc.*); **4.** *j-m* zur Last fallen; ~ **with·in** → ***come under***.

Zssgn mit adv.:

come| a·bout *v/i.* **1.** geschehen, pas'sieren; **2.** entstehen; **3.** ⚓ 'umspringen (*Wind*); ~ **a·cross** *v/i.* **1.** her'überkommen; **2.** a) verstanden werden, b) ‚ankommen' (*Rede etc.*), c) ‚rüberkommen' (*Filmszene etc.*); **3.** ***~ with*** F ‚rüberkommen' mit, *Geld etc.* her'ausrücken; ~ **a·long** *v/i.* **1.** mitkommen, -gehen: ***~!*** F ‚dalli'!, komm schon!; **2.** sich ergeben (*Chance etc.*); **3.** F vorankommen, Fortschritte machen; ~ **a·part** *v/i.* ausein'ander fallen, in Stücke gehen; ~ **a·way** *v/i.* **1.** ab-, losgehen (*Knopf etc.*); **2.** weggehen (*Person*); ~ **back** *v/i.* **1.** zu'rückkommen, *a. fig.* 'wiederkehren: ***~ to s.th.*** auf e-e Sache zurückkommen; **2.** *sl.* ein ‚Come-back' feiern; **3.** wieder einfallen (***to s.o.*** j-m); **4.** (*bsd.* schlagfertig) antworten (***at s.o.*** j-m); ~ **by** *v/i.* vor'beikommen, ‚reinschauen'; ~ **down** *v/i.* **1.** her'ab-, herunterkommen; **2.** (ein)stürzen, fallen; **3.** ✈ niedergehen; **4.** *a.* ***~ in the world*** *fig.* her'unterkommen (*Person*); **5.** *ped. univ. Brit.* a) die Universi'tät verlassen, b) in die Ferien gehen; **6.** über'liefert werden; **7.** her'untergehen, sinken (*Preis*), billiger werden (*Dinge*); **8.** nachgeben, kleinlaut werden; **9.** ***~ on*** a) sich stürzen auf (*acc.*), b) 'herfallen über (*acc.*), *j-m* ‚aufs Dach steigen'; **10.** ***~ with*** F her'ausrücken mit: ***~ handsome(ly)*** sich spendabel zeigen; **11.** ***~ with*** erkranken an (*dat.*); **12.** ***~ to*** hin'auslaufen auf (*acc.*); ~ **forth** *v/i.* her'vorkommen; ~ **for·ward** *v/i.* **1.** her'vortreten; **2.** sich melden (*Zeuge etc.*); ~ **home** *v/i.* **1.** nach Hause, *östr.*, *schweiz.* nachhause kommen; **2.** *fig.* Eindruck machen, wirken, ‚einschlagen', ‚ziehen'; ~ **in** *v/i.* **1.** hereinkommen: ***~!*** a) herein!, b) (*Funk*) bitte kommen!; **2.** eingehen, -treffen (*Nachricht*, *Geld etc.*), ⚓, 🏎 *sport* einlaufen: ***~ second*** den zweiten Platz belegen; **3.** aufkommen, in Mode kommen: ***long skirts ~ again***; **4.** an die Macht kommen; **5.** sich *als nützlich etc.* erweisen: ***this will ~ useful***; **6.** Berücksichtigung finden: ***where do I ~?*** wo bleibe ich?; ***that's were you ~*** da bist dann du dran; ***where does the joke ~?*** was ist daran so witzig?; **7.** ***~ for*** a) bekommen, ‚kriegen', b) *Bewunderung etc.* erregen: ***~ for it*** F ‚sein Fett abkriegen'; ~ **off** *v/i.* **1.** ab-, losgehen, sich lösen; **2.** *fig.* stattfinden, ‚über die Bühne gehen'; **3.** a) abschneiden: ***he came off best***, b) erfolgreich verlaufen, glücken; **4.** ***~ it!*** F hör schon auf damit!; ~ **on** *v/i.* **1.** her'ankommen: ***~!*** a) komm (mit)!, b) komm her!, c) na, komm schon!, los!, d) F na, na!; **2.** beginnen, einsetzen: ***it came on to rain*** es begann zu regnen; **3.** an die Reihe kommen; **4.** *thea.* a) auftreten, b) aufgeführt werden; **5.** stattfinden; ⚖ verhandelt werden; **6.** a) wachsen, gedeihen, b) vor'ankommen, Fortschritte machen; ~ **out** *v/i.* **1.** her'aus-, her'vorkommen, sich zeigen; **2.** *a.* ***~ on strike*** streiken; **3.** her'auskommen: a) erscheinen (*Bücher*), b) bekannt werden, ans Licht kommen; **4.** ausgehen (*Haare*), her'ausgehen (*Farbe*); **5.** F werden, sich *gut etc.* entwickeln; *phot. etc. gut etc.* werden (*Bild*); **6.** debü'tieren: a) zum ersten Mal auftreten (*Schauspieler*), b) in die Gesellschaft eingeführt werden; **7.** sich outen (*Homosexueller*); **8.** ***~ with*** F mit *et.* her'ausrücken (*sagen*); **9.** ***~ against*** sich aussprechen gegen, den Kampf ansagen (*dat.*); ~ **o·ver** *v/i.* **1.** her'überkommen; **2.** 'übergehen (***to*** zu); **3.** verstanden werden; ~ **round** *v/i.* **1.** ‚vor'beikommen' (*Besucher*); **2.** 'wiederkehren (*Fest*, *Zeitabschnitt*); **3.** ***~ to s.o.'s way of thinking*** sich zu j-s Meinung bekehren; **4.** → ***come to*** 1; ~ **through** *v/i.* **1.** 'durchkommen (*a. allg. fig. Kranker*, *Meldung etc.*); **2.** *fig.* a) es ‚schaffen', b) → ***come across*** 3; ~ **to** *v/i.* **1.** a) wieder zu sich kommen, das Bewusstsein 'wiedererlangen, b) sich erholen; **2.** ⚓ vor Anker gehen; ~ **up** *v/i.* **1.** her'aufkommen; **2.** her'ankommen: ***~ to s.o.*** an j-n herantreten; ***coming up!*** kommt gleich!; **3.** ⚖ zur Verhandlung kommen; **4.** *a.* ***~ for discussion*** zur Sprache kommen, angeschnitten werden; **5.** ***~ for*** zur *Abstimmung*, *Entscheidung* kommen; **6.** aufkommen, Mode werden; **7.** *Brit.* sein Studium aufnehmen; **8.** *Brit.* nach London kommen; **9.** ***~ to*** a) reichen bis an (*acc.*) *od.* zu, b) erreichen (*acc.*), c) *fig.* her'anreichen an (*acc.*); **10.** ***~ with*** a) *j-n* einholen, b) *fig.* es *j-m* gleichtun; **11.** ***~ with*** ‚da'herkommen' mit, *e-e Idee etc.* präsentieren.

come-at-a·ble [ˌkʌm'ætəbl] *adj.* F **1.** zugänglich; **2.** erreichbar.

'come·back *s.* **1.** *sport*, *thea. etc.* Come-'back *n*: ***make*** *od.* ***stage a ~*** ein Come-back feiern; **2.** (schlagfertige) Antwort.

co·me·di·an [kə'miːdjən] *s.* **1.** a) Ko'mödienschauspieler *m*, b) Komiker *m* (*a. contp.*); **2.** Lustspieldichter *m*; **3.** Witzbold *m* (*a. contp.*); **co·me·di·enne**

[kəˌmiːdɪ'en] *s.* a) Ko'mödienschauspielerin *f*, b) Komikerin *f*.
com·e·do ['kɒmədəʊ] *pl.* **-dos** *s.* ⚕ Mitesser *m*.
'come·down *s.* **1.** *fig.* Abstieg *m*, Abfall *m* (**from** gegenüber); **2.** F Enttäuschung *f*.
com·e·dy ['kɒmɪdɪ] *s.* **1.** Ko'mödie *f*: a) Lustspiel *n*: **light ~** Schwank *m*, b) *fig.* komische Sache; **2.** Komik *f*.
ˌcome-'hith·er *adj.*: **~ look** F einladender Blick.
come·li·ness ['kʌmlɪnɪs] *s.* Anmut *f*, Schönheit *f*; **'come·ly** ['kʌmlɪ] *adj.* attrak'tiv, hübsch.
'come-on *s. Am. sl.* **1.** Köder *m* (*bsd. für Käufer*); **2.** Schwindler *m*; **3.** Gimpel *m* (*einfältiger Mensch*).
com·er ['kʌmə] *s.* **1.** Ankömmling *m*: **first ~** wer zuerst kommt, *weitS.* (*der od. die*) erste Beste; **all ~s** jedermann; **2. he is a ~** F er ist der kommende Mann.
co·mes·ti·ble [kə'mestɪbl] **I** *adj.* genießbar; **II** *s. pl.* Nahrungs-, Lebensmittel *pl.*
com·et ['kɒmɪt] *s. ast.* Ko'met *m*.
come·up·pance [ˌkʌm'ʌpəns] *s.* F wohlverdiente Strafe.
com·fit ['kʌmfɪt] *s. obs.* Zuckerwerk *n*, kan'dierte Früchte *pl.*
com·fort ['kʌmfət] **I** *v/t.* **1.** trösten, *j-m* Trost spenden; **2.** beruhigen; **3.** erfreuen; **4.** *j-m* Mut zusprechen; **5.** *obs.* unter'stützen, *j-m* helfen; **II** *s.* **6.** Trost *m*, Erleichterung *f* (**to** für): **derive** *od.* **take ~ from s.th.** aus etwas Trost schöpfen; **what a ~!** Gott sei Dank!; welch ein Trost!; **he was a great ~ to her** er war ihr ein großer Trost *od.* Beistand; **cold ~** ein schwacher *od.* schlechter Trost; **7.** Wohltat *f*, Labsal *n*, Erquickung *f* (**to** für); **8.** Behaglichkeit *f*, Wohlergehen *n*: **live in ~** ein behagliches u. sorgenfreies Leben führen; **9.** *a. pl.* Kom'fort *m*: **with all modern ~s**; **10.** *a.* **soldiers' ~s** *pl.* Liebesgaben *pl.* (für Sol'daten); **11.** *obs.* Hilfe *f*.
com·fort·a·ble ['kʌmfətəbl] *adj.* (*adv.* **comfortably**) **1.** komfor'tabel, bequem, behaglich, gemütlich: **make o.s. ~** es sich bequem machen; **are you ~?** haben Sie es bequem?, sitzen *od.* liegen *etc.* Sie bequem?; **feel ~** sich wohl fühlen; **2.** bequem, sorgenfrei: **live in ~ circumstances** in guten Verhältnissen leben; **3.** gut, reichlich: **a ~ income**; **4.** *bsd. sport* beruhigend (*Vorsprung etc.*); **5.** ohne Beschwerden (*Patient*); **'com·fort·er** [-tə] *s.* **1.** Tröster *m*: → **Job²**; **2. the** ♀ *eccl.* der Heilige Geist; **3.** *bsd. Brit.* Wollschal *m*; **4.** *Am.* Steppdecke *f*; **5.** *bsd. Brit.* Schnuller *m* (*für Babys*); **'com·fort·ing** [-tɪŋ] *adj.* tröstlich; **'com·fort·less** [-lɪs] *adj.* **1.** unbequem; **2.** trostlos; **3.** unerfreulich.
com·frey ['kʌmfrɪ] *s.* ⚘ Schwarzwurz *f*.
com·fy ['kʌmfɪ] F → **comfortable** 1.
com·ic ['kɒmɪk] **I** *adj.* ☐ → **comically**; **1.** komisch, Lustspiel...: **~ actor** Komiker *m*; **~ opera** komische Oper; **~ writer** Lustspieldichter *m*; **2.** komisch, humo'ristisch: **~ paper** Witzblatt *n*; **~ strips** Comic Strips, Comics; **3.** drollig, spaßig; **II** *s.* **4.** Komiker *m*; **5.** Witzblatt *n*; *pl. Zeitung*: Comics *pl.*; **6.** 'Filmkoˌmödie *f*; **'com·i·cal** [-kəl] *adj.* ☐ **1.** komisch, ulkig; **2.** F komisch, sonderbar; **com·i·cal·i·ty** [ˌkɒmɪ'kælətɪ] *s.* Spaßigkeit *f*; **'com·i·cal·ly** [-kəlɪ] *adv.* komisch(erweise).
com·ing ['kʌmɪŋ] **I** *adj.* kommend, (zu)künftig: **the ~ man** der kommende Mann; **~ week** nächste Woche; **II** *s.* Kommen *n*, Ankunft *f*, Beginn *m*: **~ of age** Mündigwerden *n*; **the Second** ♀ (**of Christ**) die Wiederkunft Christi.
com·i·ty ['kɒmɪtɪ] *s.* **1.** Höflichkeit *f*; **2. ~ of nations** gutes Einvernehmen der Nationen.
com·ma ['kɒmə] *s.* Komma *n*; **~ ba·cil·lus** *s.* [*irr.*] ⚕ 'Kommabaˌzillus *m*.
com·mand [kə'mɑːnd] **I** *v/t.* **1.** *j-m* befehlen, gebieten; **2.** gebieten, fordern, verlangen: **~ silence** Ruhe gebieten; **3.** beherrschen, gebieten über (*acc.*): **the hill ~s the plain** der Hügel beherrscht die Ebene; **4.** ⚔ kommandieren: a) *j-m* befehlen, b) *Truppe* befehligen, führen; **5.** *Gefühle, die Lage* beherrschen: **~ o.s.** sich beherrschen; **6.** verfügen über (*acc.*) (*Dienste, Gelder*); **7.** *Vertrauen, Liebe* einflößen: **~ respect** Achtung gebieten; **~ admiration** Bewunderung abnötigen *od.* verdienen; **8.** *Aussicht* gewähren, bieten; **9.** ✝ *Preis* erzielen; *Absatz* finden; **II** *v/i.* **10.** befehlen, herrschen; **11.** ⚔ kommandieren; **III** *s.* **12.** *allg.* Befehl *m*: **by ~** auf Befehl; **~ key** *Computer*: Befehlstaste *f*; **~ menu** Befehlsmenü *n*; **13.** ⚔ Kom'mando *n*: a) Befehl *m*: **word of ~** Kommando(wort) *n*, b) (Ober)Befehl *m*, Befehlsgewalt *f*, Führung *f*: **be in ~** a) (**of**) das Kommando führen (über *acc.*), b) *sport* den Gegner beherrschen; **take ~** das Kommando übernehmen; **14.** ⚔ a) Oberkom'mando *n*, Führungsstab *m*, b) Befehls-, Kom'mandobereich *m*; **15.** *fig.* Gewalt *f*, Herrschaft *f* (**of** über *acc.*); Beherrschung *f*, Meisterung *f* (*Gefühle*): **have ~ of** *Fremdsprache etc.* beherrschen; **his ~ of English** s-e Englischkenntnisse *pl.*; **16.** Verfügung *f* (**of** über *acc.*): **at your ~** zu Ihrer Verfügung; **be** (**have**) **at ~** zur Verfügung stehen (haben).
com·man·dant [ˌkɒmən'dænt] *s.* ⚔ Komman'dant *m*, Befehlshaber *m*.
com·mand car *s.* ⚔ *Am.* Befehlsfahrzeug *n*.

C

com·man·deer [ˌkɒmənˈdɪə] *v/t.* **1.** zum Mili'tärdienst zwingen; **2.** ⚔ requirieren, beschlagnahmen; **3.** F ‚organisieren', sich aneignen.

com·mand·er [kəˈmɑːndə] *s.* **1.** ⚔ Komman'dant *m* (*e-r Festung, e-s Flugzeugs etc.*), Befehlshaber *m*; Komman'deur *m* (*e-r Einheit*), Führer *m*; *Am.* ⚓ Fre'gattenkapiˌtän *m*: **~-in-chief** Oberbefehlshaber; **2.** ♀ **of the Faithful** *hist.* Beherrscher *m* der Gläubigen (*Sultan*); **3.** *hist.* (*Ordens*)Kom'tur *m*; **com'mand·ing** [-dɪŋ] *adj.* ☐ **1.** herrschend, gebietend; **2.** *die Gegend* beherrschend: **~ point** strategischer Punkt; **3.** ⚔ kommandierend, befehlshabend; **4.** imponierend, eindrucksvoll; **5.** gebieterisch; **com'mand·ment** [-dmənt] *s.* Gebot *n*, Vorschrift *f*: **the Ten ♀s** *bibl.* die Zehn Gebote.

com·mand mod·ule *s. Raumfahrt*: Kom'mandokapsel *f*.

com·man·do [kəˈmɑːndəʊ] *pl.* **-dos** *s.* ⚔ **1.** Kom'mando(truppe *f*, -einheit *f*) *n*: **~ squad**; **~ raid** Kommandoüberfall *m*; **2.** Angehörige(r) *m* e-s Kom'mandos.

com·mand| pa·per *s. pol. Brit.* (*dem Parlament vorgelegter*) Kabi'nettsbeschluss *m*; **~ per·form·ance** *s. thea.* Aufführung *f* auf königlichen Befehl *od.* Wunsch; **~ post** *s.* ⚔ Befehls-, Gefechtsstand *m*.

com·mem·o·rate [kəˈmeməreɪt] *v/t.* (ehrend) gedenken (*gen.*); erinnern an (*acc.*): **a monument to ~ a victory** ein Denkmal zur Erinnerung an e-n Sieg; **com·mem·o·ra·tion** [kəˌmeməˈreɪʃn] *s.* **1.** Gedenk-, Gedächtnisfeier *f*: **in ~ of** zum Gedächtnis an (*acc.*); **2.** *Brit. univ.* Stiftergedenkfest *n* (*Oxford*); **com'mem·o·ra·tive** [-rətɪv] *adj.* Gedächtnis..., Erinnerungs...: **~ issue** Gedenkausgabe *f* (*Briefmarken etc.*); **~ plaque** Gedenktafel *f*.

com·mence [kəˈmens] *v/t. u. v/i.* **1.** beginnen, anfangen; ⚖ *Klage* anhängig machen; **2.** *Brit. univ.* promovieren (**M.A.** zum M.A.); **com'mence·ment** [-mənt] *s.* **1.** Anfang *m*, Beginn *m*; **2.** *Am.* (Tag *m* der) Feier *f* der Verleihung aka'demischer Grade; **com'menc·ing** [-sɪŋ] *adj.* Anfangs...: **~ salary**.

com·mend [kəˈmend] *v/t.* **1.** empfehlen, loben: **~ me to ...** F da lobe ich mir ...; **2.** empfehlen, anvertrauen (**to** *dat.*); **3.** **~ o.s.** sich (*als geeignet*) empfehlen; **com'mend·a·ble** [-dəbl] *adj.* ☐ empfehlens-, lobenswert; **com·men·da·tion** [ˌkɒmenˈdeɪʃn] *s.* **1.** Empfehlung *f*; **2.** Lob *n*; **com'mend·a·to·ry** [-dətərɪ] *adj.* **1.** empfehlend, Empfehlungs...; **2.** lobend.

com·men·sal [kəˈmensəl] *s.* **1.** Tischgenosse *m*; **2.** *biol.* Kommen'sale *m*.

com·men·su·ra·ble [kəˈmenʃərəbl] *adj.* ☐ **1.** kommensu'rabel, vergleichbar (**with, to** mit); **2.** angemessen, im richtigen Verhältnis; **com'men·su·rate** [-rət] *adj.* ☐ **1.** gleich groß, von gleicher Dauer (**with** wie); **2.** (**with, to**) im Einklang stehend (mit), angemessen *od.* entsprechend (*dat.*).

com·ment [ˈkɒment] **I** *s.* **1.** Be-, Anmerkung *f*, Stellungnahme *f*, Kommen'tar *m* (**on** zu): **no ~!** kein Kommentar!; **2.** Erläuterung *f*, Kommen'tar *m*, Deutung *f*; Kri'tik *f*; **3.** Gerede *n*; **II** *v/i.* **4.** (**on**) kommentieren (*acc.*), Erläuterungen *od.* Anmerkungen machen (zu); **5.** sich (kritisch) äußern (**on** über *acc.*); **'com·men·tar·y** [-tərɪ] *s.* Kommen'tar *m* (**on** zu): **radio ~** Rundfunkkommentar; **'com·men·tate** [-teɪt] *v/i.* → **comment** 4; **'com·men·ta·tor** [-teɪtə] *s. allg., a. TV etc.*: Kommen'tator *m*.

com·merce [ˈkɒmɜːs] *s.* **1.** Handel *m*, Handelsverkehr *m*; **2.** Verkehr *m*, 'Umgang *m*.

com·mer·cial [kəˈmɜːʃl] **I** *adj.* ☐ **1.** kommerzi'ell (*a. Theaterstück etc.*), kaufmännisch, geschäftlich, gewerblich, Handels..., Geschäfts...; **~ enterprise** gewerbliches Unternehmen; **~ practice** kaufmännische Praxis; **~ station** kommerzieller Sender; **2.** Handel treibend; **3.** für den Handel bestimmt, Handels...; **4.** a) in großen Mengen erzeugt, b) mittlerer *od.* niederer Quali'tät, c) nicht (ganz) rein (*Chemikalien*); **5.** handelsüblich: **~ quality**; **6.** *Radio, TV*: Werbe...: **~ television** a) Werbefernsehen *n*, b) kommerzielles Fernsehen; **II** *s.* **7.** *Radio, TV*: a) von e-m Sponsor finanzierte Sendung, b) Werbespot *m*; **~ al·co·hol** *s.* handelsüblicher Alkohol, Sprit *m*; **~ art** *s.* Werbegrafik *f*; **~ a·vi·a·tion** *s.* Verkehrsluftfahrt *f*; **~ code** *s.* Handelsgesetzbuch *n*; **~ col·lege** *s.* Wirtschafts(ober)schule *f*; **~ cor·re·spond·ence** *s.* 'Handelskorresponˌdenz *f*; **~ court** *s.* ⚖ Handelsgericht *n*; **~ ge·og·ra·phy** *s.* 'Wirtschaftsgeograˌphie *f*.

com·mer·cial·ism [kəˈmɜːʃəlɪzəm] *s.* **1.** Handels-, Geschäftsgeist *m*; **2.** Handelsgepflogenheit *f*; **3.** kommerzi'elle Ausrichtung; **com·mer·cial·i·za·tion** [kəˌmɜːʃəlaɪˈzeɪʃn] *s.* Kommerzialisierung *f*, Vermarktung *f*, kaufmännische Verwertung *od.* Ausnutzung; **com·mer·cial·ize** [kəˈmɜːʃəlaɪz] *v/t.* kommerzialisieren, vermarkten, verwerten, ein Geschäft machen aus; in den Handel bringen.

com·mer·cial| let·ter of cred·it *s.* Akkredi'tiv *n*; **~ loan** *s.* 'Warenkreˌdit *m*; **~ man** *s.* [*irr.*] Geschäftsmann *m*; **~ pa·per** *s.* 'Inhaberpaˌpier *n* (*bsd. Wechsel*); **~ plane** *s.* Verkehrsflugzeug *n*; **~**

room *s. Brit. Hotelzimmer, in dem Handlungsreisende Kunden empfangen können*; **~ school** *s.* Handelsschule *f*; **~ trav·el·(l)er** *s.* Handlungsreisende(r) *m*; **~ trea·ty** *s.* Handelsvertrag *m*; **~ val·ue** *s.* Handels-, Marktwert *m*; **~ ve·hi·cle** *s.* Nutzfahrzeug *n*.

com·mie ['kɒmɪ] *s.* F Kommu'nist(in).

com·mi·na·tion [ˌkɒmɪ'neɪʃn] *s.* Drohung *f*; *bsd. eccl.* Androhung *f* göttlicher Strafe; *a.* ***~ service*** Bußgottesdienst *m*.

com·mi·nute ['kɒmɪnjuːt] *v/t.* zerkleinern, zerstückeln; zerreiben: ***~d fracture*** ⚕ Splitterbruch *m*; **com·mi·nu·tion** [ˌkɒmɪ'njuːʃn] *s.* **1.** Zerkleinerung *f*; Zerreibung *f*; **2.** ⚕ Splitterung *f*; **3.** Abnutzung *f*.

com·mis·er·ate [kə'mɪzəreɪt] **I** *v/t. j-n* bemitleiden, bedauern; **II** *v/i.* Mitleid haben (***with*** mit); **com·mis·er·a·tion** [kəˌmɪzə'reɪʃn] *s.* Mitleid *n*, Erbarmen *n*.

com·mis·sar [ˌkɒmɪ'sɑː] *s.* Kommis'sar *m* (*bsd. Russland*): ***People's*** ≈ Volkskommissar; ˌ**com·mis'sar·i·at** [-'seərɪət] *s.* ⚔ a) Intendan'tur *f*, b) Ver'pflegungsorganisatiˌon *f*; **com·mis·sar·y** ['kɒmɪsərɪ] *s.* **1.** Kommis'sar *m*, Beauftragte(r) *m*; **2.** *eccl.* bischöflicher Kommis'sar; **3.** 'Volkskommisˌsar *m*; **4.** *Am.* a) ⚔ Verpflegungsstelle *f*, b) Restau'rant *n im Filmstudio etc.*

com·mis·sion [kə'mɪʃn] **I** *s.* **1.** Auftrag *m*, Vollmacht *f*; **2.** Bestallung *f*, Bestallungsurkunde *f*; **3.** ⚔ Offi'zierspaˌtent *n*: ***hold a ~*** Offizier sein; ***receive one's ~*** Offizier werden; **4.** (An)Weisung *f*, Aufgabe *f*; **5.** Auftrag *m*, Bestellung *f*; **6.** Amt *n*, Dienst *m*, Tätigkeit *f*, Betrieb *m*: ***put into ~*** *Schiff* in Dienst stellen (F *a. Maschine etc.*); ***in ~*** im Dienst, in Betrieb; ***out of ~*** a) außer Dienst (*bsd. Schiff*), b) außer Betrieb, nicht funktionierend, kaputt; **7.** ✝ a) Kommissi'on *f*: ***have on ~*** in Kommission *od.* Konsignation haben, b) Provisi'on *f*, Vergütung *f*: ***~ agent*** Kommissionär *m*, Provisionsvertreter *m*; ***goods on ~*** Kommissionswaren; ***on a ~ basis*** in Kommission, auf Provisionsgrundlage; ***sell on ~*** gegen Provision verkaufen; **8.** Ausführung *f*, Verübung *f*; → ***sin*** 1; **9.** Kommissi'on *f*, Ausschuss *m*; Vorstand *m* (*Klub*): ***Royal*** ≈ *Brit.* Untersuchungsausschuss; **II** *v/t.* **10.** beauftragen, be'vollmächtigen; **11.** *j-m* e-e Bestellung *od.* e-n Auftrag geben; **12.** in Auftrag geben, bestellen: ***~ a statue***; ***~ed work*** Auftragsarbeit *f*; **13.** ⚔ zum Offi'zier ernennen: ***~ed officer*** (durch Patent bestallter) Offizier; **14.** *Schiff* in Dienst stellen.

com·mis·sion·aire [kəˌmɪʃə'neə] *s.* **1.** *Brit.* (livrierter) Porti'er; **2.** ✝ *Am.* Vertreter *m*, Einkäufer *m*.

com·mis·sion·er [kə'mɪʃnə] *s.* **1.** Be'vollmächtigte(r) *m*, Beauftragte(r) *m*: ≈ ***for data protection*** Datenschutzbeauftragte *m*; **2.** (Re'gierungs)Kommisˌsar *m*: ***High*** ≈ Hochkommissar; **3.** Leiter *m* des Amtes: ***~ of police*** Polizeichef *m*; ≈ ***for Oaths*** (*etwa*) Notar *m*; **4.** ⚖ beauftragter Richter; **5.** a) Mitglied *n* e-r (Re'gierungs)Kommissiˌon, Kommis'sar *m*, b) *pl.* Kommissi'on *f*, Behörde *f*.

com·mis·sure ['kɒmɪˌsjʊə] *s.* **1.** Naht *f*; Band *n* (*bsd. anat.*); **2.** *anat.* Nervenstrang *m*.

com·mit [kə'mɪt] *v/t.* **1.** anvertrauen, über'geben, über'tragen: ***~ to the ground*** beerdigen; ***~ to memory*** auswendig lernen; ***~ to paper*** zu Papier bringen; ⚖ ***~ s.o. to prison*** (***to an institution***) j-n in e-e Strafanstalt (Heil- u. Pflegeanstalt) einweisen; ***~ for trial*** dem zuständigen Gericht zur Hauptverhandlung überstellen; **2.** anvertrauen, empfehlen; **3.** *pol.* an e-n Ausschuss über'weisen; **4.** (***to***) *pol. etc.* verpflichten (zu), binden (an *acc.*); festlegen (auf *acc.*) (*alle a.* ***o.s.*** sich): ***be ~ted*** sich festgelegt haben, gebunden sein; ***~ted writer*** engagierter Schriftsteller; **5.** *Verbrechen etc.* begehen, verüben; **6.** (***o.s.*** sich) kompromittieren; **com'mit·ment** [-mənt] *s.* **1.** (***to***) Verpflichtung *f* (zu), Bindung *f* (an *acc.*): ***without ~*** unverbindlich; **2.** ✝ Verbindlichkeit *f*; *Am. engS.* Börsengeschäft *n*; **3.** → ***committal*** 2; **4.** *fig.* Engage'ment *n*; **com'mit·tal** [-tl] *s.* **1.** → ***commitment*** 1; **2.** 'Übergabe *f*, Über'weisung *f* (***to*** an *acc.*): ***~ to prison*** (***an institution***) Einlieferung *f* in e-e Strafanstalt (Einweisung *f* in e-e Heil- und Pflegeanstalt); ***~ order*** Haftbefehl *m*, Einweisungsbeschluss *m*; ***~ service*** Bestattung(sfeier) *f*; **3.** Verübung *f*, Begehung *f* (*von Verbrechen etc.*).

com·mit·tee [kə'mɪtɪ] *s.* Komi'tee *n*, Ausschuss *m*, Kommissi'on *f*: ***be*** (*od.* ***sit***) ***on a ~*** in e-m Ausschuss sein; ***the House goes into*** (*od.* ***resolves itself into a***) ≈ *parl.* das Haus konstituiert sich als Ausschuss; ***~ stage*** *parl.* Stadium *n* der Ausschussberatung (*zwischen 2. u. 3. Lesung e-s Gesetzentwurfes*); ***~man***, ***~woman*** Komiteemitglied *n*.

com·mo·di·ous [kə'məʊdjəs] *adj.* □ geräumig.

com·mod·i·ty [kə'mɒdətɪ] *s.* ✝ Ware *f*, ('Handels-, *bsd.* Ge'brauchs)Arˌtikel *m*; *oft pl.* Waren *pl.*: ***~ value*** Waren-, Sachwert *m*; **~ dol·lar** *s. Am.* Warendollar *m*; **~ ex·change** *s.* Warenbörse *f*; **~ mar·ket** *s.* **1.** Warenmarkt *m*; **2.** Rohstoffmarkt *m*; **~ pa·per** *s.* Doku'mententratte *f*.

C

com·mo·dore ['kɒmədɔː] *s.* ⚓ **1.** *allg.* Kommo'dore *m*; **2.** Präsi'dent *m* e-s Jachtklubs; **3.** Leitschiff *n* (*Geleitzug*).

com·mon ['kɒmən] **I** *adj.* □ → ***commonly***; **1.** gemeinsam (*a.* ⩓), gemeinschaftlich: ***make ~ cause*** gemeinsame Sache machen; ***~ ground*** gleiche Grundlage, Gemeinsamkeit *f* (der Interessen *etc.*); ***that's ~ ground*** darüber besteht Einigkeit; ***~ pricing*** Preisabsprache *f*; **2.** allgemein, öffentlich: ***~ knowledge*** allgemein bekannt; ***~ rights*** Menschenrechte; ***~ talk*** Stadtgespräch *n*; ***~ usage*** allgemein üblich; **3.** gewöhnlich, üblich, häufig, alltäglich: ***~ coin of the realm*** übliche Landesmünze; ***~ event*** normales Ereignis; ***~ sight*** alltäglicher Anblick; ***a very ~ name*** ein sehr häufiger Name; ***~ as dirt*** häufig, gewöhnlich; **4.** einfach, gewöhnlich: ***~ looking*** von gewöhnlichem Aussehen; ***the ~ people*** das (einfache) Volk; ***~ salt*** Kochsalz *n*; ***~ soldier*** einfacher Soldat; ***~ or garden ...*** F Feld-Wald-u.-Wiesen-...; → ***cold*** 8; **5.** gewöhnlich, gemein: ***~ accent*** ordinäre Aussprache; ***the ~ herd*** die große Masse; ***~ manners*** schlechtes Benehmen; **6.** *ling.* ***~ gender*** doppeltes Geschlecht; ***~ noun*** Gattungsname *m*; **II** *s.* **7.** Gemeindeland *n* (*heute oft mit Parkanlage*): (***right of***) ***~*** Mitbenutzungsrecht *n*; ***~ of pasturage*** Weiderecht *n*; **8.** *fig.* ***in ~*** gemeinsam; ***in ~ with*** (genau) wie; ***have s.th. in ~ with*** et. gemein haben mit; ***out of the ~*** außergewöhnlich, besonders; **9.** → ***commons***.

com·mon·al·ty ['kɒmənltɪ] *s. das* gemeine Volk, Allgemeinheit *f*.

com·mon| car·ri·er → ***carrier*** 2; **~ chord** *s.* ♪ Dreiklang *m*; **~ de·nom·i·na·tor** *s.* ⩓ gemeinsamer Nenner (*a. fig.*).

com·mon·er ['kɒmənə] *s.* **1.** Bürger(licher) *m*; **2.** *Brit.* Stu'dent (*Oxford*), der s-n 'Unterhalt selbst bezahlt; **3.** *Brit.* a) Mitglied *n* des 'Unterhauses, b) Mitglied *n* des Londoner Stadtrats.

com·mon| frac·tion *s.* ⩓ gemeiner Bruch; **~ law** *s.* a) *das gesamte angloamerikanische Rechtssystem* (*Ggs.* ***civil law***), b) *obs. das engl. Gewohnheitsrecht*; **,~-'law** *adj.* gewohnheitsrechtlich: ***~ marriage*** Konsensehe *f*, eheähnliches Zs.-leben; ***~ wife*** Lebensgefährtin *f*.

com·mon·ly ['kɒmənlɪ] *adv.* gewöhnlich, im Allgemeinen.

Com·mon Mar·ket *s.* ✝ Gemeinsamer Markt.

com·mon·ness ['kɒmənnɪs] *s.* **1.** All'täglichkeit *f*, Häufigkeit *f*; **2.** Gewöhnlichkeit *f*, ordi'näre Art.

'com·mon|·place I *s.* **1.** Gemeinplatz *m*, Platti'tüde *f*; **2.** *et.* All'tägliches; **II** *adj.* all'täglich, 'uninteres,sant, abgedroschen, platt; **2 Prayer** *s. eccl.* **1.** die angli'kanische Litur'gie; **2.** (***Book of***) ***~*** Gebetbuch *n* der angli'kanischen Kirche; **~ room** [rʊm] *s.* **1.** *univ.* Gemeinschaftsraum *m*: a) ***junior ~*** für Studenten, b) ***senior ~*** für Dozenten; **2.** *Schule*: Lehrerzimmer *n*.

com·mons ['kɒmənz] *s. pl.* **1.** *das* gemeine Volk, *die* Bürgerlichen: ***the 2*** *parl. Brit.* das Unterhaus; **2.** *bsd. Brit. univ.* Gemeinschaftskost *f*, -essen *n*: ***kept on short ~*** auf schmale Kost gesetzt.

com·mon| school *s.* staatliche Volksschule; **~ sense** *s.* gesunder Menschenverstand; **,~-'sen·si·cal** [-'sensɪkl] *adj.* vernünftig; **~ ser·geant** *s.* Richter *m* u. Rechtsberater *m* des Magi'strats der ***City of London***; **~ stock** *s.* ✝ *Am.* 'Stamm,aktie(n *pl.*) *f*; **'~·weal** *s.* **1.** Gemeinwohl *n*; **2.** → **'~·wealth** *s.* **1.** Gemeinwesen *n*, Staat *m*; **2.** Repu'blik *f*: ***the 2*** *Brit. hist.* die engl. Republik unter Cromwell; **3.** ***British 2*** (***of Nations***) *das* Commonwealth, *die* Britische Nationengemeinschaft; ***2 of Australia*** *der* Australische Staatenbund; **4.** *Am. Bezeichnung für einige Staaten der USA.*

Das **British Commonwealth** ist ein loser Verbund von ca. 50 Ländern, die früher zum **British Empire** (britischen Weltreich) gehörten und heute auf wirtschaftlicher und politischer Ebene kooperieren. Zum **Commonwealth** gehören z. B. Kanada, Australien, Neuseeland, Südafrika, Kenia, Malaysia, Zypern und Indien. Oberhaupt des **Commonwealth** ist die britische Königin bzw. der britische König.

com·mo·tion [kə'məʊʃn] *s.* **1.** Erschütterung *f*, Aufregung *f*, Aufsehen *n*; **2.** Aufruhr *m*, Tu'mult *m*; → ***civil*** 2; **3.** Wirrwarr *m*.

com·mu·nal ['kɒmjʊnl] *adj.* **1.** Gemeinde..., Kommunal...: ***~ tax***; **2.** Gemeinschafts...; Volks...: ***~ aerial*** (*bsd. Am.* ***antenna***) *TV* Gemeinschaftsantenne *f*; ***~ kitchen*** Volksküche *f*; **3.** *Indien*: Volksgruppen betreffend; **'com·mu·nal·ism** [-nəlɪzəm] *s.* Kommuna'lismus *m* (*Regierungssystem nach Gemeindegruppen*); **'com·mu·nal·ize** [-nəlaɪz]

C

v/t. in Gemeindebesitz über'führen, kommunalisieren.

com·mu·nard ['kɒmjʊnəd] *s. sociol.* Kommu'narde *m.*

com·mune¹ [kə'mju:n] *v/i.* **1.** sich vertraulich besprechen: **~ *with o.s.*** mit sich zurate gehen; **2.** *eccl.* kommunizieren, die (heilige) Kommuni'on *od.* das Abendmahl empfangen.

com·mune² ['kɒmju:n] *s.* Kom'mune *f* (*a. sociol.*).

com·mu·ni·ca·ble [kə'mju:nɪkəbl] *adj.* □ **1.** mitteilbar; **2.** ⚕ über'tragbar, ansteckend; **com'mu·ni·cant** [-ənt] **I** *s.* **1.** *eccl.* Kommuni'kant(in); **2.** Gewährsmann *m*, Informant(in); **II** *adj.* **3.** mitteilend; **4.** teilhabend; **com'mu·ni·cate** [-keɪt] **I** *v/t.* **1.** mitteilen (***to*** *dat.*); **2.** (*a.* ⚕) über'tragen (***to*** auf *acc.*); **II** *v/i.* **3.** sich besprechen, Gedanken *etc.* austauschen, in Verbindung stehen, kommunizieren (***with*** mit), sich mitteilen (***with*** *dat.*); **4.** sich in Verbindung setzen (***with*** mit); **5.** in Verbindung stehen, zs.-hängen (***with*** mit): ***these two rooms ~*** diese beiden Räume haben e-e Verbindungstür; **6.** sich mitteilen (*Erregung etc.*) (***to*** *dat.*); **7.** *eccl.* → ***commune¹*** 2.

com·mu·ni·ca·tion [kə,mju:nɪ'keɪʃn] *s.* **1.** (***to***) *allg.* Mitteilung *f* (an *acc.*): a) Verständigung *f* (*gen. od.* von), b) Über'mittlung *f e-r Nachricht* (an *acc.*), c) Nachricht *f* (an *acc.*), d) Kommunikati'on *f* (*e-r Idee etc.*); **2.** Kommunikati'on *f*, Gedankenaustausch *m*, Verständigung *f*; (Brief-, Nachrichten)Verkehr *m*; Verbindung *f*: ***be in ~ with s.o.*** mit j-m in Verbindung stehen; **3.** (*a. phys.*) Über'tragung *f*, Fortpflanzung *f* (***to*** auf *acc.*); **4.** Kommunikati'on *f*, Verkehrsweg *m*, Verbindung *f*, 'Durchgang *m*; **5.** *pl.* a) Fernmelde-, Nachrichtenwesen *n* (*a.* ⚔): **~ *net*** Fernmeldenetz *n*; **~ *officer*** Fernmeldeoffizier *m*, b) Verbindungswege *pl.*, Nachschublinien *pl.*; **6.** *pl.* Kommunikati'onswissenschaft *f*; **~ cen·tre** (*Am.* **cen·ter**) *s.* ⚔ 'Fernmeldezen,trale *f*; **~ cord** *s.* 🚂 Notleine *f*, -bremse *f*; **~ en·gi·neer·ing** *s.* 'Nachrichten,technik *f*; **~s gap** *s.* Kommunikati'onslücke *f*; **~s sat·el·lite** *s.* 'Nachrichtensatel,lit *m*; **~s sys·tem** *s.* Kommunikati'onssys,tem *n*; **~ trench** *s.* ⚔ Verbindungs-, Laufgraben *m.*

com·mu·ni·ca·tive [kə'mju:nɪkətɪv] *adj.* □ mitteilsam, kommunika'tiv; **com'mu·ni·ca·tor** [-keɪtə] *s.* **1.** Mitteilende(r *m*) *f*; **2.** *tel.* (Zeichen)Geber *m.*

com·mun·ion [kə'mju:njən] *s.* **1.** Gemeinschaft *f*; **2.** enge Verbindung; 'Umgang *m*: ***hold ~ with o.s.*** Einkehr bei sich selbst halten; **3.** Religi'onsgemeinschaft *f*; **4.** *eccl.* **2**, *a.* ***Holy 2*** (heilige) Kommuni'on, (heiliges) Abendmahl: **2 *cup*** Abendmahlskelch *m*; **2 *table*** Abendmahlstisch *m.*

com·mu·ni·qué [kə'mju:nɪkeɪ] (*Fr.*) *s.* Kommuni'qué *n.*

com·mu·nism ['kɒmjʊnɪzəm] *s.* Kommu'nismus *m*; **'com·mu·nist** [-nɪst] **I** *s.* Kommu'nist(in); **II** *adj.* → **com·mu·nis·tic** [,kɒmjʊ'nɪstɪk] *adj.* kommu'nistisch.

com·mu·ni·ty [kə'mju:nətɪ] *s.* **1.** Gemeinschaft *f*: **~ *aerial*** (*bsd. Am.* ***antenna***) Gemeinschaftsantenne *f*; **~ *spirit*** Gemeinschaftsgeist *m*; **~ *singing*** Gemeinschaftssingen *n*; **2.** Gemeinde *f*, Körperschaft *f*: ***the mercantile ~*** die Kaufmannschaft; **~ *centre*** (*Am.* ***center***) Gemeindezentrum *n*; **~ *chest***, **~ *fund*** *Am.* Wohlfahrtsfonds *m*; **~ *home*** *Brit.* Erziehungsheim *n*; **3.** Gemeinwesen *n*: ***the ~*** a) die Allgemeinheit, das Volk, b) der Staat; **~ *ownership*** öffentliches Eigentum; **4.** Gemeinschaft *f*, Gemeinsamkeit *f*; Gleichheit *f*: **~ *of goods*** *od.* ***property*** (eheliche) Gütergemeinschaft; **~ *of interest*** Interessengemeinschaft; **~ *of goods acquired during marriage*** Errungenschaftsgemeinschaft; **~ *of heirs*** ⚖ Erbengemeinschaft.

com·mu·nize ['kɒmjʊnaɪz] *v/t.* **1.** in Gemeineigentum 'überführen, sozialisieren; **2.** kommu'nistisch machen.

com·mut·a·ble [kə'mju:təbl] *adj.* **1.** austauschbar, 'umwandelbar; **2.** *durch Geld* ablösbar; **com·mu·tate** ['kɒmjʊteɪt] *v/t.* ⚡ *Strom* a) wenden, b) gleichrichten; **com·mu·ta·tion** [,kɒmju:'teɪʃn] *s.* **1.** 'Um-, Austausch *m*, 'Umwandlung *f*; **2.** Ablösung *f*, Abfindung *f*; **3.** ⚖ 'Straf,umwandlung *f*, -milderung *f*; **4.** ⚡ 'Umschaltung *f*, Stromwendung *f*; **5.** 🚂 *etc.* Pendelverkehr *m*: **~ *ticket*** Zeitkarte *f*; **com'mu·ta·tive** [-ətɪv] *adj.* □ **1.** auswechselbar, Ersatz..., Tausch...; **2.** wechselseitig; **com·mu·ta·tor** ['kɒmjʊteɪtə] *s.* ⚡ a) Kommu'tator *m*, Pol-, Stromwender *m*, b) Kol'lektor *m*, c) *mot.* Zündverteiler *m*; Gleichrichter *m*; **com·mute** [kə'mju:t] **I** *v/t.* **1.** ein-, 'umtauschen, auswechseln; **2.** *Zahlung* 'umwandeln (***into*** in *acc.*), ablösen (***for***, ***into*** durch); **3.** ⚖ *Strafe* umwandeln (***to***, ***into*** in *acc.*); **4.** → ***commutate***; **II** *v/i.* **5.** 🚂 *etc.* pendeln; **com'mut·er** [-tə] *s.* **1.** 🚂 *etc.* Zeitkarteninhaber(in), Pendler *m*: **~ *belt*** Einzugsbereich *m* (*e-r Stadt*); **~ *train*** Nahverkehrszug *m*; **2.** → ***commutator***.

com·pact¹ ['kɒmpækt] *s.* Pakt *m*, Vertrag *m.*

com·pact² [kəm'pækt] **I** *adj.* □ **1.** kom'pakt, fest, dicht (zs.-)gedrängt; mas'siv: **~ *car*** → 6; **~ *cassette*** Kompaktkassette *f*; **~ *disk*** CD *f*; **2.** gedrungen;

C

3. knapp, gedrängt (*Stil*); **II** *v/t.* **4.** zs.-drängen, -pressen, fest verbinden; zs.-fügen: **~ed of** zs.-gesetzt aus; **III** *s.* ['kɒmpækt] **5.** Kom'paktpuder(dose *f*) *m*; **6.** *Am.* Kom'paktwagen *m*; **com'pact·ness** [-nɪs] *s.* **1.** Kom'paktheit *f*, Festigkeit *f*; **2.** *fig.* Knappheit *f*, Gedrängtheit *f* (*Stil*).

com·pan·ion[1] [kəm'pænjən] **I** *s.* **1.** Begleiter(in), Gesellschafter(in); *engS.* Gesellschafterin *f e-r Dame*; **2.** Kame'rad(in), Genosse *m*, Genossin *f*, Gefährte *m*, Gefährtin *f*: **~-in-arms** Waffenbruder *m*; **~ in misfortune** Leidensgefährte; **constant ~** ‚ständiger Begleiter' (*e-r Dame*); **3.** Gegen-, Seitenstück *n*, Pen'dant *n*: **~ volume** Begleitband *m*; **4.** Handbuch *n*; **5.** Ritter *m*: **2 of the Bath** Ritter des Bath-Ordens; **II** *v/t.* **6.** begleiten; **III** *v/i.* **7.** verkehren (**with** mit); **IV** *adj.* **8.** (dazu) passend, da'zugehörig.

com·pan·ion[2] [kəm'pænjən] *s.* ⚓ **1.** → **companion hatch**; **2.** Ka'jütstreppe *f*; **3.** Deckfenster *n*.

com·pan·ion·a·ble [kəm'pænjənəbl] *adj.* □ 'umgänglich, gesellig; **com'pan·ion·a·ble·ness** [-nɪs] *s.* 'Umgänglichkeit *f*; **com'pan·ion·ate** [-nɪt] *adj.* kame'radschaftlich: **~ marriage** Kameradschaftsehe *f*.

com·pan·ion| hatch *s.* ⚓ Ka'jütsklappe *f*, -luke *f*; **~ lad·der** → **companion**[2] 2.

com·pan·ion·ship [kəm'pænjənʃɪp] *s.* **1.** Kame'radschaft *f*; Gesellschaft *f*; **2.** *typ. Brit.* Ko'lonne *f* von Setzern.

com'pan·ion·way → **companion**[2] 2.

com·pa·ny ['kʌmpənɪ] *s.* **1.** Gesellschaft *f*, Begleitung *f*: **for ~** zur Gesellschaft; **in ~ with** in Gesellschaft von, zusammen mit; **he is good ~** man ist gern mit ihm zusammen; **I am** (*od.* **err**) **in good ~** ich bin in guter Gesellschaft (*wenn ich das tue*); **keep** (*od.* **bear**) **s.o. ~** j-m Gesellschaft leisten; **part ~** a) sich trennen (**with** von), b) uneinig werden; **2.** Gesellschaft *f*, Besuch *m*, Gäste *pl.*: **have ~** Besuch haben; **be fond of ~** die Geselligkeit lieben; **see much ~** a) viel Besuch haben, b) oft in Gesellschaft gehen; **3.** Gesellschaft *f*, 'Umgang *m*: **avoid bad ~** schlechte Gesellschaft meiden; **keep ~ with** verkehren mit; **4.** ✝ (Handels)Gesellschaft *f*, Firma *f*: **~ assets** Betriebsvermögen *n*; **~ car** Firmenwagen *m*; **~ failure** Insolvenz *f*; **~ law** Gesellschaftsrecht *n*; **~ pension plan** betriebliche Altersversorgung; **~ store** *Am.* betriebseigenes (Laden)Geschäft; **~ union** *Am.* Betriebsgewerkschaft *f*; **~'s water** Leitungswasser *n*; → **private** 2, **public** 3; **5.** Innung *f*, Zunft *f*, Gilde *f*; **6.** *thea.* Truppe *f*; **7.** ⚔ Kompa'nie *f*; **8.** ⚓ Mannschaft *f*.

com·pa·ra·ble ['kɒmpərəbl] *adj.* □ (**to**, **with**) vergleichbar (mit): **~ period** Vergleichszeitraum *m*; **com·par·a·tive** [kəm'pærətɪv] **I** *adj.* □ **1.** vergleichend: **~ literature** vergleichende Literaturwissenschaft; **2.** Vergleichs...; **3.** verhältnismäßig, rela'tiv; **4.** beträchtlich, ziemlich: **with ~ speed**; **5.** *ling.* komparativ, Komparativ...; **II** *s.* **6.** *a.* **~ degree** Komparativ *m*; **com·par·a·tive·ly** [kəm'pærətɪvlɪ] *adv.* verhältnismäßig, ziemlich.

com·pare [kəm'peə] **I** *v/t.* **1.** vergleichen (**with** mit): **as ~d with** im Vergleich zu; → **note** 2; **2.** vergleichen, gleichstellen, -setzen: **not to be ~d to** (*od.* **with**) nicht zu vergleichen mit; **3.** *ling.* steigern; **II** *v/i.* **4.** sich vergleichen (lassen), e-n Vergleich aushalten (**with** mit): **~ favo(u)rably with** den Vergleich mit ... nicht zu scheuen brauchen; besser sein als; **III** *s.* **5. beyond ~** unvergleichlich; **com'par·i·son** [-'pærɪsn] *s.* **1.** Vergleich *m*: **by ~** vergleichsweise; **in ~ with** im Vergleich mit *od.* zu; **bear ~ with** e-n Vergleich aushalten mit; **beyond** (**all**) **~** unvergleichlich; **2.** Ähnlichkeit *f*; **3.** *ling.* Steigerung *f*; **4.** Gleichnis *n*.

com·part·ment [kəm'pɑːtmənt] *s.* **1.** Ab'teilung *f*; Fach *n*, Feld *n*; **2.** 🚂 (Wagen)Abteil *n*; **3.** ⚓ Schott *n*: → **watertight**; **4.** *parl. Brit.* Punkt *m* der Tagesordnung; **com·part·men·tal·ize** [ˌkɒmpɑːt'mentəlaɪz] *v/t. bsd. fig.* (auf)teilen.

com·pass ['kʌmpəs] **I** *s.* **1.** *phys.* Kompass *m*: **mariner's ~** ⚓ Schiffskompass; **points of the ~** *die* Himmelsrichtungen; **2.** *pl. oft* **pair of ~es** Zirkel *m*; **3.** 'Umkreis *m*, 'Umfang *m*, Ausdehnung *f* (*a. fig.*): **within the ~ of** innerhalb; **it is beyond my ~** es geht über m-n Horizont; **4.** Bereich *m*, Gebiet *n*; **5.** ♪ 'Umfang *m* (*Stimme etc.*); **6.** Grenzen *pl.*, Schranken *pl.*: **to keep within ~** in Schranken halten; **II** *v/t.* **7.** erreichen, zu'stande bringen; **8.** planen; *b.s.* anzetteln; **9.** → **encompass**; **~ bear·ing** *s.* ⚓ Kompasspeilung *f*; **~ box** *s.* ⚓ Kompassgehäuse *n*; **~ card** *s.* ⚓ Kompassscheibe *f*, Windrose *f*.

com·pas·sion [kəm'pæʃn] *s.* Mitleid *n*, Erbarmen *n* (**for** mit): **to have** (*od.* **take**) **~** (**on**) Mitleid haben (mit), sich erbarmen (*gen.*); **com'pas·sion·ate** [-ʃənət] *adj.* □ mitleidsvoll: **~ allowance** (gesetzlich nicht verankerte Beihilfe als) Härteausgleich *m*; **~ leave** ⚔ Sonderurlaub *m* aus familiären Gründen.

com·pass| nee·dle *s.* Kompassnadel *f*; **~ plane** *s.* ⚙ Rundhobel *m*; **~ rose** *s.* ⚓ Windrose *f*; **~ saw** *s.* Stichsäge *f*; **~ win·dow** *s.* △ Rundbogenfenster *n*.

com·pat·i·bil·i·ty [kəmˌpætə'bɪlətɪ] *s.* **1.** Vereinbarkeit *f*; **2.** Verträglichkeit *f*; **3.**

Nachrichtentechnik: Kompatibili'tät *f*; **com·pat·i·ble** [kəm'pætəbl] *adj.* □ **1.** (mitein'ander) vereinbar, im Einklang (***with*** mit); **2.** angemessen (***with*** *dat.*); **3.** verträglich; **4.** *Nachrichtentechnik*, *Computer etc.*: kompa'tibel.

com·pa·tri·ot [kəm'pætrɪət] *s.* Landsmann *m*, -männin *f*.

com·peer [kɒm'pɪə] *s.* **1.** Standesgenosse *m*; Gleichgestellte(r *m*) *f*: ***have no ~*** nicht seinesgleichen haben; **2.** Kame'rad(in).

com·pel [kəm'pel] *v/t.* **1.** zwingen, nötigen; **2.** *et.* erzwingen; *a. Bewunderung etc.* abnötigen (***from s.o.*** j-m); **3. *~ s.o. to s.th.*** j-m et. aufzwingen; **com'pel·ling** [-lɪŋ] *adj.* **1.** zwingend, stark; **2.** 'unwider,stehlich; verlockend.

com·pen·di·ous [kəm'pendɪəs] *adj.* □ kurz (gefasst), gedrängt; **com'pen·di·um** [-əm] *pl.* **-ums, -a** [-ə] *s.* **1.** Kom'pendium *n*, Handbuch *n*; **2.** Zs.-fassung *f*, Abriss *m*.

com·pen·sate ['kɒmpenseɪt] **I** *v/t.* **1.** *j-n* entschädigen (***for*** für, ***by*** durch), *Am. a.* bezahlen, entlohnen; **2.** *et.* ersetzen, vergüten (***to s.o.*** j-m); **3.** aufwiegen, ausgleichen (*a.* ⚙), *bsd. psych. u.* ⚙ kompensieren; **II** *v/i.* **4.** (***for***) ersetzen (*acc.*); Ersatz leisten (für); wettmachen (*acc.*); **5. *~ for*** → 3; **6.** sich ausgleichen *od.* aufheben; **com·pen·sa·tion** [ˌkɒmpen'seɪʃn] *s.* **1.** Entschädigung *f*, (Schaden)Ersatz *m*; **2.** *Am.* Vergütung *f*, Entgelt *n*; **3.** Belohnung *f*; **4.** *pl.* Vorteile *pl.*; **5.** ⚖ Abfindung *f*; Aufrechnung *f*; **6.** ⚗, ⚡, ⚙, *psych.* Kompensati'on *f*; **com·pen·sa·tive** [kəm'pensətɪv] *adj.* **1.** entschädigend, Entschädigungs...; vergütend; **2.** Ersatz...; **3.** kompensierend, ausgleichend; **'com·pen·sa·tor** [-tə] *s.* ⚙ Kompen'sator *m*, Ausgleichsvorrichtung *f*; **com·pen·sa·to·ry** [kəm'pensətərɪ] → ***compensative***.

com·père ['kɒmpeə] (*Fr.*) *bsd. Brit.* **I** *s.* Conférenci'er *m*, Ansager(in); **II** *v/t. u. v/i.* konferieren, ansagen (bei).

com·pete [kəm'piːt] *v/i.* **1.** in Wettbewerb treten, sich (mit)bewerben (***for*** um); **2.** konkurrieren (*a.* †), wetteifern, sich messen (***with*** mit); sich behaupten; **3.** *sport* am Wettkampf teilnehmen; kämpfen (***for*** um).

com·pe·tence ['kɒmpɪtəns], **'com·pe·ten·cy** [-sɪ] *s.* **1.** (***for***) Befähigung *f* (zu), Tauglichkeit *f* (für); **2.** ⚖ a) Kompe'tenz *f*, Zuständigkeit *f*, Befugnis *f*, b) Zurechnungsfähigkeit *f*; **3.** Auskommen *n*; **'com·pe·tent** [-nt] *adj.* □ **1.** (leistungs)fähig, tüchtig; fachkundig, qualifiziert; **2.** ausreichend, angemessen; **3.** ⚖ a) zuständig, befugt, b) zulässig (*Zeuge*), c) zurechnungs-, geschäftsfähig; **4.** statthaft.

com·pe·ti·tion [ˌkɒmpɪ'tɪʃn] *s.* **1.** Wettbewerb *m*, -kampf *m* (***for*** um), *sport a.* Ver'anstaltung *f*, Konkur'renz *f*; **2.** † Konkur'renz *f*: a) Wettbewerb *m*: ***open*** (***unfair***) ~ freier (unlauterer) Wettbewerb; ***destructive ~*** ruinöser Wettbewerb, b) Konkur'renzkampf *m*, c) Konkur'renzfirmen *pl.*; **3.** Preisausschreiben *n*; **4.** Gegner *pl.*, Ri'valen *pl.*, Konkur'renz *f*; **com·pet·i·tive** [kəm'petətɪv] *adj.* □ **1.** konkurrierend, Konkurrenz..., Wettbewerbs...: ***~ capacity*** † Konkurrenzfähigkeit *f*; ***~ edge*** Wettbewerbsvorteil *m*; ***~ pressure*** Wettbewerbsdruck *m*; ***~ sport(s)*** Kampfsport *m*; **2.** konkur'renz-, wettbewerbsfähig (*Preise etc.*); **com·pet·i·tive·ness** [kəm'petətɪvnɪs] *s.* † Konkur'renz-, Wettbewerbsfähigkeit *f*; **com·pet·i·tor** [kəm'petɪtə] *s.* **1.** Mitbewerber(in) (***for*** um); **2.** † Konkur'rent(in); **3.** *sport* Teilnehmer(in), Ri'vale *m*, Ri'valin *f*.

com·pi·la·tion [ˌkɒmpɪ'leɪʃn] *s.* Kompilati'on *f*: a) Zs.-stellung *f*, b) Sammelwerk *n* (*Buch*); **com·pile** [kəm'paɪl] *v/t.* **1.** zs.-stellen, kompilieren; **2.** *Material* zs.-tragen; **com·pil·er** [kəm'paɪlə] *s.* **1.** Bearbeiter(in), Verfasser(in); **2.** *Computer*: Com'piler *m*.

com·pla·cence [kəm'pleɪsns], **com'pla·cen·cy** [-sɪ] *s.* 'Selbstzuˌfriedenheit *f*, -gefälligkeit *f*; **com'pla·cent** [-nt] *adj.* □ 'selbstzuˌfrieden, -gefällig.

com·plain [kəm'pleɪn] *v/i.* **1.** sich beklagen, sich beschweren (***of***, ***about*** über *acc.*, ***to*** bei, ***that*** dass); **2.** klagen (***of*** über *acc.*); **3.** † reklamieren: ***~ about*** *a. et.* beanstanden; **4.** ⚖ a) klagen, b) (Straf)Anzeige erstatten (***of*** gegen); **com'plain·ant** [-nənt] *s.* ⚖ Kläger(in); Beschwerdeführer *m*; **com'plaint** [-nt] *s.* **1.** Klage *f*, Beschwerde *f*, Beanstandung *f*: ***make a ~ about*** Klage führen über (*acc.*); **2.** ⚖ Klage *f*, *a.* Strafanzeige *f*; **3.** † Reklamati'on *f*, Beanstandung *f*; **4.** Beschwerde *f*, Leiden *n*.

com·plai·sance [kəm'pleɪzəns] *s.* Gefälligkeit *f*, Willfährigkeit *f*, Höflichkeit *f*; **com'plai·sant** [-nt] *adj.* □ gefällig, entgegenkommend.

com·ple·ment **I** *v/t.* ['kɒmplɪment] **1.** ergänzen, ver'vollständigen: ***~ each other*** sich (gegenseitig) ergänzen; **II** *s.* [-mənt] **2.** Ergänzung *f*, Ver'vollständigung *f*; **3.** 'Vollständigkeit *f*, -zähligkeit *f*; **4.** *a.* ***full ~*** volle Anzahl *od.* Menge; ⚓ volle Besatzung; **5.** *ling.* Ergänzung *f*; **6.** Komple'ment *n*; **com·ple·men·tal** [ˌkɒmplɪ'mentl] *adj.* □, **com·ple·men·ta·ry** [ˌkɒmplɪ'mentərɪ] *adj.* Ergänzungs..., Komplementär... (*a.* , *Farben*); (sich) ergänzend.

com·plete [kəm'pliːt] **I** *adj.* □ **1.** 'vollständig, voll'kommen, völlig, ganz,

C

kom'plett: *~ with ...* samt (*dat.*), ... eingeschlossen; **2.** 'vollzählig, sämtlich; **3.** beendet, fertig; **4.** völlig: *a ~ surprise*; **5.** *obs.* per'fekt; **II** *v/t.* **6.** ver'vollständigen, ergänzen; **7.** beenden, abschließen, fertig stellen, erledigen; **8.** voll'enden, ver'vollkommnen; *Formular* ausfüllen; **com'plete·ly** [-lɪ] *adv.*: *~ automatic* vollautomatisch; **com'plete·ness** [-nɪs] *s.* 'Vollständigkeit *f*, Voll'kommenheit *f*; **com'ple·tion** [-iːʃn] *s.* **1.** Voll'endung *f*, Fertigstellung *f*, Abschluss *m*, Ablauf *m*: *(up)on ~ of* nach Vollendung *od.* Ablauf von *od. gen.*; *bring to ~* zum Abschluss bringen, fertig stellen; *~ date* Fertigstellungstermin *m*; **2.** Ver'vollständigung *f*; **3.** (Vertrags- *etc.*)Erfüllung *f*; **4.** Ausfüllung *f* (*e-s Formulars*).

com·plex ['kɒmpleks] **I** *adj.* ☐ **1.** zs.-gesetzt (*a. ling.*); **2.** kompliziert, verwickelt; **II** *s.* **3.** Kom'plex *m* (*a. psych.*), Gesamtheit *f*, *das* Ganze; **4.** (Ge'bäude- *etc.*)Kom,plex *m*; **5.** ⚗ Kom'plexverbindung *f*; **com·plex·ion** [kəm'plekʃn] *s.* **1.** Gesichtsfarbe *f*, Teint *m*; **2.** *fig.* Aussehen *n*, Anstrich *m*, Cha'rakter *m*: *that puts a different ~ on it* das gibt der Sache ein (ganz) anderes Gesicht; **3.** *fig.* Cou'leur *f*, (po'litische) Richtung; **com·plex·i·ty** [kəm'pleksɪtɪ] *s.* **1.** Komplexi'tät *f* (*a.* ⩓), Kompliziertheit *f*, Vielschichtigkeit *f*; **2.** *et.* Kom'plexes.

com·pli·ance [kəm'plaɪəns] *s.* **1.** Einwilligung *f*, Erfüllung *f*, Befolgung *f* (*with gen.*): *in ~ with* gemäß; **2.** Willfährigkeit *f*; **com'pli·ant** [-nt] *adj.* ☐ willfährig.

com·pli·ca·cy ['kɒmplɪkəsɪ] *s.* Kompliziertheit *f*; **com·pli·cate** ['kɒmplɪkeɪt] *v/t.* komplizieren; **'com·pli·cat·ed** [-keɪtɪd] *adj.* kompliziert; **com·pli·ca·tion** [,kɒmplɪ'keɪʃn] *s.* **1.** Komplikati'on *f* (*a.* ⚕); **2.** Kompliziertheit *f*.

com·plic·i·ty [kəm'plɪsətɪ] *s.* Mitschuld *f*, Mittäterschaft *f*: *look of ~* komplizenhafter Blick.

com·pli·ment **I** *s.* ['kɒmplɪmənt] **1.** Kompli'ment *n*: *pay s.o. a ~* j-m ein Kompliment machen; → *fish* 8; **2.** Ehrenbezeigung *f*, Lob *n*: *do s.o. the ~* j-m die Ehre erweisen (*of* zu *inf. od. gen.*); **3.** Empfehlung *f*, Gruß *m*: *my best ~s* m-e Empfehlung; *with the ~s of the season* mit den besten Wünschen zum Fest; **II** *v/t.* [-ment] **4.** (*on*) beglückwünschen (zu); *j-m* Kompli'mente machen (über *acc.*); **com·plimen·ta·ry** [,kɒmplɪ'mentərɪ] *adj.* **1.** höflich, Höflichkeits...; schmeichelhaft: *~ close* Gruß-, Schlussformel *f* (*in Briefen*); **2.** Ehren...: *~ ticket* Ehren-, Freikarte *f*; *~ dinner* Festessen *n*; **3.** Frei..., Gratis...: *~ copy* Freiexemplar *n*; *~ meals* kostenlose Mahlzeiten.

com·plot ['kɒmplɒt] **I** *s.* Kom'plott *n*, Verschwörung *f*; **II** *v/i.* sich verschwören.

com·ply [kəm'plaɪ] *v/i.* (*with*) *e-r Bitte etc.* nachkommen *od.* entsprechen, erfüllen (*acc.*), *Regel etc.* befolgen, einhalten: *he would not ~* er wollte nicht einwilligen.

com·po ['kɒmpəʊ] (*abbr. für composition*) *s.* Putz *m*, Gips *m*, Mörtel *m etc.*

com·po·nent [kəm'pəʊnənt] **I** *adj.* e-n Teil bildend, Teil...: *~ part* → **II** *s.* (Bestand)Teil *m*, ⚙ *a.* 'Bauele,ment *n*.

com·port [kəm'pɔːt] **I** *v/t.* *~ o.s.* sich betragen; **II** *v/i.* *~ with* passen zu.

com·pos ['kɒmpəs] → *compos mentis*.

com·pose [kəm'pəʊz] **I** *v/t.* **1.** *mst pass.* zs.-setzen: *be ~d of* bestehen aus; **2.** bilden; **3.** entwerfen, ordnen, zurechtlegen; **4.** aufsetzen, verfassen; **5.** ♪ komponieren; **6.** *typ.* setzen; **7.** *Streit* schlichten; *s-e Gedanken* sammeln; **8.** besänftigen: *~ o.s.* sich beruhigen, sich fassen; **9.** *~ o.s.* sich anschicken (*to* zu); **II** *v/i.* **10.** schriftstellern, dichten; **11.** komponieren; **com'posed** [-zd] *adj.*, **com'pos·ed·ly** [-zɪdlɪ] *adv.* ruhig, gelassen; **com'pos·ed·ness** [-zɪdnɪs] *s.* Gelassenheit *f*, Ruhe *f*; **com'pos·er** [-zə] *s.* **1.** ♪ Kompo'nist(in); **2.** Verfasser(in).

com·pos·ing [kəm'pəʊzɪŋ] *adj.* **1.** beruhigend, Beruhigungs...; **2.** *typ.* Setz...: *~ machine*; *~ room* Setzerei *f*; *~ stick* Winkelhaken *m*.

com·pos·ite ['kɒmpəzɪt] **I** *adj.* ☐ **1.** zs.-gesetzt (*a.* ⩓), gemischt; vielfältig; Misch...: *~ construction* ⚠ Gemischtbauweise *f*; *~ metal* Verbundmetall *n*; **2.** ⚘ Korbblütler...; **II** *s.* **3.** Zs.-setzung *f*, Mischung *f*; **4.** *Kriminalistik*: Phan'tombild *n*; **5.** ⚘ Korbblütler *m*; *~* **pho·to·graph** *s.* 'Fotomon,tage *f*.

com·po·si·tion [,kɒmpə'zɪʃn] *s.* **1.** Zs.-setzung *f* (*a. ling.*), Bildung *f*; **2.** Abfassung *f*, Entwurf *m*, Anordnung *f*, Gestaltung *f*, Aufbau *m*; **3.** Satzbau *m*; Stilübung *f*, Aufsatz *m*, *a.* Über'setzung *f*: *English ~*; **4.** Schrift(werk *n*) *f*, Dichtung *f*; **5.** ♪ Kompositi'on *f*, Mu'sikstück *n*; **6.** *typ.* Setzen *n*, Satz *m*; **7.** *a.* ⚙, ⚗ Zs.-setzung *f*, Verbindung *f*, 'Mischmateri,al *n*; **8.** Über'einkunft *f*, Abkommen *n*; **9.** ⚖, ✝ Vergleich *m* *mit Gläubigern*: *~ proceedings* (Konkurs)Vergleichsverfahren *n*; **10.** Wesen *n*, Na'tur *f*, Anlage *f*; **com·pos·i·tor** [kəm'pɒzɪtə] *s. typ.* (Schrift)Setzer *m*.

com·pos men·tis [,kɒmpəs'mentɪs] (*Lat.*) *adj.* ⚖ bei klarem Verstand, geschäftsfähig.

com·post ['kɒmpɒst] **I** *s.* Mischdünger *m*, Kom'post *m*; **II** *v/t.* kompostieren.

com·po·sure [kəmˈpəʊʒə] *s.* (Gemüts-) Ruhe *f*, Gelassenheit *f*, Fassung *f*.

com·pote [ˈkɒmpɒt] *s.* **1.** Komˈpott *n*; **2.** Komˈpottschale *f*.

com·pound¹ [ˈkɒmpaʊnd] *s.* **1.** Lager *n*; **2.** Gefängnishof *m*; **3.** (Tier)Gehege *n*.

com·pound² [kəmˈpaʊnd] **I** *v/t.* **1.** mischen, mengen; zs.-setzen, vereinigen, verbinden; **2.** (zu)bereiten, herstellen; **3.** in Güte *od.* durch Vergleich beilegen; erledigen; **4.** ⚖, ✝ a) in Raten abzahlen, b) durch einmalige Zahlung regeln: ~ ***creditors*** Gläubiger befriedigen; **5.** gegen Schadloshaltung auf Strafverfolgung (*gen.*) verzichten; **6.** verschlimmern, steigern; **II** *v/i.* **7.** *a.* ⚖, ✝ sich (durch Abfindung) einigen *od.* vergleichen (***with*** mit, ***for*** über *acc.*); **III** *s.* [ˈkɒmpaʊnd] **8.** Zs.-setzung *f*, Mischung *f*; Masse *f*; Präpaˈrat *n*; **9.** ⚗ Verbindung *f*; **10.** *ling.* Komˈpositum *n*; **IV** *adj.* [ˈkɒmpaʊnd] **11.** zs.-gesetzt (*a.* ⚘, ⚕, *ling.*); ⚡, ⚙ Verbund...(*-dynamo*, *-motor*, *-stahl etc.*): ~ ***eye*** *zo.* Netz-, Facettenauge *n*; ~ ***fracture*** ⚕ komplizierter Bruch; ~ ***fruit*** ⚘ Sammelfrucht *f*; ~ ***interest*** Staffel-, Zinseszinsen *pl.*; ~ ***sentence*** *ling.* zs.-gesetzter Satz.

com·pre·hend [ˌkɒmprɪˈhend] *v/t.* **1.** umˈfassen, einschließen; **2.** begreifen, verstehen; **ˌcom·preˈhen·si·ble** [-nsəbl] *adj.* begreiflich, verständlich; **ˌcom·preˈhen·sion** [-nʃən] *s.* **1.** ˈUmfang *m*; **2.** Einbeziehung *f*; **3.** Begriffsvermögen *n*; Verstand *m*; Verständnis *n*, Einsicht *f*: ***quick*** (***slow***) ***of*** ~ schnell (schwer) von Begriff; **4.** *bsd. eccl.* Duldung *f* (*anderer Ansichten*); **ˌcom·preˈhen·sive** [-nsɪv] **I** *adj.* ☐ **1.** umˈfassend; inhaltsreich: (***fully***) ~ ***insurance*** *mot.* Vollkaskoversicherung *f*; ~ ***school*** Gesamtschule *f*; ***go*** ~ F a) die Gesamtschule einführen, b) in e-e Gesamtschule umgewandelt werden; **2.** verstehend: ~ ***faculty*** Begriffsvermögen *n*; **II** *s.* **3.** *Brit.* Gesamtschule *f*; **ˌcom·preˈhen·sive·ness** [-nsɪvnɪs] *s.* ˈUmfang *m*, Weite *f*; Reichhaltigkeit *f*; *das* Umˈfassende.

com·press **I** *v/t.* [kəmˈpres] zs.-drücken, -pressen, komprimieren; **II** *s.* [ˈkɒmpres] ⚕ Komˈpresse *f*, ˈUmschlag *m*; **comˈpressed** [-st] *adj.* **1.** komprimiert, zs.-gepresst: ~ ***air*** Press-, Druckluft *f*; **2.** *fig.* zs.-gefasst, gedrängt, gekürzt; **comˈpress·i·ble** [-səbl] *adj.* komprimierbar; **comˈpres·sion** [-eʃn] *s.* **1.** Zs.-pressen *n*, -drücken *n*; Verdichtung *f*, Druck *m*; **2.** *fig.* Zs.-drängung *f*; **3.** ⚙ Druck *m*, Kompressiˈon *f*: ~ ***mo(u)lding*** Formpressen *n*; ~***-mo(u)lded*** formgepresst (*Plastik*); **comˈpres·sive** [-sɪv] *adj.* zs.-pressend, Press..., Druck...; **comˈpres·sor** [-sə] *s.* **1.** ⚙ Komˈpressor *m*, Verdichter *m*; ✈ Lader *m*; **2.** *anat.* Schließmuskel *m*; **3.** ⚕ Druckverband *m*.

com·prise [kəmˈpraɪz] *v/t.* einschließen, umˈfassen, enthalten, beinhalten.

com·pro·mise [ˈkɒmprəmaɪz] **I** *s.* **1.** Komproˈmiss *m*, (gütlicher) Vergleich; Überˈeinkunft *f*; **II** *v/t.* **2.** durch Komproˈmiss regeln; **3.** gefährden, aufs Spiel setzen; beeinträchtigen; **4.** (*a.* ***o.s.*** sich) bloßstellen *od.* kompromittieren; **III** *v/i.* **5.** e-n Komproˈmiss schließen, zu e-r Überˈeinkunft gelangen (***on*** über *acc.*).

comp·trol·ler [kənˈtrəʊlə] *s.* (staatlicher) Rechnungsprüfer: ≈ ***General*** *Am.* Präsident *m* des Rechnungshofes.

com·pul·sion [kəmˈpʌlʃn] *s.* Zwang *m* (*a. psych.*): ***under*** ~ unter Zwang *od.* Druck, gezwungen; **comˈpul·sive** [-lsɪv] *adj.* ☐ zwingend, (*a. psych.*) Zwangs...; **comˈpul·so·ry** [-lsərɪ] *adj.* ☐ obligaˈtorisch, zwangsmäßig, Zwangs...; bindend; Pflicht...: ~ ***auction*** ⚖ Zwangsversteigerung *f*; ~ ***education*** allgemeine Schulpflicht; ~ ***insurance*** Pflichtversicherung *f*; ~ ***military service*** allgemeine Wehrpflicht; ~ ***purchase*** ⚖ Enteignung *f*; ~ ***subject*** *ped.* Pflichtfach *n*.

com·punc·tion [kəmˈpʌŋkʃn] *s.* a) Gewissensbisse *pl.*, b) Reue *f*, c) Bedenken *pl.*: ***without*** ~.

com·put·a·ble [kəmˈpjuːtəbl] *adj.* berechenbar; **com·put·a·hol·ic** [kəmˌpjuːtəˈhɒlɪk] *s.* Computerfreak *m*; **com·pu·ta·tion** [ˌkɒmpjuːˈteɪʃn] *s.* Berechnung *f*, ˈÜberschlag *m*, Schätzung *f*; **ˌcom·puˈta·tion·al** [-ʃənl] *adj.* Computer...; **compute** [kəmˈpjuːt] **I** *v/t.* berechnen, schätzen, veranschlagen (***at*** auf *acc.*); **II** *v/i.* rechnen; **comˈput·er** [-tə] *s.* **1.** (Be)Rechner *m*; **2.** ⚡ Comˈputer *m*: ~ ***centre*** (*Am.* ***center***) Rechenzentrum *n*; ~ ***science*** Informatik *f*; ~ ***scientist*** Informatiker(in); ~***-aided*** computergestützt; ~***-control(l)ed*** computergesteuert; ~***-literate*** mit Computerkenntnissen; ~ ***meltdown*** Computer-GAU *m*; ~ ***tomography*** Comˈputertomograˌphie *f*; **comˈput·er·ize** [-təraɪz] *v/t.* a) auf Comˈputer ˈumstellen, b) mit Comˈputern betreiben.

com·rade [ˈkɒmrɪd] *s.* **1.** Kameˈrad *m*, Genosse *m*, Gefährte *m*: ~***-in-arms*** Waffenbruder *m*; **2.** *pol.* Genosse *m*; **ˈcom·rade·ly** [-lɪ] *adj.* kameˈradschaftlich; **ˈcom·rade·ship** [-ʃɪp] *s.* Kameˈradschaft *f*.

com·sat [ˈkɒmsæt] → ***communications satellite***.

con¹ [kɒn] *v/t.* (auswendig) lernen, sich (*dat.*) *et.* einprägen.

con² → ***conn***.

con³ [kɒn] **I** *s.* **1.** Neinstimme *f*; **2.** ˈGegenarguˌment *n*; → ***pro¹*** I; **II** *adv.* (da-) ˈgegen.

C

con⁴ [kɒn] *sl.* **I** *adj.* **1.** betrügerisch: **~ game** → **confidence game**; **~ man** → 3; **II** *v/t.* **2.** ‚reinlegen': **~ s.o. out of** j-n betrügen um; **~ s.o. into doing s.th.** j-n (durch Schwindel) dazu bringen, et. zu tun; **III** *s.* **3.** Betrüger *m*; Hochstapler *m*; Ga'nove *m*; **4.** Sträfling *m*.

con·cat·e·nate [kɒn'kætɪneɪt] *v/t.* verketten, verknüpfen; **con·cat·e·na·tion** [kɒnˌkætɪ'neɪʃn] *s.* **1.** Verkettung *f*; **2.** Kette *f*.

con·cave [ˌkɒn'keɪv] **I** *adj.* ☐ **1.** kon'kav, hohl, ausgehöhlt; **2.** ⚙ hohlgeschliffen, Hohl...: **~ lens** Zerstreuungslinse *f*; **~ mirror** Hohlspiegel *m*; **II** *s.* **3.** (Aus)Höhlung *f*, Wölbung *f*; **con·cav·i·ty** [kɒn'kævətɪ] → **concave** 3.

con·ceal [kən'si:l] *v/t.* (**from** vor *dat.*) verbergen: a) (*a.* ⚙) verdecken, kaschieren, b) verhehlen, verschweigen, verheimlichen, *a.* ⚔ verschleiern, tarnen, c) verstecken: **~ed assets** ✝ verschleierte Vermögenswerte, *Bilanz*: unsichtbare Aktiva; **con'ceal·ment** [-mənt] *s.* **1.** Verbergung *f*, Verheimlichung *f*, Geheimhaltung *f*; **2.** Verborgenheit *f*; **3.** Versteck *n*.

con·cede [kən'si:d] **I** *v/t.* **1.** zugestehen, einräumen, zugeben, anerkennen (*a.* **that** dass); **2.** gewähren, einräumen: **~ a point** a) in e-m Punkt nachgeben, b) (**to**) *sport dem Gegner* e-n Punkt abgeben; **~ a goal** ein Tor zulassen; **II** *v/i.* **3.** *sport*, *pol.* F sich geschlagen geben; **con'ced·ed·ly** [-dɪdlɪ] *adv.* zugestandenermaßen.

con·ceit [kən'si:t] *s.* **1.** Eingebildetheit *f*, Einbildung *f*, (Eigen)Dünkel *m*: **in my own ~** nach m-r Ansicht; **out of ~ with** überdrüssig (*gen.*); **2.** *obs.* guter *od.* seltsamer Einfall; **con'ceit·ed** [-tɪd] *adj.* ☐ eingebildet, dünkelhaft, eitel.

con·ceiv·a·ble [kən'si:vəbl] *adj.* ☐ denkbar, erdenklich, begreiflich, vorstellbar: **the best plan ~** der denkbar beste Plan; **con'ceiv·a·bly** [-blɪ] *adv.* es ist denkbar, dass; **con·ceive** [kən'si:v] **I** *v/t.* **1.** *biol. Kind* empfangen; **2.** begreifen; sich denken *od.* vorstellen: **~ an idea** auf e-n Gedanken kommen; **3.** er-, ausdenken, ersinnen; **4.** *in Worten* ausdrücken; **5.** *Wunsch* hegen, *(Ab)Neigung* fassen, entwickeln; **II** *v/i.* **6.** (**of**) sich *et.* vorstellen; **7.** empfangen (*schwanger werden*); *zo.* aufnehmen (*trächtig werden*).

con·cen·trate ['kɒnsəntreɪt] **I** *v/t.* **1.** konzentrieren (**on**, **upon** auf *acc.*): a) zs.-ziehen, -ballen, massieren, b) *Gedanken etc.* richten; **2.** *fig.* zs.-fassen (**in** in *dat.*); **3.** ⚗ a) sättigen, konzentrieren, b) verstärken, *bsd. Metall* anreichern; **II** *v/i.* **4.** sich konzentrieren (*etc.*; → 1); **5.** sich *an e-m Punkt* sammeln; **III** *s.* **6.** ⚗ Konzen'trat *n*; **'con·cen·trat·ed** [-tɪd] *adj.* konzentriert; **con·cen·tra·tion** [ˌkɒnsən'treɪʃn] *s.* **1.** Konzentrierung *f*, Konzentrati'on *f*: a) Zs.-ziehung *f*, -fassung *f*, (Zs.-)Ballung *f*, Massierung *f*, (An)Sammlung *f* (*alle a.* ⚔): **~ camp** Konzentrationslager *n*, b) Hinlenkung *f* auf 'einen Punkt, c) (geistige) Sammlung, gespannte Aufmerksamkeit; **2.** ⚗ Konzentrati'on *f*, Dichte *f*, Sättigung *f*.

con·cen·tric [kɒn'sentrɪk] *adj.* (☐ **~ally**) kon'zentrisch.

con·cept ['kɒnsept] *s.* **1.** Begriff *m*; **2.** Gedanke *m*, Auffassung *f*, Konzepti'on *f*; **con·cep·tion** [kən'sepʃn] *s.* **1.** *biol.* Empfängnis *f*; **2.** Begriffsvermögen *n*, Verstand *m*; **3.** Begriff *m*, Auffassung *f*, Vorstellung *f*: **no ~ of ...** keine Ahnung von ...; **4.** Gedanke *m*, I'dee *f*; **5.** Plan *m*, Anlage *f*, Kon'zept *n*, Entwurf *m*; Schöpfung *f*; **con·cep·tion·al** [kən'sepʃənl] *adj.* begrifflich, ab'strakt; **con·cep·tive** [kən'septɪv] *adj.* **1.** begreifend, Begriffs...; **2.** ✱ empfängnisfähig; **con·cep·tu·al** [kən'septjʊəl] → **conceptive** 1; **conˌcep·tu·al·i'za·tion** [-laɪ'zeɪʃn] *s.* begriffliche Erfassung (u. Kategorisierung); **con'cep·tu·al·ize** [-laɪz] **I** *v/t.* begrifflich erfassen, auffassen (**as** als); **II** *v/i.* begrifflich denken.

con·cern [kən'sɜ:n] **I** *v/t.* **1.** betreffen, angehen; interessieren, von Belang sein für: **it does not ~ me** *od.* **I am not ~ed** es geht mich nichts an; **to whom it may ~** an alle, die es angeht; Bescheinigung (*Überschrift auf Urkunden*); **his hono(u)r is ~ed** es geht um s-e Ehre; → **concerned** 1; **2.** beunruhigen: **don't let that ~ you** mache dir deswegen keine Sorgen!; → **concerned** 4; **3.** **~ o.s.** (**with**, **about**) sich beschäftigen *od.* befassen (mit); sich kümmern (um); **II** *s.* **4.** Angelegenheit *f*, Sache *f*: **that is no ~ of mine** das ist nicht meine Sache, das geht mich nichts an; **5.** ✝ Geschäft *n*, Unter'nehmen *n*, Betrieb *m*; → **going** 4; **6.** Beziehung *f*: **have no ~ with** nichts zu tun haben mit; **7.** Inter'esse *n* (**for** für, **in** an *dat.*); **8.** Wichtigkeit *f*, Bedeutung *f*; **9.** Unruhe *f*, Sorge *f*; Bedenken *pl.* (**at**, **about**, **for** um, wegen); **10.** F Ding *n*, Geschichte *f*; **con'cerned** [-nd] *adj.* ☐ **1.** betroffen, berührt; **2.** (**in**) beteiligt, interessiert (an *dat.*); verwickelt (in *acc.*): **the parties ~** die Beteiligten; **3.** (**with**, **in**) beschäftigt (mit); handelnd (von); **4.** besorgt (**about**, **at**, **for** um, **that** dass), *a.* (po'litisch *od.* sozi'al) engagiert; **5.** betrübt, sorgenvoll; **con'cern·ing** [-nɪŋ] *prp.* betreffend, betreffs, hinsichtlich (*gen.*), was ... betrifft, über (*acc.*), wegen.

C

con·cert I *s.* ['kɒnsət] **1.** ♪ Kon'zert *n*: **~ hall** Konzertsaal *m*; **~ pitch** Kammerton *m*; **at ~ pitch** *fig.* in Höchstform; **screw o.s. up to ~ pitch** *fig.* sich enorm steigern; **up to ~ pitch** *fig.* auf der Höhe, in Form; **2.** [-sɜːt] Einvernehmen *n*, Über'einstimmung *f*, Harmo'nie *f*: **in ~ with** im Einvernehmen *od.* gemeinsam mit; **2 of Europe** *pol. hist.* Europäisches Konzert; **II** *v/t.* [kən'sɜːt] **3.** *et.* verabreden, vereinbaren; *Kräfte etc.* vereinigen; **4.** planen; **III** *v/i.* [kən'sɜːt] **5.** zs.-arbeiten; **con·cert·ed** [kən'sɜːtɪd] *adj.* **1.** gemeinsam, gemeinschaftlich: **~ action** gemeinsames Vorgehen, konzertierte Aktion; **2.** ♪ mehrstimmig arrangiert.

'con·cert|,go·er *s.* Kon'zertbesucher *m*; **~ grand** *s.* Kon'zertflügel *m*.

con·cer·ti·na [ˌkɒnsə'tiːnə] *s.* Konzer'tina *f* (*Ziehharmonika*): **~ door** Falttür *f*; **con·cer·to** [kən'tʃeətəʊ] *pl.* **-tos** *s.* ♪ ('Solo)Konˌzert *n*.

con·ces·sion [kən'seʃn] *s.* **1.** Zugeständnis *n*, Entgegenkommen *n*; **2.** Genehmigung *f*, Erlaubnis *f*, Gewährung *f*; **3.** amtliche *od.* staatliche Konzessi'on, Privi'leg *n*: a) Genehmigung *f*: **mining ~** Bergwerkskonzession, b) *Am.* Gewerbeerlaubnis *f*, c) über'lassenes Siedlungs- *od.* Ausbeutungsgebiet; **con·ces·sion·aire** [kənˌseʃə'neə] *s.* ✝ Konzessi'onsinhaber *m*; **con'ces·sion·ar·y** [-ʃnərɪ] *adj.* Konzessions...; bewilligt; **con'ces·sive** [-esɪv] *adj.* **1.** einräumend; **2.** *ling.* **~ clause** Konzes'sivsatz *m*.

conch [kɒŋk] *s. zo.* (Schale *f* der) Seeod. Schneckenmuschel *f*; **con·cha** ['kɒŋkə] *pl.* **-chae** [-kiː] *s.* **1.** *anat.* Ohrmuschel *f*; **2.** ⚠ Kuppeldach *n*.

con·chy ['kɒntʃɪ] *s. Brit. sl.* Kriegs-, Wehrdienstverweigerer *m* (*von* **conscientious objector**).

con·cil·i·ate [kən'sɪlɪeɪt] *v/t.* **1.** aus-, versöhnen; beschwichtigen; **2.** *Gunst etc.* gewinnen; **3.** ausgleichen; in Einklang bringen; **con·cil·i·a·tion** [kənˌsɪlɪ'eɪʃn] *s.* **1.** Versöhnung *f*, Schlichtung *f*: **~ board** Schlichtungsausschuss *m*; **2.** Ausgleich *m*: **debt ~** Schuldenausgleich; **con'cil·i·a·tor** [-tə] *s.* Vermittler *m*, Schlichter *m*; **con'cil·i·a·to·ry** [-ɪətərɪ] *adj.* versöhnlich, vermittelnd, Versöhnungs...

con·cin·ni·ty [kən'sɪnətɪ] *s.* Feinheit *f*, Ele'ganz *f* (*Stil*).

con·cise [kən'saɪs] *adj.* □ kurz, gedrängt, knapp, prä'gnant: **~ dictionary** Handwörterbuch *n*; **con'cise·ness** [-nɪs] *s.* Kürze *f*, Prä'gnanz *f*.

con·clave ['kɒnkleɪv] *s.* **1.** *R.C.* Kon'klave *n*; **2.** geheime Sitzung.

con·clude [kən'kluːd] **I** *v/t.* **1.** beenden, zu Ende führen; (be-, ab)schließen: **to be ~d** Schluss folgt; **he ~d by saying** zum Schluss sagte er (noch); **2.** *Vertrag etc.* (ab)schließen; **3.** schließen, folgern (**from** aus); **4.** beschließen, entscheiden; **II** *v/i.* **5.** schließen, enden, aufhören (**with** mit); **con'clud·ing** [-dɪŋ] *adj.* (ab)schließend, End..., Schluss...; **con'clu·sion** [-uːʒn] *s.* **1.** (Ab)Schluss *m*, Ende *n*: **bring to a ~** zum Abschluss bringen; **in ~** zum Schluss, schließlich; **2.** (*Vertrags- etc.*)Abschluss *m*: **~ of peace** Friedensschluss *m*; **3.** Schluss *m*, (Schluss)Folgerung *f*: **come to the ~** zu dem Schluss *od.* der Überzeugung kommen; **draw a ~** e-n Schluss ziehen; **jump** *od.* **rush to ~s** voreilige Schlüsse ziehen; **4.** Beschluss *m*, Entscheidung *f*; **5.** Ausgang *m*, Folge *f*, Ergebnis *n*; **6. try ~s with** sich *od.* s-e Kräfte messen mit; **con'clu·sive** [-uːsɪv] *adj.* □ schlüssig, endgültig, entscheidend, über'zeugend, maßgebend: **~ evidence** ⚖ schlüssiger Beweis; **con'clu·sive·ness** [-uːsɪvnɪs] *s.* Endgültigkeit *f*, Triftigkeit *f*, Schlüssigkeit *f*, Beweiskraft *f*.

con·coct [kən'kɒkt] *v/t.* zs.-brauen (*a. fig.*); *fig.* aushecken, sich ausdenken; **con'coc·tion** [-kʃn] *s.* **1.** (Zs.-)Brauen *n*, Bereiten *n*; **2.** Mischung *f*, Trank *m*; Gebräu *n*; **3.** *fig.* Aushecken *n*, Ausbrüten *n*; **4.** *fig.* Gebräu *n*; Erfindung *f*: **~ of lies** Lügengewebe *n*.

con·com·i·tance [kən'kɒmɪtəns], **con'com·i·tan·cy** [-sɪ] *s.* **1.** Zs.-bestehen *n*, Gleichzeitigkeit *f*; **2.** *eccl.* Konkomi'tanz *f*; **con'com·i·tant** [-nt] **I** *adj.* □ begleitend, Begleit..., gleichzeitig; **II** *s.* Begleiterscheinung *f*, -umstand *m*.

con·cord ['kɒŋkɔːd] *s.* **1.** Eintracht *f*, Einklang *m*; Über'einstimmung *f* (*a. ling.*); **2.** ♪ Zs.-klang *m*, Harmo'nie *f*.

con·cord·ance [kən'kɔːdəns] *s.* **1.** Über'einstimmung *f*; **2.** Konkor'danz *f*; **con·cord·ant** [kən'kɔːdənt] *adj.* □ (**with**) über'einstimmend (mit), entsprechend (*dat.*); har'monisch (*a.* ♪); **con·cor·dat** [kɒn'kɔːdæt] *s. eccl.* Konkor'dat *n*.

con·course ['kɒŋkɔːs] *s.* **1.** Zs.-treffen *n*; **2.** Ansammlung *f*, Auflauf *m*, Menge *f*; **3.** a) *Am.* Fahrweg *m od.* Prome'nadeplatz *m* (*im Park*), b) Bahnhofshalle *f*, c) freier Platz.

con·crete [kən'kriːt] **I** *v/t.* **1.** zu e-r festen Masse verbinden, zs.-ballen *od.* vereinigen; **2.** ['kɒnkriːt] ⚙ betonieren; **II** *v/i.* **3.** sich zu e-r festen Masse verbinden; **III** *adj.* □ ['kɒnkriːt] **4.** kon'kret (*a. ling., phls.,* ♪ *etc.*), greifbar, wirklich, dinglich; **5.** fest, dicht, kom'pakt; **6.** ⚗ benannt; **7.** ⚙ betoniert, Beton...; **IV** *s.* ['kɒnkriːt] **8.** kon'kreter Begriff: **in the ~** im konkreten Sinne, in Wirklichkeit; **9.** ⚙ Be'ton *m*: **~ jungle** Betonwüste *f*; **con'cre·tion** [-iːʃn] *s.* **1.**

Zs.-wachsen *n*, Verwachsung *f*; **2.** Festwerden *n*; Verhärtung *f*, feste Masse; **3.** Häufung *f*; **4.** ⚕ Absonderung *f*, Stein *m*, Knoten *m*; **con·cre·tize** ['kɒnkri:taɪz] *v/t.* konkretisieren.

con·cu·bi·nage [kɒn'kju:bɪnɪdʒ] *s.* Konkubi'nat *n*, wilde Ehe; **con·cu·bine** ['kɒŋkjʊbaɪn] *s.* **1.** Konku'bine *f*, Mätresse *f*; **2.** Nebenfrau *f*.

con·cu·pis·cence [kən'kju:pɪsns] *s.* Begierde *f*, Lüsternheit *f*; **con'cu·pis·cent** [-nt] *adj.* lüstern.

con·cur [kən'kɜ:] *v/i.* **1.** zs.-treffen, -fallen; **2.** mitwirken, beitragen (***to*** zu); **3.** (***with s.o., in s.th.***) über'einstimmen, gleicher Meinung sein (mit j-m, in e-r Sache), beipflichten (j-m, e-r Sache); **con'cur·rence** [-'kʌrəns] *s.* **1.** Zs.-treffen *n*; **2.** Mitwirkung *f*; **3.** Zustimmung *f*, Einverständnis *n*; **4.** ⩚ Schnittpunkt *m*; **con'cur·rent** [-'kʌrənt] **I** *adj.* ☐ **1.** gleichzeitig: ~ ***condition*** ✝ Zug um Zug zu erfüllende Bedingung; ~ ***sentence*** ⚖ gleichzeitige Verbüßung zweier Freiheitsstrafen; **2.** gemeinschaftlich; **3.** mitwirkend; **4.** über'einstimmend; **5.** ⩚ durch 'einen Punkt laufend; **II** *s.* **6.** Be'gleit,umstand *m*.

con·cuss [kən'kʌs] *v/t.* *mst fig.* erschüttern; **con'cus·sion** [-ʌʃn] *s.* (*a.* ⚕ Gehirn)Erschütterung *f*: ~ ***fuse*** ⚔ Aufschlagzünder *m*; ~ ***spring*** ⚙ Stoßdämpfer *m*.

con·demn [kən'dem] *v/t.* **1.** verdammen, verurteilen, miss'billigen, tadeln: ***his looks ~ him*** sein Aussehen verrät ihn; **2.** ⚖ verurteilen (***to death*** zum Tode); *fig. a.* verdammen (***to*** zu): ***~ed cell*** Todeszelle *f*; → ***cost*** 4; **3.** ⚖ als verfallen erklären, beschlagnahmen; *Am.* (zu öffentlichen Zwecken) enteignen; **4.** verwerfen; für gebrauchsunfähig *od.* unbewohnbar *od.* gesundheitsschädlich *od.* seeuntüchtig erklären; *Schwerkranke* aufgeben: ***~ed building*** abbruchreifes Gebäude; **con'dem·na·ble** [-mnəbl] *adj.* verdammenswert, verwerflich, sträflich; **con·dem·na·tion** [,kɒndem'neɪʃn] *s.* **1.** Verurteilung *f* (*a.* ⚖), Verdammung *f*, 'Missbilligung *f*; **2.** Verwerfung *f*, Untauglichkeitserklärung *f*; **3.** Beschlagnahme *f*; *Am.* Enteignung *f*; **con'dem·na·to·ry** [-mnətərɪ] *adj.* verurteilend; verdammend.

con·den·sa·ble [kən'densəbl] *adj. phys.* kondensierbar; **con·den·sa·tion** [,kɒnden'seɪʃn] *s.* **1.** *bsd. phys.* Verdichtung *f*, Kondensati'on *f* (*Gase etc.*); Konzentrati'on *f* (*Licht*); **2.** Zs.-drängung *f*, Anhäufung *f*; **3.** *fig.* Zs.-fassung *f*, (Ab-)Kürzung *f*; **con·dense** [kən'dens] **I** *v/t.* **1.** *bsd. phys. Gase etc.* verdichten, kondensieren, niederschlagen; eindicken: ***~d milk*** Kondensmilch *f*; **2.** *fig.* zs.-drängen, -fassen; zs.-streichen, kürzen; **II** *v/i.* **3.** sich verdichten; flüssig werden; **con·dens·er** [kən'densə] *s.* **1.** ⚡, ⚙, *phys.* Konden'sator *m*; **2.** Kühlrohr *n*.

con·dens·ing| coil [kən'densɪŋ] *s.* ⚙ Kühlschlange *f*; ~ **lens** *s. opt.* Sammel-, Kondensati'onslinse *f*.

con·de·scend [,kɒndɪ'send] *v/i.* **1.** sich her'ablassen, geruhen (***to*** [*mst inf.*] zu [*mst inf.*]); **2.** *b.s.* sich (so weit) erniedrigen (***to do*** zu tun); **3.** leutselig sein (***to*** gegen); **,con·de'scend·ing** [-dɪŋ] *adj.* ☐ her'ablassend, gönnerhaft; **,con·de'scen·sion** [-nʃn] *s.* Her'ablassung *f*, gönnerhaftes Wesen.

con·dign [kən'daɪn] *adj.* ☐ gebührend, angemessen (*Strafe*).

con·di·ment ['kɒndɪmənt] *s.* Würze *f*, Gewürz *n*.

con·di·tion [kən'dɪʃn] **I** *s.* **1.** Bedingung *f*, Vor'aussetzung *f*: ***on ~ that*** unter der Bedingung, dass; vorausgesetzt, dass; ***on no ~*** unter keinen Umständen, keinesfalls; ***to make it a ~*** es zur Bedingung machen; **2.** ⚖, ✝ (*Vertrags- etc.*) Bedingung *f*, Bestimmung *f*, Vorbehalt *m*, Klausel *f*; **3.** Zustand *m*, Verfassung *f*, Beschaffenheit *f*; *sport* Kondi'tion *f*, Form *f*: ***out of ~*** in schlechter Verfassung; ***in good ~*** gut in Form (*Person*, *Pferd etc.*), in gutem Zustand (*Sachen*); **4.** (*a.* Fa'milien)Stand *m*, Stellung *f*, Rang *m*: ***change one's ~*** heiraten; **5.** *pl.* 'Umstände *pl.*, Verhältnisse *pl.*, Lage *f*: ***weather ~s*** Witterung *f*; ***working ~s*** Arbeitsbedingungen; **6.** *Am. ped.* (Gegenstand *m* der) Nachprüfung *f*; **II** *v/t.* **7.** bedingen, bestimmen; regeln, abhängig machen: → ***conditioned***; **8.** *fig.* formen, gestalten; **9.** gewöhnen (***to*** an *acc.*, zu *tun*); **10.** *Tiere* in Form bringen; *Sachen* herrichten, in'stand setzen; ⚙ konditionieren, in den *od.* e-n (*gewünschten*) Zustand bringen; *fig.* *j-n* programmieren (***to***, ***for*** auf *acc.*); **11.** ✝ (*bsd. Textil*)*Waren* prüfen; **12.** *Am. ped.* e-e Nachprüfung auferlegen (*dat.*); **con'di·tion·al** [-ʃənl] **I** *adj.* ☐ **1.** (***on***) bedingt (durch), abhängig (von), eingeschränkt (durch); unverbindlich; ✝ unter Eigentumsvorbehalt (*Verkauf*): ~ ***discharge*** ⚖ bedingte Entlassung; ***make ~ on*** abhängig machen von; **2.** *ling.* konditio'nal: ~ ***clause*** → 3 a; ~ ***mood*** → 3 b; **II** *s.* **3.** *ling.* a) Bedingungs-, Konditio'nalsatz *m*, b) Bedingungsform *f*, Konditio'nalis *m*, c) Be'dingungspar,tikel *f*; **con'di·tion·al·ly** [-nəlɪ] *adv.* bedingungsweise; **con'di·tioned** [-nd] *adj.* **1.** (***by***) bedingt (durch), abhängig (von): ~ ***reflex*** *psych.* bedingter Reflex; **2.** (so) beschaffen *od.* geartet; in ... Verfassung.

con·do ['kɒndəʊ] *s. Am.* F Eigentumswohnung *f*.

C

con·do·la·to·ry [kən'dəʊlətərɪ] *adj.* Beileids..., Kondolenz...; **con·dole** [kən'dəʊl] *v/i.* Beileid bezeigen, kondolieren (***with s.o. on s.th.*** j-m zu et.); **con'do·lence** [-əns] *s.* Beileid *n*, Kondo'lenz *f*.

con·dom ['kɒndəm] *s.* Kon'dom *n*, *m*, Präserva'tiv *n*.

con·do·min·i·um [ˌkɒndə'mɪnɪəm] *s.* **1.** *pol.* Kondo'minium *n*; **2.** *Am.* a) Eigentumswohnanlage *f*, b) *a.* ~ ***apartment*** Eigentumswohnung *f*.

con·do·na·tion [ˌkɒndəʊ'neɪʃn] *s.* Verzeihung *f* (*bsd. ehelicher Untreue*); stillschweigende Duldung; **con·done** [kən'dəʊn] *v/t.* verzeihen.

con·dor ['kɒndɔː] *s. orn.* 'Kondor *m*.

con·duce [kən'djuːs] *v/i.* (**to**) dienen, führen, beitragen (zu); förderlich sein (*dat.*); **con'du·cive** [-sɪv] *adj.* dienlich, förderlich (**to** *dat.*).

con·duct **I** *v/t.* [kən'dʌkt] **1.** führen, (ge)leiten; → ***tour*** 1; **2.** (be)treiben, handhaben; führen, leiten, verwalten; **3.** *Feldzug, Krieg, Prozess etc.* führen; **4.** ♪ dirigieren; **5.** ⚡, *phys.* leiten; **6.** ~ ***o.s.*** sich betragen *od.* benehmen, sich (auf)führen; **II** *s.* ['kɒndʌkt] **7.** Führung *f*, Leitung *f*, Verwaltung *f*; Handhabung *f*; **8.** *fig.* Führung *f*, Betragen *n*; Verhalten *n*, Haltung *f*: ~ ***sheet*** Strafregister(auszug *m*) *n*; **con'duct·ance** [-təns], **con·duct·i·bil·i·ty** [kənˌdʌktɪ'bɪlətɪ] *s.* ⚡, *phys.* Leitfähigkeit *f*; **con'duct·i·ble** [-tɪbl] *adj.* ⚡, *phys.* leitfähig; **con'duct·ing** [-tɪŋ] *adj.* ⚡, *phys.* Leit..., Leitungs...: ~ ***wire*** Leitungsdraht *m*; **con'duc·tion** [-kʃn] *s. oft* ⚙, *phys.* Leitung *f*, (Zu)Führung *f*, Über'tragung *f*; **con'duc·tive** [-tɪv] *adj. phys.* leitend, leitfähig; **con·duc·tiv·i·ty** [ˌkɒndʌk'tɪvətɪ] *s.* ⚡, *phys.* spe'zifische Leitfähigkeit; **con'duc·tor** [-tə] *s.* **1.** Führer *m*, Leiter *m*; **2.** ♪ Diri'gent *m*; **3.** (Bus- *etc.*)Schaffner *m*; *Am.* 🚃 Zugbegleiter *m*; **4.** ⚡, *phys.* Leiter *m*; Ader *f* (*Kabel*); *Am. a.* Blitzableiter *m*; **con'duc·tress** [-trɪs] *s.* Schaffnerin *f*.

con·duit ['kɒndɪt] *s.* **1.** Rohrleitung *f*, Röhre *f*; Ka'nal *m* (*a. fig.*); **2.** Leitung *f* (*a. fig.*); **3.** ⚡ a) Rohrkabel *n*, b) Isolierrohr *n* (*für Leitungsdrähte*); ~ **pipe** *s.* Leitungsrohr *n*.

cone [kəʊn] *s.* **1.** ⩘ *u. fig.* Kegel *m*: ~ ***of fire*** Feuergarbe *f*; ~ ***of rays*** Strahlenbündel *n*; ~ ***sugar*** Zuckerhut *m*; **2.** ⚙ Kegel *m*, Konus *m* (*a.* ⚡): ~ ***drive*** Stufen(scheiben)antrieb *m*; ~ ***friction clutch*** Reibungskupplung *f*; ~ ***valve*** Kegelventil *n*; **3.** Bergkegel *m*; **4.** ⚘ (Tannen- *etc.*)Zapfen *m*; **5.** Waffeltüte *f für Speiseeis*; **coned** [-nd] *adj.* kegelförmig.

con·fab ['kɒnfæb] F *abbr. für* ***confabulation*** *u.* ***confabulate***; **con·fab·u·late** [kən'fæbjʊleɪt] *v/i.* plaudern; **con·fab·u·la·tion** [kənˌfæbjʊ'leɪʃn] *s.* **1.** Plaude'rei *f*; **2.** *psych.* Konfabulati'on *f*.

con·fec·tion [kən'fekʃn] *s.* **1.** Kon'fekt *n*, Süßwaren *pl.*, *mit Zucker* Eingemachtes *n*; **2.** 'Damenˌmodearˌtikel *m* (*Kleid, Hut etc.*); **con'fec·tion·er** [-nə] *s.* Kon'ditor *m*: ~**'s sugar** *Am.* Puderzucker *m*; **con'fec·tion·er·y** [-nərɪ] *s.* **1.** Süßigkeiten *pl.*, Kon'ditorwaren *pl.*; **2.** Süßwarengeschäft *n*, Kondito'rei *f*.

con·fed·er·a·cy [kən'fedərəsɪ] *s.* **1.** Bündnis *n*, Bund *m*; **2.** Staatenbund *m*; **3.** ♀ *Am.* Konföderati'on *f* (*der Südstaaten im Bürgerkrieg*); **4.** Verschwörung *f*; **con'fed·er·ate** [-rət] **I** *adj.* **1.** verbündet, verbunden, Bundes...: ♀ *Am.* zur Konföderation der Südstaaten gehörig; **2.** mitschuldig; **II** *s.* **3.** Verbündete(r) *m*, Bundesgenosse *m*: ♀ *Am. hist.* Konföderierte(r) *m*, Südstaatler *m*; **4.** Kom'plize *m*, Helfershelfer *m*; **III** *v/t. u. v/i.* [-dəreɪt] **5.** (sich) verbünden *od.* vereinigen *od.* zs.-schließen; **con·fed·er·a·tion** [kənˌfedə'reɪʃn] *s.* **1.** Bund *m*, Bündnis *n*; Zs.-schluss *m*; **2.** Staatenbund *m*: ***Swiss*** ♀ (Schweizer) Eidgenossenschaft *f*.

con·fer [kən'fɜː] **I** *v/t.* **1.** *Titel etc.* verleihen, er-, zuteilen, über'tragen, *Gunst* erweisen (***on, upon*** *dat.*); **2.** *nur noch Imperativ, abbr.* **cf.** vergleiche; **II** *v/i.* **3.** sich beraten, Rücksprache nehmen, verhandeln (***with*** mit); **con·fer·ee** [ˌkɒnfə'riː] *s. Am.* **1.** Konfe'renzteilnehmer *m*; **2.** Empfänger *m e-s Titels etc.*; **con·fer·ence** ['kɒnfərəns] *s.* **1.** Konfe'renz *f*: a) Tagung *f*, Sitzung *f*, Zs.-kunft *f*, b) Besprechung *f*, Beratung *f*, Verhandlung *f*: ***at the*** ~ auf der Konferenz *od.* Tagung; ***in*** ~ bei e-r Besprechung (***with*** mit); ~ ***call*** *teleph.* Sammel-, Konferenzgespräch *n*; **2.** Verband *m*; *Am. sport* Liga *f*; **con'fer·ment** [-mənt] *s.* Verleihung *f* (***on, upon*** an *acc.*).

con·fess [kən'fes] **I** *v/t.* **1.** *Schuld etc.* bekennen, (ein)gestehen; anerkennen, zugeben (*a.* ***that*** dass); **2.** *eccl.* a) beichten, b) *j-m* die Beichte abnehmen; **II** *v/i.* **3.** (**to**) (ein)gestehen (*acc.*), sich schuldig bekennen (*gen. od.* an *dat.*); **4.** *eccl.* beichten; **con'fessed** [-st] *adj.* □ zugestanden; erklärt: ***a*** ~ ***enemy*** ein erklärter Gegner; **con'fess·ed·ly** [-sɪdlɪ] *adv.* zugestandenermaßen; **con'fes·sion** [-eʃn] *s.* **1.** Geständnis *n* (*a.* ⚖), Bekenntnis *n*: ***by*** (*od.* ***on***) ***his own*** ~ nach (s-m) eigenen Geständnis; **2.** Einräumung *f*, Zugeständnis *n*; **3.** ⚖ *Zivilrecht*: Anerkenntnis *n*; **4.** *eccl.* Beichte *f*: ***dying*** ~ Geständnis *n* auf dem Sterbebett; **5.** *eccl.* Konfessi'on *f*: a) Glaubensbekenntnis *n*, b) Glaubensgemeinschaft *f*; **con'fes·sion·al**

C

[-eʃənl] **I** *adj.* konfessio'nell, Bekenntnis...; Beicht...; **II** *s.* Beichtstuhl *m*; **con'fes·sor** [-sə] *s.* **1.** (Glaubens)Bekenner *m*; **2.** *eccl.* Beichtvater *m*.

con·fet·ti [kən'fetɪ] (*Ital.*) *s. pl. sg. konstr.* Kon'fetti *n*.

con·fi·dant [ˌkɒnfɪ'dænt] *s.* Vertraute(r) *m*, Mitwisser *m*; **ˌcon·fi'dante** [-'dænt] *s.* Vertraute *f*, Mitwisserin *f*.

con·fide [kən'faɪd] **I** *v/i.* **1.** sich anvertrauen; (ver)trauen (***in*** *dat.*); **II** *v/t.* (***to***) **2.** vertraulich mitteilen, anvertrauen (*dat.*); **3.** *j-n* betrauen mit.

con·fi·dence ['kɒnfɪdəns] *s.* **1.** (***in***) Vertrauen *n* (auf *acc.*, zu), Zutrauen *n* (zu): ***have*** (*od.* ***place***) **~ *in s.o.*** zu j-m Vertrauen haben; ***take s.o. into one's* ~** j-n ins Vertrauen ziehen; ***be in s.o.'s* ~** j-s Vertrauen genießen; ***in* ~** vertraulich; **2.** Selbstvertrauen *n*, Zuversicht *f*; Über'zeugung *f*; **3.** vertrauliche Mitteilung, Geheimnis *n*; → ***vote*** 1; **~ game** *s.*, **~ trick** *s.* **1.** a) (aufgelegter) Schwindel, b) Hochstape'lei *f*; **~ man** *s.* [*irr.*], **~ trick·ster** *s.* **1.** a) Betrüger *m*, b) Hochstapler *m*; **2.** *weitS.* Ga'nove *m*.

con·fi·dent ['kɒnfɪdənt] *adj.* □ **1.** (***of, that***) über'zeugt (von, dass), gewiss, sicher (*gen.*, dass); **2.** vertrauensvoll; **3.** zuversichtlich, getrost; **4.** selbstsicher; **5.** eingebildet, kühn; **con·fi·den·tial** [ˌkɒnfɪ'denʃəl] *adj.* □ **1.** vertraulich, geheim; **2.** in'tim, vertraut, Vertrauens...: **~ *agent*** Geheimagent *m*; **~ *clerk*** ✝ Prokurist *m*; **~ *secretary*** Privatsekretär(in); **con·fi·den·tial·ly** [ˌkɒnfɪ'denʃəlɪ] *adv.* im Vertrauen: **~ *speaking*** unter uns gesagt; **con·fid·ing** [kən'faɪdɪŋ] *adj.* □ vertrauensvoll, zutraulich.

con·fig·u·ra·tion [kənˌfɪgjʊ'reɪʃn] *s.* **1.** Gestalt(ung) *f*, Bau *m*, Struk'tur *f*; Anordnung *f*, Stellung *f*; **2.** *ast.* Konfigurati'on *f*, A'spekt *m*; **3.** *Computer etc.*: Konfigurati'on *f*.

con·fine I *s.* ['kɒnfaɪn] *mst pl.* **1.** Grenze *f*, Grenzgebiet *n*; *fig.* Rand *m*, Schwelle *f*; **II** *v/t.* [kən'faɪn] **2.** begrenzen; be-, einschränken (***to*** auf *acc.*): **~ *o.s. to*** sich beschränken auf; ***be* ~*d to*** beschränkt sein auf (*acc.*); **3.** einsperren, einschließen: **~*d to bed*** bettlägerig; **~*d to one's room*** ans Zimmer gefesselt; ***be* ~*d to barracks*** Kasernenarrest haben, die Kaserne nicht verlassen dürfen; **4.** *pass.* (***of***) niederkommen (mit), entbunden werden (von); **con'fined** [-nd] *adj.* **1.** beschränkt *etc.* (→ ***confine*** 2, 3); **2.** ⚕ verstopft; **con'fine·ment** [-mənt] *s.* **1.** Beschränkung *f* (***to*** auf *acc.*); Beengtheit *f*; Gebundenheit *f*; **2.** Haft *f*, Gefangenschaft *f*; Ar'rest *m*: ***close* ~** strenge Haft; ***solitary* ~** Einzelhaft; **3.** Niederkunft *f*, Wochenbett *n*.

con·firm [kən'fɜːm] *v/t.* **1.** *Nachricht, Auftrag, Wahrheit etc.* bestätigen; **2.** *Entschluss* bekräftigen; bestärken (***s.o. in s.th.*** j-n in e-r Sache); **3.** *Macht etc.* festigen; **4.** *eccl.* konfirmieren; *R.C.* firmen; **con'firm·a·ble** [-məbl] *adj.* zu bestätigen(d); **con·firm·and** ['kɒnfəmænd] *s. eccl.* a) Konfir'mand(in), b) *R.C.* Firmling *m*; **con·fir·ma·tion** [ˌkɒnfə'meɪʃn] *s.* **1.** Bestätigung *f*; Bekräftigung *f*; **2.** Festigung *f*; **3.** *eccl.* Konfirmati'on *f*; *R.C.* Firmung *f*; **con'firm·a·tive** [-mətɪv] *adj.* □, **con'firm·a·to·ry** [-mətərɪ] *adj.* bestätigend: **~ *letter*** Bestätigungsschreiben *n*; **con'firmed** [-md] *adj.* fest, hartnäckig, eingewurzelt, unverbesserlich, Gewohnheits...; chronisch: **~ *bachelor*** eingefleischter Junggeselle.

con·fis·cate ['kɒnfɪskeɪt] *v/t.* beschlagnahmen, einziehen, konfiszieren; **con·fis·ca·tion** [ˌkɒnfɪ'skeɪʃn] *s.* Einziehung *f*, Beschlagnahme *f*, Konfiszierung *f*; F Plünderung *f*; **con·fis·ca·to·ry** [kən'fɪskətərɪ] *adj.* konfiszierend, Beschlagnahme...; F räuberisch.

con·fla·gra·tion [ˌkɒnflə'greɪʃn] *s.* Feuersbrunst *f*, (großer) Brand.

con·flict I *s.* ['kɒnflɪkt] **1.** Kon'flikt *m*: a) Zs.-prall *m*, Zs.-stoß *m*, Kampf *m*, Ausein'andersetzung *f*, Kollisi'on *f*, Streit *m*, b) 'Widerstreit *m*, -spruch *m*: ***armed* ~** bewaffnete Auseinandersetzung; ***inner* ~** innerer (*od.* seelischer) Konflikt; **~ *of interests*** Interessenkonflikt, -kollision; **~ *of laws*** Gesetzeskollision, *weitS.* internationales Privatrecht; **II** *v/i.* [kən'flɪkt] **2.** (***with***) kollidieren, im 'Widerspruch *od.* Gegensatz stehen (zu); **3.** sich wider'sprechen; **con·flict·ing** [kən'flɪktɪŋ] *adj.* wider'streitend, gegensätzlich; *a.* ⚖ entgegenstehend, kollidierend.

con·flu·ence ['kɒnflʊəns] *s.* **1.** Zs.-fluss *m*; **2.** Zustrom *m*, Zulauf *m* (*Menschen*); **3.** (Menschen)Menge *f*; **'con·flu·ent** [-nt] **I** *adj.* zs.-fließend, -laufend; **II** *s.* Nebenfluss *m*; **con·flux** ['kɒnflʌks] → ***confluence***.

con·form [kən'fɔːm] **I** *v/t.* **1.** (*a.* ***o.s.*** sich) anpassen (***to*** *dat. od.* an *acc.*); **II** *v/i.* **2.** (***to***) sich anpassen (*dat.*), sich richten (nach); sich fügen (*dat.*); entsprechen (*dat.*); **3.** *eccl. Brit.* sich der engl. Staatskirche unter'werfen; **con'form·a·ble** [-məbl] *adj.* □ (***to***) **1.** kon'form, gleichförmig (mit); entsprechend, gemäß (*dat.*); **2.** vereinbar (mit); **3.** fügsam, nachgiebig; **con'form·ance** [-məns] *s.* Anpassung *f* (***to*** an *acc.*); Über'einstimmung *f* (***with*** mit): ***in* ~ *with*** gemäß (*dat.*); **con·for·ma·tion** [ˌkɒnfɔː'meɪʃn] *s.* **1.** Anpassung *f*, Angleichung *f* (***to*** an *acc.*); **2.** Gestalt(-ung) *f*, Anordnung *f*, Bau *m*; **con-**

ˈform·ism [-mɪzəm] *s.* Konforˈmismus *m*; **conˈform·ist** [-mɪst] *s.* Konforˈmist (-in): a) Angepasste(r *m*) *f*, b) Anhänger(in) der engl. Staatskirche; **conˈform·i·ty** [-mətɪ] *s.* **1.** Gleichförmigkeit *f*, Ähnlichkeit *f*, Überˈeinstimmung *f*: ***in ~ with*** in Übereinstimmung mit, gemäß (*dat.*); **2.** (***to***) Anpassung *f* (an *acc.*); Befolgung *f* (*gen.*); **3.** *hist.* Zugehörigkeit *f* zur englischen Staatskirche.

con·found [kənˈfaʊnd] *v/t.* **1.** vermengen, verwechseln (***with*** mit); **2.** in Unordnung bringen, verwirren; **3.** bestürzen, verblüffen; **4.** vernichten, vereiteln; **5.** [*a.* ˌkɒn-] F ***~ him!*** zum Teufel mit ihm!; ***~ it!*** verdammt!; **conˈfound·ed** [-dɪd] F **I** *adj.* □ (*a. int.*) verwünscht, verflixt; scheußlich; **II** *adv.*, *a.* ***~ly*** ‚verdammt' (*kalt, etc.*).

con·fra·ter·ni·ty [ˌkɒnfrəˈtɜːnətɪ] *s.* **1.** *bsd. eccl.* Bruderschaft *f*, Gemeinschaft *f*; **2.** Brüderschaft *f*; **con·frère** [ˈkɒnfreə] (*Fr.*) *s.* Amtsbruder *m*, Kolˈlege *m*.

con·front [kənˈfrʌnt] *v/t.* **1.** (*oft* feindlich) gegenˈübertreten, -stehen (*dat.*); **2.** mutig begegnen (*dat.*); **3.** ***~ s.o. with*** j-n konfrontieren mit, j-m *et.* entgegenhalten; ***be ~ed with*** sich gegenübersehen, gegenüberstehen (*dat.*); **con·fron·ta·tion** [ˌkɒnfrənˈteɪʃn] *s.* Gegenˈüberstellung *f*, (*a. feindliche*) Konfrontatiˈon.

Con·fu·cian [kənˈfjuːʃjən] **I** *adj.* konfuziˈanisch; **II** *s.* Konfuziˈaner(in); **Conˈfu·cian·ism** [-nɪzəm] *s.* Konfuziaˈnismus *m*.

con·fuse [kənˈfjuːz] *v/t.* **1.** verwechseln, durcheinˈander bringen (***with*** mit); **2.** verwirren: a) verlegen machen, aus der Fassung bringen, b) in Unordnung bringen; **3.** verworren *od.* undeutlich machen; **conˈfused** [-zd] *adj.* □ **1.** verwirrt: a) konˈfus, verworren, wirr, b) verlegen, bestürzt; **2.** undeutlich, verworren: ***~ sounds***; **conˈfus·ing** [-zɪŋ] *adj.* verwirrend; **conˈfu·sion** [-uːʒn] *s.* **1.** Verwirrung *f*, Durcheinˈander *n*, Unordnung *f*, Wirrwarr *m*; **2.** Aufruhr *m*, Lärm *m*; **3.** Bestürzung *f*: ***put s.o. to ~*** j-n in Verlegenheit bringen; **4.** Verworrenheit *f*; **5.** geistige Verwirrung; **6.** Verwechslung *f*.

con·fut·a·ble [kənˈfjuːtəbl] *adj.* widerˈlegbar; **con·fu·ta·tion** [ˌkɒnfjuːˈteɪʃn] *s.* Widerˈlegung *f*; **con·fute** [kənˈfjuːt] *v/t.* **1.** *et.* widerˈlegen; **2.** *j-n* widerˈlegen, e-s Irrtums überˈführen.

con·geal [kənˈdʒiːl] **I** *v/t.* gefrieren *od.* gerinnen *od.* erstarren lassen (*a. fig.*); **II** *v/i.* gefrieren, gerinnen, erstarren (*a. fig.*); fest werden; **conˈgeal·ment** [-mənt] → ***congelation*** 1.

con·ge·la·tion [ˌkɒndʒɪˈleɪʃn] *s.* **1.** Gefrieren *n*, Gerinnen *n*, Erstarren *n*, Festwerden *n*; **2.** gefrorene (*etc.*) Masse.

con·ge·ner [ˈkɒndʒɪnə] *bsd. biol.* **I** *s.* gleichartiges *od.* verwandtes Ding *od.* Wesen; **II** *adj.* (art- *od.* stamm)verwandt (***to*** mit); **con·gen·er·ous** [kənˈdʒenərəs] *adj.* gleichartig, verwandt.

con·gen·ial [kənˈdʒiːnjəl] *adj.* □ **1.** (***with***) kongeniˈal (*dat.*), (geistes)verwandt (mit *od. dat.*); **2.** symˈpathisch, zusagend, angenehm (***to*** *dat.*): ***be ~*** zusagen; **3.** zuträglich (***to*** *dat.*); **4.** freundlich; **5.** passend, angemessen, entsprechend (***to*** *dat.*); **con·ge·ni·al·i·ty** [kənˌdʒiːnɪˈælətɪ] *s.* **1.** Geistesverwandtschaft *f*; **2.** Zuträglichkeit *f*.

con·gen·i·tal [kənˈdʒenɪtl] *adj.* □ angeboren: ***~ defect*** Geburtsfehler *m*; **conˈgen·i·tal·ly** [-təlɪ] *adv.* von Geburt (an); von Naˈtur.

con·ger [ˈkɒŋgə], **~ eel** [ˌkɒŋgərˈiːl] *s.* Meeraal *m*.

con·ge·ries [kɒnˈdʒɪəriːz] *s. sg. u. pl.* Anhäufung *f*, (wirre) Masse.

con·gest [kənˈdʒest] **I** *v/t.* **1.** zs.-drängen, überˈfüllen, anhäufen, stauen; **2.** *fig.* überˈschwemmen; **3.** verstopfen; **II** *v/i.* **4.** sich ansammeln, sich stauen, sich verstopfen; **conˈgest·ed** [-tɪd] *adj.* **1.** überˈfüllt (***with*** von); überˈvölkert: ***~ area*** Ballungsraum *m*; **2.** ⚕ mit Blut überˈfüllt; **conˈges·tion** [-tʃn] *s.* **1.** Anhäufung *f*, Andrang *m*, Stauung *f*, Überˈfüllung *f*: ***~ of population*** Übervölkerung *f*; ***traffic ~*** Verkehrsstauung; **2.** ⚕ Blutandrang *m* (***of the brain*** zum Gehirn), (Gefäß)Stauung *f*.

con·glo·bate [ˈkɒngləʊbeɪt] **I** *adj.* (zs.-) geballt, kugelig; **II** *v/t. u. v/i.* (sich) zs.-ballen (***into*** zu).

con·glom·er·ate [kənˈglɒməreɪt] **I** *v/t. u. v/i.* (sich) zs.-ballen, verbinden, anhäufen; **II** *adj.* [-rət] zs.-geballt; *fig.* zs.-gewürfelt; **III** *s.* [-rət] *fig.* (An)Häufung *f*, Gemisch *n*, zs.-gewürfelte Masse, Konglomeˈrat *n* (*a. geol.*); **con·glom·er·a·tion** [kənˌglɒməˈreɪʃn] → ***conglomerate*** III.

con·glu·ti·nate [kənˈgluːtɪneɪt] **I** *v/t.* zs.- leimen, -kitten; **II** *v/i.* zs.-kleben,-haften; **con·glu·ti·na·tion** [kənˌgluːtɪˈneɪʃn] *s.* Zs.-kleben *n*; Verbindung *f*.

Con·go·lese [ˌkɒŋgəʊˈliːz] *hist.* **I** *adj.* Kongo..., kongoˈlesisch; **II** *s.* Kongoˈlese *m*, Kongoˈlesin *f*.

con·grat·u·late [kənˈgrætjʊleɪt] *v/t.* *j-m* gratulieren, Glück wünschen; *j-n* beglückwünschen (***on*** zu) (*alle a.* ***o.s.*** sich); **con·grat·u·la·tion** [kənˌgrætjʊˈleɪʃn] *s.* Glückwunsch *m*: ***~s!*** ich gratuliere!; **conˈgrat·u·la·tor** [-tə] *s.* Gratuˈlant(in); **conˈgrat·u·la·to·ry** [-lətərɪ] *adj.* Glückwunsch..., Gratulations...

C

con·gre·gate ['kɒŋgrɪgeɪt] *v/t. u. v/i.* (sich) (ver)sammeln.

con·gre·ga·tion [ˌkɒŋgrɪ'geɪʃn] *s.* **1.** (Kirchen)Gemeinde *f*; **2.** Versammlung *f*; **3.** *Brit. univ.* Versammlung *f* des Lehrkörpers *od.* des Se'nats; **ˌcon·gre'ga·tion·al** [-ʃənl] *adj. eccl.* **1.** Gemeinde...; **2.** ♀ unabhängig: ♀ ***chapel*** Kapelle *f* der ‚freien' Gemeinden; **ˌCon·gre'ga·tion·al·ism** [-ʃnəlɪzəm] *s. eccl.* Selbstverwaltung *f* der ‚freien' Kirchengemeinden, Independen'tismus *m*; **ˌCon·gre'ga·tion·al·ist** [-ʃnəlɪst] *s.* Mitglied *n* e-r ‚freien' Kirchengemeinde.

con·gress ['kɒŋgres] *s.* **1.** Kon'gress *m*, Tagung *f*; **2.** *pol. Am.* ♀ Kon'gress *m*, gesetzgebende Versammlung; **3.** Geschlechtsverkehr *m*.

con·gres·sion·al [kəŋ'greʃənl] *adj.* **1.** Kongress...; **2.** *pol. Am.* ♀ Kongress...: ♀ ***medal*** Verdienstmedaille *f*.

'Con·gress·man [-mən] *s.* [*irr.*] *pol.* Mitglied *n* des amer. Repräsen'tantenhauses, Kon'gressabgeordnete(r) *m*.

con·gru·ence ['kɒŋgrʊəns] *s.* **1.** Über'einstimmung *f*; **2.** ⩓ Kongru'enz *f*; **'con·gru·ent** [-nt] *adj.* kongru'ent: a) (***with***) über'einstimmend (mit), entsprechend (*dat.*), b) ⩓ deckungsgleich; **con·gru·i·ty** [kɒŋ'gruːətɪ] *s.* **1.** Über'einstimmung *f*, Angemessenheit *f*; **2.** Folgerichtigkeit *f*; **3.** ⩓ Kongru'enz *f*; **'con·gru·ous** [-ʊəs] *adj.* □ **1.** (***to***, ***with***) übereinstimmend (mit), entsprechend (*dat.*); **2.** folgerichtig; passend.

con·ic ['kɒnɪk] **I** *adj.* → ***conical***; **II** *s. a.* ~ ***section*** ⩓ a) Kegelschnitt *m*, b) *pl.* → ***conics***; **'con·i·cal** [-kl] *adj.* □ 'konisch, kegelförmig: ~ ***frustrum*** ⩓ Kegelstumpf *m*; **co·nic·i·ty** [kə'nɪsətɪ] *s.* Konizi'tät *f*, Kegelform *f*; **'con·ics** [-ks] *s. pl. sg. konstr.* ⩓ Lehre *f* von den Kegelschnitten.

co·ni·fer ['kɒnɪfə] *s.* ⚘ Koni'fere *f*, Nadelbaum *m*; **co·nif·er·ous** [kəʊ'nɪfərəs] *adj.* ⚘ a) Zapfen tragend, b) Nadel...: ~ ***tree***.

con·jec·tur·a·ble [kən'dʒektʃərəbl] *adj.* □ zu vermuten(d); **con'jec·tur·al** [-rəl] *adj.* □ mutmaßlich; **con·jec·ture** [kən'dʒektʃə] **I** *s.* **1.** Vermutung *f*, Mutmaßung *f*; (vage) I'dee; **II** *v/t.* **2.** vermuten, mutmaßen; **III** *v/i.* **3.** Mutmaßungen anstellen, mutmaßen.

con·join [kən'dʒɔɪn] *v/t. u. v/i.* (sich) verbinden *od.* vereinigen.

con·joint ['kɒndʒɔɪnt] *adj.* □ verbunden, vereinigt, gemeinsam, Mit...; **'con·joint·ly** [-lɪ] *adv.* zu'sammen, gemeinsam.

con·ju·gal ['kɒndʒʊgl] *adj.* □ ehelich, Ehe..., Gatten...

con·ju·gate ['kɒndʒʊgeɪt] **I** *v/t.* **1.** *ling.* konjugieren, beugen; **II** *v/i.* **2.** *biol.* sich paaren; **III** *adj.* [-gɪt] **3.** verbunden, gepaart; **4.** *ling.* wurzelverwandt; **5.** ⩓ zugeordnet; **6.** ⚘ paarig; **IV** *s.* [-gɪt] **7.** *ling.* wurzelverwandtes Wort; **con·ju·ga·tion** [ˌkɒndʒʊ'geɪʃn] *s. ling.*, *biol.*, ⚗ Konjugati'on *f*, *ling. a.* Beugung *f*.

con·junct [kən'dʒʌŋkt] *adj.* □ verbunden, vereint, gemeinsam; **con'junc·tion** [-kʃən] *s.* **1.** Verbindung *f*: ***in*** ~ ***with*** zusammen mit; **2.** Zs.-treffen *n*; **3.** *ast.*, *ling.* Konjunkti'on *f*; **con·junc·ti·va** [ˌkɒndʒʌŋk'taɪvə] *s. anat.* Bindehaut *f*; **con'junc·tive** [-tɪv] **I** *adj.* □ **1.** verbindend, Verbindungs...: ~ ***tissue*** *anat.* Bindegewebe *n*; **2.** *ling.* 'konjunktivisch: ~ ***mood*** Konjunktiv *m*; **II** *s.* **3.** *ling.* 'Konjunktiv *m*; **con'junc·tive·ly** [-tɪvlɪ] *adv.* gemeinsam; **con·junc·ti·vi·tis** [kənˌdʒʌŋktɪ'vaɪtɪs] *s.* ⚕ Bindehautentzündung *f*; **con'junc·ture** [-tʃə] *s.* **1.** Zs.-treffen *n* (*von Umständen*); **2.** 'Umstände *pl.*; **3.** Krise *f*; **4.** *ast.* Konjunkti'on *f*.

con·ju·ra·tion [ˌkɒndʒʊə'reɪʃn] *s.* **1.** feierliche Anrufung; Beschwörung *f*; **2.** a) Zauberformel *f*, b) Zaube'rei *f*.

con·jure[1] [kən'dʒʊə] *v/t.* beschwören, inständig bitten (***to*** *inf.* zu *inf.*).

con·jure[2] ['kʌndʒə] **I** *v/t.* **1.** *Geist etc.* beschwören: ~ ***up*** heraufbeschwören (*a. fig.*), zitieren, hervorzaubern; **2.** behexen, (be)zaubern: ~ ***away*** wegzaubern, bannen; **II** *v/i.* **3.** zaubern, hexen: ***a name to ~ with*** ein Name, der Wunder wirkt; **'con·jur·er**, **'con·jur·or** [-dʒərə] *s.* **1.** Zauberer *m*, Zauberin *f*; **2.** Zauberkünstler *m*, Taschenspieler *m*; **'con·jur·ing trick** [-dʒərɪŋ] *s.* Zauberkunststück *n*.

conk[1] [kɒŋk] *s. sl.* ‚Riecher' *m* (*Nase*); *Am. a.* ‚Birne' (*Kopf*).

conk[2] [kɒŋk] *v/i. sl. mst* ~ ***out*** **1.** ‚streiken', ‚den Geist aufgeben' (*Fernseher etc.*), ‚absterben' (*Motor*); **2.** ‚umkippen', ohnmächtig werden; **3.** ‚abkratzen', sterben.

con·ker ['kɒŋkə] *s.* F Ka'stanie *f*.

conn [kɒn] *v/t.* ⚓ *Schiff* steuern.

con·nate ['kɒneɪt] *adj.* **1.** angeboren; **2.** *biol.* verwachsen.

con·nat·u·ral [kə'nætʃrəl] *adj.* □ **1.** (***to***) gleicher Na'tur (wie); verwandt (*dat.*); **2.** angeboren.

con·nect [kə'nekt] **I** *v/t.* **1.** verbinden, verknüpfen (*mst* ***with*** mit): ***be ~ed*** (***with***) in Verbindung (mit) *od.* in Beziehungen (zu) treten *od.* stehen; ***be well ~ed*** *fig.* gute Beziehungen haben; **2.** ϟ (***to***) anschließen (an *acc.*), verbinden (mit) (*a. teleph.*), zuschalten (*dat.*), Kon'takt herstellen zwischen (*dat.*); **3.** ⚙ (***to***) verbinden, zs.-fügen, koppeln (mit), ankuppeln (an *acc.*); **II** *v/i.* **4.** in Verbindung *od.* Zs.-hang treten *od.* stehen; **5.** 🚂 *etc.* Anschluss haben (***with***

C

an *acc.*); **6.** *Boxen*: ‚landen' (***with a blow*** e-n Schlag); **con'nect·ed** [-tɪd] *adj.* □ **1.** zs.-hängend; **2.** verwandt: ***~ by marriage*** verschwägert; → ***connect*** 1; **3.** (***with***) beteiligt (an *dat.*, bei), verwickelt (in *acc.*); **con'nect·ed·ly** [-tɪdlɪ] *adv.* zs.-hängend; logisch; **con'nect·ing** [-tɪŋ] *adj.* Binde..., Verbindungs..., Anschluss...: ***~ link*** Bindeglied *n*; ***~ rod*** ⚙ Kurbel-, Pleuelstange *f*; ***~ shaft*** ⚙ Transmissionswelle *f*; ***~ train*** Anschlusszug *m*.

con·nec·tion [kəˈnekʃn] *s.* **1.** Verbindung *f*; **2.** ⚙ Verbindung *f*, Bindeglied *n*: ***hot-water ~s*** Heißwasseranlage *f*; **3.** Zs.-hang *m*, Beziehung *f*: ***in this ~*** in diesem Zs.-hang; ***in ~ with*** mit Bezug auf; **4.** per'sönliche Beziehung *od.* Verbindung; Verwandtschaft *f*, Verwandte(r *m*) *f*; **5.** *pl.* gute *od.* nützliche Beziehungen; Bekannten-, Kundenkreis *m*; **6.** ⚙ *allg.* Verbindung *f*, Anschluss *m* (*beide a.* ϟ, 🚂, *teleph. etc.*), Verbindungs-, Bindeglied *n*, ϟ Schaltung *f*, Schaltverbindung *f*: ***~ fee*** Anschlussgebühr *f*; ***~ plug*** Anschlussstecker *m*; ***catch one's ~*** 🚂 den Anschluss erreichen; ***run in ~ with*** Anschluss haben an (*acc.*); **7.** (*bsd. religiöse*) Gemeinschaft; **con'nec·tive** [-ktɪv] **I** *adj.* verbindend: ***~ tissue*** *anat.* Binde-, Zellgewebe *n*; **II** *s. ling.* Bindewort *n*.

con·nex·ion → ***connection***.

con·ning tow·er [ˈkɒnɪŋ] *s.* ⚓, ⚔ Kom'mandoturm *m*.

con·niv·ance [kəˈnaɪvəns] *s.* stillschweigende Duldung *od.* Einwilligung (*a.* ⚖), bewusstes Über'sehen (***at***, ***in*** *gen.*); ⚖ Begünstigung *f*; **con·nive** [kəˈnaɪv] *v/i.* (***at***) stillschweigend dulden (*acc.*), ein Auge zudrücken (bei), Vorschub leisten (*dat.*).

con·nois·seur [ˌkɒnəˈsɜː] (*Fr.*) *s.* (Kunst- *etc.*)Kenner *m*: ***~ of*** (*od.* ***in***) ***wines*** Weinkenner.

con·no·ta·tion [ˌkɒnəʊˈteɪʃn] *s.* **1.** Mitbezeichnung *f*; (Neben)Bedeutung *f*; **2.** *phls.* Begriffsinhalt *m*; **con·note** [kɒˈnəʊt] *v/t.* mitbezeichnen, (zu'gleich) bedeuten.

con·nu·bi·al [kəˈnjuːbjəl] *adj.* □ ehelich, Ehe...; **con·nu·bi·al·i·ty** [kəˌnjuːbɪˈælətɪ] *s.* **1.** Ehestand *m*; **2.** eheliche Zärtlichkeiten *pl.*

co·noid [ˈkəʊnɔɪd] **I** *adj.* kegelförmig; **II** *s.* ⩓ a) Kono'id *n*, b) Kono'ide *f* (*Fläche*).

con·quer [ˈkɒŋkə] **I** *v/t.* **1.** erobern, einnehmen, Besitz ergreifen von; **2.** *fig.* erobern, gewinnen; **3.** besiegen, über'winden; unter'werfen; **4.** *fig.* über'winden, bezwingen, Herr werden über (*acc.*); **II** *v/i.* **5.** siegen; Eroberungen machen; **'con·quer·ing** [-kərɪŋ] *adj.* siegreich; **'con·quer·or** [-kərə] *s.* **1.** Eroberer *m*; Sieger *m*: ***the* ♀** *hist.* Wilhelm der Eroberer; **2.** F Entscheidungsspiel *n*.

con·quest [ˈkɒŋkwest] *s.* **1.** Eroberung *f*: a) Einnahme *f*: ***the* ♀** *hist.* die normannische Eroberung, b) erobertes Gebiet, c) *fig.* Erringung *f*; **2.** Bezwingung *f*; **3.** *fig.* ‚Eroberung' *f*: ***make a ~ of s.o.*** j-n erobern.

con·san·guine [kɒnˈsæŋgwɪn] *adj.* blutsverwandt; **con·san·guin·i·ty** [ˌkɒnsæŋˈgwɪnətɪ] *s.* Blutsverwandtschaft *f*.

con·science [ˈkɒnʃəns] *s.* Gewissen *n*: ***guilty ~*** schlechtes Gewissen; ***for ~ sake*** um das Gewissen zu beruhigen; ***in all ~*** F wahrhaftig; ***have s.th. on one's ~*** ein schlechtes Gewissen haben wegen e-r Sache; **~ clause** *s.* ⚖ Gewissensklausel *f*; **~ mon·ey** *s.* ano'nyme Steuernachzahlung; **'~-proof** *adj.* ‚abgebrüht'; **'~-ˌstrick·en** *adj.* von Gewissensbissen gepeinigt, reuevoll.

con·sci·en·tious [ˌkɒnʃɪˈenʃəs] *adj.* □ gewissenhaft, Gewissens...: ***~ objector*** Kriegs-, Wehrdienstverweigerer *m* (*aus Gewissensgründen*); **ˌcon·sci'en·tious·ness** [-nɪs] *s.* Gewissenhaftigkeit *f*.

-conscious [kɒnʃəs] *adj. in Zssgn* ...bewusst; ...freudig, ...begeistert.

con·scious [ˈkɒnʃəs] *adj.* □ **1.** *pred.* bei Bewusstsein; **2.** bewusst: ***be ~ of*** sich bewusst sein (*gen.*), wissen von; ***be ~ that*** wissen *od.* überzeugt sein, dass; ***she became ~ that*** es kam ihr zum Bewusstsein, dass; **3.** wissentlich, bewusst: ***a ~ liar*** ein bewusster Lügner; **4.** (selbst)bewusst, über'zeugt: ***a ~ artist*** ein überzeugter Künstler; **5.** denkend: ***man is a ~ being***; **'con·scious·ly** [-lɪ] *adv.* bewusst, wissentlich; gewollt; **'con·scious·ness** [-nɪs] *s.* **1.** Bewusstsein *n*: ***lose ~*** das Bewusstsein verlieren; ***regain ~*** wieder zu sich kommen; **2.** (***of***) Bewusstsein *n* (*gen.*), Wissen *n* (um), Kenntnis *f* (von *od. gen.*): ***~-expanding*** bewusstseinserweiternd (*Droge*); ***~-raising*** Bewusstwerdung *f od.* -machung *f*; **3.** Denken *n*, Empfinden *n*.

con·script [ˈkɒnskrɪpt] **I** *adj.* zwangsweise eingezogen (*Soldat etc.*) *od.* verpflichtet (*Arbeiter*); **II** *s.* ⚔ Dienst-, Wehrpflichtige(r) *m*; ausgehobener Rekrut; **III** *v/t.* [kənˈskrɪpt] *bsd.* ⚔ (zwangsweise) ausheben, einziehen; **con·scrip·tion** [kənˈskrɪpʃn] *s.* **1.** *bsd.* ⚔ Zwangsaushebung *f*, Wehrpflicht *f*: ***industrial ~*** Arbeitsverpflichtung *f*; **2.** *a.* ***~ of wealth*** (Her'anziehung *f* zur) Vermögensabgabe *f*.

con·se·crate [ˈkɒnsɪkreɪt] **I** *v/t.* **1.** *eccl.* weihen; **2.** widmen; **3.** heiligen; **II** *adj.* **4.** geweiht, geheiligt; **con·se·cra·tion** [ˌkɒnsɪˈkreɪʃn] *s.* **1.** *eccl.* Weihung *f*,

C

Einsegnung *f*; **2.** Heiligung *f*; **3.** Widmung *f*, Hingabe *f* (**to** an *acc.*).

con·se·cu·tion [ˌkɒnsɪˈkjuːʃn] *s.* **1.** (Aufeinˈander)Folge *f*, Reihe *f*; logische Folge; **2.** *ling.* Wort-, Zeitfolge *f*; **con·sec·u·tive** [kənˈsekjʊtɪv] *adj.* □ **1.** aufeinˈanderfolgend, fortlaufend: ***six ~ days*** sechs Tage hintereinander; **2.** *ling.* ***~ clause*** Konsekutiv-, Folgesatz *m*; **con·sec·u·tive·ly** [kənˈsekjʊtɪvlɪ] *adv.* nacheinˈander, fortlaufend.

con·sen·sus [kənˈsensəs] *s.* **1.** Überˈeinstimmung *f* (der Meinungen): ***~ of opinion*** übereinstimmende Meinung, allseitige Zustimmung; **2.** ✱ Wechselwirkung *f* (*Organe*).

con·sent [kənˈsent] **I** *v/i.* **1.** (**to**) zustimmen (*dat.*), einwilligen (in *acc.*); **2.** sich bereit erklären (**to** *inf.* zu *inf.*); **II** *s.* **3.** (**to**) Zustimmung *f* (zu), Einwilligung *f* (in *acc.*), Genehmigung *f* (für), Einverständnis *n* (zu): ***age of ~*** ⚖ (*bsd.* Ehe-)Mündigkeit *f*; ***with one ~*** einstimmig; ***by common ~*** mit allgemeiner Zustimmung; → ***silence*** 1; **conˈsen·tient** [-nʃənt] *adj.* zustimmend.

con·se·quence [ˈkɒnsɪkwəns] *s.* **1.** Konseˈquenz *f*, Folge *f*, Resulˈtat *n*, Wirkung *f*: ***in ~*** folglich, daher; ***in ~ of*** infolge von (*od. gen.*), wegen; ***in ~ of which*** weswegen; ***take the ~s*** die Folgen tragen; ***with the ~ that*** mit dem Ergebnis, dass; **2.** (Schluss)Folgerung *f*, Schluss *m*; **3.** Wichtigkeit *f*, Bedeutung *f*, Einfluss *m*: ***of no ~*** ohne Bedeutung, unwichtig; ***a man of ~*** ein bedeutender *od.* einflussreicher Mann; **4.** *pl. mst sg. konstr.* ein Erzählspiel; **ˈcon·se·quent** [-nt] **I** *adj.* □ → ***consequently***; **1.** (**on**) folgend (auf *acc.*), sich ergebend (aus); **2.** *phls.* logisch (richtig); **II** *s.* **3.** Folge (-erscheinung) *f*, Folgerung *f*, Schluss *m*; **4.** *ling.* Nachsatz *m*; **con·se·quen·tial** [ˌkɒnsɪˈkwenʃl] *adj.* □ **1.** sich ergebend (**on** aus): ***~ damage*** ⚖ Folgeschaden *m*; **2.** logisch (richtig); **3.** ˈindiˌrekt; **4.** wichtigtuerisch; **ˈcon·se·quent·ly** [-ntlɪ] *adv.* **1.** folglich, deshalb; **2.** als Folge.

con·serv·an·cy [kənˈsɜːvənsɪ] *s.* **1.** Aufsichtsbehörde *f* für Flüsse, Häfen *etc.*; **2.** Forstbehörde *f*: ***nature ~*** Naturschutz(amt *n*) *m*; **con·ser·va·tion** [ˌkɒnsəˈveɪʃn] *s.* **1.** Erhaltung *f*, Bewahrung *f*; Instandhaltung *f*, Schutz *m* (*von Forsten, Flüssen, Boden*); Naˈtur-, Umweltschutz *m*: ***~ of energy*** *phys.* Erhaltung der Energie; **2.** Haltbarmachung *f*, Konservierung *f*; **con·ser·va·tion·ist** [ˌkɒnsəˈveɪʃənɪst] *s.* Naˈtur- *od.* ˈUmweltschützer *m*.

con·serv·a·tism [kənˈsɜːvətɪzəm] *s.* Konservaˈtismus *m* (*a. pol.*); **conˈserv·a·tive** [-tɪv] **I** *adj.* **1.** erhaltend, konservierend; **2.** konservaˈtiv (*a. pol.*, *mst* ♎); **3.** zuˈrückhaltend, vorsichtig (*Schätzung etc.*); **4.** unauffällig: ***~ dress***; **II** *s.* **5.** ♎ *pol.* Konservaˈtive(r) *m*.

con·ser·va·toire [kənˈsɜːvətwɑː] (*Fr.*) *s. bsd. Brit.* Konservaˈtorium *n*, Hochschule *f* für Muˈsik (*etc.*).

con·ser·va·tor [kənˈsɜːvətə] *s.* **1.** Konserˈvator *m*, Muˈseumsdiˌrektor *m*; **2.** ⚖ *Am.* Vormund *m*; **conˈserv·a·to·ry** [-trɪ] *s.* **1.** Treib-, Gewächshaus *n*, Wintergarten *m*; **2.** → ***conservatoire***; **con·serve** [kənˈsɜːv] **I** *v/t.* **1.** erhalten, bewahren; beibehalten; **2.** schonen, sparsam ˈumgehen mit; **3.** einmachen, konservieren; **II** *s.* **4.** *mst pl.* Eingemachtes *n*, Konfiˈtüre *f*.

con·sid·er [kənˈsɪdə] **I** *v/t.* **1.** nachdenken über (*acc.*), (sich) überˈlegen, erwägen: ***~ a plan***; **2.** in Betracht ziehen, berücksichtigen, beachten, bedenken: ***~ his age!*** bedenken Sie sein Alter!; ***all things ~ed*** wenn man alles in Betracht zieht; → ***considered***, ***considering***; **3.** Rücksicht nehmen auf (*acc.*): ***he never ~s others***; **4.** betrachten *od.* ansehen als, halten für: ***~ s.o.*** (***to be***) ***a fool*** j-n für e-n Narren halten; ***be ~ed rich*** als reich gelten; ***you may ~ yourself lucky*** du kannst dich glücklich schätzen; ***~ yourself at home*** tun Sie, als ob Sie zu Hause wären; ***~ yourself dismissed!*** betrachten Sie sich als entlassen!; **5.** denken, meinen, annehmen, finden (*a.* ***that*** dass); **II** *v/i.* **6.** nachdenken, überˈlegen; **conˈsid·er·a·ble** [-dərəbl] **I** *adj.* □ beträchtlich, erheblich; bedeutend (*a. Person*); **II** *s. bsd. Am.* F e-e Menge, viel.

con·sid·er·ate [kənˈsɪdərət] *adj.* □ rücksichtsvoll, aufmerksam (**towards**, **of** gegen): ***be ~ of*** Rücksicht nehmen auf (*acc.*); **conˈsid·er·ate·ness** [-nɪs] *s.* Rücksichtnahme *f*; **con·sid·er·a·tion** [kənˌsɪdəˈreɪʃn] *s.* **1.** Erwägung *f*, Überˈlegung *f*: ***take into ~*** in Betracht *od.* Erwägung ziehen; ***leave out of ~*** außer Betracht lassen, ausklammern; ***the matter is under ~*** die Sache wird (noch) erwogen *od.* geprüft; ***upon ~*** nach Prüfung; **2.** Berücksichtigung *f*; Begründung *f*: ***in ~ of*** in Anbetracht (*gen.*); ***on*** (*od.* ***under***) ***no ~*** unter keinen Umständen; ***that is a ~*** das ist ein triftiger Grund; ***money is no ~*** Geld spielt keine Rolle; **3.** Rücksicht (-nahme) *f* (**for** auf *acc.*): ***lack of ~*** Rücksichtslosigkeit *f*; **4.** Entgelt *n*, Entschädigung *f*; (vertragliche) Gegenleistung: ***for a ~*** gegen Entgelt; **conˈsid·ered** [-dəd] *adj. a.* ***well-~*** wohl überlegt; **conˈsid·er·ing** [-rɪŋ] **I** *prp.* in Anbetracht (*gen.*); **II** *adv.* F den ˈUmständen nach.

con·sign [kənˈsaɪn] *v/t.* **1.** überˈgeben, überˈliefern; **2.** anvertrauen; **3.** bestimmen (**for**, **to** für); **4.** ✝ *Waren* a) (**to**)

C

versenden (an *acc.*), zu-, über'senden (*dat.*), verfrachten (an *acc.*), b) in Kommissi'on *od.* Konsignati'on geben, konsignieren; **con·sign·ee** [ˌkɒnsaɪ'niː] *s.* ✝ **1.** Empfänger *m*, Adres'sat *m*; **2.** *Überseehandel*: Konsigna'tar *m*; **con'sign·ment** [-mənt] *s.* ✝ **1.** a) Über'sendung *f*, b) *Überseehandel*: Konsignati'on *f*: **~ *note*** Frachtbrief *m*; ***in* ~** in Konsignation *od.* Kommission; **2.** a) (Waren)Sendung *f*, b) *Überseehandel*: Konsignati'onsware(n *pl.*) *f*; **con'sign·or** [-nə] *s.* ✝ **1.** Über'sender *m*; **2.** *Überseehandel*: Konsi'gnant *m*.

con·sist [kən'sɪst] *v/i.* **1.** bestehen, sich zs.-setzen (***of*** aus); **2.** bestehen (***in*** in *dat.*); **con'sist·ence** [-təns] → ***consistency*** 1 *u.* 2; **con'sist·en·cy** [-tənsɪ] *s.* **1.** Konsi'stenz *f*, Beschaffenheit *f*; **2.** Festigkeit *f*, Dichtigkeit *f*, Dicke *f*; **3.** Konse'quenz *f*, Folgerichtigkeit *f*; **4.** Stetigkeit *f*; **5.** Über'einstimmung *f*, Vereinbarkeit *f*; **con'sist·ent** [-tənt] *adj.* □ **1.** konse'quent: a) folgerichtig, logisch, b) gleichmäßig, stetig, unbeirrbar (*a. Person*); **2.** über'einstimmend, vereinbar, im Einklang stehend (***with*** mit); **3.** beständig, kon'stant (*Leistung etc.*); **con'sist·ent·ly** [-təntlɪ] *adv.* **1.** im Einklang (***with*** mit); **2.** 'durchweg; **3.** logischerweise.

con·sis·to·ry [kən'sɪstərɪ] *s. eccl.* Konsistorium *n*.

con·so·la·tion [ˌkɒnsə'leɪʃn] *s.* Trost *m*, Tröstung *f*: ***poor* ~** schwacher Trost; **~ *goal*** *sport* Ehrentor *n*; **~ *prize*** Trostpreis *m*.

con·sole[1] [kən'səʊl] *v/t. j-n* trösten: **~ *o.s.*** sich trösten (***with*** mit).

con·sole[2] ['kɒnsəʊl] *s.* **1.** Kon'sole *f*: a) ⚠ Krag-, Tragstein *m*, b) Wandgestell *n*: **~ (*table*)** Wandtischchen *n*; **2.** (Fernseh-, Mu'sik)Truhe *f*, (Radio)Schrank *m*; **3.** ⚙, ⚡ Schalt-, Steuerpult *n*, Kon'sole *f*.

con·sol·i·date [kən'sɒlɪdeɪt] **I** *v/t.* **1.** (ver)stärken, festigen, *fig. a.* konsolidieren; **2.** vereinigen: a) zs.-legen, zs.-schließen, b) *Truppen* zs.-ziehen; **3.** ✝ a) *Schulden* konsolidieren, fundieren, b) *Aktien*, *a.* ⚖ *Klagen* zs.-legen, c) *Gesellschaften* zs.-schließen; **4.** ⚙ verdichten; **II** *v/i.* **5.** fest werden; sich festigen (*a. fig.*); **con'sol·i·dat·ed** [-tɪd] *adj.* **1.** fest, dicht, kom'pakt; **2.** *bsd.* ✝ vereinigt, konsolidiert: **~ *annuities*** → ***consols***; **~ *debt*** fundierte Schuld; **2 *Fund*** *Brit.* konsolidierter Staatsfonds; **con·sol·i·da·tion** [kənˌsɒlɪ'deɪʃn] *s.* **1.** (Ver)stärkung *f*, Festigung *f* (*beide a. fig.*); **2.** ⚔ a) Zs.-ziehung *f*, b) Ausbau *m*; **3.** ✝ a) Konsolidierung *f*, b) Zs.-legung *f*, Vereinigung *f*, c) Zs.-schluss *m*; **4.** ⚙ Verdichtung *f*; **5.** ✓ Flurbereinigung *f*.

con·sols ['kɒnsəlz] *s. pl.* ✝ *Brit.* Kon'sols *pl.*, konsolidierte Staatsanleihen *pl.*

con·som·mé [kən'sɒmeɪ] (*Fr.*) *s.* Consom'mé *f*, *n* (*klare Kraftbrühe*).

con·so·nance ['kɒnsənəns] *s.* **1.** Zs.-, Gleichklang *m*; **2.** ♪ Konso'nanz *f*; **3.** *fig.* Über'einstimmung *f*, Harmo'nie *f*; **'con·so·nant** [-nt] **I** *adj.* □ **1.** ♪ konso'nant; **2.** über'einstimmend, vereinbar (***with*** mit); **3.** gemäß (***to*** *dat.*); **II** *s.* **4.** *ling.* Konso'nant *m*; **con·so·nan·tal** [ˌkɒnsə'næntl] *adj. ling.* konso'nantisch.

con·sort **I** *s.* ['kɒnsɔːt] **1.** Gemahl(in); **2.** ⚓ Geleitschiff *n*; **II** *v/i.* [kən'sɔːt] **3.** (***with***) verkehren (mit), sich gesellen (zu); **4.** (***with***) über'einstimmen (mit), passen (zu); **con·sor·ti·um** [kən'sɔːtjəm] *s.* **1.** Vereinigung *f*, Gruppe *f*, Kon'sortium *n* (*a.* ✝): **~ *of banks*** Bankenkonsortium; **2.** ⚖ eheliche Gemeinschaft.

con·spi·cu·i·ty [ˌkɒnspɪ'kjuːətɪ] → ***conspicuousness***; **con·spic·u·ous** [kən'spɪkjʊəs] *adj.* □ **1.** deutlich sichtbar; **2.** auffallend: ***be* ~** in die Augen fallen; ***be* ~ *by one's absence*** durch Abwesenheit glänzen; ***make o.s.* ~** sich auffällig benehmen, auffallen; ***render o.s.* ~** sich hervortun; **~ *consumption*** Prestigekonsum *m*; **3.** *fig.* bemerkenswert, her'vorragend; **con·spic·u·ous·ness** [kən'spɪkjʊəsnɪs] *s.* **1.** Deutlichkeit *f*; **2.** Auffälligkeit *f*, Augenfälligkeit *f*.

con·spir·a·cy [kən'spɪrəsɪ] *s.* Verschwörung *f*, Kom'plott *n*: **~ *of silence*** verabredetes Stillschweigen; **~ (*to commit a crime*)** (*strafbare*) Verabredung zur Verübung e-r Straftat; **con'spir·a·tor** [-ətə] *s.* Verschwörer *m*; **con·spir·a·to·ri·al** [kənˌspɪrə'tɔːrɪəl] *adj.* verschwörerisch, Verschwörungs...; **con·spire** [kən'spaɪə] **I** *v/i.* **1.** sich verschwören; sich (heimlich) zs.-tun; ⚖ sich *zu e-r Tat* verabreden; **2.** *fig.* zs.-wirken, (insgeheim) dazu beitragen, sich verschworen haben; **II** *v/t.* **3.** (heimlich) planen, anzetteln.

con·sta·ble ['kʌnstəbl] *s. bsd. Brit.* Poli'zist *m*, Wachtmeister *m*: ***special* ~** Hilfspolizist; → ***Chief Constable***; **con·stab·u·lar·y** [kən'stæbjʊlərɪ] *s.* Poli'zei(truppe) *f*.

con·stan·cy ['kɒnstənsɪ] *s.* **1.** Beständigkeit *f*, Unveränderlichkeit *f*; **2.** Bestand *m*, Dauer *f*; **3.** *fig.* Standhaftigkeit *f*, Treue *f*; **'con·stant** [-nt] **I** *adj.* □ **1.** (be)ständig, unveränderlich, gleich bleibend, kon'stant; **2.** dauernd, unaufhörlich; stetig, regelmäßig: **~ *rain*** anhaltender Regen; → ***companion***[1] 2; **3.** standhaft, beharrlich, fest; **4.** verlässlich, treu; **5.** ⚗, ⚡, *phys.* kon'stant; **II** *s.* **6.** ⚗, *phys.* kon'stante Größe, Kon'stante *f*.

con·stel·la·tion [ˌkɒnstəˈleɪʃn] *s.* **1.** Konstellatiˈon *f*: a) *ast.* Sternbild *n*, b) *fig.* Gruppierung *f*; **2.** glänzende Versammlung.

con·ster·nat·ed [ˈkɒnstəneɪtɪd] *adj.* bestürzt, konsterniert; **con·ster·na·tion** [ˌkɒnstəˈneɪʃn] *s.* Bestürzung *f*.

con·sti·pate [ˈkɒnstɪpeɪt] *v/t.* ⚕ verstopfen; **con·sti·pa·tion** [ˌkɒnstɪˈpeɪʃn] *s.* ⚕ Verstopfung *f*.

con·stit·u·en·cy [kənˈstɪtjʊənsɪ] *s.* **1.** Wählerschaft *f*; **2.** Wahlkreis *m*; **3.** *Am.* F Kundenkreis *m*; **conˈstit·u·ent** [-nt] **I** *adj.* **1.** e-n (Bestand)Teil bildend: **~ *part*** Bestandteil *m*; **2.** *pol.* Wähler..., Wahl...: **~ *body*** Wählerschaft *f*; **3.** *pol.* konstituierend, verfassunggebend: **~ *assembly*** verfassunggebende Versammlung; **II** *s.* **4.** Bestandteil *m*; **5.** ⚖ Vollmachtgeber(in); **6.** *pol.* Wähler (-in); **7.** *ling.* Satzteil *m*; **8.** ⚗, *phys.* Kompoˈnente *f*.

con·sti·tute [ˈkɒnstɪtjuːt] *v/t.* **1.** ernennen, einsetzen: **~ *s.o. president*** j-n als Präsidenten einsetzen; **2.** *Gesetz* in Kraft setzen; **3.** *oft pol.* gründen, einsetzen, konstituieren: **~ *a committee*** e-n Ausschuss einsetzen; ***the ~d authorities*** die verfassungsmäßigen Behörden; **4.** ausmachen, bilden: **~ *a precedent*** e-n Präzedenzfall bilden; ***be so ~d that*** so geartet sein, dass.

con·sti·tu·tion [ˌkɒnstɪˈtjuːʃn] *s.* **1.** Zs.-setzung *f*, (Auf)Bau *m*, Beschaffenheit *f*; **2.** Einsetzung *f*, Bildung *f*, Gründung *f*; **3.** Konstitutiˈon *f*, Körperbau *m*, Naˈtur *f*: ***by ~*** von Natur; ***strong ~*** starke Konstitution; **4.** Gemütsart *f*, Wesen *n*, Veranlagung *f*; **5.** *pol.* Verfassung *f*, Grundgesetz *n*, Satzung *f*; **ˌcon·stiˈtu·tion·al** [-ʃənl] **I** *adj.* ☐ **1.** körperlich bedingt, angeboren, veranlagungsgemäß; **2.** *pol.* verfassungsmäßig, rechtsstaatlich, Verfassungs...: **~ *monarchy*** konstitutionelle Monarchie; **~ *state*** Rechtsstaat *m*; **II** *s.* **3.** F (Verdauungs-) Spaziergang *m*; **ˌcon·stiˈtu·tion·al·ism** [-ʃnəlɪzəm] *s. pol.* verfassungsmäßige Regierungsform; **ˌcon·stiˈtu·tion·al·ist** [-ʃnəlɪst] *s. pol.* Anhänger *m* der verfassungsmäßigen Regierungsform.

con·strain [kənˈstreɪn] *v/t.* **1.** zwingen, nötigen, drängen: ***be*** (*od.* ***feel***) ***~ed*** sich genötigt sehen; **2.** erzwingen; **3.** einzwängen; einsperren; **conˈstrained** [-nd] *adj.* ☐ gezwungen, steif, verkrampft, verlegen, befangen; **conˈstrain·ed·ly** [-nɪdlɪ] *adv.* gezwungen; **conˈstraint** [-nt] *s.* **1.** Zwang *m*, Nötigung *f*: ***under ~*** unter Zwang, zwangsweise; **2.** Beschränkung *f*; **3.** a) Befangenheit *f*, b) Gezwungenheit *f*; **4.** Zuˈrückhaltung *f*.

con·strict [kənˈstrɪkt] *v/t.* zs.-ziehen, -pressen, -schnüren, einengen; **conˈstrict·ed** [-tɪd] *adj.* eingeengt; beschränkt; **conˈstric·tion** [-kʃn] *s.* Zs.-ziehung *f*, Einschnürung *f*; Beengtheit *f*; **conˈstric·tor** [-tə] *s.* **1.** *anat.* Schließmuskel *m*; **2.** *zo.* ˈBoa *f*, Riesenschlange *f*.

con·strin·gent [kənˈstrɪndʒənt] *adj.* zs.-ziehend.

con·struct [kənˈstrʌkt] *v/t.* **1.** bauen, errichten; **2.** ⚙, ⚗, *ling.* konstruieren; **3.** *fig.* aufbauen, gestalten, formen; ausarbeiten, entwerfen, ersinnen; **conˈstruc·tion** [-kʃn] *s.* **1.** (Er)Bauen *n*, Bau *m*, Errichtung *f*: ***under ~*** im Bau; **2.** Bauwerk *n*, Bau *m*, Gebäude *n*; **3.** Bauweise *f*; *fig.* Aufbau *m*, Anlage *f*, Gestaltung *f*, Form *f*; **4.** ⚙, ⚗ Konstruktiˈon *f*; **5.** *ling.* Konstruktiˈon *f*, Satzbau *m*, Wortfügung *f*; **6.** Auslegung *f*, Deutung *f*: ***put a wrong ~ on s.th.*** et. falsch auslegen *od.* auffassen; **conˈstruc·tion·al** [-kʃənl] *adj.* Bau..., Konstruktions..., baulich; **conˈstruc·tive** [-tɪv] *adj.* ☐ **1.** aufbauend, schaffend, schöpferisch, konstrukˈtiv; **2.** konstrukˈtiv, positiv: **~ *criticism***; **3.** Bau..., Konstruktions...; **4.** a) *a.* ⚖ abgeleitet, angenommen, b) ⚖ mittelbar: **~ *dismissal*** unfreiwillige Kündigung seitens des Arbeitnehmers; **conˈstruc·tor** [-tə] *s.* Erbauer *m*, Konstrukˈteur *m*.

con·strue [kənˈstruː] **I** *v/t.* **1.** *ling.* a) *Satz* zergliedern, konstruieren, b) (Wort für Wort) überˈsetzen; **2.** auslegen; deuten; auffassen; **II** *v/i.* **3.** *ling.* sich konstruieren *od.* zergliedern lassen.

con·sub·stan·ti·al·i·ty [ˈkɒnsəbˌstænʃɪˈælətɪ] *s. eccl.* Wesensgleichheit *f* (*der drei göttlichen Personen*); **con·sub·stan·ti·ate** [ˌkɒnsəbˈstænʃɪeɪt] *v/t.* (*v/i.* sich) zu e-m einzigen Wesen vereinigen; **ˈcon·subˌstan·tiˈa·tion** [-ɪˈeɪʃn] *s. eccl.* Konsubstantiatiˈon *f* (*Mitgegenwart des Leibes u. Blutes Christi beim Abendmahl*).

con·sue·tude [ˈkɒnswɪtjuːd] *s.* Gewohnheit *f*, Brauch *m*; **con·sue·tu·di·nar·y** [ˌkɒnswɪˈtjuːdɪnərɪ] *adj.* gewohnheitsmäßig, Gewohnheits...

con·sul [ˈkɒnsəl] *s.* Konsul *m*: **~*-general*** Generalkonsul; **ˈcon·su·lar** [-sjʊlə] Konsulats..., Konsular..., konsuˈlarisch: **~ *invoice*** ✝ Konsulatsfaktura *f*; **ˈcon·su·late** [-sjʊlət] *s.* Konsuˈlat *n* (*a. Gebäude*): **~*-general*** Generalkonsulat; **ˈcon·sul·ship** [-ʃɪp] *s.* Amt *n* e-s Konsuls.

con·sult [kənˈsʌlt] **I** *v/t.* **1.** um Rat fragen, befragen, *Arzt etc.* zurate ziehen, konsultieren: **~ *one's watch*** auf die Uhr sehen; **~ *the dictionary*** im Wörterbuch nachschlagen; **2.** beachten, berücksichtigen: **~ *s.o.'s wishes***; **II** *v/i.*

3. sich beraten *od.* besprechen (***with*** mit, ***about*** über *acc.*); **con'sult·ant** [-tənt] *s.* **1.** (*Fach-, Betriebs- etc.*)Berater *m*; **2.** ⚕ a) Facharzt *m*, b) fachärztlicher Berater; **con·sul·ta·tion** [ˌkɒnsəl'teɪʃn] *s.* Beratung *f*, Rücksprache *f* (***on*** über *acc.*), Konsultati'on *f* (*a.* ⚕): **~ *hour*** ⚕ Sprechstunde *f*; **con'sult·a·tive** [-tətɪv] *adj.* beratend; **con'sult·ing** [-tɪŋ] *adj.* beratend: **~ *engineer*** technischer (Betriebs)Berater; **~ *room*** ⚕ Sprechzimmer *n*.

con·sum·a·ble [kən'sjuːməbl] **I** *adj.* verzehrbar, verbrauchbar, zerstörbar; **II** *s. mst pl.* Ver'brauchsarˌtikel *m*; **con·sume** [kən'sjuːm] **I** *v/t.* **1.** verzehren (*a. fig.*), verbrauchen: ***be ~d with*** *fig.* erfüllt sein von, von *Hass, Verlangen* verzehrt werden, vor *Neid* vergehen; ***consuming desire*** brennende Begierde; **2.** zerstören: ***~d by fire*** ein Raub der Flammen; **3.** (auf)essen, trinken; **4.** verschwenden; *Zeit* rauben *od.* benötigen; **II** *v/i.* **5.** *a.* **~ *away*** sich verzehren (*a. fig.*); sich verbrauchen *od.* abnutzen; **con'sum·er** [-mə] *s.* Verbraucher *m*, Abnehmer *m*, Konsu'ment *m*: **~ *counselling*** Verbraucherberatung *f*; **~ *goods*** Konsumgüter; **~ *protection*** Verbraucherschutz *m*; **~ *resistance*** Kaufunlust *f*; **~ *society*** Konsumgesellschaft *f*; **~ *spending*** Ausgaben der Privathaushalte; **~ *survey*** Konsumentenbefragung *f*; ***ultimate* ~** Endverbraucher *m*; **con'sum·er·ism** [-mərɪzəm] *s.* **1.** Verbraucherschutzbewegung *f*; **2.** kritische Verbraucherhaltung.

con·sum·mate **I** *v/t.* ['kɒnsəmeɪt] voll'enden; *bsd. Ehe* voll'ziehen; **II** *adj.* □ [kən'sʌmɪt] voll'endet, 'vollkommen, völlig: **~ *skill*** höchste Geschicklichkeit; **con·sum·ma·tion** [ˌkɒnsə'meɪʃn] *s.* **1.** Voll'endung *f*, Ziel *n*, Ende *n*; **2.** Erfüllung *f*; **3.** ⚖ Voll'ziehung *f* (*Ehe*).

con·sump·tion [kən'sʌmpʃn] *s.* **1.** Verbrauch *m*, Kon'sum *m* (***of*** an *dat. od.* von); **2.** Verzehrung *f*, Zerstörung *f*; **3.** Verzehr *m*: ***unfit for human* ~** für menschlichen Verzehr ungeeignet; ***for public* ~** *fig.* für die Öffentlichkeit bestimmt; **4.** ⚕ *obs.* Schwindsucht *f*; **con'sump·tive** [-ptɪv] **I** *adj.* □ **1.** verbrauchend, Verbrauchs...; **2.** (ver)zehrend; **3.** ⚕ *obs.* schwindsüchtig; **II** *s.* **4.** ⚕ *obs.* Schwindsüchtige(r *m*) *f*.

con·tact ['kɒntækt] **I** *s.* **1.** Berührung *f* (*a.* A), Kon'takt *m*; ⚔ Feindberührung *f*; **2.** *fig.* Kon'takt *m*: a) Verbindung *f*, Beziehung *f*, Fühlung *f* (*a.* ⚔), b) Verbindungs-, Gewährsmann *m*, c) *pol.* Kon'taktmann *m* (*Agent*): ***make ~s*** Verbindungen anknüpfen; ***business* ~** Geschäftsverbindung; **3.** ⚡ Kon'takt *m*: a) Anschluss *m*, b) Kon'taktstück *n*: ***make*** (***break***) **~** Kontakt herstellen (unterbrechen); **4.** ⚕ Kon'taktperˌson *f*; **II** *v/t.* **5.** in Berührung kommen mit; Kon'takt haben mit, berühren; **6.** *fig.* sich in Verbindung setzen mit, Beziehungen *od.* Kon'takt aufnehmen zu, sich an *j-n* wenden; **~ box** *s.* ⚡ Anschlussdose *f*; **~ break·er** *s.* ⚡ ('Strom-) Unterˌbrecher *m*; **~ flight** *s.* ✈ Sichtflug *m*; **~ lens** *s.* Haft-, Kon'taktschale *f*, Kon'taktlinse *f*; **~ light** *s.* ✈ Lande-(bahn)feuer *n*; **'~-ˌmak·er** *s.* ⚡ Einschalter *m*, Stromschließer *m*; **~ man** *s.* [*irr.*] → ***contact*** 2 b, c; **~ mine** *s.* ⚔ Tretmine *f*.

con·tac·tor ['kɒntæktə] *s.* ⚡ (Schalt-) Schütz *n*: **~ *switch*** Schütz(schalter *m*).

con·tact| print *s. phot.* Kon'taktabzug *m*; **~ rail** *s.* ⚡ Kon'taktschiene *f*.

con·ta·gion [kən'teɪdʒən] *s.* **1.** ⚕ a) Ansteckung *f* (*durch Berührung*), b) ansteckende Krankheit; **2.** *fig.* Vergiftung *f*, verderblicher Einfluss; **con'ta·gious** [-dʒəs] *adj.* □ **1.** ⚕ a) ansteckend (*a. fig. Stimmung etc.*), b) infiziert: **~ *matter*** Krankheitsstoff *m*; **2.** *fig. obs.* verderblich.

con·tain [kən'teɪn] *v/t.* **1.** enthalten; *fig. a.* beinhalten; **2.** (um)'fassen, einschließen, aufnehmen, Raum haben für; **3.** bestehen aus, messen; **4.** zügeln, im Zaum halten, bändigen: **~ *one's anger***; **5.** **~ *o.s.*** sich beherrschen *od.* mäßigen: ***be unable to* ~ *o.s. for*** sich nicht fassen können vor; **6.** *a.* ⚔ fest-, zu'rückhalten; ⚔ *Feindkräfte* fesseln, binden; *a. pol.* eindämmen: **~ *the attack*** den Angriff abriegeln; **~ *a fire*** e-n Brand unter Kontrolle bringen *od.* eindämmen; **7.** A teilbar sein durch; **con'tain·er** [-nə] *s.* **1.** Behälter *m*; Gefäß *n*; Ka'nister *m*; **2.** † Con'tainer *m* (*Großbehälter*): **~ *port*** Containerhafen *m*; **~ *ship*** Containerschiff *n*; **con'tain·er·ize** [-nəraɪz] *v/t.* **1.** auf Con'tainerbetrieb 'umstellen; **2.** in Con'tainern transportieren; **con'tain·ment** [-mənt] *s. fig.* Eindämmung *f*, In-'Schach-Halten *n*: ***policy of* ~** Eindämmungspolitik *f*.

con·tam·i·nant [kən'tæmɪnənt] *s.* Verseuchungsstoff *m*; **con'tam·i·nate** [-neɪt] *v/t.* **1.** verunreinigen; **2.** *a. fig.* infizieren, vergiften, (*a.* radioak'tiv) verseuchen: ***~d area*** verseuchtes Gelände; **con·tam·i·na·tion** [kən|ˌtæmɪ'neɪʃn] *s.* **1.** Verunreinigung *f*; **2.** (*a.* radioak'tive *etc.*) Verseuchung: **~ *meter*** Geigerzähler *m*; **3.** *ling.* Kontaminati'on *f*.

con·tan·go [kən'tæŋgəʊ] *s.* † *Börse*: Re'port *m* (*Kurszuschlag*).

con·temn [kən'tem] *v/t. poet.* verachten; **con'tem·nor** [-nə] *s.* ⚖ j-d der ***contempt of court*** begeht (→ ***contempt*** 4).

C

con·tem·plate ['kɒntempleɪt] **I** *v/t.* **1.** (nachdenklich) betrachten; nachdenken über (*acc.*); über'denken; **2.** ins Auge fassen, erwägen, beabsichtigen; **3.** erwarten, rechnen mit; **II** *v/i.* **4.** nachsinnen; **con·tem·pla·tion** [ˌkɒntem'pleɪʃn] *s.* **1.** (nachdenkliche) Betrachtung; **2.** Nachdenken *n*, -sinnen *n*; **3.** *bsd. eccl.* Meditati'on *f*, innere Einkehr, Versunkenheit *f*; **4.** Erwägung *f*: ***have in ~*** → ***contemplate*** 2; ***be in ~*** erwogen *od.* geplant werden; **5.** Absicht *f*; '**con·tem·pla·tive** [-tɪv] *adj.* □ **1.** nachdenklich; **2.** beschaulich, besinnlich, kontempla'tiv.

con·tem·po·ra·ne·ous [kənˌtempə'reɪnjəs] *adj.* □ gleichzeitig (***with*** mit); **conˌtem·po'ra·ne·ous·ness** [-nɪs] *s.* Gleichzeitigkeit *f*; **con·tem·po·rar·y** [kən'tempərərɪ] **I** *adj.* **1.** zeitgenössisch: a) heutig, unserer Zeit, b) der damaligen Zeit: ***~ history*** Zeitgeschichte *f*; **2.** gleichalt(e)rig; **II** *s.* **3.** Zeitgenosse *m*, -genossin *f*; **4.** Altersgenosse *m*, -genossin *f*; **5.** gleichzeitig erscheinende Zeitung, Konkur'renz(blatt *n*) *f*.

con·tempt [kən'tempt] *s.* **1.** Verachtung *f*, Geringschätzung *f*: ***feel ~ for s.o.***, ***hold s.o. in ~*** j-n verachten; ***bring into ~*** verächtlich machen; → ***beneath*** II; **2.** Schande *f*, Schmach *f*: ***fall into ~*** in Schande geraten; **3.** 'Missachtung *f*; **4. *~ (of court)*** ⚖ 'Missachtung des Gerichts (*Ungebühr*, *Nichterscheinen etc.*); **con·tempt·i·bil·i·ty** [kənˌtemptə'bɪlətɪ] *s.* Verächtlichkeit *f*; **con'tempt·i·ble** [-təbl] *adj.* □ **1.** verächtlich, verachtenswert, nichtswürdig: ***Old ~s*** *brit. Expeditionskorps in Frankreich 1914*; **2.** gemein, niederträchtig; **con'temp·tu·ous** [-tjʊəs] *adj.* □ verachtungsvoll, geringschätzig: ***be ~ of s.th.*** et. verachten; **con'temp·tu·ous·ness** [-tjʊəsnɪs] *s.* Verachtung *f*, Geringschätzigkeit *f*.

con·tend [kən'tend] **I** *v/i.* **1.** kämpfen, ringen (***with*** mit, ***for*** um); **2.** *mit Worten* streiten, disputieren (***about*** über *acc.*, ***against*** gegen); **3.** wetteifern, sich bewerben (***for*** um); **II** *v/t.* **4.** behaupten, geltend machen (***that*** dass); **con'tend·er** [-də] *s.* Kämpfer(in); Bewerber(in) (***for*** um); Konkur'rent(in); **con'tend·ing** [-dɪŋ] *adj.* **1.** streitend, kämpfend; **2.** wider'streitend; **3.** konkurrierend.

con·tent[1] ['kɒntent] *s.* **1.** *mst pl.* (*Raum*)Inhalt *m*, Fassungsvermögen *n*; 'Umfang *m*; **2.** *pl. a. fig.* Inhalt *m* (*Buch etc.*); **3.** *mst* ⚗ Gehalt *m*: ***gold ~*** Goldgehalt.

con·tent[2] [kən'tent] **I** *pred. adj.* **1.** zu'frieden; **2.** bereit, willens (***to*** *inf.* zu *inf.*); **3.** *parl. Brit.* (*nur House of Lords*) einverstanden: ***not ~*** dagegen; **II** *v/t.* **4.** befriedigen, zu'frieden stellen; **5. *~ o.s.*** zu'frieden sein, sich zufrieden geben *od.* begnügen *od.* abfinden (***with*** mit); **III** *s.* **6.** Zu'friedenheit *f*, Befriedigung *f*: ***to one's heart's ~*** nach Herzenslust; **7.** *mst pl. parl. Brit.* Jastimmen *pl.*; **con'tent·ed** [-tɪd] *adj.* □ zu'frieden (***with*** mit); **con'tent·ed·ness** [-tɪdnɪs] *s.* Zu'friedenheit *f*.

con·ten·tion [kən'tenʃn] *s.* **1.** Streit *m*, Zank *m*; **2.** Wortstreit *m*; **3.** Behauptung *f*: ***my ~ is that*** ich behaupte, dass; **4.** Streitpunkt *m*; **con'ten·tious** [-ʃəs] *adj.* □ **1.** streitsüchtig; **2.** streitig (*a.* ⚖), strittig, um'stritten; **con'ten·tious·ness** [-ʃəsnɪs] *s.* Streitsucht *f*.

con·tent·ment [kən'tentmənt] *s.* Zu'friedenheit *f*.

con·test **I** *s.* ['kɒntest] **1.** Kampf *m*, Streit *m*; **2.** Wettkampf *m*, -streit *m*, -bewerb *m* (***for*** um); **II** *v/t.* [kən'test] **3.** ⚔ *u. fig.* kämpfen um; **4.** konkurrieren *od.* sich bewerben um; **5.** *pol.* ***~ a seat*** *od.* ***an election*** für e-e Wahl kandidieren; **6.** bestreiten; *a.* ⚖ *Aussage*, *Testament*, *Wahl*(*ergebnis*) *etc.* anfechten; **III** *v/i.* [kən'test] **7.** wetteifern (***with*** mit); **con·test·a·ble** [kən'testəbl] *adj.* strittig, anfechtbar; **con·test·ant** [kən'testənt] *s.* **1.** (Wett)Bewerber(in); **2.** Wettkämpfer(in); **3.** Kandi'dat(in); **4.** ⚖ a) streitende Par'tei, b) Anfechter(in); **con·tes·ta·tion** [ˌkɒntes'teɪʃn] *s.* Streit *m*; Dis'put *m*.

con·text ['kɒntekst] *s.* **1.** (*inhaltlicher*) Zs.-hang, Kontext *m*: ***out of ~*** aus dem Zs.-hang gerissen; **2.** Um'gebung *f*, Mili'eu *n*; **con·tex·tu·al** [kɒn'tekstjʊəl] *adj.* □ dem Zs.-hang gemäß; **con·tex·ture** [kɒn'tekstʃə] *s.* **1.** (Auf-)Bau *m*, Gefüge *n*, Struk'tur *f*; **2.** Gewebe *n*.

con·ti·gu·i·ty [ˌkɒntɪ'gjuːətɪ] *s.* **1.** (***to***) Angrenzen *n* (an *acc.*), Berührung *f* (mit); **2.** Nähe *f*, Nachbarschaft *f*; **con·tig·u·ous** [kən'tɪgjʊəs] *adj.* □ (***to***) **1.** angrenzend (an *acc.*), berührend (*acc.*); **2.** nahe, benachbart (*dat.*).

con·ti·nence ['kɒntɪnəns] *s.* Mäßigkeit *f*, (*bsd. sexuelle*) Enthaltsamkeit; '**con·ti·nent** [-nənt] **I** *adj.* □ **1.** mäßig; enthaltsam, keusch; **II** *s.* **2.** Konti'nent *m*, Erdteil *m*; **3.** Festland *n*: ***the* 2** *Brit.* das europäische Festland.

con·ti·nen·tal [ˌkɒntɪ'nentl] **I** *adj.* □ **1.** kontinen'tal, Kontinental...: ***~ shelf*** Festlandsockel *m*; **2.** *mst* 2 *Brit.* kontinen'tal (*das europäische Festland etreffend*); ausländisch: ***~ quilt*** *Brit.* Federbett *n*; ***~ tour*** Europareise *f*; **II** *s.* **3.** Festländer(in); **4.** 2 *Brit.* Kontinen'taleuroˌpäer(in); ˌ**con·ti'nen·tal·ize** [-təlaɪz] *v/t.* kontinen'talen Cha'rakter geben (*dat.*): ***~d*** *Brit.* ‚europäisiert'.

Continental breakfast

Ein **continental breakfast** besteht aus Cornflakes oder dergleichen und Toast mit Butter und Marmelade. Es ist wesentlich bescheidener als das traditionelle **English breakfast** (*siehe unter* **breakfast**).

con·tin·gen·cy [kən'tɪndʒənsɪ] *s.* **1.** Eventuali'tät *f*, Möglichkeit *f*, unvorhergesehener Fall: **~ *insured against*** Versicherungsfall *m*; **2.** Zufälligkeit *f*, Zufall *m*; **3.** *pl.* ✝ unvorhergesehene Ausgaben *pl.*; **con'tin·gent** [-nt] **I** *adj.* □ **1.** eventu'ell, möglich; zufällig, ungewiss; gelegentlich; **2.** (***on***, ***upon***) abhängig (von), bedingt (durch), verbunden (mit): **~ *fee*** Erfolgshonorar *n*; **~ *reserve*** ✝ Sicherheitsrücklage *f*; **II** *s.* **3.** Anteil *m*, Beitrag *m*, Quote *f*, (⚔ 'Truppen)Kontin,gent *n*; **~ *duty*** *EU* Ausgleichsabgabe *f*; **con'tin·gent·ly** [-ntlɪ] *adv.* möglicherweise.

con·tin·u·al [kən'tɪnjʊəl] *adj.* □ **1.** fortwährend, 'ununter,brochen, (an)dauernd, (be)ständig; **2.** immer 'wiederkehrend, (sehr) häufig, oft wieder'holt; **3.** *a.* ⩚ kontinuierlich, stetig; **con'tin·u·al·ly** [-lɪ] *adv.* **1.** fortwährend *etc.*; **2.** immer wieder; **con'tin·u·ance** [-əns] *s.* **1.** → ***continuation*** 1, 2; **2.** Dauer *f*, Beständigkeit *f*; **3.** (Ver)Bleiben *n*; **con'tin·u·ant** [-ənt] *s.* **1.** *ling.* Dauerlaut *m*; **2.** ⩚ Kontinu'ante *f*; **con·tin·u·a·tion** [kən,tɪnjʊ'eɪʃn] *s.* **1.** Fortsetzung *f* (*a. e-s Romans etc.*), Weiterführung *f*: **~ *school*** Fortbildungsschule *f*; **2.** Fortbestand *m*, -dauer *f*; **3.** Erweiterung *f*; **4.** Verlängerung(sstück *n*) *f*; **5.** ✝ Prolongati'on *f*; **con·tin·ue** [kən'tɪnju:] **I** *v/i.* **1.** fortfahren, weitermachen; **2.** fortdauern: a) (an)dauern, anhalten, b) sich fortsetzen, weitergehen, c) (fort)bestehen; **3.** (ver)bleiben: **~ *in office*** im Amt bleiben; **4.** ver-, beharren (***in*** bei, in *dat.*); **5.** **~ *doing***, **~ *to do*** weiter *od.* auch weiterhin tun; **~ *talking*** weiterreden; **~ (*to be*) *obstinate*** eigensinnig bleiben; **II** *v/t.* **6.** fortsetzen, -führen, fortfahren mit: ***to be ~d*** Fortsetzung folgt; **7.** verlängern, weiterführen; **8.** aufrechterhalten; beibehalten, erhalten; belassen; **9.** vertagen; **con'tin·ued** [-ju:d] *adj.* □ **1.** → ***continuous*** 1&3: **~ *existence*** Fortbestand *m*; **2.** in Fortsetzungen erscheinend; **con·ti·nu·i·ty** [,kɒntɪ'nju:ətɪ] *s.* **1.** Fortbestand *m*, Stetigkeit *f*; **2.** Zs.-hang *m*; enge Verbindung; **3.** 'ununter,brochene Folge; **4.** *fig.* roter Faden; **5.** *Film*: Drehbuch *n*; *Radio*, *TV*: Manu'skript *n*: **~ *girl*** Skriptgirl *n*; **~ *writer*** a) Drehbuchautor *m*, b) Textschreiber *m*.

con·tin·u·ous [kən'tɪnjʊəs] *adj.* □ **1.** 'ununter,brochen, (fort)laufend; zs.-hängend; **2.** unaufhörlich, andauernd, fortwährend; **3.** kontinuierlich (*a.* ⚙, *phys.*): **~ *function***; **4.** *ling.* progres'siv: **~ *form*** Verlaufsform *f*; **~ cur·rent** *s.* ⚡ Gleichstrom *m*; **~ fire** *s.* ⚔ Dauerfeuer *n*; **~ form** *s.* Endlos-, EDV-Papier *n*; **~ op·er·a·tion** *s.* ⚙ Dauerbetrieb *m*; **~ pa·per** *s.* 'Endlospa,pier *n*; **~ per·form·ance** *s.* *thea.* Non'stopvorstellung *f*.

con·tin·u·um [kɒn'tɪnjʊəm] **1.** ⩚ Kon'tinuum *n*; **2.** → ***continuity*** 3.

con·tort [kən'tɔ:t] *v/t.* **1.** (*a. Worte etc.*) verdrehen; **2.** *Gesicht etc.* verzerren, verziehen; **con'tor·tion** [-ɔ:ʃn] *s.* **1.** Verzerrung *f*; **2.** Verrenkung *f*; **con'tor·tion·ist** [-ɔ:ʃnɪst] *s.* **1.** Schlangenmensch *m*; **2.** Wortverdreher(in).

con·tour ['kɒn,tʊə] **I** *s.* Kon'tur *f*, 'Umriss(linie *f*) *m*; **II** *v/t.* um'reißen, den 'Umriss zeichnen von; profilieren; *Straße* e-r Höhenlinie folgen lassen; **~ chair** *s.* körpergerecht gestalteter Sessel; **~ lathe** *s.* ⚙ Kopierdrehbank *f*; **~ line** *s.* *surv.* Höhenlinie *f*; **~ map** *s.* Höhenlinienkarte *f*.

con·tra ['kɒntrə] **I** *prp.* gegen, kontra (*acc.*); **II** *adv.* da'gegen; **III** *s.* ✝ Gegen-, 'Kreditseite *f*: **~ *account*** Gegenrechnung *f*.

'con·tra|·band **I** *s.* **1.** 'Konterbande *f*, Bann-, Schmuggelware *f*: **~ *of war*** Kriegskonterbande; **2.** Schmuggel *m*, Schleichhandel *m*; **II** *adj.* **3.** Schmuggel..., gesetzwidrig; **,~'bass** [-'beɪs] *s.* ♪ 'Kontrabass *m*; **,~·bas'soon** *s.* ♪ 'Kontrafa,gott *n*.

con·tra·cep·tion [,kɒntrə'sepʃn] *s.* Empfängnisverhütung *f*; **,con·tra'cep·tive** [-ptɪv] *adj. u. s.* empfängnisverhütend(es Mittel).

con·tract **I** *s.* ['kɒntrækt] **1.** *a.* ⚖ Vertrag *m*, Kon'trakt *m*: ***by ~*** vertraglich; ***under ~*** a) (***to***) vertraglich verpflichtet (*dat.*), b) ✝ in Auftrag gegeben (*Arbeit*); **~ (*to kill*)** Mordauftrag *m*; **2.** Vertragsurkunde *f*; **3.** ✝ (Liefer-, Werk-) Vertrag *m*, (fester) Auftrag: **~ *note*** Schlussschein *m*, -note *f*; **~ *processing*** Lohnveredelung *f*; **~ *work*** a) durch Subunternehmer ausgeführte Arbeiten, b) Leiharbeit *f*; **4.** Ak'kord(arbeit *f*) *m*; **5.** *a.* ***marriage ~*** Ehevertrag *m*; **6.** a) *a.* **~ *bridge*** Kontrakt-Bridge *n* (*Kartenspiel*), b) höchstes Gebot; **II** *v/t.* [kən'trækt] **7.** *Muskel* zs.-ziehen; *Stirn* runzeln; **8.** *ling.* zs.-ziehen, verkürzen; **9.** ein-, verengen, be-, einschränken; **10.** *Gewohnheit* annehmen, sich *e-e*

C

Krankheit zuziehen; *Vertrag, Ehe, Freundschaft* schließen; *Schulden* machen; **III** *v/i.* [kən'trækt] **11.** sich zs.-ziehen, (ein)schrumpfen; **12.** enger *od.* kürzer *od.* kleiner werden; **13.** e-n Vertrag schließen, sich vertraglich verpflichten (***to*** *inf.* zu *inf.*, ***for*** zu): **~ *for s.th.*** et. vertraglich übernehmen; ***as ~ed*** wie (vertraglich) vereinbart; ***the ~ing parties*** die vertragschließenden Parteien; **~ in** *v/i. pol. Brit.* sich zur Bezahlung des Par'teibeitrages (*für die Labour Party*) verpflichten; **~ out I** *v/i.* sich freizeichnen, sich von der Verpflichtung befreien; **II** *v/t.* (*Arbeiten*) außer Haus vergeben.

con·tract·ed [kən'træktɪd] *adj.* □ **1.** zs.-gezogen; verkürzt; **2.** *fig.* engherzig; beschränkt; **con'tract·i·ble** [-təbl], **con'trac·tile** [-taɪl] *adj.* zs.-ziehbar.

con·trac·tion [kən'trækʃn] *s.* **1.** Zs.-ziehung *f*; **2.** *ling.* Ver-, Abkürzung *f*; Kurzwort *n*; **3.** Verkleinerung *f*, Einschränkung *f*; **4.** Zuziehung *f* (*Krankheit*); Eingehen *n* (*Schulden*); Annahme *f* (*Gewohnheit*); **con'trac·tive** [-ktɪv] *adj.* zs.-ziehend; **con'trac·tor** [-ktə] *s.* **1.** (*bsd.* 'Bau- *etc.*)Unter͵nehmer *m*; **2.** Unter'nehmer *m* (*Dienst-, Werkvertrag*), (Ver'trags)Liefe͵rant *m*; **3.** *anat.* Schließmuskel *m*; **con'trac·tual** [-ktʃʊəl] *adj.* vertraglich, Vertrags...: **~ *capacity*** ⚖ Geschäftsfähigkeit *f*.

con·tra·dict [͵kɒntrə'dɪkt] *v/t.* **1.** (*a.* ***o.s.*** sich) wider'sprechen (*dat.*); im 'Widerspruch stehen zu; **2.** *et.* bestreiten, in Abrede stellen; **͵con·tra'dic·tion** [-kʃn] *s.* **1.** 'Widerspruch *m*, -rede *f*: ***spirit of ~*** Widerspruchsgeist *m*; **2.** 'Widerspruch *m*, Unvereinbarkeit *f*: ***in ~ to*** im Widerspruch zu; **~ *in terms*** Widerspruch in sich; **3.** Bestreitung *f*; **͵con·tra'dic·tious** [-kʃəs] *adj.* □ zum 'Widerspruch geneigt, streitsüchtig; **͵con·tra'dic·to·ri·ness** [-tərɪnɪs] *s.* **1.** 'Widerspruch *m*; **2.** 'Widerspruchsgeist *m*; **͵con·tra'dic·to·ry** [-tərɪ] **I** *adj.* □ (sich) wider'sprechend, entgegengesetzt; unvereinbar; **II** *s.* 'Widerspruch *m*, Gegensatz *m*.

con·tra·dis·tinc·tion [͵kɒntrədɪ'stɪŋ*k*ʃn] *s.* Gegensatz *m*: ***in ~ to*** (*od.* ***from***) im Gegensatz zu.

con·trail ['kɒntreɪl] *s.* ✈ Kon'densstreifen *m*.

con·tra·in·di·cate [͵kɒntrə'ɪndɪkeɪt] *v/t.* ⚕ kontraindizieren; **͵con·tra·in·di'ca·tion** *s.* ⚕ 'Kontraindikati͵on *f*, Gegenanzeige *f*.

con·tral·to [kən'træltəʊ] *pl.* **-tos** *s.* ♪ Alt *m*: a) Altstimme *f*, b) Al'tist(in), c) 'Altpar͵tie *f*.

con·trap·tion [kən'træpʃn] *s.* F (neumodischer) Appa'rat, (komisches) Ding(s).

con·tra·pun·tal [͵kɒntrə'pʌntl] *adj.* ♪ 'kontrapunktisch.

con·tra·ri·e·ty [͵kɒntrə'raɪətɪ] *s.* **1.** Gegensätzlichkeit *f*, Unvereinbarkeit *f*; **2.** 'Widerspruch *m*, Gegensatz *m* (***to*** zu); **con·tra·ri·ly** ['kɒntrərəlɪ] *adv.* **1.** entgegen (***to*** *dat.*); **2.** andererseits; **con·tra·ri·ness** ['kɒntrərɪnɪs] *s.* **1.** Gegensätzlichkeit *f*, 'Widerspruch *m*; **2.** Widrigkeit *f*, Ungunst *f*; **3.** F [*a.* kən'treər-] 'Widerspenstigkeit *f*, Eigensinn *m*; **con·tra·ri·wise** ['kɒntrərɪwaɪz] *adv.* im Gegenteil; 'umgekehrt; and(e)rerseits.

con·tra·ry ['kɒntrərɪ] **I** *adj.* □ → ***contrarily***; **1.** entgegengesetzt, gegensätzlich, -teilig; **2.** (***to***) wider'sprechend (*dat.*), im 'Widerspruch (zu); gegen (*acc.*), entgegen (*dat.*): **~ *to expectations*** wider Erwarten; **3.** F [*a.* kən'treərɪ] 'widerspenstig, aufsässig; **II** *adv.* **4. ~ *to*** gegen, wider: ***act ~ to nature*** wider die Natur handeln; **III** *s.* **5.** Gegenteil *n* (***to*** von *od. gen.*): ***on the ~*** im Gegenteil; ***unless I hear to the ~*** falls ich nichts Gegenteiliges höre; ***proof to the ~*** Gegenbeweis *m*.

con·trast I *s.* ['kɒntrɑːst] Kon'trast *m*, Gegensatz *m*: **~ *control*** *TV* Kontrastregler *m*; ***by ~ with*** im Vergleich mit; ***in ~ to*** im Gegensatz zu; ***be a great ~ to*** grundverschieden sein von; **II** *v/t.* [kən'trɑːst] (***with***) entgegensetzen, gegen'überstellen (*dat.*); vergleichen (mit); **III** *v/i.* [kən'trɑːst] (***with***) e-n Gegensatz bilden (zu), sich scharf unter'scheiden (von); sich abheben, abstechen (von): ***~ing colo(u)rs*** Kontrastfarben; **con·trast·y** [kən'trɑːstɪ] *adj.* kon'trastreich.

con·tra·vene [͵kɒntrə'viːn] *v/t.* **1.** zu'widerhandeln (*dat.*), verstoßen gegen, über'treten, verletzen; **2.** im 'Widerspruch stehen zu; **3.** bestreiten; **͵con·tra'ven·tion** [-'venʃn] *s.* (***of***) Über'tretung *f* (von *od. gen.*); Verstoß *m*, Zu'widerhandlung *f* (gegen): ***in ~ of the rules*** entgegen den Vorschriften.

con·tre·temps ['kɔ̃ːntrətɑ̃ːŋ] (*Fr.*) *s.* unglücklicher Zufall, Widrigkeit *f*, ‚Panne' *f*.

con·trib·ute [kən'trɪbjuːt] **I** *v/t.* **1.** beitragen, beisteuern (***to*** zu) (*beide a. fig.*); spenden (***to*** für); ✝ a) *Kapital in e-e Firma* einbringen, b) *Brit. Geld* nachschießen; **2.** *Zeitungsartikel* beitragen; **II** *v/i.* **3.** (***to***) beitragen, e-n Beitrag leisten (zu), mitwirken (an *dat.*, bei): **~ *to a newspaper*** für e-e Zeitung schreiben; **con·tri·bu·tion** [͵kɒntrɪ'bjuːʃn] *s.* **1.** Beitragen *n*; **2.** Beitrag *m* (*a. für Zeitung*), Beisteuer *f*, Beihilfe *f* (***to*** zu); Spende *f* (***to*** für): ***make a ~*** e-n Beitrag liefern; **3.** Mitwirkung *f* (***to*** an *dat.*); **4.** ✝ a) Einlage *f*: **~ *in kind*** (***cash***) Sach-(Bar-)einlage, b) Nachschuss *m*, c) Sozi'alversicherungsbeitrag *m*: ***employer's ~*** Arbeitgeberanteil *m*, Sozialleistung *f*; **con'trib·u·tive** [-jʊtɪv] *adj.* → ***contributory*** 1, 2; **con'trib·u·tor** [-jʊtə] *s.* **1.** Beitragende(r *m*) *f*; Beisteuernde(r *m*) *f*; **2.** Mitwirkende(r *m*) *f*; Mitarbeiter(in) (*bsd. Zeitung*); **con'trib·u·to·ry** [-jʊtərɪ] **I** *adj.* **1.** beisteuernd, beitragend (***to*** zu); Beitrags...; **2.** mitwirkend (***to*** an *dat.*, bei); Mit...: ***~ causes*** ⚖ mitverursachende Umstände; ***~ negligence*** mitwirkendes Verschulden; **3.** beitragspflichtig; **4.** ✝ *Brit.* nachschusspflichtig; **II** *s.* **5.** Beitrags- *od.* ✝ *Brit.* Nachschusspflichtige(r *m*) *f*.

con·trite ['kɒntraɪt] *adj.* □ zerknirscht, reuevoll; **con·tri·tion** [kən'trɪʃn] *s.* Zerknirschung *f*, Reue *f*.

con·triv·ance [kən'traɪvns] *s.* **1.** Ein-, Vorrichtung *f*; Appa'rat *m*; **2.** Kunstgriff *m*, Erfindung *f*, Plan *m*; **3.** Findigkeit *f*, Scharfsinn *m*; **4.** Bewerkstelligung *f*; **con·trive** [kən'traɪv] **I** *v/t.* **1.** erfinden, ersinnen, (sich) ausdenken, entwerfen; **2.** *Pläne* schmieden, aushecken; **3.** zu'stande bringen; **4.** es fertig bringen, es verstehen, es bewerkstelligen (***to*** *inf.* zu *inf.*); **II** *v/i.* **5.** Pläne *od.* Ränke schmieden; **6.** Haus halten, auskommen.

con·trol [kən'trəʊl] **I** *v/t.* **1.** beherrschen, die Herrschaft *od.* Kon'trolle haben über (*acc.*), *et.* in der Hand haben *od.* kontrollieren: ***~ling company*** Muttergesellschaft *f*; ***~ling share*** (*od.* ***interest***) ✝ maßgebliche Beteiligung; **2.** verwalten, beaufsichtigen, über'wachen; *Preise etc.* kontrollieren, nachprüfen; **3.** lenken, steuern, leiten; regeln, regulieren: ***radio-~led*** funkgesteuert; ***~led ventilation*** regulierbare Lüftung; **4.** (*a.* ***o.s.*** sich) beherrschen, meistern, im Zaum halten, Einhalt gebieten (*dat.*); zügeln; **5.** in Schranken halten, bekämpfen; **6.** (staatlich) bewirtschaften, planen, binden: ***~led economy*** Planwirtschaft *f*; ***~led prices*** gebundene Preise; ***~led rent*** preisrechtlich gebundene Miete; **II** *s.* **7.** Macht *f*, Gewalt *f*, Herrschaft *f*, Kon'trolle *f* (***of***, ***over*** über *acc.*): ***foreign ~*** Überfremdung *f*; ***bring under ~*** Herr werden über (*acc.*); ***have the situation under ~*** Herr der Lage sein; ***get ~ over*** in s-e Gewalt bekommen; ***get beyond s.o.'s ~*** j-m über den Kopf wachsen; ***get out of ~*** außer Kontrolle geraten; ***have ~ over*** a) → 1, b) Gewalt haben über (*acc.*); ***keep under ~*** im Zaume halten; ***lose ~ over*** die Herrschaft *od.* Gewalt *od.* Kontrolle verlieren über (*acc.*); ***circumstances beyond our ~*** unvorhersehbare Umstände; **8.** Machtbereich *m*, Verantwortung *f*; **9.** Aufsicht *f*, Kontrolle *f* (***of*** über *acc.*); Leitung *f*, Über'wachung *f*, (Nach)Prüfung *f*; ⚖ (***of***) a) Verfügungsgewalt (über *acc.*), b) (Per'sonen)Sorge *f* (für): ***be in ~ of s.th.*** et. unter sich haben, et. leiten; ***be under s.o.'s ~*** j-m unterstellt sein *od.* unterstehen; ***traffic ~*** Verkehrsregelung *f*; **10.** Bekämpfung *f*, Eindämmung *f*: ***without ~*** uneingeschränkt, frei; ***beyond ~*** nicht einzudämmen, nicht zu bändigen; ***be out of ~*** nicht zu halten sein; ***get under ~*** eindämmen, bewältigen; ***noise ~*** Lärmbekämpfung *f*; **11.** *mst pl.* ⚙ a) Steuerung *f*, 'Steueror,gan *n*, b) Reguliervorrichtung *f*, Regler *m*, Kon'trollhebel *m*: ***be at the ~s*** *fig.* an den Hebeln der Macht sitzen; **12.** ⚡, ⚙ Regelung *f*; **13.** *pl.* ✈ Steuerung *f*, Leitwerk *n*; **14.** ✝ a) (*Kapital-*, *Konsum- etc.*) Lenkung *f*, b) (Zwangs)Bewirtschaftung *f*: ***foreign exchange ~*** Devisenkontrolle *f*; **15.** a) Kon'trolle *f*, Anhaltspunkt *m*, b) Vergleichswert *m*, c) Kon'troll-, Gegenversuch *m*.

con·trol| board *s.* ⚡ Schalttafel *f*; **~ char·ac·ter** *s. Computer*: Steuerzeichen *n*; **~ col·umn** *s.* **1.** ✈ Steuersäule *f*; **2.** ⚙ Lenksäule *f*; **~ com·mand** *s. Computer*: Steuerbefehl *m*; **~ desk** *s.* ⚡ Steuer-, Schaltpult *n*; *Radio*, *TV*: Re'giepult *n*; **~ en·gi·neer·ing** *s.* 'Steuerungs-, 'Regel,technik *f*; **~ ex·per·i·ment** → ***control*** 15 c; **~ key** *s. Computer etc.*: Control-Taste *f*, Steuerungstaste *f*; **~ knob** *s.* ⚙, ⚡ Bedienungsknopf *m*.

con·trol·la·ble [kən'trəʊləbl] *adj.* **1.** kontrollierbar, regulierbar, lenkbar; **2.** zu beaufsichtigen(d); zu beherrschen(d); **con'trol·ler** [-lə] *s.* **1.** Kontrol'leur *m*, Aufseher *m*; Leiter *m*; Kon'trollbe,amte(r) *m*, ✈ *a.* Fluglotse *m*; **2.** Rechnungsprüfer *m* (*Beamter*); **3.** ⚡, ⚙ Regler *m*; *mot.* Fahrschalter *m*; **4.** *sport* Kon'trollposten *m*.

con·trol| le·ver *s. mot.* Schalthebel *m*; ✈ Steuerknüppel *m*; **~ pan·el** *s.* ⚙ Bedienungsfeld *n*; **~ post** *s.* ⚔ Kon'trollposten *m*; **~ room** *s.* **1.** Kon'trollraum *m*, (⚔ Be'fehls)Zen,trale *f*; **2.** *Radio*, *TV*: Re'gieraum *m*; **~ stick** *s.* ✈ Steuerknüppel *m*; **~ sur·face** *s.* Steuerfläche *f*; **~ tow·er** *s.* ✈ Kon'trollturm *m*, Tower *m*.

con·tro·ver·sial [,kɒntrə'vɜːʃl] *adj.* □ **1.** strittig, um'stritten: ***~ subject*** Streitfrage *f*; **2.** po'lemisch; streitlustig; **,con·tro'ver·sial·ist** [-ʃəlɪst] *s.* Po'lemiker *m*; **con·tro·ver·sy** ['kɒntrəvɜːsɪ] *s.* **1.** Kontro'verse *f*, Meinungsstreit *m*; Debatte *f*, Aussprache *f*: ***beyond*** (*od.* ***without***) ***~*** fraglos, unstreitig; **2.** Streitfrage *f*; **3.** Streit *m*; **con·tro·vert** ['kɒntrəvɜːt] *v/t.* **1.** bestreiten, anfechten; **2.** wider'sprechen (*dat.*); **,con·tro-**

C

'**vert·i·ble** [-ɜːtəbl] *adj.* ☐ strittig; anfechtbar.

con·tu·ma·cious [ˌkɒntjuːˈmeɪʃəs] *adj.* ☐ **1.** 'widerspenstig, halsstarrig; **2.** ⚖ ungehorsam; **con·tu·ma·cy** [ˈkɒntjʊməsɪ] *s.* **1.** 'Widerspenstigkeit *f*, Halsstarrigkeit *f*; **2.** ⚖ Ungehorsam *m od.* (absichtliches) Nichterscheinen vor Gericht: ***condemn for*** ~ gegen *j-n* ein Versäumnisurteil fällen.

con·tume·ly [ˈkɒntjuːmlɪ] *s.* **1.** Unverschämtheit *f*; **2.** Beleidigung *f*.

con·tuse [kənˈtjuːz] *v/t.* ✱ quetschen: ~***d wound*** Quetschwunde *f*; **con'tu·sion** [-uːʒn] *s.* ✱ Quetschung *f*.

co·nun·drum [kəˈnʌndrəm] *s.* **1.** Scherzfrage *f*, -rätsel *n*; **2.** *fig.* Rätsel *n*.

con·ur·ba·tion [ˌkɒnɜːˈbeɪʃn] *s.* Ballungsraum *m*, -zentrum *n*, Stadtgroßraum *m*.

con·va·lesce [ˌkɒnvəˈles] *v/i.* gesund werden, genesen; ˌ**con·va'les·cence** [-sns] *s.* Rekonvales'zenz *f*, Genesung *f*; ˌ**con·va'les·cent** [-snt] **I** *adj.* genesend, auf dem Wege der Besserung: ~ ***home*** Genesungsheim *n*; **II** *s.* Rekonvales'zent(in).

con·vec·tion [kənˈvekʃn] *s. phys.* Konvekti'on *f*; **con'vec·tor** [-ktə] *s. phys.* Konvekti'ons(strom)leiter *m*.

con·vene [kənˈviːn] **I** *v/t.* **1.** zs.-rufen, (ein)berufen; versammeln; **2.** ⚖ vorladen; **II** *v/i.* **3.** zs.-kommen, sich versammeln.

con·ven·ience [kənˈviːnjəns] *s.* **1.** Annehmlichkeit *f*, Bequemlichkeit *f*: ***all (modern)*** ~***s*** alle Bequemlichkeiten *od.* aller Komfort (der Neuzeit); ***at your*** ~ wenn es Ihnen passt; ***at your earliest*** ~ möglichst bald; ***at one's own*** ~ nach (eigenem) Gutdünken; ***suit your own*** ~ handeln Sie ganz nach Ihrem Belieben; ~ ***food*** Fertignahrung *f*; ~ ***goods*** ✝ *Am.* bequem erhältliche Waren des täglichen Bedarfs; **2.** Vorteil *m*, Nutzen *m*: ***it is a great*** ~ es ist sehr nützlich; → ***flag***[1] 1, ***marriage*** 2; **3.** Angemessenheit *f*, Eignung *f*; **4.** *Brit.* Klo'sett *n*: ***public*** ~ öffentliche Bedürfnisanstalt; **con'ven·ient** [-nt] *adj.* ☐ **1.** bequem, geeignet, günstig, passend: ***if it is*** ~ ***to you*** wenn es Ihnen passt; ***it is not*** ~ ***for me*** (***to*** *inf.*) es passt mir schlecht (zu *inf.*); ***make it*** ~ es (so) einrichten; **2.** (zweck)dienlich, praktisch, brauchbar; **3.** günstig gelegen.

con·vent [ˈkɒnvənt] *s.* (*bsd.* Nonnen-)Kloster *n*: ~ (***school***) Klosterschule *f*.

con·ven·ti·cle [kənˈventɪkl] *s. eccl.* Konven'tikel *n*.

con·ven·tion [kənˈvenʃn] *s.* **1.** Zs.-kunft *f*, (*Am. a.* Par'tei)Versammlung *f*, Kon'vent *m*, (*a.* Be'rufs-, 'Fach)Konˌgress *m*, (-)Tagung *f*; **2.** *a. pol.* Vertrag *m*, Abkommen *n*, Konventi'on *f* (*a.* ⚔); **3.** *oft pl.* (gesellschaftliche) Konventi'on, Sitte *f*, Gewohnheits- *od.* Anstandsregel *f*, (stillschweigende) Gepflogenheit *od.* Über'einkunft; **con'ven·tion·al** [-ʃənl] *adj.* ☐ **1.** herkömmlich, konventio'nell (*beide a.* ⚔), üblich, traditio'nell: ~ ***weapons***; ~ ***sign*** (*bsd.* Karten)Zeichen *n*, Symbol *n*; **2.** förmlich, for'mell; **3.** vereinbart, Vertrags...; **4.** *contp.* 'unorigiˌnell; **con'ven·tion·al·ism** [-ʃnəlɪzəm] *s.* Festhalten *n* am Hergebrachten; **con·ven·tion·al·i·ty** [kənˌvenʃəˈnælətɪ] *s.* **1.** Herkömmlichkeit *f*, Üblichkeit *f*; **2.** Scha'blonenhaftigkeit *f*; **con'ven·tion·al·ize** [-ʃnəlaɪz] *v/t.* konventio'nell machen *od.* darstellen, den Konventi'onen unter'werfen.

con·verge [kənˈvɜːdʒ] *v/i.* zs.-laufen, sich (ein'ander) nähern, ⩚ *u. fig.* konvergieren; **con'ver·gence** [-dʒəns], **con'ver·gen·cy** [-dʒənsɪ] *s.* **1.** Zs.-laufen *n*; **2.** ⩚ a) Konver'genz *f* (*a. biol.*, *phys.*), b) Annäherung *f*; **con'ver·gent** [-dʒənt] *adj. bsd.* ⩚ konver'gent; **con'verg·ing** [-dʒɪŋ] *adj.* zs.-laufend, konvergierend: ~ ***lens*** Sammellinse *f*; ~ ***point*** Konvergenzpunkt *m*.

con·vers·a·ble [kənˈvɜːsəbl] *adj.* ☐ unter'haltend, gesprächig; gesellig; **con'ver·sance** [-səns] *s.* Vertrautheit *f* (***with*** mit); **con'ver·sant** [-sənt] *adj.* **1.** bekannt, vertraut (***with*** mit); **2.** geübt, bewandert, erfahren (***with***, ***in*** in *dat.*).

con·ver·sa·tion [ˌkɒnvəˈseɪʃn] *s.* **1.** Unter'haltung *f*, Gespräch *n*, Konversati'on *f*: ***enter into a*** ~ ein Gespräch anknüpfen; **2.** *obs.* (*a.* Geschlechts-)Verkehr *m*; → ***criminal conversation***; **3.** *a.* ~ ***piece*** a) *paint.* Genrebild *n*, b) *thea.* Konversati'onsstück *n*; ˌ**con·ver'sa·tion·al** [-ʃənl] *adj.* ☐ → ***conversationally***; **1.** gesprächig; **2.** Unterhaltungs..., Gesprächs...: ~ ***grammar*** Konversationsgrammatik *f*; ~ ***tone*** Plauderton *m*; ˌ**con·ver'sa·tion·al·ist** [-ʃnəlɪst] *s.* gewandter Unter'halter, guter Gesellschafter; ˌ**con·ver'sa·tion·al·ly** [-ʃnəlɪ] *adv.* **1.** gesprächsweise; **2.** im Plauderton.

con·ver·sa·zi·o·ne [ˌkɒnvəsætsɪˈəʊnɪ] *pl.* **-ni** [-niː], **-nes** (*Ital.*) *s.* **1.** 'Abendunterˌhaltung *f*; **2.** lite'rarischer Gesellschaftsabend.

con·verse[1] [kənˈvɜːs] *v/i.* sich unter'halten, sprechen (***with*** mit, ***on***, ***about*** über *acc.*).

con·verse[2] [ˈkɒnvɜːs] **I** *adj.* ☐ gegenteilig, 'umgekehrt; wechselseitig; **II** *s.* 'Umkehrung *f*, Gegenteil *n*; '**con·verse·ly** [-lɪ] *adv.* 'umgekehrt.

con·ver·sion [kənˈvɜːʃn] *s.* **1.** *allg.* 'Um-, Verwandlung *f* (***from*** von, ***into*** in *acc.*); **2.** ✝ a) Konvertierung *f*, 'Umwandlung *f* (*Effekten*, *Schulden*), b) Zs.-legung *f* (*von Aktien*), c) ('Wäh-

C

rungs)ˌUmstellung *f*, d) (Ge'schäfts-, *a.* Ver'mögens)ˌUmwandlung *f*; **3.** ✗ a) *a. Währung*: 'Umrechnung *f* (***into*** in *acc.*): ***~ table*** Umrechnungstabelle *f*; ***~ rate*** *Währung*: Umrechnungskurs *m*, b) *EDV*, *Computer*: Konver'tierung *f*, c) *a. phls.* 'Umkehrung *f*; **4.** ⚙, *a.* ✝ 'Umstellung *f* (***to*** auf *e-e andere Produktion etc.*); **5.** ⚙, ▲ 'Umbau *m* (***into*** in *acc.*); **6.** ⚡ 'Umformung *f*; **7.** ⚗, *phys.* 'Umsetzung *f*; **8.** geistige Wandlung; Meinungsänderung *f*; **9.** 'Übertritt *m*, *bsd. eccl.* Bekehrung *f* (***to*** zu); **10.** ⚖ *a.* ***~ to one's own use*** 'widerrechtliche Aneignung *od.* Verwendung, *a.* Veruntreuung *f*; **11.** *sport* Verwandlung *f* (*Torschuss*).

con·vert **I** *v/t.* [kən'vɜːt] **1.** *allg.* 'um-, verwandeln (*a.* ⚗), 'umformen (*a.* ⚡), 'umändern (***into*** in *acc.*); **2.** ⚙, ▲ 'umbauen (***into*** zu); **3.** ✝, ⚙ *Betrieb*, *Maschine*, *Produktion* 'umstellen (***to*** auf *acc.*); **4.** *metall.* frischen; **5.** ✝ a) *Geld* 'um-, einwechseln, *a.* 'umrechnen: ***~ into cash*** zu Geld machen, flüssig machen, b) *Wertpapiere*, *Schulden* konvertieren, 'umwandeln, c) *Aktien* zs.-legen, d) *Währung* 'umstellen (***to*** auf *acc.*), e) *EDV*: (*Daten*) konver'tieren; **6.** ✗ a) 'umrechnen (***into*** in *acc.*), b) *Gleichung* auflösen, c) *Proportionen* 'umkehren (*a. phls.*); **7.** *Computer*: 'umsetzen; **8.** *eccl.* bekehren (***to*** zu); **9.** (***to***) (zu *e-r anderen Ansicht*) bekehren, *a.* zum 'Übertritt (in *e-e andere Partei etc.*) veranlassen; **10.** ⚖ *a.* ***~ to one's own use*** sich 'widerrechtlich aneignen, veruntreuen; **11.** *sport* (zum Tor) verwandeln; **II** *v/i.* **12.** 'umgewandelt (*etc.*) werden (→ I); **13.** sich verwandeln *od.* 'umwandeln (***into*** zu); **14.** sich verwandeln (*etc.*) lassen (***into*** in *acc.*); **III** *s.* ['kɒnvɜːt] **15.** *bsd. eccl.* Bekehrte(r *m*) *f*, Konver'tit(in): ***become a ~ to*** sich bekehren zu; **con'vert·ed** [-tɪd] *adj.* 'umge-, verwandelt *etc.*: ***~ cruiser*** ⚓ Hilfskreuzer *m*; ***~ flat*** in Teilwohnungen umgebaute große Wohnung; ***~ steel*** Zementstahl *m*; **con'vert·er** [-tə] *s.* **1.** ⚙ 'Bessemerbirne *f*; **2.** ⚡ 'Umformer *m*; **3.** *TV* Wandler *m*; **4.** ⚙ Bleicher *m*, Appre'teur *m*; **5.** Bekehrer *m*; **con·vert·i·bil·i·ty** [kənˌvɜːtə'bɪlətɪ] *s.* **1.** 'Um-, Verwandelbarkeit *f*; **2.** ✝ Konvertierbar-, 'Umwandelbarkeit *f*; **con'vert·i·ble** [-təbl] **I** *adj.* ☐ **1.** 'um-, verwandelbar; **2.** ✝ konvertierbar, 'umwandelbar: ***~ bond*** Wandelobligation *f*; **3.** auswechselbar, gleichbedeutend; **4.** bekehrbar; **5.** *mot.* mit Klappverdeck; **II** *s.* **6.** *mot.* Kabrio'lett *n*.

con·vex [kɒn'veks] *adj.* ☐ kon'vex, nach außen gewölbt; ✗ ausspringend (*Winkel*); **con·vex·i·ty** [kɒn'veksətɪ] *s.* kon'vexe Form.

con·vey [kən'veɪ] *v/t.* **1.** *Waren etc.* befördern, (ver)senden, (fort)schaffen, bringen; **2.** *bsd.* ⚙ (zu)führen, fördern; **3.** über'bringen, -'mitteln, bringen, geben: ***~ greetings*** Grüße übermitteln; **4.** *phys. Schall* fortpflanzen, leiten, über'tragen; **5.** *Nachricht etc.* mitteilen, vermitteln; *Meinung*, *Sinn* ausdrücken; andeuten; (be)sagen: ***~ an idea*** e-n Begriff geben; ***this word ~s nothing to me*** dieses Wort sagt mir nichts; **6.** über'tragen, abtreten (***to*** an *acc.*); **con'vey·ance** [-eɪəns] *s.* **1.** Beförderung *f*, Über'sendung *f*, Trans'port *m*, Spediti'on *f*: ***means of ~*** Transportmittel *n*; **2.** Über'bringung *f*, -'mittlung *f*; Vermittlung *f*, Mitteilung *f*; **3.** *phys.* Fortpflanzung *f*, Über'tragung *f*; **4.** ⚙ (Zu-)Leitung *f*, Zufuhr *f*; **5.** Beförderungs-, Trans'port-, Verkehrsmittel *n*; **6.** ⚖ a) Über'tragung *f*, Abtretung *f*, Auflassung *f*, b) Abtretungsurkunde *f*; **con'vey·anc·er** [-eɪənsə] *s.* ⚖ No'tar *m* für 'Eigentumsüberˌtragungen.

con·vey·er, **con·vey·or** [kən'veɪə] *s.* **1.** Beförderer *m*, (Über)'Bringer(in); **2.** ⚙ Fördergerät *n*, -band *n*, Förderer *m*; ***~ band***, ***~ belt*** *s.* laufendes Band, Förder-, Fließband *n*; ***~ chain*** *s.* Becher-, Förderkette *f*; ***~ spi·ral*** *s.* Förder-, Trans'portschnecke *f*.

con·vict **I** *v/t.* [kən'vɪkt] **1.** ⚖ über'führen, für schuldig erklären (***of*** *gen.*); **2.** verurteilen; **3.** über'zeugen (***of*** von *e-m Unrecht, Fehler etc.*); **II** *s.* ['kɒnvɪkt] **4.** ⚖ a) Verurteilte(r *m*) *f*, b) Strafgefangene(r *m*) *f*, Sträfling *m*: ***~ colony*** Sträflingskolonie *f*; ***~ labo(u)r*** Sträflingsarbeit *f*; **con'vic·tion** [-kʃn] *s.* **1.** ⚖ a) Über'führung *f*, Schuldspruch *m*, b) Verurteilung *f*: ***previous ~*** Vorstrafe *f*; **2.** Über'zeugung *f*: ***carry ~*** überzeugend wirken *od.* klingen; ***live up to one's ~s*** s-r Überzeugung gemäß leben; **3.** Anschauung *f*, Gesinnung *f*; **4.** (*Schuld- etc.*)Bewusstsein *n*.

con·vince [kən'vɪns] *v/t.* **1.** (*a.* ***o.s.*** sich) über'zeugen (***of*** von, ***that*** dass); **2.** ***~ s.o. of s.th.*** j-m et. zum Bewusstsein bringen; **con'vinc·ing** [-sɪŋ] *adj.* ☐ über'zeugend: ***~ proof*** schlagender Beweis; ***be ~*** überzeugen.

con·viv·i·al [kən'vɪvɪəl] *adj.* ☐ **1.** gastlich, festlich, Fest...; **2.** gesellig, gemütlich, lustig; **con·viv·i·al·i·ty** [kənˌvɪvɪ'ælətɪ] *s.* Geselligkeit *f*, Gemütlichkeit *f*, unbeschwerte Heiterkeit.

con·vo·ca·tion [ˌkɒnvəʊ'keɪʃn] *s.* **1.** Ein-, Zs.-berufung *f*; **2.** *eccl. Brit.* Provinzi'alsyˌnode *f*; Kirchenversammlung *f*; **3.** *univ.* a) *Brit.* gesetzgebende Versammlung (*Oxford etc.*); außerordentliche Se'natssitzung, b) *Am.* Promoti'ons- *od.* Eröffnungsfeier *f*.

con·voke [kən'vəʊk] *v/t.* (*bsd. amtlich*) ein-, zs.-berufen.

C

con·vo·lute ['kɒnvəluːt] *adj. bsd.* ⚘ zs.-gerollt, ringelförmig; '**con·vo·lut·ed** [-tɪd] *adj. bsd. zo.* zs.-gerollt, gebogen, gewunden, spi'ralig; **con·vo·lu·tion** [ˌkɒnvə'luːʃn] *s.* Zs.-rollung *f*, -wicklung *f*, Windung *f*.

con·voy ['kɒnvɔɪ] **I** *s.* **1.** Geleit *n*, (Schutz)Begleitung *f*; **2.** ⚔ a) Es'korte *f*, Bedeckung *f*, b) (bewachter) Trans'port; **3.** ⚓ Geleitzug *m*; **4.** *a.* ⚔ 'Lastwagenkoˌlonne *f*; **II** *v/t.* **5.** Geleitschutz geben (*dat.*), eskortieren.

con·vulse [kən'vʌls] *v/t.* **1.** erschüttern, in Zuckungen versetzen: ***be ~d with pain*** sich vor Schmerzen krümmen; ***be ~d*** (***with laughter***) e-n Lachkrampf bekommen; **2.** krampfhaft zs.-ziehen *od.* verzerren; **3.** *fig.* erschüttern, in Aufruhr versetzen; **con'vul·sion** [-lʃn] *s.* **1.** ⚕ Krampf *m*, Zuckung *f*: ***be seized with ~s*** Krämpfe bekommen; ***~s*** (***of laughter***) *fig.* Lachkrämpfe; **2.** *pol.*, *fig.* Erschütterung *f* (*a. geol.*), Aufruhr *m*; **con'vul·sive** [-sɪv] *adj.* ☐ **1.** *a. fig.* krampfhaft, -artig, konvul'siv; **2.** *fig.* erschütternd.

co·ny ['kəʊnɪ] *s.* **1.** *zo.* Ka'ninchen *n*; **2.** Ka'ninchenfell *n*.

coo [kuː] **I** *v/i.* gurren (*a. fig.*); **II** *v/t. fig. et.* gurren; **III** *s.* Gurren *n*; **IV** *int. Brit. sl.* Mann!

cook [kʊk] **I** *s.* **1.** Koch *m*, Köchin *f*: ***too many ~s spoil the broth*** viele Köche verderben den Brei; **II** *v/t.* **2.** *Speisen* kochen, zubereiten, braten, backen: ***be ~ed alive*** F vor Hitze umkommen; **3.** *a.* ***~ up*** *fig.* a) zs.-brauen, erdichten, b) ‚frisieren', verfälschen: ***~ed account*** ✝ F frisierte Abrechnung; ***~ up a story*** e-e Geschichte erfinden; ***he is ~ed*** *sl.* der ist ‚erledigt'; **III** *v/i.* **4.** kochen, sich kochen lassen: ***~ well***; **5.** ***what's ~ing*** F was tut sich?, was ist los?; '**~·book** *s. Am.* Kochbuch *n*.

cook·er ['kʊkə] *s.* **1.** Kocher *m*, Kochgerät *n*; Herd *m*; **2.** Kochgefäß *n*; **3.** *pl.* Kochobst *n*: ***these apples are good ~s*** das sind gute Kochäpfel.

cook·er·y ['kʊkərɪ] *s.* Kochen *n*; Kochkunst *f*; **~ book** *s. Brit.* Kochbuch *n*.

ˌ**cook|-'gen·er·al** *s. Brit.* Mädchen *n* für alles; '**~·house** *s.* **1.** Küche(ngebäude *n*) *f* (*a.* ⚔); **2.** ⚓ Schiffsküche *f*.

cook·ie ['kʊkɪ] *s. Am.* **1.** (süßer) Keks, Plätzchen *n*: ***that's the way the ~ crumbles*** F so gehts (*od.* so ist das) nun mal; **2.** *Internet*: Cookie *n* (*aus dem Internet auf die Festplatte zu übertragende kleine Datei*); **3.** *sl.* a) Kerl *m*, b) ‚Puppe' *f*.

cook·ing ['kʊkɪŋ] **I** *s.* **1.** Kochen *n*, Kochkunst *f*; **2.** Küche *f*, Kochweise *f*; **II** *adj.* **3.** Koch...: ***~ apple***; **~ range** *s.* Kochherd *m*; **~ so·da** *s.* ⚗ 'Natron *n*.

'**cook·out** *s. Am.* Abkochen *n* (am Lagerfeuer).

cook·y ['kʊkɪ] → ***cookie***.

cool [kuːl] **I** *adj.* ☐ **1.** kühl, frisch; **2.** kühl, gelassen, kalt(blütig), F ‚cool': ***as ~ as a cucumber*** ‚eiskalt', kaltblütig; ***keep ~!*** reg dich nicht auf!; ♪ ♫ ***Jazz*** ‚Cool Jazz' *m*; **3.** kühl, gleichgültig, lau; **4.** kühl, kalt, abweisend: ***a ~ reception*** ein kühler Empfang; **5.** unverfroren, frech: ***~ cheek*** Frechheit *f*; ***a ~ customer*** ein geriebener Kunde; **6.** *fig.* glatt, rund: ***a ~ thousand pounds*** glatte *od.* die Kleinigkeit von tausend Pfund; **7.** *sl.* ‚dufte', ‚Klasse', ‚toll': ***that's ~!***; **II** *s.* **8.** Kühle *f*, Frische *f* (*bsd. Luft*): ***the ~ of the evening*** die Abendkühle; **9.** *sl.* (Selbst)Beherrschung *f*: ***blow*** (*od.* ***lose***) ***one's ~*** hochgehen, die Beherrschung verlieren; ***keep one's ~*** ruhig bleiben, die Nerven behalten; **III** *v/t.* **10.** (ab)kühlen; → ***heel***[1] *Redew.*; **11.** *fig. Leidenschaften etc.* (ab)kühlen, beruhigen; *Zorn etc.* mäßigen; **IV** *v/i.* **12.** kühl werden, sich abkühlen; **13.** *a.* ***~ down*** *fig.* sich abkühlen, erkalten, nachlassen, sich beruhigen; **14.** ***~ down*** F ruhiger werden, sich abregen; **15.** ***~ it*** *sl.* ruhig bleiben, die Nerven behalten: ***~ it!*** immer mit der Ruhe!, reg dich ab!; '**cool·ant** [-lənt] *s.* ⚙ Kühlmittel *n*; '**cool·er** [-lə] *s.* **1.** (*Wein- etc.*)Kühler *m*; **2.** Kühlraum *m*; **3.** *sl.* ‚Kittchen' *n*, ‚Knast' *m*; ˌ**cool-'head·ed** *adj.* **1.** besonnen, kaltblütig; **2.** leidenschaftslos.

coo·lie ['kuːlɪ] *s.* Kuli *m*.

cool·ing ['kuːlɪŋ] **I** *adj.* kühlend, erfrischend; Kühl...; **II** *s.* (Ab)Kühlung *f*; **~ coil** *s.* Kühlschlange *f*; ˌ**~-'off pe·ri·od** *s.* Friedenspflicht *f*; **~ plant** *s.* Kühlanlage *f*.

cool·ness ['kuːlnɪs] *s.* **1.** Kühle *f* (*a. fig.*); **2.** Kaltblütigkeit *f*; **3.** Unfreundlichkeit *f*; **4.** Frechheit *f*.

coomb(e) [kuːm] *s.* Talmulde *f*.

coon [kuːn] *s.* **1.** *zo.* → ***raccoon***; **2.** *Am. sl.* a) *contp.* Schwarze(r *m*) *f*: ***~ song*** Negerlied *n*, b) ‚schlauer Hund'.

coop [kuːp] **I** *s.* **1.** Hühnerstall *m*; **2.** Fischkorb *m* (*zum Fangen*); **3.** F ‚Ka'buff' *n*; **4.** F ‚Knast' *m*; **II** *v/t.* **5.** *oft* ***~ up***, ***~ in*** einsperren, einpferchen.

co-op ['kəʊɒp] *s.* F Co-op *m* (*Genossenschaft u. Laden*) (*abbr. für* ***cooperative***).

coop·er ['kuːpə] **I** *s.* **1.** Küfer *m*, Böttcher *m*; **2.** Mischbier *n*; **II** *v/t.* **3.** *Fässer* machen, ausbessern; '**coop·er·age** [-ərɪdʒ] *s.* Böttche'rei *f*.

co·op·er·ate [kəʊ'ɒpəreɪt] *v/t.* **1.** zs.-arbeiten (***with*** mit, ***to*** zu *e-m Zweck*, ***in*** an *dat.*); **2.** (***to***) mitwirken (an *dat.*), beitragen (zu), helfen (bei); **co·op·er·a·tion** [kəʊˌɒpə'reɪʃn] *s.* **1.** Zs.-arbeit *f*, Mitwirkung *f*; **2.** ✝ a) Kooperati'on *f*,

Zs.-arbeit *f*, b) Zs.-schluss *m*, Vereinigung *f* (zu e-r Genossenschaft); **co'op·er·a·tive** [-pərətɪv] **I** *adj.* □ **1.** zs.-arbeitend, mitwirkend; **2.** koopera'tiv, hilfsbereit; **3.** genossenschaftlich: **~ movement** Genossenschaftsbewegung *f*; **~ society** Konsumgenossenschaft *f*; **~ store** → 4; **II** *s.* **4.** Co-op *m*, Kon'sumladen *m*; **co'op·er·a·tive·ness** [-pərətɪvnɪs] *s.* Hilfsbereitschaft *f*; **co'op·er·a·tor** [-tə] *s.* **1.** Mitarbeiter(in), Mitwirkende(r *m*) *f*, Helfer(in); **2.** Mitglied *n* e-r Kon'sumgenossenschaft *f*.

co-opt [kəʊ'ɒpt] *v/t.* hin'zuwählen; **co-op·ta·tion** [ˌkəʊɒp'teɪʃn] *s.* Zuwahl *f*.

co·or·di·nate **I** *v/t.* [kəʊ'ɔːdɪneɪt] **1.** koordinieren, bei-, gleichordnen, gleichschalten; zs.-fassen; **2.** in Einklang bringen, aufein'ander abstimmen; richtig anordnen, anpassen; **II** *adj.* [-dnət] **3.** koordiniert, bei-, gleichgeordnet; gleichrangig, -wertig, -artig: **~ clause** *ling.* beigeordneter Satz; **4.** ⩓ Koordinaten...; **III** *s.* [-dnət] **5.** Beigeordnetes *n*, Gleichwertiges *n*; **6.** ⩓ Koordi'nate *f*; **co·or·di·na·tion** [kəʊˌɔːdɪ'neɪʃn] *s.* **1.** Koordinati'on *f* (*a. physiol. der Muskeln etc.*), Gleich-, Beiordnung *f*, Gleichstellung *f*, -schaltung *f*; richtige Anordnung; **2.** Zs.-fassung *f*; Zs.-arbeit *f*; **co'or·di·na·tor** [-tə] *s.* Koordi'nator *m*.

coot [kuːt] *s. orn.* Bläss-, Wasserhuhn *n*; → **bald** 1.

cop¹ [kɒp] *s.* Garnwickel *m*.

cop² [kɒp] *sl.* **I** *v/t.* **1.** erwischen (**at** bei): **~ it** ‚sein Fett kriegen'; **2.** klauen; **II** *v/i.* **3. ~ out** a) ‚aussteigen' (**of**, **on** aus), b) ‚sich drücken'; **III** *s.* **4. it's a fair ~** jetzt bin ich ‚dran'.

cop³ [kɒp] *s. sl.* ‚Bulle' *m* (*Polizist*).

co·pal ['kəʊpəl] *s.* Ko'pal(harz *n*) *m*.

co·par·ce·nar·y [ˌkəʊ'pɑːsənərɪ] *s.* ⚖ gemeinschaftliches (Grund)Eigentum (gesetzlicher Erben); **co·par·ce·ner** [ˌkəʊ'pɑːsənə] *s.* ⚖ Miterbe *m*, -erbin *f*.

co·part·ner [ˌkəʊ'pɑːtnə] *s.* Teilhaber *m*, Mitinhaber *m*; ˌ**co'part·ner·ship** [-ʃɪp] *s.* ✝ **1.** Teilhaberschaft *f*; **2.** a) Gewinnbeteiligung *f*, b) Mitbestimmungsrecht *n* (*der Arbeitnehmer*).

cope¹ [kəʊp] *v/i.* **1.** (**with**) gewachsen sein (*dat.*), fertig werden (mit), bewältigen (*acc.*), meistern (*acc.*); **2.** die Lage meistern, zurande kommen, ‚es schaffen'.

cope² [kəʊp] **I** *s.* **1.** *eccl.* Chorrock *m*; **2.** *fig.* Mantel *m*, Gewölbe *n*: **~ of heaven** Himmelszelt *n*; **3.** → **coping**; **II** *v/t.* **4.** bedecken.

co·peck ['kəʊpek] *s.* Ko'peke *f* (*russische Münze*).

cop·er ['kəʊpə] *s.* Pferdehändler *m*.

Co·per·ni·can [kəʊ'pɜːnɪkən] *adj.* koperni'kanisch.

'**cope·stone** → **coping stone**.

cop·i·er ['kɒpɪə] *s.* **1.** → **copyist**; **2.** ⚙ Kopiergerät *n*, Kopierer *m*.

co·pi·lot ['kəʊˌpaɪlət] *s.* ✈ 'Kopiˌlot *m*.

cop·ing ['kəʊpɪŋ] *s.* Mauerkappe *f*, -krönung *f*; **~ saw** *s.* Laubsäge *f*; **~ stone** *s.* **1.** Deck-, Kappenstein *m*; **2.** *fig.* Krönung *f*, Schlussstein *m*.

co·pi·ous ['kəʊpjəs] *adj.* □ **1.** reichlich, aus-, ergiebig, reich, um'fassend; **2.** produk'tiv, fruchtbar: **~ writer**; **3.** wortreich; 'überschwänglich; '**co·pi·ous·ness** [-nɪs] *s.* **1.** Fülle *f*, 'Überfluss *m*; **2.** Wortreichtum *m*.

'**cop-out** *s. sl.* **1.** Vorwand *m*; **2.** ‚Rückzieher' *m*; **3.** a) ‚Aussteigen' *n*, b) *a.* **~ artist** ‚Aussteiger(in)'.

cop·per¹ ['kɒpə] **I** *s.* **1.** *min.* Kupfer *n*; **2.** Kupfermünze *f*: **~s** Kupfer-, Kleingeld *n*; **3.** Kupferbehälter *m*, -gefäß *n*, -kessel *m*; *bsd. Brit.* Waschkessel *m*; **II** *adj.* **4.** kupfern, Kupfer...; **5.** kupferrot; **III** *v/t.* **6.** verkupfern; **7.** mit Kupferblech beschlagen.

cop·per² ['kɒpə] → **cop³**.

cop·per·as ['kɒpərəs] *s.* ⚗ Vitri'ol *n*.

cop·per| beech *s.* ⚘ Blutbuche *f*; ˌ**~-'bot·tomed** *adj.* **1.** ⚓ a) mit Kupferbeschlag, b) seetüchtig; **2.** *fig.* kerngesund; **~ en·grav·ing** *s.* **1.** Kupferstich *m*; **2.** Kupferstechkunst *f*; **~ glance** *s. min.* Kupferglanz *m*; '**~·head** *s. zo.* Mokas'sinschlange *f*; '**~·plate** *s.* ⚙ **1.** Kupferstichplatte *f*; **2.** Kupferstich *m*; **3.** *fig.* gestochene Handschrift; '**~ˌplat·ed** *adj.* verkupfert; '**~·smith** *s.* Kupferschmied *m*.

cop·per·y ['kɒpərɪ] *adj.* kupferartig, -farbig, -haltig.

cop·pice ['kɒpɪs] *s.* **1.** 'Unterholz *n*, Gestrüpp *n*; Gebüsch *n*, Dickicht *n*; **2.** Gehölz *n*, niedriges Wäldchen.

cop·ra ['kɒprə] *s.* 'Kobra *f*.

copse [kɒps] → **coppice**.

Copt [kɒpt] *s.* Kopte *m*, Koptin *f*.

'**cop·ter** ['kɒptə] F *für* **helicopter**.

cop·u·la ['kɒpjʊlə] *s.* **1.** *ling. u. phls.* 'Kopula *f*; **2.** *anat.* Bindeglied *n*; '**cop·u·late** [-leɪt] *v/i.* kopulieren: a) koitieren, b) *zo.* sich paaren; **cop·u·la·tion** [ˌkɒpjʊ'leɪʃn] *s.* **1.** *ling. u. phls.* Verbindung *f*; **2.** Kopulati'on *f*: a) 'Koitus *m*, b) Paarung *f*; '**cop·u·la·tive** [-lətɪv] **I** *adj.* □ **1.** verbindend, Binde...; **2.** *ling.* kopula'tiv; **3.** *biol.* Kopulations...; **II** *s.* **4.** *ling.* 'Kopula *f*.

cop·y ['kɒpɪ] **I** *s.* **1.** Ko'pie *f*, Abschrift *f*: **fair** (*od.* **clean**) **~** Reinschrift *f*; **rough ~** erster Entwurf, Konzept *n*, Kladde *f*; **true ~** (wort)getreue Abschrift; **2.** 'Durchschlag *m*, -schrift *f*; **3.** Abzug *m* (*a. phot.*), Abdruck *m*, Pause *f*; **4.** Nachahmung *f*, -bildung *f*, Reproduk'ti'on *f*, Ko'pie *f*, 'Wiedergabe *f*; **5.** Muster *n*, Mo'dell *n*, Vorlage *f*; Urschrift *f*;

C

6. druckfertiges Manu'skript, lite'rarisches Materi'al; (*Zeitungs- etc.*)Stoff *m*, Text *m*; **7.** Ausfertigung *f*, Exem'plar *n*, Nummer *f* (*Zeitung etc.*); **8.** Urkunde *f*; **II** *v/t.* **9.** abschreiben, -drucken, -zeichnen, e-e Ko'pie anfertigen von; *Computer*: *Daten* über'tragen: **~ *out*** ins Reine schreiben, abschreiben; **10.** *phot.* e-n Abzug machen von; **11.** nachbilden, reproduzieren, kopieren; **12.** nachahmen, -machen; **13.** 'wiedergeben, *Zeitungstext* wieder'holen; **III** *v/i.* **14.** kopieren, abschreiben; **15.** (vom Nachbarn) abschreiben (*Schule*); **16.** nachahmen; '**~·book I** *s.* **1.** (Schön-) Schreibheft *n*: ***blot one's ~*** F ‚sich danebenbenehmen'; **2.** ✝ Kopierbuch *n*; **II** *adj.* **3.** alltäglich; **4.** nor'mal; '**~·cat** F **I** *s.* (sklavischer) Nachahmer; **II** *v/t.* (sklavisch) nachahmen; **~ desk** *s.* Redakti'onstisch *m*; **~ ed·i·tor** *s.* a) 'Zeitungsredak,teur(in), b) 'Lektor *m*, Lek'torin *f*; '**~·hold** *s.* ⚖ *Brit.* Zinslehen *n*, -gut *n*; '**~,hold·er** *s.* **1.** ⚖ *Brit.* Zinslehenbesitzer *m*; **2.** *typ.* a) Manu'skripthalter *m*, b) Kor'rektorgehilfe *m*.

cop·y·ing| ink ['kɒpɪɪŋ] *s.* Kopiertinte *f*; **~ ma·chine** *s.* → ***copier*** 2; **~ pa·per** *s.* Ko'pierpa,pier *n*; **~ pen·cil** *s.* Tintenstift *m*; **~ press** *s.* ⚙ Kopierpresse *f*; **~ test** *s.* Copytest *m* (*werbepsychologischer Test*).

cop·y·ist ['kɒpɪɪst] *s.* **1.** Abschreiber *m*, Ko'pist *m*; **2.** Nachahmer *m*.

'**cop·y| pro·tec·tion** *s.* Kopierschutz *m*; **~ read·er** *Am.* → ***copy editor***; '**~·right** ⚖ **I** *s.* 'Copyright *n*, Urheberrecht *n* (***in*** an *dat.*): **~ *in designs*** Musterschutz *m*; **~ *reserved*** alle Rechte vorbehalten; **II** *v/t.* das Urheberrecht erwerben an (*dat.*); urheberrechtlich schützen; **III** *adj.* urheberrechtlich (geschützt); '**~,writ·er** *s.* (*a.* Werbe)Texter *m*.

co·quet [kɒ'ket] **I** *v/i.* kokettieren, flirten; *fig.* liebäugeln (***with*** mit); **II** *adj.* → ***coquettish***; **co·quet·ry** ['kɒkɪtrɪ] *s.* Kokette'rie *f*; **co·quette** [kɒ'ket] *s.* ko'kette Frau; **co'quet·tish** [-tɪʃ] *adj.* □ ko'kett.

cor·al ['kɒrəl] **I** *s.* **1.** *zo.* Ko'ralle *f*; **2.** Ko'rallenstück *n*; **3.** Ko'rallenrot *n*; **4.** Beißring *m od.* Spielzeug *n* (für Babys) aus Ko'ralle; **II** *adj.* **5.** Korallen...; **6.** ko'rallenrot; **~ bead** *s.* **1.** Ko'rallenperle *f*; **2.** *pl.* Ko'rallenkette *f*; **~ is·land** *s.* Ko'ralleninsel *f*.

cor·al·lin ['kɒrəlɪn] *s.* ⚗ Koral'lin *n*; '**cor·al·line** [-laɪn] **I** *adj.* **1.** ko'rallenartig, -haltig; ko'rallenrot; **II** *s.* **2.** ⚘ Ko'rallenalge *f*; **3.** → ***corrallin***; '**cor·al·lite** [-laɪt] *s.* **1.** Ko'rallenske,lett *n*; **2.** versteinerte Ko'ralle.

cor·al reef *s.* Ko'rallenriff *n*.

cor an·glais [,kɔːr'ɑ̃ːŋgleɪ] (*Fr.*) *s.* ♪ Englischhorn *n*.

cor·bel ['kɔːbəl] ⚠ **I** *s.* Kragstein *m*, Kon'sole *f*; **II** *v/t.* durch Kragsteine stützen.

cor·bie ['kɔːbɪ] *s. Scot.* Rabe *m*; '**~·steps** *s. pl.* ⚠ Giebelstufen *pl.*

cord [kɔːd] **I** *s.* **1.** Schnur *f*, Kordel *f*, Strick *m*, Strang *m*; **2.** *anat.* Band *n*, Schnur *f*, Strang *m*; → ***spinal cord*** *etc.*; **3.** ⚡ (Leitungs-, Anschluss)Schnur *f*; **4.** a) Rippe *f* (*e-s Stoffes*), b) gerippter Stoff, Rips *m*, *bsd.* → ***corduroy*** 1, *pl.* → ***corduroy*** 2; **5.** Klafter *m*, *n* (*Holz*); **II** *v/t.* **6.** (zu)schnüren, (fest)binden, befestigen; **7.** *Bücherrücken* rippen; '**cord·age** [-dɪdʒ] *s.* ⚓ Tauwerk *n*.

cor·date ['kɔːdeɪt] *adj.* ⚘, *zo.* herzförmig (*Blatt, Muschel etc.*).

cord·ed ['kɔːdɪd] *adj.* **1.** ge-, verschnürt; **2.** gerippt (*Stoff*); **3.** Strick...; **4.** in Klaftern gestapelt (*Holz*).

cor·de·lier [,kɔːdɪ'lɪə] *s. eccl.* Franzis'kaner(mönch) *m*.

cor·dial ['kɔːdjəl] **I** *adj.* □ **1.** *fig.* herzlich, freundlich, warm, aufrichtig; **2.** ⚕ belebend, stärkend; **II** *s.* **3.** ⚕ belebendes Mittel, Stärkungsmittel *n*; **4.** Li'kör *m*; **cor·di·al·i·ty** [,kɔːdɪ'ælətɪ] *s.* Herzlichkeit *f*, Wärme *f*.

cord·ite ['kɔːdaɪt] *s.* ⚔ Kor'dit *m*.

cord·less *adj. teleph.* schnurlos.

cor·don ['kɔːdn] **I** *s.* **1.** Kor'don *m*: a) ⚔ Postenkette *f*, b) Absperrkette *f*: **~ *of police***; **2.** Kette *f*, Spa'lier *n* (*Personen*); **3.** Spa'lier(obst)baum *m*; **4.** ⚠ Mauerkranz *m*, -sims *m*, *n*; **5.** Ordensband *n*; **II** *v/t.* **6.** *a.* **~ *off*** (mit Posten *etc.*) absperren, abriegeln; **~ bleu** [,kɔːdɔ̃ːm'blɜː] (*Fr.*) *s.* **1.** Cordon *m* bleu; **2.** hohe Per'sönlichkeit; **3.** *humor.* erstklassiger Koch.

cor·do·van ['kɔːdəvən] *s.* 'Korduan(leder) *n*.

cord| tire *Am.*, **~ tyre** *Brit. s. mot.* Kordreifen *m*.

cor·du·roy ['kɔːdərɔɪ] **I** *s.* **1.** Kord-, Ripssamt *m*; **2.** *pl.* Kordsamthose *f*; **II** *adj.* **3.** Kordsamt...; **~ road** *s. Am.* Knüppeldamm *m*.

cord·wain·er ['kɔːd,weɪnə] *s.* Schuhmacher *m*: ***2s' Company*** Schuhmachergilde *f* (*London*).

'**cord·wood** *s. bsd. Am.* Klafterholz *n*.

core [kɔː] **I** *s.* **1.** ⚘ Kerngehäuse *n*, Kern *m* (*Obst*); **2.** *fig.* Kern *m* (*a.* ⚙, ⚡), *das* Innerste, Herz *n*, Mark *n*; Seele *f* (*a. Kabel, Seil*): ***to the ~*** bis ins Mark *od.* Innerste, durch u. durch; **~ *meltdown*** Kernschmelze *f*; **~ *memory*** *Computer*: Kernspeicher *m*; **~ *time*** Kernzeit *f*; → ***hard core***; **3.** (Eiter)Pfropf *m* (*Geschwür*); **II** *v/t.* **4.** *Äpfel etc.* entkernen.

co·re·late *etc.* → ***correlate*** *etc.*

co·re·li·gion·ist [,kəʊrɪ'lɪdʒənɪst] *s.* Glaubensgenosse *m*, -genossin *f*.

cor·er ['kɔːrə] *s.* Fruchtentkerner *m*.

co·re·spond·ent, *Am.* **co·re·spond·ent** [ˌkəʊrɪˈspɒndənt] *s.* ⚖ Mitbeklagte(r *m*) *f* (*im Ehebruchsprozess*).

core time *s.* Kernzeit *f* (*Ggs. Gleitzeit*).

cor·gi, cor·gy [ˈkɔːɡɪ] → ***Welsh corgi***.

co·ri·a·ceous [ˌkɒrɪˈeɪʃəs] *adj.* **1.** ledern, Leder...; **2.** lederartig, zäh.

Co·rin·thi·an [kəˈrɪnθɪən] **I** *adj.* **1.** koˈrinthisch: **~ *column*** korinthische Säule; **II** *s.* **2.** Koˈrinther(in); **3.** *pl. bibl.* (Brief *m* des Paulus an die) Koˈrinther *pl.*

cork [kɔːk] **I** *s.* **1.** ⚘ Kork *m*, Korkrinde *f*; Korkeiche *f*; **2.** Kork(en) *m*, Stöpsel *m*, Pfropfen *m*; **3.** Angelkork *m*, Schwimmer *m*; **II** *adj.* **4.** Kork...; **III** *v/t.* **5.** ver-, zukorken; **6.** *Gesicht* mit gebranntem Kork schwärzen; **ˈcork·age** [-kɪdʒ] *s.* **1.** Verkorken *n*; **2.** Entkorken *n*; **3.** Korkengeld *n*; **corked** [-kt] *adj.* **1.** ver-, zugekorkt, verstöpselt; **2.** korkig, nach Kork schmeckend; **3.** mit Korkschwarz gefärbt; **ˈcork·er** [-kə] *s. sl.* **1.** *das* Entscheidende; **2.** entscheidendes Arguˈment; **3.** a) ‚Knüller', ‚tolles Ding', b) ‚toller Kerl'; **ˈcork·ing** [-kɪŋ] *adj. sl.* ‚toll', ‚prima'.

cork| jack·et *s.* Kork-, Schwimmweste *f*; **~ oak** *s.* ⚘ Korkeiche *f*; **ˈ~·screw I** *s.* Korkenzieher *m*: **~ *curls*** Korkenzieherlocken; **II** *v/i.* sich schlängeln *od.* winden; **III** *v/t.* ˈdurchwinden, spiˈralig bewegen; F *fig.* mühsam herˈausziehen (***out of*** aus); **~ sole** *s.* Korkeinlegesohle *f*; **~ tree** → ***cork oak***; **ˈ~·wood** *s.* **1.** ⚘ Korkholzbaum *m*; **2.** Korkholz *n*.

cork·y [ˈkɔːkɪ] *adj.* **1.** korkartig, Kork...; **2.** → ***corked*** 2; **3.** F ‚putzmunter'.

cor·mo·rant [ˈkɔːmərənt] *s.* **1.** *orn.* Korˈmoˈran *m*, Scharbe *f*, Seerabe *m*; **2.** *fig.* Vielfraß *m*.

corn¹ [kɔːn] **I** *s.* **1.** *coll.* Getreide *n*, Korn *n* (*Pflanze od. Frucht*); *engS.* a) *England*: Weizen *m*, b) *Scot.*, *Ir.* Hafer *m*, c) *Am.* Mais *m*, d) Hafer *m* (*Pferdefutter*): **~ *on the cob*** Mais *m* am Kolben (*als Gemüse*); **2.** Getreide- *od.* Samenkorn *n*; **3.** *Am.* → ***corn whisky***; **II** *v/t.* **4.** pökeln, einsalzen: ***~ed beef*** Corned beef *n*, Büchsenfleisch *n*.

corn² [kɔːn] *s.* ⚕ Hühnerauge *n*: ***tread on s.o.'s ~s*** *fig.* j-m auf die Hühneraugen treten.

corn| belt *s. Am.* Maisgürtel *m* (*im Mittleren Westen*); **ˈ~·bind** *s.* ⚘ Ackerwinde *f*; **~ bread** *s. Am.* Maisbrot *n*; **~ cake** *s. Am.* (Pfann)Kuchen *m* aus Maismehl; **~ chan·dler** *s. Brit.* Korn-, Saathändler *m*; **ˈ~·cob** *s.* **1.** Maiskolben *m*; **2.** *a.* **~ *pipe*** Maiskolbenpfeife *f*; **ˈ~ˌcock·le** *s.* ⚘ Kornrade *f*.

cor·ne·a [ˈkɔːnɪə] *s. anat.* Hornhaut *f* (*des Auges*), ˈKornea *f*.

cor·nel [ˈkɔːnəl] *s.* ⚘ Korˈnelkirsche *f*.

cor·ne·ous [ˈkɔːnɪəs] *adj.* hornig.

cor·ner [ˈkɔːnə] **I** *s.* **1.** (Straßen-, Häuser)Ecke *f*, *bsd. mot.* Kurve *f*: ***round the ~*** um die Ecke; ***blind ~*** unübersichtliche (Straßen)Biegung; ***cut ~s*** a) *mot.* die Kurven schneiden, b) *fig.* die Sache abkürzen; ***take a ~*** e-e Kurve nehmen (*Auto*); ***cut off a ~*** ein Stück (Weges) abschneiden; ***turn the ~*** um die (*Straßen*)Ecke biegen; ***he's turned the ~*** *fig.* er ist über den Berg; **2.** Winkel *m*, Ecke *f*: ***put a child in the ~*** ein Kind in die Ecke stellen; ***in a tight ~*** *fig.* in der Klemme, in Verlegenheit; ***drive s.o. into a ~*** j-n in die Enge treiben; ***look at s.o. from the ~ of one's eye*** j-n aus den Augenwinkeln ansehen; **3.** verborgener *od.* geheimer Winkel, entlegene Stelle; **4.** Gegend *f*, ‚Ecke' *f*: ***from the four ~s of the earth*** aus allen Himmelsrichtungen, von überall her; **5.** ✝ a) spekulaˈtiver Aufkauf, b) (Aufkäufer)Ring *m*, Monoˈpol(gruppe *f*) *n*: **~ *in wheat*** Weizenkorner *m*; **6.** *sport* a) *Fußball etc.*: Eckball *m*, Ecke *f*, b) *Boxen*: (Ring)Ecke *f*; **II** *v/t.* **7.** in die Enge treiben; in Bedrängnis bringen; **8.** ✝ *Ware* (spekulaˈtiv) aufkaufen, *fig.* mit Beschlag belegen: **~ *the market*** den Markt *od.* alles aufkaufen; **III** *v/i.* **9.** *Am.* a) e-e Ecke *od.* e-n Winkel bilden, b) an e-r Ecke gelegen sein; **IV** *adj.* **10.** Eck...: **~ *house***; **ˈ~ˌchis·el** *s.* ⚙ Winkelmeißel *m*.

cor·nered [ˈkɔːnəd] *adj.* **1.** *in Zssgn*: ...eckig; **2.** in die Enge getrieben, in der Klemme.

cor·ner| kick *s. Fußball*: Eckstoß *m*; **~ seat** *s.* Eckplatz *m*; **~ shop** *s.* Tante-Emma-Laden *m*; **ˈ~·stone** *s.* ⚠ Eck- *od.* Grundstein *m*; *fig.* Eckpfeiler *m*, Grundstein *m*; **ˈ~·ways**, **ˈ~·wise** *adv.* **1.** mit der Ecke nach vorn; **2.** diagoˈnal.

cor·net [ˈkɔːnɪt] *s.* **1.** ♪ a) (Piˈston)Korˌnett *n* (*a. Orgelregister*), b) Kornetˈtist *m*; **2.** spitze Tüte; **3.** a) *Brit.* Eistüte *f*, b) Cremerolle *f*; **4.** Schwesternhaube *f*; **5.** ⚔ *hist.* a) Fähnlein *n*, b) Korˈnett *m*, Fähnrich *m*; **ˈcor·net·(t)ist** [-tɪst] *s.* ♪ Kornetˈtist *m*.

corn| ex·change *s.* Getreidebörse *f*; **~ field** *s.* Getreidefeld *n*; *Am.* Maisfeld *n*; **ˈ~·flakes** *s. pl.* Cornflakes *pl.*; **~ flour** *s.* Stärkemehl *n*; **ˈ~ˌflow·er** *s.* Kornblume *f*.

cor·nice [ˈkɔːnɪs] *s.* **1.** ⚠ Gesims *n*, Sims *m*, *n*; **2.** Kranz-, Randleiste *f*; **3.** Bilderleiste *f*; **4.** (Schnee)Wechte *f*.

Cor·nish [ˈkɔːnɪʃ] **I** *adj.* aus Cornwall, kornisch; **II** *s.* kornische Sprache; **ˈ~·man** [-mən] *s.* [*irr.*] Einwohner *m* von Cornwall.

ˈcorn|·loft *s.* Getreidespeicher *m*; **~ pop·py**, **~ rose** *s.* ⚘ Klatschmohn *m*, -rose *f*; **ˈ~·stalk** *s.* **1.** Getreidehalm *m*;

C

2. *Am.* Maisstängel *m*; **3.** F Bohnenstange *f* (*lange, dünne Person*); '**~·starch** *s. Am.* Stärkemehl *n*.

cor·nu·co·pi·a [ˌkɔːnjʊ'kəʊpjə] *s.* **1.** Füllhorn *n* (*a. fig.*); **2.** *fig.* (**of**) Fülle *f* (von), 'Überfluss *m* (an *dat.*).

corn whis·ky *s. Am.* Maiswhisky.

corn·y ['kɔːnɪ] *adj.* **1.** a) *Brit.* Korn..., b) *Am.* Mais...; **2.** getreidereich; **3.** körnig; **4.** *Am. sl.* a) schmalzig, sentimen'tal (*bsd.* ♪), b) kitschig, abgedroschen, c) ländlich.

co·rol·la [kə'rɒlə] *s.* Blumenkrone *f*.

co·rol·lar·y [kə'rɒlərɪ] *s.* **1.** ⩓, *phls.* Folgesatz *m*; **2.** logische Folge *f* (**of**, **to** von *od. gen.*).

co·ro·na [kə'rəʊnə] *pl.* **-nae** [-niː] *s.* **1.** *ast.* a) Krone *f* (*Sternbild*), b) Hof *m*, Ko'rona *f*, Strahlenkranz *m*; **2.** *a.* **~ *discharge*** ⚡ Glimmentladung *f*, Ko'rona *f*; **3.** ⚠ Kranzleiste *f*; **4.** *anat.* Zahnkrone *f*; **5.** ⚘ Nebenkrone *f*; **6.** Kronleuchter *m*.

cor·o·nach ['kɒrənək] *s. Scot. u. Ir.* Totenklage *f*.

cor·o·nal ['kɒrənl] *s.* **1.** Stirnreif *m*, Dia'dem *n*; **2.** (Blumen)Kranz *m*.

cor·o·nar·y ['kɒrənərɪ] **I** *adj.* **1.** kronen-, kranzartig; **2.** ⚕ koro'nar, (Herz-) Kranz...: **~ *artery*** Kranzarterie *f*; **~ *thrombosis*** → **II** *s.* **3.** ⚕ Koro'narthrom,bose *f*; ˌ**~-'risk** *adj.* in'farktgefährdet;

cor·o·na·tion [ˌkɒrə'neɪʃn] *s.* **1.** Krönung *f*; **2.** Krönungsfeier *f*.

cor·o·ner ['kɒrənə] *s.* ⚖ Coroner *m* (*richterlicher Beamter zur Untersuchung der Todesursache in Fällen unnatürlichen Todes*); → ***inquest*** 1.

cor·o·net ['kɒrənɪt] *s.* **1.** kleine Krone; **2.** Adelskrone *f*; **3.** Dia'dem *n*; **4.** *zo.* Hufkrone *f* (*Pferd*); '**cor·o·net·ed** [-tɪd] *adj.* **1.** e-e Adelskrone *od.* ein Dia'dem tragend; **2.** adelig; **3.** mit Adelswappen (*Briefpapier*).

cor·po·ral¹ ['kɔːpərəl] *s.* ⚔ 'Unteroffiˌzier *m*.

cor·po·ral² ['kɔːpərəl] *adj.* ☐ **1.** körperlich, leiblich: **~ *punishment*** körperliche Züchtigung; **2.** per'sönlich; **cor·po·ral·i·ty** [ˌkɔːpə'rælətɪ] *s.* Körperlichkeit *f*.

cor·po·rate ['kɔːpərət] *adj.* ☐ **1.** vereinigt, körperschaftlich, korpora'tiv, Körperschafts...; inkorporiert: **~ *body*** → ***corporation*** 1; **~ *seal*** a) *Brit.* Siegel *n* e-r juristischen Person, b) *Am.* Firmensiegel *n*; **~ *stock*** *Am.* (Gesellschafts)Aktien *pl.*; **~ *tax*** *Am.* Körperschaftssteuer *f*; **~ *town*** Stadt *f* mit eigenem Recht; **2.** gemeinsam, kollek'tiv; **cor·po·ra·tion** [ˌkɔːpə'reɪʃn] *s.* **1.** ⚖ ju'ristische Per'son: **~ *tax*** Körperschaftssteuer *f*; **2.** *Brit.* (rechtsfähige) Handelsgesellschaft; **3.** *a.* ***stock*** **~** ✝ *Am.* 'Aktiengesellschaft *f*; **4.** Vereinigung *f*, Gilde *f*, Innung *f*, Zunft *f*; **5.** Stadtbehörde *f*, inkorporierte Stadtgemeinde; **6.** F Schmerbauch *m*; '**cor·po·ra·tive** [-tɪv] *adj.* **1.** korpora'tiv, körperschaftlich; *Am.* ✝ Gesellschafts...; **2.** *pol.* korpora'tiv (*Staat etc.*).

cor·po·re·al [kɔː'pɔːrɪəl] *adj.* ☐ **1.** körperlich, leiblich; **2.** materi'ell, dinglich, greifbar; **cor·po·re·al·i·ty** [kɔːˌpɔːrɪ'ælətɪ] *s.* Körperlichkeit *f*.

cor·po·sant ['kɔːpəzənt] *s.* ⚡ Elmsfeuer *n*.

corps [kɔː] *pl.* **corps** [kɔːz] *s.* **1.** ⚔ a) (Ar'mee)Korps *n*, b) Korps *n*, Truppe *f*: ***volunteer*** **~** Freiwilligentruppe; **2.** Körperschaft *f*, Korps *n*; **3.** Korps *n*, Korporati'on *f*, (Stu'denten)Verbindung *f*; **~ *de bal·let*** [ˌkɔːdə'bæleɪ] (*Fr.*) *s.* Bal'lettgruppe *f*; ♀ **Di·plo·ma·tique** ['kɔːˌdɪpləmæ'tɪk] (*Fr.*) *s.* diplo'matisches Korps.

corpse [kɔːps] *s.* Leichnam *m*, Leiche *f*.

cor·pu·lence ['kɔːpjʊləns], '**cor·pu·len·cy** [-sɪ] *s.* Korpu'lenz *f*, Beleibtheit *f*; '**cor·pu·lent** [-nt] *adj.* ☐ korpu'lent, beleibt.

cor·pus ['kɔːpəs] *pl.* '**cor·po·ra** [-pərə] *s.* **1.** Korpus *n*, Sammlung *f* (*Werk, Gesetz etc.*); **2.** Groß-, Hauptteil *m*; **3.** ✝ ('Stamm)Kapiˌtal *n* (*Ggs. Zinsen etc.*); ♀ **Chris·ti** ['krɪstɪ] *s. eccl.* Fron'leichnam(sfest *n*) *m*.

cor·pus·cle ['kɔːpʌsl] *s.* **1.** *biol.* (Blut-) Körperchen *n*; **2.** *phys.* Kor'puskel *n*, *f*, Elemen'tarteilchen *n*; **cor·pus·cu·lar** [kɔː'pʌskjʊlə] *adj. phys.* Korpuskular...; **cor·pus·cule** [kɔː'pʌskjuːl] → ***corpuscle***.

cor·pus de·lic·ti [dɪ'lɪktaɪ] *s.* ⚖ 'Corpus *n* De'licti: a) ⚖ Tatbestand *m*, b) Beweisstück *n*, *bsd.* Leiche *f* (des Ermordeten); **~ *ju·ris*** ['dʒʊərɪs] *s.* ⚖ Corpus *n* Juris, Gesetzessammlung *f*.

cor·ral [kɒ'rɑːl] **I** *s.* **1.** Kor'ral *m*, (Vieh)Hof *m*, Pferch *m*, Einzäunung *f*; **2.** Wagenburg *f*; **II** *v/t.* **3.** *Wagen* zu e-r Wagenburg zs.-stellen; **4.** in e-n Pferch treiben; **5.** *fig.* einsperren; **6.** *Am.* F sich *et.* ‚schnappen'.

cor·rect [kə'rekt] **I** *v/t.* **1.** korrigieren, verbessern, berichtigen, richtig stellen; **2.** regulieren, regeln, ausgleichen; **3.** *Mängel* abstellen, beheben; **4.** zu'rechtweisen, tadeln: ***I stand ~ed*** ich gebe m-n Fehler zu; **5.** *j-n od. et.* bestrafen; **II** *adj.* ☐ **6.** richtig, fehlerfrei: ***be*** **~** a) stimmen, b) Recht haben; **7.** kor'rekt, schicklich, einwandfrei: ***it is the ~ thing*** es gehört sich; **~ *behavio(u)r*** korrektes Benehmen; **8.** genau, ordentlich; **cor'rec·tion** [-kʃn] *s.* **1.** Verbesserung *f*, Richtigstellung *f*, Berichtigen *n* (*a.* ⚙, *phys.*): ***I speak under ~*** ich kann mich natürlich (auch) irren; **2.**

Korrek'tur *f* (*a.* ⚗, *phys.*, *typ. etc.*), (Fehler)Verbesserung *f*; **3.** Zu'rechtweisung *f*; **4.** Bestrafung *f*, ⚖ *a.* Besserung *f*: ***house of ~*** ⚖ Strafanstalt *f*; **5.** Bereinigung *f*, Abstellung *f*, Regulierung *f*; **cor'rec·tion·al** [-kʃənl] → ***corrective***; **cor'rect·i·tude** [-tɪtjuːd] *s.* Kor'rektheit *f* (*Benehmen*); **cor'rec·tive** [-tɪv] **I** *adj.* □ **1.** verbessernd, Verbesserungs..., Berichtigungs..., Korrektur...: ***~ measure*** Abhilfemaßnahme *f*; **2.** mildernd, lindernd; **3.** ⚖ Besserungs..., Straf...: ***~ training*** Besserungsmaßregel *f*; **II** *s.* **4.** Korrek'tiv *n*, Abhilfe *f*, Heil-, Gegenmittel *n*: **cor'rect·ness** [-nɪs] *s.* Richtigkeit *f*; Kor'rektheit *f*; **cor'rec·tor** [-tə] *s.* **1.** Verbesserer *m*; **2.** 'Kritiker(in); **3.** ***mst ~ of the press*** *Brit. typ.* Kor'rektor *m*; **4.** Besserungsmittel *n*.

cor·re·late ['kɒrəleɪt] **I** *v/t.* in Wechselbeziehung bringen (***with*** mit), aufeinander beziehen; in Über'einstimmung bringen (***with*** mit); **II** *v/i.* in Wechselbeziehung stehen (***with*** mit), sich aufeinander beziehen; entsprechen (***with*** *dat.*); **III** *s.* Korre'lat *n*, Gegenstück *n*; **cor·re·la·tion** [ˌkɒrə'leɪʃn] *s.* Wechselbeziehung *f*, gegenseitige Abhängigkeit, Entsprechung *f*; **cor·rel·a·tive** [kɒ'relətɪv] **I** *adj.* □ korrela'tiv, in Wechselbeziehung stehend, sich ergänzend; entsprechend; **II** *s.* Korre'lat *n*, Gegenstück *n*, Ergänzung *f*.

cor·re·spond [ˌkɒrɪ'spɒnd] *v/i.* **1.** (***with***, ***to***) entsprechen (*dat.*), über'einstimmen, in Einklang stehen (mit); **2.** (***with***, ***to***) passen (zu), sich eignen (für); **3.** (***to***) entsprechen (*dat.*), das Gegenstück sein (von), ana'log sein (zu); **4.** in Briefwechsel († in Geschäftsverkehr) stehen (***with*** mit).

cor·re·spond·ence [ˌkɒrɪ'spɒndəns] *s.* **1.** Über'einstimmung *f* (***with*** mit, ***between*** zwischen *dat.*); **2.** Angemessenheit *f*, Entsprechung *f*; **3.** Korrespon'denz *f*: a) Briefwechsel *m*, b) Briefe *pl.*; **4.** *Zeitung*: Beiträge *pl.*; **~ clerk** *s.* † Korrespon'dent(in); **~ col·umn** *s.* Leserbriefspalte *f*; **~ chess** *s.* Fernschach *n*; **~ course** *s.* Fernkurs *m*; **~ school** *s.* 'Fernlehrinstiˌtut *n*.

cor·re·spond·ent [ˌkɒrɪ'spɒndənt] **I** *s.* Korrespon'dent(in): a) (Brief)Schreiber(in); Briefpartner(in), b) † Geschäftsfreund *m*, c) *Zeitung*: Mitarbeiter(in); Einsender(in): ***foreign ~*** Auslandskorrespondent; ***special ~*** Sonderberichterstatter *m*; **II** *adj.* → ˌ**cor·re'spond·ing** [-dɪŋ] *adj.* □ **1.** entsprechend, gemäß (***to*** *dat.*); **2.** in Briefwechsel stehend (***with*** mit): ***~ member*** korrespondierendes Mitglied; ˌ**cor·re'spond·ing·ly** [-dɪŋlɪ] *adv.* entsprechend, demgemäß.

cor·ri·dor ['kɒrɪdɔː] *s.* **1.** 'Korridor *m*, Gang *m*, Flur *m*; **2.** 🚂 'Korridor *m*, Seitengang *m*: ***~ train*** D-Zug *m*; **3.** *geogr.*, *pol.* 'Korridor *m* (*Landstreifen durch fremdes Gebiet*).

cor·ri·gen·dum [ˌkɒrɪ'dʒendəm] *pl.* **-da** [-də] *s.* **1.** zu verbessernder Druckfehler; **2.** *pl.* Druckfehlerverzeichnis *n*; **cor·ri·gi·ble** ['kɒrɪdʒəbl] *adj.* **1.** zu verbessern(d); **2.** lenksam, fügsam.

cor·rob·o·rate [kə'rɒbəreɪt] *v/t.* bekräftigen, bestätigen, erhärten; **cor·rob·o·ra·tion** [kəˌrɒbə'reɪʃn] *s.* Bekräftigung *f*, Bestätigung *f*, Erhärtung *f*; **cor'rob·o·ra·tive** [-bərətɪv], **cor'rob·o·ra·to·ry** [-bərətərɪ] *adj.* bestärkend, bestätigend.

cor·rode [kə'rəʊd] **I** *v/t.* **1.** ⚗, ⚙ zer-, anfressen, angreifen, korrodieren; wegätzen, -beizen; **2.** *fig.* zerfressen, zerstören, unter'graben, aushöhlen: ***corroding care*** nagende Sorge; **II** *v/i.* **3.** zerfressen werden, korrodieren; rosten; **4.** sich einfressen; **5.** verderben, verfallen; **cor'ro·dent** [-dənt] *Am.* **I** *adj.* ätzend; **II** *s.* Ätzmittel *n*; **cor'ro·sion** [-əʊʒn] *s.* **1.** ⚗, ⚙ Korrosi'on *f*, An-, Zerfressen *n*; Rostfraß *m*; Ätzen *n*, Beizen *n*; **2.** *fig.* Zerstörung *f*; **cor'ro·sive** [-əʊsɪv] **I** *adj.* □ **1.** ⚗, ⚙ zerfressend, ätzend, beizend, angreifend, Korrosions...; **2.** *fig.* nagend, quälend; **II** *s.* **3.** ⚗, ⚙ Ätz-, Beizmittel *n*; **cor'ro·sive·ness** [-əʊsɪvnɪs] *s.* ätzende Schärfe.

cor·ru·gate ['kɒrʊgeɪt] **I** *v/t.* wellen, riefen; runzeln, furchen; **II** *v/i.* sich wellen *od.* runzeln, runz(e)lig werden; '**cor·ru·gat·ed** [-tɪd] *adj.* runz(e)lig, gefurcht; gewellt, gerieft: ***~ iron*** (*od.* ***sheet***) Wellblech *n*; ***~ cardboard***, ***~ paper*** Wellpappe *f*; **cor·ru·ga·tion** [ˌkɒrʊ'geɪʃn] *s.* **1.** Runzeln *n*, Furchen *n*; Wellen *n*, Riefen *n*; **2.** Furche *f*, Falte *f* (*auf der Stirn*).

cor·rupt [kə'rʌpt] **I** *adj.* □ **1.** (*moralisch*) verdorben, schlecht, verworfen; **2.** unredlich, unlauter; **3.** kor'rupt, bestechlich, käuflich: ***~ practices*** Bestechungsmanöver *pl.*, Korruption *f*; **4.** faul, verdorben, schlecht; **5.** unrein, unecht, verfälscht, verderbt (*Text*); **II** *v/t.* **6.** verderben, zu'grunde richten: ***~ing influences*** verderbliche Einflüsse; **7.** verleiten, verführen; **8.** korrumpieren, bestechen; **9.** *Texte etc.* verderben, verfälschen, verunstalten; **10.** *fig.* anstecken, infizieren; **III** *v/i.* **11.** (*moralisch*) verderben, verkommen; **12.** schlecht werden, verderben; **cor'rupt·i·ble** [-təbl] *adj.* □ **1.** zum Schlechten neigend; **2.** bestechlich; **3.** verderblich; vergänglich; **cor'rup·tion** [-pʃn] *s.* **1.** Verdorbenheit *f*, Verworfenheit *f*; **2.** verderblicher Einfluss; **3.** Korrupti'on

C

f: a) Kor'ruptheit *f*, Bestechlichkeit *f*, Käuflichkeit *f*, b) kor'rupte Me'thoden *pl.*, Bestechung *f*; **4.** Verfälschung *f*, Korrumpierung *f* (*Text etc.*); **5.** Fäulnis *f*; **cor'rup·tive** [-tɪv] *adj.* **1.** zersetzend, verderblich; **2.** *fig.* ansteckend; **cor'rupt·ness** [-nɪs] → ***corruption*** 1, 3 a.

cor·sage [kɔː'sɑːʒ] *s.* **1.** Mieder *n*; **2.** 'Ansteckbu͵kett *n.*

cor·sair ['kɔːseə] *s.* **1.** *hist.* Kor'sar *m*, Seeräuber *m*; **2.** Kaperschiff *n.*

corse·let ['kɔːslɪt] *s.* **1.** *Am. mst* **cor·se·let** [͵kɔːsə'let] Korse'lett *n*, Mieder *n*; **2.** *hist.* Harnisch *m.*

cor·set ['kɔːsɪt] *s. oft pl.* Kor'sett *n*; **'cor·set·ed** [-tɪd] *adj.* (ein)geschnürt; **'cor·set·ry** [-trɪ] *s.* Miederwaren *pl.*

Cor·si·can ['kɔsɪkən] **I** *adj.* korsisch; **II** *s.* Korse *m*, Korsin *f.*

cor·tège [kɔː'teɪʒ] (*Fr.*) *s.* **1.** Gefolge *n e-s Fürsten etc.*; **2.** Zug *m*, Prozessi'on *f*: ***funeral ~*** Leichenzug *m.*

cor·tex ['kɔːteks] *pl.* **-ti·ces** [-tɪsiːz] *s.* ⚘, *zo.*, *anat.* Rinde *f*: ***cerebral ~*** Großhirnrinde.

cor·ti·sone ['kɔːtɪzəʊn] *s.* ⚕ Korti'son *n.*

co·run·dum [kə'rʌndəm] *s. min.* Ko'rund *m.*

cor·us·cate ['kɒrəskeɪt] *v/i.* (auf)blitzen, funkeln, glänzen (*a. fig.*).

cor·vée ['kɔːveɪ] (*Fr.*) *s.* Fronarbeit *f*, -dienst *m* (*a. fig.*).

cor·vette [kɔː'vet] *s.* ⚓ Kor'vette *f.*

cor·vine ['kɔːvaɪn] *adj.* raben-, krähenartig.

Cor·y·don ['kɒrɪdən] *s.* **1.** *poet.* 'Korydon *m*, Schäfer *m*; **2.** schmachtender Liebhaber.

cor·ymb ['kɒrɪmb] *s.* ⚘ Doldentraube *f.*

cor·y·phae·us [͵kɒrɪ'fiːəs] *pl.* **-phae·i** [-'fiːaɪ] *s. antiq. u. fig.* Kory'phäe *f*; **co·ry·phée** ['kɒrɪfeɪ] *s.* Primaballe'rina *f.*

cos[1] [kɒs] *s.* ⚘ Lattich *m.*

cos[2] [kəz] *cj.* F weil, da.

co·se·cant [͵kəʊ'siːkənt] *s.* ⩚ 'Kosekans *m.*

cosh [kɒʃ] *Brit.* F **I** *s.* Totschläger *m*; **II** *v/t.* mit e-m Totschläger schlagen, *j-m* ‚eins über den Schädel hauen'.

cosh·er ['kɒʃə] *v/t.* verhätscheln.

co·sig·na·to·ry [͵kəʊ'sɪgnətərɪ] *s.* 'Mitunter͵zeichner(in).

co·sine ['kəʊsaɪn] *s.* ⩚ 'Kosinus *m.*

co·si·ness ['kəʊzɪnɪs] *s.* Behaglichkeit *f*, Gemütlichkeit *f.*

cos·met·ic [kɒz'metɪk] **I** *adj.* (□ ***~ally***) **1.** kos'metisch (*a. fig.*): ***~ treatment*** → 4; ***~ (plastic) surgery*** Schönheitschirurgie *f od.* -operation *f*; **2.** *fig.* kosmetisch, optisch; **II** *s.* **3.** kosmetisches Mittel, Schönheitsmittel *n*, *pl. a.* Kos'metika; **4.** *pl.* Kos'metik *f*, Schönheitspflege *f*; **cos·me·ti·cian** [͵kɒzmə'tɪʃn] *s.*, **cos·me·tol·o·gist** [͵kɒzmə'tɒlədʒɪst] Kos'metiker(in).

cos·mic, **cos·mi·cal** ['kɒzmɪk(l)] *adj.* □ kosmisch (*a. fig.*).

cos·mog·o·ny [kɒz'mɒgənɪ] *s.* Kosmogo'nie *f* (*Theorie über die Entstehung des Weltalls*); **cos'mog·ra·phy** [-grəfɪ] *s.* Kosmogra'phie *f*, Weltbeschreibung *f*; **cos'mol·o·gy** [-ɒlədʒɪ] *s.* Kosmolo'gie *f.*

cos·mo·naut ['kɒzmənɔːt] *s.* (Welt-)Raumfahrer *m*, Kosmo'naut *m.*

cos·mo·pol·i·tan [͵kɒzmə'pɒlɪtən] **I** *adj.* kosmopo'litisch; *weitS.* weltoffen; **II** *s.* Kosmopo'lit *m*, Weltbürger(in); **͵cos·mo'pol·i·tan·ism** [-tənɪzəm] *s.* Weltbürgertum *n*; *weitS.* Weltoffenheit *f.*

cos·mos ['kɒzmɒs] *s.* **1.** 'Kosmos *m*: a) Weltall *n*, b) Weltordnung *f*; **2.** Welt *f* für sich; **3.** ⚘ 'Kosmos *m* (*Blume*).

Cos·sack ['kɒsæk] *s.* Ko'sak *m.*

cos·set ['kɒsɪt] *v/t.* verhätscheln.

cost [kɒst] **I** *s.* **1.** *stets sg.* Kosten *pl.*, Preis *m*, Aufwand *m*: ***~ of living*** Lebenshaltungskosten; ***~-of-living allowance*** Teuerungszulage *f*; ***~-of-living index*** Lebenshaltungsindex *m*; **2.** ✝ a) *a. **~ price*** (Selbst-, Gestehungs)Kosten *pl.*, Selbstkosten-, (Netto)Einkaufspreis *m*, b) (Un)Kosten *pl.*, Auslagen *pl.*, Spesen *pl.*: ***at ~*** zum Selbstkostenpreis; ***~ accounting*** → ***costing***; ***~ accountant*** (Betriebs)Kalkulator *m*; ***~ allocation*** Kostenumlage *f*; ***~-benefit analysis*** Kosten-Nutzen-Analyse *f*; ***~ breakdown*** Kostenaufgliederung *f*; ***~-covering*** kostendeckend; ***~ free*** kostenlos; ***~ plus*** Gestehungskosten plus Unternehmergewinn; ***~ of construction*** Baukosten; **3.** *fig.* Kosten *pl.*, Schaden *m*, Nachteil *m*: ***at my ~*** auf m-e Kosten; ***at a heavy ~*** unter schweren Opfern; ***at the ~ of his health*** auf Kosten s-r Gesundheit; ***to my ~*** zu m-m Schaden; ***I know to my ~*** ich weiß aus eigener (bitterer) Erfahrung; ***at all ~s***, ***at any ~*** um jeden Preis; **4.** *pl.* ⚖ (Gerichts)Kosten *pl.*, Gebühren *pl.*; ***condemn s.o. in the ~s*** j-n zu den Kosten verurteilen; ***dismiss with ~s*** kostenpflichtig abweisen; ***allow ~s*** die Kosten bewilligen; **II** *v/t.* [*irr.*] **5.** kosten: ***it ~ me one pound*** es kostete mich ein Pfund; **6.** kosten, bringen um: ***it ~ him his life*** es kostete ihn das Leben; **7.** kosten, verursachen: ***it ~ me a lot of trouble*** es verursachte mir (*od.* kostete mich) große Mühe; **8.** [*pret. u. p.p.* **cost·ed**] ✝ kalkulieren, den Preis berechnen von: ***~ed at*** mit e-m Kostenanschlag von; **III** *v/i.* [*irr.*] **9.** ***it ~ him dearly*** *fig.* es kam ihm teuer zu stehen.

cos·tal ['kɒstl] *adj.* **1.** *anat.* Rippen..., kos'tal; **2.** ⚘ (Blatt)Rippen...; **3.** *zo.* (Flügel)Ader...

co-star ['kəʊstɑː] *thea.*, *Film* **I** *s.* e-r der Hauptdarsteller; **II** *v/i.* e-e der Hauptrollen spielen: ***~ring*** in e-r der Hauptrollen.

cos·ter·mon·ger ['kɒstəˌmʌŋgə], *a.* **cos·ter** ['kɒstə] *s. Brit.* Straßenhändler(in) für Obst u. Gemüse *etc.*

cost·ing ['kɒstɪŋ] *s.* ✝ *Brit.* Kosten(be)rechnung *f*, Kalkulati'on *f*.

cos·tive ['kɒstɪv] *adj.* □ **1.** ⚕ verstopft, hartleibig; **2.** *fig.* geizig; '**cos·tive·ness** [-nɪs] *s.* **1.** ⚕ Verstopfung *f*; **2.** *fig.* Geiz *m*.

cost·li·ness ['kɒstlɪnɪs] *s.* **1.** Kostspieligkeit *f*; **2.** Pracht *f*; **cost·ly** ['kɒstlɪ] *adj.* **1.** kostspielig, teuer; **2.** kostbar, wertvoll; prächtig.

cost price → ***cost*** 2 a.

cos·tume ['kɒstjuːm] *s.* **1.** Ko'stüm *n*, Kleidung *f*, Tracht *f*: ***~ jewel(le)ry*** Modeschmuck *m*; **2.** *obs.* Ko'stüm(kleid) *n* (*für Damen*); **3.** ('Masken-, 'Bühnen-) KoˌstüM *n*: ***~ piece*** *thea.* Kostümstück *n*; **4.** Badeanzug *m*; **cos·tum·er** [kɒs'tjuːmə], **cos·tum·i·er** [kɒs'tjuːmɪə] *s.* **1.** Ko'stümverleiher(in); **2.** *thea.* Kostümi'er *m*.

co·sy ['kəʊzɪ] **I** *adj.* □ behaglich, gemütlich, traulich, heimelig; **II** *s.* Teehaube *f*, -wärmer *m*; Eierwärmer *m*.

cot¹ [kɒt] *s.* **1.** *Brit.* Kinderbettchen *n*: ***~ death*** ⚕ plötzlicher Kindstod; **2.** Feldbett *n*; **3.** leichte Bettstelle; **4.** ⚓ Schwingbett *n*, Koje *f*.

cot² [kɒt] *s.* **1.** (Schaf- *etc.*)Stall *m*; **2.** *obs.* Häus-chen *n*, Hütte *f*.

co·tan·gent [ˌkəʊ'tændʒənt] *s.* Ꭿ 'Kotangens *m*.

cote [kəʊt] *s.* Stall *m*, Hütte *f*, Häuschen *n* (*für Kleinvieh etc.*).

co·te·rie ['kəʊtərɪ] *s.* **1.** *contp.* Kote'rie *f*, Klüngel *m*, 'Clique *f*; **2.** exklu'siver Zirkel.

co·thur·nus [kə'θɜːnəs] *pl.* **-ni** [-naɪ] *s.* **1.** *antiq.* Ko'thurn *m*; **2.** erhabener, pa'thetischer Stil.

co-tid·al lines [kəʊ'taɪdl] *s. pl.* ⚓ Isor'rhachien *pl.*

co-trus·tee, *Am.* **co·trus·tee** [ˌkəʊtrʌs'tiː] *s.* Mittreuhänder *m*.

cot·tage ['kɒtɪdʒ] *s.* **1.** (kleines) Landhaus, Cottage *n*; **2.** *Am.* Ferienhaus *n*; **3.** *Am.* Wohngebäude *n* (*bsd. in e-m Heim*); *Hotel*: Depen'dance *f*; **~ cheese** *s.* Hüttenkäse *m*; **~ hos·pi·tal** *s.* **1.** kleines Krankenhaus; **2.** *Am. aus Einzelgebäuden bestehendes Krankenhaus*; **~ in·dus·try** *s.* 'HeimindUˌstrie *f*; **~ pi·a·no** *s.* Pia'nino *n*; **~ pud·ding** *s.* Kuchen *m* mit süßer Soße.

cot·tag·er ['kɒtɪdʒə] *s.* **1.** Cottagebewohner(in); **2.** *Am.* Urlauber(in) in e-m Ferienhaus.

cot·ter ['kɒtə] *s.* ⚙ a) (Schließ)Keil *m*, b) → **~ pin** *s.* Splint *m*.

cot·ton ['kɒtn] **I** *s.* **1.** Baumwolle *f*: ***absorbent ~*** Watte *f*; **2.** Baumwollpflanze *f*; **3.** Baumwollstoff *m*; **4.** *pl.* a) Baumwollwaren *pl.*, b) Baumwollkleidung *f*; **5.** (Näh-, Stick)Garn *n*; **II** *adj.* **6.** baumwollen, Baumwoll...; **III** *v/i.* **7.** *Am.* F (***with***) a) sich anfreunden (mit), b) gut auskommen (mit); **8.** ***~ on to*** F a) *et.* ‚kapieren', b) *Am.* → 7 a; **~ belt** *s. Am.* Baumwollzone *f*; **~ bud** *s.* Wattestäbchen *n*; **~ can·dy** *s. Am.* Zuckerwatte *f*; **~ gin** *s.* ⚙ Ent'körnungsmaˌschine *f* (*für Baumwolle*); **~ grass** *s.* ⚘ Wollgras *n*; **~ mill** *s.* 'BaumwollspinneˌreI *f*; **~ pick·er** *s.* Baumwollpflücker *m*; **~ press** *s.* Baumwollballenpresse *f*; **~ print** *s.* bedruckter Kat'tun; '**~·seed** *s.* ⚘ Baumwollsamen *m*: ***~ oil*** Baumwollsamenöl *n*; '**~·tail** *s. zo.* amer. 'WildkaˌninCHEN *n*; **~ waste** *s.* **1.** Baumwollabfall *m*; **2.** ⚙ Putzwolle *f*; '**~·wood** *s.* ⚘ e-e amer. Pappel; **~ wool** *s.* **1.** Rohbaumwolle *f*; **2.** (Verband-) Watte *f*.

cot·ton·y ['kɒtnɪ] *adj.* **1.** baumwollartig; **2.** flaumig, weich.

cot·y·le·don [ˌkɒtɪ'liːdən] *s.* ⚘ **1.** Keimblatt *n*; **2.** ♎ Nabelkraut *n*.

couch¹ [kaʊtʃ] **I** *s.* **1.** Couch *f* (*a. des Psychoanalytikers*), 'Liege(ˌsofa *n*) *f*; **2.** Bett *n*; Lager *n* (*a. obs. hunt.*), Lagerstätte *f*; **3.** ⚙ Lage *f*, Schicht *f*, erster Anstrich; **II** *v/t.* **4.** *Gedanken etc.* in Worte fassen *od.* kleiden, ausdrücken; **5.** *Lanze* einlegen; **6.** ⚕ *Star* stechen; **7.** ***be ~ed*** liegen; **III** *v/i.* **8.** liegen, lagern (*Tier*); **9.** (sich) kauern *od.* ducken.

couch² [kaʊtʃ] → ***couch grass***.

couch·ant ['kaʊtʃənt] *adj. her.* mit erhobenem Kopf liegend.

cou·chette [kuː'ʃet] *s.* 🚃 (Platz *m* in e-m) Liegewagen.

couch grass *s.* ⚘ Quecke *f*.

couch po·ta·to *s.* F Dauerglotzer(in) (*der/die nie Sport treibt*).

cou·gar ['kuːgə] *s. zo.* 'Puma *m*.

cough [kɒf] **I** *s.* **1.** Husten *m*: ***give a ~*** (einmal) husten; **II** *v/i.* **2.** husten; **3.** *mot.* F ‚stottern', husten (*Motor*); **III** *v/t.* **4.** ***~ out*** *od.* ***up*** aushusten; **5.** ***~ up*** *sl.* her'ausrücken mit (*Geld, der Wahrheit etc.*); **~ drop** *s.* 'HustenbonˌbON *m*, *n*; **~ mix·ture** *s.* Hustensaft *m*.

could [kʊd] *pret. von* ***can¹***.

cou·loir ['kuːlwɑː] (*Fr.*) *s.* **1.** Bergschlucht *f*; **2.** ⚙ 'BaggermaˌschINE *f*.

cou·lomb ['kuːlɒm] *s.* ⚡ Cou'lomb *n*, Am'pereseˌkunde *f*.

coul·ter ['kəʊltə] *s.* ✓ Kolter *n*, Pflugmesser *n*.

coun·cil ['kaʊnsl] *s.* **1.** Rat *m*, Ratsversammlung *f*, beratende Versammlung; Beratung *f*: ***be in ~*** zu Rate sitzen; ***meet in ~*** e-e (Rats)Sitzung abhalten; ***Queen in ♎*** *Brit.* Königin und Kronrat; ***♎ of Europe*** Europarat *m*; ***♎ of the***

C

European Union Rat *m* der Europäischen Union; **~ *of war*** Kriegsrat (*a. fig.*); **2.** Rat *m* (*Körperschaft*); *engS.* Gemeinderat *m*: ***municipal ~*** Stadtrat (*Behörde*); **~ *school*** Gemeindeschule *f*; **3.** Kirchenrat *m*, Syn'ode *f*, Kon'zil *n*; **4.** Vorstand *m*, Komi'tee *n*; **~ cham·ber** *s.* Ratszimmer *n*; **~ es·tate** *s. Brit.* städtische (sozi'ale Wohn)Siedlung; **~ house** *s. Brit.* stadteigenes (Sozi'al-)Wohnhaus.

British Council

1934 gegründet, fördert das von der Regierung unterstützte **British Council** kulturelle Beziehungen zum Ausland und bietet weltweit Englischkurse an. Es entspricht etwa dem deutschen **Goethe-Institut**.

coun·ci(l)·lor ['kaʊnsələ] *s.* Ratsmitglied *n*, -herr *m*, Stadtrat *m*, -rätin *f*.

coun·cil tax *s. Brit. e-e Art Haushaltssteuer, abhängig vom Wert des (privaten) Haushalts u. der Anzahl s-r Mitglieder.*

coun·sel ['kaʊnsl] **I** *s.* **1.** Rat(schlag) *m*: ***take ~ of s.o.*** von j-m (e-n) Rat annehmen; **2.** Beratung *f*, Über'legung *f*: ***take*** (*od.* ***hold***) **~ *with*** a) sich beraten mit, b) sich Rat holen bei; ***take ~ together*** zusammen beratschlagen; **3.** Plan *m*, Absicht *f*; Meinung *f*, Ansicht *f*: ***divided ~s*** geteilte Meinungen; ***keep one's*** (***own***) **~** s-e Meinung *od.* Absicht für sich behalten; **4.** ⚖ (*ohne Artikel*) a) *Brit.* (Rechts)Anwalt *m*, b) *Am.* Rechtsberater *m*, -beistand *m*: **~ *for the defence*** Anwalt des Beklagten, *Strafprozess*: Verteidiger *m*; **~ *for the prosecution*** Anklagevertreter *m*; **5.** ⚖ *coll.* ju'ristische Berater *pl.*; **II** *v/t.* **6.** *j-m* raten *od.* e-n Rat geben; **7.** zu *et.* raten: **~ *delay*** Aufschub empfehlen; **'coun·se(l)·lor** [-lə] *s.* **1.** Berater(in), Ratgeber *m*; **2.** *a.* **~*-at-law*** *Am.* (Rechts)Anwalt *m*; **3.** (Studien-, Berufs)Berater *m*.

count[1] [kaʊnt] **I** *s.* **1.** Zählen *n*, (*a.* Volks- *etc.*)Zählung *f*, (Be)Rechnung *f*: ***keep ~ of s.th.*** et. genau zählen (können); ***lose ~*** a) die Übersicht verlieren (***of*** über), b) sich verzählen; ***by my ~*** nach m-r Schätzung; ***take the ~*** *Boxen*: ausgezählt werden; ***take a ~ of nine*** *Boxen*: bis neun angezählt werden; **2.** (End)Zahl *f*, Anzahl *f*, Ergebnis *n*; *sport* Punktzahl *f*; **3.** Berücksichtigung *f*: ***take*** (***no***) **~ *of*** (nicht) zählen *od.* (nicht) berücksichtigen (*acc.*); **4.** ⚖ (An)Klagepunkt *m*; **II** *v/t.* **5.** (ab-, auf-)zählen, (be)rechnen: **~ *the cost*** a) die Kosten berechnen, b) *fig.* die Folgen bedenken; **6.** (mit)zählen, einschließen, berücksichtigen: ***I ~ him among my friends*** ich zähle ihn zu m-n Freunden; ***~ing those present*** die Anwesenden eingeschlossen; ***not ~ing*** abgesehen von; **7.** erachten, schätzen, halten für: **~ *o.s. lucky*** sich glücklich schätzen; **~ *for*** (*od.* ***as***) ***lost*** als verloren ansehen; **~ *it a great hono(u)r*** es als große Ehre betrachten; **III** *v/i.* **8.** zählen, rechnen: ***he ~s among my friends*** er zählt zu m-n Freunden; ***~ing from today*** von heute an (gerechnet); ***I ~ on you*** ich rechne (*od.* verlasse mich) auf dich; **9.** mitzählen, gelten, von Wert sein: **~ *for nothing*** nichts wert sein, nicht von Belang sein; ***every little ~s*** auf jede Kleinigkeit kommt es an; ***he simply doesn't ~*** er zählt überhaupt nicht;

Zssgn mit adv.:

count| down *v/t.* **1.** *Geld* hinzählen; **2.** *a. v/i.* den Count-down 'durchführen (für), *a. weitS.* letzte (Start)Vorbereitungen treffen (für); **~ in** *v/t.* mitzählen, einschließen: ***count me in!*** ich bin dabei *od.* mache mit!; **~ off** *v/t. u. v/i.* abzählen; **~ out** *v/t.* **1.** (langsam) abzählen; **2.** ausschließen: ***count me out!*** ohne mich!; **3.** *Boxen u. Kinderspiel*: auszählen; **4.** *parl. Brit.* a) *Gesetzesvorlage* zu Fall bringen, b) *Unterhaussitzung* wegen Beschlussunfähigkeit vertagen; **~ o·ver** *v/t.* nachzählen; **~ up** *v/t.* zs.-zählen, 'durchrechnen.

count[2] [kaʊnt] *s.* (nichtbrit.) Graf *m*; → ***palatine***[1] 1.

count·down ['kaʊntdaʊn] *s.* 'Count-down *m, n* (*a. fig.*).

coun·te·nance ['kaʊntənəns] **I** *s.* **1.** Gesichtsausdruck *m*, Miene *f*: ***his ~ fell*** er machte ein langes Gesicht; ***change one's ~*** s-n Gesichtsausdruck ändern, die Farbe wechseln; **2.** Fassung *f*, Haltung *f*, Gemütsruhe *f*: ***keep one's ~*** die Fassung bewahren; ***keep s.o. in ~*** j-n ermuntern, j-n unterstützen; ***put s.o. out of ~*** j-n aus der Fassung bringen; **3.** Ermunterung *f*, Unter'stützung *f*: ***give*** (*od.* ***lend***) **~ *to*** *j-n* ermutigen, *j-n od. et.* unterstützen, Glaubwürdigkeit verleihen (*dat.*); **II** *v/t.* **4.** *j-n* ermuntern, (unter)'stützen; **5.** *et.* gutheißen.

count·er[1] ['kaʊntə] *s.* **1.** Ladentisch *m*, *a.* Theke *f* (*im Wirtshaus etc.*): ***under the ~*** unter dem Ladentisch (*verkaufen etc.*), unter der Hand, heimlich; **2.** Schalter *m* (*Bank etc.*); **3.** Spielmarke *f*; **4.** Zählperle *f*, -kugel *f* (*Kinderrechenmaschine*); **5.** ⚙ Zähler *m*, Zählgerät *n*, -werk *n*.

coun·ter[2] ['kaʊntə] **I** *adv.* **1.** entgegengesetzt; (***to***) entgegen, zu'wider (*dat.*): ***run*** (*od.* ***go***) **~ *to*** zuwiderlaufen (*dat.*); **~ *to all rules*** entgegen allen *od.* wider alle Regeln; **II** *adj.* **2.** Gegen..., entgegengesetzt; **III** *s.* **3.** Abwehr *f*; *Boxen etc., a. fig.*: Konter(schlag) *m*; *fenc.* Pa'rade *f*; *Eislauf*: Gegenwende *f*; **4.** *zo.* Brustgrube *f* (*Pferd*); **IV** *v/t. u. v/i.* **5.** entgegenwirken, entgegnen; wider'sprechen, zu'widerhandeln (*dat.*); **6.** *Boxen, Fußball etc., a. fig.*: kontern.

ˌcoun·ter|'act [-tə'ræ-] *v/t.* **1.** entgegenwirken (*dat.*); bekämpfen, vereiteln; **2.** kompensieren, neutralisieren; **ˌ~'ac·tion** [-tə'ræ-] *s.* **1.** Gegenwirkung *f*, -maßnahme *f*; **2.** 'Widerstand *m*, Oppositi'on *f*; **3.** Durch'kreuzung *f*; **ˌ~'ac·tive** [-tə'ræ-] *adj.* □ entgegenwirkend; **'~·atˌtack** [-tərə-] **I** *s.* Gegenangriff *m* (*a. fig.*), *sport* Konter *m*; **II** *v/i. u. v/t.* e-n Gegenangriff machen (gegen), *sport* kontern; **'~·atˌtrac·tion** [-tərə-] *s.* **1.** *phys.* entgegengesetzte Anziehungskraft; **2.** *fig.* 'Gegenattraktiˌon *f*; **'~ˌbal·ance I** *s.* Gegengewicht *n* (*a. fig.*); **II** *v/t.* [ˌkaʊntə'bæləns] ein Gegengewicht bilden zu, ausgleichen, aufwiegen; die Waage halten (*dat.*); **'~·blast** *s. fig.* Gegenschlag *m*, heftige Reakti'on; **'~·blow** *s.* Gegenschlag *m* (*a. fig.*); **'~·charge I** *s.* **1.** ⚖ Gegenklage *f*; **2.** ⚔ Gegenangriff *m*; **II** *v/t.* **3.** ⚖ e-e Gegenklage erheben gegen; **4.** ⚔ e-n Gegenangriff führen gegen; **'~·check** *s.* **1.** a) Gegenwirkung *f*, b) Hindernis *n*; **2.** Gegen-, Nachprüfung *f*; **'~·claim** ✝, ⚖ **I** *s.* Gegenforderung *f*; **II** *v/t.* als Gegenforderung verlangen; **ˌ~'clock·wise** → ***anticlockwise***; **ˌ~'cy·cli·cal** *adj.* □ ✝ konjunk'turdämpfend; **ˌ~'es·pi·o·nage** [-tər'e-] *s.* Spio'nageabwehr *f*, Abwehr(dienst *m*) *f*; **'~·feit** [-fɪt] **I** *adj.* **1.** nachgemacht, gefälscht, unecht, falsch: **~ *coin*** Falschgeld *n*; **2.** vorgetäuscht, falsch; verstellt; **II** *s.* **3.** Fälschung *f*; **4.** Falschgeld *n*; **III** *v/t.* **5.** fälschen; **6.** heucheln, vorgeben, vortäuschen; **'~ˌfeit·er** [-ˌfɪtə] *s.* **1.** Fälscher *m*, Falschmünzer *m*; **2.** Heuchler(in); **'~·foil** *s.* **1.** (Kon'troll-)Abschnitt *m* (*Scheckbuch etc.*), Ku'pon *m*; **2.** a) Ku'pon *m*, Zins-, Divi'dendenschein *m*, b) Ta'lon *m* (*Erneuerungsschein*); **'~·inˌtel·li·gence** [-tərɪn-] Spio'nageabwehr(dienst *m*) *f*; **'~ˌjump·er** *s.* F Ladenschwengel *m* (*Verkäufer*); **'~·man** [-mən] *s.* [*irr.*] Verkäufer *m*; **~·mand** [ˌkaʊntə'mɑːnd] **I** *v/t.* **1.** wider'rufen, rückgängig machen, ✝ stornieren: ***until ~ed*** bis auf Widerruf; **2.** absagen, abbestellen; **II** *s.* **3.** Gegenbefehl *m*; **4.** Wider'rufung *f*, Aufhebung; ✝ Stornierung *f*; **'~·march** *s.* **1.** ⚔ Rückmarsch *m*; **2.** *fig.* völlige 'Umkehr; **'~·mark** *s.* Gegen-, Kon'trollzeichen *n* (*bsd. für die Echtheit*); **'~ˌmeas·ure** *s.* Gegenmaßnahme *f*; **'~ˌmo·tion** *s.* **1.** Gegenbewegung *f*; **2.** *pol.* Gegenantrag *m*; **'~·move** *s.* Gegenzug *m*; **'~ˌof·fer** [-tərˌɒ-] *s.* ✝ Gegenangebot *n*; **'~ˌor·der** [-tərˌɔː-] **1.** ✝ Abbestellung *f*; **2.** ⚔ Gegenbefehl *m*; **'~·pane** *s.* Tagesdecke *f*; **'~·part** *s.* **1.** Gegen-, Seitenstück *n*; **2.** genaue Ergänzung; **3.** Ebenbild *n*; **4.** Dupli'kat *n*; **5.** *fig.* ‚Gegen'über' *n*, Kol'lege *m*: ***his Soviet ~***; **'~·plot** *s.* Gegenanschlag *m*; **'~·point I** *s.* ♪ 'Kontrapunkt *m*; **II** *v/t.* kontrapunktieren; **'~·poise I** *s.* **1.** Gegengewicht *n* (*a. fig.*); Gleichgewicht *n*; **II** *v/t.* **2.** als Gegengewicht wirken zu, ausgleichen; **3.** *fig.* im Gleichgewicht halten, ausgleichen, aufwiegen; **ˌ~·pro'duct·ive** *adj.* 'kontraprodukˌtiv, das Gegenteil bewirkend; **'~·ref·orˌma·tion** *s.* 'Gegenreformatiˌon *f*; **'~·rev·oˌlu·tion** *s.* 'Gegenrevolutiˌon *f*; **'~·shaft** *s.* ⚙ Vorlegewelle *f*: **~ *gear*** Vorgelege *n*; **'~·sign I** *s.* **1.** ⚔ Losungswort *n*; **2.** Gegenzeichen *n*; **II** *v/t.* **3.** gegenzeichnen; **4.** *fig.* bestätigen; **ˌ~'sig·na·ture** *s.* Gegenzeichnung *f*; **'~·sink I** *s.* **1.** Versenkbohrer *m*; **2.** Senkschraube *f*; **II** *v/t.* [*irr.* → ***sink***] ⚙ **3.** *Loch* ausfräsen; **4.** *Schraubenkopf* versenken; **ˌ~'ten·or** *s.* ♪ hoher Te'nor (*Stimme u. Sänger*); **~·vail** ['kaʊntəveɪl] **I** *v/t.* aufwiegen, ausgleichen; **II** *v/i.* stark genug sein, ausreichen (***against*** gegen): ***~ing duty*** Ausgleichszoll *m*; **'~·weight** *s.* Gegengewicht *n* (*a. fig.* ***to*** gegen); **'~·word** *s.* Aller'weltswort *n*.

count·ess ['kaʊntɪs] *s.* **1.** Gräfin *f*; **2.** Kom'tesse *f*.

count·ing| glass ['kaʊntɪŋ] *s.* ⚙ Zählglas *n*, -lupe *f*; **~ house** *s. bsd. Brit.* ✝ Bü'ro *n*; *engS.* Buchhaltung *f*; **~ tube** *s.* Zählrohr *n*.

count·less ['kaʊntlɪs] *adj.* zahllos, unzählig.

'count-out *s. parl. Brit.* Vertagung *f* wegen Beschlussunfähigkeit.

coun·tri·fied ['kʌntrɪfaɪd] *adj.* **1.** ländlich, bäuerlich; **2.** *contp.* bäurisch, verbauert.

coun·try ['kʌntrɪ] **I** *s.* **1.** Land *n*, Staat *m*: ***in this ~*** hierzulande; **~ *of destination*** Bestimmungsland; **~ *of origin*** Ursprungsland; **~ *of adoption*** Wahlheimat *f*; **2.** Nati'on *f*, Volk *n*: ***appeal*** (*od.* ***go***) ***to the ~*** *pol.* an das Volk appellieren, Neuwahlen ausschreiben; **3.** Vaterland *n*, Heimat(land *n*) *f*: ***the old ~*** die alte Heimat; **4.** Gelände *n*, Landschaft *f*; Gebiet *n* (*a. fig.*): ***flat ~*** Flachland *n*; ***wooded ~*** waldige Gegend; ***unknown ~*** unbekanntes Gebiet (*a. fig.*); ***new ~*** *fig.* Neuland *n* (***to me*** für mich); ***go up ~*** ins Innere reisen; **5.** Land *n* (*Ggs. Stadt*), Pro'vinz *f*: ***in the ~***

C

auf dem Lande; ***go (down) into the ~*** aufs Land *od.* in die Provinz gehen; **6.** *a.* ***~-and-western → country music***; **II** *adj.* **7.** Land...; Provinz...; ländlich: ***~ life*** Landleben *n*; **~ beam** *s. mot. Am.* Fernlicht *n*; **'~-bred** *adj.* auf dem Lande aufgewachsen; **~ bump·kin** *s.* Bauerntölpel *m*; **~ club** *s. Am.* Klub *m* auf dem Land (*für Städter*); **~ code** *s.* internationale Vorwahl; **~ cous·in** *s.* **1.** Vetter *m od.* Base *f* vom Lande; **2.** ‚Unschuld *f* vom Lande'; **~ dance** *s.* englischer Volkstanz; **'~·folk** *s.* Landbevölkerung *f*; **~ gen·tle·man** *s.* [*irr.*] **1.** Landedelmann *m*; **2.** Gutsbesitzer *m*; **~ house** *s.* Landhaus *n*, Landsitz *m*; **'~·man** [-mən] *s.* [*irr.*] **1.** *a.* ***fellow ~*** Landsmann *m*; **2.** Landmann *m*, Bauer *m*; **~ mu·sic** *s.* Country-Music *f*; **'~·side** *s.* **1.** ländliche Gegend; Land(-schaft *f*) *n*; **2.** (Land)Bevölkerung *f*; **'~-wide** *adj.* landesweit, im ganzen Land; **'~ˌwom·an** *s.* [*irr.*] **1.** *a.* ***fellow ~*** Landsmännin *f*; **2.** a) Landbewohnerin *f*, b) Bäuerin *f*.

coun·ty ['kaʊntɪ] *s.* **1.** *Brit.* a) Grafschaft *f* (*Verwaltungsbezirk*); → ***county palatine***, b) ***the ~*** die Bewohner *pl. od.* die Aristokra'tie e-r Grafschaft; **2.** *Am.* (Land)Kreis *m*, (Verwaltungs)Bezirk *m*; **~ bor·ough** *s.*, **~ cor·po·rate** *s. Brit.* Stadt *f*, die e-e eigene Grafschaft bildet; **~ coun·cil** *s. Brit.* Grafschaftsrat *m* (*Behörde*); **~ court** *s.* ⚖ **1.** *Brit.* Grafschaftsgericht *n* (*erstinstanzliches Zivilgericht*); **2.** *Am.* Kreisgericht *n*; **~ fam·i·ly** *s. Brit.* vornehme Fa'milie mit Ahnensitz in e-r Grafschaft; **~ hall** *s. Brit.* Rathaus *n* e-r Grafschaft; **~ pal·a·tine** *s. Brit. hist.* Pfalzgrafschaft *f*; **~ seat** *s.*, **~ town** *s. Am.* Kreishauptstadt *f*.

coup [kuː] *s.* Coup *m*: a) Bra'vourstück *n*, Handstreich *m*, b) Staatsstreich *m*, Putsch *m*; **~ de grâce** [ˌkuːdə'grɑːs] (*Fr.*) *s.* Gnadenstoß *m* (*a. fig.*); **~ de main** [ˌkuːdə'mɛ̃ːŋ] (*Fr.*) *s. bsd.* ⚔ Handstreich *m*; **~ d'é·tat** [ˌkuːdeɪ'tɑː] (*Fr.*) → ***coup*** b.

cou·pé ['kuːpeɪ] *s.* **1.** Cou'pé *n*: a) *mst zweisitzige Limousine*, b) *geschlossene Kutsche für zwei Personen*; **2.** 🚂 *Brit.* Halbabteil *n*.

cou·ple ['kʌpl] **I** *s.* **1.** Paar *n*: ***in ~s*** paarweise; ***a ~ of*** ein paar *Tage etc.*; **2.** (Braut-, Ehe-, Liebes)Paar *n*, Pärchen *n*; **3.** Koppel *f* (*Jagdhunde*): ***go*** (*od.* ***hunt***) ***in ~s*** *fig.* stets gemeinsam handeln; **II** *v/t.* **4.** (zs.-, ver)koppeln, verbinden: ***~d with*** *fig.* gepaart (*od.* verbunden, gekoppelt) mit; **5.** ehelich verbinden; paaren; **6.** *in Gedanken* verbinden, zs.-bringen; **7.** ⚙ (an-, ein-, ver-) kuppeln; **8.** ⚡, ♪ koppeln; **III** *v/i.* **9.** heiraten; sich paaren; **cou·pler** ['kʌplə] *s.* **1.** ♪ Kopplung *f* (*Orgel*); **2.** *Radio*: Koppler *m*; **3.** ⚙ Kupplung *f*; **4.** a) Koppel(glied *n*) *f*, b) (Leitungs)Muffe *f*: ***~ plug*** Gerätestecker *m*.

cou·ple skat·ing *s.* Paarlauf(en *n*) *m*.

cou·plet ['kʌplɪt] *s.* Reimpaar *n*.

cou·pling ['kʌplɪŋ] *s.* **1.** Verbindung *f*; **2.** Paarung *f*; **3.** ⚙ (*feste*) Kupplung; **4.** ⚡, *Radio*: Kopplung *f*; **~ box** *s.* ⚙ Kupplungsmuffe *f*; **~ chain** *s.* ⚙ Kupplungskette *f*; *pl.* 🚂 Kettenkupplung *f*; **~ coil** *s.* ⚡, *Radio*: Kopplungsspule *f*.

cou·pon ['kuːpɒn] *s.* **1.** ✝ Cou'pon *m*, Ku'pon *m*, Zinsschein *m*: ***dividend ~*** Dividendenschein; ***~ bond*** *Am.* Inhaberschuldverschreibung *f* mit Zinsschein; ***~ sheet*** Couponbogen *m*; **2.** a) Kassenzettel *m*, Gutschein *m*, Bon *m*, b) Berechtigungs-, Bezugsschein *m*; **3.** Abschnitt *m der Lebensmittelkarte etc.*, Marke *f*; **4.** Kon'trollabschnitt *m*; **5.** *Brit.* Tippzettel *m* (*Fußballtoto*).

cour·age ['kʌrɪdʒ] *s.* Mut *m*, Tapferkeit *f*: ***have the ~ of one's convictions*** stets s-r Überzeugung gemäß handeln, Zivilcourage haben; ***pluck up*** (*od.* ***take***) ***~*** Mut fassen; ***screw up*** (*od.* ***summon up***) ***one's ~***, ***take one's ~ in both hands*** sein Herz in beide Hände nehmen; **cou·ra·geous** [kə'reɪdʒəs] *adj.* □ mutig, beherzt, tapfer.

cour·gette [ˌkʊə'ʒet] *s.* Zuc'chini *f*.

cour·i·er ['kʊrɪə] *s.* **1.** Eilbote *m*, (*a. diplomatischer etc.*) Ku'rier *m*; **2.** Reiseleiter(in); **3.** *Am.* Verbindungsmann *m* (*Agent*).

course [kɔːs] **I** *s.* **1.** Lauf *m*, Bahn *f*, Weg *m*, Gang *m*; Ab-, Verlauf *m*, Fortgang *m*: ***the ~ of life*** der Lauf des Lebens; ***~ of events*** Gang der Ereignisse, Lauf der Dinge; ***the ~ of a disease*** der Verlauf e-r Krankheit; ***the ~ of nature*** der natürliche (Ver)Lauf; ***a matter of ~*** e-e Selbstverständlichkeit; ***of ~*** natürlich, gewiss, bekanntlich; ***in the ~ of*** im (Ver)Lauf (*gen.*), während (*gen.*); ***in ~ of construction*** im Bau (befindlich); ***in ~ of time*** im Laufe der Zeit; ***in due ~*** zur gegebenen *od.* rechten Zeit; ***in the ordinary ~ of things*** normalerweise; ***let things take*** (*od.* ***run***) ***their ~*** den Dingen ihren Lauf lassen; ***the disease took its ~*** die Krankheit nahm ihren (natürlichen) Verlauf; **2.** (feste) Bahn, Strecke *f*, *sport* (Renn)Bahn *f*, (-)Strecke *f*, Piste *f*: ***golf ~*** Golfbahn *f od.* -platz *m*; ***clear the ~*** die Bahn frei machen; **3.** Fahrt *f*, Weg *m*; Richtung *f*; ⚓, ✈ Kurs *m* (*a. fig.*): ***on*** (***off***) ***~*** (nicht) auf Kurs; ***be on ~ for*** (*od.* ***to do***) ***s.th.*** auf et. zusteuern, auf dem besten Weg zu et. sein; ***stand upon the ~*** Kurs halten; ***steer a ~*** e-n Kurs steuern (*a. fig.*); ***change one's ~*** s-n Kurs ändern (*a. fig.*); ***keep to one's ~*** *fig.* beharrlich s-n Weg verfolgen; ***take a new ~*** e-n neuen Weg einschlagen; **~ computer** Kursrechner *m*; **~ recorder** Kursschreiber *m*; **4.** Lebensbahn *f*, -weise *f*: **evil ~s** üble Gewohnheiten; **5.** Handlungsweise *f*, Verfahren *n*: **a dangerous ~** ein gefährlicher Weg; → **action** 1; **6.** Gang *m*, Gericht *n* (*Speisen*); **7.** Reihe *f*, (Reihen)Folge *f*, 'Zyklus *m*: **~ of lectures** Vortragsreihe; **~ of treatment** ⚕ längere Behandlung, Kur *f*; **8.** *a.* **~ of instruction** Kurs(us) *m*, Lehrgang *m*: **a German ~** ein Deutschkursus, ein deutsches Lehrbuch; **9.** △ Schicht *f*, Lage *f* (*Ziegel etc.*); **10.** ⚓ unteres großes Segel: **main ~** Großsegel; **11.** (**monthly**) **~s** ⚕ Regel *f*, Periode *f*; **II** *v/t.* **12.** *bsd.* *Hasen* mit Hunden hetzen *od.* jagen; **III** *v/i.* **13.** rennen, eilen, jagen; **14.** an e-r Hetzjagd teilnehmen.

cours·er ['kɔːsə] *s. poet.* Renner *m*, schnelles Pferd; '**cours·ing** [-sɪŋ] *s.* (*bsd.* Hasen)Hetzjagd *f* mit Hunden.

court [kɔːt] **I** *s.* **1.** (Vor-, 'Hinter-, Innen)Hof *m*; **2.** 'Hintergässchen *n*; Sackgasse *f*; kleiner Platz; **3.** *bsd. Brit.* stattliches Wohngebäude; **4.** (abgesteckter) Spielplatz: **tennis ~** Tennisplatz; **grass ~** Rasentennisplatz; **5.** Hof *m*, Resi'denz *f* (*Fürst etc.*): **the ♀ of St. James** der britische Königshof; **be presented at ~** bei Hofe vorgestellt werden; **6.** a) fürstlicher Hof *od.* Haushalt, b) fürstliche Fa'milie, c) Hofstaat *m*; **7.** (Empfang *m* bei) Hof *m*: **hold ~** Hof halten (*a. fig.*); **8.** fürstliche Regierung; **9.** ⚖ a) *a.* **~ of justice**, **law ~** Gericht(shof *m*) *n*, b) Gerichtshof *m*, *der od. die* Richter, c) Gerichtssitzung *f*, d) Gerichtssaal *m*: **in ~** vor Gericht; **out of ~** a) außergerichtlich, gütlich, b) nicht zur Sache gehörig, c) indiskutabel; **bring into ~**, **take to ~** vor Gericht bringen; **go to ~** klagen; **laugh out of ~** *fig.* verlachen; → **appeal** 8, **arbitration** *etc.*; **10.** *fig.* Hof *m*, Cour *f*, Aufwartung *f*: **pay** (**one's**) **~ to** a) *e-r Dame* den Hof machen, b) *j-m* s-e Aufwartung machen; **11.** Rat *m*, Versammlung *f*: **~ of directors** Direktion *f*, Vorstand *m*; **II** *v/t.* **12.** den Hof machen, huldigen (*dat.*); **13.** um'werben (*a. fig.*), werben *od.* freien um; ‚poussieren' mit: **~ing couple** Liebespaar *n*; **14.** *fig.* werben *od.* buhlen *od.* sich bemühen um *et.*; suchen: **~ disaster** das Schicksal herausfordern, mit dem Feuer spielen.

court| card *s. Kartenspiel*: Bildkarte *f*; **♀ Cir·cu·lar** *s.* (*tägliche*) Hofnachrichten *pl.*; **~ dress** *s.* Hoftracht *f*.

cour·te·ous ['kɜːtjəs] *adj.* □ höflich, liebenswürdig.

cour·te·san [ˌkɔːtɪ'zæn] *s.* Kurti'sane *f*.

cour·te·sy ['kɜːtɪsɪ] *s.* Höflichkeit *f*, Verbindlichkeit *f*, Liebenswürdigkeit *f* (*alle a. als Handlung*); Gefälligkeit *f*: **by ~** aus Höflichkeit *od.* Gefälligkeit; **by ~ of** a) mit freundlicher Genehmigung von (*od. gen.*), b) durch, mittels; **~ light** *mot.* Innenlampe *f*; **~ title** Höflichkeits- *od.* Ehrentitel *m*; **~ call**, **~ visit** Höflichkeits- *od.* Anstandsbesuch *m*.

cour·te·zan → **courtesan**.

court| guide *s.* 'Hof-, 'Adelskaˌlender *m* (*Verzeichnis der hoffähigen Personen*); **~ hand** *s.* gotische Kanz'leischrift; '**~·house** *s.* **1.** Gerichtsgebäude *n*; **2.** *Am.* Kreis(haupt)stadt *f*.

cour·ti·er ['kɔːtjə] *s.* Höfling *m*.

court·ly ['kɔːtlɪ] *adj.* **1.** vornehm, gepflegt, höflich; **2.** höfisch.

court| mar·tial *pl.* **courts mar·tial** *s.* Kriegsgericht *n*; ˌ**~-'mar·tial** *v/t.* vor ein Kriegsgericht stellen; **~ mourn·ing** *s.* Hoftrauer *f*; **~ or·der** *s.* ⚖ Gerichtsbeschluss *m*; **~ plas·ter** *s. hist.* Heftpflaster *n*; **~ room** *s.* Gerichtssaal *m*.

court·ship ['kɔːtʃɪp] *s.* **1.** Hofmachen *n*, Werben *n*, Freien *n*; **2.** *fig.* Werben *n* (**of** um).

court| shoes *s. pl.* Pumps *pl.*; '**~·yard** *s.* Hof(raum) *m*.

cous·in ['kʌzn] *s.* **1.** a) Vetter *m*, Cou'sin *m*, b) Base *f*, Ku'sine *f*: **first ~**, **~ german** leiblicher Vetter *od.* leibliche Base; **second ~** Vetter *od.* Base zweiten Grades; **2.** *weitS.* Verwandte(r *m*) *f*.

cou·tu·rier [kuː'tjʊrɪeɪ] (*Fr.*) *s.* (Haute) Couturi'er *m*, Modeschöpfer *m*; **cou·tu'rière** [-ɪeə] (*Fr.*) *s.* Modeschöpferin *f*.

cove[1] [kəʊv] **I** *s.* **1.** kleine Bucht; **2.** *fig.* Schlupfwinkel *m*; **3.** △ Wölbung *f*; **II** *v/t.* **4.** △ (über)'wölben.

cove[2] [kəʊv] *s. sl.* Bursche *m*, Kerl *m*.

cov·en ['kʌvn] *s.* Hexensabbat *m*.

cov·e·nant ['kʌvənənt] **I** *s.* **1.** Vertrag *m*; feierliches Abkommen; **2.** ⚖ a) Vertrag *m*, b) Ver'tragsˌklausel *f*, c) bindendes Versprechen, Zusicherung *f*, d) Satzung *f*; **3.** *bibl.* a) Bund *m*; → **ark** 2, b) Verheißung *f*: **the land of the ~** das Gelobte Land; **II** *v/i.* **4.** e-n Vertrag schließen, über'einkommen (**with** mit, **for** über *acc.*); **5.** sich feierlich verpflichten, geloben; **III** *v/t.* **6.** vertraglich zusichern; '**cov·e·nant·ed** [-tɪd] *adj.* **1.** vertragsmäßig; **2.** vertraglich gebunden.

cov·en·trize ['kɒvəntraɪz] *v/t.* to'tal zerbomben, dem Erdboden gleichmachen; **Cov·en·try** ['kɒvəntrɪ] *npr. englische Stadt*: **send s.o. to ~** *fig.* j-n gesellschaftlich ächten.

cov·er ['kʌvə] **I** *s.* **1.** Decke *f*; Deckel *m*; **2.** a) (Buch)Decke *f*, Einband *m*, b) 'Umschlag- *od.* Titelseite *f*: **~ design** Titelbild *n*; **~ girl** Covergirl *n*, Titelblattmädchen *n*; **from ~ to ~** von An-

C

fang bis Ende; **3.** a) 'Brief,umschlag *m*, b) *Philatelie*: Ganzsache *f*: ***under*** (***the***) ***same ~*** beiliegend; ***under separate ~*** mit getrennter Post; ***under ~ of*** unter der (Deck)Adresse von; **4.** 'Schutz,umschlag *m*, Hülle *f*, Futte'ral *n*; 'Überzug *m*, (Bett-, Möbel- *etc.*)Bezug *m*; ⚙ Schutzhaube *f*, -platte *f*, -mantel *m*; *mot.* (Reifen)Decke *f*, Mantel *m*; **5.** Gedeck *n* (*bei Tisch*): ***~ charge*** (Kosten *pl.* für das) Gedeck; **6.** ⚔ a) Deckung *f*: ***take ~*** Deckung nehmen, b) Feuerschutz *m*, c) (Luft)Sicherung *f*, Abschirmung *f*: ***air ~***; **7.** *hunt.* Dickicht *n*, Lager *n*: ***break ~*** ins Freie treten; **8.** Ob-, Schutzdach *n*: ***get under ~*** sich unterstellen; **9.** *fig.* Schutz *m*: ***under ~ of night*** im Schutz der Nacht; **10.** *fig.* Deckmantel *m*, Tarnung *f*, Vorwand *m*: ***under ~ of friendship***; ***~ address*** Deckadresse *f*; ***~ name*** Deckname *m*; ***blow one's ~*** ‚auffliegen'; **11.** ✝ Deckung *f*, Sicherheit *f*; (Schadens-) Deckung *f*, Versicherungsschutz *m*; **II** *v/t.* **12.** be-, zudecken: ***remain ~ed*** den Hut aufbehalten; ***~ o.s. with glory*** *fig.* sich mit Ruhm bedecken; ***~ed with*** voll von, über u. über bedeckt mit; **13.** einhüllen, -wickeln (***with*** in *acc.*); **14.** be-, über'ziehen: ***~ed button*** bezogener Knopf; ***~ed wire*** umsponnener Draht; **15.** *fig.* decken, schützen, sichern (***from*** vor *dat.*, gegen): ***~ o.s.*** sich absichern (***against*** gegen); **16.** ✝ decken: a) *Kosten* bestreiten, b) *Schulden*, *Verlust* abdecken, c) versichern; **17.** decken, genügen für; **18.** enthalten, einschließen, um'fassen, be'inhalten; *a. statistisch, durch Werbung etc.* erfassen; *Thema* (erschöpfend) behandeln; → ***ground*** 2; **19.** *Presse*, *TV etc.*: berichten über (*acc.*); **20.** *Gebiet* bearbeiten, bereisen; **21.** sich über *e-e Fläche od. Zeitspanne* erstrecken; **22.** *e-e Strecke* zu'rücklegen; **23.** a) be-, verdecken, verhüllen, verbergen, b) *fig.* → ***cover up*** 2; **24.** ⚔ decken, schützen, sichern (***from*** vor *dat.* gegen); **25.** ⚔ a) *ein Gebiet* beherrschen, im Schussfeld haben, b) *Gelände* bestreichen, mit Feuer belegen; **26.** *mit e-r Waffe* zielen auf (*acc.*), *j-n* in Schach halten; **27.** *sport den Gegner* decken; **28.** *j-n* ‚beschatten'; **29.** *Hündin etc.* decken, *Stute a.* beschälen; ***~ in*** *v/t.* **1.** decken, bedachen; **2.** füllen; ***~ o·ver*** *v/t.* **1.** über'decken; **2.** ✝ *Emission* über'zeichnen; ***~ up*** **I** *v/t.* **1.** zu-, verdecken; **2.** *fig.* vertuschen, verheimlichen, verbergen; **II** *v/i.* **3.** ***~ for s.o.*** j-n decken; **4.** *Boxen*: sich decken.

cov·er·age ['kʌvərɪdʒ] *s.* **1.** Erfassung *f*, Einschluss *m*; erfasstes Gebiet, erfasste Menge; *Werbung*: erfasster Per'sonenkreis; **2.** 'Umfang *m*; Reichweite *f*; Geltungsbereich *m*; **3.** ✝ a) → ***cover*** 11, b) Ver'sicherungs,umfang *m*; **4.** *Zeitung etc.*: Berichterstattung *f* (***of*** über *acc.*); **5.** ⚔ → ***cover*** 6 c; **'cov·ered** [-əd] *adj.* be-, gedeckt: ***~ court*** *Tennis*: Hallenplatz *m*; ***~ market*** Markthalle *f*; ***~ wag***(***g***)***on*** a) Planwagen *m*, b) geschlossener Güterwagen; → ***cover*** 14; **'cov·er·ing** [-ərɪŋ] **I** *s.* **1.** Bedeckung *f*; Be-, Ver-, Um'kleidung *f*; (*Fußboden-*) Belag *m*; → *a.* ***cover*** 4; **2.** *fig.* Schutz *m*, Deckung *f*; **3.** ⚔ → ***cover*** 6; **II** *adj.* **4.** deckend, Deck(ungs)...; ***~ letter*** Begleitbrief *m*; ***~ note*** → ***cover note***; **cov·er·let** ['kʌvəlɪt], *a.* **'cov·er·lid** [-lɪd] *s.* Tagesdecke *f*.

cov·er| note *s.* ✝ Deckungsbrief *m* (*Versicherung*); **~ shot** *s. Film*: To'tale *f*; **~ sto·ry** *s.* Titelgeschichte *f*.

cov·ert **I** *adj.* ☐ ['kʌvət] **1.** heimlich, versteckt, verborgen; verschleiert; **2.** → ***feme covert***; **II** *s.* ['kʌvə] **3.** Obdach *n*; Schutz *m*; **4.** Versteck *n*; **5.** *hunt.* Dickicht *n*; Lager *n*; **~ coat** ['kʌvət] *s.* Covercoat *m* (*Sportmantel*).

cov·er·ture ['kʌvə,tjʊə] *s.* ⚖ Ehestand *m der Frau*.

'cov·er-up *s. Am.* Tarnung *f*, Vertuschung *f* (***for*** *gen.*).

cov·et ['kʌvɪt] *v/t.* begehren, trachten nach; **'cov·et·a·ble** [-təbl] *adj.* begehrenswert; **'cov·et·ous** [-təs] *adj.* ☐ **1.** begehrlich, lüstern (***of*** nach); **2.** habsüchtig; **'cov·et·ous·ness** [-təsnɪs] *s.* **1.** Begehrlichkeit *f*; **2.** Habsucht *f*.

cov·ey ['kʌvɪ] *s.* **1.** *orn.* Brut *f*, Hecke *f*; **2.** *hunt.* Volk *n*, Kette *f*; **3.** Schar *f*, Schwarm *m*, Trupp *m*.

cov·ing ['kəʊvɪŋ] *s.* ⚠ **1.** Wölbung *f*; **2.** 'überhängendes Obergeschoss, *östr.* -geschoß; **3.** schräge Seitenwände *pl.* (*Kamin*).

cow[1] [kaʊ] *s. zo.* **1.** Kuh *f*; **2.** Weibchen *n* (*bsd. Elefant, Wal etc.*).

cow[2] [kaʊ] *v/t.* einschüchtern: ***~ s.o. into*** j-n zwingen zu.

cow·ard ['kaʊəd] **I** *s.* Feigling *m*; **II** *adj.* feig(e); **'cow·ard·ice** [-dɪs] *s.* Feigheit *f*; **'cow·ard·li·ness** [-lɪnɪs] *s.* **1.** Feigheit *f*; **2.** Gemeinheit *f*; **'cow·ard·ly** [-lɪ] **I** *adj.* **1.** feig(e); **2.** gemein, 'hinterhältig; **II** *adv.* **3.** feig(e).

'cow|·ber·ry [-bərɪ] *s.* ⚘ Preiselbeere *f*; **'~·boy** *s.* **1.** *Am.* Cowboy *m*; **2.** Kuhjunge *m*; **'~,catch·er** *s.* 🚂 *Am.* Schienenräumer *m*.

cow·er ['kaʊə] *v/i.* **1.** kauern, hocken; **2.** sich ducken (*aus Angst etc.*).

cow| hand → ***cowboy*** 1; **'~·herd** *s.* Kuhhirt *m*; **'~·hide** *s.* **1.** Rindsleder *n*; **2.** Ochsenziemer *m*; **'~·house** *s.* Kuhstall *m*.

cowl [kaʊl] *s.* **1.** Mönchskutte *f* (*mit Kapuze*); **2.** Ka'puze *f*; **3.** ⚙ Schornsteinkappe *f*; **4.** ⚙ a) *mot.* Haube *f*, b) Verkleidung *f*, c) → **'cowl·ing** [-lɪŋ] *s.* ✈ 'Motorhaube *f*.

'cow·man [-mən] *s.* [*irr.*] **1.** *Am.* Rinderzüchter *m*; **2.** Kuhknecht *m*.

'co-ˌwork·er *s.* Mitarbeiter(in).

cow| pars·nip *s.* ⚘ Bärenklau *f*, *m*; **~ pat** *s.* Kuhfladen *m*; **'~·pox** *s.* ⚕ Kuhpocken *pl.*; **'~ˌpunch·er** *s. Am.* F Cowboy *m*.

cow·rie, cow·ry ['kaʊrɪ] *s.* **1.** *zo.* 'Kaurischnecke *f*; **2.** 'Kauri(muschel *f*) *m*, *f*, Muschelgeld *n*.

'cow|·shed *s.* Kuhstall *m*; **'~·slip** *s.* ⚘ **1.** *Brit.* Schlüsselblume *f*; **2.** *Am.* Sumpfdotterblume *f*.

cox [kɒks] F **I** *s.* → ***coxswain***; **II** *v/t. Rennboot* steuern: ***~ed four*** Vierer *m* mit (Steuermann).

cox·comb ['kɒkskəʊm] *s.* **1.** Geck *m*, Stutzer *m*; **2.** → ***cockscomb*** 1, 2.

cox·swain ['kɒksweɪn; ⚓ 'kɒksn] **I** *s.* **1.** *Rudern*: Steuermann *m*; **2.** Bootsführer *m*; **II** *v/t.* **3.** → ***cox*** II.

coy [kɔɪ] *adj.* ☐ **1.** schüchtern, bescheiden, scheu; **2.** spröde, zimperlich (*Mädchen*); **'coy·ness** [-nɪs] *s.* Schüchternheit *f*; Sprödigkeit *f*.

coy·ote ['kɔɪəʊt] *s. zo.* Ko'jote *m*, Prä'rie-, Steppenwolf *m*.

coz·en ['kʌzn] *v/t. u. v/i.* **1.** betrügen, prellen (***out of*** um); **2.** betören; verleiten (***into doing*** zu tun).

co·zi·ness *etc.* → ***cosiness*** *etc.*

crab[1] [kræb] **I** *s.* **1.** *zo.* a) Krabbe *f*, b) Taschenkrebs *m*: ***catch a ~*** *Rudern*: ‚e-n Krebs fangen', mit dem Ruder im Wasser stecken bleiben; **2.** ♋ *ast.* Krebs *m*; **3.** ⚙ Winde *f*, Hebezeug *n*, Laufkatze *f*; **4.** *pl. Würfeln*: niedrigster Wurf; **5.** → ***crab louse***; **II** *v/t.* **6.** ✈ schieben.

crab[2] [kræb] **I** *s.* **1.** a) Nörgler *m*, b) Nörge'lei *f*; **II** *v/t.* **2.** F (her'um)nörgeln an (*dat.*); **3.** F verderben, -patzen; **III** *v/i.* **4.** nörgeln.

crab ap·ple *s.* ⚘ Holzapfel(baum) *m*.

crab·bed ['kræbɪd] *adj.* ☐ **1.** a) mürrisch, b) boshaft, bitter, c) halsstarrig; **2.** verworren; kraus; **3.** kritzelig, unleserlich (*Schrift*); **crab·by** ['kræbɪ] → ***crabbed*** 1, 2.

crab louse *s.* [*irr.*] *zo.* Filzlaus *f*.

crack [kræk] **I** *s.* **1.** Krach *m*, Knall *m* (*Peitsche, Gewehr etc.*): ***the ~ of doom*** die Posaunen des Jüngsten Gerichts; ***~ of dawn*** Morgengrauen *n*; **2.** (heftiger) Schlag: ***in a ~*** im Nu; ***take a ~ at s.th.*** *sl.* es mit et. versuchen; **3.** Riss *m*, Sprung *m*; Spalt(e *f*) *m*, Schlitz *m*; **4.** F ‚Knacks' (*geistiger Defekt*); **5.** *sl.* a) Witz *m*, b) Stiche'lei *f*; **6.** *sport* ‚Ka'none' *f*, ‚As' *n*; **7.** F Crack *n* (*Rauschgift*); **II** *adj.* **8.** F erstklassig, großartig: ***~ shot*** Meisterschütze *m*; ***~ regiment*** Eliteregiment *n*; **III** *int.* **9.** krach!; **IV** *v/i.* **10.** krachen, knallen, knacken, (auf)brechen; **11.** platzen, bersten, (auf-, zer)springen, Risse bekommen, (auf)reißen: ***get ~ing*** F loslegen (*anfangen*); ***~ing pace*** tolles Tempo; **12.** 'überschnappen (*Stimme*): ***his voice is ~ing*** er ist im Stimmbruch; **13.** *fig.* zs.-brechen; **V** *v/t.* **14.** knallen mit (*Peitsche*); knacken mit (*Fingern*): ***~ jokes*** Witze reißen; **15.** zerbrechen, (zer-) spalten, ein-, zerschlagen; **16.** *Nuss* (auf)knacken, *Ei* aufschlagen: ***~ a bottle*** e-r Flasche den Hals brechen; ***~ a code*** e-n Kode ‚knacken'; ***~ a crib*** *sl.* in ein Haus einbrechen; ***~ a safe*** e-n Geldschrank knacken; **17.** a) e-n Sprung machen in (*acc.*), b) sich *e-e Rippe etc.* anbrechen; **18.** *fig.* erschüttern, zerrütten, zerstören; **19.** ⚙ *Erdöl* kracken, spalten; **~ down** *v/i.* F (***on***) a) scharf vorgehen (gegen), 'durchgreifen (bei), b) 'Razzia abhalten (bei); **~ up I** *v/i.* **1.** *fig.* (*körperlich od. seelisch*) zs.-brechen; **2.** ✈ abstürzen; **3.** sein Auto zu Schrott fahren; **4.** *Am.* F sich ‚ka'puttlachen'; **II** *v/t.* **5.** *Fahrzeug* zu Schrott fahren; **6.** F ‚hochjubeln', (an-) preisen.

'crack|-brained *adj.* verrückt; **'~·down** *s.* F (***on***) scharfes Vorgehen (gegen), 'Durchgreifen *n* (bei).

cracked [krækt] *adj.* **1.** zer-, gesprungen, geborsten, rissig: ***the cup is ~*** die Tasse hat e-n Sprung; **2.** F ‚angeknackst' (*Ruf etc.*); **3.** F verrückt.

crack·er ['krækə] *s.* **1.** Cracker *m*, Kräcker *m*: a) (Knusper)Keks *m*, b) Schwärmer *m*, Frosch *m* (*Feuerwerk*), *a.* 'Knallbonˌbon *m*, *n*; **2.** Nussknacker *m*; **3.** *Computer*: Cracker(in) (*j-d, der in Computersysteme eindringt*); **4.** *Brit.* F a) toller Kerl, tolle Frau, b) tolles Ding, 'Überflieger *m*; **'~·jack** *Am.* F **I** *adj.* 'prima, toll; **II** *s.* a) tolle Sache, b) toller Kerl; **'crack·ers** *adj. Brit. sl.* verrückt, 'übergeschnappt: ***go ~*** überschnappen.

'crack·jaw F **I** *adj.* zungenbrecherisch; **II** *s.* Zungenbrecher *m*.

crack·le ['krækl] **I** *v/i.* **1.** knistern, prasseln, knattern; **II** *v/t.* **2.** ⚙ *Glas od. Glasur* krakelieren; **III** *s.* **3.** Knistern *n*, Knattern *n*; **4.** ⚙ Krakelierung *f*, Krake'lee *f*, *n*: ***~ finish*** Eisblumenlackierung *f*; **5.** ⚙ Haarrissbildung *f*; **'crack·ling** [-lɪŋ] *s.* **1.** → ***crackle*** 3; **2.** a) knusprige Kruste des Schweinebratens, b) *mst pl. Am.* Schweinegrieben *pl.*

crack·nel ['kræknl] *s.* **1.** Knusperkeks *m*; **2.** → ***crackling*** 2 a.

'crack·pot *sl.* **I** *s.* ‚Spinner' *m*, Verrückte(r *m*) *f*, **II** *adj.* verrückt.

cracks·man ['kræksmən] *s.* [*irr.*] *sl.* **1.** Einbrecher *m*; **2.** ‚Schränker' *m*, Geldschrankknacker *m*.

'crack-up *s.* F *pol.*, ✝ (*a. körperlicher od. seelischer*) Zs.-bruch.

crack·y ['krækɪ] → ***cracked*** 1, 3.

cra·dle ['kreɪdl] **I** *s.* **1.** Wiege *f* (*a. fig.*): ***the ~ of civilization***; ***from the ~ to the grave*** von der Wiege bis zur Bahre; **2.** *fig.* Wiege *f*, Kindheit *f*, 'Anfangs,stadium *n*, Ursprung *m*: ***from the ~*** von Kindheit an; ***in the ~*** in den ersten Anfängen (steckend); **3.** *wiegenartiges Gerät*, *bsd.* ⚙ a) Hängegerüst *n* (*Bau*), b) Gründungseisen *n* (*Graveur*), c) Räderschlitten *m* (*für Arbeiten unter e-m Auto*), d) Schwingtrog *m* (*Goldwäscher*), e) (Tele'fon)Gabel *f*, f) ⚔ Rohrwiege *f*; **4.** ⚓ Stapelschlitten *m*; **5.** ⚕ (Draht-) Schiene *f*, Schutzgestell *n*; **II** *v/t.* **6.** in die Wiege legen; **7.** in (den) Schlaf wiegen; **8.** auf-, großziehen; **9.** *den Kopf in den Armen etc.* bergen, betten.

craft [krɑːft] *s.* **1.** (Hand- *od.* Kunst-) Fertigkeit *f*, Kunst *f*, Geschicklichkeit *f*; → ***gentle*** 2; **2.** a) Gewerbe *n*, Handwerk *n*, b) Zunft *f*: ***film ~*** Filmgewerbe; ***be one of the ~*** F vom ‚Bau' sein; **3.** ***the*** ♀ die Königliche Kunst (*Freimaurerei*); **4.** List *f*, Verschlagenheit *f*; **5.** ⚓ Fahrzeug *n*, Schiff *n*; *coll.* Fahrzeuge *pl.*, Schiffe *pl.*; **6.** a) ✈ Flugzeug *n*, *coll.* Flugzeuge *pl.*, b) Raumschiff *n*, -fahrzeug *n*; '**craft·i·ness** [-tɪnɪs] *s.* List *f*, Schlauheit *f*.

crafts·man ['krɑːftsmən] *s.* [*irr.*] **1.** gelernter Handwerker; **2.** Kunsthandwerker *m*; **3.** *fig.* Könner *m*; '**crafts·man·ship** [-ʃɪp] *s.* Kunstfertigkeit *f*, handwerkliches Können *od.* Geschick.

craft·y ['krɑːftɪ] *adj.* □ listig, schlau, verschlagen.

crag [kræg] *s.* Felsenspitze *f*, Klippe *f*; '**crag·ged** [-gɪd], '**crag·gy** [-gɪ] *adj.* **1.** felsig, schroff; **2.** *fig.* knorrig (*Person*); **crags·man** ['krægzmən] *s.* [*irr.*] geübter Bergsteiger, Kletterer *m*.

cram [kræm] **I** *v/t.* **1.** *a. fig.* voll stopfen *od.* packen *od.* pfropfen, über'füllen (***with*** mit); **2.** über'füttern, voll stopfen; **3.** *Geflügel* stopfen, mästen; **4.** (hin'ein-) stopfen, (-)zwängen (***into*** in *acc.*); **5.** F a) mit *j-m* ‚pauken', b) *et.* ‚pauken' *od.* ‚büffeln'; **II** *v/i.* **6.** sich (gierig) voll essen *od.* stopfen; **7.** F ‚pauken', ‚büffeln': ***~ up on*** → 5 b; **III** *s.* **8.** F Gedränge *n*; **9.** F ‚Pauken' *n*: ***~ course*** Paukkurs *m*.

,**cram-'full** *adj.* zum Bersten voll.

cram·mer ['kræmə] *s.* F **1.** ‚Einpauker' *m*; **2.** ‚Paukstudio' *n*; **3.** ‚Paukbuch' *n*.

cramp[1] [kræmp] **I** *s.* **1.** ⚙ Krampe *f*, Klammer *f*; Schraubzwinge *f*; **2.** *fig.* Zwang *m*, Fessel *f*; Einengung *f*; **II** *v/t.* **3.** ver-, anklammern, befestigen; **4.** *a.* ***~ up*** *fig.* einengen, einzwängen; hemmen: ***be ~ed for space*** (zu) wenig Platz haben; → ***style*** 1 b.

cramp[2] [kræmp] **I** *s.* ⚕ Krampf *m*; **II** *v/t.* Krämpfe auslösen in (*dat.*); **cramped** [-pt] *adj.* **1.** verkrampft; **2.** eng, beengt.

'**cramp|·fish** *s.* Zitterrochen *m*; **~ i·ron** *s.* **1.** (Stahl)Klammer *f*, Krampe *f*; **2.** ⚠ Steinanker *m*.

cram·pon ['kræmpən], *Am. a.* **cram·poon** [kræm'puːn] *s. oft pl.* **1.** ⚙ Kanthaken *m*; **2.** *mount.* Steigeisen *n*.

cran·ber·ry ['krænbərɪ] *s.* ⚘ Preisel-, Kranbeere *f*.

crane [kreɪn] **I** *s.* **1.** *orn. u.* ♀ *astr.* Kranich *m*; **2.** ⚙ Kran *m*: ***~ truck*** Kranwagen *m*; **II** *v/t.* **3.** mit e-m Kran heben; **4.** ***~ one's neck*** sich den Hals verrenken (***for*** nach); **~ fly** *s. zo.* (Erd)Schnake *f*.

cra·ni·a ['kreɪnjə] *pl. von* ***cranium***; '**cra·ni·al** [-jəl] *adj. anat.* Schädel...; **cra·ni·ol·o·gy** [,kreɪnɪ'ɒlədʒɪ] *s.* Schädellehre *f*; '**cra·ni·um** [-jəm] *pl.* **-ni·a** [-jə] *Am. a.* **-ni·ums** *s. anat.* Schädel *m*.

crank [kræŋk] **I** *s.* **1.** ⚙ Kurbel *f*, Schwengel *m*: ***~ case*** Kurbelgehäuse *n*, -kasten *m*; ***~ handle*** Kurbelgriff *m*; ***~ pin*** Kurbelzapfen *m*; ***~ shaft*** Kurbelwelle *f*; **2.** Wortspiel *n*; **3.** Ma'rotte *f*, Grille *f*, fixe I'dee; **4.** ‚Spinner' *m*, (harmloser) Verrückter: ***~ letter*** Brief *m* von e-m ‚Spinner'; **II** *v/t.* **5.** ⚙ kröpfen, krümmen; **6.** *oft* ***~ up*** ankurbeln, *Motor* anlassen; *Maschine* 'durchdrehen; **III** *adj.* **7.** wack(e)lig, schwach; **8.** ⚓ rank; '**crank·i·ness** [-kɪnɪs] *s.* Wunderlichkeit *f*, Verschrobenheit *f*; '**crank·y** [-kɪ] *adj.* □ **1.** wunderlich, verschroben; **2.** → ***crank*** 7, 8.

cran·ny ['krænɪ] *s.* **1.** Ritze *f*, Spalte *f*, Riss *m*; **2.** Schlupfwinkel *m*.

crap[1] [kræp] *s. Am.* Fehlwurf *m beim* ***craps***.

crap[2] [kræp] V **I** *s.* a) Scheiße *f*: ***have a ~*** → II, b) *fig.* ‚Mist' *m*, ‚Scheiß' *m*; **II** *v/i.* scheißen.

crape [kreɪp] *s.* **1.** Krepp *m*; **2.** Trauerflor *m*.

crap·py ['kræpɪ] *adj. sl.* ‚mistig', Scheiß...

craps [kræps] *s. pl. sg. konstr. Am. ein* Würfelspiel *n*: ***shoot ~*** Craps spielen.

crap·u·lence ['kræpjʊləns] *s.* Unmäßigkeit *f*, *bsd.* unmäßiger Alko'holgenuss.

crash[1] [kræʃ] **I** *v/i.* **1.** zs.-krachen, zerbrechen, *Computer*: ‚abstürzen'; **2.** (krachend) ab-, einstürzen; **3.** ✈ abstürzen, Bruch machen; *mot.* a) zs.-stoßen, b) verunglücken: ***~ into*** krachen gegen; **4.** poltern, platzen, rasen, stürzen: ***~ in*** hereinplatzen; ***~ in on*** → 9; **5.** *fig. bsd.* ✝ zs.-brechen; **II** *v/t.* **6.** zertrümmern, zerschmettern; **7.** ✈ abstürzen *od.* e-e Bruchlandung machen mit; **8.** *mot.* zu Bruch fahren; **9.** *sl.* uneingeladen kommen zu *e-r Party*; **III** *s.* **10.** Krach(en *n*) *m*; **11.** Zs.-stoß *m*; Unfall *m*; **12.** ✈ Absturz *m*; **13.** ✝ (Börsen)Krach *m*, *allg.* Zs.-bruch; **14.** *Computer*: ‚Absturz'; **IV** *adj.* **15.** *fig.* Schnell..., Sofort...

crash² [kræʃ] *s.* grober Leinendrell.

crash| bar·ri·er *s. Brit.* Leitplanke *f*; **~ course** *s.* Schnell-, Inten'sivkurs *m*; **~ di·et** *s.* radi'kale Abmagerungskur *f*; **'~-dive** *v/i.* ⚓ schnelltauchen (*U-Boot*); **~ halt** *s.* 'Vollbremsung *f*; **~ hel·met** *s.* Sturzhelm *m*; **~ job** *s.* brandeilige Arbeit, Eilauftrag *m*; **'~-land** *v/i.* ✈ e-e Bruchlandung machen; **~ land·ing** *s.* ✈ Bruchlandung *f*; **~ test** *s. mot.* 'Crashtest *m*; **~ truck** *s.* Rettungswagen *m*.

crass [kræs] *adj.* □ *fig.* krass, grob; **'crass·ness** [-nɪs] *s.* **1.** Krassheit *f*; **2.** krasse Dummheit.

crate [kreɪt] **I** *s.* **1.** Lattenkiste *f*, (Bier- *etc.*)Kasten *m*; **2.** großer Packkorb; **3.** *sl.* ‚Kiste' *f* (*Auto od. Flugzeug*); **II** *v/t.* **4.** in e-e Lattenkiste *etc.* verpacken.

cra·ter ['kreɪtə] *s.* **1.** *geol. etc. a.* ⚒ 'Krater *m*; **2.** (Bomben-, Gra'nat)Trichter *m*, -krater *m*.

cra·vat [krə'væt] *s.* Halstuch *n*; Kra'watte *f*.

crave [kreɪv] **I** *v/t.* **1.** flehen *od.* dringend bitten um; **II** *v/i.* **2.** sich (heftig) sehnen (***for*** nach); **3.** flehen, inständig bitten (***for*** um).

cra·ven ['kreɪvən] **I** *adj.* feige, zaghaft; **II** *s.* Feigling *m*, Memme *f*.

crav·ing ['kreɪvɪŋ] *s.* heftiges Verlangen, Sehnsucht *f*, (krankhafte) Begierde (***for*** nach).

craw [krɔː] *s. zo.* Kropf *m* (*Vogel*).

craw·fish ['krɔːfɪʃ] **I** *s. zo.* → ***crayfish***; **II** *v/i. Am.* F sich drücken, ‚kneifen'.

crawl [krɔːl] **I** *v/i.* **1.** kriechen: a) krabbeln, b) sich da'hinschleppen, schleichen (*a. Arbeit, Zeit*), c) im ‚Schneckentempo' gehen *od.* fahren; **2.** *fig.* (unter'würfig) kriechen (***to s.o.*** vor j-m); **3.** wimmeln (***with*** von); **4.** kribbeln, prickeln; **5.** *Schwimmen*: kraulen; **II** *s.* **6.** Kriechen *n*, Schleichen *n*: ***go at a ~*** → 1 c; **7.** *Schwimmen*: Kraulstil *m*, Kraul(en) *n*; **'crawl·er** [-lə] *s.* **1.** Kriechtier *n*, Gewürm *n*; **2.** *fig.* Kriecher(in); **3.** F a) ‚Schnecke' *f*, b) Taxi *n* auf Fahrgastsuche; **4.** *pl.* Krabbelanzug *m für Kleinkinder*; **5.** *a.* ***~ tractor*** ⚙ Raupen-, Gleiskettenfahrzeug *n*; **6.** *Schwimmen*: Krauler(in); **crawl·er lane** *s. Brit. mot.* Kriechspur *f*; **'crawl·y** [-lɪ] *adj.* F grus(e)lig.

cray·fish ['kreɪfɪʃ] *s. zo.* **1.** Flusskrebs *m*; **2.** Lan'guste *f*.

cray·on ['kreɪən] **I** *s.* **1.** Zeichen-, Bunt-, Pa'stellstift *m*: ***blue ~*** Blaustift; **2.** Kreide-, Pa'stellzeichnung *f*; **II** *v/t.* **3.** mit Kreide *etc.* zeichnen; **4.** *fig.* skizzieren.

craze [kreɪz] **I** *v/t.* **1.** verrückt machen; **2.** *Töpferei*: krakelieren; **II** *s.* **3.** a) Ma'nie *f*, fixe I'dee, Verrücktheit *f*, b) ‚Fimmel' *m*: ***be the ~*** die große Mode sein; ***the latest ~*** der letzte Schrei;

crazed [-zd] *adj.* **1.** wahnsinnig (***with*** vor *dat.*); **2.** (wild) begeistert, hingerissen (***about*** von); **'cra·zi·ness** [-zɪnɪs] *s.* Verrücktheit *f*.

cra·zy ['kreɪzɪ] *adj.* □ **1.** verrückt, wahnsinnig: ***~ with pain***; **2.** F (***about***) begeistert (von); versessen (auf *acc.*); **3.** baufällig, wackelig; ⚓ seeuntüchtig; **4.** zs.-gestückelt; **~ bone** *Am.* → ***funny bone***; **~ pav·ing**, **~ pave·ment** *s.* Mosa'ikpflaster *n*; **~ quilt** *s.* Flickendecke *f*.

creak [kriːk] **I** *v/i.* knarren, kreischen, quietschen, knirschen: ***~ along*** *fig.* sich dahinschleppen (*Handlung etc.*); **II** *s.* Knarren *n*, Knirschen *n*, Quietschen *n*; **'creak·y** [-kɪ] *adj.* □ knarrend, knirschend.

cream [kriːm] **I** *s.* **1.** Rahm *m*, Sahne *f*; **2.** Creme(speise) *f*; **3.** (*Haut-, Schuh- etc.*)Creme *f*; **4.** Cremesuppe *f*; **5.** *fig.* Creme *f*, Auslese *f*, E'lite *f*: ***the ~ of society***; **6.** Kern *m*, Po'inte *f* (*Witz*); **7.** Cremefarbe *f*; **II** *v/i.* **8.** Sahne bilden; **9.** schäumen; **III** *v/t.* **10.** absahnen, den Rahm abschöpfen von (*a. fig.*); **11.** Sahne bilden lassen; **12.** schaumig rühren; **13.** (*dem Tee od. Kaffee*) Sahne zugießen: ***do you ~ your tea?*** nehmen Sie Sahne?; **14.** *Am. sl. j-n* ‚fertig machen'; **IV** *adj.* **15.** creme(farben); **~ cake** *s.* Creme- *od.* Sahnetorte *f*; **~ cheese** *s.* Rahm-, Vollfettkäse *m*; **'~-ˌcol·o(u)red** *adj.* creme(farben).

cream·er·y ['kriːmərɪ] *s.* **1.** Molke'rei *f*; **2.** Milchhandlung *f*.

cream| ice *s. Brit.* Sahneeis *n*, Speiseeis *n*; **~ jug** *s.* Sahnekännchen *n*, -gießer *m*; **ˌ~-'laid** *adj.* cremefarben und gerippt (*Papier*); **~ of tar·tar** *s.* ⚗ Weinstein *m*; **ˌ~-'wove** → ***cream-laid***.

cream tea

Viele Teestuben und Hotels in Großbritannien bieten den **cream tea** an, der aus **scones** [skɒnz] (kleinen runden Kuchen) mit Butter oder **clotted cream** (extra dicker Sahne) und Marmelade besteht. Dazu wird natürlich Tee getrunken.

cream·y ['kriːmɪ] *adj.* sahnig; *fig.* weich, samten.

crease [kriːs] **I** *s.* **1.** Falte *f*, Kniff *m*; **2.** Bügelfalte *f*; **3.** Eselsohr *n* (*Buch*); **4.** *Eishockey*: Torraum *m*; **II** *v/t.* **5.** falten, knicken, kniffen, 'umbiegen; **6.** zerknittern; **7.** *hunt. etc.* streifen, anschießen; **III** *v/i.* **8.** Falten bekommen *od.*

C

werfen; knittern; **9.** sich falten lassen; **creased** [-st] *adj.* **1.** in Falten gelegt, gefaltet; **2.** mit Bügelfalte, gebügelt; **3.** zerknittert.

'crease|-proof, **'~-re,sist·ant** *adj.* knitterfrei.

cre·ate [kriː'eɪt] *v/t.* **1.** (er)schaffen; **2.** schaffen, erzeugen: a) her'vorbringen, ins Leben rufen, b) her'vorrufen, verursachen; **3.** *thea.*, *Mode*: kre'ieren, gestalten; **4.** gründen, ein-, errichten; **5.** ⚖ *Recht etc.* begründen; **6.** *j-n* ernennen zu: ***~ s.o. a peer***; **cre'a·tion** [-'eɪʃn] *s.* **1.** (Er)Schaffung *f*; **2.** Erzeugung *f*, Schaffung *f*: a) Her'vorbringung *f*; ***~ of needs*** Bedarfsweckung *f*, b) Verursachung *f*, c) ***the* ℒ** *eccl.* die Schöpfung, die Erschaffung (der Welt): ***the whole ~*** alle Geschöpfe, die ganze Welt; **3.** Geschöpf *n*, Krea'tur *f*; **4.** (Kunst-, Mode)Schöpfung *f*, Kreati'on *f*; Werk *n*; **5.** *thea.* Kre'ierung *f*, Gestaltung *f*; **6.** Gründung *f*, Errichtung *f*, Bildung *f*; **7.** Ernennung *f* (*zu e-m Rang*); **cre'a·tive** [-tɪv] *adj.* □ **1.** schöpferisch, (er)schaffend, *a.* krea'tiv; **2.** (***of s.th.***) *et.* verursachend; **cre'a·tive·ness** [-tɪvnɪs]; **cre·a·tiv·i·ty** [ˌkriːeɪ'tɪvətɪ] *s.* Kreativi'tät *f*, schöpferische Kraft; **cre'a·tor** [-tə] *s.* Schöpfer *m*, Erschaffer *m*, Erzeuger *m*, Urheber *m*: ***the* ℒ** der Schöpfer, Gott *m*.

crea·ture ['kriːtʃə] *s.* **1.** Geschöpf *n*, (Lebe)Wesen *n*, Krea'tur *f*: ***fellow ~*** Mitmensch *m*; ***dumb ~*** stumme Kreatur; ***lovely ~*** süßes Geschöpf (*Frau*); ***silly ~*** dummes Ding; ***~ of habit*** Gewohnheitstier *n*; **2.** *fig.* *j-s* Krea'tur *f*, Werkzeug *n*; **~ com·forts** *s. pl.* *die* leiblichen Genüsse, *das* leibliche Wohl.

crèche [kreɪʃ] (*Fr.*) *s.* **1.** Kinderhort *m*, -krippe *f*; **2.** *Am.* (Weihnachts)Krippe *f*.

cre·dence ['kriːdəns] *s.* **1.** Glaube *m*: ***give ~ to*** Glauben schenken (*dat.*); **2.** *a.* ***~ table*** *eccl.* Kre'denz *f*.

cre·den·tials [krɪ'denʃlz] *s. pl.* **1.** Beglaubigungs- *od.* Empfehlungsschreiben *n*; **2.** (Leumunds)Zeugnis *n*; **3.** 'Ausweis(paˌpiere *pl.*) *m*.

cred·i·bil·i·ty [ˌkredɪ'bɪlətɪ] *s.* Glaubwürdigkeit *f*; **~ gap** *s.* Glaubwürdigkeitslücke *f*; **cred·i·ble** ['kredəbl] *adj.* □ glaubwürdig; zuverlässig: ***show credibly that*** ⚖ glaubhaft machen, dass.

cred·it ['kredɪt] **I** *s.* **1.** ✝ a) Kre'dit *m*, b) Ziel *n*: (***letter of***) **~** Akkredi'tiv *n*; ***on ~*** auf Kredit; ***open a ~*** e-n Kredit *od.* ein Akkreditiv eröffnen; ***30 days' ~*** 30 Tage Ziel; **2.** ✝ a) Haben *n*, 'Kredit(seite *f*) *n*, b) Guthaben *n*, 'Kreditposten *m*, *pl.* *a.* Ansprüche: ***enter*** (*od.* ***place***) ***it to my ~*** schreiben Sie es mir gut; ***~ advice*** Gutschriftsanzeige *f*; (***tax***) **~** *Am.* (Steuer)Freibetrag *m*; **3.** ✝ Kre'ditwürdigkeit *f*; **4.** Glaube(n) *m*, Ver-, Zutrauen *n*: ***give ~ to*** → 10; **5.** Glaubwürdigkeit *f*, Zuverlässigkeit *f*; **6.** Ansehen *n*, Achtung *f*, guter Ruf, Ehre *f*: ***be a ~ to s.o.***, ***reflect ~ on s.o.***, ***do s.o. ~***, ***be to s.o's ~*** j-m Ehre machen *od.* einbringen; ***he does me ~*** mit ihm lege ich Ehre ein; ***to his ~ it must be said*** a) zu s-r Ehre muss man sagen, b) man muss es ihm hoch anrechnen; ***add to s.o.'s ~*** j-s Ansehen erhöhen; ***with ~*** ehrenvoll, mit Lob; **7.** Verdienst *n*, Anerkennung *f*, Lob *n*: ***get ~ for*** Anerkennung finden für; ***very much to his ~*** sehr anerkennenswert von ihm; ***give s.o.*** (***the***) ***~ for s.th.*** a) j-m et. hoch anrechnen, b) j-m et. zutrauen, c) j-m et. verdanken; ***take*** (***the***) ***~ for*** sich *et.* als Verdienst anrechnen, den Ruhm *od.* alle Lorbeeren für *et.* in Anspruch nehmen; **8.** (***title and***) ***~s*** *pl. Film*, *TV*: Vor- *od.* Abspann *m*, Erwähnungen *pl.*; **9.** *ped. Am.* a) Anrechnungspunkt *m*, b) Abgangszeugnis *n*; **II** *v/t.* **10.** Glauben schenken (*dat.*), *j-m od. et.* glauben; *j-m* trauen; **11.** ***~ s.o. with s.th.*** a) j-m et. zutrauen, b) j-m et. zuschreiben; **12.** ✝ *Betrag* gutschreiben, kreditieren (***to s.o.*** j-m); *j-n* erkennen (***with*** für); **13.** *ped. Am.* (***s.o. with***) (j-m) Punkte anrechnen (für); **'cred·it·a·ble** [-təbl] *adj.* □ **1.** rühmlich, lobens-, anerkennenswert, ehrenvoll (***to*** für): ***be ~ to s.o.*** j-m Ehre machen; **2.** glaubwürdig.

cred·it| a·gen·cy *s.* Kre'ditauskunfˌtei *f*; **~ bal·ance** *s.* ✝ 'Kreditˌsaldo *m*, Guthaben *n*; **~ card** *s.* ✝ Kre'ditkarte *f*; **~ in·ter·est** *s.* Habenzinsen *pl.*; **~ note** *s.* ✝ Gutschriftsanzeige *f*.

cred·i·tor ['kredɪtə] *s.* ✝ **1.** Gläubiger (-in); **2.** a) *a.* ***~ side*** Haben *n*, 'Kreditseite *f e-s Kontobuchs*, b) *pl.* *Bilanz*: Verbindlichkeiten *pl.*

cred·it| rat·ing *s.* *Am.* Kre'ditfähigkeit *f*; **~ squeeze** *s.* ✝ Kre'ditzange *f*; **~ stand·ing** *s.* Bonität *f*; **~ tit·les** *pl.* → ***credit*** 8; **'~ˌwor·thi·ness** *s.* ✝ Kre'ditwürdigkeit *f*; **'~ˌwor·thy** *adj.* ✝ kre'ditwürdig.

cre·do ['kriːdəʊ] *pl.* **-dos** *s.* **1.** *eccl.* 'Kredo *n*, Glaubensbekenntnis *n*; **2.** → ***creed*** 2.

cre·du·li·ty [krɪ'djuːlətɪ] *s.* Leichtgläubigkeit *f*; **cred·u·lous** ['kredjuləs] *adj.* □ leichtgläubig.

creed [kriːd] *s.* **1.** a) Glaubensbekenntnis *n*, b) Glaube *m*, Konfessi'on *f*; **2.** *fig.* (*a. politische etc.*) Über'zeugung, 'Kredo *n*.

creek [kriːk] *s.* **1.** Flüsschen *n*; kleiner Wasserlauf (*nur von der Flut gespeist*): ***up the ~*** *fig.* in der Klemme (sitzend); **2.** kleine Bucht.

C

creel [kriːl] *s.* Fischkorb *m.*
creep [kriːp] **I** *v/i.* [*irr.*] **1.** *a. fig.* kriechen, (da'hin)schleichen: **~ up on** sich heranschleichen an (*acc.*); **~ into s.o.'s favo(u)r** *fig.* sich bei j-m einschmeicheln; **~ in** sich einschleichen (*Fehler*); **old age is ~ing upon me** das Alter naht heran; **2.** ⚘ kriechen, sich ranken; **3.** ⚙ kriechen; ⚡ nacheilen; **4.** kribbeln: **it made my flesh ~** dabei überlief es mich kalt, ich bekam eine Gänsehaut dabei; **II** *s.* **5.** → **crawl** 6; **6.** → **creepage**; **7.** Schlupfloch *n*; **8.** *geol.* (Erd-) Rutsch *m*; **9.** *pl.* F Gruseln *n*, Gänsehaut *f*: **the sight gave me the ~s** bei dem Anblick überlief es mich kalt; **10.** *sl.* ‚Fiesling' *m*, ‚Scheißtyp' *m*; **'creep·age** [-pɪdʒ] *s.* ⚙, ⚡ Kriechen *n*; **'creep·er** [-pə] *s.* **1.** *fig.* Kriecher(in); **2.** Kriechtier *n* (*Insekt, Wurm*); **3.** ⚘ Kriech- *od.* Kletterpflanze *f*; **4.** *orn.* Baumläufer *m*; **5.** *mount.* Steigeisen *n*; **6.** ⚓ Dragganker *m*; **7.** *pl. Am.* (einteiliger) Spielanzug; **8.** F weichsohliger Schuh; **'creep·ing** [-pɪŋ] *adj.* ☐ **1.** kriechend, schleichend (*a. fig.*); **2.** ⚘ kriechend, kletternd; **3.** a) kribbelnd, b) grus(e)lig; **4.** → **barrage**[1] 2; **'creep·y** [-pɪ] *adj.* **1.** kriechend: a) krabbelnd, b) schleichend; **2.** grus(e)lig.
cre·mate [krɪ'meɪt] *v/t. bsd. Leichen* verbrennen, einäschern; **cre'ma·tion** [-eɪʃn] *s.* Feuerbestattung *f*, Einäscherung *f*; **cre·ma·to·ri·um** [ˌkremə'tɔːrɪəm] *pl.* **-ri·ums, -ri·a** [-rɪə], **cre·ma·to·ry** ['kremətərɪ] *s.* Krema'torium *n.*
crème [kreɪm] (*Fr.*) *s.* Creme *f*; **~ de menthe** [ˌkreɪmdə'mɑːnt] *s.* 'Pfefferminzliˌkör *m*; **~ de la ~** [-dlɑː-] *s. fig.* a) *das* Beste vom Besten; *die* E'lite (der Gesellschaft), Crème *f* de la Crème.
cre·nate ['kriːneɪt], **'cre·nat·ed** [-tɪd] *adj.* ⚘, ⚕ gekerbt, gefurcht; **cre·na·tion** [kriː'neɪʃn] *s.* ⚘, ⚕ Kerbung *f*, Furchung *f.*
cren·el ['krenl] *s.* Schießscharte *f*; **'cren·el(l)ate** [-nəleɪt] *v/t.* krenelieren, mit Zinnen *od.* zinnenartigem Orna'ment versehen; **cren·el(l)a·tion** [ˌkrenə'leɪʃn] *s.* Krenelierung.
Cre·ole ['kriːəʊl] **I** *s.* Kre'ole *m*, Kre'olin *f*; **II** *adj.* kre'olisch.
cre·o·sote ['krɪəsəʊt] *s.* ⚗ Kreo'sot *n.*
crêpe [kreɪp] *s.* **1.** Krepp *m*; **2.** → **~ rubber**; **~ de Chine** [ˌkreɪpdə'ʃiːn] *s.* Crêpe *m* de Chine; **~ pa·per** *s.* 'Krepppaˌpier *n*; **~ rub·ber** *s.* 'Kreppˌgummi *n, m*; **~ su·zette** [suː'zet] *s.* Crêpe *f* Su'zette.
crep·i·tate ['krepɪteɪt] *v/i.* knarren, knirschen, knacken, rasseln; **crep·i·ta·tion** [ˌkrepɪ'teɪʃn] *s.* Knarren *n*, Knirschen *n*, Knacken *n*, Rasseln *n.*
crept [krept] *pret. u. p.p.* von **creep.**
cre·pus·cu·lar [krɪ'pʌskjʊlə] *adj.* **1.** Dämmerungs..., dämmerig; **2.** *zo.* im Zwielicht erscheinend.
cre·scen·do [krɪ'ʃendəʊ] (*Ital.*) ♪ **I** *pl.* **-dos** *s.* Cre'scendo *n* (*a. fig.*); **II** *adv.* cre'scendo, stärker werdend.
cres·cent ['kresnt] **I** *s.* **1.** Halbmond *m*, Mondsichel *f*; **2.** *hist. pol.* Halbmond *m* (*Türkei od. Islam*); **3.** halbmondförmiger Gegenstand, Straßenzug *etc.*; **4.** ♪ Schellenbaum *m*; **5.** Hörnchen *n* (*Gebäck*); **II** *adj.* **6.** halbmondförmig; **7.** zunehmend.
cress [kres] *s.* ⚘ Kresse *f.*
crest [krest] **I** *s.* **1.** *zo.* Kamm *m* (*Hahn*); **2.** *zo.* a) (Feder-, Haar)Schopf *m*, Haube *f* (*Vögel*), b) Mähne *f*; **3.** Helmbusch *m*, -schmuck *m*; **4.** Helm *m*; **5.** Bergrücken *m*, Kamm *m*; **6.** Kamm *m* (*Welle*): **he's riding (along) a ~ of the wave** *fig.* er schwimmt momentan ganz oben; **7.** Gipfel *m*, Krone *f*, Scheitelpunkt *m*; **8.** Verzierung *f* über dem (Fa'milien)Wappen: **family ~** Familienwappen *n*; **9.** ⚠ Bekrönung *f*; **II** *v/t.* **10.** erklimmen; **III** *v/i.* **11.** hoch aufwogen; **'crest·ed** [-tɪd] *adj.* mit e-m Kamm *od.* Schopf *od.* e-r Haube (versehen): **~ lark** Haubenlerche *f*; **'crestˌfall·en** *adj. fig.* geknickt, niedergeschlagen.
cre·ta·ceous [krɪ'teɪʃəs] *adj.* kreideartig, -haltig: **~ period** Kreide(zeit) *f.*
Cre·tan ['kriːtn] **I** *adj.* kretisch, aus Kreta; **II** *s.* Kreter(in).
cre·tin ['kretɪn] *s.* ⚕ Kre'tin *m* (*a. contp.*); **'cre·tin·ism** [-nɪzəm] *s.* Kreti'nismus *m*; **'cre·tin·ous** [-nəs] *adj.* kre'tinhaft.
Creutz·feld(t)-Ja·kob dis·ease [ˌkrɔɪtsfelt'jækɒb] *s.* ⚕ Creutzfeld(t)-Jakob-Krankheit *f* (= *BSE*).
cre·vasse [krɪ'væs] *s.* **1.** tiefer Spalt *od.* Riss; **2.** Gletscherspalte *f*; **3.** *Am.* Bruch *m* im Deich.
crev·ice ['krevɪs] *s.* Riss *m*, (Fels)Spalte *f.*
crew[1] [kruː] *pret. von* **crow**[2].
crew[2] [kruː] *s.* **1.** ⚓, ✈ *etc.* Besatzung *f*, (*a. sport* Boots)Mannschaft *f*; **2.** (Arbeits)Gruppe *f*, ('Arbeiter)Koˌlonne *f*; **3.** ⚙ (Bedienungs)Mannschaft *f*; **4.** ('Dienst)Persoˌnal *n*; **5.** *Am.* Pfadfindergruppe *f*; **6.** *contp.* Bande *f*; **~ cut** *s.* Bürste(nschnitt *m*) *f.*
crib [krɪb] **I** *s.* **1.** a) (Futter)Krippe *f*, b) Hürde *f*, Stall *m*; **2.** Kinderbettchen *n*; **3.** a) Hütte *f*, b) kleiner Raum; **4.** Weidenkorb *m* (*Fischfalle*); **5.** F a) kleiner Diebstahl, b) ‚Anleihe' *f*, Plagi'at *n*; **6.** *ped.* F a) ‚Eselsbrücke' *f*, b) Spickzettel *m*; **7.** *Cribbage*: abgelegte Karten *pl.*; **II** *v/t.* **8.** ein-, zs.-pferchen; **9.** F ‚klauen' (*a. fig. plagiieren*), *ped.* abschreiben; **III** *v/i.* **10.** F abschreiben; **'crib·bage** [-bɪdʒ] *s.* 'Cribbage *n* (*Kartenspiel*).

C

crick [krɪk] **I** *s.* Muskelkrampf *m*: ~ ***in one's back*** (***neck***) steifer Rücken (Hals); **II** *v/t.* ~ ***one's back*** (***neck***) sich e-n steifen Rücken (Hals) holen.

crick·et[1] ['krɪkɪt] *s. zo.* Grille *f*, Heimchen *n*; → ***merry*** 1.

crick·et[2] ['krɪkɪt] *s. sport* Kricket *n*: ~ ***bat*** Kricketschläger *m*; ~ ***field***, ~ ***ground*** Kricket(spiel)platz *m*; ~ ***pitch*** Feld *n* zwischen den beiden Dreistäben; ***not*** ~ F nicht fair *od.* anständig; **'crick·et·er** [-tə] *s.* Kricketspieler *m*.

cri·er ['kraɪə] *s.* **1.** Schreier *m*; **2.** (öffentlicher) Ausrufer.

cri·key ['kraɪkɪ] *int. sl.* Mann!

crime [kraɪm] **I** *s.* **1.** ⚖ *u. fig.* a) Verbrechen *n*, b) → ***criminality*** 1: ~ ***novel*** Kriminalroman *m*; ~ ***rate*** Verbrechensquote *f*; ~ ***wave*** Welle *f* von Verbrechen; **2.** Frevel *m*, Übeltat *f*, Sünde *f*; **3.** *coll.* Krimi'nalro,mane *f*: ~ ***writer*** ‚Krimi-Schreiber(in)'; **4.** F ‚Verbrechen' *n*, ‚Jammer' *m*, ‚Schande' *f*; **II** *v/t.* **5.** ⚔ beschuldigen.

Cri·me·an [kraɪ'mɪən] *adj.* die Krim betreffend: ~ ***War*** Krimkrieg *m*.

crim·i·nal ['krɪmɪnl] **I** *adj.* **1.** verbrecherisch, krimi'nell, strafbar: ~ ***act***; **2.** ⚖ strafrechtlich, Straf..., ... in Strafsachen: ~ ***jurisdiction***; ~ ***lawyer*** Strafrechtler *m*, Anwalt *m* für Strafsachen; **II** *s.* **3.** Verbrecher(in); ~ **ac·tion** *s.* 'Strafpro,zess *m*; ~ **code** *s.* Strafgesetzbuch *n*; ~ **con·ver·sa·tion** *s.* ⚖ *Brit. obs. u. Am.* Ehebruch *m* (*als Schadensersatzgrund*); ♀ **In·ves·ti·ga·tion De·part·ment** *s.* (*abbr.* ***CID***) *Brit.* Krimi'nalpoli,zei *f*.

crim·i·nal·ist ['krɪmɪnəlɪst] *s.* **1.** Krimina'list *m*, Strafrechtler *m*; **2.** Krimino'loge *m*; **crim·i·nal·i·ty** [,krɪmɪ'nælətɪ] *s.* **1.** Kriminali'tät *f*, Verbrechertum *n*; **2.** Schuld *f*; Strafbarkeit *f*; **'crim·i·nal·ize** *v/t.* **1.** *et.* unter Strafe stellen; **2.** *j-n*, *et.* kriminalisieren.

crim·i·nal| law *s.* Strafrecht *n*; ~ **neg·lect** *s.* grobe Fahrlässigkeit; ~ **of·fence**, *Am.* ~ **of·fense** *s.* strafbare Handlung; ~ **pro·ceed·ings** *s. pl.* Strafverfahren *n*.

crim·i·nate ['krɪmɪneɪt] *v/t.* anklagen, (e-s Verbrechens) beschuldigen; **crim·i·na·tion** [,krɪmɪ'neɪʃn] *s.* Anklage *f*, Beschuldigung *f*; **crim·i·nol·o·gist** [,krɪmɪ'nɒlədʒɪst] *s.* Krimino'loge *m*; **crim·i·nol·o·gy** [,krɪmɪ'nɒlədʒɪ] *s.* Kriminolo'gie *f*.

crimp[1] [krɪmp] **I** *v/t.* **1.** kräuseln, knittern, fälteln, wellen; **2.** *Leder* zu'rechtbiegen; **3.** ⚙ bördeln; **4.** *Küche*: *Fisch*, *Fleisch* schlitzen; **5.** *Am. sl.* hindern, stören; **II** *s.* **6.** Kräuselung *f*, Welligkeit *f*; Krause *f*, Falte *f*; **7.** ⚙ Falz *m*; **8.** (Haar)Welle *f*, Locke *f*; **9.** *Am.* F Behinderung *f*.

crimp[2] [krɪmp] *v/t.* ⚓, ⚔ gewaltsam anwerben, pressen.

crim·son ['krɪmzn] **I** *s.* Karme'sin-, Hochrot *n*; **II** *adj.* karme'sin-, hochrot; *fig.* puterrot (***from*** vor *Zorn etc.*); **III** *v/t.* hochrot färben; **IV** *v/i.* puterrot werden; ~ **ram·bler** *s.* ⚘ *blutrote Kletterrose.*

cringe [krɪndʒ] *v/i.* **1.** sich ducken, sich krümmen: ~ ***at*** zurückschrecken vor (*dat.*); **2.** *fig.* kriechen, ‚katzbuckeln' (***to*** vor *dat.*); **'cring·ing** [-dʒɪŋ] *adj.* □ kriecherisch, unter'würfig.

crin·kle ['krɪŋkl] **I** *v/i.* **1.** sich kräuseln *od.* krümmen *od.* biegen; **2.** Falten werfen, knittern; **II** *v/t.* **3.** kräuseln, krümmen; **4.** faltig machen, zerknittern; **III** *s.* **5.** Fältchen *n*, Runzel *f*; **'crin·kly** [-lɪ] *adj.* **1.** kraus, faltig; **2.** zerknittert.

crin·o·line ['krɪnəliːn] *s. hist.* Krino'line *f*, Reifrock *m*.

crip·ple ['krɪpl] **I** *s.* **1.** Krüppel *m*; **II** *v/t.* **2.** a) zum Krüppel machen, b) lähmen; **3.** *fig.* lähmen, lahm legen; **4.** ⚔ akti'ons- *od.* kampfunfähig machen; **'crip·pled** [-ld] *adj.* **1.** verkrüppelt; **2.** *fig.* lahm gelegt; **'crip·pling** [-lɪŋ] *adj. fig.* lähmend.

cri·sis ['kraɪsɪs] *pl.* **-ses** [-siːz] *s.* ⚕, *thea. u. fig.* 'Krise *f*, 'Krisis *f*: ~ ***management*** Krisenmanagement *n*; ~**-*prone*** krisenanfällig; ~ ***staff*** Krisenstab *m*.

crisp [krɪsp] **I** *adj.* □ **1.** knusp(e)rig, mürbe: ~***bread*** Knäckebrot *n*; **2.** kraus, gekräuselt; **3.** frisch, fest (*Gemüse*); steif, unzerknittert (*Papier*); **4.** a) forsch, schneidig, b) flott, lebhaft; **5.** klar, knapp (*Stil etc.*); **6.** scharf, frisch (*Luft*); **II** *s.* **7.** *pl. bsd. Brit.* (Kar'toffel) Chips *pl.*; **III** *v/t.* **8.** knusp(e)rig machen; **9.** kräuseln; **IV** *v/i.* **10.** knusp(e)rig werden; **11.** sich kräuseln; **'crisp·ness** [-nɪs] *s.* **1.** Knusp(e)rigkeit *f*; **2.** Frische *f*, Schärfe *f*, Le'bendigkeit *f*; **'crisp·y** [-pɪ] → ***crisp*** 1, 2, 4.

criss·cross ['krɪskrɒs] **I** *adj.* **1.** gekreuzt, kreuz u. quer (laufend), Kreuz...; **II** *adv.* **2.** kreuzweise, kreuz u. quer, durchein'ander; **3.** *fig.* in die Quere, verkehrt; **III** *s.* **4.** Gewirr *n* von Linien; **5.** Kreuzzeichen *n* (*als Unterschrift*); **IV** *v/t.* **6.** (wieder'holt 'durch-) kreuzen, kreuz u. quer durch'ziehen; **V** *v/i.* **7.** sich kreuzen; kreuz u. quer verlaufen.

cri·te·ri·on [kraɪ'tɪərɪən] *pl.* **-ri·a** [-rɪə] *s.* **1.** Kri'terium *n*, Maßstab *m*, Prüfstein *m*: ***that is no*** ~ das ist nicht maßgebend (***for*** für); **2.** (Unter'scheidungs)Merkmal *n*.

crit·ic ['krɪtɪk] *s.* **1.** Kritiker(in); **2.** (Kunst- *etc.*)Kritiker(in), Rezen'sent (-in); **3.** Krittler *m*, Tadler *m*; **'crit·i·cal**

[-kl] *adj.* □ **1.** kritisch, tadelsüchtig (***of s.o.*** j-m gegen'über): ***be ~ of s.th.*** et. kritisieren *od.* beanstanden, Bedenken gegen et. haben; **2.** kritisch, kunstverständig; sorgfältig: ***~ edition*** kritische Ausgabe; **3.** kritisch, entscheidend: ***the ~ moment***; **4.** kritisch, bedenklich, gefährlich: ***~ situation***; ***~ supplies*** Mangelgüter; **5.** *phys.* kritisch: ***~ speed***; ***~ load*** Grenzbelastung *f*; **'crit·i·cism** [-ɪsɪzəm] *s.* Kri'tik *f*: a) kritische Beurteilung, b) (Buch- *etc.*)Besprechung *f*, Rezensi'on *f*, c) kritische Unter'suchung, d) Tadel *m*: ***textual ~*** Textkritik; ***open to ~*** anfechtbar; ***above ~*** über jede Kritik *od.* jeden Tadel erhaben; **'crit·i·cize** [-ɪsaɪz] *v/t.* kritisieren (*a. v/i.*): a) kritisch beurteilen, b) besprechen, rezensieren; c) Kri'tik üben an (*dat.*), tadeln, rügen; **cri·tique** [krɪ'tiːk] *s.* Kri'tik *f*, kritische Besprechung *od.* Abhandlung.

croak [krəʊk] **I** *v/i.* **1.** quaken (*Frosch*); krächzen (*Rabe*); **2.** unken (*Unglück prophezeien*); **3.** *sl.* ‚abkratzen' (*sterben*); **II** *v/t.* **4.** *et.* krächzen(d sagen); **5.** *sl.* abmurksen (*töten*); **III** *s.* **6.** Quaken *n*; Krächzen *n*; **7.** → ***croaker*** 1; **'croak·er** [-kə] *s.* **1.** Schwarzseher *m*, Miesmacher *m*; **2.** *Am. sl.* Quacksalber *m*; **'croak·y** [-kɪ] *adj.* □ krächzend.

Cro·at ['krəʊæt] *s.* Kro'ate *m*, Kro'atin *f*; **Cro·a·tian** [krəʊ'eɪʃjən] *adj.* kro'atisch.

cro·chet ['krəʊʃeɪ] **I** *s. a.* ***~ work*** Häkelarbeit *f*, Häke'lei *f*: ***~ hook*** Häkelnadel *f*; **II** *v/t. u. v/i. pret. u. p.p.* **'cro·cheted** [-ʃeɪd] häkeln.

crock[1] [krɒk] **I** *s.* **1.** Klepper *m*, alter Gaul; **2.** *sl.* a) ‚altes Wrack' (*Person od. Sache*), b) *Am.* ‚altes Ekel' *od.* ‚alter Säufer'; **II** *v/i.* **3.** *mst* ***~ up*** zs.-brechen, -krachen; **III** *v/t.* **4.** ka'puttmachen.

crock[2] [krɒk] *s.* **1.** irdener Topf *od.* Krug; **2.** Topfscherbe *f*; **'crock·er·y** [-kərɪ] *s.* (irdenes) Geschirr, Steingut *n*, Töpferware *f*.

croc·o·dile ['krɒkədaɪl] *s.* **1.** *zo.* Kroko'dil *n*; **2.** Kroko'dilleder *n*; **3.** *Brit.* F Zweierreihe *f* von Schulmädchen; ***~ tears*** *s. pl.* Kroko'dilstränen *pl.*

cro·cus ['krəʊkəs] *s.* ⚘ 'Krokus *m*.

Croe·sus ['kriːsəs] *s.* 'Krösus *m*.

croft [krɒft] *s. Brit.* **1.** kleines (Acker-) Feld (*beim Haus*); **2.** kleiner Bauernhof; **'croft·er** [-tə] *s. Brit.* Kleinbauer *m*.

crois·sant ['kwæsɑ̃ːŋ] *s.* Crois'sant *n*, Hörnchen *n*.

crom·lech ['krɒmlek] *s.* 'Kromlech *m*, dru'idischer Steinkreis.

crone [krəʊn] *s.* altes Weib.

cro·ny ['krəʊnɪ] *s.* alter Freund, Kum'pan *m*: ***old ~*** Busenfreund, Intimus *m*, ‚Spezi' *m*.

crook [krʊk] **I** *s.* **1.** Hirtenstab *m*; **2.** *eccl.* Bischofs-, Krummstab *m*; **3.** Krümmung *f*, Biegung *f*; **4.** Haken *m*; **5.** (*Schirm*)Krücke *f*; **6.** F Gauner *m*, Betrüger *m*, *allg.* Ga'nove *m*: ***on the ~*** unehrlich, hintenherum; **II** *v/t. u. v/i.* **7.** (sich) krümmen, (sich) biegen; **'~·back** *s.* Buck(e)lige(r *m*) *f*; **'~·backed** *adj.* buck(e)lig.

crooked[1] [krʊkt] *adj.* mit e-r Krücke: ***~ stick*** Krückstock *m*.

crook·ed[2] ['krʊkɪd] *adj.* □ **1.** krumm, gekrümmt; gebeugt; **2.** buck(e)lig, verwachsen; **3.** *fig.* unehrlich, betrügerisch: ***~ ways*** ‚krumme' Wege.

croon [kruːn] *v/i. u. v/t.* leise *od.* schmachtend singen *od.* summen; **'croon·er** [-nə] *s.* Schlager-, Schnulzensänger *m*.

crop [krɒp] **I** *s.* **1.** Feldfrucht *f*, *bsd.* Getreide *n* auf dem Halm, Saat *f*: ***the ~s*** a) die Saaten, b) die Gesamternte; ***~ rotation*** Fruchtfolge *f*, -wechsel *m*; **2.** Bebauung *f*: ***in ~*** bebaut; **3.** Ernte *f*, Ertrag *m*: ***~ failure*** Missernte *f*; **4.** *fig.* Ertrag *m*, Ausbeute *f* (***of*** an *dat.*); **5.** Menge *f*, Haufen *m* (*Sachen od. Personen*); **6.** *zo.* Kropf *m* (*Vögel*); **7.** a) Peitschenstock *m*, b) Reitpeitsche *f*; **8.** kurzer Haarschnitt, kurz geschnittenes Haar; **II** *v/t.* **9.** abschneiden; *Haar* kurz scheren; *Ohren*, *Schwanz* stutzen; **10.** abbeißen, -fressen; **11.** ✓ bepflanzen, bebauen; **III** *v/i.* **12.** (Ernte) tragen; **13.** *geol.* ***~ up***, ***~ out*** zutage treten; **14.** ***~ up*** *fig.* plötzlich auftauchen, -treten, sich zeigen; **'crop·eared** *adj.* mit gestutzten Ohren; **'crop·per** [-pə] *s.* **1.** ***a good ~*** e-e gut tragende Pflanze; **2.** F Fall *m*, Sturz *m*: ***come a ~*** ‚auf die Nase fallen' (*a. fig.*); **3.** *orn.* Kropftaube *f*.

cro·quet ['krəʊkeɪ] *sport* **I** *s.* 'Krocket *n*; **II** *v/t. u. v/i.* krockieren.

cro·quette [krɒ'ket] *s. Küche*: Kro'kette *f*.

cro·sier ['krəʊʒə] *s. R.C.* Bischofs-, Krummstab *m*.

cross [krɒs] **I** *s.* **1.** Kreuz *n* (*zur Kreuzigung*); **2.** ***the* 𝒞** a) das Kreuz Christi, b) das Christentum, c) das Kruzi'fix *n*; **3.** Kreuz *n* (*Zeichen od. Gegenstand*): ***make the sign of the ~*** sich bekreuzigen; ***sign with a ~*** mit e-m Kreuz (*statt Unterschrift*) unterzeichnen; ***mark with a ~*** ankreuzen; **4.** (Ordens)Kreuz *n*; **5.** *fig.* Kreuz *n*, Leiden *n*, Not *f*: ***bear one's ~*** sein Kreuz tragen; **6.** Querstrich *m* (des Buchstabens t); **7.** Gaune'rei *f*, ‚krumme Tour': ***on the ~*** unehrlich; **8.** *biol.* Kreuzung *f*, Mischung *f*; *fig.* Mittelding *n*; **9.** Kreuzungspunkt *m*; **10.** *sport* Cross *m*: a) *Fußball etc.*: Schrägpass *m*, b) *Tennis*: *diagonal geschlagener Ball*, c) *Boxen*: *Schlag über*

C

den Arm des Gegners; **II** *v/t.* **11.** kreuzen, über Kreuz legen: **~ *one's legs*** die Beine kreuzen *od.* überschlagen; **~ *swords with s.o.*** die Klingen mit j-m kreuzen (*a. fig.*); **~ *s.o.'s hand*** (*od.* ***palm***) a) j-m (Trink)Geld geben, b) j-n ‚schmieren'; **12.** e-n Querstrich ziehen durch: **~ *one's t's*** sehr sorgfältig sein; **~ *a cheque*** e-n Scheck ‚kreuzen' (*als Verrechnungsscheck kennzeichnen*); → ***cheque***; **~ *off*** (*od.* ***out***) ausstreichen; **~ *off*** *fig. et.* ‚abschreiben'; **13.** durch-, über'queren, *Grenze* über'schreiten, *Zimmer* durch'schreiten, (hin'über)gehen, (-)fahren über (*acc.*): **~ *the ocean*** über den Ozean fahren; **~ *the street*** über die Straße gehen; ***it ~ed my mind*** es fiel mir ein, es kam mir in den Sinn; **~ *s.o.'s path*** j-m in die Quere kommen; **14.** sich kreuzen mit: ***your letter ~ed mine*** Ihr Brief kreuzte sich mit meinem; **~ *each other*** sich kreuzen, sich schneiden, sich treffen; **15.** *biol.* kreuzen; **16.** *fig. Plan* durch'kreuzen, vereiteln; entgegentreten (*dat.*): ***be ~ed in love*** Unglück in der Liebe haben; **17.** das Kreuzzeichen machen auf (*acc.*) *od.* über (*dat.*): **~ *o.s.*** sich bekreuzigen; **III** *v/i.* **18.** *a.* **~ *over*** hinübergehen, -fahren; 'übersetzen; **19.** sich treffen; sich kreuzen (*Briefe*); **IV** *adj.* □ **20.** quer (liegend, laufend), Quer...; schräg; sich (über)'schneidend; **21.** (***to***) entgegengesetzt (*dat.*), im 'Widerspruch (zu), Gegen...; **22.** F ärgerlich, mürrisch, böse (***with*** mit): ***as ~ as two sticks*** bitterböse; **23.** *sl.* unehrlich.

cross| ac·tion *s.* ⚖ Gegen-, 'Widerklage *f*; **~ ap·peal** *s.* ⚖ Anschlussberufung *f*; **'~·bar** *s.* **1.** Querholz *n*, -riegel *m*, -stange *f*, -balken *m*; **2.** ⚙ Tra'verse *f*; **3.** a) *Fußball*: Querlatte *f*, b) *Hochsprung*: Latte *f*; **'~·bench** *parl. Brit.* **I** *s.* Querbank *f* der Par'teilosen (*im Oberhaus*); **II** *adj.* par'teilos, unabhängig; **'~·bones** *s. pl.* zwei gekreuzte Knochen unter e-m Totenkopf; **'~·bow** [-bəʊ] *s.* Armbrust *f*; **'~-ˌbor·der** *adj.* grenzüberschreitend; **'~·bred** *adj. biol.* durch Kreuzung erzeugt, gekreuzt; **'~·breed I** *s.* **1.** Mischrasse *f*; **2.** Kreuzung *f*, Mischling *m*; **II** *v/t.* [*irr.* → ***breed***] **3.** kreuzen; **ˌ~-'Chan·nel** *adj.* den ('Ärmel)Kaˌnal über'querend: **~ *steamer*** Kanaldampfer *m*; **'~·check I** *v/t.* **1.** (von verschiedenen Gesichtspunkten aus) über'prüfen; **2.** *Eishockey*: crosschecken; **II** *s.* **3.** mehrfache Über'prüfung; **4.** *Eishockey*: 'Crosscheck *m*; **ˌ~-'coun·try I** *adj.* Querfeldein...; Gelände..., *mot. a.* geländegängig: **~ *skiing*** Skilanglauf *m*; **~ *race*** → **II** *s. sport* a) Querfeld'ein-, Crosslauf *m*, b) *Radsport*: Querfeld'einrennen *n*; **'~ˌcur·rent** *s.* Gegenströmung *f* (*a. fig.*); **'~·cut I** *adj.* **1.** a) quer schneidend, Quer..., b) quer geschnitten: **~ *file*** Doppelfeile *f*; **~ *saw*** Ablängsäge *f*; **II** *s.* **2.** Querweg *m*; **3.** ⚙ Kreuzhieb *m*.

> Auf den **crossbenches**, die an einem Ende des Parlamentshauses quer zu den **front benches** und **back benches** aufgestellt sind, sitzen die so genannten **crossbenchers:** Parlamentsabgeordnete, die weder der Regierungspartei noch der Opposition angehören.

crosse [krɒs] *s. sport* La'crosse-Schläger *m*.

cross| en·try *s.* ✝ Gegenbuchung *f*; **'~-ex‚am·i'na·tion** *s.* ⚖ Kreuzverhör *n*; **ˌ~-ex'am·ine** *v/t.* ⚖ ins Kreuzverhör nehmen; **'~-eyed** *adj.* schielend; **'~-fade** *v/t. Film etc.*: über'blenden; **ˌ~-'fer·ti·lize** *v/i. biol.* sich kreuzweise (*fig.* gegenseitig) befruchten; **'~·fire** *s.* ⚔ Kreuzfeuer *n* (*a. fig.*); **'~-grained** *adj.* **1.** quer gefasert; **2.** *fig.* 'widerspenstig, eigensinnig; kratzbürstig; **'~ˌhatch·ing** *s.* Kreuzschraffierung *f*; **~ head, ~ head·ing** *s. Zeitung*: 'Zwischenˌüberschrift *f*.

cross·ing ['krɒsɪŋ] *s.* **1.** Kreuzen *n*, Kreuzung *f* (*a. biol.*); **2.** Durch-, Über'querung *f*; **3.** 'Überfahrt *f*; ('Straßen *etc.*)ˌÜbergang *m*; **4.** (Straßen-, Eisenbahn)Kreuzung *f*: ***level*** (*Am.* ***grade***) **~** schienengleicher (*oft* unbeschrankter) Bahnübergang; **'~ˌo·ver** *s. biol.* Crossing-'over *n*, Genaustausch *m* zwischen Chromo'somenpaaren.

'cross|-legged *adj.* mit 'übergeschlagenen Beinen, *a.* im Schneidersitz; **'~·light** *s.* schräg einfallendes Licht.

cross·ness ['krɒsnɪs] *s.* Verdrießlichkeit *f*, schlechte Laune.

'cross|ˌo·ver *s.* **1.** → ***crossing*** 2–4; **2.** *biol.* ausgetauschtes Gen; **3.** ⚡ a) Über'kreuzung *f*, b) *opt.*, *TV* Bündelknoten *m*; **'~·patch** *s.* F ‚Kratzbürste' *f*; **'~-piece** *s.* ⚙ Querstück *n*, -balken *m*, -holz *n*; **'~-pol·liˌna·tion** *s. bot.* Fremdbestäubung *f*; **ˌ~-'pur·pos·es** *s. pl.* **1.** 'Widerspruch *m*: ***be at ~*** a) einander entgegenarbeiten, b) sich missverstehen; ***talk at ~*** aneinander vorbeireden; **2.** *sg. konstr. ein* Frage- u. Antwort-Spiel *n*; **ˌ~-'ques·tion I** *s.* ⚖ Frage *f* im Kreuzverhör; **II** *v/t.* → ***cross-examine***; **~ ref·er·ence** *s.* Kreuz-, Querverweis *m*; **'~·road** *s.* **1.** Querstraße *f*; **2.**

pl. mst sg. konstr. Straßenkreuzung *f*: ***at a ~s*** an e-r Kreuzung; ***at the ~s*** *fig.* am Scheidewege; **~ sec·tion** *s.* ⚒, ⚙ *u. fig.* Querschnitt *m* (***of*** durch); **'~-stitch** *s.* Kreuzstich *m*; **~ sum** *s.* Quersumme *f*; **~ talk** *s.* **1.** *teleph. etc.* Nebensprechen *n*; **2.** Ko'pieref,fekt *m* (*Tonband*); **3.** *Brit.* Wortgefecht *n*; **'~·tie** *s.* Schienenschwelle *f*; **'~-town** *adj. Am.* quer durch die Stadt (gehend *od.* fahrend *od.* reichend); **~ vot·ing** *s. Brit. pol.* Abstimmung *f* über Kreuz (*wobei einzelne Abgeordnete mit der Gegenpartei stimmen*); **'~·walk** *s. Am.* 'Fußgänger,überweg *m*; **'~·ways** → ***crosswise***; **~ wind** *s.* ✈, ⚓ Seitenwind *m*; **'~·wise** *adv.* quer, kreuzweise; kreuzförmig; **'~·word (puz·zle)** *s.* Kreuzworträtsel *n*.

crotch [krɒtʃ] *s.* **1.** Gabelung *f*; **2.** Schritt *m* (*der Hose od. des Körpers*).

crotch·et ['krɒtʃɪt] *s.* **1.** ♪ Viertelnote *f*; **2.** Schrulle *f*, Ma'rotte *f*; **'crotch·et·y** [-tɪ] *adj.* **1.** grillenhaft; **2.** F mürrisch, schrullenhaft, verschroben.

cro·ton ['krəʊtən] *s.* ⚘ 'Kroton *m*; **♀ bug** *s. zo. Am.* Küchenschabe *f*.

crouch [krautʃ] **I** *v/i.* **1.** hocken, sich (nieder)ducken, (sich zs.-)kauern; **2.** *fig.* kriechen, sich ducken (***to*** vor); **II** *s.* **3.** kauernde Stellung, geduckte Haltung; Hockstellung *f*.

croup[1] [kru:p] *s.* ⚕ Krupp *m*, Halsbräune *f*.

croup[2], **croupe** [kru:p] *s.* Kruppe *f des Pferdes*.

crou·pi·er ['kru:pɪə] *s.* Croupi'er *m*.

crow[1] [krəʊ] *s.* **1.** *orn.* Krähe *f*: ***as the ~ flies*** a) schnurgerade, b) (in der) Luftlinie; ***eat ~*** *Am.* F zu Kreuze kriechen, ‚klein und hässlich' sein *od.* werden; ***have a ~ to pluck*** (*od.* ***pick***) ***with s.o.*** mit j-m ein Hühnchen zu rupfen haben; **2.** rabenähnlicher Vogel; **3.** *Am. contp.* Neger *m*.

crow[2] [krəʊ] **I** *v/i.* [*irr.*] **1.** krähen (*Hahn, a. Kind*); **2.** (vor Freude) quietschen; **3.** (***over***, ***about***) a) triumphieren (über *acc.*), b) protzen, prahlen (mit); **II** *s.* **4.** Krähen *n* (*Hahn*); **5.** (Freuden)Schrei(e *pl.*) *m*.

'crow|·bar *s.* ⚙ Brech-, Stemmeisen *n*; **'~·ber·ry** [-bərɪ] *s.* ⚘ Krähenbeere *f*.

crowd [kraud] **I** *s.* **1.** (Menschen)Menge *f*, Gedränge *n*: ***~s of people*** Menschenmassen; ***~ scene*** *Film*: Massenszene *f*; ***he would pass in a ~*** er ist nicht schlechter als andere; **2.** ***the ~*** das gemeine Volk; der Pöbel: ***follow the ~*** mit der Masse gehen; **3.** F ‚Ver'ein' *m*, Bande *f* (*Gesellschaft*): ***a jolly ~***; **4.** Ansammlung *f*, Haufen *m*: ***a ~ of books***; **II** *v/i.* **5.** sich drängen, zs.-strömen; vorwärts drängen: ***~ in*** hin'einströmen, sich hin'eindrängen; ***~ in upon s.o.*** auf j-n einstürmen (*Gedanken etc.*); **III** *v/t.* **6.** über'füllen, voll stopfen (***with*** mit); → ***crowded*** 1; **7.** hin'einpressen, -stopfen (***into*** in *acc.*); **8.** (zs.-)drängen: ***~ (on) sail*** ⚓ alle Segel beisetzen; ***~ out*** verdrängen; ausschalten; (*wegen Platzmangels*) aussperren; **9.** *Am.* a) (vorwärts *etc.*) drängen, b) *Auto etc.* abdrängen, c) *j-m* im Nacken sitzen, d) *j-s Geduld, Glück etc.* strapazieren: ***~ing thirty*** an die dreißig; ***~ up*** *Preise* in die Höhe treiben; **'crowd·ed** [-dɪd] *adj.* **1.** (***with***) über'füllt, voll gestopft (mit), voll, wimmelnd (von): ***~ to overflowing*** zum Bersten voll; ***~ profession*** überlaufener Beruf; **2.** gedrängt, zs.-gepfercht; **3.** bedrängt, beengt; **4.** voll ausgefüllt, arbeits-, ereignisreich: ***~ hours***.

'crow·foot *pl.* **-foots** *s.* **1.** ⚘ Hahnenfuß *m*; **2.** → ***crow's-feet***.

crown [kraun] **I** *s.* **1.** Siegerkranz *m*, Ehrenkrone *f*; **2.** a) (Königs- *etc.*)Krone *f*, b) Herrschermacht *f*, Thron *m*: ***succeed to the ~*** den Thron besteigen, c) ***the ♀*** die Krone, der König *etc.*, *a.* der Staat *od.* Fiskus: ***~ cases*** *Brit.* Strafsachen; **3.** Krone *f* (*Abzeichen*); **4.** *fig.* Krone *f*, Palme *f*, *sport a.* (Meister)Titel *m*; **5.** Gipfel *m*: a) höchster Punkt, b) *fig.* Krönung *f*, Höhepunkt *m*; **6.** Krone *f* (*Währung*): a) *Brit. obs.* Fünfschillingstück *n*: ***half a ~*** 2 Schilling 6 Pence, b) *Währungseinheit von Dänemark, Norwegen, Schweden etc.*; **7.** a) Scheitel *m*, Wirbel *m* (*Kopf*), b) Kopf *m*, Schädel *m*; **8.** ⚘ (Baum)Krone *f*; **9.** a) *anat.* (Zahn)Krone *f*, b) (künstliche) Krone; **10.** a) Haarkrone *f*, b) Schopf *m*, Kamm *m* (*Vogel*); **11.** Kopf *m e-s Hutes*; **12.** △ Krone *f*, Schlussstein *m* (*a. fig.*); **II** *v/t.* **13.** krönen: ***be ~ed king*** zum König gekrönt werden; ***~ed heads*** gekrönte Häupter; **14.** *fig.* krönen, ehren, belohnen; zieren, schmücken; **15.** *fig.* krönen, den Gipfel *od.* Höhepunkt bilden von: ***~ed with success*** von Erfolg gekrönt; **16.** *fig.* die Krone aufsetzen (*dat.*): ***~ all*** allem die Krone aufsetzen (*a. iro.*); ***to ~ all*** (*Redew.*) *iro.* zu allem Überfluss; **17.** *fig.* glücklich voll'enden; **18.** ⚕ *Zahn* über'kronen; **19.** *Damespiel*: zur Dame machen; **20.** *sl. j-m* ‚eins aufs Dach geben'; **~ cap** *s.* Kron(en)korken *m*; **♀ Col·o·ny** *s. Brit.* 'Kronkolo,nie *f*; **♀ Court** *npr. Brit.* ⚖ *Gericht für Strafsachen höherer Ordnung* (*nur in England u. Wales*); **~ glass** *s.* **1.** Mondglas *n*, Butzenscheibe *f*; **2.** Kronglas *n*.

crown·ing ['kraunɪŋ] *adj.* krönend, alles über'bietend, höchst: ***~ achievement*** Glanzleistung *f*.

crown| jew·els *s. pl.* 'Kronju,welen *pl.*, 'Reichsklein,odien *pl.*; **~ land** *s.* Kron-, Staatsgut *n*; **♀ law** *s.* ⚖ *Brit.* Strafrecht

C

n; ~ **prince** *s.* Kronprinz *m*; ~ **princess** *s.* 'Kronprin,zessin *f*; ~ **wheel** *s.* ⚙ Kronrad *n* (*Uhr etc.*); *mot.* Antriebskegelrad *n*.

'crow's|-feet ['krəʊz-] *pl.* ‚Krähenfüße' *pl.*, Fältchen *pl.*; ~ **nest** *s.* ⚓ Ausguck *m*, Krähennest *n*.

cru·cial ['kruːʃl] *adj.* **1.** 'kritisch, entscheidend: ~ ***moment***; ~ ***point*** springender Punkt; ~ ***test*** Feuerprobe *f*; **2.** schwierig; **3.** kreuzförmig, Kreuz...

cru·ci·ble ['kruːsɪbl] *s.* **1.** ⚙ (Schmelz-) Tiegel *m*: ~ ***steel*** Tiegelgussstahl *m*; **2.** *fig.* Feuerprobe *f*.

cru·ci·fix ['kruːsɪfɪks] *s.* Kruzi'fix *n*; **cru·ci·fix·ion** [ˌkruːsɪ'fɪkʃn] *s.* Kreuzigung *f*; **'cru·ci·form** [-fɔːm] *adj.* kreuzförmig; **'cru·ci·fy** [-faɪ] *v/t.* **1.** kreuzigen (*a. fig.*); **2.** *fig.* a) martern, quälen, b) *Begierden* abtöten, c) *j-n* ‚fertig machen'.

crud [krʌd] *s.* F Dreck *m*, ‚Mist' *m*.

crude [kruːd] *adj.* □ **1.** roh: a) ungekocht, b) unver-, unbearbeitet: ~ ***oil*** Rohöl *n*; **2.** primi'tiv: a) plump, grob, b) simpel, c) bar'barisch; **3.** roh, grob, ungehobelt, unfein; **4.** roh, unfertig, unreif; 'undurch,dacht: ~ ***figures*** *Statistik*: rohe *od.* nicht aufgeschlüsselte Zahlen; **5.** grell, geschmacklos (*Farbe*); **6.** *fig.* ungeschminkt, nackt: ~ ***facts***; **'crude·ness** [-nɪs] *s.* Rohheit *f*, Grobheit *f*, Unfertigkeit *f*, Unreife *f* (*a. fig.*); **'cru·di·ty** [-dɪtɪ] *s.* **1.** → ***crudeness***; **2.** *et.* Unfertiges *od.* Unbearbeitetes; **3.** *et.* Geschmackloses.

cru·el ['krʊəl] **I** *adj.* □ **1.** grausam (***to*** gegen); **2.** hart, unbarmherzig, roh, gefühllos; **3.** schrecklich, mörderisch: ~ ***heat***; **II** *adv.* **4.** F furchtbar, ‚grausam': ~ ***hot***; **'cru·el·ty** [-tɪ] *s.* **1.** Grausamkeit *f* (***to*** gegen['über]); → ***mental cruelty***; **2.** Miss'handlung *f*, Quäle'rei *f*: ~ ***to animals*** Tierquälerei; **3.** Schwere *f*, Härte *f*.

cru·et ['kruːɪt] *s.* **1.** Essig-, Ölfläschchen *n*; **2.** *R.C.* Messkännchen *n*; **3.** *a.* ~ ***stand*** Me'nage *f*, Gewürzständer *m*.

cruise [kruːz] **I** *v/i.* **1.** a) ⚓ kreuzen, e-e Kreuzfahrt *od.* Seereise machen, b) her'umfahren: ***cruising taxi*** Taxi *n* auf Fahrgastsuche; **2.** ✈, *mot.* mit Reisegeschwindigkeit fliegen *od.* fahren; **II** *s.* **3.** Seereise *f*, Kreuz-, Vergnügungsfahrt *f*; ~ **con·trol** *s. mot.* Temporegler *m*; ~ **mis·sile** *s.* ⚔ Marschflugkörper *m*.

cruis·er ['kruːzə] *s.* **1.** ⚓ a) Kreuzer *m*, b) Kreuzfahrtschiff *n*; **2.** *Am.* (Funk-) Streifenwagen *m*; **3.** *Boxen*: ~ ***weight*** *Am.* Halbschwergewicht *n*; **'cruis·ing** [-zɪŋ] *adj.* ✈, *mot.* Reise...: ~ ***speed***; ~ ***gear*** *mot.* Schongang *m*; ~ ***radius*** Aktionsradius *m*; ~ ***level*** ✈ Reiseflughöhe *f*.

crumb [krʌm] **I** *s.* **1.** Krume *f*: a) Krümel *m*, Brösel *m*, Brosame *m*, b) *weicher Teil des Brotes*; **2.** *fig.* a) Brocken *m*, b) Krümchen *n*, *ein* bisschen; **3.** *sl.* ‚Blödmann' *m*; **II** *v/t.* **4.** *Küche*: panieren; **5.** zerkrümeln; **'crum·ble** [-mbl] **I** *v/t.* **1.** zerkrümeln, -bröckeln; **II** *v/i.* **2.** zerbröckeln, -fallen; **3.** *fig.* a) zerfallen, zu'grunde gehen, b) (langsam) zs.-brechen; **4.** ✝ abbröckeln (*Kurse*); **'crum·bling** [-mblɪŋ], **'crum·bly** [-mblɪ] *adj.* **1.** krüm(e)lig, bröck(e)lig; **2.** zerbröckelnd, -fallend; **crumb·y** ['krʌmɪ] *adj.* **1.** voller Krumen; **2.** weich, krüm(e)lig.

crum·my ['krʌmɪ] *adj.* F lausig, mies.

crum·pet ['krʌmpɪt] *s.* **1.** *Brit.* Sauerteigfladen *m*; **2.** *sl.* ‚Miezen' *pl.*: ***she's a nice piece of*** ~ sie ist sehr sexy.

crum·ple ['krʌmpl] **I** *v/t.* **1.** *a.* ~ ***up*** zerknittern, zer-, zs.-knüllen; **2.** *fig.* *j-n* 'umwerfen; **II** *v/i.* **3.** faltig *od.* zerdrückt werden, zs.-schrumpeln; **4.** *oft* ~ ***up*** zs.-brechen (*a. fig.*), einstürzen; ~ **zone** *s. mot.* Knautschzone *f*.

crunch [krʌntʃ] **I** *v/t.* **1.** knirschend (zer)kauen; **2.** zermalmen; **II** *v/i.* **3.** knirschend kauen; **4.** knirschen; **III** *s.* **5.** Knirschen *n*; **6.** F *fig.* a) Druck(ausübung *f*) *m*, b) böse Situati'on, c) 'kritischer Mo'ment, 'Krise *f*; ***when it comes to the*** ~ wenn es hart auf hart geht.

crup·per ['krʌpə] *s.* a) Schwanzriemen *m*, b) Kruppe *f* (*des Pferdes*).

cru·sade [kruː'seɪd] **I** *s.* *hist.* Kreuzzug *m* (*a. fig.*); **II** *v/i.* e-n Kreuzzug unter'nehmen; *fig.* zu Felde ziehen, kämpfen; **cru'sad·er** [-də] *s.* *hist.* Kreuzfahrer *m*; *fig.* Kämpfer *m*.

cruse [kruːz] *s. bibl.* irdener Krug.

crush [krʌʃ] **I** *s.* **1.** (zermalmender) Druck; **2.** Gedränge *n*, Gewühl *n*; **3.** große Gesellschaft *od.* Party; **4.** *sl.* Schwarm *m*: ***have a*** ~ ***on s.o.*** in j-n ‚verknallt' sein; **II** *v/t.* **5.** *a.* ~ ***up*** *od.* ***down*** zerquetschen, -drücken, -malmen; **6.** zerstoßen, -kleinern, mahlen: ~***ed stone*** Schotter *m*; **7.** *a.* ~ ***up*** zerknittern, -knüllen; **8.** drücken, drängen; **9.** *a.* ~ ***out*** ausquetschen, -drücken; **10.** *a.* ~ ***out*** *od.* ***down*** *fig.* er-, unter'drücken, über'wältigen, zerschmettern, zertreten, vernichten; **III** *v/i.* **11.** zerknittern, sich zerdrücken; **12.** zerbrechen; **13.** sich drängen; **'crush·a·ble** [-ʃəbl] *adj.* **1.** knitterfest; **2.** ~ ***zone*** (*od.* ***bin***) *mot.* Knautschzone *f*; **crush bar·ri·er** *s. Brit.* Absperrung *f*; **'crush·er** [-ʃə] *s.* **1.** ⚙ a) Zer'kleinerungsma,schine *f*, Brechwerk *n*, b) Presse *f*, Quetsche *f*; **2.** F a) vernichtender Schlag, b) ‚tolles Ding'; **'crush·ing** [-ʃɪŋ] *adj.* □ *fig.* vernichtend, erdrückend; **crush room** *s. thea.* Foy'er *n*.

crust [krʌst] **I** *s.* **1.** Kruste *f*, Rinde *f* (*Brot*, *Pastete*); **2.** Knust *m*, Stück *n* hartes Brot; **3.** *geol.* Erdkruste *f*; **4.** ⚕ Schorf *m*; **5.** ⚘, *zo.* Schale *f*; **6.** Niederschlag *m* (*in Weinflaschen*), Ablagerung *f*; **7.** *sl.* Frechheit *f*; **8.** Harsch *m*; **II** *v/t.* **9.** *a.* **~ over** mit e-r Kruste über'ziehen; **III** *v/i.* **10.** e-e Kruste bilden; verharschen (*Schnee*); → ***crusted***.

crus·ta·cea [krʌ'steɪʃjə] *s. pl. zo.* Krusten-, Krebstiere *pl.*; **crus'ta·cean** [-'steɪʃjən] **I** *adj.* zu den Krusten- *od.* Krebstieren gehörig, Krebs...; **II** *s.* Krusten-, Krebstier *n*; **crus'ta·ceous** [-'steɪʃjəs] → ***crustacean*** I.

crust·ed ['krʌstɪd] *adj.* **1.** mit e-r Kruste über'zogen: **~ snow** Harsch(schnee) *m*; **2.** abgelagert (*Wein*); **3.** *fig.* a) alt'hergebracht, b) eingefleischt, ‚verkrustet'; **'crust·y** [-tɪ] *adj.* □ **1.** krustig; **2.** mit e-r Kruste (versehen); **3.** *fig.* barsch.

crutch [krʌtʃ] *s.* **1.** Krücke *f*: **go on ~es** auf *od.* an Krücken gehen; **2.** *fig.* Krücke *f*, Stütze *f*.

crux [krʌks] *s.* **1.** springender Punkt; **2.** Schwierigkeit *f*: a) ‚Haken' *m*, b) harte Nuss, (schwieriges) Pro'blem; **3.** ☊ *ast.* Kreuz *n* des Südens.

cry [kraɪ] **I** *s.* **1.** Schrei *m* (*a. Tier*), Ruf *m* (**for** nach): **within ~ (of)** in Rufweite (von); **a far ~ from** *fig.* a) weit entfernt von, b) et. ganz anderes als; **still a far ~** *fig.* noch in weiter Ferne; **2.** Geschrei *n*: **much ~ and little wool** viel Geschrei um nichts; **the popular ~** die Stimme des Volkes; **3.** Weinen *n*, Klagen *n*: **have a good ~** sich (ordentlich) ausweinen; **4.** Bitten *n*, Flehen *n*; **5.** (Schlacht)Ruf *m*; Schlag-, Losungswort *n*; **6.** *hunt.* Anschlagen *n*, Gebell *n* (*Meute*): **in full ~** *fig.* in voller Jagd *od.* Verfolgung; **7.** *hunt.* Meute *f*; *fig.* Herde *f*, Menge *f*: **follow in the ~** mit der Masse gehen; **II** *v/i.* **8.** schreien, laut (aus)rufen: **~ for help** um Hilfe rufen; **~ for vengeance** nach Rache schreien; **9.** weinen, heulen, jammern; **10.** *hunt.* anschlagen, bellen; **III** *v/t.* **11.** *et.* schreien, (aus)rufen; **12.** *Waren etc.* ausrufen; **13.** flehen um; **14.** weinen: **~ one's eyes out** sich die Augen ausweinen; **~ o.s. to sleep** sich in den Schlaf weinen; **~ down** *v/t.* her'untersetzen, -machen; **~ off** *v/t. u. v/i.* (plötzlich) absagen, zu'rücktreten (von); **~ out I** *v/t.* ausrufen; **II** *v/i.* aufschreien: **~ against** heftig protestieren gegen; **for crying out loud!** F verdammt noch mal!; **~ up** *v/t.* laut rühmen.

'cry,ba·by *s.* kleiner Schreihals; *fig. contp.* Heulsuse *f*.

cry·ing ['kraɪɪŋ] *adj. fig.* a) (himmel-) schreiend: **~ shame**, b) dringend: **~ need**.

cryo- [kraɪəʊ] *in Zssgn* Kälte..., Kryo...: **cryogen** Kältemittel *n*; **cryogenic** a) ⚙ Kälte erzeugend, b) kryogenisch: **~ computer**; **cryosurgery** ⚕ Kryo-, Kältechirurgie *f*.

crypt [krɪpt] *s.* ⚠ 'Krypta *f*, 'unterirdisches Gewölbe, Gruft *f*; **'cryp·tic** [-tɪk] *adj.* geheim, verborgen; rätselhaft, dunkel: **~ colo(u)ring** *zo.* Schutzfärbung *f*; **'cryp·ti·cal** [-tɪkl] *adj.* → ***cryptic***.

crypto- [krɪptəʊ] *in Zssgn* geheim, krypto...: **~-communist** verkappter Kommunist; **'cryp·to·gam** [-gæm] *s.* ⚘ Krypto'game *f*, Sporenpflanze *f*; **cryp·to·gam·ic** [ˌkrɪptəʊ'gæmɪk], **cryp·tog·a·mous** [krɪp'tɒgəməs] *adj.* ⚘ krypto'gamisch; **'cryp·to·gram** [-græm] *s.* Text *m* in Geheimschrift, verschlüsselter Text; **'cryp·to·graph** [-grɑːf] *s.* **1.** → ***cryptogram***; **2.** Geheimschriftgerät *n*; **cryp·tog·ra·phy** [krɪp'tɒgrəfɪ] *s.* Geheimschrift *f*; **cryp·tol·o·gist** [krɪp'tɒlədʒɪst] *s.* (Ver-, Ent)Schlüsseler *m*.

crys·tal ['krɪstl] **I** *s.* **1.** Kri'stall *m* (*a.* ⚗, *min.*, *phys.*): **as clear as ~** *od.* **~ clear** a) kristallklar, b) *fig.* sonnenklar; **2.** *a.* **~ glass** a) Kri'stall(glas) *n*, b) *coll.* Kristall *n*, Glaswaren *pl.*; **3.** Uhrglas *n*; **4.** ⚡ a) (De'tektor)Kriˌstall *m*, b) (Kris'tall)Deˌtektor *m*, c) (Schwing)Quarz *m*: **~ set** Kristallempfänger *m*; **II** *adj.* Kristall..., kri'stallen; **5.** kri'stallklar; **~ de·tec·tor** → ***crystal*** 4 b; **~ gaz·er** *s.* Hellseher(in); **~ gaz·ing** *s.* Hellsehen *n*.

crys·tal·line ['krɪstəlaɪn] *adj. a.* ⚗, *min.* kristal'linisch, kri'stallen, kri'stallartig, Kristall...: **~ lens** *anat.* (Augen)Linse *f*; **'crys·tal·liz·a·ble** [-aɪzəbl] *adj.* kristallisierbar; **crys·tal·li·za·tion** [ˌkrɪstəlaɪ'zeɪʃn] *s.* Kristallisati'on *f*, Kristallisierung *f*, Kri'stallbildung *f*; **'crys·tal·lize** [-aɪz] **I** *v/t.* **1.** kristallisieren; **2.** *fig.* feste Form geben (*dat.*), klären; **3.** *Früchte* kandieren; **II** *v/i.* **4.** kristallisieren; **5.** *fig.* sich kristallisieren, kon'krete *od.* feste Form annehmen; **crys·tal·log·ra·phy** [ˌkrɪstə'lɒgrəfɪ] *s.* Kristallogra'phie *f*.

cub [kʌb] **I** *s.* **1.** *zo.* das Junge (*des Fuchses*, *Bären etc.*); **2.** *a.* **unlicked ~** grüner Junge; **3.** ‚Küken' *n*, Anfänger *m*: **~ reporter** (unerfahrener) junger Reporter; **4.** *a.* **~ scout** Wölfling *m*, Jungpfadfinder *m*; **II** *v/i.* **5.** Junge werfen (*Füchse etc.*).

cub·age ['kjuːbɪdʒ] → ***cubature***.

Cu·ban ['kjuːbən] **I** *adj.* ku'banisch; **II** *s.* Ku'baner(in).

cu·ba·ture ['kjuːbətʃə] *s.* ⩓ **1.** Raum(inhalts)berechnung *f*; **2.** Rauminhalt *m*.

cub·by(·hole) ['kʌbɪ(həʊl)] *s.* **1.** gemütliches Plätzchen; **2.** ‚Ka'buff' *n*, winziger Raum.

C

cube [kjuːb] **I** *s.* **1.** ⩚ Würfel *m*, 'Kubus *m*; **2.** (*a.* Eis-, *phot.* Blitz)Würfel *m*: **~ sugar** Würfelzucker *m*; **3.** ⩚ Ku'bikzahl *f*, dritte Po'tenz: **~ root** Kubikwurzel *f*; **4.** Pflasterstein *m* (*in Würfelform*); **II** *v/t.* **5.** ⩚ kubieren: a) zur dritten Po'tenz erheben: **two ~d** zwei hoch drei (2^3), b) den Rauminhalt messen von (*od. gen.*); **6.** in Würfel schneiden *od.* pressen.

cu·bic ['kjuːbɪk] *adj.* (□ **~ally**) **1.** Kubik..., Raum...: **~ capacity** *mot.* Hubraum *m*; **~ content** Rauminhalt *m*, Volumen *n*; **~ metre**, *Am.* **meter** Kubik-, Raum-, Festmeter *m*; **2.** kubisch, würfelförmig, Würfel...; **3.** ⩚ kubisch: **~ equation** kubische Gleichung, Gleichung dritten Grades.

cu·bi·cle ['kjuːbɪkl] *s.* kleiner abgeteilter (Schlaf)Raum; Zelle *f*, Nische *f*, Ka'bine *f*; ϟ Schallzelle *f*.

cub·ism ['kjuːbɪzəm] *s.* Ku'bismus *m*; **'cub·ist** [-ɪst] **I** *s.* Ku'bist *m*; **II** *adj.* ku'bistisch.

cu·bit ['kjuːbɪt] *s. hist.* Elle *f* (*Längenmaß*); **'cu·bi·tus** [-təs] *s. anat.* a) 'Unterarm *m*, b) Ell(en)bogen *m*.

cuck·old ['kʌkəʊld] **I** *s.* Hahnrei *m*; **II** *v/t.* zum Hahnrei machen, *j-m* Hörner aufsetzen.

cuck·oo ['kʊkuː] **I** *s.* **1.** *orn.* Kuckuck *m*; **2.** Kuckucksruf *m*; **3.** *sl.* ‚Heini' *m*; **II** *v/i.* **4.** ‚kuckuck' rufen; **III** *adj.* **5.** *sl.* ‚bekloppt'; **~ clock** *s.* Kuckucksuhr *f*; **'~ˌflow·er** *s.* ⚘ Wiesenschaumkraut *n*.

cu·cum·ber ['kjuːkʌmbə] *s.* Gurke *f*; → **cool** 2; **~ tree** *s. e-e* amer. Ma'gnolie.

cu·cur·bit [kjuː'kɜːbɪt] *s.* ⚘ Kürbisgewächs *n*.

cud [kʌd] *s.* Klumpen *m*, 'wiedergekäutes Futter: **chew the ~** a) wiederkäuen, b) *fig.* überlegen, nachdenken.

cud·dle ['kʌdl] **I** *v/t.* hätscheln, ‚knuddeln', *a.* schmusen mit; **II** *v/i.* **~ up** a) sich kuscheln *od.* schmiegen (**to** an *acc.*), b) sich (wohlig) zs.-kuscheln: **~ up together** sich aneinander kuscheln; **III** *s.* enge Um'armung, Lieb'kosung *f*; **'cud·dle·some** [-səm], **'cud·dly** [-lɪ] *adj.* ‚knudd(e)lig'.

cudg·el ['kʌdʒəl] **I** *s.* Knüppel *m*, Keule *f*: **take up the ~s for s.o.** für j-n eintreten, für j-n e-e Lanze brechen; **II** *v/t.* prügeln: **~ one's brains** *fig.* sich den Kopf zerbrechen (**for** wegen, **about** über *acc.*).

cue¹ [kjuː] **I** *s.* **1.** *thea. etc.*, *a. fig.* Stichwort *n*; ♪ Einsatz *m*: **~ card** *TV* ‚Neger' *m*; **(dead) on ~** (genau) aufs Stichwort, *fig.* wie gerufen; **2.** Wink *m*, Fingerzeig *m*: **give s.o. his ~** j-m die Worte in den Mund legen; **take the ~ from s.o.** sich nach j-m richten; **II** *v/t.* **3.** *j-m* das Stichwort *od.* (♪) den Einsatz geben: **~ s.o. in** *fig.* j-n ins Bild setzen.

cue² [kjuː] *s.* **1.** Queue *n*, 'Billardstock *m*; **2.** → **queue** 2.

cuff¹ [kʌf] *s.* **1.** Man'schette *f* (*a.* ⚙), Stulpe *f*; Ärmel- (*Am. a.* Hosen)aufschlag *m*: **~ link** Manschettenknopf *m*; **off the ~** *Am.* F aus dem Handgelenk *od.* Stegreif; **on the ~** *Am.* F a) auf Pump, b) gratis; **2.** *pl.* Handschellen *pl.*

cuff² [kʌf] **I** *v/t.* schlagen, *a.* ohrfeigen; **II** *s.* Schlag *m*, Klaps *m*.

cui·rass [kwɪ'ræs] *s.* **1.** *hist.* 'Kürass *m*, Brustharnisch *m*; **2.** ⚕ a) Gipsverband *m* um Rumpf u. Hals, b) *ein* 'Sauerstoffappa,rat *m*; **3.** *zo.* Panzer *m*; **cui·ras·sier** [ˌkwɪrə'sɪə] *s.* ⚔ Küras'sier *m*.

cui·sine [kwiː'ziːn] *s.* Küche *f* (*Kochkunst*): **French ~**.

cul-de-sac [ˌkʊldə'sæk, 'kʌldəsæk] *pl.* **-sacs** (*Fr.*) *s.* Sackgasse *f* (*a. fig.*).

cu·li·nar·y ['kʌlɪnərɪ] *adj.* Koch..., Küchen...: **~ art** Kochkunst *f*; **~ herbs** Küchenkräuter.

cull [kʌl] **I** *v/t.* **1.** pflücken; **2.** *fig.* auslesen, -suchen; **II** *s.* **3.** *et.* (als minderwertig) Aussortiertes.

culm¹ [kʌlm] *s.* **1.** Kohlenstaub *m*, Grus *m*; **2.** *geol.* Kulm *m*, *n*.

culm² [kʌlm] *s.* (Gras)Halm *m*.

cul·mi·nate ['kʌlmɪneɪt] *v/i.* **1.** *ast.* kulminieren; **2.** *fig.* den Höhepunkt erreichen; gipfeln (**in** in *dat.*); **cul·mi·na·tion** [ˌkʌlmɪ'neɪʃn] *s.* **1.** *ast.* Kulminati'on *f*; **2.** *bsd. fig.* Gipfel *m*, Höhepunkt *m*, höchster Stand.

cu·lottes [kjuː'lɒts] *s. pl.* Hosenrock *m*.

cul·pa·bil·i·ty [ˌkʌlpə'bɪlətɪ] *s.* Sträflichkeit *f*, Schuld *f*; **cul·pa·ble** ['kʌlpəbl] *adj.* □ sträflich, schuldhaft; strafbar: **~ negligence** ⚖ grobe Fahrlässigkeit.

cul·prit ['kʌlprɪt] *s.* **1.** Schuldige(r *m*) *f*, *a. iro.* Missetäter(in); **2.** ⚖ a) Angeklagte(r *m*) *f*, b) Täter(in).

cult [kʌlt] *s.* **1.** *eccl.* Kult(us) *m*; **2.** *fig.* Kult *m* (*Verehrung, a. dumme Mode*): **~ figure** a) Idol *n*, b) Kultbild *n*.

cul·ti·va·ble ['kʌltɪvəbl] *adj.* kultivierbar (*a. fig.*).

cul·ti·vate ['kʌltɪveɪt] *v/t.* **1.** ⚒ a) *Boden* bebauen, bestellen, kultivieren, b) *Pflanzen* züchten, ziehen, (an)bauen; **2.** *fig.* entwickeln, verfeinern, fort-, ausbilden, *Kunst etc.* fördern; **3.** zivilisieren; **4.** *Kunst etc.* pflegen, betreiben, sich widmen (*dat.*); **5.** sich befleißigen (*gen.*), Wert legen auf (*acc.*); **6.** a) *e-e Freundschaft etc.* pflegen, b) freundschaftlichen Verkehr suchen *od.* pflegen mit, sich *j-n* ‚warm halten'; **'cul·ti·vat·ed** [-tɪd] *adj.* **1.** bebaut, kultiviert (*Land*); **2.** ⚒ gezüchtet, Kultur...; **3.** kultiviert, gebildet; **cul·ti·va·tion** [ˌkʌltɪ'veɪʃn] *s.* **1.** Bearbeitung *f*, Bestellung *f*, Bebauung *f*, Urbarmachung *f*: **under ~** bebaut; **2.** Anbau *m*, Ackerbau *m*; **3.** Züchtung *f*; **4.** *fig.* (Aus)Bildung *f*,

Pflege *f*; **5.** Kul'tur *f*, Kultiviertheit *f*, Bildung *f*; **'cul·ti·va·tor** [-tə] *s.* **1.** Landwirt *m*; **2.** Züchter *m*; **3.** ⚒ Kulti'vator *m* (*Gerät*).

cul·tur·al ['kʌltʃərəl] *adj.* ☐ **1.** Kultur..., kultu'rell; **2.** → ***cultivated*** 2;

cul·ture ['kʌltʃə] *s.* **1.** → ***cultivation*** 1, 2, 4; **2.** a) (*Obst- etc.*)Anbau *m*, (*Pflanzen*)Zucht *f*, b) (*Tier*)Zucht *f*, Züchtung *f* (*a. biol.*), c) (*Pflanzen-, a. Bakterien- etc.*)Kul'tur *f*: **~ *medium*** künstlicher Nährboden; **~ *pearl*** Zuchtperle *f*; **3.** Kul'tur *f*: a) (Geistes)Bildung *f*, b) Kultiviertheit *f*: **~ *vulture*** F Kulturbeflissene(r *m*) *f*; **4.** Kul'tur *f*: a) Kul'turkreis *m*, b) Kul'turform *f od.* -stufe *f*: **~ *lag*** partielle Kulturrückständigkeit; **~ *shock*** Kulturschock *m*; **'cul·tured** [-tʃəd] *adj.* **1.** kultiviert, gepflegt, gebildet; **2.** gezüchtet: **~ *pearl*** Zuchtperle *f*.

cul·ver ['kʌlvə] *s.* Ringeltaube *f*.

cul·vert ['kʌlvət] *s.* ⚙ (über'wölbter) 'Abzugska,nal; 'unterirdische (Wasser-) Leitung; ('Bach),Durchlass *m*.

cum [kʌm] (*Lat.*) *prp.* **1.** mit, samt; **2.** *Brit.* F und gleichzeitig, ... in 'einem: ***garage-~-workshop***.

cum·ber·some ['kʌmbəsəm] *adj.* ☐ **1.** lästig, beschwerlich, hinderlich; **2.** schwerfällig, klobig.

Cum·bri·an ['kʌmbrɪən] **I** *adj.* Cumberland betreffend; **II** *s.* Bewohner(in) von Cumberland.

cum·brous ['kʌmbrəs] → ***cumbersome***.

cum·in ['kʌmɪn] *s.* Kreuzkümmel *m*.

cum·mer·bund ['kʌməbʌnd] *s. Mode*: Kummerbund *m*.

cu·mu·la·tive ['kjuːmjʊlətɪv] *adj.* ☐ **1.** *a.* ✝ kumula'tiv: **~ *dividend***; **2.** sich (an)häufend *od.* steigernd *od.* summierend; anwachsend; **3.** zusätzlich, verstärkend; **~ ev·i·dence** *s.* ⚖ verstärkender Beweis; **~ vot·ing** *s.* Kumulieren *n* (*bei Wahlen*).

cu·mu·lus ['kjuːmjʊləs] *pl.* **-li** [-laɪ] *s.* 'Kumulus *m*, Haufenwolke *f*.

cu·ne·ate ['kjuːnɪɪt] *adj. bsd.* ⚘ keilförmig; **'cu·ne·i·form** [-ɪɪfɔːm] **I** *adj.* **1.** keilförmig; **2.** Keilschrift *f*: **~ *characters*** → 3; **II** *s.* **3.** Keilschrift *f*; **'cu·ni·form** [-ɪfɔːm] → ***cuneiform***.

cun·ning ['kʌnɪŋ] **I** *adj.* ☐ **1.** listig, schlau; **2.** geschickt, klug; **3.** *Am.* F niedlich, ‚süß'; **II** *s.* **4.** Schlauheit *f*, Gerissenheit *f*; **5.** Geschicktheit *f*.

cunt [kʌnt] *s.* V Fotze *f*.

cup [kʌp] **I** *s.* **1.** Tasse *f*, Schale *f*: **~ *and saucer*** Ober- und Untertasse; ***that's not my ~ of tea*** *Brit.* F das ist nicht mein Fall; **2.** Kelch *m* (*a. eccl.*), Becher *m*; **3.** *sport* Cup *m*, Po'kal *m*: **~ *final*** Pokalendspiel *n*; **~ *tie*** Pokalspiel *n*, -paarung *f*; **4.** Weinbecher *m*: ***be fond of the ~*** gern (einen) trinken; ***be in one's ~s*** zu tief ins Glas geschaut haben; **5.** Bowle *f*; **6.** *et.* Schalenförmiges, *z.B.* Büstenhalterschale *f od. sport* 'Unterleibs-, Tiefschutz *m*; **7.** *fig.* Kelch *m* (*der Freude, des Leidens*): ***drink the ~ of joy*** den Becher der Freude leeren; ***drain the ~ of sorrow to the dregs*** den Kelch des Leidens bis auf die Neige leeren; ***his ~ is full*** das Maß s-r Leiden (*od.* Freuden) ist voll; **8.** → ***cupful*** 2; **II** *v/t.* **9.** *Kinn* in die (hohle) Hand legen; *Hand* wölben über (*acc.*): ***cupped hand*** hohle Hand; **10.** ✱ schröpfen; **'~,bear·er** *s.* Mundschenk *m*.

FA Cup

FA ist die Abkürzung von **Football Association,** dem englischen Fußballverband. Der **FA Cup** ist ein Wettbewerb, an dem alle Profi-, aber auch Amateurmannschaften (wie beim DFB-Pokal) teilnehmen können. Das Endspiel – **the FA Cup Final** – findet im Londoner Wembley Stadium statt und bildet den Höhepunkt der englischen Fußballsaison.

cup·board ['kʌbəd] *s.* (*bsd.* Speise-, Geschirr)Schrank *m*; **~ bed** *s.* Schrankbett *n*; **~ love** *s.* berechnende Liebe.

cu·pel [kjuːpəl] *s.* ⚗, ⚙ Ku'pelle *f*.

cup·ful ['kʌpfʊl] *pl.* **-fuls** *s.* **1.** *e-e* Tasse (voll); **2.** *Am. Küche*: ½ Pint *n* (*0,235 l*).

Cu·pid ['kjuːpɪd] *s.* **1.** *antiq.* 'Kupido *m*, 'Amor *m* (*a. fig. Liebe*); **2.** ♀ Amo'rette *f*.

cu·pid·i·ty [kjuː'pɪdətɪ] *s.* (Hab)Gier *f*, Begierde *f*, Begehrlichkeit *f*.

cu·po·la ['kjuːpələ] *s.* **1.** Kuppel(dach *n*) *f*; **2.** *a.* **~ *furnace*** ⚙ Ku'polofen *m*; **3.** ⚔, ⚓ Panzerturm *m*.

cu·pre·ous ['kjuːprɪəs] *adj.* kupfern; kupferartig, -haltig; **'cu·pric** [-ɪk] *adj.* ⚗ Kupfer...; **,cu·pro'nick·el** [,kjuːprəʊ-] *s.* Kupfernickel *n*; **'cu·prous** [-rəs] → ***cupric***.

cur [kɜː] *s.* **1.** Köter *m*; **2.** *fig.* ‚Hund' *m*, ‚Schwein' *n*.

cur·a·bil·i·ty [,kjʊərə'bɪlətɪ] *s.* Heilbarkeit *f*; **cur·a·ble** ['kjʊərəbl] *adj.* heilbar (*a.* ⚖ *Rechtsmangel*).

cu·ra·cy ['kjʊərəsɪ] *s. eccl.* Amt *n* e-s ***curate***.

cu·rate **I** *s.* ['kjʊərət] *eccl.* Hilfsgeistliche(r) *m*, Vi'kar *m*, Ku'rat *m*; **II** *v/t. e-e Ausstellung etc.* organisieren (u. betreuen).

C

cur·a·tive ['kjuərətɪv] **I** *adj.* heilend, Heil...; **II** *s.* Heilmittel *n.*

cu·ra·tor [ˌkjuə'reɪtə] *s.* **1.** Mu'seumsdiˌrektor *m*; **2.** *Brit. univ.* (*Oxford*) Mitglied *n* des Kura'toriums; **3.** ⚖ *Scot.* Vormund *m*; **4.** ⚖ Verwalter *m*, Pfleger *m*; ˌ**cu'ra·tor·ship** [-ʃɪp] *s.* Amt *n od.* Amtszeit *f* e-s ***curator***.

curb [kɜːb] **I** *s.* **1.** a) Kan'dare *f*, b) Kinnkette *f*; **2.** *fig.* Zaum *m*, Zügel(ung *f*) *m*: ***put a ~ on s.th.*** e-r Sache Zügel anlegen, et. zügeln; **3.** *Am.* → ***kerb***; **4.** *vet.* Spat *m*, Hasenfuß *m*; **II** *v/t.* **5.** an die Kan'dare nehmen; **6.** *fig.* zügeln, im Zaum halten; drosseln, einschränken; **~ bit** *s.* Kan'darenstange *f*; **~ mar·ket** *Am.* → ***kerb*** 3; **'~·stone** *Am.* → ***kerbstone***.

curd [kɜːd] *s. oft pl.* geronnene *od.* dicke Milch, Quark *m*: **~ *cheese*** Quark-, Weißkäse *m*; **cur·dle** ['kɜːdl] **I** *v/t.* *Milch* gerinnen lassen: **~ *one's blood*** einem das Blut in den Adern erstarren lassen; **II** *v/i.* gerinnen, dick werden (*Milch*): ***it made my blood ~*** das Blut erstarrte mir in den Adern; **'curd·y** [-dɪ] *adj.* geronnen; dick, flockig.

cure [kjuə] **I** *s.* **1.** ⚕ Heilmittel *n*; *fig.* Mittel *n* Re'zept *n* (***for*** gegen); **2.** ⚕ Kur *f*, Heilverfahren *n*, Behandlung *f*; **3.** ⚕ Heilung *f*: ***past ~*** a) unheilbar krank, b) unheilbar (*Krankheit*), c) *fig.* hoffnungslos; **4.** *eccl.* a) *a.* **~ *of souls*** Seelsorge *f*, b) Pfar'rei *f*; **II** *v/t.* **5.** ⚕ *j-n* (***of*** von) *od.* *Krankheit od. fig. Übel* heilen (*a.* ⚖ *Rechtsmangel etc.*), kurieren: **~ *s.o. of lying*** j-m das Lügen abgewöhnen; **6.** haltbar machen: a) räuchern, b) einpökeln, -salzen, c) trocknen, d) beizen; **7.** ⚙ a) vulkanisieren, b) aushärten (*Kunststoffe*); **'~-all** *s.* All'heilmittel *n.*

cu·ret·tage [kjuə'retɪdʒ] *s.* ⚕ Ausschabung *f.*

cur·few ['kɜːfjuː] *s.* **1.** *hist.* a) Abendläuten *n*, b) Abendglocke *f*; **2.** Sperrstunde *f*; **3.** ⚔ a) Ausgehverbot *n*, b) Zapfenstreich *m.*

cu·ri·a ['kjuərɪə] *s. R.C.* 'Kurie *f.*

cu·rie ['kjuərɪ] *s. phys.* Cu'rie *n.*

cu·ri·o ['kjuərɪəu] *pl.* **-os** *s.* → ***curiosity*** 2 a *u.* c.

cu·ri·os·i·ty [ˌkjuərɪ'ɒsətɪ] *s.* **1.** Neugier *f*; Wissbegierde *f*; **2.** Kuriosi'tät *f*: a) Rari'tät *f*, *pl.* Antiqui'täten, b) Sehenswürdigkeit *f*, c) Kuri'osum *n* (*Sache od. Person*); **~ shop** *s.* Antiqui'täten-, Rari'tätenladen *m.*

cu·ri·ous ['kjuərɪəs] *adj.* □ **1.** neugierig; wissbegierig: ***I am ~ to know if*** ich möchte gern wissen, ob; **2.** kuri'os, seltsam, merkwürdig: ***~ly enough*** merkwürdigerweise; **3.** F komisch, wunderlich.

curl [kɜːl] **I** *v/t.* **1.** *Haar* locken *od.* kräuseln; **2.** *Wasser* kräuseln; *Lippen* (verächtlich) schürzen; **3. ~ *up*** zs.-rollen: **~ *o.s. up*** → 6 a; **II** *v/i.* **4.** sich locken *od.* kräuseln (*Haar*); **5.** wogen, sich wellen *od.* winden; **6. ~ *up*** a) sich hochringeln (*Rauch*), b) sich zs.-rollen: **~ *up on the sofa*** es sich auf dem Sofa gemütlich machen; **7.** *sport* Curling spielen; **III** *s.* **8.** Locke *f*: ***in ~s*** gelockt; **9.** (Rauch-) Ring *m*, Kringel *m*; **10.** Windung *f*; **11.** Kräuseln *n der Lippen*; **12.** ⚘ Kräuselkrankheit *f*; **curled** [-ld] → ***curly***; **'curl·er** [-lə] *s.* **1.** Lockenwickel *m*; **2.** *sport* Curlingspieler *m.*

cur·lew ['kɜːljuː] *s.* Brachvogel *m.*

curl·i·cue ['kɜːlɪkjuː] *s.* Schnörkel *m.*

curl·ing ['kɜːlɪŋ] *s.* **1.** Kräuseln *n*, Ringeln *n*; **2.** *sport* Curling *n*: **~ *stone*** Curlingstein *m*; **3.** ⚙ bördeln; **~ i·rons**, **~ tongs** *s. pl.* (Locken)Brennschere *f.*

'curlˌpa·per *s.* Pa'pierhaarwickel *m.*

curl·y ['kɜːlɪ] *adj.* **1.** lockig, kraus, gekräuselt, **2.** wellig; gewunden; **'~-head**, **'~-pate** *s.* F Locken- *od.* Krauskopf *m* (*Person*).

cur·mudg·eon [kɜː'mʌdʒən] *s.* Brummbär *m.*

cur·rant ['kʌrənt] *s.* **1.** Ko'rinthe *f*; **2.** ***red*** (***white***, ***black***) **~** Rote (Weiße, Schwarze) Jo'hannisbeere.

cur·ren·cy ['kʌrənsɪ] *s.* **1.** 'Umlauf *m*, Zirkulati'on *f*: ***give ~ to*** *Gerücht etc.* in Umlauf setzen; **2.** a) (allgemeine) Geltung, (Allge'mein)Gültigkeit *f*, b) Gebräuchlichkeit *f*, Geläufigkeit *f*, c) Verbreitung *f*; **3.** ✝ a) Währung *f*, Va'luta *f*; → ***foreign*** 1, ***hard currency***, b) Zahlungsmittel *n od. pl.*, c) 'Geldˌumlauf *m*, d) 'umlaufendes Geld, e) Laufzeit *f* (*Wechsel*, *Vertrag*); **~ account** *s.* ✝ 'Währungs-, De'visenˌkonto *n*; **~ bill** *s.* De'visenwechsel *m*; **~ bond** *s.* Fremdwährungsschuldverschreibung *f*; **~ crisis** *s.* Währungskrise *f*; **~ re·a·lignment** *s.* Neuordnung der Währungsparitäten; **~ re·form** *s.* 'Währungsreˌform *f*; **~ up·heav·als** *s. pl.* 'Währungsturbuˌlenzen *pl.*

cur·rent ['kʌrənt] **I** *adj.* □ → ***currently***; **1.** laufend (*Jahr*, *Konto*, *Unkosten etc.*); **2.** gegenwärtig, jetzig, aktu'ell: **~ *events*** Tagesereignisse; **~ *price*** ✝ Tagespreis *m*; **3.** 'umlaufend, kursierend (*Geld*, *Gerücht etc.*); **4.** a) allgemein bekannt *od.* verbreitet, b) üblich, geläufig, gebräuchlich: ***not in ~ use*** nicht allgemein üblich, c) allgemein gültig *od.* anerkannt; **5.** ✝ a) (markt)gängig (*Ware*), b) gültig (*Geld*), c) verkehrsfähig, d) → 3; **II** *s.* **6.** Strömung *f*, Strom *m* (*beide a. fig.*): ***against the ~*** gegen den Strom; **~ *of air*** Luftstrom; **7.** *fig.* a) Trend *m*, Ten'denz *f*, b) (Ver)Lauf *m*, Gang *m*; **8.** ⚡ Strom *m*; **~ ac·count** *s.* ✝ laufendes Konto, Girokonto *n*; **~**

coin *s.* gängige Münze (*a. fig.*); **~ exchange** *s.* (***at the ~*** zum) Tageskurs *m.*

cur·rent·ly [ˈkʌrəntlɪ] *adv.* **1.** jetzt, zur Zeit, gegenwärtig; **2.** *fig.* fließend.

cur·rent me·ter *s.* ⚡ Stromzähler *m*; **~ mon·ey** *s.* ✝ ˈumlaufendes Geld.

cur·ric·u·lum [kəˈrɪkjʊləm] *pl.* **-lums**, **-la** [-lə] *s.* Lehr-, Studienplan *m*; **~ vi·tae** [ˈvaɪtiː] *s.* Lebenslauf *m.*

cur·ri·er [ˈkʌrɪə] *s.* Lederzurichter *m.*

cur·ry¹ [ˈkʌrɪ] **I** *s.* Curry(gericht *n*) *m, n*: ***~ powder*** Currypulver *n*; **II** *v/t.* mit Curry(soße) zubereiten: ***curried chicken*** Curryhuhn *n.*

cur·ry² [ˈkʌrɪ] *v/t.* **1.** *Pferd* striegeln; **2.** *Leder* zurichten; **3.** verprügeln; **4.** ***~ fa·vo(u)r with s.o.*** sich bei j-m lieb Kind machen (wollen); **ˈ~·comb** *s.* Striegel *m.*

curse [kɜːs] **I** *s.* **1.** Fluch(wort *n*) *m*; Verwünschung *f*; **2.** *eccl.* Bann(fluch) *m*; Verdammnis *f*; **3.** Fluch *m*, Unglück *n* (**to** für); **4.** ***the ~*** F die ‚Tage' (*der Frau*); **II** *v/t.* **5.** verfluchen, verwünschen, verdammen: ***~ him!*** der Teufel soll ihn holen!; **6.** fluchen auf (*acc.*), beschimpfen; **7.** *pass.* ***be ~d with s.th.*** mit et. gestraft *od.* geplagt sein; **III** *v/i.* **8.** fluchen, Flüche ausstoßen; **ˈcurs·ed** [-sɪd] *adj.* ☐ *a.* F verflucht, verdammt, verwünscht.

cur·sive [ˈkɜːsɪv] **I** *adj.* kurˈsiv: ***~ characters*** → **II** *s. typ.* Schreibschrift *f.*

cur·sor [ˈkɜːrsə] *s.* **1.** *Computer*: Cursor *m*; **2.** ✈, ⚙ Schieber *m*, ⚙ *a.* Zeiger *m.*

cur·so·ri·ness [ˈkɜːsərɪnɪs] *s.* Flüchtigkeit *f*, Oberflächlichkeit *f*; **cur·so·ry** [ˈkɜːsərɪ] *adj.* ☐ flüchtig, oberflächlich.

curst [kɜːst] *obs. pret. u. p.p. von* **curse**.

curt [kɜːt] *adj.* ☐ **1.** kurz (gefasst), knapp; **2.** (**with**) barsch, schroff (gegen), kurz angebunden (mit).

cur·tail [kɜːˈteɪl] *v/t.* **1.** (ab-, ver)kürzen; **2.** *Ausgaben etc.* kürzen, *a. Rechte* be-, einschränken, beschneiden; *Preise etc.* herˈabsetzen; **curˈtail·ment** [-mənt] *s.* **1.** (Ab-, Ver)Kürzung *f*; **2.** Kürzung *f*, Beschneidung *f*; Beschränkung *f.*

cur·tain [ˈkɜːtn] **I** *s.* **1.** Vorhang *m* (*a. fig.*), Garˈdine *f*: ***draw the ~(s)*** den Vorhang (die Gardinen) zuziehen; ***draw the ~ over s.th.*** *fig.* et. begraben; ***lift the ~*** *fig.* den Schleier lüften; ***behind the ~*** hinter den Kulissen; ***~ of fire*** ⚔ Feuervorhang; ***~ of rain*** Regenwand *f*; **2.** *thea.* a) Vorhang *m*, b) Aktschluss *m*: ***the ~ rises*** der Vorhang geht auf; ***the ~ falls*** der Vorhang fällt (*a. fig.*); ***it's ~s for him*** F es ist aus mit ihm; ***now it's ~s!*** F jetzt ist der Ofen aus!, aus ists!; **3.** *thea.* Herˈvorruf *m*: ***take ten ~s*** zehn Vorhänge haben; **II** *v/t.* **4.** mit Vorhängen versehen; **~ call** → ***curtain*** 3; **~ fall** *s. thea.* Fallen *n* des Vorhanges; **~ lec·ture** *s.* Garˈdinenpredigt *f*; **~ rais·er** *s. thea.* **1.** kurzes Vorspiel; **2.** *fig.* Vorspiel *n*, Auftakt (**to** zu); **~ wall** *s.* ⚠ **1.** Blendwand; **2.** Zwischenwand *f.*

curt·s(e)y [ˈkɜːtsɪ] **I** *s.* Knicks *m*: ***drop a ~*** → **II** *v/i.* e-n Knicks machen, knicksen (**to** vor *dat.*).

cur·va·ceous [kɜːˈveɪʃəs] *adj.* F ‚kurvenreich' (*Frau*); **cur·va·ture** [ˈkɜːvətʃə] *s.* Krümmung *f* (*a.* ✈, *geol.*): ***~ of the spine*** ⚕ Rückgratverkrümmung *f.*

curve [kɜːv] **I** *s.* **1.** Kurve *f* (*a.* ✈), Krümmung *f*, Biegung *f*, Bogen *m*; **2.** *pl.* F ‚Kurven' *pl.*, Rundungen *pl.*; **II** *v/t.* **3.** biegen, krümmen; **III** *v/i.* **4.** sich biegen *od.* wölben *od.* krümmen; **curved** [-vd] *adj.* gekrümmt, gebogen; krumm.

cur·vet [kɜːˈvet] **I** *s. Reitkunst*: Kurˈbette *f*, Bogensprung *m*; **II** *v/i.* kurbettieren.

cur·vi·lin·e·ar [ˌkɜːvɪˈlɪnɪə] *adj.* krummlinig (begrenzt).

cush·ion [ˈkʊʃn] **I** *s.* **1.** Kissen *n*, Polster *n* (*a. fig.*); **2.** Wulst *m* (*für die Frisur*); **3.** Bande *f* (*Billard*); **4.** *vet.* Strahl *m* (*Pferdehuf*); **5.** ⚙ Puffer *m*, Dämpfer *m*; **6.** *phys.* ⚙ Luftkissen *n*; **II** *v/t.* **7.** durch Kissen schützen, polstern (*a. fig.*); **8.** *Stoß*, *Fall* dämpfen *od.* auffangen; **9.** weich betten; **10.** ⚙ abfedern; **ˈ~·craft** *s.* Luftkissenfahrzeug(e *pl.*) *n.*

cush·ioned [ˈkʊʃənd] *adj.* **1.** gepolstert, Polster…; **2.** *fig.* bequem, behaglich; **3.** ⚙ stoßgedämpft.

cush·y [ˈkʊʃɪ] *adj. Brit. sl.* ‚gemütlich', bequem, angenehm: ***~ job.***

cusp [kʌsp] *s.* **1.** Spitze *f*; **2.** ✈ Scheitelpunkt *m* (*Kurve*); **3.** *ast.* Horn *n* (*Halbmond*); **4.** ⚠ Nase *f* (*gotisches Maßwerk*); **cusped** [-pt], **ˈcus·pi·dal** [-pɪdl] *adj.* spitz (zulaufend).

cus·pi·dor [ˈkʌspɪdɔː] *s. Am.* **1.** Spucknapf *m*; **2.** ✈ Speitüte *f.*

cuss [kʌs] *s.* F **1.** Fluch *m*: ***~ word*** Fluch *m*, Schimpfwort *n*; → ***tinker*** 1; **2.** Kerl *m*; **ˈcuss·ed** [-sɪd] *adj.* F **1.** verflucht, -flixt; **2.** boshaft, gemein; **ˈcuss·ed·ness** [-sɪdnɪs] *s.* F Bosheit *f*, Gemeinheit *f*, Tücke *f.*

cus·tard [ˈkʌstəd] *s.* Eiercreme *f*: (***running***) **~** Vanillesoße *f*; **~ ap·ple** *s.* ⚘ Zimtapfel *m*; **~ pow·der** *s. ein* ˈPudding,pulver *n*; **~ pie** *s.* **1.** Sahnetorte *f*; **2.** *thea.* F Klaˈmauk(komödie *f*) *m.*

cus·to·di·an [kʌˈstəʊdjən] *s.* **1.** Aufseher *m*, Wächter *m*, Hüter *m*; **2.** (⚖ Vermögens)Verwalter *m*, ⚖ *a.* Verwahrer *m*, *Am. a.* Vormund *m*; **cus·to·dy** [ˈkʌstədɪ] *s.* **1.** Aufsicht *f* (**of** über *acc.*), (Ob)Hut *f*, Schutz *m*; **2.** Verwahrung *f*, Verwaltung *f*; **3.** ⚖ a) Gewahrsam *m*, Haft *f*: ***protective ~*** Schutzhaft *f*; ***take into ~*** verhaften, in Gewahrsam

C

C

nehmen, b) Gewahrsam *m* (*tatsächlicher Besitz*), c) Sorgerecht *n*; **4.** ✝ *Am.* De'pot *n.*

cus·tom ['kʌstəm] **I** *s.* **1.** Brauch *m*, Gewohnheit *f*, Sitte *f*; *coll.* Sitten u. Gebräuche *pl.*, *pl.* Brauchtum *n*; **2.** ⚖ Gewohnheitsrecht *n*; **3.** ✝ Kundschaft *f*, Kunden(kreis *m*) *pl.*: ***draw*** (*od.* ***get***) ***a lot of ~ from*** viel Geschäft machen mit; ***take one's custom elsewhere*** anderswo Kunde werden; ***withdraw one's ~ from*** s-e Kundschaft entziehen (*dat.*); **4.** *pl.* a) Zoll *m*, b) Zoll(behörde *f*) *m*, Zollamt *n*; **II** *adj.* **5.** *Am.* a) auf Bestellung *od.* nach Maß arbeitend: ***~ tailor*** Maßschneider *m*, b) → ***custom-made***: ***~-built*** einzeln (*od.* nach Kundenangaben) angefertigt; ***~ shoes*** Maßschuhe; '**cus·tom·ar·i·ly** [-mərılı] *adv.* üblicherweise, herkömmlicherweise; '**cus·tom·ar·y** [-mərı] *adj.* □ **1.** gebräuchlich, herkömmlich, üblich, gewohnt, Gewohnheits...; **2.** ⚖ gewohnheitsrechtlich; '**cus·tom·er** [-mə] *s.* **1.** Kunde *m*, Kundin *f*; Abnehmer(in), Käufer(in): ***~ country*** Abnehmerland *n*; ***~'s check*** *Am.* Barscheck *m*; ***regular ~*** Stammkunde *m od.* -gast *m*; **2.** F Bursche *m*, ‚Kunde' *m*: ***queer ~*** komischer Kauz; ***ugly ~*** übler Kunde; '**cus·tom·ize** [-maız] *v/t.* **1.** ✝ auf den Kundenbedarf zuschneiden; **2.** *Auto etc.* individu'ell herrichten.

'**cus·tom|·house** *s.* Zollamt *n*; '**~-made** *adj.* nach Maß *od.* auf Bestellung *od.* spezi'ell angefertigt, Maß...

cus·tom·ize ['kʌstəmaız] *v/t.* kundengerecht anfertigen.

cus·toms| clear·ance *s.* Zollabfertigung *f*; **~ dec·la·ra·tion** *s.* 'Zolldeklarati͵on *f*, -erklärung *f*; **~ ex·am·i·na·tion**, **~ in·spec·tion** *s.* 'Zollkon͵trolle *f*; **~ of·fi·cer** *s.* Zollbeamte(r) *m*; **~ un·ion** *s.* 'Zollverein *m*, -uni͵on *f*; **~ war·rant** *s.* Zollauslieferungsschein *m*; **~ ware·house** *s.* Zolllager *n.*

cut [kʌt] **I** *s.* **1.** Schnitt *m*: ***a ~ above*** e-e Stufe besser als; → ***haircut***; **2.** Schnittwunde *f*; **3.** Hieb *m*, Schlag *m*: ***~ and thrust*** a) *Fechten*: Hieb u. Stoß *m* (*od.* Stich *m*), b) *fig.* (feindseliges) Hin u. Her, ‚Schlagabtausch' *m*; **4.** Schnitte *f*, Stück *n* (*bsd. Fleisch*); Ab-, Anschnitt *m*; Schur *f* (*Wolle*); Schlag *m* (*Holzfällen*); ⚘ Mahd *f* (*Gras*); **5.** F (An)Teil *m*: ***my ~ is 10%***; **6.** (Zu)Schnitt *m*, Fas'son *f* (*bsd. Kleidung*); *fig.* Art *f*, Schlag *m*; **7.** *typ.* a) Druckstock *m*, b) Holzschnitt *m*, (Kupfer)Stich *m*, c) Kli'schee *n*; **8.** Schnitt *m*, Schliff *m* (*Edelstein*); **9.** Gesichtsschnitt *m*; **10.** Beschneidung *f*, Kürzung *f*, Streichung *f*, Abzug *m*, Abstrich *m* (*Preis, Lohn, a. Text etc.*): ***power ~*** ⚡ Stromsperre *f*; → ***short cut***; **11.** ⚙, 🚂 *etc.* Einschnitt *m*, Kerbe *f*, Graben *m*; **12.** a) Stich *m*, Bosheit *f*, b) Grußverweigerung *f*: ***give s.o. the ~ direct*** j-n ostentativ schneiden; **13.** *Kartenspiel*: Abheben *n*; **14.** *Tennis*: Schnitt *m*; **15.** *Film etc.*: Schnitt *m*, (scharfe) Über'blendung; **II** *adj.* **16.** ge-, beschnitten, behauen: ***~ flowers*** Schnittblumen; ***~ glass*** geschliffenes Glas, Kristall *n*; ***~ prices*** herabgesetzte Preise; ***well-~ features*** fein geschnittene Züge; ***~ and dried*** fix u. fertig, schablonenhaft; ***badly ~ about*** arg zugerichtet; **III** *v/t.* [*irr.*] **17.** (ab-, be-, 'durch-, zer)schneiden: ***~ one's finger*** sich in den Finger schneiden; ***~ one's nails*** sich die Nägel schneiden; ***~ a book*** ein Buch aufschneiden; ***~ a joint*** e-n Braten vorschneiden, zerlegen; ***~ to pieces*** zerstückeln; **18.** *Hecke* beschneiden, stutzen; **19.** *Gras, Korn* mähen; *Baum* fällen; **20.** schlagen; *Kohlen* hauen; *Weg* aushauen, -graben; *Holz* hacken; *Graben* stechen; *Tunnel* bohren: ***~ one's way*** sich e-n Weg bahnen (*a. fig.*); **21.** *Tier* verschneiden, kastrieren: ***~ horse*** Wallach *m*; **22.** *Kleid* zuschneiden; *et.* zu'rechtschneiden; *Stein* behauen; *Glas, Edelstein* schleifen: ***~ it fine*** *fig.* a) es (zu) knapp bemessen, b) es gerade noch schaffen; ***~ a deal*** *fig.*, *bsd. Am.* F ein Abkommen treffen; **23.** einschneiden, -ritzen, schnitzen; **24.** *Tennis*: *Ball* schneiden; **25.** *Text etc.*, *a. Betrag* beschneiden, kürzen, zs.-streichen; *sport Rekord* brechen; **26.** *Film*: a) schneiden, über'blenden: ***~ to*** hinüberblenden zu, b) abbrechen; **27.** verdünnen, verwässern; **28.** *fig. j-n* schneiden, nicht grüßen: ***~ s.o. dead*** j-n völlig ignorieren; **29.** *fig.* schneiden (*Wind*); verletzen, kränken (*Worte*); **30.** *Verbindung* abbrechen, aufgeben; fern bleiben von, *Vorlesung* ‚schwänzen'; **31.** *Zahn* bekommen; **32.** *Schlüssel* anfertigen; **33.** *Spielkarten* abheben; **IV** *v/i.* [*irr.*] **34.** schneiden (*a. fig.*), hauen: ***it ~s both ways*** es ist ein zweischneidiges Schwert; ***~ and come again*** greifen Sie tüchtig zu! (*beim Essen*); ***it ~s into his time*** es kostet ihn Zeit; ***~ into a conversation*** in e-e Unterhaltung eingreifen; **35.** sich schneiden lassen; **36.** F ‚abhauen': ***~ and run*** Reißaus nehmen; **37.** (*in der Schule etc.*) ‚schwänzen'; **38.** *Kartenspiel*: abheben; **39.** *sport* (den Ball) schneiden; **40.** ***~ across*** a) quer durch *et.* gehen, b) *fig.* hin'ausgehen über (*acc.*), c) *fig.* wider'sprechen, d) *fig. Am.* einbeziehen;

Zssgn mit adv.:

cut| a·long *v/i.* F sich auf die Beine machen; **~ back I** *v/t.* beschneiden, stutzen, *fig. a.* kürzen, zs.-streichen, verringern; **II** *v/i.* (zu)'rückblenden (***to***

auf *acc.*) (*Film, Roman etc.*); **~ down I** *v/t.* **1.** zerschneiden; **2.** *Baum* fällen, *j-n a.* niederschlagen; **3.** *fig.* a) → ***cut back*** I, b) drosseln; **II** *v/i.* **4. *~ on s.th.*** et. einschränken; **~ in I** *v/t.* **1.** ⚙ einschalten (*a. Filmszene*); **2.** *j-n* beteiligen (***on*** an *dat.*); **II** *v/i.* **3.** unter'brechen, sich einmengen *od.* einschalten (*a. teleph.*); **4.** einspringen; **5.** *mot.* einscheren; **6.** F (*beim Tanzen*) abklatschen; **~ loose I** *v/t.* **1.** trennen, losmachen; **2. *cut o.s. loose*** sich trennen *od.* lossagen; **II** *v/i.* **3.** sich gehen lassen; **4.** sich lossagen; **5.** *sl.* a) loslegen (***with*** mit), b) ‚auf den Putz hauen'; **~ off** *v/t.* **1.** abschneiden, -schlagen, -hauen: ***~ s.o.'s head*** j-n köpfen; **2.** unter'brechen, trennen; **3.** *Strom etc.* absperren, abdrehen; **4.** *Debatte* beenden; **5.** niederschlagen, da'hinraffen; vernichten; **6. *cut s.o. off with a shilling*** j-n enterben; **~ out I** *v/t.* **1.** aus-, zuschneiden: ***~ for a job*** wie geschaffen für e-n Posten; → ***work*** 1; **2.** *j-n* ausstechen; verdrängen; **3.** *Am. sl.* unter'lassen: ***cut it out!*** lass den Quatsch!; **4.** aufgeben; entfernen; *Am. Tier* von der Herde absondern; **5.** ⚙ ausschalten; **II** *v/i.* **6.** ⚙ sich ausschalten, aussetzen; **7.** ausscheren (*Fahrzeug*); **8.** *Kartenspiel*: ausscheiden; **~ short** *v/t.* **1.** unter'brechen; *j-m* ins Wort fallen; **2.** plötzlich beenden, kürzen; *es* kurz machen; **~ un·der** *v/t.* ✝ *j-n* unter'bieten; **~ up I** *v/t.* **1.** in Stücke schneiden, zerhauen; zerlegen; **2.** vernichten; **3.** F ‚verreißen', her'untermachen; **4.** tief betrüben, aufregen: ***be badly ~*** ganz ‚kaputt' sein; **II** *v/i.* **5.** *Brit.* F ***~ fat*** (*od.* ***rich***) reich sterben; **6.** F ‚den wilden Mann' spielen: ***~ rough*** ‚massiv' werden; **7.** *Am. sl.* a) ‚angeben', b) Unsinn treiben.

ˌcut-and-'dried *adj.* **1.** (fix und) fertig, fest(gelegt); **2.** scha'blonenhaft.

cu·ta·ne·ous [kjuː'teɪnjəs] *adj.* ⚕ Haut...: ***~ eruption*** Hautausschlag *m.*

'cut·a·way I *s.* Cut(away) *m*; **II** *adj.* ⚙ Schnitt...(*-modell etc.*): ***~ view*** Ausschnitt(darstellung *f*) *m.*

'cut·back *s.* **1.** *Film*: Rückblende *f*; **2.** Kürzung *f*, Beschneidung *f*, Verringerung *f.*

cute [kjuːt] *adj.* □ F **1.** schlau, clever; **2.** *Am.* niedlich, ‚süß'.

cu·ti·cle ['kjuːtɪkl] *s.* ⚘, *anat.* Oberhaut *f*, Epi'dermis *f*; Nagelhaut *f*: ***~ scissors*** Hautschere *f.*

cu·tie ['kjuːtɪ] *s. Am. sl.* ‚dufte Biene' (*Mädchen*).

'cut-in *s. Film*: a) Einschnitt(szene *f*) *m*, b) *a. Zeitung*: Zwischentitel *m.*

cu·tis ['kjuːtɪs] *s. anat.* 'Kutis *f*, Lederhaut *f.*

cut·lass ['kʌtləs] *s.* **1.** ⚓ *hist.* Entermesser *n*; **2.** Ma'chete *f.*

cut·ler ['kʌtlə] *s.* Messerschmied *m*; **'cut·ler·y** [-ərɪ] *s.* **1.** Messerwaren *pl.*; **2.** *coll.* Essbesteck(e *pl.*) *n.*

cut·let ['kʌtlɪt] *s.* Schnitzel *n.*

'cut|·off *s.* **1.** ⚙ (Ab)Sperrung *f*; **2.** ⚙, ⚡ Ab-, Ausschaltung *f* (*a. Vorrichtung*); **3.** *Am.* Abkürzung(sweg *m*) *f*; **'~·out** *s.* **1.** Ausschnitt *m*; 'Ausschneidefiˌgur *f*; **2.** ⚡ a) Ausschalter *m*, Sicherung *f*; **3.** *mot.* Auspuffklappe *f*; **'~·purse** *s.* Taschendieb(in); **'~-rate** *adj.* ✝ ermäßigt, her'abgesetzt, billig (*a. fig.*).

cut·ter ['kʌtə] *s.* **1.** Schneidende(r) *m*; (Blech-, Holz)Schneider *m* (Stein)Hauer *m*; (Glas-, Dia'mant)Schleifer *m*; **2.** Zuschneider *m*; **3.** ⚙ Schneidewerkzeug *n*; **4.** *Film*: Cutter(in); **5.** *Küche*: Ausstechform *f*; **6.** ⚓ a) Kutter *m*, b) Beiboot *n*, c) *Am.* Küstenwachboot *n.*

'cut·throat I *s.* **1.** Mörder *m*; **2.** *fig.* Halsabschneider *m*; **II** *adj.* **3.** *fig.* mörderisch, halsabschneiderisch: ***~ competition.***

cut·ting ['kʌtɪŋ] **I** *s.* **1.** Schneiden *n*; Zuschneiden *n*; **2.** *bsd.* 🚂 Einschnitt *m*, 'Durchstich *m*; **3.** ⚙ a) Fräsen *n*, spanabhebende Bearbeitung, b) Kerbe *f*, Schlitz *m*, c) *pl.* Späne *pl.*, Schnitzel *pl.*; **4.** (Zeitungs)Ausschnitt *m*; **5.** *pl.* Schnitzel *pl.*, Abfälle *pl.*; **6.** ⚘ Ableger *m*, Steckling *m*; **7.** *Film*: Schnitt *m*; **II** *adj.* □ **8.** schneidend, Schneid(e)...; **9.** *fig.* schneidend (*Wind*), scharf (*Worte*), beißend (*Hohn*); **~ die** *s.* ⚙ Schneideisen *n*, 'Stanzschaˌblone *f*; **~ edge** *s.* Schneide *f*; **~ nip·pers** *s. pl.* Kneifzange *f*; **~ torch** *s.* ⚙ Schneidbrenner *m.*

cut·tle ['kʌtl], **'~·fish** *s. zo.* (Gemeiner) Tintenfisch.

cy·a·nate ['saɪəneɪt] *s.* ⚗ Zya'nat *n*; **cy·an·ic** [saɪ'ænɪk] *adj.* Zyan...: ***~ acid*** Zyansäure *f*; **'cy·a·nide** [-naɪd] *s.* Zya'nid *n*: ***~ of potassium*** (*od.* ***potash***) Zyankali *n*; **cy·an·o·gen** [saɪ'ænədʒɪn] *s.* Zy'an *n.*

cy·ber·ca·fe ['saɪbəˌkæfeɪ] *s.* Cybercafé *n*, Internetcafé *n.*

cy·ber·net·ics [ˌsaɪbə'netɪks] *s. pl.* (*sg. konstr.*) Kyber'netik *f*; **ˌcy·ber'net·ist** [-ɪst] *s.* Kyber'netiker *m.*

'cy·ber|·sex *s. Internet*: Cybersex *m*; **'~·space** *s. Computer*: Cyberspace *m*, virtu'eller Raum.

cy·borg ['saɪbɔːg] *s. Science-Fiction*: Cyborg *m* (*Wesen zwischen Mensch u. Roboter*).

cyc·la·men ['sɪkləmən] *s.* ⚘ Alpenveilchen *n.*

cy·cle ['saɪkl] **I** *s.* **1.** 'Zyklus *m*, Kreis(-lauf) *m*, 'Umlauf *m*: ***lunar ~*** Mondzyklus; → ***business cycle***; ***come full ~*** a) e-n ganzen Kreislauf beschreiben, b) *fig.* zum Anfangspunkt zurückkehren; **2.** *a.* ⚡, *phys.* Peri'ode *f*: ***in ~s*** periodisch wiederkehrend; ***~s per second***

C

(*abbr.* ***cps***) Hertz; **3.** (Gedicht-, Sagen)Kreis *m*; **4.** Folge *f*, Reihe *f*, 'Serie *f*, 'Zyklus *m*; **5.** ⚙ 'Kreispro,zess *m*; Arbeitsgang *m*; **6.** *mot.* Takt *m*: ***four-stroke ~*** Viertakt; ***four-~ engine*** Viertaktmotor *m*; **7.** a) Fahrrad *n*, b) Motorrad *n*, c) Dreirad *n*; **II** *v/i.* **8.** Rad fahren, radeln; **III** *v/t.* **9.** e-n Kreislauf 'durchmachen lassen; **10.** *a.* ⚙ peri'odisch wieder'holen; '**cy·clic**, '**cy·cli·cal** [-lɪk(l)] *adj.* □ **1.** zyklisch, peri'odisch, kreisläufig; **2.** ✝ konjunk'turbedingt, -po,litisch, Konjunktur...; '**cy·cling** [-lɪŋ] *s.* **1.** Radfahren *n*: ***~ tour*** Radtour *f*; **2.** Rad(renn)sport *m*; '**cy·clist** [-lɪst] *s.* Radfahrer(in).

cy·clo-cross [,saɪklə'krɒs] *s. Radsport*: Querfeld'einfahren *n*.

cy·clom·e·ter [saɪ'klɒmɪtə] *s.* **1.** ⚙ Wegmesser *m*; **2.** ⩓ Zyklo'meter *m*.

cy·cloid ['saɪklɔɪd] **I** *s.* ⩓ Zyklo'ide *f*; **II** *adj. allg.* zyklo'id.

cy·clone ['saɪkləʊn] *s.* **1.** *meteor.* a) Zyklon *m*, Wirbelsturm *m*, b) Zy'klone *f*, Tief(druckgebiet) *n*; **2.** *fig.* Or'kan *m*.

cy·clo·p(a)e·di·a [,saɪkləʊ'piːdjə] → ***encyclop(a)edia***.

Cy·clo·pe·an [saɪ'kləʊpjən] *adj.* zy'klopisch, riesig; **Cy·clops** ['saɪklɒps] *pl.* **Cy·clo·pes** [saɪ'kləʊpiːz] *s.* Zy'klop *m*.

cy·clo·tron ['saɪklətrɒn] *s. Kernphysik*: 'Zyklotron *n*.

cy·der → ***cider***.

cyg·net ['sɪgnɪt] *s.* junger Schwan.

cyl·in·der ['sɪlɪndə] *s.* **1.** ⩓, ⚙, *typ.* Zy'linder *m*, Walze *f*: ***six-~ car*** Sechszylinderwagen *m*; **2.** ⚙ Trommel *f*, Rolle *f*; 'Mess-, 'Dampfzy,linder *m*; Gas-, Stahlflasche *f*; Stiefel *m* (*Pumpe*); **~ block** *s. mot.* Zy'linderblock *m*; **~ bore** *s.* Zy'linderbohrung *f*; **~ es·cape·ment** *s.* Zy'linderhemmung *f* (*Uhr*); **~ head** *s.* Zy'linderkopf *m*; **~ jack·et** *s.* Zy'lindermantel *m*; **~ print·ing** *s. typ.* Walzendruck *m*.

cy·lin·dri·cal [sɪ'lɪndrɪkl] *adj.* zy'lindrisch, Zylinder...

cym·bal ['sɪmbl] *s.* ♪ **1.** Becken *n*; **2.** 'Zimbel *f*; '**cym·bal·ist** [-bəlɪst] *s.* Beckenschläger *m*; '**cym·ba·lo** [-bələʊ] *pl.* **-los** *s.* ♪ Hackbrett *n*.

Cym·ric ['kɪmrɪk] **I** *adj.* kymrisch, *bsd.* wa'lisisch; **II** *s. ling.* Kymrisch *n*.

cyn·ic ['sɪnɪk] *s.* **1.** Zyniker *m*, bissiger Spötter; **2.** ♎ *antiq. phls.* Kyniker *m*; '**cyn·i·cal** [-kl] *adj.* □ zynisch; '**cyn·i·cism** [-ɪsɪzəm] *s.* **1.** Zy'nismus *m*; **2.** zynische Bemerkung.

cy·no·sure ['sɪnəzjʊə] *s.* **1.** *fig.* Anziehungspunkt *m*, Gegenstand *m* der Bewunderung; **2.** *fig.* Leitstern *m*; **3.** ♎ *ast.* a) Kleiner Bär, b) Po'larstern *m*.

cy·pher → ***cipher***.

cy·press ['saɪprɪs] *s.* Zy'presse *f*.

Cyp·ri·ote ['sɪprɪəʊt], '**Cyp·ri·ot** [-ɪət] **I** *s.* Zypri'ot(in), Zyprer(in); **II** *adj.* zyprisch.

Cy·ril·lic [sɪ'rɪlɪk] *adj.* ky'rillisch.

cyst [sɪst] *s.* **1.** ⚕ Zyste *f*; **2.** Kapsel *f*, Hülle *f*; '**cyst·ic** [-tɪk] *adj.* **1.** ⚕ zystisch; **2.** *anat.* Blasen...; **cys·ti·tis** [sɪs'taɪtɪs] *s.* ⚕ Blasenentzündung *f*; '**cys·to·scope** [-təskəʊp] *s.* ⚕ Blasenspiegel *m*; **cys·tos·co·py** [sɪs'tɒskəpɪ] *s.* ⚕ Blasenspiegelung *f*.

cy·to·blast ['saɪtəʊblæst] *s. biol.* Zyto'blast *m*, Zellkern *m*.

cy·tol·o·gy [saɪ'tɒlədʒɪ] *s. biol.* Zytolo'gie *f*, Zellenlehre *f*.

czar [zɑː] *s.* Zar *m*.

czar·das ['tʃɑːdæʃ] *s.* 'Csárdás *m*.

czar·e·vitch ['zɑːrəvɪtʃ] *s.* Za'rewitsch *m*; **cza·ri·na** [zɑː'riːnə] *s.* Zarin *f*; '**czar·ism** [-rɪzəm] *s.* Zarentum *n*; '**czar·ist** [-rɪst], **czar·is·tic** [zɑː'rɪstɪk] *adj.* za'ristisch; **cza·rit·za** [zɑː'rɪtsə] → ***czarina***.

Czech [tʃek] **I** *s.* **1.** Tscheche *m*, Tschechin *f*; **2.** *ling.* Tschechisch *n*; **II** *adj.* **3.** tschechisch.

D

D, d [diː] *s.* **1.** D *n*, d *n* (*Buchstabe*); **2.** ♪ D *n*, d *n* (*Note*); **3.** *ped. Am.* Vier *f*, Ausreichend *n* (*Note*).

'd [-d] F *für* ***had***, ***should***, ***would***: ***you'd***.

dab[1] [dæb] **I** *v/t.* **1.** leicht klopfen, antippen; **2.** be-, abtupfen; **3.** bestreichen; **4.** *typ.* abklatschen, klischieren; **5.** *a.* **~ *on*** *Farbe etc.* auftragen; **6.** *sl.* Fingerabdrücke machen von; **II** *v/i.* **7.** **~ *at*** → 1, 2; **III** *s.* **8.** (leichter) Klaps, Tupfer *m*; **9.** Klecks *m*, Spritzer *m*; **10.** *Am. sl.* Fingerabdruck *m*.

dab[2] [dæb] *s.* F Könner *m*, ‚Künstler' *m*, Ex'perte *m*: ***be a ~ at s.th.*** et. aus dem Effeff können.

dab·ber ['dæbə] *s. typ.* a) Farbballen *m*, b) Klopfbürste *f*.

dab·ble ['dæbl] **I** *v/t.* **1.** bespritzen, besprengen; **II** *v/i.* **2.** plantschen, plätschern; **3.** *fig.* **~ *in s.th.*** sich aus Liebhaberei *od.* oberflächlich *od.* dilet'tantisch mit et. befassen, ein bisschen *malen etc.*; **'dab·bler** [-lə] *s.* Ama'teur *m*, *contp.* Dilet'tant(in), Stümper(in).

dab·ster ['dæbstə] *s.* **1.** → ***dab***[2]; **2.** F *Am.* Stümper *m*.

dace [deɪs] *s. ichth.* Häsling *m*.

da·cha ['dætʃə] *s.* Datscha *f*.

dachs·hund ['dækshʊnd] *s. zo.* Dachshund *m*, Dackel *m*.

dac·tyl ['dæktɪl] *s.* Daktylus *m* (*Versfuß*); **dac·tyl·ic** [dæk'tɪlɪk] *adj. u. s.* dak'tylisch(er Vers).

dac·ty·lo·gram [dæk'tɪləʊgræm] *s.* Fingerabdruck *m*.

dad [dæd] *s.* F ‚Paps' *m*, Vati *m*.

Da·da·ism ['dɑːdɑɪzəm] *s.* Dada'ismus *m*; **'Da·da·ist** [-ɪst] **I** *s.* Dada'ist *m*; **II** *adj.* dada'istisch.

dad·dy ['dædɪ] → ***dad***; **~ long·legs** [ˌdædɪ'lɒŋlegz] *s. zo.* **1.** *Brit.* Schnake *f*; **2.** *Am.* Weberknecht *m*.

dae·mon → ***demon***.

daf·fo·dil ['dæfədɪl] *s.* ⚘ Gelbe Nar'zisse, Osterblume *f*, -glocke *f*.

daft [dɑːft] *adj.* □ F verrückt, blöde, ‚doof', ‚bekloppt'.

dag·ger ['dægə] *s.* **1.** Dolch *m*: ***be at ~s drawn*** (***with***) *fig.* auf (dem) Kriegsfuß stehen (mit); ***look ~s at s.o.*** j-n mit Blicken durchbohren; **2.** *typ.* Kreuz (-zeichen) *n* (†).

da·go ['deɪgəʊ] *pl.* **-gos** *od.* **-goes** *s. sl. contp.* = *Spanier*, *Portugiese od. Italiener*; *weitS.* ‚Ka'nake' *m*, (verdammter) Ausländer.

da·guerre·o·type [də'gerəʊtaɪp] *s. phot.* a) Daguerreoty'pie *f*, b) Daguerreo'typ *n* (*Bild*).

dahl·ia ['deɪljə] *s.* ⚘ Dahlie *f*.

Dail Eir·eann [ˌdaɪl'eərən] *a.* **Dail** *s.* Abgeordnetenhaus *n von Eire*.

dai·ly ['deɪlɪ] **I** *adj.* **1.** täglich, Tage(s)...: ***our ~ bread*** unser täglich(es) Brot; **~ *wages*** Tagelohn *m*; **~ *newspaper*** → 5; **2.** alltäglich, häufig, ständig; **II** *adv.* **3.** täglich; **4.** immer, ständig; **III** *s.* **5.** Tageszeitung *f*; **6.** *Brit.* Zugeh-, Putzfrau *f*.

dain·ti·ness ['deɪntɪnɪs] *s.* **1.** Zierlichkeit *f*, Niedlichkeit *f*; **2.** wählerisches Wesen, Verwöhntheit *f*; **3.** Geziertheit *f*, Zimperlichkeit *f*; **4.** Schmackhaftigkeit *f*; **dain·ty** ['deɪntɪ] **I** *adj.* □ **1.** zierlich, niedlich, fein, reizend; **2.** köstlich, exqui'sit; **3.** wählerisch, verwöhnt (*bsd. im Essen*); **4.** geziert, zimperlich; **5.** lecker, schmackhaft; **II** *s.* **6.** *a. fig.* Leckerbissen *m*, Delika'tesse *f*.

dair·y ['deərɪ] *s.* **1.** Molke'rei *f*; **2.** Milchwirtschaft *f*, Molke'rei(betrieb *m*) *f*; **3.** Milchhandlung *f*; **~ bar** *s. Am.* Milchbar *f*; **~ cat·tle** *s. pl.* Milchvieh *n*; **~ farm** *s.* auf Milchwirtschaft spezialisierter Bauernhof; **~ lunch** → ***dairy bar***; **'~·maid** *s.* **1.** Melkerin *f*; **2.** Molke'reiangestellte *f*; **'~·man** [-mən] *s.* [*irr.*] **1.** Milchmann *m*; **2.** Melker *m*, Schweizer *m*; **~ prod·uce** *s.* Molke'reiproˌdukte *pl.*

da·is ['deɪɪs] *pl.* **-is·es** *s.* **1.** Podium *n*, E'strade *f*; **2.** *obs.* Baldachin *m*.

dai·sy ['deɪzɪ] **I** *s.* **1.** ⚘ Gänseblümchen *n*: (***double***) **~** Tausendschön(chen) *n*; ***be pushing up the daisies*** *sl.* ‚sich die Radieschen von unten betrachten' (*tot sein*); → ***fresh*** 4; **2.** *sl.* a) 'Prachtexemˌplar *n*, b) Prachtkerl *m*, ‚Perle' *f*; **II** *adj.* **3.** *sl.* erstklassig, prima; **~ chain** *s.* **1.** Gänseblumenkränzchen *n*; **2.** *fig.* Reigen *m*, Kette *f*; **'~-ˌcut·ter** *s. sl.* **1.** Pferd *n* mit schleppendem Gang; **2.** *sport* Flachschuss *m*.

dale [deɪl] *s. poet.* Tal *n*; **dales·man** ['deɪlzmən] *s.* [*irr.*] Talbewohner *m* (*bsd. in Nordengland*).

dal·li·ance ['dælɪəns] *s.* **1.** Tröde'lei *f*, Bumme'lei *f*; **2.** Tände'lei *f*: a) Spiele'rei *f*, b) Schäke'rei *f*, Liebe'lei *f*; **dal·ly**

D

['dælɪ] **I** *v/i.* **1.** trödeln, Zeit vertändeln; **2.** tändeln, spielen, liebäugeln (***with*** mit); **3.** scherzen, schäkern; **II** *v/t.* **4.** ~ ***away*** *Zeit* vertrödeln; *Gelegenheit* verpassen.

Dal·ma·tian [dæl'meɪʃjən] **I** *adj.* **1.** dalma'tinisch; **II** *s.* **2.** Dalma'tiner(in); **3.** Dalma'tiner *m* (*Hund*).

dal·ton·ism ['dɔːltənɪzəm] *s.* ⚕ Farbenblindheit *f.*

dam[1] [dæm] **I** *s.* **1.** (Stau)Damm *m*, Wehr *n*, Talsperre *f*; **2.** Stausee *m*; **3.** *fig.* Damm *m*; **II** *v/t.* **4.** *a.* ~ ***up*** a) stauen, (ab-, ein-, zu'rück)dämmen (*a. fig.*), b) (ab)sperren, hemmen (*a. fig.*).

dam[2] [dæm] *s. zo.* Mutter(tier *n*) *f.*

dam·age ['dæmɪdʒ] **I** *s.* **1.** (***to***) Schaden *m* (an *dat.*), (Be)Schädigung *f* (*gen.*): ***do*** ~ Schaden anrichten; ***do*** ~ ***to*** → 6; ~ ***by sea*** ⚓ Seeschaden *m*, Havarie *f*; **2.** Nachteil *m*, Verlust *m*; ~ ***limitation*** Schadensbegrenzung *f*; **3.** *pl.* ⚖ Schadensersatz *m*: ***for*** **~s** auf Schadensersatz *klagen*; **4.** *sl.* Kosten *pl.*: ***what's the*** **~?** was kostet es?; **II** *v/t.* **5.** beschädigen; **6.** *j-n*, *j-s Ruf etc.* schädigen, Schaden zufügen, *j-m* schaden; '**dam·age·a·ble** [-dʒəbl] *adj.* leicht zu beschädigen(d); '**dam·aged** [-dʒd] *adj.* **1.** beschädigt, schadhaft, de'fekt; **2.** verletzt, (körper)geschädigt; **3.** verdorben; '**dam·ag·ing** [-dʒɪŋ] *adj.* □ schädlich, nachteilig (***to*** für).

dam·a·scene (**d**) ['dæməsiːn(d)] *adj.* Damaszener..., damasziert.

dam·ask ['dæməsk] **I** *s.* **1.** Da'mast *m* (*Stoff*); **2.** *a.* ~ ***steel*** Damas'zenerstahl *m*; **3.** *a.* ~ ***rose*** ⚘ Damas'zenerrose *f*; **II** *adj.* **4.** Damast...; Damaszener...; **5.** rosarot; **III** *v/t.* **6.** *Stahl* damaszieren; **7.** da'mastartig weben; **8.** *fig.* verzieren.

dame [deɪm] *s.* **1.** *Brit.* a) Freifrau *f*, b) ♀ *der dem* ***knight*** *entsprechende Titel*: ♀ ***Diana X***; **2.** alte Dame: ♀ ***Nature*** Mutter *f* Natur; **3.** *ped.* Schul- *od.* Heimleiterin *f*; **4.** *Am. sl.* ‚Frau' *f*, Weibsbild *n.*

damn [dæm] **I** *v/t.* **1.** verdammen (*a. eccl.*); verwünschen, verfluchen: (***oh***) **~!**, ~ ***it*** (***all***)***!*** *sl.* verflucht!; ~ ***you!*** *sl.* hol dich der Teufel!; ***well, I'll be*** **~*ed!*** nicht zu glauben!, das ist die Höhe!; ***I'll be*** **~*ed if*** a) ich fress 'nen Besen, wenn..., b) es fällt mir nicht im Traum ein (*das zu tun*); ***I'll be*** **~*ed if I know!*** ich habe keinen blassen Dunst; **2.** verurteilen, verwerfen, ablehnen; **3.** vernichten, ruinieren; **II** *s.* **4.** Fluch *m*; **5.** ***I don't care a*** ~ *sl.* das kümmert mich einen Dreck; ***not worth a*** ~ keinen Pfifferling wert; **III** *adj. u. adv.* **6.** → ***damned*** 2, 3; '**dam·na·ble** [-nəbl] *adj.* □ **1.** verdammenswert; **2.** F ab'scheulich; **dam·na·tion** [dæm'neɪʃn] **I** *s.* **1.** Verdammung *f*; **2.** Ru'in *m*; **II** *int.* **3.** verflucht!; **damned** [dæmd] **I** *adj.* **1.** verdammt: ***the*** ~ *eccl.* die Verdammten; **2.** *sl.* verflucht: ~ ***fool*** Idiot *m*, ‚Blödmann' *m*; ***do one's*** **~*est*** sein Möglichstes tun; **3.** *a. adv. Bekräftigung*: *sl.* verdammt: ***a*** ~ ***sight better*** viel besser; ***every*** ~ ***one*** jeder Einzelne; ~ ***funny*** urkomisch; ***he*** ~ ***well ought to know*** das müsste er wahrhaftig wissen; **II** *int.* **4.** verdammt!; **damn·ing** ['dæmɪŋ] *adj. fig.* erdrückend, vernichtend: ~ ***evidence***.

Dam·o·cles ['dæməkliːz] *npr.* Damokles: ***sword of*** ~ Damoklesschwert *n.*

damp [dæmp] **I** *adj.* □ **1.** feucht; dunstig: ~ ***course*** ⚠ Isolierschicht *f*; **II** *s.* **2.** Feuchtigkeit *f*; **3.** Dunst *m*; **4.** → ***fire-damp***; **5.** *fig.* Dämpfer *m*, Entmutigung *f*, Hemmnis *n*: ***cast a*** ~ ***over s.th.*** et. dämpfen *od.* lähmen, et. überschatten; **III** *v/t.* **6.** an-, befeuchten; **7.** *a.* ~ ***down*** *fig. Eifer etc.* dämpfen (*a.* ♪, ⚡, *phys.*); (ab)schwächen, drosseln (*a.* ⚙); ersticken; ~ ***course*** *s.* ⚠ Sperrbahn *f* (*gegen Nässe*).

damp·en ['dæmpən] **I** *v/t.* **1.** an-, befeuchten; **2.** *fig.* dämpfen, 'niederdrücken; entmutigen; **II** *v/i.* **3.** feucht werden; '**damp·er** [-pə] *s.* **1.** Dämpfer *m* (*bsd. fig.*): ***cast a*** ~ ***on*** dämpfen, lähmend wirken auf (*acc.*); **2.** ⚙ Ofen-, Zugklappe *f*, Schieber *m*; **3.** ♪ Dämpfer *m*; **4.** ⚡ Dämpfung *f*; **5.** *Brit.* Stoßdämpfer *m*; '**damp·ish** [-pɪʃ] *adj.* etwas feucht, klamm; '**damp·ness** [-nɪs] *s.* Feuchtigkeit *f*; '**damp·proof** *adj.* feuchtigkeitsbeständig.

dam·sel ['dæmzl] *s. obs. od. iro.* Maid *f.*

dam·son ['dæmzən] *s.* ⚘ Damas'zenerpflaume *f*; ~ ***cheese*** *s.* steifes Pflaumenmus.

dan [dæn] *s. Judo etc.*: Dan *m.*

dance [dɑːns] **I** *v/i.* **1.** tanzen: ~ ***to s.o.'s pipe*** (*od.* ***tune***) *fig.* nach j-s Pfeife tanzen; **2.** tanzen: a) (her'um)hüpfen, b) flattern, schaukeln (*Blätter etc.*); **II** *v/t.* **3.** *e-n Tanz* tanzen: ~ ***attendance on s.o.*** *fig.* um j-n scharwenzeln; **4.** *Tier* tanzen lassen; *Kind* schaukeln; **III** *s.* **5.** Tanz *m*: ***give a*** ~ e-n Ball geben; ***lead s.o. a*** ~ a) j-n zum Narren halten, b) j-m das Leben sauer machen; ♀ ***of Death*** Totentanz; ~ ***hall*** *s.* 'Tanzloˌkal *n.*

danc·er ['dɑːnsə] *s.* Tänzer(in).

danc·ing ['dɑːnsɪŋ] *s.* Tanzen *n*, Tanzkunst *f*; ~ ***girl*** *s.* (Tempel)Tänzerin *f* (*in Asien*); ~ ***les·son*** *s.* Tanzstunde *f*; ~ ***mas·ter*** *s.* Tanzlehrer *m.*

D and C [ˌdiːənd'siː] *abbr.* (= ***dilatation and curettage***) ⚕ Dilatati'on *f* u. Ausschabung *f.*

dan·de·li·on ['dændɪlaɪən] *s.* ⚘ Löwenzahn *m.*

dan·der ['dændə] *s.*: ***get s.o.'s*** ~ ***up*** F j-n ‚auf die Palme' bringen.

dan·di·fied ['dændɪfaɪd] *adj.* stutzer-, geckenhaft, geschniegelt.
dan·dle ['dændl] *v/t.* **1.** *Kind* auf den Armen *od.* auf den Knien schaukeln; **2.** hätscheln; **3.** verhätscheln, verwöhnen.
dan·druff ['dændrəf] *a.* '**dan·driff** [-rɪf] *s.* (Kopf-, Haar)Schuppen *pl.*
dan·dy ['dændɪ] **I** *s.* **1.** Dandy *m*, Stutzer *m*; **2.** F *et.* Großartiges: ***the ~*** genau das Richtige; **3.** ⚓ Scha'luppe *f*; **4.** ⚓ a) Heckmaster *m*, b) Besansegel *n*; **II** *adj.* **5.** stutzerhaft; **6.** F erstklassig, prima, ‚bestens'; **~ brush** *s.* Striegel *m.*
dan·dy·ish ['dændɪɪʃ] → ***dandy*** 5; '**dan·dy·ism** [-ɪzəm] stutzerhaftes Wesen.
Dane [deɪn] *s.* **1.** Däne *m*, Dänin *f*; **2.** → ***Great Dane***.
dan·ger ['deɪndʒə] **I** *s.* **1.** Gefahr *f* (***to*** für): ***in ~ of one's life*** in Lebensgefahr; ***be in ~ of falling*** Gefahr laufen zu fallen; ***the signal is at ~*** 🚂 das Signal steht auf Halt; **2.** Bedrohung *f*, Gefährdung *f* (***to*** *gen.*); **II** *adj.* Gefahren...: ***~ area*** Gefahrenzone *f*; Sperrgebiet *n*; ***be on (off) the ~ list*** in (außer) Lebensgefahr sein; ***~ money, ~ pay*** Gefahrenzulage *f*; ***~ point, ~ spot*** Gefahrenpunkt *m*; ***~ signal*** Not-, Warnsignal *n*; '**dan·ger·ous** [-dʒərəs] *adj.* □ **1.** gefährlich, gefahrvoll (***to*** für); **2.** bedenklich.
dan·gle ['dæŋgl] **I** *v/i.* **1.** baumeln, (herab)hängen; **2.** ***~ after s.o.*** sich an j-n anhängen, j-m nachlaufen: ***~ after girls***; **II** *v/t.* **3.** schlenkern, baumeln lassen: ***~ s.th. before s.o.*** *fig.* j-m et. verlockend in Aussicht stellen.
Dan·iel ['dænjəl] *s. bibl.* (das Buch) Daniel *m.*
Dan·ish ['deɪnɪʃ] **I** *adj.* **1.** dänisch; **II** *s.* **2.** ***the ~*** die Dänen; **3.** *ling.* Dänisch *n*, das Dänische; **~ pas·try** *s. ein* Blätterteiggebäck *n.*
dank [dæŋk] *adj.* feucht, nasskalt, dumpfig.
Da·nu·bi·an [dæ'njuːbjən] *adj.* Donau...
daph·ne ['dæfnɪ] *s.* ⚘ Seidelbast *m.*
dap·per ['dæpə] *adj.* **1.** a'drett, ele'gant, *iro.* geschniegelt; **2.** flink, gewandt.
dap·ple ['dæpl] *v/t.* tüpfeln, sprenkeln; '**dap·pled** [-ld] *adj.* **1.** gesprenkelt, gefleckt, scheckig; **2.** bunt.
ˌ**dap·ple-'grey (horse)** *s.* Apfelschimmel *m.*
dar·bies ['dɑːbɪz] *s. pl. sl.* Handschellen *pl.*
Dar·by and Joan ['dɑːbɪ ən(d) 'dʒəʊn] glückliches älteres Ehepaar: ***~ club*** Seniorenklub *m.*
dare [deə] **I** *v/i.* [*irr.*] **1.** es wagen, sich (ge)trauen; sich erdreisten, sich unter'stehen: ***he ~n't do it*** er wagt es nicht (zu tun); ***how ~ you say that?*** wie können Sie es wagen, das zu sagen?; ***don't (you) ~ to touch me!*** untersteh dich nicht, mich anzurühren!; ***how ~ you!*** a) untersteh dich!, b) was fällt dir ein!; ***I ~ say*** a) ... wohl ..., ich könnte mir denken dass, b) allerdings (*a. iro.*); **II** *v/t.* [*irr.*] **2.** *et.* wagen, riskieren; **3.** mutig begegnen (*dat.*), trotzen (*dat.*); **4.** *j-n* her'ausfordern: ***I ~ you!*** du traust dich ja nicht!; ***I ~ you to deny it*** wage nicht, es abzustreiten; '**~ˌdev·il I** *s.* Wag(e)hals *m*, Draufgänger *m*, Teufelskerl *m*; **II** *adj.* tollkühn, waghalsig; '**~ˌdev·il(t)ry** *s.* Tollkühnheit *f.*
dar·ing ['deərɪŋ] **I** *adj.* □ **1.** wagemutig, kühn, verwegen; **2.** unverschämt, dreist; **3.** *fig.* gewagt, kühn; **II** *s.* **4.** Wagemut *m.*
dark [dɑːk] **I** *adj.* □ → ***darkly***; **1.** dunkel, finster: ***it is getting ~*** es wird dunkel; **2.** dunkel (*Farbe*): ***~ blue*** dunkelblau; ***~ hair*** braunes *od.* dunkles Haar; → ***horse*** 1; **3.** geheim(nisvoll), dunkel, verborgen, unklar: ***a ~ secret*** ein tiefes Geheimnis; ***keep s.th. ~*** et. geheim halten; **4.** böse, finster, schwarz: ***~ thoughts***; **5.** düster, trübe, freudlos: ***a ~ future***; ***the ~ side of things*** die Schattenseite der Dinge; **6.** dunkel, unerforscht; kul'turlos; **II** *s.* **7.** Dunkel (-heit *f*) *n*, Finsternis *f*: ***in the ~*** im Dunkel(n); ***at ~*** bei Einbruch der Dunkelheit; **8.** *pl. paint.* Schatten *m*; **9.** *fig.* Dunkel *n*, Ungewissheit *f*, *das* Geheime, Unwissenheit *f*: ***keep s.o. in the ~*** j-n im Ungewissen lassen; ***I am in the ~*** ich tappe im Dunkeln; ***a leap in the ~*** ein Sprung ins Ungewisse; **♀ A·ges** *s. pl. das* frühe Mittelalter; **♀ Con·ti·nent** *s. hist. der* dunkle Erdteil, Afrika *n.*
dark·en ['dɑːkən] **I** *v/t.* **1.** verdunkeln (*a. fig.*), verfinstern: ***don't ~ my door again!*** komm mir nie wieder ins Haus!; **2.** dunkel *od.* dunkler färben; **3.** *fig.* verdüstern, trüben; **II** *v/i.* **4.** dunkel werden, sich verdunkeln (*etc.* → I); '**dark·ish** [-kɪʃ] *adj.* **1.** etwas dunkel, schwärzlich; **2.** trübe; **3.** dämmerig.
dark lan·tern *s.* 'Blendlaˌterne *f.*
dark·ling ['dɑːklɪŋ] *adj.* sich verdunkelnd; '**dark·ly** [-lɪ] *adv. fig.* **1.** finster, böse; **2.** dunkel, geheimnisvoll; **3.** undeutlich; '**dark·ness** [-nɪs] *s.* **1.** *a. fig.* Dunkelheit *f*, Finsternis *f*; **2.** dunkle Färbung; **3.** *das* Böse: ***the powers of ~*** die Mächte der Finsternis; **4.** Unwissenheit *f*; **5.** Unklarheit *f*; **6.** Heimlichkeit *f.*
'**dark|·room** [-rʊm] *s. phot.* Dunkelkammer *f*; '**~-skinned** *adj.* dunkelhäutig; '**~·slide** *s. phot.* Kas'sette *f.*
dark·y ['dɑːkɪ] *s. contp.* Neger(in).
dar·ling ['dɑːlɪŋ] **I** *s.* **1.** Liebling *m*, Schatz *m*: ***~ of fortune*** Glückskind *n*; ***aren't you a ~*** du bist doch ein Engel; **II** *adj.* **2.** lieb, geliebt; Herzens...; **3.** reizend, ‚süß', entzückend.

D

darn¹ [dɑːn] **I** *v/t. Strümpfe etc.* stopfen, ausbessern; **II** *s. das* Gestopfte.
darn² [dɑːn] *v/t. sl. für* ***damn*** 1; **darned** [-nd] *adj. u. adv. sl. für* ***damned*** 2, 3.
darn·er ['dɑːnə] *s.* **1.** Stopfer(in); **2.** Stopf-ei *n*, -pilz *m*.
darn·ing ['dɑːnɪŋ] *s.* Stopfen *n*; **~ egg** *s.* Stopf-ei *n*; **~ nee·dle** *s.* Stopfnadel *f*; **~ yarn** *s.* Stopfgarn *n*.
dart [dɑːt] **I** *s.* **1.** Wurfspeer *m*, -spieß *m*; **2.** (Wurf)Pfeil *m*; *fig.* Stachel *m des Spotts*; **3.** Satz *m*, Sprung *m*: ***make a ~ for*** losstürzen auf (*acc.*); **4.** *pl. sg. konstr.* Darts *n* (*Wurfpfeilspiel*): **~-*board*** Zielscheibe *f*; **5.** Abnäher *m* (*in Kleidern*); **II** *v/t.* **6.** schleudern, schießen; *Blicke* zuwerfen; **III** *v/i.* **7.** sausen, flitzen: ***~ at s.o.*** auf j-n losstürzen; ***~ off*** davonstürzen; **8.** sich blitzschnell bewegen, zucken, schnellen (*Schlange, Zunge*), huschen (*a. Auge*).
Dart·moor ['dɑːtˌmʊə] *a.* **~ pris·on** *s. englische Strafanstalt.*
Dar·win·ism ['dɑːwɪnɪzəm] *s.* Darwi'nismus *m*.
dash [dæʃ] **I** *v/t.* **1.** schleudern, (heftig) stoßen *od.* schlagen, schmettern: ***~ to pieces*** zerschmettern; ***~ out s.o.'s brains*** j-m den Schädel einschlagen; **2.** (be)spritzen; (über)'schütten, über'gießen (*a. fig.*): ***~ off*** *od.* ***down*** *Schriftliches* hinwerfen, -hauen; **3.** *Hoffnung etc.* zunichte machen, vereiteln; **4.** *fig.* a) niederdrücken, deprimieren, b) aus der Fassung bringen, verwirren; **5.** (ver)mischen (*a. fig.*); **6.** F → ***damn*** 1: ***~ it*** (***all***)***!*** verflixt!; **II** *v/i.* **7.** sausen, flitzen, stürmen; *sport* spurten: ***~ off*** davonjagen, -stürzen; **8.** heftig (auf)schlagen, prallen, klatschen; **III** *s.* **9.** Sprung *m*, (Vor)Stoß *m*; Anlauf *m*, Ansturm *m*: ***at a*** (*od.* ***one***) **~** mit 'einem Schlag; ***make a ~*** (***for, at***) (los)stürmen, sich stürzen (auf *acc.*); **10.** (Auf)Schlagen *n*, Prallen *n*, Klatschen *n*; **11.** Zusatz *m*; Schuss *m Rum etc.*; Prise *f Salz etc.*; Anflug *m*, Stich *m* (***of red*** ins Rote); Klecks *m* (*Farbe*): ***add a ~ of colo***(***u***)***r*** *fig.* e-n Farbtupfer aufsetzen; **12.** Federstrich *m*; *typ.* Gedankenstrich *m*; ♪, ⚡, *tel.* Strich *m*; **13.** Schneid *m*, Schwung *m*, Schmiss *m*; Ele'ganz *f*: ***cut a ~*** Aufsehen erregen, e-e gute Figur abgeben; **14.** *sport* a) Kurzstreckenlauf *m*, b) Spurt *m*; **15.** ⚙ F → '**~·board** *s.* ✈, *mot.* Arma'turen-, Instru'mentenbrett *n*.
dashed [dæʃt] *adj. u. adv.* F verflixt; '**dash·er** [-ʃə] *s.* **1.** Butterstößel *m*; **2.** F ele'gante Erscheinung, fescher Kerl; '**dash·ing** [-ʃɪŋ] *adj.* □ **1.** schneidig, forsch, kühn; **2.** ele'gant, flott, fesch.
das·tard ['dæstəd] *s.* (gemeiner) Feigling, Memme *f*; '**das·tard·li·ness** [-lɪnɪs] *s.* **1.** Feigheit *f*; **2.** Heimtücke *f*; '**das·tard·ly** [-lɪ] *adj.* **1.** feig(e); **2.** (heim)tückisch, gemein.
da·ta ['deɪtə] *s. pl. von* ***datum*** (*oft* [*fälschlich*] *sg. konstr.*) (*a. technische*) Daten *pl. od.* Angaben *pl. od.* Einzelheiten *pl. od.* 'Unterlagen *pl.*; Tatsachen *pl.*; ⚙ (Mess-, Versuchs)Werte *pl.*; *Computer*: Daten *pl.*: ***personal ~*** Personalangaben, Personalien; (***electronic***) ***~ processing*** (elektronische) Datenverarbeitung; ***~ abuse*** Datenmissbrauch *m*; ***~ bank*** Datenbank *f*; ***~ carrier*** Datenträger *m*; ***~ collection*** Datenerfassung *f*; ***~ display device*** Datensichtgerät *n*; ***~ editing*** Datenaufbereitung *f*; ***~ exchange*** Datenaustausch *m*; ***~ file*** Datei *f*; ***~ input*** Dateneingabe *f*; ***~ logger*** Datenerfassungssystem *n*; ***~ output*** Datenausgabe *f*; ***~ printer*** Datendrucker *m* (*Gerät*); ***~ protection*** Datenschutz *m*; ***~ protection officer*** Datenschutzbeauftragte *m*; ***~ recall*** Datenabruf *m*; ***~ transfer*** Datenübertragung *f*; ***~ typist*** Datentypist(in).
date¹ [deɪt] *s.* ⚘ **1.** Dattel *f*; **2.** *a.* ***~ tree*** Dattelpalme *f*.
date² [deɪt] **I** *s.* **1.** Datum *n*, Zeitangabe *f*, (Monats)Tag *m*: ***what's the ~ today?*** der Wievielte ist heute?; **2.** Datum *n*, Zeit(punkt *m*) *f*: ***at an early ~*** (recht) bald; ***of recent ~*** neu(eren Datums), modern; ***fix a ~*** e-n Termin festsetzen; **3.** Zeit(raum *m*) *f*, E'poche *f*: ***of Roman ~*** aus der Römerzeit; **4.** ✝ a) Ausstellungstag *m* (*Wechsel*), b) Frist *f*, Ziel *n*: ***~ of delivery*** Liefertermin *m*; ***~ of maturity*** Fälligkeitstag *m*; ***at long ~*** auf lange Sicht; **5.** heutiger Tag: ***of this*** (*od.* ***today's***) ***~*** heutig; ***four weeks after ~*** heute in vier Wochen; ***to ~*** bis heute; ***out of ~*** veraltet, überholt, unmodern; ***go out of ~*** veralten; ***up to ~*** zeitgemäß, modern, auf der Höhe (der Zeit), auf dem Laufenden; ***bring up to ~*** auf den neuesten Stand bringen, modernisieren; → ***up-to-date***; **6.** F Verabredung *f*, Rendez'vous *n*: ***have a ~ with s.o.*** mit j-m verabredet sein; ***make a ~*** sich verabreden; **7.** F (Verabredungs)Partner(in): ***who is your ~?*** mit wem bist du verabredet?; **II** *v/t.* **8.** *Brief etc.* datieren: ***~ ahead*** voraus-, vordatieren; **9.** a) ein Datum *od.* e-e Zeit festsetzen *od.* angeben für, b) e-r bestimmten Zeit zuordnen; **10.** herleiten (***from*** aus); **11.** als über'holt *od.* veraltet kennzeichnen; **12.** *a.* ***~ up*** F a) sich verabreden mit, b) (*regelmäßig*) ‚gehen' mit: ***~ a girl***; **III** *v/i.* **13.** datieren, datiert sein (***from*** von); **14.** ***~ from*** (*od.* ***back to***) stammen *od.* sich

herleiten aus, entstanden sein in (*dat.*); **15.** ~ ***back to*** zu'rückreichen bis, zu'rückgehen auf (*e-e Zeit*); **16.** veralten, sich über'leben.

date| block *s.* ('Abreiß)Ka,lender *m*; ~ **change** *s.* Datumswechsel *m*.

dat·ed ['deɪtɪd] *adj.* **1.** veraltet, über'holt; **2.** ~ ***up*** F ‚ausgebucht' (*Person*), voll besetzt (*Tag*); '**date·less** [-lɪs] *adj.* **1.** undatiert; **2.** endlos; **3.** zeitlos (*Mode, Kunstwerk etc.*).

'**date|·line** *s.* **1.** Datumszeile *f* (*e-r Zeitung etc.*); **2.** *geogr.* Datumsgrenze *f*; ~ **palm** → ***date***[1] 2; ~ **stamp** *s.* Datums- *od.* Poststempel *m*.

da·ti·val [də'taɪvəl] *adj. ling.* Dativ...

da·tive ['deɪtɪv] **I** *s. a.* ~ ***case*** *ling.* Dativ *m*, dritter Fall; **II** *adj.* da'tivisch, Dativ...

da·tum ['deɪtəm] *pl.* **-ta** [-tə] *s.* **1.** *et.* Gegebenes *od.* Bekanntes, Gegebenheit *f*; **2.** Vor'aussetzung *f*, Grundlage *f*; **3.** ⩚ gegebene Größe; **4.** → ***data***; ~ **line** *s. surv.* Bezugslinie *f*; ~ **point** *s.* **1.** ⩚, *phys.* Bezugspunkt *m*; **2.** *surv.* Nor'malfixpunkt *m*.

daub [dɔːb] **I** *v/t.* **1.** be-, verschmieren, bestreichen; **2.** (***on***) schmieren, streichen (auf *acc.*); **3.** *Wand* bewerfen, verputzen; **4.** *fig.* besudeln; **II** *v/i.* **5.** *paint.* klecksen, schmieren; **III** *s.* **6.** (Lehm-) Bewurf *m*; **7.** *paint.* Schmiere'rei *f*, Farbenkleckse'rei *f*, schlechtes Gemälde; '**daub·(st)er** [-b(st)ə] *s.* Schmierer(in); Farbenkleckser(in).

daugh·ter ['dɔːtə] *s.* **1.** Tochter *f* (*a. fig.*): ~ ***language*** Tochtersprache *f*; → ***Eve***[1]; **2.** → ~ **com·pa·ny** *s.* ✝ Tochter(-gesellschaft) *f*; ~**-in-law** ['dɔːtərɪnlɔː] *pl.* ~**s-in-law** [-təz-] *s.* Schwiegertochter *f*; '**daugh·ter·ly** [-lɪ] *adj.* töchterlich.

daunt [dɔːnt] *v/t.* einschüchtern, (er-) schrecken; entmutigen: ***nothing*** ~***ed*** unverzagt; ***a*** ~***ing task*** e-e beängstigende Aufgabe; '**daunt·less** [-lɪs] *adj.* □ unerschrocken.

dav·en·port ['dævnpɔːt] *s.* **1.** kleiner Sekre'tär (*Schreibtisch*); **2.** *Am.* (*bsd.* Bett)Couch *f*.

Da·vy Jones's lock·er ['deɪvɪ'dʒəʊnzɪz] *s.* ⚓ Meeresgrund *m*, nasses Grab: ***go to*** ~ ertrinken.

daw [dɔː] *s. orn. obs.* Dohle *f*.

daw·dle ['dɔːdl] **I** *v/i.* trödeln, bummeln; **II** *v/t. a.* ~ ***away*** *Zeit* vertrödeln; '**daw·dler** [-lə] *s.* Trödler(in), Bummler(in).

dawn [dɔːn] **I** *v/i.* **1.** tagen, dämmern, anbrechen (*Morgen, Tag*); **2.** *fig.* (herauf)dämmern, erwachen, entstehen; **3.** ~ (***up***)***on*** *fig. j-m* dämmern, klarwerden, zum Bewusstsein kommen; **II** *s.* **4.** Morgendämmerung *f*, Tagesanbruch *m*: ***at*** ~ beim Morgengrauen, bei Tagesanbruch; **5.** (An)Beginn *m*, Erwachen *n*, Anbruch *m*.

day [deɪ] *s.* **1.** Tag *m* (*Ggs. Nacht*): ***by*** ~ bei Tage; ***before*** ~ vor Tagesanbruch; ~ ***and night*** Tag u. Nacht, immer; **2.** Tag *m* (*Zeitraum*): ~***'s work*** Tagesleistung *f*; ***three*** ~***s from London*** drei Tage(reisen) von London; ***she is 30 if a*** ~ sie ist mindestens 30 Jahre alt; **3.** *bestimmter* Tag: ***New Year's*** ♀ Neujahrstag; **4.** festgesetzter Tag: ~ ***of payment*** ✝ Zahlungstermin *m*; **5.** *pl.* (Lebens)Zeit *f*, Zeit(en *pl.*) *f*, Tage *pl.*: ***in my young*** ~***s*** in m-r Jugend; ***student*** ~***s*** Studentenzeit; ~ ***after*** ~ Tag für Tag; ***the*** ~ ***after*** tags darauf; ***the*** ~ ***after tomorrow*** übermorgen; ***all*** ~ ***long*** den ganzen Tag, den lieben langen Tag; ***the*** ~ ***before yesterday*** vorgestern; ~ ***by*** ~ (tag)täglich, Tag für Tag; ***for*** ~***s*** (***on end***) tagelang; ***call it a*** ~ F (für heute) Schluss machen; ***have a nice*** ~***!*** *Am.* machs gut!; ***let's call it a*** ~***!*** F Feierabend!, Schluss für heute!; ***carry*** (*od.* ***win***) ***the*** ~ den Sieg davontragen; ***end one's*** ~***s*** s-e Tage beschließen; ***every other*** ~ alle zwei Tage, e-n Tag um den andern; ***fall on evil*** ~***s*** ins Unglück geraten; ***he*** (*od.* ***it***) ***has had his*** (*od.* ***its***) ~ s-e beste Zeit ist vorüber; ~ ***in***, ~ ***out*** tagaus, tagein; ***in his*** ~ zu s-r Zeit, einst; ***late in the*** ~ reichlich spät; ***that's all in the*** ~***'s work*** *fig.* das gehört alles mit dazu; ***that made my*** ~ F damit war der Tag für mich gerettet; ***what's the time of*** ~***?*** wie viel Uhr ist es?; ***know the time of*** ~ *fig.* wissen, was die Glocke geschlagen hat; ***pass the time of*** ~ ***with s.o.*** j-n grüßen; ***one*** ~ eines Tages, einmal; ***the other*** ~ neulich; ***save the*** ~ die Lage retten; ***some*** ~ (***or other***) e-s Tages, nächstens einmal; (***in***) ***these*** ~***s*** heutzutage; ***this*** ~ heute; ***this*** ~ ***week*** heute in e-r Woche; ***this*** ~ ***last week*** heute vor e-r Woche; ***in those*** ~***s*** damals; ***those were the*** ~***s!*** das waren noch Zeiten!; ***to a*** ~ auf den Tag genau; ***what*** ~ ***of the month is it?*** den Wievielten haben wir heute?; ~ **bed** *s.* Bettcouch *f*; '~**·book** *s.* **1.** Tagebuch *n*; **2.** ✝ a) Jour'nal *n*, b) Verkaufsbuch *n*, c) Kassenbuch *n*; '~**·boy** *s. Brit.* Ex'terne(r) *m* (*e-s Internats*); '~**·break** *s.* (***at*** ~ bei) Tagesanbruch *m*; ,~**-by-**'**day** *adj.* (tag)täglich; '~**-care cen·ter** *s. Am.* Kindertagesstätte *f*; '~**-care moth·er** *s. Am.* Tagesmutter *f*; ~ **coach** *s.* 🚂 *Am.* Per'sonenwagen *m*; '~**·dream I** *s.* **1.** Wachtraum *m*, Träume'rei *f*; **2.** *fig.* Luftschloss *n*; **II** *v/i.* **3.** (mit offenen Augen) träumen; '~,**dream·er** *s.* Träumer(in); '~**·fly** *s. zo.* Eintagsfliege *f*; '~**·girl** *s. Brit.* Ex-

D

'terne *f* (*e-s Internats*); **~ la·bo(u)r·er** *s.* Tagelöhner *m*; **~ let·ter** *s. Am.* 'Brieftele,gramm *n*.

D

Man hört in Amerika, aber auch zunehmend in England – besonders vom Restaurant- und Ladenpersonal – die Abschiedsformel **„Have a nice day!"**, was etwa „Schönen Tag noch!" bedeutet. Die Antwort darauf lautet **„Thank you."** bzw. **„You too."**

'day·light *s.* **1.** Tageslicht *n*: ***by** od. **in ~*** bei Tag(eslicht); → ***broad*** 2; ***let ~ into s.th.*** *fig.* a) et. der Öffentlichkeit zugänglich machen, b) et. aufhellen; ***beat the ~s out of s.o.*** F j-n windelweich schlagen; ***he saw ~ at last*** *fig.* a) endlich ging ihm ein Licht auf, b) endlich sah er Land; **2.** (***at ~*** bei) Tagesanbruch *m*; **3.** (lichter) Zwischenraum; **~ rob·ber·y** *s.* F Wucher(ei *f*) *m*; **~ sav·ing time** *s.* Sommerzeit *f*.

'day|-long *adj. u. adv.* den ganzen Tag (dauernd); **~ nurs·er·y** *s.* **1.** Kindertagesstätte *f*, -krippe *f*; **2.** Spielzimmer *n*; **~ re·lease** *s.* zur beruflichen Fortbildung freigegebene Zeit; **~ re·turn** *s.* 🚂, *Bus*: Tagesrückfahrkarte *f*; **'~·room** *s.* Tagesraum *m*; **~ school** *s.* **1.** Exter'nat *n*, Schule *f* ohne Inter'nat; **2.** Tagesschule *f*; **~ shift** *s.* Tagschicht *f*: ***be on ~*** Tagschicht haben; **~ stu·dent** Ex'terne(r *m*) *f e-s Internats*; **~ tick·et** *s.* 🚂 Tagesrückfahrkarte *f*; **'~·time** *s.* **1.** Tageszeit *f*, (*heller*) Tag: ***in the ~*** bei Tage; **2.** ✝ Arbeitstag *m*; **,~-to-'~** *adj.* (tag-) 'täglich: **~ *money*** ✝ Tagesgeld *n*; **'~,trad·er** *s. Börse*: 'Day,trader *m*, 'Tagesspeku,lant *m*.

daze [deɪz] **I** *v/t.* betäuben, lähmen (*a. fig.*); blenden; verwirren; **II** *s.* Betäubung *f*, Benommenheit *f*: ***in a ~*** benommen, betäubt; **'daz·ed·ly** [-zɪdlɪ] *adv.* betäubt *etc.* (→ ***daze*** I).

daz·zle ['dæzl] **I** *v/t.* **1.** blenden (*a. fig.*); **2.** *fig.* verwirren, verblüffen; **3.** ⚔ *durch Anstrich* tarnen; **II** *s.* **4.** Blenden *n*; Glanz *m*; **5.** *a.* **~ *paint*** ⚔ Tarnanstrich *m*; **'daz·zler** [-lə] *s.* F **1.** ‚Blender' *m*; **2.** ‚tolle Frau'; **'daz·zling** [-lɪŋ] *adj.* □ **1.** blendend, glänzend (*a. fig.*); *fig.* strahlend (schön); **2.** verwirrend.

D-Day ['diːdeɪ] *s. Tag der alliierten Landung in der Normandie, 6. Juni 1944.*

dea·con ['diːkən] *s. eccl.* Dia'kon *m*; **'dea·con·ess** [-kənɪs] *s. eccl.* **1.** Dia'konin *f*; **2.** Diako'nisse *f*; **'dea·con·ry** [-rɪ] *s. eccl.* Diako'nat *n*.

de·ac·ti·vate [,diː'æktɪveɪt] *v/t.* **1.** ⚔ a) *Einheit* auflösen, b) *Munition* entschärfen; **2.** außer Akti'on *od.* Betrieb setzen.

dead [ded] **I** *adj.* □ → ***deadly*** II; **1.** tot, gestorben, leblos: ***as ~ as a doornail*** (*od.* ***as mutton***) mausetot; **~ *body*** Leiche *f*, Leichnam *m*; ***he is a ~ man*** *fig.* er ist ein Kind des Todes; **~ *matter*** tote Materie (→ 11); **~ *and gone*** tot u. begraben (*a. fig.*); **~ *to the world*** F ‚total weg' (*bewusstlos, volltrunken*); ***I'm ~!*** F ich bin ‚total fertig'!; ***wait for a ~ man's shoes*** a) auf e-e Erbschaft warten, b) nur darauf warten, dass jemand stirbt (*um seine Position einzunehmen*); **2.** *fig. allg.* tot: a) ausgestorben: **~ *languages*** tote Sprachen, b) über'lebt, veraltet: **~ *customs***, c) matt, stumpf: **~ *colo(u)rs***; **~ *eyes***, d) nichts sagend, farb-, ausdruckslos, e) geistlos, f) leer, öde: **~ *streets***; **~ *land***, g) still, stehend: **~ *water***, h) *sport* nicht im Spiel: **~ *ball*** ‚toter Ball'; **3.** unzugänglich, unempfänglich (***to*** für), taub (***to*** gegen *Ratschläge etc.*); **4.** gefühllos, abgestorben: **~ *fingers***; **5.** *fig.* gefühllos, abgestumpft (***to*** gegen); **6.** erloschen: **~ *fire***; **~ *volcano***; **~ *passions***; **7.** ⚖ ungültig; **8.** *bsd.* ✝ still, ruhig, flau: **~ *season***; **9.** ✝ tot, umsatzlos: **~ *assets*** unproduktive (Kapital)Anlage; **~ *capital*** (***stock***) totes Kapital (Inventar); **10.** ⚙ a) tot, außer Betrieb, b) de'fekt: **~ *valve***; **~ *engine*** ausgefallener *od.* abgestorbener Motor, c) leer, erschöpft: **~ *battery***, d) tot, starr: **~ *axle***, e) ⚡ tot, strom-, spannungslos; **11.** *typ.* abgelegt: **~ *matter*** Ablegesatz *m*; **12.** *bsd.* ⚠ blind, Blend...: **~ *floor***; **~ *window*** totes Fenster; **13.** Sack... (*ohne Ausgang*): **~ *street*** Sackgasse *f*; **14.** schal, abgestanden: **~ *drinks***; **15.** verwelkt, dürr, abgestorben: **~ *flowers***; **16.** völlig, to'tal: **~ *calm*** Flaute *f*, (völlige) Windstille; **~ *certainty*** absolute Gewissheit; ***in ~ earnest*** in vollem Ernst; **~ *loss*** Totalverlust *m*, *fig.* totaler Ausfall (*Person*); **~ *silence*** Totenstille *f*; **~ *stop*** völliger Stillstand; ***come to a ~ stop*** schlagartig stehen bleiben *od.* aufhören; **17.** todsicher, unfehlbar: ***he is a ~ shot***; **18.** äußerst: ***a ~ strain***; ***a ~ push*** ein verzweifelter, aber vergeblicher Stoß; **II** *s.* **19.** stillste Zeit: ***at ~ of night*** mitten in der Nacht; ***the ~ of winter*** der tiefste Winter; **20.** ***the ~*** a) der (die, das) Tote, b) *coll.* die Toten: ***several ~*** mehrere Tote; ***rise from the ~*** von den Toten auferstehen; **III** *adv.* **21.** restlos, völlig, gänzlich, abso'lut, to'tal: **~ *asleep*** in tiefstem Schlaf; **~ *drunk*** sinnlos betrunken; **~ *slow!*** *mot.* Schritt fahren; **~ *straight*** schnurgerade; **~ *tired*** todmüde; ***the facts are ~ against him*** alles spricht gegen ihn;

22. plötzlich, schlagartig, abrupt: ***stop ~***; **23.** genau: **~ *against*** genau gegenüber von (*od. dat.*); **~ (*set*) *against*** ganz u. gar *od.* entschieden gegen (*et.* eingestellt); **~ *set on*** scharf auf (*acc.*).

dead| ac·count *s.* ✝ 'umsatzloses Konto; ˌ**~-(and-)a'live** *adj. fig.* (tod)langweilig; '**~·beat** *s.* F **1.** Schnorrer *m*; **2.** Gammler *m*; ˌ**~-'beat** *adj.* F todmüde, völlig ka'putt; **~ cen·ter** *Am.*, **~ cen·tre** *Brit. s.* ⚙ **1.** toter Punkt; **2.** genaue Mitte; **3.** tote Spitze (*der Drehbank*); **~ drop** *s. Spionage*: toter Briefkasten; **~ duck** *s.*: ***be a ~*** F keine Chance mehr haben, passé sein.

dead·en ['dedn] *v/t.* **1.** *Gefühl etc.* (ab-)töten, abstumpfen (***to*** gegen); betäuben; **2.** *Geräusch, Schlag etc.* dämpfen, (ab)schwächen; **3.** ⚙ mattieren.

dead| end *s.* **1.** Sackgasse *f* (*a. fig.*): ***come to a ~*** in e-e Sackgasse geraten; **2.** ⚙ blindes Ende; '**~-end** *adj.* **1.** ohne Ausgang, Sack...: **~ *street*** Sackgasse *f*; **~ *station*** Kopfbahnhof *m*; **2.** *fig.* ausweglos; **3.** ohne Aufstiegschancen: **~ *job***; **4.** verwahrlost, Slum...: **~ *kid*** verwahrlostes Kind; '**~·fall** *s.* Baumfalle *f*; **~ file** *s.* abgelegte Akte; **~ fire** *s.* Elmsfeuer *n*; **~ freight** *s.* ⚓ Fehlfracht *f*; **~ hand** → ***mortmain***; '**~·head** *s.* F a) Freikarteninhaber(in), b) Schwarzfahrer(in), c) *Am. contp.* ‚Blindgänger' *m*, ‚Niete' *f*, d) *Am.* Mitläufer *m*; **~ heat** *s. sport* totes Rennen; **~ let·ter** *s.* **1.** *fig.* toter Buchstabe (*unwirksames Gesetz*); **2.** unzustellbarer Brief; '**~·line** *s.* **1.** letzter *od.* äußerster Termin, Frist(ablauf *m*) *f*; *Zeitung*: Redakti'onsschluss *m*: **~ *pressure*** Termindruck *m*; ***meet the ~*** den Termin *od.* die Frist einhalten; **2.** Stichtag *m*; **3.** äußerste Grenze; **4.** *Am.* Todesstreifen *m* (*Strafanstalt*).

dead·li·ness ['dedlınıs] *s. das* Tödliche; tödliche Wirkung.

dead| load *s.* ⚙ totes Gewicht, tote Last, Eigengewicht *n*; '**~·lock I** *s. fig.* toter Punkt, 'Patt(situatiˌon *f*) *n*: ***break the ~*** den toten Punkt überwinden; ***come to a ~*** → **II** *v/i.* sich festfahren, stecken bleiben, an e-m toten Punkt anlangen: ***~ed*** festgefahren.

dead·ly ['dedlı] **I** *adj.* **1.** tödlich, todbringend: **~ *poison***; **~ *precision*** tödliche Genauigkeit; **~ *sin*** Todsünde *f*; **~ *combat*** Kampf *m* auf Leben u. Tod; **2.** *fig.* unversöhnlich, grausam: **~ *enemy*** Todfeind *m*; **~ *fight*** mörderischer Kampf; **3.** totenähnlich: **~ *pallor*** Leichenblässe *f*; **4.** F schrecklich, groß, äußerst: **~ *haste***; **II** *adv.* **5.** totenähnlich: **~ *pale*** leichenblass; **6.** F schrecklich, tod...: **~ *dull*** sterbenslangweilig.

dead| march *s.* ♪ Trauermarsch *m*; **~ ma·rine** *s. sl.* leere ‚Pulle'.

dead·ness ['dednıs] *s.* **1.** Leblosigkeit *f*, Erstarrung *f*; *fig. a.* Leere *f*, Öde *f*; **2.** Gefühllosigkeit *f*, Gleichgültigkeit *f*, Kälte *f*; **3.** *bsd.* ✝ Flauheit *f*, Flaute *f*; **4.** Glanzlosigkeit *f*.

dead| net·tle *s.* ⚘ Taubnessel *f*; **~ pan** *s.* F ausdrucksloses Gesicht; '**~-pan** *adj.* **1.** ausdruckslos; **2.** mit ausdruckslosem Gesicht; **3.** *fig.* trocken (*Humor*); **~ point** *s.* ⚙ toter Punkt; **~ reck·on·ing** *s.* ⚓ gegisstes Besteck, Koppeln *n*; **~ set** *s.* **1.** *hunt.* Stehen *n des Hundes*; **2.** verbissene Feindschaft; **3.** hartnäckiges Bemühen *od.* Werben (***at*** um): ***make a ~ at*** sich hartnäckig bemühen um; **~ wa·ter** *s.* **1.** stehendes Wasser; **2.** ⚓ Kielwasser *n*, Sog *m*; **~ weight** *s.* **1.** a) ganze Last, volles Gewicht, b) totes Gewicht, Eigengewicht *n*; **2.** *fig.* schwere Last; '**~-weight ca·pac·i·ty** *s.* Tragfähigkeit *f*; '**~·wood** *s.* **1.** totes Holz, *weitS.* Reisig *n*; **2.** *fig.* Plunder *m*; ✝ Ladenhüter *m*; **3.** *fig. et.* Veraltetes *od.* Über'holtes; (nutzloser) 'Ballast.

de-aer·ate [diː'eıəreıt] *v/t.* entlüften.

deaf [def] *adj.* ☐ **1.** ⚕ taub: ***the ~*** die Tauben *pl.*; **~ *and dumb*** taubstumm; ***~-and-dumb language*** Taubstummensprache *f*; **~ *as a post*** stocktaub; → ***ear***[1] 1; **2.** schwerhörig; **3.** *fig.* (***to***) taub (gegen), unzugänglich (für); **deaf aid** *s.* Hörgerät *n*; '**deaf·en** [-fn] *v/t.* **1.** taub machen; betäuben; **2.** *Schall* dämpfen; **3.** *Wände* schalldicht machen; '**deaf·en·ing** [-fnıŋ] *adj.* ohrenbetäubend; ˌ**deaf-'mute I** *adj.* taubstumm; **II** *s.* Taubstumme(r *m*) *f*; '**deaf·ness** [-nıs] *s.* **1.** ⚕ Taubheit *f* (*a. fig.* ***to*** gegen); **2.** Schwerhörigkeit *f*.

deal[1] [diːl] **I** *v/i.* [*irr.*] **1.** (***with***) sich befassen *od.* beschäftigen *od.* abgeben (mit); **2.** (***with***) handeln (von), *et.* behandeln *od.* zum Thema haben; **3.** **~ *with*** sich mit *e-m Problem etc.* befassen *od.* ausein'ander setzen; *et.* in Angriff nehmen; **4.** **~ *with*** *et.* erledigen, mit *et. od. j-m* fertig werden; **5.** **~ *with*** *od.* ***by*** behandeln (*acc.*), 'umgehen mit: **~ *fairly with s.o.*** j-n anständig behandeln, sich fair gegen j-n verhalten; **6.** **~ *with*** ✝ Geschäfte machen *od.* Handel treiben mit, in Geschäftsverkehr stehen mit; **7.** ✝ handeln, Handel treiben (***in*** mit): **~ *in paper***; **8.** dealen (*mit Rauschgift handeln*); **9.** *Kartenspiel*: geben; **II** *v/t.* [*irr.*] **10.** *oft* **~ *out*** *et.* ver-, austeilen: **~ *out rations***; **~ *s.o.* (*s.th.*) *a blow***, **~ *a blow at s.o.* (*s.th.*)** j-m (e-r Sache) e-n Schlag versetzen; **11.** *j-m et.* zuteilen; **12.** *Karten od. j-m e-e Karte* geben; **III** *s.* F **13.** Handlungsweise *f*,

D

Verfahren *n*, Poli'tik *f*; → ***New Deal***; **14.** Behandlung *f*; → ***raw*** 10, ***square*** 37; **15.** Geschäft *n*, Handel *m*: ***it's a ~!*** abgemacht!; (***a***) ***good ~!*** gutes Geschäft!, nicht schlecht!; ***no ~!*** F da läuft nichts!; ***big ~!*** *Am. sl.* na und?, pah!; ***no big ~*** *Am. sl.* keine große Sache; **16.** Abkommen *n*, Über'einkunft *f*: ***make*** (*od.* ***do***) ***a ~*** ein Abkommen treffen, sich einigen; **17.** *Kartenspiel*: ***it is my ~*** ich muss geben.

deal² [diːl] *s.* **1.** Menge *f*, Teil *m*: ***a great ~*** (***of money***) sehr viel (Geld); ***a good ~*** ziemlich viel, ein gut Teil; ***think a great ~ of s.o.*** sehr viel von j-m halten; **2.** e-e ganze Menge: ***a ~ worse*** F viel schlechter.

deal³ [diːl] *s.* **1.** Diele *f*, Brett *n*, Planke *f* (*bsd. aus Kiefernholz*); **2.** Tannen- *od.* Kiefernholz *n*.

deal·er ['diːlə] *s.* **1.** ✝ Händler(in), Kaufmann *m*: ***~ in antiques*** Antiquitätenhändler; ***plain ~*** *fig.* ehrlicher Mensch; **2.** *Brit. Börse*: Dealer *m* (*der auf eigene Rechnung Geschäfte tätigt*); **3.** Dealer *m* (*Rauschgifthändler*); **4.** *Kartenspiel*: Geber(in); '**deal·ing** [-lɪŋ] *s.* **1.** *mst pl.* 'Umgang *m*, Verkehr *m*, Beziehungen *pl.*: ***have ~s with s.o.*** mit j-m zu tun haben; ***there is no ~ with her*** mit ihr ist nicht auszukommen; **2.** ✝ a) Handel *m*, Geschäft *n* (***in*** in *dat.*, mit), b) Geschäftsverkehr *m*, c) Geschäftsgebaren *n*; **3.** Verhalten *n*, Handlungsweise *f*; **4.** Austeilen *n*, Geben *n* (*von Karten*).

dealt [delt] *pret. u. p.p. von* ***deal¹***.

dean [diːn] *s.* **1.** *Brit. univ.* a) De'kan *m* (*Vorstand e-r Fakultät od. e-s College*), b) Fellow *m* mit besonderen Aufgaben (*Oxford, Cambridge*); **2.** *Am. univ.* a) Vorstand *m* e-r Fakul'tät, b) Hauptberater(in), Vorsteher(in) (*der Studenten*); **3.** *eccl.* De'kan *m*, De'chant *m*; **4.** Vorsitzende(r *m*) *f*, Präsi'dent(in): ***2 of the Diplomatic Corps*** Doyen *m* des Diplomatischen Korps; '**dean·er·y** [-nərɪ] *s.* Deka'nat *n*.

dear [dɪə] **I** *adj.* □ → ***dearly***; **1.** teuer, lieb (***to*** *dat.*): ***~ mother*** liebe Mutter; ***2 Sir,*** (*in Briefen*) Sehr geehrter Herr (*Name*)!; ***my ~est wish*** mein Herzenswunsch; ***for ~ life*** als ob es ums Leben ginge; ***hold ~*** (wert-) schätzen; **2.** teuer, kostspielig; ***~ money policy*** Hochzinspolitik *f*; **II** *adv.* **3.** teuer: ***it cost him ~*** es kam ihm teuer zu stehen; → ***dearly*** 2; **III** *s.* **4.** Liebste(r *m*) *f*, Liebling *m*, Schatz *m*: ***isn't she a ~?*** ist sie nicht ein Engel?; ***there's a ~!*** sei (so) lieb!; **IV** *int.* **5.** ***oh ~!, ~, ~!, ~ me!*** du liebe Zeit!, ach je!; **dear·ie** ['dɪərɪ] → ***deary***; '**dear·ly** [-lɪ] *adv.* **1.** innig, herzlich; **2.** teuer; → ***buy*** 3; '**dear·ness** [-nɪs] *s.* **1.** Kostspieligkeit *f*, hoher Preis *od.* Wert (*a. fig.*); **2.** *das* Liebe(nswerte).

In Großbritannien ist es durchaus üblich – besonders von älteren Leuten – mit **dear** angesprochen zu werden. Es ist immer nett gemeint.

dearth [dɜːθ] *s.* **1.** Mangel *m* (***of*** an *dat.*); **2.** Hungersnot *f*.

dear·y ['dɪərɪ] *s.* F Liebling *m*, Schätzchen *n*.

death [deθ] *s.* **1.** Tod *m*: ***~s*** Todesfälle; ***to*** (***the***) ***~*** zu Tode, bis zum Äußersten; ***at 2's door*** an der Schwelle des Todes; ***bleed to ~*** (sich) verbluten; ***do to ~*** a) *j-n* umbringen, b) *fig. et.* ‚kaputtmachen' *od.* ‚zu Tode reiten'; ***done to ~*** F *Küche*: totgekocht; ***frozen to ~*** erfroren; ***sure as ~*** tod-, bombensicher; ***tired to ~*** todmüde; ***catch one's ~*** sich den Tod holen (*engS. durch Erkältung*); ***be in at the ~*** *fig.* das Ende miterleben; ***that will be his ~*** das wird ihm das Leben kosten; ***he'll be the ~ of me*** a) er bringt mich noch ins Grab, b) ich lach mich noch tot über ihn; ***hold on like grim ~*** verbissen festhalten, sich festkrallen (***to*** an *dat.*); ***put to ~*** zu Tode bringen, *bsd.* hinrichten; **2.** Tod *m*, (Ab)Sterben *n*, Ende *n*, Vernichtung *f*: ***united in ~*** im Tode vereint; **~ ag·o·ny** *s.* Todeskampf *m*; '**~·bed** *s.* Sterbebett *n*: ***~ repentance*** Reue *f* auf dem Sterbebett; **~ ben·e·fit** *s.* **1.** Sterbegeld *n*; **2.** bei Todesfall fällige Versicherungsleistung; '**~·blow** *s.* Todesstreich *m*; *fig.* Todesstoß *m* (***to*** für); **~ cell** *s.* ⚖ Todeszelle *f*; **~ cer·tif·i·cate** *s.* Sterbeurkunde *f*, Totenschein *m*; **~ du·ty** *s. obs.* Erbschaftssteuer *f*; **~ grant** *s.* Sterbegeld *n*; **~ house** → ***~ row***; **~ in·stinct** *s. psych.* Todestrieb *m*; **~ knell** *s.* Totengeläut *n*, -glocke *f* (*a. fig.*).

death·less ['deθlɪs] *adj.* □ *bsd. fig.* unsterblich; '**death·like** *adj.*, '**death·ly** [-lɪ] *adj. u. adv.* totenähnlich, Todes..., Leichen..., toten...: ***~ pale*** leichenblass.

death| mask *s.* Totenmaske *f*; **~ pen·al·ty** *s.* Todesstrafe *f*; **~ rate** *s.* Sterblichkeitsziffer *f*; **~ rat·tle** *s.* Todesröcheln *n*; **~ ray** *s.* Todesstrahl *m*; **~ roll** *s.* Zahl *f* der Todesopfer; ⚔ Gefallenen-, Verlustliste *f*; **~ row** *s. Am.* Todestrakt *m* (*e-r Strafanstalt*); **~'s head** *s.* **1.** Totenkopf *m* (*bsd. als Symbol*); **2.** *zo.* Totenkopf *m* (*Falter*); **~ throes** *s. pl.* Todeskampf *m*; '**~·trap** *s. fig.* ‚Mausefalle' *f*; **~ war·rant** *s.* **1.** ⚖ Hinrichtungsbefehl *m*; **2.** *fig.* Todesurteil *n*;

'**~·watch** *s. Brit. a.* **~ beetle** *zo.* Klopfkäfer *m*; **~ wish** *s.* Todeswunsch *m*.

deb [deb] *s.* F *abbr. für* **débutante**.

dé·bâ·cle [deɪ'bɑːkl] (*Fr.*) *s.* **1.** De'bakel *n*, Zs.-bruch *m*, Kata'strophe *f*; **2.** Massenflucht *f*, wildes Durchein'ander; **3.** *geol.* Eisgang *m*.

de·bar [dɪ'bɑː] *v/t.* **1.** (**from**) *j-n* ausschließen (von), hindern (an *dat. od.* zu *inf.*); **2. ~ s.o. s.th.** j-m et. versagen; **3.** *et.* verhindern.

de·bark [dɪ'bɑːk] → **disembark**.

de·base [dɪ'beɪs] *v/t.* **1.** (cha'rakterlich) verderben, verschlechtern; **2.** (**o.s.** sich) entwürdigen, erniedrigen; **3.** entwerten; im Wert mindern; *Wert* mindern; **4.** *Münzen* verschlechtern; **5.** verfälschen; **de'based** [-st] *adj.* **1.** verderbt (*etc.*); **2.** minderwertig (*Geld*); **3.** abgegriffen (*Wort*).

de·bat·a·ble [dɪ'beɪtəbl] *adj.* **1.** disku'tabel; **2.** strittig, fraglich, um'stritten; **3.** bestreitbar, anfechtbar; **de·bate** [dɪ'beɪt] **I** *v/i.* **1.** debattieren, diskutieren; **2. ~ with o.s.** hin u. her über'legen; **II** *v/t.* **3.** *et.* debattieren, erörtern, diskutieren; **4.** erwägen, sich *et.* über'legen; **III** *s.* **5.** De'batte *f* (*a. parl.*), Erörterung *f*: **be under ~** zur Debatte stehen; **~ on request** *parl.* aktuelle Stunde; **de'bat·er** [-tə] *s.* **1.** Debat'tierer *m*, Dispu'tant *m*; **2.** *parl.* Redner *m*; **de'bat·ing** [-tɪŋ] *adj.*: **~ club** *od.* **society** Debattierklub *m*.

de·bauch [dɪ'bɔːtʃ] **I** *v/t.* **1.** *sittlich* verderben; **2.** verführen, verleiten; **II** *s.* **3.** Ausschweifung *f*, Orgie *f*; **4.** Schwelge'rei *f*; **de'bauched** [-tʃt] *adj.* ausschweifend, liederlich, zügellos; **deb·au·chee** [ˌdebɔː'tʃiː] *s.* Wüstling *m*; **de'bauch·er** [-tʃə] *s.* Verführer *m*; **de'bauch·er·y** [-tʃərɪ] *s.* Ausschweifung (-en *pl.*) *f*, Orgie(n *pl.*) *f*, Schwelge'rei *f*.

de·ben·ture [dɪ'bentʃə] *s.* **1.** Schuldschein *m*; **2.** ✝ a) *a.* **~ bond**, **~ certificate** Obligati'on *f*, Schuldverschreibung *f*, b) *Brit.* Pfandbrief *m*: **~ holder** Obligationsinhaber *m*; *Brit.* Pfandbriefinhaber(in); **~ stock** *Brit.* Obligationen *pl.*, Anleiheschuld *f*, *Am.* Vorzugsaktien erster Klasse; **3.** ✝ Rückzollschein *m*.

de·bil·i·tate [dɪ'bɪlɪteɪt] *v/t.* schwächen, entkräften; **de·bil·i·ta·tion** [dɪˌbɪlɪ'teɪʃn] *s.* Schwächung *f*, Entkräftung *f*; **de'bil·i·ty** [-lətɪ] *s.* Schwäche *f*, Kraftlosigkeit *f*, Erschöpfung(szustand *m*) *f*.

deb·it ['debɪt] **I** *s.* ✝ **1.** Debet *n*, Soll *n*, Schuldposten *m*: **~ and credit** Soll *n* u. Haben *n*; **2.** Belastung *f*: **to the ~ of** zu Lasten von; **3.** *a.* **~ side** Debetseite *f*: **charge** (*od.* **carry**) **a sum to s.o.'s ~** j-s Konto mit e-r Summe belasten; **II** *v/t.* **4.** debitieren, belasten (**with** mit); **III** *adj.* **5.** Debet..., Schuld...: **~ account**; **~ balance** Debetsaldo *m*; **your ~ balance** Saldo *m* zu Ihren Lasten; **~ entry** Lastschrift *f*; **~ note** Lastschriftanzeige *f*.

de·block [ˌdiː'blɒk] *v/t.* ✝ *eingefrorene Konten* freigeben.

deb·o·nair(e) [ˌdebə'neə] *adj.* **1.** höflich, gefällig; **2.** heiter, fröhlich; **3.** 'lässig(-eleˌgant).

de·bouch [dɪ'baʊtʃ] *v/i.* **1.** ⚔ her'vorbrechen; **2.** einmünden, sich ergießen (*Fluss*).

De·brett [də'bret] *npr.*: **~'s peerage** *englisches Adelsregister*.

de·brief·ing [ˌdiː'briːfɪŋ] *s.* ⚔, ✈ Einsatzbesprechung *f* (*nach dem Flug*).

de·bris ['deɪbriː] *s.* Trümmer *pl.*, (Gesteins)Schutt *m* (*a. geol.*).

debt [det] *s.* Schuld *f* (*Geld od. fig.*); Verpflichtung *f*: **~-collecting agency** Inkassobüro *n*; **~ collector** Inkassobeauftragte(r) *m*; **collection of ~s** Inkasso *n*; **~ restructuring** Umschuldung *f*; **bad ~s** zweifelhafte Forderungen *od.* Außenstände; **~ of gratitude** Dankesschuld; **~ of hono(u)r** Ehrenschuld; **pay one's ~ to nature** der Natur s-n Tribut entrichten, sterben; **run into ~** in Schulden geraten; **run up ~s** Schulden machen; **be in ~** verschuldet sein, Schulden haben; **be in s.o.'s ~** *fig.* j-m verpflichtet sein, in j-s Schuld stehen; '**debt·or** [-tə] *s.* Schuldner(in), ✝ Debitor *m*: **common ~** Gemeinschuldner *m*.

de·bug [ˌdiː'bʌg] *v/t.* **1.** ⚙ F (die) ‚Mucken' *e-r Maschine* beseitigen; **~ program** *Computer*: Fehlersuchprogramm *n*; **2.** entwanzen (*a.* F *von Minispionen befreien*).

de·bunk [ˌdiː'bʌŋk] *v/t.* F entlarven.

de·bu·reauc·ra·tize [ˌdiːbjʊə'rɒkrətaɪz] *v/t.* entbürokratisieren.

de·bus [ˌdiː'bʌs] *v/i.* aus dem *od.* e-m Bus aussteigen.

dé·but, *Am.* **de·but** ['deɪbuː] (*Fr.*) *s.* De'büt *n*: a) erstes Auftreten (*thea. od. in der Gesellschaft*), b) Anfang *m*, Antritt *m* (*e-r Karriere etc.*): **make one's ~** sein Debüt geben; **déb·u·tant**, *Am.* **deb·u·tant** ['debjuːtɑ̃ːŋ] (*Fr.*) *s.* Debü'tant *m*; **déb·u·tante**, *Am.* **deb·u·tante** ['debjuːtɑːnt] (*Fr.*) *s.* Debü'tantin *f*.

deca- [dekə] *in Zssgn* zehn(mal).

dec·ade ['dekeɪd] *s.* **1.** De'kade *f*: a) Jahr'zehnt *n*, b) Zehnergruppe *f*; **2.** ⚡, ⚙ De'kade *f*.

dec·a·dence ['dekədəns] *s.* Deka'denz *f*, Entartung *f*, Verfall *m*, Niedergang *m*; '**dec·a·dent** [-nt] **I** *adj.* deka'dent, entartet, verfallend; Dekadenz...; **II** *s.* deka'denter Mensch.

de·caf ['diːkæf] *s.* F koffe'infreier Kaffee.

D

de·caf·fein·ate [ˌdiːˈkæfɪneɪt] *v/t. Kaffee* koffe'infrei machen.
dec·a·gon [ˈdekəgən] *s.* ⩓ Zehneck *n*; **dec·a·gram(me)** [ˈdekəgræm] *s.* Deka'gramm *n*.
de·cal [dɪˈkæl] → ***decalcomania***.
de·cal·ci·fy [ˌdiːˈkælsɪfaɪ] *v/t.* entkalken.
de·cal·co·ma·ni·a [dɪˌkælkəʊˈmeɪnɪə] *s.* Abziehbild(verfahren) *n*.
dec·a|·li·ter *Am.*, **~·li·tre** *Brit.* [ˈdekəˌliːtə] *s.* Deka'liter *m, n*; **~·log(ue)** [ˈdekəlɒg] *s. bibl.* Deka'log *m, die* Zehn Gebote *pl.*; **~·me·ter** *Am.*, **~·me·tre** *Brit.* [ˈdekəˌmiːtə] *s.* Deka'meter *m, n*.
de·camp [dɪˈkæmp] *v/i.* **1.** ⚔ das Lager abbrechen; **2.** F sich aus dem Staube machen.
de·cant [dɪˈkænt] *v/t.* **1.** ab-, 'umfüllen; **2.** dekantieren, vorsichtig abgießen; **de'cant·er** [-tə] *s.* **1.** Ka'raffe *f*; **2.** Klärflasche *f*.
de·cap·i·tate [dɪˈkæpɪteɪt] *v/t.* **1.** enthaupten, köpfen; **2.** *Am.* F entlassen, ‚absägen'; **de·cap·i·ta·tion** [dɪˌkæpɪˈteɪʃn] *s.* **1.** Enthauptung *f*; **2.** *Am.* F ‚Rausschmiss' *m*.
de·car·bon·ate [ˌdiːˈkɑːbəneɪt] *v/t.* Kohlensäure *od.* Kohlen'dioxid entziehen (*dat.*); **de·car·bon·ize** [ˌdiːˈkɑːbənaɪz] *v/t.* dekarbonisieren; **de·car·bu·rize** [ˌdiːˈkɑːbjʊəraɪz] → ***decarbonize***.
de·car·tel·i·za·tion [ˈdiːˌkɑːtəlaɪˈzeɪʃn] *s.* ✝ Entkartellisierung *f*, (Kon'zern-)Entflechtung *f*; **de·car·tel·ize** [ˌdiːˈkɑːtəlaɪz] *v/t.* entflechten.
de·cath·lete [dɪˈkæθliːt] *s. sport* Zehnkämpfer *m*; **de·cath·lon** [dɪˈkæθlɒn] *s.* Zehnkampf *m*.
dec·a·tize [ˈdekətaɪz] *v/t. Seide* dekatieren.
de·cay [dɪˈkeɪ] **I** *v/i.* **1.** verfallen, zerfallen (*a. phys.*), in Verfall geraten, zu'grunde gehen; **2.** verderben, verkümmern, verblühen; **3.** (ver)faulen (*a.* Zahn), (ver)modern, verwesen; **4.** schwinden, abnehmen, schwach werden, (her'ab)sinken: ***~ed with age*** altersschwach; **II** *s.* **5.** Verfall *m*, Zerfall *m* (*a. phys. von Radium etc.*): ***fall into ~*** → 1; **6.** Nieder-, Rückgang *m*, Verblühen *n*; Ru'in *m*; **7.** ⚕ Karies *f*, (Zahn)Fäule *f*; Schwund *m*; **8.** Fäulnis *f*, Vermodern *n*; **de'cayed** [-eɪd] *adj.* **1.** ver-, zerfallen; kraftlos; zerrüttet; **2.** her'untergekommen; **3.** verblüht; **4.** verfault, morsch; *geol.* verwittert; **5.** ⚕ kari'ös, schlecht (*Zahn*).
de·cease [dɪˈsiːs] **I** *v/i.* sterben, verscheiden; **II** *s.* Tod *m*, Ableben *n*; **de'ceased** [-st] **I** *adj.* verstorben; **II** *s.* ***the ~*** a) der *od.* die Verstorbene, b) die Verstorbenen *pl.*
de·ce·dent [dɪˈsiːdənt] *s.* ⚖ *Am.* **1.** → ***deceased*** II; **2.** Erb-lasser(in).
de·ceit [dɪˈsiːt] *s.* **1.** Betrug *m*, (bewusste) Täuschung; Betrüge'rei *f*; **2.** Falschheit *f*, Tücke *f*; **de'ceit·ful** [-fʊl] *adj.* □ betrügerisch; falsch, 'hinterlistig; **de'ceit·ful·ness** [-fʊlnɪs] *s.* Falschheit *f*, 'Hinterlist *f*, Arglist *f*.
de·ceiv·a·ble [dɪˈsiːvəbl] *adj.* leicht zu täuschen(d); **de·ceive** [dɪˈsiːv] **I** *v/t.* **1.** täuschen (*Person od. Sache*), trügen (*Sache*): ***be ~d*** sich täuschen lassen, sich irren (***in*** in *dat.*); ***~ o.s.*** sich et. vormachen; **2.** *mst pass. Hoffnung etc.* enttäuschen; **II** *v/i.* **3.** trügen, täuschen (*Sache*); **de'ceiv·er** [-və] *s.* Betrüger(-in).
de·cel·er·ate [ˌdiːˈseləreɪt] **I** *v/t.* verlangsamen; die Geschwindigkeit verringern von (*od. gen.*); **II** *v/i.* sich verlangsamen; s-e Geschwindigkeit verringern; **de·cel·er·a·tion** [ˈdiːˌseləˈreɪʃn] *s.* Verlangsamung *f*; Geschwindigkeitsabnahme *f*: ***~ lane*** *mot.* Verzögerungsspur *f*.
De·cem·ber [dɪˈsembə] *s.* De'zember *m*: ***in ~*** im Dezember.
de·cen·cy [ˈdiːsnsɪ] *s.* **1.** Anstand *m*, Schicklichkeit *f*: ***for ~'s sake*** anstandshalber; ***sense of ~*** Anstandsgefühl *n*; **2.** Anständigkeit *f*; **3.** *pl.* Anstand *m*; **4.** *pl.* Annehmlichkeiten *pl. des Lebens*.
de·cen·ni·al [dɪˈsenjəl] **I** *adj.* □ **1.** zehnjährig; **2.** alle zehn Jahre 'wiederkehrend; **II** *s.* **3.** *Am.* Zehn'jahrfeier *f*; **de'cen·ni·al·ly** [-lɪ] *adv.* alle zehn Jahre; **de'cen·ni·um** [-jəm] *pl.* **-ni·ums**, **-ni·a** [-jə] *s.* Jahr'zehnt *n*, De'zennium *n*.
de·cent [ˈdiːsnt] *adj.* □ **1.** anständig: a) schicklich, b) sittsam, c) ehrbar; **2.** de'zent, unaufdringlich; **3.** F ‚anständig': a) annehmbar: ***a ~ meal***, b) nett: ***that was ~ of him***.
de·cen·tral·i·za·tion [diːˌsentrəlaɪˈzeɪʃn] *s.* Dezentralisierung *f*; **de·centralize** [ˌdiːˈsentrəlaɪz] *v/t.* dezentralisieren.
de·cep·tion [dɪˈsepʃn] *s.* **1.** Täuschung *f*, Irreführung *f*; **2.** Betrug *m*; **3.** Trugbild *n*; **de'cep·tive** [-ptɪv] *adj.* □ täuschend, irreführend, trügerisch: ***appearances are ~*** der Schein trügt.
deci- [desɪ] *in Zssgn* Dezi...
dec·i·bel [ˈdesɪbel] *s. phys.* Dezi'bel *n*.
de·cide [dɪˈsaɪd] **I** *v/t.* **1.** *et.* entscheiden; **2.** *j-n* bestimmen, veranlassen; *et.* bestimmen, festsetzen: ***~ the right moment***; ***that ~d me*** das gab für mich den Ausschlag, das bestärkte mich in m-m Entschluss; ***the weather ~d me against going*** aufgrund des Wetters entschloss ich mich, nicht zu gehen; **II** *v/i.* **3.** entscheiden, bestimmen, den Ausschlag geben; **4.** beschließen; sich entscheiden *od.* entschließen (***in favo[u]r of*** für; ***against doing*** nicht zu tun; ***to do*** zu tun); **5.** zu dem Schluss

od. der Über'zeugung kommen: ***I ~d that it was worth trying***; **6.** feststellen, finden: ***we ~d that the weather was too bad***; **7. ~ (*up*)*on*** sich entscheiden für *od.* über (*acc.*); festsetzen, -legen, bestimmen (*acc.*); **de'cid·ed** [-dɪd] *adj.* □ **1.** entschieden, unzweifelhaft, deutlich; **2.** entschieden, entschlossen, fest, bestimmt; **de'cid·ed·ly** [-dɪdlɪ] *adv.* entschieden, fraglos, bestimmt; **de'cid·er** [-də] *s.* **1.** *sport* Entscheidungskampf *m*, Stechen *n*; **2.** *das* Entscheidende, *die* Entscheidung.

de·cid·u·ous [dɪ'sɪdjʊəs] *adj.* **1.** ⚘ jedes Jahr abfallend: **~ *tree*** Laubbaum *m*; **2.** *zo.* abfallend (*Geweih etc.*).

dec·i|·gram(me) ['desɪgræm] *s.* Dezi'gramm *n*; **~·li·ter** *Am.*, **~·li·tre** *Brit.* ['desɪˌliːtə] *s.* Dezi'liter *m, n.*

dec·i·mal ['desɪml] ⩘ **I** *adj.* □ → ***decimally***; dezi'mal, Dezimal...: **~ *fraction***; ***go* ~** das Dezimalsystem einführen; **II** *s.* a) Dezi'malzahl *f*, b) Dezi'male *f*, Dezi'malstelle *f*: ***circulating*** (***recurring***) **~** periodische (unendliche) Dezimalzahl; **'dec·i·mal·ize** [-məlaɪz] *v/t.* auf das Dezi'malsyˌstem 'umstellen; **'dec·i·mal·ly** [-məlɪ] *adv.* **1.** nach dem Dezi'malsyˌstem; **2.** in Dezi'malzahlen (ausgedrückt).

dec·i·mal| place *s.* Dezi'malstelle *f*; **~ point** *s.* Komma *n* (*im Englischen ein Punkt*) vor der ersten Dezi'malstelle: ***floating* ~** Fließkomma (*Taschenrechner etc.*); **~ sys·tem** *s.* Dezi'malsyˌstem *n.*

dec·i·mate ['desɪmeɪt] *v/t.* dezimieren, *fig. a.* stark schwächen *od.* vermindern; **dec·i·ma·tion** [desɪ'meɪʃn] *s.* Dezimierung *f.*

dec·i·me·ter *Am.*, **dec·i·me·tre** *Brit.* ['desɪˌmiːtə] *s.* Dezi'meter *m, n.*

de·ci·pher [dɪ'saɪfə] *v/t.* **1.** entziffern; **2.** dechiffrieren; **3.** *fig.* enträtseln; **de'ci·pher·a·ble** [-fərəbl] *adj.* entzifferbar; *fig.* enträtselbar; **de'ci·pher·ment** [-mənt] *s.* Entzifferung *f etc.*

de·ci·sion [dɪ'sɪʒn] *s.* **1.** Entscheidung *f* (*a.* ⚖); Entscheid *m*, Urteil *n*, Beschluss *m*: ***make*** (*od.* ***take***) ***a* ~** e-e Entscheidung treffen; **2.** Entschluss *m*: ***arrive at a* ~, *come to a* ~, *take a* ~** zu e-m Entschluss kommen; **3.** Entschlusskraft *f*, Entschlossenheit *f*: **~ *of character*** Charakterstärke *f*; **~-ˌmak·er** *s.* Entscheidungsträger *m*; **~-ˌmak·ing** *adj.* entscheidungstragend, entscheidend: **~ *board***.

de·ci·sive [dɪ'saɪsɪv] *adj.* □ **1.** entscheidend, ausschlag-, maßgebend; endgültig, schlüssig: ***be* ~ *in*** entscheidend beitragen zu; ***be* ~ *of*** entscheiden (*acc.*); **~ *battle*** Entscheidungsschlacht *f*; **2.** entschlossen, entschieden (*Person*); **de'ci·sive·ness** [-nɪs] *s.* **1.** entscheidende Kraft; **2.** Maßgeblichkeit *f*; **3.** Endgültigkeit *f*; **4.** Entschiedenheit *f*.

deck [dek] **I** *s.* **1.** ⚓ Deck *n*: ***on* ~** a) auf Deck, b) *Am.* F bereit, zur Hand; ***all hands on* ~!** alle Mann an Deck!; ***below* ~** unter Deck; ***clear the* ~s** (***for action***) a) das Schiff klar zum Gefecht machen, b) *fig.* sich bereitmachen; **2.** ✈ Tragdeck *n*, -fläche *f*; **3.** 🚃 (Wag'gon)Dach *n*; **4.** (Ober)Deck *n* (*Bus*); **5.** a) Laufwerk *n* (*e-s Plattenspielers*), b) → ***tape deck***; **6.** *sl.* ‚Briefchen' *n* (*Rauschgift*); Spiel *n*, Pack *m* (Spiel-)Karten; **II** *v/t.* **7.** *oft* **~ *out*** a) (aus-)schmücken, b) *j-n* her'ausputzen; **'~-chair** *s.* Liegestuhl *m.*

-deck·er [dekə] *s. in Zssgn* ...decker *m*; → ***three-decker***.

deck| game *s.* Bordspiel *n*; **~ hand** *s.* ⚓ Ma'trose *m.*

deck·le-edged [ˌdekl'edʒd] *adj.* **1.** mit Büttenrand; **2.** unbeschnitten: **~ *book***.

de·claim [dɪ'kleɪm] **I** *v/i.* **1.** reden, e-e Rede halten; **2. ~ *against*** eifern *od.* wettern gegen; **3.** Phrasen dreschen; **II** *v/t.* **4.** deklamieren, (*contp.* bom'bastisch) vortragen.

dec·la·ma·tion [ˌdeklə'meɪʃn] *s.* **1.** Deklamati'on *f* (*a.* ♪); **2.** bom'bastische Rede; **3.** Ti'rade *f*; **4.** Vortragsübung *f*; **de·clam·a·to·ry** [dɪ'klæmətərɪ] *adj.* □ **1.** Rede..., Vortrags...; **2.** deklama'torisch; **3.** eifernd; **4.** bom'bastisch, theatralisch.

de·clar·a·ble [dɪ'kleərəbl] *adj.* zollpflichtig; **de'clar·ant** [-rənt] *s.* **1.** ⚖ Erschienene(r *m*) *f*; **2.** *Am.* Einbürgerungsanwärter(in).

dec·la·ra·tion [ˌdeklə'reɪʃn] *s.* **1.** Erklärung *f*, Aussage *f*: ***make a* ~** eine Erklärung abgeben; **~ *of intent*** Absichtserklärung; **~ *of war*** Kriegserklärung; **2.** Mani'fest *n*, Proklamati'on *f*; **3.** ⚖ a) *Am.* Klageschrift *f*, b) Beteuerung *f* (*an Eides Statt*); **4.** Anmeldung *f*, Angabe *f*: **~ *of bankruptcy*** ✝ Konkursanmeldung; ***customs* ~** Zolldeklaration *f*, -erklärung *f*; **5.** *Bridge*: Ansage *f*; **de·clar·a·tive** [dɪ'klærətɪv] *adj.*: **~ *sentence*** *ling.* Aussagesatz *m*; **de·clar·a·to·ry** [dɪ'klærətərɪ] *adj.* erklärend: ***be* ~ *of*** erklären, darlegen, feststellen; **~ *judgment*** ⚖ Feststellungsurteil *n.*

de·clare [dɪ'kleə] **I** *v/t.* **1.** erklären, aussagen, verkünden, bekannt machen, proklamieren: **~ *war*** (***on***) (*j-m*) den Krieg erklären, *fig.* (*j-m*) den Kampf ansagen; ***he was* ~*d winner*** er wurde zum Sieger erklärt; **2.** erklären, behaupten; **3.** angeben, anmelden; erklären, deklarieren (*Zoll*); ✝ *Dividende* festsetzen; **4.** *Kartenspiel*: ansagen; **5. ~ *o.s.*** a) sich erklären (*a. durch Heiratsantrag*), sich offenbaren, s-e Meinung kundtun, b) sich im wahren Licht zeigen; ***~ o.s. for s.th.*** sich zu e-r Sache bekennen; **II** *v/i.* **6.** erklären, bestätigen: ***well, I ~!*** ich muss schon sagen!, nanu!; **7.** sich erklären *od.* entscheiden (***for*** für; ***against*** gegen); **8.** ***~ off*** a) absagen, b) sich lossagen (***from*** von); *Kricket*: ein Spiel vorzeitig abbrechen; **de'clared** [-eəd] *adj.* ☐ *fig.* erklärt (*Feind etc.*); **de'clar·ed·ly** [-eərɪdlɪ] *adv.* erklärtermaßen, ausgesprochen.

de·clas·si·fy [dɪ'klæsɪfaɪ] *v/t.* die Geheimhaltung (*gen.*) aufheben, *Dokumente etc.* freigeben.

de·clen·sion [dɪ'klenʃn] *s.* **1.** Abweichung *f*, Abfall *m* (***from*** von); **2.** Verfall *m*, Niedergang *m*; **3.** *ling.* Deklinati'on *f*; **de'clen·sion·al** [-ʃənl] *adj.* *ling.* Deklinations...

de·clin·a·ble [dɪ'klaɪnəbl] *adj. ling.* deklinierbar; **dec·li·na·tion** [ˌdeklɪ'neɪʃn] *s.* **1.** Neigung *f*, Abschüssigkeit *f*; **2.** Abweichung *f*; **3.** *ast.*, *phys.* Deklinati'on *f*: ***~ compass*** ⚓ Deklinationsbussole *f*; ***compass ~*** Missweisung *f*.

de·cline [dɪ'klaɪn] **I** *v/i.* **1.** sich neigen, sich senken; **2.** sich neigen, zur Neige *od.* zu Ende gehen: ***declining years*** Lebensabend *m*; **3.** abnehmen, nachlassen, zu'rückgehen; sich verschlechtern, schwächer werden; verfallen; **4.** sinken, fallen (*Preise*); **5.** (höflich) ablehnen; **II** *v/t.* **6.** neigen, senken; **7.** ablehnen, nicht annehmen, ausschlagen; es ablehnen (***doing*** *od.* ***to do*** zu tun); **8.** *ling.* deklinieren, beugen; **III** *s.* **9.** Neigung *f*, Senkung *f*, Abhang *m*; **10.** Neige *f*, Ende *n*: ***~ of life*** Lebensabend *m*; **11.** Nieder-, Rückgang *m*, Abnahme *f*, Verschlechterung *f*: ***be on the ~*** a) zur Neige gehen, b) im Niedergang begriffen sein, sinken; ***~ of strength*** Kräfteverfall *m*; ***~ of*** (*od.* ***in***) ***prices*** Preisrückgang; ***~ in value*** Wertminderung *f*; **12.** ⚕ körperlicher *od.* geistiger Verfall, Siechtum *n*.

de·cliv·i·tous [dɪ'klɪvɪtəs] *adj.* abschüssig, steil; **de'cliv·i·ty** [-vətɪ] *s.* **1.** Abschüssigkeit *f*; **2.** Abhang *m*.

de·clutch [ˌdiː'klʌtʃ] *v/i. mot.* auskuppeln.

de·coct [dɪ'kɒkt] *v/t.* auskochen, absieden; **de'coc·tion** [-kʃn] *s.* **1.** Auskochen *n*, Absieden *n*; **2.** Absud *m*; *pharm.* De'kokt *n*.

de·code [ˌdiː'kəʊd] *v/t.* dekodieren (*a. ling.*, *Computer*), dechiffrieren, entschlüsseln, über'setzen; **ˌde'cod·er** [-də] *s. a. Radio, Computer*: Dekoder *m*.

dé·col·le·té [deɪ'kɒlteɪ] (*Fr.*) *adj.* **1.** (tief) ausgeschnitten (*Kleid*); **2.** dekolletiert (*Dame*).

de·col·o·nize [ˌdiː'kɒlənaɪz] *v/t.* dekolonisieren, in die Unabhängigkeit entlassen.

de·col·or·ant [diː'kʌlərənt] **I** *adj.* entfärbend, bleichend; **II** *s.* Bleichmittel *n*; **de'col·o(u)r·ize** [-raiz] *v/t.* entfärben, bleichen.

de·com·mis·sion [ˌdiːkə'mɪʃn] *v/t.* **1.** *Atomkraftwerk etc.* stilllegen; **2.** *Schiff etc.* außer Dienst nehmen: ***~ing of arms*** Außerdienstnahme *f* von Waffen.

de·com·pose [ˌdiːkəm'pəʊz] **I** *v/t.* **1.** zerlegen, spalten; **2.** zersetzen; **3.** ⚗, *phys.* scheiden, abbauen; **II** *v/i.* **4.** sich auflösen, zerfallen; **5.** sich zersetzen, verwesen, verfaulen; **ˌde·com'posed** [-zd] *adj.* verfault, verdorben; **de·com·po·si·tion** [ˌdiːkɒmpə'zɪʃn] *s.* **1.** ⚗, *phys.* Zerlegung *f*, Aufspaltung *f*, Scheidung *f*, Auflösung *f*, Abbau *m*; **2.** Zersetzung *f*, Zerfall *m*; **3.** Verwesung *f*, Fäulnis *f*.

de·com·press [ˌdiːkəm'pres] *v/t.* dekomprimieren, den Druck vermindern in (*dat.*); **ˌde·com'pres·sion** [-eʃn] *s.* Dekompressi'on *f*, Druckverminderung *f*.

de·con·tam·i·nate [ˌdiːkən'tæmɪneɪt] *v/t.* entgiften, -seuchen, -strahlen; **de·con·tam·i·na·tion** ['diːkənˌtæmɪ'neɪʃn] *s.* Entgiftung *f*, -seuchung *f*, -gasung *f*.

de·con·trol [ˌdiːkən'trəʊl] **I** *v/t.* die Zwangsbewirtschaftung aufheben von *od.* für; *Waren*, *Handel* freigeben; **II** *s.* Aufhebung *f* der Zwangsbewirtschaftung, Freigabe *f*.

dé·cor ['deɪkɔː] (*Fr.*) *s.* ⛺, *thea. etc.* De'kor *m*, *n*, Ausstattung *f*.

dec·o·rate ['dekəreɪt] *v/t.* **1.** (aus-)schmücken, (ver)zieren, dekorieren; **2.** *Wohnung* a) (neu) tapezieren *od.* streichen, b) einrichten, ausstatten; **3.** *mit e-m Orden* dekorieren, auszeichnen; **dec·o·ra·tion** [ˌdekə'reɪʃn] *s.* **1.** Ausschmückung *f*, Verzierung *f*; **2.** Schmuck *m*, Zierrat *m*, Dekorati'on *f*; **3.** Orden *m*, Ehrenzeichen *n*; **4.** *a.* ***interior ~*** a) Innenausstattung *f*, b) 'Innenarchitekˌtur *f*.

Dec·o·ra·tion Day → ***Memorial Day***.

dec·o·ra·tive ['dekərətɪv] *adj.* ☐ dekora'tiv, schmückend, ornamen'tal, Zier..., Schmuck...: ***~ plant*** Zierpflanze *f*; **dec·o·ra·tor** ['dekəreɪtə] *s.* **1.** Dekora'teur *m*; **2.** → ***interior*** 1; **3.** Maler *m* u. Tapezierer *m*.

dec·o·rous ['dekərəs] *adj.* ☐ schicklich, anständig.

de·cor·ti·cate [ˌdiː'kɔːtɪkeɪt] *v/t.* **1.** entrinden; schälen; **2.** enthülsen.

de·co·rum [dɪ'kɔːrəm] *s.* **1.** Anstand *m*, Schicklichkeit *f*, De'korum *n*; **2.** Eti'kette *f*, Anstandsformen *pl.*

de·coy **I** *s.* ['diːkɔɪ] **1.** Köder *m*, Lockspeise *f*; **2.** *a.* ***~ duck*** Lockvogel *m* (*a. fig.*); **3.** *hunt.* Entenfang *m*, -falle *f*; **4.** ⚔ Scheinanlage *f*; **II** *v/t.* [dɪ'kɔɪ] **5.** ködern, locken; **6.** *fig.* (ver)locken, verleiten; **~ ship** *s.* ⚓, ⚔ U-Boot-Falle *f.*

de·crease [diː'kriːs] **I** *v/i.* abnehmen, sich vermindern, kleiner werden: **~ *in length*** kürzer werden; **II** *v/t.* vermindern, verringern, reduzieren, her'absetzen; **III** *s.* ['diːkriːs] Abnahme *f*, Verminderung *f*, Verringerung *f*; Rückgang *m*: **~ *in prices*** Preisrückgang; ***be on the ~*** → I; **de'creas·ing·ly** [-sɪŋlɪ] *adv.* immer weniger: **~ *rare***.

de·cree [dɪ'kriː] **I** *s.* **1.** De'kret *n*, Erlass *m*, Verfügung *f*, Verordnung *f*: ***issue a ~*** e-e Verfügung erlassen; ***by ~*** auf dem Verordnungsweg; **2.** ⚖ Entscheid *m*, Urteil *n*: **~ *absolute*** rechtskräftiges (Scheidungs)Urteil; → ***nisi***; **3.** *fig.* Ratschluss *m Gottes*, Fügung *f des Schicksals*; **II** *v/t.* **4.** verfügen, an-, verordnen.

dec·re·ment ['dekrɪmənt] *s.* Abnahme *f*, Verminderung *f.*

de·crep·it [dɪ'krepɪt] *adj.* **1.** altersschwach, klapp(e)rig (*beide a. fig.*); **2.** verfallen, baufällig.

de·cres·cent [dɪ'kresnt] *adj.* abnehmend: **~ *moon***.

de·cry [dɪ'kraɪ] *v/t.* schlecht machen, her'untermachen, her'absetzen.

dec·u·ple ['dekjʊpl] **I** *adj.* zehnfach; **II** *s. das* Zehnfache; **III** *v/t.* verzehnfachen.

de·cus·sate [dɪ'kʌsət] *adj.* **1.** sich kreuzend *od.* schneidend; **2.** ⚘ kreuzgegenständig.

ded·i·cate ['dedɪkeɪt] *v/t.* (***to*** *dat.*) **1.** weihen, widmen; **2.** *s-e Zeit etc.* widmen; **3. ~ *o.s.*** sich widmen *od.* hingeben; sich zuwenden; **4.** *Buch etc.* widmen, zueignen; **5.** *Am.* feierlich eröffnen *od.* einweihen; **6.** a) der Öffentlichkeit zugänglich machen, b) dem öffentlichen Verkehr über'geben: **~ *a road***; **7.** *dem Feuer, der Erde* über'antworten; **'ded·i·cat·ed** [-tɪd] *adj.* **1.** pflichtbewusst, hingebungsvoll; **2.** engagiert; **3.** spezi'ell: **~ *line*** Standleitung *f*; **4.** zugehörig; **5.** *EDV* dezi'diert. **ded·i·ca·tion** [ˌdedɪ'keɪʃn] *s.* **1.** Weihung *f*, Widmung *f*; feierliche Einweihung; **2.** 'Hingabe *f* (***to*** an *acc.*), Engage'ment *n*; **3.** Widmung *f*, Zueignung *f*; **4.** *Am.* feierliche Einweihung *od.* Eröffnung; **5.** 'Übergabe *f* an den öffentlichen Verkehr; **'ded·i·ca·tor** [-tə] *s.* Widmende(r *m*) *f*; **'ded·i·ca·to·ry** [-kətərɪ] *adj.* (Ein)Weihungs...; Widmungs..., Zueignungs...

de·duce [dɪ'djuːs] *v/t.* **1.** folgern, schließen (***from*** aus); **2.** ab-, 'herleiten (***from*** von); **de'duc·i·ble** [-səbl] *adj.* **1.** zu folgern(d); **2.** ab-, 'herleitbar, 'herzuleiten(d).

de·duct [dɪ'dʌkt] *v/t. e-n Betrag* abziehen (***from*** von), einbehalten; (*von der Steuer*) absetzen: ***after ~ing*** nach Abzug von *od. gen.*; ***~ing expenses*** abzüglich (der) Unkosten; **de'duct·i·ble** [-təbl] *adj.* **1.** abzugsfähig; **2.** (*von der Steuer*) absetzbar; **de'duc·tion** [-kʃn] *s.* **1.** Abzug *m*, Abziehen *n*; **2.** ✝ Abzug *m*, Ra'batt *m*, (Preis)Nachlass *m*; **~ *at source*** Quellenbesteuerung *f*; **3.** (Schluss)Folgerung *f*, Schluss *m*; **4.** 'Herleitung *f*; **de'duc·tive** [-tɪv] *adj.* ☐ **1.** deduk'tiv, folgernd, schließend; **2.** → ***deducible***.

deed [diːd] **I** *s.* **1.** Tat *f*, Handlung *f*: ***in word and ~*** in Wort u. Tat; **2.** Helden-, Großtat *f*; **3.** ⚖ (Vertrags-, *bsd.* Über'tragungs)Urkunde *f*, Doku'ment *n*: **~ *of donation*** Schenkungsurkunde; **II** *v/t.* **4.** *Am.* urkundlich über'tragen (***to*** auf *j-n*); **~ poll** *s.* ⚖ einseitige (gesiegelte) Erklärung (*e-r Vertragspartei*).

dee·jay ['diːdʒeɪ] *s.* F Diskjockey *m.*

deem [diːm] **I** *v/i.* denken, meinen; **II** *v/t.* halten für, erachten für, betrachten als: ***I ~ it advisable***.

de·e·mo·tion·al·ize [ˌdiːɪ'məʊʃnəlaɪz] *v/t.* versachlichen.

de-em·pha·size [ˌdiː'emfəsaɪz] *v/t.* bagatellisieren.

deem·ster ['diːmstə] *s.* Richter *m* (*auf der Insel Man*).

deep [diːp] **I** *adj.* ☐ → ***deeply***; **1.** tief (*vertikal*): **~ *hole***; **~ *snow***; **~ *sea*** Tiefsee *f*; ***in ~ water(s)*** *fig.* in Schwierigkeiten; ***go off the ~ end*** a) *Brit.* in Rage kommen, b) *Am.* et. unüberlegt riskieren; **2.** tief (*horizontal*): **~ *cupboard***; **~ *forests***; **~ *border*** breiter Rand; ***they marched four ~*** sie marschierten in Viererreihen; ***three men ~*** drei Mann hoch (*zu dritt*); **3.** tief, vertieft, versunken (***in*** in *acc.*): **~ *in thought***; **4.** tief, gründlich, scharfsinnig: **~ *learning*** gründliches Wissen; **~ *intellect*** scharfer Verstand; ***a ~ thinker*** ein tiefer Denker; **5.** tief, heftig, stark, fest, schwer: **~ *sleep*** tiefer *od.* fester Schlaf; **~ *mourning*** tiefe Trauer; **~ *disappointment*** tiefe *od.* bittere Enttäuschung; **~ *interest*** großes Interesse; **~ *grief*** schweres Leid; **~ *in debt*** stark *od.* tief verschuldet; **6.** tief, innig, aufrichtig: **~ *love***; **~ *gratitude***; **7.** tief, dunkel; verborgen, geheim: **~ *night*** tiefe Nacht; **~ *silence*** tiefes *od.* völliges Schweigen; **~ *secret*** tiefes Geheimnis; **~ *designs*** dunkle Pläne; ***he is a ~ one*** *sl.* er hat es faustdick hinter den Ohren; **8.** schwierig: **~ *problem***; ***that is too ~ for me*** das ist mir zu hoch; **9.** tief, dunkel (*Farbe, Klang*); **10.** *psych.* un(ter)bewusst; **11.** ⚕ subku'tan; **II** *adv.* **12.** tief (*a. fig.*): **~ *into the flesh*** tief ins Fleisch; ***still waters run ~*** stille Wasser sind tief; **~ *into the night*** (bis) tief in die Nacht (hinein); ***drink ~*** unmäßig trinken; **III** *s.* **13.** Tiefe *f* (*a.*

D

fig.); Abgrund *m*: ***in the ~ of night*** in tiefster Nacht; **14.** ***the ~*** *poet.* das Meer.

'deep|-dish pie *s.* 'Napfpa,stete *f*; **,~-'draw** *v/t.* [*irr.*] ⚙ tiefziehen; **,~-'drawn** *adj.* **1.** ⚙ tiefgezogen; **2.** ***~ sigh*** tiefer Seufzer.

deep·en ['di:pən] **I** *v/t.* **1.** tiefer machen, vertiefen; verbreitern; **2.** *fig.* vertiefen (*a. Farben*), verstärken, steigern; **II** *v/i.* **3.** tiefer werden, sich vertiefen; **4.** *fig.* sich vertiefen *od.* steigern, stärker werden; **5.** dunkler werden.

'deep|-felt *adj.* tief empfunden; **,~-'freeze I** *s.* Tiefkühlgerät *n*, -truhe *f*, -schrank *m*; **II** *adj.* Tiefkühl..., Gefrier...; **III** *v/t.* [*irr.*] tiefkühlen, einfrieren; **,~-'fro·zen** *adj.* tiefgefroren, Tiefkühl...; **'~-fry** *v/t.* frittieren, in schwimmendem Fett braten; **~ fry·er** *s.*, **'~-,fry·ing pan** *s.* Frit'teuse *f*; **,~-'laid** *adj.* schlau (*Plan*).

deep·ly ['di:plɪ] *adv.* tief (*a. fig.*): ***~ indebted*** äußerst dankbar; ***~ hurt*** tief *od.* schwer gekränkt; ***~ interested*** höchst interessiert; ***~ read*** sehr belesen; ***drink ~*** unmäßig trinken; ***go ~ into s.th.*** e-r Sache auf den Grund gehen.

deep·ness ['di:pnɪs] *s.* **1.** Tiefe *f* (*a. fig.*); **2.** Dunkelheit *f*; **3.** Gründlichkeit *f*; **4.** Scharfsinn *m*; **5.** Durch'triebenheit *f*.

,deep|-'read *adj.* sehr belesen; **,~-'root·ed** *adj. bsd. fig.* tief eingewurzelt, fest verwurzelt; *fig. a.* eingefleischt; **,~-'sea** *adj.* Tiefsee..., Hochsee...: ***~ fish*** Tiefseefisch *m*; ***~ fishing*** Hochseefischerei *f*; **,~-'seat·ed** → ***deep-rooted***; **'~-set** *adj.* tief liegend: ***~ eyes***; **the ♀ South** *s. Am.* der tiefe Süden (*südlichste Staaten der USA*).

deer [dɪə] *pl.* **deer** *s.* **1.** *zo.* a) Hirsch *m*, b) Reh *n*: ***red ~*** Rot-, Edelhirsch; **2.** Hoch-, Rotwild *n*; **~ for·est** *s.* Hochwildgehege *n*; **'~·hound** *s.* Schottischer Jagdhund; **~ lick** *s.* Salzlecke *f*; **'~·park** *s.* Wildpark *m*; **'~·shot** *s.* Rehposten *m* (*Schrot*); **'~·skin** *s.* Hirsch-, Rehleder *n*; **'~,stalk·er** *s.* **1.** Pirscher *m*; **2.** Jagdmütze *f*; **'~,stalk·ing** *s.* (Rotwild)Pirsch *f*.

de-es·ca·late [,di:'eskəleɪt] **I** *v/t.* **1.** *Krieg etc.* deeskalieren; **2.** *fig.* her'unterschrauben; **II** *v/i.* **3.** deeskalieren; **de-es·ca·la·tion** [,di:eskə'leɪʃn] *s. pol.* Deeskalati'on *f* (*a. fig.*).

de·face [dɪ'feɪs] *v/t.* **1.** entstellen, verunstalten, beschädigen; **2.** ausstreichen, unleserlich machen; **3.** *Briefmarken* entwerten; **de'face·ment** [-mənt] *s.* Entstellung *f* (*etc.*).

de fac·to [di:'fæktəʊ] (*Lat.*) **I** *adj.* De-facto-...; **II** *adv.* de 'facto, tatsächlich.

de·fal·ca·tion [,di:fæl'keɪʃn] *s.* **1.** Veruntreuung *f*, Unter'schlagung *f*; **2.** unter'schlagenes Geld.

def·a·ma·tion [,defə'meɪʃn] *s.* Verleumdung *f*, ⚖ *a.* (verleumderische) Beleidigung; **de·fam·a·to·ry** [dɪ'fæmətərɪ] *adj.* □ verleumderisch, Schmäh...: ***be ~ of s.o.*** j-n verleumden; **de·fame** [dɪ'feɪm] *v/t.* verleumden; **de·fam·er** [dɪ'feɪmə] *s.* Verleumder(in).

de·fat·ted [di:'fætɪd] *adj.* entfettet.

de·fault [dɪ'fɔ:lt] **I** *s.* **1.** (Pflicht)Versäumnis *n*, Unter'lassung *f*; **2.** *bsd.* ✝ Nichterfüllung *f*, Verzug *m*, Versäumnis *n*, Säumnis *f*, Zahlungseinstellung *f*; *engS.* Zahlungsverzug *m*: ***be in ~*** im Verzug sein; **3.** ⚖ Nichterscheinen *n* vor Gericht: ***judg(e)ment by ~*** Versäumnisurteil *n*; **4.** *sport* Nichtantreten *n*; **5.** Fehlen *n*, Mangel *m*: ***in ~ of*** mangels, in Ermangelung (*gen.*); ***in ~ of which*** widrigenfalls; ***go by ~*** unterbleiben; **6.** *Computer*: Default *m*, Vor-, Grundeinstellung *f*; **II** *v/i.* **7.** s-n Verpflichtungen nicht nachkommen: ***~ on s.th.*** et. vernachlässigen, mit et. im Rückstand sein; **8.** ✝ s-n Verbindlichkeiten nicht nachkommen, im (Zahlungs)Verzug sein: ***~ on a debt*** s-e Schuld nicht bezahlen; **9.** ⚖ nicht vor Gericht erscheinen; **10.** *sport* nicht antreten; **III** *v/t.* **11.** *e-r Verpflichtung* nicht nachkommen, in Verzug geraten mit; **12.** ⚖ wegen Nichterscheinens (vor Gericht) verurteilen; **13.** *sport* nicht antreten (*zu e-m Kampf*); **de'fault·er** [-tə] *s.* **1.** Säumige(r *m*) *f*; **2.** ✝ a) säumiger Zahler *od.* Schuldner, b) Zahlungsunfähige(r *m*) *f*; **3.** ⚖ vor Gericht nicht Erscheinende(r *m*) *f*; **4.** ⚔ *Brit.* Delin'quent *m*.

de·fea·sance [dɪ'fi:zns] *s.* ⚖ **1.** Aufhebung *f*, Annullierung *f*, Nichtigkeitserklärung *f*; **2.** Nichtigkeitsklausel *f*; **de'fea·si·ble** [-zəbl] *adj.* anfecht-, annullierbar.

de·feat [dɪ'fi:t] **I** *v/t.* **1.** besiegen, schlagen: ***it ~s me to*** *inf.* es geht über m-e Kraft zu *inf.*; **2.** *Angriff etc.* zu'rückschlagen, abwehren; **3.** *parl. Antrag* zu Fall bringen, ablehnen; **4.** vereiteln, zu'nichte machen: ***that ~s the purpose*** das verfehlt den Zweck; **II** *s.* **5.** Niederwerfung *f*, Besiegung *f*; **6.** Niederlage *f* (*a. fig.*): ***admit ~*** sich geschlagen geben; **7.** *parl.* Ablehnung *f*; **8.** Vereitelung *f*, Vernichtung *f*; **9.** 'Misserfolg *m*, Fehlschlag *m*; **de'feat·ism** [-tɪzəm] *s.* Defä'tismus *m*, Miesmache'rei *f*; **de'feat·ist** [-tɪst] **I** *s.* Defä'tist *m*; **II** *adj.* defä'tistisch.

def·e·cate ['defɪkeɪt] **I** *v/t.* reinigen; *fig.* läutern; **II** *v/i.* ⚕ Stuhlgang haben; **def·e·ca·tion** [,defɪ'keɪʃn] *s.* ⚕ Stuhlgang *m*.

de·fect I *s.* ['di:fekt] **1.** De'fekt *m*, Fehler *m* (***in*** an *dat.*, in *dat.*): ***~ in title*** ⚖ Fehler im Recht; **2.** Mangel *m*, Unvollkommenheit *f*, Schwäche *f*; **3.** (*geistiger od. psychischer*) De'fekt; ⚕ Gebrechen *n*: **~ *in character*** Charakterfehler *m*; **~ *of vision*** Sehfehler *m*; **II** *v/i.* [dɪ'fekt] **4.** abtrünnig werden; **5.** *zum Feind* 'übergehen; **de·fec·tion** [dɪ'fekʃn] *s.* **1.** Abfall *m*, Lossagung *f* (***from*** von); **2.** Treubruch *m*; **3.** 'Übertritt *m* (***to*** zu); **de·fec·tive** [dɪ'fektɪv] **I** *adj.* ☐ **1.** mangelhaft, unvollkommen: ***mentally* ~** schwachsinnig; ***he is* ~ *in*** es mangelt ihm an (*dat.*); **2.** schadhaft, de'fekt; **II** *s.* **3. *mental* ~** Schwachsinnige(r *m*) *f*; **de·fec·tive·ness** [dɪ'fektɪvnɪs] *s.* **1.** Mangelhaftigkeit *f*, **2.** Schadhaftigkeit *f*; **de·fec·tor** [dɪ'fektə] *s.* Abtrünnige(r *m*) *f*, 'Überläufer(in).

de·fence, *Am.* **de·fense** [dɪ'fens] *s.* **1.** Verteidigung *f*, Schutz *m*, Abwehr *f*: ***come to s.o.'s* ~** j-n verteidigen; **~ *mechanism*** *biol.*, *psych.* Abwehrmechanismus *m*; **2.** ⚖ *allg.* Verteidigung *f*, *a.* Einrede *f*: ***in his* ~** zu s-r Entlastung; ***conduct one's own* ~** sich selbst verteidigen; → ***counsel*** 4; ***witness*** 1; **3.** Verteidigung *f*, Rechtfertigung *f*: ***in his* ~** zu s-r Rechtfertigung; **4.** ⚔ Verteidigung *f*, *sport a.* Abwehr *f* (*Spieler od. deren Spielweise*); *pl.* Verteidigungsanlagen *pl.*: **~ *spending*** Verteidigungsausgaben *pl.*; **de'fence·less** [-lɪs] *adj.* ☐ **1.** schutz-, wehr-, hilflos; **2.** ⚔ unbefestigt; **de'fence·less·ness** [-lɪsnɪs] *s.* Schutz-, Wehrlosigkeit *f*.

de·fend [dɪ'fend] *v/t.* **1.** (***from***, ***against***) verteidigen (gegen), schützen (vor *dat.*, gegen); **2.** *Meinung etc.* verteidigen, rechtfertigen; **3.** *Rechte* schützen, wahren; **4.** ⚖ a) *j-n* verteidigen, b) sich auf *e-e Klage* einlassen: **~ *the suit*** den Klageanspruch bestreiten; **de'fend·a·ble** [-dəbl] *adj.* zu verteidigen(d); **de'fend·ant** [-dənt] ⚖ **I** *s.* a) *Zivilrecht*: Beklagte(r *m*) *f*, b) *Strafrecht*: Angeklagte(r *m*) *f*; **II** *adj.* a) beklagt, b) angeklagt; **de'fend·er** [-də] *s.* **1.** Verteidiger *m*, *sport a.* Abwehrspieler *m*; **2.** Beschützer *m*.

de·fense *etc. Am.* → ***defence*** *etc.*

de·fen·si·ble [dɪ'fensəbl] *adj.* ☐ **1.** zu verteidigen(d), haltbar; **2.** zu rechtfertigen(d), vertretbar; **de'fen·sive** [-sɪv] **I** *adj.* ☐ **1.** defen'siv, verteidigend, schützend; abwehrend (*a. fig. Geste etc.*); **2.** Verteidigungs...; Schutz..., Abwehr... (*a. biol.*); **II** *s.* **3.** Defen'sive *f*, Verteidigung *f*: ***on the* ~** in der Defensive.

de·fer[1] [dɪ'fɜː] *v/t.* **1.** auf-, verschieben; **2.** hin'ausschieben; zu'rückstellen (*Am. a.* ⚔).

de·fer[2] [dɪ'fɜː] *v/i.* (***to***) sich fügen, nachgeben (*dat.*), sich beugen (vor *dat.*); sich *j-s* Wunsche fügen; **def·er·ence** ['defərəns] *s.* **1.** Ehrerbietung *f*, Achtung *f*: ***with all due* ~ *to*** bei aller Hochachtung vor (*dat.*); **2.** Nachgiebigkeit *f*, Rücksicht(nahme) *f*: ***in* ~ *to your wishes*** wunschgemäß; **def·er·ent** ['defərənt] *adj.*, **def·er·en·tial** [ˌdefə'renʃl] *adj.* ☐ **1.** ehrerbietig; **2.** rücksichtsvoll.

de·fer·ment [dɪ'fɜːmənt] *s.* **1.** Aufschub *m*; **2.** ⚔ *Am.* Zu'rückstellung *f* (vom Wehrdienst); **de'fer·ra·ble** [-ɜːrəbl] *adj.* **1.** aufschiebbar; **2.** ⚔ *Am.* zu'rückstellbar.

de·ferred| an·nu·i·ty [dɪ'fɜːd] *s.* hin'ausgeschobene Rente; **~ bond** *s. Am.* Obligati'on *f* mit aufgeschobener Zinszahlung; **~ pay·ment** *s.* **1.** Zahlungsaufschub *m*, **2.** Ratenzahlung *f*; **~ shares** *s. pl.* ✝ Nachzugsaktien *pl.*; **~ terms** *s. pl. Brit.* 'Abzahlungssyˌstem *n*: ***on* ~** auf Abzahlung *od.* Raten.

de·fi·ance [dɪ'faɪəns] *s.* **1.** a) Trotz *m*, 'Widerstand *m*, b) Hohn *m*, offene Verachtung: ***in* ~ *of*** ungeachtet (*gen.*), trotz (*gen. od. dat.*), *e-m Gebot etc.* zuwider, *j-m* zum Trotz *od.* Hohn; ***bid* ~**, ***set at* ~** Trotz bieten, Hohn sprechen (***to*** *dat.*); **2.** Her'ausforderung *f*; **de'fi·ant** [-nt] *adj.* ☐ trotzig, her'ausfordernd.

de·fi·cien·cy [dɪ'fɪʃnsɪ] *s.* **1.** (***of***) Mangel *m* (an *dat.*), Fehlen *n* (von): **~ *disease*** ⚕ Mangelkrankheit *f*; **2.** Fehlbetrag *m*, Manko *n*, Ausfall *m*, Defizit *n*; **3.** Mangelhaftigkeit *f*, Schwäche *f*, Lücke *f*, Unzulänglichkeit *f*; **de'fi·cient** [-nt] *adj.* ☐ **1.** unzureichend, mangelhaft, ungenügend: ***be* ~ *in*** ermangeln (*gen.*), es fehlen lassen an (*dat.*), arm sein an (*dat.*); ***he is* ~ *in courage*** ihm fehlt es an Mut; **2.** fehlend: **~ *amount*** Fehlbetrag *m*.

def·i·cit ['defɪsɪt] *s.* **1.** ✝ Defizit *n*, Fehlbetrag *m*, 'Unterbiˌlanz *f*; **2.** Mangel (***in*** an *dat.*); **~ spend·ing** *s.* ✝ Deficit-spending *n*, Defizitfinanzierung *f*.

de·file[1] **I** *s.* ['diːfaɪl] **1.** Engpass *m*, Hohlweg *m*; **2.** ⚔ Vor'beimarsch *m*; **II** *v/i.* [dɪ'faɪl] **3.** defilieren, vor'beimarschieren.

de·file[2] [dɪ'faɪl] *v/t.* **1.** beschmutzen, verunreinigen; **2.** *fig.* besudeln, beflecken, verunglimpfen; **3.** schänden; **4.** entweihen; **de'file·ment** [-mənt] *s.* Besudelung *f etc.*

de·fin·a·ble [dɪ'faɪnəbl] *adj.* ☐ definier-, erklär-, bestimmbar; **de·fine** [dɪ'faɪn] *v/t.* **1.** *Wort etc.* definieren, (genau) erklären; **2.** (genau) bezeichnen *od.* bestimmen; kennzeichnen, festlegen; klarmachen; **3.** scharf abzeichnen, (klar) um'reißen, be-, um'grenzen.

def·i·nite ['defɪnɪt] *adj.* ☐ **1.** bestimmt (*a. ling.*), prä'zis, klar, deutlich, eindeutig, genau; **2.** defini'tiv, endgültig; **'def·i·nite·ly** [-lɪ] *adv.* **1.** bestimmt (*etc.*); **2.** zweifellos, abso'lut, entschieden; '**def·i·nite·ness** [-nɪs] *s.* Bestimmtheit *f*; **def·i·ni·tion** [ˌdefɪ'nɪʃn] *s.* **1.** Definiti'on *f*, (genaue) Erklärung; (Begriffs)Bestimmung *f*; **2.** Genauigkeit *f*, Ex'aktheit *f*; **3.** (*a.* Bild-, Ton-)Schärfe *f*, Präzisi'on *f*; *TV* Auflösung *f*; **de·fin·i·tive** [dɪ'fɪnɪtɪv] **I** *adj.* □ **1.** defini'tiv, endgültig; maßgeblich (*Buch*); **2.** → ***definite*** 1; **II** *s.* **3.** *ling.* Bestimmungswort *n.*

def·la·grate ['defləgreɪt] *v/i.* (*u. v/t.*) ⚗ rasch abbrennen (lassen); **def·la·gra·tion** [ˌdeflə'greɪʃn] *s.* ⚗ Verpuffung *f.*

de·flate [dɪ'fleɪt] *v/t.* **1.** (die) Luft ablassen aus, entleeren; **2.** † *Geldumlauf etc.* deflationieren, her'absetzen; **3.** *fig.* a) *j-n* ‚klein u. hässlich machen', b) ernüchtern; **de'fla·tion** [-eɪʃn] *s.* **1.** Ablassen *n* von Luft *od.* Gas; **2.** † Deflati'on *f*; **de'fla·tion·ar·y** [-eɪʃnərɪ] *adj.* † deflatio'nistisch, Deflations...

de·flect [dɪ'flekt] **I** *v/t.* ablenken, *sport a. Schuss* abfälschen; **II** *v/i.* abweichen (***from*** von); **de'flec·tion**, *Brit. a.* **de'flex·ion** [-ekʃn] *s.* **1.** Ablenkung *f* (*a. phys.*); **2.** Abweichung *f* (*a. fig.*); **3.** Ausschlag *m* (*Zeiger etc.*); **de'flec·tor** [-tə] *s.* De'flektor *m*, Ablenkvorrichtung *f*: **~ coil** ⚡ Ablenkspule *f.*

de·flo·rate ['diːflɔːreɪt] → ***deflower***; **def·lo·ra·tion** [ˌdiːflɔː'reɪʃn] *s.* Deflorati'on *f*, Entjungferung *f.*

de·flow·er [ˌdiː'flaʊə] *v/t.* **1.** deflorieren, entjungfern; **2.** *fig. e-r Sache* den Reiz nehmen.

de·fo·li·ant [ˌdiː'fəʊlɪənt] *s.* ⚗, ⚔ Entlaubungsmittel *n*; **de·fo·li·ate** [ˌdiː'fəʊlɪeɪt] *v/t.* entblättern, entlauben; **de·fo·li·a·tion** [ˌdiːfəʊlɪ'eɪʃn] *s.* Entblätterung *f.*

de·for·est·a·tion [diːˌfɒrɪ'steɪʃn] *s.* Abforstung *f*, -holzung *f*; Entwaldung *f.*

de·form [dɪ'fɔːm] *v/t.* **1.** *a.* ⚙, *phys.* verformen; **2.** verunstalten, entstellen, deformieren; verzerren (*a. fig.*, ⅍, *phys.*); **3.** *Charakter* verderben, ‚verbiegen'; **de·for·ma·tion** [ˌdiːfɔː'meɪʃn] *s.* **1.** *a.* ⚙, *phys.* Verformung *f*; **2.** Verunstaltung *f*, Entstellung *f*, 'Missbildung *f*; **3.** ⅍, *phys.* Verzerrung *f*; **de'formed** [-md] *adj.* verformt (*etc.* → ***deform***); **de'form·i·ty** [-mətɪ] *s.* **1.** Entstelltheit *f*, Hässlichkeit *f*; **2.** 'Missbildung *f*, Auswuchs *m*; **3.** 'missgestaltete Per'son *od.* Sache; **4.** Verderbtheit *f*, mo'ralischer De'fekt.

de·fraud [dɪ'frɔːd] *v/t.* betrügen (***of*** um): **~ *the revenue*** Steuern hinterziehen; ***with intent to*** **~** in betrügerischer Absicht, arglistig; **de·frau·da·tion** [ˌdiːfrɔː'deɪʃn] *s.* Betrug *m*; Hinter'ziehung *f*, Unter'schlagung *f*; **de'fraud·er** [-də] *s.* 'Steuerhinterˌzieher *m.*

de·fray [dɪ'freɪ] *v/t. Kosten* tragen, bestreiten, bezahlen.

de·frock [ˌdiː'frɒk] → ***unfrock***.

de·frost [ˌdiː'frɒst] *v/t.* von Eis befreien, *Windschutzscheibe etc.* entfrosten, *Kühlschrank etc.* abtauen, *Tiefkühlkost etc.* auftauen: **~*ing rear window*** *mot.* heizbare Heckscheibe.

deft [deft] *adj.* □ geschickt, gewandt; '**deft·ness** [-nɪs] *s.* Geschicktheit *f*, Gewandtheit *f.*

de·funct [dɪ'fʌŋkt] **I** *adj.* **1.** verstorben; **2.** erloschen, nicht mehr existierend, ehemalig; **II** *s.* **3.** ***the*** **~** der *od.* die Verstorbene.

de·fuse [ˌdiː'fjuːz] *v/t. Bombe etc.*, *fig. a. Lage etc.* entschärfen.

de·fy [dɪ'faɪ] *v/t.* **1.** trotzen, Trotz *od.* die Stirn bieten (*dat.*); **2.** sich wider'setzen (*dat.*); **3.** sich hin'wegsetzen über (*acc.*), verstoßen gegen; **4.** standhalten, Schwierigkeiten machen (*dat.*): **~ *description*** jeder Beschreibung spotten; **~ *translation*** (fast) unübersetzbar sein; **5.** her'ausfordern: ***I*** **~ *anyone to do it*** den möchte ich sehen, der das fertig bringt; ***I*** **~ *you to do it*** ich weiß genau, dass du es nicht (tun) kannst.

de·gauss [ˌdiː'gaʊs] *v/t. Schiff* entmagnetisieren.

de·gen·er·a·cy [dɪ'dʒenərəsɪ] *s.* Degenerati'on *f*, Entartung *f*, Verderbtheit *f*; **de·gen·er·ate** **I** *v/i.* [dɪ'dʒenəreɪt] (***into***) entarten: a) *biol. etc.* degenerieren (zu), b) *allg.* ausarten (zu, in *acc.*), herabsinken (zu, auf die Stufe *gen.*), *a.* verflachen; **II** *adj.* [-rət] degeneriert, entartet; verderbt; **III** *s.* [-rət] degenerierter Mensch; **de·gen·er·a·tion** [dɪˌdʒenə'reɪʃn] *s.* Degenerati'on *f*, Entartung *f*; *biol. a.* Rückentwicklung *f.*

deg·ra·da·tion [ˌdegrə'deɪʃn] *s.* **1.** Degradierung *f* (*a.* ⚔), Ab-, Entsetzung *f*; **2.** Verminderung *f*, Schwächung *f*, Verschlechterung *f*; Entartung *f*, Degenerati'on *f* (*a. biol.*); **3.** Entwürdigung *f*, Erniedrigung *f*, Her'absetzung *f*; **4.** ⚗ Abbau *m*; **5.** *phys.* Degradati'on *f*; **6.** *geol.* Verwitterung *f*; **de·grade** [dɪ'greɪd] **I** *v/t.* **1.** degradieren (*a.* ⚔), (her)'absetzen; **2.** vermindern, her'untersetzen, verschlechtern; **3.** erniedrigen, entwürdigen; **4.** ⚗ abbauen; **II** *v/i.* **5.** (ab)sinken, her'unterkommen; **6.** entarten; **de·grad·ing** [dɪ'greɪdɪŋ] *adj.* erniedrigend, entwürdigend; her'absetzend.

de·gree [dɪ'griː] *s.* **1.** Grad *m*, Stufe *f*, Maß *n*: ***by*** **~*s*** allmählich; ***by slow*** **~*s*** ganz allmählich; ***in some*** **~** einigermaßen; ***in no*** **~** keineswegs; ***in the highest*** **~** im höchsten Maße *od.* Grad(e), aufs Höchste; ***to what*** **~** in welchem Maße, wie weit *od.* sehr; ***to a*** **~** a) in hohem Maße, b) einigermaßen, c) → ***to***

a certain ~ bis zu e-m gewissen Grade, ziemlich; **2.** ⩓, *geogr., phys.* Grad *m*: ***~ of latitude*** Breitengrad; ***32 ~s centigrade*** 32 Grad Celsius; ***~ of hardness*** Härtegrad; ***of high ~*** hochgradig; **3.** *univ.* Grad *m*, Würde *f*: ***doctor's ~*** Doktorwürde; ***take one's ~*** e-n akademischen Grad erwerben, (*zum Doktor*) promovieren; ***~ day*** Promotionstag *m*; **4.** (Verwandtschafts)Grad *m*; **5.** Rang *m*, Stand *m*: ***of high ~*** von hohem Rang; **6.** *ling. a.* ***~ of comparison*** Steigerungsstufe *f*; **7.** ♪ Tonstufe *f*, Inter'vall *n*.

de·gres·sion [dɪ'greʃn] *s.* ✝ Degressi'on *f*; **de'gres·sive** [-esɪv] *adj.* ✝ degres'siv: ***~ depreciation*** degressive Abschreibung.

de·hu·man·ize [ˌdiː'hjuːmənaɪz] *v/t.* entmenschlichen.

de·hy·drate [ˌdiː'haɪdreɪt] *v/t.* ⚗ dehydrieren, das Wasser entziehen (*dat.*); dörren, trocknen: ***~d vegetables*** Trocken-, Dörrgemüse *n*; **de·hy·dra·tion** [ˌdiːhaɪ'dreɪʃn] *s.* Dehy'drierung *f*, Wasserentzug *m*; Dörren *n*, Trocknen *n*.

de-ice [ˌdiː'aɪs] *v/t.* enteisen; ˌ**de-'ic·er** [-sə] *s.* Enteisungsmittel *n*, -anlage *f*, -gerät *n*.

de·i·de·ol·o·gize ['diːˌaɪdɪ'ɒlədʒaɪz] *v/t.* entideologisieren.

de·i·fi·ca·tion [ˌdiːɪfɪ'keɪʃn] *s.* **1.** Apo-the'ose *f*, Vergötterung *f*; **2.** *et.* Vergöttlichtes; **de·i·fy** ['diːɪfaɪ] *v/t.* **1.** zum Gott erheben; **2.** als Gott verehren, anbeten (*a. fig.*).

deign [deɪn] **I** *v/i.* sich her'ablassen, geruhen, belieben (***to do*** zu tun); **II** *v/t.* sich her'ablassen zu: ***he ~ed no answer***.

de·ism ['diːɪzəm] *s.* De'ismus *m*; **de·ist** ['diːɪst] *s.* De'ist(in); **de·is·tic**, **de·is·ti·cal** [diː'ɪstɪk(l)] *adj.* ☐ de'istisch; **de·i·ty** ['diːɪtɪ] *s.* **1.** Gottheit *f*; **2.** ***the*** ♀ *eccl.* die Gottheit, Gott *m*.

de·ject·ed [dɪ'dʒektɪd] *adj.* ☐ niedergeschlagen, deprimiert; **de'jec·tion** [-kʃn] *s.* **1.** Niedergeschlagenheit *f*, Trübsinn *m*; **2.** ⚕ a) Stuhlgang *m*, b) Stuhl *m*, Kot *m*.

de ju·re [ˌdiː'dʒʊərɪ] (*Lat.*) **I** *adj.* De-jure-...; **II** *adv.* de 'jure, von Rechts wegen.

dek·ko ['dekəʊ] *s. sl.* (kurzer) Blick: ***have a ~*** mal schauen.

de·lac·ta·tion [ˌdiːlæk'teɪʃn] *s.* ⚕ Abstillen *n*, Entwöhnung *f*.

de·lay [dɪ'leɪ] **I** *v/t.* **1.** ver-, auf-, hin'ausschieben, verzögern, verschleppen; **2.** auf-, hinhalten, hindern, hemmen; **II** *v/i.* **3.** zögern, zaudern; Zeit verlieren, sich aufhalten; **III** *s.* **4.** Aufschub *m*, Verzögerung *f*, Verzug *m*: ***without ~*** unverzüglich; ***~ of payment*** ✝ Zahlungsaufschub *m*; **de·layed** [dɪ'leɪd] *adj.* verzögert, verspätet, nachträglich, Spät...: ***~-action bomb*** Bombe *f* mit Verzögerungszünder; ***~ fuse*** Verzögerungszünder *m*; ***~ ignition*** ⚙ Spätzündung *f*; **de·lay·ing** [dɪ'leɪɪŋ] *adj.* aufschiebend, verzögernd; 'hinhaltend: ***~ action*** Verzögerung(saktion) *f*, Hinhaltung *f*; ⚔ hinhaltendes Gefecht; ***~ tactics*** Hinhaltetaktik *f*.

del cred·er·e [ˌdel'kredərɪ] *s.* ✝ Del-'kredere *n*, Bürgschaft *f*.

de·le ['diːliː] (*Lat.*) *typ.* **I** *v/t.* tilgen, streichen; **II** *s.* Dele'atur(zeichen) *n*.

de·lec·ta·ble [dɪ'lektəbl] *adj.* ☐ köstlich; **de·lec·ta·tion** [ˌdiːlek'teɪʃn] *s.* Ergötzen *n*, Vergnügen *n*, Genuss *m*.

del·e·ga·cy ['delɪgəsɪ] *s.* Abordnung *f*, Delegati'on *f*; '**del·e·gate I** *s.* [-gət] **1.** Delegierte(r *m*) *f*, Vertreter(in), Abgeordnete(r *m*) *f*; **2.** *parl. Am.* Kon'gressabgeordnete(r *m*) *f* (*e-s Einzelstaats*); **II** *v/t.* [-geɪt] **3.** abordnen, delegieren; bevollmächtigen; **4.** (***to***) *Aufgabe, Vollmacht etc.* über'tragen, delegieren (an *acc.*); **del·e·ga·tion** [ˌdelɪ'geɪʃn] *s.* **1.** Abordnung *f*, Ernennung *f*; **2.** Über'tragung *f* (*Vollmacht etc.*), Delegieren *n*; Über'weisung *f*; **3.** Delegati'on *f*, Abordnung *f*; **4.** *pl. parl. Am. die* (Kon'gress)Abgeordneten *pl.* (*e-s Einzelstaats*).

de·lete [dɪ'liːt] *v/t.* tilgen, (aus)streichen, ausradieren; **~ key** *s.* Löschtaste *f*.

del·e·te·ri·ous [ˌdelɪ'tɪərɪəs] *adj.* ☐ schädlich, verderblich, nachteilig.

de·le·tion [dɪ'liːʃn] *s.* Streichung *f*: a) Tilgung *f*, b) *das* Ausgestrichene.

delft [delft], *a.* **delf** [delf] *s.* **1.** Delfter Fay'encen *pl.*; **2.** *allg.* glasiertes Steingut.

del·i ['delɪ] *s.* F → ***delicatessen***.

de·lib·er·ate I *adj.* ☐ [dɪ'lɪbərət] **1.** über'legt, wohlerwogen, bewusst, absichtlich, vorsätzlich: ***a ~ lie*** e-e bewusste Lüge; **2.** bedächtig: a) besonnen, vorsichtig, b) gemächlich, langsam; **II** *v/t.* [-bəreɪt] **3.** über'legen, erwägen; **III** *v/i.* [-bəreɪt] **4.** nachdenken, über'legen; **5.** beratschlagen, sich beraten (***on*** über *acc.*); **de'lib·er·ate·ness** [-nɪs] *s.* **1.** Vorsätzlichkeit *f*; **2.** Bedächtigkeit *f*; **de·lib·er·a·tion** [dɪˌlɪbə'reɪʃn] *s.* **1.** Über'legung *f*; **2.** Beratung *f*; **3.** Bedachtsam-, Behutsamkeit *f*, Vorsicht *f*; **de'lib·er·a·tive** [-rətɪv] *adj.* beratend: ***~ assembly***.

del·i·ca·cy ['delɪkəsɪ] *s.* **1.** Zartheit *f*, Feinheit *f*, Zierlichkeit *f*; **2.** Zartheit *f*, Schwächlichkeit *f*, Empfindlichkeit *f*, Anfälligkeit *f*; **3.** Anstand *m*, Zartgefühl *n*, Takt *m*: ***~ of feeling*** Feinfühligkeit *f*; **4.** Feinheit *f*, Genauigkeit *f*; **5.** *fig.* Kitzligkeit *f*: ***negotiations of great***

D

~ sehr heikle Besprechungen; **6.** (*a. fig.*) Leckerbissen *m*, Delika'tesse *f*; **'del·icate** [-kət] *adj.* □ **1.** zart, fein, zierlich; **2.** zart (*a. Gesundheit, Farbe*), empfindlich, zerbrechlich, schwächlich: ***she was in a ~ condition*** sie war in anderen Umständen; **3.** fein, leicht, dünn; **4.** sanft, leise: ***~ hint*** zarter Wink; **5.** fein, genau; **6.** fein, anständig; **7.** vornehm; verwöhnt; **8.** heikel, kitzlig, schwierig; **9.** zartfühlend, feinfühlig, taktvoll; **10.** lecker, schmackhaft, deli'kat; **del·i·ca·tes·sen** [ˌdelɪkə'tesn] *s. pl.* **1.** Delika'tessen *pl.*, Feinkost *f*; **2.** *sg. konstr.* Feinkostgeschäft *n*.

de·li·cious [dɪ'lɪʃəs] *adj.* □ köstlich: a) wohlschmeckend, b) herrlich.

de·lict ['diːlɪkt] *s.* ⚖ De'likt *n*.

de·light [dɪ'laɪt] **I** *s.* Vergnügen *n*, Freude *f*, Wonne *f*, Entzücken *n*: ***to my ~*** zu m-r Freude; ***take ~ in*** → III; **II** *v/t.* erfreuen, entzücken; **III** *v/i.* ***~ in*** (große) Freude haben an (*dat.*), Vergnügen finden an (*dat.*); sich ein Vergnügen machen aus; **de'light·ed** [-tɪd] *adj.* □ entzückt, (hoch)erfreut (***with*** über *acc.*): ***I am*** (*od.* ***shall be***) ***~ to come*** ich komme mit dem größten Vergnügen; **de'light·ful** [-fʊl] *adj.* □ entzückend, reizend; herrlich, wunderbar.

de·lim·it [diː'lɪmɪt], **de·lim·i·tate** [dɪ'lɪmɪteɪt] *v/t.* abgrenzen, die Grenze(n) festsetzen von (*od. gen.*); **de·lim·i·ta·tion** [dɪˌlɪmɪ'teɪʃn] *s.* Abgrenzung *f*.

de·lin·e·ate [dɪ'lɪnɪeɪt] *v/t.* **1.** skizzieren, entwerfen, zeichnen; **2.** beschreiben, schildern, darstellen; **de·lin·e·a·tion** [dɪˌlɪnɪ'eɪʃn] *s.* **1.** Skizze *f*, Entwurf *m*, Zeichnung *f*; **2.** Beschreibung *f*, Schilderung *f*, Darstellung *f*.

de·lin·quen·cy [dɪ'lɪŋkwənsɪ] *s.* **1.** Vergehen *n*; **2.** Pflichtvergessenheit *f*; **3.** ⚖ Kriminali'tät *f*; → ***juvenile*** 1; **de'lin·quent** [-nt] **I** *adj.* **1.** straffällig, krimi'nell; **2.** pflichtvergessen: ***~ taxes*** *Am.* Steuerrückstände; **II** *s.* **3.** Delin'quent (-in), Straffällige(r *m*) *f*, (Straf)Täter (-in); → ***juvenile*** 1; **4.** Pflichtvergessene(r *m*) *f*.

del·i·quesce [ˌdelɪ'kwes] *v/i. bsd.* ⚗ zerfließen; wegschmelzen.

de·lir·i·ous [dɪ'lɪrɪəs] *adj.* □ **1.** ⚕ irreredend, fantasierend: ***be ~*** irrereden, fantasieren; **2.** *fig.* rasend, wahnsinnig (***with*** vor *dat.*): ***~ (with joy)*** überglücklich.

de·lir·i·um [dɪ'lɪrɪəm] *s.* **1.** ⚕ De'lirium *n*, (Fieber)Wahn *m*; **2.** *fig.* Rase'rei *f*, Verzückung *f*; **~ tre·mens** ['triːmenz] *s.* De'lirium *n* 'tremens, Säuferwahnsinn *m*.

de·liv·er [dɪ'lɪvə] *v/t.* **1.** befreien, erlösen, retten (***from*** von, aus); **2.** *Frau* entbinden (***of*** von), *Kind* ‚holen' (*Arzt*): ***be ~ed of a child*** entbunden werden, entbinden; **3.** *Meinung* äußern; *Urteil* aussprechen; *Rede etc.* halten; **4.** ***~ o.s.*** äußern (***of*** *acc.*), sich äußern (***on*** über *acc.*); **5.** *Waren* liefern: ***~ (the goods)*** F Wort halten, die Sache ‚schaukeln', ‚es schaffen'; **6.** ab-, ausliefern; über'geben, -'bringen, -'liefern; über'senden, (hin)befördern; **7.** *Briefe* zustellen; *Nachricht* bestellen; ⚖ zustellen; **8.** ***~ up*** abgeben, -treten, über'geben, -'liefern; ⚖ her'ausgeben: ***~ o.s. up*** sich ergeben *od.* stellen (***to*** *dat.*); **9.** *Schlag* versetzen; ⚔ (ab)feuern; **de'liv·er·a·ble** [-vərəbl] *adj.* ✝ lieferbar, zu liefern(d); **de'liv·er·ance** [-vərəns] *s.* **1.** Befreiung *f*, Erlösung *f*, (Er)Rettung *f* (***from*** aus, von); **2.** Äußerung *f*, Verkündung *f*; **de'liv·er·er** [-vərə] *s.* **1.** Befreier *m*, Erlöser *m*, (Er)Retter *m*; **2.** Über'bringer *m*.

de·liv·er·y [dɪ'lɪvərɪ] *s.* **1.** Lieferung *f*: ***on ~*** bei Lieferung, bei Empfang; ***take ~ (of)*** abnehmen (*acc.*); **2.** 📯 Zustellung *f*; **3.** Ab-, Auslieferung *f*; Aushändigung *f*, 'Übergabe *f* (a. ⚖); **4.** Über'bringung *f*, -'sendung *f*, Beförderung *f*; **5.** ⚙ (Zu)Leitung *f*, Zuführung *f*; Förderung *f*; Leistung *f*; **6.** *rhet.* Vortragsweise *f*; **7.** *Baseball, Kricket*: 'Wurf (-ˌtechnik *f*) *m*; **8.** ⚔ Abfeuern *n*; **9.** ⚕ Entbindung *f*; **~ charge** *s.* 📯 Zustellgebühr *f*; **~·man** *s.* [*irr.*] Ausfahrer *m*; Verkaufsfahrer *m*; **~ note** *s.* ✝ Lieferschein *m*; **~ or·der** *s.* ✝ Auslieferungsschein *m*, Lieferschein *m*; **~ pipe** *s.* Leitungsröhre *f*; **~ room** *s.* ⚕ Entbindungssaal *m*, -zimmer *n*, Kreißsaal *m*; **~ ser·vice** *s.* 📯 Zustelldienst *m*; **~ truck** *s. mot. Am.*, **~ van** *s. Brit.* Lieferwagen *m*.

dell [del] *s.* kleines, enges Tal.

de·louse [ˌdiː'laʊs] *v/t.* entlausen.

Del·phic ['delfɪk] *adj.* delphisch, *fig. a.* dunkel, zweideutig.

del·phin·i·um [del'fɪnɪəm] *s.* ⚘ Rittersporn *m*.

del·ta ['deltə] *s. allg.* (*a.* Fluss)Delta *n*; **~ con·nec·tion** *s.* ⚡ Dreieckschaltung *f*; **~ rays** *s. pl. phys.* Deltastrahlen *pl.*; **~ wing** *s.* ✈ Deltaflügel *m*.

del·toid ['deltɔɪd] **I** *adj.* deltaförmig; **II** *s. anat.* Deltamuskel *m*.

de·lude [dɪ'luːd] *v/t.* **1.** täuschen, irreführen; (be)trügen: ***~ o.s.*** sich Illusionen hingeben, sich et. vormachen; **2.** verleiten (***into*** zu).

del·uge ['deljuːdʒ] **I** *s.* **1.** (große) Über'schwemmung: ***the*** ♀ *bibl.* die Sintflut; **2.** *fig.* Flut *f*, (Un)Menge *f*; **II** *v/t.* **3.** *a. fig.* über'schwemmen, -'fluten, -'schütten.

de·lu·sion [dɪ'luːʒn] *s.* **1.** (Selbst)Täuschung *f*, Verblendung *f*, Wahn *m*, Irrglauben *m*; **2.** Trug *m*, Wahnvorstellung *f*: ***be*** (*od.* ***labo[u]r***) ***under the ~ that*** in dem Wahn leben, dass; → ***grandeur*** 3; **de'lu·sive** [-uːsɪv] *adj.* □ irreführend, trügerisch, Wahn...

de luxe [də'lʌks] *adj.* Luxus...

delve [delv] *v/i. fig.* (***into***) sich vertiefen (in *acc.*), erforschen, ergründen (*acc.*); graben (***for*** nach): ***~ among*** stöbern in (*dat.*).

de·mag·net·ize [ˌdiː'mægnɪtaɪz] *v/t.* entmagnetisieren.

dem·a·gog ['deməgɒg] *Am.* → ***demagogue***; **dem·a·gog·ic**, **dem·a·gog·i·cal** [ˌdemə'gɒgɪk(l)] *adj.* □ dema'gogisch, aufwieglerisch; **'dem·a·gogue** [-gɒg] *s.* Dema'goge *m*; **'dem·a·gog·y** [-gɪ] *s.* Demago'gie *f*.

de·mand [dɪ'mɑːnd] **I** *v/t.* **1.** *Person: et.* verlangen, fordern, begehren (***of***, ***from*** von, *a.* ***that*** dass, ***to do*** zu tun): ***I ~ payment***; **2.** *Sache*: erfordern, verlangen (*acc.*, ***that*** dass), bedürfen (*gen.*): ***the matter ~s great care*** die Sache erfordert große Sorgfalt; **3.** *oft* ⚖ beanspruchen; **4.** wissen wollen, fragen nach: ***the police ~ed his name***; **II** *s.* **5.** Verlangen *n*, Forderung *f*, Ersuchen *n*: ***on ~*** a) auf Verlangen, b) † bei Vorlage, bei Sicht; **6.** † (***for***) Nachfrage *f* (nach), Bedarf *m* (an *dat.*) (*Ggs.* ***supply***): ***in ~*** *a. fig.* gefragt, begehrt, gesucht; **7.** (***on***) Anspruch *m*, Anforderung *f* (an *acc.*); Beanspruchung *f* (*gen.*): ***make great ~s on*** sehr in Anspruch nehmen (*acc.*), große Anforderungen stellen an (*acc.*); **8.** ⚖ (Rechts-) Anspruch *m*, Forderung *f*; **~ bill** *s.* † *Am.* Sichtwechsel *m*; **~ de·pos·it** *s.* † Sichteinlage *f*; **~ draft** → ***demand bill***.

de·mand·ing [dɪ'mɑːndɪŋ] *adj.* **1.** anspruchsvoll (*a. fig. Musik etc.*), schwierig; **2.** genau, streng; **3.** fordernd.

de·mand| man·age·ment *s.* Nachfragesteuerung *f*; **~ note** *s.* **1.** *Brit.* Zahlungsaufforderung *f*; **2.** Sichtwechsel *m*; **~ pull** *s.* 'Nachfrageinflatiˌon *f*.

de·mar·cate ['diːmɑːkeɪt] *v/t. a. fig.* abgrenzen (***from*** gegen, von); **de·mar·ca·tion** [ˌdiːmɑː'keɪʃn] *s.* Abgrenzung *f*, Grenzziehung *f*: ***line of ~*** a) Grenzlinie *f* (*a. fig.*), b) *pol.* Demarkationslinie *f*, c) *fig.* Trennungslinie *f*, -strich *m*; ***~ dispute*** Kompetenzstreit unter Gewerkschaften.

dé·marche ['deɪmɑːʃ] (*Fr.*) *s.* De'marche *f*, diplo'matischer Schritt.

de·mean[1] [dɪ'miːn] *v/t.*: ***~ o.s.*** sich benehmen, sich verhalten.

de·mean[2] [dɪ'miːn] *v/t.*: ***~ o.s.*** sich erniedrigen; **de'mean·ing** [-nɪŋ] *adj.* erniedrigend.

de·mean·o(u)r [dɪ'miːnə] *s.* Benehmen *n*, Verhalten *n*, Haltung *f*.

de·ment·ed [dɪ'mentɪd] *adj.* □ wahnsinnig, verrückt (F *a. fig.*); **de'men·ti·a** [-nʃɪə] *s.* ⚕ **1.** Schwachsinn *m*; **2.** Wahn-, Irrsinn *m*.

de·mer·it [diː'merɪt] *s.* **1.** Schuld(haftigkeit) *f*, Fehler *m*, Mangel *m*; **2.** Unwürdigkeit *f*; **3.** Nachteil *m*, schlechte Seite; **4.** *mst* ***~ mark*** *ped. Am.* Tadel *m*, Minuspunkt *m*.

de·mesne [dɪ'meɪn] *s.* **1.** ⚖ Eigenbesitz *m*, freier Grundbesitz; Landgut *n*, Do'mäne *f*: ***Royal ~*** Krongut *n*; **2.** *fig.* Do'mäne *f*, Gebiet *n*.

'dem·i|·god ['demɪ-] *s.* Halbgott *m*; **'~·john** [-dʒɒn] *s.* Korbflasche *f*, 'Glasbalˌlon *m*.

de·mil·i·ta·rize [ˌdiː'mɪlɪtəraɪz] *v/t.* entmilitarisieren.

dem·i|-monde [ˌdemɪ'mɔ̃ːnd] *s.* Halbwelt *f*; **ˌ~-'pen·sion** *s.* 'Halbpensiˌon *f*; **~·rep** ['demɪrep] *s.* Frau *f* von zweifelhaftem Ruf.

de·mise [dɪ'maɪz] ⚖ **I** *s.* **1.** Be'sitzüberˌtragung *f od.* -verpachtung *f*: ***~ of the Crown*** Übergehen *n* der Krone *an den Nachfolger*; **2.** Ableben *n*, Tod *m*; **II** *v/t.* **3.** *allg. et.* über'tragen, *a.* verpachten *od.* vermachen.

dem·i·sem·i·qua·ver ['demɪsemɪˌkweɪvə] *s.* ♪ Zweiunddreißigstel(note *f*) *n*.

de·mis·sion [dɪ'mɪʃn] *s.* Rücktritt *m*, Abdankung *f*, Demissi'on *f*.

de·mo ['deməʊ] *s.* F **1.** ‚Demo' *f* (*Demonstration*); **2.** a) Vorführband *n*, b) Vorführwagen *m*.

de·mob [ˌdiː'mɒb] *v/t. Brit.* F → ***demobilize*** 1b.

de·mo·bi·li·za·tion ['diːˌməʊbɪlaɪ'zeɪʃn] *s.* Demobilisierung *f*: a) Abrüstung *f*, b) Entlassung *f* aus dem Wehrdienst; **de·mo·bi·lize** [diː'məʊbɪlaɪz] *v/t.* **1.** demobilisieren: a) abrüsten, b) *Truppen* entlassen, *Heer* auflösen; **2.** *Kriegsschiff* außer Dienst stellen.

de·moc·ra·cy [dɪ'mɒkrəsɪ] *s.* **1.** Demokra'tie *f*; **2.** ♀ *pol. Am.* die Demo'kratische Par'tei (*od.* deren Grundsätze); **dem·o·crat** ['deməkræt] *s.* **1.** Demo'krat(in); **2.** ♀ *Am. pol.* Demo'krat(in), Mitglied *n* der Demo'kratischen Par'tei; **dem·o·crat·ic** [ˌdemə'krætɪk] *adj.* (□ ***~ally***) **1.** demo'kratisch; **2.** ♀ *pol. Am.* demo'kratisch (*die Demokratische Partei betreffend*); **de·moc·ra·ti·za·tion** [dɪˌmɒkrətaɪ'zeɪʃn] *s.* Demokratisierung *f*; **de·moc·ra·tize** [dɪ'mɒkrətaɪz] *v/t.* demokratisieren.

dé·mo·dé [ˌdeɪməʊ'deɪ] (*Fr.*), **de·mod·ed** [diː'məʊdɪd] *adj.* altmodisch, außer Mode.

de·mog·ra·pher [diː'mɒgrəfə] *s.* Demo'graph *m*; **de'mog·ra·phy** [-fɪ] *s.* Demogra'phie *f*.

de·mol·ish [dɪ'mɒlɪʃ] *v/t.* **1.** ab-, niederreißen; **2.** *Festung* schleifen; **3.** ⚔ sprengen; **4.** *fig.* (*a.* *j-n*) vernichten, ka'puttmachen; **5.** *sport* F ‚über'fahren'; **dem·o·li·tion** [ˌdeməˈlɪʃn] *s.* **1.** Abbruch *m*, Niederreißen *n*; **2.** Schleifen *n* (*Festung*); **3.** ⚔ Spreng...: **~ *bomb*** Sprengbombe *f*; **~ *squad*** Sprengkommando *n*; **4.** Vernichtung *f*.

D

de·mon (*myth. oft* ***daemon***) [ˈdiːmən] **I** *s.* **1.** ˈDämon *m*, böser Geist, ˈSatan *m* (*a. fig.*); **2.** *fig.* Teufelskerl *m*: **~ *for work*** ‚Wühler' *m*, unermüdlicher Arbeiter; **II** *adj.* **3.** däˈmonisch, *fig a.* wild, besessen.

de·mon·e·ti·za·tion [diːˌmʌnɪtaɪˈzeɪʃn] *s.* Außerˈkurssetzung *f*, Entwertung *f*; **de·mon·e·tize** [ˌdiːˈmʌnɪtaɪz] *v/t.* außer Kurs setzen.

de·mo·ni·ac [dɪˈməʊnɪæk] **I** *adj.* **1.** däˈmonisch, teuflisch; **2.** besessen, rasend, tobend; **II** *s.* **3.** Besessene(r *m*) *f*; **de·mo·ni·a·cal** [ˌdiːməʊˈnaɪəkl] *adj.* □ → ***demoniac*** 1, 2; **de·mon·ic** [diːˈmɒnɪk] *adj.* (□ **~*ally***) däˈmonisch, teuflisch; **de·mon·ism** [ˈdiːmənɪzəm] *s.* Däˈmonenglaube *m*; **de·mon·ize** [ˈdiːmənaɪz] *v/t.* dämonisieren, *fig. a.* verteufeln; **de·mon·ol·o·gy** [ˌdiːməˈnɒlədʒɪ] *s.* Däˈmonenlehre *f*.

de·mon·stra·ble [ˈdemənstrəbl] *adj.* □ beweisbar, nachweislich; **dem·on·strate** [ˈdemənstreɪt] **I** *v/t.* **1.** demonstrieren: a) be-, nachweisen, b) veranschaulichen, darlegen; **2.** vorführen; **II** *v/i.* **3.** demonstrieren, e-e Demonstratiˈon veranstalten; **dem·on·stra·tion** [ˌdemənˈstreɪʃn] *s.* **1.** Demonˈstrierung *f*, Veranschaulichung *f*, Darstellung *f*; **2.** a) Beweis *m* (***of*** für), b) Beweisführung *f*; **3.** Vorführung *f*, Demonstratiˈon *f* (***to*** vor *j-m*): **~ *car*** Vorführwagen *m*; **4.** (Gefühls)Äußerung *f*, Bekundung *f*; **5.** Demonstratiˈon *f* (*a. pol. u.* ⚔), Kundgebung *f*; **6.** ⚔ ˈTäuschungsmaˌnöver *n*; **de·mon·stra·tive** [dɪˈmɒnstrətɪv] **I** *adj.* □ **1.** anschaulich (zeigend); überˈzeugend, beweiskräftig: ***be* ~ *of*** → ***demonstrate*** 1; **2.** demonstraˈtiv, ostentaˈtiv, auffällig, betont; **3.** ausdrucks-, gefühlvoll; **4.** *ling.* Demonstrativ..., hinweisend: **~ *pronoun***; **II** *s.* **5.** *ling.* Demonstraˈtivum *n*; **dem·on·stra·tive·ness** [dɪˈmɒnstrətɪvnɪs] *s.* das Demonstraˈtive *od.* Ostentaˈtive, Betontheit *f*; **ˈdem·on·stra·tor** [-reɪtə] *s.* **1.** Beweisführer *m*, Erklärer *m*; **2.** ✝ a) Vorführer(in), b) ˈVorführmoˌdell *n*; **3.** *pol.* Demonˈstrant(in); **4.** *univ.* a) Assiˈstent *m*, b) ⚕ ˈProsektor *m*.

de·mor·al·i·za·tion [dɪˌmɒrəlaɪˈzeɪʃn] *s.* Demoralisatiˈon *f*: a) Sittenverfall *m*, Zuchtlosigkeit *f*, b) Entmutigung *f*, Demoralisierung *f*; **de·mor·al·ize** [dɪˈmɒrəlaɪz] *v/t.* demoralisieren: a) (sittlich) verderben, b) zersetzen, c) zermürben, entmutigen, d) die (ˈKampf)Moˌral *od.* die Disziˈplin *der Truppe* unterˈgraben; **de·mor·al·iz·ing** [dɪˈmɒrəlaɪzɪŋ] *adj.* demoralisierend.

de·mote [ˌdiːˈməʊt] *v/t.* **1.** degradieren; **2.** *ped. Am.* zuˈrückversetzen.

de·moth(·ball) [ˌdiːˈmɒθ(bɔːl)] *v/t.* ⚔ *Am. Flugzeuge etc.* ‚entmotten', wieder in Dienst stellen.

de·mo·tion [ˌdiːˈməʊʃn] *s.* **1.** Degradierung *f*; **2.** *ped. Am.* Zuˈrückversetzung *f*.

de·mo·ti·vate [ˌdiːˈməʊtɪveɪt] *v/t.* demotivieren.

de·mount [ˌdiːˈmaʊnt] *v/t.* abmontieren, abnehmen; zerlegen; **deˈmount·a·ble** [-təbl] *adj.* abmontierbar; zerlegbar.

de·mur [dɪˈmɜː] **I** *v/i.* **1.** Einwendungen machen, Bedenken äußern (***to*** gegen); zögern; **2.** ⚖ e-n Rechtseinwand erheben; **II** *s.* **3.** Einwand *m*, Bedenken *n*, Zögern *n*: ***without* ~** anstandslos, ohne Zögern.

de·mure [dɪˈmjʊə] *adj.* □ **1.** zimperlich, spröde; **2.** sittsam, prüde; **3.** zuˈrückhaltend; **4.** gesetzt, ernst, nüchtern; **deˈmure·ness** [-nɪs] *s.* **1.** Zimperlichkeit *f*; **2.** Zuˈrückhaltung *f*; **3.** Gesetztheit *f*.

de·mur·rage [dɪˈmʌrɪdʒ] *s.* ✝ **1.** a) ⚓ ˈÜberliegezeit *f*, b) 🚂 zu langes Stehen (*bei der Entladung*); **2.** a) ⚓ (ˈÜber-)Liegegeld *n*, b) 🚂 Wagenstandgeld *n*, c) Lagergeld *n*.

de·mur·rer [dɪˈmʌrə] *s.* ⚖ Rechtseinwand *m*.

de·my [dɪˈmaɪ] *pl.* **-ˈmies** [-aɪz] *s.* **1.** Stipendiˈat *m* (*Magdalen College, Oxford*); **2.** *ein Papierformat*.

den [den] *s.* **1.** Lager *n*, Bau *m*, Höhle *f wilder Tiere*: ***lion's* ~** Löwengrube *f*, *fig.* Höhle des Löwen; **2.** *fig.* Höhle *f*, Versteck *n*: ***robber's* ~** Räuberhöhle; **~ *of vice*** Lasterhöhle; **3.** a) (gemütliches) Zimmer, ‚Bude' *f*, b) Arbeitszimmer *n*, c) *contp.* ‚Loch' *n*, Höhle *f*.

de·na·tion·al·ize [ˌdiːˈnæʃnəlaɪz] *v/t.* **1.** entnationalisieren, den natioˈnalen Chaˈrakter nehmen (*dat.*); **2.** *j-m* die Staatsbürgerschaft aberkennen; **3.** ✝ entstaatlichen, reprivatisieren.

de·nat·u·ral·ize [ˌdiːˈnætʃrəlaɪz] *v/t.* **1.** s-r wahren Naˈtur entfremden; **2.** *j-n* denaturalisieren, ausbürgern.

de·na·ture [ˌdiːˈneɪtʃə] *v/t.* ⚗ denaturieren.

de·na·zi·fi·ca·tion [diːˌnɑːtsɪfɪˈkeɪʃn] *s.* *pol.* Entnazifizierung *f*.

den·dri·form [ˈdendrɪfɔːm] *adj.* baumförmig; **ˈden·droid** [-rɔɪd] *adj.* baumähnlich; **ˈden·dro·lite** [-rəlaɪt] *s.* Pflanzenversteinerung *f*; **den·drol·o·gy** [denˈdrɒlədʒɪ] *s.* Dendroloˈgie *f*, Baumkunde *f*.

dene[1] [diːn] *s.* *Brit.* (Sand)Düne *f*.

dene[2] [diːn] *s.* kleines Tal.

de·ni·a·ble [dɪˈnaɪəbl] *adj.* abzuleugnen(d), zu verneinen(d); **de·ni·al** [dɪˈnaɪəl] *s.* **1.** Ablehnung *f*, Verweigerung *f*, -sagung *f*; Absage *f*, abschlägige Antwort: ***take no ~*** sich nicht abweisen lassen; **2.** Verneinung *f*, Leugnen *n*, Ab-, Verleugnung *f*: ***official ~*** Dementi *n*.

de·nic·o·tin·ize [ˌdiːnɪˈkɒtɪnaɪz] *v/t.* entnikotisieren: ***~d*** nikotinfrei, -arm.

de·ni·er¹ [dɪˈnaɪə] *s.* **1.** Leugner(in); **2.** Verweigerer *m*.

de·nier² [ˈdenɪə] *s.* ✝ Deniˈer *m* (*Einheit für die Fadenstärke bei Seidengarn etc.*).

de·nier³ [dɪˈnɪə] *s. hist.* Deniˈer *m* (*Münze*).

den·i·grate [ˈdenɪɡreɪt] *v/t.* anschwärzen, verunglimpfen; **den·i·gra·tion** [ˌdenɪˈɡreɪʃn] *s.* Anschwärzung *f*, Verunglimpfung *f*.

den·im [ˈdenɪm] *s.* **1.** Köper *m*; **2.** *pl.* Overall *m od.* Jeans *pl.* aus Köper.

den·i·zen [ˈdenɪzn] *s.* **1.** Ein-, Bewohner *m* (*a. fig.*); **2.** *hist. Brit.* (teilweise) eingebürgerter Ausländer; **3.** *et.* Eingebürgertes (*Tier*, *Pflanze*, *Wort*); **4.** Stammgast *m*.

de·nom·i·nate [dɪˈnɒmɪneɪt] *v/t.* (be-)nennen, bezeichnen; **de·nom·i·na·tion** [dɪˌnɒmɪˈneɪʃn] *s.* **1.** Benennung *f*, Bezeichnung *f*; Name *m*; **2.** Gruppe *f*, Klasse *f*; **3.** (Maß- *etc.*)Einheit *f*; Nennwert *m* (*Banknoten*): ***shares in small ~s*** Aktien kleiner Stückelung; **4.** a) Konfessiˈon *f*, Bekenntnis *n*, b) Sekte *f*; **de·nom·i·na·tion·al** [dɪˌnɒmɪˈneɪʃənl] *adj.* konfessioˈnell, Konfessions..., Bekenntnis...: ***~ school***; **de·nom·i·na·tion·al·ism** [dɪˌnɒmɪˈneɪʃnəlɪzəm] *s.* Prinˈzip *n* des konfessioˈnellen ˈUnterrichts; **de·nom·i·na·tor** [dɪˈnɒmɪneɪtə] *s.* ⚘ Nenner *m*: ***common ~*** gemeinsamer Nenner (*a. fig.*); → ***reduce*** 11.

de·no·ta·tion [ˌdiːnəʊˈteɪʃn] *s.* **1.** Bezeichnung *f*; **2.** Bedeutung *f*; **3.** Beˈgriffsˌumfang *m*; **de·note** [dɪˈnəʊt] *v/t.* **1.** be-, kennzeichnen, anzeigen, andeuten; **2.** bedeuten.

dé·noue·ment [deɪˈnuːmɑ̃ːŋ] (*Fr.*) *s.* **1.** Lösung *f* (des Knotens *im Drama etc.*); **2.** Ausgang *m*.

de·nounce [dɪˈnaʊns] *v/t.* **1.** öffentlich anprangern, brandmarken, verurteilen; **2.** anzeigen, *contp.* denunzieren (***to*** bei); **3.** *Vertrag* kündigen; **deˈnounce·ment** [-mənt] *s.* **1.** (öffentliche) Anprangerung *od.* Verurteilung; **2.** Anzeige *f*, *contp.* Denunziatiˈon *f*; **3.** Kündigung *f* (***of*** *gen.*), Rücktritt *m* (*vom Vertrag*).

dense [dens] *adj.* □ **1.** dicht (*a. phys.*), dick (*Nebel etc.*); **2.** gedrängt, eng; **3.** *fig.* beschränkt, schwer von Begriff; **4.** *phot.* dicht, kräftig (*Negativ*); **ˈdense·ness** [-nɪs] *s.* **1.** Dichtheit *f*, Dichte *f*; **2.** *fig.* Beschränktheit *f*, Schwerfälligkeit *f*; **ˈden·si·ty** [-sətɪ] *s.* **1.** Dichte *f* (*a.* ⚗, *phys.*), Dichtheit *f*: ***traffic ~*** Verkehrsdichte; **2.** Gedrängtheit *f*, Enge *f*; **3.** *fig.* Beschränktheit *f*, Dummheit *f*; **4.** *phot.* Dichte *f*, Schwärzung *f*.

dent [dent] **I** *s.* Beule *f*, Einbeulung *f*: ***make a ~ in*** F a) ein Loch reißen in (*Ersparnisse etc.*), b) *j-s Stolz etc.* ‚anknacksen'; **II** *v/t. u. v/i.* (sich) einbeulen: ***~ s.o.'s image*** *fig.* j-s Image schaden.

den·tal [ˈdentl] **I** *adj.* **1.** ⚕ Zahn...; zahnärztlich: ***~ floss*** Zahnseide *f*; ***~ plate*** Platte *f*, Zahnersatz *m*; ***~ surgeon*** Zahnarzt *m*; ***~ technician*** Zahntechniker(in); **2.** *ling.* Dental..., Zahn...: ***~ sound*** → 3; **II** *s.* **3.** *ling.* Denˈtal(laut) *m*; **den·tate** [ˈdenteɪt] *adj.* ⚘, *zo.* gezähnt; **den·ta·tion** [denˈteɪʃn] *s.* ⚘, *zo.* Zähnung *f*; **den·ti·cle** [ˈdentɪkl] *s.* Zähnchen *n*; **den·tic·u·lat·ed** [denˈtɪkjʊleɪtɪd] *adj.* **1.** gezähnt; **2.** gezackt; **den·ti·form** [ˈdentɪfɔːm] *adj.* zahnförmig; **den·ti·frice** [ˈdentɪfrɪs] *s.* Zahnputzmittel *n*; **den·tils** [ˈdentɪlz] *s. pl.* ⚠ Zahnschnitt *m*; **den·tine** [ˈdentiːn] *s.* ⚕ Denˈtin *n*, Zahnbein *n*; **den·tist** [ˈdentɪst] *s.* Zahnarzt *m*, -ärztin *f*; **den·tist·ry** [ˈdentɪstrɪ] *s.* Zahnheilkunde *f*; **den·ti·tion** [denˈtɪʃn] *s.* ⚕ **1.** Zahnen *n* (*der Kinder*); **2.** ˈZahnformel *f*, -syˌstem *n*; **den·ture** [ˈdentʃə] *s.* **1.** *anat.* Gebiss *n*; **2.** a) künstliches Gebiss, (ˈVoll)Proˌthese *f*, b) (ˈTeil)Proˌthese *f*.

de·nu·cle·ar·ize [ˌdiːˈnjuːklɪəraɪz] *v/t.* aˈtomwaffenfrei machen, e-e atomwaffenfreie Zone schaffen in (*dat.*).

den·u·da·tion [ˌdiːnjuːˈdeɪʃn] *s.* **1.** Entblößung *f*; **2.** *geol.* Abtragung *f*; **de·nude** [dɪˈnjuːd] *v/t.* **1.** (***of***) entblößen (von), berauben (*gen.*) (*a. fig.*); **2.** *geol.* bloßlegen.

de·nun·ci·a·tion [dɪˌnʌnsɪˈeɪʃn] → ***denouncement***; **de·nun·ci·a·tor** [dɪˈnʌnsɪeɪtə] *s.* Denunziˈant(in); **de·nun·ci·a·to·ry** [dɪˈnʌnsɪətərɪ] *adj.* **1.** denunzierend; **2.** anprangernd, brandmarkend.

de·ny [dɪˈnaɪ] *v/t.* **1.** ab-, bestreiten, in Abrede stellen, dementieren, (ab)leugnen, verneinen: ***it cannot be denied that ..., there is no ~ing (the fact) that ...*** es lässt sich nicht *od.* es ist nicht zu leugnen *od.* bestreiten, dass; ***I ~ saying so*** ich bestreite, dass ich das gesagt habe; ***~ a charge*** e-e Beschuldigung zurückweisen; **2.** *Glauben*, *Freund* verleugnen; *Unterschrift* nicht anerkennen; **3.** *Bitte etc.* ablehnen; ⚖ *Antrag* abweisen; *j-m et.* abschlagen, verweigern, versagen: ***~ o.s. the pleasure*** sich das Vergnügen versagen; ***he was denied the privilege*** das Vorrecht wurde ihm versagt; ***he was hard to ~*** es war schwer, ihn abzuweisen; ***she de-***

nied herself to him sie versagte sich ihm; **4.** ***~ o.s. to s.o.*** sich vor j-m verleugnen lassen.

de·o·dor·ant [diːˈəʊdərənt] **I** *s.* De(s)odoˈrant *n*; **II** *adj.* de(s)odorierend; **de·o·dor·i·za·tion** [diːˌəʊdəraɪˈzeɪʃn] *s.* Desodorierung *f*; **de·o·dor·ize** [diːˈəʊdəraɪz] *v/t.* de(s)odorieren; **deˈo·dor·iz·er** [-raɪzə] → ***deodorant*** I.

de·ox·i·dize [diːˈɒksɪdaɪz] *v/t.* ⚗ den Sauerstoff entziehen (*dat.*).

de·part [dɪˈpɑːt] *v/i.* **1.** (***for*** nach) weg-, fortgehen, *bsd.* abreisen, abfahren; **2.** 🚂 *etc.* abgehen, abfahren, ✈ abfliegen; **3.** *a.* ***~*** (***from***) ***this life*** ˈhinscheiden, entschlafen, sterben; **4.** (***from***) abweichen (von *e-r Regel*, *der Wahrheit etc.*), *Plan etc.* ändern, aufgeben: ***~ from one's word*** sein Wort brechen; **deˈpart·ed** [-tɪd] *adj.* **1.** vergangen; **2.** verstorben: ***the ~*** der *od.* die Verstorbene, *coll.* die Verstorbenen; **deˈpart·ment** [-mənt] *s.* **1.** Fach *n*, Gebiet *n*, Resˈsort *n*, Geschäftsbereich *m*: ***that's your ~!*** F das ist dein Ressort!; **2.** Abteilung *f*: ***~ of German*** *univ.* germanistische Abteilung; ***export ~*** ✝ Exportabteilung; ***~ store*** Waren-, Kaufhaus *n*; **3.** *pol.* Departeˈment *n* (*in Frankreich*); **4.** Dienst-, Geschäftsstelle *f*, Amt *n*: ***health ~*** Gesundheitsamt; **5.** *pol.* Ministerium *n*: ***℗ of Defense*** *Am.* Verteidigungsministerium; ***℗ of the Interior*** *Am.* Innenministerium; **6.** ⚔ Bereich *m*, Zone *f*; **de·part·men·tal** [ˌdiːpɑːtˈmentl] *adj.* **1.** Abteilungs...; Bezirks...; Fach...; **2.** Ministerial...; **de·part·men·tal·ize** [ˌdiːpɑːtˈmentəlaɪz] *v/t.* in (viele) Abteilungen gliedern.

de·par·ture [dɪˈpɑːtʃə] *s.* **1.** Weggang *m*, *bsd.* ⚔ Abzug *m*: ***take one's ~*** sich verabschieden, weg-, fortgehen; **2.** a) Abreise *f*, b) 🚂 *etc.* Abfahrt *f*, ✈ Abflug *m*: (***time of***) ***~*** Abfahrts- *od.* Abflugzeit *f*; ***~ gate*** Flugsteig *m*; ***~ lounge*** Abflughalle *f*; ***~ platform*** Abfahrtsbahnsteig *m*; **3.** Abweichen *n*, Abweichung *f* (***from*** von *e-m Plan*, *e-r Regel etc.*); **4.** *fig.* Anfang *m*, Beginn *m*: ***a new ~*** a) ein neuer Anfang, b) ein neuer Weg, ein neues Verfahren; ***point of ~*** Ausgangspunkt *m*; **5.** ˈHinscheiden *n*, Tod *m*.

de·pend [dɪˈpend] *v/i.* **1.** (***on***, ***upon***) abhängen (von), ankommen (auf *acc.*): ***it ~s on the weather***; ***it ~s on you***; ***~ing on the quantity used*** je nach (der zu verwendenden) Menge; ***~ing on whether*** je nachdem, ob; ***that ~s*** F das kommt (ganz) darauf an, je nachdem; **2.** (***on***, ***upon***) a) abhängig sein (von), b) angewiesen sein (auf *acc.*): ***he ~s on my help***; **3.** sich verlassen (***on***, ***upon*** auf *acc.*): ***you may ~ on that man***; ***~ upon it!*** verlass dich drauf!; **de·pend·a·bil·i·ty** [dɪˌpendəˈbɪlətɪ] *s.* Zuverlässigkeit *f*; **deˈpend·a·ble** [-dəbl] *adj.* □ verlässlich, zuverlässig; **de·pend·ance** [-dəns] *Am.* → ***dependence***; **de·pend·ant** [-dənt] **I** *s.* Abhängige(r *m*) *f*, *bsd.* (Faˈmilien)Angehörige(r *m*) *f*; **II** *adj. Am.* → ***dependent*** I; **deˈpend·ence** [-dəns] *s.* **1.** (***on***, ***upon***) Abhängigkeit *f* (von), Angewiesensein *n* (auf *acc.*); Bedingtsein *n* (durch); **2.** Vertrauen *n*, Verlass *m* (***on***, ***upon*** auf *acc.*); **3.** ***in ~*** ⚖ in der Schwebe; **4.** Nebengebäude *n*, Depenˈdance *f*; **deˈpend·en·cy** [-dənsɪ] **1.** → ***dependence*** 1; **2.** *pol.* Schutzgebiet *n*, Koloˈnie *f*; **deˈpend·ent** [-dənt] **I** *adj.* **1.** (***on***, ***upon***) abhängig (von): a) angewiesen (auf *acc.*), b) bedingt (durch); **2.** vertrauend, sich verlassend (***on***, ***upon*** auf *acc.*); **3.** (***on***) ˈuntergeordnet (*dat.*), abhängig (von), unselbstständig: ***~ clause*** *ling.* Nebensatz *m*; **4.** herˈabhängend (***from*** von); **II** *s.* **5.** *Am.* → ***dependant*** I.

de·peo·ple [ˌdiːˈpiːpl] *v/t.* entvölkern.

de·per·son·al·ize [ˌdiːˈpɜːsnəlaɪz] *v/t.* **1.** *psych.* entperˈsönlichen; **2.** ˈunperˌsönlich machen.

de·pict [dɪˈpɪkt] *v/t.* **1.** (ab)malen, zeichnen, darstellen; **2.** schildern, beschreiben, veranschaulichen.

dep·i·late [ˈdepɪleɪt] *v/t.* enthaaren, depilieren; **dep·i·la·tion** [ˌdepɪˈleɪʃn] *s.* Enthaarung *f*; **de·pil·a·to·ry** [dɪˈpɪlətərɪ] **I** *adj.* enthaarend; **II** *s.* Enthaarungsmittel *n*.

de·plane [ˌdiːˈpleɪn] *v/t. u. v/i.* aus dem Flugzeug ausladen (aussteigen).

de·plen·ish [dɪˈplenɪʃ] *v/t.* entleeren.

de·plete [dɪˈpliːt] *v/t.* **1.** (ent)leeren; **2.** Raubbau treiben mit; *Vorräte, Kräfte etc.* erschöpfen; *Bestand etc.* dezimieren: ***~ a lake of fish*** e-n See abfischen; **de·ple·tion** [dɪˈpliːʃn] *s.* **1.** Entleerung *f*; **2.** Raubbau *m*; Erschöpfung *f*, ⚕ *a.* Erschöpfungszustand *m*; ✝ *a.* Subˈstanzverlust *m*; ***~ of the ozone layer*** Ozonabbau *m*.

de·plor·a·ble [dɪˈplɔːrəbl] *adj.* □ **1.** bedauerns-, beklagenswert; **2.** erbärmlich, kläglich; **de·plore** [dɪˈplɔː] *v/t.* beklagen: a) bedauern, b) missˈbilligen, c) betrauern.

de·ploy [dɪˈplɔɪ] **I** *v/t.* **1.** ⚔ a) aufmarschieren lassen, entwickeln, entfalten, b) *a. allg.* verteilen, *Raketen etc.* aufstellen; **2.** *Arbeitskräfte etc.* einsetzen; **3.** *fig.* anwenden, einsetzen; **II** *v/i.* **4.** sich entwickeln, sich entfalten, ausschwärmen, Geˈfechtsformatiˌon annehmen; **III** *s.* **5.** → **deˈploy·ment** [-mənt] *s.* **1.** ⚔ Entfaltung *f*, -wicklung *f*, Aufmarsch *m*; Gliederung *f*, Aufstellung *f*; **2.** ✝ *etc.* Einsatz *m*, Verteilung *f*.

de·poi·son [ˌdiːˈpɔɪzn] *v/t.* entgiften.

de·po·lar·ize [ˌdiːˈpəʊləraɪz] *v/t.* **1.** ⚡, *phys.* depolarisieren; **2.** *fig. Überzeugung etc.* erschüttern.

de·po·lit·i·cize [ˌdiːpəˈlɪtɪsaɪz] *v/t.* entpolitisieren.

de·pone [dɪˈpəʊn] → ***depose*** II; **deˈpo·nent** [-nənt] **I** *adj.* **1.** ~ ***verb*** *ling.* → 2; **II** *s.* **2.** *ling.* Deˈponens *n*; **3.** ⚖ vereidigter Zeuge; *in Urkunden*: *der* (*die*) Erschienene.

de·pop·u·late [ˌdiːˈpɒpjʊleɪt] *v/t.* (*v/i.* sich) entvölkern; **de·pop·u·la·tion** [diːˌpɒpjʊˈleɪʃn] *s.* Entvölkerung *f.*

de·port [dɪˈpɔːt] *v/t.* **1.** (zwangsweise) fortschaffen; **2.** *pol.* a) deportieren, b) ausweisen, *Ausländer* abschieben, c) *hist.* verbannen; **3.** ~ ***o.s.*** sich *gut etc.* betragen *od.* benehmen; **de·por·ta·tion** [ˌdiːpɔːˈteɪʃn] *s.* Deportatiˈon *f*, Zwangsverschickung *f*; Ausweisung *f*; *hist.* Verbannung *f*; **de·por·tee** [ˌdiːpɔːˈtiː] *s.* Deportierte(r *m*) *f*; **deˈport·ment** [-mənt] *s.* **1.** Benehmen *n*, Betragen *n*, Verhalten *n*; **2.** (Körper)Haltung *f.*

de·pos·a·ble [dɪˈpəʊzəbl] *adj.* absetzbar; **de·pos·al** [dɪˈpəʊzl] *s.* Absetzung *f*; **de·pose** [dɪˈpəʊz] **I** *v/t.* **1.** absetzen, entheben (***from*** *gen.*); entthronen; **2.** ⚖ eidlich erklären, unter Eid zu Protoˈkoll geben; **II** *v/i.* (*bsd.* in Form e-r schriftlichen, beeideten Erklärung) aussagen *od.* bezeugen (***to s.th.*** et., ***that*** dass).

de·pos·it [dɪˈpɒzɪt] **I** *v/t.* **1.** ab-, niedersetzen, ab-, niederlegen; *Eier* (ab)legen; **2.** ⚗, ⚙, *geol.* ablagern, -setzen, anschwemmen; **3.** *Geld* a) einzahlen, *a. Sache* hinterˈlegen, deponieren; überˈgeben, b) anzahlen; **II** *v/i.* **4.** ⚗ sich absetzen *od.* ablagern *od.* niederschlagen; **III** *s.* **5.** ⚗, ⚙ Ablagerung *f*, (Boden)Satz *m*, Niederschlag *m*, Sediˈment *n*; Schicht *f*, Belag *m*; **6.** ⚒, *geol.* Ablagerung *f*, Lager *n*, Flöz *n*; **7.** † a) Deˈpot *n*: ***place on*** ~ einzahlen, hinterlegen, b) Einzahlung *f*, Einlage *f*, Guthaben *n*: ~***s*** Depositen; ~ ***account*** Termineinlagekonto *n*; **8.** Flaschenpfand *n*, *schweiz.* Deˈpot *n.*; **deˈpos·i·tar·y** [-tərɪ] *s.* **1.** Deposiˈtar(in), Verwahrer(in); **2.** → ***depot*** 1.

dep·o·si·tion [ˌdepəˈzɪʃn] *s.* **1.** Amtsenthebung *f*; Absetzung *f* (***from*** von); **2.** ⚗, ⚙, *geol.* Ablagerung *f*, Niederschlag *m*; **3.** ⚖ (Protoˈkoll *n od.* Abgabe *f* e-r beeideten) Erklärung *od.* Aussage; **4.** (Bild *n* der) Kreuzabnahme *f Christi*; **de·pos·i·tor** [dɪˈpɒzɪtə] *s.* † a) Hinterˈleger(in), b) Einzahler(in), c) Kontoinhaber(in); **de·pos·i·to·ry** [dɪˈpɒzɪtərɪ] *s.* **1.** a) Aufbewahrungsort *m*, b) → ***depot*** 1; **2.** *fig.* Fundgrube *f.*

de·pot [ˈdepəʊ] *s.* **1.** Deˈpot *n*, Lagerhaus *n*, -platz *m*, Niederlage *f*; **2.** *Am.* Bahnhof *m*; **3.** ⚔ Deˈpot *n*: a) Gerätepark *m*, b) (Nachschub)Lager *n*, c) Sammelplatz *m*, d) Ersatztruppenteil *m*; **4.** ⚕ Deˈpot *n.*

dep·ra·va·tion [ˌdeprəˈveɪʃn] → ***depravity***; **de·prave** [dɪˈpreɪv] *v/t. moralisch* verderben; **de·praved** [dɪˈpreɪvd] *adj.* verderbt, verkommen, verworfen, schlecht; **de·prav·i·ty** [dɪˈprævətɪ] *s.* **1.** Verderbtheit *f*, Verworfenheit *f*; Schlechtigkeit *f*; **2.** böse Tat.

dep·re·cate [ˈdeprɪkeɪt] *v/t.* missˈbilligen, verurteilen, verwerfen; **ˈdep·re·cat·ing** [-tɪŋ] *adj.* □ **1.** missˈbilligend, ablehnend; **2.** entschuldigend; **3.** wegwerfend, (bescheiden) abwehrend; **dep·re·ca·tion** [ˌdeprɪˈkeɪʃn] *s.* ˈMissbilligung *f*; **ˈdep·re·ca·tor** [-tə] *s.* Gegner(in); **ˈdep·re·ca·to·ry** [-kətərɪ] → ***deprecating***.

de·pre·ci·ate [dɪˈpriːʃɪeɪt] **I** *v/t.* **1.** a) gering schätzen, b) herˈabsetzen, -würdigen; **2.** a) *im Preis od. Wert* herˈabsetzen, b) abschreiben; **3.** † *Währung* abwerten; **II** *v/i.* **4.** im Preis *od.* Wert sinken; **deˈpre·ci·at·ing** [-tɪŋ] → ***depreciatory***; **de·pre·ci·a·tion** [dɪˌpriːʃɪˈeɪʃn] *s.* **1.** a) Geringschätzung *f*, b) Herˈabsetzung *f*, -würdigung *f*; **2.** † a) Wertminderung *f*, Kursverlust *m*, b) Abschreibung *f*, c) Abwertung *f*: ~ ***fund*** Abschreibungsfond *m*; **deˈpre·ci·a·to·ry** [-ʃjətərɪ] *adj.* geringschätzig, verächtlich, abschätzig.

dep·re·da·tion [ˌdeprɪˈdeɪʃn] *s. oft pl.* **1.** Plünderung *f*, Verwüstung *f*; **2.** *fig.* Raubzug *m*; **dep·re·da·tor** [ˈdeprɪdeɪtə] *s.* Plünderer *m.*

de·press [dɪˈpres] *v/t.* **1.** a) *j-n* deprimieren, bedrücken, b) *Stimmung* drücken; **2.** *Tätigkeit*, *Handel* niederdrücken; *Preis*, *Wert* (herˈab)drücken, senken: ~ ***the market*** † die Kurse drücken; **3.** *Leistung etc.* schwächen, herˈabsetzen; **4.** *Pedal*, *Taste etc.* (nieder)drücken; **deˈpres·sant** [-snt] ⚕ **I** *adj.* dämpfend, beruhigend; **II** *s.* Depressiˈonsmittel *n.*

de·pressed [dɪˈprest] *adj.* **1.** deprimiert, niedergeschlagen, bedrückt (*Person*), gedrückt (*Stimmung*, *a.* † *Börse*); **2.** verringert, geschwächt (*Tätigkeit etc.*); **3.** † flau (*Markt*), gedrückt (*Preis*), Not leidend (*Industrie*); ~ ***a·re·a*** *s.* Notstandsgebiet *n.*

de·press·ing [dɪˈpresɪŋ] *adj.* □ **1.** deprimierend, bedrückend; **2.** kläglich; **deˈpres·sion** [-eʃn] *s.* **1.** Depressiˈon *f*, Niedergeschlagenheit *f*, Ge-, Bedrücktheit *f*; Melanchoˈlie *f*; **2.** Senkung *f*, Vertiefung *f*; *geol.* Landsenke *f*; **3.** † Fallen *n* (*Preise*); Wirtschaftskrise *f*, Depressiˈon *f*, Flaute *f*, Tiefstand *m*; **4.** *ast.*, *surv.* Depressiˈon *f*; **5.** *meteor.* Tief(druckgebiet) *n*; **6.** Abnahme *f*,

D

Schwächung *f*; **7.** ⚕ Schwäche *f*, Entkräftung *f*; **de'pres·sive** [-sɪv] *adj.* deprimiert, *psych.* depres'siv.

dep·ri·va·tion [ˌdeprɪ'veɪʃn] *s.* **1.** Beraubung *f*, Entziehung *f*, Entzug *m*; **2.** (schmerzlicher) Verlust; **3.** Entbehrung *f*, Mangel *m*; **4.** *psych.* Deprivati'on *f*, (Liebes- *etc.*)Entzug *m*; **de·prive** [dɪ'praɪv] *v/t.* **1.** (*of s.th.*) (*j-n od. et.* e-r Sache) berauben, (*j-m* et.) entziehen *od.* rauben *od.* nehmen: ***be ~d of s.th.*** et. entbehren (müssen); ***~d child*** *psych.* an Liebesentzug leidendes Kind; ***~d persons*** benachteiligte *od.* unterprivilegierte Personen; **2.** (*of s.th.*) *j-n* ausschließen (von et.), (*j-m* et.) vorenthalten; **3.** *eccl. j-n* absetzen.

depth [depθ] *s.* **1.** Tiefe *f*: ***eight feet in ~*** acht Fuß tief; ***get out of one's ~*** den (sicheren) Grund unter den Füßen verlieren (*a. fig.*); ***be out of one's ~*** a) *im Wasser* nicht mehr stehen können, b) *fig.* ratlos *od.* unsicher sein, ‚schwimmen'; ***it is beyond my ~*** es geht über m-n Horizont; **2.** Tiefe *f* (*als 3. Dimension*): ***~ of a cupboard***; **3.** a) *a.* ***~ of focus*** *od.* ***field*** Schärfentiefe *f*, b) *bsd. phot.* Tiefenschärfe *f*, c) Tiefe *f* (*von Farben, Tönen*); **4.** *oft pl.* Tiefe *f*, Mitte *f*, (*das*) Innerste (*a. fig.*): ***in the ~ of night*** mitten in der Nacht; ***in the ~ of winter*** mitten im Winter; ***from the ~ of misery*** aus tiefstem Elend; **5.** *fig.* a) Tiefe *f*: ***~ of meaning***, b) tiefer Sinn, c) Tiefe *f*, Intensi'tät *f*: ***~ of grief***; ***in ~*** eingehend, tief schürfend, d) (Gedanken)Tiefe *f*, Tiefgründigkeit *f*, e) Scharfsinn *m*, f) Dunkelheit *f*, Unklarheit *f*; **6.** ⚒ Teufe *f*; **7.** *psych.* 'Unterbewusstsein *n*: ***~ analysis*** tiefenpsychologische Analyse; ***~ interview*** Tiefeninterview *n*; ***~ psychology*** Tiefenpsychologie *f*; **~ bomb**, **~ charge** *s.* ⚔ Wasserbombe *f*.

dep·u·rate ['depjʊreɪt] *v/t.* ⚗, ⚕, ⚙ reinigen, läutern.

dep·u·ta·tion [ˌdepjʊ'teɪʃn] *s.* Deputati'on *f*, Abordnung *f*; **de·pute** [dɪ'pju:t] *v/t.* **1.** abordnen, delegieren, deputieren; **2.** *Aufgabe etc.* über'tragen (*to dat.*); **dep·u·tize** ['depjʊtaɪz] **I** *v/t.* (als Vertreter) ernennen, abordnen; **II** *v/i.* ***~ for s.o.*** j-n vertreten; **dep·u·ty** ['depjʊtɪ] **I** *s.* **1.** (Stell)Vertreter(in), Beauftragte(r *m*) *f*; **2.** *pol.* Abgeordnete(r *m*) *f*; **II** *adj.* **3.** stellvertretend, Vize...: ***~ chairman*** stellvertretende(r) Vorsitzende(r), Vizepräsident(in).

de·rac·i·nate [dɪ'ræsɪneɪt] *v/t.* entwurzeln (*a. fig.*); ausrotten, vernichten.

de·rail [dɪ'reɪl] *v/i. u. v/t.* entgleisen (lassen); **de'rail·ment** [-mənt] *s.* Entgleisung *f*.

de·range [dɪ'reɪndʒ] *v/t.* **1.** in Unordnung bringen, durchein'ander bringen; **2.** stören; **3.** verrückt machen, (geistig) zerrütten; **de'ranged** [-dʒd] *adj.* **1.** in Unordnung, gestört: ***a ~ stomach*** e-e Magenverstimmung; **2.** ⚕ *a.* ***mentally ~*** geistesgestört; **de'range·ment** [-mənt] *s.* **1.** Unordnung *f*, Durcheinander *n*; **2.** Störung *f*; **3.** ⚕ *a.* ***mental ~*** Geistesgestörtheit *f*.

de·ra·tion [ˌdi:'ræʃn] *v/t.* die Rationierung von ... aufheben, *Ware* freigeben.

Der·by ['dɑ:bɪ] *s.* **1.** *Rennsport*: a) (*das* englische) Derby (*in Epsom*), b) *allg.* Derby *n* (*Pferderennen*); **2.** ⚲ *sport* (*bsd.* Lo'kal)Derby *n*; **3.** ⚲ *Am.* ‚Me'lone' *f*.

de·reg·u·la·tion [ˌdi:regjʊ'leɪʃn] *s.* ✝ Deregulierung *f*, Abbau *m* staatlicher Kontrollen.

der·e·lict ['derɪlɪkt] **I** *adj.* **1.** herrenlos, aufgegeben, verlassen; **2.** her'untergekommen, zerfallen, baufällig; **3.** nachlässig: ***~ in duty*** pflichtvergessen; **II** *s.* **4.** ⚖ herrenloses Gut; **5.** ⚓ a) aufgegebenes Schiff, b) treibendes Wrack; **6.** menschliches Wrack, *a.* Obdachlose(r *m*) *f*; **7.** Pflichtvergessene(r *m*) *f*; **der·e·lic·tion** [ˌderɪ'lɪkʃn] *s.* **1.** Aufgeben *n*, Preisgabe *f*; **2.** Verlassenheit *f*; **3.** Vernachlässigung *f*, Versäumnis *n*: ***~ of duty*** Pflichtversäumnis; **4.** Versagen *n*; **5.** Ver-, Zerfall *m*; **6.** ⚖ a) Besitzaufgabe *f*, b) Verlandung *f*, Landgewinn *m* in'folge Rückgangs des Wasserspiegels.

de·re·strict [ˌdi:rɪ'strɪkt] *v/t.* die Einschränkungsmaßnahmen aufheben für; **ˌde·re'stric·tion** [-kʃn] *s.* Aufhebung *f* der Einschränkungsmaßnahmen, *bsd.* der Geschwindigkeitsbegrenzung.

de·ride [dɪ'raɪd] *v/t.* verlachen, -höhnen, -spotten; **de'rid·er** [-də] *s.* Spötter *m*; **de'rid·ing·ly** [-dɪŋlɪ] *adv.* spöttisch.

de ri·gueur [dərɪ'gɜ:] (*Fr.*) *pred. adj.* **1.** streng nach der Eti'kette; **2.** unerlässlich, ‚ein Muss'.

de·ri·sion [dɪ'rɪʒn] *s.* Hohn *m*, Spott *m*: ***hold in ~*** verspotten; ***bring into ~*** zum Gespött machen; ***be the ~ of s.o.*** j-s Gespött sein; **de·ri·sive** [dɪ'raɪsɪv], **de·ri·so·ry** [dɪ'raɪsərɪ] *adj.* ☐ höhnisch, spöttisch.

de·riv·a·ble [dɪ'raɪvəbl] *adj.* **1.** ab-, herleitbar (***from*** von); **2.** erreichbar, zu gewinnen(d) (***from*** aus); **der·i·va·tion** [ˌderɪ'veɪʃn] *s.* **1.** Ab-, Herleitung *f* (*a. ling.*); **2.** Ursprung *m*, Herkunft *f*, Abstammung *f*; **de·riv·a·tive** [dɪ'rɪvətɪv] **I** *adj.* **1.** abgeleitet; **2.** sekun'där; **II** *s.* **3.** *et.* Ab- *od.* Hergeleitetes; **4.** *ling.* Ableitung *f*, abgeleitete Form (*od.* ℞ Funkti'on); **5.** ⚗ Deri'vat *n*, Abkömmling *m*; **de·rive** [dɪ'raɪv] **I** *v/t.* **1.** (***from***) herleiten (von), zu'rückführen (auf *acc.*), verdanken (*dat.*): ***be ~d from*** → 4; ***~d income*** ✝ abgeleitetes Einkommen; **2.** bekommen, erlangen, gewinnen: **~d from coffee** aus Kaffee gewonnen; **~ profit from** Nutzen ziehen aus; **~ pleasure from** Freude haben an (*dat.*); **3.** ⚗, ∡, *ling.* ableiten; **II** *v/i.* **4.** **~ from** (ab)stammen *od.* herrühren *od.* abgeleitet sein *od.* sich ableiten von.

derm [dɜːm], **der·ma** ['dɜːmə] *s. anat.* Haut *f*; **der·mal** ['dɜːml] *adj. anat.* Haut...; **der·ma·ti·tis** [ˌdɜːmə'taɪtɪs] *s.* ⚕ Derma'titis *f*, Hautentzündung *f*; **der·ma·tol·o·gist** [ˌdɜːmə'tɒlədʒɪst] *s.* Dermato'loge *m*, Hautarzt *m*; **der·ma·tol·o·gy** [ˌdɜːmə'tɒlədʒɪ] *s.* ⚕ Dermato-lo'gie *f*.

der·o·gate ['derəgeɪt] **I** *v/i.* (***from***) **1.** Abbruch tun, schaden (*dat.*), beeinträchtigen, schmälern (*acc.*); **2.** abweichen (von *e-r Norm etc.*); **II** *v/t.* **3.** herabsetzen; **der·o·ga·tion** [ˌderə'geɪʃn] *s.* **1.** Beeinträchtigung *f*, Schmälerung *f*, Nachteil *m*; **2.** Her'absetzung *f*; **de·rog·a·to·ry** [dɪ'rɒgətərɪ] *adj.* **1.** (***to***) nachteilig (für), abträglich (*dat.*), schädlich (*dat. od.* für): **be ~** schaden, beeinträchtigen; **2.** abfällig, geringschätzig (*Worte*).

der·rick ['derɪk] *s.* **1.** ⚙ a) Mastenkran *m*, b) Ausleger *m*; **2.** ⚙ Bohrturm *m*; **3.** ⚓ Ladebaum *m*.

der·ring-do [ˌderɪŋ'duː] *s.* Verwegenheit *f*, Tollkühnheit *f*.

der·vish ['dɜːvɪʃ] *s.* Derwisch *m*.

de·sal·i·nate [ˌdiː'sælɪneɪt] *v/t.* entsalzen.

des·cant I *s.* ['deskænt] **1.** *poet.* Lied *n*, Weise *f*; **2.** ♪ a) Dis'kant *m*, b) variierte Melo'die; **II** *v/i.* [dɪ'skænt] **3.** sich auslassen (***on*** über *acc.*); **4.** ♪ diskantieren.

de·scend [dɪ'send] **I** *v/i.* **1.** her'unter-, hin'untersteigen, -gehen, -kommen, -fahren, -fallen, -sinken; ab-, aussteigen; ⚒ einfahren; ✈ niedergehen, landen; **2.** sinken, fallen; sich senken (*Straße*), abfallen (*Gebirge*); **3.** *mst* **be ~ed** abstammen, herkommen (***from*** von, aus); **4.** (***to***) zufallen (*dat.*), 'übergehen, sich vererben (auf *acc.*); **5.** (***to***) sich hergeben, sich erniedrigen (zu); **6.** (***to***) 'übergehen (zu), eingehen (auf *ein Thema etc.*); **7.** (***on, upon***) sich stürzen (auf *acc.*), herfallen (über *acc.*), einfallen (in *acc.*); her'einbrechen (über *acc.*); *fig. j-n* ‚über'fallen' (*Besuch etc.*); **8.** ♪, *ast.* fallen, absteigen; **II** *v/t.* **9.** *Treppe etc.* her'unter-, hin'untersteigen, -gehen *etc.*; **de'scend·ant** [-dənt] *s.* **1.** Nachkomme *m*, Abkömmling *m*; **2.** *ast.* Deszen'dent *m*.

de·scent [dɪ'sent] *s.* **1.** Her'unter-, Hinuntersteigen *n*, Abstieg *m*; Talfahrt *f*; ⚒ Einfahrt *f*; ✈ Landung *f*; (*Fallschirm*)Absprung *m*; **2.** Abhang *m*, Abfall *m*, Senkung *f*, Gefälle *n*; **3.** *fig.* Abstieg *m*, Niedergang *m*, Fallen *n*, Sinken *n*; **4.** Abstammung *f*, Herkunft *f*, Geburt *f*; **5.** ⚖ Vererbung *f*, 'Übergang *m*, Über'tragung *f*; **6.** (***on, upon***) 'Überfall *m* (auf *acc.*), Einfall *m* (in *acc.*), Angriff *m* (auf *acc.*); **7.** *bibl.* Ausgießung *f* (*des Heiligen Geistes*); **8.** **~ from the cross** *paint.* Kreuzabnahme *f*.

D

de·scrib·a·ble [dɪ'skraɪbəbl] *adj.* zu beschreiben(d); **de·scribe** [dɪ'skraɪb] *v/t.* **1.** beschreiben, schildern; **2.** (***as***) bezeichnen (als), nennen (*acc.*); **3.** *bsd.* ∡ *Kreis, Kurve* beschreiben; **de·scrip·tion** [dɪ'skrɪpʃn] *s.* **1.** Beschreibung *f* (*a.* ∡ *etc.*), Darstellung *f*, Schilderung *f*: **beautiful beyond ~** unbeschreiblich *od.* unsagbar schön; **2.** Bezeichnung *f*; **3.** Art *f*, Sorte *f*: **of the worst ~** schlimmster Art; **de·scrip·tive** [dɪ'skrɪptɪv] *adj.* ☐ **1.** beschreibend, schildernd: **~ geometry** darstellende Geometrie; **be ~ of** beschreiben, bezeichnen; **2.** anschaulich (geschrieben *od.* schreibend).

de·scry [dɪ'skraɪ] *v/t.* gewahren, wahrnehmen, erspähen, entdecken.

des·e·crate ['desɪkreɪt] *v/t.* entweihen, -heiligen, schänden; **des·e·cra·tion** [ˌdesɪ'kreɪʃn] *s.* Entweihung *f*, -heiligung *f*, Schändung *f*.

de·seg·re·gate [ˌdiː'segrɪgeɪt] *v/t.* die Rassenschranken aufheben in (*dat.*); **de·seg·re·ga·tion** [ˌdiːsegrɪ'geɪʃn] *s.* Aufhebung *f* der Rassentrennung.

de·sen·si·tize [ˌdiː'sensɪtaɪz] *v/t.* **1.** ⚕ desensibilisieren, unempfindlich machen; **2.** *phot.* lichtunempfindlich machen.

de·sert¹ [dɪ'zɜːt] *s. oft pl.* **1.** Verdienst *n*; **2.** verdienter Lohn (*a. iro.*), Strafe *f*: **get one's ~s** s-n wohlverdienten Lohn empfangen.

des·ert² ['dezət] **I** *s.* **1.** Wüste *f*; **2.** Ödland *n*; **3.** *fig.* Öde *f*; Einöde *f*; **4.** *fig.* Öde *f*, Fadheit *f*; **II** *adj.* **5.** öde, wüst; verödet, verlassen; **6.** Wüsten...

de·sert³ [dɪ'zɜːt] **I** *v/t.* **1.** verlassen; im Stich lassen; ⚖ *Ehepartner* (böswillig) verlassen; **2.** untreu *od.* abtrünnig werden (*dat.*): **~ the colo(u)rs** ⚔ fahnenflüchtig werden; **II** *v/i.* **3.** ⚔ desertieren, fahnenflüchtig werden; 'überlaufen, -gehen (***to*** zu); **de'sert·ed** [-tɪd] *adj.* **1.** verlassen, ausgestorben, menschenleer; **2.** verlassen, einsam; **de'sert·er** [-tə] *s.* **1.** ⚔ a) Fahnenflüchtige(r) *m*, Deser'teur *m*, b) 'Überläufer *m*; **2.** *fig.* Abtrünnige(r *m*) *f*; **de'ser·tion** [-ɜːʃn] *s.* **1.** Verlassen *n*, Im-'Stich-Lassen *n*; **2.** Abtrünnigwerden *n*, Abfall *m* (***from*** von); **3.** ⚖ böswilliges Verlassen; **4.** ⚔ Fahnenflucht *f*.

de·serve [dɪ'zɜːv] **I** *v/t.* verdienen, verdient haben (*acc.*), würdig *od.* wert sein (*gen.*): **~ praise** Lob verdienen; **II** *v/i.* **~**

D

well of sich verdient gemacht haben um; ***~ ill of*** e-n schlechten Dienst erwiesen haben (*dat.*); **de'serv·ed·ly** [-vɪdlɪ] *adv.* verdientermaßen, mit Recht; **de'serv·ing** [-vɪŋ] *adj.* **1.** verdienstvoll, verdient (*Person*); **2.** verdienstlich, -voll (*Tat*); **3.** ***be ~ of*** → ***deserve*** I.

des·ha·bille ['dezæbiːl] → ***dishabille***.

des·ic·cate ['desɪkeɪt] *v/t. u. v/i.* (aus-) trocknen, ausdörren: ***~d milk*** Trockenmilch *f*; ***~d fruit*** Dörrobst *n*; **des·ic·ca·tion** [ˌdesɪ'keɪʃn] *s.* (Aus)Trocknung *f*, Trockenwerden *n*; **'des·ic·ca·tor** [-tə] *s.* ⚙ 'Trockenappaˌrat *m*.

de·sid·er·a·tum [dɪˌzɪdə'reɪtəm] *pl.* **-ta** [-tə] *s. et.* Erwünschtes, Erfordernis *n*, Bedürfnis *n*.

de·sign [dɪ'zaɪn] **I** *v/t.* **1.** entwerfen, (auf)zeichnen, skizzieren: ***~ a dress*** ein Kleid entwerfen; **2.** gestalten, ausführen, anlegen; **3.** *fig.* entwerfen, ausdenken, ersinnen: ***~ed to do s.th.*** dafür bestimmt *od.* darauf angelegt, et. zu tun (*Sache*); **4.** planen, beabsichtigen: ***~ doing*** (*od.* ***to do***) beabsichtigen zu tun; **5.** bestimmen: a) vorsehen (***for*** für, ***as*** als), b) ausersehen: ***~ed to be a priest*** zum Priester bestimmt; **II** *v/i.* **6.** Zeichner *od.* Konstruk'teur *od.* De'signer sein; **III** *s.* **7.** Entwurf *m*, Zeichnung *f*, Plan *m*, Skizze *f*; **8.** Muster *n*, Zeichnung *f*, Fi'gur *f*, Des'sin *n*: ***floral ~*** Blumenmuster; ***registered ~*** ⚖ Gebrauchsmuster; ***protection of ~s*** ⚖ Musterschutz *m*; **9.** a) Gestaltung *f*, Formgebung *f*, De'sign *n*, b) Bauart *f*, Konstrukti'on *f*, Ausführung *f*, Mo'dell *n*; → ***industrial design***; **10.** Anlage *f*, Anordnung *f*; **11.** Absicht *f*, Plan *m*; Zweck *m*, Ziel *n*: ***by ~*** mit Absicht; **12.** böse Absicht, Anschlag *m*: ***have ~s on*** (*od.* ***against***) et. im Schilde führen gegen, *a. iro.* e-n Anschlag vorhaben auf (*acc.*).

des·ig·nate ['dezɪgneɪt] **I** *v/t.* **1.** bezeichnen, (be)nennen; **2.** kennzeichnen; **3.** berufen, ausersehen, bestimmen, ernennen (***for*** zu); **II** *adj.* **4.** designiert, einstweilig ernannt: ***bishop ~***; **des·ig·na·tion** [ˌdezɪg'neɪʃn] *s.* **1.** Bezeichnung *f*, Name *m*; **2.** Kennzeichnung *f*; **3.** Bestimmung *f*; **4.** einstweilige Ernennung *od.* Berufung.

de·signed [dɪ'zaɪnd] *adj.* ☐ **1.** (***for***) bestimmt *etc.* (für); → ***design*** 3, 4, 5; **2.** vorsätzlich, absichtlich; **de'sign·ed·ly** [-nɪdlɪ] *adv.* → ***designed*** 2; **de'sign·er** [-nə] *s.* **1.** Entwerfer(in): a) (Muster-) Zeichner(in), b) De'signer(in), (Form-) Gestalter(in), Gebrauchsgrafiker(in), c) ⚙ Konstruk'teur *m*; **2.** Ränkeschmied *m*, Intri'gant(in); **de'sign·ing** [-nɪŋ] *adj.* ☐ ränkevoll, intri'gant.

de·sir·a·bil·i·ty [dɪˌzaɪərə'bɪlətɪ] *s.* Erwünschtheit *f*; **de·sir·a·ble** [dɪ'zaɪərəbl] *adj.* ☐ **1.** wünschenswert, erwünscht; **2.** begehrenswert, reizvoll; **de·sire** [dɪ'zaɪə] **I** *v/t.* **1.** wünschen, begehren, verlangen, wollen: ***if ~d*** auf Wunsch; ***leaves much to be ~d*** lässt viel zu wünschen übrig; **2.** *j-n* bitten, ersuchen; **II** *s.* **3.** Wunsch *m*, Verlangen *n*, Begehren *n* (***for*** nach); **4.** Wunsch *m*, Bitte *f*: ***at*** (*od.* ***by***) ***s.o.'s ~*** auf (j-s) Wunsch; **5.** Lust *f*, Begierde *f*; **6.** *das* Gewünschte; **de·sir·ous** [dɪ'zaɪərəs] *adj.* ☐ (***of***) begierig, verlangend (nach), wünschend (*acc.*): ***I am ~ to know*** ich möchte (sehr) gern wissen; ***the parties are ~ to ...*** (*in Verträgen*) die Parteien beabsichtigen, zu ...

de·sist [dɪ'zɪst] *v/i.* abstehen, ablassen, Abstand nehmen (***from*** von): ***~ from asking*** aufhören zu fragen.

desk [desk] **I** *s.* **1.** Schreibtisch *m*; **2.** (Lese-, Schreib-, Noten-, Kirchen-, ⚙ Schalt)Pult *n*; **3.** ✝ (Zahl)Kasse *f*: ***pay at the ~!*** zahlen Sie an der Kasse!; ***first ~*** ♪ erstes Pult (*Orchester*); **4.** *eccl. bsd. Am.* Kanzel *f*; **5.** *Am.* Redakti'on *f*: ***city ~*** Lokalredaktion; **6.** Auskunft (-sschalter *m*) *f*; **7.** Empfang *m*, Rezepti'on *f* (*im Hotel*): ***~ clerk*** *Am.* Empfangschef *m*; **II** *adj.* **8.** Schreibtisch..., Büro...: ***~ work***; ***~ calender*** Tischkalender *m*; ***~ sergeant*** Dienst habender (Polizei)Wachtmeister; ***~ set*** Schreibzeug(garnitur *f*) *n*.

desk·top ['desktɒp] *s. a.* ***~ computer*** (*od.* ***calculator***) 'Desktop(-Comˌputer) *m*, Tischrechner *m*; ***~*** **pub·lish·ing** *s. Computer*: Desktop-'Publishing *n*.

des·o·late **I** *adj.* ☐ ['desələt] **1.** wüst, unwirtlich, öde; verwüstet; **2.** verlassen, einsam; **3.** trostlos, *fig. a.* öde; **II** *v/t.* [-leɪt] **4.** verwüsten; **5.** einsam zu'rücklassen; **6.** betrüben, bekümmern; **'des·o·late·ness** [-nɪs] → ***desolation*** 2, 3; **des·o·la·tion** [ˌdesə'leɪʃn] *s.* **1.** Verwüstung *f*, -ödung *f*; **2.** Verlassenheit *f*, Einsamkeit *f*; **3.** Trostlosigkeit *f*, Elend *n*.

de·spair [dɪ'speə] **I** *v/i.* (***of***) verzweifeln (an *dat.*), ohne Hoffnung sein, alle Hoffnung aufgeben *od.* verlieren (auf *acc.*): ***the patient's life is ~ed of*** man bangt um das Leben des Kranken; **II** *s.* Verzweiflung *f* (***at*** über *acc.*), Hoffnungslosigkeit *f*: ***drive s.o. to ~, be s.o.'s ~*** j-n zur Verzweiflung bringen; **de'spair·ing** [-eərɪŋ] *adj.* ☐ verzweifelt.

des·patch *etc.* → ***dispatch*** *etc.*

des·per·a·do [ˌdespə'rɑːdəʊ] *pl.* **-does**, **-dos** *s.* Despe'rado *m*.

des·per·ate ['despərət] *adj.* ☐ **1.** verzweifelt: ***she was ~*** sie war (völlig) verzweifelt; ***a ~ deed*** e-e Verzweiflungstat; ***~ efforts*** verzweifelte *od.* krampfhafte Anstrengungen; ***~ remedy*** äußerstes Mittel; ***be ~ for s.th.*** *od.* ***to get s.th.*** et. verzweifelt *od.* ganz dringend brauchen, et. unbedingt haben wollen; **2.** verzweifelt, hoffnungs-, ausweglos: ***~ situation***; **3.** verzweifelt, despa'rat, zu allem fähig, zum Äußersten entschlossen (*Person*); **4.** F schrecklich: ***a ~ fool***; ***~ly in love*** wahnsinnig verliebt; ***not ~ly*** F a) nicht unbedingt, b) nicht übermäßig (*schön etc.*); **des·per·a·tion** [ˌdespəˈreɪʃn] *s.* **1.** (höchste) Verzweiflung, Hoffnungslosigkeit *f*; **2.** Rase'rei *f*, Verzweiflung *f*: ***drive to ~*** rasend machen, zur Verzweiflung bringen.

des·pi·ca·ble [ˈdespɪkəbl] *adj.* □ verächtlich, verachtenswert.

de·spise [dɪˈspaɪz] *v/t.* verachten, *Speise etc. a.* verschmähen: ***not to be ~d*** nicht zu verachten.

de·spite [dɪˈspaɪt] **I** *prp.* trotz (*gen.*), ungeachtet (*gen.*); **II** *s.* Bosheit *f*, Tücke *f*; Trotz *m*, Verachtung *f*: ***in ~ of*** → I.

de·spoil [dɪˈspɔɪl] *v/t.* plündern; berauben (***of*** *gen.*); **deˈspoil·ment** [-mənt], **de·spo·li·a·tion** [dɪˌspəʊlɪˈeɪʃn] *s.* Plünderung *f*, Beraubung *f*.

de·spond [dɪˈspɒnd] **I** *v/i.* verzagen; verzweifeln (***of*** an *dat.*); **II** *s. obs.* Verzweiflung *f*; **deˈspond·en·cy** [-dənsɪ] *s.* Verzagtheit *f*, Mutlosigkeit *f*; **deˈspond·ent** [-dənt] *adj.* □, **deˈspond·ing** [-dɪŋ] *adj.* □ verzagt, mutlos, kleinmütig.

des·pot [ˈdespɒt] *s.* Des'pot *m*, Gewaltherrscher *m*; *fig.* Ty'rann *m*; **des·pot·ic, des·pot·i·cal** [deˈspɒtɪk(l)] *adj.* □ des'potisch, herrisch, ty'rannisch; **ˈdes·pot·ism** [-pətɪzəm] *s.* Despo'tismus *m*, Tyran'nei *f*, Gewaltherrschaft *f*.

des·qua·mate [ˈdeskwəmeɪt] *v/i.* **1.** ⚕ sich abschuppen; **2.** sich häuten.

des·sert [dɪˈzɜːt] *s.* Des'sert *n*, Nachtisch *m*: ***~ spoon*** Dessertlöffel *m*.

des·ti·na·tion [ˌdestɪˈneɪʃn] *s.* **1.** Bestimmungsort *m*; Reiseziel *n*: ***country of ~*** ✝ Bestimmungsland *n*; **2.** Bestimmung *f*, Zweck *m*, Ziel *n*.

des·tine [ˈdestɪn] *v/t.* bestimmen, vorsehen (***for*** für, ***to do*** zu tun); **ˈdes·tined** [-nd] *adj.* bestimmt: ***~ for*** unterwegs nach (*Schiff etc.*); ***he was ~*** (***to*** *inf.*) es war ihm beschieden (zu *inf.*), er sollte (*inf.*); **ˈdes·ti·ny** [-nɪ] *s.* **1.** Schicksal *n*, Geschick *n*, Los *n*: ***he met his ~*** sein Schicksal ereilte ihn; **2.** Vorsehung *f*; **3.** Verhängnis *n*, zwingende Notwendigkeit; **4.** ***the Destinies*** die Parzen (*Schicksalsgöttinnen*).

des·ti·tute [ˈdestɪtjuːt] **I** *adj.* **1.** verarmt, mittellos, Not leidend; **2.** (***of***) ermangelnd, entblößt (*gen.*), ohne (*acc.*), bar (*gen.*); **II** *s.* **3.** ***the ~*** die Armen; **des·ti·tu·tion** [ˌdestɪˈtjuːʃn] *s.* **1.** Armut *f*, (bittere) Not, Elend *n*; **2.** (völliger) Mangel (***of*** an *dat.*).

de·stroy [dɪˈstrɔɪ] *v/t.* **1.** zerstören, vernichten; **2.** zertrümmern, *Gebäude etc.* niederreißen; **3.** *et.* ruinieren, unbrauchbar machen; **3.** *j-n, e-e Armee etc.* vernichten, *Insekten etc. a.* vertilgen; **4.** töten; **5.** *fig. j-n, j-s Ruf, Gesundheit etc.* ruinieren, zu'grunde richten, *Hoffnungen etc.* zu'nichte machen, zerstören; **6.** F *j-n* ka'puttmachen *od.* fertig machen; **deˈstroy·er** [-ɔɪə] *s. a.* ⚔, ⚓ Zerstörer *m*.

de·struct [dɪˈstrʌkt] **I** *v/t.* **1.** ⚔ (aus Sicherheitsgründen) zerstören; **II** *v/i.* **2.** zerstört werden; **3.** sich selbst zerstören; **deˈstruct·i·ble** [-təbl] *adj.* zerstörbar; **deˈstruc·tion** [-kʃn] *s.* **1.** Zerstörung *f*, Vernichtung *f*; **2.** Abriss *m* (*e-s Gebäudes*); **3.** Tötung *f*; **deˈstruc·tive** [-tɪv] *adj.* □ **1.** zerstörend, vernichtend (*a. fig.*): ***be ~ of*** *et.* zerstören *od.* unter'graben; **2.** zerstörerisch, destruk'tiv, schädlich, verderblich: ***~ to health*** gesundheitsschädlich; **4.** rein negativ, destruk'tiv (*Kritik*); **deˈstruc·tive·ness** [-tɪvnɪs] *s.* **1.** zerstörende *od.* vernichtende Wirkung; **2.** *das* Destruk'tive, destruk'tive Eigenschaft; **deˈstruc·tor** [-tə] *s.* ⚙ (Müll)Verbrennungsofen *m*.

des·ue·tude [dɪˈsjuːɪtjuːd] *s.* Ungebräuchlichkeit *f*: ***fall into ~*** außer Gebrauch kommen.

de·sul·phu·rize [ˌdiːˈsʌlfəraɪz] *v/t.* ⚗ entschwefeln.

des·ul·to·ri·ness [ˈdesəltərɪnɪs] *s.* **1.** Zs.-hangs-, Plan-, Ziellosigkeit *f*; **2.** Flüchtigkeit *f*, Oberflächlichkeit *f*, Sprunghaftigkeit *f*; **des·ul·to·ry** [ˈdesəltərɪ] *adj.* **1.** ˈunzuˌsammenhängend, planlos, ziellos, oberflächlich; **2.** abschweifend, sprunghaft; **3.** unruhig; **4.** vereinzelt, spo'radisch.

de·tach [dɪˈtætʃ] **I** *v/t.* **1.** ab-, loslösen, losmachen, abtrennen, *a.* ⚙ abnehmen; **2.** absondern; befreien; **3.** ⚔ abkommandieren; **II** *v/i.* **4.** sich (los)lösen; **deˈtach·a·ble** [-tʃəbl] *adj.* abnehmbar (*a.* ⚙); abtrennbar; lose; **deˈtached** [-tʃt] *adj.*, **deˈtached·ly** [-tʃtlɪ] *adv.* **1.** getrennt, gesondert; **2.** einzeln, frei-, al'lein stehend (*Haus*); **3.** *fig.* a) objek'tiv, unvoreingenommen, b) uninteressiert, c) distanziert; **4.** *fig.* losgelöst, entrückt; **deˈtach·ment** [-mənt] *s.* **1.** Absonderung *f*, Abtrennung *f*, Loslösung *f*; **2.** *fig.* (innerer) Abstand, Di'stanz *f*, Losgelöstsein *n*, (innere) Freiheit; **3.** *fig.* Objektivi'tät *f*, Unvoreingenommenheit *f*; **4.** Gleichgültigkeit *f* (***from*** gegen); **5.** ⚔ → ***detail*** 5 a u. b.

de·tail [ˈdiːteɪl] **I** *s.* **1.** De'tail *n*: a) Einzelheit *f*, b) *a. pl. coll.* (nähere) Einzelheiten *pl.*: ***in ~*** im Einzelnen, ausführlich; ***go*** (*od.* ***enter***) ***into ~(s)*** ins Einzelne gehen, es ausführlich behandeln;

D

D

2. Einzelteil *n*; **3.** 'Nebensache *f*, -ˌumstand *m*, Kleinigkeit *f*; **4.** *Kunst etc.*: a) De'tail(darstellung *f*) *n*, b) Ausschnitt *m*; **5.** ⚔ a) Ab'teilung *f*, Trupp *m*, b) ('Sonder)Komˌmando *n*, c) 'Abkommanˌdierung *f*, d) Sonderauftrag *m*; **II** *v/t.* **6.** ausführlich berichten über (*acc.*), genau schildern; einzeln aufzählen *od.* -führen; **7.** ⚔ abkommandieren; **'de·tailed** [-ld] *adj.* ausführlich, genau, eingehend.

de·tain [dɪ'teɪn] *v/t.* **1.** *j-n* auf-, abhalten, zu'rück(be)halten, hindern; **2.** ⚖ *j-n* in (Unter'suchungs)Haft behalten; **3.** *et.* vorenthalten, einbehalten; **4.** *ped.* nachsitzen lassen; **de·tain·ee** [ˌdiːteɪ'niː] *s.* ⚖ Häftling *m*; **de'tain·er** [-nə] *s.* ⚖ **1.** 'widerrechtliche Vorenthaltung; **2.** Anordnung *f* der Haftfortdauer.

de·tect [dɪ'tekt] *v/t.* **1.** entdecken; (heraus)finden, ermitteln; **2.** feststellen, wahrnehmen; **3.** aufdecken, enthüllen; **4.** ertappen (**in** bei); **5.** *Radio*: gleichrichten; **de'tect·a·ble** [-təbl] *adj.* feststellbar; **de'tec·ta·phone** [-təfəʊn] *s. teleph.* Abhörgerät *n*; **de'tec·tion** [-kʃn] *s.* **1.** Ent-, Aufdeckung *f*; Feststellung *f*; **2.** *Radio*: Gleichrichtung *f*; **3.** *coll.* Krimi'nalroˌmane *pl.*; **de'tec·tive** [-tɪv] **I** *adj.* Detektiv..., Kriminal...: **~ force** Kriminalpolizei *f*; **~ story** Kriminalroman *m*; **do ~ work** *bsd. fig.* Detektivarbeit leisten; **II** *s.* Detek'tiv *m*, Krimi'nalbeamte(r) *m*, Ge'heimpoliˌzist *m*; **de'tec·tor** [-tə] *s.* **1.** Auf-, Entdecker *m*; **2.** ⚙ a) Sucher *m*, b) Anzeigevorrichtung *f*; **3.** ⚡ a) De'tektor *m*, b) Gleichrichter *m*.

de·tent [dɪ'tent] *s.* ⚙ Sperrhaken *m*, -klinke *f*, Sperre *f*; Auslösung *f*.

dé·tente [deɪ'tɑ̃ːnt] (*Fr.*) *s. bsd. pol.* Entspannung *f*.

de·ten·tion [dɪ'tenʃn] *s.* **1.** Festnahme *f*; **2.** (*a.* Unter'suchungs)Haft *f*, Gewahrsam *m*, Ar'rest *m*: **~ barracks** Militärgefängnis *n*; **~ center** *Am.*, **~ home** *Brit.* Jugendstrafanstalt *f*; **~ colony** Strafkolonie *f*; **3.** *ped.* Nachsitzen *n*, Arrest *m*; **4.** Ab-, Zu'rückhaltung *f*; **5.** Einbehaltung *f*, Vorenthaltung *f*.

de·ter [dɪ'tɜː] *v/t.* abschrecken, abhalten (**from** von).

de·ter·gent [dɪ'tɜːdʒənt] **I** *adj.* reinigend; **II** *s.* Reinigungs-, Wasch-, Geschirrspülmittel *n*.

de·te·ri·o·rate [dɪ'tɪərɪəreɪt] **I** *v/i.* **1.** sich verschlechtern *od.* verschlimmern, schlecht(er) werden, verderben; **2.** an Wert verlieren; **II** *v/t.* **3.** verschlechtern; **4.** beeinträchtigen; im Wert mindern; **de·te·ri·o·ra·tion** [dɪˌtɪərɪə'reɪʃn] *s.* **1.** Verschlechterung *f*; Verfall *m*; **2.** Wertminderung *f*.

de·ter·ment [dɪ'tɜːmənt] *s.* **1.** Abschreckung *f*; **2.** → **deterrent** II.

de·ter·mi·na·ble [dɪ'tɜːmɪnəbl] *adj.* bestimmbar; **de'ter·mi·nant** [-nənt] **I** *adj.* **1.** bestimmend, entscheidend; **II** *s.* **2.** entscheidender Faktor; **3.** ⚗, *biol.* Determi'nante *f*; **de'ter·mi·nate** [-nət] *adj.* □ bestimmt, fest(gesetzt), entschieden; **de·ter·mi·na·tion** [dɪˌtɜːmɪ'neɪʃn] *s.* **1.** Ent-, Beschluss *m*; **2.** Entscheidung *f*; Bestimmung *f*, Festsetzung *f*; **3.** Bestimmung *f*, Ermittlung *f*, Feststellung *f*; **4.** Bestimmtheit *f*, Entschlossenheit *f*, Zielstrebigkeit *f*; feste Absicht; **5.** Ziel *n*, Begrenzung *f*; Ablauf *m*, Ende *n*; **6.** Richtung *f*, Neigung *f*, Drang *m*; **de'ter·mi·na·tive** [-nətɪv] **I** *adj.* □ **1.** (näher) bestimmend, einschränkend; **2.** entscheidend; **II** *s.* **3.** *et.* Entscheidendes *od.* Charakte'ristisches; **4.** *ling.* a) Determina'tiv *n*, b) Bestimmungswort *n*; **de·ter·mine** [dɪ'tɜːmɪn] **I** *v/t.* **1.** entscheiden; regeln; **2.** *et.* bestimmen, festsetzen; beschließen (*a.* **to do** zu tun, **that** dass); **3.** feststellen, ermitteln, her'ausfinden; **4.** *j-n* bestimmen, veranlassen (**to do** zu tun); **5.** *bsd.* ⚖ beendigen, aufheben; **II** *v/i.* **6.** (**on**) sich entscheiden (für), sich entschließen (zu); beschließen (**on doing** zu tun); **7.** *bsd.* ⚖ enden, ablaufen; **de'ter·mined** [-mɪnd] *adj.* □ (fest) entschlossen, fest, entschieden, bestimmt; **de'ter·min·er** [-mɪnə] *s. ling.* Bestimmungswort *n*; **de'ter·min·ism** [-mɪnɪzəm] *s. phls.* Determi'nismus *m*.

de·ter·rence [dɪ'terəns] *s.* Abschreckung *f*; **de'ter·rent** [-nt] **I** *adj.* abschreckend; **II** *s.* Abschreckungsmittel *n*.

de·test [dɪ'test] *v/t.* verabscheuen, hassen; **de'test·a·ble** [-təbl] *adj.* □ ab'scheulich, hassenswert; **de·tes·ta·tion** [ˌdiːte'steɪʃn] *s.* (**of**) Verabscheuung *f* (*gen.*), Abscheu *m* (vor *dat.*): **hold in ~** verabscheuen.

de·throne [dɪ'θrəʊn] *v/t.* entthronen (*a. fig.*); **de'throne·ment** [-mənt] *s.* Entthronung *f*.

det·o·nate ['detəneɪt] **I** *v/t.* explodieren lassen, zur Explosi'on bringen; **II** *v/i.* explodieren; *mot.* klopfen; **'det·o·nat·ing** [-tɪŋ] *adj.* ⚙ Spreng..., Zünd..., Knall...; **det·o·na·tion** [ˌdetə'neɪʃn] *s.* Detonati'on *f*, Knall *m*; **'det·o·na·tor** [-tə] *s.* ⚙ **1.** Bri'sanzsprengstoff *m*; **2.** Zünd-, Sprengkapsel *f*.

de·tour, **dé·tour** ['diːˌtʊə] **I** *s.* **1.** 'Umweg *m*; Abstecher *m*; **2.** a) 'Umleitung *f*, b) Um'gehungsstraße *f*; **3.** *fig.* 'Umschweif *m*; **II** *v/i.* **4.** e-n 'Umweg machen; **III** *v/t.* **5.** e-n 'Umweg machen um; **6.** *Verkehr* 'umleiten.

de·tract [dɪ'trækt] **I** *v/t. Aufmerksamkeit etc.* ablenken; **II** *v/i.* (**from**) a) Abbruch tun (*dat.*), beeinträchtigen, schmälern (*acc.*), b) her'absetzen; **de'trac·tion**

[-kʃn] *s.* **1.** a) Beeinträchtigung *f*, Schmälerung *f*, b) Her'absetzung *f*; **2.** Verunglimpfung *f*; **de'trac·tor** [-tə] *s.* **1.** Kritiker *m*, Her'absetzer *m*; **2.** Verunglimpfer *m*.

de·train [ˌdiː'treɪn] 🚂, ⚔ **I** *v/i.* aussteigen; **II** *v/t.* ausladen; **ˌde'train·ment** [-mənt] *s.* **1.** Aussteigen *n*; **2.** Ausladen *n*.

det·ri·ment ['detrɪmənt] *s.* Schaden *m*, Nachteil *m*: ***to the ~ of*** zum Schaden *od.* Nachteil (*gen.*); ***without ~ to*** ohne Schaden für; ***be a ~ to health*** gesundheitsschädlich sein; **det·ri·men·tal** [ˌdetrɪ'mentl] *adj.* □ (***to***) schädlich, nachteilig (für), abträglich (*dat.*).

de·tri·tal [dɪ'traɪtl] *adj. geol.* Geröll..., Schutt...; **de'trit·ed** [-tɪd] *adj.* **1.** abgenützt; abgegriffen (*Münze*); *fig.* abgedroschen; **2.** *geol.* verwittert; **de·tri·tion** [dɪ'trɪʃn] *s. geol.* Ab-, Zerreibung *f*; **de'tri·tus** [-təs] *s. geol.* Geröll *n*, Schutt *m*.

de trop [də'trəʊ] (*Fr.*) *pred. adj.* 'überflüssig, zu viel (des Guten).

deuce [djuːs] *s.* **1.** *Würfeln*, *Kartenspiel*: Zwei *f*; **2.** *Tennis*: Einstand *m*; **3.** F Teufel *m*: ***who*** (***what***) ***the ~?*** wer (was) zum Teufel?; ***a ~ of a row*** ein Mordskrach (*Lärm od. Streit*); ***there's the ~ to pay*** F das dicke Ende kommt noch; ***play the ~ with*** Schindluder treiben mit *j-m*; **deuced** [-st] *adj.*, **'deuc·ed·ly** [-sɪdlɪ] *adv.* F verteufelt, verflixt.

deu·te·ri·um [djuː'tɪərɪəm] *s.* Deu'terium *n*, schwerer Wasserstoff.

Deu·ter·on·o·my [ˌdjuːtə'rɒnəmɪ] *s. bibl.* Deutero'nomium *n*, Fünftes Buch Mose.

Deutsch·mark ['dɔɪtʃmɑːk] *s.* Deutsche Mark *f*.

de·val·u·ate [ˌdiː'væljʊeɪt] ✝ abwerten; **de·val·u·a·tion** [ˌdiːvæljʊ'eɪʃn] *s.* ✝ Abwertung *f*; **de·val·ue** [ˌdiː'væljuː] → ***devaluate***.

dev·as·tate ['devəsteɪt] *v/t.* verwüsten, vernichten (*beide a. fig.*); **'dev·as·tat·ing** [-tɪŋ] *adj.* □ **1.** verheerend, vernichtend (*a. Kritik etc.*); **2.** F e'norm, fan'tastisch, 'umwerfend; **dev·as·ta·tion** [ˌdevə'steɪʃn] *s.* Verwüstung *f*.

de·vel·op [dɪ'veləp] **I** *v/t.* **1.** *allg. Theorie, Kräfte, Tempo etc.* entwickeln (*a.* ⩘, ♪, *phot.*), *Muskeln etc. a.* bilden, *Interesse etc. a.* zeigen, an den Tag legen, *Fähigkeiten etc. a.* entfalten, *Gedanken, Plan etc. a.* ausarbeiten, gestalten (***into*** zu); **2.** entwickeln, ausbauen: ***~ an industry***; **3.** *Bodenschätze*, *a.* Bauland erschließen, nutzbar machen; *Altstadt* sanieren; **4.** sich *e-e Krankheit* zuziehen, *Fieber etc.* bekommen; **II** *v/i.* **5.** sich entwickeln (***from*** aus); sich entfalten: ***~ into*** sich entwickeln zu, zu *et.* werden; **6.** zu'tage treten, sich zeigen; **de'vel·op·er** [-pə] *s.* **1.** *phot.* Entwickler *m*; **2.** ***late ~*** *psych.* Spätentwickler *m*; **3.** (Stadt)Planer *m*; **de'vel·op·ing** [-pɪŋ] *adj.*: ***~ bath*** *phot.* Entwicklungsbad *n*; ***~ company*** Bauträger *m*; ***~ country*** *pol.* Entwicklungsland *n*; **de'vel·op·ment** [-mənt] *s.* **1.** Entwicklung *f* (*a. phot.*); **2.** Entfaltung *f*, Entstehen *n*, Bildung *f*, Wachstum *n*; Schaffung *f*; **3.** Erschließung *f*, Nutzbarmachung *f*; Ausbau *m*, 'Umgestaltung *f*: ***~ area*** Entwicklungs-, Notstandsgebiet *n*; ***ripe for ~*** baureif; **4.** ♀ ✝ Entwicklung(sabteilung) *f*; **5.** Darlegung *f*, Ausarbeitung *f*; 'Durchführung *f* (*a.* ♪); **de·vel·op·ment·al** [dɪˌveləp'mentl] *adj.* Entwicklungs...

de·vi·ate ['diːvɪeɪt] **I** *v/i.* abweichen, abgehen, abkommen (***from*** von); **II** *v/t.* ablenken.

de·vi·a·tion [ˌdiːvɪ'eɪʃn] *s.* **1.** Abweichung *f*, Abweichen *n* (***from*** von); **2.** *bsd. phys., opt.* Ablenkung *f*; **3.** ✈, ⚓ Abweichung *f*, Ablenkung *f*, Abtrieb *m*; **ˌde·vi'a·tion·ism** [-ʃənɪzəm] *s. pol.* Abweichlertum *n*; **ˌde·vi'a·tion·ist** [-ʃənɪst], **de·vi·a·tor** ['diːvɪeɪtə] *s. pol.* Abweichler(in).

de·vice [dɪ'vaɪs] *s.* **1.** Plan *m*, Einfall *m*, Erfindung *f*: ***left to one's own ~s*** sich selbst überlassen; **2.** Anschlag *m*, böse Absicht, Kniff *m*; **3.** ⚙ Vor-, Einrichtung *f*, Gerät *n*; *fig.* Behelf *m*, Kunstgriff *m*; **4.** Wahlspruch *m*, De'vise *f*; **5.** *her.* Sinn-, Wappenbild *n*; **6.** Muster *n*, Zeichnung *f*.

dev·il ['devl] **I** *s.* **1.** ***the ~***, *a.* ***the*** ♀ der Teufel: ***between the ~ and the deep sea*** *fig.* zwischen zwei Feuern, in ausswegloser Lage; ***like the ~*** F wie der Teufel, wie wahnsinnig; ***go to the ~*** *sl.* zum Teufel *od.* vor die Hunde gehen; ***go to the ~!*** scher dich zum Teufel!; ***play the ~ with*** F Schindluder treiben mit; ***the ~ take the hindmost*** den Letzten beißen die Hunde; ***there's the ~ to pay*** F das setzt was ab!; ***the ~!*** F a) (*verärgert*) zum Teufel!, zum Henker!, b) (*erstaunt*) Donnerwetter!; **2.** Teufel *m*, böser Geist, 'Satan *m* (*a. fig.*); → ***due*** 9; ***tattoo***[1] 2; **3.** *fig.* Laster *n*, Übel *n*; **4.** ***poor ~*** armer Teufel *od.* Schlucker; **5.** *a.* ***~ of a fellow*** Teufelskerl *m*, toller Bursche; **6.** ***a*** (*od.* ***the***) ***~*** F e-e verflixte Sache: ***~ of a job*** Heiden-, Mordsarbeit *f*; ***who*** (***what***, ***how***) ***the ~ ...*** wer (was, wie) zum Teufel ...; ***~ a one*** kein Einziger; **7.** Handlanger *m*, Laufbursche *m*; → ***printer*** 1; **8.** ⚖ As'sessor m (*bei e-m* ***barrister***); **9.** scharf gewürztes Gericht; **10.** ⚙ Reißwolf *m*; **II** *v/t.* **11.** F schikanieren, piesacken; **12.** scharf gewürzt braten: ***devil(l)ed eggs*** gefüllte Eier; **13.** ⚙ zerfasern, wolfen; **III** *v/i.* **14.** als As'sessor (*bei e-m* ***barrister***) arbeiten; **'~-,dodg·er** *s.* F Prediger *m*; **'~·fish** *s.* Seeteufel *m*.

dev·il·ish ['devlıʃ] **I** *adj.* ☐ **1.** teuflisch; **2.** F fürchterlich, höllisch, verteufelt; **II** *adv.* **3.** → 2.

,dev·il-may-'care *adj.* **1.** leichtsinnig; **2.** verwegen.

dev·il·ment ['devlmənt] *s.* **1.** Unfug *m*; **2.** Schurkenstreich *m*; **dev·il·ry** ['devlrı] *s.* **1.** Teufe'lei *f*, Untat *f*; **2.** 'Übermut *m*; **3.** Teufelsbande *f*; **4.** Teufelskunst *f*.

dev·il's| ad·vo·cate ['devlz] *s. R.C.* Advo'catus *m* Di'aboli; **'~-bones** *s. pl.* Würfel(spiel *n*) *pl.*; **~ book** *s.* (des Teufels) ‚Gebetbuch' *n* (*Spielkarten*); **~ darn·ing-nee·dle** *s. zo.* Li'belle *f*; **~ food cake** *s. Am.* schwere Schoko'ladentorte.

de·vi·ous ['diːvjəs] *adj.* ☐ **1.** abwegig, irrig; **2.** gewunden (*a. fig.*): ***~ path*** Ab-, Umweg *m*; **3.** verschlagen, unredlich: ***by ~ means*** auf krummen Wegen, ‚hintenherum'; ***~ step*** Fehltritt *m*; **'de·vi·ous·ness** [-nıs] *s.* **1.** Abwegigkeit *f*; **2.** Gewundenheit *f*; **3.** Unaufrichtigkeit *f*, Verschlagenheit *f*.

de·vis·a·ble [dı'vaızəbl] *adj.* **1.** erdenkbar, -lich; **2.** ⚖ vermachbar; **de·vise** [dı'vaız] **I** *v/t.* **1.** ausdenken, ersinnen, erfinden, konstruieren; **2.** ⚖ *Grundbesitz* vermachen, hinter'lassen (***to*** *dat.*); **II** *s.* **3.** ⚖ Vermächtnis *n*; **dev·i·see** [,devı'ziː] *s.* ⚖ Vermächtnisnehmer (-in); **de·vis·er** [dı'vaızə] *s.* Erfinder (-in); Planer(in); **de·vi·sor** [,devı'zɔː] *s.* ⚖ Erb-lasser(in).

de·vi·tal·ize [,diː'vaıtəlaız] *v/t.* der Lebenskraft berauben, schwächen.

de·void [di'vɔıd] *adj.*: ***~ of*** ohne (*acc.*), leer an (*dat.*), frei von, bar (*gen.*), ...los: ***~ of feeling*** gefühllos.

de·voir [de'vwɑː] (*Fr.*) *s. obs.* **1.** Pflicht *f*; **2.** *pl.* Höflichkeitsbezeigungen *pl.*, Artigkeiten *pl.*

dev·o·lu·tion [,diːvə'luːʃn] *s.* **1.** Ab-, Verlauf *m*; **2.** *bsd.* ⚖ 'Übergang *m*, Über'tragung *f*; Heimfall *m*; *parl.* Über'weisung *f*; **3.** *pol.* ,Dezentralisati'on *f*, Regionalisierung *f*; **4.** *biol.* Entartung *f*.

de·volve [dı'vɒlv] **I** *v/t.* **1.** (***upon***) über'tragen (*dat.*), abwälzen (auf *acc.*); **II** *v/i.* **2.** (***on***, ***upon***) 'übergehen (auf *acc.*), zufallen (*dat.*); sich vererben auf (*acc.*); **3.** *j-m* obliegen.

De·vo·ni·an [de'vəʊnjən] **I** *adj.* **1.** Devonshire betreffend; **2.** *geol.* de'vonisch; **II** *s.* **3.** Bewohner(in) von Devonshire; **4.** *geol.* De'von *n*.

de·vote [dı'vəʊt] *v/t.* (***to*** *dat.*) **1.** widmen, opfern, weihen, 'hingeben; **2.** ***~ o.s.*** sich widmen *od.* 'hingeben; sich verschreiben; **de'vot·ed** [-tıd] *adj.* ☐ **1.** 'hingebungsvoll: a) aufopfernd, treu, b) anhänglich, liebevoll, zärtlich, c) eifrig, begeistert; **2.** todgeweiht; **dev·o·tee** [,devəʊ'tiː] *s.* **1.** begeisterter Anhänger; **2.** Verehrer *m*; Verfechter *m*; **3.** Frömmler *m*; **4.** Fa'natiker *m*, Eiferer *m*; **de'vo·tion** [-əʊʃn] *s.* **1.** Widmung *f*; **2.** 'Hingabe *f*: a) Ergebenheit *f*, Treue *f*, b) (Auf)Opferung *f*, c) Eifer *m*, 'Hingebung *f*, d) Liebe *f*, Verehrung *f*, innige Zuneigung; **3.** *eccl.* a) Andacht *f*, Frömmigkeit *f*, b) *pl.* Gebet(e *pl.*) *n*; **de'vo·tion·al** [-əʊʃənl] *adj.* **1.** andächtig, fromm; **2.** Andachts..., Erbauungs...

de·vour [dı'vaʊə] *v/t.* **1.** verschlingen, fressen; **2.** wegraffen; verzehren, vernichten; **3.** *fig. Buch* verschlingen; *mit Blicken* verschlingen *od.* verzehren; **4.** j-n verzehren (*Leidenschaft*): ***be ~ed by*** sich verzehren vor (*Gram etc.*); **de'vour·ing** [-ərıŋ] *adj.* ☐ **1.** gierig; **2.** *fig.* verzehrend.

de·vout [dı'vaʊt] *adj.* ☐ **1.** fromm; **2.** *a. fig.* andächtig; **3.** innig, herzlich; **4.** sehnlich, eifrig; **de'vout·ness** [-nıs] *s.* **1.** Frömmigkeit *f*; **2.** Andacht *f*, 'Hingabe *f*; **3.** Eifer *m*, Inbrunst *f*.

dew [djuː] *s.* **1.** Tau *m*; **2.** *fig.* Tau *m*: a) Frische *f*, b) Feuchtigkeit *f*, Tränen *pl.*; **'~·ber·ry** *s.* ⚘ *e-e* Brombeere; **'~-drop** *s.* Tautropfen *m*.

dew·i·ness ['djuːınıs] *s.* Tauigkeit *f*, (Tau)Feuchtigkeit *f*.

'dew|·lap *s.* **1.** *zo.* Wamme *f*; **2.** F (*altersbedingte*) Halsfalte; **~ point** *s. phys.* Taupunkt *m*; **~ worm** *s. Angeln*: Tauwurm *m*.

dew·y ['djuːı] *adj.* ☐ **1.** taufeucht; *a. fig.* taufrisch; **2.** feucht; *poet.* um'flort (*Augen*); **3.** frisch, erfrischend; **'~-eyed** *adj. iro.* na'iv, ‚blauäugig'.

dex·ter ['dekstə] *adj.* **1.** recht, rechts (-seitig); **2.** *her.* rechts (*vom Beschauer aus links*); **dex·ter·i·ty** [dek'sterətı] *s.* **1.** Geschicklichkeit *f*, Gewandtheit *f*; **2.** Rechtshändigkeit *f*; **'dex·ter·ous** [-tərəs] *adj.* ☐ **1.** gewandt, geschickt, be'händ, flink; **2.** rechtshändig; **'dex·tral** [-trəl] *adj.* ☐ **1.** rechtsseitig; **2.** rechtshändig.

dextro- [dekstrəʊ] *in Zssgn* (nach) rechts.

dex·trose ['dekstrəʊs] *s.* ⚗ Dex'trose *f*, Traubenzucker *m*.

dex·trous ['dekstrəs] → ***dexterous***.

dhoo·ti ['duːtı], **dho·ti** ['dəʊtı] *pl.* **-tis** [-tız] *s.* (*Indien*) Lendentuch *n*.

di·a·be·tes [,daıə'biːtiːz] *s.* ⚕ Dia'betes *m*, Zuckerkrankheit *f*; **di·a·bet·ic** [,daıə'betık] **I** *adj.* dia'betisch, zuckerkrank; **II** *s.* Dia'betiker(in), Zuckerkranke(r *m*) *f*.

di·a·ble·rie [dı'ɑːbləriː] *s.* Zaube'rei *f*, Hexe'rei *f*, Teufe'lei *f*.

di·a·bol·ic, **di·a·bol·i·cal** [ˌdaɪəˈbɒlɪk(l)] *adj.* □ dia'bolisch, teuflisch; **di·ab·o·lism** [daɪˈæbəlɪzəm] *s.* **1.** Teufe'lei *f*; **2.** Teufelskult *m*.

di·ac·id [daɪˈæsɪd] *adj.* zweisäurig.

di·ac·o·nate [daɪˈækənəɪt] *s. eccl.* Diako'nat *n*.

di·a·crit·ic [ˌdaɪəˈkrɪtɪk] **I** *adj.* dia'kritisch, unter'scheidend; **II** *s. ling.* dia'kritisches Zeichen.

di·ac·tin·ic [ˌdaɪækˈtɪnɪk] *adj. phys.* die ak'tinischen Strahlen 'durchlassend.

di·a·dem [ˈdaɪədem] *s.* **1.** Dia'dem *n*, Stirnband *n*; **2.** Hoheit *f*, Herrscherwürde *f*, -gewalt *f*.

di·aer·e·sis [daɪˈɪərɪsɪs] *s. ling.* a) Diä'rese *f*, b) Trema *n*.

di·ag·nose [ˈdaɪəgnəʊz] *v/t.* ⚕ diagnostizieren, *fig. a.* bestimmen, feststellen; **di·ag·no·sis** [ˌdaɪəgˈnəʊsɪs] *pl.* **-ses** [-siːz] *s.* ⚕ Dia'gnose *f*, Befund *m*, *fig. a.* Beurteilung *f*, Bestimmung *f*; **di·ag·nos·tic** [ˌdaɪəgˈnɒstɪk] ⚕ **I** *adj.* (□ ***~ally***) dia'gnostisch: ***~ of*** *fig.* sympto'matisch für; **II** *s.* a) Sym'ptom *n*, b) *pl. sg. konstr.* Dia'gnostik *f*; **di·ag·nos·ti·cian** [ˌdaɪəgnɒsˈtɪʃn] *s.* ⚕ Dia'gnostiker(in).

di·ag·o·nal [daɪˈægənl] **I** *adj.* □ **1.** diago'nal; schräg (laufend), über Kreuz; **II** *s.* **2.** *a.* ***~ line*** ⚹ Diago'nale *f*; **3.** *a.* ***~ cloth*** Diago'nal *m*, schräg geripptes Gewebe.

di·a·gram [ˈdaɪəgræm] *s.* Dia'gramm *n*, grafische Darstellung, Schaubild *n*, Plan *m*, Schema *n*: ***wiring ~*** ⚡ Schaltbild *n*, -plan *m*: ***you need a ~?*** *iro.* brauchst du e-e Zeichnung (dazu)?; **di·a·gram·mat·ic** [ˌdaɪəgrəˈmætɪk] *adj.* (□ ***~ally***) diagram'matisch, grafisch, sche'matisch.

di·al [ˈdaɪəl] **I** *s.* **1.** *a.* ***~ plate*** Zifferblatt *n* (*Uhr*); **2.** *a.* ***~ plate*** ⚙ Skala *f*, Skalen-, Ziffernscheibe *f*; **3.** *teleph.* Wähl-, Nummernscheibe *f*; **4.** *Radio*: Skalenscheibe *f*, Skala *f*: ***~ light*** Skalenbeleuchtung *f*; **5.** → ***sundial***; **6.** *sl.* Vi'sage *f* (*Gesicht*); **II** *v/t.* **7.** *teleph.* wählen: ***~ling code*** *Brit.* Vorwahl(nummer) *f*; ***~ tone*** *Am.*, ***~ling tone*** *Brit.* Amtszeichen *n*.

di·a·lect [ˈdaɪəlekt] *s.* Dia'lekt *m*, Mundart *f*; **di·a·lec·tal** [ˌdaɪəˈlektl] *adj.* □ dia'lektisch, mundartlich; **di·a·lec·tic** [ˌdaɪəˈlektɪk] **I** *adj.* **1.** *phls.* dia'lektisch; **2.** spitzfindig; **3.** *ling.* → ***dialectal***; **II** *s.* **4.** *oft pl. phls.* Dia'lektik *f*; **5.** Spitzfindigkeit *f*; **di·a·lec·ti·cal** [ˌdaɪəˈlektɪkl] *adj.* □ **1.** → ***dialectal***; **2.** → ***dialectic*** 1, 2; **di·a·lec·ti·cian** [ˌdaɪəlekˈtɪʃn] *s.* phls. Dia'lektiker *m*.

di·a·logue, *Am. a.* **di·a·log** [ˈdaɪəlɒg] *s.* Dia'log *m*, (Zwie)Gespräch *n*; **~ track** *s. Film*: Sprechband *n*.

di·al·y·sis [daɪˈælɪsɪs] *s.* **1.** ⚗ Dia'lyse *f*; **2.** ⚕ Dia'lyse *f*, Blutwäsche *f*.

di·am·e·ter [daɪˈæmɪtə] *s.* **1.** ⚹ Dia'meter *m*, 'Durchmesser *m*; **2.** 'Durchmesser *m*, Dicke *f*, Stärke *f*: ***inner ~*** lichte Weite; **di·a·met·ri·cal** [ˌdaɪəˈmetrɪkl] *adj.* □ **1.** dia'metrisch; **2.** *fig.* diametral, genau entgegengesetzt.

di·a·mond [ˈdaɪəmənd] **I** *s.* **1.** *min.* Dia'mant *m*: ***black ~*** a) schwarzer Diamant, b) *fig.* (Stein)Kohle *f*; ***rough ~*** a) ungeschliffener Diamant, b) *fig.* Mensch *m* mit gutem Kern u. rauer Schale; ***it was ~ cut ~*** es war Wurst wider Wurst, die beiden standen sich in nichts nach; **2.** ⚙ ('Glaser)Diaˌmant *m*; **3.** ⚹ a) Raute *f*, 'Rhombus *m*, b) spitzgestelltes Viereck; **4.** *Kartenspiel*: Karo *n*; **5.** *Baseball*: a) Spielfeld *n*, b) Innenfeld *n*; **6.** *typ.* Dia'mant *f* (*Schriftgrad*); **II** *adj.* **7.** dia'manten, Diamant...; **8.** rhombisch, rautenförmig; **~ cut·ter** *s.* Dia'mantschleifer *m*; **~ drill** *s.* ⚙ Dia'mantbohrer *m*; **~ field** *s.* Dia'mantenfeld *n*; **~ ju·bi·lee** *s.* dia'mantenes Jubi'läum; **~ mine** *s.* Dia'mantenmine *f*; **~ pane** *s.* rautenförmige Fensterscheibe; **'~-shaped** *adj.* rautenförmig; **~ wed·ding** *s.* dia'mantene Hochzeit.

di·an·thus [daɪˈænθəs] *s.* ⚘ Nelke *f*.

di·a·per [ˈdaɪəpə] **I** *s.* **1.** Di'aper *m*, Gänseaugenstoff *m*; **2.** *a.* ***~ pattern*** Rauten-, Karomuster *n*; **3.** *Am.* (Baby-)Windel *f*; **4.** Monatsbinde *f*; **II** *v/t.* **5.** mit Rautenmuster verzieren; **~ rash** *s.* ⚕ Wundsein *n beim Säugling*.

di·aph·a·nous [daɪˈæfənəs] *adj.* 'durchsichtig, -scheinend.

di·a·pho·ret·ic [ˌdaɪəfəˈretɪk] *adj. u. s.* ⚕ schweißtreibend(es Mittel).

di·a·phragm [ˈdaɪəfræm] *s.* **1.** *anat.* Scheidewand *f*, *bsd.* Zwerchfell *n*; **2.** ⚕ Dia'phragma *n* (*Verhütungsmittel*); **3.** *teleph. etc.* Mem'bran(e) *f*; **4.** *opt.*, *phot.* Blende *f*; **~ shut·ter** *s. phot.* Blendenverschluss *m*; **~ valve** *s.* Membranventil *n*.

di·a·rist [ˈdaɪərɪst] *s.* Tagebuchschreiber(in); **'di·a·rize** [-raɪz] **I** *v/i.* Tagebuch führen; **II** *v/t.* ins Tagebuch eintragen.

di·ar·rh(o)e·a [ˌdaɪəˈrɪə] *s.* ⚕ Diar'rhö(e) *f*, 'Durchfall *m*.

di·a·ry [ˈdaɪərɪ] *s.* **1.** Tagebuch *n*: ***keep a ~*** ein Tagebuch führen; **2.** 'Taschenkaˌlender *m*, (Vor)Merkbuch *n*, Ter'min-, No'tizbuch *n*.

Di·as·po·ra [daɪˈæspərə] *s. allg.* Di'aspora *f*.

di·as·to·le [daɪˈæstəlɪ] *s.* ⚕ *u. Metrik*: Dia'stole *f*.

di·a·ther·my [ˈdaɪəθɜːmɪ] *s.* ⚕ Diather'mie *f*.

di·ath·e·sis [daɪˈæθɪsɪs] *pl.* **-ses** [-siːz] *s.* ⚕ *u. fig.* Neigung *f*, Anlage *f*.

di·a·to·ma·ceous earth [ˌdaɪətəˈmeɪʃəs] *s. geol.* Kieselgur *f*.

D

di·a·ton·ic [ˌdaɪəˈtɒnɪk] *adj.* ♪ diaˈtonisch.
di·a·tribe [ˈdaɪətraɪb] *s.* gehässiger Angriff, Hetze *f*, Hetzrede *f od.* -schrift *f*.
di·bas·ic [daɪˈbeɪsɪk] *adj.* ⚗ zweibasisch.
dib·ber [ˈdɪbə] → ***dibble*** I.
dib·ble [ˈdɪbl] **I** *s.* Dibbelstock *m*, Pflanz-, Setzholz *n*; **II** *v/t. a.* ***~ in*** mit e-m Setzholz pflanzen; **III** *v/i.* mit e-m Setzholz Löcher machen, dibbeln.
dibs [dɪbz] *s.* **1.** *pl. sg. konstr. Brit. Kinderspiel mit Steinchen etc.*; **2.** F Recht *n* (***on*** auf *acc.*); **3.** *Am. sl.* (ein paar) ‚Kröten' *pl.* (*Geld*).
dice [daɪs] **I** *s. pl. von* ***die²*** 1 Würfel *pl.*, Würfelspiel *n*: ***play (at) ~*** → II; ***no ~!*** *Am. sl.* ‚da läuft nichts'!; → ***load*** 10; **II** *v/i.* würfeln, knobeln; **III** *v/t. Küche*: in Würfel schneiden.
dic·ey [ˈdaɪsɪ] *adj.* F preˈkär, heikel.
di·chot·o·my [daɪˈkɒtəmɪ] *s.* Dichotoˈmie *f*: a) *bsd. Logik*: Zweiteilung *f e-s Begriffs*, b) ♀, *zo.* wiederˈholte Gabelung.
di·chro·mat·ic [ˌdaɪkrəʊˈmætɪk] *adj.* **1.** dichroˈmatisch, zweifarbig; **2.** ⚕ dichroˈmat.
dick [dɪk] *s.* **1.** *Brit. sl.* Kerl *m*; **2.** *Am. sl.* ‚Schnüffler' *m*: ***private ~*** Privatdetektiv *m*; **3.** V ‚Schwanz' *m*.
dick·ens [ˈdɪkɪnz] *s. sl.* Teufel *m*: ***what the ~!*** was zum Teufel!; ***a ~ of a mess*** ein böser Schlamassel.
dick·er¹ [ˈdɪkə] *v/i.* feilschen, schachern (***for*** um).
dick·er² [ˈdɪkə] *s.* † zehn Stück.
dick(e)y¹ [ˈdɪkɪ] *s.* F **1.** Hemdbrust *f*; **2.** Bluseneinsatz *m*; **3.** *a.* ***~ bow*** ‚Fliege' *f*, Schleife *f*; **4.** *a.* ***~ bird*** Vögelchen *n*, Piepmatz *m*; **5.** Rück-, Not-, Klappsitz *m*; **6.** *Brit.* F Esel *m*.
dick(e)y² [ˈdɪkɪ] *adj.* F wack(e)lig, ‚mies': ***~ heart*** schwaches Herz.
di·cot·y·le·don [ˌdaɪkɒtɪˈliːdən] *s.* ♀ Dikoˈtyle *f*, zweikeimblättrige Pflanze.
dic·ta [ˈdɪktə] *pl. von* ***dictum***.
dic·tate [dɪkˈteɪt] **I** *v/t.* (***to*** *dat.*) **1.** *Brief etc.* diktieren; **2.** diktieren, vorschreiben, gebieten (*a. fig.*); **3.** auferlegen; **4.** eingeben; **II** *v/i.* **5.** diktieren, ein Dikˈtat geben; **6.** diktieren, befehlen: ***he will not be ~d to*** er lässt sich keine Vorschriften machen; **III** *s.* [ˈdɪkteɪt] **7.** Gebot *n*, Befehl *m*, Dikˈtat *n*: ***the ~s of reason*** das Gebot der Vernunft; **dicˈta·tion** [-eɪʃn] *s.* **1.** Dikˈtat *n*: a) Diktieren *n*, b) Dikˈtatschreiben *n*, c) diktierter Text; **2.** Befehl(e *pl.*) *m*, Geheiß *n*; **dicˈta·tor** [-tə] *s.* Dikˈtator *m*, Gewalthaber *m*; **dic·ta·to·ri·al** [ˌdɪktəˈtɔːrɪəl] *adj.* ☐ diktaˈtorisch; **dicˈta·tor·ship** [-təʃɪp] *s.* Diktaˈtur *f*; **dicˈta·tress** [-trɪs] *s.* Diktaˈtorin *f*.
dic·tion [ˈdɪkʃn] *s.* **1.** Diktiˈon *f*, Ausdrucksweise *f*, Stil *m*, Sprache *f*; **2.** (deutliche) Aussprache.
dic·tion·ar·y [ˈdɪkʃənrɪ] *s.* **1.** Wörterbuch *n*; **2.** (*bsd.* einsprachiges) enzykloˈpädisches Wörterbuch; **3.** Lexikon *n*, Enzyklopäˈdie *f*: ***a walking*** (*od.* ***living***) ***~*** *fig.* ein wandelndes Lexikon.
dic·to·graph [ˈdɪktəgrɑːf] *s.* Abhörgerät *n* (*beim Telefon*).
dic·tum [ˈdɪktəm] *pl.* **-ta** [-tə], **-tums** *s.* **1.** Machtspruch *m*; **2.** ⚖ richterliches Diktum, (Aus)Spruch *m*; **3.** Spruch *m*, geflügeltes Wort.
did [dɪd] *pret. von* ***do¹***.
di·dac·tic [dɪˈdæktɪk] *adj.* (☐ ***~ally***) **1.** diˈdaktisch, lehrhaft, belehrend: ***~ play*** *thea.* Lehrstück *n*; ***~ poem*** Lehrgedicht *n*; **2.** schulmeisterlich.
did·dle¹ [ˈdɪdl] *v/t. sl.* beschwindeln, betrügen, übers Ohr hauen.
did·dle² [ˈdɪdl] *v/i.* F zappeln.
did·n't [ˈdɪdnt] F *für* ***did not***.
didst [dɪdst] *obs. 2. sg. pret. von* ***do¹***.
die¹ [daɪ] **I** *v/i. pres. p.* **dy·ing** [ˈdaɪɪŋ] **1.** sterben (***of*** an): ***~ of hunger*** hungers sterben, verhungern; ***~ from a wound*** an e-r Verwundung sterben; ***~ a violent death*** e-s gewaltsamen Todes sterben; ***~ of*** (*od.* ***with***) ***laughter*** *fig.* sich totlachen; ***~ of boredom*** vor Lange(r)weile fast umkommen; ***~ a beggar*** als Bettler sterben; ***~ hard*** a) zählebig sein (*a. Sache*), ‚nicht totzukriegen sein', b) nicht nachgeben (wollen); ***never say ~!*** nur nicht aufgeben!; → ***bed*** 1; ***boot¹*** 1; ***ditch*** 1; ***harness*** 1; **2.** eingehen (*Pflanze, Tier*), verenden (*Tier*); **3.** *fig.* ver-, ˈuntergehen, schwinden, aufhören, sich verlieren, verhallen, erlöschen, vergessen werden; **4.** *mst* ***be dying*** (***for***; ***to*** *inf.*) sich sehnen (nach; danach, zu *inf.*), brennen (auf *acc.*; darauf, zu *inf.*): ***I am dying to ...*** ich würde schrecklich gern; **II** *v/t.* **5.** e-s *natürlichen etc.* Todes sterben;
Zssgn mit adv.:
die| a·way *v/i.* **1.** schwächer werden, nachlassen, sich verlieren, schwinden; **2.** ohnmächtig werden; **~ down** *v/i.* **1.** → ***die away*** 1; **2.** ♀ (von oben) absterben; **~ off** *v/i.* ˈhin-, wegsterben; **~ out** *v/i.* aussterben (*a. fig.*).
die² [daɪ] *s.* **1.** *pl.* ***dice*** Würfel *m*: ***the ~ is cast*** die Würfel sind gefallen; ***straight as a ~*** a) pfeilgerade, b) *fig.* grundehrlich; → ***dice***; ***straight*** 4; **2.** Würfelspiel *n*; **3.** *bsd. Küche*: Würfel *m*; **4.** *pl.* ***dies*** ⚠ Würfel *m e-s Sockels*; **5.** *pl.* ***dies*** ⚙ a) (Press-, Spritz)Form *f*, Gesenk *n*: ***lower ~*** Matrize *f*; ***upper ~*** Patrize *f*, b) (Münz)Prägestempel *m*, c) Schneideisen *n*, Stanze *f*, d) Gussform *f*.
ˈdie|-a·way *adj.* schmachtend; **ˈ~-cast** *v/t.* ⚙ spritzgießen, spritzen; **~ cast·ing** *s.* ⚙ Spritzguss *m*; **ˈ~-hard I** *s.* **1.**

unnachgiebiger Mensch, Dickschädel *m*; **2.** *pol.* hartnäckiger Reaktio'när; **3.** zählebige Sache; **II** *adj.* **4.** hartnäckig, zäh u. unnachgiebig; **5.** zählebig; **~ head** *s.* ⚙ Schneidkopf *m*.

di·e·lec·tric [ˌdaɪɪ'lektrɪk] ⚡ **I** *s.* Di-e'lektrikum *n*; **II** *adj.* (☐ **~ally**) di-e'lektrisch: **~ strength** Spannungs-, Durchschlagfestigkeit *f*.

die·en·ceph·a·lon [ˌdaɪɪn'sefələn] *s.* *anat.* Zwischenhirn *n*.

di·er·e·sis → ***diaeresis***.

Die·sel ['diːzl] **I** Diesel *m* (*Motor, Fahrzeug od. Kraftstoff*); **II** *adj.* Diesel...; **die·sel·ize** ['diːzəlaɪz] *v/t.* ⚙ auf Dieselbetrieb 'umstellen.

'dieˌ**sink·er** *s.* ⚙ Werkzeugmacher *m*.

di·e·sis ['daɪɪsɪs] *pl.* **-ses** [-siːz] *s.* **1.** *typ.* Doppelkreuz *n*; **2.** ♪ Kreuz *n*.

di·es non [ˌdaɪiːz'nɒn] *s.* ⚖ gerichtsfreier Tag.

die stock *s.* ⚙ Schneidkluppe *f*.

di·et¹ ['daɪət] *s.* **1.** *parl.* a) 'Unterhaus *n* (*in Japan etc.*), b) *hist.* Reichstag *m*; **2.** ⚖ *Scot.* Ge'richtsterˌmin *m*.

di·et² ['daɪət] **I** *s.* **1.** Nahrung *f*, Ernährung *f*, (*a. fig. geistige*) Kost: ***vegetable ~*** vegetarische Kost; ***full*** (***low***) **~** reichliche (magere) Kost; **2.** ⚕ Di'ät *f*, Schon-, Krankenkost *f*: ***be*** (***put***) ***on a ~*** auf Diät gesetzt sein, Diät leben (müssen); **II** *v/t.* **3.** *j-n* auf Di'ät setzen: **~ *o.s.*** → 4; **III** *v/i.* **4.** Di'ät halten; **'di·e·tar·y** [-tərɪ] ⚕ **I** *adj.* **1.** diä'tetisch, Diät...; **II** *s.* **2.** Di'ätvorschrift *f*; **3.** 'Speise(ratiˌon) *f*.

di·e·tet·ic [ˌdaɪə'tetɪk] *adj.* (☐ **~ally**) → ***dietary*** 1; **ˌdi·e'tet·ics** [-ks] *s. pl. sg. od. pl. konstr.* ⚕ Diä'tetik *f*, Di'ätkunde *f*; **ˌdi·e'ti·tian**, **ˌdi·e'ti·cian** [-'tɪʃn] *s.* **1.** Di'ätassisˌtent(in); **2.** Diä'tetiker(in).

dif·fer ['dɪfə] *v/i.* **1.** sich unter'scheiden, verschieden sein, abweichen (***from*** von); **2.** (*mst* ***with***, *a.* ***from***) nicht über'einstimmen (mit), anderer Meinung sein (als): ***I beg to ~*** ich bin (leider) anderer Meinung; **3.** uneinig sein (***on*** über *acc.*); → ***agree*** 2; **dif·fer·ence** ['dɪfrəns] *s.* **1.** 'Unterschied *m*, Verschiedenheit *f*: **~ *in price*** Preisunterschied; **~ *of opinion*** Meinungsverschiedenheit; ***that makes a*** (***great***) **~** a) das macht et. (*od.* viel) aus, b) das ändert die Sache; ***it made all the ~*** das änderte die Sache vollkommen; ***it makes no ~*** (***to me***) es ist (mir) gleich(gültig); ***what's the ~?*** was macht es schon aus?; **2.** 'Unterschied *m*, unter'scheidendes Merkmal: ***the ~ between him and his brother***; **3.** 'Unterschied *m* (*in Menge*), Diffe'renz *f* (*a.* ✝, ⩕): ***split the ~*** a) sich in die Differenz teilen, b) e-n Kompromiss schließen; **4.** Besonderheit *f*: ***a film with a ~*** ein Film (von) ganz besonderer Art *od.* ‚mit Pfiff'; ***holidays with a ~*** Ferien ‚mal anders'; **5.** Meinungsverschiedenheit *f*, Diffe'renz *f*; **dif·fer·ent** ['dɪfrənt] *adj.* ☐ **1.** (***from***, *a.* ***to***) verschieden (von), abweichend (von); anders (*pred.* als), ander (*attr.* als): ***in two ~ countries*** in zwei verschiedenen Ländern; ***that's a ~ matter*** das ist etwas anderes; ***at ~ times*** verschiedentlich, mehrmals; **2.** außergewöhnlich, besonder.

dif·fer·en·tial [ˌdɪfə'renʃl] **I** *adj.* ☐ **1.** 'unterschiedlich, charakte'ristisch, Unterscheidungs...; **2.** ⚙, ⚡, ⩕, *phys.* Differenzial...; **3.** ✝ gestaffelt, Differenzial..., Staffel...: **~ *tariff*;** **II** *s.* **4.** ⚙, *mot.* Differenzi'al-, Ausgleichsgetriebe *n*; **5.** ⩕ Differenzi'al *n*; **6.** ('Preis-, 'Lohn- *etc.*)Gefälle *n*, (-)Diffeˌrenz *f*; **~ cal·cu·lus** *s.* ⩕ Differenzi'alrechnung *f*; **~ du·ty** *s.* ✝ Differenzi'alzoll *m*; **~ gear** *s.* ⚙ Differenzi'al-, Ausgleichsgetriebe *n*; **~ rate** *s.* ✝ 'Ausnahmetaˌrif *m*.

dif·fer·en·ti·ate [ˌdɪfə'renʃɪeɪt] **I** *v/t.* **1.** einen 'Unterschied machen zwischen (*dat.*), unter'scheiden; **2.** vonein'ander abgrenzen; unter'scheiden, trennen (***from*** von): ***be ~d*** → 4; **II** *v/i.* **3.** e-n 'Unterschied machen, unter'scheiden, differenzieren (***between*** zwischen *dat.*); **4.** sich unter'scheiden *od.* entfernen; sich verschieden entwickeln; **dif·fer·en·ti·a·tion** [ˌdɪfərenʃɪ'eɪʃn] *s.* Differenzierung *f*: a) Unter'scheidung *f*, b) (Auf)Teilung *f*, c) Spezialisierung *f*, d) ⩕ Ableitung *f*.

dif·fi·cult ['dɪfɪkəlt] *adj.* **1.** schwierig, schwer; **2.** beschwerlich, mühsam; **3.** schwierig, schwer zu behandeln(d); **'dif·fi·cul·ty** [-tɪ] *s.* **1.** Schwierigkeit *f*: a) Mühe *f*: ***with ~*** schwer, mühsam; ***have*** (*od.* ***find***) **~ *in doing s.th.*** et. schwierig (zu tun) finden, b) schwierige Sache, c) Hindernis *n*, 'Widerstand *m*: ***make difficulties*** Schwierigkeiten bereiten; **2.** *oft pl.* (*a.* Geld)Schwierigkeiten *pl.*, (-)Verlegenheit *f*.

dif·fi·dence ['dɪfɪdəns] *s.* Schüchternheit *f*, mangelndes Selbstvertrauen; **'dif·fi·dent** [-nt] *adj.* ☐ schüchtern, ohne Selbstvertrauen, scheu: ***be ~ about doing*** sich scheuen zu tun, *et.* nur zaghaft *od.* zögernd tun.

dif·fract [dɪ'frækt] *v/t. phys.* beugen; **dif'frac·tion** [-kʃn] *s. phys.* Beugung *f*, Diffrakti'on *f*.

dif·fuse [dɪ'fjuːz] **I** *v/t.* **1.** ausgießen, -schütten; **2.** *bsd. fig.* verbreiten; **3.** ⚗, *phys.*, *opt.* diffundieren: a) zerstreuen, b) vermischen, c) durch'dringen; **II** *v/i.* **4.** sich verbreiten; **5.** ⚗, *phys.* diffundieren: a) sich zerstreuen, b) sich vermischen, c) eindringen; **III** *adj.* [dɪ'fjuːs] ☐ **6.** dif'fus: a) weitschweifig, langatmig, b) unklar (*Gedanken etc.*), c) ⚗, *phys.* zerstreut: **~ light** diffuses Licht; **7.** *fig.* verbreitet; **dif·fus·i·bil·i·ty** [dɪˌfju:zəˈbɪlətɪ] *s. phys.* Diffusiˈonsvermögen *n*; **difˈfus·i·ble** [-zəbl] *adj. phys.* diffusiˈonsfähig; **dif·fu·sion** [dɪˈfju:ʒn] *s.* **1.** Ausgießen *n*; **2.** *fig.* Verbreitung *f*; **3.** Weitschweifigkeit *f*; **4.** ⚗, *phys., a. sociol.* Diffusiˈon *f*; **dif·fu·sive** [dɪˈfju:sɪv] *adj.* ☐ **1.** *bsd. fig.* sich verbreitend; **2.** *fig.* weitschweifig; **3.** ⚗, *phys.* Diffusions...; **dif·fu·sive·ness** [dɪˈfju:sɪvnɪs] *s.* **1.** *phys.* Diffusiˈonsfähigkeit *f*; **2.** *fig.* Weitschweifigkeit *f.*

dig [dɪg] **I** *s.* **1.** Grabung *f*; **2.** F (archäoˈlogische) Ausgrabung(sstätte); **3.** F Puff *m*, Stoß *m*: **~ in the ribs** Rippenstoß; **4.** F *fig.* (Seiten)Hieb *m* (**at** auf *j-n*); **5.** *Am.* F ‚Büffler' *m*; **6.** *pl. Brit.* F ‚Bude' *f*, (*bsd. Studenten*)Zimmer *n*; **II** *v/t.* [*irr.*] **7.** *Loch etc.* graben; *Boden* ˈumgraben; *Bodenfrüchte* ausgraben; **8.** *fig.* ‚ausgraben', ans Tageslicht bringen, herˈausfinden; **9.** F *j-m* e-n Stoß geben: **~ spurs into a horse** e-m Pferd die Sporen geben; **10.** F a) ‚kapieren', b) ‚stehen auf', ein ‚Fan' sein von, c) sich ansehen *od.* anhören; **III** *v/i.* [*irr.*] **11.** graben (**for** nach); **12.** *fig.* a) forschen (**for** nach), b) sich gründlich beschäftigen (**into** mit); **13. ~ into** F a) ‚reinhauen' in *e-n Kuchen etc.*, b) sich einarbeiten in (*acc.*); **14.** *Am. sl.* ‚büffeln', ‚ochsen';

Zssgn mit adv.:

dig in **I** *v/t.* **1.** eingraben (*a. fig.*); **2. dig o.s. in** sich eingraben, *fig. a.* sich verschanzen; **II** *v/i.* **3.** ⚔ sich eingraben, sich verschanzen; **~ out** *v/t.* **1.** ausgraben; **2.** → **dig** 8; **~ up** *v/t.* **1.** ˈum-, ausgraben; **2.** → **dig** 8.

di·gest [dɪˈdʒest] **I** *v/t.* **1.** *Speisen* verdauen; **2.** *fig.* verdauen: a) (innerlich) verarbeiten, überˈdenken, in sich aufnehmen, b) ertragen, verwinden; **3.** ordnen, einteilen; **4.** ⚗ digerieren, ausziehen, auflösen; **II** *v/i.* **5.** sich verdauen lassen: **~ well** leicht verdaulich sein; **6.** ⚗ sich auflösen; **III** *s.* [ˈdaɪdʒest] **7.** (**of**) a) Auslese *f* (*a. Zeitschrift*), Auswahl *f* (aus), b) Abriss *m* (*gen.*), ˈÜberblick *m* (über *acc.*); **8.** ⚖ systematisierte Sammlung von Gerichtsentscheidungen; **diˈgest·i·ble** [-təbl] *adj.* ☐ verdaulich, bekömmlich; **diˈges·tion** [-tʃən] *s.* **1.** Verdauung *f*: **easy of ~** leicht verdaulich; **2.** *fig.* (innerliche) Verarbeitung; **diˈges·tive** [-tɪv] **I** *adj.* ☐ **1.** verdauungsfördernd; **2.** bekömmlich; **3.** Verdauungs... (*-apparat, -trakt etc.*); **II** *s.* **4.** verdauungsförderndes Mittel.

dig·ger [ˈdɪgə] *s.* **1.** Gräber(in); **2.** → **gold digger**; **3.** ˈGrabgerät *n*, -maˌschine *f*; **4.** Erdarbeiter *m*; **5.** *a.* **~ wasp** Grabwespe *f*; **6.** *sl.* Auˈstralier *m od.* Neuˈseeländer *m*; ˈ**dig·gings** [-gɪŋz] *s. pl.* **1.** *sg. od. pl. konstr.* Goldbergwerk *n*; **2.** Aushub *m* (*Erde*); **3.** → **dig** 6.

dig·it [ˈdɪdʒɪt] *s.* **1.** *anat., zo.* Finger *m od.* Zehe *f*; **2.** Fingerbreite *f* (*Maß*); **3.** *ast.* astroˈnomischer Zoll (*1/12 des Sonnen- od. Monddurchmessers*); **4.** ⩓ a) eine der Ziffern von 0 bis 9, Einer *m*, b) Stelle *f*: **three-~ number** dreistellige Zahl; ˈ**dig·it·al** [-tl] **I** *adj.* **1.** Finger...; **2.** *EDV, Computer etc.* digiˈtal, Digital...: **~ clock**; **~ display** Digitalanzeige *f*; **~ recording** Digitalaufzeichnung *f*; **~ technology** Digitaltechnik; **~ly remastered** digital reˈmastered; **II** *s.* **3.** ♪ Taste *f*; **dig·i·tal·is** [ˌdɪdʒɪˈteɪlɪs] *s.* **1.** ⚘ Fingerhut *m*; **2.** ✱ Digiˈtalis *n*; ˈ**dig·i·tate**, ˈ**dig·i·tat·ed** [-teɪt(ɪd)] *adj.* **1.** ⚘ gefingert, handförmig; **2.** *zo.* gefingert; ˈ**dig·i·tize** *v/t. EDV etc.*: digitaliˈsieren.

dig·ni·fied [ˈdɪgnɪfaɪd] *adj.* würdevoll, würdig; **dig·ni·fy** [ˈdɪgnɪfaɪ] *v/t.* **1.** ehren, auszeichnen; Würde verleihen (*dat.*); **2.** zieren, schmücken; **3.** hochtrabend benennen.

dig·ni·tar·y [ˈdɪgnɪtərɪ] *s.* **1.** Würdenträger *m*; **2.** *eccl.* Präˈlat *m*; **dig·ni·ty** [ˈdɪgnɪtɪ] *s.* **1.** Würde *f*, würdevolles Auftreten; **2.** Würde *f*, (hoher) Rang, *a.* Ansehen *n*: **beneath my ~** unter m-r Würde; **stand on one's ~** sich nichts vergeben wollen; **3.** *fig.* Größe *f*: **~ of soul** Seelengröße, -adel *m*.

di·graph [ˈdaɪgrɑ:f] *s. ling.* Diˈgraph *m* (*Verbindung von zwei Buchstaben zu einem Laut*).

di·gress [daɪˈgres] *v/i.* abschweifen; **diˈgres·sion** [-eʃn] *s.* Abschweifung *f*; **diˈgres·sive** [-sɪv] *adj.* ☐ **1.** abschweifend; **2.** abwegig.

digs [dɪgz] → **dig** 6.

di·he·dral [daɪˈhi:drəl] **I** *adj.* **1.** diˈedrisch, zweiflächig: **~ angle** ⩓ Flächenwinkel *m*; **2.** ✈ V-förmig; **II** *s.* **3.** ⩓ Diˈeder *m*, Zweiflächner *m*; **4.** ✈ V-Form *f*, V-Stellung *f*.

dike[1] [daɪk] **I** *s.* **1.** Deich *m*, Damm *m*; **2.** Erdwall *m*, erhöhter Fahrdamm; **3.** *a. fig.* Schutzwall *m*, *fig.* Bollwerk *n*; **4.** a) Graben *m*, b) Wasserlauf *m*; **5.** *a.* **~ rock** *geol.* Gangstock *m*; **II** *v/t.* **6.** eindämmen, -deichen.

dike[2] [daɪk] *v/t. a.* **~ out** *od.* **up** *Am.* F aufputzen.

dike[3] [daɪk] *s. sl.* ‚Lesbe' *f*.

dik·tat [dɪkˈtɑ:t] *s.* (*Ger.*) *pol.* Dikˈtat *n*.

di·lap·i·date [dɪˈlæpɪdeɪt] **I** *v/t.* **1.** *Haus etc.* verfallen lassen; **2.** vergeuden; **II** *v/i.* **3.** verfallen, baufällig werden; **diˈlap·i·dat·ed** [-tɪd] *adj.* **1.** verfallen, baufällig; **2.** klapp(e)rig (*Auto etc.*); **di·lap·i·da·tion** [dɪˌlæpɪˈdeɪʃn] *s.* **1.** Ver-

D

fall *m*, Baufälligkeit *f*; **2.** *geol.* Verwitterung *f*; **3.** *pl. Brit.* notwendige Repara'turen (*zu Lasten des Mieters*).

di·lat·a·bil·i·ty [daɪˌleɪtə'bɪlətɪ] *s. phys.* Dehnbarkeit *f*, (Aus)Dehnungsvermögen *n*; **di·lat·a·ble** [daɪ'leɪtəbl] *adj. phys.* (aus)dehnbar.

dil·a·ta·tion [ˌdaɪleɪ'teɪʃn] *s.* **1.** *phys.* Ausdehnung *f*; **2.** ⚕ Erweiterung *f*.

di·late [daɪ'leɪt] **I** *v/t.* **1.** (aus)dehnen, (aus)weiten, erweitern: ***with ~d eyes*** mit aufgerissenen Augen; **II** *v/i.* **2.** sich (aus)dehnen *od.* (aus)weiten *od.* erweitern; **3.** *fig.* sich (ausführlich) verbreiten *od.* auslassen (**[up]on** über *acc.*); **di'la·tion** [-eɪʃn] → ***dilatation***; **di'la·tor** [-tə] *s.* Di'lator *m*: a) *anat.* Dehnmuskel *m*, b) ⚕ Dehnsonde *f*.

dil·a·to·ri·ness ['dɪlətərɪnɪs] *s.* Saumseligkeit *f*, Verschleppung *f*; **dil·a·to·ry** ['dɪlətərɪ] *adj.* ☐ **1.** aufschiebend (*a.* ⚖), verzögernd, 'hinhaltend, Verzögerungs..., Verschleppungs..., Hinhalte...: ***~ tactics***; **2.** langsam, saumselig.

dil·do ['dɪldəʊ] *s.* Godemi'ché *m* (*künstlicher Penis*).

di·lem·ma [dɪ'lemə] *s.* Di'lemma *n*, Zwangslage *f*, Klemme *f*: ***on the horns of a ~*** in e-r Zwickmühle.

dil·et·tan·te [ˌdɪlɪ'tæntɪ] **I** *pl.* **-ti** [-tiː], **-tes** [-tɪz] *s.* **1.** Dilet'tant(in): a) Nichtfachmann *m*, Ama'teur(in), b) *contp.* Stümper(in); **2.** Kunstliebhaber(in); **II** *adj.* **3.** → ˌ**dil·et'tant·ish** [-tɪʃ] *adj.* ☐ dilet'tantisch; ˌ**dil·et'tant·ism** [-tɪzəm] *s.* Dilettan'tismus *m*.

dil·i·gence[1] ['dɪlɪʒɑ̃ːns] (*Fr.*) *s. hist.* Postkutsche *f*.

dil·i·gence[2] ['dɪlɪdʒəns] *s.* Fleiß *m*, Eifer *m*; *a.* ⚖ Sorgfalt *f*; '**dil·i·gent** [-nt] *adj.* ☐ **1.** fleißig, emsig; **2.** sorgfältig, gewissenhaft.

dill [dɪl] *s.* ⚘ Dill *m*, Gurkenkraut *n*.

dil·ly-dal·ly ['dɪlɪdælɪ] *v/i.* F **1.** die Zeit vertrödeln, (her'um)trödeln; **2.** zaudern, schwanken.

dil·u·ent ['dɪljʊənt] **I** *adj.* ⚗ verdünnend; **II** *s.* ⚕ Verdünnungsmittel *n*.

di·lute [daɪ'ljuːt] **I** *v/t.* **1.** verdünnen, *bsd.* wässern; **2.** *Farben* dämpfen; **3.** *fig.* (ab)schwächen, verwässern: ***~ labo(u)r*** *Facharbeit in Arbeitsgänge zerlegen, deren Ausführung nur geringe Fachkenntnisse erfordert*; **II** *adj.* **4.** verdünnt; **5.** *fig.* (ab)geschwächt, verwässert; **di'lut·ed** [-tɪd] *adj.* → ***dilute*** II; **dil·u·tee** [ˌdaɪljuː'tiː] *s. zwischen dem angelernten u. dem Facharbeiter stehender Beschäftigter*; **di·lu·tion** [daɪ'luːʃn] *s.* **1.** Verdünnung *f*, Verwässerung *f*; **2.** verdünnte Lösung; **3.** *fig.* Abschwächung *f*, Verwässerung *f*: ***~ of labo(u)r*** *Zerlegung von Facharbeit in Arbeitsgänge, deren Ausführung nur geringe Fachkenntnisse erfordert.*

di·lu·vi·al [daɪ'luːvjəl], **di'lu·vi·an** [-jən] *adj.* **1.** *geol.* diluvi'al, Eiszeit...; **2.** Überschwemmungs...; **3.** (Sint)Flut...; **di'lu·vi·um** [-jəm] *s. geol.* Di'luvium *n*.

dim [dɪm] **I** *adj.* ☐ **1.** (halb)dunkel, düster, trübe (*a. fig.*); **2.** undeutlich, verschwommen, schwach; **3.** blass, matt (*Farbe*); **4.** F schwer von Begriff; **II** *v/t.* **5.** verdunkeln, verdüstern; trüben; **6.** *a.* ***~ out*** *Licht* abblenden, dämpfen; **7.** mattieren; **III** *v/i.* **8.** sich verdunkeln; **9.** matt *od.* trübe werden; **10.** undeutlich werden; verblassen (*a. fig.*).

dime [daɪm] *s. Am.* Zehn'centstück *n*; *fig.* Groschen *m*: ***~ novel*** Groschenroman *m*; ***~ store*** billiges Warenhaus; ***they are a ~ a dozen*** a) sie sind spottbillig, b) es gibt jede Menge davon.

di·men·sion [dɪ'menʃn] **I** *s.* **1.** Dimensi'on *f* (*a.* ⩕): a) Abmessung *f*, Maß *n*, Ausdehnung *f*, b) *pl. oft fig.* Ausmaß *n*, Größe *f*, 'Umfang *m*: ***of vast ~s*** riesengroß; **II** *v/t.* **2.** bemessen, dimensionieren: ***amply ~ed***; **3.** mit Maßangaben versehen: ***~ed sketch*** Maßskizze *f*; **di'men·sion·al** [-ʃənl] *adj. mst in Zssgn* dimensio'nal.

di·min·ish [dɪ'mɪnɪʃ] **I** *v/t.* **1.** vermindern (*a.* ♪), verringern; **2.** verkleinern (*a.* ⩕), her'absetzen (*a. fig.*); **3.** (ab-)schwächen; **4.** ⚠ verjüngen; **II** *v/i.* **5.** sich vermindern, abnehmen: ***~ in value*** an Wert verlieren.

dim·i·nu·tion [ˌdɪmɪ'njuːʃn] *s.* **1.** Verminderung *f*, Verringerung *f*; Verkleinerung *f* (*a.* ♪); **2.** Abnahme *f*; **3.** ⚠ Verjüngung *f*; **di·min·u·ti·val** [dɪˌmɪnjʊ'taɪvl] *adj.* ☐ → ***diminutive*** 2; **di·min·u·tive** [dɪ'mɪnjʊtɪv] **I** *adj.* ☐ **1.** klein, winzig; **2.** *ling.* Diminutiv..., Verkleinerungs...; **II** *s.* **3.** *ling.* Diminu'tiv(um) *n*, Verkleinerungsform *f od.* -silbe *f*.

dim·i·ty ['dɪmɪtɪ] *s.* Dimity *m*, Barchentköper *m*.

dim·mer ['dɪmə] *s.* **1.** Dimmer *m* (*Helligkeitseinsteller*); **2.** *pl. mot.* a) Abblendlicht *n*, b) Standlicht *n*: ***~ switch*** Abblendschalter *m*; **dim·ness** ['dɪmnɪs] *s.* **1.** Dunkelheit *f*, Düsterkeit *f*; **2.** Mattheit *f*; **3.** Undeutlichkeit *f*.

di·mor·phic [daɪ'mɔːfɪk], **di'mor·phous** [-fəs] *adj.* di'morph, zweigestaltig.

'**dim-out** *s.* ⚔ Teilverdunkelung *f*.

dim·ple ['dɪmpl] **I** *s.* **1.** Grübchen *n* (*Wange*); **2.** Vertiefung *f*; **3.** Kräuselung *f* (*Wasser*); **II** *v/t.* **4.** Grübchen machen in (*acc.*); **5.** *Wasser* kräuseln; **III** *v/i.* **6.** Grübchen bekommen; **7.** sich kräuseln (*Wasser*); '**dim·pled** [-ld], '**dimp·ly** [-lɪ] *adj.* **1.** mit Grübchen; **2.** gekräuselt (*Wasser*).

ˌ**dim-'wit·ted** *adj. sl.* ‚dämlich'.

din [dɪn] **I** *s.* **1.** Lärm *m*, Getöse *n*; **2.** Geklirr *n* (*Waffen*), Gerassel *n*; **II** *v/t.*

3. *durch Lärm* betäuben; **4.** *et.* dauernd (vor)predigen: ***~ s.th. into s.o.('s ears)*** j-m et. einhämmern; **III** *v/i.* **5.** lärmen; **6.** dröhnen (***with*** von).

dine [daɪn] **I** *v/i.* **1.** speisen, essen: ***~ in (out)*** zu Hause (auswärts) essen; ***~ off*** (*od.* ***on***) ***roast beef*** Rostbraten essen; **II** *v/t.* **2.** *j-n* bei sich zu Gast haben, bewirten; **3.** für ... *Personen* Platz zum Essen haben, fassen (*Zimmer, Tisch*); **'din·er** [-nə] *s.* **1.** Tischgast *m*; **2.** 🚃 Speisewagen *m*; **3.** *Am.* Imbissstube *f*, 'Esslo,kal *n*.

di·nette [daɪ'net] *s.* Essecke *f*.

ding [dɪŋ] **I** *v/t.* **1.** läuten; **2.** → ***din*** 4; **II** *v/i.* **3.** läuten.

ding·dong [ˌdɪŋ'dɒŋ] **I** *s.* Bimbam *n*; **II** *adj.*: ***a ~ fight*** ein hin u. her wogender Kampf.

din·ghy ['dɪŋgɪ] *s.* **1.** ⚓ a) Dingi *n*, b) Beiboot *n*; **2.** Schlauchboot *n*.

din·gi·ness ['dɪndʒɪnɪs] *s.* **1.** trübe *od.* schmutzige Farbe; **2.** Schmuddeligkeit *f*; **3.** Schäbigkeit *f* (*a. fig.*); **4.** *fig.* Anrüchigkeit *f*.

din·gle ['dɪŋgl] *s.* Waldschlucht *f*.

din·go ['dɪŋgəʊ] *pl.* **-goes** *s. zo.* Dingo *m* (*Wildhund Australiens*).

ding·us ['dɪŋgəs] *s. Am. sl.* **1.** Dingsda *n*; **2.** ‚Ding' *n* (*Penis*).

din·gy ['dɪndʒɪ] *adj.* □ **1.** schmutzig, schmuddelig; **2.** schäbig (*a. fig.*); **3.** *fig.* anrüchig.

din·ing| car ['daɪnɪŋ] *s.* 🚃 Speisewagen *m*; **~ hall** *s.* Speisesaal *m*; **~ room** *s.* Speise-, Esszimmer *n*; **~ ta·ble** *s.* Esstisch *m*.

dink [dɪŋk] *s.* **1.** ***dinks*** *pl.* → ***dinkies***; **2.** *Am. contp.* Vietna'mese *m*, -'mesin *f*; **din·kies** ['dɪŋkiːz] *s. pl.* (*double income no kids*) kinderlose Doppelverdiener *pl.*

din·kum ['dɪŋkəm] *adj. Austral.* F re'ell: ***~ oil*** die volle Wahrheit.

dink·y ['dɪŋkɪ] **I** *adj.* F **1.** *Brit.* zierlich, niedlich, nett; **2.** *Am.* klein; **II** *s.* F *gut verdienende(r) Partner(in) in e-r kinderlosen Partnerschaft*; → ***dinkies***.

din·ner ['dɪnə] *s.* **1.** Hauptmahlzeit *f*, Mittag-, Abendessen *n*: ***after ~*** nach dem Essen, nach Tisch; ***be at ~*** bei Tisch sein; ***stay for*** (*od.* ***to***) ***~*** zum Essen bleiben; ***~ is ready*** es (*od.* das Essen) ist angerichtet; ***what are we having for ~?*** was gibt es zum Essen?; **2.** Di'ner *n*, Festessen *n*: ***at a ~*** bei *od.* auf e-m Diner; **~ coat** *s. bsd. Am.* Smoking *m*; **~ dance** *s.* Abendgesellschaft *f* mit Tanz; **~ jack·et** *s.* Smoking *m*; **~ pail** *s. Am.* Essgefäß *n*; **~ par·ty** *s.* Tisch-, Abendgesellschaft *f*; **~ serv·ice**, **~ set** *s.* 'Speiseser,vice *n*, Tafelgeschirr *n*; **~ ta·ble** *s.* Esstisch *m*; **~ time** *s.* Tischzeit *f*; **~ wag·on** *s.* Servierwagen *m*.

di·no·saur ['daɪnəʊsɔː] *s. zo.* Dino'saurier *m*.

dint [dɪnt] **I** *s.* **1.** Beule *f*, Delle *f*; **2.** Strieme *f*; **3.** ***by ~ of*** kraft, vermöge, mittels (*alle gen.*); **II** *v/t.* **4.** einbeulen.

di·oc·e·san [daɪ'ɒsɪsn] *eccl.* **I** *adj.* Diözesan...; **II** *s.* (Diöze'san)Bischof *m*; **di·o·cese** ['daɪəsɪs] *s.* Diö'zese *f*.

di·ode ['daɪəʊd] *s.* ⚡ **1.** Di'ode *f*, Zweipolröhre *f*; **2.** Kri'stalldi,ode *f*.

Di·o·nys·i·ac [ˌdaɪə'nɪzɪæk], **Di·o'ny·sian** [-zɪən] *adj.* dio'nysisch.

di·op·ter *Am.*, *Brit.* **di·op·tre** [daɪ'ɒptə] *s. phys.* Diop'trie *f*; **di'op·tric** [-trɪk] *phys.* **I** *adj.* **1.** di'optrisch, lichtbrechend; **II** *s.* **2.** → ***diopter***; **3.** *pl. sg. konstr.* Di'optrik *f*, Brechungslehre *f*.

di·o·ra·ma [ˌdaɪə'rɑːmə] *s.* Dio'rama *n* (*plastisch wirkendes Schaubild*).

Di·os·cu·ri [ˌdaɪəʊ'skjʊəraɪ] *s. pl.* Dios'kuren *pl.* (*Castor u. Pollux*).

di·ox·ide [daɪ'ɒksaɪd] *s.* 'Dio,xid *n*.

dip [dɪp] **I** *v/t.* **1.** (ein)tauchen (***in***, ***into*** in *acc.*): ***~ one's hand into one's pocket*** in die Tasche greifen (*a. fig. Geld ausgeben*); **2.** färben; **3.** *Schafe etc.* dippen (*Desinfektionsbad*); **4.** *Kerzen* ziehen; **5.** ⚓ *Flagge* (zum Gruß) dippen, auf- u. niederholen; **6.** *a.* ***~ up*** schöpfen (***from***, ***out of*** aus); **7.** *mot. Scheinwerfer* abblenden; **II** *v/i.* **8.** 'unter-, eintauchen; **9.** sich senken *od.* neigen (*Gelände*, *Waage*, *Magnetnadel*); **10.** ⚒ ab-, einfallen; **11.** nieder- u. wieder auffliegen; **12.** ✈ vor dem Steigen tiefer gehen; **13.** *fig.* hin'eingreifen: ***~ into*** a) e-n Blick werfen in (*acc.*), sich flüchtig befassen mit, b) *Reserven* angreifen; ***~ into one's purse*** (*od.* ***pocket***) (tief) in die Tasche greifen; ***~ deep into the past*** die Vergangenheit erforschen; **III** *s.* **14.** Eintauchen *n*; **15.** kurzes Bad(en); **16.** ⚙ Farbbad *n*; Tauchbad *n*: ***~ brazing*** Tauchlöten *n*; **17.** Desinfekti'onsbad *n* (*Schafe*); **18.** geschöpfte Flüssigkeit; **19.** *Am.* F Tunke *f*, Soße *f*; **20.** (gezogene) Kerze; **21.** Neigung *f*, Senkung *f*, Gefälle *n*; Neigungswinkel *m*; **22.** *geol.* Abdachung *f*; Einfallen *n*, Versinken *n*; **23.** schnelles Hin'ab(- u. Hin'auf)Fliegen; **24.** ✈ plötzliches Tiefergehen vor dem Steigen; **25.** ⚓ Dippen *n* (*kurzes Niederholen der Flagge*); **26.** *fig.* flüchtiger Blick, ‚Ausflug' *m* (*in die Politik etc.*); **27.** Angreifen *n* (***into*** *e-s Vorrats etc.*); **28.** *sl.* Taschendieb *m*.

diph·the·ri·a [dɪf'θɪərɪə] *s.* ⚕ Diphthe'rie *f*.

diph·thong ['dɪfθɒŋ] *s. ling.* **1.** Diph'thong *m*, 'Doppelvo,kal *m*; **2.** *die Ligatur æ od. œ*; **diph·thon·gal** [dɪf'θɒŋgl] *adj. ling.* diph'thongisch; **diph·thong·i·za·tion** [ˌdɪfθɒŋgaɪ'zeɪʃn] *s. ling.* Diphthongierung *f*.

di·ple·gi·a [daɪ'pliːdʒɪə] *s.* ⚕ Diple'gie *f*, doppelseitige Lähmung.

di·plo·ma [dɪ'pləʊmə] *s.* Di'plom *n*, (*a.* Ehren-, Sieger)Urkunde *f*; **di'plo·ma·cy** [-əsɪ] *s. pol., a. fig.* Diploma'tie *f*; **di'plo·maed** [-məd] *adj.* diplomiert, Diplom...; **dip·lo·mat** ['dɪpləmæt] *s. pol., a. fig.* Diplo'mat *m*; **dip·lo·mat·ic** [ˌdɪplə'mætɪk] *adj.* (☐ **~ally**) **1.** *pol.* diplo'matisch (*a. fig.*): **~ body** (*od.* **corps**) diplomatisches Korps; **~ service** diplomatischer Dienst; **2.** urkundlich; **dip·lo·mat·ics** [ˌdɪplə'mætɪks] *s. pl. sg. konstr.* Diplo'matik *f*, Urkundenlehre *f*; **di'plo·ma·tist** [-ətɪst] → **diplomat**; **di'plo·ma·tize** [-ətaɪz] *v/i.* diplo'matisch vorgehen.

di·po·lar [daɪ'pəʊlə] *adj.* ⚡ zweipolig; **di·pole** ['daɪpəʊl] *s.* Dipol *m*.

dip·per ['dɪpə] *s.* **1.** *orn.* Taucher *m*; **2.** Schöpflöffel *m*; **3.** ⚙ a) Baggereimer *m*, b) Bagger *m*; **4.** ⚙ Färber *m*, Beizer *m*; **5.** *ast.* ♎, **Big** ♎ *Am.* Großer Bär; **Little** ♎ *Am.* Kleiner Bär; **6.** *s. eccl. obs.* 'Wiedertäufer *m*; **~ dredg·er** *s.* Löffelbagger *m*.

dip·ping ['dɪpɪŋ] *s.* **1.** ⚙ (Tauch)Bad *n*; **2.** *in Zssgn* Tauch...: **~ electrode**; **~ compass** Inklinationskompass *m*; **~ rod** Wünschelrute *f*.

dip·so·ma·ni·a [ˌdɪpsəʊ'meɪnjə] *s.* ⚕ Dipsoma'nie *f* (*periodisch auftretende Trunksucht*); ˌ**dip·so'ma·ni·ac** [-nɪæk] *s.* Dipso'mane *m*, Dipso'manin *f*.

'dip|·stick *s. mot.* (Öl- *etc.*)Messstab *m*; **~ switch** *s. mot. Brit.* Abblendschalter *m*.

dip·ter·a ['dɪptərə] *s. pl. zo.* Zweiflügler *pl.*; **'dip·ter·al** [-rəl], **'dip·ter·ous** [-rəs] *adj.* zweiflügelig.

dip·tych ['dɪptɪk] *s.* Diptychon *n*.

dire ['daɪə] *adj.* **1.** grässlich, entsetzlich, schrecklich; **2.** unheilvoll; **3.** äußerst, höchst: **be in ~ need of** *et.* ganz dringend brauchen.

di·rect [dɪ'rekt] **I** *v/t.* **1.** lenken, leiten, führen; beaufsichtigen; ♪ dirigieren; *Film, TV*: Re'gie führen bei: **~ed by** unter der Regie von; **2.** *Aufmerksamkeit, Blicke* richten, lenken (**to, towards** auf *acc.*): **be ~ed to doing s.th.** darauf abzielen, et. zu tun (*Verfahren etc.*); **3.** *Worte etc.* richten, *Brief* richten, adressieren (**to** an *acc.*); **4.** anweisen, beauftragen; (An)Weisung geben (*dat.*): **~ the jury as to the law** ⚖ den Geschworenen Rechtsbelehrung erteilen; **5.** anordnen, verfügen, bestimmen: **~ s.th. to be done** anordnen, dass et. geschieht; **as ~ed** nach Vorschrift, laut Anordnung; **6.** befehlen; **7.** (**to**) den Weg zeigen (nach, zu), verweisen (an *acc.*); **II** *v/i.* **8.** befehlen, bestimmen; **9.** ♪ dirigieren; *Film, TV*: Re'gie führen; **III** *adj.* ☐ → **directly**; **10.** di'rekt, gerade; **11.** di'rekt, unmittelbar (*a.* ⚙, ✝, *phys., pol.*): **~ action** *pol.* direkte Aktion; **~ advertising** Werbung *f* beim Konsumenten; **~ costing** ✝ *Am.* Grenzkostenrechnung *f*; **~ current** ⚡ Gleichstrom *m*; **~ dial(l)ing** *teleph.* Durchwahl *f*; **~ debiting** Einzugsverfahren *n*; **~-debit mandate** Einzugsermächtigung *f*; **~ distance dialing** *teleph. Am.* Selbstwählfernverkehr *m*; **~ evidence** ⚖ unmittelbarer Beweis; **~ hit** Volltreffer *m*; **~ line** a) direkte (Abstammungs)Linie, b) *teleph.* 'Durchwahl *f*; **~ method** direkte Methode (*Sprachunterricht*); **the ~ opposite** das genaue Gegenteil; **~ responsibility** persönliche Verantwortung; **~ selling** ✝ Direktverkauf *m*; **~ taxes** direkte Steuern; **~ train** durchgehender Zug; **12.** gerade, offen, deutlich: **~ answer**; **~ question**; **13.** *ling.* **~ method** direkte Methode; **~ object** direktes Objekt; **~ speech** direkte Rede; **14.** *ast.* rechtläufig; **IV** *adv.* **15.** di'rekt, unmittelbar (**to** zu, an *acc.*).

di·rec·tion [dɪ'rekʃn] *s.* **1.** Richtung *f* (*a.* ⚙, *phys., fig.*): **sense of ~** Orts-, Orientierungssinn *m*; **in the ~ of** in (der) Richtung nach *od.* auf (*acc.*); **in all ~s** nach allen Richtungen *od.* Seiten; **in many ~s** in vieler Hinsicht; **2.** Leitung *f*, Führung *f*, Lenkung *f*: **under his ~** unter s-r Leitung; **3.** Leitung *f*, Direkti'on *f*, Direk'torium *n*; **4.** *Film, TV*: Re'gie *f*; **5.** *mst pl.* (An)Weisung *f*, Anleitung *f*, Belehrung *f*, Anordnung *f*, Vorschrift *f*, Richtlinie *f*: **by ~ of** auf Anordnung von; **give ~s** Anweisungen *od.* Vorschriften geben; **~s for use** Gebrauchsanweisung; **full ~s inside** genaue Anweisung(en) anbei; **6.** Anschrift *f*, A'dresse *f* (*Brief*).

di·rec·tion·al [dɪ'rekʃənl] *adj.* **1.** Richtungs...; **2.** ⚡ a) Richt..., b) Peil...; **~ aer·i·al**, *bsd. Am.* **~ an·ten·na** *s.* ⚡ 'Richtanˌtenne *f*, -strahler *m*; **~ beam** *s.* ⚡ Richtstrahl *m*; **~ ra·di·o** *s.* ⚡ **1.** Richtfunk *m*: **~ beacon** ⚓ Richtfunkfeuer *n*; **2.** Peilfunk *m*; **~ trans·mit·ter** *s.* ⚡ **1.** Richtfunksender *m*; **2.** Peilsender *m*.

di'rec·tion| find·er *s.* ⚡ (Funk)Peiler *m*, Peilempfänger *m*; **~ find·ing** *s.* a) (Funk)Peilung *f*, Richtungsbestimmung *f*, b) Peilwesen *n*: **~ set** Peilgerät *n*; **~ in·di·ca·tor** *s.* **1.** *mot.* (Fahrt)Richtungsanzeiger *m*, Blinker *m*; **2.** ✈ Kursweiser *m*.

di·rec·tive [dɪ'rektɪv] **I** *adj.* lenkend, leitend, richtungweisend; **II** *s.* Direk'tive *f*, (An)Weisung *f*, Vorschrift *f*; **di·rect·ly** [dɪ'rektlɪ] **I** *adv.* **1.** gerade, di'rekt; **2.** unmittelbar, di'rekt (*a.* ⚙): **~ proportional** direkt proportional; **~ opposed** genau entgegengesetzt; **3.** *bsd. Brit.* [F *a.* 'dreklɪ] so'fort, gleich, bald; **II** *cj.* **4.** *bsd. Brit.* [F *a.* 'dreklɪ] so'bald (als): **~**

D

D

he entered sobald er eintrat; **di'rect·ness** [-tnɪs] *s.* **1.** Di'rekt-, Geradheit *f*, gerade Richtung; **2.** Unmittelbarkeit *f*; **3.** Offenheit *f*; **4.** Deutlichkeit *f*.

di·rec·tor [dɪ'rektə] *s.* **1.** Di'rektor *m*, Leiter *m*, Vorsteher *m*; **2.** ✝ a) Di'rektor *m*: **~-general** Generaldirektor *m*, b) Mitglied *n* des Verwaltungsrats (*e-r AG*); → ***board*** 10; **3.** *Film etc.*: Regis'seur *m*; **4.** ♪ Diri'gent *m*; **5.** ⚔ Kom'mandogerät *n*; **di'rec·to·rate** [-tərət] *s.* **1.** → ***directorship***; **2.** Direk'torium *n*, Leitung *f*; **3.** ✝ a) Direk'torium *n*, b) Verwaltungsrat *m*; **di'rec·tor·ship** [-ʃɪp] *s.* Direk'torenposten *m*, -stelle *f*.

di·rec·to·ry [dɪ'rektərɪ] *s.* **1.** a) A'dressbuch *n*, b) Tele'fonbuch *n*, c) Branchenverzeichnis *n*: **~ *enquiries***, *Am.* **~ *assistance*** Telefonauskunft *f*; **2.** *eccl.* Gottesdienstordnung *f*; **3.** Leitfaden *m*; **4.** Direk'torium *n*; **5.** ♎ *hist.* Direk'torium *n* (*französische Revolution*).

di·rec·tress [dɪ'rektrɪs] *s.* Direk'torin *f*, Vorsteherin *f*, Leiterin *f*.

dire·ful ['daɪəfʊl] → ***dire***.

dirge [dɜːdʒ] *s.* Klage-, Trauerlied *n*, Totenklage *f*.

dir·i·gi·ble ['dɪrɪdʒəbl] **I** *adj.* lenkbar; **II** *s.* lenkbares Luftschiff.

dirk [dɜːk] *s.* Dolch *m*.

dirn·dl ['dɜːndl] (*Ger.*) *s.* Dirndl(kleid) *n*.

dirt [dɜːt] *s.* **1.** Schmutz *m* (*a. fig.*), Kot *m*, Dreck *m*; **2.** Staub *m*, Boden *m*, (lockere) Erde; **3.** *fig.* Plunder *m*, Schund *m*; **4.** *fig.* unflätige Reden *pl.*; Gemeinheit(en *pl.*) *f*: ***eat ~*** sich widerspruchslos demütigen; ***fling*** (*od.* ***throw***) **~ *at s.o.*** j-n in den Schmutz ziehen; ***do s.o.* ~** *sl.* j-n ganz gemein reinlegen; ***treat s.o. like ~*** j-n wie (den letzten) Dreck behandeln; **ˌ~-'cheap** *adj. u. adv.* spottbillig.

dirt·i·ness ['dɜːtɪnɪs] *s.* **1.** Schmutz *m*, Schmutzigkeit *f* (*a. fig.*); **2.** Gemeinheit *f*, Niedertracht *f*.

dirt| road *s. Am.* unbefestigte Straße; **~ track** *s. sport mot.* Aschenbahn *f*.

dirt·y ['dɜːtɪ] **I** *adj.* ☐ **1.** schmutzig, dreckig, Schmutz...: **~ *brown*** schmutzig braun; **~ *work*** a) Schmutzarbeit *f*, b) *fig.* unsauberes Geschäft, Schurkerei *f*; **2.** *fig.* gemein, niederträchtig: ***a ~ look*** ein böser Blick; ***a ~ lot*** ein Lumpenpack; **~ *trick*** Gemeinheit *f*; ***do the ~ on s.o.*** *Brit. sl.* j-n gemein behandeln; **3.** *fig.* schmutzig, unflätig, unanständig: ***a ~ mind*** schmutzige Gedanken *od.* Fantasie; **4.** schlecht, *bsd.* ⚓ stürmisch (*Wetter*); **II** *v/t.* **5.** beschmutzen, besudeln (*a. fig.*); **III** *v/i.* **6.** schmutzig werden; schmutzen.

dis·a·bil·i·ty [ˌdɪsə'bɪlətɪ] *s.* **1.** Unvermögen *n*, Unfähigkeit *f*; **2.** ⚖ Rechtsunfähigkeit *f*; **3.** Körperbeschädigung *f*, -behinderung *f*; Gebrechen *n*; Arbeits-, Erwerbsunfähigkeit *f*; Invalidi'tät *f*; ⚔ → ***disablement*** 2; **4.** Unzulänglichkeit *f*; **5.** Benachteiligung *f*, Nachteil *m*; **~ ben·e·fit** *s.* Invalidi'tätsrente *f*; **~ in·sur·ance** *s.* Inva'lidenversicherung *f*; **~ pen·sion** *s.* (Kriegs)Versehrtenrente *f*.

dis·a·ble [dɪs'eɪbl] *v/t.* **1.** unfähig machen, außer'stand setzen (***from doing s.th.*** et. zu tun); **2.** unbrauchbar *od.* untauglich machen (***for*** für, zu); **3.** ⚔ a) dienstuntauglich machen, b) kampfunfähig machen; **4.** verkrüppeln; **5.** ⚖ geschäfts- *od.* rechtsunfähig machen; **dis'a·bled** [-ld] *adj.* **1.** ⚖ geschäfts- *od.* rechtsunfähig; **2.** arbeits-, erwerbsunfähig, inva'lide; **3.** ⚔ a) dienstuntauglich, b) kriegsversehrt: ***a ~ ex-soldier*** ein Kriegsversehrter, c) kampfunfähig; **4.** ⚔ manövrierunfähig, seeuntüchtig; **5.** *mot.* fahruntüchtig: **~ *car***; **6.** unbrauchbar; **7.** (körperlich *od.* geistig) behindert; **dis'a·ble·ment** [-mənt] *s.* **1.** → ***disability*** 2, 3; **2.** ⚔ a) (Dienst-) Untauglichkeit *f*, b) Kampfunfähigkeit *f*.

dis·a·buse [ˌdɪsə'bjuːz] *v/t.* aus dem Irrtum befreien, e-s Besseren belehren, aufklären (***of s.th.*** über *acc.*): **~ *o.s.*** (*od.* ***one's mind***) ***of s.th.*** sich von et. (*Irrtümlichem*) befreien, sich et. aus dem Kopf schlagen.

dis·ac·cord [ˌdɪsə'kɔːd] **I** *v/i.* nicht über'einstimmen; **II** *s.* Uneinigkeit *f*; 'Widerspruch *m*.

dis·ac·cus·tom [ˌdɪsə'kʌstəm] *v/t.* abgewöhnen (***s.o. to s.th.*** j-m et.).

dis·ad·van·tage [ˌdɪsəd'vɑːntɪdʒ] *s.* Nachteil *m*, Schaden *m*: ***be at a ~***, ***labo(u)r under a ~*** im Nachteil sein; ***to s.o.'s ~*** zu j-s Nachteil *od.* Schaden; ***put s.o. at a ~*** j-n benachteiligen; ***take s.o. at a ~*** j-s ungünstige Lage ausnutzen; ***sell to*** (*od.* ***at a***) **~** mit Verlust verkaufen; **dis·ad·van·ta·geous** [ˌdɪsædvɑːn'teɪdʒəs] *adj.* ☐ nachteilig, ungünstig, unvorteilhaft, schädlich (***to*** für).

dis·af·fect·ed [ˌdɪsə'fektɪd] *adj.* ☐ **1.** (***to***, ***towards***) unzufrieden (mit), abgeneigt (*dat.*); **2.** *pol.* unzuverlässig, untreu; **ˌdis·af'fec·tion** [-kʃn] *s.* Unzufriedenheit *f* (***for*** mit), (*a. pol.* Staats-) Verdrossenheit *f*.

dis·af·firm [ˌdɪsə'fɜːm] *v/t.* **1.** (ab)leugnen; **2.** ⚖ aufheben, 'umstoßen.

dis·af·for·est [ˌdɪsə'fɒrɪst] *v/t.* **1.** ⚖ *e-m Wald* den Schutz durch das Forstrecht nehmen; **2.** abholzen.

dis·ag·i·o [dɪs'ædʒɪəʊ] *s.* ✝ Dis'agio *n*, Abschlag *m*.

dis·a·gree [ˌdɪsə'griː] *v/i.* **1.** (***with***) nicht über'einstimmen (mit), im 'Widerspruch stehen (zu, mit); sich wider'sprechen; **2.** (***with***) anderer Meinung sein (als), nicht zustimmen (*dat.*); **3.** (***with***) nicht einverstanden sein (mit), gegen *et.* sein, ablehnen (*acc.*); **4.** (sich) streiten (***on*** über *acc.*); **5.** (***with*** *j-m*) schlecht bekommen, nicht zuträglich sein (*Essen etc.*); **ˌdis·a'gree·a·ble** [-'grɪəbl] *adj.* □ **1.** unangenehm, widerlich, lästig; **2.** unliebenswürdig, eklig; **ˌdis·a'gree·a·ble·ness** [-'grɪəblnɪs] *s.* **1.** Widerwärtigkeit *f*; **2.** Lästigkeit *f*; **3.** Unliebenswürdigkeit *f*; **ˌdis·a'gree·ment** [-mənt] *s.* **1.** Unstimmigkeit *f*, Verschiedenheit *f*, 'Widerspruch *m*; **2.** Meinungsverschiedenheit *f*, 'Misshelligkeit *f*, Streit *m*.

dis·al·low [ˌdɪsə'laʊ] *v/t.* **1.** nicht zulassen (*a.* ⚖) *od.* erlauben, verweigern; **2.** nicht anerkennen, nicht gelten lassen, *sport a.* annullieren, nicht geben; **ˌdis·al'low·ance** [-'laʊəns] *s.* Nichtanerkennung *f*, *sport a.* Annullierung *f*.

dis·ap·pear [ˌdɪsə'pɪə] *v/i.* **1.** verschwinden (***from*** von, aus); **2.** verloren gehen, aufhören; **ˌdis·ap'pear·ance** [-'pɪərəns] *s.* **1.** Verschwinden *n*; **2.** ⚙ Schwund *m*; **ˌdis·ap'pear·ing** [-'pɪərɪŋ] *adj.* **1.** verschwindend; **2.** versenkbar.

dis·ap·point [ˌdɪsə'pɔɪnt] *v/t.* **1.** enttäuschen: ***be ~ed*** enttäuscht sein (***at*** *od.* ***with*** über *acc.*, ***in*** von *dat.*); ***be ~ed of s.th.*** um et. betrogen *od.* gebracht werden; **2.** *Hoffnung* (ent)täuschen, zu'nichte machen; **ˌdis·ap'point·ed** [-tɪd] *adj.* □ enttäuscht; **ˌdis·ap'point·ing** [-tɪŋ] *adj.* □ enttäuschend; **ˌdis·ap'point·ment** [-mənt] *s.* **1.** Enttäuschung *f* (*a. von Hoffnungen etc.*): ***to my ~*** zu m-r Enttäuschung; **2.** Enttäuschung *f* (*enttäuschende Person od. Sache*).

dis·ap·pro·ba·tion [ˌdɪsæprəʊ'beɪʃn] *s.* 'Missbilligung *f*.

dis·ap·prov·al [ˌdɪsə'pruːvl] *s.* (***of***) 'Missbilligung *f* (*gen.*), 'Missfallen *n* (über *acc.*); **dis·ap·prove** [ˌdɪsə'pruːv] **I** *v/t.* miss'billigen, ablehnen; **II** *v/i.* da'gegen sein: ***~ of*** → I; **ˌdis·ap'prov·ing·ly** [-vɪŋlɪ] *adv.* miss'billigend.

dis·arm [dɪs'ɑːm] **I** *v/t.* **1.** entwaffnen (*a. fig.*); **2.** unschädlich machen; *Bomben etc.* entschärfen; **3.** besänftigen; **II** *v/i.* **4.** *pol.*, ⚔ abrüsten; **dis'ar·ma·ment** [-məmənt] *s.* **1.** Entwaffnung *f*; **2.** *pol.*, ⚔Abrüstung *f*; **dis'arm·ing** [-mɪŋ] *adj.* □ *fig.* entwaffnend.

dis·ar·range [ˌdɪsə'reɪndʒ] *v/t.* in Unordnung bringen; **ˌdis·ar'range·ment** [-mənt] *s.* Verwirrung *f*, Unordnung *f*.

dis·ar·ray [ˌdɪsə'reɪ] **I** *v/t.* in Unordnung bringen, durchein'ander bringen; **II** *s.* Unordnung *f*: ***be in ~*** a) in Unordnung sein, b) ⚔ in Auflösung begriffen sein; ***throw into ~*** → I.

dis·as·sem·ble [ˌdɪsə'sembl] *v/t.* ⚙ ausein'ander nehmen, ausein'ander montieren, zerlegen; **ˌdis·as'sem·bly** [-blɪ] *s.* Zerlegung *f*, Abbau *m*.

dis·as·ter [dɪ'zɑːstə] *s.* Unglück *n* (***to*** für), Unheil *n*, Kata'strophe *f*: ***~ area*** Katastrophengebiet *n*; ***~ relief*** Katastrophenhilfe *f*; **dis'as·trous** [-trəs] *adj.* □ unglückselig, unheil-, verhängnisvoll, katastro'phal, verheerend.

dis·a·vow [ˌdɪsə'vaʊ] *v/t.* **1.** nicht anerkennen, abrücken *od.* sich lossagen von; **2.** in Abrede stellen, ableugnen; **ˌdis·a'vow·al** [-'vaʊəl] *s.* **1.** Nichtanerkennung *f*; **2.** Ableugnung *f*.

dis·band [dɪs'bænd] **I** *v/t.* ⚔ *Truppen etc.* entlassen, auflösen; **II** *v/i. bsd.* ⚔ sich auflösen; **dis'band·ment** [-mənt] *s.* ⚔ Auflösung *f*.

dis·bar [dɪs'bɑː] *v/t.* ⚖ aus der Anwaltschaft ausschließen.

dis·be·lief [ˌdɪsbɪ'liːf] *s.* Unglaube *m*, Zweifel *m* (***in*** an *dat.*); **ˌdis·be'lieve** [-iːv] **I** *v/t. et.* nicht glauben, bezweifeln; *j-m* nicht glauben; **II** *v/i.* nicht glauben (***in*** an *acc.*); **ˌdis·be'liev·er** [-iːvə] *s. a. eccl.* Ungläubige(r *m*) *f*, Zweifler(in).

dis·bur·den [dɪs'bɜːdn] *v/t. mst fig.* von e-r Bürde befreien, entlasten (***of***, ***from*** von): ***~ one's mind*** sein Herz erleichtern.

dis·burse [dɪs'bɜːs] *v/t.* **1.** be-, auszahlen; **2.** *Geld* auslegen; **dis'burse·ment** [-mənt] *s.* **1.** Auszahlung *f*; **2.** Auslage *f*, Verauslagung *f*.

disc [dɪsk] → ***disk***.

dis·card [dɪ'skɑːd] **I** *v/t.* **1.** *Gewohnheit, Vorurteil etc.* ablegen, aufgeben, *Kleider etc.* ausscheiden, ausrangieren; **2.** *Freund* fallen lassen; **3.** *Karten* ablegen *od.* abwerfen; **II** *v/i.* **4.** *Kartenspiel*: Karten ablegen *od.* abwerfen; **III** *s.* ['dɪskɑːd] **5.** *Kartenspiel*: a) Ablegen *n*, b) abgeworfene Karte(n *pl.*); **6.** *et.* Abgelegtes, ausrangierte Sache: ***go into the ~*** *Am.* a) in Vergessenheit geraten, b) außer Gebrauch kommen.

dis·cern [dɪ'sɜːn] *v/t.* **1.** wahrnehmen, erkennen; **2.** feststellen; **3.** *obs.* unter'scheiden (können); **dis'cern·i·ble** [-nəbl] *adj.* □ erkennbar, sichtbar; **dis'cern·ing** [-nɪŋ] *adj.* scharf(sichtig), kritisch (urteilend), klug; **dis'cern·ment** [-mənt] *s.* **1.** Scharfblick *m*, Urteilskraft *f*; **2.** Einsicht *f* (***of*** in *acc.*); **3.** Wahrnehmen *n*; **4.** Wahrnehmungsvermögen *n*.

dis·charge [dɪs'tʃɑːdʒ] **I** *v/t.* **1.** *Waren, Wagen* ab-, ausladen; *Schiff* aus-, entladen; *Personen* ausladen, absetzen; *(Schiffs)Ladung* löschen; **2.** ⚡ entladen; **3.** ausströmen (lassen), aussenden, -stoßen, ergießen; absondern: ***~ matter*** ⚕ eitern; **4.** ⚔ *Geschütz etc.* abfeuern, abschießen; **5.** entlassen,

D

verabschieden, fortschicken; **6.** *Gefangene* ent-, freilassen; *Patienten* entlassen; **7.** *s-n Gefühlen* Luft machen, *s-n Zorn* auslassen (**on** an *dat.*); *Flüche* ausstoßen; **8.** freisprechen, entlasten (**of** von); **9.** befreien, entbinden (**of, from** von); **10.** *Schulden* bezahlen, tilgen; *Wechsel* einlösen; *Verpflichtungen, Aufgabe* erfüllen; *s-n Verbindlichkeiten* nachkommen; *Schuldner* entlasten; *obs. Gläubiger* befriedigen; ⚖ *Urteil etc.* aufheben: **~ed bankrupt** entlasteter Gemeinschuldner; **11.** *Amt* ausüben, versehen; *Rolle* spielen; **12. ~ o.s.** sich ergießen, münden; **II** *v/i.* **13.** ⚡ sich entladen (*a. Gewehr*); **14.** sich ergießen, abfließen; **15.** ⚕ eitern; **III** *s.* **16.** Ent-, Ausladung *f*, Löschen *n* (*Schiff, Waren*); **17.** ⚡ Entladung *f*: **~ current** Entladestrom *m*; **18.** Ausfließen *n*, -strömen *n*, Abfluss *m*; Ausstoßen *n* (*Rauch*); **19.** Absonderung *f* (*Eiter*), Ausfluss *m*; **20.** Abfeuern *n* (*Geschütz etc.*); **21.** a) (Dienst)Entlassung *f*, b) (Entlassungs)Zeugnis *n*; **22.** Ent-, Freilassung *f*; **23.** ✝, ⚖ Befreiung *f*, Entlastung *f*; Rehabilitati'on *f*: **~ of a bankrupt** Aufhebung *f* des Konkursverfahrens; **24.** Erfüllung *f* (*Aufgabe*), Ausübung *f*, Ausführung *f*; **25.** Bezahlung *f*, Einlösung *f*; **26.** Quittung *f*: **~ in full** vollständige Quittung; **dis'charg·er** [-dʒə] *s.* ⚡ Entlader *m*.

dis·ci·ple [dɪ'saɪpl] *s.* Jünger *m* (*bsd. bibl.*; *a. fig.*), Schüler *m*; **dis'ci·ple·ship** [-ʃɪp] *s.* Jünger-, Anhängerschaft *f*.

dis·ci·pli·nar·i·an [ˌdɪsɪplɪ'neərɪən] *s.* Zuchtmeister *m*, strenger Lehrer *od.* Vorgesetzter; **dis·ci·pli·nar·y** ['dɪsɪplɪnərɪ] *adj.* **1.** erzieherisch, Zucht...; **2.** diszipli'narisch: **~ action** Disziplinarverfahren *n*; **~ punishment** Disziplinarstrafe *f*; **~ transfer** Strafversetzung *f*; **dis·ci·pline** ['dɪsɪplɪn] **I** *s.* **1.** Schulung *f*, Erziehung *f*; **2.** Diszi'plin *f* (*a. eccl.*), Zucht *f*; 'Selbstdisziˌplin *f*; **3.** Bestrafung *f*, Züchtigung *f*; **4.** Diszi'plin *f*, Wissenszweig *m*; **II** *v/t.* **5.** schulen, erziehen; **6.** disziplinieren: a) an Disziplin gewöhnen, b) bestrafen: **well ~d** (wohl)diszipliniert; **badly ~d** disziplinlos, undiszipliniert.

dis·claim [dɪs'kleɪm] *v/t.* **1.** abstreiten, in Abrede stellen; **2.** a) *et.* nicht anerkennen, b) *e-e Verantwortung* ablehnen, c) jede Verantwortung ablehnen für; **3.** wider'rufen, dementieren; verzichten auf (*acc.*), keinen Anspruch erheben auf (*acc.*), ⚖ *a. Erbschaft* ausschlagen; **dis'claim·er** [-mə] *s.* **1.** ⚖ Verzicht(leistung *f*) *m*, Ausschlagung *f* (*e-r Erbschaft*); **2.** 'Widerruf *m*, De'menti *n*.

dis·close [dɪs'kləʊz] *v/t.* **1.** bekannt geben *od.*, machen; **2.** aufdecken, ans Licht bringen, enthüllen; **3.** zeigen, verraten, offenbaren; **dis'clo·sure** [-əʊʒə] *s.* **1.** Enthüllung *f*; **2.** Bekanntgabe *f*, Verlautbarung *f*; **3.** *Patentrecht*: Offenbarung *f*.

dis·co ['dɪskəʊ] *pl.* **-cos** *s.* F ‚Disko' *f* (*Diskothek*).

dis·cog·ra·phy [dɪs'kɒgrəfɪ] *s.* Schallplattenverzeichnis *n*.

dis·col·o(u)r [dɪs'kʌlə] **I** *v/t.* **1.** verfärben; entfärben; **2.** *fig.* entstellen; **II** *v/i.* **3.** sich verfärben; **4.** verschießen; **dis·col·o(u)r·a·tion** [dɪsˌkʌlə'reɪʃn] *s.* **1.** Verfärbung *f*, Entfärbung *f*; **2.** verschossene Stelle; **3.** Fleck *m*; **dis'col·o(u)red** [-əd] *adj.* verfärbt; verschossen.

dis·com·fit [dɪs'kʌmfɪt] *v/t.* **1.** aus der Fassung bringen, verwirren; **2.** *obs.* schlagen, besiegen; **3.** *j-s* Pläne durch'kreuzen; **dis'com·fi·ture** [-tʃə] *s.* **1.** *obs.* Niederlage *f*, **2.** Durch'kreuzung *f*; **3.** a) Verwirrung *f*, b) Verlegenheit *f*.

dis·com·fort [dɪs'kʌmfət] *s.* **1.** Unbehagen *n*; **2.** Verdruss *m*; **3.** *körperliche* Beschwerde.

dis·com·mode [ˌdɪskə'məʊd] *v/t.* belästigen, *j-m* zur Last fallen.

dis·com·pose [ˌdɪskəm'pəʊz] *v/t.* **1.** in Unordnung bringen; **2.** → **disconcert** 1; ˌ**dis·com'pos·ed·ly** [-zɪdlɪ] *adj.* verwirrt; ˌ**dis·com'po·sure** [-əʊʒə] *s.* Verwirrung *f*, Fassungslosigkeit *f*.

dis·con·cert [ˌdɪskən'sɜːt] *v/t.* **1.** aus der Fassung bringen, verwirren; **2.** beunruhigen; **3.** durchein'ander bringen; ˌ**dis·con'cert·ed** [-tɪd] *adj.* verwirrt; beunruhigt; ˌ**dis·con'cert·ing** [-tɪŋ] *adj.* beunruhigend, peinlich.

dis·con·nect [ˌdɪskə'nekt] *v/t.* **1.** trennen (**with, from** von); **2.** ⚙ auskuppeln, *Kupplung* ausrücken; **3.** ⚡ trennen; *Gerät* ausstecken; **4.** *Gas, Strom, Telefon* abstellen; *Telefongespräch* unter'brechen, *Teilnehmer* trennen; ˌ**dis·con'nect·ed** [-tɪd] *adj.* ☐ **1.** getrennt, losgelöst; **2.** zs.-hanglos; ˌ**dis·con'nect·ing** [-tɪŋ] *adj.* ⚡ Trenn..., Ausschalt...; ˌ**dis·con'nec·tion** [-kʃn] *s.* **1.** Trennung *f* (*a.* ⚡); **2.** ⚙ Abstellung *f*; *teleph.* Unter'brechung *f*.

dis·con·so·late [dɪs'kɒnsələt] *adj.* ☐ untröstlich; trostlos (*a. fig.*).

dis·con·tent [ˌdɪskən'tent] *s.* **1.** Unzufriedenheit *f* (**at, with** mit); **2.** Unzufriedene(r *m*) *f*; ˌ**dis·con'tent·ed** [-tɪd] *adj.* ☐ unzufrieden (**with** mit); ˌ**dis·con'tent·ment** [-mənt] → **discontent** 1.

dis·con·tin·u·ance [ˌdɪskən'tɪnjʊəns], ˌ**dis·con·tin·u'a·tion** [-njʊ'eɪʃn] *s.* **1.** Unter'brechung *f*, **2.** Einstellung *f* (*a.* ⚖ *des Verfahrens*); **3.** Aufgeben *n*;

dis·con·tin·ue [ˌdɪskən'tɪnjuː] **I** *v/t.* **1.**

unter'brechen, aussetzen; **2.** einstellen (*a.* ⚖), aufgeben; **3.** *Zeitung* abbestellen; **4.** aufhören (***doing*** zu tun); **II** *v/i.* **5.** aufhören; ˌ**dis·con·ti'nu·i·ty** [-tɪ'njuːətɪ] *s.* Diskontinui'tät *f*, Zs.-hanglosigkeit *f*; ˌ**dis·con'tin·u·ous** [-jʊəs] *adj.* ☐ **1.** diskontinuierlich, unter'brochen, 'unzuˌsammenhängend; **2.** sprunghaft.

dis·cord ['dɪskɔːd] *s.* **1.** Uneinigkeit *f*, Zwietracht *f*, Streit *m*; → ***apple***; **2.** ♪ Disso'nanz *f*, 'Missklang *m*; **3.** Lärm *m*; **dis·cord·ance** [dɪ'skɔːdəns] *s.* **1.** Uneinigkeit *f*; **2.** 'Missklang *m*, Disso'nanz *f*; **dis·cord·ant** [dɪ'skɔːdənt] *adj.* ☐ **1.** uneinig, sich wider'sprechend; **2.** 'unharˌmonisch; **3.** ♪ disso'nantisch, 'misstönend.

dis·co·theque ['dɪskəʊtek] *s.* Disko'thek *f*.

dis·count ['dɪskaʊnt] **I** *s.* **1.** ✝ Preisnachlass *m*, Abschlag *m*, Ra'batt *m*, Skonto *m*, *n*: ***allow a ~*** (e-n) Rabatt gewähren; **2.** ✝ a) Dis'kont *m*, Wechselzins *m*, b) → ***discount rate***; **3.** ✝ Abzug *m* (*vom Nominalwert*): ***at a ~*** a) unter Pari, b) *fig.* unbeliebt, nicht geschätzt *od.* gefragt; ***sell at a ~*** mit Verlust verkaufen; **4.** *fig.* Abzug *m*, Vorbehalt *m*, Abstriche *pl.*; **II** *v/t.* [*a.* dɪ'skaʊnt] **5.** ✝ e-n Abzug gewähren auf (*acc.*); **6.** *Wechsel* diskontieren; **7.** im Wert vermindern, beeinträchtigen; **8.** unberücksichtigt lassen; **9.** mit Vorsicht aufnehmen, nur teilweise glauben; **dis·count·a·ble** [dɪ'skaʊntəbl] *adj.* ✝ diskontierbar, dis'kontfähig.

dis·count| bank *s.* ✝ Dis'kontbank *f*; **~ bill** *s.* Dis'kontwechsel *m*; **~ bro·ker** *s.* ✝ Dis'kont-, Wechselmakler *m*.

dis·coun·te·nance [dɪ'skaʊntɪnəns] *v/t.* **1.** → ***discomfit*** 1; **2.** (offen) miss'billigen, ablehnen.

dis·count| house *s.* ✝ **1.** *Am.* Dis'count-, Dis'kontgeschäft *n*; **2.** *Brit.* Dis'kontbank *f*; **~ rate** *s.* ✝ Dis'kontsatz *m*; **~ shop**, **~ store** → ***discount house*** 1.

dis·cour·age [dɪ'skʌrɪdʒ] *v/t.* **1.** entmutigen; **2.** abschrecken, abhalten, *j-m* abraten (***from*** von; ***from doing*** *et.* zu tun); **3.** hemmen, beeinträchtigen; **4.** miss'billigen; **dis·cour·age·ment** [dɪ'skʌrɪdʒmənt] *s.* **1.** Entmutigung *f*; **2.** a) Abschreckung *f*, b) Abschreckungsmittel *n*; **3.** Hemmung *f*, Hindernis *n*, Schwierigkeit *f* (***to*** für); **dis·cour·ag·ing** [dɪ'skʌrɪdʒɪŋ] *adj.* ☐ entmutigend.

dis·course I *s.* ['dɪskɔːs] **1.** Unter'haltung *f*, Gespräch *n*; **2.** Abhandlung *f*, *bsd.* Vortrag *m*, Dis'kurs *m*, Predigt *f*; Abhandlung *f*; **II** *v/i.* [dɪ'skɔːs] **3.** e-n Vortrag halten (***on*** über *acc.*), *mst. fig.* predigen *od.* dozieren (***on*** über *acc.*); **4.** sich unter'halten (***on*** über *acc.*).

dis·cour·te·ous [dɪs'kɜːtjəs] *adj.* ☐ unhöflich; **dis'cour·te·sy** [-tɪsɪ] *s.* Unhöflichkeit *f*.

dis·cov·er [dɪ'skʌvə] *v/t.* **1.** *Land etc.* entdecken; **2.** entdecken, ausfindig machen, erspähen; **3.** entdecken, (heraus)finden, (plötzlich) erkennen; **4.** aufdecken, enthüllen; **dis·cov·er·a·ble** [dɪ'skʌvərəbl] *adj.* **1.** zu entdecken(d); **2.** wahrnehmbar; **3.** feststellbar; **dis·cov·er·er** [dɪ'skʌvərə] *s.* Entdecker(in); **dis·cov·er·y** [dɪ'skʌvərɪ] *s.* **1.** Entdeckung *f* (*a. fig.*); **2.** Fund *m*; **3.** Feststellung *f*; **4.** Enthüllung *f*; **5.** ***~ of documents*** ⚖ Offenlegung *f* prozesswichtiger Urkunden.

dis·cred·it [dɪs'kredɪt] **I** *v/t.* **1.** in Verruf *od.* 'Misskreˌdit bringen (***with*** bei); ein schlechtes Licht werfen auf (*acc.*), diskreditieren; **2.** anzweifeln; keinen Glauben schenken (*dat.*); **II** *s.* **3.** schlechter Ruf, 'Misskreˌdit *m*, Schande *f*: ***bring s.o. into ~***, ***bring ~ on s.o.*** → 1; **4.** Zweifel *m*: ***throw ~ on*** *et.* zweifelhaft erscheinen lassen; **dis'cred·it·a·ble** [-təbl] *adj.* ☐ schändlich; **dis'cred·it·ed** [-tɪd] *adj.* **1.** verrufen, diskreditiert; **2.** unglaubwürdig.

dis·creet [dɪ'skriːt] *adj.* ☐ **1.** 'um-, vorsichtig, besonnen, verständig; **2.** dis'kret, taktvoll, verschwiegen.

dis·crep·an·cy [dɪ'skrepənsɪ] *s.* **1.** Diskre'panz *f*, Unstimmigkeit *f*, Verschiedenheit *f*; **2.** 'Widerspruch *m*, Zwiespalt *m*.

dis·crete [dɪ'skriːt] *adj.* ☐ **1.** getrennt, einzeln; **2.** unstet, unbeständig; **3.** ✗ unstetig, dis'kret.

dis·cre·tion [dɪ'skreʃn] *s.* **1.** 'Um-, Vorsicht *f*, Besonnenheit *f*, Klugheit *f*: ***act with ~*** vorsichtig handeln; **2.** Verfügungsfreiheit *f*, Machtbefugnis *f*: ***age*** (*od.* ***years***) ***of ~*** Alter *n* der freien Willensbestimmung, Strafmündigkeit *f* (*14 Jahre*); **3.** Gutdünken *n*, Belieben *n*; (⚖ freies) Ermessen: ***at*** (***your***) ***~*** nach (Ihrem) Belieben; ***it is within your ~*** es steht Ihnen frei; ***use your own ~*** handle nach eigenem Gutdünken *od.* Ermessen; ***surrender at ~*** bedingungslos kapitulieren; **4.** Diskreti'on *f*: a) Takt (-gefühl *n*) *m*, b) Zu'rückhaltung *f*, c) Verschwiegenheit *f*; **5.** Nachsicht *f*: ***ask for ~***; **dis·cre·tion·ar·y** [dɪ'skreʃnərɪ] *adj.* ☐ dem eigenen Gutdünken über'lassen, ins freie Ermessen gestellt, wahlfrei: ***~ clause*** ⚖ Kannvorschrift *f*; ***~ income*** frei verfügbares Einkommen; ***~ powers*** unumschränkte Vollmacht, Handlungsfreiheit *f*.

dis·crim·i·nate [dɪ'skrɪmɪneɪt] **I** *v/i.* (scharf) unter'scheiden, e-n 'Unterschied machen: ***~ between*** unterschiedlich behandeln (*acc.*); ***~ against s.o.*** j-n benachteiligen *od.* diskriminie-

D

ren; ~ ***in favo(u)r of s.o.*** j-n begünstigen *od.* bevorzugen; **II** *v/t.* (scharf) unter'scheiden; abheben, absondern (***from*** von); **dis·crim·i·nat·ing** [dɪ'skrɪmɪneɪtɪŋ] *adj.* □ **1.** unter'scheidend, charakte'ristisch; **2.** scharfsinnig, klug, urteilsfähig; anspruchsvoll; **3.** diskriminierend, benachteiligend; **4.** ✝ Differenzial..., Sonder...: ~ ***duty*** Differenzialzoll *m*; **5.** ↯ Rückstrom...; Selektiv...; **dis·crim·i·na·tion** [dɪˌskrɪmɪ'neɪʃn] *s.* **1.** 'unterschiedliche Behandlung, Diskriminierung *f*: ~ ***against*** (***in favo***[***u***]***r of***) ***s.o.*** Benachteiligung *f* (Begünstigung *f*) e-r Person; **2.** Scharfblick *m*, Urteilsfähigkeit *f*, Unter'scheidungsvermögen *n*; **dis·crim·i·na·tive** [dɪ'skrɪmɪnətɪv] *adj.* □, **dis·crim·i·na·to·ry** [dɪ'skrɪmɪnətərɪ] *adj.* **1.** charakte'ristisch, unter'scheidend; **2.** 'unterschiedlich (behandelnd); Sonder..., Ausnahme...

dis·cur·sive [dɪ'skɜːsɪv] *adj.* □ **1.** abschweifend, unbeständig; sprunghaft; **2.** weitschweifig, allgemein gehalten; **3.** *phls.* folgernd, diskur'siv.

dis·cus ['dɪskəs] *s. sport* Diskus *m*: ~ ***throw*** Diskuswerfen *n*; ~ ***thrower*** Diskuswerfer *m*.

dis·cuss [dɪ'skʌs] *v/t.* **1.** diskutieren, besprechen, erörtern; **2.** sprechen *od.* reden über (*acc.*); **3.** F sich *e-e Flasche Wein etc.* zu Gemüte führen; **dis·cus·sion** [dɪ'skʌʃn] *s.* **1.** Diskussi'on *f*, Erörterung *f*, Besprechung *f*: ***be under*** ~ zur Debatte stehen, erörtert werden; ***matter for*** ~ Diskussionsthema *n*; ~ ***group*** Diskussionsgruppe *f*; **2.** Behandlung *f* (*e-s Themas*).

dis·dain [dɪs'deɪn] **I** *v/t.* **1.** verachten; *a. Essen etc.* verschmähen; **2.** es für unter s-r Würde halten (***doing***, ***to do*** zu tun); **II** *s.* **3.** Verachtung *f*, Geringschätzung *f*; **4.** Hochmut *m*; **dis'dain·ful** [-fʊl] *adj.* □ **1.** verachtungsvoll, geringschätzig: ***be*** ~ ***of s.th.*** et. verachten; **2.** hochmütig.

dis·ease [dɪ'ziːz] *s.* ⚕, *biol. u. fig.* Krankheit *f*, Leiden *n*; **dis·eased** [dɪ'ziːzd] *adj.* **1.** krank, erkrankt; **2.** krankhaft.

dis·em·bark [ˌdɪsɪm'bɑːk] **I** *v/t.* ausschiffen; **II** *v/i.* sich ausschiffen, von Bord *od.* an Land gehen; **dis·em·bar·ka·tion** [ˌdɪsembɑː'keɪʃn] *s.* Ausschiffung *f*.

dis·em·bar·rass [ˌdɪsɪm'bærəs] *v/t.* **1.** *j-m* aus e-r Verlegenheit helfen; **2.** (***o.s.*** sich) befreien (***of*** von).

dis·em·bod·i·ment [ˌdɪsɪm'bɒdɪmənt] *s.* **1.** Entkörperlichung *f*; **2.** Befreiung *f* von der körperlichen Hülle; **dis·em·bod·y** [ˌdɪsɪm'bɒdɪ] *v/t.* **1.** entkörperlichen: ***disembodied voice*** geisterhafte Stimme; **2.** *Seele* von der körperlichen Hülle befreien.

dis·em·bow·el [ˌdɪsɪm'baʊəl] *v/t.* **1.** ausnehmen, *erlegtes Wild a.* ausweiden; **2.** *j-m* den Bauch aufschlitzen.

dis·en·chant [ˌdɪsɪn'tʃɑːnt] *v/t.* desillusionieren, ernüchtern: ***be*** ~***ed with*** sich keinen Illusionen mehr hingeben über (*acc.*), enttäuscht sein von; **ˌdis·en'chant·ment** [-mənt] *s.* Ernüchterung *f*, Enttäuschung *f*; ~ ***with politics*** Politikverdrossenheit *f*.

dis·en·cum·ber [ˌdɪsɪn'kʌmbə] *v/t.* **1.** befreien (***of*** von *e-r Last etc.*) (*a. fig.*); **2.** ⚖ entschulden; *Grundstück etc.* hypo'thekenfrei machen.

dis·en·fran·chise [ˌdɪsɪn'fræntʃaɪz] → ***disfranchise***.

dis·en·gage [ˌdɪsɪn'geɪdʒ] **I** *v/t.* **1.** los-, freimachen, (los)lösen, befreien (***from*** von); **2.** befreien, entbinden (***from*** von); **3.** ⚙ loskuppeln, ausrücken, ausschalten: ~ ***the clutch*** auskuppeln; **4.** ⚗ abscheiden, entbinden; **II** *v/i.* **5.** sich freimachen, loskommen (***from*** von); **6.** ⚔ sich absetzen (*vom Feind*); **ˌdis·en'gaged** [-dʒd] *adj.* frei, nicht besetzt; abkömmlich; **ˌdis·en'gage·ment** [-mənt] *s.* **1.** Befreiung *f*, Loslösung *f* (*a.* ⚔), Entbindung *f* (*a.* ⚗); **2.** ⚔ Absetzen *n*; *pol.* Disen'gagement *n*; **ˌdis·en'gag·ing** [-dʒɪŋ] *adj.*: ⚙ ~ ***gear*** Ausrück-, Auskuppelungsvorrichtung *f*; ~ ***lever*** Ausrückhebel *m*.

dis·en·tan·gle [ˌdɪsɪn'tæŋgl] **I** *v/t.* entwirren (*a. fig.*), lösen; *fig.* befreien; **II** *v/i.* sich loslösen; *fig.* sich befreien; **ˌdis·en'tan·gle·ment** [-mənt] *s.* Loslösung *f*; Entwirrung *f*; Befreiung *f*.

dis·en·ti·tle [ˌdɪsɪn'taɪtl] *v/t.* *j-m* e-n Rechtsanspruch nehmen: ***be*** ~***d to*** keinen Anspruch haben auf (*acc.*).

dis·e·qui·lib·ri·um [ˌdɪsekwɪ'lɪbrɪəm] *s. bsd. fig.* gestörtes Gleichgewicht, Ungleichgewicht *n*.

dis·es·tab·lish [ˌdɪsɪ'stæblɪʃ] *v/t.* **1.** abschaffen; **2.** *Kirche* vom Staat trennen; **dis·es·tab·lish·ment** [ˌdɪsɪ'stæblɪʃmənt] *s.*: ~ ***of the Church*** Trennung *f* von Kirche u. Staat.

dis·fa·vo(u)r [ˌdɪs'feɪvə] **I** *s.* 'Missbilligung *f*, -fallen *n*; Ungnade *f*: ***regard with*** ~ mit Missfallen betrachten; ***be in*** (***fall into***) ~ in Ungnade gefallen sein (fallen); **II** *v/t.* ungnädig behandeln; ablehnen.

dis·fig·ure [dɪs'fɪgə] *v/t.* **1.** entstellen, verunstalten; **2.** beeinträchtigen; Abbruch tun (*dat.*); **dis'fig·ure·ment** [-mənt] *s.* Entstellung *f*, Verunstaltung *f*.

dis·fran·chise [ˌdɪs'fræntʃaɪz] *v/t.* *j-m* die Bürgerrechte *od.* das Wahlrecht entziehen; **ˌdis'fran·chise·ment** [-tʃɪzmənt] *s.* Entziehung *f* der Bürgerrechte *etc.*

dis·gorge [dɪs'gɔːdʒ] **I** *v/t.* **1.** ausspeien,

-werfen, -stoßen, ergießen; **2.** *widerwillig* wieder her'ausgeben; **II** *v/i.* **3.** sich ergießen, sich entladen.

dis·grace [dɪs'greɪs] **I** *s.* **1.** Schande *f*, Schmach *f*: ***bring ~ on s.o.*** → 4; **2.** Schande *f*, Schandfleck *m* (***to*** für): ***he is a ~ to the party***; **3.** Ungnade *f*: ***be in ~ with*** in Ungnade gefallen sein bei; **II** *v/t.* **4.** Schande bringen über (*acc.*), *j-m* Schande bereiten; **5.** *j-m* s-e Gunst entziehen; mit Schimpf entlassen: ***be ~d*** in Ungnade fallen; **6. *~ o.s.*** a) sich blamieren, b) sich schändlich benehmen; **dis'grace·ful** [-fʊl] *adj.* □ schändlich, schimpflich, schmachvoll.

dis·grun·tle [dɪs'grʌntl] *v/t. Am.* verärgern, verstimmen; **dis'grun·tled** [-ld] *adj.* verärgert, verstimmt (***at*** über *acc.*), unwirsch.

dis·guise [dɪs'gaɪz] **I** *v/t.* **1.** verkleiden, maskieren; tarnen; **2.** *Handschrift, Stimme* verstellen; **3.** *Gefühle, Wahrheit* verhüllen, verbergen, verhehlen; tarnen; **II** *s.* **4.** Verkleidung *f*, *a. fig.* Maske *f*, Tarnung *f*: ***in ~*** maskiert, verkleidet, *fig.* verkappt; → ***blessing***; **5.** Verstellung *f*; **6.** Vorwand *m*, Schein *m*; **dis'guised** [-zd] *adj.* verkleidet, maskiert *etc.*; *fig.* verkappt.

dis·gust [dɪs'gʌst] **I** *s.* **1.** (***at, for***) Ekel *m* (vor *dat.*), 'Widerwille *m* (gegen): ***in ~*** mit Abscheu; **II** *v/t.* **2.** anekeln, anwidern; **3.** entrüsten, verärgern, empören; **dis'gust·ed** [-tɪd] *adj.* □ (***with, at***) **1.** angeekelt, angewidert (von): ***~ with life*** lebensüberdrüssig; **2.** em'pört, entrüstet (über *acc.*); **dis'gust·ing** [-tɪŋ] *adj.* □ **1.** ekelhaft, widerlich, ab'scheulich; **2.** F schrecklich.

dish [dɪʃ] **I** *s.* **1.** Schüssel *f*, Platte *f*, Teller *m*; **2.** Gericht *n*, Speise *f*: ***cold ~es*** kalte Speisen; **3.** *pl.* Geschirr *n*: ***~-cloth*** Spül-, *Brit.* Geschirrtuch *n*; → ***wash*** 16; **4.** F a) ‚dufte Puppe', b) ‚dufter Typ', c) ‚prima Sache'; **II** *v/t.* **5.** *mst* ***~ up*** *Speisen* anrichten, auftragen; **6. *~ up*** *fig.* auftischen; **7. *~ out*** a) austeilen, b) *sl.* auftischen, von sich geben; **8.** *sl.* ‚anschmieren', her'einlegen; **9.** *sl.* a) *j-n* ‚erledigen', ‚fertig machen', b) *et.* restlos vermasseln; **10.** ⚙ *schüsselartig* wölben; vertiefen.

dis·ha·bille [ˌdɪsæ'biːl] *s.* Negli'gee *n*, Morgenrock *m*: ***in ~*** im Negligee.

dis·har·mo·ni·ous [ˌdɪshɑː'məʊnjəs] *adj.* □ dishar'monisch; **dis·har·mo·ny** [ˌdɪs'hɑːmənɪ] *s.* Disharmo'nie *f*, 'Missklang *m*.

dis·heart·en [dɪs'hɑːtn] *v/t.* entmutigen, deprimieren; **dis'heart·en·ing** [-nɪŋ] *adj.* □ entmutigend, bedrückend.

dished [dɪʃt] *adj.* **1.** kon'kav gewölbt; ⚙ gestürzt (*Räder*); **2.** F ‚erledigt', ‚ka'putt'.

di·shev·el(l)ed [dɪ'ʃevld] *adj.* **1.** zerzaust, wirr, aufgelöst (*Haar*); **2.** unordentlich, ungepflegt, schlampig.

dis·hon·est [dɪs'ɒnɪst] *adj.* □ unehrlich, unredlich; unlauter, betrügerisch; **dis'hon·es·ty** [-tɪ] *s.* Unehrlichkeit *f*, Unredlichkeit *f*.

dis·hon·o(u)r [dɪs'ɒnə] **I** *s.* **1.** Unehre *f*, Schmach *f*, Schande *f* (***to*** für); **2.** Beschimpfung *f*; **II** *v/t.* **3.** entehren (*a. Frau*); Schande bringen über (*acc.*); **4.** schimpflich behandeln; **5.** *sein Wort* nicht einlösen; **6.** ✝ *Scheck etc.* nicht honorieren, nicht einlösen; **dis'hon·o(u)r·a·ble** [-nərəbl] *adj.* □ **1.** schimpflich, unehrenhaft: ***~ discharge*** ⚔ unehrenhafte Entlassung; **2.** ehrlos; **dis'hon·o(u)r·a·ble·ness** [-nərəblnɪs] *s.* **1.** Schändlichkeit *f*, Gemeinheit *f*; **2.** Ehrlosigkeit *f*.

dish| rack *s.* Geschirrständer *m*; **~ tow·el** *s.* Geschirrtuch *n*; **'~ˌwash·er** *s.* **1.** Tellerwäscher(in); **2.** Ge'schirrˌspülmaˌschine *f*; **'~ˌwa·ter** *s.* Spülwasser *n*.

dish·y ['dɪʃɪ] *adj. sl.* schick, ‚toll': ***~ girl***.

dis·il·lu·sion [ˌdɪsɪ'luːʒn] **I** *s.* Ernüchterung *f*, Enttäuschung *f*; **II** *v/t.* ernüchtern, desillusionieren, von Illusi'onen befreien; **ˌdis·il'lu·sion·ment** [-mənt] → ***disillusion*** I.

dis·in·cen·tive [ˌdɪsɪn'sentɪv] **I** *s.* **1.** Abschreckungsmittel *n*: ***be a ~ to*** abschreckend wirken auf (*acc.*); **2.** ✝ leistungshemmender Faktor; **II** *adj.* **3.** abschreckend; **4.** ✝ leistungshemmend.

dis·in·cli·na·tion [ˌdɪsɪnklɪ'neɪʃn] *s.* Abneigung *f* (***for, to*** gegen): ***~ to buy*** Kaufunlust *f*; **dis·in·cline** [ˌdɪsɪn'klaɪn] *v/t.* abgeneigt machen; **ˌdis·in'clined** [-'klaɪnd] *adj.* abgeneigt (***to*** *dat.*, ***to do*** zu tun).

dis·in·fect [ˌdɪsɪn'fekt] *v/t.* desinfizieren, keimfrei machen; **ˌdis·in'fect·ant** [-tənt] **I** *s.* Desinfekti'onsmittel *n*; **II** *adj.* desinfizierend, keimtötend; **ˌdis·in'fec·tion** [-kʃən] *s.* Desinfekti'on *f*; **ˌdis·in'fec·tor** [-tə] *s.* Desinfekti'onsgerät *n*.

dis·in·fest [ˌdɪsɪn'fest] *v/t.* von Ungeziefer *etc.* befreien, entwesen, entlausen.

dis·in·fla·tion [ˌdɪsɪn'fleɪʃn] → ***deflation*** 2.

dis·in·gen·u·ous [ˌdɪsɪn'dʒenjʊəs] *adj.* □ **1.** unaufrichtig; **2.** 'hinterhältig, arglistig; **ˌdis·in'gen·u·ous·ness** [-nɪs] *s.* **1.** Unredlichkeit *f*, Unaufrichtigkeit *f*; **2.** 'Hinterhältigkeit *f*.

dis·in·her·it [ˌdɪsɪn'herɪt] *v/t.* enterben; **ˌdis·in'her·it·ance** [-təns] *s.* Enterbung *f*.

dis·in·hi·bi·tion [ˌdɪsɪnhɪ'bɪʃn] *s. psych.* Enthemmung *f*.

dis·in·te·grate [dɪs'ɪntɪgreɪt] **I** *v/t.* **1.** (*a. phys.*) (in s-e Bestandteile) auflösen, aufspalten, zerkleinern; **2.** *fig.* auflösen, zersetzen, zerrütten; **II** *v/i.* **3.** sich

D

D

(in s-e Bestandteile, *fig. a.* in nichts) auflösen, sich aufspalten, sich zersetzen; **4.** ver-, zerfallen (*a. fig.*); **dis·in·te·gra·tion** [dɪsˌɪntɪ'greɪʃn] *s.* **1.** (*a. phys.*) Auflösung *f*, Aufspaltung *f*, Zerstückelung *f*, Zertrümmerung *f*, Zersetzung *f*; **2.** Zerfall *m* (*a. fig.*); **3.** *geol.* Verwitterung *f*.

dis·in·ter [ˌdɪsɪn'tɜː] *v/t. Leiche* exhumieren, ausgraben (*a. fig.*).

dis·in·ter·est·ed [dɪs'ɪntrəstɪd] *adj.* □ **1.** uneigennützig, selbstlos; **2.** objek'tiv, unvoreingenommen; **3.** unbeteiligt; **dis'in·ter·est·ed·ness** [-nɪs] *s.* **1.** Uneigennützigkeit *f*; **2.** Objektivi'tät *f*.

dis·in·ter·ment [ˌdɪsɪn'tɜːmənt] *s.* **1.** Exhumierung *f*; **2.** Ausgrabung *f* (*a. fig.*).

dis·joint [dɪs'dʒɔɪnt] *v/t.* **1.** ausein'ander nehmen, zerlegen, zerstückeln; **2.** ⚕ ver-, ausrenken; **3.** (ab)trennen; **4.** *fig.* in Unordnung *od.* aus den Fugen bringen; **dis'joint·ed** [-tɪd] *adj.* □ *fig.* zu'sammenhanglos, wirr.

dis·junc·tion [dɪs'dʒʌŋkʃn] *s.* Trennung *f*; **dis'junc·tive** [-ktɪv] *adj.* □ **1.** (ab-)trennend, ausschließend; **2.** *ling.*, *phls.* disjunk'tiv.

disk [dɪsk] *s.* **1.** *allg.* Scheibe *f*; **2.** ⚙ Scheibe *f*, La'melle *f*; Si'gnalscheibe *f*; **3.** ⚘, *anat.*, *zo.* Scheibe *f*, *anat. a.* Bandscheibe *f*: ***slipped*** ~ Bandscheibenvorfall *m*; **4.** *teleph.* Wählscheibe *f*; **5.** *sport* a) Diskus *m*, b) *Eishockey*: Scheibe *f*, Puck *m*; **6.** (Schall)Platte *f*; **7.** *Computer*: Platte *f*: a) *a.* ***floppy*** ~ Dis'kette *f*, b) *a.* ***hard*** ~ Festplatte *f*; ~ **brake** *s.* ⚙ Scheibenbremse *f*; ~ **clutch** *s. mot.* Scheibenkupplung *f*.

disk drive ['dɪskdraɪv] *s. Computer*: a) *a.* ***floppy*** ~ Dis'kettenlaufwerk *n*, b) *a.* ***hard*** ~ ('Fest)Plattenlaufwerk *n*.

'**disk| jock·ey** *s.* Diskjockey *m*; ~ **pack** *s. Computer*: Plattenstapel *m*; ~ **valve** *s.* ⚙ 'Tellerven,til *n*.

dis·like [dɪs'laɪk] **I** *v/t.* nicht leiden können, nicht mögen; *et.* nicht gern *od.* (nur) ungern tun: ***make o.s. ~d*** sich unbeliebt machen; **II** *s.* Abneigung *f*, 'Widerwille *m* (***to***, ***of***, ***for*** gegen): ***take a ~ to*** e-e Abneigung fassen gegen.

dis·lo·cate ['dɪsləʊkeɪt] *v/t.* **1.** verrücken; *a. Industrie*, *Truppen etc.* verlagern; **2.** ⚕ ver-, ausrenken: ~ ***one's arm*** sich den Arm verrenken; **3.** *fig.* erschüttern; **4.** *geol.* verwerfen; **dis·lo·ca·tion** [ˌdɪsləʊ'keɪʃn] *s.* **1.** Verrückung *f*; Verlagerung *f* (*a.* ⚔); **2.** ⚕ Verrenkung *f*; **3.** *fig.* Erschütterung *f*; **4.** *geol.* Verwerfung *f*.

dis·lodge [dɪs'lɒdʒ] *v/t.* **1.** entfernen, her'ausnehmen, losreißen; **2.** vertreiben, verjagen, verdrängen; **3.** ⚔ *Feind* aus der Stellung werfen; **4.** ausquartieren.

dis·loy·al [ˌdɪs'lɔɪəl] *adj.* □ untreu, treulos, verräterisch; ˌ**dis'loy·al·ty** [-tɪ] *s.* Untreue *f*, Treulosigkeit *f*.

dis·mal ['dɪzməl] **I** *adj.* □ **1.** düster, trübe, bedrückend, trostlos; **2.** furchtbar, grässlich; **II** *s.* **3.** ***the ~s*** der Trübsinn: ***be in the ~s*** Trübsinn blasen; '**dis·mal·ly** [-məlɪ] *adv.* **1.** düster *etc.*; **2.** schmählich.

dis·man·tle [dɪs'mæntl] *v/t.* **1.** ab-, demontieren; *Bau* abbrechen, niederreißen; **2.** ausein'ander nehmen, zerlegen; **3.** ⚓ a) abtakeln, b) abwracken; **4.** *Festung* schleifen; **5.** *Haus* (aus)räumen; **6.** unbrauchbar machen; **dis'man·tle·ment** [-mənt] *s.* **1.** Abbruch *m*, Demon'tage *f*; Zerlegung *f*; **2.** ⚓ Abtakelung *f*; **3.** ⚔ Schleifung *f*.

dis·may [dɪs'meɪ] **I** *v/t.* erschrecken, in Schrecken versetzen, bestürzen, entsetzen: ***not ~ed*** unbeirrt; **II** *s.* Schreck(en) *m*, Entsetzen *n*, Bestürzung *f*.

dis·mem·ber [dɪs'membə] *v/t.* zergliedern, zerstückeln, verstümmeln (*a. fig.*); **dis'mem·ber·ment** [-mənt] *s.* Zerstückelung *f etc.*

dis·miss [dɪs'mɪs] *v/t.* **1.** entlassen, gehen lassen, verabschieden: ~**!** ⚔ weg(ge)treten!; **2.** entlassen (***from*** aus *dem Dienst*), absetzen, abbauen; wegschicken: ***be ~ed from the service*** ⚔ aus dem Heer *etc.* entlassen *od.* ausgestoßen werden; **3.** *Thema etc.* fallen lassen, aufgeben, hin'weggehen über (*acc.*), *Vorschlag* ab-, zu'rückweisen, *Gedanken* verbannen, von sich weisen; ⚖ *Klage* abweisen: ~ ***from one's mind*** *et.* aus s-n Gedanken verbannen; ~ ***as ...*** als ... abtun, kurzerhand als ... betrachten; **dis'miss·al** [-sl] *s.* **1.** Entlassung *f* (***from*** aus); **2.** Aufgabe *f*, Abtun *n*; **3.** ⚖ Abweisung *f*.

dis·mount [ˌdɪs'maʊnt] **I** *v/i.* **1.** absteigen, absitzen (***from*** von); **II** *v/t.* **2.** aus dem Sattel heben; abwerfen (*Pferd*); **3.** (ab)steigen von; **4.** abmontieren, ausbauen, ausein'ander nehmen.

dis·o·be·di·ence [ˌdɪsə'biːdjəns] *s.* **1.** Ungehorsam *m* (***to*** gegen), Gehorsamsverweigerung *f*: ***civil*** ~ *pol.* ziviler *od.* bürgerlicher Ungehorsam; **2.** Nichtbefolgung *f*; ˌ**dis·o'be·di·ent** [-nt] *adj.* □ ungehorsam (***to*** gegen); **dis·o·bey** [ˌdɪsə'beɪ] *v/t.* **1.** *j-m* nicht gehorchen, ungehorsam sein gegen *j-n*; **2.** *Gesetz etc.* nicht befolgen, miss'achten, *Befehl a.* verweigern: ***I will not be ~ed*** ich dulde keinen Ungehorsam.

dis·o·blige [ˌdɪsə'blaɪdʒ] *v/t.* **1.** ungefällig sein gegen *j-n*; **2.** *j-n* kränken; ˌ**dis·o'blig·ing** [-dʒɪŋ] *adj.* □ ungefällig, unfreundlich.

dis·or·der [dɪs'ɔːdə] **I** *s.* **1.** Unordnung *f*, Verwirrung *f*; **2.** (Ruhe)Störung *f*, Aufruhr *m*, Unruhe(n *pl.*) *f*; **3.** ungebührliches Betragen; **4.** ⚕ Störung *f*, Erkrankung *f*: ***mental ~*** Geistesstörung; **II** *v/t.* **5.** in Unordnung bringen, durchein'ander bringen, stören; **6.** *den Magen* verderben; **dis'or·dered** [-əd] *adj.* **1.** in Unordnung, durchein'ander (*beide a. fig.*); **2.** gestört, (*a.* geistes)krank: ***my stomach is ~*** ich habe mir den Magen verdorben; **dis'or·der·li·ness** [-lɪnɪs] *s.* **1.** Unordentlichkeit *f*; **2.** Schlampigkeit *f*; **3.** Unbotmäßigkeit *f*; **4.** Liederlichkeit *f*; **dis'or·der·ly** [-lɪ] *adj.* **1.** unordentlich, schlampig; **2.** ordnungs-, gesetzwidrig, aufrührerisch; **3.** Ärgernis erregend: ***~ conduct*** ⚖ ordnungswidriges Verhalten, grober Unfug; ***~ house*** *mst* Bordell *n*, *a.* Spielhölle *f*; ***~ person*** Ruhestörer *m*.

dis·or·gan·i·za·tion [dɪsˌɔːgənaɪ'zeɪʃn] *s.* Desorganisati'on *f*, Auflösung *f*, Zerrüttung *f*, Unordnung *f*; **dis·or·gan·ize** [dɪs'ɔːgənaɪz] *v/t.* auflösen, zerrütten, in Unordnung bringen, desorganisieren; **dis·or·gan·ized** [dɪs'ɔːgənaɪzd] *adj.* in Unordnung, desorganisiert.

dis·o·ri·ent [dɪs'ɔːrɪent] *v/t. a. psych.* desorientieren: ***~ed*** desorientiert, *psych. a.* ‚gestört', la'bil; **dis'o·ri·en·tate** [-teɪt] → ***disorient***.

dis·own [dɪs'əʊn] *v/t.* **1.** nicht (als sein eigen *od.* als gültig) anerkennen, nichts zu tun haben wollen mit; **2.** ableugnen; **3.** *Kind* verstoßen.

dis·par·age [dɪ'spærɪdʒ] *v/t.* **1.** in Verruf bringen; **2.** her'absetzen, verächtlich machen; **3.** verachten; **dis·par·age·ment** [dɪ'spærɪdʒmənt] *s.* Her'absetzung *f*, Verächtlichmachung *f*: ***no ~*** (***intended***) ohne Ihnen nahe treten zu wollen; **dis·par·ag·ing** [dɪ'spærɪdʒɪŋ] *adj.* □ gering-, abschätzig, verächtlich.

dis·pa·rate ['dɪspərət] **I** *adj.* □ ungleich(artig), (grund)verschieden, unvereinbar, dispa'rat; **II** *s. pl.* unvereinbare Dinge *pl.*; **dis·par·i·ty** [dɪ'spærətɪ] *s.* Verschiedenheit *f*: ***~ in age*** (*zu großer*) Altersunterschied *m*.

dis·pas·sion·ate [dɪ'spæʃnət] *adj.* □ leidenschaftslos, ruhig, gelassen, sachlich, nüchtern.

dis·patch [dɪ'spætʃ] **I** *v/t.* **1.** *j-n od. et.* (ab)senden, *et.* (ab)schicken, versenden, befördern, *Telegramm* aufgeben; **2.** abfertigen (*a.* 🚂); **3.** rasch *od.* prompt erledigen *od.* ausführen; **4.** ins Jenseits befördern, töten; **5.** F ‚wegputzen', rasch aufessen; **II** *s.* **6.** Absendung *f*, Versand *m*, Abfertigung *f*, Beförderung *f*; **7.** rasche Erledigung; **8.** Eile *f*, Schnelligkeit *f*: ***with ~*** eilends, prompt; **9.** (*oft* verschlüsselte) (Eil)Botschaft; **10.** Bericht *m* (*e-s Korrespondenten*); **11.** *pl.* Kriegsberichte *pl.*: ***mentioned in ~es*** ⚔ im Kriegsbericht rühmend erwähnt; **12.** Tötung *f*: ***happy ~*** Harakiri *n*; **~ boat** *s.* Ku'rierboot *n*; **~ box** *s.*, **~ case** *s.* **1.** Ku'riertasche *f*; **2.** *Brit.* Aktenkoffer *m*.

dis·patch·er [dɪ'spætʃə] *s.* **1.** 🚂 Fahrdienstleiter *m*; **2.** ✝ *Am.* Abteilungsleiter *m* für Produkti'onsplanung.

dis·patch| goods *s. pl.* Eilgut *n*; **~ note** *s.* Pa'ketkarte *f* für 'Auslandspaˌket; **~ rid·er** *s.* ⚔ Meldereiter *m*, -fahrer *m*.

dis·pel [dɪ'spel] *v/t. Menge etc., a. fig. Befürchtungen etc.* zerstreuen, *Nebel* zerteilen.

dis·pen·sa·ble [dɪ'spensəbl] *adj.* □ entbehrlich, verzichtbar; erlässlich; **dis·pen·sa·ry** [dɪ'spensərɪ] *s.* **1.** 'Werks- *od.* 'Krankenhausapoˌtheke *f*; **2.** ⚔ a) Laza'rettapoˌtheke *f*, b) ('Kranken)ReˌVier *n*; **dis·pen·sa·tion** [ˌdɪspen'seɪʃn] *s.* **1.** Aus-, Verteilung *f*; **2.** Gabe *f*; **3.** göttliche Fügung; Fügung *f* (*des Schicksals*), Walten *n* (*der Vorsehung*); **4.** religi'öses Sy'stem; **5.** Regelung *f*, Sy'stem *n*; **6.** ⚖, *eccl.* (***with***, ***from***) Dis'pens *m*, Befreiung *f* (von,) Erlass *m* (*gen.*); **7.** Verzicht *m* (***with*** auf *acc.*); **dis·pense** [dɪ'spens] **I** *v/t.* **1.** aus-, verteilen; *Sakrament* spenden: ***~ justice*** Recht sprechen; **2.** *Arzneien* (nach Re'zept) zubereiten u. abgeben; **3.** dispensieren, entheben, befreien, entbinden (***from*** von); **II** *v/i.* **4.** Dis'pens erteilen; **5.** ***~ with*** a) verzichten auf (*acc.*), b) 'überflüssig machen, auskommen ohne: ***it can be ~d with*** man kann darauf verzichten, es ist entbehrlich; **dis·pens·er** [dɪ'spensə] *s.* **1.** Ver-, Austeiler *m*; **2.** ⚙ Spender *m* (*Gerät*); (*Briefmarken- etc.*)Auto'mat *m*; → **dis·pens·ing chem·ist** [dɪ'spensɪŋ] *s.* Apo'theker(in).

dis·per·sal [dɪ'spɜːsl] *s.* **1.** (Zer)Streuung *f*, Verbreitung *f*, Zersplitterung *f*; **2.** ⚔, *a.* ✝ Auflockerung *f*; **~ a·pron** *s.* ✈ (ausein'ander gezogener) Abstellplatz; **~ a·re·a** *s.* **1.** ✈ → ***dispersal apron***; **2.** ⚔ Auflockerungsgebiet *n*.

dis·perse [dɪ'spɜːs] **I** *v/t.* **1.** verstreuen; **2.** → ***dispel***; **3.** *Nachrichten etc.* verbreiten; **4.** ⚗, *phys.* dispergieren, zerstreuen; **5.** ⚔ a) *Formation* auflockern, b) versprengen; **II** *v/i.* **6.** sich zerstreuen (*Menge*); **7.** sich auflösen; **8.** sich verteilen *od.* zersplittern; **dis·pers·ed·ly** [dɪ'spɜːsɪdlɪ] *adv.* verstreut, vereinzelt; **dis·per·sion** [dɪ'spɜːʃn] *s.* **1.** Zerstreuung *f* (*a. fig.*); Verteilung *f* (*von Nebel*); **2.** a) ⚗, ⚔ Streuung *f*: ***~ pattern*** Trefferbild *n*, b) → ***dispersal*** 2; **3.** ⚗ Dispersi'on(sphase) *f*: ***~ agent*** Dispersionsmittel *n*; **4.** ♎ Zerstreuung *f*, Di'aspora *f der Juden*.

dis·pir·it [dɪ'spɪrɪt] *v/t.* entmutigen, niederdrücken, deprimieren; **dis'pir·it·ed** [-tɪd] *adj.* □ niedergeschlagen, mutlos, deprimiert.

dis·place [dɪs'pleɪs] *v/t.* **1.** versetzen, -rücken, -lagern, -schieben; **2.** verdrän-

D

gen (*a.* ⚓); **3.** *j-n* ablösen, entlassen; **4.** ersetzen; **5.** verschleppen: **~d person** *hist.* Verschleppte(r *m*) *f*; **dis'place·ment** [-mənt] *s.* **1.** Verlagerung *f*, Verschiebung *f*; **2.** Verdrängung *f* (*a.* ⚓, *phys.*); ⚙ Kolbenverdrängung *f*; **3.** Ersetzung *f*, Ersatz *m*; **4.** *psych.* Af'fektverlagerung *f*: **~ activity** Übersprunghandlung *f*.

dis·play [dɪ'spleɪ] **I** *v/t.* **1.** entfalten: a) ausbreiten, b) *fig.* an den Tag legen, zeigen: **~ activity** (**strength** *etc.*); **2.** (*contp.* protzig) zur Schau stellen, zeigen; **3.** ✝ ausstellen, -legen; **4.** *typ.* her'vorheben; **II** *s.* **5.** Entfaltung *f* (*a. fig. von Tatkraft, Macht etc.*); **6.** (*a.* protzige) Zur'schaustellung; **7.** ✝ Ausstellung *f*, (Waren)Auslage *f*, Dis'play *n*: **be on ~** ausgestellt *od.* zu sehen sein; **8.** Aufwand *m*, Pomp *m*, Prunk *m*: **make a great ~** a) großen Prunk entfalten, b) **of s.th.** et. (protzig) zur Schau stellen; **9.** *Computer*: Dis'play *n*: a) Sichtanzeige *f*, b) Sichtbildgerät *n*; **10.** *typ.* Her'vorhebung *f*; **III** *adj.* **11.** ✝ Ausstellungs..., Schau...: **~ advertising** Displaywerbung *f*; **~ artist**, **~man** (Werbe)Dekorateur *m*; **~ box**, **~ pack** Schaupackung *f*; **~ case** Schaukasten *m*, Vitrine *f*; **~ window** Auslagefenster *n*; **12.** *Computer*: Display..., Sicht(bild)...: **~ unit** → 9 b; **~ be'hav·i·o(u)r** *s. zo.* Imponiergehabe *n*.

dis·please [dɪs'pliːz] *v/t.* **1.** *j-m* miss'fallen; **2.** *j-n* ärgern, verstimmen; **3.** *das Auge* beleidigen; **dis'pleased** [-zd] *adj.* (**at**, **with**) unzufrieden (mit), ungehalten (über *acc.*); **dis'pleas·ing** [-zɪŋ] *adj.* ☐ unangenehm; **dis·pleas·ure** [dɪs'pleʒə] *s.* 'Missfallen *n* (**at** über *acc.*): **incur s.o.'s ~** j-s Unwillen erregen.

dis·port [dɪ'spɔːt] *v/t.*: **~ o.s.** a) sich vergnügen *od.* amüsieren, b) her'umtollen, sich (ausgelassen) tummeln.

dis·pos·a·ble [dɪ'spəʊzəbl] **I** *adj.* **1.** (frei) verfügbar: **~ income**; **2.** ✝ Einweg..., Wegwerf...: **~ package**; **II** *s.* **3.** Einweg-, Wegwerfgegenstand *m*; **dis·pos·al** [dɪ'spəʊzl] *s.* **1.** Anordnung *f*, Aufstellung *f* (*a.* ⚔); Verwendung *f*; **2.** Erledigung *f*: a) (endgültige) Regelung *e-r Sache*, b) Vernichtung *f e-s Gegners etc.*; **3.** Verfügung(srecht *n*) *f* (**of** über *acc.*): **be at s.o.'s ~** j-m zur Verfügung stehen; **place s.th. at s.o.'s ~** j-m et. zur Verfügung stellen; **have the ~ of** verfügen (können) über (*acc.*); **4.** ✝, ⚖ a) 'Übergabe *f*, Über'tragung *f*, b) Veräußerung *f*, Verkauf *m*: **for ~** zum Verkauf; **5.** Beseitigung *f*, (Müll- *etc.*) Abfuhr *f*, (-)Entsorgung *f*; **dis·pose** [dɪ'spəʊz] **I** *v/t.* **1.** anordnen, aufstellen (*a.* ⚔); zu'rechtlegen, einrichten; ein-, verteilen; **2.** *j-n* bewegen, geneigt machen, veranlassen (**to** zu; **to do** zu tun); **II** *v/i.* **3.** verfügen, Verfügungen treffen; **4.** **~ of** a) (frei) verfügen *od.* disponieren über (*acc.*), b) entscheiden über (*acc.*), lenken, c) (endgültig) erledigen: **~ of an affair**, d) *j-n od. et.* abtun, abfertigen, e) loswerden, sich entledigen (*gen.*), f) wegschaffen, beseitigen: **~ of trash**, g) *e-n Gegner etc.* erledigen, unschädlich machen, vernichten, h) ⚔ *Bomben etc.* entschärfen, i) verzehren, trinken: **~ of a bottle**, j) über'geben, -'tragen: **~ of by will** testamentarisch vermachen, letztwillig verfügen über (*acc.*); **disposing mind** ⚖ Testierfähigkeit *f*, k) verkaufen, veräußern, ✝ *a.* absetzen, abstoßen, l) *s-e Tochter* verheiraten (**to** an *acc.*); **dis·posed** [dɪ'spəʊzd] *adj.* **1.** geneigt, bereit (**to** zu; **to do** zu tun); **2.** ⚕ anfällig (**to** für); **3.** gelaunt, gesinnt: **well-~** wohlgesinnt, **ill-~** übel gesinnt (**towards** *dat.*); **dis·po·si·tion** [ˌdɪspə'zɪʃn] *s.* **1.** a) Veranlagung *f*, Dispositi'on *f*, b) (Wesens)Art *f*; **2.** a) Neigung *f*, Hang *m* (**to** zu), b) ⚕ Anfälligkeit *f* (**to** für); **3.** Stimmung *f*; **4.** Anordnung *f*, Aufstellung *f* (*a.* ⚔); **5.** (**of**) a) Erledigung *f* (*gen.*), b) *bsd.* ⚖ Entscheidung *f* (über *acc.*); **6.** (*bsd.* göttliche) Lenkung; **7.** *pl.* Dispositi'onen *pl.*, Vorkehrungen *pl.*: **make** (**one's**) **~s** (s-e) Vorkehrungen treffen, disponieren; **8.** → **disposal** 3.

dis·pos·sess [ˌdɪspə'zes] *v/t.* **1.** enteignen, aus dem Besitz (**of** *gen.*) setzen; *Mieter* zur Räumung zwingen; **2.** berauben (**of** *gen.*); **3.** *sport j-m* den Ball abnehmen; **ˌdis·pos'ses·sion** [-eʃn] *s.* Enteignung *f etc.*

dis·praise [dɪs'preɪz] *s.* Her'absetzung *f*: **in ~** geringschätzig.

dis·proof [ˌdɪs'pruːf] *s.* Wider'legung *f*.

dis·pro·por·tion [ˌdɪsprə'pɔːʃn] *s.* 'Missverhältnis *n*; **ˌdis·pro'por·tion·ate** [-ʃnət] *adj.* ☐ **1.** unverhältnismäßig (groß *od.* klein), in keinem Verhältnis stehend (**to** zu); **2.** über'trieben, unangemessen; **3.** unproportioniert.

dis·prove [ˌdɪs'pruːv] *v/t.* wider'legen.

dis·pu·ta·ble [dɪ'spjuːtəbl] *adj.* ☐ strittig; **dis·pu·tant** [dɪ'spjuːtənt] *s.* Dispu'tant *m*, Gegner *m*.

dis·pu·ta·tion [ˌdɪspjuː'teɪʃn] **1.** Dis'put *m*, Streitgespräch *n*, Wortwechsel *m*; **2.** Disputati'on *f*, wissenschaftliches Streitgespräch; **ˌdis·pu'ta·tious** [-ʃəs] *adj.* ☐ streitsüchtig; **dis·pute** [dɪ'spjuːt] **I** *v/i.* **1.** streiten, *Wissenschaftler*: *a.* disputieren (**on**, **about** über *acc.*); **2.** (sich) streiten, zanken; **II** *v/t.* **3.** streiten *od.* disputieren über (*acc.*); **4.** in Zweifel ziehen, anzweifeln; **5.** kämpfen um, *j-m et.* streitig machen; **III** *s.* **6.** Dis'put *m*, Kontro'verse *f*: **in** (*od.* **under**) **~**

umstritten, strittig; ***beyond*** (*od.* ***without***) **~** unzweifelhaft, fraglos; **7.** (heftiger) Streit.

dis·qual·i·fi·ca·tion [dɪsˌkwɒlɪfɪˈkeɪʃn] *s.* **1.** Disqualifikatiˈon *f*, Disqualifizierung *f*; **2.** Untauglichkeit *f*, mangelnde Eignung *od.* Befähigung (***for*** für); **3.** disqualifizierender ˈUmstand; **4.** *sport* Disqualifikatiˈon *f*, Ausschluss *m*; **dis·qual·i·fy** [dɪsˈkwɒlɪfaɪ] *v/t.* **1.** ungeeignet *od.* unfähig *od.* untauglich machen (***for*** für): ***be disqualified for*** ungeeignet (*etc.*) sein für; **2.** für unfähig *od.* untauglich *od.* nicht berechtigt erklären (***for*** zu): ***~ s.o. from*** (***holding***) ***public office*** j-m die Fähigkeit zur Ausübung e-s öffentlichen Amtes absprechen *od.* nehmen; ***~ s.o. from driving*** j-m die Fahrerlaubnis entziehen; **3.** *sport* disqualifizieren, ausschließen.

dis·qui·et [dɪsˈkwaɪət] **I** *v/t.* beunruhigen; **II** *s.* Unruhe *f*, Besorgnis *f*; **disˈqui·et·ing** [-tɪŋ] *adj.* beunruhigend; **disˈqui·e·tude** [-aɪətjuːd] → ***disquiet*** II.

dis·qui·si·tion [ˌdɪskwɪˈzɪʃn] *s.* ausführliche Abhandlung *od.* Rede.

dis·rate [dɪsˈreɪt] *v/t.* ⚓ degradieren.

dis·re·gard [ˌdɪsrɪˈgɑːd] **I** *v/t.* **1.** a) nicht beachten, ignorieren, außer Acht lassen, b) absehen von, ausklammern; **2.** nicht befolgen, missˈachten; **II** *s.* **3.** Nichtbeachtung *f*, Ignorierung *f* (***of***, ***for*** *gen.*); **4.** ˈMissachtung *f* (***of***, ***for*** *gen.*); **5.** Gleichgültigkeit *f* (***of***, ***for*** gegenˈüber); **ˌdis·reˈgard·ful** [-fʊl] *adj.* □: ***be ~ of*** → ***disregard*** 1 a.

dis·rel·ish [ˌdɪsˈrelɪʃ] *s.* Abneigung *f*, ˈWiderwille *m* (***for*** gegen).

dis·re·mem·ber [ˌdɪsrɪˈmembə] *v/t.* F *et.* vergessen (haben).

dis·re·pair [ˌdɪsrɪˈpeə] *s.* Verfall *m*; Baufälligkeit *f*, schlechter (baulicher) Zustand: ***in*** (***a state of***) **~** baufällig; ***fall into ~*** baufällig werden.

dis·rep·u·ta·ble [dɪsˈrepjʊtəbl] *adj.* □ verrufen, anrüchig; **dis·re·pute** [ˌdɪsrɪˈpjuːt] *s.* Verruf *m*, Verrufenheit *f*, schlechter Ruf: ***bring into ~*** in Verruf bringen.

dis·re·spect [ˌdɪsrɪˈspekt] **I** *s.* **1.** Respektlosigkeit *f* (***to***, ***for*** gegenüber); **2.** Unhöflichkeit *f* (***to*** gegen); **II** *v/t.* **3.** sich reˈspektlos benehmen gegenˈüber; **4.** unhöflich behandeln; **ˌdis·reˈspect·ful** [-fʊl] *adj.* □ **1.** reˈspektlos (***to*** gegen); **2.** unhöflich (***to*** zu).

dis·robe [ˌdɪsˈrəʊb] **I** *v/t.* entkleiden (*a. fig.*) (***of*** *gen.*); **II** *v/i.* s-e Kleidung *od.* Amtstracht ablegen.

dis·root [ˌdɪsˈruːt] *v/t.* **1.** entwurzeln, ausreißen; **2.** vertreiben.

dis·rupt [dɪsˈrʌpt] **I** *v/t.* **1.** zerbrechen, sprengen, zertrümmern; **2.** zerreißen, (zer)spalten; **3.** unterˈbrechen, stören; **4.** zerrütten; **5.** *Versammlung*, *Koalition etc.* sprengen; **II** *v/i.* **6.** zerreißen; **7.** ↯ ˈdurchschlagen; **disˈrup·tion** [-pʃn] *s.* **1.** Zerreißung *f*, Zerschlagung *f*; Unterˈbrechung *f*; **2.** Zerrissenheit *f*, Spaltung *f*; **3.** Bruch *m*; **4.** Zerrüttung *f*; **disˈrup·tive** [-tɪv] *adj.* **1.** zerbrechend, zertrümmernd, zerreißend; **2.** zerrüttend; **3.** ↯ Durchschlags...(*-festigkeit etc.*): ***~ discharge*** Durchschlag *m*.

dis·sat·is·fac·tion [ˈdɪsˌsætɪsˈfækʃn] *s.* Unzufriedenheit *f* (***at***, ***with*** mit); **ˈdisˌsat·isˈfac·to·ry** [-ktərɪ] *adj.* unbefriedigend; **dis·sat·is·fied** [ˌdɪsˈsætɪsfaɪd] *adj.* unzufrieden (***with***, ***at*** mit); **dis·sat·is·fy** [ˌdɪsˈsætɪsfaɪ] *v/t.* nicht befriedigen, *j-n* verdrießen; *j-m* missˈfallen.

dis·sect [dɪˈsekt] *v/t.* **1.** zergliedern, zerlegen; **2.** a) ⚕ sezieren, b) ⚕, ♀, *zo.* präparieren; **3.** *fig.* zergliedern, analysieren; **disˈsec·tion** [-kʃn] *s.* **1.** Zergliederung *f*, *fig. a.* a) Aufgliederung *f*, b) (genaue) Anaˈlyse; **2.** ⚕ Sezieren *n*; **3.** ⚕, ♀, *zo.* Präpaˈrat *n*; **disˈsec·tor** [-tə] *s.* **1.** ⚕ Sezierer *m*; **2.** ⚕, ♀, *zo.* Präpaˈrator *m*.

dis·seise, **dis·seize** [ˌdɪˈsiːz] *v/t.* ⚖ *j-m* ˈwiderrechtlich den Besitz entziehen; **ˌdisˈsei·sin**, **ˌdisˈsei·zin** [-zɪn] *s.* ⚖ ˈwiderrechtliche Besitzentziehung.

dis·sem·ble [dɪˈsembl] **I** *v/t.* **1.** verhehlen, verbergen, sich *et.* nicht anmerken lassen; **2.** vortäuschen, simulieren; **3.** *obs.* unbeachtet lassen; **II** *v/i.* **4.** sich verstellen, heucheln; **disˈsem·bler** [-lə] *s.* **1.** Heuchler(in); **2.** Simuˈlant (-in).

dis·sem·i·nate [dɪˈsemɪneɪt] *v/t.* **1.** *Saat* ausstreuen (*a. fig.*); **2.** *fig.* verbreiten: ***~ ideas***; ***~d sclerosis*** ⚕ multiple Sklerose; **dis·sem·i·na·tion** [dɪˌsemɪˈneɪʃn] *s.* Ausstreuung *f*; *fig. a.* Verbreitung *f*.

dis·sen·sion [dɪˈsenʃn] *s.* Meinungsverschiedenheit(en *pl.*) *f*, Diffeˈrenz(en *pl.*) *f*.

dis·sent [dɪˈsent] **I** *v/i.* **1.** (***from***) anderer Meinung sein (als), nicht überˈeinstimmen (mit); **2.** *eccl.* von der Staatskirche abweichen; **II** *s.* **3.** Meinungsverschiedenheit *f*, andere Meinung; **4.** *eccl.* Abweichen *n* von der Staatskirche; **disˈsent·er** [-tə] *s.* **1.** Andersdenkende(r *m*) *f*; **2.** *eccl.* a) Dissiˈdent *m*, b) *oft* 2 Disˈsenter *m*, Nonkonforˈmist (-in); **disˈsen·ti·ent** [-nʃɪənt] **I** *adj.* anders denkend, abweichend: ***without a ~ vote*** ohne Gegenstimme; **II** *s.* a) Andersdenkende(r *m*) *f*, b) Gegenstimme *f*: ***with no ~*** ohne Gegenstimme.

dis·ser·ta·tion [ˌdɪsəˈteɪʃn] *s.* **1.** (wissenschaftliche) Abhandlung; **2.** Dissertatiˈon *f*.

dis·serv·ice [ˌdɪsˈsɜːvɪs] *s.* (***to***) schlechter Dienst (an *dat.*): ***do a ~*** *j-m* e-n schlechten Dienst erweisen; ***be of ~ to s.o.*** j-m zum Nachteil gereichen.

dis·sev·er [dɪs'sevə] *v/t.* trennen, absondern, spalten.

dis·si·dence ['dɪsɪdəns] *s.* **1.** Meinungsverschiedenheit *f*; **2.** *pol.*, *eccl.* Dissi'dententum *n*; '**dis·si·dent** [-nt] **I** *adj.* **1.** anders denkend, nicht über'einstimmend, abweichend; **II** *s.* **2.** Andersdenkende(r *m*) *f*; **3.** *eccl.* Dissi'dent(in), *pol. a.* Re'gimekritiker(in).

dis·sim·i·lar [ˌdɪ'sɪmɪlə] *adj.* □ (***to***) verschieden (von), unähnlich (*dat.*); **dis·sim·i·lar·i·ty** [ˌdɪsɪmɪ'lærətɪ] *s.* Verschiedenartigkeit *f*, Unähnlichkeit *f*; 'Unterschied *m*.

dis·sim·u·late [dɪ'sɪmjʊleɪt] **I** *v/t.* verbergen, verhehlen; **II** *v/i.* sich verstellen; heucheln; **dis·sim·u·la·tion** [dɪˌsɪmjʊ'leɪʃn] *s.* **1.** Verheimlichung *f*; **2.** Verstellung *f*, Heuche'lei *f*; **3.** ✱ Dissimulati'on *f*.

dis·si·pate ['dɪsɪpeɪt] **I** *v/t.* **1.** zerstreuen (*a. fig. u. phys.*); *Nebel* zerteilen; **2.** a) verschwenden, vergeuden, verzetteln, b) *Geld* 'durchbringen, verprassen; **3.** *fig.* verscheuchen, vertreiben; **4.** *phys.* a) *Hitze* ableiten, b) in 'Wärmeenerˌgie 'umwandeln; **II** *v/i.* **5.** sich zerstreuen (*a. fig.*); sich zerteilen (*Nebel*); **6.** ein ausschweifendes Leben führen; '**dis·si·pat·ed** [-tɪd] *adj.* ausschweifend, zügellos; **dis·si·pa·tion** [ˌdɪsɪ'peɪʃn] *s.* **1.** Zerstreuung *f* (*a. fig. u. phys.*); **2.** Vergeudung *f*; **3.** Verprassen *n*, 'Durchbringen *n*; **4.** Ausschweifung(en *pl.*) *f*; zügelloses Leben; **5.** *phys.* a) Ableitung *f*, b) Dissipati'on *f*.

dis·so·ci·ate [dɪ'səʊʃɪeɪt] **I** *v/t.* **1.** trennen, loslösen, absondern (***from*** von); **2.** ⚗ dissoziieren; **3.** ***~ o.s.*** (***from***) sich lossagen *od.* distanzieren *od.* abrücken (von); **II** *v/i.* **4.** sich (ab)trennen *od.* loslösen; **5.** ⚗ dissoziieren; **dis·so·ci·a·tion** [dɪˌsəʊsɪ'eɪʃn] *s.* **1.** (Ab-)Trennung *f*, Loslösung *f*; **2.** Abrücken *n*; **3.** ⚗, *psych.* Dissoziati'on *f*.

dis·sol·u·bil·i·ty [dɪˌsɒljʊ'bɪlətɪ] *s.* **1.** Löslichkeit *f*; **2.** Auflösbarkeit *f*, Trennbarkeit *f*; **dis·sol·u·ble** [dɪ'sɒljʊbl] *adj.* **1.** löslich; **2.** ⚖ auflösbar, trennbar.

dis·so·lute ['dɪsəluːt] *adj.* □ ausschweifend, zügellos; '**dis·so·lute·ness** [-nɪs] *s.* Ausschweifung *f*, Zügellosigkeit *f*.

dis·so·lu·tion [ˌdɪsə'luːʃn] *s.* **1.** Auflösung *f* (*a. parl.*, ✝; *a. Ehe*); ⚖ *a.* Aufhebung *f*; **2.** Zersetzung *f*; **3.** Zerstörung *f*, Vernichtung *f*; **4.** ⚗ Lösung *f*.

dis·solv·a·ble [dɪ'zɒlvəbl] → ***dissoluble***; **dis·solve** [dɪ'zɒlv] **I** *v/t.* **1.** auflösen (*a. fig., Ehe, Parlament, Firma etc.*); *Ehe a.* scheiden; lösen (*a.* ⚗): ***~d in tears*** in Tränen aufgelöst; **2.** ⚖ aufheben; **3.** auflösen, zersetzen; **4.** vernichten; **5.** *Geheimnis etc.* lösen; **6.** *Film*: über'blenden; **II** *v/i.* **7.** sich auflösen (*a. fig.*), zergehen, schmelzen; **8.** zerfallen; **9.** sich (in nichts) auflösen, verschwinden; **10.** *Film*: über'blenden, inein'ander 'übergehen; **III** *s.* **11.** *Film*: Über'blendung *f*; **dis'sol·vent** [-vənt] **I** *adj.* (auf)lösend; zersetzend; **II** *s.* ⚗ Lösungsmittel *n*.

dis·so·nance ['dɪsənəns] *s.* Disso'nanz *f*: a) ♪ 'Missklang *m* (*a. fig.*), b) *fig.* Unstimmigkeit *f*; '**dis·so·nant** [-nt] *adj.* □ **1.** ♪ disso'nant (*a. fig.*); **2.** 'misstönend; **3.** *fig.* unstimmig.

dis·suade [dɪ'sweɪd] *v/t.* **1.** *j-m* abraten (***from*** von); **2.** *j-n* abbringen (***from*** von); **dis'sua·sion** [-eɪʒn] *s.* **1.** Abraten *n*; **2.** Abbringen *n*; **dis'sua·sive** [-eɪsɪv] *adj.* □ abratend.

dis·syl·lab·ic, **dis·syl·la·ble** → ***disyllabic***, ***disyllable***.

dis·sym·met·ri·cal [ˌdɪsɪ'metrɪkl] *adj.* 'unsymˌmetrisch; **dis·sym·met·ry** [ˌdɪ'sɪmɪtrɪ] *s.* Asymme'trie *f*.

dis·taff ['dɪstɑːf] *s.* (Spinn)Rocken *m*; *fig. das* Reich der Frau: ***~ side*** weibliche Linie *e-r Familie*.

dis·tance ['dɪstəns] **I** *s.* **1.** a) Entfernung *f*, b) Ferne *f*: ***at a ~*** a) in einiger Entfernung, b) von weitem; ***in the ~*** in der Ferne; ***from a ~*** aus einiger Entfernung; ***at an equal ~*** gleich weit (entfernt); ***a good ~ off*** ziemlich weit entfernt; ***braking ~*** *mot.* Bremsweg *m*; ***stopping ~*** *mot.* Anhalteweg *m*; ***within striking ~*** handgreiflich nahe, in erreichbarer Nähe; → ***hail*** 7; ***walking*** II; **2.** Zwischenraum *m*, Abstand *m* (***between*** zwischen); **3.** Entfernung *f*, Strecke *f*: ***~ covered*** zurückgelegte Strecke; **4.** *zeitlicher* Abstand, Zeitraum *m*; **5.** *fig.* Abstand *m*, Entfernung *f*, 'Unterschied *m*; **6.** *fig.* Di'stanz *f*, Abstand *m*, Re'serve *f*, Zu'rückhaltung *f*: ***keep s.o. at a ~*** j-m gegenüber reserviert sein, sich j-n vom Leib halten; ***keep one's ~*** den Abstand wahren, (die gebührende) Distanz halten; **7.** *paint. etc.* a) Perspek'tive *f*, b) *a. pl.* 'Hintergrund *m*, c) Ferne *f*; **8.** ♪ Inter'vall *n*; **9.** *sport* a) Di'stanz *f*, Strecke *f*, b) *fenc.*, *Boxen*: Di'stanz *f*, c) Langstrecke *f*: ***~ race*** Langstreckenlauf *m*; ***~ runner*** Langstreckenläufer(in); **II** *v/t.* **10.** über'holen, hinter sich lassen, *sport a.* distanzieren: ***~d*** *fig.* distanziert; **11.** *fig.* über'flügeln; '**dis·tant** [-nt] *adj.* □ **1.** entfernt (*a. fig.*), weit (***from*** von); fern (*Ort od. Zeit*): ***~ relation*** entfernte(r) *od.* weitläufige(r) Verwandte(r); ***~ resemblance*** entfernte *od.* schwache Ähnlichkeit; ***~ dream*** vager Traum, schwache Aussicht; **2.** weit vonein'ander entfernt; **3.** zu'rückhaltend, kühl, distanziert; **4.** ⚙ Fern...: **~ control** Fernsteuerung *f*; **~ reading instrument** Fernmessgerät *n*.

dis·taste [ˌdɪsˈteɪst] *s.* (**for**) ˈWiderwille *m*, Abneigung *f* (gegen), Ekel *m*, Abscheu *m* (vor *dat.*); ˌ**disˈtaste·ful** [-fʊl] *adj.* □ **1.** Ekel erregend; **2.** *fig.* a) unangenehm, zuˈwider (**to** *dat.*), b) ekelhaft, widerlich.

dis·tem·per[1] [dɪˈstempə] **I** *s.* **1.** Tempera- *od.* Leimfarbe *f*; **2.** ˈTemperamaleˌrei *f* (*a. Bild*); **II** *v/t.* **3.** mit Temperafarbe(n) (an)malen.

dis·tem·per[2] [dɪˈstempə] *s.* **1.** *vet.* a) Staupe *f* (*bei Hunden*), b) Druse *f* (*bei Pferden*); **2.** *obs.* a) üble Laune, b) Unpässlichkeit *f*, c) poˈlitische Unruhe(n *pl.*).

dis·tend [dɪˈstend] **I** *v/t.* (aus)dehnen, weiten; aufblähen; **II** *v/i.* sich (aus)dehnen *etc.*; **dis·ten·si·ble** [dɪˈstensəbl] *adj.* (aus)dehnbar; **dis·ten·sion** [dɪˈstenʃn] *s.* (Aus)Dehnung *f*; Aufblähung *f*.

dis·tich [ˈdɪstɪk] *s.* **1.** Distichon *n* (*Verspaar*); **2.** gereimtes Verspaar.

dis·til, *Am.* **dis·till** [dɪˈstɪl] **I** *v/t.* **1.** ⚗ a) (ˈum)destillieren, abziehen, b) abdestillieren (**from** aus), c) entgasen: **~(l)ing flask** Destillierkolben *m*; **2.** *Branntwein* brennen (**from** aus); **3.** herˈabtropfen lassen: **be ~led** sich niederschlagen; **4.** *fig. das Wesentliche* heˈrausdestilˌlieren, -arbeiten (**from** aus); **II** *v/i.* **5.** ⚗ destillieren; **6.** (herˈab)tropfen; **7.** *fig.* sich herˈauskristalliˌsieren; **dis·til·late** [ˈdɪstɪlət] *s.* ⚗ Destilˈlat *n*; **dis·til·la·tion** [ˌdɪstɪˈleɪʃn] *s.* **1.** ⚗ Destillatiˈon *f*; **2.** Brennen *n* (*von Branntwein*); **3.** Exˈtrakt *m*, Auszug *m*; **4.** *fig.* ˈQuintesˌsenz *f*, Kern *m*; **dis·til·ler** [dɪˈstɪlə] *s.* Branntweinbrenner *m*; **dis·til·ler·y** [dɪˈstɪlərɪ] *s.* **1.** ⚗ Destilˈlierapparat *m*; **2.** Destillaˈteur *m*, (ˈBranntwein)Brenneˌrei *f*.

dis·tinct [dɪˈstɪŋkt] *adj.* □ → **distinctly**; **1.** ver-, unterˈschieden: **as ~ from** im Unterschied zu, zum Unterschied von; **2.** einzeln, getrennt, (ab)gesondert; **3.** eigen, selbstständig; **4.** ausgeprägt, charakteˈristisch; **5.** klar, eindeutig, bestimmt, entschieden, ausgesprochen, deutlich; **dis·tinc·tion** [dɪˈstɪŋkʃn] *s.* **1.** Unterˈscheidung *f*: **a ~ without a difference** e-e spitzfindige Unterscheidung; **2.** ˈUnterschied *m*: **in ~ from** (*od.* **to**) im Unterschied zu, zum Unterschied von; **draw** (*od.* **make**) **a ~ between** e-n Unterschied machen zwischen (*dat.*); **3.** Unterˈscheidungsmerkmal *n*, Kennzeichen *n*; **4.** herˈvorragende Eigenschaft; **5.** Auszeichnung *f*, Ehrung *f*; **6.** (hoher) Rang; **7.** Würde *f*; Vornehmheit *f*; **8.** Ruf *m*, Berühmtheit *f*; **dis·tinc·tive** [dɪˈstɪŋktɪv] *adj.* □ **1.** unterˈscheidend, Unterscheidungs...; **2.** kenn-, bezeichnend, charakteˈristisch (**of** für), besonder; **3.** deutlich, ausgesprochen; **dis·tinc·tive·ness** [dɪˈstɪŋktɪvnɪs] *s.* **1.** Besonderheit *f*; **2.** → **distinctness** 1; **dis·tinct·ly** [dɪˈstɪŋktlɪ] *adv.* deutlich, *fig. a.* ausgesprochen; **dis·tinct·ness** [dɪˈstɪŋktnɪs] *s.* **1.** Deutlichkeit *f*, Klarheit *f*; **2.** Verschiedenheit *f*; **3.** Verschiedenartigkeit *f*.

dis·tin·gué [dɪˈstæŋgeɪ] (*Fr.*) *adj.* distinguˈiert, vornehm.

dis·tin·guish [dɪˈstɪŋgwɪʃ] **I** *v/t.* **1.** (**between**) unterˈscheiden (zwischen), (*zwei Dinge etc.*) auseinˈander halten: **as ~ed from** zum Unterschied von, im Unterschied zu; **be ~ed by** sich durch *et.* unterscheiden *od. weitS.* auszeichnen; **2.** wahrnehmen, erkennen; **3.** kennzeichnen, charakterisieren: **~ing mark** Merkmal *n*, Kennzeichen *n*; **4.** auszeichnen, rühmend herˈvorheben: **~ o.s.** sich auszeichnen (*a. iro.*); **II** *v/i.* **5.** unterˈscheiden, e-n ˈUnterschied machen; **dis·tin·guish·a·ble** [dɪˈstɪŋgwɪʃəbl] *adj.* □ **1.** unterˈscheidbar; **2.** wahrnehmbar, erkennbar; **3.** kenntlich (**by** an *dat.*, durch); **dis·tin·guished** [dɪˈstɪŋgwɪʃt] *adj.* **1.** → **distinguishable** 1, 2; **2.** bemerkenswert, berühmt (**for** wegen, **by** durch); **3.** vornehm; **4.** herˈvorragend, ausgezeichnet.

dis·tort [dɪˈstɔːt] *v/t.* **1.** verdrehen (*a. fig.*); *a. Gesicht* verzerren (*a.* ⚙, ϟ *u. fig.*); verrenken; ⚙ verformen: **~ing mirror** Vexier-, Zerrspiegel *m*; **2.** *fig. Tatsachen etc.* verdrehen, entstellen; **dis·tor·tion** [dɪˈstɔːʃn] *s.* **1.** Verdrehung *f* (*a. phys.*); Verrenkung *f*; Verzerrung *f* (*a.* ϟ, *phot.*); Verziehung *f*, Verwindung *f* (*a.* ⚙); **2.** *fig.* Entstellung *f*, Verzerrung *f*.

dis·tract [dɪˈstrækt] *v/t.* **1.** *Aufmerksamkeit, Person etc.* ablenken; **2.** *j-n* zerstreuen; **3.** erregen, aufwühlen; **4.** beunruhigen, stören, quälen; **5.** rasend machen; **dis·tract·ed** [dɪˈstræktɪd] *adj.* □ **1.** verwirrt; **2.** beunruhigt; **3.** außer sich, von Sinnen: **~ with** (*od.* **by**) **pain** wahnsinnig vor Schmerzen; **dis·trac·tion** [dɪˈstrækʃn] *s.* **1.** Ablenkung *f*, *a.* Zerstreuung *f*; **2.** Zerstreutheit *f*; **3.** Verwirrung *f*; **4.** Wahnsinn *m*, Raseˈrei *f*: **drive s.o. to ~** j-n zur Raserei bringen; **love to ~** bis zum Wahnsinn lieben; **5.** *oft pl.* Ablenkung *f*, Zerstreuung *f*, Unterˈhaltung *f*.

dis·train [dɪˈstreɪn] ⚖ *v/i.*: **~ (up)on** a) *j-n* pfänden, b) *et.* mit Beschlag belegen; **dis·train·ee** [ˌdɪstreɪˈniː] *s.* Pfandschuldner(in); **dis·train·er** [dɪˈstreɪnə], **dis·train·or** [ˌdɪstreɪˈnɔː] *s.* Pfandgläubiger(in); **dis·traint** [dɪˈstreɪnt] *s.* Beschlagnahme *f*.

dis·traught [dɪˈstrɔːt] → **distracted**.

D

dis·tress [dɪ'stres] **I** *s.* **1.** Qual *f*, Pein *f*, Schmerz *m*; **2.** Leid *n*, Kummer *m*, Sorge *f*; **3.** Elend *n*; Not(lage) *f*; **4.** ⚓ Seenot *f*: **~ *call*** Notruf *m*, SOS-Ruf *m*; **~ *rocket*** Notrakete *f*; **~ *signal*** Notsignal *n*; **5.** ⚖ a) Beschlagnahme *f*, b) mit Beschlag belegte Sache; **II** *v/t.* **6.** quälen, peinigen, bedrücken; beunruhigen; betrüben: **~ *o.s.*** sich sorgen (***about*** um); **7.** → ***distrain***; **dis·tressed** [dɪ'strest] *adj.* **1.** (***about***) beunruhigt (über *acc.*, wegen), besorgt (um); **2.** bekümmert, betrübt; unglücklich; **3.** bedrängt, in Not, Not leidend: **~ *area*** *Brit.* Notstandsgebiet *n*; **~ *ships*** Schiffe in Seenot; **4.** erschöpft; **dis·tress·ful** [dɪ'stresfʊl], **dis·tress·ing** [dɪ'stresɪŋ] *adj.* □ **1.** quälend; **2.** bedrückend.

dis·trib·ut·a·ble [dɪ'strɪbjʊtəbl] *adj.* **1.** verteilbar; **2.** zu verteilen(d); **dis·trib·u·tar·y** [dɪ'strɪbjʊtərɪ] *s. geogr.* abzweigender Flussarm, *bsd.* Deltaarm *m*; **dis·trib·ute** [dɪ'strɪbju:t] *v/t.* **1.** ver-, austeilen (***among*** unter *acc.*, ***to*** an *acc.*); **2.** zuteilen (***to*** *dat.*); **3.** ✝ a) *Waren* vertreiben, absetzen, b) *Filme* verleihen, c) *Dividende*, *Gewinne* ausschütten; **4.** *Post* zustellen; **5.** verbreiten; ausstreuen; *Farbe etc.* verteilen; **6.** auf-, einteilen; ⚔ gliedern; **7.** *typ.* a) *Satz* ablegen, b) *Farbe* auftragen; **dis·trib·u·tee** [dɪˌstrɪbjʊ'ti:] *s.* **1.** Empfänger(in); **2.** ⚖ Erbe *m*, Erbin *f*; **dis·trib·ut·er** → ***distributor***.

dis·trib·ut·ing| a·gent [dɪ'strɪbjʊtɪŋ] *s.* ✝ (Großhandels)Vertreter *m*; **~ cen·ter** *Am.*, *Brit.* **~ cen·tre** *s.* ✝ 'Absatz-, Ver'teilungsˌzentrum *n*.

dis·tri·bu·tion [ˌdɪstrɪ'bju:ʃn] *s.* **1.** Ver-, Austeilung *f*; **2.** ⚙, ⚡ a) Verteilung *f*, b) Verzweigung *f*; **3.** Ver-, Ausbreitung *f*; **4.** Einteilung *f*, *a.* ⚔ Gliederung *f*; **5.** a) Zuteilung *f*, b) Gabe *f*, Spende *f*; **6.** ✝ a) Vertrieb *m*, Absatz *m*, b) Verleih *m* (*von Filmen*), c) Ausschüttung *f* (*von Dividenden*, *Gewinnen*); **7.** Ausstreuen *n* (*von Samen*); **8.** Verteilen *n* (*von Farben etc.*); **9.** *typ.* a) Ablegen *n* (*des Satzes*), b) Auftragen *n* (*von Farbe*); **dis·trib·u·tive** [dɪ'strɪbjʊtɪv] **I** *adj.* □ **1.** aus-, zu-, verteilend, Verteilungs...: **~ *share*** ⚖ gesetzlicher Erbteil; **~ *justice*** *fig.* ausgleichende Gerechtigkeit; **2.** jeden Einzelnen betreffend; **3.** ⩓, *ling.* distribu'tiv, Distributiv...; **II** *s.* **4.** *ling.* Distribu'tivum *n*; **dis·trib·u·tor** [dɪ'strɪbjʊtə] *s.* **1.** Verteiler *m* (*a.* ⚙, ⚡); **2.** ✝ a) Großhändler *m*, Gene'ralvertreter *m*, b) *pl.* (Film)Verleih *m*; **3.** ⚙ Verteilerdüse *f*.

dis·trict ['dɪstrɪkt] *s.* **1.** Di'strikt *m*, (Verwaltungs)Bezirk *m*, Kreis *m*; **2.** (Stadt)Bezirk *m*, (-)Viertel *n*; **3.** Gegend *f*, Gebiet *n*, Landstrich *m*; **~ at·tor·ney** *s. Am.* Staatsanwalt *m*; **≗ Coun·cil** *s. Brit.* Bezirksamt *n*; **≗ Court** *s.* ⚖ *Am.* (Bundes)Bezirksgericht *n*; **~ heat·ing** *s.* Fernheizung *f*; **~ judge** *s.* ⚖ *Am.* Richter *m* an e-m (Bundes)Bezirksgericht; **~ nurse** *s.* Gemeindeschwester *f*.

dis·trust [dɪs'trʌst] **I** *s.* 'Misstrauen *n*, Argwohn *m* (***of*** gegen): ***have a ~ of s.o.*** j-m misstrauen; **II** *v/t.* miss'trauen (*dat.*); **dis'trust·ful** [-fʊl] *adj.* □ 'misstrauisch, argwöhnisch (***of*** gegen): **~ *of o.s.*** gehemmt, ohne Selbstvertrauen.

dis·turb [dɪ'stɜ:b] **I** *v/t.* stören (*a.* ⚙, ⚡, ⩓, *meteor. etc.*): a) behindern, b) belästigen, c) beunruhigen, d) aufschrecken, -scheuchen, e) durchein'ander bringen, in Unordnung bringen: **~*ed at*** beunruhigt über (*acc.*); **~ *the peace*** ⚖ die öffentliche Sicherheit u. Ordnung stören; **II** *v/i.* stören; **dis·turb·ance** [dɪ'stɜ:bəns] *s.* **1.** Störung *f* (*a.* ⚙, ⚡, ⩓, ✈); **2.** Belästigung *f*, Beunruhigung *f*, Aufregung *f*; **3.** Unruhe *f*, Tu'mult *m*, Aufruhr *m*: **~ *of the peace*** ⚖ öffentliche Ruhestörung; ***cause*** (*od.* ***create***) ***a ~*** ⚖ die öffentliche Sicherheit u. Ordnung stören; **4.** Verwirrung *f*; **5.** **~ *of possession*** ⚖ Besitzstörung *f*; **dis·turb·er** [dɪ'stɜ:bə] *s.* Störenfried *m*, Unruhestifter(in); **dis·turb·ing** [dɪ'stɜ:bɪŋ] *adj.* □ beunruhigend.

dis·un·ion [ˌdɪs'ju:njən] *s.* **1.** Trennung *f*, Spaltung *f*; **2.** Uneinigkeit *f*, Zwietracht *f*; **dis·u·nite** [ˌdɪsju:'naɪt] *v/t. u. v/i.* (sich) trennen; *fig.* (sich) entzweien; **dis·u·nit·ed** [ˌdɪsju:'naɪtɪd] *adj.* entzweit, verfeindet; **dis·u·ni·ty** [ˌdɪs'ju:nətɪ] → ***disunion*** 2.

dis·use **I** *s.* [ˌdɪs'ju:s] Nichtgebrauch *m*; Aufhören *n e-s Brauchs*: ***fall into ~*** außer Gebrauch kommen; **II** *v/t.* [ˌdɪs'ju:z] nicht mehr gebrauchen; **dis·used** [ˌdɪs'ju:zd] *adj.* **1.** ausgedient, nicht mehr benützt; **2.** stillgelegt (*Bergwerk etc.*), außer Betrieb.

dis·yl·lab·ic [ˌdɪsɪ'læbɪk] *adj.* (□ **~*ally***) zweisilbig; **di·syl·la·ble** [dɪ'sɪləbl] *s.* zweisilbiges Wort.

ditch [dɪtʃ] **I** *s.* **1.** (Straßen)Graben *m*: ***last ~*** verzweifelter Kampf, Not(lage) *f*; ***die in the last ~*** bis zum letzten Atemzug kämpfen (*a. fig.*); **2.** Abzugsgraben *m*; **3.** Bewässerungs-, Wassergraben *m*; **4.** ✈ *sl.* ‚Bach' *m* (*Meer*, *Gewässer*); **II** *v/t.* **5.** mit e-m Graben versehen, Gräben ziehen durch; **6.** durch Abzugsgräben entwässern; **7.** F *Wagen* in den Straßengraben fahren: ***be ~ed*** im Straßengraben landen; **8.** *sl.* a) *Wagen etc.* stehen lassen, b) *j-m* entwischen, c) *j-m* den ‚Laufpass' geben, *j-n* ‚sausen' lassen, d) *et.* ‚wegschmeißen', e) *Am. Schule* schwänzen; **9.** ✈ *sl. Maschine* im ‚Bach' landen; **III** *v/i.*

10. Gräben ziehen *od.* ausbessern; **11.** ✈ *sl.* notlanden, notwassern; **'ditch·er** [-tʃə] *s.* **1.** Grabenbauer *m*; **2.** Grabbagger *m*; **'ditch,wa·ter** *s.* abgestandenes, fauliges Wasser; → ***dull*** 4.

dith·er ['dɪðə] **I** *v/i.* **1.** bibbern, zittern; **2.** *fig.* schwanken (***between*** zwischen *dat.*); **3.** aufgeregt sein; **II** *s.* **4.** *fig.* Schwanken *n*; **5.** Aufregung *f*: ***be all of*** (*od.* ***in***) ***a ~*** F aufgeregt sein, ‚bibbern'.

dith·y·ramb ['dɪθɪræm*b*] *s.* **1.** Dithy'rambus *m*; **2.** Lobeshymne *f*; **dith·y·ram·bic** [ˌdɪθɪ'ræmbɪk] *adj.* dithy'rambisch; enthusi'astisch.

dit·to ['dɪtəʊ] (*abbr.* **do.**) **I** *adv.* dito, des'gleichen: ***~ marks*** Ditozeichen *n*; ***say ~ to s.o.*** j-m beipflichten; **II** *s.* F Dupli'kat *n*, Ebenbild *n*.

dit·ty ['dɪtɪ] *s.* Liedchen *n*.

di·u·ret·ic [ˌdaɪjʊə'retɪk] **I** *adj.* diu'retisch, harntreibend; **II** *s.* harntreibendes Mittel, Diu'retikum *n*.

di·ur·nal [daɪ'ɜːnl] *adj.* ☐ **1.** täglich ('wiederkehrend), Tag(es)...; **2.** *zo.* 'tagakˌtiv, bei Tag auftretend.

di·va ['diːvə] *s.* Diva *f*.

di·va·gate ['daɪvəgeɪt] *v/i.* abschweifen; **di·va·ga·tion** [ˌdaɪvə'geɪʃn] *s.* Abschweifung *f*, Ex'kurs *m*.

di·va·lent ['daɪˌveɪlənt] *adj.* ⚗ zweiwertig.

di·van [dɪ'væn] *s.* **1.** a) Diwan *m*, (Liege)Sofa *n*, b) *a.* ***~ bed*** Bettcouch *f*; **2.** Diwan *m*: a) *orientalischer Staatsrat*, b) *Regierungskanzlei*, c) *Gerichtssaal*, d) *öffentliches Gebäude*; **3.** Diwan *m* (*orientalische Gedichtsammlung*).

di·var·i·cate [daɪ'værɪkeɪt] *v/i.* sich gabeln, sich spalten; abzweigen.

dive [daɪv] **I** *v/i.* **1.** tauchen (***for*** nach, ***into*** in *acc.*); **2.** 'untertauchen; **3.** e-n Kopf- *od.* Hechtsprung (*a. Torwart*) machen; **4.** *Wasserspringen*: springen; **5.** ✈ e-n Sturzflug machen; **6.** (hastig) hin'eingreifen *od.* -fahren (***into*** in *acc.*); **7.** sich stürzen, verschwinden (***into*** in *acc.*); **8.** (***into***) sich vertiefen (in *ein Buch etc.*); **9.** fallen (*Thermometer etc.*); **II** *s.* **10.** ('Unter)Tauchen *n*, ⚓ *a.* Tauchfahrt *f*; **11.** Kopfsprung *m*; Hechtsprung *m* (*a. des Torwarts*); ***make a ~*** → 3; ***take a ~ sport sl.*** a) *Fußball*: ‚e-e Schwalbe bauen', b) ‚sich (einfach) hinlegen' (*Boxer*); **12.** *Wasserspringen*: Sprung *m*; **13.** ✈ Sturzflug *m*; **14.** F Spe'lunke *f*, Kneipe *f*; **'~·bomb** *v/t. u. v/i.* im Sturzflug mit Bomben angreifen; **~·bomb·er** *s.* Sturzkampfflugzeug *n*, Sturzbomber *m*, Stuka *m*.

div·er ['daɪvə] *s.* **1.** Taucher(in); *sport* Wasserspringer(in); **2.** *orn. ein* Tauchvogel *m*, *bsd.* Pinguin *m*.

di·verge [daɪ'vɜːdʒ] *v/i.* **1.** divergieren (*a.* ⚗, *phys.*), ausein'ander gehen, *od.* laufen, sich trennen; abweichen; **2.** abzweigen (***from*** von); **3.** verschiedener Meinung sein; **di'ver·gence** [-dʒəns], **di'ver·gen·cy** [-dʒənsɪ] *s.* **1.** ⚗, *phys. etc.* Diver'genz *f*; **2.** Ausein'anderlaufen *n*; **3.** Abzweigung *f*; **4.** Abweichung *f*; **5.** Meinungsverschiedenheit *f*; **di'ver·gent** [-dʒənt] *adj.* ☐ **1.** divergierend (*a.* ⚗, *phys. etc.*); **2.** ausein'ander gehend *od.* laufend; **3.** abweichend.

di·vers ['daɪvɜːz] *adj. obs.* etliche.

di·verse [daɪ'vɜːs] *adj.* ☐ **1.** verschieden, ungleich; **2.** mannigfaltig; **di·ver·si·fi·ca·tion** [daɪˌvɜːsɪfɪ'keɪʃn] *s.* **1.** abwechslungsreiche Gestaltung; **2.** ✝ Diversifizierung *f*, Streuung *f*: ***~ (of products)*** Verbreiterung *f* des Produktionsprogramms; ***~ of capital*** Anlagenstreuung *f*; **3.** Verschiedenartigkeit *f*; **di'ver·si·fied** [-sɪfaɪd] *adj.* **1.** verschieden(artig); **2.** ✝ a) verteilt (*Risiko*), b) verteilt angelegt (*Kapital*), c) diversifiziert (*Produktion*); **di'ver·si·fy** [-sɪfaɪ] *v/t.* **1.** verschieden(artig) *od.* abwechslungsreich gestalten, variieren; **2.** ✝ diversifizieren, streuen.

di·ver·sion [daɪ'vɜːʃn] *s.* **1.** Ablenkung *f*; **2.** ⚔ 'Ablenkungsmaˌnöver *n* (*a. fig.*); **3.** *Brit.* 'Umleitung *f* (*Verkehr*); **4.** *fig.* Zerstreuung *f*, Zeitvertreib *m*; **di'ver·sion·ar·y** [-ʃnərɪ] *adj.* ⚔ Ablenkungs...; **di'ver·sion·ist** *pol.* **I** *s.* Diversio'nist(in), Sabo'teur(in); **II** *adj.* diversio'nistisch.

di·ver·si·ty [daɪ'vɜːsətɪ] *s.* **1.** Verschiedenheit *f*, Ungleichheit *f*; **2.** Mannigfaltigkeit *f*.

di·vert [daɪ'vɜːt] *v/t.* **1.** ablenken, ableiten, abwenden (***from*** von, ***to*** nach), lenken (***to*** auf *acc.*); **2.** abbringen (***from*** von); **3.** *Geld etc.* abzweigen (***to*** für); **4.** *Brit. Verkehr* 'umleiten; **5.** zerstreuen, unter'halten; **di'vert·ing** [-tɪŋ] *adj.* ☐ unter'haltsam, amü'sant.

di·vest [daɪ'vest] *v/t.* **1.** entkleiden (***of*** *gen.*); **2.** *fig.* entblößen, berauben (***of*** *gen.*): ***~ s.o. of*** j-m *ein Recht etc.* entziehen *od.* nehmen; ***~ o.s. of*** *et.* ablegen, *et.* ab- *od.* aufgeben, sich *e-s Rechts etc.* entäußern; **di'vest·i·ture** [-tɪtʃə], **di'vest·ment** [-s*t*mənt] *s. fig.* Entblößung *f*, Beraubung *f*.

di·vide [dɪ'vaɪd] **I** *v/t.* **1.** (ein)teilen (***in***, ***into*** in *acc.*): ***be ~d into*** zerfallen in (*acc.*); **2.** ⚗ teilen, dividieren (***by*** durch); **3.** verteilen (***between***, ***among*** unter *acc. od. dat.*): ***~ s.th. with s.o.*** et. mit j-m teilen; **4.** *a.* ***~ up*** zerteilen, zerlegen; zerstückeln, spalten; **5.** entzweien, ausein'ander bringen; **6.** trennen, absondern, scheiden (***from*** von); *Haar* scheiteln; **7.** *Brit. parl.* (im Hammelsprung) abstimmen lassen; **II** *v/i.* **8.** sich teilen; zerfallen (***in***, ***into*** in *acc.*); **9.** ⚗ a) sich teilen lassen (***by*** durch), b) aufgehen (***into*** in *dat.*); **10.** sich trennen *od.* spalten; **11.** *parl.* im Hammelsprung abstimmen; **III** *s.* **12.** *Am.* Wasserscheide *f*; **13.** *fig.* Trennlinie *f*: ***the Great*** ≈ der Tod; **di'vid·ed** [-dɪd] *adj.* geteilt (*a. fig.*): ~ ***opinions*** geteilte Meinungen; ~ ***counsel*** Uneinigkeit *f*; ***his mind was*** ~ er war unentschlossen; ~ ***against themselves*** unter sich uneins; ~ ***highway*** *Am.* Schnellstraße *f*; ~ ***skirt*** Hosenrock *m*.

div·i·dend ['dɪvɪdend] *s.* **1.** ⅍ Divi'dend *m*; **2.** ✝ Divi'dende *f*, Gewinnanteil *m*: *Brit.* ***cum*** ~, *Am.* ~ ***on*** einschließlich Dividende; *Brit.* ***ex*** ~, *Am.* ~ ***off*** ausschließlich Dividende; ***pay*** ~***s*** *fig.* sich bezahlt machen; **3.** ⚖ Rate *f*, (Kon'kurs)quote *f*; ~ **cou·pon**, ~ **war·rant** *s.* ✝ Divi'dendenschein *m*.

di·vid·er [dɪ'vaɪdə] *s.* **1.** (Ver)Teiler(in); **2.** *pl.* Stechzirkel *m*; **3.** Trennwand *f*; **di'vid·ing** [-dɪŋ] *adj.* Trennungs..., Scheide...; ⚙ Teil...

div·i·na·tion [ˌdɪvɪ'neɪʃn] *s.* **1.** Weissagung *f*, Wahrsagung *f*; **2.** (Vor)Ahnung *f*.

di·vine [dɪ'vaɪn] **I** *adj.* ☐ **1.** Gottes..., göttlich, heilig: ~ ***service*** Gottesdienst *m*; ~ ***right of kings*** Königtum *n* von Gottes Gnaden, Gottesgnadentum *n*; **2.** *fig.* F göttlich, himmlisch; **II** *s.* **3.** Geistliche(r) *m*; **4.** Theo'loge *m*; **III** *v/t.* **5.** (vor'aus)ahnen; erraten; **6.** weissagen, prophe'zeien: ***divining rod*** Wünschelrute *f*; **di'vin·er** [-nə] *s.* **1.** Wahrsager *m*; **2.** (Wünschel)Rutengänger *m*.

div·ing ['daɪvɪŋ] *s.* **1.** Tauchen *n*; **2.** *sport* Wasserspringen *n*; ~ **bell** *s.* Taucherglocke *f*; ~ **board** *s.* Sprungbrett *n*; ~ **duck** *s.* Tauchente *f*; ~ **dress** → ***diving suit***; ~ **hel·met** *s.* Taucherhelm *m*; ~ **suit** *s.* Taucheranzug *m*; ~ **tow·er** *s.* Sprungturm *m*.

di·vin·i·ty [dɪ'vɪnətɪ] *s.* **1.** Göttlichkeit *f*, göttliches Wesen; **2.** Gottheit *f*: ***the*** ≈ die Gottheit, Gott; **3.** Theolo'gie *f*; **4.** *a.* ~ ***fudge*** *Am. ein Schaumgebäck*; **div·i·nize** ['dɪvɪnaɪz] *v/t.* vergöttlichen.

di·vis·i·bil·i·ty [dɪˌvɪzɪ'bɪlətɪ] *s.* Teilbarkeit *f*; **di·vis·i·ble** [dɪ'vɪzəbl] *adj.* ☐ teilbar; **di·vi·sion** [dɪ'vɪʒn] *s.* **1.** (Auf-, Ein)Teilung *f* (***into*** in *acc.*); Verteilung *f*, Gliederung *f*: ~ ***of labo(u)r*** Arbeitsteilung; ~ ***into shares*** ✝ Stückelung *f*; **2.** Trennung *f*, Grenze *f*, Scheidelinie *f*, -wand *f*; **3.** Teil *m*, Ab'teilung *f* (*a. e-s Amtes etc.*), Abschnitt *m*; **4.** Gruppe *f*, Klasse *f*; **5.** ⚔ Divisi'on *f*; **6.** *sport* 'Liga *f*, (Spiel-, *Boxen etc.*: Gewichts)Klasse *f*; **7.** *pol.* Bezirk *m*; **8.** *parl.* (Abstimmung *f* durch) Hammelsprung *m*: ***go into*** ~ zur Abstimmung schreiten; ***upon a*** ~ nach Abstimmung; **9.** *fig.* Spaltung *f*, Kluft *f*; Uneinigkeit *f*, Diffe'renz *f*; **10.** ⅍ Divisi'on *f*, Dividieren *n*; **di·vi·sion·al** [dɪ'vɪʒənl] *adj.* ☐ **1.** Trenn..., Scheide...: ~ ***line***; **2.** Abteilungs...; **3.** ⚔ Divisions...; **di·vi·sive** [dɪ'vaɪsɪv] *adj.* **1.** teilend; scheidend; **2.** entzweiend; trennend; **di·vi·sor** [dɪ'vaɪzə] *s.* ⅍ Di'visor *m*, Teiler *m*.

di·vorce [dɪ'vɔːs] **I** *s.* **1.** ⚖ (Ehe)Scheidung *f*: ~ ***action***, ~ ***suit*** Scheidungsklage *f*, -prozess *m*; ***obtain a*** ~ geschieden werden; ***seek a*** ~ auf Scheidung klagen; **2.** *fig.* (völlige) Trennung *f* (***from*** von); **II** *v/t.* **3.** ⚖ *Ehegatten* scheiden; **4.** ~ ***one's husband*** (***wife***) ⚖ sich von s-m Mann (s-r Frau) scheiden lassen; **5.** *fig.* (völlig) trennen, scheiden, (los-)lösen (***from*** von); **di·vor·cee** [dɪˌvɔː'siː] *s.* Geschiedene(r *m*) *f*.

div·ot ['dɪvət] *s.* **1.** *Scot.* Sode *f*, Rasenstück *n*; **2.** *Golf*: Divot *n*, Kote'lett *n*.

div·ul·ga·tion [ˌdaɪvʌl'geɪʃn] *s.* Enthüllung *f*, Preisgabe *f*.

di·vulge [daɪ'vʌldʒ] *v/t.* *Geheimnis etc.* enthüllen, preisgeben; **di'vulge·ment** [-mənt], **di'vul·gence** [-dʒəns] → ***divulgation***.

div·vy ['dɪvɪ] *v/t.* *oft* ~ ***up*** *Am.* F aufteilen.

dix·ie[1] ['dɪksɪ] *s.* ⚔ *sl.* **1.** Kochgeschirr *n*; **2.** ‚Gulaschkaˌnone' *f*.

Dix·ie[2] ['dɪksɪ] → ***Dixieland***; **'Dix·ie·crat** [-kræt] *s.* *Am. pol. Mitglied e-r Splittergruppe der Demokratischen Partei in den Südstaaten*; **'Dix·ie·land** *s.* **1.** *Bezeichnung für den Süden der USA*; **2.** ♪ Dixieland *m*, Dixie *m*.

DIY cen·tre [ˌdiːaɪ'waɪ] *s.* *bsd. Brit.* Heimwerkermarkt *m*, Baumarkt *m*.

diz·zi·ness ['dɪzɪnɪs] *s.* Schwindel(anfall) *m*; Benommenheit *f*; **diz·zy** ['dɪzɪ] **I** *adj.* ☐ **1.** schwindlig: ~ ***spell*** Schwindelanfall *m*; **2.** schwindelnd, Schwindel erregend: ~ ***heights***; **3.** verwirrt, benommen; **4.** unbesonnen; **5.** F verrückt; **II** *v/t.* **6.** schwindlig machen; **7.** verwirren.

D-mark ['diːmɑːk] *s.* Deutsche Mark.

DNA fin·ger·print [ˌdiːeneɪ'fɪŋgəprɪnt] *s.* ge'netischer Fingerabdruck.

do[1] [duː; dʊ] **I** *v/t.* [*irr.*] **1.** tun, machen: ***what can I*** ~ ***for you?*** womit kann ich dienen?; ***what does he*** ~ ***for a living?*** womit verdient er sein Brot?; ~ ***right*** recht tun; → ***done*** 1; **2.** tun, ausführen, sich beschäftigen mit, verrichten, voll'bringen, erledigen: ~ ***business*** Geschäfte machen; ~ ***one's duty*** s-e Pflicht tun; ~ ***French*** Französisch lernen; ~ ***Shakespeare*** Shakespeare durchnehmen *od.* behandeln; ~ ***it into German*** es ins Deutsche übersetzen; ~ ***lecturing*** Vorlesungen halten; ***my work is done*** m-e Arbeit ist getan *od.* fertig; ***he had done working*** er war mit der Arbeit fertig; ~ ***60 miles per hour*** 60 Meilen die Stunde fahren; ***he***

did all the talking er führte das große Wort; *it can't be done* es geht nicht; ~ *one's best* sein Bestes tun, sich alle Mühe geben; ~ *better* a) (et.) Besseres tun *od.* leisten, b) sich verbessern; → *done*; **3.** herstellen, anfertigen: ~ *a translation* e-e Übersetzung machen; ~ *a portrait* ein Porträt malen; **4.** *j-m et.* tun, zufügen, erweisen, gewähren: ~ *s.o. harm* j-m schaden; ~ *s.o. an injustice* j-m ein Unrecht zufügen, j-m unrecht tun; *these pills* ~ *me (no) good* diese Pillen helfen mir (nicht); **5.** bewirken, erreichen: *I did it* ich habe es geschafft; *now you've done it! b.s.* nun hast du es glücklich geschafft!; **6.** herrichten, in Ordnung bringen, (zu'recht)machen, *Speisen* zubereiten: ~ *a room* ein Zimmer aufräumen *od.* ‚machen'; ~ *one's hair* sich das Haar machen, sich frisieren; *I'll* ~ *the flowers* ich werde die Blumen gießen; **7.** *Rolle etc.* spielen, ‚machen': ~ *Hamlet* den Hamlet spielen; ~ *the host* den Wirt spielen; ~ *the polite* den höflichen Mann markieren; **8.** genügen, passen, recht sein (*dat.*): *will this glass* ~ *you?* genügt Ihnen dieses Glas?; **9.** F erschöpfen, ermüden: *he was pretty well done* er war ‚erledigt' (*am Ende s-r Kräfte*); **10.** F erledigen, abfertigen: *I'll* ~ *you next* ich nehme Sie als Nächsten dran; ~ *a town* e-e Stadt besichtigen *od.* ‚erledigen'; *that has done me* das hat mich ‚fertig gemacht' *od.* ruiniert; ~ *3 years in prison sl.* drei Jahre ‚abbrummen'; **11.** F ‚reinlegen', ‚übers Ohr hauen', ‚einseifen': ~ *s.o. out of s.th.* j-n um et. betrügen *od.* bringen; *you have been done (brown)* du bist schön angeschmiert worden; **12.** F behandeln, versorgen, bewirten: ~ *s.o. well* j-n gut versorgen; ~ *o.s. well* es sich gut gehen lassen, sich gütlich tun; **II** *v/i.* [*irr.*] **13.** handeln, vorgehen, tun, sich verhalten: *he did well to come* er tat gut daran zu kommen; *nothing* ~*ing!* a) es ist nichts los, b) F nichts zu machen!, ausgeschlossen!; *it's* ~ *or die now!* jetzt gehts ums Ganze!; *have done!* hör auf!, genug davon!; → *Rome*; **14.** vor'ankommen, Leistungen voll'bringen: ~ *well* a) es gut machen, Erfolg haben, b) gedeihen, gut verdienen (→ 15); ~ *badly* schlecht daran sein, schlecht *mit et.* fahren; *he did brilliantly at his examination* er hat ein glänzendes Examen gemacht; **15.** sich befinden: ~ *well* a) gesund sein, b) in guten Verhältnissen leben, c) sich gut erholen; *how* ~ *you* ~*?* a) guten Tag!, b) *obs.* wie geht es Ihnen?, c) es freut mich (, Sie kennen zu lernen); **16.** genügen, ausreichen, passen, recht sein: *will this quality* ~*?* reicht diese Qualität aus?; *that will* ~ a) das genügt, b) genug davon!; *it will* ~ *tomorrow* es hat Zeit bis morgen; *that won't* ~ a) das genügt nicht, b) das geht nicht (an); *that won't* ~ *with me* das verfängt bei mir nicht; *it won't* ~ *to be rude* mit Grobheit kommt man nicht weit(er), man darf nicht unhöflich sein; *I'll make it* ~ ich werde damit (schon) auskommen *od.* reichen; **III** *v/aux.* **17.** *Verstärkung*: *I* ~ *like it* es gefällt mir sehr; ~ *be quiet!* sei doch still!; *he did come* er ist tatsächlich gekommen; *they did go, but* sie sind zwar *od.* wohl gegangen, aber; **18.** *Umschreibung*: a) *in Fragesätzen*: ~ *you know him? No, I don't* kennst du ihn? Nein (, ich kenne ihn nicht), b) *in mit* **not** *verneinten Sätzen*: *he did not (od. didn't) come* er ist nicht gekommen; **19.** *bei Umstellung nach* **hardly**, **little** *etc.*: *rarely does one see such things* solche Dinge sieht man selten; **20.** *statt Wiederholung des Verbs*: *you know as well as I* ~ Sie wissen so gut wie ich; *did you buy it? – I did!* hast du es gekauft? – jawohl!; *I take a bath – so* ~ *I* ich nehme ein Bad – ich auch; **21.** *you learn German, don't you?* du lernst Deutsch, nicht wahr?; *he doesn't work too hard, does he?* er arbeitet sich nicht tot, nicht wahr?;

Zssgn mit prp.:

do| by *v/i.* behandeln, handeln an (*dat.*): *do well by s.o.* j-n gut *od.* anständig behandeln; *do ([un]to others) as you would be done by* was du nicht willst, dass man dir tu, das füg auch keinem andern zu; ~ **for** *v/i.* **1.** passen *od.* sich eignen für *od.* als; ausreichen für; **2.** F *j-m* den Haushalt führen; **3.** sorgen für; **4.** F zu'grunde richten, ruinieren: *he is done for* er ist ‚erledigt'; ~ **to** → *do by*; ~ **with** *v/t. u. v/i.* **1.** : *I can't do anything with him (it)* ich kann nichts mit ihm (damit) anfangen; *I have nothing to* ~ *it* ich habe nichts damit zu schaffen, es geht mich nichts an, es betrifft mich nicht; *I won't have anything to* ~ *you* ich will mit dir nichts zu schaffen haben; **2.** auskommen *od.* sich begnügen mit: *can you* ~ *bread and cheese for supper?* genügen dir Brot und Käse zum Abendessen?; **3.** er-, vertragen: *I can't* ~ *him and his cheek* ich kann ihn mit s-r Frechheit nicht ertragen; **4.** *mst* *could* ~ (gut) gebrauchen können: *I could* ~ *the money*; *he could* ~ *a haircut* er müsste sich mal (wieder) die Haare schneiden lassen; ~ **with·out** *v/i.* auskommen ohne, *et.* entbehren, verzichten auf (*acc.*): *we shall have to* ~ wir müssen ohne (es) auskommen;

Zssgn mit adv.:

D

do| a·way with *v/t.* **1.** beseitigen, abschaffen, aufheben; **2.** *Geld* 'durchbringen; **3.** 'umbringen, töten; **~ down** *v/t.* F **1.** reinlegen, ‚übers Ohr hauen', ‚bescheißen'; **2.** ‚her'untermachen'; **~ in** *v/t. sl.* **1.** *j-n* 'umbringen; **2.** → ***do down*** 1; **3.** *j-n* ‚erledigen', ‚schaffen'; **~ out** *v/t.* F *Zimmer etc.* säubern; **~ up** *v/t.* **1.** a) zs.-schnüren, b) *Päckchen* verschnüren, zu'rechtmachen, c) einpacken, d) *Kleid etc.* zumachen; **2.** *das Haar* hoch stecken; **3.** herrichten, in Ordnung bringen; **4.** → ***do in*** 3.

do² [duː] *pl.* **dos**, **do's** [-z] *s.* **1.** *sl.* Schwindel *m*, ‚Beschiss' *m*, fauler Zauber; **2.** *Brit.* F Fest *n*, ‚Festivi'tät' *f*, ‚große Sache'; **3.** ***do's and don'ts*** Gebote *pl. u.* Verbote *pl.*, Regeln *pl.*

do³ [dəʊ] *s.* ♪ do *n* (*Solmisationssilbe*).

do·a·ble ['duːəbl] *adj.* 'durchführ-, machbar; **'do-all** *s.* Fak'totum *n*.

doat [dəʊt] → ***dote***.

doc [dɒk] F *abbr. für* ***doctor***.

do·cent [dəʊ'sent] *s. Am.* Pri'vatdo,zent *m*.

doc·ile ['dəʊsaɪl] *adj.* □ **1.** fügsam, gefügig; **2.** gelehrig; **3.** fromm (*Pferd*); **do·cil·i·ty** [dəʊ'sɪlətɪ] *s.* **1.** Fügsamkeit *f*; **2.** Gelehrigkeit *f*.

dock¹ [dɒk] **I** *s.* **1.** Dock *n*: ***dry ~***, ***graving ~*** Trockendock; ***floating ~*** Schwimmdock; ***wet ~*** Dockhafen *m*; ***put in ~*** → 6; **2.** Hafenbecken *n*, Anlegeplatz *m*: ***~ authorities*** Hafenbehörde *f*; ***~ dues*** → ***dockage¹*** 1; ***~ strike*** Dockarbeiterstreik *m*; **3.** *pl.* Docks *pl.*, Dock-, Hafenanlagen *pl.*; **4.** *Am.* Kai *m*; **5.** 🚂 *Am.* Laderampe *f*; **II** *v/t.* **6.** *Schiff* (ein)docken; **7.** *Raumschiffe* koppeln; **III** *v/i.* **8.** ins Dock gehen, docken; im Dock liegen; **9.** anlegen (*Schiff*); **10.** andocken (*Raumschiffe*).

dock² [dɒk] **I** *s.* **1.** Fleischteil *m* des Schwanzes; **2.** Schwanzstummel *m*; **3.** Schwanzriemen *m*; **4.** (Lohn- *etc.*)Kürzung *f*; **II** *v/t.* **5.** a) stutzen, b) den Schwanz stutzen *od.* kupieren (*dat.*); **6.** *fig.* beschneiden, kürzen.

dock³ [dɒk] *s.* ⚖ Anklagebank *f*: ***be in the ~*** auf der Anklagebank sitzen; ***put in the ~*** *fig.* anklagen.

dock⁴ [dɒk] *s.* ⚘ Ampfer *m*.

dock·age¹ ['dɒkɪdʒ] *s.* ⚓ **1.** Dock-, Hafengebühren *pl.*, Kaigebühr *f*; **2.** Docken *n*; **3.** → ***dock¹*** 3.

dock·age² ['dɒkɪdʒ] *s.* Kürzung *f*.

dock·er ['dɒkə] *s. Brit.* Dock-, Hafenarbeiter *m*.

dock·et ['dɒkɪt] **I** *s.* **1.** ⚖ a) Ge'richts-, Ter'minka,lender *m*, b) *Brit.* 'Urteilsre,gister *n*, c) *Am.* Pro'zessliste *f*; **2.** Inhaltsangabe *f*, -vermerk *m*; **3.** *Am.* Tagesordnung *f*; **4.** ✝ a) A'dresszettel *m*, Eti'kett *n*, b) *Brit.* Zollquittung *f*, c) *Brit.* Bestell-, Lieferschein *m*; **II** *v/t.* **5.** in e-e Liste eintragen (→ 1 b u. c); **6.** mit Inhaltsangabe *od.* Eti'kett versehen; **7.** *Am.* auf die Tagesordnung setzen.

dock·ing ['dɒkɪŋ] *s. Raumfahrt*: Andocken *n*, Kopp(e)lung *f*.

'dock|·land *s.* Hafenviertel *n*; **'~,mas·ter** *s.* 'Hafenkapi,tän *m*, Dockmeister *m*; **'~,war·rant** *s.* ✝ Docklagerschein *m*; **~ work·er** → ***docker***; **'~·yard** *s.* ⚓ **1.** Werft *f*; **2.** *Brit.* Ma'rinewerft *f*.

doc·tor ['dɒktə] **I** *s.* **1.** Doktor *m*, Arzt *m*: ***~'s stuff*** F Medizin *f*; ***that's just what the ~ ordered*** das ist genau das Richtige; ***doll ~*** F Puppendoktor; **2.** *univ.* Doktor *m*: ***♀ of Divinity*** (***Laws***) Doktor der Theologie (Rechte); ***take one's ~'s degree*** (zum Doktor) promovieren; ***Dear ~*** Sehr geehrter Herr Doktor!; **3.** ***♀ of the Church*** Kirchenvater *m*; **4.** ⚓ *sl.* Smutje *m*, Schiffskoch *m*; **5.** ⚙ Schaber *m*, Abstreichmesser *n*; **6.** *Angeln*: künstliche Fliege; **II** *v/t.* **7.** ‚verarzten', ärztlich behandeln; **8.** F *Tier* kastrieren; **9.** ‚ausbessern', ‚zu'rechtflicken'; **10.** *a.* ***~ up*** a) *Wein etc.* (ver)pantschen, b) *Abrechnungen etc.* ‚frisieren', (ver)fälschen; **III** *v/i.* **11.** F (als Arzt) praktizieren; **'doc·tor·al** [-tərəl] *adj.* Doktor(s)...: ***~ candidate*** Doktorand(in); ***~ cap*** Doktorhut *m*; **'doc·tor·ate** [-tərɪt] *s.* Dokto'rat *n*, Doktorwürde *f*.

doc·tri·naire [,dɒktrɪ'neə] **I** *s.* Doktri'när *m*, Prin'zipienreiter *m*; **II** *adj.* doktri'när.

doc·tri·nal [dɒk'traɪnl] *adj.* □ lehrmäßig, Lehr...; *weitS* dog'matisch: ***~ proposition*** Lehrsatz *m*; ***~ theology*** Dogmatik *f*; **doc·trine** ['dɒktrɪn] *s.* **1.** Doktrin *f*, Lehre *f*, Lehrmeinung *f*; **2.** *bsd. pol.* Dok'trin *f*, Grundsatz *m*: ***party ~*** Parteiprogramm *n*.

doc·u·dra·ma ['dɒkjʊ,drɑːmə] *s. Film, TV*: Dokumen'tarspiel *n*.

doc·u·ment ['dɒkjʊmənt] **I** *s.* **1.** Doku'ment *n*, Urkunde *f*, Schrift-, Aktenstück *n*, 'Unterlage *f*, *pl. a.* Akten *pl.*; **2.** Beweisstück *n*; **3.** (***shipping***) ***~s*** *pl.* ✝ Ver'lade-, 'Schiffspa,piere *pl.*: ***~s against acceptance*** (***payment***) Dokumente gegen Akzept (Bezahlung); **II** *v/t.* [-ment] **4.** dokumentieren (*a. fig.*), (urkundlich) belegen; **5.** *Buch etc.* mit (genauen) Beleghinweisen versehen; **6.** ✝ mit den notwendigen Pa'pieren versehen; **doc·u·men·ta·ry** [,dɒkjʊ'mentərɪ] **I** *adj.* **1.** dokumen'tarisch, urkundlich: ***~ bill*** ✝ Dokumententratte *f*; ***~ evidence*** Urkundenbeweis *m*; **2.** *Film etc.*: Dokumentar..., Tatsachen...: ***~ film***; ***~ novel***; **II** *s.* Dokumen'tar-, Tatsachenfilm *m*; **doc·u·men·ta·tion** [,dɒkjʊmen'teɪʃn] *s.* Dokumentati'on *f*: a) Urkunden-, Quellenbenutzung *f*, b) dokumen'tarischer Nachweis *od.* Beleg.

dod·der¹ ['dɒdə] *s.* ⚘ Teufelszwirn *m*, Flachsseide *f.*

dod·der² ['dɒdə] *v/i.* F **1.** zittern (*vor Schwäche*); **2.** wack(e)lig gehen, wackeln; **'dod·dered** [-əd] *adj.* **1.** astlos (*Baum*); **2.** altersschwach, tatterig; **'dod·der·ing** [-ərɪŋ], **'dod·der·y** [-ərɪ] *adj.* F se'nil, tatterig, vertrottelt.

dod·dle ['dɒdl] *s. Brit.* F Kinderspiel *n*, Kleinigkeit *f*: ***it's a ~*** es ist kinder'leicht.

do·dec·a·gon [dəʊ'dekəgən] *s.* ∡ Zwölfeck *n.*

do·dec·a·he·dron [ˌdəʊdekə'hedrən] *pl.* **-drons, dra** [-drə] *s.* ∡ Dodeka'eder *n*, Zwölfflächner *m*; **ˌdo·dec·a'syl·la·ble** [-'sɪləbl] *s.* zwölfsilbiger Vers.

dodge [dɒdʒ] **I** *v/i.* **1.** (rasch) zur Seite springen, ausweichen; **2.** a) schlüpfen, b) sich verstecken, c) flitzen; **3.** Ausflüchte gebrauchen, Winkelzüge machen; **4.** sich drücken; **II** *v/t.* **5.** ausweichen (*dat.*); **6.** F sich drücken vor, um'gehen, aus dem Weg gehen (*dat.*), vermeiden; **III** *s.* **7.** Sprung *m* zur Seite, rasches Ausweichen; **8.** Kniff *m*, Trick *m*: ***be up to all the ~s*** mit allen Wassern gewaschen sein; **dodg·em (car)** ['dɒdʒəm] *s.* (Auto)Scooter *m*; **'dodg·er** [-dʒə] *s.* **1.** ‚Schlitzohr' *n*; **2.** Gauner *m*, Schwindler *m*; **3.** Drückeberger *m*; **4.** *Am.* Hand-, Re'klamezettel *m*; **'dodg·y** [-dʒɪ] *adj. Brit.* F **1.** vertrackt; **2.** ris'kant; **3.** nicht einwandfrei.

doe [dəʊ] *s. zo.* **1.** a) Damhirschkuh *f*, b) Rehgeiß *f*; **2.** *Weibchen der Hasen, Kaninchen etc.*

do·er ['duːə] *s.* ‚Macher' *m*, Tatmensch *m.*

does [dʌz; dəz] *3. pres. sg. von* **do¹**.

'doe·skin *s.* **1.** a) Rehfell *n*, b) Rehleder *n*; **2.** Doeskin *n* (*ein Wollstoff*).

doest [dʌst] *obs. od. poet. 2. pres. sg. von* **do¹**: ***thou ~*** du tust.

doff [dɒf] *v/t.* **1.** *Kleider* ablegen, ausziehen; *Hut* lüften, ziehen; **2.** *fig. Gewohnheit* ablegen.

dog [dɒg] **I** *s.* **1.** *zo.* Hund *m*; **2.** *engS.* Rüde *m* (*männlicher Hund, Wolf* [*a.* ***dog wolf***], *Fuchs* [*a.* ***dog fox***] *etc.*); **3.** *oft* ***dirty ~*** (gemeiner) Hund *m*, Schuft *m*; **4.** F Bursche *m*, Kerl *m*: ***gay ~*** lustiger Vogel; ***lucky ~*** Glückspilz *m*; ***sly ~*** schlauer Fuchs; **5.** *ast.* a) ***Greater*** (***Lesser***) Großer (Kleiner) Hund, b) → ***Dog Star***; **6.** ***the ~s*** *Brit.* F das Windhundrennen; **7.** ⚙ a) Klaue *f*, Knagge *f*, b) Anschlag(bolzen) *m*, c) Bock *m*, Gestell *n*; **8.** ⚒ Hund *m*, Förderwagen *m*; **9.** → ***fire dog***;

Besondere Redewendungen:

not a ~'s chance nicht die geringste Chance; ***~ in the manger*** Neidhammel *m*; ***~s of war*** Kriegsfurien; ***~'s dinner*** F Pfusch(arbeit *f*) *m*; ***~ does not eat ~*** eine Krähe hackt der anderen kein Auge aus; ***go to the ~s*** vor die Hunde gehen; ***every ~ has his day*** jeder hat einmal Glück im Leben; ***help a lame ~ over a stile*** j-m in der Not helfen; ***lead a ~'s life*** ein Hundeleben führen; ***lead s.o. a ~'s life*** j-m das Leben zur Hölle machen; ***let sleeping ~s lie*** a) schlafende Hunde soll man nicht wecken, lass die Finger davon, b) lass den Hund begraben sein, rühr nicht alte Geschichten auf; ***put on ~*** F ‚angeben', vornehm tun; ***throw to the ~s*** wegwerfen, vergeuden, *fig.* den Wölfen (zum Fraß) vorwerfen, opfern;

II *v/t.* **10.** *j-m* auf dem Fuße folgen, *j-n* verfolgen, jagen, *j-m* nachspüren: ***~ s.o.'s steps*** j-m auf den Fersen bleiben; **11.** *fig.* verfolgen: ***~ged by bad luck***.

dog| bis·cuit *s.* Hundekuchen *m*; **'~·cart** *s.* Dogkart *m* (*Wagen*); **ˌ~-'cheap** *adj. u. adv.* F spottbillig; **~ col·lar** *s.* **1.** Hundehalsband *n*; **2.** F Kol'lar *n*, (steifer) Kragen *e-s Geistlichen*; **~ days** *s. pl.* Hundstage *pl.*

doge [dəʊdʒ] *s. hist.* Doge *m.*

'dog|-ear *s.* Eselsohr *n*; **'~-eared** *adj.* mit Eselsohren (*Buch*); **~ end** *s. Brit.* F (Ziga'retten)Kippe *f*; **'~·fight** *s.* Handgemenge *n*; ✕ Einzel-, Nahkampf *m*; ✈ Kurven-, Luftkampf *m*; **'~·fish** *s.* kleiner Hai, *bsd.* Hundshai *m.*

dog·ged ['dɒgɪd] *adj.* ☐ verbissen, hartnäckig, zäh; **'dog·ged·ness** [-nɪs] *s.* Verbissenheit *f*, Zähigkeit *f.*

dog·ger ['dɒgə] *s.* ⚓ Dogger *m* (*zweimastiges Fischerboot*).

dog·ger·el ['dɒgərəl] **I** *s.* Knittelvers *m*; **II** *adj.* holperig (*Vers etc.*).

dog·gie ['dɒgɪ] → ***doggy*** 1; **~ bag** *s.* F Beutel *m* zum Mitnehmen von Essensresten (*im Restaurant*).

dog·gish ['dɒgɪʃ] *adj.* ☐ **1.** hundeartig, Hunde...; **2.** bissig, mürrisch.

dog·go ['dɒgəʊ] *adv.*: ***lie ~*** a) sich nicht mucksen, b) sich versteckt halten.

dog·gone ['dɒgɒn] *adj. u. int. Am.* F verdammt.

dog·gy ['dɒgɪ] **I** *s.* **1.** Hündchen *n*, Wauwau *m*; **II** *adj.* **2.** hundeartig; **3.** hundeliebend; **4.** *Am.* F todschick.

'dog|·house *s.* Hundehütte *f*: ***in the ~*** *Am.* F in Ungnade; **~ Lat·in** *s.* 'Küchenlaˌtein *n*; **~ lead** [liːd] *s.* Hundeleine *f.*

dog·ma ['dɒgmə] *pl.* **-mas, -ma·ta** [-mətə] *s.* **1.** *eccl.* Dogma *n*: a) Glaubenssatz *m*, b) 'Lehrsysˌtem *n*; **2.** Lehrsatz *m*; **3.** *fig.* Dogma *n*, Grundsatz *m*; **dog·mat·ic** [dɒg'mætɪk] **I** *adj.* (☐ ***~al·ly***) *eccl. u. fig. contp.* dog'matisch; **II** *s. pl. sg. konstr.* Dog'matik *f*; **'dog·ma·tism** [-ətɪzəm] *s. contp.* Dogma'tismus

D

m; '**dog·ma·tist** [ətɪst] *s. eccl. u. fig.* Dog'matiker *m*; '**dog·ma·tize** [-ətaɪz] **I** *v/i. bsd. contp.* dogmatisieren, dog'matische Behauptungen aufstellen (**on** über *acc.*); **II** *v/t.* dogmatisieren, zum Dogma erheben.

ˌ**do-'good·er** *s.* F Weltverbesserer *m*, Humani'tätsaˌpostel *m*.

'**dog|-ˌpad·dle** *v/i.* (wie ein Hund) paddeln; **~ rac·ing** *s.* Hunderennen *n*; **~ rose** *s.* ⚘ Heckenrose *f*.

'**dogsˌbod·y** ['dɒgz-] *s.* F ‚Kuli' *m* (*der die Dreckarbeit machen muss*).

'**dog's-ear** *etc.* → **dog-ear** *etc.*

dog| show *s.* Hundeausstellung *f*; '**~·skin** *s.* Hundsleder *n*; ♀ **Star** *s. ast.* Sirius *m*, Hundsstern *m*; **~ tag** *s.* **1.** Hundemarke *f*; **2.** ⚔ *Am. sl.* ‚Hundemarke' *f* (*Erkennungsmarke*); **~ tax** *s.* Hundesteuer *f*; ˌ**~-'tired** *adj.* F hundemüde; '**~·tooth** *s.* [*irr.*] ⚠ 'Zahnornaˌment *n*; '**~·trot** *s.* leichter Trab; '**~·watch** *s.* ⚓ ‚Plattfuß' *m* (*Wache*); '**~·wood** *s.* ⚘ Hartriegel *m*.

doi·ly ['dɔɪlɪ] *s.* (Zier)Deckchen *n*.

do·ing ['du:ɪŋ] *s.* **1.** Tun *n*: ***that was your ~*** a) das hast du getan, b) es war deine Schuld; ***that will take some ~*** das will erst getan sein; **2.** *pl.* a) Taten *pl.*, Tätigkeit *f*, b) Vorfälle *pl.*, Begebenheiten *pl.*, c) Treiben *n*, Betragen *n*: ***fine ~s these!*** das sind mir schöne Geschichten!; **3.** *pl. sg. konstr. Brit.* F ‚Dingsbums' *n*.

doit [dɔɪt] *s.* Deut *m*: ***not worth a ~*** keinen Pfifferling wert.

ˌ**do-it-your'self I** *s.* Heimwerken *n*; **II** *adj.* Do-it-yourself-..., Heimwerker...; ˌ**do-it-your'self·er** [-fə] *s.* F Heimwerker *m*.

dol·drums ['dɒldrəmz] *s. pl.* **1.** *geogr.* a) Kalmengürtel *m*, -zone *f*, b) Kalmen *pl.*, äquatori'ale Windstillen *pl.*; **2.** Niedergeschlagenheit *f*, Trübsinn *m*: ***in the ~*** a) deprimiert, Trübsal blasend, b) e-e Flaute durchmachend (*Geschäft etc.*).

dole [dəʊl] **I** *s.* **1.** milde Gabe, Almosen *n*; **2.** *a.* **~ *money*** *bsd. Brit.* F ‚Stütze' *f* (*Arbeitslosengeld*): **be** (*od.* **go**) **on the ~** stempeln gehen; **II** *v/t.* **3.** *mst* **~ *out*** sparsam aus-, verteilen.

dole·ful ['dəʊlfʊl] *adj.* ☐ traurig; trübselig; '**dole·ful·ness** [-nɪs] *s.* Trübseligkeit *f*.

dol·i·cho·ce·phal·ic [ˌdɒlɪkəʊse'fælɪk] *adj.* langköpfig, -schädelig.

'**do-ˌlit·tle** *s.* F Faulpelz *m*.

doll [dɒl] **I** *s.* **1.** Puppe *f*: ***~'s house*** Puppenstube *f*, -haus *n*; ***~'s pram*** *bsd. Brit.* Puppenwagen *m*; ***~'s face*** *fig.* Puppengesicht *n*; **2.** F ‚Puppe' *f* (*Mädchen*); *Am. sl. allg.* Frau *f*; **II** *v/t. u. v/i.* **~ *up*** F (sich) fein machen: ***all ~ed up*** aufgedonnert.

dol·lar ['dɒlə] *s.* Dollar *m*: ***the almighty ~*** das Geld, der Mammon; ***~ diplomacy*** Dollardiplomatie *f*.

> Der Dollar, der auf den deutschen „Taler" zurückgeht, kommt in einigen Redewendungen vor:
>
> **to feel like a million dollars**
> sich pudelwohl fühlen
> **the sixty-four thousand dollar question**
> die große Preisfrage
> **I'd bet my bottom dollar**
> ich gehe jede Wette ein
> **you can bet your bottom dollar**
> da kannst du Gift drauf nehmen

doll·ish ['dɒlɪʃ] *adj.* ☐ puppenhaft.

dol·lop ['dɒləp] *s.* F Klumpen *m*, ‚Klacks' *m*; *Am.* ‚Schuss' *m*: ***~ of brandy***.

doll·y ['dɒlɪ] **I** *s.* **1.** Püppchen *n*; **2.** ⚙ a) niedriger Trans'portkarren, b) *Film*: Kamerawagen *m*, c) 'Schmalspurlokomoˌtive *f* (*an Baustellen*); **3.** ⚙ Nietkolben *m*; **4.** Wäschestampfer *m*, -stößel *m*; **5.** *Am.* Anhängerbock *m* (*Sattelschlepper*); **6.** *a.* ***~ bird*** F ‚Püppchen' *n* (*Mädchen*); **II** *adj.* **7.** puppenhaft; **III** *v/t.* **8.** **~ *in*** (***out***) *Film*: *die Kamera* vorfahren (zu'rückfahren); **~ shot** *s. Film*: Fahraufnahme *f*.

dol·man ['dɒlmən] *pl.* **-mans** *s.* **1.** Damenmantel *m* mit capeartigen Ärmeln: ***~ sleeve*** capeartiger Ärmel; **2.** Dolman *m* (*Husarenjacke*).

dol·men ['dɒlmen] *s.* Dolmen *m* (*vorgeschichtliches Steingrabmal*).

dol·o·mite ['dɒləmaɪt] *s. min.* Dolo'mit *m*: ***the ♀s*** *geogr.* die Dolomiten.

do·lor *Am.* → ***dolour***; **dol·or·ous** ['dɒlərəs] *adj.* ☐ traurig, schmerzlich; **do·lour** ['dɒlə] *s.* Leid *n*, Pein *f*, Qual *f*, Schmerz *m*.

dol·phin ['dɒlfɪn] *s.* **1.** *zo.* a) Del'phin *m*, b) Tümmler *m*; **2.** *ichth.* 'Goldmakˌrele *f*; **3.** ⚓ a) Ankerboje *f*, b) Dalbe *f*.

dolt [dəʊlt] *s.* Dummkopf *m*, Tölpel *m*; '**dolt·ish** [-tɪʃ] *adj.* ☐ tölpelhaft, dumm.

do·main [dəʊ'meɪn] *s.* **1.** Do'mäne *f*, Staatsgut *n*; **2.** Landbesitz *m*; Herrengut *n*; **3.** (***power of***) ***eminent ~*** *Am.* Enteignungsrecht *n des Staates*; **4.** *fig.* Do'mäne *f*, Gebiet *n*, Bereich *m*, Sphäre *f*, Reich *n*.

dome [dəʊm] *s.* **1.** *allg.* Kuppel *f*; **2.**

Wölbung *f*; **3.** *obs.* Dom *m*, *poet. a.* stolzer Bau; **4.** ⚙ Haube *f*, Deckel *m*; **5.** *Am.* ‚Birne' *f* (*Kopf*); **domed** [-md] *adj.* gewölbt; kuppelförmig.

Domes·day Book ['duːmzdeɪ] *s. Reichsgrundbuch Englands* (*1086*).

'dome-shaped → ***domed***.

do·mes·tic [dəʊ'mestɪk] **I** *adj.* (☐ ***~ally***) **1.** häuslich, Haus..., Haushalts..., Familien..., Privat...: ***~ affairs*** häusliche Angelegenheiten (→ 4); ***~ court*** *Am.* Familiengericht *n*; ***~ drama*** *thea.* bürgerliches Drama; ***~ economy*** *od.* ***science*** Hauswirtschaft(slehre) *f*; ***~ life*** Familienleben *n*; ***~ relations law*** ⚖ *Am.* Familienrecht *n*; ***~ servant*** → 6; **2.** häuslich (veranlagt): ***a ~ man***; **3.** inländisch, Inland(s)..., einheimisch, Landes...; Innen..., Binnen...: ***~ bill*** † Inlandswechsel *m*; ***~ goods*** Inlandswaren; ***~ mail*** *Am.* Inlandspost *f*; ***~ trade*** Binnenhandel *m*; **4.** *pol.* inner, Innen...: ***~ affairs*** innere *od.* innenpolitische Angelegenheiten (→ 1); ***~ policy*** Innenpolitik *f*; **5.** zahm, Haus...: ***~ animal*** Haustier *n*; **II** *s.* **6.** Hausangestellte(r *m*) *f*, Dienstbote *m*; **do'mes·ti·cate** [-keɪt] *v/t.* **1.** domestizieren: a) zähmen, zu Haustieren machen, b) zu Kulturpflanzen machen; **2.** an häusliches Leben gewöhnen: ***not ~d*** a) nichts vom Haushalt verstehend, b) nicht am Familienleben hängend, ‚nicht gezähmt'; **3.** *Wilde* zivilisieren; **do·mes·ti·ca·tion** [dəʊˌmestɪ'keɪʃn] *s.* **1.** Domestizierung *f*: a) Zähmung *f*, b) ⚘ Kultivierung *f*; **2.** Gewöhnung *f* an häusliches Leben; **3.** Einbürgerung *f*; **do·mes·tic·i·ty** [ˌdəʊme'stɪsətɪ] *s.* **1.** (Neigung *f* zur) Häuslichkeit *f*; **2.** häusliches Leben; **3.** *pl.* häusliche Angelegenheiten *pl.*

dom·i·cile ['dɒmɪsaɪl], *Am. a.* **'dom·i·cil** [-sɪl] **I** *s.* **1.** a) (ständiger *od.* bürgerlichrechtlicher) Wohnsitz, b) Wohnort *m*, c) Wohnung *f*; **2.** † Sitz *m* e-r Gesellschaft; **3.** *a.* ***legal ~*** ⚖ Gerichtsstand *m*; **II** *v/t.* **4.** ansässig *od.* wohnhaft machen, ansiedeln; **5.** † *Wechsel* domizilieren; **'dom·i·ciled** [-ld] *adj.* **1.** ansässig, wohnhaft; **2.** ***~ bill*** † Domizilwechsel *m*; **dom·i·cil·i·ar·y** [ˌdɒmɪ'sɪljərɪ] *adj.* Haus..., Wohnungs...: ***~ arrest*** Hausarrest *m*; ***~ visit*** Haussuchung *f*; **dom·i·cil·i·ate** [ˌdɒmɪ'sɪljeɪt] *v/t.* † *Wechsel* domizilieren.

dom·i·nance ['dɒmɪnəns] *s.* **1.** (Vor-)Herrschaft *f*, (Vor)Herrschen *n*; **2.** Macht *f*; **3.** *biol.* Domi'nanz *f*; **'dom·i·nant** [-nt] **I** *adj.* ☐ **1.** dominierend, vorherrschend; **2.** beherrschend: a) bestimmend, entscheidend: ***~ factor***, b) em'porragend, weithin sichtbar; **3.** *biol.* domi'nant, überlagernd; **4.** ♪ Dominant...; **II** *s.* **5.** *biol.* vorherrschendes Merkmal; ♪, *a.* ⚘ Domi'nante *f*; **'dom·i·nate** [-neɪt] **I** *v/t.* beherrschen (*a. fig.*): a) herrschen über (*acc.*), b) em'porragen über (*acc.*); **II** *v/i.* dominieren, (vor)herrschen: ***~ over*** herrschen über (*acc.*).

dom·i·na·tion [ˌdɒmɪ'neɪʃn] *s.* (Vor-)Herrschaft *f*; **ˌdom·i'neer** [-'nɪə] *v/i.* **1.** den Herrn spielen, anmaßend auftreten; **2.** (***over***) des'potisch herrschen (über *acc.*), tyrannisieren (*acc.*); **ˌdom·i'neer·ing** [-'nɪərɪŋ] *adj.* ☐ **1.** ty'rannisch, herrisch, gebieterisch; **2.** anmaßend.

do·min·i·cal [də'mɪnɪkl] *adj. eccl.* des Herrn (Jesu): ***~ day*** Tag *m* des Herrn (*Sonntag*); ***~ prayer*** *das* Gebet des Herrn (*Vaterunser*); ***~ year*** Jahr *n* des Herrn.

Do·min·i·can [də'mɪnɪkən] *eccl.* **I** *adj.* **1.** *eccl.* Dominikaner..., domini'kanisch; **2.** *pol.* dominikanisch; **II** *s.* **3.** *a.* ***~ friar*** Domini'kaner(mönch) *m*; **4.** *pol.* Domini'kaner(in).

dom·i·nie ['dɒmɪnɪ] *s.* **1.** *Scot.* Schulmeister *m*; **2.** (Herr) Pastor *m*.

do·min·ion [də'mɪnjən] *s.* **1.** (Ober-)Herrschaft *f*, (Regierungs)Gewalt *f*; **2.** ⚖ a) Eigentumsrecht *n*, b) (tatsächliche) Gewalt (***over*** über *e-e Sache*); **3.** (Herrschafts)Gebiet *n*; **4.** a) *hist.* ♀ Do'minion *n* (*im Brit. Commonwealth*), b) ***the*** ♀ *Am.* Kanada *n*.

dom·i·no ['dɒmɪnəʊ] *pl.* **-noes** *s.* **1.** a) *pl. sg. konstr.* Domino(spiel) *n*, b) Dominostein *m*; **2.** Domino *m* (*Maskenkostüm od. Person*); ***~* the·o·ry** *s. pol.* 'Dominotheoˌrie *f*.

don¹ [dɒn] *s.* **1.** ♀ *span. Titel*; *weitS.* Spanier *m*; **2.** *Brit.* Universitätslehrer *m* (*Fellow od. Tutor*); **3.** Fachmann *m* (***at*** in *dat.*, für).

don² [dɒn] *v/t. et.* anziehen, *den Hut* aufsetzen.

do·nate [dəʊ'neɪt] *v/t.* schenken (*a.* ⚖), stiften, *a. Blut etc.* spenden (***to s.o.*** j-m); **do'na·tion** [-eɪʃn] *s.* Schenkung *f* (*a.* ⚖), Stiftung *f*, Gabe *f*, Geschenk *n*, Spende *f*.

done [dʌn] **I** *p.p. von* ***do¹***; **II** *adj.* **1.** getan: ***well ~!*** gut gemacht!, bravo!; ***it isn't ~*** so et. tut man nicht, das gehört sich nicht; ***what is to be ~?*** was ist zu tun?, was soll geschehen?; ***~ at ... in Urkunden***: gegeben in *der Stadt New York etc.*; **2.** erledigt (*a. fig.*): ***get s.th. ~*** et. erledigen (lassen); ***he gets things ~*** er bringt et. zuwege; **3.** gar: ***is the meat ~ yet?***; ***well ~*** durchgebraten; **4.** F fertig: ***have ~ with*** a) fertig sein mit (*a. fig.*), b) nicht mehr brauchen, c) nichts mehr zu tun haben wollen mit; **5.** *a.* ***~ up***, ***~ in*** erschöpft, ‚erledigt', ‚fertig'; **6.** ***~!*** abgemacht!

do·nee [dəʊ'niː] *s.* ⚖ Beschenkte(r *m*) *f*, Schenkungsempfänger(in).

D

dong [dɒŋ] *s. Am.* Γ ‚Pimmel' *m* (*Penis*).

don·jon ['dɒndʒən] *s.* **1.** Don'jon *m*, Hauptturm *m*; **2.** Bergfried *m*, Burgturm *m*.

don·key ['dɒŋkɪ] **I** *s.* **1.** Esel *m* (*a. fig.*): ***~'s years** Brit.* F e-e ‚Ewigkeit'; **2.** → ***donkey engine***; **II** *adj.* **3.** ⚙ Hilfs...: ***~ pump***; **~ en·gine** *s.* ⚙ kleine (*transportable*) 'Hilfsma͵schine; '**~·work** *s.* F Dreckarbeit *f*.

don·nish ['dɒnɪʃ] *adj.* **1.** gelehrt; **2.** belehrend.

do·nor ['dəʊnə] *s.* Geber *m*; Schenker *m* (*a.* ⚖); Spender *m* (*a.* ⚕), Stifter *m*; **~ card** *s.* Or'ganspenderausweis *m*.

'**do-͵noth·ing** **I** *s.* Faulenzer(in); **II** *adj.* faul, nichtstuerisch.

Don Quix·ote [͵dɒn'kwɪksət] *s.* Don Qui'chotte *m* (*weltfremder Idealist*).

don't [dəʊnt] **I** a) F *für **do not***, b) *sl. für **does not***; **II** *s.* F Verbot *n*; → ***do²*** 3; **~ know** *s.* a) Unentschiedene(r *m*) *f*, b) j-d, der (*bei e-r Umfrage*) keine Meinung hat.

doo·dah ['duːdɑː] *s.* F Dingsbums; ***all of a ~*** durcheinander.

doo·dle ['duːdl] **I** *s.* gedankenlos hingezeichnete Fi'gur(en *pl.*), Gekritzel *n*; **II** *v/i.* et. (gedankenlos) 'hinkritzeln, ‚Männchen malen'.

doom [duːm] **I** *s.* **1.** Schicksal *n*; (*bsd.* böses) Geschick, Verhängnis *n*: ***he met his ~*** das Schicksal ereilte ihn; **2.** Verderben *n*, 'Untergang *m*, *a.* Tod *m*, *fig.* Todesurteil *n*; **3.** *obs.* Urteilsspruch *m*, Verdammung *f*; **4.** ***the day of ~*** das Jüngste Gericht; → ***crack*** 1; **II** *v/t.* **5.** verurteilen, verdammen (***to*** zu): ***~ to death***; **doomed** [-md] *adj.* a) verloren, dem 'Untergang geweiht, b) *bsd. fig.* verdammt, verurteilt (***to*** zu, ***to do*** zu tun): ***~ to failure*** zum Scheitern verurteilt; ***the ~ train*** der Unglückszug *m*; **dooms·day** ['duːmzdeɪ] *s. das* Jüngste Gericht: ***till ~*** bis zum Jüngsten Tag; **Dooms·day Book** → ***Domesday Book***; **dooms·day cult** (*od.* **group**) *s.* Weltuntergangssekte *f*; **doom·ster** ['duːmstə] *s.* 'Weltuntergangspro͵phet *m*.

door [dɔː] *s.* **1.** Tür *f*: ***out of ~s*** draußen, im Freien; ***within ~s*** im Haus(e), drinnen; ***from ~ to ~*** von Haus zu Haus; ***delivered to your ~*** frei Haus (geliefert); ***two ~s away*** (*od.* ***off***) zwei Häuser weiter; → ***next*** 1; **2.** Ein-, Zugang *m*, Tor *n*, Pforte *f* (*alle a. fig.*): ***at death's ~*** am Rande des Grabes; ***lay s.th. at s.o.'s ~*** j-m et. zur Last legen; ***lay the blame at s.o.'s ~*** j-m die Schuld zuschieben; ***close*** (*od.* ***bang, shut***) ***the ~ on*** a) *j-n* abweisen, b) *et.* unmöglich machen; ***open a ~ to s.th.*** et. ermöglichen, *b.s.* e-r Sache Tür u. Tor öffnen; ***see*** (*od.* ***show***) ***s.o. to the ~*** j-n zur Tür begleiten; ***show s.o. the ~*** j-m die Tür weisen; ***turn out of ~s*** *j-n* hinauswerfen; → ***darken*** 1; '**~·bell** *s.* Türklingel *f*; **~ han·dle** *s.* Türgriff *m*, -klinke *f*; '**~͵keep·er** *s.* Pförtner *m*; '**~-key child** *s.* Schlüsselkind *n*; '**~·knob** *s.* Türgriff *m*; '**~͵knock·er** *s.* Türklopfer *m*; '**~·man** [-mən] *s.* [*irr.*] (livrierter) Porti'er; '**~·mat** *s.* Fußmatte *f*, Fußabstreifer *m* (*a. fig. contp.*); '**~·nail** *s.* Türnagel *m*; → ***dead*** 1; '**~·plate** *s.* Türschild *n*; '**~·post** *s.* Türpfosten *m*; '**~·step** *s.* (Haus)Türstufe *f*: ***on s.o.'s ~*** vor j-s Tür (*a. fig.*); ͵**~-to-'~** *adj.* Haus-zu-Haus-...: ***~ selling*** Verkauf *m* an der Haustür; '**~·way** *s.* **1.** Torweg *m*; **2.** Türöffnung *f*; **3.** *fig.* Zugang *m*; '**~·yard** *s. Am.* Vorgarten *m*.

dope [dəʊp] **I** *s.* **1.** Schmiere *f*, dicke Flüssigkeit; **2.** ✈ (Spann)Lack *m*, Firnis *m*; **3.** ⚙ Schmiermittel *n*; Zusatz(-stoff) *m*; Ben'zinzusatzmittel *n*; **4.** *sl.* ‚Stoff' *m*, Rauschgift *n*; **5.** *sl.* Reiz-, Aufputschmittel *n*; **6.** *oft **inside ~** sl.* Geheimtipp(s *pl.*) *m*, 'Insider-Informati͵on(en *pl.*) *f* (***on*** über); **7.** *sl.* Trottel *m*, Idi'ot *m*; **II** *v/t.* **8.** ✈ lackieren, firnissen; **9.** ⚙ *dem Benzin* ein Zusatzmittel beimischen; **10.** *sl. j-m* ‚Stoff' geben; **11.** *sl.* a) *sport* dopen: ***doping test*** Dopingkontrolle *f*, b) *e-m Pferd* ein leistungshemmendes Präpa'rat geben, c) *ein Getränk etc.* (mit e-m Betäubungsmittel) präparieren, d) *fig.* einschläfern, -lullen; **12.** *mst **~ out** sl.* a) her'ausfinden, ausfindig machen, b) ausknobeln; **~ fiend** *s. sl.* Rauschgiftsüchtige(r *m*) *f*.

dope·y ['dəʊpɪ] *adj. sl.* doof.

dor [dɔː], **dor·bee·tle** ['dɔː͵biːtl] *s. zo.* **1.** Mist-, Rosskäfer *m*; **2.** Maikäfer *m*.

Do·ri·an ['dɔːrɪən] **I** *adj.* dorisch; **II** *s.* Dorier *m*; **Dor·ic** ['dɒrɪk] **I** *adj.* **1.** dorisch: ***~ order*** △ dorische (Säulen)Ordnung; **2.** breit, grob (*Mundart*); **II** *s.* **3.** Dorisch *n*, dorischer Dia'lekt; **4.** breiter *od.* grober Dia'lekt.

dorm [dɔːm] *s.* F *für **dormitory***.

dor·man·cy ['dɔːmənsɪ] *s.* Schlafzustand *m*, Ruhe(zustand *m*) *f* (*a.* ⚘); '**dor·mant** [-nt] *adj.* **1.** schlafend (*a. her.*), ruhend (*a.* ⚘), untätig (*a. Vulkan*); **2.** *zo.* Winterschlaf haltend; **3.** *fig.* a) schlummernd, la'tent, verborgen, b) unbenutzt, brachliegend: ***~ talent***; ***~ capital*** ✝ totes Kapital: ***~ partner*** ✝ stiller Teilhaber; ***~ title*** ⚖ ruhender *od.* nicht beanspruchter Titel; ***lie ~*** ruhen, brachliegen.

dor·mer ['dɔːmə] *s.* △ **1.** (Dach)Gaupe *f*; **2.** *a.* ***~ window*** stehendes Dachfenster.

dor·mi·to·ry ['dɔːmɪtrɪ] *s.* **1.** Schlafsaal *m*; **2.** (*bsd.* Stu'denten)Wohnheim *n*; **~ sub·urb** *s.* Schlafstadt *f*.

dor·mouse ['dɔːmaʊs] *pl.* **-mice** [-maɪs] *s. zo.* Haselmaus *f*; → ***sleep*** 1.

dor·my ['dɔːmɪ] *adj. Golf*: dormy (*mit so viel Löchern führend, wie noch zu spielen sind*): ***be ~ two*** dormy 2 stehen.

dor·sal ['dɔːsl] *adj.* □ dor'sal (⚘, *zo.*, *anat.*, *ling.*), Rücken...

do·ry¹ ['dɔːrɪ] *s.* Dory *n* (*Boot*).

do·ry² ['dɔːrɪ] → ***John Dory***.

dos·age ['dəʊsɪdʒ] *s.* **1.** Dosierung *f*; **2.** → ***dose*** 1, 2; **dose** [dəʊs] **I** *s.* **1.** ⚕ Dosis *f*, (Arz'nei)Gabe *f*; **2.** *fig.* Dosis *f*, ‚Schuss' *m*, Porti'on *f*; **3.** *a.* ***~ of clap*** V Tripper *m*; **II** *v/t.* **4.** *Arznei* dosieren; **5.** *j-m* Arz'nei geben; **6.** *Wein* zuckern.

doss [dɒs] *Brit. sl.* **I** *s.* ‚Falle' *f*, ‚Klappe' *f*, Schlafplatz *m*; **II** *v/i.* ‚pennen'.

dos·ser¹ ['dɒsə] *s.* Rücken(trag)korb *m*.

dos·ser² ['dɒsə] *s. sl.* **1.** ‚Pennbruder' *m*; **2.** → ***dosshouse***.

'doss·house *s. sl.* ‚Penne' *f* (*billige Pension*).

dos·si·er ['dɒsɪeɪ] *s.* Dossi'er *n*, Akten *pl.*, Akte *f*.

dost [dʌst; dəst] *obs. od. poet. 2. pres. sg. von* ***do¹***.

dot¹ [dɒt] *s.* ⚖ Mitgift *f*.

dot² [dɒt] **I** *s.* **1.** Punkt *m* (*a.* ♪), Tüpfelchen *n*: ***~s and dashes*** Punkte u. Striche, *tel.* Morsezeichen; ***come on the ~*** F auf den Glockenschlag pünktlich kommen; ***since the year ~*** F seit e-r Ewigkeit; **2.** Tupfen *m*, Fleck *m*; **3.** *et.* Winziges, Knirps *m*; **II** *v/t.* **4.** punktieren (*a.* ♪): ***~ted line***; ***sign on the ~ted line*** (*fig.* ohne weiteres) unterschreiben; **5.** mit dem i-Punkt versehen: ***~ the*** (*od.* ***one's***) ***i's*** [***and cross the*** (*od.* ***one's***) ***t's***] *fig.* peinlich genau *od.* penibel sein; **6.** tüpfeln; **7.** über'säen, sprenkeln: ***~ted with flowers***; **8.** *sl.* ***~ s.o. one*** j-m eine ‚knallen'.

dot·age ['dəʊtɪdʒ] *s.* **1.** Senili'tät *f*: ***he is in his ~*** er ist kindisch *od.* senil geworden; **2.** *fig.* Affenliebe *f*, Vernarrtheit *f*; **'do·tard** [-təd] *s.* se'niler Mensch; **dote** [dəʊt] *v/i.* **1.** kindisch *od.* senil sein; **2.** (***on***) vernarrt sein (in *acc.*), abgöttisch lieben (*acc.*).

doth [dʌθ; dəθ] *obs. od. poet. 3. pres. sg. von* ***do¹***.

dot·ing ['dəʊtɪŋ] *adj.* □ **1.** vernarrt (***on*** in *acc.*): ***he is a doting husband*** er liebt s-e Frau abgöttisch; **2.** se'nil, kindisch.

dot·ter·el, **dot·trel** ['dɒtrəl] *s. orn.* Mor'nell(regenpfeifer) *m*.

dot·ty ['dɒtɪ] *adj.* **1.** punktiert, getüpfelt; **2.** F wackelig; **3.** F ‚bekloppt'.

dou·ble ['dʌbl] **I** *adj.* □ **1.** doppelt, Doppel..., zweifach, gepaart: ***~ the amount*** der doppelte *od.* zweifache Betrag; ***~ bottom*** doppelter Boden (*Schiff*, *Koffer*); ***~ doors*** Doppeltür *f*; ***~ taxation*** Doppelbesteuerung *f*; ***~ width*** doppelte Breite, doppelt breit; ***~ pneumonia*** ⚕ doppelseitige Lungenentzündung; ***~ standard of morals*** *fig.* doppelte *od.* doppelbödige Moral; ***~ (of) what it was*** doppelt *od.* zweimal so viel wie vorher; **2.** Doppel..., verdoppelt, verstärkt: ***~ ale*** Starkbier *n*; **3.** Doppel..., für zwei bestimmt: ***~ bed*** Doppelbett *n*; ***~ room*** Doppel-, Zweibettzimmer *n*; **4.** ⚘ gefüllt (*Blume*); **5.** ♪ eine Ok'tave tiefer, Kontra...; **6.** zwiespältig, zweideutig, doppelsinnig; **7.** unaufrichtig, falsch: ***~ character***; **8.** gekrümmt, gebeugt; **II** *adv.* **9.** doppelt, noch einmal: ***~ as long***; **10.** doppelt, zweifach: ***see ~*** doppelt sehen; ***play (at) ~ or quit(s)*** alles aufs Spiel setzen; **11.** paarweise, zu zweit: ***sleep ~***; **III** *s.* **12.** *das* Doppelte *od.* Zweifache; **13.** Doppel *n*, Dupli'kat *n*: **14.** a) Gegenstück *n*, Ebenbild *n*, b) Double *n*, Doppelgänger *m*; **15.** Windung *f*, Falte *f*; **16.** Haken *m* (*bsd. Hase*, *a. Person*), plötzliche Kehrtwendung; **17.** ***at the ~*** ⚔ im Schnellschritt; **18.** *mst pl. sg. konstr. sport* Doppel *n*: ***play a ~s (match)***; ***men's ~s*** Herrendoppel; **19.** *sport* a) Doppelsieg *m*, b) Doppelniederlage *f*; **20.** Doppelwette *f*; **21.** *Film*: Double *n*, *thea.* zweite Besetzung; **22.** *Bridge etc.*: Doppel *n*; **IV** *v/t.* **23.** verdoppeln (*a.* ♪); **24.** um das Doppelte über'treffen; **25.** *oft* ***~ up*** ('um-, zs.-) falten, 'um-, zs.-legen, 'umschlagen; **26.** *Beine* 'überschlagen; *Faust* ballen; **27.** ⚓ um'segeln, -'schiffen; **28.** a) *Film, TV* als Double einspringen für, *j-n* doubeln, b) ***~ the parts of A. and B.*** *thea. etc.* A. u. B. in e-r Doppelrolle spielen; **29.** *Spinnerei*: doublieren; **30.** *Karten*: *Gebot* doppeln; **V** *v/i.* **31.** sich verdoppeln; **32.** sich falten (lassen); **33.** a) plötzlich kehrtmachen, b) e-n Haken schlagen; **34.** *thea.* a) e-e Doppelrolle spielen, b) ***~ for*** → 28a; **35.** ♪ zwei Instru'mente spielen; **36.** ⚔ a) im Schnellschritt marschieren, b) F Tempo vorlegen; **37.** a) den Einsatz verdoppeln, b) *Bridge*: doppeln.

Zssgn mit adv.:

dou·ble| back I *v/t.* → ***double*** 25; **II** *v/i.* kehrtmachen; **~ in** *v/t.* nach innen falten, einbiegen, -schlagen; **~ up I** *v/t.* **1.** → ***double*** 25; **2.** (zs.-)krümmen; **II** *v/i.* **3.** → ***double*** 32; **4.** sich krümmen *od.* biegen (*a. fig.* ***with*** vor *Schmerz*, *Lachen*); **5.** das Zimmer *etc.* gemeinsam benutzen: ***~ on s.th.*** sich (in) et. teilen.

ˌdou·ble|-'act·ing, **ˌ~-'ac·tion** *adj.* ⚙ doppelt wirkend; **~ a·gent** *s. pol.* 'Doppelaˌgent *m*; **'~-ˌbar·rel(l)ed** *adj.* **1.** doppelläufig: ***~ gun*** Doppelflinte *f*; **2.** zweideutig; **3.** zweifach: ***~ name*** F Doppelname *m*; **~ bass** [beɪs] → ***con-***

trabass; '~-ˌ**bed·ded** *adj.*: ~ **room** Zweibettzimmer *n*; ~ **bend** *s.* S-Kurve *f*; ~ **bill** *s.* Doppelveranstaltung *f*; ˌ~-'**breast·ed** *adj.* zweireihig (*Anzug*); ˌ~-'**check** *v/t.* genau nachprüfen; ~ **chin** *s.* Doppelkinn *n*; ~ **click** *s. Computer*: Doppelklick *m*; '~·**click I** *v/i* doppelklicken (***on*** auf *acc.*); **II** *v/t* doppelklicken auf (*acc.*); ~ **col·umn** *s.* Doppelspalte *f* (*Zeitung*): ***in*** ~***s*** zweispaltig; ˌ~-'**cross** *v/t.* ein doppeltes *od.* falsches Spiel treiben mit, *bsd. den Partner* ‚anschmieren'; ~ **date** *s.* 'Doppelrendezˌvous *n* (*zweier Paare*); ˌ~-'**deal·er** *s.* falscher *od.* ‚linker' Kerl, Betrüger *m*; ˌ~-'**deal·ing I** *adj.* falsch, betrügerisch; **II** *s.* Betrug *m*, Gemeinheit *f*; ˌ~-'**decker** *s.* **1.** Doppeldecker *m* (*Schiff, Flugzeug, Omnibus*); **2.** a) zweistöckiges Haus *etc.*, b) E'tagenbett *n*, c) Ro'man *m* in zwei Bänden, d) *Am.* F Doppelsandwich *n*; ~ **Dutch** *s.* F Kauderwelsch *n*; ˌ~-'**dyed** *adj.* **1.** zweimal gefärbt; **2.** *fig.* eingefleischt, Erz...: ~ ***villain*** Erzgauner *m*; ~ **ea·gle** *s.* **1.** *her.* Doppeladler *m*; **2.** *Am. goldenes 20-Dollar-Stück*; ˌ~-'**edged** *adj.* zweischneidig (*a. fig.*): ~ ***sword***; ~ **en·ten·dre** [ˌduːblɑ̃ːn'tɑ̃ːndrə] (*Fr.*) *s. allg.* Zweideutigkeit *f*; ~ **en·try** *s.* ✝ **1.** doppelte Buchung; **2.** doppelte Buchführung; ~ **ex·po·sure** *s. phot.* Doppelbelichtung *f*; '~-**faced** *adj.* heuchlerisch, scheinheilig, unaufrichtig; ~ **fault** *s. Tennis*: Doppelfehler *m*; ~ **fea·ture** *s. Film*: 'Doppelproˌgramm *n* (*zwei Spielfilme in jeder Vorstellung*); ~ **first** *s. univ. Brit.* mit Auszeichnung erworbener ***honours degree*** in zwei Fächern; '~ˌ**gang·er** [-ˌgæŋə] *s. psych.* Doppelgänger *m*; ˌ~'**glaze** *v/t* mit Doppelverglasung versehen; ~ **glaz·ing** *s.* **1.** Doppelverglasung *f*; **2.** Doppelfenster *pl.*; ~ **har·ness** *s. fig.* Ehestand *m*, -joch *n*; ~ **in·dem·ni·ty** *s. Am.* Verdoppelung *f* der Versicherungssumme (*bei Unfalltod*); ˌ~-'**jointed** *adj.* mit ‚Gummigelenken' (*Person*); ~ **life** *s.* Doppelleben *n*; ~ **meaning** *s.* Zweideutigkeit *f*; ˌ~-'**mind·ed** *adj.* **1.** wankelmütig, unentschlossen; **2.** unaufrichtig; ~ **mur·der** *s.* Doppelmord *m.*

dou·ble·ness ['dʌblnɪs] *s.* **1.** *das* Doppelte; **2.** Doppelzüngigkeit *f*, Falschheit *f*.

ˌ**dou·ble|-'park** *v/t. u. v/i. mot.* in zweiter Reihe parken; ˌ~-'**quick** ⚔ **I** *s.* → ***double time***; **II** *adv.* F im Eiltempo; ˌ~-'**spaced** *adj.* zweizeilig, mit doppeltem Zeilenabstand; ~ **star** *s. ast.* Doppelstern *m*; ˌ~-'**stop** ♪ **I** *s.* Doppelgriff *m* (*Streichinstrument*); **II** *v/t.* Doppelgriffe spielen auf (*dat.*).

dou·blet ['dʌblɪt] *s.* **1.** *hist.* Wams *n*; **2.** Paar *n* (*Dinge*); **3.** Du'blette *f*: a) Dupli'kat *n*, b) *typ.* Doppelsatz *m*; **4.** *pl.* Pasch *m* (*beim Würfeln*).

dou·ble| take *s. sl.* ‚Spätzündung' *f* (*verzögerte Reaktion*): ***I did a*** ~ ***when*** ich stutzte zweimal, als; '~·**talk** *s.* F doppeldeutiges Gerede, ‚Augenauswischerei' *f*; ~ **tax·a·tion** *s.* ✝ Doppelbesteuerung *f*; '~·**think** *s.* ‚Zwiedenken' *n*; ~ **time** *s.* ⚔ a) Schnellschritt *m*, b) (langsamer) Laufschritt: ***in*** ~ F im Eiltempo, fix; ˌ~-'**tongued** *adj.* doppelzüngig, falsch; ˌ~-'**tracked** *adj.* 🚂 zweigleisig.

dou·bling ['dʌblɪŋ] *s.* **1.** Verdoppelung *f*; **2.** Faltung *f*; **3.** Haken(schlagen *n*) *m*; **4.** Trick *m*; **dou·bly** ['dʌblɪ] *adv.* doppelt.

doubt [daʊt] **I** *v/i.* **1.** zweifeln; schwanken, Bedenken haben; **2.** zweifeln (***of***, ***about*** an *e-r Sache*); (dar'an) zweifeln, (es) bezweifeln (***whether***, ***if*** ob; ***that*** dass; *neg. u. interrog.* ***that***, ***but that***, ***but*** dass): ***I*** ~ ***whether he will come*** ich zweifle, ob er kommen wird; **II** *v/t.* **3.** *et.* bezweifeln: ***I*** ~ ***his honesty***; ***I*** ~ ***it***; **4.** miss'trauen (*dat.*), keinen Glauben schenken (*dat.*): ~ ***s.o.***; ~ ***s.o's words***; **III** *s.* **5.** Zweifel *m* (***of*** an *dat.*, ***about*** hinsichtlich *gen.*; ***that*** dass): ***no*** ~, ***without*** ~, ***beyond*** ~ zweifellos, fraglos, gewiss; ***I have no*** ~ ich zweifle nicht (daran), ich bezweifle es nicht; ***be in*** ~ ***about*** Zweifel haben an (*dat.*); ***leave s.o. in no*** ~ ***about s.th.*** j-n nicht im Ungewissen über et. lassen; → ***benefit*** 1; **6.** a) Bedenken *n*, Besorgnis *f*, (***about*** wegen), b) Argwohn *m*: ***raise*** ~***s*** Zweifel aufkommen lassen; **7.** Ungewissheit *f*: ***be in*** ~ unschlüssig sein; '**doubt·er** [-tə] *s.* Zweifler(in); '**doubt·ful** [-fʊl] *adj.* ☐ **1.** zweifelnd, im Zweifel, unschlüssig: ***be*** ~ ***of*** (*od.* ***about***) ***s.th.*** an e-r Sache zweifeln, im Zweifel über et. sein; **2.** zweifelhaft: a) unsicher, fraglich, unklar, b) fragwürdig, bedenklich, c) ungewiss, d) verdächtig, dubi'os; '**doubt·ful·ness** [-fʊlnɪs] *s.* **1.** Zweifelhaftigkeit *f*: a) Unsicherheit *f*, b) Fragwürdigkeit *f*, c) Ungewissheit *f*; **2.** Unschlüssigkeit *f*; '**doubt·ing** [-tɪŋ] *adj.* ☐ zweifelnd: a) schwankend, unschlüssig, b) 'misstrauisch: ♀ ***Thomas*** ungläubiger Thomas; '**doubt·less** [-lɪs] *adv.* zweifellos, sicherlich.

dou·ceur [dʊ'sɜː] (*Fr.*) *s.* **1.** (Geld)Geschenk *n*, Trinkgeld *n*; **2.** Bestechungsgeld *n*.

douche [duːʃ] **I** *s.* **1.** Dusche *f*, Brause *f*: ***cold*** ~ *a. fig.* kalte Dusche; **2.** ⚕ a) Spülung *f*, Dusche *f*, b) Irri'gator *m*; **II** *v/t. u. v/i.* **3.** (sich) (ab)duschen; **4.** ⚕ (aus)spülen; **III** *v/i.* **5.** ⚕ e-e Spülung machen.

dough [dəʊ] *s.* **1.** Teig *m* (*a. weitS.*); **2.** *bsd. Am. sl.* ‚Zaster' *m* (*Geld*); '~·**boy**

s. **1.** Mehlkloß *m*; **2.** *a.* '**~·foot** *Am. sl.* Landser *m* (*Infanterist*); '**~·nut** *s.* Krapfen *m*, Ber'liner (Pfannkuchen) *m*.

dough·ty ['daʊtɪ] *adj.* □ *obs. od. poet.* mannhaft, tapfer.

dough·y ['dəʊɪ] *adj.* **1.** teigig (*a. fig.*); **2.** klitschig, nicht 'durchgebacken.

dour ['dʊə] *adj.* □ **1.** mürrisch; **2.** streng, hart; **3.** halsstarrig, stur.

douse [daʊs] *v/t.* **1.** a) ins Wasser tauchen, b) begießen; **2.** F *Licht* auslöschen; **3.** ⚓ a) *Segel* laufen lassen, b) *Tau* loswerfen.

dove [dʌv] *s.* **1.** *orn.* Taube *f*: ~ ***of peace*** Friedenstaube; **2.** Täubchen *n*, ‚Schatz' *m*; **3.** *eccl.* Taube *f* (*Symbol des Heiligen Geistes*); **4.** *pol.* ‚Taube' *f*: ***~s and hawks*** Tauben u. Falken; '**~,col·o(u)r** *s.* Taubengrau *n*; **~·cot(e)** ['dʌvkɒt] *s.* Taubenschlag *m*; '**~-eyed** *adj.* sanftäugig; '**~·like** *adj.* sanft.

'**dove's-foot** ['dʌvz-] *s.* ⚘ Storchschnabel *m*.

'**dove·tail I** *s.* **1.** ⚙ Schwalbenschwanz *m*, Zinke *f*; **II** *v/t.* **2.** verschwalben, verzinken; **3.** *fig.* fest zs.-fügen, (inein'ander) verzahnen, verquicken; **4.** einfügen, -passen, -gliedern (***into*** in *acc.*); **5.** passend zs.-setzen; einpassen (***into*** in *acc.*); **III** *v/i.* **6.** genau passen (***into*** in *acc.*, zu; ***with*** mit); angepasst sein (***with*** *dat.*); genau inein'ander greifen *od.* passen.

dow·a·ger ['daʊədʒə] *s.* **1.** Witwe *f* (von Stande): ***queen*** ~ Königinwitwe; ~ ***duchess*** Herzoginwitwe; **2.** Ma'trone *f*, würdevolle ältere Dame.

dow·di·ness ['daʊdɪnɪs] *s.* Schäbigkeit *f*, Schlampigkeit *f*; **dow·dy** ['daʊdɪ] **I** *adj.* □ **1.** schlecht gekleidet, 'unele,gant, schäbig, schlampig; **II** *s.* **2.** nachlässig gekleidete Frau; **3.** *Am.* (*ein*) Apfelauflauf *m*.

dow·el ['daʊəl] ⚙ **I** *s.* (Holz-, *a.* Wand-) Dübel *m*, Holzpflock *m*; **II** *v/t.* (ver)dübeln.

dow·er ['daʊə] **I** *s.* **1.** ⚖ Wittum *n*; **2.** *obs.* Mitgift *f*; **3.** Begabung *f*; **II** *v/t.* **4.** ausstatten (*a. fig.*).

Dow-Jones av·er·age *od.* **in·dex** [,daʊ'dʒəʊnz] *s.* ✝ Dow-Jones-Index *m* (*Aktienindex der New Yorker Börse*).

down[1] [daʊn] *s.* **1.** a) Daunen *pl.*, flaumiges Gefieder, b) Daune *f*, Flaumfeder *f*: ~ ***quilt*** Daunendecke *f*; **2.** Flaum *m* (*a.* ⚘), feine Härchen *pl*.

down[2] [daʊn] *s.* **1.** a) Hügel *m*, b) Düne *f*; **2.** *pl.* waldloses, *bsd.* grasbewachsenes Hügelland.

down[3] [daʊn] **I** *adv.* **1.** (*Richtung*) nach unten, her-, hin'unter, her-, hin'ab, abwärts, zum Boden, nieder...: ~ ***from*** von ... herab, von ... an, fort von; ~ ***to*** bis (hinunter) zu; ~ ***to the last man*** bis zum letzten Mann; ~ ***to our times*** bis in unsere Zeit; ***burn*** ~ niederbrennen; ~***!*** nieder!, *zum Hund*: leg dich!; ~ ***with the capitalists!*** nieder mit den Kapitalisten!; **2.** *Brit.* a) nicht in London, b) nicht an der Universi'tät: ~ ***to the country*** aufs Land, in die Provinz; **3.** *Am.* ins Geschäftsviertel, in die Stadt (-mitte); **4.** südwärts; **5.** angesetzt: ~ ***for Friday*** für Freitag angesetzt; ~ ***for second reading*** *parl.* zur zweiten Lesung angesetzt; **6.** (in) bar, so'fort: ***pay*** ~ bar bezahlen; ***one pound*** ~ ein Pfund sofort *od.* als Anzahlung; **7.** ***be*** ~ ***on s.o.*** F a) j-n ‚auf dem Kieker' haben, b) über j-n herfallen; **8.** (*Lage, Zustand*) unten; unten im Hause: ~ ***below*** unten; ~ ***there*** dort unten; ~ ***under*** F in *od.* nach Australien *od.* Neuseeland; ~ ***in the country*** auf dem Land(e); ~ ***south*** (unten) im Süden; ***he is not*** ~ ***yet*** er ist noch nicht unten *od.* (*morgens*) noch nicht aufgestanden; **9.** 'untergegangen (*Gestirne*); **10.** her'abgelassen (*Haare, Vorhänge*); **11.** gefallen (*Preise, Temperatur etc.*); billiger (*Ware*); **12.** ***he was two points*** ~ *sport* er lag zwei Punkte zurück; ***he is £10*** ~ *fig.* er hat 10 £ verloren; **13.** a) niedergestreckt, am Boden (liegend), b) *Boxen*: am Boden, ‚unten': ~ ***and out*** k.o., *fig.* (*a. physisch u. psychisch*) ‚erledigt', ‚kaputt', ‚fix u. fertig'; ~ ***with flu*** mit Grippe im Bett; **14.** niedergeschlagen, deprimiert; **15.** her'untergekommen, in elenden Verhältnissen lebend: ~ ***at heels*** abgerissen; **II** *adj.* **16.** abwärts gerichtet, nach unten, Abwärts...: ~ ***trend*** fallende Tendenz; **17.** *Brit.* von London abfahrend *od.* kommend: ~ ***train***; ~ ***platform*** Abfahrtsbahnsteig *m* (*in London*); **18.** *Am.* in Richtung Stadt(mitte), zum Geschäftsviertel (hin); **III** *prp.* **19.** her-, hin'unter, her-, hin'ab, entlang: ~ ***the hill*** den Hügel hinunter; ~ ***the river*** flussabwärts; ***further*** ~ ***the river*** weiter unten am Fluss; ~ ***the road*** die Straße entlang; ~ ***the middle*** durch die Mitte; ~ (***the***) ***wind*** ⚓ mit dem Wind; → ***downtown***; **20.** (*Zeit*) durch: ~ ***the ages*** durch alle Zeiten; **IV** *s.* **21.** Nieder-, Rückgang *m*; Tiefstand *m*; **22.** Depressi'on *f*, (seelischer) Tiefpunkt; **23.** F Groll *m*: ***have a*** ~ ***on s.o.*** j-n auf dem ‚Kieker' haben; **V** *v/t.* **24.** zu Fall bringen (*a. sport u. fig.*); niederschlagen; bezwingen; ruinieren; **25.** niederlegen: ~ ***tools*** die Arbeit niederlegen, in den Streik treten; **26.** ✈ abschießen, ‚runterholen'; **27.** F *ein Getränk* ‚runterkippen'.

,**down|-and-'out I** *adj.* völlig ‚erledigt', ‚restlos fertig'; ganz ‚auf den Hund' gekommen; **II** *s.* Pennbruder *m*; ,**~-at-(-the-)'heels** *adj. allg.* he'runtergekommen; '**~·beat I** *s.* **1.** ♪ erster Schlag (*des Taktes*); **2.** ***on the ~*** *fig.* im Rückgang (begriffen); **II** *adj.* **3.** F pessi'mistisch; '**~·cast I** *adj.* **1.** niedergeschlagen (*a. Augen*), deprimiert; **2.** ⚙ einziehend (*Schacht*); **II** *s.* **3.** ⚙ Wetterschacht *m.*

down·er ['daʊnə] *s. sl.* Beruhigungsmittel *n.*

'**down|·fall** *s.* **1.** *fig.* Sturz *m*; **2.** starker Regen- *od.* Schneefall; **3.** *fig.* Nieder-, 'Untergang *m*; '**~·grade** *s.* **1.** Gefälle *n*; **2.** *fig.* Niedergang *m*: ***on the ~*** im Niedergang begriffen; **II** *v/t.* **3.** im Rang her'absetzen, degradieren; **4.** niedriger einstufen; **5.** ✝ in der Quali'tät herabsetzen, verschlechtern; ˌ**~-'heart·ed** *adj.* niedergeschlagen, entmutigt; ˌ**~'hill I** *adv.* abwärts, berg'ab (*beide a. fig.*): ***he is going ~*** *fig.* es geht bergab mit ihm; **II** *adj.* abschüssig: ***~ race*** *Skisport*: Abfahrtslauf *m*; '**~ˌhill·er** *s. Skisport*: Abfahrtsläufer(in).

Down·ing Street ['daʊnɪŋ] *s.* Downing Street *f* (*Amtssitz des brit. Premierministers*).

down·load ['daʊnləʊd] *Computer*: **I** *v/t. Datei* her'unterladen; **II** *s.* (Her'unter)Laden *n* (*von Dateien*, *a. aus dem Internet*).

ˌ**down|-'mar·ket** *adj.* Billig-, Massen-; **~ pay·ment** *s.* **1.** Barzahlung *f*; **2.** Anzahlung *f*; '**~·pipe** *s.* ⚙ Fallrohr *n*; '**~·play** *v/t.* her'unterspielen, bagatelli'sieren; '**~·pour** *s.* Regenguss *m*, Platzregen *m*; '**~·right I** *adj.* **1.** völlig, abso'lut, to'tal: ***a ~ lie*** e-e glatte Lüge; ***a ~ rogue*** ein Erzschurke; **2.** offen(herzig), gerade, ehrlich, unverblümt, unzweideutig; **II** *adv.* **3.** völlig, ganz u. gar, durch u. durch, ausgesprochen, to'tal; ˌ**~'ri·ver** → ***downstream***; '**~·side** *s.* Kehrseite *f*; ˌ**~'size I** *v/t.* verkleinern, redu'zieren, abbauen, F ‚abspecken'; **II** *v/i.* sich verkleinern, F ‚abspecken'; '**~ˌsiz·ing** *s.* ✝ 'Downsizing *n* (*Abbau von Arbeitskräften etc.*); ˌ**~'stairs I** *adv.* **1.** (die Treppe) hin'unter *od.* her'unter, nach unten; **2.** a) unten (im Haus), b) e-e Treppe tiefer; **II** *adj.* **3.** im unteren Stockwerk (gelegen), unter; **III** *s.* **4.** *pl. a. sg. konstr.* unteres Stockwerk, 'Untergeschoss *n*; ˌ**~'state** *Am.* **I** *adv.* in der *od.* die Pro'vinz; **II** *s.* (*bsd.* südliche) Pro'vinz (*e-s Bundesstaates*); ˌ**~'stream I** *adv.* **1.** strom'abwärts; **2.** mit dem Strom; **II** *adj.* **3.** stromabwärts gelegen *od.* gerichtet; '**~·stroke** *s.* **1.** Grundstrich *m beim Schreiben*; **2.** ⚙ Abwärts-, Leerhub *m*; '**~·swing** *s.* Abwärtstrend *m*, Rückgang *m*; '**~·time** *s.* Ausfallzeit *f*; ˌ**~-to-'earth** *adj.* rein sachlich, nüchtern; ˌ**~'town** *Am.* **I** *adv.* **1.** im *od.* ins Geschäftsviertel, in der *od.* die Innenstadt; **II** *adj.* ['daʊntaʊn] **2.** zum Geschäftsviertel, im Geschäftsviertel (gelegen *od.* tätig): ***~ Chicago*** die Innenstadt *od.* City von Chicago; **3.** ins *od.* durchs Geschäftsviertel (fahrend *etc.*); **III** *s.* ['daʊntaʊn] **4.** Geschäftsviertel *n*, Innenstadt *f*, City *f*; '**~·trend** *s.* Abwärtstrend *m*; '**~ˌtrod·den** *adj.* unter'drückt; '**~·turn** → ***downswing***.

down·ward ['daʊnwəd] **I** *adv.* **1.** abwärts, hin'ab, hin'unter, nach unten; **2.** *fig.* abwärts, berg'ab; **3.** *zeitlich*: abwärts: ***from ... ~ to*** von... (herab) bis...; **II** *adj.* **4.** Abwärts... (*a.* ⚙, *phys. u. fig.*); *fig.* sinkend (*Preise etc.*); '**down·wards** [-wədz] → ***downward*** I.

down·y¹ ['daʊnɪ] *adj.* **1.** mit Daunen *od.* Flaum bedeckt; **2.** flaumig, weich; **3.** *sl.* gerieben, ausgekocht.

down·y² ['daʊnɪ] *adj.* sanft gewellt (u. mit Gras bewachsen).

dow·ry ['daʊərɪ] *s.* **1.** Mitgift *f*, Aussteuer *f*; **2.** Gabe *f*, Ta'lent *n*.

dowse¹ [daʊz] → ***douse***.

dowse² [daʊz] *v/i.* mit der Wünschelrute suchen; '**dows·er** [-zə] *s.* (Wünschel-)Rutengänger *m*; **dows·ing rod** [-zɪŋ] *s.* Wünschelrute *f*.

doy·en ['dɔɪən] *s.* (*Fr.*) **1.** Rangälteste(r) *m*; **2.** Doy'en *m eines diplomatischen Korps*; **3.** *fig.* Nestor *m*, Altmeister *m*.

doze [dəʊz] **I** *v/i.* dösen, (halb) schlummern: ***~ off*** einnicken; **II** *s.* a) Dösen *n*, b) Nickerchen *n*.

doz·en ['dʌzn] *s.* **1.** *sg. u. pl.* (*vor Haupt- u. nach Zahlwörtern etc. außer nach* ***some***) Dutzend *n*: ***two ~ eggs*** 2 Dutzend Eier; **2.** Dutzend *n* (*a. weitS.*): ***~s of birds*** Dutzende von Vögeln; ***some ~s of children*** einige Dutzend Kinder; ***~s of people*** F ein Haufen Leute; ***~s of times*** F x-mal, hundertmal; ***by the ~, in ~s*** zu Dutzenden, dutzendweise; ***cheaper by the ~*** im Dutzend billiger; ***do one's daily ~*** Frühgymnastik machen; ***talk nineteen to the ~*** *Brit.* reden wie ein Wasserfall; → ***baker*** 1.

doz·y ['dəʊzɪ] *adj.* □ schläfrig, verschlafen, dösig.

drab¹ [dræb] **I** *adj.* gelbgrau, graubraun; *fig.* grau, trüb(e); düster (*Farben etc.*); freudlos (*Dasein etc.*); langweilig; **II** *s.* Gelbgrau *n*, Graubraun *n*.

drab² [dræb] **1.** Schlampe *f*; **2.** Dirne *f*, Hure *f*.

drab·ble ['dræbl] → ***draggle*** I.

drachm [dræm] *s.* **1.** → ***drachma*** 1; **2.** → ***dram***.

drach·ma ['drækmə] *pl.* **-mas**, **-mae** [-miː] *s.* **1.** Drachme *f*; **2.** → ***dram***.

Dra·co ['dreɪkəʊ] *s. ast.* Drache *m*; **Dra·co·ni·an** [drə'kəʊnjən], **Dra·con·ic** [drə'kɒnɪk] *adj.* dra'konisch, hart, äußerst streng.

draff [dræf] *s.* **1.** Bodensatz *m*; *engS.* Trester *m*; **2.** Vieh-, Schweinetrank *m*.

D

draft [drɑːft] **I** *s.* **1.** Skizze *f*, Zeichnung *f*; **2.** Entwurf *m*: a) Skizze *f*, b) ⚙, ⚠ Riss *m*, c) Kon'zept *n*: **~ *agreement*** Vertragsentwurf *m*; **3.** ⚔ a) ('Sonder-)Kom,mando *n*, Abteilung *f*, b) Ersatz (-truppe *f*) *m*, c) Aushebung *f*, Einberufung *f*, Einziehung *f*: **~ *evader*** *Am.* Drückeberger *m*; **~*-exempt*** *Am.* vom Wehrdienst befreit; **4.** ✝ a) Zahlungsanweisung *f*, b) Tratte *f*, (trassierter) Wechsel, c) Scheck *m*, d) Ziehung *f*, Trassierung *f*: **~ (*payable*) *at sight*** Sichttratte, -wechsel; **5.** ✝ Abhebung *f*, Entnahme *f*: ***make a ~ on*** *Geld* abheben von; **6.** *fig.* (starke) Beanspruchung: ***make a ~ on*** in Anspruch nehmen (*acc.*); **7.** → ***draught***; *bsd. Am.* → ***draught*** 1, 7, 8; **II** *v/t.* **8.** skizzieren, entwerfen; **9.** *Schriftstück* aufsetzen, abfassen; **10.** ⚔ a) auswählen, abkommandieren, b) ⚔ einziehen, -berufen (***into*** zu); **draft·ee** [drɑːf'tiː] *s.* ⚔ *Am.* Einberufene(r) *m*, Eingezogene(r) *m*; **'draft·er** [-tə] *s.* **1.** Urheber *m*, Verfasser *m*, Planer *m*; **2.** → ***draftsman*** 2.

draft·ing| board ['drɑːftɪŋ] Zeichenbrett *n*; **~ room** *s. Am.* ⚙ 'Zeichensaal, -bü,ro *n*.

drafts·man ['drɑːftsmən] *s.* [*irr.*] **1.** (Konstrukti'ons-, Muster)Zeichner *m*; **2.** Entwerfer *m*, Verfasser *m*.

draft·y ['drɑːftɪ] *adj.* zugig.

drag [dræg] **I** *s.* **1.** ⚓ a) Schleppnetz *n*, b) Dregganker *m*; **2.** ⚒ a) schwere Egge, b) Mistharke *f*; **3.** ⚙ Baggerschaufel *f*; **4.** ⚙ a) Rollwagen *m*, b) Lastschlitten *m*, Schleife *f*; **5.** vierspännige Kutsche; **6.** Hemmschuh *m* (*a. fig.* ***on*** für); **7.** *aer.*, *phys.* 'Luft,widerstand *m*; **8.** *hunt.* a) Fährte *f*, Witterung *f*, b) Schleppe *f* (*künstliche Fährte*), c) Schleppjagd *f*; **9.** *fig.* schleppendes Verfahren; **10.** F mühsame Sache, ‚Schlauch' *m*; **11.** F a) fade Sache, b) unangenehme *od.* ‚blöde' Sache: ***what a ~!*** so ein Mist!, c) fader *od.* ‚mieser' Kerl; **12.** *Am.* F Einfluss *m*, Beziehungen *pl.*; **13.** F Zug *m* (***at***, ***on*** an *e-r Zigarette*); **14.** F (*bsd. von Transvestiten getragene*) Frauenkleidung: **~ *queen*** Homosexuelle(r) *m* in Frauenkleidung; **15.** *Am.* F Straße *f*; **16.** F *für* ***drag race***; **II** *v/t.* **17.** schleppen, schleifen, zerren, ziehen: **~ *one's feet*** schlurfen, *fig.* ‚langsam tun'; **~ *the anchor*** ⚓ vor Anker treiben; **18.** mit e-m Schleppnetz absuchen (***for*** nach) *od.* fangen *od.* finden; **19.** ausbaggern; **20.** *fig.* hi'neinziehen, -bringen (***into*** in *acc.*); → ***drag in***; **III** *v/i.* **21.** geschleppt werden; **22.** schleppen, schleifen, zerren; schlurfen (*Füße*); **23.** *fig.* zerren, ziehen (***at*** an *dat.*); **24.** mit e-m Schleppnetz suchen, dreggen (***for*** nach); **25.** → ***drag on***; **26.** → ***drag behind***; **27.** ✝ schleppend gehen; **28.** ♪ schleppen; **~ a·long I** *v/t.* (weg-)schleppen; **II** *v/i.* sich da'hinschleppen; **~ a·way** *v/t.* wegschleppen, -zerren: ***drag o.s. away from*** *iro.* sich losreißen von; **~ behind** *v/i. a. fig.* zu'rückbleiben, nachhinken; **~ down** *v/t.* **1.** herunterziehen; **2.** *fig. j-n* ‚fertig machen', zermürben; **~ in** *v/t.* **1.** hin'einziehen; **2.** *fig.* a) *j-n* (mit) hin'einziehen, b) *et.* (krampfhaft) aufs Tapet bringen, bei den Haaren her'beiziehen; **~ on** *v/i. fig.* a) sich da'hinschleppen, b) sich in die Länge ziehen, sich hinziehen (*Rede etc.*); **~ out** *v/t.* **1.** in die Länge ziehen, hin'ausziehen; **2.** *fig. et.* aus j-m herausholen; **~ up** *v/t.* **1.** hochziehen; **2.** F *Skandal etc.* ausgraben; **3.** *fig. Kind* recht u. schlecht aufziehen.

drag| an·chor *s.* Treib-, Schleppanker *m*; **~ chain** *s.* Hemmkette *f*.

drag·gle ['drægl] **I** *v/t.* **1.** beschmutzen; **II** *v/i.* **2.** nachschleifen; **3.** nachhinken; **'drag·gle·tail** *s.* Schlampe *f*.

'drag|·hound *s. hunt.* Jagdhund *m* für Schleppjagden; **~ hunt** *s.* Schleppjagd *f*; **'~·lift** *s.* Schlepplift *m*; **'~·line** *s.* **1.** Schleppleine *f*, ✈ -seil *n*; **2.** Schürfkübelbagger *m*; **'~·net** *s.* **1.** a) ⚓ Schleppnetz *n*, b) *hunt.* Streichnetz *n*; **2.** *fig.* (Fahndungs)Netz *n* (*der Polizei*): **~ *operation*** Großfahndung *f*.

drag·o·man ['drægəʊmən] *pl.* **-mans** *od.* **-men** *s. hist.* Dragoman *m*, Dolmetscher *m*.

drag·on ['drægən] *s.* **1.** Drache *m*, Lindwurm *m*, Schlange *f*: ***the old ~*** Satan *m*; **2.** F ‚Drache(n)' *m* (*zänkische Frau etc.*); **'~·fly** *s. zo.* Li'belle *f*; **~'s teeth** *s. pl.* **1.** ⚔ (Panzer)Höcker *pl.*; **2.** *fig.* Drachensaat *f*: ***sow ~*** Zwietracht säen.

dra·goon [drə'guːn] **I** *s.* ⚔ Dra'goner *m*; **II** *v/t. fig.* zwingen (***into*** zu).

drag| race *s. mot.* Dragsterrennen *n*; **'~·rope** *s.* **1.** Schleppseil *n*; **2.** ✈ a) Leitseil *n*, b) Vertauungsleine *f*; **~ show** *s.* F Transve'stitenshow *f*.

drag·ster ['drægstə] *s. mot.* Dragster *m* (*formelfreier Spezialrennwagen*).

drain [dreɪn] **I** *v/t.* **1.** *Land* entwässern, dränieren, trockenlegen; **2.** ⚕ a) *Wunde von Eiter* säubern, b) *Eiter* abziehen; **3.** *a.* **~ *off***, **~ *away*** (*Ab*)*Wasser etc.* ableiten, -führen, -ziehen; **4.** austrinken, leeren; → ***dreg*** 1; **5.** *Ort etc.* kanalisieren; **6.** *fig.* aufzehren, verschlucken; *Vorräte etc.* aufbrauchen, erschöpfen: **~*ed*** *fig.* erschöpft, *Person: a.* ausgelaugt; **7.** (***of***) berauben (*gen.*), arm machen (an *dat.*); **II** *v/i.* **8.** *a.* **~ *off***, **~ *away*** (langsam) abfließen, -tropfen; versickern; **9.** *a.* **~ *away*** *fig.* da'hin-, verschwinden; **10.** (langsam) austrocknen; **11.** sich entwässern; **III** *s.* **12.** Ableitung *f*, Abfluss *m*, *fig. a.* Aderlass *m*:

D

foreign ~ ✝ Kapitalabwanderung *f*; → *brain drain*; **13.** Abflussrohr *n*, 'Abzugska‚nal *m*, Entwässerungsgraben *m*; Gosse *f*: ***down the*** ~ F ‚futsch', ‚im Eimer'; ***go down the*** ~ vor die Hunde gehen; ***pour down the*** ~ *Geld* zum Fenster hinauswerfen; **14.** *pl.* Kanalisati'on *f*; **15.** ⚕ Drän *m*, Ka'nüle *f*; **16.** *fig.* (***on***) Belastung *f*, Beanspruchung *f* (*gen.*): ***a great*** ~ ***on the purse*** e-e schwere finanzielle Belastung.

drain·age ['dreɪnɪdʒ] *s.* **1.** Ableitung *f*, Abfluss *m*; Entleerung *f*; **2.** Entwässerung *f*, Trockenlegung *f*, *a.* ⚕ Drai'nage *f*; **3.** Entwässerungsanlage *f*; **4.** Kanalisati'on *f*; **5.** Abwasser *n*; ~ **a·re·a**, ~ **ba·sin** *s.* Einzugsgebiet *n e-s Flusses*; ~ **tube** *s.* ⚕ 'Abflusska‚nüle *f*.

drain cock *s.* ⚙ Abflusshahn *m*.

drain·er ['dreɪnə] *s.* **1.** Abtropfgefäß *n*, Seiher *m*; **2.** → ***draining board***.

drain·ing board ['dreɪnɪŋ] *s.* Abtropfbrett *n*.

'drain·pipe *s.* **1.** Abflussrohr *n*; **2.** *pl. a.* ~ ***trousers*** F Röhrenhose(n *pl.*) *f*.

drake [dreɪk] *s. orn.* Enterich *m*.

dram [dræm] *s.* **1.** Drachme *f* (*Gewicht*); **2.** ‚Schluck' *m* (*Whisky etc.*).

dra·ma ['drɑːmə] **I** *s.* **1.** Drama *n*: a) Schauspiel *n*, b) dra'matische Dichtung *od.* Litera'tur, Dra'matik *f*; **2.** Schauspielkunst *f*; **3.** *fig.* Drama *n*; **II** *adj.* **4.** Schauspiel...: ~ ***school***.

dra·mat·ic [drə'mætɪk] *adj.* (□ ~***ally***) **1.** dra'matisch (*a.* ♪), Schauspiel..., Theater...: ~ ***rights*** Aufführungsrechte; ~ ***school*** Schauspielschule *f*; ~ ***tenor*** ♪ Heldentenor *m*; **2.** *fig.* dramatisch, spannend, aufregend, erregend; **3.** *fig.* drastisch: ~ ***changes***; **dra'mat·ics** [-ks] *s. pl. sg. od. pl. konstr.* **1.** Drama-tur'gie *f*; **2.** The'ater-, *bsd.* Liebhaberaufführungen *pl.*; **3.** *contp.* thea'tralisches Benehmen *od.* Getue.

dram·a·tis per·so·nae [‚drɑːmətɪs pɜː'səʊnaɪ] *s. pl.* **1.** Per'sonen *pl.* der Handlung; **2.** Rollenverzeichnis *n*.

dram·a·tist ['dræmətɪst] *s.* Dra'matiker *m*; **dram·a·ti·za·tion** [‚dræmətaɪ'zeɪʃn] *s.* Dramatisierung *f* (*a. fig.*), Bühnenbearbeitung *f*; **dram·a·tize** ['dræmətaɪz] **I** *v/t.* **1.** dramatisieren: a) für die Bühne bearbeiten, b) *fig.* aufbauschen: ~ ***o.s.*** sich aufspielen; **II** *v/i.* **2.** sich für die Bühne *etc.* bearbeiten lassen; **3.** *fig.* über'treiben; **dram·a·tur·gic** [‚dræmə'tɜːdʒɪk] *adj.* drama'turgisch; **dram·a·tur·gist** ['dræmə‚tɜːdʒɪst] *s.* Drama'turg *m*; **dram·a·tur·gy** ['dræmə‚tɜːdʒɪ] *s.* Dramatur'gie *f*.

drank [dræŋk] *pret. von* ***drink***.

drape [dreɪp] **I** *v/t.* **1.** drapieren: a) (mit Stoff) behängen, b) in (schöne) Falten legen, c) *et.* hängen (***over*** über *acc.*), (ein)hüllen (***in*** in *acc.*); **II** *v/i.* **2.** schön fallen (*Stoff etc.*); **'drap·er** [-pə] *s.* Tuch-, Stoffhändler *m*: ~***'s*** (***shop***) Textilgeschäft *n*; **'dra·per·y** [-pərɪ] *s.* **1.** dekora'tiver Behang, Drapierung *f*; **2.** Faltenwurf *m*; **3.** *coll.* Tex'tilien *pl.*, Tex'til-, Webwaren *pl.*, Stoffe *pl.*; **4.** *Am.* Vorhangstoffe *pl.*, Vorhänge *pl.*

dras·tic ['dræstɪk] *adj.* (□ ~***ally***) drastisch (*a.* ⚕), 'durchgreifend, rigo'ros.

drat [dræt] *int.* F: ~ ***it*** (***you***)***!*** zum Teufel damit (mit dir)!; **'drat·ted** [-tɪd] *adj.* F verdammt.

draught [drɑːft] **I** *s.* **1.** Ziehen *n*, Zug *m*: ~ ***animal*** Zugtier *n*; **2.** Fischzug *m* (*Fischen od. Fang*); **3.** Abziehen *n* (aus dem Fass): ***beer on*** ~ Bier *n* vom Fass; ~ ***beer*** *Brit.* Fassbier *n*; **4.** Zug *m*, Schluck *m*: ***a*** ~ ***of beer*** ein Schluck Bier; ***at a*** (*od.* ***one***) ~ auf 'einen Zug, mit 'einem Mal; **5.** ⚕ Arz'neitrank *m*; **6.** ⚓ Tiefgang *m*; **7.** (Luft)Zug *m*, Zugluft *f*: ***there is a*** ~ es zieht; ~ ***excluder*** Dichtungsstreifen *m* (*für Türen etc.*); ***feel the*** ~ F ‚den Wind im Gesicht spüren', in (finanzi'eller) Bedrängnis sein; **8.** ⚙ Zug *m* (*Schornstein etc.*); **9.** *pl. sg. konstr. Brit.* Damespiel *n*; **10.** → ***draft*** I; **II** *v/t.* **11.** → ***draft*** II; **'**~**·board** *s. Brit.* Dame- *od.* Schachbrett *n*.

draughts·man *s.* [*irr.*] **1.** ['drɑːftsmæn] *Brit.* Damestein *m*; **2.** [-mən] → ***draftsman***.

draught·y ['drɑːftɪ] *adj.* zugig.

draw [drɔː] **I** *s.* **1.** *a.* ⚙ Ziehen *n*, Zug *m*: ***quick on the*** ~ F a) schnell (mit der Pistole), b) *fig.* ‚fix', schlagfertig; **2.** Ziehung *f*, Verlosung *f*; **3.** *fig.* Zugkraft *f*; **4.** a) Attrakti'on *f*, Glanznummer *f* (*Person od. Sache*), b) *thea.* Zugstück *n*, Schlager *m*; → ***box office*** 2; **5.** *sport* Unentschieden *n*: ***end in a*** ~ unentschieden ausgehen; **II** *v/t.* [*irr.*] **6.** *Wagen, Pistole, Schwert, Los,* (*Spiel*)*Karte, Zahn etc.* ziehen; *Gardine* zuziehen *od.* aufziehen; *Bier, Wein* abziehen, -zapfen; *Bogen*(*sehne*) spannen: ~ ***s.o. into talk*** j-n ins Gespräch ziehen; → ***conclusion*** 3, ***bow²*** 1, ***parallel*** 3; **7.** *fig.* anziehen, -locken, fesseln; her'vorrufen; *j-n zu et.* bewegen; *sich et.* zuziehen: ***feel*** ~***n to s.o.*** sich zu j-m hingezogen fühlen; ~ ***attention*** die Aufmerksamkeit lenken (***to*** auf *acc.*); ~ ***an audience*** Zuhörer anlocken; ~ ***ruin upon o.s.*** sich selbst sein Grab graben; ~ ***tears from s.o.*** j-n zu Tränen rühren; **8.** *Gesicht* verziehen; → ***drawn*** 2; **9.** holen, sich verschaffen; entnehmen: ~ ***water*** Wasser holen *od.* schöpfen; ~ (***a***) ***breath*** Atem holen, *fig.* aufatmen; ~ ***a sigh*** (auf)seufzen; ~ ***consolation*** Trost schöpfen (***from*** aus); ~ ***inspiration*** sich Anregung holen (***from*** von, bei, durch); **10.** *Mahlzeiten,* ⚔ *Rationen* in Empfang nehmen, *a. Gehalt,*

Lohn beziehen; *Geld* holen, abheben, entnehmen; **11.** ziehen, auslosen: **~ *a prize*** e-n Preis gewinnen, *fig.* Erfolg haben; **~ *bonds*** ✝ Obligationen auslosen; **12.** *fig.* her'ausziehen, -bringen, her'aus-, entlocken: **~ *applause*** Beifall entlocken (***from*** *dat.*); **~ *information from s.o.*** j-n aushorchen; **~ *a reply from s.o.*** e-e Antwort aus j-m herausholen; **13.** ausfragen, -horchen (***s.o. on s.th*** j-n über et.); *j-n* aus s-r Reserve her'auslocken: ***he refused to be ~n*** er ließ sich nicht aushorchen; **14.** zeichnen: **~ *a portrait***; **~ *a line*** e-e Linie ziehen; **~ *it fine*** *fig.* es *zeitlich etc.* gerade noch schaffen; → ***line***¹ 12; **15.** gestalten, darstellen, schildern; **16.** *a.* **~ *up*** *Schriftstück* entwerfen, aufsetzen: **~ *a deed*** e-e Urkunde aufsetzen; **~ *a cheque*** (*Am.* ***check***) e-n Scheck ausstellen; **~ *a bill*** e-n Wechsel ziehen (***on*** auf *j-n*); **17.** ⚓ e-n Tiefgang von ... haben; **18.** *Tee* ziehen lassen; **19.** *geschlachtetes Tier* ausnehmen, *Wild a.* ausweiden; **20.** *hunt. Wald, Gelände* durch'stöbern, abpirschen; *Teich* ausfischen; **21.** ⚙ *Draht* ziehen; strecken, dehnen; **22.** **~ *the match*** *sport* unentschieden spielen; **III** *v/i.* [*irr.*] **23.** ziehen (*a. Tee, Schornstein*); **24.** das Schwert, die Pistole *etc.* ziehen, zur Waffe greifen; **25.** sich (*leicht etc.*) ziehen lassen; **26.** zeichnen, malen; **27.** Lose ziehen, losen (***for*** um); **28.** unentschieden spielen; **29.** sich (hin)begeben; sich nähern: **~ *close*** (***to s.o.*** j-m) näher rücken; **~ *round the table*** sich um den Tisch versammeln; **~ *into the station*** 🚂 in den Bahnhof einfahren; → ***draw near, level*** 11; **30.** ✝ (e-n Wechsel) ziehen (***on*** auf *acc.*); **31.** **~ *on*** in Anspruch nehmen (*acc.*), her'anziehen (*acc.*), Gebrauch machen von, zu'rückgreifen auf (*acc.*); *Kapital, Vorräte* angreifen: **~ *on one's imagination*** sich et. einfallen lassen;

Zssgn mit adv.:

draw| a·part I *v/i.* **1.** sich lösen, abrücken (***from*** von); **2.** sich ausein'ander leben; **II** *v/t.* **3.** → **~ a·side** *v/t. j-n* bei'seite nehmen, *a. et.* zur Seite ziehen; **~ a·way I** *v/t.* **1.** weg-, zu'rückziehen; **2.** ablenken; **3.** weglocken; **II** *v/i.* **4.** (***from***) sich entfernen (von); abrücken (von); **5.** (***from***) e-n Vorsprung gewinnen (vor *dat.*), sich lösen (von); **~ back I** *v/t.* **1.** *Truppen, Vorhang etc.* zu'rückziehen; **2.** ✝ *Zoll* zu'rückerhalten; **II** *v/i.* **3.** sich zu'rückziehen; **~ down** *v/t.* her'abziehen, *Jalousien* her'unterlassen; **~ in I** *v/t.* **1.** *a. Luft* einziehen; **2.** *fig. j-n* (mit) hin'einziehen; **3.** *Ausgaben etc.* einschränken; **II** *v/i.* **4.** einfahren (*Zug*); **5.** (an)halten (*Auto*); **6.** abnehmen, kürzer werden (*Tage*); **7.** sich einschränken; **~ near** *v/i.* sich nähern (***to*** *dat.*), her'anrücken; **~ off I** *v/t.* **1.** ab-, zu'rückziehen; **2.** 🧤 ausziehen; **3.** abzapfen; **4.** *Handschuhe etc.* ausziehen; **5.** *fig.* ablenken; **II** *v/i.* **6.** sich zurückziehen; **~ on I** *v/t.* **1.** anziehen: **~ *gloves***; **2.** *fig.* a) anziehen, anlocken, b) verursachen; **II** *v/i.* **3.** sich nähern; **~ out I** *v/t.* **1.** her'ausziehen, -holen; **2.** *fig.* a) *Aussage* her'ausholen, -locken, b) *j-n* ausholen, -horchen; **3.** ⚔ *Truppen* a) abkommandieren, b) aufstellen; **4.** *fig.* ausdehnen, hin'ausziehen, in die Länge ziehen; **II** *v/i.* **5.** länger werden (*Tage*); **6.** ausfahren (*Zug*); **~ up I** *v/t.* **1.** her'aufziehen, aufrichten: ***draw o.s. up*** sich aufrichten; **2.** *Truppen etc.* aufstellen; **3.** a) → ***draw*** 16, b) ✝ *Bilanz* aufstellen, c) *Plan etc.* entwerfen; **4.** *j-n* innehalten lassen; **5.** *Pferd* zum Stehen bringen; **II** *v/i.* **6.** (an)halten; **7.** vorfahren (*Wagen*); **8.** aufmarschieren; **9.** (***with, to***) her'ankommen (an *acc.*), einholen (*acc.*).

'draw|·back *s.* **1.** Nachteil *m*, Hindernis *n*, ‚Haken' *m*; **2.** ✝ Zollrückvergütung *f*; **'~·bridge** *s.* Zugbrücke *f*; **'~·card** → ***drawing card***.

draw·ee [drɔː'iː] *s.* ✝ Bezogene(r) *m*.

draw·er ['drɔːə] *s.* **1.** Zeichner *m*; **2.** ✝ Aussteller *m e-s Wechsels*; **3.** [drɔː] a) Schublade *f*, -fach *n*, b) *pl.* Kom'mode *f*; **4.** *pl.* [drɔːz] *a.* ***pair of ~s*** a) 'Unterhose *f*, b) (Damen)Schlüpfer *m*.

draw·ing ['drɔːɪŋ] *s.* **1.** Ziehen *n*; **2.** Zeichnen *n*: ***out of ~*** verzeichnet; **3.** Zeichnung *f*, Skizze *f*; **4.** Ziehung *f*, Verlosung *f*; **5.** ✝ a) *pl.* Bezüge *pl.*, Einnahmen *pl.*, b) Abhebung *f*, c) Trassierung *f*, Ziehung *f* (*Wechsel*); **~ ac·count** *s.* ✝ **1.** Girokonto *n*; **2.** Spesenkonto *n*; **~ block** *s.* Zeichenblock *m*; **~ board** *s.* Reiß-, Zeichenbrett *n*: ***back to the ~!*** F wir müssen noch einmal von vorn anfangen!; **~ card** *s. thea. Am.* Zugnummer *f* (*Stück od. Person*); **~ com·pass·es** *s. pl.* (Reiß-, Zeichen-) Zirkel *m*; **~ ink** *s.* (Auszieh)Tusche *f*; **~ pen** *s.* Reißfeder *f*; **~ pen·cil** *s.* Zeichenstift *m*; **~ pin** *s. Brit.* Reiß-, Heftzwecke *f*; **~ pow·er** *s. fig.* Zugkraft *f*; **~ room** *s.* **1.** Gesellschaftszimmer *n*, Sa'lon *m*: ***not fit for a ~*** nicht ‚salonfähig'; **~ *comedy*** Salonkomödie *f*; **2.** Empfang *m* (*Brit. bsd.* bei Hofe); **3.** 🚂 *Am.* Pri'vatabteil *n*: **~ *car*** Salonwagen *m*; **~ set** *s.* Reißzeug *n*.

drawl [drɔːl] **I** *v/t. u. v/i.* gedehnt *od.* schleppend sprechen; **II** *s.* gedehntes Sprechen.

drawn [drɔːn] **I** *p.p. von* ***draw***; **II** *adj.* **1.** gezogen (*a.* ⚙ *Draht*); **2.** *fig.* a) abgespannt, b) verhärmt (*Gesicht*): **~ *with pain*** schmerzverzerrt; **3.** *sport*: unentschieden: **~ *match*** Unentschieden *n*; **~**

D

but·ter (sauce) *s.* Buttersoße *f*; **~ work** *s.* Hohlsaumarbeit *f*.

draw| po·ker *s.* *Kartenspiel*: Draw Poker *n*; **'~·string** *s.* Zug- *od.* Vorhangschnur *f*; **~ well** *s.* Ziehbrunnen *m*.

dray [dreɪ], *a.* **~ cart** *s.* Rollwagen *m*; **~ horse** *s.* Zugpferd *n*; **'~·man** [-mən] *s.* [*irr.*] Rollkutscher *m*.

dread [dred] **I** *v/t.* (sehr) fürchten, (große) Angst haben *od.* sich fürchten vor (*dat.*); **II** *s.* Furcht *f*, große Angst, Grauen *n* (**of** vor *dat.*); **III** *adj. poet.* → ***dreadful*** 1; **'dread·ed** [-dɪd] *adj.* gefürchtet; **'dread·ful** [-fʊl] *adj.* □ **1.** furchtbar, schrecklich (*beide a. fig.* F); → ***penny dreadful***; **2.** F a) grässlich, scheußlich, b) furchtbar groß *od.* lang, kolos'sal; **'dread·locks** *s. pl.* Rastafrisur *f*; **'dread·nought** *s.* **1.** ⚔ Dreadnought *m*, Schlachtschiff *n*; **2.** dicker, wetterfester Stoff *od.* Mantel.

dream [driːm] **I** *s.* **1.** Traum *m*: ***pleasant ~s!*** F träume süß!; ***wet ~*** ‚feuchter Traum' (*Pollution*); **2.** Traum(zustand) *m*, Träume'rei *f*; **3.** *fig.* (Wunsch-)Traum *m*, Sehnsucht *f*, Ide'al *n*: ***~ factory*** ‚Traumfabrik' *f*; ***~ job*** Traumberuf *m*; **4.** *fig.* ‚Gedicht' *n*, Traum *m*: ***a ~ of a hat*** ein traumhaft schöner Hut; ***a perfect ~*** traumhaft schön; **II** *v/i.* [*a. irr.*] **5.** träumen (**of** von) (*a. fig.*); **6.** träumerisch *od.* verträumt sein; **7.** *mst neg.* ahnen: ***I shouldn't ~ of such a thing*** das würde mir nicht einmal im Traume einfallen; ***I shouldn't ~ of doing that*** ich würde nie daran denken, das zu tun; ***he little dreamt that*** er ahnte kaum, dass; **III** *v/t.* [*a. irr.*] **8.** träumen (*a. fig.*); **9.** ***~ away*** verträumen; **10.** ***~ up*** F sich *et.* einfallen lassen *od.* ausdenken; **'dream·boat** *s. sl.* a) ‚Schatz' *m*, b) ‚dufter Typ', c) Schwarm *m*, Ide'al *n*; **'dream·er** [-mə] *s.* Träumer(in) (*a. fig.*); **'dream·i·ness** [-mɪnɪs] *s.* **1.** Verträumtheit *f*; **2.** Traumhaftigkeit *f*, Verschwommenheit *f*; **'dream·ing** [-mɪŋ] → ***dreamy*** 1.

'dream|·land *s.* Traumland *n*; **'~·like** *adj.* traumhaft; **~ read·er** *s.* Traumdeuter(in); **'~·sic·le** [-sɪkl] *s.* Traumgebilde *n*.

dreamt [dremt] *pret. u. p.p. von* ***dream***.

dream world *s.* Traumwelt *f*.

dream·y ['driːmɪ] *adj.* □ **1.** verträumt, träumerisch; **2.** traumhaft, verschwommen; **3.** F traumhaft (schön).

drear [drɪə] *adj. poet.* → ***dreary***; **drear·ie** ['drɪərɪ] *s.* F fader *od.* ‚mieser' Typ; **drear·i·ness** ['drɪərɪnɪs] *s.* **1.** Tristheit *f*, Trostlosigkeit *f*; **2.** Langweiligkeit *f*; **drear·y** ['drɪərɪ] *adj.* □ **1.** *allg.* trist, trüb(selig); **2.** langweilig, fad(e); **3.** F ‚mies', ‚blöd'.

dredge[1] [dredʒ] **I** *s.* **1.** ⚙ Bagger *m*; **2.** Schleppnetz *n*; **II** *v/t.* **3.** ausbaggern; **4.** *oft* ***~ up*** mit dem Schleppnetz fangen *od.* her'aufholen; **5.** *fig.* a) ***~ up*** *Tatsachen* ausgraben, b) durch'forschen; **III** *v/i.* **6.** mit dem Schleppnetz fischen (***for*** nach); **7.** ***~ for*** suchen nach.

dredge[2] [dredʒ] *v/t.* (mit Mehl *etc.*) bestreuen.

dredg·er[1] ['dredʒə] *s.* **1.** ⚙ Bagger *m*; **2.** Schwimmbagger *m*; **3.** Schleppnetzfischer *m*.

dredg·er[2] ['dredʒə] *s.* (Mehl- *etc.*)Streuer *m*.

dreg [dreg] *s.* **1.** *mst pl.* (Boden)Satz *m*, Hefe *f*: ***drain*** (*od.* ***drink***) ***to the ~s*** *Glas* bis zur Neige leeren; ***not a ~*** gar nichts; → ***cup*** 7; **2.** *mst pl. fig.* Abschaum *m* (*der Menschheit*), Hefe *f* (*des Volkes*): ***the ~s of mankind***.

drench [drentʃ] **I** *v/t.* **1.** durch'nässen: ***~ed in blood*** blutgetränkt; ***~ed with rain*** vom Regen (völlig) durchnässt; ***~ed in tears*** in Tränen gebadet; **2.** *vet. Tieren* Arz'nei einflößen; **II** *s.* **3.** (Regen)Guss *m*; **4.** *vet.* Arz'neitrank *m*; **'drench·er** [-tʃə] *s.* **1.** Regenguss *m*; **2.** *vet.* Gerät *n* zum Einflößen von Arz'neien.

Dres·den (chi·na) ['drezdən] *s.* Meißner Porzel'lan *n*.

dress [dres] **I** *s.* **1.** Kleidung *f*, Anzug *m* (*a.* ⚔); **2.** (Damen)Kleid *n*; **3.** Abend-, Gesellschaftskleidung *f*: ***full ~*** Gesellschaftsanzug *m*, Gala *f*; **4.** *fig.* Gewand *n*, Kleid *n*, Gestalt *f*; **II** *v/t.* **5.** be-, ankleiden, anziehen: ***~ o.s.*** → 11; **6.** einkleiden; **7.** *thea.* mit Ko'stümen ausstatten: ***~ it*** Kostümprobe abhalten; **8.** schmücken, *Schaufenster etc.* dekorieren: ***~ ship*** ⚓ über die Toppen flaggen; **9.** zu'rechtmachen, herrichten, zubereiten, behandeln, bearbeiten; *Salat* anmachen; *Huhn etc.* koch- *od.* bratfertig machen; *Haare* frisieren; *Leder* zurichten; *Tuch* glätten, appretieren; *Erz etc.* aufbereiten; *Stein* behauen; *Flachs* hecheln; *Boden* düngen; ⚕ *Wunde* behandeln, verbinden; **10.** ⚔ (aus)richten; **III** *v/i.* **11.** sich ankleiden *od.* anziehen; **12.** Abend- *od.* Festkleidung anziehen, sich ‚in Gala werfen'; **13.** sich (*geschmackvoll etc.*) kleiden: ***~ well*** (***badly***); **14.** ⚔ sich (aus)richten; ***~ down*** *v/t.* **1.** *Pferd* striegeln; **2.** F *j-m* ‚eins auf den Deckel geben'; ***~ up*** **I** *v/t.* **1.** fein anziehen, herausputzen; **II** *v/i.* **2.** sich fein machen, sich auftakeln; **3.** sich kostümieren *od.* verkleiden.

dres·sage ['dresɑːʒ] **I** *s. sport* Dres'sur(-reiten *n*) *f*; **II** *adj.* Dressur...

dress| cir·cle *s. thea.* erster Rang; **~ clothes** *s. pl.* Gesellschaftskleidung *f*; **~ coat** *s.* Frack *m*; **~ de·sign·er** *s.* Modezeichner(in).

D

dress·er[1] ['dresə] *s.* **1.** *thea.* a) Kostümi'er *m*, b) Garderobi'ere *f*; **2.** j-d, der sich *sorgfältig etc.* kleidet; **3.** ⚕ Operati'onsassi,stent *m*; **4.** 'Schaufensterdekora,teur *m*; **5.** ⚙ a) Zurichter *m*, Aufbereiter *m*, b) Appretierer *m*.

dress·er[2] ['dresə] *s.* **1.** a) Küchen-, Geschirrschrank *m*, b) Anrichte *f*; **2.** → ***dressing table***.

dress·ing ['dresɪŋ] *s.* **1.** Ankleiden *n*; **2.** ⚙ a) (Nach)Bearbeitung *f*, Aufbereitung *f*, Zurichtung *f*; **3.** ⚙ Appre'tur *f*; **4.** Zubereitung *f von Speisen*; **5.** a) Dressing *n* (*Salatsoße*), b) *Am.* Füllung *f*; **6.** ⚕ a) Verbinden *n* (*Wunde*), b) Verband *m*; **7.** ↗ Dünger *m*; **~ case** *s.* Toi'lettentasche *f*, 'Reiseneces,saire *n*; **,~-'down** *s.* F Standpauke *f*, Rüffel *m*; **~ gown** *s.* Schlaf-, Morgenrock *m*; **~ room** *s.* **1.** Ankleidezimmer *n*; **2.** ('Künstler)Garde,robe *f*; **3.** *sport* ('Umkleide)Ka,bine *f*; **~ sta·tion** *s.* ⚔ (Feld)Verband(s)platz *m*; **~ ta·ble** *s.* Fri'sierkom,mode *f*.

'dress|,mak·er *s.* (Damen)Schneider (-in); **'~,mak·ing** *s.* Schneidern *n*; **~ pa·rade** *s.* **1.** Modevorführung *f*; **2.** Pa'rade *f* in 'Galauni,form; **~ pat·tern** *s.* Schnittmuster *n*; **~ re·hears·al** *s.* *thea.* Gene'ralprobe *f* (*a. fig.*), Kos'tümprobe *f*; **~ shield** *s.* Schweißblatt *n*; **~ shirt** *s.* Frackhemd *n*; **~ suit** *s.* Frackanzug *m*; **~ u·ni·form** *s.* ⚔ großer Dienstanzug *m*.

dress·y ['dresɪ] *adj.* **1.** ele'gant (gekleidet), *weitS.* modebewusst; **2.** geschniegelt; **3.** F schick, fesch (*Kleid*).

drew [druː] *pret. von* ***draw***.

drib·ble ['drɪbl] **I** *v/i.* **1.** tröpfeln (*a. fig.*); **2.** sabbern, geifern; **3.** *sport* dribbeln; **II** *v/t.* **4.** (her'ab)tröpfeln lassen, träufeln; **5.** *sport* **~ *the ball*** (mit dem Ball) dribbeln.

drib·(b)let ['drɪblɪt] kleine Menge; ***by ~s*** *fig.* in kleinen Mengen, kleckerweise.

dribs and drabs [,drɪbzən'dræbz] *s. pl.*: ***in ~*** F kleckerweise.

dried [draɪd] *adj.* getrocknet: ***~ cod*** Stockfisch *m*; ***~ fruit*** Dörrobst *n*; ***~ milk*** Trockenmilch *f*.

dri·er[1] ['draɪə] *s.* **1.** Trockenmittel *n*, Sikka'tiv *n*; **2.** 'Trockenappa,rat *m*, Trockner *m*: ***hair-~*** Föhn *m*.

dri·er[2] ['draɪə] *comp. von* ***dry***.

dri·est ['draɪɪst] *sup. von* ***dry***.

drift [drɪft] **I** *s.* **1.** Treiben *n*; **2.** *fig.* Abwanderung *f*: ***~ from the land*** Landflucht *f*; **3.** ⚓, ✈ Abtrift *f*, -trieb *m*; **4.** *Ballistik*: Seitenabweichung *f*; **5.** Drift(strömung) *f* (*im Meer*); (Strömungs)Richtung *f*; **6.** *fig.* a) Strömung *f*, Ten'denz *f*, Lauf *m*, Richtung *f*, b) Absicht *f*, c) Gedankengang *m*, d) Sinn *m*: ***the ~ of what he said*** was er meinte *od.* sagen wollte; **7.** a) Treibholz *n*, b) Treibeis *n*, c) Schneegestöber *n*; **8.** Treibgut *n*; **9.** (Schnee)Verwehung *f*, (Schnee-, Sand)Wehe *f*; **10.** *geol.* Geschiebe *n*; **11.** *fig.* Einfluss *m*, (treibende) Kraft; **12.** 'Treibenlassen *n*, Sich-'treiben-Lassen *n*, Ziellosigkeit *f*: ***policy of ~***; **II** *v/i.* **13.** treiben (*a. fig.* ***into*** *in e-n Krieg etc.*), getrieben werden: ***let things ~*** den Dingen ihren Lauf lassen; ***~ away*** a) abwandern, b) sich entfernen (***from*** von); ***~ apart*** *fig.* sich auseinander leben; **14.** sich (willenlos) treiben lassen; **15.** *auf et.* zutreiben; **16.** gezogen werden, geraten *od.* (hinein)schlittern (***into*** in *acc.*); **17.** sich häufen (*Sand, Schnee*); **III** *v/t.* **18.** (da'hin)treiben, (fort)tragen; **19.** aufhäufen, zs.-tragen; **~ an·chor** *s.* ⚓ Treibanker *m*.

drift·er ['drɪftə] *s.* **1.** zielloser Mensch, ‚Gammler' *m*; **2.** Treibnetzfischer(boot *n*) *m*.

drift| ice *s.* Treibeis *n*; **~ net** *s.* Treibnetz *n*; **'~·wood** *s.* Treibholz *n*.

drill[1] [drɪl] **I** *s.* **1.** ⚙ 'Bohrgerät *n*, -ma,schine *f*, Bohrer *m*: ***~ chuck*** Bohrfutter *n*; **2.** Drill *m*: a) ⚔ Exerzieren *n*, b) (*Luftschutz- etc.*)Übung *f*, c) *fig.* strenge Schulung, d) 'Ausbildung(sme,thode) *f*; **II** *v/t.* **3.** *Loch* bohren; **4.** ⚔ *u. fig.* drillen, einexerzieren: ***~ him in Latin*** ihm Lateinisch einpauken; **5.** *fig.* drillen, gründlich ausbilden; **III** *v/i.* **6.** (⚙ *engS.* ins Volle) bohren: ***~ for oil*** nach Öl bohren; **7.** ⚔ a) exerzieren (*a. fig.*), b) gedrillt *od.* ausgebildet werden.

drill[2] [drɪl] ↗ **I** *s.* **1.** (Saat)Rille *f*, Furche *f*; **2.** 'Drill-, 'Säma,schine *f*; **II** *v/t.* **3.** *Saat* in Reihen säen; **4.** *Land* in Reihen besäen.

drill[3] [drɪl] *s.* Drill(ich) *m*, Drell *m*.

drill| bit *s.* ⚙ **1.** Bohrspitze *f*; **2.** Einsatzbohrer *m*; **~ ground** *s.* ⚔ Exerzierplatz *m*.

drill·ing ['drɪlɪŋ] *s.* **1.** Bohren *n*; **2.** Bohrung *f* (***for*** nach *Öl etc.*); **3.** → ***drill***[1] 2; **~ rig** *s.* Bohrinsel *f*.

'drill|,mas·ter *s.* **1.** ⚔ Ausbilder *m*; **2.** *fig.* ‚Einpauker' *m*; **~ ser·geant** *s.* ⚔ 'Ausbildungs,unteroffi,zier *m*.

dri·ly ['draɪlɪ] *adv. von* ***dry*** (*mst fig.*).

drink [drɪŋk] **I** *s.* **1.** a) Getränk *n*, b) Drink *m*, alko'holisches Getränk, c) *coll.* Getränke *pl.*; ***~s machine*** Getränkeautomat *m*; ***have a ~*** et. trinken, e-n Drink nehmen; ***have a ~ with s.o.*** mit j-m ein Glas trinken; ***a ~ of water*** ein Schluck Wasser; ***food and ~*** Essen *n* u. Getränke *pl.*; **2.** das Trinken, der Alkohol: ***take to ~*** sich das Trinken angewöhnen; **3.** *sl. der* ‚Große Teich' (*Meer*); **II** *v/t.* [*irr.*] **4.** *Tee etc.* trinken; *Suppe* essen: ***~ s.o. under the table*** j-n unter den Tisch trinken; **5.** trinken,

D

saufen (*Tier*); **6.** trinken *od.* anstoßen auf (*acc.*); → ***health*** 3; **7.** (aus)trinken, leeren; → ***cup*** 7; **8.** *fig.* → ***drink in***; **III** *v/i.* [*irr.*] **9.** trinken; **10.** saufen (*Tier*); **11.** trinken, *weitS. a.* ein Trinker sein; **12.** trinken *od.* anstoßen (***to*** auf *acc.*): **~ *to s.o.*** *a.* j-m zuprosten; **~ a·way** *v/t.* **1.** *sein Geld etc.* vertrinken; **2.** *s-e Sorgen* im Alkohol ersäufen; **~ in** *v/t. fig.* **1.** *Luft etc.* einsaugen, (tief) einatmen; **2.** *fig.* (hingerissen) in sich aufnehmen, verschlingen: **~ *s.o.'s words***; **~ off**, **~ up** *v/t.* austrinken.

drink·a·ble ['drɪŋkəbl] *adj.* trinkbar, Trink...; **drink·er** ['drɪŋkə] *s.* **1.** Trinkende(r *m*) *f*: ***beer* ~** Biertrinker *m*; **2.** Trinker(in): ***a heavy* ~**.

drink·ing ['drɪŋkɪŋ] *s.* **1.** *allg.* Trinken *n*; **2.** → **~ bout** *s.* Trinkgelage *n*; **~ cup** *s.* Trinkbecher *m*; **~ foun·tain** *s.* Trinkbrunnen *m*; **~ song** *s.* Trinklied *n*; **~ straw** *s.* Trinkhalm *m*; **~ wa·ter** *s.* Trinkwasser *n*.

drip [drɪp] **I** *v/i.* **1.** (her'ab)tropfen, (-)tröpfeln; **2.** tropfen (*Wasserhahn*); **3.** triefen (***with*** von, vor *dat.*) (*a. fig.*); **II** *v/t.* **4.** (her'ab)tröpfeln *od.* (her'ab-)tropfen lassen; **III** *s.* **5.** → ***dripping*** 1, 2; **6.** ⚠ Traufe *f*; **7.** ⚙ Tropfrohr *n*; **8.** ⚕ a) 'Tropfinfusi,on *f*, b) Tropf *m*: ***be on the* ~** am Tropf hängen; **9.** F ‚Nulpe' *f*, ‚Blödmann' *m*; **~ cof·fee** *s. Am.* Filterkaffee *m*; ,**~-'dry I** *adj.* bügelfrei; **II** *v/t.* tropfnass aufhängen; '**~-feed** *v/t.* ⚕ parente'ral *od.* künstlich ernähren.

drip·ping ['drɪpɪŋ] **I** *s.* **1.** Tröpfeln *n*, Tropfen *n*; **2.** *a. pl.* her'abtröpfelnde Flüssigkeit; **3.** (abtropfendes) Bratenfett: **~ *pan*** Fettpfanne *f*; **II** *adj.* **4.** *a. fig.* triefend (***with*** von); **5.** *a.* **~ *wet*** triefend nass, tropfnass.

'**drip-proof** *adj.* ⚙ tropfwassergeschützt.

drip·py ['drɪpɪ] *adj. sl.* **1.** langweilig, lahm(arschig); **2.** rührselig, kitschig.

drive [draɪv] **I** *s.* **1.** Fahrt *f*, *bsd.* Aus-, Spa'zierfahrt *f*: ***take*** (*od.* ***go for***) ***a* ~** → ***drive out*** II; ***an hour's* ~ *away*** e-e Autostunde entfernt; **2.** a) Fahrweg *m*, -straße *f*, b) (pri'vate) Auf-, Einfahrt *f*, c) Zufahrtsstraße *f*; **3.** a) (Zs.-)Treiben *n* (*von Vieh etc.*), b) zs.-getriebene Tiere; **4.** Treibjagd *f*; **5.** ⚙ a) Antrieb *m*: ***rear***(***-wheel***) **~** Hinterradantrieb *m*, b) *mot. a.* Steuerung *f*: ***left-hand* ~** Linkssteuerung *f*, c) *Computer*: Laufwerk *n*; **6.** ⚔ Vorstoß *m*; **7.** *sport* a) Schuss *m*, b) *Golf*, *Tennis*: Drive *m*, Treibschlag *m*; **8.** Tatkraft *f*, Schwung *m*, E'lan *m*, Dy'namik *f*; **9.** Trieb *m*, Drang *m*: ***sexual* ~** Geschlechtstrieb; **10.** ('Sammel-, Ver'kaufs- *etc.*)Akti,on *f*, Kam'pagne *f*, (*bes.* Werbe)Feldzug *m*; **II** *v/t.* [*irr.*] **11.** *Vieh*, *Wild*, *Keil*, *etc.* treiben; *Ball* treiben, (weit) schlagen, schießen; *Nagel* einschlagen, treiben (***into*** in *acc.*); *Pfahl* einrammen, *Schwert etc.* stoßen; *Tunnel* bohren, treiben: **~ *s.th. into s.o. fig.*** j-m et. einbläuen; **~ *all before one fig.*** jeden Widerstand überwinden, unaufhaltsam sein; → ***home*** 13; **12.** vertreiben, -jagen; **13.** *hunt.* jagen, treiben; **14.** (zur Arbeit) antreiben, hetzen: **~ *s.o. hard*** a) j-n schinden, b) j-n in die Enge treiben; **~ *o.s.*** (***hard***) sich abschinden *od.* antreiben; **15.** *fig. j-n* dazu bringen *od.* treiben *od.* veranlassen *od.* zwingen (***to*** zu; ***to do*** zu tun): **~ *to despair*** zur Verzweiflung treiben; **~ *s.o. mad*** j-n verrückt machen; ***driven by hunger*** vom Hunger getrieben; **16.** *Wagen* fahren, lenken, steuern; **17.** *j-n od. et.* (im Auto) fahren, befördern; **18.** ⚙ (an-, be)treiben (*mst pass.*): ***driven by steam*** mit Dampf betrieben, mit Dampfantrieb; **19.** zielbewusst 'durchführen: **~ *a hard bargain*** hart verhandeln; ***he* ~*s a roaring trade*** er treibt e-n schwunghaften Handel; **III** *v/i.* [*irr.*] **20.** (da'hin)treiben, getrieben werden: **~ *before the wind*** ⚓ vor dem Wind treiben; **21.** eilen, stürmen, jagen; **22.** stoßen, schlagen; **23.** (e-n *od.* den Wagen) fahren: ***can you* ~?** können Sie Auto fahren?; **24.** **~ *at*** *fig.* (ab)zielen auf (*acc.*): ***what is he driving at?*** was will *od.* meint er eigentlich?, worauf will er hinaus?; **25.** schwer arbeiten (***at*** an *dat.*);

Zssgn mit adv.:

drive| a·way I *v/t. a. fig.* vertreiben, verjagen; **II** *v/i.* wegfahren; **~ in I** *v/t.* **1.** *Pfahl* einrammen, *Nagel* einschlagen; **2.** *Vieh* eintreiben; **II** *v/i.* **3.** hin'einfahren; **~ on I** *v/t.* vo'rantreiben (*a. fig.*); **II** *v/i.* weiterfahren; **~ out I** *v/t.* aus-, vertreiben; **II** *v/i.* spazieren fahren, ausfahren; **~ up I** *v/t. Preise* in die Höhe treiben; **II** *v/i.* vorfahren (***to*** vor *dat.*).

'**drive-in I** *adj.* Auto..., Drive-in-...; **II** *s.* a) Auto-, Drive-in-Kino *n*, -rasthaus *n etc.*, b) Auto-, Drive-in-Schalter *m e-r Bank*.

driv·el ['drɪvl] **I** *v/i.* **1.** sabbern, geifern; **2.** dummes Zeug schwatzen, faseln; **II** *s.* **3.** Geschwätz *n*, Gefasel *n*, Fase'lei *f*; '**driv·el·(l)er** [-lə] *s.* (blöder) Schwätzer.

driv·en ['drɪvn] *p.p. von* **drive**.

driv·er ['draɪvə] *s.* **1.** (An)Treiber *m*; **2.** Fahrer *m*, Lenker *m*, b) (*Kran- etc.*, *Brit. Lokomotiv*)Führer *m*, c) Kutscher *m*; **3.** (Vieh)Treiber *m*; **4.** F Antreiber *m*, (Leute)Schinder *m*; **5.** ⚙ a) Treibrad *n*, Ritzel *n*, b) Mitnehmer *m*, c) Ramme *f*; **6.** *Computer*: Treiber *m*; **7.** *Golf*: Driver *m* (*Holzschläger 1*); **~'s cab** *s.* ⚙ Führerhaus *n*; **~'s li·cense** *s. mot. Am.* Führerschein *m*; **~'s seat** *s.* Fahrer-, Führersitz *m*: ***in the* ~** *fig.* am Ruder.

drive| shaft → ***driving shaft***; '**~·way** *s.* → ***drive*** 2; '**~-your,self** *adj. Am.* Selbstfahrer...: ~ ***car*** Mietwagen *m*.

driv·ing ['draɪvɪŋ] **I** *adj.* **1.** (an)treibend: ~ ***force*** treibende Kraft; ~ ***rain*** stürmischer Regen; **2.** a) ⚙ Antriebs..., Treib..., Trieb..., b) *TV* Treiber...(*-impulse etc.*); **3.** *mot.* Fahr...: ~ ***comfort***; ~ ***instructor*** Fahrlehrer *m*; ~ ***lessons*** Fahrstunden; ***take ~ lessons*** Fahrunterricht nehmen, den Führerschein machen; ~ ***licence*** *Brit.* Führerschein *m*; ~ ***mirror*** Rückspiegel *m*; ~ ***school*** Fahrschule *f*; ~ ***test*** Fahrprüfung *f*; **II** *s.* **4.** Treiben *n*; **5.** (Auto)Fahren *n*; ~ **ax·le** *s.* Antriebsachse *f*; ~ **belt** *s.* Treibriemen *m*; ~ **gear** *s.* Triebwerk *n*, Getriebe *n*; ~ **i·ron** *s. Golf*: Driving Iron *m* (*Eisenschläger Nr. 1*); ~ **pow·er** *s.* ⚙ Antriebskraft *f*, -leistung *f*; ~ **shaft** *s.* ⚙ Antriebswelle *f*; ~ **wheel** *s.* Triebrad *n*.

driz·zle ['drɪzl] **I** *v/i.* nieseln; **II** *s.* Niesel-, Sprühregen *m*; '**driz·zly** [-lɪ] *adj.* Niesel-, Sprüh...: ~ ***rain***; ***it was a ~ day*** es nieselte den ganzen Tag.

droll [drəʊl] *adj.* □ drollig, spaßig, komisch; **droll·er·y** ['drəʊlərɪ] *s.* **1.** Posse *f*, Schwank *m*; **2.** Spaß *m*; **3.** Komik *f*, Spaßigkeit *f*.

drome [drəʊm] F *für* ***aerodrome***, ***airdrome***.

drom·e·dar·y ['drɒmədərɪ] *s. zo.* Drome'dar *n*.

drone[1] [drəʊn] **I** *s.* **1.** *zo.* Drohne *f*; **2.** *fig.* Drohne *f*, Schma'rotzer *m*; **3.** ⚔ ferngesteuertes Flugzeug *n*; 'Fernlenkra,kete *f*; **II** *v/i.* **4.** faulenzen; **III** *v/t.* **5.** ~ ***away*** vertrödeln.

drone[2] [drəʊn] **I** *v/i.* **1.** brummen, summen, dröhnen; **2.** *fig.* leiern, eintönig reden; **II** *v/t.* **3.** herleiern; **III** *s.* **4.** ♪ a) Bor'dun *m*, b) Basspfeife *f des Dudelsacks*; **5.** Brummen *n*, Summen *n*; **6.** *fig.* a) Geleier *n*, b) einschläfernder Redner.

drool [dru:l] **I** *v/i.* **1.** sabbern, geifern; **2.** (dummes Zeug) schwatzen; **3.** ~ ***over*** (*od.* ***about***) sich begeistern für, vernarrt sein in (*acc.*); **II** *v/t.* **4.** *et.* salbungsvoll von sich geben *od.* versprechen; **III** *s.* **5.** ‚Geschwätz' *n*, ‚Gefasel' *n*.

droop [dru:p] **I** *v/i.* **1.** (schlaff) her'abhängen *od.* -sinken; **2.** ermatten, erschlaffen; **3.** sinken, schwinden (*Mut etc.*), erlahmen (*Interesse etc.*); **4.** *fig.* den Kopf hängen lassen (*a. Blume*); **5.** ✝ abbröckeln (*Preise*); **II** *v/t.* **6.** (schlaff) her'abhängen lassen; **III** *s.* **7.** Her'abhängen *n*, Senken *n*; **8.** Erschlaffen *n*; '**droop·ing** [-pɪŋ] *adj.* □ **1.** (herunter)hängend, schlaff (*a. fig.*); **2.** matt; **3.** welk.

drop [drɒp] **I** *s.* **1.** Tropfen *m*: ***in ~s*** tropfenweise (*a. fig.*); ***a ~ in the bucket*** (*od.* ***ocean***) *fig.* ein Tropfen auf e-n heißen Stein; **2.** ⚕ *mst pl.* Tropfen *pl.*; **3.** *fig.* a) Tropfen *m*, Tröpfchen *n*, b) Glas *n*, ‚Gläs-chen' *n*: ***he has had a ~ too much*** er hat ein Glas *od.* eins über den Durst getrunken; **4.** Bon'bon *m*, *n*: ***fruit ~s*** Drops *pl.*; **5.** a) Fall *m*, Fallen *n*: ***at the ~ of a hat*** F beim geringsten Anlass; ***get*** *od.* ***have the ~ on s.o.*** F j-m (*beim Ziehen e-r Waffe*) zuvorkommen, *fig.* j-m gegenüber im Vorteil sein, b) Fall(tiefe *f*) *m*, 'Höhen,unterschied *m*, c) steiler Abfall, Gefälle *n*; **6.** *fig.* Fall *m*, Sturz *m*, Rückgang *m*: ~ ***in prices*** Preissturz, -rückgang; ~ ***in the temperature*** Temperaturabfall, -sturz; ~ ***in the voltage*** ⚡ Spannungsabfall; **7.** → ***airdrop*** I; **8.** ⚙ a) (Fall-)Klappe *f*, -vorrichtung *f*, b) Falltür *f*, c) Vorrichtung *f* zum Her'ablassen von Lasten: (***letter***) ~ *Am.* (Brief)Einwurf *m*; **9.** *thea.* Vorhang *m*; **II** *v/i.* **10.** (herab)tropfen, (-)tröpfeln; **11.** (he'rab-, her'unter)fallen: ***let s.th. ~*** a) et. fallen lassen, b) → 26; **12.** (nieder-)sinken, fallen: ~ ***into a chair***; ~ ***dead*** tot umfallen; ~ ***dead!*** *sl.* geh zum Teufel!; ***ready*** (*od.* ***fit***) ***to ~*** zum Umfallen müde; **13.** *fig.* aufhören, ‚einschlafen': ***our correspondence ~ped***; **14.** (ver-)fallen: ~ ***into a habit*** in e-e Gewohnheit verfallen; ~ ***asleep*** einschlafen; **15.** a) (ab)sinken, sich senken, b) sinken, fallen, her'untergehen (*Preise, Thermometer etc.*); **16.** sich senken (*Stimme*); **17.** sich legen (*Wind*); **18.** zufällig *od.* unerwartet kommen: ~ ***into the room***; ~ ***across s.o.*** (***s.th.***) zufällig auf j-n (et.) stoßen; **19.** *zo.* (Junge) werfen, *bsd.* a) lammen, b) kalben, c) fohlen; **III** *v/t.* **20.** (her'ab)tropfen *od.* (-)tröpfeln lassen; **21.** senken, her'ablassen; **22.** fallen lassen: ~ ***a book***; **23.** (hin'ein)werfen (***into*** in *acc.*); **24.** *Bomben etc.* (ab)werfen; **25.** ⚓ *den Anker* auswerfen; **26.** *e-e Bemerkung* fallen lassen: ~ ***a remark***; ~ ***me a line!*** schreibe mir ein paar Zeilen!; **27.** *ein Thema, e-e Gewohnheit etc.* fallen lassen: ~ ***a subject*** (***habit*** *etc.*); **28.** *e-e Tätigkeit* aufgeben, aufhören mit: ~ ***the correspondence*** die Korrespondenz einstellen; ~ ***it!*** hör auf damit!, lass das!; **29.** *j-n* fallen lassen, nichts mehr zu tun haben wollen mit; **30.** *Am.* a) *j-n* entlassen, b) *sport Spieler* aus der Mannschaft nehmen; **31.** *zo. Junge, bsd. Lämmer* werfen; **32.** *e-e Last, a. Passagiere* absetzen; **33.** F *Geld* a) loswerden, b) verlieren; **34.** *Buchstaben etc.* auslassen: ~ ***one's aitches*** a) das ‚h' nicht sprechen, b) *fig.* e-e vulgäre Aussprache haben; **35.** a) zu Fall bringen, zu Boden schlagen, b) F *j-n* ‚abknallen'; **36.** ab-, her'unterschießen: ~ ***a bird***; **37.**

D

die Augen od. die Stimme senken; **38.** *sport e-n Punkt, ein Spiel* abgeben (**to** gegen);
Zssgn mit adv.:
drop| a·round *v/i.* F vor'beikommen, (kurz) ‚her'einschauen'; **~ a·way** *v/i.* **1.** abfallen; **2.** immer weniger werden; (e-r nach dem anderen) weggehen; **~ back, ~ be·hind** *v/i.* **1.** zu'rückbleiben, -fallen; **2.** sich zu'rückfallen lassen; **~ down** *v/i.* **1.** her'abtröpfeln; **2.** her'unterfallen; **~ in** *v/i.* **1.** her'einkommen (*a. fig. Aufträge etc.*); **2.** (kurz) her'einschauen (**on** bei), ‚her'einschneien'; **~ off I** *v/i.* **1.** abfallen (*a.* ⚡); **2.** zu'rückgehen (*Umsatz etc.*), nachlassen (*Interesse etc.*); **3.** einschlafen, -nicken; **II** *v/t.* **4.** → ***drop*** 32; **~ out** *v/i.* **1.** her'ausfallen (**of** aus); **2.** ‚aussteigen' (**of** aus *der Politik, s-m Beruf etc.*), *a.* die Schule, das Studium abbrechen.

drop| ball *s. Fußball*: Schiedsrichterball *m*; **~ cur·tain** *s. thea.* Vorhang *m*; **'~-forge** *v/t.* ⚙ im Gesenk schmieden; **~ forg·ing** *s.* ⚙ **1.** Gesenkschmieden *n*; **2.** Gesenkschmiedestück *n*; **'~·head** *s.* **1.** ⚙ Versenkvorrichtung *f*; **2.** *mot. Brit. a.* **~ *coupé*** Kabrio'lett *n*; **~ kick** *s. sport* Dropkick *m*.

drop·let ['drɒplɪt] *s.* Tröpfchen *n*.

drop| let·ter *s.* **1.** *Am.* postlagernder Brief; **2.** Ortsbrief *m*; **'~·out** *s.* Drop-out *m*: a) ‚Aussteiger' *m aus der Gesellschaft*, b) (Schul-, Studien)Abbrecher *m*, c) *Computer*: Sig'nalausfall *m*, d) *Tonband*: Schadstelle *f*.

drop·per ['drɒpə] *s.* Tropfglas *n*, Tropfenzähler *m*: ***eye*** **~** Augentropfer *m*; **'drop·pings** [-pɪŋz] *s. pl.* **1.** Mist *m*, tierischer Kot; **2.** (Ab)Fallwolle *f*.

drop| scene *s.* **1.** *thea.* (Zwischen)Vorhang *m*; **2.** *fig.* Fi'nale *n*, Schlussszene *f*; **~ seat** *s.* Klappsitz *m*; **~ shot** *s. Tennis etc.*: Stoppball *m*; **~ shut·ter** *s. phot.* Fallverschluss *m*.

drop·si·cal ['drɒpsɪkl] *adj.* □ ⚕ **1.** wassersüchtig; **2.** ödema'tös.

'drop-stitch *s.* Fallmasche *f*.

drop·sy ['drɒpsɪ] *s.* ⚕ Wassersucht *f*.

dross [drɒs] *s.* **1.** ⚙ Schlacke *f*; **2.** Abfall *m*, Unrat *m*; *fig.* wertloses Zeug.

drought [draʊt] *s.* Dürre *f* (*a. fig. Mangel* **of** *an dat.*); (Zeit *f* der) Trockenheit *f*; **'drought·y** [-tɪ] *adj.* **1.** trocken, dürr; **2.** regenlos.

drove¹ [drəʊv] *pret. von* ***drive***.

drove² [drəʊv] *s.* **1.** (Vieh)Herde *f*; **2.** *fig.* Schar *f*: ***in ~s*** in hellen Scharen; **'dro·ver** [-və] *s.* Viehtreiber *m*.

drown [draʊn] **I** *v/i.* **1.** ertrinken; **II** *v/t.* **2.** ertränken, ersäufen: ***be ~ed*** → 1; **~ *one's sorrows*** s-e Sorgen (im Alkohol) ertränken; **3.** über'schwemmen (*a. fig.*): ***~ed in tears*** tränenüberströmt; **4.** *a.* **~ *out*** *fig.* übertönen.

drowse [draʊz] **I** *v/i.* **1.** dösen: **~ *off*** eindösen; **II** *v/t.* **2.** schläfrig machen; **3.** *mst* **~ *away*** *Zeit etc.* verdösen; **'drow·si·ness** [-zɪnɪs] *s.* Schläfrigkeit *f*; **'drow·sy** [-zɪ] *adj.* □ **1.** a) schläfrig, b) verschlafen (*a. fig.*); **2.** einschläfernd.

drub [drʌb] *v/t.* F **1.** (ver)prügeln: **~ *s.th. into s.o.*** j-m et. einbläuen; **2.** *sport* ‚über'fahren'; **'drub·bing** [-bɪŋ] *s.* F (Tracht *f*) Prügel *pl.*: ***take a ~*** *a. sport* Prügel beziehen, ‚über'fahren werden'.

drudge [drʌdʒ] **I** *s.* **1.** *fig.* F Packesel *m*, Arbeitstier *n*, Kuli *m*; **2.** → ***drudgery***; **II** *v/i.* **3.** sich (ab)placken, sich abschinden, schuften; **'drudg·er·y** [-dʒərɪ] *s.* Placke'rei *f*, Schinde'rei *f*; **'drudg·ing** [-dʒɪŋ] *adj.* □ **1.** mühsam; **2.** stumpfsinnig.

drug [drʌg] **I** *s.* **1.** Arz'nei(mittel *n*) *f*, Medika'ment *n*: ***be on a ~*** ein Medikament (ständig) nehmen; **2.** Rauschgift *n*, Droge *f* (*a. fig.*): ***be on ~s*** → 8; **3.** **~ *on*** (*Am. a.* ***in***) ***the market*** ✝ schwer verkäufliche Ware, *a.* Ladenhüter *m*; **II** *v/t.* **4.** *j-m* Medika'mente geben; **5.** *j-n* unter Drogen setzen; **6.** ein Betäubungsmittel beimischen (*dat.*); **7.** *j-n* betäuben (*a. fig.*): ***~ged with sleep*** schlaftrunken; **III** *v/i.* **8.** Drogen *od.* Rauschgift nehmen; **~ a·buse** *s.* **1.** 'Drogen,missbrauch *m*; **2.** Arz'neimittel,missbrauch *m*; **~ ad·dict** *s.* Drogen- *od.* Rauschgiftsüchtige(r *m*) *f*; **'~-ad,dict·ed** *adj.* **1.** drogen- *od.* rauschgiftsüchtig; **2.** arz'neimittelsüchtig; **~ ad·dic·tion** *s.* **1.** Drogen- *od.* Rauschgiftsucht *f*; **2.** Arz'neimittelsucht *f*; **~ de·pend·ence** *s.* Drogenabhängigkeit *f*.

drug·gist ['drʌgɪst] *s. Am.* **1.** Apo'theker *m*; **2.** Inhaber(in) e-s Drugstores.

drug| ped·dler, '~,push·er *s.* Rauschgifthändler *m*, ‚Pusher' *m*; **~ scene** *s.* Drogenszene *f*.

drug·ster ['drʌgstə] → ***drug addict***.

'drug·store *s. Am.* **1.** Apo'theke *f*; **2.** Drugstore *m* (*Drogerie, Kaufladen u. Imbissstube*).

Der amerikanische **drugstore** hat weniger mit Drogen als mit „Drogerie" zu tun: Es ist ein Laden, in dem man Körperpflegeartikel, rezeptfreie Medikamente, Lebensmittel, Kleider, Schreibwaren, Zeitschriften usw. kaufen kann. Oft befindet sich innerhalb eines **drugstore** eine Apotheke (**pharmacy**). Daher auch der Name, denn **drug** heißt neben „Droge" auch „Medikament".

'drug-tak·ing *s.* Drogenkonsum *m.*
Dru·id ['dru:ɪd] *s.* Dru'ide *m*; **'Dru·id·ess** [-dɪs] *s.* Dru'idin *f.*
drum [drʌm] **I** *s.* **1.** ♪ Trommel *f*: **beat the ~** die Trommel schlagen *od.* (*a. fig.*) rühren, trommeln; **2.** *pl.* Schlagzeug *n*; **3.** Trommeln *n* (*a. fig. des Regens etc.*); **4.** ⚙ Trommel *f*, Walze *f*, Zy'linder *m*; **5.** ⚔ Trommel *f* (*am Maschinengewehr etc.*); **6.** Trommel *f*, trommelförmiger Behälter; **7.** *anat.* a) Mittelohr *n*, b) Trommelfell *n*; **8.** ⚠ Säulentrommel *f*; **II** *v/i.* **9.** *a. weitS.* trommeln (**on** auf *acc.*, **at** an *acc.*); **10.** (rhythmisch) dröhnen; **11.** *fig. Am.* die Trommel rühren (**for** für); **III** *v/t.* **12.** *Rhythmus* trommeln: **~ s.th. into s.o.** j-m et. einhämmern; **13.** trommeln auf (*acc.*); **~ out** *v/t. j-n* ausstoßen (**of** aus); **~ up** *v/t.* a) zs.-trommeln, (an)werben, ‚auf die Beine stellen', b) *Am.* sich *et.* einfallen lassen.
drum| brake *s.* Trommelbremse *f*; **'~-ˌfire** *s.* ⚔ Trommelfeuer *n* (*a. fig.*); **'~·head** *s.* **1.** ♪, *anat.* Trommelfell *n*; **2.** **~ court martial** ⚔ Standgericht *n*; **3.** **~ service** ⚔ Feldgottesdienst *m*; **~ major** *s.* ⚔ 'Tambourmaˌjor *m*; **~ ma·jorette** *s.* 'Tambourmaˌjorin *f.*
drum·mer ['drʌmə] *s.* **1.** ♪ a) Trommler *m*, b) Schlagzeuger *m*; **2.** ☤ *Am.* F Handlungsreisende(r) *m.*
'drum·stick *s.* **1.** Trommelstock *m*, -schlägel *m*; **2.** 'Unterschenkel *m* (*von zubereitetem Geflügel*).
drunk [drʌŋk] **I** *adj. mst pred.* **1.** betrunken (**on** von): **get ~** sich betrinken; **~ as a lord** (*od.* **a fish**) total blau; **~ and incapable** volltrunken; **~ driving** ⚖ Trunkenheit *f* am Steuer; **2.** *fig.* (be-) trunken, berauscht (**with** vor, von): **~ with joy** freudetrunken; **II** *s.* **3.** *sl.* a) Betrunkene(r *m*) *f*, b) Säufer(in); **4.** a) Saufe'rei *f*, Besäufnis *n*, b) ‚Affe' *m*, Rausch *m*; **III** *p.p. von* **drink**; **'drunk·ard** [-kəd] *s.* Säufer *m*, Trunkenbold *m*; **'drunk·en** [-kən] *adj.* □ betrunken; *fig.* → **drunk** 2: **a ~ man** ein Betrunkener; **a ~ brawl** ein im Rausch angefangener Streit; **a ~ party** ein Saufgelage *n*; **'drunk·en·ness** [-kənnɪs] *s.* Betrunkenheit *f.*
drupe [dru:p] *s.* ♀ Steinfrucht *f*, -obst *n.*
dry [draɪ] **I** *adj.* □ **1.** trocken: **not yet ~ behind the ears** noch nicht trocken hinter den Ohren; **~ cough** trockener Husten; **run ~** austrocknen, versiegen; → **dock¹** 1; **2.** trocken, regenarm, niederschlagsarm: **~ country**; **~ summer**; **3.** dürr, ausgedörrt; **4.** ausgetrocknet; **5.** F durstig; **6.** durstig machend: **~ work**; **7.** trockenstehend (*Kuh*); **8.** F ‚trocken': a) mit Alkoholverbot: **a ~ State**, b) ohne Alkohol: **a ~ party**, c) weg vom Alkohol: **he is now ~**; **9.** antialko'holisch: **~ law** Prohibitionsgesetz *n*; **go ~** das Alkoholverbot einführen; **10.** 'unprodukˌtiv, ‚ausgeschrieben': **~ writer**; **11.** herb, trocken (*Wein etc.*); **12.** *fig.* trocken, langweilig; nüchtern: **~ as dust** strohtrocken, sterbenslangweilig; **~ facts** nüchterne *od.* nackte Tatsachen; **13.** *fig.* trocken: **~ humo(u)r**; **II** *v/t.* **14.** (ab)trocknen: **~ one's hands** sich die Hände abtrocknen; **15.** *Obst* dörren; **16.** *a.* **~ up** austrocknen; trockenlegen; **III** *v/i.* **17.** trocknen, trocken werden; **18.** **~ up** a) ein-, ver-, austrocknen, b) F versiegen, aufhören, c) F die ‚Klappe' halten: **~ up!**; **IV** *s.* **19.** Trockenheit *f.*
dry·ad ['draɪəd] *s.* Dry'ade *f.*
dry·as·dust ['draɪəzdʌst] **I** *s.* Stubengelehrte(r) *m*; **II** *adj.* strohtrocken, sterbenslangweilig.
dry| bat·ter·y *s.* ⚡ 'Trockenbatteˌrie *f*; **~ cell** *s.* ⚡ 'Trockeneleˌment *n*; **ˌ~-'clean** *v/t.* chemisch reinigen; **ˌ~-'clean·er('s)** *s.* chemische Reinigung(sanstalt); **ˌ~-'clean·ing** *s.* chemische Reinigung; **'~-cure** *v/t. Fleisch etc.* dörren *od.* einsalzen; **ˌ~'dock** *v/t.* ⚓ ins Trockendock bringen.
dry·er ['draɪə] → **drier¹**.
'dry|-farm *s.* Trockenfarm *f*; **~ fly** *s.* *Angeln*: Trockenfliege *f*; **~ goods** *s. pl.* ☤ *Am.* Tex'tilien *pl.*; **~ ice** *s.* Trockeneis *n.*
dry·ing ['draɪɪŋ] *adj.* Trocken...
dry·ly → **drily**.
dry meas·ure *s.* Trockenmaß *n.*
dry·ness ['draɪnɪs] *s.* Trockenheit *f*: a) trockener Zustand, b) Dürre *f*, c) Hu'morlosigkeit *f*, d) Langweiligkeit *f.*
'dry|-nurse **I** *s.* **1.** Säuglingsschwester *f*; **II** *v/t.* **2.** *Säuglinge* pflegen; **3.** F bemuttern (*a. fig.*); **'~-out farm** *s.* F Entziehungsheim *n*; **~ rot** *s.* **1.** Trockenfäule *f*; **2.** ♀ Hausschwamm *m*; **3.** *fig.* Verfall *m*; **~ run** *s.* **1.** ⚔ *Am.* Übungsschießen *n* ohne scharfe Muniti'on; **2.** F Probe *f*, Test *m*; **'~-salt** *v/t.* dörren u. einsalzen; **ˌ~-'shod** *adv.* trockenen Fußes.
du·al ['dju:əl] **I** *adj.* □ doppelt, Doppel..., Zwei..., ⚙ *a.* Zwillings...: **~ carriageway** *Brit.* Schnellstraße *f*; **~-income family** Doppelverdiener *pl.*; **~ nationality** doppelte Staatsangehörigkeit; **~-pricing** (*od.* **price display**) doppelte Preisauszeichnung *f od.* -angabe *f*; **~-purpose** ⚙ Doppel..., Zwei..., Mehrzweck...; **II** *s. ling. a.* **~ number** 'Dual *m*, Du'alis *m*; **'du·al·ism** [-lɪzəm] *s.* Dua'lismus *m*; **du·al·i·ty** [dju:'ælətɪ] *s.* Duali'tät *f*, Zweiheit *f.*
dub [dʌb] *v/t.* **1.** **~ s.o. a knight** j-n zum Ritter schlagen; **2.** *fig. humor.* titulieren, nennen: **they ~bed him Fatty**; **3.** ⚙ zurichten; **4.** *Leder* einfetten; **5.** a) *Film* synchronisieren, b) (nach)syn-

chronisieren, c) **~ *in*** einsynchronisieren.
dub·bin ['dʌbɪn] *s.* Lederfett *n.*
dub·bing ['dʌbɪŋ] *s.* **1.** Ritterschlag *m*; **2.** *Film*: ('Nach)Synchronisatiˌon *f*; **3.** → ***dubbin***.

D

du·bi·ous ['dju:bjəs] *adj.* □ **1.** zweifelhaft: a) unklar, zweideutig, b) ungewiss, unbestimmt, c) fragwürdig, dubi'os, d) unzuverlässig; **2.** a) im Zweifel (***of, about*** über *acc.*), unsicher, b) unschlüssig; '**du·bi·ous·ness** [-nɪs] *s.* **1.** Zweifelhaftigkeit *f*; **2.** Ungewissheit *f*; **3.** Fragwürdigkeit *f*.
du·cal ['dju:kl] *adj.* herzoglich, Herzogs...
duc·at ['dʌkət] *s.* **1.** *hist.* Du'katen *m*; **2.** *pl. obs. sl.* ‚Mo'neten' *pl.*
duch·ess ['dʌtʃɪs] *s.* Herzogin *f*; **duch·y** ['dʌtʃɪ] *s.* Herzogtum *n.*
duck[1] [dʌk] *s.* **1.** *pl.* **ducks**, *coll.* **duck** *orn.* (*engS.* weibliche) Ente: ***like a dying ~*** (***in a thunderstorm***) F völlig verdattert; ***take to s.th. like a ~ takes to water*** F sich in et. sofort in s-m Element fühlen; ***it ran off him like water off a ~'s back*** F es ließ ihn völlig kalt; ***can a ~*** (*od.* ***fish***) ***swim***? F worauf du dich verlassen kannst!, da fragst du noch?; ***play ~s and drakes*** a) Steine (über das Wasser) hüpfen lassen, b) (***with***) *fig.* aasen (mit); **2.** Ente *f*, Entenfleisch *n*: ***roast ~*** Entenbraten *m*; **3.** F ‚(Gold)Schatz' *m*, ‚Süße(r' *m*) *f*; **4.** F a) ‚Vogel' *m*, b) ‚Tante' *f*: ***a funny old ~***; **5.** ⚔ Am'phibienlastkraftwagen *m*; **6.** *Kricket*: Null *f*, null Punkte *pl.*
duck[2] [dʌk] **I** *v/i.* **1.** (rasch) 'untertauchen; **2.** (*a. fig.*) sich ducken (***to*** vor *dat.*); **3.** *a.* **~ *out*** F ‚verduften', verschwinden; **~ *out of*** → 5 c; **II** *v/t.* **4.** ('unter)tauchen; **5.** a) *den Kopf* ducken *od.* einziehen, b) *e-n Schlag* abducken, ausweichen (*dat.*), c) F sich ‚drücken' vor (*dat.*), ausweichen (*dat.*).
duck[3] [dʌk] *s.* **1.** Segeltuch *n*; **2.** *pl.* Segeltuchhose *f*.
'**duck|·bill** *s.* **1.** *zo.* Schnabeltier *n*; **2.** ⚘ *Brit.* roter Weizen; '**~-billed plat·y·pus** → ***duckbill*** 1; '**~·board** *s.* Laufbrett *n.*
duck·ie ['dʌkɪ] → ***duck***[1] 3.
duck·ing ['dʌkɪŋ] *s.*: ***give s.o. a ~*** j-n untertauchen; ***get a ~*** völlig durchnässt werden.
duck·ling ['dʌklɪŋ] *s.* Entchen *n.*
duck shot *s.* Entenschrot *m, n.*
duck·y ['dʌkɪ] F **I** *s.* → ***duck***[1] 3; **II** *adj.* ‚goldig', ‚süß'.
duct [dʌkt] *s.* **1.** ⚙ Röhre *f*, Leitung *f*; (*a.* ⚡ *Kabel- etc.*)Ka'nal *m*; **2.** ⚘, *anat.*, *zo.* Gang *m*, Ka'nal *m*; '**duc·tile** [-taɪl] *adj.* **1.** ⚙ dehn-, streck-, schmiedhämmerbar; **2.** biegsam, geschmeidig; **3.** fügsam; **duc·til·i·ty** [dʌk'tɪlətɪ] *s.* Dehnbarkeit *f etc.*; '**duct·less** [-lɪs] *adj.*: **~ *gland*** *anat.* endokrine Drüse, Hormondrüse *f*.
dud [dʌd] F **I** *s.* **1.** ⚔ Blindgänger *m* (*a. fig. Person*); **2.** ‚Niete' *f*: a) Versager *m*, b) Reinfall *m*; **3.** *pl.* a) ‚Kla'motten' *pl.* (*Kleider*), b) Krempel *m*; **4.** *a.* **~ *cheque*** (*Am.* ***check***) ungedeckter Scheck; **II** *adj.* **5.** ‚mies', schlecht; **6.** gefälscht: **~ *note*** ‚Blüte' *f*.
dude [dju:d] *s. Am.* **1.** F ‚Typ' *m*, Kerl *m*; **2.** Dandy *m*, **3.** Stadtmensch *m*, ‚Stadtfrack' *m*: **~ *ranch*** Ferienranch *f*.
dudg·eon ['dʌdʒən] *s.*: ***in high ~*** sehr aufgebracht.
due [dju:] **I** *adj.* □ → ***duly***; **1.** ✝ fällig, so'fort zahlbar: ***fall*** (*od.* ***become***) **~** fällig werden; ***when ~*** bei Verfall *od.* Fälligkeit; **~ *date*** Fälligkeitstag *m*; ***the balance ~ to us from A.*** der uns von A. geschuldete Saldo; **2.** *zeitlich* fällig, erwartet: ***the train is ~ at ...*** der Zug ist um ... fällig *od.* soll um ... ankommen; ***he is ~ to return today*** er wird heute zurückerwartet; **3.** gebührend, angemessen, geziemend, gehörig: ***it is ~ to him*** (***to do, to say***) es steht ihm zu (zu tun, zu sagen) (→ *a.* 5); ***hono***(***u***)***r to whom hono***(***u***)***r is ~*** Ehre, wem Ehre gebührt; ***with all ~ respect to you*** bei aller dir schuldigen Achtung; ***after ~ consideration*** nach reiflicher Überlegung; ***in ~ time*** zur rechten *od.* gegebenen Zeit; → ***care*** 2, ***course*** 1, ***form*** 3; **4.** verpflichtet: ***be ~ to go*** gehen müssen *od.* sollen; **5. ~ *to*** zuzuschreiben(d) (*dat.*), verursacht durch: **~ *to an accident*** auf einen Unfall *od.* Zufall zurückzuführen; ***death was ~ to cancer*** Krebs war die Todesursache; ***it is ~ to him*** es ist ihm zu verdanken; **6. ~ *to*** (*inkorrekt statt* ***owing to***) wegen (*gen.*), auf Grund *od.* in'folge von (*od. gen.*): **~ *to his poverty***; **7.** *Am.* im Begriff *sein*; **II** *adv.* **8.** genau, gerade: **~ *east*** genau nach Osten; **III** *s.* **9.** *das* Gebührende, (An-) Recht *n*, Anspruch *m*: ***it is my ~*** es gebührt mir; ***to give you your ~*** um dir nicht unrecht zu tun; ***give the devil his ~*** *fig.* selbst dem Teufel *od.* s-m Feind Gerechtigkeit widerfahren lassen; ***give him his ~!*** das muss man ihm lassen!; **10.** *pl.* Gebühren *pl.*, Abgaben *pl.*, Beitrag *m*.
du·el ['dju:əl] **I** *s. a. fig.* Du'ell *n*, (Zwei)Kampf *m*: ***students' ~*** Mensur *f*; **II** *v/i.* sich duellieren; '**du·el·ist** [-lɪst] *s.* Duel'lant *m*.
du·en·na [dju:'enə] *s.* Anstandsdame *f*.
du·et [dju:'et] *s.* **1.** ♪ Du'ett *n*, Duo *n*: ***play a ~*** ein Duo *od.* (*am Klavier*) vierhändig spielen; **2.** *fig.* Duo *n*, Paar *n*, ‚Pärchen' *n*.
duf·fel ['dʌfl] *s.* **1.** Düffel *m* (*Baumwollgewebe*): **~ *coat*** Dufflecoat *m*; **2.** *Am.*

F Ausrüstung *f*: ~ ***bag*** Matchbeutel *m*.
duff·er ['dʌfə] *s.* Trottel *m*.
duf·fle → ***duffel***.
dug[1] [dʌg] *pret. u. p.p. von* **dig**.
dug[2] [dʌg] *s.* **1.** Zitze *f*; **2.** Euter *n*.
du·gong ['du:gɒŋ] *s. zo.* Seekuh *f*.
'**dug·out** *s.* **1.** ⚔ 'Unterstand *m*; **2.** Einbaum *m*.
duke [dju:k] *s.* Herzog *m*; '**duke·dom** [-dəm] *s.* **1.** Herzogswürde *f*; **2.** Herzogtum *n*.
dul·cet ['dʌlsɪt] *adj.* **1.** wohlklingend, einschmeichelnd: ***in ~ tone*** in süßem Ton; '**dul·ci·fy** [-sɪfaɪ] *v/t.* **1.** versüßen; **2.** *fig.* besänftigen; '**dul·ci·mer** [-sɪmə] *s.* ♪ **1.** Hackbrett *n*; **2.** Zimbal *n*.
dull [dʌl] **I** *adj.* ☐ **1.** dumm, schwer von Begriff; **2.** langsam, schwerfällig, träge; **3.** teilnahmslos, stumpf; **4.** langweilig, fade: ***a ~ evening***; ***~ as ditchwater*** F stinklangweilig; **5.** schwach (*Licht etc.*, *a. Sehkraft, Gehör*); **6.** matt, trübe (*Farbe, Augen*); dumpf (*Klang, Schmerz*); glanz-, leblos; **7.** stumpf (*Klinge*); **8.** trübe (*Wetter*); blind (*Spiegel*); **9.** ge-, betrübt; **10.** ⚓ windstill; ✝ flau, still; *Börse*: lustlos; **II** *v/t.* **11.** *Klinge* stumpf machen; **12.** mattieren, glanzlos machen; trüben; **13.** *fig.* a) abstumpfen, b) dämpfen, schwächen, mildern; *Schmerz* betäuben; **III** *v/i.* **14.** abstumpfen (*a. fig.*); **15.** sich trüben; **16.** abflauen; '**dull·ard** [-ləd] *s.* Dummkopf *m*; '**dull·ish** [-lɪʃ] *adj.* ziemlich dumm *etc.*; '**dul(l)·ness** [-nɪs] *s.* **1.** Dummheit *f*, Dumpfheit *f*; **2.** Langweiligkeit *f*; **3.** Trägheit *f*; **4.** Schwäche *f*; **5.** Mattheit *f*; Trübheit *f*; Stumpfheit *f*; **6.** ✝ Flaute *f*.
du·ly ['dju:lɪ] *adv.* **1.** ordnungsgemäß, vorschriftsmäßig, wie es sich gehört, richtig; **2.** gebührend, gehörig; **3.** rechtzeitig, pünktlich.
dumb [dʌm] *adj.* ☐ **1.** *allg.* stumm (*a. fig.*): ***~ animals*** stumme Geschöpfe; ***the ~ masses*** *fig.* die stumme Masse; ***strike s.o. ~*** j-m die Sprache verschlagen; ***struck ~ with horror*** sprachlos vor Entsetzen; → ***deaf*** 1; **2.** *bsd. Am.* F doof, blöd; '**~·bell** *s.* **1.** *sport* Hantel *f*; **2.** *Am. sl.* Trottel *m*; **~'found** *v/t.* verblüffen; **~'found·ed** *adj.* verblüfft, sprachlos; **~ show** *s.* **1.** Gebärdenspiel *n*, stummes Spiel; **2.** Panto'mime *f*; **~ wait·er** *s.* **1.** stummer Diener, Ser'viertisch *m*; **2.** Speisenaufzug *m*.
dum·dum ['dʌmdʌm], *a.* **~ bul·let** *s.* Dum'dum(geschoss) *n*.
dum·found *etc.* → ***dumbfound*** *etc.*
dum·my ['dʌmɪ] **I** *s.* **1.** *allg.* At'trappe *f*, ✝ *a.* Schau-, Leerpackung *f*; **2.** Kleider-, Schaufensterpuppe *f*; **3.** Puppe *f*, Fi'gur *f* (*als Zielscheibe od. für Crashtests*); **4.** ✝ *etc.* Strohmann *m*; **5.** (Karten-, *bsd.* Whistspiel *n* mit) Strohmann *m*; **6.** *Am.* F ‚Blödmann' *m*; **7.** *Am.* vierseitige (Verkehrs)Ampel; **8.** *Brit.* (Baby)Schnuller *m*; **9.** *typ.* Blindband *m*; **II** *adj.* **10.** Schein...: ***~ candidates***; ***~ cartridge*** ⚔ Exerzierpatrone *f*; ***~ gun*** Gewehr- *od.* Geschützattrappe *f*; ***~ warhead*** blinder Gefechtskopf.
dump [dʌmp] **I** *v/t.* **1.** ('hin)plumpsen *od.* ('hin)fallen lassen, 'hinwerfen; **2.** abladen, schütten, auskippen: ***~ truck*** *mot.* Kipper *m*; **3.** ⚔ lagern, stapeln; **4.** ✝ zu Dumpingpreisen verkaufen, verschleudern; **5.** a) *et.* wegwerfen, ‚abladen', *Auto* loswerden, b) *j-n* abschieben, loswerden; **II** *s.* **6.** Plumps *m*, dumpfer Schlag; **7.** (Schutt-, Müll)Abladeplatz *m*, Müllhalde *f*; **8.** ⚒ Halde *f*; **9.** ⚔ (*Munitions- etc.*)De'pot *n*, Stapelplatz *m*, (Nachschub)Lager *n*; **10.** *sl.* a) Bruchbude *f* (*Haus*); ‚Dreckloch' *n* (*Haus, Wohnung*), b) (elendes) Kaff; '**~·cart** *s.* Kippkarren *m*, -wagen *m*.
dump·er (truck) ['dʌmpə] *s. mot.* Kipper *m*.
dump·ing ['dʌmpɪŋ] *s.* **1.** Schuttabladen *n*; **2.** ✝ Dumping *n*, Ausfuhr *f* zu Schleuderpreisen; **~ ground** → ***dump*** 7.
dump·ling ['dʌmplɪŋ] *s.* **1.** Kloß *m*, Knödel *m*; **2.** F ‚Dickerchen' *n* (*Person*).
dumps [dʌmps] *s. pl.*: ***be (down) in the ~*** F ‚down' *od.* deprimiert sein.
dump·y ['dʌmpɪ] *adj.* plump, unter'setzt.
dun[1] [dʌn] *v/t.* **1.** *Schuldner* mahnen, drängen: ***~ning letter*** Zahlungsaufforderung *f*; **2.** bedrängen, belästigen.
dun[2] [dʌn] **I** *adj.* grau-, schwärzlich braun; dunkel (*a. fig.*); **II** *s.* Braune(r) *m* (*Pferd*).
dunce [dʌns] *s.* **1.** Dummkopf *m*; **2.** *ped.* schlechter Schüler.
dun·der·head ['dʌndəhed] *s.* Schwachkopf *m*; '**dun·der,head·ed** [-dɪd] *adj.* schwachköpfig.
dune [dju:n] *s.* Düne *f*: ***~ buggy*** *mot.* Strandbuggy *m*.
dung [dʌŋ] **I** *s.* Mist *m*, Dung *m*, Dünger *m*; (Tier)Kot *m*: ***~ beetle*** Mistkäfer *m*; ***~ fork*** Mistgabel *f*; ***~ heap***, ***~ hill*** Misthaufen *m*; ***~ hill fowl*** Hausgeflügel *n*; **II** *v/t.* düngen.
dun·ga·ree [ˌdʌŋgə'ri:] *s.* **1.** grober Baumwollstoff; **2.** *pl.* Arbeitsanzug *m*, -hose *f*.
dun·geon ['dʌndʒən] *s.* Burgverlies *n*; Kerker *m*.
dunk [dʌŋk] *v/i. u. v/t.* eintunken; *fig.* (ein)tauchen.
dun·no [də'nəʊ] F *für (**I**)* ***don't know***.
du·o ['dju:əʊ] *pl.* **-os** → ***duet***.
duo- [dju:əʊ] *in Zssgn* zwei.
du·o·dec·i·mal [ˌdju:əʊ'desɪml] *adj.* ⅍ duodezi'mal; ˌ**du·o'dec·i·mo** [-məʊ] *pl.*

D

-mos *s. typ.* **1.** Duo'dezfor,mat *n*; **2.** Duo'dezband *m*.

du·o·de·nal [ˌdjuːəʊ'diːnl] *adj.*: **~ ulcer** ⚕ Zwölffingerdarmgeschwür *n*; ˌ**duo·'de·num** [-nəm] *s. anat.* Zwölf'fingerdarm *m*.

du·o·logue ['djʊəlɒg] *s.* **1.** Zwiegespräch *n*; **2.** Duo'drama *n*.

dupe [djuːp] **I** *s.* **1.** Betrogene(r *m*) *f*, ‚Lackierte(r' *m*) *f*: **be the ~ of s.o.** auf j-n hereinfallen; **2.** Gimpel *m*, Leichtgläubige(r *m*) *f*; **II** *v/t.* **3.** *j-n* ‚reinlegen', ‚anschmieren', hinters Licht führen.

du·ple ['djuːpl] *adj.* zweifach: **~ ratio** ⩕ doppeltes Verhältnis; **~ time** ♪ Zweiertakt *m*; '**du·plex** [-leks] **I** *adj. mst* ⚙ doppelt, Doppel..., *a.* ⚡ Duplex...: **~ apartment** → II b; **~ burner** Doppelbrenner *m*; **~ house** → II a; **~ telegraphy** Gegensprech-, Duplextelegrafie *f*; **II** *s. Am.* a) 'Zweifa,milien-, Doppelhaus *n*, b) Maiso'nette *f*.

du·pli·cate ['djuːplɪkət] **I** *adj.* **1.** doppelt, Doppel...: **~ proportion** ⩕ doppeltes Verhältnis; **2.** genau gleich *od.* entsprechend, Duplikat...: **~ key** Nachschlüssel *m*; **~ part** Ersatzteil *n*; **~ production** Reihen-, Serienfertigung *f*; **II** *s.* **3.** Dupli'kat *n*, Doppel *n*, Zweitschrift *f*; **4.** doppelte Ausfertigung: **in ~**; **5.** ✝ a) Se'kundawechsel *m*, b) Pfandschein *m*; **6.** Seitenstück *n*, Ko'pie *f*; **III** *v/t.* [-keɪt] **7.** verdoppeln, im Dupli'kat herstellen; **8.** ein Dupli'kat anfertigen von; **9.** kopieren, abschreiben; **10.** ver'vielfältigen, 'umdrucken; **11.** *fig. et.* 'nachvollziehen; wieder'holen; **du·pli·ca·tion** [ˌdjuːplɪ'keɪʃn] *s.* **1.** Verdoppelung *f*; Ver'vielfältigung *f*; 'Umdruck *m*; **2.** Wieder'holung *f*; '**du·pli·ca·tor** [-keɪtə] *s.* Ver'vielfältigungsappa,rat *m*; **du·plic·i·ty** [djuː'plɪsətɪ] *s.* **1.** Doppelzüngigkeit *f*, Falschheit *f*; **2.** Duplizi'tät *f*.

du·ra·bil·i·ty [ˌdjʊərə'bɪlətɪ] *s.* **1.** Dauer(-haftigkeit) *f*; **2.** Haltbarkeit *f*; **du·ra·ble** ['djʊərəbl] **I** *adj.* ☐ **1.** dauerhaft; **2.** haltbar, ✝ *a.* langlebig: **~ goods** → **II** *s. pl.* ✝ Gebrauchsgüter *pl*.

du·ral·u·min [djʊə'ræljʊmɪn] *s.* Du'ral *n*, 'Duralu,min *n*.

du·ra·tion [djʊə'reɪʃn] *s.* Dauer *f*: **for the ~** a) bis zum Ende, b) F für die Dauer des Krieges.

du·ress [djʊə'res] *s.* ⚖ **1.** Zwang *m* (*a. fig.*), Nötigung *f*: **act under ~** unter Zwang handeln; **2.** Freiheitsberaubung *f*.

dur·ing ['djʊərɪŋ] *prp.* während: **~ the night** während (*od.* in *od.* im Laufe) der Nacht.

durst [dɜːst] *pret. obs. von* **dare**.

dusk [dʌsk] **I** *s.* (Abend)Dämmerung *f*: **at ~** bei Einbruch der Dunkelheit; **II** *adj. poet.* düster; '**dusk·y** [-kɪ] *adj.* ☐ **1.** dunkel (*a. Hautfarbe*); **2.** dunkelhäutig.

dust [dʌst] **I** *s.* **1.** Staub *m*: **bite the ~** *fig.* ins Gras beißen; **raise a ~** a) e-e Staubwolke aufwirbeln, b) *fig.* viel Staub aufwirbeln; **the ~ has settled** *fig.* die Aufregung hat sich gelegt; **shake the ~ off one's feet** *fig.* a) den Staub von seinen Füßen schütteln, b) entrüstet weggehen; **throw ~ in s.o.'s eyes** *fig.* j-m Sand in die Augen streuen; **in the ~** *fig.* a) im Staube, gedemütigt, b) tot; **lick the ~** *fig.* im Staube kriechen; → **dry** 12; **2.** Staub *m*, Asche *f*, sterbliche 'Überreste *pl.*: **turn to ~ and ashes** zu Staub u. Asche werden, zerfallen; **3.** *Brit.* a) Müll *m*, b) Kehricht *m*, *n*; **4.** ⚘ Blütenstaub *m*; **5.** (Gold- *etc.*)Staub *m*; **6.** Bestäubungsmittel *n*, Pulver *n*; **II** *v/t.* **7.** abstauben; **8.** *a.* **~ down** ausbürsten, -klopfen: **~ s.o.'s jacket** F j-n vermöbeln; **9.** bestreuen, (ein)pudern; **10.** *Pulver etc.* stäuben, streuen; '**~·bin** [-s*t*-] *s. Brit.* **1.** Mülleimer *m*; **2.** Mülltonne *f*; **~ liner** Müllbeutel *m*; **~ bowl** *s. Am. geogr.* Trockengebiet *n*; '**~·cart** [-s*t*-] *s. Brit.* Müllwagen *m*; **~ cloth** *s. Am.* Staubtuch *n*; '**~·coat** [-s*t*-] *s.* Staubmantel *m*; **~ cov·er** *s.* **1.** 'Schutz,umschlag *m* (*um Bücher*); **2.** Schonbezug *m*.

dust·er ['dʌstə] *s.* **1.** Staubtuch *n*, -wedel *m*; **2.** Streudose *f*; **3.** Staubmantel *m*.

dust·ing ['dʌstɪŋ] *s.* **1.** Abstauben *n*; **2.** (Ein)Pudern *n*: **~ powder** Körperpuder *m*; **3.** *sl.* Abreibung *f*, (Tracht *f*) Prügel *pl*.

dust| jack·et → **dust cover** 1; '**~·man** [-*t*mən] *s.* [*irr.*] *Brit.* Müllmann *m*; '**~·pan** [-s*t*-] *s.* Kehrichtschaufel *f*; '**~·proof** *adj.* staubdicht; **~ trap** *s.* ‚Staubfänger' *m*; '**~·up** *s.* F **1.** ‚Krach' *m*; **2.** (handgreifliche) Ausein'andersetzung.

dust·y ['dʌstɪ] *adj.* ☐ **1.** staubig; **2.** sandfarben; **3.** *fig.* verstaubt, fade: **not so ~** F gar nicht so übel; **4.** vage, unklar.

Dutch [dʌtʃ] **I** *adj.* **1.** holländisch, niederländisch: **talk to s.o. like a ~ uncle** j-m e-e Standpauke halten; **2.** *sl.* deutsch; **II** *adv.* **3. go ~** F getrennte Kasse machen; **III** *s.* **4.** *ling.* Holländisch *n*, das Holländische: **that's all ~ to me** das sind für mich böhmische Dörfer; **5.** *sl.* Deutsch *n*; **6. the ~** *pl.* a) die Holländer *pl.*, b) *sl.* die Deutschen *pl.*: **that beats the ~!** F das ist ja die Höhe!; **7. be in ~ with s.o.** F bei j-m ‚unten durch' sein; **8. my old ~** *sl.* meine ‚Alte' (*Ehefrau*); **~ cour·age** *s.* F angetrunkener Mut.

'**Dutch|·man** [-mən] *s.* [*irr.*] **1.** Holländer *m*, Niederländer *m*: **I'm a ~ if** F ich lass mich hängen, wenn; **... or I'm a ~** F

... oder ich will Hans heißen; **2.** *Am. sl.* Deutsche(r) *m*; **~ tile** *s.* glasierte Ofenkachel *f*; **~ treat** *s.* F Essen *n etc.*, bei dem jeder für sich bezahlt; **'~ˌwom·an** *s.* [*irr.*] Holländerin *f*, Niederländerin *f*.

du·te·ous ['djuːtjəs] → ***dutiful***; **'du·ti·a·ble** [-jəbl] *adj.* zoll- *od.* steuerpflichtig; **'du·ti·ful** [-tɪfʊl] *adj.* □ **1.** pflichtgetreu; **2.** gehorsam; **3.** pflichtgemäß.

du·ty ['djuːtɪ] *s.* **1.** Pflicht *f*, Schuldigkeit *f* (***to, towards*** gegen['über]): ***do one's ~*** s-e Pflicht tun (***by s.o.*** an j-m); (***as***) ***in ~ bound*** a) pflichtgemäß, b) *a.* ***~-bound*** verpflichtet (*et. zu tun*); ***~ call*** Pflichtbesuch *m*; **2.** Pflicht *f*, Aufgabe *f*, Amt *n*; **3.** (amtlicher) Dienst: ***on ~*** Dienst habend *od.* tuend, im Dienst; ***be on ~*** Dienst haben, im Dienst sein; ***be off ~*** dienstfrei haben; ***~ chemist*** dienstbereite Apotheke; ***~ doctor*** ⚕ Bereitschaftsarzt *m*: ***~ officer*** ⚔ Offizier *m* vom Dienst; ***~ solicitor*** ⚖ *Brit.* Offizialverteidiger *m*; ***do ~ for*** a) *j-n* vertreten, b) *fig.* dienen *od.* benutzt werden als; **4.** Ehrerbietung *f*; **5.** ⚙ a) (Nutz)Leistung *f*, b) Arbeitsweise *f*, c) Funkti'on *f*; **6.** † a) Abgabe *f*, b) Gebühr *f*, c) Zoll *m*: ***~ on exports*** Ausfuhrzoll; ***~-free*** zollfrei; ***~-free shop*** Duty-free- Shop *m*; ***~-paid*** verzollt; ***pay ~ on*** *et.* verzollen *od.* versteuern.

du·um·vi·rate [djuː'ʌmvɪrət] *s.* Duumvi'rat *n*.

du·vet ['duːveɪ] *s. bsd. Brit.* a) Federbett *n*, b) *mit syn'thetischem Material gefüllte* Bettdecke.

dwarf [dwɔːf] **I** *pl. mst* **dwarv·es** [-vz] *s.* **1.** Zwerg(in) (*a. fig.*); **2.** ⚘, *zo.* Zwergpflanze *f od.* -tier *n*; **II** *adj.* **3.** *bsd.* ⚘, *zo.* Zwerg...; **III** *v/t.* **4.** verkümmern lassen, in der Entwicklung hindern *od.* hemmen (*beide a. fig.*); **5.** klein erscheinen lassen: ***be ~ed by*** verblassen neben (*dat.*); **6.** *fig.* in den Schatten stellen; **'dwarf·ish** [-fɪʃ] *adj.* □ zwergenhaft, winzig.

dwell [dwel] *v/i.* [*irr.*] **1.** wohnen, leben; **2.** *fig.* ***~ on*** verweilen bei, näher eingehen auf (*acc.*), Nachdruck legen auf (*acc.*); **3.** ***~ on*** ♪ *Ton* (aus)halten; **4.** ***~ in*** begründet sein in (*dat.*); **'dwell·er** [-lə] *s. mst in Zssgn* Bewohner(in); **'dwell·ing** [-lɪŋ] *s. a.* ***~ place*** Wohnung *f*, Wohnsitz *m*; Aufenthalt *m*: ***~ house*** Wohnhaus *n*; ***~ unit*** Wohneinheit *f*.

dwelt [dwelt] *pret. u. p.p.* von ***dwell***.

dwin·dle ['dwɪndl] *v/i.* abnehmen, schwinden, (zs.-)schrumpfen: ***~ away*** dahinschwinden.

dye [daɪ] **I** *s.* **1.** Farbstoff *m*, Farbe *f*; **2.** ⚙ Färbeflüssigkeit *f*; **3.** (Haar)Färbemittel *n*; **4.** Färbung *f* (*a. fig.*): ***of the deepest ~*** übelster Sorte; **II** *v/t.* **5.** färben: ***~d-in-the-wool*** in der Wolle gefärbt, *fig.* waschecht, *Politiker etc.* durch und durch; **III** *v/i.* **6.** sich färben (lassen); **'dye·house** *s.* Färbe'rei *f*.

dy·er ['daɪə] *s.* Färber *m*; **~'s oak** *s.* ⚘ Färbereiche *f*.

'dye|·stuff *s.* Farbstoff *m*; **'~·works** *s. pl. oft sg. konstr.* Färbe'rei *f*.

dy·ing ['daɪɪŋ] *adj.* **1.** sterbend: ***be ~*** im Sterben liegen; ***~ wish*** letzter Wunsch; ***~ words*** letzte Worte; ***to my ~ day*** bis an mein Lebensende; **2.** *a. fig.* aussterbend: ***~ tradition***; **3.** a) ersterbend (*Stimme*), b) verhallend; **4.** schmachtend (*Blick*).

dyke [daɪk] *s.* **1.** → ***dike***[1]; **2.** *sl.* ‚Lesbe' *f* (*Lesbierin*).

dy·nam·ic [daɪ'næmɪk] *adj.* (□ ***~ally***) dy'namisch (*a. allg. fig.*); **dy'nam·ics** [-ks] *s. pl. sg. konstr.* **1.** Dy'namik *f*: a) *phys. Bewegungslehre*, b) *fig.* Schwung *m*, Kraft *f*; **2.** *fig.* Triebkraft *f*, treibende Kraft; **dy·na·mism** ['daɪnəmɪzəm] *s.* **1.** *phls.* Dyna'mismus *m*; **2.** dy'namische Kraft, Dy'namik *f*.

dy·na·mite ['daɪnəmaɪt] **I** *s.* **1.** Dyna'mit *n*; **2.** F a) Zündstoff *m*, 'hochbriˌsante Sache, b) gefährliche Per'son *od.* Sache, c) ‚tolle' Person *od.* Sache, *e-e* ‚Wucht'; **II** *v/t.* **3.** (mit Dyna'mit) sprengen; **'dy·na·mit·er** [-tə] *s.* Sprengstoffattentäter *m*.

dy·na·mo ['daɪnəməʊ] *s.* **1.** ⚡ Dy'namo (-maˌschine *f*) *m*, 'Gleichstrom-, 'Lichtmaˌschine *f*; **2.** *fig.* ‚Ener'giebündel' *n*; **~-e·lec·tric** [ˌdaɪnəməʊɪ'lektrɪk] *adj.* (□ ***~ally***) *phys.* e'lektrodyˌnamisch; **ˌdy·na'mom·e·ter** [-'mɒmɪtə] *s.* ⚙ Dynamo'meter *n*, Kraftmesser *m*.

dy·nas·tic [dɪ'næstɪk] *adj.* (□ ***~ally***) dy'nastisch; **dy·nas·ty** ['dɪnəstɪ] *s.* Dynas'tie *f*, Herrscherhaus *n*.

dyne [daɪn] *s. phys.* Dyn *n* (*Krafteinheit*).

dys·en·ter·y ['dɪsntrɪ] *s.* Dysente'rie *f*, Ruhr *f*.

dys·func·tion [dɪs'fʌŋkʃn] *s.* ⚕ Funkti'onsstörung *f*.

dys·lex·i·a [dɪs'leksɪə] *s.* ⚕ Dysle'xie *f*, Legasthe'nie *f*; **dys'lex·ic I** *s.* Legas'theniker(in); **II** *adj.* legas'thenisch: ***be ~*** Legas'theniker(in) sein.

dys·pep·si·a [dɪs'pepsɪə] *s.* ⚕ Dyspep'sie *f*, Verdauungsstörung *f*; **dys'pep·tic** [-ptɪk] **I** *adj.* **1.** ⚕ dys'peptisch; **2.** *fig.* missgestimmt; **II** *s.* **3.** Dys'peptiker (-in).

dys·tro·phy ['dɪstrəfɪ] *s.* ⚕ Dystro'phie *f*, Ernährungsstörung *f*.

E

E, e [iː] *s.* **1.** E *n*, e *n* (*Buchstabe*); **2.** ♪ E *n*, e *n* (*Note*); **3.** *ped. Am.* Fünf *f*, Mangelhaft *n* (*Note*).

each [iːtʃ] **I** *adj.* jeder, jede, jedes: **~ man** jeder (Mann); **~ one** jede(r) Einzelne; **~ and every one** jeder Einzelne, all u. jeder; **II** *pron.* (ein) jeder, (e-e) jede, (ein) jedes: **~ of us** jede(r) von uns; **~ has a car** jede(r) hat ein Auto; **~ other** einander, sich (gegenseitig); **III** *adv.* je, pro Per'son *od.* Stück: **a penny ~** je e-n Penny.

ea·ger ['iːgə] *adj.* □ **1.** eifrig: **~ beaver** F Übereifrige(r) *m*, ‚Arbeitspferd' *n*; **2.** (**for**, **after**, **to** *inf.*) begierig (auf *acc.*, nach, zu *inf.*), erpicht (auf *acc.*); **3.** begierig, gespannt: **an ~ look**; **4.** heftig (*Begierde etc.*); **'ea·ger·ness** [-nɪs] *s.* Eifer *m*; Begierde *f*; Ungeduld *f*.

ea·gle ['iːgl] *s.* **1.** *orn.* Adler *m*; **2.** *Am.* goldenes Zehn'dollarstück; **3.** *pl.* ⚔ Adler *m* (*Rangabzeichen e-s Obersten der US-Armee*); **4.** *Golf*: Eagle *n* (*zwei Schläge unter Par*); **ˌ~-'eyed** *adj.* adleräugig, scharfsichtig; **~ owl** *s. orn.* Uhu *m*.

ea·glet ['iːglɪt] *s. orn.* junger Adler.

ea·gre ['eɪgə] *s.* Flutwelle *f*.

ear[1] [ɪə] *s.* **1.** *anat.* Ohr *n*: **up to the ~s** F bis über die Ohren; **a word in your ~** ein Wort im Vertrauen; **be all ~s** ganz Ohr sein; **bring s.th. about one's ~s** sich et. einbrocken *od.* auf den Hals laden; **not to believe one's ~s** s-n Ohren nicht trauen; **his ~s were burning** ihm klangen die Ohren; **have one's ~ to the ground** F die Ohren offen halten; **set by the ~s** gegeneinander aufhetzen; **fall on deaf ~s** auf taube Ohren stoßen; **turn a deaf ~ to** taub sein gegen; **it came to my ~s** es kam mir zu Ohren; **2.** *fig.* Gehör *n*, Ohr *n*: **by ~** nach dem Gehör; **play by ~** nach dem Gehör spielen, improvisieren; **play it by ~** *fig.* (es) von Fall zu Fall entscheiden, es darauf ankommen lassen; **have a good ~** ein feines Gehör haben; **an ~ for music** musikalisches Gehör, *weitS.* Sinn *m* für Musik; **3.** *fig.* Gehör *n*, Aufmerksamkeit *f*: **give** (*od.* **lend**) **one's ~ to s.o.** j-m Gehör schenken; **have s.o.'s ~** j-s Vertrauen genießen; **4.** Henkel *m*; Öse *f*, Öhr *n*.

ear[2] [ɪə] *s.* (Getreide)Ähre *f*, (Mais-)Kolben *m*.

ear|·ache ['ɪəreɪk] *s.* ⚕ Ohrenschmerzen *pl.*; **'~-ˌcatch·er** *s.* eingängige Melo'die; **'~·drops** *s. pl.* **1.** Ohrgehänge *n*; **2.** ⚕ Ohrentropfen *pl.*; **'~·drum** *s. anat.* Trommelfell *n*; **'~·ful** [-fʊl] *s.*: **get an ~** F ‚et. zu hören bekommen'.

earl [ɜːl] *s.* (brit.) Graf *m*: **♀ Marshal** Großzeremonienmeister *m*; **'earl·dom** [-dəm] *s.* **1.** Grafenwürde *f*; **2.** *hist.* Grafschaft *f*.

ear·li·er ['ɜːlɪə] *comp. von* **early**; **I** *adv.* früher, 'vorher; **II** *adj.* früher, vergangen; **'ear·li·est** [-ɪɪst] *sup. von* **early**; **I** *adv.* am frühesten, frühestens; **II** *adj.* frühest: **at the ~** frühestens; → **convenience** 1; **'ear·li·ness** [-ɪnɪs] *s.* **1.** Frühe *f*, Frühzeitigkeit *f*; **2.** Frühaufstehen *n*.

'ear·lobe *s.* Ohrläppchen *n*.

ear·ly ['ɜːlɪ] **I** *adv.* **1.** früh(zeitig): **~ in the day** früh am Tag; **as ~ as May** schon im Mai; **~ on** a) schon früh(zeitig), b) bald; **2.** bald: **as ~ as possible** so bald wie möglich; **3.** am Anfang; **4.** zu früh: **he arrived five minutes ~**; **5.** früher: **he left five minutes ~**; **II** *adj.* **6.** früh(zeitig): **at an ~ hour** zu früher Stunde; **in his ~ days** in s-r Jugend; **it's ~ days yet** *fig.* es ist noch früh am Tage; **~ fruit** Frühobst *n*; **~ history** Frühgeschichte *f*; **~ riser** Frühaufsteher(in); → **bird** 1; **7.** anfänglich, Früh...: **the ~ Christians** die ersten Christen; **8.** vorzeitig, zu früh: **an ~ death**; **you are ~ today** du bist heute (et.) zu früh (dran); **9.** baldig, schnell: **an ~ reply**; **~ morn·ing tea** *s.* e-e Tasse Tee(, die morgens ans Bett gebracht wird); **~ re·tire·ment scheme** *s.* Vorruhestandsregelung *f*; **~ warn·ing system** *s.* ⚔ 'Frühwarnsysˌtem *n*.

'ear|·mark I *s.* **1.** Ohrmarke *f* (*Vieh*); **2.** *fig.* Kennzeichen *n*, Merkmal *n*; **3.** Eselsohr *n*; **II** *v/t.* **4.** kenn-, bezeichnen; **5.** *Geld etc.* bestimmen, vorsehen, zu'rücklegen (**for** für): **~ed** zweckgebunden (*Mittel etc.*); **'~·muff** *s.* Ohrenschützer *m*.

earn [ɜːn] *v/t.* **1.** *Geld etc.* verdienen (*a. fig.*): **~ed income** Arbeitseinkommen *n*; **~ing capacity** Ertragsfähigkeit *f*; **~ing power** a) Erwerbsfähigkeit *f*, b) Ertragsfähigkeit *f*; **~ing value** Ertragswert *m*; **a well-~ed rest** e-e wohlverdiente Ruhepause; **2.** *fig.* (sich) *et.* verdienen, *Lob etc.* ernten.

ear·nest¹ ['ɜːnɪst] *s.* **1.** *a.* **~ money** Handgeld *n*, Anzahlung *f* (**of** auf *acc.*): **in ~** als Anzahlung; **2.** *fig.* Zeichen *n* (*des guten Willens etc.*); **3.** *fig.* Vorgeschmack *m*.

ear·nest² ['ɜːnɪst] **I** *adj.* ☐ **1.** ernst; **2.** ernst-, gewissenhaft; **3.** ernstlich: a) ernst (gemeint), b) dringend, c) ehrlich, aufrichtig; **II** *s.* **4.** Ernst *m*: **in good ~** in vollem Ernst; **are you in ~?** ist das Ihr Ernst?; **be in ~ about s.th.** es ernst meinen mit et.; '**ear·nest·ness** [-nɪs] *s.* Ernst(haftigkeit *f*) *m*.

earn·ings ['ɜːnɪŋz] *s. pl.* Verdienst *m*: a) Einkommen *n*, Lohn *m*, Gehalt *n*, b) Einnahmen *pl.*, Gewinn *m*; **~-related pension** verdienstbezogene Rente.

'**ear|·phone** *s.* **1.** a) Ohrhörer *m od.* -muschel *f*, b) Kopfhörer *m*; **2.** a) Haarschnecke *f*, b) *pl.* 'Schneckenfriˌsur *f*; '**~·piece** *s.* **1.** Ohrenklappe *f*; **2.** a) *teleph.* Hörmuschel *f*, b) → **earphone** 1; **3.** (Brillen)Bügel *m*; '**~-ˌpierc·ing** *adj.* ohrenzerreißend; '**~·ring** *s.* Ohrring *m*; '**~·shot** *s.*: **within** (**out of**) **~** in (außer) Hörweite; '**~ˌsplit·ting** *adj.* ohrenzerreißend.

earth [ɜːθ] **I** *s.* **1.** Erde *f*, Erdball *m*, Welt *f*: **on ~** auf Erden, auf der Erde; **why on ~?** F warum in aller Welt?; **cost the ~** *fig.* ein Vermögen kosten; **2.** *das* (trockene) Land; Erde *f*, (Erd-)Boden *m*: **down to ~** *fig.* nüchtern, prosaisch, rea'listisch; **come back to ~** auf den Boden der Wirklichkeit zurückkehren; **3.** ⚗ Erde *f*: **rare ~s** seltene Erden; **4.** (*Fuchs- etc.*)Bau *m*: **run to ~** a) *hunt.* *Fuchs etc.* bis in s-n Bau verfolgen (*Hund*, *Frettchen*), b) *fig.* aufstöbern, herausfinden, *a.* *j-n* zur Strecke bringen; **gone to ~** *fig.* untergetaucht; **5.** ⚡ *Brit.* a) Erdung *f*, Erde *f*, Masse *f*, b) Erdschluss *m*; **II** *v/t.* **6.** *mst* **~ up** ⚘ mit Erde bedecken, häufeln; **7.** ⚡ *Brit.* erden; '**~-born** *adj.* staubgeboren, irdisch, sterblich; '**~-bound** *adj.* erdgebunden.

earth·en ['ɜːθn] *adj.* irden, tönern, Ton...; '**~·ware I** *s.* Steingut(geschirr) *n*, Töpferware *f*; **II** *adj.* Steingut..., Ton...

earth·i·ness ['ɜːθɪnɪs] *fig.* Derbheit *f*, Urigkeit *f*.

earth·ling ['ɜːθlɪŋ] *s.* a) Erdenbürger (-in), b) *Science Fiction*: Erdbewohner (-in); '**earth·ly** [-lɪ] *adj.* **1.** irdisch, weltlich: **~ joys**; **2.** F begreiflich: **no ~ reason** kein erfindlicher Grund; **of no ~ use** völlig unnütz; **you haven't an ~** (**chance**) du hast nicht die geringste Chance.

earth| moth·er *s. fig.* Urweib *n*; '**~-ˌmov·ing** *adj.* ⚙ Erdbewegungs...: **~ equipment**; '**~·quake** *s.* **1.** Erdbeben *n*; **2.** *fig.* 'Umwälzung *f*, Erschütterung *f*; '**~-ˌshak·ing** *adj. fig.* welterschütternd; **~ trem·or** *s.* leichtes Erdbeben; '**~·ward(s)** [-wəd(z)] *adv.* erdwärts; **~ wave** *s.* **1.** Bodenwelle *f*; **2.** Erdbebenwelle *f*; '**~·worm** *s.* Regenwurm *m*.

earth·y ['ɜːθɪ] *adj.* **1.** erdig, Erd...; **2.** weltlich *od.* materi'ell (gesinnt); **3.** *fig.* a) grob, b) derb, ro'bust, urig (*Person*, *Humor etc.*).

ear| trum·pet *s.* ⚕ Hörrohr *n*; '**~·wax** *s.* Ohrenschmalz *n*; '**~·wig** *s. zo.* Ohrwurm *m*; ˌ**~'wit·ness** *s.* Ohrenzeuge *m*.

ease [iːz] **I** *s.* **1.** Bequemlichkeit *f*, Behagen *n*, Wohlgefühl *n*: **at** (**one's**) **~** a) ruhig, entspannt, gelöst, b) behaglich, c) gemächlich, d) ungeniert, ungezwungen, wie zu Hause; **take one's ~** es sich bequem machen; **be** (*od.* **feel**) **at ~** sich wohl *od.* wie zu Hause fühlen; **2.** Gemächlichkeit *f*, *innere* Ruhe, Sorglosigkeit *f*, Entspannung *f*: **ill at ~** unbehaglich, unruhig; **put** (*od.* **set**) **s.o. at ~** a) j-n beruhigen, b) j-m die Befangenheit nehmen; **3.** Ungezwungenheit *f*, Na'türlichkeit *f*, Zwanglosigkeit *f*, Freiheit *f*: **live at ~** in guten Verhältnissen leben; **at ~!** ⚔ rührt euch!; **4.** Linderung *f*, Erleichterung *f*; **5.** Spielraum *m*, Weite *f*; **6.** Leichtigkeit *f*: **with ~** bequem, mühelos; **7.** ✝ a) Nachgeben *n* (*Preise*), b) Flüssigkeit *f* (*Kapital*); **II** *v/t.* **8.** erleichtern, beruhigen: **~ one's mind** sich erleichtern *od.* beruhigen; **9.** *Schmerzen* lindern; **10.** lockern, entspannen (*beide a. fig.*); **11.** sacht *od.* vorsichtig bewegen *od.* manövrieren: **~ one's foot into the shoe** vorsichtig in den Schuh fahren; **12.** *mst* **~ down** *die Fahrt etc.* verlangsamen, vermindern; **III** *v/i.* **13.** erleichtern; **14.** *mst* **~ off** *od.* **up** a) nachlassen, sich abschwächen (*a.* ✝ *Preise*), b) sich entspannen (*Lage*); c) (*bei der Arbeit*) kürzer treten, d) weniger streng sein (**on** zu).

ea·sel ['iːzl] *s. paint.* Staffe'lei *f*.

ease·ment ['iːzmənt] *s.* ⚖ Grunddienstbarkeit *f*.

eas·i·ly ['iːzɪlɪ] *adv.* **1.** leicht, mühelos, bequem, glatt; **2.** a) sicher, durchaus, b) bei weitem; '**eas·i·ness** [-ɪnɪs] *s.* **1.** Leichtigkeit *f*; **2.** Ungezwungenheit *f*, Zwanglosigkeit *f*; **3.** Leichtfertigkeit *f*; **4.** Bequemlichkeit *f*.

east [iːst] **I** *s.* **1.** Osten *m*: (**to the**) **~ of** östlich von; **~ by north** ⚓ Ost zu Nord; **2.** *a.* ♀ Osten *m*: **the** ♀ a) *Brit.* Ostengland *m*, b) *Am.* die Oststaaten *pl.*, c) *pol.* der Osten, d) der Orient, e) *hist.* das Oströmische Reich; **3.** *poet.* Ost (-wind) *m*; **II** *adj.* **4.** Ost..., östlich; **III** *adv.* **5.** nach Osten, ostwärts; **6.** **~ of** östlich von (*od. gen.*); '**~·bound** *adj.* nach Osten fahrend *etc.*; ♀ **End** *s.* Eastend *n* (*Stadtteil Londons*); ˌ♀-

E

E

-'End·er *s. Bewohner(in) des* **East End**.

Das **East End** von London mit seinen **docklands** (dem Hafenareal Londons) war früher als armes, aber ausgesprochen freundliches Arbeiterviertel bekannt. Aus dieser Gegend stammen die Londoner **cockneys.** Inzwischen hat sich das **East End** in eine hochmoderne Stadtgegend mit anspruchsvollen Wohnungs- und Bürohochhäusern sowie einem Flughafen (**London City Airport**) verwandelt. Hier haben sich inzwischen auch die Redaktionen bekannter Zeitungen, die früher in der **Fleet Street** zu Hause waren, angesiedelt.

East·er ['iːstə] *s.* Ostern *n od. pl.*, Osterfest *n*: **at ~** an *od.* zu Ostern; ***~ Day*** Oster(sonn)tag *m*; ***~ egg*** Osterei *n*.

Zu Ostern liefert auch im englischsprachigen Raum der Osterhase viele bunte Eier. Dort heißt er **Easter bunny** („Osterhäschen").

east·er·ly ['iːstəlɪ] **I** *adj.* östlich, Ost...; **II** *adv.* von *od.* nach Osten.

east·ern ['iːstən] *adj.* **1.** östlich, Ost...; **2.** ostwärts, Ost...; **♀ Church** *s. die* griechisch-ortho'doxe Kirche; **♀ Empire** *s. hist. das* Oströmische Reich.

east·ern·er ['iːstənə] *s.* **1.** Bewohner(-in) des Ostens e-s Landes; **2.** ♀ *Am.* Oststaatler(in).

'East·er|·tide, ~ time *s.* Osterzeit *f*.

East In·di·a·man *s.* [*irr.*] *hist.* Ost'indienfahrer *m* (*Schiff*).

East Side *s. Am. Ostteil von Manhattan.*

east|·ward ['iːstwəd] *adj. u. adv.* ostwärts, nach Osten, östlich: ***~ enlargement*** Osterweiterung *f* (*der Nato etc.*); **'~·wards** [-z] *adv.* → ***eastward***.

eas·y ['iːzɪ] **I** *adj.* ☐ → ***easily***; **1.** leicht, mühelos: ***an ~ victory***; ***~ of access*** leicht zugänglich *od.* erreichbar; **2.** leicht, einfach: ***an ~ language***; ***an ~ task***; ***~ money*** leicht verdientes Geld (→ 11 c); **3.** *a.* ***~ in one's mind*** ruhig, unbesorgt (***about*** um), unbeschwert, sorglos: ***I'm ~*** F ich bin mit allem einverstanden; **4.** bequem, leicht, angenehm: ***an ~ life***; ***live in ~ circumstances***, F ***be on ~ street*** in guten Verhältnissen leben; ***be ~ on the ear*** (***eye***) F hübsch anzuhören (anzusehen) sein; **5.** frei von Schmerzen *od.* Beschwerden: ***feel easier*** sich besser fühlen; **6.** gemächlich, gemütlich: ***an ~ walk***; **7.** nachsichtig (***on*** mit); **8.** leicht, mäßig, erträglich: ***an ~ penalty***; ***on ~ terms*** zu günstigen Bedingungen; ***be ~ on*** *et.* schonen *od.* nicht belasten; **9.** a) leichtfertig, b) locker, frei (*Moral etc.*); **10.** ungezwungen, zwanglos, natürlich, frei: ***~ manners***; ***~ style*** leichter *od.* flüssiger Stil; **11.** ✝ a) flau, lustlos (*Markt*), b) wenig gefragt (*Ware*), c) billig (*Geld*); **II** *adv.* **12.** leicht, bequem: ***~ to clean*** leicht zu reinigen(d), pflegeleicht; ***go ~***, ***take it ~*** a) sich Zeit lassen, langsam tun, b) sich nicht aufregen; ***take it ~!*** a) immer mit der Ruhe!, b) keine Bange!; ***go ~ on*** a) *j-n od. et.* sachte anfassen, b) schonend *od.* sparsam umgehen mit; ***~!***, F ***~ does it!*** sachte!, langsam!; ***stand ~!*** ⚔ rührt euch!; ***easier said than done*** (das ist) leichter gesagt als getan; ***~ come, ~ go*** wie gewonnen, so zerronnen; **'~-care** *adj.* pflegeleicht; **~ chair** *s.* Sessel *m*; **'~,go·ing** *adj.* **1.** gelassen; **2.** unbeschwert; **3.** leichtlebig; **,~-'peas·y** [-'piːzɪ] *adj. Brit.* F ganz einfach, kinderleicht (*Frage etc.*).

eat [iːt] **I** *s.* **1.** *pl.* F ‚Fres'salien' *pl.*, ‚Futter' *n*; **II** *v/t.* [*irr.*] **2.** essen (*Mensch*), fressen (*Tier*): ***~ s.o. out of house and home*** j-n arm (fr)essen; ***~ one's words*** alles(, was man gesagt hat,) zurücknehmen; ***don't ~ me*** F friss mich nur nicht (gleich) auf!; ***what's ~ing him?*** F was (für e-e Laus) ist ihm über die Leber gelaufen?, was hat er denn?; (*siehe auch die Verbindungen mit anderen Substantiven*); **3.** zerfressen, -nagen, nagen an (*dat.*): ***~en by acid*** von Säure zerfressen; **4.** fressen, nagen: ***~ holes into s.th.***; **5.** → ***eat up***; **III** *v/i.* **6.** essen: ***~ well***; **7.** fressen (*Tier*); **8.** fressen, nagen (*a. fig.*): ***~ into*** a) sich (hin)einfressen in (*acc.*), b) *Reserven etc.* angreifen, ein Loch reißen in (*acc.*): ***~ through s.th.*** sich durch et. hindurchfressen; **9.** sich essen (lassen): ***it ~s like beef***;

Zssgn mit adv.:

eat| a·way I *v/t.* **1.** *geol.* a) erodieren, auswaschen, b) abtragen; **II** *v/i.* **2.** (tüchtig) zugreifen; **3.** ***~ at*** → 1; **~ out** *v/i.* auswärts essen, essen gehen; **~ up** *v/t.* **1.** aufessen (*Mensch*), auffressen (*Tier*) (*beide a. v/i.*); **2.** *Reserven etc.* verschlingen, völlig aufbrauchen; **3.** *j-n* verzehren (*Gefühl*): ***be eaten up with envy*** vor Neid platzen; **4.** F a) ‚fressen',

‚schlucken' (*glauben*), b) *j-s Worte* verschlingen, c) *et.* mit den Augen verschlingen; **5.** F *Kilometer* ‚fressen' (*Auto*).

eat·a·ble ['iːtəbl] **I** *adj.* ess-, genießbar; **II** *s. mst pl.* Esswaren *pl.*; **'eat-by date** *s.* (Mindest)Haltbarkeitsdatum *n*; **eat·en** ['iːtn] *p.p. von* **eat**; **eat·er** ['iːtə] *s.* Esser(in): ***be a poor ~*** ein schwacher Esser sein, sehr wenig essen.

eat·ing ['iːtɪŋ] **I** *s.* **1.** Essen *n*, Speise *f*; **II** *adj.* **2.** Ess...: ***~ apple***; **3.** *fig.* nagend; zehrend; **~ house** *s.* 'Esslo,kal *n*.

eau de Co·logne [ˌəʊdəkə'ləʊn] (*Fr.*) *s.* Kölnischwasser *n*.

eaves [iːvz] *s. pl.* **1.** Dachgesims *n*, -vorsprung *m*; **2.** Traufe *f*; **'~·drop** *v/i.* (heimlich) lauschen *od.* horchen: ***~ on*** *j-n, ein Gespräch* belauschen; **'~ˌdrop·per** *s.* Horcher(in), Lauscher(in): ***~s hear what they deserve*** der Lauscher an der Wand hört s-e eigne Schand.

ebb [eb] **I** *s.* **1.** Ebbe *f*: ***~ and flow*** Ebbe u. Flut, *fig. das* Hin u. Her *der Schlacht etc.*, *das* Auf u. Ab *der Wirtschaft etc.*; **2.** *fig.* Ebbe *f*, Tiefstand *m*: ***at a low ~*** *fig.* auf e-m Tiefstand; **II** *v/i.* **3.** zu'rückgehen (*a. fig.*): ***~ and flow*** steigen u. fallen, *fig. a.* kommen u. gehen; **4.** *a.* ***~ away*** *fig.* verebben, abnehmen; **~ tide** → ***ebb*** 1 u. 2.

eb·on ['ebən] *poet. für* ***ebony***; **'eb·onite** [-naɪt] *s.* Ebo'nit *n* (*Hartkautschuk*); **'eb·on·ize** [-naɪz] *v/t.* schwarz beizen; **'eb·on·y** [-nɪ] **I** *s.* Ebenholz(baum *m*) *n*; **II** *adj.* a) aus Ebenholz, b) (tief-) schwarz.

e·bul·li·ence [ɪ'bʌljəns], **e'bul·li·en·cy** [-sɪ] *s.* **1.** Aufwallen *n* (*a. fig.*); **2.** *fig.* 'Überschäumen *n*, -schwänglichkeit *f*; **e'bul·li·ent** [-nt] *adj.* □ *fig.* sprudelnd, 'überschäumend (***with*** von), 'überschwänglich; **eb·ul·li·tion** [ˌebə'lɪʃən] → ***ebullience***.

e-cash ['iːkæʃ] *s.* 'E-Cash *n*, elektronische 'Geldüberˌweisung *f*.

ec·cen·tric [ɪk'sentrɪk] **I** *adj.* (□ ***~ally***) **1.** ⚙, ⩚ ex'zentrisch; **2.** *ast.* nicht rund; **3.** *fig.* ex'zentrisch: a) wunderlich, über'spannt, verschroben, b) ausgefallen; **II** *s.* **4.** Ex'zentriker(in); **5.** ⚙ Ex'zenter *m*: ***~ wheel*** Exzenterscheibe *f*; **ec·cen·tric·i·ty** [ˌeksen'trɪsətɪ] *s.* ⚙, ⩚ *u. fig.* Exzentrizi'tät, *fig. a.* Über'spanntheit *f*, Verschrobenheit *f*.

Ec·cle·si·as·tes [ɪˌkliːzɪ'æstiːz] *s. bibl.* Ekklesi'astes *m*, der Prediger Salomo; **ecˌcle·si'as·ti·cal** [-tɪkl] *adj.* □ kirchlich, geistlich: ***~ law*** Kirchenrecht *n*; **ecˌcle·si'as·ti·cism** [-tɪsɪzəm] *s.* Kirchentum *n*; Kirchlichkeit *f*.

ech·e·lon ['eʃəlɒn] **I** *s.* **1.** ⚔ a) Staffel (-ung) *f*, (Angriffs)Welle *f*: ***in ~*** staffelförmig, b) ✈ 'Staffelflug *m*, -formatiˌon *f*, c) (Befehls)Ebene *f*; **2.** *fig.* Rang *m*, Stufe *f*: ***the upper ~s*** die höheren Ränge; **II** *v/t.* **3.** staffeln, (staffelförmig) gliedern.

e·chi·no·derm [e'kaɪnədɜːm] *s. zo.* Stachelhäuter *m*.

ech·o ['ekəʊ] **I** *pl.* **-oes** *s.* **1.** *a. fig.* Echo *n*, 'Widerhall *m*: (***sympathetic***) ***~*** Anklang *m*; ***find an ~*** ein (...) Echo finden, Anklang finden; ***to the ~*** laut, schallend; **2.** *fig.* Echo *n* (*Person*); **3.** ♪ Wieder'holung *f*; **4.** ⚡, *TV*: Echo *n*, *Radar*: *a.* Schattenbild *n*; **5.** (genaue) Nachahmung *f*; **II** *v/i.* **6.** 'widerhallen (***with*** von); **7.** hallen; **III** *v/t.* **8.** *Ton* zu'rückwerfen, 'widerhallen lassen; **9.** *fig.* 'Widerhall erwecken; **10.** *Worte* echoen; (*j-m*) *et.* nachbeten; **11.** echoen, nachahmen; **~ sound·er** *s.* ⚓ Echolot *n*; **~ sound·ing** *s.* ⚓ Echolotung *f*.

é·clair [eɪ'kleə] (*Fr.*) *s.* E'clair *n*.

é·clat ['eɪklɑː] (*Fr.*) *s.* **1.** glänzender Erfolg, allgemeiner Beifall, öffentliches Aufsehen *n*; **2.** *fig.* Auszeichnung *f*, Geltung *f*.

ec·lec·tic [e'klektɪk] **I** *adj.* (□ ***~ally***) ek'lektisch; **II** *s.* Ek'lektiker *m*; **ec·lec·ti·cism** [e'klektɪsɪzəm] *s. phls.* Eklekti'zismus *m*.

e·clipse [ɪ'klɪps] **I** *s.* **1.** *ast.* Verfinsterung *f*, Finsternis *f*: ***~ of the moon*** Mondfinsternis; ***partial ~*** partielle Finsternis; **2.** Verdunkelung *f*; **3.** *fig.* Schwinden *n*, Niedergang *m*: ***in ~*** im Schwinden, *a.* in der Versenkung verschwunden; **II** *v/t.* **4.** *ast.* verfinstern; **5.** verdunkeln; **6.** *fig.* in den Schatten stellen, über'ragen.

ec·logue ['eklɒg] *s.* Ek'loge *f*, Hirtengedicht *n*.

eco- [iːkəʊ] *in Zssgn* öko'logisch, Umwelt..., Öko...; **ˌe·co·ca'tas·tro·phe** *s.* 'Umweltkataˌstrophe *f*; **e·co·cide** ['iːkəʊsaɪd] *s.* 'Umweltzerstörung *f*; **'e·co·home** *s.* Ökohaus *n*.

ec·o·log·i·cal [ˌiːkə'lɒdʒɪkl] *adj.* □ *biol.* öko'logisch, Umwelt...: ***~ system*** → ***ecosystem***; **ˌec·o'log·i·cal·ly** [-kəlɪ] *adv.*: ***~ harmful*** (*od.* ***noxious***) umweltfeindlich; ***~ beneficial*** umweltfreundlich; **e·col·o·gist** [iː'kɒlədʒɪst] *s. biol.* Öko'loge *m*; **e·col·o·gy** [iː'kɒlədʒɪ] *s. biol.* Ökolo'gie *f*.

e·co·no·met·rics [ɪˌkɒnə'metrɪks] *s. pl. sg. konstr.* ✝ Ökonome'trie *f*.

e·co·nom·ic [ˌiːkə'nɒmɪk] **I** *adj.* (□ ***~ally***) **1.** (natio'nal)ökoˌnomisch, (volks-) wirtschaftlich, Wirtschafts...: ***~ area*** Wirtschaftsraum *m*; ***~ divide*** Wirtschaftsgefälle *n*; ***~ geography*** Wirtschaftsgeographie *f*; ***~ growth*** Wirtschaftswachstum *n*; ***~ indicators*** Konjunkturindikatoren *pl.*; ***~ migrant*** Wirtschaftsflüchtling *m*; ***~ miracle*** Wirtschaftswunder *n*; ***~ policy*** Wirtschaftspolitik *f*; ~ ***recovery*** konjunktureller Aufschwung; ~ ***refugee*** Wirtschaftsflüchtling *m*; ~ ***science*** → 3; ~ ***slowdown*** Konjunkturrückgang *m*; ~ ***summit*** Wirtschaftsgipfel *m*; **2.** wirtschaftlich, ren'tabel; **II** *s. pl. sg. konstr.* **3.** a) Natio'nalökono,mie *f*, Volkswirtschaft(slehre) *f*, b) → ***economy*** 4; ,**e·co'nom·i·cal** [-kl] *adj.* □ wirtschaftlich, sparsam, *Person a.* haushälterisch: ***be ~ with s.th.*** mit et. Haus halten *od.* sparsam umgehen.

E

e·con·o·mist [ɪ'kɒnəmɪst] *s.* **1.** *a.* ***political ~*** Volkswirt(schaftler) *m*, Natio'nalöko,nom *m*; **2.** sparsamer Wirtschafter, guter Haushälter; **e'con·o·mize** [-maɪz] **I** *v/t.* **1.** sparsam 'umgehen mit, Haus halten mit, sparen; **2.** nutzbar machen; **II** *v/i.* **3.** sparen: a) sparsam wirtschaften, Einsparungen machen: ~ ***on*** → 1, b) sich einschränken (***in*** in *dat.*); **e'con·o·miz·er** [-maɪzə] *s.* **1.** haushälterischer Mensch; **2.** ⚙ Sparanlage *f*, *bsd.* Wasser-, Luftvorwärmer *m*; **e·con·o·my** [ɪ'kɒnəmɪ] **I** *s.* **1.** Sparsamkeit *f*, Wirtschaftlichkeit *f*; **2.** *fig.* sparsame Anwendung, Sparsamkeit *f* in den (künstlerischen) Mitteln: ~ ***of style*** knapper Stil; **3.** a) Sparmaßnahme *f*, b) Einsparung *f*, c) Ersparnis *f*; **4.** ⚚ 'Wirtschaft(ssy,stem *n od.* -lehre *f*) *f*: ***political ~*** → ***economic*** 3a; **5.** Sy'stem *n*, Aufbau *m*, Gefüge *n*; **II** *adj.* **6.** Spar...: ~ ***bottle***; ~ ***class*** ✈ Economyklasse *f*; ~ ***drive*** Sparmaßnahmen *pl.*; ~***-priced*** preisgünstig, billig, Billig...

'**e·co|,pol·i·cy** *s.* 'Umweltpoli,tik *f*; **e·co·sphere** ['iːkəʊsfɪə(r)] *s.* Ökosphäre *f*; '~**,sys·tem** *s. biol.* 'Ökosy,stem *n*; '~**·type** *s. biol.* Öko'typus *m*.

ec·ru ['eɪkruː] *adj.* e'krü, na'turfarben, ungebleicht (*Stoff*).

ec·sta·size ['ekstəsaɪz] *v/t.* (*u. v/i.*) in Ek'stase versetzen (geraten).

ec·sta·sy ['ekstəsɪ] *s.* **1.** Ek'stase *f*, Verzückung *f*, Rausch *m*, (Taumel *m* der) Begeisterung *f*: ***go into ecstasies over*** in Verzückung geraten über (*acc.*), hingerissen sein von; **2.** Aufregung *f*; **3.** ⚕ Ek'stase *f*, krankhafte Erregung; **4.** 'Ecstasy *n* (*Droge*); **ec·stat·ic** [ɪk'stætɪk] *adj.* (□ ~***ally***) **1.** ek'statisch, verzückt, begeistert, hingerissen; **2.** entzückend, hinreißend.

ec·to·blast ['ektəʊblɑːst], '**ec·to·derm** [-dɜːm] *s. biol.* Ekto'derm *n*, äußeres Keimblatt; '**ec·to·plasm** [-plæzəm] *s. biol. u. Spiritismus*: Ekto'plasma *n*.

ec·u·men·i·cal [,iːkjuː'menɪkl] *adj. bsd. eccl.* öku'menisch: ~ ***council*** a) *R.C.* ökumenisches Konzil, b) Weltkirchenrat *m*.

ec·ze·ma ['eksɪmə] *s.* ⚕ Ek'zem *n*.

E-Day ['iːdeɪ] *s. pol. Tag des Beitritts Großbritanniens zur EWG.*

ed·dy ['edɪ] **I** *s.* (*Wasser-*, *Luft*)Wirbel *m*, Strudel *m* (*a. fig.*); **II** *v/i.* (um'her-) wirbeln.

e·del·weiss ['eɪdlvaɪs] *s.* Edelweiß *n*.

e·de·ma [iː'diːmə] → ***oedema***.

E·den ['iːdn] *s. bibl.* (der Garten) Eden *n*, das Para'dies (*a. fig.*).

edge [edʒ] **I** *s.* **1.** a) *a.* ***cutting ~*** Schneide *f*, b) Schärfe *f* (*der Klinge*): ***the knife has no ~*** das Messer schneidet nicht; ***put an ~ on s.th.*** et. schärfen *od.* schleifen; ***take the ~ off*** a) *Messer etc.* stumpf machen, b) *fig. e-r Sache* die Spitze abbrechen, die Schärfe nehmen; **2.** *fig.* Schärfe *f*, Spitze *f*, Heftigkeit *f*: ***give an ~ to s.th.*** et. verschärfen *od.* in Schwung bringen; ***not to put too fine an ~ on it*** kein Blatt vor den Mund nehmen; ***he is*** (*od.* ***his nerves are***) ***on ~*** er ist gereizt *od.* nervös; **3.** Ecke *f*, Zacke *f*, (scharfe) Kante; Grat *m*: ~ ***of a chair*** Stuhlkante; ***set*** (***up***) ***on ~*** hochkant stellen; → ***tooth*** 1; **4.** Rand *m*, Saum *m*, Grenze *f*: ***the ~ of the lake*** der Rand *od.* das Ufer des Sees; ~ ***of a page*** Rand e-r (Buch)Seite; ***on the ~ of*** a) am Rande (*der Verzweiflung etc.*), an der Schwelle (*gen.*), kurz vor (*dat.*), b) im Begriff (***of doing*** zu tun); **5.** Schnitt *m* (*Buch*); → ***gilt-edged*** 1; **6.** F Vorteil *m*: ***have the ~ on*** (*od.* ***over***) ***s.o.*** e-n Vorteil gegenüber j-m haben, j-m ‚voraus' *od.* ‚über' sein; **II** *v/t.* **7.** schärfen, schleifen; **8.** um'säumen, um'randen; begrenzen, einfassen; **9.** ⚙ beschneiden, abkanten; **10.** *langsam* schieben, rücken, drängen: ~ ***o.s. into s.th.*** sich in et. (hinein)drängen; **III** *v/i.* **11.** sich *wohin* schieben *od.* drängen; *Zssgn mit adv.*:

edge| a·way *v/i.* **1.** (langsam) wegrücken; **2.** wegschleichen; ~ **in I** *v/t.* einschieben; **II** *v/i.* sich hin'eindrängen *od.* -schieben; ~ **off** → ***edge away***; ~ **on** *v/t. j-n* antreiben; ~ **out** *v/t.* (*v/i.* sich) hin'ausdrängen.

edged [edʒd] *adj.* **1.** schneidend, scharf; **2.** *in Zssgn* ...schneidig; **3.** eingefasst, gesäumt; **4.** *in Zssgn* ...randig; ~ **tool** *s.* **1.** → ***edge tool***; **2.** ***play with edge***(***d***) ***tools*** *fig.* mit dem Feuer spielen.

edge| tool *s.* Schneidewerkzeug *n*; '~**·ways** [-weɪz], '~**·wise** [-waɪz] *adv.* a) seitlich, mit der Kante nach oben *od.* vorn, b) hochkant(ig): ***I couldn't get a word in ~*** *fig.* ich bin kaum zu Wort gekommen.

edg·ing ['edʒɪŋ] *s.* Rand *m*; Besatz *m*, Einfassung *f*, Borte *f*; **edg·y** ['edʒɪ] *adj.* **1.** kantig, scharf; **2.** *fig.* ner'vös, gereizt; **3.** *paint.* scharflinig.

ed·i·bil·i·ty [,edɪ'bɪlətɪ] *s.* Ess-, Genießbarkeit *f*; **ed·i·ble** ['edɪbl] **I** *adj.* ess-, genießbar: ~ ***oil*** Speiseöl *n*; **II** *s. pl.* Esswaren *pl.*

e·dict ['i:dɪkt] *s.* Erlass *m*, *hist.* E'dikt *n*.

ed·i·fi·ca·tion [ˌedɪfɪ'keɪʃn] *s. fig.* Erbauung *f*.

ed·i·fice ['edɪfɪs] *s. a. fig.* Gebäude *n*, Bau *m*; **'ed·i·fy** [-faɪ] *v/t. fig.* erbauen, aufrichten; **'ed·i·fy·ing** [-faɪɪŋ] *adj.* □ erbaulich (*a. iro.*).

ed·it ['edɪt] *v/t.* **1.** *Texte etc.* a) her'ausgeben, edieren, b) redigieren, druckfertig machen; **2.** *Zeitung* als Her'ausgeber leiten; **3.** *Buch etc.* bearbeiten, zur Veröffentlichung fertig machen; kürzen; *Film*, *Tonband* schneiden: **~ out** a) herausstreichen, b) herausschneiden; **~ing table** *TV* Schneidetisch *m*; **4.** *Computer*: *Daten* edi'tieren; **5.** *fig.* zu'rechtstutzen; **e·di·tion** [ɪ'dɪʃn] *s.* **1.** Ausgabe *f*: **pocket ~** Taschen(buch)ausgabe; **morning ~** Morgenausgabe (*Zeitung*); **2.** Auflage *f*: **first ~** erste Auflage, Erstdruck *m*, -ausgabe *f* (*Buch*); **run into 20 ~s** 20 Auflagen erleben; **3.** *fig.* (*kleinere etc.*) Ausgabe *f*; **'ed·i·tor** [-tə] *s.* **1.** *a.* **~ in chief** Herausgeber(in) (*e-s Buchs etc.*); **2.** *Zeitung*: a) *a.* **~ in chief** 'Chefredakˌteur (-in), b) Redak'teur(in): **the ~s** die Redaktion; **3.** *Film*, *TV*: Cutter(in); **ed·i·to·ri·al** [ˌedɪ'tɔ:rɪəl] **I** *adj.* □ **1.** Herausgeber...; **2.** redaktio'nell, Redaktions...: **~ staff** Redaktion *f*; **II** *s.* **3.** 'Leitarˌtikel *m*; **ed·i·to·ri·al·ize** [ˌedɪ'tɔ:rɪəlaɪz] *v/i.* (e-n) 'Leitarˌtikel schreiben; **'ed·i·tor·ship** [-təʃɪp] *s.* Positi'on *f* e-s Her'ausgebers *od.* ('Chef)Redakˌteurs; **'ed·i·tress** [-trɪs] *s.* Her'ausgeberin *f etc.* (→ **editor**).

ed·u·cate ['edju:keɪt] *v/t.* erziehen (*a. weitS.* **to** zu), unter'richten, (aus)bilden: **he was ~d at ...** er besuchte die (Hoch)Schule in ...; **'ed·u·cat·ed** [-tɪd] *adj.* **1.** gebildet; **2. an ~ guess** e-e fundierte Annahme.

ed·u·ca·tion [ˌedju:'keɪʃn] *s.* **1.** Erziehung *f* (*a. weitS.* **to** zu *demokratischem Denken etc.*), (Aus)Bildung *f*; **2.** (*erworbene*) Bildung, Bildungsstand *m*: **general ~** Allgemeinbildung *f*; **3.** Bildungs-, Schulwesen *n*; **4.** (Aus)Bildungsgang *m*; **5.** Päda'gogik *f*, Erziehungswissenschaft *f*; **ˌed·u'ca·tion·al** [-ʃnəl] *adj.* □ **1.** erzieherisch, Erziehungs..., päda'gogisch, Unterrichts...: **~ film** Lehrfilm *m*; **~ psychology** Schulpsychologie *f*; **~ television** Schulfernsehen *n*; **~ toys** pädagogisch wertvolles Spielzeug; **2.** Bildungs...: **~ leave** Bildungsurlaub *m*; **~ level** Bildungsniveau *n*; **~ misery** Bildungsnotstand *m*; **ˌed·u'ca·tion·al·ist** [-ʃnəlɪst], *a.* **ˌed·u'ca·tion·ist** [-ʃnɪst] *s.* Päda'goge *m*, Päda'gogin *f*: a) Erzieher(in), b) Erziehungswissenschaftler(in); **ed·u·ca·tive** ['edju:kətɪv] *adj.* **1.** erzieherisch, Erziehungs...; **2.** bildend, Bildungs...; **'ed·u·ca·tor** ['edju:keɪtə] → **educationalist**.

e·duce [ɪ'dju:s] *v/t.* **1.** her'ausholen, entwickeln; **2.** *Begriff* ableiten; **3.** ⚗ ausziehen, extrahieren.

ed·u·tain·ment [ˌedju:'teɪnmənt] *s. TV etc.*: Edu'tainment *n*, bildende Unter'haltung.

Ed·war·di·an [ed'wɔ:djən] *adj.* aus *od.* im Stil der Zeit König Eduards (*bsd.* Eduards VII.).

eel [i:l] *s.* Aal *m*; **~ buck**, **'~·pot** *s.* Aalreuse *f*; **'~·spear** *s.* Aalgabel *f*; **'~·worm** *s. zo.* Älchen *n*, Fadenwurm *m*.

e'en [i:n] *poet.* → **even**[1, 3].

e'er [eə] *poet.* → **ever**.

ee·rie, **ee·ry** ['ɪərɪ] *adj.* □ unheimlich, schaurig; **'ee·ri·ness** [-nɪs] *s.* Unheimlichkeit *f*.

eff [ef] *v/i.*: **~ off** V ‚abhauen'; → **effing**.

ef·face [ɪ'feɪs] *v/t.* **1.** wegwischen, -reiben, löschen; **2.** *bsd. fig.* auslöschen, tilgen; **3.** in den Schatten stellen: **~ o.s.** sich (bescheiden) zurückhalten, sich im Hintergrund halten; **ef'face·a·ble** [-səbl] *adj.* auslöschbar; **ef'face·ment** [-mənt] *s.* Auslöschung *f*, Tilgung *f*, Streichung *f*.

ef·fect [ɪ'fekt] **I** *s.* **1.** Wirkung *f* (**on** auf *acc.*): **take ~** wirken (→ 4); **2.** (Ein-)Wirkung *f*, Einfluss *m*, Erfolg *m*, Folge *f*: **of no ~** nutzlos, vergeblich; **3.** (gesuchte) Wirkung, Eindruck *m*, Ef'fekt *m*: **general ~** Gesamteindruck; **have an ~ on** wirken auf (*acc.*); **calculated** *od.* **meant for ~** auf Effekt berechnet; **straining after ~** Effekthascherei *f*; **4.** Wirklichkeit *f*, ⚖ (Rechts)Wirksamkeit *f*, (-)Kraft *f*, Gültigkeit *f*: **in ~** a) tatsächlich, eigentlich, im Wesentlichen, b) ⚖ *etc.* in Kraft, gültig; **with ~ from** mit Wirkung vom; **come into** (*od.* **take**) **~** wirksam werden, in Kraft treten; **carry into ~** ausführen, verwirklichen; **5.** Inhalt *m*, Sinn *m*, Absicht *f*, Nutzen *m*: **to the ~ that** des Inhalts, dass; **to this ~** diesbezüglich, in diesem Sinn; **words to this ~** derartige Worte; **6.** ⚙ Leistung *f*, 'Nutzefˌfekt *m*; **7.** *pl.* ✝ a) Ef'fekten *pl.*, b) Vermögen(swerte *pl.*) *n*, Habe *f*, c) Barbestand *m*, d) (Bank)Guthaben *n*: **no ~s** ohne Deckung (*Scheck*); **II** *v/t.* **8.** be-, erwirken, verursachen; **9.** ausführen, erledigen, voll'ziehen, tätigen, bewerkstelligen: **~ an insurance** ✝ e-e Versicherung abschließen; **~ payment** Zahlung leisten; **ef'fec·tive** [-tɪv] **I** *adj.* □ **1.** wirksam, erfolgreich, wirkungsvoll, kräftig: **~ range** ⚔ wirksame Schussweite; **2.** eindrucks-, ef'fektvoll; **3.** (rechts)wirksam, rechtskräftig, gültig, in Kraft: **~ from** *od.* **as of** mit Wirkung vom; **~ immediately** mit sofortiger Wirkung; **~ date** Tag *m* des In-Kraft-Tretens; **become ~** in Kraft treten; **4.**

E

tatsächlich, effek'tiv, wirklich; **5.** ⚔ dienstfähig, kampffähig, einsatzbereit: **~ *strength*** → 7b; **6.** ⚙ wirksam, nutzbar, Nutz...: **~ *capacity*** *od.* ***output*** Nutzleistung *f*; **II** *s. pl.* **7.** ⚔ a) einsatzfähige Sol'daten *pl.*, b) Iststärke *f*; **ef'fec·tive·ness** [-tɪvnɪs] *s.* Wirksamkeit *f*; **ef'fec·tu·al** [-tʃʊəl] *adj.* □ **1.** wirksam; **2.** → ***effective*** 3; **3.** wirklich, tatsächlich; **ef'fectu·ate** [-tjʊeɪt] → ***effect*** 8, 9.

ef·fem·i·na·cy [ɪ'femɪnəsɪ] *s.* **1.** Weichlichkeit *f*, Verweichlichung *f*; **2.** unmännliches Wesen; **ef'fem·i·nate** [-nət] *adj.* □ **1.** weichlich, verweichlicht; **2.** unmännlich, weibisch.

ef·fer·vesce [ˌefə'ves] *v/i.* **1.** (auf)brausen, moussieren, sprudeln, schäumen; **2.** *fig.* ('über)sprudeln, 'überschäumen; **ˌef·fer'ves·cence** [-sns] *s.* **1.** (Auf-)brausen *n*, Moussieren *n*; **2.** *fig.* ('Über)Sprudeln *n*, 'Überschäumen *n*; **ˌef·fer'ves·cent** [-snt] *adj.* **1.** sprudelnd, schäumend; moussierend: **~ *powder*** Brausepulver *n*; **2.** *fig.* ('über-)sprudelnd, 'überschäumend.

ef·fete [ɪ'fiːt] *adj.* erschöpft, entkräftet, kraftlos, verbraucht.

ef·fi·ca·cious [ˌefɪ'keɪʃəs] *adj.* □ wirksam; **ef·fi·ca·cy** ['efɪkəsɪ] *s.* Wirksamkeit *f*.

ef·fi·cien·cy [ɪ'fɪʃənsɪ] *s. allg.* Effizi'enz *f*: a) Tüchtigkeit *f*, Leistungsfähigkeit *f* (*a. e-s Betriebs etc.*), b) Wirksamkeit *f*, ⚙ (Nutz)Leistung *f*, Wirkungsgrad *m*, c) Tauglichkeit *f*, Brauchbarkeit *f*, d) ☤, ⚙ Wirtschaftlichkeit *f*: **~ *engineer***, **~ *expert*** ☤ Rationalisierungsfachmann *m*; **~ *wages*** leistungsbezogener Lohn; **~ *apartment*** *Am.* (Einzimmer)Appartement *n*; **ef'fi·cient** [-nt] *adj.* □ **1.** *allg.* effizi'ent: a) tüchtig, (*a.* ⚙ leistungs)fähig, b) wirksam, c) gründlich, d) zügig, rasch, e) ratio'nell, wirtschaftlich, f) tauglich, gut funktionierend, ⚙ *a.* leistungsstark; **2.** **~ *cause*** *phls.* wirkende Ursache.

ef·fi·gy ['efɪdʒɪ] *s.* Bild(nis) *n*: ***burn s.o. in ~*** j-n in effigie *od.* symbolisch verbrennen.

ef·fing ['efɪŋ] *adj.* V verdammt, Scheiß...

ef·flo·resce [ˌeflɔː'res] *v/i.* **1.** *bsd. fig.* aufblühen, sich entfalten; **2.** ⚗ ausblühen, -wittern; **ˌef·flo'res·cence** [-sns] *s.* **1.** *bsd. fig.* (Auf)Blühen *n*; **2.** Efflores'zenz: a) ⚗ Ausblühen *n*, Beschlag *m*, b) ⚕ Ausschlag *m*; **ˌef·flo'res·cent** [-snt] *adj.* **1.** *bsd. fig.* (auf)blühend; **2.** ⚗ ausblühend.

ef·flu·ence ['eflʊəns] *s.* Ausfließen *n*, -strömen *n*; Ausfluss *m*; **'ef·flu·ent** [-nt] **I** *adj.* **1.** ausfließend, -strömend; **II** *s.* **2.** Ausfluss *m*; **3.** Abwasser *n*.

ef·flux ['eflʌks] *s.* **1.** Ausfluss *m*, Ausströmen *n*; **2.** *fig.* Ablauf *m* (*der Zeit*).

ef·fort ['efət] *s.* **1.** Anstrengung *f*: a) Bemühung *f*, Versuch *m*, b) Mühe *f*: ***make an ~*** sich bemühen, sich anstrengen; ***make every ~*** sich alle Mühe geben; ***put a lot of ~ into it*** sich gewaltig anstrengen bei der Sache; ***spare no ~*** keine Mühe scheuen; ***with an ~*** mühsam; **2.** F Leistung *f*: ***a good ~***; **'ef·fort·less** [-lɪs] *adj.* mühelos, leicht.

ef·fron·ter·y [ɪ'frʌntərɪ] *s.* Frechheit *f*, Unverschämtheit *f*.

ef·ful·gence [ɪ'fʌldʒəns] *s.* Glanz *m*; **ef'ful·gent** [-nt] *adj.* □ strahlend.

ef·fuse [ɪ'fjuːz] **I** *v/t.* **1.** ausgießen, ausströmen (lassen); **2.** *Licht etc.* verbreiten; **II** *v/i.* **3.** ausströmen; **III** *adj.* [-s] **4.** ⚘ ausgebreitet; **ef·fu·sion** [ɪ'fjuːʒn] *s.* **1.** Ausströmen *n*; Ausgießung *f*; Erguss *m* (*a. fig.*): **~ *of blood*** ⚕ Bluterguss; **2.** *phys.* Effusi'on *f*; **3.** 'Überschwänglichkeit *f*; **ef'fu·sive** [-sɪv] *adj.* □ 'überschwänglich; **ef'fu·sive·ness** [-sɪvnɪs] → ***effusion*** 3.

e·gad [ɪ'gæd] *int. obs.* F o Gott!

e·gal·i·tar·i·an [ɪˌgælɪ'teərɪən] **I** *s.* Verfechter(in) des Egalita'rismus; **II** *adj.* egali'tär; **eˌgal·i'tar·i·an·ism** [-nɪzəm] *s.* Egalita'rismus *m*.

egg¹ [eg] *s.* **1.** Ei *n*: ***in the ~*** *fig.* im Anfangsstadium; ***a bad ~*** *fig.* F ein übler Kerl; ***as sure as ~s is*** *od.* ***are ~s*** *sl.* todsicher; ***have*** (*od.* ***put***) ***all one's ~s in one basket*** alles auf 'eine Karte setzen; ***lay an ~*** *thea. sl.* durchfallen; ***lay an ~!*** *sl.* ‚leck mich'!; → ***grandmother***; **2.** *biol.* Eizelle *f*; **3.** ⚔ *sl.* ‚Ei' *n*, ‚Koffer' *m* (*Bombe etc.*).

egg² [eg] *v/t. mst* **~ *on*** anstacheln.

'egg|ˌbeat·er *s.* **1.** *Küche*: Schneebesen *m*; **2.** *Am.* F Hubschrauber *m*; **~ coal** *s.* Nusskohle *f*; **~ co·sy**, *Am.* **~ co·zy** *s.* Eierwärmer *m*; **'~·cup** *s.* Eierbecher *m*; **~ flip** *s.* Eierflip *m*; **'~·head** *s.* F ‚Eierkopf' *m* (*Intellektueller*); **'~·nog** → ***egg flip***; **'~·plant** *s.* ⚘ Eierfrucht *f*, Auber'gine *f*; **~ roll** *s.* Frühlingsrolle *f*; **'~-shaped** *adj.* eiförmig; **'~·shell I** *s.* Eierschale *f*: **~ *china*** Eierschalenporzellan *n*; **II** *adj.* zerbrechlich; **~ spoon** *s.* Eierlöffel *m*; **~ tim·er** *s.* Eieruhr *f*; **~ whisk** *s. Küche*: Schneebesen *m*.

e·go ['egəʊ] *pl.* **-os** *s.* **1.** *psych.* Ich *n*, Selbst *n*, Ego *n*; **2.** Selbstgefühl *n*, -bewusstsein *n*, *a.* Stolz *m*, F Selbstsucht *f*, Selbstgefälligkeit *f*: **~ *trip*** F ‚Egotrip' *m* (*geistige Selbstbefriedigung*, *Angeberei etc.*); ***that will boost his ~*** das wird ihm Auftrieb geben *od.* ‚gut tun'; ***it feeds his ~*** das stärkt sein Selbstbewusstsein; ***his ~ was low*** s-e Moral war auf null.

e·go·cen·tric [ˌegəʊ'sentrɪk] *adj.* ego'zentrisch, ichbezogen; **e·go·ism** ['egəʊɪzəm] *s.* Ego'ismus *m* (*a. phls.*), Selbstsucht *f*; **e·go·ist** ['egəʊɪst] *s.* **1.** Ego'ist(in); **2.** → ***egotist*** 1; **e·go·is·tic,**

e·go·is·ti·cal [ˌegəʊˈɪstɪk(l)] *adj.* □ egoˈistisch; **e·go·ma·ni·a** [ˌegəʊˈmeɪnjə] *s.* krankhafte Selbstsucht *od.* -gefälligkeit *f*; **e·go·tism** [ˈegəʊtɪzəm] *s.* **1.** Egoˈtismus *m*: a) ˈSelbstüberˌhebung *f*, b) Ichbezogenheit *f*, c) Geltungsbedürfnis *n*; **2.** → ***egoism***; **e·go·tist** [ˈegəʊtɪst] *s.* **1.** Egoˈtist(in), geltungsbedürftiger *od.* selbstgefälliger Mensch; **2.** → ***egoist*** 1; **e·go·tis·tic**, **e·go·tis·ti·cal** [ˌegəʊˈtɪstɪk(l)] *adj.* □ **1.** selbstgefällig, egoˈtistisch, geltungsbedürftig; **2.** → ***egoistic***.

e·gre·gious [ɪˈgriːdʒəs] *adj.* □ unerhört, ungeheuer(lich), krass, Erz...

e·gress [ˈiːgres] *s.* **1.** Ausgang *m*; **2.** Ausgangsrecht *n*; **3.** *fig.* Ausweg *m*; **4.** *ast.* Austritt *m*; **e·gres·sion** [iːˈgreʃn] *s.* Ausgang *m*, -tritt *m*.

e·gret [ˈiːgret] *s.* **1.** *orn.* Silberreiher *m*; **2.** Reiherfeder *f*; **3.** ⚘ Federkrone *f*.

E·gyp·tian [ɪˈdʒɪpʃn] **I** *adj.* **1.** äˈgyptisch: **~ *cotton*** Mako *f, m, n*; **II** *s.* **2.** Äˈgypter (-in); **3.** *ling.* Äˈgyptisch *n*.

E·gyp·to·log·i·cal [ɪˌdʒɪptəˈlɒdʒɪkl] *adj.* ägyptoˈlogisch; **E·gyp·tol·o·gist** [ˌiːdʒɪpˈtɒlədʒɪst] *s.* Ägyptoˈloge *m*; **E·gyp·tol·o·gy** [ˌiːdʒɪpˈtɒlədʒɪ] *s.* Ägyptoloˈgie *f*.

eh [eɪ] *int.* **1.** eh?: a) wie (bitte)?, b) nicht wahr?; **2.** ei!, sieh da!

ei·der [ˈaɪdə] *s. orn. a.* **~ *duck*** Eiderente *f*; **ˈ~·down** *s.* **1.** *coll.* Eiderdaunen *pl.*; **2.** Daunendecke *f*.

ei·det·ic [aɪˈdetɪk] *psych.* **I** Eiˈdetiker (-in); **II** *adj.* eiˈdetisch.

eight [eɪt] **I** *adj.* **1.** acht: **~-*hour day*** Achtstundentag *m*; **II** *s.* **2.** Acht *f* (*Zahl, Spielkarte etc.*): ***have one over the ~*** *sl.* e-n ‚in der Krone' haben; **3.** *Rudern*: Achter *m* (*Boot od. Mannschaft*); **eight·een** [ˌeɪˈtiːn] **I** *adj.* achtzehn; **II** *s.* Achtzehn *f*; **eight·eenth** [ˌeɪˈtiːnθ] **I** *adj.* achtzehnt; **II** *s.* Achtzehntel *n*; **ˈeight·fold** *adj. u. adv.* achtfach; **eighth** [eɪtθ] **I** *adj.* □ acht(er, e, es); **II** *s.* Achtel *n* (*a.* ♪); **eighth·ly** [ˈeɪtθlɪ] *adv.* achtens; **ˈeight·i·eth** [-tɪɪθ] **I** *adj.* achtzigst; **II** *s.* Achtzigstel *n*; **ˈeight·y** [-tɪ] **I** *adj.* achtzig; **II** *s.* Achtzig *f*: ***the eighties*** die Achtzigerjahre (*eines Jahrhunderts*); ***he is in his eighties*** er ist in den Achtzigern.

Ein·stein·i·an [aɪnˈstaɪnjən] *adj.* einsteinsch(er, -e, -es).

ei·ther [ˈaɪðə] **I** *adj.* **1.** jeder, jede, jedes (*von zweien*), beide: ***on ~ side*** auf beiden Seiten; ***there is nothing in ~ bottle*** beide Flaschen sind leer; **2.** (irgend)ein (*von zweien*): **~ *way*** auf die e-e od. andere Art; **~ *half of the cake*** (irgend-) eine Hälfte des Kuchens; **II** *pron.* **3.** (irgend)ein (*von zweien*): **~ *of you can come*** (irgend)einer von euch (beiden) kann kommen; ***I didn't see ~*** ich sah keinen (von beiden); **4.** beides: **~ *is possible***; **III** *cj.* **5.** **~ ... *or*** entweder ... oder: **~ *be quiet or go!*** entweder sei still oder geh!; **6.** *neg.*: **~ ... *or*** weder ... noch: ***it isn't good ~ for parent or child*** es ist weder für Eltern noch Kinder gut; **IV** *adv.* **7.** *neg.*: ***nor ... ~*** (und) auch nicht, noch: ***he could not hear nor speak ~*** er konnte weder hören noch sprechen; ***I shall not go ~*** ich werde auch nicht gehen; ***she sings, and not badly ~*** sie singt, und gar nicht schlecht; **8.** ***without ~ good or bad intentions*** ohne gute oder schlechte Absichten; **ˌ~-ˈor** *s.* Entweder-Oder *n*.

e·jac·u·late [ɪˈdʒækjʊleɪt] **I** *v/t.* **1.** *physiol. Samen* ausstoßen; **2.** *Worte* ausstoßen; **II** *v/i.* **3.** *physiol.* ejakulieren; **4.** *fig.* aus-, herˈvorstoßen; **III** *s.* **5.** *physiol.* Ejakuˈlat *n*; **e·jac·u·la·tion** [ɪˌdʒækjʊˈleɪʃn] *s.* **1.** ✱ Ejakulatiˈon *f*, Samenerguss *m*; **2.** a) Ausruf *m*, b) Stoßseufzer *m*, -gebet *n*; **eˈjac·u·la·to·ry** [-lətərɪ] *adj.* **1.** ✱ Ejakulations...; **2.** hastig (ausgestoßen): **~ *prayer*** Stoßgebet *n*.

e·ject [ɪˈdʒekt] **I** *v/t.* **1.** (***from***) *j-n* hinauswerfen (aus), vertreiben (aus, von); entlassen (aus); **2.** ⚖ exmittieren, ausweisen (***from*** aus); **3.** ⚙ ausstoßen, -werfen; **II** *v/i.* **4.** ✈ den Schleudersitz betätigen; **eˈjec·tion** [-kʃn] *s.* **1.** (***from*** aus) Vertreibung *f*, Entfernung *f*, Entlassung *f*; **2.** ⚙ Ausstoßung *f*, Auswerfen *n*: **~ *seat*** ✈ Schleudersitz *m*; **eˈject·ment** [-mənt] *s.* **1.** → ***ejection*** 1; **2.** ⚖ a) Räumungsklage *f*, b) Herˈausgabeklage *f*; **eˈjec·tor** [-tə] *s.* **1.** Vertreiber *m*; **2.** ⚙ a) ˈAuswurfappaˌrat *m*, Strahlpumpe *f*, b) ⚔ (Paˈtronenhülsen)Auswerfer *m*: **~ *seat*** ✈ Schleudersitz *m*.

eke [iːk] *v/t.* **~ *out*** a) *Flüssigkeit, Vorrat etc.* strecken, b) *Einkommen* aufbessern, c) **~ *out a living*** sich (mühsam) durchschlagen.

el [el] *s.* **1.** L *n*, l *n* (*Buchstabe*); **2.** 🚂 F Hochbahn *f*.

e·lab·o·rate **I** *adj.* [ɪˈlæbərət] □ **1.** sorgfältig *od.* kunstvoll ausgeführt *od.* (aus)gearbeitet; **2.** (wohl) durchdacht, (sorgfältig) ausgearbeitet: ***an ~ report***; **3.** a) kunstvoll, kompliziert, b) ˈumständlich; **II** *v/t.* [-bəreɪt] **4.** sorgfältig aus- *od.* herˈausarbeiten, verˈvollkommnen; **5.** *Theorie* entwickeln; **6.** genau darlegen; **III** *v/i.* **7.** **~ (*up*)*on*** ausführlich behandeln, sich verbreiten über (*acc.*); **eˈlab·o·rate·ness** [-nɪs] *s.* **1.** sorgfältige *od.* kunstvolle Ausführung; **2.** a) Sorgfalt *f*, b) Kompliziertheit *f*, c) ausführliche Behandlung; **e·lab·o·ra·tion** [ɪˌlæbəˈreɪʃn] *s.* **1.** → ***elaborateness*** 1; **2.** (Weiter)Entwicklung *f*.

é·lan [eɪˈlɑ̃ːŋ] (*Fr.*) *s.* Eˈlan *m*, Schwung *m*.

E

e·land ['iːlənd] *s.* 'Elenanti,lope *f.*
e·lapse [ɪ'læps] *v/i.* vergehen, verstreichen (*Zeit*), ablaufen (*Frist*).
e·las·tic [ɪ'læstɪk] **I** *adj.* (□ **~ally**) **1.** e'lastisch: a) federnd, spannkräftig (*alle a. fig.*), b) dehnbar, biegsam, geschmeidig (*a. fig.*): **~ conscience** weites Gewissen; **an ~ word** ein dehnbarer Begriff; **2.** *phys.* a) elastisch, b) expansi'onsfähig (*Gas*), c) inkompres'sibel (*Flüssigkeit*): **~ force** → **elasticity**; **3.** Gummi...: **~ band**; **~ stocking** Gummistrumpf *m*; **II** *s.* **4.** Gummiband *n*, -zug *m*; **5.** Gummigewebe *n*, -stoff *m*; **e'las·ti·cat·ed** [-keɪtɪd] *adj.* mit Gummizug; **e·las·tic·i·ty** [,elæ'stɪsətɪ] *s.* Elastizi'tät *f*: a) Spannkraft *f* (*a. fig.*), b) Dehnbarkeit *f*, Biegsamkeit *f*, Geschmeidigkeit *f* (*a. fig.*).
e·late [ɪ'leɪt] *v/t.* **1.** mit Hochstimmung erfüllen, begeistern, freudig erregen; **2.** *j-m* Mut machen; **3.** *j-n* stolz machen; **e'lat·ed** [-tɪd] *adj.* □ **1.** in Hochstimmung, freudig erregt (**at** über *acc.*, **with** durch); **2.** stolz; **e'la·tion** [-eɪʃn] *s.* **1.** Hochstimmung, freudige Erregung; **2.** Stolz *m.*
el·bow ['elbəʊ] **I** *s.* **1.** Ell(en)bogen *m*: **at one's ~** a) in Reichweite, bei der Hand, b) *fig.* an s-r Seite; **out at ~s** a) schäbig (*Kleidung*), b) schäbig gekleidet, heruntergekommen (*Person*); **be up to the ~s in work** bis über die Ohren in der Arbeit stecken; **bend** *od.* **lift one's ~** F ‚einen heben'; **2.** Biegung *f*, Krümmung *f*, Ecke *f*, Knie *n*; **3.** ⚙ Knie *n*; (Rohr)Krümmer *m*, Winkel(-stück *n*) *m*; **II** *v/t.* **4.** *mit dem Ellbogen* stoßen, drängen (*a. fig.*): **~ s.o. out** j-n hinausdrängen; **~ o.s. through** sich durchdrängeln; **~ one's way** → 5; **III** *v/i.* **5.** sich (mit den Ellbogen) e-n Weg bahnen (**through** durch); **~ chair** *s.* Arm-, Lehnstuhl *m*; **~ grease** *s. humor.* **1.** ‚Arm-, Knochenschmalz' *n* (*Kraft*); **2.** schwere Arbeit; **'~·room** [-rʊm] *s.* Bewegungsfreiheit *f*, Spielraum *m* (*a. fig.*).
eld [eld] *s. obs.* **1.** (Greisen)Alter *n*; **2.** alte Zeiten *pl.*
eld·er¹ ['eldə] **I** *adj.* **1.** älter: **my ~ brother** mein älterer Bruder; **2.** rangälter: **♀ Statesman** *pol. u. fig.* ‚großer alter Mann'; **II** *s.* **3.** (der, die) Ältere: **he is my ~ by two years** er ist zwei Jahre älter als ich; **my ~s** ältere Leute als ich; **4.** Re'spektsper,son *f*; **5.** *oft pl.* (Kirchen-, Gemeinde- *etc.*)Älteste(r) *m.*
el·der² ['eldə] *s.* Ho'lunder *m*; **'el·der-,ber·ry** *s.* Ho'lunderbeere *f.*
eld·er·ly ['eldəlɪ] *adj.* ältlich: **an ~ couple** ein älteres Ehepaar; **eld·est** ['eldɪst] *adj.* ältest: **my ~ brother** mein ältester Bruder.
El Do·ra·do [,eldə'rɑːdəʊ] *pl.* **-dos** *s.* (El)Do'rado *n.*
e·lect [ɪ'lekt] **I** *v/t.* **1.** *j-n in ein Amt* wählen: **~ s.o. to an office**; **2.** *et.* wählen, sich entscheiden für: **~ to do s.th.** sich (dazu) entschließen *od.* es vorziehen, et. zu tun; **he was ~ed president** er wurde zum Präsidenten gewählt; **3.** *eccl.* auserwählen; **II** *adj.* **4.** (*nachgestellt*) designiert, zukünftig: **bride ~** Zukünftige *f*, Braut *f*; **the president ~** der designierte Präsident; **5.** erlesen; **6.** *eccl.* (*von Gott*) auserwählt; **III** *s.* **7.** *eccl. u. fig.* **the ~** die Auserwählten *pl.*; **e'lec·tion** [-kʃn] *s. mst pol.* Wahl *f*: **~ campaign** Wahlkampf *m*, -feldzug *m*; **~ pledge** Wahlversprechen *n*; **~ returns** Wahlergebnisse; **e·lec·tion·eer** [ɪ,lekʃə'nɪə] *v/i. pol.* Wahlkampf betreiben: **~ for s.o.** für j-n Wahlpropaganda machen *od.* Stimmen werben; **e·lec·tion·eer·ing** [ɪ,lekʃə'nɪərɪŋ] *s. pol.* 'Wahlpropa,ganda *f*, -kampf *m*, -feldzug *m*; **e'lec·tive** [-tɪv] **I** *adj.* □ **1.** gewählt, durch Wahl, Wahl...; **2.** wahlberechtigt, wählend; **3.** *ped. Am.* wahlfrei, fakulta'tiv: **~ subject** → 4; **II** *s.* **4.** *ped. Am.* Wahlfach *n*; **e'lec·tor** [-tə] *s.* **1.** *pol.* a) Wähler(in), b) *Am.* Wahlmann *m*; **2.** ♀ *hist.* Kurfürst *m*; **e'lec·tor·al** [-tərəl] *adj.* **1.** Wahl..., Wähler...: **~ college** *Am.* Wahlmänner *pl.* (*e-s Staates*); **2.** *hist.* Kurfürsten...; **e'lec·tor·ate** [-tərət] *s.* **1.** *pol.* Wähler(-schaft *f*) *pl.*; **2.** *hist.* a) Kurwürde *f*, b) Kurfürstentum *n*; **e'lec·tress** [-trɪs] *s.* **1.** Wählerin *f*; **2.** ♀ *hist.* Kurfürstin *f.*
e·lec·tric [ɪ'lektrɪk] *adj.* (□ **~ally**) **1.** a) e'lektrisch: **~ cable** (**charge**, **current**, **light** *etc.*), b) Elektro...: **~ motor**, c) Elektrizitäts...: **~ works**, d) e,lektro'technisch; **2.** *fig.* a) elektrisierend: **an ~ effect**, b) spannungsgeladen: **~ atmosphere**; **e'lec·tri·cal** [-kl] → **electric** 1: **~ engineer** Elektroingenieur *m od.* -techniker *m*; **~ engineering** Elektrotechnik *f.*
e·lec·tric| arc *s.* Lichtbogen *m*; **~ art** *s.* Lichtkunst *f*; **~ blan·ket** *s.* Heizdecke *f*; **~ blue** *s.* Stahlblau *n*; **~ chair** *s.* ⚖ e'lektrischer Stuhl; **~ cir·cuit** *s.* Stromkreis *m*; **~ cush·ion** *s.* Heizkissen *n*; **~ eel** *s. zo.* Zitteraal *m*; **~ eye** *s.* **1.** Fotozelle *f*; **2.** magisches Auge; **~ gui·tar** *s.* e'lektrische Gi'tarre, 'E-Gi,tarre *f.*
e·lec·tri·cian [,ɪlek'trɪʃn] *s.* E'lektriker *m*, E,lektro'techniker *m.*
e·lec·tric·i·ty [,ɪlek'trɪsətɪ] *s.* Elektrizi'tät *f*; **~ con·sump·tion** *s.* Stromverbrauch *m*; **~ gen·er·a·tion** *s.* Stromerzeugung *f.*
e·lec·tric| plant *s.* e'lektrische Anlage; **~ ray** *s. zo.* Zitterrochen *m*; **~ shock** *s.* **1.** e'lektrischer Schlag; **2.** ⚕ E'lektroschock *m*; **~ steel** *s.* ⚙ E'lektrostahl *m*;

~ storm *s.* Gewittersturm *m*; **~ torch** *s.* (e'lektrische) Taschenlampe.

e·lec·tri·fi·ca·tion [ɪˌlektrɪfɪ'keɪʃn] *s.* **1.** Elektrisierung *f* (*a. fig.*); **2.** Elektrifizierung *f*; **e·lec·tri·fy** [ɪ'lektrɪfaɪ] *v/t.* **1.** elektrisieren (*a. fig.*), e'lektrisch laden; **2.** elektrifizieren; **3.** *fig.* anfeuern, erregen, begeistern.

e·lec·tro [ɪ'lektrəʊ] *pl.* **-tros** *s. typ.* F Gal'vano *n*, Kli'schee *n*.

electro- [ɪlektrəʊ] *in Zssgn* Elektro..., elektro..., e'lektrisch.

eˌlec·tro|·a'nal·y·sis [ɪˌlektrəʊ-] *s.* ⚗ Eˌlektroana'lyse *f*; **~'car·di·o·gram** *s.* ⚕ Eˌlektrokardio'gramm *n*, EK'G *n*; **~'chem·is·try** *s.* Eˌlektroche'mie *f*.

e·lec·tro·cute [ɪ'lektrəkjuːt] *v/t.* **1.** auf dem e'lektrischen Stuhl hinrichten; **2.** durch elektrischen Strom töten; **e·lec·tro·cu·tion** [ɪˌlektrə'kjuːʃn] *s.* Hinrichtung *f od.* Tod *m* durch elektrischen Strom.

e·lec·trode [ɪ'lektrəʊd] *s.* ⚡ Elek'trode *f*.

eˌlec·tro|·dy'nam·ics *s. pl. sg. konstr.* Eˌlektrody'namik *f*; **~·en·gi'neer·ing** *s.* Eˌlektro'technik *f*; **~·ki'net·ics** *s. pl. sg. konstr.* Eˌlektroki'netik *f*.

e·lec·trol·y·sis [ˌɪlek'trɒlɪsɪs] *s.* Elektro'lyse *f*; **e·lec·tro·lyte** [ɪ'lektrəʊlaɪt] *s.* Elektro'lyt *m*.

eˌlec·tro|'mag·net *s.* Eˌlektroma'gnet *m*; **~·mag'net·ic** *adj.* (□ **~ally**) eˌlektroma'gnetisch; **~·me'chan·ics** *s. pl. sg. konstr.* Eˌlektrome'chanik *f*.

e·lec·trom·e·ter [ˌɪlek'trɒmɪtə] *s.* Eˌlektro'meter *n*.

eˌlec·tro|'mo·tive *adj.* eˌlektromo'torisch; **~'mo·tor** *s.* Eˌlektro'motor *m*.

e·lec·tron [ɪ'lektrɒn] *phys.* **I** *s.* Elektron *n*; **II** *adj.* Elektronen...: **~ *microscope***; **e·lec·tron·ic** [ˌɪlek'trɒnɪk] *adj.* (□ **~ally**) elek'tronisch, Elektronen...: **~ *cash*** 'E-cash *n*, elektronische 'Geldüberˌweisung *f*; **~ *flash*** *phot.* Elektronenblitz *m*; **~ *funds transfer*** EDV-Überweisungsverkehr *m*; **~ *mail*** elektronische Post; **~ *music*** elektronische Musik; **e·lectron·ics** [ˌɪlek'trɒnɪks] *s. pl. sg. konstr.* Elek'tronik *f* (*a. als Konstruktionsteil*).

e·lec·tro|·plate [ɪ'lektrəʊ-] **I** *v/t.* elektroplattieren, galvanisieren; **II** *s.* elektroplattierte Ware; **~·scope** [-əskəʊp] *s. phys.* Eˌlektro'skop *n*; **~·scop·ic** [ɪˌlektrə'skɒpɪk] *adj.* (□ **~ally**) eˌlektro'skopisch; **~'ther·a·py** [ɪˌlektrəʊ-] *s.* ⚕ Eˌlektrothera'pie *f*; **~·type I** *s.* **1.** Gal'vano *n*; **2.** galˌvano'plastischer Druck; **II** *v/t.* **3.** galˌvano'plastisch vervielfältigen.

el·e·gance ['elɪgəns] *s. allg.* Ele'ganz *f*; **'el·e·gant** [-nt] *adj.* □ **1.** ele'gant: a) fein, geschmackvoll, vornehm (u. schön), b) gewählt, gepflegt, c) anmutig, d) geschickt, gekonnt; **2.** F erstklassig, ‚prima'.

el·e·gi·ac [ˌelɪ'dʒaɪək] **I** *adj.* e'legisch (*a. fig. schwermütig*), Klage...; **II** *s.* elegischer Vers; *pl.* elegisches Gedicht; **el·e·gize** ['elɪdʒaɪz] *v/i.* e-e Ele'gie schreiben (***upon*** auf *acc.*); **el·e·gy** ['elɪdʒɪ] *s.* Ele'gie *f*, Klagelied *n*.

el·e·ment ['elɪmənt] *s.* **1.** *allg.* Ele'ment *n*: a) *phls.* Urstoff *m*, b) Grundbestandteil *m*, c) ⚗ Grundstoff *m*, d) ⚙ Bauteil *n*, e) Grundlage *f*; **2.** Grundtatsache *f*, wesentlicher Faktor: ***an ~ of risk*** ein gewisses Risiko; ***~ of surprise*** Überraschungsmoment *n*; ***~ of uncertainty*** Unsicherheitsfaktor; **3.** ⚖ Tatbestandsmerkmal *n*; **4.** *pl.* Anfangsgründe *pl.*, Anfänge *pl.*, Grundlage(n *pl.*) *f*; **5.** *pl.* Na'turkräfte *pl.*, Ele'mente *pl.*; **6.** ('Lebens)Eleˌment *n*, gewohnte Um'gebung: ***be in*** (***out of***) ***one's ~*** (nicht) in s-m Element sein; **7.** *fig.* Körnchen *n*, Fünkchen *n*, Hauch *m*: ***an ~ of truth*** ein Körnchen Wahrheit; **8.** a) ⚔ Truppenteil *m*, b) ✈ Rotte *f*; **9.** (Bevölkerungs-) Teil *m*, (*kriminelle etc.*) Ele'mente *pl.*; **el·e·men·tal** [ˌelɪ'mentl] *adj.* **1.** elemen'tar: a) ursprünglich, na'türlich, b) urgewaltig, c) wesentlich; **2.** Elementar..., Ur...

el·e·men·ta·ry [ˌelɪ'mentərɪ] *adj.* □ **1.** → ***elemental*** 1 *u.* 2; **2.** elemen'tar, Elementar..., Einführungs..., Anfangs..., grundlegend; **3.** elemen'tar, einfach; **4.** ⚗, ⚘, *phys.* elemen'tar, Elementar...: ***~ particle*** Elementarteilchen *n*; **5.** rudimen'tär, unentwickelt; **~ ed·u·ca·tion** *s.* **1.** Grundschul-, Volksschulbildung *f*; **2.** Volksschulwesen *n*; **~ school** *s.* Volks-, Grundschule *f*.

el·e·phant ['elɪfənt] *s.* **1.** *zo.* Ele'fant *m*: ***~ seal*** See-Elefant; ***pink ~*** F ‚weiße Mäuse' *pl.*, Halluzinationen *pl.*; ***white ~*** *fig.* lästiger *od.* kostspieliger Besitz; **2.** *ein Papierformat* (*711 584 mm*); **el·e·phan·ti·a·sis** [ˌelɪfən'taɪəsɪs] *s.* ⚕ Elefan'tiasis *f*; **el·e·phan·tine** [ˌelɪ'fæntaɪn] *adj.* **1.** ele'fantenartig, Elefanten...; **2.** *fig.* riesenhaft; **3.** plump, schwerfällig.

El·eu·sin·i·an [ˌeljuː'sɪnɪən] *adj. antiq.* eleu'sinisch.

el·e·vate ['elɪveɪt] *v/t.* **1.** hoch-, em'porheben; aufrichten; erhöhen; **2.** *Blick* erheben; *Stimme* heben; **3.** (***to***) *j-n* erheben (in *den Adelsstand*), befördern (zu *e-m Posten*); **4.** *fig. j-n* (*seelisch*) erheben, erbauen; **5.** erheitern; **6.** *Niveau etc.* heben; **7.** ⚔ *Geschützrohr* erhöhen; **'el·e·vat·ed** [-tɪd] **I** *adj.* **1.** erhöht; Hoch...: **~ *railway***, *Am.* **~ *railroad*** Hochbahn *f*; **2.** gehoben (*Position*, *Stil etc.*), erhaben (*Gedanken*); **3.** a) erheitert, b) F beschwipst; **II** *s.* **4.** *Am.* F Hochbahn *f*; **'el·e·vat·ing** [-tɪŋ] *adj.* **1.** *bsd.* ⚙ hebend, Hebe..., Höhen...; **2.**

fig. a) erhebend, erbaulich, b) erheiternd; **el·e·va·tion** [ˌelɪˈveɪʃn] *s.* **1.** Hoch-, Emˈporheben *n*; **2.** (Boden)Erhebung *f*, (An)Höhe *f*; **3.** Höhe *f* (*a. ast.*), (Grad *m* der) Erhöhung *f*; **4.** *geogr.* Meereshöhe *f*; **5.** ⚔ Richthöhe *f*; **6.** ⚙ Aufstellung *f*, Errichtung *f*; **7.** △ Aufriss *m*: ***front*** ~ Vorderansicht *f*; **8.** a) (***to***) Erhebung *f* (in *den Adelsstand*), Beförderung *f* (zu *e-m Posten etc.*), b) gehobene Positiˈon; **9.** *fig.* (*seelische*) Erhebung, Erbauung *f*; **10.** *fig.* Hebung *f* (*des Niveaus etc.*); **11.** *fig.* Erhabenheit *f*, Gehobenheit *f* (*des Stils etc.*); **ˈel·e·va·tor** [-tə] *s.* **1.** ⚙ a) Hebe-, Förderwerk *n*, b) Hebewerk *n*, c) *Am.* Fahrstuhl *m*, Aufzug *m*; **2.** Getreidesilo *m*; **3.** ✈ Höhensteuer *n*, -ruder *n*; **4.** *anat.* Hebemuskel *m*.

e·lev·en [ɪˈlevn] **I** *adj.* **1.** elf; **II** *s.* **2.** Elf *f*; **3.** *sport* Elf *f*; **eˌlev·en-ˈplus** *s. ped. Brit. hist. im Alter von 11–12 Jahren abgelegte Prüfung, die über die schulische Weiterbildung entschied;* **eˈlev·en·ses** [-zɪz] *s. pl. Brit.* F zweites Frühstück; **eˈlev·enth** [-nθ] **I** *adj.* □ **1.** elft; → ***hour*** 2; **II** *s.* **2.** (*der, die, das*) Elfte; **3.** Elftel *n*.

elf [elf] *pl.* **elves** [elvz] *s.* **1.** Elf *m*, Elfe *f*; **2.** Kobold *m*; **3.** *fig.* a) Knirps *m*, b) (kleiner) Racker; **elf·in** [ˈelfɪn] **I** *adj.* Elfen..., Zwergen...; **II** *s.* → ***elf***; **elf·ish** [ˈelfɪʃ] *adj.* **1.** elfenartig; **2.** schelmisch, koboldhaft.

ˈelf·lock *s.* Weichselzopf *m*, verfilztes Haar.

e·lic·it [ɪˈlɪsɪt] *v/t.* **1.** (***from*** *j-m, e-m Instrument etc.*) *et.* entlocken; **2.** (***from*** aus *j-m*) *e-e Aussage etc.* herˈauslocken, -holen; **3.** *e-e Reaktion* auslösen, herˈvorrufen; **4.** *et.* ans Licht bringen.

e·lide [ɪˈlaɪd] *v/t. ling. Vokal od. Silbe* elidieren, auslassen.

el·i·gi·bil·i·ty [ˌelɪdʒəˈbɪlətɪ] *s.* **1.** Eignung *f*, Befähigung *f*: ***his eligibilities*** s-e Vorzüge; **2.** Berechtigung *f*; **3.** Wählbarkeit *f*; **4.** Teilnahmeberechtigung *f*, *sport a.* Startberechtigung *f*; **el·i·gi·ble** [ˈelɪdʒəbl] **I** *adj.* □ **1.** (***for***) infrage kommend (für): a) geeignet, akzepˈtabel (für), b) berechtigt, befähigt (zu), qualifiziert (für): ~ ***for a pension*** pensionsberechtigt, c) wählbar; **2.** wünschenswert, vorteilhaft; **3.** teilnahmeberechtigt, *sport a.* startberechtigt; **II** *s.* **4.** F infrage kommende Perˈson *od.* Sache.

e·lim·i·nate [ɪˈlɪmɪneɪt] *v/t.* **1.** beseitigen, entfernen, ausmerzen, *a.* ⩘ eliminieren (***from*** aus); **2.** ausscheiden (*a.* ⚗, *physiol.*), ausschließen, *a. Gegner* ausschalten: ***be*** ~***d*** *sport* ausscheiden; **3.** *fig. et.* ausklammern, ignorieren; **e·lim·i·na·tion** [ɪˌlɪmɪˈneɪʃn] *s.* **1.** Beseitigung *f*, Entfernung *f*, Ausmerzung *f*, Eliminierung *f*; **2.** ⩘ Eliminatiˈon *f*; **3.** ⚗, *physiol., a. sport* Ausscheidung *f*: ~ ***contest*** Ausscheidungs-, Qualifikationswettbewerb *m*; **4.** Ausschaltung *f* (*e-s Gegners*); **5.** *fig.* Ignorierung *f*; **eˈlim·i·na·tor** [-tə] *s. Radio*: Sieb-, Sperrkreis *m*.

e·li·sion [ɪˈlɪʒn] *s. ling.* Elisiˈon *f*, Auslassung *f* (*e-s Vokals od. e-r Silbe*).

e·lite [eɪˈliːt] (*Fr.*) *s.* Eˈlite *f*: a) Auslese *f*, (*das*) Beste, (*die*) Besten *pl.*, b) Führungs-, Oberschicht *f*, c) ⚔ Eˈlite-, Kerntruppe *f*; **eˈlit·ism** [-tɪzəm] *s.* eliˈtäres Denken; **eˈlit·ist** [-tɪst] *adj.* eliˈtär.

e·lix·ir [ɪˈlɪksə] *s.* **1.** Eliˈxier *n*, Zauber-, Heiltrank *m*: ~ ***of life*** Lebenselixier; **2.** Allˈheilmittel *n*.

E·liz·a·be·than [ɪˌlɪzəˈbiːθn] **I** *adj.* elisabeˈthanisch; **II** *s.* Zeitgenosse *m* Eˈlisabeths I. von England.

elk [elk] *s. zo.* **1.** Elch *m*, Elen *m, n*; **2.** *Am.* Elk *m*, Waˈpiti *m*.

ell [el] *s.* Elle *f*; → ***inch*** 2.

el·lipse [ɪˈlɪps] *s.* **1.** ⩘ Elˈlipse *f*; **2.** → **elˈlip·sis** [-sɪs] *pl.* **-ses** [-siːz] *s. ling.* Elˈlipse *f*, Auslassung *f* (*a. typ.*); **elˈlip·soid** [-sɔɪd] *s.* ⩘ Ellipsoˈid *n*; **elˈlip·tic, elˈlip·ti·cal** [-ptɪk(l)] *adj.* □ **1.** ⩘ elˈliptisch; **2.** *ling.* elliptisch, unvollständig (*Satz*).

elm [elm] *s.* Ulme *f*, Rüster *f*.

el·o·cu·tion [ˌeləˈkjuːʃn] *s.* **1.** Vortrag(sweise *f*) *m*, Diktiˈon *f*; **2.** Vortragskunst *f*; **3.** Sprechtechnik *f*; **ˌel·oˈcu·tion·ist** [-nɪst] *s.* **1.** Vortragskünstler(in); **2.** Sprecherzieher(in).

e·lon·gate [ˈiːlɒŋgeɪt] **I** *v/t.* **1.** verlängern; *bsd.* ⚙ strecken, dehnen; **II** *v/i.* **2.** sich verlängern; **3.** ⚘ spitz zulaufen; **III** *adj.* **4.** → **ˈe·lon·gat·ed** [-tɪd] *adj.* **1.** verlängert: ~ ***charge*** ⚔ gestreckte Ladung; **2.** lang u. dünn; **e·lon·ga·tion** [ˌiːlɒŋˈgeɪʃn] *s.* **1.** Verlängerung *f*; **2.** ⚙ Streckung *f*, Dehnung *f*; **2.** *ast., phys.* Elongatiˈon *f*.

e·lope [ɪˈləʊp] *v/i.* (mit s-m *od.* s-r Geliebten) ‚ˈdurchbrennen': ~ ***with*** *a. die Geliebte* entführen; **eˈlope·ment** [-mənt] *s.* ‚ˈDurchbrennen' *n*; Flucht *f*; Entführung *f*; **eˈlop·er** [-pə] *s.* Ausreißer(in).

el·o·quence [ˈeləkwəns] *s.* Beredsamkeit *f*, Redegewandtheit *f*, -kunst *f*; **ˈel·o·quent** [-nt] *adj.* □ **1.** beredt, redegewandt; **2.** *fig.* a) sprechend, ausdrucksvoll, b) beredt, viel sagend (*Blick etc.*).

else [els] *adv.* **1.** (*neg. u. interrog.*) sonst, weiter, außerdem: ***anything*** ~***?*** sonst noch etwas?; ***what*** ~ ***can we do?***; was können wir sonst (noch) tun?; ***no one*** ~ sonst *od.* weiter niemand; ***where*** ~***?*** wo anders?, wo sonst (noch)?; **2.** anderer, andere, anderes:

that's something ~ das ist et. anderes; ***everybody ~*** alle anderen *od.* Übrigen; ***somebody ~'s dog*** der Hund e-s anderen; **3.** *oft* ***or ~*** oder, sonst, wenn nicht: ***hurry***, **(*or*)** ***~ you will be late*** beeile dich, oder du kommst zu spät *od.* sonst kommst du zu spät; ***or ~!*** (*drohend*) sonst passiert was!; **,~'where** *adv.* **1.** sonst wo, anderswo; **2.** 'anderswo'hin.

e·lu·ci·date [ɪ'luːsɪdeɪt] *v/t. Geheimnis etc.* aufhellen, aufklären; *Text, Gründe etc.* erklären; **e·lu·ci·da·tion** [ɪˌluːsɪ'deɪʃn] *s.* Erklärung *f*; Aufhellung *f*, -klärung *f*; **e'lu·ci·da·to·ry** [-tərɪ] *adj.* erklärend, aufhellend.

e·lude [ɪ'luːd] *v/t.* **1.** (geschickt) ausweichen, entgehen, sich entziehen (*dat.*); *Gesetz etc.* um'gehen; **2.** *fig. j-m* entgehen, *j-s* Aufmerksamkeit entgehen; **3.** sich nicht (er)fassen lassen von, sich entziehen (*dat.*): ***it ~s definition*** es lässt sich nicht definieren; **4.** *j-m* nicht einfallen; **e'lu·sion** [-uːʒn] *s.* **1.** (***of***) Ausweichen *n*, Entkommen *n* (vor *dat.*); Um'gehung *f* (*gen.*); **2.** Ausflucht *f*, List *f*; **e'lu·sive** [-uːsɪv] *adj.* ☐ **1.** ausweichend (***of*** *dat.*, vor *dat.*); **2.** schwer zu fassen(d) (*Dieb etc.*); **3.** schwer fassbar, schwer zu definieren(d) *od.* zu übersetzen(d); **4.** um'gehend; **5.** unzuverlässig; **e'lu·sive·ness** [-uːsɪvnɪs] *s.* **1.** Ausweichen *n* (***of*** vor *dat.*), ausweichendes Verhalten; **2.** Unbestimmbarkeit *f*, Undefinierbarkeit *f*; **e'lu·so·ry** [-uːsərɪ] *adj.* **1.** trügerisch; **2.** → ***elusive***.

e·lu·tri·ate [ɪ'luːtrɪeɪt] *v/t.* ⚒ (aus-)schlämmen.

el·ver ['elvə] *s. ichth.* junger Aal.

elves [elvz] *pl. von* ***elf***; **'elv·ish** [-vɪʃ] → ***elfish***.

E·ly·sian [ɪ'lɪzɪən] *adj.* e'lysisch, *fig. a.* para'diesisch; **E'ly·si·um** [-əm] *s.* E'lysium *n*, *fig. a.* Para'dies *n*.

em [em] *s.* **1.** M *n*, m *n* (*Buchstabe*); **2.** *typ.* Geviert *n*.

'em [əm] F *für* ***them***: ***let 'em***.

e·ma·ci·ate [ɪ'meɪʃɪeɪt] *v/t.* **1.** auszehren, ausmergeln; **2.** *Boden* auslaugen; **e'ma·ci·at·ed** [-tɪd] *adj.* **1.** abgemagert, ausgezehrt, ausgemergelt; **2.** ausgelaugt (*Boden*); **e·ma·ci·a·tion** [ɪˌmeɪsɪ'eɪʃn] *s.* **1.** Auszehrung *f*, Abmagerung *f*; **2.** Auslaugung *f*.

e-mail ['iːmeɪl] **I** *s.* E-mail *f*; **II** *v/t* per *od.* als E-Mail schicken.

em·a·nate ['eməneɪt] *v/i.* **1.** ausströmen (*Gas etc.*), ausstrahlen (*Licht*) (***from*** von); **2.** *fig.* herrühren, ausgehen (***from*** von); **em·a·na·tion** [ˌemə'neɪʃn] *s.* **1.** Ausströmen *n*; **2.** Ausströmung *f*, Ausstrahlung *f* (*a. fig.*); **3.** Auswirkung *f*; **4.** *phls.*, *psych.*, *eccl.* Emanati'on *f*.

e·man·ci·pate [ɪ'mænsɪpeɪt] *v/t.* **1.** (***o.s.*** sich) emanzipieren, unabhängig machen, befreien (***from*** von); **2.** *Sklaven* freilassen; **e'man·ci·pat·ed** [-tɪd] *adj.* **1.** *allg.* emanzipiert: ***an ~ woman***; ***an ~ citizen*** ein mündiger Bürger; **2.** freigelassen (*Sklave*); **e·man·ci·pa·tion** [ɪˌmænsɪ'peɪʃn] *s.* **1.** Emanzipati'on *f*; **2.** Freilassung *f*, Befreiung *f* (*a. fig.*) (***from*** von); **e·man·ci·pa·tion·ist** [ɪˌmænsɪ'peɪʃnɪst] *s.* Befürworter(in) der Emanzipati'on *od.* der Sklavenbefreiung; **e'man·ci·pa·to·ry** [-pətərɪ] *adj.* emanzipa'torisch.

e·mas·cu·late **I** *v/t.* [ɪ'mæskjʊleɪt] **1.** entmannen, kastrieren; **2.** *fig.* verweichlichen; **3.** entkräften, (ab)schwächen; verwässern; **4.** *Sprache* farb- *od.* kraftlos machen; **II** *adj.* [-lɪt] **5.** entmannt; **6.** verweichlicht; **7.** verwässert, kraftlos; **e·mas·cu·la·tion** [ɪˌmæskjʊ'leɪʃn] *s.* **1.** Entmannung *f*; **2.** Verweichlichung *f*; **3.** Schwächung *f*; **4.** *fig.* Verwässerung *f* (*Text etc.*).

em·balm [ɪm'bɑːm] *v/t.* **1.** einbalsamieren; **2.** *fig. j-s Andenken* bewahren *od.* pflegen: ***be ~ed in*** fortleben in (*dat.*); **em'balm·ment** [-mənt] *s.* Einbalsamierung *f*.

em·bank [ɪm'bæŋk] *v/t.* eindämmen, -deichen; **em'bank·ment** [-mənt] *s.* **1.** Eindämmung *f*, -deichung *f*; **2.** (Erd-)Damm *m*; **3.** (Bahn-, Straßen)Damm *m*; **4.** gemauerte Uferstraße.

em·bar·go [em'bɑːgəʊ] **I** *s.* **1.** ⚓ Em'bargo *n*: a) (Schiffs)Beschlagnahme *f* (*durch den Staat*), b) Hafensperre *f*; **2.** ✝ a) Handelssperre *f*, b) *a. allg.* Sperre *f*, Verbot *n*: ***~ on imports*** Einfuhrsperre; **II** *v/t.* **3.** *Handel*, *Hafen* sperren, ein Em'bargo verhängen über (*acc.*); **4.** beschlagnahmen.

em·bark [ɪm'bɑːk] **I** *v/t.* **1.** ⚓, ✈ Passagiere an Bord nehmen, ⚓ *a.* einschiffen, *Waren a.* verladen (***for*** nach); **2.** *Geld* investieren (***in*** in *dat.*); **II** *v/i.* **3.** ⚓ sich einschiffen (***for*** nach), an Bord gehen; **4.** *fig.* (***on***) (*et.*) anfangen *od.* unter'nehmen; **em·bar·ka·tion** [ˌembɑː'keɪʃn] *s.* ⚓ Einschiffung *f*, (*von Waren*) *a.* Verladung *f* (*a.* ✈); ✈ Einsteigen *n*.

em·bar·ras de rich·esse(s) [ɑ̃ŋbɑˌrɑdəriː'ʃes] (*Fr.*) *s. die* Qual der Wahl.

em·bar·rass [ɪm'bærəs] *v/t.* **1.** *j-n* in Verlegenheit bringen *od.* in e-e peinliche Lage versetzen, verwirren; **2.** *j-n* behindern, *j-m* lästig sein; **3.** in Geldverlegenheit bringen; **4.** *et.* behindern, erschweren, komplizieren; **em'bar·rassed** [-st] *adj.* **1.** verlegen, peinlich berührt; **2.** ✝ in Geldverlegenheit; **em'bar·rass·ing** [-sɪŋ] *adj.* ☐ unangenehm, peinlich (***to*** *dat.*); **em'bar·rass·ment** [-mənt] *s.* **1.** Verlegenheit *f*; **2.** *bsd.* ⚕ Behinderung *f*, Störung *f*; **3.** Geldverlegenheit *f*.

em·bas·sy ['embəsɪ] *s.* **1.** Botschaft *f*: a) Botschaftsgebäude *n*, b) 'Botschaftsper-so,nal *n*; **2.** diplo'matische Missi'on.
em·bat·tle [ɪm'bætl] *v/t.* **1.** ⚔ in Schlachtordnung aufstellen: **~d** kampfbereit (*a. fig.*); **2.** ⚠ mit Zinnen versehen.
em·bed [ɪm'bed] *v/t.* **1.** (ein)betten, (ein)lagern, eingraben; **2.** *im Gedächtnis etc.* verankern.
em·bel·lish [ɪm'belɪʃ] *v/t.* **1.** verschöne(r)n, schmücken, verzieren; **2.** *fig. Erzählung etc.* ausschmücken; *die Wahrheit* beschönigen; **em'bel·lish·ment** [-mənt] *s.* **1.** Verschönerung *f*, Schmuck *m*; **2.** *fig.* a) Ausschmückung *f*, b) Beschönigung *f*.
em·ber[1] ['embə] *s.* **1.** *mst pl.* glühende Kohle *od.* Asche; **2.** *pl. fig.* letzte Funken *pl.*
em·ber[2] ['embə] *adj.*: **~ days** *eccl.* Quatember(fasten *n*) *pl.*
em·ber[3] ['embə] *s. orn. a.* **~goose** Eistaucher *m*.
em·bez·zle [ɪm'bezl] *v/t.* veruntreuen, unter'schlagen; **em'bez·zle·ment** [-mənt] *s.* Veruntreuung *f*, Unter'schlagung *f*; **em'bez·zler** [-lə] *s.* Veruntreuer(in).
em·bit·ter [ɪm'bɪtə] *v/t.* **1.** *j-n* verbittern; **2.** *et.* (noch) verschlimmern; **em'bit·ter·ment** [-mənt] *s.* **1.** Verbitterung *f*; **2.** Verschlimmerung *f*.
em·bla·zon [ɪm'bleɪzn] *v/t.* **1.** he'raldisch schmücken *od.* darstellen; **2.** schmücken; **3.** *fig.* feiern, verherrlichen, groß her'ausstellen; **4.** 'auspo,saunen; **em'bla·zon·ment** [-mənt] *s.* Wappenschmuck *m*; **em'bla·zon·ry** [-rɪ] *s.* **1.** Wappenmale'rei *f*; **2.** Wappenschmuck *m*.
em·blem ['embləm] *s.* **1.** Em'blem *n*, Sym'bol *n*: **national ~** Hoheitszeichen *n*; **2.** Kennzeichen *n*; **3.** *fig.* Verkörperung *f*; **em·blem·at·ic**, **em·blem·at·i·cal** [,emblɪ'mætɪk(l)] *adj.* □ sym'bolisch, sinnbildlich.
em·bod·i·ment [ɪm'bɒdɪmənt] *s.* **1.** Verkörperung *f*; **2.** Darstellung *f*; **3.** ⚙ Anwendungsform *f*; **4.** Einverleibung *f*; **em·bod·y** [ɪm'bɒdɪ] *v/t.* **1.** kon'krete Form geben (*dat.*); **2.** verkörpern, darstellen; **3.** aufnehmen (**in** in *acc.*); **4.** um'fassen, in sich schließen.
em·bold·en [ɪm'bəʊldən] *v/t.* ermutigen.
em·bo·lism ['embəlɪzəm] *s.* ⚕ Embo'lie *f*.
em·bon·point [,ɔ̃:mbɔ̃:m'pwæ̃:ŋ] (*Fr.*) *s.* Embon'point *m*, Beleibtheit *f*, ‚Bäuchlein' *n*.
em·bos·om [ɪm'bʊzəm] *v/t.* **1.** ans Herz drücken; **2.** *fig.* ins Herz schließen; **3.** *fig.* um'schließen.
em·boss [ɪm'bɒs] *v/t.* ⚙ **1.** a) bosseln, erhaben *od.* in Reli'ef ausarbeiten, prägen, b) (mit dem Hammer) treiben; **2.** mit erhabener Arbeit schmücken; **3.** *Stoffe* gaufrieren; **em'bossed** [-st] *adj.* ⚙ a) erhaben gearbeitet, Relief..., getrieben, b) geprägt, gepresst, c) gaufriert; **em'boss·ment** [-mənt] *s.* Reli'efarbeit *f*.
em·bou·chure [,ɒmbʊ'ʃʊə] (*Fr.*) *s.* **1.** Mündung *f* (*Fluss*); **2.** ♪ a) Mundstück *n* (*Blasinstrument*), b) Ansatz *m*.
em·brace [ɪm'breɪs] **I** *v/t.* **1.** um'armen, in die Arme schließen; **2.** um'schließen, um'geben, um'klammern; *a. fig.* einschließen, um'fassen; **3.** erfassen, (in sich) aufnehmen; **4.** *Religion*, *Angebot* annehmen; *Beruf*, *Gelegenheit* ergreifen; *Hoffnung* hegen; **II** *v/i.* **5.** sich umarmen; **III** *s.* **6.** Um'armung *f*.
em·bra·sure [ɪm'breɪʒə] *s.* **1.** ⚠ Laibung *f*; **2.** ⚔ Schießscharte *f*.
em·bro·ca·tion [,embrəʊ'keɪʃn] *s.* ⚕ **1.** Einreibemittel *n*; **2.** Einreibung *f*.
em·broi·der [ɪm'brɔɪdə] *v/t.* **1.** *Muster* sticken; **2.** *Stoff* besticken, mit Sticke'rei verzieren; **3.** *fig. Bericht* ausschmücken, ‚garnieren'.
em·broi·der·y [ɪm'brɔɪdərɪ] *s.* **1.** Sticke'rei *f*: **do ~** sticken; **2.** *fig.* Ausschmückung *f*; **~ cot·ton** *s.* Stickgarn *n*; **~ frame** *s.* Stickrahmen *m*.
em·broil [ɪm'brɔɪl] *v/t.* **1.** *j-n* verwickeln, hin'einziehen (**in** in *acc.*); **2.** *j-n* in Kon'flikt bringen (**with** mit); **3.** durcheinander bringen, verwirren; **em'broil·ment** [-mənt] *s.* **1.** Verwicklung *f*; **2.** Verwirrung *f*.
em·bry·o ['embrɪəʊ] *pl.* **-os** *s. biol.* a) Embryo *m*, b) Fruchtkeim *m*: **in ~** *fig.* im Keim, im Entstehen, im Werden; **em·bry·on·ic** [,embrɪ'ɒnɪk] *adj.* **1.** Embryo..., embryo'nal; **2.** *fig.* (noch) unentwickelt, keimend, rudimen'tär.
em·bus [ɪm'bʌs] ⚔ **I** *v/t.* auf Kraftfahrzeuge verladen; **II** *v/i.* aufsitzen.
em·cee [em'si:] **I** *s.* Conférenci'er *m*; **II** *v/t.* (*u. v/i.*) als Conférencier leiten (fungieren).
e·mend [i:'mend] *v/t. Text* verbessern, korrigieren; **e·men·da·tion** [,i:men'deɪʃn] *s.* Verbesserung *f*, Korrek'tur *f*; **e·men·da·tor** ['i:mendeɪtə] *s.* (Text-)Verbesserer *m*; **e'mend·a·to·ry** [-dətərɪ] *adj.* (text)verbessernd.
em·er·ald ['emərəld] **I** *s.* **1.** Sma'ragd *m*; **2.** Sma'ragdgrün *n*; **3.** *typ.* In'sertie *f* (*e-e* $6^1/_2$*-Punkt-Schrift*); **II** *adj.* **4.** sma'ragdgrün; **5.** mit Sma'ragden besetzt; **⁀ Isle** *s. die* Grüne Insel (*Irland*).
e·merge [ɪ'mɜ:dʒ] *v/i.* **1.** *allg.* auftauchen: a) an die (Wasser)Oberfläche kommen, b) *a. fig.* zum Vorschein kommen, sich zeigen, c) *fig.* sich erheben (*Frage*, *Problem*), d) *fig.* auftreten, in Erscheinung treten; **2.** her'vor-, herauskommen (**from** aus); **3.** sich he-

rausstellen *od.* ergeben (*Tatsache*); **4.** (*als Sieger etc.*) her'vorgehen (***from*** aus); **5.** *fig.* aufstreben; **e'mer·gence** [-dʒəns] *s.* Auftauchen *n*, *fig. a.* Auftreten *n*, Entstehen *n*.

e·mer·gen·cy [ɪ'mɜːdʒənsɪ] **I** *s.* Not(lage *f*, -fall *m*) *f*, kritische Lage, Krise *f*, unvorhergesehenes Ereignis, dringender Fall: ***in an ~, in case of ~*** im Notfall, notfalls; ***state of ~*** Notstand *m*, *pol. a.* Ausnahmezustand *m*; **II** *adj.* Not..., Behelfs..., (Aus)Hilfs...; *pol.* Notstands..., Soforthilfe..., **~ brake** *s.* Not-, *mot.* Handbremse *f*; **~ call** *s. teleph.* Notruf *m*; **~ de·cree** *s.* Notverordnung *f*; **~ doc·tor** *s.* Notarzt *m*, -ärztin *f*; **~ door**, **~ ex·it** *s.* Notausgang *m*; **~ hos·pi·tal** *s.* A'kutkrankenhaus *n*; **~ land·ing** *s.* ✈ Notlandung *f*; **~ laws** *s. pl. pol.* Notstandsgesetze *pl.*; **~ meet·ing** *s.* Dringlichkeitssitzung *f*; **~ num·ber** *s.* Notruf(nummer *f*) *m*; **~ pow·ers** *s. pl. pol.* Vollmachten *pl.* auf Grund e-s Notstandsgesetzes; **~ ra·tion** *s.* ⚔ eiserne Rati'on; **~ ser·vice** *s.* Rettungsdienst *m*, Notdienst *m*; **~ tel·e·phone** *s.* 'Notruftele,fon *n*, *an Straßen*: Notrufsäule *f*; **~ ward** *s.* Notaufnahme *f*, 'Unfallstati,on *f*.

e·mer·gent [ɪ'mɜːdʒənt] *adj.* ☐ **1.** auftauchend (*a. fig.*); **2.** *fig.* (jung u.) aufstrebend (*Land*): **~ *country*** *a.* Schwellenland *n*.

e·mer·i·tus [iː'merɪtəs] *adj.* emeritiert: **~ *professor***.

em·er·y ['emərɪ] **I** *s. min.* Schmirgel *m*; **II** *v/t.* (ab)schmirgeln; **~ board** *s.* Sandblattnagelfeile *f*; **~ cloth** *s.* Schmirgelleinen *n*; **~ pa·per** *s.* 'Schmirgelpa,pier *n*; **~ wheel** *s.* Schmirgelscheibe *f*.

e·met·ic [ɪ'metɪk] *pharm.* **I.** *adj.* e'metisch, Brechreiz erregend; **II** *s.* E'metikum *n*, Brechmittel *n* (*a. fig.*).

em·i·grant ['emɪgrənt] **I** *s.* Auswanderer *m*, Emi'grant(in); **II** *adj.* auswandernd, emigrierend, Auswanderungs...; **'em·i·grate** [-reɪt] *v/i.* emigrieren, auswandern; **em·i·gra·tion** [ˌemɪ'greɪʃn] *s.* Auswanderung *f*, Emigrati'on *f*.

em·i·nence ['emɪnəns] *s.* **1.** Erhöhung *f*, (An)Höhe *f*; **2.** hohe Stellung, (hoher) Rang, Würde *f*; **3.** Ansehen *n*, Berühmtheit *f*, Bedeutung *f*; **4.** bedeutende Per'sönlichkeit; **5.** ♀ *R.C.* Emi'nenz *f* (*Kardinal*).

é·mi·nence grise [ˌeɪmiːnɑ̃ːns'griːz] (*Fr.*) *s. pol.* graue Emi'nenz.

em·i·nent ['emɪnənt] *adj.* ☐ **1.** her'vorragend, ausgezeichnet, berühmt; **2.** emi'nent, bedeutend, außergewöhnlich; **3.** → ***domain*** 3; **'em·i·nent·ly** [-ntlɪ] *adv.* ganz besonders, in hohem Maße.

e·mir [e'mɪə] *s.* Emir *m*; **e'mir·ate** [-ɪərɪt] *s.* Emi'rat *n* (*Würde od. Land e-s Emirs*).

em·is·sar·y ['emɪsərɪ] *s.* **1.** Abgesandte(r) *m*, Emis'sär *m*; **2.** Ge'heimaˌgent *m*.

e·mis·sion [ɪ'mɪʃn] *s.* **1.** Ausstrahlung *f* (*von Licht etc.*), Ausstoß *m* (*von Rauch etc.*), Aus-, Verströmen *n*, *phys.* Emissi'on *f*; **~*-free*** abgasfrei; **~ *standards*** Emissionsnormen *pl.*; **2.** *physiol.* Ausfluss *m*, (*bsd.* Samen)Erguss *m*; **3.** ✝ Ausgabe *f* (*von Banknoten*), *von Wertpapieren*: *a.* Emissi'on *f*; **e'mis·sive** [-ɪsɪv] *adj.* ausstrahlend; **e·mit** [ɪ'mɪt] *v/t.* **1.** *Lava*, *Rauch* ausstoßen, *Licht etc.* ausstrahlen, *Gas etc.* aus-, verströmen, *phys. Elektronen etc.* emittieren; **2.** a) *e-n Ton*, *a. e-e Meinung* von sich geben, b) *e-n Schrei etc.* ausstoßen; **3.** ✝ *Banknoten* ausgeben, *Wertpapiere a.* emittieren.

Em·my ['emɪ] *pl.* **-mys**, **-mies** *s. Am.* Emmy *m* (*Fernsehpreis*).

e·mol·li·ent [ɪ'mɒlɪənt] **I** *adj.* erweichend (*a. fig.*); **II** *s. pharm.* erweichendes Mittel, Weichmacher *m*.

e·mol·u·ment [ɪ'mɒljʊmənt] *s. mst pl.* Einkünfte *pl.*

e·mote [ɪ'məʊt] *v/i.* emotio'nal reagieren, e-n Gefühlsausbruch erleiden *od.* (*thea.*) mimen.

e·mo·tion [ɪ'məʊʃn] *s.* **1.** Emoti'on *f*, Gemütsbewegung *f*, (Gefühls)Regung *f*, Gefühl *n*; **2.** Gefühlswallung *f*, Erregung *f*, Leidenschaft *f*; **3.** Rührung *f*, Ergriffenheit *f*; **e'mo·tion·al** [-ʃənl] *adj.* ☐ → ***emotionally***; **1.** emotio'nal, emotio'nell: a) gefühlsmäßig, -bedingt, b) Gefühls..., Gemüts..., seelisch, c) gefühlsbetont, empfindsam: **~ *block*** Affektstau *m*; **2.** gefühlvoll, rührselig; **3.** rührend, ergreifend; **e'mo·tion·al·ism** [-ʃnəlɪzəm] *s.* **1.** Gefühlsbetontheit *f*, Empfindsamkeit *f*; **2.** Gefühlsduse'lei; **3.** Gefühlsäußerung *f*; **e'mo·tion·al·ist** [-ʃnəlɪst] *s.* Gefühlsmensch *m*; **e·mo·tion·al·i·ty** [ɪˌməʊʃə'nælətɪ] *s.* Emotionali'tät *f*, emotio'nale Verhaltensweise; **e'mo·tion·al·ize** [-ʃnəlaɪz] **I** *v/t. j-n od. et.* emotionalisieren; **II** *v/i.* in Gefühlen schwelgen; **e'mo·tion·al·ly** [-ʃnəlɪ] *adv.* gefühlsmäßig, seelisch, emotio'nal, emotio'nell: **~ *disturbed*** seelisch gestört; **e'mo·tion·less** [-lɪs] *adj.* ungerührt, gefühllos, kühl; **e'mo·tive** [-əʊtɪv] *adj.* ☐ **1.** gefühlsbedingt, emo'tiv; **2.** gefühlvoll; **3.** gefühlsbetont: **~ *word*** Reizwort *n*.

em·pale → ***impale***.

em·pan·el [ɪm'pænl] *v/t.* in die Liste (*bsd.* der Geschworenen) eintragen: **~ *the jury*** *Am.* die Geschworenenliste aufstellen.

em·pa·thize ['empəθaɪz] *v/i.* Einfühlungsvermögen haben *od.* zeigen; sich einfühlen können (***with*** in *acc.*); **'em·pa·thy** [-θɪ] *s.* Einfühlung(svermögen *n*) *f*, Empa'thie *f*.

E

em·pen·nage [ɪm'penɪdʒ] *s.* ✈ Leitwerk *n.*
em·per·or ['empərə] *s.* Kaiser *m*; **~ moth** *s. zo.* kleines Nachtpfauenauge.
em·pha·sis ['emfəsɪs] *s.* **1.** *ling.* Betonung *f*, Ton *m*, Ak'zent *m*; **2.** *fig.* Betonung *f*, Gewicht *n*, Nachdruck *m*, Schwerpunkt *m*: ***lay ~ on s.th.*** Gewicht *od.* Wert auf e-e Sache legen, et. her'vorheben *od.* betonen; ***give ~ to*** → **'em·pha·size** [-saɪz] *v/t.* (nachdrücklich) betonen (*a. ling.*), Nachdruck verleihen (*dat.*), her'vorheben, unter'streichen; **em·phat·ic** [ɪm'fætɪk] *adj.* (□ ***~ally***) nachdrücklich: a) betont, em'phatisch, ausdrücklich, deutlich, b) bestimmt, (ganz) entschieden.
em·phy·se·ma [ˌemfɪ'siːmə] *s.* ⚕ Emphy'sem *n.*
em·pire ['empaɪə] **I** *s.* **1.** (Kaiser)Reich *n*: ***the British*** ♀ das Brit. Weltreich; ♀ ***Day*** *obs. brit. Staatsfeiertag (am 24. Mai, dem Geburtstag Königin Victorias)*; ***~ produce*** Erzeugnis *n* aus dem brit. Weltreich; **2.** ✝ *u. fig.* Im'perium *n*: ***tobacco ~***; **3.** Herrschaft *f* (***over*** über *acc.*); **II** *adj.* **4.** Reichs...: ***~ building*** a) Schaffung *f* e-s Weltreichs, b) *fig.* Schaffung e-s eigenen Imperiums *od.* e-r Hausmacht; **5.** Empire..., im Em'pirestil: ***~ furniture***.

> Das 1931 eröffnete **Empire State Building** in New York war lange Zeit das höchste Gebäude der Welt. Von der 86. Etage aus hat man einen wunderschönen Rundblick auf den Stadtteil Manhattan und darüber hinaus. Der Staat New York wird auch „Empire State" genannt, daher der Name für den Wolkenkratzer.

em·pir·ic [em'pɪrɪk] **I** *s.* **1.** Em'piriker (-in), **2.** *obs.* Kurpfuscher *m*; **II** *adj.* **3.** → **em'pir·i·cal** [-kl] *adj.* □ em'pirisch, erfahrungsmäßig, Erfahrungs...; **em'pir·i·cism** [-ɪsɪzəm] *s.* **1.** Empi'rismus *m*; **2.** *obs.* Kurpfusche'rei *f*; **em'pir·i·cist** [-ɪsɪst] *s.* **1.** Em'piriker(in); **2.** *phls.* Empi'rist(in).
em·place [ɪm'pleɪs] *v/t.* ⚔ *Geschütz* in Stellung bringen; **em'place·ment** [-mənt] *s.* **1.** Aufstellung *f*; **2.** ⚔ a) In'Stellung-Bringen *n*, b) Geschützstellung *f*, c) Bettung *f.*
em·plane [ɪm'pleɪn] ✈ **I** *v/t. Passagiere* an Bord nehmen, *Waren a.* verladen (***for*** nach); **II** *v/i.* an Bord gehen.
em·ploy [ɪm'plɔɪ] **I** *v/t.* **1.** *j-n* beschäftigen; an-, einstellen, einsetzen: ***be ~ed in doing s.th.*** damit beschäftigt sein, et. zu tun; **2.** an-, verwenden, gebrauchen; **II** *s.* **3.** a) → ***employment*** 1, b) Dienst(e *pl.*) *m*: ***be in s.o.'s ~*** in j-s Dienst(en) stehen, bei j-m angestellt *od.* beschäftigt sein; **em'ploy·a·ble** [-ɔɪəbl] *adj.* **1.** zu beschäftigen(d), anstellbar; **2.** arbeitsfähig; **3.** verwendbar; **em·ploy·é** [ɒm'plɔɪeɪ] *s.*, **em·ploy·ee** [ˌemplɔɪ'iː] *s.* Arbeitnehmer (-in), (*engS.* ***salaried ~***) Angestellte(r *m*) *f*: ***the ~s*** a) die Belegschaft *e-s Betriebs*, b) die Arbeitnehmer(schaft *f*) *pl*; **em'ploy·er** [-ɔɪə] *s.* **1.** Arbeitgeber(in), Unter'nehmer(in), Chef(in), Dienstherr(in): ***~'s contribution*** Arbeitgeberanteil *m*; ***~'s liability*** Unternehmerhaftpflicht *f*; ***~s' association*** Arbeitgeberverband *m*; **2.** ✝ Auftraggeber(in).
em·ploy·ment [ɪm'plɔɪmənt] *s.* **1.** Beschäftigung *f* (*a. allg.*), Arbeit *f*, (An-) Stellung *f*, Arbeitsverhältnis *n*: ***in ~*** beschäftigt; ***out of ~*** stellen-, arbeitslos; ***full ~*** Vollbeschäftigung; **2.** Ein-, Anstellung *f*; **3.** Beruf *m*, Tätigkeit *f*, Geschäft *n*; **4.** Gebrauch *m*, Ver-, Anwendung *f*, Einsatz *m*; **~ a·gen·cy**, **~ bu·reau** *s.* 'Stellenvermittlung(sbüˌro *n*) *f*; **~ ex·change** *s. Brit. obs.* Arbeitsamt *n*; **~ mar·ket** *s.* Stellen-, Arbeitsmarkt *m*; **~ serv·ice a·gen·cy** *s. Brit.* Arbeitsamt *n*.
em·poi·son [ɪm'pɔɪzn] *v/t.* **1.** *bsd. fig.* vergiften; **2.** verbittern.
em·po·ri·um [em'pɔːrɪəm] *s.* **1.** a) Handelszentrum *n*, b) Markt *m* (*Stadt*); **2.** Warenhaus *n*.
em·pow·er [ɪm'paʊə] *v/t.* **1.** bevollmächtigen, ermächtigen (***to*** zu): ***be ~ed to*** befugt sein zu; **2.** befähigen (***to*** zu).
em·press ['emprɪs] *s.* Kaiserin *f.*
emp·ti·ness ['em*p*tɪnɪs] *s.* **1.** Leerheit *f*, Leere *f*; **2.** *fig.* Hohlheit *f*, Leere *f.*
emp·ty ['em*p*tɪ] **I** *adj.* **1.** leer: ***~ of*** *fig.* bar (*gen.*), ohne; ***~ of meaning*** nichts sagend; ***feel ~*** F ‚Kohldampf haben'; ***on an ~ stomach*** auf nüchternen Magen; **2.** leer (stehend), unbewohnt; **3.** leer, unbeladen; **4.** *fig.* leer, hohl, nichts sagend; **II** *v/t.* **5.** (aus-, ent)leeren; **6.** *Glas etc.* leeren, austrinken; **7.** *Haus etc.* räumen; **8.** leeren, gießen, schütten (***into*** in *acc.*); **9.** berauben (***of*** *gen.*); **10.** ***~ itself*** → 12; **III** *v/i.* **11.** sich leeren; **12.** sich ergießen, münden (***into the sea*** ins Meer); **IV** *s.* **13.** *pl.* ✝ Leergut *n*; **ˌ~-'hand·ed** *adj.* mit leeren Händen; **ˌ~-'head·ed** *adj.* hohlköpfig.
e·mu ['iːmjuː] *s. orn.* Emu *m.*
em·u·late ['emjʊleɪt] *v/t.* wetteifern mit; nacheifern (*dat.*), es gleichtun wollen

(*dat.*); **em·u·la·tion** [ˌemjʊˈleɪʃn] *s.* Wetteifer *m*; Nacheifern *n*.
e·mul·si·fy [ɪˈmʌlsɪfaɪ] *v/t.* emulgieren; **eˈmul·sion** [-lʃn] *s.* ⚗, ⚕, *phot.* Emulsiˈon *f*.
en [en] *s. typ.* Halbgeviert *n*.
en·a·ble [ɪˈneɪbl] *v/t.* **1.** *j-n* befähigen, in den Stand setzen, es *j-m* ermöglichen *od.* möglich machen (**to do** zu tun); **2.** *j-n* berechtigen, ermächtigen: ***Enabling Act*** Ermächtigungsgesetz *n*; **3.** *et.* möglich machen, ermöglichen: ***~ s.th. to be done*** es ermöglichen, dass et. geschieht; ***this ~s the housing to be detached*** dadurch kann das Gehäuse abgenommen werden.
en·act [ɪˈnækt] *v/t.* **1.** ⚖ a) *Gesetz* erlassen: ***~ing clause*** Einführungsklausel *f*, b) verfügen, verordnen, c) Gesetzeskraft verleihen (*dat.*); **2.** *thea.* a) *Stück* aufführen, inszenieren (*a. fig.*), b) *Person, Rolle* darstellen, spielen; **3.** ***be ~ed*** *fig.* stattfinden, über die Bühne *od.* vor sich gehen; **en·ac·tion** [ɪˈnækʃn], **en·act·ment** [ɪˈnæktmənt] *s.* **1.** ⚖ a) Erlassen *n* (*Gesetz*), b) Erhebung *f* zum Gesetz, c) Verfügung *f*, Verordnung *f*, Erlass *m*; **2.** *thea.* a) Inszenierung *f* (*a. fig.*), b) Darstellung *f* (*e-r Rolle*).
en·am·el [ɪˈnæml] **I** *s.* **1.** Eˈmail(le *f*) *n*, Schmelzglas *n*; **2.** Glaˈsur *f* (*auf Töpferwaren*); **3.** *a.* ***~ ware*** Eˈmailgeschirr *n*; **4.** Lack *m*; **5.** Nagellack *m*; **6.** Eˈmailmaleˌrei *f*; **7.** *anat.* Zahnschmelz *m*; **II** *v/t.* **8.** emaillieren: ***~(l)ing furnace*** Emaillierofen *m*; **9.** glasieren; **10.** lackieren; **11.** in Eˈmail malen; **en·am·el(l)er** [ɪˈnæmlə] *s.* Emailˈleur *m*, Schmelzarbeiter *m*.
en·am·o(u)r [ɪˈnæmə] *v/t. mst pass.* verliebt machen: ***be ~ed of*** a) verliebt sein in (*acc.*), b) *fig.* sehr angetan sein von.
en bloc [ɑ̃ːŋˈblɒk] (*Fr.*) en bloc, im Ganzen, als Ganzes.
en·cae·ni·a [enˈsiːnjə] *s.* Gründungs-, Stiftungsfest *n*.
en·cage [ɪnˈkeɪdʒ] *v/t.* (in e-n Käfig) einsperren, einschließen.
en·camp [ɪnˈkæmp] **I** *v/i.* sein Lager aufschlagen, *bsd.* ⚔ lagern; **II** *v/t. bsd.* ⚔ lagern lassen: ***be ~ed*** lagern; **enˈcamp·ment** [-mənt] *s.* ⚔ **1.** (Feld)Lager *n*; **2.** Lagern *n*.
en·cap·su·late [ɪnˈkæpsjʊleɪt] ein-, verkapseln; *fig.* kurz zs.-fassen.
en·case [ɪnˈkeɪs] *v/t.* **1.** einschließen; **2.** umˈschließen, umˈhüllen; **3.** ⚙ verkleiden, umˈmanteln.
en·cash [ɪnˈkæʃ] *v/t. Brit. Scheck etc.* einlösen; **enˈcash·ment** [-mənt] *s.* Einlösung *f*.
en·caus·tic [enˈkɔːstɪk] *paint.* **I** *adj.* enˈkaustisch, eingebrannt; **II** *s.* Enˈkaustik *f*; ***~ tile*** *s.* bunt glasierte Kachel.
en·ce·phal·ic [ˌenkeˈfælɪk] *adj.* ⚕ Gehirn...; ˌ**en·ceph·a·ˈli·tis** [-kefəˈlaɪtɪs] *s.* ⚕ Gehirnentzündung *f*, Enzephaˈlitis *f*.
en·chant [ɪnˈtʃɑːnt] *v/t.* **1.** verzaubern: ***~ed wood*** Zauberwald *m*; **2.** *fig.* bezaubern, entzücken; **enˈchant·er** [-tə] *s.* Zauberer *m*; **enˈchant·ing** [-tɪŋ] *adj.* ☐ bezaubernd, entzückend; **enˈchant·ment** [-mənt] *s.* **1.** Zauber *m*, Zaubeˈrei *f*; Verzauberung *f*; **2.** *fig.* a) Zauber *m*, b) Bezauberung *f*, c) Entzücken *n*; **enˈchant·ress** [-trɪs] *s.* **1.** Zauberin *f*; **2.** *fig.* bezaubernde Frau.
en·chase [ɪnˈtʃeɪs] *v/t.* **1.** *Edelstein* fassen; **2.** ziselieren: ***~d work*** getriebene Arbeit; **3.** (ein)gravieren.
en·ci·pher [ɪnˈsaɪfə] → ***encode***.
en·cir·cle [ɪnˈsɜːkl] *v/t.* **1.** umˈgeben, -ˈringen; **2.** umˈfassen, umˈschlingen; **3.** einkreisen (*a. pol.*), umˈzingeln, ⚔ *a.* einkesseln; **enˈcir·cle·ment** [-mənt] *s.* Einkreisung *f* (*a. pol.*), Umˈzingelung *f*, ⚔ *a.* Einkesselung *f*.
en·clasp [ɪnˈklɑːsp] → ***encircle*** 2.
en·clave **I** *s.* [ˈenkleɪv] Enˈklave *f*; **II** *v/t.* [enˈkleɪv] *Gebiet* einschließen, umˈgeben.
en·clit·ic [ɪnˈklɪtɪk] *ling.* **I** *adj.* (☐ ***~ally***) enˈklitisch; **II** *s.* enklitisches Wort, Enˈklitikon *n*.
en·close [ɪnˈkləʊz] *v/t.* **1.** (***in***) einschließen, ⚙ *a.* einkapseln (in *dat. od. acc.*), umˈgeben (mit); **2.** umˈringen; **3.** umˈfassen; **4.** *Land* einfried(ig)en, umˈzäunen; **5.** beilegen, -fügen (***in a letter*** e-m Brief); **enˈclosed** [-zd] *adj.* **1.** *a. adv.* anˈbei, beiliegend, in der Anlage: ***~ please find*** in der Anlage erhalten Sie; **2.** ⚙ geschlossen, gekapselt: ***~ motor***; **enˈclo·sure** [-əʊʒə] *s.* **1.** Einschließung *f*; **2.** Einfried(ig)ung *f*, Umˈzäunung *f*; **3.** eingehegtes Grundstück; **4.** Zaun *m*, Mauer *f*; **5.** Anlage *f* (*zu e-m Brief etc.*).
en·code [enˈkəʊd] *v/t. Text* verschlüsseln, chiffrieren, kodieren.
en·co·mi·um [enˈkəʊmjəm] *s.* Lobrede *f*, -lied *n*, Lobpreisung *f*.
en·com·pass [ɪnˈkʌmpəs] *v/t.* **1.** umˈgeben (***with*** mit); **2.** *fig.* umˈfassen, einschließen; **3.** *fig. j-s Ruin etc.* herˈbeiführen.
en·core [ɒŋˈkɔː] (*Fr.*) **I** *int.* **1.** da ˈcapo!, noch einmal!; **II** *s.* **2.** Daˈkapo(ruf *m*) *n*; **3.** a) Wiederˈholung *f*, b) Zugabe *f*: ***he got an ~*** er musste e-e Zugabe geben; **III** *v/t.* **4.** (durch Daˈkaporufe) nochmals verlangen: ***~ a song***; **5.** *j-n* um e-e Zugabe bitten; **IV** *v/i.* da ˈcapo rufen.
en·coun·ter [ɪnˈkaʊntə] **I** *v/t.* **1.** *j-m od. e-r Sache* begegnen, *j-n od. et.* treffen, auf *j-n*, *a.* auf *Fehler, Widerstand, Schwierigkeiten etc.* stoßen; **2.** mit *j-m* (*feindlich*) zs.-stoßen *od.* aneinˈander geraten; **3.** entgegentreten (*dat.*); **II** *v/i.* **4.** sich begegnen; **III** *s.* **5.** Begegnung *f*;

6. Zs.-stoß *m* (*a. fig.*), Gefecht *n*; **7.** *psych.* Trainingsgruppensitzung *f*: ***~ group*** Trainingsgruppe *f*.

en·cour·age [ɪn'kʌrɪdʒ] *v/t.* **1.** *j-n* ermutigen, *j-m* Mut machen, *j-n* ermuntern (***to*** zu); **2.** *j-n* anfeuern; **3.** *j-m* zureden; **4.** *j-n* unter'stützen, bestärken (***in*** in *dat.*); **5.** *et.* fördern, unter'stützen, begünstigen; **en'cour·age·ment** [-mənt] *s.* **1.** Ermutigung *f*, Ermunterung *f*, Ansporn *m* (***to*** für); **2.** Anfeuerung *f*; **3.** Unterstützung *f*, Bestärkung *f*; **4.** Förderung *f*, Begünstigung *f*; **en'cour·ag·ing** [-dʒɪŋ] *adj.* □ **1.** ermutigend; **2.** hoffnungsvoll, viel versprechend.

en·croach [ɪn'krəʊtʃ] *v/i.* **1.** (***on***, ***upon***) unbefugt eindringen *od.* -greifen (in *acc.*), sich 'Übergriffe leisten (in, auf *acc.*), (*j-s Recht*) verletzen; **2.** (***on***, ***upon***) über Gebühr beanspruchen, missbrauchen; zu weit gehen; **3.** (***on***, ***upon***) *et.* beeinträchtigen, schmälern; **en'croach·ment** [-mənt] *s.* **1.** (***on***, ***upon***) Eingriff *m* (in *acc.*), 'Übergriff *m* (in, auf *acc.*), Verletzung *f* (*gen.*); **2.** Beeinträchtigung *f*, Schmälerung *f* (***on***, ***upon*** *gen.*); **3.** 'Übergreifen *n*, Vordringen *n*.

en·crust [ɪn'krʌst] **I** *v/t.* **1.** ver-, über'krusten; **2.** reich verzieren; **II** *v/i.* **3.** eine Kruste bilden; **ˌen·crus'ta·tion** *s.* **1.** Krustenbildung *f*; **2.** reiche Verzierung.

en·cum·ber [ɪn'kʌmbə] *v/t.* **1.** belasten (*a. Grundstück etc.*): ***~ed with mortgages*** hypothekarisch belastet; ***~ed with debts*** (völlig) verschuldet; **2.** (be)hindern; **3.** *Räume* voll stopfen, über'laden; **en'cum·brance** [-brəns] *s.* **1.** Last *f*, Belastung *f*; **2.** Hindernis *n*, Behinderung *f*; **3.** † (Grundstücks)Belastung *f*, Hypo'theken-, Schuldenlast *f*; **4.** (Fa'milien)Anhang *m*, *bsd.* Kinder *pl.*: ***without ~(s)***; **en'cum·branc·er** [-brənsə] *s.* ⚖ Hypo'thekengläubiger (-in).

en·cy·clic, **en·cy·cli·cal** [en'sɪklɪk(l)] **I** *adj.* □ en'zyklisch; **II** *s. eccl.* (päpstliche) En'zyklika.

en·cy·clo·p(a)e·di·a [enˌsaɪkləʊ'piːdjə] *s.* Enzyklopä'die *f*; **enˌcy·clo'p(a)e·dic**, **enˌcy·clo'p(a)e·di·cal** [-dɪk(l)] *adj.* enzyklo'pädisch, um'fassend.

> Die berühmteste und umfangreichste englischsprachige Enzyklopädie ist die **Encyclopaedia Britannica.** In Buchform besteht sie aus etwa 40 Bänden.

en·cyst [en'sɪst] *v/t.* ⚘, *zo.* ein-, verkapseln; **en'cyst·ment** [-mənt] *s.* ⚘, *zo.* Ein-, Verkapselung *f*.

end [end] **I** *s.* **1.** (*örtlich*) Ende *n*: ***begin at the wrong ~*** falsch herum anfangen; ***from one ~ to another***, ***from ~ to ~*** von Anfang bis (zum) Ende; ***at the ~ of the letter*** am Ende *od.* Schluss des Briefes; ***no ~ of*** a) unendlich, unzählig, b) sehr viel(e); ***no ~ of trouble*** endlose Mühe *od.* Scherereien; ***no ~ of a fool*** F Vollidiot *m*; ***no ~ disappointed*** F maßlos enttäuscht; ***he thinks no ~ of himself*** er ist grenzenlos eingebildet; ***on ~*** a) ununterbrochen, b) aufrecht, hochkant; ***for hours on ~*** stundenlang; ***stand s.th. on ~*** et. hochkant stellen; ***my hair stood on ~*** mir standen die Haare zu Berge; ***at our*** (*od.* ***this***) ***~*** F bei uns, hier; ***be at an ~*** a) zu Ende sein, aus sein, b) mit s-n Mitteln *od.* Kräften am Ende sein; ***at a loose ~*** a) müßig, b) ohne feste Bindung, c) verwirrt; ***there's an ~ of it!*** Schluss damit!, basta!; ***there's an ~ to everything*** alles hat mal ein Ende; ***come to an ~*** ein Ende nehmen, zu Ende gehen; ***come to a bad ~*** ein schlimmes Ende nehmen; ***go*** (***in***) ***off the deep ~*** F außer sich geraten, ‚hochgehen'; ***keep one's ~ up*** a) s-n Mann stehen, b) sich nicht unterkriegen lassen; ***make both ~s meet*** *finanziell* über die Runden kommen; ***make an ~ of*** (*od.* ***put an ~ to***) ***s.th.*** Schluss machen mit et., e-r Sache ein Ende setzen; ***put an ~ to o.s.*** s-m Leben ein Ende machen; ***he is the*** (***absolute***) ***~!*** F a) er ist das ‚Letzte'!, b) er ist ‚zum Brüllen'!; ***it's the ~*** F a) das ist das ‚Letzte', b) es ist ‚sagenhaft'; **2.** (äußerstes) Ende, *mst* entfernte Gegend: ***the other ~ of the street*** das andere Ende der Straße; ***the ~ of the road*** *fig.* das Ende; ***to the ~s of the earth*** bis ans Ende der Welt; **3.** ⚙ Spitze *f*, Kopf(ende *n*) *m*, Stirnseite *f*: ***~ to ~*** der Länge nach; ***~ on*** mit dem Ende *od.* der Spitze voran; **4.** (*zeitlich*) Ende *n*, Schluss *m*: ***in the ~*** am Ende, schließlich; ***at the ~ of May*** Ende Mai; ***to the bitter ~*** bis zum bitteren Ende; ***to the ~ of time*** bis in alle Ewigkeit; ***without ~*** unaufhörlich; ***no ~ in sight*** kein Ende abzusehen; **5.** Tod *m*, Ende *n*, 'Untergang *m*: ***near one's ~*** dem Tod(e) nahe; ***the ~ of the world*** das Ende der Welt; ***you'll be the ~ of me!*** du bringst mich noch ins Grab!; **6.** Rest *m*, Endchen *n*, Stück(chen) *n*, Stummel *m*, Stumpf *m*: ***the ~ of a pencil***; **7.** ⚓ Kabel-, Tauende *n*; **8.** Folge *f*, Ergebnis *n*: ***the ~ of the matter was that*** die Folge (davon) war, dass; **9.** Ziel *n*, (End)Zweck *m*, Absicht *f*: ***to this ~*** zu diesem Zweck; ***to no ~*** vergebens; ***gain one's ~s*** s-n Zweck erreichen; ***for one's own ~*** zum eigenen Nutzen; ***private ~s*** Privatinteressen; ***the ~ justifies the means*** der

Zweck heiligt die Mittel; **II** *v/t.* **10.** *a.* **~ *off*** beend(ig)en, zu Ende führen; *e-r Sache* ein Ende machen: **~ *it all*** F ‚Schluss machen' (*sich umbringen*); ***the dictionary to ~ all dictionaries*** das beste Wörterbuch aller Zeiten; **11.** a) *a.* **~ *up*** *et.* ab-, beschließen, b) *den Rest s-r Tage* verbringen, *s-e Tage* beschließen; **III** *v/i.* **12.** *a.* **~ *off*** enden, aufhören, schließen: ***all's well that ~s well*** Ende gut, alles gut; **13.** *a.* **~ *up*** enden, ausgehen (***by, in, with*** damit, dass): **~ *happily*** gut ausgehen; ***he ~ed by boring me*** schließlich langweilte er mich; **~ *in disaster*** mit e-m Fiasko enden; **14.** sterben; **15.** **~ *up*** a) enden, ‚landen' (***in prison*** im Gefängnis), b) enden (***as*** als): ***he ~ed up as an actor*** er wurde schließlich Schauspieler.

'end-all → ***be-all***.

en·dan·ger [ɪn'deɪndʒə] *v/t.* gefährden, in Gefahr bringen.

en·dear [ɪn'dɪə] *v/t.* beliebt machen (***to*** bei *j-m*): **~ *o.s. to s.o.*** a) j-s Zuneigung gewinnen, b) sich bei j-m lieb Kind machen; **en'dear·ing** [-ɪərɪŋ] *adj.* □ lieb, gewinnend; liebenswert; **en'dear·ment** [-mənt] *s.*: (***term of***) **~** Kosewort *n*, -name *m*; ***words of ~*** liebe *od.* zärtliche Worte.

en·deav·o(u)r [ɪn'devə] **I** *v/i.* (***after***) sich bemühen (um), streben (nach); **II** *v/t.* (ver)suchen, bemüht *od.* bestrebt sein (***to do s.th.*** et. zu tun); **III** *s.* Bemühung *f*, Bestreben *n*, Anstrengung *f*: ***to make every ~*** sich nach Kräften bemühen.

en·dem·ic [en'demɪk] **I** *adj.* (□ ***~ally***) **1.** en'demisch: a) (ein)heimisch, b) ⚕ örtlich begrenzt (auftretend), c) *zo.*, ⚘ *in e-m bestimmten Gebiet verbreitet*; **II** *s.* **2.** ⚕ en'demische Krankheit; **3.** a) *zo.* en'demisches Tier, b) en'demische Pflanze.

end game *s.* **1.** Schlussphase *f* (*e-s Spiels*); **2.** *Schach*: Endspiel *n*.

end·ing ['endɪŋ] *s.* **1.** Ende *n*, (Ab-)Schluss *m*: ***happy ~*** glückliches Ende, Happy End *n*; **2.** *ling.* Endung *f*; **3.** *fig.* Ende *n*, Tod *m*.

en·dive ['endɪv] *s.* ⚘ ('Winter)En,divie *f*.

end·less ['endlɪs] *adj.* □ **1.** endlos, ohne Ende, un'endlich; **2.** ewig, unauf'hörlich; **3.** unendlich lang; **4.** ⚙ endlos: **~ *belt*** endloses Band; **~ *chain*** endlose Kette, Raupenkette *f*, Paternosterwerk *n*; **~ *paper*** Endlos-, Rollenpapier *n*; **~ *screw*** Schraube *f* ohne Ende, Schnecke *f*; **'end·less·ness** [-nɪs] *s.* Un'endlichkeit *f*, Endlosigkeit *f*.

en·do·car·di·tis [,endəʊkɑː'daɪtɪs] *s.* ⚕ Herzinnenhautentzündung *f*, Endokar'ditis *f*; **en·do·car·di·um** [,endəʊ'kɑːdɪəm] *s. anat.* innere Herzhaut, Endo'kard *n*; **en·do·carp** ['endəʊkɑːp] *s.* ⚘ Endo'karp *n* (*innere Fruchthaut*); **en·do·crane** ['endəʊkreɪn] *s. anat.* Schädelinnenfläche *f*, Endo'kranium *n*; **en·do·crine** ['endəʊkraɪn] *adj.* endo'krin, mit innerer Sekreti'on: **~ *glands***; **en·dog·a·my** [en'dɒgəmɪ] *s. sociol.* Endoga'mie *f*; **en·dog·e·nous** [en'dɒdʒɪnəs] *adj. bsd.* ⚘ endo'gen; **en·do·par·a·site** [,endəʊ'pærəsaɪt] *s. zo.* Endopara'sit *m*; **en·do·plasm** ['endəʊplæzəm] *s. biol.* innere Proto'plasmaschicht, Endo'plasma *n*.

en·dorse [ɪn'dɔːs] *v/t.* **1.** a) *Dokument* auf der Rückseite beschreiben, b) e-n Vermerk *od.* Zusatz machen auf (*dat.*), c) *bsd. Brit.* e-e Strafe vermerken auf (*e-m Führerschein*); **2.** ✝ a) *Scheck etc.* indossieren, girieren, b) *a.* **~ *over*** über'tragen, -'weisen (***to*** *j-m*), c) *e-e Zahlung* auf der Rückseite des Schecks *etc.* bestätigen; **3.** a) *e-n Plan etc.* billigen, gutheißen, b) sich *e-r Ansicht etc.* anschließen: **~ *s.o.'s opinion*** j-m beipflichten; **en·dor·see** [,endɔː'siː] *s.* ✝ Indos'sat *m*, Indossa'tar *m*; Gi'rat *m*; **en'dorse·ment** [-mənt] *s.* **1.** Vermerk *m od.* Zusatz *m* (*auf der Rückseite von Dokumenten*); **2.** ✝ a) Indossa'ment *n*, Giro *n*, b) Über'tragung *f*: **~ *in blank*** Blankogiro; **~ *in full*** Vollgiro; **3.** *fig.* Billigung *f*, Unter'stützung *f*; **en'dors·er** [-sə] *s.* ✝ Indos'sant *m*, Gi'rant *m*: ***preceding ~*** Vormann *m*.

en·dow [ɪn'daʊ] *v/t.* **1.** dotieren, e-e Stiftung machen (*dat.*); **2.** *et.* stiften: **~ *s.o. with s.th.*** j-m et. stiften; **3.** *fig.* ausstatten (***with*** mit *e-m Talent etc.*); **en'dowed** [-aʊd] *adj.* **1.** gestiftet: ***well-~*** wohlhabend; **~ *school*** mit Stiftungsgeldern finanzierte Schule; **2.** **~ *with*** *fig.* ausgestattet mit: **~ *with many talents***; ***she is well ~*** *humor.* sie ist von der Natur reichlich ausgestattet; **en'dow·ment** [-mənt] *s.* **1.** a) Stiftung *f*, b) *pl.* Stiftungsgeld *n*: **~ *insurance*** (*Brit.* ***assurance***) ✝ Versicherung *f* auf den Todes- u. Erlebensfall; **2.** *fig.* Begabung *f*, Ta'lent *n*, *mst pl.* (körperliche *od.* geistige) Vorzüge *pl.*

end| pa·per *s.* Vorsatzblatt *n*; **~ *product*** *s.* ✝ *u. fig.* 'Endpro,dukt *n*; **~ *rhyme*** *s.* Endreim *m*.

en·dur·a·ble [ɪn'djʊərəbl] *adj.* □ erträglich, leidlich.

en·dur·ance [ɪn'djʊərəns] **I** *s.* **1.** Dauer *f*; **2.** Dauerhaftigkeit *f*; **3.** a) Ertragen *n*, Aushalten *n*, Erdulden *n*, b) Ausdauer *f*, Geduld *f*, Standhaftigkeit *f*: ***beyond*** (*od.* ***past***) **~** unerträglich, nicht auszuhalten(d); **4.** ⚙ Dauerleistung *f*; Lebensdauer *f*; **II** *adj.* **5.** Dauer...; **~ *flight*** *s.* ✈ Dauerflug *m*; **~ *limit*** *s.* ⚙ Belastungsgrenze *f*; **~ *run*** *s.* Dauerlauf *m*; **~ *test*** *s.* ⚙ Belastungs-, Ermüdungsprobe *f*.

en·dure [ɪn'djʊə] **I** *v/i.* **1.** an-, fortdauern; **2.** 'durchhalten; **II** *v/t.* **3.** aushalten, ertragen, erdulden, 'durchmachen: ***not to be ~d*** unerträglich; **4.** *fig.* (*nur neg.*) ausstehen, leiden: ***I cannot ~ him***; **en'dur·ing** [-ərɪŋ] *adj.* □ an-, fortdauernd, bleibend.

'end·ways [-weɪz], **'end·wise** [-waɪz] *adv.* **1.** mit dem Ende nach vorn *od.* oben; **2.** aufrecht; **3.** der Länge nach.

en·e·ma ['enɪmə] *s.* ⚕ **1.** Kli'stier *n*, Einlauf *m*; **2.** Kli'stierspritze *f*.

en·e·my ['ənəmɪ] **I** *s.* **1.** ⚔ Feind *m*; **2.** Gegner *m*, Feind *m*: ***the Old*** ♀ *bibl.* der Teufel, der böse Feind; ***be one's own*** (***worst***) **~** sich selbst (am meisten) schaden *od.* im Weg stehen; ***make an ~ of s.o.*** sich j-n zum Feind machen; ***she made no enemies*** sie machte sich keine Feinde; **II** *adj.* **3.** feindlich, Feind...: **~ *action*** Feind-, Kriegseinwirkung *f*; **~ *alien*** feindlicher Ausländer; **~ *country*** Feindesland *n*; **~ *property*** ✝ Feindvermögen *n*.

en·er·get·ic [ˌenə'dʒetɪk] **I** *adj.* (□ ***~ally***) **1.** e'nergisch: a) tatkräftig, b) nachdrücklich; **2.** (sehr) wirksam; **3.** *phys.* ener'getisch; **II** *s. pl. sg. konstr.* **4.** *phys.* Ener'getik *f*; **en·er·gize** ['enədʒaɪz] **I** *v/t.* **1.** *et.* kräftigen, Ener'gie verleihen (*dat.*); *j-n* anspornen; **2.** ϟ, ⚙, *phys.* erregen: **~d** ϟ unter Spannung (stehend); **II** *v/i.* **3.** energisch handeln.

en·er·gu·men [ˌenɜː'gjuːmen] *s.* Enthusi'ast(in), Fa'natiker(in).

en·er·gy ['enədʒɪ] *s.* **1.** Ener'gie *f*: a) Kraft *f*, Nachdruck *m*, b) Tatkraft *f*; **2.** Wirksamkeit *f*, 'Durchschlagskraft *f*; **3.** ⚗, *phys.* Ener'gie *f*, Kraft *f*, Leistung *f*: **~ *crisis*** Energiekrise *f*; **~*-efficient*** energieeffizient; **~ *recovery*** Energierückgewinnung *f*; **~*-saving*** Energie sparend; **~ *squandering*** Energieverschwendung *f*; **~ *tax*** Energiesteuer *f*.

en·er·vate ['enɜːveɪt] *v/t.* a) entnerven, b) entkräften, schwächen (*alle a. fig.*); **en·er·va·tion** [ˌenɜː'veɪʃn] *s.* **1.** Entnervung; **2.** Entkräftung *f*, Schwächung *f*; **3.** Schwäche *f*.

en·fee·ble [ɪn'fiːbl] *v/t.* schwächen.

en·feoff [ɪn'fef] *v/t. hist.* belehnen (***with*** mit); **en'feoff·ment** [-mənt] *s.* **1.** Belehnung *f*; **2.** Lehnsbrief *m*; **3.** Lehen *n*.

en·fi·lade [ˌenfɪ'leɪd] ⚔ **I** *s.* Flankenfeuer *n*; **II** *v/t.* (mit Flankenfeuer) bestreichen.

en·fold [ɪn'fəʊld] *v/t.* **1.** *a. fig.* einhüllen (***in*** in *acc.*), um'hüllen (***with*** mit); **2.** um'fassen, -'armen; **3.** falten.

en·force [ɪn'fɔːs] *v/t.* **1.** a) (mit Nachdruck) geltend machen: **~ *an argument***, b) Geltung verschaffen (*dat.*), *Gesetz etc.* 'durchführen, c) ✝ *Forderungen* (gerichtlich) geltend machen, *Schuld* beitreiben, d) ⚖ Urteil voll'strecken: **~ *a contract*** (s-e) Rechte aus e-m Vertrag geltend machen; **2.** (***on***, ***upon***) *et.* 'durchsetzen (bei *j-m*); *Gehorsam etc.* erzwingen (von *j-m*); **3.** (***on***, ***upon*** *dat.*) aufzwingen, auferlegen; **en'force·a·ble** [-səbl] *adj.* 'durchsetz-, erzwingbar; ⚖ voll'streckbar, beitreibbar; (ein)klagbar; **en'forced** [-st] *adj.* □ erzwungen, aufgezwungen: **~ *sale*** Zwangsverkauf *m*; **en'for·ced·ly** [-sɪdlɪ] *adv.* **1.** notgedrungen; **2.** zwangsweise, gezwungenermaßen; **en'force·ment** [-mənt] *s.* **1.** Erzwingung *f*, 'Durchsetzung *f*; **2.** a) ✝ (gerichtliche) Geltendmachung, b) ⚖ Voll'streckung *f*, Voll'zug *m*: **~ *officer*** Vollzugsbeamte(r) *m*.

en·frame [ɪn'freɪm] *v/t.* einrahmen.

en·fran·chise [ɪn'fræntʃaɪz] *v/t.* **1.** *j-m* die Bürgerrechte *od.* das Wahlrecht verleihen: ***be ~d*** das Wahlrecht erhalten; **2.** *e-r Stadt* po'litische Rechte gewähren; **3.** *Brit. e-m Ort* Vertretung im 'Unterhaus verleihen; **4.** *Sklaven* freilassen; **5.** befreien (***from*** von); **en'fran·chise·ment** [-tʃɪzmənt] *s.* **1.** Verleihung *f* der Bürgerrechte *od.* des Wahlrechts; **2.** Gewährung *f* po'litischer Rechte; **3.** Freilassung *f*, Befreiung *f*.

en·gage [ɪn'geɪdʒ] **I** *v/t.* **1.** (***o.s.*** sich) (*vertraglich etc.*) verpflichten *od.* binden (***to do s.th.*** et. zu tun); **2.** ***become*** (*od.* ***get***) **~d** sich verloben (***to*** mit); **3.** *j-n* an-, einstellen, *Künstler etc.* engagieren; **4.** a) *et.* mieten, *Zimmer* belegen, nehmen, b) *Platz etc.* (vor)bestellen, belegen; **5.** *j-n*, *j-s Kräfte etc.* in Anspruch nehmen, *j-n* fesseln: **~ *s.o. in conversation*** j-n ins Gespräch ziehen; **~ *s.o.'s attention*** j-s Aufmerksamkeit auf sich lenken *od.* in Anspruch nehmen; **6.** ⚔ a) *Truppen* einsetzen, b) *Feind* angreifen, *Feindkräfte* binden; **7.** ⚙ einrasten lassen; *Kupplung etc.* einrücken, *e-n Gang* einlegen, -schalten; **II** *v/i.* **8.** sich verpflichten, es über'nehmen (***to do s.th.*** et. zu tun); **9.** Gewähr leisten, garantieren, sich verbürgen (***that*** dass); **10.** ⚔ angreifen, den Kampf beginnen; **~ *in*** sich beschäftigen *od.* befassen *od.* abgeben mit; **11.** **~ *in*** sich beteiligen an (*dat.*), sich einlassen in *od.* auf (*acc.*); **12.** ⚙ inein'ander greifen, einrasten; **en'gaged** [-dʒd] *adj.* **1.** verpflichtet; **2.** *a.* **~ *to be married*** verlobt (***to*** mit); **3.** beschäftigt, nicht abkömmlich, ‚besetzt': ***are you ~?*** sind Sie frei?; ***be ~ in*** (*od.* ***on***) beschäftigt sein mit, arbeiten an (*dat.*); ***deeply ~ in conversation*** in ein Gespräch vertieft; ***my time is fully ~*** ich bin zeitlich völlig ausgelastet; **4.** *teleph. Brit.* besetzt: **~ *tone*** *od.* ***signal*** Besetztzeichen *n*; **5.** ⚙ eingerückt, im Eingriff (stehend); **en-**

'gage·ment [-mənt] *s.* **1.** (*vertragliche etc.*) Verpflichtung *f*: ***without*** **~** unverbindlich, ✝ *a.* freibleibend; ***be under an*** **~** ***to s.o.*** j-m (gegenüber) verpflichtet sein; **~*s*** ✝ Zahlungsverpflichtungen *pl.*; **2.** Verabredung *f*: **~** ***diary*** Terminkalender *m*; **3.** Verlobung *f* (***to*** mit): **~** ***ring*** Verlobungsring *m*; **4.** (An)Stellung *f*, Stelle *f*, Posten *m*; **5.** *thea.* Engage'ment *n*; **6.** Beschäftigung *f*, Tätigkeit *f*; **7.** ⚔ Kampf(handlung *f*) *m*, Gefecht *n*; **8.** ⚙ Eingriff *m*; **en'gag·ing** [-dʒɪŋ] *adj.* ☐ **1.** einnehmend, gewinnend; **2.** ⚙ Ein- u. Ausrück...: **~** ***gear***.

en·gen·der [ɪn'dʒendə] *v/t. fig.* erzeugen, her'vorbringen, -rufen.

en·gine ['endʒɪn] **I** *s.* **1.** a) *allg.* Ma'schine *f*, b) Motor *m*, c) 🚂 Lokomo'tive *f*; **2.** ⚙ Holländer *m*, Stoffmühle *f*; **3.** Feuerspritze *f*; **II** *v/t.* **4.** mit Ma'schinen *od.* Mo'toren *od.* e-m Motor versehen; **~ block** *s.* Motorblock *m*; **~ build·er** *s.* Ma'schinenbauer *m*; **~ driv·er** *s.* Lokomo'tivführer *m*.

en·gi·neer [ˌendʒɪ'nɪə] **I** *s.* **1.** a) Ingeni'eur *m*, b) Techniker *m*, c) Me'chaniker *m*: **~*s*** *teleph.* Stördienst *m*; **2.** *a.* ***mechanical*** **~** Ma'schinenbauer *m*, -ingeniˌeur *m*; **3.** *a.* ⚓ Maschi'nist *m*; **4.** *Am.* Lokomo'tivführer *m*; **5.** ⚔ Pio'nier *m*; **II** *v/t.* **6.** *Straßen, Brücken etc.* bauen, anlegen, konstruieren, errichten; **7.** *fig.* *geschickt* in die Wege leiten, ‚organisieren', ‚einfädeln', ‚deichseln'; **III** *v/i.* **8.** als Ingeni'eur tätig sein; **ˌen·gi'neer·ing** [-ɪərɪŋ] *s.* **1.** Technik *f*, *engS.* Ingeni'eurwesen *n*; (*a.* ***mechanical*** **~**) Ma'schinen- u. Gerätebau *m*: **~** ***department*** technische Abteilung, Konstruktionsbüro *n*; **~** ***sciences*** technische Wissenschaften; **~** ***standards committee*** Fachnormenausschuss *m*; **~** ***works*** Maschinenfabrik *f*; **2.** ***social*** **~** angewandte Sozialwissenschaft; **3.** ⚔ Pio'nierwesen *n*.

en·gine| fit·ter *s.* Ma'schinenschlosser *m*, Mon'teur *m*; **~ lathe** *s.* ⚙ Leitspindeldrehbank *f*; **'~·man** [-mən] *s.* [*irr.*] **1.** Maschi'nist *m*; **2.** Lokomo'tivführer *m*; **~ room** *s.* Ma'schinenraum *m*.

en·gird [ɪn'gɜːd], **en'gir·dle** [-dl] *v/t.* um'gürten, -'geben, -'schließen.

Eng·land·er ['ɪŋgləndə] *s.* Engländer *m*: ***Little*** **~** *pol. hist.* Gegner der imperialistischen Politik.

> Der 23. April ist **St George's Day** [snt'dʒɔːdʒɪzdeɪ], der Nationalfeiertag der Engländer. Traditionalisten tragen eine Rose (**rose**) im Knopfloch.

Eng·lish ['ɪŋglɪʃ] **I** *adj.* **1.** englisch: **~** ***disease***, **~** ***sickness*** ✝ ‚englische Krankheit'; **~** ***flute*** ♪ Blockflöte *f*; **~** ***studies*** *pl.* Anglistik *f*; **II** *s.* **2.** ***the*** **~** die Engländer; **3.** *ling.* Englisch *n*, das Englische: **~ ~** britisches Englisch; ***in*** **~** auf Englisch, im Englischen; ***into*** **~** ins Englische; ***from*** (***the***) **~** aus dem Englischen, ***the King's*** (*od.* ***Queen's***) **~** gutes, reines Englisch; ***in plain*** **~** *fig.* ‚auf gut Deutsch', ‚im Klartext'; **4.** *typ.* Mittel *f* (*Schriftgrad*); **Eng·lish·ism** ['ɪŋlɪʃɪzəm] *s. bsd. Am.* **1.** *ling.* Briti'zismus *m*; **2.** englische Eigenart; **3.** Anglophi'lie *f*; **'Eng·lish·man** [-mən] *s.* [*irr.*] Engländer *m*; **'Eng·lishˌwom·an** *s.* [*irr.*] Engländerin *f*.

British and American English

* Die mit einem Sternchen gekennzeichneten Wörter werden inzwischen auch im britischen Englisch verwendet.

britisch	*amerikanisch*	*Übersetzung*
full stop	**period**, *bei Internet-Adressen:* **dot***	Punkt
holiday	**vacation**	Urlaub
holidays *pl.*	**vacation**	(Schul)Ferien
public school	**private school**	Privatschule
rubber	**eraser***	Radiergummi
braces	**suspenders**	Hosenträger
fringe	**bangs**	Pony (*Frisur*)
trousers	**pants**	Hose
vest	**undershirt**	Unterhemd
waistcoat	**vest**	Weste

zip	**zipper**	Reißverschluss
aubergine	**eggplant**	Aubergine
biscuit	**cooky, cookie**	Keks
chips	**(French) fries***	Pommes frites
crisps	**potato chips**	Chips
ice lolly	**popsicle**	Eis am Stiel
jam	**jelly**	Marmelade
sweet	**candy**	Bonbon
chemist's	**pharmacy, drugstore**	Apotheke
cinema	**movie theater**	Kino
film	**movie***	(Kino)Film
shop	**store***	Geschäft
bill	**check**	Rechnung
note	**bill**	Geldschein
handbag	**purse, pocketbook**	Handtasche
purse	**wallet, coin purse**	Portemonnaie
wallet	**billfold**	Brieftasche
accelerator	**gas pedal**	Gaspedal
boot	**trunk**	Kofferraum
bonnet	**hood**	Motorhaube
driving licence	**driver's license**	Führerschein
hire a car	**rent a car***	ein Auto mieten
motorway	**highway, freeway**	Autobahn
pavement	**sidewalk**	Bürgersteig
petrol	**gas, gasoline**	Benzin
petrol station	**gas station**	Tankstelle
public transport	**public transportation**	öffentliche Verkehrsmittel
rails	**tracks***	Gleis(e)
railway	**railroad**	Bahn
roundabout	**traffic circle**	Kreisverkehr
saloon	**sedan** [sɪ'dæn]	Limousine
subway	**(pedestrian) underpass***	Fußgängerunterführung
taxi	**cab***	Taxi
timetable	**schedule** ['skedʒuːl]	Fahrplan
underground	**subway**	U-Bahn
windscreen	**windshield***	Windschutzscheibe
city centre	**downtown**	City, Innenstadt
cloakroom	**checkroom**	Garderobe
cupboard	**closet**	Schrank
first floor	**second floor**	1. Stock
flat	**apartment***	Wohnung
ground floor	**first floor**	Erdgeschoss
lift	**elevator**	Aufzug

tap	**faucet** ['fɔːsɪt]	Wasserhahn
toilet	**bathroom, restroom**	W.C.
parcel	**package***	Päckchen, Paket
postbox	**mailbox**	Briefkasten
postcode	**zip code**	Postleitzahl
send	**mail***	schicken
cotton wool	**cotton**	Watte
dummy	**pacifier**	Schnuller
nappy	**diaper**	Babywindel
pram	**baby carriage**	Kinderwagen
aluminium	**aluminum**	Aluminium
autumn	**fall**	Herbst
chat show	**talk show**	Talkshow
drawing pin	**thumbtack**	Reißzwecke
football	**soccer***	Fußball
queue	**line***	Warteschlange
rubbish	**garbage***	Abfall
torch	**flashlight**	Taschenlampe
sorry	**excuse me**	Entschuldigung!
pardon?, sorry?	**excuse me?**	Wie bitte?
of course	**sure***	Natürlich!

en·gorge [ɪn'gɔːdʒ] *v/t.* **1.** gierig verschlingen; **2.** ⚕ *Gefäß etc.* anschoppen: **~d kidney** Stauungsniere *f.*

en·graft [ɪn'grɑːft] *v/t.* **1.** (auf)pfropfen (*into* in *acc.*, *upon* auf *acc.*); **2.** *fig.* a) einfügen, b) verankern (*into* in *dat.*).

en·grained [ɪn'greɪnd] *adj. fig.* **1.** eingefleischt, unverbesserlich; **2.** eingewurzelt.

en·gram [ɪn'græm] *s. biol., psych.* En'gramm *n.*

en·grave [ɪn'greɪv] *v/t.* **1.** (ein)gravieren, (ein)meißeln, *in Holz*: (ein)schnitzen, einschneiden (*on* in, auf *acc.*); **2.** ***it is ~d (up)on his memory*** (*od.* ***mind***) *fig.* es hat sich ihm tief eingeprägt; **en'grav·er** [-və] *s.* Gra'veur *m*, (Kunst-)Stecher *m*: **~ (*on copper*)** Kupferstecher *m*; **en'grav·ing** [-vɪŋ] *s.* **1.** Gravieren *n*, Gravierkunst *f*; **2.** (Kupfer-, Stahl)Stich *m*; Holzschnitt *m.*

en·gross [ɪn'grəʊs] *v/t.* **1.** ⚖ a) *Urkunde* ausfertigen, b) e-e Reinschrift anfertigen von, c) in gesetzlicher *od.* rechtsgültiger Form ausdrücken, d) *parl. e-m Gesetzentwurf* die endgültige Fassung geben; **2.** ✝ a) *Ware* spekula'tiv aufkaufen, b) *den Markt* monopolisieren; **3.** *fig. j-s Aufmerksamkeit etc.* (ganz) in Anspruch nehmen; *et.* an sich reißen; **en'grossed** [-st] *adj.* vertieft, versunken (*in* in *acc.*); **en'gross·ing** [-sɪŋ] *adj.* **1.** fesselnd, spannend; **2.** voll in Anspruch nehmend; **en'gross·ment** [-mənt] *s.* **1.** ⚖ Ausfertigung *f*, Reinschrift *f e-r Urkunde*; **2.** ✝ a) (spekula'tiver) Aufkauf, b) Monopolisierung *f*; **3.** Inanspruchnahme *f* (*of, with* durch).

en·gulf [ɪn'gʌlf] *v/t.* **1.** über'fluten; **2.** verschlingen (*a. fig.*).

en·hance [ɪn'hɑːns] *v/t.* **1.** erhöhen, vergrößern, steigern, heben; **2.** *et.* (vorteilhaft) zur Geltung bringen; **en'hance·ment** [-mənt] *s.* Steigerung *f*, Erhöhung *f*, Vergrößerung *f.*

e·nig·ma [ɪ'nɪgmə] *s.* Rätsel *n* (*a. fig.*); **e·nig·mat·ic, e·nig·mat·i·cal** [ˌenɪg'mætɪk(l)] *adj.* □ rätselhaft, dunkel; **e'nig·ma·tize** [-ətaɪz] **I** *v/i.* in Rätseln sprechen; **II** *v/t. et.* in Dunkel hüllen, verschleiern.

en·join [ɪn'dʒɔɪn] *v/t.* **1.** *et.* auferlegen, vorschreiben (*on s.o.* j-m); **2.** *j-m* befehlen, einschärfen, *j-n* (eindringlich) mahnen (*to do* zu tun); **3.** bestimmen, Anweisung(en) erteilen (*that* dass); **4.** ⚖ unter'sagen (*s.th. on s.o.* j-m et.; *s.o. from doing s.th.* j-m, et. zu tun).

en·joy [ɪn'dʒɔɪ] *v/t.* **1.** Vergnügen *od.* Gefallen finden *od.* Freude haben an (*dat.*), sich erfreuen an (*dat.*): ***I ~ dancing*** ich tanze gern, Tanzen macht mir Spaß; ***did you ~ the play?*** hat dir das (Theater)Stück gefallen?; **~ *o.s.*** sich amüsieren *od.* gut unterhalten; ***did you ~ yourself in London?*** hat es dir in London gefallen?; ***~ yourself!*** viel Spaß!; **2.** genießen, sich *et.* schmecken lassen: ***I ~ my food*** das Essen schmeckt mir; **3.** sich *e-s Besitzes* erfreuen, *et.* haben, besitzen, genießen; erleben: ***~ good health*** sich e-r guten Gesundheit erfreuen; ***~ a right*** ein Recht genießen *od.* haben; **en'joy·a·ble** [-ɔɪəbl] *adj.* □ **1.** brauch-, genießbar; **2.** angenehm, erfreulich, schön; **en'joy·ment** [-mənt] *s.* **1.** Genuss *m*, Vergnügen *n*, Gefallen *n*, Freude *f* (***of*** an *dat.*); **2.** Genuss *m* (*e-s Besitzes od. Rechtes*), Besitz *m*: ***quiet ~*** ⚖ ruhiger Besitz; **3.** ⚖ Ausübung *f* (*e-s Rechts*).

en·kin·dle [ɪn'kɪndl] *v/t. fig.* entflammen, entzünden, entfachen.

en·lace [ɪn'leɪs] *v/t.* **1.** um'schlingen; **2.** verstricken.

en·large [ɪn'lɑːdʒ] **I** *v/t.* **1.** vergrößern (*a. phot.*), *Kenntnisse etc. a.* erweitern, *Einfluss etc. a.* ausdehnen: ***~d and revised edition*** erweiterte u. verbesserte Auflage; ***~ the mind*** den Gesichtskreis erweitern; **II** *v/i.* **2.** sich vergrößern *od.* ausdehnen *od.* erweitern, zunehmen; **3.** *phot.* sich vergrößern lassen; **4.** *fig.* sich verbreiten *od.* weitläufig auslassen (***upon*** über *acc.*); **en'large·ment** [-mənt] *s.* **1.** Vergrößerung *f* (*a. phot.*), Erweiterung *f*, Ausdehnung *f*; ⚕ (Herz-) Erweiterung *f*, (*Mandel- etc.*) Schwellung *f*; **2.** Erweiterungs-, Anbau *m*; **en'larg·er** [-dʒə] *s.* Vergrößerungsgerät *n*.

en·light·en [ɪn'laɪtn] *v/t. fig.* erleuchten, aufklären, belehren (***on, as to*** über *acc.*); **en'light·ened** [-nd] *adj.* **1.** erleuchtet, aufgeklärt; **2.** verständig; **en'light·en·ing** [-nɪŋ] *adj.* aufschlussreich; **en'light·en·ment** [-mənt] *s.* Aufklärung *f*, Erleuchtung *f*: (***Age of***) ♀ *hist.* (Zeitalter *n* der) Aufklärung.

en·list [ɪn'lɪst] **I** *v/t.* **1.** *Soldaten* anwerben, *Rekruten* einstellen: ***~ed men*** *Am.* Unteroffiziere und Mannschaften; **2.** *fig.* *j-n* her'anziehen, gewinnen, engagieren (***in*** für): ***~ s.o.'s services*** j-s Dienste in Anspruch nehmen; **II** *v/i.* **3.** ⚔ sich anwerben lassen, Sol'dat werden, sich (freiwillig) melden; **4.** (***in***) mitwirken (bei), sich beteiligen (an *dat.*); **en'list·ment** [-mənt] *s.* **1.** ⚔ (An)Werbung *f*, Einstellung *f*; **2.** ⚔ *Am.* a) Eintritt *m* in den Wehrdienst, b) (Dauer *m* der) (Wehr)Dienstverpflichtung; **3.** *fig.* Gewinnung *f* (*zur Mitarbeit*), Her'an-, Hin'zuziehung *f* (*von Helfern*).

en·liv·en [ɪn'laɪvn] *v/t.* beleben, in Schwung bringen, ‚ankurbeln'.

en masse [ɑ̃ːŋ'mæs] (*Fr.*) *adv.* **1.** in Massen; **2.** im Großen; **3.** zu'sammen, als Ganzes.

en·mesh [ɪn'meʃ] *v/t.* **1.** in e-m Netz fangen; **2.** *fig.* verstricken.

en·mi·ty ['enmətɪ] *s.* Feindschaft *f*, -seligkeit *f*, Hass *m*: ***at ~ with*** verfeindet *od.* in Feindschaft mit; ***bear no ~*** nichts nachtragen.

en·no·ble [ɪ'nəʊbl] *v/t.* adeln (*a. fig.*), in den Adelsstand erheben; *fig.* veredeln, erhöhen; **en'no·ble·ment** [-mənt] *s.* **1.** Erhebung *f* in den Adelsstand; **2.** *fig.* Veredelung *f*.

en·nui [ɑ̃ː'nwiː] (*Fr.*) *s.* Langeweile *f*.

e·nor·mi·ty [ɪ'nɔːmətɪ] *s.* Ungeheuerlichkeit *f*: a) Enormi'tät *f*, b) Untat *f*, Gräuel *m*, Frevel *m*; **e'nor·mous** [-məs] *adj.* □ e'norm, ungeheuer(lich), gewaltig, riesig; **e'nor·mous·ness** [-məsnɪs] *s.* Riesengröße *f*.

e·nough [ɪ'nʌf] **I** *adj.* genug, ausreichend: ***~ bread, bread ~*** genug Brot, Brot genug; ***not ~ sense*** nicht genug Verstand; ***this is ~*** (***for us***) das genügt (uns); ***I was fool ~ to believe her*** ich war so dumm u. glaubte ihr; ***he was not man ~*** (*od.* ***~ of a man***) (***to*** *inf.*) er war nicht Manns genug (zu *inf.*); ***that's ~ to drive me mad*** das macht mich (noch) wahnsinnig; **II** *s.* Genüge *f*, genügende Menge: ***have*** (***quite***) ***~*** (völlig) genug haben; ***I've had ~, thank you*** danke, ich bin satt; ***I have ~ of it*** ich bin (*od.* habe) es satt, ‚ich bin bedient'; ***~ of that!, ~ said!*** genug davon!, Schluss damit!; ***~ and to spare*** mehr als genug; ***~ is as good as a feast*** allzu viel ist ungesund; **III** *adv.* genug, genügend; ganz, recht, ziemlich: ***it's a good ~ story*** die Geschichte ist nicht übel; ***he does not sleep ~*** er schläft nicht genug; ***be kind ~ to help me*** sei so gut und hilf mir; ***oddly ~*** sonderbarerweise; ***safe ~*** durchaus sicher; ***sure ~*** tatsächlich, gewiss; ***true ~*** nur zu wahr; ***well ~*** recht *od.* ziemlich *od.* ganz gut; ***he could do it well ~*** (***but ...***) er könnte es (zwar) recht gut(, aber ...); ***you know well ~*** du weißt es (ganz) genau; ***that's not good ~*** das reicht nicht, das lasse ich nicht gelten.

en pas·sant [ɑ̃ːm'pæsɑ̃ːŋ] (*Fr.*) *adv.* en pas'sant: a) im Vor'beigehen, b) beiläufig, neben'her, -'bei.

en·plane [ɪn'pleɪn] → ***emplane***.

en·print ['enprɪnt] *s. Brit. phot. Abzug vom Negativ in der Größe 5,0 3,5 Zoll.*

en·quire *etc.* → ***inquire*** *etc.*

en·rage [ɪn'reɪdʒ] *v/t.* wütend machen; **en'raged** [-dʒd] *adj.* wütend, aufgebracht (***at, by*** über *acc.*).

en·rapt [ɪn'ræpt] *adj.* hingerissen, entzückt; **en'rap·ture** [-tʃə] *v/t.* entzücken: ***~d with*** hingerissen von.

en·rich [ɪn'rɪtʃ] *v/t.* **1.** (*a.* ***o.s.*** sich) bereichern (*a. fig.*); wertvoll(er) machen; **2.** anreichern: a) ⚙, ⚗ veredeln, b) ⚡

ertragreich(er) machen, c) den Nährwert erhöhen; **3.** ausschmücken, verzieren; **4.** *fig.* a) *Geist* bereichern, b) *Wert* steigern; **en'rich·ment** [-mənt] *s.* **1.** Bereicherung *f* (*a. fig.*); **2.** ⚙, ⚗ Anreicherung *f*; **3.** *fig.* Befruchtung *f*; **4.** Ausschmückung *f*.

en·rol(l) [ɪn'rəʊl] **I** *v/t.* **1.** *j-s Namen* eintragen, -schreiben (***in*** in *acc.*); *univ. j-n* immatrikulieren: **~ *o.s.*** → 5; **2.** a) *mst* ⚔ (an)werben, b) ⚓ anmustern, anheuern, c) *Arbeiter* einstellen: ***be enrolled*** eingestellt werden, *in e-e Firma* eintreten; **3.** als Mitglied aufnehmen: **~ *o.s. in a society*** e-r Gesellschaft beitreten; **4.** ⚖ registrieren, protokollieren; **II** *v/i.* **5.** sich einschreiben (lassen), *univ.* sich immatrikulieren: **~ *for a course*** e-n Kurs belegen; **en'rol(l)·ment** [-mənt] *s.* **1.** Eintragung *f*, -schreibung *f*; *univ.* Immatrikulati'on *f*; **2.** *bsd.* ⚔ Anwerbung *f*, Einstellung *f*, Aufnahme *f*; **3.** Beitrittserklärung *f*; **4.** ⚖ Re'gister *n*.

en route [ɑ̃ːn'ruːt] (*Fr.*) *adv.* unterwegs (***for*** nach); auf der Reise (***from ... to*** von ... nach).

ens [enz] *pl.* **entia** ['enʃɪə] (*Lat.*) *s. phls.* Ens *n*, Sein *n*, Wesen *n*.

en·sconce [ɪn'skɒns] *v/t.* **1.** (*mst* **~ *o.s.*** sich) verstecken, verbergen; **2.** **~ *o.s.*** es sich bequem machen (*in e-m Sessel etc.*).

en·sem·ble [ɑ̃ːn'sɑ̃ːmbl] (*Fr.*) *s.* **1.** *das* Ganze, Gesamteindruck *m*; **2.** ♪, *thea.* En'semble *n*; **3.** *Mode*: En'semble *n*, Kom'plet *n*.

en·shrine [ɪn'ʃraɪn] *v/t.* **1.** *in e-n Schrein* einschließen; **2.** (als Heiligtum) bewahren; **3.** als Schrein dienen für.

en·shroud [ɪn'ʃraʊd] *v/t.* ein-, verhüllen (*a. fig.*).

en·sign ['ensaɪn; *bsd.* ⚔ *u.* ⚓ 'ensn] *s.* **1.** Fahne *f*, Stan'darte *f*, ⚓ (Schiffs-)Flagge, *bsd.* (Natio'nal)Flagge *f*: ***white*** (***red***) **~** Flagge der brit. Kriegs- (Handels)marine; ***blue*** **~** Flagge der brit. Flottenreserve; **2.** ['ensaɪn] *hist. Brit.* Fähnrich *m*; **3.** ['ensn] ⚓ *Am.* Leutnant *m* zur See; **4.** (Rang)Abzeichen *n*.

en·si·lage ['ensɪlɪdʒ] ⸕ **I** *s.* **1.** Silierung *f*; **2.** Silo-, Gärfutter *n*; **II** *v/t.* **3.** → **en·sile** [ɪn'saɪl] *v/t.* ⸕ *Futterpflanzen* silieren.

en·slave [ɪn'sleɪv] *v/t.* versklaven, zum Sklaven machen (*a. fig.*): ***be ~d by*** *j-m od. e-r Sache* verfallen sein; **en'slave·ment** [-mənt] *s.* **1.** Versklavung *f*, Sklave'rei *f*; **2.** *fig.* (***to***) sklavische Abhängigkeit *f* (von) *od.* Bindung (an *acc.*), Hörigkeit *f*.

en·snare [ɪn'sneə] *v/t.* **1.** *in e-r Schlinge* fangen; **2.** *fig.* berücken, bestricken, um'garnen.

en·sue [ɪn'sjuː] *v/i.* **1.** 'darauf folgen, (nach)folgen; **2.** folgen, sich ergeben (***from*** aus); **en'su·ing** [-ɪŋ] *adj.* (nach-)folgend.

en·sure [ɪn'ʃʊə] *v/t.* **1.** (***against, from***) (***o.s.*** sich) sichern, sicherstellen (gegen), schützen (vor); **2.** Gewähr bieten für, garantieren (*et.*, ***that*** dass, ***s.o. being*** dass j-d ist); **3.** für *et.* sorgen: **~ *that*** dafür sorgen, dass.

en·tail [ɪn'teɪl] **I** *v/t.* **1.** ⚖ a) in ein Erbgut umwandeln, b) als Erbgut vererben (***on*** auf *acc.*): ***~ed estate*** Erb-, Familiengut *n*; ***~ed interest*** beschränktes Eigentumsrecht; **2.** *fig.* a) mit sich bringen, zur Folge haben, nach sich ziehen, verursachen, b) erforderlich machen, erfordern; **II** *s.* **3.** ⚖ a) (Über'tragung *f* als) unveräußerliches Erbgut, b) (festgelegte) Erbfolge.

en·tan·gle [ɪn'tæŋgl] *v/t.* **1.** *Haare, Garn etc.* verwirren, ‚verfilzen'; **2.** (***o.s.*** sich) verwickeln, -heddern (***in*** in *acc.*); **3.** *fig.* verwickeln, verstricken: **~ *o.s. in s.th., become ~d in s.th.*** in e-e Sache verwickelt werden; ***become ~d with s.o.*** sich mit j-m einlassen; **en'tan·gle·ment** [-mənt] *s.* **1.** *a. fig.* Verwicklung *f*, Verwirrung *f*, Verstrickung *f*; **2.** *fig.* Kompliziertheit *f*; **3.** Liebschaft *f*, Liai'son *f*; **4.** ⚔ Drahtverhau *m*.

en·tente [ɑ̃ːn'tɑ̃ːnt] (*Fr.*) *s.* En'tente *f*, Bündnis *n*.

en·ter ['entə] **I** *v/t.* **1.** eintreten, -fahren, -steigen, (hin'ein)gehen, (-)kommen in (*acc.*), *Haus etc.* betreten; in *ein Land* einreisen; ⚔ einrücken in (*acc.*); ⚓, 🚂 einlaufen in (*acc.*): **~ *the skull*** in den Schädel eindringen (*Kugel etc.*); ***the idea ~ed my head*** (*od.* ***mind***) mir kam der Gedanke, ich hatte die Idee; **2.** sich in *et.* begeben: **~ *a hospital*** ein Krankenhaus aufsuchen; **3.** eintreten in (*acc.*), beitreten (*dat.*), Mitglied werden (*gen.*): **~ *s.o.'s service*** in j-s Dienst treten; **~ *a club*** e-m Klub beitreten; **~ *the university*** sein Studium aufnehmen; **~ *the army*** (***the Church***) Soldat (Geistlicher) werden; **~ *a profession*** e-n Beruf ergreifen; **4.** eintragen, -schreiben; hin'einbringen; *j-n* aufnehmen, zulassen: **~ *one's name*** sich einschreiben *od.* anmelden; **~ *s.o. at a school*** j-n zur Schule anmelden; ***be ~ed*** *univ.* immatrikuliert werden; **5.** ☨ (ver)buchen, eintragen: **~ *to s.o.'s debit*** j-m *et.* in Rechnung stellen; → ***credit*** 2; **~ *up*** *Posten* regelrecht verbuchen; **6.** *sport* melden, nennen (***for*** für); **7.** ⚓, ☨ *Schiff* einklarieren; *Waren beim Zollamt* deklarieren; **8.** einreichen, -bringen, geltend machen: **~ *an action*** ⚖ e-e Klage einreichen; **~ *a motion*** *parl.* e-n Antrag einbringen; **~ *a protest*** Protest erheben; **II** *v/i.* **9.** (ein)treten, her'ein-, hin'einkommen,

-gehen; ⚔ einrücken; eindringen: ***I don't ~ in it*** *fig.* ich habe damit nichts zu tun; ***~!*** herein!; **10.** *sport* sich melden, nennen (**for** für, zu); **11.** *thea.* auftreten: ***℞ Hamlet*** Hamlet tritt auf; *Zssgn mit prp.*:
en·ter| in·to *v/i.* **1.** → ***enter*** 1, 2, 3; **2.** *Vertrag, Bündnis* eingehen, schließen: ***~ an obligation*** e-e Verpflichtung eingehen; ***~ a partnership*** sich assoziieren; **3.** *et.* beginnen, sich beteiligen an (*dat.*), eingehen auf (*acc.*), sich einlassen auf *od.* in (*acc.*): ***~ correspondence*** in Briefwechsel treten; ***~ a joke*** auf e-n Scherz eingehen; → ***detail*** 1; **4.** sich hin'einversetzen in (*acc.*): ***~ s.o.'s feelings*** sich in j-n hineinversetzen, j-s Gefühle verstehen; ***~ the spirit*** sich in den Geist *e-r Sache* einfühlen *od.* hineinversetzen; ***~ the spirit of the game*** mitmachen; **5.** e-e Rolle spielen bei: ***this did not ~ our plans*** das war nicht eingeplant; **~ on** *od.* **up·on** *v/i.* **1.** ⚖ Besitz ergreifen von: ***~ an inheritance*** e-e Erbschaft antreten; **2.** a) *Thema* anschneiden, b) sich in *ein Gespräch* einlassen; **3.** a) beginnen, in *ein* (*neues*) *Stadium od. ein neues Lebensjahr* eintreten, b) *Amt* antreten, *Laufbahn* einschlagen; **4.** in *ein neues Stadium* treten.

en·ter·ic [en'terɪk] *adj.* **1.** *anat.* en'terisch, Darm...: ***~ fever*** (Unterleibs)Typhus *m*; **2.** ⚕ darmlöslich: ***~ pill***; **en·ter·i·tis** [ˌentə'raɪtɪs] *s.* ⚕ 'Darmkaˌtarr(h) *m*, Ente'ritis *f.*

en·ter key ['entəkiː] *s. Computer*: Eingabetaste *f*, 'Enter-Taste *f.*

en·ter·o·gas·tri·tis [ˌentərəʊgæ'straɪtɪs] *s.* Magen- 'Darm-Kaˌtarr(h) *m*; **en·ter·on** ['entərən] *pl.* **-ter·a** [-rə] *s.* Enteron *n*, (*bsd.* Dünn)Darm *m.*

en·ter·prise ['entəpraɪz] *s.* **1.** Unter'nehmen *n*, -'nehmung *f*; **2.** ✝ Unter'nehmen *n*, Betrieb *m*: ***free ~*** freies Unternehmertum, freie (Markt)Wirtschaft; ***free ~ economist*** Marktwirtschaftler *m*; **3.** Initia'tive *f*, Unter'nehmungsgeist *m*, -lust *f*; **'en·ter·pris·ing** [-zɪŋ] *adj.* ☐ **1.** unter'nehmend, unter'nehmungslustig, mit Unter'nehmungsgeist; **2.** kühn, wagemutig.

en·ter·tain [ˌentə'teɪn] **I** *v/t.* **1.** (angenehm) unter'halten, amüsieren (*a. iro.*); **2.** *j-n* gastlich aufnehmen, bewirten, einladen; **3.** *Furcht, Hoffnung etc.* hegen; **4.** *Vorschlag etc.* in Erwägung ziehen, eingehen auf (*acc.*), näher treten (*dat.*): ***~ an idea*** sich mit e-m Gedanken tragen; **II** *v/i.* **5.** Gäste empfangen, ein gastliches Haus führen: ***they ~ a great deal*** sie haben oft Gäste; **ˌen·ter'tain·er** [-nə] *s.* **1.** Gastgeber(in); **2.** Unter'halter(in), *engS.* Enter'tainer (-in), Unter'haltungskünstler(in); **ˌen·ter'tain·ing** [-nɪŋ] *adj.* ☐ unter'haltend, -'haltsam, amü'sant; **ˌen·ter'tain·ment** [-mənt] *s.* **1.** Unter'haltung *f*, Belustigung *f*: ***place of ~*** Vergnügungsstätte *f*; ***~ tax*** Vergnügungssteuer *f*; ***much to his ~*** sehr zu s-r Belustigung; **2.** (*öffentliche*) Unterhaltung, *thea. etc. a.* Enter'tainment *n*: ***~ electronics*** Unterhaltungselektronik *f*; ***~ expenses*** Bewirtungskosten *pl.*; ***~ industry*** Unterhaltungsindustrie *f*; ***~s officer*** Animateur *m*; ***~ value*** Unterhaltungswert *m*; **3.** Gastfreundschaft *f*, Bewirtung *f*: ***~ allowance*** ✝ Aufwandsentschädigung *f*; **4.** Fest *n*, Gesellschaft *f.*

en·thral(l) [ɪn'θrɔːl] *v/t.* **1.** *fig.* bezaubern, fesseln, in s-n Bann schlagen; **2.** *obs.* unter'jochen; **en'thrall·ing** [-lɪŋ] *adj.* fesselnd, bezaubernd; **en'thral(l)·ment** [-mənt] *s.* **1.** Bezauberung *f*; **2.** *obs.* Unter'jochung *f.*

en·throne [ɪn'θrəʊn] *v/t.* auf den Thron setzen, *a. eccl. Bischof* inthronisieren: ***be ~d*** *fig.* thronen; **en'throne·ment** [-mənt] *s.* Inthronisati'on *f.*

en·thuse [ɪn'θjuːz] F **I** *v/t.* begeistern; **II** *v/i.* (***about***) begeistert sein (von), schwärmen (für, von); **en'thu·si·asm** [-zɪæzəm] *s.* **1.** Enthusi'asmus *m*, Begeisterung *f* (**for** für, **about** über *acc.*); **2.** Schwärme'rei *f*; **en'thu·si·ast** [-zɪæst] *s.* **1.** Enthusi'ast(in); **2.** Schwärmer(in); **en·thu·si·as·tic** [ɪnˌθjuːzɪ'æstɪk] *adj.* (☐ ***~ally***) enthusi'astisch, begeistert (***about***, ***over*** über *acc.*): ***become*** (*od.* ***get***) ***~*** in Begeisterung geraten.

en·tice [ɪn'taɪs] *v/t.* **1.** locken: ***~ s.o. away*** a) j-n weglocken (***from*** von), b) ✝ j-n abwerben; ***~ s.o.'s wife away*** j-m s-e Frau abspenstig machen; **2.** verlocken, -leiten, -führen (***into s.th.*** zu et., ***to do*** *od.* ***into doing*** zu tun); **en'tice·ment** [-mənt] *s.* **1.** (Ver-)Lockung *f*, (An)Reiz *m*; **2.** Verführung *f*, -leitung *f*; **en'tic·ing** [-sɪŋ] *adj.* ☐ verlockend, verführerisch.

en·tire [ɪn'taɪə] **I** *adj.* ☐ → ***entirely***; **1.** ganz, völlig, vollkommen, vollständig, vollzählig, kom'plett, Gesamt...; **2.** ganz, unversehrt, unbeschädigt; **3.** voll, ungeschmälert, uneingeschränkt: ***he enjoys my ~ confidence***; **4.** nicht kastriert: ***~ horse*** Hengst *m*; **II** *s.* **5.** *das* Ganze; **6.** nicht kastriertes Pferd, Hengst *m*; **7.** ✉ Ganzsache *f*; **en'tire·ly** [-lɪ] *adv.* **1.** völlig, gänzlich, ganz u. gar; **2.** ausschließlich: ***it is ~ his fault***; **en'tire·ty** [-tɪ] *s. das* Ganze, Ganzheit *f*, Gesamtheit *f*: ***in its ~*** in s-r Gesamtheit, als Ganzes.

en·ti·tle [ɪn'taɪtl] *v/t.* **1.** *Buch etc.* betiteln: ***~d*** *Buch etc.* mit dem Titel ...; **2.** *j-n* anreden, titulieren; **3.** (***to***) *j-n* berechtigen (zu), *j-m* ein Anrecht geben (auf *acc.*): **be ~d to** berechtigt sein zu, e-n (Rechts)Anspruch haben auf (*acc.*); **~d to vote** stimm-, wahlberechtigt; **en'ti·tle·ment** [-mənt] *s.* (berechtigter) Anspruch; zustehender Betrag.

en·ti·ty ['entətɪ] *s.* **1.** Dasein *n*; **2.** Wesen *n*, Ding *n*; **3.** ⚖ 'Rechtsper‚sönlichkeit *f*: **legal ~** juristische Person; **4.** *EDV etc.*: Enti'tät *f*, (separate) Informationseinheit *f*.

en·tomb [ɪn'tuːm] *v/t.* **1.** begraben, beerdigen; **2.** verschütten, lebendig begraben; **en'tomb·ment** [-mənt] *s.* Begräbnis *n*.

en·to·mo·log·i·cal [‚entəmə'lɒdʒɪk(l)] *adj.* □ entomo'logisch, Insekten...; **en·to·mol·o·gist** [‚entəʊ'mɒlədʒɪst] *s.* Entomo'loge *m*; **en·to·mol·o·gy** [‚entəʊ'mɒlədʒɪ] *s.* Entomolo'gie *f*, In'sektenkunde *f*.

en·tou·rage [‚ɒntʊ'rɑːʒ] (*Fr.*) *s.* Entou'rage *f*: a) Um'gebung *f*, b) Gefolge *n*.

en·to·zo·on [‚entəʊ'zəʊɒn] *pl.* **-zo·a** [-ə] *s. zo.* Ento'zoon *n* (*Parasit*).

entr'acte ['ɒntrækt] (*Fr.*) *s. thea.* Zwischenakt *m*, -spiel *n*.

en·trails ['entreɪlz] *s. pl.* **1.** *anat.* Eingeweide *pl.*; **2.** *fig. das* Innere.

en·train [ɪn'treɪn] 🚂 **I** *v/i.* einsteigen; **II** *v/t.* verladen.

en·trance¹ ['entrəns] *s.* **1.** a) Eintreten *n*, Eintritt *m*, b) 🚂, ⚓ Einlaufen *n*, Einfahrt *f*, c) ✈ Einflug *m*: **~ duty** ✝ Eingangszoll *m*; **make one's ~** eintreten, erscheinen (→ 4); **2.** Ein-, Zugang *m*; Zufahrt *f*, (*a.* Hafen)Einfahrt *f*: **~ hall** (Eingangs-, Vor)Halle *f*, Hausflur *m*; **3.** Einlass *m*, Ein-, Zutritt *m*: **~ fee** a) Eintritt(sgeld *n*) *m*, b) Aufnahmegebühr *f*; **~ examination** Aufnahmeprüfung *f*; **no ~!** Zutritt verboten!; **4.** *thea.* Auftritt *m*: **make one's ~** auftreten; **5.** (**on**, **upon**) Antritt *m* (*e-s Amtes*, *e-r Erbschaft etc.*); **6.** *fig.* (**to**) Beginn *m* (*gen.*), Einstieg *m* (in *acc.*).

en·trance² [ɪn'trɑːns] *v/t.* in Verzückung versetzen, hinreißen: **~d** ver-, entzückt, hingerissen; **~d with joy** freudetrunken; **en'trance·ment** [-mənt] *s.* Verzückung *f*; **en'tranc·ing** [-sɪŋ] *adj.* hinreißend, bezaubernd.

en·trant ['entrənt] *s.* **1.** Eintretende(r *m*) *f*; **2.** neues Mitglied; **3.** Berufsanfänger(in) (**to** in *dat.*); **4.** *bsd. sport* Teilnehmer(in), Konkur'rent(in), *a.* Bewerber(in).

en·trap [ɪn'træp] *v/t.* **1.** (in e-r Falle) fangen; **2.** verführen, verleiten (**into doing** zu tun).

en·treat [ɪn'triːt] *v/t.* **1.** *j-n* dringend bitten *od.* ersuchen, anflehen; **2.** *et.* erflehen; **3.** *obs. od. bibl. j-n* behandeln; **en'treat·ing·ly** [-ɪŋlɪ] *adv.* flehentlich; **en'treat·y** [-tɪ] *s.* dringende Bitte, Flehen *n*.

en·trée ['ɒntreɪ] (*Fr.*) *s.* **1.** *bsd. fig.* Zutritt *m* (**into** zu); **2.** *Küche*: a) En'tree *n*, Zwischengericht *n*, b) *Am.* Hauptgericht *n*; **3.** ♪ En'tree *n*.

en·tre·mets ['ɒntrəmeɪ; *pl.* 'ɒntrəmeɪz] (*Fr.*) *s.* a) Zwischengericht *n*, b) Süßspeise *f*.

en·trench [ɪn'trentʃ] *v/t.* ⚔ mit Schützengräben durch'ziehen, befestigen: **~ o.s.** sich verschanzen *od.* festsetzen (*beide a. fig.*); **~ed** *fig.* eingewurzelt, verwurzelt; **en'trench·ment** [-mənt] *s.* ⚔ **1.** Verschanzung *f*; **2.** *pl.* Schützengräben *pl.*

en·tre·pôt ['ɒntrəpəʊ] (*Fr.*) *s.* ✝ **1.** Lager-, Stapelplatz *m*; **2.** (Waren-, Zoll-) Niederlage *f*.

en·tre·pre·neur [‚ɒntrəprə'nɜː] (*Fr.*) *s.* **1.** ✝ Unter'nehmer *m*; **2.** *Am.* Veranstalter *m*; **‚en·tre·pre'neur·i·al** [-ɜːrɪəl] *adj.* ✝ unter'nehmerisch, Unternehmer...

en·tre·sol ['ɒntrəsɒl] (*Fr.*) *s.* ⚠ Zwischen-, Halbgeschoss, *östr.* -geschoß *n*.

en·trust [ɪn'trʌst] *v/t.* **1.** anvertrauen (**to** *dat.*); **2.** *j-n* betrauen (**with s.th.** mit et.).

en·try ['entrɪ] *s.* **1.** Zugang *m*, Zutritt *m*, Einreise *f*: **~ permit** Einreisegenehmigung *f*; **~ visa** Einreisevisum *n*; **no ~!** Kein Zutritt!, *mot.* Keine Einfahrt!; **2.** Eintritt *m*, -gang *m*, -fahrt *f*, -zug *m*, -rücken *n*; **3.** Eingang(stür *f*) *m*, Einfahrt(stor *n*) *f*; (Eingangs)Halle *f*; **4.** *thea.* Auftritt *m*; **5.** (Amts-, Dienst)Antritt *m*: **~ into office** (**service**); **6.** ⚖ a) Besitzantritt *m*, -ergreifung *f* (**upon** *gen.*), b) Eindringen *n*, -bruch *m*; **7.** *fig.* Beitritt *m* (**to**, **into** zu); **8.** ✝, ⚓ Einklarierung *f*: **~ inwards** Einfuhrdeklaration *f*; **9.** Eintragung *f*, Vermerk *m*; **10.** ✝ a) Buchung *f*: **credit ~** Gutschrift *f*; **debit ~** Lastschrift *f*; **make an ~** (**of**) (*et.*) buchen, b) Posten *m*, c) Eingang *m* (*von Geldern*); **11.** Stichwort *n* (*Lexikon*); **12.** *bsd. sport* a) Meldung *f*, Nennung *f*, Teilnahme *f*: **~ form** (An)Meldeformular *n*; **~ fee** Nenngebühr *f*, Startgeld *n*, b) → **entrant** 4; '**~·phone** *s.* Sprechanlage *f*.

en·twine [ɪn'twaɪn] *v/t.* **1.** um'schlingen, um'winden, (ver)flechten (*a. fig.*); **~d letters** verschlungene Buchstaben; **2.** winden, schlingen (**about** um).

en·twist [ɪn'twɪst] *v/t.* (ver)flechten, um'winden, verknüpfen.

e·nu·cle·ate [ɪ'njuːklɪeɪt] *v/t.* **1.** ✱ *Tumor* ausschälen; **2.** *fig.* erläutern, deutlich machen.

e·nu·mer·ate [ɪ'njuːməreɪt] *v/t.* **1.** aufzählen; **2.** spezifizieren; **e·nu·mer·a·tion** [ɪ‚njuːmə'reɪʃn] *s.* **1.** Aufzählung *f*; **2.** Liste *f*, Verzeichnis *n*; **e'nu·mer·a·tor** [-tə] *s.* Zähler *m* (*bei Volkszählungen*).

E

e·nun·ci·ate [ɪ'nʌnsɪeɪt] *v/t.* **1.** (deutlich) ausdrücken, -sprechen; **2.** behaupten, erklären, formulieren; *Grundsatz* aufstellen; **e·nun·ci·a·tion** [ɪˌnʌnsɪ'eɪʃn] *s.* **1.** Ausdruck *m*; Ausdrucks-, Vortragsweise *f*; **2.** Erklärung *f*, Verkündung *f*; Aufstellung *f* (*e-s Grundsatzes*); **e'nun·ci·a·tive** [-nʃɪətɪv] *adj.*: ***be ~ of s.th.*** et. ausdrücken.

en·ure → ***inure***.

en·vel·op [ɪn'veləp] **I** *v/t.* **1.** einwickeln, -schlagen, (ein)hüllen (***in*** in *acc.*); **2.** *oft fig.* um-, ver'hüllen, um'geben; **3.** ⚔ um'fassen, um'klammern; **II** *s.* **4.** *Am.* → **en·ve·lope** ['envələʊp] *s.* **1.** Decke *f*, Hülle *f* (*a. anat.*), 'Umschlag *m*; **2.** 'Briefˌumschlag *m*; **3.** ✈ (Bal'lon)Hülle *f*; **4.** ⚘ Kelch *m*; **en'vel·op·ment** [-mənt] *s.* **1.** Um'hüllung *f*, Hülle *f*; **2.** ⚔ Um'fassung(sangriff *m*) *f*, Um'klammerung *f*.

en·ven·om [ɪn'venəm] *v/t.* **1.** vergiften (*a. fig.*); **2.** *fig.* a) verschärfen, b) mit Hass erfüllen.

en·vi·a·ble ['envɪəbl] *adj.* □ beneidenswert, zu beneiden(d); **'en·vi·er** [-vɪə] *s.* Neider(in); **'en·vi·ous** [-vɪəs] *adj.* □ (***of***) neidisch (auf *acc.*), 'missgünstig (gegen): ***be ~ of s.o. because of*** j-n beneiden um.

en·vi·ron [ɪn'vaɪərən] *v/t.* um'geben (*a. fig.*); **en'vi·ron·ment** [-mənt] *s.* **1.** *a.* ***~s*** *pl.* Um'gebung *f e-s Ortes*; **2.** *biol.*, *sociol.* Um'gebung *f*, 'Umwelt *f*, Mili'eu *n* (*a.* ⚗): ***~ policy*** Umweltpolitik *f*; **en·vi·ron·men·tal** [ɪnˌvaɪərən'mentl] *adj.* □ *biol.*, *psych.* Milieu..., Umwelt(s)...: ***~ awareness*** Umweltbewusstsein *n*; ***~ compatibility*** Umweltverträglichkeit *f*; ***~ compatibility assessment*** Umweltverträglichkeitsprüfung *f*; ***~ disaster*** Umweltkatastrophe *f*; ***~ engineering*** Umwelttechnik *f*; ***~ impact*** Umwelteinfluss *m*; ***~ pollution*** Umweltverschmutzung *f*; ***~ protection*** Umweltschutz *m*; ***~ regulations*** Umweltschutzbestimmungen *pl.*; ***~ technology*** Umwelttechnik *f*; **en·vi·ron·men·tal·ism** [ɪnˌvaɪərən'mentəlɪzəm] *s.* **1.** 'Umweltschutz(bewegung *f*) *m*; **2.** *sociol.* Environmenta'lismus *m*; **en·vi·ron·men·tal·ist** [ɪnˌvaɪərən'mentəlɪst] *s.* 'Umweltschützer(in); **en·vi·ron·men·tal·ly** [ɪnˌvaɪərən'mentəlɪ] *adv.* in Bezug auf *od.* durch die Umwelt: ***~ beneficial*** (***harmful***) umweltfreundlich (-belastend, -schädigend, -feindlich); **en·vi·rons** [ɪn'vaɪərənz] *s. pl.* Um'gebung *f*, 'Umgegend *f*.

en·vis·age [ɪn'vɪzɪdʒ] *v/t.* **1.** in Aussicht nehmen, ins Auge fassen, gedenken (***doing*** *et.* zu tun); **2.** sich *et.* vorstellen; **3.** *j-n*, *et.* begreifen (***as*** als).

en·vi·sion [ɪn'vɪʒn] *v/t.* sich *et.* vorstellen.

en·voy¹ ['envɔɪ] *s.* Zueignungs-, Schlussstrophe *f* (*e-s Gedichts*).

en·voy² ['envɔɪ] *s.* **1.** *pol.* Gesandte(r) *m*; **2.** Abgesandte(r) *m*, Be'vollmächtigte(r) *m*.

en·vy ['envɪ] **I** *s.* **1.** (***of***) Neid *m* (auf *acc.*), 'Missgunst *f* (gegen): ***be eaten up with ~*** vor Neid platzen; → ***green*** 1; **2.** Gegenstand *m* des Neides: ***his car is the ~ of all*** alle beneiden ihn um sein Auto; **II** *v/t.* **3.** *j-n* (um *et.*) beneiden: ***I ~ (him) his car*** ich beneide ihn um sein Auto; **4.** *j-m et.* miss'gönnen.

en·wrap [ɪn'ræp] → ***wrap*** I.

en·zyme ['enzaɪm] *s.* ⚗ En'zym *n*, Fer'ment *n*.

e·o·cene ['iːəʊsiːn] *s. geol.* Eo'zän *n*;

e·o·lith·ic [ˌiːəʊ'lɪθɪk] *adj. geol.* eo'lithisch.

e·on → ***aeon***.

ep·au·let(te) ['epəʊlet] *s.* ⚔ Epau'lette *f*, Achselschnur *f*, -stück *n*.

é·pée ['epeɪ] (*Fr.*) *s. fenc.* Degen *m*; **é·pee·ist** ['epeɪɪst] *s.* Degenfechter *m*.

ep·en·the·sis [e'penθɪsɪs] *s. ling.* Epen'these *f*, Lauteinfügung *f*.

e·pergne [ɪ'pɜːn] (*Fr.*) *s.* Tafelaufsatz *m*.

e·phed·rin(e) [ɪ'fedrɪn; ⚗ 'efɪdriːn] *s.* ⚗ Ephe'drin *n*.

e·phem·er·a [ɪ'femərə] *s.* **1.** *zo. u. fig.* Eintagsfliege *f*; **2.** *pl. von* ***ephemeron***; **e'phem·er·al** [-rəl] *adj.* ephe'mer: a) eintägig, b) *fig.* flüchtig, kurzlebig; **e'phem·er·on** [-rɒn] *pl.* **-a** [-ə], **-ons** *s. zo. u. fig.* Eintagsfliege *f*.

E·phe·sian [ɪ'fiːʒjən] *s.* **1.** 'Epheser(in); **2.** *pl. bibl.* (Brief *m* des Paulus an die) 'Epheser *pl.*

ep·ic ['epɪk] **I** *adj.* (□ ***~ally***) **1.** episch: ***~ poem*** Epos *n*; **2.** *fig.* heldenhaft, he'roisch, Helden...: ***~ laughter*** homerisches Gelächter; **II** *s.* **3.** Epos *n*, Heldengedicht *n*; **4.** *allg.* episches Werk.

ep·i·cene ['epɪsiːn] *adj. ling. u. fig.* beiderlei Geschlechts.

ep·i·cen·ter *Am.*, **ep·i·cen·tre** ['epɪsentə] *Brit.*, **ep·i·cen·trum** [ˌepɪ'sentrəm] *s.* **1.** Epi'zentrum *n* (*Gebiet über dem Erdbebenherd*); **2.** *fig.* Mittelpunkt *m*.

ep·i·cure ['epɪˌkjʊə] *s.* Genießer *m*, Genussmensch *m*; Feinschmecker *m*; **ep·i·cu·re·an** [ˌepɪkjʊə'riːən] **I** *adj.* **1.** ♀ *phls.* epiku'reisch; **2.** a) genusssüchtig, schwelgerisch, b) feinschmeckerisch; **II** *s.* **3.** ♀ *phls.* Epiku'reer *m*; **4.** → ***epicure***; **'ep·i·cur·ism** [-kjʊərɪzəm] *s.* **1.** ♀ *phls.* Epikure'ismus *m*; **2.** Genusssucht *f*.

ep·i·cy·cle ['epɪsaɪkl] *s.* ⩓, *ast.* Epi'zykel *m*; **ep·i·cy·clic** [ˌepɪ'saɪklɪk] *adj.* epi'zyklisch: ***~ gear*** ⚙ Planetengetriebe *n*; **ep·i·cy·cloid** [ˌepɪ'saɪklɔɪd] *s.* ⩓ Epizyklo'ide *f*.

ep·i·dem·ic [ˌepɪˈdemɪk] **I** *adj.* (□ **~ally**) ⚕ epiˈdemisch, seuchenartig, *fig. a.* grassierend; **II** *s.* ⚕ Epideˈmie *f*, Seuche *f* (*beide a. fig.*); ˌ**ep·iˈdem·i·cal** [-kl] → ***epidemic*** I; **ep·i·de·mi·ol·o·gy** [ˌepɪdiːmɪˈɒlədʒɪ] *s.* ⚕ Epidemioloˈgie *f*.

ep·i·der·mis [ˌepɪˈdɜːmɪs] *s. anat.* Epiˈdermis *f*, Oberhaut *f*.

ep·i·gas·tri·um [ˌepɪˈgæstrɪəm] *s. anat.* Epiˈgastrium *n*, Oberbauchgegend *f*, Magengrube *f*.

ep·i·glot·tis [ˌepɪˈglɒtɪs] *s. anat.* Epiˈglottis *f*, Kehldeckel *m*.

ep·i·gone [ˈepɪgəʊn] *s.* Epiˈgone *m*.

ep·i·gram [ˈepɪgræm] *s.* Epiˈgramm *n*, Sinngedicht *n*, -spruch *m*; **ep·i·gram·mat·ic** [ˌepɪgrəˈmætɪk] *adj.* (□ **~ally**) **1.** epigramˈmatisch; **2.** kurz u. treffend, scharf pointiert; **ep·i·gram·ma·tist** [ˌepɪˈgræmətɪst] *s.* Epigramˈmatiker *m*; **ep·i·gram·ma·tize** [ˌepɪˈgræmətaɪz] **I** *v/t.* **1.** kurz u. treffend formulieren; **2.** ein Epiˈgramm verfassen über *od.* auf (*acc.*); **II** *v/i.* **3.** Epiˈgramme verfassen.

ep·i·graph [ˈepɪgrɑːf] *s.* **1.** Epiˈgraph *n*, Inschrift *f*; **2.** Sinnspruch *m*, Motto *n*; **ep·i·graph·ic** [ˌepɪˈgræfɪk] *adj.* epiˈgraphisch; **e·pig·ra·phist** [eˈpɪgrəfɪst] *s.* Epiˈgraphiker *m*, Inschriftenforscher *m*.

ep·i·lep·sy [ˈepɪlepsɪ] *s.* ⚕ Epilepˈsie *f*; **ep·i·lep·tic** [ˌepɪˈleptɪk] **I** *adj.* epiˈleptisch; **II** *s.* Epiˈleptiker(in).

ep·i·logue, *Am. a.* **ep·i·log** [ˈepɪlɒg] *s.* **1.** Epiˈlog *m*: a) Nachwort *n*, b) *thea.* Schlussrede *f*, c) *fig.* Ausklang *m*, Nachspiel *n*, -lese *f*; **2.** *Radio, TV*: (Wort *n* zum) Tagesausklang *m*.

E·piph·a·ny [ɪˈpɪfənɪ] *s. eccl.* **1.** Epiˈphanias *n*, Dreiˈkönigsfest *n*; **2.** ꝏ Epiphaˈnie *f* (*göttliche Erscheinung*).

e·pis·co·pa·cy [ɪˈpɪskəpəsɪ] *s. eccl.* Episkoˈpat *m*, *n*: a) bischöfliche Verfassung, b) Gesamtheit *f* der Bischöfe, c) Amtstätigkeit *f* e-s Bischofs, d) Bischofsamt *n*, -würde *f*; **eˈpis·co·pal** [-pl] *adj.* □ *eccl.* bischöflich, Bischofs...: ꝏ ***Church*** Episkopalkirche *f*; **e·pis·co·pa·li·an** [ɪˌpɪskəʊˈpeɪljən] **I** *adj.* **1.** bischöflich; **2.** zu e-r Episkoˈpalkirche gehörig; **II** *s.* **3.** Mitglied *n* e-r Episkoˈpalkirche; **eˈpis·co·pate** [-kəʊpət] *s. eccl.* Episkoˈpat *m*, *n*: a) → ***episcopacy*** b *u.* d, b) Bistum *n*.

ep·i·sode [ˈepɪsəʊd] *s. allg.* Epiˈsode *f*: a) Neben-, Zwischenhandlung *f* (*im Drama etc.*), eingeflochtene Erzählung, b) (Neben)Ereignis *n*, Vorfall *m*, Erlebnis *n*, c) ♪ Zwischenspiel *n*; **ep·i·sod·ic**, **ep·i·sod·i·cal** [ˌepɪˈsɒdɪk(l)] *adj.* □ epiˈsodisch.

e·pis·te·mol·o·gy [eˌpɪstiːˈmɒlədʒɪ] *s. phls.* Erˈkenntnistheoˌrie *f*.

e·pis·tle [ɪˈpɪsl] *s.* **1.** Eˈpistel *f*, Sendschreiben *n*; **2.** ꝏ a) *bibl.* (*Römer- etc.*) Brief *m*, b) *eccl.* Eˈpistel *f* (*Auszug aus* a); **3.** Eˈpistel *f*, (*bsd.* langer) Brief; **eˈpis·to·lar·y** [-stələrɪ] *adj.* Brief...

ep·i·style [ˈepɪstaɪl] *s.* ⚠ Epiˈstyl *n*, Tragbalken *m*.

ep·i·taph [ˈepɪtɑːf] *s.* **1.** Epiˈtaph *n*, Grabschrift *f*; **2.** Totengedicht *n*.

ep·i·the·li·um [ˌepɪˈθiːljəm] *pl.* **-ums** *od.* **-a** [-ə] *s. anat.* Epiˈthel *n*.

ep·i·thet [ˈepɪθet] *s.* **1.** Eˈpitheton *n*, Beiwort *n*, Attriˈbut *n*; **2.** Beiname *m*.

e·pit·o·me [ɪˈpɪtəmɪ] *s.* **1.** Auszug *m*, Abriss *m*, (kurze) Inhaltsangabe *od.* Darstellung: ***in ~*** a) auszugsweise, b) in gedrängter Form; **2.** *fig.* (***of***) a) kleines Gegenstück (zu), Miniaˈtur *f* (*gen.*), b) Verkörperung *f* (*gen.*); **eˈpit·o·mize** [-maɪz] *v/t.* e-n Auszug machen aus, *et.* kurz darstellen *od.* ausdrücken.

ep·i·zo·on [ˌepɪˈzəʊɒn] *pl.* **-a** [-ə] *s. zo.* Epiˈzoon *n*; **ep·i·zo·ot·ic** [ˌepɪzəʊˈɒtɪk] *s. vet.* Epizooˈtie *f* (*Tierseuche*).

e·poch [ˈiːpɒk] *s.* **1.** Eˈpoche *f* (*a. geol. u. ast.*), Zeitalter *n*, -abschnitt *m*: ***this marks an ~*** dies ist ein Markstein *od.* Wendepunkt (*in der Geschichte*); **ep·och·al** [ˈepɒkl] *adj.* epoˈchal: a) Epochen..., b) → **ˈe·poch-ˌmak·ing** *adj.* Eˈpoche machend, bahnbrechend.

ep·o·nym [ˈepəʊnɪm] *s.* Epoˈnym *n* (*Gattungsbezeichnung, die auf e-n Personennamen zurückgeht*).

ep·o·pee [ˈepəʊpiː] *s.* **1.** → ***epos***; **2.** epische Dichtung.

ep·os [ˈepɒs] *s.* **1.** Epos *n*, Heldengedicht *n*; **2.** (*mündlich überlieferte*) epische Dichtung.

Ep·som salt [ˈepsəm] *s.*, *oft pl. sg. konstr.* Epsomer Bittersalz *n*.

eq·ua·bil·i·ty [ˌekwəˈbɪlətɪ] *s.* **1.** Gleichmäßigkeit *f*; **2.** Gleichmut *m*; **eq·ua·ble** [ˈekwəbl] *adj.* □ **1.** gleichförmig, -mäßig; **2.** ausgeglichen, gleichmütig, gelassen.

e·qual [ˈiːkwəl] **I** *adj.* □ → ***equally***; **1.** gleich: ***be ~ to*** gleich sein, gleichen (*dat.*) (→ *a.* 2); ***of ~ size***, ***~ in size*** gleich groß; ***with ~ courage*** mit demselben Mut; ***not ~ to*** geringer als; ***other things being ~*** unter sonst gleichen Umständen; **2.** entsprechend: ***~ to the demand***; ***be ~ to*** gleichkommen (*dat.*); → 1; ***~ to new*** wie neu; **3.** fähig, imˈstande, gewachsen: ***~ to do*** fähig zu tun; ***~ to a task*** (***the occasion***) e-r Aufgabe (der Sache) gewachsen; **4.** aufgelegt, geneigt (***to*** *dat. od.* zu): ***~ to a cup of tea*** e-r Tasse Tee nicht abgeneigt; **5.** gleichmäßig; **6.** gleichberechtigt, -wertig, ebenbürtig: ***on ~ terms*** a) unter gleichen Bedingungen, b) auf gleicher Stufe stehend (***with*** mit); ***~ opportunities*** Chancengleichheit *f*; ***~ rights for women*** Gleichberechtigung *f* der Frau; **7.** gleichmütig, gelassen: ***~ mind*** Gleichmut *m*; **II** *s.* **8.** Gleichgestellte(r *m*) *f*, Ebenbürtige(r *m*) *f*: ***your ~s*** deinesgleichen; ***~s in age*** Altersgenossen; ***he has no ~, he is without ~*** er hat nicht *od.* sucht seinesgleichen; ***be the ~ of s.o.*** j-m ebenbürtig sein; **III** *v/t.* **9.** gleichen (*dat.*), gleichkommen (***in*** an *dat.*): ***not to be ~(l)ed*** ohnegleichen (sein).

E

e·qual·i·tar·i·an [ɪˌkwɒlɪˈteərɪən] *etc.* → ***egalitarian*** *etc.*

e·qual·i·ty [iːˈkwɒlətɪ] *s.* Gleichheit *f*: ***~ (of rights)*** Gleichberechtigung *f*; ***~ of opportunity*** Chancengleichheit *f*; ***~ of votes*** Stimmengleichheit *f*; ***be on an ~ with*** a) auf gleicher Stufe stehen mit (*j-m*), b) gleichbedeutend sein mit (*et.*); ***~ sign, sign of ~*** ⩚ Gleichheitszeichen *n*; **e·qual·i·za·tion** [ˌiːkwəlaɪˈzeɪʃn] *s.* **1.** Gleichstellung *f*, -machung *f*; **2.** *bsd.* ✝ Ausgleich(ung *f*) *m*: ***~ fund*** Ausgleichsfonds *m*; **3.** a) ⚙ Abgleich *m*, b) ϟ, *phot.* Entzerrung *f*.

e·qual·ize [ˈiːkwəlaɪz] **I** *v/t.* **1.** gleichmachen, -stellen, -setzen, angleichen; **2.** ausgleichen, kompensieren; **3.** a) ⚙ abgleichen, b) ϟ, *phot.* entzerren; **II** *v/i.* **4.** *sport* ausgleichen, den Ausgleich erzielen; **'e·qual·iz·er** [-zə] *s.* **1.** ⚙ Stabiliˈsator *m*; **2.** ϟ Entzerrer *m*; **3.** *sport* Ausgleichstreffer *m od.* -punkt *m*; **4.** *sl.* Schießeisen *n*; **'e·qual·ly** [-əlɪ] *adv.* ebenso, gleich(ermaßen), in gleicher Weise; **'e·quals sign** [-lz] *s.* ⩚ Gleichheitszeichen *n*.

e·qua·nim·i·ty [ˌekwəˈnɪmətɪ] *s.* Gleichmut *m*, Gelassenheit *f*.

e·quate [ɪˈkweɪt] **I** *v/t.* **1.** ausgleichen; **2.** *j-n, et.* gleichstellen, -setzen (***to, with*** *dat.*); **3.** ⩚ in die Form e-r Gleichung bringen; **4.** als gleich(wertig) ansehen *od.* behandeln; **II** *v/i.* **5.** gleichen, entsprechen (***with*** *dat.*); **e'quat·ed** [-tɪd] *adj.* ✝ Staffel...: ***~ calculation of interest*** Staffelzinsrechnung *f*; **e'qua·tion** [-eɪʃn] *s.* **1.** Ausgleich *m*; **2.** Gleichheit *f*; **3.** ⩚, ⚗, *ast.* Gleichung *f*: ***~ formula*** Gleichungsformel *f*; **4.** *sociol.* Geˈsamtkomˌplex *m* der Fakˈtoren u. Moˈtive menschlichen Verhaltens; **e'qua·tor** [-tə] *s.* Äˈquator *m*; **e·quato·ri·al** [ˌekwəˈtɔːrɪəl] *adj.* □ äquatoriˈal.

eq·uer·ry [ˈekwərɪ; ɪˈkwerɪ] *s. Brit.* **1.** königlicher Stallmeister; **2.** perˈsönlicher Diener (*e-s Mitglieds der königlichen Familie*).

e·ques·tri·an [ɪˈkwestrɪən] **I** *adj.* Reit(er)...: ***~ sports*** Reitsport *m*; ***~ statue*** Reiterstandbild *n*; **II** *s.* (Kunst)Reiter (-in).

equi- [iːkwɪ] *in Zssgn* gleich.

ˌe·qui|ˈan·gu·lar *adj.* ⩚ gleichwink(e)lig; **ˌ~ˈdis·tant** *adj.* □ gleich weit entfernt, in gleichem Abstand (***from*** von); **ˌ~ˈlat·er·al** *bsd.* ⩚ **I** *adj.* gleichseitig: ***~ triangle***; **II** *s.* gleichseitige Fiˈgur.

e·qui·li·brate [ˌiːkwɪˈlaɪbreɪt] *v/t.* **1.** ins Gleichgewicht bringen (*a. fig.*); **2.** ⚙ auswuchten; **3.** ϟ abgleichen; **e·qui·li·bra·tion** [ˌiːkwɪlaɪˈbreɪʃn] *s.* **1.** Gleichgewicht *n*; **2.** Herstellung *f* des Gleichgewichts; **e·quil·i·brist** [iːˈkwɪlɪbrɪst] *s.* Äquiliˈbrist(in), *bsd.* Seiltänzer(in); **ˌe·quiˈlib·ri·um** [-ˈlɪbrɪəm] *s. phys.* Gleichgewicht *n* (*a. fig.*), Baˈlance *f*.

e·quine [ˈiːkwaɪn] *adj.* Pferde...

e·qui·noc·tial [ˌiːkwɪˈnɒkʃl] **I** *adj.* **1.** Äquinoktial..., die Tagundˈnachtgleiche betreffend: ***~ point*** → ***equinox*** 2; **II** *s.* **2.** *a.* ***~ circle*** *od.* ***line*** ˈHimmelsäˌquator *m*; **3.** *pl.* → ***~ gale*** *s.* Äquinoktiˈalsturm *m*.

e·qui·nox [ˈiːkwɪnɒks] *s.* **1.** Äquiˈnoktium *n*, Tagundˈnachtgleiche *f*: ***vernal ~*** Frühlingsäquinoktium; **2.** Äquinoktiˈalpunkt *m*.

e·quip [ɪˈkwɪp] *v/t.* **1.** ausrüsten, -statten (***with*** mit) (*a.* ⚙, ⚔, ⚓), *Klinik etc.* einrichten; **2.** *fig.* ausrüsten (***with*** mit), *j-m* das (geistige) Rüstzeug geben (***for*** für); **eq·ui·page** [ˈekwɪpɪdʒ] *s.* **1.** Ausrüstung *f* (*a.* ⚔, ⚓); **2.** *obs.* Gebrauchsgegenstände *pl.*; **3.** Equiˈpage *f*, Kutsche *f*; **e'quip·ment** [-mənt] *s.* **1.** ⚔, ⚓ Ausrüstung *f*; **2.** a) *a.* ⚙ Ausrüstung *f*, -stattung *f*, b) *mst pl.* Ausrüstung(sgegenstände *pl.*) *f*, Materiˈal *n*, c) ⚙ Einrichtung *f*, (Betriebs)Anlage(n *pl.*) *f*, Maˈschine(n *pl.*) *f*, Gerät *n*, Apparaˈtur *f*, d) 🚂 *Am.* rollendes Materiˈal; **3.** *fig.* (geistiges) Rüstzeug.

e·qui·poise [ˈekwɪpɔɪz] **I** *s.* **1.** Gleichgewicht *n* (*a. fig.*); **2.** *fig.* Gegengewicht *n* (***to*** zu); **II** *v/t.* **3.** im Gleichgewicht halten; **4.** ein Gegengewicht bilden zu.

eq·ui·ta·ble [ˈekwɪtəbl] *adj.* □ **1.** gerecht, (recht u.) billig; **2.** ˈunparˌteiisch; **3.** ⚖ a) auf dem Billigkeitsrecht beruhend, b) billigkeitsgerichtlich: ***~ mortgage*** ✝ Hypothek *f* nach dem Billigkeitsrecht; **'eq·ui·ta·ble·ness** [-nɪs] → ***equity*** 1; **'eq·ui·ty** [-tɪ] *s.* **1.** Billigkeit *f*, Gerechtigkeit *f*, ˈUnparˌteilichkeit *f*: ***in ~*** billiger-, gerechterweise; **2.** ⚖ a) (*ungeschriebenes*) Billigkeitsrecht: ***Court of ♀*** Billigkeitsgericht *n*, b) Anspruch *m* nach dem Billigkeitsrecht; **3.** ⚖ Wert *m* nach Abzug aller Belastungen, reiner Wert (*e-s Hauses etc.*); **4.** ✝ a) *a.* ***~ capital*** Eigenkapital *n* (*e-r Gesellschaft*), b) *a.* ***~ security*** Dividendenpapier *n*; **5.** ♀ *Brit.* Gewerkschaft *f* der Schauspieler.

e·quiv·a·lence [ɪˈkwɪvələns] *s.* Gleichwertigkeit *f* (*a.* ⚗); **e'quiv·a·lent** [-nt] **I** *adj.* □ **1.** gleichwertig, -bedeutend, entsprechend: ***be ~ to*** gleichkommen, entsprechen (*dat.*), den gleichen Wert haben wie; **2.** ⚗, ⩚ gleichwertig, äquivaˈlent; **II** *s.* **3.** Gegenwert *m* (***of*** von *od. gen.*); gleiche Menge; **4.** Gegen-,

Seitenstück *n* (*of*, *to* zu); **5.** *genaue* Entsprechung, Äquiva'lent.

e·quiv·o·cal [ɪ'kwɪvəkl] *adj.* ☐ **1.** zweideutig, doppelsinnig; **2.** ungewiss, zweifelhaft; **3.** fragwürdig, verdächtig; **e'quiv·o·cal·ness** [-nɪs] *s.* Zweideutigkeit *f*; **e'quiv·o·cate** [-keɪt] *v/i.* zweideutig reden, Worte verdrehen; Ausflüchte machen; **e·quiv·o·ca·tion** [ɪˌkwɪvə'keɪʃn] *s.* Zweideutigkeit *f*; Ausflucht *f*; Wortverdrehung *f*; **e'quiv·o·ca·tor** [-keɪtə] *s.* Wortverdreher(in).

e·ra ['ɪərə] *s.* Ära *f*: a) Zeitrechnung *f*, b) E'poche *f*, Zeitalter *n*: ***mark an ~*** e-e Epoche einleiten.

e·rad·i·ca·ble [ɪ'rædɪkəbl] *adj.* ausrottbar, auszurotten(d); **e'rad·i·cate** [-keɪt] *v/t.* *mst fig.* ausrotten; **e·rad·i·ca·tion** [ɪˌrædɪ'keɪʃn] *s.* Ausrottung *f*.

e·rase [ɪ'reɪz] *v/t.* **1.** a) *Farbe etc.* ab-, auskratzen, b) *Schrift etc.* ausstreichen, -radieren, *a. Tonbandaufnahme* löschen: ***erasing head*** Löschkopf *m*; **2.** *fig.* auslöschen, (aus)tilgen (***from*** aus): ***~ from one's memory*** aus dem Gedächtnis löschen; **3.** a) vernichten, auslöschen, b) *Am. sl.* ‚kaltmachen' (*töten*); **e'ras·er** [-zə] *s.* **1.** Radiermesser *n*; **2.** Radiergummi *m*; **e·ra·sion** [ɪ'reɪʒn] *s.* **1.** → ***erasure***; **2.** ⚕ Auskratzung *f*; **e·ra·sure** [ɪ'reɪʒə] *s.* **1.** Ausradierung *f*, Tilgung *f*, Löschung *f*; **2.** ausradierte *od.* gelöschte Stelle.

ere [eə] *poet.* **I** *cj.* ehe, bevor; **II** *prp.* vor: ***~ long*** bald; ***~ this*** schon vorher; ***~ now*** vordem, bislang.

e·rect [ɪ'rekt] **I** *v/t.* **1.** aufrichten, -stellen; **2.** *Gebäude etc.* errichten, bauen; **3.** ⚙ aufstellen, montieren; **4.** *fig. Theorie* aufstellen; **5.** ⚖ einrichten, gründen; **6.** ⩘ *das Lot, e-e Senkrechte* fällen, errichten; **II** *adj.* ☐ **7.** aufgerichtet, aufrecht: ***with head ~*** erhobenen Hauptes; ***stand ~(ly)*** gerade stehen, *fig.* standhaft bleiben; **8.** *physiol.* erigiert (*Penis*); **9.** zu Berge stehend, sich sträubend (*Haare*); **e'rec·tile** [-taɪl] *adj.* **1.** aufrichtbar; **2.** aufgerichtet; **3.** *physiol.* erek'til, Schwell…: ***~ tissue***; **e'rect·ing** [-tɪŋ] *s.* **1.** ⚙ Aufbau *m*, Mon'tage *f*; **2.** *opt.* 'Bildˌumkehrung *f*; **e'rec·tion** [-kʃn] *s.* **1.** Auf-, Errichtung *f*, Aufführung *f*; **2.** Bau *m*, Gebäude *n*; **3.** ⚙ Mon'tage *f*; **4.** *physiol.* Erekti'on *f*; **5.** ⚖ Gründung *f*; **e'rect·ness** [-nɪs] *s.* **1.** aufrechte Haltung (*a. fig.*); **2.** *a. fig.* Geradheit *f*; **e'rec·tor** [-tə] *s.* **1.** Erbauer *m*; **2.** *anat.* E'rektor *m*, Aufrichtmuskel *m*.

er·e·mite ['erɪmaɪt] *s.* Ere'mit *m*, Einsiedler *m*.

erg [ɜːg], **er·gon** ['ɜːgɒn] *s. phys.* Erg *n*, Ener'gieeinheit *f*.

er·go·nom·ic [ˌɜːgəʊ'nɒmɪk] *adj.* (☐ ***~ally***) ergo'nomisch; **ˌer·go'nom·ics** *s. pl. sg. konstr. sociol.* Ergono'mie *f*, Ergo'nomik *f* (*Lehre von den Leistungsmöglichkeiten des Menschen*).

er·got ['ɜːgət] *s.* ⚘ Mutterkorn *n*.

er·i·ca ['erɪkə] *s.* ⚘ Erika *f*.

Er·in ['ɪərɪn] *npr. poet.* Erin *n*, Irland *n*.

er·mine ['ɜːmɪn] *s.* **1.** *zo.* Herme'lin *n* (*a. her.*); **2.** Herme'lin(pelz) *m*.

erne, *Am. a.* **ern** [ɜːn] *s. orn.* Seeadler *m*.

e·rode [ɪ'rəʊd] *v/t.* **1.** an-, zer-, wegfressen; **2.** *geol.* erodieren, auswaschen; **3.** ⚙ *u. fig.* verschleißen; **4.** *fig.* aushöhlen, unter'graben.

er·o·gen·ic [ˌerəʊ'dʒenɪk], **e·rog·e·nous** [ɪ'rɒdʒɪnəs] *adj. physiol.* ero'gen: ***~ zone***.

e·ro·sion [ɪ'rəʊʒn] *s.* **1.** Zerfressen *n*; **2.** *geol.* Erosi'on *f*, Auswaschung *f*; Verwitterung *f*; **3.** ⚙ Verschleiß *m*, Abnützung *f*, Schwund *m*; **4.** *fig.* Aushöhlung *f*; **e'ro·sive** [-əʊsɪv] *adj.* ätzend, zerfressend.

e·rot·ic [ɪ'rɒtɪk] **I** *adj.* (☐ ***~ally***) e'rotisch; **II** *s.* E'rotiker(in); **e'rot·i·ca** [-kə] *pl.* E'rotika *pl.*; **e'rot·i·cism** [-ɪsɪzəm] *s.* E'rotik *f*.

err [ɜː] *v/i.* **1.** (sich) irren: ***~ on the safe side, ~ on the side of caution*** übervorsichtig sein; ***to ~ is human*** Irren ist menschlich; **2.** falsch sein, fehlgehen (*Urteil*); **3.** (mo'ralisch) auf Abwege geraten.

er·rand ['erənd] *s.* Botengang *m*, Auftrag *m*: ***go on*** (*od.* ***run***) ***an ~*** e-n (Boten)Gang *od.* e-e Besorgung machen, e-n Auftrag ausführen; **'~-boy** *s.* Laufbursche *m*.

er·rant ['erənt] *adj.* **1.** um'herziehend, (-)wandernd, fahrend: ***~ knight***; **2.** *fig.* a) fehlgeleitet, auf Ab- *od.* Irrwegen, b) abtrünnig, fremdgehend (*Ehepartner*); **'er·rant·ry** [-trɪ] **1.** Um'herziehen *n*; **2.** *hist.* fahrendes Rittertum.

er·ra·ta [e'rɑːtə] → ***erratum***.

er·rat·ic [ɪ'rætɪk] *adj.* (☐ ***~ally***) **1.** (um'her)wandernd, (-)ziehend; **2.** *geol.*, ⚕ er'ratisch: ***~ block, ~ boulder*** erratischer Block, Findling *m*; **3.** ungleich-, unregelmäßig, regel-, ziellos; **4.** unstet, unberechenbar, sprunghaft.

er·ra·tum [e'rɑːtəm] *pl.* **-ta** [-tə] *s.* **1.** Druckfehler *m*; **2.** *pl.* Druckfehlerverzeichnis *n*, Er'rata *pl.*

err·ing ['ɜːrɪŋ] *adj.* ☐ **1.** → ***erroneous***; **2.** a) irrend, sündig, b) → ***errant*** 2.

er·ro·ne·ous [ɪ'rəʊnjəs] *adj.* ☐ irrig, irrtümlich, unrichtig, falsch; **er'ro·ne·ous·ly** [-lɪ] *adv.* irrtümlicherweise, fälschlich, aus Versehen.

er·ror ['erə] *s.* **1.** Irrtum *m*, Fehler *m*, Versehen *n*: ***in ~*** irrtümlicherweise; ***be in ~*** sich irren; ***~s*** (***and omissions***) ***excepted*** ✝ Irrtümer (u. Auslassungen) vorbehalten; ***~ of omission*** Unterlassungssünde *f*; **~ of judg(e)ment** Trugschluss *m*, irrige Ansicht, falsche Beurteilung; **2.** ⚒, *ast.* Fehler *m*, Abweichung *f*; **~ rate** Fehlerquote *f*; **~ in range** *a.* ⚔ Längenabweichung; **3.** ⚖ a) Tatsachen- *od.* Rechtsirrtum *m*: **~ in law** (**in fact**), b) Formfehler *m*, Verfahrensmangel *m*: **writ of ~** Revisionsbefehl *m*; **4.** Fehltritt *m*, Vergehen *n*.

E

er·satz ['eəzæts] (*Ger.*) **I** *s.* Ersatz(stoff) *m*; **II** *adj.* Ersatz...

Erse [ɜːs] *ling.* **I** *adj.* **1.** gälisch; **2.** irisch; **II** *s.* **3.** Gälisch *n*; **4.** Irisch *n*.

erst·while ['ɜːstwaɪl] **I** *adv.* ehedem, früher; **II** *adj.* ehemalig, früher.

e·ruc·tate [ɪ'rʌkteɪt] *v/i.* aufstoßen, rülpsen; **e·ruc·ta·tion** [ˌiːrʌk'teɪʃn] *s.* Aufstoßen *n*, Rülpsen *n*.

er·u·dite ['eruːdaɪt] *adj.* ☐ gelehrt (*a. Abhandlung etc.*), belesen; **er·u·di·tion** [ˌeruː'dɪʃn] *s.* Gelehrsamkeit *f*, Belesenheit *f*.

e·rupt [ɪ'rʌpt] *v/i.* **1.** ausbrechen (*Vulkan, a. Ausschlag, Streit etc.*); **2.** *geol.* her'vorbrechen, eruptieren (*Lava etc.*); **3.** 'durchbrechen (*Zähne*); **4.** plötzlich auftauchen: **~ into the room** ins Zimmer platzen; **5.** *fig.* (zornig) losbrechen, ‚explodieren'; **e'rup·tion** [-pʃn] *s.* **1.** Ausbruch *m* (*e-s Vulkans, Streits etc.*); **2.** Her'vorbrechen *n*, *geol.* Erupti'on *f*; **3.** 'Durchbruch *m* (*der Zähne*); **4.** ⚕ Erupti'on *f*: a) Ausbruch *m e-s Ausschlags*, b) Ausschlag *m*; **5.** (*Wut- etc.*)Ausbruch *m*; **e'rup·tive** [-tɪv] *adj.* ☐ **1.** *geol.* erup'tiv: **~ rock** Eruptivgestein; **2.** ⚕ von Ausschlag begleitet.

er·y·sip·e·las [ˌerɪ'sɪpɪləs] *s.* ⚕ (Wund-)Rose *f*; **ˌer·y'sip·e·loid** [-lɔɪd] *s.* ⚕ (Schweine)Rotlauf *m*.

es·ca·lade [ˌeskə'leɪd] ⚔ *hist.* **I** *s.* Eska'lade *f*, Mauerersteigung *f* (*mit Leitern*), Erstürmung *f*; **II** *v/t.* mit Sturmleitern ersteigen.

es·ca·late ['eskəleɪt] **I** *v/t.* **1.** *Krieg etc.* eskalieren (*stufenweise verschärfen*); **2.** *Erwartungen, Preise etc.* höher schrauben; **II** *v/i.* **3.** eskalieren; **4.** steigen, in die Höhe gehen (*Preise etc.*); **es·ca·la·tion** [ˌeskə'leɪʃn] *s.* **1.** ⚔, *pol.* Eskalati'on *f*; **2.** ✝ *Am.* Anpassung *f* der Löhne *od.* Preise an gestiegene (Lebenshaltungs)Kosten; **'es·ca·la·tor** ['eskəleɪtə] *s.* **1.** Rolltreppe *f*; **2.** *a.* **~ clause** ✝ (Preis-, Lohn)Gleitklausel *f*.

es·ca·lope ['eskələʊp] *s.* (*bsd.* Wiener) Schnitzel *n*.

es·ca·pade [ˌeskə'peɪd] *s.* Eska'pade *f*: a) toller Streich, b) ‚Seitensprung' *m*.

es·cape [ɪ'skeɪp] **I** *v/t.* **1.** *j-m* entfliehen, -kommen, -rinnen; **2.** *e-r Sache* entgehen, -rinnen, *et.* vermeiden: **he just ~d being killed** er entging knapp dem Tode; **I cannot ~ the impression** ich kann mich des Eindrucks nicht erwehren; **3.** *fig. j-m* entgehen, über'sehen *od.* nicht verstanden werden von *j-m*: **that fact ~d me** diese Tatsache entging mir; **the sense ~s me** der Sinn leuchtet mir nicht ein; **it ~d my notice** ich bemerkte es nicht; **4.** (*dem Gedächtnis*) entfallen: **his name ~s me** sein Name ist mir entfallen; **5.** entfahren, -schlüpfen: **an oath ~d him**; **II** *v/i.* **6.** (**from**) (ent)fliehen, entkommen, -rinnen, -laufen, -wischen, -weichen (aus, von), flüchten, ausbrechen (aus); **7.** (*oft* **from**) sich retten (vor *dat.*), (ungestraft *od.* mit dem Leben) da'vonkommen; **8.** a) ausfließen, b) entweichen, ausströmen (*Gas etc.*); **III** *s.* **9.** Entrinnen *n*, -weichen *n*, -kommen *n*, Flucht *f* (**from** aus, von): **have a narrow ~** mit knapper Not davon- *od.* entkommen; **that was a narrow ~!** das war knapp!, das hätte ins Auge gehen können!; **make one's ~** entkommen, sich aus dem Staub machen; **10.** Rettung *f* (**from** vor *dat.*): (**way of**) **~** Ausweg *m*; **11.** Fluchtmittel *n*; → **fire escape**; **12.** Ausströmen *n*, Entweichen *n*; **13.** *fig.* (Mittel *n* der) Entspannung *f od.* Zerstreuung *f*, Unter'haltung *f*: **~ reading** Unterhaltungslektüre *f*; **~ art·ist** *s.* **1.** Entfesselungskünstler *m*; **2.** Ausbrecherkönig *m*; **~ car** *s.* Fluchtwagen *m*; **~ chute** *s.* ✈ Notrutsche *f*; **~ clause** *s.* Befreiungsklausel *f*.

es·ca·pee [ˌeskeɪ'piː] *s.* entwichener Strafgefangener, Ausbrecher *m*.

es·cape| hatch *s.* **1.** a) ⚓ Notluke *f*, b) ✈ Notausstieg *m*; **2.** *fig.* ‚Schlupfloch' *n*; **~ key** *s. Computer*: Es'cape-Taste *f*; **~ mech·a·nism** *s. psych.* 'Abwehrmechaˌnismus *m*.

es·cape·ment [ɪ'skeɪpmənt] *s.* **1.** Hemmung *f* (*der Uhr*); **2.** Vorschub *m* (*der Schreibmaschine*); **~ wheel** *s.* **1.** Hemmungsrad *n* (*der Uhr*); **2.** Schaltrad *n* (*der Schreibmaschine*).

es·cape| pipe *s.* **1.** Abflussrohr *n*; **2.** Abzugsrohr *n* (*für Gase*); **~-proof** *adj.* ausbruchssicher; **~ route** *s.* Fluchtweg *m*; **~ shaft** *s.* Rettungsschacht *m*; **~ valve** *s.* 'Sicherheitsvenˌtil *n*.

es·cap·ism [ɪs'keɪpɪzəm] *s. psych.* Eska'pismus *m*, Wirklichkeitsflucht *f*; **es·cap·ist** [ɪ'skeɪpɪst] **I** *s.* j-d, der vor der Reali'tät zu fliehen sucht; **II** *adj.* eska'pistisch, *weitS.* Zerstreuungs.., Unterhaltungs...: **~ literature**.

es·ca·pol·o·gist [ˌeskeɪ'pɒlədʒɪst] *s.* **1.** → **escape artist** 1; **2.** *j-d, der sich immer wieder geschickt herauswindet.*

es·carp·ment [ɪ'skɑːpmənt] *s.* **1.** ⚔ Böschung *f*; **2.** *geol.* Steilabbruch *m*.

es·cha·to·log·i·cal [ˌeskətə'lɒdʒɪkl] *adj. eccl.* eschato'logisch; **es·cha·tol·o·gy** [ˌeskə'tɒlədʒɪ] *s.* Eschatolo'gie *f*.

es·cheat [ɪs'tʃiːt] ⚖ **I** *s.* **1.** Heimfall *m*

(*an den Staat*); **2.** Heimfallsgut *n*; **3.** Heimfallsrecht *n*; **II** *v/i.* **4.** an'heim fallen; **III** *v/t.* **5.** (als Heimfallsgut) einziehen.

es·chew [ɪs'tʃuː] *v/t. et.* (ver)meiden, scheuen, sich enthalten (*gen.*).

es·cort I *s.* ['eskɔːt] **1.** ⚔ Es'korte *f*, Bedeckung *f*, Begleitmannschaft *f*; **2.** a) ✈, ⚓ Geleit(schutz *m*) *n*, b) *a.* **~ vessel** ⚓ Geleitschiff *n*: **~ fighter** ✈ Begleitjäger *m*; **3.** *fig.* a) Geleit *n*, Schutz *m*, b) Begleitung *f*, Gefolge *n*, c) Begleiter(in): **~ agency** Begleitagentur *f*; **II** *v/t.* [ɪ'skɔːt] **4.** ⚔ eskortieren; **5.** ✈, ⚓ Geleit(schutz) geben (*dat.*); **6.** *fig.* a) geleiten, b) begleiten.

es·cri·toire [ˌeskriː'twɑː] (*Fr.*) *s.* Schreibpult *n*.

es·crow [e'skrəʊ] *s.* ⚖ *bei e-m Dritten (als Treuhänder) hinterlegte Vertragsurkunde, die erst bei Erfüllung e-r Bedingung in Kraft tritt.*

es·cutch·eon [ɪ'skʌtʃən] *s.* **1.** Wappen(-schild *m*) *n*: **a blot on his ~** *fig.* ein Fleck auf s-r (weißen) Weste; **2.** ⚙ a) (Deck)Schild *n* (*e-s Schlosses*), b) Abdeckung *f* (*e-s Schalters*); **3.** *zo.* Spiegel *m*, Schild *m*.

Es·ki·mo ['eskɪməʊ] *pl.* **-mos** *s.* **1.** Eskimo *m*; **2.** Eskimosprache *f*.

e·soph·a·gus [iː'sɒfəgəs] → ***oesophagus***.

es·o·ter·ic [ˌesəʊ'terɪk] *adj.* (□ **~ally**) eso'terisch: a) *phls.* nur für Eingeweihte bestimmt, b) geheim, pri'vat.

es·pal·ier [ɪ'spæljə] *s.* **1.** Spa'lier *n*; **2.** Spa'lierbaum *m*.

es·pe·cial [ɪ'speʃl] *adj.* □ besonder: a) her'vorragend, b) Haupt..., hauptsächlich, spezi'ell; **es·pe·cial·ly** [ɪ'speʃəlɪ] *adv.* besonders, hauptsächlich: ***more ~*** ganz besonders.

Es·pe·ran·tist [ˌespə'ræntɪst] *s. ling.* Esperan'tist(in); **Es·pe·ran·to** [ˌespə'ræntəʊ] *s.* Espe'ranto *n*.

es·pi·o·nage [ˌespɪə'nɑːʒ] *s.* Spio'nage *f*: ***industrial ~*** Werkspionage.

es·pla·nade [ˌesplə'neɪd] *s.* **1.** Espla'nade *f* (*a.* ⚔ *hist.*), großer freier Platz; **2.** (*bsd.* 'Strand)Prome'nade *f*.

es·pous·al [ɪ'spaʊzl] *s.* **1.** (***of***) Eintreten *n*, Par'teinahme *f* (für); Annahme *f* (*gen.*); **2.** *pl. obs.* a) Vermählung *f*, b) Verlobung *f*; **es·pouse** [ɪ'spaʊz] *v/t.* **1.** Par'tei ergreifen für, eintreten für, sich *e-r Sache* verschreiben, *e-n Glauben* annehmen; **2.** *obs.* a) sich vermählen mit, zur Frau nehmen, b) (***to***) zur Frau geben (*dat.*), c) (**o.s.** sich) verloben (***to*** mit).

es·pres·so [e'spresəʊ] (*Ital.*) *s.* **1.** Es'presso *m*; **2.** Es'pressomaˌschine *f*; **~ bar**, **~ ca·fé** *s.* Es'presso(bar *f*) *n*.

es·prit ['espriː] (*Fr.*) *s.* Es'prit *m*, Geist *m*, Witz *m*; **~ de corps** [ˌespriːdə'kɔː] (*Fr.*) *s.* Korpsgeist *m*.

es·py [ɪ'spaɪ] *v/t.* erspähen.

Es·qui·mau ['eskɪməʊ] *pl.* **-maux** [-məʊz] → ***Eskimo***.

es·quire [ɪ'skwaɪə] *s.* **1.** *Brit. obs.* → ***squire*** 1; **2.** *abbr.* **Esq.** (*ohne Mr., Dr. etc. auf Briefen dem Namen nachgestellt*): ***John Smith, Esq.*** Herrn John Smith.

ess [es] *s.* **1.** S *n*, s *n*; **2.** S-Form *f*.

es·say I *s.* ['eseɪ] **1.** Essay *m*, *n*, Abhandlung *f*, Aufsatz *m*; **2.** Versuch *m*; **II** *v/t. u. v/i.* [e'seɪ] **3.** versuchen; **'es·say·ist** [-ɪst] *s.* Essay'ist(in).

es·sence ['esns] *s.* **1.** *phls.* a) Es'senz *f*, Wesen *n*, b) Sub'stanz *f*, abso'lutes Sein; **2.** *fig.* Es'senz *f*, *das* Wesentliche, Kern *m*: ***of the ~*** von entscheidender Bedeutung; **3.** Es'senz *f*, Ex'trakt *m*.

es·sen·tial [ɪ'senʃl] **I** *adj.* □ → ***essentially***; **1.** wesentlich; **2.** wichtig, unentbehrlich, erforderlich; lebenswichtig: **~ *goods***; **3.** ⚗ ä'therisch: **~ *oil***; **II** *s. mst pl.* **4.** *das* Wesentliche *od.* Wichtigste, Hauptsache *f*; wesentliche Punkte *pl.*; unentbehrliche Sache *od.* Per'son; **es·sen·ti·al·i·ty** [ɪˌsenʃɪ'ælətɪ] → ***essential*** 4; **es'sen·tial·ly** [-lɪ] *adv.* im Wesentlichen, eigentlich, in der Hauptsache; in hohem Maße.

es·tab·lish [ɪ'stæblɪʃ] *v/t.* **1.** ein-, errichten, gründen; einführen; *Regierung* bilden; *Gesetz* erlassen; *Rekord*, *Theorie* aufstellen; ✝ *Konto* eröffnen; **2.** *j-n* einsetzen, 'unterbringen; ✝ etablieren: **~ *o.s.*** sich niederlassen *od.* einrichten, ✝ *u. fig.* sich etablieren; **3.** *Kirche* verstaatlichen; **4.** feststellen, festsetzen; *s-e Identität etc.* nachweisen; **5.** Geltung verschaffen (*dat.*); *Forderung*, *Ansicht* 'durchsetzen; *Ordnung* schaffen; **6.** *Verbindung* herstellen; **7.** begründen: **~ *one's reputation*** sich e-n Namen machen; **es·tab·lished** [ɪ'stæblɪʃt] *adj.* **1.** bestehend; **2.** feststehend, fest begründet, unzweifelhaft; **3.** planmäßig (*Beamter*): ***the ~ staff*** das Stammpersonal; **4.** ***ℒ Church*** Staatskirche *f*; **es·tab·lish·ment** [ɪ'stæblɪʃmənt] *s.* **1.** Er-, Einrichtung *f*; Einsetzung *f*; Gründung *f*, Einführung *f*, Schaffung *f*; **2.** Feststellung *f*, -setzung *f*; **3.** (*großer*) Haushalt; ✝ Unter'nehmen *n*, Firma *f*: ***keep a large ~*** a) ein großes Haus führen, b) ein bedeutendes Unternehmen leiten; **4.** Anstalt *f*, Insti'tut *n*; **5.** organisierte Körperschaft: ***civil ~*** Beamtenschaft *f*; ***military ~*** stehendes Heer; ***naval ~*** Flotte *f*; **6.** festes Perso'nal, Perso'nal- *od.* ⚔ Mannschaftsbestand *m*; Sollstärke *f*: ***peace ~*** Friedensstärke; ***war ~*** Kriegsstärke; **7.** Staatskirche *f*; **8.** ***the ℒ*** das Establishment (*etablierte Macht, herrschende Schicht, konventionelle Gesellschaft*).

es·tate [ɪ'steɪt] *s.* **1.** Stand *m*, Klasse *f*,

Rang *m*: ***the Three 2s (of the Realm)*** *Brit.* die drei (*gesetzgebenden*) Stände; ***third ~*** *Fr. hist.* dritter Stand, Bürgertum *n*; ***fourth ~*** *humor.* Presse *f*; **2.** *obs.* (Zu)Stand *m*: ***man's ~*** *bibl.* Mannesalter; **3.** ⚖ a) Besitz *m*, Vermögen *n*; → ***personal*** 1, ***real*** 3, b) (Kon'kurs- *etc.*)Masse *f*, Nachlass *m*; **4.** ⚖ Besitzrecht *n*, Nutznießung *f*; **5.** Grundbesitz *m*, Besitzung *f*, Gut *n*: ***family ~*** Familienbesitz *m*; **6.** (Wohn)Siedlung *f*; **7.** → ***estate car***; **~ a·gent** *s. Brit.* **1.** Grundstücksmakler *m*; **2.** Grundstücksverwalter *m*; **~-ˌbot·tled** *adj.* auf dem (Wein)Gut abgefüllt; *als Aufschrift*: Gutsabfüllung!; **~ car** *s. Brit.* Kombiwagen *m*; **~ du·ty** *s. Brit. obs.*, **~ tax** *s. Am.* Erbschaftssteuer *f*.

es·teem [ɪ'stiːm] **I** *v/t.* **1.** achten, (hoch) schätzen; **2.** erachten *od.* ansehen als, halten für; **II** *s.* **3.** Wertschätzung *f*, Achtung *f*: ***to hold in (high) ~*** achten.

es·ter ['estə] *s.* ⚗ Ester *m*.

Es·ther ['estə] *npr. u. s. bibl.* (das Buch) Esther *f*.

es·thete *etc.* → ***aesthete*** *etc.*

Es·tho·ni·an [e'stəʊnjən] **I** *s.* **1.** Este *m*, Estin *f*; **2.** *ling.* Estnisch *n*; **II** *adj.* **3.** estnisch, estländisch.

es·ti·ma·ble ['estɪməbl] *adj.* □ achtens-, schätzenswert; **es·ti·mate I** *v/t.* ['estɪmeɪt] **1.** (ab-, ein)schätzen, taxieren, veranschlagen (**at** auf *acc.*): ***an ~d 200 buyers*** schätzungsweise 200 Käufer; **2.** bewerten, beurteilen; **II** *s.* ['estɪmɪt] **3.** (Ab-, Ein)Schätzung *f*, Veranschlagung *f*, (Kosten)Anschlag *m*: ***rough ~*** grober Überschlag; ***at a rough ~*** grob geschätzt; **4. *the 2s*** *pl. pol.* der (Staats-) Haushaltsplan; **5.** Bewertung *f*, Beurteilung *f*: ***form an ~ of*** *et.* beurteilen *od.* einschätzen; **es·ti·ma·tion** [ˌestɪ'meɪʃn] *s.* **1.** Urteil *n*, Meinung *f*: ***in my ~*** nach m-r Ansicht; **2.** Bewertung *f*, Schätzung *f*; **3.** Achtung *f*: ***hold in (high) ~*** hoch schätzen.

es·ti·val → ***aestival***.

es·top [ɪ'stɒp] *v/t.* ⚖ rechtshemmenden Einwand erheben gegen, hindern (***from*** an *dat.*, ***from doing*** zu tun); **es·top·pel** [ɪ'stɒpl] *s.* ⚖ Ausschluss *m* e-r Klage *od.* Einrede.

es·trange [ɪ'streɪndʒ] *v/t. j-n* entfremden (***from*** *dat.*): ***become ~d*** a) sich entfremden (***from*** *dat.*), b) sich auseinander leben; **es·tranged** [ɪ'streɪndʒd] *adj.* **1. *an ~ couple*** ein Paar, das sich auseinander gelebt hat; **2.** ⚖ getrennt lebend: ***his ~ wife*** s-e von ihm getrennt lebende Frau; ***she is ~ from her husband*** sie lebt von ihrem Mann getrennt; **es·trange·ment** [ɪ'streɪndʒmənt] *s.* Entfremdung *f* (***from*** von).

es·tro·gen ['estrədʒən] *s. biol.*, ⚗ Östro'gen *n*.

es·tu·ar·y ['estjʊərɪ] *s.* **1.** (den Gezeiten ausgesetzte) Flussmündung; **2.** Meeresarm *m*, -bucht *f*.

et cet·er·a [ɪt'setərə] *abbr.* ***etc.***, ***&c.*** (*Lat.*) und so weiter; **et'cet·er·a** *s.* **1.** (*lange etc.*) Reihe; **2.** *pl.* allerlei Dinge.

etch [etʃ] *v/t. u. v/i.* **1.** ätzen; **2.** a) Kupfer stechen, b) radieren; **3.** schneiden, kratzen (**on** in *acc.*): ***sharply ~ed features*** *fig.* scharf geschnittene Gesichtszüge; ***the event was ~ed on*** (*od.* ***in***) ***his memory*** das Ereignis hatte sich s-m Gedächtnis (tief) eingeprägt; **4.** *fig.* (klar *etc.*) zeichnen, (gut *etc.*) her'ausarbeiten; **etch·er** ['etʃə] *s.* **1.** Kupferstecher *m*; **2.** Radierer *m*; **etch·ing** ['etʃɪŋ] *s.* **1.** Ätzen *etc.* (→ ***etch*** 1, 2); **2.** a) Radierung *f*, b) Kupferstich *m*: ***come up and see my ~s*** *humor.* wollen Sie sich m-e Briefmarkensammlung ansehen?

e·ter·nal [ɪ'tɜːnl] **I** *adj.* □ **1.** ewig, immer während: ***the 2 City*** die Ewige Stadt (*Rom*); **2.** unab'änderlich; **3.** F ewig, unaufhörlich; **II** *s.* **4. *the 2*** Gott *m*; **5.** *pl.* ewige Dinge *pl.*; **e'ter·nal·ize** [-nəlaɪz] *v/t.* verewigen; **e'ter·ni·ty** [-nətɪ] *s.* **1.** Ewigkeit *f* (*a.* F *fig. lange Zeit*): ***from here to ~***, ***to all ~*** bis in alle Ewigkeit; **2.** *eccl.* a) *das* Jenseits, b) *pl.* ewige Wahrheiten; **e'ter·nize** [-naɪz] → ***eternalize***.

eth·ane ['eθeɪn] *s.* ⚗ Ä'than *n*; **'eth·ene** ['eθiːn] *s.* Ä'then *n*, Äthy'len *n*; **eth·e·nol** ['eθənɒl] *s.* Vi'nylalkoˌhol *m*; **eth·e·nyl** ['eθənɪl] *s.* Äthyli'den *n*.

e·ther ['iːθə] *s.* **1.** ⚗, *phys.* Äther *m*; **2.** *poet.* Äther *m*, Himmel *m*; **e·the·re·al** [iː'θɪərɪəl] *adj.* □ **1.** ⚗ a) ätherartig, b) ä'therisch; **2.** ä'therisch, himmlisch; vergeistigt; **e·the·re·al·ize** [iː'θɪərɪəlaɪz] *v/t.* **1.** ⚗ ätherisieren; **2.** vergeistigen, verklären; **'e·ther·ize** [-əraɪz] *v/t.* □ **1.** ⚗ in Äther verwandeln; **2.** ⚕ mit Äther narkotisieren.

eth·ic ['eθɪk] **I** *adj.* **1.** → ***ethical***; **II** *s.* **2.** *pl. sg. konstr.* Sittenlehre *f*, Ethik *f*; **3.** *pl.* Sittlichkeit *f*, Mo'ral *f*, Ethos *n*: ***professional ~s*** Standesehre *f*, Berufsethos; **'eth·i·cal** [-kl] *adj.* □ **1.** *phls.*, *a. ling.* ethisch; **2.** ethisch, mo'ralisch, sittlich; **3.** von ethischen Grundsätzen (geleitet); **4.** dem Berufsethos entsprechend; **5.** *pharm.* re'zeptpflichtig; **'eth·i·cist** [-ɪsɪst] *s.* Ethiker *m*.

E·thi·o·pi·an [iːθɪ'əʊpjən] **I** *adj.* äthi'opisch; **II** *s.* Äthi'opier(in).

eth·nic ['eθnɪk] **I** *adj.* □ **1.** ethnisch, völkisch, Volks...: **~ *cleansing*** ethnische Säuberung; **~ *group*** Volksgruppe *f*; **~ *German*** Volksdeutsche(r *m*) *f*; **~ *joke*** Witz *m* auf Kosten e-r bestimmten Volksgruppe; **II** *s.* **2.** Angehörige(r *m*) *f* e-r (homo'genen) Volksgruppe; **3.** *pl.* sprachliche *od.* kultu'relle Zugehörigkeit; **'eth·ni·cal** [-kl] → ***ethnic*** I; **eth·nog·ra·pher** [eθ'nɒgrəfə] *s.* Ethno'graph *m*; **eth·no·graph·ic** [ˌeθnəʊ'græfɪk] *adj.* □ ethno'graphisch, völkerkundlich; **eth·nog·ra·phy** [eθ'nɒgrəfɪ] *s.* Ethnogra'phie *f*, (beschreibende) Völkerkunde; **eth·no·log·i·cal** [ˌeθnəʊ'lɒdʒɪkl] *adj.* □ ethno'logisch; **eth·nol·o·gist** [eθ'nɒlədʒɪst] *s.* Ethno'loge *m*, Völkerkundler *m*; **eth·nol·o·gy** [eθ'nɒlədʒɪ] *s.* Ethnolo'gie *f*, (vergleichende) Völkerkunde.

e·thol·o·gist [iː'θɒlədʒɪst] *s.* Etho'loge *m*, (Tier)Verhaltensforscher *m*; **e'thol·o·gy** [-dʒɪ] *s.* Etholo'gie *f*, Verhaltensforschung *f*.

e·thos ['iːθɒs] *s.* **1.** Ethos *n*, Cha'rakter *m*, Wesensart *f*, Geist *m*, sittlicher Gehalt (*e-r Kultur*); **2.** ethischer Wert.

eth·yl ['eθɪl; ⚗ 'iːθaɪl] *s.* ⚗ Ä'thyl *n*: ~ ***alcohol*** Äthylalkohol *m*; **eth·yl·ene** ['eθɪliːn] *s.* Äthy'len *n*, Kohlenwasserstoffgas *n*.

e·ti·o·lat·ed ['iːtɪəleɪtɪd] *adj.* **1.** verkümmert (*Pflanze, Erinnerung etc.*); **2.** bleichsüchtig, blass u. ausgezehrt (*Gesicht*).

et·i·quette ['etɪket] *s.* Eti'kette *f*: a) Zeremoni'ell *n*, b) Anstandsregeln *pl.*, (gute) 'Umgangsformen *pl.*

E·ton| col·lar ['iːtn] *s.* breiter, steifer 'Umlegekragen; ~ **Col·lege** *s. berühmte englische Public School*; ~ **crop** *s.* Herrenschnitt *m* (*für Damen*).

E·to·ni·an [iː'təʊnjən] **I** *adj.* Eton...; **II** *s.* Schüler *m* des ***Eton College***.

E·ton jack·et *s.* schwarze, kurze Jacke *der Etonschüler*.

E·trus·can [ɪ'trʌskən] **I** *adj.* **1.** e'truskisch; **II** *s.* **2.** E'trusker(in); **3.** *ling.* E'truskisch *n*.

et·y·mo·log·ic, et·y·mo·log·i·cal [ˌetɪmə'lɒdʒɪk(l)] *adj.* □ etymo'logisch; **et·y·mol·o·gist** [ˌetɪ'mɒlədʒɪst] *s.* Etymo'loge *m*; **et·y·mol·o·gy** [ˌetɪ'mɒlədʒɪ] *s. allg.* Etymolo'gie *f*; **et·y·mon** ['etɪmɒn] *s.* Etymon *n*, Stammwort *n*.

eu·ca·lyp·tus [ˌjuːkə'lɪptəs] *s.* ⚘ Euka'lyptus *m*.

Eu·cha·rist ['juːkərɪst] *s. eccl.* Eucharis'tie *f*: a) *die Feier des heiligen Abendmahls*, b) *die eucharistische Gabe* (*Brot u. Wein*).

eu·chre ['juːkə] *v/t. Am.* F prellen, betrügen.

Eu·clid ['juːklɪd] *s.* die (Eu'klidische) Geome'trie.

eu·gen·ic [juː'dʒenɪk] **I** *adj.* (□ ~***ally***) eu'genisch; **II** *s. pl. sg. konstr.* Eu'genik *f* (*Erbhygiene*); **eu·ge·nist** ['juːdʒɪnɪst] *s.* Eu'geniker *m*.

eu·lo·gist ['juːlədʒɪst] *s.* Lobredner(in); **eu·lo·gis·tic** [ˌjuːlə'dʒɪstɪk] *adj.* (□ ~***ally***) preisend, lobend; **'eu·lo·gize** [-dʒaɪz] *v/t.* loben, preisen, rühmen; **'eu·lo·gy** [-dʒɪ] *s.* **1.** Lob(preisung *f*) *n*; **2.** Lobrede *f od.* -schrift *f*.

eu·nuch ['juːnək] *s.* Eu'nuch *m*, *weitS. a.* Ka'strat *m*.

eu·pep·sia [juː'pepsɪə] *s.* ⚕ nor'male Verdauung; **eu'pep·tic** [-ptɪk] *adj.* **1.** ⚕ gut verdauend; **2.** *fig.* gut gelaunt.

eu·phe·mism ['juːfɪmɪzəm] *s.* Euphe'mismus *m*, beschönigender Ausdruck, sprachliche Verhüllung; **eu·phe·mis·tic** [ˌjuːfɪ'mɪstɪk] *adj.* (□ ~***ally***) euphe'mistisch, beschönigend, verhüllend.

eu·phon·ic [juː'fɒnɪk] *adj.* (□ ~***ally***) eu'phonisch, wohlklingend; **eu·pho·ny** ['juːfənɪ] *s.* Eupho'nie *f*, Wohlklang *m*.

eu·phor·bi·a [juː'fɔːbjə] *s.* ⚘ Wolfsmilch *f*.

eu·pho·ri·a [juː'fɔːrɪə] *s.* ⚕ *u. fig.* Eupho'rie *f*; **eu'phor·ic** [-'fɒrɪk] *adj.* (□ ~***ally***) eu'phorisch; **eu·pho·ry** ['juːfərɪ] → ***euphoria***.

eu·phu·ism ['juːfjuːɪzəm] *s.* Euphu'ismus *m* (*schwülstiger Stil od. Ausdruck*); **eu·phu·is·tic** [ˌjuːfjuː'ɪstɪk] *adj.* (□ ~***ally***) euphu'istisch, schwülstig.

Eu·rail·pass ['jʊəreɪlpɑːs] *s.* 🚂 Eu'railpass *m*.

Eur·a·sian [juə'reɪʒjən] **I** *s.* Eu'rasier (-in); **II** *adj.* eu'rasisch.

Eu·ro ['jʊərəʊ] *s. Währung*: 'Euro *m*; **'eu·ro·cent** *s. Währung*: 'Eurocent *m*.

Euro- [jʊərəʊ] *in Zssgn* euro'päisch, Euro...

'Eu·ro|·cheque *s.* ✝ Eurocheque *m*, -scheck *m*: ~ ***card*** Eurochequekarte *f*; ˌ~'**com·mun·ism** *s.* 'Eurokommuˌnismus *m*; ~·**crat** ['jʊərəʊkræt] *s.* Euro'krat *m*; '~ˌ**cur·ren·cy** *s.* Eurowährung *f*; '~ˌ**dol·lar** *s.* ✝ Eurodollar *m*.

Eu·ro·pe·an [ˌjʊərə'piːən] **I** *adj.* euro'päisch: ~ ***Commission*** Europäische Kommissi'on *f*; ~ ***Cup*** *sport* Europacup *m*; ~ ***Economic and Monetary Union*** Europäische Wirtschafts- u. Währungsunion *f*; (***Economic***) ***Community*** Europäische (Wirtschafts)Gemeinschaft; ~ ***Monetary Institute*** Europäisches Währungsinstitut; ~ ***Monetary System*** Europäisches Währungssystem; ~ ***Monetary Union*** Europäische Währungsunion *f*; ~ ***Parliament*** Europaparlament *n*; ~ ***plan*** *Am.* Hotelzimmervermietung *f* ohne Verpflegung; ~ ***single market*** europäischer Binnenmarkt; ~ ***Union*** Europäische Union; **II** *s.* Euro'päer(in); ˌ**Eu·ro'pe·an·ism** [-nɪzəm] *s.* Euro'päertum *n*; ˌ**Eu·ro'pe·an·ize** [-naɪz] *v/t.* europäisieren.

Eu·ro·scep·tic ['jʊərəʊskeptɪk] *s.* Euroskeptiker *m*.

Eu·ro·vi·sion ['jʊərəʊˌvɪʒn] *s. u. adj. TV* Eurovision(s...) *f*.

Eu·sta·chi·an tube [juː'steɪʃjən] *s. anat.* eu'stachische Röhre, 'Ohrtromˌpete *f*.

E

eu·tha·na·si·a [ˌjuːθəˈneɪzjə] *s.* **1.** sanfter *od.* leichter Tod; **2.** Euthanaˈsie *f*: ***active*** (***passive***) **~** ⚕ aktive (passive) Sterbehilfe.

EU-wide [ˌiːˈjuːwaɪd] *adj.* EˈU-weit.

e·vac·u·ant [ɪˈvækjʊənt] **I** *adj.* abführend; **II** *s.* Abführmittel *n*; **e·vac·u·ate** [ɪˈvækjʊeɪt] *v/t.* **1.** ent-, ausleeren: **~ *the bowels*** a) den Darm entleeren, b) abführen; **2.** a) *Luft etc.* herˈauspumpen, b) *Gefäß* luftleer pumpen; **3.** a) *Personen* evakuieren, b) ⚔ *Truppen* verlegen, *Verwundete etc.* abtransportieren, c) *Gebiet* evakuieren, *a. Haus* räumen; **e·vac·u·a·tion** [ɪˌvækjʊˈeɪʃn] *s.* **1.** Aus-, Entleerung *f*; **2.** ⚕ a) Stuhlgang *m*, b) Stuhl *m*, Kot *m*; **3.** a) Evakuierung *f*, b) ⚔ Verlegung *f* (*von Truppen*), ˈAbtransˌport *m*, c) Räumung *f*; **e·vac·u·ee** [ɪˌvækjuːˈiː] *s.* Evakuierte(r *m*) *f*.

e·vade [ɪˈveɪd] *v/t.* **1.** ausweichen (*dat.*); **2.** *j-m* entkommen; **3.** sich *e-r Sache* entziehen, *e-r Sache* entgehen, ausweichen, *et.* umˈgehen, vermeiden; sich *e-r Pflicht etc.* entziehen, ⚖ *Steuern* hinterˈziehen: **~ *a question*** e-r Frage ausweichen; **~ *definition*** sich nicht definieren lassen; **eˈvad·er** [-də] *s. j-d, der sich e-r Sache entzieht*; → ***tax evader***.

e·val·u·ate [ɪˈvæljʊeɪt] *v/t.* **1.** auswerten; **2.** bewerten, beurteilen; **3.** abschätzen; **4.** berechnen; **e·val·u·a·tion** [ɪˌvæljʊˈeɪʃn] *s.* **1.** Auswertung *f*; **2.** Bewertung *f*, Beurteilung *f*; **3.** Schätzung *f*; **4.** Berechnung *f*.

ev·a·nesce [ˌiːvəˈnes] *v/i.* sich verflüchtigen; schwinden; **ˌev·aˈnes·cence** [-sns] *s.* (Daˈhin)Schwinden *n*, Verflüchtigung *f*; **ˌev·aˈnes·cent** [-snt] *adj.* ☐ **1.** (ver-, daˈhin)schwindend, flüchtig; **2.** vergänglich.

e·van·gel·ic [ˌiːvænˈdʒelɪk] *adj.* (☐ **~*ally***) **1.** die Evanˈgelien betreffend, Evangelien...; **2.** evanˈgelisch; **ˌe·vanˈgel·i·cal** [-kl] *adj.* ☐ → ***evangelic***.

e·van·ge·lism [ɪˈvændʒəlɪzəm] *s.* Verkündigung *f* des Evanˈgeliums; **eˈvan·ge·list** [-lɪst] *s.* **1.** Evangeˈlist *m*; **2.** Evangeˈlist *m*, Erweckungs-, Wanderprediger *m*; **3.** Patriˈarch *m der Mormonen*; **eˈvan·ge·lize** [-laɪz] **I** *v/i.* das Evanˈgelium verkünden; **II** *v/t.* missioˈnieren, (zum Christentum) bekehren.

e·vap·o·rate [ɪˈvæpəreɪt] **I** *v/i.* **1.** verdampfen, -dunsten, sich verflüchtigen; **2.** *fig.* verfliegen, sich verflüchtigen (*a.* F *abhauen*); **II** *v/t.* **3.** verdampfen *od.* verdunsten lassen; **4.** ⚙ ab-, eindampfen, evaporieren: **~*d milk*** Kondensmilch *f*; **e·vap·o·ra·tion** [ɪˌvæpəˈreɪʃn] *s.* **1.** Verdampfung *f*, -dunstung *f*; **2.** *fig.* Verflüchtigung *f*, Verfliegen *n*; **eˈvap·o·ra·tor** [-tə] *s.* ⚙ Abdampfvorrichtung *f*, Verdampfer *m*.

e·va·sion [ɪˈveɪʒn] *s.* **1.** Entkommen *n*, -rinnen *n*; **2.** Ausweichen *n*, Umˈgehung *f*, Vermeidung *f*; → ***tax evasion***; **3.** Ausflucht *f*, Ausrede *f*.

e·va·sive [ɪˈveɪsɪv] *adj.* ☐ **1.** ausweichend: **~ *answer***; **~ *action*** Ausweichmanöver *n*; ***be* ~** *fig.* ausweichen; **2.** schwer fassbar *od.* feststellbar; **eˈva·sive·ness** [-nɪs] *s.* ausweichendes Verhalten.

Eve[1] [iːv] *npr. bibl.* Eva *f*: ***daughter of* ~** Evastochter *f* (*typische Frau*).

eve[2] [iːv] *s.* **1.** *poet.* Abend *m*; **2.** *mst* ♀ Vorabend *m*, -tag *m* (*e-s Festes*); **3.** *fig.* Vorabend *m*: ***on the* ~ *of*** am Vorabend von (*od. gen.*); ***be on the* ~ *of*** kurz vor (*dat.*) stehen.

e·ven[1] [ˈiːvn] *adv.* **1.** soˈgar, selbst, auch: **~ *the king*** sogar der König; ***he* ~ *kissed her*** er küsste sie sogar; **~ *if*, ~ *though*** selbst wenn, wenn auch; **~ *now*** a) selbst jetzt, noch jetzt, b) eben *od.* gerade jetzt, c) schon jetzt; ***not* ~ *now*** selbst jetzt noch nicht, nicht einmal jetzt; ***or* ~** oder auch (nur), oder gar; ***without* ~ *looking*** ohne auch nur hinzusehen; **2.** *vor comp.* noch: **~ *better*** (sogar) noch besser; **3.** *nach neg.*: ***not* ~** nicht einmal; ***I never* ~ *saw it*** ich habe es nicht einmal gesehen; **4.** gerade, eben: **~ *as I expected*** gerade *od.* genau wie ich erwartete; **~ *as he spoke*** gerade als er sprach; **~ *so*** dennoch, trotzdem, immerhin, selbst dann.

e·ven[2] [ˈiːvn] **I** *adj.* ☐ **1.** eben, flach, gerade; **2.** waag(e)recht, horizonˈtal; → ***keel*** 1; **3.** in gleicher Höhe (***with*** mit): **~ *with the ground*** dem Boden gleich; **4.** gleich: **~ *chances*** gleiche Chancen; ***stand an* ~ *chance of winning*** e-e echte Siegeschance haben; **~ *money*** gleicher Einsatz (*Wette*); **~ *bet*** Wette *f* mit gleichem Einsatz; ***of* ~ *date*** ✝ gleichen Datums; **5.** ✝ a) ausgeglichen, schuldenfrei, b) ohne Gewinn od. Verlust: ***be* ~ *with s.o.*** mit j-m quitt sein; ***get* ~ *with s.o.*** mit j-m abrechnen *od.* quitt werden, *fig. a.* es j-m heimzahlen; → ***break even***; **6.** gleich-, regelmäßig; im Gleichgewicht (*a. fig.*); **7.** ausgeglichen, ruhig (*Gemüt etc.*): **~ *voice*** ruhige *od.* kühle Stimme; **8.** gerecht, ˈunparˌteiisch; **9.** a) gerade (*Zahl*), b) geradzahlig (*Schwingungen etc.*), c) rund, voll (*Summe*): **~ *page*** (Buch)Seite *f* mit gerader Zahl; **10.** genau, präˈzise: ***an* ~ *dozen*** genau ein Dutzend; **II** *v/t.* **11.** (ein)ebnen, glätten; **12.** *a.* **~ *out*** ausgleichen; **13.** **~ *up*** ✝ *Rechnung* aus-, begleichen, *Konten* abstimmen; **III** *v/i.* **14.** *mst.* **~ *out*** eben werden; **15.** *a.* **~ *out*** sich ausgleichen; **16.** **~ *up on*** mit *j-m* quitt werden.

e·ven[3] [ˈiːvn] *s. poet.* Abend *m*.

ˌe·ven-ˈhand·ed *adj.* ˈunparˌteiisch, objekˈtiv.

eve·ning [ˈiːvnɪŋ] *s.* **1.** Abend *m*: ***in the ~*** abends, am Abend; ***on the ~ of*** am Abend (*gen.*); ***this*** (***tomorrow***) ***~*** heute (morgen) Abend; **2.** ˈAbend(unterˌhaltung *f*) *m*, Gesellschaftsabend *m*; **3.** *fig.* Ende *n*, *bsd.* (*a.* ***~ of life***) Lebensabend *m*; **~ class·es** *s. pl. ped.* ˈAbendunterˌricht *m*; **~ dress** *s.* **1.** Abendkleid *n*; **2.** Gesellschaftsanzug *m*, *bsd.* a) Frack *m*, b) Smoking *m*; **~ pa·per** *s.* Abendzeitung *f*; **~ school** → ***night-school***; **~ shirt** *s.* Frackhemd *n*; **~ star** *s.* Abendstern *m*.

e·ven·ness [ˈiːvnnɪs] *s.* **1.** Ebenheit *f*, Geradheit *f*; **2.** Gleichmäßigkeit *f*; **3.** Gleichheit *f*; **4.** Gelassenheit *f*, Seelenruhe *f*, Ausgeglichenheit *f*.

ˈe·ven·song *s.* Abendandacht *f*.

e·vent [ɪˈvent] *s.* **1.** Ereignis *n*, Vorfall *m*, Begebenheit *f*: (***quite***) ***an ~*** ein großes Ereignis; ***after the ~*** hinterher, im Nachhinein; ***before the ~*** vorher, im Voraus; **2.** Ergebnis *n*, Ausgang *m*: ***in the ~*** schließlich; **3.** Fall *m*, ˈUmstand *m*: ***in either ~*** in jedem Fall; ***in any ~*** auf jeden Fall; ***at all ~s*** auf alle Fälle, jedenfalls; ***in the ~ of*** im Falle (*gen. od.* dass); **4.** *bsd. sport* a) Veranstaltung *f*, b) Disziˈplin *f* (*Sportart*), c) Wettbewerb *m*, -kampf *m*.

ˌe·ven-ˈtem·pered *adj.* ausgeglichen, gelassen, ruhig.

e·vent·ful [ɪˈventfʊl] *adj.* **1.** ereignisreich; **2.** denkwürdig, bedeutsam.

ˈe·ven·tide *s. poet.* (***at ~*** zur) Abendzeit *f*.

e·ven·tu·al [ɪˈventʃʊəl] *adj.* □ → ***eventually***; **1.** schließlich: ***this led to his ~ dismissal*** dies führte schließlich *od.* letzten Endes zu s-r Entlassung; **2.** *obs.* eventuˈell, etwaig; **e·ven·tu·al·i·ty** [ɪˌventʃʊˈælətɪ] *s.* Möglichkeit *f*, Eventualiˈtät *f*; **eˈven·tu·al·ly** [-lɪ] *adv.* schließlich, endlich; **eˈven·tu·ate** [-ʃʊeɪt] *v/i.* **1.** ausgehen, enden (***in*** in *dat.*); **2.** die Folge sein (***from*** *gen.*).

ev·er [ˈevə] *adv.* **1.** immer, ständig, unaufhörlich: ***for ~*** (***and ~***), ***for ~ and a day*** für immer (u. ewig); ***~ and again*** (*obs.* ***anon***) dann u. wann, hin und wieder; ***~ since***, ***~ after*** seit der Zeit, seitdem; ***yours ~ ...*** Viele Grüße, dein(e) *od.* Ihr(e) ...; **2.** *vor comp.* immer: ***~ larger*** immer größer; ***~ increasing*** ständig zunehmend; **3.** *neg.*, *interrog.*, *konditional*: je(mals): ***do you ~ see him?*** siehst du ihn jemals?; ***if I ~ meet him*** falls ich ihn je treffe; ***did you ~?*** F hast du Töne?, na, so was!; ***the fastest ~*** F der (die, das) Schnellste aller Zeiten; **4.** nur, irgend, überˈhaupt: ***as soon as ~ I can*** sobald ich nur kann; ***what ~ do you mean?*** was (in aller Welt) meinst du denn (eigentlich)?; ***how ~ did he manage?*** wie hat er es nur fertig gebracht?; ***hardly ~***, ***seldom if ~*** fast niemals; **5.** ***~ so*** sehr, noch so: ***~ so simple*** ganz einfach; ***~ so long*** e-e Ewigkeit; ***~ so many*** sehr viele; ***thank you ~ so much!*** tausend Dank!; ***if I were ~ so rich*** wenn ich noch so reich wäre; ***~ such a nice man*** wirklich ein netter Mann.

ˈev·er|·glade *s. Am.* sumpfiges Flussgebiet; **ˈ~·green I** *adj.* **1.** immergrün; **2.** unverwüstlich, nie veraltend, immer wieder gern gehört: ***~ song*** → 4; **II** *s.* **3.** ⚘ a) immergrüne Pflanze, b) Immergrün *n*; **4.** Evergreen *m*, *n* (*Schlager*); **ˌ~ˈlast·ing I** *adj.* □ **1.** immer während, ewig (*a. Gott, Schnee*): ***~ flower*** → 5; **2.** *fig.* F unaufhörlich, endlos; **3.** dauerhaft, unbegrenzt haltbar, unverwüstlich; **II** *s.* **4.** Ewigkeit *f*; **5.** ⚘ Immorˈtelle *f*, Strohblume *f*; **ˌ~ˈmore** *adv.* **1.** immerfort: ***for ~*** in Ewigkeit; **2.** je(mals) wieder.

ev·er·y [ˈevrɪ] *adj.* **1.** jeder, jede, jedes, all: ***he has read ~ book on this subject***; ***~ other*** a) jeder andere, b) → ***other*** 6; ***~ day*** jeden Tag, alle Tage, täglich; ***~ four days*** alle vier Tage; ***~ fourth day*** jeden vierten Tag; ***~ now and then*** (*od.* ***again***), ***~ so often*** F gelegentlich, hin u. wieder; ***~ bit*** (***of it***) ganz, völlig: ***~ bit as good*** genauso gut; ***~ time*** a) jedesmal(, wenn), sooft, b) jederzeit, F *a.* allemal; **2.** jeder, jede, jedes (einzelne ... *od.* erdenkliche ...), all: ***her ~ wish*** jeder ihrer Wünsche, alle ihre Wünsche; ***have ~ reason*** allen Grund haben; ***their ~ liberty*** ihre ganze Freiheit; **ˈ~ˌbod·y** *pron.* jeder(mann); **ˈ~·day** *adj.* **1.** (all)täglich; **2.** Alltags...; **3.** (mittel)mäßig; **ˈ~·one**, **~ one** *pron.* jeder(mann): ***in ~'s mouth*** in aller Munde; **ˈ♀·man** *s. bsd. thea.* Jedermann *m*; **ˈ~·thing** *pron.* **1.** alles: ***~ new*** alles Neue; **2.** F die Hauptsache, alles: ***speed is ~***; ***he*** (***it***) ***has ~*** F er (es) hat alles *od.* ist ‚fantastisch'; **ˈ~·where** *adv.* ˈüberall, allenthalben.

e·vict [ɪˈvɪkt] *v/t.* ⚖ **1.** *j-n* zur Räumung zwingen; *fig. j-n* gewaltsam vertreiben; **2.** wieder in Besitz nehmen; **eˈvic·tion** [-kʃn] *s.* ⚖ **1.** Zwangsräumung *f*, Heraussetzung *f*: ***~ order*** Räumungsbefehl *m*; **2.** Wiederinbeˈsitznahme *f*.

ev·i·dence [ˈevɪdəns] **I** *s.* **1.** ⚖ a) Beˈweis(mittel *n*, -stück *n*, -materiˌal *n*) *m*, Beweise *pl.*, Ergebnis *n* der Beweisaufnahme *f*, b) ˈUnterlage *f*, Beleg *m*, c) (Zeugen)Aussage *f*, Zeugnis *n*: ***a piece of ~*** ein Beweisstück; ***medical ~*** Aussage *f od.* Gutachten *n* des medizinischen Sachverständigen; ***for lack of ~*** mangels Beweises; ***in ~ of*** zum Beweis (*gen.*); ***offer in ~*** Beweisantritt *m*; ***on***

the ~ auf Grund des Beweismaterials; ***admit in ~*** als Beweis zulassen; ***call s.o. in ~*** j-n als Zeugen benennen; ***give*** *od.* ***bear ~*** (**of**) (als Zeuge) aussagen (über *acc.*), *fig.* zeugen (von); ***hear ~*** Zeugen vernehmen; ***hearing*** *od.* ***taking of ~*** Beweisaufnahme *f*; ***turn King's*** (*od.* ***Queen's***, *Am.* ***State's***) ***~*** als Kronzeuge auftreten; **2.** Augenscheinlichkeit *f*, Klarheit *f*: ***in ~*** sichtbar, er-, offensichtlich; ***be much in ~*** stark in Erscheinung treten, deutlich feststellbar sein; stark vertreten sein; **3.** (An)Zeichen *n*, Spur *f*: ***there is no ~*** es ist nicht ersichtlich *od.* feststellbar, nichts deutet darauf hin; **II** *v/t.* **4.** dartun, be-, nachweisen, zeigen; **'ev·i·dent** [-nt] *adj.* □ → ***evidently***; augenscheinlich, einleuchtend, offensichtlich, klar (ersichtlich); **ev·i·den·tial** [ˌevɪ'denʃl] *adj.* □, **ev·i·den·tia·ry** [ˌevɪ'denʃərɪ] *adj.* **1.** ⚖ beweiserheblich; Beweis...(*-kraft*, *-wert*); **2.** über'zeugend: ***be ~ of*** *et.* (klar) beweisen; **'ev·i·dent·ly** [-ntlɪ] *adv.* offensichtlich, zweifellos.

e·vil ['iːvl] **I** *adj.* □ **1.** übel, böse, schlimm: ***~ eye*** a) böser Blick, b) schlimmer Einfluss; ***the* ♀ *One*** der Teufel; ***~ repute*** schlechter Ruf; ***~ spirit*** böser Geist; **2.** gottlos, boshaft, schlecht: ***~ tongue*** Lästerzunge *f*; **3.** unglücklich: ***~ day*** Unglückstag *m*; ***fall on ~ days*** ins Unglück geraten; **II** *s.* **4.** Übel *n*, Unglück *n*: ***the lesser of two ~s, the lesser ~*** das geringere Übel; **5.** *das* Böse, Sünde *f*, Verderbtheit *f*: ***do ~*** Böses tun; ***the powers of ~*** die Mächte der Finsternis; ***the social ~*** die Prostitution; **ˌ~-dis'posed** → ***evil-minded***; **ˌ~-'do·er** *s.* Übeltäter(in); **ˌ~-'mind·ed** *adj.* übel gesinnt, bösartig; **ˌ~-'speak·ing** *adj.* verleumderisch.

e·vince [ɪ'vɪns] *v/t.* dartun, be-, erweisen, bekunden, zeigen.

e·vis·cer·ate [ɪ'vɪsəreɪt] *v/t.* **1.** *Tier* ausnehmen, *hunt. a.* ausweiden; **2.** *fig. et.* inhalts- *od.* bedeutungslos machen; **e·vis·cer·a·tion** [ɪˌvɪsə'reɪʃn] *s.* Ausweidung *f*.

ev·o·ca·tion [ˌevəʊ'keɪʃn] *s.* **1.** (Geister)Beschwörung *f*; **2.** *fig.* (**of**) a) Wachrufen *n* (*gen.*), b) Erinnerung *f* (an *acc.*); **3.** plastische Schilderung; **e·voc·a·tive** [ɪ'vɒkətɪv] *adj.* **1.** ***be ~ of*** erinnern an (*acc.*); **2.** sinnträchtig, beziehungsreich.

e·voke [ɪ'vəʊk] *v/t.* **1.** *Geister* her'beirufen, beschwören; **2.** *fig.* her'vor-, wachrufen, wecken.

ev·o·lu·tion [ˌiːvə'luːʃn] *s.* **1.** Entwicklung *f*, Entfaltung *f*, (Her'aus)Bildung *f*; **2.** *biol.* Evoluti'on *f*: ***theory of ~*** Evolutionstheorie *f*; **3.** Folge *f*, (Handlungs)Ablauf *m*; **4.** ⚔ Ma'növer *n*, Bewegung *f*; **5.** *phys.* (*Gas- etc.*) Entwicklung *f*; **6.** A Wurzelziehen *n*; **ˌev·o'lu·tion·ar·y** [-nərɪ] *adj.* Entwicklungs..., *biol.* Evolutions...; **ˌev·o'lu·tion·ist** [-ʃənɪst] **I** *s.* Anhänger(in) der (*biologischen*) Entwicklungslehre; **II** *adj.* die Entwicklungslehre betreffend.

e·volve [ɪ'vɒlv] **I** *v/t.* **1.** entwickeln, entfalten, her'ausarbeiten; **2.** *Gas*, *Wärme* aus-, verströmen; **II** *v/i.* **3.** sich entwickeln *od.* entfalten (**into** zu); **4.** entstehen (**from** aus).

ewe [juː] *s. zo.* Mutterschaf *n*; **~ lamb** *s. zo.* Schaflamm *n*.

ew·er ['juːə] *s.* Wasserkrug *m*.

ex[1] [eks] *prp.* **1.** ✝ a) aus, ab, von: ***~ factory*** ab Fabrik; ***~ works*** ab Werk; → ***ex officio***, b) ohne, exklu'sive: ***~ all*** ausschließlich aller Rechte; ***~ dividend*** ohne Dividende; **2.** → ***ex cathedra*** etc.

ex[2] [eks] *s.* X *n*, x *n* (*Buchstabe*).

ex- [eks] *in Zssgn* Ex..., ehemalig; Alt...

ex·ac·er·bate [ek'sæsəbeɪt] *v/t.* **1.** *j-n* verärgern; **2.** *et.* verschlimmern; **ex·ac·er·ba·tion** [ekˌsæsə'beɪʃn] *s.* **1.** Verärgerung *f*; **2.** Verschlimmerung *f*.

ex·act [ɪg'zækt] **I** *adj.* □ → ***exactly***; **1.** ex'akt, genau, (genau) richtig: ***the ~ time*** die genaue Zeit; ***the ~ sciences*** die exakten Wissenschaften; **2.** streng, genau: ***~ rules***; **3.** me'thodisch, gewissenhaft, sorgfältig (*Person*); **4.** genau, tatsächlich: ***his ~ words***; **II** *v/t.* **5.** *Gehorsam*, *Geld etc.* fordern, verlangen; **6.** *Zahlung* eintreiben, einfordern; **7.** *Geschick etc.* erfordern; **ex'act·ing** [-tɪŋ] *adj.* **1.** streng, genau; **2.** anspruchsvoll: ***an ~ customer***; ***be ~*** hohe Anforderungen stellen; **3.** hart, aufreibend (*Aufgabe etc.*); **ex'ac·tion** [-kʃn] *s.* **1.** Fordern *n*; **2.** Eintreiben *n*; **3.** (unmäßige) Forderung; **ex'act·i·tude** [-tɪtjuːd] → ***exactness***; **ex'act·ly** [-lɪ] *adv.* **1.** genau, ex'akt; **2.** sorgfältig; **3.** *als Antwort*: genau, ganz recht, du sagst (Sie sagen) es: ***not ~*** a) nicht ganz, b) *iro.* nicht gerade *od.* eben *schön etc.*; **4.** *wo*, *wann etc.* eigentlich; **ex'act·ness** [-nɪs] *s.* **1.** Ex'aktheit *f*, Genauigkeit *f*, Richtigkeit *f*; **2.** Sorgfalt *f*.

ex·ag·ger·ate [ɪg'zædʒəreɪt] **I** *v/t.* **1.** über'treiben; über'trieben darstellen; aufbauschen; **2.** 'überbewerten; **3.** 'überbetonen; **II** *v/i.* **4.** übertreiben; **ex'ag·ger·at·ed** [-tɪd] *adj.* □ über'trieben, -'zogen; **ex·ag·ger·a·tion** [ɪgˌzædʒə'reɪʃn] *s.* Über'treibung *f*.

ex·alt [ɪg'zɔːlt] *v/t.* **1.** *im Rang* erheben, erhöhen (**to** zu); **2.** (lob)preisen, verherrlichen: ***~ to the skies*** in den Himmel heben; **3.** verstärken (*a. fig.*); **ex·al·ta·tion** [ˌegzɔːl'teɪʃn] *s.* **1.** Erhebung *f*: ***♀ of the Cross*** *eccl.* Kreuzeserhöhung *f*; **2.** Begeisterung *f*, Ek'stase *f*, Erregung *f*; **ex'alt·ed** [-tɪd] *adj.* **1.** gehoben: *~ **style***; **2.** hoch: *~ **rank***; *~ **ideal***; **3.** begeistert; **4.** über'trieben hoch: ***have an ~ opinion of o.s.***

ex·am [ɪg'zæm] F *für* ***examination*** 2.

ex·am·i·na·tion [ɪgˌzæmɪ'neɪʃn] *s.* **1.** Unter'suchung *f* (*a.* ⚕), Prüfung *f* (***of, into*** *gen.*); Besichtigung *f*, 'Durchsicht *f*: (***up***)***on ~*** bei näherer Prüfung; ***be under ~*** geprüft *od.* erwogen werden (→ *a.* 3); **2.** *ped.* Prüfung *f*, Ex'amen *n*: ***~ paper*** Prüfungsarbeit *f*, -aufgabe(n *pl.*) *f*; ***take*** (*od.* ***go in for***) ***an ~*** sich e-r Prüfung unterziehen; **3.** ⚖ a) *Zivilprozess*: Vernehmung *f*, b) *Strafprozess*: Verhör *n*: ***be under ~*** vernommen werden (→ *a.* 1).

ex·am·ine [ɪg'zæmɪn] **I** *v/t.* **1.** unter'suchen (*a.* ⚕), prüfen (*a. ped.*), examinieren, besichtigen, 'durchsehen, revidieren: ***~ one's conscience*** sein Gewissen prüfen; **2.** ⚖ vernehmen, *Straftäter* verhören; **II** *v/i.* **3.** ***~ into s.th.*** *et.* untersuchen; **ex·am·i·nee** [ɪgˌzæmɪ'niː] *s.* Prüfling *m*, ('Prüfungs)Kandiˌdat(in); **ex'am·in·er** [-nə] *s.* **1.** *allg.* Prüfer(in); **2.** ⚖ beauftragter Richter; **ex'am·in·ing bod·y** [-nɪŋ] *s.* Prüfungsausschuss *m*.

ex·am·ple [ɪg'zɑːmpl] *s.* **1.** Beispiel *n* (***of*** für): ***for ~*** zum Beispiel; ***without ~*** beispiellos, ohnegleichen; **2.** Vorbild *n*, Beispiel *n*: ***hold up as an ~*** als Beispiel hinstellen; ***set a good ~*** ein gutes Beispiel geben; ***take an ~ by*** sich ein Beispiel nehmen an (*dat.*); **3.** warnendes Beispiel: ***let this be an ~ to you*** lass dir das e-e Warnung sein; ***make an ~ of s.o.*** an j-m ein Exempel statuieren.

ex·as·per·ate [ɪg'zæspəreɪt] *v/t.* ärgern, wütend machen, aufbringen; **ex'as·per·at·ed** [-tɪd] *adj.* aufgebracht, erbost; **ex'as·per·at·ing** [-tɪŋ] *adj.* □ ärgerlich, zum Verzweifeln; **ex·as·per·a·tion** [ɪgˌzæspə'reɪʃn] *s.* Wut *f*: ***in ~*** wütend.

ex ca·the·dra [ˌekskə'θiːdrə] **I** *adj.* maßgeblich, autorita'tiv; **II** *adv.* ex 'cathedra; maßgeblich.

ex·ca·vate ['ekskəveɪt] *v/t.* **1.** ausgraben (*a. fig.*), ausschachten, -höhlen; **2.** *Zahnmedizin*: exkavieren; **ex·ca·va·tion** [ˌekskə'veɪʃn] *s.* **1.** Ausgrabung *f*; **2.** Ausschachtung *f*, Aushöhlung *f*; Aushub *m*; **3.** *geol.* Auskolkung *f*; **4.** *Zahnmedizin*: Exkavati'on *f*; **'ex·ca·va·tor** [-tə] *s.* **1.** Ausgräber *m*; **2.** Erdarbeiter *m*; **3.** ⚙ (Trocken)Bagger *m*.

ex·ceed [ɪk'siːd] **I** *v/t.* **1.** über'schreiten, -'steigen (*a. fig.*); **2.** *fig.* a) hin'ausgehen über (*acc.*), b) *j-n*, *et.* über'treffen; **II** *v/i.* **3.** zu weit gehen, das Maß über'schreiten; **4.** her'ausragen; **ex'ceed·ing** [-dɪŋ] *adj.* □ → ***exceedingly***; **1.** außer'ordentlich, äußerst; **2.** mehr als, über: ***not ~*** (von) höchstens; **ex'ceed·ing·ly** [-dɪŋlɪ] *adv.* 'überaus, äußerst, aufs Äußerste.

ex·cel [ɪk'sel] **I** *v/t.* über'treffen (***o.s.*** sich selbst); **II** *v/i.* sich auszeichnen, her'vorragen (***in*** *od.* ***at*** in *dat.*).

ex·cel·lence ['eksələns] *s.* **1.** Vor'trefflichkeit *f*; **2.** vor'zügliche Leistung; **'Ex·cel·len·cy** [-sɪ] *s.* Exzel'lenz *f* (*Titel*): ***Your ~*** Eure Exzellenz; **'ex·cel·lent** [-nt] *adj.* □ vor'züglich, ausgezeichnet, her'vorragend.

ex·cel·si·or [ek'selsɪɔː] *s.* **1.** *Am.* Holzwolle *f*; **2.** *typ.* Bril'lant *f* (*Schriftgrad*).

ex·cept [ɪk'sept] **I** *v/t.* **1.** ausnehmen, -schließen (***from*** von, aus); **2.** sich *et.* vorbehalten; → ***error*** 1; **II** *v/i.* **3.** Einwendungen machen, Einspruch erheben (***against*** gegen); **III** *prp.* **4.** ausgenommen, außer, mit Ausnahme von (*od. gen.*): ***~ for*** abgesehen von, bis auf (*acc.*); **IV** *cj.* **5.** es sei denn, dass; außer, wenn: ***~ that*** außer, dass; **ex'cept·ing** [-tɪŋ] *prp.* (*nach* ***always*** *od. neg.*) ausgenommen, außer; **ex'cep·tion** [-pʃn] *s.* **1.** Ausnahme *f*: ***by way of ~*** ausnahmsweise; ***with the ~ of*** mit Ausnahme von (*od. gen.*), außer, bis auf (*acc.*); ***without ~*** ohne Ausnahme, ausnahmslos; ***make no ~(s)*** keine Ausnahme machen; ***an ~ to the rule*** e-e Ausnahme von der Regel; **2.** Einwendung *f*, Einwand *m*, Einspruch *m* (*a.* ⚖ *Rechtsmittelvorbehalt*): ***take ~ to*** a) Einwendungen machen *od.* protestieren gegen, b) Anstoß nehmen an (*dat.*); **ex'cep·tion·a·ble** [-pʃnəbl] *adj.* □ **1.** anfechtbar; **2.** anstößig; **ex'cep·tion·al** [-pʃənl] *adj.* □ → ***exceptionally***; **1.** außergewöhnlich, Ausnahme..., Sonder...: ***~ case*** Ausnahmefall *m*; **2.** ungewöhnlich (gut); **ex'cep·tion·al·ly** [-pʃnəlɪ] *adv.* **1.** ausnahmsweise; **2.** außergewöhnlich.

ex·cerpt **I** *v/t.* [ek'sɜːpt] **1.** *Textstelle* exzerpieren, ausziehen; **II** *s.* ['eksɜːpt] **2.** Ex'zerpt *n*, Auszug *m*; **3.** Sonder(ab)druck *m*.

ex·cess [ɪk'ses] *s.* **1.** 'Übermaß *n*, -fluss *m* (***of*** an *dat.*): ***~ of ...*** zu viel ...; ***carry to ~*** übertreiben, *et.* zu weit treiben; **2.** Ex'zess *m*, Unmäßigkeit *f*, Ausschweifung *f*, *mst pl.* Ausschreitungen *pl.*: ***drink to ~*** übermäßig trinken; **3.** 'Überschuss *m* (*a.* ⚖, ✝), Mehrsumme *f*: ***in ~ of*** mehr als, über ...; ***be in ~ of*** überschreiten, -steigen; ***~ of exports*** Ausfuhrüberschuss *m*; ***~ bag·gage*** *s.* ✈ *Am.* 'Übergepäck *n*; ***~ ca·pac·i·ty*** *s.* Überkapazität *f*; ***~ cost*** *s.* Mehrkosten *pl.*; ***~ cur·rent*** *s.* ⚡ 'Überstrom *m*; ***~ fare*** *s.* (Fahrpreis)Zuschlag *m*; ***~ freight*** *s.* 'Überfracht *f*.

ex·ces·sive [ɪk'sesɪv] *adj.* □ 'übermäßig, über'trieben; unangemessen hoch (*Strafe etc.*).

E

ex·cess| lug·gage *s.* ✈ 'Übergepäck *n*; **~ post·age** *s.* Nachporto *n*, -gebühr *f*; **~ prof·its tax** *s. Am.* Mehrgewinnsteuer *f*; **~ volt·age** *s.* ⚡ 'Überspannung *f*; **~ weight** *s.* Mehrgewicht *n*.

ex·change [ɪks'tʃeɪndʒ] **I** *v/t.* **1.** (**for**) aus-, 'umtauschen (gegen), vertauschen (mit); **2.** *Geld* eintauschen, ('um)wechseln (**for** gegen); **3.** (*gegenseitig*) *Blicke, Küsse, Plätze* tauschen; *Grüße, Gedanken, Gefangene etc.* austauschen; *Worte, Schüsse etc.* wechseln: **~ *blows*** sich prügeln; **4.** ersetzen (**for** durch); **5.** ⚙ auswechseln; **II** *v/i.* **6. ~ *for*** wert sein: ***one Euro ~s for one dollar***; **III** *s.* **7.** Tausch *m* (*a. Schach*), Aus-, 'Umtausch *m*, Auswechselung *f*, Tauschhandel *m*: ***in ~*** als Ersatz, dafür; ***in ~ for*** gegen, als Entgelt für; **~ *of letters*** Schriftwechsel *m*; **~ *of blows*** Schlagwechsel *m*, *Boxen*: *a.* Schlagabtausch *m*; **~ *of shots*** Schusswechsel *m*; **~ *of views*** Meinungsaustausch; **8.** ☤ a) ('Um)Wechseln *n*, Wechselverkehr *m*: ***money ~*** Geldwechsel *m*, b) → ***bill***[2] 3, c) → ***rate***[1] 2, d) ***foreign ~*** Devisen *pl.*, Valuta *f*, e) Wechselstube *f*; **9.** ☤ Börse *f*; **10.** (Fernsprech)Amt *n*, Vermittlung *f*; **ex'change·a·ble** [-dʒəbl] *adj.* **1.** (aus)tausch-, auswechselbar (**for** gegen); **2.** Tausch...

ex·change| bro·ker *s.* **1.** Wechselmakler *m*; **2.** De'visenmakler *m*; **~ con·trol** *s.* De'visenbewirtschaftung *f*, -kon,trolle *f*; **~ list** *s.* ☤ Kurszettel *m*; **~ of·fice** *s.* Wechselstube *f*; **~ rate** *s.* ☤ 'Umrechnungs-, Wechselkurs *m*: **~ *adjustment*** Wechselkursberichtigung *f*; **~ *fluctuation band*** Bandbreite der Wechselkurse; **~ *parity*** Wechselkursparität *f*; **~ reg·u·la·tions** *s. pl.* ☤ De'visenbestimmungen *pl.*; **~ re·stric·tions** *s. pl.* ☤ De'visenbeschränkungen *pl.*; **~ stu·dent** *s.* 'Austauschstu,dent(in).

ex·cheq·uer [ɪks'tʃekə] *s.* **1.** *Brit.* Schatzamt *n*, Staatskasse *f*, Fiskus *m*: ***the* ℰ** das Finanzministerium; **~ *bill obs.*** Schatzwechsel *m*; **~ *bond*** Schatzanweisung *f*; **2.** ☤ (Geschäfts)Kasse *f*.

ex·cis·a·ble [ek'saɪzəbl] *adj.* (verbrauchs)steuerpflichtig.

ex·cise[1] **I** *v/t.* [ek'saɪz] besteuern; **II** *s.* ['eksaɪz] *a.* **~ *duty*** Verbrauchssteuer *f*: **~*man*** Steuereinnehmer *m*.

ex·cise[2] [ek'saɪz] *v/t.* ⚕ her'ausschneiden, entfernen; **ex·ci·sion** [ek'sɪʒn] *s.* **1.** ⚕ Exzisi'on *f*, Ausschneidung *f*; **2.** Ausmerzung *f*.

ex·cit·a·bil·i·ty [ɪk,saɪtə'bɪlətɪ] *s.* Reizbar-, Erregbarkeit *f*, Nervosi'tät *f*; **ex·cit·a·ble** [ɪk'saɪtəbl] *adj.* reiz-, erregbar, ner'vös; **ex·cit·ant** ['eksɪtənt] *s.* ⚕ Reizmittel *n*, 'Stimulans *n*; **ex·ci·ta·tion** [,eksɪ'teɪʃn] *s.* **1.** *a.* ⚡, ⚗ Erregung *f*; **2.** ⚕ Reiz *m*, 'Stimulus *m*.

ex·cite [ɪk'saɪt] *v/t.* **1.** *j-n* er-, aufregen: ***get ~d*** (***over***) sich aufregen (über *acc.*); **2.** *j-n* an-, aufreizen, aufstacheln; **3.** *j-n* (*sexuell*) erregen; **4.** *Interesse etc.* erregen, erwecken, her'vorrufen; **5.** ⚕ *Nerv* reizen; **6.** ⚡ erregen; **7.** *phot.* lichtempfindlich machen; **ex'cit·ed** [-tɪd] *adj.* □ erregt; aufgeregt; **ex'cite·ment** [-mənt] *s.* **1.** Er-, Aufregung *f*; **2.** Reizung *f*; **ex'cit·er** [-tə] *s.* ⚡ Erreger *m*; **ex'cit·ing** [-tɪŋ] *adj.* **1.** erregend; aufregend; spannend, anregend, toll; **2.** ⚡ Erreger...

ex·claim [ɪk'skleɪm] **I** *v/i.* **1.** ausrufen, (auf)schreien; **2.** eifern, wettern (***against*** gegen); **II** *v/t.* **3.** ausrufen.

ex·cla·ma·tion [,eksklə'meɪʃn] *s.* **1.** Ausruf *m*, (Auf)Schrei *m*; **2.** *a.* **~ *mark***, ***note of ~***, *Am.* ***point of ~*** Ausrufe-, Ausrufungszeichen *n*; **3.** heftiger Pro'test; **4.** *ling.* a) Ausrufesatz *m*, b) Interjekti'on *f*; **ex·clam·a·to·ry** [ek'sklæmətərɪ] *adj.* **1.** exklama'torisch: **~ *style***; **2.** Ausrufe...: **~ *sentence***.

ex·clave ['ekskleɪv] *s.* Ex'klave *f*.

ex·clude [ɪk'skluːd] *v/t.* ausschließen (***from*** von): ***not excluding myself*** mich selbst nicht ausgenommen; **ex'clu·sion** [-uːʒən] *s.* **1.** Ausschließung *f*, Ausschluss *m* (***from*** von): ***to the ~ of*** unter Ausschluss von; **2.** ⚙ Absperrung *f*; **~ *zone*** *s. pol.* Schutzzone *f*.

ex·clu·sive [ɪk'skluːsɪv] **I** *adj.* □ → ***exclusively***; **1.** ausschließend: **~ *of*** ausschließlich (*gen.*), abgesehen von, ohne; ***be ~ of*** *et.* ausschließen; **2.** a) ausschließlich, al'leinig, Allein..., Sonder...: **~ *agent*** Alleinvertreter *m*; **~ *rights*** ausschließliche Rechte; ***be ~ to*** beschränkt sein auf (*acc.*), b) Exklusiv...: **~ *contract*** (***report*** *etc.*); **3.** exklu'siv: a) vornehm, b) anspruchsvoll; **4.** unnahbar; **II** *s.* **5.** Exklu'sivbericht *m*; **ex'clu·sive·ly** [-lɪ] *adv.* ausschließlich, nur; **ex'clu·sive·ness** [-nɪs] *s.* Exklusivi'tät *f*.

ex·cog·i·tate [eks'kɒdʒɪteɪt] *v/t.* (sich) *et.* ausdenken, ersinnen.

ex·com·mu·ni·cate [,ekskə'mjuːnɪkeɪt] *v/t. R.C.* exkommunizieren; **ex·com·mu·ni·ca·tion** ['ekskə,mjuːnɪ'keɪʃn] *s.* Exkommunikati'on *f*.

ex·co·ri·ate [eks'kɔːrɪeɪt] *v/t.* **1.** die Haut abziehen von; *Baum* abrinden; **2.** *Haut* wund reiben, abschürfen; **3.** heftig angreifen, vernichtend kritisieren; **ex·co·ri·a·tion** [eks,kɔːrɪ'eɪʃn] *s.* **1.** (Haut)Abschürfung *f*; **2.** Wundreiben *n*.

ex·cre·ment ['ekskrɪmənt] *s. oft pl.* Kot *m*, Exkre'mente *pl.*

ex·cres·cence [ɪk'skresns] *s.* **1.** Auswuchs *m* (*a. fig.*); **2.** ⚕ Wucherung *f*; **ex'cres·cent** [-nt] *adj.* **1.** auswachsend; wuchernd; **2.** *fig.* 'überflüssig; **3.** *ling.* eingeschoben.

ex·cre·ta [ek'skri:tə] *s. pl.* Ex'krete *pl.*; **ex·crete** [ek'skri:t] *v/t.* absondern, ausscheiden; **ex'cre·tion** [-i:ʃn] *s.* **1.** Ausscheidung *f*; **2.** Ex'kret *n.*

ex·cru·ci·ate [ɪk'skru:ʃɪeɪt] *v/t. fig.* quälen; **ex'cru·ci·at·ing** [-tɪŋ] *adj.* □ **1.** qualvoll, heftig; **2.** F schauderhaft, unerträglich.

ex·cul·pate ['ekskʌlpeɪt] *v/t.* rein waschen, rechtfertigen, freisprechen (***from*** von); **ex·cul·pa·tion** [ˌekskʌl'peɪʃn] *s.* Entschuldigung *f*, Rechtfertigung *f*, Entlastung *f*.

ex·cur·sion [ɪk'skɜ:ʃn] *s.* **1.** (*a.* wissenschaftliche) Exkursi'on, Ausflug *m*, Abstecher *m*, Streifzug *m* (*alle a. fig.*): **~ *train*** Sonder-, Ausflugszug *m*; **2.** Abschweifung *f*; **3.** Abweichung *f* (*a. ast.*); **ex'cur·sion·ist** [-ʃnɪst] *s.* Ausflügler (-in); **ex'cur·sive** [-ɜ:sɪv] *adj.* □ **1.** abschweifend; **2.** weitschweifig; **3.** sprunghaft; **ex'cur·sus** [-ɜ:səs] *pl.* **-sus·es** *s.* Ex'kurs *m* (*Erörterung od. Abschweifung*).

ex·cus·a·ble [ɪk'skju:zəbl] *adj.* □ entschuldbar, verzeihlich.

ex·cuse **I** *v/t.* [ɪk'skju:z] **1.** *j-n od. et.* entschuldigen, *j-m et.* verzeihen: **~ *me*** a) entschuldigen Sie!, b) aber erlauben Sie mal!; **~ *me for being late***, **~ *my being late*** verzeih, dass ich zu spät komme; ***please ~ my mistake*** bitte entschuldige m-n Irrtum; **2.** Nachsicht mit *j-m* haben; **3.** *et.* entschuldigen, über'sehen; **4.** *et.* entschuldigen, e-e Entschuldigung für *et.* sein, rechtfertigen: ***that does not ~ your conduct***; **5.** (***from***) *j-n* befreien (von), *j-m et.* erlassen: **~ *s.o. from attendance***; **~*d from duty*** vom Dienst befreit; ***he begs to be ~d*** er lässt sich entschuldigen; ***I must be ~d from doing this*** ich muss es leider ablehnen, dies zu tun; **6.** *j-m et.* erlassen; **II** *s.* [-kju:s] **7.** Entschuldigung *f*: ***offer*** (*od.* ***make***) ***an ~*** sich entschuldigen; ***please make my ~s to her*** bitte entschuldige mich bei ihr; **8.** Rechtfertigung *f*: ***there is no ~ for his conduct*** sein Benehmen ist nicht zu entschuldigen; **9.** Vorwand *m*, Ausrede *f*, Ausflucht *f*; **10.** dürftiger Ersatz: ***a poor ~ for a car*** e-e armselige ‚Kutsche'; **ex'cuse-me** *s.* Tanz *m* mit Abklatschen.

ˌex-di'rec·to·ry *adj.*: **~ *number*** *teleph.* Geheimnummer *f*.

ex·e·at ['eksɪæt] (*Lat.*) *s. Brit.* (kurzer) Urlaub (*für Studenten*).

ex·e·cra·ble ['eksɪkrəbl] *adj.* □ ab'scheulich, scheußlich; **ex·e·crate** ['eksɪkreɪt] **I** *v/t.* **1.** verfluchen, verwünschen; **2.** verabscheuen; **II** *v/i.* **3.** fluchen; **ex·e·cra·tion** [ˌeksɪ'kreɪʃn] *s.* **1.** Verwünschung *f*, Fluch *m*; **2.** Abscheu *m*: ***hold in ~*** verabscheuen.

ex·ec·u·tant [ɪg'zekjʊtənt] *s.* Ausführende(r *m*) *f*, *bsd.* ♪ Vortragende(r *m*) *f*; **ex·e·cute** ['eksɪkju:t] *v/t.* **1.** aus-, 'durchführen, verrichten, tätigen; **2.** *Amt* ausüben; **3.** ♪, *thea.* vortragen, spielen; **4.** ⚖ a) *Urkunde* (rechtsgültig) ausfertigen, durch 'Unterschrift, Siegel *etc.* voll'ziehen, b) *Urteil* voll'strecken, *bsd. j-n* hinrichten, c) *j-n* pfänden; **ex·e·cu·tion** [ˌeksɪ'kju:ʃn] *s.* **1.** Aus-, 'Durchführung *f*, Verrichtung *f*: ***carry into ~*** ausführen; **2.** (*Art u. Weise der*) Ausführung: a) ♪ Vortrag *m*, Spiel *n*, Technik *f*, b) *Kunst*, *Literatur*: Darstellung *f*, Stil *m*; **3.** ⚖ a) Ausfertigung *f*, b) Errichtung *f* (*e-s Testaments*), c) Voll'ziehung *f*, ('Urteils-, *a.* 'Zwangs-) Vollˌstreckung *f*, Pfändung *f*, d) Hinrichtung *f*: ***sale under ~*** Zwangsversteigerung *f*; ***levy ~ against a company*** die Zwangsvollstreckung in das Vermögen e-r Gesellschaft betreiben; **ex·e·cu·tion·er** [ˌeksɪ'kju:ʃnə] *s.* **1.** Henker *m*, Scharfrichter *m*; **2.** *sport* Voll'strecker *m*; **ex'ec·u·tive** [-tɪv] **I** *adj.* □ **1.** ausübend, voll'ziehend, *pol.* Exekutiv...: **~ *officer*** Verwaltungsbeamte(r) *m*; **~ *power*** → 3; **2.** ✝ geschäftsführend, leitend: **~ *board*** Vorstand *m*; **~ *committee*** Exekutivausschuss *m*; **~ *floor*** Chefetage *f*; **~ *functions*** Führungsaufgaben; **~ *post*** leitende Stellung; **~ *staff*** leitende Angestellte *pl.*; **II** *s.* **3.** Exeku'tive *f*, voll'ziehende Gewalt (*im Staat*); **4.** *a.* ***senior ~*** ✝ leitender Angestellter; **5.** ⚔ *Am.* stellvertretender Komman'deur; **ex'ec·u·tor** [-tə] *s.* ⚖ Testa'mentsvollˌstrecker *m*, Erbschaftsverwalter *m*: ***literary ~*** Nachlassverwalter e-s Autors; **ex'ec·u·to·ry** [-tərɪ] *adj.* **1.** ⚖ bedingt, erfüllungsbedürftig: **~ *contract***; **2.** Ausführungs...; **ex'ec·u·trix** [-trɪks] *s.* ⚖ Testa'mentsvollˌstreckerin *f*.

ex·e·ge·sis [ˌeksɪ'dʒi:sɪs] *s.* Exe'gese *f*, (Bibel)Auslegung *f*; **ex·e·gete** ['eksɪdʒi:t] *s.* Exe'get *m*; **ˌex·e'get·ic** [-'dʒetɪk] **I** *adj.* □ exe'getisch, auslegend; **II** *s. pl. sg. konstr.* Exe'getik *f*.

ex·em·plar [ɪg'zemplə] *s.* **1.** Muster(beispiel) *n*, Vorbild *n*; **2.** typisches Beispiel; **3.** *typ.* (Druck)Vorlage *f*; **ex'em·pla·ry** [-ərɪ] *adj.* □ **1.** exem'plarisch: a) beispiel-, musterhaft, b) warnend, abschreckend, dra'konisch (*Strafe etc.*); **2.** typisch, Muster...

ex·em·pli·fi·ca·tion [ɪgˌzemplɪfɪ'keɪʃn] *s.* **1.** Erläuterung *f* durch Beispiele; Veranschaulichung *f*; **2.** Beleg *m*, Beispiel *n*, Muster *n*; **3.** ⚖ beglaubigte Abschrift, Ausfertigung *f*; **ex·em·pli·fy** [ɪg'zemplɪfaɪ] *v/t.* **1.** veranschaulichen: a) durch Beispiele erläutern, b) als Beispiel dienen für; **2.** ⚖ e-e beglaubigte Abschrift machen von.

E

ex·empt [ɪɡ'zempt] **I** *v/t.* **1.** *j-n* befreien, ausnehmen (***from*** von *Steuern*, *Verpflichtungen etc.*): ***~ed amount*** ✝ (Steuer)Freibetrag *m*; **2.** ⚔ (*vom Wehrdienst*) freistellen; **II** *adj.* befreit, ausgenommen, frei (***from*** von): ***~ from taxes*** steuerfrei; **ex'emp·tion** [-pʃn] *s.* **1.** Befreiung *f*, Freisein *n* (***from*** von): ***~ from taxes*** Steuerfreiheit *f*; ***~ from liability*** ⚖ Haftungsausschluss *m*; **2.** ⚔ Freistellung *f* (*vom Wehrdienst*); **3.** *pl.* ⚖ unpfändbare Gegenstände *pl. od.* Beträge *pl.*; **4.** Sonderstellung *f*, Vorrechte *pl.*

ex·er·cise ['eksəsaɪz] **I** *s.* **1.** Ausübung *f* (*e-s Amtes, der Pflicht, e-r Kunst, e-s Rechts, der Macht etc.*), Gebrauch *m*, Anwendung *f*; **2.** *oft pl.* (*körperliche od. geistige*) Übung, (*körperliche*) Bewegung, *sport* (Turn)Übung *f*: ***do one's ~s*** Gymnastik machen; ***take ~*** sich Bewegung machen; ***~ therapy*** Bewegungstherapie *f*; ***physical ~*** Leibesübungen *pl.*; (***military***) ***~*** a) Exerzieren *n*, b) Manöver *n*; (***religious***) ***~*** Gottesdienst *m*, Andacht *f*; **3.** Übungsarbeit *f*, Schulaufgabe *f*: ***~ book*** Schul-, Schreibheft *n*; **4.** ♪ Übung(sstück *n*) *f*; **5.** *pl. Am.* Feier(lichkeiten *pl.*) *f*; **II** *v/t.* **6.** *ein Amt, ein Recht, Macht, Einfluss* ausüben, *Einfluss, Recht, Macht* geltend machen, *et.* anwenden; *Geduld* üben; **7.** *Körper, Geist* üben, trainieren; **8.** *j-n* üben, ausbilden; **9.** *s-e Glieder, Tiere* bewegen; **10.** *j-n, j-s Geist* stark beschäftigen, plagen, beunruhigen: ***be ~d*** beunruhigt sein (***about*** über *acc.*); **III** *v/i.* **11.** sich Bewegung machen; **12.** *sport* trainieren; **13.** ⚔ exerzieren.

ex·ert [ɪɡ'zɜːt] *v/t.* gebrauchen, anwenden; *Druck, Einfluss etc.* ausüben (***on*** auf *acc.*); *Autorität* geltend machen: ***~ o.s.*** sich anstrengen; **ex'er·tion** [-ɜːʃn] *s.* **1.** Anwendung *f*, Ausübung *f*; **2.** Anstrengung *f*: a) Stra'paze *f*, b) Bemühung *f*.

ex·e·unt ['eksɪʌnt] (*Lat.*) *thea.* (sie gehen) ab: ***~ omnes*** alle ab.

ex·fo·li·ate [eks'fəʊlɪeɪt] *v/i. mst* ✱ abblättern, sich abschälen; **ex·fo·li·a·tion** [eksˌfəʊlɪ'eɪʃn] *s.* Abblätterung *f*.

ex·gra·ti·a [eks'ɡreɪʃə] *adj.* freiwillig; ✝ ***~ payment*** Kulanzzahlung *f*.

ex·ha·la·tion [ˌeks*h*ə'leɪʃn] *s.* **1.** Ausatmen *n*; **2.** Verströmen *n*; **3.** a) Gas *n*, b) Rauch *m*, c) Geruch *m*, Ausdünstung *f*; **ex·hale** [eks'heɪl] **I** *v/t.* **1.** ausatmen; **2.** *Gas, Geruch etc.* verströmen, *Rauch* ausstoßen; **II** *v/i.* **3.** ausströmen; **4.** ausatmen.

ex·haust [ɪɡ'zɔːst] **I** *v/t.* **1.** *mst* ⚙ a) (ent)leeren, b) luftleer pumpen, c) *Luft, Wasser etc.* her'auspumpen, *Gas* auspuffen, d) absaugen; **2.** *allg.* erschöpfen: a) *Boden* ausmergeln, b) *Bergwerk etc.* völlig abbauen, c) *Vorräte* ver-, aufbrauchen, d) *j-n* ermüden, entkräften, e) *j-s Kräfte* strapazieren; **3.** *Thema* erschöpfend behandeln; *alle Möglichkeiten* ausschöpfen; **II** *v/i.* **4.** ausströmen; **5.** sich entleeren; **III** *s.* **6.** ⚙ a) Dampfaustritt *m*, b) *a.* ***~ gas*** Abgas *n*, c) Auspuffgase *pl.*; **7.** *mot.* Auspuff *m*: ***~ box*** Auspufftopf *m*; ***~ brake*** Motorbremse *f*; ***~ emission test*** Abgastest *m*; ***~ fumes*** Abgase; **8.** → ***exhauster***; **ex'haust·ed** [-tɪd] *adj.* **1.** aufgebraucht, zu Ende, erschöpft (*Vorräte*), vergriffen (*Auflage*), abgelaufen (*Frist, Versicherung*); **2.** *fig.* erschöpft, ermattet; **ex'haust·er** [-tə] *s.* ⚙ (Ent-) Lüfter *m*, Absaugevorrichtung *f*, Ex'haustor *m*; **ex'haust·ing** [-tɪŋ] *adj.* ermüdend, anstrengend, strapazi'ös; **ex'haus·tion** [-tʃn] *s.* **1.** ⚙ a) (Ent)Leerung *f*, b) Her'auspumpen *n*, c) Absaugung *f*; **2.** Ausströmen *n* (*von Dampf etc.*); **3.** Erschöpfung *f*, (völliger) Verbrauch; **4.** *fig.* Erschöpfung *f*, Ermüdung *f*, Entkräftung *f*; **5.** ⩓ Approximati'on *f*; **ex'haus·tive** [-tɪv] *adj.* □ **1.** *fig.* erschöpfend; **2.** → ***exhausting***.

ex·haust pipe *s.* ⚙ Auspuffrohr *n*; **~ pol·lu·tion** *s.* Luftverschmutzung *f* durch Abgase; **~ pol·lu·tion stand·ards** *s. pl.* Abgaswerte *pl.*; **~ steam** *s.* ⚙ Abdampf *m*; **~ stroke** *s.* ⚙ Auspuffhub *m*; **~ valve** *s.* ⚙ 'Auslassvenˌtil *n*.

ex·hib·it [ɪɡ'zɪbɪt] **I** *v/t.* **1.** ausstellen, zur Schau stellen: ***~ goods***; **2.** *fig.* zeigen, an den Tag legen, entfalten; **3.** ⚖ vorlegen; **II** *v/i.* **4.** ausstellen; **III** *s.* **5.** Ausstellungsstück *n*, Expo'nat *n*; **6.** ⚖ a) Eingabe *f*, b) Beweisstück *n*, Beleg *m*, c) Anlage *f zu e-m Schriftsatz*.

ex·hi·bi·tion [ˌeksɪ'bɪʃn] *s.* **1.** a) Ausstellung *f*, Schau *f*: ***be on ~*** ausgestellt sein, zu sehen sein, b) Vorführung *f*: ***~ contest*** *sport* Schaukampf *m*; ***make an ~ of o.s.*** sich lächerlich *od.* zum Gespött machen, ‚auffallen'; **2.** *fig.* Zur'schaustellung *f*, Bekundung *f*; **3.** ⚖ Vorlage *f*, Beibringung *f* (*von Beweisen etc.*); **4.** *Brit. univ.* Sti'pendium *n*; **ˌex·hi'bi·tion·er** [-ʃnə] *s. Brit. univ.* Stipendi'at *m*; **ˌex·hi'bi·tion·ism** [-ʃnɪzəm] *s. psych. u. fig.* Exhibitio'nismus *m*; **ˌex·hi'bi·tion·ist** [-ʃnɪst] *psych. u. fig.* **I** *s.* Exhibitio'nist *m*; **II** *adj.* exhibitio'nistisch; **ex·hib·i·tor** [ɪɡ'zɪbɪtə] *s.* **1.** Aussteller *m*; **2.** Kinobesitzer *m*.

ex·hil·a·rant [ɪɡ'zɪlərənt] → ***exhilarating***; **ex·hil·a·rate** [ɪɡ'zɪləreɪt] *v/t.* **1.** erheitern; **2.** beleben, erfrischen; **ex'hil·a·rat·ed** [-tɪd] *adj.* erheitert, heiter, amüsiert; **ex'hil·a·rat·ing** [-tɪŋ] *adj.* □ erheiternd, erfrischend, amü'sant; **ex·hil·a·ra·tion** [ɪɡˌzɪlə'reɪʃn] *s.* **1.** Erheiterung *f*; **2.** Heiterkeit *f*.

ex·hort [ɪɡ'zɔːt] *v/t.* ermahnen; **ex·hor·ta·tion** [ˌeɡzɔː'teɪʃn] *s.* Ermahnung *f.*
ex·hu·ma·tion [ˌeksʰjuː'meɪʃn] *s.* Exhumierung *f*; **ex·hume** [eks'hjuːm] *v/t.* **1.** *Leiche* exhumieren; **2.** *fig.* ausgraben.
ex·i·gence ['eksɪdʒəns], **ex·i·gen·cy** [-dʒənsɪ; ɪɡ'zɪ-] *s.* **1.** Dringlichkeit *f*; **2.** Not(lage) *f*; **3.** *mst pl.* (An)Forderung *f*; **'ex·i·gent** [-nt] *adj.* **1.** dringend, kritisch; **2.** anspruchsvoll.
ex·i·gu·i·ty [ˌeksɪ'ɡjuːətɪ] *s.* Dürftigkeit *f*; **ex·ig·u·ous** [eɡ'zɪɡjʊəs] *adj.* dürftig.
ex·ile ['eksaɪl] **I** *s.* **1.** a) Ex'il *n*, b) Verbannung *f*: ***government in ~*** Exilregierung *f*; ***the* ℒ** *bibl.* die Babylonische Gefangenschaft; **2.** a) im Ex'il Lebende(r *m*) *f*, b) Verbannte(r *m*) *f*; **II** *v/t.* **3.** a) exilieren, b) verbannen (***from*** aus), in die Verbannung schicken.
ex·ist [ɪɡ'zɪst] *v/i.* **1.** existieren, vor'handen sein, da sein: ***do such things ~?*** gibt es so etwas?; ***right to ~*** Existenzberechtigung *f*; **2.** sich finden, vorkommen (***in*** in *dat.*); **3.** (***on***) existieren, leben (von); **ex'ist·ence** [-təns] *s.* **1.** Exi'stenz *f*, Vor'handensein *n*, Vorkommen *n*: ***call into ~*** ins Leben rufen; ***be in ~*** bestehen, existieren; ***remain in ~*** weiter bestehen; **2.** Exi'stenz *f*, Leben *n*, Dasein *n*: ***a wretched ~*** ein kümmerliches Dasein; **3.** Exi'stenz *f*, (Fort-)Bestand *m*; **ex'ist·ent** [-tənt] *adj.* **1.** existierend, bestehend, vor'handen, lebend; **2.** gegenwärtig.
ex·is·ten·tial [ˌeɡzɪ'stenʃl] *adj.* **1.** Existenz...; **2.** *phls.* Existenzial...; **ˌex·is'ten·tial·ism** [-ʃəlɪzəm] *s.* Existenzia'lismus *m*, Exi'stenzphilosoˌphie *f*; **ˌex·is'ten·tial·ist** [-ʃəlɪst] *s.* Existenzia'list (-in).
ex·ist·ing [ɪɡ'zɪstɪŋ] → ***existent***.
ex·it ['eksɪt] **I** *s.* **1.** Abgang *m*: a) *thea.* Abtreten *n* (*von der Bühne*), b) *fig.* Tod *m*: ***make one's ~*** → 6a, 7; **2.** (*a.* Not)Ausgang *m*; **3.** ⚙ Abzug *m*, -fluss *m*, Austritt *m*; **4.** Ausreise *f*: ***~ permit*** Ausreisegenehmigung *f*; ***~ visa*** Ausreisevisum *n*; **5.** (Autobahn)Ausfahrt *f*; **II** *v/i.* **6.** *thea.* a) abgehen, abtreten, b) *Bühnenanweisung*: (*er, sie* geht) ab: ℒ ***Romeo***; **7.** *fig.* sterben.
ex li·bris [eks'laɪbrɪs] (*Lat.*) *s.* Ex'libris *n*, Bücherzeichen *n*.
ˌex·o·bi'ol·o·gy [ˌeksəʊ-] *s.* Exo-, Ektobiolo'gie *f*.
ex·o·carp ['eksəʊkɑːp] *s.* ⚘ Exo'karp *n*, äußere Fruchthaut.
ex·o·crine ['eksəʊkraɪn] *physiol.* **I** *adj.* **1.** exo'krin; **II** *s.* **2.** äußere Sekreti'on; **3.** exo'krine Drüse.
ex·o·don·ti·a [ˌeksəʊ'dɒnʃɪə] *s.* **ˌex·o'don·tics** [-ntɪks] *s. pl. sg. konstr.* 'Zahnchirurˌgie *f*.
ex·o·dus ['eksədəs] *s.* **1.** a) *bibl. u. fig.* Auszug *m*, b) ℒ *bibl.* Exodus *m*, Zweites Buch Mose; **2.** *fig.* Ab-, Auswanderung *f*, Massenflucht *f*; Aufbruch *m*: ***~ of capital*** ✝ Kapitalabwanderung; ***rural ~*** Landflucht.
ex of·fi·ci·o [ˌeksə'fɪʃɪəʊ] (*Lat.*) **I** *adv.* von Amts wegen; **II** *adj.* Amts..., amtlich.
ex·on·er·ate [ɪɡ'zɒnəreɪt] *v/t.* **1.** *Angeklagten etc., a. Schuldner* entlasten (***from*** von); **2.** *j-n* befreien, entbinden (***from*** von); **ex·on·er·a·tion** [ɪɡˌzɒnə'reɪʃn] *s.* **1.** Entlastung *f*; **2.** Befreiung *f*.
ex·or·bi·tance [ɪɡ'zɔːbɪtəns] *s.* Maßlosigkeit *f*; **ex'or·bi·tant** [-nt] *adj.* □ maßlos, über'trieben, unverschämt: ***~ price*** Wucherpreis *m*.
ex·or·cism ['eksɔːsɪzəm] *s.* Exor'zismus *m*, Teufelsaustreibung *f*, Geisterbeschwörung *f*; **'ex·or·cist** [-ɪst] *s.* Exor'zist *m*, Teufelsaustreiber *m*, Geisterbeschwörer *m*; **'ex·or·cize** [-saɪz] *v/t.* *Teufel* austreiben, *Geister* beschwören, bannen.
ex·or·di·um [ek'sɔːdjəm] *s.* Einleitung *f*, Anfang *m* (*e-r Rede*).
ex·o·ter·ic [ˌeksəʊ'terɪk] *adj.* (□ ***~ally***) exo'terisch, für Außenstehende bestimmt, gemeinverständlich.
ex·ot·ic [ɪɡ'zɒtɪk] *adj.* (□ ***~ally***) ex'otisch: a) aus-, fremdländisch, b) fremdartig, bi'zarr; **ex'ot·i·ca** [-kə] *s. pl.* E'xotika *pl.* (*fremdländische Kunstwerke*).
ex·pand [ɪk'spænd] **I** *v/t.* **1.** ausbreiten, -spannen, entfalten; **2.** ✝, *phys. u. fig.* ausdehnen, -weiten, erweitern: ***~ed metal*** Streckmetall *n*; ***~ed plastics*** Schaumkunststoffe; ***~ed program(me)*** erweitertes Programm; **3.** *Abkürzung* ausschreiben; **II** *v/i.* **4.** sich ausbreiten *od.* -dehnen; sich erweitern (*a. fig.*): ***his heart ~ed with joy*** sein Herz schwoll vor Freude; **5.** *fig.* sich entwickeln, aufblühen (***into*** zu); größer werden; **6.** *fig.* a) *vor Stolz, Freude etc.* ‚aufblühen', b) aus sich her'ausgehen; **ex'pand·er** [-də] *s. sport* Ex'pander *m*; **ex'pand·ing** [-dɪŋ] *adj.* sich (aus)dehnend, dehnbar; **ex'panse** [-ns] *s.* weiter Raum, weite Fläche, Weite *f*, Ausdehnung *f*; *orn.* Spannweite *f*; **ex'pan·sion** [-nʃn] *s.* **1.** Ausbreitung *f*, Erweiterung *f*, Zunahme *f*; (✝ *Industrie-, Produktions-, a. Kredit*)Ausweitung *f*; *pol.* Expansi'on *f*: ***ego ~*** *psych.* gesteigertes Selbstgefühl; **2.** *a.* ⚙, *phys.* (Aus)Dehnung *f*, Expansi'on *f*: ***~ engine*** Expansionsmaschine *f*; ***~ stroke*** *mot.* Arbeitstakt *m*, Expansionshub *m*; **3.** 'Umfang *m*, Raum *m*, Weite *f*; **ex'pan·sion·ism** [-nʃənɪzəm] *s.* Expansi'onspoliˌtik *f*; **ex'pan·sion·ist** [-nʃənɪst] **I** *s.* Anhänger(in) der Expansi'onspoliˌtik; **II** *adj.* Expansions...; **ex-**

E

'**pan·sive** [-nsɪv] *adj.* □ **1.** ausdehnungsfähig, ausdehnend, (Aus)Dehnungs...; **2.** ausgedehnt, weit, um'fassend; **3.** *fig.* mitteilsam, aufgeschlossen; **4.** *fig.* 'überschwänglich; **ex'pan·sive·ness** [-nsɪvnɪs] *s.* **1.** Ausdehnungsvermögen *n*; **2.** *fig.* a) Mitteilsamkeit *f*, Aufgeschlossenheit *f*, b) 'Überschwänglichkeit *f*.

E

ex par·te [ˌeks'pɑːtɪ] (*Lat.*) *adj. u. adv.* ⚖ einseitig (*Prozesshandlung*).

ex·pa·ti·ate [ek'speɪʃɪeɪt] *v/i.* sich weitläufig auslassen *od.* verbreiten (***on*** über *acc.*); **ex·pa·ti·a·tion** [ekˌspeɪʃɪ'eɪʃn] *s.* weitläufige Erörterung, Erguss *m*, ‚Salm' *m*.

ex·pa·tri·ate **I** *v/t.* [eks'pætrɪeɪt] **1.** ausbürgern, expatriieren, *j-m* die Staatsangehörigkeit aberkennen: ***~ o.s.*** auswandern, s-e Staatsangehörigkeit aufgeben; **II** *adj.* [-ɪət] **2.** verbannt, ausgebürgert; **3.** ständig im Ausland lebend; **III** *s.* [-ɪət] **4.** Ausgebürgerte(r *m*) *f*; **5.** (freiwillig) im Ex'il *od.* ständig im Ausland Lebende(r *m*) *f*; **ex·pa·tri·a·tion** [eksˌpætrɪ'eɪʃn] *s.* **1.** Ausbürgerung *f*; Aberkennung *f* der Staatsangehörigkeit; **2.** Auswanderung *f*; **3.** Aufgabe *f* s-r Staatsangehörigkeit.

ex·pect [ɪk'spekt] *v/t.* **1.** *j-n* erwarten: ***I ~ him to dinner*** ich erwarte ihn zum Essen; **2.** *et.* erwarten *od.* vor'hersehen; entgegensehen (*dat.*): ***I did not ~ that question*** auf diese Frage war ich nicht gefasst *od.* vorbereitet; **3.** erwarten, hoffen, rechnen auf (*acc.*): ***I ~ you to come*** ich erwarte, dass du kommst; ***I ~ (that) he will come*** ich erwarte, dass er kommt; **4.** *et. von j-m* erwarten, verlangen: ***you ~ too much from him***; **5.** F annehmen, denken, vermuten: ***that is hardly to be ~ed*** das ist kaum anzunehmen; ***I ~ so*** ich denke ja (*od.* schon); **ex'pect·ance** [-təns], **ex'pect·an·cy** [-tənsɪ] *s.* (***of***) **1.** Erwartung *f* (*gen.*); Hoffnung *f*, Aussicht *f* (auf *acc.*); **2.** ✝, ⚖ Anwartschaft *f* (auf *acc.*); **ex'pect·ant** [-tənt] **I** *adj.* □ **1.** erwartend: ***be ~ of*** *et.* erwarten; ***~ heir*** a) ⚖ Erb(schafts)anwärter(in), b) Thronanwärter *m*; **2.** erwartungsvoll; **3.** zu erwarten(d); **4.** schwanger: ***~ mother*** werdende Mutter, Schwangere *f*; **II** *s.* **5.** ⚖ Anwärter(in) (***of*** auf *acc.*); **ex·pec·ta·tion** [ˌekspek'teɪʃn] *s.* **1.** Erwartung *f*, Erwarten *n*: ***beyond (contrary to) ~*** über (wider) Erwarten; ***according to ~*** erwartungsgemäß; ***come up to ~*** den Erwartungen entsprechen; **2.** Gegenstand *m* der Erwartung; **3.** *oft pl.* Hoffnung *f*, Aussicht *f*: ***~ of life*** Lebenserwartung *f*; **ex'pect·ing** [-tɪŋ] *adj.*: ***she is ~*** F sie ist in anderen Umständen.

ex·pec·to·rant [ek'spektərənt] *adj. u. s.* *pharm.* schleimlösend(es Mittel); **ex·pec·to·rate** [ek'spektəreɪt] **I** *v/t.* aus-spucken, -husten; **II** *v/i.* a) (aus-)spucken, b) Blut spucken; **ex·pec·to·ra·tion** [ekˌspektə'reɪʃn] *s.* **1.** Auswerfen *n*, Aushusten *n*, -spucken *n*; **2.** Auswurf *m*.

ex·pe·di·ence [ɪk'spiːdjəns], **ex'pe·di·en·cy** [-sɪ] *s.* **1.** Ratsamkeit *f*, Zweckmäßigkeit *f*; **2.** Nützlichkeit *f*, Zweckdienlichkeit *f*; **3.** Eigennutz *m*; **ex'pe·di·ent** [-nt] **I** *adj.* □ **1.** ratsam, angebracht; **2.** zweckmäßig, -dienlich, praktisch, nützlich, vorteilhaft; **3.** eigennützig; **II** *s.* **4.** (Hilfs)Mittel *n*, (Not)Behelf *m*.

ex·pe·dite ['ekspɪdaɪt] *v/t.* **1.** beschleunigen, fördern; **2.** schnell ausführen; **3.** befördern, expedieren.

ex·pe·di·tion [ˌekspɪ'dɪʃn] *s.* **1.** Eile *f*, Schnelligkeit *f*; **2.** (Forschungs)Reise *f*, Expediti'on *f*; **3.** ⚔ Feldzug *m*; ˌ**ex·pe'di·tion·ar·y** [-ʃnərɪ] *adj.* Expeditions...: ***~ force*** Expeditionskorps *n*; ˌ**ex·pe'di·tious** [-ʃəs] *adj.* □ schnell, rasch, prompt.

ex·pel [ɪk'spel] *v/t.* (***from***) **1.** vertreiben, wegjagen (aus, von); **2.** ausstoßen, -schließen, hi'nauswerfen (aus); **3.** aus-, verweisen, verbannen (aus), *schweiz. pol.* ausschaffen (*des Landes verweisen*) (aus); **4.** *Rauch etc.* ausstoßen (aus); **ex·pel·lee** [ˌekspe'liː] *s.* (Heimat)Vertriebene(r *m*) *f*.

ex·pend [ɪk'spend] *v/t.* **1.** *Geld* ausgeben; **2.** *Mühe, Zeit etc.* ver-, aufwenden (***on*** für); **3.** verbrauchen; **ex'pend·a·ble** [-dəbl] **I** *adj.* **1.** verbrauchbar, Verbrauchs...; **2.** entbehrlich; **3.** ⚔ (*im Notfall*) zu opfern(d); **II** *s.* **4.** *mst pl. et.* Entbehrliches; **5.** ⚔ verlorener Haufen; **ex'pend·i·ture** [-dɪtʃə] *s.* **1.** Aufwand *m*, Verbrauch *m* (***of*** an *dat.*); **2.** (Geld)Ausgabe(n *pl.*) *f*, (Kosten-)Aufwand *m*, Auslage(n *pl.*) *f*, Kosten *pl.*: ***cash ~*** ✝ Barauslagen.

ex·pense [ɪk'spens] *s.* **1.** → ***expenditure*** 2; **2.** *pl.* Unkosten *pl.*, Spesen *pl.*: ***~ account*** ✝ Spesenkonto *n*; ***~ allowance*** ✝ Aufwandsentschädigung *f*, Spesenvergütung *f*; ***~ report*** Spesenabrechnung *f*; ***travel(l)ing ~s*** Reisespesen; ***and all ~s paid*** und alle Unkosten *od.* Spesen (werden) vergütet; ***at an ~ of*** mit e-m Aufwand von; ***at great ~*** mit großen Kosten; ***at my ~*** auf m-e Kosten, für m-e Rechnung; ***they laughed at my ~*** *fig.* sie lachten auf m-e Kosten; ***at the ~ of his health*** auf Kosten s-r Gesundheit; ***go to great ~*** sich in (große) (Un)Kosten stürzen; ***put s.o. to great ~*** j-n in große (Un-)Kosten stürzen; ***spare no ~*** keine Kosten scheuen; **ex'pen·sive** [-sɪv] *adj.* □ teuer, kostspielig, aufwändig.

ex·pe·ri·ence [ɪk'spɪərɪəns] **I** *s.* **1.** a) Erfahrung *f*, (Lebens)Praxis *f*, b) Erfahrenheit *f*, (praktische) Erfahrung, Praxis *f*, praktische Kenntnisse *pl.*, Fach-, Sachkenntnis *f*: ***by*** (*od.* ***from***) ~ aus (eigener) Erfahrung; ***in my*** ~ nach m-n Erfahrungen, m-s Wissens; ~ ***in cooking*** Kochkenntnisse; ***business*** ~ Geschäftserfahrung, -routine *f*; ***driving*** ~ Fahrpraxis; ***previous*** ~ Vorkenntnisse; **2.** Erlebnis *n*: ***I had a strange*** ~; **3.** Vorkommnis *n*, Geschehnis *n*; **4.** *Am. eccl.* religi'öse Erweckung; **II** *v/t.* **5.** erfahren: a) kennen lernen, b) erleben, c) erleiden, *Schlimmes* 'durchmachen, *Vergnügen etc.* empfinden: ~ ***kindness*** Freundlichkeit erfahren; ~ ***difficulties*** auf Schwierigkeiten stoßen; **ex'pe·ri·enced** [-st] *adj.* erfahren, routiniert, bewandert, (fach-, sach)kundig.

ex·pe·ri·en·tial·ism [ɪkˌspɪərɪ'enʃəlɪzəm] *s. phls.* Empi'rismus *m.*

ex·per·i·ment **I** *s.* [ɪk'sperɪmənt] Versuch *m*, Experi'ment *n*; **II** *v/i.* [-ment] experimentieren, Versuche anstellen (***on***, ***upon*** an *dat.*; ***with*** mit): ~ ***with s.th.*** *a.* et. erproben.

ex·per·i·men·tal [ekˌsperɪ'mentl] *adj.* □ **1.** *phys.* Versuchs..., experimen'tell, Experimental...: ~ ***animal*** Versuchstier *n*; ~ ***physics*** Experimentalphysik *f*; ~ ***station*** Versuchsanstalt *f*; **2.** experimentierfreudig; **3.** Erfahrungs...; **exˌper·i'men·tal·ist** [-təlɪst] *s.* Experimen'tator *m*; **exˌper·i'men·tal·ly** [-təlɪ] *adv.* experimen'tell, versuchsweise; **ex·per·i·men·ta·tion** [ekˌsperɪmen'teɪʃn] *s.* Experimentieren *n.*

ex·pert ['ekspɜːt] **I** *adj* [*pred. a.* ɪk'spɜːt] □ **1.** erfahren, kundig; **2.** geschickt, gewandt (***at***, ***in*** in *dat.*); **3.** fachmännisch, fach-, sachkundig; Fach...(*-ingenieur*, *-wissen etc.*); **4.** Sachverständigen...: ~ ***opinion*** (Sachverständigen-) Gutachten *n*; ~ ***witness*** ⚖ Sachverständige(r *m*) *f*; **II** *s.* **5.** a) Fachmann *m*, Ex'perte *m*, b) Sachverständige(r *m*) *f*, Gutachter(in) (***at***, ***in*** in *dat.*; ***on s.th.*** [auf dem Gebiet] e-r Sache); **ex·per·tise** [ˌekspɜː'tiːz] *s.* **1.** Exper'tise *f*, (Sachverständigen)Gutachten *n*; **2.** Sach-, Fachkenntnis *f*, Know-how *n*; **3.** (fachmännisches) Können; **'ex·pert·ness** [-nɪs] *s.* **1.** Erfahrenheit *f*; **2.** Geschicklichkeit *f*; **ex·pert sys·tem** ['ekspɜːt] *s. Computer*: Ex'pertensysˌtem *n.*

ex·pi·a·ble ['ekspɪəbl] *adj.* sühnbar; **'ex·pi·ate** [-ɪeɪt] *v/t.* sühnen, wieder gutmachen, (ab)büßen; **ex·pi·a·tion** [ˌekspɪ'eɪʃn] *s.* Sühne *f*, Buße *f*: ***in*** ~ ***of s.th.*** um et. zu sühnen, als Sühne für et.; **'ex·pi·a·to·ry** [-ɪətərɪ] *adj.* sühnend, Sühn(e)..., Buß...: ***be*** ~ ***of*** *et.* sühnen.

ex·pi·ra·tion [ˌekspɪ'reɪʃn] *s.* **1.** Ausatmen *n*; **2.** *fig.* Ablauf *m* (*e-r Frist*, *e-s Vertrags*), Ende *n*; **3.** ✝ a) Fälligwerden *n*, b) Verfall *m* (*e-s Wechsels*): ~ ***date*** Verfallsdatum *n*; **ex·pir·a·to·ry** [ɪk'spaɪərətərɪ] *adj.* Ausatmungs...

ex·pire [ɪk'spaɪə] *v/i.* **1.** ausatmen, -hauchen (*a. v/t.*); **2.** sein Leben aushauchen, verscheiden; **3.** ablaufen (*Frist*, *Vertrag etc.*), erlöschen (*Patent*, *Recht etc.*), enden, ungültig werden, verfallen; **4.** ✝ fällig werden; **ex'pired** [-əd] *adj.* ungültig, verfallen, erloschen; **ex'pi·ry** [-ərɪ] → ***expiration*** 2, 3.

ex·plain [ɪk'spleɪn] **I** *v/t.* **1.** erklären, erläutern, ausein'ander setzen (***s.th. to s.o.*** j-m et.): ~ ***s.th. away*** a) sich aus et. herausreden, b) e-e einleuchtende Erklärung für et. finden; **2.** erklären, begründen, rechtfertigen: ~ ***o.s.*** a) sich erklären, b) sich rechtfertigen; **II** *v/i.* **3.** es erklären: ***you have got a little*** ~***ing to do*** da müsstest du (mir, uns) schon einiges erklären; **ex'plain·a·ble** [-nəbl] *adj.* → ***explicable***; **ex·pla·na·tion** [ˌeksplə'neɪʃn] *s.* **1.** Erklärung *f*, Erläuterung *f* (***for***, ***of*** für): ***in*** ~ ***of*** als Erklärung für; ***make some*** ~ e-e Erklärung abgeben; **2.** Er-, Aufklärung *f*; **3.** Verständigung *f*; **ex·plan·a·to·ry** [ɪk'splænətərɪ] *adj.* □ erklärend, erläuternd.

ex·ple·tive [ek'spliːtɪv] **I** *adj.* **1.** ausfüllend, (Aus)Füll...; **II** *s.* **2.** *ling.* Füllwort *n*; **3.** Füllsel *n*, Lückenbüßer *m*; **4.** a) Fluch *m*, b) Kraftausdruck *m.*

ex·pli·ca·ble [ɪk'splɪkəbl] *adj.* erklärbar, erklärlich; **ex·pli·cate** ['eksplɪkeɪt] *v/t.* **1.** explizieren, erklären; **2.** *Theorie etc.* entwickeln; **ex·pli·ca·tion** [ˌekspli'keɪʃn] *s.* **1.** Erklärung *f*, Erläuterung *f*; **2.** Entwicklung *f.*

ex·plic·it [ɪk'splɪsɪt] *adj.* □ **1.** deutlich, klar, ausdrücklich; **2.** offen, deutlich (*Person*) (***on*** in Bezug auf *acc.*); **3.** ₳ expli'zit.

ex·plode [ɪk'spləʊd] **I** *v/t.* **1.** a) zur Explosi'on bringen, explodieren lassen, b) (in die Luft) sprengen; **2.** *fig.* a) *Plan etc.* über den Haufen werfen, zum Platzen bringen, zu'nichte machen: ~ ***a myth*** e-e Illusion zerstören, b) *Theorie etc.* wider'legen, *e-m Gerücht etc.* den Boden entziehen; **II** *v/i.* **3.** a) explodieren, ✕ *a.* krepieren (*Granate etc.*), b) in die Luft fliegen; **4.** *fig.* ausbrechen (***into***, ***with*** in *acc.*), ‚platzen' (***with*** vor *dat.*): ~ ***with fury*** vor Wut platzen, ‚explodieren'; ~ ***with laughter*** in schallendes Gelächter ausbrechen; **5.** *fig.* sprunghaft ansteigen, sich explosi'onsartig vermehren; **ex'plod·ed view** [-dɪd] *s.* ⚙ Darstellung *f e-r Maschine etc.* in zerlegter Anordnung.

ex·ploit **I** *v/t.* [ɪk'splɔɪt] **1.** *et.* auswerten; *kommerziell* verwerten; ⚒ *etc.* ausbeuten, abbauen; **2.** *fig. b.s. et. od. j-n*

E

ausbeuten, -nutzen; *et.* ausschlachten, Kapi'tal schlagen aus; **II** *s.* ['eksplɔɪt] **3.** (Helden)Tat *f*; **4.** Großtat *f*, große Leistung; **ex·ploi·ta·tion** [ˌeksplɔɪ'teɪʃn] *s.* ✝ (*Patent- etc.*)Verwertung *f*; ⚙ Ausnutzung *f*, -beutung *f* (*beide a. fig. b.s.*); ⚒ Abbau *m*, Gewinnung *f*; **ex'ploi·ter** [-tə] *s.* Ausbeuter *m* (*a. fig.*).

ex·plo·ra·tion [ˌeksplə'reɪʃn] *s.* **1.** Erforschung *f* (*e-s Landes*); **2.** Unter'suchung *f*.

ex·plor·a·tive [ek'splɒrətɪv], **ex'plor·a·to·ry** [-tərɪ] *adj.* **1.** (er)forschend, Forschungs...; **2.** Erkundungs..., untersuchend, sondierend; ⚙ *etc.* Versuchs..., Probe...: ~ ***drilling***; ~ ***talks*** Sondierungsgespräche; **ex·plore** [ɪk'splɔː] *v/t.* **1.** *Land* erforschen; **2.** erforschen, erkunden, unter'suchen (*a.* ⚕), sondieren; **ex·plor·er** [ɪk'splɔːrə] *s.* Forscher *m*, Forschungsreisende(r *m*) *f*.

ex·plo·sion [ɪk'spləʊʒn] *s.* **1.** a) Explosi'on *f* (*a. ling.*), Entladung *f*, b) Knall *m*, Detonati'on *f*; **2.** *fig.* Explosi'on *f*: ***population*** ~; **3.** *fig.* Zerstörung *f*, Wider'legung *f*; **4.** *fig.* (*Wut- etc.*)Ausbruch *m*.

ex·plo·sive [ɪk'spləʊsɪv] **I** *adj.* ☐ **1.** explo'siv, Knall..., Spreng..., Explosions...; **2.** *fig.* jähzornig, aufbrausend; **II** *s.* **3.** Explo'siv-, Sprengstoff *m*; **4.** *ling.* → ***plosive*** II; ~ **charge** *s.* Sprengladung *f*; ~ **cot·ton** *s.* Schießbaumwolle *f*; ~ **flame** *s.* Stichflamme *f*; ~ **force** *s.* Sprengkraft *f*.

ex·po·nent [ek'spəʊnənt] *s.* **1.** 𝔄 Expo'nent *m*, Hochzahl *f*; **2.** *fig.* Expo'nent (-in): a) Repräsen'tant(in), Vertreter (-in), b) Verfechter(in); **3.** Inter'pret (-in); **ex·po·nen·tial** [ˌekspəʊ'nenʃl] 𝔄 **I** *adj.* Exponential...; **II** *s.* Exponenti'algröße *f*.

ex·port **I** *v/t. u. v/i.* [ek'spɔːt] **1.** exportieren, ausführen; **II** *s.* ['ekspɔːt] **2.** Ex'port *m*, Ausfuhr(handel *m*) *f*; **3.** Ex'port-, 'Ausfuhrarˌtikel *m*; **4.** *pl.* a) (Ge'samt)Exˌport *m*, (-)Ausfuhr *f*, b) Ex'portgüter *pl.*; **III** *adj.* ['ekspɔːt] **5.** Ausfuhr..., Export...: ~ ***duty*** Ausfuhrzoll *m*; ~ ***license***, ~ ***permit*** Ausfuhrgenehmigung *f*; ~ ***trade*** Export-, Ausfuhr-, Außenhandel *f*; **ex'port·a·ble** [-təbl] *adj.* ex'portfähig, zur Ausfuhr geeignet; **ex·por·ta·tion** [ˌekspɔː'teɪʃən] *s.* Ausfuhr *f*, Ex'port *m*; **ex'porter** [-tə] *s.* Expor'teur *m*.

ex·pose [ɪk'spəʊz] **I** *v/t.* **1.** *Kind* aussetzen; **2.** *Waren* ausstellen (***for sale*** zum Verkauf); **3.** *fig. e-r Gefahr, e-m Übel* aussetzen, preisgeben: ~ ***o.s.*** sich exponieren; ~ ***o.s. to ridicule*** sich lächerlich machen; **4.** *fig.* a) (***o.s.*** sich) bloßstellen, b) *j-n* entlarven, c) *et.* aufdecken, enthüllen; **5.** *et.* darlegen, ausein'ander setzen; **6.** entblößen (*a.* ⚔), enthüllen, zeigen; **7.** *phot.* belichten; **II** *s.* **8.** *Am.* → ***exposé*** 2.

ex·po·sé [ek'spəʊzeɪ] (*Fr.*) *s.* **1.** Expo'see *n*, Darlegung *f*; **2.** Enthüllung *f*, Entlarvung *f*.

ex·posed [ɪk'spəʊzd] *adj.* **1.** *pred.* ausgesetzt (***to*** *dat.*); **2.** unverdeckt, offen (-liegend); **3.** ungeschützt, exponiert; **4.** *phot.* belichtet.

ex·po·si·tion [ˌekspəʊ'zɪʃn] *s.* **1.** Ausstellung *f*, Schau *f*; **2.** Darlegung(en *pl.*) *f*, Ausführung(en *pl.*) *f*; **3.** *thea. u.* ♪ Expositi'on *f*; **ex·pos·i·tor** [ek'spɒzɪtə] *s.* Erklärer *m*; **ex·pos·i·to·ry** [ek'spɒzɪtərɪ] *adj.* erklärend.

ex·pos·tu·late [ɪk'spɒstjʊleɪt] *v/i.* **1.** protestieren; **2.** ~ ***with*** *j-m* ernste Vorhaltungen machen, *j-n* zu'rechtweisen; **ex·pos·tu·la·tion** [ɪkˌspɒstjʊ'leɪʃn] *s.* **1.** Pro'test *m*; **2.** ernste Vorhaltung, Verweis *m*.

ex·po·sure [ɪk'spəʊʒə] *s.* **1.** (Kindes-)Aussetzung *f*; **2.** Aussetzen *n*, Preisgabe *f*; **3.** Ausgesetztsein *n*, Preisgegebensein *n* (***to*** *dat.*): ***death from*** ~ Tod *m* durch Erfrieren *od.* vor Entkräftung *etc.*; **4.** Entblößung *f*: ***indecent*** ~ unsittliche (Selbst)Entblößung; **5.** *fig.* a) Bloßstellung *f*, b) Entlarvung *f*, c) Enthüllung *f*, Aufdeckung *f*; **6.** *phot.* Belichtung *f*: ~ ***meter*** Belichtungsmesser *m*; ***time*** ~ Zeitaufnahme *f*; ~ ***value*** Lichtwert *m* (*e-s Films*); **7.** Lage *f* (*e-s Gebäudes*): ***southern*** ~ Südlage.

ex·pound [ɪk'spaʊnd] *v/t.* **1.** erklären, erläutern; *Theorie* entwickeln; **2.** auslegen.

ex·press [ɪk'spres] **I** *v/t.* **1.** *obs. Saft* auspressen, ausdrücken; **2.** *fig.* ausdrücken, äußern, zum Ausdruck bringen: ~ ***o.s.*** sich äußern, sich erklären; ***be*** ~***ed*** zum Ausdruck kommen; **3.** bezeichnen, bedeuten, darstellen; **4.** *Gefühle etc.* offen'baren, zeigen, bekunden; **5.** a) *Brit.* durch Eilboten *od.* als Eilgut schicken, b) *bsd. Am.* durch ein ('Schnell)Transˌportunterˌnehmen befördern lassen; **II** *adj.* ☐ → ***expressly***; **6.** ausdrücklich, bestimmt, deutlich, eindeutig; **7.** besonder: ***for the*** ~ ***purpose*** eigens zu dem Zweck; **8.** Express..., Schnell..., Eil...; **III** *adv.* **9.** → ***expressly***; **10.** *Brit.* durch Eilboten, per Ex'press, als Eilgut; **IV** *s.* **11.** *Brit.* a) Eilbote *m*, b) Eilbeförderung *f*, c) Eilbrief *m*, -gut *n*; **12.** 🚂 D-Zug *m*; **13.** *Am.* → ***express company***; **ex'press·age** [-sɪdʒ] *s. Am.* **1.** Beförderung *f* durch ein ('Schnell)Transˌportunterˌnehmen; **2.** Eilfracht(gebühr) *f*.

ex·press| com·pa·ny *s. Am.* ('Schnell-)Transˌportunterˌnehmen *n*; ~ **de·liv·er·y** *s.* a) *Brit.* Eilzustellung *f*, b) → ***expressage*** 1; ~ **goods** *s. pl.* Eilfracht *f*, -gut *n*.

ex·pres·sion [ɪk'spreʃn] *s.* **1.** Ausdruck *m*, Äußerung *f*: ***find ~ in*** sich äußern in (*dat.*); ***give ~ to*** Ausdruck verleihen (*dat.*); ***beyond ~*** unsagbar; **2.** Redensart *f*, Ausdruck *m*; **3.** Ausdrucksweise *f*, Dikti'on *f*; **4.** Ausdruck(skraft *f*) *m*: ***with ~*** mit Gefühl, ausdrucksvoll; **5.** (Gesichts)Ausdruck *m*; **6.** ₳ Ausdruck *m*, Formel *f*; **ex'pres·sion·ism** [-ʃnɪzəm] *s.* Expressio'nismus *m*; **ex'pres·sion·ist** [-ʃnɪst] **I** *s.* Expressio'nist(in); **II** *adj.* expressio'nistisch; **ex'pres·sion·less** [-lɪs] *adj.* ausdruckslos.

ex·pres·sive [ɪk'spresɪv] *adj.* ☐ **1.** ausdrückend (**of** *acc.*): ***be ~ of*** *et.* ausdrücken; **2.** ausdrucksvoll; **3.** Ausdrucks...; **ex'pres·sive·ness** [-nɪs] *s.* **1.** Ausdruckskraft *f*; **2.** *das* Ausdrucksvolle; **ex'press·ly** [-slɪ] *adv.* **1.** ausdrücklich; **2.** eigens, besonders.

ex'press|·man [-mæn] *s.* [*irr.*] *Am.* Angestellte(r) *m* e-s ('Schnell)Trans,portunter,nehmens; **~ train** *s.* D-Zug *m*; **~·way** *s. bsd. Am.* Schnellstraße *f*.

ex·pro·pri·ate [eks'prəʊprɪeɪt] *v/t.* ⚖ *j-n od. et.* enteignen; **ex·pro·pri·a·tion** [eks,prəʊprɪ'eɪʃn] *s.* ⚖ Enteignung *f*.

ex·pul·sion [ɪk'spʌlʃn] *s.* (**from**) **1.** Vertreibung *f* (aus); **2.** *pol.* Ausweisung *f*, Verbannung *f*, Abschiebung *f* (aus); **3.** Ausstoßung *f* (aus), Ausschließung (aus, von): ***~ from school***; **4.** ⚕ Austreibung *f*; **ex'pul·sive** [-lsɪv] *adj.* aus-, vertreibend.

ex·punge [ek'spʌndʒ] *v/t.* **1.** (aus)streichen; *a. fig.* löschen (**from** aus); **2.** *fig.* ausmerzen, vernichten.

ex·pur·gate ['ekspɜːgeɪt] *v/t. Buch etc.* (von anstößigen Stellen) reinigen: ***~d version*** gereinigte Version; **ex·pur·ga·tion** [,ekspɜː'geɪʃn] *s.* Reinigung *f*.

ex·quis·ite ['ekskwɪzɪt] *adj.* ☐ **1.** köstlich, (aus)erlesen, vor'züglich, ausgezeichnet, exqui'sit; **2.** gepflegt, fein: ***~ taste***; **3.** äußerst fein: ***an ~ ear***; **4.** äußerst, höchst; **5.** heftig: ***~ pain***; ***~ pleasure*** großes Vergnügen.

ex-serv·ice·man [,eks'sɜːvɪsmən] *s.* [*irr.*] ehemaliger Sol'dat, Vete'ran *m*.

ex·tant [ek'stænt] *adj.* (noch) vor'handen *od.* bestehend.

ex·tem·po·ra·ne·ous [ek,stempə'reɪnɪəs], **ex·tem·po·rar·y** [ɪk'stempərərɪ] *adj.* ☐ improvisiert, extemporiert, unvorbereitet, aus dem Stegreif: ***~ translation*** Stegreifübersetzung *f*; **ex·tem·po·re** [ek'stempərɪ] **I** *adj. u. adv.* → ***extemporaneous***; **II** *s.* Improvisati'on *f*, Stegreifgedicht *n*, unvorbereitete Rede; **ex·tem·po·rize** [ɪk'stempəraɪz] *v/t. u. v/i.* aus dem Stegreif *od.* unvorbereitet reden *od.* dichten *od.* spielen, improvisieren; **ex·tem·po·riz·er** [ɪk'stempəraɪzə] *s.* Improvi'sator *m*, Stegreifdichter *m*.

ex·tend [ɪk'stend] **I** *v/t.* **1.** (aus)dehnen, ausbreiten; **2.** verlängern; **3.** vergrößern, erweitern, ausbauen: ***~ a factory***; **4.** *Seil etc.* spannen, ziehen; **5.** *Hand etc.* ausstrecken; **6.** *Nahrungsmittel* strecken; **7.** *fig. e-n Besuch, s-e Macht etc.* ausdehnen (**to** auf *acc.*), *e-e Frist, s-n Pass, e-n Vertrag etc.* verlängern, ✝ *a.* prolongieren; **8.** (**to, towards** *dat.*) a) *Gunst, Hilfe etc.* gewähren, *Gutes* erweisen, b) *s-n Dank, Glückwunsch etc.* aussprechen, *e-e Einladung* schicken, c) *e-n* Gruß entbieten; **9.** ✈ *Fahrgestell* ausfahren; **10.** ⚔ ausschwärmen lassen; **11.** *Abkürzungen* voll ausschreiben; *Kurzschrift* in Normalschrift über'tragen; **12.** *sport* das Letzte her'ausholen aus (*e-m Pferd etc.*): ***~ o.s.*** sich völlig ausgeben; **II** *v/i.* **13.** sich ausdehnen *od.* erstrecken, reichen (**to** bis zu); hin'ausgehen (**beyond** über *acc.*); **14.** ⚔ ausschwärmen; **ex'tend·ed** [-dɪd] *adj.* **1.** ausgedehnt (*a. Zeitraum*); **2.** ausgestreckt: ***~ hands***; **3.** verlängert; **4.** ausgebreitet; *typ.* breit: ***~ formation*** ⚔ auseinander gezogene Formation; ***~ order*** ⚔ geöffnete Ordnung; **5.** groß, um'fassend: ***~ family*** Großfamilie *f*.

ex·ten·si·bil·i·ty [ɪk,stensə'bɪlətɪ] *s.* (Aus)Dehnbarkeit *f*; **ex·ten·si·ble** [ɪk'stensəbl] *adj.* (aus)dehnbar, (aus-)streckbar; ausziehbar (*Tisch*): ***~ table*** Ausziehtisch *m*.

ex·ten·sion [ɪk'stenʃn] *s.* **1.** Ausdehnung *f* (*a. fig.*; **to** auf *acc.*); Ausbreitung *f*; (*Frist- Kredit- etc.*)Verlängerung *f*, ✝ *a.* Prolongati'on *f*: ***~ of leave*** Nachurlaub *m*; **2.** ⚙ Dehnung *f*, Streckung *f* (*a.* ⚕); **3.** *fig.* Vergrößerung *f*, Erweiterung *f*, Ausbau *m*; **4.** Ausdehnung *f*, 'Umfang *m*; **5.** ⚠ Anbau *m* (*Gebäude*); **6.** *teleph.* Nebenanschluss *m*, *a.* Appa'rat *m*; **7.** *phot.* (Kamera-)Auszug *m*; **~ band·age** *s.* ⚕ Streckverband *m*; **~ board** *s. teleph.* 'Hauszent,rale *f*; **~ cord** *s.*, **~ flex** *s.* ⚡ Verlängerungskabel *n*; **~ lad·der** *s.* Ausziehleiter *f*; **~ ta·ble** *s. Am.* Ausziehtisch *m*.

ex·ten·sive [ɪk'stensɪv] *adj.* ☐ ausgedehnt (*a.* ₳ *u. fig.*), um'fassend; eingehend; exten'siv (*a.* ⸙); **ex'ten·sive·ness** [-nɪs] *s.* Ausdehnung *f*, 'Umfang *m*; **ex'ten·sor** [-sə] *s. anat.* Streckmuskel *m*.

ex·tent [ɪk'stent] *s.* **1.** Ausdehnung *f*, Länge *f*, Weite *f*, Höhe *f*, Größe *f*; **2.** ₳ *u. fig.* Bereich *m*; **3.** Raum *m*, Strecke *f*; **4.** *fig.* 'Umfang *m*, (Aus)Maß *n*, Grad *m*: ***to the ~ of*** bis zum Betrag *od.* zur Höhe von; ***to some*** (*od.* ***a certain***) ***~*** in gewissem Grade, einigermaßen; ***to the full ~*** in vollem Umfang, völlig.

ex·ten·u·ate [ek'stenjʊeɪt] *v/t.* **1.** abschwächen, mildern: ***extenuating cir-***

cumstances ⚖ mildernde Umstände; **2.** beschönigen, bemänteln; **ex·ten·u·a·tion** [ekˌstenjʊ'eɪʃn] *s.* **1.** Abschwächung *f*, Milderung *f*; **2.** Beschönigung *f*.

ex·te·ri·or [ek'stɪərɪə] **I** *adj.* **1.** äußer, Außen...: **~ *angle*** Außenwinkel *m*; **~ *to*** abseits von, außerhalb (*gen.*); **2.** von außen (ein)wirkend *od.* kommend; **3.** *pol.* auswärtig: **~ *possessions***; **~ *policy***; **II.** *s.* **4.** *das* Äußere: a) Außenseite *f*, b) äußere Erscheinung *f* (*e-r Person*), c) *pol.* auswärtige Angelegenheiten *pl.*; **5.** *Film*: Außenaufnahme *f*.

ex·ter·mi·nant [ɪk'stɜːmɪnənt] *s.* Vertilgungsmittel *n*; **ex·ter·mi·nate** [ɪk'stɜːmɪneɪt] *v/t.* ausrotten (*a. fig.*), *Ungeziefer etc. a.* vertilgen; **ex·ter·mi·na·tion** [ɪkˌstɜːmɪ'neɪʃn] *s.* Ausrottung *f*, Vertilgung *f*: **~ *camp*** *hist.* Vernichtungslager *n*; **ex'ter·mi·na·tor** [-tə] *s.* **1.** Kammerjäger *m*; **2.** → ***exterminant***.

ex·tern [ek'stɜːn] *s.* **1.** Ex'terne(r *m*) *f* (*e-s Internats*); **2.** *Am.* ex'terner 'Krankenhausarzt *od.* -assiˌstent; **ex'ter·nal** [-nl] **I** *adj.* □ → ***externally***; **1.** äußer, äußerlich, Außen...: **~ *angle*** ⚲ Außenwinkel *m*; **~ *ear*** äußeres Ohr; ***for ~ use*** ⚕ zum äußerlichen Gebrauch, äußerlich; **~ *to*** außerhalb (*gen.*); **~ *world*** Außenwelt *f*; **2.** von außen (ein)wirkend *od.* kommend; **3.** (äußerlich) wahrnehmbar; **4.** ✝, *pol.* auswärtig, Außen..., Auslands...: **~ *affairs*** auswärtige Angelegenheiten; **~ *frontiers*** *EU* Außengrenze *f*; **~ *loan*** Auslandsanleihe *f*; **~ *rate of duty*** *EU* Außenzollsatz *m*; **~ *trade*** Außenhandel *m*; **5.** ✝ außerbetrieblich, Fremd...; **II.** *s.* **6.** *mst pl. das* Äußere; **7.** *pl.* Äußerlichkeiten *pl.*, Nebensächlichkeiten *pl.*; **ex'ter·nal·ize** [-nəlaɪz] *v/t. psych.* **1.** objektivieren; **2.** *Konflikte* nach außen verlagern; **ex'ter·nal·ly** [-nəlɪ] *adv.* äußerlich, von außen.

ex·ter·ri·to·ri·al ['eksˌterɪ'tɔːrɪəl] *etc.* → ***extraterritorial*** *etc.*

ex·tinct [ɪk'stɪŋ*k*t] *adj.* **1.** erloschen (*a. fig. Titel etc., geol. Vulkan*); **2.** ausgestorben (*Pflanze, Tier etc.*), 'untergegangen (*Rasse, Reich etc.*); nicht mehr existierend; **3.** abgeschafft, aufgehoben; **ex'tinc·tion** [-*k*ʃn] *s.* **1.** Erlöschen *n*; **2.** Aussterben *n*, 'Untergang *m*; **3.** (Aus)Löschen *n*; **4.** Vernichtung *f*; **5.** Abschaffung *f*; **6.** Tilgung *f*; **7.** ⚡, *phys.* Löschung *f*.

ex·tin·guish [ɪk'stɪŋgwɪʃ] *v/t.* **1.** *Feuer, Lichter* (aus)löschen; **2.** *fig. Leben, Gefühl* auslöschen, ersticken, töten; **3.** vernichten; **4.** *fig.* in den Schatten stellen; **5.** *fig. j-n* zum Schweigen bringen; **6.** (*a.* ⚖) abschaffen, aufheben; **7.** *Schuld* tilgen; **ex'tin·guish·er** [-ʃə] *s.* **1.** Löschgerät *n*; **2.** Löschhütchen *n* (*für Kerzen*); **3.** Glut-, Ziga'rettentöter *m*.

ex·tir·pate ['ekstɜːpeɪt] *v/t.* **1.** (mit den Wurzeln) ausreißen; **2.** *fig.* ausmerzen, ausrotten; **3.** ⚕ exstirpieren, entfernen.

ex·tol, *Am. a.* **ex·toll** [ɪk'stəʊl] *v/t.* (lob)preisen, rühmen.

ex·tort [ɪk'stɔːt] *v/t.* (***from***) a) *et.* erpressen, erzwingen (von), b) *a. Bewunderung etc.* abringen, abnötigen (*dat.*).

ex·tor·tion [ɪk'stɔːʃn] *s.* **1.** Erpressung *f*; **2.** Wucher *m*; **ex'tor·tion·ate** [-nət] *adj.* **1.** erpresserisch; **2.** unmäßig, Wucher...; **ex'tor·tion·er** [-ʃnə], **ex'tor·tion·ist** [-nɪst] *s.* **1.** Erpresser *m*; **2.** Wucherer *m*.

ex·tra ['ekstrə] **I** *adj.* **1.** zusätzlich, Extra..., Sonder..., Neben...: **~ *charge*** Zuschlag *m*; **~ *charges*** Nebenkosten; **~ *dividend*** Extra-, Zusatzdividende *f*; **~ *pay*** Zulage *f*; **~ *time*** *sport* (Spiel-)Verlängerung *f*; ***if you pay an ~ two pounds*** wenn Sie noch zwei Pfund zulegen; **2.** besonder, außergewöhnlich; besonders gut: ***it is nothing ~*** es ist nichts Besonderes; **II** *adv.* **3.** extra, besonders: **~ *high***; **~ *late***; ***be charged for ~*** gesondert berechnet werden; **III** *s.* **4.** *et.* Außergewöhnliches, *bsd.* a) Sonderarbeit *f*, -leistung *f*, b) *bsd. mot.* Extra *n*, c) Sonderberechnung *f*, Zuschlag *m*: ***heating and light are ~s*** Heizung u. Licht werden gesondert berechnet; **5.** *pl.* Nebenkosten *pl.*; **6.** Extrablatt *n* (*Zeitung*); **7.** Aushilfskraft *f*; **8.** *thea., Film*: Sta'tist(in).

ex·tract **I** *v/t.* [ɪk'strækt] **1.** her'ausziehen, -holen (***from*** aus); **2.** extrahieren: a) ⚕ *Zahn(wurzel)* ziehen, b) ⚗ ausscheiden, -ziehen, c) *Metall etc.* gewinnen, d) ⚲ *Wurzel* ziehen; **3.** *Honig etc.* schleudern; **4.** *Beispiele etc.* ausziehen, exzerpieren (***from a text*** aus e-m Text); **5.** *fig.* (***from***) *et.* her'ausholen (aus), entlocken (*dat.*); **6.** *fig.* ab-, herleiten; **II** *s.* ['ekstrækt] **7.** *a.* ⚗ Auszug *m*, Ex'trakt *m*: **~ *of beef*** Fleischextrakt; **~ *of account*** Kontoauszug; **ex'trac·tion** [-kʃn] *s.* **1.** Her'ausziehen *n*; **2.** Extrakti'on *f*: a) ⚕ Ziehen *n* (*e-s Zahns*), b) ⚗ Ausziehen *n*, Ausscheidung *f*, Gewinnung *f*, c) ⚲ Ziehen *n* (*Wurzel*); **3.** *fig.* Entlockung *f*; **4.** Abstammung *f*, Herkunft *f*; **ex'trac·tive** [-tɪv] *adj.*: **~ *industry*** Industrie *f* zur Gewinnung von Naturprodukten; **ex'trac·tor** [-tə] *s.* **1.** ⚙, ⚔ Auszieher *m*, -werfer *m*; **2.** ⚕ (Geburts-, Zahn-, Wurzel)Zange *f*; **3.** Trockenschleuder *f*.

ex·tra·cur·ric·u·lar [ˌekstrəkə'rɪkjʊlə] *adj.* **1.** *ped., univ.* außerhalb des Stunden- *od.* Lehrplans; **2.** außerplanmäßig.

ex·tra·dit·a·ble ['ekstrədaɪtəbl] *adj.* **1.**

auszuliefern(d): **~ criminal**; **2.** auslieferungsfähig: **~ offence**; **ex·tra·dite** ['ekstrədaɪt] *v/t.* ausliefern; **ex·tra·di·tion** [ˌekstrə'dɪʃn] *s.* Auslieferung *f*: **request for ~** Auslieferungsantrag *m*.

ˌex·tra|·ju'di·cial *adj.* ⚖ außergerichtlich; **ˌ~'mar·i·tal** *adj.* außerehelich; **ˌ~'mu·ral** *adj.* außerhalb der Mauern (*e-r Stadt od. Universität*): **~ courses** Hochschulkurse außerhalb der Universität; **~ student** Gasthörer(in).

ex·tra·ne·ous [ek'streɪnjəs] *adj.* ☐ **1.** fremd (**to** *dat.*); **2.** unwesentlich; **3. be ~ to** nicht gehören zu.

ex·traor·di·nar·i·ly [ɪk'strɔːdnrəlɪ] *adv.*, **ex·traor·di·nar·y** [ɪk'strɔːdnrɪ] *adj.* **1.** außerordentlich: **ambassador ~** Sonderbotschafter *m*; **2.** ungewöhnlich, seltsam, merkwürdig.

ex·trap·o·late [ek'stræpəʊleɪt] *v/t.* extrapolieren.

ˌex·tra|'sen·so·ry *adj. psych.* außersinnlich: **~ perception** außersinnliche Wahrnehmung; **ˌ~·ter'res·trial** *adj.* außerirdisch; **'~ˌter·ri'to·ri·al** *adj.* ˌexterritori'al; **'~ˌter·ri·to·ri'al·i·ty** *s.* ˌExterritoriali'tät *f*; **~ time** *s. sport* (Spiel)Verlängerung *f*.

ex·trav·a·gance [ɪk'strævəgəns] *s.* **1.** Verschwendung *f*; **2.** Ausschweifung *f*, Zügellosigkeit *f*, 'Übermut *m*; **3.** Extrava'ganz *f*, 'Übermaß *n*, Über'triebenheit *f*, Über'spanntheit *f*; **ex'trav·a·gant** [-nt] *adj.* ☐ **1.** verschwenderisch; **2.** ausschweifend, zügellos; **3.** extrava'gant, über'trieben, -'spannt; **ex·trav·a·gan·za** [ekˌstrævə'gænzə] *s.* **1.** fan'tastisches Werk (*Musik od. Literatur*); **2.** Ausstattungsstück *n*.

ex·treme [ɪk'striːm] **I** *adj.* ☐ → **extremely**; **1.** äußerst, weitest, letzt: **~ border** äußerster Rand; **~ value** Extremwert *m*; → **unction** 3 c; **2.** äußerst, höchst; außergewöhnlich, über'trieben: **~ case** äußerster (Not)Fall; **~ measure** drastische *od.* radikale Maßnahme; **~ necessity** zwingende Notwendigkeit; **~ old age** hohes Greisenalter; **~ penalty** höchste Strafe, *a.* Todesstrafe *f*; **3.** *pol.* ex'trem, radi'kal: **~ Left** äußerste Linke; **~ views**; **II** *s.* **4.** äußerstes Ende: **at the other ~** am entgegengesetzten Ende; **5.** *das* Äußerste, höchster Grad, Ex'trem *n*: **awkward in the ~** äußerst peinlich; **go to ~s** vor nichts zurückschrecken; **go to the other ~** ins andere Extrem fallen; **6.** 'Übermaß *n*, Über'triebenheit *f*: **carry s.th. to an ~** et. zu weit treiben; **7.** Gegensatz *m*: **~s meet** Extreme berühren sich; **8.** *pl. obs.* äußerste Not; **ex'treme·ly** [-lɪ] *adv.* äußerst, höchst; **ex'trem·ism** [-mɪzəm] *s.* Extre'mismus *m*, Radika'lismus *m*; **ex'trem·ist** [-mɪst] *s.* **I** Extre'mist(in), Radi'kale(r *m*) *f*; **II** *adj.* extre'mistisch; **ex'trem·i·ty** [-remətɪ] *s.* **1.** *das* Äußerste, äußerstes Ende, äußerste Grenze: **to the last ~** bis zum Äußersten; **drive s.o. to extremities** j-n zum Äußersten treiben; **resort to extremities** zu drastischen Mitteln greifen; **2.** *fig.* a) höchster Grad: **~ of joy** Übermaß der Freude, b) äußerste Not, verzweifelte Situation: **reduced to extremities** in größter Not, c) verzweifelter Gedanke; **3.** *pl.* Gliedmaßen *pl.*, Extremi'täten *pl.*

ex·tri·cate ['ekstrɪkeɪt] *v/t.* **1.** (**from**) her'auswinden, -ziehen (aus), befreien (aus, von): **~ o.s.** sich befreien; **2.** ⚗ *Gas* frei machen; **ex·tri·ca·tion** [ˌekstrɪ'keɪʃn] *s.* **1.** Befreiung *f*; **2.** ⚗ Freimachen *n*.

ex·trin·sic [ek'strɪnsɪk] *adj.* (☐ **~ally**) **1.** äußer; **2.** a) nicht zur Sache gehörig, b) unwesentlich: **be ~ to s.th.** nicht zu et. gehören.

ex·tro·ver·sion [ˌekstrəʊ'vɜːʃn] *s. psych.* Extro- *od.* Extraversi'on *f*; **ex·tro·vert** ['ekstrəʊvɜːt] *psych.* **I** *s.* Extro- *od.* Extraver'tierte(r *m*) *f*; **II** *adj.* extro- *od.* extraver'tiert.

ex·trude [ek'struːd] **I** *v/t.* **1.** ausstoßen, (her)'auspressen; **2.** ⚙ strangpressen; **II** *v/i.* **3.** vorstehen; **ex'tru·sion** [-uːʒn] *s.* **1.** Ausstoßung *f*; **2.** ⚙ a) Strangpressen *n*, b) Strangpressling *m*.

ex·u·ber·ance [ɪg'zjuːbərəns] *s.* **1.** (**of**) ('Über)Fülle (von *od. gen.*), Reichtum *m* (an *dat.*); **2.** 'Überschwang *m*; Ausgelassenheit *f*; **3.** (Wort)Schwall *m*; **ex'u·ber·ant** [-nt] *adj.* ☐ **1.** üppig, ('über)reichlich; **2.** *fig.* a) 'überschwänglich, b) ('über)sprudelnd, ausgelassen; **3.** *fig.* (äußerst) fruchtbar.

ex·ude [ɪg'zjuːd] **I** *v/t.* **1.** ausschwitzen, absondern; **2.** *fig.* von sich geben, verströmen; **II** *v/i.* **3.** *a. fig.* ausströmen (**from** aus, von).

ex·ult [ɪg'zʌlt] *v/i.* froh'locken, jubeln, triumphieren (**at**, **over**, **in** über *acc.*); **ex'ult·ant** [-tənt] *adj.* ☐ froh'lockend, jubelnd, triumphierend; **ex·ul·ta·tion** [ˌegzʌl'teɪʃn] *s.* Jubel *m*, Froh'locken *n*.

ex·urb ['eksɜːb] *s. Am.* (vornehmes) Einzugsgebiet (*e-r Großstadt*); **ex·ur·ban·ite** [ɪg'zɜːbənaɪt] *s. Am.* Bewohner(in) e-s **exurb**; **ex·ur·bia** [ɪg'zɜːbɪə] *s.* die (vornehmen) Außenbezirke *pl.*

eye [aɪ] **I** *s.* **1.** Auge *n*: **an ~ for an ~** *bibl.* Auge um Auge; **under my ~s** vor m-n Augen; **up to the ~s in work** bis über die Ohren in Arbeit; **with one's ~s shut** mit geschlossenen Augen (*a. fig.*); **be all ~s** ganz Auge sein; **cry one's ~s out** sich die Augen ausweinen; **2.** *fig.* Blick *m*, Gesichtssinn *m*, Auge(nmerk) *n*: **with an ~ to** a) im Hinblick auf (*acc.*), b) mit der Absicht

E

zu (*inf.*); ***cast an ~ over*** e-n Blick werfen auf (*acc.*); ***catch*** (*od.* ***strike***) ***the ~*** ins Auge fallen; ***she caught his ~*** sie fiel ihm auf; ***catch the Speaker's ~*** *parl.* das Wort erhalten; ***do s.o. in the ~*** F j-n ‚reinlegen' *od.* ‚übers Ohr hauen'; ***give an ~ to s.th.*** et. anblicken, ein Auge auf et. haben; ***give s.o. the*** (***glad***) ***~*** j-m e-n einladenden Blick zuwerfen; ***have an ~ for*** e-n Sinn *od.* Blick *od.* ein (offenes) Auge haben für; ***he has an ~ for beauty*** er hat Sinn für Schönheit; ***have an ~ to s.th.*** a) ein Auge auf et. haben, b) auf et. achten; ***keep an ~ on*** ein (wachsames) Auge haben auf (*acc.*); ***make ~s at*** *j-m* verliebte Blicke zuwerfen; → ***meet*** 9; ***open s.o.'s ~s*** (***to s.th.***) j-m die Augen öffnen (für et.); ***that made him open his ~s*** das verschlug ihm die Sprache; ***you can see that with half an ~*** das sieht doch ein Blinder!; ***set*** (*od.* ***clap***) ***~s on*** zu Gesicht bekommen; ***close one's ~s to*** die Augen verschließen vor (*dat.*); ***my ~!*** F denkste!, von wegen!, Quatsch!; **3.** Ansicht *f*: ***in the ~s of*** nach Ansicht von; ***see ~ to ~ with s.o.*** mit j-m übereinstimmen; **4.** Öhr *n* (*Nadel*); Öse *f*; **5.** ⚘ Auge *n*, Knospe *f*; **6.** *zo.* Auge *n* (*Schmetterling, Pfauenschweif*); **7.** ⚠ rundes Fenster; **8.** Auge *n*, windstilles Zentrum *e-s Sturms*; **II** *v/t.* **9.** ansehen, betrachten, (scharf) beobachten, ins Auge fassen: ***~ s.o. from top to toe*** j-n von oben bis unten mustern.

eye| ap·peal *s.* optische Wirkung, attrak'tive Gestaltung; '**~·ball** *s.* Augapfel *m*; '**~·black** *s.* Wimperntusche *f*; '**~·brow** *s.* Augenbraue *f*: ***~ pencil*** Augenbrauenstift *m*; ***raise one's ~s*** *fig.* die Stirn runzeln; ***cause raised ~s*** Aufsehen *od.* Missfallen erregen; '**~-ˌcatch·er** *s.* Blickfang *m*; '**~-ˌcatch·ing** *adj.* ins Auge fallend, auffallend.

eyed [aɪd] *adj. in Zssgn* ...äugig; mit (...) Ösen.

'**eye|·ful** *s.* F **1.** ‚toller Anblick'; **2.** ‚tolle Frau'; **3.** ***get an ~ of this!*** sieh dir das mal an!; '**~·glass** *s.* **1.** Mon'okel *n*; **2.** *opt.* Oku'lar *n*; **3.** *pl. a.* ***pair of ~es*** *bsd. Am.* Brille *f*; '**~·hole** *s.* **1.** Augenhöhle *f*; **2.** Guckloch *n*; '**~·lash** *s. mst pl.* Augenwimper *f*; → ***bat***[3]; **~ lens** *s.* Oku'larlinse *f*.

eye·let ['aɪlɪt] *s.* **1.** Öse *f*; **2.** Loch *n*.

eye| lev·el *s.* (***on ~*** in) Augenhöhe *f*; '**~·lid** *s.* Augenlid *n*; → ***bat***[3]; '**~ˌlin·er** *s.* Eyeliner *m*; '**~-ˌo·pen·er** *s.* **1.** *fig.* Über'raschung *f*, Entdeckung *f*: ***that was an ~ to me*** das hat mir die Augen geöffnet; **2.** *Am.* F (*bsd. alkoholischer*) ‚Muntermacher'; '**~·piece** *s. opt.* Oku'lar *n*; **~ rhyme** *s.* Augenreim *m*; '**~·shade** *s.* Sonnenschild *m*; **~ shadow** *s.* Lidschatten *m*; '**~·shot** *s.*: (***with***)***in*** (***beyond*** *od.* ***out of***) ***~*** in (außer) Sichtweite; '**~·sight** *s.* Augenlicht *n*, Sehkraft *f*: ***poor ~*** schwache Augen *pl.*; **~ sock·et** *s. anat.* Augenhöhle *f*; '**~-sore** *s. fig.* Schandfleck *m*, *et.* Hässliches; '**~·strain** *s.* Über'anstrengung *f* der Augen; '**~·tooth** *s.* [*irr.*] *anat.* Augen-, Eckzahn *m*: ***he'd give his eye-teeth for it*** er würde alles darum geben; '**~·wash** *s.* **1.** *pharm.* Augenwasser *n*; **2.** *fig.* a) ‚Quatsch' *m*, b) Augen(aus)wische'rei *f*; ˌ**~'wit·ness I** *s.* Augenzeuge *m*; **II** *v/t.* Augenzeuge sein *od.* werden von (*od. gen.*).

ey·rie ['aɪərɪ] *s. orn.* Horst *m*.

E·ze·ki·el, E·ze·chi·el [ɪ'ziːkjəl] *npr. u. s. bibl.* (das Buch) He'sekiel *m od.* E'zechiel *m*; **Ez·ra** ['ezrə] *npr. u. s. bibl.* (das Buch) Esra *m od.* Esdras *m*.

F

F, f [ef] *s.* **1.** F *n*, f *n* (*Buchstabe*); **2.** ♪ F *n*, f *n* (*Note*); **3.** ♎ *ped.* Sechs *f*, Ungenügend *n* (*Note*).

fab [fæb] *adj. sl.* → ***fabulous*** 2.

Fa·bi·an ['feɪbjən] **I** *adj.* **1.** Hinhalte..., Verzögerungs...: ~ ***tactics***; **2.** *pol.* die ***Fabian Society*** betreffend; **II** *s.* **3.** *pol.* Fabier(in); '**Fa·bi·an·ism** [-nɪzəm] *s.* Poli'tik *f* der → **Fa·bi·an So·ci·e·ty** *s.* (*sozialistische*) Gesellschaft der Fabier.

fa·ble ['feɪbl] *s.* **1.** Fabel *f* (*a. e-s Dramas*); Sage *f*, Märchen *n*; **2.** *coll.* a) Fabeln *pl.*, b) Sagen *pl.*; **3.** *fig.* ‚Märchen' *n*; '**fa·bled** [-ld] *adj.* **1.** legen'där; **2.** (frei) erfunden.

fab·ric ['fæbrɪk] *s.* **1.** Bau *m* (*a. fig*); Gebilde *n*; **2.** *fig.* a) Gefüge *n*, Struk'tur *f*, b) Sy'stem *n*; **3.** Stoff *m*, Gewebe *n*; ⚙ Leinwand *f*, Reifengewebe *n*: ~ ***gloves*** Stoffhandschuhe; '**fab·ri·cate** [-keɪt] *v/t.* **1.** fabrizieren, herstellen, (an)fertigen; **2.** *fig.* ‚fabrizieren': a) erfinden, b) fälschen; **fab·ri·ca·tion** [ˌfæbrɪ'keɪʃn] *s.* **1.** Herstellung *f*, Fabrikati'on *f*; **2.** *fig.* Erfindung *f*, ‚Märchen' *n*, Lüge *f*; **3.** Fälschung *f*; '**fab·ri·ca·tor** [-keɪtə] *s.* **1.** Hersteller *m*; **2.** *fig. b.s.* Erfinder *m*, Urheber *m e-r Lüge etc.*, Lügner *m*; **3.** Fälscher *m*.

fab·u·list ['fæbjʊlɪst] *s.* **1.** Fabeldichter (-in); **2.** Schwindler(in); '**fab·u·lous** [-ləs] *adj.* ☐ **1.** legen'där, Sagen..., Fabel...; **2.** *fig.* F fabel-, sagenhaft, ‚toll'.

fa·çade [fə'sɑːd] (*Fr.*) *s.* ⚠ Fas'sade *f* (*a. fig.*), Vorderseite *f*.

face [feɪs] **I** *s.* **1.** Gesicht *n*, Angesicht *n*, Antlitz *n* (*a. fig.*): ***for s.o.'s fair*** ~ *iro.* um j-s schönen Augen willen; ***in*** (***the***) ~ ***of*** a) angesichts (*gen.*), gegenüber (*dat.*), b) trotz (*gen. od. dat.*); ***in the*** ~ ***of danger*** angesichts der Gefahr; ***to s.o.'s*** ~ j-m ins Gesicht *sagen etc.*; ~ ***to*** ~ von Angesicht zu Angesicht; ~ ***to*** ~ ***with*** Auge in Auge mit, gegenüber, vor (*dat.*); ***fly in the*** ~ ***of*** a) *j-m* ins Gesicht fahren, b) *fig.* sich offen widersetzen (*dat.*), trotzen (*dat.*); ***I couldn't look him in the*** ~ ich konnte ihm (vor Scham) nicht in die Augen sehen; ***do*** (***up***) ***one's*** ~, F ***put one's*** ~ ***on*** sich ‚anmalen' (*schminken*); ***set one's*** ~ ***against s.th.*** sich e-r Sache widersetzen, sich gegen et. wenden; ***show one's*** ~ sich blicken lassen; ***shut the door in s.o.'s*** ~ j-m die Tür vor der Nase zuschlagen; **2.** (Gesichts)Ausdruck *m*, Aussehen *n*, Miene *f*: ***make*** (*od.* ***pull***) ***a*** ~ (*od.* ~***s***) ein Gesicht (*od.* e-e Grimasse) machen *od.* schneiden; ***make*** (*od.* ***pull***) ***a long*** ~ *fig.* ein langes Gesicht machen; ***put a bold*** ~ ***on*** a) *e-r Sache* gelassen entgegensehen, b) sich *et. Unangenehmes etc.* nicht anmerken lassen; ***put a good*** (*od.* ***brave***) ~ ***on the matter*** gute Miene zum bösen Spiel machen; **3.** *fig.* Stirn *f*, Unverfrorenheit *f*, Frechheit *f*: ***have the*** ~ ***to*** *inf.* die Stirn haben zu *inf.*; **4.** Ansehen *n*: ***save*** (***one's***) ~ das Gesicht wahren; ***lose*** ~ das Gesicht verlieren; ***loss of*** ~ Prestigeverlust *m*; **5.** *das* Äußere, Gestalt *f*, Erscheinung *f*, Anschein *m*: ***on the*** ~ ***of it*** auf den ersten Blick, oberflächlich betrachtet, vordergründig; ***put a new*** ~ ***on s.th.*** et. in neuem *od.* anderem Licht erscheinen lassen; **6.** Ober-, Außenfläche *f*, Fläche *f* (*a.* ⩑), Seite *f*; ⚙ Stirnfläche *f*; ⚙ (Amboss-, Hammer)Bahn *f*: ***the*** ~ ***of the earth*** die Erdoberfläche, die Welt; **7.** Oberseite *f*; rechte Seite (*Stoff etc.*): ***lying on its*** ~ nach unten gekehrt liegend; **8.** Fas'sade *f*, Vorderseite *f*; **9.** Bildseite *f* (*Spielkarte*); *typ.* Bild *n* (*Type*); Zifferblatt *n* (*Uhr*); **10.** Wand *f* (*Berg etc.*, ⚒ *Kohlenflöz*): ***at the*** ~ ⚒ am (Abbau)Stoß, vor Ort; **II** *v/t.* **11.** ansehen, *j-m* ins Gesicht sehen *od.* das Gesicht zuwenden; **12.** gegen'überstehen, -liegen, -sitzen, -treten (*dat.*); nach *Osten etc.* blicken *od.* liegen (*Raum*): ***the man facing me*** der Mann mir gegenüber; ***the house*** ~***s the sea*** das Haus liegt nach dem Meer zu; ***the window*** ~***s the street*** das Fenster geht auf die Straße; ***the room*** ~***s east*** das Zimmer liegt nach Osten; **13.** (mutig) entgegentreten *od.* begegnen (*dat.*), ins Auge sehen (*dat.*), die Stirn bieten (*dat.*): ~ ***the enemy***; ~ ***death*** dem Tod ins Auge blicken; ~ ***it out*** die Sache durchstehen; ~ ***s.o. off*** *Am.* es auf e-e Kraft- *od.* Machtprobe mit j-m ankommen lassen; → ***music*** 1; **14.** *oft* ***be*** ~***d with*** sich *e-r Gefahr etc.* gegen'übersehen, gegen'überstehen (*dat.*): ***he was*** ~***d with ruin*** er stand vor dem Nichts; **15.** *et.* hinnehmen, sich mit *et.* abfinden: ~ ***the facts***; ***let's*** ~ ***it, ...!*** seien wir ehrlich, ...!; **16.** 'umkehren, -wenden; *Spielkar-*

ten aufdecken; **17.** *Schneiderei*: besetzen, einfassen, mit Aufschlägen versehen; **18.** ⚙ verkleiden, verblenden, über'ziehen; **19.** ⚙ *Stirnflächen* bearbeiten, (plan)schleifen, glätten; **III** *v/i.* **20.** *bsd.* ⚔ **~ *about*** kehrtmachen (*a. fig.*): ***left ~!*** *Am.* links um!; ***right about ~!*** rechts um kehrt!; **21.** **~ *off*** *Eishockey*: das Bully ausführen; **22.** **~ *up to*** → 13, 15.

'face|-a‚bout → ***about-face***; **~ brick** *s.* ⚠ Verblendstein *m*; **~ card** *s. Kartenspiel*: Bild(karte *f*) *n*; **'~·cloth** *s.* Waschlappen *m*; **~ cream** *s.* Gesichtscreme *f*.

-faced [feɪst] *adj. in Zssgn* mit e-m ... Gesicht.

'face|·down *s. Am.* Kraft-, Machtprobe *f*; **~ flan·nel** → ***facecloth***; **~ grind·ing** *s.* ⚙ Planschleifen *n*; **~ guard** *s.* Schutzmaske *f*; **~ lathe** *s.* ⚙ Plandrehbank *f*.

face·less ['feɪslɪs] *adj.* gesichtslos, *fig. a.* ano'nym.

'face|-lift I *s.* → ***face-lifting***; **II** *v/t. fig.* verschönern; **'~-‚lift·ing** *s.* **1.** Gesichtsstraffung *f*, Facelifting *n*; **2.** *fig.* Verschönerung *f*, Renovierung *f*; **'~-off** *s.* **1.** *Eishockey*: Bully *n*: **~ *circle*** Anspielkreis *m*; **2.** → ***facedown***; **~ pack** *s.* Gesichtspackung *f*, -maske *f*.

fac·er ['feɪsə] *s.* **1.** Schlag *m* ins Gesicht (*a. fig.*); **2.** *fig.* Schlag *m* (ins Kon'tor); **3.** *Brit.* F ‚harte Nuss'.

'face-‚sav·ing *adj.*: **~ *excuse*** Ausrede *f*, um das Gesicht zu wahren.

fac·et ['fæsɪt] **I** *s.* **1.** a) Fa'cette *f* (*a. fig.*), b) Schliff-, Kri'stallfläche *f*; **2.** *fig.* Seite *f*, A'spekt *m*; **II** *v/t.* **3.** facettieren: ***~ed eye*** *zo.* Facettenauge *n*.

fa·ce·tious [fə'siːʃəs] *adj.* ☐ scherzhaft, witzig, drollig, spaßig; **fa'ce·tious·ness** [-nɪs] *s.* Scherzhaftigkeit *f etc.*

‚face|-to-'face *adj.* **1.** per'sönlich; **2.** di'rekt; **~ tow·el** *s.* (Gesichts)Handtuch *n*; **~ val·ue** *s.* **1.** ✝ Nenn-, Nomi'nalwert *m*; **2.** scheinbarer Wert, *das* Äußere: ***take s.th. at its ~*** et. für bare Münze nehmen *od.* unbesehen glauben.

fa·ci·a ['feɪʃə] *s. Brit.* **1.** Firmen-, Ladenschild *n*; **2.** *a.* **~ *board***, **~ *panel*** *mot.* Arma'turenbrett *n*.

fa·cial ['feɪʃl] **I** *adj.* ☐ a) Gesichts...: **~ *pack*** Gesichtspackung *f*, b) des Gesichts, im Gesicht; **II** *s. Kosmetik*: Gesichtsbehandlung *f*.

-fa·cient [feɪʃənt] *in Zssgn* verursachend, machend.

fac·ile ['fæsaɪl] *adj.* ☐ **1.** leicht (zu tun *od.* zu meistern *etc.*); **2.** *fig.* oberflächlich; **3.** flüssig (*Stil*).

fa·cil·i·tate [fə'sɪlɪteɪt] *v/t.* erleichtern, fördern; **fa·cil·i·ta·tion** [fəsɪlɪ'teɪʃn] *s.* Erleichterung *f*, Förderung *f*; **fa'cil·i·ty** [-tɪ] *s.* **1.** Leichtigkeit *f* (*der Ausführung etc.*); **2.** Oberflächlichkeit *f*; **3.** Flüssigkeit *f* (*des Stils*); **4.** (günstige) Gelegenheit *f*, Möglichkeit *f* (***for*** für, zu); **5.** *mst pl.* Einrichtung(en *pl.*) *f*, Anlage(n *pl.*) *f*; **6.** *mst pl.* Erleichterung(en *pl.*) *f*, Vorteil(e *pl.*) *m*, Vergünstigung(en *pl.*) *f*, Annehmlichkeit(en *pl.*) *f*.

fac·ing ['feɪsɪŋ] *s.* **1.** ⚔ Wendung *f*, Schwenkung *f*: ***go through one's ~s*** *fig.* zeigen (müssen), was man kann; ***put s.o. through his ~s*** *fig.* j-n auf Herz u. Nieren prüfen; **2.** Außen-, Oberschicht *f*, Belag *m*, 'Überzug *m*; **3.** ⚙ Plandrehen *n*: **~ *lathe*** Plandrehbank *f*; **4.** ⚠ a) Verkleidung *f*, -blendung *f*, b) Bewurf *m*: **~ *brick*** Verblendstein *m*; **5.** *a.* **~ *sand*** ⚙ fein gesiebter Formsand; **6.** *Schneiderei*: a) Aufschlag *m*, b) Besatz *m*, Einfassung *f*: ***~s*** ⚔ (Uniform-)Aufschläge.

fac·sim·i·le [fæk'sɪmɪlɪ] **I** *s.* **1.** Fak'simile *n*, Reprodukti'on *f*; **2.** 'Telefax *n*, 'Telekopie *f*; **3.** *a.* **~ *transmission*** *od.* ***broadcast*(*ing*)** a) ⚡, *tel.* Bildfunk *m*: **~ *apparatus*** Bildfunkgerät *n*, b) Fak'similеübertragung *f*; **II** *v/t.* **4.** faksimilieren.

fact [fækt] *s.* **1.** Tatsache *f*, Wirklichkeit *f*, Wahrheit *f*: **~ *and fancy*** Dichtung u. Wahrheit; ***~s and figures*** genaue Daten; ***naked*** (*od.* ***hard***) ***~s*** nackte Tatsachen; ***in*** (***point of***) **~** in der Tat, tatsächlich, genau gesagt; ***it is a ~*** es stimmt, es ist e-e Tatsache; ***founded on ~*** auf Tatsachen beruhend; ***the ~*** (***of the matter***) ***is*** Tatsache ist *od.* die Sache ist die (***that*** dass); ***know s.th. for a ~*** et. (ganz) sicher wissen; ***tell the ~s of life to a child*** ein Kind (sexuell) aufklären; **2.** ⚖ a) Tatsache *f*: ***in ~ and law*** in tatsächlicher u. rechtlicher Hinsicht; ***the ~s*** (***of the case***) der Tatbestand *m*, die Tatumstände *pl.*, der Sachverhalt *m*, b) Tat *f*: ***before*** (***after***) ***the ~*** vor (nach) begangener Tat; → ***accessory*** 7; **'~-‚find·ing** *adj.* Untersuchungs...: **~ *committee***; **~ *tour*** Informationsreise *f*.

fac·tion ['fækʃn] *s.* **1.** Fakti'on *f*, Splittergruppe *f*; **2.** Zwietracht *f*; **'fac·tion·al·ism** [-ʃnəlɪzəm] *s.* Par'teigeist *m*; **'fac·tion·ist** [-ʃənɪst] *s.* Par'teigänger *m*; **'fac·tious** [-ʃəs] *adj.* ☐ **1.** vom Par'teigeist beseelt, fakti'ös; **2.** aufrührerisch.

fac·ti·tious [fæk'tɪʃəs] *adj.* ☐ gekünstelt, künstlich.

fac·ti·tive ['fæktɪtɪv] *adj. ling.* fakti'tiv, bewirkend: **~ *verb***.

fac·tor ['fæktə] *s.* **1.** *fig.* Faktor *m* (*a.* ⚘, ⚛, *phys.*), (mitwirkender) 'Umstand, Mo'ment *n*, Ele'ment *n*: ***safety ~*** Sicherheitsfaktor; **2.** *biol.* Erbfaktor *m*; **3.** ✝ a) (Handels)Vertreter *m*, Kommissio'när *m*, b) *Am.* Finan'zierungskommissio‚när *m*; **4.** ⚖ *Scot.* (Guts-)Verwalter *m*; **'fac·tor·ing** [-tərɪŋ] *s.* ✝

Factoring *n* (*Absatzfinanzierung u. Kreditrisikoabsicherung*); **'fac·to·ry** [-tərɪ] *s.* **1.** Fa'brik *f*: **♀ Acts** Arbeiterschutzgesetze; **~ cost** Herstellungskosten *pl.*; **~ expenses** Gemeinkosten; **~ farming** Massentierhaltung *f*; **~ hand** Fabrikarbeiter *m*; **~ ship** Fabrikschiff *n*; **~-made** fabrikmäßig hergestellt, Fabrik... (*-ware etc.*); **2.** ✝ Handelsniederlassung *f*, Fakto'rei *f*.

fac·to·tum [fæk'təʊtəm] *s.* Fak'totum *n*, ‚Mädchen *n* für alles'.

fac·tu·al ['fæktʃʊəl] *adj.* □ **1.** tatsächlich: **~ situation** Sachlage *f*, -verhalt *m*; **2.** Tatsachen...: **~ report**; **3.** sachlich.

fac·ul·ta·tive ['fækltətɪv] *adj.* fakulta'tiv, wahlfrei: **~ subject** *ped.* Wahlfach *n*; **fac·ul·ty** ['fækltɪ] *s.* **1.** Fähigkeit *f*, Vermögen *n*, Kraft *f*: **~ of hearing** Hörvermögen; **2.** Gabe *f*, Anlage *f*, Ta'lent *n*, Fähigkeit *f*: **(mental) faculties** Geisteskräfte; **3.** *univ.* a) Fakul'tät *f*, Abteilung *f*, b) (Mitglieder *pl.* e-r) Fakul'tät, Lehrkörper *m*, c) (Ver'waltungs)Perso,nal *n* (*a. e-r Schule*): **the medical ~** die medizinische Fakultät, *weitS.* die Mediziner *pl.*; **4.** ⚖ Ermächtigung *f*, Befugnis *f* (**for** zu, für).

fad [fæd] *s.* **1.** Mode(torheit) *f*; **2.** ‚Fimmel' *m*, Ma'rotte *f*; **'fad·dish** [-dɪʃ] **1.** Mode..., vor'übergehend; **2.** ex'zentrisch: **~ woman** Frau, die jede Mode (-torheit) mitmacht.

fade [feɪd] **I** *v/i.* **1.** (ver)welken; **2.** verschießen, -blassen, ver-, ausbleichen (*Farbe etc.*); **3.** *a.* **~ away** verklingen (*Lied, Stimme etc.*), abklingen (*Schmerzen etc.*), verblassen (*Erinnerung*), schwinden, zerrinnen (*Hoffnungen etc.*), verrauchen (*Zorn etc.*), sich auflösen (*Menge*), (in der Ferne *etc.*) verschwinden, immer weniger werden, ⚕ immer schwächer werden (*Person*); **4.** *Radio*: schwinden (*Ton, Sender*); **5.** ⚙ nachlassen (*Bremsen*); **6.** nachlassen, abbauen (*Sportler*); **7.** *bsd. Am.* F ‚verduften'; **8.** *Film, Radio*: über'blenden: **~ in** (*od.* **up**) auf- *od.* eingeblendet werden; **~ (out)** aus- *od.* abgeblendet werden; **II** *v/t.* **9.** (ver)welken lassen; **10.** *Farbe etc.* ausbleichen; **11.** *a.* **~ out** *Ton, Bild* aus- *od.* abblenden: **~ in** (*od.* **up**) auf- *od.* einblenden; **'fad·ed** [-dɪd] *adj.* □ **1.** welk, verwelkt, -blüht (*alle a. fig. Schönheit etc.*); **2.** verblasst, verblichen, -schossen; **'fade-in** *s. Film, Radio, TV*: Auf-, Einblendung *f*; **'fade·less** [-lɪs] *adj.* □ **1.** licht-, farbecht; **2.** *fig.* unvergänglich; **'fade-out** *s.* **1.** *Film, Radio, TV*: Aus-, Abblendung *f*: **do a ~** *sl.* ‚sich verziehen'; **2.** *phys.* Ausschwingen *n*; **'fad·er** [-də] *s. Radio, TV*: Auf- *od.* Abblendregler *m*; **'fad·ing** [-dɪŋ] **I** *adj.* **1.** (ver)welkend (*a. fig.*); **2.** ausbleichend (*Farbe*); **3.** matt, schwindend; **4.** *fig.* vergänglich; **II** *s.* **5.** (Ver)Welken *n*; **6.** Verblassen *n*, Ausbleichen *n*; **7.** *Radio*: Fading *n*, Schwund *m*: **~ control** Schwundregelung *f*; **8.** ⚙ Fading *n* (*Nachlassen der Bremswirkung*).

fae·cal ['fi:kl] *adj.* fä'kal, Kot...: **~ matter** Kot *m*; **fae·ces** ['fi:si:z] *s. pl.* Fä'kalien *pl.*, Kot *m*.

fa·er·ie, fa·er·y ['feɪərɪ] **I** *s. obs.* **1.** → **fairy** 1; **2.** Märchenland *n*; **II** *adj.* **3.** Feen..., Märchen...

fag¹ [fæg] *s. sl.* **1.** ‚Glimmstängel' *m*, Ziga'rette *f*; **2.** → **fag(g)ot** 5.

fag² [fæg] **I** *v/i.* **1.** *Brit.* sich (ab)schinden; **2. ~ for s.o.** *Brit. ped.* e-m älteren Schüler Dienste leisten; **II** *v/t.* **3.** *a.* **~ out** F ermüden, erschöpfen; **4.** *Brit. ped.* sich von *e-m jüngeren Schüler* bedienen lassen; **III** *s.* **5.** Placke'rei *f*, Schinde'rei *f*; **6.** Erschöpfung *f*; **7.** *Brit. ped.* ‚Diener' *m* (→ 2).

fag³ [fæg] → **fag(g)ot** 5.

fag end *s.* **1.** Ende *n*, Schluss *m*; **2.** letzter *od.* schäbiger Rest; **3.** *Brit. sl.* (Ziga'retten)Kippe *f*.

fag·ging ['fægɪŋ] *s. a.* **~ system** *Brit. ped. die Sitte, dass jüngere Schüler den älteren Dienste leisten müssen.*

fag·(g)ot ['fægət] *s.* **1.** Reisigbündel *n*; **2.** Fa'schine *f*; **3.** ⚙ a) Bündel *n* Stahlstangen, b) 'Schweißpa,ket *n*; **4.** *Brit. Küche*: Frika'delle *f* aus Inne'reien; **5.** *sl.* ‚Homo' *m*, Schwule(r) *m*.

Fahr·en·heit ['færənhaɪt] *s.*: **10° ~** zehn Grad Fahrenheit, 10° F.

fa·ience [faɪ'ɑ:ns] (*Fr.*) *s.* Fay'ence *f*.

fail [feɪl] **I** *v/i.* **1.** versagen (*Stimme, Herz, Motor etc., a. fig. Person*); aufhören, zu Ende gehen, nicht (aus)reichen, versiegen (*Vorrat*); **2.** miss'raten (*Ernte*), nicht aufgehen (*Saat*); **3.** nachlassen, schwächer werden, schwinden, abnehmen: **his health ~ed** s-e Gesundheit ließ nach; **4.** unter'lassen, versäumen, verfehlen, vernachlässigen: **he ~ed to come** er kam nicht; **he never ~s to come** er kommt immer; **don't ~ to come!** komm ja (*od.* bestimmt)!; **he cannot ~ to win** er muss (einfach) gewinnen; **~ in one's duty** s-e Pflicht versäumen; **he ~s in perseverance** es fehlt ihm an Ausdauer; **5.** a) s-n Zweck verfehlen, miss'lingen, fehlschlagen, miss'glücken, b) es nicht fertig bringen *od.* schaffen (zu *inf.*): **the plan ~ed** der Plan scheiterte; **if everything else ~s** wenn alle Stränge reißen; **I ~ to see why** ich sehe nicht ein, warum; **he ~ed in his attempt** der Versuch misslang ihm; **it ~ed in its effect** die erhoffte Wirkung blieb aus; **a ~ed husband** als Ehemann ein Versager; **a ~ed artist** ein verkrachter Künstler; **6.** *ped.* 'durchfallen (**in** in *dat.*); **7.** ✝ Bank'rott machen, in Kon'kurs geraten; **II** *v/t.* **8.** im Stich lassen, enttäuschen: **I will**

F

never ~ you; ***my courage ~ed me*** mir sank der Mut; ***words ~ me*** mir fehlen die Worte; **9.** *j-m* fehlen; **10.** *ped.* a) *j-n* 'durchfallen lassen (*in der Prüfung*), b) 'durchfallen in (*der Prüfung*); **III** *s.* **11.** ***he got a ~ in biology*** *ped.* er ist in Biologie durchgefallen; **12.** ***without ~*** ganz bestimmt, unbedingt; **'fail·ing** [-lɪŋ] **I** *adj.*: ***never ~*** nie versagend, unfehlbar; **II** *prp.* in Ermangelung (*gen.*), ohne: ***~ this*** andernfalls; ***~ which*** widrigenfalls; **III** *s.* Mangel *m*, Schwäche *f*, Fehler *m*, De'fekt *m*.

'fail|-safe, **'~-proof** *adj.* pannensicher (*a. fig.*).

fail·ure ['feɪljə] *s.* **1.** Fehlen *n*; **2.** Ausbleiben *n*, Versagen *n*; **3.** Unter'lassung *f*, Versäumnis *n*: ***~ to comply*** Nichtbefolgung *f*; ***~ to pay*** Nichtzahlung *f*; **4.** Fehlschlag(en *n*) *m*, Scheitern *n*, Miss'lingen *n*, 'Misserfolg *m*: ***crop ~*** Missernte *f*; **5.** *fig.* Zs.-bruch *m*, Schiffbruch *m*; ✝ Bank'rott *m*, Kon'kurs *m*: ***meet with ~ → fail*** 5; **6.** ⚕, ⚙ (*Herz-, Nieren- etc.*)Versagen *n*, Störung *f*, De'fekt *m*, ⚙ *a.* Panne *f*; **7.** Abnahme *f*, Versiegen *n*; **8.** *ped.* 'Durchfallen *n* (*in der Prüfung*); **9.** a) Versager *m*, ‚Niete' *f* (*Person od. Sache*), b) ‚Reinfall' *m*, ‚Pleite' *f* (*Sache*).

faint [feɪnt] **I** *adj.* □ **1.** schwach, matt, kraftlos: ***feel ~*** sich matt *od.* e-r Ohnmacht nahe fühlen; **2.** schwach, matt (*Ton, Farbe, a. fig.*): ***a ~ effort***; ***I haven't got the ~est idea*** ich habe nicht die leiseste Ahnung; ***~ hope*** schwache Hoffnung; **3.** furchtsam; **II** *s.* **4.** (***dead ~*** tiefe) Ohnmacht; **III** *v/i.* **5.** schwach *od.* matt werden (***with*** vor *dat.*); **6.** in Ohnmacht fallen (***with*** vor *dat.*): ***~ing fit*** Ohnmachtsanfall *m*; **'~·heart** *s.* Feigling *m*; **ˌ~-'heart·ed** *adj.* □ feig(e), furchtsam.

faint·ness ['feɪntnɪs] *s.* **1.** Schwäche *f* (*a. fig.*), Mattigkeit *f*: ***~ of heart*** Feigheit *f*, Furchtsamkeit *f*; **2.** Ohnmachtsgefühl *n*.

fair[1] [feə] **I** *adj.* □ → ***fairly***; **1.** schön, hübsch, lieblich: ***the ~ sex*** das schöne Geschlecht; **2.** a) hell (*Haut, Haar*), blond (*Haar*), zart (*Teint, Haut*), b) hellhäutig; **3.** rein, sauber, tadel-, makellos, *fig. a.* unbescholten: ***~ name*** guter Ruf; **4.** *fig.* schön, gefällig: ***give s.o. ~ words*** j-n mit schönen Worten abspeisen; **5.** deutlich, leserlich: ***~ copy*** Reinschrift *f*; **6.** klar, heiter (*Himmel*), schön, trocken (*Wetter, Tag*): ***set ~*** beständig; **7.** frei, unbehindert: ***~ game*** jagdbares Wild, *bsd. fig.* Freiwild *n* (***to*** für); **8.** günstig (*Wind*), aussichtsreich, gut: ***~ chance*** reelle Chance; ***be in a ~ way to*** auf dem besten Wege sein zu; **9.** anständig: a) *bsd. sport* fair, b) ehrlich, offen, aufrichtig, c) 'unparˌteiisch, d) fair: ***~ price*** angemessener Preis; ***~ and square*** offen u. ehrlich, anständig; ***~ play*** a) faires Spiel, b) *fig.* Anständigkeit *f*, Fairness *f*; ***by ~ means or foul*** so oder so; ***~ is ~*** Gerechtigkeit muss sein!; ***~ enough!*** in Ordnung!; ***all's ~ in love and war*** im Krieg u. in der Liebe ist alles erlaubt; **10.** leidlich, ziemlich *od.* einigermaßen gut, nicht übel: ***be a ~ judge*** ein recht gutes Urteil haben (***of*** über *acc.*); ***~ to middling*** gut bis mittelmäßig, *iro.* ‚mittelprächtig'; ***~ average*** guter Durchschnitt; **11.** ansehnlich, beträchtlich, ganz schön: ***a ~ sum***; **II** *adv.* → *a.* ***fairly***; **12.** schön, gut, freundlich, höflich; **13.** rein, sauber, leserlich; **14.** günstig: ***bid*** (*od.* ***promise***) ***~*** a) sich gut anlassen, zu Hoffnungen berechtigen, b) Aussicht haben, versprechen (***to*** *inf.* zu *inf.*); **15.** anständig, fair: ***play ~*** fair spielen, *a. fig.* sich an die Spielregeln halten; **16.** genau: ***~ in the face*** mitten ins Gesicht; **17.** völlig; **III** *v/t.* **18.** ⚙ zurichten, glätten; **19.** *Flugzeug etc.* verkleiden.

fair[2] [feə] *s.* **1.** a) Jahrmarkt *m*, b) Volksfest *n*; **2.** Messe *f*, Ausstellung *f*: ***at the industrial ~*** auf der Industriemesse; **3.** Ba'sar *m*.

'fair|-faced *adj.*: ***~ concrete*** ⚠ Sichtbeton *m*; **'~·ground** *s.* **1.** Messegelände *n*; **2.** Rummelplatz *m*; **ˌ~-'haired** *adj.* blond: ***~ boy*** *fig. iro.* Liebling *m* (*des Chefs etc.*).

At the fairground – Auf dem Rummelplatz

roller coaster ['rəʊləˌkəʊstə], **big dipper, switchback**	Achterbahn
bumper cars, dodgems ['dɒdʒəmz]	Autoskooter
ghost train	Geisterbahn
big wheel, Ferris wheel	Riesenrad
hall of mirrors	Lachkabinett
merry-go--round ['merɪgəʊˌraʊnd], **carousel** [ˌkærə'sel]	Karussell
shooting gallery	Schießbude

fair·ing¹ ['feərɪŋ] *s.* ✈ Verkleidung *f.*
fair·ing² ['feərɪŋ] *s. obs.* Jahrmarktsgeschenk *n.*
fair·ly ['feəlɪ] *adv.* **1.** ehrlich; **2.** anständig(erweise); **3.** gerecht(erweise); **4.** ziemlich; **5.** leidlich; **6.** völlig; **7.** geradezu; **8.** deutlich; **9.** genau.
ˌfair-'mind·ed *adj.* aufrichtig, gerecht (denkend).
fair·ness ['feənɪs] *s.* **1.** Schönheit *f*; **2.** a) Blondheit *f*, b) Hellhäutigkeit *f*; **3.** Klarheit *f* (*des Himmels*); **4.** Anständigkeit *f*: a) *bsd. sport* Fairness *f*, b) Ehrlichkeit *f*, c) Gerechtigkeit *f*: ***in ~*** gerechterweise; ***in ~ to him*** um ihm Gerechtigkeit widerfahren zu lassen; **5.** ⚖, ✝ Lauterkeit *f* (*des Wettbewerbs etc.*).
ˌfair|-'spo·ken *adj.* freundlich, höflich; **'~·way** *s.* **1.** ⚓ Fahrwasser *n*, -rinne *f*; **2.** *Golf*: Fairway *n*; **'~-ˌweath·er** *adj.* Schönwetter...: ***~ friends*** *fig.* Freunde nur in guten Zeiten.
fair·y ['feərɪ] **I** *s.* **1.** Fee *f*, Elf(e *f*) *m*; **2.** *sl.* ‚Homo' *m*, Schwule(r) *m*; **II** *adj.* □ **3.** feenhaft (*a. fig.*): ***~ godmother*** *fig.* gute Fee; **'~·land** *s.* Feen-, Märchenland *n*; **~ tale** *s.* Märchen *n* (*a. fig.*).
faith [feɪθ] *s.* **1.** (*in*) Glaube(n) *m* (an *acc.*), Vertrauen *n* (auf *acc.*, zu): ***have*** *od.* ***put ~ in*** a) Glauben schenken (*dat.*), b) Vertrauen haben zu; ***on the ~ of*** im Vertrauen auf (*acc.*); **2.** *eccl.* (*überzeugter*) Glaube(n), b) Glaube(nsbekenntnis *n*) *m*: ***the Christian ~***; **3.** Treue *f*, Redlichkeit *f*: ***breach of ~*** Treu-, Vertrauensbruch *m*; ***in good ~*** in gutem Glauben, gutgläubig (*a.* ⚖); ***in bad ~*** in böser Absicht, arglistig (*a.* ⚖), ⚖ bösgläubig; **4.** Versprechen *n*: ***keep one's ~*** (sein) Wort halten; ***~ cure*** → ***faith healing***.
faith·ful ['feɪθfʊl] **I** *adj.* □ **1.** treu (***to*** *dat.*); **2.** (pflicht)getreu; **3.** ehrlich, aufrichtig; **4.** gewissenhaft; **5.** (wahrheits- *od.* wort)getreu, genau; **6.** glaubwürdig, zuverlässig; **7.** *eccl.* gläubig; **II** *s.* **8.** ***the ~*** *eccl.* die Gläubigen *pl.*; **9.** *pl.* treue Anhänger *pl.*; **'faith·ful·ly** [-fʊlɪ] *adv.* **1.** treu, ergeben: ***Yours ~*** Mit freundlichen Grüßen (*Briefschluss*); **2.** → ***faithful*** 2–5; **3.** F nachdrücklich: ***promise ~*** fest versprechen; **'faith·ful·ness** [-nɪs] *s.* **1.** (*a.* Pflicht)Treue *f*; **2.** Ehrlichkeit *f*; **3.** Gewissenhaftigkeit *f*; **4.** Genauigkeit *f*; **5.** Glaubwürdigkeit *f*.
faith| heal·er *s.* Gesundbeter(in); **~ heal·ing** *s.* Gesundbeten *n.*
faith·less ['feɪθlɪs] *adj.* □ **1.** *eccl.* ungläubig; **2.** treulos; **3.** unehrlich.
fake [feɪk] F **I** *v/t.* **1.** nachmachen, fälschen; *Presse etc.*: *Foto etc.* ‚türken'; **2.** *Bilanz etc.* ‚frisieren'; **3.** vortäuschen; **4.** *sport* a) *Gegner* täuschen, b) *Schlag etc.* antäuschen; **II** *s.* **5.** Fälschung *f*, Nachahmung *f*; **6.** Schwindel *m*; **7.** Schwindler *m*, ‚Schauspieler' *m*, j-d, der nicht ‚echt' ist; **III** *adj.* **8.** nachgemacht, gefälscht; **9.** falsch; **10.** vorgetäuscht; ***~ asylum seeker*** 'Scheinasyˌlant(in) **'fak·er** *s.* **1.** Fälscher *m*; **2.** Simu'lant(in); **3.** → ***fake*** 7.
fa·kir ['feɪˌkɪə] *s.* **1.** Fakir *m*; **2.** *Am.* F → ***fake*** 7.
fal·con ['fɔːlkən] *s. orn.* Falke *m*; **'fal·con·er** [-nə] *s. hunt.* Falkner *m*; **'fal·con·ry** [-kənrɪ] *s.* **1.** Falkne'rei *f*; **2.** Falkenbeize *f*, -jagd *f*.
fall [fɔːl] **I** *s.* **1.** Fall(en *n*) *m*, Sturz *m*: ***have a*** (***bad***) ***~*** (schwer) stürzen; ***ride for a ~*** a) verwegen reiten, b) *fig.* das Schicksal herausfordern; **2.** a) (Ab)Fallen *n* (*der Blätter etc.*), b) *Am.* Herbst *m*; **3.** Fallen *n* (*des Vorhangs*); **4.** Fall *m*, Faltenwurf *m* (*von Stoff*); **5.** *phys.* a) *a.* ***free ~*** freier Fall, b) Fallhöhe *f*, -strecke *f*; **6.** a) (*Regen-, Schnee*)Fall *m*, b) Regen-, Schneemenge *f*; **7.** Zs.-fallen *n*, Einsturz *m* (*e-s Hauses*); **8.** Fallen *n*, Sinken *n*, Abnehmen *n* (*Temperatur, Flut, Preis*): ***heavy ~ in prices*** Kurs-, Preissturz *m*; ***speculate on the ~*** auf Baisse spekulieren; **9.** Abfallen *n*, Gefälle *n*, Neigung *f* (*des Geländes*); **10.** Fall *m* (*a. e-r Festung etc.*), Sturz *m*, Nieder-, 'Untergang *m*, Abstieg *m*, Verfall *m*, Ende *n*; **11.** Fall *m*, Fehltritt: ***the ≈*** (***of man***) *bibl.* der (erste) Sündenfall *m*; **12.** *mst pl.* Wasserfall *m*; **13.** Wurf *m* (*Lämmer etc.*); **14.** *Ringen*: Niederwurf *m*: ***win by ~*** Schultersieg *m*; ***try a ~ with s.o.*** *fig.* sich mit j-m messen; **II** *v/i.* [*irr.*] **15.** fallen: ***the curtain ~s*** der Vorhang fällt; **16.** (ab)fallen (*Blätter etc.*); **17.** (he'runter)fallen, abstürzen: ***he fell to his death*** er stürzte tödlich ab; **18.** ('um-, hin-, nieder)fallen, zu Boden fallen, zu Fall kommen; **19.** 'umfallen, -stürzen (*Baum etc.*); **20.** (*in Falten od. Locken*) her'abfallen; **21.** *fig. allg.* fallen: a) (*im Kampf*) getötet werden, b) erobert werden (*Stadt etc.*), c) gestürzt werden (*Regierung*), d) e-n Fehltritt begehen (*Frau*); **22.** *fig.* fallen (*Preis, Temperatur, Flut*), abnehmen, sinken: ***his courage fell*** ihm sank der Mut; ***his face fell*** er machte ein langes Gesicht; **23.** abfallen, sich senken (*Gelände*); **24.** (*in Stücke*) zerfallen; **25.** (*zeitlich*) fallen: ***Easter ~s late this year***; **26.** her'einbrechen (*Nacht*); **27.** *fig.* fallen (*Worte etc.*); **28.** *krank, fällig etc.* werden: ***~ ill*** (***due***);
Zssgn mit prp.:
fall| a·mong *v/i.* unter ... (*acc.*) geraten *od.* fallen: ***~ the thieves*** *bibl. u. fig.* unter die Räuber fallen; **~ be·hind** *v/i.* zu'rückbleiben hinter (*acc.*) (*a. fig.*); **~ for** *v/i.* F auf *et. od. j-n* reinfal-

len, *a.* sich in *j-n* ‚verknallen'; ~ **from** *v/i.* abfallen von, abtrünnig *od.* untreu werden (*dat.*): ~ ***grace*** a) sündigen, b) in Ungnade fallen; ~ **in·to** *v/i.* **1.** kommen *od.* geraten *od.* verfallen in (*acc.*): ~ ***disuse*** außer Gebrauch kommen; ~ ***a habit*** in e-e Gewohnheit verfallen; → ***line***[1] 9; **2.** in *Teile* zerfallen: ~ ***ruin*** zerfallen; **3.** münden in (*acc.*) (*Fluss*); **4.** fallen in (*ein Gebiet od. Fach*); ~ **on** *v/i.* **1.** treffen, fallen auf (*acc.*) (*a. Blick etc.*); **2.** herfallen über (*acc.*), über'fallen (*acc.*); **3.** in *et.* geraten: ~ ***evil days*** e-e schlimme Zeit durchmachen müssen; ~ **o·ver** *v/i.* fallen über (*acc.*): ~ ***o.s. to do s.th.*** F sich ‚fast umbringen', et. zu tun; ~ **to** *v/i.* **1.** mit *et.* beginnen: ~ ***work***; **2.** fallen an (*acc.*), *j-m* zufallen *od.* obliegen (***to do*** zu tun); ~ **un·der** *v/i. fig.* **1.** unter *ein Gesetz etc.* fallen, zu *et.* gehören; **2.** *der Kritik etc.* unter'liegen; ~ **with·in** → ***fall into*** 4.

Zssgn mit adv.:

fall| a·stern *v/i.* ⚓ zu'rückbleiben; ~ **a·way** *v/i.* **1.** → ***fall*** 23; **2.** → ***fall off*** 1; ~ **back** *v/i.* **1.** zu'rückweichen: ~ (***up***)***on*** *fig.* zurückgreifen auf (*acc.*); **2.** → ~ **be·hind** *v/i. a. fig.* zu'rückbleiben, -fallen: ~ ***with*** in Rückstand *od.* Verzug geraten mit; ~ **down** *v/i.* **1.** hin-, hinunterfallen; **2.** 'umfallen, einstürzen; **3.** (*ehrfürchtig*) auf die Knie sinken, niederfallen; **4.** F (***on***) a) versagen (bei), b) Pech haben (mit); ~ **in** *v/i.* **1.** einfallen, -stürzen; **2.** ⚔ antreten; **3.** *fig.* a) sich anschließen (*Person*), b) sich einfügen (*Sache*); **4.** † ablaufen, fällig werden; **5.** ~ ***with*** (zufällig) treffen (*acc.*), stoßen auf (*acc.*); **6.** ~ ***with*** a) zustimmen (*dat.*), b) passen zu, entsprechen (*dat.*), c) sich anpassen (*dat.*); ~ **off** *v/i. fig.* **1.** zu'rückgehen, sinken, nachlassen, abnehmen; **2.** (***from***) abfallen (von), abtrünnig werden (*dat.*); **3.** ⚓ (vom Strich) abfallen; **4.** ✈ abrutschen; ~ **out** *v/i.* **1.** her'ausfallen; **2.** *fig.* ausfallen, sich erweisen als; **3.** sich ereignen; **4.** ⚔ wegtreten; **5.** sich streiten *od.* entzweien; ~ **o·ver** *v/i.* 'umfallen, -kippen: ~ ***backwards*** F sich ‚fast umbringen' (*et. zu tun*); ~ **through** *v/i.* **1.** 'durchfallen (*a. fig.*); **2.** *fig.* a) miss'lingen, b) ins Wasser fallen; ~ **to** *v/i.* **1.** zufallen (*Tür*); **2.** ‚reinhauen', (tüchtig) zugreifen (*beim Essen*); **3.** handgemein werden.

fal·la·cious [fə'leɪʃəs] *adj.* □ trügerisch: a) irreführend, b) irrig, falsch; **fal·la·cy** ['fæləsɪ] *s.* **1.** Trugschluss *m*, Irrtum *m*: ***popular*** ~ weit verbreiteter Irrtum; **2.** Unlogik *f*; **3.** Täuschung *f*.

fall·en ['fɔːlən] **I** *p.p. von* ***fall***; **II** *adj. allg.* gefallen: a) gestürzt (*a. fig.*), b) entehrt (*Frau*), c) (*im Krieg*) getötet, d) erobert (*Stadt etc.*): ~ ***angel*** gefallener Engel; **III** *s. coll.* ***the*** ~ die Gefallenen *pl.*; ~ **arch·es** *s. pl.* Senkfüße *pl.*

fall guy *s. Am.* F **1.** a) Opfer *n* (*e-s Betrügers*), b) ‚Gimpel' *m*; **2.** Sündenbock *m*.

fal·li·bil·i·ty [ˌfælə'bɪlətɪ] *s.* Fehlbarkeit *f*; **fal·li·ble** ['fæləbl] *adj.* □ fehlbar.

ˌ**fall·ing|-a'way, ˌ~-'off** ['fɔːlɪŋ] *s.* Rückgang *m*, Abnahme *f*, Sinken *n*; ~ **sick·ness** *s.* ⚕ Fallsucht *f*; ~ **star** *s.* Sternschnuppe *f*.

Fal·lo·pi·an tubes [fə'ləupɪən] *s. pl. anat.* Eileiter *pl.*

'**fall·out** *s.* **1.** *phys.* radioak'tiver Niederschlag, Fall-'out *m*; **2.** *fig.* a) 'Nebenproˌdukt *n*, b) (böse) Auswirkung(en *pl.*).

fal·low[1] ['fæləu] **I** *adj.* brach(liegend): ***lie*** ~ brachliegen; **II** *s.* Brache *f*: a) Brachfeld *n*, b) Brachliegen *n*.

fal·low[2] ['fæləu] *adj.* falb, fahl, braungelb; ~ **deer** [-ləud-] *s. zo.* Damhirsch *m*, -wild *n*.

false [fɔːls] **I** *adj.* □ *allg.* falsch: a) unrichtig, fehlerhaft, irrig, b) unwahr, c) (***to***) treulos (gegen), untreu (*dat.*), d) irreführend, vorgetäuscht, trügerisch, 'hinterhältig, e) gefälscht, unecht, künstlich, f) Schein..., fälschlich (so genannt), g) 'widerrechtlich, rechtswidrig: ~ ***alarm*** blinder Alarm (*a. fig.*); ~ ***ceiling*** ⚠ Zwischendecke *f*; ~ ***coin*** Falschgeld *n*; ~ ***hair*** falsche Haare; ~ ***imprisonment*** ⚖ Freiheitsberaubung *f*; ~ ***key*** Nachschlüssel *m*; ~ ***pregnancy*** ⚕ Scheinschwangerschaft *f*; ~ ***shame*** falsche Scham; ~ ***start*** Fehlstart *m*; ~ ***step*** Fehltritt *m*; ~ ***tears*** Krokodilstränen; ~ ***teeth*** falsche Zähne; **II** *adv.* falsch, unaufrichtig: ***play s.o.*** ~ ein falsches Spiel mit j-m treiben; ˌ**false-'heart·ed** *adj.* falsch, treulos; '**false·hood** [-hud] *s.* **1.** Unwahrheit *f*, Lüge *f*; **2.** Falschheit *f*; '**false·ness** [-nɪs] *s. allg.* Falschheit *f*.

fal·set·to [fɔːl'setəu] *pl.* **-tos** *s.* Fistelstimme *f*, ♪ *a.* Fal'sett(stimme *f*) *n*.

fal·sies ['fɔːlsɪz] *s. pl.* F Schaumgummieinlagen *pl.* (*im Büstenhalter*).

fal·si·fi·ca·tion [ˌfɔːlsɪfɪ'keɪʃn] *s.* (Ver-)Fälschung *f*; **fal·si·fi·er** ['fɔːlsɪfaɪə] *s.* Fälscher(in); **fal·si·fy** ['fɔːlsɪfaɪ] *v/t.* **1.** fälschen; **2.** verfälschen, falsch *od.* irreführend darstellen; **3.** *Hoffnungen* enttäuschen; **fal·si·ty** ['fɔːlsətɪ] *s.* **1.** Irrtum *m*, Unrichtigkeit *f*; **2.** Lüge *f*, Unwahrheit *f*.

falt·boat ['fɔːltbəut] *s.* Faltboot *n*.

fal·ter ['fɔːltə] **I** *v/i.* schwanken: a) taumeln, b) zögern, zaudern, c) stocken (*a. Stimme*): ***his courage*** ~***ed*** der Mut verließ ihn; **II** *v/t. et.* stammeln; '**fal·ter·ing** [-tərɪŋ] *adj.* □ *allg.* schwankend (→ ***falter*** I).

fame [feɪm] *s.* **1.** Ruhm *m*, (guter) Ruf,

Berühmtheit *f*: ***of ill ~*** berüchtigt; ***house of ill ~*** Freudenhaus *n*; **2.** *obs.* Gerücht *n*; **famed** [-md] *adj.* berühmt, bekannt (***for*** wegen *gen.*, für).

fa·mil·iar [fəˈmɪljə] **I** *adj.* ☐ **1.** vertraut: a) gewohnt: ***a ~ sight***, b) bekannt: ***a ~ face***, c) geläufig: ***a ~ expression***; ***~ quotations*** geflügelte Worte; **2.** vertraut, bekannt (***with*** mit): ***be ~ with*** *a. et.* gut kennen; ***make o.s. ~ with*** a) sich mit *j-m* bekannt machen, b) sich mit *et.* vertraut machen; ***the name is ~ to me*** der Name ist mir vertraut; **3.** vertraut, inˈtim, eng: ***a ~ friend***; ***be on ~ terms with s.o.*** mit j-m gut bekannt sein; (***too***) ***~*** *contp.* allzu familiär, plumpvertraulich; **4.** ungezwungen, familiˈär; **II** *s.* **5.** Vertraute(r *m*) *f*; **6.** *a.* ***~ spirit*** Schutzgeist *m*; **fa·mil·i·ar·i·ty** [fəˌmɪlɪˈærətɪ] *s.* **1.** Vertrautheit *f*, Bekanntschaft *f* (***with*** mit); **2.** a) familiˈärer Ton, Ungezwungenheit *f*, Vertraulichkeit *f*, b) *contp.* plumpe Vertraulichkeit; **fa·mil·iar·i·za·tion** [fəˌmɪljəraɪˈzeɪʃn] *s.* (***with***) Vertrautmachen *n* *od.* -werden *n* (mit), Gewöhnung *f* (an *acc.*); **faˈmil·iar·ize** [-əraɪz] *v/t.* (***with***) vertraut *od.* bekannt machen (mit), gewöhnen (an *acc.*).

fam·i·ly [ˈfæməlɪ] **I** *s.* **1.** Faˈmilie *f* (*a. biol. u. fig.*): ***~ of nations*** Völkerfamilie; ***she was living as one of the ~*** sie gehörte zur Familie, sie hatte Familienanschluss; **2.** Faˈmilie *f*: a) Geschlecht *n*, Sippe *f*, *a.* Verwandtschaft *f*, b) Ab-, Herkunft *f*: ***of*** (***good***) ***~*** aus gutem *od.* vornehmem Hause; **3.** *ling.* (ˈSprach-) Faˌmilie *f*; **4.** 🜨 Schar *f*; **II** *adj.* **5.** Familien...: ***~ business*** (***tradition*** *etc.*); ***~ doctor*** Hausarzt *m*; ***~ environment*** häusliches Milieu; ***~ warmth*** Nestwärme *f*; ***in a ~ way*** zwanglos; ***be in the ~ way*** F in anderen Umständen sein; **~ al·low·ance** *s.* Kindergeld *n*; **~ cir·cle** *s.* **1.** Faˈmilienkreis *m*; **2.** *thea. Am.* oberer Rang; **~ court** *s.* ⚖ Faˈmiliengericht *n*; **~ man** *s.* [*irr.*] **1.** Mann *m* mit Faˈmilie, Faˈmilienvater *m*; **2.** häuslicher Mensch; **~ plan·ning** *s.* Faˈmilienplanung *f*; **ˈ~-ˌsize pack·age** *s.* Haushaltspackung *f*; **~ skel·e·ton** *s.* streng gehütetes Faˈmiliengeheimnis; **~ tree** *s.* Stammbaum *m*.

fam·ine [ˈfæmɪn] *s.* **1.** Hungersnot *f*; **2.** Mangel *m*, Knappheit *f* (***of*** an *dat.*); **3.** Hunger *m* (*a. fig.*).

fam·ish [ˈfæmɪʃ] **I** *v/i.* **1.** *obs.* verhungern: ***be ~ing*** F am Verhungern sein; **2.** darben; **II** *v/t. obs.* verhungern lassen: ***he ate as if ~ed*** er aß, als ob er am Verhungern wäre.

fa·mous [ˈfeɪməs] *adj.* ☐ **1.** berühmt (***for*** wegen *gen.*, für); **2.** F faˈmos, ausgezeichnet, prima.

fan¹ [fæn] **I** *s.* **1.** Fächer *m*: ***~ dance***; ***~ aerial*** ⚡ Fächerantenne *f*; ***~-fold paper*** Endlospapier, EDV-Papier *n*; **2.** ⚙ a) Ventiˈlator *m*, Lüfter *m*, b) *a.* ***~ blower*** (Flügelrad)Gebläse *n*, c) 🜨 (Worfel)Schwinge *f*, d) ⚓ Flügel *m*, Schraubenblatt *n*; **II** *v/t.* **3.** *Luft* fächeln; **4.** umˈfächeln, *j-m* Luft zufächeln; **5.** *Feuer* anfachen: ***~ the flame*** *fig.* Öl ins Feuer gießen; **6.** *fig.* entfachen; (an)wedeln; **7.** 🜨 worfeln, schwingen; **III** *v/i.* **8.** *oft* ***~ out*** a) sich (fächerförmig) ausbreiten, b) ⚔ ausschwärmen.

fan² [fæn] *s.* F Fan *m*, begeisterter Anhänger: ***~ club*** Fanklub *m*; ***~ mail*** Verehrerpost *f*.

fa·nat·ic [fəˈnætɪk] **I** *s.* Faˈnatiker(in); **II** *adj.* → **faˈnat·i·cal** [-kl] *adj.* ☐ faˈnatisch; **faˈnat·i·cism** [-ɪsɪzəm] *s.* Fanaˈtismus *m*.

fan·ci·er [ˈfænsɪə] *s.* (*Tier-, Blumen- etc.*)Liebhaber(in) *od.* Züchter(in); **ˈfan·ci·ful** [-ɪfʊl] *adj.* ☐ **1.** (allzu) fantaˈsiereich, schrullig, wunderlich (*Person*); **2.** biˈzarr, ausgefallen (*Sache*); **3.** eingebildet, unwirklich; **4.** fanˈtastisch, wirklichkeitsfremd.

fan·cy [ˈfænsɪ] **I** *s.* **1.** Fantaˈsie *f*: a) Einbildungskraft *f*, b) Fantaˈsievorstellung *f*, c) (bloße) Einbildung; **2.** Iˈdee *f*, plötzlicher Einfall *m*: ***I have a ~ that*** ich habe so e-e Idee, dass; **3.** Laune *f*, Grille *f*; **4.** (individuˈeller) Geschmack; **5.** (***for***) Neigung *f* (zu), Vorliebe *f* (für), Gefallen *n* (an *dat.*): ***have a ~ for*** gern haben (wollen) (*acc.*), Lust haben zu *od.* auf (*acc.*); ***take a ~ to*** Gefallen finden an (*dat.*), sympathisch finden (*acc.*); ***take*** (*od.* ***catch***) ***s.o.'s ~*** j-m gefallen; ***just as the ~ takes you*** nach Lust u. Laune; **6.** *coll.* ***the ~*** die (*Sport-, Tier- etc.*)Liebhaberwelt; **II** *adj.* **7.** Fantasie..., fanˈtastisch: ***~ name*** Fantasiename *m*; ***~ price*** Fantasie-, Liebhaberpreis *m*; **8.** Mode...: ***~ article***; **9.** (reich) verziert, bunt, kunstvoll, ausgefallen, extrafein: ***~ cakes*** feines Gebäck; ***~ car*** schicker Wagen; ***~ dog*** Hund *m* aus e-r Liebhaberzucht; ***~ foods*** Delikatessen; ***~ words*** *contp.* geschwollene Ausdrücke; **III** *v/t.* **10.** sich *j-n od. et.* vorstellen: ***~*** (***that***)***!*** a) stell dir vor!, b) sieh mal einer an!, nanu!; ***~ meeting you here!*** nanu, du hier?; **11.** glauben, denken, annehmen; **12.** ***~ o.s.*** sich einbilden (***to be*** zu sein), sich halten für: ***~ o.s.*** (***very important***) sich sehr wichtig vorkommen; **13.** gern haben *od.* mögen: ***I don't ~ this suit*** dieser Anzug gefällt mir nicht; **14.** Lust haben (auf *acc.*; ***doing*** zu tun): ***I could ~ an ice cream*** ich hätte Lust auf ein Eis; **15.** ***~ up*** *Am.* F aufputzen, ‚Pfiff geben' (*dat.*); **~ ball** *s.* Koˈstümfest *n*, Masken-

F

ball *m*; ~ **dress** *s.* ('Masken)Ko͵stüm *n*; ͵~-'**dress** *adj.*: ~ **ball** → **fancy ball**; ͵~-'**free** *adj.* frei u. ungebunden; ~ **goods** *s. pl.* **1.** 'Modear͵tikel *pl.*; **2.** kleine Ge'schenkar͵tikel *pl.*, *a.* Nippes *pl.*; ~ **man** *s.* [*irr.*] *sl.* **1.** ‚Louis' *m*, Zuhälter *m*; **2.** Liebhaber *m*; ~ **pants** *s. Am. sl.* **1.** ‚feiner Pinkel'; **2.** ‚Waschlappen' *m*; ~ **wom·an** *s.* [*irr.*] **1.** Geliebte *f*; **2.** Prostituierte *f*; '~**·work** *s.* feine (Hand-)Arbeit.

F

fan·dan·gle [fæn'dæŋl] *s.* F ‚Firlefanz' *m*.

fane [feɪn] *s. poet.* Tempel *m*.

fan·fare ['fænfeə] *s.* ♪ Fan'fare *f*, Tusch *m*: ***with much*** ~ *fig.* mit großem Tamtam.

fang [fæŋ] *s.* **1.** *zo.* a) Fang(zahn) *m* (*Raubtier*), b) Hauer *m* (*Eber*), c) Giftzahn *m* (*Schlange*); **2.** *pl.* F Zähne *pl.*, ‚Beißer' *pl.*; **3.** *anat.* Zahnwurzel *f*; **4.** ⚙ Dorn *m*.

fan| heat·er *s.* Heizlüfter *m*; '~**·light** *s.* △ (fächerförmiges) (Tür)Fenster, Oberlicht *n*.

fan·ner ['fænə] *s.* ⚙ Gebläse *n*.

fan·ny ['fænɪ] *s.* **1.** *Am. sl.* ‚Arsch' *m*; **2.** *Brit.* V ‚Möse' *f*.

fan·ta·sia [fæn'teɪzjə] *s.* ♪ Fanta'sia *f*; **fan·ta·size** ['fæntəsaɪz] *v/i.* **1.** fantasieren (***about*** von); **2.** (mit offenen Augen) träumen; **fan'tas·tic** [-'tæstɪk] *adj.* (☐ ~***ally***) *allg.* fan'tastisch: a) unwirklich, b) verstiegen, über'spannt, c) ab'surd, aus der Luft gegriffen, d) F ‚toll'; **fan·ta·sy** ['fæntəsɪ] *s.* **1.** Fanta'sie *f*: a) Einbildungskraft *f*, b) Fanta'sievorstellung *f*, c) (Tag-, Wach)Traum *m*, d) Hirngespinst *n*; **2.** ♪ Fanta'sia *f*.

fan| trac·er·y *s.* △ Fächermaßwerk *n*; ~ **vault·ing** *s.* △ Fächergewölbe *n*.

fan·zine ['fænziːn] *s.* 'Fanmaga͵zin *n* (*Zeitschrift*).

far [fɑː] **I** *adj.* **1.** fern, (weit) entfernt, weit; **2.** (*vom Sprecher aus*) entfernter: ***at the*** ~ ***end*** am anderen Ende; **3.** weit vorgerückt, fortgeschritten (***in*** in *dat.*); **II** *adv.* **4.** weit, fern: ~ ***away***, ~ ***off*** weit weg, weit entfernt; ***from*** ~ von weit her; ~ ***and near*** nah u. fern, überall; ~ ***and wide*** weit und breit; ~ ***and away the best*** a) bei weitem *od.* mit Abstand das Beste, b) bei weitem am besten; ***as*** ~ ***as*** a) so weit *od.* so viel (wie), insofern als, b) bis (nach); ***as*** ~ ***as that goes*** was das betrifft; ***as*** ~ ***back as 1907*** schon (im Jahre) 1907; ***in as*** (*od.* ***so***) ~ ***as*** insofern als; ***so*** ~ bisher, bis jetzt; ***so*** ~ ***so good*** so weit, so gut; ~ ***from*** weit entfernt von, keineswegs; ~ ***from completed*** noch lange *od.* längst nicht fertig; ~ ***from rich*** alles andere als reich; ~ ***from it!*** keineswegs!, ganz u. gar nicht!; ***I am*** ~ ***from believing it*** ich bin weit davon entfernt, es zu glauben; ~ ***into*** bis weit *od.* hoch *od.* tief in (*acc.*); ~ ***into the night*** bis spät *od.* tief in die Nacht; ~ ***out*** a) weit draußen *od.* hinaus, b) F ‚toll'; ***be*** ~ ***out*** weit danebenliegen (*mit e-r Vermutung etc.*); ~ ***up*** hoch oben; ~ ***be it from me*** (***to*** *inf.*) es liegt mir fern (zu *inf.*); ***go*** ~ a) weit *od.* lange (aus)reichen, b) es weit bringen; ***ten dollars don't go*** ~ mit 10 Dollar kommt man nicht weit; ***go too*** ~ *fig.* zu weit gehen; ***that went*** ~ ***to convince me*** das hat mich beinahe überzeugt; ***I will go so*** ~ ***as to say*** ich will sogar behaupten; **5.** *a.* ***by*** ~ weit(aus), bei weitem, sehr viel, ganz: ~ ***better*** viel besser; (***by***) ~ ***the best*** a) weitaus der (die, das) Beste, b) bei weitem am besten.

far·ad ['færəd] *s.* ϟ Fa'rad *n*.

'**far·a·way** *adj.* **1.** → ***far*** 1; **2.** *fig.* verträumt, versonnen, (geistes)abwesend.

farce [fɑːs] *s.* **1.** *thea.* Posse *f*, Schwank *m*; **2.** *fig.* Farce *f*, ‚The'ater' *n*; '**far·ci·cal** [-sɪkl] *adj.* ☐ **1.** possenhaft, Possen...; **2.** *fig.* ab'surd.

fare [feə] **I** *s.* **1.** a) Fahrpreis *m*, -geld *n*, b) Flugpreis *m*: ***what's the*** ~***?*** was kostet die Fahrt *od.* der Flug?; ~ ***stage*** *Brit.* Fahrpreiszone *f*, Teilstrecke *f* (*Bus etc.*); ***any more*** ~***s?*** noch jemand zugestiegen?; **2.** Fahrgast *m* (*bsd. e-s Taxis*); **3.** Kost *f* (*a. fig.*), Verpflegung *f*, Nahrung *f*: ***slender*** ~ magere Kost; ***literary*** ~ literarische Kost, geistiges ‚Menü'; **II** *v/i.* **4.** sich befinden; (er)gehen: ***how did you*** ~***?*** wie ist es dir ergangen?; ***he*** ~***d ill, it*** ~***d ill with him*** er war schlecht d(a)ran; ***we*** ~***d no better*** uns ist es nicht besser ergangen; ~ ***alike*** in der gleichen Lage sein; **5.** *poet.* reisen, sich aufmachen: ~ ***thee well!*** leb wohl!

Far East *s.*: ***the*** ~ der Ferne Osten.

͵**fare'well I** *int.* lebe(n Sie) wohl!, lebt wohl!; **II** *s.* Lebe'wohl *n*, Abschiedsgruß *m*: ***bid s.o.*** ~ j-m Lebewohl sagen; ***make one's*** ~***s*** sich verabschieden; ***take one's*** ~ ***of*** Abschied nehmen von (*a. fig.*); ~ ***to*** adieu ..., nie wieder ...; **III** *adj.* Abschieds...

͵**far|-'famed** *adj.* 'weithin berühmt; ͵~-'**fetched** *adj. fig.* weit hergeholt, an den Haaren her'beigezogen; ͵~-'**flung** *adj.* **1.** weit (ausgedehnt); **2.** *fig.* weit gespannt; **3.** weit entfernt; ͵~-'**go·ing** → ***far-reaching***.

fa·ri·na [fə'raɪnə] *s.* **1.** (feines) Mehl; **2.** ⚗ Stärke *f*; **3.** *Brit.* ⚘ Blütenstaub *m*; **4.** *zo.* Staub *m*; **far·i·na·ceous** [͵færɪ'neɪʃəs] *adj.* Mehl..., Stärke...

farm [fɑːm] **I** *s.* **1.** (Bauern)Hof *m*, landwirtschaftlicher Betrieb, Gut(shof *m*) *n*, Farm *f*; **2.** (*Geflügel- etc.*)Farm *f*; **3.** *obs.* Bauernhaus *n*; **4.** *bsd. Am.* a) Sa-na'torium *n*, b) Entziehungsanstalt *f*; **II**

v/t. **5.** *Land* bebauen, bewirtschaften; **6.** *Geflügel etc.* züchten; **7.** pachten; **8.** *oft* **~ out** verpachten, in Pacht geben (**to. s.o.** j-m *od.* an j-n); **9.** *mst* **~ out** a) *Kinder* in Pflege geben, b) ✝ *Arbeit* vergeben (**to** an *acc.*); **III** *v/i.* **10.** Landwirt sein; '**farm·er** [-mə] *s.* **1.** (Groß-)Bauer *m*, Landwirt *m*, Farmer *m*; **2.** Pächter *m*; **3.** (*Geflügel- etc.*)Züchter *m*.

farm| hand *s.* Landarbeiter(in); '**~house** *s.* Bauern-, Gutshaus *n*: **~ bread** Landbrot *n*; **~ butter** Landbutter *f*.

farm·ing ['fɑːmɪŋ] *s.* **1.** Landwirtschaft; **2.** (*Geflügel- etc.*)Zucht *f*.

farm| la·bo(u)r·er → **farm hand**; **~ land** *s.* Ackerland *n*; '**~·stead** *s.* Bauernhof *m*, Gehöft *n*; **~ work·er** → **farm hand**; '**~·yard** *s.* Wirtschaftshof *m* (e-s Bauernhofs).

far·o ['feərəʊ] *s.* Phar(a)o *n* (*Kartenglücksspiel*).

far-off [ˌfɑːr'ɒf] → **far** 1, **faraway** 2.

far-out [ˌfɑːr'aʊt] *adj. sl.* **1.** ‚toll', ‚super'; **2.** ‚verrückt'.

far·ra·go [fə'rɑːgəʊ] *pl.* **-gos**, *Am.* **-goes** *s.* Kunterbunt *n* (**of** aus, von).

ˌ**far-'reach·ing** *adj.* **1.** *bsd. fig.* weit reichend; **2.** *fig.* folgenschwer, tief greifend.

far·ri·er ['færɪə] *s.* Hufschmied *m*; ⚔ Beschlagmeister *m*.

far·row ['færəʊ] **I** *s.* Wurf *m* Ferkel: **with ~** trächtig (*Sau*); **II** *v/i.* ferkeln; **III** *v/t. Ferkel* werfen.

ˌ**far|-'see·ing** *adj. fig.* weit blickend; ˌ**~-'sight·ed** *adj.* **1.** *fig.* → **far-seeing**; **2.** ⚕ weitsichtig; ˌ**~-'sight·ed·ness** *s.* **1.** *fig.* Weitblick *m*, 'Umsicht *f*; **2.** ⚕ Weitsichtigkeit *f*.

fart [fɑːt] V **I** *s.* Furz *m*; **II** *v/i.* furzen: **~ around** *fig.* herumalbern, -blödeln.

far·ther ['fɑːðə] **I** *adj.* **1.** *comp. von* **far**; **2.** → **further** 3, 4; **3.** entfernter (*vom Sprecher aus*): **the ~ shore** das gegenüberliegende Ufer; **at the ~ end** am anderen Ende; **II** *adv.* **4.** weiter: **so far and no ~** bis hierher u. nicht weiter; **5.** → **further** 1, 2; '**far·ther·most** → **farthest** 2; '**far·thest** [-ðɪst] **I** *adj.* **1.** *sup.* von **far**; **2.** entferntest, weitest; **II** *adv.* **3.** am weitesten, am entferntesten.

far·thing ['fɑːðɪŋ] *s. Brit. hist.* Farthing *m* (1/4 *Penny*): **not worth a (brass) ~** *fig.* keinen (roten) Heller wert; **it doesn't matter a ~** das macht gar nichts.

Far West *s. Am. Gebiet der Rocky Mountains u. der pazifischen Küste.*

fas·ci·a ['feɪʃə] *pl.* **-ae** [-ʃiː] *s.* **1.** Binde *f*, (Quer)Band *n*; **2.** *zo.* Farbstreifen *m*; **3.** ['fæʃɪə] *anat.* Muskelhaut *f*; **4.** ⚠ a) Gurtsims *m*, b) Bund *m* (*von Säulenschäften*); **5.** ⚕ (Bauch- *etc.*)Binde *f*; **6.** → **facia**.

fas·ci·cle ['fæsɪkl] *s.* **1.** *a.* ⚘ Bündel *n*, Büschel *n*; **2.** Fas'zikel *m*: a) (Teil)Lieferung *f*, Einzelheft *n* (*Buch*), b) Aktenbündel *n*; **fas·cic·u·lar** [fə'sɪkjʊlə], **fas·cic·u·late** [fə'sɪkjʊlət] *adj.* büschelförmig.

fas·ci·nate ['fæsɪneɪt] *v/t.* **1.** faszinieren: a) bezaubern, b) fesseln, packen, gefangen nehmen: **~d** fasziniert, (wie) gebannt; **2.** hypnotisieren; '**fas·ci·nating** [-tɪŋ] *adj.* ☐ faszinierend: a) hinreißend, b) fesselnd, spannend; **fas·ci·na·tion** [ˌfæsɪ'neɪʃn] *s.* **1.** Faszinati'on *f*, Bezauberung *f*; **2.** Zauber *m*, Reiz *m*.

Fas·cism ['fæʃɪzəm] *s. pol.* Fa'schismus *m*; '**Fas·cist** [-ɪst] **I** *s.* Fa'schist *m*; **II** *adj.* fa'schistisch.

fash·ion ['fæʃn] **I** *s.* **1.** Mode *f*: **come into ~** in Mode kommen; **set the ~** die Mode diktieren, *fig.* den Ton angeben; **it is (all) the ~** es ist (große) Mode; **in the English ~** nach englischer Mode (*od.* Art, → 2); **out of ~** aus der Mode, unmodern; **~ designer** Modedesigner(in); **2.** Sitte *f*, Brauch *m*, Art *f* (u. Weise *f*), Stil *m*, Ma'nier *f*: **behave in a strange ~** sich sonderbar benehmen; **after their ~** nach ihrer Weise; **after (od. in) a ~** schlecht u. recht, ‚so lala'; **an artist after a ~** so etwas wie ein Künstler; **3.** (feine) Lebensart, gute Ma'nieren *pl.*: **a man of ~**; **4.** Machart *f*, Form *f* (Zu)Schnitt *m*, Fas'son *f*; **II** *v/t.* **5.** herstellen, machen; **6.** bilden, formen, gestalten; **7.** anpassen; **III** *adv.* **8.** wie: **horse-~** nach Pferdeart, wie ein Pferd; **fash·ion·a·ble** ['fæʃnəbl] **I** *adj.* ☐ **1.** modisch, mo'dern; **2.** vornehm, ele'gant; **3.** in Mode, Mode...: **~ complaint** Modekrankheit *f*; **II** *s.* **4.** **the ~s** die elegante Welt, die Schickeria.

'**fash·ion|ˌmon·ger** *s.* Modenarr *m*; **~ pa·rade** *s.* Mode(n)schau *f*: **~ plate** *s.* **1.** Modebild *n*, -blatt *n*; **2.** F ‚'supereleˌgante' Per'son; **~ show** *s.* Mode(n)schau *f*.

fast[1] [fɑːst] **I** *adj.* **1.** schnell, geschwind, rasch: **~ train** Schnell-, D-Zug *m*; **my watch is ~** m-e Uhr geht vor: **pull a ~ one on s.o.** *sl.* j-n ‚reinlegen'; **2.** ‚schnell' (*hohe Geschwindigkeit gestattend*): **~ road**; **~ tennis court**; **~ lane** *mot.* Überholspur *f*, **3.** *phot.* lichtstark; **4.** flott, leichtlebig; **II** *adv.* **5.** schnell: **~ and furious** Schlag auf Schlag; **6.** häufig, reichlich, stark; **7.** leichtsinnig: **live ~** ein flottes Leben führen.

fast[2] [fɑːst] **I** *adj.* **1.** fest(gemacht), befestigt, unbeweglich; fest zs.-haltend: **make ~** festmachen, befestigen, *Tür* (fest) verschließen; **~ friend** treuer Freund; **2.** beständig, haltbar: **~ colo(u)r** (wasch)echte Farbe; **~ to light** lichtecht; **II** *adv.* **3.** fest, sicher: **be ~ asleep** fest schlafen; **stuck ~** festgefah-

F

ren; ***play ~ and loose*** Schindluder treiben (***with*** mit).

fast³ [fɑːst] *bsd. eccl.* **I** *v/i.* **1.** fasten; **II** *s.* **2.** Fasten *n*: ***break one's ~*** das Fasten brechen, *a.* frühstücken; **3.** Fastenzeit *f*.

'fast|·back *s. mot.* (Wagen *m* mit) Fließheck *n*; **~ breed·er (re·ac·tor)** *s. phys.* schneller Brüter.

fas·ten ['fɑːsn] **I** *v/t.* **1.** befestigen, festmachen, -binden (***to***, ***on*** an *dat.*); **2.** *a.* ***~ up*** (fest) zumachen, (ver-, ab)schließen, zuknöpfen, ver-, zuschnüren; zs.-fügen, verbinden: ***~ with nails*** zunageln; ***~ down*** a) befestigen, b) F *j-n* ‚festnageln' (***to*** auf *acc.*); **3.** *Augen* heften, *a. s-e Aufmerksamkeit* richten (***on*** auf *acc.*); **4.** ***~ (up)on*** *fig.* a) *j-m e-n Spitznamen* ‚anhängen', geben, b) *j-m et.* ‚anhängen' *od.* ‚in die Schuhe schieben'; **II** *v/i.* **5.** sich schließen *od.* festmachen lassen; **6.** ***~ (up)on*** a) sich heften *od.* klammern an (*acc.*), b) *fig.* sich stürzen auf (*acc.*), ‚einhaken' bei, aufs Korn nehmen (*acc.*); **'fas·ten·er** [-nə] *s.* Befestigung(smittel *n*, -vorrichtung *f*) *f*, Verschluss *m*, Halter *m*, Druckknopf *m*; **'fas·ten·ing** [-nɪŋ] *s.* **1.** → ***fastener***; **2.** Befestigung *f*, Sicherung *f*, Halterung *f*.

fast food [ˌfɑːst'fuːd] *s.* Fast Food *f*; **'fast-food res·tau·rant** *s.* Schnellimbiss *m*, -gaststätte *f*.

fas·tid·i·ous [fæs'tɪdɪəs] *adj.* □ anspruchsvoll, heikel, wählerisch; **fas'tid·i·ous·ness** [-nɪs] *s.* anspruchsvolles Wesen.

fast·ing cure ['fɑːstɪŋ] *s.* Fasten-, Hungerkur *f*.

'fast-ˌmov·ing *adj.* **1.** schnell; **2.** *fig.* tempogeladen, spannend.

fast·ness¹ ['fɑːstnɪs] *s.* **1.** *obs.* Schnelligkeit *f*; **2.** *fig.* Leichtlebigkeit *f*.

fast·ness² ['fɑːstnɪs] *s.* **1.** Feste *f*, Festung *f*; **2.** Zufluchtsort *m*; **3.** 'Widerstandsfähigkeit *f*, Beständigkeit *f* (***to*** gegen), Echtheit *f* (*von Farben*): ***~ to light*** Lichtechtheit *f*.

fast-sell·ing *adj.* gut gehend.

'fast-talk *v/t.* F *j-n* beschwatzen (***into doing s.th.*** et. zu tun).

fat [fæt] **I** *adj.* □ → ***fatly***; **1.** dick, beleibt, fett, feist: ***~ stock*** Mastvieh *n*; ***~ type*** *typ.* Fettdruck *m*; **2.** fett, fetthaltig, fettig, ölig: ***~ coal*** Fettkohle *f*; **3.** *fig.* ‚dick': ***~ bank account***; ***~ purse***; **4.** *fig.* fett, einträglich: ***a ~ job*** ein lukrativer Posten; ***~ soil*** fetter *od.* fruchtbarer Boden; ***a ~ lot it helps!*** *sl. iro.* das hilft mir (uns) herzlich wenig; ***a ~ chance*** *sl.* herzlich wenig Aussicht (-en); **II** *s.* **5.** *a.* ⚗, *biol.* Fett *n*: ***run to ~*** Fett ansetzen; ***the ~ is in the fire*** der Teufel ist los; **6.** ***the ~*** das Beste: ***live on*** (*od.* ***off***) ***the ~ of the land*** in Saus u. Braus leben; **III** *v/t.* **7.** *a.* ***~ up*** mästen: ***kill the ~ted calf*** a) *bibl.* das gemästete Kalb schlachten, b) ein Willkommensfest geben.

fa·tal ['feɪtl] *adj.* □ **1.** tödlich, todbringend, mit tödlichem Ausgang: ***a ~ accident*** ein tödlicher Unfall; **2.** unheilvoll, verhängnisvoll (***to*** für): ***~ mistake***; **3.** schicksalhaft, entscheidend; **4.** Schicksals...: ***~ thread*** Lebensfaden *m*; **'fa·tal·ism** [-təlɪzəm] *s.* Fata'lismus *m*; **'fa·tal·ist** [-təlɪst] *s.* Fata'list *m*; **fa·tal·is·tic** [ˌfeɪtə'lɪstɪk] *adj.* (□ ***~ally***) fata'listisch.

fa·tal·i·ty [fə'tælətɪ] *s.* **1.** Verhängnis *n*, Unglück *n*; **2.** Schicksalhaftigkeit *f*; **3.** tödlicher Ausgang *od.* Verlauf; **4.** Todesfall *m*, -opfer *n*.

fa·ta mor·ga·na [ˌfɑːtəmɔː'gɑːnə] *s.* Fata Mor'gana *f*.

fat cat [ˌfæt'kæt] *s. contp.* F ‚Geldsack' (*Reicher*); **'fat-cat** *adj. contp.* F ‚stinkreich'.

fate [feɪt] *s.* **1.** Schicksal *n*, Geschick *n*, Los *n*: ***he met his ~*** das Schicksal ereilte ihn; ***he met his ~ calmly*** er sah s-m Schicksal ruhig entgegen; ***seal s.o.'s ~*** j-s Schicksal besiegeln; **2.** Verhängnis *n*, Verderben *n*, 'Untergang *m*: ***go to one's ~*** den Tod finden; **3.** Schicksalsgöttin *f*: ***the ≈s*** die Parzen; **'fat·ed** [-tɪd] *adj.* **1.** vom Schicksal (dazu) bestimmt: ***they were ~ to meet*** es war ihnen bestimmt, sich zu begegnen; **2.** dem 'Untergang geweiht; **'fate·ful** [-fʊl] *adj.* □ **1.** schicksalhaft; **2.** verhängnisvoll; **3.** schicksalsschwer.

'fat|·head *s.* F ‚Blödmann' *m*; **'~-ˌhead·ed** *adj.* dämlich, doof.

fa·ther ['fɑːðə] **I** *s.* **1.** Vater *m*: ***like ~ like son*** der Apfel fällt nicht weit vom Stamm; ***≈ Time*** Chronos *m*, die Zeit; **2.** ≈ (Gott)Vater *m*; **3.** *eccl.* a) Pastor *m*, b) *R.C.* Pater *m*, c) *R.C.* Vater *m* (*Bischof*, *Abt*): ***the Holy ≈*** der Heilige Vater; ***~ confessor*** Beichtvater; ***≈ of the Church*** Kirchenvater; **4.** *mst pl.* Ahn *m*, Vorfahr *m*: ***be gathered to one's ~s*** zu s-n Vätern versammelt werden; **5.** *fig.* Vater *m*, Urheber *m*: ***the ~ of chemistry***; ***≈ of the House*** *Brit.* dienstältestes Parlamentsmitglied; ***the wish was ~ to the thought*** der Wunsch war der Vater des Gedankens; **6.** *pl.* Stadt-, Landesväter *pl.*: ***the ≈s of the Constitution*** die Gründer der USA; **7.** väterlicher Freund (***to*** *gen.*); **II** *v/t.* **8.** *Kind* zeugen; **9.** *et.* ins Leben rufen, her'vorbringen; **10.** wie ein Vater sein zu *j-m*; **11.** die Vaterschaft (*gen.*) anerkennen; **12.** *fig.* a) die Urheberschaft (*gen.*) anerkennen, b) die Urheberschaft (*gen.*) *od.* die Schuld für *et.* zuschreiben (***on***, ***upon*** *dat.*); **≈ Christ·mas** *s. Brit.* Weihnachtsmann *m*; ~ **fig·ure** *s. psych.* 'Vaterfi,gur *f.*

Der Weihnachtsmann hat im englischsprachigen Raum verschiedene Namen:

Father Christmas (GB)
Santa Claus (USA und GB)
Santa (USA und GB)

Santa Claus stammt von **Saint Nicholas** und entspricht somit dem deutschen Nikolaus. Er soll in der Nordpolgegend leben, von wo aus er mit Hilfe seiner Rentiere jedes Jahr Weihnachtsgeschenke in alle Welt liefert. Dazu muss er – trotz seines beachtlichen Umfangs – meistens durch den Kamin ins Wohnzimmer vordringen, wo ihn als Erfrischung meist ein Glas Whisky und einige Kekse erwarten.

fa·ther·hood ['fɑːðəhʊd] *s.* Vaterschaft *f*; **'fa·ther-in-law** [-ərɪn-] *s.* Schwiegervater *m*; **'fa·ther·land** *s.* Vaterland *n*: ***the*** ≈ Deutschland *n*; **'fa·ther·less** [-lɪs] *adj.* vaterlos; **'fa·ther·li·ness** [-lɪnɪs] *s.* Väterlichkeit *f*; **'fa·ther·ly** [-lɪ] *adj. u. adv.* väterlich.

fath·om ['fæðəm] **I** *s.* **1.** a) ⚓ Faden *m* (*Tiefenmaß*: *1,83 m*), b) *obs. u. fig.* Klafter *m, n,* c) ⚒ *Raummaß* (= *1,17 m³*); **II** *v/t.* **2.** ⚓ (aus)loten (*a. fig.*); **3.** *fig.* ergründen; **'fath·om·less** [-lɪs] *adj.* □ unergründlich (*a. fig.*); **fath·om line** *s.* ⚓ Lotleine *f.*

fa·tigue [fə'tiːg] **I** *s.* **1.** Ermüdung *f* (*a.* ⚙), Erschöpfung *f* (*a.* ⚘ *des Bodens*): ~ ***strength*** ⚙ Dauerfestigkeit *f*; ~ ***test*** ⚙ Ermüdungsprobe *f*; **2.** schwere Arbeit, Mühsal *f*, Stra'paze *f*; **3.** ⚔ a) *a.* ~ ***duty*** Arbeitsdienst *m*: ~ ***detail***, ~ ***party*** Arbeitskommando *n*, b) *pl. a.* ~ ***clothes***, ~ ***dress*** Arbeits-, Drillichanzug *m*; **II** *v/t. u. v/i.* **4.** ermüden (*a.* ⚙); **fa'ti·guing** [-gɪŋ] *adj.* □ ermüdend, anstrengend.

fat·less ['fætlɪs] *adj.* ohne Fett, mager; **'fat·ling** [-lɪŋ] *s.* junges Masttier; **'fat·ly** [-lɪ] *adv. fig.* reichlich; **'fat·ness** [-nɪs] *s.* Fettheit *f*: a) Beleibtheit *f*, b) Fettigkeit *f*, Fetthaltigkeit *f*; **'fat·ten** [-tn] **I** *v/t.* **1.** fett *od.* dick machen: ~***ing*** dick machend; **2.** *Tier*, F *a. Person* mästen; **3.** *Land* düngen; **II** *v/i.* **4.** fett *od.* dick werden; **5.** sich mästen (***on*** von); **'fat·tish** [-tɪʃ] *adj.* etwas fett, dicklich; **'fat·ty** [-tɪ] **I** *adj. a.* ⚗, ⚕ fetthaltig, fettig, Fett...: ~ ***acid*** Fettsäure *f*; ~ ***degeneration*** Verfettung *f*; ~ ***heart*** Herzverfettung; ~ ***tissue*** Fettgewebe *n*; **II** *s.* F Dickerchen *n.*

fa·tu·i·ty [fə'tjuːətɪ] *s.* Albernheit *f*; **fat·u·ous** ['fætjʊəs] *adj.* □ albern, dumm.

fau·cal ['fɔːkl] *adj.* Kehl..., Rachen...; **fau·ces** ['fɔːsiːz] *s. pl. mst sg. konstr. anat.* Rachen *m.*

fau·cet ['fɔːsɪt] *s.* ⚙ *Am.* a) (Wasser-)Hahn *m*, b) (Fass)Zapfen *m.*

faugh [fɔː] *int.* pfui!

fault [fɔːlt] **I** *s.* **1.** Schuld *f*, Verschulden *n*: ***it is not his*** ~ er hat *od.* trägt *od.* ihn trifft keine Schuld, es ist nicht s-e Schuld; ***be at*** ~ schuld(ig) sein, die Schuld tragen (→ 4a); **2.** Fehler *m*, (⚖ *a.* Sach)Mangel *m*: ***find*** ~ nörgeln, kritteln; ***find*** ~ ***with*** et. auszusetzen haben an (*dat.*), herumnörgeln an (*dat.*); ***to a*** ~ allzu(sehr), ein bisschen zu *ordnungsliebend etc.*; **3.** (Cha'rakter)Fehler *m*: ***in spite of all his*** ~***s***; **4.** a) Fehler *m*, Irrtum *m*: ***be at*** ~ sich irren, *hunt. u. fig. a.* auf der falschen Fährte sein, b) Vergehen *n*, Fehltritt *m*; **5.** ⚙ De'fekt *m*: a) Fehler *m*, Störung *f*, b) ⚡ Erd-, Leitungsfehler *m*; **6.** *Tennis etc.*: Fehler *m*; **7.** *geol.* Verwerfung *f*; **II** *v/t.* **8.** etwas auszusetzen haben an (*dat.*): ***he*** (***it***) ***can't be*** ~***ed*** an ihm (daran) ist nichts auszusetzen; **9.** *et.* ‚verpatzen'; **III** *v/i.* **10.** e-n Fehler machen; **'**~**,find·er** *s.* Nörgler(in), Krittler(in); **'**~**,find·ing I** *s.* Kritte'lei *f*, Nörge'lei *f*; **II** *adj.* nörglerisch, kritt(e)lig.

fault·i·ness ['fɔːltɪnɪs] *s.* Fehlerhaftigkeit *f*; **'fault·less** [-tlɪs] *adj.* □ einwand-, fehlerfrei, untadelig; **'fault·less·ness** [-tlɪsnɪs] *s.* Fehler-, Tadellosigkeit *f*; **'fault·y** [-tɪ] *adj.* □ fehlerhaft, schlecht, ⚙ *a.* de'fekt: ~ ***design*** Fehlkonstruktion *f.*

faun [fɔːn] *s. myth. u. fig.* Faun *m.*

fau·na ['fɔːnə] *s.* Fauna *f*, (*a.* Abhandlung *f* über e-e) Tierwelt *f.*

faux pas [,fəʊ'pɑː] *pl.* **pas** [pɑːz] *s.* Faux'pas *m.*

fa·vo(u)r ['feɪvə] **I** *s.* **1.** Gunst *f*, Wohlwollen *n*: ***be*** (*od.* ***stand***) ***high in s.o.'s*** ~ bei j-m in besonderer Gunst stehen *od.* gut angeschrieben sein; ***be in*** ~ (***with***) beliebt sein (bei), begehrt sein (von); ***find*** ~ Gefallen *od.* Anklang finden; ***find*** ~ ***with s.o.*** (*od.* ***in s.o.'s eyes***) Gnade vor j-s Augen finden, j-m gefallen; ***grant s.o. a*** ~ j-m e-e Gunst gewähren; ***grant s.o. one's*** ~***s*** j-m s-e Gunst gewähren (*Frau*); ***by*** ~ ***of*** a) mit gütiger Erlaubnis (*gen.*) *od.* von, b) überreicht von (*Brief*); ***in*** ~ ***of*** für, *a.* ✝ zugunsten von (*od. gen.*); ***who is in*** ~

F

(of it)? wer ist dafür?; ***out of ~*** a) in Ungnade (gefallen), b) nicht mehr gefragt *od.* beliebt; **2.** Gefallen *m*, Gefälligkeit *f*: ***as a ~*** aus Gefälligkeit; ***by ~ of*** mit gütiger Erlaubnis von, durch gütige Vermittlung von; ***do me a ~*** tu mir e-n Gefallen; ***ask s.o. a ~*** j-n um e-n Gefallen bitten; ***we request the ~ of your company*** wir laden Sie höflich ein; **3.** Begünstigung *f*, Bevorzugung *f*: ***show ~ to s.o.*** j-n bevorzugen; ***under ~ of night*** im Schutze der Nacht; **4.** † *obs.* Schreiben *n*; **5.** a) kleines (*auf e-r Party etc. verteiltes*) Geschenk, b) 'Scherzarˌtikel *m*; **6.** (Par'tei- *etc.*)Abzeichen *n*; **II** *v/t.* **7.** günstig gesinnt sein (*dat.*), *j-m* wohl wollen *od.* gewogen sein; **8.** begünstigen: a) bevorzugen, vorziehen, *a. sport* favorisieren, b) günstig sein für, fördern, c) eintreten für, für *et.* sein; **9.** einverstanden sein (***with*** mit); **10.** *j-n* beehren *od.* erfreuen (***with*** mit); **11.** *j-m* ähnlich sein; **12.** schonen: ***~ one's leg***; **'fa·vo(u)r·a·ble** [-vərəbl] *adj.* □ **1.** wohlgesinnt, gewogen, geneigt (***to*** *dat.*); **2.** *allg.* günstig: a) vorteilhaft (***to***, ***for*** für), b) befriedigend, gut, c) positiv, zustimmend: ***~ answer***, d) viel versprechend; **'fa·vo(u)red** [-vəd] *adj.* begünstigt: ***the ~ few*** die Auserwählten; → ***most-favo(u)red-nation clause***; **'fa·vo(u)r·ite** [-vərɪt] **I** *s.* **1.** Liebling *m* (*a. fig. Schriftsteller, Schallplatte etc.*), *contp.* Günstling *m*: ***be s.o.'s (great) ~*** bei j-m (sehr) beliebt sein; ***that book is a great ~ of mine*** dieses Buch liebe ich sehr; **2.** *sport* Favo'rit(in); **II** *adj.* **3.** Lieblings...: ***~ dish*** Leibgericht *n*; **'fa·vo(u)r·it·ism** [-vərɪtɪzəm] *s.* Günstlings-, Vetternwirtschaft *f*.

fawn[1] [fɔːn] **I** *s.* **1.** *zo.* Damkitz *n*, Rehkalb *n*; **2.** Rehbraun *n*; **II** *adj.* **3.** *a.* ***~-colo(u)red*** rehbraun; **III** *v/t.* **4.** *ein Kitz* setzen.

fawn[2] [fɔːn] *v/i.* **1.** schwänzeln, wedeln; **2.** *fig.* (***upon***) schar'wenzeln (um), katzbuckeln (vor *j-m*); **'fawn·ing** [-nɪŋ] *adj.* □ *fig.* kriecherisch, schmeichlerisch.

fax [fæks] **I** *s.* **1.** Fax *n*, Faxkopie *f*; **2.** ***~ (ma·chine)*** Fax *n*, Faxgerät *n*; **II** *v/t.* **3.** faxen: ***~ s.o. s.th.***, ***~ s.th. through to s.o.*** j-m et. faxen.

fay [feɪ] *s. poet.* Fee *f*.

faze [feɪz] *v/t.* F *j-n* durchein'ander bringen: ***not to ~ s.o.*** j-n kalt lassen.

fe·al·ty ['fiːəltɪ] *s.* **1.** *hist.* Lehenstreue *f*; **2.** *fig.* Treue *f*.

fear [fɪə] **I** *s.* **1.** Furcht *f*, Angst *f* (***of*** vor *dat.*, ***that*** *od.* ***lest*** dass ...): ***be in ~ of*** → 6; ***in ~ of one's life*** in Todesangst; ***for ~ of*** a) aus Furcht vor (*dat.*) *od.* dass, b) um nicht, damit nicht; ***for ~ of losing it*** um es nicht zu verlieren; ***without ~ or favo(u)r*** ganz objektiv *od.* unparteiisch; ***no ~!*** keine Bange!; **2.** *pl.* Befürchtung *f*, Bedenken *n*; **3.** Sorge *f*, Besorgnis *f* (***for*** um); **4.** Gefahr *f*, Risiko *n*: ***there is not much ~ of that*** das ist kaum zu befürchten; **5.** Scheu *f*, Ehrfurcht *f* (***of*** vor): ***~ of God*** Gottesfurcht; ***put the ~ of God into s.o.*** j-m e-n heiligen Schrecken einjagen; **II** *v/t.* **6.** fürchten, sich fürchten vor (*dat.*), Angst haben vor (*dat.*); **7.** *et.* befürchten: ***~ the worst***; **8.** *Gott* fürchten; **III** *v/i.* **9.** sich fürchten, Angst haben; **10.** besorgt sein (***for*** um): ***never ~!*** sei unbesorgt!; **'fear·ful** [-fʊl] *adj.* □ **1.** furchtbar, fürchterlich, schrecklich (*alle a. fig.* F); **2.** furchtsam, angsterfüllt, bange (***of*** vor *dat.*); **3.** besorgt, in (großer) Sorge (***of*** um, ***that*** *od.* ***lest*** dass); **4.** ehrfürchtig; **'fear·less** [-lɪs] *adj.* □ furchtlos, unerschrocken; **'fear·less·ness** [-lɪsnɪs] *s.* Furchtlosigkeit *f*; **'fear·some** [-səm] *adj.* □ *mst humor.* Furcht erregend, schrecklich, grässlich.

fea·si·bil·i·ty [ˌfiːzə'bɪlətɪ] *s.* 'Durchführbarkeit *f*, Machbarkeit *f*; **fea·si·ble** ['fiːzəbl] *adj.* □ aus-, 'durchführbar, machbar, möglich.

feast [fiːst] **I** *s.* **1.** *eccl.* Fest(tag *m*) *n*, Feiertag *m*; **2.** Festmahl *n*, -essen *n*; → ***enough*** II; **3.** (Hoch)Genuss *m*: ***a ~ for the eyes*** e-e Augenweide; **II** *v/t.* **4.** (festlich) bewirten; **5.** ergötzen: ***~ one's eyes on*** s-e Augen weiden an (*dat.*); **III** *v/i.* **6.** (***on***) schmausen (von), sich gütlich tun (an *dat.*); schwelgen (in *acc.*); **7.** (***on***) sich weiden (an *dat.*), schwelgen (in *dat.*).

feat [fiːt] *s.* **1.** Helden-, Großtat *f*: ***~ of arms*** Waffentat; **2.** (*technische etc.*) Großtat, große Leistung; **3.** a) Kunst-, Meisterstück *n*, b) Kraftakt *m*.

feath·er ['feðə] **I** *s.* **1.** Feder *f*, *pl.* Gefieder *n*: ***in fine*** (*od.* ***full***) ***~*** F a) (bei) bester Laune, b) in Hochform; ***that is a ~ in his cap*** darauf kann er stolz sein; ***that will make the ~s fly*** da werden die Fetzen fliegen; ***you might have knocked me down with a ~*** ich war einfach ‚platt' (*erstaunt*); → ***bird*** 1, ***fur*** 3, ***white feather***; **2.** Pfeilfeder *f*; **3.** Schaumkrone *f* (*e-r Welle*); **II** *v/t.* **4.** mit Federn versehen *od.* schmücken; *Pfeil* fiedern; **5.** *Rudern*: *Riemen* flach drehen; **~ bed I** *s.* **1.** Ma'tratze *f* mit Federfüllung; **2.** *fig.* ‚gemütliche Sache'; **II** *v/t.* **3.** verhätscheln; **III** *v/i.* **4.** unnötige Arbeitskräfte einstellen; **'~·bed·ding** *s.* (*gewerkschaftlich geforderte*) 'Überbesetzung mit Arbeitskräften; **'~-brained** *adj.* **1.** schwachköpfig; **2.** leichtsinnig; **~ dust·er** *s.* Staubwedel *m*.

feath·ered ['feðəd] *adj.* gefiedert: ***~ tribe(s)*** Vogelwelt *f*.

feath·er·ing ['feðərɪŋ] *s.* **1.** Gefieder *n*; **2.** Befiederung *f*; **3.** ✈ Segelstellung *f* (*Propeller*).

'feath·er·weight I *s.* **1.** *sport* Federgewicht(ler *m*) *n*; **2.** ‚Leichtgewicht' *n* (*Person*); **3.** *fig. contp.* a) ‚Würstchen' *n* (*Person*), b) ‚kleine Fische' *pl.* (*et. Belangloses*); **II** *adj.* **4.** Federgewichts...

feath·er·y ['feðərɪ] *adj.* feder(n)artig.

fea·ture ['fiːtʃə] **I** *s.* **1.** (Gesichts)Zug *m*; **2.** Merkmal *n*, Charakte'ristikum *n*, (Haupt)Eigenschaft *f*, Hauptpunkt *m*, -teil *m*, Besonderheit *f*; **3.** (Gesichts-)Punkt *m*, Seite *f*; **4.** ('Haupt)Attrakti,on *f*, Darbietung *f*; **5.** *a.* **~ *film*** a) Spielfilm *m*, b) Hauptfilm *m*; **6.** *a.* **~ *program(me)*** *Radio, TV*: Feature *n*, (aktu'eller) Dokumen'tarbericht; **7.** *a.* **~ *article*, ~ *story*** Feature *n*, Spezi'alar,tikel *m e-r Zeitung*; **II** *v/t.* **8.** kennzeichnen, bezeichnend sein für; **9.** (als Besonderheit) haben *od.* aufweisen, sich auszeichnen durch; **10.** (groß her'aus-)bringen, her'ausstellen; (als Hauptschlager) zeigen *od.* bringen; *Film etc.*: in der Hauptrolle zeigen: ***a film featuring X*** ein Film mit X in der Hauptrolle; **'fea·ture-length** *adj.* mit Spielfilmlänge; **'fea·ture·less** [-lɪs] *adj.* nichts sagend.

feb·ri·fuge ['febrɪfjuːdʒ] *s.* ⚕ Fiebermittel *n*; **fe·brile** ['fiːbraɪl] *adj.* fiebrig, Fieber...

Feb·ru·ar·y ['februərɪ] *s.* Februar *m*: ***in ~*** im Februar.

fe·cal *etc.* → ***faecal*** *etc.*

feck·less ['feklɪs] *adj.* □ **1.** schwach, kraftlos; **2.** hilfslos; **3.** zwecklos.

fe·cund ['fiːkənd] *adj.* fruchtbar, produk'tiv (*beide a fig.*); **'fe·cun·date** [-deɪt] *v/t.* fruchtbar machen; befruchten (*a. biol.*); **fe·cun·da·tion** [,fiːkən'deɪʃn] *s.* Befruchtung *f*; **fe·cun·di·ty** [fɪ'kʌndətɪ] *s.* Fruchtbarkeit *f*, Produktivi'tät *f*.

fed¹ [fed] *pret. u. p.p. von* ***feed***.

fed² [fed] *s. Am.* F **1.** FB'I-A,gent *m*; **2.** *mst.* ♀ (*die*) 'Bundesre,gierung.

fed·er·al ['fedərəl] **I** *adj.* □ *pol.* **1.** födera'tiv; **2.** *mst* ♀ Bundes...: a) bundesstaatlich, den Bund *od.* die 'Bundesre,gierung betreffend, b) *USA* Unions...: **~ *government*** Bundesregierung *f*; **~ *jurisdiction*** Bundesgerichtsbarkeit *f*; ***the ♀ Republic (of Germany)*** die Bundesrepublik (Deutschland); **♀ *State*** *Am.* Bundesstaat *m*, (Einzel)Staat *m*; **3.** ♀ *Am. hist.* födera'listisch; **II** *s.* **4.** (*Am. hist.* ♀) Födera'list *m*; ♀ **Bu·reau of In·ves·ti·ga·tion** *s.* amer. Bundeskrimi'nalamt *n od.* -poli,zei *f* (*abbr.* ***FBI***).

fed·er·al·ism ['fedərəlɪzəm] *s. pol.* Födera'lismus *m*; **'fed·er·al·ist** [-ɪst] **I** *adj.* födera'listisch; **II** *s.* Födera'list *m*; **'fed·er·al·ize** [-laɪz] → ***federate*** I.

fed·er·ate ['fedəreɪt] **I** *v/t. u. v/i.* (sich) föderalisieren, (sich) zu e-m (Staaten-)Bund vereinigen; **II** *adj.* [-rət] föderiert, verbündet; **fed·er·a·tion** [,fedə'reɪʃn] *s.* **1.** Föderati'on *f*: a) po'litischer Zs.-schluss, b) Staatenbund *m*; **2.** Bundesstaat *m*; **3.** ✝ (Zen'tral-, Dach-)Verband *m*; **'fed·er·a·tive** [-rətɪv] *adj.* □ → ***federal*** 1.

fe·do·ra [fɪ'dɔːrə] *s. Am.* (weicher) Filzhut.

fee [fiː] **I** *s.* **1.** Gebühr: a) ('Anwalts-*etc.*)Hono,rar *n*, Vergütung *f*, b) amtliche Gebühr, Taxe *f*, c) (Mitglieds)Beitrag *m*, d) (***admission*** *od.* ***entrance***) **~** Eintrittsgeld *n*, e) Trinkgeld *n*: ***doctor's ~*** Arztrechnung *f*; ***school ~(s)*** Schulgeld *n*; **2.** *Fußball*: Trans'fersumme *f*; **3.** *hist.* Lehn(s)gut *n*; **4.** ⚖ Eigentum(srecht) *n*: **~ *simple*** (unbeschränktes) Eigentumsrecht, Grundeigentum; **~ *tail*** erbrechtlich gebundenes Grundeigentum; ***hold land in ~*** Land zu Eigen haben; **II** *v/t.* **5.** *j-m* e-e Gebühr *etc.* bezahlen.

fee·ble ['fiːbl] *adj.* □ *allg.* schwach, *fig. a.* lahm, kläglich (*Versuch, Ausrede etc.*), matt (*Lächeln, Stimme*); **,fee·ble-'mind·ed** *adj.* schwachsinnig; **'fee·ble·ness** [-nɪs] *s.* Schwäche *f*.

feed [fiːd] **I** *v/t.* [*irr.*] **1.** Nahrung zuführen (*dat.*), *Tier, Kind, Kranken* füttern (***on, with*** mit), *e-m Menschen* zu essen geben, *e-m Tier* zu fressen geben, *Vieh* weiden lassen: **~ (*at the breast*)** *Säugling* stillen; **~ *up*** a) *Vieh* mästen, b) *j-n* ‚hochpäppeln'; ***be fed up with*** F *et.* satt haben, ‚die Nase voll haben' von; ***I'm fed up to the teeth with him (it)*** F er (es) ‚steht mir bis hierher'; **~ *the fishes*** a) ‚die Fische füttern' (*bei Seekrankheit*), b) ertrinken; **~ *a cold*** bei Erkältung tüchtig essen; **2.** *Familie etc.* ernähren (***on*** von), erhalten; **3.** versorgen (***with*** mit); **4.** ⚙ a) *Maschine* speisen, beschicken, b) *Material* zuführen, *Werkstück* vorschieben, *Daten in e-n Computer* eingeben: **~ *back*** a) ⚡ rückkoppeln, b) *fig.* zu'rückleiten (***to*** an *acc.*); **5.** *Feuer* unter'halten; **6.** *fig.* a) *Gefühl, Hoffnung etc.* nähren, Nahrung geben (*dat.*), b) befriedigen: **~ *one's vanity***; **~ *one's eyes on*** s-e Augen weiden an (*dat.*); **7.** *thea.* F *j-m* Stichworte liefern; **8.** *sport* F *j-n* ‚bedienen', mit Bällen ‚füttern'; **9.** *oft* **~ *down*, ~ *close*** *Wiese* abweiden lassen; **II** *v/i.* [*irr.*] **10.** a) fressen (*Tier*), b) F ‚futtern' (*Mensch*); **11.** sich ernähren, leben (***on*** von); **III** *s.* **12.** Fütterung *f*; F Mahlzeit *f*; **13.** Futter *n*, Nahrung *f*: ***off one's ~*** ohne Appetit; ***out at ~*** auf der Weide; **14.** ⚙ a) Speisung *f*, Beschickung *f*,

F

(Materi'al)Zuführung *f*, b) (Werkzeug)Vorschub *m*; **15.** Zufuhr *f*, Ladung *f*; Beschickungsgut *n*; '**~·back** *s.* ϟ *u. fig.* Feed-back *n*; **~ bag** *s. Am.* Futtersack *m*.

feed·er ['fiːdə] *s.* **1.** ***a heavy ~*** ein starker Esser (*Mensch*) *od.* Fresser (*Tier*); **2.** ⚙ a) Beschickungsvorrichtung *f*, b) ϟ Speiseleitung *f*, Feeder *m*; **3.** *Verkehr*: Zubringerlinie *f*, -strecke *f*: **~ (*road*)** Zubringerstraße *f*; **4.** Bewässerungs-, Zuflussgraben *m*; Nebenfluss *m*; **5.** *Brit.* a) Lätzchen *n*, b) (Saug)Flasche *f*; **6.** *thea. Am.* F Stichwortgeber *m*; **~ line** *s.* **1.** *Verkehr*: Zubringerlinie *f*; **2.** → ***feeder*** 2 b.

feed hop·per *s.* Fülltrichter *m*.

feed·ing ['fiːdɪŋ] **I** *s.* **1.** Fütterung *f*; **2.** Ernährung *f*; **3.** ⚙ → ***feed*** 14 a; **II** *adj.* **4.** Zufuhr...; **~ bot·tle** *s.* (Saug)Flasche *f*; **~ cup** *s.* ⚕ Schnabeltasse *f*.

feed pipe *s.* Zuleitungsrohr *n*.

feel [fiːl] **I** *v/t.* [*irr.*] **1.** (an-, be)fühlen, betasten; ***just ~ my hand*** fühl mal m-e Hand (an); ***~ one's way*** sich vortasten (*a. fig.*), *fig.* vorsichtig vorgehen, sondieren; ***~ s.o. up*** *sl.* j-n ‚abgrapschen' *od.* ‚befummeln'; **2.** a) fühlen, (ver-)spüren, wahrnehmen, merken, b) empfinden: ***~ the cold***; ***~ pleasure*** Freude *od.* Lust empfinden; ***he felt the loss deeply*** der Verlust traf ihn schwer; ***~ s.o.'s wrath*** j-s Zorn zu spüren bekommen; ***make itself felt*** spürbar werden, zu spüren sein; ***a (long-)felt want*** ein dringendes Bedürfnis, ein (längst) spürbarer Mangel; **3.** a) ahnen, spüren, b) glauben, c) halten für: ***I ~ it (to be) my duty*** ich halte es für m-e Pflicht; **4.** *a.* ***~ out*** *et.* sondieren, *j-m* ‚auf den Zahn fühlen'; **II** *v/i.* **5.** fühlen: a) empfinden, b) durch Tasten feststellen *od.* festzustellen suchen (***whether***, ***if*** ob; ***how*** wie); **6.** ***~ for*** a) tasten nach, b) suchen nach, c) *et.* herauszufinden suchen; **7.** sich fühlen, sich befinden, sich vorkommen wie, sein: ***~ cold*** frieren; ***I ~ cold*** mir ist kalt; ***~ ill*** sich krank fühlen; ***~ certain*** sicher sein; ***~ quite o.s. again*** wieder ‚auf dem Posten' sein; ***~ like (doing) s.th.*** Lust haben zu et. (*od.* et. zu tun); ***~ up to s.th.*** a) sich e-r Sache gewachsen fühlen, b) sich in der Lage fühlen zu et., c) in (der) Stimmung sein zu et.; **8.** ***~ for (od. with) s.o.*** Mitgefühl mit j-m haben; ***we ~ with you*** wir fühlen mit dir (*od.* euch); **9.** das Gefühl *od.* den Eindruck haben, finden, meinen, glauben (***that*** dass): ***I ~ that*** ich finde, dass ...; ***how do you ~ about it?*** was meinst du dazu: ***it is felt in London*** in London ist man der Ansicht; ***~ strongly*** a) entschiedene Ansichten haben, b) sich erregen (***about*** über *acc.*); **10.** sich *weich etc.* anfühlen: ***velvet ~s soft***; **11.** *impers.* ***I know how it ~s to be hungry*** ich weiß, was es heißt, hungrig zu sein; **III** *s.* **12.** Gefühl *n* (*wie sich et. anfühlt*): ***a sticky ~***; **13.** (An-)Fühlen *n*: ***soft to the ~*** weich anzufühlen; ***let me have a ~*** lass mich mal fühlen; **14.** Gefühl *n*: a) Empfindung *f*, Eindruck *m*, b) Stimmung *f*, Atmo'sphäre *f*, c) feiner In'stinkt, ‚Riecher' *m* (***for*** für): ***clutch ~*** *mot.* Gefühl für richtiges Kuppeln.

feel·er ['fiːlə] *s.* **1.** *zo.* Fühler *m* (*a. fig.*): ***put (od. throw) out a ~*** s-e Fühler ausstrecken, sondieren; **2.** ⚙ a) Dorn *m*, Fühler *m*, b) Taster *m*; '**feel·ing** [-lɪŋ] **I** *s.* **1.** Gefühl *n*, Gefühlssinn *m*; **2.** Gefühl(szustand *m*) *n*, Stimmung *f*: ***bad (od. ill) ~*** Groll *m*, böses Blut, Feindseligkeit *f*; ***good ~*** a) gutes Gefühl, b) Wohlwollen *n*; ***no hard ~s!*** F a) nicht böse sein!, b) (das) macht nichts!; **3.** *pl.* Gefühle *pl.*, Empfindlichkeit *f*: ***hurt s.o.'s ~s*** j-s Gefühle *od.* j-n verletzen; **4.** Feingefühl, Empfindsamkeit: ***have a ~ for*** Gefühl haben für; **5.** (Gefühls)Eindruck *m*: ***I have a ~ that*** ich habe (so) das Gefühl, dass; **6.** Gefühl *n*, Gesinnung *f*, Ansicht *f*: ***strong ~s*** a) starke Überzeugung, b) Erregung *f*; **7.** Auf-, Erregung *f*, Rührung *f*: ***with ~*** a) mit Gefühl, gefühlvoll, b) mit Nachdruck, c) erbittert; ***~s ran high*** die Gemüter erhitzten sich; **8.** (Vor)Gefühl *n*, Ahnung *f*; **II** *adj.* ☐ **9.** fühlend, Gefühls...; **10.** gefühlvoll: a) mitfühlend, b) voll Gefühl, lebhaft.

feet [fiːt] *pl. von* ***foot***.

feign [feɪn] **I** *v/t.* **1.** *et.* vortäuschen, *Krankheit a.* simulieren: ***~ death*** sich tot stellen; **2.** *e-e Ausrede etc.* erfinden; **II** *v/i.* **3.** sich verstellen, so tun als ob, simulieren; '**feign·ed·ly** [-nɪdlɪ] *adv.* zum Schein.

feint¹ [feɪnt] **I** *s.* **1.** *sport* Finte *f* (*a. fig.*); **2.** ⚔ Scheinangriff *m*, 'Täuschungsma,növer *n* (*a. fig.*); **II** *v/i.* **3.** *sport* fintieren: ***~ at (od. upon)*** *j-n* täuschen; **III** *v/t.* **4.** *sport Schlag etc.* antäuschen.

feint² [feɪnt] *adj. typ.* schwach: ***~ lines***.

feist·y ['faɪstɪ] *adj.* ☐ *bsd. Am.* **1.** lebhaft, munter; **2.** draufgängerisch, aggres'siv; **3.** reizbar, streitsüchtig; **4.** knifflig (*Problem etc.*).

feld·spar ['feldspɑː] *s. min.* Feldspat *m*.

fe·lic·i·tate [fɪ'lɪsɪteɪt] *v/t.* (***on***) beglückwünschen, *j-m* gratulieren (zu); **fe·lic·i·ta·tion** [fɪ,lɪsɪ'teɪʃn] *s.* Glückwunsch *m*; **fe'lic·i·tous** [-təs] *adj.* ☐ glücklich (gewählt), treffend (*Ausdruck etc.*); **fe'lic·i·ty** [-tɪ] *s.* **1.** Glück(seligkeit *f*) *n*; **2.** a) glücklicher Einfall, b) glücklicher Griff, c) treffender Ausdruck.

fe·line ['fiːlaɪn] **I** *adj.* **1.** Katzen...; **2.** katzenartig, -haft: ***~ grace***; **3.** *fig.* falsch, tückisch; **II** *s.* **4.** Katze *f*.

fell¹ [fel] *pret. von* ***fall.***

fell² [fel] *v/t. Baum* fällen, *Gegner a.* niederstrecken.

fell³ [fel] *adj. poet.* **1.** grausam, wild, mörderisch; **2.** tödlich.

fell⁴ [fel] *s.* **1.** Balg *m*, Tierfell *n*; Vlies *n*; **2.** struppiges Haar.

fell⁵ [fel] *s. Brit.* **1.** Hügel *m*, Berg *m*; **2.** Moorland *n*.

fel·lah ['felə] *pl.* **-lahs**, **fel·la·heen** [ˌfelə'hiːn] (*Arab.*) *s.* Fel'lache *m*.

fell·er ['felə] F → ***fellow*** 4.

fel·loe ['feləʊ] *s.* (Rad)Felge *f*.

fel·low ['feləʊ] **I** *s.* **1.** Gefährte *m*, Gefährtin *f*, Genosse *m*, Genossin *f*, Kame'rad(in): ***~s in misery*** Leidensgenossen; **2.** Mitmensch *m*, Zeitgenosse *m*; **3.** Ebenbürtige(r *m*) *f*: ***he will never have his ~*** er wird nie seinesgleichen finden; **4.** F Kerl *m*, Bursche *m*, ‚Mensch' *m*, ‚Typ' *m*: ***my dear ~*** mein lieber Freund!; ***good ~*** guter Kerl; ***old ~!*** alter Knabe!; ***a ~*** man, einer; **5.** *der* (*die*, *das*) Da'zugehörige, *der* (*die*, *das*) andere *e-s Paares*: ***where is the ~ of this shoe?***; **6.** Fellow *m*: a) Mitglied *n* e-s College (*Dozent, der im College wohnt*), b) Inhaber(in) e-s 'Forschungssti,pendiums, c) *Am.* Stu'dent(in) höheren Se'mesters, c) Mitglied *n* e-r gelehrten *etc.* Gesellschaft; **II** *adj.* **7.** Mit...: ***~ being*** Mitmensch *m*; ***~ citizen*** Mitbürger *m*; ***~ countryman*** Landsmann *m*; ***~ feeling*** a) Zs.-gehörigkeitsgefühl *n*, b) Mitgefühl *n*; ***~ student*** Studienkollege *m*, -kollegin *f*, Kommilitone *m*, Kommilitonin *f*; ***~ travel(l)er*** a) Mitreisende(r *m*) *f*, b) *pol.* Mitläufer(in), Sympathisant(in), *bsd.* Kommunistenfreund (-in).

fel·low·ship ['feləʊʃɪp] *s.* **1.** *oft* ***good ~*** a) Kame'radschaft(lichkeit) *f*, b) Geselligkeit *f*; **2.** (*geistige etc.*) Gemeinschaft, Verbundenheit *f*; **3.** Gemein-, Gesellschaft *f*, Gruppe *f*; **4.** *univ.* a) die Fellows *pl.*, b) *Brit.* Stellung *f* e-s Fellow, c) Sti'pendienfonds *m*, d) 'Forschungssti,pendium *n*.

fel·on¹ ['felən] *s.* Nagelgeschwür *n*.

fel·on² ['felən] *s.* (Schwer)Verbrecher *m*; **fe·lo·ni·ous** [fə'ləʊnjəs] *adj.* □ ⚖ verbrecherisch; '**fel·o·ny** [-nɪ] *s.* ⚖ *Am.* Verbrechen *n*, *Brit. obs.* Schwerverbrechen *n*.

fel·spar ['felspɑː] → ***feldspar.***

felt¹ [felt] *pret. u. p.p. von* ***feel.***

felt² [felt] **I** *s.* Filz *m*; **II** *adj.* Filz...: ***~-tip(ped) pen***, ***~ tip***, ***~ pen*** Filzschreiber *m*, -stift *m*; **III** *v/t. u. v/i.* (sich) verfilzen; '**felt·ing** [-tɪŋ] *s.* Filzstoff *m*.

fe·male ['fiːmeɪl] **I** *adj.* **1.** weiblich (*a.* ⚘): ***~ dog*** Hündin *f*; ***~ student*** Studentin *f*; **2.** weiblich, Frauen...: ***~ dress*** Frauenkleidung *f*; **3.** ⚙ Hohl..., Steck...: ***~ screw*** Schraubenmutter *f*; ***~ thread*** Muttergewinde *n*; **II** *s.* **4.** a) Frau *f*, b) Mädchen *n*, c) *contp.* Weibsbild *n*, -stück *n*; **5.** *zo.* Weibchen *n*; **6.** ⚘ weibliche Pflanze.

feme| cov·ert [fiːm] *s.* ⚖ verheiratete Frau; ***~ sole*** *s.* ⚖ a) unverheiratete Frau, b) vermögensrechtlich selbstständige Ehefrau: ***~ trader*** selbstständige Geschäftsfrau.

fem·i·nine ['femɪnɪn] **I** *adj.* □ **1.** weiblich (*a. ling.*); **2.** weiblich, Frauen...: ***~ voice***; **3.** fraulich, sanft, zart; **4.** weibisch, femi'nin; **II** *s.* **5.** *ling.* Femininum *n*.

fem·i·nin·i·ty [ˌfemɪ'nɪnətɪ] *s.* **1.** Fraulich-, Weiblichkeit *f*; **2.** weibische *od.* femi'nine Art; **3.** *coll.* (*die*) (holde) Weiblichkeit; **fem·i·nism** ['femɪnɪzəm] *s.* Femi'nismus *m*; Frauenrechtsbewegung *f*; **fem·i·nist** ['femɪnɪst] *s.* Frauenrechtler(in), Femi'nist(in).

fem·o·ral ['femərəl] *adj. anat.* Oberschenkel(knochen)...; **fe·mur** ['fiːmə] *pl.* **-murs** *od.* **fem·o·ra** ['femərə] *s.* Oberschenkel(knochen) *m*.

fen [fen] *s.* Fenn *n*: a) Marschland *n*, b) (Flach)Moor *n*: ***the ~s*** die Niederungen in ***East Anglia.***

fence [fens] **I** *s.* **1.** Zaun *m*, Einzäunung *f*, Gehege *n*: ***mend one's ~s*** *Am. pol.* s-e angeschlagene Position festigen; ***sit on the ~*** a) sich abwartend *od.* neutral verhalten, b) unschlüssig sein; **2.** *Reitsport*: Hindernis *n*; **3.** *sport das* Fechten; **4.** *sl.* a) Hehler *m*, b) Hehlernest *n*; **II** *v/t.* **5.** *a.* ***~ in*** einzäunen, einfrieden: ***~ in*** (*od.* ***round***, ***off***) um'zäunen; ***~ off*** abzäunen; **6.** ***~ in*** einsperren; **7.** *fig.* schützen, sichern (***from*** vor *dat.*): ***~ off*** *Fragen etc.* abwehren, parieren; **8.** *sl. Diebesbeute* an e-n Hehler verkaufen; **III** *v/i.* **9.** fechten; **10.** *fig.* Ausflüchte machen, ausweichen; **11.** *sl.* Hehle'rei treiben; ***~ month*** *s. hunt. Brit.* Schonzeit *f*.

fenc·er ['fensə] *s. sport* **1.** Fechter(in); **2.** Springpferd *n*.

fence sea·son → ***fence month.***

fenc·ing ['fensɪŋ] *s.* **1.** *sport* Fechten *n*; **2.** *fig.* ausweichendes Verhalten, Ausflüchte *pl.*; **3.** a) Zaun *m*, b) Zäune *pl.*, c) 'Zaunmateri,al *n*.

fend [fend] **I** *v/t.* **1.** ***~ off*** abwehren; **II** *v/i.* **2.** sich wehren; **3.** ***~ for*** sorgen für: ***~ for o.s.*** für sich selbst sorgen, sich ganz allein durchs Leben schlagen; '**fend·er** [-də] *s.* **1.** ⚙ Schutzvorrichtung *f*; **2.** *rail. etc.* Puffer *m*; **3.** *mot. Am.* Kotflügel *m*: ***~ bender*** F (Unfall *m* mit) Blechschaden *m*; **4.** Schutzblech *n am Fahrrad*; **5.** ⚓ Fender *m*; **6.** Ka'minvorsetzer *m*, -gitter *n*.

fen·es·tra·tion [ˌfenɪ'streɪʃn] *s.* **1.** ⌂ Fensteranordnung *f*; **2.** ⚕ 'Fensterung(soperati,on) *f*.

F

fen fire *s.* Irrlicht *n.*
Fe·ni·an ['fiːnjən] *hist.* **I.** *s.* Fenier *m*; **II** *adj.* fenisch; **'Fe·ni·an·ism** [-nɪzəm] *s.* Feniertum *n.*
fen·nel ['fenl] *s.* ⚘ Fenchel *m.*
feoff [fef] → ***fief***; **feoff·ee** [fe'fiː] *s.* ⚖ Belehnte(r) *m*: **~ *in*** (*od.* ***of***) ***trust*** Treuhänder(in); **feoff·er** ['fefə], **feof·for** [fe'fɔː] *s.* ⚖ Lehnsherr *m.*
fe·ral ['fɪərəl] *adj.* **1.** wild (lebend); **2.** *fig.* wild, bar'barisch.
fer·e·to·ry ['ferɪtərɪ] *s.* Re'liquienschrein *m.*
fer·ment [fə'ment] **I** *v/t.* **1.** in Gärung bringen, *fig. a.* in Wallung bringen, erregen; **II** *v/i.* **2.** gären (*a. fig.*); **III** *s.* ['fɜːment] **3.** ⚗ Fer'ment *n*, Gärstoff *m*; **4.** ⚗ Gärung *f*, *fig. a.* (innere) Unruhe, Aufruhr *m*: ***the country was in a state of*** **~** es gärte im Land; **fer·men·ta·tion** [ˌfɜːmen'teɪʃn] *s.* **1.** ⚗ Fermentati'on *f*, Gärung *f* (*a. fig.*); **2.** *fig.* Aufruhr *m*, (innere) Unruhe.
fern [fɜːn] *s.* ⚘ Farn(kraut *n*) *m*; **'fern·y** [-nɪ] *adj.* **1.** farnartig; **2.** voller Farnkraut.
fe·ro·cious [fə'rəʊʃəs] *adj.* ☐ **1.** wild, grausam, grimmig, heftig; **2.** *Am.* F a) ‚toll', b) *contp.* ‚grausam'; **fe·roc·i·ty** [fə'rɒsətɪ] *s.* Grausamkeit *f*, Wildheit *f.*
fer·re·ous ['ferɪəs] *adj.* eisenhaltig.
fer·ret ['ferɪt] **I** *s.* **1.** *zo.* Frettchen *n*; **2.** *fig.* ‚Spürhund' *m* (*Person*); **II** *v/i.* **3.** *hunt.* mit Frettchen jagen; **4. ~ *about*** her'umsuchen (***for*** nach); **III** *v/t.* **5. ~ *out*** *fig. et.* aufspüren, -stöbern, herausfinden.
fer·ric ['ferɪk] *adj.* ⚗ Eisen...; **fer·ri·cy·a·nide** [ˌferɪ'saɪənaɪd] *s.* Zy'aneisenverbindung *f*; **fer·rif·er·ous** [fe'rɪfərəs] *adj.* ⚗ eisenhaltig.
Fer·ris wheel ['ferɪs] *s.* Riesenrad *n.*
ferro- [ferəʊ] *in Zssgn* Eisen...; **ˌ~-'con·crete** *s.* 'Eisenbeˌton *m*; **'~·type** *s.* *phot.* Ferroty'pie *f.*
fer·rous ['ferəs] *adj.* eisenhaltig, Eisen...
fer·rule ['feruːl] *s.* **1.** ⚙ Stockzwinge *f*; **2.** Muffe *f.*
fer·ry ['ferɪ] **I** *s.* **1.** Fähre *f*, Fährschiff *n*, -boot *n*; **2.** *a.* **~ *service*** Fährdienst *m*; **3.** ✈ Über'führungsdienst *m* (*von der Fabrik zum Flugplatz*); **4.** *Raumfahrt*: (Lande)Fähre *f*; **II** *v/t.* **5.** 'übersetzen; *bsd.* ✈ über'führen; befördern; **III** *v/i.* **6.** 'übersetzen; **'~·boat** → ***ferry*** 1; **~ bridge** *s.* **1.** Tra'jekt *m, n*, Eisenbahnfähre *f*; **2.** Landungsbrücke *f*; **'~·man** [-mən] *s.* [*irr.*] Fährmann *m.*
fer·tile ['fɜːtaɪl] *adj.* ☐ **1.** *a. fig.* fruchtbar, produk'tiv, reich (***in***, ***of*** an *dat.*); **2.** *fig.* schöpferisch; **fer·til·i·ty** [fə'tɪlətɪ] *s. a. fig.* Fruchtbarkeit *f*, Reichtum *m*; **fer·ti·li·za·tion** [ˌfɜːtɪlaɪ'zeɪʃn] *s.* **1.** Fruchtbarmachen *n*; **2.** *biol. u. fig.* Befruchtung *f*; **3.** ⛏ Düngung *f*; **'fer·ti·lize** [-tɪlaɪz] *v/t.* **1.** fruchtbar machen; **2.** *biol. u. fig.* befruchten; **3.** ⛏ düngen; **'fer·ti·liz·er** [-tɪlaɪzə] *s.* (Kunst)Dünger *m*, Düngemittel *n.*
fer·ule ['feruːl] **I** *s.* (flaches) Line'al (*zur Züchtigung*), (Zucht)Rute *f* (*a. fig.*); **II** *v/t.* züchtigen.
fer·ven·cy ['fɜːvənsɪ] → ***fervo***(***u***)***r*** 1; **'fer·vent** [-nt] *adj.* ☐ **1.** *fig.* glühend, feurig, inbrünstig, leidenschaftlich; **2.** (glühend) heiß; **'fer·vid** [-vɪd] *adj.* ☐ → ***fervent*** 1; **'fer·vo(u)r** [-və] *s.* **1.** *fig.* Glut *f*, Feuer(eifer *m*) *n*, Leidenschaft *f*, Inbrunst *f*; **2.** Glut *f*, Hitze *f.*
fess(e) [fes] *s.* *her.* (Quer)Balken *m.*
fes·tal ['festl] *adj.* ☐ festlich, Fest...
fes·ter ['festə] **I** *v/i.* **1.** schwären, eitern: **~*ing sore*** Eiterbeule *f* (*a. fig.*); **2.** verwesen, verfaulen; **3.** *fig.* gären: **~ *in s.o.'s mind*** an j-m nagen *od.* fressen; **II** *s.* **4.** a) Schwäre *f*, eiternde Wunde, b) Geschwür *n.*
fes·ti·val ['festəvl] **I** *s.* **1.** Fest(tag *m*) *n*, Feier *f*; **2.** Festspiele *pl.*, 'Festival *n*; **II** *adj.* **3.** festlich, Fest...; **4.** Festspiel...; **'fes·tive** [-tɪv] *adj.* ☐ **1.** festlich, Fest...; **2.** fröhlich, gesellig; **fes·tiv·i·ty** [fe'stɪvətɪ] *s.* **1.** *oft pl.* Fest(lichkeit *f*) *n*; **2.** festliche Stimmung.
fes·toon [fe'stuːn] **I** *s.* Gir'lande *f*; **II** *v/t.* mit Gir'landen schmücken.
fe·tal ['fiːtl] *etc.* → ***foetal*** *etc.*
fetch [fetʃ] **I** *v/t.* **1.** (her'bei)holen, (her)bringen: **~ *a doctor*** e-n Arzt holen; **~ *s.o. round*** F j-n ‚rumkriegen'; **2.** *et. od. j-n* abholen; **3.** *Atem* holen: **~ *a sigh*** (auf)seufzen; **~ *tears*** (ein paar) Tränen hervorlocken; **4. ~ *up*** *et.* erbrechen; **5.** apportieren (*Hund*); **6.** *Preis etc.* (ein)bringen, erzielen; **7.** *fig.* fesseln, anziehen, für sich einnehmen; **8.** *j-m e-n Schlag* versetzen: **~ *s.o. one*** j-m ‚eine langen' *od.* ‚runterhauen'; **9.** ⚓ erreichen; **II** *v/i.* **10. ~ *and carry for s.o.*** j-s Handlanger sein, j-n bedienen; **11. ~ *up*** F ‚landen' (***at***, ***in*** in *dat.*); **'fetch·ing** [-tʃɪŋ] *adj.* F reizend, bezaubernd.
fête [feɪt] **I** *s.* Fest(lichkeit *f*) *n*; **II** *v/t. j-n od. et.* feiern.
fet·id ['fetɪd] *adj.* ☐ stinkend.
fet·ish ['fetɪʃ] *s.* Fetisch *m*; **'fet·ish·ism** [-ʃɪzəm] *s.* Fetischkult *m*, *a. psych.* Feti'schismus *m*; **'fet·ish·ist** [-ʃɪst] *s.* Feti'schist *m.*
fet·lock ['fetlɒk] *s.* *zo.* **1.** Behang *m*; **2.** *a.* **~ *joint*** Fesselgelenk *n* (*des Pferdes*).
fet·ter ['fetə] **I** *s.* **1.** (Fuß)Fessel *f*; **2.** *pl. fig.* Fesseln *pl.*; **II** *v/t.* **3.** fesseln, *fig. a.* hemmen, behindern.
fet·tle ['fetl] *s.* Verfassung *f*, Zustand *m*: ***in good*** (*od.* ***fine***) **~** (gut) in Form.
fe·tus ['fiːtəs] → ***foetus***.
feu [fjuː] *s.* ⚖ *Scot.* Lehen *n.*

feud¹ [fjuːd] **I** *s.* Fehde *f*: ***be at ~ with*** mit *j-m* in Fehde liegen; **II** *v/i.* sich befehden.
feud² [fjuːd] *s.* ⚖ Lehen *n*, Lehn(s)gut *n*; '**feu·dal** [-dl] *adj.* ⚖ Feudal..., Lehns..., feu'dal; '**feu·dal·ism** [-dəlɪzəm] *s.* Feuda'lismus *m*; **feu·dal·i·ty** [fjuː'dælətɪ] *s.* **1.** Lehenswesen *n*; **2.** Lehnbarkeit *f*; '**feu·da·to·ry** [-dətərɪ] **I** *s.* Lehnsmann *m*, Va'sall *m*; **II** *adj.* Lehns...
feuil·le·ton ['fɜːɪtɔ̃ːŋ] (*Fr.*) *s.* Feuille'ton *n*, kultu'reller Teil (*e-r Zeitung*).
fe·ver ['fiːvə] **I** *s.* **1.** ⚕ Fieber *n*: ***~ heat*** a) Fieberhitze *f*, b) *fig.* → 2; **2.** *fig.* Fieber *n*, fieberhafte Aufregung, *a.* Sucht *f*, Rausch *m*: ***gold ~***; ***in a ~ of excitement*** in fieberhafter Aufregung; ***reach ~ pitch*** den Höhe- *od.* Siedepunkt erreichen; ***work at ~ pitch*** fieberhaft arbeiten; **II** *v/i.* **3.** fiebern (*a. fig.* ***for*** nach); '**fe·vered** [-əd] *adj.* **1.** fiebernd, fiebrig; **2.** *fig.* fieberhaft, aufgeregt; '**fe·ver·ish** [-vərɪʃ] *adj.* ☐ **1.** fieberkrank, fiebrig, Fieber...; **2.** *fig.* fieberhaft; '**fe·ver·ish·ness** [-vərɪʃnɪs] *s.* Fieberhaftigkeit *f* (*a. fig.*).
few [fjuː] *adj. u. s.* (*pl.*) **1.** (*Ggs.* ***many***) wenige: ***~ persons***; ***some ~*** einige wenige; ***his friends are ~*** er hat (nur) wenige Freunde; ***no ~er than*** nicht weniger als; ***~ and far between*** (sehr) dünn gesät; ***the lucky ~*** die wenigen Glücklichen; **2.** ***a ~*** (*Ggs.* ***none***) einige, ein paar: ***a ~ days*** einige Tage; ***not a ~*** nicht wenige, viele; ***a good ~*** e-e ganze Menge; ***only a ~*** nur wenige; ***every ~ days*** alle paar Tage; ***have a ~*** F ein paar ‚kippen'; '**few·ness** [-nɪs] *s.* geringe Anzahl.
fey [feɪ] *adj. Scot.* **1.** todgeweiht; **2.** 'übermütig; **3.** 'übersinnlich.
fez [fez] *s.* Fes *m*.
fi·an·cé [fɪ'ɑ̃ːŋseɪ] (*Fr.*) *s.* Verlobte(r) *m*; **fi'an·cée** [-seɪ] (*Fr.*) *s.* Verlobte *f*.
fi·as·co [fɪ'æskəʊ] *pl.* **-cos** *s.* Fi'asko *n*.
fi·at ['faɪæt] *s.* **1.** ⚖ *Brit.* Gerichtsbeschluss *m*; **2.** Befehl *m*, Erlass *m*; **3.** Ermächtigung *f*; ***~ mon·ey*** *s. Am.* Pa'piergeld *n* ohne Deckung.
fib [fɪb] **I** *s.* kleine Lüge, Schwinde'lei *f*, Flunke'rei *f*: ***tell a ~*** → **II** *v/i.* schwindeln, flunkern; '**fib·ber** [-bə] *s.* F Flunkerer *m*, Schwindler *m*.
fi·ber *Am.*, **fi·bre** ['faɪbə] *Brit. s.* **1.** ⚙, *biol.* Faser *f*, Na'turfaser (*a. Wolle, Fell*); **2.** Bal'laststoffe *pl.*; **3.** Faserstoff *m*, -gefüge *n*, Tex'tur *f*; **4.** *fig.* a) Struk'tur *f*, b) Schlag *m*, Cha'rakter *m*: ***moral ~*** ‚Rückgrat *n*'; ***of coarse ~*** grobschlächtig; '**~·board** *s.* ⚙ Holzfaserplatte *f*; '**~·glass** *s.* ⚙ Fiberglas *n*; '**~,op·tic ca·ble** *s.* ⚙ Glasfaserkabel *n*.
fi·bril ['faɪbrɪl] *s.* **1.** Fäserchen *n*; **2.** ⚘ Wurzelfaser *f*; '**fi·brin** [-brɪn] *s.* **1.** Fib'rin *n*, Blutfaserstoff *m*; **2.** *a.* ***plant ~*** Pflanzenfaserstoff *m*; '**fi·broid** [-brɔɪd] **I** *adj.* faserartig, Faser...; **II** *s.* → **fi·bro·ma** [faɪ'brəʊmə] *pl.* **-ma·ta** [-mətə] *s.* ⚕ Fib'rom *n*; Fasergeschwulst *f*; **fi·bro·si·tis** [ˌfaɪbrəʊ'saɪtɪs] *s.* ⚕ Bindegewebsentzündung *f*; '**fi·brous** [-brəs] *adj.* ☐ **1.** faserig, Faser...; **2.** ⚙ sehnig (*Metall*).
fib·u·la ['fɪbjʊlə] *pl.* **-lae** [-liː] *s.* **1.** *anat.* Wadenbein *n*; **2.** *antiq.* Fibel *f*, Spange *f*.
fiche [fiːʃ] *s.* Fiche *n*, *m* (*Mikrodatenkarte*).
fick·le ['fɪkl] *adj.* unbeständig, launisch, *Person a.* wankelmütig; '**fick·le·ness** [-nɪs] *s.* Unbeständigkeit *f*, Wankelmut *m*.
fic·tile ['fɪktaɪl] *adj.* **1.** formbar; **2.** tönern, irden: ***~ art*** Töpferkunst *f*; ***~ ware*** Steingut *n*.
fic·tion ['fɪkʃn] *s.* **1.** (freie) Erfindung, Dichtung *f*; *contp.* ‚Märchen' *n*; **2.** a) Belle'tristik *f*, 'Prosa-, Ro'manlitera,tur *f*: ***work of ~***, b) *coll.* Ro'mane *pl.*, Prosa *f* (*e-s Autors*); **3.** ⚖ Fikti'on *f*; '**fic·tion·al** [-ʃənl] *adj.* **1.** erdichtet; **2.** Roman...
fic·ti·tious [fɪk'tɪʃəs] *adj.* ☐ **1.** (frei) erfunden, fik'tiv; **2.** unwirklich, Fantasie..., Roman...; **3.** ⚖ *etc.* fik'tiv: a) angenommen: ***~ name***, b) fingiert, falsch, Schein...: ***~ bill*** ✝ Kellerwechsel *m*; **fic'ti·tious·ness** [-nɪs] *s. das* Fik'tive; Unechtheit *f*.
fid·dle ['fɪdl] **I** *s.* **1.** ♪ Fiedel *f*, Geige *f*: ***play first*** (***second***) ***~*** *fig.* die erste (zweite) Geige spielen; → ***fit¹*** 5; **2.** *Brit.* F a) Schwindel *m*, Betrug *m*, Schiebung *f*, b) Manipulati'on *f*; **II** *v/i.* **3.** F fiedeln, geigen; **4.** *a.* ***~ about*** (*od.* ***around***) her'umtrödeln; **5.** (***with***) spielen (mit), her'umfingern (an *dat.*), *contp.* her'umpfuschen (an *dat.*); **III** *v/t.* **6.** F fiedeln; **7.** ***~ away*** F *Zeit* vertrödeln; **8.** *Brit.* F ‚frisieren', manipulieren; **IV** *int.* **9.** Quatsch!; **ˌ~-de-'dee** [-dɪ'diː] → ***fiddle*** 9; '**~-ˌfad·dle** [-ˌfædl] **I** *s.* **1.** Lap'palie *f*; **2.** Unsinn *m*; **II** *v/i.* **3.** dummes Zeug reden; **4.** die Zeit vertrödeln.
fid·dler ['fɪdlə] *s.* **1.** Geiger(in): ***pay the ~*** *Am.* F ‚blechen'; **2.** *Brit.* F Schwindler *m*.
'**fid·dle·stick** **I** *s.* Geigenbogen *m*; **II** *int.* ***~s!*** F Quatsch!
fid·dling ['fɪdlɪŋ] *adj.* F läppisch, geringfügig, ‚poplig'.
fi·del·i·ty [fɪ'delətɪ] *s.* **1.** (*a.* eheliche) Treue (***to*** gegenüber, zu); **2.** Genauigkeit *f*, genaue Über'einstimmung *od.* 'Wiedergabe: ***with ~*** wortgetreu; **3.** ⚡ 'Wiedergabe(güte) *f*, Klangtreue *f*.
fidg·et ['fɪdʒɪt] **I** *s.* **1.** *oft pl.* ner'vöse Unruhe, Zappe'lei *f*; **2.** ‚Zappelphilipp'

F

m, Zapp(e)ler *m*; **II** *v/t.* **3.** ner'vös *od.* zapp(e)lig machen; **III** *v/i.* **4.** (herum)zappeln, zapp(e)lig sein; **5.** ***~ with*** (herum)spielen *od.* (-)fuchteln mit; **'fidg·et·i·ness** [-tɪnɪs] *s.* Zapp(e)ligkeit *f*, Nervosi'tät *f*; **'fidg·et·y** [-tɪ] *adj.* ner'vös, zappelig: ***~ Philipp*** → ***fidget*** 2.

fi·du·ci·ar·y [fɪ'djuːʃjərɪ] ⚖ **I** *s.* **1.** Treuhänder(in); **II** *adj.* **2.** treuhänderisch, Treuhand..., Treuhänder...; **3.** ✝ ungedeckt (*Noten*).

F

fie [faɪ] *int. oft* ***~ upon you!*** pfui(, schäm dich)!

fief [fiːf] *s.* Lehen *n*, Lehn(s)gut *n*.

field [fiːld] **I** *s.* **1.** ✓ Feld *n*; **2.** ⚒ a) (*Gold-, Öl- etc.*)Feld *n*, b) (Gruben-)Feld *n*, (Kohlen)Flöz *n*: ***coal ~***; **3.** *fig.* Bereich *m*, (Sach-, Fach)Gebiet *n*: ***in the ~ of art*** auf dem Gebiet der Kunst; ***in his ~*** auf s-m Gebiet, in s-m Fach; ***~ of activity*** Tätigkeitsbereich; ***~ of application*** Anwendungsbereich; **4.** a) (weite) Fläche, b) ✈, ⚡, *phys.*, *a. her.* Feld *n*: ***~ of force*** Kraftfeld; ***~ of vision*** Blick-, Gesichtsfeld, *fig.* Gesichtskreis *m*, Horizont *m*; **5.** *sport* a) Spielfeld *n*, (Sport)Platz *m*: ***take the ~*** einlaufen, auf den Platz kommen (→ 6), b) Feld *n* (*geschlossene Gruppe*), c) Teilnehmer(feld *n*) *pl.*, Besetzung *f*, *fig.* Wettbewerbsteilnehmer *pl.*: ***fair ~ and no favo(u)r*** gleiche Bedingungen für alle; ***play the ~*** F sich keine Chance entgehen lassen (*in der Liebe*), d) *Baseball*, *Kricket*: 'Fängerpar,tei *f*; **6.** ⚔ a) *poet.* (Schlacht)Feld *n*, (Feld)Schlacht *f*, b) Feld *n*, Front *f*: ***in the ~*** an der Front, im Felde; ***hold*** (*od.* ***keep***) ***the ~*** sich behaupten; ***take the ~*** ins Feld rücken, den Kampf eröffnen; ***win the ~*** den Sieg davontragen; **7.** ⚔ Feld *n* (*im Geschützrohr*); **8.** ⚙ (Operati'ons)Feld *n*; **9.** *TV* Feld *n*, Rasterbild *n*; **10.** a) *bsd. psych.*, *sociol.* Praxis *f*, Wirklichkeit *f*, b) ✝ Außendienst *m*, (praktischer) Einsatz; → ***field service***, ***field study***, ***fieldwork*** 2–4 *etc.*; **II** *v/t.* **11.** *sport Mannschaft*, *Spieler* aufs Feld schicken; **12.** *Baseball*, *Kricket*: a) *den Ball* auffangen u. zu'rückwerfen, b) *Spieler* im Feld aufstellen; **13.** *fig.* *e-e Frage etc.* kontern; **III** *v/i.* **14.** *Kricket etc.*: bei der 'Fängerpar,tei sein.

field| am·bu·lance *s.* ⚔ Sanka *m*, Sani'tätswagen *m*; **~ coil** *s.* ⚡ Feldspule *f*; **~ day** *s.* **1.** ⚔ a) Felddienstübung *f*, b) 'Truppenpa,rade *f*; **2.** *Am.* a) *ped.* Sportfest *n*, b) Exkursi'onstag *m*; **3.** ***have a ~*** *fig.* a) s-n großen Tag haben, b) e-n Mordsspaß haben (***with*** mit); **~ en·gi·neer** *s.* Außendiensttechniker *m*.

field·er ['fiːldə] *s. Kricket etc.*: a) Fänger *m*, b) Feldspieler *m*, c) *pl.* 'Fängerpar,tei *f*.

field| e·vent *s. sport* technische Disziplin, *pl. mst* 'Sprung- u. 'Wurfdiszi,plinen *pl.*; **~ glass**(**·es** *pl.*) *s.* Fernglas *n*, Feldstecher *m*; **~ goal** *s. Basketball*: Feldkorb *m*; **~ gun** *s.* ⚔ Feldgeschütz *n*; **~ hos·pi·tal** *s.* ⚔ 'Feldlaza,rett *n*; **~ kitch·en** *s.* ⚔ Feldküche *f*; **♀ Mar·shal** *s.* ⚔ Feldmarschall *m*; **~ mouse** *s.* [*irr.*] Feldmaus *f*; **~ of·fi·cer** *s.* ⚔ 'Stabsoffi,zier *m*; **~ pack** *s.* ⚔ Marschgepäck *n*, Tor'nister *m*; **~ re·search** *s.* ✝ *etc.* Feldforschung *f*; **~ ser·vice** *s.* ✝ Außendienst *m*.

fields·man ['fiːldzmən] *s.* [*irr.*] → ***fielder*** a, b.

field| sports *s. pl.* Sport *m* im Freien (*bsd. Jagen, Fischen*); **~ stud·y** *s.* Feldstudie *f*; **~ test** *s.* praktischer Versuch; **~ train·ing** *s.* ⚔ Geländeausbildung *f*; **'~·work** *s.* **1.** ⚔ Feldschanze *f*; **2.** praktische (wissenschaftliche) Arbeit, *a.* Arbeit *f* im Gelände; **3.** ✝ Außendienst *m*, -einsatz *m*; **4.** *Markt-, Meinungsforschung*: Feldarbeit *f*; **'~,work·er** *s.* **1.** ✝ Außendienstmitarbeiter(in); **2.** Inter'viewer(in), Befrager(in).

fiend [fiːnd] *s.* **1.** a) *a. fig.* Satan *m*, Teufel *m*, b) Dämon *m*, *fig. a.* Unhold *m*; **2.** *bsd. in Zssgn*: a) Süchtige(r *m*) *f*: ***opium ~***, b) Fa'natiker(in), Narr *m*, Fex *m*: → ***fresh-air fiend***, c) *Am. sl.* ‚Ka'none' *f* (***at*** in *dat.*); **'fiend·ish** [-dɪʃ] *adj.* □ teuflisch, unmenschlich; *fig.* F verteufelt, ‚gemein'; **'fiend·ish·ness** [-dɪʃnɪs] *s.* teuflische Bosheit; *fig.* Gemeinheit *f*.

fierce [fɪəs] *adj.* □ **1.** wild, grimmig, wütend (*alle a. fig.*); **2.** heftig, scharf; **3.** grell; **'fierce·ness** [-nɪs] *s.* Wildheit *f*, Grimmigkeit *f*; Schärfe *f*, Heftigkeit *f*.

fi·er·y ['faɪərɪ] *adj.* □ **1.** brennend, glühend (*a. fig.*); **2.** *fig.* feurig, hitzig, heftig; **3.** feuerrot; **4.** feuergefährlich; **5.** Feuer...

fife [faɪf] ♪ **I** *s.* **1.** (Quer)Pfeife *f*; **2.** → ***fifer***; **II** *v/t. u. v/i.* **3.** (*auf der Querpfeife*) pfeifen; **'fif·er** [-fə] *s.* (Quer)Pfeifer *m*.

fif·teen [,fɪf'tiːn] **I** *adj.* **1.** fünfzehn; **II** *s.* **2.** Fünfzehn *f*; **3.** *Rugby*: Fünfzehn *f*; **,fif'teenth** [-nθ] **I** *adj.* **1.** fünfzehnt; **II** *s.* **2.** *der* (*die, das*) Fünfzehnte; **3.** Fünfzehntel *n*.

fifth [fɪfθ] **I** *adj.* □ **1.** fünft; **II** *s.* **2.** *der* (*die, das*) Fünfte; **3.** Fünftel *n*; **4.** ♪ Quinte *f*; **~ col·umn** *s. pol.* fünfte Ko'lonne.

Fifth Avenue heißt New Yorks berühmteste Straße. Für ihre schicken Geschäfte und Luxushotels bekannt, teilt diese breite Allee den New Yorker Bezirk **Manhattan** in zwei Teile: den Westen (**West Side**) und den Osten (**East Side**).

fifth·ly ['fɪfθlɪ] *adv.* fünftens.

fifth wheel *s.* **1.** *mot.* a) Ersatzrad *n*, b) Drehschemel(ring) *m* (*Sattelschlepper*); **2.** *fig.* fünftes Rad am Wagen.

fif·ti·eth ['fɪftɪɪθ] **I** *adj.* **1.** fünfzigst; **II** *s.* **2.** *der* (*die, das*) Fünfzigste; **3.** Fünfzigstel *n*; **fif·ty** ['fɪftɪ] **I** *adj.* fünfzig; **II** *s.* Fünfzig *f*: ***in the fifties*** in den Fünfzigerjahren (*e-s Jahrhunderts*); ***he is in his fifties*** er ist in den Fünfzigern; ˌ**fif·ty-**-'**fif·ty** *adj. u. adv.* F fifty-fifty, ‚halbe-halbe'.

fig[1] [fɪg] *s.* ⚘ **1.** Feige *f*: ***I don't care a ~ (for it)*** F das ist mir schnuppe!; **2.** Feigenbaum *m*.

fig[2] [fɪg] **I** *s.* F **1.** Kleidung *f*, Gala *f*: ***in full ~*** in voller Gala; **2.** Zustand *m*: ***in good ~*** gut in Form; **II** *v/t.* **3.** ***~ out*** her'ausputzen.

fight [faɪt] **I** *s.* **1.** Kampf *m* (*a. fig.*), Gefecht *n*: ***make a ~ of it, put up a ~*** kämpfen, sich wehren; ***put up a good ~*** sich tapfer schlagen; **2.** a) Schläge'rei *f*, Raufe'rei *f*, b) *sport* (Box)Kampf *m*: ***have a ~*** → 12; ***make a ~ for*** kämpfen um; **3.** Kampf(es)lust *f*, -fähigkeit *f*: ***show ~*** sich zur Wehr setzen; ***there is no ~ left in him*** er ist kampfmüde *od.* ‚fertig'; **4.** Streit *m*, Kon'flikt *m*; **II** *v/t.* [*irr.*] **5.** *j-n od. et.* bekämpfen, bekriegen, kämpfen mit *od.* gegen, sich schlagen mit, *sport a.* boxen gegen; *fig.* ankämpfen gegen (*e-e schlechte Gewohnheit etc.*): ***~ back*** (*od.* ***down***) *fig. Tränen, Enttäuschung* unterdrücken; ***~ off*** *j-n od. et.* abwehren, *a. e-e Erkältung etc.* bekämpfen; **6.** *e-n Krieg, e-n Prozess* führen, *e-e Schlacht* schlagen *od.* austragen, *e-e Sache* ausfechten: ***~ a duel*** sich duellieren; ***~ an election*** kandidieren; ***~ it out*** es (untereinander) ausfechten; **7.** *et.* verfechten, sich einsetzen für; **8.** *et.* erkämpfen: ***~ one's way*** sich durchschlagen; **9.** ⚔ *Truppen etc.* kommandieren, (im Kampf) führen; **III** *v/i.* [*irr.*] **10.** kämpfen (***with*** *od.* ***against*** mit *od.* gegen, ***for*** um): ***~ against s.th.*** gegen et. ankämpfen; ***~ back*** sich zur Wehr setzen; **11.** boxen; **12.** sich raufen *od.* prügeln *od.* schlagen.

fight·er ['faɪtə] *s.* **1.** Kämpfer *m*, Streiter *m*; **2.** Schläger *m*, Raufbold *m*; **3.** *sport* (*bsd.* Offen'siv)Boxer *m*; **4.** *a.* ***~ plane*** ⚔, ✈ Jagdflugzeug *n*, Jäger *m*: ***~-bomber*** Jagdbomber *m*; ***~ group*** *Brit.* Jagdgruppe *f*, *Am.* Jagdgeschwader *n*; ***~-interceptor*** Abfangjäger *m*; ***~ pilot*** Jagdflieger *m*.

fight·ing ['faɪtɪŋ] **I** *s.* Kampf *m*, Kämpfe *pl*; **II** *adj.* Kampf...; streitlustig; ***~ chance*** *s. e-e* re'elle Chance (*wenn man sich anstrengt*); ***~ cock*** *s.* Kampfhahn *m* (*a. fig.*): ***live like a ~*** in Saus u. Braus leben.

fig leaf *s.* Feigenblatt *n* (*a. fig.*).

fig·ment ['fɪgmənt] *s.* **1.** *oft* ***~ of the imagination*** Fanta'siepro,dukt *n*, reine Einbildung; **2.** ‚Märchen' *n*, (pure) Erfindung.

fig tree *s.* Feigenbaum *m*.

fig·ur·a·tive ['fɪgjʊrətɪv] *adj.* ☐ **1.** *ling.* bildlich, über'tragen, fi'gürlich, meta'phorisch; **2.** bilderreich (*Stil*); **3.** sym'bolisch.

fig·ure ['fɪgə] **I** *s.* **1.** Fi'gur *f*, Form *f*, Gestalt *f*, Aussehen *n*: ***keep one's ~*** schlank bleiben; **2.** *fig.* Fi'gur *f*, Per'son *f*, Per'sönlichkeit *f*, (bemerkenswerte) Erscheinung: ***a public ~*** e-e Persönlichkeit des öffentlichen Lebens; ***~ of fun*** komische Figur; ***cut*** (*od.* ***make***) ***a poor ~*** e-e traurige Figur abgeben; **3.** Darstellung *f* (*bsd. des menschlichen Körpers*), Bild *n*, Statue *f*; **4.** *a.* ⚙, ✎ Fi'gur *f*, *weitS. a.* Zeichnung *f*, Dia'gramm *n*; *a.* Abbildung *f*, Illustrati'on *f* (*in e-m Buch etc.*); **5.** *Tanz, Eiskunstlauf etc.*: Fi'gur *f*; **6.** (Stoff)Muster *n*; **7.** *a.* ***~ of speech*** a) ('Rede-, 'Sprach)Fiˌgur *f*, b) Me'tapher *f*, Bild *n*; **8.** ♪ a) Fi'gur *f*, b) (Bass)Bezifferung *f*; **9.** Zahl(zeichen *n*) *f*, Ziffer *f*: ***run into three ~s*** in die Hunderte gehen; ***be good at ~s*** ein guter Rechner sein; **10.** Preis *m*, Summe *f*: ***at a low ~*** billig; **II** *v/t.* **11.** gestalten, formen; **12.** bildlich darstellen, abbilden; **13.** *a.* ***~ to o.s.*** sich *et.* vorstellen; **14.** verzieren (*a.* ♪); ⚙ mustern; **15.** ***~ out*** F a) ausrechnen, b) ausknobeln, ‚rauskriegen', c) ‚kapieren': ***I can't ~ him out*** ich werde aus ihm nicht schlau; **III** *v/i.* **16.** ***~ out at*** sich belaufen auf (*acc.*); **17.** ***~ on*** *Am.* F a) rechnen mit, b) sich verlassen auf (*acc.*); **18.** erscheinen, vorkommen, e-e Rolle spielen: ***~ large*** e-e große Rolle spielen; ***~ on a list*** auf e-r Liste stehen; **19.** F (genau) passen: ***that ~s!*** das ist klar!; ***~ dance*** *s.* Fi'gurentanz *m*; '***~·head*** *s.* ⚓ Gali'onsfiˌgur *f*, *fig. a.* ‚Aushängeschild' *n*; ***~ skat·er*** *s. sport* (Eis)Kunstläufer(in); ***~ skat·ing*** *s. sport* Eiskunstlauf *m*.

fig·u·rine ['fɪgjʊriːn] *s.* Statu'ette *f*, Figu'rine *f*.

fil·a·ment ['fɪləmənt] *s.* **1.** Faden *m* (*a. anat.*); Faser *f*; **2.** ⚘ Staubfaden *m*; **3.** ⚡ (Glüh-, Heiz)Faden *m*: ***~ battery*** Heizbatterie *f*.

fil·bert ['fɪlbət] *s.* ⚘ **1.** Haselnussstrauch *m*; **2.** Haselnuss *f*.

filch [fɪltʃ] *v/t.* F ‚klauen' (*stehlen*).

file[1] [faɪl] **I** *s.* **1.** Aufreihdraht *m*, -faden *m*; **2.** (Akten-, Brief-, Doku'menten- *etc.*)Ordner *m*, Sammelmappe *f*, *a.* Kar'tei(kasten *m*) *f*; **3.** a) Akte(nstück *n*) *f*, *a.* Dossi'er *n* (*der Polizei etc.*): **~ number** Aktenzeichen *n*, b) Akten (-bündel *n*, -stoß *m*) *pl.*, c) Ablage *f*, abgelegte Briefe *pl. od.* Pa'piere *pl.*: **on ~** bei den Akten, d) *Computer*: Da'tei *f*, e) Liste *f*, Verzeichnis *n*: **~ management** Dateiverwaltung *f*; **4.** ⚔ Reihe *f*; **5.** Reihe *f* (*Personen od. Sachen hintereinander*); **II** *v/t.* **6.** *Briefe etc.* ablegen, einordnen, ab-, einheften, zu den Akten nehmen, *Computer*: abspeichern; **7.** *Antrag*, ⚖ *Klage* einreichen; **III** *v/i.* **8.** hinterein'ander *od.* ⚔ in Reihe (hi-'nein-, hin'aus- *etc.*)marschieren.

file[2] [faɪl] **I** *s.* **1.** ⚙ Feile *f*; **II** *v/t.* **2.** ⚙ feilen; **3.** *Stil* feilen, glätten.

fi·let ['fɪlɪt] (*Fr.*) *s.* **1.** *Küche*: Fi'let *n*; **2.** *a.* **~ lace** Fi'let *n*, Netz(sticke'rei *f*) *n*.

fil·i·al ['fɪljəl] *adj.* □ kindlich, Kindes..., Sohnes..., Tochter...; **fil·i·a·tion** [ˌfɪlɪ'eɪʃn] *s.* **1.** Kindschaft(sverhältnis *n*) *f*: **~ proceeding** ⚖ *Am.* Vaterschaftsprozess *m*; **2.** Abstammung *f*; **3.** Herkunftsfeststellung *f*; **4.** Verzweigung *f*.

fil·i·bus·ter ['fɪlɪbʌstə] **I** *s.* **1.** *hist.* Freibeuter *m*; **2.** *parl. Am.* a) Obstrukti'on *f*, Verschleppungstaktik *f*, b) Obstrukti'onspoˌlitiker *m*; **II** *v/i.* **3.** *parl. Am.* Obstrukti'on treiben; **III** *v/t.* **4.** *Antrag etc.* durch Obstrukti'on zu Fall bringen.

fil·i·gree ['fɪlɪgriː] *s.* Fili'gran(arbeit *f*) *n*.

fil·ing| cab·i·net ['faɪlɪŋ] *s.* Aktenschrank *m*; **~ card** *s.* Kar'teikarte *f*.

fil·ings ['faɪlɪŋz] *s. pl.* Feilspäne *pl.*

Fil·i·pi·no [ˌfɪlɪ'piːnəʊ] **I** *pl.* **-nos** *s.* Fili'pino *m*; **II** *adj.* philip'pinisch.

fill [fɪl] **I** *s.* **1. eat one's ~** sich satt essen; **have one's ~ of s.th.** genug von et. haben; **weep one's ~** sich ausweinen; **2.** Füllung *f* (*Material od. Menge*): **a ~ of petrol** *mot.* e-e Tankfüllung; **II** *v/t.* **3.** (an-, aus)füllen, voll füllen: **~ s.o.'s glass** j-m einschenken; **~ the sails** die Segel (auf)blähen; **4.** ab-, einfüllen: **~ wine into bottles**; **5.** (*mit Nahrung*) sättigen; **6.** *Pfeife* stopfen; **7.** *Zahn* füllen, plombieren; **8.** *die Straßen, ein Stadion etc.* füllen; **9.** *a. fig.* erfüllen: **smoke ~ed the room**; **grief ~ed his heart**; **~ed with fear** angsterfüllt; **10.** *Amt, Posten* a) besetzen, b) ausfüllen, bekleiden: **~ s.o.'s place** j-s Stelle einnehmen, j-n ersetzen; **11.** *Auftrag* ausführen: **~ an order**; → **bill**[2] 4; **III** *v/i.* **12.** sich füllen, (*Segel*) sich (auf)blähen; **~ in I** *v/t.* **1.** Loch *etc.* auf-, ausfüllen; **2.** *Brit. Formular* ausfüllen; **3.** a) *Namen etc.* einsetzen, b) *Fehlendes* ergänzen; **4. fill s.o. in** F (**on** über *acc.*) j-n ins Bild setzen, j-n informieren; **II** *v/i.* **5.** einspringen (**for s.o.** für j-n); **~ out I** *v/t.* **1.** *bsd. Am. Formular* ausfüllen; **2.** *Bericht etc.* abrunden; **II** *v/i.* **3.** fülliger werden (*Figur*), (*Person a.*) zunehmen, (*Gesicht*) voller werden; **~ up I** *v/t.* **1.** auffüllen, voll füllen: **~ her up!** F voll tanken, bitte; **2.** → **fill in** 2; **II** *v/i.* **3.** sich füllen.

fill·er ['fɪlə] *s.* **1.** Füllvorrichtung *f*, *a.* 'Abfüllmaˌschine *f*, Trichter *m*: **~ cap** *mot.* Tankverschluss *m*; **2.** Füllstoff *m*, Zusatzmittel *n*; **3.** *paint.* Spachtel(masse *f*) *m*, Füller *m*; **4.** *fig.* Füllsel *n*, Füller *m*; **5.** *ling.* Füllwort *n*; **6.** Sprengladung *f*.

fil·let ['fɪlɪt] **I** *s.* **1.** Stirn-, Haarband *n*; **2.** Leiste *f*, Band *n*; **3.** Zierstreifen *m*, Fi'let *n* (*am Buch*); **4.** ⚠ Leiste *f*, Rippe *f*; **5.** *Küche*: Fi'let *n*; **6.** ⚙ a) Hohlkehle *f*, b) Schweißnaht *f*; **II** *v/t.* **7.** mit e-m Haarband *od.* e-r Leiste *etc.* schmücken; **8.** *Küche*: a) filetieren, b) als Fi'let zubereiten.

fill·ing ['fɪlɪŋ] **I** *s.* **1.** Füllung *f*, Füllmasse *f*, Einlage *f*, Füllsel *n*; **2.** (Zahn)Plombe *f*, (-)Füllung *f*; **3.** *das* 'Voll-, Aus-, Auffüllen, Füllung *f*: **~ machine** Abfüllmaschine *f*; **~ station** *Am.* Tankstelle *f*; **II** *adj.* **4.** sättigend.

fil·lip ['fɪlɪp] **I** *s.* **1.** Schnalzer *m* (*mit Finger u. Daumen*); **2.** Klaps *m*; **3.** *fig.* Ansporn *m*, Auftrieb *m*: **give a ~ to** → 6; **II** *v/t.* **4.** schnippen, schnipsen; **5.** *j-m* e-n Klaps geben; **6.** *fig.* anspornen, in Schwung bringen.

fil·ly ['fɪlɪ] *s.* **1.** *zo.* Stutenfohlen *n*; **2.** *fig.* ‚wilde Hummel' (*Mädchen*).

film [fɪlm] **I** *s.* **1.** Mem'bran(e) *f*, Häutchen *n*, Film *m*; **2.** *phot.* Film *m*; **3.** Film *m*: **the ~s** die Filmindustrie, der Film, das Kino; **be in ~s** beim Film sein; **shoot a ~** e-n Film drehen; **4.** (hauch)dünne Schicht, 'Überzug *m* (*Zellophan- etc.*)Haut *f*; **5.** (hauch)dünnes Gewebe, *a.* Faser *f*; **6.** Trübung *f* (*des Auges*), Schleier *f*; **II** *v/t.* **7.** (mit e-m Häutchen *etc.*) über'ziehen; **8.** a) *Szene etc.* filmen: **~ed report** Filmbericht *m*, b) *Roman etc.* verfilmen; **III** *v/i.* **9.** *a.* **~ over** sich mit e-m Häutchen über'ziehen; **10.** a) sich (gut) verfilmen lassen, b) e-n Film drehen, filmen; **~ li·brar·y** *s.* 'Filmarˌchiv *n*; **~ mak·er** *s.* Filmemacher *m*; **~ pack** *s. phot.* Filmpack *m*; **~ reel** *s.* Filmspule *f*; '**~-set** *v/t.* [*irr.*] *typ.* im Foto- *od.* Filmsatz herstellen; **~ star** *s.* Filmstar *m*; **~ strip** *s.* **1.** Bildstreifen *m*; **2.** Bildband *n*; **~ version** *s.* Verfilmung *f*.

film·y ['fɪlmɪ] *adj.* □ **1.** mit e-m Häutchen bedeckt; **2.** duftig, zart, hauchdünn; **3.** trübe, verschleiert (*Auge*).

fil·ter ['fɪltə] **I** *s.* **1.** Filter *m*, Seihtuch *n*, Seiher *m*; **2.** ⚗, ⚙, ϟ, *phot.*, *phys.*, *tel.* Filter *n*, *m*; **3.** *mot. Brit.* grüner Pfeil (*für Abbieger*); **II** *v/t.* **4.** filtern: a) ('durch)seihen, b) filtrieren: **~ *off*** (***out***) ab- (heraus)filtern; **III** *v/i.* **5.** 'durchsickern, (*Licht a.*) 'durchscheinen, -dringen; **6.** *fig.* **~ *out*** *od.* ***through*** 'durchsickern (*Nachrichten etc.*); **~ *into*** einsickern *od.* -dringen in (*acc.*); **7. ~ *out*** langsam *od.* grüppchenweise herauskommen (***of*** aus); **8.** *mot. Brit.* a) die Spur wechseln, b) sich einordnen (***to the left*** links), c) abbiegen (*bei grünem Pfeil*); **~ bag** *s.* Filtertüte *f*; **~ bed** *s.* **1.** Kläranlage *f*, -becken *n*; **2.** Filterschicht *f*; **~ char·coal** *s.* ⚙ Filterkohle *f*; **~ cir·cuit** *s.* ⚡ Siebkreis *m*; **~ pa·per** *s.* 'Filterpa,pier *n*; **~ tip** *s.* **1.** Filter(mundstück *n*) *m*; **2.** 'Filterziga,rette *f*; '**~-tipped** mit Filter, Filter...: **~ *cigarette***.

filth [fɪlθ] *s.* **1.** Schmutz *m*, Dreck *m*; **2.** *fig.* Schmutz *m*, Schweine'rei(en *pl.*) *f*; **3.** a) unflätige Sprache, b) unflätige Ausdrücke *pl.*, Unflat *m*; '**filth·i·ness** [-θɪnɪs] *s.* Schmutzigkeit *f* (*a. fig.*); '**filth·y** [-θɪ] **I** *adj.* ☐ **1.** schmutzig, dreckig, *fig. a.* schweinisch; **2.** *fig.* unflätig; **3.** F ekelhaft, scheußlich: **~ *mood***; **~ *weather*** *a.* ‚Sauwetter' *n*; **II** *adv.* **4.** F ‚unheimlich', ‚furchtbar': **~ *rich*** stinkreich.

fil·trate ['fɪltreɪt] **I** *v/t.* filtrieren; **II** *s.* Fil'trat *n*; **fil'tra·tion** [fɪl'treɪʃn] *s.* Filtrati'on *f*.

fin¹ [fɪn] *s.* **1.** *zo.* Flosse *f*, Finne *f*; **2.** ⚓ Kielflosse *f*; **3.** ✈ a) (Seiten)Flosse *f*, b) ⚔ Steuerschwanz *m* (*e-r Bombe*); **4.** ⚙ a) Grat *m*, (Guss)Naht *f*, b) (Kühl)Rippe *f*; **5.** Schwimmflosse *f*; **6.** *sl.* ‚Flosse' *f* (*Hand*).

fin² [fɪn] *s. Am. sl.* Fünf'dollarschein *m*.

fi·na·gle [fɪ'neɪgl] F **I** *v/t.* **1.** *et.* her'ausschinden; **2.** (sich) *et.* ergaunern; **3.** *j-n* betrügen, begaunern; **II** *v/i.* **4.** gaunern, mogeln.

fi·nal ['faɪnl] **I** *adj.* ☐ → ***finally*** **1.** letzt, schließlich; **2.** endgültig, End..., Schluss...: **~ *assembly*** ⚙ Endmontage *f*; **~ *date*** Schlusstermin *m*; **~ *disposal site*** Endlager *n*; **~ *examination*** Abschlussprüfung *f*; **~ *score*** *sport* Endstand *m*; **~ *speech*** ⚖ Schlussplädoyer *n*; **~ *storage*** Endlagerung *f* (*von Atommüll etc.*); **~ *whistle*** *sport* Schlusspfiff *m*; **3.** endgültig: a) 'unwider,ruflich, b) entscheidend, c) ⚖ rechtskräftig: ***after ~ judg(e)ment*** nach Rechtskraft des Urteils; **4.** per'fekt; **5.** *ling.* a) auslautend, End...; Schluss..., b) Absichts..., Final...: **~ *clause***; **II** *s.* **6.** *a. pl.* Fi'nale *n*, Endkampf *m od.* -runde *f od.* -spiel *n od.* -lauf *m*; **7.** *mst pl. univ.* 'Schlusse,xamen *n*, -prüfung *f*; **8.** F Spätausgabe *f* (*e-r Zeitung*); **fi·na·le** [fɪ'nɑːlɪ] *s.* Fi'nale *n*: a) ♪ (*mst* schneller) Schlusssatz, b) *thea.* Schluss(szene *f*) *m* (*bsd. Oper*), c) *fig.* (dra'matisches) Ende; '**fi·nal·ist** [-nəlɪst] *s.* **1.** *sport* Fina'list(in), Endspiel-, Endkampf-, Endrundenteilnehmer(in); **2.** *univ.* Ex'amenskandi,dat(in); **fi·nal·i·ty** [faɪ'nælətɪ] *s.* **1.** Endgültigkeit *f*; **2.** Entschiedenheit *f*; '**fi·nal·ize** [-nəlaɪz] *v/t.* **1.** be-, voll'enden, (endgültig) erledigen, abschließen; **2.** endgültige Form geben (*dat.*); '**fi·nal·ly** [-nəlɪ] *adv.* **1.** endlich, schließlich, zu'letzt; **2.** zum (Ab)Schluss; **3.** endgültig, defini'tiv.

fi·nance [faɪ'næns] **I** *s.* **1.** Fi'nanz *f*, Fi'nanzwesen *n*, -wirtschaft *f*, -wissenschaft *f*; **2.** *pl.* Fi'nanzen *pl.*, Einkünfte *pl.*, Vermögenslage *f*; **II** *v/t.* **3.** finanzieren; **~ act** *s. pol.* Steuergesetz *n*; **~ bill** *s.* **1.** *pol.* Fi'nanzvorlage *f*; **2.** ✝ Fi'nanzwechsel *m*; **~ com·pa·ny** *s.* ✝ Finanzierungsgesellschaft *f*; **~ house** *s.* ✝ *Brit.* 'Kundenkre,ditbank *f*.

fi·nan·cial [faɪ'nænʃl] *adj.* ☐ finanzi'ell, Finanz..., Geld..., Fiskal...: **~ *aid*** Finanzhilfe *f*; **~ *backer*** Geldgeber *m*; **~ *columns*** Handels-, Wirtschaftsteil *m*; **~ *paper*** Börsen-, Handelsblatt *n*; **~ *plan*** Finanzierungsplan *m*; **~ *policy*** Finanzpolitik *f*; **~ *situation*** (*od.* ***condition***) Vermögenslage *f*; **~ *standing*** Kreditwürdigkeit *f*; **~ *statement*** ✝ Bilanz *f*; **~ *year*** a) ✝ Geschäftsjahr *n*, b) *parl.* Haushalts-, Rechnungsjahr *n*; **fi'nan·cier** [-nsɪə] **I** *s.* **1.** Finanzi'er *m*; **2.** Fi'nanz(fach)mann *m*; **II** *v/t.* **3.** finanzieren; **III** *v/i.* **4.** (*bsd.* skrupellose) Geldgeschäfte machen.

finch [fɪntʃ] *s. orn.* Fink *m*.

find [faɪnd] **I** *v/t.* [*irr.*] **1.** finden; **2.** finden, (an)treffen, stoßen auf (*acc.*): ***I found him in*** ich traf ihn zu Hause an; **~ *a good reception*** e-e gute Aufnahme finden; **3.** entdecken, bemerken, sehen, feststellen, (her'aus)finden: ***he found that ...*** er stellte fest *od.* fand, dass; ***I ~ it easy*** ich finde es leicht; **~ *one's way*** den Weg finden (***to*** nach, zu), sich zurechtfinden (***in*** in *dat.*); **~ *its way into*** *fig.* hineingeraten in (*acc.*) (*Sache*); **~ *o.s.*** a) sich *wo od. wie* befinden, b) sich sehen: **~ *o.s. surrounded***, c) sich finden, sich voll entfalten, s-e Fähigkeiten erkennen, d) zu sich selbst finden (→ 5); ***I found myself telling a lie*** ich ertappte mich bei e-r Lüge; **4.** finden: a) beschaffen, auftreiben, b) erlangen, sich verschaffen, c) *Zeit etc.* aufbringen; **5.** *j-n* versorgen, ausstatten (***in*** mit): ***be well found in clothes***; ***all found*** freie Station, freie Unterkunft u. Verpflegung; **~ *o.s.*** sich selbst versorgen; **6.** ⚖ (be)finden für, erklären (für): ***he was found guilty***; **7. ~ *out*** a) *et.* herausfinden, -bekommen, b) *j-n* ertappen, entlarven, durch'schauen; **II** *v/i.* [*irr.*] **8.** ⚖ (be)finden, (für Recht) erkennen (***that*** dass): **~ *for the defen-***

dant a) die Klage abweisen, b) *Strafprozess*: den Angeklagten freisprechen; ***~ against the defendant*** a) der Klage stattgeben, b) *Strafprozess*: den Angeklagten verurteilen; **III** *s.* **9.** Fund *m*, Entdeckung *f*; **'find·er** [-də] *s.* **1.** Finder *m*, Entdecker *m*: ***~s keepers*** F wer etwas findet, darf es (auch) behalten; ***~'s reward*** Finderlohn *m*; **2.** *phot.* Sucher *m*; **'find·ing** [-dɪŋ] *s.* **1.** Fund *m*, Entdeckung *f*; **2.** *mst pl. phys. etc.* Befund *m* (*a.* ⚒), Feststellung(en *pl.*) *f*, Erkenntnis(se *pl.*) *f*; **3.** ⚖ Feststellung *f*, *der Geschworenen*: *a.* Spruch *m*: ***~s of fact*** Tatsachenfeststellungen; **4.** *pl.* Werkzeuge *pl. od.* Materi'al *n* (*von Handwerkern*).

fine¹ [faɪn] **I** *adj.* □ **1.** *allg.* fein: a) dünn, zart, zierlich: ***~ china***, b) scharf: ***a ~ edge***, c) rein: ***~ silver*** Feinsilber *n*; ***gold 24 carats ~*** 24-karätiges Gold, d) *aus kleinsten Teilchen bestehend*: ***~ sand***, e) schön: ***a ~ ship***; ***~ weather***, f) vornehm, edel: ***a ~ man***, g) geschmackvoll, gepflegt, ele'gant, h) angenehm, lieblich: ***a ~ scent***, i) feinsinnig: ***a ~ distinction*** ein feiner Unterschied; **2.** prächtig, großartig: ***a ~ view***; ***a ~ musician***; ***a ~ fellow*** ein feiner *od.* prächtiger Kerl (→ 3); **3.** F, *a. iro.* fein, schön: ***that's all very ~ but ...*** das ist ja alles gut u. schön, aber ...; ***a ~ fellow you are!*** *contp.* du bist mir ein schöner Genosse!; ***that's ~ with me!*** in Ordnung!; **4.** ⚙ fein, genau, Fein...; **II** *adv.* **5.** F fein: a) vornehm (*a. contp.*): ***talk ~***, b) sehr gut, ‚bestens': ***that will suit me ~*** das passt mir ausgezeichnet; **6.** knapp: ***cut*** (*od.* ***run***) ***it ~*** ins Gedränge (*bsd.* in Zeitnot) kommen; **III** *v/t.* **7.** ***~ away***, ***~ down*** fein(er) machen, abschleifen, zuspitzen; **8.** *oft* ***~ down*** *Wein etc.* läutern, klären; **9.** *metall.* frischen; **IV** *v/i.* **10.** ***~ away***, ***~ down***, ***~ off*** fein(er) werden, abnehmen, sich abschleifen; **11.** sich klären.

fine² [faɪn] **I** *s.* **1.** ⚖ Geldstrafe *f*, Bußgeld *n*; **2.** ***in ~*** a) schließlich, b) kurzum; **II** *v/t.* **3.** mit e-r Geldstrafe *od.* e-m Bußgeld belegen: ***he was ~d £2*** er musste 2 Pfund (Strafe) bezahlen.

fine| ad·just·ment *s.* ⚙ Feineinstellung *f*; **~ arts** *s. pl.* (*die*) schönen Künste *pl.*; **'~-bore** *v/t.* ⚙ präzisi'onsbohren; **~ cut** *s.* Feinschnitt *m* (*Tabak*); **,~-'draw** *v/t.* [*irr.* → ***draw***] **1.** fein zs.-nähen, kunststopfen; **2.** ⚙ *Draht* fein ausziehen; **,~-'drawn** → ***fine-spun***.

fine·ness ['faɪnnɪs] *s. allg.* Feinheit *f*.

'fin·er·y [-nərɪ] *s.* **1.** Putz *m*, Staat *m*; **2.** ⚙ a) Frischofen *m*, b) Frische'rei *f*.

fines [faɪnz] *s. pl.* ⚙ Grus *m*, fein gesiebtes Materi'al; **,fine-'spun** *adj.* fein gesponnen (*a. fig.*).

fi·nesse [fɪ'nes] **I** *s.* **1.** Fi'nesse *f*: a) Spitzfindigkeit *f*, b) (kleiner) Kunstgriff, Kniff *m*; **2.** Raffi'nesse *f*, Schlauheit *f*; **3.** *Kartenspiel*: Schneiden *n*; **II** *v/i.* **4.** *Kartenspiel*: schneiden; **5.** ‚tricksen', Kniffe anwenden.

,fine|-'tooth(ed) *adj.* fein (gezahnt): ***~ comb*** Staubkamm *m*; ***go over s.th. with a ~ comb*** a) et. genau durchsuchen, b) et. genau unter die Lupe nehmen; **~ tun·ing** *s. Radio*: Feinabstimmung *f*.

fin·ger ['fɪŋgə] **I** *s.* **1.** Finger *m*: ***first***, ***second***, ***third ~*** Zeige-, Mittel-, Ringfinger; ***fourth*** (*od.* ***little***) ***~*** kleiner Finger; ***get*** (*od.* ***pull***) ***one's ~ out*** *Brit.* F ‚sich am Riemen reißen'; ***have a*** (*od.* ***one's***) ***~ in the pie*** die Hand im Spiel haben; ***keep one's ~s crossed for s.o.*** j-m den Daumen drücken *od.* halten; ***lay*** (*od.* ***put***) ***one's ~ on s.th.*** *fig.* den Finger auf et. legen; ***not to lay a ~ on s.o.*** j-m kein Härchen krümmen, j-n nicht anrühren; ***not to lift*** (*od.* ***raise***, ***stir***) ***a ~*** keinen Finger rühren; ***put the ~ on s.o.*** → 10; ***twist*** (*od.* ***wrap***, ***wind***) ***s.o.*** (***a***)***round one's little ~*** j-n um den (kleinen) Finger wickeln; ***work one's ~s to the bone*** (***for s.o.***) sich (für j-n) die Finger abarbeiten; → *a. Verbindungen mit anderen Verben u. Substantiven*; **2.** Finger(ling) *m* (*am Handschuh*); **3.** (Uhr)Zeiger *m*; **4.** Fingerbreit *m*; **5.** schmaler Streifen; schmales Stück; **6.** ⚙ Daumen *m*, Greifer *m*; **7.** *sl.* → ***finger man***; **II** *v/t.* **8.** a) betasten, befühlen, b) her'umfingern an (*dat.*), spielen mit; **9.** ♪ a) *et.* mit den Fingern spielen, b) *Noten* mit Fingersatz versehen; **10.** *Am.* F a) *j-n* verpfeifen, b) *j-n* beschatten, c) *Opfer* ausspähen; **III** *v/i.* **11.** her'umfingern (***at*** an *dat.*), spielen (***with*** mit); **'~·board** *s.* ♪ a) Griffbrett *n*, b) Klavia'tur *f*, c) Manu'al *n* (*der Orgel*); **~ bowl** *s.* Fingerschale *f*; **'~·breadth** *s.* Fingerbreit *m*.

-fin·gered [fɪŋgəd] *adj. in Zssgn* mit ... Fingern, ...fing(e)rig.

fin·ger·ing ['fɪŋgərɪŋ] *s.* ♪ Fingersatz *m*.

fin·ger| man *s.* Spitzel *m* (*e-r Bande*); **'~·mark** *s.* Fingerabdruck *m* (*Schmutzfleck*); **'~·nail** *s.* Fingernagel *m*; **~ nut** *s.* ⚙ Flügelmutter *f*; **'~-paint I** *s.* Fingerfarbe *f*; **II** *v/t. u. v/i.* mit Fingerfarben malen; **~ post** *s.* **1.** Wegweiser *m*; **2.** *fig.* Fingerzeig *m*; **'~·print I** *s.* Fingerabdruck *m*; **II** *v/t.* von *j-m* Fingerabdrücke machen; **'~·stall** *s.* Fingerling *m*; **'~·tip** *s. mst fig.* Fingerspitze *f*: ***have at one's ~s*** *Kenntnisse* parat haben; ***to one's ~s*** durch u. durch.

fin·i·cal ['fɪnɪkl] *adj.* □, **'fin·ick·ing** [-kɪŋ], **'fin·ick·y** [-kɪ] *adj.* **1.** über'trieben genau, pe'dantisch; **2.** heikel, ‚pingelig'; **3.** affek'tiert, geziert; **4.** knifflig.

fi·nis ['fɪnɪs] (*Lat.*) *s.* Ende *n*.

fin·ish ['fɪnɪʃ] **I** *s.* **1.** Ende *n*, Schluss *m*; **2.** *sport* a) Endspurt *m*, Finish *n*, b) Ziel *n*, c) Endkampf *m*, Entscheidung *f*: ***be in at the ~*** in die Endrunde kommen, *fig.* das Ende miterleben; **3.** Voll'endung *f*, letzter Schliff, Ele'ganz *f*; **4.** ⚙ a) (äußerliche) Ausführung, Bearbeitung(sgüte) *f*, Oberflächenbeschaffenheit *f*, b) ('Lack- *etc.*)ˌÜberzug *m*, c) Poli'tur *f*, d) Appre'tur *f*; **5.** gute Ausführung *od.* Verarbeitung; **6.** ⚠ a) Ausbau *m*, b) Verputz *m*; **II** *v/t.* **7.** *a.* ***~ off*** voll'enden, beendigen, fertig stellen, erledigen, zu Ende führen: ***~ a task***; ***~ a book*** ein Buch auslesen *od.* zu Ende lesen; **8.** *a.* ***~ off*** (*od.* ***up***) a) *Vorräte* auf-, verbrauchen, b) aufessen *od.* austrinken; **9.** *a.* ***~ off*** a) *j-n* ‚erledigen', *j-m* den Rest geben' (*töten od. erschöpfen od. ruinieren*), b) *bsd. e-m Tier* den Gnadenschuss *od.* -stoß geben; **10.** a) *a.* ***~ off*** (*od.* ***~ up***) *et.* vervollkommnen, *e-r Sache* den letzten Schliff geben, b) *j-m* feine Lebensart beibringen; **11.** ⚙ nachbearbeiten, fertig bearbeiten, *Papier* glätten, *Stoff* zurichten, appretieren, *Möbel etc.* polieren; **III** *v/i.* **12.** *a.* ***~ off*** (*od.* ***up***) enden, schließen, aufhören (***with*** mit): ***have you ~ed?*** bist du fertig?; ***he ~ed by saying*** abschließend *od.* zum Abschluss sagte er; **13.** *a.* ***~ up*** enden, *im Gefängnis etc.* ‚landen'; **14.** enden, zu Ende gehen; **15.** ***~ with*** mit *j-m od. et.* Schluss machen: ***I'm ~ed with him!*** mit ihm bin ich fertig!; ***have ~ed with s.o.*** (*od.* ***s.th.***) j-n (et.) nicht mehr brauchen; ***I haven't ~ed with you yet!*** ich bin noch nicht fertig mit dir!; **16.** *sport* einlaufen, durchs Ziel gehen: ***~ third*** *a.* Dritter werden, den dritten Platz belegen, *allg.* als Dritter fertig sein.

fin·ished ['fɪnɪʃt] *adj.* **1.** beendet, fertig: ***half-~ products*** Halbfabrikate; ***~ goods*** Fertigwaren; ***~ part*** Fertigteil *n*; **2.** *fig.* F ‚erledigt' (*erschöpft od. ruiniert od. todgeweiht*): ***he is ~*** *a.* mit ihm ist es aus!; **3.** voll'endet, voll'kommen; **'fin·ish·er** [-ʃə] *s.* **1.** ⚙ a) Fertigbearbeiter *m*; Appretierer *m*, b) Ma'schine *f* zur Fertigbearbeitung, *z.B.* Fertigwalzwerk *n*; **2.** F vernichtender Schlag, ‚K.-'o.-Schlag' *m*; **3.** ***strong ~*** *sport* (starker) Spurtläufer.

fin·ish·ing ['fɪnɪʃɪŋ] **I** *s.* **1.** Voll'enden *n*, Fertigmachen *n*, -stellen *n*; **2.** ⚙ a) Fertigbearbeitung *f*, b) (abschließende) Oberflächenbehandlung *f*, *z.B.* Hochglanzpolieren *n*, c) Veredelung, d) Appre'tur *f* (*von Stoffen*); **3.** *sport* Abschluss *m*; **II** *adj.* **4.** abschließend; → ***touch*** 3; **~ a·gent** *s.* ⚙ Appre'turmittel *n*; **~ in·dus·try** *s.* Ver'edelungsindustˌrie *f*, verarbeitende Indu'strie; **~ lathe** *s.* ⚙ Fertigdrehbank *f*; **~ line** *s.* *sport* Ziellinie *f*; **~ mill** *s.* ⚙ **1.** Feinwalzwerk *n*; **2.** Schlichtfräser *m*; **~ post** *s.* *sport* Zielpfosten *m*; **~ school** *s.* 'Mädchenpensioˌnat *n* (*zur Vorbereitung auf das gesellschaftliche Leben*).

fi·nite ['faɪnaɪt] *adj.* **1.** begrenzt, endlich (*a.* ⩓); **2.** *ling.* fi'nit: ***~ form*** *a.* Personalform *f*; ***~ verb*** Verbum *n* finitum.

fink [fɪŋk] *Am. sl.* **I** *s.* **1.** Streikbrecher *m*; **2.** Spitzel *m*; **3.** ‚Dreckskerl' *m*; **II** *v/i.* **4.** ***~ on*** *j-n* verpfeifen; **5.** ***~ out*** sich drücken, ‚aussteigen'.

Finn [fɪn] *s.* Finne *m*, Finnin *f*.

fin·nan had·dock ['fɪnən] *s.* geräucherter Schellfisch.

finned [fɪnd] *adj.* **1.** *ichth.* mit Flossen; **2.** ⚙ gerippt; **fin·ner** ['fɪnə] *s. zo.* Finnwal *m*.

Finn·ish ['fɪnɪʃ] **I** *adj.* finnisch; **II** *s. ling.* Finnisch *n*.

fin·ny ['fɪnɪ] *adj.* **1.** → ***finned*** 1; **2.** Flossen..., Fisch...

fiord [fɪ'ɔːd] *s. geogr.* Fjord *m*.

fir [fɜː] *s.* **1.** ⚘ Tanne *f*, Fichte *f*; **2.** Tannen-, Fichtenholz *n*; **~ cone** *s.* Tannenzapfen *m*.

fire ['faɪə] **I** *s.* **1.** Feuer *n* (*a. Edelstein*): ***~ and brimstone*** a) *bibl.* Feuer u. Schwefel *m*, b) *eccl.* Hölle *f* u. Verdammnis *f*; ***be on ~*** brennen, in Flammen stehen, *fig.* Feuer u. Flamme sein; ***catch ~*** Feuer fangen, in Brand geraten, *fig.* in Hitze geraten; ***go through ~ and water for s.o.*** *fig.* für j-n durchs Feuer gehen; ***play with ~*** *fig.* mit dem Feuer spielen; ***pull s.th. out of the ~*** *fig.* et. aus dem Feuer reißen; ***set on ~***, ***set ~ to*** anzünden, in Brand stecken; **2.** Feuer *n* (*im Ofen etc.*): ***on a slow ~*** bei schwachem Feuer (*kochen*); **3.** Brand *m*, Feuer(sbrunst *f*) *n*: ***where's the ~?*** F wo brennts?; **4.** *Brit.* Heizgerät *n*; **5.** *fig.* Feuer *n*, Glut *f*, Leidenschaft *f*, Begeisterung *f*; **6.** ⚔ Feuer *n*, Beschuss *m*: ***blank ~*** blindes Schießen; ***come under ~*** unter Beschuss geraten (*a. fig.*); ***come under ~ from s.o.*** *fig.* in j-s Schusslinie geraten; ***hang ~*** schwer losgehen (*Schusswaffe*), *fig.* auf sich warten lassen (*Sache*); ***hold one's ~*** *fig.* sich zurückhalten; ***miss ~*** versagen (*Schusswaffe*), *fig.* fehlschlagen; **II** *v/t.* **7.** anzünden, in Brand stecken; **8.** *Kessel* heizen, *Ofen* (be)feuern, beheizen: ***~ up inflation*** *fig.* die Inflation ‚anheizen'; **9.** *Ziegel* brennen; **10.** *Tee* feuern; **11.** *fig. j-n, j-s Gefühle* entflammen, *j-n* in Begeisterung versetzen, *j-s Fantasie* beflügeln; **12.** *a.* ***~ off*** a) *Schusswaffe* abfeuern, b) *Schuss* abfeuern, -geben, c) *Sprengladung*, *Rakete* zünden; **13.** *a.* ***~ off*** *fig.* a) *Fragen etc.* abschießen, b) *j-n mit Fragen* bombardieren; **14.** *Motor* anlassen; **15.** F *j-n* ‚feuern', ‚rausschmeißen'; **III** *v/i.* **16.**

F

Feuer fangen, (an)brennen; **17.** ⚔ feuern, schießen (***at***, ***on*** auf *acc.*): ***~ away!*** F schieß los!; **18.** zünden (*Motor*); **19.** *a.* ***~ up*** ‚hochgehen', wütend werden.

The Great Fire of London

1666 brach ein Feuer in einer Londoner Bäckerei aus, das mehr als die Hälfte der Stadt, u.a. auch die **St Paul's Cathedral,** zerstörte. Trotz des verheerenden Sachschadens kamen nur vier Menschen bei dieser Katastrophe ums Leben.

F

fire| a·larm *s.* **1.** 'Feuera,larm *m*; **2.** Feuermelder *m*; **'~·arm** [-ərɑːm] *s.* Feuer-, Schusswaffe *f*: ***~ certificate*** *Brit.* Waffenschein *m*; **'~·ball** *s.* **1.** *hist.* ⚔ *u. ast.* Feuerkugel *f*; **2.** Feuerball *m* (*Sonne*, *Explosion etc.*); **3.** Kugelblitz *m*; **~ bal·loon** *s.* 'Heißluftbal,lon *m*; **'~·brand** *s.* **1.** brennendes Holzscheit; **2.** *fig.* Unruhestifter *m*, Aufwiegler *m*; **'~·brick** *s.* feuerfester Ziegel, Scha'mottestein *m*; **~ bri·gade** *s. Brit.* Feuerwehr *f* (*a. fig. pol. etc.*); **'~·bug** *s. sl.* ‚Feuerteufel' *m*; **~ clay** *s.* feuerfester Ton, Scha'motte *f*; **~ com·pa·ny** *s.* **1.** *Am.* Feuerwehr *f*; **2.** → ***fire-office***; **~ con·trol** *s.* **1.** ⚔ Feuerleitung *f*; **2.** Brandbekämpfung *f*; **'~·crew** *s.* Löschmannschaft *f*; **'~,crack·er** *s.* Frosch *m* (*Knallkörper*); **'~·damp** *s.* ⚒ schlagende Wetter *pl.*, Grubengas *n*; **~ de·part·ment** *s. Am.* Feuerwehr *f*; **'~·dog** *s.* Ka'minbock *m*; **~ drag·on** *s.* Feuer speiender Drache; **~ drill** *s.* **1.** 'Feuera,larmübung *f*; **2.** Feuerwehrübung *f*; **'~-,eat·er** [-ər,iː-] *s.* **1.** Feuerschlucker *m*; **2.** *fig.* ‚Eisenfresser' *m*; **~ en·gine** *s.* **1.** Feuerspritze *f*; **2.** Löschfahrzeug *n*; **~ es·cape** *s.* Feuerleiter *f*, -treppe *f*; **~ ex·tin·guish·er** *s.* Feuerlöscher *m*; **'~,fight·er** *s.* Feuerwehrmann *m*; *pl.* Löschmannschaft *f*; **'~,fight·ing I** *s.* Brandbekämpfung *f*; **II** *adj.* Lösch..., Feuerwehr...; **'~·fly** *s.* Glühwürmchen *n*; **'~·guard** *s.* **1.** Ka'mingitter *n*; **2.** Brandwache *f od.* -wart *m*; **~ hose** *s.* Feuerwehrschlauch *m*; **~ lane** *f* Feuerschneise *f*; **'~·man** [-mən] *s.* [*irr.*] **1.** Feuerwehrmann *m*; *pl.* Löschmannschaft *f*; **2.** Heizer *m*; **~ of·fice** [-ər,ɒ-] *s. Brit.* Feuerversicherung(sanstalt) *f*; **'~·place** *s.* (offener) Ka'min; **'~·plug** *s.* ⚙ Hy'drant *m*; **~ point** *s.* Flammpunkt *m*; **~ pol·i·cy** *s. Brit.* 'Feuerversicherungspo,lice *f*; **~ pow·er** *s.* ⚔ Feuerkraft *f*; **'~·proof I** *adj.* feuerfest, -sicher: ***~ curtain*** *thea.* eiserner Vorhang; **II** *v/t.* feuerfest machen; **~ rais·er** *s. Brit.* Brandstifter(in); **~ serv·ice** *s. Brit.* Feuerwehr *f*; **~ ship** *s.* ⚓ Brander *m*; **'~·side** *s.* **1.** (offener) Ka'min *m*: ***~ chat*** Plauderei *f* am Kamin; **2.** *fig.* häuslicher Herd, Da'heim *n*; **~ sta·tion** *s.* Feuerwehrwache *f*; **'~·storm** *s.* Feuersturm *m*; **'~·trap** *s.* ‚Mausefalle' *f* (*Gebäude ohne genügende Notausgänge*); **~ wall** *s.* Brandmauer *f*; **'~,ward·en** *s. Am.* **1.** Brandmeister *m*; **2.** Brandwache *f*; **'~,watch·er** *s. Brit.* Brandwache *f*, Luftschutzwart *m*; **'~,wa·ter** *s.* F ‚Feuerwasser' *n* (*Schnaps etc.*); **'~·wood** *s.* Brennholz *n*; **'~·works** *s. pl.* Feuerwerk *n* (*a. fig.*): ***a ~ of wit***; ***there were ~*** da flogen die Fetzen.

fir·ing ['faɪərɪŋ] *s.* **1.** ⚔ (Ab)Feuern *n*; **2.** ⚙ Zünden *n*; **3.** a) Heizen *n*, b) Feuerung *f*, c) 'Brennmateri,al *n*; **~ line** *s.* ⚔ Feuerlinie *f*, -stellung *f*; Kampffront *f*: ***be in*** (*Am.* ***on***) ***the ~*** *fig.* in der Schusslinie stehen; **~ or·der** *s.* **1.** ⚔ Schießbefehl *m*; **2.** *mot.* Zündfolge *f*; **~ par·ty**, **~ squad** *s.* ⚔ a) 'Ehrensa,lutkom,mando *n*, b) Exekuti'onskom,mando *n*.

fir·kin ['fɜːkɪn] *s.* **1.** (Holz)Fässchen *n*; **2.** Viertelfass *n* (*Hohlmaß = etwa 40 l*).

firm[1] [fɜːm] **I** *adj.* ☐ **1.** fest, stark, hart; **2.** ✝ fest: ***~ offer***; ***~ market***; **3.** fest, beständig; **4.** standhaft, fest, entschlossen, bestimmt: ***be ~ with s.o.*** j-m gegenüber hart sein; **II** *adv.* **5.** fest: ***stand ~*** *fig.* festbleiben; **III** *v/t.* **6.** *a.* ***~ up*** fest machen; **IV** *v/i.* **7.** *a.* ***~ up*** fest werden; **8.** *a.* ***~ up*** ✝ anziehen (*Preise*), sich erholen (*Markt*).

firm[2] [fɜːm] *s.* Firma *f*: a) Firmenname *m*, b) Unter'nehmen *n*, Geschäft *n*, Betrieb *m*.

fir·ma·ment ['fɜːməmənt] *s.* Firma'ment *n*, Himmelsgewölbe *n*.

firm·ness ['fɜːmnɪs] *s.* **1.** Festigkeit *f*, Entschlossenheit *f*, Beständigkeit *f*; **2.** ✝ Festigkeit *f*, Stabili'tät *f*.

fir nee·dle *s.* Tannennadel *f*.

first [fɜːst] **I** *adj.* ☐ → ***firstly***; **1.** erst: ***at ~ hand*** aus erster Hand, direkt; ***in the ~ place*** zuerst, an erster Stelle; ***~ thing*** (***in the morning***) (morgens) als Allererstes; ***~ things ~!*** das Wichtigste zuerst!; ***he doesn't know the ~ thing*** er hat keine (blasse) Ahnung; → ***cousin***; **2.** erst, best, bedeutendst, führend: ***~ officer*** ⚓ Erster Offizier; ***~ quality*** beste *od.* prima Qualität; **II** *adv.* **3.** zu'erst, voran: ***head ~*** (mit dem) Kopf voraus; **4.** zum ersten Mal; **5.** eher, lieber; **6.** *a.* ***~ off*** F (zu)'erst (einmal): ***I must ~ do that***; **7.** zu'erst, als Erst(er, -e, -es), an erster Stelle: ***~ come, ~ served*** wer zuerst kommt, mahlt zuerst; ***~ or last*** früher oder später; ***~ and last*** a) vor allen Dingen, b) im großen Ganzen; ~ ***of all*** zuallererst, vor allen Dingen; → 8; **III** *s.* **8.** (*der, die, das*) Erste *od.* (*fig.*) Beste: ***be ~ among equals*** Primus inter Pares sein; ***at ~*** zuerst, anfangs, zunächst; ***from the ~*** von Anfang an; ***from ~ to last*** durchweg, von A bis Z; **9.** ♪ erste Stimme; **10.** *mot.* (*der*) erste Gang; **11.** *der* (Monats)Erste; **12.** 🚆 F erste Klasse; **13.** *univ. Brit. akademischer Grad erster Klasse*; **14.** *pl.* ✝ Ware(n *pl.*) *f* erster Quali'tät, erste Wahl; **15.** ***~ of exchange*** ✝ Primawechsel *m*; **~ aid** *s.* erste Hilfe: ***render ~*** erste Hilfe leisten; **,~-'aid** *adj.* Erste-Hilfe-...: ***~ kit*** Verbandskasten *m*; ***~ post*** *od.* ***station*** Sanitätswache *f*, Unfallstation *f*; **~ bid** *s.* ✝ Erstgebot *n*; **'~-born I** *adj.* erstgeboren; **II** *s.* (*der, die, das*) Erstgeborene; **~ cause** *s. phls.* Urgrund *m* aller Dinge, Gott *m*; **~ class** *s.* **1.** 🚆 *etc.* erste Klasse; **2.** *univ. Brit.* → ***first*** 13; **,~-'class** *adj. u. adv.* **1.** erstklassig, ausgezeichnet; F prima; **2.** 🚆 *etc.* erster Klasse: ***~ mail*** a) *Am.* Briefpost *f*, b) *Brit.* bevorzugt beförderte Inlandspost; **~ cost** *s.* ✝ Selbstkosten(preis *m*) *pl.*, Gestehungskosten *pl.*, Einkaufspreis *m*; **~ floor** *s.* **1.** *Brit.* erste(r) Stock, erste E'tage; **2.** *Am.* Erdgeschoss, *östr.* -geschoß *n*; **~ fruits** *s. pl.* **1.** ⚘ Erstlinge *pl.*; **2.** *fig.* a) erste Erfolge *pl.*, b) Erstlingswerk(e *pl.*) *n*; **,~-gen·er'a·tion** *adj. Computer etc.* der ersten Genera'ti'on; **,~-'hand** *adj. u. adv.* aus erster Hand, di'rekt; **~ la·dy** *s.* First Lady *f*: a) *Gattin e-s Staatsoberhauptes*, b) *führende Persönlichkeit*: ***the ~ of jazz***; **~ lieu·ten·ant** *s.* ⚔ Oberleutnant *m*.

first·ling ['fɜːstlɪŋ] *s.* Erstling *m*; **first·ly** ['fɜːstlɪ] *adv.* erstens, zu'erst (einmal).

first| name *s.* Vorname *m*; **~ night** *s. thea.* Erst-, Uraufführung *f*, Premi'ere *f*; **,~-'night·er** *s.* Premi'erenbesucher (-in); **~ pa·pers** *s. pl. Am.* (*erster*) *Antrag e-s Ausländers auf amer. Staatsangehörigkeit*; **~ per·son** *s.* **1.** *ling.* erste Per'son; **2.** Ichform *f* (*in Romanen etc.*); **~ prin·ci·ples** *s. pl.* 'Grundprin,zipien *pl.*; **,~-'rate** → ***first-class*** 1; **~ ser·geant** *s.* ⚔ *Am.* Hauptfeldwebel *m*; **~ strike** *s.* ⚔ (ato'marer) Erstschlag; **,~-'time** *adj.*: ***~ voter*** Erstwähler(in).

firth [fɜːθ] *s.* Meeresarm *m*, Förde *f*.

fir tree *s.* Tanne(nbaum *m*) *f*.

fis·cal ['fɪskl] *adj.* ☐ fis'kalisch, steuerlich, Finanz...: ***~ policy*** Finanzpolitik *f*; ***~ stamp*** Banderole *f*; ***~ year*** a) *Am.* Geschäftsjahr *n*, b) *parl. Am.* Haushalts-, Rechnungsjahr *n*, c) *Brit.* Steuerjahr *n*.

fish [fɪʃ] **I** *pl.* **fish** *od.* (*Fischarten*) **fishes** *s.* **1.** Fisch *m*: ***fried ~*** Bratfisch; ***drink like a ~*** saufen wie ein Loch; ***like a ~ out of water*** wie ein Fisch auf dem Trockenen; ***I have other ~ to fry*** ich habe Wichtigeres zu tun; ***all is ~ that comes to his net*** er nimmt unbesehen alles (mit); ***a pretty kettle of ~*** F e-e schöne Bescherung; ***neither ~ nor flesh*** (***nor good red herring***), ***neither ~ nor fowl*** F weder Fisch noch Fleisch, nichts Halbes und nichts Ganzes; ***there are plenty more ~ in the sea*** F es gibt noch mehr davon auf der Welt; ***loose ~*** F lockerer Vogel; ***queer ~*** F komischer Kauz; ***can a ~*** (*od.* ***duck***) ***swim***? worauf du dich verlassen kannst!, da fragst du noch?; → ***feed*** 1; **2.** *ast.* ***the*** ***Ⱬ***(*es pl.*) die Fische *pl.*: ***be*** (***a***) ***Ⱬes*** Fisch sein; **II** *v/t.* **3.** fischen, *Fische* fangen, angeln; **4.** a) fischen *od.* angeln in (*dat.*), b) *Fluss etc.* abfischen, absuchen: ***~ up*** *j-n* auffischen; **5.** *fig. a.* ***~ out*** her'vorkramen, -holen, -ziehen; **6.** ⚙ verlaschen; **III** *v/i.* **7.** (***for***) fischen, angeln (auf *acc.*); **8.** ***~ for*** *fig.* a) fischen nach: ***~ for compliments***, b) aus sein auf (*acc.*): ***~ for information***; **9.** *a.* ***~ around*** kramen (***for*** nach).

Der Plural von **fish** lautet meist **fish.** Nur wenn von verschiedenen Fischarten die Rede ist, gebraucht man die Pluralform **fishes.**

fish| and chips *s. Brit.* Bratfisch *m* u. Pommes 'frites; **~ ball** *s.* 'Fischfrika,delle *f*, -klops *m*; **~ bas·ket** *s.* (Fisch-) Reuse *f*; **'~·bone** *s.* Gräte *f*; **~ bowl** *s.* Goldfischglas *n*; **~ cake** → ***fish ball***; **~ eat·ers** *s. pl.* Fischbesteck *n*.

Trotz ihres ungesund hohen Fettgehalts gehören **fish and chips** (auch **fish 'n' chips** geschrieben) nach wie vor zu den beliebtesten britischen Gerichten. Ein paniertes Fischfilet – meist **cod** (Kabeljau), **plaice** (Scholle) oder **haddock** (Schellfisch) – wird zu dicken Pommes frites gegessen, die mit Salz und Malzessig gewürzt sind. Das Gericht gibt es zwar auch in guten Fischrestaurants, es wird aber wesentlich häufiger im **fish and chip shop** gekauft und zu Hause – oder auch unterwegs – verzehrt.

fish·er ['fɪʃə] *s.* **1.** Fischer *m*, Angler *m*; **2.** *zo.* Fischfänger *m*; **'fish·er·man** [-mən] *s.* [*irr.*] **1.** (*a.* Sport)Fischer *m*; **2.** Fischdampfer *m*; **'fish·er·y** [-ərɪ] *s.* **1.** Fische'rei *f*, Fischfang *m*; **2.** Fischzuchtanlage *f*; **3.** Fischgründe *pl.*, Fanggebiet *n*.

'fish|·eye (lens) *s. phot.* 'Fischauge(n-objek,tiv) *n*; **~ fin·gers** *s. pl. Küche*: Fischstäbchen *pl.*; **~ flour** *s.* Fischmehl *n*; **~ glue** *s.* Fischleim *m*; **'~·hook** *s.* Angelhaken *m*.

fish·ing ['fɪʃɪŋ] *s.* **1.** Fischen *n*, Angeln *n*; **2.** → ***fishery*** 1, 3; **~ boat** *s.* Fischerboot *n*; **~ grounds** *s. pl.* → ***fishery*** 3; **~ in·dus·try** *s.* Fische'rei(gewerbe *n*) *f*; **~ line** *s.* Angelschnur *f*; **~ net** *s.* Fischnetz *n*; **~ pole** *s.*, **~ rod** *s.* Angelrute *f*; **~ tack·le** *s.* Angel- *od.* Fische'reigeräte *pl.*; **~ vil·lage** *s.* Fischerdorf *n*.

fish| lad·der *s.* Fischleiter *f*, -treppe *f*; **~ meal** *s.* Fischmehl *n*; **'~,mon·ger** *s. Brit.* Fischhändler *m*; **'~·net** *adj.* Netz...: **~ *shirt***; **~ *stockings***; **~ oil** *s.* Fischtran *m*; **'~·plate** *s.* 🚂 Lasche *f*; **'~·pond** *s.* Fischteich *m*; **'~·pot** *s.* Fischreuse *f*; **~ slice** *s.* Fischheber *m*; **~ stor·y** *s. Am.* F ‚Seemannsgarn' *n*; **~ tank** *s.* A'quarium *n*; **'~·wife** *s.* [*irr.*] Fischhändlerin *f*: ***swear like a ~*** keifen wie ein Fischweib.

fish·y ['fɪʃɪ] *adj.* □ **1.** fischartig, Fisch...: ***~ eyes*** *fig.* Fischaugen; **2.** fischreich; **3.** F ‚faul', verdächtig: ***there's s.th. ~ about it*** daran ist irgendetwas faul.

fis·sile ['fɪsaɪl] *adj. bsd. phys.* spaltbar; **fis·sion** ['fɪʃn] *s.* **1.** *phys.* Spaltung *f* (*a. fig.*): ***~ bomb*** Atombombe *f*; **2.** *biol.* (Zell)Teilung *f*; **fis·sion·a·ble** ['fɪʃnəbl] → ***fissile***.

fis·sip·a·rous [fɪ'sɪpərəs] *adj. biol.* sich durch Teilung vermehrend, fissi'par.

fis·sure ['fɪʃə] *s.* Spalt(e *f*) *m*, Riss *m* (*a.* ✱), Ritz(e *f*) *m*, Sprung *m*; **'fis·sured** [-əd] *adj.* gespalten, rissig (*a.* ⚙); ✱ schrundig.

fist [fɪst] **I** *s.* **1.** Faust *f*: ***~ law*** Faustrecht *n*; **2.** *humor.* a) ‚Pfote' *f*, Hand *f*, b) ‚Klaue' *f*, Handschrift *f* (*a. fig.*); **3.** F Versuch *m* (***at*** mit); **II** *v/t.* **4.** mit der Faust schlagen; **5.** packen.

-fist·ed [fɪstɪd] *adj. in Zssgn* mit e-r ... Faust *od.* Hand, mit ... Fäusten.

'fist·ful [-fʊl] *s.* (*e-e*) Hand *f* voll.

fist·ic, fist·i·cal ['fɪstɪk(l)] *adj. sport* Box...; **'fist·i·cuffs** [-kʌfs] *s. pl.* Faustschläge *pl.*, Schläge'rei *f*.

fis·tu·la ['fɪstjʊlə] *s.* ✱ Fistel *f*.

fit[1] [fɪt] **I** *adj.* □ **1.** a) passend, geeignet, b) fähig, tauglich: ***~ for service*** dienstfähig, (-)tauglich; ***~ to drink*** trinkbar; ***~ to drive*** fahrtüchtig; ***~ to eat*** ess-, genießbar; ***laugh ~ to burst*** F vor Lachen beinahe platzen; ***~ to kill*** F wie verrückt; ***he was ~ to be tied*** *Am.* F er hatte eine Stinkwut; ***he is not ~ for the job*** er ist für den Posten nicht geeignet; → ***drop*** 12; **2.** wert, würdig: ***not to be ~ to*** *inf.* es nicht verdienen zu *inf.*; ***not ~ to be seen*** nicht präsentabel *od.* vorzeigbar; **3.** angemessen, angebracht: ***more than ~*** über Gebühr; ***see*** (*od.* ***think***) ***~*** es für richtig *od.* angebracht halten (***to do*** zu tun); **4.** schicklich, geziemend: ***it is not ~ for us to do so*** es gehört sich *od.* ziemt sich nicht, dass wir das tun; **5.** a) gesund, b) fit, (gut) in Form: ***keep ~*** sich in Form *od.* fit halten; ***as ~ as a fiddle*** a) kerngesund, b) quietschvergnügt; **II** *s.* **6.** Passform *f*, Sitz *m* (*Kleid*): ***it is a bad*** (***perfect***) ***~*** es sitzt schlecht (tadellos); ***it is a tight ~*** es sitzt stramm, *fig.* es ist sehr knapp bemessen; **7.** ⚙ Passung *f*; **III** *v/t.* **8.** passend *od.* geeignet machen (***for*** für), anpassen (***to*** an *acc.*); **9.** passen für *od.* auf (*j-n*), *e-r Sache* angemessen *od.* angepasst sein: ***the key ~s the lock*** der Schlüssel passt (ins Schloss); ***the description ~s him*** die Beschreibung trifft auf ihn zu; ***the name ~s him*** der Name passt zu ihm; ***~ the facts*** (mit den Tatsachen überein)stimmen; ***to ~ the occasion*** (*Redew.*) dem Anlass entsprechend; **10.** *j-m* passen (*Kleid etc.*); **11.** sich eignen für; **12.** *j-n* befähigen (***for*** für; ***to do*** zu tun); **13.** *j-n* vorbereiten, ausbilden (***for*** für); **14.** *a.* ⚙ ausrüsten, -statten, einrichten, versehen (***with*** mit); **15.** ⚙ a) einpassen, -bauen (***into*** in *acc.*), b) anbringen (***to*** an *dat.*), c) → ***fit up*** 2; **16.** a) an *j-m* Maß nehmen, b) *Kleid etc.* anprobieren; **IV** *v/i.* **17.** passen: a) sitzen (*Kleid*), b) angemessen sein, c) sich eignen; **18.** ***~ into*** passen in (*acc.*), sich einfügen in (*acc.*); **~ in I** *v/t.* einfügen, -passen, *a. fig. j-n od. et.* einschieben; **II** *v/i.* (***with***) passen (in *acc.*), über'einstimmen (mit); **~ on** *v/t.* **1.** *Kleid etc.* anprobieren; **2.** anbringen, (an)montieren (***to*** an *acc.*); **~ out** → ***fit***[1] 14; **~ up** *v/t.* **1.** → ***fit***[1] 14; **2.** ⚙ aufstellen, montieren.

fit[2] [fɪt] *s.* **1.** ✱ *u. fig.* Anfall *m*, Ausbruch *m*: ***~ of coughing*** Hustenanfall; ***~ of anger*** Wutanfall; ***~ of laughter*** Lachkrampf *m*; ***have a ~*** F ‚Zustände' *od.* e-n Lachkrampf kriegen; ***give s.o. a ~*** F a) j-m e-n Schrecken einjagen, b) j-n ‚auf die Palme bringen'; **2.** (plötzliche) Anwandlung, Laune *f*: ***~ of generosity*** Anwandlung von Großzügigkeit, Spendierlaune; ***by ~s*** (***and starts***) a) stoß-, ruckweise, b) spo'radisch.

fitch [fɪtʃ], **fitch·ew** ['fɪtʃuː] *s. zo.* Iltis *m*.

fit·ful ['fɪtfʊl] *adj.* □ unstet, unbeständig, veränderlich; sprung-, launenhaft; **fit·ment** ['fɪtmənt] *s.* **1.** Einrichtungsgegenstand *m*; *pl.* Ausstattung *f*, Einrichtung *f*; **2.** *Am.* (Tropf- *etc.*)Vorrichtung *f*; **fit·ness** ['fɪtnɪs] *s.* **1.** Eignung *f*, Fähig-, Tauglichkeit *f*: **~ *test*** Eignungsprüfung *f* (→ 5); **2.** Zweckmäßigkeit *f*; **3.** Angemessenheit *f*; **4.** Schicklichkeit *f*; **5.** a) Gesundheit *f*, b) (gute) Form, Fitness *f*: **~ *room*** Fitnessraum *m*; **~ *test sport*** Fitnesstest *m*; **~ *trail*** *Am.* Trimmpfad *m*; **fit·ted** ['fɪtɪd] *adj.* **1.** passend, geeignet; **2.** nach Maß (gearbeitet), zugeschnitten: **~ *carpet*** Teppichboden *m*; **~ *coat*** taillierter Mantel; **3.** Einbau...: **~ *kitchen***; **fit·ter** ['fɪtə] *s.* **1.** Ausrüster *m*, Einrichter *m*; **2.** Schneider(in); **3.** ⚙ Mon'teur *m*, Me'chaniker *m*; Installa'teur *m*; (Ma'schinen)Schlosser *m*; **fit·ting** ['fɪtɪŋ] **I** *adj.* ☐ **1.** a) passend, geeignet, b) angemessen, c) schicklich; **II** *s.* **2.** Anprobe *f*: **~ *room*** 'Anproberaum *m*, -ka‚bine *f*; **3.** ⚙ Einpassen *n*, -bauen *n*; **4.** ⚙ Mon'tage *f*, Installieren *n*, Aufstellung *f*: **~ *shop*** Montagehalle *f*; **5.** *pl.* ⚙ Beschläge *pl.*, Zubehör *n*, Arma'turen *pl.*, Ausstattungsgegenstände *pl.*; **6.** ⚙ a) Passarbeit *f*, b) Passteil *n*, c) Bau-, Zubehörteil *n*, d) (Rohr)Verbindung *f*, e) Einrichtung *f*, Ausrüstung *f*, -stattung *f*; **'fit·up** *s. thea. Brit.* F **1.** provi'sorische Bühne; **2.** *a.* **~ *company*** (kleine) Wanderbühne.

five [faɪv] **I** *adj.* fünf; **~*-and-ten*** *Am.* billiges Kaufhaus; **~*-day week*** Fünftagewoche *f*; **~*-finger exercise*** ♪ Fünffingerübung *f*, *fig.* Kinderspiel *n*; **~*-o'clock shadow*** Anflug *m* von Bartstoppeln am Nachmittag; **~*-year plan*** Fünfjahresplan *m*; **II** *s.* Fünf *f*: ***the ~ of hearts*** die Herzfünf (*Spielkarte*); **'five·fold** *adj. u. adv.* fünffach; **'fiv·er** [-və] *s.* F *Brit.* Fünf'pfund-, *Am.* Fünf'dollarschein *m*; **fives** [-vz] *s. pl. sg. konstr. sport Brit. ein* Wandballspiel *n*.

fix [fɪks] **I** *v/t.* **1.** befestigen, festmachen, anheften, anbringen (***to*** an *acc.*); → ***bayonet*** I; **2.** *fig.* verankern: **~ *s.th. in s.o.'s mind*** j-m et. einprägen; **3.** *fig. Termin, Preis etc.* festsetzen, -legen (***at*** auf *acc.*), bestimmen, verabreden; **4.** *Blick, s-e Aufmerksamkeit etc.* richten, heften, *Hoffnung* setzen (***on*** auf *acc.*); **5.** *j-s Aufmerksamkeit* fesseln; **6.** *j-n, et.* fixieren, anstarren; **7.** *die Schuld etc.* zuschreiben (***on*** *dat.*); **8.** ✈, ⚓ die Positi'on bestimmen von (*od. gen.*); **9.** *phot.* fixieren; **10.** (zur mikro'skopischen Unter'suchung) präparieren; **11.** ⚙ *Werkstücke* feststellen; **12.** reparieren, instand setzen; **13.** *bsd. Am. et.* zu'rechtmachen, *Essen* zubereiten: **~ *s.o. a drink*** j-m e-n Drink mixen; **~ *one's face*** sich schminken; **~ *one's hair*** sich frisieren; **14.** *a.* **~ *up*** *et.* arrangieren, regeln, *a.* in Ordnung bringen, *Streit* beilegen; **15.** F a) *e-n Wahlkampf etc.* (vorher) ‚arrangieren', manipulieren, b) *j-n* ‚schmieren', bestechen; **16.** F es *j-m* ‚besorgen' *od.* ‚geben'; **17.** *mst* **~ *up*** a) *j-n* 'unterbringen, b) ***with*** *j-m et.* besorgen; **18.** *mst* **~ *up*** *Vertrag* (ab-) schließen; **II** *v/i.* **19.** ⚗ fest werden, erstarren; **20.** sich festsetzen; **21.** **~ (*up*)*on*** a) sich entscheiden *od.* entschließen für *od.* zu, *et.* wählen, b) → 3; **22.** *Am.* F vorhaben, planen: ***it's ~ing to rain*** es wird gleich regnen; **23.** *sl.* ‚fixen' (*Drogensüchtiger*); **III** *s.* **24.** F üble Lage, ‚Klemme' *f*, ‚Patsche' *f*; **25.** F a) Schiebung *f*, b) Bestechung *f*; **26.** ✈, ⚓ a) Standort *m*, Positi'on *f*, b) Ortung *f*; **27.** *sl.* ‚Fix' *m*, ‚Schuss' *m* (*Drogeninjektion*): ***give o.s. a ~*** sich ‚e-n Schuss setzen'; **28.** F (rasche, provi'sorische) Lösung: ***quick ~*** (rasche) Notlösung, Provi'sorium *n*; **fix·ate** ['fɪkseɪt] *v/t.* **1.** → ***fix*** 1; **2.** *Am. j-n, et.* fixieren; **3.** *fig.* erstarren *od.* stagnieren lassen; **4.** ***be ~d on*** *psych.* fixiert sein auf (*acc.*); **fix·a·tion** [fɪk'seɪʃn] *s.* **1.** Fi'xierung *f*, Befestigung *f*; **2.** Festlegung *f*; **3.** *psych.* a) → ***fixed idea***, b) (*Mutter- etc.*)Bindung *f*, (-)Fi'xierung *f*; **'fix·a·tive** [-sətɪv] **I** *s.* Fixa'tiv *n*, Fi'xiermittel *n*; **II** *adj.* Fixier...

fixed [fɪkst] *adj.* ☐ → ***fixedly***; **1.** fest (angebracht), befestigt, (orts)fest, Fest...(*antenne etc.*); starr (*Geschütz, Kupplung etc.*): ***of ~ purpose*** *fig.* zielstrebig; **2.** ⚗ gebunden: **~ *oil***; **3.** starr (*Blick*), unverwandt (*Aufmerksamkeit*); **4.** *bsd.* ✝ fest(gelegt, -stehend): **~ *assets*** feste Anlagen, Anlagevermögen *n*; **~ *capital*** ✝ Anlagekapital *n*; **~ *conversion rates*** *Geld*: feste Umrechnungskurse *pl.*; **~ *cost*** feste Kosten, Fixkosten *pl.*; **~ *income*** festes Einkommen; **~ *price*** fester Preis, Festpreis *m*, *a.* gebundener Preis; **5.** F abgekartet, manipuliert; **6.** F (*gut etc.*) versorgt *od.* versehen (***for*** mit); **~ i·de·a** *s. psych.* fixe I'dee, Zwangsvorstellung *f*; ‚**~-'in·ter·est(-‚bear·ing)** *adj.* ✝ festverzinslich.

fix·ed·ly ['fɪksɪdlɪ] *adv.* starr, unverwandt.

fixed| point *s.* ⚗ Fixpunkt *m*; **~ sight** *s.* ⚔ 'Standvi‚sier *n*; **~ star** *s.* Fixstern *m*; ‚**~-'wing air·craft** *s.* ✈ Starrflügler *m*.

fix·er ['fɪksə] *s.* **1.** *phot.* Fi'xiermittel *n*; **2.** F ‚Organi'sator' *m*, Manipu'lator *m*; **3.** *sl.* ‚Dealer' *m*; **'fix·ing** [-ksɪŋ] *s.* **1.** Befestigen *n*, Anbringen *n*: **~ *bolt*** Haltebolzen *m*; **~ *screw*** Stellschraube *f*; **2.** Repara'tur *f*; **3.** *phot.* Fixieren *n*; **4.** Festlegung *f*, 'Fixing *n* (*von Wechsel- od. Börsenkursen*); **5.** *pl. bsd. Am.* a) Geräte *pl.*, b) Zubehör *n*, c) Zutaten *pl.*, *fig. a.* Drum u. Dran *n*; '**fix·i·ty** [-ksətɪ] *s.* Festigkeit *f*, Beständigkeit *f*: **~ *of purpose*** Zielstrebigkeit *f*; '**fix·ture** [-kstʃə] *s.* **1.** feste Anlage, Installati'onsteil *m*: ***lighting* ~** Beleuchtungskörper *m*; **2.** Inven'tarstück *n*, ⚖ festes Inven'tar *od.* Zubehör: ***be a* ~** *humor.* zum (lebenden) Inventar gehören; **~*s and fittings*** bewegliche u. unbewegliche Einrichtungsgegenstände; **3.** ⚙ Spannvorrichtung *f*, -futter *n*; **4.** *bsd. sport Brit.* (Ter'min *m* für e-e) Veranstaltung *f*.

fizz [fɪz] **I** *v/i.* **1.** zischen; **2.** moussieren, sprudeln; **3.** *fig.* sprühen (***with*** vor *dat.*); **II** *s.* **4.** Zischen *n*; **5.** Sprudeln *n*; **6.** a) Sprudel *m*, b) Fizz *m* (*Mischgetränk*), c) F ‚Schampus' *m* (*Sekt*); '**fizzle** [-zl] **I** *s.* **1.** → ***fizz*** 4; **2.** F ‚Pleite' *f*, Misserfolg *m*; **II** *v/i.* **3.** → ***fizz*** 1; **4.** *a.* **~ *out*** *fig.* verpuffen, im Sand verlaufen; '**fiz·zy** [-zɪ] *adj.* **1.** zischend; **2.** sprudelnd, moussierend.

fjord [fjɔːd] → ***fiord***.

flab·ber·gast ['flæbəgɑːst] *v/t.* F verblüffen: ***I was* ~*ed*** ich war ‚platt'.

flab·bi·ness ['flæbɪnɪs] *s.* **1.** Schlaffheit *f* (*a. fig.*); **2.** Schwammigkeit *f*; **flab·by** ['flæbɪ] *adj.* ☐ **1.** schlaff; **2.** schwammig; **3.** *fig.* ‚schlapp', ‚schlaff', schwach.

flac·cid ['flæksɪd] *adj.* → ***flabby***; **flac·cid·i·ty** [flæk'sɪdətɪ] → ***flabbiness***.

flack[1] [flæk] → ***flak***.

flack[2] [flæk] *s. Am. sl.* 'Pressea͵gent *m*.

flag[1] [flæg] **I** *s.* **1.** Fahne *f*, Flagge *f*: **~ *of convenience*** ⚓ Billigflagge *f*; ***hoist*** (*od.* ***fly***) ***one's* ~** a) die Fahne aufziehen, b) das Kommando übernehmen (*Admiral*); ***strike one's* ~** a) die Flagge streichen, *fig. a.* kapitulieren, b) das Kommando abgeben (*Admiral*); ***keep the* ~ *flying*** *fig.* die Fahne hochhalten; **2.** → ***flagship***; **3.** *sport* (Markierungs-) Fähnchen *n*; **4.** a) (Kar'tei)Reiter *m*, b) Lesezeichen *n*; **5.** *hunt.* Fahne *f* (*Schwanz*); **6.** *typ.* Im'pressum *n* (*e-r Zeitung*); **II** *v/t.* **7.** beflaggen; **8.** *sport Strecke* ausflaggen; **9.** *et.* signalisieren: **~ *offside*** *Fußball*: Abseits winken; **10.** **~ *down*** *Fahrzeug* anhalten, *Taxi* herbeiwinken, *sport Rennen, Fahrer* abwinken.

flag[2] [flæg] *s.* ⚘ Gelbe *od.* Blaue Schwertlilie.

flag[3] [flæg] *v/i.* **1.** schlaff her'abhängen; **2.** *fig.* nachlassen, erlahmen, ermatten; **3.** langweilig werden.

flag[4] [flæg] **I** *s.* (Stein)Platte *f*, Fliese *f*; **II** *v/t.* mit (Stein)Platten *od.* Fliesen belegen.

flag| cap·tain *s.* Komman'dant *m* des Flaggschiffs; **~ day** *s.* **1.** *Brit.* Opfertag *m* (*Straßensammlung*); **2.** ♀ *Am.* Jahrestag *m* der Natio'nalflagge (*14. Juni*).

flag·el·lant ['flædʒələnt] **I** *s. eccl.* Geißler *m*, Flagel'lant *m* (*a. psych.*); **II** *adj.* geißelnd (*a. fig.*); '**flag·el·late** [-leɪt] **I** *v/t.* geißeln (*a. fig.*); **II** *s. zo.* Geißeltierchen *n*; **flag·el·la·tion** [͵flædʒə'leɪʃn] *s.* Geißelung *f* (*a. fig.*).

flag·eo·let [͵flædʒəʊ'let] *s.* ♪ Flageo'lett *n*.

flag·ging[1] ['flægɪŋ] *adj.* erlahmend.

flag·ging[2] ['flægɪŋ] *s. collect.* a) (Stein-) Platten *pl.*, b) Fliesen *pl.*, c) gefliester Boden.

flag| lieu·ten·ant *s.* ⚓ *Brit.* Flaggleutnant *m*; **~ of·fi·cer** *s.* ⚓ 'Flaggoffi͵zier *m*.

flag·on ['flægən] *s.* **1.** *bauchige* (Wein-) Flasche; **2.** (Deckel)Krug *m*.

fla·gran·cy ['fleɪgrənsɪ] *s.* **1.** Schamlosigkeit *f*, Ungeheuerlichkeit *f*; **2.** Krassheit *f*; '**fla·grant** [-nt] *adj.* ☐ **1.** schamlos, schändlich, ungeheuerlich; **2.** krass, ekla'tant, schreiend.

'**flag|·ship** *s.* ⚓ Flaggschiff *n* (*a. fig.*); *fig.* Aushängeschild *n*; '**~·staff**, '**~·stick** *s.* Fahnenstange *f*, -mast *m*, Flaggenmast, ⚓ Flaggenstock *m*; **~ sta·tion** *s.* 🚂 *Am.* Bedarfshaltestelle *f*; '**~·stone** → ***flag***[4] I; **~ stop** → ***flag station***; '**~-**͵**wav·er** *s.* F Hur'rapatri͵ot *m*; '**~-**͵**waving** **I** *s.* Hur'rapatrio͵tismus *m*; **II** *adj.* hur'rapatri͵otisch.

flail [fleɪl] **I** *s.* **1.** ✓ Dreschflegel *m*; **II** *v/t.* **2.** dreschen; **3.** wild einschlagen auf *j-n*; **4.** **~ *one's arms*** mit den Armen fuchteln.

flair [fleə] *s.* **1.** (besondere) Begabung, Ta'lent *n*; **2.** (feines) Gespür (***for*** für).

flak [flæk] (*Ger.*) *s.* **1.** ⚔ Flak *f*: a) 'Fliegerabwehr(ka͵none *od.* -truppe) *f*, b) Flakfeuer *n*; **2.** *fig.* F (heftiger) ‚Beschuss', ‚Zunder' *m* (*Kritik etc.*).

flake [fleɪk] **I** *s.* **1.** (*Schnee-, Seifen-, Hafer- etc.*)Flocke *f*; **2.** dünne Schicht, Schuppe *f*, Blättchen *n*; **3.** Fetzen *m*, Splitter *m*; **4.** *Am. sl.* ‚Spinner' *m*; **II** *v/t.* **5.** abblättern; **6.** flockig machen; **III** *v/i.* **7.** in Flocken fallen; **8.** **~ *off*** abblättern, sich abschälen; **9.** **~ *out*** F a) ‚umkippen' (*ohnmächtig werden*), b) ‚einpennen', c) ‚sich verziehen'; **flaked** [-kt] *adj.* flockig, Blättchen..., Flocken...; '**flak·y** [-kɪ] *adj.* **1.** flockig; **2.** blätterig: **~ *pastry*** Blätterteig *m*; **3.** *Am. sl.* verrückt.

flam·beau ['flæmbəʊ] *pl.* **-x** [-z] *od.* **-s** *s.* **1.** Fackel *f*; **2.** Leuchter *m*.

flam·boy·ance [flæm'bɔɪəns] *s.* **1.** Extrava'ganz *f*; **2.** über'ladener Schmuck; **3.** Grellheit *f*; **4.** *fig.* a) Bom'bast *m*, b) Großartigkeit *f*; **flam'boy·ant** [-nt] *adj.* ☐ **1.** extrava'gant; **2.** grell, leuchtend; **3.** farbenprächtig; **4.** *fig.* flammend; **5.** auffallend; **6.** über'laden (*a. Stil*); **7.** bom'bastisch, pom'pös; **8.** ⚠ wellig: **~ *style*** Flammenstil *m*.

flame [fleɪm] **I** *s.* **1.** Flamme *f*: ***be in ~s*** in Flammen stehen; **2.** *fig.* Feuer *n*, Flamme *f*, Glut *f*, Leidenschaft *f*, Heftigkeit *f*: ***fan the ~*** Öl ins Feuer gießen; **3.** Leuchten *n*, Glanz *m*; **4.** F ‚Flamme' *f*, ‚Angebetete' *f*: ***an old ~ of mine***; **II** *v/i.* **5.** lodern: ***~ up*** a) auflodern, b) in Flammen aufgehen, c) *fig.* aufbrausen; **6.** leuchten, (rot) glühen: ***her eyes ~d with anger*** ihre Augen flammten vor Wut; ***her cheeks ~d red*** ihr Gesicht flammte; **~ cut·ter** *s.* ⚙ Schneidbrenner *m*; **'~-proof** *adj. tech.* **1.** feuerfest; **2.** explosi'onsgeschützt; **'~,throw·er** *s.* ⚔ Flammenwerfer *m*.

flam·ing ['fleɪmɪŋ] *adj.* **1.** lodernd (*a. Farben etc.*), brennend; **2.** *fig.* glühend, leidenschaftlich; **3.** *Brit.* F a) verdammt: ***you ~ idiot!***, b) gewaltig, Mords...: ***a ~ row*** ein ‚Mordskrach'.

flam·ma·ble ['flæməbl] → ***inflammable***.

flan [flæn] *s.* Obst-, Käsekuchen *m*.

flange [flændʒ] ⚙ **I** *s.* **1.** Flansch *m*; **2.** Rad-, Spurkranz *m*; **II** *v/t.* **3.** (an)flanschen: ***~d motor*** Flanschmotor *m*; ***~d rim*** umbördelter Rand.

flank [flæŋk] **I** *s.* **1.** Flanke *f*, Weiche *f* (*der Tiere*); **2.** Seite *f*, Flanke *f* (*e-r Person*); **3.** Seite *f* (*e-s Gebäudes etc.*): ***~ clearance*** ⚙ Flankenspiel *n*; **4.** ⚔ Flanke *f*, Flügel *m* (*beide a. fig.*): ***turn the ~ (of)*** die Flanke (*gen.*) aufrollen; **II** *v/t.* **5.** flankieren, seitlich stehen von, säumen, um'geben; **6.** ⚔ flankieren, die Flanke (*gen.*) decken *od.* angreifen; **7.** flankieren, (seitwärts) um'gehen; **III** *v/i.* **8.** angrenzen, -stoßen; seitlich liegen; **'flank·ing** [-kɪŋ] *adj.* seitlich; angrenzend; ⚔ Flanken..., Flankierungs...: ***~ fire***; ***~ march*** Flankenmarsch *m*.

flan·nel ['flænl] **I** *s.* **1.** Fla'nell *m*: ***~-mouthed*** *Am. fig.* (aal)glatt; **2.** *pl.* Fla'nellkleidung *f*, *bsd.* Fla'nellhose *f*; **3.** *pl.* Fla'nell,unterwäsche *f od.* -,unterhose *f*; **4.** *Brit.* Waschlappen *m*; **5.** *Brit.* F ‚Schmus' *m*; **II** *v/t.* **6.** mit Fla'nell bekleiden; **7.** mit Fla'nell abreiben; **III** *v/i.* **8.** *Brit.* F ‚Schmus' reden.

flan·nel·et(te) [,flænl'et] *s.* 'Baumwollfla,nell *m*.

flap [flæp] **I** *s.* **1.** Schlag *m*, Klaps *m*; **2.** Flügelschlag *m*; **3.** (*Verschluss*)Klappe *f* (*Tasche, Briefkasten, Buchumschlag etc.*); **4.** (*Tisch-, Fliegen-, ✈ Lande-*)Klappe *f*, Falltür *f*; **5.** Lasche *f* (*Schuh, Karton*); **6.** weiche Krempe; **7.** ⚕ Hautlappen *m*; **8.** F Aufregung *f*: ***be (all) in a ~*** (ganz) aus dem Häuschen sein; ***don't get into a ~!*** reg dich nicht auf!; **II** *v/t.* **9.** e-n Klaps *od.* Schlag geben (*dat.*); **10.** auf u. ab (*od.* hin u. her) bewegen, mit *den Flügeln etc.* schlagen; **III** *v/i.* **11.** flattern; **12.** flattern, mit den Flügeln schlagen: ***~ off*** davonflattern; **13.** klatschen, schlagen (***against*** gegen); **14.** F sich aufregen; **15.** *Am.* F ‚quasseln'; **'~,doo·dle** *s.* F Quatsch *m*; **'~-eared** *adj.* schlappohrig; **'~·jack** *s. bsd. Am.* Pfannkuchen *m*.

flap·per ['flæpə] *s.* **1.** Fliegenklappe *f*; **2.** Klappe *f*, her'abhängendes Stück; **3.** *zo.* (breite) Flosse; **4.** *sl.* ‚Flosse' *f* (*Hand*); **5.** *sl. hist.* ‚irre Type' (*Mädchen in den 20er Jahren*).

flare [fleə] **I** *s.* **1.** (auf)flackerndes Licht; Aufflackern *n*, -leuchten *n*, Lodern *n*; **2.** a) Leuchtfeuer *n*, b) 'Licht-, 'Feuersi,gnal *n*, c) ⚔ Leuchtkugel *f od.* -bombe *f*; **3.** *fig.* → ***flare-up*** 2; **4.** *Mode*: Schlag *m*: ***with a ~*** ausgestellt (*Rock*), *Hose a.* mit Schlag; **II** *v/i.* **5.** flackern, lodern, leuchten: ***~ up*** a) aufflammen, -flackern, -lodern (*alle a. fig.*), b) *a.* ***~ out*** *fig.* aufbrausen; **6.** ausgestellt sein (*Rock etc.*); **III** *v/t.* **7.** flackern lassen; **8.** aufflammen lassen; **9.** mit Licht *od.* Feuer signalisieren; **10.** flattern lassen; **11.** *Mode*: ausstellen (*Rock etc.*), bauschen (→ *a.* 4); **~ pis·tol** *s.* ⚔ 'Leuchtpi,stole *f*; **'~-up** [-ərʌp] *s.* **1.** Aufflackern *n*, -lodern *n* (*a. fig.*); **2.** *fig.* a) Aufbrausen *n*, Wutausbruch *m*, b) ‚Krach' *m*, (plötzlicher) Streit.

flash [flæʃ] **I** *s.* **1.** Aufblitzen *n*, Blitz *m*, Strahl *m*: ***~ of fire*** Feuergarbe *f*; ***~ of hope*** *fig.* Hoffnungsstrahl; ***~ of wit*** Geistesblitz; ***like a ~*** *fig.* wie der Blitz; ***catch a ~ of*** *fig.* e-n Blick erhaschen von; ***give s.o. a ~*** *mot.* j-n anblinken; **2.** Stichflamme *f*: ***a ~ in the pan*** *fig.* a) e-e ‚Eintagsfliege' *f*, b) ein ‚Strohfeuer'; **3.** Augenblick *m*: ***in a ~*** im Nu, blitzartig, -schnell; ***for a ~*** e-n Augenblick lang; **4.** *Radio etc.*: 'Durchsage *f*, Kurzmeldung *f*; **5.** ⚔ *Brit.* (Uni'form-)Abzeichen *n*; **6.** *phot.* F Blitz(licht *n*) *m*; **7.** *bsd. Am.* F Taschenlampe *f*; **8.** *sl.* ‚Flash' *m* (*Drogenwirkung*); **II** *v/t.* **9.** *a.* ***~ on*** aufleuchten *od.* (auf)blitzen lassen: ***he ~ed a light in my face*** er leuchtete mir (plötzlich) ins Gesicht; ***~ one's lights*** *mot.* die Lichthupe betätigen; ***his eyes ~ed fire*** s-e Augen sprühten Feuer *od.* blitzten; ***~ s.o. a glance*** j-m e-n Blick zuwerfen; **10.** (*mit Licht*) signalisieren; **11.** F *et.* zücken *od.* kurz zeigen (***at s.o.*** j-m): ***~ a badge***; **12.** F zur Schau tragen, protzen mit; **13.** *Nachricht* (*per Funk etc.*) 'durchgeben; **III** *v/i.* **14.** aufflammen, (auf)blitzen; zucken (*Blitz, Lichtschein*); **15.** blinken; **16.** sich blitzartig bewegen, rasen, flitzen: ***~ by*** vorbeirasen, *fig.* wie im Flug(e) vergehen; ***it ~ed across*** (*od.* ***through***) ***his mind that*** plötzlich schoss es ihm durch den Kopf, dass; ***~ out*** *fig.* aufbrausen; **17.** ~

F

back zurückblenden (*im Film etc.*) (***to*** auf *acc.*); **IV** *adj.* **18.** F → ***flashy***; **19.** F a) geschniegelt, ‚aufgedonnert' (*Person*), b) protzig; **20.** F falsch, gefälscht; **21.** *in Zssgn* Schnell...; '**~·back** *s.* **1.** Rückblende *f* (*Film, Roman etc.*); **2.** ⚙ (Flammen)Rückschlag *m*; **~ bomb** *s.* ⚔, *phot.* Blitzlichtbombe *f*; **~ bulb** *s. phot.* Blitzlicht(lampe *f*) *n*; **~ card** *s.* **1.** Illustrati'onstafel *f*; **2.** *sport* Wertungstafel *f*; **~ cube** *s. phot.* Blitzwürfel *m*.

flash·er ['flæʃə] *s.* **1.** *mot.* Lichthupe *f*; **2.** *Brit.* F Exhibitio'nist *m*.

flash| flood *s.* plötzliche Überschwemmung; **~ gun** *s. phot.* Blitzleuchte *f*, Elek'tronenblitzgerät *n*; **~ lamp** → ***flash bulb***; '**~·light** *s.* **1.** ⚓ Leuchtfeuer *n*; **2.** *phot.* Blitzlicht *n*; **3.** *Am.* Taschenlampe *f*; **4.** blinkendes Re'klamelicht; '**~ˌo·ver** *s.* ϟ 'Überschlag *m*; **~ point** *s. phys.* Flammpunkt *m*; **~ welding** *s.* ⚙ Abschmelzschweißen *n*.

flash·y ['flæʃɪ] *adj.* □ protzig, auffällig, grell, ‚knallig'.

flask [flɑːsk] *s.* **1.** (Taschen-, Reise-, Feld)Flasche *f*; **2.** ⚙ Kolben *m*, Flasche *f*; **3.** ⚙ Formkasten *m*.

flat¹ [flæt] **I** *s.* **1.** Fläche *f*, Ebene *f*; **2.** flache Seite: ***~ of the hand*** Handfläche *f*; **3.** Flachland *n*, Niederung *f*; **4.** Untiefe *f*, Flach *n*; **5.** ♪ B *n*; **6.** *thea.* Ku'lisse *f*; **7.** *mot.* ‚Plattfuß' *m*, Reifenpanne *f*; **8.** → ***flatcar***; **9.** ***the ~*** *Pferdesport*: die Flachrennen *pl.*; **10.** *pl.* flache Schuhe; **II** *adj.* **11.** flach, eben; platt (*a. Reifen*); ra'sant (*Flugbahn*): ***~ feet*** Plattfüße; ***the ~ hand*** die flache *od.* offene Hand; ***~ nose*** platte Nase; ***as ~ as a pancake*** F flach wie ein Brett (*Mädchen*); **12.** hingestreckt, flach am Boden liegend: ***knock ~*** umhauen; ***lay ~*** dem Erdboden gleichmachen; **13.** entschieden, glatt: ***a ~ refusal***; ***and that's ~*** und damit basta!; **14.** fade, schal (*Bier etc.*); **15.** *a.* ✝ lustlos, flau; **16.** a) langweilig, fad(e), ‚lahm', b) flach, oberflächlich; **17.** a) einheitlich: ***~ price*** (*od.* ***rate***) Einheitspreis *m*, b) pau'schal: ***~ fee*** Pauschalgebühr *f*; → ***flat price***, ***flat rate***; **18.** *paint., phot.* a) matt, b) kon'trastlos; **19.** klanglos (*Stimme*); **20.** ♪ a) erniedrigt (*Note*), b) mit B-Vorzeichen (*Tonart*); **21.** leer (*Batterie*); **III** *adv.* **22.** flach: ***fall ~*** a) der Länge nach hinfallen, b) *fig.* F ‚danebengehen' (*missglücken od. s-e Wirkung verfehlen*), *thea. etc.* ‚durchfallen'; **23.** genau: ***in 10 seconds ~***; ***in nothing ~*** blitzschnell; **24.** eindeutig; **25.** entschieden, kate'gorisch; **26.** ♪ a) um e-n halben Ton niedriger, b) zu tief: ***sing ~***; **27.** ohne Zinsen; **28.** F völlig: ***~ broke*** ‚total pleite'; **29.** ***~ out*** F auf Hochtouren, ‚volle Pulle' (*fahren, arbeiten etc.*); **30.** ***~ out*** F ‚to'tal erledigt'.

flat² [flæt] *s. Brit.* (E'tagen)Wohnung *f*; → *Infofenster zu* ***housing¹***.

'**flat|-bed trail·er** *s. mot.* Tiefladeanhänger *m*; '**~·boat** *s.* ⚓ Prahm *m*; '**~·car** *s.* 🚂 *Am.* Plattformwagen *m*; **~ cost** *s.* ✝ Selbstkosten(preis *m*) *pl.*; '**~·fish** *s.* Plattfisch *m*; '**~·foot** *s.* [*irr.*] **1.** ⚕ Platt-, Senkfuß *m*; **2.** *pl. a.* **~s** *sl.* ‚Bulle' *m* (*Polizist*); ˌ**~-'foot·ed** *adj.* **1.** ⚕ plattfüßig: ***be ~*** Plattfüße haben; **2.** ⚙ standfest; **3.** F ‚eisern', entschieden; **4.** *Brit.* F linkisch, unbeholfen; '**~-hunt** *v/i.*: ***go ~ing*** *Brit.* auf Wohnungssuche gehen; '**~ˌi·ron** *s.* **1.** Bügeleisen *n*; **2.** ⚙ Flacheisen *n*.

flat·let ['flætlɪt] *s. Brit.* Kleinwohnung *f*.

flat·ly ['flætlɪ] *adv.* kate'gorisch, rundweg.

'**flat·mate** *s. Brit.* Mitbewohner(in).

flat·ness ['flætnɪs] *s.* **1.** Flachheit *f*; **2.** Plattheit *f*, Eintönigkeit *f*; **3.** Entschiedenheit *f*; **4.** ✝ Flauheit *f*.

'**flat|-nosed pli·ers** *s. pl.* ⚙ Flachzange *f*; '**~·pack fur·ni·ture** *s.* Möbel für Selbstabholer; **~ price** *s.* ✝ Pau'schalpreis *m*; **~ race** *s.* Flachrennen *n*; **~ rate** *s.* Einheits-, Pau'schalsatz *m*; **~ sea·son** *s.* 'Flachrennsaiˌson *f*.

flat·ten ['flætn] **I** *v/t.* **1.** flach *od.* eben *od.* glatt machen, (ein)ebnen, planieren: ***~ o.s. against s.th.*** sich (platt) an et. drücken; **2.** ⚙ a) abflachen (*a.* ✈), b) ausbeulen, flach hämmern; **3.** dem Erdboden gleichmachen; **4.** F *Gegner* ‚flachlegen', *weitS.* ‚fertig machen'; **5.** ♪ *Note* um e-n halben Ton erniedrigen; **6.** *paint. Farben* dämpfen, *a.* ⚙ grundieren; **II** *v/i.* **7.** flach *od.* eben werden; **~ out I** *v/t.* **1.** → ***flatten*** 2; **2.** ✈ *das Flugzeug* (*vor der Landung*) aufrichten; **II** *v/i.* **3.** → ***flatten*** 7; **4.** ✈ ausschweben.

flat·ter ['flætə] *v/t.* **1.** *j-m* schmeicheln: ***be ~ed*** sich geschmeichelt fühlen (***at***, ***by*** durch); ***~ s.o. into doing s.th.*** j-n so lange umschmeicheln, bis er et. tut; **2.** *fig. j-m* schmeicheln (*Bild etc.*): ***the picture ~s him*** das Bild ist geschmeichelt; **3.** *fig. dem Ohr, j-s Eitelkeit etc.* schmeicheln, wohl tun; **4.** ***~ o.s.*** a) sich schmeicheln *od.* einbilden (***that*** dass), b) sich beglückwünschen (***on*** zu); '**flat·ter·er** [-ərə] *s.* Schmeichler(in); '**flat·ter·ing** [-ərɪŋ] *adj.* □ schmeichelhaft: a) schmeichlerisch, b) geschmeichelt (*Bild etc.*); '**flat·ter·y** [-ərɪ] *s.* Schmeiche'lei *f*.

flat·tie ['flætɪ] → ***flatfoot*** 2.

'**flat·top** *s.* ⚓ *Am.* F Flugzeugträger *m*.

flat·u·lence ['flætjʊləns], '**flat·u·len·cy** [-sɪ] *s.* **1.** ⚕ Blähung(en *pl.*) *f*; **2.** *fig.* a) Hohlheit *f*, b) Schwülstigkeit *f*; '**flat·u·lent** [-nt] *adj.* □ **1.** blähend; **2.** *fig.* a) hohl, b) schwülstig.

'**flat·ware** *s. Am.* **1.** (Tisch-, Ess)Besteck *n*; **2.** flaches (Ess)Geschirr.

flaunt [flɔːnt] **I** *v/t.* **1.** zur Schau stellen, protzen mit: **~ o.s.** → 3; **2.** *Am. e-n Befehl etc.* miss'achten; **II** *v/i.* **3.** (herum)stolzieren, paradieren; **4.** a) stolz wehen, b) prangen.

flau·tist ['flɔːtɪst] *s.* ♪ Flötenspieler(in).

fla·vo(u)r ['fleɪvə] **I** *s.* **1.** (Wohl)Geschmack *m*, A'roma *n*, *a.* Geschmacksrichtung *f*: **~ enhancer** Aromazusatz *m*; **~-enhancing** geschmacksverbessernd; **2.** Würze *f*, A'roma *n*, aro'matischer Geschmackstoff, ('Würz)Esˌsenz *f*; **3.** *fig.* Beigeschmack *m*, Anflug *m*; **II** *v/t.* **4.** würzen (*a. fig.*), Geschmack geben (*dat.*); **III** *v/i.* **5.** **~ of** schmecken *od.* riechen nach (*a. fig. contp.*); '**fla·vo(u)red** [-əd] *adj.* würzig, schmackhaft; *in Zssgn* mit ... Geschmack; '**fla·vo(u)r·ing** [-vərɪŋ] *s.* → **flavo(u)r** 2; '**fla·vo(u)r·less** [-lɪs] *adj.* ohne Geschmack, fad(e), schal.

flaw [flɔː] **I** *s.* **1.** Fehler *m*: a) Mangel *m*, Makel *m*, b) ⚙, ⚒ fehlerhafte Stelle, De'fekt *m* (*a. fig.*), Fabrikati'onsfehler *m*; **2.** Sprung *m*, Riss *m*, Bruch *m*; **3.** Blase *f*, Wolke *f* (*im Edelstein*); **4.** ⚖ a) Formfehler *m*, b) Fehler *m* im Recht; **5.** *fig.* schwacher Punkt, Mangel *m*; **II** *v/t.* **6.** brüchig *od.* rissig machen; **7.** *fig.* Fehler aufzeigen in (*dat.*); **8.** verunstalten; '**flaw·less** [-lɪs] *adj.* ☐ fehler-, einwandfrei, tadellos; lupenrein (*Edelstein*).

flax [flæks] *s.* ⚘ **1.** Flachs *m*, Lein *m*; **2.** Flachs(faser *f*) *m*; **flax·en** ['flæksən] *adj.* **1.** Flachs...; **2.** flachsartig; **3.** flachsen, flachsfarben: **~-haired** flachsblond; '**flax·seed** *s.* ⚘ Leinsamen *m*.

flay [fleɪ] *v/t.* **1.** *Tier* abhäuten, *hunt.* abbalgen: **~ s.o. alive** F a) kein gutes Haar an j-m lassen, b) j-n ‚zur Schnecke' machen; **2.** *et.* schälen; **3.** *j-n* auspeitschen; **4.** F *j-n* ausplündern *od.* ‚ausnehmen'.

flea [fliː] *s. zo.* Floh *m*: **send s.o. away with a ~ in his ear** j-m ‚heimleuchten'; '**~·bag** *s. sl.* **1.** a) ‚Flohkiste' *f* (*Bett*), b) Schlafsack *m*; **2.** ‚Schlampe' *f*; '**~·bite** *s.* **1.** Flohbiss *m*; **2.** Baga'telle *f*; '**~-ˌbit·ten** *adj.* **1.** von Flöhen zerbissen; **2.** rötlich gesprenkelt (*Pferd etc.*); **~ mar·ket** *s.* Flohmarkt *m*.

fleck [flek] **I** *s.* **1.** Licht-, Farbfleck *m*; **2.** a) (Haut)Fleck *m*, b) Sommersprosse *f*; **3.** (*Staub- etc.*)Teilchen *n*: **~ of dust**; **~ of mud** Dreckspritzer *m*; **~ of snow** Schneeflocke *f*; **II** *v/t.* **4.** → '**fleck·er** [-kə] *v/t.* sprenkeln.

flec·tion ['flekʃn] *etc. Am.* → **flexion** *etc.*

fled [fled] *pret. u. p.p. von* **flee**.

fledge [fledʒ] **I** *v/t. Pfeil etc.* befiedern, mit Federn versehen; **II** *v/i. orn.* flügge werden: **~d** flügge; '**fledg(e)·ling** [-dʒlɪŋ] *s.* **1.** eben flügge gewordener Vogel; **2.** *fig.* Grünschnabel *m*, Anfänger *m*.

flee [fliː] **I** *v/i.* [*irr.*] **1.** fliehen, flüchten (**before**, **from** vor *dat.*; **from** aus, von): **~ from justice** sich der Strafverfolgung entziehen; **2.** eilen; **3.** **~ from** → 5; **II** *v/t.* [*irr.*] **4.** fliehen aus: **~ the country**; **5.** aus dem Weg gehen (*dat.*), meiden.

fleece [fliːs] **I** *s.* **1.** Vlies *n*, Schaffell *n*; **2.** *a.* **~ wool** Schur(wolle) *f*; **3.** *fig.* dickes Gewebe, Flausch *m*; **4.** (Haar)Pelz *m*; **5.** Schnee- *od.* Wolkendecke *f*; **II** *v/t.* **6.** *fig.* schröpfen (**of** um), ‚rupfen'; **7.** bedecken; '**fleec·y** [-sɪ] *adj.* wollig, weich: **~ cloud** Schäfchenwolke *f*.

fleet[1] [fliːt] *s.* **1.** (*bsd.* Kriegs)Flotte *f*: ♀ **Admiral** *Am.* Großadmiral *m*; **merchant ~** Handelsflotte; **2.** ✈ Gruppe *f*, Geschwader *n*; **3.** **~** (**of cars**) Wagenpark *m*.

fleet[2] [fliːt] *adj.* ☐ **1.** schnell, flink: **~ of foot**, **~-footed** schnellfüßig; **2.** *poet.* → **fleeting**.

fleet·ing ['fliːtɪŋ] *adj.* ☐ (schnell) da'hineilend, flüchtig, vergänglich: **~ time**; **~ glimpse** flüchtiger (An)Blick *od.* Eindruck; '**fleet·ness** [-tnɪs] *s.* **1.** Schnelligkeit *f*; **2.** Flüchtigkeit *f*.

Fleet Street *npr.* Fleet Street *f*: a) *das frühere Londoner Presseviertel*, b) *fig. die* (*Londoner*) *Presse*.

> **Fleet Street** war lange das Zentrum der englischen Zeitungsindustrie. In und um diese Straße in der Londoner **City** waren viele der führenden Zeitungen angesiedelt. Nach der Einführung neuer Computertechnologien und Arbeitsregelungen siedelten die Zeitungen in den Achtzigerjahren allmählich nach **Wapping** ['wɒpɪŋ] im Londoner Osten um. Der Begriff **Fleet Street** wird jedoch immer noch im übertragenen Sinn für die britische Presse verwendet.

Flem·ing ['flemɪŋ] *s.* Flame *m*, Flamin *f*, Flämin *f*; '**Flem·ish** [-mɪʃ] **I** *s.* **1.** **the ~** die Flamen *pl.*; **2.** *ling.* Flämisch *n*; **II** *adj.* **3.** flämisch.

flench [flentʃ], **flense** [flenz] *v/t.* **1.** a) *den Wal* flensen, b) *den Walspeck* abziehen; **2.** *Seehund* häuten.

flesh [fleʃ] **I** *s.* **1.** Fleisch *n*: **my own ~ and blood** mein eigen Fleisch u. Blut; **more than ~ and blood can bear** ein-

F

fach unerträglich; ***in** ~ obs.* korpulent, dick; ***lose** ~* abmagern, abnehmen; ***put on** ~* Fett ansetzen, zunehmen; ***press (the)** ~ Am.* F Hände schütteln; ***(bare)** ~ iro.* (nacktes) Fleisch, ‚Fleischbeschau' *f*; → ***creep*** 4; **2.** Körper *m*, Leib *m*: ***in the** ~* leibhaftig, (höchst)persönlich, *weitS.* in natura; ***become one** ~* 'ein Leib u. 'eine Seele werden; **3.** a) *sündiges* Fleisch, b) Fleischeslust *f*: ***pleasures of the** ~* Freuden des Fleisches; **4.** Menschheit *f*: ***go the way of all** ~* den Weg allen Fleisches gehen; **5.** (Frucht)Fleisch *n*; **II** *v/t.* **6.** *Jagdhund* Fleisch kosten lassen; **7.** *Tierhaut* ausfleischen; **8.** *mst* ~ ***out*** *fig. Gesetz etc.* ‚mit Fleisch versehen', Sub'stanz verleihen (*dat.*); ~ **col·o(u)r** *s.* Fleischfarbe *f*; '**~-ˌcol·o(u)red** *adj.* fleischfarben.

flesh·ings ['fleʃɪŋz] *s. pl.* fleischfarbene Strumpfhose *f*; **flesh·ly** ['fleʃlɪ] *adj.* **1.** fleischlich: a) leiblich, b) sinnlich; **2.** irdisch, menschlich.

'**flesh|·pot** *s.*: ***the** ~**s of Egypt*** *fig.* die Fleischtöpfe Ägyptens; ~ **tights** → ***fleshings***; ~ **tints** *s. pl. paint.* Fleischtöne *pl.*; ~ **wound** *s.* Fleischwunde *f*.

flesh·y ['fleʃɪ] *adj.* **1.** fleischig (*a. Früchte etc.*), dick; **2.** fleischartig.

fleur-de-lis [ˌflɜːdə'liː] *pl.* **fleurs-de-lis** [ˌflɜːdə'liːz] (*Fr.*) *s.* **1.** *her.* Lilie *f*; **2.** *königliches Wappen Frankreichs.*

flew [fluː] *pret. von* ***fly***[1].

flews [fluːz] *s. pl.* Lefzen *pl.*

flex [fleks] **I** *v/t. anat.* beugen, biegen: ~ ***one's knees***; ~ ***one's muscles*** die Muskeln anspannen, s-e Muskeln spielen lassen (*a. fig.*); **II** *s.* ↯ *bsd. Brit.* (Anschluss-, Verlängerungs)Kabel *n*; **flex·i·bil·i·ty** [ˌfleksə'bɪlətɪ] *s.* **1.** Biegsamkeit *f*, Elastizi'tät *f*; **2.** *fig.* Flexibili'tät *f*, Wendigkeit *f*, Beweglichkeit *f*; **flex·i·ble** ['fleksəbl] *adj.* □ **1.** fle'xibel: a) biegsam, e'lastisch, b) *fig.* wendig, anpassungsfähig, geschmeidig: ~ ***car*** *mot.* wendiger Wagen; ~ ***drive shaft*** ⚙ Kardanwelle *f*; ~ ***gun*** schwenkbares Geschütz; ~ ***metal tube*** Metallschlauch *m*; ~ ***policy*** flexible Politik; ~ ***working hours*** Gleitzeit(regelung) *f*; **2.** lenkbar, folg-, fügsam; '**flex·ile** [-ksɪl] → ***flexible***; '**flex·ion** [-kʃn] *s.* **1.** *bsd. anat.* Biegen *n*, Beugung *f*; **2.** *ling.* Flexi'on *f*, Beugung *f*; '**flex·ion·al** [-kʃənl] *adj. ling.* flektiert, Flexions..., Beugungs...; '**flex·i·time** *s.* gleitende Arbeitszeit, Gleitzeit *f*; '**flexor** [-ksə] *s. anat.* Beuger *m*, Beugemuskel *m*; '**flex·time** *s. Am.* → ***flexitime***.

flib·ber·ti·gib·bet [ˌflɪbətɪ'dʒɪbɪt] *s.* a) Klatschbase *f*, b) ‚verrückte Nudel'.

flick[1] [flɪk] **I** *s.* **1.** leichter, schneller Schlag, Klaps *m*; **2.** a) Schnipser *m*, (Finger)Schnalzen *n*, b) (Peitschen-)Schnalzen *n*, (-)Knall *m*: ***a** ~ **of the wrist*** schnelle Drehung des Handgelenks; **II** *v/t.* **3.** schnippen, schnipsen; e-n Klaps geben (*dat.*); *Schalter* an- *od.* ausknipsen; *Messer* (auf)schnappen lassen; **III** *v/i.* **4.** schnellen; **5.** ~ ***through Buch etc.*** 'durchblättern.

flick[2] [flɪk] *s.* F a) Film *m*, b) *pl.* ‚Kintopp' *m*, Kino *n*.

flick·er ['flɪkə] **I** *s.* **1.** Flackern *n*: ***a** ~ **of hope*** ein Hoffnungsfunke; **2.** Zucken *n*; **3.** *Bildschirm*: Flimmern *n*: ~***-free*** flimmerfrei; **4.** Flattern *n*; **II** *v/i.* **5.** *a. fig.* (auf)flackern; **6.** zucken; **7.** *TV* flimmern; **8.** huschen (***over*** über *acc.*) (*Augen*).

flick knife *s.* [*irr.*] *Brit.* Schnappmesser *n*.

fli·er ['flaɪə] *s.* **1.** etwas, das fliegt (*Vogel, Insekt, etc.*); **2.** ✈ Flieger *m*: a) Pi'lot *m*, b) ‚Vogel' *m* (*Flugzeug*); **3.** Flieger *m* (*Trapezkünstler*); **4.** *Am.* a) Ex'press(zug) *m*, b) Schnell(auto)bus *m*; **5.** ⚙ Schwungrad *n*; **6.** ***take a** ~* F a) e-n Riesensatz machen, b) *Am.* sich auf e-e gewagte Sache einlassen; **7.** *Am.* Flugblatt *n*, Re'klamezettel *m*; **8.** F *für* ***flying start***.

flight[1] [flaɪt] *s.* Flucht *f*: ***put to** ~* in die Flucht schlagen; ***take (to)** ~* die Flucht ergreifen; ~ ***of capital*** ✝ Kapitalflucht; ~ ***capital*** Fluchtkapital *n*.

flight[2] [flaɪt] *s.* **1.** Flug *m*, Fliegen *n*: ***in** ~* im Flug; **2.** ✈ a) Flug *m*, b) Flug(strecke *f*) *m*; **3.** Schwarm *m* (*Vögel od. Insekten*), Flug *m*, Schar *f* (*Vögel*): ***in the first** ~* *fig.* an der Spitze; **4.** ✈, ⚔ a) Schwarm *m* (*4 Flugzeuge*), b) Kette *f* (*3 Flugzeuge*); **5.** (*Geschoss-, Pfeil- etc.*) Hagel *m*; **6.** (*Gedanken- etc.*)Flug *m*, Schwung *m*; **7.** ~ ***of stairs*** (*od.* ***steps***) Treppe *f*; ~ **at·tend·ant** *s.* Flugbegleiter(in); ~ **con·trol** *s.* ✈ **1.** Flugsicherung *f*; **2.** Steuerfläche *f* (*z. B. Seitenruder, Klappen*), ~ **con·trol·ler** *s.* Fluglotse *m*, -lotsin *f*; ~ **deck** *s.* **1.** ⚓ Flugdeck *n*; **2.** ✈ Cockpit *n*; ~ **en·gi·neer** *s.* 'Bordingeniˌeur *m*; ~ **feath·er** *s. orn.* Schwungfeder *f*.

flight·i·ness ['flaɪtɪnɪs] *s.* **1.** Flatterhaftigkeit *f*; **2.** Leichtsinn *m*.

flight| in·struc·tor *s.* ✈ Fluglehrer *m*; ~ **lane** *s.* ✈ Flugschneise *f*; ~ **lieu·ten·ant** *s. Brit.* (Flieger)Hauptmann *m*; ~ **me·chan·ic** *s.* 'Bordmeˌchaniker *m*; ~ **path** *s.* **1.** ✈ Flugroute *f*; **2.** *Ballistik*: Flugbahn *f*; ~ **re·cord·er** *s.* ✈ Flugschreiber *m*; '**~-test** *v/t.* im Flug erproben: ~***ed*** flugerprobt; ~ **tick·et** *s.* Flugticket *n*; '**~-ˌworth·y** *adj.* flugtauglich (*Person*); fluggeeignet (*Maschine*).

flight·y ['flaɪtɪ] *adj.* □ **1.** flatterhaft, launisch, fahrig; **2.** leichtsinnig.

flim·flam ['flɪmflæm] **I** *s.* **1.** Quatsch *m*; **2.** ‚fauler Zauber', Trick(s *pl.*) *m*; **II** *v/t.* *j-n* ‚reinlegen'.

flim·si·ness ['flɪmzɪnɪs] *s.* **1.** Dünnheit *f*; **2.** *fig.* Fadenscheinigkeit *f*; **3.** Dürftigkeit *f*; **flim·sy** ['flɪmzɪ] **I** *adj.* □ **1.** (hauch)dünn, zart, leicht, schwach; **2.** *fig.* dürftig, 'durchsichtig, schwach, fadenscheinig: ***a ~ excuse***; **II** *s.* **3.** a) 'Durchschlag-, 'Kohlepa,pier *n*, b) 'Durchschlag *m*; **4.** *pl.* F ‚Reizwäsche' *f*.

flinch¹ [flɪntʃ] *v/i.* **1.** zu'rückschrecken (***from, at*** vor *dat.*); **2.** (zu'rück)zucken, zs.-fahren (*vor Schmerz etc.*): ***without ~ing*** ohne mit der Wimper zu zucken.

flinch² [flɪntʃ] → ***flench***.

fling [flɪŋ] **I** *s.* **1.** Wurf *m*: (***at***) ***full ~*** mit voller Wucht; **2.** Ausschlagen *n* (*des Pferdes*); **3.** *fig.* F Versuch *m*: ***have a ~ at s.th.*** es mit et. probieren; ***have a ~ at s.o.*** über j-n herfallen, gegen j-n sticheln; **4.** ***have one's*** (*od.* ***a***) ***~*** sich austoben; **5.** *ein schottischer Tanz*; **II** *v/t.* [*irr.*] **6.** schleudern, werfen: ***~ open*** *Tür* aufreißen; ***~ s.th. in s.o.'s teeth*** *fig.* j-m et. ins Gesicht schleudern; ***~ o.s. at s.o.*** a) sich auf j-n stürzen, b) *fig.* sich j-m an den Hals werfen; ***~ o.s. into s.th.*** *fig.* sich in *od.* auf e-e Sache stürzen; **III** *v/i.* [*irr.*] **7.** eilen, stürzen (***out of the room*** aus dem Zimmer); **8.** ***~ out*** (***at***) ausschlagen (nach) (*Pferd*); *Zssgn mit adv.*:

fling| a·way *v/t.* **1.** wegwerfen; **2.** *fig.* *Zeit, Geld* vergeuden, verschwenden (***on*** für *et.*, an *j-n*); **~ back** *v/t.* *Kopf* zu'rückwerfen; **~ down** *v/t.* zu Boden werfen; **~ off I** *v/t.* **1.** *Kleider, a. Joch, Skrupel* abwerfen; **2.** *Verfolger* abschütteln; **3.** *Gedicht etc.* ‚hinhauen'; **4.** *Bemerkung* fallen lassen; **II** *v/i.* **5.** da'vonstürzen; **~ on** *v/t.* (sich) *Kleider* 'überwerfen; **~ out I** *v/t.* **1.** *j-n* hin'auswerfen; **2.** *et.* wegwerfen; **3.** *Worte* her'vorstoßen; **4.** *Arme* (plötzlich) ausstrecken; **II** *v/i.* **5.** → ***fling*** 7, 8.

flint [flɪnt] *s.* **1.** *min.* Flint *m*, Feuerstein *m* (*a. des Feuerzeugs*); **2.** → **~ glass** *s.* ⚙ Flintglas *n*; '**~-lock** *s.* ⚔ *hist.* Steinschloss(gewehr) *n*.

flint·y ['flɪntɪ] *adj.* □ **1.** aus Feuerstein; **2.** kieselhart; **3.** *fig.* hart(herzig).

flip¹ [flɪp] **I** *v/t.* **1.** schnipsen, schnellen: ***~ off*** wegschnipsen; ***~*** (***over***) *Buchseiten, Schallplatte etc.* wenden, *a. Spion* 'umdrehen; ***~ a coin*** e-e Münze hochwerfen (*zum Losen*); **2.** ***~ one's lid*** (*od.* ***top***) → 5; **II** *v/i.* **3.** schnipsen; **4.** ***~ through*** *Buch etc.* 'durchblättern; **5.** *a.* ***~ out*** *sl.* ‚ausflippen', ‚durchdrehen'; **III** *s.* **6.** Schnipser *m*; **7.** *sport* Salto *m*; **8.** ✈ *Brit.* F kurzer Rundflug; **IV** *adj.* **9.** F a) → ***flippant***, b) gut aufgelegt.

flip² [flɪp] *s.* Flip *m* (*alkoholisches Mischgetränk mit Ei*).

flip chart ['flɪptʃɑːt] *s.* 'Flipchart *f* (*für Präsentationen*).

flip-flap ['flɪpflæp] → '**flip-flop** [-flɒp] *s.* **1.** Klappern *n*; **2.** *sport* Flickflack *m*, 'Handstand,überschlag *m*; **3.** *a.* ***~ circuit*** ⚡ Flipflopschaltung *f*; **4.** 'Zehensan,dale *f*; **II** *v/i.* **5.** klappern; **6.** *sport* e-n Flic(k)flac(k) machen.

flip·pan·cy ['flɪpənsɪ] *s.* **1.** ‚Schnoddrigkeit' *f*, vorlaute Art; **2.** Leichtfertigkeit *f*, Frivoli'tät *f*; '**flip·pant** [-nt] *adj.* □ **1.** ‚schnodd(e)rig', vorlaut, frech; **2.** fri'vol, leichtfertig.

flip·per ['flɪpə] *s.* **1.** *zo.* (Schwimm)Flosse *f*; **2.** *sport* Schwimmflosse *f*; **3.** *sl.* ‚Flosse' *f* (*Hand*).

flirt [flɜːt] **I** *v/t.* **1.** schnipsen; **2.** wedeln mit: ***~ a fan***; **II** *v/i.* **3.** her'umflattern; **4.** flirten (***with*** mit) (*a. fig. pol. etc.*): ***~ with death*** mit dem Leben spielen; **5.** *mit e-r Idee* spielen, liebäugeln; **III** *s.* **6.** a) ko'kette Frau, b) Schäker *m*; **7.** →

flir·ta·tion [flɜː'teɪʃn] *s.* **1.** Flirten *n*; **2.** Flirt *m*; **3.** Liebäugeln *n*; **flir·ta·tious** [flɜː'teɪʃəs] *adj.* (gern) flirtend, ko'kett.

flit [flɪt] **I** *v/i.* **1.** flitzen, huschen, sausen; **2.** (um'her)flattern; **3.** verfliegen (*Zeit*); **4.** *Brit.* F heimlich ausziehen; **II** *s.* **5.** *a.* ***moonlight ~*** *Brit.* F Auszug *m* bei Nacht u. Nebel.

flitch [flɪtʃ] *s.* **1.** *a.* ***~ of bacon*** gesalzene *od.* geräucherte Speckseite; **2.** Heilbuttschnitte *f*; **3.** Walspeckstück *n*.

fliv·ver ['flɪvə] *s. Am. sl.* **1.** kleine ‚Blechkiste' (*Auto, Flugzeug*); **2.** ‚Pleite' *f* (*Misserfolg*).

float [fləʊt] **I** *v/i.* **1.** (im Wasser) treiben, schwimmen; **2.** ⚓ flott sein *od.* werden; **3.** schweben, treiben, gleiten; **4.** *a.* ✝ 'umlaufen, in 'Umlauf sein; ✝ gegründet werden; **5.** (ziellos) her'umwandern; **6.** *Am.* häufig den Wohnsitz *od.* Arbeitsplatz wechseln; **II** *v/t.* **7.** schwimmen *od.* treiben lassen; *Baumstämme* flößen; **8.** ⚓ flottmachen; **9.** schwemmen, tragen (*Wasser*) (*a. fig.*); **10.** über'schwemmen (*a. fig.*); **11.** *fig.* *Verhandlungen etc.* in Gang bringen, lancieren; *Gerücht etc.* in 'Umlauf setzen; **12.** ✝ a) *Gesellschaft* gründen, b) *Anleihe* auflegen, c) *Wertpapiere* in 'Umlauf bringen; **13.** ✝ floaten, den Wechselkurs (*gen.*) freigeben; **III** *s.* **14.** Floß *n*; **15.** schwimmende Landebrücke; **16.** *Angeln*: (Kork)Schwimmer *m*; **17.** *ichth.* Schwimmblase *f*; **18.** ⚙, ✈ Schwimmer *m*; **19.** *a.* ***~ board*** (Rad-)Schaufel *f*; **20.** a) niedriger Plattformwagen (*für Güter*), b) Festwagen *m* (*bei Umzügen etc.*); **21.** ⚙ a) Raspel *f*, b) Pflasterkelle *f*; **22.** *pl. thea.* Rampenlicht *n*; **23.** *Brit.* Notgroschen *m*; '**float·a·ble** [-təbl] *adj.* **1.** schwimmfähig; **2.** flößbar (*Fluss*); '**float·age, float·a·tion** → ***flotage, flotation***.

float bridge *s.* Floßbrücke *f*.

float·er ['fləʊtə] *s.* **1.** ✝ Gründer *m e-r Firma*; **2.** ✝ *Brit.* erstklassiges 'Wertpa-

ˌpier; **3.** *Am.* F ‚Zugvogel' *m* (*j-d, der ständig Wohnsitz od. Arbeitsplatz wechselt*); **4.** Springer *m* (*im Betrieb*); **5.** *pol.* a) Wechselwähler *m*, b) *Wähler, der s-e Stimme illegal in mehreren Wahlbezirken abgibt*; **6.** *Am. sl.* Wasserleiche *f*.

float·ing ['fləʊtɪŋ] **I** *adj.* □ **1.** schwimmend, treibend, Schwimm..., Treib...; **2.** schwebend (*a. fig.*); **3.** lose, beweglich; **4.** schwankend; **5.** ohne festen Wohnsitz, wandernd; **6.** ✝ a) 'umlaufend (*Geld etc.*), b) schwebend (*Schuld*), c) flüssig (*Kapital*), d) fle'xibel (*Wechselkurs*), e) frei konvertierbar (*Währung*); **II** *s.* **7.** ✝ Floating *n*, Freigabe *f* des Wechselkurses; **~ an·chor** *s.* ⚓ Treibanker *m*; **~ as·sets** *s. pl.* ✝ flüssige Ak'tiva *pl.*; **~ ax·le** *s.* ⚙ Schwingachse *f*; **~ bridge** *s.* Tonnen-, Floßbrücke *f*; **~ cap·i·tal** *s.* ✝ 'Umlaufvermögen *n*; **~ crane** *s.* ⚙ Schwimmkran *m*; **~ dec·i·mal point** → ***floating point***; **~ dock** *s.* ⚓ Schwimmdock *n*; **~ ice** *s.* Treibeis *n*; **~ kid·ney** *s.* ⚕ Wanderniere *f*; **~ light** *s.* ⚓ Leuchtboje *f od.* -schiff *n*; **~ mine** *s.* ⚔ Treibmine *f*; **~ point** *s. Computer etc.*: Fließkomma *n*; **~ pol·i·cy** *s.* ✝ Pau'schalpoˌlice *f*; **~ rib** *s. anat.* falsche Rippe; **~ trade** *s.* ✝ Seefrachthandel *m*; **~ vote** (*od.* **vot·ers** *pl.*) *s. pol.* Wechselwähler *pl.*

'float|·plane *s.* ✈ Schwimmerflugzeug *n*; **~ switch** *s.* ⚡ Schwimmerschalter *m*; **~ valve** *s.* ⚙ 'Schwimmervenˌtil *n*.

floc·cose ['flɒkəʊs], **'floc·cu·lent** [-kjʊlənt] *adj.* flockig, wollig; **'floc·cus** [-kəs] *pl.* **-ci** [-ksaɪ] *s.* **1.** Flocke *f*; **2.** Büschel *n*; **3.** *orn.* Flaum *m*.

flock¹ [flɒk] **I** *s.* **1.** Herde *f* (*bsd. Schafe*); **2.** Schwarm *m*, *hunt.* Flug *m* (*Vögel*); **3.** Menge *f*, Schar *f* (*Personen*): ***come in ~s*** (in Scharen) herbeiströmen; **4.** *eccl.* Herde *f*, Gemeinde *f*; **II** *v/i.* **5.** *fig.* strömen: ***~ to a place*** zu e-m Ort (hin)strömen; ***~ to s.o.*** j-m zuströmen, in Scharen zu j-m kommen; ***~ together*** zs.-strömen.

flock² [flɒk] *s.* **1.** (Woll)Flocke *f*; **2.** *sg. od. pl.* a) Wollabfall *m*, b) Wollpulver *n* (*für Tapeten etc.*): ***~ (wall)paper*** Velourstapete *f*.

floe [fləʊ] *s.* Treibeis *n*, Eisscholle *f*.

flog [flɒg] *v/t.* **1.** prügeln, schlagen: ***~ a dead horse*** a) s-e Zeit verschwenden, b) offene Türen einrennen; ***~ s.th. to death*** *fig.* et. zu Tode reiten; **2.** auspeitschen; **3.** ***~ s.th. into s.o.*** j-m et. einbläuen; ***~ s.th. out of s.o.*** j-m et. austreiben; **4.** *Brit.* F *et.* ‚verscheuern', ‚verkloppen'; **'flog·ging** [-gɪŋ] *s.* **1.** Tracht *f* Prügel; **2.** Prügelstrafe *f*.

flood [flʌd] **I** *s.* **1.** Flut *f* (*a. Ggs. Ebbe*): ***on the ~*** mit der (*od.* bei) Flut; **2.** Über'schwemmung *f* (*a. fig.*), Hochwasser *n*: ***the* Ƨ** *bibl.* die Sintflut; **3.** *fig.* Flut *f*, Strom *m*, Schwall *m* (*von Briefen, Worten etc.*): ***a ~ of tears*** ein Tränenstrom; **II** *v/t.* **4.** über'schwemmen, -'fluten (*a. fig.*): ***~ the market*** ✝ den Markt überschwemmen; **5.** unter Wasser setzen; **6.** ⚓ fluten; **7.** *mot. den Motor* ‚absaufen' lassen; **8.** *Fluss* anschwellen lassen; **9.** *fig.* strömen in (*acc.*), sich ergießen über (*acc.*); **III** *v/i.* **10.** *a. fig.* fluten, strömen, sich ergießen: ***~ in*** hereinströmen; **11.** a) anschwellen (*Fluss*), b) über die Ufer treten; **12.** 'überlaufen (*Bad etc.*); **13.** über'schwemmt werden; **~ con·trol** *s.* Hochwasserschutz *m*; **~ dis·as·ter** *s.* 'Hochwasserkataˌstrophe *f*; **'~·gate** *s.* Schleusentor *n*, *fig.* Schleuse *f*: ***open the ~s to*** *fig.* Tür u. Tor öffnen (*dat.*).

flood·ing ['flʌdɪŋ] *s.* **1.** Über'schwemmung *f*; **2.** ⚕ Gebärmutterblutung *f*.

'flood|·light **I** *s.* **1.** Scheinwerfer-, Flutlicht *n*; **2.** *a.* ***~ projector*** Scheinwerfer *m*: ***under ~s*** bei Flutlicht; **II** *v/t.* [*irr.* → ***light¹***] (mit Scheinwerfern) beleuchten *od.* anstrahlen: ***floodlit*** in Flutlicht getaucht; ***floodlit match*** *sport* Flutlichtspiel *n*; **'~·mark** *s.* Hochwasserstandszeichen *n*; **~ tide** *s.* Flut(zeit) *f*.

floor [flɔː] **I** *s.* **1.** (Fuß)Boden *m*: ***mop*** (*od.* ***wipe***) ***the ~ with s.o.*** j-n ‚fertig machen', mit j-m ‚Schlitten fahren'; **2.** Tanzfläche *f*: ***take the ~*** auf die Tanzfläche gehen (→ 3); **3.** *parl.* Sitzungs-, Ple'narsaal *m*: ***cross the ~*** zur Gegenpartei übergehen; ***admit to the ~*** *j-m* das Wort erteilen; ***get*** (***have*** *od.* ***hold***) ***the ~*** das Wort erhalten (haben); ***take the ~*** das Wort ergreifen (→ 2); **4.** ✝ Börsensaal *m*; **5.** Stock(werk *n*) *m*, Geschoss, *östr.* Geschoß *n*; → ***first floor*** *etc.*; **6.** (Meeres- *etc.*)Boden *m*, Grund *m*, (*Fluss-, Tal- etc.,* ⚒ *Strecken*)Sohle *f*; **7.** Minimum *n*: ***price ~***; ***cost ~*** Mindestkosten *pl.*; **II** *v/t.* **8.** e-n (Fuß)Boden legen in (*dat.*); **9.** zu Boden strecken, niederschlagen; **10.** F a) *j-n* ‚'umhauen': ***~ed*** sprachlos, ‚platt', b) *j-n* ‚schaffen'; **11.** *Am. das Gaspedal etc.* voll 'durchtreten; **'~·cloth** *s.* Scheuertuch *n*; **~ cov·er·ing** *s.* Fußbodenbelag *m*.

floor·er ['flɔːrə] *s.* F **1.** vernichtender Schlag, *fig. a.* ‚Schlag *m* ins Kon'tor'; **2.** ‚harte Nuss', knifflige Frage.

floor ex·er·cis·es *s. pl.* Bodenturnen *n*.

floor·ing ['flɔːrɪŋ] *s.* **1.** (Fuß)Boden *m*; **2.** Bodenbelag *m*.

floor| lamp *s.* Stehlampe *f*; **~ lead·er** *s. pol. Am.* Frakti'onsvorsitzende(r) *m*; **~ man·ag·er** *s.* **1.** ✝ Ab'teilungsleiter *m* (*in e-m Kaufhaus*); **2.** *pol. Am.* Geschäftsführer *m* (*e-r Partei*); **3.** *TV* Aufnahmeleiter *m*; **~ plan** *s.* **1.** Grundriss *m* (*e-s Stockwerks*); **2.** Raumverteilungsplan *m* (*auf e-r Messe etc.*); **~ show** *s.* Varie'teevorstellung *f* (*in e-m*

Achten Sie auf die unterschiedliche Bezeichnung von Stockwerken in den USA und Großbritannien. In Klammern werden die üblichen Abkürzungen im Lift angegeben.

	britisch	*amerikanisch*
Untergeschoss	**basement** (**B**) bzw. **lower ground floor** (**LG**)	**basement** (**B**)
Erdgeschoss	**ground floor** (**G** bzw. **O**)	**first floor** (**1**)
1. Etage	**first floor** (**1**)	**second floor** (**2**)
2. Etage	**second floor** (**2**)	**third floor** (**3**)
3. Etage	**third floor** (**3**)	**fourth floor** (**4**) *usw.*

In Amerika zählt man also immer eins dazu.

Die Abkürzung **M** im Lift bedeutet **mezzanine floor** ['metsəniːn, 'mez-], das ist eine Art Zwischengeschoss zwischen Erdgeschoss und erster Etage.

Nachtklub etc.); **~ space** *s.* Bodenfläche *f*; **~ tile** *s.* Fußbodenfliese *f*; **'~,walker** *s.* (Aufsicht führender) Ab'teilungsleiter (*in e-m Kaufhaus*).

floo·zie ['fluːzɪ] *s. Am. sl.* ‚Flittchen' *n.*

flop [flɒp] **I** *v/i.* **1.** ('hin)plumpsen; **2.** (**into**) sich (in *e-n Sessel etc.*) plumpsen lassen; **3.** a) zappeln, b) flattern; **4.** F a) *ped., thea. etc.* ‚'durchfallen', b) *allg.* e-e ‚Pleite' sein, ‚da'nebengehen'; **II** *v/t.* **5.** ('hin)plumpsen lassen; **III** *s.* **6.** Plumps *m*; **7.** F a) *thea. etc.* ‚'Durchfall' *m*, ‚Flop' *m*, b) ‚Pleite' *f*, ‚Reinfall' *m*, c) Versager *m*, ‚Niete' *f* (*Person*); **IV** *adv. u. int.* **8.** plumps; **'flop·house** *s. Am. sl.* ‚Penne' *f*, (billige) ‚Absteige'; **'flop·py** [-pɪ] *adj.* □ schlaff, schlotterig: **~ ears** Schlappohren; **~ *hat*** Schlapphut *m*; **~ *disk*** *Computer*: Diskette *f*.

flo·ra ['flɔːrə] *pl.* **-ras**, *a.* **-rae** [-riː] *s.* **1.** Flora *f*, (*a.* Abhandlung *f* über e-e) Pflanzenwelt *f*; **2.** *physiol.* (*Darm- etc.*) Flora *f*; **'flo·ral** [-rəl] *adj.* □ Blumen..., Blüten..., *a.* geblümt: **~ *design*** Blumenmuster *n*; **~ *emblem*** Wappenblume *f*.

Flor·en·tine ['flɒrəntaɪn] **I** *adj.* floren'tinisch, Florentiner...; **II** *s.* Floren'tiner(in).

flo·res·cence [flɔː'resns] *s.* ⚘ Blüte (-zeit) *f* (*a. fig.*); **flo·ret** ['flɔːrɪt] *s.* Blümchen *n.*

flo·ri·cul·tur·e ['flɔːrɪkʌltʃə] *s.* Blumenzucht *f*.

flor·id ['flɒrɪd] *adj.* □ **1.** rot, gerötet: **~ *complexion***; **2.** blühend (*Gesundheit*); **3.** über'laden: a) blumig (*Stil*), b) 'übermäßig verziert; **4.** ♪ figuriert; **5.** ⚕ stark ausgeprägt (*Krankheit*).

Flo·rid·i·an [flɒ'rɪdɪən] **I** *adj.* Florida...; **II** *s.* Bewohner(in) von Florida.

flor·in ['flɒrɪn] *s.* **1.** *Brit. hist.* Zwei'schillingstück *n*; **2.** *obs.* (*bsd.* niederländischer) Gulden.

flo·rist ['flɒrɪst] *s.* Blumenhändler(in), -züchter(in).

floss¹ [flɒs] *s.* **1.** Ko'kon-, Seidenwolle *f*; **2.** Flo'rettgarn *n*; **3.** *a.* **~ *silk*** Schappe-, Flo'rettseide *f*; **4.** ⚘ Seidenbaumwolle *f*; **5.** Flaum *m*, seidige Sub'stanz; **6.** *a.* ***dental* ~** Zahnseide *f*.

floss² [flɒs] *s.* ⚙ **1.** Glasschlacke *f*; **2.** *a.* **~ *hole*** Schlackenloch *n.*

floss·y ['flɒsɪ] *adj.* **1.** flo'rettseiden; **2.** seidig; **3.** *Am. sl.* ‚schick'.

flo·tage ['fləʊtɪdʒ] *s.* **1.** Schwimmen *n*; **2.** Schwimmfähigkeit *f*; **3.** *et.* Schwimmendes *od.* Treibendes, Treibgut *n.*

flo·ta·tion [fləʊ'teɪʃn] *s.* **1.** → ***flotage*** 1; **2.** Schweben *n*; **3.** ✝ a) Gründung *f* (*e-er Gesellschaft*), b) In'umlaufbringung *f* (*von Wertpapieren etc.*), c) Auflegung *f* (*e-r Anleihe*); **4.** ⚙ Flotati'on *f*.

flo·til·la [fləʊ'tɪlə] *s.* ⚓ Flot'tille *f*.

flot·sam ['flɒtsəm], *a.* **~ and jet·sam** *s.* **1.** ⚓ Strand-, Treibgut *n*; **2.** *fig.* Strandgut *n* des Lebens; **3.** *fig.* 'Überbleibsel *pl.*, Krimskrams *m.*

flounce¹ [flaʊns] *v/i.* **1.** erregt stürmen *od.* stürzen; **2.** stolzieren; **3.** sich herumwerfen, zappeln.

flounce² [flaʊns] **I** *s.* Vo'lant *m*, Besatz *m*; Falbel *f*; **II** *v/t.* mit Vo'lants besetzen.

floun·der¹ ['flaʊndə] *v/i.* **1.** zappeln, strampeln, *fig. a.* sich (ab)quälen; **2.** taumeln, stolpern, um'hertappen; **3.** *fig.* sich verhaspeln, nicht weiterwissen, *a. sport* ins ‚Schwimmen' kommen.

floun·der² ['flaʊndə] *s. ichth.* Flunder *f*.

flour ['flaʊə] **I** *s.* **1.** Mehl *n*; **2.** feines Pulver, Mehl *n*; **II** *v/t.* **3.** *Am.* (zu Mehl) mahlen; **4.** mit Mehl bestreuen.

flour·ish ['flʌrɪʃ] **I** *v/i.* **1.** gedeihen, *fig. a.* blühen, florieren; **2.** auf der Höhe s-r

Macht *od.* s-s Ruhmes stehen; **3.** wirken, erfolgreich sein (*Künstler etc.*); **4.** prahlen; **5.** sich geschraubt ausdrücken; **6.** sich auffällig benehmen; **7.** Schnörkel *od.* Floskeln machen; **8.** ♪ a) fantasieren, b) e-n Tusch spielen; **II** *v/t.* **9.** schwingen, schwenken; **10.** zur Schau stellen, protzen mit; **11.** (aus)schmücken; **III** *s.* **12.** Schwingen *n*, Schwenken *n*; **13.** Schwung *m*, schwungvolle Gebärde; **14.** Schnörkel *m*; **15.** Floskel *f*; **16.** ♪ a) bravou'röse Pas'sage, b) Tusch *m*: **~ *of trumpets*** Trompetenstoß *m*, Fanfare *f*, *fig.* (großes) Trara; **'flour·ish·ing** [-ʃɪŋ] *adj.* □ blühend, gedeihend, florierend: **~ *trade*** schwunghafter Handel.

flour·y ['flaʊərɪ] *adj.* mehlig.

flout [flaʊt] **I** *v/t.* **1.** verspotten, -höhnen; **2.** *Befehl, Ratschlag etc.* miss'achten, *Angebot etc.* ausschlagen; **II** *v/i.* **3.** spotten (***at*** über *acc.*), höhnen.

flow [fləʊ] **I** *v/i.* **1.** fließen, strömen, fluten, rinnen, laufen (*alle a. fig.*): **~ *freely*** in Strömen fließen (*Sekt etc.*); **2.** *fig.* da'hinfließen, gleiten; **3.** ⚓ steigen (*Flut*); **4.** wallen (*Haar, Kleid etc.*), lose he'rabhängen; **5.** *fig.* (***from***) herrühren (von), entspringen (*dat.*); **6.** *fig.* (***with***) reich sein (an *dat.*), 'überfließen (vor *dat.*), voll sein (von); **II** *v/t.* **7.** über'fluten, -'schwemmen; **III** *s.* **8.** Fließen *n*, Strömen *n* (*beide a. fig.*), Rinnen *n*: **~ *characteristics*** *phys.* Strömungsbild *n*; **~ *chart*** (*od.* ***sheet***) *Computer*, ✝ Flussdiagramm *n*; **~ *pattern*** *phys.* Stromlinienbild *n*; **~ *production***, **~ *system*** ✝ Fließbandfertigung *f*; **9.** Fluss *m*, Strom *m* (*beide a. fig.*): **~ *of traffic*** Verkehrsfluss, -strom; **10.** Zu- *od.* Abfluss *m*; **11.** Wallen *n*; **12.** *fig.* (*Wort- etc.*)Schwall *m*, Erguss *m* (*a. von Gefühlen*); **13.** *physiol.* F Peri'ode *f*.

flow·er ['flaʊə] **I** *s.* **1.** Blume *f*: ***say it with ~s!*** lasst Blumen sprechen!; **2.** ⚘ a) Blüte *f*, b) Blütenpflanze *f*, c) Blüte (-zeit) *f* (*a. fig.*): ***be in ~*** in Blüte stehen, blühen; ***in the ~ of his life*** in der Blüte s-r Jahre; **3.** *fig. das* Beste *od.* Feinste, Auslese *f*, E'lite *f*; **4.** *fig.* Blüte *f*, Zierde *f*; **5.** ('Blumen)Orna,ment *n*, (-)Verzierung *f*: ***~s of speech*** Floskeln; **6.** *typ.* Vi'gnette *f*; **7.** *pl.* ⚗ Blumen *pl.*: ***~s of sulphur*** Schwefelblumen *pl.*, -blüte *f*; **II** *v/i.* **8.** blühen, *fig. a.* in höchster Blüte stehen; **III** *v/t.* **9.** mit Blumen(mustern) verzieren, blüme(l)n; **~ bed** *s.* Blumenbeet *n*; **~ child** *s.* [*irr.*] ‚Blumenkind' *n* (*Hippie*).

flow·ered ['flaʊəd] *adj.* **1.** mit Blumen geschmückt; **2.** geblümt; **3.** *in Zssgn* ...blütig.

flow·er girl *s.* **1.** Blumenmädchen *n*; **2.** *Am.* Blumen streuendes Mädchen (*bei e-r Hochzeit*).

flow·er·ing ['flaʊərɪŋ] **I** *adj.* blühend, Blüten...: **~ *plant*** Blütenpflanze *f*; **II** *s.* Blüte(zeit) *f*.

flow·er| peop·le *s.* ‚Blumenkinder' *pl.* (*Hippies*); **~ piece** *s. paint.* Blumenstück *n*; **'~·pot** *s.* Blumentopf *m*; **~ show** *s.* Blumenausstellung *f*.

flow·er·y ['flaʊərɪ] *adj.* **1.** blumen-, blütenreich; **2.** geblümt; **3.** *fig.* blumig.

flow·ing ['fləʊɪŋ] *adj.* □ **1.** fließend, strömend; **2.** *fig.* flüssig (*Stil etc.*); **3.** wallend (*Bart, Kleid*); **4.** wehend, flatternd (*Haar etc.*).

'flow,me·ter *s.* ⚙ 'Durchflussmesser *m*.

flown [fləʊn] *p.p. von* ***fly***[1].

flu [fluː] *s.* ⚕ F Grippe *f*.

flub [flʌb] *Am. sl.* **I** *s.* (grober) Schnitzer; **II** *v/i.* (e-n groben) Schnitzer machen, patzen.

flub·dub ['flʌbdʌb] *s. Am. sl.* Geschwafel *n*, ‚Quatsch' *m*.

fluc·tu·ate ['flʌktjʊeɪt] *v/i.* schwanken: a) fluktuieren (*a.* ✝), sich (ständig) verändern, b) *fig.* unschlüssig sein; **'fluc·tu·at·ing** [-tɪŋ] *adj.* schwankend: a) fluktuierend, b) unschlüssig: **~ *exchange rate*** frei schwankender Wechselkurs; **fluc·tu·ation** [,flʌktjʊ'eɪʃn] *s.* **1.** Schwankung *f*, Fluktuati'on *f* (*beide a.* ✝, ⚡, *phys.*): **~ *margin*** Bandbreite *f*; Schwankungsbreite *f*; ***cyclical ~*** ✝ Konjunkturschwankung; **2.** *fig.* Schwanken *n*.

flue[1] [fluː] *s.* **1.** ⚙ a) Rauchfang *m*, Esse *f*, b) Abzugsrohr *n*, (Feuerungs)Zug *m*: **~ *gas*** Rauch-, Abgas *n*, c) Heizröhre *f*, d) Flammrohr *n*, 'Feuerka,nal *m*; **2.** ♪ a) *a.* **~ *pipe*** Lippenpfeife *f*, b) Kernspalt *m der Orgelpfeife*.

flue[2] [fluː] *s.* Flusen *pl.*, Staubflocken *pl.*

flue[3] [fluː] *s.* ⚓ Schleppnetz *n*.

flu·en·cy ['fluːənsɪ] *s.* Fluss *m* (*der Rede etc.*), Flüssigkeit *f* (*des Stils etc.*); Gewandtheit *f*; **'flu·ent** [-nt] *adj.* □ **1.** fließend, geläufig: ***speak ~ German***, ***be ~ in German*** fließend Deutsch sprechen; **2.** flüssig, ele'gant (*Stil etc.*), gewandt (*Redner etc.*).

fluff [flʌf] **I** *s.* **1.** Staubflocke *f*, Fussel(n *pl.*) *f*; **2.** Flaum *m* (*a. erster Bartwuchs*); **3.** F *sport, thea. etc.* ‚Patzer' *m*; **4.** *Am.* Schaumspeise *f*; **5.** *thea. Am.* F ‚leichte Kost'; **6.** *oft* ***bit of ~*** F ‚Betthäschen' *n*, ‚Mieze' *f*; **II** *v/t.* **7.** **~ *out***, **~ *up*** a) *Federn* aufplustern, b) *Kissen etc.* aufschütteln; **8.** F *bsd. thea., sport* ‚verpatzen'; **III** *v/i.* **9.** F *thea., sport* ‚patzen'; **'fluf·fy** [-fɪ] *adj.* **1.** flaumig; **2.** *thea. Am.* F leicht, anspruchslos.

flu·id ['fluːɪd] **I** *s.* **1.** Flüssigkeit *f*; **II** *adj.* **2.** flüssig; **3.** *fig.* → ***fluent***; **4.** *fig.* fließend, veränderlich; **~ cou·pling**, **~ clutch** *s.* ⚙ hy'draulische Kupplung; **~ drive** *s.* ⚙ Flüssigkeitsgetriebe *n*.

flu·id·i·ty [fluːˈɪdətɪ] *s.* **1.** *phys.* a) flüssiger Zustand, Flüssigkeit(sgrad *m*) *f*, b) Gasförmigkeit *f*; **2.** *fig.* Veränderlichkeit *f*; **3.** Flüssigkeit *f des Stils etc.*
flu·id| me·chan·ics *s. pl. sg. konstr. phys.* ˈStrömungsmeˌchanik *f*; **~ ounce** *s. Hohlmaß*: a) *Brit.* = *28,4 ccm*, b) *Am.* = *29,6 ccm*; **~ pres·sure** *s.* ⚙, *phys.* hyˈdraulischer Druck.
fluke¹ [fluːk] *s.* **1.** ⚓ Ankerflügel *m*; **2.** ⚙ Bohrlöffel *m*; **3.** ˈWiderhaken *m*; **4.** Schwanzflosse *f* (*des Wals*); **5.** *zo.* Leberegel *m*.
fluke² [fluːk] *s.* **1.** ‚Dusel‘ *m*, ‚Schwein‘ *n*: **~ hit** Zufallstreffer *m*; **2.** *Billard*: glücklicher Stoß; ˈ**fluk·(e)y** [-kɪ] *adj. sl.* **1.** Glücks..., Zufalls...; **2.** unsicher.
flume [fluːm] **I** *s.* **1.** Klamm *f*; **2.** künstlicher Wasserlauf, Kaˈnal *m*; **II** *v/t.* **3.** durch e-n Kanal flößen.
flum·mer·y [ˈflʌmərɪ] *s.* **1.** *Küche*: a) (Hafer)Mehl *n*, b) Flammeri *m* (*Süßspeise*); **2.** F a) *fig.* leere Schmeicheˈlei, b) ‚Quatsch‘ *m*.
flum·mox [ˈflʌməks] *v/t. sl.* verblüffen, aus der Fassung bringen.
flung [flʌŋ] *pret. u. p.p. von* **fling**.
flunk [flʌŋk] *ped. Am. sl.* **I** *v/t.* **1.** ‚ˈdurchrauschen‘ *od.* ‚ˈdurchrasseln‘ lassen; **2.** *oft* **~ out** von der Schule ‚werfen‘; **3.** ‚ˈdurchrasseln‘ in (*e-r Prüfung, e-m Fach*); **II** *v/i.* **4.** ‚ˈdurchrasseln‘, ‚ˈdurchrauschen‘; **III** *s.* **5.** ˈDurchfallen *n*.
flunk·(e)y [ˈflʌŋkɪ] *s.* **1.** *oft contp.* Laˈkai *m*; **2.** *contp.* Kriecher *m*, Speichellecker *m*; **3.** *Am.* Handlanger *m*; ˈ**flunk·(e)y·ism** [-ɪɪzəm] *s.* Speichelleckeˈrei *f*.
flu·or [ˈfluːɔː] → **fluorspar**.
flu·o·resce [ˌfluəˈres] *v/i.* ⚗, *phys.* fluoreszieren; ˌ**flu·oˈres·cence** [-sns] *s.* ⚗, *phys.* Fluoresˈzenz *f*; ˌ**flu·oˈres·cent** [-snt] *adj.* fluoreszierend: **~ lamp** Leuchtstofflampe *f*; **~ screen** Leuchtschirm *m*; **~ tube** Leucht(stoff)röhre *f*.
flu·or·ic [fluːˈɒrɪk] *adj.* ⚗ Fluor...: **~ acid** Flusssäure *f*; **flu·o·ri·date** [ˈfluərɪdeɪt] *v/t. Trinkwasser* fluorieren; **flu·o·ride** [ˈfluəraɪd] *s.* ⚗ Fluoˈrid *n*; **flu·o·rine** [ˈfluəriːn] *s.* ⚗ Fluor *n*; **flu·o·rite** [ˈfluəraɪt] *s.* → **fluorspar**; **flu·o·ro·scope** [ˈfluərəskəup] *s.* ⚕ Fluoroˈskop *n*, Röntgenbildschirm *m*; **fluo·ro·scop·ic** [ˌfluərəˈskɒpɪk] *adj.*: **~ screen** → **fluoroscope**; ˈ**flu·or·spar** *s. min.* Flussspat *m*, Fluoˈrit *n*.
flur·ry [ˈflʌrɪ] **I** *s.* **1.** a) Windstoß *m*, b) (Regen-, Schnee)Schauer *m*; **2.** *fig.* Hagel *m*, Wirbel *m von Schlägen etc.*; **3.** *fig.* Aufregung *f*, Unruhe *f*: **in a ~** aufgeregt; **4.** Hast *f*; **5.** † kurze, plötzliche Belebung (*an der Börse*); **II** *v/t.* **6.** beunruhigen.
flush¹ [flʌʃ] **I** *v/i.* (aufgeregt) auffliegen; **II** *v/t. Vögel* aufscheuchen.
flush² [flʌʃ] **I** *s.* **1.** a) Erröten *n*, b) Röte *f*; **2.** (Wasser)Schwall *m*, Strom *m*; **3.** a) (Aus)Spülung *f*, b) (Wasser)Spülung *f* (*im WC*); **4.** (Gefühls)Aufwallung *f*, Hochgefühl *n*, Erregung *f*: **~ of anger** Wutanfall *m*; **~ of success** Triumphgefühl *n*; **~ of victory** Siegestaumel *m*; **5.** Glanz *m*, Blüte *f* (*der Jugend etc.*); **6.** ⚕ Wallung *f*, (Fieber)Hitze *f*; → **hot flushes**; **II** *v/t.* **7.** *j-n* erröten lassen; **8.** *a.* **~ out** (aus)spülen: **~ down** hinunterspülen; **~ the toilet** spülen; **9.** unter Wasser setzen; **10.** erregen, erhitzen: **~ed with anger** wutentbrannt; **~ed with joy** außer sich vor Freude; **III** *v/i.* **11.** erröten, rot werden (**with** vor *dat.*); **12.** strömen, schießen (*a. Blut*); **13.** spülen (*WC etc.*).
flush³ [flʌʃ] **I** *adj.* **1.** eben, auf gleicher Höhe; **2.** ⚙ fluchtgerecht, glatt (anliegend), *typ.* bündig (abschließend) (**with** mit) (*alle a. adv.*): **~ left** linksbündig; **~ right** rechtsbündig; **3.** a) ⚙ versenkt, Senk...: **~ screw**, b) ⚡ Unterputz...: **~ socket**; **4.** (ˈüber)voll (**with** von); **5.** blühend, frisch; **6.** **~** (**with money**) F gut bei Kasse; **~ with one's money** verschwenderisch; **II** *v/t.* **7.** ebnen, bündig machen; **8.** ⚙ *Fugen* ausstreichen.
flush⁴ [flʌʃ] *Poker*: Flush *m*; → **royal** 1, **straight flush**.
flus·ter [ˈflʌstə] **I** *v/t.* durcheinˈander bringen, aufregen, nerˈvös machen; **II** *v/i.* a) nerˈvös werden, durcheinˈander kommen, b) sich aufregen; **III** *s.* → **flutter** 8.
flute [fluːt] **I** *s.* **1.** ♪ a) Flöte *f*, b) → **flutist**, c) *a.* **~ stop** ˈFlötenreˌgister *n* (*Orgel*); **2.** ⚠, ⚙ Rille *f*, Riefe *f*, Hohlkehle *f*; **3.** ⚙ (Span-)Nut *f*; **4.** Rüsche *f*; **II** *v/i.* **5.** Flöte spielen, flöten (*a. fig.*); **III** *v/t.* **6.** *et.* auf der Flöte spielen, flöten (*a. fig.*); **7.** ⚠, ⚙ riefen, riffeln, auskehlen, kannelieren; *Stoff* kräuseln; ˈ**flut·ed** [-tɪd] *adj.* **1.** flötenartig, sanft; **2.** gerieft, gerillt; ˈ**flut·ing** [-tɪŋ] *s.* **1.** ⚠ Riffelung *f*, **2.** Falten *pl.*, Rüschen *pl.*; **3.** Flöten *n* (*a. fig.*); ˈ**flut·ist** [-tɪst] *s.* Flöˈtist(in).
flut·ter [ˈflʌtə] **I** *v/i.* **1.** flattern (*a.* ⚕ *Herz*), wehen; **2.** a) aufgeregt hin- und herrennen, b) aufgeregt sein; **3.** zittern; **4.** flackern; **II** *v/t.* **5.** schwenken, flattern lassen, wedeln mit, mit *den Flügeln* schlagen, mit *den Augendeckeln* ‚klimpern‘; **6.** → **fluster** I; **III** *s.* **7.** Flattern *n* (*a.* ⚕ *Puls etc.*); **8.** Aufregung *f*, Tuˈmult *m*: **all in a ~** ganz durcheinander; **9.** *Brit.* F kleine Spekulatiˈon *od.* Wette; **10.** *Schwimmen*: Kraulbeinschlag *m*.
flu·vi·al [ˈfluːvjəl] *adj.* fluviˈal, Fluss..., in Flüssen vorkommend.
flux [flʌks] *s.* **1.** Fließen *n*, Fluss *m* (*a.* ⚡, *phys.*); **2.** Ausfluss *m* (*a.* ⚕); **3.** Strom

F

m (*a. fig.*), Flut *f* (*a. fig.*): ~ ***and reflux*** Flut u. Ebbe (*a. fig.*); ~ ***of words*** Wortschwall *m*; **4.** ständige Bewegung; Wandel *m*: ***in*** (***a state of***) ~ im Fluss; **5.** ⚙ Fluss-, Schmelzmittel *n*, Zuschlag *m*; **'flux·ion·al** [-kʃənl] *adj.* **1.** fließend, veränderlich; **2.** ₳ Fluxions...

fly[1] [flaɪ] **I** *s.* **1.** Fliegen *n*, Flug *m* (*a.* ✈): ***on the*** ~ a) im Fluge, schnell, prompt, b) in Bewegung; **2.** *Brit. hist.* Einspänner *m*, Droschke *f*; **3.** a) Knopfleiste *f*, b) Hosenklappe *f*, -schlitz *m*; **4.** Zelttür *f*; **5.** ⚙ → ***flywheel***; **6.** Unruh *f* (*Uhr*); **7.** *pl. thea.* Sof'fitten *pl.*; **II** *v/i.* [*irr.*] **8.** fliegen: ~ ***blind*** (*od.* ***on instruments***) ✈ blind fliegen; ~ ***high*** (*od.* ***at high game***) *fig.* hoch hinauswollen; → ***let***[1] *Redew.*; **9.** flattern, wehen; **10.** verfliegen (*Zeit*), zerrinnen (*Geld*); **11.** stieben, fliegen (*Funken etc.*): ~ ***to pieces*** zerspringen, bersten, reißen; **12.** stürmen, stürzen, sausen: ~ ***to arms*** zu den Waffen eilen; ***he flew into her arms*** er flog in ihre Arme; ***send s.o.*** ~***ing*** a) j-n fortjagen, b) j-n zu Boden schleudern; ***send things*** ~***ing*** Sachen umherwerfen; ~ ***at s.o.*** auf j-n losgehen; ***I must*** ~***!*** F ich muss schleunigst weiter!; → ***temper*** 3; **13.** (*nur pres., inf. u. p.pr.*) fliehen; **III** *v/t.* [*irr.*] **14.** fliegen lassen: ~ ***hawks*** *hunt.* mit Falken jagen; → ***kite*** 1; **15.** ✈ a) *Flugzeug* fliegen, führen, b) *j-n, et.* (hin)fliegen, im Flugzeug befördern, c) *Strecke* fliegen, d) *Ozean etc.* über'fliegen; **16.** *Fahne, Flagge* a) führen, b) hissen, wehen lassen; **17.** *Zaun etc.* im Sprung nehmen; **18.** (*nur pres., inf. u. p.pr.*) a) fliehen aus, b) fliehen vor (*dat.*), meiden; ~ **in** ✈ *v/t. u. v/i.* einfliegen; ~ **off** *v/i.* **1.** fortfliegen; **2.** fortstürmen; **3.** abspringen (*Knopf*); ~ **o·pen** *v/i.* auffliegen (*Tür etc.*); ~ **out** *v/i.* **1.** ausfliegen; **2.** hin'ausstürzen; **3.** wütend werden: ~ ***at s.o.*** auf j-n losgehen.

fly[2] [flaɪ] *s.* **1.** *zo.* Fliege *f*: ***a*** ~ ***in the ointment*** ein Haar in der Suppe; ***break a*** ~ ***on the wheel*** mit Kanonen nach Spatzen schießen; ***no flies on him*** (*od.* ***it***) F ‚den legt man nicht so schnell aufs Kreuz'; ***they died*** (*od.* ***dropped***) ***like flies*** sie starben wie die Fliegen; ***he wouldn't hurt*** (*od.* ***harm***) ***a*** ~ er tut keiner Fliege was zuleide; ***I would like to be a*** ~ ***on the wall*** da würde ich gern ‚Mäuschen spielen'; **2.** *Angeln*: (künstliche) (Angel)Fliege: ***cast a*** ~ e-e Angel auswerfen.

fly[3] [flaɪ] *adj. sl.* gerissen, raffiniert.

fly·a·ble ['flaɪəbl] *adj.* ✈ **1.** flugtüchtig; **2.** ~ ***weather*** Flugwetter *n*.

fly| a·gar·ic *s.* ⚘ Fliegenpilz *m*; **'~·a·way** *adj.* **1.** flatternd; **2.** flatterhaft; **3.** *Am.* flugbereit; **'~·blow** *s.* Fliegenei *n*, -dreck *m*; **'~·blown** *adj.* **1.** von Fliegen beschmutzt; **2.** *fig.* besudelt; **'~·by** *s.* **1.** ✈ Vorbeiflug *m*; **2.** *Raumfahrt*: Flyby *n* (*Navigationstechnik*); **'~-by-night** F **I** *s.* **1.** *zo.* Nachtschwärmer *m*; **2.** a) Schuldner, der sich heimlich *od.* bei Nacht aus dem Staub macht, b) ✝ zweifelhafter Kunde; **II** *adj.* **3.** ✝ zweifelhaft, anrüchig; **'~ˌcatch·er** *s.* **1.** Fliegenfänger *m*; **2.** *orn.* Fliegenschnäpper *m*.

fly·er → ***flier***.

'fly-fish *v/i.* mit (künstlichen) Fliegen angeln.

fly·ing ['flaɪɪŋ] **I** *adj.* **1.** fliegend, Flug...; **2.** flatternd, fliegend, wehend; → ***colour*** 10; **3.** kurz, flüchtig: ~ ***visit*** Stippvisite *f*; **4.** *sport* a) fliegend: → ***flying start***, b) mit Anlauf: ~ ***jump***; **5.** schnell; **6.** fliehend, flüchtig; **II** *s.* **7.** a) Fliegen *n*, Flug *m*, b) Fliege'rei *f*, Flugwesen *n*; ~ **boat** *s.* ✈ Flugboot *n*; ~ **bomb** *s.* ⚔ fliegende Bombe, Ra'ketenbombe *f*; ~ **bridge** *s.* **1.** Rollfähre *f*; **2.** ⚓ Laufbrücke *f*; ~ **but·tress** *s.* ⚠ Strebebogen *m*; ~ **cir·cus** *s.* ✈ **1.** ⚔ rotierende 'Staffelformatiˌon (*im Einsatz*); **2.** Schaufliegergruppe *f*; ~ **col·umn** *s.* ⚔ fliegende *od.* schnelle Ko'lonne; ~ **ex·hi·bi·tion** *s.* Wanderausstellung *f*; ~ **field** *s.* (*kleiner*) Flugplatz; ~ **fish** *s.* Fliegender Fisch; ~ **fox** *s. zo.* Flughund *m*; ~ **lane** *s.* ✈ (Ein-) Flugschneise *f*; ♀ **Of·fi·cer** *s.* ✈ *Brit.* Oberleutnant *m der* ***RAF***; ~ **range** *s.* ✈ Akti'onsradius *m*; ~ **sau·cer** *s.* fliegende 'Untertasse; ~ **school** *s.* Fliegerschule *f*; ~ **speed** *s.* Fluggeschwindigkeit *f*; ~ **squad** *s. Brit.* 'Überfallkomˌmando *n* (*Polizei*); ~ **squad·ron** *s.* **1.** ✈ (Flieger)Staffel *f*; **2.** *Am.* a) fliegende Ko'lonne, b) 'Rollkomˌmando *n*; ~ **start** *s. sport* fliegender Start: ***get off to a*** ~ glänzend wegkommen, *a. fig.* e-n glänzenden Start haben; ~ **u·nit** *s.* ✈ fliegender Verband; ~ **weight** *s.* ✈ Fluggewicht *n*; ~ **wing** *s.* Nurflügelflugzeug *n*.

'fly|·leaf *s. typ.* Vorsatz-, Deckblatt *n*; **'~ˌo·ver** *s.* **1.** → ***fly-past***; **2.** *Brit.* ('Straßen-, 'Eisenbahn)Überˌführung *f*; **'~ˌpa·per** *s.* Fliegenfänger *m*; **'~-past** *s.* ✈ 'Luftpaˌrade *f*; ~ **rod** *s.* Angelrute *f* (*für künstliche Fliegen*); ~ **sheet** *s.* **1.** Flug-, Re'klameblatt *n*; **2.** ('Zelt)ˌÜberdach *n*; **'flyˌswat·ter** *s.* Fliegenklappe *f*, -klatsche *f*; **'~·weight** *sport* **I** *s.* Fliegengewicht(ler *m*) *n*; **II** *adj.* Fliegengewichts...; **'~·wheel** *s.* ⚙ Schwungrad *n*.

'f-ˌnum·ber *s. phot.* **1.** Blende *f* (*Einstellung*); **2.** Lichtstärke *f* (*vom Objektiv*).

foal [fəʊl] *zo.* **I** *s.* Fohlen *n*, Füllen *n*: ***in*** (*od.* ***with***) ~ trächtig (*Stute*); **II** *v/t. Fohlen* werfen; **III** *v/i.* fohlen, werfen; **'~·foot** *pl.* **'~·foots** *s.* ⚘ Huflattich *m*.

foam [fəʊm] **I** *s.* Schaum *m*; **II** *v/i.* schäumen (***with rage*** *fig.* vor Wut): ***he***

~ed at the mouth der Schaum stand ihm vor dem Mund, *fig. a.* er schäumte vor Wut; **III** *v/t.* schäumen: **~ed concrete** Schaumbeton *m*; **~ed plastic** Schaumstoff *m*; **~ ex·tin·guish·er** *s.* Schaum(feuer)löscher *m*; **~ rub·ber** *s.* Schaumgummi *n, m.*

foam·y ['fəʊmɪ] *adj.* schäumend.

fob[1] [fɒb] *s.* **1.** Uhrtasche *f* (*im Hosenbund*); **2.** *a.* **~ chain** Chate'laine *f* (*Uhrband, -kette*).

fob[2] [fɒb] *v/t.* **1. ~ off s.th. on s.o.** j-m et. ‚andrehen' *od.* ‚aufhängen'; **2. ~ s.o. off** j-n abspeisen, *j-n* abwimmeln (**with** mit).

fob[3], **f.o.b.**, **F.O.B.** *abbr. für* **free on board** (→ **free** 13).

fo·cal ['fəʊkl] *adj.* **1.** ⚒, *phys., opt.* im Brennpunkt stehend (*a. fig.*), fo'kal, Brenn(punkt)...: **~ distance**, **~ length** Brennweite *f*; **~ plane** Brennebene *f*; **~ point** Brennpunkt *m* (*a. fig.*); **2.** ⚕ fo'kal, Herd...; '**fo·cal·ize** [-kəlaɪz] → **focus** 4, 5.

fo'c's'le ['fəʊksl] → **forecastle.**

fo·cus ['fəʊkəs] *pl.* **-cus·es**, **-ci** [-saɪ] **I** *s.* **1.** a) ⚒, ⚙, *phys.* Brennpunkt *m*, Fokus *m*, b) *TV* Lichtpunkt *m*, c) *phys.* Brennweite *f*, d) *opt.* Scharfeinstellung *f*: **in ~** scharf eingestellt, *fig.* klar und richtig; **out of ~** unscharf, verschwommen (*a. fig.*); **bring into ~** → 4, 5; **~ control** Scharfeinstellung *f* (*Vorrichtung*); **2.** *fig.* Brenn-, Mittelpunkt *m*: **be the ~ of attention** im Mittelpunkt des Interesses stehen; **bring (in)to ~** in den Brennpunkt rücken; **3.** Herd *m* (*e-s Erdbebens, Aufruhrs etc.*), ⚕ *a.* Fokus *m*; **II** *v/t.* **4.** *opt., phot.* fokussieren, (*v/i.* sich) scharf einstellen; **5.** *phys.* (*v/i.* sich) im Brennpunkt vereinigen, (sich) sammeln; **6. ~ on** *fig.* (*v/i.* sich) konzentrieren *od.* richten auf (*acc.*).

fo·cus·(s)ing| lens ['fəʊkəsɪŋ] *s.* Sammellinse *f*; **~ scale** *s. phot.* Entfernungsskala *f*; **~ screen** *s. phot.* Mattscheibe *f*.

fod·der ['fɒdə] **I** *s.* (Trocken)Futter *n*; *humor.* ‚Futter' *n*; **II** *v/t. Vieh* füttern.

foe [fəʊ] *s.* Feind *m* (*a. fig.*); *a. sport u. fig.* Gegner *m*, 'Widersacher *m* (**to** *gen.*).

foe·tal ['fiːtl] *adj.* ⚕ fö'tal; **foe·tus** ['fiːtəs] *s.* ⚕ Fötus *m*.

fog [fɒg] **I** *s.* **1.** (dichter) Nebel; **2.** a) Dunst *m*, b) Dunkelheit *f*; **3.** *fig.* a) Nebel *m*, Verschwommenheit *f*, b) Verwirrung *f*: **in a ~** (völlig) ratlos; **4.** ⚙ (abgesprühter) Nebel; **5.** *phot.* Schleier *m*; **II** *v/t.* **6.** in Nebel hüllen, einnebeln; **7.** *fig.* verdunkeln, verwirren; **8.** *phot.* verschleiern; **III** *v/i.* **9.** neb(e)lig werden; (sich) beschlagen (*Scheibe etc.*); **~ bank** *s.* Nebelbank *f*; '**~·bound** *adj.* **1.** in dichten Nebel eingehüllt; **2. be ~** ⚓, ✈ wegen Nebels festsitzen.

fo·gey → **fogy.**

fog·gi·ness ['fɒgɪnɪs] *s.* **1.** Nebligkeit *f*; **2.** Verschwommenheit *f*, Unklarheit *f*;

'**fog·gy** [-gɪ] *adj.* □ **1.** neb(e)lig; **2.** trüb, dunstig; **3.** *fig.* a) nebelhaft, verschwommen, unklar, b) benebelt (**with** vor *dat.*): **I haven't got the foggiest (idea)** F ‚ich habe keinen blassen Schimmer'; **4.** *phot.* verschleiert.

'**fog|·horn** *s.* Nebelhorn *n*; '**~·light** *s. mot.* Nebelscheinwerfer *m*.

fo·gy ['fəʊgɪ] *s. mst* **old ~** ‚alter Knacker'; '**fo·gy·ish** [-ɪɪʃ] *adj.* verknöchert, verkalkt, altmodisch.

foi·ble ['fɔɪbl] *s. fig.* Faible *n*, (kleine) Schwäche *f*.

foil[1] [fɔɪl] *v/t.* **1.** a) vereiteln, durch'kreuzen, zu'nichte machen, b) *j-m* e-n Strich durch die Rechnung machen; **2.** *hunt. Spur* verwischen.

foil[2] [fɔɪl] **I** *s.* **1.** ⚙ (Me'tall- *od.* Kunststoff)Folie *f*, 'Blattme,tall *n*; **2.** ⚙ (Spiegel)Belag *m*; **3.** Folie *f*, 'Unterlage *f* (*für Edelsteine*); **4.** *fig.* Folie *f*, 'Hintergrund *m*: **serve as a ~ to** als Folie dienen (*dat.*); **5.** ⚠ Blattverzierung *f*; **II** *v/t.* **6.** ⚙ mit Me'tallfolie belegen; **7.** ⚠ mit Blätterwerk verzieren.

foil[3] [fɔɪl] *s. fenc.* **1.** Flo'rett *n*; **2.** *pl.* Flo'rettfechten *n*.

foils·man ['fɔɪlzmən] *s.* [*irr.*] *fenc.* Flo'rettfechter *m*.

foist [fɔɪst] *v/t.* **1. ~ s.th. on s.o.** a) j-m et. ‚andrehen', b) j-m et. aufhalsen; **2.** einschmuggeln.

fold[1] [fəʊld] **I** *v/t.* **1.** falten: **~ cloth (one's hands)**; **~ed mountains** *geol.* Faltengebirge *n*; **~ one's arms** die Arme verschränken; **2.** *oft* **~ up** zs.-falten, -legen, -klappen; **3.** *a.* **~ down** a) 'umbiegen, kniffen, b) her'unterklappen: **~ back** *Bettdecke etc.* zurückschlagen, *Stuhllehne etc.* zurückklappen; **4.** ⚙ falzen; **5.** einhüllen, um'schließen: **~ in one's arms** in die Arme schließen; **6.** *Küche*: **~ in** *Ei etc.* einrühren, 'unterziehen; **II** *v/i.* **7.** sich falten *od.* zs.-legen *od.* zs.-klappen (lassen); **8.** *mst* **~ up** F a) zs.-brechen (*a. fig.*), b) ✝ ‚zumachen' (müssen), ‚eingehen' (*Firma etc.*): **~ up with laughter** sich biegen vor Lachen; **III** *s.* **9.** Falte *f*, Windung *f*, 'Umschlag *m*; **10.** ⚙ Falz *m*, Kniff *m*; **11.** *typ.* Bogen *m*; **12.** *geol.* Bodenfalte *f*.

fold[2] [fəʊld] **I** *s.* **1.** (Schaf)Hürde *f*, Pferch *m*; **2.** Schafherde; **3.** *eccl.* a) (Schoß *m* der) Kirche, b) Herde *f*, Gemeinde *f*; **4.** *fig.* Schoß *m* der Fa'milie *od.* Par'tei: **return to the ~**; **II** *v/t.* **5.** *Schafe* einpferchen.

-fold [-fəʊld] *in Zssgn* ...fach, ...fältig.

'**fold|·a·way** *adj.* zs.-klappbar, Klapp...: **~ bed**; '**~·boat** *s.* Faltboot *n*.

F

F

fold·er ['fəʊldə] *s.* **1.** 'Faltpro,spekt *m*, -blatt *n*, Bro'schüre *f*, Heft *n*; **2.** Aktendeckel *m*, Mappe *f*, Schnellhefter *m*; **3.** ⚙ 'Falzma,schine *f*, -bein *n*; **4.** Falzer *m* (*Person*).

fold·ing ['fəʊldɪŋ] *adj.* zs.-legbar, zs.-klappbar, aufklappbar, Falt..., Klapp...; **~ bed** *s.* Klappbett *n*; **~ bi·cy·cle** *s.* Klapp(fahr)rad *n*; **~ boat** *s.* Faltboot *n*; **~ cam·er·a** *s.* 'Klapp,kamera *f*; **~ car·ton** *s.* Faltschachtel *f*; **~ chair** *s.* Klappstuhl *m*; **~ doors** *s. pl.* Flügeltür *f*; **~ gate** *s.* zweiflügeliges Tor; **~ hat** *s.* Klapphut *m*; **~ lad·der** *s.* Klappleiter *f*; **~ rule** *s.* zs.-legbarer Zollstock; **~ screen** *s.* spanische Wand; **~ ta·ble** *s.* Klapptisch *m*; **~ top** *s. mot.* Rolldach *n*.

fo·li·a·ceous [ˌfəʊlɪ'eɪʃəs] *adj.* blattartig; blätt(e)rig, Blätter...; **fo·li·age** ['fəʊlɪɪdʒ] *s.* **1.** Laub(werk) *n*, Blätter *pl.*: **~ *plant*** Blattpflanze *f*; **2.** ⚠ Blattverzierung *f*; **fo·li·aged** ['fəʊlɪɪdʒd] *adj.* **1.** *in Zssgn* ...blätt(e)rig; **2.** ⚠ mit Blätterwerk verziert.

fo·li·ate ['fəʊlɪeɪt] **I** *v/t.* **1.** ⚠ mit Blätterwerk verzieren: **~*d capital*** Blätterkapitell *n*; **2.** ⚙ mit Folie belegen; **II** *v/i.* **3.** ⚘ Blätter treiben; **4.** sich in Blätter spalten; **III** *adj.* [-ɪət] **5.** belaubt; **6.** blattartig; **fo·li·a·tion** [ˌfəʊlɪ'eɪʃn] *s.* **1.** ⚘ Blattbildung *f*, -wuchs *m*, Belaubung *f*; **2.** ⚠ (Verzierung *f* mit) Blätterwerk *n*; **3.** ⚙ Foliierung *f*, Folie *f*; **4.** Paginierung *f* (*Buch*); **5.** *geol.* Schieferung *f*.

fo·li·o ['fəʊlɪəʊ] **I** *pl.* **-os** *s.* **1.** (Folio-)Blatt *n*; **2.** 'Folio(for,mat) *n*; **3.** *a.* **~ *volume*** Foli'ant *m*; **4.** nur vorderseitig nummeriertes Blatt; **5.** Seitenzahl *f* (*Buch*); **6.** ✝ Kontobuchseite; **II** *v/t.* **7.** *Buch etc.* paginieren.

folk [fəʊk] **I** *pl.* **folk, folks** *s.* **1.** *pl.* (*die*) Leute *pl.*: ***poor ~***; **~*s say*** die Leute sagen; **2.** *pl.* (*nur* **~*s***) F *m-e etc.* ‚Leute' *pl.* (*Familie*); **3.** *obs.* Volk *n*, Nati'on *f*; **4.** F ‚Folk' *m* (*Volksmusik*); **II** *adj.* **5.** Volks...: **~ *dance***.

folk·lore ['fəʊklɔː] *s.* Folk'lore *f*: a) Volkskunde *f*, b) Volkstum *n* (*Bräuche etc.*); '**folk,lor·ism** [-ˌlɔːrɪzəm] → ***folklore*** a; '**folk,lor·ist** [-ˌlɔːrɪst] *s.* Folklo'rist *m*, Volkskundler *m*; ˌ**folk·lor'is·tic** [-lɔː'rɪstɪk] *adj.* folklo'ristisch.

folk song *s.* **1.** Volkslied *n*; **2.** Folksong *m* (*bsd. sozialkritisches Lied*).

folk·sy ['fəʊksɪ] *adj.* **1.** F gesellig, 'umgänglich; **2.** volkstümlich, *contp. a.* volkstümelnd.

fol·li·cle ['fɒlɪkl] *s.* **1.** ⚘ Fruchtbalg *m*; **2.** *anat.* a) Fol'likel *n*, Drüsenbalg *m*, b) Haarbalg *m*.

fol·low ['fɒləʊ] **I** *s.* **1.** *Billard*: Nachläufer *m*; **II** *v/t.* **2.** *allg.* folgen (*dat.*): a) (*zeitlich u. räumlich*) nachfolgen (*dat.*), sich anschließen (*dat.*): **~ *s.o. close*** j-m auf dem Fuß folgen; ***a dinner ~ed by a dance*** ein Essen mit anschließendem Tanz, b) verfolgen (*acc.*), entlanggehen, -führen (*acc.*) (*Straße*), c) (*zeitlich*) folgen auf (*acc.*), nachfolgen (*dat.*): **~ *one's father as manager*** s-m Vater als Direktor (nach)folgen, d) nachgehen (*dat.*), verfolgen (*acc.*), sich widmen (*dat.*), betreiben (*acc.*), *Beruf* ausüben: **~ *one's pleasure*** s-m Vergnügen nachgehen; **~ *the sea*** (***the law***) Seemann (Jurist) sein, e) befolgen, beachten, *die Mode* mitmachen; sich richten nach (*Sache*): **~ *my advice***, f) *j-m als Führer od. Vorbild* folgen, sich bekennen zu, zustimmen (*dat.*): ***I cannot ~ your view*** Ihren Ansichten kann ich nicht zustimmen, g) folgen können (*dat.*), verstehen (*acc.*): ***do you ~ me?*** können Sie mir folgen?, h) (*mit dem Auge od. geistig*) verfolgen, beobachten (*acc.*): **~ *a tennis match***; **~ *events***; **3.** verfolgen (*acc.*), ⚔ *a.* nachstoßen (*dat.*): **~ *the enemy***; **III** *v/i.* **4.** (*räumlich od. zeitlich*) (nach)folgen, sich anschließen: **~ (*up*)*on*** folgen auf (*acc.*); ***I ~ed after him*** ich folgte ihm nach; ***as ~s*** wie folgt, folgendermaßen; ***letter to ~*** Brief folgt; **5.** *mst impers.* folgen, sich ergeben (***from*** aus): ***it ~s from this*** hieraus folgt; ***it does not ~ that*** dies besagt nicht, dass; ***so what ~s?*** und was folgt daraus?; ***it doesn't ~!*** das ist nicht unbedingt so!

Zssgn mit adv.:

fol·low| a·bout *v/t.* überall('hin) folgen (*dat.*); **~ on** *v/i.* gleich weitermachen *od.* -gehen; **~ out** *v/t. Plan etc.* 'durchziehen; **~ through I** *v/t.* → ***follow out***; **II** *v/i. bsd. Golf*: 'durchschwingen; **~ up I** *v/t.* **1.** (eifrig *od.* e'nergisch weiter-) verfolgen, *e-r Sache* nachgehen; *auf e-n Brief, Schlag etc. e-n anderen* folgen lassen, nachstoßen mit; **2.** *fig. e-n Vorteil* ausnutzen; **II** *v/i.* **3.** ⚔ nachstoßen (*a. fig.* ***with*** mit); **4.** ✝ nachfassen.

fol·low·er ['fɒləʊə] *s.* **1.** *obs.* Verfolger (-in); **2.** a) Anhänger *m* (*pol.*, *sport etc.*), Jünger *m*, Schüler *m*, b) *pl.* → ***following*** 1; **3.** *hist.* Gefolgsmann *m*; **4.** Begleiter *m*; **5.** *pol.* Mitläufer(in); '**fol·low·ing** [-əʊɪŋ] **I** *s.* **1.** a) Gefolge *n*, Anhang *m*, b) Gefolgschaft *f*, Anhänger *pl.*; **2.** ***the ~*** a) das Folgende, b) die Folgenden *pl.*; **II** *adj.* **3.** folgend; **III** *prp.* **4.** im Anschluss an (*acc.*).

ˌ**fol·low|-my-'lead·er** [-əʊmɪ-] *s. Kinderspiel, bei dem jede Aktion des Anführers nachgemacht werden muss*; ˌ**~-'through** *s.* **1.** *bsd. Golf*: 'Durchschwung *m*; **2.** *fig.* 'Durchführung *f*; '**~-up I** *s.* **1.** Weiterverfolgen *n e-r Sache*; **2.** Ausnutzung *f e-s Vorteils*; **3.** ⚔ Nachstoßen *n* (*a. fig.*); **4.** *bsd.* ✝ Nachfassen *n*; **5.** *Radio, TV etc.*: Fortsetzung *f* (***to*** *gen.*); **6.** ⚕ Nachbehandlung *f*; **II** *adj.* **7.** weiter, Nach...: ***~ advertising*** Nachfasswerbung *f*; ***~ conference*** Nachfolgekonferenz *f*; ***~ costs*** Folgekosten *pl.*; ***~ file*** Wiedervorlagemappe *f*; ***~ letter*** Nachfassschreiben *n*; ***~ order*** Anschlussauftrag *m*; ***~ question*** Zusatzfrage *f*.

fol·ly ['fɒlɪ] *s.* **1.** Narr-, Torheit *f*, Narre'tei *f*; **2. *Follies*** *pl.* (*sg. konstr.*) *thea.* Re'vue *f*.

fo·ment [fəʊ'ment] *v/t.* **1.** ⚕ bähen, mit warmen 'Umschlägen behandeln; **2.** *fig.* anfachen, schüren, aufhetzen (zu); **fo·men·ta·tion** [ˌfəʊmen'teɪʃn] *s.* **1.** ⚕ Bähung *f*; heißer 'Umschlag; **2.** *fig.* Aufhetzung *f*, -wiegelung *f*; **fo'ment·er** [-tə] *s.* Aufwiegler(in), Schürer(in).

fond [fɒnd] *adj.* □ → ***fondly***; **1.** zärtlich, liebevoll; **2.** töricht, (allzu) kühn, über'trieben: ***~ hope***; ***it went beyond my ~est dreams*** es übertraf m-e kühnsten Träume; **3. *be ~ of*** *j-n od et.* lieben, mögen, gern haben: ***be ~ of smoking*** gern rauchen.

fon·dant ['fɒndənt] *s.* Fon'dant *m*.

fon·dle ['fɒndl] *v/t.* (liebevoll) streicheln, hätscheln; **'fond·ly** [-lɪ] *adv.* **1.** → ***fond*** 1; **2. *I ~ hoped that ...*** ich war so töricht zu hoffen, dass ...; **'fond·ness** [-dnɪs] *s.* **1.** Zärtlichkeit *f*; **2.** Liebe *f*, Zuneigung (***of*** zu); **3.** Vorliebe (***for*** für).

font [fɒnt] *s.* **1.** *eccl.* Taufstein *m*, -becken *n*: ***~ name*** Taufname *m*; **2.** Ölbehälter *m* (*Lampe*); **3.** *poet.* Quelle *f*, Brunnen *m*; **4.** *typ.* Schrift *f*, Font *m*.

fon·ta·nel(le) [ˌfɒntə'nel] *s. anat.* Fonta'nelle *f*.

food [fu:d] *s.* **1.** Essen *n*, Kost *f*, Nahrung *f*, Verpflegung *f*: ***~ and drink*** Essen u. Trinken; ***~ plant*** Nahrungspflanze *f*; **2.** Nahrungs-, Lebensmittel *pl.*: ***~ analyst*** Lebensmittelchemiker(in); ***~ chain*** Nahrungskette *f*; ***~ poisoning*** Lebensmittelvergiftung *f*; ***~ processor*** 'Küchenmaˌschine *f*; ***~ slicer*** Allesschneider *m* (*Küchengerät*); **3.** Futter *n*; **4.** *fig.* Nahrung *f*, Stoff *m*: ***~ for thought*** Stoff zum Nachdenken; **'~·stuff** → ***food*** 2.

food·ie ['fu:dɪ] *s.* F Feinschmecker *m*.

fool[1] [fu:l] **I** *s.* **1.** Narr *m*, Närrin *f*, Dummkopf *m*, ‚Idi'ot(in)': ***he is no ~*** er ist nicht dumm; ***he is nobody's ~*** er lässt sich nichts vormachen; ***he is a ~ for*** F er ist ganz verrückt auf (*acc.*); ***I am a ~ to him*** ich bin ein Waisenknabe gegen ihn; ***make a ~ of*** → 4; ***make a ~ of o.s.*** sich lächerlich machen, sich blamieren; **2.** (Hof)Narr *m*, Hans'wurst *m*: ***play the ~*** → 8; **II** *adj.* **3.** *Am.* F blöd, ‚doof': ***a ~ question***; **III** *v/t.* **4.** *j-n* zum Narren *od.* zum Besten haben: ***you could have ~ed me!*** *iro.* was du nicht sagst!, ach nee!; **5.** betrügen (***out of*** um), täuschen; verleiten (***into doing*** zu tun); **6. *~ away*** *Zeit etc.* vergeuden; **IV** *v/i.* **7.** Spaß machen, spaßen: ***he was only ~ing*** *Am.* er tat ja nur so (als ob); **8. *~ about***, ***~ around*** her'umalbern, Unsinn *od.* Faxen machen; **9.** (her'um)spielen (***with*** mit, an *dat.*).

fool[2] [fu:l] *s. bsd. Brit. Süßspeise aus Obstpüree u. Sahne.*

fool·er·y ['fu:lərɪ] *s.* → ***folly*** 1.

'fool|ˌhar·di·ness *s.* Tollkühnheit *f*; **'~ˌhar·dy** *adj.* tollkühn, verwegen.

fool·ing ['fu:lɪŋ] *s.* Dummheit(en *pl.*) *f*, Unfug *m*, Spiele'rei *f*; **'fool·ish** [-lɪʃ] *adj.* □ dumm, töricht: a) albern, läppisch, b) unklug; **'fool·ish·ness** [-lɪʃnɪs] *s.* Dumm-, Tor-, Albernheit *f*; **'fool·proof** *adj.* **1.** kinderleicht, idi'otensicher; **2.** ⚙ betriebssicher; **3.** todsicher.

fools·cap ['fu:lskæp] *s. Schreib- u. Druckpapierformat (34,2 43,1 cm).*

fool's| er·rand [fu:lz] *s.* ‚Metzgergang' *m*; **~ par·a·dise** *s.* Wolken'kuckucksheim *n*: ***live in a ~*** sich Illusionen hingeben.

foot [fʊt] **I** *pl.* **feet** [fi:t] *s.* **1.** Fuß *m*: ***on ~*** a) zu Fuß, b) *fig.* im Gange; ***on one's feet*** auf den Beinen (*a. fig.*); ***my ~*** (*od.* ***feet***)***!*** F von wegen!, Quatsch!; ***it is wet under ~*** der Boden ist nass; ***carry*** (*od.* ***sweep***) ***s.o. off his feet*** a) j-n begeistern, b) j-s Herz im Sturm erobern; ***fall on one's feet*** *fig.* immer auf die Füße fallen; ***get on*** (*od.* ***to***) ***one's feet*** aufstehen; ***find one's feet*** a) gehen lernen *od.* können, b) sich ‚finden', sich ‚freischwimmen', c) wissen, was man tun soll *od.* kann, d) festen Boden unter den Füßen haben; ***have one ~ in the grave*** mit einem Fuß im Grabe stehen; ***put one's ~ down*** a) energisch werden, ein Machtwort sprechen, b) *mot.* Gas geben; ***put one's ~ in it***, *Am. a.* ***put one's ~ in one's mouth*** F ins Fettnäpfchen treten, sich danebenbenehmen; ***put one's best ~ forward*** a) sein Bestes geben, sich mächtig anstrengen, b) sich von der besten Seite zeigen; ***put s.o.*** (*od.* ***s.th.***) ***on his*** (***its***) ***feet*** *fig.* j-n (*od.* et.) wieder auf die Beine bringen; ***put*** *od.* ***set a*** (*od.* ***one's***) ***~ wrong*** et. Falsches tun *od.* sagen; ***set on ~*** *et.* in Gang bringen *od.* in die Wege leiten; ***set ~ on*** *od.* ***in*** betreten; ***tread under ~*** mit Füßen treten (*mst fig.*); → ***cold*** 3; **2.** Fuß *m* (*0,3048 m*): ***3 feet long*** 3 Fuß lang; **3.** *fig.* Fuß *m* (*Berg, Glas, Säule, Seite, Strumpf, Treppe*): ***at the ~ of the page*** unten auf *od.* am Fuß der Seite; **4.** Fußende *n* (*Bett, Tisch etc.*); **5.** ⚔ a) *hist.* Fußvolk *n*: ***500 ~*** 500 Fußsoldaten, b) Infante'rie *f*: ***the 4th ~*** Infanterieregiment Nr. 4; **6.** Versfuß *m*; **7.** Schritt *m*, Tritt *m*: ***a heavy ~***; **8.** *pl.* **~s** Bodensatz *m*; **II** *v/t.* **9.** ***~ it*** F a) ‚tippeln', zu Fuß gehen, b) tanzen; **10.** e-n Fuß anstricken an (*acc.*); **11.** bezahlen, begleichen; ***~ the bill***; **12.** *mst* ***~ up*** zs.-zählen, addieren.

foot·age ['fʊtɪdʒ] *s.* **1.** Gesamtlänge *f*, -maß *n* (*in Fuß*); **2.** Filmmeter *pl.*

ˌfoot|-and-'mouth dis·ease *s. vet.* Maul- u. Klauenseuche *f*; **'~·ball** *s. sport* a) Fußball(spiel *n*) *m*: b) *Am.* Football(spiel *n*) *m*: ***~ match*** (***team***) Fußballspiel *n* (-mannschaft *f*); ***~ pools*** *pl.* Fußballtoto *n*; **'~ˌball·er** *s.* Fußballspieler *m*, Fußballer *m*; **'~·bath** *s.* Fußbad *n*; **'~·boy** *s.* **1.** Laufbursche *m*; **2.** Page *m*; **~ brake** *s.* Fußbremse *f*; **'~·bridge** *s.* 'Fußgängerüberˌführung *f*, -brücke *f*, (Lauf)Steg *m*; **~ can·dle** *s. phys.* Foot-Candle *f* (*Lichteinheit*); **~ con·trol** *s.* ⚙ Fußsteuerung *f*, -schaltung *f*; **~ drop** *s.* ⚕ Spitzfuß *m*.

foot·ed ['fʊtɪd] *adj. mst in Zssgn* mit ... Füßen, ...füßig; **'foot·er** [-tə] *s.* **1.** *in Zssgn* ... Fuß groß *od.* lang: ***a six-~*** ein sechs Fuß großer Mensch; **2.** *Brit. sl.* Fußball(spiel *n*) *m*.

'foot|·fall *s.* Schritt *m*, Tritt *m* (*Geräusch*); **~ fault** *s. Tennis*: Fußfehler *m*; **'~·gear** *s.* Schuhwerk *n*; **~ guard** *s.* Fußschutz *m*; **'~·hill** *s.* **1.** Vorberg *m*; **2.** *pl.* Ausläufer *pl.* e-s Gebirges; **'~·hold** *s.* Stand *m*, Raum *m* zum Stehen; *fig.* Halt *m*, Stütze *f*, ('Ausgangs)Basis *f*, (-)Positiˌon *f*: ***gain a ~*** (festen) Fuß fassen.

foot·ing ['fʊtɪŋ] *s.* **1.** → ***foothold***: ***lose*** (*od.* ***miss***) ***one's ~*** ausgleiten, den Halt verlieren; **2.** Aufsetzen *n* der Füße.

foo·tle ['fuːtl] F **I** *v/i.* **1.** *oft* ***~ around*** her'umtrödeln; **2.** a) her'umalbern, b) ‚Stuss' reden; **II** *v/t.* **3.** ***~ away*** *Zeit, Geld etc.* vergeuden, *Chance* vertun; **III** *s.* **4.** ‚Stuss' *m*.

'foot·lights *s. pl. thea.* **1.** Rampenlicht (-er *pl.*) *n*; **2.** Bühne *f* (*a. Schauspielerberuf*).

foo·tling ['fuːtlɪŋ] *adj. sl.* albern, läppisch.

'foot|·loose *adj.* (völlig) ungebunden *od.* frei; **'~·man** [-mən] *s.* [*irr.*] La'kai *m*, Diener *m*; **'~·mark** *s.* Fußspur *f*; **'~·note** *s.* Fußnote *f*; **ˌ~-'op·er·at·ed** *adj.* mit Fußantrieb, Tret..., Fuß...; **'~·pad** *s. obs.* Straßenräuber *m*; **~ pas·sen·ger** *s.* Fußgänger(in); **'~·path** *s.* **1.** (Fuß)Pfad *m*; **2.** Bürgersteig *m*; **'~-pound** *s.* Foot-Pound *n* (*Arbeits- u. Energie-Einheit*); **'~-ˌpound·al** [-ˌpaʊndl] *n* Foot-Poundal *n* (*1/32 Foot-pound*); **'~·print** *s.* Fußabdruck *m*, *pl. a.* Fußspur(en *pl.*) *f*; **'~·race** *s.* Wettlauf *m*; **'~·rest** *s.* Fußstütze *f*, -raste *f*; **~ rule** *s.* Zollstock *m*; **'~·sore** *adj.* fußkrank; **'~·step** *s.* **1.** Tritt *m*, Schritt *m*; **2.** Fuß(s)tapfe *f*: ***follow in s.o.'s ~s*** in j-s Fußstapfen treten, j-s Beispiel folgen; **'~·stool** *s.* Schemel *m*, Fußbank *f*; **~ switch** *s.* ⚙ Fußschalter *m*; **'~·way** *s.* Fußweg *m*; **'~·wear** → ***footgear***; **'~·work** *s. sport* Beinarbeit *f*.

foo·zle ['fuːzl] *sl.* **I** *v/t.* ‚verpatzen'; **II** *v/i.* ‚patzen', ‚Mist bauen'; **III** *s.* Murks *m*; ‚Patzer' *m*.

fop [fɒp] *s.* Stutzer *m*, Geck *m*, ‚Fatzke' *m*; **'fop·per·y** [-pərɪ] *s.* Affigkeit *f*; **'fop·pish** [-pɪʃ] *adj.* □ geckenhaft, affig.

for [fɔː; fə] **I** *prp.* **1.** *allg.* für: ***a gift ~ him***; ***it is good ~ you***; ***I am ~ the plan***; ***an eye ~ beauty*** Sinn für das Schöne; ***it was very awkward ~ her*** es war sehr peinlich für sie, es war ihr sehr unangenehm; ***he spoilt their weekend ~ them*** er verdarb ihnen das ganze Wochenende; ***~ and against*** für u. wider; **2.** für, (mit der Absicht) zu, um (...willen): ***apply ~ the post*** sich um die Stellung bewerben; ***die ~ a cause*** für e-e Sache sterben; ***go ~ a walk*** spazieren gehen; ***come ~ dinner*** zum Essen kommen; ***what ~?*** wozu?, wofür?; **3.** (*Wunsch, Ziel*) nach, auf (*acc.*): ***a claim ~ s.th.*** ein Anspruch auf e-e Sache; ***the desire ~ s.th.*** der Wunsch *od.* das Verlangen nach et.; ***call ~ s.o.*** nach j-m rufen; ***wait ~ s.th.*** auf etwas warten; ***oh, ~ a car!*** ach, hätte ich doch e-n Wagen!; **4.** a) (*passend od. geeignet*) für, b) (*bestimmt*) für *od.* zu: ***tools ~ cutting*** Werkzeuge zum Schneiden, Schneidewerkzeuge; ***the right man ~ the job*** der richtige Mann für diesen Posten; **5.** (*Mittel*) gegen: ***a remedy ~ influenza***; ***treat s.o. ~ cancer*** j-n gegen *od.* auf Krebs behandeln; ***there is nothing ~ it but to give in*** es bleibt nichts (anderes) übrig, als nachzugeben; **6.** (*als Belohnung*) für: ***a medal ~ bravery***; **7.** (*als Entgelt*) für, gegen, um: ***I sold it ~ £10*** ich verkaufte es für 10 Pfund; **8.** (*im Tausch*) für, gegen: ***I exchanged the knife ~ a pencil***; **9.** (*Betrag, Menge*) über (*acc.*): ***a postal order ~ £20***; **10.** (*Grund*) aus, vor (*dat.*), wegen (*gen. od. dat.*): ***~ this reason*** aus diesem Grund; ***~ fun*** aus *od.* zum Spaß; ***die ~ grief*** aus *od.* vor Gram sterben; ***weep ~ joy*** vor Freude weinen; ***I can't see ~ the fog*** ich kann nichts sehen wegen des Nebels *od.* vor lauter Nebel; **11.** (*als Strafe etc.*) für, wegen: ***punished ~ theft***; **12.** dank, wegen: ***were it not ~ his energy*** wenn er nicht so energisch wäre, dank s-r Energie; **13.** für, in Anbetracht (*gen.*), im Verhältnis zu: ***he is tall ~ his age*** er ist groß für sein Alter; ***it is rather cold ~ July*** es ist ziemlich kalt für Juli; ***~ a***

foreigner he speaks rather well für e-n Ausländer spricht er recht gut; **14.** (*zeitlich*) für, während (*gen.*), auf (*acc.*), für die Dauer von, seit: ***~ a week*** e-e Woche (lang); ***come ~ a week*** komme auf *od.* für e-e Woche; ***~ hours*** stundenlang; ***~ some time past*** seit längerer Zeit; ***the first picture ~ two months*** der erste Film in *od.* seit zwei Monaten; **15.** (*Strecke*) weit, lang: ***run ~ a mile*** e-e Meile (weit) laufen; **16.** nach, auf (*acc.*), in Richtung auf (*acc.*): ***the train ~ London*** der Zug nach London; ***the passengers ~ Rome*** die nach Rom reisenden Passagiere; ***start ~ Paris*** nach Paris abreisen; ***now ~ it!*** *Brit.* F jetzt (nichts wie) los *od.* drauf!, ran!; **17.** für, an Stelle von (*od. gen.*), (an)'statt: ***he appeared ~ his brother***; **18.** für, in Vertretung *od.* im Auftrage *od.* im Namen von (*od. gen.*): ***act ~ s.o.***; **19.** für, als: ***~ example*** als *od.* zum Beispiel; ***books ~ presents*** Bücher als Geschenk; ***take that ~ an answer*** nimm das als Antwort; **20.** trotz (*gen. od. dat.*): ***~ all that*** trotz alledem; ***~ all his wealth*** trotz s-s ganzen Reichtums, bei allem Reichtum; ***~ all you may say*** sage, was du willst; **21.** was ... betrifft: ***as ~ me*** was mich betrifft *od.* an(be)langt; ***as ~ that matter*** was das betrifft; ***~ all I know*** soviel ich weiß; **22.** *nach adj. u. vor inf.*: ***it is too heavy ~ me to lift*** es ist so schwer, dass ich es nicht heben kann; es ist zu schwer für mich; ***he ran too fast ~ me to catch him*** er rannte zu schnell, als dass ich ihn hätte einholen können; ***it is impossible ~ me to come*** es ist mir unmöglich zu kommen, ich kann unmöglich kommen; ***it seemed useless ~ him to continue*** es erschien sinnlos, dass er noch weitermachen sollte; **23.** *mit s. od. pron. u. inf.*: ***it is time ~ you to go home*** es ist Zeit, dass du heimgehst; ***it is ~ you to decide*** die Entscheidung liegt bei Ihnen; ***he called ~ the girl to bring him tea*** er rief nach dem Mädchen, damit es ihm Tee bringe; ***don't wait ~ him to turn up yet*** wartet nicht darauf, dass er noch auftaucht; ***wait ~ the rain to stop!*** warte, bis der Regen aufhört!; ***there is no need ~ anyone to know*** es braucht niemand zu wissen; ***I should be sorry ~ you to think that*** es täte mir Leid, wenn du das dächtest; ***he brought some papers ~ me to sign*** er brachte mir einige Papiere zur Unterschrift; **24.** (*ethischer Dativ*): ***that's a wine ~ you*** das ist vielleicht ein Weinchen, das nenne ich e-n Wein; ***that's gratitude ~ you!*** a) das ist (wahre) Dankbarkeit!, b) *iro.* von wegen Dankbarkeit!; **25.** *Am.* nach: ***he was named ~ his father***; **II** *cj.* **26.** a) denn, weil, b) nämlich; **III** *s.* **27.** Für *n.*

for·age ['fɒrɪdʒ] **I** *s.* **1.** (Vieh)Futter *n*; **2.** Nahrungssuche *f*; **3.** ⚔ 'Überfall *m*; **II** *v/i.* **4.** (nach) Nahrung *od.* Futter suchen; **5.** *fig.* her'umstöbern, -kramen (***for*** nach); **6.** ⚔ e-n 'Überfall machen; **III** *v/t.* **7.** mit Nahrung *od.* Futter versorgen; **8.** *obs.* (aus)plündern; ***~ cap*** *s.* ⚔ Feldmütze *f.*

for·ay ['fɒreɪ] **I** *s.* **1.** a) Beute-, Raubzug *m*, b) ⚔ Ein-, 'Überfall *m*; **2.** *fig.* ‚Ausflug' *m* (***into*** in *acc.*); **II** *v/i.* **3.** plündern; **4.** einfallen (***into*** in *acc.*).

for·bade [fə'bæd], *a.* **for'bad** [-'bæd] *pret. von* ***forbid***.

for·bear[1] ['fɔːbeə] *s.* Vorfahr *m.*

for·bear[2] [fɔː'beə] **I** *v/t.* [*irr.*] **1.** unter'lassen, Abstand nehmen von, sich enthalten (*gen.*): ***I cannot ~ laughing*** ich muss (einfach) lachen; **II** *v/i.* [*irr.*] **2.** Abstand nehmen (***from*** von); es unterlassen; **3.** nachsichtig sein (***with*** mit); **for'bear·ance** [-eərəns] *s.* **1.** Unter'lassung *f*; **2.** Geduld *f*, Nachsicht *f*; **for'bear·ing** [-eərɪŋ] *adj.* □ nachsichtig, geduldig.

for·bid [fə'bɪd] **I** *v/t.* [*irr.*] **1.** verbieten, unter'sagen (*j-m et. od. zu tun*); **2.** unmöglich machen, ausschließen; **II** *v/i.* **3.** ***God ~!*** Gott behüte!; **for'bid·den** [-dn] *p.p. von* ***forbid*** *u. adj.* verboten: ***~ fruit*** *fig.* verbotene Frucht; ***2 City*** *hist. die* Verbotene Stadt (*in Peking*); **for'bid·ding** [-dɪŋ] *adj.* □ **1.** abschreckend, abstoßend, scheußlich; **2.** bedrohlich, gefährlich; **3.** ‚unmöglich', unerträglich.

for·bore [fɔː'bɔː] *pret. von* ***forbear***[2]; **for'borne** [-ɔːn] *p.p. von* ***forbear***[2].

force [fɔːs] **I** *s.* **1.** (*a. fig. geistige, politische etc.*) Kraft (*a. phys.*), Stärke *f* (*a. Charakter*), Wucht *f*: ***join ~s*** a) sich zs.-tun, b) ⚔ s-e Streitkräfte vereinigen; **2.** Gewalt *f*, Macht *f*: ***by ~*** a) gewaltsam, b) zwangsweise; ***by ~ of arms*** mit Waffengewalt; **3.** Zwang *m* (*a.* ⚖), Druck *m*: ***~ of circumstances*** Zwang der Verhältnisse; **4.** Einfluss *m*, Wirkung *f*, Wert *m*; Nachdruck *m*, Über'zeugungskraft *f*: ***by ~ of*** vermittels; ***~ of habit*** Macht *f* der Gewohnheit; ***lend ~ to*** Nachdruck verleihen (*dat.*); **5.** ⚖ (Rechts)Gültigkeit *f*, (-)Kraft *f*: ***in ~*** in Kraft, geltend; ***come*** (***put***) ***into ~*** in Kraft treten (setzen); **6.** *ling.* Bedeutung *f*, Gehalt *m*; **7.** ⚔ Streit-, Kriegsmacht *f*, Truppe(n *pl.*) *f*, Verband *m*: ***the*** (***armed***) ***~s*** die Streitkräfte; ***labo(u)r ~*** Arbeitskräfte *pl.*, Belegschaft *f*; ***a strong ~ of police*** ein starkes Polizeiaufgebot; **8.** ***the 2*** *Brit.* die Poli'zei; **9.** F Menge *f*: ***in ~*** in großer Zahl *od.* Menge; ***the police came out in ~*** die Polizei rückte in voller Stärke aus; **II** *v/t.* **10.** zwingen, nötigen: ***~ s.o.'s***

hand j-n (zum Handeln) zwingen; ~ ***one's way*** sich durchzwängen; ~ ***s.th. from s.o.*** j-m et. entreißen; **11.** erzwingen, forcieren, 'durchsetzen: ~ ***a smile*** gezwungen lächeln; **12.** treiben, drängen; *Preise* hochtreiben: ~ ***s.th. on s.o.*** j-m et. aufdrängen *od.* -zwingen; **13.** ⸙ treiben, hochzüchten; **14.** forcieren, beschleunigen: ~ ***the pace***; **15.** *j-m, a. e-r Frau, a. fig. dem Sinn etc.* Gewalt antun; *Ausdruck* zu Tode hetzen; **16.** *Tür etc.* aufbrechen, (-)sprengen; **17.** ⚔ erstürmen; über'wältigen; **18.** ~ ***down*** a) ✈ zur Landung zwingen, b) *Essen* hin'unterwürgen.

forced [fɔːst] *adj.* □ **1.** erzwungen, forciert, Zwangs...: ~ ***lubrication*** → ***force feed***; ~ ***labo(u)r*** Zwangsarbeit *f*; ~ ***landing*** ✈ Notlandung *f*; ~ ***loan*** ✝ Zwangsanleihe *f*; ~ ***march*** ⚔ Eil-, Gewaltmarsch *m*; ~ ***sale*** ⚖ Zwangsverkauf *m*, -versteigerung *f*; **2.** forciert, gekünstelt, gezwungen (*Lächeln etc.*); manieriert (*Stil etc.*); '**forc·ed·ly** [-sɪdlɪ] *adv.* → ***forced***.

force| feed *s.* ⚙ Druckschmierung *f*; '~-**feed** *v/t.* [*irr.* → ***feed***] *j-n* zwangsernähren; ~ **field** *s. phys.* Kräftefeld *n*.

force·ful ['fɔːsfʊl] *adj.* □ **1.** kräftig, wuchtig (*a. fig.*); **2.** eindringlich, -drucksvoll; zwingend, über'zeugend (*Argumente etc.*); '**force·ful·ness** [-nɪs] *s.* Eindringlichkeit *f*, Wucht *f*.

'**force-land** **I** *v/t.* ✈ zur Notlandung zwingen; **II** *v/i.* notlanden.

force ma·jeure [ˌfɔːsmæ'ʒɜː] (*Fr.*) *s.* ⚖ höhere Gewalt.

'**force·meat** *s. Küche*: Farce *f*, (Fleisch-)Füllung *f*.

for·ceps ['fɔːseps] *s. sg. u. pl.* ⚕ a) Zange *f*, b) Pin'zette *f*: ~ ***delivery*** ⚕ Zangengeburt *f*.

force pump *s.* ⚙ Druckpumpe *f*.

for·ci·ble ['fɔːsəbl] *adj.* □ **1.** gewaltsam: ~ ***feeding*** Zwangsernährung *f*; **2.** → ***forceful***.

forc·ing| bed ['fɔːsɪŋ], ~ **frame** *s.* ⸙ Früh-, Mistbeet *n*; ~ **house** *s.* Treibhaus *n*.

ford [fɔːd] **I** *s.* Furt *f*; **II** *v/i.* 'durchwaten; **III** *v/t.* durch'waten; '**ford·a·ble** [-dəbl] *adj.* seicht.

fore [fɔː] **I** *adj.* vorder, Vorder..., Vor...; früher; **II** *s.* Vorderteil *m*, *n*, -seite *f*, Front *f*: ***to the*** ~ a) bei der *od.* zur Hand, zur Stelle, b) am Leben, c) im Vordergrund: ***come to the*** ~ a) hervortreten, in den Vordergrund treten, b) sich hervortun; **III** *int. Golf*: Achtung!

ˌ**fore-and-'aft** [-ɔːrə-] *adj.* ⚓ längsschiffs: ~ ***sail*** Stagsegel *n*.

fore·arm[1] ['fɔːrɑːm] *s.* 'Unterarm *m*.

fore·arm[2] [fɔːr'ɑːm] *v/t.*: ~ ***o.s.*** sich wappnen; → ***forewarn***.

'**fore|·bear** → ***forbear***[1]; ~'**bode** [-'bəʊd] *v/t.* **1.** vor'hersagen, prophe'zeien; **2.** ahnen lassen, deuten auf (*acc.*); **3.** ein böses Omen sein für; **4.** *Schlimmes* ahnen, vor'aussehen; ~'**bod·ing** [-'bəʊdɪŋ] *s.* **1.** (böses) Vorzeichen *od.* Omen; **2.** (böse) Ahnung; **3.** Prophe'zeiung *f*; '~·**cast** **I** *v/t.* [*irr.* → ***cast***] **1.** vor'aussagen, vor'hersehen; **2.** vor'ausberechnen, im Vor'aus schätzen *od.* planen; **3.** *Wetter etc.* vor'hersagen; **II** *s.* **4.** Vor'her-, Vor'aussage *f*: ***weather*** ~ Wetterbericht *m*, -vorhersage; ~·**cas·tle** ['fəʊksl] *s.* ⚓ Back *f*, Vorderdeck *n*; '~ˌ**check·ing** *s. sport* Forechecking *n*, frühes Stören; ~'**close** *v/t.* **1.** ⚖ ausschließen (***of*** von *e-m Rechtsanspruch*); **2.** ~ ***a mortgage*** a) e-e Hypothekenforderung geltend machen, b) e-e Hypothek (gerichtlich) für verfallen erklären, c) *Am.* aus e-r Hypothek die Zwangsvollstreckung betreiben; für verfallen erklären; **3.** (ver)hindern; **4.** *Frage etc.* vor'wegnehmen; ~'**clo·sure** *s.* ⚖ a) (gerichtliche) Verfallserklärung (*e-r Hypothek*), b) *Am.* Zwangsvollstreckung *f*: ~ ***action*** Ausschlussklage *f*; ~ ***sale*** *Am.* Zwangsversteigerung *f*; '~·**deck** *s.* ⚓ Vorderdeck *n*; ~'**doom** *v/t.*: ~***ed*** (***to failure***) *fig.* von vornherein zum Scheitern verurteilt, tot geboren; '~ˌ**fa·ther** *s.* Ahn *m*, Vorfahr *m*; '~ˌ**fin·ger** *s.* Zeigefinger *m*; '~·**foot** *s.* [*irr.*] **1.** *zo.* Vorderfuß *m*; **2.** ⚓ Stevenanlauf *m*; '~·**front** *s.* vorderste Reihe (*a. fig.*): ***in the*** ~ ***of the battle*** ⚔ in vorderster Linie; ***be in the*** ~ ***of s.o.'s mind*** j-n (*geistig*) sehr beschäftigen; ~'**gath·er** → ***forgather***; ~'**go** *v/t. u. v/i.* [*irr.* → ***go***] **1.** vor'angehen (*dat.*), *zeitlich a.* vor'hergehen (*dat.*): ~***ing*** vorhergehend, vorerwähnt, vorig; **2.** → ***forgo***; '~·**gone** *adj.*: ~ ***conclusion*** ausgemachte Sache, Selbstverständlichkeit *f*; ***his success was a*** ~ ***conclusion*** sein Erfolg stand von vornherein fest *od.* war ‚vorprogrammiert'; '~·**ground** *s.* Vordergrund *m* (*a. fig.*); '~·**hand** **I** *s.* **1.** Vorderhand *f* (*Pferd*); **2.** *sport* Vorhand(schlag *m*) *f*; **II** *adj.* **3.** *sport* Vorhand...

fore·head ['fɒrɪd] *s.* Stirn *f*.

'**fore·hold** *s.* ⚓ vorderer Laderaum.

for·eign ['fɒrən] *adj.* **1.** fremd, ausländisch, auswärtig, Auslands..., Außen...: ~ ***affairs*** *pol.* auswärtige Angelegenheiten; ~ ***aid*** Auslandshilfe *f*; ~-**born** im Ausland geboren; ~ ***bill*** (***of exchange***) ✝ Auslandswechsel *m*; ~ ***control*** Überfremdung *f*; ~ ***correspondent*** 'Auslandskorresponˌdent(in); ~ ***country***, ~ ***countries*** Ausland *n*; ~ ***currency*** a) ausländische Währung, b) ✝ Devisen *pl.*; ~ ***department*** Auslandsabteilung *f*; ~ ***exchange*** ✝ De'visen *pl.*: ~ ***exchange market*** ✝ De'visenmarkt *m*, -börse *f*; ~ ***exchange reserves*** ✝ De'visenreserven *pl.*; ~ ***language*** Fremdsprache *f*; ~***-language*** a) fremdsprachig, b) fremdsprachlich, Fremdsprachen...; ♀ ***Legion*** ⚔ Fremdenlegion *f*; ~ ***minister*** *pol.* Außenminister *m*; ♀ ***Office*** *Brit.* Außenministerium *n*; ~***-owned*** in ausländischem Besitz (befindlich); ~ ***policy*** Außenpolitik *f*; ♀ ***Secretary*** *Brit.* Außenminister *m*; ~ ***trade*** ✝ Außenhandel *m*; ~ ***word*** a) Fremdwort *n*, b) Lehnwort *n*; ~ ***worker*** Gastarbeiter(in); **2.** fremd (***to*** *dat.*): ~ ***body*** (*od.* ***matter***) Fremdkörper *m*; ***that is ~ to his nature*** das ist ihm wesensfremd; **3.** ~ ***to*** nicht gehörig *od.* passend zu.

for·eign·er ['fɒrənə] *s.* **1.** Ausländer (-in); **2.** *et.* Ausländisches (*z. B. Schiff, Produkt etc.*).

fore|'judge *v/t.* im Vor'aus *od.* voreilig entscheiden *od.* beurteilen; ~**'know** *v/t.* [*irr.* → ***know***] vor'herwissen, vor'aussehen; ˌ~**'knowl·edge** *s.* Vor'herwissen *n*, vor'herige Kenntnis; '~ˌ**la·dy** *Am.* → ***forewoman***; '~**·land** [-lənd] *s.* Vorland *n*, Vorgebirge *n*, Landspitze *f*; '~**·leg** *s.* Vorderbein *n*; '~**·lock** *s.* Stirnlocke *f*, -haar *n*: ***take time by the ~*** die Gelegenheit beim Schopfe fassen; '~**·man** [-mən] *s.* [*irr.*] **1.** Werkmeister *m*, Vorarbeiter *m*, ⚠ Po'lier *m*; Aufseher *m*; **2.** ⚖ Obmann *m der Geschworenen*; '~**·mast** [-mɑːst; ⚓ -məst] *s.* ⚓ Fockmast *m*; '~**·most** **I** *adj.* vorderst; erst, best, vornehmst; **II** *adv.* zu'erst: ***first and ~*** zuallererst; ***feet ~*** mit den Füßen voran; '~**·name** *s.* Vorname *m*; '~**·noon** *s.* Vormittag *m*.

fo·ren·sic [fə'rensɪk] *adj.* (□ ~***ally***) fo'rensisch, Gerichts...: ~ ***medicine***.

ˌ**fore|·or'dain** [-ɔːrɔː-] *v/t.* vor'herbestimmen; ˌ~**·or·di'na·tion** [-ɔːrɔː-] *s. eccl.* Vor'herbestimmung *f*; '~**·part** *s.* **1.** Vorderteil *m*; **2.** Anfang *m*; '~**·play** *s.* (*sexuelles*) Vorspiel; '~ˌ**run·ner** *s. fig.* **1.** Vorläufer *m*; **2.** Vorbote *m*, Anzeichen *n*; '~**·sail** [-seɪl; ⚓ -sl] *s.* ⚓ Focksegel *n*; ~**'see** *v/t.* [*irr.* → ***see***[1]] vor'aussehen *od.* -wissen; ~**'see·a·ble** [-'siːəbl] *adj.* vor'auszusehen(d), absehbar: ***in the ~ future*** in absehbarer Zeit; ~**'shad·ow** *v/t.* ahnen lassen, (drohend) ankündigen; '~**·sheet** *s.* ⚓ **1.** Fockschot *f*; **2.** *pl.* Vorderboot *n*; '~**·shore** *s.* Uferland *n*, (Küsten)Vorland *n*; ~**'short·en** *v/t. Figuren* in Verkürzung *od.* perspek'tivisch zeichnen; '~**·sight** *s.* **1.** a) Weitblick *m*, b) (weise) Vor'aussicht; → ***hindsight*** 2; **2.** Blick *m* in die Zukunft; **3.** ⚔ (Vi'sier)Korn *n*; '~**·skin** *s. anat.* Vorhaut *f*.

for·est ['fɒrɪst] **I** *s.* Wald *m* (*a. fig. von Masten etc.*), Forst *m*: ~ ***fire*** Waldbrand *m*; **II** *v/t.* aufforsten.

fore|'stall *v/t.* **1.** *j-m* zu'vorkommen; **2.** *e-r Sache* vorbeugen, *et.* vereiteln; **3.** *Einwand etc.* vor'wegnehmen; **4.** ✝ (spekula'tiv) aufkaufen; '~**·stay** *s.* ⚓ Fockstag *n*.

for·est·ed ['fɒrɪstɪd] *adj.* bewaldet; '**for·est·er** [-tə] *s.* **1.** Förster *m*; **2.** Waldbewohner *m* (*a. Tier*); '**for·est·ry** [-trɪ] *s.* **1.** Forstwirtschaft *f*, -wesen *n*; **2.** Wälder *pl.*

'**fore|·taste** *s.* Vorgeschmack *m*; ~**'tell** *v/t.* [*irr.* → ***tell***] **1.** vor'her-, vor'aussagen; **2.** andeuten, ahnen lassen; '~**·thought** → ***foresight*** 1; '~**·top** [-tɒp; ⚓ -təp] *s.* ⚓ Fock-, Vormars *m*; ˌ~**-top'gal·lant** *s.* ⚓ Vorbramsegel *n*: ~ ***mast*** Vorbramstenge *f*; '~**-top·mast** *s.* ⚓ Fock-, Vormarsstenge *f*; '~**-top·sail** [-seɪl; ⚓ -sl] *s.* ⚓ Vormarssegel *n*.

for ev·er, for·ev·er [fə'revə] *adv.* **1.** *a.* ~ ***and ever*** für *od.* auf immer, für alle Zeit; **2.** andauernd, ständig, unaufhörlich; **3.** F ‚ewig' (lang); **for ev·er·more, for'ev·er·more** *adv.* für immer u. ewig.

fore|'warn *v/t.* vorher warnen (***of*** vor *dat.*): ~***ed is forearmed*** gewarnt sein heißt gewappnet sein; '~**·wom·an** *s.* [*irr.*] **1.** Vorarbeiterin *f*, Aufseherin *f*; **2.** ⚖ Obmännin *f der Geschworenen*; '~**·word** *s.* Vorwort *n*; '~**·yard** *s.* ⚓ Fockrahe *f*.

for·feit ['fɔːfɪt] **I** *s.* **1.** (Geld-, *a.* Vertrags)Strafe *f*, Buße *f*: ***pay the ~ of one's life*** mit s-m Leben bezahlen; **2.** Verlust *m*, Einbuße *f*; **3.** verwirktes Pfand: ***pay a ~*** ein Pfand geben; **4.** *pl.* Pfänderspiel *n*; **II** *v/t.* **5.** verwirken, verlieren, *fig.* einbüßen, verscherzen; **III** *adj.* **6.** verwirkt, verfallen; '**for·fei·ture** [-tʃə] *s.* Verlust *m*, Verwirkung *f*, Verfallen *n*, Einziehung *f*, Entzug *m*.

for·fend [fɔː'fend] *v/t.* **1.** *obs.* verhüten: ***God ~!*** Gott behüte!; **2.** *Am.* schützen, sichern (***from*** vor *dat.*).

for·gath·er [fɔː'gæðə] *v/i.* zs.-kommen, sich treffen; verkehren (***with*** mit).

for·gave [fə'geɪv] *pret. von* ***forgive***.

forge[1] [fɔːdʒ] *v/i.*: ~ ***ahead*** a) sich (mühsam) vor'ankämpfen, sich Bahn brechen, b) *fig.* (allmählich) Fortschritte machen, c) (sich) nach vorn drängen, *a. sport* sich an die Spitze setzen.

forge[2] [fɔːdʒ] **I** *s.* **1.** Schmiede *f* (*a. fig.*); **2.** ⚙ a) Schmiedefeuer *n*, -esse *f*, b) Glühofen *m*, c) Hammerwerk *n*: ~ ***lathe*** Schmiededrehbank *f*; **II** *v/t.* **3.** schmieden (*a. fig.*); **4.** *fig.* a) formen, schaffen, b) erfinden, sich ausdenken; **5.** fälschen: ~ ***a document***; '**forge·a·ble** [-dʒəbl] *adj.* schmiedbar; '**forg·er** [-dʒə] *s.* **1.** Schmied *m*; **2.** Erfinder *m*, Erschaffer *m*; **3.** Fälscher *m*: ~ (***of coin***) Falschmünzer *m*; '**for·ger·y** [-dʒərɪ] *s.* **1.** Fälschen *n*: ~ ***of a docu-***

ment ⚖ Urkundenfälschung *f*; **~*-proof*** fälschungssicher; **2.** Fälschung *f*, Falsifi'kat *n*.

for·get [fə'get] **I** *v/t.* [*irr.*] **1.** vergessen, nicht denken an (*acc.*), nicht bedenken, sich nicht erinnern an (*acc.*): ***I ~ his name*** sein Name ist mir entfallen; **2.** vergessen, verlernen: ***I have forgotten my French***; **3.** vergessen, unter'lassen: ***~ it!*** F a) vergiss es!, schon gut!, b) *iro.* das kannst du vergessen!; ***don't you ~ it*** merk dir das!; **4. ~ *o.s.*** a) (nur) an andere denken, b) sich vergessen, ‚aus der Rolle fallen'; **II** *v/i.* [*irr.*] **5.** vergessen: ***~ about it!*** denk nicht mehr daran!; ***I ~!*** das ist mir entfallen!; **for'get·ful** [-fʊl] *adj.* ☐ **1.** vergesslich; **2.** achtlos, nachlässig (***of*** gegenüber): ***~ of one's duties*** pflichtvergessen; **for'get·ful·ness** [-fʊlnɪs] *s.* **1.** Vergesslichkeit *f*; **2.** Achtlosigkeit *f*.

for'get-me-not *s.* ⚘ Ver'gissmeinnicht *n*.

for·giv·a·ble [fə'gɪvəbl] *adj.* verzeihlich, entschuldbar; **for·give** [fə'gɪv] *v/t.* [*irr.*] **1.** verzeihen, vergeben; **2.** *j-m e-e Schuld etc.* erlassen; **for'giv·en** [-vn] *p.p. von* ***forgive***; **for'give·ness** [-vnɪs] *s.* **1.** Verzeihung *f*, -gebung *f*; **2.** Versöhnlichkeit *f*; **for'giv·ing** [-vɪŋ] *adj.* ☐ **1.** versöhnlich, nachsichtig; **2.** verzeihend.

for·go [fɔː'gəʊ] *v/t.* [*irr.* → ***go***] verzichten auf (*acc.*).

for·got [fə'gɒt] *pret.* [*u. p.p. obs.*] *von* ***forget***; **for'got·ten** [-tn] *p.p. von* ***forget***.

fork [fɔːk] **I** *s.* **1.** (*Ess-, Heu-, Mist- etc.*) Gabel *f* (*a.* ⚙); **2.** ♪ (Stimm)Gabel *f*; **3.** Gabelung *f*, Abzweigung *f*; **4.** *Am.* a) Zs.-fluss *m*, b) *oft pl.* Gebiet *n* an e-r Flussgabelung; **II** *v/t.* **5.** gabelförmig machen, gabeln; **6.** mit e-r Gabel aufladen *od.* 'umgraben *od.* wenden; **7.** *Schach*: *zwei Figuren* gleichzeitig angreifen; **III** *v/i.* **8.** sich gabeln *od.* spalten; **~ out**, **~ over**, **~ up** *v/t. u. v/i.* ‚blechen' (*zahlen*); **forked** [-kt] *adj.* gabelförmig, gegabelt, gespalten; zickzackförmig (*Blitz*); **'fork-lift (truck)** *s.* ⚙ Gabelstapler *m*.

for·lorn [fə'lɔːn] *adj.* **1.** verlassen, einsam; **2.** verzweifelt, hilflos; unglücklich, elend; **~ hope** *s.* **1.** aussichtsloses Unter'nehmen; **2.** letzte (verzweifelte) Hoffnung; **3.** ⚔ a) verlorener Haufen *od.* Posten, b) 'Himmelfahrtskom,mando *n*.

form [fɔːm] **I** *s.* **1.** Form *f*, Gestalt *f*, Fi'gur *f*; **2.** ⚙ Form *f*, Fas'son *f*, Mo'dell *n*, Scha'blone *f*; ⚠ Schalung *f*; **3.** Form *f*, Art *f*; Me'thode *f*, (An)Ordnung *f*, Schema *n*: ***in due ~*** vorschriftsmäßig; **4.** Form *f*, Fassung *f* (*Wort, Text, a. ling.*), Formel *f* (*Gebet etc.*); **5.** *phls.* Wesen *n*, Na'tur *f*; **6.** 'Umgangsform *f*, Ma'nieren *pl.*, Benehmen *n*: ***good*** (***bad***) **~** guter (schlechter) Ton; ***it is good*** (***bad***) **~** es gehört *od.* schickt sich (nicht); **7.** Formblatt *n*, Formu'lar *n*: ***printed ~*** Vordruck *m*; ***~ letter*** Schemabrief *m*; **8.** Formali'tät *f*, Äußerlichkeit *f*: ***matter of ~*** Formsache *f*; ***mere ~*** bloße Förmlichkeit; **9.** Form *f*, (körperliche *od.* geistige) Verfassung: ***in*** (*od.* ***on***) **~** (gut) in Form; ***off*** (*od.* ***out of***) **~** nicht in Form; **10.** *Brit.* a) (Schul-) Bank *f*, b) (Schul)Klasse *f*: ***~ master*** (***mistress***) Klassenlehrer(in); **11.** *typ.* → ***forme***; **II** *v/t.* **12.** formen, bilden (*a. ling.*); schaffen, gestalten (***into*** zu, ***after*** nach); *Regierung* bilden, *Gesellschaft etc.* gründen; **13.** *den Charakter etc.* formen, bilden; **14.** a) *e-n Teil etc.* bilden, ausmachen, b) dienen als; **15.** anordnen, zs.-stellen; **16.** ⚔ formieren, aufstellen; **17.** *e-n Plan* fassen, entwerfen; **18.** sich *e-e Meinung* bilden; **19.** *e-e Freundschaft etc.* schließen; **20.** *e-e Gewohnheit* annehmen; **21.** ⚙ formen; **III** *v/i.* **22.** sich formen *od.* bilden *od.* gestalten, Form annehmen, entstehen; **23.** *a.* **~ *up*** ⚔ sich formieren *od.* aufstellen, antreten.

-form [-fɔːm] *in Zssgn* ...förmig.

for·mal ['fɔːml] **I** *adj.* ☐ → ***formally***; **1.** förmlich, for'mell: a) offizi'ell: ***~ call*** Höflichkeitsbesuch *m*, b) feierlich: ***~ event*** → 5; ***~ dress*** → 6, c) steif, 'unper,sönlich, d) (peinlich) genau, pe'dantisch (die Form wahrend), e) formgerecht, vorschriftsmäßig: ***~ contract*** förmlicher Vertrag; **2.** for'mal, for'mell: a) rein äußerlich, b) rein gewohnheitsmäßig, c) scheinbar, Schein...; **3.** for'mal: a) herkömmlich, konventio'nell: ***~ style***, b) schulmäßig, streng me'thodisch, c) Form...: ***~ defect*** ⚖ Formfehler *m*; **4.** regelmäßig: ***~ garden*** architektonischer Garten; **II** *s.* *Am.* **5.** Veranstaltung, für die Gesellschaftskleidung vorgeschrieben ist; **6.** Gesellschafts-, Abendanzug *m od.* -kleid *n*.

form·al·de·hyde [fɔː'mældɪhaɪd] *s.* ⚗ Formalde'hyd *m*; **for·ma·lin** ['fɔːməlɪn] *s.* ⚗ Forma'lin *n*.

for·mal·ism ['fɔːməlɪzəm] *s. allg.* Forma'lismus *m*; **'for·mal·ist** [-lɪst] *s.* Forma'list *m*; **for·mal·is·tic** [ˌfɔːmə'lɪstɪk] *adj.* forma'listisch; **for·mal·i·ty** [fɔː'mælətɪ] *s.* **1.** Förmlichkeit: a) Herkömmlichkeit *f*, b) Zeremo'nie *f*, c) *das* Offizi'elle, d) Steifheit *f*, e) Umständlichkeit *f*: ***without ~*** ohne viel Umstände (zu machen); **2.** Formali'tät *f*: a) Formsache *f*, b) Formvorschrift *f*: ***for the sake of ~*** aus formellen Gründen; **3.** Äußerlichkeit *f*, leere Geste; **'for·mal·ize** [-laɪz] *v/t.* **1.** zur bloßen Formsache machen; **2.** formalisieren, feste Form geben (*dat.*); '**for·mal·ly** [-əlɪ] *adv.* **1.** for'mell, in aller Form; **2.** → ***formal***.

for·mat ['fɔːmæt] **I** *s.* **1.** *typ.* a) Aufmachung *f*, b) For'mat *n*; **2.** *Computer*: For'matvorlage *f*; **3.** Ein-, Ausrichtung *f*; **II** *v/t.* **4.** *Computer*: formatieren.

for·ma·tion [fɔː'meɪʃn] *s.* **1.** Bildung *f*: a) Formung *f*, Gestaltung *f*, b) Entstehung *f*, Entwicklung *f*: **~ *of gas*** Gasbildung *f*, c) Gründung *f*: **~ *of a company***, d) Gebilde *n*: ***word* ~*s*** Wortbildungen; **2.** Anordnung *f*, Zs.-setzung *f*, Struk'tur *f*; **3.** ✈, ⚔, *sport* Formati'on *f*, Aufstellung *f*: **~ *flight*** Formations-, Verbandsflug *m*; **4.** *geol.* Formati'on *f*;

form·a·tive ['fɔːmətɪv] **I** *adj.* **1.** formend, gestaltend, bildend; **2.** prägend, Entwicklungs...: **~ *years of a person***; **3.** *ling.* formbildend: **~ *element*** → 5; **4.** ⚘, *zo.* morpho'gen; **II** *s.* **5.** *ling.* Forma'tiv *n*.

forme [fɔːm] *s. typ.* (Druck)Form *f*.

form·er[1] ['fɔːmə] *s.* **1.** Former *m* (*a.* ⚙), Gestalter *m*; **2.** *ped. Brit. in Zssgn* Schüler(in) der ... Klasse; **3.** ✈ Spant *m*.

for·mer[2] ['fɔːmə] *adj.* ☐ **1.** früher, vorig, ehe-, vormalig, vergangen: ***in* ~ *times*** vormals, einst; ***he is his* ~ *self again*** er ist wieder (ganz) der Alte; ***the* ~ *Mrs. A.*** die frühere Frau A.; **2. *the* ~** *sg. u. pl.* der *etc.* (die *pl.*) Ersterwähnte(n *pl.*), -genannte(n *pl.*), Erste(n *pl.*): ***the* ~ ..., *the latter* ...** der Erstere ..., der Letztere ...; '**for·mer·ly** [-lɪ] *adv.* früher, vor-, ehemals: ***Mrs. A.,* ~ *B.*** a) Frau A., geborene B., b) Frau A., ehemalige Frau B.

'**form**ˌ**fit·ting** *adj.* **1.** eng anliegend: **~ *dress***; **2.** körpergerecht: **~ *chair***.

For·mi·ca [fɔː'maɪkə] *TM npr.* Reso'pal *TM n*.

for·mic ac·id ['fɔːmɪk] *s.* ⚗ Ameisensäure *f*.

for·mi·da·ble ['fɔːmɪdəbl] *adj.* ☐ **1.** schrecklich, Furcht erregend; **2.** gewaltig, ungeheuer, e'norm; **3.** beachtlich, ernst zu nehmend: **~ *opponent***; **4.** äußerst schwierig: **~ *problem***.

form·ing ['fɔːmɪŋ] *s.* **1.** Formen *n*; **2.** ⚙ (Ver)Formen *n*, Fassonieren *n*; **form·less** ['fɔːmlɪs] *adj.* ☐ formlos.

for·mu·la ['fɔːmjʊlə] *pl.* **-las, -lae** [-liː] *s.* **1.** ⚗, ⚕ *etc.*, *a. mot.* Formel *f*, *pharm. u. fig. a.* Re'zept *n*; **2.** Formel *f*, fester Wortlaut; **3.** *contp.* a) ‚Schema F', b) (leere) Phrase; '**for·mu·lar·y** [-ərɪ] *s.* **1.** Formelsammlung *f*, -buch *n* (*bsd. eccl.*); **2.** *pharm.* Re'zeptbuch *n*; '**for·mu·late** [-leɪt] *v/t.* formulieren; **for·mu·la·tion** [ˌfɔːmjʊ'leɪʃn] *s.* Formulierung *f*, Fassung *f*.

'**form·work** *s.* ⚠ (Ver)Schalung *f*, Schalungen *pl.*

for·ni·cate ['fɔːnɪkeɪt] *v/i.* unerlaubten außerehelichen Geschlechtsverkehr haben; *bibl. u. weitS.* Unzucht treiben, huren; **for·ni·ca·tion** [ˌfɔːnɪ'keɪʃn] *s.* ⚖ unerlaubter außerehelicher Geschlechtsverkehr; *weitS.* Unzucht *f*, Hure'rei *f*; '**for·ni·ca·tor** [-tə] *s.* j-d, der unerlaubten außerehelichen Geschlechtsverkehr hat; *weitS.* Wüstling *m*.

for·rad·er ['fɒrədə] *adv.*: ***get no* ~** *Brit.* F nicht vom Fleck kommen.

F

for·sake [fə'seɪk] *v/t.* [*irr.*] **1.** *j-n* verlassen, im Stich lassen; **2.** *et.* aufgeben; **for'sak·en** [-kən] **I** *p.p. von* ***forsake***; **II** *adj.* (gott)verlassen, einsam; **for'sook** [-'sʊk] *pret. von* ***forsake***.

for·sooth [fə'suːθ] *adv. iro.* wahrlich, für'wahr.

for·swear [fɔː'sweə] *v/t.* [*irr.* → ***swear***] **1.** eidlich bestreiten; **2.** unter Pro'test zu'rückweisen; **3.** abschwören (*dat.*), feierlich entsagen (*dat.*); feierlich geloben (*es nie wieder zu tun etc.*); **4. ~ *o.s.*** e-n Meineid leisten; **for'sworn** [-'swɔːn] **I** *p.p. von* ***forswear***; **II** *adj.* meineidig.

for·syth·i·a [fɔː'saɪθjə] *s.* ⚘ For'sythie *f*.

fort [fɔːt] *s.* ⚔ Fort *n*, Feste *f*, Festungswerk *n*: ***hold the* ~** *fig.* ‚die Stellung halten'.

forte[1] ['fɔːteɪ] *s. fig. j-s* Stärke *f*, starke Seite.

for·te[2] ['fɔːtɪ] *adv.* ♪ forte, laut.

forth [fɔːθ] *adv.* **1.** her'vor, vor, her; → ***bring forth*** *etc.*; **2.** her'aus, hinaus; **3.** (dr)außen; **4.** vo'ran, vorwärts; **5.** weiter: ***and so* ~** und so weiter; ***from that day* ~** von diesem Tag an; **6.** weg, fort.

Forth Bridge [ˌfɔːθ'brɪdʒ] *npr.*: ***it's like painting the* ~** *Brit. fig.* das nimmt ja nie ein Ende.

ˌ**forth**|'**com·ing** *adj.* **1.** bevorstehend, kommend; **2.** erscheinend, unter'wegs: ***be* ~** erfolgen, sich einstellen; **3.** in Kürze erscheinend (*Buch*) *od.* anlaufend (*Film*); **4.** bereitstehend, verfügbar; **5.** zu'vor-, entgegenkommend (*Person*); **6.** mitteilsam; '**~·right** *adj. u. adv.* offen (und ehrlich), gerade(her'aus); ˌ**~'with** [-'wɪθ] *adv.* so'fort, (so)'gleich, unverzüglich.

for·ti·eth ['fɔːtɪɪθ] **I** *adj.* **1.** vierzigst; **II** *s.* **2.** Vierzigste(r *m*) *f*, *n*; **3.** Vierzigstel *n*.

for·ti·fi·a·ble ['fɔːtɪfaɪəbl] *adj.* zu befestigen(d); **for·ti·fi·ca·tion** [ˌfɔːtɪfɪ'keɪʃn] *s.* **1.** ⚔ a) Befestigung *f*, b) Befestigung(sanlage) *f*, c) Festung *f*; **2.** (*a.* geistige *od.* mo'ralische) Stärkung; **3.** a) Verstärkung *f* (*a.* ⚙), b) Anreicherung *f*; **4.** *fig.* Unter'mauerung *f*; '**for·ti·fi·er** [-faɪə] *s.* Stärkungsmittel *n*; **for·ti·fy** ['fɔːtɪfaɪ] *v/t.* **1.** (*a.* geistig *od.* mo'ralisch) kräftigen, **2.** ⚙ verstärken; *Nahrungsmittel* anreichern; *Wein etc.*

verstärken; **3.** ⚔ befestigen; **4.** bekräftigen, stützen, unter'mauern; **5.** bestärken, ermutigen.

for·tis·si·mo [fɔː'tɪsɪməʊ] *adv.* ♪ sehr stark *od.* laut, for'tissimo.

for·ti·tude ['fɔːtɪtjuːd] *s.* (seelische) Kraft: ***bear s.th. with ~*** et. mit Fassung *od.* tapfer ertragen.

fort·night ['fɔːtnaɪt] *s. bsd. Brit.* vierzehn Tage: ***this day ~*** a) heute in 14 Tagen, b) heute vor 14 Tagen; ***a ~'s holiday*** ein vierzehntägiger Urlaub; '**fort·night·ly** [-lɪ] *bsd. Brit.* **I** *adj.* vierzehntägig, halbmonatlich, Halbmonats...; **II** *adv.* alle 14 Tage; **III** *s.* Halbmonatsschrift *f.*

F

For·tran ['fɔːtræn] *s.* FORTRAN *n* (*Computersprache*).

for·tress ['fɔːtrɪs] *s.* ⚔ Festung *f*, *fig. a.* Bollwerk *n.*

for·tu·i·tous [fɔː'tjuːɪtəs] *adj.* □ zufällig; **for'tu·i·ty** [-tɪ] *s.* Zufall *m*, Zufälligkeit *f.*

for·tu·nate ['fɔːtʃnət] *adj.* □ **1.** glücklich: ***be ~*** a) Glück haben (*Person*), b) ein (wahres) Glück sein (*Sache*); ***how ~!*** welch ein Glück!, wie gut!; **2.** Glück verheißend; günstig; vom Glück begünstigt (*Leben*); '**for·tu·nate·ly** [-lɪ] *adv.* glücklicherweise, zum Glück.

for·tune ['fɔːtʃuːn] *s.* **1.** Glück(sfall *m*) *n*, (glücklicher) Zufall: ***good ~*** Gück; ***ill ~*** Unglück; ***try one's ~*** sein Glück versuchen; ***make one's ~*** sein Glück machen; **2.** *a.* 𝔏 *myth.* For'tuna *f*, Glücksgöttin *f*: ***~ favo(u)red him*** das Glück war ihm hold; **3.** Schicksal *n*, Geschick *n*, Los *n*: ***tell*** (*od.* ***read***) ***~s*** wahrsagen; ***read s.o.'s ~*** j-m die Karten legen *od.* aus der Hand lesen; ***have one's ~ told*** sich wahrsagen lassen; **4.** Vermögen *n*: ***make a ~*** ein Vermögen verdienen; ***come into a ~*** ein Vermögen erben; ***marry a ~*** e-e gute Partie machen; ***a small ~*** F ein kleines Vermögen (*viel Geld*); ***~ hunt·er*** ['fɔːtʃən-] *s.* Mitgiftjäger *m*; ***~ tell·er*** ['fɔːtʃən-] *s.* Wahrsager(in); ***~ tell·ing*** ['fɔːtʃən-] *s.* Wahrsage'rei *f.*

for·ty ['fɔːtɪ] **I** *adj.* **1.** vierzig: ***the 𝔏 Thieves*** die 40 Räuber (*1001 Nacht*); → ***wink*** 4; **II** *s.* **2.** Vierzig: ***he is in his forties*** er ist in den Vierzigern; ***in the forties*** in den Vierzigerjahren (*e-s Jahrhunderts*); **3.** ***the Forties*** die See zwischen Schottlands Nord'ost- u. Norwegens Süd'westküste; **4.** ***the roaring forties*** stürmischer Teil des Ozeans (zwischen dem 39. u. 50. Breitengrad).

fo·rum ['fɔːrəm] *s.* **1.** *antiq. u. fig.* Forum *n*; **2.** Gericht *n*, Tribu'nal *n* (*a. fig.*); *engS.* ⚖ Gerichtsort *m*, örtliche Zuständigkeit; **3.** Forum *n*, (öffentliche) Diskussi'on(sveranstaltung).

for·ward ['fɔːwəd] **I** *adv.* **1.** vor, nach vorn, vorwärts, vor'an, vor'aus, weiter: ***from this day ~*** von heute an; ***freight ~*** ✝ Fracht gegen Nachnahme; ***buy ~*** ✝ auf Termin kaufen; ***go ~*** *fig.* Fortschritte machen, vorankommen; ***help ~*** weiterhelfen (*dat.*); → ***bring*** (***carry***, ***come***, *etc.*) ***forward***; **II** *adj.* □ **2.** vorwärts *od.* nach vorn gerichtet, Vorwärts...: ***a ~ motion***; ***~ defence*** ⚔ Vorwärtsverteidigung *f*; ***~ planning*** Vorausplanung *f*; ***~ speed*** *mot.* Vorwärtsgang *m*; ***~ strategy*** ⚔ Vorwärtsstrategie *f*; **3.** vorder; **4.** a) ♀ frühreif (*a. fig. Kind*), b) zeitig (*Frühling etc.*); **5.** *zo.* a) hochträchtig, b) gut entwickelt; **6.** *fig.* a) fortgeschritten, b) fortschrittlich; **7.** *fig.* vorlaut, dreist; **8.** *fig.* a) vorschnell, -eilig, b) schnell bereit (***to do s.th.*** et. zu tun); **9.** ✝ auf Ziel *od.* Zeit, Termin...: ***~ business*** (***market***, ***sale***, *etc.*); ***~ rate*** Terminkurs *m*, Kurs *m* für Termingeschäfte; **III** *s.* **10.** *sport* Stürmer *m*: ***~ line*** Sturm(reihe *f*) *m*; **IV** *v/t.* **11.** a) fördern, begünstigen, b) beschleunigen; **12.** befördern, schicken, verladen; **13.** *Brief etc.* nachsenden, weiterbefördern.

for·ward·er ['fɔːwədə] *s.* Spedi'teur; '**for·ward·ing** [-dɪŋ] **I** *s.* Versand *m*; **II** *adj.* Versand...: ***~ charges***; ***~ instructions***; ***~ agent*** Spediteur *m*; ***~ note*** Frachtbrief *m*; ***~ address*** Nachsendeadresse *f*; '**for·ward-ˌlook·ing** *adj.* vorausschauend, fortschrittlich; '**for·ward·ness** [-dnɪs] *s.* **1.** Frühzeitigkeit *f*, Frühreife *f* (*a.* ♀); **2.** Dreistigkeit *f*, vorlaute Art; **3.** Voreiligkeit *f.*

for·wards ['fɔːwədz] → ***forward*** I.

fosse [fɒs] *s.* **1.** (Burg-, Wall)Graben *m*; **2.** *anat.* Grube *f.*

fos·sil ['fɒsl] **I** *s.* **1.** *geol.* Fos'sil *n*; Versteinerung *f*; **2.** F ‚Fos'sil' *n*: a) verkalkter *od.* verknöcherter Mensch, b) *et.* ‚Vorsintflutliches'; **II** *adj.* **3.** fos'sil, versteinert: ***~ fuel*** fossiler Brennstoff; ***~ oil*** Erd-, Steinöl *n*; **4.** F a) verknöchert, verkalkt (*Person*), b) vorsintflutlich (*Sache*); **fos·sil·if·er·ous** [ˌfɒsɪ'lɪfərəs] *adj.* fos'silienhaltig; **fos·sil·i·za·tion** [ˌfɒsɪlaɪ'zeɪʃn] *s.* **1.** Versteinerung *f*; **2.** F Verknöcherung *f*; '**fos·sil·ize** [-sɪlaɪz] **I** *v/t.* *geol.* versteinern; **II** *v/i.* versteinern; *fig.* verknöchern, verkalken.

fos·so·ri·al [fɒ'sɔːrɪəl] *adj. zo.* grabend, Grab...

fos·ter ['fɒstə] **I** *v/t.* **1.** *Kind etc.* a) aufziehen, b) in Pflege haben *od.* geben; **2.** *et.* fördern; begünstigen, protegieren; **3.** *Wunsch etc.* hegen, nähren; **II** *adj.* **4.** Pflege...: ***~ child*** (***father***, ***mother*** *etc.*).

fos·ter·ling ['fɒstəlɪŋ] *s.* Pflegekind *n.*

fought [fɔːt] *pret. u. p.p. von* ***fight***.

foul [faʊl] **I** *adj.* □ **1.** a) stinkend, widerlich, übel riechend (*a. Atem*), b) verpestet, schlecht (*Luft*), c) faul, verdorben (*Lebensmittel etc.*); **2.** schmutzig, verschmutzt; **3.** verstopft; **4.** voll Unkraut, überwachsen; **5.** schlecht, stürmisch (*Wetter etc.*), widrig (*Wind*); **6.** ⚓ a) unklar (*Taue etc.*), b) in Kollisi'on (geratend) (**of** mit); **7.** *fig.* a) widerlich, ekelhaft, b) abscheulich, gemein: **~ *deed*** ruchlose Tat, c) schädlich, gefährlich: **~ *tongue*** böse Zunge, d) schmutzig, zotig, unflätig: **~ *language***; **8.** F scheußlich; **9.** unehrlich, betrügerisch; **10.** *sport* unfair, regelwidrig; **11.** *typ.* a) unsauber (*Druck etc.*), b) voller Fehler *od.* Änderungen; **II** *adv.* **12.** auf gemeine Art, gemein (*etc.* → 7–10): ***play* ~** *sport* foul spielen; ***play s.o.* ~** j-m übel mitspielen; **13. *fall* ~ *of*** ⚓ zs.-stoßen mit (*a. fig.*); **III** *s.* **14. *through fair and* ~** durch dick u. dünn; **15.** ⚓ Zs.-stoß *m*; **16.** *sport* a) Foul *n*, Regelverstoß *m*, b) → ***foul shot***; **IV** *v/t.* **17.** *a.* **~ *up*** a) beschmutzen (*a. fig.*), verschmutzen, verunreinigen, b) verstopfen; **18.** *sport* foulen; **19.** ⚓ zs.-stoßen mit; **20.** *a.* **~ *up*** sich verwickeln in (*dat.*) *od.* mit; **21. ~ *up*** F a) ‚vermasseln', ‚versauen', b) durchein'ander bringen; **V** *v/i.* **22.** schmutzig werden; **23.** ⚓ zs.-stoßen (***with*** mit); **24.** sich verwickeln; **25.** *sport* foulen, ein Foul begehen; **26. ~ *up*** F a), ‚Mist bauen', ‚patzen', b) durchein'ander kommen.

'foul|-mouthed *adj.* unflätig; **~ play** *s.* **1.** *sport* unfaires Spiel, Unsportlichkeit *f*; **2.** (Gewalt)Verbrechen *n*, *bsd.* Mord *m*; **~ shot** *s. Basketball*: Freiwurf *m*; **'~-ˌspo·ken** → ***foul-mouthed***.

found¹ [faʊnd] *pret. u. p.p. von* ***find***.

found² [faʊnd] *v/t.* ⚙ schmelzen; gießen.

found³ [faʊnd] *fig.* **I** *v/t.* **1.** gründen, errichten; **2.** begründen, einrichten, ins Leben rufen, *Schule etc.* stiften: ***⁀ing Fathers*** *Am.* Staatsmänner aus der Zeit der Unabhängigkeitserklärung; **3.** *fig.* gründen, stützen (***on*** auf *acc.*): ***be ~ed on*** → 4; ***well-~ed*** wohl begründet, fundiert; **II** *v/i.* **4.** (***on***) sich stützen (auf *acc.*), beruhen, sich gründen (auf *dat.*);

foun·da·tion [faʊn'deɪʃn] *s.* **1.** *oft pl.* ⚠ Grundmauer *f*, Funda'ment *n* (*a. fig.*); 'Unterbau *m*, -lage *f*, Bettung *f* (*Straße etc.*); **2.** Grund(lage *f*) *m*, Basis *f*: ***without*** (***any***) **~** (völlig) unbegründet; ***shaken to the ~s*** in den Grundfesten erschüttert; ***lay the ~s of*** den Grund(stock) legen zu; **3.** Gründung *f*, Errichtung *f*; **4.** (gemeinnützige) Stiftung: ***be on the* ~** Geld aus der Stiftung erhalten; **5.** Ursprung *m*, Beginn *m*; **6.** steifes (Zwischen)Futter: **~ *muslin*** Steifleinen *n*; **7.** *a.* **~ *garment*** a) Mieder *n*, b) Kor'sett *n*, c) *pl.* Mieder (-waren) *pl.*; **8.** *a.* **~ *cream*** *Kosmetik*: Grundierung *f*; **~ stone** *s.* Grundstein *m* (*a. fig.*); → ***lay¹*** 5.

found·er¹ ['faʊndə] *s.* Gründer *m*, Stifter *m*: **~*s' shares*** ✝ Gründeraktien.

found·er² ['faʊndə] *s.* ⚙ Gießer *m*.

found·er³ ['faʊndə] **I** *v/i.* **1.** ⚓ sinken, 'untergehen; **2.** einstürzen, -fallen; **3.** *fig.* scheitern; **4.** *vet.* a) lahmen, b) zs.-brechen (*Pferd*); **5.** stecken bleiben; **II** *v/t.* **6.** *Pferd* lahm reiten; **7.** *Schiff* zum Sinken bringen.

found·ing mem·ber ['faʊndɪŋ] *s.* Gründungsmitglied *n*.

found·ling ['faʊndlɪŋ] *s.* Findling *m*, Findelkind *n*: **~ *hospital*** Findelhaus *n*.

found·ress ['faʊndrɪs] *s.* Gründerin *f*, Stifterin *f*.

found·ry ['faʊndrɪ] *s.* ⚙ Gieße'rei *f*.

fount¹ [faʊnt] *s. typ.* (Setzkasten *m* mit) Schriftsatz *m*.

fount² [faʊnt] → ***fountain*** 2, 4a.

foun·tain ['faʊntɪn] *s.* **1.** Fon'täne *f*: a) Springbrunnen *m*, b) (Wasser)Strahl *m*; **2.** Quelle *f*, *fig. a.* Born *m*: ***⁀ of Youth*** Jungbrunnen *m*; **3.** a) (Trink-)Brunnen *m*, b) → ***soda fountain***; **4.** ⚙ a) (Öl-, Tinten- *etc.*)Behälter *m*, b) Reser'voir *n*; **'~·head** *s.* Quelle *f* (*a. fig.*); *fig.* Urquell *m*; **~ pen** *s.* Füll(feder)halter *m*.

four [fɔː] **I** *adj.* **1.** vier; **II** *s.* **2.** Vier *f* (*Zahl, Spielkarte etc.*): ***the ~ of hearts*** die Herzvier; ***by ~s*** immer vier (auf einmal); ***on all ~s*** a) auf allen vieren, b) *fig.* stimmend, richtig; ***be on all ~s with*** übereinstimmen mit, genau entsprechen (*dat.*); **3.** *Rudern*: Vierer *m* (*Boot od. Mannschaft*); **ˌ~-'cor·nered** *adj.* viereckig, mit vier Ecken; **'~-ˌcy·cle** *adj.*: **~ *engine*** ⚙ Viertaktmotor *m*; **'~·eyes** *s. pl. sg. konstr.* F ‚Brillenschlange' *f*; **~ flush** *s. Poker*: unvollständige Hand; **'~ˌflush·er** *s. Am.* Bluffer *m*, ‚falscher Fuffziger'; **'~·fold** *adj. u. adv.* vierfach; **ˌ~-'four** (**time**) *s.* ♪ Vier'vierteltakt *m*; **ˌ~-'hand·ed** *adj.* ♪, *zo.* vierhändig; **⁀ Hun·dred** *s.*: ***the ~*** *Am.* die Hautevolee (*e-r Gemeinde*); **ˌ~-in-'hand** [-ɔːrɪn-] *s.* **1.** Vierspänner *m*; **2.** Viergespann *n*; **'~-ˌleaf(ed) clo·ver** *s.* ⚘ vierblätt(e)riges Kleeblatt; **'~-legged** *adj.* vierbeinig; **'~-ˌlet·ter word** *s.* unanständiges Wort; **ˌ~-'oar** [-ɔːr'ɔː] *s.* Vierer *m* (*Boot*); **'~-part** *adj.* ♪ vierstimmig (*Satz*); **'~·pence** [-pəns] *s. Brit. hist.* Vierpencestück *n*; **'~·plex** [-pleks] *s. Am.* 'Vierfamilienhaus *n*; **ˌ~-'post·er** *s.* **1.** Himmelbett *n*; **2.** ⚓ *sl.* Viermaster *m*; **ˌ~'score** *adj. obs.* achtzig; **'~-ˌseat·er** *s. mot.* Viersitzer *m*; **'~·some** [-səm] *s. Golf*: Vierer *m*; *fig. humor.* ‚Quar'tett' *n*; **ˌ~-'speed gear** *s.* ⚙ Vierganggetriebe *n*; **ˌ~-'square** *adj. u. adv.* **1.** qua'dratisch; **2.** *fig.* a) fest, unerschütterlich, b) grob, barsch;

F

F

'**~-star** I *s. Brit.* 'Super(ben,zin) *n*; II *adj.* Viersterne...: **~ *general***; **~ *hotel***; **~ *petrol*** *Brit.* → I; ,**~-'stroke** *adj.*: **~ *engine*** ⚙ Viertaktmotor *m*.

four·teen [,fɔː'tiːn] I *adj.* vierzehn; II *s.* Vierzehn *f*; ,**four'teenth** [-nθ] I *adj.* vierzehnt; II *s.* a) (*der, die, das*) Vierzehnte, b) Vierzehntel *n*.

fourth [fɔːθ] I *adj.* □ **1.** viert; **2.** viertel; II *s.* **3.** (*der, die, das*) Vierte; **4.** Viertel *n*; **5.** ♪ Quarte *f*; **6. *the* ~ (*of July*)** *Am.* der Vierte (Juli), der Unabhängigkeitstag; '**fourth·ly** [-lɪ] *adv.* viertens.

Der **Fourth of July** ist in den USA ein wichtiger Feiertag: Am 4. Juli 1776 wurde die Unabhängigkeitserklärung der 13 amerikanischen Kolonien von der britischen Herrschaft unterzeichnet. Zu den Feierlichkeiten an diesem Gedenktag gehören Umzüge, Grillpartys und ein Feuerwerk. Offiziell heißt der 4. Juli **Independence Day** (Unabhängigkeitstag).

,**four|-'way** *adj.*: **~ *switch*** ϟ Vierfach-, Vierwegeschalter *m*; ,**~-'wheel** *adj.* vierräd(e)rig; Vierrad...(*-antrieb, -bremse*): **~ *drive*** a) Vierradantrieb *m*, b) Geländefahrzeug *n*.

fowl [faʊl] I *pl.* **fowls**, *coll. mst* **fowl** *s.* **1.** Haushuhn *n od.* -ente *f*, *a.* Truthahn *m*; *coll.* Geflügel *n* (*a. Fleisch*), Hühner *pl.*: **~*house*** Hühnerstall *m*; **~*pest*** Hühnerpest *f*; **~ *pox*** Geflügelpocken *pl*; **~ *run*** Hühnerhof *m*, Auslauf *m*; **2.** *selten* Vogel *m*, Vögel *pl.*: ***the* ~(*s*) *of the air*** *bibl.* die Vögel unter dem Himmel; II *v/i.* **3.** Vögel fangen *od.* schießen; '**fowl·er** [-lə] *s.* Vogelfänger *m*; '**fowl·ing** [-lɪŋ] *s.* Vogelfang *m*, -jagd *f*: **~ *piece*** Vogelflinte *f*; **~ *shot*** Hühnerschrot *n*.

fox [fɒks] I *s.* **1.** *zo.* Fuchs *m*: ***set the* ~ *to keep the geese*** den Bock zum Gärtner machen; **~ *and geese*** Wolf u. Schafe (*ein Brettspiel*); **2.** (***sly old***) **~** *fig.* (schlauer) Fuchs; **3.** Fuchspelz(kragen) *m*; II *v/t.* **4.** *sl.* über'listen, ‚reinlegen'; III *v/i.* **5.** stockfleckig werden (*Papier*); **~ brush** *s. hunt.* Lunte *f*, Fuchsschwanz *m*; '**~·glove** *s.* ⚘ Fingerhut *m*; '**~·hole** *s.* **1.** Fuchsbau *m*; **2.** ⚔ Schützenloch *n*; **~ hunt**, '**~-,hunt·ing** *s.* Fuchsjagd *f*; **~ mark** *s.* Stockfleck *m*; '**~·tail** *s.* **1.** Fuchsschwanz *m*; **2.** ⚘ Fuchsschwanzgras *n*; **~ ter·ri·er** *s. zo.* Foxterrier *m*; '**~·trot** *s. u. v/i.* Foxtrott *m* (tanzen).

fox·y ['fɒksɪ] *adj.* **1.** gerissen, listig; **2.** fuchsrot; **3.** stockfleckig (*Papier*).

foy·er ['fɔɪeɪ] (*Fr.*) *s. allg.* Fo'yer *n*.

fra·cas ['frækɑː] *pl.* **~** [-kɑːz] *s.* Aufruhr *m*, Spek'takel *m*.

frac·tion ['frækʃn] *s.* **1.** ⩓ Bruch *m*: **~ *bar***, **~ *line***, **~ *stroke*** Bruchstrich *m*; **2.** Bruchteil *m*, Frag'ment *n*; Stückchen *n*, *ein* bisschen: ***not by a* ~** nicht im Geringsten; ***by a* ~ *of an inch*** um ein Haar; **~ *of a share*** ✝ Teilaktie *f*; **3.** ~ *eccl.* Brechen *n des Brotes*; '**frac·tion·al** [-ʃənl] *adj.* **1.** *a.* ⩓ Bruch..., gebrochen: **~ *amount*** Teilbetrag *m*; **~ *currency*** Scheidemünze *f*; **~ *part*** Bruchteil *m*; **2.** *fig.* unbedeutend, mini'mal; **3.** ⚗ fraktioniert, teilweise; '**frac·tion·ar·y** [-ʃnərɪ] *adj.* Bruch(stück)..., Teil...; '**frac·tion·ate** [-ʃəneɪt] *v/t.* ⚗ fraktionieren.

frac·tious ['frækʃəs] *adj.* □ **1.** mürrisch, zänkisch, reizbar; **2.** störrisch; '**frac·tious·ness** [-nɪs] *s.* **1.** Reizbarkeit *f*; **2.** 'Widerspenstigkeit *f*.

frac·ture ['fræktʃə] I *s.* **1.** ⚕ Frak'tur *f*, Bruch *m* (*a. fig.*); **2.** *min.* Bruchfläche *f*; **3.** *ling.* Brechung *f*; II *v/t.* **4.** (zer)brechen: **~ *one's arm*** sich den Arm brechen; **~*d skull*** Schädelbruch *m*; III *v/i.* **5.** (zer)brechen.

frag·ile ['frædʒaɪl] *adj.* **1.** zerbrechlich (*a. fig.*); **2.** ⚙ brüchig; **3.** *fig.* schwach, zart (*Gesundheit etc.*), gebrechlich (*Person*); **fra·gil·i·ty** [frə'dʒɪlətɪ] *s.* **1.** Zerbrechlichkeit *f*; **2.** Brüchigkeit *f*; **3.** *fig.* Ge-, Zerbrechlichkeit *f*, Zartheit *f*.

frag·ment ['frægmənt] *s.* **1.** Bruchstück *n* (*a.* ⚙), -teil *m*; **2.** Stück *n*, Brocken *m*, Splitter *m* (*a.* ⚔), Fetzen *m*; 'Überrest *m*; **3.** (lite'rarisches *etc.*) Frag'ment; **frag·men·tal** [fræg'mentl] *adj.* **1.** *geol.* Trümmer...; **2.** → '**frag·men·tar·y** [-tərɪ] *adj.* **1.** zerstückelt, aus Stücken bestehend; **2.** fragmen'tarisch, unvollständig, bruchstückhaft; **frag·men·ta·tion** [,frægmen'teɪʃn] *s.* Zerstückelung *f*, -splitterung *f*: **~ *bomb*** ⚔ Splitterbombe *f*.

fra·grance ['freɪgrəns] *s.* Wohlgeruch *m*, Duft *m*, A'roma *n*; '**fra·grant** [-nt] *adj.* □ **1.** wohlriechend, duftend: ***be* ~ *with*** duften nach; **2.** *fig.* angenehm, köstlich.

frail [freɪl] *adj.* □ **1.** zerbrechlich; **2.** a) zart, schwach, b) gebrechlich, c) (*charakterlich*) schwach, d) schwach, seicht (*Buch etc.*); '**frail·ty** [-tɪ] *s.* **1.** Zerbrechlichkeit *f*; **2.** a) Zartheit *f*, b) Gebrechlichkeit *f*; **3.** a) Schwachheit *f*, (mo'ralische) Schwäche, b) Fehltritt *m*.

fraise [freɪz] *s.* **1.** ⚔ Pali'sade *f*; **2.** ⚙ Bohrfräse *f*.

fram·b(o)e·si·a [fræm'biːzɪə] *s.* ⚕ Frambö'sie *f* (*tropische Hautkrankheit*).

frame [freɪm] I *s.* **1.** (*Bilder-, Fenster-*

etc.)Rahmen *m* (*a.* ⚙, *mot.*): ~ ***aerial*** Rahmenantenne *f*; **2.** (*a. Brillen-, Schirm-, Wagen*)Gestell *n*, Gerüst *n*; **3.** Einfassung *f*; **4.** ⚠ a) Balkenwerk *n*: ~ ***house*** Holz- *od.* Fachwerkhaus *n*, b) Gerippe *n*, Ske'lett *n*: ***steel*** ~; **5.** *typ.* ('Setz)Re,gal *n*; **6.** ⚡ Stator *m*; **7.** ✈, ⚓ a) Spant *n*, *m*, b) Gerippe *n*; **8.** *TV* a) Abtastfeld *n*, b) Raster(bild *n*) *m*; **9.** *Film*: Einzelbild *n*; **10.** *Comic strips*: Bild *n*; **11.** ✓ verglaster Treibbeetkasten; **12.** *Weberei*: ('Spinn-, 'Web)Ma,schine *f*; **13.** a) Rahmen(erzählung *f*) *m*, b) 'Hintergrund *m*; **14.** Körper(bau) *m*, Fi'gur *f*: ***the mortal*** ~ die sterbliche Hülle; **15.** *fig.* Rahmen *m*, Sy'stem *n*: ***within the*** ~ ***of*** im Rahmen (*gen.*); **16.** *bsd.* ~ ***of mind*** (Gemüts)Verfassung *f*, (-)Zustand *m*, Stimmung *f*; **17.** → ***frame-up***; **II** *v/t.* **18.** zs.-fügen, -setzen; **19.** a) *Bild etc.* (ein)rahmen, (-)fassen, b) *fig.* um'rahmen; **20.** *et.* ersinnen, entwerfen, *Plan* schmieden, *Gedicht etc.* machen, verfertigen, *Politik etc.* abstecken; **21.** *Worte, a. Entschuldigung etc.* formulieren; **22.** gestalten, formen, bilden; **23.** anpassen (***to*** *dat.*); **24.** *a.* ~ ***up*** *sl.* a) *et.* ‚drehen', ‚schaukeln', b) *j-m* et. ‚anhängen', *j-n* ‚reinhängen': ~ ***a match*** ein Spiel (vorher) absprechen; **framed** [-md] *adj.* **1.** gerahmt; **2.** ⚠ Fachwerk...; **3.** ⚓, ✈ in Spanten; '**fram·er** [-mə] *s.* **1.** (Bilder-)Rahmer *m*; **2.** *fig.* Gestalter *m*, Entwerfer *m*.

frame| saw *s.* ⚙ Spannsäge *f*; ~ **sto·ry**, ~ **tale** *s.* Rahmenerzählung *f*; ~ **tent** *s.* Steilwandzelt *n*; '~**-up** *s.* F **1.** Kom'plott *n*, In'trige *f*, Falle *f*; **2.** abgekartetes Spiel, Schwindel *m*; '~**·work** *s.* **1.** ⚙, *a.* ✈ *u. biol.* Gerüst *n*, Gerippe *n*; **2.** ⚠ Fachwerk *n*, Gebälk *n*; **3.** 🚂 Gestell *n*; **4.** *fig.* Rahmen *m*, Gefüge *n*, Sy'stem *n*: ***within the*** ~ ***of*** im Rahmen (*gen.*).

franc [fræŋk] *s.* **1.** Franc *m* (*Währungseinheit Frankreichs etc.*); **2.** Franken *m* (*Währungseinheit der Schweiz*).

fran·chise ['fræntʃaɪz] *s.* **1.** *pol.* a) Wahl-, Stimmrecht *n*, b) Bürgerrecht(e *pl.*) *n*; **2.** *Am.* Privi'leg *n*; **3.** *hist.* Gerechtsame *f*; **4.** ✝ *bsd. Am.* a) *a. sport* Konzessi'on *f*, b) Al'leinverkaufsrecht *n*, c) 'Rechtsper,sönlichkeit *f*, d) Franchise *n*, Franchising *n* (*Vertriebsart*); **5.** *Versicherung*: Fran'chise *f*.

Fran·cis·can [fræn'sɪskən] **I** *s.* Franzis'kaner(mönch) *m*; **II** *adj.* Franziskaner...

Fran·co-Ger·man [,fræŋkəʊ'dʒɜːmən] *adj.*: ***the*** ~ ***War*** der Deutsch-Französische Krieg (*1870/71*).

Fran·co·ni·an [fræŋ'kəʊnjən] *adj.* fränkisch.

Fran·co|·phile ['fræŋkəʊfaɪl], '~**·phil** [-fɪl] **I** *s.* Franko'phile *m*, Fran'zosenfreund *m*; **II** *adj.* franko'phil; '~**·phobe** [-fəʊb] **I** *s.* Fran'zosenhasser *m*, -feind *m*; **II** *adj.* fran'zosenfeindlich.

fran·gi·ble ['frændʒɪbl] *adj.* zerbrechlich.

fran·gi·pane ['frændʒɪpeɪn] *s. Art* Mandelcreme *f*.

Fran·glais ['frɑ̃ːŋgleɪ] (*Fr.*) *s. stark anglisiertes Französisch.*

Frank[1] [fræŋk] *s. hist.* Franke *m*.

frank[2] [fræŋk] **I** *adj.* □ → ***frankly***; **1.** offen, aufrichtig, frei(mütig); **II** *s.* **2.** ✉ *hist.* a) Freivermerk *m*, b) Portofreiheit *f*; **III** *v/t.* **3.** *Brief* (*a.* mit der Ma'schine) frankieren: ~***ing machine*** Frankiermaschine *f*; **4.** *j-m* (freien) Zutritt verschaffen; **5.** *et.* amtlich freigeben.

frank[3] [fræŋk] *Am.* F *für* **frank·furt·er** ['fræŋkfɜːtə] *s.* Frankfurter (Würstchen *n*) *f*.

frank·in·cense ['fræŋkɪn,sens] *s.* Weihrauch *m*.

> **Frankincense** wird der Weihrauch genannt, den einer der Heiligen Drei Könige dem Christkind brachte. Ansonsten wird der Weihrauch meistens **incense** ['ɪnsens] genannt.

Frank·ish ['fræŋkɪʃ] *adj. hist.* fränkisch.

frank·lin ['fræŋklɪn] *s. hist.* **1.** Freisasse *m*; **2.** kleiner Landbesitzer.

frank·ly ['fræŋklɪ] *adv.* **1.** → ***frank***[2] 1; **2.** frei her'aus, frank u. frei; **3.** *a.* ~ ***speaking*** offen gestanden *od.* gesagt; '**frank·ness** [-nɪs] *s.* Offenheit *f*, Freimütigkeit *f*.

fran·tic ['fræntɪk] *adj.* □ (*mst* ~***ally***) **1.** wild, außer sich, rasend (***with*** vor *dat.*); wütend; **2.** verzweifelt: ~ ***efforts***; **3.** hektisch: ***a*** ~ ***search***.

frap·pé ['fræpeɪ] (*Fr.*) **I** *adj.* eisgekühlt; **II** *s.* Frap'pee *m* (*Getränk*).

frat [fræt] *sl.* → ***fraternity*** 3.

fra·ter·nal [frə'tɜːnl] **I** *adj.* □ **1.** brüderlich, Bruder...; **2.** *biol.* zweieiig: ~ ***twins***; **II** *s.* **3.** *a.* ~ ***association***, ~ ***society*** *Am.* Verein *m* zur Förderung gemeinsamer Interessen; **fra'ter·ni·ty** [-nətɪ] *s.* **1.** Brüderlichkeit *f*; **2.** Vereinigung *f*, Zunft *f*, Gilde *f*: ***the angling*** ~ die Zunft der Angler; ***the legal*** ~ die Juristen *pl.*; **3.** *Am.* Stu'dentenverbindung *f*; **frat·er·ni·za·tion** [,frætənaɪ'zeɪʃn] *s.* Verbrüderung *f*; **frat·er·nize** ['frætənaɪz] *v/i.* sich verbrüdern, *bsd.* ⚔ fraternisieren.

frat·ri·cid·al [,frætrɪ'saɪdl] *adj.* brudermörderisch: ~ ***war*** Bruderkrieg *m*; **frat·ri·cide** ['frætrɪsaɪd] *s.* **1.** Bruder-, Geschwistermord *m*; **2.** Bruder-, Geschwistermörder *m*.

fraud [frɔːd] *s.* **1.** ⚖ Betrug *m*, arglistige Täuschung: ***by ~*** arglistig; ***obtain by ~*** sich *et.* erschleichen; ***~ department*** Betrugsdezernat *n*; **2.** Schwindel *m*; **3.** F a) Schwindler *m*, ‚falscher Fuffziger', b) ‚Schauspieler' *m*, j-d, der nicht ‚echt' ist; '**fraud·u·lence** [-djʊləns] *s.* Betrüge'rei *f*; '**fraud·u·lent** [-djʊlənt] *adj.* ☐ betrügerisch, arglistig: ***~ bankruptcy*** betrügerischer Bankrott; ***~ conversion*** Unterschlagung *f*; ***~ preference*** Gläubigerbegünstigung *f*; ***~ representation*** Vorspiegelung *f* falscher Tatsachen; ***~ transaction*** Schwindelgeschäft *n*.

fraught [frɔːt] *adj.* **1.** *mst fig.* (***with***) voll (von), beladen (mit): ***~ with danger*** gefahrvoll; ***~ with meaning*** bedeutungsschwer, -schwanger; ***~ with sorrow*** kummerbeladen; **2.** F a) schlimm, b) ‚schwer im Druck'.

fray[1] [freɪ] *s.* **1.** (lauter) Streit; **2.** a) Schläge'rei *f*, b) ⚔ *u. fig.* Kampf *m*: ***eager for the ~*** kampflustig.

fray[2] [freɪ] **I** *v/t.* **1.** *a.* ***~ out*** *Stoff etc.* abtragen, 'durchscheuern, ausfransen, *a. fig.* abnutzen: ***~ed nerves*** strapazierte Nerven; ***~ed at the edges*** *fig.* sehr mitgenommen; ***~ed temper*** *fig.* gereizte Stimmung; **2.** *Geweih* fegen; **II** *v/i.* **3.** *a.* ***~ out*** sich abnutzen (*a. fig.*), sich ausfransen *od.* 'durchscheuern; **4.** *fig.* sich ereifern: ***tempers began to ~*** die Stimmung wurde gereizt.

fraz·zle ['fræzl] **I** *v/t.* **1.** ausfransen; **2.** *oft* ***~ out*** F *j-n* ‚fix u. fertig' machen; **II** *v/i.* **3.** sich ausfransen *od.* 'durchscheuern; **III** *s.* **4.** Franse *f*: ***worn to a ~*** F ‚fix u. fertig'; ***work o.s. to a ~*** F sich ‚kaputtmachen' (vor Arbeit); ***burnt to a ~*** total verkohlt.

freak [friːk] **I** *s.* **1.** 'Missbildung *f*, (*Mensch*, *Tier*) *a.* 'Missgeburt *f*, Monstrosi'tät *f*: ***~ of nature*** Laune *f* der Natur, *contp.* Monstrum *n*; ***~ show*** Monstrositätenkabinett *n*; **2.** Grille *f*, Laune *f*; **3.** ‚verrückte' *od.* ‚irre' Sache; **4.** *sl.* ‚Freak' *m*: a) ‚irrer Typ', *contp.* ‚Ausgeflippte(r' *m*) *f*, ‚Spinner' *m*, b) (*Jazz-*, *Computer- etc.*)Narr *m*, c) Süchtige(r *m*) *f*: ***pill ~***; **II** *adj.* **5.** → ***freakish***; **III** *v/i.* **6.** ***~ out*** *sl.* ‚ausflippen' (*Süchtiger*, *a. allg. fig.*); **IV** *v/t.* **7.** *sl. j-n* ‚ausflippen' lassen; '**freak·ish** [-kɪʃ] *adj.* ☐ **1.** launisch, unberechenbar (*Wetter etc.*); **2.** ‚verrückt', ‚irr'; '**freak-out** *s. sl.* **1.** ‚Horrortrip' *m*; **2.** ‚Ausflippen' *n*; '**freak·y** *adj.* F **1.** unheimlich; **2.** ‚schräg', irre.

freck·le ['frekl] **I** *s.* **1.** Sommersprosse *f*; **2.** Fleck(chen *n*) *m*; **II** *v/t.* **3.** tüpfeln, sprenkeln; **III** *v/i.* **4.** Sommersprossen bekommen; '**freck·led** [-ld] *adj.* sommersprossig.

free [friː] **I** *adj.* ☐ (→ *a.* 18) **1.** frei: a) unabhängig, b) selbstständig, c) ungebunden, d) ungehindert, e) uneingeschränkt, f) in Freiheit (befindlich): ***a ~ man***; ***the 2 World***; ***~ elections***; ***you are ~ to go*** es steht dir frei zu gehen; ***it's*** (*od.* ***this is***) ***a ~ country*** F hier kann jeder tun u. lassen, was er will; ***'Mind if I sit here?' – 'It's a ~ country'*** ‚Darf ich mich hierher setzen?' – ‚Ich kann Sie *od.* dich nicht daran hindern'; **2.** frei: a) *unbeschäftigt*: ***I am ~ after 5 o'clock***, b) *ohne Verpflichtungen*: ***a ~ evening***, c) nicht besetzt: ***this room is ~***; **3.** frei: a) *nicht wörtlich*: ***a ~ translation***, b) *nicht an Regeln gebunden*: ***~ verse***; ***~ skating*** *sport* Kür(laufen *n*) *f*, c) frei gestaltet: ***a ~ version***; **4.** (***from***, ***of***) frei (von), ohne (*acc.*): ***~ from error*** fehlerfrei; ***~ from infection*** frei von ansteckenden Krankheiten; ***~ from pain*** schmerzfrei; ***~ of debt*** schuldenfrei; ***~ and unencumbered*** ⚖ unbelastet, hypothekenfrei; ***~ of taxes*** steuerfrei; **5.** ⚗ frei, nicht gebunden; **6.** frei, los(e); **7.** frei, unbefangen, ungezwungen: ***~ manners***; **8.** a) offen(herzig), freimütig, b) unverblümt, c) unverschämt: ***make ~ with*** sich Freiheiten herausnehmen gegen *j-n*; **9.** allzu frei, unanständig: ***~ talk***; **10.** freigebig, großzügig: ***be ~ with s.th.***; **11.** leicht, flott, zügig; **12.** (kosten-, gebühren-) frei, kostenlos, unentgeltlich, gratis, zum Nulltarif: ***~ copy*** Freiexemplar *n*; ***~ fares*** Nulltarif *m*; ***~ gift*** ⚕ Zugabe *f*, Gratisprobe *f*; ***~ ticket*** a) Freikarte *f*, b) Freifahrschein *m*; **13.** ⚕ frei (*Klausel*): ***~ on board*** frei an Bord; ***~ on rail*** frei Waggon; ***~ domicile*** frei Haus; **14.** ⚕ frei verfügbar: ***~ assets***; **15.** öffentlich: ***~ library*** Volksbibliothek *f*; ***be*** (***made***) ***~ of s.th.*** freien Zutritt zu et. haben; **16.** willig, bereit; **17.** *Turnen*: ohne Geräte: ***~ gymnastics*** Freiübungen; **II** *adv.* **18.** *allg.* frei (→ I): ***go ~*** frei ausgehen; ***run ~*** ⚙ leer laufen (*Maschine*); **III** *v/t.* **19.** *a. fig.* befreien (***from*** von, aus); **20.** freilassen; **21.** entlasten (***from***, ***of*** von).

free|ar·e·a *s. fig.* Freiraum *m*; ***~ back*** *s. sport* Libero *m*; '**~·bee**, '**~·bie** [-biː] *s.* F ('Gratis)Geschenk *n*; ***get s.th. as a ~*** et. gratis bekommen; '**~·board** *s.* ⚓ Freibord *n*; '**~ˌboot·er** *s.* Freibeuter *m*; **2 Church** *s.* Freikirche *f*; '**~-ˌcut·ting** *adj.*: ***~ steel*** ⚙ Automatenstahl *m*.

freed·man ['friːdmæn] *s.* [*irr.*] Freigelassene(r) *m*.

free·dom ['friːdəm] *s.* **1.** a) Freiheit *f*, b) Unabhängigkeit *f*: ***~ of the press*** Pressefreiheit; ***~ of the seas*** Freiheit der Meere; ***~ of the city*** (*od.* ***town***) Ehrenbürgerrecht *n*; ***~ from taxation*** Steuerfreiheit; ***~ fighter*** Freiheitskämpfer

F

(-in); **2.** freier Zutritt, freie Benutzung; **3.** Freimütigkeit *f*, Offenheit *f*; **4.** Zwanglosigkeit *f*; **5.** Aufdringlichkeit *f*, (plumpe) Vertraulichkeit; **6.** *phls.* Willensfreiheit *f*, Selbstbestimmung *f*.

free| en·er·gy *s. phys.* freie *od.* ungebundene Ener'gie; **~ en·ter·prise** *s.* freies Unter'nehmertum; **~ fall** *s.* ✈ *phys.* freier Fall; **~ fight** *s.* ('Massen-) Schläge,rei *f*; **'~·fone** *s.* gebührenfreies Telefo'nieren: ***call us on ~ ...*** rufen Sie uns gebührenfrei unter ... an; **~ *number*** gebührenfreie Tele'fonnummer; **'~-for-,all** [-ər,ɔːl] F **1.** → ***free fight***; **2.** wildes ‚Gerangel'; **~ hand** *s.*: ***give s.o. a ~*** j-m freie Hand lassen; **'~·hand** *adj.* **1.** Freihand..., freihändig: **~ *drawing***; **2.** *fig.* a) frei, b) ausschweifend; **,~'hand·ed** *adj.* **1.** freigebig, großzügig; **2.** → ***freehand***; **,~'heart·ed** *adj.* **1.** freimütig, offen (-herzig); **2.** → ***freehanded*** 1; **'~·hold** *s.* (volles) Eigentumsrecht an Grundbesitz: **~ *flat*** *Brit.* Eigentumswohnung *f*; **'~,hold·er** *s.* Grund- u. Hauseigentümer *m*; **~ kick** *s. Fußball*: Freistoß *m*: **(*in*)*direct* ~**; **~ la·bo(u)r** *s.* nicht organisierte Arbeiter(schaft *f*) *pl.*; **'~·lance I** *s.* **1.** a) freier Schriftsteller *od.* Journa'list (*etc.*), Freiberufler *m*; freischaffender Künstler, b) freier Mitarbeiter; **2.** *pol.* Unabhängige(r) *m*, Par'teilose(r) *m*; **II** *adj.* **3.** freiberuflich (tätig), freischaffend; **III** *v/i.* **4.** freiberuflich tätig sein; **'~,lanc·er** → ***freelance*** 1; **~ list** *s.* **1.** Liste *f* zollfreier Ar'tikel; **2.** Liste *f* der Empfänger von 'Freikarten *od.* -exem,plaren; **~ liv·er** *s.* Schlemmer *m*, Genießer *m*; **'~,load·er** *s.* F ‚Schnorrer(in)', Schmarotzer(in) *m*; **~ love** *s.* freie Liebe; **~ man** *s.* [*irr.*] *Fußball*: freier Mann, Libero *m*; **'~·man** *s.* [*irr.*] **1.** [-mæn] freier Mann; **2.** [-mən] (Ehren)Bürger *m* (*Stadt*); **~ mar·ket** *s.* ✝ **1.** freier Markt: **~ *economy*** freie Marktwirtschaft; **2.** *Börse*: Freiverkehr *m*; **'♀,ma·son** *s.* Freimaurer *m*: **~*s' lodge*** Freimaurerloge *f*; **'♀,ma·son·ry** *s.* **1.** Freimaure'rei *f*; **2.** *fig.* Zs.-gehörigkeitsgefühl *n*; **'~·phone** *s.* → ***freefone***; **~ play** *s.* **1.** ⚙ Spiel *n*; **2.** *fig.* freie Hand; **~ port** *s.* Freihafen *m*; **'~·post** *s. Brit. Teil e-r Adresse: etwa* Gebühr zahlt Empfänger; **'~-range** *adj.*: **~ *hens*** Freilandhühner; **~ rid·er** → ***freeloader***; **~ share** *s.* ✝ Freiaktie *f*.

free·si·a ['friːzjə] *s.* ⚘ Freesie *f*.

free| speech *s.* Redefreiheit *f*; **,~-'spo·ken** *adj.* offen, freimütig; **,~-'standing** *adj.*: **~ *exercises*** Freiübungen *pl.*; **~ *sculpture*** Freiplastik *f*; **~ state** *s.* Freistaat *m*; **'~·style** *sport* **I** *s.* Freistil (-schwimmen *n etc.*) *m*; **II** *adj.* Freistil..., Kür...: **~ *skating*** Kür(laufen *n*) *f*; **,~'think·er** *s.* Freidenker *m*, Freigeist *m*; **,~'think·ing** *s.*, **~ thought** *s.* Freidenke'rei *f*, -geiste'rei *f*; **~ throw** *s. Basketball*: Freiwurf *m*; **,~'trade a·re·a** *s.* Freihandelszone *f*; **,~'trad·er** *s.* Anhänger *m* des Freihandels; **~ vote** *s. parl.* Abstimmung *f* ohne Frakti'onszwang; **'~·ware** *s. Computer*: 'Freeware *f* (*kostenlos erhältliche*[*s*] *Computerprogramm*[*e pl.*]); **'~·way** *s. Am.* gebührenfreie Schnellstraße; **,~'wheel** ⚙ **I** *s.* Freilauf *m*; **II** *v/i.* im Freilauf fahren; **,~'wheeling** *adj.* F **1.** sorglos; **2.** frei u. ungebunden; **~ will** *s.* freier Wille, Willensfreiheit *f*.

freeze [friːz] **I** *v/i.* [*irr.*] → ***frozen***; **1.** frieren (*a. impers.*): ***it is freezing hard*** es friert stark; ***I am freezing*** mir ist eiskalt; **~ *to death*** erfrieren; **2.** gefrieren; **3.** *a.* **~ *up*** (*od.* ***over***) ein-, zufrieren, vereisen; **4.** an-, festfrieren: **~ *on to sl.*** sich wie eine Klette an *j-n* heften; **5.** (*vor Kälte, fig. vor Schreck etc.*) erstarren, eisig werden (*Person, Gesicht*): ***it made my blood ~*** es ließ mir das Blut in den Adern erstarren; **~*!*** *sl.* keine Bewegung!; **6. ~ *up*** *Computer*: ‚abstürzen'; **II** *v/t.* [*irr.*] **7.** zum Gefrieren bringen: ***I was frozen*** mir war eiskalt; **8.** erfrieren lassen; **9.** *Fleisch etc.* einfrieren, tiefkühlen; ⚕ vereisen; **10.** *a. fig.* erstarren lassen, *fig. a.* lähmen: **~ *out*** *Am.* F *j-n* hinausekeln, kaltstellen; **11.** ✝ *Guthaben etc.* sperren, *a. Preise etc., pol. diplomatische Beziehungen* einfrieren: **~ *prices*** (***wages***) *a.* e-n Preis- (Lohn)stopp einführen; **12. ~ *up*** *Computer*: zum Absturz bringen; **III** *s.* **13.** Gefrieren *n*; **14.** Erstarrung *f*; **15.** 'Frost(peri,ode *f*) *m*, Kälte(welle) *f*; **16.** ✝, *pol.* Einfrieren *n*, ✝ *a.* (Preis-, Lohn)Stopp *m*: **~ *on wages***; ***put a ~ on*** → 10; **,~-'dry** *v/t.* gefriertrocknen; **~ dry·er** *s.* Gefriertrockner *m*.

freez·er ['friːzə] *s.* **1.** Ge'frierma,schine *f od.* -kammer *f*; **2.** Tiefkühlgerät *n*; **3.** Gefrierfach *n* (*Kühlschrank*); **'freeze-up** *s.* **1.** starker Frost; **2.** Com'puterabsturz *m*, F -crash *m*; **'freez·ing** [-zɪŋ] **I** *adj.* ☐ **1.** ⚙ Gefrier..., Kälte...: **~ *compartment*** → ***freezer*** 3; ***below ~ point*** unter dem Gefrierpunkt, unter null; **2.** eisig; **3.** kalt, unnahbar; **II** *s.* **4.** Einfrieren *n* (*a.* ✝, *pol.*); **5.** *a.* ⚕ Vereisung *f*; **6.** Erstarrung *f*.

freight [freɪt] **I** *s.* **1.** Fracht *f*, Beförderung *f*; **2.** ⚓ (*Am. a.* ✈, 🚂, *mot.*) Fracht(gut *n*) *f*, Ladung *f*: **~ *and carriage*** *Brit.* See- und Landfracht; **3.** Fracht(gebühr) *f*: **~ *forward*** Fracht gegen Nachnahme; **4.** *Am.* → ***freight train***; **II** *v/t.* **5.** *Schiff*, *Am. a. Güterwagen etc.* befrachten, beladen; **6.** *Güter* verfrachten; **'freight·age** [-tɪdʒ] *s.* **1.** Trans'port *m*; **2.** → ***freight*** 2, 3.

F

freight| bill *s.* ✝ *Am.* Frachtbrief *m*; **~ car** *s. Am.* Güterwagen *m*.

freight·er ['freɪtə] *s.* **1.** a) Frachtschiff *n*, Frachter *m*, b) Trans'portflugzeug *n*; **2.** a) Befrachter *m*, Reeder *m*, b) Ab-, Verlader *m*.

'freight|ˌlin·er *s. Brit.* Con'tainerzug *m*; **~ rate** *s.* ✝ Frachtsatz *m*; **~ sta·tion** *s. Am.* Güterbahnhof *m*; **~ train** *s. Am.* Güterzug *m*.

French [frentʃ] **I** *adj.* **1.** fran'zösisch: **~ *master*** Französischlehrer; **II** *s.* **2. *the* ~** die Franzosen *pl.*; **3.** *ling.* Fran'zösisch *n*: ***in* ~** a) auf Französisch, b) im Französischen; **~ beans** *s. pl.* grüne Bohnen *pl.*; **~ Ca·na·di·an I** *s.* **1.** 'Frankokaˌnadier(in); **2.** *ling.* ka'nadisches Fran'zösisch; **II** *adj.* **3.** 'frankokaˌnadisch; **~ chalk** *s.* Schneiderkreide *f*; **~ doors** *Am.* → ***French windows***; **~ dress·ing** *s.* French Dressing *n* (*Salatsoße aus Öl, Essig, Senf u. Gewürzen*); **~ fried po·ta·toes**, F **~ fries** [fraɪz] *s. pl. Am.* Pommes 'frites *pl.*; **~ horn** *s.* ♪ (Wald)Horn *n*; **~ kiss** *s.* Zungenkuss *m*; **~ leave** *s.*: ***take* ~** sich auf Französisch empfehlen, sich französisch empfehlen; **~ let·ter** *s.* F ‚Pa'riser' *m* (*Kondom*); **~ loaf** *s.* [*irr.*] Ba'guette *f*; **'~·man** [-mən] *s.* [*irr.*] Fran'zose *m*; **~ mar·i·gold** *s.* ⚘ Stu'dentenblume *f*; **~ pol·ish** *s.* 'Schellackpoliˌtur *f*; **~ roof** *s.* ⚠ Man'sardendach *n*; **~ win·dows** *s. pl.* Ter'rassen-, Bal'kontür *f*; **'~ˌwom·an** *s.* [*irr.*] Fran'zösin *f*.

fre·net·ic [frə'netɪk] *adj.* (□ **~*ally***) → ***frenzied***.

fren·zied ['frenzɪd] *adj.* **1.** fre'netisch (*Geschrei etc.*), rasend: **~ *applause***; **2.** a) außer sich, rasend (***with*** vor *dat.*), b) wild, hektisch; **fren·zy** ['frenzɪ] **I** *s.* **1.** Wahnsinn *m*, Rase'rei *f*: ***in a* ~ *of hate*** rasend vor Hass; **2.** wilde Aufregung; **3.** Verzückung *f*, Ek'stase *f*; **4.** Wirbel *m*, Hektik *f*; **II** *v/t.* **5.** rasend machen.

fre·quen·cy ['friːkwənsɪ] *s.* **1.** Häufigkeit *f* (*a.* ⩕, *biol.*); **2.** *phys.* Fre'quenz *f*, Schwingungszahl *f*: ***high* ~** Hochfrequenz; **~ band** *s.* ⚡ Fre'quenzband *n*; **~ chang·er**, **~ con·vert·er** *s.* ⚡, *phys.* Fre'quenzwandler *m*; **~ curve** *s.* ⩕, *biol.* Häufigkeitskurve *f*; **~ mod·u·la·tion** *s. phys.* Fre'quenzmodulatiˌon *f*; **~ range** *s.* Fre'quenzbereich *m*.

fre·quent I *adj.* ['friːkwənt] □ → ***frequently***; **1.** häufig, (häufig) wieder'holt: ***be* ~** häufig vorkommen; ***he is a* ~ *visitor*** er kommt häufig zu Besuch; **2.** ⚕ beschleunigt (*Puls*); **II** *v/t.* [frɪ'kwent] **3.** häufig *od.* oft be-, aufsuchen, frequentieren; **fre·quen·ta·tive** [frɪ'kwentətɪv] *ling.* **I** *adj.* frequenta'tiv; **II** *s.* Frequenta'tiv(um) *n*; **fre·quent·er** [frɪ'kwentə] *s.* (fleißiger) Besucher, Stammgast *m*; **'fre·quent·ly** [-lɪ] *adv.* oft, häufig.

fres·co ['freskəʊ] **I** *pl.* **-cos, -coes** *s.* a) 'Freskomaleˌrei *f*, b) Fresko(gemälde) *n*; **II** *v/t.* in Fresko (be)malen.

fresh [freʃ] **I** *adj.* □ (→ *a.* 8); **1.** *allg.* frisch; **2.** neu: **~ *evidence***; **~ *news***; **~ *arrival*** Neuankömmling *m*; ***make a* ~ *start*** neu anfangen; ***take a* ~ *look at*** *et.* noch einmal *od.* von e-r anderen Seite betrachten; **3.** frisch: a) zusätzlich: **~ *supplies***, b) *nicht alt*: **~ *eggs***, c) *nicht eingemacht*: **~ *vegetables*** *a.* Frischgemüse *n*; **~ *meat*** Frischfleisch *n*; **~ *herrings*** grüne Heringe, d) sauber, rein: **~ *shirt***; **4.** frisch: a) blühend, gesund: **~ *complexion***, b) ausgeruht, erholt: (***as***) **~ *as a daisy*** quicklebendig; **5.** frisch: a) unverbraucht, b) erfrischend, c) kräftig: **~ *wind***, d) kühl; **6.** *fig.* ‚grün', unerfahren; **7.** F frech, ‚pampig': ***don't get* ~ *with me!*** werd (mir) ja nicht frech!; **II** *adv.* **8.** frisch: **~ *from*** frisch *od.* direkt von *od.* aus; **III** *s.* **9.** Frische *f*, Kühle *f*: **~ *of the day*** *der* Tagesanfang; **10.** → ***freshet***.

ˌfresh-'air fiend *s.* F 'Frischluftfaˌnatiker(in), -aˌpostel *m*.

fresh·en ['freʃn] **I** *v/t. a.* **~ *up*** **1.** *j-n* erfrischen: **~ *o.s. up*** → 4; **2.** *fig. et.* auffrischen, ‚aufpolieren'; **II** *v/i. mst* **~ *up*** **3.** frisch werden, aufleben; **4.** sich frisch machen; **5.** auffrischen (*Wind*); **'fresh·er** [-ʃə] *Brit.* F → ***freshman***; **'fresh·et** [-ʃɪt] *s.* Hochwasser *n*, Flut *f* (*a. fig.*); **'fresh·man** [-mən] *s.* [*irr.*] Stu'dent *m* im ersten Se'mester; **'fresh·ness** [-ʃnɪs] *s.* Frische *f*; Neuheit *f*; Unerfahrenheit *f*.

fresh| wa·ter *s.* Süßwasser *n*; **'~ˌwa·ter** *adj.* **1.** Süßwasser...: **~ *fish***; **2.** *Am.* Provinz...: **~ *college***.

fret¹ [fret] *s.* ♪ Bund *m*, Griffleiste *f*.

fret² [fret] **I** *s.* ⚠ *etc.* **1.** durch'brochene Verzierung; **2.** Gitterwerk *n*; **II** *v/t.* **3.** durch'brochen *od.* gitterförmig verzieren.

fret³ [fret] **I** *v/t.* **1.** ⚙, ⚗ an-, zerfressen, angreifen; **2.** abnutzen, -scheuern; **3.** *j-n* ärgern, reizen; **II** *v/i.* **4.** a) sich ärgern: **~ *and fume*** vor Wut schäumen, b) sich Sorgen machen; **III** *s.* **5.** Ärger *m*, Verärgerung *f*; **'fret·ful** [-fʊl] *adj.* □ ärgerlich, gereizt.

fret| saw *s.* ⚙ Laubsäge *f*; **'~·work** *s.* **1.** ⚠ *etc.* Gitterwerk *n*; **2.** Laubsägearbeit *f*.

Freud·i·an ['frɔɪdjən] **I** *s.* Freudi'aner (-in); **II** *adj.* freudi'anisch, freudsch: **~ *slip*** *psych.* freudsche Fehlleistung.

fri·a·ble ['fraɪəbl] *adj.* bröck(e)lig, krümelig.

fri·ar ['fraɪə] *s. eccl.* (*bsd.* Bettel-) Mönch *m*: ***Black* ♀** Dominikaner *m*; ***Grey* ♀** Franziskaner *m*; ***White* ♀** Karmeliter *m*; **'fri·ar·y** [-ərɪ] *s.* Mönchskloster *n*.

fric·as·see ['frɪkəsiː] (*Fr.*) **I** *s.* Frikas'see *n*; **II** *v/t.* [ˌfrɪkə'siː] frikassieren.
fric·a·tive ['frɪkətɪv] *ling.* **I** *adj.* Reibe...; **II** *s.* Reibelaut *m*.
fric·tion ['frɪkʃn] **I** *s.* **1.** ⚙, *phys.* Reibung *f*, Frikti'on *f*; **2.** *bsd.* ⚕ Einreibung *f*; **3.** *fig.* Reibungen *pl.*, Reibe'rei *f*, Spannung *f*, 'Misshelligkeit *f*; **II** *adj.* **4.** ⚙, *phys.* Reibungs...: **~ brake**; **~ clutch**; **~ drive** Friktionsantrieb *m*; **~ gear(ing)** Friktionsgetriebe *n*; **~ match** Streichholz *n*; **~ surface** Lauffläche *f*; **~ tape** *Am.* Isolierband *n*; '**fric·tion·al** [-ʃənl] *adj.* **1.** Reibungs..., Friktions...; **2. ~ unemployment** temporäre Arbeitslosigkeit; '**fric·tion·less** [-lɪs] *adj.* ⚙ reibungsfrei, -arm.
Fri·day ['fraɪdɪ] *s.* Freitag *m*: **on ~** am Freitag; **on ~s** freitags; → **Good Friday**, **girl Friday**.
fridge [frɪdʒ] *s.* F Kühlschrank *m*.
fried [fraɪd] *adj.* **1.** gebraten; → **fry²** 1; **2.** *Am. sl.* ‚blau', besoffen; '**~·cake** *s.* *Am.* Krapfen *m*.
friend [frend] *s.* **1.** Freund(in): **~ at court** ‚Vetter' (*einflussreicher Freund*); **~ of the court** ⚖ sachverständiger Beistand (des Gerichts); → **next** 1; **be ~s with s.o.** mit j-m befreundet sein; **make ~s with** mit *j-m* Freundschaft schließen; **a ~ in need is a ~ indeed** der wahre Freund zeigt sich erst in der Not; **2.** Bekannte(r *m*) *f*; **3.** Helfer(in), Förderer *m*; **4.** Hilfe *f*, Freund(in); **5.** *Brit.* a) **my honourable ~** *parl.* mein Herr Kollege *od.* Vorredner (*Anrede*), b) **my learned ~** ⚖ mein verehrter Herr Kollege; **6. Society of** 𝔖**s** Gesellschaft der Freunde, *die* Quäker; '**friend·less** [-lɪs] *adj.* ohne Freunde; '**friend·li·ness** [-lɪnɪs] *s.* Freund(schaft)lichkeit *f*; freundschaftliche Gesinnung; '**friend·ly** [-lɪ] **I** *adj.* **1.** freundlich; **2.** freundschaftlich, Freundschafts...: **~ match** *sport* Freundschaftsspiel *n*; **a ~ nation** e-e befreundete Nation; **3.** wohlwollend, -gesinnt: **~ neutrality** *pol.* wohlwollende Neutralität; 𝔖 **Society** Versicherungsverein *m* auf Gegenseitigkeit; **~ troops** ⚔ eigene Truppen; **4.** günstig; **II** *s.* **5.** *sport* F Freundschaftsspiel *n*; '**friend·ship** [-ʃɪp] *s.* **1.** Freundschaft *f*; **2.** → **friendliness**.

Friends of the Earth (FOE) ist eine führende internationale Umweltorganisation, die 1971 gegründet wurde und ihr Hauptquartier in Washington D.C. hat.

fri·er → **fryer**.
fries [fraɪz] *s. pl. bsd. Am.* Pommes 'frites *pl*.
Frie·sian ['friːzjən] → **Frisian**.
frieze¹ [friːz] **I** *s.* **1.** ⌂ Fries *m*; **2.** Zierstreifen *m* (*Tapete etc.*); **II** *v/t.* **3.** mit e-m Fries versehen.
frieze² [friːz] *s.* Fries *m* (*Wollzeug*).
frig [frɪg] V **I** *v/t.* ‚ficken'; **II** *v/i.* ‚wichsen'.
frig·ate ['frɪgɪt] *s.* ⚓ Fre'gatte *f*.
frige [frɪdʒ] → **fridge**.
fright [fraɪt] **I** *s.* Schreck(en) *m*, Entsetzen *n*: **get** (*od.* **have**) **a ~** erschrecken; **give s.o. a ~** j-n erschrecken; **take ~** a) erschrecken, b) scheuen (*Pferd*); **get off with a ~** mit dem Schrecken davonkommen; **he looked a ~** F er sah ‚verboten' aus; **II** *v/t. poet.* → **frighten**; '**fright·en** [-tn] **I** *v/t.* **1.** a) *j-n* erschrecken (**s.o. to death** j-n zu Tode), *j-m* e-n Schrecken einjagen, b) *j-m* Angst einjagen: **~ s.o. into doing s.th.** j-n so einschüchtern, dass er et. tut; **I was ~ed** ich erschrak *od.* bekam Angst (**of** vor *dat.*); **2. ~ away** vertreiben, -scheuchen; **II** *v/i.* **3. he ~s easily** a) er ist sehr schreckhaft, b) dem kann man leicht Angst einjagen; '**fright·ened** [-tnd] *adj.* erschreckt, erschrocken, verängstigt; '**fright·en·ing** [-tnɪŋ] *adj.* ☐ erschreckend; '**fright·ful** [-fʊl] *adj.* ☐ furchtbar, schrecklich, entsetzlich, grässlich, scheußlich (*alle a.* F *fig.*); '**fright·ful·ly** [-flɪ] *adv.* furchtbar (*etc.*); '**fright·ful·ness** [-fʊlnɪs] *s.* **1.** Schrecklichkeit *f*; **2.** Schreckensherrschaft *f*, Terror *m*.
frig·id ['frɪdʒɪd] *adj.* ☐ **1.** kalt, frostig, eisig (*alle a. fig.*): **~ zone** *geogr.* kalte Zone; **2.** *fig.* kühl, steif; **3.** *psych.* fri'gid, gefühlskalt; **fri·gid·i·ty** [frɪ'dʒɪdətɪ] *s.* Kälte *f*, Frostigkeit *f* (*a. fig.*); *psych.* Frigidi'tät *f*.
frill [frɪl] **I** *s.* **1.** (Hals-, Hand)Krause *f*, Rüsche *f*; **2.** Pa'pierkrause *f*, Man'schette *f*; **3.** *zo.*, *orn.* Kragen *m*; **4.** *mst pl. contp.* ‚Verzierungen' *pl.*, Kinkerlitzchen *pl.*, ‚Mätzchen' *pl.*, ‚Firlefanz' *m*: **put on ~s** *fig.* ‚auf vornehm machen', sich aufplustern; **without ~s** ‚ohne Kinkerlitzchen', schlicht; **II** *v/t.* **5.** mit e-r Krause besetzen; **6.** kräuseln; **III** *v/i.* **7.** *phot.* sich kräuseln; '**frill·ies** [-lɪz] *s. pl. Brit.* F ‚Reizwäsche' *f*, 'Spitzenˌunterwäsche *f*.
fringe [frɪndʒ] **I** *s.* **1.** Franse *f*, Besatz *m*; **2.** Rand *m*, Einfassung *f*, Um'randung *f*; **3.** 'Ponyfriˌsur *f*; **4.** a) Randbezirk *m*, -gebiet *n* (*a. fig.*), b) *fig.* Rand(zone *f*) *m*, Grenze *f*: **~s of civilization**, c) → **fringe group**; → **lunatic** I; **5. the** 𝔖 *thea.* der ‚Fringe' (*avantgardistisches Gegen-Festival zum Edinburgh Festival*); **II** *v/t.* **6.** mit Fransen besetzen; **7.**

(um)'säumen; ~ **ben·e·fits** *s. pl.* (Gehalts-, Lohn)Nebenleistungen *pl.*

The Fringe (mit großem „F"), mit vollem Namen **the Edinburgh Fringe,** heißt das Randprogramm, das um das jährliche Musik- und Theaterfestival (**Edinburgh Festival**) im Juli und August herum abgehalten wird und für seine avantgardistischen Darstellungen berühmt ist.

F

fringed [frɪndʒd] *adj.* gefranst.

fringe| group *s. sociol.* Randgruppe *f*; ~ **the·a·ter** *Am.*, ~ **the·a·tre** *Brit.* Experimen'tierthe,ater *m*.

frip·per·y ['frɪpərɪ] *s.* **1.** Putz *m*, Flitterkram *m*; **2.** Tand *m*, Plunder *m*; **3.** *fig.* → ***frill*** 4.

fris·bee ['frɪzbiː] *TM s.* 'Frisbee *TM m.*

Fri·sian ['frɪzɪən] **I** *s.* **1.** Friese *m*, Friesin *f*; **2.** *ling.* Friesisch *n*; **II** *adj.* **3.** friesisch.

frisk [frɪsk] **I** *v/i.* **1.** her'umtollen, -hüpfen; **II** *v/t.* **2.** wedeln mit; **3.** *j-n* ‚filzen', *a. et.* durch'suchen; **III** *s.* **4.** a) Ausgelassenheit *f*, b) Freudensprung *m*; **5.** F ‚Filzen' *n*; '**frisk·i·ness** [-kɪnɪs] *s.* Lustigkeit *f*, Ausgelassenheit *f*; '**frisk·y** [-kɪ] *adj.* □ lebhaft, munter, ausgelassen.

fris·son ['frɪsɔ̃ːŋ] (*Fr.*) *s.* (leichter) Schauer.

frit [frɪt] *v/t.* ⚙ fritten, schmelzen.

frith [frɪθ] → ***firth***.

frit·ter¹ ['frɪtə] *s.* Bei'gnet *m* (*Gebäck*).

frit·ter² ['frɪtə] *v/t.* **1.** *mst* ~ ***away*** verplempern, vergeuden; **2.** a) zerfetzen, b) in Streifen schneiden, *Küche*: schnetzeln.

fritz [frɪts] *s. Am. sl.*: ***on the*** ~ kaputt, ‚im Eimer'.

friv·ol ['frɪvl] **I** *v/i.* (he'rum)tändeln; **II** *v/t.* ~ ***away*** → ***fritter²*** 1; **fri·vol·i·ty** [frɪ'vɒlətɪ] *s.* Frivoli'tät *f*: a) Leichtsinn(igkeit *f*) *m*, Oberflächlichkeit *f*, b) Leichtfertigkeit *f* (*Rede od. Handlung*); '**friv·o·lous** [-vələs] *adj.* □ **1.** fri'vol, leichtsinnig, -fertig; **2.** nicht ernst zu nehmen(d); **3.** ⚖ schika'nös.

frizz¹ [frɪz] **I** *v/t. u. v/i.* (sich) kräuseln; **II** *s.* gekräuseltes Haar.

frizz² [frɪz] → ***frizzle¹*** I.

friz·zle¹ ['frɪzl] **I** *v/i.* brutzeln; **II** *v/t.* (braun) rösten.

friz·zle² ['frɪzl] → ***frizz¹***; '**friz·zly** [-lɪ], '**friz·zy** [-zɪ] *adj.* kraus, gekräuselt.

fro [frəʊ] *adv.*: ***to and*** ~ hin u. her, auf u. ab.

frock [frɒk] **I** *s.* **1.** (Mönchs)Kutte *f*; **2.** (Damen)Kleid *n*; **3.** ⚓ Wolljacke *f*; **4.** Kinderkleid *n*, Kittel *m*; **5.** Gehrock *m*; **6.** (Arbeits)Kittel *m*; **II** *v/t.* **7.** mit e-m geistlichen Amt bekleiden; **8.** mit e-m Kittel bekleiden; ~ **coat** *s.* Gehrock *m*.

frog [frɒg] *s.* **1.** *zo.* Frosch *m*: ***have a*** ~ ***in the throat*** e-n Frosch im Hals haben, heiser sein; **2.** Schnurbesatz *m*, -verschluss *m* (*Rock*); **3.** ⚔ Quaste *f*, Säbeltasche *f*; **4.** 🚂 Herz-, Kreuzungsstück *n*; **5.** ⚡ Oberleitungsweiche *f*; **6.** *zo.* Strahl *m* (*Pferdehuf*); **7.** *Am. sl.* Bizeps *m*; **8.** ♀ *sl. contp.* ‚'Scheißfran,zose' *m*; ~ **kick** *s. Schwimmen*: Grätschstoß *m*; '**~·man** [-mən] *s.* [*irr.*] Froschmann *m*, ⚔ *a.* Kampfschwimmer *m*; '**~·march** *v/t. j-n* (mit dem Gesicht nach unten) fortschleppen; **~'s legs** *s. pl.* Froschschenkel *pl.*; ~ **spawn** *s.* **1.** *zo.* Froschlaich *m*; **2.** ♀ Froschlaichalge *f*.

frol·ic ['frɒlɪk] **I** *s.* **1.** Her'umtollen *n*, Ausgelassenheit *f*; **2.** Jux *m*, Spaß *m*, Streich *m*; **II** *v/i. pret. u. p.p.* '**frol·icked** [-kt] **3.** her'umtollen, -toben; '**frol·ic·some** [-səm] *adj.* 'übermütig, ausgelassen.

from [frɒm; frəm] *prp.* von, von ... her, aus, aus ... her'aus: a) *Ort, Herkunft*: ***a gift*** ~ ***his son*** ein Geschenk von s-m Sohn; ~ ***outside*** (*od.* ***without***) von (dr)außen; ***the train*** ~ ***X*** der Zug von *od.* aus X; ***he is*** ~ ***Kent*** er ist *od.* stammt aus Kent; *auf Sendungen*: ~ ***...*** Absender ..., b) *Zeit*: ~ ***2 to 4 o'clock*** von 2 bis 4 Uhr; ~ ***now*** von jetzt an; ~ ***a child*** von Kindheit an, c) *Entfernung*: ***6 miles*** ~ ***Rome*** 6 Meilen von Rom (entfernt); ***far*** ~ ***the truth*** weit von der Wahrheit entfernt, d) *Fortnehmen*: ***stolen*** ~ ***the shop*** (***the table***) aus dem Laden (vom Tisch) gestohlen; ***take it*** ~ ***him!*** nimm es ihm weg!, e) *Anzahl*: ~ ***six to eight boats*** sechs bis acht Boote, f) *Wandlung*: ~ ***bad to worse*** immer schlimmer, g) *Unterscheidung*: ***he does not know black*** ~ ***white*** er kann Schwarz u. Weiß nicht unterscheiden, h) *Quelle, Grund*: ~ ***my point of view*** von meinem Standpunkt (aus); ~ ***what he said*** nach dem, was er sagte; ***painted*** ~ ***life*** nach dem Leben gemalt; ***he died*** ~ ***hunger*** er verhungerte; ~ **a·bove** *adv.* von oben; ~ **a·cross** *adv. u. prp.* von jenseits (*gen.*), von der anderen Seite (*gen.*); ~ **a·mong** *prp.* aus ... her'aus; ~ **be·fore** *prp.* aus der Zeit vor (*dat.*); ~ **be·neath** *adv.* von unten; *prp.* unter (*dat.*) ... her'vor *od.* her'aus; ~ **be·tween** *prp.* zwischen (*dat.*) ... her'vor; ~ **be·yond** *adv. u. prp.* von jenseits (*gen.*); ~ **in·side** *adv.* von innen; *prp.* aus ... her'aus: ~ ***the house*** aus dem Inneren des Hauses (heraus); ~ **out of** *prp.* aus ... her'aus; ~ **un·der** → ***from beneath***.

frond [frɒnd] *s.* ⚘ (Farn)Wedel *m.*

front [frʌnt] **I** *s.* **1.** *allg.* Vorder-, Stirnseite *f*, Front *f*; **2.** ⚠ (Vorder)Front *f*, Fas'sade *f*; **3.** Vorderteil *n*; **4.** ⚔ a) Front *f*, Kampflinie *f*, -gebiet *n*, b) Frontbreite *f*: ***at the ~*** an der Front; ***on all ~s*** an allen Fronten (*a. fig.*); **5.** Vordergrund *f*, Spitze *f*: ***in ~*** an der *od.* die Spitze, vorn, davor; ***in ~ of*** vor (*dat.*); ***to the ~*** nach vorn; ***come to the ~*** *fig.* in den Vordergrund treten; ***up ~*** a) vorn, *fig. a.* an der Spitze, b) nach vorn, *fig. a.* an die Spitze; **6.** (Straßen-, Wasser)Front *f*: ***the ~*** *Brit.* die Strandpromenade; **7.** *fig.* Front *f*: a) (*bsd. politische*) Organisati'on, b) Sektor *m*: ***on the economic ~*** an der wirtschaftlichen Front; **8.** a) ‚Strohmann' *m*, b) ‚Aushängeschild' *n* (*e-r Interessengruppe od. Geheimorganisation etc.*); **9.** F ‚Fas'sade' *f*: ***put up a ~*** a) sich Allüren geben, b) ‚Theater spielen'; ***show a bold ~*** kühn auftreten; ***maintain a ~*** den Schein wahren; **10.** *poet.* a) Stirn *f*, b) Antlitz *n*; **11.** *fig.* Frechheit *f*: ***have the ~ to*** (*inf.*) die Stirn haben zu (*inf.*); **12.** Hemdbrust *f*; **13.** (falsche) Stirnlocken *pl.*; **14.** *meteor.* Front *f*: ***cold ~***; **II** *adj.* **15.** Front..., Vorder...: ***~ entrance***; ***~ row*** vorder(st)e Reihe; ***~ tooth*** Vorderzahn *m*; **16.** ***~ man*** ‚Strohmann' *m*; **17.** *ling.* Vorderzungen...; **III** *v/t.* **18.** gegen'überstehen, -liegen (*dat.*): ***the house ~s the sea*** das Haus liegt (nach) dem Meer zu; ***the windows ~ the street*** die Fenster gehen auf die Straße; **19.** *j-m* entgegen-, gegen'übertreten, *j-m* die Stirn bieten; **20.** mit e-r Front *od.* Vorderseite versehen; **21.** als Front *od.* Vorderseite dienen für; **22.** *ling.* palatalisieren; **23.** *TV Brit. Programm* moderieren; **IV** *v/i.* **24.** ***~ on*** (*od.* ***to***[***wards***]) → 18; **25.** ***~ for*** als ‚Strohmann' *od.* ‚Aushängeschild' fungieren für.

front·age ['frʌntɪdʒ] *s.* **1.** (Vorder)Front *f* (e-s Hauses): ***~ line*** Bau(flucht)linie *f*; ***~ road*** *Am. Parallelstraße zu e-r Schnellstraße (mit Wohnhäusern, Geschäften etc.)*; ***have a ~ on*** → ***front*** 18; **2.** Land *n* an der Straßen- *od.* Wasserfront; **3.** Grundstück *n* zwischen der Vorderfront e-s Hauses u. der Straße; **4.** ⚔ Front- *od.* Angriffsbreite *f.*

fron·tal ['frʌntl] **I** *adj.* **1.** fron'tal, Vorder..., Front...: ***~ attack*** (***collision***) Frontalangriff *m* (-zs.-stoß *m*); ***~ axle*** ⚙ Vorderachse *f*; **2.** ⚙, *anat.* Stirn...; **II** *s.* **3.** *eccl.* Ante'pendium *n*; **4.** ⚠ Ziergiebel *m*; **~ bone** *s.* Stirnbein *n*; **~ sinus** *s.* Stirn(bein)höhle *f.*

front| bench *s. parl.* vordere Sitzreihe (*für Regierung u. Oppositionsführer*); ,**~'bench·er** *s. parl.* führendes Frakti'onsmitglied; **~ door** *s.* Haus-, Vordertür *f*; **~ drive** *s. mot.* Frontantrieb *m*; '**~-end col·li·sion** *s. mot.* Auffahrunfall *m*; **~ en·gine** *s.* Frontmotor *m.*

fron·tier ['frʌn,tɪə] **I** *s.* **1.** (Landes)Grenze *f*; **2.** *Am.* Grenzgebiet *n*, Grenze *f* (zum Wilden Westen): ***new ~s*** *fig.* neue Ziele; **3.** *fig. oft pl.* Grenze *f*, Grenzbereich *m*; Neuland *n*; **II** *adj.* **4.** Grenz...: ***~ town***; ,**fron'tiers·man** [-ɪəzmən] *s.* [*irr.*] *Am. hist.* Grenzbewohner *m.*

fron·tis·piece ['frʌntɪspiːs] *s.* Fronti'spiz *n*: a) Titelbild *n* (*Buch*), b) ⚠ Giebelseite *f od.* -feld *n.*

front·let ['frʌntlɪt] *s.* **1.** *zo.* Stirn *f*; **2.** Stirnband *n.*

front| line *s.* ⚔ Kampffront *f*, Front(linie) *f*; '**~-line** *adj.*: ***~ officer*** Frontoffizier *m*; **~ mo·ney** *s. Am.* **1.** Vorschuss *m*; **2.** 'Startkapi,tal *n*; **~ page** *s.* Titelseite *f* (*Zeitung*); '**~-page** *adj.*: ***~ news*** wichtige *od.* aktuelle Nachricht(en); **~ pas·sen·ger** *s. mot.* Beifahrer(in); ,**~-'run·ner** *s.* **1.** *sport* a) Spitzenreiter *m* (*a. fig.*), b) Favo'rit(in); **2.** *pol.* 'Spitzenkandi,dat(in); **3.** Tempoläufer *m*; **~ seat** *s.* Vordersitz *m*; **~ sight** *s.* ⚔ Korn *n*; **~ view** *s.* Vorderansicht *f*; '**~-wheel** *adj.*: ***~ drive*** ⚙ Vorderradantrieb *m.*

frosh [frɒʃ] *s. sg. u. pl. Am.* → ***freshman.***

frost [frɒst] **I** *s.* **1.** Frost *m*: ***10 degrees of ~*** *Brit.* 10 Grad Kälte; **2.** Eisblumen *pl.*, Reif *m*; **3.** *fig.* Kühle *f*, Kälte *f*, Frostigkeit *f*; **4.** *sl.* ‚Reinfall' *m*; ‚Pleite' *f*; **II** *v/t.* **5.** mit Reif *od.* Eis über'ziehen; **6.** ⚙ *Glas* mattieren; **7.** *Küche*: a) glasieren, mit Zuckerguss über'ziehen, b) mit (Puder)Zucker bestreuen; **8.** Frostschäden verursachen bei; **9.** *j-n* sehr kühl behandeln; '**~·bite** *s.* ⚕ Erfrierung *f*; '**~,bit·ten** *adj.* ⚕ erfroren.

frost·ed ['frɒstɪd] *adj.* **1.** bereift, über'froren; **2.** ⚙ mattiert: ***~ glass*** Matt-, Milchglas *n*; **3.** ⚕ erfroren; **4.** mit Zuckerguss, glasiert; '**frost·i·ness** [-tɪnɪs] *s.* Frost *m*, eisige Kälte (*a. fig.*); '**frost·ing** [-tɪŋ] *s.* **1.** Zuckerguss *m*, Gla'sur *f*; **2.** ⚙ Mattierung *f*; '**frost·work** *s.* Eisblumen *pl.*; '**frost·y** [-tɪ] *adj.* ☐ **1.** eisig, frostig (*a. fig.*); **2.** mit Reif *od.* Eis bedeckt; **3.** eisgrau: ***~ hair.***

froth [frɒθ] **I** *s.* **1.** Schaum *m*; **2.** ⚕ (Blasen)Schaum *m*; **3.** *fig.* ‚Firlefanz' *m*; **II** *v/t.* **4.** a) zum Schäumen bringen, b) zu Schaum schlagen; **III** *v/i.* **5.** schäumen (*a. fig. vor Wut*); '**froth·i·ness** [-θɪnɪs] *s.* **1.** Schäumen *n*, Schaum *m*; **2.** *fig.* Seicht-, Hohlheit *f*; '**froth·y** [-θɪ] *adj.* ☐ **1.** schaumig, schäumend; **2.** *fig.* seicht, hohl.

frou-frou ['fruːfruː] (*Fr.*) *s.* **1.** Knistern *n*, Rascheln *n* (*von Seide*); **2.** Flitter *m.*

fro·ward ['frəʊəd] *adj.* ☐ *obs.* eigensinnig.

frown [fraʊn] **I** *v/i.* a) die Stirn runzeln (***at*** über *acc.*; *a. fig.*), b) finster dreinschauen: **~ (*up*)*on*** stirnrunzelnd *od.* finster betrachten, *fig.* missbilligen (*acc.*); **II** *v/t.* ***~ down*** *j-n* durch finstere Blicke einschüchtern; **III** *s.* Stirnrunzeln *n*; finsterer Blick; **'frown·ing** [-nɪŋ] *adj.* □ **1.** stirnrunzelnd; **2.** a) miss'billigend, b) finster (*Blick*); **3.** bedrohlich.

frowst [fraʊst] F **I** *s.* ‚Mief' *m*; **II** *v/i.* im ‚Mief' hocken; **'frowst·y** [-tɪ] *adj.* muffig, ‚miefig'.

frowz·i·ness ['fraʊzɪnɪs] *s.* **1.** Schlampigkeit *f*; Ungepflegtheit *f*; **2.** muffiger Geruch; **frowz·y** ['fraʊzɪ] *adj.* **1.** schlampig, ungepflegt; **2.** muffig.

froze [frəʊz] *pret. von* ***freeze***; **'fro·zen** [-zn] **I** *p.p. von* ***freeze***; **II** *adj.* **1.** (ein-, zu)gefroren; **2.** erfroren; **3.** gefroren, Gefrier...: ***~ food*** Tiefkühlkost *f*; ***~ meat*** Gefrierfleisch *n*; **4.** eisig, frostig (*a. fig.*); **5.** kalt, teilnahms-, gefühllos; **6.** ⚕ eingefroren: a) festliegend: ***~ capital***, b) gestoppt: ***~ prices***; ***~ wages***; **7.** ***~ facts*** *Am.* unumstößliche Tatsachen.

fruc·ti·fi·ca·tion [ˌfrʌktɪfɪ'keɪʃn] *s.* ⚘ **1.** Fruchtbildung *f*; **2.** Befruchtung *f*; **fruc·ti·fy** ['frʌktɪfaɪ] ⚘ **I** *v/i.* Früchte tragen (*a. fig.*); **II** *v/t.* befruchten (*a. fig.*); **fruc·tose** ['frʌktəʊs] *s.* Fruchtzucker *m*.

fru·gal ['fru:gl] *adj.* □ **1.** sparsam, haushälterisch (***of*** mit); **2.** genügsam, bescheiden; **3.** einfach, spärlich, fru'gal: ***a ~ meal***; **fru·gal·i·ty** [fru:'gælətɪ] *s.* Sparsamkeit *f*; Genügsamkeit *f*; Einfachheit *f*.

fru·giv·o·rous [fru:'dʒɪvərəs] *adj. zo.* fruchtfressend.

fruit [fru:t] **I** *s.* **1.** ⚘ a) Frucht *f*, b) Samenkapsel *f*; **2.** *coll.* a) Früchte *pl.*: ***bear ~*** Früchte tragen (*a. fig.*), b) Obst *n*; **3.** *bibl.* Nachkommen(schaft *f*) *pl.*: ***~ of the body*** Leibesfrucht *f*; **4.** *mst pl. fig.* Frucht *f*, Früchte *pl.*, Ergebnis *n*, Erfolg *m*, Gewinn *m*; **5.** *sl.* ‚Spinner' *m*; **6.** *Am. sl.* ‚Homo' *m*; **II** *v/i.* **7.** ⚘ (Früchte) tragen; **fruit·ar·i·an** [fru:'teərɪən] *s.* Obstesser(in), Rohköstler(in).

'fruit|·cake *s.* **1.** englischer Kuchen; **2.** *Brit. sl.* ‚Spinner' *m*; **~ cock·tail** *s.* Früchtecocktail *m*; **~ cup** *s.* Früchtebecher *m*.

fruit·er·er ['fru:tərə] *s.* Obsthändler *m*; **'fruit·ful** [-tfʊl] *adj.* □ **1.** fruchtbar (*a. fig.*); **2.** *fig.* erfolgreich; **'fruit·ful·ness** [-tfʊlnɪs] *s.* Fruchtbarkeit *f*.

fru·i·tion [fru:'ɪʃn] *s.* Erfüllung *f*, Verwirklichung *f*: ***come to ~*** sich verwirklichen, Früchte tragen.

fruit| jar *s.* Einweckglas *n*; **~ juice** *s.* Obstsaft *m*; **~ knife** *s.* [*irr.*] Obstmesser *n*.

fruit·less ['fru:tlɪs] *adj.* □ **1.** unfruchtbar; **2.** *fig.* frucht-, erfolglos, vergeblich.

fruit| ma·chine *s. Brit.* F 'Spielautoˌmat *m*; **~ pulp** *s.* Fruchtfleisch *n*; **~ sal·ad** *s.* **1.** 'Obstsaˌlat *m*; **2.** *fig. humor.* ‚La'metta' *n*, Ordenspracht *f*; **~ tree** *s.* Obstbaum *m*.

fruit·y ['fru:tɪ] *adj.* **1.** fruchtartig; **2.** fruchtig (*Wein*); **3.** so'nor (*Stimme*); **4.** *Brit. sl.* ‚saftig', ‚gepfeffert' (*Witz*); **5.** *Am.* F ‚schmalzig'.

fru·men·ta·ceous [ˌfru:mən'teɪʃəs] *adj.* getreideartig, Getreide...

frump [frʌmp] *s. a.* ***old ~*** ‚alte Schachtel', ‚Spi'natwachtel' *f*; **'frump·ish** [-pɪʃ], **'frump·y** [-pɪ] *adj.* **1.** altmodisch; **2.** schlampig, ungepflegt.

frus·trate [frʌ'streɪt] *v/t.* **1.** *et.* vereiteln, durch'kreuzen, zu'nichte machen; **2.** *j-n od. et.* hemmen, (be)hindern, *j-n* einengen, *j-n* am Fortkommen hindern; **3.** *j-m* die *od.* jede Hoffnung *od.* Aussicht nehmen, *j-n* zu'rückwerfen: ***I was ~d in my efforts*** meine Bemühungen wurden vereitelt; **4.** frustrieren: a) *j-n* entmutigen, b) *j-n* enttäuschen, c) mit Minderwertigkeitsgefühlen erfüllen; **frus'trat·ed** [-tɪd] *adj.* **1.** vereitelt, gescheitert: ***~ plans***; **2.** gescheitert (*Person*), ‚verhindert' (*Maler etc.*); **3.** frustriert: a) entmutigt, b) enttäuscht, c) voller Minderwertigkeitsgefühle; **frus'trat·ing** [-tɪŋ] *adj.* frustrierend, enttäuschend, entmutigend; **frus'tra·tion** [-eɪʃn] *s.* **1.** Vereitelung *f*; **2.** Behinderung *f*, Hemmung *f*; **3.** Enttäuschung *f*, 'Misserfolg *m*, Rückschlag *m*; **4.** *psych. u. allg.* Frustrati'on *f*: a) Enttäuschung *f*, b) *a.* ***sense of ~*** *das* Gefühl, ein Versager zu sein, Minderwertigkeitsgefühle *pl.*, Niedergeschlagenheit *f*; **5.** aussichtslose Sache (***to*** für).

frus·tum ['frʌstəm] *pl.* **-tums** *od.* **-ta** [-tə] *s.* ⩓ Stumpf *m*: ***~ of a cone*** Kegelstumpf.

fry[1] [fraɪ] *s. pl.* **1.** a) junge Fische *pl.*, b) Fischrogen *m*; **2.** ***small ~*** a) ‚junges Gemüse', Kinder *pl.*, b) kleine (*unbedeutende*) Leute *pl.*, c) ‚kleine Fische' *pl.*, Lappalien *pl.*

fry[2] [fraɪ] **I** *v/t.* **1.** braten: ***fried potatoes*** Bratkartoffeln; **2.** *Am. sl.* auf dem e'lektrischen Stuhl hinrichten; **II** *v/i.* **3.** braten, schmoren; **4.** *Am. sl.* auf dem e'lektrischen Stuhl hingerichtet werden; **III** *s.* **5.** Gebratenes *n*, *bsd.* gebratene Inne'reien *pl.*; **6.** *Am. bsd. in Zssgn*: Brat-, Grillfest *n*: ***fish ~***; **fry·er** ['fraɪə] *s.* **1.** j-d, der et. brät: ***he is a fish ~*** er hat ein Fischrestaurant; **2.** (*Fisch- etc.*)Bratpfanne *f*; **3.** *et.* zum Braten Geeignetes, *bsd.* Brathühnchen *n*; **fry·ing pan** ['fraɪɪŋ] *s.* Bratpfanne *f*: ***jump out of the ~ into the fire*** vom Regen in die Traufe kommen.

fuch·sia ['fjuːʃə] *s.* ⚘ Fuchsie *f.*
fuch·sine ['fuːksiːn] *s.* ⚗ Fuch'sin *n.*
fuck [fʌk] V **I** *v/t.* **1.** ‚ficken', ‚vögeln': **~ *it!*** ‚Scheiße'!; **~ *you!*, *get ~ed!*** a) du Scheißkerl!, b) leck mich am Arsch!; **2. ~ *up*** *et.* ‚versauen' *od.* ‚vermasseln': (***all***) ***~ed up*** (total) ‚im Arsch'; **II** *v/i.* **3.** ‚ficken', ‚vögeln'; **4. ~ *around*** *fig.* herumgammeln; **~ *off!*** verpiss dich!; **III** *s.* **5.** ‚Fick' *m*: ***I don't give a ~*** *fig.* das ist mir ‚scheißegal'; ***~!*** ‚Scheiße'!; **'fuck·er** [-kə] *s.* V **1.** ‚Ficker' *m*; **2.** ‚(Scheiß-)Kerl' *m*: ***poor ~*** armes Schwein; **'fuck·ing** [-kɪŋ] V **I** *adj.* verdammt, Scheiß... (*oft nur verstärkend*); **II** *adv.* verdammt: **~ *cold*** ‚saukalt'; **~ *good*** ‚unheimlich' gut, ‚sagenhaft'.
fud·dle ['fʌdl] F **I** *v/t.* **1.** berauschen: **~ *o.s.*** → 3; **2.** verwirren; **II** *v/i.* **3.** saufen, sich ‚voll laufen lassen'; **III** *s.* **4.** Verwirrung *f*: ***get in a ~*** durcheinander kommen; **'fud·dled** [-ld] *adj.* F **1.** ‚benebelt'; **2.** verwirrt.
fud·dy-dud·dy ['fʌdɪˌdʌdɪ] F **I** *s.* ‚verkalkter Trottel'; **II** *adj.* ‚verkalkt'.
fudge [fʌdʒ] F **I** *v/t.* **1.** *oft* **~ *up*** zu'rechtpfuschen, zs.-stoppeln; **2.** ‚frisieren', fälschen; **II** *v/i.* **3.** ‚blöd da'herreden'; **4. ~ *on*** *e-m Problem etc.* ausweichen; **III** *s.* **5.** ‚Quatsch' *m*, Blödsinn *m*; **6.** *Zeitung*: (Ma'schine *f od.* Spalte *f* für) letzte Meldungen *pl.*; **7.** *Küche*: (*Art*) Fon'dant *m.*
fu·el ['fjʊəl] **I** *s.* Brennstoff *m*: a) 'Brenn-, 'Heizmateriˌal *n*, b) Betriebs-, Treib-, Kraftstoff *m*: ***add ~ to the flames*** (*od.* ***fire***) *fig.* Öl ins Feuer gießen; ***add ~ to*** *fig. et.* schüren; **II** *v/i.* Brennstoff nehmen; *a.* **~ *up*** (auf)tanken, ⚓ bunkern; **III** *v/t.* mit Brennstoff versehen, ✈ *a.* betanken; ⚓ *Öl* bunkern: ***fuelled with*** be- *od.* getrieben mit; **ˌ~-'air mix·ture** *s. mot.* Kraftstoff-Luft-Gemisch *n*; **~ cap** *s.* Tankdeckel *m*; **~ e·con·o·my** *s.* sparsamer Kraftstoffverbrauch; **~ el·e·ment** *s. Reaktor*: 'Brenneleˌment *n*; **~ feed** *s.* Brennstoffzuleitung *f*; **~ gas** *s.* Heizgas *n*; **~ ga(u)ge** *s. mot.* Kraftstoffmesser *m*, Ben'zinuhr *f*; **'~-ˌguzz·ling** *adj.* F ‚Ben'zin fressend' (*Motor etc.*); **~ in·jec·tion en·gine** *s.* Einspritzmotor *m*; **~ jet** *s.* Kraftstoffdüse *f*; **~ oil** *s.* Heizöl *n*; **~ pump** *s. mot.* Kraftstoff-, Ben'zinpumpe *f*; **~ rod** *s. Reaktor*: Brennstab *m.*
fug [fʌg] *s.* F ‚Mief' *m.*
fu·ga·cious [fjuː'geɪʃəs] *adj.* kurzlebig (*a.* ⚘), flüchtig, vergänglich.
fug·gy ['fʌgɪ] *adj.* F ‚miefig'.
fu·gi·tive ['fjuːdʒɪtɪv] **I** *s.* a) Flüchtige(r *m*) *f*, b) *pol. etc.* Flüchtling *m*, c) Ausreißer *m*: **~ *from justice*** flüchtiger Rechtsbrecher; **II** *adj.* flüchtig, *fig. a.* vergänglich, kurzlebig.
fu·gle·man ['fjuːglmæn] *s.* [*irr.*] (An-, Wort)Führer *m.*
fugue [fjuːg] **I** *s.* **1.** ♪ Fuge *f*; **2.** *psych.* Fu'gue *f*; **II** *v/t. u. v/i.* **3.** ♪ fugieren.
ful·crum ['fʌlkrəm] *pl.* **-cra** [-krə] *s.* **1.** *phys.* Dreh-, Hebe-, Stützpunkt *m*; **2.** *fig.* Angelpunkt *m.*
ful·fil(l) [fʊl'fɪl] *v/t.* **1.** *allg.* erfüllen; **2.** voll'bringen, -'ziehen, ausführen; **ful'fil(l)·ment** [-mənt] *s.* Erfüllung *f.*
ful·gent ['fʌldʒənt] *adj.* □ *poet.* strahlend, glänzend; **ful·gu·rant** ['fʌlgjʊərənt] *adj.* (auf)blitzend.
full¹ [fʊl] **I** *adj.* □ → ***fully***; **1.** *allg.* voll: **~ *of*** voll von, voller *Fische etc.*, *fig. a.* a) reich an (*dat.*), b) (ganz) erfüllt von; **~ *of plans*** voller Pläne; **~ *of o.s.*** (ganz) von sich eingenommen; ***a ~ heart*** ein (über)volles Herz; **2.** voll, ganz: ***a ~ mile***; ***a ~ hour*** e-e volle *od.* ‚geschlagene' Stunde; **3.** voll, rund, vollschlank; **4.** weit (geschnitten): ***a ~ skirt***; **5.** voll, kräftig: **~ *colo(u)r***; **~ *voice***; **6.** schwer, vollmundig: **~ *wine***; **7.** voll besetzt: **~ *up*** (voll) besetzt (*Bus etc.*); ***house ~!*** *thea.* ausverkauft!; **8.** ausführlich, genau, voll(ständig): **~ *details***; **9.** reichlich: ***a ~ meal***; **10.** a) voll, unbeschränkt: **~ *power*** Vollmacht *f*, b) voll (-berechtigt): **~ *member***; **11.** echt, rein: ***a ~ sister*** e-e leibliche Schwester; **12.** F ‚voll': a) *a.* **~ *up*** satt, b) betrunken; **II** *adv.* **13.** völlig, gänzlich, ganz: ***know ~ well that*** ganz genau wissen, dass; **14.** gerade, genau, di'rekt: **~ *in the face***; **15. ~ *out*** mit Vollgas *fahren*, auf Hochtouren *arbeiten*; **III** *s.* **16. *in ~*** voll(ständig); ***write in ~*** *et.* ausschreiben; ***to the ~*** vollständig, bis ins Kleinste, total; ***at the ~*** auf dem Höhepunkt *od.* Höchststand.
full² [fʊl] *v/t.* ⚙ *Tuch* walken.
full| age *s.*: ***of ~*** ⚖ mündig, volljährig; **'~·back** *s.* a) *Fußball*, *Hockey*: Verteidiger *m*, b) *Rugby*: Schlussspieler *m*; **~ blood** *s. biol.* Vollblut *n*; **ˌ~-'blood·ed** *adj.* **1.** reinrassig, Vollblut...; **2.** *fig.* Vollblut...: **~ *socialist***; **ˌ~-'blown** *adj.* **1.** ⚘ ganz aufgeblüht; **2.** *fig.* a) voll entwickelt, ausgereift, b) F → ***fully fledged*** 2, 3; **~ board** *s.* 'Vollpensiˌon *f*; **ˌ~-'bod·ied** *adj.* **1.** schwer, üppig; **2.** schwer, vollmundig: **~ *wine***; **ˌ~-'bot·tomed** *adj.* **1.** breit, mit großem Boden: **~ *wig*** Allongeperücke *f*; **2.** ⚓ mit großem Laderaum; **'~-bound** *adj.* Ganzleder..., Ganzleinen...: **~ *book***; **~ dress** *s.* **1.** Gesellschaftsanzug *m*; **2.** ⚔ 'Galauniˌform *f*; **ˌ~-'dress** *adj.* **1.** Gala...: **~ *uniform***; **2. ~ *rehearsal*** → ***dress rehearsal***; **3.** *fig.* groß angelegt, um'fassend.
ful·ler ['fʊlə] *s.* ⚙ **1.** (Tuch)Walker *m*; **2.** (halb)runder Setzhammer; ***~'s earth*** *s. min.* Fullererde *f.*

ˌfull|ˈface I *s.* **1.** En-ˈface-Bild *n*, Vorderansicht *f*; **2.** *typ.* (halb)fette Schrift; II *adj.* **3.** en face; **4.** *typ.* (halb)fett; **ˌ~-ˈfaced** *adj.* **1.** mit vollem Gesicht, pausbäckig; **2.** *typ.* fett; **ˌ~-ˈfash·ioned** *Am.* → ***fully fashioned***; **ˌ~-ˈfledged** → ***fully fledged***; **~ gal·lop** *s.*: ***at ~*** in vollem *od.* gestrecktem Galopp; **ˌ~-ˈgrown** *adj.* ausgewachsen; **~ hand** → ***full house*** 2; **ˌ~-ˈheart·ed** *adj.* rückhaltlos, voll; **~ house** *s.* **1.** *thea. etc.* volles Haus; **2.** *Poker*: Fullˈhouse *n*; **ˌ~-ˈlength** *adj.* **1.** in voller Größe, lebensgroß: **~ *portrait***; **2.** bodenlang (*Kleid*); **3.** abendfüllend (*Film*); **~ load** *s.* **1.** ⚙, ✈ Gesamtgewicht *n*; **2.** ⚡ Volllast *f*; **~ nel·son** *s. Ringen*: Doppelnelson *m*.

full·ness [ˈfʊlnɪs] *s.* **1.** Fülle *f*: ***in the ~ of time*** zur gegebenen Zeit; **2.** *fig.* (ˈÜber)Fülle *f* (*des Herzens*); **3.** Körperfülle *f*; **4.** Sattheit *f* (*a. Farben*); **5.** ♪ Klangfülle *f*; **6.** Weite *f* (*Kleid*).

ˌfull|-ˈpage *adj.* ganzseitig; **~ pro·fes·sor** *s. Am. univ.* Ordiˈnarius *m*; **ˌ~-ˈrigged** *adj.* **1.** ⚓ voll getakelt; **2.** voll ausgerüstet; **~ scale** *s.* ⚙ naˈtürliche Größe; **ˌ~-ˈscale** *adj.* **1.** in naˈtürlicher Größe; **2.** *fig.* groß angelegt, umˈfassend: **~ *attack*** ⚔ Großangriff *m*; **~ *test*** Großversuch *m*; **~ *war*** regelrechter Krieg; **~ stop** *s.* **1.** (Schluss)Punkt *m*; **2.** *fig.* Schluss *m*, Ende *n*, Stillstand *m*; **ˌ~-ˈtime** I *adj.* ✝ hauptberuflich (tätig): **~ *job*** Ganztagsstellung *f*, -beschäftigung *f*; II *adv.* ganztags; **ˈ~-ˌtim·er** *s.* ganztägig Beschäftigte(r *m*) *f*; **ˌ~-ˈtrack** *adj.*: **~ *vehicle*** ⚙ Vollketten-, Raupenfahrzeug *n*; **ˌ~-ˈview** *adj.* ✈ Vollsicht...

ful·ly [ˈfʊlɪ] *adv.* voll, völlig, gänzlich; ausführlich: **~ *ten minutes*** volle zehn Minuten; **~ *automatic*** vollautomatisch; **~ *entitled*** voll berechtigt; **~ fash·ioned** *adj.* mit (voller) Passform (*Strümpfe etc.*); **~ fledged** *adj.* **1.** flügge (*Vogel*); **2.** *fig.* richtig(gehend): ***a ~ pilot***; **3.** *fig.* ‚ausgewachsen': ***a ~ scandal***.

ful·mar [ˈfʊlmə] *s. orn.* Fulmar *m*, Eissturmvogel *m*.

ful·mi·nant [ˈfʌlmɪnənt] *adj.* **1.** krachend; **2.** ⚕ plötzlich ausbrechend; **ful·mi·nate** [ˈfʌlmɪneɪt] I *v/i.* **1.** donnern, explodieren (*a. fig.*); **2.** *fig.* (los)donnern, wettern; II *v/t.* **3.** zur Exploˈsiˈon bringen; **4.** *fig. Befehle etc.* donnern; III *s.* **5.** ⚗ Fulmiˈnat *n*: **~ *of mercury*** Knallquecksilber *n*; **ˈful·mi·nat·ing** [-neɪtɪŋ] *adj.* **1.** ⚗ explodierend, Knall...: **~ *powder*** Knallpulver *n*; **2.** *fig.* donnernd, wetternd; **3.** → ***fulminant*** 2; **ful·mi·na·tion** [ˌfʌlmɪˈneɪʃn] *s.* **1.** Exploˈsiˈon *f*, Knall *m*; **2.** *fig.* Donnern *n*, Wettern *n*.

ful·ness *bsd. Am.* → ***fullness***.

ful·some [ˈfʊlsəm] *adj.* □ **1.** überˈtrieben: **~ *flattery***; **2.** *obs.* widerlich.

ful·vous [ˈfʌlvəs] *adj.* rötlich gelb.

fum·ble [ˈfʌmbl] I *v/i.* **1.** *a.* **~ *around*** a) umˈhertappen, -tasten (***for*** nach): **~ *for*** tappen *od.* suchen nach, b) (her'um-)fummeln (***at*** an *dat.*); **2.** (***with***) ungeschickt ˈumgehen (mit), sich ungeschickt anstellen (bei); **3.** *sport* ‚patzen'; II *v/t.* **4.** ‚verpatzen'; **5.** **~ *out*** *et.* mühsam (herˈvor)stammeln; III *s.* **6.** (Herˈum)Tappen *n*, (-)Fummeln *n*; **7.** *sport* ‚Patzer' *m*; **ˈfum·bler** [-lə] *s.* Stümper *m*, ‚Patzer' *m*; **ˈfum·bling** [-lɪŋ] *adj.* □ tappend; täppisch, ungeschickt.

fume [fjuːm] I *s.* **1.** *oft pl.* a) (*unangenehmer*) Dampf, Rauch(gas *n*) *m*, Schwade *f*, b) Dunst *m*, Nebel *m*; **2.** *fig.* Koller *m*, Erregung *f*, Wut *f*; **3.** *fig.* Schall *m* u. Rauch *m*; II *v/t.* **4.** *Holz* räuchern, dunkler machen, beizen: **~*d oak*** dunkles Eichenholz; III *v/i.* **5.** rauchen, dunsten, dampfen; **6.** *fig.* wüten (***at*** gegen), (vor Wut) schäumen: ***fuming with anger*** kochend vor Wut.

fu·mi·gant [ˈfjuːmɪgənt] *s.* Ausräucherungsmittel *n*; **fu·mi·gate** [ˈfjuːmɪgeɪt] *v/t.* ausräuchern; **fu·mi·ga·tion** [ˌfjuːmɪˈgeɪʃn] *s.* Ausräucherung *f*; **ˈfu·mi·ga·tor** [-geɪtə] *s.* ˈAusräucherappaˌrat *m*.

fun [fʌn] I *s.* Scherz *m*, Spaß *m*, Ulk *m*: ***for*** (*od.* ***in***) **~** aus *od.* zum Spaß; ***for the ~ of it*** spaßeshalber, zum Spaß; ***it's not all ~ and games*** es ist gar nicht so rosig; ***it is ~*** es macht Spaß; ***he*** (***it***) ***is great ~*** F er (es) ist sehr amüsant *od.* lustig; ***have ~!*** viel Spaß!; ***make ~ of s.o.*** sich über j-n lustig machen; ***I don't see the ~ of it*** ich finde das (gar) nicht komisch; II *adj.* lustig, spaßig: **~ *man*** → ***funster***.

Achten Sie auf den Unterschied:

it was fun	es hat Spaß gemacht
it was funny	es war lustig/komisch

func·tion [ˈfʌŋkʃn] I *s.* **1.** Funktiˈon *f* (*a.* ⚒, ⚙, *biol., ling., phys.*): a) Aufgabe *f*, b) Zweck *m*, c) Tätigkeit *f*, d) Arbeits-, Wirkungsweise *f*, e) Amt *n*, f) (Amts)Pflicht *f*, Obliegenheit *f*: ***out of ~*** ⚙ außer Betrieb, kaputt; **2.** a) feierlicher *od.* festlicher Anlass, Feier *f*, Zeremoˈnie *f*, b) Veranstaltung *f*, (gesellschaftliches) Fest; II *v/i.* **3.** fungieren, tätig sein; **4.** ⚙ *etc.* funktionieren, arbeiten.

func·tion·al ['fʌŋkʃənl] *adj.* □ → ***functionally***; **1.** amtlich, dienstlich; **2.** a) ⚕, ✈, ⚙ funktio'nell, Funktions...: ~ ***disorder*** ⚕ Funktionsstörung *f*, b) funkti'onsfähig, -tüchtig; **3.** sachlich, praktisch, zweckbetont, -mäßig: ~ ***building*** Zweckbau *m*; '**func·tion·al·ism** [-ʃnəlɪzəm] *s.* **1.** ⚠, *psych.* Funktiona'lismus *m*; **2.** Zweckmäßigkeit *f*; '**func·tion·al·ize** [-ʃnəlaɪz] *v/t.* funktionstüchtig machen, wirksam gestalten; '**func·tion·al·ly** [-ʃnəlɪ] *adv.* in funktioneller Hinsicht; '**func·tion·ar·y** [-ʃnərɪ] *s.* Funktio'när *m*.

func·tion key ['fʌŋkʃnki:] *s. Computer*: Funkti'onstaste *f*.

fund [fʌnd] **I** *s.* **1.** a) Kapi'tal *n*, Geldsumme *f*, b) *zweckgebunden*: Fonds *m*: ***relief*** ~ Hilfsfonds; ***strike*** ~ Streikfonds; **2.** *pl.* (Bar-, Geld)Mittel *pl.*, Gelder *pl.*: ***be in*** **~s** (gut) bei Kasse sein; ***no*** **~s** ✝ kein Guthaben, keine Deckung; ***public*** **~s** öffentliche Gelder; **3.** **2s** *pl.* a) *Brit.* fundierte 'Staatspa,piere *pl.*, Kon'sols *pl.*, b) *Am.* Ef'fekten *pl.*; **4.** *fig.* Vorrat *m*, Schatz *m*, Fülle *f*, Grundstock *m* (***of*** von, an *dat.*); **II** *v/t.* **5.** ✝ a) in 'Staatspa,pieren anlegen, b) fundieren, konsolidieren: **~*ed debt*** fundierte Schuld; ~ **rais·er** *s. Veranstaltung zum Aufbringen von Geldmitteln, bsd.* Wohltätigkeitsveranstaltung *f*; ~ **rais·ing** *s.* Geld-, Kapitalbeschaffung *f*.

fun·da·ment ['fʌndəmənt] *s.* **1.** ⚠ *u. fig.* Funda'ment *n*; **2.** *humor. die* ‚vier Buchstaben' *pl.*, Gesäß *n*.

fun·da·men·tal [ˌfʌndə'mentl] **I** *adj.* □ → ***fundamentally***; **1.** fundamen'tal, grundlegend, wesentlich (***to*** für), Haupt...; **2.** grundsätzlich, Grund..., elemen'tar: ~ ***colo(u)r*** Grund-, Primärfarbe *f*; ~ ***particle*** *phys.* Elementarteilchen *n*; ~ ***research*** Grundlagenforschung *f*; ~ ***tone*** ♪ Grundton *m*; ~ ***truth(s)*** Grundwahrheit(en) *f*; **II** *s.* **3.** *oft pl.* 'Grundlage *f*, -prin,zip *n*, -begriff *m*; **4.** ♪ Grundton *m*; ˌ**fun·da'men·tal·ism** [-təlɪzəm] *s. eccl.* Fundamenta'lismus *m*, streng wörtliche Bibelgläubigkeit; ˌ**fun·da'men·tal·ist** *s. eccl.* Fundamenta'list(in); ˌ**fun·da'men·tal·ly** [-təlɪ] *adv.* im Grunde, im Wesentlichen.

fu·ner·al ['fju:nərəl] **I** *s.* **1.** Begräbnis *n*, Beerdigung *f*, Bestattung *f*: ***that's your ~!*** *sl.* das ist deine Sache!; **2.** *a.* ~ ***procession*** Leichenzug *m*; **3.** *Am.* Trauerfeier *f*; **II** *adj.* **4.** Begräbnis..., Leichen..., Trauer..., Grab...: ~ ***director*** Bestattungsunternehmer *m*; ~ ***home*** (*od.* ***parlor***) *Am.* Leichenhalle *f*; ~ ***march*** ♪ Trauermarsch *m*; ~ ***pile***, ~ ***pyre*** Scheiterhaufen *m*; ~ ***service*** Trauergottesdienst *m*; ~ ***urn*** Totenurne *f*; '**fu·ner·ar·y** [-nərərɪ], **fu·ne·re·al** [fju:'nɪərɪəl] *adj.* □ **1.** Begräbnis..., Leichen... Trauer...; **2.** *fig.* düster, wie bei e-m Begräbnis.

'**fun·fair** *s. Brit.* Vergnügungspark *m*, Rummelplatz *m*.

fun·gal ['fʌŋgl] *adj.* Pilz...; **fun·gi** ['fʌŋgaɪ] *pl. von* ***fungus***.

fun·gi·ble ['fʌndʒɪbl] *adj.* ⚖ vertretbar (*Sache*): ~ ***goods*** Fungibilien.

fun·gi·cid·al [ˌfʌndʒɪ'saɪdl] *adj.* pilztötend; **fun·gi·cide** ['fʌndʒɪsaɪd] *s.* pilztötendes Mittel; **fun·goid** ['fʌŋgɔɪd] *adj.*, **fun·gous** ['fʌŋgəs] *adj.* pilz-, schwammartig, *a.* ⚕ schwammig; **fun·gus** ['fʌŋgəs] *pl.* **fun·gi** ['fʌŋgaɪ] *od.* **-gus·es** *s.* **1.** ⚘ Pilz *m*, Schwamm *m*; **2.** ⚕ Fungus *m*, schwammige Geschwulst; **3.** *humor.* Bart *m*.

fu·nic·u·lar [fju:'nɪkjʊlə] **I** *adj.* Seil..., Ketten...; **II** *s. a.* ~ ***railway*** (Draht-)Seilbahn *f*.

funk [fʌŋk] F **I** *s.* **1.** ‚Schiss' *m*, ‚Bammel' *m*, Angst *f*: ***be in a blue*** ~ a) ‚schwer Schiss haben' (***of*** vor *dat.*), b) völlig ‚down' sein; ~ ***hole*** ⚔ a) ‚Heldenkeller' *m*, Unterstand *m*, b) *fig.* Druckposten *m*; **2.** feiger Kerl; **3.** Drückeberger *m*; **II** *v/i.* **4.** ‚Schiss' haben *od.* bekommen; **5.** ‚kneifen', sich drücken; **III** *v/t.* **6.** ‚Schiss' haben vor (*dat.*); **7.** ‚kneifen' vor (*dat.*), sich drücken vor (*dat.*) *od.* um; '**funk·y** [-kɪ] *adj.* feig(e).

fun·nel ['fʌnl] **I** *s.* **1.** Trichter *m*; **2.** ⚓, 🚂 Schornstein *m*; **3.** ⚙ Luftschacht *m*; **4.** Vul'kanschlot *m*; **II** *v/t.* **5.** eintrichtern, -füllen; **6.** *fig.* schleusen.

fun·nies ['fʌnɪz] *s. pl.* F **1.** Comic Strips *pl.*, Comics *pl.*; **2.** Witzseite *f*.

fun·ny ['fʌnɪ] *adj.* □ **1.** *a.* ~ ***haha*** komisch, drollig, lustig, ulkig; **2.** ‚komisch': a) *a.* ~ ***peculiar*** sonderbar, merkwürdig, b) F unwohl, c) F zweifelhaft, faul: ***the ~ thing is that*** das Merkwürdige ist, dass; ***funnily enough*** merkwürdigerweise; ~ ***business*** F ‚faule Sache', ‚krumme Tour'; ~ **bone** *s.* Musi'kantenknochen *m*; ~ **farm** *s. sl.* ‚Klapsmühle' *f*; '**~·man** [-mən] *s.* [*irr.*] Komiker *m*; ~ **pa·per** *s. Am.* Comicteil *m e-r Zeitung*.

fun·ster ['fʌnstə] *s.* F Spaßvogel *m*.

fur [fɜ:] **I** *s.* **1.** Pelz *m*, Fell *n*: ***make the ~ fly*** ‚Stunk' machen; **2.** a) Pelzbesatz *m*, b) *a.* ~ ***coat*** Pelzmantel *m*, c) *pl.* Pelzwerk *n*, -kleidung *f*, Rauchwaren *pl.*; **3.** *coll.* Pelztiere *pl.*: ~ ***and feather*** Haarwild u. Federwild *n*; **4.** ⚕ (Zungen)Belag *m*; **5.** ⚙ Kesselstein *m*; **II** *v/t.* **6.** mit Pelz besetzen *od.* füttern; **7.** ⚙ mit Kesselstein über'ziehen; **III** *v/i.* **8.** ⚙ Kesselstein ansetzen.

fur·be·low ['fɜ:bɪləʊ] *s.* **1.** Falbel *f*; Faltensaum *m*; **2.** *pl. contp.* ‚Firlefanz' *m*.

fur·bish ['fɜːbɪʃ] *v/t.* **1.** polieren; **2.** *oft* ~ **up** herrichten, renovieren; **3.** *mst* ~ **up** *fig.* ‚aufpolieren', auffrischen.

fur·cate ['fɜːkeɪt] **I** *adj.* gabelförmig, gegabelt, gespalten; **II** *v/i.* sich gabeln *od.* teilen; **fur·ca·tion** [fɜː'keɪʃn] *s.* Gabelung *f.*

fu·ri·ous ['fjʊərɪəs] *adj.* □ **1.** wütend; **2.** wild, aufbrausend: ~ ***temper***; **3.** wild, heftig, furi'os: ***a ~ attack***.

furl [fɜːl] *v/t. Fahne*, *Segel* aufrollen, *Schirm* zs.-rollen.

fur·long ['fɜːlɒŋ] *s.* Achtelmeile *f* (*201,17 m*).

fur·lough ['fɜːləʊ] *bsd.* ⚔ **I** *s.* (Heimat-)Urlaub *m*; **II** *v/t.* beurlauben.

fur·nace ['fɜːnɪs] *s.* **1.** ⚙ (Schmelz-, Brenn-, Hoch)Ofen *m*: ***enamel(l)ing ~*** Farbenschmelzofen; **2.** ⚙ (Heiz)Kessel *m*, Feuerung *f*; **3.** *fig.* ‚Backofen' *m*, glühend heißer Raum *od.* Ort; **4.** *fig.* Feuerprobe *f*, harte Prüfung: ***tried in the ~*** gründlich erprobt.

fur·nish ['fɜːnɪʃ] *v/t.* **1.** ausstatten, -rüsten, versehen, -sorgen (***with*** mit); **2.** *Wohnung* einrichten, ausstatten, möblieren: ***~ed room*** möbliertes Zimmer; **3.** *allg. a. Beweise etc.* liefern, beschaffen, er- *od.* beibringen; '**fur·nish·er** [-ʃə] *s.* **1.** Liefe'rant *m*; **2.** *Am.* Herrenausstatter *m*; '**fur·nish·ing** [-ʃɪŋ] *s.* **1.** Ausrüstung *f*, -stattung *f*; **2.** *pl.* Einrichtung *f*, Mobili'ar *n*: ***soft ~s*** Möbelstoffe; **3.** *pl. Am.* ('Herren)Be,kleidungsar,tikel *pl.*; **4.** ⚙ a) Zubehör *n*, *m*, b) Beschläge *pl.*

fur·ni·ture ['fɜːnɪtʃə] *s.* **1.** Möbel *pl.*, Einrichtung *f*, Mobili'ar *n*: ***piece of ~*** Möbel(stück) *n*; ***~ remover*** Möbelspediteur *m od.* -packer *m*; ***~ van*** Möbelwagen *m*; **2.** Ausrüstung *f*, -stattung *f*; **3.** Inhalt *m*, Bestand *m*; **4.** *geistiges* Rüstzeug, Wissen *n*; **5.** ⚙ Zubehör *n*, *m*.

fu·ror ['fjuːrɔː] *s. Am.*, **fu·ro·re** [fjʊə'rɔːrɪ] *s.* **1.** Ek'stase *f*, Begeisterungstaumel *m*; **2.** Wut *f*; **3.** Fu'rore *n*, Aufsehen: ***create a ~*** Furore machen.

furred [fɜːd] *adj.* **1.** mit Pelz besetzt *od.* bekleidet; **2.** ⚕ belegt (*Zunge*); **3.** ⚙ mit Kesselstein belegt.

fur·ri·er ['fʌrɪə] *s.* Kürschner *m*, Pelzhändler *m*; '**fur·ri·er·y** [-ərɪ] *s.* **1.** Pelzwerk *n*; **2.** Kürschne'rei *f.*

fur·row ['fʌrəʊ] **I** *s.* **1.** ✓ Furche *f*; **2.** Bodenfalte *f*; **3.** ⚙ Rille *f*; **4.** Runzel *f*, Furche *f* (*a. anat.*); **II** *v/t.* **5.** pflügen; **6.** ⚙ riefen, auskehlen; **7.** *Wasser* durch'furchen; **8.** runzeln; **III** *v/i.* **9.** sich furchen (*Stirn etc.*).

fur·ry ['fɜːrɪ] *adj.* **1.** pelzartig, Pelz...; **2.** → ***furred*** 2.

fur seal *s. zo.* Bärenrobbe *f.*

fur·ther ['fɜːðə] **I** *adv.* **1.** *comp. von* ***far*** weiter, ferner, entfernter: ***no ~*** nicht weiter; ***I'll see you ~ first*** F ich werde dir was husten!; **2.** ferner, weiterhin, über'dies, außerdem; **II** *adj.* **3.** weiter, ferner, entfernter: ***the ~ end*** das andere Ende; **4.** *fig.* weiter: ***~ education*** *Brit.* Fort-, Weiterbildung *f*; ***~ particulars*** weitere Einzelheiten, Näheres; ***until ~ notice*** bis auf weiteres; ***anything ~?*** (sonst) noch etwas?; **III** *v/t.* **5.** fördern, unter'stützen; '**fur·ther·ance** [-ðərəns] *s.* Förderung *f*, Unter'stützung *f*; ,**fur·ther'more** *adv.* ferner, über'dies, außerdem; '**fur·ther·most** *adj.* **1.** fernst, weitest; **2.** äußerst; **fur·thest** ['fɜːðɪst] *adj. u. adv.* **1.** *sup. von* ***far***; **2.** *fig.* weitest, meist: ***at the ~*** höchstens; **II** *adv.* **3.** am weitesten.

fur·tive ['fɜːtɪv] *adj.* □ **1.** heimlich, verstohlen; **2.** heimlichtuerisch; '**fur·tive·ness** [-nɪs] *s.* Heimlichkeit *f*, Verstohlenheit *f.*

fu·run·cle ['fjʊərʌŋkl] *s.* ⚕ Fu'runkel *m*; **fu·run·cu·lo·sis** [fjʊ,rʌŋkjʊ'ləʊsɪs] *s.* ⚕ Furunku'lose *f.*

fu·ry ['fjʊərɪ] *s.* **1.** (wilder) Zorn *m*, Wut *f*; **2.** Wildheit *f*, Heftigkeit *f*: ***like ~*** wie toll; **3.** ♀ *antiq.* Furie *f*; **4.** *fig.* Furie *f* (*böses Weib etc.*).

furze [fɜːz] *s.* ⚘ Stechginster *m.*

fuse [fjuːz] **I** *s.* **1.** ⚔ Zünder *m*: ***~ cord*** Abreißschnur *f*; **2.** ⚡ (Schmelz)Sicherung *f*: ***~ box*** Sicherungsdose *f*, -kasten *m*; ***~ wire*** Sicherungsdraht *m*; ***he blew a ~*** ihm ist die Sicherung durchgebrannt (*a. fig.* F); ***he has a short ~*** *Am.* F bei ihm brennt leicht die Sicherung durch; **II** *v/t.* **3.** ⚔ Zünder anbringen an (*dat.*); **4.** ⚙ (ab)sichern; **5.** *phys.*, ⚙ (ver)schmelzen; **6.** *fig.* verschmelzen, vereinigen, ✝ *a.* fusionieren; **III** *v/i.* **7.** ⚡ 'durchbrennen; **8.** ⚙ schmelzen; **9.** *fig.* verschmelzen, ✝ *a.* fusionieren.

fu·se·lage ['fjuːzɪlɑːʒ] *s.* ✈ (Flugzeug-)Rumpf *m.*

fu·sel (oil) ['fjuːzl] *s.* Fuselöl *n.*

fu·si·ble ['fjuːzəbl] *adj.* schmelzbar, -flüssig: ***~ cut-out*** ⚡ Schmelzsicherung *f.*

fu·sil ['fjuːzɪl] *s.* ⚔ *hist.* Steinschlossflinte *f*, Mus'kete *f*; **fu·sil·ier**, *Am. a.* **fu·sil·eer** [,fjuːzɪ'lɪə] *s.* ⚔ Füsi'lier *m*; **fu·sil·lade** [,fjuːzɪ'leɪd] **I** *s.* **1.** ⚔ Salve *f*; **2.** Exekuti'onskom,mando *n*; **3.** *fig.* Hagel *m*; **II** *v/t.* **4.** ⚔ unter Salvenfeuer nehmen; **5.** (standrechtlich) erschießen, füsilieren.

fus·ing ['fjuːzɪŋ] *s.* ⚙ Schmelzen *n*: ***~ burner*** Schneidbrenner *m*; ***~ point*** Schmelzpunkt *m*; **fu·sion** ['fjuːʒn] *s.* **1.** ⚙ Schmelzen *n*: ***~ welding*** Schmelzschweißen *n*; **2.** Schmelzmasse *f*; **3.** *biol.*, *opt.*, *Kernphysik*: Fusi'on *f* (*Verschmelzung*): ***~ bomb*** Wasserstoffbombe *f*; ***~ reactor*** Fusionsreaktor *m*; **4.** *fig.* Verschmelzung *f*, Vereinigung *f*; Zs.-schluss *m*, Fusi'on *f* (*a.* ✝, *pol.*).

fuss [fʌs] **I** *s.* **1.** a) (unnötige) Aufregung, b) Hektik *f;* **2.** ,Wirbel' *m,* ,The'ater' *n,* Getue *n*: ***make a ~*** a) → 5, b) *a.* ***kick up a ~*** ,Krach schlagen'; ***a lot of ~ about nothing*** viel Lärm um nichts; **3.** Ärger *m,* Unannehmlichkeiten *pl.*; **II** *v/i.* **4.** sich (unnötig) aufregen (***about*** über *acc.*): ***don't ~!*** nur keine Aufregung!, schon gut!; **5.** viel ,Wirbel' *od.* ,Wind' machen (***about***, ***of***, ***over*** um *j-n od. et.*); **6.** sich (viel) Umstände machen (***over*** mit *e-m Gast etc.*): ***~ over s.o.*** *a.* j-n bemuttern; ***~ about*** (*od.* ***around***) ,herumfuhrwerken'; **7.** heikel sein; **III** *v/t.* **8.** *j-n* ner'vös machen; **'fuss,budg·et** *Am.* → ***fusspot***; **fuss·i·ness** ['fʌsɪnɪs] *s.* **1.** (unnötige) Aufregung; **2.** Hektik *f;* **3.** Kleinlichkeit *f;* **4.** heikle Art; **'fuss·pot** *s.* F Umstands-, Kleinigkeitskrämer *m,* ,pingeliger' Kerl; **fuss·y** ['fʌsɪ] *adj.* □ **1.** a) aufgeregt, b) hektisch; **2.** kleinlich, ,pingelig'; **3.** heikel, wählerisch, ,eigen' (***about*** hinsichtlich *gen.*, mit).

fus·tian ['fʌstɪən] **I** *s.* **1.** Barchent *m;* **2.** *fig.* Schwulst *m;* **II** *adj.* **3.** Barchent...; **4.** *fig.* schwülstig.

fus·ti·ga·tion [ˌfʌstɪ'geɪʃn] *s. humor.* Tracht *f* Prügel.

fust·i·ness ['fʌstɪnɪs] *s.* **1.** Moder(geruch) *m;* **2.** *fig.* Rückständigkeit *f;* **fust·y** ['fʌstɪ] *adj.* **1.** mod(e)rig, muffig; **2.** a) verstaubt, antiquiert, b) rückständig.

fu·tile ['fjuːtaɪl] *adj.* □ nutz-, sinn-, zweck-, aussichtslos, vergeblich; **fu·til·i·ty** [fjuː'tɪlətɪ] *s.* Zweck-, Nutz-, Wert-, Sinnlosigkeit *f.*

fu·ture ['fjuːtʃə] **I** *s.* **1.** Zukunft *f*: ***in ~*** in Zukunft, künftig; ***in the near ~*** in der nahen Zukunft, bald; ***for the ~*** für die Zukunft, künftig; ***have no ~*** keine Zukunft haben; ***there is no ~ in that!*** das hat keine Zukunft!; **2.** *ling.* Fu'tur(um) *n,* Zukunft *f*: ***~ perfect*** Futurum exactum, zweite Zukunft; **3.** *pl.* ✝ a) Ter'mingeschäfte *pl.*, b) Ter'minwaren *pl.*; **II** *adj.* **4.** (zu)künftig, Zukunfts...; **5.** *ling.* fu'turisch: ***~ tense*** → 2; **6.** ✝ Termin...; ***~ life*** *s.* Leben *n* nach dem Tode.

fu·tur·ism ['fjuːtʃərɪzəm] *s. Kunst*: Futu'rismus *m;* **'fu·tur·ist** [-ɪst] **I.** *adj.* **1.** futu'ristisch; **II.** *s.* **2.** Futu'rist *m;* **3.** → ***futurologist***; **fu·tu·ri·ty** [fjuː'tjʊərətɪ] *s.* **1.** Zukunft *f;* **2.** zukünftiges Ereignis; **3.** Zukünftigkeit *f.*

fu·tur·ol·o·gist [ˌfjuːtʃə'rɒlədʒɪst] *s.* Futuro'loge *m,* Zukunftsforscher *m;* **ˌfu·tur'ol·o·gy** [-dʒɪ] *s.* Futurolo'gie *f,* Zukunftsforschung *f.*

fuze *Am.* → ***fuse***.

fuzz [fʌz] **I** *s.* **1.** (feiner) Flaum *m;* **2.** Fusseln *pl.*, Fäserchen *pl.*; **3.** F a) Wuschelhaar(e *pl.*) *n,* b) ,Zottelbart' *m;* **4.** *sl.* a) ,Bulle' *m* (*Polizist*), b) ***the ~*** *coll.* die Bullen (*die Polizei*); **II** *v/t.* **5.** zerfasern; **6.** *fig.* ,benebeln'; **III** *v/i.* **7.** zerfasern; **'fuzz·y** [-zɪ] *adj.* □ **1.** flaumig; **2.** faserig, fusselig; **3.** kraus, struppig (*Haar*); **4.** verschwommen; **5.** benommen.

fyl·fot ['fɪlfɒt] *s.* Hakenkreuz *n.*

F

G

G

G, g [dʒiː] *s.* **1.** G *n*, g *n* (*Buchstabe*); **2.** ♪ G *n*, g *n* (*Note*): ***G flat*** Ges *n*, ges *n*; ***G sharp*** Gis *n*, gis *n*; **3.** ***G*** *Am. sl.* ‚Riese' *m* (*1000 Dollar*).

gab [gæb] F **I** *s.* ‚Gequassel' *n*, Geschwätz *n*: ***stop your ~!*** halt den Mund!; ***the gift of the ~*** ein gutes Mundwerk; **II** *v/i.* ‚quasseln'.

gab·ar·dine ['gæbədiːn] *s.* Gabardine *m* (*feiner Wollstoff*).

gab·ble ['gæbl] **I** *v/i.* **1.** plappern; **2.** schnattern; **II** *v/t.* **3.** *et.* plappern; **4.** *et.* ‚her'unterleiern'; **III** *s.* **5.** ‚Gebrabbel' *n*; **6.** Geschnatter *n*; '**gab·bler** [-lə] *s.* Schwätzer(in); '**gab·by** [-bɪ] *adj.* F geschwätzig.

gab·er·dine → ***gabardine***.

gab·fest ['gæbfest] *s. Am.* F ‚Quasse'lei' *f*.

ga·bi·on ['geɪbjən] *s.* ⚔ Schanzkorb *m*.

ga·ble ['geɪbl] *s.* △ **1.** Giebel *m*; **2.** *a.* ***~ end*** Giebelwand *f*; '**ga·bled** [-ld] *adj.* giebelig, Giebel...; '**ga·blet** [-lɪt] *s.* giebelförmiger Aufsatz (*über Fenstern*), Ziergiebel *m*.

gad¹ [gæd] **I** *v/i.* *mst* ***~ about*** sich herumtreiben, ‚rumsausen'; **II** *s.* ***be on the ~*** → I.

gad² [gæd] *int.*: (***by***) ***~!*** *obs.* bei Gott!

'**gad|·a·bout** *s.* Her'umtreiber(in); '**~·fly** *s.* **1.** *zo.* Viehbremse *f*; **2.** *fig.* Störenfried *m*, lästiger Mensch.

gadg·et ['gædʒɪt] *s.* F **1.** a) Appa'rat *m*, Gerät *n*, Vorrichtung *f*, b) *iro.* ‚Appa'rätchen' *n*, ‚Kinkerlitzchen' *n*, technische Spiele'rei; **2.** ‚Dingsbums' *n*; **3.** *fig.* ‚Dreh' *m*, Kniff *m*; **gadg·e·teer** [ˌgædʒɪ'tɪə] *s.* F Liebhaber *m* von technischen Spiele'reien *od.* Neuerungen; '**gadg·et·ry** [-trɪ] *s.* **1.** a) Appa'rate *pl.*, b) *iro.* technische Spiele'reien *pl.*; **2.** Beschäftigung *f* mit technischen Spiele'reien; '**gadg·et·y** [-tɪ] *adj.* F **1.** raffiniert (konstruiert); **2.** Apparate...; **3.** versessen auf technische Spiele'reien.

Ga·dhel·ic [gæ'delɪk] → ***Gaelic***.

gad·wall ['gædwɔːl] *s. orn.* Schnatterente *f*.

Gael [geɪl] *s.* Gäle *m*; '**Gael·ic** [-lɪk] **I** *s. ling.* Gälisch *n*, das Gälische; **II** *adj.* gälisch.

Gaelic ist eine keltische Sprache, die noch von etwa einer halben Million Iren und ca. 75.000 Schotten im Hochland und im Westen gesprochen wird. Irisches Gälisch unterscheidet sich aber sehr stark vom schottischen. Auch auf der Isle of Man gibt es noch Gaelic-Sprecher.

gaff¹ [gæf] *s.* **1.** *Fischen*: Landungshaken *m*; **2.** ⚓ Gaffel *f*; **3.** Stahlsporn *m*; **4.** *Am. sl.* ‚Schlauch' *m*: ***stand the ~*** durchhalten; **5.** *Am. sl.* Schwindel *m*; **6.** *sl.* ‚Quatsch' *m*: ***blow the ~*** alles verraten, ‚plaudern'.

gaff² [gæf] *s. Brit. sl. a.* ***penny ~*** Varie'tee *n*, ‚Schmiere' *f*.

gaffe [gæf] *s.* Faux'pas *m*, (grobe) Taktlosigkeit.

gaf·fer ['gæfə] *s.* **1.** *humor.* ‚Opa' *m*; **2.** *Brit.* F a) Chef *m*, b) Vorarbeiter *m*.

gag [gæg] **I** *v/t.* **1.** knebeln, *fig. a.* mundtot machen; **2.** zum Würgen reizen; **3.** *a.* ***~ up*** *thea.* mit Gags spicken; **II** *v/i.* **4.** würgen (***on*** an *dat.*); **5.** *thea. etc.* F Gags anbringen, *allg.* witzeln; **III** *s.* **6.** Knebel *m*, *fig. a.* Knebelung *f*; **7.** ⚕ Mundsperrer *m*; **8.** *parl.* Schluss *m* der De'batte; **9.** *thea. u. allg.* F Gag *m*: a) witziger Einfall, komische Po'inte, ‚Knüller' *m*, b) Jux *m*, Ulk *m*, c) Trick *m*.

ga·ga ['gɑːgɑː] *adj. sl.* a) vertrottelt, b) ‚plem'plem': ***go ~ over*** in Verzückung geraten über (*acc.*).

gag bit *s.* Zaumgebiss *n*.

gage¹ [geɪdʒ] **I** *s.* **1.** *hist. u. fig.* Fehdehandschuh *m*; **2.** ('Unter)Pfand *n*; **II** *v/t.* **3.** *obs.* zum Pfand geben.

gage² [geɪdʒ] → ***gauge***.

gage³ [geɪdʒ] → ***greengage***.

gag·gle ['gægl] **I** *v/i.* **1.** schnattern; **II** *s.* **2.** Geschnatter *n*; **3.** a) Gänseherde *f*, b) F schnatternde Schar: ***a ~ of girls***.

gag·man ['gægmən] *s.* [*irr.*] *thea. etc.* Gagman *m* (*Pointenerfinder etc.*).

gai·e·ty ['geɪətɪ] *s.* **1.** Frohsinn *m*, Fröhlich-, Lustigkeit *f*; **2.** *oft pl.* Lustbarkeit *f*, Fest *n*; **3.** *fig.* (Farben)Pracht *f*.

gai·ly ['geɪlɪ] *adv.* **1.** → ***gay*** 1, 2; **2.** unbekümmert, sorglos.

gain [geɪn] **I** *v/t.* **1.** *s-n Lebensunterhalt etc.* verdienen; **2.** gewinnen: ***~ time***; **3.**

das Ufer etc. erreichen; **4.** *fig.* erreichen, erlangen, erringen: **~ wealth** Reichtümer erwerben; **~ experience** Erfahrung(en) sammeln; **~ admission** Einlass finden; **5.** *j-m et.* einbringen, -tragen; **6.** zunehmen an (*dat.*): **~ strength** (**speed**) kräftiger (schneller) werden; **he ~ed 10 pounds** (**in weight**) er nahm 10 Pfund zu; **7. ~ over** *j-n* für sich gewinnen; **8.** vorgehen um 2 *Minuten etc.* (*Uhr*); **II** *v/i.* **9.** besser *od.* kräftiger werden; **10.** ✝ Gewinn *od.* Pro'fit machen; **11.** (an Wert) gewinnen, im Ansehen steigen, besser zur Geltung kommen; **12.** zunehmen (**in** an *dat.*): **~** (**in weight**) (an Gewicht) zunehmen; **13.** (**on**, **upon**) a) näher her'ankommen (an *dat.*), (an) Boden gewinnen, aufholen (gegen'über), b) s-n Vorsprung vergrößern (vor *dat.*, gegen'über); **14.** (**on**, **upon**) 'übergreifen (auf *acc.*); **15.** vorgehen (*Uhr*); **III** *s.* **16.** Gewinn *m*, Vorteil *m*, Nutzen *m* (**to** für); **17.** Zunahme *f*, Steigerung *f*: **~ in weight** Gewichtszunahme; **18.** ✝ a) Gewinn *m*, Pro'fit *m*: **for ~** ⚖ gewerbsmäßig, in gewinnsüchtiger Absicht, b) Wertzuwachs *m*; **19.** ϟ, *phys.* Verstärkung *f*: **~ control** Lautstärkeregelung *f*; **'gain·er** [-nə] *s.* **1.** Gewinner *m*; **2.** *sport* Auerbach(sprung) *m*: **full ~** Auerbachsalto *m*; **half ~** Auerbachkopfsprung *m*; **'gain·ful** [-fʊl] *adj.* □ einträglich, Gewinn bringend: **~ occupation** Erwerbstätigkeit *f*; **~ly employed** erwerbstätig; **'gain·ings** [-nɪŋz] *s. pl.* Gewinn(e *pl.*) *m*, Einkünfte *pl.*, Pro'fit *m*; **'gain·less** [-lɪs] *adj.* **1.** unvorteilhaft, ohne Gewinn; **2.** nutzlos.

gain·say [ˌgeɪn'seɪ] *v/t.* [*irr.* → **say**] *obs.* **1.** *et.* bestreiten, leugnen: **there is no ~ing that** das lässt sich nicht leugnen; **2.** *j-m* wider'sprechen.

gainst, **'gainst** [geɪnst] *poet. abbr. für* **against**.

gait [geɪt] *s.* Gangart *f* (*a. fig. Tempo*), Gang *m*.

gai·ter ['geɪtə] *s.* **1.** Ga'masche *f*; **2.** *Am.* Zugstiefel *m*.

gal¹ [gæl] *s.* F Mädchen *n*.

gal² [gæl] *s. phys.* Gal *n* (*Einheit der Beschleunigung*).

ga·la ['gɑːlə] **I** *adj.* **1.** festlich, Gala...; **II** *s.* **2.** *a.* **~ occasion** festlicher Anlass, Fest *n*; **3.** Galaveranstaltung *f*; **4.** *sport Brit.* (*Schwimm- etc.*)Fest *n*.

ga·lac·tic [gə'læktɪk] *adj.* **1.** ga'laktisch, *ast.* Milchstraßen...; **2.** *physiol.* Milch...

Ga·la·tians [gə'leɪʃjənz] *s. pl. bibl.* (Brief *m* des Paulus an die) Galater *pl.*

gal·ax·y ['gæləksɪ] *s.* **1.** *ast.* Milchstraße *f*, Gala'xie *f*: **the** ♀ die Milchstraße, die Galaxis; **2.** *fig.* Schar *f* (*prominenter etc. Personen*).

gale¹ [geɪl] *s.* Sturm *m*; steife Brise: **~ force** Sturmstärke *f*; **~ of laughter** Lachsalve *f*.

gale² [geɪl] *s.* ♀ Heidemyrthe *f*.

ga·le·na [gə'liːnə] *s. min.* Gale'nit *m*, Bleiglanz *m*.

Ga·li·cian [gə'lɪʃɪən] **I** *adj.* ga'lizisch; **II** *s.* Ga'lizier(in).

Gal·i·le·an¹ [ˌgælɪ'liːən] **I** *adj.* **1.** gali'läisch; **II** *s.* **2.** Gali'läer(in); **3. the ~** der Gali'läer (*Christus*); **4.** Christ(in).

Gal·i·le·an² [ˌgælɪ'liːən] *adj.* gali'leisch: **~ telescope**.

gal·i·lee ['gælɪliː] *s.* ⚠ Vorhalle *f*.

gal·i·pot ['gælɪpɒt] Gali'pot-, Fichtenharz *n*.

gall¹ [gɔːl] *s.* **1.** *obs.* a) *anat.* Gallenblase *f*, b) *physiol.* Galle(nflüssigkeit) *f*; **2.** *fig.* Galle *f*: a) Bitterkeit *f*, Erbitterung *f*, b) Bosheit *f*; **3.** F Frechheit *f*.

gall² [gɔːl] **I** *s.* **1.** wund geriebene Stelle; **2.** *fig.* a) Ärger *m*, b) Ärgernis *n*; **II** *v/t.* **3.** wund reiben; **4.** (ver)ärgern; **III** *v/i.* **5.** reiben, scheuern; **6.** sich wund reiben; **7.** sich ärgern.

gall³ [gɔːl] *s.* ♀ Galle *f*.

gal·lant ['gælənt] **I** *adj.* □ **1.** tapfer, heldenhaft; **2.** prächtig, stattlich; **3.** ga'lant: a) höflich, ritterlich, b) amou'rös, Liebes...; **II** *s.* **4.** Kava'lier *m*; **5.** Verehrer *m*; **6.** Geliebte(r) *m*; **'gal·lant·ry** [-trɪ] *s.* **1.** Tapferkeit *f*; **2.** Galante'rie *f*, Ritterlichkeit *f*; **3.** heldenhafte Tat; **4.** Liebe'lei *f*.

gall|blad·der *s. anat.* Gallenblase *f*; **~ duct** *s. anat.* Gallengang *m*.

gal·le·on ['gælɪən] *s.* ⚓ *hist.* Gale'one *f*.

gal·ler·y ['gælərɪ] *s.* **1.** ⚠ a) Gale'rie *f*, b) Em'pore *f* (*in Kirchen*); **2.** *thea.* dritter Rang, *a. weitS.* Gale'rie *f*: **play to the ~** für die Galerie spielen, *fig. a.* nach Effekt haschen; **3.** ('Kunst-, Ge'mälde)Gale,rie *f*; **4.** a) ⚓ Laufgang *m*, b) ⚙ Laufsteg *m*, c) ⚒ *u.* ⚔ Stollen *m*, d) → **shooting gallery**; **5.** *fig.* Gale'rie *f*, Schar *f* (*Personen*).

gal·ley ['gælɪ] *s.* **1.** ⚓ a) Ga'leere *f*, b) Langboot *n*; **2.** ⚓ Kom'büse *f*, Küche *f*; **3.** *typ.* Setzschiff *n*; **4.** *a.* **~ proof** *typ.* Fahne *f*; **~ slave** *s.* **1.** Ga'leerensklave *m*; **2.** *fig.* Sklave *m*, ‚Kuli' *m*; **ˌ~-'west** *adv.*: **knock ~** *Am.* F a) *j-n* zs.-schlagen, b) *fig. j-n* ‚umhauen', c) *et.* (total) ‚kaputtmachen'.

'gall·fly *s. zo.* Gallwespe *f*.

gal·lic¹ ['gælɪk] *adj.*: **~ acid** ⚗ Gallussäure *f*.

Gal·lic² ['gælɪk] *adj.* **1.** gallisch; **2.** fran'zösisch; **'Gal·li·cism** [-ɪsɪzəm] *s. ling.* Galli'zismus *m*, französische Spracheigenheit; **'Gal·li·cize** [-ɪsaɪz] *v/t.* franzö(si)sieren.

gal·li·na·ceous [ˌgælɪ'neɪʃəs] *adj. orn.* hühnerartig.

gall·ing ['gɔːlɪŋ] *adj.* ärgerlich (*Sache*).

gal·li·pot[1] → ***galipot***.
gal·li·pot[2] ['gælɪpɒt] *s.* Salbentopf *m*, Medika'mentenbehälter *m*.
gal·li·vant [ˌgælɪ'vænt] *v/i.* **1.** sich amüsieren; **2.** ***~ around*** sich her'umtreiben.
'gall·nut *s.* ⚘ Gallapfel *m*.
gal·lon ['gælən] *s.* Gal'lone *f* (*Hohlmaß; Brit. 4,5459 l, Am. 3,7853 l*).
gal·loon [gə'luːn] *s.* Tresse *f*.
gal·lop ['gæləp] **I** *v/i.* **1.** galoppieren; **2.** F ‚sausen': ***~ through s.th.*** et. ‚im Ga'lopp' erledigen; ***~ through a book*** ein Buch durchfliegen; ***~ing consumption*** (***inflation***) galoppierende Schwindsucht (Inflation); **II** *v/t.* **3.** galoppieren lassen; **III** *s.* **4.** Ga'lopp *m* (*a. fig.*): ***at full ~*** in gestrecktem Galopp; **gal·lo·pade** [ˌgælə'peɪd] → ***galop***.
Gal·lo·phile ['gæləʊfaɪl], **'Gal·lo·phil** [-fɪl] *s.* Fran'zosenfreund *m*; **'Gal·lo·phobe** [-fəʊb] *s.* Fran'zosenhasser *m*.
gal·lows ['gæləʊz] *s. pl. mst sg. konstr.* **1.** Galgen *m*; **2.** galgenähnliches Gestell, Galgen *m*; **~ bird** *s.* F Galgenvogel *m*; **~ hu·mo(u)r** *s.* 'Galgenhuˌmor *m*; **~ tree** → ***gallows*** 1.
'gall·stone *s.* ⚕ Gallenstein *m*.
Gal·lup poll ['gæləp] *s.* 'Meinungsˌumfrage *f*.
gal·lus·es ['gæləsɪz] *s. pl. Am.* F Hosenträger *pl*.
gal·op ['gæləp] **I** *s.* Ga'lopp *m* (*Tanz*); **II** *v/i.* e-n Ga'lopp tanzen.
ga·lore [gə'lɔː] *adv.* F ‚in rauen Mengen': ***whisk(e)y ~*** *a.* jede Menge Whisky.
ga·losh [gə'lɒʃ] *s. mst pl.* 'Über-, Gummischuh *m*, Ga'losche *f*.
ga·lumph [gə'lʌmf] *v/i.* F stapfen, trapsen.
gal·van·ic [gæl'vænɪk] *adj.* (□ ***~ally***) ⚡, *phys.* gal'vanisch; *fig.* F elektrisierend; **gal·va·nism** ['gælvənɪzəm] *s.* **1.** *phys.* Galva'nismus *m*; **2.** ⚕ Galvanisati'on *f*; **gal·va·ni·za·tion** [ˌgælvənaɪ'zeɪʃn] *s.* ⚕, ⚗ Galvanisierung *f*; **gal·va·nize** ['gælvənaɪz] *v/t.* **1.** ⚙ galvanisieren, (feuer)verzinken; **2.** ⚕ mit Gleichstrom behandeln; **3.** *fig.* F *j-n* elektrisieren: ***~ into action*** *j-n* schlagartig aktiv werden lassen; **gal·va·nom·e·ter** [ˌgælvə'nɒmɪtə] *s. phys.* Galvano'meter *n*; **gal·va·no·plas·tic** [ˌgælvənəʊ'plæstɪk] *adj.* ⚙ galvano'plastisch; **gal·va·no·plas·tics** [ˌgælvənəʊ'plæstɪks] *s. pl. sg. konstr.*, **gal·va·no·plas·ty** [ˌgælvənəʊ'plæstɪ] *s.* Galvano'plastik *f*, Eˌlektroty'pie *f*; **gal·va·no·scope** ['gælvənəʊskəʊp] *s. phys.* Galvano'skop *n*.
gam·bit ['gæmbɪt] *s.* **1.** *Schach*: Gam'bit *n*, Eröffnung *f*; **2.** *fig.* a) erster Schritt, Einleitung *f*, b) (raffinierter) Trick.
gam·ble ['gæmbl] **I** *v/i.* **1.** (um Geld) spielen: ***~ with s.th.*** *fig.* et. aufs Spiel setzen; ***you can ~ on that*** darauf kannst du wetten; ***she ~d on his coming*** sie verließ sich darauf, dass er kommen würde; **2.** *Börse*: spekulieren; **II** *v/t.* **3.** ***~ away*** verspielen (*a. fig.*); **4.** (als Einsatz) setzen (***on*** auf *acc.*), *fig.* aufs Spiel setzen; **III** *s.* **5.** Glücksspiel *n*, Ha'sardspiel *n* (*a. fig.*); **6.** *fig.* Wagnis *n*, Risiko *n*; **'gam·bler** [-lə] *s.* Spieler(in); *fig.* Hasar'deur *m*; **'gam·bling** [-blɪŋ] *s.* Spielen *n*: ***~ den*** Spielhölle *f*; ***~ debt*** Spielschuld *f*.
gam·boge [gæm'buːʒ] *s.* ⚗ Gummigutt *n*.
gam·bol ['gæmbl] **I** *v/i.* her'umtanzen, Luftsprünge machen; **II** *s.* Freuden-, Luftsprung *m*.
game[1] [geɪm] **I** *s.* **1.** Spiel *n*, Zeitvertreib *m*, Sport *m*: ***&s*** *pl.* (*Olympische etc.*) Spiele, *ped.* Sport; ***~ of golf*** Golfspiel; ***~ of skill*** Geschicklichkeitsspiel; ***play the ~*** *a. fig.* sich an die Spielregeln halten; ***play a good ~*** gut spielen; ***play ~s with s.o.*** *fig.* mit j-m sein Spiel treiben; ***play a losing ~*** auf der Verliererstraße sein; ***be on*** (***off***) ***one's ~*** gut (nicht) in Form sein; ***the ~ is yours*** du hast gewonnen; **2.** *sport* (einzelnes) Spiel, Par'tie *f* (*Schach etc.*); *Tennis*: Spiel *n* (*in e-m Satz*): ***~, set and match*** *Tennis*: Spiel, Satz u. Sieg; **3.** Scherz *m*, Ulk *m*: ***make ~ of*** sich lustig machen über (*acc.*); **4.** Spiel *n*, Unter'nehmen *n*, Plan *m*: ***the ~ is up*** das Spiel ist aus *od.* verloren; ***give the ~ away*** F sich *od.* alles verraten; ***play a double ~*** ein doppeltes Spiel treiben; ***play a waiting ~*** e-e abwartende Haltung einnehmen; ***I know his*** (***little***) ***~*** ich weiß, was er im Schilde führt; ***see through s.o.'s ~*** j-s Spiel *od.* j-n durchschauen; ***beat s.o. at his own ~*** j-n mit s-n eigenen Waffen schlagen; ***two can play at this ~!*** das kann ich auch!; **5.** *pl. fig.* Schliche *pl.*, Tricks *pl.*; **6.** Spiel *n* (*Geräte etc.*); **7.** F Branche *f*, Geschäft *n*: ***he is in the advertising ~*** er macht in Werbung; ***she's on the ~*** ‚sie geht auf den Strich'; **8.** *hunt.* Wild *n*: ***big ~*** Großwild; ***fly at higher ~*** höher hinauswollen; **9.** Wildbret *n*: ***~ pie*** Wildpastete *f*; **II** *adj.* □ **10.** Jagd..., Wild...; **11.** schneidig, mutig; **12.** a) aufgelegt (***for*** zu), b) bereit (***for*** zu, ***to do*** zu tun): ***I am ~!*** ich bin dabei!, ich mache mit!; **III** *v/i.* **13.** (um Geld) spielen; **IV** *v/t.* **14.** ***~ away*** verspielen.
game[2] [geɪm] *adj.* F lahm: ***a ~ leg***.
game|bag *s.* Jagdtasche *f*; **~ bird** *s.* Jagdvogel *m*; **'~·cock** *s.* Kampfhahn *m* (*a. fig.*); **~ fish** *s.* Sportfisch *m*; **~ fowl** *s.* **1.** Federwild *n*; **2.** Kampfhahn *m*; **'~ˌkeep·er** *s. Brit.* Wildhüter *m*; **~ li·cence** *s. Brit.* Jagdschein *m*.
game·ness ['geɪmnɪs] *s.* Mut *m*, Schneid *m*.

game| park *s.* Wildpark *m*; **~ plan** *s. Am. fig.* ‚Schlachtplan' *m*; **~ point** *s. sport* a) entscheidender Punkt, b) *Tennis*: Spielball *m*, c) *Tischtennis*: Satzball *m*; **~ pre·serve** *s.* Wildgehege *n*.
games·man·ship ['geɪmzmənʃɪp] *s. bsd. sport* die Kunst, mit allen (gerade noch erlaubten) Tricks zu gewinnen.
games| mas·ter [geɪmz] *s. ped. Brit.* Sportlehrer *m*; **~ mis·tress** *s. ped. Brit.* Sportlehrerin *f*.
game·some ['geɪmsəm] *adj.* □ lustig, ausgelassen.
game·ster ['geɪmstə] *s.* Spieler(in) (*um Geld*).
gam·ete [gæ'mi:t] *s. biol.* Ga'met *m* (*Keimzelle*).
game ward·en *s.* Jagdaufseher *m*.
gam·in ['gæmɪn] *s.* Gassenjunge *m*.
gam·ing ['geɪmɪŋ] *s.* Spielen *n* (*um Geld*): **~ *laws*** Gesetze über Glücksspiele u. Wetten; **~ house** *s.* Spielhölle *f*, 'Spielka,sino *n*; **~ ta·ble** *s.* Spieltisch *m*.
gam·ma ['gæmə] *s.* **1.** Gamma *n* (*griech. Buchstabe*): **~ *rays*** *phys.* Gammastrahlen; **2.** *phot.* Kon'trastgrad *m*; **3.** *ped. Brit.* Drei *f*, Befriedigend *n*.
gam·mer ['gæmə] *s. Brit.* F ‚Oma' *f*.
gam·mon[1] ['gæmən] *s.* **1.** (schwach) geräucherter Schinken; **2.** unteres Stück e-r Speckseite.
gam·mon[2] ['gæmən] *s.* ⚓ Bugsprietzurring *f*.
gam·mon[3] ['gæmən] F **I** *s.* **1.** Humbug *m*: a) Schwindel *m*, b) ‚Quatsch' *m*; **II** *v/i.* **2.** ‚quatschen', Unsinn reden; **3.** sich verstellen, so tun als ob; **III** *v/t.* **4.** *j-n* ‚reinlegen'.
gamp [gæmp] *s. Brit.* F (großer) Regenschirm, ‚Fa'miliendach' *n*.
gam·ut ['gæmət] *s.* **1.** ♪ Tonleiter *f*; **2.** *fig.* Skala *f*: ***run the whole ~ of emotion*** von e-m Gefühl ins andere taumeln.
gam·y ['geɪmɪ] *adj.* **1.** nach Wild riechend *od.* schmeckend: **~ *taste*** a) Wildgeschmack *m*, b) Hautgout *m*; **2.** F schneidig, mutig.
gan·der ['gændə] *s.* **1.** Gänserich *m*; → ***sauce*** 1; **2.** *fig.* F ‚Esel' *m*, Dussel *m*; **3.** *sl.* Blick *m*: ***take a ~ at*** sich (rasch) *et.* angucken.
gang [gæŋ] **I** *s.* **1.** ('Arbeiter)Ko,lonne *f*, (-)Trupp *m*; **2.** Gang *f*, (Verbrecher-) Bande *f*; **3.** *contp.* Bande *f*, Horde *f*, Clique *f*; **4.** ⚙ Satz *m* (*Werkzeuge*): **~ *of tools***; **II** *v/i.* **5.** *mst* **~ *up*** sich zs.-tun, sich zs.-rotten (***on***, ***against*** gegen).
'**gang|·bang I** *s. bsd. Am.* F **1.** a) als Bande um'herziehen, Bandenaktivitäten *pl.* betreiben, b) Bandenüberfälle *pl.* machen; **II** *v/t.* **2.** *bsd. Am.* F herfallen über (*acc.*), anpöbeln, über'fallen; **3.** a) *e-e Frau als Gruppe von Männern* vergewaltigen, b) *e-e Frau als Gruppe von Männern nacheinander* ‚bumsen'; **III** *s.* **4.** a) *Vergewaltigung e-r Frau durch mehrere Männer*, b) *Geschlechtsverkehr mehrerer Männer nacheinander mit e-r Frau*; **5.** *bsd. Am.* F *von e-r Straßenbande begangenes Verbrechen*; '**~,bang·er** *s.* **1.** *bsd. Am.* F Mitglied *n* e-r Straßenbande; **2.** a) *Mitglied e-r Gruppe von Männern, die e-e Frau od. Frauen nacheinander vergewaltigen*, b) *Mitglied e-r Gruppe von Männern, die mit e-r Frau od. Frauen nacheinander Geschlechtsverkehr haben*; '**~,bang·ing** *s.* **1.** *bsd. Am.* F *das Auftreten od. die Aktivitäten von Straßenbanden*, Bandenaktivitäten *pl.*; **2.** a) *Vergewaltigung(en pl.) e-r Frau od. von Frauen durch mehrere Männer nacheinander*; b) *Geschlechtsverkehr mehrerer Männer nacheinander mit e-r Frau*; '**~·board** *s.* ⚓ Laufplanke *f*; **~ boss** → ***ganger***; **~ cut·ter** *s.* ⚙ Satz-, Mehrfachfräser *m*.
gang·er ['gæŋə] *s.* Vorarbeiter *m*, Kapo *m*.
'**gang·land** *s.* ‚'Unterwelt' *f*.
gan·gling ['gæŋglɪŋ] *adj.* schlaksig.
gan·gli·on ['gæŋglɪən] *pl.* **-a** [-ə] *s.* **1.** *anat.* Ganglion *n*, Nervenknoten *m*: **~ *cell*** Ganglienzelle *f*; **2.** ⚕ 'Überbein *n*; **3.** *fig.* Knoten-, Mittelpunkt *m*, Zentrum *n*.
'**gang|·plank** → ***gangway*** 2b; **~ rape** → ***gangbang*** b.
gan·grene ['gæŋgri:n] **I** *s.* **1.** ⚕ Brand *m*, Gan'grän *n*; **2.** *fig.* Fäulnis *f*, sittlicher Verfall; **II** *v/t. u. v/i.* **3.** ⚕ brandig machen (werden); '**gan·gre·nous** [-rɪnəs] *adj.* ⚕ brandig.
gang saw *s.* ⚙ Gattersäge *f*.
gang·ster ['gæŋstə] *s.* Gangster *m*.
'**gang·way I** *s.* **1.** 'Durchgang *m*, Pas'sage *f*; **2.** a) ⚓ Fallreep *n*, b) ⚓ Gangway *f*, Landungsbrücke *f*, c) ✈ Gangway *f*; **3.** *Brit. thea. etc.* (Zwischen)Gang *m*; **4.** ⚒ Strecke *f*; **5.** ⚙ a) Schräge *f*, Rutsche *f*, b) Laufbühne *f*; **II** *int.* **6.** Platz (machen) (, bitte)!
gan·net ['gænɪt] *s. orn.* Tölpel *m*.
gant·let ['gæntlɪt] → ***gauntlet***[1].
gan·try ['gæntrɪ] *s.* **1.** ⚙ Fasslager *n*; **2.** *a.* **~ *bridge*** ⚙ Kranbrücke *f*: **~ *crane*** Portalkran *m*; **3.** a) 🚂 Si'gnalbrücke *f*, b) *mot.* Schilderbrücke *f*; **4.** *a.* **~ *scaffold*** *Raumfahrt*: Mon'tageturm *m*.
Gan·y·mede ['gænɪmi:d] *s.* **1.** *a.* ♀ Mundschenk *m*; **2.** *ast.* Gany'med *m*.
gaol [dʒeɪl] *bsd. Brit.* → ***jail*** *etc.*
gap [gæp] *s.* **1.** Lücke *f*, Spalt *m*, Öffnung *f*; **2.** ⚔ Bresche *f*, Gasse *f*; **3.** (Berg)Schlucht *f*; **4.** *fig.* a) Lücke *f*, b) Zwischenraum *m*, -zeit *f*, c) Unter'brechung *f*, d) Kluft *f*, 'Unterschied *m*: ***close the ~*** die Lücke schließen; ***fill*** (*od.* ***stop***) ***a ~*** e-e Lücke ausfüllen;

G

G

leave a ~ e-e Lücke hinterlassen; ***dollar ~*** ⚕ Dollarlücke; ***rocket ~*** Raketenlücke; ***~ in one's education*** Bildungslücke; **5.** ↯ Funkenstrecke *f*.

gape [geɪp] **I** *v/i.* **1.** den Mund aufreißen (*vor Staunen etc.*), staunen: ***stand gaping*** Maulaffen feilhalten; **2.** starren, glotzen, gaffen: ***~ at s.o.*** j-n anstarren; **3.** gähnen; **4.** *fig.* klaffen, gähnen, sich öffnen *od.* auftun; **II** *s.* **5.** Gaffen *n*, Glotzen *n*; **6.** Staunen *n*; **7.** Gähnen *n*; **8.** ***the ~s*** *pl. sg. konstr.* a) *vet.* Schnabelsperre *f*, b) *humor.* Gähnkrampf *m*; **'gap·ing** [-pɪŋ] *adj.* ☐ **1.** gaffend, glotzend; **2.** klaffend (*Wunde*), gähnend (*Abgrund*).

gap·py ['gæpɪ] *adj.* lückenhaft (*a. fig.*).

ga·rage ['gærɑːdʒ] **I** *s.* **1.** Ga'rage *f*; **2.** Repara'turwerkstätte *f* u. Tankstelle *f*; **II** *v/t.* **3.** *Auto* a) in e-r Ga'rage ab- *od.* 'unterstellen, b) in die Ga'rage fahren.

garb [gɑːb] **I** *s.* Tracht *f*, Gewand *n* (*a. fig.*); **II** *v/t.* kleiden.

gar·bage ['gɑːbɪdʒ] *s.* **1.** *Am.* Abfall *m*, Müll *m*; ***~ bag*** Müllbeutel *m*; ***~ can*** Mülleimer *m*, -tonne *f*; ***~ chute*** Müllschlucker *m*; **2.** *fig.* a) Schund *m*, b) ‚Abschaum' *m*; **3.** *Computer*: wertlose Daten *pl.*

gar·ble ['gɑːbl] *v/t. Text etc.* a) durcheinander bringen, b) verstümmeln, entstellen, ‚frisieren'.

gar·den ['gɑːdn] **I** *s.* **1.** Garten *m*; **2.** *fig.* Garten *m*, fruchtbare Gegend: ***the ~ of England*** die Grafschaft Kent; **3.** *mst pl.* Gartenanlagen *pl.*, Park *m*: ***botanical ~(s)*** botanischer Garten; **II** *v/i.* **4.** gärtnern, im Garten arbeiten; **5.** Gartenbau treiben; **III** *adj.* **6.** Garten...: ***~ plants***; **~ cit·y** *s. Brit.* Gartenstadt *f*; **~ cress** *s.* ⚘ Gartenkresse *f*.

> Das **garden centre** ist ein beliebtes Wochenendziel für zahlreiche Briten, die traditionell begeisterte Gärtner sind. Dort kann man alles rund um den Garten bekommen: von Blumen, Pflanzen, Bäumen, Samen und Gartengeräten bis hin zu Gartenmöbeln, Statuen und Gartenzwergen.

gar·den·er ['gɑːdnə] *s.* Gärtner(in).

gar·den| frame *s.* glasgedeckter Pflanzenkasten; **~ gnome** *s.* Gartenzwerg *m*.

gar·de·ni·a [gɑː'diːnjə] *s.* ⚘ Gar'denie *f*.

gar·den·ing ['gɑːdnɪŋ] *s.* **1.** Gartenbau *m*; **2.** Gartenarbeit *f*.

gar·den| mo(u)ld *s.* Blumen(topf)erde *f*; **~ par·ty** *s.* Gartenfest *n*, -party *f*; **~ path** *s.*: ***lead s.o. up the ~*** *fig.* j-n hinters Licht führen; **♀ State** *s. Am.* (*Beiname für*) New Jersey *n*; **~ stuff** *s.* Gartenerzeugnisse *pl.*; **~ sub·urb** *s. Brit.* Gartenvorstadt *f*; **~ truck** *Am.* → ***garden stuff***; **~ white** *s. zo.* Weißling *m*.

gar·gan·tu·an [gɑː'gæntjʊən] *adj.* riesig, gewaltig, ungeheuer.

gar·gle ['gɑːgl] **I** *v/t.* **1.** a) gurgeln mit: ***~ salt water***, b) ***~ one's throat*** → 3; **2.** *Worte* (her'vor)gurgeln; **II** *v/i.* **3.** gurgeln; **III** *s.* **4.** Gurgeln *n*; **5.** Gurgelmittel *n*.

gar·goyle ['gɑːgɔɪl] *s.* **1.** ⚠ Wasserspeier *m*; **2.** *fig.* Scheusal *n*.

gar·ish ['geərɪʃ] *adj.* ☐ grell, schreiend, aufdringlich, protzig.

gar·land ['gɑːlənd] **I** *s.* **1.** Gir'lande *f* (*a.* ⚠), Blumengewinde *n*, -gehänge *n*; (*a. fig.* Sieges)Kranz *m*; **2.** *fig.* (*bsd.* Gedicht)Sammlung *f*; **II** *v/t.* **3.** bekränzen.

gar·lic ['gɑːlɪk] *s.* ⚘ Knoblauch *m*; **'gar·lick·y** [-kɪ] *adj.* **1.** knoblauchartig; **2.** nach Knoblauch schmeckend *od.* riechend.

gar·ment ['gɑːmənt] *s.* **1.** Kleidungsstück *n*, *pl. a.* Kleider *pl.*; **2.** *fig.* Gewand *n*, Hülle *f*.

gar·ner ['gɑːnə] **I** *s.* **1.** *obs.* Getreidespeicher *m*; **2.** *fig.* Speicher *m*, Vorrat *m* (**of** an *dat.*); **II** *v/t.* **3.** a) speichern (*a. fig.*), b) aufbewahren, c) sammeln (*a. fig.*), d) erlangen, erwerben.

gar·net ['gɑːnɪt] **I** *s. min.* Gra'nat *m*; **II** *adj.* gra'natrot.

gar·nish ['gɑːnɪʃ] **I** *v/t.* **1.** schmücken, verzieren; **2.** *Küche*: garnieren (*a. fig. iro.*); **3.** ⚖ a) *Forderung beim Drittschuldner* pfänden, b) *dem Drittschuldner* ein Zahlungsverbot zustellen; **II** *s.* **4.** Orna'ment *n*, Verzierung *f*; **5.** *Küche*: Garnierung *f* (*a. fig. iro.*); **gar·nish·ee** [ˌgɑːnɪ'ʃiː] ⚖ **I** *s.* Drittschuldner *m*; **II** *v/t.* → ***garnish*** 3; **'gar·nish·ment** [-mənt] *s.* **1.** → ***garnish*** 4; **2.** ⚖ a) (Forderungs)Pfändung *f*, b) Zahlungsverbot *n* an den Drittschuldner, c) *Brit.* Mitteilung *f* an den Pro'zessgegner; **'gar·ni·ture** [-ɪtʃə] *s.* **1.** → ***garnish*** 4; **2.** Zubehör *n*, *m*, Ausstattung *f*.

ga·rotte → ***garrot(t)e***.

gar·ret ['gærət] *s.* a) Dachstube *f*, Man'sarde *f*, b) Dachgeschoss, *östr.* -geschoß *n*.

gar·ri·son ['gærɪsn] ⚔ **I** *s.* **1.** Garni'son *f* (*Standort od. stationierte Truppen*); **II** *v/t.* **2.** *Ort* mit e-r Garni'son belegen; **3.** *Truppen* in Garni'son legen: ***be ~ed*** in Garnison liegen; **~ cap** *s.* Feldmütze *f*; **~ com·mand·er** *s.* 'Standortkommanˌdant *m*; **~ town** *s.* Garni'sonsstadt *f*.

gar·rot(t)e [gə'rɒt] **I** *s.* **1.** ('Hinrichtung

f durch die) Ga(r)'rotte *f*; **2.** Erdrosselung *f*; **II** *v/t.* **3.** ga(r)rottieren; **4.** erdrosseln.

gar·ru·li·ty [gæ'ru:lətı] *s.* Geschwätzigkeit *f*; **gar·ru·lous** ['gærʊləs] *adj.* □ geschwätzig.

gar·ter ['gɑ:tə] **I** *s.* **1.** a) Strumpfband *n*, b) Sockenhalter *m*, c) *Am.* Strumpfhalter *m*, Straps *m*: ~ ***belt*** Hüfthalter *m*, -gürtel *m*; **2.** ***the*** ~ a) *a.* ***the Order of the*** ~ der Hosenbandorden (*der höchste brit. Orden*), b) der Hosenbandorden (*Abzeichen*), c) die Mitgliedschaft des Hosenbandordens; **II** *v/t.* **3.** mit e-m Strumpfband *etc.* befestigen *od.* versehen.

gas [gæs] **I** *s.* **1.** ⚗ Gas *n*; **2.** (Leucht-)Gas *n*; **3.** ⚒ Grubengas *n*; **4.** ⚕ Lachgas *n*; **5.** ⚔ (Gift)Gas *n*, (Gas)Kampfstoff *m*: ~ ***shell*** Gasgranate *f*; **6.** *mot.* F a) *Am.* Ben'zin *n*, ‚Sprit' *m*, b) 'Gas(pe,dal) *n*: ***step on the*** ~ Gas geben, ‚auf die Tube drücken' (*beide a. fig.*); **7.** *sl.* a) ‚Gequatsche' *n*, b) ‚Gaudi' *f*, Mordsspaß *m*: ***it's a*** (***real***) ~***!*** (das ist) zum Brüllen!, *weitS.* große Klasse!; **II** *v/t.* **8.** mit Gas versorgen *od.* füllen; **9.** ⚙ begasen; **10.** vergasen, mit Gas töten *od.* vernichten; **11.** ~ ***up*** *mot. Auto* voll tanken; **III** *v/i.* **12.** *mst* ~ ***up*** *Am.* F (auf-)tanken; **13.** F ‚quatschen'; '~**·bag** *s.* **1.** ⚙ Gassack *m*, -zelle *f*; **2.** F ‚Quatscher' *m*; ~ **bomb** *s.* ⚔ Kampfstoffbombe *f*; ~ **bot·tle** *s.* ⚙ Gas-, Stahlflasche *f*; ~ **burn·er** *s.* Gasbrenner *m*; ~ **cham·ber** *s.* **1.** Gaskammer *f* (*zur Hinrichtung*); **2.** ⚔ Gasprüfraum *m*; ~ **coal** *s.* Gaskohle *f*; ~ **coke** *s.* (Gas)Koks *m*; ~ **cook·er** *s.* Gasherd *m*; ~ **cyl·in·der** *s.* Gasflasche *f*; ~ **en·gine** *s.* 'Gasmotor *m*, -ma,schine *f*.

gas·e·ous ['gæsjəs] *adj.* **1.** ⚗ a) gasartig, -förmig, b) Gas...; **2.** *fig.* leer.

gas| field *s.* (Erd)Gasfeld *n*; '~**-,fired** *adj.* mit Gasfeuerung, gasbeheizt; ~ **fit·ter** *s.* 'Gasinstalla,teur *m*; ~ **fit·ting** *s.* **1.** 'Gasinstallati,on *f*; **2.** *pl.* 'Gasarma,turen *pl.*; ~ **gan·grene** *s.* ⚕ Gasbrand *m*; ~ **guz·zler** *s. mot. bsd. Am.* F Ben'zinschlucker *m*, -fresser *m*.

gash [gæʃ] **I** *s.* **1.** klaffende Wunde, tiefer Schnitt *od.* Riss; **2.** Spalte *f*; **II** *v/t.* **3.** *j-m* e-e klaffende Wunde beibringen.

gas| heat·er *s.* Gasofen *m*; ~ **heat·ing** *s.* Gasheizung *f*.

gas·i·fi·ca·tion [,gæsıfı'keıʃn] *s.* ⚙ Vergasung *f*; **gas·i·fy** ['gæsıfaı] **I** *v/t.* vergasen, in Gas verwandeln; **II** *v/i.* zu Gas werden.

gas jet *s.* Gasflamme *f*, -brenner *m*.

gas·ket ['gæskıt] *s.* ⚙ 'Dichtung(sman,schette *f*, -sring *m*) *f*: ***blow a*** ~ *fig.* F ‚durchdrehen'.

'gas|·light *s.* Gaslicht *n*, -lampe *f*; ~ **light·er** *s.* **1.** Gasfeuerzeug *n*; **2.** Gasanzünder *m*; ~ **main** *s.* (Haupt-) Gasleitung *f*; '~**·man** [-mæn] *s.* [*irr.*] **1.** 'Gasinstalla,teur *m*; **2.** Gasmann *m*, -ableser *m*; ~ **man·tle** *s.* (Gas)Glühstrumpf *m*; ~ **mask** *s.* ⚔ Gasmaske *f*; ~ **me·ter** *s.* ⚙ Gasuhr *f*, -zähler *m*; ~ **mo·tor** → ***gas engine***.

gas·o·lene, gas·o·line ['gæsəʊli:n] *s.* **1.** ⚗ Gaso'lin *n*, Gasäther *m*; **2.** *Am.* Ben'zin *n*: ~ ***ga***(***u***)***ge*** Kraftstoffmesser *m*, Benzinuhr *f*.

gas·om·e·ter [gæ'sɒmıtə] *s.* Gaso'meter *m*, Gasbehälter *m*.

gas ov·en *s.* Gasherd *m*.

gasp [gɑ:sp] **I** *v/i.* keuchen (*a. Maschine etc.*): ~ ***for breath*** nach Luft schnappen; ***it made me*** ~ mir stockte der Atem (*vor Erstaunen*); ~ ***for s.th.*** *fig.* nach et. lechzen; **II** *v/t. a.* ~ ***out*** *Worte* (her'vor)keuchen: ~ ***one's life out*** sein Leben aushauchen; **III** *s.* a) Keuchen *n*, b) Laut *m* des Erstaunens *od.* Erschreckens: ***at one's last*** ~ in den letzten Zügen (liegend), *fig.* ‚am Eingehen'; '**gasp·er** [-pə] *s. Brit. sl.* ‚Stäbchen' *n* (*Zigarette*).

gas| pipe *s.* Gasrohr *n*; '~**·proof** *adj.* gasdicht; ~ **pump** *s. mot. Am.* Zapfsäule *f*; ~ **range** *s. Am.* Gasherd *m*; ~ **ring** *s.* Gasbrenner *m*, -kocher *m*.

gassed [gæst] *adj.* vergast, gaskrank, -vergiftet; **gas·ser** ['gæsə] *s.* **1.** Gas freigebende Ölquelle; **2.** F ‚Quatscher' *m*; **gas·sing** ['gæsıŋ] *s.* **1.** ⚙ Behandlung *f* mit Gas; **2.** Vergasung *f*; **3.** F ‚Quatschen' *n*.

gas| sta·tion *s. Am.* Tankstelle *f*; ~ **stove** *s.* Gasherd *m od.* -ofen *m*; ~ **tank** *s.* Gas- *od. Am.* F Ben'zinbehälter *m*; ~ **tar** *s.* Steinkohlenteer *m*.

gas·ter·o·pod ['gæstərəpɒd] → ***gastropod***.

'gas·tight *adj.* gasdicht.

gas·tric ['gæstrık] *adj.* ⚕ gastrisch, Magen...: ~ ***acid*** Magensäure *f*; ~ ***flu*** Darmgrippe *f*; ~ ***juice*** Magensaft *m*; ~ ***ulcer*** Magengeschwür *n*; **gas·tri·tis** [gæ'straıtıs] *s.* ⚕ Ga'stritis *f*, Magenschleimhautentzündung *f*; **gas·tro·en·ter·i·tis** [,gæstrəʊentə'raıtıs] *s.* ⚕ Gastroente'ritis *f*, 'Magen-'Darm-Ka,tarr(h) *m*; **gas·tro·in·tes·ti·nal** [,gæstrəʊın'testınl] ⚕ gastrointesti'nal.

gas·trol·o·gist [gæ'strɒlədʒıst] *s.* **1.** ⚕ Facharzt *m* für Magenkrankheiten; **2.** *humor.* Kochkünstler *m*.

gas·tro·nome ['gæstrənəʊm], **gas·tron·o·mer** [gæ'strɒnəmə] *s.* Feinschmecker *m*; **gas·tro·nom·ic, gas·tro·nom·i·cal** [,gæstrə'nɒmık(l)] *adj.* □ feinschmeckerisch; **gas·tron·o·mist** [gæ'strɒnəmıst] → ***gastronome***; **gas·tron·o·my** [gæ'strɒnəmı] *s.* **1.** Gastro'nomie *f*, höhere Kochkunst; **2.** *fig.* Küche *f*: ***the Italian*** ~.

gas·tro·pod ['gæstrəpɒd] *s. zo.* Gastro'pode *m*, Schnecke *f*.

gas·tro·scope ['gæstrəʊskəʊp] *s.* ⚕ Magenspiegel *m*.

gas| weld·ing *s.* ⚙ Gasschweißen *n*; '**~·works** *s. pl. sg. konstr.* Gaswerk *n*.

gat [gæt] *s. Am. sl.* ‚Ka'none' *f*, ‚Ballermann' *m*, ‚Schießeisen' *n*.

gate [geɪt] **I** *s.* **1.** Tor *n*, Pforte *f*, *fig. a.* Zugang *m*, Weg *m* (***to*** zu): ***crash the ~*** → ***gatecrash***; **2.** a) 🚆 Sperre *f*, Schranke *f*, b) ✈ Flugsteig *m*; **3.** (enger) Eingang, (schmale) 'Durchfahrt; **4.** (Gebirgs)Pass *m*; **5.** ⚙ (Schleusen-)Tor *n*; **6.** *sport*: a) *Slalom*: Tor *n*, b) → ***starting gate***; **7.** *sport* a) Besucherzahl *f*, b) (Gesamt)Einnahmen *pl.*, Kasse *f*; **8.** ⚙ Schieber *m*, Ven'til *n*; **9.** *Gießerei*: (Einguss)Trichter *m*, Anschnitt *m*; **10.** *phot.* Bild-, Filmfenster *n*; **11.** ϟ 'Torim,puls *m*; **12.** *TV* Ausblendstufe *f*; **13.** *Am.* F a) ‚Rausschmiss' *m*, b) ‚Laufpass' *m*: ***get the ~*** ‚gefeuert' werden; ***give s.o. the ~*** a) j-n ‚feuern', b) j-m den Laufpass geben; **II** *v/t.* **14.** *ped., univ. Brit. j-m* den Ausgang sperren: ***he was ~d*** er erhielt Ausgangsverbot; '**~·crash** *v/i.* (*u. v/t.*) F a) uneingeladen kommen *od.* gehen (zu *e-r Party etc.*), b) sich (ohne zu bezahlen) einschmuggeln (in *e-e Veranstaltung*); '**~,crash·er** *s.* F Eindringling *m*: a) uneingeladener Gast, b) *j-d, der sich in e-e Veranstaltung einschmuggelt*; '**~,keep·er** *s.* **1.** Pförtner *m*; **2.** 🚆 Bahn-, Schrankenwärter *m*; '**~·leg(ged) ta·ble** *s.* Klapptisch *m*; **~ mon·ey** → ***gate*** 7b; '**~·post** *s.* Tor-, Türpfosten *m*: ***between you and me and the ~*** im Vertrauen *od.* unter uns (gesagt); '**~·way** *s.* **1.** Torweg *m*, Einfahrt *f*; **2.** *fig.* Tor *n*, Zugang *m*: ***~ drug*** Einstiegsdroge *f*.

gath·er ['gæðə] **I** *v/t.* **1.** *Personen* versammeln; → ***father*** 4; **2.** *Dinge* (an-)sammeln, anhäufen: ***~ wealth***; ***~ experience*** Erfahrung(en) sammeln; ***~ facts*** Fakten zs.-tragen, Material sammeln; ***~ strength*** Kräfte sammeln; **3.** a) ernten, sammeln, b) *Blumen, Obst etc.* pflücken; **4.** *a.* ***~ up*** aufsammeln, -lesen, -heben: ***~ together*** zs.-raffen; ***~ o.s. together*** sich zs.-raffen; ***~ s.o. in one's arms*** j-n in s-e Arme schließen; **5.** erwerben, gewinnen, ansetzen: ***~ dust*** verstauben; ***~ speed*** Geschwindigkeit aufnehmen, schneller werden; ***~ way*** ⚓ in Fahrt kommen (*a. fig.*), *fig.* sich durchsetzen; **6.** *fig.* folgern (*a.* ⚖), schließen (***from*** aus); **7.** *Näherei*: raffen, kräuseln, zs.-ziehen; → ***brow*** 1; **8.** ***~ up*** a) *Kleid etc.* aufnehmen, zs.-raffen, b) *die Beine* einziehen; **II** *v/i.* **9.** sich versammeln *od.* scharen (***round s.o.*** um j-n); **10.** sich (an)sammeln, sich häufen; **11.** sich zs.-ziehen *od.* -ballen (*Wolken, Gewitter*); **12.** anwachsen, sich entwickeln, zunehmen; **13.** ⚕ a) reifen (*Abszess*), b) eitern (*Wunde*); '**gath·er·er** [-ərə] *s.* **1.** Erntearbeiter(in), Schnitter(in), Winzer *m*; **2.** (Ein)Sammler *m*; Geldeinnehmer *m*; '**gath·er·ing** [-ðərɪŋ] *s.* **1.** Sammeln *n*; **2.** Sammlung *f*; **3.** a) (Menschen)Ansammlung *f*, b) Versammlung *f*, Zs.-kunft *f*; **4.** ⚕ a) Reifen *n*, b) Eitern *n*; **5.** Kräuseln *n*; **6.** *Buchbinderei*: Lage *f*.

gat·ing ['geɪtɪŋ] *s.* **1.** ϟ a) Austastung *f*, b) (Sig'nal)Auswertung *f*; **2.** *ped., univ. Brit.* Ausgangsverbot *n*.

gauche [gəʊʃ] *adj.* **1.** linkisch; **2.** taktlos; **gau·che·rie** ['gəʊʃəriː] *s.* **1.** linkische Art; **2.** Taktlosigkeit *f*.

Gau·cho ['gaʊtʃəʊ] *pl.* **-chos** *s.* Gaucho *m*.

gaud [gɔːd] *s.* **1.** billiger Schmuck, Flitterkram *m*; **2.** *oft pl.* (über'triebener) Prunk; '**gaud·i·ness** [-dɪnɪs] *s.* **1.** → ***gaud***; **2.** Protzigkeit *f*, Geschmacklosigkeit *f*; '**gaud·y** [-dɪ] **I** *adj.* □ (farben-)prächtig, auffällig (bunt), *Farben*: grell, schreiend, *Einrichtung etc.*: protzig; **II** *s. ped., univ. Brit.* jährliches Festessen.

gauf·fer → ***goffer***.

gauge [geɪdʒ] **I** *s.* **1.** Nor'mal-, Eichmaß *n*; **2.** ⚙ Messgerät *n*, Messer *m*, Anzeiger *m*: *bsd.* a) Pegel *m*, Wasserstandsanzeiger *m*, b) Mano'meter *n*, Druckmesser *m*, c) Lehre *f*, d) Maß-, Zollstab *m*, e) *typ.* Zeilenmaß *n*; **3.** ⚙ (Blech-, Draht)Stärke *f*; **4.** *Strumpfherstellung*: Gauge *n* (*Maschenzahl*); **5.** ⚔ Ka'liber *n*; **6.** 🚆 Spur(weite) *f*; **7.** ⚓ *oft* ***gage*** Abstand *m*, Lage *f*: ***have the lee*** (***weather***) ***~*** zu Lee (Luv) liegen (*Schiff*); **8.** 'Umfang *m*, Inhalt *m*: ***take the ~ of*** → 12; **9.** *fig.* Maßstab *m*, Norm *f*; **II** *v/t.* **10.** (ab)lehren, (ab-, aus)messen; **11.** eichen, justieren; **12.** *fig.* (ab)schätzen, beurteilen; **~ lathe** *s.* Präzisi'onsdrehbank *f*.

gaug·er ['geɪdʒə] *s.* Eichmeister *m*.

gaug·ing ['geɪdʒɪŋ] *s.* ⚙ Eichung *f*, Messung *f*: ***~ office*** Eichamt *n*.

Gaul [gɔːl] *s.* **1.** Gallier *m*; **2.** Fran'zose *m*; '**Gaul·ish** [-lɪʃ] **I** *adj.* gallisch; **II** *s. ling.* Gallisch *n*.

Gaull·ism ['gəʊlɪzəm] *s. pol.* Gaul'lismus *m*.

gaunt [gɔːnt] *adj.* □ **1.** a) hager, mager, b) ausgemergelt; **2.** verlassen, öde; **3.** kahl.

gaunt·let[1] ['gɔːntlɪt] *s.* **1.** ⚔ *hist.* Panzerhandschuh *m*; **2.** *fig.* Fehdehandschuh *m*: ***fling*** (*od.* ***throw***) ***down the ~*** (***to s.o.***) (j-m) den Fehdehandschuh hinwerfen, (j-n) herausfordern; ***pick*** (*od.* ***take***) ***up the ~*** die Herausforderung annehmen; **3.** Schutzhandschuh *m*.

gaunt·let[2] ['gɔːntlɪt] *s.*: ***run the ~*** Spieß-

ruten laufen (*a. fig.*); ***run the ~ of s.th.*** et. durchstehen müssen.
gaun·try ['gɔːntrɪ] → ***gantry***.
gauss [gaʊs] *s. phys.* Gauß *n.*
gauze [gɔːz] *s.* **1.** Gaze *f*, ⚕ *a.* (Verbands)Mull *m*: ~ ***bandage*** Mull-, Gazebinde *f*; **2.** *fig.* Dunst *m*, Schleier *m*; '**gauz·y** [-zɪ] *adj.* gazeartig, hauchdünn.
ga·vage ['gævɑːʒ] *s.* ⚕ künstliche Sonderernährung.
gave [geɪv] *pret. von* ***give***.
gav·el ['gævl] *s.* **1.** Hammer *m e-s Auktionators, Vorsitzenden etc.*; **2.** (Maurer)Schlägel *m.*
ga·vot(te) [gə'vɒt] *s.* ♪ Ga'votte *f.*
gawk [gɔːk] **I** *s. contp.* (Bauern)Lackel *m*; **II** *v/i.* → ***gawp***; '**gawk·y** [-kɪ] *adj. contp.* ‚blöd(e)', trottelhaft.
gawp [gɔːp] *v/i.* glotzen: ~ ***at*** anglotzen.
gay [geɪ] *adj.* □ → ***gaily***; **1.** lustig, fröhlich; **2.** a) bunt, (farben)prächtig: ~ ***with*** belebt von, geschmückt mit, b) fröhlich, lebhaft (*Farben*); **3.** flott, *Person*: *a.* lebenslustig: ***a ~ dog*** ein ‚lockerer Vogel'; **4.** liederlich; **5.** *Am. sl.* ‚pampig', frech; **6.** F homosexu'ell, ‚schwul', Schwulen...: ♀ ***Lib***(***eration***) *die* Schwulenbewegung.
gaze [geɪz] **I** *v/i.* starren: ~ ***at*** anstarren; ~ (***up***)***on*** ansichtig werden (*gen.*); **II** *s.* (starrer) Blick, Starren *n.*
ga·ze·bo [gə'ziːbəʊ] *s.* Gebäude *n* mit schönem Ausblick, Aussichtspunkt *m.*
ga·zelle [gə'zel] *s. zo.* Ga'zelle *f.*
gaz·er ['geɪzə] *s.* Gaffer *m.*
ga·zette [gə'zet] **I** *s.* **1.** Zeitung *f*; **2.** *Brit.* Amtsblatt *n*, Staatsanzeiger *m*; **II** *v/t.* **3.** *Brit.* im Amtsblatt bekannt geben *od.* veröffentlichen; **gaz·et·teer** [ˌgæzə'tɪə] *s.* alpha'betisches Ortsverzeichnis (mit Ortsbeschreibung).
gear [gɪə] **I** *s.* **1.** ⚙ a) Zahnrad *n*, b) *a. pl.* Getriebe *n*, Triebwerk *n*; **2.** ⚙ a) Über'setzung *f*, b) *mot. etc.* Gang *m*: ***first*** (***second***, *etc.*) ~; ***in high*** ~ in e-m hohen *od.* schnellen Gang; ***get into*** (***high***) ~ *fig.* in Fahrt *od.* Schwung kommen; ***in low*** (*od.* ***bottom***) ~ im ersten Gang; (***in***) ***top*** ~ im höchsten Gang; ***change*** (*Am.* ***shift***) ~(***s***) schalten; ***change into second*** ~ den zweiten Gang einlegen, c) *pl.* Gangschaltung *f* (*e-s Fahrrads*); **3.** ⚙ Eingriff *m*: ***in*** ~ a) eingerückt, eingeschaltet, b) *fig.* funktionierend, in Ordnung; ***in ~ with*** im Eingriff stehend mit; ***out of*** ~ a) ausgerückt, ausgeschaltet, b) *fig.* in Unordnung, nicht funktionierend; ***throw out of*** ~ ausrücken, -schalten, *fig.* durcheinander bringen; **4.** ✈, ⚓ *etc. mst in Zssgn* Vorrichtung *f*, Gerät *n*; → ***landing gear*** *etc.*; **5.** Ausrüstung *f*, Gerät *n*, Werkzeug(e *pl.*) *n*, Zubehör *n*: ***fishing*** ~ Angelgerät *n*, -zeug *n*; **6.** F a) Hausrat *m*, b) Habseligkeiten *pl.*, Sachen *pl.*, c) Aufzug *m*, Kleidung *f*; **7.** (Pferde- *etc.*)Geschirr *n*; **II** *v/t.* **8.** ⚙ a) mit e-m Getriebe versehen, b) über'setzen, c) in Gang setzen (*a. fig.*): ~ ***up*** ins Schnelle übersetzen, *fig.* steigern, verstärken; **9.** *fig.* (***to***, ***for***) einstellen *od.* abstimmen (auf *acc.*), anpassen (*dat. od.* an *acc.*); **10.** ausrüsten; **11.** *a.* ~ ***up*** *Tiere* anschirren; **III** *v/i.* **12.** ⚙ a) eingreifen (***into***, ***with*** in *acc.*), b) inein'ander greifen; **13.** ~ ***up*** (***down***) *mot.* hinauf- (her'unter)schalten; **14.** *fig.* (***with***) passen (zu), eingerichtet *od.* abgestimmt sein (auf *acc.*).
'**gear|·box** *s.* ⚙ Getriebe(gehäuse) *n*; ~ **change** *s. Brit. mot.* (Gang)Schaltung *f*; ~ **cut·ter** *s.* Zahnradfräser *m*; ~ **drive** → ***gearing*** 1.
gear·ed [gɪəd] *adj.* ⚙ verzahnt; Getriebe...; **gear·ing** ['gɪərɪŋ] *s.* ⚙ **1.** (Zahnrad)Getriebe *n*, Vorgelege *n*; **2.** Über'setzung *f* (*e-s Getriebes*); Transmissi'on *f*; **3.** Verzahnung *f.*
gear| le·ver *s.* Schalthebel *m*; ~ **ra·tio** *s.* Über'setzung(sverhältnis *n*) *f*; ~ **rim** *s.* Zahnkranz *m*; ~ **shaft** *s.* Getriebe-, Schaltwelle *f*; ~ **shift** *s. Am.* a) → ***gear change***, b) → ***gear lever***; '**~·wheel** *s.* Getriebe-, Zahnrad *n.*
geck·o ['gekəʊ] *pl.* **-os**, **-oes** *s. zo.* Gecko *m* (*Echse*).
gee[1] [dʒiː] *s.* G *n*, g *n* (*Buchstabe*).
gee[2] [dʒiː] **I** *s.* **1.** *Kindersprache*: ‚Hotte-'hü' *n* (*Pferd*); **II** *int.* **2.** *a.* ~ ***up!*** a) hott! (*nach rechts*), b) hü(h), hott! (*schneller*); **3.** *Am.* F na so was!, Mann!
geek [giːk] *s.* **1.** komischer Typ; **2.** (Computer- *etc.*)Freak *m*; **3.** Langweiler *m.*
geese [giːs] *pl. von* ***goose***.
gee| whiz [ˌdʒiː'wɪz] → ***gee***[2] 3; '**~-whiz** *adj. Am.* F **1.** ‚toll', Super...; **2.** Sensations...
gee·zer ['giːzə] *s.* F komischer (alter) Kauz, ‚Opa' *m.*
Gei·ger count·er ['gaɪgə] *s. phys.* Geigerzähler *m.*
gei·sha ['geɪʃə] *s.* Geisha *f.*
gel [dʒel] **I** *s.* **1.** Gel *n*; **II** *v/i.* **2.** gelieren; **3.** → ***jell*** 3.
gel·a·tin(e) [ˌdʒelə'tiːn] *s.* **1.** Gela'tine *f*; **2.** Gal'lerte *f*; **3.** *a.* ***blasting*** ~ 'Sprenggelaˌtine *f*; **ge·lat·i·nize** [dʒə'lætɪnaɪz] *v/i. u. v/t.* gelatinieren (lassen); **ge·lat·i·nous** [dʒə'lætɪnəs] *adj.* gallertartig.
geld [geld] *v/t. Tier* kastrieren, verschneiden; '**geld·ing** [-dɪŋ] *s.* kastriertes Tier, *bsd.* Wallach *m.*
gel·id ['dʒelɪd] *adj.* □ eisig.
gel·ig·nite ['dʒelɪgnaɪt] *s.* ⚙ Gela'tinedynaˌmit *n.*
gem [dʒem] **I** *s.* **1.** Edelstein *m*; **2.** Gemme *f*; **3.** *fig.* Perle *f*, Ju'wel *n*, Glanz-, Prachtstück *n*: ~ ***role*** *thea.* Glanzrolle *f*; **4.** *Am.* Brötchen *n*; **5.** *typ.* e-e 3½-

Punkt-Schrift; **II** *v/t.* **6.** mit Edelsteinen schmücken.

gem·i·nate I *adj.* ['dʒemɪnət] paarweise, Doppel...; **II** *v/t. u. v/i.* [-neɪt] (sich) verdoppeln (*a. ling.*); **gem·i·na·tion** [ˌdʒemɪ'neɪʃn] *s* Verdoppelung *f* (*a. ling.*).

Gem·i·ni ['dʒemɪnaɪ] *s. pl. ast.* Zwillinge *pl.*

gem·ma ['dʒemə] *pl.* **-mae** [-miː] *s.* **1.** ⚘ a) Gemme *f*, Brutkörper *m*, b) Blattknospe *f*; **2.** *biol.* Knospe *f*, Gemme *f*; **'gem·mate** [-meɪt] *adj. biol.* sich durch Knospung fortpflanzend; **gem·ma·tion** [dʒe'meɪʃn] *s.* **1.** ⚘ Knospenbildung *f*; **2.** *biol.* Fortpflanzung *f* durch Knospen; **gem·mif·er·ous** [dʒe'mɪfərəs] *adj.* **1.** edelsteinhaltig; **2.** *biol.* → ***gemmate***.

gems·bok ['gemzbɒk] *s. zo.* 'Gämsantiˌlope *f.*

gen [dʒen] *Brit. sl.* **I** *s.* Informati'on(en *pl.*) *f*; **II** *v/t. u. v/i.*: **~ *up*** (sich) informieren.

gen·der ['dʒendə] *s. ling.* Genus *n*, Geschlecht *n* (*a. humor. von Personen*); **~ ben·der** *s.* F jemand vom anderen Ufer.

gene [dʒiːn] *s. biol.* Gen *n*, Erbfaktor *m*: **~ *bank*** 'Genbank *f*; **~ *pool*** Erbmasse *f*; **~ *technology*** Gentechnologie *f*.

gen·e·a·log·i·cal [ˌdʒiːnjə'lɒdʒɪkl] *adj.* □ genea'logisch: **~ *tree*** Stammbaum *m.*

gen·e·al·o·gist [ˌdʒiːnɪ'ælədʒɪst] *s.* Genea'loge *m*, Ahnenforscher *m*; **ˌgen·e'al·o·gize** [-dʒaɪz] *v/i.* Stammbaumforschung treiben; **ˌgen·e'al·o·gy** [-dʒɪ] *s.* Genealo'gie *f*: a) Ahnenforschung *f*, b) Ahnentafel *f*, c) Abstammung *f*.

gen·er·a ['dʒenərə] *pl. von* ***genus***.

gen·er·al ['dʒenərəl] **I** *adj.* □ → ***generally***; **1.** allgemein, um'fassend: **~ *knowledge*** (***medicine***) Allgemeinbildung *f* (-medizin *f*); **~ *outlook*** allgemeine Aussichten; ***the* ~ *public*** die breite Öffentlichkeit; **2.** allgemein (*nicht spezifisch*): **~ *dealer*** *Brit.* Gemischtwarenhändler *m*; ***the* ~ *reader*** der Durchschnittsleser; **~ *store*** Gemischtwarenhandlung *f*; **~ *term*** Allgemeinbegriff *m*; ***in* ~ *terms*** allgemein (ausgedrückt); **3.** allgemein (üblich), gängig, verbreitet: **~ *practice***; ***as a* ~ *rule*** meistens; **4.** allgemein gehalten, ungefähr: ***a* ~ *idea*** e-e ungefähre Vorstellung; **~ *resemblance*** vage Ähnlichkeit; ***in a* ~ *way*** in großen Zügen, in gewisser Weise; **5.** allgemein, General..., Haupt...: **~ *agent*** ✝ Generalvertreter *m*; **~ *manager*** ✝ Generaldirektor *m*; **~ *meeting*** ✝ General-, Hauptversammlung *f*; **6.** (*Amtstiteln nachgestellt*) *mst* General...: ***consul* ~** Generalkonsul *m*; **II** *s.* **7.** ⚔ a) Gene'ral *m*, b) Heerführer *m*, Feldherr *m*, Stra'tege *m*; **8.** ⚔ *Am.* a) (Vier'sterne)Geneˌral *m* (*zweithöchster Offiziersrang*), b) **~ *of the army*** Fünf'sternegeneˌral *m* (*höchster Offiziersrang*); **9.** *eccl.* ('Ordens)Geneˌral *m*; **10.** ***the* ~** das Allgemeine: ♎ (*Überschrift*) Allgemeines; ***in* ~** im Allgemeinen.

gen·er·al| ac·cept·ance *s.* ✝ uneingeschränktes Ak'zept; ♎ **As·sem·bly** *s.* **1.** *pol.* Voll-, Gene'ralversammlung *f* (*der UNO*); **2.** *pol. Am.* Parla'ment *n* (*einiger Einzelstaaten*); **3.** *eccl.* oberstes Gericht der schottischen Kirche; **~ car·go** *s.* ✝, ⚓ Stückgut(ladung *f*) *n*; ♎ **Cer·tif·i·cate of Ed·u·ca·tion** *s. ped. Brit.*: **~ *O level*** *etwa*: mittlere Reife; **~ *A level*** *etwa*: Abitur *n*; **~ de·liv·er·y** *s.* ✉ *Am.* **1.** (Ausgabestelle *f* für) postlagernde Sendungen *pl.*; **2.** ‚postlagernd'; **~ e·lec·tion** *s. pol.* allgemeine Wahlen *pl.*; **~ head·quar·ters** *s. pl. mst sg. konstr.* ⚔ Großes Hauptquartier; **~ hos·pi·tal** *s.* allgemeines Krankenhaus.

gen·er·al·is·si·mo [ˌdʒenərə'lɪsɪməʊ] *pl.* **-mos** *s.* ⚔ Genera'lissimus *m*, Oberbefehlshaber *m.*

gen·er·al·ist ['dʒenərəlɪst] *s.* Genera'list *m* (*Ggs. Spezialist*).

gen·er·al·i·ty [ˌdʒenə'rælətɪ] *s.* **1.** *pl.* allgemeine Redensarten *pl.*, Gemeinplätze *pl.*; **2.** Allgemeingültigkeit *f*; **3.** allgemeine Regel; **4.** Unbestimmtheit *f*; **5.** *obs.* Mehrzahl *f*, große Masse; **gen·er·al·i·za·tion** [ˌdʒenərəlaɪ'zeɪʃn] *s.* Verallgemeinerung *f*; **gen·er·al·ize** ['dʒenərəlaɪz] **I** *v/t.* **1.** verallgemeinern; **2.** auf e-e allgemeine Formel bringen; **3.** *paint.* in großen Zügen darstellen; **II** *v/i.* **4.** verallgemeinern; **gen·er·al·ly** ['dʒenərəlɪ] *adv.* **1.** *oft* **~ *speaking*** allgemein, im Allgemeinen, im Großen u. Ganzen; **2.** allgemein; **3.** gewöhnlich, meistens.

gen·er·al| med·i·cine *s.* Allge'meinmediˌzin *f*; **~ meet·ing** *s.* ✝ Gene'ral-, Hauptversammlung *f*; **~ of·fi·cer** *s.* ⚔ Gene'ral *m*, Offi'zier *m* im Gene'ralsrang; **~ par·don** *s.* (Gene'ral)Amnesˌtie *f*; ♎ **Post Of·fice** *s.* Hauptpostamt *n*; **~ prac·ti·tion·er** *s.* Arzt *m* für Allge'meinmediˌzin, praktischer Arzt; **ˌ~-'pur·pose** *adj.* ⚙ Mehrzweck..., Universal...: **~ *road*** vom Individu'alverkehr genutzte Straße; **~ *road vehicle*** Allzweckfahrzeug *n*.

gen·er·al·ship ['dʒenərəlʃɪp] *s.* **1.** ⚔ Gene'ralsrang *m*; **2.** Strate'gie *f*: a) ⚔ Feldherrnkunst *f*, b) *a. allg.* geschickte Taktik.

gen·er·al| staff *s.* ⚔ Gene'ralstab *m*: ***chief of* ~** Generalstabschef *m*; **~ strike** *s.* ✝ Gene'ralstreik *m.*

gen·er·ate ['dʒenəreɪt] *v/t.* **1.** *bsd.* ⚗,

phys. erzeugen (*a.* ⚗), *Gas, Rauch* entwickeln, *a.* ⚗ bilden; **2.** *biol.* zeugen; **3.** *fig.* erzeugen, her'vorrufen, bewirken, verursachen.

gen·er·at·ing sta·tion ['dʒenəreɪtɪŋ] *s.* ⚡ Kraftwerk *n.*

gen·er·a·tion [ˌdʒenə'reɪʃn] *s.* **1.** Generati'on *f*: ***the rising ~*** die junge (*od.* heranwachsende) Generation; ***~ gap*** Generationsunterschied *m*, Generationenkonflikt *m*; **2.** Generati'on *f*, Menschenalter *n* (*etwa 33 Jahre*): ***~s*** F e-e Ewigkeit; **3.** ⚙, ✝ Generati'on *f*: ***a new ~ of cars***; **4.** *biol.* Entwicklungsstufe *f*; **5.** Zeugung *f*, Fortpflanzung *f*; **6.** *bsd.* ⚗, ⚡, *phys.* Erzeugung *f* (*a.* ⚗), Entwicklung *f*; **7.** Entstehung *f*; **ˌgen·er'a·tion·al** [-ʃənl] *adj.* Generations...: ***~ conflict***; **gen·er·a·tive** ['dʒenərətɪv] *adj.* **1.** *biol.* Zeugungs..., Fortpflanzungs..., Geschlechts...; **2.** *biol.* fruchtbar; **3.** *ling.* genera'tiv: ***~ grammar***; **gen·er·a·tor** ['dʒenəreɪtə] *s.* **1.** ⚡ Gene'rator *m*, Stromerzeuger *m*, Dy'namomaˌschine *f*; **2.** ⚙ a) Gaserzeuger *m*: ***~ gas*** Generatorgas *n*, b) Dampferzeuger *m*, -kessel *m*; **3.** ⚙ (Ab)Wälzfräser *m*; **4.** ⚗ Entwickler *m*; **5.** ♪ Grundton *m.*

ge·ner·ic [dʒɪ'nerɪk] *adj.* (□ ***~ally***) **1.** allgemein, gene'rell; **2.** ge'nerisch, Gattungs...: ***~ term*** *od.* ***name*** Gattungsname *m*, Oberbegriff *m.*

gen·er·os·i·ty [ˌdʒenə'rɒsətɪ] *s.* **1.** Großzügigkeit *f*: a) Freigebigkeit *f*, b) Edelmut *m*, Hochherzigkeit *f*; **2.** edle Tat; **3.** Fülle *f*; **gen·er·ous** ['dʒenərəs] *adj.* □ **1.** großzügig: a) freigebig, b) edel, hochherzig; **2.** reichlich, üppig: ***~ mouth*** volle Lippen *pl.*; **3.** vollmundig, gehaltvoll (*Wein*); fruchtbar (*Boden*).

gen·e·sis ['dʒenɪsɪs] *s.* **1.** Genesis *f*, Ge'nese *f*, Entstehung *f*; **2.** ♀ *bibl.* Genesis *f*, Erstes Buch Mose; **3.** Ursprung *m.*

gen·et ['dʒenɪt] *s.* **1.** *zo.* Ge'nette *f*, Ginsterkatze *f*; **2.** Ge'nettepelz *m.*

ge·net·ic [dʒɪ'netɪk] **I** *adj.* (□ ***~ally***) **1.** *bsd. biol.* ge'netisch: a) entwicklungsgeschichtlich, b) Vererbungs..., Erb...: ***~ code*** genetischer Kode; ***~ engineering*** Genmanipulation *f*, -technik *f*; ***~ally manipulated, changed*** genetisch manipuliert, verändert; ***~ fingerprint*** genetischer Fingerabdruck; ***~ information*** Erbinformation *f*; **II** *s. pl. biol.* **2.** *sg. konstr.* Ge'netik *f*, Vererbungslehre *f*; **3.** ge'netische Formen *pl.* u. Erscheinungen *pl.*; **ge'net·i·cist** [-ɪsɪst] *s. biol.* Ge'netiker *m.*

ge·nette [dʒɪ'net] → ***genet***.

ge·ne·va¹ [dʒɪ'niːvə] *s.* Ge'never *m*, Wa'cholderschnaps *m.*

Ge·ne·va² [dʒɪ'niːvə] **I** *npr.* Genf *n*; **II** *adj.* Genfer(...); ***~ bands*** *s. pl. eccl.* Beffchen *n*; ***~ Con·ven·tion*** *s. pol.*, ⚔ Genfer Konventi'on *f*; ***~ cross*** → ***red*** 1; ***~ drive*** *s.* ⚙ Mal'teserkreuzantrieb *m*; ***~ gown*** *s. eccl.* Ta'lar *m.*

ge·ni·al ['dʒiːnjəl] *adj.* □ **1.** freundlich (*a. fig. Klima etc.*), herzlich: ***in ~ company*** in angenehmer Gesellschaft; **2.** belebend, anregend; **ge·ni·al·i·ty** [ˌdʒiːnɪ'ælətɪ] *s.* **1.** Freundlichkeit *f*, Herzlichkeit *f*; **2.** Milde *f* (*Klima*).

ge·nie ['dʒiːnɪ] *s.* dienstbarer Geist, Dschinn *m.*

ge·ni·i ['dʒiːnɪaɪ] *pl. von* ***genie*** *u.* ***genius*** 4.

gen·i·tal ['dʒenɪtl] *adj.* Zeugungs..., Geschlechts..., geni'tal: ***~ gland*** Keimdrüse *f*; **'gen·i·tals** [-lz] *s. pl.* Geni'talien *pl.*, Geschlechtsteile *pl.*

gen·i·ti·val [ˌdʒenɪ'taɪvl] *adj.* Genitiv..., genitivisch; **gen·i·tive** ['dʒenɪtɪv] *s. a.* ***~ case*** *ling.* Genitiv *m*, zweiter Fall.

gen·i·to-u·ri·nar·y [ˌdʒenɪtəʊ'jʊərɪnərɪ] *adj.* ⚕ urogeni'tal.

ge·ni·us ['dʒiːnjəs] *pl.* **'ge·ni·us·es** *s.* **1.** Ge'nie *n*: a) geni'aler Mensch, b) (*ohne pl.*) Geniali'tät *f*, geni'ale Schöpferkraft; **2.** Begabung *f*, Gabe *f*; **3.** Genius *m*, Geist *m*, Seele *f*, *das* Eigentümliche (*e-r Nation etc.*): ***~ of a period*** Zeitgeist; **4.** *pl.* **'ge·ni·i** [-nɪaɪ] *antiq.* Genius *m*, Schutzgeist *m*: ***good*** (***evil***) ***~*** guter (böser) Geist (*a. fig.*); ***~ lo·ci*** ['ləʊsaɪ] (*Lat.*) *s.* a) Genius *m* Loci, Schutzgeist *m* e-s Ortes, b) Atmo'sphäre *f* e-s Ortes.

gen·o·blast ['dʒenəʊblɑːst] *s. biol.* reife Geschlechtszelle.

gen·o·cide ['dʒenəʊsaɪd] *s.* Geno'zid *m*, *n*, Völker-, Gruppenmord *m.*

Gen·o·ese [ˌdʒenəʊ'iːz] **I** *s.* Genu'eser (-in); **II** *adj.* genu'esisch, Genueser...

ge·nome ['dʒiːnəʊm] *s. biol.* Ge'nom *n.*

gen·o·type ['dʒenəʊtaɪp] *s. biol.* Geno'typ(us) *m.*

gen·re ['ʒɑ̃ːŋrə] (*Fr.*) *s.* **1.** Genre *n*, (*a.* Litera'tur)Gattung *f*: ***~ painting*** Genremalerei *f*; **2.** Form *f*, Stil *m.*

gent [dʒent] *s.* **1.** F *für* ***gentleman***; **2.** *pl. sg. konstr.* F ‚Herrenklo' *n*; **3.** *Am.* F ‚Knabe' *m*, Kerl *m.*

gen·teel [dʒen'tiːl] *adj.* □ **1.** *obs.* vornehm; **2.** vornehm tuend, geziert, affek'tiert; **3.** ele'gant, fein.

gen·tian ['dʒenʃɪən] *s.* ⚘ Enzian *m*; ***~ bit·ter*** *s. pharm.* 'Enziantinkˌtur *f.*

gen·tile ['dʒentaɪl] **I** *s.* **1.** Nichtjude *m*, -jüdin *f*, *bsd.* Christ(in); **2.** Heide *m*, Heidin *f*; **3.** 'Nichtmorˌmone *m*, -morˌmonin *f*; **II** *adj.* **4.** nichtjüdisch, *bsd.* christlich; **5.** heidnisch; **6.** 'nichtmorˌmonisch.

gen·til·i·ty [dʒen'tɪlətɪ] *s.* **1.** *obs.* vornehme Herkunft; **2.** Vornehmheit *f*; **3.** Vornehmtue'rei *f.*

gen·tle ['dʒentl] *adj.* □ **1.** freundlich, sanft, gütig, liebenswürdig: ***~ reader***

geneigter Leser; **2.** milde, ruhig, mäßig, leicht, sanft, zart: *~ **blow*** leichter Schlag; *~ **craft*** Angelsport *m*; *~ **hint*** zarter Wink; *~ **rebuke*** sanfter Tadel; ***the ~ sex*** das zarte Geschlecht; ***~ slope*** sanfter Abhang, **3.** zahm, fromm (*Tier*); **4.** edel, vornehm: ***of ~ birth*** von vornehmer Geburt; **'~·folk(s)** *s. pl.* vornehme Leute *pl.*

gen·tle·man ['dʒentlmən] *s.* [*irr.*] **1.** Gentleman *m*: a) Ehrenmann *m*, b) Mann *m* von Lebensart u. Cha'rakter: ***~'s*** (*od.* ***gentlemen's***) ***agreement*** Gentleman's (*od.* Gentlemen's) Agreement *n*, ✝ *etc.* Vereinbarung *f* auf Treu u. Glauben; ***~'s ~*** (Kammer)Diener *m*; **2.** Herr *m*: ***gentlemen*** a) (*Anrede*) m-e Herren!, b) *in Briefen*: Sehr geehrte Herren (*oft unübersetzt*); ***~ farmer*** Gutsbesitzer *m*; ***~ friend*** Freund *m e-r Dame*; ***~ rider*** Herrenreiter *m*; ***Gentlemen('s)*** Herren(toilette *f*) *pl.*; **3.** *Titel von Hofbeamten*: ***~ in waiting*** Kämmerer *m*; ***~-at-arms*** Leibgardist *m*; **4.** *obs.* Privati'er *m*; **5.** *hist.* a) Mann *m* von Stand, b) Edelmann *m*; **'~·like** → ***gentlemanly***; **'gen·tle·man·li·ness** [-lɪnɪs] *s.* **1.** vornehmes *od.* feines Wesen, Vornehmheit *f*; **2.** gebildetes *od.* feines Benehmen; **'gen·tle·man·ly** [-lɪ] *adj.* ‚gentlemanlike', vornehm, fein.

gen·tle·ness ['dʒentlnɪs] *s.* **1.** Freundlichkeit *f*, Güte *f*, Milde *f*, Sanftheit *f*; **2.** *obs.* Vornehmheit *f*.

'gen·tle,wom·an *s.* [*irr.*] Dame *f* (von Lebensart u. Cha'rakter; von Stand *od.* Bildung); **'gen·tle,wom·an·like**, **'gen·tle,wom·an·ly** [-lɪ] *adj.* damenhaft, vornehm.

gen·tly ['dʒentlɪ] *adv. von* ***gentle***.

gen·try ['dʒentrɪ] *s.* **1.** Oberschicht *f*; **2.** *Brit.* Gentry *f*, niederer Adel; **3.** *a. pl. konstr.* F Leute *pl.*, Sippschaft *f*.

gen·u·flect ['dʒenju:flekt] *v/i.* (*bsd. eccl.*) knien, die Knie beugen, *contp.* e-n Kniefall machen (***before*** vor *dat.*); **gen·u·flec·tion**, *Brit. a.* **gen·u·flex·ion** [ˌdʒenju:'flekʃn] *s.* Kniebeugung *f*; *fig.* Kniefall *m*.

gen·u·ine ['dʒenjʊɪn] *adj.* □ echt: a) au'thentisch, b) ernsthaft (*Angebot etc.*), c) aufrichtig (*Mitgefühl etc.*), d) ungekünstelt (*Lachen etc.*); **'gen·u·ine·ness** [-nɪs] *s.* Echtheit *f*.

ge·nus ['dʒi:nəs] *pl.* **gen·er·a** ['dʒenərə] *s.* **1.** ⚘, *zo.*, *phls.* Gattung *f*; **2.** *fig.* Art *f*, Klasse *f*.

ge·o·cen·tric [ˌdʒi:əʊ'sentrɪk] *adj. ast.* geo'zentrisch; **ˌge·o'chem·is·try** [-'kemɪstrɪ] *s.* Geoche'mie *f*; **ˌge·o'cy·clic** [-'saɪklɪk] *adj. ast.* geo'zyklisch.

ge·ode ['dʒi:əʊd] *s. min. allg.* Ge'ode *f*.

ge·o·des·ic, ge·o·des·i·cal [ˌdʒi:əʊ'desɪk(l)] *adj.* □ geo'dätisch; **ge·od·e·sist** [dʒi:'ɒdɪsɪst] *s.* Geo'dät *m*; **ge·od·e·sy** [dʒi:'ɒdɪsɪ] *s.* Geodä'sie *f* (*Erdvermessung*); **ˌge·o'det·ic**, **ˌge·o'det·i·cal** [-etɪk(l)] *adj.* geo'dätisch.

ge·og·ra·pher [dʒɪ'ɒgrəfə] *s.* Geo'graph (-in); **ge·o·graph·ic, ge·o·graph·i·cal** [dʒɪə'græfɪk(l)] *adj.* □ geo'graphisch: ***geographical mile***; **ge'og·ra·phy** [-fɪ] *s.* **1.** Geogra'phie *f*, Erdkunde *f*; **2.** geo'graphische Abhandlung; **3.** geo'graphische Beschaffenheit.

Geographical names in Britain with unusual pronunciations:

Aldeburgh	['ɔ:ldbərə]
Armagh	[ˌɑ:'mɑ:]
Berkshire	['bɑ:kʃə]
Berwick	['berɪk]
Cambridge	['keɪmbrɪdʒ]
Chiswick	['tʃɪzɪk]
Cirencester	['saɪərənsestə, 'sɪsɪtə]
Clwyd	['klu:ɪd]
Derby	['dɑ:bɪ]
Durham	['dʌrəm]
Dyfed	['dʌvɪd]
Edinburgh	['edɪnbərə]
Fermanagh	[fə'mænə]
Gloucester	['glɒstə]
Greenwich	['grenɪtʃ, 'grenɪdʒ]
Gwynedd	['gwɪnəð]
Hebrides	['hebrɪdi:z]
Leicester	['lestə]
Leominster	['lemstə, 'lemɪnstə]
Llandudno	[læn'dɪdnəʊ]
Norfolk	['nɔ:fək]
Norwich	['nɒrɪdʒ, 'nɒrɪtʃ]
Pembrokeshire	['pembrʊkʃə]
Plymouth	['plɪməθ]
Slough	[slaʊ]
Somerset	['sʌməset]
Thames	[temz]
Worcester	['wʊstə]

ge·o·log·ic, ge·o·log·i·cal [ˌdʒɪəʊ'lɒdʒɪk(l)] *adj.* □ geo'logisch; **ge·ol·o·gist** [dʒɪ'ɒlədʒɪst] *s.* Geo'loge *m*, Geo'login *f*; **ge·ol·o·gize** [dʒɪ'ɒlədʒaɪz] **I** *v/i.* geo'logische Studien betreiben; **II** *v/t.* geo-

'logisch unter'suchen; **ge·ol·o·gy** [dʒɪ'ɒlədʒɪ] *s.* **1.** Geolo'gie *f*; **2.** geo'logische Abhandlung; **3.** geo'logische Beschaffenheit.

ge·o·mag·net·ism [ˌdʒɪəʊ'mægnɪtɪzəm] *s. phys.* 'Erdmagneˌtismus *m.*

ge·o·man·cy ['dʒɪəʊmænsɪ] *s.* Geoman'tie *f*, Geo'mantik *f* (*Art Wahrsagerei*).

ge·om·e·ter [dʒɪ'ɒmɪtə] *s.* **1.** *obs.* Geo'meter *m*; **2.** Ex'perte *m* auf dem Gebiet der Geome'trie; **3.** *zo.* Spannerraupe *f*; **ge·o·met·ric**, **ge·o·met·ri·cal** [ˌdʒɪəʊ'metrɪk(l)] *adj.* □ geo'metrisch; **ge·om·e·tri·cian** [ˌdʒɪəʊme'trɪʃn] → ***geometer*** 1, 2; **ge'om·e·try** [-mətrɪ] *s.* **1.** Geome'trie *f*; **2.** geo'metrische Abhandlung.

ge·o·phys·i·cal [ˌdʒiːəʊ'fɪzɪkl] *adj.* geophysi'kalisch; **ˌge·o'phys·ics** [-ks] *s. pl.*, *oft sg. konstr.* Geophy'sik *f.*

ge·o·pol·i·tics [ˌdʒiːəʊ'pɒlɪtɪks] *s. pl.*, *oft sg. konstr.* Geopoli'tik *f.*

Geordie heißt ein Bewohner der **Tyneside**-Gegend im Nordosten Englands, dessen Zentrum die Großstadt **Newcastle upon Tyne** bildet. Auch der stark ausgeprägte Dialekt dieser Gegend heißt so: „**Does he speak Geordie?**“; „**She speaks with a strong Geordie accent.**“

George [dʒɔːdʒ] *s.*: ***St ~*** der heilige Georg (*Schutzpatron Englands*): ***St ~'s Cross*** Georgskreuz *n*; ***~ Cross*** *od.* ***Medal*** ⚔ *Brit.* Georgskreuz *n* (*Orden*); ***by ~!*** a) beim Zeus!, b) Mann!; ***let ~ do it!*** *Am. sl.* solls machen, wer Lust hat!

geor·gette [dʒɔː'dʒet] *Am.* ♎ *s.* Geor'gette *m* (*Seidenkrepp*).

Geor·gi·an ['dʒɔːdʒjən] **I** *adj.* **1.** georgi'anisch: a) *aus der Zeit der Könige Georg I.–IV.* (*1714–1830*), b) *aus der Zeit der Könige Georg V. u. VI.* (*1910–52*); **2.** geor'ginisch (*den Staat Georgia, USA, betreffend*); **3.** ge'orgisch (*die Sowjetrepublik Georgien betreffend*); **II** *s.* **4.** Ge'orgier(in).

ge·o·sci·ence [ˌdʒiːəʊ'saɪəns] *s.* Geowissenschaft *f.*

ge·o·ther·mal [ˌdʒiːəʊ'θɜːml] *adj.* geothermisch; ***~ energy*** Erdwärme *f.*

ge·ra·ni·um [dʒɪ'reɪnjəm] *s.* ⚘ **1.** Storchschnabel *m*; **2.** Ge'ranie *f.*

ger·fal·con ['dʒɜːˌfɔːlkən] *s. orn.* G(i)erfalke *m.*

ger·i·at·ric [ˌdʒerɪ'ætrɪk] **I** *adj.* ⚕ geri'atrisch; **II** *s. humor.* Greis *m*; **ger·i·a·tri·cian** [ˌdʒerɪə'trɪʃn] *s.* Geri'ater *m*, Facharzt *m* für Alterskrankheiten; **ˌger·i'at·rics** [-ks] *s. pl.*, *oft sg. konstr.* Geria'trie *f.*

germ [dʒɜːm] **I** *s.* **1.** ⚘, *biol.* Keim *m* (*a. fig. Ansatz, Ursprung*); **2.** a) *biol.* Mikrobe *f*, b) ⚕ Keim *m*, Ba'zillus *m*, Bak'terie *f*, Krankheitserreger *m*; **II** *v/i. u. v/t.* **3.** keimen (lassen).

ger·man¹ ['dʒɜːmən] *adj.* leiblich: ***brother ~*** leiblicher Bruder.

Ger·man² ['dʒɜːmən] **I** *adj.* **1.** deutsch; **II** *s.* **2.** Deutsche(r *m*) *f*; **3.** *ling.* Deutsch *n*, das Deutsche: ***in ~*** a) auf Deutsch, b) im Deutschen; ***into ~*** ins Deutsche; ***from*** (***the***) ***~*** aus dem Deutschen.

ˌGer·man-A'mer·i·can **I** *adj.* 'deutschameriˌkanisch; **II** *s.* 'Deutschameriˌkaner(in).

ger·man·der [dʒɜː'mændə] *s.* ⚘ **1.** Ga'mander *m*; **2.** *a.* ***~ speedwell*** Ga'manderehrenpreis *m.*

ger·mane [dʒɜː'meɪn] *adj.* (***to***) gehörig (zu), zs.-hängend (mit), betreffend (*acc.*), passend (zu).

Ger·man·ic¹ [dʒɜː'mænɪk] **I** *adj.* **1.** ger'manisch; **2.** deutsch; **II** *s.* **3.** *ling. das* Ger'manische.

ger·man·ic² [dʒɜː'mænɪk] *adj.* ⚗ Germanium...: ***~ acid.***

Ger·man·ism ['dʒɜːmənɪzəm] *s.* **1.** *ling.* Germa'nismus *m*, deutsche Spracheigenheit; **2.** (typisch) deutsche Art; **3.** et. typisch Deutsches; **4.** Deutschfreundlichkeit *f*; **'Ger·man·ist** [-ɪst] *s.* Germa'nist(in); **Ger·man·i·ty** [dʒɜː'mænətɪ] → ***Germanism*** 2.

ger·ma·ni·um [dʒɜː'meɪnjəm] *s.* ⚗ Ger'manium *n.*

Ger·man·i·za·tion [ˌdʒɜːmənaɪ'zeɪʃn] *s.* Germanisierung *f*, Eindeutschung *f*; **Ger·man·ize** ['dʒɜːmənaɪz] **I** *v/t.* germanisieren, eindeutschen; **II** *v/i.* deutsch werden.

Ger·man mea·sles *s. pl. sg. konstr.* ⚕ Röteln *pl.*

Ger·man·o·phil [dʒɜː'mænəfɪl], **Ger'man·o·phile** [-faɪl] **I** *adj.* deutschfreundlich; **II** *s.* Deutschfreundliche(r *m*) *f*; **Ger'man·o·phobe** [-fəʊb] *s.* Deutschenhasser(in); **Ger·man·o·pho·bi·a** [dʒɜːˌmænə'fəʊbjə] *s.* Deutschfeindlichkeit *f.*

Ger·man| po·lice dog, **~ shep·herd** (**dog**) *s. Am.* Deutscher Schäferhund; **~ sil·ver** *s.* Neusilber *n*; **~ steel** *s.* ⚙ Schmelzstahl *m*; **~ text**, **~ type** *s. typ.* Frak'tur(schrift) *f.*

germ| car·ri·er *s.* ⚕ Keim-, Ba'zillenträger *m*; **~ cell** *s. biol.* Keimzelle *f.*

ger·men ['dʒɜːmɪn] *s.* ⚘ Fruchtknoten *m.*

ger·mi·cid·al [ˌdʒɜːmɪ'saɪdl] *adj.* keimtötend; **ger·mi·cide** ['dʒɜːmɪsaɪd] *adj. u. s.* keimtötend(es Mittel).

ger·mi·nal ['dʒɜːmɪnl] *adj.* □ **1.** *biol.* Keim(zellen)...; **2.** ⚕ Keim..., Bakterien...; **3.** *fig.* keimend, im Keim befindlich: ~ ***ideas***; '**ger·mi·nant** [-nənt] *adj.* keimend (*a. fig.*); '**ger·mi·nate** [-neɪt] ⚘ **I** *v/i.* keimen (*a. fig. sich entwickeln*); **II** *v/t.* zum Keimen bringen, keimen lassen (*a. fig.*); **ger·mi·na·tion** [ˌdʒɜːmɪ'neɪʃn] *s.* ⚘ Keimen *n* (*a. fig.*); '**ger·mi·na·tive** [-nətɪv] *adj.* ⚘ **1.** Keim...; **2.** (keim)entwicklungsfähig.

'**germ|·proof** *adj.* keimsicher, -frei; ~ **war·fare** *s.* ⚔ Bak'terienkrieg *m*, bio'logische Kriegführung.

ge·ron·toc·ra·cy [ˌdʒerɒn'tɒkrəsɪ] *s.* Gerontokra'tie *f*, Altenherrschaft *f*.

ger·on·tol·o·gist [ˌdʒerɒn'tɒlədʒɪst] Geronto'loge *m*; ˌ**ger·on'tol·o·gy** [-dʒɪ] → ***geriatrics***.

ger·ry·man·der ['dʒerɪmændə] **I** *v/t.* **1.** *pol.* die Wahlbezirksgrenzen in *e-m Gebiet* manipulieren; **2.** *Fakten* manipulieren, verfälschen; **II** *s.* **3.** *pol.* manipulierte Wahlbezirksabgrenzung.

ger·und ['dʒerənd] *s. ling.* Ge'rundium *n*; **ge·run·di·al** [dʒɪ'rʌndjəl] *adj. ling.* Gerundial...; **ger·un·di·val** [ˌdʒerən'daɪvl] *adj. ling.* Gerundiv..., gerun'divisch; **ge·run·dive** [dʒɪ'rʌndɪv] *s. ling.* Gerun'div *n*.

ges·ta·tion [dʒes'teɪʃn] *s.* **1.** a) Schwangerschaft *f*, b) *zo.* Trächtigkeit *f*; **2.** *fig.* Reifen *n*.

ges·ta·to·ri·al chair [ˌdʒestə'tɔːrɪəl] *s.* Tragsessel *m des Papstes*.

ges·tic·u·late [dʒe'stɪkjʊleɪt] *v/i.* gestikulieren, (her'um)fuchteln; **ges·tic·u·la·tion** [dʒeˌstɪkjʊ'leɪʃn] *s.* **1.** Gestikulati'on *f*, Gestik *f*, Gebärdenspiel *n*, Gesten *pl.*; **2.** lebhafte Geste; **ges·tic·u·la·to·ry** [-lətərɪ] *adj.* gestikulierend.

ges·ture ['dʒestʃə] **I** *s.* **1.** Gebärde *f*, Geste *f*: ~ ***of friendship*** *fig.* freundschaftliche Geste; **2.** Gebärdenspiel *n*; **II** *v/i.* **3.** → ***gesticulate***.

get [get] **I** *v/t.* [*irr.*] **1.** bekommen, erhalten, ‚kriegen': ~ ***it*** F ‚sein Fett kriegen', etwas ‚erleben'; ~ ***a*** (***radio***) ***station*** e-n Sender (rein)bekommen *od.* (-)kriegen; **2.** a) ~ ***s.th.*** (***for o.s.***), ***get o.s. s.th.*** sich et. verschaffen *od.* besorgen, et. erwerben *od.* kaufen *od.* finden: ~ (***o.s.***) ***a car***, b) ~ ***s.o. s.th.***, ~ ***s.th. for s.o.*** j-m et. besorgen *od.* verschaffen; **3.** *Ruhm etc.* erlangen, erringen, erwerben, *Sieg* erringen, erzielen, *Reichtum* erwerben, kommen zu, *Wissen, Erfahrung* erwerben, sich aneignen; **4.** *Kohle etc.* gewinnen, fördern; **5.** erwischen: a) (zu fassen) kriegen, packen, fangen, b) ertappen, c) treffen, d) *sl.* ‚kriegen', ‚erledigen' (*abschießen, töten*): (***I've***) ***got him!*** (ich) hab ihn!; ***he'll*** ~ ***you yet!*** er kriegt dich doch (noch)!; ***he's got it bad***(***ly***) F *allg.* ‚ihn hats bös erwischt'; ***you've got me there!*** F da bin ich überfragt!, da muss ich passen!; ***that*** ~***s me!*** F a) das kapier ich nicht!, b) das geht mir auf die Nerven!, c) das geht mir unter die Haut *od.* an die Nieren!; **6.** a) holen: ~ ***help*** (***a doctor***, *etc.*), b) bringen, holen: ~ ***me the book***, c) ('hin)bringen, *wohin* schaffen: ~ ***me to the hospital!***; **7.** (*a. telefonisch etc.*) erreichen; **8.** ***have got*** a) haben: ***I've got enough money***, b) (*mit inf.*) müssen: ***we have got to do it***; ***it's got to be wrong*** es muss falsch sein; **9.** machen, werden lassen: ~ ***o.s. dirty*** sich schmutzig machen; ~ ***one's feet wet*** nasse Füße bekommen; ~ ***s.o. nervous*** j-n nervös machen; **10.** (*mit p.p.*) lassen: ~ ***one's hair cut*** sich die Haare schneiden lassen; ~ ***the door shut*** die Tür zubekommen; ~ ***things done*** etwas zuwege bringen; **11.** (*mit inf. od. pres. p.*) dazu bringen *od.* bewegen: ~ ***s.o. to talk*** j-n zum Sprechen bringen; ~ ***the machine to work***, ~ ***the machine working*** die Maschine in Gang bringen; → ***go*** 21; **12.** a) machen, zubereiten: ~ ***dinner***, b) *Brit.* F essen, zu sich nehmen: ~ ***breakfast*** frühstücken; **13.** F ‚kapieren', verstehen (*a. hören*): ***I didn't*** ~ ***that!***; ***I don't*** ~ ***him*** ich versteh nicht, was er will; ***don't*** ~ ***me wrong!*** versteh mich nicht falsch!; ***got it?*** kapiert?; ~ ***that!*** *iron.* a) was sagst du dazu?, b) sieh (*od.* hör) dir das (bloß mal) an!; **II** *v/i.* **14.** kommen, gelangen: ~ ***home*** nach Hause kommen, zu Hause ankommen; ~ ***into debt*** (***into a rage***) in Schulden (in Wut) geraten; ~ ***somewhere*** F weiterkommen, Erfolg haben; ***now we are*** ~***ting somewhere!*** jetzt kommen wir der Sache schon näher!; ~ ***nowhere***, ***not to*** ~ ***anywhere*** nicht weiterkommen; ***that will*** ~ ***us nowhere!*** so kommen wir nicht weiter!; **15.** (*mit adj. od. p.p.*) werden: ~ ***old***; ~ ***better*** a) besser werden, sich (ver)bessern, b) sich erholen; ~ ***caught*** gefangen *od.* erwischt werden; ~ ***tired*** müde werden, ermüden; **16.** (*mit inf.*) dahin kommen: ~ ***to like it*** daran Gefallen finden, es allmählich mögen; ~ ***to know*** kennen lernen; ***how did you*** ~ ***to know that?*** wie hast du das erfahren?; ~ ***to be friends*** Freunde werden; **17.** (*mit pres. p.*) anfangen, beginnen: ***they got quarrel***(***l***)***ing***; ~ ***talking*** a) ins Gespräch kommen, b) zu reden anfangen; → ***go*** 21; **18.** *sl.* ‚abhauen': ~***!*** hau ab!;

Zssgn mit prp.:

get| a·round *v/i.* F **1.** *et.* um'gehen; **2.** a) *j-n* ‚her'umkriegen', b) *j-n* ‚reinlegen'; ~ **at** *v/i.* **1.** (her'an)kommen an (*acc.*), erreichen: ***I can't*** ~ ***my books***; **2.** an *j-n* ‚rankommen', *j-m* beikommen; **3.** *et.* ‚kriegen', ‚auftreiben'; **4.** *et.* her'ausbekommen, *e-r Sache* auf den Grund kommen; **5.** sagen wollen: ***what is he getting at?*** worauf will er hinaus?; **6.** *j-n* ‚schmieren', bestechen; **~ be·hind** *v/i.* **1.** sich stellen hinter (*acc.*), *fig. a. j-n* unterstützen; **2.** zu'rückbleiben hinter (*dat.*); **~ off** *v/i.* **1.** a) absteigen von, b) aussteigen aus; **2.** freikommen von; **~ on** *v/i.* a) *Pferd, Wagen etc.* besteigen, b) einsteigen in (*acc.*): ***~ to one's feet*** sich erheben; ***~ to*** F hinter *et. od.* hinter *j-s* Schliche kommen; **~ out of** *v/i.* **1.** her'aussteigen, -kommen, -gelangen aus; **2.** e-e Gewohnheit ablegen: ***~ smoking*** sich das Rauchen abgewöhnen; **3.** *fig.* aus *e-r Sache* ‚aussteigen'; sich her'auswinden aus: ***~ from under*** F sich rauswinden; **4.** sich drücken vor (*dat.*); **5.** *Geld etc.* aus *j-m* ‚her'ausholen'; **6.** *et.* bei *e-r Sache* ‚kriegen'; **~ o·ver** *v/i.* **1.** (hinüber)kommen über (*acc.*); **2.** *fig.* hin'wegkommen über (*acc.*); **3.** *et.* über'stehen; **~ round** → ***get around***; **~ through** *v/i.* **1.** kommen durch (*e-e Prüfung, den Winter etc.*); **2.** *Geld* 'durchbringen; **3.** *et.* erledigen; **~ to** *v/i.* **1.** kommen nach, erreichen; **2.** a) sich machen an (*acc.*), b) (*zufällig*) dazu kommen: ***we got to talking about it*** wir kamen darauf zu sprechen;

Zssgn mit adv.:

get| a·bout *v/i.* **1.** her'umgehen; **2.** he'rumkommen; **3.** (wieder) auf den Beinen sein (*nach Krankheit*); **4.** sich her'umsprechen *od.* verbreiten (*Gerücht*); **~ a·cross I** *v/i.* **1.** *fig.* ‚ankommen': a) ‚einschlagen', Anklang finden: ***the play got across***, b) sich verständlich machen; **2.** (***to*** *j-m*) klar werden; **II** *v/t.* **3.** *e-r Sache* Wirkung *od.* Erfolg verschaffen, *et.* an den Mann bringen: ***get an idea across***; **4.** *et.* klarmachen; **~ a·head** *v/i.* F vorankommen, Fortschritte machen: ***~ of s.o.*** j-n überholen *od.* überflügeln; **~ a·long** *v/i.* **1.** auskommen (***with*** mit *j-m*); **2.** zu'recht-, auskommen (***with*** mit *et.*); **3.** → ***get on*** 1; **4.** weitergehen: ***~!*** verschwinde!; ***~ with you!*** F a) verschwinde!, b) jetzt hör aber auf!; **5.** älter werden; **~ a·way** *v/i.* **1.** loskommen, sich losmachen: ***you can't ~ from that*** a) darüber kannst du dich nicht hinwegsetzen, b) das musst du doch einsehen; ***you can't ~ from the fact that*** man kommt um die Tatsache nicht herum, dass; **2.** *bsd. sport* ‚wegkommen': a) starten, b) sich lösen; **3.** → ***get along*** 4; **4.** entkommen, entwischen: ***he won't ~ with that*** damit kommt er nicht durch; ***he gets away with everything*** (*od.* ***with murder***) er kann sich alles erlauben; **~ back I** *v/t.* **1.** zu'rückbekommen: ***get one's own back*** F sich rächen; ***get one's own back on s.o.*** → 3; **II** *v/i.* **2.** zu'rückkommen; **3. *~ at s.o.*** F sich an j-m rächen; **~ be·hind** *v/i.* zu'rückbleiben; in Rückstand kommen; **~ by** *v/i.* **1.** vor'bei-, 'durchkommen; **2.** aus-, zu'rechtkommen; ‚es schaffen'; **~ down I** *v/i.* **1.** her'unterkommen, -steigen; **2.** aus-, absteigen; **3. *~ to s.th.*** sich an et. (her'an-) machen; → ***business*** 5; **II** *v/t.* **4.** herunterholen, -schaffen; **5.** aufschreiben; **6.** *Essen etc.* runterkriegen; **7.** *fig. j-n* ‚fertig machen'; **~ in I** *v/t.* **1.** hin'einbringen, -schaffen, -bekommen; **2.** *Ernte* einbringen; **3.** einfügen; **4.** *Bemerkung, Schlag etc.* anbringen; **5.** *Arzt etc.* (hin)'zuziehen; **II** *v/i.* **6.** hin'ein- *od.* her'eingelangen, -kommen: **7.** einsteigen; **8.** *pol.* (ins Parla'ment *etc.*) gewählt werden; **9. *~ on*** F mitmachen bei; **10. *~ with s.o.*** sich mit j-m anfreunden; **~ off I** *v/t.* **1.** *Kleid etc.* ausziehen; **2.** losbekommen, -kriegen; **3.** *Brief etc.* ‚loslassen'; **II** *v/i.* **4.** abreisen; **5.** ✈ abheben; **6.** (***from***) absteigen (von), aussteigen (aus): ***tell s.o. where to ~*** F j-m ‚Bescheid stoßen'; **7.** da'vonkommen: ***~ cheaply*** a) billig wegkommen, b) mit e-m blauen Auge davonkommen; **8.** entkommen; **9.** (*von der Arbeit*) wegkommen; **~ on I** *v/i.* **1.** vor'ankommen (*a. fig.*): ***~ in life*** a) es zu et. bringen, b) *a.* ***~*** (***in years***) älter werden; ***be getting on for sixty*** auf die sechzig zugehen; ***~ without*** ohne *et.* auskommen; ***let's ~ with it!*** machen wir weiter!; ***it was getting on*** es wurde spät; **2.** → ***get along*** 1, 2; **3. *~ to*** F a) *Brit.* sich in Verbindung setzen mit, *teleph. j-n* anrufen, b) *et.* ‚spitzkriegen', c) *j-m* auf die Schliche kommen; **II** *v/t.* **4.** *et.* vor'antreiben; **5. *get it on*** a) anfangen, loslegen (mit), b) *bsd. Am.* F ‚bumsen' (***with*** mit); **~ out I** *v/t.* **1.** her'ausbekommen, -kriegen (*a. fig.*); **2.** a) her'ausholen, b) hin'ausschaffen; **3.** *Worte* her'ausbringen; **II** *v/i.* **4.** a) aussteigen, b) herauskommen, c) hin'ausgehen: ***~!*** raus!; ***~ from under*** *Am.* F mit heiler Haut davonkommen; **5.** *fig.* F ‚aussteigen'; **6.** → ***get out of*** (*Zssgn mit prp.*); **~ round** *v/i.* dazu kommen (***to doing s.th.*** et. zu tun); **~ through I** *v/t.* **1.** 'durchbringen, -bekommen (*a. fig.*); **2.** *et.* hinter sich bringen; **3.** (***to*** *j-m*) *et.* klarmachen; **II** *v/i.* **4.** *a. fig., a. ped., teleph.* 'durchkommen; **5.** (***with***) fertig werden mit, (*et.*) ‚schaffen'; **6.** (***to*** *j-m*) klar werden; **~ to·geth·er I** *v/t.* **1.** zs.-bringen; **2.** zs.-tragen; **3. *get it together*** F ‚es bringen'; **II** *v/i.* **4.** zs.-kommen; **5.** sich einig werden; **~ up I** *v/t.* **1.** hin'aufbringen, -schaffen; **2.** ins Werk setzen; **3.** veranstalten, organisieren; **4.** (ein)richten, vorbereiten; **5.** konstruieren, zs.-basteln; **6.** (***o.s.*** sich) her'ausputzen; **7.** *Buch etc.* ausstatten; *Waren* (hübsch) aufmachen; **8.** *thea.* einstudieren; **9.** F ‚büffeln'; **II** *v/i.* **10.** aufstehen.

get|-at-a·ble [get'ætəbl] *adj.* **1.** erreichbar (*Ort od. Sache*); **2.** zugänglich (*Ort od. Person*); '**~·a·way** *s.* **1.** F Flucht *f*, Entkommen *n*: **~ car** Fluchtwagen *m*; **make one's ~** entkommen, entwischen, sich aus dem Staub machen; **2.** ✈, *sport* Start *m*; **3.** *mot.* Anzugsvermögen *n*; '**~-off** *s.* ✈ Abheben *n*.

get·ter ['getə] *s.* ⚒ Hauer *m*.

'**get|-to,geth·er** *s.* Zs.-kunft *f*, zwangloses Bei'sammensein; **,~-'tough** *adj. Am.* F hart, aggres'siv: **~ policy**; '**~-up** *s.* **1.** Aufbau *m*, Anordnung *f*; **2.** Aufmachung *f*: a) Ausstattung *f*, b) ‚Aufzug' *m*, Kleidung *f*; **3.** *thea.* Inszenierung *f*.

G

gew·gaw ['gju:gɔ:] *s.* **1.** → **gimcrack** I; **2.** *fig.* Lap'palie *f*, Kleinigkeit *f*.

gey·ser *s.* **1.** ['gaɪzə] Geysir *m*, heiße Quelle; **2.** ['gi:zə] *Brit.* ('Gas-) ,Durchlauferhitzer *m*.

ghast·li·ness ['gɑ:stlɪnɪs] *s.* **1.** Grausigkeit *f*; schreckliches Aussehen; **2.** Totenblässe *f*; **ghast·ly** ['gɑ:stlɪ] **I** *adj.* **1.** grässlich, gräulich, entsetzlich (*alle a. fig.* F); **2.** gespenstisch; **3.** totenbleich; **4.** verzerrt (*Lächeln*); **II** *adv.* **5.** grässlich *etc.*: **~ pale** totenblass.

gher·kin ['gɜ:kɪn] *s.* Essig-, Gewürzgurke *f*.

ghet·to ['getəʊ] *pl.* **-tos** *s. hist. u. sociol.* G(h)etto *n*; '**~,blast·er** *s.* F Dröhne *f*; Heuler *m*.

ghost [gəʊst] **I** *s.* **1.** Geist *m*, Gespenst *n*: **lay a ~** e-n Geist beschwören; **lay the ~s of the past** *fig.* Vergangenheitsbewältigung betreiben; **the ~ walks** *thea. sl.* es gibt Geld; **2.** Geist *m*, Seele *f* (*nur noch in*): **give** (*od.* **yield**) **up the ~** den Geist aufgeben (*a. fig.* F); **3.** *fig.* Spur *f*, Schatten *m*: **not the ~ of a chance** F nicht die geringste Chance; **the ~ of a smile** der Anflug e-s Lächelns; **4.** → **ghost writer**; **5.** *opt. TV* Doppelbild *n*; **II** *v/t.* **6.** *j-n* verfolgen (*Erinnerungen etc.*); **7.** *Buch etc.* als Ghostwriter schreiben; **III** *v/i.* **8.** Ghostwriter sein (**for** für); '**~·like** → **ghostly**.

ghost·li·ness ['gəʊstlɪnɪs] *s.* Geisterhaftigkeit *f*; **ghost·ly** ['gəʊstlɪ] *adj.* geisterhaft, gespenstisch.

ghost| sto·ry *s.* Geister-, Gespenstergeschichte *f*; **~ town** *s. Am.* Geisterstadt *f*, verödete Stadt; **~ train** *s.* Geisterbahn *f*; **~ word** *s.* Ghostword *n* (*falsche Wortbildung*); '**~·write** → **ghost** 7, 8; **~ writ·er** *s.* Ghostwriter *m*.

ghoul [gu:l] *s.* **1.** Ghul *m* (*Leichen fressender Dämon*); **2.** *fig.* Unhold *m* (*Person mit makabren Gelüsten*), *z.B.* Grabschänder *m*; '**ghoul·ish** [-lɪʃ] *adj.* ☐ **1.** ghulenhaft; **2.** gräulich, ma'kaber.

G.I. [,dʒi:'aɪ] (*von* **Government Issue**) ⚔ *Am.* F **I** *s.* ‚G'I' *m* (*US-Soldat*); **II** *adj.* GI-..., Kommiss...; *weitS.* vorschriftsmäßig.

gi·ant ['dʒaɪənt] **I** *s.* Riese *m*, *fig. a.* Gi'gant *m*, Ko'loss *m*; **II** *adj.* riesenhaft, riesig; *a.* ⚘, *zo.* Riesen...: **~ slalom** Riesenslalom *m*; **~ stride** Riesenschritt *m*; **~('s) stride** Rundlauf *m* (*Turngerät*); **~ wheel** Riesenrad *n*; '**gi·ant·ess** [-tes] *s.* Riesin *f*.

gib [gɪb] *s.* ⚙ **1.** Keil *m*, Bolzen *m*; **2.** 'Führungsline,al *n* (*e-r Werkzeugmaschine*); **3.** Ausleger *m* (*e-s Krans*).

gib·ber ['dʒɪbə] *v/i.* schnattern, quatschen; '**gib·ber·ish** [-ərɪʃ] *s.* Geschnatter *n*; Geschwätz, ‚Geschwafel' *n*.

gib·bet ['dʒɪbɪt] **I** *s.* **1.** Galgen *m*; **2.** ⚙ Kran- *od.* Querbalken *m*; **II** *v/t.* **3.** *j-n* hängen; **4.** *fig.* anprangern, bloßstellen.

gib·bon ['gɪbən] *s. zo.* Gibbon *m*.

gib·bous ['gɪbəs] *adj.* **1.** gewölbt; **2.** buck(e)lig.

gibe [dʒaɪb] **I** *v/t.* verhöhnen, verspotten; **II** *v/i.* spotten (**at** über *acc.*); **III** *s.* höhnische Bemerkung, Stiche'lei *f*, Seitenhieb *m*.

gib·lets ['dʒɪblɪts] *s. pl.* Inne'reien *pl.*, *bsd.* Hühner-, Gänseklein *n*.

gid·di·ness ['gɪdɪnɪs] *s.* **1.** Schwindel (-gefühl *n*) *m*; **2.** *fig.* a) Leichtsinn *m*, Flatterhaftigkeit *f*, b) Wankelmütigkeit *f*; **gid·dy** ['gɪdɪ] *adj.* ☐ **1.** schwind(e)lig: **I am** (*od.* **feel**) **~** mir ist schwind(e)lig; **2.** *a. fig.* Schwindel erregend, schwindelnd; **3.** *fig.* a) leichtsinnig, flatterhaft, b) ‚verrückt', ‚wild'.

gie [gi:] *Scot. für* **give**.

gift [gɪft] **I** *s.* **1.** Geschenk *n*, Gabe *f*: **make a ~ of** *et.* schenken; **I wouldn't have it as a ~** das nähme ich nicht (mal) geschenkt; **it's a ~!** das ist ja geschenkt (*billig*)!; **2.** ⚖ Schenkung *f*; **3.** ⚖ Verleihungsrecht *n*: **the office is in his ~** er kann dieses Amt verleihen; **4.** *fig.* Begabung *f*, Gabe *f*, Ta'lent *n* (**for**, **of** für): **~ for languages** Sprachbegabung; **of many ~s** vielseitig begabt; → **gab** I; **II** *v/t.* **5.** (be)schenken; '**gift·ed** [-tɪd] *adj.* begabt, talen'tiert.

gift| horse *s.*: **don't look a ~ in the mouth** e-m geschenkten Gaul schaut man nicht ins Maul; **~ shop** *s.* Ge'schenkar,tikelladen *m*; **~ tax** Schenkungssteuer *f*; **~ to·ken**, **~ vouch·er** *s.* Geschenkgutschein *m*; '**~-wrap** *v/t.* geschenkmäßig verpacken; **~ wrap·ping** *s.* Ge'schenkpa,pier *n*.

gig[1] [gɪg] *s.* **1.** ⚓ Gig(boot *n*) *f*; **2.** Gig *f* (*Ruderboot*); **3.** Gig *n* (*zweirädriger, offener Einspänner*); **4.** Fischspeer *m*; **5.** ⚙ ('Tuch),Rauma,schine *f*.

gig[2] [gɪg] *s.* ♪ F a) Engage'ment *n*, b) Auftritt *m*.

gig·a·byte ['gɪgəbaɪt] *s. Computer*: 'Gigabyte *n.*
gi·gan·tic [dʒaɪ'gæntɪk] *adj.* (□ **~ally**) gi'gantisch: a) riesenhaft, Riesen..., b) riesig, ungeheuer (groß).
gig·gle ['gɪgl] **I** *v/i. u. v/t.* kichern; **II** *s.* Gekicher *n*, Kichern *n*; '**gig·gly** [-lɪ] *adj.* ständig kichernd.
gig·o·lo ['ʒɪgələʊ] *pl.* **-los** *s.* Gigolo *m.*
Gil·ber·ti·an [gɪl'bɜːtjən] *adj.* in der Art (*des Humors*) von W. S. Gilbert; *fig.* komisch, possenhaft.
gild[1] [gɪld] → ***guild***.
gild[2] [gɪld] *v/t.* [*irr.*] **1.** vergolden; **2.** *fig.* a) verschöne(r)n, (aus)schmücken, b) über'tünchen, verbrämen, c) versüßen: ***~ the pill*** die bittere Pille versüßen; '**gild·ed** [-dɪd] *adj.* vergoldet, golden (*a. fig.*): ***~ cage*** *fig.* goldener Käfig; ***~ youth*** Jeunesse dorée *f*; '**gild·er** [-də] *s.* Vergolder *m*; '**gild·ing** [-dɪŋ] *s.* **1.** Vergoldung *f*; **2.** *fig.* Verschönerung *f etc.* (→ ***gild***[2] 2).
gill[1] [gɪl] *s.* **1.** *ichth.* Kieme *f*; **2.** *pl.* Doppelkinn *n*: ***rosy*** (***green***) ***about the ~s*** rosig, frisch aussehend (grün im Gesicht); **3.** *orn.* Kehllappen *m*; **4.** ⚘ La'melle *f*: ***~ fungus*** Blätterpilz *m*; **5.** ⚙ (Heiz-, Kühl)Rippe *f.*
gill[2] [gɪl] *s. Scot.* **1.** waldige Schlucht; **2.** Gebirgsbach *m.*
gill[3] [dʒɪl] *s.* Viertelpinte *f* (*Brit. 0,14, Am. 0,12 Liter*).
Gill[4] [dʒɪl] *s. obs.* Liebste *f.*
gil·ly·flow·er ['dʒɪlɪˌflaʊə] *s.* ⚘ **1.** Gartennelke *f*; **2.** Lev'koje *f*; **3.** Goldlack *m.*
gilt [gɪlt] **I** *pret. u. p.p. von* ***gild***[2]; **II** *adj.* **1.** → ***gilded***; **III** *s.* **2.** Vergoldung *f*; **3.** *fig.* Reiz *m*: ***take the ~ off the gingerbread*** der Sache den Reiz nehmen; ˌ**~-'edged** *adj.* **1.** mit Goldschnitt; **2.** ***~ securities*** ✝ mündelsichere (Wert)Papiere *pl.*
gim·bals ['dʒɪmbəlz] *s. pl.* ⚙ Kar'danringe *pl.*, -aufhängung *f.*
gim·crack ['dʒɪmkræk] **I** *s.* **1.** wertloser *od.* kitschiger Gegenstand *od.* Schmuck, (*a.* technische) Spiele'rei, ‚Mätzchen' *n*; **2.** *pl.* → ***gimcrackery***; **II** *adj.* **3.** wertlos, kitschig; '**gimˌcrack·er·y** [-kərɪ] *s.* Plunder *m*, ‚Kinkerlitzchen' *pl.*
gim·let ['gɪmlɪt] *s.* **1.** ⚙ Handbohrer *m*: ***~ eyes*** *fig.* stechende Augen; **2.** *Am.* *ein Cocktail.*
gim·mick ['gɪmɪk] *s.* F **1.** → ***gadget***; **2.** *fig.* ‚Dreh' *m*, (Re'klame- *etc.*)Masche *f*, ‚Aufhänger' *m*, ‚Knüller' *m*, *a.* Gimmick *m*, *n*; '**gim·mick·ry** [-krɪ] *s.* F (technische) Mätzchen *pl.*
gimp [gɪmp] *s. Schneiderei*: Gimpe *f.*
gin[1] [dʒɪn] *s.* Gin *m*, Wa'cholderschnaps *m*: ***~ and it*** Gin u. Wermut *m*; ***~ and tonic*** Gin Tonic *m.*
gin[2] [dʒɪn] **I** *s.* **1.** *a.* ***cotton ~*** Ent'körnungsmaˌschine *f*; **2.** ⚙ Hebezeug *n*, Winde *f*; ⚓ Spill *n*; **3.** ⚙ Göpel *m*, 'Förderma͵schine *f*; **4.** *hunt.* Falle *f*, Schlinge *f*; **II** *v/t.* **5.** *Baumwolle* entkörnen; **6.** mit e-r Schlinge fangen.
gin·ger ['dʒɪndʒə] **I** *s.* **1.** ⚘ Ingwer *m*; **2.** Rötlich(gelb) *n*, Ingwerfarbe *f*; **3.** F a) ‚Mumm' *m*, Schneid *m* (*e-r Person*), b) Schwung *m*, ‚Schmiss' *m* (*a. e-r Sache*), c) ‚Pfeffer' *m*, ‚Pfiff' *m* (*e-r Geschichte etc.*); **II** *adj.* **4.** rötlich (gelb); **5.** F schwungvoll, ‚schmissig'; **III** *v/t.* **6.** mit Ingwer würzen; **7.** *a.* ***~ up*** *fig.* a) *et.* ‚ankurbeln', b) *j-n* aufmöbeln, c) *j-n* ‚scharfmachen', d) *e-m Film etc.* ‚Pfiff' geben; **~ ale**, **~ beer** *s.* Ginger-ale *n*, 'Ingwerlimoˌnade *f*; '**~·bread I** *s.* **1.** Ingwer-, Pfefferkuchen *m*; → ***gilt*** 3; **2.** *fig. contp.* über'ladene Verzierung, Kitsch *m*; **II** *adj.* **3.** kitschig, über'laden; **~ group** *s. pol. Brit.* Gruppe *f* von Scharfmachern.
gin·ger·ly ['dʒɪndʒəlɪ] *adv. u. adj.* sachte, behutsam; zimperlich.
'**gin·ger|·nut** *s.* Ingwerkeks *m*; **~ pop** *s.* F *für* ***ginger ale***; '**~·snap** *s.* Ingwerwaffel *f*; **~ wine** *s.* Ingwerwein *m.*
gin·ger·y ['dʒɪndʒərɪ] *adj.* **1.** Ingwer...; **2.** → ***ginger*** 4; **3.** *fig.* a) → ***ginger*** 5, b) beißend.
ging·ham ['gɪŋəm] *s.* Gingham *m*, Gingan *m* (*Baumwollstoff*).
gin·gi·vi·tis [ˌdʒɪndʒɪ'vaɪtɪs] *s.* ⚕ Zahnfleischentzündung *f.*
gink·go ['gɪŋkəʊ] *pl.* **-gos** *od.* **-goes** *s.* ⚘ Gingko *m* (*Baum*).
gin mill *s. Am.* F Kneipe *f.*
gin·ner·y ['dʒɪnərɪ] *s.* Entkörnungswerk *n* (*für Baumwolle*).
gin| pal·ace *s.* auffällig dekoriertes Wirtshaus; **~ rum·my** *s. Form des Rommees*; **~ sling** *s. Am.* Mischgetränk *n* mit Gin.
gip·sy ['dʒɪpsɪ] **I** *s.* **1.** Zi'geuner(in) (*a. fig.*); **2.** Zi'geunersprache *f*; **II** *adj.* **3.** zi'geunerhaft, Zigeuner...; **III** *v/i.* **4.** ein Zi'geunerleben führen; '**gip·sy·dom** [-dəm] *s.* **1.** Zi'geunertum *n*; **2.** *coll.* Zi'geuner *pl.*
gi·raffe [dʒɪ'rɑːf] *s. zo.* Gi'raffe *f.*
gird [gɜːd] *v/t.* [*irr.*] **1.** *obs. j-n* (um)'gürten; **2.** *Kleid etc.* gürten, mit e-m Gürtel halten; **3.** *oft* ***~ on*** *Schwert etc.* 'umgürten, an-, 'umlegen: ***~ s.th. on s.o.*** j-m et. umgürten; **4.** *j-m, sich* ein Schwert 'umgürten: ***~ o.s.*** (***up***), ***~*** (***up***) ***one's loins*** *fig.* sich rüsten *od.* wappnen; **5.** binden (***to*** an *acc.*); **6.** um'geben, -'schließen: ***sea-girt*** meerumschlungen; **7.** *fig.* ausstatten, -rüsten.
gird·er ['gɜːdə] *s.* ⚙ (Längs)Träger *m*: ***~ bridge*** Balken-, Trägerbrücke *f.*
gir·dle ['gɜːdl] **I** *s.* **1.** Gürtel *m*, Gurt *m*; **2.** Hüfthalter *m*, -gürtel *m*; **3.** *anat.* *in*

G

Zssgn (Knochen)Gürtel *m*; **4.** *fig.* Gürtel *m* (*Umkreis, Umgebung*); **II** *v/t.* **5.** um'gürten; **6.** um'geben, einschließen; **7.** *Baum* ringeln.

girl [gɜːl] *s.* **1.** Mädchen *n*: ***a German ~*** e-e junge Deutsche; ***~'s name*** weiblicher Vorname; ***my eldest ~*** m-e älteste Tochter; ***the ~s*** F a) die Töchter *pl.* des Hauses, b) die Damen *pl.*; **2.** (Dienst-)Mädchen *n*; **3.** F ‚Mädchen' *n* (*e-s jungen Mannes*); **~ Fri·day** *s.* (unentbehrliche) Gehilfin, ‚rechte Hand' (*des Chefs, bsd. Sekretärin*); **'~·friend** *s.* Freundin *f*; **~ guide** *s. Brit.* Pfadfinderin *f*.

girl·hood ['gɜːlhʊd] *s.* Mädchenzeit *f*, -jahre *pl.*, Jugend(zeit) *f*; **'girl·ie** [-lɪ] *s.* F Mädchen *n*: ***~ mag(azine)*** ‚Titten-u.-Po'-Magazin *n*; **'girl·ish** [-lɪʃ] *adj.* □ mädchenhaft; **'girl·ish·ness** [-lɪʃnɪs] *s.* *das* Mädchenhafte; **girl scout** *s. Am.* Pfadfinderin *f*.

gi·ro ['dʒaɪrəʊ] *s.* (*der*) Postscheckdienst (*in England*): ***~ account*** Postscheckkonto *n*.

girt[1] [gɜːt] *pret. u. p.p. von* ***gird***.

girt[2] [gɜːt] **I** *s.* 'Umfang *m*; **II** *v/t.* den 'Umfang messen von; **III** *v/i.* messen (*an Umfang*).

girth [gɜːθ] **I** *s.* **1.** 'Umfang *m*; **2.** 'Körper͵umfang *m*; **3.** (Sattel-, Pack)Gurt *m*; **4.** ⚙ Tragriemen *m*, Gurt *m*; **II** *v/t.* **5.** *Pferd* gürten; **6.** an-, aufschnallen; **7.** a) → ***gird*** 6, b) → ***girt***[2] II.

gis·mo → ***gizmo***.

gist [dʒɪst] *s.* **1.** *das* Wesentliche, Hauptpunkt *m*, -inhalt *m*, Kern *m der Sache*; **2.** ⚖ Grundlage *f*: ***~ of action*** Klagegrund *m*.

git [gɪt] *s. Brit.* F *contp.* Kerl *m*: ***that stupid ~*** dieser blöde Hund.

give [gɪv] **I** *s.* **1.** *fig.* a) Nachgiebigkeit *f*, b) Elastizi'tät *f*; → ***give and take***; **2.** Elastizi'tät *f* (*des Fußbodens etc.*); **II** *v/t.* [*irr.*] **3.** geben, (über)'reichen; schenken: ***he gave me a book***; ***~ a present*** ein Geschenk machen; ***~ s.o. a blow*** j-m e-n Schlag versetzen; ***~ it to him!*** F gibs ihm!, gib ihm Saures (*Strafe, Schelte*)!; ***~ me Mozart any time*** a) Mozart geht mir über alles, b) da lobe ich mir (doch) Mozart; ***~ as good as one gets*** (*od.* ***takes***) mit gleicher Münze zurückzahlen; ***~ or take*** plus/minus; **4.** geben, zahlen: ***how much did you ~ for that hat?***; **5.** (ab-, weiter)geben, über'tragen; (zu)erteilen, an-, zuweisen; verleihen: ***she gave me her bag to carry*** sie gab mir ihre Tasche zu tragen; ***~ s.o. a part in a play*** j-m e-e Rolle in e-m Stück geben; ***~ s.o. a title*** j-m e-n Titel verleihen; **6.** hingeben, widmen, schenken: ***~ one's attention to*** s-e Aufmerksamkeit widmen (*dat.*); ***~ one's mind to s.th.*** sich e-r Sache widmen; ***~ one's life*** sein Leben hingeben *od.* opfern (***for*** für); **7.** geben, (dar)bieten, reichen: ***he gave me his hand***; ***do ~ us a song*** singen Sie uns doch bitte ein Lied; **8.** gewähren, liefern, geben: ***cows ~ milk*** Kühe geben *od.* liefern Milch; ***~ no result*** kein Ergebnis zeitigen; ***it was not ~n him to*** *inf.* es war ihm nicht gegeben *od.* vergönnt, zu *inf.*; **9.** verursachen: ***~ pleasure*** Vergnügen bereiten *od.* machen; ***~ pain*** Schmerzen bereiten, wehtun; **10.** zugeben, -gestehen, erlauben: ***just ~ me 24 hours*** gib mir nur 24 Stunden (Zeit); ***I ~ you till tomorrow!*** ich gebe dir noch bis morgen Zeit!; ***I ~ you that point*** in diesem Punkt gebe ich dir Recht; **11.** ausführen, äußern, vortragen: ***~ a cry*** e-n Schrei ausstoßen, aufschreien; ***~ a loud laugh*** laut auflachen; ***~ s.o. a look*** j-m e-n Blick zuwerfen, j-n anblicken; ***~ a party*** e-e Party geben; ***~ a play*** ein Stück geben *od.* aufführen; ***~ a lecture*** e-n Vortrag halten; ***~ one's name*** s-n Namen nennen *od.* angeben; **12.** beschreiben, mitteilen, geben: ***~ us the facts***; (***come on,***) ***~!*** *Am.* F sag schon!, raus mit der Sprache!; **III** *v/i.* [*irr.*] **13.** geben, schenken, spenden (***to*** *dat.*): ***~ generously***; ***~ and take*** *fig.* geben u. nehmen, einander entgegenkommen; **14.** nachgeben (*a.* ✝ *Preise*), -lassen, weichen, versagen: ***~ under pressure*** unter Druck nachgeben; ***his knees gave under him*** s-e Knie versagten; ***what ~s?*** *sl.* was ist los?; ***s.th.'s got to ~*** *sl.* es muss (doch) was passieren; **15.** a) nachgeben, (*Fußboden etc.*) *a.* federn, b) sich dehnen (*Schuhe etc.*): ***~ but not to break*** sich biegen, aber nicht brechen; ***the chair ~s comfortably*** der Stuhl federt angenehm; ***the foundations are giving*** das Fundament senkt sich; **16.** a) führen (***into*** in *acc.*; ***on*** auf *acc.*, nach) (*Straße etc.*), b) gehen (***on*** [***-to***] nach) (*Fenster etc.*);

Zssgn mit adv.:

give| a·way *v/t.* **1.** weg-, hergeben, verschenken (*a. fig. u. sport den Sieg etc.*); → ***bride***; **2.** *Preise* verteilen; **3.** aufgeben, opfern, preisgeben; **4.** verraten: ***his accent gives him away***; ***give o.s. away*** sich verraten *od.* verplappern; → ***show*** 14; **~ back** *v/t.* **1.** zu'rückgeben; **2.** *Blick* erwidern; **~ forth** *v/t.* **1.** → ***give off***; **2.** *Ansicht etc.* äußern; **3.** veröffentlichen, bekannt geben; **~ in I** *v/t.* **1.** *Gesuch etc.* einreichen, abgeben; **II** *v/i.* **2.** (***to*** *dat.*) a) nachgeben (*dat.*), b) sich anschließen (*dat.*); **3.** aufgeben, sich geschlagen geben; **~ off** *v/t.* *Dampf etc.* abgeben, *Gas, Wärme etc.* aus-, verströmen, *Rauch etc.* ausstoßen, *Geruch* verbreiten, ausströmen; ~ **out I** *v/t.* **1.** ausgeben, aus-, verteilen; **2.** bekannt geben: ***give it out that*** a) verkünden, dass, b) behaupten, dass; **3.** → ***give off***; **II** *v/i.* **4.** zu Ende gehen (*Kräfte*, *Vorrat*): ***his strength gave out*** die Kräfte verließen ihn; **5.** versagen (*Kräfte*, *Maschine etc.*); ~ **o·ver I** *v/t.* **1.** über'geben (***to*** *dat.*); **2.** *et.* aufgeben: ~ ***doing s.th.*** aufhören, et. zu tun; **3.** ***give o.s. over to*** sich *der Verzweiflung etc.* hingeben, verfallen (*dat.*): ***give o.s. over to drink***; **II** *v/i.* **4.** aufhören; ~ **up I** *v/t.* **1.** aufgeben, aufhören mit, *et.* sein lassen: ~ ***smoking*** das Rauchen aufgeben; **2.** (*als aussichtslos*) aufgeben: ~ ***a plan***; ***he was given up by the doctors***; **3.** *j-n* ausliefern: ***give o.s. up*** sich (freiwillig) stellen (***to the police*** der Polizei); **4.** *et.* abgeben, abtreten (***to*** an *acc.*); **5.** ***give o.s. up to*** a) → ***give over*** 3, b) sich *e-r Sache* widmen; **II** *v/i.* **6.** (es) aufgeben, sich geschlagen geben, *weitS. a.* resignieren.

give| and take *s.* **1.** (*ein*) Geben u. Nehmen, beiderseitiges Nachgeben, Kompro'miss(bereitschaft *f*) *m*; **2.** Meinungsaustausch *m*; **,~-and-'take** [-vənt-] *adj.* Kompromiss..., Ausgleichs...; **'~-a·way I** *s.* **1.** (ungewolltes) Verraten, Verplappern *n*; **2.** ✝ a) Werbegeschenk *n*, b) kostenlos verteilte Zeitung; **3.** *a.* ~ ***show*** *TV* Quiz(sendung *f*) *n*, Preisraten *n*; **II** *adj.* **4.** ~ ***price*** Schleuderpreis *m*.

giv·en ['gɪvn] **I** *p.p. von* **give**; **II** *adj.* **1.** gegeben, bestimmt: ***at a ~ time*** zur festgesetzten Zeit; ***under the ~ conditions*** unter den gegebenen Umständen; **2.** ~ ***to*** a) ergeben, verfallen (*dat.*): ~ ***to drinking***, b) neigend zu: ~ ***to boasting***; **3.** ⚖, *phls.* gegeben, bekannt; **4.** vor'ausgesetzt: ~ ***health*** Gesundheit vorausgesetzt; **5.** in Anbetracht (*gen.*): ~ ***his temperament***; **6.** *auf Dokumenten*: gegeben, ausgefertigt (am): ~ ***this 10th day of May***; ~ **name** *s. Am.* Vorname *m*.

giv·er ['gɪvə] *s.* **1.** Geber(in), Spender (-in); **2.** ✝ (*Wechsel*)Aussteller *m*.

giz·mo ['gɪzməʊ] *s. Am.* F ‚Dingsbums' *n*.

giz·zard ['gɪzəd] *s.* **1.** *ichth.*, *orn.* Muskelmagen *m*; **2.** F Magen *m*: ***that sticks in my ~***.

gla·brous ['gleɪbrəs] *adj.* ⚘, *zo.* kahl.

gla·cé ['glæseɪ] (*Fr.*) *adj.* **1.** glasiert, mit Zuckerguss; **2.** kandiert; **3.** Glacee..., Glanz... (*Leder*, *Stoff*).

gla·cial ['gleɪsjəl] *adj.* **1.** *geol.* Eis..., Gletscher...: ~ ***epoch*** *od.* ***period*** Eiszeit *f*; ~ ***man*** Eiszeitmensch *m*; **2.** ⚗ Eis...: ~ ***acetic acid*** Eisessig *m*; **3.** eisig (*a. fig.*); **gla·ci·a·tion** [ˌglæsɪ'eɪʃn] *s.* **1.** Vereisung *f*; **2.** Vergletscherung *f*.

gla·cier ['glæsjə] *s.* Gletscher *m*.

glac·i·ol·o·gy [ˌglæsɪ'ɒlədʒɪ] *s.* Glaziolo'gie *f*, Gletscherkunde *f*.

gla·cis ['glæsɪs; *pl.* -sɪz] *s.* **1.** Abdachung *f*; **2.** ⚔ Gla'cis *n*.

glad [glæd] *adj.* □ → ***gladly***; **1.** (*pred.*) froh, erfreut (***of***, ***at*** über *acc.*): ***I am ~ of it*** ich freue mich darüber, es freut mich; ***I am ~ to hear*** (***to say***) es freut mich zu hören (sagen zu können); ***I am ~ to come*** ich komme gern; ***I should be ~ to know*** ich möchte gern wissen; **2.** freudig, froh, fröhlich, erfreulich: ***give s.o. the ~ eye*** *sl.* j-m e-n einladenden Blick zuwerfen, j-m schöne Augen machen; ***give s.o. the ~ hand*** → ***glad-hand***; ~ ***rags*** F ‚Sonntagsstaat' *m*; ~ ***news*** frohe Kunde; **'glad·den** [-dn] *v/t.* erfreuen.

glade [gleɪd] *s.* Lichtung *f*, Schneise *f*.

'glad-hand *v/t.* F *j-n* herzlich *od.* 'überschwänglich begrüßen.

glad·i·a·tor ['glædɪeɪtə] *s.* Gladi'ator *m*; *fig.* Streiter *m*, Kämpfer *m*; **glad·i·a·to·ri·al** [ˌglædɪə'tɔːrɪəl] *adj.* Gladiatoren...

glad·i·o·lus [ˌglædɪ'əʊləs] *pl.* **-li** [-laɪ] *od.* **-lus·es** *s.* ⚘ Gladi'ole *f*.

glad·ly ['glædlɪ] *adv.* mit Freuden, gern(e); **glad·ness** ['glædnɪs] *s.* Freude *f*, Fröhlichkeit *f*; **glad·some** ['glædsəm] *adj.* □ *obs.* **1.** erfreulich; **2.** freudig, fröhlich.

Glad·stone (bag) ['glædstən] *s.* zweiteilige leichte Reisetasche.

glair [gleə] **I** *s.* **1.** Eiweiß *n*; **2.** Eiweißleim *m*; **3.** eiweißartige Sub'stanz; **II** *v/t.* **4.** mit Eiweiß(leim) bestreichen.

glaive [gleɪv] *s. poet.* (Breit)Schwert *n*.

glam·or *Am.* → ***glamour***.

glam·or·ize ['glæməraɪz] *v/t.* **1.** (mit viel Re'klame *etc.*) verherrlichen; **2.** e-n besonderen Zauber verleihen (*dat.*); **'glam·or·ous** [-rəs] *adj.* bezaubernd (schön), zauberhaft; **glam·our** ['glæmə] **I** *s.* **1.** Zauber *m*, Glanz *m*, bezaubernde Schönheit: ~ ***boy*** a) Schönling *m*, b) ‚toller Kerl'; ~ ***girl*** Glamourgirl *n*, (Re'klame-, Film)Schönheit *f*; ***cast a ~ over*** bezaubern, *j-n* in s-n Bann schlagen; **2.** falscher Glanz; **II** *v/t.* **3.** bezaubern.

glance¹ [glɑːns] **I** *v/i.* **1.** e-n Blick werfen, (rasch *od.* flüchtig) blicken (***at*** auf *acc.*): ~ ***over*** (*od.* ***through***) ***a letter*** e-n Brief überfliegen; **2.** (auf)blitzen, (auf-) leuchten; **3.** ~ ***off*** abgleiten (von) (*Messer etc.*), abprallen (von) (*Kugel etc.*): ***hit*** (*od.* ***strike***) ***s.o. a glancing blow*** j-n (mit einem Schlag) streifen; **4.** (***at***) *Thema* flüchtig berühren *od.* streifen, *bsd.* anspielen (auf *acc.*); **II** *v/t.* **5.** ~ ***one's eye over*** (*od.* ***through***) → 1; **III** *s.* **6.** flüchtiger Blick (***at*** auf *acc.*): ***at a ~*** mit 'einem Blick; ***at first ~*** auf den ersten Blick; ***take a ~ at*** → 1; **7.** (Auf-)Blitzen *n*, (Auf)Leuchten *n*; **8.** Abprallen *n*, Abgleiten *n*; **9.** (***at***) flüchtige Erwähnung (*gen.*), Anspielung *f* (auf *acc.*).

glance² [glɑːns] *s. min.* Blende *f*, Glanz *m*: ***lead ~*** Bleiglanz.

gland¹ [glænd] *s. biol.* Drüse *f*.

gland² [glænd] *s.* ⚙ **1.** Dichtungsstutzen *m*; **2.** Stopfbuchse *f*.

glan·dered ['glændəd] *adj. vet.* rotzkrank; '**glan·der·ous** [-dərəs] *adj.* **1.** Rotz...; **2.** rotzkrank; **glan·ders** ['glændəz] *s. pl. sg. konstr.* Rotz(krankheit *f*) *m* (*der Pferde*).

glan·du·lar ['glændjʊlə] *adj. biol.* drüsig, Drüsen...: ***~ fever*** (pfeiffersches) Drüsenfieber; '**glan·du·lous** [-əs] → ***glandular***.

glans [glænz] *pl.* '**glan·des** [-diːz] *s. anat.* Eichel *f*.

glare¹ [gleə] **I** *v/i.* **1.** grell leuchten *od.* sein, *Farben*: *a.* schreiend sein; → ***glaring***; **2.** wütend starren: ***~ at s.o.*** j-n wütend anstarren; **II** *s.* **3.** blendendes Licht, greller Schein, grelles Leuchten: ***be in the full ~ of publicity*** im Scheinwerferlicht der Öffentlichkeit stehen; **4.** *fig. das* Grelle *od.* Schreiende; **5.** wütender Blick.

glare² [gleə] *Am.* **I** *s.* spiegelglatte Fläche: ***a ~ of ice***; **II** *adj.* spiegelglatt: ***~ ice*** Glatteis *n*.

glar·ing ['gleərɪŋ] *adj.* □ **1.** grell (*Sonne etc.*), *Farben*: *a.* schreiend; **2.** *fig.* krass, ekla'tant (*Fehler etc.*), (himmel)schreiend (*Unrecht etc.*); **3.** wütend, funkelnd (*Blick*).

glass [glɑːs] **I** *s.* **1.** Glas *n*: ***broken ~*** Glasscherben *pl.*; **2.** → ***glassware***; **3.** a) (Trink)Glas *n*, b) Glas(gefäß) *n*; **4.** Glas *n* (voll): ***a ~ too much*** ein Gläschen zu viel; **5.** Glas(scheibe *f*) *n*; **6.** Spiegel *m*; **7.** *opt.* a) Lupe *f*, Vergrößerungsglas *n*, b) *pl. a.* ***pair of ~es*** Brille *f*, c) Linse *f*, Augenglas *n*, d) (Fern- *od.* Opern)Glas *n*, e) Mikro'skop *n*; **8.** Uhrglas *n*; **9.** a) Thermo'meter *n*, b) Baro'meter *n*; **10.** Sanduhr *f*; **II** *v/t.* **11.** verglasen: ***~ in*** einglasen; **~ bead** Glasperle *f*; **~ block** *s.* ⚠ Glasziegel *m*; **~ blow·er** *s.* Glasbläser *m*; **~ blow·ing** *s.* Glasbläse'rei *f*; **~ brick** → ***glass block***; **~ case** *s.* Glasschrank *m*, Vi'trine *f*; **~ cloth** *s.* **1.** ⚙ Glas(faser)gewebe *n*; **2.** Gläsertuch *n*; **~ cul·ture** *s.* 'Treibhauskul,tur *f*; **~ cut·ter** *s.* **1.** Glasschleifer *m*; **2.** ⚙ Glasschneider *m* (*Werkzeug*); **~ eye** *s.* Glasauge *n*; **~ fi·bre** *s.* Glasfaser *f*, -fiber *f*.

glass·ful ['glɑːsfʊl] *pl.* **-fuls** *s. ein* Glas *n* voll.

'**glass|·house** *s.* **1.** → ***glasswork*** 2; **2.** Treibhaus *n*: ***people who live in ~s should not throw stones*** wer im Glashaus sitzt, soll nicht mit Steinen werfen; **3.** ✕ *Brit. sl.* ‚Bau' *m* (*Gefängnis*); **~ jaw** *s. Boxen*: F ‚Glaskinn' *n*; **~ pa·per** *s.* 'Glaspa,pier *n*; '**~·ware** *s.* Glas(waren *pl.*) *n*, Glasgeschirr *n*, -sachen *pl.*; **~ wool** *s.* ⚙ Glaswolle *f*; '**~·work** *s.* ⚙ **1.** Glas(waren)herstellung *f*; **2.** *pl. mst sg. konstr.* 'Glashütte *f*, -fa,brik *f*.

glass·y ['glɑːsɪ] *adj.* □ **1.** gläsern, glasartig, glasig; **2.** glasig (*Auge*).

Glas·we·gian [glæs'wiːdʒjən] **I** *adj.* aus Glasgow; **II** *s.* Glasgower(in).

Für die Bewohner mancher größeren Städte gibt es eigene Bezeichnungen:

Stadt:	*Bewohner:*
Aberdeen	**Aberdonian**
Birmingham ['bɜːmɪŋəm]	*umgangssprachlich* **Brummie**
Boston (USA)	**Bostonian** [bɒ'stəʊnjən]
Glasgow ['glɑːzgəʊ]	**Glaswegian** [glæs'wiːdʒən]
Liverpool	**Liverpudlian** [ˌlɪvə'pʌdlɪən]
Los Angeles [ˌlɒs'ændʒələs]	**Angeleno** [ˌændʒə'liːnəʊ]
Manchester	**Mancunian** [mæŋ'kjuːnjən]

Glau·ber('s) salt ['glɔːbə(z)] *s.* Glaubersalz *n*.

glau·co·ma [glɔː'kəʊmə] *s.* ⚕ Glau'kom *n*, grüner Star; **glau·cous** ['glɔːkəs] *adj.* graugrün.

glaze [gleɪz] **I** *v/t.* **1.** verglasen, mit Glasscheiben versehen: ***~ in*** einglasen; **2.** polieren, glätten; **3.** ⚙, *a. Küche*: glasieren, mit Gla'sur über'ziehen; **4.** *paint.* lasieren; **5.** ⚙ *Papier* satinieren; **6.** *Augen* glasig machen; **II** *v/i.* **7.** e-e Gla'sur *od.* Poli'tur annehmen, blank werden; **8.** glasig werden (*Augen*); **III** *s.* **9.** Poli'tur *f*, Glätte *f*, Glanz *m*; **10.** a) Gla'sur *f* (*a. auf Kuchen etc.*), b) Gla'surmasse *f*; **11.** La'sur *f*; **12.** ⚙ Satinierung *f*; **13.** Glasigkeit *f*; **14.** a) Eisschicht *f*, b) ✈ Vereisung *f*, c) *Am.* Glatteis *n*; **glazed** [-zd] *adj.* **1.** verglast, Glas...: ***~ veranda***; **2.** ⚙ glatt, blank, poliert, Glanz...: ***~ paper*** Glanzpapier *n*; ***~ tile*** Kachel *f*; **3.** glasiert; **4.** lasiert; **5.** satiniert; **6.** poliert; **7.** glasig (*Augen*); **8.** vereist: ***~ frost*** *Brit.* Glatteis *n*; '**glaz·er** [-zə] *s.* ⚙ **1.**

Glasierer *m*; **2.** Polierer *m*; **3.** Satinierer *m*; **4.** Polier-, Schmirgelscheibe *f*; **'gla·zier** [-zjə] *s.* Glaser *m*; **'glaz·ing** [-zɪŋ] *s.* **1.** a) Verglasen *n*, b) Glaserarbeit *f*; **2.** Fenster(scheiben) *pl.*; **3.** ⚙ *u. Küche*: a) Gla'sur *f*, b) Glasieren *n*; **4.** a) Poli'tur *f*, b) Polieren *n*; **5.** Satinieren *n*; **6.** *paint.* a) La'sur *f*, b) Lasieren *n*; **'glaz·y** [-zɪ] *adj.* **1.** glasig, glasiert; **2.** glanzlos, glasig (*Auge*).

gleam [gliːm] **I** *s.* schwacher Schein, Schimmer *m* (*a. fig.*): **~ of hope** Hoffnungsschimmer; **the ~ in his eye** das Funkeln s-r Augen; **II** *v/i.* glänzen, leuchten, schimmern, *Augen a.* funkeln.

glean [gliːn] **I** *v/t.* **1.** *Ähren* (auf-, nach-) lesen, *Feld* sauber lesen; **2.** *fig.* sammeln, zs.-tragen, *a.* her'ausfinden: **~ from** schließen *od.* entnehmen aus; **II** *v/i.* **3.** Ähren lesen; **'glean·er** [-nə] *s.* Ährenleser *m*; *fig.* Sammler *m*; **'glean·ings** [-nɪŋz] *s. pl.* **1.** ⚒ Nachlese *f*; **2.** *fig. das* Gesammelte.

glebe [gliːb] *s.* **1.** ⚖, *eccl.* Pfarrland *n*; **2.** *poet.* (Erd)Scholle *f*, Feld *n*.

glede [gliːd] *s. orn.* Gabelweihe *f*.

glee [gliː] *s.* **1.** Fröhlichkeit *f*, Ausgelassenheit *f*; **2.** (*a.* Schaden)Freude *f*, Froh'locken *n*; **3.** ♪ *hist.* Glee *m* (*geselliges Lied*): **~ club** *bsd. Am.* Gesangverein *m*; **'glee·ful** [-fʊl] *adj.* ☐ **1.** ausgelassen, fröhlich; **2.** schadenfroh, froh'lockend; **'glee·man** [-mən] *s.* [*irr.*] *hist.* fahrender Sänger.

glen [glen] *s.* enges Tal, Bergschlucht *f*, Klamm *f*.

glen·gar·ry [glen'gærɪ] *s. Mütze f der Hochlandschotten.*

glib [glɪb] *adj.* ☐ **1.** a) zungen-, schlagfertig, b) gewandt, ‚fix': **a ~ tongue** e-e glatte Zunge; **2.** oberflächlich; **'glib·ness** [-nɪs] *s.* **1.** Zungen-, Schlagfertigkeit *f*; Gewandtheit *f*; **2.** Glätte *f*, Oberflächlichkeit *f*.

glide [glaɪd] **I** *v/i.* **1.** gleiten (*a. fig.*): **~ along** dahingleiten, -fliegen (*a. Zeit*); **~ out** hinausgleiten, -schweben (*Person*); **2.** ✈ a) gleiten, e-n Gleitflug machen, b) segeln; **II** *s.* **3.** (Da'hin)Gleiten *n*; **4.** ✈ a) Gleitflug *m*, b) Segelflug *m*: **~ path** Gleitweg *m*; **5.** → **glissade** 2; **6.** *ling.* Gleitlaut *m*; **'glid·er** [-də] *s.* **1.** ⚓ Gleitboot *n*; **2.** ✈ a) Segelflugzeug *n*, b) *a.* **~ pilot** Segelflieger(in); **3.** *Skisport*: Gleiter(in); **'glid·ing** [-dɪŋ] *s.* **1.** Gleiten *n*; **2.** ✈ a) → **glide** 3, b) *das* Segelfliegen.

glim·mer ['glɪmə] **I** *v/i.* **1.** glimmen, schimmern; **II** *s.* **2.** a) Glimmen *n*, b) *a. fig.* Schimmer *m*, (schwacher) Schein: **a ~ of hope** ein Hoffnungsschimmer; **3.** *min.* Glimmer *m*.

glimpse [glɪmps] **I** *s.* **1.** flüchtiger (An-) Blick: **catch a ~ of** → 4; **2.** (**of**) flüchtiger Eindruck (von), kurzer Einblick (in *acc.*); **3.** *fig.* Schimmer *m*, schwache Ahnung; **II** *v/t.* **4.** *j-n*, *et.* (nur) flüchtig zu sehen bekommen, e-n flüchtigen Blick erhaschen von; **III** *v/i.* **5.** flüchtig blicken (**at** auf *acc.*).

glint [glɪnt] **I** *s.* Schimmer *m*, Schein *m*, Glitzern *n*; **II** *v/i.* schimmern, glitzern, blinken.

glis·sade [glɪ'sɑːd] **I** *s.* **1.** *mount.* Abfahrt *f*; **2.** *Tanz*: Glis'sade *f*, Gleitschritt *m*; **II** *v/i.* **3.** *mount.* abfahren; **4.** *Tanz*: Gleitschritte machen.

glis·ten ['glɪsn] **I** *v/i.* glitzern, glänzen; **II** *s.* Glitzern *n*, Glanz *m*.

glitch [glɪtʃ] *s.* ⚙ F **1.** (Funkti'ons)Störung *f*, ‚Macke' *f*, ‚Problem' *n*; **2.** *fig.* Rückschlag *m*.

glit·ter ['glɪtə] **I** *v/i.* **1.** glitzern, funkeln, *a. fig.* strahlen, glänzen; → **gold** 1; **II** *s.* **2.** Glitzern *n* (*etc.*), Glanz *m*; **3.** *fig.* Pracht *f*, Prunk *m*, Glanz *m*; **glit·ter·a·ti** [ˌglɪtə'rɑːtɪ] *s. pl.* Schickimickis *pl.*; **'glit·ter·ing** [-tərɪŋ] *adj.* ☐ **1.** glitzernd (*etc.*); **2.** glanzvoll, prächtig.

glitz [glɪts] *s.* F Pomp *m*, 'Glamour *m*; **'glitz·y** *adj.* **1.** pom'pös, glanzvoll; **2.** prunkvoll, schick (*Kleidung*).

gloat [gləʊt] *v/i.*: **~ over** sich weiden an (*dat.*): a) verzückt betrachten (*acc.*), b) sich hämisch *od.* diebisch freuen über (*acc.*); **'gloat·ing** [-tɪŋ] *adj.* ☐ schadenfroh, hämisch.

glob [glɒb] *s.* F ‚Klacks' *m*, ‚Klecks' *m*.

glob·al ['gləʊbl] *adj.* glo'bal: a) 'weltumˌfassend, Welt...: **~ economy** Weltwirtschaft *f*; **~ warming** Erwärmung *f* der 'Erdatmoˌsphäre, b) um'fassend, pau'schal, Gesamt...; **ˌglo·bal·i'za·tion** *s. bsd.* ✝ Globali'sierung *f*; **'glo·bal·ize** *bsd.* ✝ **I** *v/i.* **1.** weltweit tätig werden; **II** *v/t.* **2.** globali'sieren; **3.** die Globali'sierung *gen.* ermöglichen; **'glo·bate** [-beɪt] *adj.* kugelförmig.

globe [gləʊb] **I** *s.* **1.** Kugel *f*: **~ of the eye** Augapfel *m*; **2.** Pla'net *m*: **the ~** der Erdball, die Erdkugel, die Erde; **3.** *geogr.* Globus *m*; **4.** a) Lampenglocke *f*, b) Goldfischglas *n*; **5.** *hist.* Reichsapfel *m*; **II** *v/t. u. v/i.* **6.** kugelförmig machen (werden); **~ ar·ti·choke** *s.* ⚘ Arti'schocke *f*; **'~·fish** *s.* Kugelfisch *m*; **'~ˌtrot·ter** *s.* Weltenbummler(in), Globetrotter(in); **'~ˌtrot·ting** **I** *s.* Globetrotten *n*; **II** *adj.* Weltenbummler..., Globetrotter...

glo·bose ['gləʊbəʊs] → **globular** 1; **glo·bos·i·ty** [gləʊ'bɒsətɪ] *s.* Kugelform *f*, -gestalt *f*; **glob·u·lar** ['glɒbjʊlə] *adj.* ☐ **1.** kugelförmig: **~ lightning** Kugelblitz *m*; **2.** aus Kügelchen (bestehend); **glob·ule** ['glɒbjuːl] *s.* Kügelchen *n*.

glom·er·ate ['glɒmərət] *adj.* (zs.-)geballt, knäuelförmig; **glom·er·a·tion** [ˌglɒmə'reɪʃn] *s.* Zs.-ballung *f*, Knäuel *m*, *n*.

G

gloom [gluːm] **I** *s.* **1.** *a. fig.* Dunkel *n*, Düsterkeit *f*; **2.** *fig.* düstere Stimmung, Schwermut *f*, Trübsinn *m*: ***cast a ~ over*** e-n Schatten werfen über (*acc.*); **II** *v/i.* **3.** traurig *od.* verdrießlich *od.* düster blicken *od.* aussehen; **4.** sich verdüstern; **'gloom·i·ness** [-mɪnɪs] *s.* **1.** → ***gloom*** 1, 2; **2.** *fig.* Hoffnungslosigkeit *f*; **'gloom·y** [-mɪ] *adj.* □ **1.** *a. fig.* düster, trübe; **2.** schwermütig, trübsinnig, düster, traurig; **3.** hoffnungslos.

glo·ri·fi·ca·tion [ˌglɔːrɪfɪ'keɪʃn] *s.* **1.** Verherrlichung *f*; **2.** *eccl.* a) Verklärung *f*, b) Lobpreisung *f*; **3.** *Brit.* F lautes Fest; **glo·ri·fied** ['glɔːrɪfaɪd] *adj.* F ‚besser': ***a ~ barn***; ***a ~ office boy***; **glo·ri·fy** ['glɔːrɪfaɪ] *v/t.* **1.** verherrlichen; **2.** *eccl.* a) lobpreisen, b) verklären; **3.** erstrahlen lassen, e-e Zierde sein (*gen.*); **4.** F ‚aufmotzen', ‚hochjubeln'; → ***glorified***.

glo·ri·ole ['glɔːrɪəʊl] *s.* Glori'ole *f*, Heiligenschein *m*.

glo·ri·ous ['glɔːrɪəs] *adj.* □ **1.** ruhmvoll, -reich, glorreich; **2.** herrlich, prächtig, wunderbar (*alle a.* F *fig.*): ***a ~ mess*** *iro.* ein schönes Chaos.

glo·ry ['glɔːrɪ] **I** *s.* **1.** Ruhm *m*, Ehre *f*: ***covered in ~*** ruhmbedeckt; ***~ be!*** F a) juchhu!, b) Donnerwetter!; → ***Old Glory***; **2.** Stolz *m*, Zierde *f*, Glanz(-punkt) *m*; **3.** *eccl.* Verehrung *f*, Lobpreisung *f*; **4.** Herrlichkeit *f*, Glanz *m*, Pracht *f*, Glorie *f*; höchste Blüte; **5.** *eccl.* a) himmlische Herrlichkeit, b) Himmel *m*: ***gone to ~*** F in die ewigen Jagdgründe eingegangen (*tot*); ***send to ~*** F *j-n* ins Jenseits befördern; **6.** → ***gloriole***; **II** *v/i.* **7.** sich freuen, triumphieren, froh'locken (***in*** über *acc.*); **8.** (***in***) sich sonnen (in *dat.*), sich rühmen (*gen.*); **~ hole** *s.* F a) Rumpelkammer *f od.* -kiste *f*; b) Kramschublade *f*.

gloss¹ [glɒs] **I** *s.* **1.** Glanz *m*: ***~ paint*** Glanzlack *m*; **2.** *fig.* äußerer Glanz; **II** *v/t.* **3.** glänzend machen; **4.** *mst* ***~ over*** *fig.* a) beschönigen, b) vertuschen.

gloss² [glɒs] **I** *s.* **1.** (Rand)Glosse *f*, Erläuterung *f*, Anmerkung *f*; **2.** Kommen'tar *m*, Auslegung *f*; **II** *v/t.* **3.** glossieren; **4.** *oft* ***~ over*** (absichtlich) irreführend deuten; **'glos·sa·ry** [-sərɪ] *s.* Glos'sar *n*.

gloss·eme [glɒ'siːm] *s. ling.* Glos'sem *n*.

gloss·i·ness ['glɒsɪnɪs] *s.* Glanz *m*; **gloss·y** ['glɒsɪ] **I** *adj.* □ **1.** glänzend: ***~ paper*** (Hoch)Glanzpapier *n*; **2.** auf ('Hoch)Glanzpaˌpier gedruckt, Hochglanz...: ***~ magazine***; **3.** *fig.* a) raffiniert, b) prächtig (aufgemacht); **II** *s.* **4.** 'Hochglanzmagaˌzin *n*.

glot·tal ['glɒtl] *adj.* **1.** *anat.* Stimmritzen...: ***~ chink*** → ***glottis***; **2.** *ling.* glot'tal: ***~ stop*** Knacklaut *m*; **glot·tis** ['glɒtɪs] *s. anat.* Stimmritze *f*.

glove [glʌv] **I** *s.* **1.** Handschuh *m*: ***fit*** (***s.o.***) ***like a ~*** a) (j-m) wie angegossen sitzen, b) *fig.* (auf j-n) haargenau passen; ***take the ~s off*** Ernst machen, ‚massiv werden'; ***with the ~s off***, ***without ~s*** unsanft, rücksichts-, schonungslos; **2.** *sport* (Box-, Fecht-, Reit- *etc.*) Handschuh *m*; **3.** ***fling*** (*od.* ***throw***) ***down the ~*** (***to s.o.***) *fig.* (j-m) den Fehdehandschuh hinwerfen, (j-n) herausfordern; ***pick*** (*od.* ***take***) ***up the ~*** die Herausforderung annehmen; **II** *v/t.* **4.** mit Handschuhen bekleiden: ***~d*** behandschuht; **~ box**, **~ com·part·ment** *s. mot.* Handschuhfach *n*; **~ pup·pet** *s.* Handpuppe *f*.

glow [gləʊ] **I** *v/i.* **1.** glühen; **2.** *fig.* glühen: a) leuchten, strahlen, b) brennen (*Gesicht*); **3.** *fig.* (er)glühen, brennen (***with*** vor *dat.*): ***~ with anger*** vor Zorn glühen; **II** *s.* **4.** Glühen *n*, Glut *f*: ***in a ~*** glühend; **5.** *fig.* Glut *f*: a) Glühen *n*, Leuchten *n*, b) Hitze *f*, Röte *f* (*im Gesicht etc.*): ***in a ~***, ***all of a ~*** glühend, ganz gerötet, c) Feuer *n*, Leidenschaft *f*.

glow·er ['glaʊə] *v/i.* finster (drein)blicken: ***~ at*** finster anblicken.

glow·ing ['gləʊɪŋ] *adj.* □ **1.** glühend; **2.** *fig.* glühend: a) leuchtend, strahlend, b) brennend, c) 'überschwänglich, begeistert: ***a ~ account***; ***in ~ colo***(***u***)***rs*** in glühenden *od.* leuchtenden Farben schildern *etc.*

glow| plug *s. mot.* Glühkerze *f*; **'~·worm** *s.* Glühwürmchen *n*.

gloze [gləʊz] → ***gloss¹*** 4.

glu·cose ['gluːkəʊs] *s.* ⚗ Glu'kose *f*, Glu'cose *f*, Traubenzucker *m*.

glue [gluː] **I** *s.* **1.** Leim *m*; **2.** Klebstoff *m*; ***~ sniffing*** Klebstoffschnüffeln *n*; ***~ stick*** Klebestift *m*; **II** *v/t.* **3.** leimen, kleben (***on*** auf *acc.*, ***to*** an *acc.*): ***~*** (***together***) zs.-kleben; **4.** *fig.* (***to***) heften (auf *acc.*), drücken (an *acc.*, gegen): ***she remained ~d to her mother*** sie ‚klebte' an ihrer Mutter; ***~d to his TV set*** *er saß* wie angewachsen vor dem Bildschirm; **glue·y** ['gluːɪ] *adj.* klebrig.

glum [glʌm] *adj.* □ **1.** verdrossen; **2.** bedrückt, niedergeschlagen.

glume [gluːm] *s.* ♀ Spelze *f*.

glut [glʌt] **I** *v/t.* **1.** *den Hunger* stillen; **2.** über'sättigen (*a. fig.*): ***~ o.s. on*** (*od.* ***with***) sich überessen mit *od.* an (*dat.*); **3.** ✝ *Markt* über'schwemmen; **4.** verstopfen; **II** *s.* **5.** Über'sättigung *f*; **6.** ✝ 'Überangebot *n*, Schwemme *f*: ***~ of eggs***; ***a ~ in the market*** e-e Marktschwemme.

glu·tam·ic ac·id [gluː'tæmɪk] *s.* ⚗ Gluta'minsäure *f*.

glu·ten ['gluːtən] *s.* ⚗ Kleber *m*, Glu'ten *n*; **'glu·ti·nous** [-tɪnəs] *adj.* □ klebrig.

glut·ton ['glʌtn] *s.* **1.** Vielfraß *m* (*a. zo.*); **2.** *fig. ein* Unersättlicher: ***a ~ for books*** ein Bücherwurm, e-e Leseratte; ***a ~ for punishment*** ein Maso'chist; ***a ~ for work*** ein Arbeitstier; '**glut·tonous** [-nəs] *adj.* □ gefräßig, unersättlich (*a. fig.*); '**glut·ton·y** [-nɪ] *s.* Gefräßigkeit *f*, Unersättlichkeit *f* (*a. fig.*).

glyc·er·in(e) ['glɪsəriːn], '**glyc·er·ol** [-rɒl] *s.* ⚗ Glyze'rin *n.*

glyph [glɪf] *s.* △ Glypte *f*, Glyphe *f*: a) (verti'kale) Furche *od.* Rille, b) Skulp'tur *f.*

glyp·tic ['glɪptɪk] **I** *adj.* Steinschneide...; **II** *s. pl. sg. konstr.* Glyptik *f*, Steinschneidekunst *f*; **glyp·tog·ra·phy** [glɪp'tɒgrəfɪ] *s.* Glyptogra'phie *f*: a) Steinschneidekunst *f*, b) Gemmenkunde *f.*

G-man ['dʒiːmæn] *s.* [*irr.*] F G-Mann *m*, FB'I-A,gent *m.*

gnarled [nɑːld] *adj.* **1.** knorrig (*Baum, a. Hand, Person etc.*); **2.** *fig.* mürrisch, ruppig.

gnash [næʃ] *v/t.* **1.** *et.* knirschend beißen; **2.** ***~ one's teeth*** mit den Zähnen knirschen (*vor Wut etc.*): ***wailing and ~ing of teeth*** Heulen u. Zähneklappern *n*; '**gnash·ers** [-ʃəz] *s. pl.* F ,dritte Zähne' *pl.*

gnat [næt] *s. zo.* **1.** (Stech)Mücke *f*: ***strain at a ~*** *fig.* Haarspalterei betreiben; **2.** *Am.* Kriebelmücke *f.*

gnaw [nɔː] **I** *v/t.* **1.** nagen an (*dat.*) (*a. fig.*), ab-, zernagen; **2.** zerfressen (*Säure etc.*); **3.** *fig.* quälen, zermürben; **II** *v/i.* **4.** nagen: ***~ at*** → 1; **5.** ***~ into*** sich einfressen in (*acc.*); **6.** *fig.* nagen, zermürben; **gnaw·er** ['nɔːə] *s. zo.* Nagetier *n*; **gnaw·ing** ['nɔːɪŋ] **I** *adj.* nagend (*a. fig.*); **II** *s.* Nagen *n* (*a. fig.*); *fig.* Qual *f.*

gneiss [naɪs] *s. geol.* Gneis *m.*

gnome[1] [nəʊm] *s.* **1.** Gnom *m*, *Zwerg m* (*beide a. contp. Person*), Kobold *m*; **2.** Gartenzwerg *m.*

gnome[2] ['nəʊmiː] *s.* Gnome *f*, Sinnspruch *m.*

gnom·ish ['nəʊmɪʃ] *adj.* gnomenhaft, zwergenhaft.

gno·sis ['nəʊsɪs] *s. phls.* Gnosis *f*; **Gnos·tic** ['nɒstɪk] **I** *adj.* gnostisch; **II** *s.* Gnostiker *m*; **Gnos·ti·cism** ['nɒstɪsɪzəm] *s.* Gnosti'zismus *m.*

gnu [nuː] *s. zo.* Gnu *n.*

go [gəʊ] **I** *pl.* **goes** [gəʊz] *s.* **1.** Gehen *n*: ***on the ~*** F ständig in Bewegung, immer ,auf Achse'; ***from the word ~*** F von Anfang an; ***it's a ~!*** abgemacht!; **2.** F Schwung *m*, ,Schmiss' *m*: ***he is full of ~*** er hat Schwung, er ist voller Leben *od.* sehr unternehmungslustig; **3.** F Mode *f*: ***be all the ~*** große Mode sein; **4.** F Erfolg *m*: ***make a ~ of it*** es zu e-m Erfolg machen, bei *od.* mit et. Erfolg haben; ***it's no ~!*** es geht nicht!, nichts zu machen!; **5.** F Versuch *m*: ***have a ~ at it!*** probiers doch mal!; ***at one ~*** auf 'einen Schlag, auf Anhieb; ***at the first ~*** gleich beim ersten Versuch; ***it's your ~!*** du bist an der Reihe *od.* dran!; **6.** F ,Geschichte' *f*: ***what a ~!*** 'ne schöne Geschichte *od.* Bescherung!; ***it was a near ~!*** es ging gerade noch (mal) gut!; **7.** F a) Porti'on *f* (*e-r Speise*), b) Glas *n*: ***his third ~ of brandy*** sein dritter Kognak; **8.** Anfall *m* (*e-r Krankheit*): ***my second ~ of influenza*** m-e zweite Grippe; **II** *adj.* **9.** ⚙ F: ***you are ~ (for take-off)!*** alles klar (zum Start)!; **III** *v/i.* [*irr.*] **10.** gehen, fahren, reisen, sich begeben (***to*** nach): ***~ on foot*** zu Fuß gehen; ***~ by train*** mit dem Zug fahren; ***~ by plane*** (*od.* ***air***) mit dem Flugzeug reisen, fliegen; ***~ to Paris*** nach Paris reisen *od.* gehen; ***there he goes!*** da ist er (ja)!; ***who goes there?*** ⚔ wer da?; **11.** verkehren, fahren (*Bus, Zug etc.*); **12.** (fort)gehen, abfahren, abreisen (***to*** nach): ***don't ~ yet*** geh noch nicht (fort)!; ***let me ~!*** a) lass mich gehen!, b) lass mich los!; **13.** anfangen, loslegen: ***~!*** *sport* los!; ***~ to it!*** mach dich dran!, los!; ***here you ~ again!*** F jetzt fängst du schon wieder an!; ***here we ~ again*** F jetzt geht das schon wieder los!; ***just ~ and try it!*** versuchs doch mal!; ***here goes!*** also los!, jetzt gehts los!; **14.** gehen, führen: ***this road goes to York***; **15.** sich erstrecken, reichen, gehen (***to*** bis): ***the belt doesn't ~ round her waist*** der Gürtel geht *od.* reicht nicht um ihre Taille; ***it goes a long way*** es reicht lange (aus); ***as far as it goes*** bis zu e-m gewissen Grade, soweit man das sagen kann; **16.** *fig.* gehen: ***~ as far as to say*** so weit gehen zu sagen; ***let it ~ at that!*** lass es dabei bewenden!; ***~ all out*** F sich ins Zeug legen (***for*** für); *s. die Verbindungen mit anderen Stichwörtern*; **17.** ⅍ (***into***) gehen (in *acc.*), enthalten sein (in *dat.*): ***5 into 10 goes twice***; **18.** gehen, passen (***in, into*** in *acc.*): ***it does not ~ into my pocket***; **19.** gehören (***in, into*** in *acc.*, ***on*** auf *acc.*): ***the books ~ on this shelf*** die Bücher gehören *od.* kommen auf dieses Regal; **20.** ***~ to*** gehen an (*acc.*) (*Siegerpreis etc.*), zufallen (*dat.*) (*Erbe*); **21.** ⚙ *u. fig.* gehen, laufen, funktionieren: ***get ~ing*** ⚙ in Gang kommen, *fig. a.* in Schwung *od.* Fahrt kommen (*Person, Party etc.*), *Person*: *a.* loslegen; ***get s.th.*** (*od.* ***s.o.***) ***~ing*** et. (*Maschine, Projekt etc.*) in Gang bringen, et. (*Party etc.*) (*od.* j-n) in Schwung *od.* Fahrt bringen; ***keep ~ing*** ⚙ weiterlaufen, *fig.* weitermachen (*Person*); ***that hope kept her ~ing*** diese Hoffnung hielt sie aufrecht; ***this sum will keep you ~ing*** diese Summe

G

wird dir (fürs Erste) weiterhelfen; **22.** *kalt*, *schlecht*, *verrückt etc.* werden: **~ blind** erblinden; **~ Conservative** zu den Konservativen übergehen; **~ decimal** das Dezimalsystem einführen; **23.** (gewöhnlich) *in e-m Zustand* sein, sich befinden: **~ armed** bewaffnet sein; **~ in rags** (ständig) in Lumpen herumlaufen; **~ hungry** hungern; **24. ~ by** (*od.* [**up**]**on**) sich halten an (*acc.*), gehen *od.* sich richten *od.* urteilen nach: **have nothing to ~ (up)on** keine Anhaltspunkte haben; **~ing by her clothes** ihrer Kleidung nach (zu urteilen); **25.** 'umgehen, im 'Umlauf sein, kursieren (*Gerüchte etc.*): **the story goes** es heißt, man erzählt sich; **26.** gelten (**for** für): **what he says goes** F was er sagt, gilt; **that goes for you too!** das gilt auch für dich!; **it goes without saying** das versteht sich von selbst; **27. ~ by the name of** a) unter dem Namen ... laufen, b) auf den Namen ... hören (*Hund*); **28.** im Allgemeinen sein: **as men ~** wie Männer eben *od.* (nun ein-) mal sind; **29.** vergehen, verstreichen: **how time goes!**; **one minute to ~** noch e-e Minute; **30.** ✝ (weg)gehen, verkauft werden: **the coats went for £ 60**; **31.** (**on**, **in**) ausgegeben werden (für), aufgehen (in *dat.*) (*Geld*): **all his money went in drink**; **32.** dazu beitragen, dienen (**to** zu): **it goes to show** dies zeigt, daran erkennt man; **this only goes to show you the truth** dies dient nur dazu, Ihnen die Wahrheit zu zeigen; **33.** (aus)gehen, verlaufen, sich entwickeln *od.* gestalten: **it went well** es ging gut (aus), es lief (alles) gut; **things have gone badly with me** es ist mir schlecht ergangen; **the decision went against him** die Entscheidung fiel zu s-n Ungunsten aus; **~ big** F ein Riesenerfolg sein; **34. ~ with** gehen *od.* sich vertragen mit, passen zu: **black goes well with yellow**; **35.** ertönen, läuten (*Glocke*), schlagen (*Uhr*): **the door bell went** es klingelte; **bang went the gun** die Kanone machte bumm; **36.** lauten (*Worte etc.*), gehen: **this is how the tune goes** so geht die Melodie; **37.** gehen, verschwinden, abgeschafft werden: **my hat is gone!** mein Hut ist weg!; **he must ~** er muss weg; **these laws must ~** diese Gesetze müssen weg; **warmongering must ~!** Schluss mit der Kriegshetze!; **38.** (da-'hin)schwinden: **his strength is ~ing**; **my eyesight is ~ing** m-e Augen werden immer schlechter; **trade is ~ing** der Handel kommt zum Erliegen; **the shoes are ~ing** die Schuhe gehen (langsam) kaputt; **39.** sterben: **he is (dead and) gone** er ist tot; **40.** (*pres. p. mit inf.*) *zum Ausdruck e-r Zukunft, e-r Absicht od. et. Unabänderlichem*: **it is ~ing to rain** es wird (gleich *od.* bald) regnen; **he is ~ing to read it** er wird *od.* will es (bald) lesen; **she is ~ing to have a baby** sie bekommt ein Kind; **I was (just) ~ing to do it** ich wollte es eben tun, ich war gerade dabei *od.* im Begriff, es zu tun; **41.** (*mit nachfolgendem Gerundium*) *mst* gehen: **~ swimming** schwimmen gehen; **he goes frightening people** er erschreckt immer die Leute; **42.** (da'ran)gehen, sich anschicken: **he went to find him** er ging ihn suchen; **he went and sold it** F er hat es doch tatsächlich verkauft; **43.** erlaubt sein: **everything goes here** hier ist alles erlaubt; **anything goes!** F alles ist ‚drin' (*möglich*); **44. pizzas to ~!** *Am.* Pizzas zum Mitnehmen!; **IV** *v/t.* [*irr.*] **45.** *e-n Betrag* wetten, setzen (**on** auf *acc.*); **46. ~ it** F a) (mächtig) rangehen, sich dahinterklemmen, b) es toll treiben, ‚auf den Putz hauen': **~ it alone** es ganz allein(e) machen; **~ it!** ran!, feste!, drauf!;

In amerikanischen Imbissstuben fragt die Bedienung, wenn man an der Theke bestellt hat, „**To go?**" („Zum Mitnehmen?"). Will man sich im Lokal hinsetzen, antwortet man: „**No, to eat here**" bzw. bei einem Getränk „**No, to have here**". Man kann dieser Frage natürlich zuvorkommen, indem man etwa so bestellt: „**Two coffees and a cheese pizza to go.**"

Zssgn mit prp.:

go| a·bout *v/i.* in Angriff nehmen, sich machen an (*acc.*), anpacken (*acc.*); **~ af·ter** *v/i.* **1.** nachlaufen (*dat.*); **2.** → **go for** 4; **~ a·gainst** *v/i.* wider'streben (*dat.*), *j-s Prinzipien* zu'widerlaufen; **~ at** *v/i.* **1.** losgehen auf (*acc.*); **2.** → **go about**; **~ be·hind** *v/i.* unter'suchen, auf den Grund gehen (*dat.*); **~ be·tween** *v/i.* vermitteln zwischen (*dat.*); **~ be·yond** *v/i. fig.* über'schreiten, *Erwartungen etc.* über'treffen; **~ by** *v/i.* **1.** sich richten nach, sich halten an (*acc.*), urteilen nach; **2.** auf *e-n Namen* hören; **~ for** *v/i.* **1.** holen (gehen); **2.** *e-n Spaziergang etc.* machen; **3.** gelten als *od.* für; **4.** streben nach, sich bemühen um; **5.** F losgehen auf (*acc.*), sich stürzen auf (*acc.*), *fig.* herziehen über (*acc.*); **6.** *sl.* ‚stehen' auf (*dat.*); **~ in·to** *v/i.* **1.** hin'eingehen in (*acc.*); **2.** eintreten in (*ein Geschäft etc.*): **~ *business*** Kaufmann werden; **3.** (genau) unter'suchen *od.* prüfen; eingehen auf (*acc.*); **4.** geraten in (*acc.*): **~ *a faint*** in Ohnmacht fallen; **~ off** *v/i.* **1.** abgehen von; **2.** *j-n, et.* nicht mehr mögen *od.* wollen; **~ on** *v/i.* **1.** sich stützen auf (*acc.*); **2.** sich richten nach, sich halten an (*acc.*), urteilen nach: ***I have nothing to ~*** ich habe keine Anhaltspunkte; **~ o·ver** → ***go through*** 1, 2, 3; **~ through** *v/i.* **1.** 'durchgehen, -nehmen, -sprechen; **2.** (gründlich) über'prüfen *od.* unter'suchen; **3.** 'durchsehen, -gehen, -lesen; **4.** durch'suchen; **5.** a) 'durchmachen, erleiden, b) erleben; **6.** *Vermögen* 'durchbringen; **~ with** *v/i.* **1.** begleiten; **2.** gehören zu; **3.** über'einstimmen mit; **4.** passen zu; **5.** mit *j-m* ‚gehen'; **~ without** *v/i.* **1.** auskommen ohne, sich behelfen ohne; **2.** verzichten auf (*acc.*);

Zssgn mit adv.:

go| a·bout *v/i.* **1.** um'hergehen, -fahren, -reisen; **2.** a) kursieren, im 'Umlauf sein (*Gerüchte etc.*), b) 'umgehen (*Grippe etc.*); **3.** ⚓ wenden; **~ a·head** *v/i.* **1.** vorwärts gehen, vor'angehen: ***~!*** *fig.* los!, nur zu!; **~ *with*** a) weitermachen mit, b) Ernst machen mit, durchführen; **2.** (*erfolgreich*) vor'ankommen; **3.** *bsd. sport* sich an die Spitze setzen; **~ a·long** *v/i.* **1.** weitergehen; **2.** *fig.* weitermachen; **3.** mitgehen, -kommen (***with*** mit); **4.** **~ *with*** einverstanden sein mit, mitmachen bei; **~ a·round** *v/i.* **1.** → ***go about*** 1, 2; **2.** → ***go round***; **~ back** *v/i.* **1.** zu'rückgehen: **~ *to*** *fig.* zurückgehen auf (*acc.*), zurückreichen bis; **2.** **~ *on*** *fig.* a) *j-n* im Stich lassen, b) *sein Wort etc.* nicht halten, c) *Entscheidung* rückgängig machen; **~ by** *v/i.* **1.** vor'beigehen (*a. Chance etc.*), -fahren; **2.** vergehen (*Zeit*): ***in days gone by*** in längst vergangenen Tagen; **~ down** *v/i.* **1.** hin'untergehen: **~ *in history*** *fig.* in die Geschichte eingehen; **2.** 'untergehen (*Schiff, Sonne etc.*); **3.** zu Boden gehen (*Boxer etc.*); **4.** *thea.* fallen (*Vorhang*); **5.** zu'rückgehen, sinken, fallen (*Fieber, Preise etc.*); **6.** a) sich im Niedergang befinden, b) zugrunde gehen; **7.** *sport* absteigen; **8.** ‚(runter)rutschen' (*Essen*); **9.** *fig.* (***with***) a) Anklang finden, ‚ankommen' (bei): ***it went down well with him***, b) ‚geschluckt' werden: ***that won't ~ with me*** das nehme ich dir nicht ab; **10.** *Brit.* London verlassen; **11.** *univ. Brit.* a) die Universi'tät verlassen, b) in die Ferien gehen; **~ in** *v/i.* **1.** hin'eingehen: **~ *and win!*** auf in den Kampf!; **2.** **~ *for*** a) sich befassen mit, betreiben, *Sport etc.* treiben, b) mitmachen bei, c) *ein Examen* machen, d) hinarbeiten auf (*acc.*), e) sich einsetzen für, f) sich begeistern für; **~ off** *v/i.* **1.** fort-, weggehen, -laufen; (*Zug etc.*) abfahren; *thea.* abgehen; **2.** losgehen (*Gewehr, Sprengladung etc.*); **3.** (***into***) los-, her'ausplatzen (mit), ausbrechen (in *Gelächter etc.*); **4.** nachlassen, sich verschlechtern; **5.** (*gut etc.*) von'statten gehen; **6.** a) einschlafen, b) ohnmächtig werden; **7.** verderben, schlecht werden (*Essen etc.*), sauer werden (*Milch*); **8.** ausgehen (*Licht etc.*); **~ on** *v/i.* **1.** weitergehen *od.* -fahren; **2.** weitermachen, fortfahren (***with*** mit; ***doing*** zu tun): ***~!*** a) (mach) weiter!, b) *iro.* hör auf!, ach komm!; **~ *reading*** weiterlesen; **3.** fortdauern, weitergehen; **4.** vor sich gehen, vorgehen, passieren; **5.** sich ‚aufführen': ***don't ~ like that!*** hör schon auf damit!; **6.** F a) unaufhörlich reden (***about*** über *acc.*, von), b) ständig herumnörgeln (***at*** an *dat.*); **7.** angehen (*Licht etc.*); **8.** **~ *for*** gehen auf (*acc.*), bald sein: ***it's going on for five o'clock***; **~ out** *v/i.* **1.** ausgehen: a) spazieren gehen, b) zu Veranstaltungen *od.* Gesellschaften gehen, c) erlöschen (*Feuer, Licht*): **~ *fishing*** fischen (*od.* zum Fischen) gehen; **2.** in den Streik treten; **3.** aus der Mode kommen; **4.** *pol.* abgelöst werden; **5.** *sport* ausscheiden; **6.** zu'rückgehen (*Flut*); **7.** **~ *to*** *j-m* entgegenschlagen (*Herz*), sich *j-m* zuwenden (*Sympathie*); **~ o·ver** *v/i.* **1.** hin'übergehen (***to*** zu); **2.** 'übertreten, -gehen (***to*** zu *e-r anderen Partei etc.*); **3.** vertagt werden; **4.** **~ *big*** F ein Bombenerfolg sein; **~ round** *v/i.* **1.** her'umgehen (*a. fig. j-m im Kopf*); **2.** (für alle) (aus)reichen: ***there is enough*** (***of it***) ***to ~***; **~ through** *v/i.* **1.** 'durchgehen, angenommen werden (*Antrag*); **2.** **~ *with*** 'durchführen; **~ to·geth·er** *v/i.* **1.** zs.-passen (*Farben etc.*); **2.** F mitein'ander ‚gehen' (*Liebespaar*); **~ un·der** *v/i.* **1.** 'untergehen (*a. fig.*); **2.** *fig.* ‚eingehen' (*Firma etc.*), ‚ka'puttgehen'; **~ up** *v/i.* **1.** hin'aufgehen (*a. fig.*); **2.** *fig.* steigen (*Fieber, Preise etc.*); **3.** *thea.* hochgehen (*Vorhang*); **4.** gebaut werden; **5.** *Brit.* nach London fahren; **6.** *Brit.* (zum Se'mesteranfang) zur Universi'tät gehen; **7.** *sport* aufsteigen.

goad [gəʊd] **I** *s.* **1.** Stachelstock *m des Viehtreibers*; **2.** *fig.* Stachel *m*; Ansporn *m*; **II** *v/t.* **3.** antreiben; **4.** *mst* **~ *on*** *fig.* *j-n* an-, aufstacheln, (an)treiben (***into doing s.th.*** dazu, et. zu tun).

'go-a·head **I** *adj.* **1.** voller Unter'nehmungsgeist *od.* Initia'tive, zielstrebig; **II** *s.* **2.** (Mensch *m* mit) Unter'nehmungsgeist *od.* Initia'tive; **3.** ***get the ~*** (***on***) ‚grünes Licht' bekommen (für); ***give s.o. the ~*** j-m ‚grünes Licht' geben.

goal [gəʊl] *s.* **1.** Ziel *n* (*a. fig.*); **2.** *sport*

G

a) Ziel *n*, b) (*Fußball- etc.*)Tor *n*, c) Tor(erfolg *m*, -schuss *m*) *n*: ***score a ~*** ein Tor schießen; **~ a·re·a** *s. sport* Torraum *m*; **'~ˌget·ter** *s.* Torjäger *m*.

goal·ie ['gəʊlɪ] F → ***goalkeeper***.

'goal|ˌkeep·er *s. sport* Tormann *m*, -wart *m*, -hüter(in); **~ kick** *s.* (Tor-)Abstoß *m*; **~ line** *s.* a) Torlinie *f*, b) Torauslinie *f*, c) *Rugby*: Mallinie *f*; **'~·mouth** *s.* Torraum *m*; **'~·post** *s.* Torpfosten *m*: ***move*** (*od.* ***shift***) ***the ~s*** F *fig.* (plötzlich *od.* unerwartet) die Spielregeln ändern, sich nicht an die vereinbarten Bedingungen halten.

G

Der Sport hat im Englischen viele Redewendungen hervorgebracht. Dazu gehört auch folgende aus dem Bereich des Fußballs:

to shift/move the goalposts
die Spielregeln verändern
How can we succeed if you keep shifting the goalposts?

ˌgo-as-you-'please *adj.* ungebunden.

goat [gəʊt] *s.* **1.** a) Ziege *f*, b) *a.* ***he-~*** Ziegenbock *m*: ***play the*** (***giddy***) ***~*** *fig.* herumkaspern; ***get s.o.'s ~*** *sl.* j-n ‚auf die Palme bringen'; **2.** *fig.* (geiler) Bock; **3.** F Sündenbock *m*; **4.** ♀ *ast.* → ***Capricorn***; **goat·ee** [gəʊ'tiː] *s.* Spitzbart *m*; **'goat·herd** *s.* Ziegenhirt *m*; **'goat·ish** [-tɪʃ] *adj.* □ **1.** bockig; **2.** *fig.* geil.

goat|'s beard *s.* ⚘ Bocks- *od.* Geiß- *od.* Ziegenbart *m*; **'~·skin** *s.* Ziegenleder(flasche *f*) *n*; **'~ˌsuck·er** *s. orn.* Ziegenmelker *m*.

gob[1] [gɒb] *s.* F **1.** (*a.* Schleim)Klumpen *m*; **2.** *oft pl.* ‚Haufen' *m*, Menge *f*.

gob[2] [gɒb] *s.* ⚓ *Am. sl.* ‚Blaujacke' *f*, Ma'trose *m* (*US-Kriegsmarine*).

gob·bet ['gɒbɪt] *s.* Brocken *m*.

gob·ble[1] ['gɒbl] **I** *v/t. mst* ***~ up*** verschlingen (*a. fig.*); **II** *v/i.* gierig essen.

gob·ble[2] ['gɒbl] **I** *v/i.* kollern (*Truthahn*); **II** *s.* Kollern *n*.

gob·ble·dy·gook ['gɒbldɪguːk] *s.* F **1.** ‚Be'amtenchiˌnesisch' *n*; **2.** (Be'rufs-)Jarˌgon *m*; **3.** ‚Geschwafel' *n*.

gob·bler[1] ['gɒblə] *s.* Fresser(in).

gob·bler[2] ['gɒblə] *s.* Truthahn *m*, Puter *m*.

Gob·e·lin ['gəʊbəlɪn] **I** *adj.* Gobelin...; **II** *s.* Gobe'lin *m*.

'go-beˌtween *s.* **1.** Mittelsmann *m*, Vermittler(in); **2.** Makler(in); **3.** Kuppler(in).

gob·let ['gɒblɪt] *s.* **1.** *obs.* Po'kal *m*; **2.** Kelchglas *n*.

gob·lin ['gɒblɪn] *s.* Kobold *m*.

gob·smacked ['gɒbsmækt] *adj. Brit.* F to'tal verblüfft, ‚platt': ***I was ~*** mir ‚blieb die Spucke weg'.

go·by ['gəʊbɪ] *s. ichth.* Meergrundel *f*.

go-by ['gəʊbaɪ] *s.*: ***give s.o. the ~*** F j-n ‚schneiden' *od.* ignorieren; ***give s.th. the ~*** F die Finger von et. lassen.

'go-cart *s.* **1.** Laufstuhl *m* (*Gehhilfe für Kinder*); **2.** Sportwagen *m* (*für Kinder*); **3.** Handwagen *m*; **4.** → ***go-kart***.

god [gɒd] *s.* **1.** Gott(heit *f*) *m*; Götze *m*, Abgott *m*: ***~ of love*** Liebesgott, Amor *m*; ***ye ~s!*** F heiliger Strohsack!; ***a sight for the ~s*** ein Bild für (die) Götter; **2.** ♀ Gott *m*: ***♀'s acre*** Gottesacker *m*; ***house of ♀*** Gotteshaus *n*; ***play ~*** den lieben Gott spielen; ***♀ forbid!*** Gott behüte!; ***♀ help him*** Gott sei ihm gnädig; ***so help me ♀*** so wahr mir Gott helfe; ***♀ knows*** a) weiß Gott, b) wer weiß(, *ob etc.*); ***♀ willing*** so Gott will; ***thank ♀*** Gott sei Dank; ***for ♀'s sake*** a) um Gottes willen, b) verdammt noch mal!; ***the good ♀*** der liebe Gott; ***good ♀!***, ***my ♀!***, (***oh***) ***♀!*** du lieber Gott!, lieber Himmel!; → ***act*** 1 *etc.*; **3.** *fig.* (Ab)Gott *m*; **4.** *pl. thea.* (Publikum *n* auf der) Gale'rie *f*, ‚O'lymp' *m*; **ˌ~-'aw·ful** *adj.* F scheußlich, ‚beschissen'; **'~·child** *s.* [*irr.*] Patenkind *n*; **ˌ~'dam·mit** *int. bsd. Am.* F verdammt noch mal; **'~-damn(ed)** *adj.*, *adv. u. int.* (gott)verdammt; **ˌ~'damn·it** *int.* → ***goddammit.***

god·dess ['gɒdɪs] *s.* Göttin *f* (*a. fig.*).

'god|ˌfa·ther **I** *s.* Pate *m* (*a. fig.*), Patenonkel *m*, Taufzeuge *m*: ***stand ~ to*** → **II** *v/t. a. fig.* Pate stehen bei, aus der Taufe heben; **'~ˌfear·ing** *adj.* gottesfürchtig; **'~·forˌsak·en** *adj. contp.* gottverlassen.

god·head ['gɒdhed] *s.* Gottheit *f*; **'god-less** [-lɪs] *adj.* ohne Gott; *fig.* gottlos; **'god·like** *adj.* **1.** gottähnlich, göttlich; **2.** göttergleich; **'god·li·ness** [-lɪnɪs] *s.* Frömmigkeit *f*, Gottesfurcht *f*; **'god·ly** [-lɪ] *adj.* fromm.

'god|ˌmoth·er *s.* Patin *f*, Patentante *f*; **'~ˌpar·ent** *s.* Pate *m*, Patin *f*; **'~·send** *s. fig.* Geschenk *n* des Himmels, Glücksfall *m*, Segen *m*; **'~·son** *s.* Patensohn *m*; **ˌ~'speed** *s.*: ***bid s.o. ~*** j-m viel Glück *od.* glückliche Reise wünschen.

go·er ['gəʊə] *s.* **1.** ***be a good ~*** gut laufen (*bsd. Pferd*); **2.** *in Zssgn mst* ...besucher(in), ...gänger(in).

gof·fer ['gəʊfə] **I** *v/t.* kräuseln, plissieren; **II** *s.* Plis'see *n*.

'go-ˌget·ter *s.* F j-d, der weiß, was er will; Draufgänger *m*.

gog·gle ['gɒgl] **I** *v/i.* **1.** stieren, glotzen; **II** *s.* **2.** stierer Blick; **3.** *pl.* Schutzbrille *f*; **'~·box** *s. bsd. Brit.* F ‚Glotze' *f* (*Fernseher*).

go-go ['gəʊgəʊ] *adj.* **1.** ***~ girl*** Go-go-Girl *n*; **2.** *fig.* a) schwungvoll, b) schick.

Goid·el·ic [gɔɪ'delɪk] → ***Gaelic***.

go-in ['gəʊɪn] *s.* Go-'in *n.*

go·ing ['gəʊɪŋ] **I** *s.* **1.** (Weg)Gehen *n*, Abreise *f*; **2.** Straßenzustand *m*, (*Pferdesport*) Geläuf *n*; **3.** Tempo *n*: ***good ~*** ein flottes Tempo; ***rough*** (*od.* ***heavy***) ~ e-e Schinderei; ***while the ~ is good*** a) solange noch Zeit ist, b) solange es noch gut läuft; **II** *adj.* **4.** in Betrieb, arbeitend: ***a ~ concern*** ein gut gehendes Geschäft; **5.** vor'handen: ***still ~*** noch zu haben; ***the best beer ~*** das beste Bier, das es gibt; ***~, ~, gone!*** (*Auktion*) zum Ersten, zum Zweiten, zum Dritten!; **6.** geltend: ***~ price*** Marktpreis *m*; ***~ rate*** geltender Satz; ˌ**go·ing-'o·ver** *s.* F **1.** Über'prüfung *f*; **2.** a) Tracht *f* Prügel, b) Standpauke *f*; ˌ**go·ings-'on** *s. pl.* F *mst b.s.* Vorgänge *pl.*, Treiben *n*: ***strange ~*** merkwürdige Dinge.

goi·ter *Am.*, **goi·tre** *Brit.* ['gɔɪtə] *s.* ⚕ Kropf *m*; '**goi·trous** [-trəs] *adj.* **1.** kropfartig; **2.** mit e-m Kropf (behaftet).

go-kart ['gəʊkɑːt] *s. mot.* Gokart *m.*

gold [gəʊld] **I** *s.* **1.** Gold *n*: ***all is not ~ that glitters*** es ist nicht alles Gold, was glänzt; ***a heart of ~*** *fig.* ein goldenes Herz; ***worth one's weight in ~*** unbezahlbar, nicht mit Gold aufzuwiegen; → ***good*** 8; **2.** Gold(münzen *pl.*) *n*; **3.** Geld *n*, Reichtum *m*; **4.** Goldfarbe *f*; **II** *adj.* **5.** aus Gold, golden, Gold...: ***~ dollar*** Golddollar *m*; ***~ watch*** goldene Uhr; **~ back·ing** *s.* ✝ Golddeckung *f*; **~ bar** *s.* ✝ Goldbarren *m*; **~ bloc** *s.* ✝ Goldblock(länder *pl.*) *m*; **~ brick** *Am.* F **I** *s.* **1.** falscher Goldbarren; **2.** *fig.* a) wertlose Sache, b) Schwindel *m*, ‚Beschiss' *m*: ***sell s.o. a ~*** → 4; **3.** Drückeberger *m*; **II** *v/t.* **4.** *j-n* ‚übers Ohr hauen'; **~ bul·lion** *s.* Gold *n* in Barren; '**~-ˌdig·ger** *s.* **1.** Goldgräber *m*; **2.** *sl. Frau, die nur hinter dem Geld der Männer her ist*; **~ dust** *s.* Goldstaub *m.*

gold·en ['gəʊldən] *adj.* **1.** *mst fig.* golden: ***~ days***; ***~ disc*** goldene Schallplatte; ***~ opportunity*** einmalige Gelegenheit; **2.** goldgelb, golden (*Haar etc.*); **~ age** *s. das* goldene Zeitalter; **~ calf** *s. bibl. u. fig. das* Goldene Kalb; **~ ea·gle** *s. orn.* Gold-, Steinadler *m*; **♀ Fleece** *s. myth. das* Goldene Vlies; **~ hand·shake** *s.* F **1.** Abfindung *f bei Entlassung*; **2.** ‚'Umschlag' *m* (*mit e-m Geldgeschenk der Firma*); **~ mean** *s. die* goldene Mitte, *der* goldene Mittelweg; **~ o·ri·ole** *s. orn.* Pi'rol *m*; **~ pheas·ant** *s. orn.* 'Goldfaˌsan *m*; **~ rule** *s.* **1.** *bibl.* goldene Sittenregel; **2.** *fig.* goldene Regel; **~ sec·tion** *s.* Goldener Schnitt; **~ wed·ding** *s.* goldene Hochzeit.

gold| fe·ver *s.* Goldfieber *n*, -rausch *m*; '**~·field** *s.* Goldfeld *n*; '**~·finch** *s. orn.* Stieglitz *m*, Distelfink *m*; '**~·fish** *s.* Goldfisch *m*; '**~·foil** *s.* Blattgold *n*; '**~ˌham·mer** *s. orn.* Goldammer *f*; **~ lace** *s.* Goldtresse *f*, -borte *f*; **~ leaf** *s.* Blattgold *n*; **~ med·al** *s.* 'Goldmeˌdaille *f*; **~ med·al·(l)ist** *s. sport* 'Goldmeˌdaillengewinner(in); **~ mine** *s.* Goldbergwerk *n*; Goldgrube *f* (*a. fig.*); **~ plate** *s.* goldenes Tafelgeschirr; '**~-ˌplat·ed** *adj.* vergoldet; **~ point** *s.* ✝ Goldpunkt *m*; **~ rush** → ***gold fever***; '**~·smith** *s.* Goldschmied *m*; **~ stand·ard** *s.* Goldwährung *f*; **♀ Stick** *s. Brit.* Oberst *m* der königlichen Leibgarde.

golf [gɒlf] *sport* **I** *s.* Golf(spiel) *n*; **II** *v/i.* Golf spielen; **~ ball** *s.* **1.** Golfball *m*; **2.** Kugelkopf *m* (*der Schreibmaschine*); **~ club** *s.* **1.** Golfschläger *m*; **2.** Golfklub *m.*

golf·er ['gɒlfə] *s.* Golfspieler(in).

golf links *s. pl.*, *a. sg. konstr.* Golfplatz *m.*

Go·li·ath [gəʊ'laɪəθ] *s. fig.* Goliath *m*, Riese *m*, Hüne *m.*

gol·li·wog(g) ['gɒlɪwɒg] *s.* **1.** gro'teske schwarze Puppe; **2.** *fig.* ‚Vogelscheuche' *f* (*Person*).

gol·ly ['gɒlɪ] *int. a.* ***by ~!*** F Menschenskind!, Mann!

go·losh [gə'lɒʃ] → ***galosh***.

Go·mor·rah, **Go·mor·rha** [gə'mɒrə] *s. fig.* Go'morr(h)a *n*, Sündenpfuhl *m.*

go·nad ['gəʊnæd] *s.* ⚕ Keim-, Geschlechtsdrüse *f.*

gon·do·la ['gɒndələ] *s.* **1.** Gondel *f* (*a. e-s Ballons, e-r Seilbahn etc.*); **2.** *Am.* flaches Flussboot; **3.** *a.* ***~ car*** 🚂 *Am.* offener Güterwagen; **gon·do·lier** [ˌgɒndə'lɪə] *s.* Gondoli'ere *m.*

gone [gɒn] **I** *p.p. von* **go**; **II** *adj.* **1.** weg(gegangen), fort: ***he is ~***; ***be ~!*** fort mit dir!; ***I must be ~*** ich muss weg; **2.** verloren, verschwunden, weg, da'hin; **3.** ‚hin', ‚futsch': a) weg, verbraucht, b) ka'putt, c) ruiniert, d) tot; ***a ~ case*** ein hoffnungsloser Fall; ***a ~ man*** → ***goner***; ***a ~ feeling*** ein Schwächegefühl; ***all his money is ~*** sein ganzes Geld ist weg *od.* ‚futsch'; **4.** mehr als, älter als, über: ***he is ~ forty***; **5.** F (**on**) ganz ‚weg' (von): a) begeistert (von), b) ‚verknallt' (in *acc.*); **6.** *sl.* ‚high', ‚weg'; **7.** ***she's four months ~*** F sie ist im 4. Monat; **gon·er** ['gɒnə] *s.* 'Todeskandiˌdat *m*: ***he is a ~*** F er ist ‚erledigt' (*a. weitS.*).

gon·fa·lon ['gɒnfələn] *s.* Banner *n.*

gong [gɒŋ] **I** *s.* **1.** Gong *m*; **2.** ⚔ *Brit. sl.* Orden *m*; **II** *v/t.* **3.** *Brit. Auto* durch 'Gongsiˌgnal stoppen (*Polizei*).

go·ni·om·e·ter [ˌgəʊnɪ'ɒmɪtə] *s.* ⚒ *u. Radio*: Winkelmesser *m.*

gon·o·coc·cus [ˌgɒnəʊ'kɒkəs] *pl.* **-coc·ci** [-'kɒkaɪ] *s.* ⚕ Gono'kokkus *m.*

gon·or·rhoe·a, *Am. mst* **gon·or·rhe·a** [ˌgɒnə'rɪːə] *s.* ⚕ Gonor'rhö(e) *f*, Tripper *m.*

G

goo [guː] *s. sl.* **1.** Schmiere *f*, klebriges Zeug; **2.** *fig.* sentimen'taler Kitsch, ‚Schmalz' *m*.

good [gʊd] **I** *adj.* **1.** gut, angenehm, erfreulich: **~ news**; **it is ~ to be rich** es ist angenehm, reich zu sein; **~ morning** (**evening**)**!** guten Morgen (Abend)!; **~ afternoon!** guten Tag! (*nachmittags*); **~ night!** a) gute Nacht! (*a.* F *fig.*), b) guten Abend!; **have a ~ time** sich amüsieren; (**it's a**) **~ thing that** es ist gut, dass; **be ~ eating** gut schmecken; **2.** gut, geeignet, nützlich, günstig, zuträglich: **is this ~ to eat?** kann man das essen?; **milk is ~ for children** Milch ist gut für Kinder; **~ for gout** gut für *od.* gegen Gicht; **that's ~ for you!** *a. iro.* das tut dir gut!; **get in ~ with s.o.** sich mit j-m gut stellen; **what is it ~ for?** wofür ist es gut?, wozu dient es?; **3.** befriedigend, reichlich, beträchtlich: **a ~ hour** e-e gute Stunde; **a ~ day's journey** e-e gute Tagereise; **a ~ many** ziemlich viele; **a ~ threshing** e-e ordentliche Tracht Prügel; **~ money** *sl.* hoher Lohn; **4.** (*vor adj.*) *verstärkend*: **a ~ long time** sehr lange (Zeit); **~ old age** hohes Alter; **~ and angry** F äußerst erbost; **5.** gut, tugendhaft: **lead a ~ life** ein rechtschaffenes Leben führen; **a ~ deed** e-e gute Tat; **6.** gut, gewissenhaft: **a ~ father and husband** ein guter Vater und Gatte; **7.** gut, gütig, lieb: **~ to the poor** gut zu den Armen; **it is ~ of you to help me** es ist nett (von Ihnen), dass Sie mir helfen; **be ~ enough** (*od.* **so ~ as**) **to fetch it** sei so gut und hole es; **be ~ enough to hold your tongue!** halt gefälligst deinen Mund!; **my ~ man** F mein Lieber!; **8.** artig, lieb, brav (*Kind*): **be a ~ boy**; **as ~ as gold** a) kreuzbrav, b) goldrichtig; **9.** gut, geschickt, tüchtig (**at** in *dat.*): **a ~ rider** ein guter Reiter; **he is ~ at golf** er spielt gut Golf; **10.** gut, geachtet: **of ~ family** aus guter Familie; **11.** gültig (*a.* ✝), echt: **a ~ reason** ein triftiger Grund; **tell false money from ~** falsches Geld von echtem unterscheiden; **a ~ Republican** ein guter *od.* überzeugter Republikaner; **be as ~ as** auf dasselbe hinauslaufen; **as ~ as finished** so gut wie fertig; **he has as ~ as promised** er hat es so gut wie versprochen; **12.** gut, genießbar, frisch: **a ~ egg**; **is this fish still ~?**; **13.** gut, gesund, kräftig: **in ~ health** bei guter Gesundheit, gesund; **be ~ for** ‚gut' sein für, fähig *od.* geeignet sein zu; **I am ~ for another mile** ich schaffe noch eine Meile; **he is always ~ for a surprise** er ist immer für e-e Überraschung gut; **I am ~ for a walk** ich habe Lust zu e-m Spaziergang; **14.** *bsd.* ✝ gut, sicher, zuverlässig: **a ~ firm** e-e gute *od.* zahlungsfähige Firma; **~ debts** sichere Schulden; **be ~ for any amount** für jeden Betrag gut sein; **II** *s.* **15.** *das* Gute, Gutes *n*, Wohl *n*: **the common ~** das Gemeinwohl; **do s.o. ~** a) j-m Gutes tun, b) j-m gut *od.* wohl tun; **he is up to no ~** er führt nichts Gutes im Schilde; **it comes to no ~** es führt zu nichts Gutem; **16.** Nutzen *m*, Vorteil *m*: **for his ~** zu s-m Nutzen; **he is too nice for his own ~** er ist viel zu nett; **what is the ~ of it?**, **what ~ is it?** was nützt es?, wozu soll das gut sein?; **it's no ~** a) es taugt nichts, b) es ist zwecklos; **it is no ~ trying** es hat keinen Wert *od.* Sinn, es zu versuchen; **much ~ may it do you** *iro.* wohl bekomms!; **for ~** (**and all**) für immer, endgültig, ein für alle Mal; **to the ~** obendrein, extra, ✝ als Gewinn *od.* Kreditsaldo; **it's all to the ~** es ist nur zu s-m *etc.* Besten; **17. the ~** *pl.* die Guten *pl. od.* Rechtschaffenen *pl.*; **18.** *pl.* (bewegliche) Habe: **~s and chattles** Hab u. Gut *n*; F *j-s* ‚Siebensachen' *pl.*; **19.** *pl.* Güter *pl.*, Waren *pl.*, Gegenstände *pl.*: **by ~s** ✝ *Brit.* als Frachtgut; → **deliver** 5.

Good| Book *s. die* Bibel; ˌ**~'by**(**e**) [-'baɪ] **I** *s.* **1.** Abschiedsgruß *m*: **say ~ to** *j-m* auf (*od.* Auf) Wiedersehen sagen, sich von *j-m* verabschieden; **you may say ~ to that!** F das kannst du vergessen!; **2.** Abschied *m*; **II** *adj.* Abschieds...: **~ kiss**; **III** *int.* [ˌgʊd'baɪ] **3.** auf Wiedersehen!, adi'eu!, a'de!: **then ~ democracy!** *fig. iron.* dann ade Demokratie!; ˌ**~'fel·low·ship** *s.* gute Kame'radschaft, Kame'radschaftlichkeit *f*; **~-for-noth·ing I** ['gʊdfəˌnʌθɪŋ] *adj.* nichtsnutzig; **II** [ˌgʊdfə'n-] *s.* Taugenichts *m*, Nichtsnutz *m*; ♀ **Fri·day** *s. eccl.* Kar'freitag *m*; **~ hu·mo**(**u**)**r** *s.* gute Laune; ˌ**~-'hu·mo**(**u**)**red** *adj.* ☐ **1.** bei guter Laune, gut aufgelegt; **2.** gutmütig.

good·ish ['gʊdɪʃ] *adj.* **1.** ziemlich gut; **2.** ziemlich (*Menge*); **good·li·ness** ['gʊdlɪnɪs] *s.* **1.** Güte *f*, Wert *m*; **2.** Anmut *f*; **3.** Schönheit *f*.

ˌ**good|-'look·ing** *adj.* gut aussehend, hübsch, schön; **~ looks** *s. pl.* gutes Aussehen, Schönheit *f*.

good·ly ['gʊdlɪ] *adj.* **1.** schön, anmutig; **2.** beträchtlich, ansehnlich; **3.** *oft iro.* glänzend, prächtig.

'**good|·man** [-mæn] *s.* [*irr.*] *obs.* Hausvater *m*, Ehemann *m*: ♀ **Death** Freund Hein *m*; ˌ**~-'na·tured** *adj.* ☐ gutmütig, gefällig; ˌ**~-'neigh·bo**(**u**)**r·li·ness** *s.* gutnachbarliches Verhältnis; ♀ **Neigh·bo**(**u**)**r pol·i·cy** *s.* Poli'tik *f* der guten Nachbarschaft.

good·ness ['gʊdnɪs] *s.* **1.** Tugend *f*, Frömmigkeit *f*; **2.** Güte *f*, Freundlichkeit *f*; **3.** Wert *m*, Güte *f*; *engS. das* Wertvolle *od.* Nahrhafte; **4. ~ gra-**

cious!*, *my ~! du meine Güte!, du lieber Gott!; ***~ knows*** weiß der Himmel; ***for ~' sake*** um Himmels willen; ***thank ~!*** Gott sei Dank!; ***I wish to ~*** wollte Gott.

goods| a·gent *s.* † ('Bahn)Spedi,teur *m*; **~ en·gine** *s. Brit.* 'Güterzugloko-mo,tive *f*; **~ lift** *s. Brit.* Lastenaufzug *m*.

good speed *Am.* → ***godspeed***.

goods| sta·tion *s. Brit.* Güterbahnhof *m*; **~ train** *s. Brit.* Güterzug *m*; **~ van** *s. mot. Brit.* Lieferwagen *m*; **~ wag·on** *s. Brit.* Güterwagen *m*; **~ yard** *s. Brit.* Güter(bahn)hof *m*.

,good|-'tem·pered *adj.* □ gutartig, -mütig, ausgeglichen; **'~-time Charlie** ['tʃɑːlɪ] *s. Am.* F lebenslustiger *od.* vergnügungssüchtiger Mensch; **,~'will** *s.* **1.** Wohlwollen *n*, guter Wille, Verständigungsbereitschaft *f*: ***~ tour*** *pol.* Goodwillreise *f*; ***~ visit*** Freundschaftsbesuch *m*; **2.** *mst* ***good will*** † a) Goodwill *m*, (ide'eller) Firmen- *od.* Geschäftswert (*guter Ruf, Kundenstamm etc.*).

good·y ['gʊdɪ] F **I** *s.* **1.** Bon'bon *m, n, pl.* Süßigkeiten *pl.*, gute Sachen; **2.** *fig.* ‚klasse Ding'; **3.** *Film etc.*: Gute(r *m*) *f* (*Ggs Schurke*); **4.** Tugendbold *m*, Mucker *m*; **II** *adj.* **5.** frömmelnd, ‚mora'linsauer'; **III** *int.* **6.** prima!, ‚Klasse'!; **'~-,good·y** → ***goody*** 4, 5, 6.

goo·ey ['guːɪ] *adj. sl.* klebrig, schmierig.

goof [guːf] F **I** *s.* **1.** ‚Pfeife' *f*, Idi'ot *m*; **2.** ‚Schnitzer' *m*, ‚Patzer' *m*; **II** *v/t.* **3.** *oft* ***~ up*** ‚vermasseln'; **III** *v/i.* **4.** ‚Mist bauen'; **5.** *oft* ***~ around*** ‚her'umspinnen'.

'go-off *s.* Start *m*: ***at the first ~*** (gleich) beim ersten Mal, auf Anhieb.

'goof·y ['guːfɪ] *adj.* □ *sl.* ‚doof', ‚bekloppt'.

gook [gʊk] *s. Am. sl. contp.* ‚Schlitzauge' *n* (*Asiate*).

goon [guːn] *s. sl.* **1.** *Am.* angeheuerter Schläger; **2.** → ***goof*** 1.

goose [guːs] **I** *pl.* **geese** [giːs] *s.* **1.** *orn.* Gans *f*: ***cook s.o.'s ~*** F es j-m ‚besorgen', j-n ‚fertig machen'; ***he's cooked his ~ with me*** F bei mir ist er ‚unten durch'; ***all his geese are swans*** bei ihm ist immer alles besser als bei andern; ***kill the ~ that lays the golden eggs*** das Huhn schlachten, das goldene Eier legt; → ***sauce*** 1; **2.** Gans *f*, Gänsebraten *m*; **3.** *fig.* a) Dummkopf *m*, b) (dumme) Gans; **4.** (*pl.* **goos·es**) Schneiderbügeleisen *n*; **II** *v/t.* **5.** F *j-n* (in den ‚Po') zwicken.

goose·ber·ry ['gʊzbərɪ] *s.* **1.** ⚘ Stachelbeere *f*: ***play ~*** F den Anstandswauwau spielen; **2.** *a.* ***~ wine*** Stachelbeerwein *m*; **~ fool** *s.* Stachelbeercreme *f* (*Speise*).

goose| bumps *s. pl.*, **~ flesh** *s. fig.* Gänsehaut *f*; **'~·neck** *s.* ⚙ Schwanenhals *m*; **~ pim·ples** *s. pl.* → ***goose bumps***; **~ quill** *s.* Gänsekiel *m*; **'~-skin** → ***goose bumps***; **~ step** *s.* ⚔ Pa'rade-, Stechschritt *m*.

goos·ey ['guːsɪ] *s. fig.* Gäns-chen *n*.

go·pher¹ ['gəʊfə] *s. Am. zo.* a) Taschenratte *f*, b) Ziesel *m*, c) Gopherschildkröte *f*, d) *a.* ***~ snake*** Schildkrötenschlange *f*.

go·pher² → ***goffer***.

go·pher³ ['gəʊfə] *s. bibl. Baum, aus dessen Holz Noah die Arche baute*; **'~·wood** *s. Am.* ⚘ Gelbholz *n*.

Gor·di·an ['gɔːdjən] *adj.*: ***cut the ~ knot*** den gordischen Knoten durch'hauen.

gore¹ [gɔː] *s.* (*bsd.* geronnenes) Blut.

gore² [gɔː] **I** *s.* **1.** Zwickel *m*, Keil(stück *n*) *m*; **II** *v/t.* **2.** keilförmig zuschneiden; **3.** e-n Zwickel einsetzen in (*acc.*).

gore³ [gɔː] *v/t.* (*mit den Hörnern*) durch'bohren, aufspießen.

gorge [gɔːdʒ] **I** *s.* **1.** enge (Fels-) Schlucht; **2.** *rhet.* Kehle *f*, Schlund *m*: ***my ~ rises at it*** *fig.* mir wird übel davon *od.* dabei; **3.** Schlemme'rei *f*, Völle'rei *f*; **4.** ⚠ Hohlkehle *f*; **II** *v/i.* **5.** schlemmen: ***~ on*** (*od.* ***with***) → 7; **III** *v/t.* **6.** gierig verschlingen; **7.** ***~ o.s. on*** (*od.* ***with***) sich voll fressen mit, *et.* in sich hineinschlingen.

gor·geous ['gɔːdʒəs] *adj.* □ **1.** prächtig, prachtvoll (*beide a. fig.* F); **2.** F großartig, wunderbar, ‚toll'.

Gor·gon ['gɔːgən] *s.* **1.** *myth.* Gorgo *f*; **2.** a) hässliches *od.* abstoßendes Weib, b) ‚Drachen' *m*; **gor·go·ni·an** [gɔː'gəʊnjən] *adj.* **1.** Gorgonen...; **2.** schauerlich.

go·ril·la [gə'rɪlə] *s.* **1.** *zo.* Go'rilla *m*; **2.** *Am. sl.* ‚Gorilla' *m*: a) Leibwächter *m e-s Gangsters etc.*, b) Scheusal *n*.

gor·mand·ize ['gɔːməndaɪz] **I** *v/t. et.* gierig verschlingen; **II** *v/i.* schlemmen; **'gor·mand·iz·er** [-zə] *s.* Schlemmer (-in).

gorse [gɔːs] *s.* ⚘ *Brit.* Stechginster *m*.

gor·y ['gɔːrɪ] *adj.* **1.** *poet.* a) blutbefleckt, voll Blut, b) blutig: ***~ battle***; **2.** *fig.* blutrünstig.

gosh [gɒʃ] *int.* F Mensch!, Mann!

gos·hawk ['gɒshɔːk] *s. orn.* Hühnerhabicht *m*.

gos·ling ['gɒzlɪŋ] *s.* **1.** junge Gans, Gäns-chen *n*; **2.** *fig.* Grünschnabel *m*.

,go-'slow *s.* † *Brit.* Bummelstreik *m*.

gos·pel ['gɒspl] *s. eccl. a.* ♁ Evan'gelium *n* (*a. fig.*): ***take s.th. for ~*** et. für bare Münze nehmen; ***~ song*** Gospelsong *m*; ***~ truth*** *fig.* absolute Wahrheit; **'gos·pel·(l)er** [-pələ] *s.* Vorleser *m* des Evan'geliums: ***hot ~*** a) religiöser Eiferer, b) fa'natischer Befürworter.

gos·sa·mer ['gɒsəmə] **I** *s.* **1.** Alt'weibersommer *m*, Spinnfäden *pl.*; **2.** a) feine Gaze, b) hauchdünner Stoff; **3.** *et.* sehr

Zartes u. Dünnes; **II** *adj.* **4.** leicht u. zart, hauchdünn.

gos·sip ['gɒsɪp] **I** *s.* **1.** Klatsch *m*, Tratsch *m*: **~ column** Klatschspalte *f*; **~ columnist** Klatschkolumnist(in); **2.** Plaude'rei *f*, Schwatz *m*, Plausch *m*; **3.** Klatschbase *f*; **II** *v/i.* **4.** klatschen, tratschen; **5.** plaudern; **'gos·sip·y** [-pɪ] *adj.* **1.** klatschhaft, -süchtig; **2.** schwatzhaft; **3.** im Plauderton (geschrieben).

got [gɒt] *pret. u. p.p. von* **get**.

Goth [gɒθ] *s.* **1.** Gote *m*; **2.** *fig.* Bar'bar *m*.

Go·tham ['gəʊθəm, 'gɒ-] *s. Am.* (*Spitzname für*) New York; **'Go·tham·ite** *s.* [-maɪt] *humor.* New Yorker(in).

Goth·ic ['gɒθɪk] **I** *adj.* **1.** gotisch; **2.** *fig.* bar'barisch, roh; **3.** *typ.* a) *Brit.* gotisch, b) *Am.* Grotesk...; **4.** *Literatur*: a) ba'rock, ro'mantisch, b) Schauer...: **~ novel**; **II** *s.* **5.** *ling.* Gotisch *n*; **6.** ⚠ Gotik *f*, gotischer (Bau)Stil; **7.** *typ.* a) *Brit.* Frak'tur *f*, gotische Schrift, b) *Am.* Gro'tesk *f*; **Goth·i·cism** ['gɒθɪsɪzəm] *s.* **1.** Gotik *f*; **2.** *fig.* Barba'rei *f*, 'Unkulˌtur *f*.

ˌgo-to-'meet·ing *adj.* F Sonntags..., Ausgeh...: **~ suit**.

got·ten ['gɒtn] *obs. od. Am. p.p. von* **get**.

gou·ache [gʊ'ɑːʃ] (*Fr.*) *s. paint.* Gou'ache *f*.

gouge [gaʊdʒ] **I** *s.* **1.** ⚙ Hohlmeißel *m*; **2.** Rille *f*, Furche *f*; **3.** *Am.* F a) Gaune'rei *f*, b) Erpressung *f*; **II** *v/t.* **4.** *a.* **~ out** ⚙ ausmeißeln, -höhlen, -stechen; **5.** **~ out s.o.'s eye** a) j-m den Finger ins Auge stoßen, b) j-m ein Auge ausdrücken *od.* -stechen; **6.** *Am.* F a) *j-n* über'vorteilen, b) *e-e Summe* erpressen.

gou·lash ['guːlæʃ] *s.* Gulasch *n*: **~ communism** *pol. contp.* Gulaschkommunismus *m*.

gourd [gʊəd] *s.* **1.** ⚘ Flaschenkürbis *m*; **2.** Kürbisflasche *f*.

gour·mand ['gʊəmənd] **I** *s.* **1.** Schlemmer *m*, Gour'mand *m*; **2.** → **gourmet**; **II** *adj.* **3.** schlemmerisch.

gour·met ['gʊəmeɪ] *s.* Feinschmecker *m*, Gour'met *m*.

gout [gaʊt] *s.* **1.** ⚕ Gicht *f*; **2.** ⚘ Gicht *f* (*Weizenkrankheit*): **~fly** *zo.* Gelbe Halmfliege; **'gout·y** [-tɪ] *adj.* □ ⚕ **1.** gichtkrank; **2.** zur Gicht neigend; **3.** gichtisch, Gicht...: **~ concretion** Gichtknoten *m*.

gov·ern ['gʌvn] **I** *v/t.* **1.** regieren (*a. ling.*); beherrschen (*a. fig.*); **2.** leiten, führen, verwalten, lenken; **3.** *fig.* regeln, bestimmen, maßgebend sein für, leiten: **~ed by circumstances** durch die Umstände bestimmt; **I was ~ed by** ich ließ mich leiten von ...; **4.** beherrschen, zügeln; **5.** ⚙ regeln, steuern; **II** *v/i.* **6.** regieren, herrschen (*a. fig.*); **'gov·ern·ance** [-nəns] *s.* **1.** Regierungsgewalt *f od.* -form *f*; **2.** *fig.* Herrschaft *f*, Gewalt *f*, Kon'trolle *f* (**of** über *acc.*); **'gov·ern·ess** [-nɪs] **I** *s.* Erzieherin *f*, Gouver'nante *f*; **II** *v/i.* Erzieherin sein; **'gov·ern·ing** [-nɪŋ] *adj.* **1.** regierend, Regierungs...; **2.** leitend, Vorstands...: **~ body** Vorstand *m*, Leitung *f*; **3.** *fig.* leitend, Leit...: **~ idea** Leitgedanke *m*; **gov·ern·ment** ['gʌvnmənt] *s.* **1.** a) Regierung *f*, Herrschaft *f*, Kon'trolle *f* (**of**, **over** über *acc.*), b) Regierungsgewalt *f*, c) Leitung *f*, Verwaltung *f*; **2.** Re'gierung(sform *f*, -ssyˌstem *n*) *f*; **3.** (*e-s bestimmten Landes*) *mst* ♀ *die* Regierung: **the British** ♀; **~ agency** Regierungsstelle *f*, (-)Behörde *f*; **~ bill** *parl.* Regierungsvorlage *f*; **~ spokesman** Regierungssprecher *m*; **4.** Staat *m*: **~ bonds**, **~ securities** a) Staatsanleihen, -papiere, b) *Am.* Bundesanleihen; **~ employee** Angestellte(r *m*) *f* des öffentlichen Dienstes; **~ grant** staatlicher Zuschuss; **~ indebtedness** Staatsverschuldung *f*; **~ issue** *Am. von der Regierung gestellte Ausrüstung*; **~ monopoly** Staatsmonopol *n*; **5.** *univ.* Politolo'gie *f*; **6.** *ling.* Rekti'on *f*; **gov·ern·men·tal** [ˌgʌvn'mentl] *adj.* □ Regierungs..., Staats..., staatlich; **gov·ern·men·tal·ize** [ˌgʌvn'mentəlaɪz] *v/t.* unter staatliche Kon'trolle bringen.

ˌgov·ern·ment|-in-'ex·ile *pl.* **ˌ~s-in-'ex·ile** *s. pol.* E'xilregierung *f*; **'~-owned** *adj.* staatseigen; **'~-run** *adj.* staatlich (*Rundfunk etc.*).

gov·er·nor ['gʌvənə] *s.* **1.** Gouver'neur *m* (*a. e-s Staates der USA*): **~ general** Generalgouverneur; **2.** ⚔ Komman'dant *m*; **3.** a) *allg.* Di'rektor *m*, Leiter *m*, Vorsitzende(r) *m*, b) Präsi'dent *m* (*e-r Bank*), c) *Brit.* Ge'fängnisdiˌrektor *m*, d) *pl.* Vorstand *m*, Direk'torium *n*; **4.** F *der* ‚Alte': a) ‚Alter Herr' (*Vater*), b) Chef *m* (*a. als Anrede*); **5.** ⚙ Regler *m*: **~ valve** Reglerventil *n*; **'gov·er·nor·ship** [-ʃɪp] *s.* **1.** Gouver'neursamt *n*; **2.** Amtszeit *f* e-s Gouver'neurs.

gown [gaʊn] **I** *s.* **1.** Kleid *n*; **2.** *bsd.* ⚖ *u. univ.* Ta'lar *m*, Robe *f*; **3.** *coll.* Stu'denten(schaft *f*) *pl. u.* Hochschullehrer *pl.* (*e-r Universitätsstadt*): **town and ~** Stadt u. Universität; **II** *v/t.* **4.** mit e-m Ta'lar *etc.* bekleiden; **gowns·man** ['gaʊnzmən] *s.* [*irr.*] Robenträger *m* (*Anwalt, Richter, Geistlicher etc.*).

goy [gɔɪ] *s.* ‚Goi' *m* (*jiddisch für Nichtjude*).

grab [græb] **I** *v/t.* **1.** (hastig *od.* gierig) ergreifen, an sich reißen, fassen, packen, (sich) ‚schnappen'; **2.** *fig.* a) sich ‚schnappen', an sich reißen, b) *e-e Gelegenheit* beim Schopf ergreifen; **3.** F *Publikum* packen, fesseln; **II** *v/i.* **4.** **~ at** (hastig *od.* gierig) greifen *od.* ‚schnappen' nach; **III** *s.* **5.** (hastiger *od.* gieriger) Griff (***for*** nach): ***make a ~ at*** → 1 u. 4; ***be up for ~s*** F für jeden zu haben *od.* zu gewinnen sein; **6.** *fig.* Griff (***for*** nach *der Macht etc.*); **7.** ⚙ (Bagger-, Kran)Greifer *m*: ***~ crane*** Greiferkran *m*; ***~ dredge(r)*** Greiferbagger *m*; ***~ handle*** Haltegriff *m*; **~ bag** *s. Am.* **1.** ‚Grabbelsack' *m*; **2.** *fig.* Sammel'surium *n*.

grab·ber ['græbə] *s.* Habgierige(r *m*) *f*, ‚Raffke' *m*.

grab·ble ['græbl] *v/i.* tasten, tappen, suchen (***for*** nach).

grab raid *s.* 'Raubˌüberfall *m*.

grace [greɪs] **I** *s.* **1.** Anmut *f*, Grazie *f*, Liebreiz *m*, Charme *m*: ***the three* 2*s*** *myth.* die drei Grazien; **2.** Anstand *m*, Takt *m*, Schicklichkeit *f*: ***have the ~ to do*** den Anstand haben zu tun; ***with ~*** mit Anstand *od.* Würde *od.* ‚Grazie' (→ *a.* 3); **3.** Bereitwilligkeit *f*: ***with a good ~*** bereitwillig, gern; ***with a bad ~*** widerwillig, (nur) ungern; **4.** *mst pl.* gute Eigenschaft, schöner Zug: ***social ~s*** feine Lebensart; **5.** Gunst *f*, Wohlwollen *n*, Huld *f*, Gnade *f*: ***be in s.o.'s good ~s*** in j-s Gunst stehen, bei j-m gut angeschrieben sein; ***be in s.o.'s bad ~s*** bei j-m in Ungnade sein; ***fall from ~*** in Ungnade fallen; ***by way of ~*** ⚖ auf dem Gnadenwege; ***act of ~*** Gnadenakt *m*; **6.** ***by the ~ of God*** von Gottes Gnaden; ***in the year of ~*** im Jahre des Heils; **7.** *eccl.* a) *a.* ***state of ~*** Stand *m* der Gnade, b) Tugend *f*: ***~ of charity*** (Tugend der) Nächstenliebe *f*, c) ***say ~*** das Tischgebet sprechen; **8.** ✝, ⚖ Aufschub *m*, (Zahlungs-, Nach)Frist *f*: ***days of ~*** Respekttage *pl.*; ***grant s.o. a week's ~*** j-m e-e Woche Aufschub gewähren; **9.** 2 (*Eure, Seine, Ihre*) Gnaden *pl.* (*Titel*): ***Your* 2** a) Eure Hoheit (*Herzogin*), b) Eure Exzellenz (*Erzbischof*); **10.** *a.* ***~ note*** ♪ Verzierung *f*; **II** *v/t.* **11.** zieren, schmücken; **12.** *fig.* a) zieren, b) (be)ehren, auszeichnen; '**grace·ful** [-fʊl] *adj.* □ **1.** anmutig, grazi'ös, reizend, ele'gant; **2.** geziemend, takt-, würdevoll: ***~ly*** *fig.* mit Anstand *od.* Würde *alt werden etc.*; '**grace·ful·ness** [-fʊlnɪs] *s.* Anmut *f*, Grazie *f*; '**grace·less** [-lɪs] *adj.* □ **1.** 'ungraziˌös, reizlos, 'uneleˌgant; **2.** *obs.* verworfen.

grac·ile ['græsaɪl] *adj.* zierlich, gra'zil, zart(gliedrig).

gra·cious ['greɪʃəs] **I** *adj.* □ **1.** gnädig, huldvoll, wohlwollend; **2.** *poet.* gütig, freundlich; **3.** *eccl.* gnädig, barmherzig (*Gott*); **4.** *obs.* für ***graceful*** 1; **5.** a) angenehm, b) geschmackvoll, schön: ***~ living*** elegantes Leben, kultivierter Luxus; **II** *int.* **6.** ***~ me!, ~ goodness!, good ~!*** du meine Güte!, lieber Himmel!; '**gra·cious·ness** [-nɪs] *s.* **1.** Gnade *f*, *eccl. a.* Barm'herzigkeit *f*; **2.** *poet.* Güte *f*, Freundlichkeit *f*.

grad [græd] *s.* F Stu'dent(in).

gra·date [grə'deɪt] **I** *v/t.* *Farben* abstufen, inein'ander 'übergehen lassen, abtönen; **II** *v/i.* stufenweise (inein'ander) 'übergehen; **gra·da·tion** [grə'deɪʃn] *s.* **1.** Abstufung *f*: a) Abtönung *f*, b) Staffelung *f*; **2.** Stufenleiter *f*, -folge *f*; **3.** *ling.* Ablaut *m*.

grade [greɪd] **I** *s.* **1.** Grad *m*, Stufe *f*, Klasse *f*; **2.** ⚔ *Am.* Dienstgrad *m*; **3.** (*höherer etc.*) (Be'amten)Dienst; **4.** Art *f*, Gattung *f*, Sorte *f*; Quali'tät *f*, Güte *f*, Klasse *f*: ***2 A*** ✝ (Güte)Klasse A (→ 6); **5.** Steigung *f*, Gefälle *n*, Neigung *f*, Ni'veau *n* (*a. fig.*): ***~ crossing*** (schienengleicher) Bahnübergang; ***at ~*** *Am.* auf gleicher Höhe; ***on the up ~*** aufwärts (gehend), im Aufstieg; ***make the ~*** ‚es schaffen'; **6.** *ped. Am.* a) (Schüler *pl.* e-r) Klasse *f*, b) Note *f*, Zen'sur *f*, c) *pl.* (Grund)Schule *f*: ***~ A*** (Note *f*) „sehr gut" *n* (→ 4); **II** *v/t.* **7.** sortieren, einteilen, -reihen, -stufen, staffeln; **8.** *ped.* benoten, zensieren; **9.** ***~ up*** verbessern, veredeln; ***~ (up)*** Vieh (auf)kreuzen; **10.** *Gelände* planieren; **11.** *ling.* ablauten; **12.** → ***gradate*** I; '**grad·er** [-də] *s.* **1.** a) Sortierer(in), b) Sor'tiermaˌschine *f*; **2.** ⚙ Pla'niermaˌschine *f*; **3.** *Am. ped. in Zssgn* ...klässler *m*: ***fourth ~*** Viertklässler.

grade school *s. Am.* Grundschule *f*.

gra·di·ent ['greɪdjənt] **I** *s.* **1.** Neigung *f*, Steigung *f*, Gefälle *n* (*des Geländes etc.*); **2.** ⚗ Gradi'ent *m* (*a. meteor.*), Gefälle *n*; **II** *adj.* **3.** gehend, schreitend; **4.** *zo.* Geh..., Lauf...

grad·u·al ['grædjʊəl] **I** *adj.* □ all'mählich, schritt-, stufenweise, langsam (fortschreitend), gradu'ell; **II** *s. eccl.* Gradu'ale *n*; '**grad·u·al·ly** [-əlɪ] *adv.* a) nach u. nach, b) → ***gradual*** I.

grad·u·ate ['grædʒʊət] **I** *s.* **1.** *univ.* a) 'Hochschulabsolˌvent(in), Aka'demiker(-in), b) Graduierte(r *m*) *f* (*bsd. Inhaber[in] des niedrigsten akademischen Grades*), c) *Am.* Stu'dent(in) an e-r ***graduate school***; **2.** *ped. Am.* ('Schul-)Absolˌvent(in): ***high-school ~*** *etwa* Abiturient(in); **3.** *fig. Am.* ‚Pro'dukt' *n* (*e-r Anstalt etc.*); **4.** *Am.* Messgefäß *n*; **II** *adj.* **5.** *univ.* a) Akademiker..., b) graduiert: ***~ student*** → 1, c) für Graduierte: ***~ course*** (Fach)Kurs *m* an e-r ***graduate school***; **6.** *Am.* staatlich geprüft, Diplom...: ***~ nurse***; **7.** → ***graduated*** 1; **III** *v/t.* [-djʊeɪt] **8.** ⚙ mit e-r Maßeinteilung versehen, in Grade einteilen, *a.* ⚗ gradieren; **9.** abstufen, staffeln; **10.** *univ.* graduieren, *j-m* e-n (*bsd. den niedrigsten*) aka'demischen Grad verleihen; **11.** *ped. Am.* a) *oft* ***be***

G

~d from die Abschlussprüfung bestehen an (*e-r Schule*), absolvieren, her'vorgehen aus, b) *j-n* (*in die nächste Klasse*) versetzen; **IV** *v/i.* [-djʊeɪt] **12.** *univ.* graduieren, e-n (*bsd. den niedrigsten*) aka'demischen Grad erwerben (***from*** an *dat.*); **13.** *ped. Am.* die Abschlussprüfung bestehen: ***~ from*** → 11a; **14.** sich staffeln, sich abstufen: ***~ into*** a) sich entwickeln zu, b) allmählich übergehen in (*acc.*); **'grad·u·at·ed** [-jʊeɪtɪd] *adj.* **1.** abgestuft, gestaffelt; **2.** ⚙ graduiert, mit e-r Gradeinteilung: ***~ dial*** Skalenscheibe *f*; **grad·u·ate school** *s. univ. Am.* a) höhere 'Fachse,mester *pl.* (*mit Studienziel ‚Magister'*), b) *Universität(seinrichtung) zur Erlangung höherer akademischer Grade*; **grad·u·a·tion** [,grædjʊ'eɪʃn] *s.* **1.** Abstufung *f*, Staffelung *f*; **2.** ⚙ a) Gradeinteilung *f*, b) Grad-, Teilstrich(e *pl.*) *m*; **3.** ⚗ Gradierung *f*; **4.** *univ.* Graduierung *f*, Erteilung *f od.* Erlangung *f* e-s aka'demischen Grades; **5.** *ped. Am.* a) Absolvieren *n* (***from*** *e-r Schule*), b) Schluss-, Verleihungsfeier *f*.

Graeco- [gri:kəʊ] *in Zssgn* griechisch, gräko...

graf·fi·to [grə'fi:təʊ] *pl.* **-ti** [-tɪ] *s.* **1.** (S)Graf'fito *m, n*, Kratzmale'rei *f*; **2.** *pl.* Wandkritze'leien *pl.*, Graf'fiti *pl.*

graft [grɑ:ft] **I** *s.* **1.** ⚘ a) Pfropfreis *n*, b) veredelte Pflanze, c) Pfropfstelle *f*; **2.** ⚕ a) Transplan'tat *n*, b) Transplantati'on *f*; **3.** *bsd. Am.* F a) Korrupti'on *f*, b) Bestechungs-, Schmiergelder *pl.*; **II** *v/t.* **4.** ⚘ a) *Zweig* pfropfen, b) *Pflanze* okulieren, veredeln; **5.** ⚕ *Gewebe* transplantieren, verpflanzen; **6.** *fig.* (***in***, [***up***]***on***) a) *et.* aufpfropfen (*dat.*), b) *Ideen etc.* einimpfen (*dat.*), c) über'tragen (auf *acc.*); **III** *v/i.* **7.** *bsd. Am.* F a) sich (durch 'Amts,missbrauch) bereichern, b) Schmiergelder zahlen; **'graft·er** [-tə] *s.* **1.** ⚘ a) Pfropfer *m*, b) Pfropfmesser *n*; **2.** *bsd. Am.* F kor'rupter Be'amter *od.* Po'litiker *etc.*

Grail [greɪl] *s. eccl.* Gral *m*.

grain [greɪn] **I** *s.* **1.** ⚘ (Samen-, *bsd.* Getreide)Korn *n*; **2.** *coll.* Getreide *n*, Korn *n*; **3.** Körnchen *n*, (*Sand- etc.*) Korn *n*: ***of fine ~*** feinkörnig; → ***salt*** 1; **4.** *fig.* Spur *f*, *ein* bisschen: ***a ~ of truth*** ein Körnchen Wahrheit; ***not a ~ of hope*** kein Funke Hoffnung; **5.** ✝ Gran *n* (*Gewicht*); **6.** a) Faser(ung) *f*, Maserung *f* (*Holz*), b) Narbe *f* (*Leder*), c) Korn *n*, Narbe *f* (*Papier*), d) *metall.* Korn *n*, Körnung *f*, e) Strich *m* (*Tuch*), f) *min.* Korn *n*, Gefüge *n*: ***~*** (***side***) Narbenseite (*Leder*); ***it goes against the ~*** (***with me***) *fig.* es geht mir gegen den Strich; **7.** *hist.* Coche'nille *f* (*Farbstoff*): ***dyed in ~*** a) im Rohzustand gefärbt, b) *a. fig.* waschecht; **8.** *phot.* a) Korn *n*, b) Körnigkeit *f* (*Film*); **II** *v/t.* **9.** körnen, granulieren; **10.** ⚙ *Leder*: a) enthaaren, b) körnen, narben; **11.** ⚙ *Holz etc.* (*künstlich*) masern, ädern; **12.** ⚙ a) *Papier* narben, b) in der Wolle färben; **~ al·co·hol** *s.* ⚗ Ä'thylalkohol *m*; **~ leath·er** *s.* genarbtes Leder.

gram¹ [græm] → ***chickpea***.

gram² [græm] *Am.* → ***gramme***.

gram·i·na·ceous [,græmɪ'neɪʃəs], **gra·min·e·ous** [grə'mɪnɪəs] *adj.* ⚘ grasartig, Gras...; **gram·i·niv·o·rous** [,græmɪ'nɪvərəs] *adj.* Gras fressend.

gram·mar ['græmə] *s.* **1.** Gram'matik *f* (*a. Lehrbuch*): ***bad ~*** ungrammatisch; **2.** *fig.* Grundbegriffe *pl.*; **gram·mar·i·an** [grə'meərɪən] *s.* **1.** Gram'matiker (-in); **2.** Verfasser(in) e-r Gram'matik; **gram·mar school** *s.* **1.** *Brit.* höhere Schule, *etwa* Gym'nasium *n*; **2.** *Am. etwa* Grundschule *f*; **gram·mat·i·cal** [grə'mætɪkl] *adj.* ☐ gram'matisch, grammati'kalisch: ***not ~*** grammatisch falsch.

gramme [græm] *s.* Gramm *n*.

gram mol·e·cule *s. phys.* 'Grammmole,kül *n*.

Gram·my ['græmɪ] *s.* Grammy *m* (*amer. Schallplattenpreis*).

gram·o·phone ['græməfəʊn] *s.* a) Grammo'phon *n*, b) Plattenspieler *m*; **~ rec·ord** *s.* Schallplatte *f*.

gram·pus ['græmpəs] *s. zo.* Schwertwal *m*: ***blow like a ~*** *fig.* wie ein Nilpferd schnaufen.

gran·a·ry ['grænərɪ] *s.* Kornkammer *f* (*a. fig.*), Kornspeicher *m*.

grand [grænd] **I** *adj.* ☐ **1.** großartig, gewaltig, grandi'os, eindrucksvoll, prächtig: ***in ~ style*** großartig; **2.** (*geistig etc.*) groß, bedeutend, über'ragend; **3.** erhaben (*Stil etc.*); **4.** (*gesellschaftlich*) groß, hoch stehend, vornehm, distinguiert: ***~ air*** Vornehmheit *f*, Würde *f*, *iro.* Gran'dezza *f*; ***do the ~*** den vornehmen Herrn spielen; ***..., he said ~ly*** ..., sagte er großartig; **5.** Haupt...: ***~ question***; ***~ staircase*** Haupttreppe *f*; ***~ total*** Gesamtsumme *f*; **6.** F großartig, prächtig: ***a ~ idea***; ***have a ~ time*** sich glänzend amüsieren; **II** *s.* **7.** ♪ Flügel *m*; **8.** *pl.* ***grand*** *Am. sl.* ‚Riese' *m* (*1000 Dollar*).

gran·dad → ***granddad***.

gran·dam ['grændæm] *s.* **1.** Großmutter *f*; **2.** alte Dame.

'grand|·aunt *s.* Großtante *f*; **'~·child** [-ntʃ-] *s.* [*irr.*] Enkel(in); **'~·dad** [-ndæd] *s.* ‚Opa' *m* (*a. alter Mann*); **'~,daugh·ter** [-n,dɔ:-] *s.* Enkelin *f*; **,≈-'Du·cal** [-nd'd-] *adj.* großherzoglich; **≈ Duch·ess** [-ndd-] *s.* Großherzogin *f*; **≈ Duch·y** *s.* Großherzogtum *n*; **≈ Duke** *s.* **1.** Großherzog *m*; **2.** *hist.* (*russischer*) Großfürst.

gran·dee [grænˈdiː] *s.* Grande *m.*

gran·deur [ˈgrændʒə] *s.* **1.** Großartigkeit *f* (*a. iro.*); **2.** Größe *f*, Erhabenheit *f*; **3.** Vornehmheit *f*, Hoheit *f*, Würde *f*: ***delusions of ~*** Größenwahnsinn *m*; **4.** Herrlichkeit *f*, Pracht *f*.

ˈgrand,fa·ther [ˈgrænd,f-] *s.* Großvater *m*: ***~('s) clock*** Standuhr *f*; ***~('s) chair*** Ohrensessel *m*; **ˈgrand,fa·ther·ly** [-lɪ] *adj.* großväterlich (*a. fig.*).

gran·dil·o·quence [grænˈdɪləkwəns] *s.* **1.** (Rede)Schwulst *m*, Bomˈbast *m*; **2.** Großsprecheˈrei *f*; **granˈdil·o·quent** [-nt] *adj.* □ **1.** schwülstig, hochtrabend, ‚geschwollen'; **2.** großsprecherisch.

gran·di·ose [ˈgrændɪəʊs] *adj.* □ **1.** großartig, grandiˈos; **2.** pomˈpös, prunkvoll; **3.** schwülstig, hochtrabend, bomˈbastisch.

grand| ju·ry *s.* ⚖ *Am.* Anklagejury *f* (*Geschworene, die die Eröffnung des Hauptverfahrens beschließen od. ablehnen*); **~ lar·ce·ny** *s.* ⚖ *Am.* schwerer Diebstahl; **~·ma** [ˈgrænmɑː], **~·mam·ma** [ˈgrænmə,mɑː] *s.* F ˈGroßma,ma *f*, ‚Oma' *f*; **~ mas·ter** *s.* **1.** *Schach*: Großmeister *m*; **2.** ***Grand Master*** Großmeister *m* (*der Freimaurer etc.*); **ˈ~,moth·er** [-n,m-] *s.* Großmutter *f*: ***teach your ~ to suck eggs!*** das Ei will klüger sein als die Henne!; **ˈ~,moth·er·ly** [-lɪ] *adj.* großmütterlich (*a. fig.*); **2 Na·tion·al** *s.* *Pferdesport*: Grand National *n* (*Hindernisrennen auf der Aintree-Rennbahn bei Liverpool*); **ˈ~,neph·ew** [-n,n-] *s.* Großneffe *m*.

grand·ness [ˈgrændnɪs] → ***grandeur***.

ˈgrand|·niece [-nniːs] *s.* Großnichte *f*; **~ old man** *s.* ‚großer alter Mann' (*e-r Berufsgruppe etc.*); **X Old Par·ty**, *abbr.* **GOP** *s. pol. Am. die* Republiˈkanische Parˈtei *der USA*; **~ op·er·a** *s.* ♪ große Oper; **~·pa** [ˈgrænpɑː], **~·pa·pa** [ˈgrænpə,pɑː] *s.* ‚Opa' *m*, ˈGroßpa,pa *m*; **ˈ~,par·ent** [-n,p-] *s.* **1.** Großvater *m od.* -mutter *f*; **2.** *pl.* Großeltern *pl.*; **~ pi·an·o** *s.* ♪ (Konˈzert)Flügel *m*; **ˈ~,sire** [-n,s-] *s. obs.* **1.** alter Herr; **2.** Großvater *m*; **ˈ~·son** [-ns-] *s.* Enkel *m*; **~ slam** *s.* **1.** *Tennis*: Grand Slam *m*; **2.** → ***slam²***; **ˈ~·stand** [-ndʒ-] **I** *s. sport* ˈHaupttri,büne *f*: ***play to the ~*** → III; **II** *adj.* Haupttribünen...: ***~ seat***; ***~ play*** F Effekthascherei *f*; ***~ finish*** packendes Finish; **III** *v/i. Am.* F sich in Szene setzen, ‚e-e Schau abziehen'; **~ tour** *s. hist.* Bildungs-, Kavaˈliersreise *f*; **ˈ~,un·cle** *s.* Großonkel *m*.

grange [greɪndʒ] *s.* **1.** Farm *f*; **2.** kleiner Gutshof *od.* Landsitz.

gra·nif·er·ous [grəˈnɪfərəs] *adj.* ⚘ Körner tragend.

gran·ite [ˈgrænɪt] **I** *s. min.* Graˈnit *m* (*a. fig.*): ***bite on ~*** *fig.* auf Granit beißen; **II** *adj.* Granit...; *fig.* hart, eisern, unbeugsam; **gra·nit·ic** [græˈnɪtɪk] → ***granite*** II.

gra·niv·o·rous [grəˈnɪvərəs] *adj.* Körner fressend.

gran·nie, gran·ny [ˈgrænɪ] *s.* F **1.** ‚Oma' *f*: ***~ glasses*** Nickelbrille *f*; ***~ annexe*** Einliegerwohnung *f*; **2.** *a.* ***~('s) knot*** ⚓ Altˈweiberknoten *m*.

grant [grɑːnt] **I** *v/t.* **1.** bewilligen, gewähren (***s.o. a credit*** *etc.* j-m e-n Kredit *etc.*): ***it was not ~ed to her*** es war ihr nicht vergönnt; ***God ~ that*** gebe Gott, dass; **2.** *e-e Erlaubnis etc.* geben, erteilen; **3.** *e-e Bitte etc.* erfüllen, (*a.* ⚖ *e-m Antrag etc.*) stattgeben; **4.** ⚖ überˈtragen, -ˈeignen, verleihen, *Patent* erteilen; **5.** zugeben, zugestehen, einräumen: ***I ~ you that ...*** ich gebe zu, dass ...; ***~ed, but*** zugegeben, aber; ***~ed that ...*** a) zugegeben, dass, b) angenommen, dass; ***take for ~ed*** a) *et.* als erwiesen annehmen, b) *et.* als selbstverständlich betrachten, c) gar nicht mehr wissen, was man an *j-m* hat; **II** *s.* **6.** a) Bewilligung *f*, Gewährung *f*, b) Zuschuss *m*, Unterˈstützung *f*, Subventiˈon *f*; **7.** (Ausbildungs-, Studien)Beihilfe *f*, Stiˈpendium *n*; **8.** ⚖ a) Verleihung *f e-s Rechts*, Erteilung *f e-s Patents etc.*, b) (urkundliche) Überˈtragung (***to*** auf *acc.*); **9.** *Am.* zugewiesenes Amt;

gran·tee [grɑːnˈtiː] *s.* **1.** Begünstigte(r *m*) *f*; **2.** ⚖ a) Zessioˈnar(in), Rechtsnachfolger(in), b) Priviˈlegierte(r *m*) *f*;

,grant-in-ˈaid *pl.* **,grants-in-ˈaid** *s.* a) *Brit.* Reˈgierungszuschuss *m* an Komˈmunen, b) *Am.* Bundeszuschuss *m* an Einzelstaaten; **gran·tor** [grɑːnˈtɔː] *s.* ⚖ a) Zeˈdent(in), b) Liˈzenzgeber(in).

gran·u·lar [ˈgrænjʊlə] *adj.* **1.** gekörnt, körnig; **2.** granuliert; **ˈgran·u·late** [-leɪt] **I** *v/t.* **1.** körnen, granulieren; **2.** *Leder* rauen, narben; **II** *v/i.* körnig werden; **ˈgran·u·lat·ed** [-leɪtɪd] *adj.* **1.** gekörnt, körnig, granuliert (*a.* ⚕): ***~ sugar*** Kristallzucker *m*; **2.** geraut; **gran·u·la·tion** [,grænjʊˈleɪʃn] *s.* **1.** ⚙ Körnen *n*, Granulieren *n*; **2.** Körnigkeit *f*; **3.** ⚕ Granulatiˈon *f*; **ˈgran·ule** [-juːl] *s.* Körnchen *n*; **ˈgran·u·lous** [-ləs] → ***granular***.

grape [greɪp] *s.* **1.** Weintraube *f*, -beere *f*: ***the (juice of the) ~*** der Saft der Reben (*Wein*); ***but that's just sour ~s*** *fig.* aber ihm (*etc.*) hängen die Trauben zu hoch; → ***bunch*** 1; **2.** → ***grapevine*** 1; **3.** *pl. vet.* a) Mauke *f*, b) ˈRindertuberku,lose *f*; **~ cure** *s.* ⚕ Traubenkur *f*; **ˈ~·fruit** *s.* ⚘ Grapefruit *f*, Pampelmuse *f*; **~ juice** *s.* Traubensaft *m*; **ˈ~·louse** *s.* [*irr.*] *zo.* Reblaus *f*; **ˈ~·shot** *s.* ⚔ Karˈtätsche *f*; **ˈ~·stone** *s.* (Wein)Traubenkern *m*; **~ sug·ar** *s.* Traubenzucker *m*; **ˈ~·vine** *s.* **1.** ⚘ Weinstock *m*; **2.** F a) Gerücht *n*, b) *a.* ***~ telegraph*** ‚Buschtrommel‘ *f*, 'Nachrichtensy,stem *n*: ***hear s.th. on the ~*** et. gerüchteweise hören.

graph [græf] *s.* **1.** Schaubild *n*, Dia'gramm *n*, grafische Darstellung, Kurvenblatt *n*, -bild *n*; **2.** *bsd.* ⩚ Kurve *f*: ***~ paper*** Millimeterpapier *n*; **3.** *ling.* Graph *m*; '**graph·ic** [-fɪk] **I** *adj.* (□ ***~ally***) **1.** anschaulich, plastisch, lebendig (geschildert *od.* schildernd); **2.** grafisch, zeichnerisch: ***~ arts*** → 4; ***~ artist*** Grafiker(in); **3.** Schrift..., Schreib...; **II** *s. pl. sg. konstr.* **4.** Grafik, grafische Kunst; **5.** technisches Zeichnen; **6.** grafische Darstellung (*als Fach*); '**graph·i·cal** [-fɪkl] *adj.* □ → ***graphic*** I; '**graph·ics card** *s. Computer*: 'Grafikkarte *f*.

graph·ite ['græfaɪt] *s. min.* Gra'phit *m*, Reißblei *n*; **gra·phit·ic** [grə'fɪtɪk] *adj.* Graphit...

graph·o·log·i·cal [ˌgræfə'lɒdʒɪkl] *adj.* □ grapho'logisch; **graph·ol·o·gist** [græ'fɒlədʒɪst] *s.* Grapho'loge *m*; **graph·ol·o·gy** [græ'fɒlədʒɪ] *s.* Grapholo'gie *f*, Handschriftendeutung *f*.

grap·nel ['græpnl] *s.* **1.** ⚓ a) Enterhaken *m*, b) Dregganker *m*, Dregge *f*; **2.** ⚙ a) Ankereisen *n*, b) (Greif)Haken *m*, Greifer *m*.

grap·ple ['græpl] **I** *s.* **1.** → ***grapnel*** 1 a *u.* 2 b; **2.** a) Griff *m* (*a. beim Ringen etc.*), b) Handgemenge *n*, Kampf *m*; **II** *v/t.* **3.** ⚓ entern; **4.** ⚙ verankern, verklammern; **5.** packen, fassen; **III** *v/i.* **6.** e-n Enterhaken *od.* Greifer gebrauchen; **7.** ringen, kämpfen (*a. fig.*): ***~ with s.th.*** *fig.* sich mit et. herumschlagen.

grap·pling| hook, **~ i·ron** ['græplɪŋ] → ***grapnel*** 1 a u. 2 b.

grasp [grɑːsp] **I** *v/t.* **1.** packen, fassen, (er)greifen; → ***nettle*** 1; **2.** an sich reißen; **3.** *fig.* verstehen, begreifen, (er-)fassen; **II** *v/i.* **4.** zugreifen, zupacken; **5.** ***~ at*** greifen nach; → ***shadow*** 2, ***straw*** 1; **6.** ***~ at*** *fig.* streben nach; **III** *s.* **7.** Griff *m*; **8.** a) Reichweite *f*, b) *fig.* Macht *f*, Gewalt *f*, Zugriff *m*: ***within one's ~*** in Reichweite, *fig. a.* greifbar nahe; ***within the ~ of*** in der Gewalt von (*od. gen.*); **9.** *fig.* Verständnis *n*, Auffassungsgabe *f*: ***it is within his ~*** das kann er begreifen; ***it is beyond his ~*** es geht über seinen Verstand; ***have a good ~ of s.th.*** et. gut beherrschen; '**grasp·ing** [-pɪŋ] *adj.* □ habgierig.

grass [grɑːs] **I** *s.* **1.** ⚘ Gras *n*: ***hear the ~ grow*** *fig.* das Gras wachsen hören; ***not to let the ~ grow under one's feet*** nicht lange fackeln, keine Zeit verschwenden; **2.** Gras *n*, Rasen *m*: ***keep off the ~*** Betreten des Rasens verboten!; **3.** Grasland *n*, Weide *f*: ***be*** (***out***) ***at ~*** a) auf der Weide sein, b) F im Ruhestand sein; ***put*** (*od.* ***turn***) ***out to ~*** a) *Vieh* auf die Weide treiben, b) *bsd. e-m Rennpferd* das Gnadenbrot geben, c) F *j-n* in Rente schicken; **4.** *sl.* ‚Grass‘ *n*, Marihu'ana *n*; **II** *v/t.* **5.** a) *a.* ***~ down*** mit Gras besäen, b) *a.* ***~ over*** mit Rasen bedecken; **6.** *Vieh* weiden (lassen); **7.** *Wäsche* auf dem Rasen bleichen; **8.** *Vogel* abschießen; **9.** *sport Gegner* zu Fall bringen; **III** *v/i.* **10.** grasen, weiden; **11.** *Brit. sl.* ‚singen‘: ***~ on s.o.*** j-n ‚verpfeifen‘; **~ blade** *s.* Grashalm *m*; **~ court** *s. Tennis*: Rasenplatz *m*; ˌ**~-'green** *adj.* grasgrün; '**~-grown** *adj.* mit Gras bewachsen; '**~ˌhop·per** *s.* **1.** *zo.* (Feld)Heuschrecke *f*, Grashüpfer *m*; **2.** ✈, ⚔ Leichtflugzeug *n*; '**~·land** *s.* Weide(land *n*) *f*; '**~·plot** *s.* Rasenplatz *m*; **~ roots** *s. pl.* **1.** *fig.* Wurzel *f*; **2.** *pol.* a) Basis *f* (*e-r Partei*), b) ländliche Bezirke *od.* Landbevölkerung *f*; '**~·roots** *adj. pol.* a) (an) der Basis (*e-r Partei*), b) bodenständig: ***~ democracy***; **~ snake** *s. zo.* Ringelnatter *f*; **~ wid·ow** *s.* **1.** Strohwitwe *f*; **2.** *Am.* geschiedene *od.* getrennt lebende Frau; **~ wid·ow·er** *s.* **1.** Strohwitwer *m*; **2.** *Am.* geschiedener *od.* getrennt lebender Mann.

grass·y ['grɑːsɪ] *adj.* grasbedeckt, grasig, Gras...

grate[1] [greɪt] **I** *v/t.* **1.** *Käse etc.* reiben, *Gemüse etc. a.* raspeln; **2.** a) knirschen mit: ***~ one's teeth***, b) kratzen mit, c) quietschen mit; **3.** *et.* krächzen(d sagen); **II** *v/i.* **4.** knirschen *od.* kratzen *od.* quietschen; **5.** wehtun ([***up***]***on s.o.*** j-m): ***~ on s.o.'s nerves*** an j-s Nerven zerren; ***~ on the ear*** dem Ohr wehtun; ***~ on s.o.'s ears*** j-m in den Ohren wehtun.

grate[2] [greɪt] *s.* **1.** Gitter *n*; **2.** (Feuer-, ⚙ Kessel)Rost *m*; **3.** Ka'min *m*; **4.** *Wasserbau*: Fangrechen *m*; '**grat·ed** [-tɪd] *adj.* vergittert.

grate·ful ['greɪtfʊl] *adj.* □ **1.** dankbar (***to s.o. for s.th.*** j-m für et.): ***a ~ letter*** ein Dank(es)brief; **2.** *fig.* dankbar (*Aufgabe etc.*); **3.** angenehm, wohltuend, will'kommen (***to s.o.*** j-m); '**grate·ful·ness** [-nɪs] *s.* Dankbarkeit *f*.

grat·er ['greɪtə] *s.* Reibe *f*, Reibeisen *n*, Raspel *f*.

grat·i·cule ['grætɪkjuːl] *s.* ⚙ **1.** a) (Grad)Netz *n*, Koordi'natensyˌstem *n*, b) mit e-m Netz versehene Zeichnung; **2.** Fadenkreuz *n*.

grat·i·fi·ca·tion [ˌgrætɪfɪ'keɪʃn] *s.* **1.** Befriedigung *f*: a) Zu'friedenstellung *f*, b) Genugtuung *f* (***at*** über *acc.*); **2.** Freude *f*, Vergnügen *n*, Genuss *m*; **3.** *obs.* Gratifikati'on *f*; **grat·i·fy** ['grætɪfaɪ] *v/t.* **1.** befriedigen: ***~ one's thirst for knowledge*** s-n Wissensdurst stillen; **2.** *j-m* gefällig sein; **3.** erfreuen: ***be gratified*** sich freuen; ***I am gratified to hear*** ich höre mit Genugtuung *od.* Befriedigung; **grat·i·fy·ing** ['grætɪfaɪɪŋ] *adj.* □ erfreulich, befriedigend (***to*** für).

gra·tin ['grætæ̃ŋ] (*Fr.*) *s.* **1.** Bratkruste *f*: ***au ~*** gratiniert, überbacken; **2.** Gra'tin *n*, gratinierte Speise.

grat·ing¹ ['greɪtɪŋ] *adj.* □ **1.** kratzend, knirschend; **2.** krächzend, heiser; **3.** unangenehm.

grat·ing² ['greɪtɪŋ] *s.* **1.** Gitter *n* (*a. phys.*), Gitterwerk *n*; **2.** ⚙ (Balken-, Lauf)Rost *m*; **3.** ⚓ Gräting *f*.

gra·tis ['greɪtɪs] **I** *adv.* gratis, unentgeltlich, um'sonst; **II** *adj.* unentgeltlich, frei, Gratis...

grat·i·tude ['grætɪtjuːd] *s.* Dankbarkeit *f*: ***in ~ for*** aus Dankbarkeit für.

gra·tu·i·tous [grə'tjuːɪtəs] *adj.* □ **1.** → ***gratis*** II; **2.** ⚖ ohne Gegenleistung; **3.** freiwillig, unverlangt; **4.** grundlos, unberechtigt, unverdient; **gra'tu·i·ty** [-tɪ] *s.* **1.** (Geld)Geschenk *n*, Gratifikati'on *f*, Sondervergütung *f*, Zuwendung *f*; **2.** Trinkgeld *n*.

gra·va·men [grə'veɪmen] *s.* **1.** ⚖ a) (Haupt)Beschwerdegrund *m*, b) *das Belastende e-r Anklage*; **2.** *bsd. eccl.* Beschwerde *f*.

grave¹ [greɪv] *s.* **1.** Grab *n*: ***dig one's own ~*** sein eigenes Grab schaufeln; ***have one foot in the ~*** mit einem Bein im Grab stehen; ***rise from the ~*** (von den Toten) auferstehen; ***turn in one's ~*** sich im Grabe umdrehen; **2.** *fig.* Grab *n*, Tod *m*, Ende *n*.

grave² [greɪv] **I** *adj.* □ **1.** ernst: a) feierlich, b) bedenklich: ***~ illness*** (***voice***, *etc.*), c) gewichtig, schwerwiegend, d) gesetzt, würdevoll, e) schwer, tief: ***~ thoughts***; **2.** dunkel, gedämpft (*Farbe*); **3.** *ling.* fallend: ***~ accent*** → 5; **4.** tief (*Ton*); **II** *s.* **5.** *ling.* Gravis *m*, Ac'cent *m* grave.

grave³ [greɪv] *v/t.* [*irr.*] *obs.* **1.** *Figur* (ein)schnitzen, (-)meißeln; **2.** *fig.* eingraben, -prägen.

grave⁴ [greɪv] *v/t.* ⚓ *Schiffsboden* reinigen u. teeren.

'grave,dig·ger *s.* Totengräber *m* (*a. zo. u. fig.*).

grav·el ['grævl] **I** *s.* **1.** Kies *m*: ***~ pit*** Kiesgrube *f*; **2.** Schotter *m*; **3.** *geol.* Geröll *n*; **4.** ✱ Harngrieß *m*; **II** *v/t.* **5.** a) mit Kies bestreuen, b) beschottern; **6.** *fig.* verwirren, verblüffen.

grav·en ['greɪvn] *p.p. von* ***grave³*** *u. adj.* geschnitzt: ***~ image*** Götzenbild *n*.

grav·er ['greɪvə] → ***graving tool***.

Graves' dis·ease [greɪvz] *s.* ✱ basedowsche Krankheit.

'grave|·side *s.*: ***at the ~*** am Grab; **'~·stone** *s.* Grabstein *m*; **'~·yard** *s.* Fried-, Kirchhof *m*.

grav·id ['grævɪd] *adj.* a) schwanger, b) trächtig (*Tier*).

gra·vim·e·ter [grə'vɪmɪtə] *s. phys.* Gravi'meter *n*: a) Dichtemesser *m*, b) Schweremesser *m*.

grav·ing| dock ['greɪvɪŋ] *s.* ⚓ Trockendock *n*; **~ tool** *s.* ⚙ Grabstichel *m*.

grav·i·tate ['grævɪteɪt] *v/i.* **1.** sich (durch Schwerkraft) fortbewegen; **2.** *a. fig.* gravitieren, (hin)streben (***towards*** zu, nach); **3.** *fig.* sich hingezogen fühlen, tendieren, (hin)neigen (***to***, ***towards*** zu); **4.** sinken, fallen; **grav·i·ta·tion** [ˌgrævɪ'teɪʃn] *s.* **1.** *phys.* Gravitati'on *f*: a) Schwerkraft *f*, b) Gravitieren *n*; **2.** *fig.* Neigung *f*, Hang *m*, Ten'denz *f*; **grav·i·ta·tion·al** [ˌgrævɪ'teɪʃənl] *adj. phys.* Gravitations...: ***~ force*** Schwerkraft *f*; ***~ field*** Schwerefeld *n*; ***~ pull*** Anziehungskraft *f*.

grav·i·ty ['grævətɪ] **I** *s.* **1.** Ernst *m*: a) Feierlichkeit *f*, b) Bedenklichkeit *f*, c) Gesetztheit *f*, d) Schwere *f*; **2.** ♪ Tiefe *f* (*Ton*); **3.** *phys.* a) *a.* ***force of ~*** Gravitati'on *f*, Schwerkraft *f*, b) (Erd)Schwere *f*, c) Erdbeschleunigung; → ***centre*** 1, ***specific*** 8; **II** *adj.* **4.** *phys.*, ⚙ Schwerkraft...: ***~ drive***; ***~ feed*** Gefällezuführung *f*; ***~ tank*** Falltank *m*.

gra·vure [grə'vjʊə] *s.* Gra'vüre *f*.

gra·vy ['greɪvɪ] *s.* **1.** Braten-, Fleischsaft *m*; **2.** (Fleisch-, Braten)Soße *f*; **3.** *sl.* a) lukra'tive Sache, b) (unverhoffter) Gewinn: ***that's pure ~!*** das ist ja fantastisch!; **~ beef** *s.* Saftbraten *m*; **~ boat** *s.* Sauci'ere *f*, Soßenschüssel *f*; **~ train** *s.*: ***get on the ~*** *sl.* a) leicht ans große Geld kommen, b) ein Stück vom ‚Kuchen' abkriegen.

gray *etc. bsd. Am.* → ***grey*** *etc.*

graze¹ [greɪz] **I** *v/t.* **1.** *Vieh* weiden (lassen); **2.** abweiden, -grasen; **II** *v/i.* **3.** weiden, grasen (*Vieh*): ***grazing ground*** Weideland *n*.

graze² [greɪz] **I** *v/t.* **1.** streifen: a) leicht berühren, b) schrammen; **2.** ✱ (ab-)schürfen, (auf)schrammen; **II** *v/i.* **3.** streifen; **III** *s.* **4.** Streifen *n*; **5.** ✱ Abschürfung *f*, Schramme *f*; **6.** *a.* ***grazing shot*** Streifschuss *m*.

gra·zier ['greɪzjə] *s.* Viehzüchter *m*.

grease I *s.* [griːs] **1.** (*zerlassenes*) Fett, Schmalz *n*; **2.** ⚙ Schmierfett *n*, -mittel *n*, Schmiere *f*; **3.** a) Wollfett *n*, b) Schweißwolle *f*; **4.** *vet.* (Flechten)Mauke *f* (*Pferd*); **5.** *hunt.* Feist *n*: ***in ~ of pride*** (*od.* ***prime***) fett (*Wild*); **II** *v/t.* [griːz] **6.** ⚙ (ein)fetten, (ab)schmieren; → ***lightning*** I; **7.** beschmieren; **8.** F *j-n* ‚schmieren', bestechen; **~ cup** *s.* ⚙ Staufferbüchse *f*; **~ gun** *s.* ⚙ (Ab-)Schmierpresse *f*; **~ mon·key** *s.* F ✈, *mot.* (*bsd.* 'Auto-, 'Flugzeug)Meˌchaniker *m*; **~ paint** *s. thea.* (Fett)Schminke *f*; **'~·proof** *adj.* Fett abstoßend.

greas·er ['griːzə] *s.* **1.** Schmierer *m*, Öler *m*; **2.** ⚙ Schmiervorrichtung *f*; **3.**

G

Brit. F 'Autome,chaniker *m*; **4.** *Brit.* F *contp.* ‚Schleimscheißer' *m*; **5.** *Am. contp.* Mexi'kaner *m*.

greas·i·ness ['gri:zɪnɪs] *s.* **1.** Fettig-, Öligkeit *f*; **2.** Schmierigkeit *f*; **3.** Schlüpfrigkeit *f*; **4.** *fig.* Aalglätte *f*; **greas·y** ['gri:zɪ] *adj.* □ **1.** fettig, schmierig, ölig; **2.** schmierig, beschmiert; **3.** glitschig, schlüpfrig; **4.** ungewaschen (*Wolle*); **5.** *fig.* a) aalglatt, b) ölig, c) schmierig.

great [greɪt] **I** *adj.* □ → ***greatly***; **1.** groß, beträchtlich: ***a ~ number*** e-e große Anzahl; ***a ~ many*** sehr viele; ***the ~ majority*** die große Mehrheit; ***live to a ~ age*** ein hohes Alter erreichen; **2.** groß, Haupt...: ***to a ~ extent*** in hohem Maße; ***~ friends*** dicke Freunde; **3.** groß, bedeutend, berühmt: ***a ~ poet***; ***a ~ city*** e-e bedeutende Stadt; ***~ issues*** wichtige Probleme; **4.** hoch stehend, vornehm, berühmt: ***a ~ family***; ***the ~ world*** die gute Gesellschaft; **5.** großartig, vor'züglich, wertvoll: ***a ~ opportunity*** e-e vorzügliche Gelegenheit; ***it is a ~ thing to be healthy*** es ist viel wert, gesund zu sein; **6.** erhaben, hoch: ***~ thoughts***; **7.** eifrig: ***a ~ reader***; **8.** groß(geschrieben); **9.** *nur pred.* a) gut: ***he is ~ at golf*** er spielt (sehr) gut Golf, er ist ‚ganz groß' im Golfspielen, b) interessiert: ***he is ~ on dogs*** er ist ein großer Hundeliebhaber; **10.** F großartig, wunderbar, prima; ***we had a ~ time*** wir haben uns herrlich amüsiert, es war sagenhaft (schön); ***the ~ thing is that ...*** das Großartige (daran) ist, dass; **11.** *in Verwandtschaftsbezeichnungen*: a) Groß..., b) (*vor* ***grand...***) Ur...; **12.** *als Beiname*: ***the ♀ Elector*** der Große Kurfürst; ***Frederick the ♀*** Friedrich der Große; **II** *s.* **13.** ***the ~*** *pl.* die Großen *pl.*, die Promi'nenten *pl.*; **14.** *pl. Brit. univ.* 'Schlussex,amen *n* für den Grad des B.A. (*Oxford*).

,**great|-'aunt** *s.* Großtante *f*; ♀ **Char·ter** → ***Magna C(h)arta***; **~ cir·cle** *s.* ⩚ Großkreis *m* (*e-r Kugel*); '**~·coat** *s.* (Herren)Mantel *m*; ♀ **Dane** *s. zo.* Dänische Dogge; **~ di·vide** *s.* **1.** *geogr.* Hauptwasserscheide *f*: ***the Great Divide*** die Rocky Mountains; ***cross the ~*** *fig.* die Schwelle des Todes überschreiten; **2.** *fig.* Krise *f*, entscheidende Phase.

Great·er Lon·don ['greɪtə] *s.* Groß-London *n*.

> **Greater London** besteht aus der **City** (*siehe dort*) sowie 32 Bezirken (**boroughs** ['bʌrəz]). Der Großraum London erstreckt sich über eine Fläche von ca. 1.600 km² und hat etwa 7 Millionen Einwohner.

,**great|-'grand·child** *s.* Urenkel(in); ,**~-'grand,daugh·ter** *s.* Urenkelin *f*; ,**~-'grand,fa·ther** *s.* Urgroßvater *m*; ,**~-'grand,moth·er** *s.* Urgroßmutter *f*; ,**~-'grand,par·ents** *s. pl.* Urgroßeltern *pl.*; ,**~-'grand·son** *s.* Urenkel *m*; **~ gross** *s.* zwölf Gros *pl.*; ,**~-'heart·ed** *adj.* **1.** beherzt; **2.** hochherzig; ♀ **Lakes** *s. pl. die* Großen Seen *pl.* (*USA*).

great·ly ['greɪtlɪ] *adv.* sehr, höchst, außerordentlich, 'überaus.

Great| Mo·gul ['məʊgʌl] *s. hist.* Großmogul *m*; ,♀-'**neph·ew** *s.* Großneffe *m*.

great·ness ['greɪtnɪs] *s.* **1.** Größe *f*, Erhabenheit *f*: ***~ of mind*** Geistesgröße; **2.** Größe *f*, Bedeutung *f*, Wichtigkeit *f*, Rang *m*; **3.** Ausmaß *n*.

,**great|-'niece** *s.* Großnichte *f*; ♀ **Plains** *s. pl. Am. Präriegebiete im Westen der USA*; ♀ **Pow·ers** *s. pl. pol.* Großmächte *pl.*; ♀ **Seal** *s. Brit. hist.* Großsiegel *n*; **~ tit** *s. orn.* Kohlmeise *f*; ,**~-'un·cle** *s.* Großonkel *m*; ♀ **Wall** (**of Chi·na**) *s. die* Chi'nesische Mauer; ♀ **War** *s.* (*bsd. der* Erste) Weltkrieg.

greave [gri:v] *s. hist.* Beinschiene *f*.

greaves [gri:vz] *s. pl.* Grieben *pl.*

grebe [gri:b] *s. orn.* (See)Taucher *m*.

Gre·cian ['gri:ʃn] **I** *adj.* **1.** (*bsd.* klassisch) griechisch; **II** *s.* **2.** Grieche *m*, Griechin *f*; **3.** Grä'zist *m*.

greed [gri:d] *s.* Gier *f* (**for** nach); Habgier *f*, -sucht *f*: ***~ for power*** Machtgier; '**greed·i·ness** [-dɪnɪs] *s.* **1.** Gierigkeit *f*; **2.** Gefräßigkeit *f*; '**greed·y** [-dɪ] *adj.* □ **1.** gierig (**for** auf *acc.*, nach): ***~ for power*** machtgierig; **2.** habgierig; **3.** gefräßig, gierig.

Greek [gri:k] **I** *s.* **1.** Grieche *m*, Griechin *f*: ***when ~ meets ~*** *fig.* wenn zwei Ebenbürtige sich miteinander messen; **2.** *ling.* Griechisch *n*, das Griechische: ***that's ~ to me*** das sind für mich böhmische Dörfer; **II** *adj.* **3.** griechisch; **~ Church** *s.* ,griechisch-ortho'doxe *od.* -ka'tholische Kirche; **~ cross** *s.* griechisches Kreuz; **~ gift** *s. fig.* Danaergeschenk *n*; **~ Or·tho·dox Church** → ***Greek Church***.

green [gri:n] **I** *adj.* □ **1.** *allg.* grün (*a. weitS. grünend, schneefrei, unreif*): ***~ apples*** (***fields***); ***~ food***, ***~ vegetables*** → 13; ***~ with envy*** grün *od.* gelb vor Neid; ***~ with fear*** schreckensbleich; **2.** grün, frisch: ***~ fish***; ***~ wine*** neuer Wein; **3.** roh, frisch, Frisch...: ***~ meat***; ***~ coffee*** Rohkaffee *m*; **4.** ⚙ nicht fertig verarbeitet: ***~ ceramics*** ungebrannte Töpferwaren; ***~ hide*** ungegerbtes Fell; ***~ ore*** Roherz *n*; **5.** ⚙ fa'briekneu: **~**

assembly Erstmontage *f*; *~ **run*** Einfahren *n*, erster Lauf; **6.** *fig.* frisch: a) neu, b) lebendig: *~ **memories***; **7.** *fig.* grün, unerfahren, na'iv: ***a ~ youth***; ***~ in years*** jung an Jahren; **8.** jugendlich: ***~ old age*** rüstiges Alter; **II** *s.* **9.** Grün *n*, grüne Farbe: ***the Greens*** *pl. pol.* die Grünen: ***the lights are at ~*** *mot.* die Ampel steht auf Grün; ***at ~*** bei Grün; **10.** Grünfläche *f*, Rasen(platz) *m*: ***village ~*** Dorfanger *m*, -wiese *f*; **11.** Golfplatz *m*; **12.** *pl.* Grün *n*, grünes Laub; **13.** *mst pl.* grünes Gemüse, Blattgemüse *n*; **14.** *fig.* Jugendfrische *f*; **15.** *sl.* ‚Kies' *m* (*Geld*); **III** *v/t.* **16.** grün machen *od.* färben; **IV** *v/i.* **17.** grün werden, grünen.

Um als Nicht-US-Bürger in den USA längerfristig arbeiten zu können, muss man sich von der Immigrationsbehörde eine so genannte **green card** ['gri:nkɑ:d] austellen lassen (so genannt, weil sie ursprünglich grün war). Wie schwierig es sein kann, diese Aufenthaltsberechtigung zu bekommen, wird anschaulich im gleichnamigen Film (mit Gerard Depardieu und Andy McDowell) dargestellt.

'green|·back *s.* **1.** *Am.* F Dollarschein *m*; **2.** *zo.* Laubfrosch *m*; **~ belt** *s.* Grüngürtel *m* (*um e-e Stadt*); **~ card** *s.* **1.** *Am.* grüne Karte *f* (*Aufenthaltsgenehmigung*); **2.** *Brit. mot.* grüne Versicherungskarte *f*; **~ cheese** *s.* **1.** unreifer Käse; **2.** Molkenkäse *m*; **3.** Kräuterkäse *m*; **~ cloth** *s. bsd. Am.* **1.** Spieltisch *m*; **2.** Billardtisch *m*; **~ crop** *s.* ✓ Grünfutter *n*.

Greenback heißt der Dollar umgangssprachlich, da die Rückseite der Banknoten seit dem amerikanischen Bürgerkrieg grün bedruckt ist.

green·er·y ['gri:nərɪ] *s.* **1.** Grün *n*, Laub *n*; **2.** → ***greenhouse*** 1.

'green|-eyed *adj. fig.* eifersüchtig, neidisch: ***the ~ monster*** die Eifersucht; **'~·finch** *s. orn.* Grünfink *m*; **~ fin·gers** *s. pl.* F gärtnerische Begabung: ***he has ~*** bei ihm gedeihen alle Pflanzen, ‚er hat einen grünen Daumen'; **'~·fly** *s. zo. Brit.* grüne Blattlaus; **'~·gage** *s.* Reine'claude *f*; **'~ˌgro·cer** *s.* Obst- u. Gemüsehändler *m*; **'~ˌgro·cer·y** *s.* **1.** Obst- u. Gemüsehandlung *f*; **2.** *pl.* Obst *n* u. Gemüse *n*; **'~·horn** *s.* F **1.** ‚Greenhorn' *n*, Grünschnabel *m*, (unerfahrener) Neuling; **2.** Gimpel *m*; **'~·house** *s.* **1.** Treib-, Gewächshaus *n*: ***~ effect*** Treibhauseffekt *m*; ***~ gases*** Treibhausgase *pl.*; **2.** ✈ F Vollsichtkanzel *f*.

green·ish ['gri:nɪʃ] *adj.* grünlich.

Green·land·er ['gri:nləndə] *s.* Grönländer(in).

green| light *s.* grünes Licht (*bsd. der Verkehrsampel*; *a. fig. Genehmigung*): ***give s.o. the ~*** *fig.* j-m grünes Licht geben; **~ lung** *s. Brit.* ‚grüne Lunge', Grünflächen *pl.*; **'~·man** [-mən] *s.* [*irr.*] Platzmeister *m* (*Golfplatz*).

green·ness ['gri:nnɪs] *s.* **1.** Grün *n*, *das* Grüne; **2.** *fig.* Frische *f*, Munterkeit *f*, Kraft *f*; **3.** *fig.* Unreife *f*, Unerfahrenheit *f*.

green| pound *s.* ✝ grünes Pfund (*EG-Verrechnungseinheit*); **'~·room** [-rʊm] *s. thea.* 'Künstlerzimmer *n*, -gardeˌrobe *f*; **'~ˌsick·ness** *s.* ⚕ Bleichsucht *f*; **'~·stick (frac·ture)** *s.* ⚕ Knickbruch *m*; **'~·stuff** *s.* **1.** Grünfutter *n*; **2.** grünes Gemüse; **'~·sward** *s.* Rasen *m*; **~ ta·ble** *s.* Konfe'renztisch *m*; **~ tea** *s.* grüner Tee; **~ thumb** *Am.* → ***green fingers***.

Green·wich (Mean) Time ['grenɪdʒ] *s.* Greenwicher Zeit.

Greenwich, ein Londoner Bezirk an der Themse, ist wegen seiner 1675 erbauten Sternwarte bekannt, durch die der Nullmeridian verläuft. Von hier aus werden die Zeitzonen in aller Welt berechnet.

Greenwich Village heißt das Künstlerviertel New Yorks im südlichen Teil von Manhattan, das durch seine charakteristische Architektur geprägt ist.

greet [gri:t] *v/t.* **1.** grüßen; **2.** begrüßen, empfangen; **3.** *fig. dem Auge* begegnen, *ans Ohr* dringen, sich *j-m* bieten (*Anblick*); **4.** *e-e Nachricht etc. freudig etc.* aufnehmen; **'greet·ing** [-tɪŋ] *s.* **1.** Gruß *m*, Begrüßung *f*; **2.** *pl.* a) Grüße *pl.*, b) Glückwünsche *pl.*: ***~s card*** Glückwunschkarte *f*.

gre·gar·i·ous [grɪ'geərɪəs] *adj.* ☐ **1.** gesellig; **2.** *zo.* in Herden *od.* Scharen lebend, Herden...; **3.** ⚘ traubenartig wachsend; **gre'gar·i·ous·ness** [-nɪs] *s.* **1.** Geselligkeit *f*; **2.** *zo.* Zs.-leben *n* in Herden.

Gre·go·ri·an [grɪ'gɔːrɪən] *adj.* gregori'anisch: ~ **calendar**; ~ **chant** ♪ gregorianischer Gesang.

greige [greɪʒ] *adj. u. s.* ⚙ na'turfarben(e Stoffe *pl.*).

grem·lin ['gremlɪn] *s. sl.* böser Geist, Kobold *m* (*der Maschinenschaden etc. anrichtet*).

gre·nade [grɪ'neɪd] *s.* **1.** ⚔ Ge'wehr-, 'Handgra,nate *f*; **2.** 'Tränengaspa,trone *f*; **gren·a·dier** [,grenə'dɪə] *s.* ⚔ Grena'dier *m.*

gres·so·ri·al [gre'sɔːrɪəl] *adj. orn., zo.* Schreit..., Stelz...: ~ **birds**.

Gret·na Green mar·riage ['gretnə] *s.* Heirat *f* in Gretna Green (*Schottland*).

grew [gruː] *pret. von* **grow**.

grey [greɪ] **I** *adj.* □ **1.** grau; **2.** grau(-haarig), ergraut: **grow** ~ → 8; **3.** farblos, blass; **4.** trübe, düster, grau: **a** ~ **day**; ~ **prospects** trübe Aussichten; **5.** ⚙ neu'tral, farblos, na'turfarben: ~ **cloth** ungebleichter Baumwollstoff; **II** *s.* **6.** Grau *n*, graue Farbe: **dressed in** ~ grau *od.* in Grau gekleidet; **7.** *zo.* Grauschimmel *m*; **III** *v/i.* **8.** grau werden, ergrauen: **~ing** angegraut (*Haare*); ~ **a·re·a** *s.* **1.** *Statistik*: Grauzone *f*; **2.** *Brit.* Gebiet *n* mit hoher Arbeitslosigkeit; '**~·back** *s.* **1.** *zo.* Grauwal *m*; **2.** *Am.* F ‚Graurock' *m* (*Soldat der Südstaaten im Bürgerkrieg*); ~ **crow** *s. orn.* Nebelkrähe *f*; '**~·fish** *s. ein* Hai(fisch) *m*; ~ **goose** → **greylag**; ,**~-'head·ed** *adj.* **1.** grauköpfig; **2.** *fig.* alterfahren; '**~·hen** *s. orn.* Birk-, Haselhuhn *n*; '**~·hound** *s.* Windhund *m*; ~ **racing** Windhundrennen *n.*

grey·ish ['greɪɪʃ] *adj.* gräulich, Grau...

grey·lag ['greɪlæg] *s. orn.* Grau-, Wildgans *f.*

grey| mar·ket *s.* ✝ grauer Markt; ~ **mat·ter** *s.* **1.** ⚕ graue ('Hirnrinden-)Sub,stanz; **2.** F ‚Grips' *m*, ‚Grütze' *f* (*Verstand*); ~ **mul·let** *s. ichth.* Meeräsche *f.*

grey·ness ['greɪnɪs] *s.* **1.** Grau *n*; **2.** *fig.* Trübheit *f*, Düsterkeit *f.*

grey squir·rel *s. zo.* Grauhörnchen *n.*

grid [grɪd] *s.* **1.** Gitter *n*, Rost *m*; **2.** ⚡ a) Bleiplatte *f*, b) Gitter *n* (*in Elektronenröhre*); **3.** ⚡ *etc.* Versorgungsnetz *n*; **4.** Gitternetz *n auf Landkarten*: **~ded map** Gitternetzkarte *f*; **5.** → **gridiron** 1, 4, 6; ~ **bi·as** *s.* ⚡ Gittervorspannung *f*; ~ **cir·cuit** *s.* ⚡ Gitterkreis *m.*

grid·dle ['grɪdl] *s.* **1.** Kuchen-, Backblech *n*: ~ **cake** Pfannkuchen *m*; **be on the** ~ F ‚in die Mangel genommen werden'; **2.** ⚙ Drahtsieb *n.*

'**grid,i·ron** *s.* **1.** Bratrost *m*; **2.** ⚙ Gitterrost *m*; **3.** Netz(werk) *n* (*Leitungen, Bahnlinien etc.*); **4.** ⚓ Balkenrost *m*; **5.** *thea.* Schnürboden *m*; **6.** *American Football*: F Spielfeld *n.*

grid| leak *s.* ⚡ 'Gitter(ableit),widerstand *m*; ~ **line** *s.* Gitternetzlinie *f* (*auf Landkarten*); '**~·lock** *s.* **1.** *mot.* Verkehrsstau *m*, Verkehrsinfarkt *m*; **2.** *fig.* festgefahrene Situation; '**~·locked** *adj.* **1.** *mot.* a) verstopft (*Straßen*), b) stehend, zum Stillstand gekommen (*Verkehr*); **2.** *fig.* festgefahren (*Situation etc.*); ~ **plate** *s.* ⚡ Gitterplatte *f*; ~ **square** *s.* 'Planqua,drat *n.*

Das Wort **gridlock** bezeichnet den völligen Stillstand des Straßenverkehrs besonders in amerikanischen Städten, deren Straßen eine Art „Gitter" (**grid**) bilden, indem sie parallel von Nord bis Süd und von Ost bis West verlaufen. **Gridlock** entspricht etwa dem deutschen „Verkehrsinfarkt" und kann sich inzwischen auch auf den Autobahnverkehr beziehen.

grief [griːf] *s.* Gram *m*, Kummer *m*, Leid *n*, Schmerz *m*: **bring to** ~ zu Fall bringen, zugrunde richten; **come to** ~ a) zu Schaden kommen, verunglücken, b) zugrunde gehen, c) fehlschlagen, scheitern: **good ~!** F meine Güte!; '**~-,strick·en** *adj.* kummervoll.

griev·ance ['griːvns] *s.* **1.** Beschwerde(-grund *m*) *f*, (Grund *m* zur) Klage *f*: ~ **committee** Schlichtungsausschuss *m*; **2.** Missstand *m*; **3.** Groll *m*; **4.** Unzufriedenheit *f*; **grieve** [griːv] **I** *v/t.* betrüben, bekümmern, *j-m* wehtun; **II** *v/i.* bekümmert sein, sich grämen (**at, about** über *acc.*, wegen; **for** um); '**griev·ous** [-vəs] *adj.* □ **1.** schmerzlich, bitter, quälend; **2.** schwer, schlimm: ~ **error**; ~ **bodily harm** ⚖ schwere Körperverletzung; **3.** bedauerlich; '**griev·ous·ness** [-vəsnɪs] *s. das* Schmerzliche *etc.*

grif·fin¹ ['grɪfɪn] *s.* **1.** *myth., her.* Greif *m*; **2.** → **griffon**¹.

grif·fin² ['grɪfɪn] *s.* Neuankömmling *m* (*im Orient*).

grif·fon¹ ['grɪfən], *a.* ~ **vul·ture** *s. orn.* Weißköpfiger Geier.

grif·fon² ['grɪfən] *s.* **1.** → **griffin**¹ 1; **2.** Grif'fon *m* (*ein Vorstehhund*).

grift·er ['grɪftə] *s. Am. sl.* Gauner *m.*

grill¹ [grɪl] **I** *s.* **1.** Grill *m*, (Brat)Rost *m*; **2.** Grillen *n*; **3.** Gegrillte(s) *n*; **4.** → **grillroom**; **II** *v/t.* **5.** *Fleisch etc.* grillen;

6. ~ ***o.s.*** sich (in der Sonne) grillen; **7.** *a.* ***give a ~ing*** F *j-n* ‚in die Mangel nehmen', ‚ausquetschen' (*bsd. Polizei*); **III** *v/i.* **8.** gegrillt werden.

grill² [grɪl] → ***grille***.

grille [grɪl] *s.* **1.** Tür-, Fenster-, Schaltergitter *n*; **2.** Gitterfenster *n*, Sprechgitter *n*; **3.** *mot.* (Kühler)Grill *m*; **grilled** [-ld] *adj.* vergittert.

grill·er ['grɪlə] → ***grill¹*** 1; **'grill·room** *s.* Grill(room) *m*.

grilse [grɪls] *s.*, *a. pl. ichth.* junger Lachs.

grim [grɪm] *adj.* □ **1.** grimmig: a) zornig, wütend, b) erbittert, verbissen: ~ ***struggle***, c) hart, schlimm, grausam; **2.** schrecklich, grausig: ~ ***accident***.

gri·mace [grɪ'meɪs] **I** *s.* Gri'masse *f*, Fratze *f*: ***make a*** ~, ***make ~s*** → **II** *v/i.* e-e Gri'masse *od.* Gri'massen schneiden, das Gesicht verzerren *od.* verziehen.

gri·mal·kin [grɪ'mælkɪn] *s.* **1.** (alte) Katze; **2.** alte Hexe (*Frau*).

grime [graɪm] **I** *s.* (zäher) Schmutz *od.* Ruß; **II** *v/t.* beschmutzen; **'grim·i·ness** [-mɪnɪs] *s.* Schmutzigkeit *f*.

Grimm's law [grɪmz] *s. ling.* (Gesetz *n* der) Lautverschiebung *f*.

grim·ness ['grɪmnɪs] *s.* Grimmigkeit *f*, Schrecklichkeit *f*; Grausamkeit *f*, Härte *f*; Verbissenheit *f*.

grim·y ['graɪmɪ] *adj.* □ schmutzig, rußig.

grin [grɪn] **I** *v/i.* grinsen, feixen, *oft nur* (verschmitzt) lächeln: ~ ***at s.o.*** j-n angrinsen *od.* anlächeln; ~ ***to o.s.*** in sich hineingrinsen; ~ ***and bear it*** a) gute Miene zum bösen Spiel machen, b) die Zähne zs.-beißen; **II** *v/t. et.* grinsend sagen; **III** *s.* Grinsen *n*, (verschmitztes) Lächeln.

grind [graɪnd] **I** *v/t.* [*irr.*] **1.** *Messer etc.* schleifen, wetzen, schärfen; *Glas* schleifen: ~ ***in*** *Ventile* einschleifen; → ***ax*** 1; **2.** *a.* ~ ***down*** (zer)mahlen, zerreiben, -kleinern, -stoßen, -stampfen, schroten; **3.** *Kaffee, Korn, Mehl etc.* mahlen; **4.** ⚙ schmirgeln, glätten, polieren; **5.** ~ ***down*** abwetzen; → 2 *u.* 11; **6.** ~ ***one's teeth*** mit den Zähnen knirschen; **7.** knirschend (*hinein*)bohren; **8.** *Leierkasten etc.* drehen; **9.** ~ ***out*** a) *Zeitungsartikel etc.* her'unterschreiben, b) ♪ her'unterspielen; **10.** ~ ***out*** *et.* mühsam her'vorbringen; **11.** *a.* ~ ***down*** *fig.* (unter)'drücken, schinden, quälen: ~ ***the faces of the poor*** die Armen (gnadenlos) ausbeuten; **12.** ~ ***s.th. into s.o.*** F j-m et. ‚einpauken'; **II** *v/i.* [*irr.*] **13.** mahlen; **14.** knirschen; **15.** F sich plagen *od.* abschinden; **16.** *ped.* F ‚pauken', ‚ochsen', ‚büffeln'; **III** *s.* **17.** F Schinde'rei *f*: ***the daily*** ~; **18.** *ped.* F a) ‚Pauken' *n*, ‚Büffeln' *n*, b) Streber(in), ‚Büffler(in)'; **19.** *Brit. sl.* ‚Nummer' *f* (*Koitus*); **'grind·er** [-də] *s.* **1.** (*Messer-, Scheren-, Glas*)Schleifer *m*; **2.** Schleifstein *m*; **3.** oberer Mühlstein; **4.** ⚙ a) 'Schleifma,schine *f*, b) Mahlwerk *n*, Mühle *f*, c) Quetschwerk *n*; **5.** a) (Kaffee)Mühle *f*, b) *a.* ***meat*** ~ Fleischwolf *m*; **6.** *anat.* a) Backenzahn *m*, b) *pl. sl.* Zähne *pl.*; **'grind·ing** [-dɪŋ] **I** *s.* **1.** Mahlen *n*; **2.** Schleifen *n*; **3.** Knirschen *n*; **II** *adj.* **4.** mahlend (*etc.* → ***grind*** I *u.* II); **5.** Mahl..., Schleif...: ~ ***mill*** a) Mahlwerk *n*, Mühle *f*, b) Schleif-, Reibmühle *f*; ~ ***paste*** Schleifpaste *f*; **6.** ~ ***work*** ‚Schinderei' *f*.

'grind·stone [-ndʒ-] *s.* Schleifstein *m*: ***keep s.o.'s nose to the*** ~ *fig.* j-n hart *od.* schwer arbeiten lassen; ***keep one's nose to the*** ~ schwer arbeiten, sich ranhalten; ***get back to the*** ~ sich wieder an die Arbeit machen.

grin·go ['grɪŋgəʊ] *pl.* **-gos** *s.* Gringo *m* (*lateinamer. Spottname für Ausländer, bsd. Angelsachsen*).

grip [grɪp] **I** *s.* **1.** Griff *m* (*a. die Art, et. zu packen*): ***come to ~s with*** a) aneinander geraten mit, b) *fig.* sich auseinander setzen mit, *et.* in Angriff nehmen; ***be at ~s with*** a) in e-n Kampf verwickelt sein mit, b) *fig.* sich auseinander setzen *od.* ernsthaft beschäftigen mit *e-r Sache*; **2.** *fig.* a) Griff *m*, Halt *m*, b) Herrschaft *f*, Gewalt *f*, Zugriff *m*, c) Verständnis *n*, ‚'Durchblick' *m*: ***in the*** ~ ***of*** in den Klauen *od.* in der Gewalt (*gen.*); ***get a*** ~ ***on*** in s-e Gewalt *od.* (*geistig*) in den Griff bekommen; ***have a*** ~ ***on*** *et.* in der Gewalt haben, *fig. Zuhörer etc.* fesseln, gepackt halten; ***have a*** (***good***) ~ ***on*** *die Lage, e-e Materie etc.* (sicher) beherrschen, *die Situation etc.* (klar) erfassen; ***lose one's*** ~ a) die Herrschaft verlieren (***of*** über *acc.*), b) (*bsd. geistig*) nachlassen; **3.** (*bestimmter*) Händedruck *m* (*z.B. der Freimaurer*); **4.** (Hand)Griff *m* (*Koffer etc.*); **5.** Haarspange *f*; **6.** ⚙ Greifer *m*, Klemme *f*; **7.** ⚙ Griffigkeit *f* (*a. von Autoreifen*); **8.** *thea.* Ku'lissenschieber *m*; **9.** Reisetasche *f*; **II** *v/t.* **10.** packen, ergreifen; **11.** *fig. j-n* packen: a) ergreifen (*Furcht, Spannung*), b) *Leser, Zuhörer etc.* fesseln; **12.** *fig.* begreifen, verstehen; **13.** ⚙ festklemmen; **III** *v/i.* **14.** Halt finden; **15.** *fig.* packen, fesseln; ~ ***brake*** *s.* ⚙ Handbremse *f*.

gripe [graɪp] **I** *v/t.* **1.** zwicken: ***be ~d*** Bauchschmerzen *od.* e-e Kolik haben; **2.** ⚓ *Boot etc.* sichern; **II** *v/i.* **3.** F nörgeln, ‚meckern'; **III** *s.* **4.** *pl.* ⚕ Bauchweh *n*, Kolik *f*; **5.** F (Grund *m* zur) ‚Mecke'rei' *f*; **6.** *pl.* ⚓ Seile *pl.* zum Festmachen.

grip·per ['grɪpə] *s.* ⚙ Greifer *m*, Halter *m*; **'grip·ping** [-pɪŋ] *adj.* **1.** *fig.* fesselnd, packend, spannend; **2.** ⚙ Greif..., Klemm...: **~ lever** Spannhebel *m*; **~ tool** Spannwerkzeug *n*.

'grip·sack *s. Am.* Reisetasche *f*.

gris·kin ['grɪskɪn] *s. Brit. Küche*: Rippenstück *n*.

gris·ly ['grɪzlɪ] *adj.* grässlich.

grist [grɪst] *s.* **1.** Mahlgut *n*, -korn *n*: **that's ~ to his mill** das ist Wasser auf s-e Mühle; **bring ~ to the mill** Gewinn bringen; **all is ~ to his mill** er weiß aus allem Kapital zu schlagen; **2.** Malzschrot *m*, *n*; **3.** *Am.* ('Grundlagen)Materiˌal *n*; **4.** Stärke *f*, Dicke *f* (*Garn od. Tau*).

gris·tle ['grɪsl] *s.* Knorpel *m*; **'gris·tly** [-lɪ] *adj.* knorpelig.

grit [grɪt] **I** *s.* **1.** *geol.* a) grober Sand, Kies *m*, b) *a.* **~ stone** grober Sandstein; **2.** *fig.* Mut *m*, ‚Mumm' *m*; **3.** *pl.* Haferschrot *m*, *n*, -grütze *f*; **II** *v/i.* **4.** knirschen, mahlen; **III** *v/t.* **5. ~ one's teeth** a) die Zähne zs.-beißen, b) mit den Zähnen knirschen; **'grit·ty** [-tɪ] *adj.* **1.** sandig, kiesig; **2.** *fig.* F mutig.

griz·zle[1] ['grɪzl] *v/i. Brit.* F **1.** quengeln; **2.** sich beklagen.

griz·zle[2] ['grɪzl] *s.* **1.** graue Farbe, Grau *n*; **2.** graues Haar; **'griz·zled** [-ld] *adj.* grau(haarig); **'griz·zly** [-lɪ] **I** *adj.* → **grizzled**; **II** *s. a.* **~ bear** Grisli(bär) *m*, Graubär *m*.

groan [grəʊn] **I** *v/i.* **1.** stöhnen, ächzen (**with** vor; *a. fig. leiden* **beneath**, **under** unter *dat.*); **2.** ächzen, knarren (*Tür etc.*): **a ~ing board** (*od.* **table**) ein überladener Tisch; **II** *v/t.* **3.** ächzen, unter Stöhnen äußern; **4. ~ down** durch Laute des Unmuts zum Schweigen bringen; **III** *s.* **5.** Stöhnen *n*, Ächzen *n*: **give a ~** → 1; **6.** Laut *m* des Unmuts.

groats [grəʊts] *s. pl.* Hafergrütze *f*.

gro·cer ['grəʊsə] *s.* Lebensmittelhändler *m*; **'gro·cer·y** [-sərɪ] *s.* **1.** Lebensmittelgeschäft *n*; **2.** *mst pl.* Lebensmittel *pl.*; **3.** Lebensmittelhandel *m*; **gro·ce·te·ri·a** [ˌgrəʊsə'tɪərɪə] *s. Am.* Lebensmittelgeschäft *n* mit Selbstbedienung.

grog [grɒg] **I** *s.* Grog *m*; **II** *v/i.* Grog trinken.

grog·gi·ness ['grɒgɪnɪs] *s.* **1.** F Betrunkenheit *f*, ‚Schwips' *m*; **2.** Wack(e)ligkeit *f*; **3.** *a. Boxen*: Benommenheit *f*, (halbe) Betäubung; **'grog·gy** [-gɪ] *adj.* **1.** groggy: a) *Boxen*: angeschlagen, b) F erschöpft, ‚ka'putt', c) F wacklig (auf den Beinen); **2.** wacklig; **3.** morsch.

groin [grɔɪn] *s.* **1.** *anat.* Leiste *f*, Leistengegend *f*; **2.** △ Grat(bogen) *m*, Rippe *f*; **3.** ⚙ Buhne *f*; **groined** [-nd] *adj.* gerippt: **~ vault** Kreuzgewölbe *n*.

grom·met ['grɒmɪt] → **grummet**.

groom [gruːm] **I** *s.* **1.** Pferdepfleger *m*, Stallbursche *m*; **2.** Bräutigam *m*; **3.** *Brit.* Diener *m*, königlicher Be'amter; → **bedchamber**; **II** *v/t.* **4.** *Pferd* striegeln, pflegen; **5.** *Person*, *Kleidung* pflegen: **well-~ed** gepflegt; **6.** *fig.* a) *j-n* aufbauen (**for presidency** als zukünftigen Präsidenten), lancieren, b) *j-n als Nachfolger etc.* ‚her'anziehen';

grooms·man ['gruːmzmən] *s.* [*irr.*] *Am.* → **best man**.

groove [gruːv] **I** *s.* **1.** Rinne *f*, Furche *f* (*a. anat.*): **in the ~** *sl. obs.* a) ‚groß in Form', b) *Am.* in Mode; **2.** ⚙ a) Rinne *f*, Furche *f*, b) Nut *f*, Hohlkehle *f*, Rille *f*, c) Kerbe *f*; **3.** Rille *f* (*e-r Schallplatte*); **4.** ⚙ Zug *m* (*in Gewehren etc.*); **5.** *fig.* a) gewohntes Geleise, b) altes Geleise, alter Trott, Scha'blone *f*, Rou'tine *f*: **get into a ~** in e-e Gewohnheit *od.* in e-n (immer gleichen) Trott verfallen; **run** (*od.* **work**) **in a ~** sich in e-m ausgefahrenen Geleise bewegen, stagnieren; **6.** *sl.* ‚klasse Sache'; **it's a ~!** das ist klasse!; **II** *v/t.* **7.** ⚙ a) auskehlen, rillen, falzen, nuten, kerben, b) *Gewehrlauf etc.* ziehen; **III** *v/i. sl.* **8.** Spaß haben (**with** bei *od.* mit); **9.** Spaß machen, ‚(große) Klasse sein'; **grooved** [-vd] *adj.* gerillt; genutet; **'groov·y** [-vɪ] *adj.* **1.** scha'blonenhaft; **2.** *sl.* ‚toll', ‚klasse'.

grope [grəʊp] **I** *v/i.* **1.** tasten (**for** nach): **~ about** herumtasten, -tappen, -suchen; **~ in the dark** *bsd. fig.* im Dunkeln tappen; **~ for** (*od.* **after**) **a solution** nach e-r Lösung suchen; **II** *v/t.* **2.** tastend suchen: **~ one's way** sich vorwärts tasten; **3.** F *Mädchen* ‚befummeln'; **grop·er** *s.* F Grapscher *m*; **'grop·ing·ly** [-pɪŋlɪ] *adv.* tastend: a) tappend, b) *fig.* vorsichtig, unsicher.

gros·beak ['grəʊsbiːk] *s. orn.* Kernbeißer *m*.

gros·grain ['grəʊgreɪn] *adj. u. s.* grob gerippt(es Seidentuch).

gross [grəʊs] **I** *adj.* □ → **grossly**; **1.** dick, feist, plump; **2.** grob(körnig); **3.** roh, grob, derb; **4.** schwer, grob (*Fehler*, *Pflichtverletzung etc.*): **~ negligence** ⚖ grobe Fahrlässigkeit; **5.** schwerfällig; **6.** dicht, stark, üppig: **~ vegetation**; **7.** a) derb, grob, unfein, b) unanständig; **8.** brutto, Brutto..., Roh..., Gesamt...: **~ amount** Gesamtbetrag *m*; **~ domestic product** Brutto'inlandsproˌdukt *n*; **~ national product** Bruttosozi'alproˌdukt *n*; **~ profit** Rohgewinn *m*; **~ register**(**ed**) **ton** Bruttoregistertonne *f*; **~ tonnage** Bruttotonnengehalt *m*; **~ weight** Bruttogewicht *n*; **II** *s.* **9.** *das* Ganze, *die* Masse: **in** (**the**) **~** im Ganzen, in Bausch u. Bogen; **10.** *pl.* **gross** Gros *n* (*12 Dutzend*); **III** *v/t.* **11.** brutto verdienen *od.* einnehmen *od.* (*Film etc.*) einspielen; **'gross·ly** [-lɪ] *adv.* äußerst, maßlos, ungeheuerlich; ⚖ *etc.* grob: **~ negligent**; **'gross·ness** [-nɪs] *s.* **1.** Schwere *f*, Ungeheuerlichkeit *f*; **2.** Rohheit *f*, Derbheit *f*, Grobheit *f*; **3.** Anstößigkeit *f*, Unanständigkeit *f*; **4.** Dicke *f*; **5.** Plumpheit *f*.

gro·tesque [grəʊ'tesk] **I** *adj.* ☐ **1.** gro'tesk (*a. Kunst*); **II** *s.* **2.** *das* Gro'teske; **3.** *Kunst*: Gro'teske *f*, gro'teske Fi'gur; **gro'tesque·ness** [-nɪs] *s. das* Gro'teske.

grot·to ['grɒtəʊ] *pl.* **-toes** *od.* **-tos** *s.* Höhle *f*, Grotte *f*.

grot·ty ['grɒtɪ] *adj. Brit. sl.* **1.** ‚mies'; **2.** grässlich, eklig.

grouch [graʊtʃ] F **I** *v/i.* **1.** nörgeln, ‚meckern', **II** *s.* **2.** a) ‚miese' Laune, b) ***have a ~*** → 1; **3.** a) ‚Meckerfritze' *m*, b) ‚Miesepeter' *m*; **'grouch·y** [-tʃɪ] *adj.* ☐ F a) ‚sauer', ‚grantig', b) nörglerisch.

ground¹ [graʊnd] **I** *s.* **1.** (Erd)Boden *m*, Erde *f*, Grund *m*: ***above ~*** a) oberirdisch, ⚒ über Tage, b) am Leben; ***below ~*** a) ⚒ unter Tage, b) unter der Erde, tot; ***down to the ~*** *fig.* völlig, total, restlos; ***from the ~ up*** *Am.* F von Grund auf; ***break new*** (*od.* ***fresh***) ***~*** Land urbar machen, *a. fig.* Neuland erschließen; ***cut the ~ from under s.o.'s feet*** j-m den Boden unter den Füßen wegziehen; ***fall to the ~*** zu Boden fallen, *fig.* sich zerschlagen, ins Wasser fallen; ***fall on stony ~*** *fig.* auf taube Ohren stoßen; ***get off the ~*** a) *v/t. fig. et.* in Gang bringen, *et.* verwirklichen, b) *v/i.* ✈ abheben, c) *v/i. fig.* in Gang kommen, verwirklicht werden; ***go to ~*** im Bau verschwinden (*Fuchs*), *fig.* ‚untertauchen' (*Verbrecher*); ***play s.o. into the ~*** *sport* F j-n in Grund u. Boden spielen; **2.** Boden *m*, Grund *m*, Gebiet *n* (*a. fig.*), Strecke *f*, Gelände *n*: ***on German ~*** auf deutschem Boden; ***be on safe ~*** sich auf sicherem Boden bewegen; ***be forbidden ~*** *fig.* tabu sein; ***cover much ~*** e-e große Strecke zurücklegen, *fig.* viel umfassen, weit reichen; ***cover the ~ well*** *fig.* nichts außer Acht lassen, alles in Betracht ziehen; ***gain ~*** (an) Boden gewinnen, *fig. a.* um sich greifen, Fuß fassen; ***give*** (*od.* ***lose***) ***~*** (an) Boden verlieren (*a. fig.*); ***go over the ~*** *fig.* die Sache durchsprechen, alles gründlich prüfen; ***hold*** (*od.* ***stand***) ***one's ~*** standhalten, nicht weichen, sich *od.* s-n Standpunkt behaupten; ***shift one's ~*** seinen Standpunkt ändern, umschwenken; **3.** Grundbesitz *m*, Grund *m* u. Boden *m*, Ländeʼreien *pl.*; **4.** Gebiet *n*, Grund *m*, *bsd. sport* Platz *m*: ***cricket ~***; **5.** ***hunting ~*** Jagd(-gebiet *n*) *f*; **6.** *pl.* (Garten)Anlagen *pl.*: ***standing in its own ~s*** von Anlagen umgeben (*Haus*); **7.** Meeresboden *m*, (Meeres)Grund *m*: ***take ~*** auflaufen, stranden; **8.** *pl.* Bodensatz *m* (*Kaffee etc.*); **9.** Grundierung *f*, Grund(farbe *f*) *m*, Grund(fläche *f*) *m*; **10.** *a. pl.* Grundlage *f* (*a. fig.*); **11.** *fig.* (Beweg-)Grund *m*: ***~ for divorce*** Scheidungsgrund; ***on the ~(s) of*** aufgrund (*gen.*), wegen (*gen.*); ***on the ~(s) that*** mit der Begründung, dass; ***on medical ~s*** aus gesundheitlichen Gründen; ***have no ~(s) for*** keinen Grund haben für (*od.* zu *inf.*); **12.** ⚡ Erde *f*, Erdung *f*, Erdschluss *m*: ***~ cable*** Massekabel *n*; **13.** *thea.* Par'terre *n*; **II** *v/t.* **14.** niederlegen, -setzen; → ***arm²*** 1; **15.** ⚓ *Schiff* auf Grund setzen; **16.** ⚡ erden; **17.** ⚙, *paint.* grundieren; **18.** a) *e-m Flugzeug od. Piloten* Startverbot erteilen, b) *mot. Am. j-m* die Fahrerlaubnis entziehen: ***be ~ed*** *a.* nicht (ab)fliegen *od.* starten können *od.* dürfen, (*Passagiere*) *a.* festsitzen; **19.** *fig.* (***on***, ***in***) gründen, stützen (auf *acc.*), begründen (in *dat.*): ***~ed in fact*** auf Tatsachen beruhend; ***be ~ed in*** → 22; **20.** (***in***) j-n einführen (in *acc.*), *j-m* die Anfangsgründe beibringen (*gen.*): ***well ~ed in*** mit guten (Vor-)Kenntnissen in (*od. gen.*); **III** *v/i.* **21.** ⚓ stranden, auflaufen; **22.** (***on***, ***upon***) beruhen (auf *dat.*), sich gründen (auf *acc.*).

ground² [graʊnd] **I** *pret. u. p.p. von* ***grind***; **II** *adj.* **1.** gemahlen: ***~ coffee***; **2.** matt (geschliffen); → ***ground glass***.

ground·age ['graʊndɪdʒ] *s.* ⚓ *Brit.* Hafengebühr *f*, Ankergeld *n*.

ˌground|-'air *adj.* ✈ Boden-Bord-...; **~ a·lert** *s.* ✈, ⚔ A'larm-, Startbereitschaft *f*; **~ an·gling** *s.* Grundangeln *n*; **~ at·tack** *s.* ✈ Angriff *m* auf Erdziele, Tiefangriff *m*; **~ bass** *s.* ♪ Grundbass *m*; **~ box** *s.* ⚘ Zwergbuchsbaum *m*; **~ clear·ance** *s. mot.* Bodenfreiheit *f*; **~ col·o(u)r** *s.* Grundfarbe *f*; **~ con·nec·tion** → ***ground¹*** 12; **'~-conˌtrolled ap·proach** *s.* ✈ GC'A-Anflug *m* (*per Bodenradar*); **~ crew** *s.* ✈ 'Bodenperso̩nal *n*; **~ fish** *s. ichth.* Grundfisch *m*; **~ fish·ing** *s.* Grundangeln *n*; **~ floor** *s. Brit.* Erdgeschoss, *östr.* -geschoß *n*: ***get in on the ~*** F a) ✝ sich zu den Gründerbedingungen beteiligen, b) von Anfang an mit dabei sein, c) ganz unten anfangen (*in e-r Firma etc.*); **~ fog** *s.* Bodennebel *m*; **~ forc·es** *s. pl.* ⚔ Bodentruppen *pl.*, Landstreitkräfte *pl.*; **~ form** *s. ling.* a) Grundform *f*, b) Wurzel *f*, c) Stamm *m*; **~ frost** *s.* Bodenfrost *m*; **~ glass** *s.* **1.** Mattglas *n*; **2.** *phot.* Mattscheibe *f*; **~ game** *s. hunt. Brit.* Niederwild *n*; **~ hog** *s. zo.* Amer. Murmeltier *n*; **~ host·ess** *s.* ✈ Ground-Hostess *f*; **~ ice** *s. geol.* Grundeis *n*.

ground·ing ['graʊndɪŋ] *s.* **1.** Funda'ment *n*, 'Unterbau *m*; **2.** a) Grundierung *f*, b) Grundfarbe *f*; **3.** ⚓ Stranden *n*; **4.** ⚡ Erdung *f*; **5.** a) 'Anfangsˌunterricht *m*, Einführung *f*, b) (Vor)Kenntnisse *pl.*

G

ground·less ['graʊndlɪs] *adj.* □ grundlos, unbegründet.

ground| lev·el *s. phys.* Bodennähe *f*; **~ line** *s.* ⩓ Grundlinie *f*; '**~·man** [-ndmæn] *s.* [*irr.*] *sport* Platzwart *m*; **~ note** *s.* ♪ Grundton *m*; '**~·nut** [-ndn-] *s.* Erdnuss *f*; **~ plan** *s.* **1.** ⚠ Grundriss *m*; **2.** *fig.* (erster) Entwurf, Kon'zept *n*; **~ plane** *s.* Horizon'talebene *f*; **~ plate** *s.* **1.** ⚠ Grundplatte *f*; **2.** ϟ Erdplatte *f*; **~ rule** *s.* Grundregel *f*; **~ sea** *s.* ⚓ Grundsee *f*; **~ sheet** *s.* **1.** Zeltboden *m*; **2.** *sport* Regenplane *f* (*für das Spielfeld*); '**~s·man** [-ndzmən] → ***groundman***; **~ speed** *s.* ✈ Geschwindigkeit *f* über Grund; **~ staff** → ***ground crew***; **~ sta·tion** *s.* 'Bodenstatiˌon *f*; **~ swell** *s.* **1.** (Grund)Dünung *f*; **2.** *fig.* Anschwellen *n*; ˌ**~-to-'air** *adj.* a) ✈ Boden-Bord-...: **~ *communication***, b) ⚔ Boden-Luft-...: **~ *weapon***; '**~ˌwa·ter lev·el** *s. geol.* Grundwasserspiegel *m*; **~ wave** *s.* ϟ, *phys.* Bodenwelle *f*; '**~·work** *s.* **1.** ⚠ a) Erdarbeit *f*, b) 'Unterbau *m*, Funda'ment *n* (*a. fig.*); **2.** *fig.* Grundlage(n *pl.*) *f*; **3.** *paint. etc.* Grund *m*.

group [gruːp] **I** *s.* **1.** *allg.*, *a.* ⛏, ⩓, ♪, *biol.*, *sociol. etc.* Gruppe *f*; **2.** *fig.* Gruppe *f*, Kreis *m*; **3.** *parl.* a) Gruppe *f* (*Partei mit zu wenig Abgeordneten für e-e Fraktion*, b) Frakti'on *f*; **4.** ✝ Gruppe *f*, Kon'zern *m*; **5.** ⚔ a) Gruppe *f*, b) Kampfgruppe *f* (*2 od. mehr Bataillone*); **6.** ✈ a) *Brit.* Geschwader *n*: **~ *captain*** Oberst *m* (*der* ***RAF***), b) *Am.* Gruppe *f*; **7.** ♪ a) Instru'menten- *od.* Stimmgruppe *f*, b) Notengruppe *f*; **II** *v/t.* **8.** gruppieren, anordnen; **9.** klassifizieren, einordnen; **III** *v/i.* **10.** sich gruppieren; **~ drive** *s.* ⚙ Gruppenantrieb *m*; **~ dy·nam·ics** *s. pl. sg. konstr. sociol.*, *psych.* 'Gruppendyˌnamik *f*.

group·ie ['gruːpɪ] *s.* ‚Groupie' *n* (*weiblicher Fan*).

group| sex *s.* Gruppensex *m*; **~ ther·a·py** *s. psych.* 'Gruppentheraˌpie *f*; **~ work** *s. sociol.* Gruppenarbeit *f*.

grouse[1] [graʊs] *s. sg. u. pl. orn.* **1.** Waldhuhn *n*; **2.** Schottisches Moorhuhn.

grouse[2] [graʊs] **I** *v/i.* (***about***) meckern (über *acc.*), nörgeln (an *dat.*, über *acc.*); **II** *s.* Nörge'lei *f*, Gemecker *n*; '**grous·er** [-sə] *s.* ‚Meckerfritze' *m*.

grout [graʊt] **I** *s.* **1.** ⚙ Vergussmörtel *m*; **2.** Schrotmehl *n*; **3.** *pl.* Hafergrütze *f*; **II** *v/t.* **4.** *Fugen* ausstreichen.

grove [grəʊv] *s.* Hain *m*, Gehölz *n*.

grov·el ['grɒvl] *v/i.* **1.** am Boden kriechen; **2. ~ *before*** (*od.* ***to***) ***s.o.*** *fig.* vor j-m kriechen, vor j-m zu Kreuze kriechen; **3. ~ *in*** schwelgen in (*dat.*), frönen (*dat.*); '**grov·el·(l)er** [-lə] *s. fig.* Kriecher *m*, Speichellecker *m*; '**grov·el·(l)ing** [-lɪŋ] *adj.* □ *fig.* kriecherisch, unter'würfig.

grow [grəʊ] **I** *v/i.* [*irr.*] **1.** wachsen; **2.** ⚘ wachsen, vorkommen; **3.** wachsen: a) größer *od.* stärker werden, sich entwickeln, b) *fig.* anwachsen, zunehmen (***in*** an *dat.*); **4.** (all'mählich) werden: **~ *rich***; **~ *less*** sich vermindern; **~ *light*** hell(er) werden, sich aufklären; **II** *v/t.* [*irr.*] **5.** (an)bauen, züchten, ziehen: **~ *apples***; **6.** (sich) wachsen lassen: **~ *one's hair long***; **~ *a beard*** sich e-n Bart stehen lassen;

Zssgn mit adv. u. prp.:

grow| a·way *v/i.*: **~ *from*** sich *j-m* entfremden; **~ *from*** → ***grow out of***; **~ in·to** *v/i.* **1.** hin'einwachsen in (*acc.*) (*a. fig.*); **2.** werden zu, sich entwickeln zu; **~ on** *v/i.* **1.** Einfluss *od.* Macht gewinnen über (*acc.*): ***the habit grows on one*** man gewöhnt sich immer mehr daran; **2.** *j-m* lieb werden *od.* ans Herz wachsen; **~ out of** *v/i.* **1.** her'auswachsen aus: **~ *one's clothes***; **2.** *fig.* entwachsen (*dat.*), über'winden (*acc.*), ablegen: **~ *a habit***; **3.** erwachsen *od.* entstehen aus, e-e Folge sein (*gen.*); **~ up** *v/i.* **1.** auf-, her'anwachsen: **~ (*into*) *a beauty*** sich zu e-r Schönheit entwickeln; **2.** erwachsen werden: ***~!*** sei kein Kindskopf!; **3.** sich einbürgern (*Brauch etc.*); **4.** sich entwickeln, entstehen; **~ up·on** → ***grow on***.

grow·er ['grəʊə] *s.* **1.** (*schnell etc.*) wachsende Pflanze: ***a fast ~***; **2.** Züchter *m*, Pflanzer *m*, Erzeuger *m*, *in Zssgn* ...bauer *m*; **grow·ing** ['grəʊɪŋ] **I** *adj.* □ **1.** wachsend (*a. fig.* zunehmend); **II** *s.* **2.** Anbau *m*; **3.** Wachstum *n*: **~ *pains*** a) Wachstumsschmerzen, b) *fig.* Anfangsschwierigkeiten, ‚Kinderkrankheiten'.

growl [graʊl] **I** *v/i.* **1.** knurren (*Hund etc.*), brummen (*Bär*) (*beide a. fig. Person*): **~ *at*** *j-n* anknurren; **2.** (g)rollen (*Donner*); **II** *v/t.* **3.** *Worte* knurren; **III** *s.* **4.** Knurren *n*, Brummen *n*; **5.** (G)Rollen *n*; '**growl·er** [-lə] *s.* **1.** knurriger Hund; **2.** *fig.* ‚Brummbär' *m*; **3.** *ichth.* Knurrfisch *m*; **4.** ϟ Prüfspule *f*; **5.** kleiner Eisberg.

grown [grəʊn] **I** *p.p. von* ***grow***; **II** *adj.* **1.** gewachsen; → ***full-grown***; **2.** erwachsen: **~ *man*** Erwachsene(r) *m*; **3.** *a.* **~ *over*** be-, über'wachsen; **~-up I** *adj.* [ˌgrəʊn'ʌp] **1.** erwachsen; **2.** a) für Erwachsene: **~ *books***, b) Erwachsenen...: **~ *clothes***; **II** *s.* ['grəʊnʌp] **3.** Erwachsene(r *m*) *f*.

growth [grəʊθ] *s.* **1.** Wachsen *n*, Wachstum *n* (*a. fig. u.* ✝); **2.** Wuchs *m*, Größe *f*; **3.** Anwachsen *n*, Zunahme *f*, Zuwachs *m*; **4.** *fig.* Entwicklung *f*; **5.** a) Anbau *m*, b) Pro'dukt *n*, Erzeugnis *n*: ***of one's own ~*** selbst gezogen; **6.** ⚘

Schössling *m*, Trieb *m*; **7.** ✿ Gewächs *n*, Wucherung *f*; **~ in·dus·try** *s.* ✝ 'Wachstumsindu,strie *f*; **~ rate** *s.* ✝ Wachstumsrate *f*.

groyne [grɔɪn] *s. Brit.* ⚙ Buhne *f*.

grub [grʌb] **I** *v/i.* **1.** a) graben, wühlen, b) jäten, c) roden; **2.** ‚wühlen', schwer arbeiten; **3.** *fig.* stöbern, wühlen, kramen; **4.** *sl.* ‚futtern', essen; **II** *v/t.* **5.** a) aufwühlen, b) 'umgraben, c) roden; **6.** *oft* **~ *up*** a) ausjäten, b) (mit den Wurzeln) ausgraben, c) *fig.* ausgraben, aufstöbern; **III** *s.* **7.** *zo.* Made *f*, Larve *f*; **8.** *fig.* Arbeitstier *n*; **9.** *sl.* ‚Futter' *n* (*Essen*).

grub·ber ['grʌbə] *s.* **1.** ⚒ a) Rodehacke *f*, -werkzeug *n*, b) Eggenpflug *m*; **2.** → ***grub*** 8; **'grub·by** [-bɪ] *adj.* **1.** schmuddelig; **2.** madig.

'grub|·stake *s. Am.* ⚒ *e-m Schürfer gegen Gewinnbeteiligung gegebene* Ausrüstung u. Verpflegung; **♀ Street I** *s. fig.* armselige Lite'raten *pl.*; **II** *adj.* (lite'rarisch) minderwertig, ‚dritter Garni'tur'.

grudge [grʌdʒ] **I** *v/t.* **1.** (***s.o. s.th.*** *od.* ***s.th. to s.o.***) (j-m et.) miss'gönnen *od.* nicht gönnen, (j-n um et.) beneiden; **2.** **~ *doing s.th.*** et. nur widerwillig *od.* ungern tun; **II** *s.* **3.** Groll *m*: ***bear s.o. a ~, have a ~ against s.o.*** e-n Groll gegen j-n hegen; **'grudg·er** [-dʒə] *s.* Neider *m*; **'grudg·ing** [-dʒɪŋ] *adj.* ☐ **1.** neidisch, 'missgünstig; **2.** 'widerwillig, ungern (getan *od.* gegeben): ***she was very ~ in her thanks*** sie bedankte sich nur sehr widerwillig.

gru·el ['grʊəl] *s.* Haferschleim *m*; Schleimsuppe *f*; **'gru·el·(l)ing** [-lɪŋ] **I** *adj. fig.* mörderisch, aufreibend, zermürbend; **II** *s. Brit.* F a) harte Strafe *od.* Behandlung, b) Stra'paze *f*, ‚Schlauch' *m*.

grue·some ['gru:səm] *adj.* ☐ grausig, grauenhaft, schauerlich.

gruff [grʌf] *adj.* ☐ **1.** schroff, barsch, ruppig; **2.** rau (*Stimme*); **'gruff·ness** [-nɪs] *s.* **1.** Barsch-, Schroffheit *f*; **2.** Rauheit *f*.

grum·ble ['grʌmbl] **I** *v/i.* **1.** a) murren, schimpfen (***at, about, over*** über *acc.*, wegen), b) knurren, brummen; **2.** (g)rollen (*Donner*); **II** *s.* **3.** Murren *n*, Knurren *n*; **4.** (G)Rollen *n*; **'grum·bler** [-lə] *s.* Brummbär *m*, Nörgler *m*; **'grum·bling** [-lɪŋ] *adj.* ☐ **1.** brummig; **2.** murrend.

grume [gru:m] *s.* (*bsd.* Blut)Klümpchen *n*.

grum·met ['grʌmɪt] *s. Brit.* **1.** ⚓ Seilschlinge *f*; **2.** ⚙ (Me'tall)Öse *f*.

gru·mous ['gru:məs] *adj.* geronnen, dick, klumpig (*Blut etc.*).

grump [grʌmp] *s. Am.* F **1.** → ***grumbler***; **2.** *pl.* Missmut *m*: ***have the ~s*** missmutig sein; **grump·y** ['grʌmpɪ] *adj.* ☐ mürrisch, missmutig.

Grun·dy ['grʌndɪ] *s.* engstirnige, sittenstrenge Per'son: ***Mrs. ~*** *a.* ‚die Leute' *pl.* (*die gefürchtete öffentliche Meinung*): ***what will Mrs. ~ say?***

grunge [grʌndʒ] *s. bsd. Am.* **1.** F Schmutz *m*; **2.** *a.* **~ *rock*** ♪ Grunge *m*; **3.** Grunge *m* (*Modestil der frühen 90er-Jahre, der schmuddelige Kleidung propagierte*); **'grung·y** *adj. bsd. Am.* **1.** hässlich, her'untergekommen (*Gebäude etc.*); **2.** schmutzig, schmuddelig (*Kleidung*).

grunt [grʌnt] **I** *v/i. u. v/t.* **1.** grunzen; **2.** *fig.* murren, brummen; **3.** ächzen, stöhnen (***with*** vor *dat.*); **II** *s.* **4.** Grunzen *n*; **5.** → ***growler*** 3.

gryph·on ['grɪfən] → ***griffin***[1] 1.

'G-string *s.* **1.** ♪ G-Saite *f*; **2.** a) ‚letzte Hülle' (*e-r Stripteasetänzerin*), b) Tanga *m* (*Mini-Bikini*).

gua·na ['gwɑ:nɑ:] → ***iguana***.

gua·no ['gwɑ:nəʊ] *s.* Gu'ano *m*.

guar·an·tee [,gærən'ti:] **I** *s.* **1.** Garan'tie *f*: a) Bürgschaft *f*, Sicherheit *f*, b) Gewähr *f*, Zusicherung *f*, c) Garan'tiefrist *f*: **~ (*card*)** Garantieschein *m*; ***there is a one-year ~ on this camera*** die Kamera hat ein Jahr Garantie; **2.** Kauti'on *f*, Sicherheit(sleistung) *f*, Pfand(summe *f*) *n*; **3.** Bürge *m*, Bürgin *f*; **4.** Sicherheitsempfänger(in); **II** *v/t.* **5.** (sich ver-) bürgen für, Garan'tie leisten für; **6.** *et.* garantieren, gewährleisten, sicherstellen, verbürgen; **7.** schützen, sichern (***from, against*** vor *dat.*, gegen); **,guar·an'tor** [-'tɔ:] *s. bsd.* ⚖ Bürge *m*, Bürgin *f*, Ga'rant(in); **guar·an·ty** ['gærəntɪ] → ***guarantee*** 1, 2, 3.

guard [gɑ:d] **I** *v/t.* **1.** (***against, from***) (be)hüten, (be)schützen, bewahren (vor *dat.*), sichern (gegen): **~ *one's interests*** *fig.* s-e Interessen wahren; **~ *your tongue!*** hüte deine Zunge!; **2.** bewachen, beaufsichtigen; **3.** ⚙ (ab)sichern; **4.** *Schach*: *Figur* decken; **II** *v/i.* **5.** (***against***) auf der Hut sein, sich hüten *od.* schützen *od.* in Acht nehmen (vor *dat.*), vorbeugen (*dat.*); **III** *s.* **6.** a) ⚔ *etc.* Wache *f*, (Wach)Posten *m*, b) Wächter *m*, c) Aufseher *m*, Wärter *m*, d) Bewacher *m*, Sicherheitsbeamter *m*; **7.** ⚔ a) Wachmannschaft *f*, Wache *f*, b) Garde *f*, Leibwache *f*: **~ *of hono(u)r*** Ehrenwache *f*, c) ***♀s*** *pl. Brit.* 'Garde (-korps *n*, -regi,ment *n*) *f*; **8.** 🚂 a) *Brit.* Schaffner *m*, b) *Am.* Bahnwärter *m*; **9.** Bewachung *f*, Aufsicht *f*: ***keep under close ~*** scharf bewachen; ***be on ~*** auf Wache sein; ***stand (mount, relieve, keep) ~*** Wache stehen (beziehen, ablösen, halten); **10.** *fenc.*, *Boxen etc.*, *a. Schach*: Deckung *f*: ***lower one's ~*** die Deckung herunternehmen, *fig.* sich e-e Blöße geben, nicht aufpassen; **11.** *fig.* Wachsamkeit *f*: ***on one's ~*** auf der

Hut, vorsichtig; ***off one's ~*** nicht auf der Hut, unachtsam; ***put s.o. on his ~*** j-n warnen; ***throw s.o. off his ~*** j-n überrumpeln; **12.** ⚙ Schutzvorrichtung *f*, -gitter *n*, -blech *n*; **13.** a) Stichblatt *n* (*am Degen*), b) Bügel *m* (*am Gewehr*); **14.** *fig.* Vorsichtsmaßnahme *f*, Sicherung *f*; **~ boat** *s.* ⚓ Wachboot *n*; **~ book** *s.* **1.** *Brit.* Sammelalbum *n*; **2.** ⚔ Wachbuch *n*; **~ chain** *s.* Sicherheitskette *f*; **~ dog** *s.* Wachhund *m*; **~ du·ty** *s.* Wachdienst *m*: ***be on ~*** Wache haben.

guard·ed ['gɑːdɪd] *adj.* ☐ *fig.* vorsichtig, zu'rückhaltend: ***~ hope*** gewisse Hoffnung; ***~ optimism*** gedämpfter Optimismus; '**guard·ed·ness** [-nɪs] *s.* Vorsicht *f*, Zu'rückhaltung *f*.

'**guard·house** *s.* ⚔ **1.** 'Wachlo,kal *n*, -haus *n*; **2.** Ar'restlo,kal *n*.

guard·i·an ['gɑːdjən] *s.* **1.** Hüter *m*, Wächter *m*: ***~ angel*** Schutzengel *m*; ***~ of the law*** Gesetzeshüter; **2.** ⚖ Vormund *m*: ***~ ad litem*** Prozessvertreter *m* (*für Minderjährige od. Geschäftsunfähige*); '**guard·i·an·ship** [-ʃɪp] *s.* **1.** ⚖ Vormundschaft *f*: ***be (place) under ~*** unter Vormundschaft stehen (stellen); **2.** *fig.* Schutz *m*, Obhut *f*.

'**guard|·rail** *s.* **1.** Handlauf *m*; **2.** *mot.* Leitplanke *f*; '**~s·man** [-dzmən] *s.* [*irr.*] ⚔ **1.** → ***guard*** 6a; **2.** Gar'dist *m*; **3.** *Am.* Natio'nalgar,dist *m*.

Gua·te·ma·lan [,gwætɪ'mɑːlən] **I** *adj.* guatemal'tekisch; **II** *s.* Guatemal'teke *m*, -'tekin *f*.

gua·va ['gwɑːvə] *s.* ⚘ Gua'jave *f*.

gu·ber·na·to·ri·al [,gjuːbənə'tɔːrɪəl] *adj.* *bsd. Am.* Gouverneurs...

gudg·eon[1] ['gʌdʒən] *s.* **1.** *ichth.* Gründling *m*; **2.** *fig.* Gimpel *m*.

gudg·eon[2] ['gʌdʒən] *s.* **1.** ⚙ Zapfen *m*, Bolzen *m*: ***~ pin*** Kolbenbolzen; **2.** ⚓ Ruderöse *f*.

guel·der rose ['geldə] *s.* ⚘ Schneeball *m*.

Guelph, Guelf [gwelf] *s.* Welfe *m*, Welfin *f*; '**Guelph·ic**, '**Guelf·ic** [-fɪk] *adj.* welfisch.

guer·don ['gɜːdən] *poet.* **I** *s.* Sold *m*, Lohn *m*; **II** *v/t.* belohnen.

gue·ril·la → ***guerrilla***.

Guern·sey ['gɜːnzɪ] *s.* **1.** Guernsey (-rind) *n*; **2.** *a.* ♂ ⚓ 'Wollpul,lover *m*.

guer·ril·la [gə'rɪlə] *s.* ⚔ **1.** Gue'rilla *m*, Parti'san *m*; **2.** *mst* ***~ war(fare)*** Gue'rillakrieg *m*, *fig.* Kleinkrieg *m*.

guess [ges] **I** *v/t.* **1.** erraten: ***~ a riddle***; ***~ s.o.'s thoughts***; ***~ who!*** rate mal, wer!; **2.** (ab)schätzen (***at*** auf): ***~ s.o.'s age***; **3.** ahnen, vermuten; **4.** *bsd. Am.* F glauben, denken, meinen, ahnen; **II** *v/i.* **5.** schätzen (***at s.th.*** et.); **6.** a) raten, b) her'umraten (***at***, ***about*** an *dat.*): ***keep s.o. ~ing*** j-n im Unklaren *od.* Ungewissen lassen; ***~ing game*** Ratespiel *n*; **III** *s.* **7.** Schätzung *f*, Vermutung *f*, Annahme *f*: ***my ~ is that*** ich schätze *od.* vermute, dass; ***that's anybody's ~*** das weiß niemand; ***your ~ is as good as mine*** ich kann auch nur raten; ***a good ~!*** gut geraten *od.* geschätzt; ***at a ~*** bei bloßer Schätzung; ***at a rough ~*** grob geschätzt; ***by ~*** schätzungsweise; ***by ~ and by god*** F ,nach Gefühl u. Wellenschlag'; ***make*** (*od.* ***take***) ***a ~*** raten, schätzen; ***miss one's ~*** ,danebenhauen', falsch raten; **~ rope** → ***guest rope***; **~ stick** *s.* *Am. sl.* **1.** Rechenschieber *m*; **2.** Maßstab *m*.

guess·ti·mate F **I** *s.* ['gestɪmət] grobe Schätzung, bloße Rate'rei; **II** *v/t.* [-meɪt] ,über den Daumen peilen'.

'**guess·work** *s.* (bloße) Rate'rei, (reine) Vermutung(en *pl.*).

guest [gest] **I** *s.* **1.** Gast *m*: ***paying ~*** (Pensions)Gast; ***~ of hono(u)r*** Ehrengast; ***be my ~!*** aber bitte(, ja)!; **2.** ⚘, *zo.* Einmieter *m* (*Parasit*); **II** *v/i.* **3.** *bsd. Am. thea.* gastieren, als Gast mitwirken (***on*** bei); **~ book** *s.* Gästebuch *n*; **~ con·duc·tor** *s.* ♪ 'Gastdiri,gent *m*; '**~·house** *s.* Pensi'on *f*, Gästehaus *n*; **~ room** [rʊm] *s.* Gästezimmer *n*; **~ rope**, **~ warp** ['ges-] *s.* ⚓ **1.** Schlepptrosse *f*; **2.** Bootstau *n*.

guf·faw [gʌ'fɔː] **I** *s.* schallendes Gelächter; **II** *v/i.* laut lachen.

guid·a·ble ['gaɪdəbl] *adj.* lenkbar, lenksam; '**guid·ance** [-dns] *s.* **1.** Leitung *f*, Führung *f*; **2.** Anleitung *f*, Belehrung *f*, Unter'weisung *f*: ***for your ~*** zu Ihrer Orientierung; **3.** (*Berufs-*, *Ehe- etc.*)Beratung *f*, Führung *f*: ***~ counsel(l)or*** a) Berufs-, Studienberater *m*, b) Heilpädagoge *m*.

guide [gaɪd] **I** *v/t.* **1.** *j-n* führen, geleiten, *j-m* den Weg zeigen; **2.** ⚙ *u. fig.* lenken, leiten, führen, steuern; **3.** *et.*, *a. j-n* bestimmen: ***~ s.o.'s actions*** (***life***, *etc.*); ***be ~d by*** sich leiten lassen von, folgen (*dat.*), bestimmt sein von; **4.** anleiten, belehren, beraten(d zur Seite stehen *dat.*); **II** *s.* **5.** Führer(in), Leiter (-in); **6.** (Reise-, Fremden-, Berg- *etc.*) Führer *m*; **7.** (Reise- *etc.*)Führer *m* (***to*** durch, von) (*Buch*); **8.** (***to***) Leitfaden *m*, Handbuch *n* (*gen.*); **9.** Berater (-in); **10.** *fig.* Richtschnur *f*, Anhaltspunkt *m*: ***if that (he) is any ~*** wenn man sich danach (nach ihm) überhaupt richten kann; **11.** → ***girl guide***; **12.** a) Wegweiser *m*, b) 'Wegmar,kierung(szeichen *n*) *f*; **13.** ⚙ Führung *f*; **~ bar** *s.* ⚙ Führungsschiene *f*; **~ beam** *s.* ✈ (Funk)Leitstrahl *m*; **~ blade** *s.* ⚙ Leitschaufel *f* (*Turbine*); **~ block** *s.* ⚙ Führungsschlitten *m*; '**~·book** → ***guide*** 7.

guid·ed ['gaɪdɪd] *adj.* **1.** (fern)gelenkt: ***~ missile*** ⚔ Fernlenkgeschoss *n*, Fernlenkkörper *m*; **2.** geführt: ***~ tour*** Führung *f*.

guide| dog *s.* Blindenhund *m*; **'~·line** *s.* **1.** ✈ Schleppseil *n*; **2.** (*on gen.*) Richtlinie *f*, -schnur *f*; **'~·post** *s.* Wegweiser *m*; **~ pul·ley** *s.* ⚙ Leit-, 'Umlenkrolle *f*; **~ rail** *s.* → ***guide bar***; **~ rod** *s.* ⚙ Führungsstange *f*; **~ rope** *s.* ✈ Schlepptau *n*; **'~·way** *s.* ⚙ Führungsbahn *f*.

guid·ing ['gaɪdɪŋ] *adj.* führend, leitend, Lenk...: **~ *principle*** Leitprinzip *n*; **~ rule** *s.* Richtlinie *f*; **~ star** *s.* Leitstern *m*.

gui·don ['gaɪdən] *s.* **1.** Wimpel *m*, Fähnchen *n*, Stan'darte *f*; **2.** Stan'dartenträger *m*.

guild [gɪld] *s.* **1.** Gilde *f*, Zunft *f*, Innung *f*; **2.** Vereinigung *f*.

guil·der ['gɪldə] *s.* Gulden *m*.

ˌguild'hall *s.* **1.** *hist.* Gilden-, Zunfthaus *n*; **2.** Rathaus *n*: ***the* ℒ** *das Rathaus der City von London.*

guile [gaɪl] *s.* (Arg)List *f*, Tücke *f*; **'guile·ful** [-fʊl] *adj.* □ arglistig, tückisch; **'guile·less** [-lɪs] *adj.* □ arglos, ohne Falsch, treuherzig, harmlos; **'guile·less·ness** [-lɪsnɪs] *s.* Harm-, Arglosigkeit *f*.

guil·lo·tine [ˌgɪlə'tiːn] **I** *s.* **1.** Guillo'tine *f*, Fallbeil *n*; **2.** ⚙ Pa'pierˌschneidemaˌschine *f*; **3.** *Brit. parl.* Befristung *f* der De'batte; **II** *v/t.* **4.** guillotinieren, durch die Guillo'tine hinrichten.

guilt [gɪlt] *s.* Schuld *f* (*a.* ⚖): ***joint ~*** Mitschuld; **~ *complex*** Schuldkomplex *m*; **'guilt·i·ness** [-tɪnɪs] *s.* **1.** Schuld *f*; **2.** Schuldbewusstsein *n*, -gefühl *n*; **'guilt·less** [-lɪs] *adj.* □ **1.** schuldlos, unschuldig (***of*** an *dat.*); **2.** *fig.* (***of***) a) unwissend, unerfahren (in *dat.*): ***be ~ of s.th.*** et. nicht kennen (*a. fig.*), b) frei *od.* unberührt (von), ohne (*acc.*); **'guilt·y** [-tɪ] *adj.* □ **1.** schuldig (***of*** *gen.*): ***find*** (***not***) **~** für (un)schuldig erklären (***on a charge*** e-r Anklage); **2.** schuldbewusst, -beladen: ***a ~ conscience*** ein schlechtes Gewissen.

guin·ea ['gɪnɪ] *s.* **1.** *Brit.* Gui'nee *f* (*£1.05*); **2.** → **~ fowl** *s.*, **~ hen** *s.* Perlhuhn *n*; **~ pig** *s.* **1.** Meerschweinchen *n*; **2.** *fig.* Ver'suchskaˌninchen *n*.

guise [gaɪz] *s.* **1.** Gestalt *f*, Erscheinung *f*, Aufmachung *f*: ***in the ~ of*** als ... (verkleidet); **2.** *fig.* Maske *f*, (Deck-)Mantel *m*: ***under the ~ of*** in der Maske (*gen.*), unter dem Deckmantel (*gen.*).

gui·tar [gɪ'tɑː] *s.* ♪ Gi'tarre *f*; **gui'tar·ist** [-rɪst] *s.* Gitar'rist(in), Gi'tarrenspieler(in).

gulch [gʌlʃ] *s. Am.* (Berg)Schlucht *f*.

gulf [gʌlf] **I** *s.* **1.** Golf *m*, Meerbusen *m*, Bucht *f*; **2.** *a. fig.* Abgrund *m*, Schlund *m*; **3.** *fig.* Kluft *f*; **4.** Strudel *m*; **II** *v/t.* **5.** *fig.* verschlingen.

gull¹ [gʌl] *s. orn.* Möwe *f*.

gull² [gʌl] **I** *v/t.* über'tölpeln; **II** *s.* Gimpel *m*, Trottel *m*.

gul·let ['gʌlɪt] *s.* **1.** *anat.* Schlund *m*, Speiseröhre *f*; **2.** Gurgel *f*, Kehle *f*; **3.** Wasserrinne *f*; **4.** ⚙ 'Förderkaˌnal *m*.

gul·li·bil·i·ty [ˌgʌlə'bɪlətɪ] *s.* Leichtgläubigkeit *f*, Einfalt *f*; **gul·li·ble** ['gʌləbl] *adj.* leichtgläubig, na'iv.

gul·ly ['gʌlɪ] *s.* **1.** (Wasser)Rinne *f*; **2.** ⚙ a) Gully *m*, Sinkkasten *m*, Senkloch *n*, b) *a.* **~ *drain*** 'Abzugskaˌnal *m*: **~ *hole*** Abflussloch *n*.

gulp [gʌlp] **I** *v/t. mst* **~ *down*** **1.** *Speise* hin'unterschlingen, *Getränk* hin'unterstürzen; **2.** *Tränen etc.* hin'unterschlucken, unter'drücken; **II** *v/i.* **3.** (*a. vor Rührung etc.*) schlucken; **4.** würgen; **III** *s.* **5.** (großer) Schluck: ***at one ~*** auf 'einen Zug.

gum¹ [gʌm] *s. mst. pl. anat.* Zahnfleisch *n*.

gum² [gʌm] **I** *s.* **1.** ♀, ⚙ a) Gummi *n, m*, b) Gummiharz *n*, c) Kautschuk *m*; **2.** Klebstoff *m*, *bsd.* Gummilösung *f*; **3.** → a) ***chewing gum***, b) ***gum arabic***, c) ***gum elastic***, d) ***gum tree***; **4.** ♀ Gummifluss *m* (*Baumkrankheit*); **5.** 'Gummi(-bonˌbon) *m, n*; **6.** *pl. Am.* Gummischuhe *pl.*; **II** *v/t.* **7.** gummieren; **8.** (an-, ver)kleben; **9.** **~ *up*** a) verkleben, b) F *et.* ‚vermasseln'; **III** *v/i.* **10.** ♀ Gummi absondern (*Baum*).

gum³ [gʌm], *a.* ℒ *s.*: ***my ~!***, ***by ~!*** heiliger Strohsack!

gum| am·mo·ni·ac *s.* ⚗, ⚕ Ammoni'akgummi *n, m*; **~ ar·a·bic** *s.* Gummia'rabikum *n*; **'~·boil** *s.* ⚕ Zahngeschwür *n*; **'~·drop** → ***gum²*** 5; **~ e·las·tic** *s.* Gummie'lastikum *n*, Kautschuk *m*.

gum·my ['gʌmɪ] *adj.* **1.** gummiartig, klebrig; **2.** Gummi...; **3.** gummihaltig.

gump·tion ['gʌmpʃn] *s.* F **1.** ‚Köpfchen' *n*, ‚Grütze' *f*, ‚Grips' *m*; **2.** ‚Mumm' *m*, Schneid *m*.

gum| res·in *s.* ♀ Schleim-, Gummiharz *n*; **'~·shield** *s. Boxen*: Zahnschutz *m*; **'~·shoe** *s. Am.* **1.** F a) 'Gummiˌüberschuh *m*, b) Tennis-, Turnschuh *m*; **2.** *sl.* ‚Schnüffler' *m* (*Detektiv*, *Polizist*); **~ tree** *s.* ♀ **1.** Gummibaum *m*: ***be up a ~*** *sl.* in der Klemme sein *od.* sitzen; **2.** Euka'lyptus(baum) *m*; **3.** Tu'pelobaum *m*; **4.** Amberbaum *m*; **'~·wood** *s.* Holz *n* des Gummibaums (*etc.* → ***gum tree***).

gun [gʌn] **I** *s.* **1.** ⚔ Geschütz *n*, Ka'none *f* (*a. fig.*): ***bring up one's big ~s*** schweres Geschütz auffahren (*a. fig.*); ***go great ~s*** F ‚schwer in Fahrt sein'; ***stick to one's ~s*** *fig.* festbleiben, nicht weichen *od.* nachgeben; ***a big ~*** *sl.* ‚e-e große Kanone', ‚ein großes Tier'; **2.** (*engS.* Jagd)Gewehr *n*, Flinte *f*, Büchse *f*; **3.** ‚Ka'none' *f*, Pi'stole *f*, Re'volver *m*; **4.** *sport*: a) 'Startpisˌtole *f*, b) Startschuss *m*: ***jump the ~*** e-n Fehlstart verursachen, *fig.* voreilig handeln; **5.** Ka-

'nonen-, Sa'lutschuss *m*; **6.** Schütze *m*, Jäger *m*; **7.** ✈, ⚙ a) Drosselklappe *f*, b) Drosselhebel *m*: ***give the engine the ~*** Vollgas geben; **II** *v/i.* **8.** auf die Jagd gehen; schießen; **9.** ***~ for*** es abgesehen haben auf *j-n od. et.*; **III** *v/t.* **10.** a) schießen auf (*acc.*), b) erschießen, c) *mst* ***~ down*** niederschießen; **11.** *oft* ***~ up*** *mot.* F ‚auf Touren bringen': ***~ the car up*** (Voll)Gas geben.

gun| bar·rel *s.* ⚔ **1.** Geschützrohr *n*; **2.** Gewehrlauf *m*; **~ bat·tle** *s.* Feuergefecht *n*, Schieße'rei *f*; **'~·boat** *s.* Ka'nonenboot *n*: ***~ diplomacy***; **~ cam·er·a** *s.* ✈, ⚔ 'Foto-M,G *n*; **~ car·riage** *s.* ⚔ La'fette *f*; **~ cot·ton** *s.* Schießbaumwolle *f*; **~ dog** *s.* Jagdhund *m*; **'~·fight** → ***gun battle***; **'~,fire** *s.* ⚔ Geschützfeuer *n*.

gunge [gʌndʒ] *Brit.* F **I** *s.* klebrige Masse, klebriges (*od.* schmieriges) Zeug; **II** *v/t. a.* ***~ up*** verkleben.

gung-ho [ˌgʌŋ'həʊ] *adj.* F **1.** allzu enthusi'astisch, voller Begeisterung; **2.** 'übereifrig.

gung·y ['gʌndʒɪ] *adj. Brit.* F **1.** klebrig, schmierig; **2.** eklig, widerlich.

'gun|-,hap·py *adj.* schießwütig; **~ harpoon** *s.* ⚓ Ge'schützhar,pune *f*.

gunk [gʌŋk] *bsd. Am.* F **I** *s.* klebriges Zeug; **II** *v/t.* ***~ up*** verkleben.

gun| li·cence, *Am.* **~ li·cense** *s.* Waffenschein *m*; **'~·lock** *s.* Gewehrschloss *n*; **'~·man** [-mən] *s.* [*irr.*] Bewaffnete(r) *m*; Re'volverheld *m*; **'~,met·al** *s.* Rotguss *m*; **~ moll** *s. Am. sl.* Gangsterbraut *f*; **~ mount** *s.* ⚔ La'fette *f*.

gun·ner ['gʌnə] *s.* **1.** ⚔ a) Kano'nier *m*, Artille'rist *m*, b) Richtschütze *m* (*Panzer etc.*), c) M'G-Schütze *m*, Gewehrführer *m*; **2.** ✈ Bordschütze *m*; **gunner·y** ['gʌnərɪ] *s.* ⚔ Schieß-, Geschützwesen *n*: ***~ officer*** Artillerieoffizier *m*.

gun·ny ['gʌnɪ] *s.* Juteleinwand *f*: ~ (***bag***) Jutesack *m*.

gun| pit *s.* ⚔ **1.** Geschützstand *m*; **2.** ✈ Kanzel *f*; **'~·play** → ***gun battle***; **'~-point** *s.*: ***at ~*** mit vorgehaltener (Schuss)Waffe; **'~,pow·der** *s.* Schießpulver *n*: ***♀ Plot*** *hist.* Pulververschwörung *f* (*in London 1605*); **'~·room** [-rʊm] *s. Brit.* ⚓, ⚔ Ka'dettenmesse *f*; **'~,run·ner** *s.* Waffenschmuggler *m*; **'~,run·ning** *s.* Waffenschmuggel *m*.

Gunpowder Plot

Eine katholische Verschwörung gegen **King James I** (Jakob I.) im Jahr 1605. Kurz vor Parlamentseröffnung wurde versucht, das Parlamentsgebäude in die Luft zu sprengen. Der Versuch scheiterte jedoch und einer der Verschwörer mit Namen **Guy Fawkes** wurde verhaftet und gezwungen, seine Mitverschwörer zu nennen (*siehe auch* **Bonfire Night**).

gun·sel ['gʌnsl] *Am. sl.* **1.** → ***gunman***; **2.** ‚Fiesling' *m*; **3.** Trottel *m*.

'gun|·ship *s.* ✈, ⚔ Kampfhubschrauber *m*; **'~·shot** **1.** (Ka'nonen-, Gewehr-) Schuss *m*: ***~ wound*** Schusswunde *f*; **2.** ***within*** (***out of***) ~ in (außer) Schussweite (*a. fig.*); **'~-shy** *adj.* **1.** *hunt.* schussscheu (*Hund etc.*); **2.** *Am.* F 'misstrauisch; **'~,sling·er** *s. Am.* F → ***gunman***; **'~·smith** *s.* Büchsenmacher *m*; **~ turret** *s.* ⚔ **1.** Geschützturm *m*; **2.** ✈ Waffendrehstand *m*.

gun·wale ['gʌnl] *s.* **1.** ⚓ Schandeckel *m*; **2.** Dollbord *n* (*am Ruderboot*).

gur·gi·ta·tion [ˌgɜːdʒɪ'teɪʃn] *s.* (Auf-) Wallen *n*, Strudeln *n*.

gur·gle ['gɜːgl] *v/i.* gurgeln: a) gluckern (*Wasser*), b) glucksen (*Stimme, Person, Wasser etc.*).

Gur·kha ['gɜːkə] *s.* Gurkha *m, f* (*Mitglied e-s indischen Volksstamms*).

gu·ru ['gʊruː] *s.* Guru *m* (*a. fig.*).

gush [gʌʃ] **I** *v/i.* **1.** her'vorströmen, -schießen, sich ergießen (***from*** aus); **2.** 'überströmen (***with*** von); **3.** (***over***) *fig.* F schwärmen (von), sich 'überschwänglich *od.* verzückt äußern (über *acc.*); **II** *s.* **4.** Schwall *m*, Strom *m*, Erguss *m* (*alle a. fig.*); **5.** F Schwärme'rei *f*, 'Überschwänglichkeit *f*, (Gefühls)Erguss *m*; **'gush·er** [-ʃə] *s.* **1.** Springquelle *f* (*Erdöl*); **2.** F Schwärmer(in); **'gush·ing** [-ʃɪŋ] *adj.* □ **1.** ('über)strömend; **2.** → **'gush·y** [-ʃɪ] *adj.* überschwänglich, schwärmerisch.

gus·set ['gʌsɪt] **I** *s.* **1.** *Näherei etc.*: Zwickel *m*, Keil *m*; **2.** ⚙ Winkelstück *n*, Eckblech *n*; **II** *v/t.* **3.** e-n Zwickel *etc.* einsetzen in (*acc.*).

gust [gʌst] *s.* **1.** Windstoß *m*, Bö *f*; **2.** *fig.* (Gefühls)Ausbruch *m*, Sturm *m* (*der Leidenschaft etc.*).

gus·ta·tion [gʌ'steɪʃn] *s.* **1.** Geschmack *m*, Geschmackssinn *m*; **2.** Schmecken *n*; **gus·ta·to·ry** ['gʌstətərɪ] *adj.* Geschmacks...

gus·to ['gʌstəʊ] *s.* Begeisterung *f*, Genuss *m*, Gusto *m*.

gust·y ['gʌstɪ] *adj.* □ **1.** böig, stürmisch; **2.** *fig.* ungestüm.

gut [gʌt] **I** *s.* **1.** *pl.* Eingeweide *pl.*, Gedärme *pl.*: ***I hate his ~s*** F ich hasse ihn wie die Pest; ***I'll have his ~s for***

garters F den mach ich zur Schnecke (*od.* fertig); **2.** *anat.* a) 'Darm(ka,nal) *m*, b) (*bestimmter*) Darm; **3.** *a. pl.* F Bauch *m*; **4.** (*präparierter*) Darm; **5.** a) Engpass *m*, b) enge 'Durchfahrt, Meerenge *f*; **6.** *pl.* F a) *das* Innere: ***the ~s of a machine***, b) Kern *m*, *das* Wesentliche, c) Gehalt *m*, Sub'stanz *f*: ***it has no ~s in it*** es steckt nichts dahinter; **7.** *pl.* ‚Mumm' *m*, Schneid *m*; **II** *v/t.* **8.** *Fisch etc.* ausnehmen, -weiden; **9.** *Haus etc.* a) ausrauben, b) ausbrennen: ***~ted by fire*** völlig ausgebrannt; **10.** *fig. Buch etc.* ‚ausschlachten'; **III** *adj.* **11.** F instink'tiv, von innen her'aus, *a.* leidenschaftlich: ***a ~ reaction***; **12.** von entscheidender Bedeutung: ***a ~ problem***; **'gut·less** [-lɪs] *adj.* ‚schlaff': a) ohne Schneid, b) ‚müde': ***a ~ enterprise***; **'gut·sy** [-tsɪ] *adj.* mutig, schneidig.

gut·ta-per·cha [ˌgʌtə'pɜːtʃə] *s.* **1.** ♣ Gutta *n*; **2.** ⚘, ⚙ Gutta'percha *n*.

gut·ter ['gʌtə] **I** *s.* **1.** Dachrinne *f*; **2.** Gosse *f*, Rinnstein *m*; **3.** *fig. contp.* Gosse *f*: ***language of the ~***; ***take s.o. out of the ~*** j-n aus der Gosse auflesen; **4.** (Abfluss-, Wasser)Rinne *f*; **5.** ⚙ Rille *f*, Hohlkehlfuge *f*, Furche *f*; **6.** Kugelfangrinne *f* (*der Bowlingbahn*); **II** *v/t.* **7.** furchen, aushöhlen; **III** *v/i.* **8.** rinnen, strömen; **9.** tropfen (*Kerze*); **IV** *adj.* **10.** vul'gär, schmutzig, Schmutz...; **~ press** *s.* Skan'dal-, Sensati'onspresse *f*; **'~·snipe** *s.* Gassenkind *n*.

gut·tur·al ['gʌtərəl] **I** *adj.* ☐ **1.** Kehl..., guttu'ral (*beide a. ling.*), kehlig; **2.** rau, heiser; **II** *s.* **3.** *ling.* Kehllaut *m*, Guttu'ral *m*.

guv [gʌv], **guv·nor, guv'nor** ['gʌvnə] *sl.* → ***governor*** 4.

guy[1] [gaɪ] **I** *s.* **1.** F ‚Typ' *m*, Kerl *m*, ‚Bursche' *m*; **~s** *pl.* Leute *pl*; **2.** ‚Vogelscheuche' *f*, ‚'Schießbudenfi,gur' *f*; **3.** Zielscheibe *f* des Spotts; **4.** *Brit. Spottfigur des Guy Fawkes* (*die am **Guy Fawkes Day** verbrannt wird*); **II** *v/t.* **5.** F *j-n* lächerlich machen, verulken.

guy[2] [gaɪ] **I** *s.* **1.** *a.* ***~ rope*** Halteseil *n*, -tau *n*; **2.** a) ⚙ (Ab)Spannseil *n* (*e-s Mastes*): ***~ wire*** Spanndraht *m*, b) ⚓ Gei(tau *n*) *f*; **3.** Spannschnur *f* (*Zelt*); **II** *v/t.* **4.** mit e-m Tau *etc.* sichern, verspannen.

Guy Fawkes Day [ˌgaɪ'fɔːks] *s. Brit. der Jahrestag des **Gunpowder Plot** (5. November)*; → *Infofenster zu **Bonfire Night** u. **Gunpowder Plot.***

guz·zle ['gʌzl] *v/t.* **1.** *a. v/i.* a) ‚saufen', b) ‚fressen'; **2.** *oft* ***~ away*** *Geld* verprassen, *bsd.* ‚versaufen'; **'guz·zler** *s.* F **1.** Säufer(in); **2.** Fressack *m*.

gybe [dʒaɪb] *v/t. u. v/i.* ⚓ *Brit.* (sich) 'umlegen (*Segel beim Kreuzen*).

gym [dʒɪm] *s.* F *abbr. für* ***gymnasium*** *u.* ***gymnastics***: ***~ shoe*** Turnschuh *m*; ***~ teacher*** Turnlehrer(in).

gym·kha·na [dʒɪm'kɑːnə] *s.* Gym'khana *f* (*Geschicklichkeitswettbewerb für Reiter, a. Austragungsort*).

gym·na·si·um [dʒɪm'neɪzjəm] *pl.* **-si·ums, -si·a** [-zjə] *s.* **1.** Turnhalle *f*; **2.** *ped.* (*deutsches*) Gym'nasium; **gym·nast** ['dʒɪmnæst] *s.* (Kunst)Turner(in); **gym'nas·tic** [-'næstɪk] **I** *adj.* **1.** (☐ ***~ally***) gym'nastisch, turnerisch, Turn..., Gymnastik...; **II** *s.* **2.** *pl. sg. konstr.* Turnen *n*, Gym'nastik *f*: ***mental ~s*** ‚Gehirnakrobatik' *f*; **3.** *mst pl.* Turn-, Gym'nastikübung *f*.

gyn·ae·co·log·ic, gyn·ae·co·log·i·cal [ˌgaɪnɪkə'lɒdʒɪk(l)] *adj.* ⚕ gynäko'logisch; **gyn·ae·col·o·gist** [ˌgaɪnɪ'kɒlədʒɪst] *s.* ⚕ Gynäko'loge *m*, -'login *f*, Frauenarzt *m*, -ärztin *f*; **gyn·ae·col·o·gy** [ˌgaɪnɪ'kɒlədʒɪ] *s.* ⚕ Gynäkolo'gie *f*.

gyp [dʒɪp] *sl.* **I** *v/i. u. v/t.* **1.** ‚bescheißen', ‚neppen'; **II** *s.* **2.** a) ‚Beschiss' *m*, b) ‚Nepp' *m*; **3.** ***give s.o. ~*** j-n ‚fertig machen'; **~ joint** *s. sl.* 'Nepplo,kal *n*.

gyp·se·ous ['dʒɪpsɪəs] *adj. min.* gipsartig, Gips...; **gyp·sum** ['dʒɪpsəm] *s. min.* Gips *m*.

gyp·sy ['dʒɪpsɪ] *etc. bsd. Am.* → ***gipsy*** *etc.*

gy·rate **I** *v/i.* [ˌdʒaɪə'reɪt] kreisen, sich (im Kreis) drehen, wirbeln; **II** *adj.* ['dʒaɪərɪt] gewunden; **gy'ra·tion** [-eɪʃən] *s.* **1.** Kreisbewegung *f*, Drehung *f*; **2.** *anat.*, *zo.* Windung *f*; **gy·ra·to·ry** ['dʒaɪərətərɪ] *adj.* kreisend, sich (im Kreis) drehend.

gyr·fal·con ['dʒɜːˌfɔːlkən] → ***gerfalcon***.

gy·ro·com·pass ['dʒaɪərəʊˌkʌmpəs] *s.* ⚓, *phys.* Kreiselkompass *m*; **'gy·ro·graph** [-əʊgrɑːf] *s.* ⚙ Um'drehungszähler *m*.

gy·ro ho·ri·zon ['dʒaɪərəʊ] *s. ast.*, ✈ künstlicher Hori'zont.

gy·ro·pi·lot ['dʒaɪərəʊˌpaɪlət] *s.* ✈ Auto-pi'lot *m*; **'gy·ro·plane** [-rəpleɪn] *s.* ✈ Tragschrauber *m*; **'gy·ro·scope** [-rəskəʊp] *s.* **1.** *phys.* Gyro'skop *n*, Kreisel *m*; **2.** ⚓, ⚔ Ge'radlaufappa,rat *m* (*Torpedo*); **gy·ro·scop·ic** [ˌdʒaɪərə'skɒpɪk] *adj.* (☐ ***~ally***) Kreisel..., gyro'skopisch; **gy·ro·sta·bi·liz·er** [ˌdʒaɪərəʊ'steɪbɪlaɪzə] *s.* ⚓, ✈ (Stabilisier-, Lage)Kreisel *m*; **'gy·ro·stat** [-rəʊstæt] *s.* Gyro'stat *m*.

gyve [dʒaɪv] *obs. od. poet.* **I** *s. mst pl.* (*bsd.* Fuß)Fessel *f*; **II** *v/t.* fesseln.

G

H

H, h [eɪtʃ] *s.* H *n*, h *n* (*Buchstabe*).
ha [hɑː] *int.* ha!, ah!
ha·be·as cor·pus [ˌheɪbjəsˈkɔːpəs] (*Lat.*) *s. a.* ***writ of ~*** ⚖ Vorführungsbefehl *m* zur Haftprüfung: ***≈ Act*** Habeas-Corpus-Akte *f* (*1679*).
hab·er·dash·er [ˈhæbədæʃə] *s.* **1.** Kurzwarenhändler(in); **2.** *Am.* Herrenausstatter *m*; **ˈhab·er·dash·er·y** [-ərɪ] *s.* **1.** a) Kurzwaren *pl.*, b) Kurzwarengeschäft *n*; **2.** *Am.* a) ˈHerrenbeˌkleidungsarˌtikel *pl.*, b) Herrenmodengeschäft *n*.
ha·bil·i·ments [həˈbɪlɪmənts] *s. pl.* (Amts)Kleidung *f*, Kleider *pl.*
hab·it [ˈhæbɪt] *s.* **1.** (An)Gewohnheit *f*: ***out of ~*** aus Gewohnheit; ***the force of ~*** die Macht der Gewohnheit; ***be in the ~ of doing s.th.*** pflegen *od.* die (An-)Gewohnheit haben, et. zu tun; ***get*** (*od.* ***fall***) ***into a ~*** sich et. angewöhnen; ***break o.s. of a ~*** sich et. abgewöhnen; ***make a ~ of s.th.*** et. zur Gewohnheit werden lassen; **2.** *oft* ***~ of mind*** Geistesverfassung *f*; **3.** *psych.* Habit *n*, *a. m*; **4.** ⚕ Sucht *f*; **5.** (Amts-, Berufs-) Kleidung *f*, Tracht *f*; **6.** ⚘ Habitus *m*, Wachstumsart *f*; **7.** *zo.* Lebensweise *f*.
hab·it·a·ble [ˈhæbɪtəbl] *adj.* □ bewohnbar; **hab·i·tant** *s.* **1.** [ˈhæbɪtənt] Einwohner(in); **2.** [ˈhæbɪtɔ̃ːŋ] a) ˈFrankokaˌnadier *m*, b) Einwohner *m* franˈzösischer Abkunft (*in Louisiana*); **hab·i·tat** [ˈhæbɪtæt] *s.* ⚘, *zo.* Habiˈtat *n*, Heimat *f*, Stand-, Fundort *m*; **hab·i·ta·tion** [ˌhæbɪˈteɪʃn] *s.* Wohnen *n*; Wohnung *f*, Behausung *f*, Aufenthalt *m*: ***unfit for human ~*** unbewohnbar.
ˈhab·it-ˌform·ing *adj.* **1.** zur Gewohnheit werdend; **2.** ⚕ Sucht erzeugend: ***~ drug*** Suchtmittel *n*.
ha·bit·u·al [həˈbɪtjʊəl] *adj.* □ **1.** gewohnt, üblich, ständig; **2.** gewohnheitsmäßig, Gewohnheits..., *contp. a.* noˈtorisch: ***~ criminal*** Gewohnheitsverbrecher *m*; ***~ drinker*** Gewohnheitstrinker (-in); **haˈbit·u·ate** [-jʊeɪt] *v/t.* **1.** (***o.s.*** sich) gewöhnen (***to*** an *acc.*; ***to doing s.th.*** daran, et. zu tun); **2.** *Am.* F frequentieren, häufig besuchen; **haˈbit·u·é** [-jʊeɪ] *s.* ständiger Besucher, Stammgast *m*.
ha·chures [hæˈʃjʊəz] *s. pl.* Schraffierung *f*, Schrafˈfur *f*.
hack¹ [hæk] **I** *v/t.* **1.** (zer)hacken: ***~ off*** abhacken (von); ***~ out*** *fig.* grob darstellen, ‚hinhauen'; ***~ to pieces*** (*od.* ***bits***) in Stücke hacken, *fig.* ‚kaputtmachen'; **2.** (ein)kerben; **3.** ⚒ *Boden* (auf-, los-) hacken; **4.** ⚙ *Steine* behauen; **5.** *sport* *j-n* (gegen das Schienbein) treten; **6.** *Computer*: sich *et. als Hacker* holen (***from*** aus); **II** *v/i.* **7.** hacken: ***~ at*** a) hacken nach, b) einhauen auf (*acc.*); **8.** trocken u. stoßweise husten: ***~ing cough*** → 14; **9.** *sport* treten, ‚holzen'; **10.** *Computer*: hacken: ***~ into a computer system*** *als Hacker* in ein Computersystem eindringen; **III** *s.* **11.** Hieb *m*; **12.** Kerbe *f*; **13.** *sport* a) Tritt *m* (gegen das Schienbein), b) Trittwunde *f*; **14.** trockener, stoßweiser Husten.
hack² [hæk] **I** *s.* **1.** a) Reit- *od.* Kutschpferd *n*, b) Mietpferd *n*, Gaul *m*, Klepper *m*; **2.** *Am.* a) (Miets)Droschke *f*, b) F Taxi *n*, c) → ***hackie***; **3.** a) Lohnschreiber *m*, Schriftsteller, der auf Bestellung arbeitet, b) Schreiberling *m*; **II** *adj.* **4.** ***~ writer*** → 3; **5.** einfallslos, mittelmäßig; **6.** → ***hackneyed***; **III** *v/i.* **7.** *Brit.* ausreiten; **8.** *Am.* F a) in e-m Taxi fahren, b) ein Taxi fahren; **9.** auf Bestellung arbeiten (*Schriftsteller*).
hack·er [ˈhækə] *s. Computer*: Hacker *m*.
hack·ie [ˈhækɪ] *s. Am.* F Taxifahrer *m*.
hack·le [ˈhækl] **I** *s.* **1.** ⚙ Hechel *f*; **2.** a) *orn.* (lange) Nackenfeder(n *pl.*), b) *pl.* (*aufstellbare*) Rücken- u. Halshaare *pl.* (*Hund*): ***have one's ~s up*** *fig.* wütend sein; ***this got his ~s up, his ~s rose*** (***at this***) das brachte ihn in Wut; **II** *v/t.* **3.** ⚙ hecheln.
hack·ney [ˈhæknɪ] *s.* **1.** → ***hack²*** 1; **2.** *a.* ***~ carriage*** Droschke *f*; **ˈhack·neyed** [-ɪd] *adj. fig.* abgenutzt, abgedroschen.
ˈhack·saw *s.* ⚙ Bügelsäge *f*.
had [hæd; həd] *pret. u. p.p. von* ***have***.
had·dock [ˈhædək] *s.* Schellfisch *m*.
Ha·des [ˈheɪdiːz] *s.* **1.** *antiq.* Hades *m*, ˈUnterwelt *f*; **2.** F Hölle *f*.

Hadrian's Wall [ˌheɪdrɪənz ˈwɔːl] ist eine 200 km lange und bis zu 7 m hohe Mauer, die im 2. Jh. n. Chr. vom gleichnamigen römischen Kaiser gebaut wurde, um die römische Provinz Britannien vor den Kelten im Norden (den wilden Schotten) zu schützen. Teile der Mauer, die sich quer über England in der Nähe der schottischen Grenze erstreckt, können heute noch besichtigt werden.

hae·mal ['hi:ml] *adj. anat.* Blut(gefäß)...; **hae·mat·ic** [hi:'mætɪk] **I** *adj.* a) blutgefüllt, b) Blut..., c) Blut bildend; **II** *s.* ⚕ Hä'matikum *n*, Blut bildendes Mittel; **haem·a·tite** ['hemətaɪt] *s. min.* Häma'tit *m*; **hae·ma·tol·o·gy** [ˌhemə'tɒlədʒɪ] *s.* ⚕ Hämatolo'gie *f*; **hae·mo·glo·bin** [ˌhi:məʊ'gləʊbɪn] *s.* Hämoglo'bin *n*, roter Blutfarbstoff; **hae·mo·phile** ['hi:məʊfaɪl] *s.* ⚕ Bluter *m*; **hae·mo·phil·i·a** [ˌhi:məʊ'fɪlɪə] *s.* ⚕ Bluterkrankheit *f*, Hämophi'lie *f*; **hae·mo·phil·i·ac** [ˌhi:məʊ'fɪlɪæk] → ***haemophile***; **haem·or·rhage** ['hemərɪdʒ] *s.* (***cerebral*** ~ Gehirn)Blutung *f*; **haem·or·rhoids** ['hemərɔɪdz] *s. pl.* ⚕ Hämorr(ho)'iden *pl.*

haft [hɑ:ft] *s.* Griff *m*, Heft *n*, Stiel *m*.

hag [hæg] *s.* ‚alte Vettel', Hexe *f*.

hag·gard ['hægəd] **I** *adj.* □ **1.** wild, verstört: ~ ***look***; **2.** a) abgehärmt, b) sorgenvoll, gequält, c) abgespannt, d) abgezehrt, hager; **3.** ~ ***falcon*** → 4; **II** *s.* **4.** Falke, der ausgewachsen gefangen wurde.

Haggis

Dieses schottische Nationalgericht besteht aus gehackten Schafsinnereien, die mit Hafergrütze, Nierentalg und Zwiebeln gemischt und in einem Schafsmagen oder (häufiger) Kunststoffbeutel gekocht werden. Es wird u.a. an **Burns' Night** (*siehe dort*) gegessen.

hag·gle ['hægl] *v/i.* (***about, over***) schachern, feilschen, handeln (um); **'hag·gler** [-lə] *s.* Feilscher(in).

hag·i·og·ra·phy [ˌhægɪ'ɒgrəfɪ] *s.* Hagiogra'phie *f* (*Erforschung u. Beschreibung von Heiligenleben*); **ˌhag·i'ol·a·try** [-'ɒlətrɪ] *s.* Heiligenverehrung *f*.

'hagˌrid·den *adj.* **1.** gepeinigt, gequält; **2.** ***be*** ~ *humor.* von Frauen schikaniert werden.

Hague| Con·ven·tions [heɪg] *s. pl. pol. die* Haager Abkommen *pl*; ~ **Tri·bu·nal** *s. pol. der* Haager Schiedshof.

hail[1] [heɪl] **I** *s.* **1.** Hagel *m* (*a. fig. von Geschossen, Flüchen etc.*); **II** *v/i.* **2.** *impers.* hageln: ***it is ~ing*** es hagelt; **3.** *a.* ~ ***down*** *fig.* (***on*** auf *acc.*) (nieder)hageln, (nieder)prasseln; **III** *v/t.* **4.** *a.* ~ ***down*** *fig.* (nieder)hageln *od.* (-)prasseln lassen (***on*** auf *acc.*).

hail[2] [heɪl] **I** *v/t.* **1.** freudig *od.* mit Beifall begrüßen, zujubeln (*dat.*); **2.** *j-n, a. Taxi* her'beirufen *od.* -winken; **3.** *fig. et.* begrüßen, begeistert aufnehmen; **II** *v/i.* **4.** *bsd.* ⚓ rufen, sich melden; **5.** (her)stammen, (-)kommen (***from*** von *od.* aus); **III** *int.* **6.** heil!; **IV** *s.* **7.** Gruß *m*, Zuruf *m*: ***within*** ~ (*od.* ***~ing distance***) in Ruf- *od.* Hörweite, *fig.* greifbar nahe; **'hail·er** *s. Am.* Mega'phon *n*.

'hail|-ˌfel·low-ˌwell-'met [-ləʊ-] **I** *s.* a) umgänglicher Mensch, b) *contp.* plumpvertraulicher Kerl; **II** *adj.* a) umgänglich, b) *contp.* plumpvertraulich, c) ~ ***with*** (sehr) vertraut *od.* auf Du u. Du mit; **'~·stone** *s.* Hagelkorn *n*, -schloße *f*; **'~·storm** *s.* Hagelschauer *m*.

hair [heə] *s.* **1.** *ein* Haar *n*: ***by a ~*** *fig.* ganz knapp *gewinnen etc.*; ***to a ~*** haargenau; ***it turned on a ~*** es hing an e-m Faden; ***without turning a ~*** ohne mit der Wimper zu zucken, kaltblütig; ***split ~s*** Haarspalterei treiben; ***not to harm*** (*od.* ***hurt***) ***a ~ on s.o.'s head*** j-m kein Haar krümmen; **2.** *coll.* Haar *n*, Haare *pl.*: ***comb s.o.'s ~ for him*** (*od.* ***her***) F *fig.* j-m gehörig den Kopf waschen; ***do one's ~*** sich die Haare machen; ***get in s.o.'s ~*** F j-m auf die Nerven fallen; ***have s.o. by the short ~s*** F j-n in der Hand haben; ***have one's ~ cut*** sich die Haare schneiden lassen; ***have a ~ of the dog*** (***that bit you***) F e-n Schluck Alkohol trinken, um s-n ‚Kater' zu vertreiben; ***let one's ~ down*** a) sein Haar aufmachen, b) *fig.* sich ungeniert benehmen, c) aus sich herausgehen, d) sein Herz ausschütten; ***my ~ stood on end*** mir sträubten sich die Haare; ***keep s.o. out of one's ~*** F sich j-n vom Leib halten; ***keep your ~ on!*** F nur keine Aufregung; ***tear one's ~*** sich die Haare raufen; **3.** ⚘ Haar *n*; **4.** Härchen *n*, Fäserchen *n*; **'~·breadth** *s.*: ***by a ~*** um Haaresbreite; ***escape by a ~*** mit knapper Not davonkommen; **'~·brush** *s.* **1.** Haarbürste *f*; **2.** Haarpinsel *m*; ~ **clippers** *s. pl.* 'Haarschneidemaˌschine *f*; **'~·cloth** *s.* Haartuch *n*; ~ **com·pass·es** *s. pl. a.* ***pair of*** ~ Haar(strich)zirkel *m*; **'~ˌcurl·ing** *adj.* F **1.** grausig; **2.** haarsträubend; **'~·cut** *s.* Haarschnitt *m*, *weitS.* Fri'sur *f*: ***have a ~*** sich die Haare schneiden lassen; **'~·do** *pl.* **'~·dos** *s.* F Fri'sur *f*; **'~ˌdress·er** *s.* Fri'seur *m*, Fri'seuse *f*;

H

'~ˌ**dress·ing** *s.* Frisieren *n*: ~ ***salon*** Friseursalon *m*; '~ˌ**dri·er** *s.* Haartrockner *m*: a) Föhn *m*, b) Trockenhaube *f.*

haired [heəd] *adj.* **1.** behaart; **2.** *in Zssgn* ...haarig.

hair| fol·li·cle *s. anat.* Haarbalg *m*; '~·**grip** *s.* Haarklammer *f.*

hair·i·ness ['heərɪnɪs] *s.* Behaartheit *f*; **hair·less** ['heəlɪs] *adj.* unbehaart, haarlos, kahl.

'**hair|·line** *s.* **1.** Haaransatz *m*; **2.** a) feiner Streifen (*Stoffmuster*), b) fein gestreifter Stoff; **3.** Haarseil *n*; **4.** *a.* ~ ***crack*** ⚙ Haarriss *m*; **5.** *opt.* Fadenkreuz *n*; **6.** → ***hair stroke***; ~ **mat·tress** *s.* 'Rosshaarmaˌtratze *f*; ~ **net** *s.* Haarnetz *n*; ~ **oil** *s.* Haaröl *n*; '~·**piece** *s.* Haarteil *n*, *für Männer*: Tou'pet *n*; '~·**pin** *s.* **1.** Haarnadel *f*; **2.** *a.* ~ ***bend*** Haarnadelkurve *f*; '~-ˌ**rais·er** *s.* F *et.* Haarsträubendes, *z.B.* Horrorfilm *m*; '~-ˌ**rais·ing** *adj.* F haarsträubend; ~ **re·stor·er** *s.* Haarwuchsmittel *n.*

hair's breadth → ***hairbreadth***.

hair| shirt *s.* härenes Hemd; ~ **sieve** *s.* Haarsieb *n*; ~ **slide** *s.* Haarspange *f*; '~ˌ**split·ter** *s. fig.* Haarspalter(in); '~ˌ**split·ting I** *s.* Haarspalte'rei *f*; **II** *adj.* haarspalterisch; '~·**spring** *s.* ⚙ Haar-, Unruhfeder *f*; ~ **stroke** *s.* Haarstrich *m* (*Schrift*); '~·**style** *s.* Fri'sur *f*; ~ **styl·ist** *s.* Hair-Stylist *m*, 'Damenfriˌseur *m*; '~-ˌ**trig·ger I** *s.* **1.** Stecher *m* (*am Gewehr*); **II** *adj.* F **2.** äußerst reizbar (*Person*); **3.** la'bil; **4.** prompt.

Hairstyles

Afro	Afrolook
bald head [bɔːld]	Kahlkopf
bald patch	Glatze, Platte
bob	Bubikopf
bun	(Haar)Knoten
crew cut	Bürstenschnitt
curls	Locken
dreadlocks ['dredlɒks]	Dreadlocks, zusammengedrehte Haarsträhnen
flattop	Bürstenschnitt (*oben waagrecht geschnitten*)
fringe, *Am.* **bangs**	Pony
frizz	Krauskopf, gekräuseltes Haar
highlights	(blondierte) Strähnchen
mohican [məʊ'hiːkən, 'məʊɪkən]	Irokesenschnitt
pageboy	Pagenschnitt, Pagenkopf
parting	Scheitel
side parting	Seitenscheitel
centre parting	Mittelscheitel
perm	Dauerwelle
pigtail	Zopf
plaits [plæts], *Am.* **braids** [breɪdz]	Zöpfe
ponytail	Pferdeschwanz
short back and sides	Kurzhaarschnitt
straight hair	glattes Haar
wavy hair	welliges Haar
wig	Perücke

hair·y ['heərɪ] *adj.* **1.** haarig, behaart; **2.** Haar...; **3.** F ‚haarig', schwierig.

hake [heɪk] *s. ichth.* Seehecht *m.*

ha·la·tion [hə'leɪʃn] *s. phot.* Halo-, Lichthofbildung *f.*

hal·berd ['hælbɜːd] *s.* ⚔ *hist.* Helle'barde *f*; **hal·berd·ier** [ˌhælbə'dɪə] *s.* Hellebar'dier *m.*

hal·cy·on ['hælsɪən] **I** *s. orn.* Eisvogel *m*; **II** *adj.* halky'onisch, friedlich; ~ **days** *s. pl.* **1.** halky'onische Tage *pl.*: a) Tage *pl.* der Ruhe (*auf dem Meer*), b) *fig.* Tage glücklicher Ruhe; **2.** *fig.* glückliche Zeit.

hale [heɪl] *adj.* gesund, kräftig: ~ ***and hearty*** gesund u. munter.

half [hɑːf] **I** *pl.* **halves** *s.* **1.** Hälfte *f*: ***an hour and a*** ~ anderthalb Stunden; ~ (***of***) ***the girls*** die Hälfte der Mädchen; ~ ***the amount*** die halbe Menge *od.* Summe; ***cut in halves*** (*od.* ~) in zwei Hälften *od.* Teile schneiden, entzweischneiden, halbieren; ***do s.th. by halves*** et. nur halb tun; ***do things by halves*** halbe Sachen machen; ***not to do things by halves*** Nägel mit Köpfen machen; ***go halves with s.o.*** (gleichmäßig) mit j-m teilen, mit j-m (bei et.) halbpart machen; ***too clever by*** ~ überschlau; ***a game and a*** ~ F ein ‚Bombenspiel'; ***not good enough by*** ~ lange nicht gut genug; ***torn in*** ~ *fig.* hin- u. hergerissen; → ***better***[1] 1; **2.** *sport*: a) Halbzeit *f*, (Spiel)Hälfte *f*, b) (Spielfeld)Hälfte *f*, c) *Golf*: Gleichstand *m*,

d) → ***halfback***; **3.** Fahrkarte *f* zum halben Preis; **4.** kleines Bier (*halbes Pint*); **II** *adj.* **5.** halb: ***a ~ mile***, *mst* ***~ a mile*** e-e halbe Meile; ***~ an hour***, ***a ~ hour*** e-e halbe Stunde; ***two pounds and a ~*** zweieinhalb Pfund; ***a ~ share*** ein halber Anteil, e-e Hälfte; ***~ knowledge*** Halbwissen *n*; ***at ~ the price*** zum halben Preis; ***that's ~ the battle*** damit ist es halb gewonnen; → ***mind*** 5, ***eye*** 2; **III** *adv.* **6.** halb, zur Hälfte: ***~ full***; ***my work is ~ done***; ***~ as much*** halb so viel; ***~ as much again*** anderthalbmal so viel; ***~ past ten*** halb elf (Uhr); ***~ one*** (***two*** *etc.*) F (= ***half past one*** *etc.*) halb zwei (drei *etc.*); **7.** halb(wegs), nahezu, fast: ***~ dead*** halb tot; ***not ~ bad*** F gar nicht übel; ***be ~ inclined*** beinahe geneigt sein; ***he ~ wished*** (***suspected***) er wünschte (vermutete) fast.

ˌhalf|-and-'half [-fənd'h-] **I** *s.* Halb-u.-halb-Mischung *f*; **II** *adj.* halb u. 'halb; **III** *adv.* halb u. halb; **'~·back** *s.* **1.** *obs. Fußball etc.*: Läufer *m*; **2.** *Rugby*: Halbspieler *m*; **ˌ~-'baked** *adj. fig.* F **1.** ‚grün', unreif, unerfahren; **2.** unausgegoren, nicht durch'dacht (*Plan etc.*); **3.** blöd; **~ bind·ing** *s.* Halb(leder)band *m*; **'~·blood** *s.* **1.** Halbbürtigkeit *f*: ***brother of the ~*** Halbbruder *m*; **2.** → ***half-breed*** 1; **ˌ~-'blood·ed** → ***half-bred*** I; **~ board** *s. Hotel*: 'Halbpensiˌon *f*; **ˌ~-'bound** *adj.* im Halbband (*Buch*); **'~-bred I** *adj.* halbblütig, Halbblut...; **II** *s.* Halbblut(tier) *n*; **'~-breed I** *s.* **1.** Mischling *m*, Halbblut *n* (*a. Tier*); **2.** *Am.* Me'stize *m*; **3.** ⚘ Kreuzung *f*; **II** *adj.* **4.** → ***half-bred***; **'~-ˌbroth·er** *s.* Halbbruder *m*; **'~-caste** → ***half-breed*** 1 *u.* ***half-bred***; **'~-cloth** *adj.* in Halbleinen gebunden, Halbleinen...; **~ cock** *s.*: ***go off at ~*** F a) ‚hochgehen', wütend werden, b) ‚da'nebengehen'; **~ crown** *s. Brit. obs.* Halbkronenstück *n* (*Wert*: 2*s*.6*d*.); **~ deck** *s.* ⚓ Halbdeck *n*; **~ face** *s. paint., phot.* Pro'fil *n*; **ˌ~'heart·ed** *adj.* □ halbherzig; **~ hol·i·day** *s.* halber Feier- *od.* Urlaubstag; **~ hose** *s. coll., pl. konstr.* a) Halb-, Kniestrümpfe *pl.*, b) Socken *pl.*; **ˌ~-'hour I** *s.* halbe Stunde; **II** *adj.* a) halbstündig, b) halbstündlich; **III** *adv.* → **ˌ~-'hour·ly** *adv.* jede *od.* alle halbe Stunde, halbstündlich; **ˌ~-'length** *s. a.* ***~ portrait*** Brustbild *n*; **'~-life** (**pe·ri·od**) *s.* ⚗, *phys.* Halbwertzeit *f*; **ˌ~-'mast** *s.*: ***fly at ~*** auf halbmast *od.* ⚓ halbstock(s) setzen (*v/i.* wehen); **~ meas·ure** *s.* Halbheit *f*, halbe Sache; **~ moon** *s.* **1.** Halbmond *m*; **2.** (Nagel)Möndchen *n*; **~ mourn·ing** *s.* Halbtrauer *f*; **~ nel·son** *s. Ringen*: Halbnelson *m*; **ˌ~-'or·phan** *s.* Halbwaise *f*; **~ pay** *s.* **1.** halbes Gehalt; **2.** ⚔ Halbsold *m*; Ruhegeld *n*: ***on ~*** außer Dienst; **~·pen·ny** ['heɪpnɪ] *s.* **1.** *pl.* **half·pence** ['heɪpəns] halber Penny: ***three halfpence***, ***a penny ~*** eineinhalb Pennies; ***turn up again like a bad ~*** immer wieder auftauchen; **2.** *pl.* **half·pen·nies** ['heɪpnɪz] Halbpennystück *n*; **'~-pint** *s.* **1.** halbes Pint (*bsd. Bier*); **2.** F ‚halbe Porti'on'; **'~-pipe** *s. Skate-, Snowboarden etc.*: 'Halfpipe *f*; **ˌ~·seas-'o·ver** *adj.* F ‚angesäuselt'; **'~-ˌsis·ter** *s.* Halbschwester *f*; **ˌ~-'staff** → ***halfmast***; **~ term** *s. univ. Brit. kurze Ferien in der Mitte e-s Trimesters*; **ˌ~-'tide** *s.* ⚓ Gezeitenmitte *f*; **ˌ~-'tim·bered** *adj.* ⚠ Fachwerk...; **~ time** *s.* **1.** halbe Arbeitszeit; **2.** *sport* Halbzeit *f*; **ˌ~-'time I** *adj.* **1.** Halbtags...: ***~ job***; **2.** *sport* Halbzeit...: ***~ score*** Halbzeitstand *m*; **II** *adv.* **3.** halbtags; **ˌ~-'tim·er** *s.* Halbtagsbeschäftigte(r *m*) *f*; **~ ti·tle** *s.* Schmutztitel *m*; **'~·tone** *s.* ♪, *paint., typ.* Halbton *m*: ***~ etching*** Autotypie *f*; ***~ process*** Halbtonverfahren *n*; **'~-track I** *s.* **1.** ⚙ Halbkettenantrieb *m*; **2.** Halbkettenfahrzeug *n*; **II** *adj.* **3.** Halbketten...; **'~-truth** *s.* Halbwahrheit *f*; **ˌ~-'vol·ley** *s. sport* Halbvolley *m*, Halbflugball *m*; **ˌ~-'way I** *adj.* **1.** auf halbem Weg *od.* in der Mitte (liegend): ***~ measures*** halbe Maßnahmen; **II** *adv.* **2.** auf halbem Weg, in der Mitte; → ***meet*** 4; **3.** teilweise, halb(wegs); **ˌ~-way 'house** *s.* **1.** auf halbem Weg gelegenes Gasthaus; **2.** *fig.* a) 'Zwischenstufe *f*, -statiˌon *f*, b) Kompro'miss *m*, *n*; **3.** Rehabilitati'onszentrum *n*; **'~·wit** *s.* Schwachkopf *m*, -sinnige(r *m*) *f*, Trottel *m*; **ˌ~-'wit·ted** *adj.* schwachsinnig, blöd; **ˌ~-'year·ly** *adv.* halbjährlich.

hal·i·but ['hælɪbət] *s.* Heilbutt *m*.

hal·ide ['hælaɪd] *s.* ⚗ Haloge'nid *n*.

hal·i·to·sis [ˌhælɪ'təʊsɪs] *s.* Hali'tose *f*, (übler) Mundgeruch.

hall [hɔːl] *s.* **1.** Halle *f*, Saal *m*; **2.** a) Diele *f*, Flur *m*, b) (Empfangs-, Vor-) Halle *f*, Vesti'bül *n*; **3.** a) (Versammlungs)Halle *f*, b) großes (öffentliches) Gebäude: ***℘ of Fame*** Ruhmeshalle; **4.** *hist.* Gilden-, Zunfthaus *n*; **5.** *Brit.* Herrenhaus *n* (*e-s Landguts*); **6.** *univ.* a) *a.* ***~ of residence*** Stu'dentenheim *n*, b) *Brit.* (Essen *n* im) Speisesaal *m*, c) *Am.* Insti'tut *n*: ***Science ℘***; **7.** *hist.* a) Schloss *n*, Stammsitz *m*, b) Fürsten-, Königssaal *m*, c) Festsaal *m*; **~ clock** *s.* Standuhr *f*.

hal·le·lu·jah, hal·le·lu·iah [ˌhælɪ'luːjə] **I** *s.* Halle'luja *n*; **II** *int.* halle'luja!

hal·liard ['hæljəd] → ***halyard***.

'hall·mark I *s.* **1.** Feingehaltsstempel *m* (*der Londoner Goldschmiedeinnung*); **2.** *fig.* (Güte)Stempel *m*, Gepräge *n*, (Kenn)Zeichen *n*; **II** *v/t.* **3.** *Gold od. Silber* stempeln; **4.** *fig.* kennzeichnen, stempeln.

hal·lo [hə'ləʊ] *bsd. Brit. für* ***hello***.

hal·loo [həˈluː] **I** *int.* hallo!, he!; **II** *s.* Hallo *n*; **III** *v/i.* (hallo) rufen *od.* schreien: ***don't ~ till you are out of the wood!*** freu dich nicht zu früh!

hal·low[1] [ˈhæləʊ] *v/t.* heiligen: a) weihen, b) als heilig verehren: ***~ed be Thy name*** geheiligt werde Dein Name.

hal·low[2] [ˈhæləʊ] → ***halloo***.

Hal·low·e'en [ˌhæləʊˈiːn] *s.* Abend *m* vor Allerˈheiligen; **Hal·low·mas** [ˈhæləʊmæs] *s. obs.* Allerˈheiligen(fest) *n.*

Hallowe'en ist der Vorabend von Allerheiligen (31. Oktober) und wird auf beiden Seiten des Atlantiks auf lustig-makabre Weise gefeiert: mit Kostümfesten, zu denen man sich als Hexe, Teufel, Skelett, Geist, Monster und dergleichen verkleidet. Kinder schnitzen aus Kürbissen Laternen und ziehen von Tür zu Tür, um sich Leckerbissen zu erbetteln. Dabei heißt es **„Trick or treat!"** („Streich oder Leckerbissen!"): Mit anderen Worten: Wenn keine Leckerbissen gespendet werden, wird dem „Opfer" ein Streich gespielt.

hall| por·ter *s. bsd. Brit.* Hoˈtel-, Hausdiener *m*; **ˈ~·stand** *s.* a) *Am. a.* **~ tree** Gardeˈrobenständer *m*, b) ˈFlurgardeˌrobe *f.*

hal·lu·ci·nate [həˈluːsɪneɪt] *v/i.* halluzinieren; **hal·lu·ci·na·tion** [həˌluːsɪˈneɪʃn] *s.* Halluzinatiˈon *f*; **hal·lu·ci·na·to·ry** [həˈluːsɪnətərɪ] *adj.* halluzinaˈtorisch; **hal·lu·ci·no·gen** [həˈluːsɪnədʒen] *s.* ⚕ Halluzinoˈgen *n.*

ˈhall·way *s. Am.* **1.** (Eingangs)Halle *f*, Diele *f*; **2.** Korridor *m*.

halm [hɑːm] → ***haulm***.

hal·ma [ˈhælmə] *s.* Halma(spiel) *n.*

ha·lo [ˈheɪləʊ] *pl.* **ha·loes, ha·los** *s.* **1.** Heiligen-, Glorienschein *m*, Nimbus *m* (*a. fig.*); **2.** *ast.* Halo *m*, Ring *m*, Hof *m*; **3.** *allg.* Ring *m*, (*phot.* Licht)Hof *m*; **ˈha·loed** [-əʊd] *adj.* mit e-m Heiligenschein *etc.* umˈgeben.

hal·o·gen [ˈhælədʒen] *s.* ⚗ Haloˈgen *n*, Salzbildner *m*: **~ *lamp*** Halogenlampe *f*, *mot.* -scheinwerfer *m*.

halt[1] [hɔːlt] **I** *s.* **1.** a) Halt *m*, Pause *f*, Rast *f*, Aufenthalt *m*, b) *a. fig.* Stillstand *m*: ***call a ~ (to)*** (*fig.* Ein)Halt gebieten (*dat.*); ***bring to a ~*** → 3; ***come to a ~*** → 4; **2.** 🚂 *Brit.* (Bedarfs-) Haltestelle *f*, Haltepunkt *m*; **II** *v/t.* **3.** a) Halt machen lassen, anhalten (lassen), *a. fig.* zum Halten *od.* Stehen bringen; **III** *v/i.* **4.** a) anhalten, Halt machen, b) *a. fig.* zum Stehen *od.* Stillstand kommen: ***~!*** halt!

halt[2] [hɔːlt] *v/i.* **1.** *obs.* hinken; **2.** *fig.* ‚hinken' (*Vergleich etc.*), (*Vers etc.*) *a.* holpern; **3.** zögern, schwanken, stocken.

hal·ter [ˈhɔːltə] **I** *s.* **1.** Halfter *f, m, n*; **2.** Strick *m* (*zum Hängen*); **3.** rückenfreies Oberteil *od.* Kleid mit Nackenband; **II** *v/t.* **4.** *Pferd* (an)halftern; **5.** *j-n* hängen; **ˈ~·neck** → ***halter*** 3.

halt·ing [ˈhɔːltɪŋ] *adj.* ☐ **1.** *obs.* hinkend; **2.** *fig.* a) hinkend, b) holp(e)rig; **3.** stockend; **4.** zögernd, schwankend.

halve [hɑːv] *v/t.* **1.** halbieren: a) zu gleichen Hälften teilen, b) auf die Hälfte reduzieren; **2.** ⚙ verblatten.

halves [hɑːvz] *pl. von* ***half***.

hal·yard [ˈhæljəd] *s.* ⚓ Fall *n.*

ham [hæm] **I** *s.* **1.** Schinken *m*: ***~ and eggs*** Schinken mit (Spiegel)Ei; **2.** *anat.* (hinterer) Oberschenkel, Gesäßbacke *f*, *pl.* Gesäß *n*; **3.** F a) *a.* ***~ actor*** überˈtrieben *od.* miseˈrabel spielender Schauspieler, ˈSchmierenkomödiˌant (-in), b) *fig. contp.* ‚Schauspieler(in)', c) Stümper(in); **4.** F Amaˈteurfunker *m*; **II** *v/t.* **5.** F a) *e-e Rolle* überˈtrieben *od.* miseˈrabel spielen: ***~ it up*** → 6, b) *et.* verkitschen; **III** *v/i.* **6.** überˈtrieben *od.* miseˈrabel spielen, wie ein ˈSchmierenkomödiˌant auftreten.

ham·burg·er [ˈhæmbɜːgə] *s.* **1.** *Am.* Rinderhack *n*; **2.** a) *a.* ***2 steak*** Frikaˈdelle *f*, b) Hamburger *m*.

Ham·burg steak [ˈhæmbɜːg] → ***hamburger*** 2a.

hames [heɪmz] *s. pl.* Kummet *n.*

ˈham|-ˌfist·ed, ˈ~-ˌhand·ed *adj.* F ungeschickt, tollpatschig.

ha·mite[1] [ˈheɪmaɪt] *s. zo.* Ammoˈnit *m*.

Ham·ite[2] [ˈhæmaɪt] *s.* Haˈmit(in).

ham·let [ˈhæmlɪt] *s.* Weiler *m*, Flecken *m*, Dörfchen *n*.

ham·mer [ˈhæmə] **I** *s.* **1.** Hammer *m* (*a. anat.*): ***come*** (*od.* ***go***) ***under the ~*** unter den Hammer kommen, versteigert werden; ***go at it ~ and tongs*** F a) ‚mächtig rangehen', b) (sich) streiten, dass die Fetzen fliegen; ***~ and divider*** *pol.* Hammer u. Zirkel (*Symbol der DDR*); ***~ and sickle*** *pol.* Hammer u. Sichel (*Symbol der UdSSR*); **2.** Hammer *m* (*Klavier etc.*); **3.** *sport* Hammer *m*; **4.** ⚙ a) Hammer(werk *n*) *m*, b) Hahn *m* (*e-r Feuerwaffe*); **II** *v/t.* **5.** (ein-) hämmern, (ein)schlagen: ***~ an idea into s.o.'s head*** *fig.* j-m e-e Idee einhämmern *od.* -bläuen; **6.** *a.* ***~ out*** a) *Metall* hämmern, bearbeiten, formen, b) *fig.*

ausarbeiten, schmieden, c) *Differenzen* ‚ausbügeln'; **7.** *a.* **~ together** zs.-hämmern, -zimmern; **8.** F a) vernichtend schlagen, *sport a.* ‚über'fahren', b) besiegen; **9.** *Börse*: *Brit.* für zahlungsunfähig erklären; **III** *v/i.* **10.** hämmern (*a. Puls etc.*): **~ at** einhämmern auf (*acc.*); **~ away** drauflloshämmern, -arbeiten; **~ away** (**at**) *fig.* sich abmühen (mit); **~ blow** *s.* Hammerschlag *m*; **~ drill** *s.* ⚙ Schlagbohrer *m.*

ham·mered ['hæməd] *adj.* ⚙ gehämmert, getrieben, Treib...

ham·mer| face *s.* ⚙ Hammerbahn *f*; **~ forg·ing** *s.* ⚙ Reckschmieden *n*; **'~-ˌhard·en** *v/t.* ⚙ kalthämmern; **'~·head** *s.* **1.** *ichth.* Hammerhai *m*; **2.** ⚙ (Hammer)Kopf *m*; **~·less** ['hæməlɪs] *adj.* mit verdecktem Schlaghammer (*Gewehr*); **'~·lock** *s. Ringen*: Hammerlock *m* (*Griff*); **~ scale** *s.* ⚙ (Eisen)Hammerschlag *m*, Zunder *m*; **'~·smith** *s.* ⚙ Hammerschmied *m*; **~ throw** *s. sport* Hammerwerfen *n*; **~ throw·er** *s. sport* Hammerwerfer *m*; **'~·toe** *s.* ⚕ Hammerzehe *f.*

ham·mock ['hæmək] *s.* Hängematte *f.*

ham·per[1] ['hæmpə] *v/t.* **1.** (be)hindern, hemmen; **2.** stören.

ham·per[2] ['hæmpə] *s.* **1.** (Pack-, Trag-) Korb *m*; **2.** Geschenkkorb *m*, ‚Fresskorb' *m.*

ham·ster ['hæmstə] *s. zo.* Hamster *m.*

'ham·string I *s.* **1.** *anat.* Kniesehne *f*; **2.** *zo.* A'chillessehne *f*; **II** *v/t.* [*irr.* → ***string***] **3.** (durch Zerschneiden der Kniesehnen) lähmen; **4.** *fig.* lähmen.

hand [hænd] **I** *s.* **1.** Hand *f* (*a. fig.*): ***~s off!*** Hände weg!; ***~s up!*** Hände hoch!; ***be in good ~s*** *fig.* in guten Händen sein; ***fall into s.o's ~s*** j-m in die Hände fallen; ***give*** (*od.* ***lend***) ***a*** (***helping***) ***~*** (*j-m*) helfen; ***give s.o. a ~ up*** j-m auf die Beine helfen; ***I am entirely in your ~s*** ich bin ganz in Ihrer Hand; ***I have his fate in my ~s*** sein Schicksal liegt in m-r Hand; ***he asked for her ~*** er hielt um ihre Hand an; ***get a big ~*** F starken Applaus bekommen; → *Bes. Redew.*; **2.** *zo.* a) Hand *f* (*Affe*), b) Vorderfuß *m* (*Pferd*), c) Schere *f* (*Krebs*); **3.** *pl.* Hände *pl.*, Besitz *m*: ***change ~s*** → *Bes. Redew.*; **4.** (gute *od.* glückliche) Hand, Geschick *n*: ***he has a ~ for horses*** er versteht es, mit Pferden umzugehen; **5.** *oft in Zssgn* Arbeiter *m*, Mann (*a. pl.*), *pl.* Leute *pl.*, ⚓ Ma'trose: ***all ~s on deck!*** alle Mann an Deck!; **6.** Fachmann *m*, Routini'er *m*: ***an old ~*** *a.* ein alter ‚Hase' *od.* Praktikus; ***a good ~ at*** sehr geschickt in (*dat.*), ein guter *Golfspieler etc.*; **7.** Handschrift *f*: ***a legible ~***; **8.** Unterschrift *f*: ***set one's ~ to a document***; **9.** Handbreit *f* (*4 engl. Zoll*) (*nur für die Größe e-s Pferdes*); **10.** *Kartenspiel*: a) Spieler *m*, b) Blatt *n*, Karten *pl.*: ***show one's ~*** → *Bes. Redew.*, c) Runde *f*, Spiel *n*; **11.** (Uhr-) Zeiger *m*; **12.** Seite *f* (*a. fig.*): ***on the right ~*** rechter Hand, rechts; ***on every ~*** überall, ringsum; ***on all ~s*** a) überall, b) von allen Seiten; ***on the one ~, on the other ~*** einerseits ... andererseits; **13.** Büschel *m*, *n*, Bündel *n* (*Früchte*), Hand *f* (*Bananen*); **14.** *Fußball*: Handspiel *n*: ***~s!*** Hand!;

Besondere Redewendungen:

~ and foot a) an Händen u. Füßen (*fesseln*), b) *fig.* hinten u. vorn (*bedienen*); ***be ~ in glove*** (***with***) a) ein Herz u. 'eine Seele sein (mit), b) *b.s.* unter 'einer Decke stecken (mit); ***~s down*** mühelos, spielend (*gewinnen etc.*); ***~ in ~*** Hand in Hand (*a. fig.*); ***~ over fist*** a) Hand über Hand (*klettern etc.*), b) schnell, spielend, c) zusehends; ***~ to ~*** Mann gegen Mann (*kämpfen*); ***at ~*** a) nahe, bei der Hand, b) nahe (bevorstehend), c) zur Hand, bereit, d) vorliegend; ***at first*** (***second***) ***~*** aus erster (zweiter) Hand *od.* Quelle; ***at the ~s of s.o.*** *schlechte Behandlung etc.* seitens j-s, durch j-n; ***by ~*** a) mit der Hand, b) durch Boten, c) mit der Flasche (*ein Kind ernähren*); ***made by ~*** handgefertigt, Handarbeit; ***take s.o. by the ~*** a) j-n bei der Hand nehmen, b) F j-n unter s-e Fittiche nehmen; ***from ~ to mouth*** von der Hand in den Mund (*leben*); ***in ~*** a) in der Hand, b) zur Verfügung, c) vorrätig, vorhanden, d) in Bearbeitung, e) *fig.* in der Hand *od.* Gewalt, f) im Gange; ***the matter in ~*** die vorliegende Sache; ***the stock in ~*** der Warenbestand; ***have the situation well in ~*** die Lage gut im Griff haben; ***take in ~*** a) *et.* in die Hand *od.* in Angriff nehmen, b) F *j-n* unter s-e Fittiche nehmen; ***on ~*** a) verfügbar, vorrätig, b) vorliegend, c) bevorstehend, d) *Am.* zur Stelle; ***have s.th. on one's ~s*** et. auf dem Hals haben; ***out of ~*** a) kurzerhand, ohne weiteres, b) außer Kontrolle, nicht mehr zu bändigen; ***get out of ~*** a) außer Rand u. Band geraten, *Party etc.*: *a.* ausarten, b) außer Kontrolle geraten (*Lage etc.*); ***to ~*** zur Hand; ***come to ~*** eingehen, eintreffen (*Brief etc.*); ***under ~*** a) unter Kontrolle, b) unter der Hand, heimlich; ***with a heavy ~*** mit harter Hand, streng; ***with a high ~*** selbstherrlich, willkürlich; ***change ~s*** in andere Hände übergehen, den Besitzer wechseln; ***force s.o.'s ~*** j-n zum Handeln zwingen; ***get s.th. off one's ~s*** et. loswerden; ***have a ~ in s.th.*** beteiligt sein an e-r Sache, *b.s. a.* die Hand im Spiel haben bei e-r Sache; ***have one's ~ in*** in Übung sein; ***hold ~s*** Händchen halten; ***hold*** (*od.* ***stay***)

one's ~ sich zurückhalten; ***join ~s*** sich die Hände reichen, *fig. a.* sich verbünden *od.* zs.-tun; ***keep one's ~ in*** sich in Übung halten; ***keep a firm ~ on*** unter strenger Zucht halten; ***lay (one's) ~s on*** a) anfassen, b) ergreifen, habhaft werden (*gen.*), erwischen, c) *gewaltsam* Hand an *j-n* legen, d) *eccl.* ordinieren; ***I can't lay my ~s on it*** ich kann es nicht finden; ***play into s.o.'s ~s*** j-m in die Hände arbeiten; ***put one's ~s on*** a) finden, b) sich erinnern an (*acc.*); ***shake ~s*** sich die Hände schütteln; ***shake ~s with s.o., shake s.o. by the ~*** j-m die Hand schütteln *od.* geben; ***show one's ~*** *fig.* s-e Karten aufdecken; ***take a ~ at a game*** bei e-m Spiel mitmachen; ***try one's ~ at s.th.*** et. versuchen, es mit et. probieren; ***wash one's ~s of it*** a) (in dieser Sache) s-e Hände in Unschuld waschen, b) nichts mit der Sache zu tun haben wollen; ***I wash my ~s of him*** mit ihm will ich nichts mehr zu tun haben; → ***off hand***;

II *v/t.* **15.** ein-, aushändigen, (über)'geben, (-)'reichen (**s.o. s.th., s.th. to s.o.** j-m et.): ***you have got to ~ it to him*** F das muss man ihm lassen (*anerkennend*); **16.** *j-m* helfen: ***~ s.o. into (out of) the car***;

Zssgn mit adv.:

hand| a·round *v/t.* her'umreichen; **~ back** *v/t.* zu'rückgeben; **~ down** *v/t.* **1.** *et.* her'unter- *od.* hin'unterreichen; **2.** *j-n* hin'untergeleiten; **3.** vererben, hinter'lassen (**to** *dat.*); **4.** (**to**) *fig.* weitergeben (an *acc.*), über'liefern (*dat.*); **5.** ⚖ a) *Urteil etc.* verkünden, b) *Entscheidung e-s höheren Gerichts* e-m 'untergeordneten Gericht über'mitteln; **~ in** *v/t.* **1.** *et.* hin'ein- *od.* her'einreichen; **2.** abgeben, *Bericht, Gesuch etc.* einreichen; **~ on** *v/t.* **1.** weiterreichen, -geben; **2.** → ***hand down*** 3; **~ out** *v/t.* **1.** ausgeben, -teilen, verteilen (**to** an *acc.*); **2.** *Ratschläge etc.* verteilen; **3.** verschenken; **~ o·ver** *v/t.* (**to** *dat.*) **1.** über'geben; **2.** über'lassen; **3.** (her)geben, aushändigen; **4.** *j-n der Polizei etc.* über'geben; **~ up** *v/t.* hin'auf- *od.* her'aufreichen (**to** *dat.*).

'hand|·bag [-ndb-] *s.* **1.** (Damen)Handtasche *f*; **2.** Handtasche *f*, -koffer *m*; **'~·ball** [-ndb-] *s. sport* Handball(spiel *n*) *m*; **'~ˌbar·row** [-ndˌb-] *s.* **1.** → ***handcart***; **2.** Trage *f*; **'~·bell** [-ndb-] *s.* Tisch-, Handglocke *f*; **'~·bill** [-ndb-] *s.* Hand-, Re'klamezettel *m*, Flugblatt *n*; **'~·book** [-ndb-] *s.* **1.** Handbuch *n*; **2.** Reiseführer *m* (**of** durch, von); **'~·brake** *s.* ⚙ Handbremse *f*; **'~·breadth** [-ndb-] *s.* Handbreit *f*; **'~·cart** [-ndk-] *s.* Handkarre(n *m*) *f*; **'~·clasp** [-ndk-] *Am.* → ***handshake***; **'~·craft** [-ndk-] → ***handicraft***; **'~·cuff** [-ndk-] **I** *s. mst pl.* Handschellen *pl.*; **II** *v/t. j-m* Handschellen anlegen: ***~ed*** in Handschellen; **~ drill** *s.* ⚙ Handbohrer *m*.

-handed [hændɪd] *in Zssgn* ...händig, mit ... Händen.

'hand|·ful [-ndfʊl] *s.* **1.** Hand *f* voll (*a. fig. Personen*); **2.** F Plage *f* (*Person od. Sache*), ‚Nervensäge' *f*: ***he is a ~*** er macht einem ganz schön zu schaffen; **'~·glass** [-ndg-] *s.* **1.** Handspiegel *m*; **2.** (Lese-)Lupe *f*; **~ gre·nade** *s.* ⚔ 'Handgraˌnate *f*; **'~·grip** [-ndg-] *s.* **1.** Händedruck *m*; **2.** *a.* ⚙ Griff *m*; **3.** ***come to ~s*** handgemein werden; **'~-held I** *adj. Film*: tragbar (*Kamera*); **II** *s. Computer*: 'Handheld *m, n*; **'~·hold** *s.* Halt *m*, Griff *m*.

hand·i·cap ['hændɪkæp] **I** *s.* Handikap *n*: a) *sport* Vorgabe *f*, b) Vorgaberennen *n od.* -spiel *n*, c) *fig.* Behinderung *f*, Hindernis *n*, Nachteil *m*, Erschwerung *f* (**to** für); **II** *v/t. sport* (*a.* körperlich *od.* geistig) (be)hindern, benachteiligen, belasten: ***~ped*** behindert (*etc.*), gehandikapt.

hand·i·craft ['hændɪkrɑːft] *s.* **1.** Handfertigkeit *f*; **2.** (*bsd.* Kunst)Handwerk *n*.

hand·i·ness ['hændɪnɪs] *s.* **1.** Geschick(-lichkeit *f*) *n*; **2.** Handlichkeit *f*; **3.** Nützlichkeit *f*.

hand·i·work ['hændɪwɜːk] *s.* **1.** Handarbeit *f*; **2.** Werk *n*.

hand·ker·chief ['hæŋkətʃɪf] *s.* Taschentuch *n*.

'hand-ˌknit(·ted) *adj.* handgestrickt.

han·dle ['hændl] **I** *s.* **1.** Griff *m*, Stiel *m*; Henkel *m* (*Topf*); Klinke *f* (*Tür*); Schwengel *m* (*Pumpe*); ⚙ Kurbel *f*: ***a ~ to one's name*** F ein Titel; ***fly off the ~*** ‚hochgehen', wütend werden; **2.** *fig.* a) Handhabe *f*, b) Vorwand *m*; **II** *v/t.* **3.** anfassen, berühren; **4.** handhaben, hantieren mit, *Maschine* bedienen: ***~ with care! glass!*** Vorsicht, Glas!; **5.** a) *ein Thema etc.* behandeln, *e-e Sache a.* handhaben, b) *et.* erledigen, 'durchführen, abwickeln, c) mit *et. od. j-m* fertig werden, *et.* deichseln: ***I can ~ it (him)*** damit (mit ihm) werde ich fertig; **6.** *j-n* behandeln, 'umgehen mit; **7.** a) *e-n Boxer* betreuen, trainieren, b) *Tier* dressieren (u. vorführen); **8.** sich beschäftigen mit; **9.** *Güter* befördern, weiterleiten; **10.** ✝ Handel treiben mit; **III** *v/i.* **11.** sich *leicht etc.* handhaben lassen; **12.** sich *weich etc.* anfühlen; **'~·bar** *s.* Lenkstange *f*.

han·dler ['hændlə] *s.* **1.** Dres'seur *m*, Abrichter *m*; **2.** *Boxen*: a) Trainer *m*, b) Betreuer *m*, Sekun'dant *m*.

han·dling ['hændlɪŋ] *s.* **1.** Berühren *n*; **2.** Handhabung *f*; **3.** Führung *f*; **4.** *a. weitS.* Behandlung *f*; **5.** ✝ Beförderung *f*; **~ charg·es** *s. pl.* ✝ 'Umschlagspesen *pl.*

'**hand|·loom** *s.* Handwebstuhl *m*; **~ luggage** *s.* Handgepäck *n*; **ˌ~-'made** [-nd'm-] *adj.* von Hand gemacht, handgefertigt, Hand...; handgeschöpft (*Papier*): ***~ paper*** Büttenpapier *n*; **'~ˌmaid (-en)** [-ndˌm-] *s.* **1.** *obs. u. fig.* Dienerin *f*, Magd *f*; **2.** *fig.* Gehilfe *m*, Handlanger(in); **'~-me-ˌdown I** *adj.* **1.** fertig *od.* von der Stange (gekauft), Konfektions...; **2.** abgelegt, getragen; **II** *s.* **3.** Konfekti'onsanzug *m*, Kleid *n* von der Stange, *pl.* Konfekti'onskleidung *f*; **4.** abgelegtes Kleidungsstück; **ˌ~-'op·er·at·ed** *adj.* ⚙ mit Handantrieb, handbedient, Hand...; **~ or·gan** *s.* ♪ Drehorgel *f*; **'~·out** *s.* **1.** Almosen *n* (*a. fig.*), (milde) Gabe, *weitS.* (*Wahl- etc.*) Geschenk *n*; **2.** Pro'spekt *m*, Hand-, Werbezettel *m*; **3.** Hand-out *n* (*Informationsunterlage*); **'~·pick** *v/t.* **1.** mit der Hand pflücken *od.* auslesen: ***~ed*** handverlesen; **2.** F sorgsam auswählen; **'~·rail** *s.* Handlauf *m*; Handleiste *f*; **'~·saw** *s.* Handsäge *f*; **~'s breadth** *s.* Handbreit *f*.

hand·sel ['hænsl] *s. obs.* **1.** Neujahrs-, *od.* Einstandsgeschenk *n*; **2.** Morgengabe *f*; Hand-, Angeld *n*.

'**hand|·set** *s. teleph.* Hörer *m*; **'~·shake** *s.* Händedruck *m*; **'~-signed** *adj.* handsigniert.

hand·some ['hænsəm] *adj.* □ **1.** hübsch, schön, gut aussehend, stattlich; **2.** beträchtlich, ansehnlich, stattlich: ***a ~ sum***; **3.** großzügig, nobel, ‚anständig': ***~ is that ~ does*** edel ist, wer edel handelt; ***come down ~ly*** sich großzügig zeigen; **4.** *Am.* geschickt; **'hand·some·ness** [-nɪs] *s.* **1.** Schönheit *f*, Stattlichkeit *f*, gutes Aussehen; **2.** Beträchtlichkeit *f*; **3.** Großzügigkeit *f*.

'**hand|·spike** *s.* ⚓, ⚙ Handspake *f*, Hebestange *f*; **'~·spring** *s. sport* 'Handstandˌüberschlag *m*; **'~·stand** *s. sport* Handstand *m*; **ˌ~-to-'hand** *adj.* Mann gegen Mann: ***~ combat*** Nahkampf *m*; **ˌ~-to-'mouth** *adj.* kümmerlich: ***lead a ~ existence*** von der Hand in den Mund leben; **'~·wheel** *s.* ⚙ Hand-, Stellrad *n*; **'~ˌwrit·ing** *s.* **1.** (Hand)Schrift *f*: ***~ expert*** ⚖ Schriftsachverständige(r *m*) *f*; **2.** *et.* Handgeschriebenes.

hand·y ['hændɪ] *adj.* □ **1.** zur Hand, bei der Hand, greifbar, leicht erreichbar; **2.** geschickt, gewandt; **3.** handlich, praktisch; **4.** nützlich: ***come in ~*** (sehr) gelegen kommen; **'~·man** *s.* [*irr.*] Mädchen *n* für alles, Fak'totum *n*.

hang [hæŋ] **I** *s.* **1.** Hängen *n*, Fall *m*, Sitz *m* (*Kleid etc.*); **2.** F a) Sinn *m*, Bedeutung *f*, b) (richtige) Handhabung: ***get the ~ of s.th.*** et. ka'pieren, den ‚Dreh' rauskriegen; **3.** ***I don't care a ~*** F das ist mir völlig ‚schnuppe'; **II** *v/t. pret. u. p.p.* **hung** [hʌŋ] *nur 9 mst* **hanged**; **4.** (***on***) aufhängen (an *dat.*), hängen (an *acc.*): ***~ s.th. on a hook***; ***~ the head*** den Kopf hängen lassen *od.* senken; **5.** (*zum Trocknen etc.*) aufhängen: ***hung beef*** gedörrtes Rindfleisch; **6.** *Tür* einhängen; **7.** *Tapete* ankleben; **8.** behängen: ***hung with flags***; **9.** (auf-)hängen: ***~ o.s.*** sich erhängen; ***I'll be ~ed first*** F eher lasse ich mich hängen!; ***I'll be ~ed if*** F ‚ich will mich hängen lassen', wenn; ***~ it (all)!*** F zum Henker damit!; **10.** → ***fire*** 6; **III** *v/i.* **11.** hängen, baumeln (***by***, ***on*** an *dat.*); → ***balance*** 2, ***thread*** 1; **12.** (her'ab)hängen, fallen (*Kleid etc.*); **13.** hängen, gehängt werden: ***he deserves to ~***; ***let s.th. go ~*** F sich den Teufel um et. scheren; ***let it go ~!*** F zum Henker damit!; **14.** (***on***) sich hängen (an *dat.*), sich klammern (an *acc.*): ***~ on s.o.'s lips (words)*** *fig.* an j-s Lippen (Worten) hängen; **15.** (***on***) hängen (an *dat.*), abhängen (von); **16.** sich senken *od.* neigen;

Zssgn mit prp.:

hang| a·bout, **~ a·round** *v/i.* her'umlungern *od.* sich her'umtreiben in (*dat.*) *od.* bei; **~ on** → ***hang*** 14, 15; **~ o·ver** *v/i.* **1.** *fig.* hängen *od.* schweben über (*dat.*), drohen (*dat.*); **2.** sich neigen über (*acc.*); **3.** aufragen über (*acc.*);

Zssgn mit adv.:

hang| a·bout, **~ a·round** *v/i.* **1.** herumlungern, sich her'umtreiben; **2.** trödeln; **3.** warten; **~ back** *v/i.* **1.** zögern; **2.** → **~ be·hind** *v/i.* zu'rückbleiben, -hängen; **~ down** *v/i.* her'unterhängen; **~ on** *v/i.* **1.** (***to***) *a. fig.* sich klammern (an *acc.*), festhalten (*acc.*), nicht loslassen *od.* aufgeben; **2.** *teleph.* am Appa'rat bleiben; **3.** nicht nachlassen, ‚dranbleiben'; **4.** warten; **~ out I** *v/t.* **1.** (hin- *od.* her)'aushängen; **II** *v/i.* **2.** her'aushängen; **3.** ausgehängt sein; **4.** F a) hausen, sich aufhalten, b) sich her'umtreiben; **~ o·ver I** *v/i.* andauern; **II** *v/t.*: ***be hung over*** F e-n ‚Kater' haben; **~ to·geth·er** *v/i.* **1.** zs.-halten (*Personen*); **2.** zs.-hängen, verknüpft sein; **~ up I** *v/t.* **1.** aufhängen; **2.** aufschieben, hin'ausziehen: ***be hung up*** aufgehalten werden; **3.** ***be hung up on*** F a) e-n Komplex haben wegen, ‚es haben' mit, b) besessen sein von; **II** *v/i.* **4.** *teleph.* (den Hörer) auflegen, einhängen: ***she hung up on me!*** sie legte einfach auf!

hang·ar ['hæŋə] *s.* Hangar *m*, Flugzeughalle *f*, -schuppen *m*.

'**hang·dog I** *s.* **1.** Galgenvogel *m*, -strick *m*; **II** *adj.* **2.** gemein; **3.** jämmerlich: ***~ look*** Armesündermiene *f*.

hang·er ['hæŋə] *s.* **1.** a) (Auf)Hänger *m*, b) Ankleber *m*, c) Tapezierer *m*; **2.** a) Kleiderbügel *m*, b) Aufhänger *m* (*a.* ⚙), Schlaufe *f*; **3.** a) Hirschfänger *m*, b) kurzer Säbel.

ˌhang·er-ˈon [-ərˈɒn] *pl.* **ˌhang·ers-ˈon** *s. contp.* **1.** Anhänger *m*, *pl. a.* Anhang *m*; **2.** ‚Klette' *f*.

ˈhang|-ˌglid·er *s. sport* **1.** Hängegleiter *m*, (Flug)Drachen *m*; **2.** Drachenflieger(in); **ˈ~-ˌglid·ing** *s. sport* Drachenfliegen *n*.

hang·ing [ˈhæŋɪŋ] **I** *s.* **1.** (Auf)Hängen *n*; **2.** (Er)Hängen *n*: ***execution by ~*** Hinrichtung *f* durch den Strang; **3.** *mst pl.* Wandbehang *m*, Taˈpete *f*, Vorhang *m*; **II** *adj.* **4.** a) (herˈab)hängend, Hänge..., b) hängend, abschüssig, terˈrassenförmig: ***~ gardens***; **5.** ***a ~ matter*** e-e Sache, die e-n an den Galgen bringt; ***a ~ judge*** ein Richter, der mit der Todesstrafe rasch bei der Hand ist; **~ com·mit·tee** *s.* Hängeausschuss *m* (*bei Gemäldeausstellungen*).

H

ˈhang|·man [-mən] *s.* [*irr.*] Henker *m*; **ˈ~·nail** *s.* ⚕ Niednagel *m*; **ˈ~·out** *s.* F **1.** ‚Bude' *f*, Wohnung *f*; **2.** Treffpunkt *m*, ˈStammloˌkal *n*; **ˈ~ˌo·ver** *s.* **1.** ˈÜberbleibsel *n*; **2.** F ‚Katzenjammer' *m* (*a. fig.*), ‚Kater' *m*; **ˈ~·up** *s.* F **1.** a) Komˈplex *m*, b) Fimmel *m*: ***have a ~ about*** → ***hang up*** 3; **2.** Proˈblem *n*.

hank [hæŋk] *s.* **1.** Strang *m*, Docke *f* (*Garn etc.*); **2.** Hank *n* (*ein Garnmaß*); **3.** ⚓ Legel *m*.

han·ker [ˈhæŋkə] *v/i.* sich sehnen (***after***, ***for*** nach); **ˈhan·ker·ing** [-ərɪŋ] *s.* Sehnsucht *f*, Verlangen *n* (***after***, ***for*** nach).

han·ky, *a.* **han·kie** [ˈhæŋkɪ] F → ***handkerchief***.

han·ky-pan·ky [ˌhæŋkɪˈpæŋkɪ] *s. sl.* **1.** Hokusˈpokus *m*; **2.** ‚fauler Zauber', ‚Mätzchen' *n od. pl.*, Trick(s *pl.*) *m*; **3.** ‚Techtelmechtel' *n*.

Han·o·ve·ri·an [ˌhænəʊˈvɪərɪən] **I** *adj.* hanˈnover(i)sch; *pol. hist.* hannoveˈranisch; **II** *s.* Hannoveˈraner(in).

Han·sard [ˈhænsəd] *s. parl. Brit.* Parlaˈmentsprotoˌkoll *n*.

hanse [hæns] *s. hist.* **1.** Kaufmannsgilde *f*; **2.** ♀ Hanse *f*, Hansa *f*; **Han·se·at·ic** [ˌhænsɪˈætɪk] *adj.* hanseˈatisch, Hanse...: ***the ~ League*** die Hanse.

han·sel → ***handsel***.

han·som (cab) [ˈhænsəm] *s.* Hansom *m* (*zweirädrige Kutsche*).

hap [hæp] *obs.* **I** *s.* a) Zufall *m*, b) Glücksfall *m*; **II** *v/i.* → ***happen***; **ˌhapˈhaz·ard** [-ˈhæzəd] **I** *adj. u. adv.* plan-, wahllos, willkürlich; **II** *s.*: ***at ~*** aufs Geratewohl; **ˈhap·less** [-lɪs] *adj.* □ glücklos, unglücklich.

hap·pen [ˈhæpən] *v/i.* **1.** geschehen, sich ereignen, vorkommen, -fallen, passieren, stattfinden, vor sich gehen: ***what has ~ed?*** was ist geschehen *od.* passiert?; ***... and nothing ~ed*** ... u. nichts geschah; **2.** *impers.* zufällig geschehen, sich zufällig ergeben, sich (gerade) treffen: ***it ~ed that*** es traf *od.* ergab sich, dass; ***as it ~s*** a) wie es sich gerade trifft, b) wie es nun einmal so ist; **3.** **~ *to*** *inf.*: ***we ~ed to hear it*** wir hörten es zufällig; ***it ~ed to be hot*** zufällig war es heiß; **4.** **~ *to*** geschehen mit (*od. dat.*), passieren (*dat.*), zustoßen (*dat.*), werden aus: ***what is going to ~ to his plan?*** was wird aus s-m Plan?; ***if anything should ~ to me*** sollte mir et. zustoßen; **5.** **~ (*up*)*on*** a) zufällig begegnen (*dat.*) *od.* treffen (*acc.*), b) zufällig stoßen (auf *acc.*) *od.* finden (*acc.*); **6.** ***~ along*** F zufällig kommen; ***~ in*** F ‚hereinschneien'; **hap·pen·ing** [ˈhæpnɪŋ] *s.* **1.** a) Ereignis *n*, b) Eintreten *n e-s Ereignisses*; **2.** *thea. u. humor.* Happening *n*: ***~ artist*** Happenist *m*; **hap·pen·stance** [ˈhæpənstæns] *s. Am.* F Zufall *m*.

hap·pi·ly [ˈhæpɪlɪ] *adv.* **1.** glücklich; **2.** glücklicherweise, zum Glück; **ˈhap·pi·ness** [-ɪnɪs] *s.* **1.** Glück *n* (*Gefühl*); **2.** glückliche Wahl (*e-s Ausdrucks etc.*), glückliche Formulierung; **hap·py** [ˈhæpɪ] *adj.* □ → ***happily***; **1.** *allg.* glücklich: a) glückselig, b) beglückt, erfreut (***at***, ***about*** über *acc.*): ***I am ~ to see you*** es freut mich, Sie zu sehen; ***I would be ~ to do that*** ich würde das sehr *od.* liebend gern tun; ***I am quite ~*** (***, thank you***)***!*** (danke,) ich bin wunschlos glücklich!, c) voller Glück: ***~ days***, d) erfreulich: ***~ event*** freudiges Ereignis, e) Glück verheißend: ***~ news***, f) gut, trefflich: ***~ idea***, g) geglückt, treffend, passend: ***a ~ phrase***; **2.** *in Glückwünschen*: ***~ new year!*** gutes neues Jahr!; **3.** F beschwipst, ‚angesäuselt'; **4.** *in Zssgn* a) F wirr (im Kopf), benommen: → ***slaphappy***, b) begeistert, ‚verrückt', -freudig, -lustig: → ***trigger-happy***.

hap·py| dis·patch *s. euphem.* Haraˈkiri *n*; **ˌ~-go-ˈluck·y** [-gəʊ-] *adj. u. adv.* unbekümmert, sorglos, leichtfertig, lässig.

Happy hour

In manchen Pubs, Bars oder Restaurants gibt es die so genannte **happy hour:** Das ist die Zeit nach Büroschluss, während der Getränke zu verbilligten Preisen – manchmal zur Hälfte des üblichen Preises – angeboten werden.

hap·tic [ˈhæptɪk] *adj.* haptisch.

har·a·kir·i [ˌhærəˈkɪrɪ] *s.* Haraˈkiri *n* (*a. fig.*).

ha·rangue [həˈræŋ] **I** *s.* **1.** Ansprache *f*, (flammende) Rede; **2.** Tiˈrade *f*; **3.**

Strafpredigt *f*; **II** *v/i.* **4.** e-e (bom'bastische *od.* flammende) Rede halten (*v/t.* vor *dat.*); **5.** e-e Strafpredigt halten (*v/t.* *j-m*).

har·ass ['hærəs] *v/t.* **1.** a) (ständig) belästigen, schikanieren, quälen, b) aufreiben, zermürben: ***~ed*** mitgenommen, (von Sorgen) gequält, (viel) geplagt; **2.** ⚔ stören: ***~ing fire*** Störfeuer *n*; **'har·ass·ment** [-mənt] *s.* **1.** Belästigung *f*; **2.** Schikanieren *n*, Schi'kane(n *pl.*) *f*; **3.** ⚔ 'Störma,növer *pl.*

har·bin·ger ['hɑːbɪndʒə] **I** *s. fig.* a) Vorläufer *m*, b) Vorbote *m*: ***the ~ of spring***; **II** *v/t. fig.* ankündigen.

har·bo(u)r ['hɑːbə] **I** *s.* **1.** Hafen *m*; **2.** *fig.* Zufluchtsort *m*, 'Unterschlupf *m*; **II** *v/t.* **3.** beherbergen, Schutz *od.* Zuflucht gewähren (*dat.*); **4.** verbergen, verstecken: ***~ criminals***; **5.** *Gedanken, Groll etc.* hegen: ***~ thoughts of revenge***; **III** *v/i.* **6.** ⚓ (im Hafen) vor Anker gehen; **~ bar** *s.* Sandbank *f* vor dem Hafen; **~ dues** *s. pl.* Hafengebühren *pl.*; **~ mas·ter** *s.* Hafenmeister *m*; **~ seal** *s. zo.* Gemeiner Seehund.

hard [hɑːd] **I** *adj.* **1.** *allg.* hart (*a. Farbe, Stimme etc.*); **2.** fest: ***~ knot***; **3.** schwer, schwierig: a) mühsam, anstrengend, hart: ***~ work***, b) schwer zu bewältigen(d): ***~ problems*** schwierige Probleme; ***~ to believe*** kaum zu glauben; ***~ to imagine*** schwer vorstellbar; ***~ to please*** schwer zufrieden zu stellen(d), ‚schwierig' (*Kunde etc.*); **4.** hart, zäh, 'widerstandsfähig: ***in ~ condition*** *sport* konditionsstark, fit; ***a ~ customer*** F ein schwieriger ‚Kunde', ein zäher Bursche; → ***nail*** *Bes. Redew.*; **5.** hart, angestrengt: ***~ studies***; **6.** hart arbeitend, fleißig: ***a ~ worker***; ***try one's ~est*** sich alle Mühe geben; **7.** heftig, stark: ***a ~ rain***; ***a ~ blow*** ein harter *od.* schwerer Schlag (*a. fig.* ***to*** für); ***be ~ on*** *Kleidung etc.* (sehr) strapazieren (→ 8); **8.** hart: a) streng, rau: ***~ climate*** (***winter***), b) *fig.* hartherzig, gefühllos, streng, c) nüchtern, kühl (überlegend): ***a ~ businessman***, d) drückend: ***be ~ on s.o.*** j-n hart anfassen *od.* behandeln; ***it is ~ on him*** es ist hart für ihn; ***the ~ facts*** die harten *od.* nackten Tatsachen; ✝***~ sell***(***ing***) aggressive Verkaufstaktik; ***~ times*** schwere Zeiten; ***have a ~ time*** Schlimmes durchmachen (müssen); ***he had a ~ time doing it*** es fiel ihm schwer, dies zu tun; ***give s.o. a ~ time*** j-m hart zusetzen, j-m das Leben sauer machen; **9.** a) sauer, herb (*Getränk*), b) hart (*Droge*), *Getränk*: *a.* stark, 'hochpro,zentig; **10.** *phys.* hart: ***~ water***; ***~ X rays***; ***~ wheat*** ⸙ Hartweizen *m*; **11.** ✝ hart (*Währung etc.*): ***~ dollars***; ***~ prices*** harte *od.* starre Preise; **12.** *Phonetik*: a) hart, stimmlos, b) nicht palatalisiert; **13.** ***~ up*** a) schlecht bei Kasse, in (Geld)Schwierigkeiten, b) in Verlegenheit (***for*** um); **II** *adv.* **14.** hart, fest; **15.** *fig.* hart, schwer: ***work ~***; ***brake ~*** scharf bremsen; ***drink ~*** ein starker Trinker sein; ***it will go ~ with him*** es wird unangenehm für ihn sein; ***hit s.o. ~*** a) j-m e-n harten Schlag versetzen, b) *fig.* ein harter Schlag für j-n sein; ***~ hit*** schwer betroffen; ***be ~ pressed***, ***be ~ put to it*** in schwerer Bedrängnis sein; ***look ~ at*** scharf ansehen; ***try ~*** sich alle Mühe geben; → ***die***[1] 1; **16.** nah(e), dicht: ***~ by*** ganz in der Nähe; ***~ on*** (*od.* ***after***) gleich nach; ***~ aport*** ⚓ hart Backbord; **III** *s.* **17.** ***get*** (***have***) ***a ~ on*** V e-n ‚Ständer' kriegen (haben).

,hard|-and-'fast *adj.* fest, bindend, 'umumstößlich: ***a ~ rule***; **'~·back** → ***hardcover*** II; **'~·ball** *s. Am.* Baseball(spiel *n*) *m*; **,~-'bit·ten** *adj.* **1.** verbissen, hartnäckig; **2.** → ***hard-boiled*** 2a; **'~·board** *s.* Hartfaserplatte *f*; **,~-'boiled** *adj.* **1.** hart (gekocht): ***a ~ egg***; **2.** F ‚knallhart': a) ‚abgebrüht', ‚hartgesotten', b) ‚ausgekocht', gerissen, c) von hartem Rea'lismus: ***~ fiction***; **~ case** *s.* **1.** Härtefall *m*; **2.** schwieriger Mensch; **3.** ‚schwerer Junge' (*Verbrecher*); **~ cash** *s.* ✝ **1.** a) Hartgeld *n*, b) Bargeld *n*: ***pay in ~*** (in) bar (be)zahlen; **2.** klingende Münze; **~ coal** *s.* Anthra'zit *m*, Steinkohle *f*; **~ core** *s.* **1.** *Brit.* Schotter *m*; **2.** *fig.* harter Kern (*e-r Bande etc.*); **,~-'core** *adj. fig.* **1.** zum harten Kern gehörend; **2.** hart: ***~ pornography***; **~ court** *s. Tennis*: Hartplatz *m*; **'~,cov·er I** *adj.* gebunden: ***~ edition***; **II** *s.* Hard cover *n*, gebundene Ausgabe; **~ cur·ren·cy** *s.* ✝ harte Währung; **~ disk** *s. Computer*: Festplatte *f*: ***~ drive*** Festplattenlaufwerk *n*.

hard·en ['hɑːdn] **I** *v/t.* **1.** härten (*a.* ⚙), hart *od.* härter machen; **2.** *fig.* hart *od.* gefühllos machen, verhärten: ***~ed*** verstockt, ‚abgebrüht'; ***a ~ed sinner*** ein verstockter Sünder; **3.** bestärken; **4.** abhärten (***to*** gegen); **II** *v/i.* **5.** hart werden, erhärten; **6.** *fig.* hart *od.* gefühllos werden, sich verhärten; **7.** *fig.* sich abhärten (***to*** gegen); **8.** a) ✝ *u. fig.* sich festigen, b) ✝ anziehen, steigen (*Preise*); **'hard·en·er** [-nə] *s.* Härtemittel *n*, Härter *m*; **'hard·en·ing** [-nɪŋ] **I** *s.* **1.** Härten *n*, Härtung *f* (*a.* ⚙): ***~ of the arteries*** Arterienverkalkung *f*; **2.** → ***hardener***; **II** *adj.* **3.** Härte...

,hard|-'fea·tured *adj.* mit harten *od.* groben Gesichtszügen; **~ fi·ber**, *Brit.* **~ fi·bre** *s.* ⚙ Hartfaser *f*; **~ goods** *s. pl.* ✝ *Am.* Gebrauchsgüter *pl.*; **~ hat** *s.* **1.** *Brit.* Me'lone *f* (*Hut*); **2.** a) Schutzhelm *m*, b) F Bauarbeiter *m*; **3.** *Brit.* 'Erzreaktio,när *m*; **,~-'head·ed** *adj.* **1.** praktisch, nüchtern, rea'listisch; **2.** *Am.*

H

starrköpfig, stur; ˌ~-ˈ**heart·ed** *adj.* □ hart(herzig); ˌ~-ˈ**hit·ting** *adj. fig.* hart, aggresˈsiv.

har·di·hood [ˈhɑːdɪhʊd], ˈ**har·di·ness** [-ɪnɪs] *s.* **1.** Ausdauer *f*, Zähigkeit *f*; **2.** ⚘ Winterfestigkeit *f*; **3.** Kühnheit *f*: a) Tapferkeit *f*, b) Verwegenheit *f*, c) Dreistigkeit *f*.

hard| la·bo(u)r *s.* ⚖ Zwangsarbeit *f*; ~ **line** *s.* **1.** *bsd. pol.* harte Linie, harter Kurs: ***follow*** *od.* ***adopt a*** ~ e-n harten Kurs einschlagen; **2.** *pl. Brit.* ‚Pech' *n* (***on*** für); ˌ~-ˈ**line** *adj. bsd. pol.* hart, komproˈmisslos; ˌ~-ˈ**lin·er** *s. bsd. pol.* j-d, der e-n harten Kurs einschlägt; ˌ~-ˈ**luck sto·ry** *s. contp.*, ‚Jammergeschichte' *f*.

hard·ly [ˈhɑːdlɪ] *adv.* **1.** kaum, fast nicht: ~ ***ever*** fast nie; ***I*** ~ ***know her*** ich kenne sie kaum; **2.** (wohl) kaum, schwerlich; **3.** mühsam, mit Mühe; **4.** hart, streng.

hard| mon·ey → ***hard cash***; ˌ~-ˈ**mouthed** *adj.* **1.** hartmäulig (*Pferd*); **2.** *fig.* starrköpfig.

hard·ness [ˈhɑːdnɪs] *s.* **1.** Härte *f* (*a. fig.*); **2.** Schwierigkeit *f*; **3.** Hartherzigkeit *f*; **4.** ˈWiderstandsfähigkeit *f*; **5.** Strenge *f*, Härte *f*.

ˌ**hard|-ˈnosed** F → a) ***hard-boiled*** 2a, b) ***hard-headed*** 2; ~ **pan** *s.* **1.** *geol.* Ortstein *m*; **2.** harter Boden; **3.** *fig.* a) Grund(lage *f*) *m*, b) Kern *m* (der Sache); ˌ~-ˈ**press·ed** *adj.* (hart) bedrängt, unter Druck stehend; ~ **rock** *s.* ♪ Hardrock *m*; ~ **rub·ber** *s.* Hartgummi *m*; ~ **sci·ence** *s.* (*e-e*) exˈakte Wissenschaft; ~ **sell** *s.* aggressive Verkaufsmethode *f*; ˌ~-ˈ**set** *adj.* **1.** hart bedrängt; **2.** streng, starr; **3.** angebrütet (*Ei*); ˈ~-**shell** *adj.* **1.** *zo.* hartschalig; **2.** *Am.* F ‚eisern'.

hard·ship [ˈhɑːdʃɪp] *s.* **1.** Not *f*, Elend *n*; **2.** *a.* ⚖ Härte *f*: ***work*** ~ ***on s.o.*** e-e Härte bedeuten für j-n; ~ ***case*** Härtefall *m*.

hard| shoul·der *s. mot. Brit.* Standspur *f*; ~ **sol·der** *s.* ⚙ Hartlot *n*; ˈ~-ˌ**sol·der** *v/t. u. v/i.* hartlöten; ~ **tack** *s.* Schiffszwieback *m*; ˈ~·**top** *s. mot.* Hardtop *n*, *m*: a) *festes, abnehmbares Autodach*, b) *Auto mit a*; ˈ~·**ware** *s.* **1.** a) Meˈtall-, Eisenwaren *pl.*, b) Haushaltswaren *pl.*; **2.** *Computer*, *a. Sprachlabor*: Hardware *f*; **3.** *a.* ***military*** ~ Waffen *pl.* u. miliˈtärische Ausrüstung; **4.** *Am. sl.* Schießeisen *n od. pl.*; ˈ~·**wood** *s.* Hartholz *n*, *bsd.* Laubbaumholz *n*; ˌ~-ˈ**work·ing** *adj.* fleißig, hart arbeitend.

har·dy [ˈhɑːdɪ] *adj.* □ **1.** a) zäh, roˈbust, b) abgehärtet; **2.** ⚘ winterfest: ~ ***annual*** a) winterfeste Pflanze, b) *humor.* Frage, die jedes Jahr wieder aktuell wird; **3.** kühn: a) tapfer, b) verwegen, c) dreist.

hare [heə] **I** *s. zo.* Hase *m*: ***run with the*** ~ ***and hunt with the hounds*** *fig.* es mit beiden Seiten halten; ***start a*** ~ *fig.* vom Thema ablenken; ~ ***and hounds*** Schnitzeljagd *f*; **II** *v/i* F flitzen, sausen: ~ ***off*** daˈvonsausen; ˈ~·**bell** *s.* ⚘ Glockenblume *f*; ˈ~·**brained** *adj.* ‚verrückt'; ˈ~·**foot** *s.* [*irr.*] ⚘ **1.** Balsabaum *m*; **2.** Ackerklee *m*; ˌ~ˈ**lip** *s.* ⚕ Hasenscharte *f*.

ha·rem [ˈhɑːriːm] *s.* Harem *m*.

ˈ**hare's-foot** → ***harefoot***.

har·i·cot [ˈhærɪkəʊ] *s.* **1.** *a.* ~ ***bean*** Gartenbohne *f*; **2.** ˈHammelraˌgout *n*.

hark [hɑːk] *v/i.* **1.** *obs. u. poet.* horchen: ~ ***at him!*** *Brit.* F hör dir ihn (*od.* den) an!; **2.** ~ ***back*** a) *hunt.* auf der Fährte zuˈrückgehen (*Hund*), b) *fig.* zuˈrückgreifen, -kommen, (*a. zeitlich*) zuˈrückgehen (***to*** auf *acc.*); **hark·en** [ˈhɑːkən] → ***hearken***.

har·le·quin [ˈhɑːlɪkwɪn] **I** *s.* Harlekin *m*, Hansˈwurst *m*; **II** *adj.* bunt, scheckig; **har·le·quin·ade** [ˌhɑːlɪkwɪˈneɪd] *s.* Harlekiˈnade *f*, Possenspiel *n*.

har·lot [ˈhɑːlət] *obs.* Hure *f*, Metze *f*; ˈ**har·lot·ry** [-rɪ] *s.* Hureˈrei *f*.

harm [hɑːm] **I** *s.* **1.** Schaden *m*: ***bodily*** ~ körperlicher Schaden, ⚖ Körperverletzung *f*; ***come to*** ~ zu Schaden kommen; ***do*** ~ ***to s.o.*** j-m schaden, j-m et. antun; (***there is***) ***no*** ~ ***done!*** es ist nichts (Schlimmes) passiert!; ***it does more*** ~ ***than good*** es schadet mehr, als dass es nützt; ***there is no*** ~ ***in doing*** (***s.th.***) es kann *od.* könnte nicht schaden, (et.) zu tun; ***mean no*** ~ es nicht böse meinen; ***keep out of*** ~***'s way*** die Gefahr meiden; ***out of*** ~***'s way*** a) in Sicherheit, b) in sicherer Entfernung; **2.** Unrecht *n*, Übel *n*; **II** *v/t.* **3.** schaden (*dat.*), *j-n* verletzen (*a. fig.*); ˈ**harm·ful** [-fʊl] *adj.* □ nachteilig, schädlich (***to*** für): ~ ***publications*** ⚖ jugendgefährdende Schriften; ˈ**harm·ful·ness** [-fʊlnɪs] *s.* Schädlichkeit *f*; ˈ**harm·less** [-lɪs] *adj.* □ **1.** harmlos: a) unschädlich, ungefährlich, b) unschuldig, arglos, c) unverfänglich; **2.** ***keep*** (*od.* ***save***) ***s.o.*** ~ ⚖ j-n schadlos halten; ˈ**harm·less·ness** [-lɪsnɪs] *s.* Harmlosigkeit *f*.

har·mon·ic [hɑːˈmɒnɪk] **I** *adj.* (□ ~***ally***) **1.** ♪, ⚗, *phys.* harˈmonisch (*a. fig.*); **II** *s.* **2.** ♪, *phys.* Harˈmonische *f*: a) Oberton *m*, b) Oberwelle *f*; **3.** *pl. oft sg. konstr.* ♪ Harmoˈnielehre *f*; **harˈmon·i·ca** [-kə] *s.* **1.** *hist.* ˈGlasharˌmonika *f*; **2.** ˈMundharˌmonika *f*; **harˈmo·ni·ous** [-ˈməʊnjəs] *adj.* □ harˈmonisch: a) ebenmäßig, b) wohlklingend, c) überˈeinstimmend, d) einträchtig; **harˈmo·ni·ous·ness** [-ˈməʊnjəsnɪs] *s.* Harmoˈnie *f*; **harˈmo·ni·um** [-ˈməʊnjəm] *s.* ♪ Harˈmonium *n*; **har·mo·nize** [ˈhɑːmənaɪz] **I** *v/i.* **1.** harmonieren (*a.* ♪), zs.-passen, in Einklang sein (***with*** mit); **II** *v/t.* **2.** (***with***) harmonisieren, in Einklang bringen (mit); **3.** versöhnen; **4.** ♪ harmonisieren, mehrstimmig setzen; **har·mo·ny** ['hɑːmənɪ] *s.* **1.** Harmo'nie *f*: a) Wohlklang *m*, b) Eben-, Gleichmaß *n*, c) Einklang *m*, Eintracht *f*; **2.** ♪ Harmo'nie *f*.

har·ness ['hɑːnɪs] **I** *s.* **1.** (Pferde- *etc.*) Geschirr *n*: ***in*** ~ *fig.* in der (täglichen) Tretmühle; ***die in*** ~ in den Sielen sterben; ~ ***horse*** *Am.* Traber(pferd *n*) *m*; ~ ***race*** *Am.* Trabrennen *n*; **2.** a) *mot. etc.* (Sicherheits)Gurt *m* (*für Kinder*), b) (Fallschirm)Gurtwerk *n*; **3.** Laufgeschirr *n für Kinder*; **4.** *Am. sl.* (Arbeits-) Kluft *f*, Uni'form *f* (*e-s Polizisten etc.*); **5.** ⚔ *hist.* Harnisch *m*; **II** *v/t.* **6.** *Pferd etc.* a) anschirren, b) anspannen (***to*** an *acc.*); **7.** *fig. Naturkräfte etc.* nutzbar machen.

harp [hɑːp] **I** *s.* **1.** ♪ Harfe *f*; **II** *v/i.* **2.** (die) Harfe spielen; **3.** *fig.* (***on***, ***upon***) her'umreiten (auf *dat.*), dauernd reden (von); → ***string*** 5; '**harp·er** [-pə], '**harp·ist** [-pɪst] *s.* Harfe'nist(in).

har·poon [hɑː'puːn] **I** *s.* Har'pune *f*: ~ ***gun*** Harpunengeschütz *n*; **II** *v/t.* harpunieren.

harp·si·chord ['hɑːpsɪkɔːd] *s.* ♪ Cembalo *n*.

har·py ['hɑːpɪ] *s.* **1.** *antiq.* Har'pyie *f*; **2.** *fig.* a) ‚Geier' *m*, Blutsauger *m*, b) Hexe *f* (*Frau*).

har·que·bus ['hɑːkwɪbəs] *s.* ⚔ *hist.* Hakenbüchse *f*, Arke'buse *f*.

har·ri·dan ['hærɪdən] *s.* alte Vettel.

har·ri·er[1] ['hærɪə] *s.* **1.** Verwüster *m*; Plünderer *m*; **2.** *orn.* Weihe *f*.

har·ri·er[2] ['hærɪə] *s.* **1.** *hunt.* Hund *m* für die Hasenjagd; **2.** *sport* Querfeld'einläufer(in).

Har·ro·vi·an [hə'rəʊvjən] *s.* Schüler *m* (*der Public School*) von Harrow.

har·row ['hærəʊ] **I** *s.* **1.** ⚒ Egge *f*: ***under the*** ~ *fig.* in großer Not; **II** *v/t.* **2.** ⚒ eggen; **3.** *fig.* quälen, peinigen; *Gefühl* verletzen; '**har·row·ing** [-əʊɪŋ] *adj.* □ quälend, qualvoll, schrecklich.

har·rumph [hə'rʌmpf] *v/i.* **1.** sich (gewichtig) räuspern; **2.** missbilligend schnauben.

har·ry[1] ['hærɪ] *v/t.* **1.** verwüsten; **2.** plündern; **3.** quälen, peinigen.

Har·ry[2] ['hærɪ] *s.* ***old*** ~ der Teufel; ***play old*** ~ ***with*** Schindluder treiben mit, ‚zur Sau' machen.

harsh [hɑːʃ] *adj.* □ **1.** *allg.* hart: a) rau: ~ ***cloth***, b) rau, scharf: ~ ***voice***; ~ ***note***, c) grell: ~ ***colo(u)r***, d) barsch, schroff: ~ ***words***, e) streng: ~ ***penalty***; **2.** herb, scharf, sauer: ~ ***taste***; '**harsh·ness** [-nɪs] *s.* Härte *f*.

hart [hɑːt] *s.* Hirsch *m* (*nach dem 5. Jahr*): ~ ***of ten*** Zehnender *m*.

har·te·beest ['hɑːtɪbiːst] *s. zo.* 'Kuhanti,lope *f*.

'**harts·horn** *s.* ⚗ Hirschhorn *n*: ***salt of*** ~ Hirschhornsalz *n*.

har·um-scar·um [,heərəm'skeərəm] **I** *adj.* F **1.** leichtsinnig, ‚verrückt'; **2.** flatterhaft; **II** *s.* **3.** leichtsinniger *etc.* Mensch.

har·vest ['hɑːvɪst] **I** *s.* **1.** Ernte *f*: a) Ernten *n*, b) Erntezeit *f*, c) (Ernte)Ertrag *m*; **2.** *fig.* Ertrag *m*, Früchte *pl.*; **II** *v/t.* **3.** ernten, *fig. a.* einheimsen; **4.** *Ernte* einbringen; **5.** *fig.* sammeln; **III** *v/i.* **6.** die Ernte einbringen; '**har·vest·er** [-tə] *s.* **1.** Erntearbeiter(in); **2.** a) 'Mäh-, 'Erntema,schine *f*, b) Mähbinder *m*: ***combine*** ~ Mähdrescher *m*.

har·vest| fes·ti·val *s.* Ernte'dankfest *n*; ~ **home** *s.* **1.** Ernte(zeit) *f*; **2.** Erntefest *n*; **3.** Erntelied *n*; ~ **moon** *s.* Vollmond *m* (*im September*).

has [hæz; həz] *3. sg. pres. von* ***have***; '~**-been** *s.* F **1.** *et.* Über'holtes; **2.** ‚ausrangierte' Per'son, j-d, der s-e Glanzzeit hinter sich hat.

hash[1] [hæʃ] **I** *v/t.* **1.** *Fleisch* (zer)hacken; **2.** *a.* ~ ***up*** *fig. et.* ‚vermasseln', verpatzen; **II** *s.* **3.** *Küche*: Ha'schee *n*; **4.** *fig. et.* Aufgewärmtes, ‚Aufguss' *m*: ***old*** ~ ‚ein alter Hut'; **5.** *fig.* Kuddelmuddel *n*: ***make a*** ~ ***of*** → 2; ***settle s.o.'s*** ~ F es j-m ‚besorgen'.

hash[2] [hæʃ] *s.* F ‚Hasch' *n* (*Haschisch*).

hash·eesh, **hash·ish** ['hæʃiːʃ] *s.* Haschisch *n*.

has·n't ['hæznt] F *für* ***has not***.

hasp [hɑːsp] **I** *s.* **1.** ⚙ a) Haspe *f*, Spange *f*, b) Schließband *n*; **2.** Haspel *f*, Spule *f* (*für Garn*); **II** *v/t.* **3.** mit e-r Haspe *etc.* verschließen, zuhaken.

has·sle ['hæsl] *s.* F **I** *s.* **1.** Mühe *f*: ***no*** ~ kein Problem; **2.** ‚The'ater' *n*, ‚Zirkus', 'Umständlichkeit(en *pl.*) *f*; **3.** Ärger *m*, ‚Krach' *m*, (*a.* handgreifliche) Auseinandersetzung; **II** *v/i.* **4.** ‚Krach' haben *od.* sich prügeln; **III** *v/t.* **5.** *Am.* drangsalieren.

has·sock ['hæsək] *s.* **1.** Knie-, Betkissen *n*; **2.** Grasbüschel *n*.

hast [hæst] *obs. 2. sg. pres. von* ***have***.

haste [heɪst] *s.* **1.** Eile *f*, Schnelligkeit *f*; **2.** Hast *f*, Eile *f*: ***make*** ~ sich beeilen; ***in*** ~ in Eile, hastig; ***more*** ~, ***less speed*** eile mit Weile; ~ ***makes waste*** in der Eile geht alles schief; '**has·ten** [-sn] **I** *v/t.* a) *j-n* antreiben, b) *et.* beschleunigen; **II** *v/i.* sich beeilen, eilen, hasten: ***I*** ~ ***to add that ...*** ich muss gleich hinzufügen, dass; '**hast·i·ness** [-tɪnɪs] *s.* **1.** Eile *f*, Hastigkeit *f*, Über'eilung *f*, Voreiligkeit *f*; **2.** Heftigkeit *f*, Hitze *f*, ('Über-) Eifer *m*; '**hast·y** [-tɪ] *adj.* □ **1.** eilig, hastig, über'stürzt; **2.** voreilig, -schnell, über'eilt; **3.** heftig, hitzig.

hat [hæt] *s.* Hut *m*: ***my*** ~***!*** *sl.* von wegen!, dass ich nicht lache; ***a bad*** ~ *Brit.* F ein übler Kunde; ~ ***in hand*** demütig, un-

H

terwürfig; ***keep it under your ~!*** behalte es für dich!, sprich nicht darüber!; ***pass*** (*od.* ***send***) ***the ~ round*** den Hut herumgehen lassen, e-e Sammlung veranstalten; ***take one's ~ off to s.o.*** s-n Hut vor j-m ziehen (*a. fig.*); ***~s off*** (***to him***)***!*** Hut ab (vor ihm)!; ***I'll eat my ~ if*** F ich fress e-n Besen, wenn; ***produce out of a ~*** hervorzaubern; ***talk through one's ~*** F dummes Zeug reden; ***throw*** (*od.* ***toss***) ***one's ~ in the ring*** F ‚s-n Hut in den Ring werfen' (*sich zum Kampf stellen od. kandidieren*); → ***drop*** 5.

hat·a·ble ['heɪtəbl] → ***hateful***.

hatch¹ [hætʃ] *s.* **1.** ⚓, ✈ Luke *f*: ***down the ~es!*** *sl.* ‚runter damit'!, prost!; **2.** ⚓ Lukendeckel *m*; **3.** Bodenluke *f*, -tür *f*; **4.** Halbtür *f*; **5.** 'Durchreiche *f* (*für Speisen*).

hatch² [hætʃ] **I** *v/t.* **1.** *a.* **~ out** *Eier*, *Junge* ausbrüten: ***the ~ed, matched and dispatched*** → 7; **2.** *a.* **~ out** *fig.* aushecken, -brüten, -denken; **II** *v/i.* **3.** Junge ausbrüten; **4.** *a.* **~ out** *aus dem Ei* ausschlüpfen; **5.** *fig.* sich entwickeln; **III** *s.* **6.** Brut *f*; **7.** ***~es, matches, and dispatches*** F Familienanzeigen *pl.*

hatch³ [hætʃ] **I** *v/t.* schraffieren; **II** *s.* Schraf'fur *f*.

'**hatch·back** *s. mot.* (Wagen *m* mit) Hecktür *f*.

'**hat·check girl** *s. Am.* Garde'robenfräulein *n*.

hatch·el ['hætʃl] **I** *s.* **1.** (Flachs- *etc.*)Hechel *f*; **II** *v/t.* **2.** hecheln; **3.** *fig.* quälen, piesacken.

hatch·er ['hætʃə] *s.* **1.** Bruthenne *f*; **2.** 'Brutappa,rat *m*; **3.** *fig.* Aushecker(in), Planer(in); '**hatch·er·y** [-ərɪ] *s.* Brutplatz *m*.

hatch·et ['hætʃɪt] *s.* (*a.* Kriegs)Beil *n*: ***bury*** (***take up***) ***the ~*** *fig.* das Kriegsbeil begraben (ausgraben); **~ face** *s.* scharf geschnittenes Gesicht; **~ job** *s.* F **1.** ‚Hinrichtung' *f*, ‚Abschuss' *m*; **2.** ‚Verriss' *m* (*Kritik*); **~ man** *s.* F **1.** ‚Henker' *m*, Killer *m*; **2.** ‚Zuchtmeister' *m*.

hatch·ing¹ ['hætʃɪŋ] *s.* **1.** Ausbrüten *n*; **2.** Ausschlüpfen *n*; **3.** Brut *f*; **4.** *fig.* Aushecken *n*.

hatch·ing² ['hætʃɪŋ] *s.* Schraffierung *f*.

'**hatch·way** → ***hatch¹*** 1–3.

hate [heɪt] **I** *v/t.* **1.** hassen (***like poison*** wie die Pest): ***~d*** verhasst; **2.** verabscheuen, hassen, nicht ausstehen können; **3.** nicht mögen *od.* wollen, sehr ungern tun: ***I ~ to do it*** ich tue es (nur) sehr ungern, es ist mir äußerst peinlich; ***I ~ to think of it*** bei dem (bloßen) Gedanken wird mir schlecht; **II** *s.* **4.** Hass *m* (***of***, ***for*** auf *acc.*, gegen): ***full of ~***, ***with ~*** hasserfüllt; ***~ object*** Hassobjekt *n*; ***~ tunes*** *fig.* Hassgesänge *pl.*; **5.** *et.* Verhasstes: ***that's my pet ~*** F das ist mir ein Gräuel *od.* in tiefster Seele verhasst; **6.** Abscheu *m* (***of***, ***for*** vor *dat.*, gegen); '**hate·a·ble** [-təbl], '**hate·ful** [-fʊl] *adj.* □ hassenswert, verhasst, abscheulich; '**hat·er** [-tə] *s.* Hasser(in); '**hate,mong·er** *s.* (Auf)Hetzer *m*.

hath [hæθ; həθ] *obs. 3. sg. pres. von* ***have***.

hat·less ['hætlɪs] *adj.* ohne Hut, barhäuptig.

'**hat|·pin** *s.* Hutnadel *f*; '**~·rack** *s.* Hutablage *f*.

ha·tred ['heɪtrɪd] *s.* (***of***, ***for***, ***against***) a) Hass *m* (gegen, auf *acc.*), b) Abscheu *m* (vor *dat.*).

hat stand *s.* Hutständer *m*.

hat·ter ['hætə] *s.* Hutmacher *m*, -händler *m*: ***as mad as a ~*** total verrückt.

hat| tree *s. Am.* Hutständer *m*; **~ trick** *s. sport* Hattrick *m*: ***score a ~*** e-n Hattrick erzielen.

haugh·ti·ness ['hɔːtɪnɪs] *s.* Hochmut *m*, Über'heblichkeit *f*, Arro'ganz *f*; **haugh·ty** ['hɔːtɪ] *adj.* □ hochmütig, -näsig, über'heblich, arro'gant.

haul [hɔːl] **I** *s.* **1.** Ziehen *n*, Zerren *n*, Schleppen *n*; **2.** kräftiger Zug, Ruck *m*; **3.** Fischzug *m*, *fig. a.* Fang *m*, Beute *f*: ***make a big ~*** e-n guten Fang *od.* reiche Beute machen; **4.** a) Beförderung *f*, Trans'port *m*, b) (Trans'port)Strecke *f*: ***it was quite a ~ home*** der Heimweg zog sich ganz schön hin; ***in*** (*od.* ***over***) ***the long ~*** auf lange Sicht, c) Ladung *f*: ***a ~ of coal***; **II** *v/t.* **5.** ziehen, zerren, schleppen; → ***coal*** 2; **6.** befördern, transportieren; **7.** ⚒ fördern; **8.** heraufholen, (mit e-m Netz) fangen; **9.** ⚓ a) *Brassen* anholen, b) her'umholen, anluven: ***~ the wind*** an den Wind gehen, *fig.* sich zurückziehen; **III** *v/i.* **10.** ziehen, zerren (***on***, ***at*** an *dat.*); **11.** mit dem Schleppnetz fischen; **12.** 'umspringen (*Wind*); **13.** ⚓ a) abdrehen, b) an den Wind gehen, c) *fig.* s-e Meinung ändern; **~ down** *v/t.* **1.** *Flagge* ein- *od.* niederholen; **2.** *et.* her'unterschleppen *od.* -ziehen; **~ in** *v/t.* ⚓ *Tau* einholen; **~ off** *v/i.* **1.** ⚓ abdrehen; **2.** *Am.* F ausholen; **~ round** → ***haul*** 12; **~ up** *v/t.* **1.** → ***haul*** 9b; **2.** F sich *j-n* ‚vorknöpfen'; **3.** F a) *j-n* vor den ‚Kadi' schleppen, b) *j-n* ‚schleppen' (***before*** vor *e-n Vorgesetzten etc.*).

haul·age ['hɔːlɪdʒ] *s.* **1.** Ziehen *n*, Schleppen *n*; **2.** a) Trans'port *m*, Beförderung *f*: ***~ contractor*** → ***hauler*** 2, b) Trans'portkosten *pl.*; **3.** ⚒ Förderung *f*; '**haul·er** [-lə], *Brit.* '**haul·ier** [-ljə] *s.* **1.** ⚒ Schlepper *m*; **2.** Trans'portunter,nehmer *m*, Spedi'teur *m*.

haulm [hɔːm] *s.* ♀ **1.** Halm *m*, Stängel *m*; **2.** *coll. Brit.* Halme *pl.*, Stängel *pl.*, (*Bohnen- etc.*)Stroh *n*.

haunch [hɔːntʃ] *s.* **1.** Hüfte *f*; **2.** *pl.* Gesäß *n*; **3.** *zo.* Keule *f*; **4.** *Küche*: Lendenstück *n*, Keule *f*.

haunt [hɔːnt] **I** *v/t.* **1.** 'umgehen *od.* spuken in (*dat.*): ***this place is ~ed*** hier spukt es; **2.** *fig.* a) verfolgen, quälen, b) *j-m* nicht mehr aus dem Kopf gehen; **3.** frequentieren, häufig besuchen; **II** *v/i.* **4.** ständig verkehren (***with*** mit); **III** *s.* **5.** häufig besuchter Ort, *bsd.* Lieblingsplatz *m*: ***holiday ~*** beliebter Ferienort; **6.** a) Treffpunkt *m*, b) Schlupfwinkel *m*; **7.** *zo.* a) Lager *n*, b) Futterplatz *m*; '**haunt·ed** [-tɪd] *adj.*: ***a ~ house*** ein Haus, in dem es spukt; ***he was a ~ man*** er fand keine Ruhe mehr; ***~ed eyes*** gehetzter Blick; '**haunt·ing** [-tɪŋ] *adj.* □ **1.** quälend, beklemmend; **2.** unvergesslich: ***~ beauty*** betörende Schönheit; ***a ~ melody*** e-e Melodie, die einen verfolgt.

haut·boy ['əʊbɔɪ] *obs.* → ***oboe***.

hau·teur [əʊ'tɜː] *s.* Hochmut *m*, Arro'ganz *f*.

Ha·van·a [hə'vænə] *s.* Ha'vanna(zi,garre) *f*.

have [hæv; həv] **I** *v/t.* [*irr.*] **1.** *allg.* haben, besitzen: ***he has a house*** (***a friend, a good memory***); ***you ~ my word for it*** ich gebe Ihnen mein Wort darauf; ***let me ~ a sample*** gib *od.* schicke *od.* besorge mir ein Muster; ***~ got*** → ***get*** 8; **2.** haben, erleben: ***we had a nice time*** wir hatten es schön; **3.** a) *ein Kind* bekommen: ***she had a baby in March***, b) *zo. Junge* werfen; **4.** *Gefühle, e-n Verdacht etc.* haben, hegen; **5.** behalten, haben: ***may I ~ it?***; **6.** erhalten, bekommen: ***we had no news from her***; (***not***) ***to be had*** (nicht) zu haben, (nicht) erhältlich; **7.** (erfahren) haben, wissen: ***I ~ it from my friend***; ***I ~ it from a reliable source*** ich habe es aus verlässlicher Quelle (erfahren); ***I ~ it!*** ich habs!; → ***rumo***(***u***)***r*** I; **8.** *Speisen etc.* zu sich nehmen, einnehmen, essen *od.* trinken: ***what will you ~?*** was nehmen Sie?; ***I had a glass of wine*** ich trank ein Glas Wein; ***~ another sandwich!*** nehmen Sie noch ein Sandwich!; ***~ a cigar*** e-e Zigarre rauchen; ***~ a smoke?*** wollen Sie (eine) rauchen?; → ***breakfast*** I, ***dinner*** 1, *etc.*; **9.** haben, ausführen, (mit)machen: ***~ a discussion*** e-e Diskussion haben *od.* abhalten; ***~ a walk*** e-n Spaziergang machen; **10.** können, beherrschen: ***she has no French*** sie kann kein Französisch; **11.** (be)sagen, behaupten: ***as Mr. B has it*** wie Herr B. sagt; ***he will ~ it that*** er behauptet steif und fest, dass; **12.** sagen, ausdrücken: ***as Byron has it*** wie Byron sagt, wie es bei Byron heißt; **13.** haben, dulden, zulassen: ***I won't ~ it!***, ***I am not having that!*** ich dulde es nicht!, ich will es nicht (haben); ***I won't ~ it mentioned*** ich will nicht, dass es erwähnt wird; ***he wasn't having any*** F er ließ sich auf nichts ein; **14.** haben, erleiden: ***~ an accident***; **15.** *Brit.* F *j-n* ‚reinlegen', ‚übers Ohr hauen': ***you've been had!*** man hat dich reingelegt; **16.** (*vor inf.*) müssen: ***I ~ to go now***; ***he will ~ to do it***; ***we ~ to obey*** wir haben zu *od.* müssen gehorchen; ***it has to be done*** es muss getan werden; **17.** (*mit Objekt u. p.p.*) lassen: ***I had a suit made*** ich ließ mir e-n Anzug machen; ***they had him shot*** sie ließen ihn erschießen; **18.** (*mit Objekt u. p.p. zum Ausdruck des Passivs*): ***I had my arm broken*** ich brach mir den Arm; ***he had a son born to him*** ihm wurde ein Sohn geboren; ***~ a tooth out*** sich e-n Zahn ziehen lassen; **19.** (*mit Objekt u. inf.*) (veran)lassen: ***~ them come here at once!*** lass sie sofort hierherkommen!; ***I had him sit down*** ich ließ ihn Platz nehmen; **20.** (*mit Objekt u. inf.*) es erleben (müssen), dass: ***I had all my friends turn against me***; **21.** *in Wendungen wie*: ***he has had it*** F er ist ‚erledigt' (*a. tot*) *od.* ‚fertig'; ***the car has had it*** F das Auto ist ‚hin' *od.* ‚im Eimer'; ***he had me there*** da hatte er mich (an m-r schwachen Stelle *etc.*) erwischt; ***I would ~ you to know it*** ich möchte, dass Sie es wissen; ***let s.o. ~ it*** ‚es j-m besorgen *od.* geben', j-n ‚fertig machen'; ***~ it in for s.o.*** F j-n ‚auf dem Kieker haben'; ***I did'nt know he had it in him*** ich wusste gar nicht, dass er das Zeug dazu hat; ***~ it off*** (***with s.o.***) *Brit. sl.* (mit j-m) ‚bumsen'; ***you are having me on!*** F du nimmst mich (doch) auf den Arm!; ***~ it out with s.o.*** die Sache mit j-m endgültig bereinigen; ***~ nothing on s.o.*** F a) j-m nichts anhaben können, nichts gegen j-n in der Hand haben, b) j-m in keiner Weise überlegen sein; ***I ~ nothing on tonight*** ich habe heute Abend nichts vor; ***~ it*** (***all***) ***over s.o.*** F j-m (haushoch) überlegen sein; ***~ what it takes*** das Zeug dazu haben; **II** *v/i.* **22.** würde, täte (*mit* ***as well***, ***rather***, ***better***, ***best*** *etc.*): ***you had better go!*** es wäre besser, du gingest!; ***you had best go!*** du tätest am besten daran zu gehen; **III** *v/aux.* **23.** haben: ***I ~ seen*** ich habe gesehen; **24.** (*bei vielen v/i.*) sein: ***I ~ been*** ich bin gewesen; **IV** *s.* **25.** ***the ~s and the ~-nots*** die Begüterten u. die Habenichtse; **26.** *Brit.* F Trick *m*.

have·lock ['hævlɒk] *s. Am.* über den Nacken her'abhängender 'Mützen,überzug (*Sonnenschutz*).

ha·ven ['heɪvn] *s.* **1.** *mst fig.* (sicherer) Hafen; **2.** Zufluchtsort *m*, A'syl *n*, O'ase *f*.

H

'have-not → ***have*** 25.
hav·er·sack ['hævəsæk] *s. bsd.* ⚔ Provi'anttasche *f.*
hav·ings ['hævɪŋz] *s. pl.* Habe *f.*
hav·oc ['hævək] *s.* Verwüstung *f*, Zerstörung *f*: ***cause ~*** große Zerstörungen anrichten *od.* (*a. fig.*) ein Chaos verursachen, schrecklich wüten; ***play*** (*od.* ***cause***, ***wreak***) ***~ with***, ***make ~ of*** *et.* verwüsten *od.* zerstören, *fig.* verheerend wirken auf (*acc.*), übel zurichten.
haw¹ [hɔː] *s.* ⚘ **1.** Mehlbeere *f* (*Weißdornfrucht*); **2.** → ***hawthorn***.
haw² [hɔː] **I** *int.* hm!, äh; **II** *v/i.* hm machen, sich räuspern; stockend sprechen.
Ha·wai·ian [hə'waɪɪən] **I** *adj.* ha'waiisch: ***~ guitar*** Hawaiigitarre *f*; **II** *s.* Hawai'ianer(in).
'haw·finch *s. orn.* Kernbeißer *m.*
haw-haw **I** *int.* [ˌhɔː'hɔː] ha'ha!; **II** *s.* ['hɔːhɔː] (lautes) Ha'ha *n.*
hawk¹ [hɔːk] **I** *s.* **1.** *orn.* a) Falke *m*, b) Habicht *m*; **2.** *fig.* Halsabschneider *m*, Wucherer *m*; **3.** *pol.* ‚Falke' *m*: ***the ~s and the doves*** die Falken u. die Tauben; **II** *v/i.* **4.** (*mit Falken*) Jagd machen (***at*** auf *acc.*); **III** *v/t.* **5.** jagen.
hawk² [hɔːk] *v/t.* **1.** a) hausieren (gehen) mit (*a. fig.*), b) auf der Straße verkaufen; **2.** *a.* ***~ about*** *Gerücht etc.* verbreiten.
hawk³ [hɔːk] **I** *v/i.* sich räuspern; **II** *v/t.* *oft* ***~ up*** aushusten; **III** *s.* Räuspern *n.*
hawk⁴ [hɔːk] *s.* Mörtelbrett *n.*
hawk·er¹ ['hɔːkə] → ***falconer***.
hawk·er² ['hɔːkə] *s.* **1.** Hausierer(in); **2.** Straßenhändler(in).
'hawk-eyed *adj.* mit Falkenaugen, scharfsichtig.
hawk·ing ['hɔːkɪŋ] → ***falconry***.
hawk| moth *s. zo.* Schwärmer *m*; **~ nose** *s.* Adlernase *f.*
hawse [hɔːz] *s.* ⚓ (Anker)Klüse *f*; **'haw·ser** [-zə] *s.* Trosse *f.*
'haw·thorn *s.* ⚘ Weiß- *od.* Rot- *od.* Hagedorn *m.*
hay [heɪ] *s.* **1.** Heu *n*: ***make ~*** Heu machen; ***make ~ of s.th.*** *fig.* et. durcheinander bringen *od.* zunichte machen; ***make ~ while the sun shines*** *fig.* das Eisen schmieden, solange es heiß ist; ***hit the ~*** *sl.* ‚sich in die Falle hauen'; **2.** *sl.* Marihu'ana *n*; **'~·cock** *s.* Heuschober *m*; **~ fe·ver** *s.* ⚕ Heufieber *n*, -schnupfen *m*; **~ field** *s.* Wiese *f* (*zum Mähen*); **'~·fork** *s.* Heugabel *f*; **~·loft** *s.* Heuboden *m*; **'~ˌmak·er** *s.* **1.** Heumacher *m*; **2.** ⚒, ⚙ Heuwender *m*; **3.** *sl. Boxen*: ‚Heumacher' *m*, wilder Schwinger; **'~·rick** *s.* Heumiete *f*; **'~·seed** *s.* **1.** Grassamen *m*; **2.** *Am.* F ‚Bauer' *m*; **'~·stack** → ***hayrick***; **'~ˌwire** *adj. sl.* a) ka'putt, b) (hoffnungslos) durchein'ander, c) verrückt (*Person*): ***go ~*** a) kaputtgehen (*Sache*), b) ‚schief gehen', durcheinander geraten (*Sache*), c) überschnappen.
haz·ard ['hæzəd] **I** *s.* **1.** Gefahr *f*, Wagnis *n*, Risiko *n* (*a. Versicherung*): ***health ~*** Gesundheitsrisiko; ***~ bonus*** Gefahrenzulage *f*; ***at all ~s*** unter allen Umständen; ***at the ~ of one's life*** unter Lebensgefahr; **2.** Zufall *m*: ***by ~*** zufällig; **3.** (***game of***) ***~*** Glücks-, Ha'sardspiel *n*; **4.** *Golf*: Hindernis *n*; **5.** *Brit. Billard*: ***losing ~*** Verläufer *m*; ***winning ~*** Treffer *m*; **6.** *pl.* Launen *pl.* (*des Wetters*); **II** *v/t.* **7.** riskieren, wagen, aufs Spiel setzen; **8.** zu sagen wagen, riskieren: ***~ a remark***; **9.** sich *e-r Gefahr etc.* aussetzen; **'haz·ard·ous** [-dəs] *adj.* ☐ gewagt, ris'kant, gefährlich, unsicher: ***~ waste*** Sondermüll *m.*
haze¹ [heɪz] *s.* **1.** Dunst(schleier) *m*, feiner Nebel; **2.** *fig.* Nebel *m*, Schleier *m*: ***his mind was in a ~*** a) er war wie betäubt, b) er ‚blickte nicht mehr durch'.
haze² [heɪz] *v/t. Am.* **1.** piesacken, schikanieren; **2.** beschimpfen.
ha·zel ['heɪzl] **I** *s.* **1.** ⚘ Hasel(nuss)-strauch *m*; **2.** (Hasel)Nussbraun *n*; **II** *adj.* (hasel)nussbraun; **'~·nut** *s.* ⚘ Haselnuss *f.*
ha·zi·ness ['heɪzɪnɪs] *s.* **1.** Dunstigkeit *f*; **2.** *fig.* Unklarheit *f*, Verschwommenheit *f*; **ha·zy** ['heɪzɪ] *adj.* ☐ **1.** dunstig, diesig, leicht nebelig; **2.** *fig.* verschwommen, nebelhaft: ***a ~ idea***; ***be ~ about*** nur e-e vage Vorstellung haben von; **3.** benommen.
H-bomb ['eɪtʃbɒm] *s.* ⚔ H-Bombe *f* (*Wasserstoffbombe*).
he [hiː; hɪ] **I** *pron.* **1.** er; **2.** ***~ who*** wer; derjenige, welcher; **II** *s.* **3.** ‚Er' *m*: a) Junge *m od.* Mann *m*, b) *zo.* Männchen *n*; **III** *adj.* **4.** *in Zssgn* männlich, ...männchen: ***~-goat*** Ziegenbock *m.*
head [hed] **I** *v/t.* **1.** die Spitze bilden von (*od. gen.*), anführen, an der Spitze *od.* an erster Stelle stehen von (*od. gen.*): ***~ a list***; **2.** vor'an-, vor'ausgehen (*dat.*); **3.** (an)führen, leiten: ***~ed by*** unter der Leitung von; **4.** lenken, steuern: ***~ off*** a) 'um-, ablenken, b) abfangen, c) *fig.* abwenden, verhindern; **5.** betiteln; **6.** *bsd. Pflanzen* köpfen, *Bäume* kappen; **7.** *Fußball*: (***~ in*** ein)köpfen; **II** *v/i.* **8.** a) gehen, fahren, b) (***for***) zu-, losgehen, -steuern (auf *acc.*): ***he is ~ing for trouble*** er wird noch Ärger kriegen; **9.** ⚓ Kurs halten, zusteuern (***for*** auf *acc.*); **10.** sich entwickeln: ***~*** (***up***) (e-n Kopf) ansetzen (*Kohl etc.*); **11.** entspringen (*Fluss*); **III** *s.* **12.** Kopf *m*: ***back of the ~*** Hinterkopf; ***have a ~*** F e-n ‚Brummschädel' haben; ***win by a ~*** um e-e Kopflänge *od.* (*a. fig.*) um e-e Nasenlänge gewinnen; → *Bes. Redew.*; **13.**

poet. u. fig. Haupt *n*: ***~ of the family*** Haupt der Familie, Familienoberhaupt; ***~s of state*** Staatsoberhäupter *pl.*; **14.** Kopf *m*, Verstand *m*, *a.* Begabung *f* (***for*** für): ***he has a*** (***good***) ***~ for languages*** er ist (sehr) sprachbegabt; ***two ~s are better than one*** zwei Köpfe wissen mehr als einer; **15.** Spitze *f*, führende Stellung: ***at the ~ of*** an der Spitze (*gen.*); **16.** a) (An)Führer *m*, Leiter *m*, b) Chef *m*, c) Vorstand *m*, Vorsteher *m*, d) Di'rektor *m*, Direk'torin *f* (*e-r Schule*); **17.** Kopf(ende *n*) *m*, oberes Ende, oberer Teil *od.* Rand, Spitze *f*, *a.* oberer Absatz (*e-r Treppe*), Kopf *m* (*e-r Buchseite*, *e-s Briefes*, *e-r Münze*, *e-s Nagels*, *e-s Hammers etc.*): ***~s or tails?*** Kopf oder Wappen?; **18.** Kopf *m* (*e-r Brücke od. Mole*); oberes *od.* unteres Ende (*e-s Sees*); Boden *m* (*e-s Fasses*); **19.** Kopf *m*, Spitze *f*, vorderes Ende, Vorderteil *m*, *n*, ⚓ Bug *m*; **20.** Kopf *m*, (einzelne) Per'son: ***a pound a ~*** ein Pfund pro Person *od.* pro Kopf; **21.** a) (*pl.* ~) Stück *n* (*Vieh*): ***50 ~ of cattle***, b) *Brit.* Anzahl *f*, Herde *f*; **22.** (Haupt)Haar *n*: ***a fine ~ of hair*** schönes, volles Haar; **23.** ⚘ a) (*Salat- etc.*)Kopf *m*, b) (*Baum*)Krone *f*, Wipfel *m*; **24.** *anat.* Kopf *m* (*e-s Knochens etc.*); **25.** ⚕ 'Durchbruchsstelle *f* (*e-s Geschwürs*); **26.** Vorgebirge *n*, Landspitze *f*, Kap *n*; **27.** *hunt.* Geweih *n*; **28.** Schaum(krone *f*) *m* (*vom Bier etc.*); **29.** *Brit.* Rahm *m*, Sahne *f*; **30.** Quelle *f* (*e-s Flusses*); **31.** a) 'Überschrift *f*, Titelkopf *m*, b) Abschnitt *m*, Ka'pitel *n*, c) (Haupt)Punkt *m* (*e-r Rede etc.*), d) Ru'brik *f*, Katego'rie *f*, e) *typ.* (Titel-)Kopf *m*; **32.** *ling.* Oberbegriff *m*; **33.** ⚙ a) Stauwasser *n*, b) Staudamm *m*; **34.** *phys.*, ⚙ a) Gefälle *n*, b) Druckhöhe *f*, c) (Dampf- *etc.*)Druck *m*, d) Säule(nhöhe) *f*: ***~ of water*** Wassersäule; **35.** ⚙ a) Spindelkopf *m*, b) Spindelbank *f*, c) Sup'port *m* (*e-r Bohrbank*), d) (Gewinde)Schneidkopf *m*, e) Kopf-, Deckplatte *f*; **36.** (Wagen-, Kutschen-) Dach *n*; **37.** → ***heading***; **IV** *adj.* **38.** Kopf...; **39.** Spitzen..., Vorder...; **40.** Chef..., Haupt..., Ober..., Spitzen..., führend, oberst: ***~ cook*** Chefkoch *m*;

Besondere Redewendungen:

that is (*od.* ***goes***) ***above*** (*od.* ***over***) ***my ~*** das ist zu hoch für mich, das geht über m-n Horizont; ***talk above s.o.'s ~*** über j-s Kopf hinwegreden; ***by ~ and shoulders*** an den Haaren (*herbeiziehen*); (***by***) ***~ and shoulders*** um Haupteslänge (*größer etc.*), weitaus; ***~ and shoulders above s.o.*** j-m haushoch überlegen; ***from ~ to foot*** von Kopf bis Fuß; ***off*** (*od.* ***out of***) ***one's ~*** F ‚übergeschnappt'; ***I can do that*** (***standing***) ***on my ~*** F das kann ich im Schlaf, das mach ich ‚mit links'; ***on this ~*** in diesem Punkt; ***out of one's own ~*** von sich aus; ***over s.o.'s ~*** *fig.* über j-s Kopf hinweg; ***~ over heels*** a) kopfüber (*stürzen*), b) bis über beide Ohren (*verliebt*), c) ***in debt*** bis über die Ohren in Schulden (*stecken*); ***~ first*** (*od.* ***foremost***) → ***headlong***; ***bite s.o.'s ~ off*** F j-m ‚den Kopf abreißen'; ***bring to a ~*** zum Ausbruch *od.* zur Entscheidung *od.* ‚zum Klappen' bringen; ***come to a ~*** a) ⚕ aufbrechen, eitern, b) sich zuspitzen, zur Entscheidung *od.* ‚zum Klappen' kommen; ***it entered my ~*** es fiel mir ein; ***gather ~*** überhand nehmen, immer stärker werden; ***give a horse his ~*** e-m Pferd die Zügel schießen lassen; ***give s.o. his ~*** j-m s-n Willen lassen, j-n gewähren *od.* machen lassen; ***give*** (***s.o.***) ***~*** *Am.* V (j-m e-n) ‚blasen'; ***go to the ~*** zu Kopfe steigen; ***have*** (*od.* ***be***) ***an old ~ on young shoulders*** für sein Alter (schon) sehr reif sein; ***keep one's ~*** kühlen Kopf bewahren; ***keep one's ~ above water*** sich über Wasser halten (*a. fig.*); ***knock s.th. on the ~*** F et. (*e-n Plan etc.*) ‚über den Haufen werfen'; ***laugh*** (***shout***) ***one's ~ off*** sich halb totlachen (sich die Lunge aus dem Hals schreien); ***lose one's ~*** *fig.* den Kopf verlieren; ***make ~*** gut vorankommen; ***make ~ against*** sich entgegenstemmen (*dat.*); ***I cannot make ~ or tail of it*** ich kann daraus nicht schlau werden; ***put s.th. into s.o.'s ~*** j-m et. in den Kopf setzen; ***put that out of your ~*** schlag dir das aus dem Kopf; ***they put their ~s together*** sie steckten ihre Köpfe zusammen; ***take s.th. into one's ~*** sich et. in den Kopf setzen; ***talk one's ~ off*** reden wie ein Wasserfall; ***talk s.o.'s ~ off*** ‚j-m ein Loch in den Bauch reden'; ***turn s.o.'s ~*** j-m den Kopf verdrehen.

'head|·ache *s.* **1.** Kopfschmerzen *pl.*, -weh *n*: ***have a ~*** Kopfweh haben; **2.** F *et., was Kopfzerbrechen od. Sorgen macht*, schwieriges Problem, Sorge *f*; **'~ˌach·y** *adj.* F **1.** an Kopfschmerzen leidend; **2.** Kopfschmerzen verursachend; **'~·band** *s.* Stirnband *n*; **'~·board** *s.* Kopfbrett *n* (*Bett*); **~ boy** *s. Brit. ped.* Schulsprecher *m*; **'~·cheese** *s. Am.* Presskopf *m* (*Sülzwurst*); **~ clerk** *s.* Bü'rochef *m*; **'~·dress** *s.* **1.** Kopfschmuck *m*; **2.** Fri'sur *f*.

-headed [hedɪd] *in Zssgn* ...köpfig.

head·ed ['hedɪd] *adj.* **1.** mit e-m Kopf *etc.* (versehen); **2.** mit e-r 'Überschrift (versehen), betitelt.

head·er ['hedə] *s.* **1.** △, ⚙ a) Schlussstein *m*, b) Binder *m*; **2.** ***take a ~*** a) *sport* e-n Kopfsprung machen, b) kopfüber *die Treppe etc. hinunter*-stürzen; **3.** *Fußball*: Kopfball *m*, -stoß *m*.

ˌ**head**|**'first**, ˌ**~'fore·most** → ***headlong***; **'~·gear** *s.* **1.** Kopfbedeckung *f*; **2.** Kopfgestell *n*, Zaumzeug *n* (*vom Pferd*); **3.** ⚒ Fördergerüst *n*; **~ girl** *s. Brit. ped.* Schulsprecherin *f*; **'~ˌhunt·er** *s.* **1.** Kopfjäger *m*; **2.** ✝ 'Headhunter *m*.

Headgear – Kopfbedeckungen

baseball cap	Baseballmütze
beret ['bereɪ]	Baskenmütze
bowler hat [ˌbəʊlə'hæt], *Am.* **derby** ['dɑːbɪ, *Am.* 'dɜːbɪ]	Melone
flat cap	Schlägermütze
hard hat	Schutzhelm
helmet ['helmɪt]	Helm
hood [hʊd]	Kapuze
panama hat	Panamahut
peaked cap	Schirmmütze
sun hat	Sonnenhut
top hat	Zylinder
trilby ['trɪlbɪ]	weicher Filzhut
woolly hat [ˌwʊlɪ'hæt]	Wollmütze

head·i·ness ['hedɪnɪs] *s.* **1.** Unbesonnenheit *f*, Ungestüm *n*; **2.** *das* Berauschende (*a. fig.*).

head·ing ['hedɪŋ] *s.* **1.** a) Kopfstück *n*, -ende *n*, b) Vorderende *n*, -teil *n*; **2.** 'Überschrift *f*, Titel(zeile *f*) *m*; **3.** Briefkopf *m*; **4.** (Rechnungs)Posten *m*; **5.** Thema *n*, Punkt *m*; **6.** ⚒ Stollen *m*; **7.** a) ✈ Steuerkurs *m*, b) ⚓ Kompasskurs *m*; **8.** *Fußball*: Kopfballspiel *n*; **~ stone** *s.* ⚠ Schlussstein *m*.

'head|**·lamp** → ***headlight***; **'~·land** *s.* **1.** ✓ Rain *m*; **2.** [-lənd] Landspitze *f*, -zunge *f*.

head·less ['hedlɪs] *adj.* **1.** kopflos (*a. fig.*), ohne Kopf; **2.** *fig.* führerlos.

'head|**·light** *s.* **1.** *mot. etc.* Scheinwerfer *m*: **~ *flasher*** Lichthupe *f*; **2.** ⚓ Mast-, Topplicht *n*; **'~·line I** *s.* **1.** a) 'Überschrift *f*, b) *Zeitung*: Schlagzeile *f*, c) *pl. a.* **~ *news*** *Radio*, *TV*: (*das*) Wichtigste in Schlagzeilen: ***hit*** (*od.* ***make***) ***the ~s*** Schlagzeilen machen; **II** *v/t.* **2.** e-e Schlagzeile widmen (*dat.*); **3.** *fig.* groß her'ausstellen; **'~ˌlin·er** *s. Am.* F **1.** *thea. etc.* Star *m*; **2.** promi'nente Per'sönlichkeit; **'~·lock** *s. Ringen*: Kopfzange *f*; **'~·long I** *adv.* **1.** kopf'über, mit dem Kopf vor'an; **2.** *fig.* Hals über Kopf, blindlings; **II** *adj.* **3.** mit dem Kopf vor'an: ***a ~ fall***; **4.** *fig.* über'stürzt, unbesonnen, ungestüm; **~ louse** *s.* Kopflaus *f*; **~·man** *s.* [*irr.*] **1.** ['hedmæn] Führer *m*; **2.** Häuptling *m*; **3.** [ˌhed'mæn] Vorarbeiter *m*; ˌ**~'mas·ter** *s.* Schulleiter *m*, Di'rektor *m*; ˌ**~'mis·tress** *s.* Schulleiterin *f*, Direk'torin *f*; **~ mon·ey** *s.* Kopfgeld *n*; **~ of·fice** *s.* 'Hauptbüˌro *n*, -geschäftsstelle *f*, -sitz *m*, Zen'trale *f*; ˌ**~-'on** *adj. u. adv.* **1.** fron'tal: **~ *collision*** Frontalzusammenstoß *m*; **2.** di'rekt; **'~·phone** *s. mst pl.* Kopfhörer *m*; **'~·piece** *s.* **1.** Kopfbedeckung *f*; **2.** Oberteil *n*, *bsd.* a) Türsturz *m*, b) Kopfbrett *n* (*Bett*); **3.** *typ.* 'Titelviˌgnette *f*; ˌ**~'quar·ters** *s. pl. oft sg. konstr.* **1.** ⚔ a) 'Hauptquarˌtier *n*, b) Stab *m*, c) Kom'mandostelle *f*, d) 'Oberkomˌmando *n*; **2.** *allg.* (*Feuerwehr-*, *Partei- etc.*)Zen'trale *f*, (Poli'zei-)Präˌsidium *n*; **3.** → ***head office***; **'~·rest**, **~ re·straint** *s.* Kopfstütze *f*; **'~·room** [-rʊm] *s.* lichte Höhe; **'~·sail** *s.* ⚓ Fockmastsegel *n*; **'~·scarf**, *pl.* **-scarfs**, **-scarves** [-vz] *s.* Kopftuch *n*; **'~·set** *s.* Kopfhörer *m*.

head·ship ['hedʃɪp] *s.* (oberste) Leitung, Führung *f*.

head|**·shrink·er** ['hedˌʃrɪŋkə] *s.* F Psychoana'lytiker(in); **'~·spring** *s.* **1.** Hauptquelle *f*; **2.** *fig.* Quelle *f*, Ursprung *m*; **3.** *sport* Kopfkippe *f*; **'~·stall** → ***headgear*** 2; **'~·stand** *s.* Kopfstand *m*; **~ start** *s.* **1.** *sport* a) Vorgabe *f*, b) Vorsprung *m* (*a. fig.*); **2.** *fig.* guter Start; **'~·stock** *s.* ⚙ **1.** Spindelstock *m*; **2.** Triebwerkgestell *n*; **'~·stone** *s.* **1.** ⚠ a) Eck-, Grundstein *m* (*a. fig.*), b) Schlussstein *m*; **2.** Grabstein *m*; **'~·strong** *adj.* eigensinnig, halsstarrig; **~ tax** *s.* Kopf-, *bsd.* Einwanderungssteuer *f* (*USA*); ˌ**~-to-'head** *adj. Am.* **1.** Mann gegen Mann; **2.** Kopf-an-Kopf-...: **~ *race***; **~ voice** *s.* Kopfstimme *f*; **~ wait·er** *s.* Oberkellner *m*; **'~ˌwa·ter** *s. mst pl.* Oberlauf *m*, Quellgebiet *n* (*Fluss*); **'~·way** *s.* **1.** ⚓ a) Fahrt *f* vor'aus, b) Fahrt *f*, Geschwindigkeit *f*; **2.** *fig.* Fortschritt(e *pl.*) *m*: ***make ~*** vorankommen, Fortschritte machen; **3.** ⚠ lichte Höhe; **4.** ⚒ *Brit.* Hauptstollen *m*; **5.** 🚂 Zugfolge *f*, -abstand *m*; **~ wind** *s.* Gegenwind *m*; **'~·word** *s.* Stichwort *n* (*im Wörterbuch*); **'~·work** *s.* geistige Arbeit; **'~ˌwork·er** *s.* Geistes-, Kopfarbeiter *m*.

head·y ['hedɪ] *adj.* □ **1.** unbesonnen, ungestüm; **2.** a) berauschend (*Getränk*; *a. fig.*), b) berauscht (***with*** von); **3.** *Am.* F schlau.

heal [hiːl] **I** *v/t.* **1.** *a. fig.* heilen, kurieren (***of*** von); **2.** *fig.* versöhnen, *Streit etc.* beilegen; **II** *v/i.* **3.** *oft* **~ *up***, **~ *over***

(zu)heilen; '**heal·er** [-lə] *s.* **1.** Heil(end)er *m*, *bsd.* Gesundbeter(in); **2.** Heilmittel *n*: ***time is a great ~*** die Zeit heilt alle Wunden; '**heal·ing** [-lɪŋ] **I** *s.* Heilung *f*; **II** *adj.* □ heilsam, heilend, Heil(ungs)...

health [helθ] *s.* **1.** Gesundheit *f*: ***~ care*** Gesundheitsfürsorge *f*; ***~ centre*** (*Am.* ***center***) Ärztezentrum *n*; ***~ certificate*** ärztliches Attest; ***~ club*** Fitnessklub *m*; ***~ farm*** Gesundheitsform *f*; ***~ food*** Reformkost *f*; ***~ food shop*** (*od.* ***store***) Reformhaus *n*; ***~ freak*** Gesundheitsfanatiker(in); ***~ insurance*** Krankenversicherung *f*; ***~ officer*** *Am.* a) Beamte(r) *m* des Gesundheitsamtes, b) ⚓ Hafen-, Quarantänearzt *m*; ***~ resort*** Kurort *m*; ***~ service*** Gesundheitsdienst *m*; ***~ visitor*** Gesundheitsfürsorger(in); **2.** *a.* ***state of ~*** Gesundheitszustand *m*: ***ill ~***; ***in good ~*** gesund, bei guter Gesundheit; **3.** Gesundheit *f*, Wohl *n*: ***drink*** (***to***) ***s.o.'s ~*** auf j-s Wohl trinken; ***your ~!*** auf Ihr Wohl!; ***here is to the ~ of the host*** ein Prosit dem Gastgeber!; '**~-ˌcon·scious** *adj.* gesundheitsbewusst; '**health·ful** [-fʊl] *adj.* □ → ***healthy*** 1, 2; '**health·y** [-θɪ] *adj.* □ **1.** *allg.* gesund (*a. fig.*): ***~ body*** (***climate***, ***economy***, *etc.*); **2.** gesund(heitsfördernd), heilsam, bekömmlich; **3.** F gesund, kräftig: ***~ appetite***; **4.** ***not ~*** F ,nicht gesund', schlecht, gefährlich.

heap [hiːp] **I** *s.* **1.** Haufe(n) *m*: ***in ~s*** haufenweise; ***be struck all of a ~*** F ,platt' *od.* sprachlos sein; ***fall in a ~*** (in sich) zs.-sacken; **2.** F Haufen *m*, Menge *f*: ***~s of time*** e-e *od.* jede Menge Zeit; ***~s of times*** unzählige Male; ***~s better*** sehr viel besser; **3.** *sl.* ,Schlitten' *m* (*Auto*); **II** *v/t.* **4.** häufen: ***a ~ed spoonful*** ein gehäufter Löffel (voll); ***~ up*** anhäufen, *fig. a.* aufhäufen; ***~ insults*** (***praises***) (***up***)***on s.o.*** j-n mit Beschimpfungen (Lob) überschütten; → ***coal*** 2; **5.** beladen, anfüllen.

hear [hɪə] [*irr.*] **I** *v/t.* **1.** hören: ***I ~ him laugh***(***ing***) ich höre ihn lachen; ***make o.s. ~d*** sich Gehör verschaffen; ***let's ~ it for him!*** *Am.* F Beifall für ihn!; **2.** (an)hören: ***~ a concert*** sich ein Konzert anhören; **3.** *j-m* zuhören, *j-n* anhören: ***~ s.o. out*** j-n ausreden lassen; **4.** hören *od.* achten auf (*acc.*), *j-s* Rat folgen: ***do you ~ me?*** hast du (mich) verstanden?; **5.** *Bitte etc.* erhören; **6.** *ped. Aufgabe od. Schüler* abhören; **7.** *et.* hören, erfahren (***about***, ***of*** über *acc.*); **8.** ⚖ a) verhören, vernehmen, b) *Sachverständige etc.* anhören, c) (über) *e-n Fall* verhandeln: ***~ and decide a case*** über e-n Fall befinden; → ***evidence*** 1; **II** *v/i.* **9.** hören: ***~! ~!*** *parl.* hört! hört! (*a. iro.*), bravo!, sehr richtig!; **10.** hören, erfahren, Nachricht erhalten (***from*** von; ***of***, ***about*** von, über [*acc.*]; ***that*** dass): ***you'll ~ of this!*** F das wirst du mir büßen!; ***I won't ~ of it*** ich erlaube *od.* dulde es nicht; ***he would not ~ of it*** er wollte davon nichts hören *od.* wissen; **heard** [hɜːd] *pret. u. p.p. von* ***hear***; '**hear·er** [-ərə] *s.* (Zu)Hörer(in); '**hear·ing** [-ərɪŋ] *s.* **1.** Hören *n*: ***within*** (***out of***) ***~*** in (außer) Hörweite; ***in his ~*** in s-r Gegenwart, solange er noch in Hörweite ist; **2.** Gehör(sinn *m*) *n*: ***~ aid*** Hörhilfe *f*, -gerät *n*; ***~ spectacles*** *pl.* Hörbrille *f*; ***hard of ~*** schwerhörig; **3.** a) Anhören *n*, b) Gehör *n*, c) Audi'enz *f*: ***gain a ~*** sich Gehör verschaffen; ***give s.o. a ~*** j-n anhören; **4.** *thea. etc.* Hörprobe *f*; **5.** ⚖ a) Vernehmung *f*, b) *a.* ***preliminary ~*** 'Vorunterˌsuchung *f*, c) (mündliche) Verhandlung, Ter'min *m*; **6.** *bsd. pol.* Hearing *n*, Anhörung *f*.

heark·en ['hɑːkən] *v/i. poet.* (***to***) a) horchen (auf *acc.*), b) Beachtung schenken (*dat.*).

'**hear·say** *s.* **1.** (***by ~*** vom) Hörensagen *n*; **2.** *a.* ***~ evidence*** ⚖ Beweis(e *pl.*) *m* vom Hörensagen, mittelbarer Beweis: ***~ rule*** *Regel über den grundsätzlichen Ausschluss aller Beweise vom Hörensagen*.

hearse [hɜːs] *s.* Leichenwagen *m*.

heart [hɑːt] *s.* **1.** *anat.* a) Herz *n*, b) Herzhälfte *f*; **2.** *fig.* Herz *n*: a) Seele *f*, Gemüt *n*, b) Liebe *f*, Zuneigung *f*, c) (Mit)Gefühl *n*, d) Mut *m*, e) Gewissen *n*: ***change of ~*** Gesinnungswandel *m*; ***affairs of the ~*** Herzensangelegenheiten; → *Bes. Redew.*; **3.** Herz *n*, (*das*) Innere, Kern *m*, Mitte *f*: ***in the ~ of*** inmitten (*gen.*), mitten in (*dat.*), im Herzen (*des Landes etc.*); **4.** Kern *m*, (*das*) Wesentliche: ***go to the ~ of s.th.*** zum Kern e-r Sache vorstoßen, e-r Sache auf den Grund gehen; ***the ~ of the matter*** der Kern der Sache, des Pudels Kern; **5.** Liebling *m*, Schatz *m*, *mein* Herz; **6.** *Kartenspiel*: a) Herz *n*, Cœur *n*, b) *pl.* Herz *n*, Cœur *n* (*Farbe*): ***king of ~s*** Herzkönig *m*; **7.** ⚘ Herz *n* (*Salat, Kohl*): ***~ of oak*** a) Kernholz *n* der Eiche, b) *fig.* Standhaftigkeit *f*;

Besondere Redewendungen:

~ and soul mit Leib u. Seele; ***~'s desire*** Herzenswunsch *m*; ***after my*** (***own***) ***~*** ganz nach m-m Herzen *od.* Geschmack *od.* Wunsch; ***at ~*** im Innersten, im Grunde (m-s *etc.* Herzens); (***have***, ***learn***) ***by ~*** auswendig (wissen, lernen); ***from one's ~*** von Herzen; ***in one's ~*** (***of ~s***) a) im Grunde s-s Herzens, b) insgeheim; ***in good ~*** ✓ in gutem Zustand (*Boden*), *fig. a.* in guter Verfassung, gesund, *a.* guten Mutes; ***to one's ~'s content*** nach Herzenslust; ***with all my ~*** von *od.* mit ganzem Herzen; ***with a heavy ~*** schweren Herzens;

bless my ~! du meine Güte!; ***it breaks my ~*** es bricht mir das Herz; ***you are breaking my ~!*** *iro.* ich fang gleich an zu weinen!; ***cross my ~!*** Hand aufs Herz!; ***eat one's ~ out*** sich vor Gram verzehren; ***not to have the ~ to do s.th.*** es nicht übers Herz bringen, et. zu tun; ***go to s.o.'s ~*** j-m zu Herzen gehen; ***my ~ goes out to*** ich empfinde tiefes Mitleid mit; ***have a ~!*** hab Erbarmen!; ***have no ~*** kein Herz *od.* Mitgefühl haben; ***I have your health at ~*** deine Gesundheit liegt mir am Herzen; ***I had my ~ in my mouth*** das Herz schlug mir bis zum Halse, ich war zu Tode erschrocken; ***have one's ~ in the right place*** das Herz auf dem rechten Fleck haben; ***his ~ is not in his work*** er ist nicht mit ganzem Herzen dabei; ***lose ~*** den Mut verlieren; ***lose one's ~ to s.o.*** sein Herz an j-n verlieren; ***open one's ~*** a) (***to s.o.*** j-m) sein Herz ausschütten, b) großmütig sein; ***clasp s.o. to one's ~*** j-n ans Herz *od.* an die Brust drücken; ***put one's ~ into s.th.*** mit Leib u. Seele bei et. sein; ***set one's ~ on*** sein Herz hängen an (*acc.*); ***my ~ sank into my boots*** das Herz rutschte mir in die Hose(n); ***take ~*** Mut fassen; ***I took ~ from that*** das machte mir Mut; ***take s.th. to ~*** sich et. zu Herzen nehmen; ***wear one's ~ on one's sleeve*** das Herz auf der Zunge tragen.

'heart|·ache *s.* Kummer *m*; **~ ac·tion** *s. physiol.* Herztätigkeit *f*; **~ at·tack** *s.* ⚕ Herzanfall *m*; **'~·beat** *s.* **1.** *physiol.* Herzschlag *m* (*Pulsieren*); **2.** *fig. Am.* Herzstück *n*; **'~·break** *s.* (Herze)Leid *n*, Gram *m*; **'~,break·ing** *adj.* herzzerreißend; **'~,bro·ken** *adj.* (ganz) gebrochen, todunglücklich, untröstlich; **'~·burn** *s.* ⚕ Sodbrennen *n*; **~ con·di·tion**, **~ dis·ease** *s.* ⚕ Herzleiden *n*.

-hearted [hɑːtɪd] *in Zssgn* ...herzig, ...mütig.

heart·en ['hɑːtn] *v/t.* ermutigen, aufmuntern; **'heart·en·ing** [-nɪŋ] *adj.* ermutigend.

heart| fail·ure *s.* ⚕ a) Herzversagen *n*, b) 'Herzinsuffizi,enz *f*; **'~·felt** *adj.* tiefempfunden, herzlich, aufrichtig, innig.

hearth [hɑːθ] *s.* **1.** Ka'min(platte *f*, -sohle *f*) *m*; **2.** Herd *m*, Feuerstelle *f*; **3.** ⚙ a) Schmiedeherd *m*, Esse *f*, b) Herd *m*, Hochofengestell *n*; **4.** *fig. a.* ***~ and home*** häuslicher Herd, Heim *n*; **'~·stone** *s.* **1.** → ***hearth*** 1 u. 4; **2.** Scheuerstein *m*.

heart·i·ly ['hɑːtɪlɪ] *adv.* **1.** herzlich: a) von Herzen, innig, b) *iro.* äußerst, gründlich: ***dislike s.o. ~***; **2.** herzhaft, kräftig, tüchtig: ***eat ~***; **'heart·i·ness** [-nɪs] *s.* **1.** Herzlichkeit *f*: a) Innigkeit *f*, b) Aufrichtigkeit *f*; **2.** Herzhaftigkeit *f*, Kräftigkeit *f*.

'heart·land *s.* Herz-, Kernland *n*.

heart·less ['hɑːtlɪs] *adj.* □ herzlos, grausam, gefühllos; **'heart·less·ness** [-nɪs] *s.* Herzlosigkeit *f*.

,heart|-'lung ma·chine *s.* ⚕ 'Herz-'Lungen-Ma,schine *f*: ***put on the ~*** an die Herz-Lungen-Maschine anschließen; **~ pace·mak·er** *s.* ⚕ Herzschrittmacher *m*; **~ rate** *s. physiol.* 'Herzfre,quenz *f*; **'~,rend·ing** *adj.* herzzerreißend; **~ rot** *s.* Kernfäule *f* (*Baum*); **'~'s-blood** *s.* Herzblut *n*; **'~-,search·ing** *s.* Gewissenserforschung *f*; **~ shake** *s.* Kernriss *m* (*Baum*); **'~-shaped** *adj.* herzförmig; **'~·sick**, **'~·sore** *adj.* tief betrübt, todunglücklich; **'~·strings** *s. pl. fig.* Herz *n*, innerste Gefühle *pl.*: ***pull at s.o.'s ~*** j-m das Herz zerreißen, j-n tief rühren; ***play on s.o.'s ~*** mit j-s Gefühlen spielen; **~ sur·ger·y** *s.* ⚕ 'Herzchirur,gie *f*; **'~·throb** *s.* **1.** *physiol.* Herzschlag *m*; **2.** F Schatz *m*, Schwarm *m*; **,~-to-'~** *adj.* offen, aufrichtig: ***~ talk***; **~ trans·plant** *s.* ⚕ Herzverpflanzung *f*; **'~-,warm·ing** *adj.* **1.** herzerfrischend; **2.** bewegend; **'~-whole** *adj.* **1.** (noch) ungebunden, frei; **2.** aufrichtig, rückhaltlos.

heart·y ['hɑːtɪ] **I** *adj.* □ → ***heartily***; **1.** herzlich: a) von Herzen kommend, warm, innig, b) aufrichtig, tief empfunden, c) *iro.* ‚gründlich': ***~ dislike***; **2.** a) munter, b) e'nergisch, c) begeistert, d) herzlich, jovi'al; **3.** herzhaft, kräftig: ***~ appetite*** (***meal***, ***kick***); **4.** gesund, kräftig; **5.** fruchtbar (*Boden*); **II** *s.* **6.** *sport Brit.* F dy'namischer Spieler; **7.** F Mat'rose *m*: ***my hearties*** meine Jungs.

heat [hiːt] **I** *s.* **1.** Hitze *f*: a) große Wärme, b) heißes Wetter; **2.** Wärme *f* (*a. phys.*); **3.** a) Erhitztheit *f* (*des Körpers*), b) (*bsd.* Fieber)Hitze *f*; **4.** (Glüh-)Hitze *f*, Glut *f*; **5.** Schärfe *f* (*von Gewürzen etc.*); **6.** *fig.* a) Ungestüm *n*, b) Zorn *m*, Wut *f*, c) Leidenschaft(lichkeit) *f*, Erregtheit *f*, d) Eifer *m*: ***in the ~ of the moment*** im Eifer des Gefechts; ***in the ~ of passion*** ⚖ im Affekt; ***at one ~*** in 'einem Zug, auf 'einen Schlag; **7.** *sport* a) (Einzel)Lauf *m*, b) *a.* ***preliminary ~*** Vorlauf *m*, c) 'Durchgang *m*, Runde *f*; **8.** *zo.* Brunst *f*, *bsd.* a) Läufigkeit *f* (*e-r Hündin*), b) Rolligkeit *f* (*e-r Katze*), c) Rossen *n* (*e-r Stute*), d) Stieren *n* (*e-r Kuh*): ***in*** (*od.* ***on***) ***~*** brünstig; ***a bitch in ~*** e-e läufige Hündin; **9.** *metall.* a) Schmelzgang *m*, b) Charge *f*; **10.** F Druck *m*: ***turn on the ~*** Druck machen; ***turn*** (*od.* ***put***) ***the ~ on s.o.*** j-n unter Druck setzen; ***the ~ is on*** es herrscht ‚dicke Luft'; ***the ~ is off*** es hat sich wieder beruhigt; **11.** ***the ~*** *Am.* F die ‚Bullen' *pl.* (*Polizei*); **II** *v/t.* **12.** *a.* ***~ up*** erhitzen (*a. fig.*), heiß machen, *Speisen a.* aufwärmen; **13.** *Haus etc.*

heizen; **14.** ~ ***up*** *fig. Diskussion, Konjunktur etc.* anheizen; **III** *v/i.* **15.** sich erhitzen (*a. fig.*).

heat·a·ble ['hi:təbl] *adj.* **1.** erhitzbar; **2.** heizbar.

heat| ap·o·plex·y → ***heatstroke***; ~ **bar·ri·er** *s.* ✈ Hitzemauer *f*, -schwelle *f*.

heat·ed ['hi:tɪd] *adj.* □ erhitzt: a) heiß geworden, b) *fig.* erhitzt *od.* erregt (***with*** von), hitzig: ~ ***debate***.

heat·er ['hi:tə] *s.* **1.** Heizgerät *n*, -körper *m*, (Heiz)Ofen *m*; **2.** ⚡ Heizfaden *m*; **3.** (Plätt)Bolzen *m*; **4.** *sl.* ‚Ka'none' *f*, ‚Ballermann' *m* (*Pistole etc.*); ~ **plug** *s. mot. Brit.* Glühkerze *f*.

heath [hi:θ] *s.* **1.** *bsd. Brit.* Heide(land *n*) *f*; **2.** ⚘ a) Erika *f*, b) Heidekraut *n*; '**~-bell** *s.* ⚘ Heide(blüte) *f*.

hea·then ['hi:ðn] **I** *s.* **1.** Heide *m*, Heidin *f*; **2.** *fig.* Bar'bar *m*; **II** *adj.* **3.** heidnisch, Heiden...; **4.** bar'barisch, unzivilisiert; '**hea·then·dom** [-dəm] *s.* **1.** Heidentum *n*; **2.** *die* Heiden *pl.*; '**hea·then·ish** [-ðənɪʃ] → ***heathen*** 3 u. 4; '**hea·then·ism** [-ðənɪzəm] *s.* **1.** Heidentum *n*; **2.** Barba'rei *f*.

heath·er ['heðə] → ***heath*** 2; '**~-bell** *s.* ⚘ Glockenheide *f*; '**~-ˌmix·ture** *s.* gesprenkelter Wollstoff.

heat·ing ['hi:tɪŋ] **I** *s.* **1.** Heizung *f*; **2.** ⚙ a) Beheizung *f*, b) Heißwerden *n*, -laufen *n*; **3.** *phys.* Erwärmung *f*; **4.** Erhitzung *f* (*a. fig.*); **II** *adj.* **5.** heizend, *phys.* erwärmend; **6.** Heiz...: ~ ***battery*** (***costs***, ***oil***, *etc.*); ~ ***system*** Heizung *f*; ~ **jack·et** *s.* ⚙ Heizmantel *m*; ~ **pad** *s.* Heizkissen *n*; ~ **sur·face** *s.* ⚙ Heizfläche *f*.

heat| in·su·la·tion *s.* ⚙ Wärmedämmung *f*; '**~·proof** *adj.* hitzebeständig; ~ **pro·stra·tion** *s.* ⚕ Hitzschlag *m*; ~ **pump** *s.* ⚙ Wärmepumpe *f*; ~ **rash** *s.* ⚕ Hitzeausschlag *m*; '**~-reˌsist·ing** → ***heatproof***; '**~-seal** *v/t. Kunststoffe* heißsiegeln; ~ **shield** *s. Raumfahrt*: Hitzeschild *m*; ~ **spot** *s.* ⚕ Hitzebläschen *n*; '**~·stroke** *s.* ⚕ Hitzschlag *m*; '**~-treat** *v/t.* ⚙ wärmebehandeln (*a.* ⚕); ~ **u·nit** *s. phys.* Wärmeeinheit *f*; ~ **wave** *s.* Hitzewelle *f*.

heave [hi:v] **I** *v/t.* (⚓ [*irr.*] *pret. u. p.p.* **hove** [həʊv]) **1.** (hoch)heben, (-)wuchten, (-)stemmen, (-)hieven: ~ ***coal*** Kohlen schleppen; ~ ***s.o. into a post*** *fig.* j-n auf e-n Posten ‚hieven'; **2.** hochziehen, -winden; **3.** F schmeißen, schleudern; **4.** ⚓ hieven; *den Anker* lichten: ~ ***the lead*** (***log***) loten (loggen); ~ ***to*** beidrehen; **5.** ausstoßen: ~ ***a sigh***; **6.** F ‚(aus)kotzen', erbrechen; **7.** aufschwellen, dehnen; **8.** heben u. senken; **II** *v/i.* (⚓ [*irr.*] *pret. u. p.p.* **hove** [həʊv]) **9.** sich heben u. senken, wogen (*a. Busen*): ~ ***and set*** ⚓ stampfen (*Schiff*); **10.** keuchen; **11.** F a) ‚kotzen', sich über'geben, b) würgen, Brechreiz haben: ***his stomach ~d*** ihm hob sich der Magen; **12.** ⚓ a) hieven, ziehen (***at*** an *dat.*): ~ ***ho!*** holt auf!, *allg.* hau ruck!, b) treiben: ~ ***in***(***to***) ***sight*** in Sicht kommen, *fig. humor.* ‚aufkreuzen'; ~ ***to*** beidrehen; **III** *s.* **13.** Heben *n*, Hub *m*, (mächtiger) Ruck; **14.** Hochziehen *n*, -winden *n*; **15.** Wurf *m*; **16.** *Ringen*: Hebegriff *m*; **17.** Wogen *n*: ~ ***of the sea*** ⚓ Seegang *m*; **18.** *geol.* Verwerfung *f*; **19.** *pl. sg. konstr. vet.* Dämpfigkeit *f*; ˌ**~-'ho** [-'həʊ] *s.*: ***give s.o. the*** (***old***) ~ F a) j-n ‚rausschmeißen', b) j-m ‚den Laufpass geben'.

heav·en ['hevn] *s.* **1.** Himmel(reich *n*) *m*: ***go to*** ~ in den Himmel kommen; ***move ~ and earth*** *fig.* Himmel u. Hölle in Bewegung setzen; ***to*** ~, ***to high ~s*** F zum Himmel *stinken etc.*; ***in the seventh*** ~ (***of delight***) *fig.* im siebten Himmel; **2.** *fig.* Himmel *m*, Para'dies *n*: ***a ~ on earth***; ***it was*** ~ es war himmlisch; **3.** ♀ Himmel *m*, Gott *m*, Vorsehung *f*: ***the ♀s*** die himmlischen Mächte; **4.** ***by ~!***, (***good***) ***~s!*** du lieber Himmel!; ***for ~'s sake*** um Himmels willen!; ~ ***forbid!*** Gott behüte!; ***thank ~!*** Gott sei Dank!; ~ ***knows what ...*** weiß der Himmel, was ...; **5.** *mst pl.* Himmel *m*, Firma'ment *n*: ***the northern ~s*** der nördliche (Sternen)Himmel; **6.** Himmel *m*, Klima *n*, Zone *f*.

heav·en·ly ['hevnlɪ] *adj.* himmlisch: a) Himmels...: ~ ***body*** Himmelskörper *m*, b) göttlich, 'überirdisch: ~ ***hosts*** himmlische Heerscharen, c) F himmlisch, wunderbar.

'**heav·en|-sent** *adj.* (wie) vom Himmel gesandt: ***it was a ~ opportunity*** es kam wie gerufen; '**~·ward** [-wəd] **I** *adv.* himmelwärts; **II** *adj.* gen Himmel gerichtet; '**~·wards** [-wədz] → ***heavenward*** I.

ˌ**heav·i·er-than-'air** [ˌhevɪə-] *adj.* schwerer als Luft (*Flugzeug*).

heav·i·ly ['hevɪlɪ] *adv.* **1.** schwer (*etc.* → ***heavy***): ***suffer*** ~ schwere (finanzielle) Verluste erleiden; ~ ***polluted area*** Belastungsgebiet *n*; **2.** mit schwerer Stimme; '**heav·i·ness** [-ɪnɪs] *s.* **1.** Schwere *f* (*a. fig.*); **2.** Gewicht *n*, Last *f*; **3.** Massigkeit *f*; **4.** Bedrückung *f*, Schwermut *f*; **5.** Schwerfälligkeit *f*; **6.** Schläfrigkeit *f*; **7.** Langweiligkeit *f*.

heav·y ['hevɪ] **I** *adj.* □ → ***heavily***; **1.** *allg.* schwer (*a.* ⚒, *phys.*): ~ ***load***; ~ ***steps***; ~ ***benzene*** Schwerbenzin *n*; ~ ***industry*** Schwerindustrie *f*; ***with a ~ heart*** schweren Herzens; **2.** ⚔ schwer: ~ ***artillery*** (***bomber***, ***cruiser***); ***bring up one's*** (*od.* ***the***) ~ ***guns*** *fig.* F schweres Geschütz auffahren; **3.** schwer: a) heftig, stark: ~ ***fall*** schwerer Sturz; ~ ***losses*** schwere Verluste; ~ ***rain*** starker

Regen; ~ ***traffic*** starker Verkehr, *a.* schwere Fahrzeuge *pl.*, b) massig: ~ ***body***, c) wuchtig: ~ ***blow***, d) hart: ~ ***fine*** hohe Geldstrafe; **4.** groß, beträchtlich: ~ ***buyer*** Großabnehmer *m*; ~ ***orders*** große Aufträge; **5.** schwer, stark, 'übermäßig: ~ ***drinker*** (***eater***) starker Trinker (Esser); **6.** schwer: a) stark, 'hochpro,zentig: ~ ***beer*** Starkbier *n*, b) stark, betäubend: ~ ***perfume***, c) schwer verdaulich: ~ ***food***; **7.** drückend, lastend: ***a ~ silence***; **8.** *meteor.* a) schwer: ~ ***clouds***, b) finster, trüb: ~ ***sky***, c) drückend: ~ ***air***; **9.** schwer: a) schwierig, mühsam: ***a ~ task***, b) schwer verständlich: ***a ~ book***; **10.** (***with***) a) (schwer) beladen (mit), b) *fig.* über'laden (mit), voll (von); **11.** schwerfällig: ~ ***style***; **12.** langweilig, stumpfsinnig; **13.** begriffsstutzig (*Person*); **14.** schläfrig, benommen (***with*** von): ~ ***with sleep*** schlaftrunken; **15.** ernst, düster; **16.** *thea. etc.* würdevoll *od.* (ge)streng: ***a ~ husband***; **17.** † flau, schleppend; **18.** unwegsam, lehmig: ~ ***road***; **19.** grob: ~ ***features***; **20.** a) *a.* ~ ***with child*** (hoch)schwanger, b) *a.* ~ ***with young*** *zo.* trächtig; **21.** *typ.* fett (gedruckt); **II** *adv.* **22.** schwer (*etc.*): ***hang ~*** dahinschleichen (*Zeit*); ***time was hanging ~ on my hands*** die Zeit wurde mir lang; ***lie ~ on s.o.*** schwer auf j-m lasten; **III** *s.* **23.** *thea. etc.* a) Schurke *m*, b) würdiger älterer Herr; **24.** *sport* F Schwergewichtler *m*; **25.** *pl. Am.* F warme 'Unterwäsche *f*; **26.** *Am.* F ‚schwerer Junge' (*Verbrecher*); **27.** ⚔ schwere Artille'rie; **,~-'armed** *adj.* ⚔ schwer bewaffnet; ~ **chem·i·cals** *s. pl.* 'Schwerchemi,kalien *pl.*; ~ **con·crete** *s.* 'Schwerbe,ton *m*; ~ **cur·rent** *s.* ⚡ Starkstrom *m*; **,~-'du·ty** *adj.* **1.** ⚙ Hochleistungs...; **2.** strapazierfähig; **,~-'hand·ed** *adj.* **1.** *a. fig.* plump, unbeholfen; **2.** drückend; **,~-'heart·ed** *adj.* niedergeschlagen, bedrückt; ~ **hy·dro·gen** *s.* ⚗ schwerer Wasserstoff; ~ **met·al** *s.* 'Schwerme,tall *n*; ~ **oil** *s.* ⚙ Schweröl *n*; ~ **plate** *s.* Grobblech *n*; ~ **spar** *s. min.* Schwerspat *m*; ~ **type** *s. typ.* Fettdruck *m*; ~ **wa·ter** *s.* ⚗ schweres Wasser; **'~·weight I** *s.* **1.** *sport* Schwergewicht (-ler *m*) *n*; **2.** ‚Schwergewicht' *n* (*Person od. Sache*); **3.** F Promi'nente(r) *m*, ‚großes Tier'; **II** *adj.* **4.** *sport* Schwergewichts...; **5.** schwer (*a. fig.*).

heb·dom·a·dal [heb'dɒmədl] *adj.* wöchentlich: ℒ ***Council*** *wöchentlich zs.-tretender Rat der Universität Oxford.*

He·bra·ic [hiː'breɪɪk] *adj.* (□ ***~ally***) hebräisch; **He·bra·ism** ['hiːbreɪɪzəm] *s.* **1.** *ling.* Hebra'ismus *m*; **2.** *das* Jüdische; **He·bra·ist** ['hiːbreɪɪst] *s.* Hebra'ist(in).

He·brew ['hiːbruː] **I** *s.* **1.** He'bräer(in), Jude *m*, Jüdin *f*; **2.** *ling.* He'bräisch *n*; **3.** F Kauderwelsch *n*; **4.** *pl. sg. konstr. bibl.* (Brief *m* an die) He'bräer *pl.*; **II** *adj.* **5.** he'bräisch.

Heb·ri·de·an [,hebrɪ'diːən] **I** *adj.* he'bridisch; **II** *s.* Bewohner(in) der Hebriden.

hec·a·tomb ['hekətuːm] *s.* Heka'tombe *f* (*bsd. fig. gewaltige Menschenverluste*).

heck [hek] *s.* F Hölle *f*: ***a ~ of a row*** ein Höllenlärm; ***what the ~?*** was zum Teufel?; → *a.* ***hell*** 2.

heck·le ['hekl] *v/t.* **1.** *Flachs* hecheln; **2.** a) *j-n* ‚piesacken', b) *e-m Redner* durch Zwischenfragen zusetzen, ‚in die Zange nehmen'; **'heck·ler** [-lə] *s.* Zwischenrufer *m*.

hec·tare ['hektɑː] *s.* Hektar *n*, *m*.

hec·tic ['hektɪk] *adj.* **1.** hektisch, schwindsüchtig: ~ ***fever*** Schwindsucht *f*; ~ ***flush*** hektische Röte; **2.** F fieberhaft, aufgeregt, hektisch: ***have a ~ time*** keinen Augenblick Ruhe haben.

hec·to·gram(me) ['hektəʊgræm] *s.* Hekto'gramm *n*; **'hec·to·graph** [-grɑːf] **I** *s.* Hekto'graph *m*; **II** *v/t.* hektographieren; **'hec·to,li·ter** *Am.*, **'hec·to,li·tre** *Brit.* [-,liːtə] *s.* Hektoliter *m*, *n*.

hec·tor ['hektə] **I** *s.* Ty'rann *m*; **II** *v/t.* tyrannisieren, schikanieren: ~ ***about*** (*od.* ***around***) *j-n* herumkommandieren; einhacken auf (*acc.*); **III** *v/i.* her'umkommandieren.

he'd [hiːd] F *für* a) ***he would***, b) ***he had***.

hedge [hedʒ] **I** *s.* **1.** Hecke *f*, *bsd.* Heckenzaun *m*; **2.** *fig.* Kette *f*, Absperrung *f*: ***a ~ of police***; **3.** *fig.* (Ab)Sicherung *f* (***against*** gegen); **4.** † Hedge-, Deckungsgeschäft *n*; **II** *adj.* **5.** *fig.* drittrangig, schlecht; **III** *v/t.* **6.** *a.* ~ ***in*** (*od.* ***round***) a) mit e-r Hecke um'geben, einzäunen, b) *a.* ~ ***about*** (*od.* ***around***) *fig. et.* behindern, c) *fig. j-n* einengen: ~ ***off*** *a. fig.* abgrenzen (***against*** gegen); **7.** a) (ab)sichern (***against*** gegen), b) sich gegen den Verlust *e-r Wette etc.* sichern: ~ ***a bet***; ~ ***one's bets*** *fig.* auf Nummer sicher gehen; **IV** *v/i.* **8.** *fig.* ausweichen, sich nicht festlegen (wollen), sich winden, ‚kneifen'; **9.** sich vorsichtig äußern; **10.** sich (ab)sichern (***against*** gegen); ~ **cut·ter** *s.* Heckenschere *f*; **~·hog** ['hedʒhɒg] *s.* **1.** *zo.* a) Igel *m*, b) *Am.* Stachelschwein *n*; **2.** ⚘ stachelige Samenkapsel; **3.** ⚔ a) Igelstellung *f*, b) Drahtigel *m*, c) ⚓ Wasserbombenwerfer *m*; **'~·hop** *v/i.* ✈ dicht über dem Boden fliegen; **'~,hop·per** *s.* ✈ *sl.* Tiefflieger *m*; ~ **law·yer** *s.* 'Winkeladvo,kat *m*.

hedg·er ['hedʒə] *s.* **1.** Heckengärtner *m*; **2.** *j-d, der sich nicht festlegen will.*

'hedge|·row *s.* Hecke *f*; ~ **school** *s. Brit.* Klippschule *f*; ~ **shears** *s. pl. a.* ***pair of ~*** Heckenschere *f*.

he·don·ic [hiː'dɒnɪk] *adj.* hedo'nistisch; **he·don·ism** ['hiːdəʊnɪzəm] *s. phls.* Hedo'nismus *m*; **he·don·ist** ['hiːdəʊnɪst] *s.* Hedo'nist *m*; **he·do·nis·tic** [ˌhiːdə'nɪstɪk] *adj.* hedo'nistisch.

hee·bie-jee·bies [ˌhiːbɪ'dʒiːbɪz] *s. pl.* F: ***it gives me the ~, I get the ~*** dabei wirds mir ganz ‚anders', da krieg ich ‚Zustände'.

heed [hiːd] **I** *v/t.* beachten, Acht geben auf (*acc.*); **II** *v/i.* Acht geben; **III** *s.* Beachtung *f*: ***give*** (*od.* ***pay***) ***~ to, take ~ of*** → I; ***take ~*** → II; **'heed·ful** [-fʊl] *adj.* □ achtsam: ***be ~ of*** → ***heed*** I; **'heed·less** [-lɪs] *adj.* □ achtlos, unachtsam: ***be ~ of*** keine Beachtung schenken (*dat.*); **'heed·less·ness** [-lɪsnɪs] *s.* Achtlosigkeit *f*, Unachtsamkeit *f*.

hee·haw [ˌhiː'hɔː] **I** *s.* **1.** 'I'ah *n* (*Eselsschrei*); **2.** *fig.* wieherndes Gelächter; **II** *v/i.* **3.** 'i'ahen; **4.** *fig.* wiehern(d lachen).

heel¹ [hiːl] **I** *v/t.* **1.** Absätze machen auf (*acc.*); **2.** Fersen anstricken an (*acc.*); **3.** *Fußball*: *den Ball* mit dem Absatz kicken; **II** *s.* **4.** Ferse *f*: ***~ of the hand*** *Am.* Handballen *m*; **5.** Absatz *m*, Hacken *m* (*vom Schuh*); **6.** Ferse *f* (*Strumpf, Golfschläger*); **7.** Fuß *m*, Ende *n*, Rest *m*, *bsd.* (Brot)Kanten *m*; **8.** vorspringender Teil, Sporn *m*; **9.** *Am. sl.* ‚Scheißkerl' *m*;
Besondere Redewendungen:
~ of Achilles Achillesferse *f*; ***at*** (*od.* ***on***) ***s.o.'s ~s*** j-m auf den Fersen, dicht hinter j-m; ***on the ~s of s.th.*** *fig.* unmittelbar auf et. folgend, gleich nach et.; ***down at ~*** a) mit schiefen Absätzen, b) *a.* ***out at ~s*** *fig.* heruntergekommen (*Person, Hotel etc.*); abgerissen, schäbig; ***under the ~ of*** *fig.* unter *j-s* Knute; ***bring to ~*** *j-n* gefügig *od.* ‚kirre' machen; ***come to ~*** a) bei Fuß gehen (*Hund*), b) gefügig werden, ‚spuren'; ***cool*** (*od.* ***kick***) ***one's ~s*** ungeduldig warten; ***dig*** (*od.* ***stick***) ***one's ~s in*** F ‚sich auf die Hinterbeine stellen'; ***drag one's ~s*** *fig.* sich Zeit lassen; ***kick up one's ~s*** F ‚auf den Putz hauen'; ***lay s.o. by the ~s*** j-n zur Strecke bringen, j-n dingfest machen; ***show a clean pair of ~s, take to one's ~s*** Fersengeld geben, die Beine in die Hand nehmen; ***tread on s.o.'s ~s*** j-m auf die Hacken treten; ***turn on one's ~s*** (auf dem Absatz) kehrtmachen.

heel² [hiːl] *v/t. u. v/i. a.* ***~ over*** (sich) auf die Seite legen (*Schiff*), krängen.

ˌheel|-and-'toe walk·ing *s. sport* Gehen *n*; **'~·ball** *s.* Polierwachs *n*; **~ bone** *s. anat.* Fersenbein *n*.

heeled [hiːld] *adj.* **1.** mit e-r Ferse *od.* e-m Absatz (versehen); **2.** → ***well-heeled***; **'heel·er** [-lə] *s. pol. Am.* Handlanger *m*, ‚La'kai' *m*.

'heel·tap *s.* **1.** Absatzfleck *m*; **2.** letzter Rest, Neige *f* (*im Glas*): ***no ~s!*** ex!

heft [heft] *v/t.* **1.** hochheben; **2.** in der Hand wiegen; **'heft·y** [-tɪ] *adj.* F **1.** schwer; **2.** kräftig, stämmig; **3.** ‚mächtig', ‚saftig', gewaltig: ***~ blow*** (***prices***).

He·ge·li·an [heɪ'giːljən] *s. phls.* Hegeli'aner *m*.

he·gem·o·ny [hɪ'geməni] *s. pol.* Hegemo'nie *f*.

heif·er ['hefə] *s.* Färse *f*, junge Kuh.

heigh [heɪ] *int.* hei!; he(da)!; **ˌ~-'ho** [-'həʊ] *int.* ach jeh!; oh!

height [haɪt] *s.* **1.** Höhe *f* (*a. ast.*): ***10 feet in ~*** 10 Fuß hoch; ***~ of fall*** Fallhöhe *f*; **2.** (Körper)Größe *f*: ***what is your ~?*** wie groß sind Sie?; **3.** Anhöhe *f*, Erhebung *f*; **4.** *fig.* Höhe(punkt *m*) *f*, Gipfel *m*: ***at its ~*** auf s-m (ihrem) *od.* dem Höhepunkt; ***at the ~ of summer*** (***of the season***) im Hochsommer (in der Hochsaison); ***the ~ of folly*** der Gipfel der Torheit; ***dressed in the ~ of fashion*** nach der neuesten Mode gekleidet; **'height·en** [-tn] **I** *v/t.* **1.** erhöhen (*a. fig.*); **2.** *fig.* vergrößern, -stärken, steigern, heben, vertiefen; **3.** her'vorheben; **II** *v/i.* **4.** wachsen, (an)steigen.

height| find·er, ~ ga(u)ge *s.* ✈ Höhenmesser *m*.

hei·nous ['heɪnəs] *adj.* □ ab'scheulich, grässlich; **'hei·nous·ness** [-nɪs] *s.* Ab'scheulichkeit *f*.

Heinz [haɪnz] *npr.*: ***~ 57*** F Prome'nadenmischung *f* (*Hund*).

heir [eə] *s.* **1.** ⚖ *u. fig.* Erbe *m* (***to*** *od.* ***of s.o.*** j-s): ***~ to the throne*** Thronfolger *m*; ***~-at-law, ~ general, ~ apparent*** gesetzlicher Erbe; ***~ presumptive*** mutmaßlicher Erbe; ***~ of the body*** leiblicher Erbe; **heir·dom** ['eədəm] → ***heirship***; **heir·ess** ['eərɪs] *s.* (*bsd.* reiche) Erbin; **heir·loom** ['eəluːm] *s.* (Fa'milien)Erbstück *n*; **heir·ship** ['eəʃɪp] *s.* **1.** Erbrecht *n*; **2.** Erbschaft *f*, Erbe *n*.

heist [haɪst] *Am. sl.* **I** *s.* a) ‚Ding' *n* (*Raubüberfall od. Diebstahl*), b) Beute *f*; **II** *v/t.* über'fallen; ‚klauen'; erbeuten.

held [held] *pret. u. p.p. von* ***hold²***.

he·li·an·thus [ˌhiːlɪ'ænθəs] *s.* ⚘ Sonnenblume *f*.

hel·i·borne ['helɪbɔːn] *adj.* im Hubschrauber befördert.

hel·i·bus ['helɪbʌs] *s.* ✈ Hubschrauber *m* für Per'sonenbeförderung, Lufttaxi *n*.

hel·i·cal ['helɪkl] *adj.* □ spi'ralen-, schrauben-, schneckenförmig: ***~ gear*** ⚙ Schrägstirnrad *n*; ***~ spring*** Schraubenfeder *f*; ***~ staircase*** Wendeltreppe *f*.

hel·i·ces ['helɪsiːz] *pl. von* ***helix***.

hel·i·cop·ter ['helɪkɒptə] ✈ **I** *s.* Hubschrauber *m*, Heli'kopter *m*: ***~ gunship*** Kampfhubschrauber; **II** *v/i. u. v/t.* mit dem Hubschrauber fliegen *od.* befördern.

helio- [hiːlɪəʊ-] *in Zssgn* Sonnen...
he·li·o·cen·tric [ˌhiːlɪəʊ'sentrɪk] *adj. ast.* helio'zentrisch; **he·li·o·chro·my** ['hiːlɪəʊˌkrəʊmɪ] *s.* 'Farbfotograˌfie *f*; **he·li·o·gram** ['hiːlɪəʊgræm] *s.* Helio'gramm *n*; **he·li·o·graph** ['hiːlɪəʊgrɑːf] **I** *s.* Helio'graph *m*; **II** *v/t.* heliographieren; **he·li·o·gra·vure** [ˌhiːlɪəʊgrə'vjʊə] *s. typ.* Heliogra'vüre *f*.
he·li·o·trope ['heljətrəʊp] *s.* ⚘, *min.* Helio'trop *n*.
he·li·o·type ['hiːlɪətaɪp] *s. typ.* Lichtdruck *m*.
hel·i·pad ['helɪpæd], '**hel·i·port** [-pɔːt] *s.* Heli'port *m*, Hubschrauberlandeplatz *m*; '**hel·iˌski·ing** *s sport* 'Heliˌskiing *n* (*Skilaufen im Hochgebirge mit Hubschraubertransport*).
he·li·um ['hiːljəm] *s.* ⚗ Helium *n*.
he·lix ['hiːlɪks] *pl.* **hel·i·ces** ['helɪsiːz] *s.* **1.** Spi'rale *f*; **2.** ⩓ Schneckenlinie *f*; **3.** *anat.* Helix *f*, Ohrleiste *f*; **4.** ⚠ Schnecke *f*; **5.** *zo.* Helix *f* (*Schnecke*); **6.** ⚗ Helix *f* (*Molekülstruktur*).
hell [hel] **I** *s.* **1.** Hölle *f* (*a. fig.*): ***it was ~*** es war die reinste Hölle; ***catch*** (*od.* ***get***) ***~*** F ‚eins aufs Dach kriegen'; ***come ~ or high water*** F (ganz) egal, was passiert, unter allen Umständen; ***give s.o. ~*** F j-m ‚die Hölle heiß machen'; ***~ for leather*** F was das Zeug hält, wie verrückt; ***there will be ~ to pay*** F das werden wir schwer büßen müssen; ***raise ~*** F ‚e-n Mordskrach schlagen'; ***suffer ~*** (***on earth***) die Hölle auf Erden haben; **2.** F (*verstärkend*) Hölle *f*, Teufel *m*: ***a ~ of a noise*** ein Höllenlärm; ***be in a ~ of a temper*** e-e ‚Mordswut' *od.* e-e ‚Stinklaune' haben; ***a*** (*od.* ***one***) ***~ of a*** (***good***) ***car*** ein ‚verdammt' guter Wagen; ***a ~ of a guy*** ein prima Kerl; ***go to ~!*** ‚scher dich zum Teufel'!, *a.* ‚du kannst mich mal!'; ***get the ~ out of here!*** mach, dass du rauskommst!; ***like ~*** wie verrückt (*arbeiten etc.*); ***like*** (*od.* ***the***) ***~ you did!*** ‚e-n Dreck' hast du (getan)!; ***what the ~ ...?*** was zum Teufel ...?; ***what the ~!*** ach, was!; ***~'s bells*** → 6; **3.** F Spaß *m*: ***for the ~ of it*** aus Spaß an der Freud; ***the ~ of it is that ...*** das Komische *od.* Tolle daran ist, dass; **4.** Spielhölle *f*; **5.** *typ.* De'fektenkasten *m*; **II** *int.* **6.** F a) *Brit. sl. a.* ***bloody ~!*** verdammt!, b) (*überrascht*) Teufel, Teufel!, Mann!; ***~, I didn't know*** (***that***)***!*** Mann, das hab ich nicht gewusst!
he'll [hiːl] F *für* ***he will***.
'**hell|ˌbend·er** *s.* **1.** *zo.* Schlammteufel *m*; **2.** *Am.* F ‚wilder Bursche'; **ˌ~'bent** *adj.* F **1. *be ~ on*** (***doing***) ***s.th.*** ganz versessen sein auf et. (darauf, et. zu tun); **2.** ‚verrückt', wild, leichtsinnig; '**~·broth** *s.* Hexen-, Zaubertrank *m*; '**~·cat** *s.* (wilde) Hexe, Xan'thippe *f*.
hel·le·bore ['helɪbɔː] *s.* ⚘ Nieswurz *f*.
Hel·lene ['heliːn] *s.* Hel'lene *m*, Grieche *m*; **Hel·len·ic** [he'liːnɪk] *adj.* hel'lenisch, griechisch; **Hel·len·ism** ['helɪnɪzəm] *s.* Helle'nismus *m*, Griechentum *n*; **Hel·len·ist** ['helɪnɪst] *s.* Helle'nist *m*; **Hel·len·is·tic** [ˌhelɪ'nɪstɪk] *adj.* helle'nistisch; **Hel·len·ize** ['helɪnaɪz] *v/t. u. v/i.* (sich) hellenisieren.
ˌhell|'fire *s.* **1.** Höllenfeuer *n*; **2.** *fig.* Höllenqualen *pl.*; '**~·hound** *s.* **1.** Höllenhund *m*; **2.** *fig.* Teufel *m*.
hel·lion ['heljən] *s.* F Range *f*, *m*, Bengel *m*.
hell·ish ['helɪʃ] *adj.* ☐ **1.** höllisch (*a. fig.* F); **2.** F ‚verteufelt', ‚scheußlich'.
hel·lo [hə'ləʊ] **I** *int.* **1.** hal'lo!, *überrascht*: *a.* na'nu!; **II** *pl.* **-los** *s.* **2.** Hal'lo *n*; **3.** Gruß *m*: ***say ~*** (***to s.o.***) (j-m) guten (*od.* Guten) Tag sagen; **III** *v/i.* **4.** hal'lo rufen.
hell·uv·a ['heləvə] *adj. u. adv.* F ‚mordsmäßig', ‚toll': ***a ~ noise*** ein Höllenlärm; ***a ~ guy*** a) ein prima Kerl, b) ein toller Kerl.
helm[1] [helm] *s.* **1.** ⚓ a) Ruder *n*, Steuer *n*, b) Ruderpinne *f*: ***the ship answers the ~*** das Schiff gehorcht dem Ruder; **2.** *fig.* Ruder *n*, Führung *f*: ***~ of State*** Staatsruder; ***at the ~*** am Ruder *od.* an der Macht; ***take the ~*** das Ruder übernehmen.
helm[2] [helm] *s. obs.* Helm *m*; **helmed** [-md] *adj. obs.* behelmt.
hel·met ['helmɪt] *s.* **1.** ⚔ Helm *m*; **2.** (Schutz-, Sturz-, Tropen-, Taucher-) Helm *m*; **3.** ⚘ Kelch *m*; '**hel·met·ed** [-tɪd] *adj.* behelmt.
helms·man ['helmzmən] *s.* [*irr.*] ⚓ Steuermann *m* (*a. fig.*).
Hel·ot ['helət] *s. hist.* He'lot(e) *m*, *fig.* (*mst* ♎) *a.* Sklave *m*; '**hel·ot·ry** [-trɪ] *s.* **1.** He'lotentum *n*; **2.** *coll.* He'loten *pl.*
help [help] **I** *s.* **1.** Hilfe *f* (*a. Hilfedatei e-r Software*), Beistand *m*, Mit-, Beihilfe *f*: ***by*** (*od.* ***with***) ***the ~ of*** mithilfe von; ***he came to my ~*** er kam mir zu Hilfe; ***it*** (***she***) ***is a great ~*** es (sie) ist e-e große Hilfe; ***can I be of any ~*** (***to you***)***?*** kann ich Ihnen (irgendwie) helfen *od.* behilflich sein?; **2.** Abhilfe *f*: ***there is no ~ for it*** da kann man nichts machen, es lässt sich nicht ändern; **3.** Hilfsmittel *n*; **4.** a) Gehilfe *m*, Gehilfin *f*, (*bsd.* Haus)Angestellte(r *m*) *f*, (*bsd.* Land)Arbeiter(in): ***domestic ~*** Hausgehilfin, b) *coll.* ('Dienst)Persoˌnal *n*, (Hilfs)Kräfte *pl.*; **II** *v/t.* **5.** *j-m* helfen *od.* beistehen *od.* behilflich sein, *j-n* unter'stützen (***in*** *od.* ***with s.th.*** bei et.): ***can I ~ you?*** a) kann ich Ihnen behilflich sein?, b) werden Sie schon bedient?; ***so ~ me*** (***I did***, *etc.*)***!*** Ehrenwort!; ***be ~ing the police*** *euphem.* (zurzeit) von der Polizei vernommen

werden; → ***god*** 2; **6.** fördern, beitragen zu; **7.** lindern, helfen *od.* Abhilfe schaffen bei; **8.** ***~ s.o. to s.th.*** a) j-m zu et. verhelfen, b) (*bsd. bei Tisch*) j-m et. reichen *od.* geben; ***~ o.s.*** sich bedienen, zugreifen; ***~ o.s. to*** a) sich bedienen mit, sich *et.* nehmen, b) sich *et.* aneignen *od.* nehmen (*a. iro. stehlen*); **9.** *mit* ***can***: abhelfen (*dat.*), *et.* verhindern, vermeiden, ändern: ***I can't ~ it*** a) ich kanns nicht ändern, b) ich kann nichts dafür; ***it can't be ~ed*** da kann man nichts machen, es lässt sich nicht ändern; (***not***) ***if I can ~ it*** (nicht,) wenn ich es vermeiden kann; ***how could I ~ it?*** a) was konnte ich dagegen tun?, b) was konnte ich dafür?; ***I can't ~ it*** a) ich kann es nicht ändern, b) ich kann nichts dafür; ***she can't ~ her freckles*** für ihre Sommersprossen kann sie nichts; ***don't be late if you can ~ it*** komme möglichst nicht zu spät!; ***I could not ~ laughing*** ich musste einfach lachen; ***I can't ~ feeling*** ich werde das Gefühl nicht los; ***I can't ~ myself*** ich kann nicht anders; **III** *v/i.* **10.** helfen: ***every little ~s*** jede Kleinigkeit hilft; **11.** ***don't stay longer than you can ~!*** bleib nicht länger als nötig!;

Zssgn mit adv.:

help| down *v/t.* **1.** *j-m* her'unter-, hinunterhelfen; **2.** *fig.* zum 'Untergang (*gen.*) beitragen; **~ in** *v/t. j-m* hin'einhelfen; **~ off** *v/t.* **1.** → ***help on*** 1; **2.** ***help s.o. off with his coat*** j-m aus dem Mantel helfen; **~ on** *v/t.* **1.** weiter-, forthelfen (*dat.*); **2.** ***help s.o. on with his coat*** j-m in den Mantel helfen; **~ out I** *v/t.* **1.** *j-m* her'aus-, hin'aushelfen (***of*** aus); **2.** *fig. j-m* aus der Not helfen; **3.** *fig. j-m* aushelfen, *j-n* unter'stützen; **II** *v/i.* **4.** aushelfen (***with*** bei, mit); **5.** helfen, nützlich sein; **~ through** *v/t. j-m* (hin)'durch-, hin'weghelfen; **~ up** *v/t. j-m* her'auf-, hin'aufhelfen.

help·er ['helpə] *s.* **1.** Helfer(in); **2.** Gehilfe *m*, Gehilfin *f*; → ***help*** 4; **help·ful** ['helpfʊl] *adj.* □ **1.** hilfsbereit, behilflich (***to*** *dat.*); **2.** hilfreich, nützlich (***to*** *dat.*); **help·ful·ness** ['helpfʊlnɪs] *s.* **1.** Hilfsbereitschaft *f*; **2.** Nützlichkeit *f*; **help·ing** ['helpɪŋ] **I** *adj.* helfend, hilfreich: ***lend*** (***s.o.***) ***a ~ hand*** (j-m) helfen *od.* behilflich sein; **II** *s.* Porti'on *f* (*e-r Speise*): ***have*** (*od.* ***take***) ***a second ~*** sich noch mal (davon) nehmen; **help·less** ['helplɪs] *adj.* □ *allg.* hilflos: ***be ~ with laughter*** sich totlachen; **help·less·ness** ['helplɪsnɪs] *s.* Hilflosigkeit *f.*

'help·mate, **'help·meet** *s. obs.* Gehilfe *m*, Gehilfin *f*; (Ehe)Gefährte *m*, (Ehe-)Gefährtin *f*, Gattin *f.*

hel·ter-skel·ter [ˌheltə'skeltə] **I** *adv.* Hals über Kopf, in wilder Hast; **II** *adj.* hastig, über'stürzt; **III** *s.* Durchein'ander *n*, wilde Hast.

helve [helv] *s.* Griff *m*, Stiel *m*: ***throw the ~ after the hatchet*** *fig.* das Kind mit dem Bade ausschütten.

Hel·ve·tian [hel'viːʃjən] **I** *adj.* hel'vetisch, schweizerisch; **II** *s.* Hel'vetier (-in), Schweizer(in).

hem[1] [hem] **I** *s.* **1.** (Kleider-, Rock- *etc.*) Saum *m*; **2.** Rand *m*; **3.** Einfassung *f*; **II** *v/t.* **4.** *Kleid etc.* säumen; **5.** ***~ in***, ***~ about***, ***~ around*** um'randen, einfassen; **6.** ***~ in*** a) ⚔ einschließen, b) *fig.* einengen.

hem[2] [hm] **I** *int.* hm!, hem!; **II** *s.* H(e)m *n*, Räuspern *n*; **III** *v/i.* ‚hm' machen, sich räuspern; stocken (*im Reden*): ***~ and haw*** herumstottern, -drucksen.

he·mal *etc.* → ***haemal*** *etc.*

'he-man *s.* [*irr.*] F ‚'He-Man' *m*, ‚richtiger' Mann, sehr männlicher Typ.

he·mat·ic *etc.* → ***haematic*** *etc.*

hem·i·ple·gi·a [ˌhemɪ'pliːdʒɪə] *s.* ⚕ einseitige Lähmung, Hemiple'gie *f.*

hem·i·sphere ['hemɪˌsfɪə] *s. bsd. geogr.* Halbkugel *f*, Hemi'sphäre *f* (*a. anat. des Großhirns*); **hem·i·spher·i·cal** [ˌhemɪ'sferɪkl], *a.* **hem·i·spher·ic** [ˌhemɪ'sferɪk] *adj.* hemi'sphärisch, halbkugelig.

'hem·line *s.* (Kleider)Saum *m*: ***~s are going up again*** die Kleider werden wieder kürzer.

hem·lock ['hemlɒk] *s.* **1.** ♀ Schierling *m*; **2.** *fig.* Schierlings-, Giftbecher *m*; **3.** *a.* ***~ fir***, ***~ spruce*** Hemlock-, Schierlingstanne *f.*

he·mo·glo·bin, **he·mo·phil·i·a**, **hem·or·rhage**, **hem·or·rhoids** *etc.* → ***haemo...***

hemp [hemp] *s.* **1.** ♀ Hanf *m*; **2.** Hanf (-faser *f*) *m*; **3.** 'Hanfnarˌkotikum *n*, *bsd.* Haschisch *n*; **'hemp·en** [-pən] *adj.* hanfen, Hanf...

'hem·stitch I *s.* Hohlsaum(stich) *m*; **II** *v/t.* mit Hohlsaum nähen.

hen [hen] *s.* **1.** *orn.* Henne *f*, Huhn *n*: ***~'s egg*** Hühnerei *n*; **2.** Weibchen *n* (*von Vögeln, a. Krebs u. Hummer*); **3.** F a) (aufgeregte) ‚Wachtel', b) Klatschbase *f*; **'~·bane** *s.* ♀, *pharm.* 'Bilsenkraut(exˌtrakt *m*) *n.*

hence [hens] *adv.* **1.** *a.* ***from ~*** (*räumlich*) von hier, von hinnen, fort: ***~ with it!*** weg damit!; ***go ~*** von hinnen gehen (*sterben*); **2.** *zeitlich*: von jetzt an, binnen: ***a week ~*** in *od.* nach einer Woche; **3.** folglich, daher, deshalb; **4.** hieraus, daraus: ***~ it follows that*** daraus folgt, dass; **ˌ~'forth**, **ˌ~'for·ward(s)** *adv.* von nun an, fort'an, künftig.

hench·man ['hentʃmən] *s.* [*irr.*] *bsd. pol.* a) Gefolgsmann *m*, b) *contp.* Handlanger *m*, *j-s* ‚Krea'tur' *f.*

'hen|·coop *s.* Hühnerstall *m*; **~ har·ri·er**

H

s. orn. Kornweihe *f*; ~ **hawk** *s. orn. Am.* Hühnerbussard *m*; ,~-'**heart·ed** *adj.* feig(e).

hen·na ['henə] *s.* **1.** ⚘ Hennastrauch *m*; **2.** Henna *f* (*Färbemittel*); '**hen·naed** [-nəd] *adj.* mit Henna gefärbt.

hen| **par·ty** *s.* F Kaffeeklatsch *m*; '**~·pecked** [-pekt] *adj.* F unter dem Pan'toffel stehend: ~ ***husband*** Pantoffelheld *m*; '**~·roost** *s.* Hühnerstange *f od.* -stall *m*.

hen·ry ['henrɪ] *pl.* **-rys**, **-ries** *s.* ϟ, *phys.* Henry *n* (*Induktionseinheit*).

hep [hep] → ***hip***⁴.

he·pat·ic [hɪ'pætɪk] *adj.* ⚕ he'patisch, Leber...; **hep·a·ti·tis** [ˌhepə'taɪtɪs] *s.* ⚕ Leberentzündung *f*, Hepa'titis *f*; **hep·a·tol·o·gist** [ˌhepə'tɒlədʒɪst] *s.* ⚕ Hepato'loge *m*.

'**hep·cat** *s. sl. obs.* Jazz-, *bsd.* Swingmusiker *m od.* -freund *m*.

hep·ta·gon ['heptəgən] *s.* ⩓ Siebeneck *n*, Hepta'gon *n*; **hep·tag·o·nal** [hep'tægənl] *adj.* ⩓ siebeneckig; **hep·ta·he·dron** [ˌheptə'hedrən] *pl.* **-drons** *od.* **-dra** [-drə] *s.* ⩓ Hepta'eder *n*.

hep·tath·lete [hep'tæθliːt] *s. sport* Siebenkämpferin *f*; **hep·tath·lon** [hep'tæθlɒn] *s.* Siebenkampf *m*.

her [hɜː; hə] **I** *pron.* **1.** a) sie (*acc. von* ***she***), b) ihr (*dat. von* ***she***); **2.** F sie (*nom.*): ***it's*** ~ sie ist es; **II** *poss. adj.* **3.** ihr, ihre; **III** *refl. pron.* **4.** sich: ***she looked about*** ~ sie sah um sich.

her·ald ['herəld] **I** *s.* **1.** *hist.* a) Herold *m*, b) Wappenherold *m*; **2.** *fig.* Verkünder *m*; **3.** *fig.* (Vor)Bote *m*; **II** *v/t.* **4.** verkünden, ankündigen (*a. fig.*); **5.** *a.* ~ ***in*** a) einführen, b) einleiten.

he·ral·dic [he'rældɪk] *adj.* he'raldisch, Wappen...; **her·ald·ry** ['herəldrɪ] *s.* **1.** He'raldik *f*, Wappenkunde *f*; **2.** a) Wappen *n*, b) he'raldische Sym'bole *pl.*

herb [hɜːb] *s.* ⚘ a) Kraut *n*, b) Heilkraut *n*, c) Küchenkraut *n*: ~ ***tea*** Kräutertee *m*; **her·ba·ceous** [hɜː'beɪʃəs] *adj.* ⚘ krautartig, Kraut...: ~ ***border*** (Stauden)Rabatte *f*; '**herb·age** [-bɪdʒ] *s.* **1.** *coll.* Kräuter *pl.*, Gras *n*; **2.** ⚖ *Brit.* Weiderecht *n*; '**herb·al** [-bl] **I** *adj.* Kräuter..., Pflanzen...; **II** *s.* Pflanzenbuch *n*; '**herb·al·ist** [-bəlɪst] *s.* **1.** Kräuter-, Pflanzenkenner(in); **2.** Kräutersammler(in), -händler(in); **3.** Herba'list(in), Kräuterheilkundige(r *m*) *f*; **her·bar·i·um** [hɜː'beərɪəm] *s.* Her'barium *n*.

her·bi·vore ['hɜːbɪvɔː] *s. zo.* Pflanzenfresser *m*; **her·biv·o·rous** [hɜː'bɪvərəs] *adj.* Pflanzen fressend.

Her·cu·le·an [ˌhɜːkjʊ'liːən] *adj.* her'kulisch (*a. fig. riesenstark*), Herkules...: ***the*** ~ ***labo(u)rs*** die Arbeiten des Herkules; ***a*** ~ ***labo(u)r*** *fig.* e-e Herkulesarbeit; **Her·cu·les** ['hɜːkjʊliːz] *s. myth., ast. u. fig.* Herkules *m*.

herd [hɜːd] **I** *s.* **1.** Herde *f*, (*wild lebender Tiere a.*) Rudel *n*; **2.** *contp.* Herde *f*, Masse *f* (*Menschen*): ***the common*** (*od.* ***vulgar***) ~ die Masse (Mensch), die große Masse; **3.** *in Zssgn* Hirt(in); **II** *v/t.* **4.** *Vieh* hüten; **5.** (~ ***together*** zs.-)treiben; **III** *v/i.* **6.** *a.* ~ ***together*** a) in Herden gehen *od.* leben, b) sich zs.-drängen; **7.** sich zs.-tun (***among***, ***with*** mit); '**~·book** *s.* ✓ Herdbuch *n*; ~ **in·stinct** *s.* 'Herdeninˌstinkt *m*, -trieb *m* (*a. fig.*); '**~s·man** [-dzmən] *s.* [*irr.*] **1.** *Brit.* Hirt *m*; **2.** Herdenbesitzer *m*.

here [hɪə] **I** *adv.* **1.** hier: ***I am*** ~ a) ich bin hier, b) ich bin da (*anwesend*); ~ ***and there*** a) hier u. da, da u. dort, b) hierhin u. dorthin, c) hin u. wieder, hie u. da; ~ ***and now*** hier u. jetzt *od.* heute; ~, ***there and everywhere*** (all)überall; ***that's neither*** ~ ***nor there*** a) das gehört nicht zur Sache, b) das besagt nichts; ***we are leaving*** ~ ***today*** wir reisen heute von hier ab; ~ ***goes*** F also los!; ~***'s to you!*** auf dein Wohl!; ~ ***you are!*** hier (bitte)! (*da hast du es*); ***this*** ~ ***man*** *sl.* dieser Mann hier; **2.** (hier)her, hierhin: ***bring it*** ~***!*** bring es hierher!; ***come*** ~***!*** komm her!; ***this belongs*** ~ das gehört hierher *od.* hierhin; **II** *s.* **3.** ***the*** ~ ***and now*** a) das Hier u. Heute, b) das Diesseits; '**~·aˌbout(s)** [-ərə-] *adv.* hier her'um, in dieser Gegend; ˌ~'**af·ter** [-ər'ɑː-] **I** *adv.* **1.** her'nach, nachher; **2.** in Zukunft; **II** *s.* **3.** Zukunft *f*; **4.** (*das*) Jenseits; ˌ~'**by** *adv.* 'hierdurch, hiermit.

he·red·i·ta·ble [hɪ'redɪtəbl] → ***heritable***; **her·e·dit·a·ment** [ˌherɪ'dɪtəmənt] *s.* ⚖ a) *Brit.* Grundstück *n* (als Bemessungsgrundlage für die Kommu'nalabgaben), b) *Am.* vererblicher Vermögensgegenstand; **he'red·i·tar·y** [-tərɪ] *adj.* ☐ **1.** erblich, er-, vererbt, Erb...: ~ ***disease*** ⚕ Erbkrankheit *f*; ~ ***portion*** ⚖ Pflichtteil *m*, *n*; ~ ***succession*** *Am.* Erbfolge *f*; ~ ***taint*** ⚕ erbliche Belastung; **2.** *fig.* Erb..., alt'hergebracht: ~ ***enemy*** Erbfeind *m*; **he'red·i·ty** [-tɪ] *s. biol.* **1.** Vererbbarkeit *f*, Erblichkeit *f*; **2.** ererbte Anlagen *pl.*, Erbmasse *f*.

ˌ**here**|'**from** *adv.* hieraus; ˌ~'**in** [-ər'ɪ-] *adv.* hierin; ˌ**~·in·a'bove** *adv.* im Vorstehenden, oben (*erwähnt*); ˌ**~·in'af·ter** *adv.* nachstehend, im Folgenden; ˌ~'**of** *adv.* hiervon, dessen.

her·e·sy ['herəsɪ] *s.* Ketze'rei *f*, Häre'sie *f*; '**her·e·tic** [-ətɪk] **I** *s.* Ketzer(in); **II** *adj.* → **he·ret·i·cal** [hɪ'retɪkl] *adj.* ☐ ketzerisch.

ˌ**here**|'**to** [-'tuː] *adv.* **1.** hierzu; **2.** bis'her; ˌ**~·to'fore** [-tʊ-] *adv.* vordem, ehemals; ˌ~'**un·der** [-ər'ʌ-] **1.** → ***hereinafter***; **2.** ⚖ kraft dieses (*Vertrags etc.*); ˌ**~·un'to** [-ərʌ-] → ***hereto***; ˌ**~·up'on** [-ərə-] *adv.* hierauf, darauf('hin); ˌ~'**with** → ***hereby***.

her·it·a·ble ['herɪtəbl] *adj.* □ **1.** erblich, vererbbar; **2.** erbfähig; **'her·it·age** [-ɪtɪdʒ] *s.* **1.** Erbe *n*: a) Erbschaft *f*, Erbgut *n*, b) *ererbtes Recht etc.*; **2.** *bibl.* (*das*) Volk Israel; **'her·i·tor** [-ɪtə] *s.* ⚖ Erbe *m.*

her·maph·ro·dite [hɜː'mæfrədaɪt] *s. biol.* Hermaphro'dit *m*, Zwitter *m*; **her'maph·ro·dit·ism** [-daɪtɪzəm] *s. biol.* Hermaphrodi'tismus *m*, Zwittertum *n od.* -bildung *f.*

her·met·ic [hɜː'metɪk] *adj.* (□ **~ally**) her'metisch (*a. fig.*), luftdicht: **~ seal** luftdichter Verschluss.

her·mit ['hɜːmɪt] *s.* Einsiedler *m* (*a. fig.*), Ere'mit *m*; **'her·mit·age** [-tɪdʒ] *s.* Einsiede'lei *f*, Klause *f.*

her·mit crab *s. zo.* Einsiedlerkrebs *m.*

her·ni·a ['hɜːnjə] *s.* ⚕ Bruch *m*, Hernie *f*; **'her·ni·al** [-jəl] *adj.*: **~ truss** ⚕ Bruchband *n.*

he·ro ['hɪərəʊ] *pl.* **-roes** *s.* **1.** Held *m*; **2.** *thea. etc.* Held *m*, 'Hauptperˌson *f*; **3.** *antiq.* Heros *m*, Halbgott *m.*

he·ro·ic [hɪ'rəʊɪk] **I** *adj.* (□ **~ally**) **1.** he'roisch (*a. paint. etc.*), heldenmütig, -haft, Helden...: **~ age** Heldenzeitalter *n*; **~ couplet** heroisches Reimpaar; **~ poem** → 4b; **~ tenor** ♪ Heldentenor *m*; **~ verse** → 4a; **2.** a) erhaben, b) hochtrabend (*Stil*); **3.** ⚕ drastisch, Radikal...; **II** *s.* **4.** a) he'roisches Versmaß, b) he'roisches Gedicht; **5.** *pl.* bom'bastische Worte.

her·o·in ['herəʊɪn] *s.* Hero'in *n.*

her·o·ine ['herəʊɪn] *s.* **1.** Heldin *f* (*a. thea. etc.*); **2.** *antiq.* Halbgöttin *f*; **'her·o·ism** [-ɪzəm] *s.* Heldentum *n*, Hero'ismus *m*; **he·ro·ize** ['hɪərəʊaɪz] **I** *v/t.* heroisieren, zum Helden machen; **II** *v/i.* den Helden spielen.

her·on ['herən] *s. orn.* Reiher *m*; **'her·on·ry** [-rɪ] *s.* Reiherhorst *m.*

he·ro| wor·ship *s.* **1.** Heldenverehrung *f*; **2.** Schwärme'rei *f*; **'~-ˌwor·ship** *v/t.* **1.** als Helden verehren; **2.** schwärmen für.

her·pes ['hɜːpiːz] *s.* ⚕ Herpes *m*, Bläschenausschlag *m.*

her·pe·tol·o·gy [ˌhɜːpɪ'tɒlədʒɪ] *s.* Herpetolo'gie *f*, Rep'tilienkunde *f.*

her·ring ['herɪŋ] *s. ichth.* Hering *m*; **'~·bone I** *s.* **1.** *a.* **~ design**, **~ pattern** Fischgrätenmuster *n*; **2.** fischgrätenartige Anordnung; **3.** *Stickerei*: **~ (stitch)** Fischgrätenstich *m*; **4.** *Skilauf*: Grätenschritt *m*; **II** *v/t.* **5.** mit e-m Fischgrätenmuster nähen; **III** *v/i.* **6.** *Skilauf*: im Grätenschritt steigen; **~ pond** *s. humor. der* ‚Große Teich' (*Atlantik*).

hers [hɜːz] *poss. pron.* ihrer (ihre, ihres), der (die, das) Ihre (*od.* Ihrige): ***my mother and* ~** meine u. ihre Mutter; ***it is* ~** es gehört ihr; ***a friend of* ~** e-e Freundin von ihr.

her·self [hɜː'self; hə-] *pron.* **1.** *refl.* sich: ***she hurt* ~**; **2.** sich (selbst): ***she wants it for* ~**; **3.** *verstärkend*: sie (*nom. od. acc.*) *od.* ihr (*dat.*) selbst: ***she* ~ *did it***, ***she did it* ~** sie selbst hat es getan, sie hat es selbst getan; ***by* ~** allein, ohne Hilfe, von selbst; **4.** ***she is not quite* ~** a) sie ist nicht ganz normal, b) sie ist nicht auf der Höhe; ***she is* ~ *again*** sie ist wieder die Alte.

hertz [hɜːts] *s. phys.* Hertz *n*; **Hertz·i·an** ['hɜːtsɪən] *adj. phys.* hertzsch: **~ waves** hertzsche Wellen.

he's [hiːz; hɪz] F *für* a) ***he is***, b) ***he has***.

hes·i·tance ['hezɪtəns], **'hes·i·tan·cy** [-sɪ] *s.* Zögern *n*, Unschlüssigkeit *f*; **'hes·i·tant** [-nt] *adj.* **1.** zögernd, unschlüssig; **2.** *beim Sprechen*: stockend; **'hes·i·tate** [-teɪt] *v/i.* **1.** zögern, zaudern, unschlüssig sein, Bedenken haben (***to*** *inf.* zu *inf.*): ***not to* ~ *at*** nicht zurückschrecken vor (*dat.*); **2.** (*beim Sprechen*) stocken; **'hes·i·tat·ing·ly** [-teɪtɪŋlɪ] *adv.* zögernd; **hes·i·ta·tion** [ˌhezɪ'teɪʃən] *s.* **1.** Zögern *n*, Zaudern *n*, Unschlüssigkeit *f*: ***without any* ~** ohne (auch nur) zu zögern, bedenkenlos; **2.** Stocken *n.*

Hes·si·an ['hesɪən] **I** *adj.* **1.** hessisch; **II** *s.* **2.** Hesse *m*, Hessin *f*; **3.** ♎ Juteleinen *n* (*für Säcke etc.*); **~ boots** *s. pl.* Schaftstiefel *pl.*

het [het] *adj.*: **~ *up*** F ganz ‚aus dem Häus-chen'.

he·tae·ra [hɪ'tɪərə] *pl.* **-rae** [-riː], **he·'tai·ra** [-'taɪərə] *pl.* **-rai** [-raɪ] *s. antiq.* He'täre *f.*

hetero- [hetərəʊ] *in Zssgn* anders, verschieden, fremd.

het·er·o ['hetərəʊ] *pl.* **-os** *s.* F ‚Hetero' *m* (*Heterosexuelle*[*r*]).

het·er·o·clite ['hetərəʊklaɪt] *ling.* **I** *adj.* hetero'klitisch; **II** *s.* Hete'rokliton *n*; **het·er·o·dox** ['hetərəʊdɒks] *adj.* **1.** *eccl.* hetero'dox, anders-, irrgläubig; **2.** *fig.* 'unkonventioˌnell; **het·er·o·dox·y** ['hetərəʊdɒksɪ] *s.* Andersgläubigkeit *f*, Irrglaube *m*; **'het·er·o·dyne** [-əʊdaɪn] *adj. Radio*: **~ receiver** Überlagerungsempfänger *m*, Super(het) *m*; **het·er·o·ge·ne·i·ty** [ˌhetərəʊdʒɪ'niːətɪ] *s.* Verschiedenartigkeit *f*; **het·er·o·ge·ne·ous** [ˌhetərəʊ'dʒiːnjəs] *adj.* □ hetero'gen, ungleichartig, verschiedenartig: **~ *number*** ♈ gemischte Zahl; **het·er·on·o·mous** [ˌhetə'rɒnəməs] *adj.* hetero'nom: a) unselbstständig, b) *biol.* ungleichartig; **het·er·on·o·my** [ˌhetə'rɒnəmɪ] *s.* Heterono'mie *f*; **het·er·o·sex·u·al** [ˌhetərəʊ'seksjʊəl] **I** *adj.* heterosexu'ell; **II** *s.* Heterosexu'elle (r *m*) *f.*

hew [hjuː] *v/t.* [*irr.*] hauen, hacken; *Steine* behauen; *Bäume* fällen; **~ down** *v/t.* 'um-, niederhauen, fällen; **~ out** *v/t.* **1.**

aushauen; **2.** *fig.* (mühsam) schaffen: ***~ a path for o.s.*** sich s-n Weg bahnen.

hew·er ['hjuːə] *s.* **1.** (Holz-, Stein)Hauer *m*: ***~s of wood and drawers of water*** a) *bibl.* Holzhauer u. Wasserträger, b) einfache Leute; **2.** ⚒ Hauer *m*;

hewn [hjuːn] *p.p. von* ***hew***.

hex [heks] *Am.* F **I** *s.* **1.** Hexe *f*; **2.** Zauber *m*: ***put the ~ on*** → **II** *v/t.* **3.** *j-n* behexen; *et.* ‚verhexen'.

hexa- [heksə] *in Zssgn* sechs; ˌ**hex·a-'dec·i·mal** [-'desɪml] *adj.* □ ⩓, *EDV* ˌhexadezi'mal; **hex·a·gon** ['heksəgən] *s.* ⩓ Hexa'gon *n*, Sechseck *n*: ***~ voltage*** ϟ Sechseckspannung *f*; **hex·ag·o·nal** [hek'sægənl] *adj.* sechseckig; **'hex·a·gram** [-græm] *s.* Hexa'gramm *n* (*Sechsstern*); **hex·a·he·dral** [ˌheksə'hedrəl] *adj.* ⩓ sechsflächig; **hex·a·he·dron** [ˌheksə'hedrən] *pl.* **-drons** *od.* **-dra** [-drə] *s.* ⩓ Hexa'eder *n*; **hex·am·e·ter** [hek'sæmɪtə] **I** *s.* He'xameter *m*; **II** *adj.* hexa'metrisch.

hey [heɪ] *int.* **1.** he!, heda!; **2.** *erstaunt*: he!, Mann!; **3.** hei; → ***presto*** I.

hey·day ['heɪdeɪ] *s.* Höhepunkt *m*, Blüte(zeit) *f*, Gipfel *m*: ***in the ~ of his power*** auf dem Gipfel s-r Macht.

Hez·bol·lah [ˌhezbə'lɑː] *npr. coll.* His'bollah *f*.

H-hour ['eɪtʃˌaʊə] *s.* ⚔ die Stunde X (*Zeitpunkt für den Beginn e-r militärischen Aktion*).

hi [haɪ] *int.* **1.** he!, heda!; **2.** hal'lo!, F *als Begrüßung*: *a.* ‚Tag'!

hi·a·tus [haɪ'eɪtəs] *s.* **1.** Lücke *f*, Spalt *m*, Kluft *f*; **2.** *anat.*, *ling.* Hi'atus *m*.

hi·ber·nate ['haɪbəneɪt] *v/i.* über'wintern: a) *zo.* Winterschlaf halten, b) den Winter verbringen; **hi·ber·na·tion** [ˌhaɪbə'neɪʃn] *s.* Winterschlaf *m*, Über'winterung *f*.

Hi·ber·ni·an [haɪ'bɜːnjən] *poet.* **I** *adj.* irisch; **II** *s.* Irländer(in).

hi·bis·cus [hɪ'bɪskəs] *s.* ⚘ Eibisch *m*.

hic·cough, **hic·cup** ['hɪkʌp] **I** *s.* Schlucken *m*, Schluckauf *m*: ***have the ~s*** → **II** *v/i.* den Schluckauf haben.

hick [hɪk] *s. Am.* F ‚Bauer' *m*, 'Hinterwäldler *m*: ***~ girl*** Bauerntrampel *m*, *n*; ***~ town*** ‚(Provinz)Nest' *n*, Kaff *n*.

hick·o·ry ['hɪkərɪ] *s.* ⚘ **1.** Hickory(-baum) *m*; **2.** Hickoryholz *n od.* -stock *m*.

hid [hɪd] *pret. u. p.p. von* ***hide***[1]; **hid·den** [hɪdn] **I** *p.p. von* ***hide***[1]; **II** *adj.* □ verborgen, versteckt, geheim; ***~ persuaders*** heimliche Verführer.

hide[1] [haɪd] **I** *v/t.* [*irr.*] (***from***) verbergen (*dat. od.* vor *dat.*): a) verstecken (vor *dat.*), b) verheimlichen (*dat. od.* vor *dat.*), c) verhüllen: ***~ from view*** den Blicken entziehen; **II** *v/i.* [*irr.*] *a.* ***~ out*** sich verstecken (*a. fig.* ***behind*** hinter *dat.*).

hide[2] [haɪd] **I** *s.* **1.** Haut *f*, Fell *n* (*beide a. fig.*): ***save one's ~*** die eigene Haut retten; ***tan s.o.'s ~*** F j-m das Fell gerben; ***I'll have his ~ for this!*** F das soll er mir bitter büßen!; **II** *v/t.* **2.** abhäuten; **3.** F *j-n* ‚verdreschen'.

hide[3] [haɪd] *s.* Hufe *f* (*altes engl. Feldmaß, 60–120 acres*).

ˌ**hide|-and-'seek** *s.* Versteckspiel *n*: ***play ~*** Versteck spielen (*a. fig.*); '***~·a·way*** → ***hideout***; '**~·bound** *adj. fig.* engstirnig, beschränkt, borniert.

hid·e·ous ['hɪdɪəs] *adj.* □ ab'scheulich, scheußlich, schrecklich (*alle a.* F *fig.*); '**hid·e·ous·ness** [-nɪs] *s.* Scheußlichkeit *f etc.*

'**hide·out** *s.* **1.** Versteck *n*; **2.** Zufluchtsort *m*.

hid·ing[1] ['haɪdɪŋ] *s.* Versteck *n*: ***be in ~*** sich versteckt halten.

hid·ing[2] ['haɪdɪŋ] *s.* F Tracht *f* Prügel, ‚Dresche' *f*.

hie [haɪ] *v/i. obs. od. humor.* eilen.

hi·er·arch ['haɪərɑːk] *s. eccl.* Hier'arch *m*, Oberpriester *m*; **hi·er·ar·chic**, **hi·er·ar·chi·cal** [ˌhaɪə'rɑːkɪk(l)] *adj.* □ hier'archisch; '**hi·er·arch·y** [-kɪ] *s.* Hierar'chie *f*.

hi·er·o·glyph ['haɪərəʊglɪf] *s.* **1.** Hiero'glyphe *f*; **2.** *pl. mst sg. konstr.* Hiero'glyphenschrift *f*; **3.** *pl. humor.* Hiero'glyphen *pl.*, unleserliches Gekritzel; **hi·er·o·glyph·ic** [ˌhaɪərəʊ'glɪfɪk] **I** *adj.* (□ ***~ally***) **1.** hiero'glyphisch; **2.** rätselhaft; **3.** unleserlich; **II** *s.* **4.** → ***hieroglyph*** 1–3; **hi·er·o·glyph·i·cal** [ˌhaɪərəʊ'glɪfɪkl] *adj.* □ → ***hieroglyphic*** 1–3.

hi-fi [ˌhaɪ'faɪ] F **I** *s.* **1.** → ***high fidelity***; **2.** Hi-Fi-Anlage *f*; **II** *adj.* **3.** Hi-Fi-...

hig·gle ['hɪgl] → ***haggle***.

hig·gle·dy-pig·gle·dy [ˌhɪgldɪ'pɪgldɪ] F **I** *adv.* drunter u. drüber, (wie Kraut u. Rüben) durchein'ander; **II** *s.* Durcheinander *n*, Tohuwa'bohu *n*.

high [haɪ] **I** *adj.* (□ → ***highly***) (→ ***higher***, ***highest***) **1.** hoch: ***ten feet ~***; ***a ~ tower***; **2.** hoch (gelegen): ***ℒ Asia*** Hochasien *n*; ***~ latitude*** *geogr.* hohe Breite; ***the ~est floor*** das oberste Stockwerk; **3.** hoch (*Grad*): ***~ prices*** (***temperature***); ***~ favo(u)r*** hohe Gunst; ***~ praise*** großes Lob; ***~ speed*** hohe Geschwindigkeit, ⚓ hohe Fahrt, äußerste Kraft; → ***gear*** 2a; **4.** stark, heftig: ***~ wind***; ***~ words*** heftige Worte; **5.** hoch (im Rang), Hoch..., Ober..., Haupt...: ***~ commissioner*** Hoher Kommissar; ***the Most ℒ*** der Allerhöchste (*Gott*); **6.** hoch, bedeutend, wichtig: ***~ aims*** hohe Ziele; ***~ politics*** hohe Politik; **7.** hoch (*Stellung*), vornehm, edel: ***of ~ birth***; ***~ society*** High Society *f*, die vornehme Welt; ***~ and low*** hoch u. niedrig; **8.** hoch, erhaben, edel; **9.** hoch, gut, erstklassig: *~ **quality**; ~ **performance*** Hochleistung *f*; **10.** hoch, Hoch... (*auf dem Höhepunkt*): *𝔖 **Middle Ages*** Hochmittelalter *n*; *~ **period*** Glanzzeit *f*; **11.** hoch, fortgeschritten (*Zeit*): *~ **summer*** Hochsommer *m*; *~ **antiquity*** fernes *od.* tiefes Altertum; ***it is ~ time*** es ist höchste Zeit; → ***noon***; **12.** *ling.* a) Hoch... (*Sprache*), b) hoch (*Laut*); **13.** a) hoch, b) schrill: *~ **voice***; **14.** hoch (*im Kurs*), teuer; **15.** → ***high and mighty***; **16.** ex'trem, eifrig: ***a ~ Tory***; **17.** lebhaft (*Farbe*): *~ **complexion*** a) rosiger Teint, b) gerötetes Gesicht; **18.** erregend, spannend: *~ **adventure***; **19.** a) heiter: ***in ~ spirits*** (in) gehobener Stimmung, b) F ‚blau' (*betrunken*), c) F ‚high' (*im Drogenrausch od. fig. in euphorischer Stimmung*); **20.** F ‚scharf', erpicht (**on** auf *acc.*); **21.** *Küche*: angegangen, mit Haut'gout; **II** *adv.* **22.** hoch: ***aim ~*** *fig.* sich hohe Ziele setzen; ***run ~*** a) hochgehen (*Wellen*), b) toben (*Gefühle*); ***feelings ran ~*** die Gemüter erhitzten sich; ***play ~*** hoch *od.* mit hohem Einsatz spielen; ***pay ~*** teuer bezahlen; ***search ~ and low*** überall suchen; **23.** üppig: ***live ~***; **III** *s.* **24.** (An-) Höhe *f*: ***on ~*** a) hoch oben, droben, b) hoch (hinauf), c) im *od.* zum Himmel; ***from on ~*** a) von oben, b) vom Himmel; **25.** *meteor.* Hoch(druckgebiet) *n*; **26.** ⚙ a) höchster Gang, b) Geländegang *m*: ***shift into ~*** den höchsten Gang einlegen; **27.** *fig.* Höchststand *m*: ***reach a new ~***; **28.** F *für* ***high school***; **29.** ***he's still got his ~*** F er ist immer noch ‚high'.

high| al·tar *s. eccl.* 'Hochal,tar *m*; **ˌ~-'al·ti·tude** *adj.* ✈ Höhen...: *~ **flight***; *~ **nausea*** Höhenkrankheit *f*; **~ and dry** *adj.* hoch u. trocken, auf dem Trockenen: ***leave s.o. ~*** *fig.* j-n im Stich lassen; **~ and might·y** *adj.* F anmaßend, arro'gant; **'~·ball** *Am.* **I** *s.* **1.** Highball *m* (*Whisky-Cocktail*); **2.** 🚂 a) Freie-'Fahrt-Si,gnal *n*, b) Schnellzug *m*; **II** *v/i. u. v/t.* **3.** F mit vollem Tempo fahren; **~ beam** *s. mot. Am.* Fernlicht *n*; **'~ˌbind·er** *s. Am.* F **1.** Gangster *m*; **2.** Gauner *m*; **3.** Rowdy *m*; **'~·blown** *adj. fig.* großspurig, aufgeblasen; **'~·born** *adj.* hochgeboren; **'~·boy** *s. Am.* Kom'mode *f* mit Aufsatz; **'~-bred** *adj.* vornehm, wohlerzogen; **'~·brow** *oft contp.* **I** *s.* Intellektu'elle(r *m*) *f*; **II** *adj. a.* **'~-browed** (betont) intellektu'ell, (geistig) anspruchsvoll, ‚hochgestochen'; **𝔖 Church I** *s.* High-Church *f*, angli'kanische Hochkirche; **II** *adj.* hochkirchlich, der High-Church; **ˌ~-cir·cu·'la·tion** *adj.* auflagenstark; **ˌ~-'class** *adj.* **1.** erstklassig; **2.** der High Society; **~ com·mand** *s.* ⚔ 'Oberkom,mando *n*; **𝔖 Court (of Jus·tice)** *s. Brit.* oberstes (*erstinstanzliches*) Zi'vilgericht; **~ day** *s.*: ***~s and holidays*** Fest- u. Feiertage; **~ div·ing** *s. sport* Turmspringen *n*; **ˌ~-'du·ty** *adj.* ⚙ Hochleistungs...

high·er ['haɪə] **I** *comp. von* **high**; **II** *adj.* höher (*a. fig. Bildung, Rang etc.*), Ober...: ***the ~ mammals*** die höheren Säugetiere; *~ **mathematics*** höhere Mathematik; **III** *adv.* höher, mehr: ***bid ~***; **'~-up** [-ərʌ-] *s.* F ‚höheres Tier'.

Higher education	Hochschulausbildung
Further education	a) Erwachsenenbildung b) nichtuniversitäre Ausbildung nach Verlassen der Schule

high·est ['haɪɪst] **I** *sup. von* **high**; **II** *adj.* höchst (*a. fig.*), Höchst...: *~ **bidder*** Meistbietende(r *m*) *f*; **III** *adv.* am höchsten: *~ **possible*** höchstmöglich; **IV** *s.* (*das*) Höchste: ***at its ~*** auf dem Höhepunkt.

high| ex·plo·sive *s.* 'hochexplo,siver *od.* 'hochbri,santer Sprengstoff; **ˌ~-ex'plo·sive** *adj.* 'hochexplo,siv: *~ **bomb*** Sprengbombe *f*; **ˌ~-fa'lu·tin** [-fə'luːtɪn], **ˌ~-fa'lu·ting** [-tɪŋ] *adj. u. s.* hochtrabend(es Geschwätz); **~ farm·ing** *s.* 🌾 inten'sive Bodenbewirtschaftung; **~ fi·del·i·ty** *s. Radio*: 'High Fi'delity *f* (*hohe Wiedergabequalität*), Hi-Fi *n*; **ˌ~-fi'del·i·ty** *adj.* High-Fidelity-..., Hi-Fi-...; **~ fi·nance** *s.* 'Hochfi,nanz *f*; **ˌ~'fli·er** → ***highflyer***; **'~-flown** *adj.* **1.** bom'bastisch, hochtrabend; **2.** hoch gesteckt (*Ziele etc.*), hochfliegend (*Pläne*); **ˌ~'fly·er** *s.* **1.** Erfolgsmensch *m*; **2.** Ehrgeizling *m*, ‚Aufsteiger' *m*; **3.** schnell steigende Aktie; **ˌ~-'fly·ing** *adj.* **1.** hoch fliegend; **2.** → ***high-flown***; **~ fre·quen·cy** *s.* ⚡ 'Hochfre,quenz *f*; **ˌ~-'fre·quen·cy** *adj.* Hochfrequenz...; **𝔖 Ger·man** *s. ling.* Hochdeutsch *n*; **ˌ~-'grade** *adj.* erstklassig, hochwertig; **~ hand** *s.*: ***with a ~*** → **ˌ~-'hand·ed** *adj.* □ anmaßend, selbstherrlich, eigenmächtig; **~ hat** *s.* Zy'linder *m* (*Hut*); **ˌ~-'hat I** *s.* Snob *m*, hochnäsiger Mensch; **II** *adj.* hochnäsig; **III** *v/t. j-n* von oben her'ab behandeln; **ˌ~-'heeled** *adj.* hochhackig (*Schuhe*); **~ jump** *s. sport* Hochsprung *m*: ***be for the ~*** *Brit.* F ‚dran' sein; **'~·land** [-lənd] **I** *s.* Hoch-, Bergland *n*: ***the 𝔖s of Scotland*** das schottische Hochland; **II** *adj.* hochländisch, Hochland...; '♀·land·er [-ləndə] s. (bsd. schottische[r]) Hochländer(in); ˌ~-'lev·el adj. 1. hoch: ~ railway Hochbahn f; 2. fig. auf hoher Ebene, Spitzen...: ~ talks; ~ officials hohe Beamte; ~ life s. Highlife n (exklusives Leben der vornehmen Welt); '~·light I s. 1. paint., phot. (Schlag)Licht n; 2. fig. Höhe-, Glanzpunkt m; 3. pl. (Opern- etc.)Querschnitt m (Schallplatte etc.); II v/t. 4. fig. ein Schlaglicht werfen auf (acc.), her'vorheben, groß her'ausstellen; 5. Text her'vorheben, mar'kieren; 6. Computer: Text markieren; 7. Haare: Strähnchen pl. machen in (acc.); 8. fig. den Höhepunkt (gen.) bilden; '~·light·er s. 1. Leuchtstift m; 2. Kosmetik: Aufheller m, Töner m; '~·lights pl. Strähnchen pl. (im Haar).

high·ly ['haɪlɪ] adv. hoch, höchst, äußerst, sehr: ~ gifted hoch begabt; ~ placed fig. hoch gestellt; ~ strung → high-strung; ~ paid a) hoch bezahlt, b) teuer bezahlt; think ~ of viel halten von.

High| Mass s. eccl. Hochamt n; ˌ♀-'mind·ed adj. hochgesinnt; ˌ♀-'mind·ed·ness s. hohe Gesinnung; ˌ♀-'necked adj. hochgeschlossen (Kleid).

high·ness ['haɪnɪs] s. 1. mst fig. Höhe f; 2. ♀ Hoheit f (in Titeln); 3. Haut'gout m (von Fleisch etc.).

ˌhigh|-'pitched adj. 1. hoch (Ton etc.); 2. ⚠ steil; 3. exaltiert: a) über'spannt, b) über'dreht, aufgeregt; ~ point s. Höhepunkt m; ˌ~-'pow·er(ed) adj. 1. ⚙ Hochleistungs..., Groß..., stark; 2. fig. dy'namisch; ˌ~-'pres·sure I adj. 1. ⚙ u. meteor. Hochdruck...: ~ area Hoch(-druckgebiet) n; ~ engine Hochdruckmaschine f; 2. F a) aufdringlich, aggres'siv, b) dy'namisch: ~ salesman; II v/t. 3. F Kunden ‚beknien', ‚bearbeiten'; ˌ~-'priced adj. teuer; ~ priest s. Hohe'priester m (a. fig.); ˌ~-'prin·ci·pled adj. von hohen Grundsätzen; ˌ~-'pro·file adj. attr. 1. Politiker etc.: a) überall in den Medien prä'sent, b) publicitysüchtig; 2. it was a ~ campaign e-e Kam'pagne, die in den Medien starke Beachtung fand; ˌ~-'proof adj. stark alko'holisch; '~-ˌrank·ing adj.: ~ officer hoher Offizier; ~ re·lief s. 'Hochreliˌef n; ˌ~-res·o·'lu·tion adj. TV hochauflösend; '~·rise I adj. Hoch(haus)...: ~ building → II s. Hochhaus n; '~·road s. Hauptstraße f: the ~ to success fig. der sicherste Weg zum Erfolg; ~ school s. Am. High School f (weiterführende Schule); ˌ~-'sea adj. Hochsee...; ~ sea·son s. 'Hochsaiˌson f; ~ sign s. Am. (bsd. warnendes) Zeichen; '~-ˌsound·ing adj. hochtönend, -trabend; ˌ~-'speed adj. 1. ⚙ a) schnell laufend: ~ motor, b) Schnell..., Hochleistungs...: ~ regulator; ~ steel Schnellarbeitsstahl m, c) Hochgeschwindigkeits...: ~ train; 2. phot. a) hoch empfindlich: ~ film, b) lichtstark: ~ lens; ˌ~-'spir·it·ed adj. lebhaft, tempera'mentvoll; ~ spirits s. pl. fröhliche Laune, gehobene Stimmung; ~ spot F → highlight 2; ~ street s. Hauptstraße f; ˌ~-'strung adj. reizbar, (äußerst) ner'vös; ~ ta·ble s. Brit. univ. erhöhte Speisetafel (für Dozenten etc.); '~-tail v/i. a. ~ it Am. F (da'hin-, da'von)rasen, (-)flitzen; ~ tea s. bsd. Brit. frühes Abendessen; ~ tech [tek] s. ˌHigh'tech n, f; ˌ~-'tech adj. ˌHigh'tech..., 'hochtechnoˌlogisch: ~ medicine Apparatemedizin f; ~ tech·nol·o·gy s. 'Hochtechnoloˌgie f; ~ ten·sion s. ϟ Hochspannung f; ˌ~-'ten·sion adj. ϟ Hochspannungs...; ~ tide s. 1. Hochwasser n (höchster Flutwasserstand); 2. fig. Höhepunkt m; ˌ~-'toned adj. 1. fig. erhaben; 2. vornehm; ~ trea·son s. Hochverrat m; '~-up s. F ‚hohes Tier'; ~ volt·age → high tension; ~ wa·ter → high tide 1; ˌ~-'wa·ter mark s. a) Hochwasserstandsmarke f, b) fig. Höchststand m; '~·way s. Haupt(verkehrs)straße f, Highway m: Federal ~ Am. Bundesstraße f; ♀ Code Brit. Straßenverkehrsordnung f; ~ robbery a) Straßenraub m, b) F der ‚reinste Nepp'; the ~ to success der sicherste Weg zum Erfolg; all the ~s and byways a) alle Wege, b) sämtliche Spielarten; '~·way·man [-mən] s. [irr.] Straßenräuber m.

Viele Städte in Großbritannien haben eine **High Street,** die oft heute noch die wichtigste Geschäftsstraße bildet (z.B. ***Abingdon High Street***). Man spricht in diesem Sinn auch von **high street banks/shops** usw., d.h. den führenden Banken, Geschäften usw., auch wenn sie nicht unbedingt in der **High Street** angesiedelt sind.

hi·jack ['haɪdʒæk] I v/t. 1. Flugzeug entführen; 2. Geldtransport etc. über'fallen u. ausrauben; II s. 3. Flugzeugentführung f; 4. 'Überfall m (auf Geldtransport etc.); 'hiˌjack·er [-kə] s. 1. Flugzeugentführer m, 'Luftpiˌrat m; 2. Räuber m; 'hiˌjack·ing [-kɪŋ] → hijack II.

hike [haɪk] I v/i. 1. wandern; 2. marschieren; 3. hochrutschen (Kleidungsstück); II v/t. 4. mst ~ up hochziehen; 5. Am. Preise etc. (drastisch) erhöhen;

III *s.* **6.** a) Wanderung *f*, b) ⚔ Geländemarsch *m*; **7.** *Am.* (drastische) Erhöhung: ***a ~ in prices***; **'hik·er** [-kə] *s.* Wanderer *m*.

hi·lar·i·ous [hɪ'leərɪəs] *adj.* □ vergnügt, 'übermütig, ausgelassen; **hi·lar·i·ty** [hɪ'lærətɪ] *s.* Ausgelassenheit *f*, 'Übermütigkeit *f*.

Hil·a·ry term ['hɪlərɪ] *s. Brit.* **1.** ⚖ *Gerichtstermine in der Zeit vom 11. Januar bis Mittwoch vor Ostern*; **2.** *univ.* 'Frühjahrsse,mester *n*.

hill [hɪl] **I** *s.* **1.** Hügel *m*, Anhöhe *f*, kleiner Berg: ***up ~ and down dale*** bergauf u. bergab; ***be over the ~*** a) s-e besten Jahre hinter sich haben, b) *bsd.* ✈ über den Berg sein; → ***old*** 3; **2.** (Erd- *etc.*)Haufen *m*; **II** *v/t.* **3.** *a.* ***~ up*** ⚘ *Pflanzen* häufeln; **'~,bil·ly** *s. Am.* F *contp.* Hinterwäldler *m*: ***~ music*** 'Hillbillymusik *f*; **~ climb** *s. mot.*, *Radsport*: Bergrennen *n*; **'~-,climb·ing a·bil·i·ty** *s. mot.* Steigfähigkeit *f*.

hill·i·ness ['hɪlɪnɪs] *s.* Hügeligkeit *f*.

hill·ock ['hɪlək] *s.* kleiner Hügel.

,hill|'side *s.* Hang *m*, (Berg)Abhang *m*; **,~'top** *s.* Bergspitze *f*.

hill·y ['hɪlɪ] *adj.* hügelig.

hilt [hɪlt] *s.* Heft *n*, Griff *m* (*Schwert etc.*): ***up to the ~*** a) bis ans Heft, b) *fig.* total; ***armed to the ~*** bis an die Zähne bewaffnet; ***back s.o. up to the ~*** j-n voll (u. ganz) unterstützen; ***prove up to the ~*** unwiderleglich beweisen.

him [hɪm] *pron.* **1.** a) ihn (*acc.*), b) ihm (*dat.*); **2.** F er (*nom.*): ***it's ~*** er ist es; **3.** den(jenigen), wer: ***I saw ~ who did it***; **4.** *refl.* sich: ***he looked about ~*** er sah um sich.

Hi·ma·la·yan [,hɪmə'leɪən] *adj.* Himalaja...

him'self *pron.* **1.** *refl.* sich: ***he cut ~***; **2.** sich (selbst): ***he needs it for ~***; **3.** *verstärkend*: (er *od.* ihn *od.* ihm) selbst: ***he ~ said it***, ***he said it ~*** er selbst sagte es, er sagte es selbst; ***by ~*** allein, ohne Hilfe, von selbst; **4.** ***he is not quite ~*** a) er ist nicht ganz normal, b) er ist nicht auf der Höhe; ***he is ~ again*** er ist wieder (ganz) der Alte.

hind¹ [haɪnd] *s. zo.* Hindin *f*, Hirschkuh *f*.

hind² [haɪnd] *adj.* hinter, Hinter...: ***~ leg*** Hinterbein *n*; ***talk the ~ legs off a donkey*** F unaufhörlich reden; ***~ wheel*** Hinterrad *n*.

hind·er¹ ['haɪndə] *comp. von* ***hind²***.

hin·der² ['hɪndə] **I** *v/t.* **1.** aufhalten; **2.** (***from***) hindern (an *dat.*), abhalten (von): ***~ed in one's work*** bei der Arbeit behindert *od.* gestört; **II** *v/i.* **3.** im Wege *od.* hinderlich sein, hindern.

Hin·di ['hɪndiː] *s. ling.* Hindi *n*.

'hind·most [-ndm-] *sup.* von ***hind²***.

,hind'quar·ter *s.* **1.** 'Hinterviertel *n* (*vom Schlachttier*); **2.** *pl.* a) 'Hinterteil *n*, Gesäß *n*, b) 'Hinterhand *f* (*vom Pferd*).

hin·drance ['hɪndrəns] *s.* **1.** Hinderung *f*; **2.** Hindernis *n* (***to*** für).

'hind·sight *s.* **1.** ⚔ Vi'sier *n*; **2.** *fig.* späte Einsicht: ***by ~***, ***with the wisdom of ~*** ‚im Nachhinein', hinterher; ***foresight is better than ~*** Vorsicht ist besser als Nachsicht; ***~ is easier than foresight*** hinterher ist man immer klüger (als vorher), *contp. a.* hinterher kann man leicht klüger sein (als vorher).

Hin·du [,hɪn'duː] **I** *s.* **1.** Hindu *m*; **2.** Inder *m*; **II** *adj.* **3.** Hindu...; **Hin·du·ism** ['hɪnduːɪzəm] *s.* Hindu'ismus *m*; **Hin·du·sta·ni** [,hɪndʊ'stɑːnɪ] **I** *s. ling.* Hindu'stani *n*; **II** *adj.* hindu'stanisch.

hinge [hɪndʒ] **I** *s.* **1.** ⚙ Schar'nier *n*, Gelenk *n*, (Tür)Angel *f*: ***off its ~s*** aus den Angeln, *fig. a.* aus den Fugen; **2.** *fig.* Angelpunkt *m*; **II** *v/t.* **3.** mit Scharnieren *etc.* versehen; **4.** *Tür etc.* einhängen; **III** *v/i.* **5.** *fig.*: ***~ on*** a) sich drehen um, b) abhängen von, ankommen auf (*acc.*); **hinged** [-dʒd] *adj.* (um ein Gelenk) drehbar, auf-, her'unter-, zs.-klappbar, Scharnier...; **hinge joint** *s.* **1.** → ***hinge*** 1; **2.** *anat.* Schar'niergelenk *n*.

hin·ny ['hɪnɪ] *s. zo.* Maulesel *m*.

hint [hɪnt] **I** *s.* **1.** Wink *m*: a) Andeutung *f*, b) Tipp *m*, Hinweis *m*, Fingerzeig *m*: ***broad ~*** Wink mit dem Zaunpfahl; ***take a*** (*od.* ***the***) ***~*** den Wink verstehen; ***drop a ~*** e-e Andeutung machen; **2.** Anspielung *f* (***at*** auf *acc.*); **3.** Anflug *m*, Spur *f* (***of*** von); **II** *v/t.* **4.** andeuten, *et.* zu verstehen geben; **III** *v/i.* **5.** (***at***) e-e Andeutung machen (von), anspielen (auf *acc.*).

hin·ter·land ['hɪntəlænd] *s.* **1.** 'Hinterland *n*; **2.** Einzugsgebiet *n*.

hip¹ [hɪp] *s.* **1.** *anat.* Hüfte *f*: ***have s.o. on the ~*** *fig.* j-n in der Hand haben; **2.** → ***hip joint***; **3.** △ a) Walm *m*, b) Walmsparren *m*.

hip² [hɪp] *s.* ⚘ Hagebutte *f*.

hip³ [hɪp] *int.*: ***~, ~, hurrah!*** hipp, hipp, hurra!

hip⁴ [hɪp] *adj. sl.* **1.** ***be ~*** ‚voll dabei' sein (*in der Mode etc.*); **2.** ***be ~ to*** im Bilde *od.* auf dem Laufenden sein über (*acc.*); ***get ~ to*** *et.* ‚spitzkriegen'.

'hip|·bath *s.* Sitzbad *n*; **'~·bone** *s. anat.* Hüftbein *n*; **~ flask** *s.* Taschenflasche *f*, ‚Flachmann' *m*; **~ joint** *s. anat.* Hüftgelenk *n*.

hipped¹ [hɪpt] *adj.* **1.** *in Zssgn* mit ... Hüften; **2.** △ Walm...: ***~ roof***.

hipped² [hɪpt] *adj. Am. sl.* versessen, ‚scharf' (***on*** auf *acc.*).

hip·pie ['hɪpɪ] *s.* Hippie *m*.

hip·po ['hɪpəʊ] *pl.* **-pos** *s.* F *für* ***hippopotamus***.

hip·po·cam·pus [ˌhɪpəʊ'kæmpəs] *pl.* **-pi** [-paɪ] *s.* **1.** *myth.* Hippo'kamp *m*; **2.** *ichth.* Seepferdchen *n*; **3.** *anat.* Ammonshorn *n* (*des Gehirns*).
hip pock·et *s.* Gesäßtasche *f*.
Hip·po·crat·ic [ˌhɪpəʊ'krætɪk] *s.* hippo'kratisch: **~ face**; **~ oath**.
hip·po·drome ['hɪpədrəʊm] *s.* **1.** Hippo'drom *n*, Reitbahn *f*; **2.** a) Zirkus *m*, b) Varie'tee(theˌater) *n*; **3.** *sport Am. sl.* ‚Schiebung' *f*.
hip·po·griff, **hip·po·gryph** ['hɪpəgrɪf] *s.* Hippo'gryph *m* (*Fabeltier*).
hip·po·pot·a·mus [ˌhɪpə'pɒtəməs] *pl.* **-mus·es**, **-mi** [-maɪ] *s. zo.* Fluss-, Nilpferd *n*.
hip·py ['hɪpɪ] → **hippie**.
'hip·shot *adj.* **1.** mit verrenkter Hüfte; **2.** *fig.* (lenden)lahm.
hip·ster ['hɪpstə] *s. sl.* **1.** ‚cooler Typ'; **2.** *pl. a.* **~ trousers** *Brit.* Hüfthose *f*.
hir·a·ble ['haɪərəbl] *adj.* mietbar.
hire ['haɪə] **I** *v/t.* **1.** *et.* mieten, *Flugzeug* chartern: **~d car** Leih-, Mietwagen *m*; **~d airplane** Charterflugzeug *n*; **2.** *a.* **~ on** a) *j-n* ein-, anstellen, b) *bsd.* ⚓ anheuern, c) *j-n* engagieren: **~d killer** bezahlter *od.* gekaufter Mörder, Killer *m*; **3.** *mst* **~ out** vermieten; **4.** **~ o.s. out** e-e Beschäftigung annehmen (**to** bei); **II** *s.* **5.** Miete *f*: **on** (*od.* **for**) **~** a) mietweise, b) zu vermieten(d); **for ~** frei (*Taxi*); **take** (**let**) **a car on ~** ein Auto (ver)mieten; **~ car** Leih-, Mietwagen *m*; **6.** Entgelt *n*, Lohn *m*.
hire·ling ['haɪəlɪŋ] *mst contp.* **I** *s.* Mietling *m*; **II** *adj.* a) käuflich, b) *b.s.* angeheuert.
hire pur·chase *s. bsd. Brit.* ✝ Abzahlungs-, Teilzahlungs-, Ratenkauf *m*: **buy on ~** auf Abzahlung kaufen; **ˌ~-'pur·chase** *adj.*: **~ agreement** Abzahlungsvertrag *m*; **~ system** Teilzahlungssystem *n*.
hir·er ['haɪərə] *s.* **1.** Mieter(in); **2.** Vermieter(in).
hir·sute ['hɜːsjuːt] *adj.* **1.** haarig, zottig, struppig; **2.** ⚘, *zo.* rauhaarig, borstig.
his [hɪz] *poss. pron.* **1.** sein, seine: **~ family**; **2.** seiner (seine, seines), der (die, das) Seine (*od.* Seinige); **my father and ~** mein u. sein Vater; **this hat is ~** das ist sein Hut, dieser Hut gehört ihm; **a book of ~** eines seiner Bücher, ein Buch von ihm.
hiss [hɪs] **I** *v/i.* **1.** zischen; **II** *v/t.* **2.** auszischen, -pfeifen; **3.** zischeln; **III** *s.* **4.** Zischen *n*.
hist [sːt] *int.* sch!, pst!
his·tol·o·gist [hɪ'stɒlədʒɪst] *s.* ⚕ Histo'loge *m*; **his'tol·o·gy** [-dʒɪ] *s.* ⚕ Histolo'gie *f*, Gewebelehre *f*; **his'tol·y·sis** [-lɪsɪs] *s.* ⚕, *biol.* Histo'lyse *f*, Gewebszerfall *m*.
his·to·ri·an [hɪ'stɔːrɪən] *s.* Hi'storiker (-in), Geschichtsforscher(in); **his·tor·ic** [hɪ'stɒrɪk] *adj.* (☐ **~ally**) **1.** hi'storisch, geschichtlich (berühmt *od.* bedeutsam): **~ buildings**; **a ~ speech**; **2.** → **his·tor·i·cal** [hɪ'stɒrɪkl] *adj.* ☐ **1.** hi'storisch: a) geschichtlich (belegt *od.* über'liefert): **a**(**n**) **~ event**, b) Geschichts...: **~ science**, c) geschichtlich orientiert: **~ materialism** historischer Materialismus, d) geschichtlich(en Inhalts): **~ novel** historischer Roman; **2.** → **historic** 1; **3.** *ling.* hi'storisch: **~ present**; **his·to·ric·i·ty** [ˌhɪstə'rɪsətɪ] *s.* Geschichtlichkeit *f*; **his·to·ried** ['hɪstərɪd] → **historic** 1; **his·to·ri·og·ra·pher** [ˌhɪstɔːrɪ'ɒgrəfə] *s.* Historio'graph *m*, Geschichtsschreiber *m*; **his·to·ri·og·ra·phy** [ˌhɪstɔːrɪ'ɒgrəfɪ] *s.* Geschichtsschreibung *f*.

Beachten Sie den Unterschied:

historic
emotional gefärbt: historisch bedeutsam

historical
neutral: geschichtlich, die Vergangenheit betreffend

his·to·ry ['hɪstərɪ] *s.* **1.** Geschichte *f*: a) geschichtliche Vergangenheit *od.* Entwicklung, b) (*ohne art.*) Geschichtswissenschaft *f*: **~ book** Geschichtsbuch *n*; **ancient** (**modern**) **~** alte (neuere) Geschichte; **~ of art** Kunstgeschichte; **go down in ~ as** als ... in die Geschichte eingehen; **make ~** Geschichte machen; → **natural history**; **2.** Werdegang *m* (*a.* ⚙), Entwicklung *f*, (Entwicklungs-) Geschichte *f*; **3.** *allg.*, *a.* ⚕ Vorgeschichte *f*, Vergangenheit *f*: (**case**) **~** Krankengeschichte *f*, Anamnese *f*; **have a ~**; **4.** (*a.* Lebens)Beschreibung *f*, Darstellung *f*; **5.** *paint.* Hi'storienbild *n*; **6.** hi'storisches Drama.
his·tri·on·ic [ˌhɪstrɪ'ɒnɪk] **I** *adj.* (☐ **~ally**) **1.** Schauspiel(er)..., schauspielerisch; **2.** thea'tralisch; **II** *s.* **3.** *pl. a. sg. konstr.* a) Schauspielkunst *f*, b) *contp.* Schauspiele'rei *f*, thea'tralisches Getue.
hit [hɪt] **I** *s.* **1.** Schlag *m*, Hieb *m* (*a. fig.*); **2.** *a. sport u. fig.* Treffer *m*, *Internet*: Zugriff *m* (*auf e-e Homepage*): **make a ~** a) e-n Treffer erzielen, b) *fig.* gut ankommen (**with** bei); **3.** Glücksfall *m*, Erfolg *m*; **4.** *thea.*, *Buch etc.*: Schlager *m*, ‚Knüller' *m*, Hit *m*: **song ~** Schlager, Hit; **he** (**it**) **was a great ~** (**with**) er (es) war ein großer Erfolg (bei); **5.** (Seiten)Hieb *m*, Spitze *f* (**at** gegen); **6.**

bsd. Am. sl. ‚Abschuss' *m*, Ermordung *f*; **II** *v/t.* [*irr.*] **7.** schlagen, stoßen; *Auto etc.* rammen: **~ *one's head against s.th.*** mit dem Kopf gegen et. stoßen; **8.** treffen (*a. fig.*): ***be ~ by a bullet***; ***when it ~s you*** *fig.* wenn es dich packt; ***you've ~ it*** *fig.* du hast es getroffen (*ganz recht*); **9.** (*seelisch*) treffen: ***be hard*** (*od.* ***badly***) **~** schwer getroffen sein (***by*** durch); **10.** stoßen *od.* kommen auf (*acc.*), treffen, finden: **~ *the right road***; **~ *a mine*** ⚓, ⚔ auf e-e Mine laufen; **~ *the solution*** die Lösung finden; **11.** *fig.* geißeln, scharf kritisieren; **12.** erreichen, *et.* ‚schaffen': ***the car ~s 100 mph***; ***prices ~ an all-time high*** die Preise erreichten e-e Rekordhöhe; **~ *the town*** in der Stadt ankommen; **III** *v/i.* [*irr.*] **13.** treffen; **14.** schlagen (***at*** nach); **15.** stoßen, schlagen (***against*** gegen); **16. ~** (***up***)***on*** → 10; **~ back** *v/i.* zu'rückschlagen (*a. fig.*): **~ *at s.o.*** j-m Kontra geben; **~ off** *v/t.* **1.** treffend *od.* über'zeugend darstellen *od.* schildern; *die Ähnlichkeit* genau treffen; **2. *hit it off with s.o.*** sich bestens vertragen *od.* glänzend auskommen mit j-m; **~ out** *v/i.* um sich schlagen: **~ *at*** auf *j-n* einschlagen, *fig.* über *j-n od. et.* losziehen.

ˌhit|-and-ˈmiss *adj.* **1.** mit wechselndem Erfolg; **2.** → ***hit-or-miss***; **ˌ~-and-ˈrun I** *adj.* **1. ~ *accident*** → 3; **~ *driver*** (unfall)flüchtiger Fahrer; **2.** kurz(lebig); **II** *s.* **3.** Unfall *m* mit Fahrerflucht.

hitch [hɪtʃ] **I** *s.* **1.** Ruck *m*, Zug *m*; **2.** ⚓ Stich *m*, Knoten *m*; **3.** ‚Haken' *m*: ***there is a ~*** (***somewhere***) die Sache hat (irgendwo) e-n Haken; ***without a ~*** reibungslos, glatt; **II** *v/t.* **4.** (ruckartig) ziehen: **~ *up one's trousers*** s-e Hosen hochziehen; **5.** befestigen, festhaken, ankoppeln, *Pferd* anspannen: ***get ~ed*** → 8; **III** *v/i.* **6.** hinken; **7.** sich festhaken; **8.** *a.* **~ *up*** F heiraten; **9.** → **'~-hike** *v/i.* F ‚per Anhalter' fahren, trampen; **'~ˌhik·er** *s.* F Anhalter(in), Tramper (-in).

hi-tech [ˌhaɪˈtek] **I** *s.* ˌHiˈtech *n, f*; **II** *adj.* ˌHiˈtech...

hith·er [ˈhɪðə] **I** *adv.* hierher: **~ *and thither*** hierhin u. dorthin, hin und her; **II** *adj.* diesseitig: ***the ~ side*** die nähere Seite; ***℞ India*** Vorderindien *n*; **ˌ~ˈto** [-ˈtuː] *adv.* bisˈher, bis jetzt.

Hit·ler·ism [ˈhɪtlərɪzəm] *s.* Naˈzismus *m*; **ˈHit·ler·ite** [-raɪt] **I** *s.* Nazi *m*; **II** *adj.* naˈzistisch.

hit| list *s. sl.* Abschussliste *f* (*a. fig.*); **~ man** *s.* [*irr.*] *Am. sl.* Killer *m*; **ˈ~-off** *s.* treffende Nachahmung, überˈzeugende Darstellung; **~ or miss** *adv.* aufs Gerateˈwohl; **ˌ~-or-ˈmiss** *adj.* **1.** sorglos, unbekümmert; **2.** aufs Gerateˈwohl getan; **~ pa·rade** *s.* ˈHitpaˌrade *f.*

Hit·tite [ˈhɪtaɪt] *s. hist.* Heˈthiter *m.*

hive [haɪv] **I** *s.* **1.** Bienenkorb *m*, -stock *m*; **2.** Bienenvolk *n*, -schwarm *m*; **3.** *fig.* a) *a.* **~ *of activity*** *das* reinste Bienenhaus, b) Sammelpunkt *m*, c) Schwarm *m* (*von Menschen*); **II** *v/t.* **4.** *Bienen* in e-n Stock bringen; **5.** *Honig* im Bienenstock sammeln; **6.** *a.* **~ *up*** *fig.* a) sammeln, b) auf die Seite legen; **7. ~ *off*** a) *Amt etc.* abtrennen (***from*** von), b) reprivatisieren; **III** *v/i.* **8.** in den Stock fliegen (*Bienen*): **~ *off*** *fig.* a) abschwenken, b) sich selbstständig machen; **9.** sich zs.-drängen.

hives [haɪvz] *s. pl. sg. od. pl. konstr.* ⚕ Nesselausschlag *m.*

HIV-neg·a·tive [ˌeɪtʃaɪviːˈnegətɪv] *adj.* ⚕ HIV-ˈnegativ; **ˌHIV-ˈpos·i·tive** *adj.* ⚕ HIV-ˈpositiv.

Hiz·bol·lah [ˌhɪzbəˈlɑː], **Hiz·bul·lah** [ˌhɪzbʊˈlɑː] *npr. coll.* HisˈbolIah *f.*

ho [həʊ] *int.* **1.** halt!, holla!, heda!; **2.** naˈnu!; **3.** *contp.* haˈha!, pah!; **4. *westward ~!*** auf nach Westen!; ***land ~!*** ⚓ Land in Sicht!

hoar [hɔː] *adj. obs.* **1.** → ***hoary***; **2.** (*vom Frost*) bereift, weiß.

hoard [hɔːd] **I** *s.* a) Hort *m*, Schatz *m*, b) Vorrat *m* (***of*** an *dat.*); **II** *v/t. u. v/i. a.* **~ *up*** horten, hamstern; **ˈhoard·er** [-də] *s.* Hamsterer *m.*

hoard·ing [ˈhɔːdɪŋ] *s.* **1.** Bau-, Bretterzaun *m*; **2.** *Brit.* Reˈklamewand *f.*

ˌhoarˈfrost *s.* (Rau)Reif *m.*

hoarse [hɔːs] *adj.* ☐ heiser; **ˈhoarse·ness** [-nɪs] *s.* Heiserkeit *f.*

hoar·y [ˈhɔːrɪ] *adj.* ☐ **1.** weißlich; **2.** a) (alters)grau, ergraut, b) *fig.* altersgrau, (ur)alt, ehrwürdig.

hoax [həʊks] **I** *s.* **1.** Falschmeldung *f*, (Zeitungs)Ente *f*; **2.** Schabernack *m*, Streich *m*; **II** *v/t.* **3.** *j-n* zum Besten haben, *j-m* e-n Bären aufbinden *od.* et. weismachen.

hob[1] [hɒb] **I** *s.* **1.** Kaˈmineinsatz *m*, -vorsprung *m* (*für Kessel etc.*); **2.** Kochfeld *n* (*auf Herd*); **3.** → ***hobnail***; **4.** ⚙ a) (Ab)Wälzfräser *m*, b) Strehlbohrer *m*; **II** *v/t.* **5.** ⚙ abwälzen, verzahnen: ***~bing machine*** → 4 a.

hob[2] [hɒb] *s.* Kobold *m*: ***play*** (*od.* ***raise***) **~ *with*** Schindluder treiben mit.

hob·ble [ˈhɒbl] **I** *v/i.* **1.** humpeln, hoppeln, *a. fig.* hinken, holpern; **II** *v/t.* **2.** *e-m Pferd etc.* die Vorderbeine fesseln; **3.** hindern; **III** *s.* **4.** Humpeln *n.*

hob·ble·de·hoy [ˌhɒbldɪˈhɔɪ] *s.* F (junger) Tollpatsch *od.* Flegel.

hob·by [ˈhɒbɪ] *s. fig.* Steckenpferd *n*, Liebhabeˈrei *f*, Hobby *n*; **ˈ~-horse** *s.* **1.** Steckenpferd *n* (*a. fig.*); **2.** Schaukelpferd *n*; **3.** Karusˈsellpferd *n*; **ˈhob·by·ist** [-ɪɪst] *s.* Hobbyˈist *m*, *engS. a.* Bastler *m*, Heimwerker *m.*

hob·gob·lin [ˈhɒbgɒblɪn] *s.* **1.** Kobold *m*; **2.** *fig.* (Schreck)Gespenst *n.*

'hob·nail *s.* grober Schuhnagel; **'hob-nailed** *adj.* **1.** genagelt; **2.** *fig.* ungehobelt; **'hob·nail(ed) liv·er** *s.* ⚕ Säuferleber *f.*

'hob·nob *v/i.* **1.** in'tim *od.* ‚auf Du u. Du' sein, freundschaftlich verkehren (***with*** mit); **2.** plaudern (***with*** mit).

ho·bo ['həʊbəʊ] *pl.* **-bos**, **-boes** *s. Am.* **1.** Wanderarbeiter *m*; **2.** Landstreicher *m*, Tippelbruder *m.*

Hob·son's choice ['hɒbsnz] *s.*: ***it's ~*** man hat keine andere Wahl.

hock[1] [hɒk] **I** *s.* **1.** *zo.* Sprung-, Fesselgelenk *n* (*der Huftiere*); **2.** Hachse *f* (*beim Schlachttier*); **II** *v/t.* **3.** → ***hamstring*** 3.

hock[2] [hɒk] *s.* **1.** weißer Rheinwein; **2.** trockener Weißwein.

hock[3] [hɒk] F **I** *s.*: ***in ~*** a) verschuldet, b) versetzt, verpfändet, c) *Am.* im ‚Knast'; **II** *v/t.* versetzen, verpfänden.

hock·ey ['hɒkɪ] *s.* a) Hockey *n*, b) *bsd. Am.* Eishockey *n*: ***~ stick*** Hockeyschläger *m.*

'hock·shop *s. sl.* Pfandhaus *n.*

ho·cus ['həʊkəs] *v/t.* **1.** betrügen; **2.** *j-n* betäuben; **3.** *e-m Getränk* ein Betäubungsmittel beimischen; **ˌ~-'po·cus** [-'pəʊkəs] *s.* Hokus'pokus *m*: a) *Zauberformel*, b) Schwindel *m*, fauler Zauber.

hod [hɒd] *s.* **1.** ⚠ Mörteltrog *m*, Steinbrett *n* (*zum Tragen*): ***~ carrier*** → ***hodman*** 1; **2.** Kohleneimer *m.*

hodge·podge ['hɒdʒpɒdʒ] *bsd. Am.* → ***hotchpotch***.

'hod·man [-mən] *s.* [*irr.*] **1.** ⚠ Mörtel-, Ziegelträger *m*; **2.** Handlanger *m.*

ho·dom·e·ter [hɒ'dɒmɪtə] *s.* Hodo'meter *n*, Wegmesser *m*, Schrittzähler *m.*

hoe [həʊ] ⚒ **I** *s.* Hacke *f*; **II** *v/t. Boden* hacken; *Unkraut* aushacken: ***a long row to ~*** e-e schwere Aufgabe.

hog [hɒg] **I** *s.* **1.** (Haus-, Schlacht-) Schwein *n*, *Am. allg.* (*a.* Wild)Schwein *n*: ***go the whole ~*** F aufs Ganze gehen, ganze Arbeit leisten; **2.** F a) Vielfraß *m*, b) Flegel *m*, c) Schmutzfink *m*, Ferkel *n*; **3.** ⚓ Scheuerbesen *m*; **4.** ⚙ *Am.* (Reiß)Wolf *m*; **5.** → ***hogget***; **II** *v/t.* **6.** *den Rücken* krümmen; **7.** scheren, stutzen; **8.** (gierig) verschlingen, ‚fressen', *fig. a.* an sich reißen, mit Beschlag belegen: ***~ the road*** → 10; **III** *v/i.* **9.** den Rücken krümmen; **10.** F rücksichtslos in der (Fahrbahn)Mitte fahren; **'~·back** *s.* langer u. scharfer Gebirgskamm; **~ chol·er·a** *s. vet. Am.* Schweinepest *f.*

hog·get ['hɒgɪt] *s. Brit. noch ungeschorenes* einjähriges Schaf.

hog·gish ['hɒgɪʃ] *adj.* □ a) schweinisch, b) rücksichtslos, c) gierig, gefräßig.

hog·ma·nay ['hɒgməneɪ] *s. Scot.* Sil'vester *m*, *n.*

hog| mane *s.* gestutzte Pferdemähne; **~'s back** → ***hogback***.

hogs·head ['hɒgzhed] *s.* **1.** *Hohlmaß*, *etwa 240 l*; **2.** großes Fass.

'hog|·skin *s.* Schweinsleder *n*; **'~-tie** *v/t.* **1.** *e-m Tier* alle vier Füße zs.-binden; **2.** *fig.* lähmen, (be)hindern; **'~·wash** *s.* **1.** Schweinefutter *n*; **2.** *contp.* ‚Spülwasser' *n* (*Getränk*); **3.** Quatsch *m*, ‚Mist' *m.*

hoi(c)k [hɔɪk] *v/t.* ✈ hochreißen.

hoicks [hɔɪks] *int. hunt.* hussa! (*Hetzruf an Hunde*).

hoi pol·loi [ˌhɔɪ'pɒlɔɪ] (*Greek*) *s.* **1.** ***the ~*** die (breite) Masse, der Pöbel; **2.** *Am. sl.* ‚Tam'tam' *n* (***about*** um).

hoist[1] [hɔɪst] *obs. p.p.*: ***~ with one's own petard*** *fig.* in der eigenen Falle gefangen.

hoist[2] [hɔɪst] **I** *v/t.* **1.** hochziehen, -winden, hieven, heben; **2.** *Flagge*, *Segel* hissen; **3.** *Am. sl.* ‚klauen'; **4.** ***~ a few*** *Am. sl.* ein paar ‚heben'; **II** *s.* **5.** (Lasten)Aufzug *m*, Hebezeug *n*, Kran *m*, Winde *f.*

hoist·ing| cage ['hɔɪstɪŋ] *s.* ⚒ Förderkorb *m*; **~ crane** *s.* ⚙ Hebekran *m*; **~ en·gine** *s.* **1.** ⚙ Hebewerk *n*; **2.** ⚒ 'Fördermaˌschine *f.*

hoi·ty-toi·ty [ˌhɔɪtɪ'tɔɪtɪ] **I** *adj.* **1.** hochnäsig; **2.** leichtsinnig; **II** *s.* **3.** Hochnäsigkeit *f.*

ho·k(e)y-po·k(e)y [ˌhəʊkɪ'pəʊkɪ] *s.* **1.** *sl.* → ***hocus-pocus***; **2.** Speiseeis *n.*

ho·kum ['həʊkəm] *s. sl.* **1.** *thea.* ‚Mätzchen' *pl.*, Kitsch *m*; **2.** ‚Krampf' *m*, Quatsch *m.*

hold[1] [həʊld] *s.* ⚓, ✈ Lade-, Frachtraum *m.*

hold[2] [həʊld] **I** *s.* **1.** Halt *m*, Griff *m*: ***catch*** (*od.* ***get***, ***lay***, ***seize***, ***take***) ***~ of s.th.*** et. ergreifen *od.* in die Hand bekommen *od.* zu fassen bekommen *od.* erwischen; ***get ~ of s.o.*** j-n erwischen; ***get ~ of o.s.*** *fig.* sich in die Gewalt bekommen; ***keep ~ of*** festhalten; ***let go one's ~ of*** loslassen; ***miss one's ~*** danebengreifen; ***take ~*** *fig.* sich festsetzen, Wurzel fassen; **2.** Halt *m*, Stütze *f*: ***afford no ~*** keinen Halt bieten; **3.** *Ringen*: Griff *m*: (***with***) ***no ~s barred*** *fig.* mit harten Bandagen (*kämpfen*); **4.** (***on***, ***over***, ***of***) Gewalt *f*, Macht *f* (über *acc.*), Einfluss (auf *acc.*): ***get a ~ on s.o.*** j-n unter s-n Einfluss *od.* in s-e Macht bekommen; ***have a*** (***firm***) ***~ on s.o.*** j-n in s-r Gewalt haben, j-n beherrschen; **5.** *Am.* Einhalt *m*: ***put a ~ on s.th.*** et. stoppen; **6.** *Raumfahrt*: Unter'brechung *f* des Count-down; **II** *v/t.* [*irr.*] **7.** (fest)halten; **8.** sich *die Nase*, *die Ohren* zuhalten: ***~ one's nose*** (***ears***); **9.** *Gewicht*, *Last etc.* tragen, (aus)halten; **10.** *in e-m Zustand* halten: ***~ o.s. erect*** sich gerade halten; ***~*** (***o.s.***) ***ready***

(sich) bereithalten; **11.** (zu'rück-, ein-) behalten: ~ ***the shipment*** die Sendung zurück(be)halten; ~ ***everything!*** sofort aufhören!; **12.** zu'rück-, abhalten (***from*** von *et.*, ***from doing s.th.*** davon, et. zu tun); **13.** an-, aufhalten, im Zaume halten: ***there is no ~ing him*** er ist nicht zu halten *od.* zu bändigen; ~ ***the enemy*** den Feind aufhalten; **14.** *Am.* a) *j-n* festnehmen: ***12 persons were held***, b) in Haft halten; **15.** *sport* sich erfolgreich verteidigen gegen *den Gegner*; **16.** *j-n* festlegen (***to*** auf *acc.*): ~ ***s.o. to his word*** j-n beim Wort nehmen; **17.** a) *Versammlung*, *Wahl etc.* abhalten, b) *Fest etc.* veranstalten, c) *sport Meisterschaft etc.* austragen; **18.** (beibe)halten: ~ ***the course***; **19.** *Alkohol* vertragen: ~ ***one's liquor well*** e-e ganze Menge vertragen; **20.** ⚔ *u. fig. Stellung* halten, behaupten: ~ ***one's own*** sich behaupten (***with*** gegen); ~ ***the stage*** a) sich halten (*Theaterstück*), b) *fig.* die Szene beherrschen, im Mittelpunkt stehen; → ***fort***; **21.** innehaben: a) besitzen: ~ ***land*** (***shares***, *etc.*), b) *Amt* bekleiden, c) *Titel* führen, d) *Platz etc.* einnehmen, e) *Rekord* halten; **22.** fassen: a) enthalten: ***the tank ~s 10 gallons***, b) Platz bieten für, 'unterbringen (können): ***the hotel ~s 500 guests***; ***the place ~s many memories*** der Ort ist voll von Erinnerungen; ***life ~s many surprises*** das Leben ist voller Überraschungen; ***what the future ~s*** was die Zukunft bringt; **23.** *Bewunderung etc.* hegen, *a. Vorurteile etc.* haben (***for*** für); **24.** behaupten, meinen: ~ (***the view***) ***that*** die Ansicht vertreten *od.* der Ansicht sein, dass; **25.** halten für: ***I ~ him to be a fool***; ***it is held to be true*** man hält es für wahr; **26.** ⚖ entscheiden (***that*** dass); **27.** *fig.* fesseln: ~ ***the audience***; ~ ***s.o.'s attention***; **28.** ~ ***to*** *Am.* beschränken auf (*acc.*); **29.** ~ ***against*** *j-m et.* vorwerfen *od.* verübeln; **30.** ♪ *Ton* (aus)halten; **III** *v/i.* [*irr.*] **31.** (stand)halten: ***will the bridge ~?***; **32.** (sich) festhalten (***by***, ***to*** an *dat.*); **33.** sich verhalten: ~ ***still*** stillhalten; **34.** *a.* ~ ***good*** (weiterhin) gelten, gültig sein *od.* bleiben: ***the promise still ~s*** das Versprechen gilt noch; **35.** anhalten, andauern: ***the fine weather held***; ***my luck held*** das Glück blieb mir treu; **36.** einhalten: ***~!*** halt!; **37.** ~ ***by*** (*od.* ***to***) *j-m od. e-r Sache* treu bleiben; **38.** ~ ***with*** es halten mit *j-m*, für *j-n od. et.* sein;

Zssgn mit adv.:

hold| back I *v/t.* **1.** zu'rückhalten; **2.** → ***hold in***; **3.** zu'rückhalten mit, verschweigen; **II** *v/i.* **4.** sich zu'rückhalten (*a. fig.*); **5.** nicht mit der Sprache herausrücken; ~ **down** *v/t.* **1.** niederhalten, *fig. a.* unter'drücken; **2.** F a) *e-n Posten* (inne)haben, b) sich *in e-r Stellung* halten; ~ **forth I** *v/t.* **1.** (an)bieten; **2.** in Aussicht stellen; **II** *v/i.* **3.** sich auslassen *od.* verbreiten (***on*** über *acc.*); **4.** *Am.* stattfinden; ~ **in I** *v/t.* im Zaum halten, zu'rückhalten: ***hold o.s. in*** a) → II, b) den Bauch einziehen; **II** *v/i.* sich zu'rückhalten; ~ **off I** *v/t.* **1.** a) abhalten, fern halten, b) abwehren; **2.** *et.* aufschieben, *j-n* hinhalten; **II** *v/i.* **3.** sich fern halten (***from*** von); **4.** a) zögern, b) warten; **5.** ausbleiben; ~ **on** *v/i.* **1.** *a. fig.* (*a.* sich) festhalten (***to*** an *dat.*); **2.** aus-, 'durchhalten; **3.** andauern, -halten; **4.** *teleph.* am Appa'rat bleiben; **5.** ***~!*** immer langsam!, halt!; **6.** ~ ***to*** *et.* behalten; ~ **out I** *v/t.* **1.** *die Hand etc.* ausstrecken: ***hold s.th. out to s.o.*** j-m et. hinhalten; **2.** in Aussicht stellen: ~ ***little hope*** wenig Hoffnung äußern *od.* haben; **3.** ***hold o.s. out as*** *Am.* sich ausgeben für *od.* als; **II** *v/i.* **4.** reichen (*Vorräte*); **5.** aus-, 'durchhalten; **6.** sich behaupten (***against*** gegen); **7.** ~ ***on s.o.*** j-m et. vorenthalten *od.* verheimlichen; **8.** ~ ***for*** F bestehen auf (*dat.*); ~ **o·ver** *v/t.* **1.** *et.* vertagen, -schieben (***until*** auf *acc.*); **2.** ✝ prolongieren; **3.** *Amt etc.* (weiter) behalten; **4.** *thea. etc. j-s* Engage'ment verlängern (***for*** um); ~ **to·geth·er** *v/t. u. v/i.* zs.-halten (*a. fig.*); ~ **up I** *v/t.* **1.** (hoch)heben; **2.** hochhalten: ~ ***to view*** den Blicken darbieten; **3.** halten, stützen, tragen; **4.** aufrechterhalten; **5.** ~ ***as*** als *Beispiel etc.* hinstellen; **6.** *j-n od. et.* aufhalten, *et.* verzögern; **7.** *j-n*, *e-e Bank etc.* über'fallen; **II** *v/i.* **8.** → ***hold out*** 5, 6; **9.** sich halten (*Preise*, *Wetter*); **10.** sich bewahrheiten.

'hold|·all *s.* Reisetasche *f*; **'~·back** *s.* Hindernis *n.*

hold·er ['həʊldə] *s.* **1.** *oft in Zssgn* Halter *m*, Behälter *m*; **2.** ⚙ a) Halter (-ung *f*) *m*, b) Zwinge *f*; **3.** ⚡ (Lampen)Fassung *f*; **4.** Pächter *m*; **5.** ✝ Inhaber(in) (*e-s Patents*, *Schecks etc.*), Besitzer(in): ***previous ~*** Vorbesitzer *m*; **6.** *sport* Inhaber(in) (*e-s Rekords*, *Titels etc.*).

'hold·fast *s.* **1.** ⚙ Klammer *f*, Zwinge *f*, Haken *m*, Kluppe *f*; **2.** ⚘ Haftscheibe *f.*

hold·ing ['həʊldɪŋ] *s.* **1.** (Fest)Halten *n*; **2.** ⚖ a) Pachtgut *n*, b) Pacht *f*, c) Grundbesitz *m*; **3.** *oft pl.* a) Besitz *m*, Bestand *m* (*an Effekten etc.*), b) (Aktien)Anteil *m*, (-)Beteiligung *f*: ***large steel ~s*** ✝ großer Besitz von Stahl(werks)aktien; **4.** ✝ a) Vorrat *m*, b) Guthaben *n*; **5.** ⚖ (gerichtliche) Entscheidung; ~ **at·tack** *s.* ⚔ Fesselungsangriff *m*; ~ **com·pa·ny** *s.* ✝ Dach-, Holdinggesellschaft *f*; ~ **pat·tern** *s.* ✈ Warteschleife *f.*

'hold|ˌo·ver *s.* **1.** ‚'Überbleibsel' *n* (*Amtsträger etc.*); **2.** *Film etc.*: a) Verlängerung *f*, b) *Künstler etc., dessen Engagement verlängert worden ist*; **'~-up** *s.* **1.** Verzögerung *f*, (*a.* Verkehrs)Stockung *f*; **2.** (bewaffneter) ('Raub)ˌÜberfall.

hole [həʊl] **I** *s.* **1.** Loch *n*: ***be in a ~*** *fig.* in der Klemme sitzen; ***make a ~ in*** *fig.* ein Loch reißen in (*Vorräte*); ***pick ~s in*** *fig.* a) an *e-r Sache* herumkritteln, b) *Argument etc.* zerpflücken, c) *j-m* am Zeug flicken; ***full of ~s*** *fig.* fehlerhaft, ‚wack(e)lig' (*Theorie etc.*); ***like a ~ in the head*** F *unnötig* wie ein Kropf; **2.** Loch *n*, Grube *f*; **3.** Höhle *f*, Bau *m* (*Tier*); **4.** *fig.* ‚Loch' *n*: a) (Bruch)Bude *f*, b) ‚Kaff' *n*, c) Schlupfwinkel *m*; **5.** *Golf*: a) Hole *n*, Loch *n*, b) (Spiel)Bahn *f*: ***~ in one*** As *n*; **II** *v/t.* **6.** ein Loch machen in (*acc.*), durch'löchern; **7.** ⚒ schrämen; **8.** *Tier* in s-e Höhle treiben; **9.** *Golf*: *Ball* einlochen; **III** *v/i.* **10.** *mst* ***~ up*** a) sich in die Höhle verkriechen (*Tier*), b) *Am.* F sich verstecken *od.* -kriechen; **11.** *a.* ***~ out*** *Golf*: einlochen.

ˌhole-and-'cor·ner [-nd'k-] *adj.* **1.** heimlich, versteckt; **2.** anrüchig; **3.** armselig; **ˌhole-in-the-'wall** *s.* **1.** *Brit.* F 'Geldautoˌmat *m*; **2.** (kleine) Spe'lunke, kleiner düsterer Laden.

hol·i·day ['hɒlədɪ] **I** *s.* **1.** (***public ~*** gesetzlicher) Feiertag; **2.** freier Tag, Ruhetag *m*: ***have a ~*** e-n freien Tag haben (→ 3); ***have a ~ from*** sich von *et.* erholen können; **3.** *mst pl. bsd. Brit.* Ferien *pl.*, Urlaub *m*: ***the Easter ~s*** die Osterferien; ***be on ~*** im Urlaub sein; ***go on ~*** in Urlaub gehen; ***have a ~*** Urlaub haben (→ 2); ***take a ~*** Urlaub nehmen *od.* machen; ***~s with pay*** bezahlter Urlaub; **II** *adj.* **4.** Feiertags...: ***~ clothes*** Festtagskleidung *f*; **5.** *bsd. Brit.* Ferien..., Urlaubs...: ***~ apartment*** Ferienwohnung *f*; ***~ camp*** Feriendorf *n*; ***~ course*** Ferienkurs *m*; ***~ home*** a) Ferienhaus *n*, b) Ferienwohnung *f*; ***~ trip*** Urlaubsreise *f*; **III** *v/i.* **6.** *bsd. Brit.* Ferien *od.* Urlaub machen; **'~ˌmak·er** *s. bsd. Brit.* Urlauber(in).

ˌho·li·er-than-'thou [ˌhəʊlɪə-] *Am.* F **I** *s.* ‚Phari'säer' *m*; **II** *adj.* phari'säisch.

ho·li·ness ['həʊlɪnɪs] *s.* Heiligkeit *f*: ***His*** ♀ Seine Heiligkeit (*Papst*).

ho·lism ['həʊlɪzəm] *s. phls.* Ho'lismus *m* (*Ganzheitstheorie*); **ho·lis·tic** [həʊ'lɪstɪk] *adj.* ho'listisch.

Hol·lands ['hɒləndz], *a.* **Hol·land gin** *s.* Ge'never *m*.

hol·ler ['hɒlə] *v/i. u. v/t.* F brüllen.

hol·low ['hɒləʊ] **I** *s.* **1.** Höhle *f*, (Aus-)Höhlung *f*, Hohlraum *m*: ***~ of the hand*** hohle Hand; ***~ of the knee*** Kniekehle *f*; ***have s.o. in the ~ of one's hand*** *fig.* j-n völlig in der Hand haben; **2.** Vertiefung *f*, Mulde *f*, Senke *f*; **3.** ⚙ a) Hohlkehle *f*, b) (Guss)Blase *f*; **II** *adj.* □ → *a.* III; **4.** hohl, Hohl...; **5.** hohl, dumpf (*Ton, Stimme*); **6.** *fig.* a) hohl, leer: ***feel ~*** Hunger haben, b) falsch: ***~ promises***; ***~ victory*** wertloser Sieg; **7.** hohl: a) eingefallen (*Wangen*), b) tief liegend (*Augen*); **III** *adv.* **8.** hohl: ***ring ~*** hohl *od.* unglaubwürdig klingen; ***beat s.o. ~*** F j-n vernichtend schlagen; **IV** *v/t.* **9.** *oft* ***~ out*** aushöhlen, -kehlen; **~ bit** *s.* ⚙ Hohlmeißel *m*, -bohrer *m*; **~ charge** *s.* ⚔ Haft-Hohlladung *f*; **ˌ~-'cheeked** *adj.* hohlwangig; **'~-eyed** *adj.* hohläugig; **ˌ~-'ground** *adj.* ⚙ hohlgeschliffen.

hol·low·ness ['hɒləʊnɪs] *s.* **1.** Hohlheit *f*; **2.** Dumpfheit *f*; **3.** *fig.* a) Hohlheit *f*, Leere *f*, b) Falschheit *f*.

hol·low| square *s.* ⚔ Kar'ree *n*; **~ tile** *s.* ⚙ Hohlziegel *m*; **'~·ware** *s.* tiefes (Küchen)Geschirr (*Töpfe etc.*).

hol·ly ['hɒlɪ] *s.* **1.** ⚘ Stechpalme *f*; **2.** Stechpalmenzweige *pl.*

'hol·ly·hock *s.* ⚘ Stockrose *f*.

hol·o·caust ['hɒləkɔːst] *s.* **1.** Massenvernichtung *f*, (*engS.* 'Brand)Kataˌstrophe *f*: ***the*** ♀ *pol. hist.* der Holocaust; **2.** Brandopfer *n*.

hol·o|·cene ['hɒləʊsiːn] *s. geol.* Holo'zän *n*, Al'luvium *n*; **'~·gram** [-əʊgræm] *s. phys.* Holo'gramm *n*; **'~·graph** [-əʊgrɑːf; -əʊgræf] *adj. u. s.* ⚖ eigenhändig geschrieben(e Urkunde).

ho·log·ra·phy [hɒ'lɒgrəfɪ] *s. phys.* Hologra'phie *f*.

hols [hɒlz] *s. pl. Brit.* F *für* ***holiday*** 3.

hol·ster ['həʊlstə] *s.* (Pi'stolen)Halfter *f*, *n*.

ho·ly ['həʊlɪ] **I** *adj.* □ **1.** heilig, (*Hostie etc.*) geweiht: ***~ cow*** (*od.* ***smoke***)***!*** F ‚heiliger Bimbam'!; **2.** fromm; **3.** gottgefällig; **II** *s.* **4.** ***the ~ of holies*** *bibl.* das Allerheiligste; ♀ **Al·li·ance** *s. hist. die* Heilige Alli'anz; **~ bread** *s.* Abendmahlsbrot *n*, Hostie *f*; ♀ **Cit·y** *s. die* Heilige Stadt; **~ day** *s.* kirchlicher Feiertag; ♀ **Fa·ther** *s. der* Heilige Vater; ♀ **Ghost** *s. der* Heilige Geist; ♀ **Land** *s. das* Heilige Land; ♀ **Of·fice** *s. R.C.* a) *hist. die* Inquisiti'on, b) *das* Heilige Of'fizium; ♀ **Ro·man Em·pire** *s. hist. das* Heilige Römische Reich; ♀ **Sat·ur·day** *s.* Kar'samstag *m*; ♀ **Scrip·ture** *s. die* Heilige Schrift; ♀ **See** *s. der* Heilige Stuhl; ♀ **Spir·it** → ***Holy Ghost***; **~ ter·ror** *s.* F ‚Nervensäge' *f*; ♀ **Thurs·day** *s.* **1.** *R.C.* Grün'donnerstag *m*; **2.** (*anglikanische Kirche*) Himmelfahrtstag *m*; ♀ **Trin·i·ty** *s. die* Heilige Drei'einigkeit *od.* Drei'faltigkeit; **~ wa·ter** *s. R.C.* Weihwasser *n*; ♀ **Week** *s.* Karwoche *f*; ♀ **Writ** → ***Holy Scripture***.

hom·age ['hɒmɪdʒ] *s.* **1.** *hist. u. fig.* Huldigung *f*: ***do*** (*od.* ***render***) ***~*** huldigen (***to*** *dat.*); **2.** *fig.* Reve'renz *f*: ***pay ~ to*** Anerkennung zollen (*dat.*), (s-e) Hochachtung bezeigen (*dat.*).

Hom·burg (hat) ['hɒmbɜːg] *s.* Homburg *m* (*Herrenfilzhut*).

home [həʊm] **I** *s.* **1.** Heim *n*: a) Haus *n*, (*eigene*) Wohnung, b) Zu'hause *n*, Da'heim *n*, c) Elternhaus *n*: ***at ~*** zu Hause, *östr., schweiz.* zu'hause, daheim (*a. sport*) (→ 2); ***at ~ in*** (*od.* ***on, with***) *fig.* bewandert in (*dat.*), vertraut mit (*e-m Fachgebiet etc.*); ***not at ~*** (***to s.o.***) nicht zu sprechen (für j-n); ***feel at ~*** sich wie zu Hause fühlen; ***make o.s. at ~*** es sich bequem machen; tun, als ob man zu Hause wäre; ***make one's ~ at*** sich niederlassen in (*dat.*); ***away from ~*** abwesend, verreist, *bsd. sport* auswärts; **2.** Heimat *f* (*a.* ⚘, *zo. u. fig.*), Geburts-, Heimatland *n*: ***at ~*** a) im Lande, in der Heimat, b) im Inland, daheim; ***at ~ and abroad*** im In- u. Ausland; ***a letter from ~*** ein Brief von Zuhause; **3.** (ständiger *od.* jetziger) Wohnort, Heimatort *m*: ***last ~*** letzte Ruhestätte; **4.** Heim *n*, Anstalt *f*: ***~ for the aged*** Altenheim; ***~ for the blind*** Blindenheim, -anstalt; **5.** *sport* a) Ziel *n*, b) → ***home plate***, c) Heimspiel *n*, d) Heimsieg *m*; **II** *adj.* **6.** Heim...: a) häuslich, Familien..., b) zu Hause ausgeübt: ***~ life*** häusliches Leben, Familienleben *n*; ***~ remedy*** Hausmittel *n*; ***~-baked*** selbst gebacken; **7.** Heimat...: ***~ address*** (***city, port*** *etc.*); ***~ fleet*** ⚓ Flotte *f* in Heimatgewässern; **8.** einheimisch, inländisch, Inland(s)..., Binnen...: ***~ affairs*** *pol.* innere Angelegenheiten; ***~ market*** Inlands-, Binnenhandel *m*; **9.** *sport* a) Heim...: ***~ advantage*** (***match, win,*** *etc.*): ***~ strength*** Heimstärke *f*, b) Ziel...; **10.** a) (wohl)gezielt, wirkungsvoll (*Schlag etc.*), b) *fig.* treffend, beißend (*Bemerkung etc.*); → ***home thrust, home truth***; **III** *adv.* **11.** heim, nach Hause, *östr., schweiz.* nach'hause: ***the way ~*** der Heimweg; ***go ~*** nach Hause gehen (→ 13); → ***write*** 10; **12.** zu Hause, *östr., schweiz.* zu'hause (wieder) da'heim; **13.** a) ins Ziel, b) im Ziel, c) bis zum Ausgangspunkt, d) ganz, so weit wie möglich: ***drive a nail ~*** e-n Nagel fest einschlagen; ***drive*** (*od.* ***bring***) ***s.th. ~ to s.o.*** j-m et. klarmachen *od.* beibringen *od.* vor Augen führen; ***drive a charge ~ to s.o.*** j-n überführen; ***go*** (*od.* ***get, strike***) ***~*** ‚sitzen', s-e Wirkung tun; ***the thrust went ~*** der Hieb saß; **IV** *v/i.* **14.** zu'rückkehren; **15.** ✈ a) (*per Leitstrahl*) das Ziel anfliegen, b) *mst* ***~ in on*** *ein Ziel* auto'matisch ansteuern (*Rakete*); **V** *v/t.* **16.** *Flugzeug* (*per Radar*) einweisen, ‚herunterholen'.

ˌhome-and-'home *adj. sport Am.* im Vor- u. Rückspiel ausgetragen: ***~ match***; ***~ bank·ing*** *s.* 'Homebanking *n*; **'~ˌbod·y** *s.* häuslicher Mensch, *contp.* Stubenhocker(in); **'~·bound** *adj.* ans Haus gefesselt: ***~ invalid***; **ˌ~'bred** *adj.* **1.** einheimisch; **2.** *obs.* hausbacken; **'~·brew** *s.* selbst gebrautes Getränk (*bsd.* Bier); **'~ˌcom·ing** *s.* Heimkehr *f*; **~ con·tents** *s. pl.* Hausrat *m*; **♀ Coun·ties** *s. pl. die um London liegenden Grafschaften*; **~ e·co·nom·ics** *s. pl. sg. konstr.* Hauswirtschaft(slehre) *f*; **~ front** *s.* Heimatfront *f*; **~ ground** *s. sport* eigener Platz; *fig.* vertrautes Gelände; **♀ Guard** *s.* Bürgerwehr *f*; **'~-ˌkeep·ing** *adj.* häuslich, *contp.* stubenhockerisch; **'~·land** *s.* **1.** Heimat-, Vater-, Mutterland *n*; **2.** *pol.* Homeland *n*, Heimstatt *f* (*in Südafrika*).

home·less ['həʊmlɪs] *adj.* **1.** heimatlos; **2.** obdachlos; **'home·like** *adj.* wie zu Hause (*östr., schweiz.* zuhause), gemütlich; **home·li·ness** ['həʊmlɪnɪs] *s.* **1.** Einfachheit *f*, Schlichtheit *f*; **2.** Gemütlichkeit *f*; **3.** *Am.* Reizlosigkeit *f*; **home·ly** ['həʊmlɪ] *adj.* **1.** → ***homelike***; **2.** freundlich; **3.** einfach, hausbacken; **4.** *Am.* reizlos: ***a ~ girl***.

ˌhome|'made *adj.* **1.** selbst gemacht, Hausmacher...; **2.** selbst gebastelt: ***~ bomb***; **3.** ✝ a) einheimisch, im Inland hergestellt: ***~ goods***, b) hausgemacht: ***~ inflation***; **'~ˌmak·er** *s. Am.* **1.** Hausfrau *f*; **2.** Fa'milienpflegerin *f*; **'~ˌmak·ing** *s. Am.* Haushaltsführung *f*; **~ mar·ket** *s.* ✝ Inlandsmarkt *m*; **~ me·chan·ic** *s.* Heimwerker *m*; **~ mov·ie** *s.* Heimkino *n*.

homeo- *etc.* → ***homoeo-*** *etc.*

home| of·fice *s.* **1.** ♀ *Brit.* 'Innenminisˌterium *n*; **2.** *bsd.* ✝ *Am.* Hauptsitz *m*; **~ page** *s. Internet*: 'Homepage *f* (*Startseite e-s Anbieters*); **~ perm** *s.* F Heim-Dauerwelle *f*; **~ plate** *s. Baseball*: Heimbase *n*.

hom·er ['həʊmə] *s.* F *für* ***home run***.

Ho·mer·ic [həʊ'merɪk] *adj.* ho'merisch: ***~ laughter***.

home| rule *s. pol.* a) 'Selbstreˌgierung *f*, b) ♀ *hist.* Homerule *f* (*in Irland*); **~ run** *s. Baseball*: Homerun *m* (*Lauf über alle 4 Male*); **♀ Sec·re·tar·y** *s. Brit.* 'Innenmiˌnister *m*; **~ shop·ping** *s.* Teleshopping *n*; **'~·sick** *adj.*: ***be ~*** Heimweh haben; **'~ˌsick·ness** *s.* Heimweh *n*; **'~·spun I** *adj.* **1.** a) zu Hause gesponnen, b) Homespun...: ***~ clothing***; **2.** *fig.* schlicht, einfach; **II** *s.* **3.** Homespun *n* (*Streichgarn*[*gewebe*]); **'~·stead** *s.* **1.** Heimstätte *f*, Gehöft *n*; **2.** ⚖ *Am.* Heimstätte *f* (*Grundparzelle od. gegen Zugriff von Gläubigern geschützter Grundbesitz*); **~ straight, ~ stretch** *s. sport* Zielgerade *f*: ***be on the ~*** *fig.* kurz vor dem Ziel stehen; **~ thrust** *s. fig.* wohlgezielter Hieb; **~ truth** *s.* harte Wahrheit, unbequeme Tatsache; **'~·ward** [-wəd] **I** *adv.* heimwärts, nach Hause, *östr., schweiz.* nachhause; **II** *adj.* Heim..., Rück...; → ***bound***[2]; **'~·wards** [-wədz] → ***homeward*** I; **'~·work** *s.* **1.** *ped.* Hausaufgabe(n *pl.*) *f*, Schularbeiten *pl.*: ***do one's ~*** s-e Hausaufgaben machen (*a. fig. sich gründlich vorbereiten*); **2.** ⚒ Heimarbeit *f*; **'~ˌwork·er** *s.* ⚒ Heimarbeiter (-in); **'~ˌwreck·er** *s. j-d, der e-e Ehe zerstört.*

home·y *Am. für* ***homy***.

hom·i·cid·al [ˌhɒmɪ'saɪdl] *adj.* **1.** mörderisch, mordlustig; **2.** Mord..., Totschlags...; **hom·i·cide** ['hɒmɪsaɪd] *s.* **1.** *allg.* Tötung *f*, *engS.* a) Mord *m*, b) Totschlag *m*: ***~ by misadventure*** *Am.* Unfall *m* mit Todesfolge; ***~*** (***squad***) Mordkommission *f*; **2.** Mörder(in), Totschläger(in).

hom·i·ly ['hɒmɪlɪ] *s.* **1.** Homi'lie *f*, Predigt *f*; **2.** *fig.* Mo'ralpredigt *f*.

hom·ing ['həʊmɪŋ] **I** *adj.* **1.** heimkehrend: ***~ pigeon*** Brieftaube *f*; ***~ instinct*** *zo.* Heimkehrvermögen *n*; **2.** ⚔ zielansteuernd (*Rakete etc.*); **II** *s.* ✈ **3.** a) Zielflug *m*, b) Zielpeilung *f*, c) Rückflug *m*: ***~ beacon*** Zielflugfunkfeuer *n*; ***~ device*** Zielfluggerät *n*.

hom·i·nid ['hɒmɪnɪd] *zo.* **I** *adj.* menschenartig; **II** *s.* Homi'nide *m*, menschenartiges Wesen; **'hom·i·noid** [-nɔɪd] *adj. u. s.* menschenähnlich(es Tier).

hom·i·ny ['hɒmɪnɪ] *s. Am.* **1.** Maismehl *n*; **2.** Maisbrei *m*.

ho·mo ['həʊməʊ] *s.* F ‚Homo' *m*.

homo- [həʊməʊ; hɒməʊ], **homoeo-** [həʊmjəʊ] *in Zssgn* gleich(artig).

ho·moe·o·path ['həʊmjəʊpæθ] *s.* ⚕ Homöo'path(in); **ho·moe·o·path·ic** [ˌhəʊmjəʊ'pæθɪk] *adj.* (□ ***~ally***) ⚕ homöo'pathisch; **ho·moe·op·a·thist** [ˌhəʊmɪ'ɒpəθɪst] → ***homoeopath***; **homoe·op·a·thy** [ˌhəʊmɪ'ɒpəθɪ] *s.* ⚕ Homöopa'thie *f*.

ho·mo·e·rot·ic [ˌhəʊməʊɪ'rɒtɪk] *adj.* homoe'rotisch.

ho·mo·ge·ne·i·ty [ˌhɒməʊdʒe'niːətɪ] *s.* Homogeni'tät *f*, Gleichartigkeit *f*; **homo·ge·ne·ous** [ˌhɒməʊ'dʒiːnjəs] *adj.* □ homo'gen: a) gleichartig, b) einheitlich; **ho·mo·gen·e·sis** [ˌhɒməʊ'dʒenɪsɪs] *s. biol.* Homoge'nese *f*; **homog·e·nize** [hɒ'mɒdʒənaɪz] *v/t.* homogenisieren.

ho·mol·o·gate [hɒ'mɒləgeɪt] *v/t.* **1.** ⚖ a) genehmigen, b) beglaubigen, bestätigen; **2.** *Ski- u. Motorsport*: homologieren; **ho'mol·o·gous** [-gəs] *adj.* ⚗, ⩜, *biol.* homo'log.

hom·o·nym ['hɒməʊnɪm] *s. ling.* Homo'nym *n* (*a. biol.*), gleich lautendes Wort; **ho·mo·nym·ic** [ˌhɒməʊ'nɪmɪk], **homon·y·mous** [hɒ'mɒnɪməs] *adj.* homo'nym.

ho·mo·phile ['hɒməʊfaɪl] **I** *s.* Homo'phile(r *m*) *f*; **II** *adj.* homo'phil.

hom·o·phone ['hɒməʊfəʊn] *s. ling.* Homo'phon *n*; **hom·o·phon·ic** [ˌhɒməʊ'fɒnɪk] *adj.* ♪, *ling.* homo'phon.

ho·mop·ter·a [həʊ'mɒptərə] *s. pl. zo.* Gleichflügler *pl.* (*Insekten*).

ho·mo·sex·u·al [ˌhɒməʊ'seksjʊəl] **I** *s.* Homosexu'elle(r *m*) *f*; **II** *adj.* homosexu'ell; **ho·mo·sex·u·al·i·ty** [ˌhɒməʊseksjʊ'ælətɪ] *s.* Homosexuali'tät *f*.

ho·mun·cu·lar [hɒ'mʌŋkjʊlə] *adj.* ho'munkulusähnlich; **ho'mun·cule** [-kjuːl], **ho'mun·cu·lus** [-kjʊləs] *pl.* **-li** [-laɪ] *s.* **1.** Ho'munkulus *m* (*künstlich erzeugter Mensch*); **2.** Menschlein *n*, Knirps *m*.

hom·y ['həʊmɪ] *adj.* F gemütlich.

hon·cho ['hɒntʃəʊ] *s. bsd. Am.* F Boss *m*: ***head ~*** Big Boss *m*, 'Oberboss *m*.

hone [həʊn] **I** *s.* **1.** (feiner) Schleifstein; **II** *v/t.* **2.** honen, fein-, ziehschleifen; **3.** *fig.* a) schärfen, b) (aus)feilen.

hon·est ['ɒnɪst] *adj.* □ **1.** ehrlich: a) redlich, rechtschaffen, anständig, b) offen, aufrichtig; **2.** *humor.* wacker, bieder; **3.** ehrlich verdient; **4.** *obs.* ehrbar (*Frau*); **'hon·est·ly** [-lɪ] **I** *adv.* → ***honest***; **II** *int.* F a) offen gesagt, b) ehrlich!, c) *empört*: nein (*od.* also) wirklich!; **ˌhon·est-to-'God**, **ˌhon·est-to-'good·ness** *adj.* F echt, wirklich, ‚richtig'; **'hon·es·ty** [-tɪ] *s.* **1.** Ehrlichkeit *f*: a) Rechtschaffenheit *f*: ***~ is the best policy*** ehrlich währt am längsten, b) Aufrichtigkeit *f*; **2.** *obs.* Ehrbarkeit *f*; **3.** ⚘ 'Mondviˌole *f*.

hon·ey ['hʌnɪ] *s.* **1.** Honig *m* (*a. fig.*); **2.** ⚘ Nektar *m*; **3.** F *bsd. Am.* a) *Anrede*: ‚Schatz' *m*, Süße(r *m*) *f*, b) *Am.* ‚süßes' *od.* ‚schickes' Ding: ***a ~ of a car*** ein ‚klasse' Wagen; **'~·bag** *s. zo.* Honigmagen *m der Bienen*; **'~·bee** *s. zo.* Honigbiene *f*; **'~·bun(ch)** [-bʌn(tʃ)] → ***honey*** 3 a.

'hon·ey·comb [-kəʊm] **I** *s.* **1.** Bienen-, Honigwabe *f*; **2.** Waffelmuster *n* (*Gewebe*): ***~*** (***quilt***) Waffeldecke *f*; **3.** ⚙ Lunker *m*, (Guss)Blase *f*; **4.** *in Zssgn* ⚙ Waben... (*-kühler, -spule etc.*): ***~ stomach*** *zo.* Netzmagen *m*; **II** *v/t.* **5.** (wabenartig) durch'löchern; **6.** *fig.* durch'setzen (***with*** mit); **'hon·ey·combed** [-kəʊmd] *adj.* **1.** durch'löchert, löcherig, zellig; **2.** ⚙ blasig; **3.** *fig.* (***with***) a) durch'setzt (mit), b) unter'graben (durch).

'hon·ey|·dew *s.* **1.** ⚘ Honigtau *m*, Blatthonig *m*: ***~ melon*** Honigmelone *f*; **2.** gesüßter Tabak; **~ eat·er** *s. orn.* Honigfresser *m*.

hon·eyed ['hʌnɪd] *adj.* **1.** voller Honig; **2.** *a. fig.* honigsüß.

hon·ey| ex·trac·tor *s.* Honigschleuder *f*; **~ flow** *s.* (Bienen)Tracht *f*; **'~·moon**

I *s.* **1.** Flitterwochen *pl.*, Honigmond *m* (*a. iro. fig.*); **2.** Hochzeitsreise *f*; II *v/i.* **3.** a) die Flitterwochen verbringen, b) s-e Hochzeitsreise machen; '**~,moon·er** *s.* a) ‚Flitterwöchner' *m*, b) Hochzeitsreisende(r *m*) *f*; **~ sac** *s. zo.* Honigmagen *m*; '**~,suck·le** *s.* ♀ Geißblatt *n*.

hon·ied ['hʌnɪd] → ***honeyed***.

honk [hɒŋk] I *s.* **1.** Schrei *m* (*der Wildgans*); **2.** 'Hupensi,gnal *n*; II *v/i.* **3.** schreien; **4.** hupen.

honk·y-tonk ['hɒŋkɪtɒŋk] *s. Am. sl.* ‚Spe'lunke' *f*.

hon·or *etc. Am.* → ***honour*** *etc.*

hon·o·rar·i·um [,ɒnə'reərɪəm] *pl.* **-rar·i·a** [-'reərɪə], **-rar·i·ums** *s.* (*freiwillig gezahltes*) Hono'rar; **hon·or·ar·y** ['ɒnərərɪ] *adj.* **1.** ehrend; **2.** Ehren...: ***~ doctor*** (***member***, *etc.*); ***~ debt*** Ehrenschuld *f*; ***~ degree*** ehrenhalber verliehener akademischer Grad; **3.** ehrenamtlich: ***~ secretary***; **hon·or·if·ic** [,ɒnə'rɪfɪk] I *adj.* (□ ***~ally***) ehrend, Ehren...; II *s.* Ehrung *f*, Ehrentitel *m*.

hon·our ['ɒnə] I *s.* **1.** Ehre *f*: (***sense of***) ***~*** Ehrgefühl *n*; (***up***)***on my ~!***, *Brit.* F ***~ bright!*** Ehrenwort!; ***man of ~*** Ehrenmann *m*; ***point of ~*** Ehrensache *f*; ***do s.o. ~*** j-m zur Ehre gereichen, j-m Ehre machen; ***do s.o. the ~ of doing s.th.*** j-m die Ehre erweisen, et. zu tun; ***he is an ~ to his parents*** (***to his school***) er macht s-n Eltern Ehre (er ist e-e Zierde s-r Schule); ***put s.o. on his ~*** j-n bei s-r Ehre packen; (***in***) ***~ bound***, ***on one's ~*** moralisch verpflichtet; ***to his ~ it must be said*** zu s-r Ehre muss gesagt werden; (***there is***) ***~ among thieves*** (es gibt so etwas wie) Ganovenehre *f*; ***may I have the ~*** (***of the next dance***)***?*** darf ich (um den nächsten Tanz) bitten?; **2.** Ehrung *f*, Ehre(n *pl.*) *f*: a) Ehrerbietung *f*, Ehrenbezeigung *f*, b) Hochachtung *f*, c) Auszeichnung *f*, (Ehren)Titel *m*, Ehrenamt *n*, -zeichen *n*: ***in s.o.'s ~*** zu j-s *od.* j-m zu Ehren; ***hold*** (*od.* ***have***) ***in ~*** in Ehren halten; ***pay s.o. the last*** (*od.* ***funeral***) ***~s*** j-m die letzte Ehre erweisen; ***military ~s*** militärische Ehren; ***~s list*** *Brit.* Liste *f* der Titelverleihungen (*zum Geburtstag des Herrschers etc.*) (→ 3); → ***due*** 3; **3.** *pl. univ.* besondere Auszeichnung: ***~s degree*** *akademischer Grad mit Prüfung in e-m Spezialfach*; ***~s list*** *Liste der Studenten, die auf e-n* ***honours degree*** *hinarbeiten*; ***~s man*** *Brit.*, ***~s student*** *Am. Student, der e-n* ***honours degree*** *anstrebt od. innehat*; **4.** *pl.* Hon'neurs *pl.*: ***do the ~s*** die Honneurs machen, als Gastgeber(in) fungieren; **5.** *Kartenspiel*: Bild *n*; **6.** *Golf*: Ehre *f* (*Berechtigung zum 1. Schlag*): ***it is his ~*** er hat die Ehre; **7.** ***Your*** (***His***) ***~*** *obs.* Euer (Seine) Gnaden; II *v/t.* **8.** ehren; **9.** ehren, auszeichnen (***with*** mit); **10.** beehren (***with*** mit); **11.** *j-m* zur Ehre gereichen *od.* Ehre machen; **12.** *e-r Einladung etc.* Folge leisten; **13.** ✝ a) *Scheck etc.* honorieren, einlösen, b) *Schuld* begleichen, c) *Vertrag* erfüllen; **hon·our·a·ble** ['ɒnərəbl] *adj.* □ **1.** achtbar, ehrenwert; **2.** rechtschaffen: ***an ~ man*** ein Ehrenmann; **3.** ehrenhaft, ehrlich (*Absicht etc.*); **4.** ehrenvoll, rühmlich; **5.** ~ (*der od. die*) Ehrenwerte (*in Großbritannien*: *Adelstitel od. Titel der Ehrendamen des Hofes, der Mitglieder des Unterhauses, der Bürgermeister*; *in USA*: *Titel der Mitglieder des Kongresses, hoher Beamter, der Richter u. Bürgermeister*): ***Right ~*** (*der*) Sehr Ehrenwerte; → ***friend*** 5.

hooch [huːtʃ] *s. Am.* F ‚Fusel' *m*.

hood [hʊd] I *s.* **1.** Ka'puze *f* (*a. univ. am Talar*); **2.** ♀ Helm *m*; **3.** *orn.*, *zo.* Haube *f*, Schopf *m*; Brillenzeichnung *f* der Kobra; **4.** *mot.* a) *Brit.* Verdeck *n*, b) *Am.* (Motor)Haube *f*; **5.** ⚙ a) Kappe *f*, (Schutz)Haube *f*, b) Abzug(shaube *f*) *m* (*für Gas etc.*); **6.** → ***hoodlum***; II *v/t.* **7.** *j-m* e-e Ka'puze aufsetzen; **8.** be-, verdecken.

Die Endung **–hood** kann an verschiedene Substantive angehängt werden und entspricht in etwa dem deutschen „-schaft" bzw. „-heit":

adulthood	Erwachsenenalter
babyhood	früheste Kindheit, Babyalter
boyhood	*Junge:* Kindheit; Jugend
brotherhood	Bruderschaft
childhood	Kindheit
fatherhood	Vaterschaft
girlhood	*Mädchen:* Kindheit; Jugend
motherhood	Mutterschaft
neighbourhood	Nachbarschaft
priesthood	Priesterschaft
sisterhood	Schwesternschaft
widowhood	Witwenschaft

hood·ed ['hʊdɪd] *adj.* **1.** mit e-r Ka'puze bekleidet; **2.** ver-, bedeckt, verhüllt (*a. Augen*); **3.** *orn.* mit e-r Haube; **~ crow**

s. orn. Nebelkrähe *f*; **~ seal** *s. zo.* Mützenrobbe *f*; **~ snake** *s. zo.* Kobra *f*.

hood·lum ['hu:dləm] *s.* F **1.** Rowdy *m*, ‚Schläger' *m*; **2.** Ga'nove *m*, Gangster *m*.

hoo·doo ['hu:du:] **I** *s. Am.* **1.** → ***voodoo*** I; **2.** a) Unglücksbringer *m*, b) Unglück *n*, Pech *n*; **II** *v/t.* **3.** a) verhexen, b) *j-m* Unglück bringen; **III** *adj.* **4.** Unglücks...

'**hood·wink** *v/t.* **1.** *obs.* die Augen verbinden (*dat.*); **2.** *fig.* hinters Licht führen, reinlegen.

hoo·ey ['hu:ɪ] *s. sl.* Quatsch *m*, Blödsinn *m*.

hoof [hu:f] *pl.* **hoofs**, **hooves** [hu:vz] **I** *s.* **1.** *zo.* a) Huf *m*, b) Fuß *m*: ***on the ~*** lebend (*Schlachtvieh*); **2.** *humor.* ‚Pe'dal' *n*, Fuß *m*; **3.** Huftier *n*; **II** *v/t.* **4.** F *Strecke* ‚tippeln': ***~ it*** → 6, 7; **5.** ***~ out*** *j-n* ‚rausschmeißen'; **III** *v/i.* **6.** F ‚tippeln', marschieren; **7.** F tanzen; ˌ**~-and-'mouth dis·ease** *s. vet.* Maul- u. Klauenseuche *f*.

hoofed [hu:ft] *adj.* gehuft, Huf...; '**hoof·er** [-fə] *s. Am. sl.* Berufstänzer (-in), *bsd.* Re'vuegirl *n*.

hoo-ha ['hu:hɑ:] *s.* F ‚Tam'tam' *n*.

hook [hʊk] **I** *s.* **1.** Haken *m* (*a.* ✄): ***~ and eye*** Haken u. Öse; ***~ and ladder*** *Am.* Gerätewagen *m* der Feuerwehr; ***by ~ or (by) crook*** mit allen Mitteln, so oder so; ***on one's own ~*** F auf eigene Faust; **2.** ⚙ a) (Klammer-, Dreh)Haken *m*, b) (Tür)Angel *f*, Haspe *f*; **3.** Angelhaken *m*: ***be off the ~*** F ‚aus dem Schneider' sein; ***get s.o. off the ~*** F j-m ‚aus der Patsche' helfen, j-n ‚herauspauken'; ***get o.s. off the ~*** sich aus der ‚Schlinge' ziehen; ***have s.o. on the ~*** F j-n ‚zappeln' lassen; ***that lets him off the ~*** damit ist er raus aus der Sache; ***fall for s.o. (s.th.) ~, line and sinker*** voll auf j-n (et.) ‚abfahren'; ***swallow s.th. ~, line and sinker*** et. voll u. ganz ‚schlucken'; **4.** ✓ Sichel *f*; **5.** a) scharfe Krümmung, b) gekrümmte Landspitze; **6.** *pl. sl.* ‚Griffel' *pl.* (*Finger*); **7.** ♪ Notenfähnchen *n*; **8.** *sport*: a) *Boxen*: Haken *m*: ***~ to the body*** Körperhaken, b) *Golf*: Hook *m* (*Kurvschlag*); **II** *v/t.* **9.** an-, ein-, fest-, zuhaken; **10.** fangen, (sich) angeln (*a. fig.* F): ***~ a husband*** sich e-n Mann angeln; ***he is ~ed*** F a) er zappelt im Netz, er ist ‚dran' od. ‚geliefert', b) → ***hooked*** 3; **11.** *sl.* ‚klauen', stehlen; **12.** krümmen; **13.** aufspießen; **14.** a) *Boxen*: *j-m* e-n Haken versetzen, b) *Golf*: *Ball* mit (e-m) Hook schlagen, c) (*Eis*)*Hockey*: *Gegner* haken; **15.** ***~ it*** F ‚verduften'; **III** *v/i.* **16.** sich zuhaken lassen; **17.** sich festhaken (***to*** an *dat.*); **~ on I** *v/t.* **1.** ein-, anhaken; **II** *v/i.* **2.** → ***hook*** 17; **3.** sich einhängen (***to s.o.*** bei j-m); **~ up** *v/t.* **1.** → ***hook on*** 1; **2.** zuhaken; **3.** ⚙ a) *Gerät* zs.-bauen, b) anschließen; **4.** *Radio*, *TV*: a) zs.-schalten, b) zuschalten (***with*** *dat.*); **5.** *bsd. Am.* F a) sich zs.-tun (***with*** *mit*), b) gehen zu (***with*** *dat.*) (*e-r Firma etc.*).

hook·a(h) ['hʊkə] *s.* Huka *f* (*orientalische Wasserpfeife*).

hooked [hʊkt] *adj.* **1.** krumm, hakenförmig, Haken...; **2.** mit (e-m) Haken (versehen); **3.** F a) (***on***) süchtig (nach); *fig. a.* ‚scharf' (auf *acc.*), ‚verrückt' (nach): ***~ on heroin (television)*** heroin- (fernseh)süchtig, b) → ***hook*** 10.

hook·er ['hʊkə] *s.* **1.** ⚓ a) Huker *m*, Fischerboot *n*, b) *contp.* ‚alter Kahn'; **2.** *sl.* ‚Nutte' *f*.

hook·ey → ***hooky***.

'**hook|-nosed** *adj.* mit e-r Hakennase; '**~·up** *s.* **1.** *Radio*, *TV*: a) Zs.-, Konfe'renzschaltung *f*, b) Zuschaltung *f*; **2.** ϟ a) Schaltbild *n*, -schema *n*, b) Blockschaltung *f*; **3.** ⚙ Zs.-bau *m*; **4.** F a) Zs.-schluss *m*, Bündnis *n*, b) Absprache *f*; '**~·worm** *s. zo.* Hakenwurm *m*.

hook·y ['hʊkɪ] *s.*: ***play ~*** *Am.* F (*bsd.* die Schule) schwänzen.

hoo·li·gan ['hu:lɪgən] *s.* 'Hooligan *m*, Rowdy *m*; '**hoo·li·gan·ism** [-nɪzəm] *s.* Rowdytum *n*.

hoop¹ [hu:p] **I** *s.* **1.** *allg.* Reif(en) *m* (*a. als Schmuck, bei Kinderspielen, im Zirkus etc.*): ***~ (skirt)*** Reifrock *m*; ***go through the ~(s)*** ‚durch die Mangel gedreht werden'; **2.** ⚙ a) (Fass)Reif(en) *m*, b) (Stahl)Band *n*, Ring *m*: ***~ iron*** Bandeisen *n*, c) Öse *f*, d) Bügel *m*; **3.** (Finger)Ring *m*; **4.** *Basketball*: Korbring *m*; **5.** *Krocket*: Tor *n*; **II** *v/t.* **6.** *Fass* binden; **7.** um'geben, -'fassen; **8.** *Basketball*: *Punkte* erzielen.

hoop² [hu:p] → ***whoop***.

hoop·er¹ ['hu:pə] *s.* Böttcher *m*, Küfer *m*, Fassbinder *m*.

hoop·er² ['hu:pə], **~ swan** *s. orn.* Singschwan *m*.

hoo·poe ['hu:pu:] *s. orn.* Wiedehopf *m*.

hoo·ray [hʊ'reɪ] → ***hurrah***.

hoos(e)·gow ['hu:sgaʊ] *s. Am. sl.* ‚Kittchen' *n*, ‚Knast' *m*.

hoot [hu:t] **I** *v/i.* **1.** (höhnisch) johlen: ***~ at s.o.*** j-n verhöhnen; **2.** schreien (*Eule*); **3.** *Brit.* a) hupen (*Auto*), b) pfeifen (*Zug etc.*), c) heulen (*Sirene etc.*); **II** *v/t.* **4.** *et.* johlen; **5.** *a.* ***~ down*** niederschreien, auspfeifen; **6.** ***~ out***, ***~ off*** durch Gejohle vertreiben; **III** *s.* **7.** (*johlender*) Schrei (*a. der Eule*), *pl.* Johlen *n*: ***it's not worth a ~*** F es ist keinen Pfifferling wert; ***I don't care two ~s*** F das ist mir völlig ‚piepe'; **8.** Hupen *n* (*Auto*); Heulen *n* (*Sirene*); '**hoot·er** [-tə] *s.* **1.** Johler(in); **2.** a) *mot.* Hupe *f*, b) Si'rene *f*, Pfeife *f*.

Hoo·ver ['hu:və] (*Fabrikmarke*) **I** *s.* Staubsauger *m*; **II** *v/t. mst* ♀ (ab)saugen; **III** *v/i.* (staub)saugen.

hooves [huːvz] *pl. von* **hoof**.

hop[1] [hɒp] **I** *v/i.* **1.** hüpfen, hopsen: **~ on** → 5; **~ off** F ‚abschwirren'; **~ to it** *Am.* F sich (*an die Arbeit*) ‚ranmachen'; **2.** F ‚schwofen', tanzen; **3.** F a) ‚flitzen', sausen, b) rasch *wohin* fahren *od.* fliegen; **II** *v/t.* **4.** hüpfen *od.* springen über (*acc.*): **~ it** ‚abschwirren'; **5.** F a) (auf-) springen auf (*acc.*), b) einsteigen in (*acc.*): **~ a train**; **6.** ✈ über'fliegen, -'queren; **7.** *Am. Ball* hüpfen lassen; **8.** *Am.* F bedienen in (*dat.*); **III** *s.* **9.** Sprung *m*, Hops(er) *m*: **~, step, and jump** *sport* Dreisprung *m*; **be on the ~** F ‚auf Trab' sein; **keep s.o. on the ~** F j-n ‚in Trab halten'; **catch s.o. on the ~** F j-n erwischen *od.* überraschen; **10.** F ‚Schwof' *m*, Tanz *m*; **11.** *bsd.* ✈ F ‚Sprung' *m*, Abstecher *m*: **only a short ~** nur ein Katzensprung.

hop[2] [hɒp] **I** *s.* **1.** ♀ a) Hopfen *m*, b) *pl.* Hopfen(blüten *pl.*) *m*: **pick ~s** → 4; **2.** *sl.* Rauschgift *n*, *engS.* Opium *n*; **II** *v/t.* **3.** *Bier* hopfen; **4. ~ up** *sl.* a) (*durch e-e Droge*) ‚high' machen, b) aufputschen (*a. fig.*), c) *Am. Auto etc.* ‚frisieren'; **III** *v/i.* **5.** Hopfen zupfen; **~ bind**, **~ bine** *s.* Hopfenranke *f*; **~ dri·er** *s.* Hopfendarre *f*.

hope [həʊp] **I** *s.* **1.** Hoffnung *f* (**of** auf *acc.*): **live in ~(s)** (immer noch) hoffen, die Hoffnung nicht aufgeben; **in the ~ of** *ger.* in der Hoffnung zu *inf.*; **past ~** hoffnungs-, aussichtslos; **he is past all ~** für ihn gibt es keine Hoffnung mehr; **2.** Hoffnung *f*: a) Zuversicht *f*, b) **no ~ of success** keine Aussicht auf Erfolg; **not a ~** F keine Chance; **3.** Hoffnung *f* (*Person od. Sache*): **she is our only ~**; → **white hope**; **4.** → **forlorn hope**; **II** *v/i.* **5.** hoffen (**for** auf *acc.*): **~ against ~** die Hoffnung nicht aufgeben, verzweifelt hoffen; **~ for the best** das Beste hoffen; **I ~ so** hoffentlich, ich hoffe (es); **the ~d-for result** das erhoffte Ergebnis; **III** *v/t.* **6.** *et.* hoffen; **~ chest** *s.* *Am.* F Aussteuertruhe *f*.

hope·ful ['həʊpfʊl] **I** *adj.* □ **1.** hoffnungs-, erwartungsvoll: **be ~ of** *et.* hoffen; **be ~ about** optimistisch sein hinsichtlich (*gen.*); **2.** (*a. iro.*) viel versprechend; **II** *s.* **3.** *a. iro.* a) hoffnungsvoller *od.* viel versprechender (junger) Mensch, b) ‚Opti'mist' *m*; '**hope·ful·ly** [-fʊlɪ] *adv.* **1.** → **hopeful** 1; **2.** hoffentlich; '**hope·ful·ness** [-nɪs] *s.* Opti'mismus *m*.

hope·less ['həʊplɪs] *adj.* □ hoffnungslos: a) verzweifelt, b) aussichtslos, c) unheilbar, d) mise'rabel, e) F unverbesserlich: **a ~ drunkard**; '**hope·less·ly** [-lɪ] *adv.* **1.** → **hopeless**; **2.** F heillos, to'tal; '**hope·less·ness** [-nɪs] *s.* Hoffnungslosigkeit *f*.

hop-o'-my-thumb [ˌhɒpəmɪ'θʌm] *s.* Knirps *m*, Zwerg *m*.

hop·per ['hɒpə] *s.* **1.** Hüpfende(r *m*) *f*; **2.** F Tänzer(in); **3.** *zo.* hüpfendes In'sekt, *bsd.* Käsemade *f*; **4.** ⚙ a) Fülltrichter *m*, b) (Schüttgut-, Vorrats)Behälter *m*, c) *a.* **~(-bottom) car** 🚃 Fallboden-, Selbstentladewagen *m*, d) Spülkasten *m*, e) *Computer*: Karteneingabefach *n*.

hop·ping mad ['hɒpɪŋ] *adj.*: **be ~** F e-e ‚Stinkwut' (im Bauch) haben.

'**hop|·scotch** *s.* Himmel-und-Hölle-Spiel *n*; **~ vine** → **hop bind**.

Ho·rae ['hɔːriː] *s. pl. myth.* Horen *pl.*

Ho·ra·tian [hə'reɪʃjən] *adj.* ho'razisch: **~ ode**.

horde [hɔːd] **I** *s.* Horde *f*, (wilder) Haufen; **II** *v/i.* e-e Horde bilden; in Horden zs.-leben.

ho·ri·zon [hə'raɪzn] *s.* (*a. fig. geistiger*) Hori'zont, Gesichtskreis *m*: **apparent** (*od.* **sensible**, **visible**) **~** scheinbarer Horizont; **celestial** (*od.* **rational**, **true**) **~** wahrer Horizont; **on the ~** am Horizont (auftauchend *od.* sichtbar).

hor·i·zon·tal [ˌhɒrɪ'zɒntl] **I** *adj.* □ horizon'tal, waag(e)recht, ⚙ *a.* liegend (*Motor*, *Ventil etc.*), *a.* Seiten... (*bsd. Steuerung*); **~ line** → **II** *s.* ⩓ Horizon'tale *f*, Waag(e)rechte *f*; **~ bar** *s.* *Turnen*: Reck *n*; **~ com·bi·na·tion** *s.* ✝ Horizon'talverflechtung *f*, -konˌzern *m*; **~ plane** *s.* ⩓ Horizon'talebene *f*; **~ pro·jec·tion** *s.* ⩓ Horizon'talprojektiˌon *f*: **~ plane** Grundrissebene *f*; **~ rud·der** *s.* ⚓ Horizon'tal(steuer)ruder *n*, Tiefenruder *n*; **~ sec·tion** *s.* ⚙ Horizon'talschnitt *m*.

hor·mo·nal [hɔː'məʊnl] *adj. biol.* hormo'nal, Hormon...; **hor·mone** ['hɔːməʊn] *s.* Hor'mon *n*; **~ bal·ance** *s.* Hormonspiegel *m*.

horn [hɔːn] **I** *s.* **1.** *zo.* a) Horn *n*, b) *pl.* Geweih *n*; → **dilemma**; **2.** *zo.* a) Horn *n* (*Nashorn*), b) Fühler *m* (*Insekt*), c) Fühlhorn *n* (*Schnecke*): **draw** (*od.* **pull**) **in one's ~s** *fig.* die Hörner einziehen, ‚zurückstecken'; **3.** *pl. fig.* Hörner *pl.* (*des betrogenen Ehemanns*): **put ~s on s.o.** j-m Hörner aufsetzen; **4.** (Pulver-, Trink)Horn *n*: **~ of plenty** Füllhorn; **5.** ♪ a) Horn *n*, b) F 'Blasinstruˌment *n*: **blow one's own ~** *fig.* ins eigene Horn stoßen; **6.** a) *mot.* Hupe *f*, b) ⚙ Si'gnalhorn *n*; **7.** a) (Schall)Trichter *m*, b) ϟ Hornstrahler *m*; **8.** 'Horn(subˌstanz *f*) *n*: **~ handle** Horngriff *m*; **9.** Horn *n* (*hornförmige Sache*), *bsd.* a) Bergspitze *f*, b) Spitze *f* (*der Mondsichel*), c) Schuhlöffel *m*: **the** ♀ (das) Kap Horn; **10.** Sattelknopf *m*; **11.** V ‚Ständer' *m*: **~ pill** Aphrodisiakum *n*; **II** *v/t.* **12.** a) mit den Hörnern stoßen, b) auf die Hörner nehmen; **III** *v/i.* **13. ~ in** *sl.* sich einmischen *od.* -drängen (**on** in *acc.*); '**~·beam** *s.* ♀ Hain-, Weißbuche *f*; '**~·blende** [-blend] *s. min.* Hornblende *f*.

horned [hɔːnd; *poet.* 'hɔːnɪd] *adj.* gehörnt, Horn...: ~ ***cattle*** Hornvieh *n*; ~ ***owl*** *s.* Ohreule *f*.

hor·net ['hɔːnɪt] *s. zo.* Hor'nisse *f*: ***bring a ~'s nest about one's ears, stir up a ~'s nest*** *fig.* in ein Wespennest stechen.

'horn|·fly *s. zo.* Hornfliege *f*; **'~·less** [-lɪs] *adj.* hornlos, ohne Hörner; **'~·pipe** *s.* ♪ Hornpipe *f* (*Blasinstrument od. alter Tanz*); **ˌ~-'rimmed** *adj.* mit Hornfassung: ~ ***spectacles*** Hornbrille *f*; **'~ˌswog·gle** [-ˌswɒgl] *v/t. sl. j-n* ‚reinlegen'.

horn·y ['hɔːnɪ] *adj.* **1.** hornig, schwielig: ***~-handed*** mit schwieligen Händen; **2.** aus Horn, Horn...; **3.** V geil, ‚scharf'.

hor·o·loge ['hɒrəlɒdʒ] *s.* Zeitmesser *m*, (Sonnen- *etc.*)Uhr *f*.

hor·o·scope ['hɒrəskəʊp] *s.* Horo'skop *n*: ***cast a ~*** ein Horoskop stellen; **'hor·o·scop·er** [-pə] *s.* Horo'skopsteller(in).

hor·ren·dous [hɒ'rendəs] □ → ***horrific.***

hor·ri·ble ['hɒrəbl] *adj.* □, **hor·rid** ['hɒrɪd] *adj.* □ schrecklich, fürchterlich, entsetzlich, grässlich, scheußlich, ab'scheulich; **'hor·ri·ble·ness** [-nɪs] *s.*, **hor·rid·ness** ['hɒrɪdnɪs] *s.* Schrecklichkeit *etc.*

hor·rif·ic [hɒ'rɪfɪk] *adj.* (□ ***~ally***) **1.** schrecklich, entsetzlich; **2.** hor'rend; **hor·ri·fy** ['hɒrɪfaɪ] *v/t.* entsetzen.

hor·ror ['hɒrə] **I** *s.* **1.** Grau(s)en *n*, Entsetzen *n*: ***seized with ~*** von Grauen gepackt; ***have the ~s*** F a) ‚weiße Mäuse' sehen, b) ‚am Boden zerstört' sein; **2.** (***of***) 'Widerwille *m* (gegen), Abscheu *m* (vor *dat.*): ***have a ~ of*** e-n Horror haben vor (*dat.*); **3.** a) Schrecken *m*, Gräuel *m*, b) Gräueltat *f*: ***the ~s of war*** die Schrecken des Krieges; ***scene of ~*** Schreckensszene *f*; **4.** Entsetzlichkeit *f*, (*das*) Schauerliche; **5.** F Gräuel *m* (*Person od. Sache*), Scheusal *n*, Ekel *n* (*Person*); **II** *adj.* **6.** Grusel..., Horror...: ~ ***film***; **'~-ˌstrick·en, '~-struck** *adj.* von Schrecken *od.* Grauen gepackt.

hors d'oeu·vre [ɔː'dɜːvrə] *pl.* **hors d'oeu·vres** [ɔː'dɜːvrəz] *s.* Hors'd'œuvre *n*, Vorspeise *f*.

horse [hɔːs] **I** *s.* **1.** *zo.* Pferd *n*, Ross *n*, Gaul *m*: ***to ~!*** ⚔ aufgesessen!; ***a dark ~*** *fig.* ein unbeschriebenes Blatt; ***that's a ~ of another colo(u)r*** *fig.* das ist etwas ganz anderes; ***straight from the ~'s mouth*** a) aus erster Hand, b) aus berufenem Mund; ***back the wrong ~*** aufs falsche Pferd setzen; ***wild ~s will not drag me there!*** keine zehn Pferde kriegen mich dorthin!; ***flog a dead ~*** a) offene Türen einrennen, b) sich unnötig mühen; ***give the ~ its head*** die Zügel schießen lassen; ***hold your ~s!*** F immer mit der Ruhe!; ***get on*** (*od.* ***mount***) ***one's high ~*** sich aufs hohe Ross setzen; ***ride*** (*od.* ***be on***) ***one's high ~*** auf dem *od.* s-m hohen Ross sitzen; ***spur a willing ~*** j-n unnötig antreiben; ***work like a ~*** wie ein Pferd arbeiten *od.* schuften; ***you can lead a ~ to the water but you can't make it drink*** man kann niemanden zu s-m Glück zwingen; **2.** a) Hengst *m*, b) Wallach *m*; **3.** *coll.* ⚔ Kavalle'rie *f*, Reite'rei *f*: ***1000 ~*** 1000 Reiter; ***~ and foot*** Kavallerie u. Infanterie, die ganze Armee; **4.** ⚙ (Säge- *etc.*)Bock *m*, Ständer *m*, Gestell *n*; **5.** *Turnen*: Pferd *n*; **6.** *Schach*: F Pferd *n*, Springer *m*; **7.** *sl.* Hero'in *n*; **II** *v/t.* **8.** mit Pferden versehen: a) *Truppen* beritten machen, b) *Wagen* bespannen; **9.** auf ein Pferd setzen *od.* laden; **III** *v/i.* **10.** aufsitzen, aufs Pferd steigen; **11.** rossen (*Stute*); **12.** ***~ around*** F Blödsinn treiben; **ˌ~-and-'bug·gy** *adj. Am.* ‚vorsintflutlich'; **~ ar·til·ler·y** *s.* ⚔ berittene Artille'rie; **'~·back** *s.*: ***on ~*** zu Pferd(e); ***go on ~*** reiten; **~ bean** *s.* Saubohne *f*; **~ chest·nut** *s.* ⚘ 'Rosskaˌstanie *f*; **~ cop·er** *s. Brit.* Pferdehändler *m*.

horsed [hɔːst] *adj.* **1.** beritten (*Person*); **2.** (mit Pferden) bespannt.

horse| deal·er *s.* Pferdehändler *m*; **~ doc·tor** *s.* **1.** Tierarzt *m*; **2.** F ‚Viehdoktor' *m* (*schlechter Arzt*); **'~-drawn** *adj.* von Pferden gezogen, Pferde...; **'~·flesh** *s.* **1.** Pferdefleisch *n*; **2.** *coll.* Pferde *pl.*; **'~·fly** *s. zo.* (Pferde)Bremse *f*; **♀ Guards** *s. pl. Brit.* 'Gardekavalleˌriebriˌgade *f*; **'~·hair** *s.* Ross-, Pferdehaar *n*; **~ lat·i·tudes** *s. pl. geogr.* Rossbreiten *pl.*; **~ laugh** *s.* wieherndes Gelächter; **~ mack·er·el** *s.* **1.** Thunfisch *m*; **2.** 'Rossmaˌkrele *f*; **'~·man** [-mən] *s.* [*irr.*] **1.** (geübter) Reiter; **2.** Pferdezüchter *m*; **'~·man·ship** [-mənʃɪp] *s.* Reitkunst *f*; **~ op·er·a** *s.* F Western *m* (*Film*); **'~·play** *s.* ‚Blödsinn' *m*, Unfug *m*; **'~·pond** *s.* Pferdeschwemme *f*; **'~ˌpow·er** *s. pl.* (*abbr.* **h.p.**) *phys.* Pferdestärke *f* (= *1,01 PS*); **~ race** *s.* Pferderennen *n*; **~ rac·ing** *s.* Pferderennen *n od. pl.*; **'~ˌrad·ish** *s.* ⚘ Meerrettich *m*; **~ sense** *s.* F gesunder Menschenverstand; **'~·shit** *s.* V ‚Scheiß (-dreck)' *m*; **~·shoe** ['hɔːʃʃuː] **I** *s.* **1.** Hufeisen *n*; **2.** *pl. sg. konstr. Am.* Hufeisenwerfen *n*; **II** *adj.* **3.** Hufeisen..., hufeisenförmig: ***~ bend*** (Straßen- *etc.*) Schleife *f*; ***~ magnet*** Hufeisenmagnet *m*; ***~ table*** in Hufeisenform aufgestellte Tische; **~ show** *s.* Reit- u. Springturnier *n*; **'~·tail** *s.* **1.** Pferdeschwanz *m* (*a. fig. Mädchenfrisur*), Rossschweif *m* (*a. hist. als türkisches Rangabzeichen od. Feldzeichen*); **2.** ⚘ Schachtelhalm *m*; ~

H

trad·ing *s.* **1.** Pferdehandel *m*; **2.** *pol.* F ‚Kuhhandel' *m*; '**~·whip I** *s.* Reitpeitsche *f*; **II** *v/t.* (aus)peitschen; '**~ˌwom·an** *s.* [*irr.*] (geübte) Reiterin.

hors·y ['hɔːsɪ] *adj.* □ **1.** pferdenärrisch; **2.** Pferde...: **~ *face***; **~ *smell***; **~ *talk*** Gespräch *n* über Pferde.

hor·ta·tive ['hɔːtətɪv], '**hor·ta·to·ry** [-tərɪ] *adj.* **1.** mahnend; **2.** anspornend.

hor·ti·cul·tur·al [ˌhɔːtɪ'kʌltʃərəl] *adj.* Gartenbau...: **~ *show*** Gartenschau *f*; **hor·ti·cul·ture** ['hɔːtɪkʌltʃə] *s.* Gartenbau *m*; ˌ**hor·ti'cul·tur·ist** [-ərɪst] *s.* 'Gartenbauexˌperte *m*.

ho·san·na [həʊ'zænə] **I** *int.* hosi'anna!; **II** *s.* Hosi'anna *n*.

hose [həʊz] **I** *s.* **1.** *coll.*, *pl. konstr.* Strümpfe *pl.*; **2.** *hist.* (Knie)Hose *f*; **3.** *pl. a.* ***hoses*** Schlauch *m*: ***garden*** **~** Gartenschlauch; **4.** ⚙ Tülle *f*; **II** *v/t.* **5.** (mit e-m Schlauch) spritzen: **~ *down*** abspritzen.

Ho·se·a [həʊ'zɪə] *npr. u. s. bibl.* (das Buch) Ho'sea *m od.* O'see *m*.

hose| pipe *s.* Schlauch(leitung *f*) *m*; '**~-proof** *adj.* ⚙ schwallwassergeschützt.

ho·sier ['həʊzɪə] *s.* Strumpfwarenhändler (-in); '**ho·sier·y** [-rɪ] *s. coll.* Strumpfwaren *pl.*

hos·pice ['hɒspɪs] *s.* **1.** *hist.* Hos'piz *n*, Herberge *f*; **2.** Sterbeklinik *f*.

hos·pi·ta·ble ['hɒspɪtəbl] *adj.* □ **1.** gastfreundlich, (*a. Haus etc.*) gastlich; **2.** *fig.* freundlich: **~ *climate***; **3.** (***to***) empfänglich (für), aufgeschlossen (*dat.*).

hos·pi·tal ['hɒspɪtl] *s.* **1.** Krankenhaus *n*, Klinik *f*, *östr.*, *schweiz.* Spi'tal *n*: **~ *fever*** klassisches Fleckfieber; **~ *nurse*** Kranken(haus)schwester *f*; **~ *social worker*** Krankenhausfürsorgerin *f*; **~ *tent*** Sanitätszelt *n*; **2.** ⚔ Laza'rett *n*: **~ *ship*** (***train***) Lazarettschiff *n* (-zug *m*); **3.** Tierklinik *f*; **4.** *hist.* Spi'tal *n*: a) Armenhaus *n*, b) Altersheim *n*, c) Erziehungsheim *n*; **5.** *hist.* Herberge *f*, Hos'piz *n*; **6.** *humor.* Repara'turwerkstatt *f*: ***dolls'*** **~** Puppenklinik *f*.

hos·pi·tal·i·ty [ˌhɒspɪ'tælətɪ] *s.* Gastfreundschaft *f*, Gastlichkeit *f*.

hos·pi·tal·i·za·tion [ˌhɒspɪtəlaɪ'zeɪʃn] *s.* **1.** Aufnahme *f od.* Einweisung *f* in ein Krankenhaus; **2.** Krankenhausaufenthalt *m*, -behandlung *f*; **hos·pi·tal·ize** ['hɒspɪtəlaɪz] *v/t.* **1.** ins Krankenhaus einliefern *od.* einweisen; **2.** im Krankenhaus behandeln.

Hos·pi·tal·(l)er ['hɒspɪtlə] *s.* **1.** *hist.* Hospita'liter *m*, Johan'niter *m*; **2.** Barm'herziger Bruder.

host¹ [həʊst] *s.* **1.** (Un)Menge *f*, Masse *f*: ***a*** **~** ***of questions*** e-e Unmenge Fragen; **2.** *poet.* (Kriegs)Heer *n*: ***the*** **~** ***of heaven*** a) die Gestirne, b) die himmlischen Heerscharen; ***the Lord of*** **2*s*** *bibl.* der Herr der Heerscharen.

host² [həʊst] **I** *s.* **1.** Gastgeber *m*, Hausherr *m*: **~ *country*** Gastland *n*, *sport etc.* Gastgeberland *n*; **2.** (Gast)Wirt *m*: ***reckon without one's*** **~** *fig.* die Rechnung ohne den Wirt machen; **3.** *TV etc.*: a) Talk-, Showmaster *m*, b) Mode'rator *m*: ***your*** **~ *was ...*** durch die Sendung führte (Sie) ...; **4.** *biol.* Wirt *m*, Wirtstier *n od.* -pflanze *f*; **II** *v/t.* **5.** a) *TV etc.*: Sendung moderieren, b) *Veranstaltung* ausrichten.

host³, *oft* **2** [həʊst] *s. eccl.* Hostie *f*.

hos·tage ['hɒstɪdʒ] *s.* **1.** Geisel *f*: ***take*** (***hold***) ***s.o.*** **~** j-n als Geisel nehmen (behalten); ***taking of*** **~*s*** Geiselnahme *f*; **2.** *fig.* ('Unter)Pfand *n*.

hos·tel ['hɒstl] *s.* **1.** *mst* ***youth*** **~** Jugendherberge *f*; **2.** (Studenten-, Arbeiter- *etc.*)Wohnheim *n*; **3.** → '**hos·tel·ry** [-rɪ] *s. obs.* Wirtshaus *n*.

host·ess ['həʊstɪs] *s.* **1.** Gastgeberin *f*; **2.** (Gast)Wirtin *f*; **3.** ✈ Ho'stess *f*, Ste'war'dess *f*; **4.** Ho'stess *f* (*Betreuerin*, *Führerin*); **5.** Animier-, Tischdame *f*.

hos·tile ['hɒstaɪl] *adj.* □ **1.** feindlich, Feind(es)...; **2.** (***to***) *fig.* a) feindselig (gegen), feindlich gesinnt (*dat.*), b) stark abgeneigt (*dat.*); **hos·til·i·ty** [hɒ'stɪlətɪ] *s.* **1.** Feindschaft *f*, Feindseligkeit *f* (***to*** gegen); **2.** Feindseligkeit *f* (*Handlung*); **3.** *pl.* ⚔ Feindseligkeiten *pl.*, Krieg(shandlungen *pl.*) *m*.

hos·tler ['ɒslə] → ***ostler***.

hot [hɒt] **I** *adj.* □ **1.** heiß (*a. fig.*): **~ *climate***; **~ *tears***; ***I am*** **~** mir ist heiß, ich bin erhitzt; ***get*** **~** sich erhitzen (*a. fig. u.* ⚙); **~ *under the collar*** F wütend; ***I went*** **~ *and cold*** es überlief mich heiß u. kalt; **~ *scent*** *hunt.* warme *od.* frische Fährte (*a. fig.*); **2.** warm, heiß: **~ *meal***; **~ *and*** **~** ganz heiß, direkt vom Feuer; **3.** a) scharf (*Gewürz*), b) scharf (gewürzt): ***a*** **~ *dish***; **4.** *fig.* heiß, hitzig, heftig: ***a*** **~ *fight***; **~ *words*** heftige Worte; ***grow*** **~** sich erhitzen (***over*** über *acc.*); **5.** leidenschaftlich, feurig: ***a*** **~ *temper*** ein hitziges Temperament; ***be*** **~ *for*** (*od.* ***on***) F ‚scharf' sein auf (*acc.*); **6.** wütend, erbost: ***all*** **~ *and bothered*** ganz ‚aus dem Häuschen'; **7.** ‚heiß': a) *zo.* brünstig, b) F geil, ‚scharf' (*Person*, *Film etc.*); **8.** ‚heiß' (*im Suchspiel*): ***you are getting*** **~*ter!*** a) (es wird) schon heißer!, b) *fig.* du kommst der Sache schon näher!; **9.** ganz neu *od.* frisch, ‚noch warm': **~ *from the press*** frisch aus der Presse (*Nachrichten*), soeben erschienen (*Buch*); **10.** F a) ‚toll' (*großartig*): ***he*** (***it***) ***is not so*** **~*!*** er (es) ist nicht so toll!; **~ *stuff*** a) ‚dolles Ding', b) toller Kerl; ***be*** **~ *at*** (*od.* ***on***) ‚ganz groß' sein in (*e-m Fach*); **11.** ‚heiß' (*viel versprechend*): ***a*** **~ *tip***; **~ *favo(u)rite*** *bsd. sport* heißer *od.* hoher Favorit; **12.** ‚heiß' (*Jazz etc.*): **~ *mu-***

sic; **13.** gefährlich: ***make it ~ for s.o.*** j-m die Hölle heiß machen, j-m ‚einheizen'; ***the place was getting too ~ for him*** ihm wurde der Boden zu heiß (unter den Füßen); ***be in ~ water*** in ‚Schwulitäten' sein; ***get into ~ water*** a) *j-n* in ‚Schwulitäten' bringen, b) in ‚Schwulitäten' geraten, ‚Ärger kriegen'; **14.** F a) ‚heiß' (*gestohlen, geschmuggelt etc.*): ***~ goods*** ‚heiße Ware', b) (von der Polizei) gesucht; **15.** a) ⚡ Strom führend: → ***hot line***, ***hot wire***, b) *phys.* F ‚heiß' (*radioaktiv*); **16.** ⚙, ⚡ Heiß..., Warm..., Glüh...; **II** *adv.* **17.** heiß: ***the sun shines ~***; ***get it ~*** (***and strong***) F ‚eins aufs Dach kriegen', sein ‚Fett' bekommen; ***give it s.o. ~*** (***and strong***) F j-m die Hölle heiß machen, j-m ‚einheizen'; → ***blow***[1] 4; **III** *v/t.* **18.** *mst* ***~ up*** heiß machen; **19.** ***~ up*** F a) *Auto, Motor* ‚frisieren', ‚aufmotzen', b) ‚anheizen', c) Schwung bringen in (*acc.*), *et.* ‚aufmöbeln'; **IV** *v/i.* **20.** *mst* ***~ up*** heiß werden; **21.** ***~ up*** F a) sich verschärfen, b) schwungvoller werden.

hot| air *s.* **1.** ⚙ Heißluft *f*; **2.** *sl.* ‚heiße Luft', (leeres) Geschwätz; **ˌ~-'air** *adj.* ⚙ Heißluft...: ***~ artist*** F ‚Windmacher' *m*; **'~·bed** *s.* **1.** 🌱 Mist-, Frühbeet *n*; **2.** *fig.* Brutstätte *f*; **ˌ~-'blood·ed** *adj.* heißblütig; **~ cath·ode** *s.* ⚡ 'Glühkaˌt(h)ode *f*.

hotch·pot ['hɒtʃpɒt] *s.* ⚖ Vereinigung *f* des Nachlasses zwecks gleicher Verteilung.

hotch·potch ['hɒtʃpɒtʃ] *s.* **1.** Eintopf (-gericht *n*) *m*, *bsd.* Gemüse(suppe *f*) *n* mit Hammelfleisch; **2.** *fig.* Mischmasch *m*.

Hot cross bun heißt das süße Hefeteigteilchen, das traditionell am Karfreitag (**Good Friday**) gegessen wird, aber bereits in der Vorosterzeit gern genossen wird. Das Gebäck ist mit einem weißen Kreuz dekoriert, daher der Name **hot cross bun** (**bun** = süßes Brötchen).

hot dog *s.* Hot Dog *n, a. m.*

ho·tel [həʊ'tel] *s.* Ho'tel *n*: ***~ register*** Fremdenbuch *n*; **ho·tel·ier** [həʊ'telɪeɪ], **ho·tel keep·er** *s.* Hoteli'er *m*, Ho'telbesitzer(in) *od.* -diˌrektor *m*, -direkˌtorin *f*.

hot| flush·es *s. pl.* ⚕ fliegende Hitze; **'~·foot** F **I** *adv.* schleunigst; **II** *v/i. a.* ***~ it*** rennen, flitzen; **'~-ˌgal·va·nize** *v/t.* ⚙ feuerverzinken; **'~-ˌgos·pel·(l)er** *s.* F Erweckungsprediger *m*; **'~·head** *s.* Hitzkopf *m*; **ˌ~-'head·ed** *adj.* hitzköpfig; **'~·house** *s.* Treib-, Gewächshaus *n*; **'~·line** *s.* **1.** *bsd. pol.* ‚heißer Draht'; **2.** *Computer etc.*: 'Hotline *f*; **~ mon·ey** *s.* ✝ Hot Money *n*, ‚heißes Geld'.

hot·ness ['hɒtnɪs] *s.* Hitze *f*.

'hot|·plate *s.* **1.** Koch-, Heizplatte *f*; **2.** Warmhalteplatte *f*; **~ pot** *s.* Eintopf *m*; **'~·press** ⚙ **I** *s.* **1.** Heißpresse *f*; **2.** Dekatierpresse *f*; **II** *v/t.* **3.** heiß pressen; **4.** *Tuch* dekatieren; **5.** *Papier* satinieren; **~ rod** *s. Am. sl.* ‚frisierter' Wagen; **~ rod·der** ['rɒdə] *s. Am. sl.* **1.** Fahrer *m* e-s ***hot rod***; **2.** a) ‚Raser' *m*, b) Verkehrsrowdy *m*; **~ seat** *s. sl.* **1.** ✈ Schleudersitz *m* (*a. fig.*); **2.** *Am.* e'lektrischer Stuhl; **'~·shot I** *s. Am. sl.* **1.** ‚großes Tier'; **2.** *bsd. sport* ‚Ka'none' *f*, ‚As' *n*; **3.** ✈, *mot.* ‚Ra'kete' *f*; **II** *adj.* **4.** ‚groß', ‚toll'; **~ spot** *s.* **1.** *pol.* Krisenherd *m*; **2.** F ‚heißes Ding' (*Nachtklub etc.*); **~ spring** *s.* heiße Quelle, Ther'malquelle *f*; **'~·spur** *s.* Heißsporn *m*; **~ tube** *s.* ⚙ Heiz-, Glührohr *n*; **~ war** *s.* heißer Krieg; **ˌ~-'wa·ter** *adj.* Heißwasser...: ***~ heating***; ***~ bottle*** Wärmflasche *f*; **~ wire** *s.* **1.** ⚡ a) Strom führender Draht, b) Hitzdraht *m*; **2.** *bsd. pol.* ‚heißer Draht'; **ˌ~-'wire** *v/t* F *ein Fahrzeug mit e-m Stück Draht* kurzschließen.

hound[1] [haʊnd] **I** *s.* **1.** Jagdhund *m*: ***ride to*** (*od.* ***follow the***) ***~s*** an e-r Parforcejagd (*bsd. Fuchsjagd*) teilnehmen; **2.** *sl.* ‚Hund' *m*, Schurke *m*; **3.** *Am. sl.* Fa'natiker(in): ***movie ~*** Kinonarr *m*; **4.** Verfolger *m* (*Schnitzeljagd*); **II** *v/t.* **5.** *mst fig.* jagen, hetzen, drängen, verfolgen: ***~ down*** zur Strecke bringen; **6.** *a.* ***~ on*** (auf)hetzen, antreiben.

hound[2] [haʊnd] *s.* **1.** ⚓ Mastbacke *f*; **2.** *pl.* ⚙ Seiten-, Diago'nalstreben *pl.* (*an Fahrzeugen*).

hour ['aʊə] *s.* **1.** Stunde *f*: ***by the ~*** stundenweise; ***for ~s*** (***and ~s***) stundenlang; ***on the ~*** (jeweils) zur vollen Stunde; ***an ~'s work*** e-e Stunde Arbeit; ***10 minutes past the ~*** 10 Minuten nach voll; **2.** (Tages)Zeit *f*: ***at 14.20 ~s*** um 14 Uhr 20; ***at all ~s*** zu jeder Zeit; ***at an early ~*** früh, zu früher Stunde; ***at the eleventh ~*** *fig.* in letzter Minute, fünf Minuten vor zwölf; ***keep early ~s*** früh schlafen gehen (u. früh aufstehen); ***sleep till all ~s*** ‚bis in die Puppen' schlafen; ***the small ~s*** die frühen Morgenstunden; **3.** Zeitpunkt *m*, Stunde *f*: ***~ of death*** Todesstunde; ***his ~ has come*** a) s-e Stunde ist gekommen, b) *a.* ***his*** (***last***) ***~ has struck*** s-e letzte Stunde *od.* sein letztes Stündlein ist gekommen *od.* hat geschlagen; ***question of the ~*** aktuelle Frage; **4.** *pl.* (Arbeits-) Zeit *f*, (Arbeits-, Geschäfts-, Dienst-) Stunden *pl.*: ***after ~s*** a) nach Geschäftsschluss, b) nach der Arbeit, c) *fig.* zu spät; **5.** *pl. eccl.* a) Stundenbuch *n*, b) *R.C.* Stundengebete *pl.*; **6.** **2s** *pl. myth.* Horen *pl.*; **~ cir·cle** *s. ast.* Stundenkreis *m*; '**~·glass** *s.* Stundenglas *n*, *bsd.* Sanduhr *f*; **~ hand** *s.* Stundenzeiger *m*.

hou·ri ['hʊərɪ] *s.* **1.** Huri *f* (*mohammedanische Paradiesjungfrau*); **2.** *fig.* üppige Schönheit (*Frau*).

hour·ly ['aʊəlɪ] *adv. u. adj.* **1.** stündlich: **~ wage** Stundenlohn *m*; **2.** ständig, dauernd: ***in ~ fear***.

house [haʊs] **I** *pl.* **hous·es** ['haʊzɪz] *s.* **1.** Haus *n* (*Gebäude u. Hausbewohner*): ***like a ~ on fire*** ganz ‚toll', ‚prima'; → ***safe*** 3; **2.** Wohnhaus *n*, Wohnung *f*, Heim *n*; Haushalt *m*: ***~ and home*** Haus u. Hof; ***keep ~*** a) das Haus hüten, b) (***for s.o.*** j-m) den Haushalt führen; ***put*** (*od.* ***set***) ***one's ~ in order*** s-e Angelegenheiten ordnen, sein Haus bestellen; → ***open*** 10; **3.** Fa'milie *f*, Geschlecht *n*, (*bsd. Fürsten*)Haus *n*: ***the 2 of Hanover***; **4.** *univ. Brit.* Haus *n*: a) Wohngebäude *n* (*e-s College, a. ped. e-s Internats*), b) College *n*; **5.** *thea.* a) (Schauspiel)Haus *n*: ***full ~*** volles Haus, b) Zuhörer *pl.*; → ***bring down*** 8, c) Vorstellung *f*: ***the second ~*** die zweite Vorstellung (*des Tages*); **6.** *mst* **2** *parl.* Haus *n*, Kammer *f*, Parla'ment *n*: ***the 2*** a) → ***House of Commons*** (***Lords***, ***Representatives***), b) *coll.* das Haus (*die Abgeordneten*); ***enter the 2*** Parlamentsmitglied werden; ***there is a 2*** es ist Parlamentssitzung; ***no 2*** das Haus ist nicht beschlussfähig; **7.** ✝ Haus *n*, Firma *f*: ***the 2*** die Londoner Börse; ***on the ~*** auf Kosten des Hauses (*a. weitS. des Wirts od. Gastgebers*); **8.** *ast.* a) Haus *n*, b) Tierkreiszeichen *n*; **II** *v/t.* [haʊz] **9.** 'unterbringen (*a.* ⚙); **10.** aufnehmen, beherbergen; **11.** Platz haben für; **III** *v/i.* [haʊz] **12.** hausen, wohnen.

Houses

bungalow ['bʌŋgələʊ]	Bungalow
cottage	Häuschen *(bsd. auf dem Land)*
council house *Brit.*	gemeindeeigenes Wohnhaus *(mst Reihenhaus für eine Familie, mit preisgünstigen Mieten)*
detached house	Einzelhaus
high-rise (block)	Hochhaus
manor house ['mænəhaʊs]	Herrenhaus
semi-detached house ['semɪdɪˌtætʃt'haʊs], **semi,** *Am.* **duplex** ['duːpleks]	Doppelhaushälfte
skyscraper	Wolkenkratzer
terraced house [ˌterəst'haʊs], **terrace,** *Am.* **row house** ['rəʊhaʊs]	Reihenhaus
tower block *Brit.*	Hochhaus
townhouse	Stadthaus

house| a·gent *s. Brit.* Häusermakler *m*; **~ ar·rest** *s.* 'Hausarˌrest *m*; '**~·boat** *s.* Hausboot *n*; '**~ˌbod·y** → ***homebody***; '**~·bound** *adj.* ans Haus gefesselt; '**~·break** *v/t. Am.* **1.** *Hund etc.* stubenrein machen; **2.** F *fig.* a) *j-m* Manieren beibringen, b) *j-n* ‚kirre' machen; '**~ˌbreak·er** *s.* **1.** ⚖ Einbrecher *m*; **2.** 'Abbruchunterˌnehmer *m*; '**~ˌbreak·ing** *s.* **1.** ⚖ Einbruch(sdiebstahl) *m*; **2.** Abbruch(arbeiten *pl.*) *m*; '**~ˌbro·ken** *adj.* stubenrein (*Hund etc.*); '**~·clean** *v/i.* **1.** Hausputz machen; **2.** (*a. v/t.*) *Am.* F gründlich aufräumen (in *dat.*); '**~ˌclean·ing** *s.* **1.** Hausputz *m*; **2.** *Am.* F 'Säuberungsaktiˌon *f*; '**~·coat** *s.* Hauskleid *n*, Morgenrock *m*; '**~·craft** *s. Brit.* Hauswirtschaftslehre *f*; **~ de·tec·tive** *s.* 'Hausdetekˌtiv *m* (*Hotel etc.*); **~ dog** *s.* Haushund *m*; **~ dust mite** Hausstaubmilbe *f*: ***~ allergy*** 'Hausstaubmilbenallerˌgie *f*; '**~·fly** *s. zo.* Stubenfliege *f*.

house·hold ['haʊshəʊld] **I** *s.* **1.** Haushalt *m*; **2.** ***the 2*** *Brit.* die königliche Hofhaltung: ***2 Brigade***, ***2 Troops*** Gardetruppen *pl.*; **II** *adj.* **3.** Haushalts..., häuslich: ***~ appliance*** Haushaltsgerät *n*; ***~ commodities*** *pl.* Haushaltswaren *pl*; ***~ gods*** a) *antiq.* Hausgötter *pl.*, b) *fig.* heilig gehaltene Dinge *pl.*; ***~ goods*** *pl.* Haushaltswaren *pl*; ***~ remedy*** ⚕ Hausmittel *n*;

~ soap Haushaltsseife *f*; *~ spending* Ausgaben der privaten Haushalte; **4.** all'täglich: *a ~ word* (*od. name*) ein (fester *od.* geläufiger) Begriff; **'house,hold·er** *s.* **1.** Haushaltsvorstand *m*; **2.** Haus- *od.* Wohnungsinhaber *m*.

'house|-,hunt·ing *s.* F Wohnungssuche *f*; **'~,hus·band** *s.* Hausmann *m*; **'~·keep** *v/i.* den Haushalt führen (*for s.o.* j-m); **'~,keep·er** *s.* **1.** Haushälterin *f*, Wirtschafterin *f*; **2.** Hausmeister(in); **'~,keep·ing** *s.* Haushaltung *f*, -wirtschaft *f*: *~ (money)* Wirtschaftsgeld *n*; **'~·maid** *s.* Hausgehilfin *f*: *~'s knee* ⚕ Knieschleimbeutelentzündung *f*; **'~,mas·ter** *s. ped. Brit.* Heimleiter *m* (*Lehrer, der für ein Wohngebäude e-s Internats zuständig ist*); **'~·mate** *s.* Hausgenosse *m*, -genossin *f*; **'~,mis·tress** *s. ped. Brit.* Heimleiterin *f* (*in e-m Internat*); **Ⲁ of Com·mons** *s. parl. Brit.* 'Unterhaus *n*; **Ⲁ of Lords** *s. parl. Brit.* Oberhaus *n*; **Ⲁ of Rep·re·sent·a·tives** *s. parl. Am.* Repräsen'tantenhaus *n* (*Unterhaus des US-Kongresses*); **~ or·gan** *s.* ✝ Hauszeitung *f*; **~ paint·er** *s.* Maler *m*, Anstreicher *m*; **~ par·ty** *s.* mehrtägige Party (*bsd. in e-m Landhaus*); **'~·phone** *s. Am.* 'Haustele,fon *n*; **~ phy·si·cian** *s.* **1.** Hausarzt *m* (*im Hotel etc.*); **2.** *im Krankenhaus wohnender Arzt*; **~ plant** *s.* ⚘ Zimmerpflanze *f*; **'~-proud** *adj.* über'trieben ordentlich, pe'nibel; **'~·room** [-rʊm] *s.*: *give s.o. ~* j-n (in sein Haus) aufnehmen; *he wouldn't give it ~ fig.* er nähme es nicht einmal geschenkt; **~ search** *s.* ⚖ Haussuchung *f*; **,~-to-'house** *adj.* von Haus zu Haus: *~ collection* Haussammlung *f*; *~ selling* Verkauf *m* an der Haustür; **'~·top** *s.* Dach *n*: *proclaim* (*od. shout*) *from the ~s* öffentlich verkünden, *et.* ‚an die große Glocke hängen'; **'~-trained** *adj.* stubenrein (*Hund etc.*); **'~,warm·ing (par·ty)** *s.* Einzugsparty *f* (*im neuen Haus*).

'house·wife *s.* [*irr.*] **1.** Hausfrau *f*; **2.** ['hʌzɪf] *Brit.* 'Nähe,tui *n*, Nähzeug *n*; **'house,wife·ly** [-,waɪflɪ] *adj.* hausfraulich; **'house·wif·er·y** [-wɪfərɪ] → *housekeeping*; **'house·work** *s.* Haus(halts)arbeit *f*.

hous·ing[1] ['haʊzɪŋ] *s.* **1.** 'Unterbringung *f*; **2.** 'Unterkunft *f*, Obdach *n*; **3.** Wohnung *f*, *coll.* Häuser *pl.*: *~ development*, *~ estate* Wohnsiedlung *f*; *~ development scheme* Wohnungsbauprojekt *n*; *~ shortage* Wohnungsnot *f*; *~ situation* Lage *f* auf dem Wohnungsmarkt; *~ unit* Wohneinheit *f*; **4.** Wohnungsbau *m od.* -beschaffung *f*; **5.** ⚙ a) Gehäuse *n*, b) Gerüst *n*, c) Nut *f*.

Housing

bedsit, bed-sitter	Wohnschlafzimmer; Einzimmerwohnung
caravan, *Am.* **trailer**	Wohnwagen
condominium, *umgangssprachlich* **condo** *Am.*	Eigentumswohnung
council flat *Brit.*	gemeindeeigene Wohnung (*mit niedriger Miete; entspricht von der Funktion her der deutschen Sozialwohnung*)
maisonette, *Am.* **duplex (apartment)**	Maisonettewohnung
mansion	großes Haus, Villa
mobile home, *Am.* **RV** [,ɑː'viː] (= *recreational vehicle*)	(*meist größeres*) Wohnmobil
penthouse flat, *bsd. Am.* **penthouse apartment**	Penthousewohnung
studio flat/ apartment	Einzimmerwohnung

hous·ing[2] ['haʊzɪŋ] *s.* Satteldecke *f*.

hove [həʊv] *pret. u. p.p. von* **heave**.

hov·el ['hɒvl] *s.* **1.** Schuppen *m*; **2.** *contp.* ‚Bruchbude' *f*, ‚Loch' *n*.

hov·el·(l)er ['hɒvlə] *s.* ⚓ **1.** Bergungsboot *n*; **2.** Berger *m*.

hov·er ['hɒvə] *v/i.* **1.** schweben (*a. fig.*); **2.** sich her'umtreiben *od.* aufhalten (*about* in der Nähe *gen.*); **3.** zögern, schwanken; **'~·craft** *s. sg. u. pl.* Hovercraft *n*, Luftkissenfahrzeug *n*; **'~·train** *s.* Hovertrain *m*, Schwebezug *m*.

how [haʊ] **I** *adv.* **1.** (*fragend*) wie: *~ are you?* wie geht es Ihnen?; *~ do you do?* (*bei der Vorstellung*) guten Tag!; *~ about ...?* wie stehts mit ...?; *~ about a cup of tea?* wie wäre es mit e-r Tasse

H

Tee?; *~ about it?* (na,) wie wärs?; *~ is it that ...?* wie kommt es, dass ...?; *~ now?* was soll das bedeuten?; *~ much?* wie viel?; *~ many?* wie viele?, wie viel?; *~ much is it?* was kostet es?; *~ do you know?* woher wissen Sie das?; *~ ever do you do it?* wie machen Sie das nur?; **2.** (*ausrufend*) wie: *~ absurd!*; *and ~!* F und wie!; *here's ~!* F auf Ihr Wohl!; **3.** (*relativ*) wie: *I know ~ far it is* ich weiß, wie weit es ist; *he knows ~ to ride* er kann reiten; *I know ~ to do it* ich weiß, wie man es macht; **II** *s.* **4.** Wie *n*: *the ~ and the why* das Wie u. Warum.

how·be·it [ˌhaʊ'biːɪt] *obs.* **I** *adv.* nichtsdesto'weniger; **II** *cj.* ob'gleich, ob'schon.

how·dah ['haʊdə] *s.* (*mst gedeckter*) Sitz auf dem Rücken e-s Ele'fanten.

how-do-you-do [ˌhaʊdjʊ'duː], **ˌhow-d'ye-'do** [-djə'duː] *s.* F: *a nice ~* e-e schöne ‚Bescherung'.

how·ev·er [haʊ'evə] **I** *adv.* **1.** wie auch (immer), wenn auch noch so: *~ good*; *~ it* (*may*) *be* wie dem auch sei; *~ you do it* wie du es auch machst; **2.** F wie ... bloß *od.* denn nur: *~ did you do it?*; **II** *cj.* **3.** je'doch, dennoch, doch, aber, in'des.

how·itz·er ['haʊɪtsə] *s.* Hau'bitze *f.*

howl [haʊl] **I** *v/i.* **1.** heulen (*Wölfe, Wind etc.*); **2.** brüllen, schreien (*with* vor *dat.*); **3.** F ‚heulen', weinen; **4.** pfeifen (*Wind, Radio etc.*); **II** *v/t.* **5.** brüllen, schreien: *~ down j-n* niederschreien; **III** *s.* **6.** Heulen *n*, Geheul *n*; **7.** a) Schrei *m*: *~s of laughter* brüllendes Gelächter, b) Gebrüll *n*, Geschrei *n*: *be a ~* F ‚zum Brüllen' sein; **'howl·er** [-lə] *s.* **1.** Heuler(in); **2.** *zo.* Brüllaffe *m*; **3.** F grober Schnitzer, ‚Heuler' *m*; **'howl·ing** [-lɪŋ] *adj.* **1.** heulend, brüllend; **2.** F ‚toll', Mords...

how·so·ev·er [ˌhaʊsəʊ'evə] → *however* 1.

ˌhow-to-'do-it book *s.* Bastelbuch *n.*

hoy¹ [hɔɪ] *s.* ⚓ Leichter *m.*

hoy² [hɔɪ] **I** *int.* **1.** he!, hoi!; **2.** ⚓ a'hoi!; **II** *s.* **3.** He(ruf *m*) *n.*

hoy·den ['hɔɪdn] *s.* Range *f*, Wildfang *m* (*Mädchen*); **'hoy·den·ish** [-nɪʃ] *adj.* wild, ausgelassen.

hub [hʌb] *s.* **1.** (Rad)Nabe *f*: *~cap mot.* Radkappe *f*; **2.** *fig.* Mittel-, Angelpunkt *m*, Zentrum *n*: *~ of the universe* Mittelpunkt der Welt (*bsd. fig.*); **3.** *the* ♀ *Am.* (*Spitzname für*) Boston *n.*

hub·bub ['hʌbʌb] *s.* **1.** Stimmengewirr *n*; **2.** Lärm *m*, Tu'mult *m.*

hub·by ['hʌbɪ] *s.* F ‚Männe' *m*, (Ehe-)Mann *m.*

hu·bris ['hjuːbrɪs] (*Greek*) *s.* Hybris *f*, freche 'Selbstüberˌhebung.

huck·le ['hʌkl] *s.* **1.** *anat.* Hüfte *f*; **2.** Buckel *m*; **'~·ber·ry** *s.* ⚘ Heidelbeere *f*; **'~·bone** *s. anat.* **1.** Hüftknochen *m*; **2.** Fußknöchel *m.*

huck·ster ['hʌkstə] **I** *s.* **1.** → *hawker²*; **2.** *contp.* Krämer(seele *f*) *m*, Feilscher *m*; **3.** *Am. sl.* ‚Re'klamefritze' *m* (*Werbefachmann*); **II** *v/i.* **4.** hökern; hausieren; **5.** feilschen (*over* um).

hud·dle ['hʌdl] **I** *v/t.* **1.** a) *mst ~ together* (*od. up*) zs.-werfen, auf e-n Haufen werfen, b) *wohin* stopfen; **2.** *~ o.s.* (*up*) → 6; *~d up* zs.-gekauert; **3.** *mst ~ together* (*od. up*) *Brit. Bericht etc.* a) ‚hinhauen', b) zs.-stoppeln; **4.** *~ on* sich *ein Kleid etc.* 'überwerfen, schlüpfen in (*acc.*); **5.** *fig.* vertuschen; **II** *v/i.* **6.** (*~ up* sich zs.-)kauern; **7.** *a. ~ together* (*od. up*) sich zs.-drängen; **8.** *~* (*up*) *against* (*od. to*) sich kuscheln *od.* schmiegen an (*acc.*); **III** *s.* **9.** a) (wirrer) Haufen, b) Wirrwarr *m*; **10.** *go into a ~* F a) die Köpfe zs.-stecken, ‚Kriegsrat halten', b) *with o.s.* ‚mal nachdenken', mit sich zu Rate gehen.

hue¹ [hjuː] *s.*: *~ and cry a. fig.* (Zeter-)Geschrei *n*, Gezeter *n*; *raise a ~ and cry* ein Zetergeschrei erheben, lautstark protestieren (*against* gegen).

hue² [hjuː] *s.* Farbe *f*, (Farb)Ton *m*; Färbung *f* (*a. fig.*); **hued** [hjuːd] *adj. in Zssgn* ...farbig, ...farben.

huff [hʌf] **I** *v/t.* **1.** a) ärgern, verstimmen, b) kränken, c) ‚piesacken': *~ s.o. into s.th.* j-n zu et. zwingen; *easily ~ed* leicht ‚eingeschnappt', sehr übelnehmerisch; **2.** *Damespiel*: *Stein* wegnehmen; **II** *v/i.* **3.** a) sich ärgern, b) ‚einschnappen'; **4.** *a. ~ and puff* a) schnaufen, pusten, b) (vor Wut) schnauben; **III** *s.* **5.** Ärger *m*, Verstimmung *f*: *be in a ~* verstimmt *od.* ‚eingeschnappt' sein; **huff·i·ness** ['hʌfɪnɪs] *s.* **1.** übelnehmerisches Wesen; **2.** Verärgerung *f*, Verstimmung *f*; **huff·ish** ['hʌfɪʃ], **huff·y** ['hʌfɪ] *adj.* □ **1.** übelnehmerisch; **2.** verärgert, ‚eingeschnappt'.

hug [hʌg] **I** *v/t.* **1.** um'armen, an sich drücken: *~ o.s.* sich beglückwünschen (*on, over* zu); **2.** *fig.* (zäh) festhalten an (*e-r Meinung etc.*); **3.** sich dicht halten an (*acc.*): *~ the coast* (*the side of the road*) sich dicht an die Küste (an den Straßenrand) halten; *the car ~s the road well mot.* der Wagen hat e-e gute Straßenlage; **II** *v/i.* **4.** ein'ander *od.* sich um'armen; **III** *s.* **5.** Um'armung *f*: *give s.o. a ~* j-n umarmen.

huge [hjuːdʒ] *adj.* □ riesig, ungeheuer, e'norm, gewaltig, mächtig (*alle a. fig.*); **'huge·ly** [-lɪ] *adv.* gewaltig, ungeheuer, ungemein; **'huge·ness** [-nɪs] *s.* ungeheure Größe.

hug·ger·mug·ger ['hʌgəˌmʌgə] **I** *s.* **1.** ‚Kuddelmuddel' *m*, *n*; **2.** Heimlichtue'rei *f*; **II** *adj. u. adv.* **3.** unordentlich; **4.**

H

heimlich, verstohlen; **III** *v/t.* **5.** vertuschen, verbergen.
Hu·gue·not ['hju:gənɒt] *s.* Huge'notte *m*, Huge'nottin *f*.
huh [hʌ] *int.* **1.** wie?, was?; **2.** ha(ha)!
hu·la ['hu:lə], ˌ**hu·la-'hu·la** *s.* Hula *f*, *m* (*Tanz der Eingeborenen auf Hawaii*).
hulk [hʌlk] *s.* **1.** ⚓ Hulk *f*, *m*; **2.** Ko'loss *m* (*Sache od. Person*): ***a ~ of a man*** *a.* ein Riesenkerl, ein ungeschlachter Kerl; '**hulk·ing** [-kɪŋ], '**hulk·y** *adj.* **1.** ungeschlacht; **2.** sperrig, klotzig.
hull[1] [hʌl] **I** *s.* ♆ Schale *f*, Hülle *f* (*beide a. weitS.*), Hülse *f*; **II** *v/t.* schälen, enthülsen: ***~ed barley*** Graupen *pl.*
hull[2] [hʌl] **I** *s.* ⚓, ✈ Rumpf *m*: ***~ down*** weit entfernt (*Schiff*); **II** *v/t.* ⚓ den Rumpf treffen *od.* durch'schießen.
hul·la·ba·loo [ˌhʌləbə'lu:] *s.* Lärm *m*, Tu'mult *m*, Trubel *m*.
hul·lo [hə'ləʊ] → ***hello***.
hum [hʌm] **I** *v/i.* **1.** summen (*Bienen, Draht, Person etc.*); **2.** ⚡ brummen; **3.** ***~ and ha(w)*** a) ‚herumdrucksen', b) (hin u. her) schwanken; **4.** *a.* ***~ with activity*** F voller Leben *od.* Aktivi'tät sein: ***make things ~*** die Sache in Schwung bringen; **5.** ‚muffeln', stinken; **II** *v/t.* **6.** summen; **III** *s.* **7.** Summen *n*; **8.** ⚡ Brummen *n*; **9.** [*a.* mm] Hm *n*: ***~s and ha(w)s*** verlegenes Geräusper.
hu·man ['hju:mən] **I** *adj.* □ → ***humanly***; **1.** menschlich (*a. weitS. Person, Charakter etc.*), Menschen..., Human... (*-medizin etc.*): ***~ chain*** Menschenkette *f*; ***~ nature*** menschliche Natur; ***~ engineering*** a) angewandte Betriebspsychologie, Arbeitsplatzgestaltung *f*, b) menschengerechte Gestaltung (*von Maschinen etc.*) zwecks optimaler Leistung; ***~ interest*** *das* menschlich Ansprechende; ***~-interest story*** ergreifende *od.* ein menschliches Schicksal schildernde Geschichte; ***~ relations*** zwischenmenschliche Beziehungen, (✝ innerbetriebliche) Kontaktpflege; ***~ resources*** *pl.* ✝ *etc.* 'Arbeitskräftepotenziˌal *n*; ***department of ~ resources*** *in Firma*: Perso'nalabteilung *f*; ***the ~ race*** das Menschengeschlecht; ***~ rights*** Menschenrechte; ***~ rights abuse*** Menschenrechtsverletzung *f*; ***~ rights activist*** Menschenrechtler *m*; ***~ touch*** menschliche Note; ***that's only ~*** das ist doch menschlich; ***I am only ~*** *iro.* ich bin auch nur ein Mensch; → ***err*** 1; **2.** → ***humane*** 1; **II** *s.* **3.** Mensch *m*;
hu·mane [hju:'meɪn] *adj.* □ **1.** hu'man, menschlich: ***ꝸ Society*** Gesellschaft *f* zur Verhinderung von Grausamkeiten an Tieren; **2.** → ***humanistic*** 1; **hu·mane·ness** [hju:'meɪnnɪs] *s.* Humani'tät *f*, Menschlichkeit *f*.
hu·man·ism ['hju:mənɪzəm] *s.* **1.** *oft* ꝸ Huma'nismus *m*; **2.** a) → ***humaneness***, b) → ***humanitarianism***; '**human·ist** [-ɪst] **I** *s.* **1.** Huma'nist(in); **2.** → ***humanitarian*** II; **II** *adj.* → **hu·man·is·tic** [ˌhju:mə'nɪstɪk] *adj.* (□ ***~ally***) **1.** huma'nistisch: ***~ education***; **2.** a) → ***humane*** 1, b) → **hu·man·i·tar·i·an** [hju:ˌmænɪ'teərɪən] **I** *adj.* humani'tär, menschenfreundlich, Humanitäts...; **II** *s.* Menschenfreund *m*; **hu·man·i·tar·i·an·ism** [hju:ˌmænɪ'teərɪənɪzəm] *s.* Menschenfreundlichkeit *f*, humani'täre Gesinnung; **hu·man·i·ty** [hju:'mænətɪ] *s.* **1.** die Menschheit; **2.** Menschsein *n*, menschliche Na'tur; **3.** Humani'tät *f*, Menschlichkeit *f*; **4.** *pl.* a) klassische Litera'tur, b) 'Altphiloloˌgie *f*, c) Geisteswissenschaften *pl.*
hu·man·i·za·tion [ˌhju:mənaɪ'zeɪʃn] *s.* **1.** Humanisierung *f*; **2.** Vermenschlichung *f*, Personifizierung *f*; **hu·man·ize** ['hju:mənaɪz] *v/t.* **1.** humanisieren, hu'maner gestalten; **2.** vermenschlichen, personifizieren.
ˌ**hu·man'kind** *s.* die Menschheit, das Menschengeschlecht; '**hu·man·ly** [-lɪ] *adv.* **1.** menschlich; **2.** nach menschlichen Begriffen: ***~ possible*** menschenmöglich; ***~ speaking*** menschlich gesehen; **3.** hu'man, menschlich.
hum·ble ['hʌmbl] **I** *adj.* □ bescheiden: a) demütig: ***in my ~ opinion*** nach m-r unmaßgeblichen Meinung; ***my ~ self*** meine Wenigkeit; ***Your ~ servant*** *obs.* Ihr ergebener Diener; ***eat ~ pie*** *fig.* klein beigeben, zu Kreuze kriechen, b) anspruchslos, einfach, c) niedrig, dürftig, ärmlich: ***of ~ birth*** von niedriger Geburt; **II** *v/t.* demütigen, erniedrigen; '**hum·ble·ness** [-nɪs] *s.* Demut *f*, Bescheidenheit *f*.
hum·bug ['hʌmbʌg] **I** *s.* **1.** ‚Humbug' *m*: a) Schwindel *m*, Betrug *m*, b) Unsinn *m*, ‚Mumpitz' *m*; **2.** Schwindler *m*, *bsd.* Hochstapler *m*, *a.* Scharlatan *m*; **3.** *a.* ***mint ~*** *Brit.* 'PfefferminzbonˌBon *m*, *n*; **II** *v/t.* **4.** betrügen, ‚reinlegen'.
hum·ding·er [hʌm'dɪŋə] *s. sl.* **1.** ‚toller Bursche'; **2.** ‚tolles Ding'.
hum·drum ['hʌmdrʌm] **I** *adj.* **1.** eintönig, langweilig, fad; **II** *s.* **2.** Eintönigkeit *f*, Langweiligkeit *f*; **3.** langweilige Sache *od.* Per'son.
hu·mec·tant [hju:'mektənt] *s.* ⚗ Feuchthaltemittel *n*.
hu·mer·al ['hju:mərəl] *adj. anat.* **1.** Oberarmknochen...; **2.** Schulter...; **hu·mer·us** ['hju:mərəs] *pl.* **-i** [-aɪ] *s.* Oberarm(knochen) *m*.
hu·mid ['hju:mɪd] *adj.* feucht; **hu·mid·i·fi·er** [hju:'mɪdɪfaɪə] *s.* Befeuchter *m*; **hu·mid·i·fy** [hju:'mɪdɪfaɪ] *v/t.* befeuchten; **hu·mid·i·ty** [hju:'mɪdətɪ] *s.* Feuchtigkeit(sgehalt *m*) *f*.
hu·mi·dor ['hju:mɪdɔ:] *s.* Feuchthaltebehälter *m*.

hu·mil·i·ate [hjuːˈmɪlɪeɪt] *v/t.* erniedrigen, demütigen; **huˈmil·i·at·ing** [-tɪŋ] *adj.* demütigend, erniedrigend; **hu·mil·i·a·tion** [hjuːˌmɪlɪˈeɪʃn] *s.* Erniedrigung *f*, Demütigung *f*; **huˈmil·i·ty** [-ətɪ] → ***humbleness***.

hum·ming [ˈhʌmɪŋ] *adj.* **1.** summend; **2.** ↯ brummend; **3.** F a) lebhaft, schwungvoll, b) geschäftig; **ˈ~·bird** *s. orn.* Kolibri *m*; **ˈ~·top** *s.* Brummkreisel *m.*

hum·mock [ˈhʌmək] *s.* **1.** Hügel *m*; **2.** Eishügel *m.*

hu·mor *etc. Am.* → ***humour*** *etc.*

hu·mor·esque [ˌhjuːməˈresk] *s.* ♪ Humoˈreske *f*; **hu·mor·ist** [ˈhjuːmərɪst] *s.* **1.** Humoˈrist(in); **2.** Spaßvogel *m*; **ˌhu-morˈis·tic** [-ˈrɪstɪk] *adj.* (□ ***~ally***) humoˈristisch; **hu·mor·ous** [ˈhjuːmərəs] *adj.* □ huˈmorvoll, huˈmorig, lustig; **hu·mor·ous·ness** [ˈhjuːmərəsnɪs] *s.* huˈmorvolle Art, (*das*) Huˈmorvolle, Komik *f.*

hu·mour [ˈhjuːmə] **I** *s.* **1.** Gemütsart *f*, Temperaˈment *n*; **2.** Stimmung *f*, Laune *f*: ***in the ~ for*** aufgelegt zu; ***in a good*** (***bad***) ***~*** (bei) guter (schlechter) Laune; ***out of ~*** schlecht gelaunt; **3.** Huˈmor *m*, Spaß *m*; Komik *f*, *das* Komische (*e-r Situation etc.*); **4.** *a.* ***sense of ~*** (Sinn *m* für) Humor *m*; **5.** Spaß *m*; **6.** *physiol.* a) Körperflüssigkeit *f*, b) *obs.* Körpersaft *m*; **II** *v/t.* **7.** a) *j-m* s-n Willen tun *od.* lassen, b) *j-n od. et.* hinnehmen, mit Geduld ertragen; **ˈhu·mo(u)r·less** [-lɪs] *adj.* huˈmorlos.

hump [hʌmp] **I** *s.* **1.** Buckel *m*, *bsd. des Kamels*: Höcker *m*; **2.** kleiner Hügel: ***be over the ~*** *fig.* über den Berg sein; **3.** *Brit.* F a) Trübsinn *m*, b) Stinklaune *f*: ***give s.o. the ~*** → 6; **II** *v/t.* **4.** *oft* ***~ up*** (zu e-m Buckel) krümmen: ***~ one's back*** e-n Buckel machen; **5.** a) sich *et.* aufladen, b) schleppen, tragen: ***~ o.s.*** (*od.* ***it***) *Am. sl.* sich ‚ranhalten' (*anstrengen*); **6.** *Brit.* F a) *j-n* trübsinnig machen, b) *j-m* ‚auf den Wecker fallen'; **7.** V ‚bumsen' (*a. v/i.*); **ˈ~·back** *s.* **1.** Buckel *m*; **2.** Bucklige(r *m*) *f*; **3.** *zo.* Buckelwal *m*; **ˈ~·backed** *adj.* bucklig.

humped [hʌmpt] *adj.* **1.** bucklig, höckerig; **2.** holp(e)rig.

humph [mm; hʌmf] *int.* hm!, *contp.* pff!

hump·ty-dump·ty [ˌhʌmptɪˈdʌmptɪ] *s.* ‚Dickerchen' *n.*

hump·y [ˈhʌmpɪ] → ***humped***.

hu·mus [ˈhjuːməs] *s.* Humus *m.*

Hun [hʌn] *s.* **1.** Hunne *m*, Hunnin *f*; **2.** *fig.* Wanˈdale *m*, Barˈbar *m*; **3.** F *contp.* Deutsche(r) *m.*

hunch [hʌntʃ] **I** *s.* **1.** → ***hump*** 1; **2.** Klumpen *m*; **3.** ***a ~*** F das *od.* so ein Gefühl, e-n *od.* den Verdacht (***that*** dass): ***play a ~*** e-r Intuition folgen; **II** *v/t.* **4.** *a.* ***~ up*** → ***hump*** 4: ***~ one's shoulders*** die Schultern hochziehen; **5.** *a.* ***~ up*** (sich) kauern; **ˈ~·back** → ***humpback*** 1 *u.* 2; **ˈ~·backed** → ***humpbacked***.

hun·dred [ˈhʌndrəd] **I** *adj.* **1.** hundert: ***a*** (*od.* ***one***) ***~*** (ein)hundert; ***several ~ men*** mehrere Hundert Mann; ***a ~ and one*** hundert(erlei), zahllose; **II** *s.* **2.** Hundert *n* (*a. Zahl*): ***by the ~*** hundertweise; ***several ~*** mehrere Hundert; ***~s of times*** hundertmal; ***~s of thousands*** Hunderttausende; ***~s and ~s*** Hunderte u. Aberhunderte; **3.** ₳ Hunderter *m*; **4.** *hist. Brit.* Bezirk *m*, Hundertschaft *f*; **5.** ***~s and thousands*** Liebesperlen *pl.* (*auf Gebäck etc.*); **ˈ~·fold** **I** *adj. u. adv.* hundertfach, -fältig; **II** *s. das* Hundertfache; **ˈ~·perˌcent** *adj.* ˈhundertproˌzentig; **ˌ~·perˈcent·er** *s. pol. Am.* ˈHurrapatriˌot *m.*

hun·dredth [ˈhʌndrədθ] **I** *adj.* **1.** hundertst; **II** *s.* **2.** Hundertste(r *m*) *f*; **3.** Hundertstel *n.*

ˈhun·dred·weight *s.* a) *in England 112 lbs.*, b) *in USA 100 lbs.*, c) *a.* ***metric ~*** Zentner *m.*

hung [hʌŋ] *pret. u. p.p. von* ***hang***.

Hun·gar·i·an [hʌŋˈgeərɪən] **I** *adj.* **1.** ungarisch; **II** *s.* **2.** Ungar(in); **3.** *ling.* Ungarisch *n.*

hun·ger [ˈhʌŋgə] **I** *s.* **1.** Hunger *m*: ***~ is the best sauce*** Hunger ist der beste Koch; **2.** *fig.* Hunger *m*, Verlangen *n*, Durst *m* (***for***, ***after*** nach); **II** *v/i.* **3.** hungern, Hunger haben; **4.** *fig.* hungern (***for***, ***after*** nach); **III** *v/t.* **5.** aushungern; durch Hunger zwingen (***into*** zu); **~ march** *s.* Hungermarsch *m*; **~ strike** *s.* Hungerstreik *m.*

hun·gry [ˈhʌŋgrɪ] *adj.* □ **1.** hungrig: ***be*** (*od.* ***feel***) ***~*** hungrig sein, Hunger haben: ***go ~*** hungern; ***~ as a hunter*** (*od.* ***bear***) hungrig wie ein Wolf; **2.** *fig.* hungrig (***for*** nach): ***~ for knowledge*** wissensdurstig; **3.** ⸝ karg, mager (*Boden*).

hunk [hʌŋk] *s.* F großes Stück, (dicker) Brocken.

hunk·y-do·ry [ˌhʌŋkɪˈdɔːrɪ] *adj. Am. sl.* **1.** ‚klasse', prima; **2.** bestens, ‚in Butter'.

hunt [hʌnt] **I** *s.* **1.** Jagd *f*, Jagen *n*: ***the ~ is up*** die Jagd hat begonnen; **2.** ˈJagd(-reˌvier *n*) *f*; **3.** Jagd(gesellschaft) *f*; **4.** *fig.* Jagd *f*: a) Verfolgung *f*, b) Suche *f* (***for*** nach); **II** *v/t.* **5.** (*a. fig. j-n*) jagen, Jagd machen auf (*acc.*), hetzen: ***~ed look*** *fig.* gehetzter Blick; ***~ down*** erlegen, *a. fig.* zur Strecke bringen; ***~ out*** a) hinausjagen, b) *a.* ***~ up*** aufstöbern, -spüren, -treiben, *weitS.* forschen nach; **6.** *Revier* durchˈjagen, -ˈstöbern, -ˈsuchen (*a. fig.*) (***for*** nach); **7.** jagen mit (*Hunden, Pferden etc.*); **8.** *Radar, TV*: abtasten; **III** *v/i.* **9.** jagen: ***~ for*** Jagd machen auf (*acc.*) (*a. fig.*); **10.** ***~ after***

H

(*od.* ***for***) a) suchen nach, b) jagen *od.* streben nach; **11.** ⚙ flattern; **'hunt·er** [-tə] *s.* **1.** Jäger *m* (*a. zo. u. fig.*): ***~-killer satellite*** ⚔ Killersatellit *m*; **2.** Jagdhund *m od.* -pferd *n*; **3.** Sprungdeckeluhr *f*.

hunt·ing ['hʌntɪŋ] **I** *s.* **1.** Jagd *f*, Jagen *n*; **2.** → ***hunt*** 4; **3.** *Radar*, *TV*: Abtastvorrichtung *f*; **II** *adj.* **4.** Jagd...; **~ box** → ***hunting lodge***; **~ cat** → ***cheetah***; **~ crop** *s.* Jagdpeitsche *f*; **~ ground** *s.* 'Jagdreˌvier *n*, -gebiet *n* (*a. fig.*): ***the happy ~s*** die ewigen Jagdgründe; **~ horn** *s.* Hift-, Jagdhorn *n*; **~ leop·ard** → ***cheetah***; **~ li·cence**, *Am.* **~ li·cense** *s.* Jagdschein *m*; **~ lodge** *s.* Jagdhütte *f*; **~ sea·son** *s.* Jagdzeit *f*.

hunt·ress ['hʌntrɪs] *s.* Jägerin *f*.

hunts·man ['hʌntsmən] *s.* [*irr.*] **1.** Jäger *m*, Weidmann *m*; **2.** Rüdemeister *m*; **'hunts·man·ship** [-ʃɪp] *s.* Jäge'rei *f*, Weidwerk *n*.

hur·dle ['hɜːdl] **I** *s.* **1.** *sport u. fig.* a) Hürde *f*, b) *Hindernislauf*, *Pferdesport*: Hindernis *n*: ***take*** (*od.* ***pass***) ***the ~*** *a. fig.* die Hürde nehmen; **2.** Hürde *f*, (Weiden-, Draht)Geflecht *n*; **3.** ⚙ Fa'schine *f*, Gitter *n*; **II** *v/t.* **4.** mit Hürden um'geben, um'zäunen; **5.** *ein Hindernis* über'springen; **6.** *fig. e-e Schwierigkeit* über'winden; **III** *v/i.* **7.** *sport*: e-n Hürden- *od.* Hindernislauf *od.* (*Pferdesport*) ein Hindernisrennen bestreiten; **'hur·dler** [-lə] *s. sport* a) Hürdenläufer (-in), b) Hindernisläufer *m*; **hur·dle race** *s. sport* a) Hürdenlauf *m*, b) Hindernislauf *m*, c) *Pferdesport*: Hindernisrennen *n*.

hur·dy-gur·dy ['hɜːdɪˌgɜːdɪ] *s.* ♪ a) Drehleier *f*, b) Leierkasten *m*.

hurl [hɜːl] **I** *v/t.* **1.** schleudern (*a. fig.*): **~ *abuse at s.o.*** j-m Beleidigungen ins Gesicht schleudern; **~ *o.s.*** sich stürzen (***on*** auf *acc.*); **II** *v/i.* **2.** *sport* Hurling spielen; **III** *s.* **3.** Schleudern *n*; **'hurl·er** [-lə] *s. sport* Hurlingspieler *m*; **'hurl·ey** [-lɪ] *s. sport* **1.** → ***hurling***; **2.** Hurlingstock *m*; **'hurl·ing** [-lɪŋ] *s. sport* Hurling (-spiel) *n* (*Art Hockey*).

hurl·y-burl·y ['hɜːlɪˌbɜːlɪ] **I** *s.* Tu'mult *m*, Aufruhr *m*; Wirrwarr *m*; **II** *adj.* turbu'lent.

hur·rah [hʊ'rɑː] **I** *int.* hur'ra!: ***~ for ...!*** hoch *od.* es lebe ...!; **II** *s.* Hur'ra(ruf *m*) *n*.

hur·ray [hʊ'reɪ] → ***hurrah***.

hur·ri·cane ['hʌrɪkən] *s.* a) Hurrikan *m*, Wirbelsturm *m*, b) Or'kan *m*, *fig. a.* Sturm *m*; **~ deck** *s.* ⚓ Sturmdeck *n*; **~ lamp** *s.* 'Sturmlaˌterne *f*.

hur·ried ['hʌrɪd] *adj.* □ eilig, hastig, schnell, über'eilt; **'hur·ri·er** [-ɪə] *s. Brit.* ⚒ Fördermann *m*.

hur·ry ['hʌrɪ] **I** *s.* **1.** Hast *f*, Eile *f*: ***in a ~*** eilig, hastig; ***be in a ~*** es eilig haben (***to do s.th.*** et. zu tun); ***there is no ~*** es eilt nicht, es hat keine Eile; ***in my ~ I forgot ...*** vor lauter Eile vergaß ich ...; ***you will not beat that in a ~*** F das machst du nicht so bald *od.* leicht nach; ***the ~ of daily life*** die Hetze des Alltags; ***in the ~ of business*** im Drang der Geschäfte; **II** *v/t.* **2.** schnell *od.* eilig befördern *od.* bringen: **~ *through*** *fig. Gesetzesvorlage etc.* durchpeitschen; **3.** *oft* **~ *up*** (*od.* ***on***) a) *j-n* antreiben, b) *et.* beschleunigen; **4.** *et.* über'eilen; **III** *v/i.* **5.** eilen, hasten: **~ *over s.th.*** et. hastig *od.* flüchtig erledigen; **6.** *oft* **~ *up*** sich beeilen: **~ *up!*** beeil dich!, (mach) schnell!; **ˌ~-'scur·ry** [-'skʌrɪ] → ***helter-skelter***; **'~-up** *adj. Am.* **1.** eilig, Eil...: **~ *job***; **2.** hastig: **~ *breakfast***.

hurst [hɜːst] *s.* **1.** (*obs. außer in Ortsnamen*) Forst *m*; **2.** *obs.* bewaldeter Hügel; **3.** *obs.* Sandbank *f*.

hurt [hɜːt] **I** *v/t.* [*irr.*] **1.** verletzen, verwunden (*beide a. fig.*): **~ *s.o.'s feelings***; ***feel ~*** gekränkt *od.* verletzt sein; → ***fly²*** 1; **2.** schmerzen, wehtun (*dat.*) (*beide a. fig.*); drücken (*Schuh*); **3.** *j-m* schaden *od.* Schaden zufügen: ***it won't ~ you to inf.*** F du stirbst nicht gleich, wenn du; **4.** *et.* beschädigen; **II** *v/i.* [*irr.*] **5.** schmerzen, wehtun (*a. fig.*); **6.** schaden: ***that won't ~*** das schadet nichts; **7.** F Schmerzen haben, *a. fig.* leiden (***from*** an *dat.*); **III** *s.* **8.** Schmerz *m* (*a. fig.*); **9.** Verletzung *f*; **10.** Kränkung *f*; **11.** Schaden *m*, Nachteil *m*; **'hurt·ful** [-fʊl] *adj.* □ **1.** verletzend; **2.** schmerzlich; **3.** schädlich, nachteilig (***to*** für).

hur·tle ['hɜːtl] **I** *v/i.* **1.** *obs.* (***against***) zs.-prallen (mit), prallen, krachen (gegen); **2.** sausen, rasen; **3.** rasseln, poltern; **II** *v/t.* **4.** → ***hurl*** 1.

'hur·tle·ber·ry *s.* ⚘ Heidelbeere *f*.

hus·band ['hʌzbənd] **I** *s.* (Ehe)Mann *m*, Gatte *m*, Gemahl *m*; **II** *v/t.* haushälterisch *od.* sparsam 'umgehen mit, Haus halten mit; **'hus·band·man** [-ndmən] *s.* [*irr.*] *obs.* Bauer *m*; **'hus·band·ry** [-rɪ] *s.* **1.** Landwirtschaft *f*; **2.** Haushalten *n*.

hush [hʌʃ] **I** *int.* **1.** still!, pst!; **II** *v/t.* **2.** zum Schweigen *od.* zur Ruhe bringen; **3.** *fig.* besänftigen, beruhigen; **4.** *mst* **~ *up*** vertuschen; **III** *v/i.* **5.** still werden; **IV** *s.* **6.** Stille *f*, Ruhe *f*; **'hush·a·by** [-ʃəbaɪ] *int.* eiapo'peia!; **hushed** [-ʃt] *adj.* lautlos, still.

ˌhush|-'hush *adj.* geheim (gehalten), Geheim..., heimlich; **~ mon·ey** *s.* Schweigegeld *n*.

husk [hʌsk] **I** *s.* **1.** ⚘ Hülse *f*, Schale *f*, Schote *f*, *Am. mst* Maishülse *f*; **2.** *fig.* (leere) Hülle, Schale *f*; **II** *v/t.* **3.** enthülsen, schälen; **'husk·er** [-kə] *s.* **1.** Enthülser(in); **2.** 'Schälmaˌschine *f*; **'husk·i·ly** [-kɪlɪ] *adv.* mit rauer *od.* heiserer

Stimme; **'husk·i·ness** [-kɪnɪs] *s.* Heiserkeit *f*, Rauheit *f*; **'husk·ing** [-kɪŋ] *s.* **1.** Enthülsen *n*, Schälen *n*; **2.** *a.* ~ ***bee*** *Am.* geselliges Maisschälen.

husk·y[1] ['hʌskɪ] **I** *adj.* ☐ **1.** hülsig; **2.** ausgedörrt; **3.** rau, heiser; **4.** F stämmig, kräftig; **II** *s.* **5.** F stämmiger Kerl.

hus·ky[2] ['hʌskɪ] *s. zo.* Husky *m*, Eskimohund *m*.

hus·sar [hʊ'zɑː] *s.* ⚔ Hu'sar *m*.

Huss·ite ['hʌsaɪt] *s. hist.* Hus'sit *m*.

hus·sy ['hʌsɪ] *s.* **1.** Range *f*, ‚Fratz' *m*; **2.** ‚leichtes Mädchen', ‚Flittchen' *n*.

hus·tings ['hʌstɪŋz] *s. pl. mst sg. konstr. pol.* a) Wahlkampf *m*, b) Wahl(en *pl.*) *f*.

hus·tle ['hʌsl] **I** *v/t.* **1.** a) stoßen, drängen, b) (an)rempeln; **2.** a) hetzen, (an-)treiben, b) drängen (***into doing s.th.*** dazu, et. zu tun); **3.** rasch *wohin* schaffen *od.* ‚verfrachten'; **4.** sich beeilen mit; **5.** ~ ***up*** *Am.* F ‚herzaubern'; **6.** *Am.* F a) *et.* ergattern, b) sich *et.* ergaunern; **II** *v/i.* **7.** sich drängen, hasten, hetzen, sich beeilen; **8.** *Am.* F a) mit Hochdruck arbeiten, b) ‚rangehen', Dampf da'hinter machen; **9.** *Am. sl.* a) ‚klauen', b) Betrüge'reien begehen, c) betteln, d) auf Kundschaft ausgehen (*a. Prostituierte*), e) ‚schwer hinterm Geld her sein'; **III** *s.* **10.** *mst* ~ ***and bustle*** a) Gedränge *n*, b) Gehetze *n*, c) ‚Betrieb' *m*; **11.** *Am.* F Gaune'rei *f*; **'hus·tler** [-lə] *s.* **1.** F rühriger Mensch, ‚Wühler' *m*; **2.** *bsd. Am.* F a) ‚Nutte' *f*, Prostitu'ierte *f*, b) (kleiner) Gauner.

hut [hʌt] **I** *s.* **1.** Hütte *f*; **2.** ⚔ Ba'racke *f*; **II** *v/t. u. v/i.* **3.** in Ba'racken *od.* Hütten 'unterbringen (wohnen): ~***ted camp*** Barackenlager *n*.

hutch [hʌtʃ] *s.* **1.** Kiste *f*, Kasten *m*; **2.** Trog *m*; **3.** (kleiner) Stall, Käfig *m*, Verschlag *m*; **4.** ⚒ Hund *m*; **5.** F Hütte *f*.

hut·ment ['hʌtmənt] *s.* ⚔ **1.** 'Unterbringung *f* in Ba'racken; **2.** Ba'rackenlager *n*.

huz·za [hʊ'zɑː] *obs.* → ***hurrah***.

hy·a·cinth ['haɪəsɪnθ] *s.* **1.** ⚘ Hya'zinthe *f*; **2.** *min.* Hya'zinth *m*.

hy·ae·na → ***hyena***.

hy·brid ['haɪbrɪd] **I** *s.* **1.** *biol.* Hy'bride *f*, *m*, Mischling *m*, Bastard *m*, Kreuzung *f*; **2.** *ling.* Mischwort *n*; **II** *adj.* **3.** hybrid: a) *biol.* Misch..., Bastard..., Zwitter..., b) *fig.* ungleichartig, gemischt; **'hy·brid·ism** [-dɪzəm], **hy·brid·i·ty** [haɪ'brɪdətɪ] *s. biol.* Mischbildung *f*, Kreuzung *f*; **hy·brid·i·za·tion** [ˌhaɪbrɪdaɪ'zeɪʃn] *s.* Kreuzung *f*; **'hy·brid·ize** [-daɪz] *v/t.* (*v/i.* sich) kreuzen.

Hy·dra ['haɪdrə] *s.* **1.** Hydra *f*: a) *myth. vielköpfige Schlange*, b) *ast.* Wasserschlange *f*; **2.** ♀ *fig.* Hydra *f* (*kaum auszurottendes Übel*); **3.** ♀ *zo.* 'Süßwasserpoˌlyp *m*.

hy·dran·ge·a [haɪ'dreɪndʒə] *s.* ⚘ Hor'tensie *f*.

hy·drant ['haɪdrənt] *s.* Hy'drant *m*.

hy·drate ['haɪdreɪt] ⚗ **I** *s.* Hy'drat *n*; **II** *v/t.* hydratisieren; **'hy·drat·ed** [-tɪd] *adj.* ⚗, *min.* hy'drathaltig; **hy·dra·tion** [haɪ'dreɪʃn] *s.* ⚗ Hydra(ta)ti'on *f*.

hy·drau·lic [haɪ'drɔːlɪk] **I** *adj.* (☐ ~***ally***) ⚙, *phys.* hy'draulisch: a) (Druck-)Wasser...: ~ ***clutch*** (***jack***, ***press***) hydraulische Kupplung (Winde, Presse); ~ ***power*** (***pressure***) Wasserkraft *f* (-druck *m*), b) unter Wasser erhärtend: ~ ***cement*** hydraulischer Mörtel, Wassermörtel *m*; **II** *s. pl. sg. konstr. phys.* Hy'draulik *f* (*Wissenschaft*); ~ **brake** *s. mot.* hy'draulische Bremse, Flüssigkeitsbremse *f*; ~ **dock** *s.* ⚓ Schwimmdock *n*; ~ **en·gi·neer** *s.* 'Wasserbauingeniˌeur *m*; ~ **en·gi·neer·ing** *s.* Wasserbau *m*.

hy·dric ['haɪdrɪk] *adj.* ⚗ Wasserstoff...: ~ ***oxide*** Wasser *n*; **'hy·dride** [-raɪd] *s.* ⚗ Hy'drid *n*.

hy·dro ['haɪdrəʊ] *pl.* **-dros** *s.* F **1.** ✈ → ***hydroplane*** 1; **2.** ⚕ *Brit.* F Ho'tel *n* mit hydro'pathischen Einrichtungen.

hydro- [haɪdrəʊ] *in Zssgn* a) Wasser..., b) ...wasserstoff *m*.

'hy·dro|·bomb *s.* ⚔ 'Lufttorˌpedo *m*; ˌ~**'car·bon** *s.* ⚗ Kohlenwasserstoff *m*; ˌ~**'cel·lu·lose** *s.* ⚗ 'Hydrozelluˌlose *f*; ˌ~**·ce'phal·ic** [-əʊse'fælɪk], ˌ~**'ceph·a·lous** [-əʊ'sefələs] *adj.* ⚕ mit e-m Wasserkopf; ˌ~**'ceph·a·lus** [-əʊ'sefələs] *s.* ⚕ Wasserkopf *m*; ˌ~**'chlo·ric** *adj.* ⚗ salzsauer: ~ ***acid*** Salzsäure *f*, Chlorwasserstoff *m*; ˌ~**'chlo·ride** *s.* ⚗ 'Chlorhydˌrat *n*; ˌ~**·cy'an·ic ac·id** *s.* ⚗ Blausäure *f*, Zy'anwasserstoffsäure *f*; ˌ~**·dy'nam·ic** *adj. phys.* hydrody'namisch; ˌ~**·dy'nam·ics** *s. pl. mst sg. konstr. phys.* Hydrody'namik *f*; ˌ~**·e'lec·tric** *adj.* ⚙ hydroe'lektrisch: ~ ***power station*** (*od.* ***plant***) Wasserkraftwerk *n*; ˌ~**·ex'tract** *v/t.* ⚙ zentrifugieren, entwässern; ˌ~**·flu'or·ic ac·id** *s.* ⚗ Flusssäure *f*; '~**·foil** *s.* ⚓ Tragflügel(boot *n*) *m*.

hy·dro·gen ['haɪdrədʒən] *s.* ⚗ Wasserstoff *m*: ~ ***bomb***; ~ ***cylinder*** Wasserstoffflasche *f*; ~ ***peroxide*** Wasserstoffsuperoxid *n*; ~ ***sulphide*** Schwefelwasserstoff; **'hy·dro·gen·ate** [-ədʒɪneɪt] *v/t.* ⚗ **1.** hydrieren; **2.** *Öl* härten; **hy·dro·gen·a·tion** [ˌhaɪdrədʒɪ'neɪʃn] *s.* ⚗ **1.** Hydrierung *f*, **2.** (Öl)Härtung *f*; **'hy·dro·gen·ize** [-ədʒɪnaɪz] → ***hydrogenate***; **hy·drog·e·nous** [haɪ'drɒdʒɪnəs] *adj.* ⚗ wasserstoffhaltig, Wasserstoff...

hy·dro·graph·ic [ˌhaɪdrəʊ'græfɪk] *adj.* (☐ ~***ally***) hydro'graphisch: ~ ***map*** ⚓ Seekarte *f*; ~ ***office*** (*od.* ***department***) ⚓ Seewarte *f*; **hy·drog·ra·phy** [haɪ'drɒgrəfɪ] *s.* **1.** Hydrogra'phie *f*, Gewäs-

H

serkunde *f*; **2.** Gewässer *pl.* (*e-r Landkarte*).

hy·dro·log·ic, **hy·dro·log·i·cal** [ˌhaɪdrəʊ'lɒdʒɪk(l)] *adj.* □ hydro'logisch; **hy·drol·o·gy** [haɪ'drɒlədʒɪ] *s.* Hydrolo'gie *f*.

hy·drol·y·sis [haɪ'drɒlɪsɪs] *pl.* **-ses** [-siːz] *s.* ⚗ Hydro'lyse *f*; **hy·dro·lyt·ic** [ˌhaɪdrəʊ'lɪtɪk] *adj.* hydro'lytisch; **hydro·lyze** ['haɪdrəlaɪz] *v/t.* hydrolysieren.

hy·drom·e·ter [haɪ'drɒmɪtə] *s. phys.* Hydro'meter *n*.

hy·dro·path ['haɪdrəʊpæθ] → ***hydropathist***; **hy·dro·path·ic** [ˌhaɪdrəʊ'pæθɪk] ⚕ *adj.* hydro'pathisch, Wasserkur...; **hy·drop·a·thist** [haɪ'drɒpəθɪst] *s.* ⚕ Hydro'path *m*, Kneipparzt *m*; **hy·drop·a·thy** [haɪ'drɒpəθɪ] *s.* ⚕ Hydrothera'pie *f*.

hy·dro|·pho·bi·a [ˌhaɪdrəʊ'fəʊbjə] *s.* ⚕ Hydropho'bie *f*: a) *a. psych.* Wasserscheu *f*, b) Tollwut *f*; **~·phyte** ['haɪdrəʊfaɪt] *s.* ⚘ Wasserpflanze *f*; **~·plane** ['haɪdrəʊpleɪn] **I** *s.* **1.** ✈ Wasserflugzeug *n*; **2.** ✈ Gleitfläche *f* (*e-s Wasserflugzeugs*); **3.** ⚓ Tragflügelboot *n*; **4.** ⚓ Tiefenruder *n* (*e-s U-Boots*); **II** *v/i.* **5.** *Am.* → ***aquaplane*** 3; **ˌ~'pon·ics** [-'pɒnɪks] *s. pl. sg. konstr.* 'Hydro-, 'Wasserkulˌtur *f*; **ˌ~·qui'none** [-kwɪ'nəʊn] *s. phot.* Hydrochi'non *n*; **~·scope** ['haɪdrəskəʊp] *s.* ⚙ Unter'wassersichtgerät *n*; **~·sphere** ['haɪdrəsfɪə] *s.* Hydro'sphäre *f* (*die Wasserhülle der Erde*); **ˌ~'stat·ic** [-'stætɪk] *adj.* hydro'statisch; **ˌ~'stat·ics** [-'stætɪks] *s. pl. sg. konstr.* Hydro'statik *f*; **ˌ~'ther·a·py** [-'θerəpɪ] *s.* ⚕ Hydrothera'pie *f*.

hy·drous ['haɪdrəs] *adj.* ⚗ wasserhaltig.

hy·drox·ide [haɪ'drɒksaɪd] *s.* ⚗ Hydro'xid *n*; **~ *of sodium*** Ätznatron *n*.

hy·e·na [haɪ'iːnə] *s. zo.* Hy'äne *f*: ***laugh like a ~*** F sich schieflachen.

hy·giene ['haɪdʒiːn] *s.* **1.** Hygi'ene *f*, Gesundheitspflege *f*: ***personal ~*** Körperpflege; ***dental*** (***food***, ***sex***) **~** Zahn- (Nahrungs-, Sexual)hygiene; **2.** → ***hygienic*** II; **hy·gi·en·ic** [haɪ'dʒiːnɪk] **I** *adj.* (□ **~*ally***) hygi'enisch; sani'tär; **II** *s. pl. sg. konstr.* Hygi'ene *f*, Gesundheitslehre *f*; **'hy·gi·en·ist** [-nɪst] *s.* Hygi'eniker(in).

hy·gro·graph ['haɪgrəgrɑːf] *s. meteor.* Hygro'graph *m*, selbstregistrierender Luftfeuchtigkeitsmesser; **hy·grom·e·ter** [haɪ'grɒmɪtə] *s. meteor.* Hygro'meter *n*, Luftfeuchtigkeitsmesser *m*; **hy·gro·met·ric** [ˌhaɪgrəʊ'metrɪk] *adj.* hygro'metrisch; **hy·grom·e·try** [haɪ'grɒmɪtrɪ] *s.* Hygrome'trie *f*, Luftfeuchtigkeitsmessung *f*; **'hy·gro·scope** [-əskəʊp] *s. meteor.* Hygro'skop *n*, Feuchtigkeitsanzeiger *m*; **hy·gro·scop·ic** [ˌhaɪgrəʊ'skɒpɪk] *adj.* hygro'skopisch, Feuchtigkeit anzeigend *od. a.* anziehend.

hy·ing ['haɪɪŋ] *pres.p. von* ***hie***.

hy·men ['haɪmen] *s.* **1.** *anat.* Hymen *n*, Jungfernhäutchen *n*; **2.** *poet.* Ehe *f*, Hochzeit *f*; **3.** ♎ *myth.* Hymen *m*, Gott *m* der Ehe.

hy·me·nop·ter·a [ˌhaɪmə'nɒptərə] *s. pl. zo.* Hautflügler *pl.*

hymn [hɪm] **I** *s.* Hymne *f* (*a. fig. Loblied*, *-gesang*), Kirchenlied *n*, Cho'ral *m*; **II** *v/t.* (lob)preisen; **III** *v/i.* Hymnen singen; **hym·nal** ['hɪmnəl] **I** *adj.* hymnisch, Hymnen...; **II** *s.* → **hymn book** *s.* Gesangbuch *n*; **hym·nic** ['hɪmnɪk] *adj.* hymnenartig; **'hym·no·dy** [-nəʊdɪ] *s.* **1.** Hymnensingen *n*; **2.** Hymnendichtung *f*; **3.** *coll.* Hymnen *pl.*

hy·oid (**bone**) ['haɪɔɪd] *s. anat.* Zungenbein *n*.

hype[1] [haɪp] *sl.* **I** *s.* **1.** Pub'licity-, Werbe-, Reklamerummel *m*; **2.** ‚Spritze' *f*, ‚Schuss' *m* (*Rauschgift*); **3.** ‚Fixer(in)'; **II** *v/i.* **4.** *mst* **~ *up*** ‚sich e-n Schuss setzen'; **III** *v/t.* **5.** hochjubeln; **6. *be ~d up*** ‚high' sein (*a. fig.*).

hype[2] [haɪp] *sl.* **I** *s.* Trick *m*, ‚Beschiss' *m*; **II** *v/t.* *j-n* austricksen, ‚bescheißen'.

ˌhy·per·a'cid·i·ty [ˌhaɪpərə-] *s.* ⚕ Über'säuerung *f* (*des Magens*).

hy·per·bo·la [haɪ'pɜːbələ] *s.* ✎ Hy'perbel *f* (*Kegelschnitt*); **hy'per·bo·le** [-lɪ] *s. rhet.* Hy'perbel *f*, Über'treibung *f*; **hy·per·bol·ic**, **hy·per·bol·i·cal** [ˌhaɪpə'bɒlɪk(l)] *adj.* □ ✎, *rhet.* hyper'bolisch.

hy·per·bo·re·an [ˌhaɪpəbɔː'riːən] **I** *s. myth.* Hyperbo'reer *m*; **II** *adj.* hyperbo'reisch; **ˌhy·per·cor'rect** [ˌhaɪpə-] *adj.* 'hyperkorˌrekt (*a. ling.*); **ˌhy·per'crit·i·cal** *adj.* □ hyperkritisch, allzu kritisch; **'hy·per·link** *s. bsd. Internet*: 'Hyperlink *m* (*anklickbare Textstelle für weitere Informationen*); **'hy·perˌmar·ket** *s.* Groß-, Verbrauchermarkt *m*; **hy·per·me·tro·pi·a** [ˌhaɪpəmɪ'trəʊpɪə], **hy·per·o·pi·a** [ˌhaɪpə'rəʊpɪə] *s.* ⚕ 'Übersichtigkeit *f*; **ˌhy·per'sen·si·tive** *adj.* 'überempfindlich; **ˌhy·per'son·ic** *adj. phys.* hyper'sonisch (*etwas über fünffache Schallgeschwindigkeit*); **ˌhy·per'ten·sion** *s.* ⚕ Hyperto'nie *f*, erhöhter Blutdruck; **'hyper·text** *s. bsd. Internet*: 'Hypertext *m* (*über Hyperlinks verbundene Texte*).

hy·per·troph·ic [ˌhaɪpə'trɒfɪk], **hy·per·tro·phied** [haɪ'pɜːtrəʊfɪd] *adj.* ⚕, *biol. u. fig.* hyper'troph; **hy·per·tro·phy** [haɪ'pɜːtrəʊfɪ] ⚕, *biol. u. fig.* **I** *s.* Hypertro'phie *f*; **II** *v/t.* (*v/i.* sich) 'übermäßig vergrößern.

hy·phen ['haɪfn] **I** *s.* **1.** Bindestrich *m*; **2.** Trennungszeichen *n*; **II** *v/t.* **3.** → **'hy·phen·ate** [-fəneɪt] *v/t.* mit Bindestrich schreiben: ***~d American*** ‚Bindestrichamerikaner' *m*; **hy·phen·a·tion** [ˌhaɪfə'neɪʃn] *s.* a) Schreibung *f* mit Bindestrich, b) (Silben)Trennung *f*.

hyp·noid ['hɪpnɔɪd] *adj.* hypno'id, hyp'nose- *od.* schlafähnlich.

hyp·no·sis [hɪp'nəʊsɪs] *pl.* **-ses** [-si:z] *s.* ⚕ Hyp'nose *f*; ˌ**hyp·no'ther·a·py** [ˌhɪpnəʊ-] *s. psych.* Hypnothera'pie *f*; **hyp'not·ic** [-'nɒtɪk] **I** *adj.* (□ **~ally**) **1.** hyp'notisch; **2.** einschläfernd; **3.** hypnotisierbar; **II** *s.* **4.** Hyp'notikum *n*, Schlafmittel *n*; **5.** a) Hypnotisierte(r *m*) *f*, b) *j-d, der hypnotisierbar ist*; **hyp·no·tism** ['hɪpnətɪzəm] *s.* ⚕ **1.** Hypno'tismus *m*; **2.** a) Hyp'nose *f*, b) Hypnotisierung *f*; **hyp·no·tist** ['hɪpnətɪst] *s.* Hypnoti'seur *m*; **hyp·no·ti·za·tion** [ˌhɪpnətaɪ'zeɪʃn] *s.* Hypnotisierung *f*; **hyp·no·tize** ['hɪpnətaɪz] *v/t.* ⚕ hypnotisieren (*a. fig.*).

hy·po[1] ['haɪpəʊ] *s.* ⚗, *phot.* Fixiersalz *n*, 'Natriumthiosulˌfat *n*.

hy·po[2] ['haɪpəʊ] *pl.* **-pos** *s.* F → a) ***hypodermic injection***, b) ***hypodermic syringe***.

hy·po·chon·dri·a [ˌhaɪpəʊ'kɒndrɪə] *s.* ⚕ Hypochon'drie *f*; ˌ**hy·po'chon·dri·ac** [-ɪæk] ⚕ **I** *adj.* (□ **~ally**) hypo'chondrisch; **II** *s.* Hypo'chonder *m*.

hy·poc·ri·sy [hɪ'pɒkrəsɪ] *s.* Heuche'lei *f*, Scheinheiligkeit *f*; **hyp·o·crite** ['hɪpəkrɪt] *s.* Hypo'krit *m*, Heuchler(in), Scheinheilige(r *m*) *f*; **hyp·o·crit·i·cal** [ˌhɪpəʊ'krɪtɪkl] *adj.* □ heuchlerisch, scheinheilig.

hy·po·der·mic [ˌhaɪpəʊ'dɜ:mɪk] ⚕ **I** *adj.* (□ **~ally**) **1.** subku'tan, hypoder'mal, unter der *od.* die Haut; **II** *s.* **2.** → ***hypodermic injection***; **3.** → ***hypodermic syringe***; **4.** subku'tan angewandtes Mittel; **~ in·jec·tion** *s.* ⚕ subku'tane Injekti'on; **~ nee·dle** *s.* ⚕ Nadel *f* für e-e subku'tane Spritze; **~ syr·inge** *s.* ⚕ Spritze *f* zur subku'tanen Injekti'on.

hy·po|·phos·phate [ˌhaɪpəʊ'fɒsfeɪt] *s.* ⚗ 'Hypophosˌphat *n*; **~·phos·phor·ic ac·id** [ˌhaɪpəʊfɒs'fɒrɪk] *s.* ⚗ Hypo-, 'Unterphosphorsäure *f*.

hy·poph·y·sis [haɪ'pɒfɪsɪs] *pl.* **-ses** [-si:z] *s. anat.* Hirnanhangdrüse *f*, Hypo'physe *f*.

hy·pos·ta·sis [haɪ'pɒstəsɪs] *pl.* **-ses** [-si:z] *s.* **1.** *phls.* Hypo'stase *f*: a) Grundlage *f*, Sub'stanz *f*, b) Vergegenständlichung *f* (*e-s Begriffs*); **2.** ⚕, *biol.* Hypo'stase *f*.

hy·po|·sul·fite, *bsd. Brit.* **~·sul·phite** [ˌhaɪpəʊ'sʌlfaɪt] *s.* ⚗ **1.** Hyposul'fit *n*, 'unterschwefligsaures Salz; **2.** → ***hypo***[1]; **~·sul·fu·rous**, *bsd. Brit.* **~·sul·phu·rous** [ˌhaɪpəʊ'sʌlfərəs] *adj.* ⚗ 'unterschweflig.

hy·po·tac·tic [ˌhaɪpəʊ'tæktɪk] *adj. ling.* hypo'taktisch, 'unterordnend.

hy·po·ten·sion [ˌhaɪpəʊ'tenʃn] *s.* ⚕ zu niedriger Blutdruck, Hypoto'nie *f*.

hy·pot·e·nuse [haɪ'pɒtənju:z] *s.* ⩕ Hypote'nuse *f*.

hy·poth·ec ['haɪpəθɪk] *s.* ⚖ *Scot.* Hypo'thek *f*; **hy·poth·e·car·y** [haɪ'pɒθɪkərɪ] *adj.* ⚖ hypothe'karisch: **~ *debts*** Hypothekenschulden; **~ *value*** Beleihungswert *m*; **hy·poth·e·cate** [haɪ'pɒθɪkeɪt] *v/t.* **1.** ⚖ *Grundstück etc.* hypothe'karisch belasten; **2.** *Schiff* verbodmen; **3.** ✝ *Effekten* lombardieren; **hy·poth·e·ca·tion** [haɪˌpɒθɪ'keɪʃn] *s.* **1.** ⚖ hypothe'karische Belastung (*Grundstück etc.*); **2.** Verbodmung *f* (*Schiff*); **3.** ✝ Lombardierung *f* (*Effekten*).

hy·poth·e·sis [haɪ'pɒθɪsɪs] *pl.* **-ses** [-si:z] *s.* Hypo'these *f*: a) Annahme *f*, Vor'aussetzung *f*: ***working* ~** Arbeitshypothese, b) (bloße) Vermutung; **hy'poth·e·size** [-saɪz] **I** *v/i.* e-e Hypo'these aufstellen; **II** *v/t.* vor'aussetzen, annehmen, vermuten; **hy·po·thet·ic**, **hy·po·thet·i·cal** [ˌhaɪpəʊ'θetɪk(l)] *adj.* □ hypo'thetisch.

hyp·som·e·try [hɪp'sɒmɪtrɪ] *s. geogr.* Höhenmessung *f*.

hys·sop ['hɪsəp] *s.* **1.** ⚘ Ysop *m*; **2.** *R.C.* Weihwedel *m*.

hys·ter·ec·to·my [ˌhɪstə'rektəmɪ] *s.* ⚕ ˌHysterekto'mie *f*, F ˌTo'taloperatiˌon' (*der Gebärmutter*).

hys·te·ri·a [hɪ'stɪərɪə] *s.* ⚕ *u. fig.* Hyste'rie *f*; **hys·ter·ic** [hɪ'sterɪk] ⚕ **I** *s.* **1.** Hy'steriker(in); **2.** *pl. mst sg. konstr.* Hyste'rie *f*, hy'sterischer Anfall: ***go (off) into* ~*s*** a) e-n hysterischen Anfall bekommen, hysterisch werden, b) F e-n Lachkrampf bekommen; **II** *adj.* (□ **~ally**) **3.** → **hys·ter·i·cal** [hɪ'sterɪkl] *adj.* □ ⚕ *u. fig.* hysterisch.

H

I

I[1], **i** [aɪ] *s.* I *n*, i *n* (*Buchstabe*).
I[2] [aɪ] **I** *pron.* ich; **II** *pl.* **I's** *s. das* Ich.
i·am·bic [aɪˈæmbɪk] **I** *adj.* jambisch; **II** *s.* a) Jambus *m* (*Versfuß*), b) jambischer Vers; **iˈam·bus** [-bəs] *pl.* **-bi** [-baɪ], **-bus·es** *s.* Jambus *m.*
ˈ**I-beam** *s.* ⚙ Doppel-T-Träger *m*; I-Formstahl *m*: **~ section** I-Profil *n.*
I·be·ri·an [aɪˈbɪərɪən] **I** *s.* **1.** Iˈberer(in); **2.** *ling.* Iˈberisch *n*; **II** *adj.* **3.** iˈberisch; **4.** die iˈberische Halbinsel betreffend; **I·be·ro-** [-rəʊ] *in Zssgn* Ibero...; **~-America** Lateinamerika *n.*
i·bex [ˈaɪbeks] *s. zo.* Steinbock *m.*
i·bi·dem [ɪˈbaɪdem], *a.* **ib·id** [ˈɪbɪd] (*Lat.*) *adv.* ebenda (*bsd. für Textstelle etc.*).
i·bis [ˈaɪbɪs] *s. zo.* Ibis *m.*
ice [aɪs] **I** *s.* **1.** Eis *n*: ***broken ~*** Eisstücke *pl.*; ***dry ~*** Trockeneis (*feste Kohlensäure*); ***break the ~*** *fig.* das Eis brechen; ***skate on*** (*od.* ***over***) ***thin ~*** *fig.* a) ein gefährliches Spiel treiben, b) ein heikles Thema berühren; ***cut no ~*** F keinen Eindruck machen, ‚nicht ziehen'; ***that cuts no ~ with me*** F das zieht bei mir nicht; ***keep*** (*od.* ***put***) ***on ~*** F *et. od. j-n* ‚auf Eis legen'; **2.** a) *Am.* Gefrorenes *n* aus Fruchtsaft u. Zuckerwasser, b) *Brit.* (Speise)Eis *n*, c) → ***icing*** 2; **3.** *sl.* Diaˈmanten *pl.*, ‚Klunkern' *pl.*; **II** *v/t.* **4.** mit Eis bedecken; **5.** in Eis verwandeln, vereisen; **6.** mit *od.* in Eis kühlen; **7.** überˈzuckern, glasieren; **8.** *sl. j-n* ‚umlegen'; **III** *v/i.* **9.** gefrieren: ***~ up*** (*od.* ***over***) zufrieren, vereisen.
ice| age *s. geol.* Eiszeit *f*; **~ ax(e)** *s. mount.* Eispickel *m*; **~ bag** *s. Am.* Eisbeutel *m*; ˈ**~·berg** [-bɜːg] *s.* Eisberg *m* (*a. fig. sl. Person*): ***the tip of the ~*** die Spitze des Eisbergs (*a. fig.*); ˈ**~·blink** *s.* Eisblink *m*; ˈ**~·boat** *s.* **1.** Eissegler *m*, Segelschlitten *m*; **2.** Eisbrecher *m*; ˈ**~·bound** *adj.* eingefroren (*Schiff*); zugefroren (*Hafen*); vereist (*Straße*); ˈ**~·box** *s.* **1.** *bsd. Am.* Eis-, Kühlschrank *m*; **2.** *Brit.* Eisfach *n*; **3.** Eisbox *f*; **4.** F ‚Eiskeller' *m* (*Raum*); ˈ**~ˌbreak·er** *s.* ⚓ Eisbrecher *m* (*a. an Brücken*); ˈ**~·cap** *s.* (*bsd. arktische*) Eisdecke; **~ cream** *s.* (Speise)Eis *n*, Eiscreme *f*: ***vanilla ~*** Vanilleeis; ˈ**~-cream** *adj.* Eis...: ***~ bar*** *od.* ***parlo(u)r*** Eisdiele *f*; ***~ cone*** Eistüte *f*; ***~ soda*** Eis *n* in Sodawasser (*mit Sirup etc.*); **~ cube** *s.* Eiswürfel *m.*
iced [aɪst] *adj.* **1.** mit Eis bedeckt, vereist; **2.** eisgekühlt: ***~ tea*** Eistee *f*; **3.** gefroren; **4.** glasiert, mit ˈZuckerglaˌsur *od.* -guss.
ˈ**ice|·fall** *s.* gefrorener Wasserfall; **~ fern** *s.* Eisblume(n *pl.*) *f*; **~ floe** *s.* Eisscholle *f*; **~ foot** *s.* [*irr.*] (arktischer) Eisgürtel; **~ fox** *s. zo.* Poˈlarfuchs *m*; ˈ**~-free** *adj.* eis-, vereisungsfrei; **~ hock·ey** *s.* Eishockey *n*; **~ house** *s.* Kühlhaus *n.*
Ice·land·er [ˈaɪsləndə] *s.* Isländer(in); **Ice·lan·dic** [aɪsˈlændɪk] **I** *adj.* isländisch; **II** *s. ling.* Isländisch *n.*
ice| lol·ly *s. Brit.* Eis *n* am Stiel; **~ machine** *s.* ˈEis-, ˈKältemaˌschine *f*; ˈ**~·man** [-mæn] *s.* [*irr.*] *Am.* Eismann *m*, Eisverkäufer *m*; **~ pack** *s.* **1.** Packeis *n*; **2.** ⚕ ˈEisˌumschlag *m*, -beutel *m*; **3.** Kühlbeutel *m* (*in Kühltaschen etc.*); **~ pick** *s.* Eishacke *f*; **~ plant** *s.* ⚘ Eiskraut *n*; **~ rink** *s.* (Kunst)Eisbahn *f*; **~ run** *s.* Eis-, Rodelbahn *f*; **~ show** *s.* ˈEisreˌvue *f*; ˈ**~-skate I** *s.* Schlittschuh *m*; **II** *v/i.* Schlittschuh laufen; **~ tea** Eistee *f*; **~ wa·ter** *s.* **1.** Eiswasser *n*; **2.** Schmelzwasser *n*; **~ yacht** → ***iceboat*** 1.
ich·thy·o·log·i·cal [ˌɪkθɪəˈlɒdʒɪkl] *adj.* ichthyoˈlogisch; **ich·thy·ol·o·gy** [ˌɪkθɪˈɒlədʒɪ] *s.* Ichthyoloˈgie *f*, Fischkunde *f*; **ich·thy·oph·a·gous** [ˌɪkθɪˈɒfəgəs] *adj.* Fisch (fr)essend; ˌ**ich·thy·oˈsau·rus** [-ˈsɔːrəs] *pl.* **-ri** [-raɪ] *s. zo.* Ichthyoˈsaurier *m.*
i·ci·cle [ˈaɪsɪkl] *s.* Eiszapfen *m.*
i·ci·ly [ˈaɪsɪlɪ] *adv.* eisig (*a. fig.*); ˈ**i·ci·ness** [-nɪs] *s.* **1.** Eiseskälte *f* (*a. fig.*), eisige Kälte; **2.** Vereisung *f* (*Straße etc.*).
ic·ing [ˈaɪsɪŋ] *s.* **1.** Eisschicht *f*, Vereisung *f*; **2.** Zuckerguss *m*: ***~ sugar*** *Brit.* Puder-, Staubzucker *m*; **3.** *Eishockey*: unerlaubter Weitschuss.
i-com·merce [ˈaɪˌkɒmɜːs] *s.* ˈI-ˌCommerce *m*, Handel *m* über das Internet.
i·con [ˈaɪkɒn] *s.* **1.** Iˈkone *f*, Heiligenbild *n*; **2.** *Computer*: ˈIcon *n.* **i·con·o·clasm** [aɪˈkɒnəʊklæzəm] *s.* Bilderstürmeˈrei *f* (*a. fig.*); **i·con·o·clast** [aɪˈkɒnəʊklæst] *s.* Bilderstürmer *m* (*a. fig.*); **i·con·o·clas·tic** [aɪˌkɒnəʊˈklæstɪk] *adj.* bilderstürmend; *fig.* bilderstürmerisch; **i·co·nog·ra·phy** [ˌaɪkɒˈnɒgrəfɪ] *s.* Ikonograˈphie *f*; **i·co·nol·a·try** [ˌaɪkɒˈnɒlətrɪ] *s.* Bilderverehrung *f*; **i·co·nol·o·gy** [ˌaɪkɒˈnɒlədʒɪ] *s.* Ikonoloˈgie *f*; **i·con-**

o·scope [aɪ'kɒnəskəʊp] *s. TV* Ikono'skop *n*, Bildwandlerröhre *f*.

ic·tus ['ɪktəs] *s.* 'Versak͵zent *m*.

i·cy ['aɪsɪ] *adj.* □ **1.** eisig (*a. fig.*): **~ cold** eiskalt; **2.** vereist, eisig, gefroren.

ID [͵aɪ'diː] F *abbr. für* ***identity, identification*** 'Ausweis *m*: **~ card** (Perso'nal-) Ausweis.

id [ɪd] *s.* **1.** *psych.* Es *n*; **2.** *biol.* Id *n* (*Erbeinheit*).

I'd [aɪd] F *für* a) ***I would, I should***, b) ***I had***.

i·de·a [aɪ'dɪə] *s.* **1.** I'dee *f* (*a. phls.*, ♪): a) Vorstellung *f*, Begriff *m*, Ahnung *f*, b) Gedanke *m*: ***form an ~ of*** sich e-n Begriff machen von, sich *et.* vorstellen; ***I have an ~ that*** ich habe so das Gefühl, dass; **(*I've*) *no ~!*** (ich habe) keine Ahnung!; ***he hasn't the faintest ~*** er hat nicht die leiseste Ahnung; ***the very ~!***, ***what an ~!*** *contp.* was für e-e Idee!, (na,) so was!, unmöglich!; ***the very ~ makes me sick!*** bei dem bloßen Gedanken (daran) wird mir schlecht!; ***you have no ~ how ...*** du kannst dir nicht vorstellen, wie ...; ***could you give me an ~ of where*** (*etc.*) ***...?*** können Sie mir ungefähr sagen, wo (*etc.*) ...?; ***that's not my ~ of fun*** unter Spass stell ich mir was andres vor; ***it is my ~ that*** ich bin der Ansicht, dass; ***the ~ entered my mind*** mir kam der Gedanke; **2.** I'dee *f*: a) Einfall *m*, Gedanke *m*, b) Absicht *f*, Zweck *m*: ***not a bad ~*** keine schlechte Idee; ***the ~ is*** der Zweck der Sache ist ...; ***that's the ~!*** genau (darum dreht sichs)!; ***what's the big ~?*** F was soll denn das?; ***whose bright ~ was that?*** wer hat sich denn das ausgedacht?; ***put ~s into s.o.'s head*** j-m e-n Floh ins Ohr setzen; ***have ~s*** F ‚Rosinen' im Kopf haben; ***don't get ~s about ...*** mach dir keine Hoffnungen auf (*acc.*); ***~s man*** Ideenentwickler *m*; **i'de·aed, i'de·a'd** [-əd] *adj.* i'deenreich, voller I'deen.

i·de·al [aɪ'dɪəl] **I** *adj.* □ → ***ideally***; **1.** ide'al (*a. phls.*), voll'endet, voll'kommen, vorbildlich, Muster...; **2.** ide'ell: a) Ideen..., b) auf Ide'alen beruhend, c) (nur) eingebildet; **3.** ₳ ide'al, uneigentlich: **~ *number***; **II** *s.* **4.** Ide'al *n*, Wunsch-, Vorbild *n*; **5.** *das* Ide'elle (*Ggs. das Wirkliche*); **i'de·al·ism** [-lɪzəm] *s.* Idea'lismus *m*; **i'de·al·ist** [-lɪst] *s.* Idea'list(in); **i·de·al·is·tic** [aɪ͵dɪə'lɪstɪk] *adj.* (□ **~*ally***) idea'listisch; **i·de·al·i·za·tion** [aɪ͵dɪəlaɪ'zeɪʃn] *s.* Idealisierung *f*; **i'de·al·ize** [-laɪz] *v/t. u. v/i.* idealisieren; **i'de·al·ly** [-lɪ] *adv.* **1.** ide'al(erweise), am besten; **2.** ide'ell, geistig; **3.** im Geiste.

i·dée fixe [͵iːdeɪ'fiːks] (*Fr.*) *s.* fixe I'dee.

i·dem ['aɪdem] **I** *s.* der'selbe (Verfasser), das'selbe (Buch *etc.*); **II** *adv.* beim selben Verfasser.

i·den·tic [aɪ'dentɪk] *adj.* → ***identical***; **~ *note*** *pol.* gleich lautende Note; **i'den·ti·cal** [-kl] *adj.* □ (***with***) a) i'dentisch (mit), (genau) gleich (*dat.*): **~ *twins*** eineiige Zwillinge, b) (der-, die-, das-) 'selbe (wie), c) gleichbedeutend (mit), gleich lautend (wie).

i·den·ti·fi·a·ble [aɪ'dentɪfaɪəbl] *adj.* identifizier-, feststell-, erkennbar; **i·den·ti·fi·ca·tion** [aɪ͵dentɪfɪ'keɪʃn] *s.* **1.** Identifizierung *f*: a) Gleichsetzung *f* (***with*** mit), b) Feststellung *f* der Identi'tät, Erkennung *f*: **~ *mark*** Kennzeichen *n*; **~ *papers***, **~ *card*** → ***identity card***; **~ *disk***, *Am.* **~ *tag*** ⚔ Erkennungsmarke *f*; **~ *parade*** ⚖ Gegenüberstellung *f* (zur Identifizierung e-s Verdächtigen); **2.** Legitimati'on *f*, Ausweis *m*; **3.** *Funk, Radar*: Kennung *f*; **i·den·ti·fy** [aɪ'dentɪfaɪ] **I** *v/t.* **1.** identifizieren, gleichsetzen, als i'dentisch betrachten (***with*** mit): **~ *o.s. with*** → 5; **2.** identifizieren, erkennen, die Identi'tät feststellen von (*od. gen.*); **3.** *biol.* die Art feststellen von (*od. gen.*); **4.** ausweisen, legitimieren; **II** *v/i.* **5.** **~ *with*** *od.* ***to*** sich identifizieren mit.

i·den·ti·kit [aɪ'dentɪkɪt] *TM s. Brit.* ⚖ *a.* **~ *picture*** Phan'tombild *n*.

i·den·ti·ty [aɪ'dentətɪ] *s.* Identi'tät *f*: a) Gleichheit *f*, b) Per'sönlichkeit *f*: ***loss of ~*** Identitätsverlust *m*; ***mistaken ~*** Personenverwechslung *f*; ***establish s.o.'s ~*** → ***identify*** 2; ***prove one's ~*** sich ausweisen; ***reveal one's ~*** sich zu erkennen geben; **~ card** *s.* (Perso'nal-) Ausweis *m*, Kenn-, Ausweiskarte *f*; **~ cri·sis** *s. psych.* Identi'tätskrise *f*.

id·e·o·gram ['ɪdɪəʊgræm], **'id·e·o·graph** [-grɑːf] *s.* Ideo'gramm *n*, Begriffszeichen *n*.

id·e·o·log·ic, id·e·o·log·i·cal [͵aɪdɪə'lɒdʒɪk(l)] *adj.* ideo'logisch; **id·e·ol·o·gist** [͵aɪdɪ'ɒlədʒɪst] *s.* **1.** Ideo'loge *m*; **2.** Theo'retiker *m*; **id·e·o·lo·gize** [͵aɪdɪ'ɒlədʒaɪz] *v/t.* ideologisieren; **id·e·ol·o·gy** [͵aɪdɪ'ɒlədʒɪ] *s.* **1.** Ideolo'gie *f*, Denkweise *f*; **2.** Begriffslehre *f*; **3.** reine Theo'rie.

ides [aɪdz] *s. pl. antiq.* Iden *pl.*

id·i·o·cy ['ɪdɪəsɪ] *s.* Idio'tie *f*: a) (✱ hochgradiger) Schwachsinn, b) F Dummheit *f*, Blödsinn *m*.

id·i·om ['ɪdɪəm] *s. ling.* **1.** Idi'om *n*, Sondersprache *f*, Mundart *f*; **2.** Ausdrucksweise *f*, Sprache *f*; **3.** Sprachgebrauch *m*, -eigentümlichkeit *f*; **4.** idio'matische Wendung, Redewendung *f*; **id·i·o·mat·ic** [͵ɪdɪə'mætɪk] *adj.* (□ **~*ally***) *ling.* **1.** idio'matisch, spracheigentümlich; **2.** sprachrichtig, -üblich.

id·i·o·plasm ['ɪdɪəplæzəm] *s. biol.* Idio'plasma *n*, Erbmasse *f*.

id·i·o·syn·cra·sy [͵ɪdɪə'sɪŋkrəsɪ] *s.* Idiosynkra'sie *f*: a) per'sönliche Eigenart

I

od. Veranlagung od. Neigung, b) ⚕ krankhafte Abneigung.

id·i·ot ['ɪdɪət] s. Idi'ot m: a) ⚕ Schwachsinnige(r m) f, b) F Dummkopf m: ~ **card** TV ‚Neger' m; **id·i·ot·ic** [ˌɪdɪ'ɒtɪk] adj. (□ **~ally**) idi'otisch: a) F dumm, blödsinnig, b) ⚕ geistesschwach, schwachsinnig.

i·dle ['aɪdl] **I** adj. (□ **idly**) **1.** untätig, müßig: **the ~ rich** die reichen Müßiggänger; **2.** unbeschäftigt, arbeitslos; **3.** ⚙ a) außer Betrieb, stillstehend, b) im Leerlauf, Leerlauf...: **~ current** a) Leerlaufstrom m, b) Blindstrom m; **~ motion** Leergang m; **~ pulley** → **idler** 2 b; **~ wheel** → **idler** 2 a; **lie ~** stillliegen; **run ~** → 9; **4.** ✝ 'unproduktˌtiv, brachliegend (a. ✓), tot (Kapital); **~ capacity** ungenützte Kapazität; **~ time** Stillstandszeit f; **5.** ruhig, still, ungenutzt: **~ hours** Mußestunden; **6.** faul, träge: **~ fellow** Faulenzer m; **7.** a) nutz-, zweck-, sinnlos, vergeblich, b) leer (Worte etc.), c) müßig (Mutmaßungen etc.): **~ talk** leeres od. müßiges Gerede; **it would be ~ to** inf. es wäre müßig od. sinnlos zu inf.; **II** v/i. **8.** faulenzen: **~ about** herumtrödeln; **9.** ⚙ leer laufen, im Leerlauf sein; **III** v/t. **10.** mst **~ away** vertrödeln, verbummeln, müßig zubringen; **'i·dled** [-ld] adj. → **idle** 2; **'i·dle·ness** [-nɪs] s. **1.** Untätigkeit f, Muße f; **2.** Faulheit f, Müßiggang m; **3.** a) Leere f, Hohlheit f, b) Müßigkeit f, Nutz-, Zwecklosigkeit f, Vergeblichkeit f; **'i·dler** [-lə] s. **1.** Faulenzer(in), Müßiggänger(in); **2.** a) Zwischenrad n, b) Leerlaufrolle f; **'i·dling** [-lɪŋ] s. **1.** Nichtstun n, Müßiggang m; **2.** ⚙ Leerlauf m; **'i·dly** [-lɪ] adv. → **idle**.

i·dol ['aɪdl] s. I'dol n, Abgott m (beide a. fig.); Götze m, Götzenbild n: **make an ~ of** → **idolize**.

i·dol·a·ter [aɪ'dɒlətə] s. **1.** Götzendiener m; **2.** fig. Anbeter m, Verehrer m; **i'dol·a·tress** [-trɪs] s. Götzendienerin f; **i'dol·a·trous** [-trəs] adj. □ **1.** fig. abgöttisch; **2.** Götzen...; **i'dol·a·try** [-trɪ] s. **1.** Abgötte'rei f, Götzendienst m; **2.** fig. Vergötterung f; **i·dol·i·za·tion** [ˌaɪdəlaɪ'zeɪʃn] s. **1.** Abgötte'rei f; **2.** fig. Vergötterung f; **i·dol·ize** ['aɪdəlaɪz] v/t. fig. abgöttisch verehren, vergöttern, anbeten.

i·dyl(l) ['ɪdɪl] s. **1.** I'dylle f, Hirtengedicht n; **2.** fig. I'dyll n; **i·dyl·lic** [aɪ'dɪlɪk] adj. (□ **~ally**) i'dyllisch.

if [ɪf] **I** cj. **1.** wenn, falls: **~ I were you** wenn ich Sie wäre, (ich) an Ihrer Stelle; **~ and when** bsd. ⚖ falls, im Falle (, dass); **~ any** wenn überhaupt einer (od. eine od. eines od. etwas), falls etwa od. je; **~ anything** a) wenn überhaupt etwas, b) wenn überhaupt (, dann ist das Buch dicker etc.); **~ not** wenn od. falls nicht; **~ so** wenn ja, bsd. in Formularen: a. zutreffendenfalls; **~ only to prove** und wäre es auch nur, um zu beweisen; **~ I know Jim** so wie ich Jim kenne; → **as if**; **2.** wenn auch: **he is nice ~ a bit silly**; **3.** ob: **try ~ you can do it!**; **I don't know ~ he will agree**; **4.** ausrufend: **~ I had only known!** hätte ich (das) nur gewusst!; **II** s. **5.** Wenn n: **without ~s or buts** ohne Wenn u. Aber.

ig·loo, a. **i·glu** ['ɪgluː] s. Iglu m.

ig·ne·ous ['ɪgnɪəs] adj. glühend: **~ rock** Erstarrungsgestein n, magmatisches Gestein.

ig·nis fat·u·us [ˌɪgnɪs'fætjʊəs] (Lat.) s. **1.** Irrlicht n; **2.** fig. Trugbild n.

ig·nite [ɪg'naɪt] **I** v/t. **1.** an-, entzünden; **2.** ⚡, mot. zünden; **II** v/i. **3.** sich entzünden, Feuer fangen; **4.** ⚡, mot. zünden; **ig'nit·er** [-tə] s. Zündvorrichtung f, Zünder m.

ig·ni·tion [ɪg'nɪʃn] s. **1.** An-, Entzünden n; **2.** ⚡, mot. Zündung f; **3.** ⚗ Erhitzung f; **~ charge** s. ⚙ Zündladung f; **~ coil** s. ⚡ Zündspule f; **~ de·lay** s. ⚙ Zündverzögerung f; **~ key** s. mot. Zündschlüssel m; **~ lock** s. ⚙ Zündschloss n; **~ point** s. Zünd-, Flammpunkt m; **~ spark** s. ⚡ Zündfunke m; **~ tim·ing** s. Zündeinstellung f; **~ tube** s. ⚗ Glührohr n.

ig·no·ble [ɪg'nəʊbl] adj. □ **1.** gemein, unedel, niedrig; **2.** schmachvoll, schändlich; **3.** von niedriger Geburt.

ig·no·min·i·ous [ˌɪgnəʊ'mɪnɪəs] adj. □ schändlich, schimpflich; **ig·no·min·y** ['ɪgnəmɪnɪ] s. **1.** Schmach f, Schande f; **2.** Schändlichkeit f.

ig·no·ra·mus [ˌɪgnə'reɪməs] pl. **-mus·es** s. Igno'rant(in), Nichtswisser(in).

ig·no·rance ['ɪgnərəns] s. Unwissenheit f: a) Unkenntnis f (**of** gen.), b) contp. Igno'ranz f, Beschränktheit f: **~ of the law is no excuse** Unkenntnis schützt vor Strafe nicht; **'ig·no·rant** [-nt] adj. □ **1.** unkundig, nicht kennend od. wissend: **be ~ of** et. nicht wissen od. kennen, nichts wissen von; **2.** unwissend, ungebildet; **'ig·no·rant·ly** [-ntlɪ] adv. unwissentlich; **ig·nore** [ɪg'nɔː] v/t. **1.** ignorieren, nicht beachten od. berücksichtigen, keine No'tiz nehmen von; **2.** ⚖ Am. Klage verwerfen, abweisen.

i·gua·na [ɪ'gwɑːnə] s. zo. Legu'an m.

i·kon ['aɪkɒn] → **icon**.

il·e·um ['ɪlɪəm] s. anat. Ileum n, Krummdarm m; **'il·e·us** [-əs] s. ⚕ Darmverschluss m.

i·lex ['aɪleks] s. ⚘ **1.** Stechpalme f; **2.** Steckeiche f.

il·i·ac ['ɪlɪæk] adj. Darmbein...

Il·i·ad ['ɪlɪəd] s. Ilias f, Ili'ade f: **an ~ of woes** fig. e-e endlose Leidensgeschichte.

il·i·um ['ɪlɪəm] *pl.* **'il·i·a** [-ə] *s. anat.* a) Darmbein *n*, b) Hüfte *f*.

ilk [ɪlk] *s.* **1.** ***of that ~*** *Scot.* gleichnamigen Ortes: ***Kinloch of that ~ = Kinloch of Kinloch***; **2.** Art *f*, Sorte *f*: ***people of that ~*** solche Leute.

ill [ɪl] **I** *adj.* **1.** (*nur pred.*) krank: ***be taken ~, fall*** *od.* ***take ~*** erkranken (***with, of*** an *dat.*); ***be ~ with a cold*** e-e Erkältung haben; ***~ with fear*** krank vor Angst; **2.** (*moralisch*) schlecht, böse, übel; → ***fame*** 1; **3.** böse, feindlich: ***~ blood*** böses Blut; ***with an ~ grace*** widerwillig, ungern; ***~ humo(u)r*** *od.* ***temper*** üble Laune; ***~ treatment*** schlechte Behandlung, Misshandlung *f*; ***~ will*** Feindschaft *f*, Groll *m*; ***I bear him no ~ will*** ich trage ihm nichts nach; → ***feeling*** 2; **4.** nachteilig; ungünstig, schlecht, übel: ***~ effect*** üble Folge *od.* Wirkung; ***it's an ~ wind (that blows nobody good)*** et. Gutes ist an allem; → ***health*** 2, ***luck*** 1, ***omen*** I, ***weed*** 1; **5.** schlecht, unbefriedigend, fehlerhaft: ***~ breeding*** a) schlechte Erziehung, b) Ungezogenheit *f*; ***~ management*** Misswirtschaft *f*; ***~ success*** Misserfolg *m*, Fehlschlag *m*; **II** *adv.* **6.** schlecht, übel: ***~ at ease*** unruhig, unbehaglich, verlegen; **7.** böse, feindlich; ***take s.th. ~*** et. übel nehmen; ***speak (think) ~ of s.o.*** schlecht von j-m sprechen (denken); **8.** ungünstig: ***it went ~ with him*** es erging ihm schlecht; ***it ~ becomes you*** es steht dir schlecht an; **9.** ungenügend, schlecht: ***~-equipped***; **10.** schwerlich, kaum: ***I can ~ afford it*** ich kann es mir kaum leisten; **III** *s.* **11.** Übel *n*, 'Missgeschick *n*, Ungemach *n*; **12.** *a. fig.* Leiden *n*, Krankheit *f*; **13.** *das* Böse, Übel *n*.

I'll [aɪl] F *für* ***I shall, I will***.

ˌill|-ad'vised *adj.* □ **1.** schlecht beraten; **2.** unbesonnen, unklug; **ˌ~-af'fect·ed** → ***ill-disposed***; **ˌ~-as'sort·ed** *adj.* schlecht zs.-passend, zs.-gewürfelt; **ˌ~-'bred** *adj.* schlecht erzogen, ungezogen; **ˌ~-con'sid·ered** *adj.* unüberlegt, unbedacht, unklug; **ˌ~-dis'posed** *adj.* übel gesinnt (***towards*** *dat.*).

il·le·gal [ɪ'liːgl] *adj.* □ 'illeˌgal, ungesetzlich, gesetzwidrig, 'widerrechtlich, unerlaubt, verboten; **il·le·gal·i·ty** [ˌɪliː'gæləti] *s.* Gesetzwidrigkeit *f*: a) Ungesetzlichkeit *f*, Illegali'tät *f*, b) gesetzwidrige Handlung.

il·leg·i·bil·i·ty [ɪˌledʒɪ'bɪləti] *s.* Unleserlichkeit *f*; **il·leg·i·ble** [ɪ'ledʒəbl] *adj.* □ unleserlich.

il·le·git·i·ma·cy [ˌɪlɪ'dʒɪtɪməsi] *s.* **1.** Unrechtmäßigkeit *f*; **2.** Unehelichkeit *f*, uneheliche Geburt(en *pl.*); **ˌil·le'git·i·mate** [-mət] *adj.* □ **1.** unrechtmäßig, rechtswidrig; **2.** außer-, unehelich; **3.** 'inkorˌrekt, falsch; **4.** unzulässig, illegi'tim; **5.** unlogisch.

ˌill|-'fat·ed *adj.* unselig: a) unglücklich, Unglücks..., b) verhängnisvoll, unglückselig; **ˌ~-'fa·vo(u)red** *adj.* □ unschön; **ˌ~-'found·ed** *adj.* unbegründet, fragwürdig; **ˌ~-'got·ten** *adj.* unrechtmäßig (erworben); **ˌ~-'hu·mo(u)red** *adj.* übel gelaunt.

il·lib·er·al [ɪ'lɪbərəl] *adj.* □ **1.** knauserig; **2.** engherzig, -stirnig; **3.** *pol.* 'illibeˌral; **il'lib·er·al·ism** [-rəlɪzəm] *s. pol.* 'illibeˌraler Standpunkt; **il·lib·er·al·i·ty** [ɪˌlɪbə'ræləti] *s.* **1.** Knause'rei *f*; **2.** Engherzigkeit *f*.

il·lic·it [ɪ'lɪsɪt] *adj.* □ → ***illegal***: ***~ trade*** Schleich-, Schwarzhandel *m*; ***~ work*** Schwarzarbeit *f*.

il·lim·it·a·ble [ɪ'lɪmɪtəbl] *adj.* □ grenzenlos, unbegrenzt, unendlich weit.

il·lit·er·a·cy [ɪ'lɪtərəsi] *s.* **1.** Unbildung *f*; **2.** Analpha'betentum *n*; **il'lit·er·ate** [-rət] **I** *adj.* **1.** ungebildet, unwissend; **2.** analpha'betisch, des Lesens u. Schreibens unkundig: ***he is ~*** er ist Analphabet; **3.** primi'tiv, unkultiviert: ***~ style***; **4.** fehlerhaft, voller Fehler; **II** *s.* **5.** Ungebildete(r *m*) *f*; **6.** Analpha'bet(in).

ˌill|-'judged *adj.* unbedacht, unklug; **ˌ~-'man·nered** *adj.* ungehobelt, ungezogen, mit schlechten 'Umgangsformen; **ˌ~-'matched** *adj.* schlecht zs.-passend; **ˌ~-'na·tured** *adj.* □ **1.** unfreundlich, boshaft; **2.** verärgert.

ill·ness ['ɪlnɪs] *s.* Krankheit *f*.

il·log·i·cal [ɪ'lɒdʒɪkl] *adj.* □ unlogisch; **il·log·i·cal·i·ty** [ˌɪlɒdʒɪ'kæləti] *s.* Unlogik *f*.

ˌill|-'o·mened → ***ill-fated***; **ˌ~-'starred** *adj.* unglücklich, unselig, vom Unglück verfolgt, unter e-m ungünstigen Stern (stehend); **ˌ~-'tem·pered** *adj.* schlecht gelaunt, übellaunig, mürrisch; **ˌ~-'timed** *adj.* ungelegen, unpassend, 'inopporˌtun; zeitlich schlecht gewählt; **ˌ~-'treat** *v/t.* miss'handeln; schlecht behandeln.

il·lu·mi·nant [ɪ'ljuːmɪnənt] **I** *adj.* (er-)leuchtend, aufhellend; **II** *s.* Beleuchtungskörper *m*.

il·lu·mi·nate [ɪ'ljuːmɪneɪt] **I** *v/t.* **1.** be-, erleuchten, erhellen; **2.** illuminieren, festlich beleuchten; **3.** *fig.* a) erläutern, erhellen, erklären, aufhellen, b) *j-n* erleuchten; **4.** *Bücher etc.* ausmalen, illuminieren; **5.** *fig.* Glanz verleihen (*dat.*); **II** *v/i.* **6.** sich erhellen; **il'lu·mi·nat·ed** [-tɪd] *adj.* beleuchtet, leuchtend, Leucht..., Licht...: ***~ advertising*** Leuchtreklame *f*; **il'lu·mi·nat·ing** [-tɪŋ] *adj.* **1.** leuchtend, Leucht..., Beleuchtungs...: ***~ gas*** Leuchtgas *n*; ***~ power*** Leuchtkraft *f*; **2.** *fig.* aufschlussreich, erhellend; **il·lu·mi·na·tion** [ɪˌljuːmɪ'neɪʃn] *s.* **1.** Be-, Erleuchtung *f*; **2.** *oft pl.* Illuminati'on *f*, Festbeleuchtung *f*;

3. *fig.* a) Erläuterung *f*, Erhellung *f*, b) Erleuchtung *f*; **4.** *a. fig.* Licht *n* u. Glanz *m*; **5.** Illuminati'on *f*, Kolorierung *f*, Verzierung *f* (*von Büchern etc.*); **il'lu·mi·na·tive** [-nətɪv] → ***illuminating***.

il·lu·mine [ɪ'ljuːmɪn] *v/t.* → ***illuminate*** 1–3.

ˌill-'use [-'juːz] → ***ill-treat***.

il·lu·sion [ɪ'luːʒn] *s.* Illusi'on *f*: a) (Sinnes)Täuschung *f*; → ***optical***, b) Wahn *m*, Einbildung *f*, falsche Vorstellung, trügerische Hoffnung, c) Trugbild *n*, d) Blendwerk *n*: ***be under an ~*** e-r Täuschung unterliegen, sich Illusionen machen; ***be under the ~ that*** sich einbilden, dass; **il'lu·sion·ism** [-ʒənɪzəm] *s. bsd. phls.* Illusio'nismus *m*; **il'lu·sion·ist** [-ʒənɪst] *s.* Illusio'nist *m* (*a. phls.*): a) Schwärmer(in), Träumer(in), b) Zauberkünstler *m*.

il·lu·sive [ɪ'luːsɪv] *adj.* □ illu'sorisch, trügerisch; **il'lu·sive·ness** [-nɪs] *s.* **1.** *das* Illu'sorische, Schein *m*; **2.** Täuschung *f*; **il'lu·so·ry** [-sərɪ] *adj.* □ → ***illusive***.

il·lus·trate ['ɪləstreɪt] *v/t.* **1.** erläutern, erklären, veranschaulichen; **2.** illustrieren, bebildern; **il·lus·tra·tion** [ˌɪlə'streɪʃn] *s.* Illustrati'on *f*: a) Erläuterung *f*, Erklärung *f*, Veranschaulichung *f*: ***in ~ of*** zur Veranschaulichung (*gen.*), b) Beispiel *n*, c) Bebildern *n*, Illustrieren *n*, d) Abbildung *f*, Bild *n*; **'il·lus·tra·tive** [-rətɪv] *adj.* □ erläuternd, veranschaulichend, Anschauungs..., Beispiel...: ***be ~ of*** → ***illustrate*** 1; **'il·lus·tra·tor** [-tə] *s. allg.* Illu'strator *m*.

il·lus·tri·ous [ɪ'lʌstrɪəs] *adj.* □ il'luster, berühmt, erhaben, erlaucht, glänzend.

I'm [aɪm] F *für* ***I am***.

im·age ['ɪmɪdʒ] *s.* **1.** Bild(nis) *n*; **2.** a) Standbild *n*, Bildsäule *f*, b) Heiligenbild *n*, c) Götzenbild *n*: ***~ worship*** Bilderanbetung *f*, *fig.* Götzendienst *m*; → ***graven***; **3.** ⚕, *opt., phys.* Bild *n*: ***~ converter tube*** *TV* Bildwandlerröhre *f*; **4.** Ab-, Ebenbild *n*: ***the*** (***very***) ***~ of his father*** ganz der Vater; **5.** bildlicher Ausdruck, Vergleich *m*, Me'tapher *f*: ***speak in ~s*** in Bildern reden; **6.** a) Vorstellung *f*, I'dee *f*, (geistiges) Bild, b) Image *n* (*Persönlichkeitsbild*): ***the ~ of a politician***; ***~ building*** Imagepflege *f*; **7.** Verkörperung *f*; **'im·age·ry** [-dʒərɪ] *s.* **1.** Bilder *pl.*, Bildwerk(e *pl.*) *n*; **2.** Bilder(sprache *f*) *pl.*, Meta'phorik *f*; **3.** geistige Bilder *pl.*, Vorstellungen *pl.*

im·ag·i·na·ble [ɪ'mædʒɪnəbl] *adj.* □ vorstellbar, erdenklich, denkbar: ***the finest weather ~*** das denkbar schönste Wetter; **im'ag·i·nar·y** [-dʒɪnərɪ] *adj.* □ **1.** imagi'när (*a.* ⚕), nur in der Vorstellung vor'handen, eingebildet, (nur) gedacht, Schein..., Fantasie...; **2.** (frei) erfunden, imagi'när; **3.** ⚖ fingiert.

im·ag·i·na·tion [ɪˌmædʒɪ'neɪʃn] *s.* **1.** Fanta'sie *f*, Vorstellungs-, Einbildungskraft *f*, Einfallsreichtum *m*: ***a man of ~*** ein fantasievoller *od.* ideenreicher Mann; ***he has no ~*** er ist fantasielos; ***use your ~!*** lass dir was einfallen!; **2.** Einfälle *pl.*, I'deenreichtum *m*; **3.** Vorstellung *f*, Einbildung *f*: ***in*** (***my*** *etc.*) ***~*** in der Vorstellung, im Geiste; ***pure ~*** reine Einbildung; **im·ag·i·na·tive** [ɪ'mædʒɪnətɪv] *adj.* □ **1.** fanta'siereich, erfinderisch, einfallsreich: ***~ faculty*** → ***imagination*** 1; **2.** fan'tastisch, fanta'sievoll: ***~ story***; **3.** *contp.* ‚erdichtet'; **im·ag·i·na·tive·ness** [ɪ'mædʒɪnətɪvnɪs] → ***imagination*** 1; **im·ag·ine** [ɪ'mædʒɪn] **I** *v/t.* **1.** sich *j-n od. et.* vorstellen *od.* denken: ***I ~ him as a tall man***; ***you can't ~ my joy***; ***you can't ~ how ...*** du kannst dir nicht vorstellen *od.* du machst dir kein Bild, wie ...; **2.** sich *et.* (*Unwirkliches*) einbilden: ***you are imagining things!*** du bildest dir das (alles) nur ein!; **3.** F glauben, denken, sich einbilden: ***don't ~ that I am satisfied***; ***~ to be*** halten für; **II** *v/i.* **4.** sich vorstellen *od.* denken: ***just ~!*** F stell dir vor!, denk (dir) nur!

i·ma·go [ɪ'meɪgəʊ] *pl.* **-goes** *od.* **i·mag·i·nes** [ɪ'meɪdʒɪniːz] *s.* **1.** *zo.* voll entwickeltes Insekt; **2.** *psych.* I'mago *n*.

im·bal·ance [ˌɪm'bæləns] *s.* **1.** Unausgewogenheit *f*, Unausgeglichenheit *f*; **2.** *bsd.* ⚕ gestörtes Gleichgewicht (*im Körperhaushalt etc.*); **3.** *bsd. pol.* Ungleichgewicht *n*.

im·be·cile ['ɪmbɪsiːl] **I** *adj.* □ **1.** ⚕ geistesschwach; **2.** *contp.* dumm, idi'otisch; **II** *s.* **3.** ⚕ Schwachsinnige(r *m*) *f*; **4.** *contp.* Idi'ot *m*, ‚Blödmann' *m*; **im·be·cil·i·ty** [ˌɪmbɪ'sɪlətɪ] *s.* **1.** ⚕ Schwachsinn *m*; **2.** *contp.* Idio'tie *f*, Blödheit *f*.

im·bibe [ɪm'baɪb] **I** *v/t.* **1.** *humor.* trinken; **2.** *fig.* *Ideen etc.* in sich aufnehmen, aufsaugen; **II** *v/i.* **3.** *humor.* trinken, bechern.

im·bro·glio [ɪm'brəʊlɪəʊ] *pl.* **-glios** *s.* **1.** Verwicklung *f*, Verwirrung *f*, Komplikati'on *f*, verzwickte Lage; **2.** a) ernstes 'Missverständnis, b) heftige Ausein'andersetzung.

im·brue [ɪm'bruː] *v/t. mst fig.* (***with***, ***in***) baden (in *dat.*), tränken, *a.* beflecken (mit).

im·bue [ɪm'bjuː] *v/t. fig.* erfüllen (***with*** mit): ***~d with*** erfüllt *od.* durchdrungen von.

im·i·ta·ble ['ɪmɪtəbl] *adj.* nachahmbar; **im·i·tate** ['ɪmɪteɪt] *v/t.* **1.** *j-n, j-s Stimme, Benehmen etc. od. et.* nachahmen, -machen, imitieren; **2.** *et.* imitieren, nachmachen, kopieren, *a.* fälschen; **3.**

ähneln (*dat.*); '**im·i·tat·ed** [-teɪtɪd] *adj.* imitiert, unecht, künstlich; **im·i·ta·tion** [ˌɪmɪ'teɪʃn] **I** *s.* **1.** Nachahmung *f*, Imitati'on *f*: ***do an ~ of → imitate*** 1; **2.** Nachbildung *f*, -ahmung *f*, *das* Nachgeahmte, Imitati'on *f*, Ko'pie *f*; **3.** Fälschung *f*; **II** *adj.* **4.** unecht, künstlich, Kunst..., Imitations...: ***~ leather*** Kunstleder *n*; '**im·i·ta·tive** [-tətɪv] *adj.* □ **1.** nachahmend, -bildend; auf Nachahmung *fremder Vorbilder* beruhend: ***be ~ of → imitate*** 1; **2.** nachgemacht, -geahmt (***of*** *dat.*); **3.** *ling.* lautmalend: ***an ~ word***; '**im·i·ta·tor** [-teɪtə] *s.* Nachahmer *m*, Imi'tator *m*.

im·mac·u·late [ɪ'mækjʊlɪt] *adj.* □ **1.** *fig.* unbefleckt, makellos, rein: ***≈ Conception*** *R.C.* Unbefleckte Empfängnis; **2.** untadelig, tadellos, einwandfrei; **3.** fleckenlos, sauber.

im·ma·nence ['ɪmənəns], '**im·ma·nen·cy** [-sɪ] *s. phls., eccl.* Imma'nenz *f*, Innewohnen *n*; '**im·ma·nent** [-nt] *adj.* imma'nent, innewohnend.

im·ma·te·ri·al [ˌɪmə'tɪərɪəl] *adj.* **1.** unkörperlich, unstofflich; **2.** unwesentlich, (*a.* ⚖) unerheblich, belanglos; ˌ**im·ma'te·ri·al·ism** [-lɪzəm] *s.* Immateria'lismus *m*.

im·ma·ture [ˌɪmə'tjʊə] *adj.* □ unreif, unentwickelt (*a. fig.*); ˌ**im·ma'tu·ri·ty** [-'tjʊərətɪ] *s.* Unreife *f*.

im·meas·ur·a·ble [ɪ'meʒərəbl] *adj.* □ unermesslich, grenzenlos, riesig.

im·me·di·a·cy [ɪ'miːdjəsɪ] *s.* **1.** Unmittelbarkeit *f*, Di'rektheit *f*; **2.** Unverzüglichkeit *f*; **im·me·di·ate** [ɪ'miːdjət] *adj.* □ **1.** *Raum*: unmittelbar, nächst(gelegen): ***~ contact*** unmittelbare Berührung; ***~ vicinity*** nächste Umgebung; **2.** *Zeit*: unverzüglich, so'fortig, 'umgehend: ***~ answer***; ***~ steps*** Sofortmaßnahmen; ***~ objective*** Nahziel *n*; ***~ future*** nächste Zukunft; **3.** augenblicklich, derzeitig: ***~ plans***; **4.** di'rekt, unmittelbar; **5.** nächst (*Verwandtschaft*): ***my ~ family*** m-e nächsten Angehörigen; **im'me·di·ate·ly** [-jətlɪ] **I** *adv.* **1.** unmittelbar, di'rekt; **2.** so'fort, 'umgehend, unverzüglich, gleich, unmittelbar; **II** *cj.* **3.** *bsd. Brit.* so'bald (als).

im·me·mo·ri·al [ˌɪmɪ'mɔːrɪəl] *adj.* □ un(vor)denklich, uralt: ***from time ~*** seit un(vor)denklichen Zeiten.

im·mense [ɪ'mens] *adj.* □ **1.** unermesslich, ungeheuer, riesig, im'mens; **2.** F gewaltig, e'norm, ‚riesig': ***enjoy o.s. ~ly***; **im'men·si·ty** [-sətɪ] *s.* Unermesslichkeit *f*.

im·merse [ɪ'mɜːs] *v/t.* **1.** (ein)tauchen (*a.* ⚙), versenken; **2.** *fig.* (***o.s.*** sich) vertiefen *od.* versenken (***in*** in *acc.*); **3.** *fig.* verwickeln, verstricken (***in*** in *acc.*); **im'mersed** [-st] *adj. fig.* (***in***) versunken, vertieft (in *acc.*); **im·mer·sion** [ɪ'mɜːʃn] *s.* **1.** Ein-, 'Untertauchen *n*: ***~ heater*** a) Tauchsieder *m*, b) Boiler *m*; **2.** *fig.* Versunkenheit *f*, Vertieftsein *n*; **3.** *eccl.* Immersi'onstaufe *f*; **4.** *ast.* Immersi'on *f*.

im·mi·grant ['ɪmɪgrənt] **I** *s.* Einwanderer *m*, Einwanderin *f*, Immi'grant(in); **II** *adj.* a) einwandernd, b) ausländisch, Fremd...: ***~ workers***; '**im·mi·grate** [-greɪt] **I** *v/i.* einwandern, immi'grieren (***into***, ***to*** in *acc.*, nach); **II** *v/t.* ansiedeln (***into*** in *dat.*); **im·mi·gra·tion** [ˌɪmɪ'greɪʃn] *s.* Einwanderung *f*, Immigrati'on *f*: ***~ officer*** Beamte(r) *m* der Einwanderungsbehörde.

im·mi·nence ['ɪmɪnəns] *s.* **1.** nahes Bevorstehen; **2.** drohende Gefahr, Drohen *n*; '**im·mi·nent** [-nt] *adj.* □ nahe bevorstehend, *a.* drohend.

im·mis·ci·ble [ɪ'mɪsəbl] *adj.* □ unvermischbar.

im·mo·bile [ɪ'məʊbaɪl] *adj.* unbeweglich: a) bewegungslos, b) starr, fest; **im·mo·bil·i·ty** [ˌɪməʊ'bɪlətɪ] *s.* Unbeweglichkeit *f*; **im·mo·bi·li·za·tion** [ɪˌməʊbɪlaɪ'zeɪʃn] *s.* **1.** Unbeweglichmachen *n*; ⚕ Ruhigstellung *f*, Immobilisierung *f*; **2.** ✝ a) Einziehung *f* (*von Münzen*), b) Festlegung *f* (*von Kapital*); **im'mo·bi·lize** [-bɪlaɪz] *v/t.* **1.** unbeweglich machen; ⚕ ruhig stellen; ⚔ außer Gefecht setzen: ***~d*** bewegungsunfähig (*a. Auto etc.*); **2.** ✝ a) *Münzen* aus dem Verkehr ziehen, b) *Kapital* festlegen; **im'mo·bi·liz·er** [-bɪlaɪzə] *s. mot.* Wegfahrsperre *f*.

im·mod·er·ate [ɪ'mɒdərət] *adj.* □ unmäßig, maßlos, über'trieben, -'zogen.

im·mod·est [ɪ'mɒdɪst] *adj.* □ **1.** unbescheiden, anmaßend; **2.** schamlos, unanständig; **im'mod·es·ty** [-tɪ] *s.* **1.** Unbescheidenheit *f*, Frechheit *f*; **2.** Unanständigkeit *f*.

im·mo·late ['ɪməʊleɪt] *v/t.* **1.** opfern, zum Opfer bringen (*a. fig.*); **2.** schlachten (*a. fig.*); **im·mo·la·tion** [ˌɪməʊ'leɪʃn] *s. a. fig.* Opferung *f*, Opfer *n*.

im·mor·al [ɪ'mɒrəl] *adj.* □ **1.** 'unmoˌralisch, unsittlich; **2.** ⚖ sittenwidrig, unsittlich; **im·mo·ral·i·ty** [ˌɪmə'rælətɪ] *s.* 'Unmoˌral *f*, Sittenlosigkeit *f*, Unsittlichkeit *f* (*a. Handlung*).

im·mor·tal [ɪ'mɔːtl] **I** *adj.* □ **1.** unsterblich (*a. fig.*); **2.** ewig, unvergänglich; **II** *s.* **3.** Unsterbliche(r *m*) *f* (*a. fig.*); **im·mor·tal·i·ty** [ˌɪmɔː'tælətɪ] *s.* **1.** Unsterblichkeit *f* (*a. fig.*); **2.** Unvergänglichkeit *f*; **im'mor·tal·ize** [-təlaɪz] *v/t.* unsterblich machen, verewigen.

im·mor·telle [ˌɪmɔː'tel] *s.* ⚘ Immor'telle *f*, Strohblume *f*.

im·mov·a·bil·i·ty [ɪˌmuːvə'bɪlətɪ] *s.* **1.** Unbeweglichkeit *f*; **2.** *fig.* Unerschütterlichkeit *f*; **im·mov·a·ble** [ɪ'muːvəbl]

I *adj.* ☐ **1.** unbeweglich: a) ortsfest: *~ **property*** → 4, b) unbewegt, bewegungslos; **2.** *zeitlich* unveränderlich: *~ **feast*** unbeweglicher Feiertag; **3.** *fig.* fest, unerschütterlich, unnachgiebig; **II** *s.* **4.** *pl.* ⚖ unbewegliches Eigentum, Immo'bilien *pl.*, Liegenschaften *pl.*

im·mune [ɪ'mjuːn] **I** *adj.* **1.** ⚕ *u. fig.* (***from***, ***against***, ***to***) im'mun (gegen), unempfänglich (für); **2.** (***from***, ***against***, ***to***) geschützt, gefeit (gegen), frei (von); **II** *s.* **3.** im'mune Per'son; **im·mune de·fi·cien·cy syn·drome** *s.* ⚕ Im'munschwäche,krankheit *f*; **im·mune sys·tem** *s.* ⚕ I'mmunsys,tem *n*; **im'mu·ni·ty** [-nətɪ] *s.* **1.** *allg.* Immuni'tät *f*: a) ⚕ *u. fig.* Unempfänglichkeit *f*, b) ⚖ Freiheit *f*, Befreiung *f* (***from*** von *Strafe*, *Steuer*); **2.** ⚖ Privi'leg *n*, Sonderrecht *n*; **3.** Freisein *n* (***from*** von); **im·mu·ni·za·tion** [ˌɪmjuːnaɪ'zeɪʃn] *s.* ⚕ Immunisierung *f*; **im·mu·nize** ['ɪmjuːnaɪz] *v/t.* immunisieren; im'mun machen (***against*** gegen), schützen (vor *dat.*); **im·mu·no·gen** [ɪ'mjuːnəʊdʒen] *s.* ⚕ Anti'gen *n*; **im·mu·nol·o·gy** [ˌɪmjuː'nɒlədʒɪ] *s.* ⚕ Immuni'tätsforschung *f*, -lehre *f*.

im·mure [ɪ'mjʊə] *v/t.* **1.** einsperren, -schließen, -kerkern: *~ **o.s.*** sich abschließen; **2.** einmauern.

im·mu·ta·bil·i·ty [ɪˌmjuːtə'bɪlətɪ] *s.* *a. biol.* Unveränderlichkeit *f*; **im·mu·ta·ble** [ɪ'mjuːtəbl] *adj.* ☐ unveränderlich, unwandelbar.

imp [ɪmp] *s.* **1.** Teufelchen *n*, Kobold *m*; **2.** *humor.* Schlingel *m*, Racker *m*.

im·pact **I** *s.* ['ɪmpækt] **1.** An-, Zs.-prall *m*, Auftreffen *n*; **2.** *bsd.* ⚔ Auf-, Einschlag *m*: *~ **fuse*** Aufschlagzünder *m*; **3.** ⚙, *phys.* a) Stoß *m*, Schlag *m*, b) Wucht *f*: *~ **extrusion*** Schlagstrangpressen *n*; *~ **strength*** ⚙ (Kerb)Schlagfestigkeit *f*; **4.** *fig.* a) (heftige) (Ein)Wirkung, Auswirkungen *pl.*, (starker) Einfluss (***on*** auf *acc.*), b) (starker) Eindruck (***on*** auf *acc.*), c) Wucht *f*, Gewalt *f*, d) (***on***) Belastung *f* (*gen.*), Druck *m* (auf *acc.*): ***make an** ~* (***on***) ‚einschlagen' *od.* e-n starken Eindruck hinterlassen (bei), sich mächtig auswirken (auf *acc.*); **II** *v/t.* [ɪm'pækt] **5.** zs.-pressen; *a.* ⚕ einkeilen, -klemmen.

im·pair [ɪm'peə] *v/t.* **1.** verschlechtern; **2.** beeinträchtigen: a) nachteilig beeinflussen, schwächen, b) (ver)mindern, schmälern; **im'pair·ment** [-mənt] *s.* Verschlechterung *f*; Beeinträchtigung *f*, Verminderung *f*, Schädigung *f*, Schmälerung *f*.

im·pale [ɪm'peɪl] *v/t.* **1.** *hist.* pfählen; **2.** aufspießen, durch'bohren; **3.** *her.* *zwei Wappen* durch e-n senkrechten Pfahl verbinden.

im·pal·pa·ble [ɪm'pælpəbl] *adj.* ☐ **1.** unfühlbar; **2.** äußerst fein; **3.** kaum (er)fassbar, nicht greifbar.

im·pan·el [ɪm'pænl] → ***empanel***.

im·par·i·syl·lab·ic ['ɪmˌpærɪsɪ'læbɪk] *adj. u. s. ling.* ungleichsilbig(es Wort).

im·par·i·ty [ɪm'pærətɪ] *s.* Ungleichheit *f*.

im·part [ɪm'pɑːt] *v/t.* **1.** (***to*** *dat.*) geben: a) gewähren, zukommen lassen, b) *e-e Eigenschaft etc.* verleihen; **2.** mitteilen: a) kundtun (***to*** *dat.*): *~ **news***, b) vermitteln (***to*** *dat.*): *~ **knowledge***, c) *a. phys.* übertragen (***to*** auf *acc.*): *~ **a motion***.

im·par·tial [ɪm'pɑːʃl] *adj.* ☐ 'unparˌteiisch, unvoreingenommen, unbefangen; **im·par·ti·al·i·ty** ['ɪmˌpɑːʃɪ'ælətɪ] *s.* 'Unparˌteilichkeit *f*, Unvoreingenommenheit *f*.

im·pass·a·ble [ɪm'pɑːsəbl] *adj.* ☐ unpassierbar.

im·passe [æm'pɑːs] (*Fr.*) *s.* Sackgasse *f*, *fig. a.* ausweglose Situati'on: ***reach an** ~ fig.* in e-e Sackgasse geraten, e-n toten Punkt erreichen; ***break the** ~* aus der Sackgasse herauskommen.

im·pas·si·ble [ɪm'pæsɪbl] *adj.* ☐ (***to***) gefühllos (gegen), unempfindlich (für).

im·pas·sioned [ɪm'pæʃnd] *adj.* leidenschaftlich.

im·pas·sive [ɪm'pæsɪv] *adj.* ☐ **1.** teilnahms-, leidenschaftslos, ungerührt; **2.** gelassen; **3.** unbewegt: *~ **face***.

im·paste [ɪm'peɪst] *v/t.* **1.** zu e-m Teig kneten; **2.** *paint.* *Farben* dick auftragen, pa'stos malen; **im·pas·to** [ɪm'pæstəʊ] *s. paint.* Im'pasto *n*.

im·pa·tience [ɪm'peɪʃns] *s.* **1.** Ungeduld *f*; **2.** (***of***) Unduldsamkeit *f*, Abneigung *f* (gegen['über]), Unwille *m* (über *acc.*); **im'pa·tient** [-nt] *adj.* ☐ **1.** ungeduldig; **2.** (***of***) unduldsam (gegen), ungehalten (über *acc.*), unzufrieden (mit): ***be** ~ **of*** nicht (v)ertragen können (*acc.*), nichts übrig haben für; **3.** begierig (***for*** nach, ***to do*** zu tun): ***be** ~ **for*** *et.* nicht erwarten können; ***be** ~ **to do it*** darauf brennen, es zu tun.

im·peach [ɪm'piːtʃ] *v/t.* **1.** *j-n* anklagen, beschuldigen (***of***, ***with*** *gen.*); **2.** ⚖ *Beamten etc.* (wegen e-s Amtsvergehens) anklagen; **3.** anzweifeln, anfechten, infrage stellen: *~ **a witness*** die Glaubwürdigkeit e-s Zeugen anzweifeln; **4.** angreifen, her'absetzen, tadeln, bemängeln; **im'peach·a·ble** [-tʃəbl] *adj.* anklag-, anfecht-, bestreitbar; **im'peach·ment** [-mənt] *s.* **1.** Anklage *f*, Beschuldigung *f*; **2.** (öffentliche) Anklage *e-s Ministers etc. wegen Amtsmissbrauchs, Hochverrats etc.*; **3.** Anfechtung *f*, Bestreitung *f* der Glaubwürdigkeit *od.* Gültigkeit; **4.** In'fragestellung *f*; **5.** Vorwurf *m*, Tadel *m*.

im·pec·ca·bil·i·ty [ɪmˌpekə'bɪlətɪ] *s.* **1.** Sündlosigkeit *f*; **2.** Fehler-, Tadellosigkeit *f*; **im·pec·ca·ble** [ɪm'pekəbl] *adj.* ☐ **1.** sünd(en)los, rein; **2.** tadellos, untadelig, einwandfrei.

im·pe·cu·ni·os·i·ty ['ɪmpɪˌkjuːnɪ'ɒsətɪ] *s.* Mittellosigkeit *f*, Armut *f*; **im·pe·cu·ni·ous** [ˌɪmpɪ'kjuːnjəs] *adj.* mittellos, arm.

im·ped·ance [ɪm'piːdəns] *s.* ⚡ Impe'danz *f*, 'Scheinˌwiderstand *m*.

im·pede [ɪm'piːd] *v/t.* **1.** *j-n* (be)hindern; **2.** *et.* erschweren, verhindern; **im·ped·i·ment** [ɪm'pedɪmənt] *s.* **1.** Be-, Verhinderung *f*; **2.** Hindernis *n* (**to** für), ⚕ Behinderung *f*: ~ ***in one's speech*** Sprachfehler *m*; **3.** ⚖ (*bsd.* Ehe)Hindernis *n*, Hinderungsgrund *m*; **im·ped·i·men·ta** [ɪmˌpedɪ'mentə] *s. pl.* **1.** ⚔ Gepäck *n*, Tross *m*; **2.** *fig.* Last *f*, (hinderliches) Gepäck, *j-s* ,Siebensachen' *pl.*

im·pel [ɪm'pel] *v/t.* **1.** (an)treiben, vorwärts treiben, drängen; **2.** zwingen, nötigen: ***I felt ~led*** ich sah mich gezwungen *od.* veranlasst, ich fühlte mich genötigt; **im'pel·lent** [-lənt] **I** *adj.* (an)treibend, Trieb...; **II** *s.* Triebkraft *f*, Antrieb *m*; **im'pel·ler** [-lə] *s.* ⚙ a) Flügel-, Laufrad *n*, b) Kreisel *m* (*e-r Pumpe*), c) ✈ Laderlaufrad *n*.

im·pend [ɪm'pend] *v/i.* **1.** hängen, schweben (**over** über *dat.*); **2.** *fig.* a) unmittelbar bevorstehen, b) (**over**) drohend schweben (über *dat.*), drohen (*dat.*); **im'pend·ing** [-dɪŋ] *adj.* nahe bevorstehend, drohend.

im·pen·e·tra·bil·i·ty [ɪmˌpenɪtrə'bɪlətɪ] *s.* **1.** 'Undurchˌdringlichkeit *f*; **2.** *fig.* Unerforschlichkeit *f*, Unergründlichkeit *f*; **im·pen·e·tra·ble** [ɪm'penɪtrəbl] *adj.* ☐ **1.** 'undurchˌdringlich (**by** für); **2.** *fig.* unergründlich, unerforschlich; **3.** *fig.* (**to**, **by**) unempfänglich (für), unzugänglich (*dat.*).

im·pen·i·tence [ɪm'penɪtəns], **im'pen·i·ten·cy** [-sɪ] *s.* Unbußfertigkeit *f*, Verstocktheit *f*; **im'pen·i·tent** [-nt] *adj.* ☐ unbußfertig, verstockt, reuelos.

im·per·a·ti·val [ɪmˌperə'taɪvl] → ***imperative*** 3; **im·per·a·tive** [ɪm'perətɪv] **I** *adj.* ☐ **1.** befehlend, gebieterisch, herrisch; **2.** 'unumˌgänglich, zwingend, dringend (nötig), unbedingt erforderlich; **3.** *ling.* impera'tivisch, Imperativ..., Befehls...: ~ ***mood*** → 5; **II** *s.* **4.** Befehl *m*, Gebot *n*; **5.** *ling.* Imperativ *m*, Befehlsform *f*.

im·per·cep·ti·bil·i·ty ['ɪmpəˌseptə'bɪlətɪ] *s.* Unwahrnehmbarkeit *f*, Unmerklichkeit *f*; **im·per·cep·ti·ble** [ˌɪmpə'septəbl] *adj.* ☐ **1.** nicht wahrnehmbar, unbemerkbar, unsichtbar, unhörbar; **2.** unmerklich; **3.** verschwindend klein.

im·per·fect [ɪm'pɜːfɪkt] **I** *adj.* ☐ **1.** 'unvollˌständig, 'unvollˌendet; **2.** 'unvollˌkommen (*a.* ⚘, ♪): ~ ***rhyme*** unreiner Reim; **3.** mangel-, fehlerhaft; **4.** *ling.* ~ ***tense*** → 5; **II** *s.* **5.** *ling.* Imperfekt *n*, 'unvollˌendete Vergangenheit; **im·per·fec·tion** [ˌɪmpə'fekʃn] *s.* **1.** 'Unvollˌkommenheit *f*, Mangelhaftigkeit *f*; **2.** Mangel *m*, Fehler *m*.

im·per·fo·rate [ɪm'pɜːfərət] *adj.* **1.** *bsd. anat.* ohne Öffnung; **2.** nicht perforiert, ungezähnt (*Briefmarke*).

im·pe·ri·al [ɪm'pɪərɪəl] **I** *adj.* ☐ **1.** kaiserlich, Kaiser...; **2.** Reichs...; **3.** das brit. Weltreich betreffend, Empire...: ♀ ***Conference*** Empire-Konferenz *f*; **4.** *Brit.* gesetzlich (*Maße u. Gewichte*): ~ ***gallon*** (= *4,55 Liter*); **5.** großartig, herrlich; **II** *s.* **6.** Kaiserliche(r) *m* (*Soldat, Anhänger*); **7.** Knebelbart *m*; **8.** Imperi'al(paˌpier) *n* (*Format: brit. 22 30 in., amer. 23 31 in.*); **im'pe·ri·al·ism** [-lɪzəm] *s. pol.* Imperia'lismus *m*; **im'pe·ri·al·ist** [-lɪst] **I** *s.* **1.** *pol.* Imperia'list *m*; **2.** Kaiserliche(r) *m*; **II** *adj.* **3.** imperia'listisch; **4.** kaiserlich, kaisertreu; **im·pe·ri·al·is·tic** [ɪmˌpɪərɪə'lɪstɪk] *adj.* (☐ **~ally**) → ***imperialist*** 3, 4.

im·per·il [ɪm'perɪl] *v/t.* gefährden.

im·pe·ri·ous [ɪm'pɪərɪəs] *adj.* ☐ **1.** herrisch, anmaßend, gebieterisch; **2.** dringend, zwingend; **im'pe·ri·ous·ness** [-nɪs] *s.* **1.** Herrschsucht *f*, Anmaßung *f*, herrisches Wesen; **2.** Dringlichkeit *f*.

im·per·ish·a·ble [ɪm'perɪʃəbl] *adj.* ☐ unvergänglich, ewig.

im·per·ma·nence [ɪm'pɜːmənəns], **im'per·ma·nen·cy** [-sɪ] *s.* Unbeständigkeit *f*, Vergänglichkeit *f*; **im'per·ma·nent** [-nt] *adj.* unbeständig, vor'übergehend, nicht von Dauer.

im·per·me·a·bil·i·ty [ɪmˌpɜːmjə'bɪlətɪ] *s.* 'Unˌdurchlässigkeit *f*; **im·per·me·a·ble** [ɪm'pɜːmjəbl] *adj.* ☐ 'unˌdurchlässig (**to** für): ~ (**to water**) wasserdicht.

im·per·mis·si·ble [ˌɪmpə'mɪsəbl] *adj.* unzulässig, unerlaubt.

im·per·son·al [ɪm'pɜːsnl] *adj. a. ling.* 'unperˌsönlich: ~ ***account*** ✝ Sachkonto *n*; **im·per·son·al·i·ty** [ɪmˌpɜːsə'nælətɪ] *s.* 'Unperˌsönlichkeit *f*.

im·per·son·ate [ɪm'pɜːsəneɪt] *v/t.* **1.** personifizieren, verkörpern; **2.** imitieren, nachahmen; **3.** sich ausgeben als *od.* für; **im·per·son·a·tion** [ɪmˌpɜːsə'neɪʃn] *s.* **1.** Personifikati'on *f*, Verkörperung *f*; **2.** Nachahmung *f*, Imitati'on *f*; **3.** (betrügerisches *od.* scherzhaftes) Auftreten (**of** als); **im'per·son·a·tor** [-tə] *s.* **1.** *thea.* a) Imi'tator *m*, b) Darsteller(in); **2.** Betrüger(in), Hochstapler(in).

im·per·ti·nence [ɪm'pɜːtɪnəns] *s.* Unverschämtheit *f*, Frechheit *f*; **im'per·ti·nent** [-nt] *adj.* ☐ **1.** unverschämt, frech; **2.** ⚖ nicht zur Sache gehörig, unerheblich; **3.** nebensächlich; **4.** unangebracht.

im·per·turb·a·bil·i·ty ['ɪmpəˌtɜːbə'bɪlətɪ]

s. Unerschütterlichkeit *f*, Gelassenheit *f*, Gleichmut *m*; **im·per·turb·a·ble** [ˌɪmpəˈtɜːbəbl] *adj.* □ unerschütterlich, gelassen.

im·per·vi·ous [ɪmˈpɜːvjəs] *adj.* □ **1.** ˈundurchˌdringlich (*to* für), ˈunˌdurchlässig: *~ to rain* regendicht; **2.** *fig.* (*to*) unzugänglich (für *od. dat.*), unempfindlich (gegen); taub (gegen); **imˈper·vi·ous·ness** [-nɪs] *s.* **1.** ˈUndurchˌdringlichkeit *f*, -lässigkeit *f*; **2.** *fig.* Unzugänglichkeit *f*, Unempfindlichkeit *f*.

im·pe·tig·i·nous [ˌɪmpɪˈtɪdʒɪnəs] *adj.* ⚕ pustelartig; **ˌim·peˈti·go** [-ˈtaɪgəʊ] *s.* ⚕ Impeˈtigo *m*.

im·pet·u·os·i·ty [ɪmˌpetjʊˈɒsətɪ] *s.* **1.** Heftigkeit *f*, Ungestüm *n*; **2.** impulˈsive Handlung; **im·pet·u·ous** [ɪmˈpetjʊəs] *adj.* □ heftig, ungestüm; hitzig, überˈeilt, impulˈsiv; **im·pet·u·ous·ness** [ɪmˈpetjʊəsnɪs] → ***impetuosity***.

im·pe·tus [ˈɪmpɪtəs] *s.* **1.** *phys.* Stoß-, Triebkraft *f*, Schwung *m*; **2.** *fig.* Antrieb *m*, Anstoß *m*, Schwung *m*: ***give a fresh ~ to*** Auftrieb *od.* neuen Schwung verleihen (*dat.*).

im·pi·e·ty [ɪmˈpaɪətɪ] *s.* **1.** Gottlosigkeit *f*; **2.** Pieˈtätlosigkeit *f*.

im·pinge [ɪmˈpɪndʒ] *v/i.* **1.** (*on, upon*) stoßen (an *acc.*, gegen), zs.-stoßen (mit), auftreffen (auf *acc.*); **2.** fallen, einwirken (*on* auf *acc.*): *~ on the eye*; *~ on the ear* ans Ohr dringen; **3.** (*on*) sich auswirken (auf *acc.*), beeinflussen (*acc.*); **4.** (*on*) (ˈwiderrechtlich) eingreifen (in *acc.*), verstoßen (gegen *Rechte etc.*).

im·pi·ous [ˈɪmpɪəs] *adj.* □ **1.** gottlos, ruchlos; **2.** pieˈtätlos; **3.** reˈspektlos.

imp·ish [ˈɪmpɪʃ] *adj.* □ schelmisch, spitzbübisch, verschmitzt.

im·plac·a·bil·i·ty [ɪmˌplækəˈbɪlətɪ] *s.* Unversöhnlichkeit *f*, Unerbittlichkeit *f*; **im·plac·a·ble** [ɪmˈplækəbl] *adj.* □ unversöhnlich, unerbittlich.

im·plant [ɪmˈplɑːnt] *v/t. fig.* einimpfen, *a.* ⚕ einpflanzen (*in dat.*); **im·plan·ta·tion** [ˌɪmplɑːnˈteɪʃn] *s.* **1.** *fig.* Einimpfung *f*; **2.** *mst fig. od.* ⚕ Einpflanzung *f*.

im·plau·si·ble [ɪmˈplɔːzəbl] *adj.* nicht plauˈsibel, unwahrscheinlich, unglaubwürdig, -haft, wenig überˈzeugend.

im·ple·ment I *s.* [ˈɪmplɪmənt] **1.** Werkzeug *n* (*a. fig.*), Gerät *n*; **2.** ⚖ *Scot.* Erfüllung *f* (*e-s Vertrages*); **II** *v/t.* [-ment] **3.** aus-, ˈdurchführen; **4.** in Kraft setzen; **5.** ergänzen; **6.** ⚖ *Scot. Vertrag* erfüllen; **im·ple·men·tal** [ˌɪmplɪˈmentl], **im·ple·men·ta·ry** [ˌɪmplɪˈmentərɪ] *adj.* Ausführungs...: *~ orders* Ausführungsbestimmungen; **im·ple·men·ta·tion** [ˌɪmplɪmenˈteɪʃn] *s.* Erfüllung *f*, Aus-, ˈDurchführung *f*.

im·pli·cate [ˈɪmplɪkeɪt] *v/t.* **1.** *fig.* verwickeln, hinˈeinziehen (*in* in *acc.*), in Zs.-hang *od.* Verbindung bringen (*with* mit): *~d in* verwickelt in (*acc.*), betroffen von; **2.** *fig.* a) → ***imply*** 1, b) zur Folge haben; **im·pli·ca·tion** [ˌɪmplɪˈkeɪʃn] *s.* **1.** Verwicklung *f*, Verflechtung *f*, (enge) Verbindung, Zs.-hang *m*; **2.** (eigentliche) Bedeutung; Andeutung *f*; **3.** Konseˈquenz *f*, Folge *f*, Folgerung *f*, Auswirkung *f*: ***by ~*** a) als (natürliche) Folgerung *od.* Folge, b) implizite, durch sinngemäße Auslegung, ohne weiteres.

im·plic·it [ɪmˈplɪsɪt] *adj.* □ **1.** (mit *od.* stillschweigend) inbegriffen, stillschweigend, unausgesprochen; **2.** absoˈlut, vorbehalt-, bedingungslos: *~ faith* (*obedience*) blinder Glaube (Gehorsam); **imˈplic·it·ly** [-lɪ] *adv.* **1.** imˈplizite, stillschweigend, ohne weiteres; **2.** unbedingt; **imˈplic·it·ness** [-nɪs] *s.* **1.** Mitˈinbegriffensein *n*; Selbstverständlichkeit *f*; **2.** Unbedingtheit *f*.

im·plied [ɪmˈplaɪd] *adj.* (stillschweigend *od.* mit) inbegriffen, einbezogen, sinngemäß (darin) enthalten, impliziert: *~ condition*.

im·plode [ɪmˈpləʊd] *v/i. phys.* implodieren.

im·plore [ɪmˈplɔː] *v/t.* **1.** *j-n* anflehen, beschwören; **2.** *et.* erflehen, erbitten; **imˈplor·ing** [-ɔːrɪŋ] *adj.* □ flehentlich, inständig.

im·plo·sion [ɪmˈpləʊʒn] *s. phys.* Imploˈsiˈon *f*.

im·ply [ɪmˈplaɪ] *v/t.* **1.** einbeziehen, in sich schließen, (*stillschweigend*) beˈinhalten; **2.** mit sich bringen, darˈauf hinauslaufen: ***that implies*** daraus ergibt sich, das bedeutet; **3.** besagen, bedeuten, schließen lassen auf (*acc.*); **4.** andeuten, ˈdurchblicken lassen, implizieren.

im·po·lite [ˌɪmpəˈlaɪt] *adj.* □ unhöflich, grob.

im·pol·i·tic [ɪmˈpɒlətɪk] *adj.* □ ˈundiploˌmatisch, unklug.

im·pon·der·a·ble [ɪmˈpɒndərəbl] **I** *adj.* unwägbar (*a. phys.*), unberechenbar; **II** *s. pl.* Imponderaˈbilien *pl.*, Unwägbarkeiten *pl.*

im·port I *v/t.* [ɪmˈpɔːt] **1.** ✝ importieren, einführen: *~ing country* Einfuhrland *n*; **2.** *Computer*: *Daten* importieren; **3.** *fig.* einführen, hinˈeinbringen; **4.** bedeuten, besagen; **II** *s.* [ˈɪmpɔːt] **5.** ✝ Einfuhr *f*, Imˈport *m*; *pl.* ˈEinfuhrwaren *pl.*, -arˌtikel *pl.*; *~ bounty* Einfuhrprämie *f*; *~ duty* Einfuhrzoll *m*; *~ licence* (*Am.* ***license***), *~ permit* Einfuhrgenehmigung *f*; *~ quota* Einfuhrkontingent *n*; *~ tariff* Einfuhrzoll *m*; **6.** Bedeutung *f*, Sinn *m*; **7.** Wichtigkeit *f*, Bedeutung *f*, Tragweite *f*; **imˈport·a·ble** [-təbl] *adj.* ✝ einführbar, importierbar.

im·por·tance [ɪm'pɔːtns] *s.* **1.** Wichtigkeit *f*, Bedeutung *f*: ***attach ~ to*** Bedeutung beimessen (*dat.*); ***conscious*** (*od.* ***full***) ***of one's own ~*** → ***important*** 3; ***it is of no ~*** es ist unwichtig, es hat keine Bedeutung; **2.** Einfluss *m*, Ansehen *n*, Gewicht *n*: ***a person of ~*** e-e gewichtige Persönlichkeit; **im'por·tant** [-nt] *adj.* □ **1.** wichtig, wesentlich, bedeutend (***to*** für); **2.** her'vorragend, bedeutend, angesehen, einflussreich; **3.** wichtigtuerisch, eingebildet, von s-r eigenen Wichtigkeit erfüllt.

im·por·ta·tion [ˌɪmpɔː'teɪʃn] *s.* ✝ **1.** Im'port *m*, Einfuhr *f*; **2.** Einfuhrware(n *pl.*) *f*; **im·port·er** [ɪm'pɔːtə] *s.* ✝ Impor'teur *m*.

im·por·tu·nate [ɪm'pɔːtjʊnət] *adj.* □ lästig, zu-, aufdringlich; **im·por·tune** [ˌɪmpɔː'tjuːn] *v/t.* dauernd (mit Bitten) belästigen, behelligen; **im·por·tu·ni·ty** [ˌɪmpɔː'tjuːnətɪ] *s.* Aufdringlichkeit *f*, Hartnäckigkeit *f*.

im·pose [ɪm'pəʊz] **I** *v/t.* **1.** *Pflicht*, *Steuer etc.* auferlegen, aufbürden (***on***, ***upon*** *dat.*): ***~ a tax on s.th.*** et. besteuern, et. mit e-r Steuer belegen; ***~ a penalty on s.o.*** e-e Strafe verhängen gegen j-n, j-n mit e-r Strafe belegen; ***~ law and order*** Recht u. Ordnung schaffen; **2.** ***~ s.th. on s.o.*** a) j-m et. aufdrängen, b) j-m et. ‚andrehen'; ***~ o.s. on s.o.*** → 7; **3.** *typ. Kolumnen* ausschießen; **4.** *eccl. die Hände* (segnend) auflegen; **II** *v/i.* **5.** (***upon***) beeindrucken (*acc.*), imponieren (*dat.*); **6.** ausnutzen, miss'brauchen (***on*** *acc.*): ***~ on s.o.'s kindness***; **7.** ***~ on s.o.*** sich j-m aufdrängen, j-m zur Last fallen; **8.** betrügen, hinter'gehen (***on s.o.*** j-n); **im'pos·ing** [-zɪŋ] *adj.* □ eindrucksvoll, imponierend, impo'sant; **im·po·si·tion** [ˌɪmpə'zɪʃn] *s.* **1.** Auferlegung *f*, Aufbürdung *f* (*von Steuern*, *Pflichten etc.*), Verhängung *f* (*e-r Strafe*): ***~ of taxes*** Besteuerung *f*; **2.** Last *f*, Belastung *f*; Auflage *f*, Pflicht *f*; **3.** Abgabe *f*, Steuer *f*; **4.** *ped. Brit.* Strafarbeit *f*; **5.** (schamlose) Ausnutzung (***on*** *gen.*), Zumutung *f*; **6.** Über'vorteilung *f*, Schwindel *m*; **7.** *eccl.* (*Hand*)Auflegen *n*; **8.** *typ.* a) Ausschießen *n*, b) For'matmachen *n*.

im·pos·si·bil·i·ty [ɪmˌpɒsə'bɪlətɪ] *s.* Unmöglichkeit *f*; **im·pos·si·ble** [ɪm'pɒsəbl] *adj.* □ **1.** *allg.* unmöglich: a) unausführbar, b) ausgeschlossen, c) unglaublich: ***it is ~ for me to do that*** ich kann das unmöglich tun; **2.** F ‚unmöglich': ***you are ~!***; **im·pos·si·bly** [ɪm'pɒsəblɪ] *adv.* **1.** unmöglich; **2.** unglaublich: ***~ young***.

im·post ['ɪmpəʊst] **I** *s.* **1.** ✝ Auflage *f*, Abgabe *f*, Steuer *f*, *bsd.* Einfuhrzoll *m*; **2.** *sl. Pferderennen*: Handicap-Ausgleichsgewicht *n*; **II** *v/t.* **3.** *Am. Importwaren* zwecks Zollfestsetzung klassifizieren.

im·pos·tor [ɪm'pɒstə] *s.* Betrüger(in), Schwindler(in), Hochstapler(in); **im'pos·ture** [-tʃə] *s.* Betrug *m*, Schwindel *m*, Hochstape'lei *f*.

im·po·tence ['ɪmpətəns], **'im·po·ten·cy** [-sɪ] *s.* **1.** a) Unvermögen *n*, Unfähigkeit *f*, b) Hilf-, Machtlosigkeit *f*, Ohnmacht *f*; **2.** Schwäche *f*, Kraftlosigkeit *f*; **3.** ⚕ Impotenz *f*; **'im·po·tent** [-nt] *adj.* □ **1.** a) unfähig, b) macht-, hilflos, ohnmächtig; **2.** schwach, kraftlos; **3.** ⚕ impotent.

im·pound [ɪm'paʊnd] *v/t.* **1.** *bsd. Vieh* einpferchen, einsperren; **2.** *Wasser* sammeln, stauen; **3.** ⚖ a) beschlagnahmen, b) sicherstellen, in (gerichtliche *od.* behördliche) Verwahrung nehmen.

im·pov·er·ish [ɪm'pɒvərɪʃ] *v/t.* **1.** arm *od.* ärmer machen: ***be ~ed*** verarmen, verarmt sein; **2.** *Land etc.* auspowern, *Boden etc.* auslaugen; **3.** *fig.* a) ärmer machen, *kulturell etc.* verarmen lassen, b) *e-r Sache* den Reiz nehmen; **im'pov·er·ish·ment** [-mənt] *s. a. fig.* Verarmung *f*; Auslaugung *f*.

im·prac·ti·ca·bil·i·ty [ɪmˌpræktɪkə'bɪlətɪ] *s.* **1.** 'Undurchˌführbarkeit *f*, Unmöglichkeit *f*; **2.** Unbrauchbarkeit *f*; **3.** Unpassierbarkeit *f* (*e-r Straße etc.*); **im·prac·ti·ca·ble** [ɪm'præktɪkəbl] *adj.* □ **1.** 'undurchˌführbar, unmöglich; **2.** unbrauchbar; **3.** unpassierbar, unbefahrbar (*Straße*); **4.** unlenksam, störrisch (*Person*).

im·prac·ti·cal [ɪm'præktɪkl] *adj.* **1.** unpraktisch; **2.** (rein) theo'retisch, sinnlos; **3.** → ***impracticable***.

im·pre·cate ['ɪmprɪkeɪt] *v/t. Schlimmes* her'abwünschen (***on***, ***upon*** auf *acc.*): ***~ curses on s.o.*** j-n verfluchen; **im·pre·ca·tion** [ˌɪmprɪ'keɪʃn] *s.* Verwünschung *f*, Fluch *m*; **'im·pre·ca·to·ry** [-tərɪ] *adj.* Verwünschungs...

im·preg·na·bil·i·ty [ɪmˌpregnə'bɪlətɪ] *s.* 'Unüberˌwindlichkeit *f etc.* (→ ***impregnable***); **im·preg·na·ble** [ɪm'pregnəbl] *adj.* □ **1.** 'unüberˌwindlich, unbezwinglich, uneinnehmbar (*Festung*); **2.** unerschütterlich (***to*** gegenüber); **im·preg·nate I** *v/t.* ['ɪmpregneɪt] **1.** *biol.* a) schwängern (*a. fig.*), b) befruchten (*a. fig.*); **2.** sättigen, durch'dringen; ⚙ tränken, imprägnieren; **3.** *fig. et. od. j-n* durch'dringen, erfüllen; **4.** *paint.* grundieren; **II** *adj.* [ɪm'pregnɪt] **5.** *biol.* a) geschwängert, schwanger, b) befruchtet; **6.** *fig.* (***with***) voll (von), durch'drungen (von); **im·preg·na·tion** [ˌɪmpreg'neɪʃn] *s.* **1.** *biol.* a) Schwängerung *f*, b) Befruchtung *f*; **2.** Imprägnierung *f*, (Durch)'Tränkung *f*, Sättigung *f*; **3.** *fig.* Befruchtung *f*, Durch'dringung *f*, Erfüllung *f*.

im·pre·sa·ri·o [ˌɪmprɪ'sɑːrɪəʊ] *pl.* **-os** *s.* **1.** Impre'sario *m*; **2.** (The'ater- *etc.*)Diˌrektor *m*.

im·pre·scrip·ti·ble [ˌɪmprɪ'skrɪptəbl] *adj.* ⚖ a) unverjährbar, b) *a. fig.* unveräußerlich: *~ rights*.

im·press¹ **I** *v/t.* [ɪm'pres] **1.** beeindrucken, Eindruck machen auf (*acc.*), imponieren (*dat.*): ***be favo(u)rably ~ed by*** e-n guten Eindruck erhalten *od.* haben von; ***I am not ~ed*** das imponiert mir gar nicht; ***he is not easily ~ed*** er lässt sich nicht so leicht beeindrucken; **2.** *j-n* erfüllen, durch'dringen (***with*** mit); **3.** einprägen, -schärfen, klarmachen (***on***, ***upon*** *dat.*); **4.** (auf)drücken (***on*** auf *acc.*), eindrücken; **5.** aufprägen, -drucken; **6.** *fig.* verleihen, erteilen (***upon*** *dat.*); **II** *v/i.* **7.** Eindruck machen, imponieren; **III** *s.* ['ɪmpres] **8.** Prägung *f*; **9.** Abdruck *m*, Stempel *m*; **10.** *fig.* Gepräge *n*.

im·press² [ɪm'pres] *v/t.* **1.** requirieren, beschlagnahmen; **2.** *bsd.* ⚓ (zum Dienst) pressen.

im·press·i·ble [ɪm'presəbl] → ***impressionable***.

im·pres·sion [ɪm'preʃn] *s.* **1.** Eindruck *m*: ***make a (good) ~ (on s.o.)*** (auf j-n) (e-n guten) Eindruck machen; ***give s.o. a wrong ~*** bei j-m e-n falschen Eindruck erwecken; ***leave s.o. with an ~*** bei j-m e-n Eindruck hinterlassen; ***first ~s are often wrong*** der erste Eindruck täuscht oft; **2.** Eindruck *m*, Vermutung *f*, Ahnung *f*: ***I have an ~*** (*od.* ***I am under the ~***) ***that*** ich habe den Eindruck, dass; **3.** Abdruck *m* (*a.* ⚕), Prägung *f*; **4.** Ab-, Aufdruck *m*; **5.** *typ.* a) Abzug *m*, b) (*bsd.* unveränderte) Auflage (*Buch*): ***new ~*** Neudruck *m*, -auflage *f*; **6.** *fig.* Nachahmung *f*: ***do*** (*od.* ***give***) ***an ~ of s.o.*** j-n imitieren; **im'pres·sion·a·ble** [-ʃnəbl] **1.** für Eindrücke empfänglich; **2.** leicht zu beeindrucken(d), beeinflussbar, empfänglich; **im'pres·sion·ism** [-ʃnɪzəm] *s.* Impressio'nismus *m*; **im'pres·sion·ist** [-ʃnɪst] **I** *s.* Impressio'nist(in); **II** *adj.* → **im·pres·sion·is·tic** [ɪmˌpreʃə'nɪstɪk] *adj.* (□ ***~ally***) impressio'nistisch.

im·pres·sive [ɪm'presɪv] *adj.* □ eindrucksvoll, impo'sant; **im'pres·sive·ness** [-nɪs] *s.* *das* Eindrucksvolle *etc.*

im·pri·ma·tur [ˌɪmprɪ'meɪtə] *s.* **1.** Impri'matur *n*, Druckerlaubnis *f*; **2.** *fig.* Zustimmung *f*, Billigung *f*.

im·print **I** *s.* ['ɪmprɪnt] **1.** Ab-, Aufdruck *m*; **2.** Aufdruck *m*, Stempel *m*; **3.** *typ.* Im'pressum *n*, Erscheinungs-, Druckvermerk *m*; **4.** *fig.* Stempel *m*, Gepräge *n*; *psych.* Prägung *f*; **II** *v/t.* [ɪm'prɪnt] (**[up]on**) **5.** *typ.* aufdrucken (auf *acc.*); **6.** prägen (auf *acc.*); **7.** *fig.* einprägen (*dat.*); **8.** *Kuss* (auf)drücken (auf *acc.*).

im·pris·on [ɪm'prɪzn] *v/t.* **1.** ins Gefängnis werfen, einsperren, inhaftieren; **2.** *fig.* a) einsperren, -schließen, gefangenhalten, b) beschränken; **im'pris·on·ment** [-mənt] *s.* **1.** Einkerkerung *f*, Haft *f*, Gefangenschaft *f* (*a. fig.*); **2.** (***sentence of***) ~ ⚖ Freiheitsstrafe *f*; → ***false*** I.

im·prob·a·bil·i·ty [ɪmˌprɒbə'bɪlətɪ] *s.* Unwahrscheinlichkeit *f*; **im·prob·a·ble** [ɪm'prɒbəbl] *adj.* □ **1.** unwahrscheinlich; **2.** unglaubwürdig.

im·pro·bi·ty [ɪm'prəʊbətɪ] *s.* Unredlichkeit *f*, Unehrlichkeit *f*.

im·promp·tu [ɪm'prɒmptjuː] **I** *s.* Impromp'tu *n* (*a.* ♪), Improvisati'on *f*; **II** *adj. u. adv.* improvisiert, aus dem Stegreif, Stegreif...

im·prop·er [ɪm'prɒpə] *adj.* □ **1.** ungeeignet, unpassend, untauglich (***to*** für); **2.** unschicklich, ungehörig (*Benehmen*); **3.** a) unrichtig, falsch, b) unsachgemäß, c) unvorschriftsmäßig, d) 'missbräuchlich: ***~ use*** Missbrauch *m*; **4.** 𝔄 unecht: ***~ fraction***; ***~ integral*** uneigentliches Integral; **im·pro·pri·e·ty** [ˌɪmprə'praɪətɪ] *s.* **1.** Ungeeignetheit *f*, Untauglichkeit *f*; **2.** Unschicklichkeit *f*, Ungehörigkeit *f*; **3.** Unrichtigkeit *f*, *a. ling.* falscher Gebrauch.

im·prov·a·ble [ɪm'pruːvəbl] *adj.* **1.** verbesserungsfähig; **2.** ✓ anbaufähig, kultivierbar; **im·prove** [ɪm'pruːv] **I** *v/t.* **1.** *allg.*, *a.* ⚙ verbessern; **2.** verfeinern; **3.** verschönern; **4.** *Wert etc.* erhöhen, steigern; **5.** vor'anbringen, ausbauen; **6.** *Kenntnisse* erweitern: ***~ one's mind*** sich weiterbilden; **7.** *Gehalt* aufbessern; **8.** *Am. Land* a) erschließen, im Wert steigern, b) kultivieren, meliorieren; **9.** ausnützen; → ***occasion*** 3; **II** *v/i.* **10.** sich (ver)bessern, besser werden, Fortschritte machen, sich erholen (*gesundheitlich od.* ✝ *Preise*): ***~ in strength*** kräftiger werden; ***~ on acquaintance*** bei näherer Bekanntschaft gewinnen; ***the patient is improving*** dem Patienten geht es besser; **11.** ***~ on*** *od.* ***upon*** a) verbessern, b) über'treffen: ***not to be ~d upon*** nicht zu übertreffen(d); **im'prove·ment** [-mənt] *s.* **1.** (Ver-) Besserung *f*, Ver'vollkommnung *f*, Verschönerung *f*: ***~ in health*** Besserung der Gesundheit; ***~ of one's mind*** (Weiter)Bildung *f*; ***~ of one's knowledge*** Erweiterung *f* des Wissens; **2.** Verfeinerung *f*, Veredelung *f*: ***~ industry*** Veredelungsindustrie *f*; **3.** Erhöhung *f*, Steigerung *f*, ✝ *a.* Erholung *f*, Steigen *n*; **4.** Meliorati'on *f*: a) ✓ Bodenverbesserung *f*, b) Erschließung *f*, c) *Am.* Wertverbesserung *f* (*Grundstück etc.*); **5.** Verbesserung *f* (*a. Patent*), Fortschritt(e *pl.*) *m*, Neuerung *f*, Gewinn *m*: ***an ~ on*** *od.* ***upon*** e-e Verbesserung gegenüber; **im'prov·er** [-və] *s.* **1.** Verbesserer *m*; **2.** ⚙ Verbesserungsmittel *n*; **3.** ✝ Volon'tär *m*.

im·prov·i·dence [ɪm'prɒvɪdəns] *s.* **1.** Unbedachtsamkeit *f*; **2.** Unvorsichtigkeit *f*, Leichtsinn *m*; **im'prov·i·dent** [-nt] *adj.* ☐ **1.** unbedacht; **2.** unvorsichtig, leichtsinnig (***of*** mit).

im·prov·ing [ɪm'pru:vɪŋ] *adj.* ☐ **1.** (sich) bessernd; **2.** förderlich.

im·pro·vi·sa·tion [ˌɪmprəvaɪ'zeɪʃn] *s.* Improvisati'on *f* (*a.* ♪): a) unvorbereitete Veranstaltung, 'Stegreifrede *f*, -kompositiˌon *f etc.*, b) Behelfsmaßnahme *f*, c) behelfsmäßige Vorrichtung; **im·prov·i·sa·tor** [ɪm'prɒvɪzeɪtə] *s.* Improvi'sator *m*; **im·pro·vise** ['ɪmprəvaɪz] *v/t. u. v/i. allg.* improvisieren: a) aus dem Stegreif *od.* unvorbereitet tun, b) rasch *od.* behelfsmäßig herstellen, aus dem Boden stampfen; **im·pro·vised** ['ɪmprəvaɪzd] *adj.* improvisiert: a) unvorbereitet, Stegreif..., b) behelfsmäßig; **im·pro·vis·er** ['ɪmprəvaɪzə] *s.* Improvi'sator *m*.

im·pru·dence [ɪm'pru:dəns] *s.* Unklugheit *f*, Unvorsichtigkeit *f*; **im'pru·dent** [-nt] *adj.* ☐ unklug.

im·pu·dence ['ɪmpjʊdəns] *s.* Unverschämtheit *f*, Frechheit *f*; **'im·pu·dent** [-nt] *adj.* ☐ unverschämt.

im·pugn [ɪm'pju:n] *v/t.* bestreiten, anfechten, angreifen; **im'pugn·a·ble** [-nəbl] *adj.* bestreit-, anfechtbar; **im'pugn·ment** [-mənt] *s.* Anfechtung *f*, Einwand *m*.

im·pulse ['ɪmpʌls] *s.* **1.** Antrieb *m*, Stoß *m*, Triebkraft *f*; **2.** *fig.* Im'puls *m*: a) Anstoß *m*, Anreiz *m*, b) Anregung *f*, c) plötzliche Regung *od.* Eingebung: ***act on*** ~ spontan *od.* impulsiv handeln; ***on the*** ~ ***of the moment*** e-r plötzlichen Regung folgend; ~ ***buying*** ✝ Impulskauf *m*; ~ ***goods*** ✝ Waren, die impulsiv gekauft werden; **3.** ⚕, ✱, ϟ, *phys.* Im'puls *m*: ~ ***relay*** ϟ Stromstoßrelais *n*.

im·pul·sion [ɪm'pʌlʃn] *s.* **1.** Stoß *m*, Antrieb *m*; Triebkraft *f*; **2.** *fig.* Im'puls *m*, Antrieb *m*; **im'pul·sive** [-lsɪv] *adj.* ☐ **1.** (an)treibend, Trieb...; **2.** *fig.* impul'siv, leidenschaftlich; **im'pul·sive·ness** [-lsɪvnɪs] *s.* impul'sive Art, Leidenschaftlichkeit *f*.

im·pu·ni·ty [ɪm'pju:nətɪ] *s.* Straflosigkeit *f*: ***with*** ~ straflos, ungestraft.

im·pure [ɪm'pjʊə] *adj.* ☐ **1.** unrein: a) schmutzig, unsauber, b) verfälscht, mit Beimischungen, c) *fig.* gemischt, nicht einheitlich (*Stil*), d) *fig.* fehlerhaft; **2.** *fig.* unrein (*a. eccl.*), schmutzig, unanständig; **im·pu·ri·ty** [ɪm'pjʊərətɪ] *s.* **1.** Unreinheit *f*, Unsauberkeit *f*; **2.** Unanständigkeit *f*; **3.** ⚙ Verunreinigung *f*, Schmutz(teilchen *n*) *m*, Fremdkörper *m*.

im·put·a·ble [ɪm'pju:təbl] *adj.* zuzuschreiben(d), beizumessen(d) (***to*** *dat.*); **im·pu·ta·tion** [ˌɪmpju:'teɪʃn] *s.* **1.** Zuschreibung *f*, Unter'stellung *f*; **2.** Be-, Anschuldigung *f*, Bezichtigung *f*; **3.** Makel *m*, (Schand)Fleck *m*; **im'put·a·tive** [-ətɪv] *adj.* ☐ **1.** zuschreibend; **2.** beschuldigend; **3.** unter'stellt; **impute** [ɪm'pju:t] *v/t.* (***to***) zuschreiben, zur Last legen, anlasten (*dat.*).

in [ɪn] **I** *prp.* **1.** *räumlich*: a) *auf die Frage wo?* in (*dat.*), an (*dat.*), auf (*dat.*): ~ ***London*** in London; ~ ***here*** hier drin(-nen); ~ ***the*** (*od.* ***one's***) ***head*** im Kopf; ~ ***the dark*** im Dunkeln; ~ ***the sky*** am Himmel; ~ ***the street*** auf der Straße; ~ ***the country*** (***field***) auf dem Land (Feld), b) *auf die Frage wohin?* in (*acc.*): ***put it*** ~ ***your pocket!*** steck(e) es in deine Tasche!; **2.** *zeitlich*: in (*dat.*), an (*dat.*), unter (*dat.*), bei, während, zu: ~ ***May*** im Mai; ~ ***the evening*** am Abend; ~ ***the beginning*** am *od.* im Anfang; ~ ***a week***(***'s time***) in *od.* binnen einer Woche; ~ ***1960*** (im Jahre) 1960; ~ ***his sleep*** während er schlief, im Schlaf; ~ ***life*** zu Lebzeiten; ***not*** ~ ***years*** seit Jahren nicht (mehr); ~ ***between meals*** zwischen den Mahlzeiten; **3.** *Zustand, Beschaffenheit, Art u. Weise*: in (*dat.*), auf (*acc.*), mit: ~ ***a rage*** in Wut; ~ ***trouble*** in Not; ~ ***tears*** in Tränen (aufgelöst), unter Tränen; ~ ***good health*** bei guter Gesundheit; ~ (***the***) ***rain*** im *od.* bei Regen; ~ ***German*** auf Deutsch; ~ ***a loud voice*** mit lauter Stimme; ~ ***order*** der Reihe nach; ~ ***a whisper*** flüsternd; ~ ***a word*** mit 'einem Wort; ~ ***this way*** in dieser *od.* auf diese Weise; **4.** *im Besitz, in der Macht*: in (*dat.*), bei, an (*dat.*): ***it is not*** ~ ***him*** es liegt ihm nicht; ***he has*** (***not***) ***got it*** ~ ***him*** er hat (nicht) das Zeug dazu; **5.** *Zahl, Maß*: in (*dat.*), aus, von, zu: ~ ***twos*** zu zweien; ~ ***dozens*** zu Dutzenden, dutzendweise; ***one*** ~ ***ten*** eine(r) *od.* ein(e)s von *od.* unter zehn, jede(r) *od.* jedes Zehnte; **6.** *Beteiligung*: in (*dat.*), an (*dat.*), bei: ~ ***the army*** beim Militär; ~ ***society*** in der Gesellschaft; ***shares*** ~ ***a company*** Aktien e-r Gesellschaft; ~ ***the university*** an der Universität; ***be*** ~ ***it*** beteiligt sein; ***he isn't*** ~ ***it*** er gehört nicht dazu; ***there is something*** (***nothing***) ~ ***it*** a) es ist et. (nichts) d(a)ran, b) es lohnt sich (nicht); ***he is*** ~ ***there too*** er ist auch mit dabei, er ‚mischt auch mit'; **7.** *Richtung*: in (*acc.*), auf (*acc.*): ***trust*** ~ ***s.o.*** auf j-n vertrauen; **8.** *Zweck*: in (*dat.*), zu, als: ~ ***my defence*** zu m-r Verteidigung; ~ ***reply to*** in Beantwortung (*gen.*), als Antwort auf (*acc.*); **9.** *Grund*: in (*dat.*), aus, wegen, zu: ~ ***despair*** in *od.* aus Verzweiflung; ~ ***his hono***(***u***)***r*** ihm zu

Ehren; **10.** *Tätigkeit*: in (*dat.*), bei, auf (*dat.*): *~* ***reading*** beim Lesen; *~* ***saying this*** indem ich dies sage; *~* ***search of*** auf der Suche nach; **11.** *Material, Kleidung*: in (*dat.*), mit, aus, durch: *~* ***bronze*** aus Bronze; ***written ~ pencil*** mit Bleistift geschrieben; **12.** *Hinsicht, Beziehung*: in (*dat.*), an (*dat.*), in Bezug auf (*acc.*): *~* ***size*** an Größe; ***a foot ~ length*** einen Fuß lang; *~* ***that*** weil, insofern als; **13.** *Bücher etc.*: in (*dat.*), bei: *~* ***Shakespeare*** bei Shakespeare; **14.** nach, gemäß: *~* ***my opinion*** m-r Meinung nach; **II** *adv.* **15.** innen, drinnen: *~* ***among*** mitten unter; *~* ***between*** dazwischen, zwischendurch; ***be ~ for s.th.*** et. zu erwarten *od.* gewärtigen haben; ***he is ~ for a shock*** er wird nicht schlecht erschrecken; ***I am ~ for an examination*** mir steht e-e Prüfung bevor; ***now you're ~ for it*** jetzt bist du ‚dran', jetzt kannst du dich auf et. gefasst machen; ***have it ~ for s.o.*** es auf j-n abgesehen haben, j-n auf dem ‚Kieker' haben; ***be well ~ with s.o.*** mit j-m gut stehen; ***breed ~ and ~*** Inzucht treiben; ***~-and-~ breeding*** Inzucht *f*; *~* ***and out*** a) bald drinnen, bald draußen, b) hin u. her; **16.** hin'ein, her'ein, nach innen: ***walk ~*** hineingehen; ***come ~!*** herein!; ***the way ~*** der Eingang; *~* ***with you!*** hinein mir dir!; **17.** da'zu, als Zugabe: ***throw ~*** zusätzlich geben; **III** *adj.* **18.** zu Hause, *östr.*, *schweiz.* zu'hause; im Zimmer: ***Mr. B. is not ~*** Herr B. ist nicht zu Hause; **19.** da, angekommen: ***the post is ~***; ***the harvest is ~*** die Ernte ist eingebracht; **20.** a) drin, b) F ‚in', in Mode, c) *sport* am Spiel, ‚dran', d) *pol.* an der Macht, im Amt, am Ruder: *~* ***party*** *pol.* Regierungspartei *f*; ***an ~ restaurant*** ein Restaurant, das gerade ‚in' ist; ***the ~ thing is to wear a wig*** es ist ‚in' *od.* gerade Mode, e-e Perücke zu tragen; *~* ***side*** *Kricket*: Schlägerpartei *f*; ***be ~ on it*** F eingeweiht sein; **IV** *s.* **21.** *pl.* Re'gierungspar,tei *f*; **22.** ***know the ~s and outs of s.th.*** genau Bescheid wissen bei e-r Sache.

in-[1] [ɪn] *in Zssgn* in..., innen, hinein..., Hin..., ein...

in-[2] [ɪn] *in Zssgn* un..., Un..., nicht.

in·a·bil·i·ty [ɪnə'bɪlətɪ] *s.* Unfähigkeit *f*: *~* ***to pay*** ✝ Zahlungsunfähigkeit, Insolvenz *f*.

in·ac·ces·si·bil·i·ty ['ɪnæk,sesə'bɪlətɪ] *s.* Unzugänglichkeit *f etc.*; **in·ac·ces·si·ble** [,ɪnæk'sesəbl] *adj.* □ unzugänglich: a) unerreichbar, b) un'nahbar (***to*** für *od. dat.*) (*Person*).

in·ac·cu·ra·cy [ɪn'ækjʊrəsɪ] *s.* **1.** Ungenauigkeit *f*; **2.** Fehler *m*, Irrtum *m*; **in'ac·cu·rate** [-rət] *adj.* □ **1.** ungenau; **2.** irrig, falsch.

in·ac·tion [ɪn'ækʃn] *s.* **1.** Untätigkeit *f*, Passivi'tät *f*; **2.** Trägheit *f*; **3.** Ruhe *f*; **in'ac·tive** [-ktɪv] *adj.* □ **1.** untätig; **2.** träge (*a. phys.*), müßig; **3.** ✝ flau, lustlos: *~* ***market***; *~* ***account*** umsatzloses Konto; *~* ***capital*** brachliegendes Kapital; **4.** ⚗ unwirksam, neu'tral; **5.** ⚔ nicht ak'tiv, außer Dienst; **in·ac·tiv·i·ty** [,ɪnæk'tɪvətɪ] *s.* **1.** Untätigkeit *f*; **2.** Trägheit *f* (*a. phys.*); **3.** ✝ Unbelebtheit *f*, Lustlosigkeit *f*; **4.** ⚗ Unwirksamkeit *f*.

in·a·dapt·a·bil·i·ty ['ɪnə,dæptə'bɪlətɪ] *s.* **1.** Mangel *m* an Anpassungsfähigkeit; **2.** Unanwendbarkeit *f* (***to*** auf *acc.*, für); **in·a·dapt·a·ble** [,ɪnə'dæptəbl] *adj.* **1.** nicht anpassungsfähig; **2.** (***to***) unanwendbar (auf *acc.*), untauglich (für).

in·ad·e·qua·cy [ɪn'ædɪkwəsɪ] *s.* Unzulänglichkeit *f etc.*; **in'ad·e·quate** [-kwət] *adj.* □ unzulänglich, mangelhaft; unangemessen.

in·ad·mis·si·bil·i·ty ['ɪnəd,mɪsə'bɪlətɪ] *s.* Unzulässigkeit *f*; **in·ad·mis·si·ble** [,ɪnəd'mɪsəbl] *adj.* □ unzulässig, nicht statthaft.

in·ad·vert·ence [,ɪnəd'vɜːtəns], **,in·ad'vert·en·cy** [-sɪ] *s.* **1.** Unachtsamkeit *f*; **2.** Unabsichtlichkeit *f*, Versehen *n*; **,in·ad'vert·ent** [-nt] *adj.* □ **1.** unachtsam; nachlässig; **2.** unabsichtlich, versehentlich.

in·ad·vis·a·bil·i·ty ['ɪnəd,vaɪzə'bɪlətɪ] *s.* Unratsamkeit *f*; **in·ad·vis·a·ble** [,ɪnəd'vaɪzəbl] *adj.* nicht ratsam.

in·al·ien·a·ble [ɪn'eɪljənəbl] *adj.* □ unveräußerlich: *~* ***rights***.

in·al·ter·a·ble [ɪn'ɔːltərəbl] *adj.* □ unveränderlich, unabänderlich.

in·am·o·ra·ta [ɪn,æmə'rɑːtə] *s.* Geliebte *f*; **in,am·o'ra·to** [-təʊ] *pl.* **-tos** *s.* Geliebte(r) *m*.

,in|-and-'in → ***in*** 15; **,~-and-'out** *adj.* wechselhaft, schwankend.

in·ane [ɪ'neɪn] *adj.* □ hohl, geistlos, albern.

in·an·i·mate [ɪn'ænɪmət] *adj.* □ **1.** leblos, unbelebt; **2.** unbeseelt; **3.** *fig.* langweilig, fad(e); **4.** ✝ flau, matt; **in·an·i·ma·tion** [ɪn,ænɪ'meɪʃn] *s.* Leblosigkeit *f*, Unbelebtheit *f*.

in·a·ni·tion [,ɪnə'nɪʃn] *s.* **1.** ⚕ Entkräftung *f*; **2.** (mo'ralische) Schwäche, Leere *f*.

in·an·i·ty [ɪ'nænətɪ] *s.* Geistlosigkeit *f*, Albernheit *f*: a) geistige Leere, Hohl-, Seichtheit *f*, b) dumme Bemerkung, *pl.* dummes Geschwätz.

in·ap·pli·ca·bil·i·ty ['ɪn,æplɪkə'bɪlətɪ] *s.* Unanwendbarkeit *f*; **in·ap·pli·ca·ble** [ɪn'æplɪkəbl] *adj.* □ (***to***) unanwendbar, nicht anwendbar *od.* zutreffend (auf *acc.*); ungeeignet (für).

in·ap·po·site [ɪn'æpəzɪt] *adj.* □ unangebracht, unpassend.

in·ap·pre·ci·a·ble [ˌɪnəˈpriːʃəbl] *adj.* □ unmerklich, unbedeutend.

in·ap·pro·pri·ate [ˌɪnəˈprəʊprɪət] *adj.* □ **1.** unpassend: a) ungeeignet (**to**, **for** für), b) unangebracht, ungehörig; **2.** unangemessen (**to** *dat.*); **ˌin·apˈpro·pri·ate·ness** [-nɪs] *s.* **1.** Ungeeignetheit *f*; **2.** Ungehörigkeit *f*; **3.** Unangemessenheit *f*.

in·apt [ɪnˈæpt] *adj.* □ **1.** unpassend, ungeeignet; **2.** ungeschickt, untauglich; **3.** unfähig; **inˈapt·i·tude** [-tɪtjuːd], **inˈapt·ness** [-nɪs] *s.* **1.** Ungeeignetheit *f*; **2.** Ungeschicklichkeit *f*, Untauglichkeit *f*; **3.** Unfähigkeit *f*.

in·ar·tic·u·late [ˌɪnɑːˈtɪkjʊlət] *adj.* □ **1.** unartikuliert, undeutlich, unklar, schwer zu verstehen(d), unverständlich; **2.** undeutlich sprechend; **3.** unfähig, sich (deutlich) auszudrücken, wenig wortgewandt: ***he is ~*** a) er kann sich nicht ausdrücken, b) er ‚kriegt den Mund nicht auf'; ***~ with rage*** sprachlos vor Wut; **4.** *zo.* ungegliedert.

in·ar·tis·tic [ˌɪnɑːˈtɪstɪk] *adj.* (□ ***~ally***) unkünstlerisch.

in·as·much [ˌɪnəzˈmʌtʃ] *cj.*: ***~ as*** **1.** da (ja), weil; **2.** *obs.* inˈsofern als.

in·at·ten·tion [ˌɪnəˈtenʃn] *s.* **1.** Unaufmerksamkeit *f*, Unachtsamkeit *f* (**to** gegenüber); **2.** Gleichgültigkeit *f* (**to** gegen); **ˌin·atˈten·tive** [-ntɪv] *adj.* □ **1.** unaufmerksam (**to** gegenüber); **2.** gleichgültig (**to** gegen), nachlässig.

in·au·di·bil·i·ty [ɪnˌɔːdəˈbɪlətɪ] *s.* Unhörbarkeit *f*; **in·au·di·ble** [ɪnˈɔːdəbl] *adj.* □ unhörbar.

in·au·gu·ral [ɪˈnɔːgjʊrəl] **I** *adj.* Einführungs..., Einweihungs..., Antritts..., Eröffnungs...: ***~ speech*** → **II** *s.* Eröffnungs- *od.* Antrittsrede *f*; **in·au·gu·rate** [ɪˈnɔːgjʊreɪt] *v/t.* **1.** (feierlich) einführen *od.* einsetzen; **2.** einweihen, eröffnen; **3.** beginnen, einleiten: ***~ a new era***; **in·au·gu·ra·tion** [ɪˌnɔːgjʊˈreɪʃn] *s.* **1.** (feierliche) Amtseinsetzung, -einführung *f*: ***2 Day*** *Am.* Tag *m* des Amtsantritts des Präsidenten; **2.** Einweihung *f*, Eröffnung *f*; **3.** Beginn *m*.

in·aus·pi·cious [ˌɪnɔːˈspɪʃəs] *adj.* □ **1.** ungünstig, unheilvoll, -drohend; **2.** unglücklich; **ˌin·ausˈpi·cious·ness** [-nɪs] *s.* üble Vorbedeutung, Ungünstigkeit *f*.

ˌin-beˈtween **I** *s.* **1.** Mittel-, Zwischending; **2.** a) Mittelsmann *m*, b) ✝ Zwischenhändler *m*; **II** *adj.* **3.** Zwischen...

in·board [ˈɪnbɔːd] ⚓ **I** *adj.* Innenbord...: ***~ engine*** → III; **II** *adv.* (b)innenbords; **III** *s.* Innenbordmotor *m*.

in·born [ˌɪnˈbɔːn] *adj.* angeboren.

in·bred [ˌɪnˈbred] *adj.* **1.** angeboren, ererbt; **2.** durch Inzucht erzeugt, Inzucht...

in·breed [ˌɪnˈbriːd] *v/t.* [*irr.* → ***breed***] durch Inzucht züchten; **ˈinˌbreed·ing** [-dɪŋ] *s.* Inzucht *f*.

in·cal·cu·la·bil·i·ty [ɪnˌkælkjʊləˈbɪlətɪ] *s.* Unberechenbarkeit *f*; **in·cal·cu·la·ble** [ɪnˈkælkjʊləbl] *adj.* □ **1.** unberechenbar (*a. fig. Person etc.*); **2.** unermesslich.

in·can·des·cence [ˌɪnkænˈdesns] *s.* **1.** Weißglühen *n*, -glut *f*; **2.** Erglühen *n* (*a. fig.*); **ˌin·canˈdes·cent** [-nt] *adj.* **1.** weiß glühend; **2.** ⚙ Glüh...: ***~ bulb*** ⚡ Glühbirne *f*; ***~ burner*** *phys.* Glühlichtbrenner *m*; ***~ filament*** ⚡ Glühfaden *m*; ***~ lamp*** ⚡ Glühlampe *f*; ***~ light*** *phys.* Glühlicht *n*; **3.** *fig.* leuchtend, strahlend.

in·can·ta·tion [ˌɪnkænˈteɪʃn] *s.* **1.** Beschwörung *f*; **2.** Zauber(spruch) *m*, Zauberformel *f*.

in·ca·pa·bil·i·ty [ɪnˌkeɪpəˈbɪlətɪ] *s.* Unfähigkeit *f*, Unvermögen *n*; **in·ca·pa·ble** [ɪnˈkeɪpəbl] *adj.* □ **1.** unfähig: a) untüchtig, b) unbegabt; **2.** nicht fähig (**of** *gen.*, **of doing** zu tun), nicht imˈstande (**of doing** zu tun): ***~ of a crime*** e-s Verbrechens nicht fähig; ***~ of working*** arbeitsunfähig; **3.** (*physisch*) hilflos: ***drunk and ~*** volltrunken; **4.** ungeeignet (**of** für): ***~ of improvement*** nicht verbesserungsfähig; ***~ of solution*** unlösbar.

in·ca·pac·i·tate [ˌɪnkəˈpæsɪteɪt] *v/t.* **1.** unfähig *od.* untauglich machen (**for s.th.** für et., **from doing** zu tun); *Gegner* außer Gefecht setzen; hindern (**from doing** an *dat.*, zu tun); **2.** ⚖ für (geschäfts)unfähig erklären; **ˌin·caˈpac·i·tat·ed** [-tɪd] *adj.* **1.** erwerbs-, arbeitsunfähig; **2.** (körperlich *od.* geistig) behindert; **3.** (***legally***) ~ ⚖ geschäftsunfähig; **ˌin·caˈpac·i·ty** [-tɪ] *s.* **1.** Unfähigkeit *f*, Untauglichkeit *f* (**for** für, zu; **for doing** zu tun): ~ (***for work***) Arbeits-, Erwerbs-, Berufsunfähigkeit; **2.** *a.* ***legal ~*** ⚖ Geschäftsunfähigkeit *f*: ***~ to sue*** *Am.* mangelnde Prozessfähigkeit.

in·cap·su·late [ɪnˈkæpsjʊleɪt] → ***encapsulate***.

in·car·cer·ate [ɪnˈkɑːsəreɪt] *v/t.* **1.** einkerkern, einsperren (*a. fig.*); **2.** ⚕ *Bruch* einklemmen; **in·car·cer·a·tion** [ɪnˌkɑːsəˈreɪʃn] *s.* **1.** Einkerkerung *f*, Einsperrung *f* (*a. fig.*); **2.** ⚕ Einklemmung *f*.

in·car·nate **I** *v/t.* [ˈɪnkɑːneɪt] **1.** verkörpern; **2.** feste Form *od.* Gestalt geben (*dat.*); **II** *adj.* [ɪnˈkɑːneɪt] **3.** *eccl.* Fleisch geworden, in Menschengestalt; **4.** *fig.* leibˈhaftig: ***a devil ~*** ein Teufel in Menschengestalt; ***innocence ~*** die personifizierte Unschuld, die Unschuld in Person; **in·car·na·tion** [ˌɪnkɑːˈneɪʃn] *s.* Inkarnatiˈon *f*: a) *2 eccl.* Menschwerdung *f*, b) Inbegriff *m*, Verkörperung *f*.

in·case → ***encase***.

in·cau·tious [ɪn'kɔːʃəs] *adj.* □ unvorsichtig, unbedacht.

in·cen·di·a·rism [ɪn'sendjərɪzəm] *s.* **1.** Brandstiftung *f*; **2.** *fig.* Aufwiegelung *f*, Aufhetzung *f*; **in·cen·di·ar·y** [ɪn'sendjərɪ] **I** *adj.* **1.** Feuer..., Brand...: ~ ***bomb*** → 5 a; ~ ***bullet*** → 5 b; **2.** ⚖ Brandstiftungs...: ~ ***action*** Brandstiftung *f*; **3.** *fig.* aufwiegelnd, -hetzend: ~ ***speech*** Hetzrede *f*; **II** *s.* **4.** Brandstifter(in); **5.** ⚔ a) Brandbombe *f*, b) Brandgeschoss, *östr.* -geschoß *n*; **6.** *fig.* Unruhestifter *m*, Hetzer *m*.

in·cense[1] [ɪn'sens] *v/t.* erzürnen: ~***d*** zornig, aufgebracht.

in·cense[2] ['ɪnsens] **I** *s.* **1.** Weihrauch *m*: ~ ***burner*** *eccl.* Räucherfass *n*, -vase *f*; **2.** Duft *m*; **3.** *fig.* ‚Weihrauch' *m*, Lobhude'lei *f*; **II** *v/t.* **4.** (mit Weihrauch) beräuchern; **5.** durch'duften; **6.** *fig. j-n* beweihräuchern.

in·cen·so·ry ['ɪnsensərɪ] *s. eccl.* Weihrauchfass *n*.

in·cen·tive [ɪn'sentɪv] **I** *adj.* anspornend, antreibend, anreizend: ~ ***bonus*** (***pay***) ✝ Leistungsprämie *f* (-lohn *m*); **II** *s.* Ansporn *m*, (✝ Leistungs)Anreiz *m*: ***buying*** ~ Kaufanreiz.

in·cep·tion [ɪn'sepʃn] *s.* Beginn *m*, Anfang *m*; **in'cep·tive** [-ptɪv] *adj.* beginnend, anfangend, anfänglich, Anfangs...: ~ ***verb*** *ling.* inchoatives Verb.

in·cer·ti·tude [ɪn'sɜːtɪtjuːd] *s.* Ungewissheit *f*, Unsicherheit *f*.

in·ces·sant [ɪn'sesnt] *adj.* □ unaufhörlich, unablässig, ständig.

in·cest ['ɪnsest] *s.* Blutschande *f*, In'zest *m*; **in·ces·tu·ous** [ɪn'sestjʊəs] *adj.* □ blutschänderisch, inzestu'ös.

inch [ɪntʃ] **I** *s.* Zoll *m* (= *2,54 cm*), *fig. a.* Zenti'meter *m od.* Milli'meter *m*: ***every*** ~ ***a soldier*** jeder Zoll ein Soldat; ~ ***by*** ~, ***by*** ~***es*** Zentimeter um Zentimeter, zentimeterweise, langsam; ***not to yield an*** ~ nicht einen Zoll weichen *od.* nachgeben; ***he came within an*** ~ ***of winning*** er hätte um ein Haar gewonnen; ***I came within an*** ~ ***of being killed*** ich wurde um ein Haar getötet, ich bin dem Tod um Haaresbreite entgangen; ***thrashed within an*** ~ ***of his life*** fast zu Tode geprügelt; ***give him an*** ~ ***and he'll take a yard*** (*od.* ***ell***) gibt man ihm den kleinen Finger, so nimmt er die ganze Hand; **II** *adj.* ...zöllig: ***a two-***~ ***rope***; **III** *v/t.* langsam *od.* zenti'meterweise schieben *od.* manövrieren; **IV** *v/i.* sich ganz langsam *od.* zentimeterweise (vorwärts- *etc.*)schieben; **inched** [ɪntʃt] *adj. in Zssgn* ...zöllig.

in·cho·ate ['ɪnkəʊeɪt] *adj.* **1.** angefangen, anfangend, Anfangs...; **2.** 'unvoll,ständig, rudimen'tär; **'in·cho·a·tive** [-tɪv] **I** *adj.* **1.** → ***inchoate*** 1; **2.** *ling.* inchoa'tiv; **II** *s.* **3.** *ling.* inchoa'tives Verb.

in·ci·dence ['ɪnsɪdəns] *s.* **1.** Ein-, Auftreten *n*, Vorkommen *n*; **2.** Häufigkeit *f*, Verbreitung *f*: ~ ***of divorces*** Scheidungsquote *f*, -rate *f*; **3.** a) Auftreffen *n* (***upon*** auf *acc.*) (*a. phys.*), b) *phys.* Einfall(en *n*) *m* (*von Strahlen*); → ***angle***[1] 1; **4.** ✝ Anfall *m* (*e-r Steuer*): ~ ***of taxation*** Verteilung *f* der Steuerlast, Steuerbelastung *f*; **'in·ci·dent** [-nt] **I** *adj.* **1.** (***to***) a) vorkommend (bei *od.* in *dat.*), b) → ***incidental*** 4; **2.** *bsd. phys.* ein-, auffallend, auftreffend (*Strahlen etc.*); **II** *s.* **3.** Vorfall *m*, Ereignis *n*, Vorkommnis *n*, *a. pol.* Zwischenfall *m*: ***full of*** ~ ereignisreich; **4.** 'Neben,umstand *m*, -sache *f*; **5.** Epi'sode *f*, Zwischenhandlung *f* (*im Drama etc.*); **6.** ⚖ a) (Neben)Folge *f* (***of*** aus), b) 'Nebensache *f*, -,umstand *m*.

in·ci·den·tal [,ɪnsɪ'dentl] **I** *adj.* □ **1.** beiläufig, nebensächlich, Neben...: ~ ***earnings*** Nebenverdienst *m*; ~ ***expenses*** → 7; ~ ***music*** Begleit-, Bühnen-, Filmmusik *f*, musikalischer Hintergrund; **2.** gelegentlich; **3.** zufällig; **4.** (***to***) gehörig (zu), verbunden *od.* zs.-hängend (mit): ***be*** ~ ***to*** gehören zu, verbunden sein mit; ***the expenses*** ~ ***thereto*** die dabei entstehenden *od.* damit verbundenen Unkosten; **5.** folgend (***upon*** auf *acc.*), nachher auftretend: ~ ***images*** *psych.* Nachbilder; **II** *s.* **6.** 'Neben,umstand *m*, -sächlichkeit *f*; **7.** *pl.* ✝ Nebenausgaben *pl.*, -spesen *pl.*; **,in·ci'den·tal·ly** [-tlɪ] *adv.* **1.** beiläufig, neben'bei; **2.** zufällig; **3.** gelegentlich; **4.** neben'bei bemerkt, übrigens.

in·cin·er·ate [ɪn'sɪnəreɪt] *v/t.* verbrennen, *bsd. Leiche* einäschern; **in·cin·er·a·tion** [ɪn,sɪnə'reɪʃn] *s.* Verbrennung *f*, Einäscherung *f*; **in'cin·er·a·tor** [-tə] *s.* Verbrennungsofen *m*, -anlage *f*.

in·cip·i·ence [ɪn'sɪpɪəns], **in'cip·i·en·cy** [-sɪ] *s.* Anfang *m*; Anfangsstadium *n*; **in'cip·i·ent** [-nt] *adj.* □ beginnend, einleitend, Anfangs...; **in'cip·i·ent·ly** [-ntlɪ] *adv.* anfänglich, anfangs.

in·cise [ɪn'saɪz] *v/t.* **1.** einschneiden in (*acc.*), aufschneiden (*a.* ⚕): ~***d wound*** Schnittwunde *f*; **2.** einritzen, -schnitzen, -kerben, -gravieren; **in·ci·sion** [ɪn'sɪʒn] *s.* (Ein)Schnitt *m* (*a.* ⚕), Kerbe *f*; **in'ci·sive** [-aɪsɪv] *adj.* □ *fig.* **1.** scharf: a) 'durchdringend: ~ ***intellect***, b) beißend: ~ ***irony***, c) prä'gnant: ~ ***style***; **2.** *anat.* Schneide(zahn)...; **in'ci·sive·ness** [-aɪsɪvnɪs] *s. fig.* Schärfe *f*, Prä'gnanz *f*; **in'ci·sor** [-zə] *s. anat.* Schneidezahn *m*.

in·ci·ta·tion [,ɪnsaɪ'teɪʃn] *s.* **1.** Anregung *f*, Ansporn *m*, Antrieb *m*; **2.** → ***incitement*** 2; **in·cite** [ɪn'saɪt] *v/t.* **1.** anregen (*a.* ⚕), anspornen, anstacheln; **2.** aufhetzen, -wiegeln, ⚖ *a.* anstiften (**to** zu); **in·cite·ment** [ɪn'saɪtmənt] *s.* **1.** → ***incitation*** 1; **2.** Aufhetzung *f*, -wiegelung *f*, ⚖ *a.* Anstiftung *f* (***to commit a crime*** zu e-m Verbrechen).

in·ci·vil·i·ty [ˌɪnsɪ'vɪlətɪ] *s.* Unhöflichkeit *f*, Grobheit *f*.

in·ci·vism ['ɪnsɪvɪzəm] *s.* Mangel *m* an staatsbürgerlicher Gesinnung.

'in-ˌclear·ing *s.* ✝ *Brit.* Gesamtbetrag *m* der auf e-e Bank laufenden Schecks, Abrechnungsbetrag *m*.

in·clem·en·cy [ɪn'klemənsɪ] *s.* Rauheit *f*, Unfreundlichkeit *f*: ***~ of the weather*** *a.* Unbilden *pl.* der Witterung; **in'clem·ent** [-nt] *adj.* ☐ **1.** rau, unfreundlich, streng (*Klima etc.*); **2.** hart, grausam.

in·clin·a·ble [ɪn'klaɪnəbl] *adj.* **1.** (hin-)neigend, tendierend (**to** zu); **2.** ⚙ schräg stellbar.

in·cli·na·tion [ˌɪnklɪ'neɪʃn] *s.* **1.** *fig.* Neigung *f*, Vorliebe *f*, Hang *m* (**to**, **for** zu): ***~ to buy*** ✝ Kauflust *f*; ***~ to stoutness*** Neigung *od.* Anlage *f* zur Korpulenz; **2.** *fig.* Zuneigung *f* (**for** zu); **3.** ⩘, *phys.* a) Neigung *f*, Schrägstellung *f*, Senkung *f*, b) Abhang *m*, c) Neigungswinkel *m*, Gefälle *n*; **4.** *ast.*, *phys.* Inklinati'on *f*; **in·cline** [ɪn'klaɪn] **I** *v/i.* **1.** sich neigen (**to**, **towards** nach), (schräg) abfallen; **2.** sich neigen (*Tag*); **3.** *fig.* neigen (**to**, **toward** zu): ***~ to an opinion***; ***~ to do s.th.*** dazu neigen, et. zu tun; **4.** Anlage haben, neigen (**to** zu): ***~ to corpulence***; ***~ to red*** ins Rötliche spielen; **5.** *fig.* (**to**) sich hingezogen fühlen (zu), gewogen sein (*dat.*); **II** *v/t.***6.** *Kopf etc.* neigen: ***~ one's ear to s.o.*** *fig.* j-m sein Ohr leihen; **7.** *fig.* *j-n* bewegen, (dazu) veranlassen (**to** zu; ***to do*** zu tun): ***this ~s me to doubt*** dies lässt mich zweifeln; ***this ~s me to go*** im Hinblick darauf möchte ich lieber gehen; **III** *s.* **8.** Neigung *f*, Schräge *f*, Abhang *m*, Gefälle *n*; **in·clined** [ɪn'klaɪnd] *adj.* **1.** geneigt, aufgelegt (**to** zu): ***be ~*** dazu neigen, (dazu) aufgelegt sein (***to do*** zu tun); **2.** (dazu) neigend *od.* veranlagt (**to** zu); **3.** geneigt, gewogen, wohlgesinnt (**to** *dat.*); **4.** geneigt, schräg, schief, abschüssig: ***~ plane*** *phys.* schiefe Ebene; **in·cli·nom·e·ter** [ˌɪnklɪ'nɒmɪtə] *s.* **1.** Inklinati'onskompass *m*, -nadel *f*; **2.** ✈ Neigungsmesser *m*.

in·close [ɪn'kləʊz] → ***enclose***.

in·clude [ɪn'kluːd] *v/t.* **1.** (in sich *od.* mit) einschließen, um'fassen, enthalten, be'inhalten: ***all ~d*** alles inbegriffen *od.* inklusive; ***tax ~d*** einschließlich *od.* inklusive Steuer; **2.** einschließen, betreffen, gelten für: ***that ~s you, too!***; ***~ me out!*** *humor.* ohne mich!; **3.** einbeziehen, -schließen (**in** in *acc.*), rechnen (**among** unter *acc.*, zu); **4.** aufnehmen (**in** in *e-e Gruppe, Liste etc.*), erfassen; **5.** *j-n* (*in s-m Testament*) bedenken; **in'clud·ing** [-dɪŋ] *prp.* einschließlich (*gen.*), *bsd.* ✝ inklu'sive (*Verpackung etc.*), *Gebühren etc.* (mit) inbegriffen, mit: ***not ~*** ausschließlich (*gen.*), *bsd.* ✝ exklusive; ***up to and ~*** bis einschließlich; **in'clu·sion** [-uːʒn] *s.* **1.** Einbeziehung *f*, Einschluss *m* (*a. biol.*, *min. etc.*) (**in** in *acc.*): ***with the ~ of*** → ***including***; **2.** Aufnahme *f* (**in** in *acc.*); **in'clu·sive** [-uːsɪv] *adj.* ☐ **1.** einschließlich, inklu'sive (**of** *gen.*): ***be ~ of*** einschließen; (**to**) ***Friday ~*** (bis) einschließlich Freitag; **2.** alles einschließend *od.* enthaltend, ✝ Inklusiv..., Pauschal...: ***~ price***.

in·cog·ni·to [ɪn'kɒgnɪtəʊ] **I** *adv.* **1.** in'kognito, unter fremdem Namen: ***travel ~***; **2.** ano'nym: ***do good ~***; **II** *pl.* **-tos** *s.* **3.** In'kognito *n*; **4.** j-d, der in'kognito auftritt.

in·co·her·ence [ˌɪnkəʊ'hɪərəns] *s.* Zs.-hang(s)losigkeit *f*, Wirr-, Verwirrtheit *f*; **ˌin·co'her·ent** [-nt] *adj.* ☐ zs.-hanglos, wirr (*a. Person*).

in·com·bus·ti·ble [ˌɪnkəm'bʌstəbl] *adj.* ☐ unverbrennbar.

in·come ['ɪŋkʌm] *s.* ✝ Einkommen *n*, Einkünfte *pl.* (**from** aus): ***~ bond*** Schuldverschreibung *f* mit gewinnabhängiger Verzinsung *f*; ***~ bracket*** *od.* ***group*** Einkommensstufe *f*; ***~ return*** *Am.* Rendite *f*; ***~ statement*** *Am.* Gewinn- u. Verlustrechnung *f*; ***~ tax*** Einkommensteuer *f*; ***~ tax return*** Einkommensteuererklärung *f*; ***live within*** (***beyond***) ***one's ~*** s-n Verhältnissen entsprechend (über s-e Verhältnisse) leben.

in·com·er ['ɪnˌkʌmə] *s.* **1.** (Neu)Ankömmling *m*; **2.** ✝ (Rechts)Nachfolger(in).

in·com·ing ['ɪnˌkʌmɪŋ] **I** *adj.* **1.** her'einkommend: ***the ~ tide*** die Flut; **2.** ankommend (*Telefongespräch, Zug etc.*); **3.** nachfolgend, neu (*Regierung, Präsident, Mieter etc.*); **4.** ✝ eingehend (*Post etc.*): ***~ goods*** *od.* ***stocks*** Wareneingang *m*, -eingänge *pl.*; ***~ orders*** Auftragseingang *m*; **II** *s.* **5.** Ankommen *n*, Ankunft *f*, Eingang *m*; **6.** *pl.* ✝ Eingänge *pl.*, Einkünfte *pl.*

in·com·men·su·ra·ble [ˌɪnkə'menʃərəbl] **I** *adj.* ☐ **1.** ⩘ a) inkommensu'rabel, b) 'irratioˌnal; **2.** nicht vergleichbar; **3.** völlig unverhältnismäßig, in keinem Verhältnis stehend (**with** zu); **II** *s.* **4.** ⩘ inkommensu'rable Größe; **in·com·men·su·rate** [ˌɪnkə'menʃərət] *adj.* ☐ **1.** (**to**) unangemessen (*dat.*), unvereinbar (mit); **2.** → ***incommensurable*** I.

in·com·mode [ˌɪnkə'məʊd] *v/t.* *j-m* lästig fallen, *j-n* belästigen, stören; **ˌin·com'mo·di·ous** [-djəs] *adj.* ☐ unbequem: a) lästig (*to dat. od.* für), b) beengt.

in·com·mu·ni·ca·ble [ˌɪnkəˈmjuːnɪkəbl] *adj.* □ nicht mitteilbar, nicht auszudrücken(d); **in·com·mu·ni·ca·do** [ˌɪnkəmjuːnɪˈkɑːdəʊ] *adj.* vom Verkehr mit der Außenwelt abgeschnitten, ⚖ *a.* in Einzel- *od.* Isolierhaft; **ˌin·comˈmu·ni·ca·tive** [-ətɪv] *adj.* □ nicht mitteilsam, zu'rückhaltend, reserviert.

in·com·pa·ra·ble [ɪnˈkɒmpərəbl] *adj.* □ **1.** nicht zu vergleichen(d) (***with, to*** mit); **2.** unvergleichlich, einzigartig; **inˈcom·pa·ra·bly** [-blɪ] *adv.* unvergleichlich.

in·com·pat·i·bil·i·ty [ˈɪnkəmˌpætəˈbɪlətɪ] *s.* Unverträglichkeit *f* (*a.* ⚕): a) Unvereinbarkeit *f*, 'Widersprüchlichkeit *f*, b) (*charakterliche*) Gegensätzlichkeit; **in·com·pat·i·ble** [ˌɪnkəmˈpætəbl] *adj.* □ **1.** unver'einbar, 'widersprüchlich, einander wider'sprechend; **2.** unverträglich: a) nicht zs.-passend (*a. Personen*), b) ⚙, ⚕, *Computer:* inkompa'tibel (*Geräte, Medikamente etc.*).

in·com·pe·tence [ɪnˈkɒmpɪtəns], **inˈcom·pe·ten·cy** [-sɪ] *s.* **1.** Unfähigkeit *f*, Untüchtigkeit *f*; **2.** *bsd.* ⚖ a) Unzuständigkeit *f*, b) Unbefugtheit *f*, c) Unzulässigkeit *f* (*e-r Aussage etc.*), d) *Am.* Unzurechnungsfähigkeit *f*; **3.** Unzulänglichkeit *f*; **inˈcom·pe·tent** [-nt] *adj.* □ **1.** unfähig, untauglich, ungeeignet; **2.** ⚖ a) unbefugt, b) unzuständig, 'inkompeˌtent, c) *Am.* unzurechnungsfähig, geschäftsunfähig, d) unzulässig (*a. Beweis, Zeuge*); **3.** unzulänglich, mangelhaft.

in·com·plete [ˌɪnkəmˈpliːt] *adj.* □ **1.** 'unvollˌständig, 'unvollˌendet; **2.** 'unvollˌkommen, lücken-, mangelhaft.

in·com·pre·hen·si·bil·i·ty [ɪnˌkɒmprɪhensəˈbɪlətɪ] *s.* Unbegreiflichkeit *f*; **in·com·pre·hen·si·ble** [ɪnˌkɒmprɪˈhensəbl] *adj.* □ unbegreiflich.

in·con·ceiv·a·ble [ˌɪnkənˈsiːvəbl] *adj.* □ **1.** unbegreiflich, unfassbar; **2.** undenkbar, unvorstellbar.

in·con·clu·sive [ˌɪnkənˈkluːsɪv] *adj.* □ **1.** nicht über'zeugend *od.* schlüssig, ohne Beweiskraft; **2.** ergebnislos; **ˌin·conˈclu·sive·ness** [-nɪs] *s.* **1.** Mangel *m* an Beweiskraft; **2.** Ergebnislosigkeit *f*.

in·con·dite [ɪnˈkɒndaɪt] *adj.* schlecht gemacht, mangelhaft; roh, grob.

in·con·gru·i·ty [ˌɪnkɒŋˈgruːətɪ] *s.* **1.** Nichtüber'einstimmung *f*: a) 'Missverhältnis *n*, b) Unver'einbarkeit *f*; **2.** 'Widersinnigkeit *f*; **3.** Unangemessenheit *f*; **4.** ⩘ 'Inkongruˌenz *f*; **in·con·gru·ous** [ɪnˈkɒŋgrʊəs] *adj.* □ **1.** nicht zuein'ander passend, nicht über'einstimmend, unver'einbar (***to, with*** mit); **2.** 'widersinnig, ungereimt; **3.** unangemessen, ungehörig; **4.** ⩘ 'inkongruˌent, nicht deckungsgleich.

in·con·se·quence [ɪnˈkɒnsɪkwəns] *s.* **1.** 'Inkonseˌquenz *f*, Unlogik *f*, Folgewidrigkeit *f*; **2.** Belanglosigkeit *f*; **inˈcon·se·quent** [-nt] *adj.* □ **1.** 'inkonseˌquent, folgewidrig, unlogisch; **2.** nicht zur Sache gehörig, 'irreleˌvant; **3.** belanglos, unwichtig; **in·con·se·quen·tial** [ˌɪnkɒnsɪˈkwenʃl] → ***inconsequent***.

in·con·sid·er·a·ble [ˌɪnkənˈsɪdərəbl] *adj.* □ unbedeutend, unerheblich, belanglos, gering(fügig).

in·con·sid·er·ate [ˌɪnkənˈsɪdərət] *adj.* □ **1.** rücksichtslos, taktlos (***towards*** gegen); **2.** 'unüberˌlegt; **ˌin·conˈsid·er·ate·ness** [-nɪs] *s.* **1.** Rücksichtslosigkeit *f*; **2.** Unbesonnenheit *f*.

in·con·sist·en·cy [ˌɪnkənˈsɪstənsɪ] *s.* **1.** (innerer) 'Widerspruch, Unver'einbarkeit *f*; **2.** 'Inkonseˌquenz *f*, Folgewidrigkeit *f*; **3.** Unbeständigkeit *f*, Wankelmut *m*; **ˌin·conˈsist·ent** [-nt] *adj.* □ **1.** unver'einbar, (ein'ander) wider'sprechend, gegensätzlich; **2.** 'inkonseˌquent, folgewidrig, ungereimt; **3.** unbeständig, *Person: a.* 'inkonseˌquent.

in·con·sol·a·ble [ˌɪnkənˈsəʊləbl] *adj.* □ untröstlich.

in·con·spic·u·ous [ˌɪnkənˈspɪkjʊəs] *adj.* □ unauffällig: ***make o.s.*** ~ sich möglichst unauffällig verhalten.

in·con·stan·cy [ɪnˈkɒnstənsɪ] *s.* **1.** Unbeständigkeit *f*, Veränderlichkeit *f*; **2.** Wankelmut *m*, Treulosigkeit *f*; **3.** Ungleichförmigkeit *f*; **inˈcon·stant** [-nt] *adj.* □ **1.** unbeständig, unstet; **2.** wankelmütig; **3.** ungleichförmig.

in·con·test·a·ble [ˌɪnkənˈtestəbl] *adj.* □ **1.** unbestreitbar, unanfechtbar; **2.** 'unumˌstößlich, 'unwiderˌleglich.

in·con·ti·nence [ɪnˈkɒntɪnəns] *s.* **1.** (*bsd.* sexu'elle) Unmäßigkeit, Zügellosigkeit *f*, Unkeuschheit *f*; **2.** Nicht'haltenkönnen *n*, ⚕ *a.* 'Inkontiˌnenz *f*: ~ ***of speech*** Geschwätzigkeit *f*; ~ ***of urine*** ⚕ Harnfluss *m*; **inˈcon·ti·nent** [-nt] *adj.* □ **1.** ausschweifend, zügellos, unkeusch; **2.** unauf'hörlich; **3.** nicht im'stande, *et.* zu'rückzuhalten *od.* bei sich zu behalten (*a.* ⚕).

in·con·tro·vert·i·ble [ˌɪnkɒntrəˈvɜːtəbl] *adj.* □ unbestreitbar, unstrittig, unbestritten.

in·con·ven·ience [ˌɪnkənˈviːnjəns] **I** *s.* Unbequemlichkeit *f*, Lästigkeit *f*, Unannehmlichkeit *f*, Schwierigkeit *f*: ***put s.o. to great*** ~ j-m große Ungelegenheiten bereiten; **II** *v/t.* belästigen, stören, *j-m* lästig sein, *j-m* Unannehmlichkeiten bereiten; **ˌin·conˈven·ient** [-nt] *adj.* □ **1.** unbequem, lästig, störend, beschwerlich; **2.** *Zeit, Lage etc.*: ungünstig, ‚ungeschickt'.

in·con·vert·i·bil·i·ty [ˈɪnkənˌvɜːtəˈbɪlətɪ] *s.* **1.** Unverwandelbarkeit *f*, **2.** ✝ a) Nichtkonver'tierbarkeit *f*, Nicht'umwandelbarkeit *f* (*Guthaben*), b) Nicht'einlösbarkeit *f* (*Papiergeld*), c) Nicht'umsetzbarkeit *f* (*Waren*); **in·con·vert·i·ble** [ˌɪnkənˈvɜːtəbl] *adj.* □ **1.** unverwandelbar; **2.** ✝ a) nicht 'umwandelbar, nicht konvertierbar, b) nicht einlösbar, c) nicht 'umsetzbar.

in·cor·po·rate [ɪnˈkɔːpəreɪt] **I** *v/t.* **1.** vereinigen, verbinden, zs.-schließen; **2.** (*in*, *into*) einverleiben (*dat.*), *Staatsgebiet a.* eingliedern; einbauen, integrieren (in *acc.*); **3.** *Stadt* eingemeinden; **4.** (*in*, *into*) *als Mitglied* aufnehmen (in *acc.*); **5.** ⚖ als Körperschaft *od. Am.* als Aktiengesellschaft (amtlich) eintragen; 'Rechtsperˌsönlichkeit verleihen (*dat.*); gründen, inkorporieren lassen; **6.** aufnehmen, enthalten, einschließen; **7.** ⚙, ⚗ (ver)mischen; **II** *v/i.* **8.** sich verbinden *od.* vereinigen; **9.** ⚖ e-e Körperschaft *etc.* bilden; **10.** ⚙, ⚗ sich vermischen; **III** *adj.* [-pərət] **11.** → **in'cor·po·rat·ed** [-tɪd] *adj.* **1.** ✝, ⚖ a) (als Körperschaft) (amtlich) eingetragen, inkorporiert, b) *Am.* als Aktiengesellschaft eingetragen: **~ bank** *Am.* Aktienbank *f*; **~ company** *Brit.* rechtsfähige (Handels)Gesellschaft, *Am.* Aktiengesellschaft *f*; **2.** (*in*, *into*) a) eng verbunden, zs.-geschlossen (mit), b) einverleibt (*dat.*); **3.** eingemeindet; **in·cor·po·ra·tion** [ɪnˌkɔːpəˈreɪʃn] *s.* **1.** Vereinigung *f*, Verbindung *f*; **2.** Einverleibung *f*, Eingliederung *f*, Aufnahme *f* (*into* in *acc.*); **3.** Eingemeindung *f*; **4.** ⚖ a) Bildung *f od.* Gründung *f* e-r Körperschaft *od.* (*Am.*) e-r Aktiengesellschaft: ***articles of ~*** *Am.* Satzung *f* (*e-r AG*); ***certificate of ~*** Korporationsurkunde *f*, *Am.* Gründungsurkunde *f* (*e-r AG*), b) amtliche Eintragung; **in'cor·po·ra·tor** [-tə] *s. Am.* Gründungsmitglied *n*.

in·cor·po·re·al [ˌɪnkɔːˈpɔːrɪəl] *adj.* □ **1.** unkörperlich, immateri'ell, geistig; **2.** ⚖ nicht greifbar: ***~ hereditaments*** vererbliche Rechte; ***~ rights*** Immaterialgüterrechte (*z. B. Patente*).

in·cor·rect [ˌɪnkəˈrekt] *adj.* □ **1.** unrichtig, ungenau, irrig, falsch; **2.** 'inkorˌrekt, ungehörig (*Betragen*); **ˌin·cor'rect·ness** [-nɪs] *s.* **1.** Unrichtigkeit *f*; **2.** Unschicklichkeit *f*.

in·cor·ri·gi·bil·i·ty [ɪnˌkɒrɪdʒəˈbɪlətɪ] *s.* Unverbesserlichkeit *f*; **in·cor·ri·gi·ble** [ɪnˈkɒrɪdʒəbl] *adj.* □ unverbesserlich.

in·cor·rupt·i·bil·i·ty [ˈɪnkəˌrʌptəˈbɪlətɪ] *s.* **1.** Unbestechlichkeit *f*, **2.** Unverderblichkeit *f*; **in·cor·rupt·i·ble** [ˌɪnkəˈrʌptəbl] *adj.* □ **1.** unbestechlich, redlich; **2.** unverderblich, unvergänglich; **in·cor·rup·tion** [ˈɪnkəˌrʌpʃn] *s.* **1.** Unbestechlichkeit *f*, **2.** Unverdorbenheit *f*; **3.** *bibl.* Unvergänglichkeit *f*.

in·crease [ɪnˈkriːs] **I** *v/i.* **1.** zunehmen, sich vermehren, größer werden, (an-) wachsen: **~ *in size*** an Größe zunehmen; **~*d demand*** Mehrbedarf *m*; **2.** steigen (*Preise*); sich steigern *od.* vergrößern *od.* verstärken *od.* erhöhen; **II** *v/t.* **3.** vergrößern, verstärken, vermehren, erhöhen, steigern: **~ *tenfold*** verzehnfachen; **III** *s.* [ˈɪnkriːs] **4.** Vergrößerung *f*, Vermehrung *f*, Verstärkung *f*, Erhöhung *f*, Zunahme *f*, (An)Wachsen *n*, Zuwachs *m*, Wachstum *n*, Steigen *n*, Steigerung *f*, Erhöhung *f*: ***be on the ~*** zunehmen, wachsen; ***~ in wages*** ✝ Lohnerhöhung *f*, -steigerung *f*; ***~ of trade*** Zunahme *od.* Aufschwung *m* des Handels; **5.** Ertrag *m*, Gewinn *m*; **in'creas·ing·ly** [-sɪŋlɪ] *adv.* immer mehr: ***~ clear*** immer klarer.

in·cred·i·bil·i·ty [ɪnˌkredɪˈbɪlətɪ] *s.* **1.** Unglaubhaftigkeit *f*, **2.** Un'glaublichkeit *f*; **in·cred·i·ble** [ɪnˈkredəbl] *adj.* □ **1.** unglaublich, unvor'stellbar (*a. fig. unerhört, äußerst*); **2.** unglaubhaft.

in·cre·du·li·ty [ˌɪnkrɪˈdjuːlətɪ] *s.* Ungläubigkeit *f*; **in·cred·u·lous** [ɪnˈkredjʊləs] *adj.* □ ungläubig.

in·cre·ment [ˈɪnkrɪmənt] *s.* **1.** Zuwachs *m*, Zunahme *f*; **2.** ✝ (Gewinn-, Wert-) Zuwachs *m*, Mehrertrag *m*, -einnahme *f*; **3.** ⅍ Zuwachs *m*, Inkre'ment *n*, *bsd.* positives Differenti'al.

in·crim·i·nate [ɪnˈkrɪmɪneɪt] *v/t.* beschuldigen, belasten: **~ *o.s.*** sich (selbst) belasten; **in'crim·i·nat·ing** [-tɪŋ] *adj.* belastend; **in·crim·i·na·tion** [ɪnˌkrɪmɪˈneɪʃn] *s.* Beschuldigung *f*, Belastung *f*; **in'crim·i·na·to·ry** [-nətərɪ] → ***incriminating***.

in·crust [ɪnˈkrʌst] → ***encrust***.

in·crus·ta·tion [ˌɪnkrʌsˈteɪʃn] *s.* **1.** Verkrustung *f* (*a. fig.*); **2.** ⚙ a) Inkrustati'on *f*, Kruste *f*, b) Kesselstein(bildung *f*) *m*; **3.** Verkleidung *f*, Belag *m* (*Wand*); **4.** Einlegearbeit *f*.

in·cu·bate [ˈɪnkjʊbeɪt] **I** *v/t.* **1.** *Ei* ausbrüten (*a. künstlich*); **2.** *Bakterien* im Brutschrank züchten; **3.** *fig.* ausbrüten, aushecken; **II** *v/i.* **4.** brüten; **in·cu·ba·tion** [ˌɪnkjʊˈbeɪʃn] *s.* **1.** Ausbrütung *f*, Brüten *n*; **2.** ⚕ Inkubati'on *f*: ***~ period*** Inkubationszeit *f*; **'in·cu·ba·tor** [-tə] *s.* a) ⚕ Brutkasten *m*, Inku'bator *m* (*für Babys*), b) Brutschrank *m* (*für Bakterien*), c) 'Brutappaˌrat *m* (*für Küken, Eier*).

in·cu·bus [ˈɪŋkjʊbəs] *s.* **1.** ⚕ Alb(drücken *n*) *m*; **2.** *fig.* a) Albdruck *m*, b) Schreckgespenst *n*.

in·cul·cate [ˈɪnkʌlkeɪt] *v/t.* einprägen, einschärfen, einimpfen (***on***, ***in s.o.*** j-m); **in·cul·ca·tion** [ˌɪnkʌlˈkeɪʃn] *s.* Einschärfung *f*.

in·cul·pate ['ɪnkʌlpeɪt] *v/t.* **1.** an-, beschuldigen, anklagen; **2.** belasten; **in·cul·pa·tion** [ˌɪnkʌl'peɪʃn] *s.* **1.** An-, Beschuldigung *f*; **2.** Vorwurf *m*.

in·cult [ɪn'kʌlt] *adj.* 'unkultiˌviert, roh, grob.

in·cum·ben·cy [ɪn'kʌmbənsɪ] *s.* **1.** a) Innehaben *n* e-s Amtes, b) Amtszeit *f*, c) Amt(sbereich *m*) *n*; **2.** *eccl. Brit.* (Besitz *m* e-r) Pfründe *f*; **3.** *fig.* Obliegenheit *f*; **in'cum·bent** [-nt] **I** *adj.* □ **1.** obliegend: ***it is ~ upon him*** es ist s-e Pflicht; **2.** amtierend: ***the ~ mayor***; **II** *s.* **3.** Amtsinhaber(in); **4.** *eccl. Brit.* Pfründeninhaber *m*.

in·cu·nab·u·la [ˌɪnkju:'næbjʊlə] *s. pl.* Inku'nabeln *pl.*, Wiegendrucke *pl.*

in·cur [ɪn'kɜ:] *v/t.* sich *et.* zuziehen; auf sich laden *od.* ziehen, geraten in (*acc.*): ***~ displeasure*** Missfallen erregen; ***~ debts*** Schulden machen; ***~ losses*** Verluste erleiden; ***~ liabilities*** Verpflichtungen eingehen.

in·cur·a·bil·i·ty [ɪnˌkjʊərə'bɪlətɪ] *s.* Unheilbarkeit *f*; **in·cur·a·ble** [ɪn'kjʊərəbl] **I** *adj.* □ unheilbar; **II** *s.* unheilbar Kranke(r *m*) *f*.

in·cu·ri·ous [ɪn'kjʊərɪəs] *adj.* □ **1.** nicht neugierig, gleichgültig, uninteressiert; **2.** 'uninteresˌsant.

in·cur·sion [ɪn'kɜ:ʃn] *s.* **1.** (feindlicher) Einfall, Raubzug *m*; **2.** Eindringen *n* (*a. fig.*); **3.** *fig.* Einbruch *m*, -griff *m*.

in·curve [ˌɪn'kɜ:v] *v/t.* (nach innen) krümmen, (ein)biegen.

in·debt·ed [ɪn'detɪd] *adj.* **1.** verschuldet; **2.** zu Dank verpflichtet: ***I am ~ to you for*** ich habe Ihnen zu danken für; **in'debt·ed·ness** [-nɪs] *s.* **1.** Verschuldung *f*, Schulden *pl.*; **2.** Dankesschuld *f*, Verpflichtung *f*.

in·de·cen·cy [ɪn'di:snsɪ] *s.* **1.** Unanständigkeit *f*, Anstößigkeit *f*; **2.** Zote *f*; **in'de·cent** [-nt] *adj.* □ **1.** unanständig, anstößig; *a.* ⚖ unsittlich, unzüchtig; **2.** ungebührlich: ***~ haste*** unziemliche Hast.

in·de·ci·pher·a·ble [ˌɪndɪ'saɪfərəbl] *adj.* nicht zu entziffern(d).

in·de·ci·sion [ˌɪndɪ'sɪʒn] *s.* Unentschlossenheit *f*, Unschlüssigkeit *f*; **ˌin·de'ci·sive** [-'saɪsɪv] *adj.* □ **1.** nicht entscheidend: ***an ~ battle***; **2.** unentschlossen, unschlüssig, schwankend; **3.** unbestimmt.

in·de·clin·a·ble [ˌɪndɪ'klaɪnəbl] *adj. ling.* undeklinierbar.

in·dec·o·rous [ɪn'dekərəs] *adj.* □ unschicklich, unanständig, ungehörig; **in·de·co·rum** [ˌɪndɪ'kɔ:rəm] *s.* Unschicklichkeit *f*.

in·deed [ɪn'di:d] *adv.* **1.** in der Tat, tatsächlich, wirklich: ***it is very lovely ~*** es ist wirklich (sehr) hübsch; ***if ~*** wenn überhaupt; ***if ~ he were right*** falls er wirklich Recht haben sollte; ***we think, ~ we know this is wrong*** wir glauben, ja wir wissen (sogar), dass dies falsch ist; ***~ I am quite sure*** ich bin (mir) sogar ganz sicher; ***yes, ~!*** ja tatsächlich! (→ 3); ***did you ~?*** tatsächlich?, ach wirklich?; ***you, ~!*** *iro.* ausgerechnet du!, Du? dass ich nicht lache!; ***what ~!*** *iro.* na, was wohl?; ***thank you very much ~!*** vielen herzlichen Dank!; ***this is ~ an exception*** das ist allerdings *od.* freilich e-e Ausnahme; **2.** zwar, wohl: ***it is ~ a good plan, but ...***; **3.** (*in Antworten*) *a.* ***yes ~*** a) allerdings(!), aber sicher(!), und ob(!), b) aber gern!, ja doch!, c) ach wirklich?, was Sie nicht sagen; ***~ you may not!*** aber ja nicht!, kommt nicht infrage!

in·de·fat·i·ga·ble [ˌɪndɪ'fætɪgəbl] *adj.* □ unermüdlich.

in·de·fea·si·ble [ˌɪndɪ'fi:zəbl] *adj.* □ ⚖ unverletzlich, unantastbar.

in·de·fen·si·ble [ˌɪndɪ'fensəbl] *adj.* □ unhaltbar: a) ⚔ nicht zu verteidigen(d), b) *fig.* nicht zu rechtfertigen(d), unentschuldbar.

in·de·fin·a·ble [ˌɪndɪ'faɪnəbl] *adj.* □ undefinierbar: a) unbestimmbar, b) unbestimmt.

in·def·i·nite [ɪn'defɪnət] *adj.* □ **1.** unbestimmt (*a. ling.*); **2.** unbegrenzt, unbeschränkt; **3.** unklar, undeutlich, ungenau; **in'def·i·nite·ly** [-lɪ] *adv.* **1.** auf unbestimmte Zeit; **2.** unbegrenzt; **in'def·i·nite·ness** [-nɪs] *s.* **1.** Unbestimmtheit *f*; **2.** Unbegrenztheit *f*.

in·del·i·ble [ɪn'deləbl] *adj.* □ unauslöschlich (*a. fig.*); untilgbar: ***~ ink*** Zeichen-, Kopiertinte *f*; ***~ pencil*** Tintenstift *m*.

in·del·i·ca·cy [ɪn'delɪkəsɪ] *s.* **1.** Unanständigkeit *f*, Unfeinheit *f*; **2.** Taktlosigkeit *f*; **in'del·i·cate** [-kət] *adj.* □ **1.** unanständig, unfein, derb; **2.** taktlos.

in·dem·ni·fi·ca·tion [ɪnˌdemnɪfɪ'keɪʃn] *s.* **1.** ✝ a) → ***indemnity*** 1 a, b) Entschädigung *f*, Schadloshaltung *f*, Ersatzleistung *f*, c) → ***indemnity*** 1 c; **2.** ⚖ Sicherstellung *f* (*gegen Strafe*); **in·dem·ni·fy** [ɪn'demnɪfaɪ] *v/t.* **1.** entschädigen, schadlos halten (***for*** für); **2.** sicherstellen, sichern (***from, against*** gegen); **3.** ⚖ *parl.* a) *j-m* Entlastung erteilen, b) *j-m* Straflosigkeit zusichern; **in·dem·ni·ty** [ɪn'demnətɪ] *s.* **1.** ✝ a) Sicherstellung *f* (*gegen Verlust od. Schaden*), Garan'tie(versprechen *n*) *f*, b) → ***indemnification*** 1 b, c) Entschädigung(sbetrag *m*) *f*, Abfindung *f*: ***~ against liability*** Haftungsausschluss *m*; ***~ bond, letter of ~*** Ausfallbürgschaft *f*; ***~ insurance*** Schadensversicherung *f*; → ***double indemnity***; **2.** ⚖, *parl.* Indemni'tät *f*.

in·dent[1] [ɪn'dent] **I** *v/t.* **1.** (ein-, aus-) kerben, auszacken: ***~ed coastline*** zerklüftete Küste; **2.** ⚙ (ver)zahnen; **3.** *typ. Zeile* einrücken; **4.** ⚖ *Vertrag* mit Doppel ausfertigen; **5.** ✝ *Waren* bestellen; **II** *v/i.* **6.** (***upon s.o. for s.th.***) (et. bei j-m) bestellen, (et. von j-m) anfordern; **III** *s.* ['ɪndent] **7.** Kerbe *f*, Einschnitt *m*, Auszackung *f*; **8.** *typ.* Einzug *m*; **9.** ⚖ Vertragsurkunde *f*; **10.** ✝ (Auslands)Auftrag *m*; **11.** ⚔ *Brit.* Anforderung *f* (*von Vorräten*).

in·dent[2] **I** *v/t.* [ɪn'dent] eindrücken, einprägen; **II** *s.* ['ɪndent] Delle *f*, Vertiefung *f*.

in·den·ta·tion [ˌɪnden'teɪʃn] *s.* **1.** Einschnitt *m*, Einkerbung *f*, Auszackung *f*, Zickzacklinie *f*; **2.** ⚙ Zahnung *f*; **3.** Einbuchtung *f*, Bucht *f*; **4.** *typ.* a) Einzug *m*, b) Absatz *m*; **5.** Vertiefung *f*, Delle *f*; **in·dent·ed** [ɪn'dentɪd] *adj.* **1.** (aus)gezackt; **2.** ✝ vertraglich verpflichtet; **in·den·tion** [ɪn'denʃn] → ***indentation*** 1, 2, 4; **in·den·ture** [ɪn'dentʃə] **I** *s.* **1.** Vertrag *m od.* Urkunde *f* (im Dupli'kat); **2.** ✝, ⚖ Lehrvertrag *m*, -brief *m*: ***take up one's ~s*** ausgelernt haben; **3.** amtliche Liste; **4.** → ***indentation*** 1, 2; **II** *v/t.* **5.** ✝, ⚖ durch (*bsd.* Lehr)Vertrag binden, vertraglich verpflichten.

in·de·pend·ence [ˌɪndɪ'pendəns] *s.* **1.** Unabhängigkeit *f* (***on, of*** von): ***2 Day*** *Am.* Unabhängigkeitstag *m* (*4. Juli*); **2.** Selbstständigkeit *f*; **3.** hinreichendes Aus- *od.* Einkommen; ˌ**in·deˈpend·en·cy** [-sɪ] *s.* **1.** → ***independence***; **2.** unabhängiger Staat; **3.** 2 → ***Congregationalism***; ˌ**in·deˈpend·ent** [-nt] **I** *adj.* ☐ **1.** unabhängig (***of*** von) (*a.* Å, *ling.*), selbstständig (*a. Person*): ***~ clause*** *ling.* Hauptsatz *m*; **2.** a) selbstständig, -sicher, -bewusst, b) eigenmächtig, -ständig; **3.** *pol.* unabhängig (*Staat*), *Abgeordneter*: *a.* par'teilos, *parl.* frakti'onslos; **4.** vonein'ander unabhängig: ***the various decisions were ~***; ***we arrived ~ly at the same results*** wir kamen unabhängig voneinander zu denselben Ergebnissen; **5.** finanzi'ell unabhängig: ***~ gentleman***, ***man of ~ means*** Mann *m* mit Privateinkommen, Privatier *m*; **6.** eigen, Einzel...: ***~ axle*** ⚙ Schwingachse *f*; ***~ fire*** ⚔ Einzel-, Schützenfeuer *n*; ***~ suspension*** *mot.* Einzelaufhängung *f*; **II** *s.* **7.** 2 *pol.* Unabhängige(r *m*) *f*, Par'teilose(r *m*) *f*, *parl.* frakti'onsloser Abgeordneter; **8.** 2 → ***Congregationalist***.

ˌ**in-ˈdepth** *adj.* tief schürfend, eingehend: ***~ interview*** Tiefeninterview *n*, Intensivbefragung *f*.

in·de·scrib·a·ble [ˌɪndɪ'skraɪbəbl] *adj.* ☐ **1.** unbeschreiblich; **2.** unbestimmt, undefinierbar.

in·de·struct·i·bil·i·ty ['ɪndɪˌstrʌktə'bɪlətɪ] *s.* Unzerstörbarkeit *f*; **in·de·struct·i·ble** [ˌɪndɪ'strʌktəbl] *adj.* ☐ unzerstörbar, (*a.* ✝) unverwüstlich.

in·de·ter·mi·na·ble [ˌɪndɪ'tɜːmɪnəbl] *adj.* ☐ unbestimmbar, nicht bestimmbar; ˌ**in·deˈter·mi·nate** [-nət] *adj.* ☐ **1.** unbestimmt (*a.* Å), unentschieden, ungewiss, nicht festgelegt; unklar, vage; **2.** → ***indeterminable***: ***of ~ sex***; ***~ sentence*** ⚖ (Freiheits)Strafe *f* von unbestimmter Dauer; **in·de·ter·mi·na·tion** ['ɪndɪˌtɜːmɪ'neɪʃn] *s.* **1.** Unbestimmtheit *f*, **2.** Ungewissheit *f*; **3.** Unentschlossenheit *f*; ˌ**in·deˈter·min·ism** [-mɪnɪzəm] *s.* *phls.* Indetermi'nismus *m*, Lehre *f* von der Willensfreiheit *f*.

in·dex ['ɪndeks] **I** *pl.* ˈ**in·dex·es**, **in·di·ces** ['ɪndɪsiːz] *s.* **1.** Inhalts-, Stichwortverzeichnis *n*, Ta'belle *f*, ('Sach)ReˌgisＴter *n*, Index *m*; **2.** *a.* ***~ file*** Kar'tei *f*: ***~ card*** Karteikarte *f*; **3.** ⚙ a) (An)Zeiger *m*, b) (Einstell)Marke *f*, Strich *m*, c) Zunge *f* (*Waage*); **4.** *typ.* Hand(zeichen *n*) *f*; **5.** *fig.* a) (An)Zeichen *n* (***of*** für, von *od. gen.*), b) (***to***) Fingerzeig *m* (für), Hinweis *m* (auf *acc.*); **6.** *Statistik*: Indexziffer *f*, Vergleichs-, Messzahl *f*, ✝ Index *m*: ***cost of living ~*** Lebenskosten-, Lebenshaltungsindex; ***share price ~*** Aktienindex; **7.** Å a) Index *m*, Kennziffer *f*, b) Expo'nent *m*: ***~ of refraction*** *phys.* Brechungsindex *od.* -exponent; **8.** *bsd. eccl.* Index *m* (*verbotener Bücher*); **9.** → ***index finger***; **II** *v/t.* **10.** mit e-m Inhaltsverzeichnis versehen; **11.** in ein Verzeichnis aufnehmen; **12.** *eccl.* auf den Index setzen; **13.** ⚙ a) *Revolverkopf etc.* schalten: ***~ing disc*** Schaltscheibe *f*, b) *in Maßeinheiten* einteilen; **~ fin·ger** *s.* Zeigefinger *m*; ˈ**~-linked** *adj.* indexgebunden: ***~ pension***; ***~ wage*** Indexlohn *m*; **~ num·ber** → ***index*** 6.

In·di·a| ink ['ɪndjə] → ***Indian ink***; ˈ**~·man** [-mən] *s.* [*irr.*] (Ost)'Indienfahrer *m* (*Schiff*).

In·di·an ['ɪndjən] **I** *adj.* **1.** (ost)'indisch; **2.** *bsd. Am.* indi'anisch; **3.** *Am.* Mais...; **II** *s.* **4.** a) Inder(in), b) Ost'indier(in); **5.** *bsd. Am.* Indi'aner(in); **~ club** *s. sport* (Schwing)Keule *f*; **~ corn** *s.* Mais *m*; **~ file** *s.*: ***in ~*** im Gänsemarsch; **~ giv·er** *s. Am.* F *j-d, der s-e Geschenke zurückverlangt*; **~ ink** *s.* chi'nesische Tusche; **~ meal** *s.* Maismehl *n*; **~ pa·per** → ***India paper***; **~ summer** *s.* Alt'weiber-, Spät-, Nachsommer *m*.

In·di·a| pa·per *s.* 'Dünndruckpaˌpier *n*; **~ rub·ber** *s.* **1.** Kautschuk *m*, Gummi *n*, *m*: ***~ ball*** Gummiball *m*; ***~ tree***; **2.** Radiergummi *m*.

In·dic ['ɪndɪk] *adj. ling.* indisch (*den indischen Zweig der indoiranischen Sprachen betreffend*).

I

in·di·cate ['ɪndɪkeɪt] *v/t.* **1.** anzeigen, angeben, bezeichnen, kennzeichnen; **2.** a) *Person*: andeuten, (an)zeigen, zu verstehen geben, b) *Sache*: hindeuten *od.* hinweisen auf (*acc.*), erkennen lassen (*acc.*), *a.* ⚙ anzeigen; **3.** ⚕ indizieren, erfordern: ***be ~d*** indiziert sein, *fig.* angezeigt *od.* angebracht sein; **in·di·ca·tion** [ˌɪndɪ'keɪʃn] *s.* **1.** Anzeige *f*, Angabe *f*, Bezeichnung *f*; **2.** (***of***) a) (An-) Zeichen *n* (für), b) Hinweis *m* (auf *acc.*), c) (kurze) Andeutung: ***give ~ of*** *et.* anzeigen; ***there is every ~*** alles deutet darauf hin (***that*** dass); **3.** ⚕ a) Indikati'on *f*, b) Sym'ptom *n* (*a. fig.*); **4.** ⚙ a) Anzeige *f*, b) Grad *m*, Stand *m*; **in·dic·a·tive** [ɪn'dɪkətɪv] **I** *adj.* □ **1.** anzeigend, andeutend, hinweisend: ***be ~ of*** → ***indicate*** 2; **2.** *ling.* 'indikaˌtivisch: ***~ mood*** → 3; **II** *s.* **3.** *ling.* Indikativ *m*, Wirklichkeitsform *f*; '**in·di·ca·tor** [-tə] *s.* **1.** Anzeiger *m*; **2.** ⚙ a) Zeiger *m*, b) Anzeiger *m*, Anzeige- *od.* Ablesegerät *n*, Zähler *m*, (Leistungs)Messer *m*, c) Schauzeichen *n*, d) *mot.* Richtungsanzeiger *m*, e) *a.* ***~ telegraph*** 'Zeigerteleˌgraf *m*; **3.** ⚗ Indi'kator *m*; **4.** *fig.* → ***index*** 5 *u.* 6; **in·dic·a·to·ry** [ɪn'dɪkətərɪ] → ***indicative*** 1.

in·di·ces ['ɪndɪsiːz] *pl. von* **index**.

in·di·ci·um [ɪn'dɪʃɪəm] *pl.* **-ci·a** [-ʃɪə] *s.* ✉ *Am.* aufgedruckter Freimachungsvermerk.

in·dict [ɪn'daɪt] *v/t.* ⚖ anklagen (***for*** wegen); **in'dict·a·ble** [-təbl] *adj.* ⚖ strafrechtlich verfolgbar: ***~ offence*** schwurgerichtlich abzuurteilende Straftat, Verbrechen *n*; **in'dict·ment** [-mənt] **1.** (for'melle) Anklage (*vor e-m Geschworenengericht*); **2.** a) Anklagebeschluss *m* (*der* ***grand jury***), b) (*Am. a.* ***bill of ~***) Anklageschrift *f*.

in·dif·fer·ence [ɪn'dɪfrəns] *s.* **1.** (***to***) Gleichgültigkeit *f* (gegen), Inter'esselosigkeit *f* (gegen'über); **2.** Unwichtigkeit *f*: ***it is a matter of complete ~ to me*** das ist mir völlig gleichgültig; **3.** Mittelmäßigkeit *f*; **4.** Unwichtigkeit *f*; **in'dif·fer·ent** [-nt] *adj.* □ **1.** (***to***) gleichgültig (gegen), inter'esselos (gegen'über); **2.** 'unparˌteiisch; **3.** mittelmäßig, leidlich: ***~ quality***; **4.** mäßig, nicht besonders gut: ***a very ~ cook***; **5.** unwichtig; **6.** ⚕, ⚗, *phys.* neu'tral, indiffe'rent; **in'dif·fer·ent·ism** [-ntɪzəm] *s.* (Neigung *f* zur) Gleichgültigkeit *f*.

in·di·gence ['ɪndɪdʒəns] *s.* Armut *f*, Mittellosigkeit *f*.

in·di·gene ['ɪndɪdʒiːn] *s.* **1.** Eingeborene(r *m*) *f*; **2.** a) einheimisches Tier, b) einheimische Pflanze; **in·dig·e·nize** [ɪn'dɪdʒɪnaɪz] *v/t.* *Am.* **1.** *a. fig.* heimisch machen, einbürgern; **2.** (nur) mit einheimischem Perso'nal besetzen; **in·dig·e·nous** [ɪn'dɪdʒɪnəs] *adj.* □ **1.** *a.* ♀, *zo.* einheimisch (***to*** in *dat.*); **2.** *fig.* angeboren (***to*** *dat.*).

in·di·gent ['ɪndɪdʒənt] *adj.* □ arm, bedürftig, mittellos.

in·di·gest·ed [ˌɪndɪ'dʒestɪd] *adj. mst fig.* unverdaut; wirr; 'undurchˌdacht; **in·di·gest·i·bil·i·ty** ['ɪndɪˌdʒestə'bɪlətɪ] *s.* Unverdaulichkeit *f*; ˌ**in·di'gest·i·ble** [-təbl] *adj.* □ unverdaulich (*a. fig.*); ˌ**in·di'ges·tion** [-tʃn] *s.* ⚕ Magenverstimmung *f*, verdorbener Magen.

in·dig·nant [ɪn'dɪgnənt] *adj.* □ (***at***, ***with***) entrüstet, ungehalten, empört (über *acc.*), peinlich berührt (von); **in·dig·na·tion** [ˌɪndɪg'neɪʃn] *s.* Entrüstung *f*, Unwille *m*, Empörung *f* (***at*** über *acc.*): ***~ meeting*** Protestkundgebung *f*.

in·dig·ni·ty [ɪn'dɪgnətɪ] *s.* Schmach *f*, Demütigung *f*, Kränkung *f*.

in·di·go ['ɪndɪgəʊ] *pl.* **-gos** *s.* Indigo *m*: ***~-blue*** indigoblau; **in·di·got·ic** [ˌɪndɪ'gɒtɪk] *adj.* Indigo…

in·di·rect [ˌɪndɪ'rekt] *adj.* □ **1.** 'indiˌrekt: ***~ lighting***; ***~ tax***; ***~ cost*** ✝ Gemeinkosten *pl.*; **2.** nicht di'rekt *od.* gerade: ***~ route*** Umweg *m*; ***~ means*** Umwege, Umschweife; **3.** *fig.* krumm, unredlich; **4.** *ling.* 'indiˌrekt, abhängig: ***~ object*** indirektes Objekt, Dativobjekt *n*; ***~ question*** indirekte Frage; ***~ speech*** indirekte Rede; **in·di·rec·tion** [ˌɪndɪ'rekʃn] *s.* **1.** 'Umweg *m* (*a. fig. b.s. unlautere Methode*): ***by ~*** a) indirekt, auf Umwegen, b) *fig.* hinten herum, unehrlich; **2.** Unehrlichkeit *f*; **3.** Anspielung *f*; ˌ**in·di'rect·ness** [-nɪs] *s.* **1.** 'indiˌrekte Art u. Weise; **2.** → ***indirection***.

in·dis·cern·i·ble [ˌɪndɪ'sɜːnəbl] *adj.* nicht wahrnehmbar, unmerklich.

in·dis·ci·pline [ɪn'dɪsɪplɪn] *s.* Diszi'plin-, Zuchtlosigkeit *f*.

in·dis·cov·er·a·ble [ˌɪndɪ'skʌvərəbl] *adj.* □ nicht zu entdecken(d).

in·dis·creet [ˌɪndɪ'skriːt] *adj.* □ **1.** 'indisˌkret; **2.** taktlos; **3.** 'unüberˌlegt.

in·dis·crete [ˌɪndɪ'skriːt] *adj.* homo'gen, kom'pakt, zs.-hängend.

in·dis·cre·tion [ˌɪndɪ'skreʃn] *s.* **1.** Indiskreti'on *f*; **2.** Taktlosigkeit *f*; **3.** 'Unüberˌlegtheit *f*.

in·dis·crim·i·nate [ˌɪndɪ'skrɪmɪnət] *adj.* □ **1.** wahllos, blind, 'unterschiedslos; **2.** kri'tiklos, unkritisch; **3.** willkürlich; **in·dis·crim·i·na·tion** ['ɪndɪˌskrɪmɪ'neɪʃn] *s.* **1.** Wahl-, Kri'tiklosigkeit *f*, Mangel *m* an Urteilskraft; **2.** 'Unterschiedslosigkeit *f*.

in·dis·pen·sa·bil·i·ty ['ɪndɪˌspensə'bɪlətɪ] *s.* Unerlässlichkeit *f*, Unentbehrlichkeit *f*; **in·dis·pen·sa·ble** [ˌɪndɪ'spensəbl] *adj.* □ **1.** unerlässlich, unentbehrlich (***for***, ***to*** für); **2.** ⚔ unabkömmlich; **3.** unbedingt einzuhalten(d) *od.* zu erfüllen(d) (*Pflicht etc.*).

in·dis·pose [ˌɪndɪˈspəʊz] *v/t.* **1.** untauglich machen (***for*** zu); **2.** unpässlich machen, indisponieren; **3.** abgeneigt machen (***to do*** zu tun), einnehmen (***towards*** gegen); ˌ**in·disˈposed** [-zd] *adj.* **1.** indisponiert, unpässlich; **2.** (***towards, from***) a) nicht aufgelegt (zu), abgeneigt (*dat.*), b) eingenommen (gegen), abgeneigt (*dat.*); **in·dis·po·si·tion** [ˌɪndɪspəˈzɪʃn] *s.* **1.** Unpässlichkeit *f*; **2.** Abneigung *f*, ˈWiderwille *m* (***to, towards*** gegen).

in·dis·pu·ta·bil·i·ty [ˈɪndɪˌspjuːtəˈbɪlətɪ] *s.* Unbestreitbarkeit *f*, Unstrittigkeit *f*; **in·dis·pu·ta·ble** [ˌɪndɪˈspjuːtəbl] *adj.* ☐ **1.** unbestreitbar, unstrittig, nicht zu bestreiten(d); **2.** unbestritten.

in·dis·sol·u·bil·i·ty [ˈɪndɪˌsɒljʊˈbɪlətɪ] *s.* Unauflösbarkeit *f*; **in·dis·sol·u·ble** [ˌɪndɪˈsɒljʊbl] *adj.* ☐ **1.** unauflösbar, -lich; **2.** unzertrennlich; **3.** ⚗ unlöslich.

in·dis·tinct [ˌɪndɪˈstɪŋkt] *adj.* ☐ **1.** undeutlich; **2.** unklar, verworren, verschwommen; ˌ**in·disˈtinc·tive** [-tɪv] *adj.* ☐ ausdruckslos, nichts sagend; ˌ**in·disˈtinct·ness** [-nɪs] *s.* Undeutlichkeit *f etc.*

in·dis·tin·guish·a·ble [ˌɪndɪˈstɪŋgwɪʃəbl] *adj.* ☐ **1.** nicht zu unterˈscheiden(d) (***from*** von); **2.** nicht wahrnehmbar *od.* erkennbar; **3.** unmerklich.

in·dite [ɪnˈdaɪt] *v/t.* ver-, abfassen.

in·di·vid·u·al [ˌɪndɪˈvɪdjʊəl] **I** *adj.* ☐ → ***individually***; **1.** einzeln, Einzel...: ***each ~ word***; ***~ case*** Einzelfall *m*; ***~ consumer*** Einzelverbraucher *m*; ***~ drive*** ⚙ Einzelantrieb *m*; **2.** für ˈeine Perˈson bestimmt, eigen, perˈsönlich, einzel: ***~ credit*** Personalkredit *m*; ***~ property*** Privatvermögen *n*; ***~ psychology*** Individualpsychologie *f*; ***~ traffic*** Individualverkehr *m*; ***give ~ attention to*** individuell behandeln, s-e persönliche Aufmerksamkeit schenken (*dat.*); **3.** individuˈell, perˈsönlich, eigen(tümlich), charakteˈristisch: ***an ~ style***; **4.** verschieden: ***five ~ cups***; **II** *s.* **5.** ˈEinzelperˌson *f*, Indiˈviduum *n*, Einzelne(r) *m*; **6.** *mst contp.* Perˈson *f*, Indiˈviduum *n*; **7.** ⚖ naˈtürliche Perˈson *f*; ˌ**in·diˈvid·u·al·ism** [-lɪzəm] *s.* **1.** Individuaˈlismus *m*; **2.** Egoˈismus *m*; ˌ**in·diˈvid·u·al·ist** [-lɪst] **I** *s.* Individuaˈlist(in); **II** *adj.* → **in·di·vid·u·al·is·tic** [ˈɪndɪˌvɪdjʊəˈlɪstɪk] *adj.* (☐ ***~ally***) individuaˈlistisch; **in·di·vid·u·al·i·ty** [ˈɪndɪˌvɪdjʊˈælətɪ] *s.* **1.** Individualiˈtät *f*, (perˈsönliche) Eigenart; **2.** *phls.* individuˈelle Exiˈstenz; **3.** → ***individual*** 5; **in·di·vid·u·al·i·za·tion** [ˈɪndɪˌvɪdjʊəlaɪˈzeɪʃn] *s.* **1.** Individualisierung *f*; **2.** Einzelbetrachtung *f*; ˌ**in·diˈvid·u·al·ize** [-laɪz] *v/t.* **1.** individualisieren, individuˈell gestalten *od.* behandeln, e-e individuˈelle *od.* eigene Note verleihen (*dat.*); **2.** einzeln betrachten; ˌ**in·diˈvid·u·al·ly** [-əlɪ] *adv.* **1.** einzeln, (jeder, jede, jedes) für sich; **2.** einzeln betrachtet, für sich genommen; **3.** perˈsönlich; ˌ**in·diˈvid·u·ate** [-jʊeɪt] *v/t.* **1.** → ***individualize*** 1; **2.** charakterisieren; **3.** unterˈscheiden (***from*** von).

in·di·vis·i·bil·i·ty [ˈɪndɪˌvɪzɪˈbɪlətɪ] *s.* Unteilbarkeit *f*; **in·di·vis·i·ble** [ˌɪndɪˈvɪzəbl] **I** *adj.* ☐ unteilbar; **II** *s.* ⩚ unteilbare Größe.

In·do-Chi·nese [ˌɪndəʊtʃaɪˈniːz] *adj.* indochiˈnesisch, ˈhinterindisch.

in·doc·ile [ɪnˈdəʊsaɪl] *adj.* **1.** ungelehrig; **2.** störrisch, unlenksam; **in·do·cil·i·ty** [ˌɪndəʊˈsɪlətɪ] *s.* **1.** Ungelehrigkeit *f*; **2.** Unlenksamkeit *f*.

in·doc·tri·nate [ɪnˈdɒktrɪneɪt] *v/t.* **1.** unterˈweisen, schulen (***in*** in *dat.*); *pol.* indoktrinieren; **2.** *j-m et.* einprägen, -bleuen, -impfen; **3.** durchˈdringen (***with*** mit); **in·doc·tri·na·tion** [ɪnˌdɒktrɪˈneɪʃn] *s.* Unterˈweisung *f*, Belehrung *f*, Schulung *f*; *pol.* Indoktrinatiˈon *f*, poˈlitische Schulung, ideoˈlogischer Drill; **inˈdoc·tri·na·tor** [-tə] *s.* Lehrer *m*, Instrukˈteur *m*.

ˈ**In·do|-ˌEu·roˈpe·an** [ˌɪndəʊ-] *ling.* **I** *adj.* **1.** ˈindogerˈmanisch; **II** *s.* **2.** *ling.* ˈIndogerˈmanisch *n*; **3.** ˈIndogerˈmane *m*, -gerˈmanin *f*; ˌ**~-Gerˈman·ic** → ***Indo-European*** 1 *u.* 2; ˌ**~-Iˈra·ni·an** *ling.* **I** *adj.* ˈindoiˈranisch, arisch; **II** *s.* ˈIndoiˈranisch *n*, Arisch *n*.

in·do·lence [ˈɪndələns] *s.* Indoˈlenz *f*: a) Trägheit *f*, b) Lässigkeit *f*, c) ⚕ Schmerzlosigkeit *f*; ˈ**in·do·lent** [-nt] *adj.* ☐ indoˈlent: a) träge, b) lässig, c) ⚕ schmerzlos.

in·dom·i·ta·ble [ɪnˈdɒmɪtəbl] *adj.* ☐ **1.** unbezähmbar, nicht ˈunterzukriegen(d); **2.** unbeugsam.

In·do·ne·sian [ˌɪndəʊˈniːzjən] **I** *adj.* indoˈnesisch; **II** *s.* Indoˈnesier(in).

in·door [ˈɪndɔː] *adj.* im *od.* zu Hause, *östr.*, *schweiz.* zuˈhause, Haus..., Zimmer..., Innen..., *sport* Hallen...: ***~ aerial*** ⚡ Zimmer-, Innenantenne *f*; ***~ dress*** Hauskleid(ung *f*) *n*; ***~ games*** a) Spiele fürs Haus, b) *sport* Hallenspiele; ***~ swimming pool*** Hallenbad *n*; ***~ tournament*** *sport* Hallenturnier *n*; **in·doors** [ˌɪnˈdɔːz] *adv.* **1.** im *od.* zu Hause, *östr.*, *schweiz.* zuhause, drin(nen); **2.** ins Haus.

in·dorse [ɪnˈdɔːs] *etc.* → ***endorse*** *etc.*

in·du·bi·ta·ble [ɪnˈdjuːbɪtəbl] *adj.* ☐ unzweifelhaft, zweifellos.

in·duce [ɪnˈdjuːs] *v/t.* **1.** *j-n* veranlassen, bewegen, (dazu) bringen, überˈreden (***to do*** zu tun); **2.** herˈbeiführen, verursachen, bewirken, herˈvorrufen, führen zu: ***~ a birth*** ⚕ e-e Geburt einleiten; ***~d sleep*** künstlicher Schlaf; **3.** ⚡ *Kernphysik, a. Logik*: induzieren: ***~ current***

I

Induktionsstrom *m*; **in'duce·ment** [-mənt] *s.* **1.** a) Veranlassung *f*, Über'redung *f*, b) Verleitung (***to*** zu); **2.** Anlass *m*, Beweggrund *m*; **3.** *a.* ✝ Anreiz *m* (***to*** zu); **4.** Her'beiführung *f*.

in·duct [ɪn'dʌkt] *v/t.* **1.** *in ein Amt etc.* einführen, -setzen; **2.** *j-n* einweihen (***to*** in *acc.*); **3.** ⚔ *Am. zum Militär* einberufen; **in'duct·ance** [-təns] *s.* ⚡ **1.** Induk'tanz *f*, induk'tiver ('Schein),Widerstand; **2.** 'Selbstindukti,on *f*: ~ ***coil*** Drosselspule *f*; **in·duc·tee** [,ɪndʌk'tiː] *s.* ⚔ *Am.* Einberufene(r) *m*, Re'krut *m*; **in'duc·tion** [-kʃn] *s.* **1.** Einführung, -setzung *f* (*in ein Amt*); **2.** ⚙ Zuführung *f*, Einlass *m*: ~ ***pipe*** Einlassrohr *n*; **3.** Her'beiführung *f*, Auslösung *f*; **4.** Einleitung *f*, Beginn *m*; **5.** ⚔ *Am.* Einberufung *f*: ~ ***order*** Einberufungsbefehl *m*; **6.** Anführung *f* (*Beweise etc.*); **7.** ⚡ Indukti'on *f*, sekun'däre Erregung: ~ ***coil*** (***current***) Induktionsspule *f* (-strom *m*); ~ ***motor*** Induktions-, Drehstrommotor *m*; **8.** ⚗, *phys.*, *phls.* Indukti'on *f*: ~ ***accelerator*** Elektronenbeschleuniger *m*; **in'duc·tive** [-tɪv] *adj.* ☐ **1.** ⚡, *phys.*, *phls.* induk'tiv, Induktions...; **2.** ⚕ e-e Reakti'on her'vorrufend; **in'duc·tor** [-tə] *s.* ⚡, *biol.* In'duktor *m*.

in·dulge [ɪn'dʌldʒ] **I** *v/t.* **1.** *e-r Neigung etc.* nachgeben, frönen, sich hingeben, freien Lauf lassen; **2.** nachsichtig sein gegen: ~ ***s.o. in s.th.*** j-m et. nachsehen; **3.** *j-m* nachgeben (***in*** in *dat.*): ~ ***o.s. in*** → 7; **4.** *j-m* gefällig sein; **5.** *j-n* verwöhnen; **II** *v/i.* **6.** sich hingeben, frönen (***in*** *dat.*); **7.** ~ ***in*** sich *et.* gönnen *od.* genehmigen *od.* leisten, *a.* sich gütlich tun an (*dat.*), *et.* essen *od.* trinken; **8.** F a) sich ‚einen genehmigen', b) sich e-e Zigarette *etc.* gönnen *od.* ‚genehmigen'; **in'dul·gence** [-dʒəns] *s.* **1.** Nachsicht *f*, Milde *f* (***to***, ***of*** gegenüber); **2.** Nachgiebigkeit *f*; **3.** Gefälligkeit *f*; **4.** Verwöhnung *f*; **5.** Befriedigung *f* (*e-r Begierde etc.*); **6.** (***in***) Frönen *n* (*dat.*), Schwelgen *n* (in *dat.*), Genießen *n* (*gen.*): (***excessive***) ~ ***in drink*** übermäßiger Alkoholgenuss; **7.** Wohlleben *n*, Genusssucht *f*; **8.** Schwäche *f*, Leidenschaft *f* (***of*** für); **9.** *R.C.* Ablass *m*: ***sale of*** ~***s*** Ablasshandel *m*; **in'dul·genced** [-dʒənst] *adj.*: ~ ***prayer*** *R.C.* Ablassgebet *n*; **in'dul·gent** [-dʒənt] *adj.* ☐ (***to***) nachsichtig, mild (gegen); schonend, sanft (mit).

in·du·rate ['ɪndjʊəreɪt] **I** *v/t.* **1.** (ver)härten, hart machen; **2.** *fig.* a) abstumpfen, b) abhärten (***against***, ***to*** gegen); **II** *v/i.* **3.** sich verhärten: a) hart werden, b) *fig.* gefühllos werden, abstumpfen; **4.** abgehärtet werden; **in·du·ra·tion** [,ɪndjʊə'reɪʃn] *s.* **1.** (Ver)Härtung *f*; **2.** *fig.* Abstumpfung *f*; **3.** Verstocktheit *f*.

in·dus·tri·al [ɪn'dʌstrɪəl] **I** *adj.* ☐ **1.** industri'ell, gewerblich, Industrie..., Fabrik..., Gewerbe..., Wirtschafts..., Betriebs..., Werks...: ~ ***accident*** Betriebsunfall *m*; ~ ***decline*** industrieller Niedergang; ~ ***effluent*** Industrieabwässer *pl.*; ~ ***emissions*** Industrieabgase *pl.*; ~ ***waste*** Industrieabfälle *pl.*; **II** *s.* **2.** Industri'elle(r) *m*; **3.** *pl.* Indu'strieaktien *pl.*, -pa,piere *pl.*; ~ **ac·tion** *s.* Arbeitskampf(maßnahmen *pl.*) *m*; ~ **a·re·a** *s.* Indu'striegebiet *n*, -gelände *n*; ~ **de·sign** *s.* Indu'striede,sign *n*; ~ **de·sign·er** *s.* Indu'striede,signer *m*; ~ **dis·pute** *s.* Arbeitsstreitigkeit *f*; ~ **en·gi·neer·ing** *s.* In'dustrial Engi'neering *n* (*Rationalisierung von Arbeitsprozessen*); ~ **es·pi·o·nage** *s.* 'Werk-, Indust'riespio,nage *f*; ~ **es·tate** *s. Brit.* Indu'striegebiet *n*; ~ **goods** *s. pl.* Indust'riepro,dukte *pl.*, Investiti'onsgüter *pl.*; ~ **in·ju·ry** *s.* a) Berufsschaden *m*, b) Arbeitsunfall *m*.

in·dus·tri·al·ism [ɪn'dʌstrɪəlɪzəm] *s.* Industria'lismus *m*; **in'dus·tri·al·ist** [-ɪst] → ***industrial*** 2; **in'dus·tri·al·i·za·tion** [ɪn,dʌstrɪəlaɪ'zeɪʃn] *s.* Industrialisierung *f*; **in'dus·tri·al·ize** [-aɪz] *v/t.* industrialisieren.

in·dus·tri·al| man·age·ment *s.* Betriebsführung *f*; ~ **med·i·cine** *s.* Be'triebsmedi,zin *f*; ~ **na·tion** *s.* Industriestaat *m*; ~ **park** *s. Am.* Indu'striegebiet *n* (*e-r Stadt*); ~ **part·ner·ship** *s.* ✝ *Am.* Gewinnbeteiligung *f* der Arbeitnehmer; ~ **prop·er·ty** *s.* gewerbliches Eigentum; ~ **psy·chol·o·gy** *s.* Be'triebspsycholo,gie *f*; ~ **re·la·tions** *s. pl.* Beziehungen *pl.* zwischen Arbeitgeber u. Arbeitnehmern *od.* Gewerkschaften; ~ **re·la·tions court** *s. Am.* Arbeitsgericht *n*; ♀ **Rev·o·lu·tion** *s.* *die* industri'elle Revoluti'on; ~ **school** *s. Brit.* Gewerbeschule *f*; ~ **stocks** *s. pl.* Indu'striepa,piere *pl.*; ~ **town** *s.* Industriestadt *f*; ~ **tri·bu·nal** *s.* Arbeitsgericht *n*.

in·dus·tri·ous [ɪn'dʌstrɪəs] *adj.* ☐ fleißig, arbeitsam, emsig.

in·dus·try ['ɪndəstrɪ] *s.* **1.** a) Indu'strie *f* (*e-s Landes etc.*), b) Indu'strie (zweig *m*) *f*, Gewerbe(zweig *m*) *n*, Branche *f*: ***the steel*** ~ die Stahlindustrie; ***tourist*** ~ Tou'ristik *f*, Fremdenverkehrswesen *n*; **2.** Unter'nehmer (-schaft *f*) *pl.*, Arbeitgeber *pl.*; **3.** Fleiß *m*, Arbeitseifer *m*.

in·dwell [,ɪn'dwel] [*irr.* → ***dwell***] **I** *v/t.* **1.** bewohnen; **II** *v/i.* (***in***) **2.** wohnen (in *dat.*); **3.** *fig.* innewohnen (*dat.*); **in·dwell·er** ['ɪn,dwelə] *s. poet.* Bewohner(in).

in·e·bri·ate **I** *v/t.* [ɪ'niːbrɪeɪt] **1.** betrunken machen; **2.** *fig.* berauschen, trunken machen: ~***d by success*** vom Erfolg berauscht; **II** *s.* [-ɪət] **3.** Betrunkene(r) *m*; **4.** Alko'holiker(in); **III** *adj.* [-ɪət] **5.** betrunken; **6.** *fig.* berauscht; **in·e·bri·a·tion** [ɪˌniːbrɪ'eɪʃn], **in·e·bri·e·ty** [ˌɪniː'braɪətɪ] *s.* Trunkenheit *f* (*a. fig.*), betrunkener Zustand.

in·ed·i·bil·i·ty [ɪnˌedɪ'bɪlətɪ] *s.* Ungenießbarkeit *f*; **in·ed·i·ble** [ɪn'edɪbl] *adj.* ungenießbar, nicht essbar.

in·ed·it·ed [ɪn'edɪtɪd] *adj.* **1.** unveröffentlicht; **2.** ohne Veränderungen he'rausgegeben, nicht redigiert.

in·ef·fa·ble [ɪn'efəbl] *adj.* □ **1.** unaussprechlich, unbeschreiblich; **2.** (unsagbar) erhaben.

in·ef·face·a·ble [ˌɪnɪ'feɪsəbl] *adj.* □ unauslöschlich.

in·ef·fec·tive [ˌɪnɪ'fektɪv] *adj.* □ **1.** unwirksam (*a.* ⚖), wirkungslos; **2.** frucht-, erfolglos; **3.** unfähig, untauglich; **4.** (*bsd. künstlerisch*) nicht wirkungsvoll; ˌ**in·ef'fec·tive·ness** [-nɪs] *s.* **1.** Wirkungslosigkeit *f*; **2.** Erfolglosigkeit *f*.

in·ef·fec·tu·al [ˌɪnɪ'fektjʊəl] *adj.* □ **1.** → ***ineffective*** 1 *u.* 2; **2.** kraftlos; ˌ**in·ef'fec·tu·al·ness** [-nɪs] *s.* **1.** → ***ineffectiveness***; **2.** Nutzlosigkeit *f*; **3.** Schwäche *f*.

in·ef·fi·ca·cious [ˌɪnefɪ'keɪʃəs] → ***ineffective*** 1, 2; **in·ef·fi·ca·cy** [ɪn'efɪkəsɪ] → ***ineffectiveness***.

in·ef·fi·cien·cy [ˌɪnɪ'fɪʃnsɪ] *s.* **1.** Wirkungslosigkeit *f*, 'Ineffiziˌenz *f*: **~ *of a remedy***; **2.** Unfähigkeit *f*, Inkompe'tenz *f*, Leistungsschwäche *f* (*e-r Person*); **3.** 'unratioˌnelles Arbeiten *etc.*, Unwirtschaftlichkeit *f*, 'Unproduktiviˌtät *f*, 'Ineffiziˌenz *f*: **~ *of a method***; ˌ**in·ef'fi·cient** [-nt] *adj.* □ **1.** unwirksam, wirkungslos, 'ineffiziˌent; **2.** unfähig, untauglich, untüchtig, 'inkompeˌtent; **3.** 'ineffiziˌent: a) leistungsschwach, b) 'unratioˌnell, 'unprodukˌtiv.

in·e·las·tic [ˌɪnɪ'læstɪk] *adj.* **1.** 'uneˌlastisch (*a. fig.*); **2.** *fig.* starr, nicht fle'xibel; **in·e·las·tic·i·ty** [ˌɪnɪlæs'tɪsətɪ] *s.* **1.** Mangel *m* an Elastizi'tät; **2.** *fig.* Starrheit *f*, Mangel *m* an Flexibili'tät.

in·el·e·gance [ɪn'elɪgəns] *s.* **1.** 'Uneleˌganz *f*, Mangel *m* an Ele'ganz (*a. fig.*); **2.** *fig.* a) Derbheit *f*, Geschmacklosigkeit *f*, b) Unbeholfenheit *f*; **in'el·e·gant** [-nt] *adj.* □ **1.** 'uneleˌgant, ohne Ele'ganz (*a. fig.*); **2.** *fig.* a) derb, geschmacklos, b) unbeholfen, plump.

in·el·i·gi·bil·i·ty [ɪnˌelɪdʒə'bɪlətɪ] *s.* **1.** Untauglichkeit *f*, mangelnde Eignung; **2.** Unwählbarkeit *f*, Unfähigkeit *f* (in ein Amt gewählt zu werden *etc.*); **3.** mangelnde Berechtigung; **in·el·i·gi·ble** [ɪn'elɪdʒəbl] **I** *adj.* □ **1.** ungeeignet, nicht infrage kommend (***for*** für): **~ *for military service*** (wehr)untauglich; **2.** unwählbar; **3.** ⚖ unfähig, nicht qualifiziert: **~ *to hold an office***; **4.** (***for***) nicht berechtigt (zu), keinen Anspruch habend (auf *acc.*): **~ *for a grant***; **~ *to vote*** nicht wahlberechtigt; **5.** a) unerwünscht, b) unpassend; **II** *s.* **6.** ungeeignete *od.* nicht infrage kommende Per'son.

in·e·luc·ta·ble [ˌɪnɪ'lʌktəbl] *adj.* unvermeidlich, unentrinnbar.

in·ept [ɪ'nept] *adj.* □ **1.** unpassend; **2.** ungeschickt; **3.** albern, dumm; **in'ept·i·tude** [-tɪtjuːd], **in'ept·ness** [-nɪs] *s.* **1.** Ungeeignetheit *f*; **2.** Ungeschicktheit *f*; **3.** Albernheit *f*, Dummheit *f*.

in·e·qual·i·ty [ˌɪnɪ'kwɒlətɪ] *s.* **1.** Ungleichheit *f* (*a.* ⚘, *sociol.*), Verschiedenheit *f*; **2.** Ungleichmäßigkeit *f*, Unregelmäßigkeit *f*; **3.** Unebenheit *f* (*a. fig.*); **4.** *ast.* Abweichung *f*.

in·eq·ui·ta·ble [ɪn'ekwɪtəbl] *adj.* □ ungerecht, unbillig; **in'eq·ui·ty** [-kwətɪ] *s.* Ungerechtigkeit *f*, Unbilligkeit *f*.

in·e·rad·i·ca·ble [ˌɪnɪ'rædɪkəbl] *adj.* □ *fig.* unausrottbar; tief sitzend, tief eingewurzelt.

in·e·ras·a·ble [ˌɪnɪ'reɪzəbl] *adj.* □ unauslöschbar, unauslöschlich.

in·ert [ɪ'nɜːt] *adj.* □ **1.** *phys.* träge: **~ *mass***; **2.** ⚗ 'inakˌtiv: **~ *gas*** Inert-, Edelgas *n*; **3.** unwirksam; **4.** *fig.* träge, untätig, schwerfällig, schlaff; **in·er·tia** [ɪ'nɜːʃjə] *s.* **1.** *phys.* (Massen)Trägheit *f*, Beharrungsvermögen *n*: **~ *starter*** *mot.* Schwungkraftanlasser *m*; **2.** *fig.* Träg-, Faulheit *f*; **3.** ⚗ Iner'tie *f*, Reakti'onsträgheit *f*; **in·er·tial** [ɪ'nɜːʃjəl] *adj.* *phys.* Trägheits...; **in'ert·ness** [-nɪs] *s.* Trägheit *f*.

in·es·cap·a·ble [ˌɪnɪ'skeɪpəbl] *adj.* □ unvermeidlich: a) unentrinnbar, unabwendbar, b) unweigerlich.

in·es·sen·tial [ˌɪnɪ'senʃl] **I** *adj.* unwesentlich, nebensächlich; **II** *s.* *et.* Unwesentliches, Nebensache *f*.

in·es·ti·ma·ble [ɪn'estɪməbl] *adj.* □ unschätzbar, unbezahlbar.

in·ev·i·ta·bil·i·ty [ɪnˌevɪtə'bɪlətɪ] *s.* Unvermeidlichkeit *f*; **in·ev·i·ta·ble** [ɪn'evɪtəbl] **I** *adj.* □ unvermeidlich: a) unentrinnbar: **~ *fate***, b) zwangsläufig, unweigerlich, c) *iro.* obli'gat; **II** *s.* ***the ~*** das Unvermeidliche; **in·ev·i·ta·ble·ness** [ɪn'evɪtəblnɪs] → ***inevitability***.

in·ex·act [ˌɪnɪg'zækt] *adj.* □ ungenau; ˌ**in·ex'act·i·tude** [-tɪtjuːd] *s.*, ˌ**in·ex'act·ness** [-nɪs] *s.* Ungenauigkeit *f*.

in·ex·cus·a·ble [ˌɪnɪk'skjuːzəbl] *adj.* □ **1.** unverzeihlich; **2.** unverantwortlich; ˌ**in·ex'cus·a·bly** [-blɪ] *adv.* unverzeihlich(erweise).

in·ex·haust·i·bil·i·ty ['ɪnɪgˌzɔːstə'bɪlətɪ] *s.* **1.** Unerschöpflichkeit *f*; **2.** Unermüdlichkeit *f*; **in·ex·haust·i·ble** [ˌɪnɪg'zɔːstəbl] *adj.* □ **1.** unerschöpflich; **2.** unermüdlich.

in·ex·o·ra·bil·i·ty [ɪnˌeksərəˈbɪlətɪ] *s.* Unerbittlichkeit *f*; **in·ex·o·ra·ble** [ɪnˈeksərəbl] *adj.* ☐ unerbittlich.

in·ex·pe·di·en·cy [ˌɪnɪkˈspiːdjənsɪ] *s.* **1.** Unzweckmäßigkeit *f*; **2.** Unklugheit *f*; **ˌin·exˈpe·di·ent** [-nt] *adj.* ☐ **1.** ungeeignet, unzweckmäßig, nicht ratsam; **2.** unklug.

in·ex·pen·sive [ˌɪnɪkˈspensɪv] *adj.* nicht teuer, preiswert, billig.

in·ex·pe·ri·ence [ˌɪnɪkˈspɪərɪəns] *s.* Unerfahrenheit *f*; **ˌin·exˈpe·ri·enced** [-st] *adj.* unerfahren: **~ *hand*** Nichtfachmann *m*.

in·ex·pert [ɪnˈekspɜːt] *adj.* ☐ **1.** ungeübt, unerfahren (***in*** in *dat.*); **2.** ungeschickt; **3.** unsachgemäß.

in·ex·pi·a·ble [ɪnˈekspɪəbl] *adj.* ☐ **1.** unsühnbar; **2.** unversöhnlich.

in·ex·pli·ca·ble [ˌɪnɪkˈsplɪkəbl] *adj.* ☐ unerklärlich, unverständlich; **ˌin·exˈpli·ca·bly** [-blɪ] *adv.* unerklärlich(erweise).

in·ex·plic·it [ˌɪnɪkˈsplɪsɪt] *adj.* ☐ nicht deutlich ausgedrückt, nur angedeutet; unklar.

in·ex·plo·sive [ˌɪnɪkˈspləʊsɪv] *adj.* nicht exploˈsiv, exploziˈonssicher.

in·ex·press·i·ble [ˌɪnɪkˈspresəbl] *adj.* ☐ unaussprechlich, unsäglich.

in·ex·pres·sive [ˌɪnɪkˈspresɪv] *adj.* ☐ **1.** ausdruckslos, nichts sagend; **2.** inhaltlos.

in ex·ten·so [ˌɪnɪkˈstensəʊ] (*Lat.*) *adv.* vollständig, ungekürzt; ausführlich.

in·ex·tin·guish·a·ble [ˌɪnɪkˈstɪŋgwɪʃəbl] *adj.* ☐ **1.** un(aus)löschbar; **2.** *fig.* unauslöschlich.

in·ex·tri·ca·ble [ɪnˈekstrɪkəbl] *adj.* ☐ **1.** unentwirrbar, un(auf)lösbar; **2.** gänzlich verworren.

in·fal·li·bil·i·ty [ɪnˌfæləˈbɪlətɪ] *s.* Unfehlbarkeit *f* (*a. eccl.*); **in·fal·li·ble** [ɪnˈfæləbl] *adj.* ☐ unfehlbar.

in·fa·mous [ˈɪnfəməs] *adj.* ☐ **1.** verrufen, berüchtigt (***for*** wegen); **2.** schändlich, niederträchtig, gemein, inˈfam; **3.** F miseˈrabel, ‚saumäßig'; **4.** ehrlos: a) ⚖ der bürgerlichen Ehrenrechte verlustig, b) entehrend, ehrenrührig: **~ *conduct***; **ˈin·fa·mous·ness** [-nɪs] → ***infamy*** 2; **ˈin·fa·my** [-mɪ] *s.* **1.** Ehrlosigkeit *f*, Schande *f*; **2.** Verrufenheit *f*; Schändlichkeit *f*, Niedertracht *f*; **3.** ⚖ Verlust *m* der bürgerlichen Ehrenrechte.

in·fan·cy [ˈɪnfənsɪ] *s.* **1.** frühe Kindheit, Säuglingsalter *n*; **2.** ⚖ Minderjährigkeit *f*; **3.** *fig.* Anfangsstadium *n*: ***in its* ~** in den Anfängen *od.* ‚Kinderschuhen' (steckend); **ˈin·fant** [-nt] **I** *s.* **1.** Säugling *m*, Baby *n*, kleines Kind; **2.** ⚖ Minderjährige(r *m*) *f*; **II** *adj.* **3.** Säuglings..., Kleinkinder...: **~ *mortality*** Säuglingssterblichkeit *f*; **~ *prodigy*** Wunderkind *n*; **~ *school*** *Brit. etwa* Vorschule *f*; **~ *welfare*** Säuglingsfürsorge *f*; **~ *Jesus*** das Jesuskind; ***his* ~ *son*** sein kleiner Sohn; **4.** ⚖ minderjährig; **5.** *fig.* jung, in den Anfängen (befindlich).

in·fan·ta [ɪnˈfæntə] *s.* Inˈfantin *f*; **inˈfan·te** [-tɪ] *s.* Inˈfant *m*.

in·fan·ti·cide [ɪnˈfæntɪsaɪd] *s.* **1.** Kindestötung *f*; **2.** Kindesmörder(in).

in·fan·tile [ˈɪnfəntaɪl] *adj.* **1.** kindlich, Kinder..., Kindes...; **2.** jugendlich; **3.** infanˈtil, kindisch; **~ (spi·nal) pa·ral·y·sis** *s.* ⚕ (spiˈnale) Kinderlähmung.

in·fan·try [ˈɪnfəntrɪ] *s.* ⚔ Infanteˈrie *f*, Fußtruppen *pl.*; **ˈ~·man** [-mən] *s.* [*irr.*] ⚔ Infanteˈrist *m*.

in·farct [ɪnˈfɑːkt] *s.* ⚕ Inˈfarkt *m*: ***cardiac* ~** Herzinfarkt; **inˈfarc·tion** [-kʃn] *s.* Inˈfarkt(bildung *f*) *m*.

in·fat·u·ate [ɪnˈfætjʊeɪt] *v/t.* betören, verblenden (***with*** durch); **inˈfat·u·at·ed** [-tɪd] *adj.* ☐ **1.** betört, verblendet (***with*** durch); **2.** vernarrt (***with*** in *acc.*); **in·fat·u·a·tion** [ɪnˌfætjʊˈeɪʃn] *s.* Verblendung *f*; Verliebt-, Vernarrtheit *f*.

in·fect [ɪnˈfekt] *v/t.* **1.** ⚕ infizieren, anstecken (***with*** mit, ***by*** durch): ***become* ~*ed*** sich anstecken; **2.** *Sitten* verderben; *Luft* verpesten; **3.** *fig. j-n* anstecken, beeinflussen; **4.** einflößen (***s.o. with s.th.*** j-m et.); **inˈfec·tion** [-kʃn] *s.* **1.** ⚕ Infektiˈon *f*, Ansteckung *f*: ***catch an* ~** angesteckt werden, sich anstecken; **2.** ⚕ Ansteckungskeim *m*, Gift *n*; **3.** *fig.* Ansteckung *f*: a) Vergiftung *f*, b) (*a.* schlechter) Einfluss, Einwirkung *f*; **inˈfec·tious** [-kʃəs] *adj.* ☐ ⚕ ansteckend (*a. fig. Lachen, Optimismus etc.*), infektiˈös, überˈtragbar; **inˈfec·tious·ness** [-kʃəsnɪs] *s. das* Ansteckende: a) ⚕ Überˈtragbarkeit *f*, b) *fig.* Einfluss *m*.

in·fe·lic·i·tous [ˌɪnfɪˈlɪsɪtəs] *adj.* **1.** unglücklich; **2.** unglücklich (gewählt), ungeschickt (*Worte, Stil*); **ˌin·feˈlic·i·ty** [-tɪ] *s.* **1.** Unglücklichkeit *f*; **2.** Unglück *n*, Elend *n*; **3.** unglücklicher *od.* ungeschickter Ausdruck *etc.*

in·fer [ɪnˈfɜː] *v/t.* **1.** schließen, folgern, ableiten (***from*** aus); **2.** schließen lassen auf (*acc.*), an-, bedeuten; **inˈfer·a·ble** [-ɜːrəbl] *adj.* zu schließen(d), zu folgern(d), ableitbar (***from*** aus); **in·fer·ence** [ˈɪnfərəns] *s.* (Schluss)Folgerung *f*, (Rück)Schluss *m*: ***make* ~*s*** Schlüsse ziehen; **in·fer·en·tial** [ˌɪnfəˈrenʃl] *adj.* ☐ **1.** zu folgern(d); **2.** folgernd; **3.** gefolgert; **in·fer·en·tial·ly** [ˌɪnfəˈrenʃəlɪ] *adv.* durch Schlussfolgerung.

in·fe·ri·or [ɪnˈfɪərɪə] **I** *adj.* **1.** (***to***) ˈuntergeordnet (*dat.*); niedriger, geringer, geringwertiger (als): ***be* ~ *to s.o.*** j-m nachstehen; ***he is* ~ *to none*** er nimmt es mit jedem auf; **2.** geringer, schwächer (***to*** als); **3.** ˈuntergeordnet, unter, nieder, zweitrangig: ***the ~ classes*** die unteren Klassen; ***~ court*** ⚖ niederer Gerichtshof; **4.** minderwertig, gering, (mittel)mäßig: ***~ quality***; **5.** unter, tiefer gelegen, Unter...; **6.** *typ.* tief stehend (*z. B.* H_2); **7.** ***~ planet*** *ast.* unterer Planet (*zwischen Erde u. Sonne*); **II** *s.* **8.** 'Untergeordnete(r *m*) *f*, Unter'gebene(r *m*) *f*; **9.** Geringere(r *m*) *f*, Schwächere(r *m*) *f*.

in·fe·ri·or·i·ty [ɪnˌfɪərɪ'ɒrətɪ] *s.* **1.** Minderwertigkeit *f*: ***~ complex*** (***feeling***) *psych.* Minderwertigkeitskomplex *m* (-gefühl *n*); **2.** (*a.* zahlen- *od.* mengenmäßige) Unter'legenheit; **3.** geringerer Stand *od.* Wert.

in·fer·nal [ɪn'fɜːnl] *adj.* □ **1.** höllisch, Höllen...: ***~ machine*** Höllenmaschine *f*; ***~ regions*** Unterwelt *f*; **2.** *fig.* teuflisch; **3.** F grässlich, höllisch; **in'fer·no** [-nəʊ] *pl.* **-nos** *s.* In'ferno *n*, Hölle *f*.

in·fer·tile [ɪn'fɜːtaɪl] *adj.* unfruchtbar; **in·fer·til·i·ty** [ˌɪnfə'tɪlətɪ] *s.* Unfruchtbarkeit *f*.

in·fest [ɪn'fest] *v/t.* **1.** heimsuchen, *Ort* unsicher machen; **2.** plagen, verseuchen: ***~ed with*** geplagt von, verseucht durch; **3.** *fig.* über'laufen, -'schwemmen, -'fallen, sich festsetzen in (*dat.*): ***be ~ed with*** wimmeln von; **in·fes·ta·tion** [ˌɪnfe'steɪʃn] *s.* **1.** Heimsuchung *f*, (Land)Plage *f*; Belästigung *f*; **2.** *fig.* Über'schwemmung *f*.

in·feu·da·tion [ˌɪnfjuː'deɪʃn] *s.* ⚖, *hist.* **1.** Belehnung *f*; **2.** ***~ of tithes*** Zehntverleihung *f* an Laien.

in·fi·del ['ɪnfɪdəl] *eccl.* **I** *s.* Ungläubige(r *m*) *f*; **II** *adj.* ungläubig; **in·fi·del·i·ty** [ˌɪnfɪ'delətɪ] *s.* **1.** Ungläubigkeit *f*; **2.** (*bsd.* eheliche) Untreue.

in·field ['ɪnfiːld] *s.* **1.** ⸙ a) dem Hof nahes Feld, b) Ackerland *n*; **2.** *Kricket*: a) inneres Spielfeld, b) die dort stehenden Fänger; **3.** *Baseball*: (Spieler *pl.* im) Innenfeld *n*.

in·fight·ing ['ɪnˌfaɪtɪŋ] *s.* **1.** *Boxen*: Nahkampf *m*, Infight *m*; **2.** *fig.* Gerangel *n*, Hickhack *n*.

in·fil·trate ['ɪnfɪltreɪt] **I** *v/t.* **1.** (*a.* ⚔) einsickern in (*acc.*), 'durchsickern durch; **2.** durch'setzen, -'tränken; **3.** eindringen lassen, einschmuggeln (***into*** in *acc.*); **4.** *pol.* a) unter'wandern (*acc.*), b) *Agenten etc.* einschleusen (***into*** in *acc.*); **II** *v/i.* **5.** *a. fig.* einsickern, eindringen; **6.** *pol.* (***into***) sich einschleusen (in *acc.*), unter'wandern (*acc.*); **in·fil·tra·tion** [ˌɪnfɪl'treɪʃn] *s.* **1.** Einsickern *n* (*a.* ⚔); Eindringen *n*; **2.** Durch'tränkung *f*; **3.** *pol.* Unter'wanderung *f*: ***~ of agents*** Einschleusen *n* von Agenten; **'in·fil·tra·tor** [-tə] *s. pol.* Unter'wanderer *m*.

in·fi·nite ['ɪnfɪnət] **I** *adj.* □ **1.** un'endlich, endlos, unbegrenzt: ***~ loop*** *Computer*: Endlosschleife *f*; **2.** ungeheuer, 'allumˌfassend; **3.** *mit s. pl.* unzählige *pl.*; **4.** ***~ verb*** *ling.* Verbum *n* infinitum; **II** *s.* **5.** *das* Un'endliche, un'endlicher Raum; **6.** ***the*** ♀ Gott *m*; **'in·fi·nite·ly** [-lɪ] *adv.* **1.** un'endlich; ungeheuer; **2.** ***~ variable*** ⚙ stufenlos (regelbar).

in·fin·i·tes·i·mal [ˌɪnfɪnɪ'tesɪml] **I** *adj.* □ winzig, un'endlich klein; **II** *s.* un'endlich kleine Menge; ***~ cal·cu·lus*** *s.* ✍ Infinitesi'malrechnung *f*.

in·fin·i·ti·val [ɪnˌfɪnɪ'taɪvl] *adj. ling.* infinitivisch, Infinitiv...; **in·fin·i·tive** [ɪn'fɪnətɪv] *ling.* **I** *s.* Infinitiv *m*, Nennform *f*; **II** *adj.* infinitivisch: ***~ mood*** Infinitiv *m*.

in·fin·i·tude [ɪn'fɪnɪtjuːd] → ***infinity*** 1 *u.* 2; **in'fin·i·ty** [-ətɪ] *s.* **1.** Un'endlichkeit *f*, Unbegrenztheit *f*, Unermesslichkeit *f*; **2.** un'endliche Größe *od.* Zahl; **3.** ✍ un'endliche Menge *od.* Größe, das Un'endliche: ***to ~*** ad infinitum.

in·firm [ɪn'fɜːm] *adj.* □ **1.** schwach, gebrechlich; **2.** *a.* ***~ of purpose*** wankelmütig, unentschlossen, willensschwach; **in'fir·ma·ry** [-mərɪ] *s.* **1.** Krankenhaus *n*; **2.** Krankenzimmer *n* (*in Internaten etc.*); ⚔ ('Kranken)Reˌvier *n*; **in'fir·mi·ty** [-mətɪ] *s.* **1.** Gebrechlichkeit *f*, (Alters)Schwäche *f*; Krankheit *f*; **2.** *a.* ***~ of purpose*** Cha'rakterschwäche *f*, Unentschlossenheit *f*.

in·fix **I** *v/t.* [ɪn'fɪks] **1.** eintreiben, befestigen; **2.** *fig.* einprägen (***in*** *dat.*); **3.** *ling.* einfügen; **II** *s.* ['ɪnfɪks] **4.** *ling.* In'fix *n*, Einfügung *f*.

in·flame [ɪn'fleɪm] **I** *v/t.* **1.** *mst* ⚕ entzünden; **2.** *fig.* erregen, entflammen, reizen: ***~d with rage*** wutentbrannt; **II** *v/i.* **3.** sich entzünden (*a.* ⚕), Feuer fangen; **4.** *fig.* entbrennen (***with*** vor *dat.*, von); sich erhitzen, in Wut geraten; **in'flamed** [-md] *adj.* entzündet; **in·flam·ma·bil·i·ty** [ɪnˌflæmə'bɪlətɪ] *s.* **1.** Brennbarkeit *f*, Entzündlichkeit *f*; **2.** *fig.* Erregbarkeit *f*, Jähzorn *m*; **in·flam·ma·ble** [ɪn'flæməbl] **I** *adj.* **1.** brennbar, leicht entzündlich; **2.** feuergefährlich; **3.** *fig.* reizbar, jähzornig, hitzig; **II** *s.* **4.** *pl.* Zündstoffe *pl.*; **in·flam·ma·tion** [ˌɪnflə'meɪʃn] *s.* **1.** ⚕ Entzündung *f*; **2.** Aufflammen *n*; **3.** *fig.* Erregung *f*, Aufregung *f*; **in·flam·ma·to·ry** [ɪn'flæmətərɪ] *adj.* **1.** ⚕ Entzündungs...; **2.** *fig.* aufrührerisch, Hetz...: ***~ speech***.

in·flat·a·ble [ɪn'fleɪtəbl] *adj.* aufblasbar: ***~ boat*** Schlauchboot *n*; **in·flate** [ɪn'fleɪt] *v/t.* **1.** aufblasen, aufblähen (*beide a. fig.*), mit Luft *etc.* füllen, *Reifen etc.* aufpumpen; **2.** ✝ *Preise* hochtreiben, 'übermäßig steigern; **in'flat·ed** [-tɪd] *adj.* **1.** aufgebläht, aufgeblasen (*beide a. fig. Person*): ***~ with pride***

I

stolzgeschwellt; **2.** *fig.* geschwollen (*Stil*); **3.** über'höht (*Preise*); **in'fla·tion** [-eɪʃn] *s.* **1.** ✝ Inflati'on *f*: ***creeping* (*galloping*)** ~ schleichende (galoppierende) Inflation; ***rate of*** ~ Inflationsrate *f*; **2.** *fig.* Dünkel *m*, Aufgeblasenheit *f*; **3.** *fig.* Schwülstigkeit *f*; **in'fla·tion·ar·y** [-eɪʃnərɪ] *adj.* ✝ inflatio'när, inflatio'nistisch, Inflations...: ~ ***period*** Inflationszeit *f*; **in'fla·tion·ism** [-eɪʃnɪzəm] *s.* ✝ Inflatio'nismus *m*; **in'fla·tion·ist** [-eɪʃnɪst] *s.* Anhänger *m* des Inflatio'nismus.

in·flect [ɪn'flekt] *v/t.* **1.** (nach innen) biegen; **2.** *ling.* flektieren, beugen, abwandeln; **in'flec·tion** [-kʃn] *etc.* → ***inflexion*** *etc.*

in·flex·i·bil·i·ty [ɪnˌfleksə'bɪlətɪ] *s.* **1.** Unbiegsamkeit *f*; **2.** Unbeugsamkeit *f*; **in·flex·i·ble** [ɪn'fleksəbl] *adj.* ☐ **1.** 'unelastisch, unbiegsam; **2.** *fig.* a) unbeugsam, starr, b) unerbittlich.

in·flex·ion [ɪn'flekʃn] n] *s.* **1.** Biegung *f*, Krümmung *f*; **2.** (me'lodische) Modulati'on; **3.** (Ton)Veränderung *f der Stimme, weitS.* feine Nu'ance; **4.** *ling.* Flexi'on *f*, Beugung *f*, Abwandlung *f*; **in'flex·ion·al** [-ʃənl] *adj. ling.* flektierend, Flexions...

in·flict [ɪn'flɪkt] *v/t.* **1.** *Leid etc.* zufügen; *Wunde, Niederlage* beibringen, *Schlag* versetzen, *Strafe* auferlegen, zudiktieren (***on, upon*** *dat.*); **2.** aufbürden (***on, upon*** *dat.*): ~ ***o.s. on s.o.*** sich j-m aufdrängen; **in'flic·tion** [-kʃn] *s.* **1.** Zufügung *f*, Auferlegung *f*, Verhängung *f* (*Strafe*); **2.** Last *f*, Plage *f*; **3.** Heimsuchung *f*, Strafe *f*.

in·flo·res·cence [ˌɪnflɔː'resns] *s.* **1.** ⚘ a) Blütenstand *m*, b) *coll.* Blüten *pl.*; **2.** *a. fig.* Aufblühen *n*, Blüte *f*.

in·flow ['ɪnfləʊ] → ***influx*** 1.

in·flu·ence ['ɪnflʊəns] **I** *s.* **1.** Einfluss *m*, (Ein)Wirkung *f* (***on, upon, over*** auf *acc.*, ***with*** bei); ⚖ Beeinflussung *f*: ***be under s.o.'s*** ~ unter j-s Einfluss stehen; ***under the*** ~ ***of drink*** unter Alkoholeinfluss; ***under the*** ~ F ‚blau'; **2.** Einfluss *m*, Macht *f*: ***bring one's*** ~ ***to bear*** s-n Einfluss geltend machen; **II** *v/t.* **3.** beeinflussen, (ein)wirken *od.* Einfluss ausüben auf (*acc.*); **4.** bewegen, bestimmen; **in·flu·en·tial** [ˌɪnflʊ'enʃl] *adj.* ☐ **1.** einflussreich; maßgeblich; **2.** von (großem) Einfluss (***on*** auf *acc.*; ***in*** in *dat.*).

in·flu·en·za [ˌɪnflʊ'enzə] *s.* ✱ Influ'enza *f*, Grippe *f*.

in·flux ['ɪnflʌks] *s.* **1.** Einfließen *n*, Zustrom *m*, Zufluss *m*; **2.** ✝ (*Kapital- etc.*) Zufluss *m*, (Waren)Zufuhr *f*; **3.** Mündung *f* (*Fluss*); **4.** *fig.* Zustrom *m*: ~ ***of visitors*** Besucherstrom *m*.

in·fo ['ɪnfəʊ] *s.* F Informati'on *f*.

in·fold [ɪn'fəʊld] → ***enfold***.

in·form [ɪn'fɔːm] **I** *v/t.* (***of***) informieren (über *acc.*), verständigen, benachrichtigen, in Kenntnis setzen, unter'richten (von), *j-m* mitteilen (*acc.*): ~ ***o.s. of s.th.*** sich über et. informieren; ***keep s.o.*** ~***ed*** j-n auf dem Laufenden halten; ~ ***s.o. that*** j-n davon in Kenntnis setzen, dass; **II** *v/i.* ~ ***against s.o.*** j-n anzeigen *od.* denunzieren.

in·for·mal [ɪn'fɔːml] *adj.* ☐ **1.** zwanglos, ungezwungen, nicht for'mell *od.* förmlich; **2.** 'inoffiziˌell: ~ ***visit*** (***talks***); **3.** *ling.* Umgangs...: ~ ***speech***; **4.** ⚖ formlos: a) formfrei: ~ ***contract***, b) formwidrig; **in·for·mal·i·ty** [ˌɪnfɔː'mælətɪ] *s.* **1.** Zwanglosigkeit *f*, Ungezwungenheit *f*; **2.** ⚖ a) Formlosigkeit *f*, b) Formfehler *m*.

in·form·ant [ɪn'fɔːmənt] *s.* **1.** Gewährsmann *m*, Infor'mant(in), (Informati'ons)Quelle *f*; **2.** → ***informer***.

in·for·ma·tics [ˌɪnfə'mætɪks] *s. pl. oft sg. konstr.* Infor'matik *f*.

in·for·ma·tion [ˌɪnfə'meɪʃn] *s.* **1.** Nachricht *f*, Mitteilung *f*, Meldung *f*, Informati'on *f* (*a. Computer*): ~ ***bureau***, ~ ***office*** Auskunftsstelle *f*, Auskunftei *f*; ~ ***desk*** Auskunft(sschalter *m*) *f*; ~ ***flow*** Informationsfluss *m*; ~ ***retrieval*** Informationsabruf *m*; ~ ***science*** Informatik *f*; ~ ***scientist*** Informatiker(in); ~ ***superhighway*** Datenautobahn *f*; ~ ***technology*** Informati'onstechnoloˌgie *f*, -technik *f*; **2.** Auskunft *f*, Bescheid *m*, Kenntnis *f*: ***give*** ~ Auskunft geben; ***we have no*** ~ wir sind nicht unterrichtet (***as to*** über *acc.*); **3.** Erkundigungen *pl.*: ***gather*** ~ sich erkundigen, Auskünfte einholen; **4.** Unter'weisung *f*: ***for your*** ~ zu Ihrer Kenntnisnahme; **5.** Einzelheiten *pl.*, Angaben *pl.*; **6.** ⚖ Anklage *f*, Anzeige *f*: ***lodge*** ~ ***against s.o.*** Anklage erheben gegen j-n, j-n anzeigen; **ˌin·for'ma·tion·al** [-ʃənl] *adj.* informa'torisch, Informations...

in·form·a·tive [ɪn'fɔːmətɪv] *adj.* **1.** informa'tiv, lehr-, aufschlussreich; **2.** mitteilsam; **in'form·a·to·ry** [-tərɪ] *adj.* → a) ***informational***, b) ***informative*** 1; **in'formed** [-md] *adj.* **1.** infor'miert, (gut) unter'richtet: ~ ***quarters*** unterrichtete Kreise; **2.** a) sachkundig, b) sachlich begründet *od.* einwandfrei, fun'diert; **3.** gebildet; **in'form·er** [-mə] *s.* **1.** Infor'mant(in), Denunzi'ant(in): (***common***) ~, (***police***) ~ Spitzel *m*; **2.** ⚖ Anzeigeerstatter(in).

in·fo·tain·ment [ˌɪnfəʊ'teɪnmənt] *s. TV etc.* Info'tainment *n*.

in·fra ['ɪnfrə] *adv.* unten: ***vide*** (*od.* ***see***) ~ siehe unten (*in Büchern*).

infra- [ɪnfrə] *in Zssgn* unter(halb).

in·frac·tion [ɪn'frækʃn] → ***infringement***.

in·fra dig [ˌɪnfrə'dɪg] (*Lat. abbr.*) *adv. u.*

adj. F unter m-r (*etc.*) Würde, unwürdig.

in·fran·gi·ble [ɪn'frændʒɪbl] *adj.* unzerbrechlich; *fig.* unverletzlich.

ˌin·fra|'red *adj. phys.* infrarot; **ˌ~'son·ic** *adj.* Infraschall..., unter der Schallgrenze liegend.

'in·fraˌstruc·ture *s. allg.* 'Infrastrukˌtur *f.*

in·fre·quen·cy [ɪn'fri:kwənsɪ] *s.* Seltenheit *f*; **in'fre·quent** [-nt] *adj.* □ **1.** selten; **2.** spärlich, dünn gesät.

in·fringe [ɪn'frɪndʒ] **I** *v/t. Gesetz, Eid etc.* brechen, verletzen, verstoßen gegen; **II** *v/i.* (**on, upon**) *Rechte etc.* verletzen, eingreifen (in *acc.*); **in'fringe·ment** [-mənt] *s.* (**on, upon**) (*Rechts- etc., a. Patent*)Verletzung *f*, (*Rechts-, Vertrags*)Bruch *m*, Über'tretung *f* (*gen.*); Verstoß *m* (gegen).

in·fu·ri·ate [ɪn'fjʊərɪeɪt] *v/t.* wütend *od.* rasend machen; **in'fu·ri·at·ing** [-tɪŋ] *adj.* aufreizend, rasend machend.

in·fuse [ɪn'fju:z] *v/t.* **1.** aufgießen, -brühen, ziehen lassen: **~ tea** Tee aufgießen; **2.** *fig.* einflößen (**into** *dat.*); **3.** erfüllen (**with** mit); **in'fus·er** [-zə] *s.*: (**tea**) **~** Tee-Ei *n*; **in'fu·si·ble** [-zəbl] *adj.* ⚗ unschmelzbar; **in'fu·sion** [-ʒn] *s.* **1.** Aufgießen *n*, -brühen *n*; **2.** Aufguss *m*, (Kräuter- *etc.*)Tee *m*; **3.** ⚕ Infusi'on *f*; **4.** *fig.* Einflößung *f*; **5.** *fig.* a) Beimischung *f*, b) Zufluss *m*.

in·fu·so·ri·a [ˌɪnfju:'zɔ:rɪə] *s. pl. zo.* Infu'sorien *pl.*, Wimpertierchen *pl.*; **ˌin·fu'so·ri·al** [-əl] *adj. zo.* Infusorien...: **~ earth** *min.* Infusorienerde *f*, Kieselgur *f*; **ˌin·fu'so·ri·an** [-ən] *zo.* **I** *s.* Wimpertierchen *n*, Infu'sorium *n*; **II** *adj.* → **infusorial**.

in·gen·ious [ɪn'dʒi:njəs] *adj.* □ geni'al: a) erfinderisch, findig, b) geistreich, klug, c) sinn-, kunstvoll, raffiniert: **~ design**; **in'gen·ious·ness** [-nɪs] → **ingenuity**.

in·gé·nue ['ænʒeɪnju:] *s.* **1.** na'ives Mädchen, ‚Unschuld' *f*; **2.** *thea.* Na'ive *f*.

in·ge·nu·i·ty [ˌɪndʒɪ'nju:ətɪ] *s.* **1.** Genia'li'tät *f*, Erfindungsgabe *f*, Einfallsreichtum *m*, Findigkeit *f*, Geschicklichkeit *f*, Bril'lanz *f*; **2.** Raffi'nesse *f*, geni'ale Ausführung *etc.*

in·gen·u·ous [ɪn'dʒenjʊəs] *adj.* □ **1.** offen(herzig), treuherzig, unbefangen, aufrichtig; **2.** na'iv, einfältig, unschuldig; **in'gen·u·ous·ness** [-nɪs] *s.* **1.** Offenheit *f*, Treuherzigkeit *f*; **2.** Naivi'tät *f*.

in·gest [ɪn'dʒest] *v/t. Nahrung* aufnehmen; **in'ges·tion** [-tʃn] *s.* Nahrungsaufnahme *f*.

in·glo·ri·ous [ɪn'glɔ:rɪəs] *adj.* □ **1.** unrühmlich, schimpflich; **2.** *obs.* ruhmlos.

in·go·ing ['ɪnˌgəʊɪŋ] *adj.* **1.** eintretend; **2.** neu (*Beamter, Mieter etc.*).

in·got ['ɪŋgət] *s.* ⚙ Barren *m*, Stange *f*, Block *m*: **~ of gold** Goldbarren *m*; **~ of steel** Stahlblock *m*; **~ iron** Flussstahl *m*, -eisen *n*.

in·graft [ɪn'grɑ:ft] → **engraft**.

in·grain I *v/t.* [ˌɪn'greɪn] **1.** *obs.* in der Wolle *od.* Faser (*farbecht*) färben; **2.** *fig.* tief verwurzeln; **II** *adj.* [*attr.* 'ɪngreɪn; *pred.* ˌɪn'greɪn] **3.** → **ˌin'grained** [-nd] *adj. fig.* **1.** tief verwurzelt: **~ prejudice**; **2.** eingefleischt: **~ habit**; **3.** unverbesserlich.

in·grate [ɪn'greɪt] *obs.* **I** *adj.* undankbar; **II** *s.* Undankbare(r *m*) *f*.

in·gra·ti·ate [ɪn'greɪʃɪeɪt] *v/t.*: **~ o.s. with s.o.** sich bei j-m einschmeicheln; **in'gra·ti·at·ing** [-tɪŋ] *adj.* □ schmeichlerisch.

in·grat·i·tude [ɪn'grætɪtju:d] *s.* Undank (-barkeit *f*) *m*.

in·gre·di·ent [ɪn'gri:djənt] *s.* ⚗, *Küche u. fig.*: Bestandteil *m*, Zutat *f*; *fig. a.* (*Charakter- etc.*)Merkmal *n*.

in·gress ['ɪngres] *s.* **1.** Eintritt *m* (*a. ast.*), Eintreten *n* (**into** in *acc.*); **2.** Zutritt *m*, Zugang (**into** zu); **3.** Zustrom *m*: **~ of visitors**.

'in-group *s. sociol.* Ingroup *f*.

in·grow·ing ['ɪnˌgrəʊɪŋ] *adj.*, **'in·grown** *adj.* ⚕ eingewachsen: **an ~ nail**.

in·gui·nal ['ɪŋgwɪnl] *adj.* ⚕ Leisten...

in·gur·gi·tate [ɪn'gɜ:dʒɪteɪt] *v/t. bsd. fig.* verschlingen, schlucken.

in·hab·it [ɪn'hæbɪt] *v/t.* bewohnen, wohnen *od.* (*a. zo.*) leben in (*dat.*); **in'hab·it·a·ble** [-təbl] *adj.* bewohnbar; **in'hab·it·ant** [-tənt] *s.* **1.** Bewohner (-in) (*e-s Hauses etc.*), **2.** Einwohner (-in) (e-s *Orts, e-s Landes*).

in·ha·la·tion [ˌɪnhə'leɪʃn] *s.* **1.** Einatmung *f*; **2.** ⚕ Inhalati'on *f*; **in·hale** [ɪn'heɪl] **I** *v/t.* ⚕ einatmen, inhalieren; **II** *v/i.* inhalieren, *beim Rauchen*: *a.* Lungenzüge machen; **in·hal·er** [ɪn'heɪlə] *s.* **1.** ⚕ Inhalati'onsappaˌrat *m*; **2.** j-d, der inhaliert.

in·har·mo·ni·ous [ˌɪnhɑ:'məʊnjəs] *adj.* □ 'unharˌmonisch: a) 'misstönend, b) *fig.* uneinig.

in·here [ɪn'hɪə] *v/i.* **1.** innewohnen: a) anhaften (**in s.o.** j-m), b) eigen sein (**in s.th.** e-r Sache); **2.** enthalten sein (**in** in *dat.*); **in'her·ence** [-ərəns] *s.* Innewohnen *n*, Anhaften *n*; *phls.* Inhä'renz *f*; **in'her·ent** [-ərənt] *adj.* □ **1.** innewohnend, eigen, anhaftend (*alle*: **in** *dat.*): **~ defect** (*od.* **vice**) ⚖ innerer Fehler; **2.** eingewurzelt; **3.** *phls.* inhä'rent; **in'her·ent·ly** [-ərəntlɪ] *adv.* von Na'tur aus, schon an sich.

in·her·it [ɪn'herɪt] **I** *v/t.* **1.** ⚖, *biol., fig.* erben; **2.** *biol., fig.* ererben; **II** *v/i.* **3.** ⚖ erben, Erbe sein; **in'her·it·a·ble** [-təbl] *adj.* **1.** ⚖, *biol., fig.* vererbbar, erblich (*Sache*); **2.** erbfähig, -berechtigt

I

(*Person*); **in'her·it·ance** [-təns] *s.* **1.** ⚖, *fig.* Erbe *n*, Erbschaft *f*, Erbteil *n*: **~ tax** *Am.* Erbschaftssteuer *f*; **2.** ⚖, *biol.* Vererbung *f*: **by ~** durch Vererbung, erblich; **in'her·it·ed** [-tɪd] *adj.* ererbt, Erb... (*a. ling.*); **in'her·i·tor** [-tə] *s.* Erbe *m* (*a. fig.*); **in'her·i·tress** [-trɪs], **in'her·i·trix** [-trɪks] *s.* Erbin *f.*

in·hib·it [ɪn'hɪbɪt] *v/t.* **1.** *et.*, *psych. j-n* hemmen: **~ed** gehemmt; **2.** (**from**) *j-n* abhalten (von), hindern (an *dat.*): **~ s.o. from doing s.th.** j-n daran hindern, et. zu tun; **in·hi·bi·tion** [ˌɪnhɪ'bɪʃn] *s.* **1.** Hemmung *f* (*a.* ⚕ *u. psych.*): **~ threshold** 'Hemmschwelle *f*; **2.** Unter'sagung *f*, Verbot *n*; **3.** ⚖ Unter'sagungsbefehl *m* (*e-e Sache weiterzuverfolgen*); **in'hib·i·tor** [-tə] *s.* ⚗, ⚙ Hemmstoff *m*, (*Korrosions- etc.*) Schutzmittel *n*; **in'hib·i·to·ry** [-tərɪ] **1.** hemmend, Hemmungs... (*a.* ⚕ *u. psych.*), hindernd; **2.** unter'sagend, verbietend.

in·hos·pi·ta·ble [ɪn'hɒspɪtəbl] *adj.* □ ungastlich: a) nicht gastfreundlich, b) unwirtlich: **~ climate**; **in·hos·pi·tal·i·ty** [ɪnˌhɒspɪ'tælətɪ] *s.* Ungastlichkeit *f*: a) mangelnde Gastfreundschaft *f*, b) Unwirtlichkeit *f.*

'in-ˌhouse *adj.* innerbetrieblich, betriebsintern

in·hu·man [ɪn'hju:mən] *adj.* □, **in·hu·mane** [ˌɪnhju:'meɪn] *adj.* □ unmenschlich, 'inhuˌman; **in·hu·man·i·ty** [ˌɪnhju:'mænətɪ] *s.* Unmenschlichkeit *f.*

in·hume [ɪn'hju:m] *v/t.* beerdigen, bestatten.

in·im·i·cal [ɪ'nɪmɪkl] *adj.* □ (**to**) **1.** feindlich (gegen); **2.** schädlich, nachteilig (für).

in·im·i·ta·ble [ɪ'nɪmɪtəbl] *adj.* □ unnachahmlich, einzigartig.

in·iq·ui·tous [ɪ'nɪkwɪtəs] *adj.* □ **1.** ungerecht; **2.** frevelhaft; **3.** böse, lasterhaft, schlecht; **4.** gemein, niederträchtig; **in'iq·ui·ty** [-tɪ] *s.* **1.** Ungerechtigkeit *f*; **2.** Niederträchtigkeit *f*; **3.** Schandtat *f*, Frevel *m*; **4.** Sünde *f*, Laster *n*.

in·i·tial [ɪ'nɪʃl] **I** *adj.* □ **1.** anfänglich, Anfangs..., Ausgangs..., erst, ursprünglich: **~ advertising** ✝ Einführungswerbung *f*; **~ capital expenditure** ✝ Anlagekosten *pl.*; **~ material** ✝ Ausgangsmaterial *n*; **~ position** ⚙, ⚔ *etc.* Ausgangsstellung *f*; **~ salary** Anfangsgehalt *n*; **~ stages** Anfangsstadium *n*; **2.** *ling.* anlautend; **II** *s.* **3.** (großer) Anfangsbuchstabe, Initi'ale *f*; **4.** *pl.* Mono'gramm *n*; **5.** *ling.* Anlaut *m*; **III** *v/t.* **6.** mit Initi'alen versehen *od.* unter'zeichnen, paraphieren; **7.** mit e-m Mono'gramm versehen; **in'i·tial·ly** [-ʃəlɪ] *adv.* am *od.* zu Anfang, anfänglich, zu'erst.

in·i·ti·ate I *v/t.* [ɪ'nɪʃɪeɪt] **1.** beginnen, einleiten, -führen, ins Leben rufen; **2.** *j-n* einweihen, -arbeiten, -führen (**into**, **in** in *acc.*); **3.** *j-n* einführen, aufnehmen (**into** in *acc.*); **4.** *pol.* als Erster beantragen; *Gesetzesvorlage* einbringen; **II** *adj.* [-ɪət] **5.** → ***initiated***; **III** *s.* [-ɪət] **6.** Eingeweihte(r *m*) *f*, Kenner(in); **7.** Eingeführte(r *m*) *f*; **8.** Neuling *m*, Anfänger (-in); **in'i·ti·at·ed** [-tɪd] *adj.* eingeführt, eingeweiht: **the ~** die Eingeweihten *pl.*; **in·i·ti·a·tion** [ɪˌnɪʃɪ'eɪʃn] *s.* **1.** Einleitung *f*, Beginn *m*; **2.** (feierliche) Einführung, -setzung *f*, Aufnahme *f* (**into** in *acc.*); **3.** Einweihung *f*, Weihe *f*.

in·i·ti·a·tive [ɪ'nɪʃɪətɪv] **I** *s.* **1.** Initia'tive *f*: a) erster Schritt *od.* Anstoß, Anregung *f*: **take the ~** die Initiative ergreifen, den ersten Schritt tun; **on s.o.'s ~** auf j-s Anregung hin; **on one's own ~** aus eigenem Antrieb, b) Unter'nehmungsgeist *m*; **2.** *pol.* (Ge'setzes)Initiaˌtive *f*; **II** *adj.* **3.** einleitend; **4.** beginnend.

in·i·ti·a·tor [ɪ'nɪʃɪeɪtə] *s.* **1.** Initi'ator *m*, Urheber *m*, Anreger *m*; **2.** ⚔ (Initi'al-) Zündladung *f*; **3.** ⚗ reakti'onsauslösende Sub'stanz; **in'i·ti·a·to·ry** [-ɪətərɪ] *adj.* **1.** einleitend; **2.** einweihend, Einweihungs...

in·ject [ɪn'dʒekt] *v/t.* **1.** ⚕ a) (*a.* ⚙) einspritzen, b) ausspritzen (**with** mit), c) e-e Einspritzung machen in (*acc.*); **2.** *fig.* einflößen, einimpfen (**into** *dat.*); **3.** *Bemerkung* einwerfen.

in·jec·tion [ɪn'dʒekʃn] *s.* ⚕ Injekti'on *f*: a) Einspritzung *f* (*a.* ⚙), Spritze *f*, b) *das Eingespritzte*, c) Einlauf *m*, d) Ausspritzung *f* (*e-r Wunde etc.*): **~ of money** *fig.* ‚Spritze' *f*, Geldzuschuss *m*; **~ cock** *s.* Einspritzhahn *m*; **~ die** *s.* ⚙ Spritzform *f*; **~ mo(u)ld·ing** *s.* Spritzguss(verfahren *n*) *m*; **~ noz·zle** *s.* Einspritzdüse *f*; **~ syr·inge** *s.* ⚕ Injekti'onsspritze *f*.

in·jec·tor [ɪn'dʒektə] *s.* ⚙ In'jektor *m*, Dampfstrahlpumpe *f*.

in·ju·di·cious [ˌɪndʒu:'dɪʃəs] *adj.* □ unklug, 'unüberˌlegt.

In·jun ['ɪndʒən] *s. Am. humor.* Indi'aner *m*: **honest ~!** Ehrenwort!

in·junc·tion [ɪn'dʒʌŋkʃn] *s.* **1.** ⚖ gerichtliche Verfügung, *bsd.* (gerichtlicher) Unter'lassungsbefehl: **interim ~** einstweilige Verfügung; **2.** ausdrücklicher Befehl.

in·jure ['ɪndʒə] *v/t.* **1.** verletzen, beschädigen, verwunden: **~ one's leg** sich am Bein verletzen; **2.** *fig. j-n, j-s Stolz etc.* kränken, verletzen; **3.** schaden (*dat.*), schädigen, beeinträchtigen; **'in·jured** [-əd] *adj.* **1.** verletzt: **the ~** die Verletzten; **2.** geschädigt: **the ~ party** der Geschädigte; **3.** gekränkt, verletzt: **~ innocence** gekränkte Unschuld; **in·ju-**

ri·ous [ɪn'dʒʊərɪəs] *adj.* □ **1.** schädlich, nachteilig (*to* für): *be* ~ (*to*) schaden (*dat.*); **2.** beleidigend, verletzend (*Worte*); **3.** un(ge)recht; **in·ju·ry** ['ɪndʒərɪ] *s.* **1.** Verletzung *f*, Wunde *f* (*to* an *dat.*): ~ *to the head* Kopfverletzung, -wunde; ~ *time sport* Nachspielzeit *f*; **2.** (Be)Schädigung *f* (*to gen.*), Schaden *m* (*a.* ⚖): ~ *to person* (*property*) Personen-(Sach)schaden; **3.** *fig.* Verletzung *f*, Kränkung *f* (*to gen.*); **4.** Unrecht *n*.

in·jus·tice [ɪn'dʒʌstɪs] *s.* Unrecht *n*, Ungerechtigkeit *f*: *do s.o. an* ~ j-m ein Unrecht antun.

ink [ɪŋk] **I** *s.* **1.** Tinte *f*: *copying* ~ Kopiertinte *f*; **2.** Tusche *f*: ~ *drawing* Tuschzeichnung *f*; → *Indian ink*; **3.** *typ.* (Druck)Farbe *f*; → *printer* 1; **4.** *zo.* Tinte *f*, Sepia *f*; **II** *v/t.* **5.** mit Tinte schwärzen *od.* beschmieren; **6.** *typ. Druckwalzen* einfärben; **7.** ~ *in mit Tusche* ausziehen, tuschieren; **8.** ~ *out mit Tinte* unleserlich machen, ausstreichen; ~ **bag** → *ink sac*; ~ **blot** *s.* Tintenklecks *m*.

ink·er ['ɪŋkə] *s.* **1.** → *inking roller*; **2.** *typ.* Tuscher(in).

ink·ing ['ɪŋkɪŋ] *s. typ.* Einfärben *n*; ~ **pad** *s.* Einschwärzballen *m*; ~ **roll·er** *s.* Auftrag-, Farbwalze *f*.

ink·jet print·er ['ɪŋkdʒet] *s. Computer*: Tintenstrahldrucker *m*.

ink·ling ['ɪŋklɪŋ] *s.* **1.** Andeutung *f*, Wink *m*; **2.** dunkle Ahnung: *get an* ~ *of s.th.* et. merken, ‚Wind von et. bekommen'; *not the least* ~ nicht die leiseste Ahnung.

ink| pad *s.* Farb-, Stempelkissen *n*; ~ **pot** *s.* Tintenfass *n*; ~ **rib·bon** *s.* Farbband *n*; ~ **sac** *s. zo.* Tintenbeutel *m*; '~**·stand** *s.* **1.** Tintenfass *n*; **2.** Schreibzeug *n*; '~**·well** *s.* (eingelassenes) Tintenfass.

ink·y ['ɪŋkɪ] *adj.* **1.** tiefschwarz; **2.** voll Tinte, tintig.

in·laid [ˌɪn'leɪd; *attr.* 'ɪnleɪd] *adj.* eingelegt, Einlege..., Mosaik...: ~ *floor* Parkett(fußboden *m*) *n*; ~ *table* Tisch *m* mit Einlegearbeit; ~ *work* Einlegearbeit *f*.

in·land ['ɪnlənd] **I** *s.* **1.** In-, Binnenland *n*; **II** *adj.* **2.** binnenländisch, Binnen...: ~ *town* Stadt im Binnenland; **3.** inländisch, einheimisch, Inland..., Landes...; **III** *adv.* [ɪn'lænd] **4.** im Innern des Landes; **5.** ins Innere des Landes, landeinwärts; ~ **bill (of ex·change)** ['ɪnlənd] *s.* ✝ Inlandwechsel *m*; ~ **du·ty** *s.* ✝ Binnenzoll *m*.

in·land·er ['ɪnləndə] *s.* Binnenländer(in).

'in·land| mail *s. Brit.* Inlandspost *f*; ~ **nav·i·ga·tion** *s.* Binnenschifffahrt *f*; ~ **prod·uce** *s.* ✝ 'Landesproˌdukte *pl.*; ~ **rev·e·nue** *s.* ✝ *Brit.* a) Steueraufkommen *n*, b) ♀ Steuerbehörde *f*; ~ **trade** *s.* ✝ Binnenhandel *m*; ~ **wa·ters**, ~ **wa·ter·ways** *s. pl.* Binnengewässer *pl.*

in-laws ['ɪnlɔːz] *s. pl.* **1.** angeheiratete Verwandte *pl.*; **2.** Schwiegereltern *pl.*

in·lay **I** *v/t.* [*irr.* → *lay*] [ˌɪn'leɪ] **1.** einlegen: ~ *with ivory*; **2.** furnieren; **3.** täfeln, parkettieren, auslegen; **II** *s.* ['ɪnleɪ] **4.** Einlegearbeit *f*, In'tarsia *f*; **5.** ⚕ (Zahn)Füllung *f*, Plombe *f*.

in·let ['ɪnlet] *s.* **1.** Meeresarm *m*, schmale Bucht; **2.** Eingang *m* (*a.* ⚕), Einlass *m* (*a.* ⚙): ~ *valve* ⚙ Einlassventil *n*; **3.** Einsatz(stück *n*) *m*.

'in-line en·gine *s.* Reihenmotor *m*.

in·lin·er ['ɪnlaɪnə] *s. sport* **1.** Inlineskater *m*; **2.** Inline Skate *m*, Inliner *m*.

'in-line| skat·er *s. sport* 'Inlineˌskater(in); ~ **skates** *s. pl. sport* Inline Skates *pl.*, 'Inliner *pl.*; ~ **skat·ing** *s. sport* Inline Skating *n*.

in·ly·ing ['ɪnˌlaɪɪŋ] *adj.* innen liegend, Innen..., inner.

in·mate ['ɪnmeɪt] *s.* **1.** Insasse *m*, Insassin *f* (*bsd. e-r Anstalt etc.*); **2.** *obs.* Hausgenosse *m*, -genossin *f*; **3.** Bewohner(in) (*a. fig.*).

in·most ['ɪnməʊst] *adj.* **1.** (*a. fig.*) innerst; **2.** *fig.* tiefst, geheimst.

inn [ɪn] *s.* **1.** Gasthaus *n*, -hof *m*; **2.** Wirtshaus *n*; **3.** *Inns pl. of Court* ⚖ *die* (Gebäude *pl.* der) vier Rechtsschulen in London.

in·nards ['ɪnədz] *s. pl.* F *das* Innere, *bsd.* a) *die* Eingeweide *pl.* (*a. fig.*), b) *Küche*: *die* Inne'reien *pl.*

in·nate [ˌɪ'neɪt] *adj.* □ angeboren, eigen (*in dat.*); ˌ**in'nate·ly** [-lɪ] *adv.* von Na'tur (aus).

in·ner ['ɪnə] **I** *adj.* **1.** inner, inwendig, Innen...: ~ *door* Innentür *f*; **2.** *fig.* inner, vertraut: *the* ~ *circle* der engere Kreis (*von Freunden etc.*); **3.** geistig, seelisch, inner(lich): ~ *life das* Innen- *od.* Seelenleben; **4.** verborgen, geheim; **II** *s.* **5.** (Treffer *m* in das) Schwarze (*e-r Schießscheibe*); ~ **man** *s.* [*irr.*] innerer Mensch: a) Seele *f*, Geist *m*, b) *humor. der* Magen *m*: *refresh the* ~ sich stärken.

'in·ner·most → *inmost*.

in·ner| span *s.* ⚠ lichte Weite; ~ **surface** *s.* Innenfläche *f*, -seite *f*; ~ **tube** *s.* ⚙ (Luft)Schlauch *m e-s Reifens*.

in·ner·vate ['ɪnɜːveɪt] *v/t.* **1.** ⚕ innervieren, mit Nerven versorgen; **2.** anregen, beleben.

in·ning ['ɪnɪŋ] *s.* **1.** *Brit.* ~*s pl. sg. konstr., Am.* ~ *sg.*: *have one's* ~(*s*) a) *Kricket, Baseball*: dran *od.* am Spiel *od.* am Schlagen sein, b) *fig.* an der Reihe sein, *pol.* an der Macht *od.* am Ruder sein; **2.** *pl. Brit.* Gelegenheit *f*, Glück *n*, Chance *f*.

'innˌkeep·er *s.* Gastwirt(in).

I

in·no·cence ['ɪnəsəns] *s.* **1.** *allg.* Unschuld *f*: a) ⚖ *etc.* Schuldlosigkeit *f* (**of** an *dat.*), b) Keuschheit *f*, c) Harmlosigkeit *f*, d) Arglosigkeit *f*, Naivi'tät *f*, Einfalt *f*; **2.** Unwissenheit *f*; **'in·no·cent** [-snt] **I** *adj.* □ **1.** unschuldig: a) schuldlos (**of** an *dat.*): **~ air** Unschuldsmiene *f*, b) keusch, rein, c) harmlos, d) arglos, na'iv, einfältig; **2.** harmlos: ***an ~ sport***; **3.** unbeabsichtigt: ***an ~ deception***; **4.** unwissend: ***he is ~ of such things*** er hat noch nichts von solchen Dingen gehört; **5.** ⚖ a) → 1 a, b) gutgläubig, c) le'gal; **6.** (**of**) frei (von), bar (*gen.*), ohne (*acc.*): ***~ of conceit*** frei von (jedem) Dünkel; ***~ of reason*** bar aller Vernunft; ***he is ~ of Latin*** er kann kein Wort Latein; **II** *s.* **7.** Unschuldige(r *m*) *f*: ***the slaughter of the 2s*** a) *bibl.* der bethlehemitische Kindermord, b) *parl. sl.* das Über'bordwerfen von Vorlagen am Sessi'onsende; **8.** ‚Unschuld' *f*, na'iver Mensch, Einfaltspinsel *m*; **9.** Igno'rant(in), Nichtswisser(in).

in·noc·u·ous [ɪ'nɒkjʊəs] *adj.* □ unschädlich, harmlos.

in·no·vate ['ɪnəʊveɪt] *v/i.* Neuerungen einführen *od.* vornehmen; **in·no·va·tion** [ˌɪnəʊ'veɪʃn] *s.* Neuerung *f*, *a.* ✝ Innovati'on *f*; **'in·no·va·tive** [-tɪv] *adj.* innovationsfreudig: ***~ advance*** Innovationsschub *m*; **'in·no·va·tor** [-tə] *s.* Neuerer *m*.

in·nox·ious [ɪ'nɒkʃəs] *adj.* □ unschädlich.

in·nu·en·do [ˌɪnjuː'endəʊ] *pl.* **-does** *s.* **1.** (versteckte) Andeutung *od.* (boshafte) Anspielung, Anzüglichkeit *f*; **2.** Unter'stellung *f*.

in·nu·mer·a·ble [ɪ'njuːmərəbl] *adj.* □ unzählig, zahllos.

in·ob·serv·ance [ˌɪnəb'zɜːvəns] *s.* **1.** Unaufmerksamkeit *f*, Unachtsamkeit *f*; **2.** Nichteinhaltung *f*, -beachtung *f*.

in·oc·u·late [ɪ'nɒkjʊleɪt] *v/t.* **1.** ⚕ a) *Serum etc.* einimpfen (**on, *into s.o.*** j-m), b) *j-n* impfen (***against*** gegen); **2.** ***~ with*** *fig. j-m et.* einimpfen, *j-n* erfüllen mit; **3.** ⚘ okulieren; **in·oc·u·la·tion** [ɪˌnɒkjʊ'leɪʃn] *s.* **1.** ⚕ a) Impfung *f*: ***~ gun*** Impfpistole *f*; ***preventive ~*** Schutzimpfung, b) Einimpfung *f* (*a. fig.*); **2.** ⚘ Okulierung *f*.

in·o·dor·ous [ɪn'əʊdərəs] *adj.* □ geruchlos.

in·of·fen·sive [ˌɪnə'fensɪv] *adj.* □ harmlos.

in·of·fi·cious [ˌɪnə'fɪʃəs] *adj.* ⚖ pflichtwidrig.

in·op·er·a·ble [ɪn'ɒpərəbl] *adj.* ⚕ inope'rabel, nicht operierbar.

in·op·er·a·tive [ɪn'ɒpərətɪv] *adj.* **1.** unwirksam: a) wirkungslos, b) ⚖ ungültig, nicht in Kraft; **2.** a) außer Betrieb, b) nicht einsatzfähig.

in·op·por·tune [ɪn'ɒpətjuːn] *adj.* □ 'inopporˌtun, unangebracht, zur Unzeit (geschehen *etc.*), ungelegen.

in·or·di·nate [ɪ'nɔːdɪnət] *adj.* □ **1.** 'übermäßig, über'trieben, maßlos; **2.** ungeordnet; **3.** unbeherrscht.

in·or·gan·ic [ˌɪnɔː'gænɪk] *adj.* (□ **~ally**) 'un-, ⚗ 'anorˌganisch.

in·os·cu·late [ɪ'nɒskjʊleɪt] *mst* ⚕ **I** *v/t.* vereinigen (***with*** mit), einmünden lassen (***into*** in *acc.*); **II** *v/i.* sich vereinigen; eng verbunden sein.

in·pa·tient ['ɪnˌpeɪʃnt] *s.* 'Anstaltspatiˌent(in), statio'närer Pati'ent: ***~ treatment*** stationäre Behandlung.

in·pay·ment ['ɪnˌpeɪmənt] *s.* ✝ Einzahlung *f*.

in·phase ['ɪnfeɪz] *adj.* ⚡ gleichphasig.

in-plant ['ɪnplɑːnt] *adj.* ✝ innerbetrieblich, (be'triebs)inˌtern.

in·pour·ing ['ɪnˌpɔːrɪŋ] **I** *adj.* (her-) 'einströmend; **II** *s.* (Her)'Einströmen *n*.

in·put ['ɪnpʊt] *s.* Input *m*: a) ✝ eingesetzte Produkti'onsmittel *pl.*: ***~-output analysis*** Input-Output-Analyse *f*, b) ⚙ eingespeiste Menge, c) ⚡ zugeführte Spannung *od.* Leistung, (Leistungs-) Aufnahme *f*, 'Eingangsenerˌgie *f*: ***~ amplifier*** *Radio*: Eingangsverstärker *m*; ***~ circuit*** ⚡ Eingangsstromkreis *m*; ***~ impedance*** ⚡ Eingangswiderstand *m*, d) *Computer*: (Daten-, Pro'gramm)Eingabe *f*.

in·quest ['ɪnkwest] *s.* **1.** ⚖ a) gerichtliche Unter'suchung, b) *a.* ***coroner's ~*** Gerichtsverhandlung *f* zur Feststellung der Todesursache (*bei ungeklärten Todesfällen*), c) Unter'suchungsergebnis *n*, Befund *m*; **2.** genaue Prüfung, Nachforschung *f*.

in·qui·e·tude [ɪn'kwaɪətjuːd] *s.* Unruhe *f*, Besorgnis *f*.

in·quire [ɪn'kwaɪə] **I** *v/t.* **1.** sich erkundigen nach, fragen nach, erfragen: ***~ the price***; ***~ one's way*** sich nach dem Weg erkundigen; **II** *v/i.* **2.** fragen, sich erkundigen (***of s.o.*** bei j-m; ***for*** nach; ***about*** über *acc.*, wegen): ***~ after s.o.*** sich nach j-m *od.* nach j-s Befinden erkundigen; ***~ within!*** Näheres im Hause (zu erfragen)!; **3.** ***~ into*** unter'suchen, erforschen; **in'quir·er** [-ərə] *s.* **1.** Fragesteller(in), Nachfragende(r *m*) *f*; **2.** Unter'suchende(r *m*) *f*; **in'quir·ing** [-ərɪŋ] *adj.* □ forschend, fragend; neugierig.

in·quir·y [ɪn'kwaɪərɪ] *s.* **1.** Erkundigung *f*, (An-, Nach)Frage *f*: ***on ~*** auf Nachfrage *od.* Anfrage; ***make inquiries*** Erkundigungen einziehen (***of s.o.*** bei j-m; ***about*** über *acc.*, wegen); ***Inquiries*** *pl.* Auskunft(sstelle) *f*; **2.** Unter'suchung *f*, Prüfung *f* (***into*** *gen.*); (Nach)Forschung *f*: ***board of ~*** Untersuchungsausschuss *m*; ***~ of·fice*** *s.* 'Auskunft(sbüˌro *n*) *f*.

in·qui·si·tion [ˌɪnkwɪˈzɪʃn] *s.* **1.** (gerichtliche *od.* amtliche) Unter'suchung; **2.** *R.C.* a) *hist.* Inquisiti'on *f*, Ketzergericht *n*, b) Kongregati'on *f* des heiligen Of'fiziums; **3.** *fig.* strenges Verhör; ˌ**in·qui'si·tion·al** [-ʃənl] *adj.* **1.** Untersuchungs...; **2.** *R.C.* Inquisitions...; **3.** → ***inquisitorial*** 3.

in·quis·i·tive [ɪnˈkwɪzətɪv] *adj.* ☐ **1.** wissbegierig; **2.** neugierig, naseweis; **in'quis·i·tive·ness** [-nɪs] *s.* **1.** Wissbegierde *f*; **2.** Neugier(de) *f*; **in'quis·i·tor** [-tə] *s.* *R.C.* Inqui'sitor *m*: ***Grand*** ≈ Großinquisitor; **in·quis·i·to·ri·al** [ɪnˌkwɪzɪˈtɔːrɪəl] *adj.* ☐ **1.** ⚖ Untersuchungs...; **2.** *R.C.* Inquisitions...; **3.** inquisi'torisch, streng (verhörend); **4.** aufdringlich fragend, neugierig.

in| re [ˌɪnˈreɪ] (*Lat.*) *prp.* ⚖ in Sachen, betrifft; **~ rem** [ˌɪnˈrem] (*Lat.*) *adj.* ⚖ dinglich: ***~ action***.

in·road [ˈɪnrəʊd] *s.* **1.** Angriff *m*, 'Überfall *m* (***on*** auf *acc.*), Einfall *m* (***in***, ***on*** in *acc.*); **2.** *fig.* (***on***, ***into***) Eingriff *m* (in *acc.*), 'Übergriff *m* (auf *acc.*), 'übermäßige In'anspruchnahme (*gen.*); **3.** Eindringen *n*: ***make an ~ into*** *fig.* e-n Einbruch erzielen in (*dat.*).

in·rush [ˈɪnrʌʃ] *s.* (Her)'Einströmen *n*, Zustrom *m*.

in·sa·lu·bri·ous [ˌɪnsəˈluːbrɪəs] *adj.* ungesund; ˌ**in·sa'lu·bri·ty** [-ətɪ] *s.* Gesundheitsschädlichkeit *f*.

in·sane [ɪnˈseɪn] *adj.* ☐ wahn-, irrsinnig: a) ⚕ geisteskrank; → ***asylum*** 1, b) *fig.* verrückt, toll.

in·san·i·tar·y [ɪnˈsænɪtərɪ] *adj.* 'unhygiˌenisch, gesundheitsschädlich.

in·san·i·ty [ɪnˈsænətɪ] *s.* Irr-, Wahnsinn *m*: a) ⚕ Geisteskrankheit *f*, b) *fig.* Verrücktheit *f*.

in·sa·ti·a·bil·i·ty [ɪnˌseɪʃjəˈbɪlətɪ] *s.* Unersättlichkeit *f*; **in·sa·ti·a·ble** [ɪnˈseɪʃjəbl], **in·sa·ti·ate** [ɪnˈseɪʃɪət] *adj.* unersättlich (*a. fig.*).

in·scribe [ɪnˈskraɪb] *v/t.* **1.** (ein-, auf-) schreiben; **2.** beschriften, mit e-r Inschrift versehen; **3.** *bsd.* ✝ eintragen: ***~d stock*** *Brit.* Namensaktien *pl.*; **4.** *Buch etc.* widmen (***to*** *dat.*); **5.** ⩚ einbeschreiben; **6.** *fig.* (fest) einprägen (***in*** *dat.*).

in·scrip·tion [ɪnˈskrɪpʃn] *s.* **1.** Beschriftung *f*; In-, Aufschrift *f*; **2.** Eintragung *f*, Registrierung *f* (*bsd. von Aktien*); **3.** Zueignung *f*, Widmung *f* (*Buch etc.*); **4.** ⩚ Einzeichnung *f*; **5.** ✝ *Brit.* (Ausgabe *f* von) Namensaktien *pl.*; **in'scrip·tion·al** [-ʃənl], **in'scrip·tive** [-ptɪv] *adj.* Inschriften...

in·scru·ta·bil·i·ty [ɪnˌskruːtəˈbɪlətɪ] *s.* Unergründlichkeit *f*; **in·scru·ta·ble** [ɪnˈskruːtəbl] *adj.* ☐ unergründlich: ***~ face*** undurchdringliches Gesicht.

in·sect [ˈɪnsekt] *s.* **1.** *zo.* In'sekt *n*, Kerbtier *n*; **2.** *contp.* ‚Wurm' *m*, ‚Giftzwerg' *m* (*Person*); **in·sec·ti·cide** [ɪnˈsektɪsaɪd] *s.* In'sektengift *n*, Insekti'zid *n*; **in·sec·ti·vore** [ɪnˈsektɪvɔː] *s.* *zo.* In'sektenfresser *m*; **in·sec·tiv·o·rous** [ˌɪnsekˈtɪvərəs] *adj.* *zo.* In'sekten fressend.

'in·sect| pow·der *s.* In'sektenpulver *n*; **~ re·pel·lent** [rɪˈpelənt] *s.* In'sektenschutzmittel *n*.

in·se·cure [ˌɪnsɪˈkjʊə] *adj.* ☐ **1.** unsicher: a) ungesichert, pre'kär, b) ungewiss, zweifelhaft; **2.** *psych.* unsicher, verunsichert: ***make s.o. feel ~*** j-n verunsichern; ˌ**in·se'cu·ri·ty** [-ʊərətɪ] *s.* **1.** Unsicherheit *f*; **2.** Ungewissheit *f*.

in·sem·i·nate [ɪnˈsemɪneɪt] *v/t.* **1.** (ein-, aus)säen; **2.** *biol.* (*bsd.* künstlich) befruchten; **3.** *fig.* einimpfen; **in·sem·i·na·tion** [ɪnˌsemɪˈneɪʃn] *s.* **1.** (Ein)Säen *n*; **2.** *biol.* Befruchtung *f*: ***artificial ~*** künstliche Befruchtung.

in·sen·sate [ɪnˈsenseɪt] *adj.* ☐ **1.** leb-, empfindungs-, gefühllos; **2.** unsinnig, unvernünftig; **3.** → ***insensible*** 3.

in·sen·si·bil·i·ty [ɪnˌsensəˈbɪlətɪ] *s.* (***to***) **1.** (*a. fig.*) Gefühllosigkeit *f* (gegen), Unempfindlichkeit *f* (für); **2.** Bewusstlosigkeit *f*; **3.** Gleichgültigkeit *f* (gegen), Unempfänglichkeit *f* (für); Stumpfheit *f*; **in·sen·si·ble** [ɪnˈsensəbl] *adj.* ☐ **1.** unempfindlich, gefühllos (***to*** gegen): ***~ from cold*** vor Kälte gefühllos; **2.** bewusstlos; **3.** (***of***, ***to***) unempfänglich (für), gleichgültig (gegen); **4.** ***be ~ of*** nicht (an)erkennen (*acc.*); **5.** unmerklich; **in·sen·si·bly** [ɪnˈsensəblɪ] *adv.* unmerklich.

in·sen·si·tive [ɪnˈsensətɪv] *adj.* (***to***) **1.** *a. phys.*, ⚙ unempfindlich (gegen); **2.** unempfänglich (für), gefühllos (gegen); **in'sen·si·tive·ness** [-nɪs] *s.* Unempfindlichkeit *f*; Unempfänglichkeit *f*.

in·sen·ti·ent [ɪnˈsenʃnt] → ***insensible*** 1.

in·sep·a·ra·bil·i·ty [ɪnˌsepərəˈbɪlətɪ] *s.* **1.** Untrennbarkeit *f*; **2.** Unzertrennlichkeit *f*; **in·sep·a·ra·ble** [ɪnˈsepərəbl] **I** *adj.* ☐ **1.** untrennbar (*a. ling.*); **2.** unzertrennlich; **II** *s.* **3.** *pl. die* Unzertrennlichen *pl.*

in·sert I *v/t.* [ɪnˈsɜːt] **1.** einfügen, -setzen, -schieben, *Diskette*, *CD(-ROM)* einlegen, *Worte a.* einschalten, *Instrument etc.* einführen, *Schlüssel etc.* (hi'nein)stecken (***in***, ***into*** in *acc.*); **2.** ⚡ ein-, zwischenschalten; **3.** *Münze* einwerfen; **4.** *Anzeige* (*in e-e Zeitung*) setzen, *ein Inserat* aufgeben; **II** *s.* [ˈɪnsɜːt] **5.** → ***insertion*** 2–4; **in'ser·tion** [-ɜːʃn] *s.* **1.** a) Einfügen *n* (*etc.* → ***insert***), b) Einfügung *f*, Ein-, Zusatz *m*, Einschaltung *f* (*a.* ⚡); Einwurf *m* (*Münze*); **2.** (Zeitungs)Beilage *f*; **3.** (Spitzen- *etc.*) Einsatz *m*; **4.** Inse'rat *n*,

I

Anzeige *f*; **in·sert key** [ɪn'sɜːt] *s. Computer*: Einfügetaste *f*; **in·sert mode** [ɪn'sɜːt] *s. Computer*: 'Einfüge͵modus *m*.

'in-͵ser·vice *adj.* während der Dienstzeit: **~ training** betriebliche Berufsförderung.

in·set I *s.* ['ɪnset] **1.** → **insertion** 1 b, 2, 3; **2.** Eckeinsatz *m*, Nebenbild *n*, -karte *f*; **II** *v/t.* [*irr.* → **set**] [͵ɪn'set] *pret. u. p.p. Brit. a.* **in·set·ted** [͵ɪn'setɪd] **3.** einfügen, -setzen.

in·shore [͵ɪn'ʃɔː] **I** *adj.* **1.** an *od.* nahe der Küste: **~ fishing** Küstenfischerei *f*; **II** *adv.* **2.** a) küstenwärts, b) nahe der Küste; **3. ~ of** näher der Küste als: **~ of a ship** zwischen Schiff und Küste.

in·side [͵ɪn'saɪd] **I** *s.* **1.** Innenseite *f*, -fläche *f*, innere Seite: **on the ~** innen; **s.o. on the ~** *fig.* → **insider** 1; **2.** *das* Innere: **from the ~** von innen; **~ out** das Innere nach außen, umgestülpt, *Kleidung*: verkehrt herum, links; **turn ~ out** (völlig) umkrempeln, durcheinander bringen, ‚auf den Kopf stellen'; **know ~ out** in- u. auswendig kennen; **3.** F ‚Eingeweide' *pl.*: **pain in one's ~** Bauch- *od.* Leibschmerzen; **II** *adj.* **4.** inner, inwendig, Innen...: **~ diameter** lichter Durchmesser, lichte Weite; **~ information** interne Informationen *pl.*, Informationen *pl.* aus erster Quelle; **~ job** F Tat *f* e-s Eingeweihten *od.* Insiders; **~ lane** *sport* Innenbahn *f*; **~ story** Inside-Story *f* (*Bericht aus interner Sicht*); **III** *adv.* **5.** im Innern, innen, drin(nen); **6.** nach innen, hin'ein, her'ein: **go ~**; **put s.o. ~** F j-n ‚einlochen'; **7. ~ of** a) innerhalb (*gen.*), binnen: **~ of a week**, b) *Am.* → 8; **IV** *prp.* **8.** innerhalb (*gen.*), im Innern (*gen.*), in (*dat.*): **be ~ the house**; **9.** in (*acc.*) ... (hin'ein *od.* herein): **go ~ the house**; **in·sid·er** [͵ɪn'saɪdə] *s.* **1.** Eingeweihte(r *m*) *f*, Insider *m*; **~ trading** (*od.* **dealing**) *Börse*: Insidergeschäfte *pl.*; **2.** Zugehörige(r *m*) *f*, Mitglied *n*.

in·sid·i·ous [ɪn'sɪdɪəs] *adj.* ☐ **1.** heimtückisch, 'hinterhältig, tückisch; **2.** ⚕ tückisch, schleichend; **in'sid·i·ous·ness** [-nɪs] *s.* 'Hinterlist *f*, Tücke *f*.

in·sight ['ɪnsaɪt] *s.* (**into**) **1.** Einblick *m* (in *acc.*); **2.** Verständnis *n* (für), Kenntnis (*gen.*).

in·sig·ni·a [ɪn'sɪgnɪə] *s. pl.* In'signien *pl.*, Ab-, Ehrenzeichen *pl.*

in·sig·nif·i·cance [͵ɪnsɪg'nɪfɪkəns] *s.*, **͵in·sig'nif·i·can·cy** [-sɪ] *s.* Bedeutungslosigkeit *f*, Unwichtigkeit *f*, Belanglosigkeit *f*, Geringfügigkeit *f*; **͵in·sig'nif·i·cant** [-nt] *adj.* ☐ **1.** bedeutungs-, belanglos, unwichtig; geringfügig, unbedeutend; nichts sagend; **2.** verächtlich.

in·sin·cere [͵ɪnsɪn'sɪə] *adj.* ☐ unaufrichtig, falsch; **͵in·sin'cer·i·ty** [-'serətɪ] *s.* Unaufrichtigkeit *f*.

in·sin·u·ate [ɪn'sɪnjʊeɪt] *v/t.* **1.** andeuten, anspielen auf (*acc.*): ***what are you insinuating?*** was wollen Sie damit sagen?; **2.** *j-m et.* zu verstehen geben, *et.* vorsichtig beibringen; **3. ~ o.s. into s.o.'s favo(u)r** sich bei j-m einschmeicheln; **in'sin·u·at·ing** [-tɪŋ] *adj.* ☐ **1.** anzüglich; **2.** schmeichlerisch; **in·sin·u·a·tion** [ɪn͵sɪnjʊ'eɪʃn] *s.* **1.** Anspielung *f*, (versteckte) Andeutung; **2.** Schmeiche'leien *pl.*

in·sip·id [ɪn'sɪpɪd] *adj.* ☐ **1.** fade, geschmacklos, schal; **2.** *fig.* fade, abgeschmackt, geistlos; **in·si·pid·i·ty** [͵ɪnsɪ'pɪdətɪ] *s.* Geschmacklosigkeit *f*, Fadheit *f*, *fig. a.* Abgeschmacktheit *f*.

in·sist [ɪn'sɪst] *v/i.* **1.** (**on**) bestehen (auf *dat.*), dringen (auf *acc.*), verlangen (*acc.*), insis'tieren (auf *dat.*): ***I ~ on doing it*** ich bestehe darauf, es zu tun; ***if you ~!*** wenn Sie darauf bestehen!; **2.** (**on**) beharren (auf *dat.*, bei), bleiben (bei); **3.** beteuern (**on** *acc.*); **4.** (**on**) her'vorheben, nachdrücklich betonen (*acc.*); **5.** es sich nicht nehmen lassen (**on doing** zu tun); **6. ~ on** *doing* immer wieder *umfallen etc.* (*Sache*); **in'sist·ence** [-təns], **in'sist·en·cy** [-tənsɪ] *s.* **1.** Bestehen *n*, Beharren *n* (**on**, **upon** auf *dat.*); **2.** (**on**) Beteuerung *f* (*gen.*), Beharren (auf *dat.*); **3.** (**on**, **upon**) Betonung *f* (*gen.*); Nachdruck *m* (auf *dat.*); **4.** Beharrlichkeit *f*, Hartnäckigkeit *f*; **in'sist·ent** [-tənt] *adj.* ☐ **1.** beharrlich, dauernd, hartnäckig, drängend; **2. be ~ on** → **insist** 1–3; **3.** eindringlich, nachdrücklich, dringend; **4.** aufdringlich, grell (*Farbe, Ton*).

in·so·bri·e·ty [͵ɪnsəʊ'braɪətɪ] *s.* Unmäßigkeit *f* (*engS.* im Trinken).

͵in·so'far → **far** 4.

in·so·la·tion [͵ɪnsəʊ'leɪʃn] *s.* Sonnenbestrahlung *f*, Sonnenbad *n*.

in·sole ['ɪnsəʊl] *s.* **1.** Brandsohle *f*; **2.** Einlegesohle *f*.

in·so·lence ['ɪnsələns] *s.* **1.** Über'heblichkeit *f*; **2.** Unverschämtheit *f*, Frechheit *f*; **'in·so·lent** [-nt] *adj.* ☐ **1.** anmaßend; **2.** unverschämt.

in·sol·u·bil·i·ty [ɪn͵sɒljʊ'bɪlətɪ] *s.* **1.** Un(auf)löslichkeit *f*; **2.** *fig.* Unlösbarkeit *f*; **in·sol·u·ble** [ɪn'sɒljʊbl] **I** *adj.* ☐ **1.** un(auf)löslich; **2.** unlösbar, unerklärlich; **II** *s.* **3.** ⚗ unlösliche Sub'stanz.

in·sol·ven·cy [ɪn'sɒlvənsɪ] *s.* ✝ **1.** Zahlungsunfähigkeit *f*, Insol'venz *f*; **2.** Kon'kurs *m*; **in'sol·vent** [-nt] **I** *adj.* ✝ **1.** zahlungsunfähig, insol'vent; **2.** *bsd. fig.* (*moralisch etc.*) bank'rott; **3.** Konkurs...: **~ estate** konkursreifer Nachlass; **II** *s.* **4.** zahlungsunfähiger Schuldner.

in·som·ni·a [ɪnˈsɒmnɪə] *s.* ⚕ Schlaflosigkeit *f*; **inˈsom·ni·ac** [-ɪæk] *s.* ⚕ an Schlaflosigkeit Leidende(r *m*) *f*.

in·so·much [ˌɪnsəʊˈmʌtʃ] *adv.* **1.** so (sehr), dermaßen (***that*** dass); **2.** → ***inasmuch***.

in·sou·ci·ance [ɪnˈsuːsjəns] *s.* Sorglosigkeit *f* (*etc.* →) **inˈsou·ci·ant** [-nt] *adj.* sorglos, unbekümmert, gleichgültig, lässig.

in·spect [ɪnˈspekt] *v/t.* **1.** unterˈsuchen, prüfen, nachsehen; **2.** besichtigen, sich (genau) ansehen, inspizieren; **3.** beaufsichtigen; **inˈspec·tion** [-kʃn] *s.* **1.** Besichtigung *f*; An-, ˈDurchsicht *f*; Einsicht(nahme) *f* (*von Akten etc.*): ***for your*** ~ zur Ansicht; ***free*** ~ Besichtigung ohne Kaufzwang; ***be*** (***laid***) ***open to*** ~ zur Einsicht ausliegen; **2.** Unterˈsuchung *f*, Prüfung *f*, Konˈtrolle *f*: ~ ***hole*** ⚙ Schauloch *n*; ~ ***lamp*** ⚙ Ableuchtlampe *f*; **3.** Besichtigung *f*, Inspektiˈon *f*; **4.** Aufsicht *f*; **5.** ⚔ Apˈpell *m*; **inˈspec·tor** [-tə] *s.* **1.** Inˈspektor *m*; Kontrolˈleur *m* (*Bus etc.*), Aufseher *m*, Aufsichtsbeamte(r) *m*: ***customs*** ~ Zollinspektor *m*; ~ ***of schools*** Schulinspektor *m*; ~ ***of weights and measures*** Eichmeister *m*; **2.** (Poliˈzei)Inˌspektor *m*, (-)Kommisˌsar *m*; **3.** ⚔ Inspekˈteur *m*; **inˈspec·to·ral** [-tərəl] *adj.* Inspektor(en)...; Aufsichts...; **inˈspec·tor·ate** [-tərət] *s.* Inspektoˈrat *n*: a) Aufsichtsbezirk *m*, b) Aufsichtsbehörde *f*, c) Aufseheramt *n*; **in·spec·to·ri·al** [ˌɪnspekˈtɔːrɪəl] → ***inspectoral***; **inˈspec·tor·ship** [-təʃɪp] **1.** Inˈspektoramt *n*; **2.** Aufsicht *f*.

in·spi·ra·tion [ˌɪnspəˈreɪʃn] *s.* **1.** *eccl.* göttliche Eingebung, Erleuchtung *f*; **2.** Inspiratiˈon *f*, Eingebung *f*, (plötzlicher) Einfall; **3.** *et.* Inspirierendes; **4.** Anregung *f*: ***at the*** ~ ***of*** auf *j-s* Veranlassung; **5.** Begeisterung *f*; **in·spi·rator** [ˈɪnspəreɪtə] *s.* ⚕ Inhaˈlator *m*; **inspir·a·to·ry** [ɪnˈspaɪərətərɪ] *adj.* (Ein-)Atmungs...

in·spire [ɪnˈspaɪə] *v/t.* **1.** begeistern, anfeuern; **2.** anregen, veranlassen; **3.**(***in s.o.***) *Gefühl etc.* einflößen, eingeben (j-m); erwecken, erregen (in j-m); **4.** *fig.* a) erleuchten, b) beseelen, erfüllen (***with*** mit), c) inspirieren; **5.** einatmen; **inˈspired** [-əd] *adj.* **1.** *bsd. eccl.* erleuchtet; eingegeben; **2.** schöpferisch, einfallsreich; **3.** begeistert; **4.** a) glänzend, herˈvorragend, b) schwungvoll; **5.** von ‚oben' (*von der Regierung etc.*) veranlasst; **inˈspir·er** [-ərə] *s.* Anreger (-in); **inˈspir·ing** [-ərɪŋ] *adj.* □ anregend, begeisternd, inspirierend.

in·spir·it [ɪnˈspɪrɪt] *v/t.* beleben, beseelen, anfeuern, ermutigen.

in·sta·bil·i·ty [ˌɪnstəˈbɪlətɪ] *s. mst fig.* **1.** Instabiliˈtät *f*, Unsicherheit *f*; **2.** Labiliˈtät *f*, Unbeständigkeit *f*.

in·stall [ɪnˈstɔːl] *v/t.* **1.** ⚙ a) installieren, montieren, aufstellen, einbauen, b) einrichten, (an)legen, anbringen; **2.** *j-n* bestallen; *in ein Amt* einsetzen, -führen; **3.** ~ ***o.s.*** F sich niederlassen; **in·stal·la·tion** [ˌɪnstəˈleɪʃn] *s.* **1.** ⚙ a) Installierung *f*, Einrichtung *f*, Einbau *m*, b) (*fertige*) Anlage *od.* Einrichtung; **2.** (Amts)Einsetzung *f*, Bestallung *f*.

in·stal(l)·ment[1] [ɪnˈstɔːlmənt] → ***installation***.

in·stal(l)·ment[2] [ɪnˈstɔːlmənt] *s.* **1.** ✝ Rate *f*, Teil-, Ab-, Abschlags-, Ratenzahlung *f*: ***by*** ~***s*** in Raten; ***first*** ~ Anzahlung *f*; ~ ***credit*** Teilzahlungskredit *m*; ~ ***plan*** Teilzahlungssystem *n*; ***buy on the*** ~ ***plan*** auf Raten kaufen, ‚abstottern'; **2.** (Teil)Lieferung *f* (*Buch etc.*); **3.** Fortsetzung *f* (*Roman etc.*), *Radio, TV*: *a.* (Sende)Folge *f*.

in·stance [ˈɪnstəns] **I** *s.* **1.** (*einzelner*) Fall, Beispiel *n*: ***in this*** ~ in diesem (*besonderen*) Fall; ***for*** ~ zum Beispiel: ***as an*** ~ ***of s.th.*** als Beispiel für et.; **2.** Bitte *f*, Ersuchen *n*: ***at his*** ~ auf sein Drängen *od.* Betreiben *od.* s-e Veranlassung; **3.** ⚖ Inˈstanz *f*: ***court of the first*** ~ Gericht *n* erster Instanz; ***in the last*** ~ in letzter Instanz, *fig.* letztlich; ***in the first*** ~ *fig.* in erster Linie, zuerst; **II** *v/t.* **4.** als Beispiel anführen; **5.** mit Beispielen belegen; **ˈin·stan·cy** [-sɪ] *s.* Dringlichkeit *f*.

in·stant [ˈɪnstənt] **I** *s.* **1.** Moˈment *m*: a) (kurzer) Augenblick *m*, b) (genauer) Zeitpunkt; ***in an*** ~, ***on the*** ~ sofort, augenblicklich, im Nu; ***at this*** ~ in diesem Augenblick; ***this*** ~ sofort, augenblicklich; **II** *adj.* □ → ***instantly***; **2.** soˈfortig, augenblicklich: ~ ***camera*** *phot.* Instant-, Sofortbildkamera *f*; ~ ***coffee*** Pulverkaffee *m*; ~ ***glue*** Sekundenkleber *m*; ~ ***meal*** Fertig-, Schnellgericht *n*; **3.** *abbr.* ***inst.***: ***the 10th*** ~ der 10. dieses Monats; **4.** dringend.

in·stan·ta·ne·ous [ˌɪnstənˈteɪnjəs] *adj.* □ **1.** soˈfortig, unverzüglich, augenblicklich: ***death was*** ~ der Tod trat auf der Stelle ein; **2.** gleichzeitig (*Ereignisse*); **3.** *phys.*, ⚙ momenˈtan, Augenblicks...: ~ ***photo*** Momentaufnahme *f*; ~ ***shutter*** *phot.* Momentverschluss *m*; **ˌin·stanˈta·ne·ous·ly** [-lɪ] *adv.* soˈfort, unverzüglich; auf der Stelle; **ˌin·stanˈta·ne·ous·ness** [-nɪs] *s.* Augenblicklichkeit *f*; Blitzesschnelle *f*.

in·stan·ter [ɪnˈstæntə] *adv.* soˈfort.

in·stant·ly [ˈɪnstəntlɪ] *adv.* soˈfort, unverzüglich, augenblicklich.

in·state [ɪnˈsteɪt] *v/t.* *in ein Amt* einsetzen.

in·stead [ɪnˈsted] *adv.* **1.** ~ ***of*** (an)statt (*gen.*), an Stelle von: ~ ***of me*** statt mei-

I

ner, an meiner statt *od.* Stelle; **~ of going** (an)statt zu gehen; **~ of at work** statt bei der Arbeit; **2.** stattdessen: **she sent the boy ~**.

in·step ['ɪnstep] *s.* Rist *m*, Spann *m* (*Fuß*): **~ raiser** Plattfußeinlage *f*; **high in the ~** F hochnäsig.

in·sti·gate ['ɪnstɪgeɪt] *v/t.* **1.** an-, aufreizen, aufhetzen, anstiften (**to** zu, **to do** zu tun); **2.** *et.* (*Böses*) anstiften, anfachen; **in·sti·ga·tion** [ˌɪnstɪ'geɪʃn] *s.* **1.** Anstiftung *f*, Aufhetzung *f*, -reizung *f*; **2.** Anregung *f*: **at the ~ of** auf Betreiben *od.* Veranlassung von (*od. gen.*); '**in·sti·ga·tor** [-tə] *s.* Anstifter(in), (Auf)Hetzer(in).

in·stil(l) [ɪn'stɪl] *v/t.* **1.** einträufeln, -tröpfeln; **2.** *fig.* (**into**) a) *j-m* einflößen, -impfen, beibringen, b) *et.* durch'dringen (mit), einfließen lassen (in *acc.*); **in·stil·la·tion** [ˌɪnstɪ'leɪʃn], **in'stil(l)·ment** [-mənt] *s.* **1.** Einträufelung *f*; **2.** *fig.* Einflößung *f*, Einimpfung *f*.

in·stinct I *s.* ['ɪnstɪŋkt] **1.** In'stinkt *m*, (Na'tur)Trieb *m*: **by ~**, **on ~**, **from ~** instinktiv; **2.** a) instink'tives Gefühl, (sicherer) In'stinkt, b) Begabung *f* (**for** für); **II** *adj.* [ɪn'stɪŋkt] **3.** belebt, durch'drungen, erfüllt (**with** von); **in·stinc·tive** [ɪn'stɪŋktɪv] *adj.* □ instink'tiv: a) in'stinkt-, triebmäßig, Instinkt..., b) unwillkürlich, c) angeboren.

in·sti·tute ['ɪnstɪtjuːt] **I** *s.* **1.** Insti'tut *n*, Anstalt *f*; **2.** (gelehrte *etc.*) Gesellschaft; **3.** Insti'tut *n* (*Gebäude*); **4.** *pl. bsd.* ✝ Grundgesetze *pl.*, -lehren *pl.*; **II** *v/t.* **5.** ein-, errichten, gründen; einführen; **6.** einleiten, in Gang setzen: **~ an inquiry** e-e Untersuchung einleiten; **~ legal proceedings** Klage erheben, das Verfahren einleiten (**against** gegen); **7.** *bsd. eccl. j-n* einsetzen, einführen.

in·sti·tu·tion [ˌɪnstɪ'tjuːʃn] *s.* **1.** Insti'tut *n*, Anstalt *f*, Einrichtung *f*, Stiftung *f*, Gesellschaft *f*; **2.** Insti'tut *n* (*Gebäude*); **3.** Institution *f*, Einrichtung *f*, (über'kommene) Sitte, Brauch *m*; **4.** Ordnung *f*, Recht *n*, Satzung *f*; **5.** F a) alte Gewohnheit, b) vertraute Sache, feste Einrichtung, c) allbekannte Per'son; **6.** Ein-, Errichtung *f*, Gründung *f*; **7.** *eccl.* Einsetzung *f*; ˌ**in·sti'tu·tion·al** [-ʃənl] *adj.* **1.** Institutions..., Instituts..., Anstalts...; **2.** ✝ *Am.* **~ advertising** Repräsentationswerbung *f*; ˌ**in·sti'tu·tion·al·ize** [-ʃənlaɪz] *v/t.* **1.** *et.* institutionalisieren; **2.** *j-n* in e-e Anstalt einweisen.

in·struct [ɪn'strʌkt] *v/t.* **1.** (be)lehren, unter'weisen, -'richten, schulen, ausbilden (**in** in *dat.*); **2.** informieren, unter'richten; **3.** instruieren (*a.* ⚖), anweisen, beauftragen; **in'struc·tion** [-kʃn] *s.* **1.** Belehrung *f*, Schulung *f*, Ausbildung *f*, 'Unterricht *m*: **private ~** Privatunterricht; **course of ~** Lehrgang *m*, Kursus *m*; **2.** *pl.* Auftrag *m*, Vorschrift (-en *pl.*) *f*, (An)Weisung(en *pl.*) *f*, Verhaltungsmaßregeln *pl.*, Richtlinien *pl.*, (*a.* Betriebs)Anleitung *f*: **according to ~s** auftrags-, weisungsgemäß, vorschriftsmäßig; **~s for use** Gebrauchsanweisung; **3.** *Am.* ⚖ *mst pl.* Rechtsbelehrung *f*; **4.** ⚔ *mst pl.* Dienstanweisung *f*, Instrukti'on *f*; **in'struc·tion·al** [-kʃənl] *adj.* Unterrichts..., Erziehungs..., Ausbildungs..., Lehr...: **~ film** Lehrfilm *m*; **~ staff** Lehrkörper *m*; **in'struc·tive** [-tɪv] *adj.* □ belehrend; lehr-, aufschlussreich; **in'struc·tive·ness** [-tɪvnɪs] *s.* *das* Belehrende; **in'struc·tor** [-tə] *s.* **1.** Lehrer *m*; **2.** Ausbilder *m* (*a.* ⚔); **3.** *univ. Am.* Do'zent *m*; **in'struc·tress** [-trɪs] *s.* Lehrerin *f*.

in·stru·ment ['ɪnstrʊmənt] **I** *s.* **1.** Instru'ment *n* (*a.* ♪): a) (feines) Werkzeug *n*, b) Appa'rat *m*, (*bsd.* Mess)Gerät *n*; **2.** *pl.* ⚕ Besteck *n*; **3.** ✝, ⚖ a) Doku'ment *n*, Urkunde *f*, 'Wertpaˌpier *n*: **~ of payment** Zahlungsmittel *n*; **~ payable to bearer** ✝ Inhaberpapier; **~ to order** Orderpapier, b) *pl.* Instrumen'tarium *n*: **the ~s of credit policy**; **4.** *fig.* Werkzeug *n*: a) (Hilfs)Mittel *n*, b) Handlanger(in); **II** *v/t.* **5.** ♪ instrumentieren; **III** *adj.* **6.** ⚙ Instrumenten...: **~ board**, **~ panel** a) Schalt-, Armaturenbrett *n*, b) ✈ Instrumentenbrett *n*; **~ maker** Apparatebauer *m*, Feinmechaniker *m*; **7.** ✈ Blind..., Instrumenten...: **~ flying**; **~ landing**; **in·stru·men·tal** [ˌɪnstrʊ'mentl] *adj.* □ → **instrumentally**; **1.** behilflich, dienlich, förderlich: **be ~ in** *ger.* behilflich sein *od.* wesentlich dazu beitragen, dass; e-e gewichtige Rolle spielen bei; **2.** ♪ Instrumental...; **3.** mit Instrumenten ausgeführt: **~ operation**; **~ error** ⚙ Instrumentenfehler *m*; **4.** **~ case** *ling.* Instrumental(is) *m*; **in·stru·men·tal·ist** [ˌɪnstrʊ'mentəlɪst] *s.* ♪ Instrumenta'list(in); **in·stru·men·tal·i·ty** [ˌɪnstrʊmen'tælətɪ] *s.* **1.** Mitwirkung *f*, Mithilfe *f*: **through his ~**; **2.** (Hilfs)Mittel *n*; Einrichtung *f*; **in·stru·men·tal·ly** [ˌɪnstrʊ'mentəlɪ] *adv.* durch Instrumente; **in·stru·men·ta·tion** [ˌɪnstrʊmen'teɪʃn] *s.* ♪ Instrumentati'on *f*.

in·sub·or·di·nate [ˌɪnsə'bɔːdnət] *adj.* unbotmäßig, wider'setzlich, aufsässig; **in·sub·or·di·na·tion** ['ɪnsəˌbɔːdɪ'neɪʃn] *s.* Unbotmäßigkeit *f etc.*; Gehorsamsverweigerung *f*, Auflehnung *f*.

in·sub·stan·tial [ˌɪnsəb'stænʃl] *adj.* **1.** sub'stanzlos, unkörperlich; **2.** unwirklich; **3.** wenig nahrhaft.

in·suf·fer·a·ble [ɪn'sʌfərəbl] *adj.* □ unerträglich, unausstehlich.

in·suf·fi·cien·cy [ˌɪnsəˈfɪʃnsɪ] *s.* **1.** Unzulänglichkeit *f*, Mangel(haftigkeit *f*) *m*; Untauglichkeit *f*; **2.** ⚕ Insuffiziˈenz *f*; ˌ**in·sufˈfi·cient** [-nt] *adj.* ☐ **1.** unzulänglich, unzureichend, ungenügend; **2.** untauglich, mangelhaft, unfähig.

in·suf·flate [ˈɪnsʌfleɪt] *v/t.* **1.** *a.* ⚕, ⚙ (hin)ˈeinblasen; **2.** *R.C.* anhauchen; ˈ**in·suf·fla·tor** [-tə] *s.* ⚙, ⚕ ˈEinblaseappaˌrat *m*.

in·su·lant [ˈɪnsjʊlənt] *s.* ⚙ Isoˈlierstoff *m*, -materiˌal *n*.

in·su·lar [ˈɪnsjʊlə] *adj.* ☐ **1.** inselartig, insuˈlar, Insel...; **2.** *fig.* isoliert, abgeschlossen; **3.** *fig.* engstirnig, beschränkt; **in·su·lar·i·ty** [ˌɪnsjʊˈlærətɪ] *s.* **1.** insuˈlare Lage; **2.** *fig.* Abgeschlossenheit *f*; **3.** *fig.* Engstirnigkeit *f*, Beschränktheit *f*.

in·su·late [ˈɪnsjʊleɪt] *v/t.* ⚡, ⚙ isolieren (*a. fig. absondern*); ˈ**in·su·lat·ing** [-tɪŋ] *adj.* isolierend, Isolier...: *~ compound* ⚡ Isoliermasse *f*; *~ joint* ⚡ Isolierkupplung *f*; *~ switch* Trennschalter *m*; *~ tape* ⚡ Isolierband *n*; **in·su·la·tion** [ˌɪnsjʊˈleɪʃn] *s.* Isolierung *f*; ˈ**in·su·la·tor** [-tə] *s.* **1.** ⚡ Isoˈlator *m*; **2.** Isolierer *m* (*Arbeiter*).

in·su·lin [ˈɪnsjʊlɪn] *s.* ⚕ Insuˈlin *n*.

in·sult I *v/t.* [ɪnˈsʌlt] beleidigen, beschimpfen; **II** *s.* [ˈɪnsʌlt] (*to*) Beleidigung *f* (für) (*durch Wort od. Tat*), Beschimpfung *f* (*gen.*): *offer an ~ to* → I; **inˈsult·ing** [-tɪŋ] *adj.* ☐ **1.** beleidigend, beschimpfend: *~ language* Schimpfworte *pl.*; **2.** unverschämt, frech.

in·su·per·a·ble [ɪnˈsjuːpərəbl] *adj.* ☐ ˈunüberˌwindlich.

in·sup·port·a·ble [ˌɪnsəˈpɔːtəbl] *adj.* ☐ unerträglich, unausˈstehlich.

in·sur·a·bil·i·ty [ɪnˌʃʊərəˈbɪlətɪ] *s.* † Versicherungsfähigkeit *f*; **in·sur·a·ble** [ɪnˈʃʊərəbl] *adj.* ☐ † **1.** versicherungsfähig, versicherbar: *~ value* Versicherungswert *m*; **2.** versicherungspflichtig.

in·sur·ance [ɪnˈʃʊərəns] **I** *s.* **1.** † Versicherung *f*: *buy ~* sich versichern (lassen); *carry ~* versichert sein; *effect* (*od. take out*) *an ~* e-e Versicherung abschließen; **2.** † a) Verˈsicherungspoˌlice *f*, b) Versicherungsprämie *f*; **II** *adj.* Versicherungs...: *~ agent* (*broker*, *company*, *premium*, *value*); *~ benefit* Versicherungsleistung *f*; *~ certificate* Versicherungsschein *m*; *~ claim* Versicherungsanspruch *m*; *~ coverage* Versicherungsschutz *m*; *~ fraud* Versicherungsbetrug *m*; *~ office* Versicherungsanstalt *f*; *~ policy* Versicherungspolice *f*, -schein *m*; *take out an ~ policy* e-e Versicherung abschließen, sich versichern (lassen); **inˈsur·ant** [-nt] → *insured* II.

in·sure [ɪnˈʃʊə] *v/t.* **1.** † versichern (*against* gegen; *for* mit *e-r Summe*): *~ oneself* (*one's life*, *one's house*); **2.** → *ensure*; **inˈsured** [-ʊəd] † **I** *adj.*: *the ~ party* → II; **II** *s. the ~* der *od.* die Versicherte, Versicherungsnehmer(in); **inˈsur·er** [-ʊərə] *s.* † Versicherer *m*, Versicherungsträger(in): *the ~s* die Versicherungsgesellschaft *f*.

in·sur·gent [ɪnˈsɜːdʒənt] **I** *adj.* aufrührerisch, aufständisch; reˈbellisch (*a. fig.*); **II** *s.* Aufrührer *m*, Aufständische(r) *m*; Reˈbell *m* (*a. pol. gegen die Partei*).

in·sur·mount·a·ble [ˌɪnsəˈmaʊntəbl] *adj.* ☐ ˈunüberˌsteigbar; *fig.* ˈunüberˌwindlich.

in·sur·rec·tion [ˌɪnsəˈrekʃn] *s.* Aufruhr *m*, Aufstand *m*, Erhebung *f*, Empörung *f*; ˌ**in·surˈrec·tion·al** [-ʃənl], ˌ**in·surˈrec·tion·ar·y** [-ʃnərɪ] → *insurgent* I; ˌ**in·surˈrec·tion·ist** [-ʃnɪst] → *insurgent* II.

in·sus·cep·ti·bil·i·ty [ˈɪnsəˌseptəˈbɪlətɪ] *s.* Unempfänglichkeit *f*, Unzugänglichkeit *f* (*to* für); **in·sus·cep·ti·ble** [ˌɪnsəˈseptəbl] *adj.* **1.** (*of*) nicht fähig (zu), ungeeignet (für, zu); **2.** (*of*, *to*) unempfänglich (für), unzugänglich (*dat.*).

in·tact [ɪnˈtækt] *adj.* **1.** inˈtakt, heil, unversehrt; **2.** unberührt, unangetastet.

in·tagl·io [ɪnˈtɑːlɪəʊ] *pl.* **-ios** *s.* **1.** Inˈtaglio *n* (*Gemme mit eingeschnittenem Bild*); **2.** eingraviertes Bild; **3.** Inˈtaglioverfahren *n*, -arbeit *f*; **4.** *typ. Am.* Tiefdruck *m*.

in·take [ˈɪnteɪk] *s.* **1.** ⚙ a) Einlass(öffnung *f*) *m*: *~ valve* Einlassventil *n*; *~ stroke mot.* Saughub *m*, b) aufgenommene Enerˈgie; **2.** Einnehmen *n*, Ein-, Ansaugen *n*; **3.** (Neu)Aufnahme *f*, Zustrom *m*, aufgenommene Menge: *~ of food* Nahrungsaufnahme.

in·tan·gi·bil·i·ty [ɪnˌtændʒəˈbɪlətɪ] *s.* Nichtgreifbarkeit *f*, Unkörperlichkeit *f*; **in·tan·gi·ble** [ɪnˈtændʒəbl] **I** *adj.* ☐ **1.** nicht greifbar, immateriˈell (*a.* †), unkörperlich; **2.** *fig.* vage, unklar, unbestimmt; **3.** *fig.* unfassbar; **II** *s.* **4.** *pl.* † immateriˈelle Werte.

in·tar·si·a [ɪnˈtɑːsɪə] *s. Am.* Inˈtarsia *f*, Einlegearbeit *f*.

in·te·ger [ˈɪntɪdʒə] *s.* **1.** 𝔄 ganze Zahl; **2.** → *integral* 5; ˈ**in·te·gral** [-ɪgrəl] **I** *adj.* ☐ **1.** (*zur Vollständigkeit*) unerlässlich, integrierend, wesentlich, ⚙ (fest) eingebaut, e-e Einheit bildend (*with* mit), integriert: *an ~ part*; **2.** ganz, vollständig: *an ~ whole* → 5; **3.** → *intact* 2; **4.** 𝔄 a) ganz(zahlig), b) Integral...: *~ calculus* Integralrechnung *f*; **II** *s.* **5.** *ein* vollständiges *od.* einheitliches Ganzes; **6.** 𝔄 Inteˈgral *n*; ˈ**in·te·grand** [-ɪgrænd] *s.* 𝔄 Inteˈgrand *m*; ˈ**in·te·grant** [-ɪgrənt] → *integral* 1.

in·te·grate [ˈɪntɪgreɪt] *v/t.* **1.** integrieren (*a.* 𝔄, ⚙), zu e-m Ganzen zs.-fassen, zs.-schließen, vereinigen, vereinheitlichen; **2.** vervollständigen; **3.** eingliedern, integrieren (***within*** in *acc.*); **4.** ⚡ zählen (*Messgerät*); **5.** *Am. Schule etc.* für Farbige zugänglich machen; **'in·te·grat·ed** [-tɪd] *adj.* **1.** einheitlich, geschlossen, zs.-gefasst, integriert; ✝ Verbund...: **~ *economy***; **2.** zs.-hängend; **3.** ⚙ eingebaut, integriert (*Schaltung, Datenverarbeitung etc.*): **~ *circuit*** ⚡ integrierter Schaltkreis; **4.** *Am.* ohne Rassentrennung: **~ *school***; **in·te·gra·tion** [ˌɪntɪ'greɪʃn] *s.* **1.** Zs.-schluss *m*, Vereinigung *f*, Integrati'on *f*, Vereinheitlichung *f*; **2.** Vervollständigung *f*; **3.** Eingliederung *f*; **4.** ⩫ Integrati'on *f*; **5.** *Am.* Aufhebung *f* der Rassenschranken; **in·te·gra·tion·ist** [ˌɪntɪ'greɪʃnɪst] *s.* *Am.* Verfechter(in) rassischer Gleichberechtigung.

in·teg·ri·ty [ɪn'tegrətɪ] *s.* **1.** Rechtschaffenheit *f*, (cha'rakterliche) Sauberkeit, (mo'ralische) Integri'tät; **2.** Vollständigkeit *f*, Unversehrtheit *f*; **3.** Reinheit *f*; **4.** ⩫ Integri'tät *f*, Ganzzahligkeit *f*.

in·teg·u·ment [ɪn'tegjʊmənt] *s.* *anat. biol.* Hülle *f*, Decke *f*, Haut *f*, Integu'ment *n*.

in·tel·lect ['ɪntəlekt] *s.* **1.** Verstand *m*, Intel'lekt *m*, Denkvermögen *n*; **2.** kluger Kopf; *coll.* große Geister *pl.*, Intelli'genz *f*; **in·tel·lec·tu·al** [ˌɪntə'lektjʊəl] **I** *adj.* ☐ → ***intellectually***; **1.** intellektu'ell: a) verstandesmäßig, Verstandes..., geistig, Geistes..., b) verstandesbetont, (geistig) anspruchsvoll: **~ *power*** Geisteskraft *f*; **~ *property*** geistiges Eigentum; **2.** intelli'gent; **II** *s.* **3.** Intellektu'elle(r *m*) *f*, Verstandesmensch *m*; **in·tel·lec·tu·al·ist** [ˌɪntə'lektjʊəlɪst] → ***intellectual*** 3; **in·tel·lec·tu·al·i·ty** ['ɪntəˌlektjʊ'ælətɪ] *s.* Intellektuali'tät *f*, Verstandesmäßigkeit *f*; Geisteskraft *f*; **in·tel·lec·tu·al·ly** [ˌɪntə'lektjʊəlɪ] *adv.* verstandesmäßig, mit dem Verstand.

in·tel·li·gence [ˌɪn'telɪdʒəns] *s.* **1.** Intelli'genz *f*: a) Klugheit *f*, Verstand *m*, b) scharfer Verstand, rasche Auffassungsgabe, c) → ***intellect*** 2: **~ *quotient*** (***test***) Intelligenzquotient *m* (-test *m*); **2.** Einsicht *f*, Verständnis *n*; **3.** Nachricht *f*, Mitteilung *f*, Informati'on *f*, Auskunft *f*; ⚔ 'Nachrichtenmateriˌal *n*; **4.** *a.* **~ *office***, **~ *service***, ♎ ***Department*** ⚔ (geheimer) Nachrichtendienst: **~ *officer*** Abwehr-, Nachrichtenoffizier *m*; **5.** **~ *with the enemy*** (*verräterische*) Beziehungen *pl.* zum Feind; **in'tel·li·genc·er** [-sə] *s.* **1.** Berichterstatter (-in); **2.** A'gent(in), Spi'on(in); **in'tel·li·gent** [-nt] *adj.* ☐ **1.** intelli'gent, klug, gescheit; **2.** vernünftig: a) verständig, einsichtsvoll, b) vernunftbegabt; **in·tel·li·gent·si·a, in·tel·li·gent·zi·a** [ɪnˌtelɪ'dʒentsɪə] *s. pl. konstr. coll. die* Intelli'genz, *die* Intellektu'ellen *pl.*; **in·tel·li·gi·bil·i·ty** [ɪnˌtelɪdʒə'bɪlətɪ] *s.* Verständlichkeit *f*; **in'tel·li·gi·ble** [-dʒəbl] ☐ verständlich, klar (***to*** für *od. dat.*).

in·tem·per·ance [ɪn'tempərəns] *s.* Unmäßigkeit *f*, Zügellosigkeit *f*, *bsd.* Trunksucht *f*; **in'tem·per·ate** [-rət] *adj.* ☐ **1.** unmäßig, maßlos; **2.** ausschweifend, zügellos; unbeherrscht; **3.** trunksüchtig.

in·tend [ɪn'tend] *v/t.* **1.** beabsichtigen, vorhaben, planen, im Sinne haben (***s.th.*** et.; ***to do*** *od.* ***doing*** zu tun); **2.** bestimmen (***for*** für, zu): ***our son is ~ed for the navy*** unser Sohn soll (einmal) zur Marine gehen; ***what is it ~ed for?*** was ist der Sinn (*od.* Zweck) der Sache?, was soll das?; **3.** sagen wollen, meinen: ***what do you ~ by this?***; **4.** bedeuten, sein sollen: ***it was ~ed for a compliment*** es sollte ein Kompliment sein; **5.** wollen, wünschen; **in'tend·ant** [-dənt] *s.* Verwalter *m*; **in'tend·ed** [-dɪd] **I** *adj.* ☐ **1.** beabsichtigt, gewünscht; **2.** absichtlich; **3.** F zukünftig: ***my ~ wife***; **II** *s.* **4.** F Verlobte(r *m*) *f*: ***her ~*** ihr Zukünftiger; **in'tend·ing** [-dɪŋ] *adj.* angehend, zukünftig; ...lustig, ... willig: **~ *buyer*** ✝ (Kauf)Interessent (-in), Kaufwillige(r).

in·tense [ɪn'tens] *adj.* ☐ **1.** inten'siv: a) stark, heftig: **~ *heat*** (***longing*** *etc.*), b) hell, grell: **~ *light***, c) tief, satt: **~ *col-o(u)rs***, d) angespannt: **~ *study***, e) (an-) gespannt, konzentriert: **~ *look***, f) sehnlich, dringend, g) eindringlich: **~ *style***; **2.** leidenschaftlich, stark gefühlsbetont; **in'tense·ly** [-lɪ] *adv.* **1.** äußerst, höchst; **2.** → ***intense***; **in'tense·ness** [-nɪs] *s.* Intensi'tät *f*: a) Stärke *f*, Heftigkeit *f*, b) Anspannung *f*, Angestrengtheit *f*, c) Feuereifer *m*, d) Leidenschaftlichkeit *f*, e) Eindringlichkeit *f*; **in·ten·si·fi·ca·tion** [ɪnˌtensɪfɪ'keɪʃn] *s.* Verstärkung *f* (*a. phot.*); **in'ten·si·fi·er** [-sɪfaɪə] *s. a.* ⚙, *phot.* Verstärker *m*; **in'ten·si·fy** [-sɪfaɪ] **I** *v/t.* verstärken (*a. phot.*), steigern; **II** *v/i.* sich verstärken.

in·ten·sion [ɪn'tenʃn] *s.* **1.** Verstärkung *f*; **2.** → ***intenseness*** a *u.* b; **3.** (Begriffs)Inhalt *m*.

in·ten·si·ty [ɪn'tensətɪ] *s.* Intensi'tät *f*: a) (hoher) Grad, Stärke *f*, Heftigkeit *f*, b) ⚡, ⚙, *phys.* (*Laut-, Licht-, Strom- etc.*)Stärke *f*, Grad *m*, c) → ***intenseness***; **in'ten·sive** [-sɪv] **I** *adj.* ☐ **1.** inten'siv: a) stark, heftig, b) gründlich, erschöpfend: **~ *study***; **~ *course*** *ped.* Intensivkurs *m*; **2.** verstärkend (*a. ling.*); **3.** ⚕ a) stark wirkend, b) **~ *care unit*** Intensivstation *f*; **4.** ✝ inten'siv: a) ertragssteigernd, b) (*arbeits-, lohn-, kosten- etc.*)inten'siv; **II** *s.* **5.** *bsd. ling.* verstärkendes Ele'ment.

in·tent [ɪn'tent] **I** *s.* **1.** Absicht *f*, Vorsatz *m*, Zweck *m*: ***criminal ~*** ⚖ Vorsatz, (verbrecherische) Absicht; ***with ~ to defraud*** in betrügerischer Absicht; ***to all ~s and purposes*** a) in jeder Hinsicht, durchaus, b) im Grunde, eigentlich, c) praktisch, sozusagen; ***declaration of ~*** Absichtserklärung *f*; **II** *adj.* □ **2.** erpicht, versessen (***on*** auf *acc.*); **3.** (***on***) bedacht (auf *acc.*), eifrig beschäftigt (mit); **4.** aufmerksam, gespannt, eifrig.

in·ten·tion [ɪn'tenʃn] *s.* **1.** Absicht *f*, Vorhaben *n*, Vorsatz *m*, Plan *m* (***to do*** *od.* ***of doing*** zu tun): ***with the best (of) ~s*** in bester Absicht; **2.** *pl.* F (Heirats)Absichten *pl.*; **3.** Zweck *m* (*a. eccl.*), Ziel *n*; **4.** Sinn *m*, Bedeutung *f*; **in'ten·tion·al** [-ʃənl] *adj.* □ **1.** absichtlich, vorsätzlich; **2.** beabsichtigt; **in'ten·tioned** [-nd] *adj. in Zssgn* ...gesinnt: ***well-~*** gut gesinnt, wohlmeinend.

in·tent·ness [ɪn'tentnɪs] *s.* gespannte Aufmerksamkeit, Eifer *m*: ***~ of purpose*** Zielstrebigkeit *f*.

in·ter [ɪn'tɜː] *v/t.* beerdigen.

inter- [ɪntə] *in Zssgn* zwischen, Zwischen...; unter; gegen-, wechselseitig, ein'ander, Wechsel...

'in·ter·act¹ [-əræk] *s. thea.* Zwischenakt *m*, -spiel *n*.

ˌin·ter'act² [-ər'ækt] *v/i.* aufein'ander wirken, sich gegenseitig beeinflussen; **ˌin·ter'ac·tion** [-ər'ækʃn] *s.* Wechselwirkung *f*, Interakti'on *f*; **ˌin·ter'active** [-tɪv] *adj.* interaktiv.

ˌin·ter'breed *biol.* **I** *v/t.* [*irr.* → ***breed***] durch Kreuzung züchten, kreuzen; **II** *v/i.* [*irr.* → ***breed***] a) sich kreuzen, b) Inzucht betreiben.

in·ter·ca·lar·y [ɪn'tɜːkələrɪ] *adj.* eingeschaltet, eingeschoben; Schalt...: ***~ day*** Schalttag *m*; **in'ter·ca·late** [ɪn'tɜːkəleɪt] *v/t.* einschieben, einschalten; **in·ter·ca·la·tion** [ɪnˌtɜːkə'leɪʃn] *s.* **1.** Einschiebung *f*, Einschaltung *f*; **2.** Einlage *f*.

in·ter·cede [ˌɪntə'siːd] *v/i.* sich verwenden, sich ins Mittel legen, Fürsprache einlegen, intervenieren (***with*** bei, ***for*** für); bitten (***with*** bei *j-m*, ***for*** um *et.*); **ˌin·ter'ced·er** [-də] *s.* Fürsprecher(in).

in·ter·cept **I** *v/t.* [ˌɪntə'sept] **1.** *Brief, Meldung, Flugzeug, Boten etc.* abfangen; **2.** *Meldung* auffangen, mit-, abhören; **3.** unter'brechen, abschneiden; **4.** den Weg abschneiden (*dat.*); **5.** *Sicht* versperren; **6.** ⩕ a) abschneiden, b) einschließen; **II** *s.* ['ɪntəsept] **7.** ⩕ Abschnitt *m*; **8.** aufgefangene Meldung; **ˌin·ter'cep·tion** [-pʃn] *s.* **1.** Ab-, Auffangen *n* (*Meldung etc.*); **2.** Ab-, Mithören *n* (*Meldung*): ***~ service*** Abhör-, Horchdienst *m*; **3.** Abfangen *n* (*Flugzeug, Boten*): ***~ flight*** Sperrflug *m*; ***~ plane*** → ***interceptor*** 2; **4.** Unter'brechung *f*, Abschneiden *n*; **5.** Aufhalten *n*, Hinderung *f*; **ˌin·ter'cep·tor** [-tə] *s.* **1.** Auffänger *m*; **2.** *a.* ***~ plane*** ✈ ⚔ Abfangjäger *m*.

in·ter·ces·sion [ˌɪntə'seʃn] *s.* Fürbitte *f* (*a. eccl.*), Fürsprache *f*: ***make ~ to s.o. for*** bei j-m Fürsprache einlegen für, sich bei j-m verwenden für; (***service of***) ***~*** Bittgottesdienst *m*; **ˌin·ter'ces·sor** [-esə] *s.* Fürsprecher(in), Vermittler(in) (***with*** bei); **ˌin·ter'ces·so·ry** [-esərɪ] *adj.* fürsprechend.

in·ter·change [ˌɪntə'tʃeɪndʒ] **I** *v/t.* **1.** untereinˈander austauschen, auswechseln; **2.** vertauschen, auswechseln (*a.* ⚙); einander abwechseln lassen; **II** *v/i.* **3.** abwechseln (***with*** mit), aufein'ander folgen; **III** *s.* **4.** Austausch *m*; Aus-, Abwechslung *f*; Wechsel *m*, Aufein'anderfolge *f*; **5.** ✝ Tauschhandel *m*; **6.** *Am.* (Straßen)Kreuzung *f*; (Autobahn-)Kreuz *n*; **in·ter·change·a·bil·i·ty** ['ɪntəˌtʃeɪndʒə'bɪlətɪ] *s.* Auswechselbarkeit *f*; **ˌin·ter'change·a·ble** [-dʒəbl] *adj.* □ **1.** austauschbar, auswechselbar (*a.* ⚙, ✝); **2.** (mitein'ander) abwechselnd.

in·ter·cit·y *adj.* Inter'city...: ***~ train*** Inter'cityzug *m*.

ˌin·ter·col'le·gi·ate *adj.* zwischen verschiedenen Colleges (bestehend).

in·ter·com ['ɪntəkɒm] *s.* **1.** ✈, ⚓ Bordsprechanlage) *f*; **2.** (Gegen-, Haus)Sprechanlage *f*; **3.** a) (Werk- *etc.*)Rufanlage *f*, b) Lautsprecheranlage *f*.

ˌin·ter·com'mu·ni·cate *v/i.* **1.** miteinander verkehren *od.* in Verbindung stehen; **2.** → ***communicate*** 4; **'in·ter·comˌmu·ni'ca·tion** *s.* gegenseitige Verbindung, gegenseitiger Verkehr: ***~ system*** → ***intercom***.

ˌin·ter'com·pa·ny *adj.* zwischenbetrieblich.

ˌin·ter·con'nect **I** *v/t.* mitein'ander verbinden, ⚡ *a.* zs.-schalten; **II** *v/i.* miteinander verbunden werden *od.* sein, *fig. a.* in Zs.-hang (miteinander) stehen; **ˌin·ter·con'nec·tion** **1.** (gegenseitige) Verbindung, *fig. a.* Zs.-hang *m*; **2.** ⚡ a) Zs.-Schaltung *f*, b) verkettete Schaltung.

'in·terˌcon·ti'nen·tal *adj.* interkontinen'tal, Interkontinental...

'in·ter·course *s.* **1.** 'Umgang *m*, Verkehr *m* (***with*** mit); **2.** ✝ Geschäftsverkehr *m*; **3.** *a.* ***sexual ~*** (Geschlechts-)Verkehr *m*.

ˌin·ter'cross **I** *v/t.* **1.** ein'ander kreuzen lassen; **2.** ⚘, *zo.* kreuzen; **II** *v/i.* **3.** sich kreuzen (*a.* ⚘, *zo.*).

'in·ter·cut *s. Film etc.*: Einblendung *f*.

'in·ter·deˌnom·i'na·tion·al *adj.* interkonfessio'nell.

ˌin·ter·deˈpend *v/i.* vonein'ander abhängen; **ˌin·ter·deˈpend·ence**, **ˌin·ter·deˈpend·en·cy** *s.* gegenseitige Abhängigkeit; **ˌin·ter·deˈpend·ent** *adj.* □ vonein'ander abhängig, eng zs.-hängend *od.* verflochten, inein'ander greifend.

in·ter·dict **I** *s.* ['ɪntədɪkt] **1.** Verbot *n*; **2.** *eccl.* Inter'dikt *n*; **II** *v/t.* [ˌɪntə'dɪkt] **3.** (amtlich) unter'sagen, verbieten (***to s.o.*** j-m): ***~ s.o. from s.th.*** j-n von et. ausschließen, j-m et. entziehen *od.* verbieten; **4.** *eccl.* mit dem Inter'dikt belegen; **ˌin·terˈdic·tion** → ***interdict*** 1, 2.

in·ter·est ['ɪntrɪst] **I** *s.* **1.** (***in***) Inter'esse *n* (an *dat.*, für), (An)Teilnahme *f* (an *dat.*): ***take an ~ in s.th.*** sich für et. interessieren; **2.** Reiz *m*, Inter'esse *n*: ***be of ~*** (***to***) interessant *od.* reizvoll sein (für), interessieren (*acc.*); **3.** Wichtigkeit *f*, Bedeutung *f*: ***be of little ~*** von geringer Bedeutung sein; ***of great ~*** von großem Interesse; **4.** *bsd.* ✝ Beteiligung *f*, Anteil *m* (***in*** an *dat.*): ***have an ~ in s.th.*** an *od.* bei et. (*bsd.* finanziell) beteiligt sein; **5.** ✝ Interes'senten *pl.*, Kreise *pl.*: ***the banking ~*** die Bankkreise *pl.*; ***the landed ~*** die Grundbesitzer *pl.*; **6.** Inter'esse *n*, Vorteil *m*, Nutzen *m*, Gewinn *m*: ***be in*** (*od.* ***to***) ***the ~(s) of*** im Interesse von ... liegen; ***in your ~*** zu Ihrem Vorteil; ***look after one's ~s*** s-e Interessen wahren; ***study s.o.'s ~(s)*** j-s Vorteil im Auge haben; **7.** Einfluss *m*, Macht *f*: ***have ~ with*** Einfluss haben bei; **8.** (An)Recht *n*, Anspruch *m* (***in*** auf *acc.*); **9.** Gesichtspunkt *m*, Seite *f* (*in e-r Geschichte etc.*): → ***human*** I; **10.** (*nie pl.*) ✝ Zins(en *pl.*) *m*: ***and*** (*od.* ***plus***) ***~*** zuzüglich Zinsen; ***ex ~*** ohne Zinsen; ***free of ~*** zinslos; ***bear*** (*od.* ***yield***) ***~*** Zinsen tragen, sich verzinsen; ***~ rate*** ✝ Zinsfuß *m*, -satz *m*; ***~ rate policy*** 'Zinspoliˌtik *f*; ***~ account*** a) Zinsrechnung *f*, b) Zinsenkonto *n*; ***~ certificate*** Zinsenvergütungsschein *m*; ***~ pro and contra*** Soll- u. Habenzinsen *pl.*; ***~ coupon*** (*od.* ***ticket***, ***warrant***) Zinskupon *m*, -schein *m*; **11.** *fig.* Zinsen *pl.*: ***return a blow with ~*** e-n Schlag mit Zins u. Zinseszinsen zurückgeben; **II** *v/t.* **12.** interessieren (***in*** für), *j-s* Inter'esse *od.* Teilnahme erwecken (***in s.th.*** an e-r Sache; ***for s.o.*** für j-n): ***~ o.s. in*** sich interessieren für, Anteil nehmen an (*dat.*); **13.** interessieren, anziehen, reizen, fesseln; **14.** angehen, betreffen: ***everyone is ~ed in this*** dies geht jeden an; **15.** *bsd.* ✝ beteiligen (***in*** an *dat.*); **16.** gewinnen (***in*** für).

in·ter·est·ed ['ɪntrɪstɪd] *adj.* □ **1.** interessiert, Anteil nehmend (***in*** an *dat.*); aufmerksam: ***be ~ in*** sich interessieren für; ***I was ~ to know*** es interessierte mich zu wissen; **2.** *bsd.* ✝ beteiligt (***in*** an *dat.*, bei): ***the parties ~*** die Beteiligten; **3.** voreingenommen, par'teiisch; **4.** eigennützig: ***~ motives***; **ˈin·ter·est·ed·ly** [-lɪ] *adv.* mit Inter'esse, aufmerksam; **ˈin·ter·est·ing** [-tɪŋ] *adj.* □ interes'sant, fesselnd, anziehend: ***in an ~ condition*** *obs.* in anderen Umständen (*schwanger*); **ˈin·ter·est·ing·ly** [-tɪŋlɪ] *adv.* interes'santerweise.

ˈin·ter·face *s.* **1.** *allg. u. phys.* Zwischen-, Grenzfläche *f*; **2.** *Computer*: 'Interface *n*, Schnittstelle *f*.

in·ter·fere [ˌɪntə'fɪə] *v/i.* **1.** sich einmischen, da'zwischentreten, -kommen; dreinreden; sich Freiheiten her'ausnehmen; **2.** eingreifen, -schreiten: ***it is time to ~***; **3.** *a.* ⚙ stören, hindern; **4.** zs.-stoßen (*a. fig.*), aufein'ander prallen; **5.** *phys.* aufein'ander treffen, sich kreuzen *od.* über'lagern; ⚡ stören; **6.** ***~ with*** a) *j-n* stören, unter'brechen, (be-)hindern, belästigen, b) *et.* stören, beeinträchtigen, sich einmischen in (*acc.*), störend einwirken auf (*acc.*); **7.** ***~ in*** eingreifen in (*acc.*), sich befassen mit *od.* kümmern um; **ˌin·terˈfer·ence** [-ɪərəns] *s.* **1.** Einmischung *f* (***in*** in *acc.*), Eingreifen *n* (***with*** in *acc.*); **2.** Störung *f*, Hinderung *f*, Beeinträchtigung *f* (***with*** *gen.*); **3.** Zs.-stoß(en *n*) *m* (*a. fig.*); **4.** *Am. sport* Abschirmen *n*: ***run ~*** a) den balltragenden Stürmer abschirmen, b) (***for s.o.***) *fig.* (j-m) Schützenhilfe leisten; **5.** ⚡, *phys.* a) Interfe'renz *f*, Über'lagerung *f*, b) Störung *f*: ***reception ~*** Empfangsstörung *f*; ***~ suppression*** Entstörung *f*; **in·ter·fe·ren·tial** [ˌɪntəfə'renʃl] *adj. phys.* Interferenz...; **ˌin·terˈfer·ing** [-ɪərɪŋ] *adj.* □ **1.** störend, lästig: ***be always ~*** F sich ständig einmischen; **2.** kollidierend, entgegenstehend: ***~ claim***.

ˌin·terˈgla·cial *adj. geol.* zwischeneiszeitlich, interglazi'al.

in·ter·im ['ɪntərɪm] **I** *s.* **1.** Zwischenzeit *f*: ***in the ~*** in der Zwischenzeit, einstweilen, vorläufig; **2.** Interim *n*, einstweilige Regelung; **3.** ♀ *hist.* Interim *n*; **II** *adj.* **4.** einstweilig, vorläufig, Übergangs..., Interims..., Zwischen...: ***~ report*** Zwischenbericht *m*; → ***injunction*** 1; **~ aid** *s.* Über'brückungshilfe *f*; **~ bal·ance** (**sheet**) *s.* ✝ 'Zwischenbiˌlanz *f*, -abschluss *m*; **~ cer·tif·i·cate** *s.* ✝ Interimsschein *m*; **~ cred·it** *s.* ✝ 'Zwischenkreˌdit *m*; **~ div·i·dend** *s.* ✝ 'Interimsdiviˌdende *f*.

in·te·ri·or [ɪn'tɪərɪə] **I** *adj.* **1.** inner, innen gelegen; Innen... (*a.* ⚠): ***~ decoration***, ***~ design*** a) Innenausstattung *f*, b) Innenarchitektur *f*; ***~ decorator***, ***~ designer*** a) Innenausstatter(in), b) Innenarchitekt(in); **2.** binnenländisch, Binnen...; **3.** inländisch, Inlands...; **4.** innerlich, geistig: ***~ monologue*** *Litera-*

tur: innerer Monolog; **II** *s.* **5.** *das* Innere (*a.* ♘), Innenraum *m*; **6.** *das* Innere, Binnenland *n*; **7.** *phot.* Innenaufnahme *f*; **8.** *das* Innere, wahres Wesen; **9.** *pol.* innere Angelegenheiten *pl.*: ***Department of the* ℒ** *Am.* Innenministerium *n*.

in·ter·ject [ˌɪntə'dʒekt] *v/t.* **1.** *Bemerkung* da'zwischen-, einwerfen; da'zwischenrufen; **2.** einschieben, einschalten; **ˌin·ter'jec·tion** [-kʃn] *s.* **1.** Aus-, Zwischenruf *m*; **2.** *ling.* Interjekti'on *f*; **ˌin·ter'jec·tion·al** [-kʃənl] *adj.* ☐, **ˌin·ter'jec·to·ry** [-tərɪ] *adj.* da'zwischengeworfen, eingeschoben, Zwischen...

ˌin·ter'lace **I** *v/t.* **1.** inein'ander flechten, verflechten, verschlingen; **2.** durch'flechten, verweben (*a. fig.*); **3.** (ver)mischen; **4.** *Computer*: verschachteln; **II** *v/i.* **5.** sich verflechten *od.* kreuzen: ***interlacing arches*** ⚠ verschränkte Bogen; **III** *s.* **6.** *TV* Zwischenzeile *f*.

'in·terˌlan·guage *s.* Verkehrssprache *f*.

ˌin·ter'lard *v/t. fig.* spicken, durch'setzen (***with*** mit).

'in·ter·leaf *s.* [*irr.*] leeres Zwischenblatt; **ˌin·ter'leave** *v/t.* **1.** *Bücher* durch'schießen; **2.** *Computer*: verschachteln.

ˌin·ter'line *v/t.* **1.** zwischen die Zeilen schreiben *od.* setzen, einfügen; **2.** *typ.* *Zeilen* durch'schießen; **3.** *Kleidungsstück* mit e-m Zwischenfutter versehen; **ˌin·ter'lin·e·ar** *adj.* **1.** da'zwischengeschrieben, zwischenzeilig, Interlinear...; **2.** ***~ space*** *typ.* Durchschuss *m*; **'in·terˌlin·e'a·tion** *s. das* Da'zwischengeschriebene.

ˌin·ter'link **I** *v/t.* verketten (*a.* ⚡); **II** *s.* ['ɪntəlɪŋk] Binde-, Zwischenglied *n*.

ˌin·ter'lock **I** *v/i.* **1.** inein'ander greifen (*a. fig.*): ***~ing directorate*** † Schachtelaufsichtsrat *m*; **2.** 🚂 verblockt sein: ***~ing signals*** Blocksignale; **II** *v/t.* **3.** zs.-schließen, inein'ander schachteln; **4.** inein'ander haken, verzahnen; **5.** ⚙, 🚂 verblocken: ***~ing plant*** Stellwerk *n*.

in·ter·lo·cu·tion [ˌɪntələʊ'kjuːʃn] *s.* Gespräch *n*, Unter'redung *f*; **in·ter·loc·u·tor** [ˌɪntə'lɒkjʊtə] *s.* Gesprächspartner (-in); **in·ter·loc·u·to·ry** [ˌɪntə'lɒkjʊtərɪ] *adj.* **1.** in Gesprächsform; Gesprächs...; **2.** ⚖ vorläufig, Zwischen...: ***~ injunction*** einstweilige Verfügung.

in·ter·lop·er ['ɪntələʊpə] *s.* **1.** Eindringling *m*; **2.** † Schleichhändler *m*.

in·ter·lude ['ɪntəluːd] *s.* **1.** Zwischenspiel *n* (*a.* ♪ *u. fig.*); **2.** Pause *f*; **3.** Zwischenzeit *f*; **4.** Epi'sode *f*.

ˌin·ter'mar·riage *s.* **1.** Mischehe *f* (*zwischen verschiedenen Konfessionen, Rassen etc.*); **2.** Heirat *f* unterein'ander *od.* zwischen nahen Blutsverwandten; **ˌin·ter'mar·ry** *v/i.* **1.** unterein'ander heiraten (*Stämme etc.*), Mischehen eingehen; **2.** innerhalb der Fa'milie heiraten.

ˌin·ter'med·dle *v/i.* sich einmischen (***with***, ***in*** in *acc.*).

in·ter·me·di·ar·y [ˌɪntə'miːdjərɪ] **I** *adj.* **1.** → ***intermediate*** 1; **2.** vermittelnd; **II** *s.* **3.** Vermittler(in); **4.** † Zwischenhändler *m*; **ˌin·ter'me·di·ate** [-jət] **I** *adj.* ☐ **1.** da'zwischenliegend, Zwischen..., Mittel...: ***~ between*** liegend zwischen; ***~ colo(u)r*** (***credit***, ***product***, ***stage***, ***trade***) Zwischenfarbe *f* (-kredit *m*, -produkt *n*, -stadium *n*, -handel *m*); ***~ examination*** → 4; **II** *s.* **2.** Zwischenglied *n*, -form *f*, -stück *n*; **3.** ⚗ 'Zwischenpro,dukt *n*; **4.** Zwischenprüfung *f*; **5.** Vermittler(in), Mittelsmann *m*.

in·ter·ment [ɪn'tɜːmənt] *s.* Beerdigung *f*, Beisetzung *f*.

in·ter·mez·zo [ˌɪntə'metsəʊ] *pl.* **-mez·zi** [-tsiː] *od.* **-mez·zos** *s.* Inter'mezzo *n*, Zwischenspiel *n*.

in·ter·mi·na·ble [ɪn'tɜːmɪnəbl] *adj.* ☐ **1.** grenzenlos, endlos; **2.** langwierig.

ˌin·ter'min·gle → ***intermix***.

ˌin·ter'mis·sion *s.* Unter'brechung *f*, Aussetzen *n*; Pause *f*: ***without ~*** pausenlos, unaufhörlich, ständig.

in·ter·mit [ˌɪntə'mɪt] **I** *v/t.* unter'brechen, aussetzen mit; **II** *v/i.* aussetzen, nachlassen; **ˌin·ter'mit·tence** [-təns] *s.* Aussetzen *n*, Unter'brechung *f*; **ˌin·ter'mit·tent** [-tənt] *adj.* ☐ mit Unter'brechungen, stoßweise; (zeitweilig) aussetzend, peri'odisch, intermittierend: ***be ~*** aussetzen; ***~ fever*** ⚕ Wechselfieber *n*; ***~ light*** ⚓ Blinkfeuer *n*.

ˌin·ter'mix **I** *v/t.* vermischen; **II** *v/i.* sich vermischen; **ˌin·ter'mix·ture** *s.* **1.** Mischung *f*; **2.** Beimischung *f*, Zusatz *m*.

in·tern¹ **I** *v/t.* [ɪn'tɜːn] internieren; **II** *s.* ['ɪntɜːn] *Am.* Internierte(r *m*) *f*.

in·tern² ['ɪntɜːn] *Am.* **I** *s.* ⚕ Assi'stenzarzt *m*, *a. ped.* Prakti'kant(in); **II** *v/i.* als Assi'stenzarzt (*in Klinik*) tätig sein.

in·ter·nal [ɪn'tɜːnl] **I** *adj.* ☐ **1.** inner, inwendig: ***~ organs*** *anat.* innere Organe; ***~ diameter*** Innendurchmesser *m*; **2.** ⚕ innerlich *od.* in'tern anzuwenden(d), einzunehmen(d): ***~ remedy***; **3.** inner(lich), geistig; **4.** einheimisch, in-, binnenländisch, Inlands..., Innen..., Binnen...: ***~ loan*** † Inlandsanleihe *f*; ***~ trade*** Binnenhandel *m*; **5.** *pol.* inner, Innen...: ***~ affairs*** innere Angelegenheiten; **6.** *ped.* in'tern, im College *etc.* wohnend; **7.** † *etc.* (be'triebs)inˌtern, innerbetrieblich; **8.** *Computer*: in'tern (*Befehl etc.*); **II** *s.* **9.** *pl. anat.* innere Or'gane *pl.*; **10.** innere Na'tur; ***~-com'bus·tion en·gine*** *s.* ⚙ Verbrennungs-, Explosi'onsmotor *m*.

in·ter·na·lize [ɪn'tɜːnəlaɪz] *v/t. psych. et.* verinnerlichen, in sich aufnehmen.

in·ter·nal| **med·i·cine** *s.* ⚕ innere Medi'zin; **~ rev·e·nue** *s. Am.* Steueraufkommen *n*: ♀ **Office** Finanzamt *n*; ~ **rhyme** *s.* Binnenreim *m*; ~ **spe·cial·ist** *s.* ⚕ Inter'nist *m*, Facharzt *m* für innere Krankheiten; ~ **thread** *s.* ⚙ Innengewinde *n*.

ˌin·terˈna·tion·al I *adj.* □ **1.** internatio'nal, zwischenstaatlich: ~ ***candle*** *phys.* Internationale Kerze (*Lichtstärke*); **2.** Welt..., Völker...; II *s.* **3.** *sport* a) Internatio'nale(r *m*) *f*, Natio'nalspieler (-in), b) F internatio'naler Vergleichskampf; Länderspiel *n*; **4.** ♀ *pol.* Internatio'nale *f*; **5.** *pl.* ✝ internatio'nal gehandelte 'Wertpaˌpiere *pl.*; **In·ter·na·tio·nale** [ˌɪntənæʃəˈnɑːl] *s.* Internatio'nale *f* (*Kampflied*); **ˌin·terˈna·tion·al·ism** *s.* **1.** Internationa'lismus *m*; **2.** internatio'nale Zs.-arbeit; **ˌin·terˈna·tion·al·ist** *s.* **1.** Internationa'list *m*, Anhänger *m* des Internationa'lismus; **2.** ⚖ Völkerrechtler *m*; **3.** → ***international*** 3 a; **ˈin·terˌna·tionˈal·i·ty** *s.* internatio'naler Cha'rakter; **ˌin·terˈna·tion·al·ize** *v/t.* **1.** internationalisieren; **2.** internatio'naler Kon'trolle unter'werfen.

in·ter·na·tion·al| law *s.* Völkerrecht *n*; ♀ **Mon·e·tar·y Fund** *s.* Internatio'naler Währungsfonds; ~ **mon·ey or·der** *s.* Auslandspostanweisung *f*; ~ **re·ply coupon** *s.* internatio'naler Antwortschein.

in·terne [ˈɪntɜːn] → ***intern²***.

in·ter·ne·cine [ˌɪntəˈniːsaɪn] *adj.* **1.** gegenseitige Tötung bewirkend: ~ ***duel***; ~ ***war*** gegenseitiger Vernichtungskrieg; **2.** mörderisch, vernichtend.

in·tern·ee [ˌɪntɜːˈniː] *s.* Internierte(r *m*) *f*.

In·ter·net [ˈɪntənet] *s*: ***the*** ~ das Internet; ~ ***commerce*** 'Internethandel *m*, Handel *m* über das Internet; ~ ***service provider*** 'Internetproˌvider *m*, -anbieter *m*; → ***surf*** III.

in·tern·ment [ɪnˈtɜːnmənt] *s.* Internierung *f*: ~ ***camp*** Internierungslager *n*; **in·tern·ship** [ˈɪntɜːnʃɪp] *s. Am.* **1.** ⚕ Assis'tenzarzttätigkeit *f*; **2.** 'Praktikum *n*, Prakti'kantenzeit *f*.

ˈin·terˌo·ceˈan·ic [-ərˌəʊ-] *adj.* interoze'anisch, zwischen (zwei) Weltmeeren liegend, (zwei) Weltmeere verbindend.

in·ter·pel·late [ɪnˈtɜːpeleɪt] *v/t. pol.* e-e Anfrage richten an (*acc.*); **in·ter·pel·la·tion** [ɪnˌtɜːpeˈleɪʃn] *s. pol.* Interpellati'on *f*.

ˌin·terˈpen·e·trate I *v/t.* völlig durch'dringen; II *v/i.* sich gegenseitig durch'dringen.

in·ter·phone [ˈɪntəfəʊn] → ***intercom***.

ˌin·terˈplan·e·tar·y *adj.* interplane'tarisch.

ˌin·terˈplay *s.* Wechselwirkung *f*, -spiel *n*.

In·ter·pol [ˈɪntəpɒl] *s.* Interpol *f* (*Internationale kriminalpolizeiliche Organisation*).

in·ter·po·late [ɪnˈtɜːpəʊleɪt] *v/t.* **1.** interpolieren; *et.* einschalten, -fügen; **2.** (durch Einschiebungen) ändern, *bsd.* verfälschen; **3.** ⩚ interpolieren; **in·ter·po·la·tion** [ɪnˌtɜːpəʊˈleɪʃn] *s.* Interpolati'on *f* (*a.* ⩚), Einschaltung *f*, Einschiebung *f* (*in e-n Text*).

ˌin·terˈpose I *v/t.* **1.** da'zwischenstellen, -legen, -bringen; ⚙ zwischenschalten; **2.** *et.* in den Weg legen; **3.** *Bemerkung* einwerfen, einflechten; *Einwand etc.* vorbringen, *Veto* einlegen; II *v/i.* **4.** da'zwischenkommen, -treten; **5.** vermitteln, intervenieren; **6.** (sich) unter'brechen (*im Reden*); **in·ter·po·si·tion** [ɪnˌtɜːpəˈzɪʃn] *s.* **1.** Eingreifen *n*; **2.** Vermittlung *f*, Einfügung *f*, Einschaltung *f* (*a.* ⚙).

in·ter·pret [ɪnˈtɜːprɪt] I *v/t.* **1.** interpretieren, auslegen, deuten; ansehen (***as*** als); *bsd.* ⚔ auswerten; **2.** dolmetschen; **3.** ♪, *thea. etc.* interpretieren, 'wiedergeben, darstellen; II *v/i.* **4.** dolmetschen, als Dolmetscher fungieren; **in·ter·pre·ta·tion** [ɪnˌtɜːprɪˈteɪʃn] *s.* **1.** Erklärung *f*, Auslegung *f*, Deutung *f*; Auswertung *f*; **2.** (mündliche) 'Wiedergabe, Über'setzung *f*; **3.** ♪, *thea. etc.* Darstellung *f*, 'Wiedergabe *f*; Auffassung *f*, Interpretati'on *f e-r Rolle etc.*; **inˈter·pret·er** [-tə] *s.* **1.** Erklärer(in), Ausleger(in), Inter'pret(in); **2.** Dolmetscher(in); **3.** *Computer*: Interpre'tierproˌgramm *n*; **inˈter·pret·er·ship** [-təʃɪp] *s.* Dolmetscherstellung *f*.

ˌin·terˈra·cial *adj.* **1.** verschiedenen Rassen gemeinsam, inter'rassisch; **2.** zwischenrassisch: ~ ***tension***(**s**) Rassenspannungen.

in·ter·reg·num [ˌɪntəˈregnəm] *pl.* **-na** [-nə], **-nums** *s.* **1.** Inter'regnum *n*: a) herrscherlose Zeit, b) Zwischenregierung *f*; **2.** Pause *f*, Unter'brechung *f*.

ˌin·ter·reˈlate I *v/t.* zuein'ander in Beziehung bringen; II *v/i.* zuein'ander in Beziehung stehen, zs.-hängen; **ˌin·ter·reˈlat·ed** *adj.* in Wechselbeziehung stehend, (unterein'ander) zs.-hängend; **ˌin·ter·reˈla·tion** *s.* Wechselbeziehung *f*.

in·ter·ro·gate [ɪnˈterəʊgeɪt] *v/t.* **1.** (be-) fragen; **2.** ausfragen, vernehmen, verhören; **in·ter·ro·ga·tion** [ɪnˌterəʊˈgeɪʃn] *s.* **1.** Frage *f* (*a. ling.*), Befragung *f*: ~ ***mark***, ***point of*** ~ *ling.* Fragezeichen *n*; **2.** Vernehmung *f*, Verhör *n*: ~ ***officer*** Vernehmungsoffizier *m*, -beamter *m*; **in·ter·rog·a·tive** [ˌɪntəˈrɒgətɪv] I *adj.* □ fragend, Frage...: ~ ***pronoun*** → II; II *s. ling.* Fragefürwort *n*; **inˈter·ro·ga·tor** [-tə] *s.* **1.** Fragesteller (-in); **2.** Vernehmungsbeamte(r) *m*; **3.** *pol.* Interpel'lant *m*; **in·ter·rog·a·to·ry** [ˌɪntəˈrɒgətərɪ] I *adj.* **1.** fragend, Frage...; II *s.* **2.** Frage(stellung) *f*; **3.** ⚖ Beweisfrage *f* (*vor der Verhandlung*).

in·ter·rupt [ˌɪntəˈrʌpt] *v/t.* **1.** *allg., a.* ⚡ unter'brechen, *a. j-m* ins Wort fallen; **2.** aufhalten, stören, hindern; **ˌin·ter-ˈrupt·ed** [-tɪd] *adj.* ☐ unter'brochen (*a.* ⚡, ⚙, ⚘); **ˌin·terˈrupt·ed·ly** [-tɪdlɪ] *adv.* mit Unter'brechungen; **ˌin·terˈrupt·er** [-tə] *s.* **1.** Unter'brecher *m* (*a.* ⚡, ⚙); **2.** Zwischenrufer(in); Störer(in); **ˌin·ter-ˈrup·tion** [-pʃn] *s.* **1.** Unter'brechung *f* (*a.* ⚡), Stockung *f*: ***without*** ~ ununterbrochen; **2.** (⚙ Betriebs)Störung *f*.

in·ter·sect [ˌɪntəˈsekt] **I** *v/t.* (durch-) 'schneiden; **II** *v/i.* sich schneiden *od.* kreuzen (*a.* ∡); **ˌin·terˈsec·tion** [-kʃn] *s.* **1.** Durch'schneiden *n*; **2.** Schnitt-, Kreuzungspunkt *m*; **3.** ∡ a) Schnitt *m*, b) *a.* ***point of*** ~ Schnittpunkt *m*, c) *a.* ***line of*** ~ Schnittlinie *f*; **4.** *Am.* (Straßen- *etc.*)Kreuzung *f*; **5.** △ Vierung *f*.

ˈin·ter·sex *s. biol.* Inter'sex *n* (*geschlechtliche Zwischenform*); **ˌin·ter-ˈsex·u·al** *adj.* zwischengeschlechtlich.

ˌin·terˈspace I *s.* Zwischenraum *m*, -zeit *f*; **II** *v/t.* Raum lassen zwischen (*dat.*); trennen.

in·ter·sperse [ˌɪntəˈspɜːs] *v/t.* **1.** einstreuen, hier und da einfügen (***among*** zwischen *acc.*); **2.** durch'setzen (***with*** mit).

ˈin·ter·state *adj. Am.* zwischenstaatlich, zwischen den US-Bundesstaaten (bestehend *etc.*).

ˌin·terˈstel·lar *adj.* interstel'lar.

in·ter·stice [ɪnˈtɜːstɪs] *s.* **1.** Zwischenraum *m*; **2.** Lücke *f*, Spalte *f*; **in·ter-sti·tial** [ˌɪntəˈstɪʃl] *adj.* in Zwischenräumen (gelegen), zwischenräumlich, Zwischen...

ˌin·terˈtrib·al *adj.* zwischen verschiedenen Stämmen (vorkommend).

ˌin·terˈtwine *v/t. u. v/i.* (sich) verflechten *od.* verschlingen.

ˌin·terˈur·ban [-ərˈɜː-] *adj.* Überland...: ~ ***bus***.

in·ter·val [ˈɪntəvl] *s.* **1.** Zwischenraum *m*, -zeit *f*, Abstand *m*: ***at*** ~***s*** dann und wann, periodisch; → ***lucid*** 1; **2.** Pause *f* (*a. thea. etc.*): ~ ***signal*** *Radio*: Pausenzeichen *n*; **3.** ♪ Inter'vall *n*, Tonabstand *m*; ~ **train·ing** *s. sport* Inter'valltraining *n*.

in·ter·vene [ˌɪntəˈviːn] *v/i.* **1.** (*zeitlich*) da'zwischenliegen, liegen zwischen (*dat.*); **2.** sich (in'zwischen) ereignen, (plötzlich) eintreten; **3.** (*unerwartet*) da'zwischenkommen: ***if nothing*** ~***s***; **4.** sich einmischen (***in*** in *acc.*), einschreiten; **5.** (*helfend*) eingreifen, vermitteln; sich verwenden (***with s.o.*** bei j-m); **6.** *bsd.* ✝, ⚖ intervenieren; **ˌin·terˈven·tion** [-ˈvenʃn] *s.* **1.** Da'zwischenliegen *n*, -kommen *n*; **2.** Vermittlung *f*; **3.** Eingreifen *n*, -schreiten *n*, -mischung *f*; **4.** ✝, *pol.* (⚖ 'Neben)Interventiˌon *f*; **5.** Einspruch *m*; **ˌin·terˈven·tion·ist** [-ˈvenʃnɪst] *s. pol.* Befürworter *m* e-r Interventi'on, Interventio'nist *m*.

in·ter·view [ˈɪntəvjuː] **I** *s.* **1.** Inter'view *n*; **2.** Unter'redung *f*, (✝ *a.* Vorstellungs)Gespräch *n*: ***hours for*** ~***s*** Sprechzeiten, -stunden *pl.*; **II** *v/t.* **3.** inter'viewen, ein Inter'view *od.* e-e Unter'redung haben mit, ein Gespräch führen mit; **in·ter·view·ee** [ˌɪntəvjuːˈiː] *s.* Inter'viewte(r *m*) *f*; *a.* Kandi'dat(in) (*für e-e Stelle*); **ˈin·ter·view·er** [-juːə] *s.* Inter'viewer(in); Leiter(in) e-s Vorstellungsgesprächs.

ˈin·ter·war *adj.*: ***the*** ~ ***period*** die Zeit zwischen den (Welt)Kriegen.

ˌin·terˈweave *v/t.* [*irr.* → ***weave***] **1.** verweben, verflechten (*a. fig.*); **2.** vermengen; **3.** durch'weben, -'flechten, -'wirken.

ˌin·terˈzon·al *adj.* Interzonen...

in·tes·ta·cy [ɪnˈtestəsɪ] *s.* ⚖ Fehlen *n* e-s Testa'ments; **inˈtes·tate** [-teɪt] **I** *adj.* **1.** ohne Hinter'lassung e-s Testa'ments: ***die*** ~; **2.** nicht testamen'tarisch geregelt: ~ ***estate***; ~ ***succession*** gesetzliche Erbfolge; **II** *s.* **3.** Erb-lasser(in), der (*od.* die) kein Testa'ment hinter'lassen hat.

in·tes·ti·nal [ɪnˈtestɪnl] *adj.* ⚕ Darm...: ~ ***flora*** Darmflora *f*; **in·tes·tine** [ɪnˈtestɪn] **I** *s. anat.* Darm *m*; *pl.* Gedärme *pl.*, Eingeweide *pl.*: ***large*** ~ Dickdarm; ***small*** ~ Dünndarm; **II** *adj.* inner, einheimisch: ~ ***war*** Bürgerkrieg *m*.

in·thral(l) [ɪnˈθrɔːl] *Am.* → ***enthral(l)***.

in·throne [ɪnˈθrəʊn] *Am.* → ***enthrone***.

in·ti·ma·cy [ˈɪntɪməsɪ] *s.* **1.** Intimi'tät *f*: a) Vertrautheit *f*, vertrauter 'Umgang, b) (*contp. plumpe*) Vertraulichkeit; **2.** in'time (*sexuelle*) Beziehungen *pl.*

in·ti·mate¹ [ˈɪntɪmət] **I** *adj.* ☐ **1.** vertraut, innig, in'tim: ***on*** ~ ***terms*** auf vertrautem Fuß; **2.** eng, nah; **3.** per'sönlich; **4.** in'tim, in geschlechtlichen Beziehungen (stehend) (***with*** mit); **5.** gründlich: ~ ***knowledge***; **6.** ⚙, ⚗ innig: ~ ***contact***; ~ ***mixture***; **II** *s.* **7.** Vertraute(r *m*) *f*, Intimus *m*.

in·ti·mate² [ˈɪntɪmeɪt] *v/t.* **1.** andeuten, zu verstehen geben; **2.** nahe legen; **3.** ankündigen, mitteilen; **in·ti·ma·tion** [ˌɪntɪˈmeɪʃn] *s.* **1.** Andeutung *f*, Wink *m*; **2.** Mitteilung *f*.

in·tim·i·date [ɪnˈtɪmɪdeɪt] *v/t.* einschüchtern, abschrecken, Bange machen; **in-tim·i·da·tion** [ɪnˌtɪmɪˈdeɪʃn] *s.* Einschüchterung *f*; ⚖ Nötigung *f*.

in·ti·tle [ɪnˈtaɪtl] *Am.* → ***entitle***.

in·to [ˈɪntʊ; ˈɪntə] *prp.* **1.** in (*acc.*), in (*acc.*) ... hin'ein: ***go*** ~ ***the house***; ***get*** ~ ***debt*** in Schulden geraten; ***flog*** ~ ***obedience*** durch Prügel zum Gehorsam bringen; ***translate*** ~ ***English*** ins Englische übersetzen; ***far*** ~ ***the night***

tief in die Nacht; ***she is ~ her thirties*** sie ist Anfang dreißig; ***Socialist ~ Conservative*** die Verwandlung e-s Sozialisten in einen Konservativen; **2.** *Zustandsänderung*: zu: ***make water ~ ice*** Wasser zu Eis machen; ***turn ~ cash*** zu Geld machen; ***grow ~ a man*** ein Mann werden; **3.** A in: ***divide ~ 10 parts*** in 10 Teile teilen; ***4 ~ 20 goes five times*** 4 geht in 20 fünfmal; **4.** ***be ~ s.th.*** F a) auf (*acc.*) et. ‚stehen', b) et. ‚am Wickel' haben: ***he is ~ modern art now*** F er ‚hat es' jetzt (*beschäftigt sich*) mit moderner Kunst.

in·tol·er·a·ble [ɪnˈtɒlərəbl] *adj.* □ unerträglich; **inˈtol·er·a·ble·ness** [-nɪs] *s.* Unerträglichkeit *f*; **inˈtol·er·ance** [-lərəns] *s.* **1.** ˈIntoleˌranz *f*, Unduldsamkeit *f* (**of** gegen); **2.** ✱ ˈÜberempfindlichkeit *f* (**of** gegen); **inˈtol·er·ant** [-lərənt] *adj.* □ **1.** unduldsam, ˈintoleˌrant (**of** gegen); **2. be ~ of** nicht (v)ertragen können.

in·tomb [ɪnˈtuːm] *Am.* → ***entomb***.

in·to·nate [ˈɪntəʊneɪt] *v/t.* → ***intone***; **in·to·na·tion** [ˌɪntəʊˈneɪʃn] *s.* **1.** *ling.* Intonatiˈon *f*, Tonfall *m*; **2.** ♪ Intonatiˈon *f*: a) Anstimmen *n*, b) Psalmodieren *n*, c) Tonansatz *m*; **in·tone** [ɪnˈtəʊn] *v/t.* **1.** ♪ anstimmen, intonieren; **2.** ♪ psalmodieren; **3.** (mit *e-m bestimmten* Tonfall) (aus)sprechen.

in to·to [ˌɪnˈtəʊtəʊ] (*Lat.*) *adv.* **1.** im Ganzen, insgesamt; **2.** vollständig.

in·tox·i·cant [ɪnˈtɒksɪkənt] **I** *adj.* berauschend; **II** *s.* berauschendes Getränk, Rauschmittel *n*; **inˈtox·i·cate** [-keɪt] *v/t.* (*a. fig.*) berauschen, (be)trunken machen: ***~d with*** berauscht *od.* trunken von *Wein, Liebe etc.*; **in·tox·i·ca·tion** [ɪnˌtɒksɪˈkeɪʃn] *s. a. fig.* Rausch *m*, Trunkenheit *f*.

intra- [ɪntrə] *in Zssgn* innerhalb.

ˌin·traˈcar·di·ac *adj.* ✱ im Herzˈinnern, intrakardiˈal.

in·trac·ta·bil·i·ty [ɪnˌtræktəˈbɪlətɪ] *s.* Unlenksamkeit *f*, ˈWiderspenstigkeit *f*; **in·trac·ta·ble** [ɪnˈtræktəbl] *adj.* □ **1.** unlenksam, störrisch, halsstarrig; **2.** schwer zu bearbeiten(d) *od.* zu handhaben(d), ‚ˈwiderspenstig'.

in·tra·dos [ɪnˈtreɪdɒs] *s.* ⚠ Laibung *f*.

in·tra·mu·ral [ˌɪntrəˈmjʊərəl] *adj.* **1.** innerhalb der Mauern (*e-r Stadt, e-s Hauses etc.*) befindlich; **2.** innerhalb der Universiˈtät.

ˌin·traˈmus·cu·lar *adj.* ✱ intramuskuˈlär.

in·tran·si·gence [ɪnˈtrænsɪdʒəns] *s.* Unnachgiebigkeit *f*, Intransiˈgenz *f*; **inˈtran·si·gent** [-nt] *adj. bsd. pol.* unnachgiebig, starr, intransiˈgent.

in·tran·si·tive [ɪnˈtrænsɪtɪv] **I** *adj.* □ *ling.* intransitiv (*a.* A); **II** *s. ling.* Intransitiv *n*.

in·trant [ˈɪntrənt] *s.* Neueintretende(r *m*) *f*, (*ein Amt*) Antretende(r *m*) *f*.

ˌin·traˈstate *adj.* innerstaatlich, *Am.* innerhalb e-s Bundesstaates.

ˌin·traˈve·nous *adj.* ✱ intraveˈnös.

in tray *s.* Ablagekorb *m* für eingehende Post.

in·trench [ɪnˈtrentʃ] → ***entrench***.

in·trep·id [ɪnˈtrepɪd] *adj.* □ unerschrocken; **in·tre·pid·i·ty** [ˌɪntrɪˈpɪdətɪ] *s.* Unerschrockenheit *f*.

in·tri·ca·cy [ˈɪntrɪkəsɪ] *s.* **1.** Kompliziertheit *f*, Kniffligkeit *f*; **2.** Komplikatiˈon *f*, Schwierigkeit *f*; **ˈin·tri·cate** [-kət] *adj.* □ verwickelt, kompliziert, knifflig, schwierig.

in·trigue [ɪnˈtriːg] **I** *v/i.* **1.** intrigieren, Ränke schmieden; **2.** ein Verhältnis haben (**with** mit); **II** *v/t.* **3.** fesseln, faszinieren; **4.** neugierig machen; **5.** verblüffen; **III** *s.* **6.** Inˈtrige *f*: a) Ränkespiel *n*, *pl.* Ränke *pl.*, Machenschaften *pl.*, b) Verwicklung *f* (*im Drama etc.*); **inˈtri·guer** [-gə] *s.* Intriˈgant(in); **inˈtri·guing** [-gɪŋ] *adj.* □ **1.** fesselnd, faszinierend; **2.** verblüffend; **3.** intrigierend, ränkevoll.

in·trin·sic [ɪnˈtrɪnsɪk] *adj.* (□ ***~ally***) inner, wahr, eigentlich, wirklich, wesentlich, immaˈnent: **~ *value*** innerer Wert; **inˈtrin·si·cal·ly** [-kəlɪ] *adv.* wirklich, eigentlich; an sich: **~ *safe*** ϟ eigensicher.

in·tro·duce [ˌɪntrəˈdjuːs] *v/t.* **1.** einführen: **~ *a new method***; **2.** einleiten, eröffnen, anfangen; **3.** (***into*** in *acc.*) *et.* (herˈein)bringen; *Instrument etc.* einführen, -setzen; *Seuche* einschleppen; *parl. Gesetzesvorlage* einbringen; **4.** *Thema, Frage* anschneiden, aufwerfen; **5.** *j-n* (hinˈein)führen, (-)geleiten (***into*** in *acc.*); **6.** (***to***) *j-n* einführen (in *acc.*), bekannt machen (mit *et.*); **7.** (***to***) *j-n* bekannt machen (mit *j-m*), vorstellen (*dat.*); **ˌin·troˈduc·tion** [-ˈdʌkʃn] *s.* **1.** Einführung *f*; **2.** Einleitung *f*, Anbahnung *f*; **3.** Einleitung *f*, Vorrede *f*, -wort *n*; **4.** Leitfaden *m*, Anleitung *f*; **5.** Einführung *f* (*Instrument*); Einschleppung *f* (*Seuche*); *pol.* Einbringung *f* (*Gesetz*); **6.** Vorstellung *f*: ***letter of ~*** Empfehlungsbrief *m*; **ˌin·troˈduc·to·ry** [-ˈdʌktərɪ] *adj.* einleitend, Einleitungs..., Vor...

in·tro·mis·sion [ˌɪntrəʊˈmɪʃn] *s.* **1.** Einführung *f*; **2.** Zulassung *f*.

in·tro·spect [ˌɪntrəʊˈspekt] *v/t.* sich (innerlich) prüfen; **ˌin·troˈspec·tion** [-kʃn] *s.* Selbstbeobachtung *f*, Innenschau *f*, Introspektiˈon *f*; **ˌin·troˈspec·tive** [-tɪv] *adj.* □ introspekˈtiv, selbstprüfend, nach innen gewandt.

in·tro·ver·sion [ˌɪntrəʊˈvɜːʃn] *s.* **1.** Einwärtskehren *n*; **2.** *psych.* Introversiˈon *f*, Introvertiertheit *f*; **in·tro·vert I** *s.*

['ɪntrəʊvɜːt] *psych.* introvertierter Mensch; **II** *v/t.* [ˌɪntrəʊ'vɜːt] nach innen richten, einwärts kehren; *psych.* introvertieren.

in·trude [ɪn'truːd] **I** *v/t.* **1.** *fig.* (unnötigerweise) hi'neinbringen: **~ *one's own ideas into the argument*; 2. ~ *s.th. upon s.o.*** j-m et. aufdrängen; **~ *o.s. upon s.o.*** sich j-m aufdrängen; **II** *v/i.* **3.** sich eindrängen *od.* einmischen (***into*** in *acc.*), sich aufdrängen (***upon*** *dat.*); **4.** (***upon***) *j-n* stören, belästigen: ***am I intruding?*** störe ich?; **in'trud·er** [-də] *s.* **1.** Eindringling *m*; **2.** Zudringliche(r *m*) *f*, Störenfried *m*; **3.** ✈ Störflugzeug *n*; **in'tru·sion** [-uːʒn] *s.* **1.** Eindrängen *n*, Eindringen *n*; **2.** Einmischung *f*; **3.** Zu-, Aufdringlichkeit *f*; **4.** Belästigung *f* (***upon*** *gen.*); **5.** ⚖ Besitzstörung *f*; **in'tru·sive** [-uːsɪv] *adj.* □ **1.** auf-, zudringlich, lästig; **2.** *geol.* eingedrungen; **3.** *ling.* 'unetymoˌlogisch (eingedrungen); **in'tru·sive·ness** [-uːsɪvnɪs] → ***intrusion*** 3.

in·tu·it [ɪn'tjuːɪt] *v/t. u. v/i.* intui'tiv erfassen *od.* wissen; **in·tu·i·tion** [ˌɪntjuː'ɪʃn] *s.* Intuiti'on *f*: a) unmittelbare Erkenntnis, b) Eingebung *f*, Ahnung *f*; **in·tu·i·tive** [ɪn'tjuːɪtɪv] *adj.* □ intui'tiv.

in·tu·mes·cence [ˌɪntjuː'mesns] *s.* **1.** Anschwellen *n*; **2.** ⚕ Anschwellung *f*, Geschwulst *f*; **ˌin·tu'mes·cent** [-nt] *adj.* (an)schwellend.

in·twine [ɪn'twaɪn] *Am.* → ***entwine***.

in·un·date ['ɪnʌndeɪt] *v/t.* über'schwemmen (*a. fig.*); **in·un·da·tion** [ˌɪnʌn'deɪʃn] *s.* Über'schwemmung *f*, Flut *f* (*a. fig.*).

in·ure [ɪ'njʊə] **I** *v/t. mst pass.* (***to***) abhärten (gegen), gewöhnen (an *acc.*); **II** *v/i. bsd.* ⚖ wirksam *od.* gültig *od.* angewendet werden.

in·vade [ɪn'veɪd] *v/t.* **1.** einfallen *od.* eindringen *od.* einbrechen in (*acc.*); **2.** über'fallen, angreifen; **3.** *fig.* über'laufen, -'schwemmen, sich ausbreiten über (*acc.*); **4.** eindringen in (*acc.*), 'übergreifen auf (*acc.*); **5.** *fig.* erfüllen, ergreifen, befallen: ***fear ~d all***; **6.** *fig.* verstoßen gegen, verletzen, antasten, eingreifen in (*acc.*); **in'vad·er** [-də] *s.* Eindringling *m*, Angreifer(in); *pl.* ⚔ Inva'soren *pl.*

in·va·lid¹ ['ɪnvəlɪd] **I** *adj.* **1.** a) krank, leidend, b) inva'lide, c) ⚔ dienstunfähig; **2.** Kranken...: **~ *chair*** Rollstuhl *m*; **~ *diet*** Krankenkost *f*; **II** *s.* **3.** Kranke(r *m*) *f*; **4.** Inva'lide *m*; **III** *v/t.* [ˌɪnvə'liːd] **5.** zum Inva'liden machen; **6.** *a.* **~ *out*** ⚔ dienstuntauglich erklären *od.* als dienstuntauglich entlassen: ***be ~ed out*** als Invalide (aus dem Heer) entlassen werden.

in·val·id² [ɪn'vælɪd] *adj.* □ **1.** (rechts)ungültig, null u. nichtig; **2.** nichtig, nicht stichhaltig (*Argumente*); **in'val·i·date** [-deɪt] *v/t.* **1.** außer Kraft setzen: a) (für) ungültig erklären, 'umstoßen, b) ungültig *od.* unwirksam machen; **2.** *Argument etc.* entkräften; **in·val·i·da·tion** [ɪnˌvælɪ'deɪʃn] *s.* **1.** Ungültigkeitserklärung *f*; **2.** Entkräftung *f*.

in·va·lid·ism ['ɪnvəlɪdɪzəm] *s.* ⚕ Invalidi'tät *f*.

in·va·lid·i·ty [ˌɪnvə'lɪdətɪ] *s.* **1.** *bsd.* ⚖ Ungültigkeit *f*, Nichtigkeit *f*; **2.** ⚕ *Am.* Invalidi'tät *f*.

in·val·u·a·ble [ɪn'væljʊəbl] *adj.* □ unschätzbar, unbezahlbar, von unschätzbarem Wert.

in·var·i·a·bil·i·ty [ɪnˌveərɪə'bɪlətɪ] *s.* Unveränderlichkeit *f*; **in·var·i·a·ble** [ɪn'veərɪəbl] **I** *adj.* □ unveränderlich, gleich bleibend; kon'stant (*a.* ⩚); **II** *s.* ⩚ Kon'stante *f*; **in·var·i·a·bly** [ɪn'veərɪəblɪ] *adv.* stets, ausnahmslos.

in·va·sion [ɪn'veɪʒn] *s.* **1.** (***of***) Invasi'on *f* (*gen.*): a) ⚔ *u. fig.* Einfall *m* (in *acc.*), 'Überfall *m* (auf *acc.*), b) Eindringen *n*, Einbruch *m* (in *acc.*); **2.** Andrang *m* (***of*** zu); **3.** *fig.* (***of***) Eingriff *m* (in *acc.*), Verletzung *f* (*gen.*); **4.** ⚕ Anfall *m*; **in'va·sive** [-eɪsɪv] *adj.* **1.** ⚔ Invasions..., angreifend; **2.** (gewaltsam) eingreifend (***of*** in *acc.*); **3.** zudringlich.

in·vec·tive [ɪn'vektɪv] *s.* Schmähung(en *pl.*) *f*, Beschimpfung *f*; *pl.* Schimpfworte *pl.*

in·veigh [ɪn'veɪ] *v/i.* (***against***) schimpfen (über, auf *acc.*), herziehen (über *acc.*).

in·vei·gle [ɪn'veɪgl] *v/t.* (***into***) **1.** verleiten, verführen (zu): **~ *s.o. into doing s.th.*** j-n dazu verleiten, *et.* zu tun; **2.** locken (in *acc.*); **in'vei·gle·ment** [-mənt] *s.* Verleitung *f etc.*

in·vent [ɪn'vent] *v/t.* **1.** erfinden, ersinnen; **2.** *fig.* erfinden, erdichten; **in'ven·tion** [-nʃn] *s.* **1.** Erfindung *f* (*a. fig.*); **2.** (Gegenstand *m etc.* der) Erfindung *f*; **3.** Erfindungsgabe *f*; **4.** *contp.* Märchen *n*; **in'ven·tive** [-tɪv] *adj.* □ **1.** erfinderisch (***of*** in *dat.*); Erfindungs...; **2.** schöpferisch, einfallsreich, origi'nell; **in'ven·tive·ness** [-tɪvnɪs] → ***invention*** 3; **in'ven·tor** [-tə] *s.* Erfinder(in).

in·ven·to·ry ['ɪnvəntrɪ] *a.* ✝ **I** *s.* **1.** a) Inven'tar *n*, Bestandsverzeichnis, (-)Liste *f*, b) *Am.* Bestandsaufnahme *f*, Inven'tur *f*; **2.** Inven'tar *n*, Lagerbestand *m*, Vorräte *pl.*: ***take ~*** Inventur machen; **II** *v/t.* **3.** inventarisieren: a) e-e Bestandsaufnahme machen von, b) im Inven'tar verzeichnen.

in·verse [ɪn'vɜːs] **I** *adj.* □ 'umgekehrt, entgegengesetzt; ⩚ in'vers, rezi'prok: ***~ly proportional*** umgekehrt proportional; **II** *s.* 'Umkehrung *f*, Gegenteil *n*; **in'ver·sion** [ɪn'vɜːʃn] *s.* **1.** 'Umkehrung *f* (*a.* ♪); **2.** ⚗, ⚘, *ling.*, *meteor.* Inversi'on *f*, *psych. a.* Homosexuali'tät *f*.

in·vert I *v/t.* [ɪn'vɜːt] **1.** 'umkehren (*a.* ♪), 'umdrehen, 'umwenden (*a.* ⚡); **2.** *ling.* 'umstellen; **3.** ⚗ invertieren; **II** *s.* ['ɪnvɜːt] **4.** ⚠ 'umgekehrter Bogen; **5.** ⚙ Sohle *f* (*Schleuse etc.*); **6.** *psych.* Invertierte(r *m*) *f*: a) Homosexu'elle(r) *m*, b) Lesbierin *f*, c) Transsexu'elle(r *m*) *f*.

in·ver·te·brate [ɪn'vɜːtɪbrət] **I** *adj.* **1.** *zo.* wirbellos; **2.** *fig.* rückgratlos; **II** *s.* **3.** *zo.* wirbelloses Tier: ***the ~s*** die Wirbellosen.

in·vert·ed [ɪn'vɜːtɪd] *adj.* **1.** 'umgekehrt; 'umgestellt; **2.** *psych.* invertiert, homosexu'ell; **3.** ⚙ hängend: ***~ cylinders***; ***~ engine*** Hängemotor *m*; **~ com·mas** *s. pl.* Anführungszeichen *pl.*, ‚Gänsefüßchen' *pl.*; **~ flight** *s.* ✈ Rückenflug *m*; **~ im·age** *s. phys.* Kehrbild *n*.

in·vest [ɪn'vest] **I** *v/t.* **1.** ✝ investieren, anlegen (***in*** in *dat.*); **2.** (***with***, ***in*** mit) bekleiden (*a. fig.*); bedecken, um'hüllen; **3.** (***with***) kleiden (in *acc.*), ausstatten (mit *Befugnissen etc.*); um'geben (mit); **4.** (in Amt u. Würden) einsetzen; **5.** ⚔ einschließen, belagern; **II** *v/i.* **6.** investieren (***in*** in *dat.*); **7.** ***~ in*** F ‚sein Geld investieren' in (*dat.*).

in·ves·ti·gate [ɪn'vestɪgeɪt] **I** *v/t.* unter'suchen, erforschen; ermitteln; **II** *v/i.* (***into***) nachforschen (nach), Ermittlungen anstellen (über *acc.*); **in·ves·ti·ga·tion** [ɪnˌvestɪ'geɪʃn] *s.* **1.** Unter'suchung *f*, Nachforschung *f*; *pl.* Ermittlung(en *pl.*) *f*, Re'cherchen *pl.*; **2.** *wissenschaftliche* (Er)Forschung; **in'ves·ti·ga·tive** [-tɪv] *adj.* recherchierend, Untersuchungs...: ***~ journalism*** Enthüllungsjournalismus *m*; ***~ reporter*** recherchierender Reporter; **in'ves·ti·ga·tor** [-tə] *s.* **1.** Unter'suchende(r) *m*, (Er-, Nach-) Forscher(in); **2.** Ermittler *m*, Unter'suchungsbeamte(r) *m*: ***private ~*** (Pri'vat)Detekˌtiv(in); **3.** Prüfer(in).

in·ves·ti·ture [ɪn'vestɪtʃə] *s.* **1.** Investi'tur *f*, (feierliche) Amtseinsetzung *f*; **2.** Belehnung *f*; **3.** *fig.* Ausstattung *f*.

in·vest·ment [ɪn'vestmənt] *s.* **1.** ✝ a) Investierung *f*, b) Investiti'on(en *pl.*) *f*, (Kapi'tal-, Geld)Anlage *f*, Anlagewerte *pl.*: ***that's a good ~*** das ist e-e gute Geldanlage, *fig.* das lohnt sich *od.* macht sich bezahlt; **2.** ✝ Einlage *f*, Beteiligung *f* (*e-s Gesellschafters*); **3.** Ausstattung *f* (***with*** mit); **4.** *biol.* (Außen-, Schutz)Haut *f*; **5.** ⚔ *obs.* Belagerung *f*; **6.** → ***investiture*** 1; **~ ad·vis·er** *s.* Anlageberater *m*; **~ bank** *s.* Investiti'ons-, In'vestmentbank *f*; **~ bank·ing** *s.* Ef'fektenbankgeschäft *n*; **~ bonds** *s. pl.* festverzinsliche 'Anlagepaˌpiere *pl.*; **~ com·pan·y** *s.* Kapi'talanlage-, In'vestmentgesellschaft *f*; **~ cred·it** *s.* Investiti'onskreˌdit *m*; **~ fund** *s.* **1.** Anlagefonds *m*; **2.** *pl.* Investiti'onsmittel *pl.*; **~ goods** *s. pl.* Investiti'onsgüter *pl.*; **~ grant** *s.* Investitionsbeihilfe *f*; **~ shares** *s. pl.*, **~ stocks** *s. pl.* 'Anlagepaˌpiere *pl.*, -werte *pl.*; **~ trust** → ***investment company***: ***~ certificate*** Anteilschein *m*, Investmentzertifikat *n*.

in·ves·tor [ɪn'vestə] *s.* ✝ In'vestor *m*, Geld-, Kapi'talanleger *m*.

in·vet·er·a·cy [ɪn'vetərəsɪ] *s.* Unausrottbarkeit *f*, *a.* ⚕ Hartnäckigkeit *f*; **in'vet·er·ate** [-rɪt] *adj.* □ **1.** eingewurzelt; **2.** ⚕ hartnäckig; **3.** eingefleischt, unverbesserlich.

in·vid·i·ous [ɪn'vɪdɪəs] *adj.* □ **1.** verhasst, ärgerlich; **2.** gehässig, boshaft, gemein; **in'vid·i·ous·ness** [-nɪs] *s.* **1.** *das* Ärgerliche; **2.** Gehässigkeit *f*, Bosheit *f*, Gemeinheit *f*.

in·vig·i·late [ɪn'vɪdʒɪleɪt] *ped. Brit.* **I** *v/i.* Aufsicht führen; **II** *v/t.* Aufsicht führen bei; **inˌvig·i'la·tion** *s. ped. Brit.* Aufsicht *f*.

in·vig·or·ate [ɪn'vɪgəreɪt] *v/t.* stärken, kräftigen, beleben, *bsd. fig.* erfrischen: ***invigorating*** stärkend *etc.*; **in·vig·or·a·tion** [ɪnˌvɪgə'reɪʃn] *s.* Kräftigung *f*, Belebung *f*.

in·vin·ci·bil·i·ty [ɪnˌvɪnsɪ'bɪlətɪ] *s.* Unbesiegbarkeit *f etc.*; **in·vin·ci·ble** [ɪn'vɪnsəbl] *adj.* □ unbesiegbar, 'unüberˌwindlich.

in·vi·o·la·bil·i·ty [ɪnˌvaɪələ'bɪlətɪ] *s.* Unverletzlichkeit *f*, Unantastbarkeit *f*; **in·vi·o·la·ble** [ɪn'vaɪələbl] *adj.* □ unverletzlich, unantastbar, heilig; **in·vi·o·late** [ɪn'vaɪələt] *adj.* □ **1.** unverletzt, unversehrt, nicht gebrochen (*Gesetz etc.*); **2.** unangetastet.

in·vis·i·bil·i·ty [ɪnˌvɪzə'bɪlətɪ] *s.* Unsichtbarkeit *f*; **in·vis·i·ble** [ɪn'vɪzəbl] *adj.* □ unsichtbar (***to*** für): ***~ ink***; ***~ exports***; ***~ mending*** Kunststopfen *n*; ***he was ~*** *fig.* er ließ sich nicht sehen.

in·vi·ta·tion [ˌɪnvɪ'teɪʃn] *s.* **1.** Einladung *f* (***to s.o.*** an j-n): ***~ to tea*** Einladung zum Tee; **2.** Aufforderung *f*, Ersuchen *n*; **3.** ***~ to bid*** ✝ Ausschreibung *f*; **in·vite** [ɪn'vaɪt] *v/t.* **1.** einladen: ***~ s.o. in*** j-n hereinbitten: ***~d lecture*** Gastvorlesung *f*; **2.** *j-n* auffordern, bitten (***to do*** zu tun); **3.** *et.* erbitten, ersuchen um, auffordern zu *et.*; ✝ ausschreiben; **4.** *Kritik*, *Gefahr etc.* herausfordern, sich aussetzen (*dat.*); **5.** a) einladen zu, ermutigen zu, b) (ver)locken (***to do*** zu tun); **in·vit·ing** [ɪn'vaɪtɪŋ] *adj.* □ einladend, (ver)lockend.

in·vo·ca·tion [ˌɪnvəʊ'keɪʃn] *s.* **1.** Anrufung *f*; **2.** *eccl.* Bittgebet *n*.

in·voice ['ɪnvɔɪs] ✝ **I** *s.* Fak'tura *f*, (Waren-, Begleit)Rechnung *f*: ***as per ~*** laut Rechnung; ***~ clerk*** Fakturist(in); **II** *v/t.* fakturieren, in Rechnung stellen; **'in-**

voic·ing *s.* ✝ Faktu'rierung *f*, In'rechnungstellung *f*: ~ ***currency*** Faktu'rierungswährung *f*.

in·voke [ɪn'vəʊk] *v/t.* **1.** anrufen, anflehen, flehen zu; **2.** flehen um, erflehen; **3.** *fig.* zu Hilfe rufen, sich berufen auf (*acc.*), anführen, zitieren; **4.** *Geist* beschwören.

in·vol·un·tar·i·ness [ɪn'vɒləntərɪnɪs] *s.* **1.** Unfreiwilligkeit *f*; **2.** 'Unwill,kürlichkeit *f*; **in·vol·un·tar·y** [ɪn'vɒləntərɪ] *adj.* ☐ **1.** unfreiwillig; **2.** 'unwill,kürlich; **3.** unabsichtlich.

in·vo·lute ['ɪnvəluːt] **I** *adj.* **1.** ⚘ eingerollt; **2.** *zo.* mit engen Windungen; **3.** *fig.* verwickelt; **II** *s.* **4.** ⩕ Evol'vente *f*; **in·vo·lu·tion** [,ɪnvə'luːʃn] *s.* **1.** ⚘ Einrollung *f*; **2.** Involuti'on *f*: a) *biol.* Rückbildung *f*, b) ⩕ Potenzierung *f*; **3.** Verwicklung *f*, Verwirrung *f*.

in·volve [ɪn'vɒlv] (→ *a.* ***involved***) *v/t.* **1.** um'fassen, einschließen, involvieren; **2.** nach sich ziehen, zur Folge haben, mit sich bringen, verbunden sein mit, bedeuten: ~ ***great expense***; ***this would*** ~ (***our***) ***living abroad*** das würde bedeuten, dass wir im Ausland leben müssten; **3.** nötig machen, erfordern: ~ ***hard work***; **4.** betreffen: a) angehen: ***the plan*** ~***s all employees***, b) beteiligen (***in***, ***with*** an *dat.*): ***the number of persons*** ~***d***, c) sich handeln *od.* drehen um, gehen um, zum Gegenstand haben: ***the case*** ~***d some grave offences***, d) in Mitleidenschaft ziehen: ***diseases that*** ~ ***the nervous system***; ***it wouldn't*** ~ ***you*** du hättest nichts damit zu tun; **5.** verwickeln, -stricken, hin'einziehen (***in*** in *acc.*): ~***d in a lawsuit*** in e-n Rechtsstreit verwickelt; ~***d in an accident*** in e-n Unfall verwickelt, an e-m Unfall beteiligt; ***I am not getting*** ~***d in this!*** ich lasse mich da nicht hineinziehen!; **6.** *j-n* (*seelisch*, *persönlich*) engagieren (***in*** in *dat.*): ~ ***o.s. with s.o.*** sich mit j-m einlassen; ***be*** ~***d with s.o.*** a) mit j-m zu tun haben, b) zu j-m e-e (enge) Beziehung haben, *erotisch*: *a.* mit j-m ein Verhältnis haben, es mit j-m ‚haben'; ***she was*** ~***d with several men***; **7.** *j-n* in Schwierigkeiten bringen (***with*** mit); **8.** *et.* komplizieren, verwirren; **in'volved** [-vd] *adj.* (→ *a.* ***involve***) **1.** a) kompliziert, b) verworren: ***an*** ~ ***sentence***; **2.** betroffen, beteiligt: ***the persons*** ~; **3.** ***be*** ~ a) → ***involve*** 4 c, b) mitspielen (***in*** bei *e-r Sache*), c) auf dem Spiel stehen, gehen um: ***the national prestige was*** ~; **4.** (***in***) verwickelt, verstrickt (in *acc.*), beteiligt (an *dat.*); **5.** einbegriffen; **6.** (***in***, ***with***) a) stark beschäftigt (mit), versunken (in *acc.*), b) (stark) interessiert (an *dat.*); **7.** (*seelisch*, *innerlich*) engagiert: ***emotionally*** ~; ***be deeply*** ~ ***with a girl*** e-e enge Beziehung zu e-m Mädchen haben, stark empfinden für ein Mädchen; **in'volve·ment** [-mənt] *s.* **1.** Verwicklung *f*, -strickung *f* (***in*** in *acc.*); **2.** Beteiligung *f* (***in*** an *dat.*); **3.** Betroffensein *n*; **4.** (*seelisches od. persönliches*) Engagement; **5.** (***with***) a) (*innere*) Beziehung (zu), b) (*sexuelles*) Verhältnis (mit), c) Umgang (mit); **6.** Kompliziertheit *f*; **7.** komplizierte Sache, Schwierigkeit *f*.

in·vul·ner·a·bil·i·ty [ɪn,vʌlnərə'bɪlətɪ] *s.* **1.** Unverwundbarkeit *f*; **2.** *fig.* Unanfechtbarkeit *f*; **in·vul·ner·a·ble** [ɪn'vʌlnərəbl] *adj.* ☐ **1.** unverwundbar, ungefährdet, gefeit (***to*** gegen); **2.** *fig.* unanfechtbar.

in·ward ['ɪnwəd] **I** *adj.* ☐ **1.** inner(lich), Innen...; nach innen gehend: ~ ***parts*** *anat.* innere Organe; ***the*** ~ ***nature*** der Kern, das eigentliche Wesen; **2.** *fig.* seelisch, geistig, inner(lich); **3.** ~ ***duty*** ✝ Eingangszoll *m*; ~ ***journey*** ⚓ Heimfahrt *f*, -reise *f*; ~ ***mail*** eingehende Post; **II** *s.* **4.** *das* Innere (*a. fig.*); **5.** *pl.* ['ɪnədz] F a) innere Or'gane *pl.*, Eingeweide *pl.*, b) *Küche*: Inne'reien *pl.*; **III** *adv.* **6.** nach innen; **7.** im Innern (*a. fig.*); **'in·ward·ly** [-lɪ] *adv.* **1.** innerlich, im Innern (*a. fig.*); nach innen; **2.** im Stillen, insgeheim, für sich, leise; **'inward·ness** [-nɪs] *s.* **1.** Innerlichkeit *f*; **2.** innere Na'tur, wahre Bedeutung; **'in·wards** [-dz] → ***inward*** 6, 7.

in·weave [,ɪn'wiːv] *v/t.* [*irr.* → ***weave***] **1.** einweben (***into*** in *acc.*); **2.** *fig.* ein-, verflechten.

in·wrought [,ɪn'rɔːt] *adj.* **1.** eingewoben, eingearbeitet; **2.** verziert; **3.** *fig.* (eng) verflochten.

i·o·date ['aɪəʊdeɪt] *s.* ⚗ Jo'dat *n*; **i·od·ic** [aɪ'ɒdɪk] *adj.* ⚗ jodhaltig, Jod...; **'i·o·dide** [-daɪd] *s.* ⚗ Jo'did *n*; **'i·o·dine** [-diːn] *s.* Jod *n*: ***tincture of*** ~ Jodtinktur *f*; **'i·o·dism** [-dɪzəm] *s.* Jodvergiftung *f*; **'i·o·dize** [-daɪz] *v/t.* jodieren, mit Jod behandeln.

i·on ['aɪən] *s. phys.* I'on *n*.

I·o·ni·an [aɪ'əʊnjən] **I** *adj.* i'onisch; **II** *s.* I'onier(in).

I·on·ic[1] [aɪ'ɒnɪk] *adj.* i'onisch: ~ ***order*** ionische Säulenordnung.

i·on·ic[2] [aɪ'ɒnɪk] *adj. phys.* i'onisch: ~ ***centrifuge*** Ionenschleuder *f*; ~ ***migration*** Ionenwanderung *f*.

i·o·ni·um [aɪ'əʊnɪəm] *s.* ⚗ I'onium *n*.

i·on·i·za·tion [,aɪənaɪ'zeɪʃn] *s. phys.* Ionisierung *f*; **i·on·ize** ['aɪənaɪz] *phys.* **I** *v/t.* ionisieren; **II** *v/i.* in I'onen zerfallen; **i·on·o·sphere** [aɪ'ɒnə,sfɪə] *s. phys.* Iono'sphäre *f*.

i·o·ta [aɪ'əʊtə] *s.* Jota *n* (*griech. Buchstabe*): ***not an*** ~ *fig.* kein Jota *od.* bisschen.

I

IOU [ˌaɪəʊ'juː] *s.* Schuldschein *m* (= ***I owe you***).
ip·so fac·to [ˌɪpsəʊ'fæktəʊ] (*Lat.*) gerade (*od.* al'lein) durch diese Tatsache, eo ipso.
I·ra·ni·an [ɪ'reɪnjən] **I** *adj.* **1.** i'ranisch, persisch; **II** *s.* **2.** I'raner(in), Perser (-in); **3.** *ling.* I'ranisch *n*, Persisch *n*.
I·ra·qi [ɪ'rɑːkɪ] **I** *s.* **1.** I'raker(in); **2.** *ling.* I'rakisch *n*; **II** *adj.* **3.** i'rakisch.
i·ras·ci·bil·i·ty [ɪˌræsə'bɪlətɪ] *s.* Jähzorn *m*, Reizbarkeit *f*; **i·ras·ci·ble** [ɪ'ræsəbl] *adj.* □ jähzornig, reizbar.
i·rate [aɪ'reɪt] *adj.* zornig, wütend.
ire ['aɪə] *s. poet.* Zorn *m*, Wut *f*; **'ire·ful** [-fʊl] *adj.* □ *poet.* zornig.
ir·i·des·cence [ˌɪrɪ'desns] *s.* Schillern *n*; **ˌir·i'des·cent** [-nt] *adj.* schillernd, irisierend.
i·rid·i·um [aɪ'rɪdɪəm] *s.* ⚗ I'ridium *n*.
i·ris ['aɪərɪs] *s.* **1.** *anat.* Regenbogenhaut *f*, Iris *f*; **2.** ⚘ Schwertlilie *f*.
I·rish ['aɪərɪʃ] **I** *adj.* **1.** irisch: ***the ~ Free State*** *obs.* der Irische Freistaat; → ***bull***[3]; **II** *s.* **2.** *ling.* Irisch *n*; **3.** ***the ~*** *pl.* die Iren *pl.*, die Irländer *pl.*; **'I·rish·ism** [-ʃɪzəm] *s.* irische (Sprach)Eigentümlichkeit.

> Der 17. März ist für die Iren ein Nationalfeiertag. Am **St Patrick's Day** [snt'pætrɪksdeɪ] trägt man Klee (**shamrock**) im Knopfloch. Man sieht auch Legionen von Iren bzw. Irischstämmigen in Übersee in grünen T-Shirts. Viele Iren werden nach ihrem Schutzpatron **Patrick** genannt. Die Koseform dazu ist **Paddy**.

'I·rish|·man [-mən] *s.* [*irr.*] Ire *m*, Irländer *m*; **~ stew** *s. Küche*: Irish Stew *n*; **~ ter·ri·er** *s.* Irischer Terrier; **'~ˌwom·an** *s.* [*irr.*] Irin *f*, Irländerin *f*.
irk [ɜːk] *v/t.* ärgern, verdrießen; **'irk·some** [-səm] *adj.* □ **1.** ärgerlich, verdrießlich; **2.** lästig.
i·ron ['aɪən] **I** *s.* **1.** Eisen *n*: ***have*** (***too***) ***many ~s in the fire*** (zu) viele Eisen im Feuer haben; ***rule with a rod of ~*** *od.* ***with an ~ hand*** mit eiserner Faust regieren; ***strike while the ~ is hot*** das Eisen schmieden, solange es heiß ist; ***a man of ~*** ein harter Mann; ***he is made of ~*** er hat e-e eiserne Gesundheit; **2.** Brandeisen *n*, -stempel *m*; **3.** (Bügel-, Plätt)Eisen *n*; **4.** Steigbügel *m*; **5.** *Golf*: Eisen *n* (*Schläger*); **6.** ⚕ 'Eisen(-präpaˌrat) *n*: ***take ~*** Eisen einnehmen; **7.** *pl.* Hand-, Fußschellen *pl.*, Eisen *pl.*: ***put in ~s*** → 14; **8.** *pl.* ⚕ Beinschiene *f* (*Stützapparat*): ***put s.o.'s leg in ~s*** j-m das Bein schienen; **II** *adj.* **9.** eisern, Eisen...: ***~ bar*** Eisenstange *f*; **10.** *fig.* eisern: a) hart, kräftig: ***~ constitution*** eiserne Gesundheit; ***~ frame*** kräftiger Körper(bau), b) ehern, hart, grausam: ***~ fist*** *od.* ***hand*** eiserne Faust (→ 1); ***there was an ~ fist in a velvet glove*** bei all s-r Freundlichkeit war mit ihm doch nicht zu spaßen, c) unbeugsam, unerschütterlich: ***~ discipline*** eiserne Zucht; ***~ will*** eiserner Wille; **III** *v/t.* **11.** bügeln, plätten; **12. *~ out*** a) glätten, einebnen, glatt walzen, b) *fig.* ‚ausbügeln', in Ordnung bringen; **13.** ⚙ mit Eisen beschlagen; **14.** fesseln, in Eisen legen.
I·ron| Age *s.* Eisenzeit *f*; **~ Chan·cel·lor** *s.*: ***the ~*** der Eiserne Kanzler (*Bismarck*); **'♀·clad I** *adj.* **1.** gepanzert (*Schiff*), eisenverkleidet, -bewehrt, mit Eisenmantel; **2.** *fig.* eisern, starr, streng; **3.** *fig.* unangreifbar, abso'lut stichhaltig: ***~ argument***; **II** *s.* **4.** *hist.* Panzerschiff *n*; **♀ con·crete** *s.* ⚙ 'Eisenbeˌton *m*; **~ Cross** *s.* ⚔ Eisernes Kreuz (*Auszeichnung*); **~ Cur·tain** *s. pol.* ‚Eiserner Vorhang': ***~ countries*** *die* Länder *pl.* hinter dem Eisernen Vorhang; **~ Duke** *s.*: ***the ~*** der Eiserne Herzog (*Wellington*); **♀ found·ry** *s.* Eisengieße'rei *f*; **♀ horse** *s.* F *obs.* ‚Dampfross' *n* (*Lokomotive*).
i·ron·ic, **i·ron·i·cal** [aɪ'rɒnɪk(l)] *adj.* **1.** i'ronisch, spöttelnd, spöttisch; **2.** *Situation etc.*: seltsam, ‚komisch', paradox; **i'ron·i·cal·ly** [-ɪkəlɪ] *adv.* **1.** i'ronisch(erweise); **2.** komischerweise; **i·ro·nize** ['aɪərənaɪz] **I** *v/t. et.* ironisieren; **II** *v/i.* i'ronisch sein, spötteln.
i·ron·ing board ['aɪənɪŋ] *s.* Bügel-, Plättbrett *n*.
i·ron| lung *s.* ⚕ eiserne Lunge; **'~ˌmas·ter** *s. Brit.* 'Eisenfabriˌkant *m*, *obs.* Eisenhüttenbesitzer *m*; **'~ˌmon·ger** *s. bsd. Brit.* Eisenwaren-, Me'tallwarenhändler(in); **'~ˌmon·ger·y** *s. bsd. Brit.* **1.** Eisen-, Me'tallwaren *pl.*; **2.** Eisenwaren-, Me'tallwarenhandlung *f*; **~ ore** *s. metall.* Eisenerz *n*; **~ ox·ide** *s.* ⚗ 'Eisenoˌxid *n*; **~ ra·tion** *s.* ⚔ eiserne Rati'on; **'~·sides** *s.* **1.** *sg.* Mann *m* von großer Tapferkeit; **2.** ♀ *pl. hist.* Cromwells Reite'rei *f od.* Heer *n*; **3.** → ***ironclad*** 4; **'~·ware** *s.* Eisen-, Me'tallwaren *pl.*; **'~·work** *s.* ⚙ 'Eisenbeschlag *m*, -konstruktiˌon *f*; **'~·works** *s. pl. sg. konstr.* Eisenhütte *f*.
i·ron·y[1] ['aɪənɪ] *adj.* **1.** eisern; **2.** eisenhaltig (*Erde*); **3.** eisenartig.
i·ro·ny[2] ['aɪərənɪ] *s.* **1.** Iro'nie *f*: ***~ of fate*** *fig.* Ironie des Schicksals; ***tragic ~*** tragische Ironie; ***the ~ of it!*** *fig.* welche

Ironie (des Schicksals)!; **2.** i'ronische Bemerkung, Spötte'lei *f.*

Ir·o·quois ['ɪrəkwɔɪ] *pl.* **-quois** [-kwɔɪz] *s.* Iro'kese *m*, Iro'kesin *f.*

ir·ra·di·ance [ɪ'reɪdjəns] *s.* **1.** (An-, Aus-, Be)Strahlen *n*; **2.** Strahlenglanz *m*; **ir'ra·di·ant** [-nt] *adj. a. fig.* strahlend (***with*** vor *dat.*); **ir'ra·di·ate** [-dɪeɪt] *v/t.* **1.** bestrahlen (*a.* ⚕), erleuchten; **2.** ausstrahlen; **3.** *fig. Gesicht etc.* aufheitern, verklären; **4.** *fig. etc.* erhellen, Licht werfen auf (*acc.*); **ir·ra·di·a·tion** [ɪ,reɪdɪ'eɪʃn] *s.* **1.** (Aus)Strahlen *n*, Leuchten *n*; **2.** *phys.* a) 'Strahlungsintensi,tät *f*, b) spe'zifische 'Strahlungsener,gie; **3.** Irradiati'on *f*: a) *phot.* Belichtung *f*, b) ⚕ Bestrahlung *f*, Durch'leuchtung *f*; **4.** *fig.* Erhellung *f.*

ir·ra·tion·al [ɪ'ræʃənl] **I** *adj.* □ **1.** unvernünftig: a) vernunftlos: **~ *animal***, b) 'irratio,nal (*a.* A, *phls.*), vernunftwidrig, unsinnig; **II** *s.* **2.** A 'Irratio,nalzahl *f*; **3.** *the* **~** → **ir·ra·tion·al·i·ty** [ɪ,ræʃə'nælətɪ] *s.* Irrationali'tät *f* (*a.* A, *phls.*), *das* 'Irratio,nale, Unvernunft *f*, Unsinnigkeit *f.*

ir·re·but·ta·ble [,ɪrɪ'bʌtəbl] *adj.* 'unwider,legbar.

ir·re·claim·a·ble [,ɪrɪ'kleɪməbl] *adj.* □ **1.** unverbesserlich; **2.** ✓ unbebaubar; **3.** 'unwieder,bringlich.

ir·rec·og·niz·a·ble [ɪ'rekəgnaɪzəbl] *adj.* □ nicht wieder zu erkennen(d), unkenntlich.

ir·rec·on·cil·a·bil·i·ty [ɪ,rekənsaɪlə'bɪlətɪ] *s.* **1.** Unvereinbarkeit *f* (***to***, ***with*** mit); **2.** Unversöhnlichkeit *f*; **ir·rec·on·cil·a·ble** [ɪ'rekənsaɪləbl] **I** *adj.* □ **1.** unvereinbar (***to***, ***with*** mit); **2.** unversöhnlich; **II** *s.* **3.** *pol.* unversöhnlicher Gegner.

ir·re·cov·er·a·ble [,ɪrɪ'kʌvərəbl] *adj.* □ **1.** unrettbar (verloren), 'unwieder,bringlich, unersetzlich: **~ *debt*** nicht beitreibbare (Schuld)Forderung; **2.** unheilbar, nicht wieder 'gutzumachen(d).

ir·re·deem·a·ble [,ɪrɪ'di:məbl] *adj.* □ **1.** nicht rückkaufbar; **2.** † nicht (in Gold) einlösbar (*Papiergeld*); **3.** † a) untilgbar; **~ *loan***, b) nicht ablösbar, unkündbar (*Schuldverschreibung etc.*); **4.** unrettbar (verloren), unverbesserlich, hoffnungslos.

ir·re·den·tism [,ɪrɪ'dentɪzəm] *s. pol.* Irreden'tismus *m*; **,ir·re'den·tist** [-ɪst] *pol.* **I** *s.* Irreden'tist *m*; **II** *adj.* irreden'tistisch.

ir·re·duc·i·ble [,ɪrɪ'dju:səbl] *adj.* □ **1.** nicht zu vereinfachen(d); **2.** nicht reduzierbar, nicht zu vermindern(d): ***the*** **~ *minimum*** das äußerste Mindestmaß.

ir·re·fran·gi·ble [,ɪrɪ'frændʒəbl] *adj.* **1.** unverletzlich, nicht zu über'treten(d); **2.** *opt.* unbrechbar.

ir·re·fu·ta·ble [,ɪrɪ'fju:təbl] *adj.* □ 'unwider,legbar, nicht zu wider'legen(d).

ir·re·gard·less [,ɪrɪ'gɑ:dlɪs] *adj. Am.* F **~ *of*** ohne sich zu kümmern um.

ir·reg·u·lar [ɪ'regjʊlə] **I** *adj.* □ **1.** unregelmäßig (*a.* ⚘, *ling*, *a. Zähne etc.*), ungleichmäßig, uneinheitlich; **2.** ungeordnet, unordentlich; **3.** ungehörig, ungebührlich; **4.** regel-, vorschriftswidrig; **5.** ungesetzlich, ungültig; **6.** uneben; 'unsyste,matisch; **7.** ⚔ 'irregu,lär; **II** *s.* **8.** *pl.* Parti'sanen *pl.*, Freischärler *pl.*; **ir·reg·u·lar·i·ty** [ɪ,regjʊ'lærətɪ] *s.* **1.** Unregelmäßigkeit *f* (*a. ling.*), Ungleichmäßigkeit *f*; **2.** Regelwidrigkeit *f*; ⚖ Formfehler *m*, Verfahrensmangel *m*; **3.** Ungehörigkeit *f*; **4.** Unebenheit *f*; **5.** Unordnung *f*; **6.** Vergehen *n*, Verstoß *m*; **7.** *pl.* † *Am.* Ausschussware(n *pl.*) *f.*

ir·rel·e·vance [ɪ'reləvəns], **ir'rel·e·van·cy** [-sɪ] *s.* 'Irrele,vanz *f*, Unerheblichkeit *f*, Belanglosigkeit *f*, Unwesentlichkeit *f*; **ir'rel·e·vant** [-nt] *adj.* □ 'irrele,vant, belanglos, unerheblich (***to*** für) (*alle a.* ⚖), nicht zur Sache gehörig.

ir·re·li·gion [,ɪrɪ'lɪdʒən] *s.* Religi'onslosigkeit *f*, Unglaube *m*; Gottlosigkeit *f*; **,ir·re'li·gious** [-dʒəs] *adj.* □ **1.** 'irreligi,ös, ungläubig, gottlos; **2.** religi'onsfeindlich.

ir·re·me·di·a·ble [,ɪrɪ'mi:djəbl] *adj.* □ **1.** unheilbar; **2.** unabänderlich; **3.** → ***irreparable***.

ir·re·mis·si·ble [,ɪrɪ'mɪsəbl] *adj.* □ **1.** unverzeihlich; **2.** unerlässlich.

ir·re·mov·a·ble [,ɪrɪ'mu:vəbl] *adj.* □ **1.** nicht zu entfernen(d); unbeweglich (*a. fig.*); **2.** unabsetzbar.

ir·rep·a·ra·ble [ɪ'repərəbl] *adj.* □ **1.** 'irrepa,rabel, nicht wieder 'gutzumachen(d); **2.** unersetzlich; **3.** unheilbar (*a.* ⚕).

ir·re·place·a·ble [,ɪrɪ'pleɪsəbl] *adj.* unersetzlich, unersetzbar; **~ *resources*** nicht erneuerbare Ressourcen.

ir·re·press·i·ble [,ɪrɪ'presəbl] *adj.* □ **1.** unbezähmbar, unbändig; **2.** *Person*: a) nicht 'unterzukriegen(d), unverwüstlich, b) tempera'mentvoll.

ir·re·proach·a·ble [,ɪrɪ'prəʊtʃəbl] *adj.* □ untadelig, einwandfrei, tadellos.

ir·re·sist·i·bil·i·ty ['ɪrɪ,zɪstə'bɪlətɪ] *s.* 'Unwider,stehlichkeit *f*; **ir·re·sist·i·ble** [,ɪrɪ'zɪstəbl] *adj.* □ **1.** 'unwider,stehlich (*a. fig. Charme etc.*); **2.** unaufhaltsam.

ir·res·o·lute [ɪ'rezəlu:t] *adj.* □ unentschlossen, schwankend; **ir'res·o·lute·ness** [-nɪs], **ir·res·o·lu·tion** ['ɪ,rezə'lu:ʃn] *s.* Unentschlossenheit *f.*

ir·re·spec·tive [,ɪrɪ'spektɪv] *adj.* □: **~ *of*** ohne Rücksicht auf (*acc.*), ungeachtet (*gen.*), abgesehen von.

I

ir·re·spon·si·bil·i·ty [ˈɪrɪˌspɒnsəˈbɪlətɪ] *s.* **1.** Unverantwortlichkeit *f*; **2.** Verantwortungslosigkeit *f*; **ir·re·spon·si·ble** [ˌɪrɪˈspɒnsəbl] *adj.* □ **1.** unverantwortlich (*Handlung*); **2.** verantwortungslos (*Person*); **3.** ⚖ unzurechnungsfähig.

ir·re·spon·sive [ˌɪrɪˈspɒnsɪv] *adj.* **1.** teilnahms-, verständnislos, gleichgültig (*to* gegenüber); **2.** unempfänglich (*to* für); *be ~ to a.* nicht reagieren auf (*acc.*).

ir·re·triev·a·ble [ˌɪrɪˈtriːvəbl] *adj.* □ **1.** ˈunwiederˌbringlich, unrettbar (verloren): *~ breakdown of marriage* ⚖ unheilbare Zerrüttung der Ehe; **2.** unersetzlich; **3.** nicht wieder ˈgutzumachen(d); ˌ**ir·reˈtriev·a·bly** [-əblɪ] *adv.*: *~ broken down* ⚖ unheilbar zerrüttet (*Ehe*).

ir·rev·er·ence [ɪˈrevərəns] *s.* **1.** Unehrerbietigkeit *f*, Reˈspekt-, Pieˈtätlosigkeit *f*; **2.** ˈMissachtung *f*; **irˈrev·er·ent** [-nt] *adj.* □ reˈspektlos, ehrfurchtslos, pieˈtätlos.

ir·re·vers·i·bil·i·ty [ˈɪrɪˌvɜːsəˈbɪlətɪ] *s.* **1.** Nichtˈumkehrbarkeit *f*; **2.** ˈUnwiderˌruflichkeit *f*; **ir·re·vers·i·ble** [ˌɪrɪˈvɜːsəbl] *adj.* □ **1.** nicht ˈumkehrbar; **2.** ⚙ nur in ˈeiner Richtung (laufend); **3.** ⚗, ⚡, *phys.* irreverˈsibel; **4.** ˈunwiderˌruflich.

ir·rev·o·ca·bil·i·ty [ɪˌrevəkəˈbɪlətɪ] *s.* ˈUnwiderˌruflichkeit *f*; **ir·rev·o·ca·ble** [ɪˈrevəkəbl] *adj.* □ ˈunwiderˌruflich (*a.* ✝), endgültig.

ir·ri·ga·ble [ˈɪrɪgəbl] *adj.* ⚒ bewässerungsfähig; **ir·ri·gate** [ˈɪrɪgeɪt] *v/t.* **1.** ⚒ bewässern, berieseln; **2.** ✱ spülen; **ir·ri·ga·tion** [ˌɪrɪˈgeɪʃn] *s.* **1.** ⚒ Bewässerung *f*, Berieselung *f*; **2.** ✱ Spülung *f*.

ir·ri·ta·bil·i·ty [ˌɪrɪtəˈbɪlətɪ] *s.* Reizbarkeit *f* (*a.* ✱); **ir·ri·ta·ble** [ˈɪrɪtəbl] *adj.* □ **1.** reizbar; **2.** gereizt, ✱ *a.* empfindlich.

ir·ri·tant [ˈɪrɪtənt] **I** *adj.* Reiz erzeugend, Reiz...; **II** *s.* a) Reizmittel *n* (*a. fig.*), b) ⚔ Reiz(kampf)stoff *m*.

ir·ri·tate¹ [ˈɪrɪteɪt] *v/t.* reizen (*a.* ✱), (ver)ärgern, irritieren: *~d at* (*od. by od. with*) ärgerlich über (*acc.*).

ir·ri·tate² [ˈɪrɪteɪt] *v/t. Scot.* ⚖ für nichtig erklären.

ir·ri·tat·ing [ˈɪrɪteɪtɪŋ] *adj.* □ irritierend, aufreizend; ärgerlich, lästig; **ir·ri·ta·tion** [ˌɪrɪˈteɪʃn] *s.* **1.** Reizung *f*, Ärger *m*; **2.** ✱ Reizung *f*, Reizzustand *m*.

ir·rupt [ɪˈrʌpt] *v/i.* eindringen, herˈeinbrechen; **irˈrup·tion** [-pʃn] *s.* Einbruch *m*: a) Eindringen *n*, (plötzliches) Hereinbrechen, b) (feindlicher) Einfall, ˈÜberfall *m*; **irˈrup·tive** [-tɪv] *adj.* hereinbrechend.

is [ɪz] *3. sg. pres. von* **be**.

I·sa·iah [aɪˈzaɪə], *a.* **Iˈsa·ias** [-əs] *npr. u. s. bibl.* (das Buch) Jeˈsaja *m od.* Iˈsaias *m*.

is·chi·ad·ic [ˌɪskɪˈædɪk], *mst* ˌ**is·chiˈat·ic** [-ˈætɪk] *adj.* **1.** *anat.* Hüft-, Sitzbein...; **2.** ✱ ischiˈatisch.

i·sin·glass [ˈaɪzɪŋglɑːs] *s.* Hausenblase *f*, Fischleim *m*.

Is·lam [ˈɪzlɑːm] *s.* Isˈlam *m*; **Is·lam·ic** [ɪzˈlæmɪk] *adj.* isˈlamisch; **Is·lam·ize** [ˈɪzləmaɪz] *v/t.* islamisieren.

is·land [ˈaɪlənd] *s.* **1.** Insel *f* (*a. fig. u.* ✱); **2.** Verkehrsinsel *f*; ˈ**is·land·er** [-də] *s.* Inselbewohner(in), Insuˈlaner (-in).

isle [aɪl] *s. poet. u. in npr.* (kleine) Insel, *poet.* Eiland *n*.

ism [ˈɪzəm] *s.* Ismus *m* (*bloße Theorie*).

is·n't [ˈɪznt] F *für* **is not**.

i·so·bar [ˈaɪsəʊbɑː] *s.* **1.** *meteor.* Isoˈbare *f*; **2.** *phys.* Isoˈbar *n*.

i·so·chro·mat·ic [ˌaɪsəʊkrəʊˈmætɪk] *adj. phys.* isochroˈmatisch, gleichfarbig.

i·so·late [ˈaɪsəleɪt] *v/t.* **1.** isolieren, absondern, abschließen (*from* von); **2.** ⚗, ✱, ⚡, *phys.* isolieren; **3.** *fig.* genau bestimmen; ˈ**i·so·lat·ed** [-tɪd] *adj.* **1.** isoliert (*a.* ⚙), (ab)gesondert, alˈlein stehend, vereinzelt: *~ case* Einzelfall *m*; **2.** einsam, abgeschieden; **i·so·la·tion** [ˌaɪsəˈleɪʃn] *s.* ✱, ⚙, *pol.*, *fig.* Isolierung *f*, Isolatiˈon *f*: *~ ward* Isolierstation *f*; *in ~ fig.* einzeln, für sich (*betrachtet*); **i·so·la·tion·ism** [ˌaɪsəˈleɪʃnɪzəm] *s. pol.* Isolatioˈnismus *m*; **i·so·la·tion·ist** [ˌaɪsəˈleɪʃnɪst] *s. pol.* Isolatioˈnist *m*.

i·so·mer [ˈaɪsəʊmɜː] *s.* ⚗ Isoˈmer *n*; **i·so·mer·ic** [ˌaɪsəʊˈmerɪk] *adj.* ⚗ isoˈmer.

i·so·met·ric [ˌaɪsəʊˈmetrɪk] ⚡ **I** *adj.* isoˈmetrisch; **II** *s. pl. sg. konstr.* Isomeˈtrie *f* (*a. Muskeltraining*).

i·sos·ce·les [aɪˈsɒsɪliːz] *adj.* ⚡ gleichschenk(e)lig (*Dreieck*).

i·so·therm [ˈaɪsəʊθɜːm] *s.* Isoˈtherme *f*; **i·so·ther·mal** [ˌaɪsəʊˈθɜːml] *adj.* isoˈthermisch, gleich warm: *~ line* → *isotherm*.

i·so·tope [ˈaɪsəʊtəʊp] *s.* ⚗, *phys.* Isoˈtop *n*.

Is·ra·el [ˈɪzreɪəl] *s. bibl.* (das Volk) Israel *n*; **Is·rae·li** [ɪzˈreɪlɪ] **I** *adj.* israˈelisch; **II** *s.* Israˈeli *m*; **Is·ra·el·ite** [ˈɪzˌrɪəlaɪt] **I** *s.* Israeˈlit(in); **II** *adj.* israeˈlitisch, jüdisch.

is·su·a·ble [ˈɪʃuːəbl] *adj.* **1.** auszugeben(d); **2.** ✝ emittierbar; **3.** ⚖ zu veröffentlichen(d); ˈ**is·su·ance** [-əns] *s.* (Her)ˈAusgabe *f*, Ver-, Erteilung *f*.

is·sue [ˈɪʃuː] **I** *s.* **1.** Ausgabe *f*, Auserteilung *f*, Erlass *m* (*Befehl*); **2.** Aus-, Herˈausgabe *f*; **3.** ✝ a) (Efˈfekten-) Emissiˌon *f*, (Aktien)Ausgabe *f*, Auflegen *n* (*Anleihe*); Ausstellung *f* (*Dokument*): *date of ~* Ausstellungsdatum *n*, Ausgabetag *m*; *bank of ~* Emissionsbank *f*, b) ˈWertpaˌpiere *pl.* derˈselben Emissiˈon; **4.** *bsd.* ⚔ Lieferung *f*, Ausgabe *f*, Zu-, Verteilung *f*; **5.** Ausgabe *f*: a) Veröffentlichung *f*, Auflage *f* (*Buch*), b) Nummer *f* (*Zeitung*); **6.** Streitfall *m*, (Streit)Frage *f*, Pro'blem *n*: ***at ~*** a) strittig, zur Debatte stehend, b) uneinig; ***point at ~*** strittige Frage; ***evade the ~*** ausweichen; ***join*** *od.* ***take ~ with s.o.*** sich mit j-m auf e-n Streit *od.* e-e Auseinandersetzung einlassen; **7.** (Kern)Punkt *m*, Fall *m*, Sachverhalt *m*: ***~ of fact (law)*** ⚖ Tatsachen-(Rechts)frage *f*; ***side ~*** Nebenpunkt *m*; ***the whole ~*** F das Ganze; ***raise an ~*** e-n Fall *od.* Sachverhalt anschneiden; **8.** Ergebnis *n*, Ausgang *m*, (Ab)Schluss *m*: ***in the ~*** schließlich; ***bring to an ~*** entscheiden; ***force an ~*** e-e Entscheidung erzwingen; **9.** Abkömmlinge *pl.*, leibliche Nachkommenschaft: ***die without ~*** ohne direkte Nachkommen sterben; **10.** *bsd.* ⚕ Ab-, Ausfluss *m*; **11.** Öffnung *f*, Mündung *f*; *fig.* Ausweg *m*; **II** *v/t.* **12.** *Befehle etc.* ausgeben, erteilen; **13.** ✝ *Banknoten* ausgeben, in 'Umlauf setzen; *Anleihe* auflegen; *Dokumente* ausstellen: ***~d capital*** effektiv ausgegebenes (Aktien)Kapital; **14.** *Bücher* her'ausgeben, publizieren; **15.** ⚔ a) ausgeben, liefern, ver-, zuteilen, b) ausrüsten, beliefern (***with*** mit); **III** *v/i.* **16.** her'auskommen, -strömen; her'vorbrechen; **17.** (***from***) herrühren (von), entspringen (*dat.*); **18.** her'auskommen, her'ausgegeben werden (*Schriften etc.*); **19.** ergehen, erteilt werden (*Befehl etc.*); **20.** enden (***in*** in *dat.*).

is·sue·less ['ɪʃuːlɪs] *adj.* ohne Nachkommen.

is·su·er ['ɪʃuːə] *s.* ✝ **1.** Aussteller(in); **2.** Ausgeber(in).

isth·mus ['ɪsməs] *s.* **1.** *geogr.* Isthmus *m*, Landenge *f*; **2.** ⚕ Verengung *f*.

it¹ [ɪt] **I** *pron.* **1.** es (*nom. od. acc.*): ***do you believe it?*** glaubst du es?; **2.** *auf deutsches s. bezogen* (*nom., dat., acc.*) *m* er, ihm, ihn; *f* sie, ihr, sie; *n* es, ihm, es; *refl.* (*dat., acc.*) sich; **3.** *unpersönliches od. grammatisches Subjekt*: ***it rains*** es regnet; ***what time is it?*** wie viel Uhr ist es?; ***it is I*** (F ***me***) ich bin es; ***it was my parents*** es waren m-e Eltern; **4.** *unbestimmtes Objekt* (*oft unübersetzt*): ***foot it*** zu Fuß gehen; ***I take it that*** ich nehme an, dass; **5.** *verstärkend*: ***it is for this reason that*** gerade aus diesem Grunde ...; **6.** *nach prp.*: ***at it*** daran; ***with it*** damit *etc.*; ***please see to it that*** bitte sorge dafür, dass; **II** *s.* **7.** F ‚das Nonplus-'ultra', ‚ganz große Klasse': ***he thinks he's it***; **8.** F a) das gewisse Etwas, *bsd.* 'Sex-Ap,peal *m*, b) Sex *m*, Geschlechtsverkehr *m*; **9.** F ***that's it!*** a) das ist es (ja)!, b) das wärs (gewesen)!; F ***this is it!*** gleich gehts los!

it² [ɪt], *a.* ♀ *abbr. für* ***Italian***: ***gin and it*** Gin mit (italienischem) Wermut.

I·tal·ian [ɪ'tæljən] **I** *adj.* **1.** itali'enisch: ***~ handwriting*** lateinische Schreibschrift; **II** *s.* **2.** Itali'ener(in); **3.** *ling.* Itali'enisch *n*; **I'tal·ian·ate** [-neɪt] *adj.* italianisiert, nach itali'enischer Art; **I'tal·ian·ism** [-nɪzəm] *s.* itali'enische (Sprach-*etc.*)Eigenheit.

i·tal·ic [ɪ'tælɪk] **I** *adj.* **1.** *typ.* kur'siv; **2.** ♀ *ling.* i'talisch; **II** *s. pl.* **3.** *typ.* Kur'sivschrift *f*; **i'tal·i·cize** [-ɪsaɪz] *typ. v/t.* **1.** in Kur'siv drucken; **2.** durch Kur'sivschrift her'vorheben.

itch [ɪtʃ] **I** *s.* **1.** Jucken *n*; **2.** ⚕ Krätze *f*; **3.** *fig.* brennendes Verlangen, Sucht *f* (***for*** nach): ***I have an ~ to do s.th.*** es ‚juckt' mich, et. zu tun; **II** *v/i.* **4.** jucken; **5.** *fig.* (***for***) brennen (auf *acc.*): ***I am ~ing to do s.th.*** es ‚juckt' mich, et. zu tun; ***my fingers ~ to do it*** es juckt mir (*od.* mich) in den Fingern, es zu tun; **itch·ing** ['ɪtʃɪŋ] **I** *s.* **1.** → ***itch*** 1, 3; **II** *adj.* **2.** juckend; **3.** F a) ‚scharf', begierig, *a.* geil, b) ner'vös; **itch·y** ['ɪtʃɪ] *adj.* **1.** juckend; **2.** ⚕ krätzig; **3.** → ***itching*** 3.

i·tem ['aɪtəm] **I** *s.* **1.** Punkt *m* (*der Tagesordnung etc.*); Gegenstand *m*, Stück *n*; Einzelheit *f*, De'tail *n*; ✝ (Buchungs-, Rechnungs)Posten *m*; ('Waren)Ar,tikel *m*; **2.** ('Presse)No,tiz *f*, (kurzer) Ar'tikel; **II** *adv. obs.* **3.** des'gleichen, ferner; **'i·tem·ize** [-maɪz] *v/t.* (einzeln) aufführen, spezifizieren.

it·er·ate ['ɪtəreɪt] *v/t.* wieder'holen; **it·er·a·tion** [,ɪtə'reɪʃn] *s.* Wieder'holung *f*; **'it·er·a·tive** [-rətɪv] *adj.* (sich) wieder'holend; *ling.* itera'tiv.

i·tin·er·a·cy [ɪ'tɪnərəsɪ], **i'tin·er·an·cy** [-ənsɪ] *s.* Um'herreisen *n*, -ziehen *n*; **i'tin·er·ant** [-ənt] *adj.* □ (beruflich) reisend *od.* um'herziehend, Reise..., Wander...: ***~ trade*** Wandergewerbe *n*; **i'tin·er·ar·y** [aɪ'tɪnərərɪ] **I** *s.* **1.** Reiseroute *f*, -plan *m*; **2.** Reisebericht *m*; **3.** Reiseführer *m* (*Buch*); **4.** Straßenkarte *f*; **II** *adj.* **5.** Reise...; **i·tin·er·ate** [ɪ'tɪnəreɪt] *v/i.* (um'her)reisen.

its [ɪts] *pron.* sein, ihr, dessen, deren: ***the house and ~ roof*** das Haus u. sein (*od.* dessen) Dach.

it's [ɪts] F *für* a) ***it is***, b) ***it has***.

it·self [ɪt'self] *pron.* **1.** *refl.* sich: ***the dog hides ~***; **2.** sich (selbst): ***the kitten wants it for ~***; **3.** *verstärkend*: selbst: ***like innocence ~*** wie die Unschuld selbst; ***by ~*** (für sich) allein, von selbst; ***in ~*** an sich (betrachtet); **4.** al'lein (schon), schon: ***the garden ~ measures two acres***.

I've [aɪv] F *für* ***I have***.

i·vied ['aɪvɪd] *adj.* 'efeuum,rankt, mit Efeu bewachsen.

i·vo·ry ['aɪvərɪ] **I** *s.* **1.** Elfenbein *n*; **2.** Stoßzahn *m* (*des Elefanten*); **3.** 'Elfenbeinschnitze,rei *f*; **4.** *pl. sl.* a) *obs.* ‚Beißer' *pl.*, Gebiss *n*, b) (*Spiel*)Würfel *pl.*, c) Billardkugeln *pl.*, d) (Kla'vier)Tasten *pl.*: ***tickle the ivories*** (auf dem Klavier) klimpern; **II** *adj.* **5.** elfenbeinern, Elfenbein...; **6.** elfenbeinfarben; **~ nut** *s.* ♀ Steinnuss *f*; **~ tow·er** *s. fig.* Elfenbeinturm *m*: ***live in an ~*** im Elfenbeinturm sitzen.

i·vy ['aɪvɪ] *s.* ♀ Efeu *m*; **≈ League** *s. die acht Eliteuniversitäten im Osten der U.S.A.*

Zur **Ivy League** [ˌaɪvɪ'liːg] gehören folgende acht Hochschulen:

Brown	**Columbia**
Cornell	**Dartmouth College**
Harvard	**Pennsylvania**
Princeton	**Yale**

Der Name stammt nicht vom Efeu, sondern wahrscheinlich von der römischen Ziffer IV, wenn man sie wie I + V spricht [ˌaɪ'viː], da ursprünglich nur vier Universitäten zu diesem illustren Kreis zählten.

iz·zard ['ɪzəd] *s.*: ***from A to ~*** von A bis Z.

J

J, j [dʒeɪ] *s.* J *n*, j *n*, Jot *n* (*Buchstabe*).
jab [dʒæb] **I** *v/t.* **1.** (hin'ein)stechen, (-)stoßen; **II** *s.* **2.** Stich *m*, Stoß *m*; **3.** *Boxen*: Jab *m*, (kurze) Gerade; **4.** ✱ F Spritze *f*.
jab·ber ['dʒæbə] **I** *v/t. u. v/i.* **1.** schnattern, quasseln, schwatzen; **2.** nuscheln, undeutlich sprechen; **II** *s.* **3.** Geplapper *n*, Geschnatter *n*.
jack [dʒæk] **I** *s.* **1.** Mann *m*, Bursche *m*: ***every man ~*** F jeder Einzelne, alle (ohne Ausnahme); **2.** *Kartenspiel*: Bube *m*; **3.** ⚙ Hebevorrichtung *f*, Winde *f*: ***car ~*** Wagenheber *m*; **4.** *Brit. Bowlsspiel*: Zielkugel *f*; **5.** *zo.* a) Männchen *n einiger Tiere*, b) → ***jackass*** 1; **6.** ⚓ Gösch *f*, Bugflagge *f*; **7.** ⚡ a) Klinke *f*, b) Steckdose *f*; **8.** *Am. sl.* ‚Zaster' *m* (*Geld*); **II** *v/t.* **9.** *mst **~ up*** hochheben, -winden; *Auto* aufbocken; *fig.* F *Preise* hochtreiben; **10. *~ in*** F *et.* ‚aufstecken', ‚hinschmeißen'; **III** *v/i.* **11. *~ off*** *Am.* V ‚wichsen'.
jack·al ['dʒækɔːl] *s.* **1.** *zo.* Scha'kal *m*; **2.** *contp.* Handlanger *m*.
jack·a·napes ['dʒækəneɪps] *s.* **1.** Geck *m*, Laffe *m*; **2.** Frechdachs *m*, (kleiner) Schlingel.
jack·ass ['dʒækæs] *s.* **1.** (männlicher) Esel; **2.** *fig. contp.* ‚Esel' *m*.
'jack|·boot *s.* Schaftstiefel *m*; **'~·daw** *s. orn.* Dohle *f*.
jack·et ['dʒækɪt] **I** *s.* **1.** Jacke *f*, Jac'kett *n*; → ***dust*** 8; **2.** ⚙ Mantel *m*, Um'mantelung *f*, Hülle *f*, Um'wicklung *f*; **3.** ⚔ (Geschoss-, *östr.* Geschoß-, *a.* Rohr)Mantel *m*; **4.** Buchhülle *f*, 'Schutz,umschlag *m*; *Am. a.* (Schallplatten)Hülle *f*; **5.** Haut *f*, Schale *f*: ***potatoes (boiled) in their ~s***, *a.* ***~ potatoes*** Pellkartoffeln; **II** *v/t.* **6.** ⚙ um'manteln, verkleiden, verschalen; ***~ crown*** *s.* ✱ Jacketkrone *f*.
Jack| Frost *s.* Väterchen *n* Frost; **'≈-,ham·mer** *s.* Presslufthammer *m*; **'≈-in-,of·fice** wichtigtuerischer Beamter; **'≈-in-the-box** *pl.* **'≈-in-the-,box·es** *s.* Schachtelmännchen *n* (*Kinderspielzeug*): ***like a ~*** *fig.* wie ein Hampelmann; **~ Ketch** [ketʃ] *s. Brit. obs.* der Henker; **'≈·knife I** *s.* [*irr.*] **1.** Klappmesser *n*; **2.** *a.* ***~ dive*** *sport* Hechtbeuge *f* (*Kopfsprung*); **II** *v/t.* **3.** *a. v/i.* wie ein Taschenmesser zs.-klappen; **III** *v/i.* **4.** *sport* hechten; **5.** *mot.* sich quer stellen (*Anhänger e-s Lastzugs*); **,≈-of-'all--trades** *s.* Aller'weltskerl *m*, Hans-'dampf *m* in allen Gassen; Fak'totum *n*; **,≈-o'-'lan·tern** *pl.* **,≈-o'-'lan·terns** [,dʒækəʊ-] **1.** Irrlicht *n* (*a. fig.*); **2.** 'Kürbisla,terne *f*; **≈ plane** *s.* ⚙ Schrupphobel *m*; **'≈·plug** *s.* Ba'nanen-, Klinkenstecker *m*; **'≈·pot** *s.* *Poker*, *Glücksspiel*: Jackpot *m*, *weitS. u. fig.* Haupttreffer *m*, *das* große Los, *fig. a.* ‚Schlager' *m*, Bombenerfolg *m*: ***hit the ~*** F *fig.* a) den Jackpot gewinnen, b) den Haupttreffer machen, c) großen Erfolg haben, den Vogel abschießen, d) ‚schwer absahnen'; **~ Ro·bin·son** *s.*: ***before you could say ~*** F im Nu, im Handumdrehen; **'≈·straw** *s.* a) Mi'kadostäbchen *n*, b) *pl.* Mi'kadospiel *n*; **≈ tar** *s.* ⚓ F Ma'trose *m*; **≈ tow·el** *s.* Rollhandtuch *n*.
Jac·o·be·an [,dʒækəʊ'biːən] *adj.* aus der Zeit Jakobs I.: ***~ furniture***.
Jac·o·bin ['dʒækəʊbɪn] *s.* **1.** *hist.* Jako'biner *m*, *fig. pol. a.* radi'kaler 'Umstürzler, Revolutio'när *m*; **2.** *orn.* Jako'binertaube *f*; **'Jac·o·bite** [-baɪt] *s. hist.* Jako'bit *m*.
Ja·cob's lad·der ['dʒeɪkəbz] *s.* **1.** *bibl.*, *a.* ⚘ Jakobs-, Himmelsleiter *f*; **2.** ⚓ Lotsentreppe *f*.
ja·cuz·zi [dʒə'kuːziː] *TM s.* Whirlpool *m* (*Unterwassermassagebecken*).
jade¹ [dʒeɪd] *s.* **1.** *min.* Jade *m*; **2.** Jadegrün *n*.
jade² [dʒeɪd] *s.* **1.** Schindmähre *f*, Klepper *m*; **2.** Weibsstück *n*; **'jad·ed** [-dɪd] *adj.* **1.** erschöpft, abgespannt; **2.** über'sättigt, abgestumpft; **3.** schal (geworden): ***~ pleasures***.
jag [dʒæg] **I** *s.* **1.** Zacke *f*, Kerbe *f*; Zahn *m*; Auszackung *f*; Schlitz *m*, Riss *m*; **2.** *sl.* a) Schwips *m*, Rausch *m*: ***have a ~ on*** ‚e-n in der Krone haben', b) Sauftour *f*, Saufe'rei *f*, c) *bsd. fig.* Orgie *f*: ***go on a ~*** ‚einen draufmachen'; ***crying ~*** ‚heulendes Elend'; **II** *v/t.* **3.** auszacken, einkerben; **4.** zackig schneiden *od.* reißen; **'jag·ged** [-gɪd] *adj.* □ **1.** zackig; schartig; **2.** schroff, zerklüftet; **3.** rau, grob (*a. fig.*); **4.** *Am. sl.* ‚blau', besoffen.
jag·ger·y ['dʒægərɪ] *s. coll.* brauner Zucker (*aus Palmensaft*).
jag·uar ['dʒægjʊə] *s. zo.* Jaguar *m*.
Jah [dʒɑː], **Jah·ve(h)** ['jɑːveɪ] *s.* Je'hova *m*.

jail [dʒeɪl] **I** *s.* **1.** Gefängnis *n*, Strafanstalt *f*; **2.** Gefängnis(haft *f*) *n*; **II** *v/t.* **3.** ins Gefängnis werfen, einsperren, inhaftieren; '**~·bird** *s.* F ‚Zuchthäusler' *m*, *engS.* ‚Knastbruder' *m*; '**~·break** *s.* Ausbruch *m* (aus dem Gefängnis); '**~,break·er** *s.* Ausbrecher *m*.

jail·er ['dʒeɪlə] *s.* (Gefängnis)Aufseher *m*, (-)Wärter *m*, *obs. u. fig.* Kerkermeister *m*.

jake [dʒeɪk] *Am.* F **I** *s.* **1.** Bauernlackel *m*, *weitS.* ‚Knülch' *m*; **2.** ‚Pinke' *f* (*Geld*); **II** *adj.* **3.** ‚bestens', in Ordnung: ***everything's ~.***

ja·lop·(p)y [dʒə'lɒpɪ] *s.* F ‚alte Kiste' (*Auto, Flugzeug*).

jal·ou·sie ['ʒælu:zi:] *s.* Jalou'sie *f*.

jam[1] [dʒæm] **I** *v/t.* **1.** *a.* **~ in** a) *et.* (hinein)zwängen, -stopfen, -quetschen, *Menschen a.* (-)pferchen, b) einklemmen, -keilen; **2.** (zs.-, zer)quetschen; *Finger etc.* einklemmen, sich *et.* quetschen; **3.** *et.* pressen, (heftig) drücken, *Knie etc.* rammen (***into*** in *acc.*): **~** (***one's foot***) ***on the brakes*** heftig auf die Bremse treten; **4.** verstopfen, -sperren, blockieren: ***a road ~med with cars***; ***~med with people*** von Menschen verstopft, gedrängt voll; **5.** ⚙ verklemmen, blockieren; **6.** *Funk*: (*durch Störsender*) stören; **II** *v/i.* **7.** eingeklemmt sein, festsitzen; **8.** *a.* **~ in** sich (hin'ein)quetschen, (-)zwängen, (-) drängen; **9.** ⚙ (sich ver)klemmen; ⚔ Ladehemmung haben; **10.** *Jazz*: (frei) improvisieren; **III** *s.* **11.** Gedränge *n*, Gewühl *n*; **12.** Verstopfung *f*, Stauung *f*; (Verkehrs)Stockung *f*, (-)Stau *m*: ***traffic ~***; **13.** ⚙ Blockierung *f*, Klemmen *n*; ⚔ Ladehemmung *f*; **14.** F ‚Klemme' *f*: ***be in a ~*** in der Klemme *od.* Patsche sitzen; ***get s.o. out of a ~*** j-m aus der Klemme *od.* Patsche helfen.

jam[2] [dʒæm] *s.* **1.** Marme'lade *f*: **~ *jar*** Marmeladeglas *n*; **2.** *Brit.* F ‚schicke Sache': ***money for ~*** leicht verdientes Geld; **~ *tomorrow*** *iro.* schöne Versprechungen *od.* Aussichten; ***that's ~ for him*** das ist ein Kinderspiel für ihn.

Ja·mai·can [dʒə'meɪkən] **I** *adj.* jamai'kanisch; **II** *s.* Jamai'kaner(in); **Ja·mai·ca rum** [dʒə'meɪkə] *s.* Ja'maikarum *m*.

jamb [dʒæm] *s.* (Tür-, Fenster)Pfosten *m*.

jam·bo·ree [,dʒæmbə'ri:] *s.* **1.** Pfadfindertreffen *n*; **2.** F ‚rauschendes Fest', ‚tolle Party'.

jam·mer ['dʒæmə] *s. Radio*: Störsender *m*; '**jam·ming** [-mɪŋ] *s.* **1.** ⚙ Klemmung *f*, Hemmung *f*; **2.** *Radio*: Störung *f*: **~ *station*** Störsender *m*; '**jam·my** [-mɪ] *adj. Brit. sl.* **1.** prima, ‚Klasse'; **2.** glücklich, Glücks...: **~ *fellow*** Glückspilz *m*.

,jam|-'packed *adj.* F voll gestopft, *Bus etc.* ‚knallvoll'; **~ roll** *s.* Bis'kuitrolle *f*; **~ ses·sion** *s.* Jam-Session *f* (*Jazzimprovisation*).

Jane [dʒeɪn] **I** *npr.* Johanna *f*; **II** *s. a.* ♀ *sl.* ‚Weib' *n*.

jan·gle ['dʒæŋgl] **I** *v/i.* **1.** a) klirren, klimpern, b) bimmeln (*Glocken*); **2.** schimpfen; **II** *v/t.* **3.** a) klirren *od.* klimpern mit, b) bimmeln lassen; **4.** **~ *s.o.'s nerves*** j-m auf die Nerven gehen; **III** *s.* **5.** a) Klirren *n*, Klimpern *n*, b) Bimmeln *n*; **6.** Gekreisch *n*, laute Streite'rei.

jan·i·tor ['dʒænɪtə] *s.* **1.** Pförtner *m*; **2.** *bsd. Am.* Hausmeister *m*.

Jan·u·ar·y ['dʒænjʊərɪ] *s.* Januar *m*: ***in ~*** im Januar.

Ja·nus ['dʒeɪnəs] *s. myth.* Janus *m*; '**~-faced** *adj.* janusköpfig.

Jap [dʒæp] F *contp.* **I** *s.* ‚Japs' *m* (*Japaner*); **II** *adj.* ja'panisch.

ja·pan [dʒə'pæn] **I** *s.* **1.** Japanlack *m*; **2.** lackierte Arbeit (*in japanischer Art*); **II** *v/t.* **3.** mit Japanlack über'ziehen, lackieren.

Jap·a·nese [,dʒæpə'ni:z] **I** *adj.* **1.** ja'panisch; **II** *s.* **2.** Ja'paner(in); **3. *the ~*** *pl.* die Japaner; **4.** *ling.* Ja'panisch *n*, das Ja'panische.

jar[1] [dʒɑ:] *s.* **1.** a) (*irdenes od. gläsernes*) Gefäß, Topf *m* (*ohne Henkel*), b) (Einmach)Glas *n*; **2.** *Brit.* F ‚Bierchen' *n*.

jar[2] [dʒɑ:] **I** *v/i.* **1.** kreischen, quietschen, kratzen (*Metall etc.*), durch Mark u. Bein gehen; **2.** ♪ dissonieren; **3.** (***on, upon***) *das Ohr, ein Gefühl* beleidigen, verletzen, wehtun (*dat.*): **~ *on the ear***; **~ *on the nerves*** auf die Nerven gehen; **4.** sich ‚beißen', nicht harmonieren (*Farben etc.*); **5.** *fig.* sich nicht vertragen (*Ideen etc.*), im 'Widerspruch stehen (***with*** zu), sich wider'sprechen: ***~ring opinions*** widerstreitende Meinungen; **6.** schwirren, vibrieren; **II** *v/t.* **7.** kreischen *od.* quietschen lassen, ein unangenehmes Geräusch erzeugen mit; **8.** a) erschüttern, e-n Stoß versetzen (*dat.*), b) 'durchrütteln, c) sich *das Knie etc.* anstoßen *od.* stauchen; **9.** *fig.* a) erschüttern, e-n Schock versetzen (*dat.*), b) → 3; **III** *s.* **10.** Kreischen *n*, Quietschen *n*, unangenehmes Geräusch; **11.** Ruck *m*, Stoß *m*, Erschütterung *f* (*a. fig.*); *fig.* Schock *m*, Schlag *m*; **12.** ♪ *u. fig.* 'Misston *m*; **13.** *fig.* 'Widerstreit *m*.

jar·di·nière [,ʒɑ:dɪ'njeə] (*Fr.*) *s.* **1.** Jardini'ere *f*: a) Blumenständer *m*, b) Blumenschale *f*; **2.** *Küche*: a) Gar'nierung *f*, b) (Fleisch)Gericht *n* à la jardinière.

jar·gon ['dʒɑ:gən] *s. allg.* Jar'gon *m*: a) Kauderwelsch *n*, b) Fach-, Berufssprache *f*, c) Mischsprache *f*, d) ungepflegte Ausdrucksweise.

J

jar·ring ['dʒɑːrɪŋ] *adj.* □ **1.** 'misstönend, kreischend, schrill, unangenehm, ‚nervtötend': ***a ~ note*** ein Misston *od.* -klang (*a. fig.*); **2.** nicht harmonierend, *Farben*: *a.* sich beißend; → *a.* ***jar²*** 5.

jas·min(e) ['dʒæsmɪn] *s.* ⚘ Jas'min *m.*

jas·per ['dʒæspə] *s. min.* Jaspis *m.*

jaun·dice ['dʒɔːndɪs] *s.* **1.** ⚕ Gelbsucht *f*; **2.** *fig.* a) Neid *m*, Eifersucht *f*, b) Feindseligkeit *f*; '**jaun·diced** [-st] *adj.* **1.** ⚕ gelbsüchtig; **2.** *fig.* voreingenommen, neidisch, eifersüchtig, scheel.

jaunt [dʒɔːnt] **I** *s.* Ausflug *m*, Spritztour *f*: ***go for*** (*od.* ***on***) ***a ~*** → **II** *v/i.* e-e Spritztour *od.* e-n Ausflug machen; '**jaun·ti·ness** [-tɪnɪs] *s.* Flottheit *f*, ‚Feschheit' *f*: a) Munterkeit *f*, ‚Spritzigkeit' *f*, Schwung *m*, b) flotte Ele'ganz; **jaunt·ing car** [-tɪŋ] *s. leichter, zweirädriger Wagen*; '**jaun·ty** [-tɪ] *adj.* □ fesch, flott: a) munter, ‚spritzig', b) keck, ele'gant: ***with one's hat at a ~ angle*** den Hut keck über dem Ohr.

Ja·va ['dʒɑːvə] *s. Am.* F Kaffee *m*; **Ja·va·nese** [ˌdʒɑːvə'niːz] **I** *adj.* **1.** ja'vanisch; **II** *s.* **2.** Ja'vaner(in): ***the ~*** die Javaner; **3.** *ling.* Ja'vanisch *n*, das Ja'vanische.

jave·lin ['dʒævlɪn] *s.* **1.** *a. sport* Speer *m*; **2.** ***the ~*** → **~ throw(·ing)** *s. sport* Speerwerfen *n*; **~ throw·er** *s.* Speerwerfer(in).

jaw [dʒɔː] **I** *s.* **1.** *anat., zo.* Kiefer *m*, Kinnbacken *m*, -lade *f*: ***lower ~*** Unterkiefer; ***upper ~*** Oberkiefer; **2.** *mst pl.* Mund *m*, Maul *n*: ***hold your ~!***, ***none of your ~!*** F halts Maul!; **3.** *mst pl.* Schlund *m*, Rachen *m* (*a. fig.*): ***~s of death*** der Rachen des Todes; **4.** ⚙ (Klemm)Backe *f*, Backen *m*; Klaue *f*: ***~ clutch*** Klauenkupplung *f*; **5.** *sl.* a) (freches) Geschwätz, Frechheit *f*, b) Schwatz *m*, ‚Tratsch' *m*, c) Mo'ralpredigt *f*; **II** *v/i.* **6.** *sl.* a) ‚quatschen', ‚tratschen', b) schimpfen; **III** *v/t.* **7.** ***~ out*** *sl.* j-n ‚anschnauzen'; '**~·bone** *s.* **1.** *anat., zo.* Kiefer(knochen) *m*, Kinnlade *f*; **2.** *Am. sl.* (***on ~*** auf) Kre'dit *m*; '**~ˌbreak·er** *s.* F Zungenbrecher *m* (*Wort*); '**~ˌbreak·ing** *adj.* F zungenbrecherisch; **~ chuck** *s.* ⚙ Backenfutter *n*.

jay [dʒeɪ] *s.* **1.** *orn.* Eichelhäher *m*; **2.** *fig.* ‚Trottel' *m*; '**~·walk** *v/i.* verkehrswidrig über die Straße gehen; '**~ˌwalk·er** *s.* unachtsamer Fußgänger.

jazz [dʒæz] **I** *s.* **1.** 'Jazz(muˌsik *f*) *m*: ***~ band*** Jazzkapelle *f*; **2.** *sl.* a) ‚Gequatsche' *n*, ‚blödes Zeug', b) ‚Quatsch' *m*, ‚Krampf' *m*: ***and all that ~*** und all der Mist; **II** *v/t.* **3.** *mst* ***~ up*** F a) verjazzen, b) *fig. et.* ‚aufmöbeln'; **III** *v/i.* **4.** jazzen; **5.** *Am. sl.* ‚vögeln'; '**jazz·er** [-zə] *s.* F Jazzmusiker *m*; '**jazz·y** [-zɪ] *adj.* F **1.** Jazz...; **2.** *fig.* a) ‚knallig', b) ‚toll', todschick.

jeal·ous ['dʒeləs] *adj.* □ **1.** eifersüchtig (***of*** auf *acc.*): ***a ~ wife***; **2.** (***of***) neidisch (auf *acc.*), 'missgünstig (gegen): ***she is ~ of his fortune*** sie beneidet ihn um *od.* missgönnt ihm s-n Reichtum; **3.** 'misstrauisch (***of*** gegen); **4.** (***of***) besorgt (um), bedacht (auf *acc.*); **5.** *bibl.* eifernd (*Gott*); '**jeal·ous·y** [-sɪ] *s.* **1.** Eifersucht *f* (***of*** auf *acc.*); *pl.* Eifersüchte'leien; **2.** (***of***) Neid *m* (auf *acc.*), 'Missgunst *f* (gegen); **3.** Achtsamkeit *f* (***of*** auf *acc.*).

jean *s.* **1.** [dʒeɪn] *Art* Baumwollköper *m*; **2.** *pl.* [dʒiːnz] Jeans *pl.*: ***a pair of ~s*** (e-e *od.* ein Paar) Jeans.

> Der Name **jeans** stammt aus der italienischen Stadt Genua (mittelenglisch **Gene** bzw. **Jene**), wo dieser Stoff zuerst hergestellt wurde.

jeep [dʒiːp] (*Fabrikmarke*) *s.* Jeep *m*: a) ⚔ *Art* Kübelwagen *m*, b) kleines geländegängiges Mehrzweckfahrzeug.

jeer [dʒɪə] **I** *v/i.* spotten, höhnen (***at*** über *acc.*); **II** *s.* Hohn *m*, Stiche'lei *f*; '**jeer·ing** [-ɪərɪŋ] **I** *s.* Verhöhnung *f*; **II** *adj.* □ höhnisch.

Je·ho·vah [dʒɪ'həʊvə] *s. bibl.* Je'hovah *m*; **~'s Wit·ness·es** *s. pl.* Zeugen *pl.* Jehovas.

je·june [dʒɪ'dʒuːn] *adj.* □ **1.** mager, ohne Nährwert: ***~ food***; **2.** trocken: a) dürr (*Boden*), b) *fig.* fade, nüchtern; **3.** *fig.* simpel, na'iv.

jell [dʒel] *Am.* F **I** *s.* **1.** → ***jelly*** 1–3; **II** *v/i.* **2.** → ***jelly*** II; **3.** *fig.* sich (her'aus-) kristallisieren, Gestalt annehmen; **4.** ‚zum Klappen kommen' (*Geschäft etc.*).

jel·lied ['dʒelɪd] *adj.* **1.** gallertartig, eingedickt; **2.** in Ge'lee *od.* As'pik: ***~ eel***.

jel·lo ['dʒeləʊ] *s. Am.* → ***jelly*** 2.

jel·ly ['dʒelɪ] **I** *s.* **1.** Gallert *n*, Gal'lerte *f*, *Küche*: *a.* Ge'lee *n*, Sülze *f*, As'pik *n*; **2.** a) Ge'lee *n* (*Marmelade*), b) Götterspeise *f*, ‚Wackelpeter' *m*, c) (rote *etc.*) Grütze (*Süßspeise*); **3.** gallertartige *od.* ‚schwabbelige' Masse, Brei *m*: ***beat s.o. into a ~*** F j-n ‚zu Brei schlagen'; **4.** *Brit. sl.* Dyna'mit *n*; **II** *v/t.* **5.** zum Gelieren *od.* Erstarren bringen, eindicken; **6.** *Küche*: in Sülze *od.* As'pik *od.* Ge'lee (ein)legen; **III** *v/i.* **7.** gelieren, Ge'lee bilden; **8.** erstarren; **~ ba·by** *s.* Gummibärchen *n*; '**~·bean** *s.* 'Weingummi(bonˌbon) *n*; '**~·fish** *s.* **1.** Qualle *f*; **2.** *fig.* ‚Waschlappen' *m*; **~ shoe** *s.* Badeschuh *m*.

jem·my ['dʒemɪ] **I** *s.* Brecheisen *n*; **II** *v/t.* mit dem Brecheisen öffnen, aufstemmen.

J

jen·ny ['dʒenɪ] *s.* **1.** → ***spinning jenny***; **2.** ⚙ Laufkran *m*; **3.** *zo.* Weibchen *n*; **~ ass** *s.* Eselin *f*; **~ wren** *s. orn.* (weiblicher) Zaunkönig.

jeop·ard·ize ['dʒepədaɪz] *v/t.* gefährden, aufs Spiel setzen; '**jeop·ard·y** [-dɪ] *s.* Gefahr *f*, Gefährdung *f*, Risiko *n*: ***put in ~*** → ***jeopardize***; ***no one shall be put twice in ~ for the same offence*** ⚖ niemand darf wegen derselben Straftat zweimal vor Gericht gestellt werden.

jer·e·mi·ad [ˌdʒerɪ'maɪəd] *s.* Jeremi'ade *f*, Klagelied *n*; **Jer·e·mi·ah** [ˌdʒerɪ'maɪə] *npr. u. s.* **1.** *bibl.* (das Buch) Jere'mia(s) *m*; **2.** *fig.* 'Unglücksproˌphet *m*, Schwarzseher *m*; ˌ**Jer·e'mi·as** [-əs] → ***Jeremiah*** 1.

jerk[1] [dʒɜːk] **I** *s.* **1.** a) Ruck *m*, plötzlicher Stoß *od.* Schlag *od.* Zug, b) Satz *m*, Sprung *m*, Auffahren *n*: ***by ~s*** ruck-, sprung-, stoßweise; ***with a ~*** plötzlich, mit e-m Ruck; ***give s.th. a ~*** → 5; ***put a ~ in it*** *sl.* tüchtig rangehen; **2.** ⚕ Zuckung *f*, Zucken *n*, (*bsd.* 'Knie-) Reˌflex *m*; **3.** *pl. Brit. mst* ***physical ~s*** *sl.* Freiübungen; Gym'nastik *f*; **4.** *Am. sl.* a) ‚Blödmann' *m*, ‚Knülch' *m*, b) → ***soda jerker***; **II** *v/t.* **5.** schnellen; ruckweise *od.* ruckartig *od.* plötzlich ziehen *od.* reißen *od.* stoßen *etc.*: ***~ o.s. free*** sich losreißen; **III** *v/i.* **6.** (zs.-)zucken; **7.** (hoch- *etc.*)schnellen; **8.** sich ruckweise bewegen: ***~ to a stop*** ruckartig anhalten; **9.** ***~ off*** *Am. sl.* ‚wichsen'.

jerk[2] [dʒɜːk] *v/t. Fleisch* in Streifen schneiden u. dörren.

jer·kin ['dʒɜːkɪn] *s.* **1.** ärmellose Jacke; **2.** *hist.* (Leder)Wams *n*.

'**jerkˌwa·ter** *Am.* F **I** *s.* **1.** *a.* ***~ town*** kleines ‚Kaff'; **2.** *a.* ***~ train*** Bummelzug *m*; **II** *adj.* **3.** unbedeutend, armselig.

jerk·y ['dʒɜːkɪ] *adj.* ☐ **1.** ruckartig, stoß-, ruckweise; krampfhaft; **2.** *Am.* F ‚blöd'.

jer·o·bo·am [ˌdʒerə'bəʊəm] *s. Brit.* Riesenweinflasche *f*.

jer·ry ['dʒerɪ] *s. Brit.* F **1.** Nachttopf *m*; **2.** ⚔ a) Deutsche(r) *m*, deutscher Sol'dat, b) die Deutschen *pl.*; '**~-ˌbuild·er** *s.* F Bauschwindler *m*; '**~-built** *adj.* F unsolide gebaut: ***~ house*** ‚Bruchbude' *f*; **~ can** *s. Brit.* F Ben'zinkaˌnister *m*.

jer·sey ['dʒɜːzɪ] *s.* **1.** a) wollene Strickjacke, b) 'Unterjacke *f*; **2.** Jersey *m* (*Stoffart*); **3.** ⚔ *zo.* Jerseyrind *n*.

jes·sa·mine ['dʒesəmɪn] → ***jasmin(e)***.

jest [dʒest] **I** *s.* **1.** Scherz *m*, Spaß *m*, Witz *m*: ***in ~*** im Spaß; ***make a ~ of*** witzeln über (*acc.*); **2.** Zielscheibe *f* des Witzes *od.* Spotts: ***standing ~*** Zielscheibe ständigen Gelächters; **II** *v/i.* **3.** scherzen, spaßen, ulken; '**jest·er** [-tə] *s.* **1.** Spaßmacher *m*, -vogel *m*; **2.** *hist.* (Hof)Narr *m*; '**jest·ing** [-tɪŋ] *adj.* ☐ scherzend, spaßhaft: ***no ~ matter*** nicht zum Spaßen; '**jest·ing·ly** [-tɪŋlɪ] *adv.* im *od.* zum Spaß.

Jes·u·it ['dʒezjʊɪt] *s. eccl.* Jesu'it *m*; **Jesu·it·i·cal** [ˌdʒezjʊ'ɪtɪkl] *adj.* ☐ *eccl.* jesu'itisch, Jesuiten...; '**Jes·u·it·ry** [-rɪ] *s.* a) Jesui'tismus *m*, b) *contp.* Spitzfindigkeit *f*.

jet[1] [dʒet] **I** *s. min.* Ga'gat *m*, Pechkohle *f*, Jett *m*, *n*; **II** *adj. a.* ***~-black*** tief-, pech-, kohlschwarz.

jet[2] [dʒet] **I** *s.* **1.** (*Feuer-, Wasser- etc.*) Strahl *m*, Strom *m*: ***~ of flame*** Stichflamme *f*; **2.** ⚙ Strahlrohr *n*, Düse *f*; **3.** → a) ***jet engine***, b) ***jet plane***; **II** *v/t.* **4.** ausspritzen, -strahlen, her'vorstoßen; **III** *v/i.* **5.** her'vorschießen, ausströmen; **6.** mit Düsenflugzeug reisen, ‚jetten'; **~ age** *s.* Düsenzeitalter *n*; **~ bomb·er** *s.* ✈ Düsenbomber *m*; **~ en·gine** *s.* ⚙ Düsen-, Strahltriebwerk *n*; **~ fight·er** *s.* ✈ Düsenjäger *m*; **~ lag** *s.* (physische) Prob'leme *pl.* durch die Zeitumstellung (*nach langen Flugreisen*); **~ liner** *s.* ✈ Düsenverkehrsflugzeug *n*; **~ plane** *s.* ✈ Düsenflugzeug *n*, F ‚Düse' *f*, Jet *m*; ˌ**~-pro'pelled**, *abbr.* ˌ**~-'prop** *adj.* ✈ mit Düsenantrieb; **~ pro·pulsion** *s.* ⚙, ✈ Düsen-, Rückstoß-, Strahlantrieb *m*.

jet·sam ['dʒetsəm] *s.* ⚓ **1.** Seewurfgut *n*, über Bord geworfene Ladung; **2.** Strandgut *n*; → ***flotsam***.

jet| set *s.* Jetset *m*; '**~-ˌset·ter** *s.* Angehörige(r *m*) *f* des Jetset.

jet·ti·son ['dʒetɪsn] **I** *s.* **1.** ⚓ Über'bordwerfen *n von Ladung*, Seewurf *m*; **2.** ✈ Notwurf *m*; **II** *v/t.* **3.** ⚓ über Bord werfen; **4.** ✈ im Notwurf abwerfen; **5.** *fig. Pläne etc.* über Bord werfen; *alte Kleider etc.* wegwerfen, *Personen* fallen lassen; **6.** *Raketenstufe* absprengen; '**jetti·son·a·ble** [-nəbl] *adj.* ✈ abwerfbar, Abwurf...(*-behälter etc.*): ***~ seat*** Schleudersitz *m*.

jet·ton ['dʒetn] *s.* Je'ton *m*.

jet tur·bine *s.* 'Strahlturˌbine *f*.

jet·ty ['dʒetɪ] *s.* ⚓ **1.** Landungsbrücke *f*, -steg *m*; **2.** Hafendamm *m*, Mole *f*; **3.** Strömungsbrecher *m* (*Brücke*).

Jew [dʒuː] *s.* Jude *m*, Jüdin *f*; '**~-ˌbaiter** *s.* Judenhetzer *m*; '**~-ˌbait·ing** *s.* Judenverfolgung *f*, -hetze *f*.

jew·el ['dʒuːəl] **I** *s.* **1.** Ju'wel *n*, Edelstein *m*, *weitS.* Schmuckstück *n*: ***~ box***, ***~ case*** Schmuckkästchen *n*; **2.** *fig.* Ju'wel *n*, Perle *f*; **3.** Stein *m* (*e-r Uhr*); **II** *v/t.* **4.** mit Ju'welen schmücken *od.* versehen, mit Edelsteinen besetzen; **5.** *Uhr* mit Steinen versehen; '**jew·el·(l)er** [-lə] *s.* Juwe'lier *m*; '**jew·el·ler·y**, *bsd. Am.* '**jew·el·ry** [-lrɪ] *s.* **1.** Ju'welen *pl.*; **2.** Schmuck(sachen *pl.*) *m*.

Jew·ess ['dʒuːɪs] *s.* Jüdin *f*; '**Jew·ish** [-ɪʃ] *adj.* ☐ jüdisch, Juden...; **Jew·ry**

['dʒʊərɪ] *s.* **1.** *die* Juden *pl.*, (***world*** ~ das Welt)Judentum; **2.** *hist.* Judenviertel *n*, G(h)etto *n*.

Jew's| ear *s.* ♀ Judasohr *n*; ~ **harp** *s.* ♪ Maultrommel *f*.

jib[1] [dʒɪb] *s.* **1.** ⚓ Klüver *m*: ~ ***boom*** Klüverbaum *m*; ***the cut of his*** ~ F s-e äußere Erscheinung *od.* sein Auftreten; **2.** ⚙ Ausleger *m* (*e-s Krans*).

jib[2] [dʒɪb] *v/i.* **1.** scheuen, bocken (***at*** vor *dat.*) (*Pferd*); **2.** *Brit. fig.* (***at***) a) scheuen, zu'rückweichen (vor *dat.*), b) sich sträuben (gegen), c) störrisch *od.* bockig sein.

jibe[1] [dʒaɪb] *Am.* → ***gybe***.

jibe[2] [dʒaɪb] → ***gibe***.

jibe[3] [dʒaɪb] *v/i. Am.* F über'einstimmen, sich entsprechen.

jif·fy [dʒɪfɪ], *a.* **jiff** [dʒɪf] *s.* F Augenblick *m*: ***in a*** ~ im Nu; ***wait a*** ~***!*** (einen) Moment!

jig[1] [dʒɪg] **I** *s.* **1.** ⚙ Spann-, Bohrvorrichtung *f*; **2.** ⚒ a) Kohlenwippe *f*, b) 'Setzmaˌschine *f*; **II** *v/t.* **3.** ⚙ mit e-r Einstellvorrichtung *od.* Schab'lone herstellen; **4.** ⚒ *Erze* setzen, scheiden.

jig[2] [dʒɪg] **I** *s.* **1.** ♪ Gigue *f* (*a. Tanz*); **2.** *Am. sl.* ‚Schwof' *m*, Tanzparty *f*: ***the*** ~ ***is up*** *fig.* das Spiel ist aus; **3.** *fig.* Freudentanz *m*; **II** *v/t.* **4.** schütteln; **III** *v/i.* **5.** e-e Gigue tanzen; **6.** hopsen, tanzen.

jig·ger ['dʒɪgə] **I** *s.* **1.** Giguetänzer *m*; **2.** ⚓ a) Be'san(mast) *m*, b) Handtalje *f*; **3.** *Golf*: Jigger *m* (*Schläger*, *mst Nr. 4*); **4.** a) Schnapsglas *n*, b) ‚Schnäps-chen' *n*; **5.** *Am.* F Dings(bums) *n*, Appa'rat *m*; **6.** *a.* ~ ***flea*** Sandfloh *m*; **II** *v/t. a.* ~ ***up*** F **7.** sich einmischen (in *acc.*), herumpfuschen (an *dat.*), durchein'ander bringen; **8.** ‚fri'sieren', manipu'lieren; **jig·gered** ['dʒɪgəd] *adj.* **1.** beschädigt, ka'putt; **2.** F ‚fertig', ‚ka'putt' (*Person*): ***well, I'm*** ~ (***if***) hol mich der Teufel(, wenn).

jig·ger·y-pok·er·y [ˌdʒɪgərɪ'pəʊkərɪ] *s. Brit.* F fauler Zauber, ‚Schmu' *m*.

jig·gle ['dʒɪgl] **I** *v/t.* (leicht) rütteln; **II** *v/i.* wippen, hüpfen, wackeln.

'jig·saw *s.* ⚙ **1.** Laubsäge *f*; **2.** 'Schweifsäge(maˌschine) *f*; **3.** → ~ **puz·zle** *s.* Puzzle(spiel) *n*.

Jill [dʒɪl] → ***Gill***[4].

jilt [dʒɪlt] *v/t.* a) *e-m Liebhaber* den Laufpass geben, b) *ein Mädchen* sitzen lassen.

Jim Crow [ˌdʒɪm'krəʊ] *s. Am.* F **1.** *contp.* ‚Nigger' *m*; **2.** 'Rassendiskrimiˌnierung *f*: ~ ***car*** 🚃 Wagen *m* für Farbige.

jim-jams ['dʒɪmdʒæmz] *s. pl. sl.* **1.** De'lirium *n* tremens; **2.** a) Nervenflattern *n*, b) Gänsehaut *f*.

jim·my ['dʒɪmɪ] → ***jemmy***.

jin·gle ['dʒɪŋgl] **I** *v/i.* **1.** klimpern, klirren, klingeln; **II** *v/t.* **2.** klingeln lassen, klimpern (mit), bimmeln (mit); **III** *s.* **3.** Geklingel *n*, Klimpern *n*; **4.** (eingängiges) Liedchen *od.* Vers-chen, *a.* Werbesong *m od.* -spruch *m*.

jin·go ['dʒɪŋgəʊ] **I** *pl.* **-goes** *s.* **1.** *pol.* Chauvi'nist(in); **2.** → ***jingoism***; **II** *int.* **3.** ***by*** ~***!*** beim Zeus!; **'jin·go·ism** [-əʊɪzəm] *s. pol.* Chauvi'nismus *m*, Hur'rapatrioˌtismus *m*; **jin·go·is·tic** [ˌdʒɪŋgəʊ'ɪstɪk] *adj.* chauvi'nistisch.

jink [dʒɪŋk] **I** *s.* **1.** 'Ausweichmaˌnöver *n*; **2.** ***high*** ~***s*** ‚Highlife' *n*, ‚tolle Party'; **II** **3.** *v/i. u. v/t.* geschickt ausweichen.

jin·rik·i·sha, *a.* **jin·rick·sha** [dʒɪn'rɪkʃə] *s.* Rikscha *f*.

jinn [dʒɪn] *pl. von* **jin·nee** [dʒɪ'niː] *s.* Dschin *m* (*islamischer Geist*).

jinx [dʒɪŋks] *sl.* **I** *s.* **1.** Unheilbringer *m*; *weitS.* Unglück *n*, Pech *n* (***for*** für): ***there is a*** ~ ***on it!*** das ist wie verhext!; ***put a*** ~ ***on*** → 3 b; **2.** Unheil *n*; **II** *v/t.* **3.** a) Unglück bringen (*dat.*), b) *et.* ‚verhexen'.

jit·ter ['dʒɪtə] F **I** *v/i.* ner'vös sein, ‚Bammel' haben, ‚bibbern'; **II** *s.*: ***the*** ~***s*** *pl.* a) ‚Bammel' *m* (*Angst*), b) ‚Zustände' *pl.*, ‚Tatterich' *m* (*Nervosität*); **'jit·ter·bug** [-bʌg] *s.* **1.** Jitterbug *m* (*Tanz*); **2.** *fig.* Nervenbündel *n*; **'jit·ter·y** [-ərɪ] *adj.* F nervös, ‚bibbernd'.

jiu·jit·su [dʒjuː'dʒɪtsuː] → ***jujitsu***.

jive [dʒaɪv] **I** *s.* **1.** ♪ Jive *m*, (*Art*) 'Swingmuˌsik *f od.* -tanz *m*; **2.** *Am. sl.* Gequassel *n*; **II** *v/i.* **3.** Jive *od.* Swing tanzen *od.* spielen.

job [dʒɒb] **I** *s.* **1.** *ein Stück* Arbeit *f*: ***a*** ~ ***of work*** e-e Arbeit; ***a good*** ~ ***of work*** e-e saubere Arbeit; ***be paid by the*** ~ pro Auftrag bezahlt werden; ***odd*** ~***s*** Gelegenheitsarbeiten; ***make a good*** ~ ***of it*** gute Arbeit leisten, s-e Sache gut machen; ***it was quite a*** ~ es war (gar) nicht so einfach, es war e-e Mordsarbeit; ***I had a*** ~ ***to do it*** das war ganz schön schwer (für mich); ***on the*** ~ a) an der Arbeit, ‚dran', b) in Aktion, c) ‚auf Draht'; **2.** Stück-, Ak'kordarbeit *f*: ***by the*** ~ im Akkord; **3.** Stellung *f*, Tätigkeit *f*, Arbeit *f*, Job *m*: ***a*** ~ ***as a typist***; ***out of a*** ~ stellungslos; ***know one's*** ~ s-e Sache verstehen; ***on the*** ~ ***training*** Ausbildung *f* am Arbeitsplatz; ***create new*** ~***s*** neue Arbeitsplätze schaffen; ~***s for the boys*** *pol.* F Vetternwirtschaft *f*; ***this is not everybody's*** ~ dies liegt nicht jedem; **4.** Aufgabe *f*, Pflicht *f*, Sache *f*: ***it is your*** ~ ***to do it*** es ist deine Sache; **5.** F Sache *f*, Angelegenheit *f*, Lage *f*: ***a good*** ~ (***too***)***!*** ein (wahres) Glück!; ***make the best of a bad*** ~ a) retten, was zu retten ist, b) gute Miene zum bösen Spiel machen; ***I gave it up as a bad*** ~ ich steckte es (*als aussichtslos*) auf; ***I gave him up as a bad*** ~ ich ließ ihn fallen (*weil er nichts*

J

taugte etc.); ***just the ~!*** genau das Richtige!; **6.** *sl.* a) Pro'fitgeschäft *n*, Schiebung *f*, ‚krumme Tour', b) ‚Ding' *n* (*Verbrechen*): ***pull a ~*** ein Ding drehen; ***do his ~ for him*** ihn ‚fertig machen'; **7.** *bsd. Am.* F a) ‚Dings' *n*, ‚Appa'rat' *m* (*a. Auto etc.*), b) ‚Nummer' *f*, ‚Type' *f* (*Person*): ***he's a tough ~*** er ist ein unangenehmer Kerl; **II** *v/i.* **8.** Gelegenheitsarbeiten machen, ‚jobben'; **9.** im Ak'kord arbeiten; **10.** Zwischenhandel treiben; **11.** Maklergeschäfte treiben, mit Aktien handeln; **12.** ‚schieben', in die eigene Tasche arbeiten; **III** *v/t.* **13.** *a.* ***~ out*** ✝ a) *Arbeit* im Ak'kord vergeben, b) *Auftrag* (weiter)vergeben; **14.** spekulieren mit; **15.** als Zwischenhändler verkaufen; **16.** veruntreuen; *Amt* miss'brauchen: ***~ s.o. into a post*** j-m e-n Posten zuschanzen.

Job [dʒəʊb] *npr. bibl.* Hiob *m*, Job *m*: (***the Book of***) ~ (das Buch) Hiob *od.* Job; ***patience of ~*** *e-e* Engelsgeduld; ***that would try the patience of ~*** das würde selbst e-n Engel zur Verzweiflung treiben; ***~'s comforter*** schlechter Tröster (*der alles noch verschlimmert*); ***~'s news, ~'s post*** Hiobsbotschaft *f*.

job a·nal·y·sis *s.* 'Arbeitsplatzana,lyse *f*.

job·ber ['dʒɒbə] *s.* **1.** Gelegenheitsarbeiter *m*; **2.** Ak'kordarbeiter *m*: **3.** ✝ Zwischen-, *Am.* Großhändler *m*; **4.** *Brit. Börse*: Jobber *m* (*der auf eigene Rechnung Geschäfte tätigt*); **5.** *Am.* 'Börsenspeku,lant *m*; **6.** Geschäftemacher *m*, ‚Schieber' *m*, *a.* kor'rupter Beamter; **'job·ber·y** [-ərɪ] *s.* **1.** *b.s.* ‚Schiebung' *f*, Korrupti'on *f*; **2.** 'Amts,missbrauch *m*; **'job·bing** [-bɪŋ] *s.* **1.** Gelegenheitsarbeit *f*; **2.** Ak'kordarbeit *f*; **3.** *Börse*: *Brit.* Ef'fektenhandel *m*, *a.* Spekulati'on(sgeschäfte *pl.*) *f*; **4.** Zwischen-, *Am.* Großhandel *m*; **5.** ‚Schiebung' *f*.

job| cen·tre *s. Brit.* 'Arbeitsamt *n*; **~ cre·a·tion** *s.* Schaffung *f* von Arbeitsplätzen: ***~ scheme*** (*od.* ***program[me]***) Arbeitsbeschaffungsprogramm *n*; **~ cuts** *s.* Stellenabbau *m*; **~ de·scrip·tion** *s.* Arbeits(platz)-, Tätigkeitsbeschreibung *f*; **~ e·val·u·a·tion** *s.* Arbeits(platz)bewertung *f*; **~ hop·ping** *s.* häufiger Stellenwechsel (*zur Verbesserung des Einkommens*); **~ hunt·er** *s.* Stellungssuchende(r *m*) *f*; **~ kill·er** *s.* Jobkiller *m* (*arbeitsplatzvernichtende Maschine etc.*); **'~·less** [-lɪs] **I** *adj.* arbeitslos; **II** *s.*: ***the ~*** *pl.* die Arbeitslosen *pl.*; **~ line, ~ lot** *s.* ✝ **1.** Gelegenheitskauf *m*; **2.** Ramsch-, Par'tieware(n *pl.*) *f*; **~ mar·ket** *s.* Arbeitsmarkt *m*; **~ place·ment** *s.* Stellenvermittlung *f*; **~ print·ing** *s.* Akzi'denzdruck *m*; **~ ro·ta·tion** *s.* turnusmäßiger Arbeitsplatztausch; **~ sat·is·fac·tion** *s.* Zufriedenheit am Arbeitsplatz; **~ se·cu·ri·ty** *s.* Sicherheit *f* des Arbeitsplatzes; **~ seek·er** *s.* Arbeitssuchende(r *m*) *f*; **'~-,seek·er's al·low·ance** Arbeitslosenunterstützung *f* (*Geld*); **~ shar·ing** *s.* Jobsharing *n*, Arbeitsplatzteilung *f*; **~ work** *s.* **1.** Ak'kordarbeit *f*; **2.** → ***job printing***.

jock·ey ['dʒɒkɪ] **I** *s.* Jockey *m*, Jockei *m*; **II** *v/t.* a) manipulieren, b) betrügen (***out of*** um): ***~ into s.th.*** in et. hineinmanövrieren, zu et. verleiten; ***~ s.o. into a position*** j-m durch Protektion e-e Stellung verschaffen, ‚j-n lancieren'; **III** *v/i.* ***~ for*** ‚rangeln' um (*a. fig.*): ***~ for position*** *sport u. fig.* sich e-e gute (Ausgangs)Position zu schaffen suchen.

'jock·strap ['dʒɒk-] *s. bsd. sport* Suspen'sorium *n*.

jo·cose [dʒəʊ'kəʊs] *adj.* □ **1.** scherzhaft, komisch, drollig; **2.** heiter, ausgelassen.

joc·u·lar ['dʒɒkjʊlə] *adj.* □ **1.** scherzhaft, witzig; **2.** lustig, heiter; **joc·u·lar·i·ty** [,dʒɒkjʊ'lærətɪ] *s.* **1.** Scherzhaftigkeit *f*; **2.** Heiterkeit *f*.

joc·und ['dʒɒkənd] *adj.* □ lustig, fröhlich, heiter; **jo·cun·di·ty** [dʒəʊ'kʌndətɪ] *s.* Lustigkeit *f*.

jodh·purs ['dʒɒdpəz] *s. pl.* Reithose(n *pl.*) *f*.

jog [dʒɒg] **I** *v/t.* **1.** (an)stoßen, rütteln, ‚stupsen'; **2.** *fig.* aufrütteln: ***~ s.o.'s memory*** j-s Gedächtnis nachhelfen; **II** *v/i.* **3.** *a.* ***~ on, ~ along*** (da'hin)trotten, (-)zuckeln; **4.** sich auf den Weg machen, ‚loszuckeln'; **5.** *fig. a.* ***~ on*** a) weiterwursteln, b) s-n Lauf nehmen; **6.** *sport* ‚joggen', im Trimmtrab laufen; **III** *s.* **7.** (leichter) Stoß; **8.** Rütteln *n*; **9.** → ***jogtrot*** 1; **'jog·ging** [-gɪŋ] *s.* ‚Jogging' *n*, Trimmtrab *m*: ***~ suit*** Jogginganzug *m*.

jog·gle ['dʒɒgl] **I** *v/t.* **1.** leicht schütteln *od.* rütteln; **2.** ⚙ verschränken, verzahnen; **II** *v/i.* **3.** sich schütteln, wackeln; **III** *s.* **4.** Stoß *m*, Rütteln *n*; **5.** ⚙ Verzahnung *f*, Nut *f* u. Feder *f*.

'jog·trot I *s.* **1.** gemächlicher Trab, Trott *m*; **2.** *fig.* Trott *m*: a) Schlendrian *m*, b) Eintönigkeit *f*; **II** *v/i.* **3.** → ***jog*** 3.

john [dʒɒn] *s. Am. sl.* Klo *n*.

John [dʒɒn] *npr. u. s. bibl.* Jo'hannes (-evan,gelium *n*) *m*: ***~ the Baptist*** Johannes der Täufer; (***the Epistles of***) ~ die Johannesbriefe; **~ Bull** *s.* John Bull: a) *England*, b) *der* (*typische*) *Engländer*; **~ Doe** [dəʊ] *s.*: ***~ and Richard Roe*** ⚖ A. und B. (*fiktive Parteien*); **~ Do·ry** ['dɔːrɪ] *s. ichth.* Heringskönig *m*; **~ Han·cock** ['hænkɒk] *s. Am.* F *j-s* ‚Friedrich Wilhelm' *m* (*Unterschrift*).

john·ny ['dʒɒnɪ] *s. Brit.* F Bursche *m*, Typ *m*, ‚Knülch' *m*; **,2-come-'late·ly** *s. Am.* F **1.** Neuankömmling *m*, Neuling *m*; **2.** *fig.* ‚Spätzünder' *m*; **ˌ~-on--the-'spot** *s. Am.* F a) j-d, der ‚auf Draht' ist, b) Retter *m* in der Not.

John·so·ni·an [dʒɒn'səʊnjən] *adj.* **1.** johnsonsch (*Samuel Johnson od. s-n Stil betreffend*); **2.** pom'pös, hochtrabend.

join [dʒɔɪn] **I** *v/t.* **1.** *et.* verbinden, -einigen, zs.-fügen (**to**, **on to** mit): **~ hands** a) die Hände falten, b) sich die Hand reichen (*a. fig.*), c) *fig.* sich zs.-tun; **2.** *Personen* vereinigen, zs.-bringen (**with**, **to** mit): **~ in marriage** verheiraten; **~ in friendship** freundschaftlich verbinden; **3.** *fig.* verbinden, -ein(ig)en: **~ prayers** gemeinsam beten; → **battle** 2, **force** 1, **issue** 6; **4.** sich anschließen (*dat. od.* an *acc.*), stoßen *od.* sich gesellen zu, sich einfinden bei: **~ s.o. in** (**doing**) **s.th.** et. zusammen mit j-m tun; **~ s.o. in a walk** (gemeinsam) mit j-m e-n Spaziergang machen, sich j-m auf e-m Spaziergang anschließen; **~ one's regiment** zu s-m Regiment stoßen; **~ one's ship** an Bord s-s Schiffes gehen; **may I ~ you?** a) darf ich mich Ihnen anschließen *od.* Ihnen Gesellschaft leisten, b) darf ich mitmachen?; **I'll ~ you soon!** ich komme bald (nach)!; **will you ~ me in a drink?** trinken Sie ein Glas mit mir?; → **majority** 1; **5.** *e-m Klub, e-r Partei etc.* beitreten, eintreten in (*acc.*): **~ the army** ins Heer eintreten, Soldat werden; **~ a firm as a partner** in e-e Firma als Teilhaber eintreten; **6.** a) teilnehmen *od.* sich beteiligen an (*dat.*), mitmachen bei, b) sich einlassen auf (*acc.*), *den Kampf* aufnehmen: **~ an action** *jur.* e-m Prozess beitreten; **~ a treaty** e-m (Staats)Vertrag beitreten; **7.** sich vereinigen mit, zs.-kommen mit, (ein-)münden in (*acc.*) (*Fluss, Straße*); **8.** *math. Punkte* verbinden; **9.** (an)grenzen an (*acc.*); **II** *v/i.* **10.** sich vereinigen *od.* verbinden, zs.-kommen, sich treffen (**with** mit); **11.** a) **~ in** (*s.th.*) → 6 a, b) **~ with s.o. in s.th.** sich j-m bei et. anschließen, et. gemeinsam tun mit j-m: **~ in everybody!** alle mitmachen!; **12.** anein'ander grenzen, sich berühren; **13. ~ up** Sol'dat werden, zum Mili'tär gehen; **III** *s.* **14.** Verbindungsstelle *f*, -linie *f*, Naht *f*, Fuge *f*.

join·der ['dʒɔɪndə] *s.* **1.** Verbindung *f*; **2.** ⚖ a) *a.* **~ of actions** (objek'tive) Klagehäufung, b) *a.* **~ of parties** Streitgenossenschaft *f*, c) **~ of issue** Einlassung *f* (auf die Klage).

join·er ['dʒɔɪnə] *s.* Tischler *m*, Schreiner *m*: **~'s bench** Hobelbank *f*; **'join·er·y** [-ərɪ] *s.* **1.** Tischlerhandwerk *n*, Schreine'rei *f*; **2.** Tischlerarbeit *f*.

joint [dʒɔɪnt] **I** *s.* **1.** Verbindung(sstelle) *f*, *bsd.* a) *Tischlerei etc.*: Fuge *f*, Stoß *m*, b) (Löt)Naht *f*, Nahtstelle *f*, c) Falz *m* (*der Buchdecke*), d) *anat., biol.*, ⚘, ⚙ Gelenk *n*: **out of ~** ausgerenkt, *bsd. fig.* aus den Fugen; → **nose** *Bes. Redew.*; **2.** Verbindungsstück *n*, Bindeglied *n*; **3.** Hauptstück *n* (*e-s Schlachttiers*), Braten(stück *n*) *m*; **4.** *sl.* ‚Bude' *f*, ‚Laden' *m*: a) Lo'kal *n*, ‚Schuppen' *m*, *contp.* ‚'Bumsloˌkal' *n*, Spe'lunke *f*, b) Gebäude; **5.** *sl.* Joint *m* (*Marihuanazigarette*); **II** *adj.* (□ → **jointly**) **6.** gemeinsam, gemeinschaftlich (*a.* ⚖): **~ invention**; **~ liability**; **~ effort**; **~ efforts** vereinte Kräfte *od.* Anstrengungen; **~ and several** ⚖ gesamtschuldnerisch, solidarisch, zur gesamten Hand (→ **jointly**); **~ and several creditor** (**debtor**) Gesamtgläubiger *m* (-schuldner *m*); **take ~ action** gemeinsam vorgehen, zs.-wirken; **7.** *bsd.* ⚖ Mit..., Neben...: **~ heir** Miterbe *m*; **~ offender** Mittäter *m*; **~ plaintiff** Mitkläger *m*; **8.** vereint, zs.-hängend; **III** *v/t.* **9.** verbinden, zs.-fügen; **10.** ⚙ a) fugen, stoßen, verbinden, -zapfen, b) *Fugen* verstreichen; **~ ac·count** *s.* ✝ Gemeinschaftskonto *n*: **on** (*od.* **for**) **~** auf *od.* für gemeinsame Rechnung; **~ ad·ven·ture** → **joint venture**; **~ cap·i·tal** *s.* ✝ Ge'sellschaftskapiˌtal *n*; **~ com·mit·tee** *s. pol.* gemischter Ausschuss; **~ cred·it** *s.* ✝ Konsorti'alkreˌdit *m*; **~ cred·i·tor** *s.* ⚖ Gesamthandgläubiger *m*; **~ debt** *s.* ⚖ gemeinsame Verbindlichkeit(en *pl.*) *f*, Gesamthandschuld *f*; **~ debt·or** *s.* ⚖ Mitschuldner *m*, Gesamthandschuldner *m*.

joint·ed ['dʒɔɪntɪd] *adj.* **1.** verbunden; **2.** gegliedert, mit Gelenken (versehen): **~ doll** Gliederpuppe *f*.

joint·ly ['dʒɔɪntlɪ] *adv.* gemeinschaftlich: **~ and severally** a) gemeinsam u. jeder für sich, b) solidarisch, zur gesamten Hand, gesamtschuldnerisch.

joint| own·er *s.* ✝ Miteigentümer(in), Mitinhaber(in); **~ own·er·ship** *s.* Miteigentum *n*; **~ res·o·lu·tion** *s. pol.* gemeinsame Resoluti'on; **~ stock** *s.* ✝ Ge'sellschafts-, 'Aktienkapiˌtal *n*; **ˌ~-'stock bank** *s.* Genossenschafts-, Aktienbank *f*; **ˌ~-'stock com·pa·ny** *s.* ✝ **1.** *Brit.* Aktiengesellschaft *f*; **2.** *Am.* offene Handelsgesellschaft auf Aktien; **ˌ~-'stock cor·po·ra·tion** *s. Am.* Aktiengesellschaft *f*; **~ ten·an·cy** *s.* ✝ Mitbesitz *m*, -pacht *f*; **~ un·der·tak·ing**, **~ ven·ture** *s.* ✝ **1.** Ge'meinschaftsunterˌnehmen *n*; **2.** Gelegenheitsgesellschaft *f*.

joist [dʒɔɪst] ⚠ **I** *s.* (Quer)Balken *m*; (Quer-, Pro'fil)Träger *m*; **II** *v/t.* mit Pro'filträgern belegen.

joke [dʒəʊk] **I** *s.* **1.** Witz *m*: **practical ~** Schabernack *m*, Streich *m*; **play a practical ~ on s.o.** j-m einen Streich spielen; **crack ~s** Witze reißen; **2.**

J

Scherz *m*, Spaß *m*: ***in ~*** zum Scherz; ***he cannot take*** (*od.* ***see***) ***a ~*** er versteht keinen Spaß; ***I don't see the ~!*** was soll daran so witzig sein?; ***it's no ~!*** a) (das ist) kein Witz!, b) das ist keine Kleinigkeit *od.* kein Spaß!; ***the ~ was on me*** der Spaß ging auf m-e Kosten; **II** *v/i.* **3.** Witze *od.* Spaß machen, scherzen, flachsen: ***I'm not joking!*** ich meine das ernst; ***you must be joking!*** soll das ein Witz sein?; **'jok·er** [-kə] *s.* **1.** Spaßvogel *m*, Witzbold *m*; **2.** *sl.* Kerl *m*, ‚Heini' *m*; **3.** *in Quiz etc.*: Joker *m* (*a. Spielkarte*) (*a. fig.*); **4.** *Am. sl. mst pol.* ‚'Hintertürklausel' *f*; **'jok·ing** [-kɪŋ] *s.* Scherzen *n*: ***~ apart!*** Scherz beiseite!

jol·li·fi·ca·tion [ˌdʒɒlɪfɪ'keɪʃn] *s.* F (feucht)fröhliches Fest, Festivi'tät *f*; **jol·li·ness** ['dʒɒlɪnɪs], *mst* **jol·li·ty** ['dʒɒlətɪ] *s.* **1.** Fröhlichkeit *f*; **2.** Fest *n*.

jol·ly ['dʒɒlɪ] **I** *adj.* □ **1.** lustig, fi'del, vergnügt; **2.** F angeheitert, beschwipst; **3.** *Brit.* F a) nett, hübsch: ***a ~ room***, b) *iro.* ‚schön', ‚furchtbar': ***he must be a ~ fool*** er muss (ja) ganz schön blöd sein; **II** *adv.* **4.** *Brit.* F ziemlich, ‚mächtig', ‚furchtbar': ***~ late***; ***~ nice*** ‚unheimlich' nett; ***~ good*** *a. iro.* (ist ja) Klasse!; ***a ~ good fellow*** ein ‚prima' Kerl; ***I ~ well told him*** ich hab es ihm (doch) ganz deutlich gesagt; ***you'll ~ well*** (***have to***) ***do it!*** du musst (es tun), ob du willst oder nicht; ***you ~ well know*** du weißt das ganz genau; **III** *v/t.* F **5.** *mst* ***~ along*** *od.* ***up*** *j-n* bei Laune halten *od.* aufmuntern; ***~ s.o. into doing s.th.*** j-n zu e-r Sache ‚bequatschen'; **6.** *j-n* ‚veräppeln'.

jol·ly boat ['dʒɒlɪ] *s.* ⚓ Jolle *f*.

Jol·ly Rog·er ['rɒdʒə] *s.* Totenkopf-, Pi'ratenflagge *f*.

jolt [dʒəʊlt] **I** *v/t.* **1.** ('durch)rütteln, stoßen; **2.** *Am. Boxen*: (*Gegner*) erschüttern (*a. fig.*); **3.** *fig. j-m* e-n Schock versetzen; **4.** *j-n* aufrütteln; **II** *v/i.* **5.** rütteln, holpern (*Fahrzeug*); **III** *s.* **6.** Ruck *m*, Stoß *m*, Rütteln *n*; **7.** Schock *m*; **8.** (harter) Schlag; **9.** F a) Wirkung *f* (*e-r Droge etc.*), b) ‚Schuss' *m* (*Kognak, Droge*).

Jo·nah ['dʒəʊnə] *npr. u. s.* **1.** *bibl.* (das Buch) Jonas *m*; **2.** *fig.* Unheilbringer *m*; **'Jo·nas** [-əs] → ***Jonah*** 1.

josh [dʒɒʃ] *sl.* **I** *v/t.* ‚aufziehen', veräppeln; **II** *s.* Hänse'lei *f*.

Josh·u·a ['dʒɒʃwə] *npr. u. s. bibl.* (das Buch) Josua *m od.* Josue *m*.

joss| house [dʒɒs] *s.* chi'nesischer Tempel; **~ stick** *s.* Räucherstäbchen *n*.

jos·tle ['dʒɒsl] **I** *v/i.* drängeln: ***~ against*** → **II** *v/t.* anrempeln, schubsen; **III** *s.* a) Gedränge *n*, Dränge'lei *f*, b) Rempe'lei *f*.

Jos·u·e ['dʒɒzjuːiː] → ***Joshua***.

jot [dʒɒt] **I** *s.*: ***not a ~*** nicht ein bisschen; ***there's not a ~ of truth in it*** da ist überhaupt nichts Wahres dran; **II** *v/t.* *mst* ***~ down*** schnell hinschreiben *od.* notieren *od.* hinwerfen; **'jot·ter** [-tə] *s.* No'tizbuch *n*; **'jot·ting** [-tɪŋ] *s.* (kurze) No'tiz.

joule [dʒuːl] *s. phys.* Joule *n*.

jounce [dʒaʊns] → ***jolt*** 1, 6, 7.

jour·nal ['dʒɜːnl] *s.* **1.** Jour'nal *n*, Zeitschrift *f*, Zeitung *f*; **2.** Tagebuch *n*; **3.** ✝ Jour'nal *n*, Memori'al *n*; **4.** *Fax*: Sendebericht *m*; **5.** **2s** *pl. parl. Brit.* Proto'kollbuch *n*; **6.** ⚓ Logbuch *n*; **7.** ⚙ (Achs-, Lager)Zapfen *m*: ***~ bearing*** *od.* ***box*** Achs-, Zapfenlager *n*; **jour·nal·ese** [ˌdʒɜːnə'liːz] *s. contp.* Zeitungsstil *m*; **'jour·nal·ism** [-nəlɪzəm] *s.* Journa'lismus *m*; **'jour·nal·ist** [-nəlɪst] *s.* Journa'list(in); **jour·nal·is·tic** [ˌdʒɜːnə'lɪstɪk] *adj.* journa'listisch.

jour·ney ['dʒɜːnɪ] **I** *s.* **1.** Reise *f*: ***go on a ~*** verreisen; ***bus ~*** Busfahrt *f*; ***~'s end*** Ende *n* der Reise, *fig.* ‚Endstation' *f*, *a.* Tod *m*; **2.** Reise *f*, Strecke *f*, Route *f*, Weg *m*, Fahrt *f*, Gang *m*: ***it's a day's ~ from here*** es ist e-e Tagereise von hier, man braucht e-n Tag, um von hier dorthin zu kommen; **II** *v/i.* **3.** reisen; wandern; **'~·man** [-mən] *s.* [*irr.*] (Handwerks)Geselle *m*: ***~ baker*** Bäckergeselle.

joust [dʒaʊst] *hist.* **I** *s.* Turnier *n*; **II** *v/i.* im Turnier kämpfen; *fig.* e-n Strauß ausfechten.

Jove [dʒəʊv] *npr.* Jupiter *m*: ***by ~!*** a) Donnerwetter!, b) beim Zeus!

jo·vi·al ['dʒəʊvjəl] *adj.* □ **1.** jovi'al (*a. contp.*), freundlich, aufgeräumt, gemütlich: ***a ~ fellow***; **2.** freundlich, nett: ***a ~ welcome***; **3.** heiter, vergnügt, lustig; **jo·vi·al·i·ty** [ˌdʒəʊvɪ'ælətɪ] *s.* Joviali'tät *f*, Freundlichkeit *f*, Fröhlichkeit *f*.

jowl [dʒaʊl] *s.* **1.** ('Unter)Kiefer *m*; **2.** (*mst* feiste *od.* Hänge)Backe *f*; → ***cheek*** 1; **3.** *zo.* Wamme *f*.

joy [dʒɔɪ] *s.* **1.** Freude *f* (***at*** über *acc.*, ***in***, ***of*** an *dat.*): ***to my*** (***great***) ***~*** zu m-r (großen) Freude; ***leap for ~*** vor Freude hüpfen; ***tears of ~*** Freudentränen; ***it gives me great ~*** es macht mir große Freude; ***my children are a great ~ to me*** m-e Kinder machen mir viel Freude; ***wish s.o. ~*** (***of***) j-m Glück wünschen (zu); ***I wish you ~!*** *iro.* (na, dann) viel Spaß!; **2.** *Brit.* F Erfolg *m*: ***I didn't have any ~!*** ich hatte keinen Erfolg!, es hat nicht geklappt!; **'joy·ful** [-fʊl] *adj.* □ **1.** freudig, erfreut, froh: ***be ~*** sich freuen; **2.** erfreulich, froh; **'joyful·ness** [-fʊlnɪs] *s.* Freude *f*, Fröhlichkeit *f*; **'joy·less** [-lɪs] *adj.* □ freudlos; **joy·ous** ['dʒɔɪəs] *adj.* □ → ***joyful***.

joy| ride *s.* F Vergnügungsfahrt *f*, (wilde) Spritztour (*bsd.* in e-m gestohlenen Auto); **'~·stick** *s.* **1.** ✈ F Steuerknüppel *m*; **2.** *Computer*: Joystick *m*.

ju·bi·lant ['dʒuːbɪlənt] *adj.* □ jubelnd, froh'lockend, (glück)strahlend (*a. Gesicht*): **be ~ → jubilate** 1; **ju·bi·late I** *v/i.* ['dʒuːbɪleɪt] **1.** jubeln, jubilieren, überglücklich sein, triumphieren; **II** ♀ [ˌdʒuːbɪ'lɑːtɪ] (*Lat.*) *s. eccl.* **2.** (Sonntag *m*) Jubi'late *m* (*3. Sonntag nach Ostern*); **3.** Jubi'latepsalm *m*; **ju·bi·la·tion** [ˌdʒuːbɪ'leɪʃn] *s.* Jubel *m*.

ju·bi·lee ['dʒuːbɪliː] *s.* **1.** (*bsd.* fünfzigjähriges) Jubi'läum: **silver ~** fünfundzwanzigjähriges Jubiläum; **2.** *R.C.* Jubel-, Ablassjahr *n*.

Ju·da·ic [dʒuː'deɪɪk] *adj.* ju'daisch, jüdisch; **Ju·da·ism** ['dʒuːdeɪɪzəm] *s.* **1.** Juda'ismus *m*; **2.** *das* Judentum; **Ju·da·ize** ['dʒuːdeɪaɪz] *v/t.* judaisieren, jüdisch machen.

Ju·das ['dʒuːdəs] **I** *npr. bibl.* Judas *m* (*a. fig. Verräter*): **~ kiss** Judaskuss *m*; **II** ♀ *s.* Guckloch *n*, ‚Spi'on' *m*.

Jude [dʒuːd] *npr. u. s. bibl.* Judas *m*: (**the Epistle of**) **~** der Judasbrief.

jud·der ['dʒʌdə] *v/i.* **1.** rütteln, wackeln; **2.** vibrieren.

judge [dʒʌdʒ] **I** *s.* **1.** ⚖ Richter *m*; **2.** *mst* Preis-, *sport a.* Kampfrichter *m*; **3.** Kenner *m*: **a** (**good**) **~ of wine** ein Weinkenner; **I am no ~ of it** ich kann es nicht beurteilen; **I am no ~ of music, but** ich verstehe (zwar) nicht viel von Musik, aber; **I'll be the ~ of that** das müssen Sie mich schon selbst beurteilen lassen; **4.** *bibl.* a) Richter *m*, b) ♀**s** *pl. sg. konstr.* (*das* Buch der) Richter *pl.*; **II** *v/t.* **5.** ⚖ ein Urteil fällen *od.* Recht sprechen über (*acc.*), *e-n Fall* verhandeln; **6.** entscheiden (**s.th.** et.; **that** dass); **7.** beurteilen, bewerten, einschätzen (**by** nach); **8.** a) Preis-, *sport* Kampfrichter sein bei, b) *Leistungen etc.* (als Preisrichter *etc.*) bewerten; **9.** betrachten als, halten für; **III** *v/i.* **10.** ⚖ urteilen, Recht sprechen; **11.** *fig.* richten; **12.** urteilen (**by**, **from** nach; **of** über *acc.*): **~ for yourself!** urteilen Sie selbst!; **judging by his words** s-n Worten nach zu urteilen; **how can I ~?** wie soll 'ich das beurteilen?; **13.** schließen (**from**, **by** aus); **14.** Preis-, *sport* Kampfrichter sein; **15.** a) denken, vermuten, b) **~ of** sich *et.* vorstellen; **~ ad·vo·cate** *s.* ⚔ Kriegsgerichtsrat *m*; '**~-made law** *s.* auf richterlicher Entscheidung beruhendes Recht, geschöpftes Recht.

judg(e)·ment ['dʒʌdʒmənt] *s.* **1.** ⚖ (Gerichts)Urteil *n*, gerichtliche Entscheidung: **~ by default** Versäumnisurteil; **give** (*od.* **deliver**, **render**, **pronounce**) **~** ein Urteil erlassen *od.* verkünden (**on** über *acc.*); **pass ~** ein Urteil fällen (**on** über *acc.*); **sit in ~ on a case** Richter sein in e-m Fall; **sit in ~ on s.o.** über j-n zu Gericht sitzen; → **error** 1; **2.** Beurteilung *f*, Bewertung *f* (*a. sport etc.*), Urteil *n*; **3.** Urteilsvermögen *n*: **man of ~** urteilsfähiger Mann; **use your best ~!** handeln Sie nach Ihrem besten Ermessen; **4.** Urteil *n*, Ansicht *f*, Meinung *f*: **form a ~** sich ein Urteil bilden; **against my better ~** wider besseres Wissen; **give one's ~ on s.th.** sein Urteil über et. abgeben; **in my ~** meines Erachtens; **5.** Schätzung *f*: **~ of distance**; **6.** göttliches (Straf)Gericht, Strafe *f* (Gottes): **the Last** ♀, **the Day of** ♀, ♀ **Day** das Jüngste Gericht; **~ cred·i·tor** *s.* ⚖ Voll'streckungsgläubiger(in); **~ debt** *s.* ⚖ voll'streckbare Forderung, durch Urteil festgestellte Schuld; **~ debt·or** *s.* ⚖ Vollstreckungsschuldner(in); '**~-proof** *adj. Am.* ⚖ unpfändbar.

judge·ship ['dʒʌdʒʃɪp] *s.* Richteramt *n*.

ju·di·ca·ture ['dʒuːdɪkətʃə] *s.* ⚖ **1.** Rechtsprechung *f*, Rechtspflege *f*; **2.** Gerichtswesen *n*, Ju'stiz(verwaltung) *f*; → **supreme** 1; **3.** *coll.* Richter(stand *m*, -schaft *f*) *pl.*; **ju·di·cial** [dʒuː'dɪʃl] *adj.* □ **1.** ⚖ gerichtlich, Justiz..., Gerichts...: **~ error** Justizirrtum *m*; **~ murder** Justizmord *m*; **~ proceedings** Gerichtsverfahren *n*; **~ office** Richteramt *n*, richterliches Amt; **~ power** richterliche Gewalt; **~ separation** gerichtliche Trennung der Ehe; **~ system** Gerichtswesen *n*; **2.** ⚖ Richter..., richterlich; **3.** klar urteilend, kritisch; **ju·di·ci·ar·y** [dʒuː'dɪʃɪərɪ] ⚖ **I** *s.* **1.** → **judicature** 2, 3; **2.** *Am.* richterliche Gewalt; **II** *adj.* **3.** richterlich, Recht sprechend, gerichtlich: ♀ **Committee** *Am. parl.* Rechtsausschuss *m*.

ju·di·cious [dʒuː'dɪʃəs] *adj.* □ **1.** vernünftig, klug; **2.** wohl überlegt, verständnisvoll; **ju'di·cious·ness** [-nɪs] *s.* Klugheit *f*, Einsicht *f*.

ju·do ['dʒuːdəʊ] *s. sport* Judo *n*; '**ju·do·ka** [-əʊkɑː] *s.* Ju'doka *m*.

Ju·dy ['dʒuːdɪ] → **Punch**[4].

jug[1] [dʒʌg] **I** *s.* **1.** Krug *m*, Kanne *f*, Kännchen *n*; **2.** *sl.* ‚Kittchen' *n*, ‚Knast' *m*; **II** *v/t.* **3.** schmoren *od.* dämpfen: **~ged hare** Hasenpfeffer *m*; **4.** *sl.* ‚einlochen'.

jug[2] [dʒʌg] **I** *v/i.* schlagen (*Nachtigall*); **II** *s.* Nachtigallenschlag *m*.

'**jug·ful** [-fʊl] *pl.* **-fuls** *s. ein* Krug *m* (voll).

jug·ger·naut ['dʒʌgənɔːt] *s.* **1.** Moloch *m*: **the ~ of war**; **2.** *Brit.* schwerer ‚Brummi', Schwerlastwagen *m*, Lastzug *m*.

jug·gins ['dʒʌgɪnz] *s. sl.* Trottel *m*.

jug·gle ['dʒʌgl] **I** *v/i.* **1.** jonglieren; **2. ~ with** *fig.* (mit) *et.* jonglieren, *et.* manipulieren: **~ with facts**; **~ with one's accounts** s-e Konten ‚frisieren'; **~ with words** mit Worten spielen *od.* ‚jonglieren', Worte verdrehen; **II** *v/t.* **3.** jonglieren mit; **4.** → 2; '**jug·gler** [-lə] *s.* **1.** Jon'gleur *m*; **2.** Schwindler *m*; '**jug·gler·y** [-lərɪ] *s.* **1.** Jonglieren *n*; **2.** Ta-

J

schenspiele'rei *f*; **3.** Schwindel *m*, Hokus'pokus *m*.

Ju·go·slav ['juːgəʊslɑːv] **I** *s.* Jugo'slawe *m*, Jugo'slawin *f*; **II** *adj.* jugo'slawisch.

jug·u·lar ['dʒʌgjʊlə] *anat.* **I** *adj.* Kehl..., Gurgel...; **II** *s. a.* **~ vein** Hals-, Drosselader *f*; **'ju·gu·late** [-leɪt] *v/t. fig.* abwürgen.

juice [dʒuːs] *s.* **1.** Saft *m* (*a. fig.*): ***orange ~***; ***~ extractor*** Entsafter *m*; ***body ~s*** Körpersäfte; ***stew in one's own ~*** F im eigenen Saft schmoren; **2.** *sl.* a) ϟ ‚Saft' *m*, Strom *m*, b) *mot.* Sprit *m*, c) *Am.* ‚Zeug' *n*, Whisky *m*; **3.** *fig.* Kern *m*, Sub'stanz *f*, Es'senz *f*; **'juic·i·ness** [-sɪnɪs] *s.* Saftigkeit *f*; **'juic·y** [-sɪ] *adj.* **1.** saftig (*a. fig.*); **2.** F a) ‚saftig', ‚gepfeffert': ***~ scandal***, b) pi'kant, schlüpfrig: ***~ story***, c) interessant, ‚mit Pfiff'; **3.** *Am.* F lukra'tiv: ***~ contract***; **4.** *sl.* ‚scharf', ‚dufte': ***~ girl***.

ju·jit·su [dʒuː'dʒɪtsuː] *s. sport* Jiu-Jitsu *n*.

J

ju·jube ['dʒuːdʒuːb] *s.* **1.** ⚘ Ju'jube *f*, Brustbeere *f*; **2.** *pharm.* 'Brustbon,bon *m, n*.

ju·jut·su [dʒuː'dʒʊtsuː] → ***jujitsu***.

'juke|·box ['dʒuːk-] *s.* Jukebox *f* (*Musikautomat*); **'~-joint** *s. Am. sl.* ‚'Bumslo‚kal' *n*, ‚Jukeboxbude' *f*.

ju·lep ['dʒuːlep] *s.* **1.** süßliches (Arz'nei-) Getränk; **2.** *Am.* Julep *m* (*alkoholisches Eisgetränk*).

Jul·ian ['dʒuːljən] *adj.* juli'anisch: ***the ~ calendar*** der julianische Kalender.

Ju·ly [dʒuː'laɪ] *s.* Juli *m*: ***in ~*** im Juli.

jum·ble ['dʒʌmbl] **I** *v/t.* **1.** *a.* ***~ together***, ***~ up*** zs.-werfen, in Unordnung bringen, (wahllos) vermischen, durchein'ander würfeln; **II** *v/i.* **2.** *a.* ***~ together***, ***~ up*** durchein'ander geraten, durchein'ander gerüttelt werden; **III** *s.* **3.** Durchein'ander *n*, Wirrwarr *m*; **4.** Ramsch *m*: ***~ sale*** *Brit.* Wohltätigkeitsbasar *m*; ***~ shop*** Ramschladen *m*.

jum·bo ['dʒʌmbəʊ] *s.* **1.** Ko'loss *m*: ***~-sized*** riesig; **2.** → **jum·bo jet** *s.* ✈ Jumbo(-Jet) *m*.

jump [dʒʌmp] **I** *s.* **1.** Sprung *m* (*a. fig.*), Satz *m*: ***make*** (*od.* ***take***) ***a ~*** e-n Sprung machen; ***by ~s*** *fig.* sprungweise; (***always***) ***on the ~*** F (immer) auf den Beinen *od.* in Eile; ***keep s.o. on the ~*** j-n in Trab halten; ***get the ~ on s.o.*** F j-m zuvorkommen, j-m den Rang ablaufen; ***have the ~ on s.o.*** F j-m gegenüber im Vorteil sein; ***be*** (***stay***) ***one ~ ahead*** *fig.* (immer) e-n Schritt voraus sein (***of*** *dat.*); ***give a ~*** → 15; ***give s.o. a ~*** F j-n erschrecken; **2.** (Fallschirm)Absprung *m*: ***~ area*** Absprunggebiet *n*; **3.** *sport* (Hoch- *od.* Weit)Sprung *m*: ***high*** (***long*** *od. Am.* ***broad***) ***~***; **4.** *bsd. Reitsport*: Hindernis *n*: ***take the ~***; **5.** sprunghaftes Anwachsen, Em'porschnellen *n* (***in prices*** der Preise *etc.*): ***~ in production*** rapider Produktionsanstieg; **6.** (plötzlicher) Ruck; **7.** *fig.* Sprung *m*: a) abrupter 'Übergang, b) Über'springen *n*, -'gehen *n*, Auslassen *n* (*von Buchseiten etc.*); **8.** a) *Film*: Sprung *m* (*Überblenden etc.*), b) *Computer*: (Pro'gramm)Sprung *m*; **9.** *Damespiel*: Schlagen *n*; **10.** a) Rückstoß *m* (*e-r Feuerwaffe*), b) ⚔ Abgangsfehler *m*; **11.** V ‚Nummer' *f* (*Koitus*); **II** *v/i.* **12.** springen: ***~ at*** (*od.* ***to***) *fig.* sich stürzen auf (*acc.*), sofort zugreifen bei *e-m Angebot*, *Vorschlag etc.*, (sofort) aufgreifen, einhaken bei *e-r Frage etc.*; ***~ at the chance*** die Gelegenheit beim Schopf ergreifen, mit beiden Händen zugreifen; → ***conclusion*** 3; ***~ down s.o.'s throat*** F j-n ‚anschnauzen'; ***~ off*** a) abspringen (von *s-m Fahrrad etc.*), b) *Am.* F loslegen; ***~ on s.o.*** F a) über j-n herfallen, b) j-m ‚aufs Dach' steigen; ***~ out of one's skin*** aus der Haut fahren; ***~ to it*** F ‚(d)rangehen', zupacken; ***~ to it!*** ran!, mach schon!; ***~ up*** aufspringen (***onto*** auf *acc.*); **13.** (*mit dem Fallschirm*) (ab-) springen; **14.** hopsen, hüpfen: ***~ up and down***; ***~ for joy*** e-n Freudensprung *od.* Freudensprünge machen; ***his heart ~ed for joy*** das Herz hüpfte ihm im Leibe; **15.** zs.-zucken, -fahren, aufschrecken, hochfahren (***at*** bei): ***the noise made him ~*** der Lärm schreckte ihn auf *od.* ließ ihn zs.-zucken; **16.** *fig.* ab'rupt 'übergehen, -wechseln (***to*** zu): ***~ from one topic to another***; **17.** a) rütteln (*Wagen etc.*), b) gerüttelt werden, schaukeln, wackeln; **18.** *fig.* sprunghaft ansteigen, em'porschnellen (*Preise etc.*); **19.** ⚙ springen (*Filmstreifen, Schreibmaschine etc.*); **20.** *Damespiel*: schlagen; **21.** *Bridge*: (unvermittelt) hoch reizen; **22.** pochen, pulsieren; **23.** F voller Leben sein: ***the place is ~ing*** dort ist ‚schwer was los'; ***the party was ~ing*** die Party war ‚schwer in Fahrt'; **III** *v/t.* **24.** (hin'weg)springen über (*acc.*): ***~ the fence***; ***~ the rails*** entgleisen (*Zug*); **25.** *fig.* über'springen, auslassen: ***~ a few lines***; ***~ the lights*** F bei Rot über die Kreuzung fahren; ***~ the queue*** *Brit.* sich vordrängeln, aus der Reihe tanzen (*a. fig.*); → ***gun*** 4; **26.** springen lassen: ***he ~ed his horse over the ditch*** er setzte mit dem Pferd über den Graben; **27.** *Damespiel*: schlagen; **28.** *Bridge*: (zu) hoch reizen; **29.** *sl.* ‚abhauen' von: ***~ ship*** (***town***); → ***bail***[1] 1; **30.** a) aufspringen auf (*acc.*), b) abspringen von (*e-m fahrenden Zug*); **31.** schaukeln: ***~ a baby on one's knee***; **32.** F *j-n* überfallen, über *j-n* herfallen; **33.** em'porschnellen lassen, hoch treiben: ***~ prices***; **34.** *Am.*

F *j-n* (plötzlich) *im Rang* befördern; **35.** V *Frau* ‚bumsen'; **36.** → ***jump-start***.
jump ball *s. Basketball*: Sprungball *m*.
jumped-up [ˌdʒʌmpt'ʌp] *adj.* F **1.** (parve'nühaft) hochnäsig, ‚hochgestochen'; **2.** improvisiert.
jump·er¹ ['dʒʌmpə] *s.* **1.** Springer(in): ***high ~*** *sport* Hochspringer(in); **2.** Springpferd *n*; **3.** ⚙ Steinbohrer *m*; Bohrmeißel *m*; **4.** ⚡ Kurzschlussbrücke *f*.
jump·er² ['dʒʌmpə] *s.* **1.** (*Am.* ärmelloser) Pullover *m*; **2.** *bsd. Am.* Trägerkleid *n*, -rock *m*; **3.** (Kinder)Spielhose *f*.
jump·i·ness ['dʒʌmpɪnɪs] *s.* Nervosi'tät *f*.
jump·ing ['dʒʌmpɪŋ] *s.* **1.** Springen *n*: ***~ pole*** Sprungstab *m*, -stange *f*; ***~ test*** *Reitsport*: (Jagd)Springen *n*; **2.** *Skisport*: Sprunglauf *m*, Springen *n*; ***~ bean*** *s.* ⚘ Springende Bohne; ***~ jack*** *s.* Hampelmann *m*; ***ˌ~-'off place*** *s.* **1.** *fig.* Sprungbrett *n*, Ausgangspunkt *m*; **2.** *Am.* F Ende *n* der Welt.
jump| jet *s.* ✈ (Düsen)Senkrechtstarter *m*; ***~ leads*** *s. pl. mot.* Starthilfekabel *n*; **'~-off** *s. Reitsport*: Stechen *n*; ***~ seat*** *s.* Not-, Klappsitz *m*; **'~-start** *v/t. Auto* mittels Starthilfekabel anlassen; **'jump-ˌstart·er** *s. fig.* Starthilfe *f*; ***~ suit*** *s.* Overall *m*; ***~ turn*** *s. Skisport*: 'Umsprung *m*.
jump·y ['dʒʌmpɪ] *adj.* ner'vös.
junc·tion ['dʒʌŋkʃn] *s.* **1.** Verbindung(spunkt *m*) *f*, Vereinigung *f*, Zs.-treffen *n*; Treffpunkt *m*; Anschluss *m* (*a.* ⚙); (Straßen)Kreuzung *f*, (-)Einmündung *f*; **2.** 🚂 a) Knotenpunkt *m*, b) 'Anschlussstatiˌon *f*; **3.** Berührung *f*; ***~ box*** *s.* ⚡ Abzweig-, Anschlussdose *f*; ***~ line*** *s.* 🚂 Verbindungs-, Nebenbahn *f*.
junc·ture ['dʒʌŋktʃə] *s.* (kritischer) Augenblick *od.* Zeitpunkt: ***at this ~*** in diesem Augenblick, an dieser Stelle.
June [dʒuːn] Juni *m*: ***in ~*** im Juni.
jun·gle ['dʒʌŋgl] *s.* **1.** Dschungel *m*, *a. n* (*a. fig.*): ***~ fever*** Dschungelfieber *n*; ***law of the ~*** Faustrecht *n*; **2.** (undurchdringliches) Dickicht (*a. fig.*); *fig.* Gewirr *n*: ***~ gym*** Klettergerüst *n* (*für Kinder*); **'jun·gled** [-ld] *adj.* mit Dschungel(n) bedeckt, verdschungelt.
jun·ior ['dʒuːnjə] **I** *adj.* **1.** junior (*mst nach Familiennamen u. abgekürzt zu Jr., jr., Jun., jun.*): ***George Smith jr.***; ***Smith ~*** Smith II (*von Schülern*); **2.** jünger (*im Amt*), 'untergeordnet, zweiter: ***~ clerk*** a) untere(r) Büroangestellte(r), b) zweiter Buchhalter, c) *jur. Brit.* Anwaltspraktikant *m*, d) kleiner Angestellter; ***~ counsel*** (*od.* ***barrister***) *jur. Brit.* → ***barrister*** (*als Vorstufe zum* ***King's Counsel***); ***~ partner*** jüngerer Teilhaber, *fig. der* kleinere Partner; ***~ staff*** untere Angestellte *pl.*; **3.** später, jünger, nachfolgend: ***~ forms*** *ped. Brit. die* Unterklassen, *die* Unterstufe; ***~ school*** *Brit.* Grundschule *f*; **4.** *jur.* rangjünger, (im Rang) nachstehend: ***~ mortgage***; **5.** *sport* Junioren..., Jugend...: ***~ championship***; **6.** *Am.* Kinder..., Jugend...: ***~ books***; **7.** jugendlich, jung: ***~ citizens*** Jungbürger *pl.*; ***~ skin***; **8.** *Am.* F kleiner(er, e, es): ***a ~ hurricane***; **II** *s.* **9.** Jüngere(r *m*) *f*: ***he is my ~ by 2 years***, ***he is 2 years my ~*** er ist (um) 2 Jahre jünger als ich; ***my ~s*** Leute, die jünger sind als ich; **10.** *univ. Am.* Stu'dent *m* a) *im vorletzten Jahr vor s-r Graduierung*, b) *im 3. Jahr an e-m* ***senior college***, c) *im 1. Jahr an e-m* ***junior college***; **11.** *a.* ℒ (*ohne art*) a) Junior *m* (*Sohn mit dem Vornamen des Vaters*), b) *allg.* der Sohn, der Junge, c) *Am.* F Kleine(r) *m*; **12.** Jugendliche(r *m*) *f*, Her'anwachsende(r *m*) *f*: ***~ miss*** *Am.* ‚junge Dame' (*Mädchen*); **13.** 'Untergeordnete(r *m*) *f* (im Amt), jüngere(r) Angestellte(r): ***he is my ~ in this office*** a) er untersteht mir in diesem Amt, b) er ist in dieses Amt nach mir eingetreten; **14.** *Bridge*: Junior *m* (*Spieler, der rechts vom Alleinspieler sitzt*); ***~ col·lege*** *s. Am.* Juni'orencollege *n* (*umfasst die untersten Hochschuljahrgänge, etwa 16- bis 18-jährige Studenten*); ***~ high (school)*** *s. Am.* (*Art*) Aufbauschule *f* (*für die* ***high school***) (*dritt- u. viertletzte Klasse der Grundschule u. erste Klasse der* ***high school***).
jun·ior·i·ty [ˌdʒuːnɪ'ɒrətɪ] *s.* **1.** geringeres Alter *od.* Dienstalter; **2.** 'untergeordnete Stellung, niedrigerer Rang.
ju·ni·per ['dʒuːnɪpə] *s.* Wa'cholder *m*.
junk¹ [dʒʌŋk] **I** *s.* **1.** Trödel *m*, alter Kram, Plunder *m*: ***~ food*** *bsd. Am.* Nahrung *f* mit geringem Nährwert; ***~ market*** Trödel-, Flohmarkt *m*; ***~ dealer*** Trödler *m*, Altwarenhändler *m*; ***~ mail*** Papierkorb – Post *f*; ***~ shop*** Trödelladen *m*; ***~ yard*** Schrottplatz *m*; **2.** *contp.* Schund *m*, ‚Mist' *m*, ‚Schrott' *m*; **3.** *sl.* ‚Stoff' *m* (*Rauschgift*); **II** *v/t.* **4.** *Am.* F a) wegwerfen, b) verschrotten, c) *fig.* zum alten Eisen *od.* über Bord werfen.
junk² [dʒʌŋk] *s.* Dschunke *f*.
jun·ket ['dʒʌŋkɪt] **I** *s.* **1.** a) Sahnequark *m*, b) Quarkspeise *f* mit Sahne; **2.** Festivi'tät *f*, Fete *f*; **3.** *Am.* F so genannte Dienstreise, Vergnügungsreise *f* auf öffentliche Kosten; **II** *v/i.* **4.** feiern, es sich wohl sein lassen.
junk·ie ['dʒʌŋkɪ] *s. sl.* ‚Fixer' *m*, Rauschgiftsüchtige(r *m*) *f*.
Ju·no·esque [ˌdʒuːnəʊ'esk] *adj.* ju'nonisch.

jun·ta ['dʒʌntə] *(Span.) s.* **1.** *pol.* (*bsd.* Mili'tär)Junta *f*; **2.** → '**jun·to** [-təʊ] *pl.* **-tos** *s.* Clique *f*.

Ju·pi·ter ['dʒuːpɪtə] *s. myth. u. ast.* Jupiter *m*.

Ju·ras·sic [ˌdʒʊə'ræsɪk] *geol.* **I** *adj.* Jura..., ju'rassisch: ~ **period**; **II** *s.* 'Juraformatiˌon *f*.

ju·rat ['dʒʊəræt] *s. Brit.* **1.** *hist.* Stadtrat *m* (*Person*) in den **Cinque Ports**; **2.** Richter *m auf den Kanalinseln*; **3.** ⚖ Bekräftigungsformel *f* unter eidesstattlichen Erklärungen.

ju·rid·i·cal [ˌdʒʊə'rɪdɪkl] *adj.* □ **1.** gerichtlich, Gerichts...; **2.** ju'ristisch, Rechts...: ~ **person** *Am.* juristische Person.

ju·ris·dic·tion [ˌdʒʊərɪs'dɪkʃn] *s.* **1.** Rechtsprechung *f*; **2.** a) Gerichtsbarkeit *f*, b) (*örtliche u. sachliche*) Zuständigkeit (**of, over** für): **come under the ~ of** unter die Zuständigkeit fallen (*gen.*); **have ~ over** zuständig sein für; **3.** a) Gerichtsbezirk *m*, b) Zuständigkeitsbereich *m*; **ju·ris'dic·tion·al** [-ʃənl] *adj.* Gerichtsbarkeits..., Zuständigkeits...; **ju·ris·pru·dence** [ˌdʒʊərɪs'pruːdəns] *s.* Rechtswissenschaft *f*, Jurispru'denz *f*; **ju·rist** ['dʒʊərɪst] *s.* **1.** Ju'rist(in); **2.** *Brit.* Stu'dent *m* der Rechte; **3.** *Am.* Rechtsanwalt *m*; **ju·ris·tic, ju·ris·ti·cal** [ˌdʒʊə'rɪstɪk(l)] *adj.* □ ju'ristisch, Rechts...

ju·ror ['dʒʊərə] *s.* **1.** ⚖ Geschworene(r *m*) *f*; **2.** Preisrichter(in).

ju·ry[1] ['dʒʊərɪ] *s.* **1.** ⚖ *die* Geschworenen *pl.*, Ju'ry *f*: **trial by ~, ~ trial** Schwurgerichtsverfahren *n*; **sit on the ~** Geschworene(r) sein; **2.** Ju'ry *f*, Preisrichterausschuss *m*, *sport a.* Kampfgericht *n*; **3.** Sachverständigenausschuss *m*.

ju·ry[2] ['dʒʊərɪ] *adj.* ⚓, ✈ Ersatz..., Hilfs..., Not...

ju·ry| box *s.* ⚖ Geschworenenbank *f*; '**~·man** [-mən] *s.* [*irr.*] ⚖ Geschworene(r) *m*; **~ pan·el** *s.* ⚖ Geschworenenliste *f*.

jus [dʒʌs] *pl.* **ju·ra** ['dʒʊərə] (*Lat.*) *s.* Recht *n*.

jus·sive ['dʒʌsɪv] *adj. ling.* Befehls..., impera'tivisch.

just [dʒʌst] **I** *adj.* □ → II *u.* **justly**; **1.** gerecht (**to** gegen): **be ~ to s.o.** j-n gerecht behandeln; **2.** gerecht, richtig, angemessen, gehörig: **it was only ~** es war nur recht u. billig; **~ reward** gerechter *od.* (wohl)verdienter Lohn; **3.** rechtmäßig, wohl begründet: **a ~ claim**; **4.** berechtigt, gerechtfertigt, (wohl) begründet: **~ indignation**; **5.** a) genau, kor'rekt, b) wahr, richtig; **6.** *bibl.* gerecht, rechtschaffen: **the ~** die Gerechten *pl.*; **7.** ♪ rein; **II** *adv.* **8.** *zeitlich*: a) gerade, (so)'eben: **they have ~ left**; **~ before I came** kurz *od.* knapp bevor ich kam; **~ after breakfast** kurz *od.* gleich nach dem Frühstück; **~ now** eben erst, soeben (→ b), b) genau, gerade (*zu diesem Zeitpunkt*): **~ as** gerade als, genau in dem Augenblick, als (→ 9); **I was ~ going to say** ich wollte gerade sagen; **~ now** a) gerade jetzt, b) jetzt gleich (→ a); **~ then** a) gerade damals, b) gerade in diesem Augenblick; **~ five o'clock** genau fünf Uhr; **9.** *örtlich u. fig.*: genau: **~ there**; **~ round the corner** gleich um die Ecke; **~ as** ebenso wie; **~ as good** genauso gut; **~ about** a) (so *od.* in) etwa, b) so ziemlich, c) so gerade, eben (noch); **~ about here** ungefähr hier, hier herum; **~ so!** ganz recht!; **that's ~ it!** das ist es ja gerade *od.* eben!; **that's ~ like you!** das sieht dir (ganz) ähnlich!; **that's ~ what I thought!** (genau) das hab ich mir (doch) gedacht!; **~ what do you mean (by that)?** was (genau) wollen Sie damit sagen?; **~ how many are they?** wie viele sind es genau?; **it's ~ as well** (es ist) vielleicht besser *od.* ganz gut so; **we might ~ as well go!** da können wir genauso gut auch gehen!; **10.** gerade (noch), ganz knapp, mit knapper Not: **we ~ managed**; **the bullet ~ missed him** die Kugel ging ganz knapp an ihm vorbei; **~ possible** immerhin möglich, nicht unmöglich; **~ too late** gerade zu spät; **11.** nur, lediglich, bloß: **~ in case** nur für den Fall; **~ the two of us** nur wir beide; **~ for the fun of it** nur zum Spaß; **~ a moment!** (nur) e-n Augenblick!, *a. iro.* Moment (mal)!; **~ give her a book** schenk ihr doch einfach ein Buch; **12.** *vor imp.* a) doch, mal, b) nur: **~ tell me** sag (mir) mal, sag mir nur *od.* bloß; **~ sit down, please!** setzen Sie sich doch bitte; **~ think!** denk mal!; **~ try!** versuchs doch (mal)!; **13.** F einfach, wirklich: **~ wonderful**.

jus·tice ['dʒʌstɪs] *s.* **1.** Gerechtigkeit *f* (**to** gegen); **2.** Rechtmäßigkeit *f*, Berechtigung *f*, Recht *n*: **with ~** mit *od.* zu Recht; **3.** Gerechtigkeit *f*, gerechter Lohn: **do ~ to** a) *j-m od. e-r Sache* Gerechtigkeit widerfahren lassen, gerecht werden (*dat.*), b) *et.* (recht) zu würdigen wissen, *a. e-r Speise, dem Wein* tüchtig zusprechen; **the picture did ~ to her beauty** das Bild wurde ihrer Schönheit gerecht; **do o.s. ~** a) sein wahres Können zeigen, b) sich selbst gerecht werden; **~ was done** der Gerechtigkeit wurde Genüge getan; **in ~ to him** um ihm gerecht zu werden, fairerweise; **4.** ⚖ Gerechtigkeit *f*, Recht *n*, Ju'stiz *f*: **administer ~** Recht sprechen; **flee from ~** sich der verdienten Strafe (durch die Flucht) entziehen; **bring to ~** vor Gericht bringen; **in ~**

von Rechts wegen; **5.** Richter *m*: ***Mr. ~ X.*** (*Anrede in England*); ***~ of the peace*** Friedensrichter (*Laienrichter*); **'jus·tice·ship** [-ʃɪp] *s.* Richteramt *n.*

jus·ti·ci·a·ble [dʒʌ'stɪʃɪəbl] *adj.* ⚖ justizi'abel, gerichtlicher Entscheidung unter'worfen; **jus'ti·ci·ar·y** [-ɪərɪ] ⚖ **I** *s.* Richter *m*; **II** *adj.* Justiz..., gerichtlich.

jus·ti·fi·a·ble ['dʒʌstɪfaɪəbl] *adj.* □ zu rechtfertigen(d), berechtigt, vertretbar, entschuldbar; **'jus·ti·fi·a·bly** [-lɪ] *adv.* berechtigterweise.

jus·ti·fi·ca·tion [ˌdʒʌstɪfɪ'keɪʃn] *s.* **1.** Rechtfertigung *f*: ***in ~ of*** zur Rechtfertigung von (*od. gen.*); **2.** Berechtigung *f*: ***with ~*** berechtigterweise, mit Recht; **3.** *typ.* Justierung *f*, Ausschluss *m*; **jus·ti·fi·ca·to·ry** ['dʒʌstɪfɪkeɪtərɪ] *adj.* rechtfertigend, Rechtfertigungs...; **jus·ti·fy** ['dʒʌstɪfaɪ] *v/t.* **1.** rechtfertigen (***before*** *od.* ***to s.o.*** vor j-m, j-m gegenüber); ***be justified in doing s.th.*** et. mit gutem Recht tun; ein Recht haben, et. zu tun; berechtigt sein, et. zu tun; **2.** a) gutheißen, b) entschuldigen, c) *j-m* Recht geben; **3.** *eccl.* rechtfertigen, von Sündenschuld freisprechen; **4.** ⚙ richtig stellen, richten, justieren; **5.** *typ.* justieren, ausschließen, *Computer*: ausrichten.

just·ly ['dʒʌstlɪ] *adv.* **1.** richtig; **2.** mit *od.* zu Recht, gerechterweise; **3.** verdientermaßen; **'just·ness** [-tnɪs] *s.* **1.** Gerechtigkeit *f*; **2.** Rechtmäßigkeit *f*; **3.** Richtigkeit *f*; **4.** Genauigkeit *f*.

jut [dʒʌt] **I** *v/i. a.* ***~ out*** vorspringen, her'ausragen: ***~ into s.th.*** in et. hineinragen; **II** *s.* Vorsprung *m.*

jute[1] [dʒuːt] ⚘ Jute *f.*

Jute[2] [dʒuːt] *s.* Jüte *m*; **Jut·land** ['dʒʌtlənd] *npr.* Jütland *n*: ***the Battle of ~*** *hist.* die Skagerrakschlacht.

ju·ve·nes·cence [ˌdʒuːvə'nesns] *s.* **1.** Verjüngung *f*: ***well of ~*** Jungbrunnen *m*; **2.** Jugend *f.*

ju·ve·nile ['dʒuːvənaɪl] **I** *adj.* **1.** jugendlich, jung, Jugend...: ***~ book*** Jugendbuch *n*; ***~ court*** Jugendgericht *n*; ***~ delinquency*** Jugendkriminalität *f*; ***~ delinquent*** *od.* ***offender*** jugendlicher Täter; ***~ stage*** Entwicklungsstadium *n*; **II** *s.* **2.** Jugendliche(r *m*) *f*; **3.** *thea.* jugendlicher Liebhaber; **4.** Jugendbuch *n*; **ju·ve·ni·li·a** [ˌdʒuːvə'nɪlɪə] *pl.* **1.** Jugendwerke *pl.* (*e-s Autors etc.*); **2.** Werke *pl.* für die Jugend; **ju·ve·nil·i·ty** [ˌdʒuːvə'nɪlətɪ] *s.* **1.** Jugendlichkeit *f*; **2.** jugendlicher Leichtsinn; **3.** *pl.* Kinde'reien *pl.*; **4.** *coll.* (*die*) Jugend.

jux·ta·pose [ˌdʒʌkstə'pəʊz] *v/t.* nebenein'ander stellen: ***~d to*** angrenzend an (*acc.*); **jux·ta·po·si·tion** [ˌdʒʌkstəpə'zɪʃn] *s.* Nebenein'anderstellung *f*, -liegen *n.*

J

K

K, **k** [keɪ] *s.* K *n*, k *n* (*Buchstabe*).

In Geschäftsberichten sowie Stellenanzeigen und dergleichen erscheint oft die Abkürzung **K** hinter einer Geldangabe, etwa **£30K**, **£206K. K** ist hier die Abkürzung von **kilo** in der Bedeutung „tausend". Bei einer Stellenannonce, die z. B. ein Gehalt von **£44K** nennt, handelt es sich also um 44.000 Pfund.

K

kab·(b)a·la [kə'bɑːlə] → ***ca(b)bala***.
ka·di ['kɑːdɪ] → ***cadi***.
ka·ke·mo·no [ˌkækɪ'məʊnəʊ] *pl.* **-nos** *s.* Kake'mono *n* (*japanisches Rollbild*).
kale [keɪl] *s.* **1.** ⚘ Kohl *m*, *bsd.* Grün-, Blattkohl *m*: (***curly***) ~ Krauskohl *m*; **2.** Kohlsuppe *f*; **3.** *Am. sl.* ‚Zaster' *m*.
ka·lei·do·scope [kə'laɪdəskəʊp] *s.* Kaleido'skop *n* (*a. fig.*); **ka·lei·do·scop·ic**, **ka·lei·do·scop·i·cal** [kəˌlaɪdə'skɒpɪk(l)] *adj.* □ kaleido'skopisch.
'kale·yard *s. Scot.* Gemüsegarten *m*; ~ **school** *s. schottische Heimatdichtung*.
Kan·a·ka ['kænəkə, kə'nækə] *s.* Ka'nake *m* (*Südseeinsulaner*, *a. contp.*).
kan·ga·roo [ˌkæŋgə'ruː] *pl.* **-roos** *s. zo.* Känguru *n*; ~ **court** *s. Am. sl.* **1.** 'illeˌgales Gericht (*z. B. unter Sträflingen*); **2.** kor'ruptes Gericht.
Kant·i·an ['kæntɪən] *phls.* **I** *adj.* kantisch; **II** *s.* Kanti'aner(in).
ka·o·lin(e) ['keɪəlɪn] *s. min.* Kao'lin *n*.
kar·a·o·ke [ˌkærɪ'əʊkɪ] *s* Kara'oke *n*.
ka·ra·te [kə'rɑːtɪ] *s.* Ka'rate *n*; ~ **chop** *s.* Ka'rateschlag *m*.
kar·ma ['kɑːmə] *s.* **1.** *Buddhismus etc.*: Karma *n*; **2.** *allg.* Schicksal *n*.
Kar·ri·mat ['kærɪmæt] *TM Markenbezeichnung für Isomatten.*
kat·a·bat·ic wind [ˌkætæ'bætɪk] *s.* Fallwind *m*, kata'batischer Wind.
kay·ak ['kaɪæk] *s.* Kajak *m*, *n*: ***two-seater*** ~ *sport* Kajakzweier *m*.
kay·o [ˌkeɪ'əʊ] F *für* ***knock out*** *od.* ***knockout***.
ke·bab [kə'bæb] *s.* Ke'bab *n* (*orientalisches Fleischspießgericht*).

keck [kek] *v/i.* würgen, (sich) erbrechen (müssen).
kedge [kedʒ] ⚓ **I** *v/t.* warpen, verholen; **II** *s. a.* ~ ***anchor*** Wurf-, Warpanker *m*.
kedg·er·ee [ˌkedʒə'riː] *s. Brit. Ind.* Kedge'ree *n* (*Reisgericht mit Fisch*, *Eiern*, *Zwiebeln etc.*).
keel [kiːl] **I** *s.* **1.** ⚓ Kiel *m*: ***on an even*** ~ im Gleichgewicht, *fig. a.* gleichmäßig, ruhig: ***be on an even*** ~ ***again*** *fig.* wieder im Lot sein; **2.** *poet.* Schiff *n*; **3.** Kiel *m*: a) ✈ Längsträger *m*, b) ⚘ Längsrippe *f*; **II** *v/t.* **4.** ~ ***over*** a) ('um-) kippen, kentern lassen, b) kiel'oben legen; **III** *v/i.* **5.** ~ ***over*** 'umschlagen, -kippen (*a. fig.*), kentern; kiel'oben liegen; **6.** F ‚umkippen' (*Person etc.*); **'keel·age** [-lɪdʒ] *s.* ⚓ Kielgeld *n*, Hafengebühren *pl.*; **'keel·haul** *v/t.* **1.** *j-n* kielholen; **2.** *fig. j-n* ‚zs.-stauchen'; **keel·son** ['kelsn] → ***kelson***.
keen[1] [kiːn] *adj.* □ → ***keenly***; **1.** scharf (geschliffen): ~ ***edge*** scharfe Schneide; **2.** scharf (*Wind*), schneidend (*Kälte*); **3.** beißend (*Spott*); **4.** scharf, 'durchdringend: ~ ***glance*** (***smell***); **5.** grell (*Licht*), schrill (*Ton*); **6.** heftig, stark (*Schmerzen*); **7.** scharf (*Augen*), fein (*Sinne*): ***be*** ~***-eyed*** (~***-eared***) scharfe Augen (ein feines Gehör) haben; **8.** fein, ausgeprägt (*Gefühl*; ***of*** für): ***a*** ~ ***sense of literature***; **9.** heftig, stark, groß (*Freude etc.*): ~ ***desire*** heftiges Verlangen, heißer Wunsch; ~ ***interest*** starkes *od.* lebhaftes Interesse; ~ ***competition*** scharfe Konkurrenz; **10.** *a.* ~-***-witted*** scharfsinnig; ***a*** ~ ***mind*** ein scharfer Verstand; **11.** eifrig, begeistert, leidenschaftlich: ***a*** ~ ***swimmer***; ~ ***on*** begeistert von, sehr interessiert an (*dat.*); ***he is*** ~ ***on dancing*** er ist ein begeisterter Tänzer; ***he is very*** ~ F er ist ‚schwer auf Draht'; ***you shouldn't be too*** ~***!*** du solltest dich etwas zurückhalten!; (→ *a.* 13); **12.** (stark) interessiert (*Bewerber etc.*); **13.** F erpicht, versessen, ‚scharf' (***on***, ***about*** auf *acc.*): ***he is*** ~ ***on doing*** (*od.* ***to do***) ***it*** er ist sehr darauf erpicht *od.* scharf darauf, es zu tun, es liegt ihm (sehr) viel daran, es zu tun; ***I am not*** ~ ***on it*** ich habe wenig Lust dazu, ich mache mir nichts daraus, es liegt mir nichts daran, ich lege keinen (gesteigerten) Wert darauf; ***I am not*** ~ ***on sweets*** ich mag

keine Süßigkeiten; ***I am not ~ on that idea*** ich bin nicht gerade begeistert von dieser Idee; ***as ~ as mustard*** (***on***) F ganz versessen (auf *acc.*), Feuer u. Flamme (für); **14.** *Brit.* F niedrig, gut: ***~ prices***; **15.** *Am.* F ‚prima', ‚prächtig'.

keen² [kiːn] *Ir.* **I** *s.* Totenklage *f*; **II** *v/i.* wehklagen; **III** *v/t.* beklagen.

ˌkeen-'edged *adj.* **1.** → ***keen¹*** 1; **2.** *fig.* messerscharf.

keen·ly ['kiːnlɪ] *adv.* **1.** scharf (*etc.* → ***keen¹***); **2.** ungemein, äußerst, sehr; **'keen·ness** [-nnɪs] *s.* **1.** Schärfe *f* (*a. fig.*); **2.** Heftigkeit *f*; **3.** Eifer *m*, starkes Inter'esse, Begeisterung *f*; **4.** Scharfsinn *m*; **5.** Feinheit *f*; **6.** *fig.* Bitterkeit *f*.

keep [kiːp] **I** *s.* **1.** a) Burgverlies *n*, b) Bergfried *m*; **2.** a) ('Lebens)ˌUnterhalt *m*, b) 'Unterkunft *f* u. Verpflegung *f*: ***earn one's ~*** s-n Lebensunterhalt verdienen; **3.** 'Unterhaltskosten *pl.*: ***the ~ of a horse***; **4.** Obhut *f*, Verwahrung *f*; **5.** ***for ~s*** F auf *od.* für immer, endgültig; **II** *v/t.* [*irr.*] **6.** (be)halten, haben: ***~ the ticket in your hand*** behalte die Karte in der Hand!; ***he kept his hands in his pockets*** er hatte die Hände in den Taschen; **7.** *j-n od. et.* lassen, (*in e-m gewissen Zustand*) (er)halten: ***~ apart*** getrennt *od.* auseinander halten; ***~ a door closed*** e-e Tür geschlossen halten; ***~ s.th. dry*** et. trocken halten *od.* vor Nässe schützen; ***~ s.o. from doing s.th.*** j-n davon abhalten, et. zu tun; ***~ s.th. to o.s.*** et. für sich behalten; ***~ s.o. informed*** j-n auf dem Laufenden halten; ***~ s.o. waiting*** j-n warten lassen; ***~ s.th. going*** et. in Gang halten; ***~ s.o. going*** a) j-n finanziell unterstützen, b) j-n am Leben erhalten; ***~ s.th. a secret*** et. geheim halten (***from s.o.*** vor j-m); **8.** *fig.* (er)halten, (be)wahren: ***~ one's balance*** das *od.* sein Gleichgewicht (be)halten *od.* wahren; ***~ one's distance*** Abstand halten *od.* bewahren; **9.** (*im Besitz*) behalten: ***you may ~ the book***; ***~ the change!*** behalten Sie den Rest (*des Geldes*)!; ***~ your seat!*** bleiben Sie (doch) sitzen!; **10.** *fig.* halten, sich halten *od.* behaupten in *od.* auf (*dat.*): ***~ the stage*** sich auf der Bühne behaupten; **11.** *j-n* auf-, 'hinhalten: ***don't let me ~ you!*** lass dich nicht aufhalten!; **12.** (fest)halten, bewachen: ***~ s.o.*** (***a***) ***prisoner*** (*od.* ***in prison***) j-n gefangen halten; ***~ s.o. for lunch*** j-n zum Mittagessen dabehalten; ***she ~s him here*** sie hält ihn hier fest, er bleibt ihretwegen hier; ***~*** (***the***) ***goal*** *sport* das Tor hüten, im Tor stehen; **13.** aufheben, (auf)bewahren: ***I ~ all my old letters***; ***~ a secret*** ein Geheimnis bewahren; ***~ for a later date*** für später *od.* für e-n späteren Zeitpunkt aufheben; **14.** (aufrechter)halten, unter'halten: ***~ an eye on s.o.*** j-n im Auge behalten; ***~ good relations with s.o.*** zu j-m gute Beziehungen unterhalten; **15.** pflegen, (er)halten: ***~ in*** (***good***) ***repair*** in gutem Zustand erhalten; ***a well-kept garden*** ein gut gepflegter Garten; **16.** *e-e Ware* führen, auf Lager haben: ***we don't ~ this article***; **17.** *Schriftstücke* führen, halten: ***~ a diary***; ***~*** (***the***) ***books*** Buch führen; ***~ a record of s.th.*** über (*acc.*) et. Buch führen *od.* Aufzeichnungen machen; **18.** *ein Geschäft etc.* führen, verwalten, vorstehen (*dat.*): ***~ a shop*** ein (Laden)Geschäft führen *od.* betreiben; **19.** *ein Amt etc.* innehaben: ***~ a post***; **20.** *Am. e-e Versammlung etc.* (ab)halten: ***~ an assembly***; **21.** *ein Versprechen etc.* (ein)halten, einlösen: ***~ a promise***; ***~ an appointment*** e-e Verabredung einhalten; **22.** *das Bett, Haus, Zimmer* hüten, bleiben in (*dat.*): ***~ one's bed*** (***house***, ***room***); **23.** *Vorschriften etc.* be(ob)achten, (ein)halten, befolgen: ***~ the rules***; **24.** *ein Fest* begehen, feiern: ***~ Christmas***; **25.** ernähren, er-, unter'halten, sorgen für: ***have a family to ~***; **26.** (*bei sich*) haben, halten, beherbergen: ***~ boarders***; **27.** sich halten *od.* zulegen: ***~ a maid*** ein Hausmädchen haben *od.* (sich) halten; ***a kept woman*** e-e Mätresse; ***~ a car*** sich e-n Wagen halten, ein Auto haben; **28.** (be)schützen: ***God ~ you!***; **III** *v/i.* [*irr.*] **29.** bleiben: ***~ in bed***; ***~ at home***; ***~ in sight*** in Sicht(weite) bleiben; ***~ out of danger*** sich außer Gefahr halten; ***~*** (***to the***) ***left*** sich links halten, links fahren *od.* gehen; ***~ straight on*** (immer) geradeaus gehen; → ***clear*** 6; **30.** sich halten, (*in e-m gewissen Zustand*) bleiben: ***~ cool*** kühl bleiben (*a. fig.*); ***~ quiet!*** sei still!; ***~ to o.s.*** für sich bleiben, sich zurückhalten; ***~ friends*** (weiterhin) Freunde bleiben: ***~ in good health*** gesund bleiben; ***the milk*** (***weather***) ***will ~*** die Milch (das Wetter) wird sich halten; ***the weather ~s fine*** das Wetter bleibt schön; ***that*** (***matter***) ***will ~*** F diese Sache hat Zeit *od.* eilt nicht; ***how are you ~ing?*** wie geht es dir?; **31.** *mit ger.* weiter...: ***~ going*** a) weitergehen, b) weitermachen; ***~*** (***on***) ***laughing*** weiterlachen, nicht aufhören zu lachen, dauernd *od.* unaufhörlich lachen; ***~ smiling!*** immer nur lächeln!, Kopf hoch!

Zssgn mit prp. u. adv.:

keep| a·head *v/i.* an der Spitze *od.* vorn(e) bleiben: ***~ of*** *j-m* vorausbleiben; **~ at** *v/i.* **1.** weitermachen mit: ***~ it!*** bleib dran!, weiter so!; **2.** ***~ s.o.*** j-n nicht in Ruhe lassen, j-m ständig zusetzen, j-n dauernd ‚bearbeiten'; **~ a·way I** *v/i.* wegbleiben, sich fern halten (***from***

von); im Hintergrund bleiben; **II** *v/t.* fern halten (***from*** von); ~ **back I** *v/t.* **1.** *allg.* zurückhalten: a) fern halten, b) *fig. Geld etc.* einbehalten, c) *et.* verschweigen (***from s.o.*** j-m); **2.** *j-n*, *et.* aufhalten; *et.* verzögern; *Schüler* dabehalten; **II** *v/i.* **3.** im Hintergrund bleiben; ~ **down I** *v/t.* **1.** unten halten, *Kopf a.* ducken; **2.** *fig. Preise etc.* niedrig halten, be-, einschränken; **3.** *fig.* nicht auf- *od.* hochkommen lassen, unter'drücken; **4.** *Essen etc.* bei sich behalten; **5.** *Schüler* (eine Klasse) wiederholen lassen; **II** *v/i.* **6.** unten bleiben; **7.** sich geduckt halten; ~ **from I** *v/t.* **1.** ab-, zu'rück-, fern halten von, hindern an (*dat.*), bewahren vor (*dat.*): ***he kept me from work*** er hielt mich von m-r Arbeit ab; ***he kept me from danger*** er bewahrte mich vor Gefahr; ***I kept him from knowing too much*** ich verhinderte, dass er zu viel erfuhr; **2.** vorenthalten, verschweigen: ***you are keeping s.th. from me*** du verschweigst mir et.; **II** *v/i.* **3.** sich fern halten von, sich enthalten (*gen.*), *et.* unterlassen *od.* nicht tun: ***I couldn't ~ laughing*** ich musste einfach lachen; ~ **in I** *v/t.* **1.** nicht außer Haus lassen, *bsd. Schüler* nachsitzen lassen; **2.** *Gefühle etc.* im Zaume halten; **3.** *Feuer* nicht ausgehen lassen; **4.** *Bauch* einziehen; **II** *v/i.* **5.** (dr)innen bleiben; **6.** anbleiben (*Feuer*); **7.** ~ ***with*** gut Freund bleiben mit, sich gut stellen mit; ~ **off I** *v/t.* fern halten (von); *die Hände* weglassen (von); **II** *v/i.* sich fern halten (von), *a. Getränk etc.* meiden: ***if the rain keeps off*** wenn es nicht regnet; ~ ***the grass!*** Betreten des Rasens verboten; ~ **on I** *v/t.* **1.** *Kleider* anbehalten; *Hut* aufbehalten; **2.** *Angestellte etc.* behalten, weiterbeschäftigen; **II** *v/i.* **3.** *mit ger.* weiter...: ~ ***doing s.th.*** a) *et.* weiter tun, b) *et.* immer wieder tun, c) *et.* dauernd tun; → ***keep*** 31; **4.** ~ ***at s.o.*** an j-m her'umnörgeln, auf j-n ‚einhacken'; **5.** weitergehen *od.* -fahren: ***keep straight on!*** immer geradeaus!; ~ **out I** *v/t.* **1.** nicht her'einlassen, abhalten: ~ ***s.o.*** (***the light*** *etc.*); **2.** schützen *od.* bewahren vor (*dat.*), *j-n a.* her'aushalten aus (*e-r Sache*); **II** *v/i.* **3.** draußen bleiben, nicht her'einkommen, *Zimmer etc.* nicht betreten: ~***!*** a) bleib draußen!, b) „Zutritt verboten"; **4.** ~ ***of*** sich her'aushalten aus, *et.* meiden: ~ ***of debt*** keine Schulden machen; ~ ***of sight*** sich nicht sehen lassen; ~ ***of mischief!*** mach keine Dummheiten!; ***you ~ of this!*** halten Sie sich da raus!; ~ **to I** *v/t.* **1.** ***keep s.o. to his promise*** j-n auf sein Versprechen festnageln; ***keep s.th. to a minimum*** et. auf ein Minimum beschränken; **2.** ***keep o.s. to o.s.*** für sich bleiben, Gesellschaft meiden; **II** *v/i.* **3.** festhalten an (*dat.*), bleiben bei: ~ ***one's word***; ~ ***the rules*** an den Regeln festhalten, die Vorschriften einhalten; ~ ***the subject*** (*od.* ***point***) bleiben Sie beim Thema!; **4.** bleiben in (*dat.*) *od.* auf (*acc.*) *etc.*: ~ ***one's bed*** (*od.* ***room***) im Bett (in s-m Zimmer) bleiben; ~ ***the left!*** halten Sie sich links!; ~ ***o.s.*** → 2; ~ **to·geth·er I** *v/t.* zu'sammenhalten; **II** *v/i.* a) zu'sammenbleiben, b) zu'sammenhalten (*Freunde etc.*); ~ **un·der** *v/t.* **1.** *j-n* unter'drücken, unten halten: ***you won't keep him under*** den kriegst du nicht klein; **2.** *j-n* unter Nar'kose halten; **3.** *Gefühle* unter'drücken, zügeln; **4.** *Feuer* unter Kon'trolle halten; ~ **up I** *v/t.* **1.** aufrecht (*a.* über Wasser) halten, hochhalten; **2.** *fig. Freundschaft, Moral etc.* aufrechterhalten, *Preise etc. a.* hoch halten, *et.* beibehalten, *Sitte etc.* weiterpflegen, *Tempo etc.* halten: ~ ***a correspondence*** in Briefwechsel bleiben; ~ ***it up!*** (nur) weiter so!; **3.** *Haus etc.* unter'halten, in'stand halten; **4.** *j-n* am Schlafen (-gehen) hindern; **II** *v/i.* **5.** andauern, -halten, nicht nachlassen; **6.** *lange etc.* aufbleiben: ***we ~ late***; **7.** ~ ***with*** a) mit *j-m od. et.* Schritt halten, *fig. a.* mithalten (können), b) *j-m, e-r Sache* folgen können, c) sich auf dem Laufenden halten über (*acc.*), d) in Kon'takt bleiben mit *j-m*: ~ ***with the times*** mit der Zeit gehen; ~ ***with the Joneses*** den Nachbarn nicht nachstehen wollen.

keep·er ['ki:pə] *s.* **1.** Wächter(in), Aufseher(in) *m*, (Gefangenen-, Irren-, Tier-, Park-, Leuchtturm)Wärter(in) *m*, (Tier)Pfleger(in), Betreuer(in): ***am I my brother's ~?*** *bibl.* soll ich m-s Bruders Hüter sein?; **2.** Verwahrer *m*, Verwalter *m*: ***Lord ℒ of the Great Seal*** Großsiegelbewahrer *m*; **3.** *mst in Zssgn*: a) Inhaber(in), Besitzer (-in): → ***innkeeper*** *etc.*, b) Halter(in), Züchter(in): → ***beekeeper***, c) j-d, der et. besorgt, betreut *od.* verteidigt: (***goal***) ~ *sport* Torwart *m*; **4.** ⚙ a) Schutzring *m*, b) Verschluss *m*, Schieber *m*, c) ⚡ Mag'netanker *m*; **5.** ***be a good ~*** sich gut halten (*Obst, Fisch etc.*); **6.** *sport abbr.* *für* ***wicket~***.

ˌ**keep-'fresh bag** *s.* Frischhaltebeutel *m*.

keep·ing ['ki:pɪŋ] **I** *s.* **1.** Verwahrung *f*, Aufsicht *f*, Pflege *f*, (Ob)Hut *f*: ***in safe ~*** in guter Obhut, sicher verwahrt; ***have in one's ~*** in Verwahrung *od.* unter s-r Obhut haben; ***put s.th. in s.o.'s ~*** j-m et. zur Aufbewahrung geben; **2.** 'Unterhalt *m*; **3.** ***be in*** (***out of***) ~ ***with*** mit et. (nicht) in Einklang stehen *od.* (nicht) übereinstimmen, *e-r Sache* (nicht) entsprechen; ***in ~ with the times*** zeitgemäß; **4.** Gewahrsam *m*,

Haft *f*; **II** *adj.* **5.** haltbar: ~ ***apples*** Winteräpfel.
keep·sake ['ki:pseɪk] *s.* Andenken *n* (*Geschenk etc.*): **as** (*od.* **for**) **a** ~ zum Andenken.
kef·ir ['kefɪə] *s.* Kefir *m* (*Getränk aus gegorener Milch*).
keg [keg] *s.* **1.** kleines Fass, Fässchen *n*; **2.** *Brit.* (Alu'minium)Behälter *m* für Bier: ~ (**beer**) Bier *n* vom Fass; **3.** *Am. Gewichtseinheit für Nägel = 45,3 kg.*
kelp [kelp] *s.* ⚘ **1.** *ein* Seetang *m*; **2.** Kelp *n*, Seetangasche *f*.
kel·pie ['kelpɪ] *s. Scot.* Nix *m*, Wassergeist *m* in Pferdegestalt.
kel·son ['kelsn] *s.* ⚓ Kielschwein *n*.
kel·vin ['kelvɪn] *s. phys.* Kelvin *n*: ~ ***temperature*** Kelvintemperatur *f*, thermody'namische Temperatur.
Kelt·ic ['keltɪk] → ***Celtic***.
ken [ken] **I** *s.* **1.** Gesichtskreis *m*, *fig. a.* Hori'zont *m*: ***that is beyond*** (*od.* ***outside***) ***my*** ~ das entzieht sich m-r Kenntnis; **2.** (Wissens)Gebiet *n*; **II** *v/t.* **3.** *bsd. Scot.* kennen, verstehen, wissen.
ken·nel ['kenl] **I** *s.* **1.** Hundehütte *f*; **2.** *pl. mst sg. konstr.* a) Hundezwinger *m*, b) Hunde-, Tierheim *n*; **3.** *a. fig.* Meute *f*, Pack *n* (*Hunde*); **4.** *fig.* ‚Loch' *n*, armselige Behausung; **II** *v/t.* **5.** in e-r Hundehütte *od.* in e-m (Hunde)Zwinger halten.
Ken·tuck·y Der·by [ken'tʌkɪ] *s. sport das wichtigste amer. Pferderennen* (*für Dreijährige*).
Ken·yan ['kenjən] **I** *adj.* keni'anisch; **II** *s.* Keni'aner(in).
kep·i ['keɪpi:] *s.* ⚔ Käppi *n*.
kept [kept] **I** *pret. u. p.p. von* **keep**; **II** *adj.*: ~ ***woman*** Mä'tresse *f*; ***she is a*** ~ ***woman*** *a.* sie lässt sich aushalten.
kerb [kɜ:b] *s.* **1.** Bord-, Randstein *m*, Bord-, Straßenkante *f*: ~ ***drill*** Verkehrserziehung *f* für Fußgänger; **2.** ***on the*** ~ ✝ im Freiverkehr; ~ **mar·ket** ✝ Freiverkehrsmarkt *m*, Nachbörse *f*: ~ ***price*** Freiverkehrskurs *m*; '~·**stone** → ***kerb*** 1: ~ ***broker*** Freiverkehrsmakler *m*.
ker·chief ['kɜ:tʃɪf] *s.* Hals-, Kopftuch *n*.
ker·fuf·fle [kə'fʌfl] *s. Brit.* F **1.** Lärm *m*, Krach *m*; **2.** *a.* ***fuss and*** ~ ‚The'ater' *n*, ‚Gedöns' *n*.
ker·mess ['kɜ:mɪs], '**ker·mis** [-mɪs] *s.* **1.** Kirmes *f*, Kirchweih *f*; **2.** *Am.* 'Wohltätigkeitsba,sar *m*.
ker·nel ['kɜ:nl] *s.* **1.** (Nuss- *etc.*)Kern *m*; **2.** (Hafer-, Mais- *etc.*)Korn *n*; **3.** *fig.* Kern *m*, *das* Innerste, Wesen *n*; **4.** ⚙ (*Guss- etc.*)Kern *m*.
ker·o·sene, ker·o·sine ['kerəsi:n] *s.* ⚗ Kero'sin *n*.
kes·trel ['kestrəl] *s.* Turmfalke *m*.
ketch [ketʃ] *s.* ⚓ Ketsch *f* (*zweimastiger Segler*).
ketch·up ['ketʃəp] *s.* Ket(s)chup *m*, *n*.
ket·tle ['ketl] *s.* (*Koch*)Kessel *m*: ***put the*** ~ ***on*** (Tee- *etc.*)Wasser aufstellen; ***a pretty*** (*od.* ***nice***) ~ ***of fish*** F e-e schöne Bescherung; '~·**drum** *s.* ♪ (Kessel)Pauke *f*; '~,**drum·mer** *s.* ♪ (Kessel)Pauker *m*.
key [ki:] **I** *s.* **1.** Schlüssel *m*: ***false*** ~ Nachschlüssel *m*, Dietrich *m*; ***power of the*** ~***s*** *R.C.* Schlüsselgewalt *f*; ***turn the*** ~ abschließen; **2.** *fig.* Schlüssel *m*, Lösung *f* (**to** zu): ***the*** ~ ***to a problem*** (***riddle*** *etc.*); ***the*** ~ ***to success*** der Schlüssel zum Erfolg; **3.** *fig.* Schlüssel *m*: a) *Buch mit Lösungen*, b) Zeichenerklärung *f* (*auf e-r Landkarte etc.*), c) Übersetzung(sschlüssel *m*) *f*, d) Kode (-schlüssel) *m*; **4.** Kennwort *n*, Chiffre *f* (*in Inseraten etc.*); **5.** ♪ a) Taste *f*, b) Klappe *f* (*an Blasinstrumenten*), c) Tonart *f*: ***major*** (***minor***) ~ Dur *n* (Moll *n*); ***in the*** ~ ***of C minor*** in c-Moll; ***sing off*** ~ falsch singen; ***in*** ~ ***with*** *fig.* in Einklang mit, d) → ***key signature***; **6.** *fig.* Ton(art *f*) *m*: ***in a high*** (***low***) ~ laut (leise); ***all in the same*** ~ alles im selben Ton(fall), monoton; ***in a low*** ~ a) *paint. phot.* matt (getönt), in matten Farben (gehalten), b) *fig.* ‚lahm', ‚müde'; **7.** ⚙ a) Keil *m*, Splint *m*, Bolzen *m*, b) Schraubenschlüssel *m*, c) Taste *f* (*der Schreibmaschine etc.*); **8.** ⚡ a) Taste *f*, Druckknopf *m*, b) Taster *m*, 'Tastkon,takt *m*; **9.** *tel.* Taster *m*, Geber *m*; **10.** *typ.* Setz-, Schließkeil *m*; **11.** △ Keil *m*, Schlussstein *m*; **12.** ⚔ Schlüsselstellung *f*, Macht *f* (**to** über *acc.*); **II** *adj.* **13.** *fig.* Schlüssel...: ~ ***position*** Schlüsselstellung *f*, -position *f*; ~ ***official*** Beamter in e-r Schlüsselstellung; **III** *v/t.* **14.** *a.* ~ **in**, ~ **on** ver-, festkeilen; **15.** a) *tel.* tasten, geben, b) *Computer etc.*: tasten: ~ ***in*** eintasten, -geben; **16.** ♪ stimmen: ~ ***the strings***; **17.** (**to**, **for**) anpassen (an *acc.*), abstimmen (auf *acc.*); **18.** *fig.*: ~ ***up*** a) *j-n* in nervöse Spannung versetzen, b) *allg. et.* steigern: ~***ed up*** (an)gespannt, überreizt, ‚überdreht'; **19.** mit e-m Kennwort versehen; '~·**board I** *s.* **1.** a) ♪ Klavia'tur *f*, Tasta'tur *f* (*Klavier*), 'Keyboard *n*, b) Manu'al *n* (*Orgel*): ~ ***instruments***, ~***s*** *pl.* Tasteninstrumente, c) *Computer*: Tasta'tur *f*; **2.** Tasten *pl.*, Tasta'tur *f* (*Schreibmaschine etc.*); **II** *v/t.* **3.** *Computer etc.*: eintasten, -geben; '~,**board·er** *s.* a) Texterfasser(in), Datentypist(in), b) Setzer(in) *m*; '~,**board·ing** *s. Computer*: Eingabe *f*; ~ **bu·gle** *s.* ♪ Klappenhorn *n*; ~ **cur·ren·cy** *s.* ✝, *pol.* Leitwährung *m*; ~ **date** *s.* Stichtag *m*; ~ **fos·sil** *s. geol.* 'Leitfos,sil *n*; '~·**hole** *s.* **1.** Schlüsselloch *n*: ~ ***report*** *fig.* Bericht *m* mit intimen Einzelheiten; ~ ***surgery*** *med.* F 'Schlüsselloch,chirurgie *f*, endo-

'skopische Chirur'gie; **2.** *Am.* F *Basketball*: Freiwurfraum *m*; **~ in·dus·try** *s.* 'Schlüsselindu͵strie *f*; **~ in·ter·est rate** *s.* ✝, *pol.* Leitzins *m*; **~ man**, *a.* **'~·man** [-mæn] *s.* [*irr.*] 'Schlüsselfi͵gur *f*, Mann *m* in e-r 'Schlüsselpositi͵on; **~ map** *s.* 'Übersichtskarte *f*; **~ mon·ey** *s.* **1.** Provisi'on *f*; **2.** ('Miet)Kauti͵on *f*; **'~·move** *s. Schach*: Schlüsselzug *m*; **'~·note I** *s.* **1.** ♪ Grundton *m*; **2.** *fig.* Grundton *m*, -gedanke *m*, Leitgedanke *m*, Hauptthema *n*; **3.** *pol. Am.* Par'teilinie *f*, -pro͵gramm *n*: **~ *address*** programmatische Rede; **~ *speaker*** → ***keynoter***; **II** *v/t.* **4.** *pol. Am.* a) e-e program'matische Rede halten auf (*e-m Parteitag etc.*), b) program'matisch verkünden, c) als Grundgedanken enthalten; **5.** kennzeichnen; **'~͵not·er** *s. pol. Am.* Hauptsprecher *m*, po'litischer Pro'grammredner *m*; **~ punch** *s.* ⚙ (Karten-, Tasta'tur)Locher *m*; **'~-punch op·er·a·tor** *s.* Locher(in); **~ ring** *s.* Schlüsselring *m*; **~ sig·na·ture** *s.* ♪ Vorzeichen *n od. pl.*; **'~·stone** *s.* **1.** ⚠ Schlussstein *m*; **2.** *fig.* Grundpfeiler *m*, Funda'ment *n*; **'~·stroke** *s.* Anschlag *m*; **'~·way** *s.* ⚙ Keilnut *f*; **~ wit·ness** *s.* ⚖ Hauptzeuge *m*; **'~·word** *s.* Schlüssel-, Stichwort *n*.

kha·ki ['kɑːkɪ] **I** *s.* **1.** Khaki *n*; **2.** a) Khakistoff *m*, b) 'Khakiuni͵form *f*; **II** *adj.* **3.** khaki, staubfarben.

khan¹ [kɑːn] → ***caravansary***.

khan² [kɑːn] *s.* Khan *m* (*orientalischer Fürstentitel*); **'khan·ate** [-neɪt] *s.* Kha'nat *n* (*Land e-s Khans*).

khe·dive [kɪ'diːv] *s.* Khe'dive *m*.

kib·butz [kiː'buːts] *pl.* **kib'butz·im** [-tsɪm] *s.* Kib'buz *m*.

khi [kaɪ] *s.* Chi *n* (*griech. Buchstabe*).

kibe [kaɪb] *s.* ⚕ offene Frostbeule.

kib·itz ['kɪbɪts] *v/i.* ‚kiebitzen'; **'kib·itz·er** [-tsə] *s.* F **1.** Kiebitz *m* (*Zuschauer, bsd. beim Kartenspiel*); **2.** *fig.* Besserwisser *m*.

ki·bosh ['kaɪbɒʃ] *s.*: ***put the ~ on*** *sl. et.* ‚ka'puttmachen' *od.* ‚vermasseln'.

kick [kɪk] **I** *s.* **1.** (Fuß)Tritt *m* (*a. fig.*), Stoß *m*: ***give*** *s.o. od. s.th.* ***a ~*** → 9; ***get the ~*** ‚(raus)fliegen' (*entlassen werden*); ***what he needs is a ~ in the pants*** er braucht mal e-n kräftigen Tritt in den Hintern; **2.** Rückstoß *m* (*Schusswaffe*); **3.** *Fußball*: Schuss *m*; **4.** *Schwimmen*: Beinschlag *m*; **5.** F (Stoß)Kraft *f*, Ener'gie *f*, E'lan *m*: ***give a ~ to*** *et.* in Schwung bringen, *e-r Sache* ‚Pfiff' verleihen; ***he has no ~ left*** er hat keinen Schwung mehr; ***a novel with a ~*** ein Roman mit ‚Pfiff'; **6.** F (Nerven)Kitzel *m*: ***get a ~ out of s.th.*** an et. mächtig Spaß haben; ***just for ~s*** nur zum Spaß; **7.** (*berauschende*) Wirkung: ***this cocktail has got a ~*** der Cocktail ‚hat es aber in sich'; **8.** *Am.* F a) Groll *m*, b) (Grund *m* zur) Beschwerde *f*; **II** *v/t.* **9.** (mit dem Fuß) stoßen *od.* treten, e-n Fußtritt versetzen (*dat.*): **~ *s.o.'s behind*** j-m in den Hintern treten; **~ *s.o. downstairs*** j-n die Treppe hinunterwerfen; **~ *upstairs*** *fig. j-n* durch Beförderung kaltstellen; ***I felt like ~ing myself*** ich hätte mich ohrfeigen können; **10.** *sport* a) *Ball* treten, kicken, b) *Tor, Freistoß etc.* schießen: **~ *a goal***; **11.** *sl.* ‚runterkommen' von (*e-m Rauschgift, e-r Gewohnheit*); **III** *v/i.* **12.** (mit dem Fuß) stoßen *od.* treten: **~ *at*** treten nach; **13.** um sich treten; **14.** strampeln (*bsd. Baby*); **15.** das Bein hochwerfen (*Tänzer*); **16.** ausschlagen (*Pferd*); **17.** zu'rückstoßen, -prallen (*Schusswaffe*); **18.** *mot.* ‚stottern'; **19.** F a) ‚meutern', sich mit Händen u. Füßen wehren, (***against, at*** gegen), b) ‚meckern', nörgeln (***about*** über *acc.*); **20.** → ***kick off*** 3; **~ a·bout** *od.* **~ a·round I** *v/t.* **1.** *Ball* he'rumkicken; **2.** F *j-n* he'rumstoßen, schikanieren; **3.** F a) *Idee etc.* ‚beschwatzen', diskutieren, b) ‚spielen' *od.* sich befassen mit; **II** *v/i.* **4.** F he'rumreisen; **5.** F ‚rumliegen' (*Sache*); **~ in I** *v/t.* **1.** *Tür etc.* eintreten; **2.** *sl.* beisteuern; **II** *v/i.* **3.** *sl.* beisteuern; **~ off I** *v/i.* **1.** *Fußball*: anstoßen, den Anstoß ausführen; **2.** F loslegen (***with*** mit); **3.** *Am. sl.* ‚abkratzen' (*sterben*); **II** *v/t.* **4.** wegschleudern; **5.** F *et.* starten, in Gang setzen; **~ out** *v/t.* **1.** *Fußball*: ins Aus schießen; **2.** *sl.* ‚rausschmeißen'; **~ up** *v/t.* hochschleudern; *Staub* aufwirbeln; → ***heel¹*** *Redew.*, ***row³*** I.

'kick·back *s.* **1.** F heftige Reakti'on; **2.** *Am. sl.* a) *allg.* Provisi'on *f*, Anteil *m*, b) (geheime) Rückvergütung *f*, c) Schmiergeld *n*.

'kick·down *s. mot.* Kickdown *m* (*Durchtreten des Gaspedals*).

kick·er ['kɪkə] *s.* **1.** (Aus)Schläger *m* (*Pferd*); **2.** *Brit.* a) Kicker *m*, Fußballspieler *m*, b) *Rugby*: Kicker *m* (*Spezialist für Frei- und Strafstöße*); **3.** ‚Meckerer' *m*, Queru'lant(in).

'kick|·off *s.* **1.** *Fußball*: Anstoß *m*; **2.** F Start *m*, Anfang *m*; **'~-start** *v/t. mot.* anlassen; **'~-͵start·er** *s. mot.* Kickstarter *m*, Tretanlasser *m*; **~ turn** *s. Skisport*: Spitzkehre *f*.

kid¹ [kɪd] **I** *s.* **1.** *zo.* Zicklein *n*, Kitz(e *f*) *n*; **2.** *a.* **~ *leather*** Ziegen-, Gla'ceeleder *n*; → ***kid glove***; **3.** F a) ‚Kleine(r' *m*) *f*, Kind *n*, Junge *m*, Mädchen *n*: ***my ~ brother*** mein kleiner Bruder; ***that's ~ stuff!*** das ist was für (kleine) Kinder!, b) Kid *n* (*Jugendlicher*); **II** *v/i.* **4.** zickeln.

kid² [kɪd] F **I** *v/t. j-n* a) ‚verkohlen', b) ‚aufziehen', ‚auf den Arm nehmen':

don't ~ me erzähl mir doch keine Märchen; ***don't ~ yourself*** mach dir doch nichts vor; **II** *v/i.* a) albern, Jux machen, b) schwindeln: ***he was only ~ding*** er hat (ja) nur Spaß gemacht; ***no ~ding!*** im Ernst!, ehrlich!; ***you are ~ding!*** das sagst du doch nur so!

kid·dy ['kɪdɪ] → ***kid***[1] 3.

kid| glove *s.* Gla'ceehandschuh *m* (*a. fig.*): ***handle with ~s*** *fig.* mit Samt- *od.* Glaceehandschuhen anfassen; '**~-glove** *adj. fig.* **1.** anspruchsvoll, wählerisch; **2.** sanft, diplo'matisch.

kid·nap ['kɪdnæp] *v/t.* kidnappen, entführen; '**kid·nap·(p)er** [-pə] *s.* Kidnapper(in), Entführer(in); '**kid·nap·(p)ing** [-pɪŋ] *s.* Kidnapping *n*, Entführung *f*, Menschenraub *m*.

kid·ney ['kɪdnɪ] *s.* **1.** *anat.* Niere *f* (*a. als Speise*); **2.** *fig.* Art *f*, Schlag *m*, Sorte *f*: ***a man of the same ~*** ein Mann vom gleichen Schlag; **~ bean** *s.* ⚘ Weiße Bohne; **~ ma·chine** *s.* ⚕ künstliche Niere; '**~-shaped** *adj.* nierenförmig; **~ stone** *s.* ⚕ Nierenstein *m*.

kill [kɪl] **I** *v/t.* **1.** (**o.s.** sich) töten, 'umbringen: **~ *off*** abschlachten, ausrotten, vertilgen, beseitigen, ‚abmurksen'; **~ *two birds with one stone*** *fig.* zwei Fliegen mit e-r Klappe schlagen; ***be ~ed*** getötet werden, ums Leben kommen, umkommen, sterben; ***be ~ed in action*** ⚔ (im Krieg *od.* im Kampf) fallen; **2.** *Tiere* schlachten; **3.** *hunt.* erlegen, schießen; **4.** ⚔ abschießen, zerstören, vernichten, *Schiff* versenken; **5.** töten, *j-s* Tod verursachen: ***his reckless driving will ~ him one day*** sein leichtsinniges Fahren wird ihn noch das Leben kosten; ***the job*** (*etc.*) ***is ~ing me*** die Arbeit (*etc.*) bringt mich (noch) um; ***the sight nearly ~ed me*** der Anblick war zum Totlachen; **6.** a) zu'grunde richten, ruinieren, ka'puttmachen, b) *Knospen etc.* vernichten, zerstören; **7.** *fig.* wider'rufen, ungültig machen, streichen; **8.** *fig. Gefühle* (ab)töten, ersticken; **9.** *Schmerzen* stillen; **10.** unwirksam machen, *Wirkung etc.* aufheben, *Farben* übertönen, ‚erschlagen'; **11.** *Geräusche* schlucken; **12.** *fig. ein Gesetz etc.* zu Fall bringen, *e-n Plan* durch'kreuzen; **13.** durch Kri'tik vernichten; **14.** *sport den Ball* töten; **15.** *Zeit* totschlagen: **~ *time***; **16.** a) *e-e Maschine etc.* abstellen, abschalten, *den Motor a.* ‚abwürgen', b) *Lichter* ausschalten; **17.** F a) *e-e Flasche etc.* austrinken, b) *e-e Zigarette* ausdrücken; **II** *v/i.* **18.** töten: a) den Tod verursachen *od.* her'beiführen, b) morden; **19.** F unwider'stehlich *od.* hinreißend sein, e-n tollen Eindruck machen: ***dressed to ~*** todschick gekleidet, *contp.* aufgedonnert; **III** *s.* **20.** *bsd. hunt.* a) Tötung *f* (*des Wildes*), Abschuss *m*, b) erlegtes Wild, Strecke *f*: ***be in at the ~*** *fig.* am Schluss dabei sein; **21.** a) ⚔ Zerstörung *f*, b) ✈ Abschuss *m*, c) ⚓ Versenkung *f*.

kill·er ['kɪlə] *s.* **1.** Mörder *m*, Killer *m*; **2.** *a. fig.* Schlächter *m*; **3.** tödliche Krankheit *etc.*; et., das e-n umbringt; **4.** *bsd. in Zssgn* Vertilgungsmittel *n*; **5.** *Am.* F a) schicke *od.* ‚tolle' Frau, b) ‚toller' Bursche, c) ‚tolle' Sache, d) mörderischer Schlag; **~ bee** *s.* 'Killerbiene *f*; **~ in·stinct** *s.* 'Killerins,tinkt *m*; **~ whale** *s. zo.* Schwertwal *m*.

kill·ing ['kɪlɪŋ] **I** *s.* **1.** a) Tötung *f*, Morden *n*, b) Mord(fall) *m*: ***three more ~s in London***; **2.** Schlachten *n*; **3.** *hunt.* Erlegen *n*; **4.** ***make a ~*** e-n Riesengewinn machen; **II** *adj.* ☐ **5.** tödlich, vernichtend, mörderisch (*a. fig.*): ***a ~ glance*** ein vernichtender Blick; ***a ~ pace*** ein mörderisches Tempo; **6.** *a.* ***~ly funny*** F urkomisch, zum Brüllen.

'**kill|·joy** *s.* Spielverderber(in), Störenfried *m*, Miesmacher(in); '**~-time** *adj.* zum Zeitvertreib getan *etc.*

kiln [kɪln] *s.* Brenn-, Trocken-, Röst-, Darrofen *m*, Darre *f*; '**~-dry** *v/t.* (*im Ofen*) dörren, darren, brennen, rösten.

ki·lo ['kiːləʊ] *s.* Kilo *n*.

kil·o|·byte ['kɪləʊbaɪt] *s. Computer*: 'Kilobyte *n*; '**~·gram(me)** ['kɪləʊgræm] *s.* Kilo'gramm *n*, Kilo *n*; **~·gram·me·ter** *Am.*, **~·gram·me·tre** *Brit.* [,kɪləʊgræm'miːtə] *s.* 'Meterkilo,gramm *n*; **~·hertz** ['kɪləʊhɜːts] *s.* ⚡, *phys.* Kilo'hertz *n*; **~·li·ter** *Am.*, **~·li·tre** *Brit.* ['kɪləʊ,liːtə] *s.* Kilo'liter *m, n*; **~·me·ter** *Am.*, **~·me·tre** *Brit.* ['kɪləʊ,miːtə] *s.* Kilo'meter *m*; **~·met·ric**, **~·met·ri·cal** [,kɪləʊ'metrɪk(l)] *adj.* kilo'metrisch; **~·ton** ['kɪləʊtʌn] *s.* **1.** 1000 Tonnen *pl.*; **2.** *phys. Sprengkraft, die 1000 Tonnen TNT entspricht*; **~·volt** ['kɪləʊvəʊlt] *s.* ⚡ Kilo'volt *n*; **~·watt** ['kɪləʊwɒt] *s.* ⚡ Kilo'watt *n*: **~ *hour*** Kilowattstunde *f*.

kilt [kɪlt] **I** *s.* **1.** Kilt *m*, Schottenrock *m*; **II** *v/t.* **2.** aufschürzen; **3.** fälteln, plissieren; '**kilt·ed** [-tɪd] *adj.* mit e-m Kilt (bekleidet).

ki·mo·no [kɪ'məʊnəʊ] *pl.* **-nos** *s.* Kimono *m*.

kin [kɪn] **I** *s.* **1.** Fa'milie *f*, Sippe *f*; **2.** *coll. pl. konstr.* (Bluts)Verwandtschaft *f*, Verwandte *pl.*; → ***kith***, ***next*** 1; **II** *adj.* **3.** (***to***) verwandt (mit), ähnlich (*dat.*).

kind[1] [kaɪnd] *s.* **1.** Art *f*: a) Typ *m*, Gattung *f*, b) Sorte *f*, c) Beschaffenheit *f*: ***all ~s of*** alle möglichen ..., alle Arten von; ***all of a ~*** (***with***) von der gleichen Art (wie); ***the only one of its ~*** das Einzige s-r Art; ***two of a ~*** zwei von derselben Sorte; ***what ~ of ...?*** was für ein ...?; ***nothing of the ~*** a) keineswegs, b) nichts dergleichen; ***you'll do nothing of the ~*** *a.* das wirst du schön

K

bleiben lassen; ***these ~ (of people)*** F diese Art Menschen; ***he is not that ~ of person*** F er ist nicht so (einer); ***your ~*** Leute wie Sie; ***I know your ~*** Ihre Sorte *od.* Ihren Typ kenne ich; ***s.th. of the ~*** etwas Derartiges, so etwas; ***that ~ of (a) book*** so ein Buch; ***I haven't got that ~ of money*** F so viel Geld hab ich nicht; ***he felt a ~ of compunction*** er empfand so etwas wie Reue; ***I ~ of expected it*** F ich hatte es halb *od.* irgendwie erwartet; ***I ~ of promised it*** F ich habe es so halb u. halb versprochen; ***he is ~ of funny*** F er ist etwas *od.* ein bisschen komisch; ***I was ~ of disappointed*** F ich war schon ein bisschen enttäuscht; ***I had ~ of thought that ...*** F ich hatte eigentlich *od.* fast gedacht, dass; ***that's not my ~ of film*** F solche Filme sind nicht mein Fall; **2.** Natu'ralien *pl.*, Waren *pl.*: ***pay in ~***; ***I shall pay him in ~!*** *fig.* dem werd ich es in gleicher Münze zurückzahlen; **3.** *eccl.* Gestalt *f* (*von Brot u. Wein beim Abendmahl*).

K

kind² [kaɪnd] *adj.* □ → ***kindly*** II; **1.** gütig, freundlich, liebenswürdig, nett, lieb, gut (***to s.o.*** zu j-m): ***be so ~ as to*** (*inf.*) seien Sie bitte so gut *od.* freundlich, zu (*inf.*); ***would you be ~ enough to*** wären Sie (vielleicht) so nett *od.* gut, zu *inf.*; ***that was very ~ of you*** das war wirklich nett *od.* lieb von dir; **2.** gutartig, fromm (*Pferd*).

kin·der·gar·ten ['kɪndəˌgɑːtn] *s.* a) Kindergarten *m*, b) Vorschule *f*.

kind·heart·ed [ˌkaɪnd'hɑːtɪd] *adj.* gütig, gutherzig; **ˌkind'heart·ed·ness** [-nɪs] *s.* (Herzens)Güte *f*.

kin·dle ['kɪndl] **I** *v/t.* **1.** an-, entzünden; **2.** *fig.* entflammen, -zünden, -fachen, *Interesse etc.* wecken; **3.** erleuchten; **II** *v/i.* **4.** *a. fig.* Feuer fangen, aufflammen; **5.** *fig.* (***at***) a) sich erregen (über *acc.*), b) sich begeistern (für).

kind·li·ness ['kaɪndlɪnɪs] → ***kindness***.

kin·dling ['kɪndlɪŋ] *s.* Anmach-, Anzündholz *n*.

kind·ly ['kaɪndlɪ] **I** *adj.* **1.** → ***kind²***; **II** *adv.* **2.** gütig, freundlich; **3.** F freundlicherweise, liebenswürdig(erweise), gütig(st), freundlich(st): ***~ tell me*** sagen Sie mir bitte; ***take ~ to*** sich befreunden mit, sich hingezogen fühlen zu, lieb gewinnen; ***he didn't take ~ to that*** das hat ihm gar nicht gefallen, das passte ihm gar nicht; ***will you ~ shut up!*** *iro.* willst du gefälligst den Mund halten!; **'kind·ness** [-dnɪs] *s.* **1.** Güte *f*, Freundlichkeit *f*, Liebenswürdigkeit *f*: ***out of the ~ of one's heart*** aus reiner (Herzens)Güte; ***please, have the ~ to*** bitte, seien Sie so freundlich, zu *inf.*; **2.** Gefälligkeit *f*: ***do s.o. a ~*** j-m e-n Gefallen tun.

kin·dred ['kɪndrɪd] **I** *s.* **1.** (Bluts)Verwandtschaft *f*; **2.** *coll. pl. konstr.* Verwandte *pl.*, Verwandtschaft *f*, Fa'milie *f*; **II** *adj.* **3.** (bluts)verwandt; **4.** *fig.* verwandt, ähnlich, gleichartig: ***~ languages***; ***~ spirit*** Gleichgesinnte(r *m*) *f*; ***he and I are ~ spirits*** er u. ich sind geistesverwandt *od.* verwandte Seelen.

kin·e·mat·ic, kin·e·mat·i·cal [ˌkɪnɪ'mætɪk(l)] *adj. phys.* kine'matisch; **ˌkin·e'mat·ics** [-ks] *s. pl. sg. konstr. phys.* Kine'matik *f*, Bewegungslehre *f*.

ki·net·ic [kaɪ'netɪk] *adj. phys.* ki'netisch: ***~ energy***; **ki'net·ics** [-ks] *s. pl. sg. konstr. phys.* Ki'netik *f*, Bewegungslehre *f*.

king [kɪŋ] **I** *s.* **1.** König *m*: ***~ of beasts*** König der Tiere (*Löwe*); → ***King's Counsel*** *etc.*; **2.** a) ***♀ of ♀s*** *eccl. der* König der Könige (*Gott, Christus*), b) (***Book of***) ***♀s*** *bibl.* (*das* Buch der) Könige *pl.*; **3.** a) *Kartenspiel, Schach*: König *m*, b) *Damespiel*: Dame *f*; **4.** *fig.* König *m*, Ma'gnat *m*: ***oil ~***; **II** *v/i.* **5.** ***~ it*** König sein, den König spielen, herrschen (***over*** über *acc.*).

king·dom ['kɪŋdəm] *s.* **1.** Königreich *n*; **2.** *a.* ***♀ of heaven*** Himmelreich *n*, *das* Reich Gottes; ***send s.o. to ~ come*** F j-n ins Jenseits befördern; ***till ~ come*** F bis in alle Ewigkeit; **3.** *fig.* (Na'tur-)Reich *n*: ***animal*** (***vegetable, mineral***) ***~*** Tier- (Pflanzen-, Mineral)reich *n*.

'king|ˌfish·er *s. orn.* Eisvogel *m*; **♀ James Bi·ble** *od.* **Ver·sion** *s. autorisierte englische Bibelübersetzung*.

king·let ['kɪŋlɪt] *s.* unbedeutender König, Duo'dezfürst *m*.

'king·ly [-lɪ] *adj. u. adv.* königlich, majestätisch.

'king|ˌmak·er *s. bsd. fig.* Königsmacher *m*; **'~·pin** *s.* **1.** ⚙ Achsschenkelbolzen *m*; **2.** *Kegelspiel*: König *m*; **3.** F a) *der* 'Hauptmacher', der wichtigste Mann, b) *die* Hauptsache, *der* Dreh- u. Angelpunkt; **~ prawn** *s.* 'Hummerkrabbe *f*; **♀'s Bench (Di·vi·sion)** *s.* ⚖ *Brit. Abteilung des* ***High Court of Justice****, zuständig für* a) *Zivilsachen* (*Obligations- und Deliktsrecht, Handels-, Steuer- u. Seesachen*), b) *Strafsachen* (*als oberste Instanz für* ***summary offences***); **♀'s Coun·sel** *s.* ⚖ *Brit.* Anwalt *m* der Krone; **♀'s Eng·lish** → ***English*** 3; **~'s ev·i·dence** → ***evidence*** 1.

king·ship ['kɪŋʃɪp] *s.* Königtum *n*.

'king-size(d) *adj.* 'überˌdurchschnittlich groß, Riesen..., *fig.* F *a.* Mords...: ***~ cigarettes*** King-Size-Zigaretten.

King's Speech *s. Brit.* Thronrede *f*.

kink [kɪŋk] **I** *s.* **1.** *bsd.* ⚓ Kink *f*, Knick *m*, Schleife *f* (*Draht, Tau*); **2.** (Muskel-)Zerrung *f od.* (-)Krampf *m*; **3.** *fig.* a) Schrulle *f*, Tick *m*, b) 'Macke' *f*, De'fekt *m*; **4.** *Brit.* F Abartigkeit *f*; **II** *v/i.*

5. e-e Kink *etc.* haben (→ 1); **III** *v/t.* **6.** knicken, knoten, verknäueln; '**kink·y** [-kɪ] *adj.* **1.** voller Kinken, verdreht (*Tau etc.*); **2.** wirr, kraus (*Haar*); **3.** F a) spleenig, ‚irre', ausgefallen, ‚verrückt', b) *Brit.* per'vers, abartig.

kins·folk ['kɪnzfəʊk] *s. pl.* Verwandtschaft *f*, (Bluts)Verwandte *pl.*

kin·ship ['kɪnʃɪp] *s.* **1.** (Bluts)Verwandtschaft *f*; **2.** *fig.* Verwandtschaft *f*.

kins|·man ['kɪnzmən] *s.* [*irr.*] (Bluts-) Verwandte(r) *m*, Angehörige(r) *m*; **~·wom·an** ['kɪnzˌwʊmən] *s.* [*irr.*] (Bluts)Verwandte *f*, Angehörige *f*.

ki·osk ['kiːɒsk] *s.* **1.** Kiosk *m*, Verkaufsstand *m*; **2.** *Brit.* Tele'fonzelle *f*.

kip [kɪp] *sl.* **I** *s.* **1.** Schläfchen *n*; **2.** ‚Falle' *f*, ‚Klappe' *f* (*Bett*); **II** *v/i.* **3.** a) ‚pennen' (*schlafen*), b) *mst* **~ *down*** sich ‚hinhauen'.

kip·per ['kɪpə] **I** *s.* **1.** Räucherhering *m*, Bückling *m*; **2.** Lachs *m* (*während der Laichzeit*); **II** *v/t.* **3.** *Heringe* einsalzen u. räuchern: ***~ed herring*** → 1.

Kir·ghiz ['kɜːgɪz] *s.* Kir'gise *m*.

kirk [kɜːk] *s. Scot.* Kirche *f*.

Kirsch [kɪəʃ] *s.* Kirsch(wasser *n*) *m*.

kiss [kɪs] **I** *s.* **1.** Kuss *m*: **~ *of death*** *fig.* Todesstoß *m*; **~ *of life*** Mund-zu-Mund-Beatmung *f*; ***blow*** (*od.* ***throw***) ***a ~ to s.o.*** j-m e-e Kusshand zuwerfen; **2.** leichte Berührung (*zweier Billardbälle etc.*); **3.** *Am.* Bai'ser *n* (*Zuckergebäck*); **4.** Zuckerplätzchen *n*; **II** *v/t.* **5.** küssen: **~ *away*** Tränen fortküssen; **~ *s.o. good night*** j-m e-n Gutenachtkuss geben: **~ *s.o. goodbye*** j-m e-n Abschiedskuss geben; ***you can ~ your money goodbye!*** F dein Geld hast du gesehen!; **~ *one's hand to s.o.*** j-m e-e Kusshand zuwerfen; **~ *s.o.'s hand*** j-m die Hand küssen; → ***book*** 1, ***rod*** 2; **6.** *fig.* leicht berühren; **III** *v/i.* **7.** sich küssen: **~ *and make up*** sich mit e-m Kuss versöhnen; **8.** *fig.* sich leicht berühren; '**kiss·a·ble** *adj.* küssenswert; **kiss curl** *s. Brit.* Schmachtlocke *f*; '**kiss·er** [-sə] *s. sl.* ‚Fresse' *f* (*Mund od. Gesicht*).

kiss·ing gate ['kɪsɪŋ] *s.* Schwinggatter *n* (*das immer nur eine Person durchlässt*).

'**kiss|-off** *s. Am. sl.* **1.** Ende *n* (*a. Tod*); **2.** ‚Rausschmiss' *m*; '**~·proof** *adj.* kussecht, -fest.

kit [kɪt] **I** *s.* **1.** (*Angel-, Reit- etc.*)Ausrüstung *f*: ***gym ~*** Sportsachen *pl.*, -zeug *n*; **2.** ⚔ a) Mon'tur *f*, b) Gepäck *n*; **3.** a) Arbeitsgerät *n*, Werkzeug(e *pl.*) *n*, b) Werkzeugkasten *m*, -tasche *f*, Flickzeug *n*, c) Baukasten *m*, d) Bastelsatz *m*, e) *allg.* Behälter *m*: ***first-aid ~*** Verbandskasten *m*; **4.** *Zeitungswesen*: Pressemappe *f*; **5.** F a) Kram *m*, Zeug *n*, ‚Sachen' *pl.*, b) Sippe *f*, ‚Blase' *f*: ***the whole ~*** (***and caboodle***) der ganze Kram *od.* der ganze ‚Verein'; **II** *v/t.* **6.** **~ *out*** *od.* ***up*** ausstatten (***with*** mit); '**~·bag** *s.* **1.** Reisetasche *f*; **2.** ⚔ Kleider-, Seesack *m*.

kitch·en ['kɪtʃɪn] **I** *s.* Küche *f*; **II** *adj.* Küchen..., Haushalts...; **kitch·en·et(te)** [ˌkɪtʃɪ'net] *s.* Kleinküche *f*, Kochnische *f*.

kitch·en| foil *s.* Haushalts- *od.* Alufolie *f*; **~ gar·den** *s.* Gemüsegarten *m*; '**~·maid** *s.* Küchenmädchen *n*; **~ mid·den** *s.* vorgeschichtlicher (Küchen-) Abfallhaufen; **~ po·lice** *s.* ⚔ *Am.* Küchendienst *m*; **~ range** *s.* Küchen-, Kochherd *m*; **~ scales** *s. pl.* Küchenwaage *f*; **~ sink** *s.* Ausguss *m*, Spülstein *m*, ‚Spüle' *f*: ***everything but the ~*** *humor.* alles, der ganze Krempel; **~ *drama*** *thea.* realistisches Sozialdrama; **~ *environment*** Kleineleutemilieu *n*; '**~·ware** *s.* Küchengeschirr *n od.* -geräte *pl.*

kite [kaɪt] *s.* **1.** (Pa'pier-, Stoff)Drachen *m*: ***fly a ~*** a) e-n Drachen steigen lassen, b) *fig.* e-n Versuchsballon loslassen, c) → 3; **2.** *orn.* Gabelweihe *f*; **3.** ✝ F Gefälligkeits-, Kellerwechsel *m*: ***fly a ~*** Wechselreiterei betreiben; → 1; **4.** ✈ *sl.* ‚Kiste' *f*, ‚Mühle' *f* (*Flugzeug*); **~ bal·loon** *s.* ⚔ 'Fessel-, 'Drachenbalˌlon *m*; '**~-ˌfly·ing** *s.* **1.** Steigenlassen *n* e-s Drachens; **2.** *fig.* Loslassen *n* e-s Ver'suchsbalˌlons, Sondieren *n*; **3.** ✝ F Wechselreite'rei *f*; '**♀·mark** *TM s. Brit. offizielles rautenförmiges Gütezeichen der British Standards Institution, das die Übereinstimmung mit der betreffenden Norm attestiert.*

kith [kɪθ] *s.*: **~ *and kin*** (Bekannte u.) Verwandte *pl.*; ***with ~ and kin*** mit Kind u. Kegel.

kitsch [kɪtʃ] *s.* Kitsch *m*.

kit·ten ['kɪtn] **I** *s.* Kätzchen *n*, junge Katze: ***have ~s*** F ‚Zustände' kriegen; **II** *v/i.* Junge werfen (*Katze*); '**kit·ten·ish** [-nɪʃ] *adj.* **1.** wie ein Kätzchen (geartet); **2.** (kindlich) verspielt *od.* ausgelassen.

kit·ty[1] ['kɪtɪ] *s.* Mieze *f*, Kätzchen *n*.

kit·ty[2] ['kɪtɪ] *s.* **1.** *Kartenspiel*: (Spiel-) Kasse *f*; **2.** (gemeinsame) Kasse.

ki·wi ['kiːwiː] *s.* **1.** *orn.* Kiwi *m*; **2.** ♀ Kiwi *f*.

klax·on ['klæksn] *s.* (Auto)Hupe *f*.

Kleen·ex ['kliːneks] *TM s. Warenname für Papiertaschentücher etc.*, F Pa'piertaschentuch *n*.

klep·to·ma·ni·a [ˌkleptəʊ'meɪnjə] *s. psych.* Kleptoma'nie *f*; ˌ**klep·to'ma·ni·ac** [-nɪæk] **I** Klepto'mane *m*, Klepto'manin *f*; **II** *adj.* klepto'manisch.

klieg light [kliːg] *s. Film*: Jupiterlampe *f*.

klutz [klʌts] *s. Am. sl.* ‚Trottel' *m*.

knack [næk] *s.* **1.** Trick *m*, Kniff *m*, ‚Dreh' *m*; **2.** Geschick(lichkeit *f*) *n*,

Kunst *f*, Ta'lent *n*: ***the ~ of writing*** die Kunst des Schreibens; ***have the ~ of s.th.*** den Dreh von et. heraushaben, wissen, wie man et. macht; ***I've lost the ~*** ich krieg es nicht mehr hin.

knack·er ['nækə] *s.* **1.** *Brit.* Abdecker *m*, Schinder *m*; **2.** 'Abbruchunter,nehmer *m*; '**knack·ered** *adj. Brit. sl.* (ganz) ‚ka'putt', ‚to'tal geschafft'.

knag [næg] *s.* Knorren *m*, Ast *m* (*im Holz*).

knap·sack ['næpsæk] *s.* **1.** ⚔ Tor'nister *m*; **2.** Rucksack *m*, Ranzen *m*.

knave [neɪv] *s.* **1.** *obs.* Schurke *m*, Schuft *m*, Spitzbube *m*; **2.** *Kartenspiel*: Bube *m*, Unter *m*; '**knav·er·y** [-vərɪ] *s. obs.* **1.** Schurke'rei *f*; **2.** Gaune'rei *f*; '**knav·ish** [-vɪʃ] *adj.* □ *obs.* schurkisch.

knead [ni:d] *v/t.* **1.** kneten; **2.** ('durch-)kneten, massieren; **3.** *fig.* formen (***into*** zu); **knead·ing trough** [-dɪŋ] *s.* Backtrog *m*.

knee [ni:] **I** *s.* **1.** Knie *n*: ***on one's*** (***bended***) ***~s*** auf Knien, kniefällig; ***bend*** (*od.* ***bow***) ***the ~ to*** niederknien vor (*dat.*); ***bring s.o. to his ~s*** j-n auf *od.* in die Knie zwingen; ***give a ~ to s.o.*** j-n unterstützen; ***go on one's ~s to*** a) niederknien vor (*dat.*), b) *fig.* j-n kniefällig bitten; **2.** ⚙ a) Knie(stück) *n*, Winkel *m*, b) Knie(rohr) *n*, (Rohr-)Krümmer *m*; **II** *v/t.* **3.** mit dem Knie stoßen; **4.** F *Hose an den Knien* ausbeulen; **~ bend**(**·ing**) *s.* Kniebeuge *f*; **~ breech·es** *s. pl.* Kniehose(n *pl.*) *f*; '**~·cap** *s.* **1.** *anat.* Kniescheibe *f*; **2.** Knieleder *n*, -schützer *m*; ,**~-'deep** *adj.* knietief, bis an die Knie (reichend); ,**~-'high** **1.** → ***knee-deep***; **2.** kniehoch; '**~-hole desk** *s.* Schreibtisch *m* mit Öffnung für die Knie; **~ jerk** *s.* ⚕ 'Knie(sehnen)re,flex *m*; **~ joint** *s. anat.*, ⚙ Kniegelenk *n*.

kneel [ni:l] *v/i.* [*irr.*] *a.* **~ *down*** (nieder)knien (***to*** vor *dat.*).

'**knee|-length** *adj.* knielang: **~ *skirt*** kniefreier Rock; **~ pad** *s.* Knieschützer *m*; '**~·pan** → ***kneecap*** 1; **~ pipe** *s.* ⚙ Knierohr *n*; **~ shot** *s. Film*: 'Halbto,tale *f*.

knell [nel] **I** *s.* **1.** Totenglocke *f*, Grabgeläute *n* (*a. fig.*): ***sound the ~*** → 3; **2.** *fig.* Vorbote *m*, Ankündigung *f*; **II** *v/i.* **3.** läuten; **III** *v/t.* **4.** (*bsd. durch Läuten*) a) bekannt geben, b) zs.-rufen.

knelt [nelt] *pret. u. p.p. von* ***kneel***.

knew [nju:] *pret von* ***know***.

Knick·er·bock·er ['nɪkəbɒkə] *s.* **1.** (*Spitzname für den*) New Yorker; **2.** **$\mathfrak{L}$s** *pl.* Knickerbocker *pl.* (*Hose*).

knick·ers ['nɪkəz] *s. pl. Brit.* (Damen-)Schlüpfer *m*: ***get one's ~ in a twist*** *humor.* sich ‚ins Hemd machen'; ***~!*** Quatsch!, ‚Mist'!

knick-knack ['nɪknæk] *s.* **1.** a) Nippsache *f*, b) billiger Schmuck; **2.** Spiele'rei *f*, Schnickschnack *m*.

knife [naɪf] **I** *pl.* **knives** [naɪvz] *s.* **1.** Messer *n* (*a.* ⚙, ⚕): ***play a good ~ and fork*** ein starker Esser sein; ***before you can say "~"*** ehe man sichs versieht; ***have*** (***got***) ***one's ~ into s.o.*** j-n ‚gefressen' haben, es auf j-n abgesehen haben; ***war to the ~*** Krieg bis aufs Messer; ***be*** (***go***) ***under the ~*** F unterm Messer (*des Chirurgen*) sein (unters Messer kommen); ***turn the ~*** (***in the wound***) *fig.* Salz in die Wunde streuen; ***watch s.o. like a ~*** F j-n scharf beobachten; **II** *v/t.* **2.** mit e-m Messer bearbeiten; **3.** a) einstechen auf (*acc.*), mit e-m Messer stechen, b) erstechen, erdolchen; **4.** *Am. sl. bsd. pol. j-m* in den Rücken fallen, *j-n* ‚abschießen'; **~ edge** *s.* **1.** (Messer)Schneide *f*: ***on a ~*** *fig.* sehr aufgeregt (***about*** wegen); ***be balanced on a ~*** *fig.* auf des Messers Schneide stehen; **2.** ⚙ Waageschneide *f*; '**~-edged** *adj.* messerscharf; **~ grind·er** *s.* **1.** Scheren-, Messerschleifer *m*; **2.** Schleifrad *n*, -stein *m*; **~ rest** *s.* Messerbänkchen *n*.

knif·ing ['naɪfɪŋ] *s.* Messersteche'rei *f*.

knight [naɪt] **I** *s.* **1.** *hist.* Ritter *m*, Edelmann *m*; **2.** *Brit.* Ritter *m* (*niederster, nicht erblicher Adelstitel*; *Anrede*: ***Sir*** *u. Vorname*); **3.** Ritter *m* e-s Ordens: ***$\mathfrak{L}$ of the Bath*** Ritter des Bathordens; ***$\mathfrak{L}$ of the Garter*** Ritter des Hosenbandordens; **~ *of the pen*** *humor.* Ritter der Feder (*Schriftsteller*); → ***Hospital(l)er*** 1; **4.** *fig.* Ritter *m*, Kava'lier *m*; **5.** *Schach*: Springer *m*, Pferd *n*; **II** *v/t.* **6.** a) zum Ritter schlagen, b) adeln, in den Ritterstand erheben; '**knight·age** [-tɪdʒ] *s.* **1.** *coll.* Ritterschaft *f*; **2.** Ritterstand *m*; **3.** Ritterliste *f*.

knight| bach·e·lor *pl.* **~s bach·e·lor** *s.* Ritter *m* (*Mitglied des niedersten englischen Ritterordens*); **~ er·rant** *pl.* **~s er·rant** *s.* **1.** fahrender Ritter; **2.** *fig.* ‚Don Qui'xote' *m*; ,**~-'er·rant·ry** *s.* **1.** fahrendes Rittertum; **2.** *fig.* a) Abenteuerlust *f*, unstetes Leben, b) Donquichotte'rie *f*.

knight·hood ['naɪthʊd] *s.* **1.** Rittertum *n*, -würde *f*, -stand *m*: ***receive a ~*** in den Ritterstand erhoben werden; **2.** *coll.* Ritterschaft *f*.

knight·ly ['naɪtlɪ] *adj. u. adv.* ritterlich.

Knight Tem·plar → ***Templar*** 1 *u.* 2.

knit [nɪt] **I** *v/t.* [*irr.*] **1.** a) stricken, b) ⚙ wirken: **~ *two, purl two*** zwei rechts, zwei links (stricken); **2.** *a.* **~ *together*** zs.-fügen, verbinden, verknüpfen, vereinigen (*alle a. fig.*); → ***close-knit***, ***well-knit***; **3.** **~ *up*** a) fest verbinden, b) ab-, beschließen; **4.** *Stirn* runzeln, *Augenbrauen* zs.-ziehen; **II** *v/i.* [*irr.*] **5.** a) stricken, b) ⚙ wirken; **6.** *a.* **~ *up*** sich (eng) verbinden *od.* zs.-fügen (*a. fig.*), zs.-wachsen (*Knochen etc.*); **III** *s.* **7.** Strickart *f*; '**knit·ted** [-tɪd] *adj.* gestrickt, Strick..., Wirk...; '**knit·ter** [-tə] *s.* **1.** Stricker(in); **2.** ⚙ 'Strick-, 'Wirkma,schine *f.*

knit·ting ['nɪtɪŋ] *s.* **1.** a) Stricken *n*, b) ⚙ Wirken *n*; **2.** Strickzeug *n*, -arbeit *f*; ~ **ma·chine** *s.* 'Strickma,schine *f*; ~ **nee·dle** *s.* Stricknadel *f.*

'**knit·wear** *s.* Strick-, Wirkwaren *pl.*

knives [naɪvz] *pl. von* **knife.**

knob [nɒb] *s.* **1.** (runder) Griff, Knopf *m*, Knauf *m*: ***with ~s on*** *sl.* (na) und ob!, und wie!; ***and the same to you with*** (***brass***) ***~s on!*** *sl.* das kann man erst recht von dir behaupten!; **2.** Knorren *m*, Ast *m* (*im Holz*); **3.** Buckel *m*, Beule *f*, Höcker *m*; **4.** Stück(chen) *n* (*Zucker etc.*); **5.** ⚠ Knauf *m*; **6.** *Am. sl.* ,Birne' *f* (*Kopf*); **7.** *Brit.* V ,Schwanz' *m* (*Penis*); '**knob·bly** [-blɪ] *adj.* ,knubbelig': ***~ knees*** ,Knubbelknie' *pl.*; '**knob·by** [-bɪ] *adj.* **1.** knorrig; **2.** knoten-, knopf-, knaufartig.

knock [nɒk] **I** *s.* **1.** Schlag *m*, Stoß *m*: ***he has had*** (*od.* ***taken***) ***a few ~s*** *fig.* F er hat ein paar Nackenschläge eingesteckt; ***take the ~*** *sl.* ,schwer bluten müssen'; ***the table has had a few ~s*** F der Tisch hat ein paar Schrammen abgekriegt; **2.** Klopfen *n*, Pochen *n*: ***there is a ~*** (***at the door***) es klopft; ***I'll give you a ~ at six*** *Brit.* F ich klopfe um sechs (an Ihre Tür) (*zum Wecken*); **II** *v/t.* **3.** schlagen, stoßen: ***~ s.o. cold*** → ***knock out*** 2; ***~ the bottom out of s.th.***, ***~ s.th. on the head*** *fig.* F et. zunichte machen, *Pläne* über den Haufen werfen; ***~ s.o. sideways*** (*od.* ***for a loop***) F j-n ,glatt umhauen'; ***~ one's head against*** a) mit dem Kopf stoßen gegen, b) die Stirn bieten (*dat.*); ***~ s.th. into s.o.*** j-m et. einhämmern *od.* einbläuen; ***~ spots off s.o.*** (***s.th.***) F j-m (e-r Sache) haushoch überlegen sein; **4.** klopfen, schlagen; **5.** F her'untermachen, herziehen über (*acc.*), kritisieren: ***don't ~ him*** (***so hard***)***!*** mach ihn nicht (allzu) schlecht!; **6.** F *j-n* ,'umhauen', 'umwerfen, sprachlos machen; **III** *v/i.* **7.** schlagen, klopfen, pochen (***at the door*** an die Tür): ***~ before entering!*** bitte anklopfen!; **8.** stoßen, schlagen, prallen (***against***, ***into*** gegen *od.* auf *acc.*); **9.** ⚙ a) rattern, rütteln (*Maschine*), b) klopfen (*Motor*, *Brennstoff*); *Zssgn mit adv.*:

knock| a·bout, *bsd. Am.* ~ **a·round I** *v/t.* **1.** her'umstoßen (*a. fig. schikanieren*); **2.** verprügeln; **3.** übel zurichten; **II** *v/i.* **4.** F sich her'umtreiben (***with*** mit); **5.** her'umziehen; **6.** ,rumliegen' (*Sache*); ~ **back** *v/t. Brit.* F **1.** *Whisky etc.* ,hinter die Binde gießen', ,kippen'; **2.** *j-n et.* kosten: ***that has ~ed me back a few pounds***; **3.** *fig. j-n* ,'umhauen', 'umwerfen; ~ **down** *v/t.* **1.** niederschlagen, zu Boden schlagen (*a. fig.*); **2.** → ***knock over*** 2; **3.** *Haus* abreißen; **4.** ⚙ zerlegen, ausein'ander nehmen; **5.** ✝ a) *bei Auktionen*: (***to s.o.*** j-m) *et.* zuschlagen, b) F mit *dem Preis* ,runtergehen', c) F *j-n* her'unterhandeln (***to*** auf *acc.*); ~ **off I** *v/t.* **1.** her'unter-, abschlagen, weghauen; **2.** F aufhören mit: ***~ work*** → 7; ***knock it off!*** *sl.* hör doch auf damit!; **3.** F a) *et.* rasch erledigen, b) *et.* ,'hinhauen', aus dem Ärmel schütteln; **4.** ✝ *vom Preis* abziehen: ***he knocked £10 off the bill*** er hat £10 (von der Rechnung) nachgelassen; **5.** F a) *Brit.* ,klauen', stehlen, b) *Bank etc.* ausrauben, c) *j-n* ,umlegen' (*töten*); **6.** V *Mädchen* ,bumsen'; **II** *v/i.* **7.** F Feierabend machen; ~ **out** *v/t.* **1.** (her)'ausschlagen, -klopfen; **2.** *sport* a) *Boxen*: k.o. schlagen, niederschlagen, b) *Gegner* ausschalten; **3.** F *j-n* ,umhauen': a) verblüffen, b) erschöpfen, c) ,ins Land der Träume schicken' (*Droge etc.*); **4.** ⚔ abschießen; **5.** F *Melodie* ,runterspielen, -hacken'; ~ **o·ver** *v/t.* **1.** 'umwerfen (*a. fig.*), 'umstoßen; **2.** über'fahren; ~ **to·geth·er** *v/t.* **1.** schnell zs.-bauen *od.* -basteln, *Essen etc.* rasch zu'rechtmachen; **2.** anein'ander stoßen: ***knock people's heads together*** *fig.* die Leute zur Vernunft bringen; ~ **up I** *v/t.* **1.** (*durch Klopfen*) wecken; **2.** F *Essen etc.* rasch ,auf die Beine stellen' *od.* zu'rechtmachen; **3.** F *Haus etc.* rasch ,'hinstellen'; **4.** *Brit.* F *Geld* ,machen' (*verdienen*); **5.** *j-n* ,fertig machen' *od.* ,schaffen' (*erschöpfen*); **6.** V *Am.* *e-r Frau* ein Kind machen, *e-e Frau* ,anbumsen'; **II** *v/i.* **7.** *Tennis etc.*: sich warm spielen *od.* einspielen.

'**knock|·a,bout** *adj.* **1.** *thea.* F Radau..., Klamauk...; **2.** Alltags..., strapa'zierfähig: ***~ clothes***; ***~ car*** Gebrauchswagen *m*; '**~·down I** *adj.* **1.** niederschmetternd (*a. fig.*): ***~ blow*** a) Schlag *m*, der j-n umwirft, b) *Boxen*: Niederschlag *m*, c) *fig.* Nackenschlag *m*, schwerer Schlag; **2.** ⚙ zerlegbar, zs.-legbar; **3.** ✝ äußerst, niedrigst: ***~ price*** Schleuderpreis *m*; **II** *s.* **4.** ✝ F Preissenkung *f*; **5.** F zerlegbares Möbelstück *od.* Gerät; **6.** ***give s.o. a ~ to s.o.*** *Am.* F j-n j-m vorstellen.

knock·er ['nɒkə] *s.* **1.** (Tür)Klopfer *m*; **2.** *sl.* Nörgler *m*, Krittler *m*; **3.** *pl.* V ,Titten' *pl.*; '**knock·ing** ['nɒkɪŋ] *s.* **1.** Klopfen *n* (*a. mot.*); **2.** F Kri'tik *f* (***of*** an *dat.*): ***he has taken a bad ~*** er wurde schwer in die Pfanne gehauen.

,**knock|-'kneed** *adj.* x-beinig; **~ knees** *s. pl.* X-Beine *pl.*; '**~·out I** *s.* **1.** *Boxen*: Knock-out *m*, K. 'o. *m*, Nieder-

K

schlag *m*; **2.** *fig.* vernichtende Niederlage, tödlicher Schlag, *das* ‚Aus' (**for** für *j-n*); **3.** F großartige *od.* ‚tolle' Sache *od.* Per'son: ***she's a real ~*** sie sieht toll aus; **II** *adj.* **4.** *Boxen*: K.-o.-...: ***~ blow*** K.-o.-Schlag *m*; ***~ system*** K.-o.-System *n*; ***~ match*** Ausscheidungsspiel *n*; **5.** *fig.* vernichtend; **6.** *Am. sl.* Betäubungs...: ***~ pill***; **'~·proof** *adj. mot.* klopffest; ***~ rat·ing*** *s. mot.* Ok'tanzahl *f*; **'~-up** *s. sport* Einspielen *n*.

knoll [nəʊl] *s.* Hügel *m*, Kuppe *f*.

knot [nɒt] **I** *s.* **1.** Knoten *m*: ***tie s.o.* (*up*) *into ~s*** *fig.* F j-n ‚fertig machen'; ***his stomach was in a ~*** sein Magen krampfte sich zusammen; **2.** Schleife *f*, Schlinge *f*, ⚔ *a.* Achselstück *n*; **3.** Knorren *m*, Ast *m* (*im Holz*); **4.** ⚘ Knoten *m*, Knospe *f*, Auge *n*; **5.** ⚓ Knoten *m*: a) Stich *m* (*im Tau*), b) Seemeile *f* (*1,853 km/h*); **6.** *fig.* Knoten *m*, Schwierigkeit *f*, Pro'blem *n*: ***cut the ~*** den Knoten 'durchhauen; **7.** *fig.* Band *n der Ehe etc.*: ***tie the ~*** den Bund fürs Leben schließen; **8.** Knäuel *m*, *n*, Haufen *m* (*Menschen etc.*); **9.** ⚕ (*Gicht- etc.*)Knoten *m*; **II** *v/t.* **10.** (ver)knoten, (ver)knüpfen; **11.** *fig.* verwickeln, verwirren; **III** *v/i.* **12.** (e-n) Knoten bilden; **13.** *fig.* sich verwickeln; **'~·hole** *s.* Astloch *n*.

knot·ted ['nɒtɪd] *adj.* **1.** ver-, geknotet; **2.** → **'knot·ty** [-tɪ] *adj.* **1.** knorrig (*Holz*); **2.** knotig, *fig.* verzwickt, schwierig, kompliziert.

knout [naʊt] *s.* Knute *f*.

know [nəʊ] **I** *v/t.* [*irr.*] **1.** *allg.* wissen: ***come to ~*** erfahren, hören; ***he ~s what to do*** er weiß, was zu tun ist; ***~ what's what***, ***~ all about it*** genau Bescheid wissen; (***and***) ***don't I ~ it!*** und ob ich das weiß!, ***he wouldn't ~*** (***that***) er kann das nicht *od.* kaum wissen; ***I wouldn't ~!*** das kann ich leider nicht sagen!; *iro.* weiß ich doch nicht!; ***for all I ~*** a) soviel ich weiß, b) was weiß ich?; ***I would have you ~ that*** ich möchte betonen *od.* Ihnen klarmachen, dass; ***I have never ~n him to lie*** m-s Wissens hat er nie gelogen; ***what do you ~!*** F na, so was!; **2.** (es) können *od.* verstehen (***how to do*** zu tun): ***do you ~ how to do it?*** wissen Sie, wie man das macht?, können Sie das?; ***he ~s how to treat children*** er versteht mit Kindern umzugehen; ***do you ~ how to drive a car?*** können Sie Auto fahren?; ***he ~s*** (***some***) ***German*** er kann (etwas) Deutsch; **3.** kennen, vertraut sein mit: ***I have ~n him for years*** ich kenne ihn (schon) seit Jahren; ***he ~s a thing or two*** F ‚er ist nicht von gestern', er weiß (ganz gut) Bescheid; ***get to ~*** a) *j-n*, *et.* kennen lernen, b) *et.* erfahren, herausfinden; ***after I first knew him*** nachdem ich s-e Bekanntschaft gemacht hatte; **4.** erfahren, erleben: ***he has ~n better days*** er hat bessere Tage gesehen; ***I have ~n it to happen*** ich habe das schon erlebt; → ***known*** II, ***mind*** 4; **5.** ('wieder)erkennen, unter'scheiden: ***I should ~ him anywhere*** ich würde ihn überall erkennen; ***~ one from the other*** e-n vom anderen unterscheiden (können), die beiden auseinander halten können; ***before you ~ where you are*** im Handumdrehen; ***I don't ~ whether I shall ~ him again*** ich weiß nicht, ob ich ihn wieder erkennen werde; **6.** *Bibl.* (*geschlechtlich*) erkennen; **II** *v/i.* [*irr.*] **7.** wissen (**of** von, um), im Bilde sein *od.* Bescheid wissen (**about** über *acc.*), sich auskennen (**about** in *dat.*), et. verstehen (**about** von); ***I ~ of s.o. who*** ich weiß *od.* kenne j-n, der; ***let me ~*** (***about it***) lass es mich wissen, sag mir Bescheid (darüber); ***I ~ better!*** so dumm bin ich nicht!; ***I ~ better than to say that*** ich werde mich hüten, das zu sagen; ***you ought to ~ better*** (***than that***) das sollten Sie besser wissen, so dumm werden Sie doch nicht sein; ***he ought to ~ better than to go swimming after a big meal*** er sollte so viel Verstand haben zu wissen, dass man nach e-m reichlichen Mahl nicht baden geht; ***they don't ~ any better*** sie kennens nicht anders; ***not that I ~ of*** F nicht dass ich wüsste; ***do*** (*od.* ***don't***) ***you ~?*** F nicht wahr?; ***you ~*** (*oft unübersetzt*) a) weißt du, wissen Sie, b) nämlich, c) schon, na ja; **III** *s.* **8.** ***be in the ~*** Bescheid wissen, im Bilde *od.* eingeweiht sein.

know·a·ble ['nəʊəbl] *adj.* was man wissen kann.

'know|-(it-)all *s.* Besserwisser *m*, ‚Klugscheißer' *m*; **'~-how** *s.* Know-'how *n*: a) Sachkenntnis *f*, Fachwissen *n*, (praktische, *bsd.* technische) Kenntnis(se *pl.*) *od.* Erfahrung, Fertigkeiten *pl.*, b) ⚙ Herstellungsverfahren *pl.*

know·ing ['nəʊɪŋ] **I** *adj.* ☐ **1.** intelli'gent, geschickt; **2.** verständnisvoll, wissend: ***~ smile***; ***with a ~ hand*** mit kundiger Hand; **3.** schlau, raffiniert: ***a ~ one*** ein Schlauberger; **II** *s.* **4.** Wissen *n*: ***there is no ~*** man kann nie wissen; **'know·ing·ly** [-lɪ] *adv.* **1.** schlau, klug; **2.** verständnisvoll, wissend; **3.** wissentlich, bewusst, absichtlich.

knowl·edge ['nɒlɪdʒ] *s.* *nur sg.* **1.** Kenntnis *f*, Wissen *n*: ***have ~ of*** Kenntnis haben von, wissen (*acc.*); ***have no ~ of*** nichts wissen von *od.* über (*acc.*); ***without my ~*** ohne mein Wissen; ***the ~ of the victory*** die Kunde *od.* Nachricht vom Siege; ***it has come to my ~*** es ist mir zu Ohren gekommen, ich habe erfahren; ***to*** (***the best of***) ***my ~*** m-s Wissens, soviel ich weiß; ***to the best of my ~ and belief*** nach bestem Wissen u. Gewissen; ***not to my ~*** nicht dass ich wüsste; ***~ of life*** Lebenserfahrung *f*; → ***carnal***; **2.** Wissen *n*, Kenntnisse *pl.*: ***a good ~ of German*** gute Deutschkenntnisse; ***my ~ of Dickens*** was ich von Dickens kenne; **'knowl·edge·a·ble** [-dʒəbl] *adj.* kenntnisreich, (gut) unter'richtet: ***he is very ~ about wines*** er weiß gut Bescheid über Weine, er ist ein Weinkenner.

known [nəʊn] **I** *p.p. von* ***know***; **II** *adj.* bekannt: ***~ quantity*** ⅍ bekannte Größe; ***make ~*** bekannt machen; ***make o.s. ~ to s.o.*** F sich j-m vorstellen; ***~ to all*** allbekannt; ***the ~ facts*** die anerkannten Tatsachen.

knuck·le ['nʌkl] **I** *s.* **1.** Fingergelenk *n*, -knöchel *m*: ***a rap over the ~s*** *fig.* ein Verweis, e-e Rüge; **2.** (Kalbs- *od.* Schweins)Haxe (*od.* Hachse) *f*: ***near the ~*** *fig.* F reichlich ‚gewagt' (*Witz etc.*); **II** *v/i.* **3.** ***~ down***, ***~ under*** sich beugen, sich unter'werfen (***to*** *dat.*), klein beigeben; **4.** ***~ down to s.th.*** sich an et. ‚ranmachen', sich hinter et. ‚klemmen': ***~ down to work*** sich an die Arbeit machen; **'~·bone** *s. anat.*, *zo.* Knöchelbein *n*; **'~ˌdust·er** *s.* Schlagring *m*; **~ joint** *s.* **1.** *anat.* Knöchel-, Fingergelenk *n*; **2.** ⚙ Kar'dan-, Kreuzgelenk *n*.

knurl [nɜːl] **I** *s.* **1.** Knoten *m*, Ast *m*, Buckel *m*; **2.** ⚙ Rändelrad *n*; **II** *v/t.* **3.** rändeln, kordeln: ***~ed screw*** Rändelschraube *f*.

KO [ˌkeɪ'əʊ] → ***knockout*** 1 *u.* ***knock out***.

ko·a·la [kəʊ'ɑːlə] *s. zo.* Ko'ala(bär) *m*.

kohl·ra·bi [ˌkəʊl'rɑːbɪ] *s.* ⚘ Kohl'rabi *m*.

kol·khoz, **kol·khos** [kɒl'hɔːz] *s.* Kolchos *m*, *n*, Kol'chose *f*.

kook [kʊk] *s. Am.* F ‚komischer Typ', ‚Spinner' *m*; **kook·y** ['kʊkɪ] *adj. Am.* F ‚irr', verrückt.

ko·pe(c)k ['kəʊpek] → ***copeck***.

Ko·ran [kɒ'rɑːn] *s.* Ko'ran *m*.

Ko·re·an [kə'rɪən] **I** *s.* Kore'aner(in); **II** *adj.* kore'anisch.

ko·sher ['kəʊʃə] *adj.* koscher: ***~ food***; ***~ restaurant***; ***not quite ~*** *fig.* F nicht ganz koscher.

Kos·o·var ['kɒsəvɑː] **I** *adj.* koso'varisch, 'Kosovo...; **II** *s.* Koso'var(in).

ko·tow [ˌkəʊ'taʊ], **kow·tow** [ˌkaʊ'taʊ] **I** *s.* Ko'tau *m*, unter'würfige Ehrenbezeigung; **II** *v/i. a. fig.* e-n Ko'tau machen: ***~ to s.o.*** e-n Kotau machen (*fig. a.* kriechen) vor j-m.

kraal [krɑːl; *in Südafrika mst* krɔːl] *s. S.Afr.* Kral *m*.

kraft [krɑːft], *a.* **~ pa·per** *s. Am.* braunes 'Packpaˌpier.

kraut [kraʊt] *sl. contp.* **I** *s.* Deutsche(r *m*) *f*; **II** *adj.* deutsch.

Krem·lin ['kremlɪn] *npr.* Kreml *m*; **Krem·lin·ol·o·gist** [ˌkremlɪ'nɒlədʒɪst] *s.* Sowjeto'loge *m*, Kremlforscher(in).

ku·dos ['kjuːdɒs] *s.* F Ruhm *m*, Ehre *f*.

Ku Klux Klan [ˌkjuːklʌks'klæn] *s. Am. pol.* 'Ku-Klux-'Klan *m* (*rassistischer amer. Geheimbund*).

ku·lak ['kuːlæk] (*Russ.*) *s.* Ku'lak *m*, Großbauer *m*.

kum·quat ['kʌmkwɒt] *s.* ⚘ Kumquat *f*.

kung fu [ˌkʌŋ'fuː; ˌkʊŋ-] *s.* Kung'fu *n* (*chines. Kampfsport*).

Kurd [kɜːd] *s.* Kurde *m*, Kurdin *f*; **'Kurd·ish** [-ɪʃ] *adj.* kurdisch.

kur·saal ['kʊəzɑːl] *s.* (*Ger.*) Kursaal *m*, -haus *n*.

Ku·wait·i [kʊ'weɪtɪ] *s.* **I** *adj.* ku'waitisch; **II** *s.* Ku'waiter(in).

Kyr·i·e ['kɪərɪːeɪ], **~ e·le·i·son** [ə'leɪsɒn] *s. eccl.* Kyrie (e'leison) *n*.

L

L, l [el] *s.* L *n*, l *n* (*Buchstabe*).

laa·ger ['lɑːgə] *s. S.Afr.* Lager *n*, *bsd.* Wagenburg *f*.

lab [læb] *s.* F La'bor *n*.

la·bel ['leɪbl] **I** *s.* **1.** Eti'kett *n* (*a. fig.*), (Klebe-, Anhänge)Zettel *m od.* (-) Schild(chen) *n*, Anhänger *m*, Aufkleber *m*; **2.** *fig.* a) Bezeichnung *f*, b) (Kenn)Zeichen *n*, Signa'tur *f*; **3.** Aufschrift *f*, Beschriftung *f*; **4.** Label *n*, 'Schallplatteneti,kett *n od.* F -firma *f*; **5.** *Computer*: Label *n* (*Markierung in e-m Programm*); **6.** ⚠ Kranzleiste *f*; **II** *v/t.* **7.** etikettieren, mit e-m Zettel *od.* Schild(chen) versehen; **8.** beschriften, mit e-r Aufschrift versehen: **~(l)ed "poison"** mit der Aufschrift „Gift"; **9.** *a.* **~ as** *fig.* als ... bezeichnen, zu ... stempeln, abstempeln als; **'la·bel·(l)er** [-lə] *s.* Etiket'tierma,schine *f*.

la·bi·a ['leɪbɪə] *pl. von* **labium**.

la·bi·al ['leɪbjəl] **I** *adj. anat., ling.* Lippen..., labi'al; **II** *s.* Lippenlaut *m*, Labi'al *m*.

la·bile ['leɪbaɪl] *adj. allg.* la'bil.

la·bi·o·den·tal [,leɪbɪəʊ'dentl] *ling.* **I** *adj.* labioden'tal; **II** *s.* Labioden'tal *m*, Lippenzahnlaut *m*.

la·bi·um ['leɪbɪəm] *pl.* **-bi·a** [-bɪə] *s. anat.* Labium *n*, (*bsd.* Scham)Lippe *f*.

la·bor *etc. Am.* → **labour** *etc.*

la·bor·a·to·ry [*Brit.* lə'bɒrətərɪ; *Am.* 'læbrə,tɔːrɪ] *s.* **1.** Labora'torium *n*: **~ assistant** Laborant(in); **~ technician** Chemotechniker(in); **~ stage** Versuchsstadium *n*; **2.** *fig.* Werkstätte *f*.

la·bo·ri·ous [lə'bɔːrɪəs] *adj.* □ mühsam: a) anstrengend, schwierig, b) 'umständlich, schwerfällig (*Stil etc.*).

la·bor un·ion *s. Am.* Gewerkschaft *f*.

la·bour ['leɪbə] *Brit.* **I** *s.* **1.** a) (*bsd.* schwere) Arbeit, b) Anstrengung *f*, Mühe *f*: **~ of Hercules** Herkulesarbeit *f*; **~ of love** Liebesdienst *m*, gern *od.* unentgeltlich getane Arbeit; → **hard labo(u)r**; **2.** a) Arbeiterschaft *f*, Arbeiter(klasse *f*) *pl.*, b) Arbeiter *pl.*, Arbeitskräfte *pl.*: **cheap ~**; **shortage of ~** Arbeitskräftemangel *m*; → **skilled** 2; **3.** ≈ (*ohne Artikel*) → **Labour Party**; **4.** ⚕ Wehen *pl.*: **be in ~** in den Wehen liegen; **II** *v/i.* **5.** arbeiten (**at** an *dat.*); **6.** sich anstrengen (**to** *inf.* zu *inf.*), sich abmühen (**at, with** mit; **for** um *acc.*); **7.** *a.* **~ along** sich mühsam fortbewegen *od.* da'hinschleppen, sich (da'hin)quälen; **8.** stampfen, schlingern (*Schiff*); **9.** (**under**) zu leiden haben (unter *dat.*), zu kämpfen haben (mit *Schwierigkeiten etc.*), kranken (an *dat.*); → **delusion** 2; **10.** ⚕ in den Wehen liegen; **III** *v/t.* **11.** ausführlich eingehen auf (*acc.*), eingehend behandeln, *iro.* ‚breittreten', herumreiten auf (*dat.*): **I need not ~ the point**; **~ camp** *s.* Arbeitslager *n*; ≈ **Day** *s.* Tag *m* der Arbeit; **~ costs** *s.* Arbeitskosten *pl.*; **~ dis·pute** *s.* † Arbeitskampf *m*.

la·bo(u)red ['leɪbəd] *adj.* **1.** → **laborious**; **2.** → **labo(u)ring** 2; **'la·bo(u)r·er** [-ərə] *s.* (*bsd. ungelernter*) Arbeiter.

La·bour Ex·change *s. Brit. obs.* Arbeitsamt *n*.

la·bo(u)r force *s.* Arbeitskräfte *pl.*, Belegschaft *f* (*e-s Betriebs*).

la·bo(u)r·ing ['leɪbərɪŋ] *adj.* **1.** arbeitend, werktätig: **the ~ classes**; **2.** mühsam, schwer (*Atem*).

'la·bo(u)r-in,ten·sive *adj.* † 'arbeitsinten,siv.

la·bour·ite ['leɪbəraɪt] *s. Brit.* Anhänger (-in) *od.* Mitglied *n* der **Labour Party**.

la·bo(u)r| lead·er *s.* Arbeiterführer *m*; **~ mar·ket** *s.* Arbeitsmarkt *m*; **~ pains** *s. pl.* ⚕ Wehen *pl.*

La·bour Par·ty *s. Brit. pol. die* Labour Party.

la·bo(u)r| re·la·tions *s. pl.* Beziehungen *pl.* zwischen Arbeitgeber(n) u. Arbeitnehmern; **'~-,sav·ing** *adj.* arbeitssparend; **~ short·age** *s.* Arbeitskräftemangel *m*; **~ turn·o·ver** *s.* Personalfluktuation *f*.

Lab·ra·dor (dog) ['læbrədɔː] *s. zo.* Neu'fundländer *m* (*Hund*).

la·bur·num [lə'bɜːnəm] *s.* ⚘ Goldregen *m*.

lab·y·rinth ['læbərɪnθ] *s.* **1.** Laby'rinth *n*, Irrgarten *m* (*beide a. fig.*); **2.** *fig.* Wirrwarr *m*, Durchein'ander *n*; **3.** *anat.* Laby'rinth *n*, inneres Ohr; **lab·y·rin·thine** [,læbə'rɪnθaɪn] *adj.* laby'rinthisch (*a. fig.*).

lac¹ [læk] *s.* Gummilack *m*, Lackharz *n*.

lac² [læk] *s. Brit. Ind.* Lak *n* (*100 000, mst Rupien*).

lace [leɪs] **I** *s.* **1.** Spitze *f* (*Stoff*); **2.** Litze *f*, Borte *f*, Tresse *f*, Schnur *f*: **gold ~**; **3.** Schnürband *n*, -senkel *m*; → **laced** 1; **4.** Schnur *f*, Band *n*; **II** *v/t.* **5.** *a.* **~ up**

(zu-, zs.-)schnüren; **6.** *j-n*, *j-s Taille* schnüren; **7. ~ s.o.** F → 14; **8.** *Finger etc.* ineinander schlingen; **9.** mit Spitzen *od.* Litzen besetzen; Schnürsenkel einziehen in; **10.** mit Streifenmuster verzieren; **11.** *fig.* durch'setzen (***with*** mit): ***a story ~d with jokes***; **12.** e-n Schuss Alkohol zugeben (*dat.*); **III** *v/i.* **13.** *a.* ***~ up*** sich schnüren (lassen); **14. *~ into*** F a) auf *j-n* einprügeln, b) *j-n* anbrüllen; **laced** [-st] *adj.* **1.** geschnürt, Schnür...: ***~ boot*** Schnürstiefel *m*; **2.** mit e-m Schuss Alkohol, ‚mit Schuss': ***~ coffee***.

lace| pa·per *s.* Pa'pierspitzen *pl.*; **~ pillow** *s.* Klöppelkissen *n*.

lac·er·ate ['læsəreɪt] *v/t.* **1.** a) aufreißen, -schlitzen, zerfetzen, -kratzen, b) zerfleischen, zerreißen; **2.** *fig.* *j-n*, *j-s Gefühle* zutiefst verletzen; **lac·er·a·tion** [ˌlæsə'reɪʃn] *s.* **1.** Zerreißung *f*, Zerfleischung *f* (*a. fig.*); **2.** ⚕ Schnitt-, Riss-, Fleischwunde *f*, Riss *m*.

'lace|-up (shoe) *s.* Schnürschuh *m*; **'~·work** *s.* **1.** Spitzenarbeit *f*, -muster *n*; **2.** *weitS.* Fili'gran(muster) *n*.

lach·ry·mal ['lækrɪml] **I** *adj.* **1.** Tränen...: ***~ gland***; **II** *s.* **2.** *pl. anat.* 'Tränenappaˌrat *m*; **3.** *hist.* Tränenkrug *m*; **'lach·ry·mose** [-məʊs] *adj.* □ **1.** weinerlich; **2.** *fig.* rührselig: ***~ story***.

lac·ing ['leɪsɪŋ] *s.* **1.** Litzen *pl.*, Tressen *pl.*; **2.** → ***lace*** 3; **3.** ‚Schuss' *m* (Alkohol); **4.** Tracht *f* Prügel.

lack [læk] **I** *s.* (***of***) Mangel *m* (an *dat.*), Fehlen *n* (von): ***for ~ of time*** aus Zeitmangel; ***there was no ~ of*** es fehlte nicht *od.* da war kein Mangel an (*dat.*); **II** *v/t.* Mangel haben an (*dat.*), *et.* nicht haben *od.* besitzen: ***he ~s time*** ihm fehlt es an (der nötigen) Zeit, er hat keine Zeit; **III** *v/i.*: ***be ~ing*** fehlen, nicht vorhanden sein; ***wine was not ~ing*** an Wein fehlte es nicht; ***he ~ed for nothing*** es fehlte ihm an nichts; ***be ~ing in*** → II.

lack·a·dai·si·cal [ˌlækə'deɪzɪkl] *adj.* □ **1.** lustlos, gelangweilt, gleichgültig; **2.** schlaff, lasch.

lack·ey ['lækɪ] *s. bsd. fig. contp.* La'kai *m*.

'lack|ˌlus·ter *Am.*, **'~ˌlus·tre** *Brit. adj.* glanzlos, matt, *fig. a.* farblos.

la·con·ic [lə'kɒnɪk] *adj.* (□ ***~ally***) **1.** la'konisch, kurz u. treffend; **2.** wortkarg; **lac·o·nism** ['lækənɪzəm] *s.* Lako'nismus *m*: a) La'konik *f*, la'konische Kürze, b) la'konischer Ausspruch.

lac·quer ['lækə] **I** *s.* **1.** (Farb)Lack *m*, (Lack)Firnis *m*; **2.** a) (Nagel)Lack *m*, b) Haarspray *m*; **3.** *a.* ***~ware*** Lackarbeit *f*, -waren *pl.*; **II** *v/t.* **4.** lackieren.

la·crosse [lə'krɒs] *s.* La'crosse *n* (*Ballspiel*): ***~ stick*** La'crosseschläger *m*.

lac·tate ['lækteɪt] **I** *v/t. physiol. Milch* absondern; **II** *s.* ⚗ Lak'tat *n*; **lac·ta·tion** [læk'teɪʃn] *s.* Laktati'on *f*: a) Milchabsonderung *f*, b) Stillen *n*, c) Stillzeit *f*; **'lac·te·al** [-tɪəl] **I** *adj.* Milch..., milchähnlich; **II** *s. pl.* Milch-, Lymphgefäße *pl.*; **'lac·tic** [-tɪk] *adj.* Milch...: ***~ acid*** Milchsäure *f*; **lac·tif·er·ous** [læk'tɪfərəs] *adj.* Milch führend: ***~ duct*** Milchgang *m*; **lac·tom·e·ter** [læk'tɒmɪtə] *s.* Lakto'meter *n*, Milchwaage *f*; **'lac·tose** [-təʊs] *s.* Lak'tose *f*, Milchzucker *m*.

la·cu·na [lə'kjuːnə] *pl.* **-nae** [-niː] *od.* **-nas** *s.* Lücke *f*, La'kune *f*: a) *anat.* Spalt *m*, Hohlraum *m*, b) (Text- *etc.*) Lücke *f*; **la'cu·nar** [-nə] *s.* ⚠ Kas'settendecke *f*.

la·cus·trine [lə'kʌstraɪn] *adj.* See...: ***~ dwellings*** Pfahlbauten.

lac·y ['leɪsɪ] *adj.* spitzenartig, Spitzen...

lad [læd] *s.* **1.** (junger) Kerl *od.* Bursche, Junge *m*: ***he's just a ~!*** er ist (doch) noch ein Junge!; ***come on, ~s!*** los, Jungs!; ***he's a bit of a ~*** F *Brit.* er ist ein ziemlicher Draufgänger *od.* Schwerenöter; **2.** *Brit.* Stallbursche *m*.

lad·der ['lædə] **I** *s.* **1.** Leiter *f* (*a. fig.*): ***the social ~*** *fig.* die gesellschaftliche Stufenleiter; ***the ~ of fame*** die (Stufen-) Leiter des Ruhms; ***kick down the ~*** die Leute loswerden wollen, die e-m beim Aufstieg geholfen haben; **2.** *Brit.* Laufmasche *f*; **3.** *Tischtennis etc.*: Ta'belle *f*; **II** *v/i.* **4.** *Brit.* Laufmaschen bekommen (*Strumpf*); **III** *v/t.* **5.** *Brit.* zerreißen: ***~ one's stockings*** sich e-e Laufmasche holen; **'~·proof** *adj. Brit.* (lauf)maschenfest (*Strumpf*).

lad·die ['lædɪ] *s. bsd. Scot.* F Bürschchen *n*.

lade [leɪd] *p.p. a.* **'lad·en** [-dn] *v/t.* **1.** (be)laden, befrachten; **2.** *Waren* ver-, aufladen; **'lad·en** [-dn] **I** *p.p. von* ***lade***; **II** *adj.* (***with***) *a. fig.* beladen *od.* befrachtet (mit), voll (von), voller: ***~ with fruit*** (schwer) beladen mit Obst.

la-di-da(h) [ˌlɑːdɪ'dɑː] *adj. Brit.* F affektiert, vornehmtuerisch, ‚affig'.

la·dies'| choice *s.* Damenwahl *f* (*beim Tanz*); **~ man** *s.* [*irr.*] Frauenheld *m*, Char'meur *m*; **~ room** → ***lady*** 6.

lad·ing ['leɪdɪŋ] *s.* **1.** (Ver)Laden *n*; **2.** Ladung *f*; → ***bill***[2] 3.

la·dle ['leɪdl] **I** *s.* **1.** Schöpflöffel *m*, (Schöpf-, Suppen)Kelle *f*; **2.** ⚙ Gießkelle *f*, -löffel *m*; **3.** Schaufel *f* (*am Wasserrad*); **II** *v/t.* **4.** *a.* ***~ out*** (aus)schöpfen, *a.* F *fig.* *Lob etc.* austeilen.

la·dy ['leɪdɪ] **I** *s.* **1.** Dame *f*: ***she is no*** (*od.* ***not a***) ***~*** sie ist keine Dame; ***an English ~*** e-e Engländerin; ***young ~*** junge Dame, junges Mädchen; ***young ~!*** *iro.* (mein) liebes Fräulein!; ***his young ~*** F s-e (kleine) Freundin; ***my*** (***dear***) ***~*** (verehrte) gnädige Frau; ***ladies and gentlemen*** m-e (sehr verehrten) Damen u. Herren; **2.** Lady *f* (*Titel*): ***my ~!*** Mylady!, gnädige Frau; **3.** *obs. od.* F (*außer wenn auf e-e* ***Lady*** *angewandt*) Gattin *f*, Gemahlin *f*: ***the old ~*** F a) die alte Dame (*Mutter*), b) m-e *etc.* ‚Alte' (*Frau*); **4.** Herrin *f*, Gebieterin *f*: ***~ of the house*** Hausherrin, Dame *f* des Hauses; ***our sovereign ~*** *Brit.* die Königin; **5.** ***Our*** ♀ Unsere Liebe Frau, die Mutter Gottes: ***Church of Our*** ♀ Marien-, (Lieb)Frauenkirche *f*; **6.** ***Ladies*** *pl. sg. konstr.* 'Damentoi,lette *f*, ‚Damen' *n*; **II** *adj.* **7.** weiblich: ***~ doctor*** Ärztin *f*; ***~ friend*** Freundin *f*; ***~ mayoress*** Frau *f* (Ober)Bürgermeister; ***~ dog*** *humor.* ‚Hundedame' *f*.

Als Anrede kann **Lady** auch unmittelbar vor dem Nachnamen stehen, also ganz anders als bei **Sir** (*siehe dort*), insbesondere bei Ehefrauen, wobei häufig sogar noch der Vorname des Mannes eingefügt wird, z. B. **Lady (Philip) Barton**. Daneben gibt es auch die Möglichkeit, **Lady** mit dem Vornamen zu kombinieren, insbesondere bei Töchtern von Adeligen, also **Lady Anne,** oder den vollen Namenszug folgen zu lassen, also **Lady Jane Walker**.

'la·dy|·bird *s. zo.* Ma'rienkäfer(chen *n*) *m*; ♀ **Boun·ti·ful** *s. fig.* gute Fee; **'~·bug** *Am.* → ***ladybird***; ♀ **Day** *s. eccl.* Ma'riä Verkündigung *f*; **'~,fin·ger** *s.* Löffelbiskuit *n*; **,~-in-'wait·ing** *s.* Hofdame *f*; **'~,kill·er** *s.* F Herzensbrecher *m*, Ladykiller *m*; **'~·like** *adj.* damenhaft, vornehm; **'~·love** *s. obs.* Geliebte *f*; ♀ **of the Bed·cham·ber** *s. Brit.* königliche Kammerfrau, Hofdame *f*.

la·dy·ship ['leɪdɪʃɪp] *s.* Ladyschaft *f* (*Stand u. Anrede*): ***her*** (***your***) ***~*** ihre (Eure) Ladyschaft.

la·dy's| maid *s.* Kammerzofe *f*; **~ slipper** *s.* ⚘ Frauenschuh *m*.

lag¹ [læg] **I** *v/i.* **1.** *mst* ***~ behind*** *a. fig.* zu'rückbleiben, nicht mitkommen, nach-, hinter'herhinken; **2.** *mst* ***~ behind*** a) sich verzögern, b) zögern, c) ϟ nacheilen; **II** *s.* **3.** Zu'rückbleiben *n*, Rückstand *m*, Verzögerung *f* (*a.* ⚙, *phys.*): ***cultural ~*** kultureller Rückstand; **4.** 'Zeitabstand *m*, -,unterschied *m*; **5.** ϟ negative Phasenverschiebung, (Phasen)Nacheilung *f*.

lag² [læg] *s. Brit. sl.* **1.** ‚Knastschieber' *m*, ‚Knacki' *m*; **2.** ***do a ~*** ‚(im Knast) sitzen'.

lag³ [læg] **I** *s.* **1.** (Fass)Daube *f*; **2.** ⚙ Verschalungsbrett *n*; **II** *v/t.* **3.** mit Dauben versehen; **4.** ⚙ *Rohre etc.* isolieren, um'wickeln.

lag·an ['lægən] *s.* ⚖, ⚓ versenktes (Wrack)Gut.

la·ger (beer) ['lɑːgə] *s.* Lagerbier *n* (*ein helles Bier*); **la·ger lout** *s. Brit.* F betrunkener Randa'lierer.

lag·gard ['lægəd] **I** *adj.* □ **1.** langsam, bummelig, faul; **II** *s.* **2.** ‚Trödler(in)', Bummler(in); **3.** Nachzügler(in).

lag·ging ['lægɪŋ] *s.* ⚙ **1.** Verkleidung *f*, Verschalung *f*; **2.** a) Isolierung *f*, Wärmeschutz *m*, b) Iso'liermateri,al *n*.

la·goon [lə'guːn] *s.* La'gune *f*.

la·ic, la·i·cal ['leɪɪk(l)] *adj.* weltlich, Laien...; **'la·i·cize** [-ɪsaɪz] *v/t.* säkularisieren.

laid [leɪd] *pret. u. p.p. von* ***lay¹***: ***~ up*** → ***lay up*** 4; **,~-'back** *adj.* F **1.** cool, gelassen, entspannt, ruhig; **2.** stressfrei, ruhig (*Lebensweise*).

lain [leɪn] *p.p. von* ***lie²***.

lair [leə] *s.* **1.** *zo.* a) Lager *n*, b) Höhle *f*, Bau *m* (*des Wildes*); **2.** *allg.* Lager(statt *f*) *n*; **3.** F *fig.* a) Versteck *n*, b) Zuflucht(sort *m*) *f*.

laird [leəd] *s. Scot.* Gutsherr *m*.

lais·sez-faire [,leɪseɪ'feə] (*Fr.*) *s.* Laisser-'faire *n* (*Gewährenlassen, Nichteinmischung*).

la·i·ty ['leɪətɪ] *s.* **1.** Laienstand *m*, Laien *pl.* (*Ggs. Geistlichkeit*); **2.** Laien *pl.*, Nichtfachleute *pl.*

lake¹ [leɪk] *s.* **1.** (*bsd.* rote) Pig'mentfarbe, Farblack *m*; **2.** Beizenfarbstoff *m*.

lake² [leɪk] *s.* (Binnen)See *m*: ***the Great*** ♀ der Große Teich (*der Atlantische Ozean*); ***the Great*** ♀***s*** die Großen Seen (*an der Grenze zwischen USA u. Kanada*); ***the ~s*** → ♀ **Dis·trict** *s. das* Seengebiet (*im Nordwesten Englands*); **~ dwell·er** *s.* Pfahlbauer *m*; **~ dwell·ing** *s.* Pfahlbau *m*; **'♀·land** → ***Lake District***; ♀ **poet** *s.* Seendichter *m* (*e-r der 3 Dichter der* ***Lake school***); ♀ **school** *s.* Seeschule *f* (*die Dichter Southey, Coleridge u. Wordsworth*).

lam¹ [læm] *sl.* **I** *v/t.* verdreschen, ‚vermöbeln'; **II** *v/i.*: ***~ into*** a) → I, b) *fig.* auf *j-n* ‚einhauen'.

lam² [læm] *Am. sl.* **I** *s.*: ***on the ~*** im ‚Abhauen' (begriffen), auf der Flucht (*vor der Polizei*); ***take it on the ~*** → **II** *v/i.* ‚türmen', ‚Leine ziehen'.

la·ma ['lɑːmə] *s. eccl.* Lama *m*; **'la·ma·ism** [-əɪzəm] *s. eccl.* Lama'ismus *m*; **'la·ma·ser·y** [-əsərɪ] *s.* Lamakloster *n*.

lamb [læm] **I** *s.* **1.** Lamm *n*: ***in*** (*od.* ***with***) ***~*** trächtig (*Schaf*); ***like a ~*** *fig.* wie ein Lamm, lammfromm; ***like a ~ to the***

slaughter *fig.* wie ein Lamm zur Schlachtbank; **2.** Lamm(fleisch) *n*; **3.** ***the ≗ (of God)*** *eccl.* das Lamm (Gottes); **4.** F Schätzchen *n*; **II** *v/i.* **5.** lammen: ***~ing time*** Lammzeit *f*.

lam·baste [læm'beɪst] *v/t. sl.* **1.** ‚vermöbeln' (*verprügeln*); **2.** *fig.* ‚her'unterputzen', ‚zs.-stauchen'.

lam·ben·cy ['læmbənsɪ] *s.* **1.** Züngeln *n* (*e-r Flamme*); **2.** *fig.* (*geistreiches*) Funkeln, Sprühen *n*; **'lam·bent** [-nt] *adj.* □ **1.** züngelnd, flackernd; **2.** sanft strahlend; **3.** *fig.* sprühend, funkelnd (*Witz*).

lamb·kin ['læmkɪn] *s.* **1.** Lämmchen *n*; **2.** *fig.* ‚Schätzchen' *n*.

'lamb·skin *s.* **1.** Lammfell *n*; **2.** Schafleder *n*.

lamb's| tails *s. pl.* ⚘ **1.** *Brit.* Haselkätzchen *pl.*; **2.** *Am.* Weiden-, Palmkätzchen *pl.*; **~ wool** *s.* Lammwolle *f*.

lame [leɪm] **I** *adj.* □ **1.** lahm, hinkend: ***~ in*** (*od.* ***of***) ***one leg*** auf 'einem Bein lahm; **2.** *fig.* ‚lahm', ‚müde': ***~ efforts***; ***~ story***; ***~ excuse*** faule Ausrede; ***~ verses*** holprige *od.* hinkende Verse; **II** *v/t.* **3.** lahm machen, lähmen (*a. fig.*); **~ duck** *s.* F **1.** Körperbehinderte(r *m*) *f*; **2.** ‚Versager' *m*, ‚Niete' *f*; **3.** ✝ ruinierter ('Börsen)Speku,lant; **4.** *Am. pol. nicht wieder gewählter Amtsinhaber, bsd. Kongressmitglied od. Präsident, bis zum Ende s-r Amtsperiode*.

la·mel·la [lə'melə] *pl.* **-lae** [-liː] *s. allg.* La'melle *f*, Plättchen *n*; **la'mel·lar** [-lə], **lam·el·late** ['læməleɪt] *adj.* la'mellenartig, Lamellen...

lame·ness ['leɪmnɪs] *s.* **1.** Lahmheit *f* (*a. fig., contp.*); **2.** *fig.* Schwäche *f*; **3.** Hinken *n* (*von Versen*).

la·ment [lə'ment] **I** *v/i.* **1.** jammern, (weh)klagen, lamentieren (***for*** *od.* ***over*** um); **2.** trauern (***for*** *od.* ***over*** um); **II** *v/t.* **3.** bejammern, beklagen, bedauern, betrauern; **III** *s.* **4.** Jammer *m*, Wehklage *f*, Klage(lied *n*) *f*; **lam·en·ta·ble** ['læməntəbl] *adj.* □ **1.** beklagenswert, bedauerlich; **2.** *contp.* erbärmlich, kläglich, jämmerlich (schlecht); **lam·en·ta·tion** [,læmen'teɪʃn] *s.* **1.** Jammern *n*, Lamentieren *n*, (Weh)Klage *f*, *iro. a.* La'mento *n*; **2.** ***≗s (of Jeremiah)*** *pl. mst sg. konstr. bibl.* Klagelieder *pl.* Jere'miae.

lam·i·na ['læmɪnə] *pl.* **-nae** [-niː] *s.* **1.** Plättchen *n*, Blättchen *n*; **2.** (dünne) Schicht; **3.** ⚘ Blattspreite *f*; **'lam·i·nal** [-nl], **'lam·i·nar** [-nə] *adj.* **1.** blätterig; **2.** (blättchenartig) geschichtet; **3.** *phys.* lami'nar: ***~ flow*** Laminarströmung *f*; **'lam·i·nate** [-neɪt] **I** *v/t.* **1.** ⚙ a) auswalzen, strecken, b) in Blättchen aufspalten, c) schichten; **2.** mit Plättchen belegen, mit Folie über'ziehen; **II** *v/i.* **3.** sich in Plättchen *od.* Schichten spalten; **III** *s.* **4.** ⚙ (Plastik-, Verbund)Folie *f*; **IV** *adj.* **5.** → ***laminar***.

lam·i·nat·ed ['læmɪneɪtɪd] *adj.* la'mellenartig, Lamellen...; ⚙ *a.* blättrig *od.* geschichtet: ***~ glass*** Verbundglas *n*; ***~ material*** Schichtstoff *m*; ***~ paper*** Hartpapier *n*; ***~ sheet*** Schichtplatte *f*; ***~ spring*** Blattfeder *f*; ***~ wood*** Sperr-, Pressholz *n*; **lam·i·na·tion** [,læmɪ'neɪʃn] *s.* **1.** ⚙ a) Lamellierung *f*, b) Streckung *f*, c) Schichtung *f*; **2.** 'Blätterstruk,tur *f*.

lam·mer·gei·er, **lam·mer·gey·er** ['læməgaɪə] *s. orn.* Lämmergeier *m*.

lamp [læmp] *s.* **1.** Lampe *f*; (*Straßen- etc.*)La'terne *f*: ***smell of the ~*** nach ‚saurem Schweiß riechen', mehr Fleiß als Talent verraten; **2.** ⚡ Lampe *f*: a) Glühbirne *f*, b) Leuchte *f*; **3.** *fig.* Leuchte *f*, Licht *n*; **'~·black** *s.* Lampenruß *m*, -schwarz *n*; **~ chim·ney** *s.* 'Lampenzy,linder *m*; **'~·light** *s.* (***by ~*** bei) Lampenlicht *n*.

lam·poon [læm'puːn] **I** *s.* Spott- *od.* Schmähschrift *f*, Pam'phlet *n*, Sa'tire *f*; **II** *v/t.* (*schriftlich*) verspotten, -höhnen; **lam'poon·er** [-nə], **lam'poon·ist** [-nɪst] *s.* Pamphle'tist(in).

'lamp·post *s.* La'ternenpfahl *m*: ***between you and me and the ~*** F (ganz) unter uns (gesagt).

lam·prey ['læmprɪ] *s. ichth.* Lam'prete *f*, Neunauge *n*.

'lamp·shade *s.* Lampenschirm *m*.

Lan·cas·tri·an [læŋ'kæstrɪən] *Brit.* **I** *s.* **1.** Bewohner(in) der Stadt *od.* Grafschaft Lancaster; **2.** *hist.* Angehörige(r *m*) *f od.* Anhänger(in) des Hauses Lancaster; **II** *adj.* **3.** Lancaster...

lance [lɑːns] **I** *s.* **1.** Lanze *f*, Speer *m*: ***break a ~ for*** (*od.* ***on behalf of***) ***s.o.*** e-e Lanze für j-n brechen; **2.** → ***lancer*** 1; **3.** → ***lancet*** 1; **II** *v/t.* **4.** mit e-r Lanze durch'bohren; **5.** ⚕ mit e-r Lan'zette öffnen: ***~ a boil*** ein Geschwür (*fig.* e-e Eiterbeule) aufstechen; **~ cor·po·ral** *s.* ⚔ *Brit.* Ober-, Hauptgefreite(r) *m*.

lanc·er ['lɑːnsə] *s.* **1.** ⚔ *hist.* U'lan *m*; **2.** *pl. sg. konstr.* Lanci'er *m* (*Tanz*).

lan·cet ['lɑːnsɪt] *s.* **1.** ⚕ Lan'zette *f*; **2.** △ a) *a.* ***~ arch*** Spitzbogen *m*, b) *a.* ***~ window*** Spitzbogenfenster *n*.

land [lænd] **I** *s.* **1.** Land *n* (*Ggs. Meer, Wasser*): ***by ~*** auf dem Landweg; ***by ~ and by sea*** zu Wasser u. zu Lande; ***make ~*** ⚓ Land sichten; ***see how the ~ lies*** sehen, wie der Hase läuft, die Lage ‚peilen'; **2.** Land *n*, Boden *m*: ***live off the ~*** a) von den Früchten des Landes leben, b) sich aus der Natur ernähren (*Soldaten etc.*); **3.** Land *n*, Grund *m* u. Boden *m*, Grundbesitz *m*, Lände'reien *pl.*; ***~ set-aside*** *EU* Flächenstilllegung *f*; **4.** Land *n* (*Staat, Region*): ***far-off ~s*** ferne Länder; **5.** *fig.* Land *n*, Reich *n*: ***~ of the living*** Diesseits *n*; ***~***

of dreams Reich der Träume; **II** *v/i.* **6.** ⚓, ✈ landen; ⚓ anlegen; **7.** landen, an Land gehen, aussteigen; **8.** landen, (an-)kommen: ***he ~ed in a ditch*** er landete in e-m Graben; ***~ on one's feet*** auf die Füße fallen (*a. fig.*); ***~ (up) in prison*** im Gefängnis landen; **9.** *sport* durchs Ziel gehen; **III** *v/t.* **10.** *Personen, Waren, Flugzeug* landen; *Schiffsgüter* landen, löschen, ausladen; *Fisch(fang)* an Land bringen; **11.** *bsd. Fahrgäste* absetzen; **12.** *j-n in Schwierigkeiten etc.* bringen, verwickeln: ***~ s.o. in difficulties***; ***~ s.o. with s.th.*** j-m et. aufhalsen *od.* einbrocken; ***~ o.s.*** (*od.* ***be ~ed***) ***in*** (hinein)geraten in (*acc.*); **13.** F a) *e-n Schlag od. Treffer* landen: ***I ~ed him one*** ich hab ihm eine geknallt *od.* ‚verpasst'; **14.** F *j-n od. et.* ‚erwischen', (sich) ‚schnappen', ‚kriegen': ***~ a prize*** sich e-n Preis ‚holen'; ***~ a good contract*** e-n guten Vertrag ‚an Land ziehen'.

land a·gent *s.* **1.** Grundstücksmakler *m*; **2.** *Brit.* Gutsverwalter *m*.

lan·dau ['lændɔː] *s.* Landauer *m* (*Kutsche*).

land| bank *s.* 'Bodenkreˌdit-, Hypo'thekenbank *f*; **~ car·riage** *s.* 'Landtransˌport *m*, -fracht *f*; **~ crab** *s. zo.* Landkrabbe *f*.

land·ed ['lændɪd] *adj.* Land..., Grund...: ***~ estate***, ***~ property*** Grundbesitz *m*, -eigentum *n*; ***~ gentry*** Landadel *m*; ***~ proprietor*** Grundbesitzer (-in); ***the ~ interest*** *coll.* die Grundbesitzer.

'land|·fall *s.* ⚓ Landkennung *f*, Sichten *n* von Land; **~ forc·es** *s. pl.* ⚔ Landstreitkräfte *pl.*; **'~·grave** [-ndg-] *s. hist.* (deutscher) Landgraf; **'~ˌhold·er** *s.* Grundbesitzer *m od.* -pächter *m*.

land·ing ['lændɪŋ] *s.* **1.** ⚓ Landen *n*, Landung *f*: a) Anlegen *n* (*e-s Schiffs*), b) Ausschiffung *f* (*von Personen*), c) Ausladen *n*, Löschen *n* (*der Fracht*); **2.** ⚓ Lande-, Anlegeplatz *m*; **3.** ✈ Landung *f*; **4.** △ Treppenabsatz *m*; **~ beam** *s.* ✈ Landeleitstrahl *m*; **~ card** *s.* Einreisekarte *f*; **~ craft** *s.* ⚓, ⚔ Landungsboot *n*; **~ field** *s.* ✈ Landeplatz *m*, -bahn *f*; **~ flap** *s.* ✈ Landeklappe *f*; **~ gear** *s.* ✈ Fahrgestell *n*, -werk *n*; **~ net** *s.* Hamen *m*, Kescher *m*; **~ par·ty** *s.* ⚔ 'Landungstrupp *m*, -komˌmando *n*; **~ place** → ***landing*** 2; **~ stage** *s.* ⚓ Landungsbrücke *f*, -steg *m*; **~ strip**, **~ track** → ***air strip***.

'landˌla·dy ['lænˌl-] *s.* (Haus-, Gast-, Pensi'ons)Wirtin *f*.

land·less ['lændlɪs] *adj.* ohne Grundbesitz.

'land|·locked *adj.* 'landumˌschlossen, ohne Zugang zum Meer: ***~ country*** Binnenstaat *m*; **'~ˌlop·er** [-ˌləʊpə] *s.* Landstreicher *m*; **'~·lord** ['lænl-] *s.* **1.** Grundbesitzer *m*; **2.** Hauseigentümer *m*; **3.** Hauswirt *m*, ⚮ *a.* Hauswirtin *f*; **4.** (Gast)Wirt *m*; **'~ˌlub·ber** *s.* ⚓ ‚Landratte' *f*; **'~·mark** [-ndm-] *s.* **1.** Grenzstein *m*; **2.** ⚓ Seezeichen *n*; **3.** ⚔ Gelände-, Orientierungspunkt *m*; **4.** Wahrzeichen *n* (*e-r Stadt etc.*); **5.** *fig.* Meilen-, Markstein *m*, Wendepunkt *m*: ***a ~ in history***; **'~·mine** [-ndm-] *s.* ⚔ Landmine *f*; **~ of·fice** *s. Am.* Grundbuchamt *n*; **'~-ˌof·fice busi·ness** *s. Am.* F ‚Bombengeschäft' *n*; **'~ˌown·er** *s.* Land-, Grundbesitzer(in); **~ re·form** *s.* 'Bodenreˌform *f*; **~ reg·is·ter** *s.* Grundbuch *n*.

land·scape ['lænskeɪp] **I** *s.* **1.** Landschaft *f* (*a. paint.*); **2.** Landschaftsmale'rei *f*; **II** *v/i.* **3.** landschaftlich *od.* gärtnerisch gestalten, anlegen; **~ ar·chi·tect** *s.* **1.** 'Landschaftsarchiˌtekt(in); **2.** → **~ gar·den·er** *s.* Landschaftsgärtner (-in), 'Gartenarchiˌtekt(in); **~ gar·den·ing** *s.* Landschaftsgärtne'rei *f*; **~ paint·er** → **land·scap·ist** ['lænˌskeɪpɪst] *s.* Landschaftsmaler(in).

'land|·slide [-nds-] *s.* **1.** Erdrutsch *m*; **2.** *a.* ***~ victory*** *pol. fig.* ‚Erdrutsch' *m*, über'wältigender (Wahl)Sieg; **'~·slip** [-nds-] *Brit.* → ***landslide*** 1; **~ sur·vey·or** *s.* Geo'meter *m*, Land(ver)messer *m*; **~ swell** [-nds-] *s.* ⚓ einlaufende Dünung; **~ tax** *s. obs.* Grundsteuer *f*; **~ tor·toise** *s. zo.* Landschildkröte *f*; **'~ˌwait·er** *s. Brit.* 'Zollinˌspektor *m*.

land·ward ['lændwəd] **I** *adj.* land('ein)wärts (gelegen); **II** *adv. a.* **'land·wards** [-dz] land(ein)wärts.

lane [leɪn] *s.* **1.** (Feld)Weg *m*, (Hecken-)Pfad *m*; **2.** Gasse *f*: a) Gässchen *n*, Sträßchen *n*, b) 'Durchgang *m*: ***form a ~*** Spalier stehen, e-e Gasse bilden; **3.** Schneise *f*; **4.** ⚓ Fahrrinne *f*, (Fahrt-)Route *f*; **5.** ✈ (Flug)Schneise *f*; **6.** *mot.* (Fahr)Spur *f*: ***get in ~!*** bitte einordnen!; **7.** *sport* (*einzelne*) Bahn (*e-s Läufers, Schwimmers etc.*).

lang syne [ˌlæŋ'saɪn] *Scot.* **I** *adv.* vor langer Zeit; **II** *s.* längst vergangene Zeit; → ***auld lang syne***.

lan·guage ['læŋgwɪdʒ] *s.* **1.** Sprache *f*: ***foreign ~s*** Fremdsprachen; ***~ of flowers*** *fig.* Blumensprache; ***talk the same ~*** *a. fig.* dieselbe Sprache sprechen; **2.** Sprache *f*, Ausdrucks-, Redeweise *f*, Worte *pl.*: ***bad ~*** ordinäre Ausdrücke, Schimpfworte; ***strong ~*** a) Kraftausdrücke, b) harte Worte *od.* Sprache; **3.** Sprache *f*, Stil *m*; **4.** (Fach)Sprache *f*: ***medical ~***; **5.** *sl.* ordi'näre Sprache: ***~, Sir!*** ich verbitte mir solche (gemeinen) Ausdrücke!; **~ bar·ri·er** *s.* Sprachschranke *f*; **~ la·bor·a·to·ry** *s. ped.* 'Sprachlaˌbor *n*.

lan·guid ['læŋgwɪd] *adj.* □ **1.** schwach,

matt, schlaff; **2.** schleppend, träge; **3.** gelangweilt, lustlos, lau; **4.** lässig, träge; **5.** ✝ flau, lustlos (*Markt*).

lan·guish ['læŋgwɪʃ] *v/i.* **1.** ermatten, erschlaffen, erlahmen (*a. fig. Interesse, Konversation*); **2.** (ver)schmachten, da'hinsiechen, -welken: **~ *in prison*** im Gefängnis schmachten; **3.** da'niederliegen (*Handel, Industrie etc.*); **4.** schmachtend blicken; **5.** schmachten (***for*** nach); **6.** Sehnsucht haben, sich härmen (***for*** nach); **'lan·guish·ing** [-ʃɪŋ] *adj.* □ **1.** ermattend, erlahmend (*a. fig.*); **2.** (ver)schmachtend, (da'hin-) siechend, leidend; **3.** sehnsuchtsvoll, schmachtend (*Blick*); **4.** lustlos, träge (*a.* ✝), langsam; **5.** langsam (*Tod*), schleichend (*Krankheit*).

lan·guor ['læŋgə] *s.* **1.** Mattigkeit *f*, Schlaffheit *f*; **2.** Trägheit *f*, Schläfrigkeit *f*; **3.** Stumpfheit *f*, Gleichgültigkeit *f*, Lauheit *f*; **4.** Stille *f*, Schwüle *f*; **'lan·guor·ous** [-ərəs] *adj.* □ **1.** matt; **2.** schlaff, träge; **3.** stumpf, gleichgültig; **4.** schläfrig, wohlig; **5.** schmelzend (*Musik etc.*); **6.** (*a. sinnlich*) schwül.

lank [læŋk] *adj.* □ **1.** lang u. dünn, schlank, mager; **2.** glatt, strähnig (*Haar*); **'lank·i·ness** [-kɪnɪs] *s.* Schlaksigkeit *f*; **'lank·y** [-kɪ] *adj.* hoch aufgeschossen, schlaksig.

lan·o·lin(e) ['lænəʊlɪn (-li:n)] *s.* ⚗ Lano'lin *n*, Wollfett *n*.

lan·tern ['læntən] *s.* **1.** La'terne *f*; **2.** Leuchtkammer *f* (*e-s Leuchtturms*); **3.** ⚠ La'terne *f* (*durchbrochener Dachaufsatz*); **'~-jawed** *adj.* hohlwangig; **~ jaws** *s. pl.* eingefallene Wangen *pl.*; **~ slide** *s. obs.* Dia(posi'tiv) *n*, Lichtbild *n*: **~ *lecture*** Lichtbildervortrag *m*.

lan·yard ['lænjəd] *s.* **1.** ⚓ Taljereep *n*; **2.** ⚔ a) *obs.* Abzugsleine *f* (*Kanone*), b) Traggurt *m* (*Pistole*), c) (Achsel-) Schnur *f*; **3.** Schleife *f*.

lap[1] [læp] *s.* **1.** Schoß *m* (*e-s Kleides od. des Körpers*; *a. fig.*): ***sit on s.o.'s ~***; ***in the ~ of the church***; ***drop into s.o.'s ~*** j-m in den Schoß fallen; ***in Fortune's ~*** im Schoß des Glücks; ***it is in the ~ of the gods*** es liegt im Schoß der Götter; ***live in the ~ of luxury*** ein Luxusleben führen; **2.** (Kleider- *etc.*)Zipfel *m*.

lap[2] [læp] **I** *v/t.* **1.** falten, wickeln (***round, about*** um); **2.** einwickeln, -schlagen, -hüllen; **3.** *a. fig.* um'hüllen, (ein)betten, (-)hüllen: ***~ped in luxury*** von Luxus umgeben; **4.** überein'ander legen, über'lappt anordnen; **5.** *sport* a) *Gegner* über'runden, b) *e-e Strecke* zu'rücklegen (*in 1 Minute etc.*); **II** *v/i.* **6.** sich winden *od.* legen (***round*** um); **7.** hin'ausragen, -gehen (*a. fig.*; ***over*** über *acc.*); **8.** über'lappen; **9.** *sport* die *od.* s-e Runde drehen *od.* laufen (***at*** in e-r Zeit von); **III** *s.* **10.** ⚙ Wickelung *f*, Windung *f*, Lage *f*; **11.** Über'lappung *f*, 'Überstand *m*; **12.** 'überstehender Teil, Vorstoß *m*; **13.** *Buchbinderei*: Falz *m*; **14.** *sport* Runde *f*; **15.** E'tappe *f* (*e-r Reise, a. fig.*).

lap[3] [læp] **I** *v/t.* **1.** *a.* **~ *up*** auflecken; **2. ~ *up*** a) *Suppe etc.* gierig (hin'unter-) schlürfen, b) F *et.* ‚fressen' (*glauben*), c) F *et.* gierig (in sich) aufnehmen, *et.* liebend gern hören *etc.*: ***they ~ped it up*** es ging ihnen ‚runter wie Öl'; **3.** plätschern gegen; **II** *v/i.* **4.** lecken, schlecken, schlürfen; **5.** plätschern; **III** *s.* **6.** Lecken *n*; **7.** Plätschern *n*.

'lap·dog *s.* Schoßhund *m*.

la·pel [lə'pel] *s.* (Rock)Aufschlag *m*, Re'vers *n*, *m*.

lap·i·dar·y ['læpɪdərɪ] **I** *s.* **1.** Edelsteinschneider *m*; **II** *adj.* **2.** Stein...; **3.** Steinschleiferei...; **4.** (Stein)Inschriften...; **5.** in Stein gehauen; **6.** *fig.* wuchtig, lapi'dar.

lap·is laz·u·li [ˌlæpɪs'læzjʊlaɪ] *s. min.* Lapis'lazuli *m*.

Lap·land·er ['læplændə] → ***Lapp*** I.

Lapp [læp] **I** *s.* Lappe *m*, Lappin *f*, Lappländer(in); **II** *adj.* lappisch.

lap·pet ['læpɪt] *s.* **1.** Zipfel *m*; **2.** *anat.*, *zo.* Hautlappen *m*.

Lap·pish ['læpɪʃ] → ***Lapp*** II.

lapse [læps] **I** *s.* **1.** Lapsus *m*, Fehler *m*, Versehen *n*: **~ *of the pen*** Schreibfehler *m*; **~ *of justice*** Justizirrtum *m*; **~ *of taste*** Geschmacksverirrung *f*; **2.** Fehltritt *m*, Vergehen *n*, Entgleisung *f*: **~ *from duty*** Pflichtversäumnis *n*; **~ *from faith*** Abfall *m* vom Glauben; **3.** Absinken *n*, Abgleiten *n*, Verfall(en *n*) *m* (***into*** in *acc.*); **4.** a) Ablauf *m*, Vergehen *n* (*e-r Zeit*), b) ⚖ (Frist)Ablauf *m*, c) Zeitspanne *f*; **5.** ⚖ a) Verfall *m*, Erlöschen *n e-s Anspruchs etc.*, b) Heimfall *m* (*von Erbteilen etc.*); **6.** Aufhören, Verschwinden *n*, Aussterben *n*; **II** *v/i.* **7.** a) verstreichen (*Zeit*), b) ablaufen (*Frist*); **8.** verfallen (***into*** in *acc.*): **~ *into silence***; **9.** absinken, abgleiten, verfallen (***into*** in *Barbarei etc.*); **10.** e-n Fehltritt tun, (mo'ralisch) entgleisen, sündigen; **11.** abfallen (***from faith*** vom Glauben); **~ *from duty*** s-e Pflicht versäumen; **12.** ‚einschlafen', aufhören (*Beziehung, Unterhaltung etc.*); **13.** ⚖ a) verfallen, erlöschen (*Recht etc.*), b) heimfallen (***to*** an *acc.*).

lap·top ['læptɒp] *s. Computer*: Laptop *m*.

lap·wing ['læpwɪŋ] *s. orn.* Kiebitz *m*.

lar·board ['lɑ:bəd] ⚓ *obs.* **I** *s.* Backbord *n*; **II** *adj.* Backbord...

lar·ce·ner ['lɑ:sənə], **'lar·ce·nist** [-nɪst] *s.* ⚖ Dieb *m*; **'lar·ce·ny** [-nɪ] *s.* ⚖ Diebstahl *m*.

larch [lɑ:tʃ] *s.* ⚘ Lärche *f*.

L

lard [lɑːd] **I** *s.* **1.** Schweinefett *n*, -schmalz *n*; **II** *v/t.* **2.** *Fleisch* spicken: **~ing needle** (*od.* **pin**) Spicknadel *f*; **3.** *fig.* spicken (**with** mit); **'lard·er** [-də] *s.* Speisekammer *f*, -schrank *m*.

large [lɑːdʒ] **I** *adj.* □ → **largely**; **1.** groß: **a ~ room** (**horse**, **rock**, *etc.*); (**as**) **~ as life** in (voller) Lebensgröße (*a. humor.*); **~r than life** a) *Person*: außergewöhnlich, 'extrava,gant, auffallend, b) *Sache*: 'übermäßig *od.* außergewöhnlich wichtig (*od.* bedeutend); **2.** groß (*beträchtlich*): **a ~ business** (**family**, **sum**, *etc.*); **a ~ meal** e-e reichliche Mahlzeit; **~ farmer** Großbauer *m*; **~ producer** Großerzeuger *m*; **3.** um'fassend, ausgedehnt, weit(gehend): **~ powers** umfassende Vollmachten; **4.** *obs.* großzügig; → *a.* **large-minded**; **II** *adv.* **5.** groß: **write ~**; **it was written ~ all over his face** *fig.* es stand ihm (deutlich) im Gesicht geschrieben; **6.** großspurig: **talk ~** ‚große Töne spucken'; **III** *s.* **7. at ~** a) auf freiem Fuß, in Freiheit: **set s.o. at ~** j-n auf freien Fuß setzen, b) (sehr) ausführlich: **discuss s.th. at ~**, c) ganz allgemein, d) in der Gesamtheit: **the nation at ~**; **talk at ~** ins Blaue hineinreden; **8. in** (**the**) **~** a) im Großen, in großem Maßstab, b) im Ganzen; **,~-'hand·ed** *adj. fig.* freigebig; **,~-'heart·ed** *adj. fig.* großherzig.

large·ly ['lɑːdʒlɪ] *adv.* **1.** in hohem Maße, großen-, größtenteils; **2.** weitgehend, im Wesentlichen; **3.** reichlich; **4.** allgemein.

,large-'mind·ed *adj.* vorurteilslos, tole'rant, aufgeschlossen.

large·ness ['lɑːdʒnɪs] *s.* **1.** Größe *f*; **2.** Größe *f*, Weite *f*, 'Umfang *m*; **3.** Großzügigkeit *f*, Freigebigkeit *f*; **4.** Großmütigkeit *f*.

'large-scale *adj.* groß (angelegt), 'umfangreich, ausgedehnt, Groß...: **~ attack** ⚔ Großangriff *m*; **~ experiment** Großversuch *m*; **~ manufacture** Serienherstellung *f*; **a ~ map** e-e Karte in großem Maßstab.

lar·gess(e) [lɑː'dʒes] *s.* **1.** Freigebigkeit *f*; **2.** a) Gabe *f*, reiches Geschenk, b) reiche Geschenke *pl.*

larg·ish ['lɑːdʒɪʃ] *adj.* ziemlich groß.

lar·i·at ['lærɪət] *s.* Lasso *m*, *n*.

lark¹ [lɑːk] *s. orn.* Lerche *f*: **rise with the ~** mit den Hühnern aufstehen.

lark² [lɑːk] F **I** *s.* **1.** Jux *m*, Ulk *m*, Spaß *m*: **for a ~** zum Spaß, aus Jux; **have a ~** s-n Spaß haben *od.* treiben; **what a ~!** ist ja lustig *od.* ‚zum Brüllen'!; **2.** a) ‚Ding' *n*, Sache *f*, b) Quatsch *m*; **II** *v/i.* **3.** *a.* **~ about** *od.* **around** her'umalbern, -blödeln.

lark·spur ['lɑːkspɜː] *s.* ⚘ Rittersporn *m*.

lar·ri·kin ['lærɪkɪn] *s. bsd. Austral.* (jugendlicher) Rowdy.

lar·va ['lɑːvə] *pl.* **-vae** [-viː] *s. zo.* Larve *f*; **'lar·val** [-vl] *adj. zo.* Larven...; **'lar·vi·cide** [-vɪsaɪd] *s.* Raupenvertilgungsmittel *n*.

la·ryn·ge·al [,lærɪn'dʒiːəl] *adj.* Kehlkopf...; **,lar·yn'gi·tis** [-'dʒaɪtɪs] *s.* ⚕ Kehlkopfentzündung *f*.

la·ryn·go·scope [lə'rɪŋgəskəʊp] *s.* ⚕ Kehlkopfspiegel *m*.

lar·ynx ['lærɪŋks] *s. anat.* Kehlkopf *m*.

las·civ·i·ous [lə'sɪvɪəs] *adj.* □ las'ziv: a) geil, lüstern, b) schlüpfrig: **~ story**.

la·ser ['leɪzə] *s. phys.* Laser *m*; **~ beam** *s. phys.* Laserstrahl *m*; **~ gun** *s.* 'Laserpis,tole *f*, -ka,none *f*; **~ print·er** *s.* Laserdrucker *m*.

lash¹ [læʃ] **I** *s.* **1.** a) Peitschenschnur *f*, b) Peitsche(nende *n*) *f*; **2.** Peitschen-, Rutenhieb *m*: **the ~ of her tongue** *fig.* ihre scharfe Zunge; **3.** Peitschen *n* (*a. fig. des Regens, des Sturms etc.*); **4.** *fig.* (Peitschen)Hieb *m*; **5.** (Augen)Wimper *f*; **II** *v/t.* **6.** *j-n* peitschen, schlagen, auspeitschen: **~ the tail** mit dem Schwanz um sich schlagen; **~ the sea** das Meer peitschen (*Sturm*); **7.** peitschen *od.* schlagen an (*acc.*) *od.* gegen (*Regen etc.*); **8.** *fig.* geißeln, abkanzeln; **9.** heftig (an)treiben: **~ the audience into a fury** das Publikum aufpeitschen; **~ o.s. into a fury** sich in e-e Wut hineinsteigern; **III** *v/i.* **10.** *a. fig.* peitschen, schlagen: **~ about** (wild) um sich schlagen; **~ into s.o.** a) auf j-n einschlagen, b) *fig.* j-n wild attackieren; **11.** *fig.* peitschen, (*Regen*) *a.* prasseln: **~ down** niederprasseln; **12. ~ out** a) (wild) um sich schlagen, b) ausschlagen (*Pferd*), c) (**at**) vom Leder ziehen (gegen), ‚einhauen' (auf *j-n*); **13. ~ out on** F a) (*mit Geld*) ‚auf den Putz hauen' bei *et.*, b) sich *j-m* gegenüber spendabel zeigen.

lash² [læʃ] *v/t. a.* **~ down** festbinden, -zurren (**to**, **on** an *dat.*).

lash·ing¹ ['læʃɪŋ] *s.* **1.** a) Auspeitschung *f*, b) Prügel *pl.*; **2.** *pl. Brit.* F Masse(n *pl.*) *f* (*Speise etc.*).

lash·ing² ['læʃɪŋ] *s.* **1.** Anbinden *n*; **2.** ⚓ Laschung *f*, Tau(werk) *n*.

lass [læs] *s. bsd. Brit.* **1.** Mädchen *n*; **2.** ‚Schatz' *m*; **las·sie** ['læsɪ] → **lass**.

las·si·tude ['læsɪtjuːd] *s.* Mattigkeit *f*.

las·so [læ'suː] **I** *pl.* **-so(e)s** *s.* Lasso *m*, *n*; **II** *v/t.* mit e-m Lasso fangen.

last¹ [lɑːst] **I** *adj.* □ → **lastly**; **1.** letzt: **~ but one** vorletzt; **~ but two** drittletzt; **for the ~ time** zum letzten Mal(e); **to the ~ man** bis auf den letzten Mann; **2.** letzt, vorig: **~ Monday**, **Monday ~** (am) letzten *od.* vorigen Montag; **~ night** a) gestern Abend, b) in der vergangenen Nacht; **~ week** in der letzten *od.* vorigen Woche; **the week before ~** (die) vorletzte Woche; **this day ~ week** heute vor e-r Woche; **on May**

L

6th ~ am vergangenen 6. Mai; **3.** neuest, letzt: ***the ~ news***; ***the ~ thing in jazz*** das Neueste im Jazz; **4.** letzt, al'lein übrig bleibend: ***the ~ hope*** die letzte (verbleibende) Hoffnung; ***my ~ pound*** mein letztes Pfund; **5.** letzt, endgültig, entscheidend; → ***word*** 1; **6.** äußerst: ***of the ~ importance*** von höchster Bedeutung; ***this is my ~ price*** dies ist mein äußerster *od.* niedrigster Preis; **7.** letzt, am wenigsten erwartet *od.* geeignet, unwahrscheinlich: ***the ~ man I would choose*** der Letzte, den ich wählen würde; ***he is the ~ person I expected to see*** mit ihm hatte ich am wenigsten gerechnet; ***this is the ~ thing to happen*** das ist völlig unwahrscheinlich; **8.** *contp.* ‚letzt', mise'rabelst; **II** *adv.* **9.** zu'letzt, als Letzter, -e, -es, an letzter Stelle: ***~ of all*** ganz zuletzt, zuallerletzt; ***~ but not least*** nicht zuletzt, nicht zu vergessen; **10.** zu'letzt, das letzte Mal, zum letzten Mal(e): ***I ~ met him in Berlin***; **11.** zu guter Letzt; **12.** *in Zssgn:* ***~-mentioned*** letzterwähnt, -genannt; **III** *s.* **13.** ***at ~*** a) endlich, b) schließlich, zuletzt; ***at long ~*** schließlich (doch noch); **14.** *der* (*die, das*) Letzte: ***the ~ of the Mohicans*** der letzte Mohikaner; ***he was the ~ to arrive*** er traf als Letzter ein; ***he would be the ~ to do that*** er wäre der Letzte, der so etwas täte; **15.** *der* (*die, das*) Letztgenannte *od.* Letzte; **16.** F a) letzte Erwähnung, b) letzter (An)Blick, c) letztes Mal: ***breathe one's ~*** s-n letzten Atemzug tun; ***hear the ~ of*** zum letzten Mal(e) (*od.* nichts mehr) hören von *et. od. j-m*; ***we shall never hear the ~ of this*** das werden wir noch lang zu hören kriegen; ***look one's ~ on s.th.*** e-n (aller)letzten Blick auf et. werfen; ***we shall never see the ~ of that man*** den (Mann) werden wir nie mehr los; **17.** Ende *n*: ***to the ~*** a) bis zum Äußersten, b) bis zum Ende (*od.* Tod).

last² [lɑːst] **I** *v/i.* **1.** (an-, fort)dauern, währen: ***too good to ~*** zu schön, um lange zu währen *od.* um wahr zu sein; ***it won't ~*** es wird nicht lange anhalten *od.* so bleiben; **2.** bestehen: ***as long as the world ~s***; **3.** 'durch-, aushalten: ***he won't ~ much longer*** er wirds nicht mehr lange machen; **4.** (sich) halten: ***the paint will ~***; ***~ well*** haltbar sein; **5.** (aus)reichen, genügen: ***while the money ~s*** solange das Geld reicht; ***I must make my money ~*** ich muss mit m-m Geld auskommen; **II** *v/t.* **6.** *a.* ***~ out*** *j-m* reichen: ***it will ~ us a week***; **7.** *mst* ***~ out*** a) über'dauern, b) 'durchhalten, c) (es mindestens) ebenso lange aushalten wie.

last³ [lɑːst] *s.* Leisten *m*: ***put on the ~*** über den Leisten schlagen; ***stick to your ~!*** *fig.* (Schuster,) bleib bei deinem Leisten!

ˌlast-'ditch *adj.*: ***~ stand*** *ein* letzter (verzweifelter) Widerstand *od.* Versuch.

last·ing ['lɑːstɪŋ] **I** *adj.* □ dauerhaft, dauernd, anhaltend, *Material etc. a.* haltbar: ***~ impression*** nachhaltiger Eindruck; **II** *s.* Lasting *n* (*fester Kammgarnstoff*); **'last·ing·ness** [-nɪs] *s.* Dauer(haftigkeit) *f*, Haltbarkeit *f*.

last·ly ['lɑːstlɪ] *adv.* zu'letzt, schließlich, am Ende, zum Schluss.

last-min·ute [ˌlɑːst'mɪnɪt] *adj.* in letzter Mi'nute: ***~ flight*** Last-Minute-Flug *m*.

latch [lætʃ] **I** *s.* **1.** Klinke *f*, (Schnapp-) Riegel *m*: ***on the ~*** nur eingeklinkt (*Tür*); **2.** Schnappschloss *n*; **II** *v/t.* **3.** ein-, zuklinken; **III** *v/i.* **4.** sich einklinken, einschnappen; **5.** ***~ on to*** F a) sich (wie e-e Klette) an *j-n* hängen, b) *e-e Idee* (gierig) aufgreifen, c) *et.* kapieren *od.* ‚spitzkriegen'.

'latch·key *s.* **1.** Drücker *m*, Schlüssel *m* (*für ein Schnappschloss*); **2.** Haus- *od.* Wohnungsschlüssel *m*: ***~ child*** Schlüsselkind *n*.

late [leɪt] **I** *adj.* □ → ***lately***; **1.** spät: ***at a ~ hour*** zu später Stunde, spät (*beide a. fig.*); ***on Monday at the ~st*** spätestens am Montag; ***it is (getting) ~*** es ist (schon) spät; ***at a ~r time*** später, zu e-m späteren Zeitpunkt; → ***latest*** I; **2.** vorgerückt, spät, Spät...: ***~ edition*** (***programme***, ***summer***) Spätausgabe *f* (-programm *n*, -sommer *m*); ***ℒ Latin*** Spätlatein *n*; ***the ~ 18th century*** das späte 18. Jahrhundert; ***in the ~ eighties*** gegen Ende der Achtzigerjahre; ***a man in his ~ eighties*** ein Endachtziger; ***in ~ May*** Ende Mai; **3.** verspätet, zu spät: ***be ~*** zu spät kommen (***for s.th.*** zu et.), sich verspäten, spät dran sein, 🚂 *etc.* Verspätung haben: ***be ~ for dinner*** zu spät zum Essen kommen; ***he was ~ with the rent*** er bezahlte s-e Miete mit Verspätung *od.* zu spät; **4.** letzt, jüngst, neu: ***the ~ war*** der letzte Krieg; ***of ~ years*** in den letzten Jahren; **5.** a) letzt, früher, ehemalig, b) verstorben: ***the ~ headmaster*** der letzte *od.* der verstorbene Schuldirektor; ***the ~ government*** die letzte *od.* vorige Regierung; ***my ~ residence*** m-e frühere Wohnung; ***~ of Oxford*** früher in Oxford (wohnhaft); **II** *adv.* **6.** spät: ***of ~*** in letzter Zeit, neuerdings; ***as ~ as last year*** erst *od.* noch letztes Jahr; ***until as ~ as 1984*** noch bis 1984; ***better ~ than never*** lieber spät als gar nicht; ***~ into the night*** bis spät in die Nacht; ***sit*** (*od.* ***stay***) ***up ~*** bis spät in die Nacht *od.* lange aufbleiben; ***it's a bit ~*** F es ist schon ein bisschen spät dafür; (***even***) ***~ in life*** (auch noch) in hohem Alter; ***not***

~r than spätestens, nicht später als; ~r on später, nachher; see you ~r! bis später!, bis bald!; ~ in the day F reichlich spät, ‚ein bisschen' spät; 7. zu spät: come ~; the train arrived 20 minutes ~ der Zug hatte 20 Minuten Verspätung; '~ˌcom·er s. Zu'spätgekommene(r m) f, Nachzügler(in), fig. a. e-e Neuerscheinung, et. Neues: he is a ~ in this field fig. er ist neu in diesem (Fach)Gebiet.

late·ly ['leɪtlɪ] adv. 1. vor kurzem, kürzlich; 2. in letzter Zeit, seit einiger Zeit, neuerdings.

la·ten·cy ['leɪtənsɪ] s. La'tenz f, Verborgenheit f.

late·ness ['leɪtnɪs] s. 1. späte Zeit, spätes Stadium: the ~ of the hour die vorgerückte Stunde; 2. Verspätung f, Zu'spätkommen n.

la·tent ['leɪtənt] adj. □ la'tent (a. ⚕, phys., psych.), verborgen: ~ abilities; ~ buds unentwickelte Knospen; ~ heat phys. latente od. gebundene Wärme; ~ period Latenzstadium n od. -zeit f.

lat·er ['leɪtə] comp. von late.

lat·er·al ['lætərəl] I adj. □ 1. seitlich, Seiten..., Neben..., Quer...: ~ angle (view, wind) Seitenwinkel m (-ansicht f, -wind m); ~ branch Seitenlinie f (e-s Stammbaums); ~ thinking unorthodoxe Denkmethode(n pl.) f; 2. anat., ling. late'ral; II s. 3. Seitenteil n, -stück n; 4. ling. Late'ral m; 'lat·er·al·ly [-rəlɪ] adv. seitlich, seitwärts; von der Seite.

Lat·er·an ['lætərən] s. Late'ran m.

lat·est ['leɪtɪst] I sup. von late; II adj. 1. spätest; 2. neuest: the ~ fashion (news, etc.); 3. letzt: he was the ~ to come er kam als Letzter; III adv. 4. am spätesten: he came ~ er kam als Letzter; IV s. 5. (der, die, das) Neueste; 6. at the ~ spätestens.

la·tex ['leɪteks] s. ⚘ Milchsaft m, Latex m.

lath [lɑːθ] s. 1. Latte f, Leiste f: → thin 2; 2. coll. Latten(werk n) pl.

lathe [leɪð] s. ⚙ 1. Drehbank f: ~ tool Drehstahl m; ~ tooling Bearbeitung f auf der Drehbank; 2. Töpferscheibe f.

lath·er ['lɑːðə] I s. 1. (Seifen)Schaum m; 2. Schweiß m (bsd. e-s Pferdes): in a ~ schweißgebadet; be in a ~ about s.th. F sich über et. aufregen; II v/t. 3. einseifen; III v/i. 4. schäumen.

Lat·in ['lætɪn] I s. 1. ling. La'tein(isch) n, das Lateinische; 2. antiq. a) La'tiner m, b) Römer m; 3. Ro'mane m, Ro'manin f, Südländer(in); II adj. 4. ling. la'teinisch, Latein...; 5. a) ro'manisch: the ~ peoples, b) südländisch: ~ temperament; 6. eccl. römisch-ka'tholisch: ~ Church; 7. la'tinisch; ˌ~-A'mer·i·can I adj. la'teinameriˌkanisch; II s. La'teinameriˌkaner(in).

Lat·in·ism ['lætɪnɪzəm] s. Lati'nismus m; 'Lat·in·ist [-nɪst] s. Lati'nist(in), ‚La'teiner' m; Lat·in·i·za·tion [ˌlætɪnaɪ'zeɪʃn] s. Latinisierung f; 'Lat·in·ize [-naɪz] v/t. latinisieren; La·ti·no [lə'tiːnəʊ] pl. -nos s. Am. F (US-)Einwohner (-in) lateinamerikanischer Abkunft.

lat·ish ['leɪtɪʃ] adj. etwas spät.

lat·i·tude ['lætɪtjuːd] s. 1. ast., geogr. Breite f: degree of ~ Breitengrad m; in ~ 40° N. auf dem 40. Grad nördlicher Breite; 2. pl. geogr. Breiten pl., Gegenden pl.: low ~s niedere Breiten; cold ~s kalte Gegenden; 3. fig. a) Spielraum m, Freiheit f: allow s.o. great ~ j-m große Freiheit gewähren, b) großzügige Auslegung (e-s Begriffs etc.); 4. phot. Belichtungsspielraum m; lat·i·tu·di·nal [ˌlætɪ'tjuːdɪnl] adj. geogr. Breiten...

lat·i·tu·di·nar·i·an [ˌlætɪtjuːdɪ'neərɪən] I adj. libe'ral, tole'rant, eccl. a. freisinnig; II s. bsd. eccl. Freigeist m; ˌlat·i·tu·di'nar·i·an·ism [-nɪzəm] s. eccl. Liberali'tät f, Tole'ranz f.

la·trine [lə'triːn] s. La'trine f.

lat·ter ['lætə] I adj. □ → latterly; 1. von zweien: letzter: the ~ name der letztere od. letztgenannte Name; 2. neuer, jünger: in these ~ days in der jüngsten Zeit; 3. letzt, später: the ~ years of one's life; the ~ half of June die zweite Junihälfte; the ~ part of the book die zweite Hälfte des Buches; II s. 4. the ~ a) der (die, das) Letztere, b) die Letzteren pl.; '~-day adj. aus neuester Zeit, mo'dern; '~-day saints s. pl. eccl. die Heiligen pl. der letzten Tage (Mormonen).

lat·ter·ly ['lætəlɪ] adv. 1. in letzter Zeit, neuerdings; 2. am Ende.

lat·tice ['lætɪs] I s. 1. Gitter(werk) n; 2. Gitterfenster n od. -tür f; 3. Gitter(muster) n; II v/t. 4. vergittern; ~ bridge s. ⚙ Gitterbrücke f; ~ frame, ~ gird·er s. ⚙ Gitter-, Fachwerkträger m; ~ window s. Gitter-, Rautenfenster n; '~·work → lattice 1.

Lat·vi·an ['lætvɪən] I adj. 1. lettisch; II s. 2. Lette m, Lettin f; 3. ling. Lettisch n.

laud [lɔːd] I s. Lobgesang m; II v/t. loben, preisen, rühmen; 'laud·a·ble [-dəbl] adj. □ löblich, lobenswert.

lau·da·num ['lɒdnəm] s. pharm. Lau'danum n, 'Opiumtinkˌtur f.

lau·da·tion [lɔː'deɪʃn] s. Lob n; laud·a·to·ry ['lɔːdətərɪ] adj. lobend, Belobigungs..., Lob...

laugh [lɑːf] I s. 1. Lachen n, Gelächter n, thea. etc. a. ‚Lacher' m, contp. (böse etc.) Lache: with a ~ lachend; have a good ~ at s.th. herzlich über e-e Sache lachen; have the ~ of s.o. über j-n (am Ende) triumphieren; have the ~ on one's side die Lacher auf s-r Seite haben; the ~ was on me der Scherz ging

auf m-e Kosten; ***raise a ~*** Gelächter erregen, e-n Lacherfolg erzielen; ***what a ~!*** (das) ist ja zum Brüllen!; ***he (it) is a ~*** F er (es) ist doch zum Lachen; ***just for ~s*** nur zum Spaß; **II** *v/i.* **2.** lachen (*a. fig.*): ***to make s.o. ~*** j-n zum Lachen bringen; ***don't make me ~!*** *iro.* dass ich nicht lache!; ***he ~s best who ~s last*** wer zuletzt lacht, lacht am besten; → ***wrong*** 2; **3.** *fig.* lachen, strahlen (*Himmel etc.*); **III** *v/t.* **4.** lachend äußern: ***~ a bitter ~*** bitter lachen; → ***court*** 9;
Zssgn mit adv. u. prp.:
~ at *v/i.* lachen *od.* sich lustig machen über *j-n od. e-e Sache*, *j-n* auslachen; **~ a·way I** *v/t.* **1.** → ***laugh off***; **2.** *Sorgen etc.* durch Lachen verscheuchen; **3.** *Zeit* mit Scherzen verbringen; **II** *v/i.* **4.** drauf'loslachen, lachen u. lachen; **~ down** *v/t. j-n* durch Gelächter zum Schweigen bringen *od.* mit Lachen über'tönen, auslachen; **~ off** *v/t. et.* lachend *od.* mit e-m Scherz abtun.

laugh·a·ble ['lɑːfəbl] *adj.* □ lachhaft, lächerlich, komisch.

laugh·ing ['lɑːfɪŋ] **I** *s.* **1.** Lachen *n*, Gelächter *n*; **II** *adj.* □ **2.** lachend; **3.** lustig: ***it is no ~ matter*** das ist nicht zum Lachen; **4.** *fig.* lachend, strahlend: ***a ~ sky***; **~ gas** *s.* ⚗ Lachgas *n*; **~ gull** *s. orn.* Lachmöwe *f*; **~ hy·e·na** *s. zo.* 'Fleckenhyˌäne *f*; **~ jack·ass** *s. orn.* Rieseneisvogel *m*; **~ stock** *s.* Gegenstand *m* des Gelächters, Zielscheibe *f* des Spottes: ***make a ~ of o.s.*** sich lächerlich machen.

laugh·ter ['lɑːftə] *s.* Lachen *n*, Gelächter *n*.

launch [lɔːntʃ] **I** *v/t.* **1.** *Boot* aussetzen, ins Wasser lassen; **2.** *Schiff* a) vom Stapel lassen, b) taufen: ***be ~ed*** vom Stapel laufen *od.* getauft werden; **3.** ✈ katapultieren, abschießen; **4.** *Torpedo*, *Geschoss* abschießen, *Rakete a.* starten; **5.** *et.* schleudern, werfen: ***~ o.s into*** → 12; **6.** *Rede*, *Kritik*, *Protest etc.*, *a. e-n Schlag* vom Stapel lassen, loslassen; **7.** *et.* in Gang bringen, einleiten, starten, lancieren; **8.** *et.* lancieren: a) *Produkt*, *Buch*, *Film etc.* her'ausbringen, b) *Anleihe* auflegen, *Aktien* ausgeben; **9.** *j-n* lancieren, (gut) einführen, *j-m* ‚Starthilfe' geben; **10.** ⚔ *Truppen* einsetzen, *an e-e Front etc.* schicken *od.* werfen; **II** *v/i.* **11.** *mst* ***~ out***, ***~ forth*** losfahren, starten: ***~ out on a journey*** sich auf e-e Reise begeben; **12.** ***~ out (into)*** *fig.* a) sich (in *die Arbeit*, *e-e Debatte etc.*) stürzen, b) loslegen (mit *e-r Rede*, *e-r Tätigkeit etc.*), c) (*et.*) anpacken, (*e-e Karriere*, *ein Projekt etc.*) starten: ***~ out into*** → *a.* 6; **13.** ***~ out*** a) e-n Wortschwall von sich geben, b) F viel Geld springen lassen; **III** *s.* **14.** ⚓ Bar'kasse *f*; **15.** → ***launching***; '**launch·er** [-tʃə] *s.* **1.** ⚔ a) (Ra'keten)Werfer *m*, b) Abschussvorrichtung *f* (*Fernlenkgeschosse*); **2.** ✈ Kata'pult *m*, *n*, Startschleuder *f*.

launch·ing ['lɔːntʃɪŋ] *s.* **1.** ⚓ a) Stapellauf *m*, b) Aussetzen *n* (*von Booten*); **2.** Abschuss *m*, *e-r Rakete*: *a.* Start *m*; **3.** ⚔ Kata'pultstart *m*; **4.** *fig.* a) Starten *n*, In-'Gang-Setzen *n*, b) Start *m*, c) Einsatz *m*; **5.** Lancierung *f*, Einführung *f* (*e-s Produkts etc.*), Herausgabe *f* (*e-s Buches etc.*); **~ pad**, **~ plat·form** *s.* Abschussrampe *f* (*e-r Rakete*); **~ rope** *s.* ✈ Startseil *n*; **~ site** *s.* ⚔ (Ra'keten-)ˌAbschussˌbasis *f*; **~ ve·hi·cle** *s.* 'Startraˌkete *f*.

laun·der ['lɔːndə] **I** *v/t.* *Wäsche* waschen (u. bügeln); F *fig. illegal erworbenes Geld* ‚waschen'; **II** *v/i.* sich (*leicht etc.*) waschen lassen; **laun·der·ette** [ˌlɔːndə'ret] *s.* 'Waschsaˌlon *m*; '**laun·dress** [-drɪs] *s.* Wäscherin *f*.

laun·dry ['lɔːndrɪ] *s.* **1.** Wäsche'rei *f*; **2.** F (schmutzige *od.* frisch gereinigte) Wäsche; **~ list 1.** Wäschezettel *m*; **2.** *Am.* F lange Liste.

lau·re·ate ['lɔːrɪət] **I** *adj.* **1.** lorbeergekrönt, -geschmückt; -bekränzt; **II** *s.* **2.** *mst* ***poet ~*** Hofdichter *m*; **3.** Preisträger *m*.

lau·rel ['lɒrəl] *s.* **1.** ⚘ Lorbeer(baum) *m*; **2.** *mst pl. fig.* Lorbeeren *pl.*, Ehren *pl.*, Ruhm *m*: ***look to one's ~s*** sich behaupten wollen; ***reap*** (*od.* ***win*** *od.* ***gain***) ***~s*** Lorbeeren ernten; ***rest on one's ~s*** sich auf s-n Lorbeeren ausruhen; '**lau·rel(l)ed** [-ld] *adj.* **1.** lorbeergekrönt; **2.** preisgekrönt.

lav [læv] *s. Brit.* F ‚Klo' *n*.

la·va ['lɑːvə] *s. geol.* Lava *f*.

lav·a·to·ry ['lævətərɪ] *s.* Toi'lette *f*: ***public ~*** *a.* (öffentliche) Bedürfnisanstalt.

lav·en·der ['lævəndə] **I** *s.* **1.** ⚘ La'vendel *m* (*a. Farbe*); **2.** La'vendel(wasser) *n*; **II** *adj.* **3.** la'vendelfarben.

lav·ish ['lævɪʃ] **I** *adj.* □ a) großzügig, reich, fürstlich, üppig (*Geschenke etc.*), b) reich, 'überschwänglich (*Lob etc.*), c) großzügig, verschwenderisch (***of*** mit, ***in*** in *dat.*) (*Person*): ***be ~ of*** (*od.* ***with***) um sich werfen mit, nicht geizen mit, verschwenderisch umgehen mit; **II** *v/t.* verschwenden, verschwenderisch (aus-) geben: ***~ s.th. on s.o.*** j-n mit et. überhäufen; '**lav·ish·ness** [-nɪs] *s.* Großzügigkeit *f* (*etc.*); Verschwendung(ssucht) *f*.

law [lɔː] *s.* **1.** (*objektives*) Recht, (*das*) Gesetz *od.* (*die*) Gesetze *pl.*: ***by*** (*od.* ***in***, ***under the***) ***~*** nach dem Gesetz, von Rechts wegen, gesetzlich; ***under German ~*** nach deutschem Recht; ***contrary to ~*** gesetz-, rechtswidrig; ***~ and order*** Recht (*od.* Ruhe) u. Ordnung,

L

contp. ‚Law and order'; ***become*** (*od.* ***pass into***) ~ Gesetz *od.* rechtskräftig werden; ***lay down the*** ~ (alles) bestimmen, das Sagen haben; ***take the ~ into one's own hands*** zur Selbsthilfe greifen; ***his word is the*** ~ was er sagt, gilt; **2.** Recht *n*: a) 'Rechtssy͵stem *n*: ***the English*** ~, b) (*einzelnes*) Rechtsgebiet: ***~ of nations*** Völkerrecht; **3.** (*einzelnes*) Gesetz: ***Election*** ♀; ***he is a ~ unto himself*** er tut, was er will; ***is there a ~ against it?*** *iro.* ist das (etwa) verboten?; **4.** Rechtswissenschaft *f*, Jura *pl.*: ***read*** (*od.* ***study***, ***take***) ~ Jura studieren; ***be in the*** ~ Jurist sein; ***practise*** ~ e-e Anwaltspraxis ausüben; **5.** Gericht *n*, Rechtsweg *m*: ***go to*** ~ vor Gericht gehen, den Rechtsweg beschreiten, prozessieren; ***go to ~ with s.o.*** j-n verklagen, gegen j-n prozessieren; **6.** ***the*** ~ F die Polizei: ***call in the*** ~; **7.** (*künstlerisches etc.*) Gesetz: ***the ~s of poetry***; **8.** (Spiel)Regel *f*: ***the ~s of the game***; **9.** a) (Na'tur)Gesetz *n*, b) (wissenschaftliches) Gesetz: ***the ~ of gravity***, c) (Lehr)Satz *m*: ***~ of sines*** Sinussatz; **10.** *eccl.* a) (göttliches) Gesetz, *coll. die* Gebote (Gottes), b) ***the*** ♀ (***of Moses***) das Gesetz (des Moses), c) ***the*** ♀ das Alte Testament; **11.** *hunt.*, *sport* Vorgabe *f*; '**~-a͵bid·ing** *adj.* gesetzestreu, ordnungsliebend: ~ ***citizen***; '**~͵break·er** *s.* Ge'setzesüber͵treter(in); ~ **court** *s.* Gericht(shof *m*) *n*.

L

law·ful ['lɔːfʊl] *adj.* □ **1.** gesetzlich, le'gal; **2.** rechtmäßig, legi'tim: ~ ***son*** ehelicher *od.* legitimer Sohn; **3.** rechtsgültig, gesetzlich anerkannt: ~ ***marriage*** gültige Ehe; '**law·ful·ness** [-nɪs] *s.* Gesetzlichkeit *f*, Legali'tät *f*; Rechtsgültigkeit *f*.

'**law͵giv·er** *s.* Gesetzgeber *m*.

law·less ['lɔːlɪs] *adj.* □ **1.** gesetzlos (*Land*, *Person*); **2.** gesetzwidrig, unrechtmäßig; '**law·less·ness** [-nɪs] *s.* **1.** Gesetzlosigkeit *f*; **2.** Gesetzwidrigkeit *f*.

Law Lord *s.* Mitglied *n* des brit. Oberhauses mit richterlicher Funkti'on.

lawn[1] [lɔːn] *s.* Rasen *m*.

lawn[2] [lɔːn] *s.* Li'non *m*, Ba'tist *m*.

lawn| mow·er *s.* Rasenmäher *m*; ~ **sprin·kler** *s.* Rasensprenger *m*; ~ **tennis** *s.* Rasentennis *n*.

law| of·fice *s.* 'Anwaltskanz͵lei *f*, -praxis *f*; ~ **of·fi·cer** *s.* ⚖ **1.** Ju'stizbeamte(r) *m*; **2.** *Brit. für* a) ***Attorney General***, b) ***Solicitor General***; ~ **re·ports** *s. pl.* Urteilsammlung *f*, Sammlung *f* von richterlichen Entscheidungen; ~ **school** *s.* **1.** 'Rechtsakade͵mie *f*; **2.** *univ. Am.* ju'ristische Fakul'tät; ~ **student** *s.* 'Jurastu͵dent(in); '**~·suit** *s.* ⚖ a) Pro'zess *m*, Verfahren *n*, b) Klage *f*: ***bring a*** ~ e-n Prozess anstrengen, Klage einreichen (***against*** gegen).

law·yer ['lɔːjə] *s.* **1.** (Rechts)Anwalt *m*, (-)Anwältin *f*; **2.** Rechtsberater(in); **3.** Ju'rist(in).

lax [læks] *adj.* □ **1.** lax, locker, (nach-)lässig (***about*** hinsichtlich *gen.*, mit): ~ ***morals*** lockere Sitten; **2.** lose, schlaff, locker; **3.** unklar, verschwommen; **4.** *Phonetik*: schlaff artikuliert; **5.** ~ ***bowels*** a) offener Leib, b) 'Durchfall *m*; **lax·a·tive** ['læksətɪv] ⚕ **I** *s.* Abführmittel *n*; **II** *adj.* abführend; **lax·i·ty** ['læksətɪ], '**lax·ness** [-nɪs] *s.* **1.** Laxheit *f*, Lässigkeit *f*; **2.** Schlaffheit *f*, Lockerheit *f* (*a. fig.*); **3.** Verschwommenheit *f*.

lay[1] [leɪ] **I** *s.* **1.** *bsd. geogr.* Lage *f*: ***the ~ of the land*** *fig.* die Lage; **2.** Schicht *f*, Lage *f*; **3.** Schlag *m* (*Tauwerk*); **4.** V a) ‚Nummer' *f* (*Koitus*), b) ***she is an easy*** ~ die ist gleich ‚dabei'; ***she is a good*** ~ sie ‚bumst' gut; **II** *v/t.* [*irr.*] **5.** *allg.* legen: ~ ***it on the table***; ~ ***a cable*** ein Kabel (ver)legen; ~ ***a bridge*** e-e Brücke schlagen; ~ ***eggs*** Eier legen; ~ ***the foundation***(***s***) ***of*** *fig.* den Grund (-stock) legen zu; ~ ***the foundation stone*** den Grundstein legen; → *die Verbindungen mit den entsprechenden Substantiven etc.*; **6.** *fig.* legen, setzen: ~ ***stress on*** Nachdruck legen auf (*acc.*), betonen; ~ ***an ambush*** e-n Hinterhalt legen; ~ ***the ax***(***e***) ***to a tree*** die Axt an e-n Baum legen; ***the scene is laid in Rome*** der Schauplatz *od.* Ort der Handlung ist Rom, *thea.* das Stück *etc.* spielt in Rom; **7.** anordnen, herrichten: ~ ***the table*** (*od.* ***the cloth***) den Tisch decken; ~ ***the fire*** das Feuer (*im Kamin*) anlegen; **8.** belegen, bedecken: ~ ***the floor with a carpet***; **9.** (***before***) vorlegen (*dat.*), bringen (vor *acc.*): ~ ***one's case before a commission***; **10.** geltend machen, erheben: ~ ***an information against s.o.*** Klage erheben *od.* (Straf)Anzeige erstatten gegen; **11.** a) *Strafe etc.* verhängen, b) *Steuern* auferlegen; **12.** *Schuld etc.* zuschreiben, zur Last legen: ~ ***a mistake to s.o.***(***'s charge***) j-m e-n Fehler zur Last legen; **13.** *Schaden* festsetzen (***at*** auf *acc.*); **14.** a) *et.* wetten, b) setzen auf (*acc.*); **15.** *e-n Plan* schmieden; **16.** 'umlegen, niederwerfen: ~ ***s.o. low*** (*od.* ***in the dust***) j-n zu Boden strecken; **17.** *Getreide etc.* zu Boden drücken; **18.** *Wind, Wogen etc.* beruhigen, besänftigen: ***the wind is laid*** der Wind hat sich gelegt; **19.** *Staub* löschen; **20.** *Geist* bannen, beschwören; → ***ghost*** 1; **21.** ⚓ *Kurs* nehmen auf (*acc.*), ansteuern; **22.** ⚔ *Geschütz* richten; **23.** V ‚umlegen', ‚bumsen'; **III** *v/i.* [*irr.*] **24.** (Eier) legen; **25.** wetten; **26.** zuschlagen: ~ ***about one*** um sich schlagen; ~ ***into s.o.*** *sl.* auf j-n einschlagen; ~ ***to*** (mäch-

tig) ‚rangehen' an *e-e Sache*; **27.** (*fälschlich für* ***lie²*** II) liegen; *Zssgn mit adv.*:
lay| a·bout *v/i.* (heftig) um sich schlagen; **~ a·side**, **~ by** *v/t.* **1.** bei'seite legen; **2.** *fig.* a) aufgeben, b) ‚ausklammern'; **3.** *Geld etc.* beiseite *od.* auf die ‚hohe Kante' legen, zu'rücklegen; **~ down I** *v/t.* **1.** hinlegen; **2.** *Amt, Waffen etc.* niederlegen; **3.** *sein Leben* hingeben, opfern; **4.** *Geld* hinter'legen; **5.** *Grundsatz, Regeln etc.* aufstellen, festlegen, -setzen, vorschreiben, *Bedingung in e-m Vertrag* niederlegen, verankern; → ***law*** 1; **6.** a) die Grundlagen legen für, b) planen, entwerfen; **7.** ✓ besäen *od.* bepflanzen (***in***, ***to***, ***under***, ***with*** mit); **8.** *Wein etc.* (ein)lagern; **II** *v/i.* **9.** *fälschlich für* ***lie down*** 1; **~ in** *v/t.* sich eindecken mit, einlagern; *Vorrat* anlegen; **~ off I** *v/t.* **1.** *Arbeiter* (vorübergehend) entlassen; **2.** *die Arbeit* einstellen; **3.** *das Rauchen etc.* aufgeben: ***~ smoking***; **4.** in Ruhe lassen: ***~ (it)!*** hör auf (damit)!; **II** *v/i.* **5.** aufhören; **~ on I** *v/t.* **1.** *Steuer etc.* auferlegen; **2.** *Peitsche* gebrauchen; **3.** *Farbe etc.* auftragen: ***lay it on*** a) (***thick***) *fig.* ‚dick auftragen', übertreiben, b) e-e ‚saftige' Rechnung stellen, c) draufschlagen; **4.** a) *Gas etc.* installieren, b) *Haus* ans (*Gas- etc.*)Netz anschließen; **5.** F a) auftischen, b) bieten, sorgen für, c) veranstalten, arrangieren; **II** *v/i.* **6.** zuschlagen, angreifen; **~ o·pen** *v/t.* **1.** bloßlegen; **2.** *fig.* a) aufdecken, b) offen legen; **~ out** *v/t.* **1.** ausbreiten; **2.** *Toten* aufbahren; **3.** *Geld* ausgeben; **4.** *allg.* gestalten, *Garten etc.* anlegen, *et.* entwerfen, planen, anordnen, *typ.* aufmachen, das Lay-out *e-r Zeitschrift etc.* machen; **5.** *sl.* a) *j-n* zs.-schlagen, b) *j-n* ,'umlegen', ‚kaltmachen'; **6.** ***~ o.s. out*** F sich ‚mächtig ranhalten'; **~ o·ver** *Am.* **I** *v/t. et.* zu'rückstellen; **II** *v/i.* Aufenthalt haben, 'Zwischenstati,on machen; **~ to** *v/i.* ⚓ beidrehen; **~ up** *v/t.* **1.** → ***lay in***; **2.** ansammeln, anhäufen; **3.** a) ⚓ *Schiff* auflegen, außer Dienst stellen, b) *mot.* stilllegen; **4. *be laid up*** (***with***) bettlägerig sein (wegen), im Bett liegen (mit *Grippe etc.*).

lay² [leɪ] *pret. von* ***lie²***.

lay³ [leɪ] *adj.* Laien...: a) *eccl.* weltlich; b) laienhaft, nicht fachmännisch: ***to the ~ mind*** für den Laien(verstand).

lay⁴ [leɪ] *s. obs.* **1.** Bal'lade *f*; **2.** Lied *n*.

'lay|·a·bout *s. bsd. Brit.* F Faulenzer *m*; **~ broth·er** *s. eccl.* Laienbruder *m*; **'~-by** *s. mot. Brit.* a) Rastplatz *m*, Parkplatz *m*, b) Parkbucht *f* (*Landstraße*); **~ days** *s. pl.* ⚓ Liegetage *pl.*, -zeit *f*; **'~-down** → ***lie-down***.

lay·er I *s.* ['leɪə] **1.** Schicht *f*, Lage *f*: ***in ~s*** schicht-, lagenweise; **2.** Leger *m*, *in Zssgn* ...leger *m*; **3.** Leg(e)henne *f*: ***this hen is a good ~*** diese Henne legt gut; **4.** ✓ Ableger *m*; **5.** ⚔ 'Höhenrichtkano,nier *m*; **II** *v/t.* **6.** ✓ durch Ableger vermehren; **7.** über'lagern, schichtweise legen; **~ cake** *s.* Schichttorte *f*.

lay·ette [leɪ'et] *s.* Babyausstattung *f*.

lay fig·ure *s.* **1.** Gliederpuppe *f* (*als Modell*); **2.** *fig.* Mario'nette *f*, Null *f*.

lay·ing ['leɪɪŋ] *s.* **1.** Legen *n* (*etc.* → ***lay¹*** II u. III): ***~ on of hands*** Handauflegen *n*; **2.** Gelege *n* (*Eier*); **3.** ⚠ Bewurf *m*, Putz *m*.

lay| judge *s.* Laienrichter(in); **'~·man** [-mən] *s.* [*irr.*] **1.** Laie *m* (*Ggs. Geistlicher*); **2.** Laie *m*, Nichtfachmann *m*; **'~-off** *s.* **1.** (vor'übergehende) Entlassung; **2.** Feierschicht *f*; **'~·out** *s.* **1.** Planung *f*, Anordnung *f*, Anlage *f*; **2.** Plan *m*, Entwurf *m*; **3.** *typ.*, *a. Elektronik*: Lay-out *n*: ***~ man*** Layouter *m*; **4.** Aufmachung *f* (*e-r Zeitschrift etc.*); **~ sis·ter** *s.* Laienschwester *f*; **'~,wom·an** *s.* [*irr.*] Laiin *f*.

laze [leɪz] **I** *v/i. a.* ***~ around*** faulenzen, bummeln, auf der faulen Haut liegen; **II** *v/t.* ***~ away*** *Zeit* verbummeln; **III** *s.*: ***have a ~*** → I; **la·zi·ness** ['leɪzɪnɪs] *s.* Faulheit *f*, Trägheit *f*.

la·zy ['leɪzɪ] *adj.* □ träg(e): a) faul, b) langsam, sich langsam bewegend; **'~·bones** *s.* F Faulpelz *m*.

'ld [d] F *für* ***would*** *od.* ***should***.

lea [liː] *s. poet.* Flur *f*, Aue *f*.

leach [liːtʃ] **I** *v/t.* **1.** 'durchsickern lassen; **2.** (aus)laugen; **II** *v/i.* **3.** 'durchsickern.

lead¹ [liːd] **I** *s.* **1.** Führung *f*, Leitung *f*: ***under s.o.'s ~***; **2.** Führung *f*, Spitze *f*: ***be in the ~***, ***have the ~*** an der Spitze stehen, führen(d sein), *sport etc.* in Führung *od.* vorn liegen; ***take the ~*** a) *a. sport* die Führung übernehmen, sich an die Spitze setzen, b) die Initiative ergreifen, c) vorangehen, neue Wege weisen; **3.** *bsd. sport* a) Führung *f*: ***have a two-goal ~*** mit zwei Toren führen, b) Vorsprung *m*: ***one minute's ~*** 'eine Minute Vorsprung (***over s.o.*** vor j-m); **4.** Vorbild *n*, Beispiel *n*: ***give s.o. a ~*** j-m mit gutem Beispiel vorangehen; ***follow s.o.'s ~*** j-s Beispiel folgen; **5.** Hinweis *m*, Fingerzeig *m*, Anhaltspunkt *m*, Spur *f*: ***the police have several ~s***; **6.** *Kartenspiel*: a) Vorhand *f*: ***your ~!*** Sie spielen aus!, b) zu'erst ausgespielte Karte; **7.** *thea.* a) Hauptrolle *f*, b) Hauptdarsteller(in); **8.** ♪ a) Eröffnung *f*, Auftakt *m*, b) *Jazz etc.*: Lead *n*, Führungsstimme *f* (*Trompete etc.*); **9.** *Zeitung*: a) → ***lead story***, b) (zs.-fassende) Einleitung; **10.** (Hunde)Leine *f*; **11.** ⚡ a) Leiter *m*, b) (Zu)Leitung *f*, c) *a.* ***phase ~*** Voreilung *f*; **12.** ⚙ Steigung *f* (*e-s Gewindes*); **13.** ⚔ Vorhalt *m*; **II** *v/t.* [*irr.*] **14.** führen: ***~ the way*** voran-

L

gehen; ***this is ~ing us nowhere*** das bringt uns nicht weiter; → ***nose*** *Redew.*; **15.** *j-n* führen, bringen (***to*** nach, zu) (*a. Straße etc.*); → ***temptation***; **16.** (an)führen, an der Spitze stehen von, *a. Orchester etc.* leiten, *Armee* führen *od.* befehligen: ***~ the field*** *sport* das Feld anführen, vorn liegen; **17.** *j-n* dazu bringen, bewegen, verleiten (***to do s.th.*** et. zu tun): ***this led me to believe*** das machte mich glauben(, *dass*); **18.** a) *ein behagliches etc. Leben* führen, b) *j-m ein elendes etc. Leben* bereiten: ***~ s.o. a dog's life*** j-m das Leben zur Hölle machen; **19.** *Karte*, *Farbe etc.* aus-, anspielen; **20.** *Kabel etc.* führen, legen; **III** *v/i.* [*irr.*] **21.** führen: a) vorangehen, den Weg weisen (*a. fig.*), b) die erste Stelle einnehmen, c) *sport* in Führung liegen (***by*** mit *7 Metern etc.*): ***~ by points*** nach Punkten führen; **22.** ***~ to*** a) führen *od.* gehen zu *od.* nach (*Straße etc.*), b) *fig.* führen zu: ***this is ~ing nowhere*** das führt zu nichts; **23.** *Kartenspiel*: ausspielen (***with s.th.*** et.): ***who ~s?***; **24.** *Boxen*: angreifen (mit der Linken *od.* Rechten): ***he ~s with his right*** *a.* s-e Führungshand ist die Rechte, er ist Rechtsausleger; ***~ with one's chin*** *fig.* das Schicksal herausfordern;

Zssgn mit adv.:

lead| a·stray *v/t.* in die Irre führen, *fig. a.* irre-, verführen; **~ a·way I** *v/t.* **1.** a) *j-n* wegführen, b) → ***lead off*** 1; **2.** *fig. j-n* abbringen (***from*** von *e-m Thema etc.*); **3.** ***be led away*** sich verleiten lassen; **II** *v/i.* **4.** ***~ from*** von *e-m Thema etc.* wegführen; **~ off I** *v/t.* **1.** *j-n* abführen; **2.** *fig.* einleiten, eröffnen; **II** *v/i.* **3.** den Anfang machen; **~ on I** *v/i.* vor'angehen; **II** *v/t. fig.* a) *j-n* hinters Licht führen, b) *j-n* auf den Arm nehmen, c) *j-n* an der Nase herumführen; **~ up I** *v/t.* (***to***) a) (hin'auf)führen (auf *acc.*), b) (hin'über)führen (zu); **II** *v/i.* ***~ to*** *fig.* a) (all'mählich) führen zu, 'überleiten zu, *et.* einleiten: ***what is he leading up to?*** worauf will er hinaus?

lead² [led] **I** *s.* **1.** ⚗ Blei *n*; **2.** ⚓ Senkblei *n*, Lot *n*: ***cast*** (*od.* ***heave***) ***the ~*** loten; **3.** Blei *n*, Kugeln *pl.* (*Geschosse*); **4.** Gra'phit *m*, Reißblei *n*; **5.** (Bleistift)Mine *f*; **6.** *typ.* 'Durchschuss *m*; **7.** Bleifassung *f* (*Fenster*); **8.** *pl. Brit.* a) bleierne Dachplatten *pl.*, b) Bleidach *n*; **II** *v/t.* **9.** verbleien; **10.** mit Blei beschweren; **11.** *typ.* durch'schießen; **~ con·tent** *s.* ⚗ Bleigehalt *m* (*im Benzin*).

lead·en ['ledn] *adj.* bleiern (*a. fig. Glieder*, *Schlaf etc.*; *a. bleigrau*), Blei...

lead·er ['liːdə] *s.* **1.** Führer(in), Erste(r *m*) *f*, *sport a.* Ta'bellenführer *m*; **2.** (An)Führer(in), (*pol. Partei-*, *Fraktions-*, *Oppositions-*, ⚔ *bsd. Zug-*, *Gruppen*)Führer *m*: ***♀ of the House*** *parl.* Vorsitzende(r) *m* des Unterhauses; **3.** ♪ a) Kon'zertmeister *m*, erster Violi'nist, b) Führungsstimme *f* (*erster Sopran od. Bläser etc.*), c) *Am.* (Or'chester-, Chor)Leiter *m*, Diri'gent *m*; **4.** Leiter(in) (*e-s Projekts etc.*); **5.** Leitpferd *n od.* -hund *m*; **6.** ⚖ *Brit.* erster Anwalt (*mst Kronanwalt*): ***~ for the defence*** Hauptverteidiger *m*; **7.** *bsd. Brit.* 'Leitar,tikel *m* (*Zeitung*): ***~ writer*** Leitartikler *m*; **8.** *allg. fig.* ‚Spitzenreiter' *m*, *pl. a.* Spitzengruppe *f*; **9.** † a) 'Lockar,tikel *m*, b) 'Spitzenar,tikel *m*, führendes Pro'dukt, c) *pl. Börse*: führende Werte *pl.*, d) *Statistik*: Index *m*; **10.** ⚘ Leit-, Haupttrieb *m*; **11.** *anat.* Sehne *f*; **12.** Startband *n* (*e-s Films etc.*); **13.** *typ.* Leit-, Ta'bellenpunkt *m*.

lead·er·ship ['liːdəʃɪp] *s.* **1.** Führung *f*, Leitung *f*; **2.** 'Führungsquali,täten *pl.*

'**lead-in** ['liːd-] **I** *adj.* **1.** ϟ Zuleitungs..., *a. fig.* Einführungs...; **II** *s.* **2.** (An'tennen- *etc.*)Zuleitung *f*; **3.** *fig.* Einleitung *f*.

lead·ing ['liːdɪŋ] führend: a) erst, vorderst: ***the ~ car***, b) *fig.* Haupt...: ***~ part*** *thea.* Hauptrolle *f*; ***~ product*** Spitzenprodukt *n*, c) tonangebend, maßgeblich: ***~ citizen*** prominenter Bürger; **~ ar·ti·cle** → ***leader*** 7, 9 a, b; **~ case** *s.* ⚖ Präze'denzfall *m*; **~ edge** *s.* ✈ Flügelvorderkante *f*; **'~-edge** *adj.* Spitzen...: ***~ technology*** Spitzentechnik *f*; **~ la·dy** *s.* Hauptdarstellerin *f*; **~ light** *s.* F *fig.* ‚Leuchte' *f* (*Person*); **~ man** *s.* [*irr.*] Hauptdarsteller *m*; **~ note** *s.* ♪ Leitton *m*; **~ ques·tion** *s.* ⚖ Sugge'stivfrage *f*; **~ reins**, *Am.* **~ strings** *s. pl.* **1.** Leitzügel *m*; **2.** Gängelband *n* (*a. fig.*): ***in ~*** *fig.* a) in den Kinderschuhen (steckend), b) am Gängelband.

lead| pen·cil [led] *s.* Bleistift *m*; **~ poi·son·ing** *s.* ⚕ Bleivergiftung *f*.

lead sto·ry [liːd] *s. Zeitung*: 'Hauptar,tikel *m*, ‚Aufmacher' *m*.

leaf [liːf] **I** *pl.* **leaves** [liːvz] *s.* **1.** ⚘ (*a.* Blumen)Blatt *n*, *pl. a.* Laub *n*: ***in ~*** belaubt, grün; ***come into ~*** ausschlagen, grün werden; **2.** *coll.* a) Teeblätter *pl.*, b) Tabakblätter *pl.*; **3.** Blatt *n* (*im Buch*): ***take a ~ out of s.o.'s book*** *fig.* sich an j-m ein Beispiel nehmen; ***turn over a new ~*** *fig.* ein neues Leben beginnen; **4.** ⚙ a) Flügel *m* (*Tür*, *Fenster etc.*), b) Klappe *od.* Ausziehplatte *f* (*Tisch*), c) ⚔ (*Visier*)Klappe *f*; **5.** ⚙ Blatt *n*, (dünne) Folie: ***gold ~*** Blattgold *n*; **6.** ⚙ Blatt *n* (*Feder*); **II** *v/t. u. v/i.* **7.** ***~ through*** 'durchblättern.

leaf·age ['liːfɪdʒ] *s.* Laub(werk) *n*.

leaf| bud *s.* Blattknospe *f*; **~ green** *s.* ⚘ Blattgrün *n* (*a. Farbe*).

leaf·less ['liːflɪs] *adj.* blätterlos, entblättert, kahl.

leaf·let ['li:flɪt] *s.* **1.** ⚘ Blättchen *n*; **2.** a) Flugblatt *n*, b) Hand-, Re'klamezettel *m*, c) Merkblatt *n*, d) Pro'spekt *m*, e) Bro'schüre *f*.
leaf spring *s.* ⚙ Blattfeder *f*.
leaf·y ['li:fɪ] *adj.* **1.** belaubt, grün; **2.** Laub...; **3.** blattartig, Blatt...
league¹ [li:g] *s.* **1.** Liga *f*, Bund *m*: *&* **of Nations** *hist.* Völkerbund; **2.** Bündnis *n*, Bund *m*: **be in ~ with** im Bunde sein mit, unter 'einer Decke stecken mit; **be in ~ against s.o.** sich gegen j-n verbündet haben; **3.** *sport* Liga *f*: **he is not in the same ~ (with me)** *fig.* da (an mich) kommt er nicht ran.
league² [li:g] *s. obs.* Wegstunde *f*, Meile *f* (*etwa 4 km*).
leak [li:k] **I** *s.* **1.** a) ⚓ Leck *n*, b) undichte Stelle, Loch *n*: **spring a ~** ein Leck *etc.* bekommen; **take a ~** *sl.* ‚pinkeln' (gehen), c) → **leakage** 1; **2.** *fig.* a) ‚undichte Stelle' (*in e-m Amt etc.*), b) 'Durchsickern *n* (*von Informationen*), c) gezielte Indiskreti'on: **a ~ to the press** *a.* e-e der Presse zugespielte Information *etc.*; **3.** ⚡ a) Streuung(sverluste *pl.*) *f*, b) Fehlerstelle *f*; **II** *v/i.* **4.** lecken (*a.* ⚡ streuen), leck *od.* undicht sein, *Eimer etc. a.* (aus)laufen, tropfen; **5.** *a.* **~ out** a) ausströmen, entweichen (*Gas*), b) auslaufen, sickern, tropfen (*Flüssigkeit*), c) 'durchsickern (*a. fig. Nachricht etc.*); **III** *v/t. a.* **~ out** **6.** 'durchlassen: **the container ~ed (out) oil** aus dem Behälter lief Öl aus; **7.** *fig. Nachricht etc.* 'durchsickern lassen: **~ s.th. (out) to** *j-m* et. zuspielen.
leak·age ['li:kɪdʒ] *s.* **1.** a) Lecken *n*, Auslaufen *n*, -strömen *n*, -treten *n*, b) → **leak** 1 a *u.* 2; **2.** *a. fig.* Schwund *m*, Verlust *m*; **3.** ✝ Lec'kage *f*; **~ cur·rent** *s.* ⚡ Leck-, Ableitstrom *m*.
leak·y ['li:kɪ] *adj.* leck, undicht.
lean¹ [li:n] *adj.* **1.** a) mager (*a. fig. Ernte, Fleisch, Jahre, Lohn etc.*), schmal, hager, b) schlank (*a. Management, Produktion*); **2.** ⚙ Mager... (*-kohle etc.*), Spar... (*-beton, -gemisch etc.*): **~-burn engine** Magermotor *m*; **~ production** schlanke Produktion *f*.
lean² [li:n] **I** *v/i.* [*irr.*] **1.** sich neigen (**to** nach), *Person a.* sich beugen (**over** über *acc.*), (sich) lehnen (**against** gegen, an *acc.*), sich stützen (**on** auf *acc.*): **~ back** sich zurücklehnen; **~ over** sich (vor)neigen *od.* (vor)beugen; **~ over backward(s)** F sich ‚fast umbringen' (*et. zu tun*); **~ to(ward) s.th.** *fig.* zu et. (hin)neigen *od.* tendieren; **2. ~ on** *fig.* a) sich auf *j-n* verlassen, b) F *j-n* unter Druck setzen; **II** *v/t.* [*irr.*] **3.** neigen, beugen; **4.** lehnen (**against** gegen, an *acc.*), (auf)stützen (**on, upon** auf *acc.*); **III** *s.* **5.** Hang *m*, Neigung *f* (**to** nach); '**lean·ing** [-nɪŋ] **I** *adj.* sich neigend, geneigt, schief: **~ tower** schiefer Turm; **II** *s.* Neigung *f*, Ten'denz *f* (*a. fig.* **towards** zu).
lean·ness ['li:nnɪs] *s.* Magerkeit *f* (*a. fig. der Ernte, Jahre etc.*).
leant [lent] *bsd. Brit. pret. u. p.p. von* **lean²**.
'**lean-to** [-tu:] **I** *pl.* **-tos** *s.* Anbau *m od.* Schuppen (*mit Pultdach*); **II** *adj.* angebaut, Anbau..., sich anlehnend.
leap [li:p] **I** *v/i.* [*irr.*] **1.** springen: **look before you ~** erst wägen, dann wagen; **ready to ~ and strike** sprungbereit; **~ for joy** vor Freude hüpfen (*a. Herz*); **2.** *fig.* a) springen, b) sich stürzen, c) *a.* **~ up** (auf)lodern (*Flammen*), d) *a.* **~ up** hochschnellen (*Preise etc.*): **~ into view** plötzlich sichtbar werden *od.* auftauchen; **~ at** sich (förmlich) auf *e-e Gelegenheit etc.* stürzen; **~ into fame** mit 'einem Schlag berühmt werden; **~ to a conclusion** voreilig e-n Schluss ziehen; **~ to the eye, ~ out** ins Auge springen; **II** *v/t.* [*irr.*] **3.** über'springen (*a. fig.*), springen über (*acc.*); **4.** *Pferd etc.* springen lassen (**over** über *acc.*); **III** *s.* **5.** Sprung *m* (*a. fig.*): **a ~ in the dark** *fig.* ein Sprung ins Ungewisse; **a great ~ forward** *fig.* ein großer Sprung *od.* Schritt nach vorn; **by ~s (and bounds)** *fig.* sprunghaft; **~ day** *s.* Schalttag *m*; '**~·frog** **I** *s.* Bockspringen *n*; **II** *v/i.* Bock springen; **III** *v/t.* Bock springen über (*acc.*), e-n Bocksprung machen über (*acc.*).
leapt [lept] *pret. u. p.p. von* **leap**.
leap year *s.* Schaltjahr *n*.
learn [lɜ:n] **I** *v/t.* [*irr.*] **1.** (er)lernen; **2.** (**from**) a) erfahren, hören (von), b) ersehen, entnehmen (aus *e-m Brief etc.*); **3.** *sl.* ‚lernen' (*lehren*); **II** *v/i.* [*irr.*] **4.** lernen: **he will never ~!** er lernt es nie!; **5.** erfahren, hören (**of, about** von); '**learn·ed** [-nɪd] *adj.* □ gelehrt, *Buch etc.*: *a.* wissenschaftlich, *Beruf etc.*: *a.* aka'demisch; '**learn·er** [-nə] *s.* **1.** Anfänger(in); **2.** Schüler(in), Lernende(r *m*) *f*: **slow ~** Lernschwache(r *m*) *f*; **3.** *mot. a.* **~ driver** Fahrschüler(in); '**learn·ing** [-nɪŋ] *s.* **1.** Gelehrsamkeit *f*, Gelehrtheit *f*, Wissen *n*: **man of ~** Gelehrte(r) *m*; **2.** (Er)Lernen *n*; **learnt** [-nt] *pret. u. p.p. von* **learn**.
lease [li:s] **I** *s.* **1.** Pacht-, Mietvertrag *m*; **2.** a) Verpachtung *f* (**to** an *acc.*), b) Pacht *f*, Miete *f*, c) → **leasing**: **a new ~ of life** *fig.* ein neues Leben, noch e-e (Lebens)Frist (*nach Krankheit etc.*); **put out to** (*od.* **to let out on**) **~** → 5; **take s.th. on ~, take a ~ of s.th.** → 6; **by** (*od.* **on**) **~** auf Pacht; **3.** Pachtbesitz *m*, -grundstück *n*; **4.** Pacht- *od.* Mietzeit *f od.* -verhältnis *n*; **II** *v/t.* **5. ~ out** verpachten *od.* vermieten (**to** an *acc.*); **6.** pachten *od.* mieten, *Investitionsgüter a.* leasen.

L

'lease|·hold [-ʃhəʊ-] **I** *s.* **1.** Pacht- *od.* Mietbesitz *m*, Pacht- *od.* Mietgrundstück *n*, Pachtland *n*; **II** *adj.* **2.** gepachtet, Pacht...; '**~ˌhold·er** *s.* Pächter(in), Mieter(in).

leas·er ['liːsə] *s.* Pächter(in), Mieter(in), *von Investitionsgütern etc.*: *a.* Leasingnehmer(in).

leash [liːʃ] **I** *s.* **1.** (Koppel-, Hunde)Leine *f*: ***hold in ~*** a) → 4, b) *fig.* im Zaum halten; ***strain at the ~*** a) an der Leine zerren, b) *fig.* vor Ungeduld platzen; **2.** *hunt.* Koppel *f* (*drei Hunde, Füchse etc.*); **II** *v/t.* **3.** (zs.-)koppeln; **4.** an der Leine halten.

leas·ing ['liːsɪŋ] *s.* **1.** Pachten *n*, Mieten *n*; **2.** Verpachten *n od.* Vermieten *n*, *von Investitionsgütern etc.*: *a.* Leasing *n*.

least [liːst] **I** *adj.* (*sup. von* ***little***) geringst: a) kleinst, wenigst, mindest, b) unbedeutendst; **II** *s. das* Mindeste, *das* wenigste: ***at*** (***the***) ***~*** mindestens, wenigstens, zum Mindesten; ***at the very ~*** allermindestens; ***not in the ~*** nicht im Geringsten *od.* Mindesten; ***say the ~*** (***of it***) gelinde gesagt; ***~ said soonest mended*** je weniger Worte (darüber) desto besser; ***that's the ~ of my worries*** das ist m-e geringste Sorge; **III** *adv.* am wenigsten: ***~ of all*** am allerwenigsten; ***not ~*** nicht zuletzt; ***the ~ complicated solution*** die unkomplizierteste Lösung; ***with the ~ possible effort*** mit möglichst geringer Anstrengung.

leath·er ['leðə] **I** *s.* **1.** Leder *n* (*a. fig. humor. Haut*; *sport sl. Ball*): ***~ goods*** Lederwaren *pl.* ; **2.** Lederball *m*, -lappen *m*, -riemen *m etc.*; **3.** *pl.* a) Lederhose(n *pl.*) *f*, b) 'Ledergaˌmaschen *pl.*; **II** *v/t.* **4.** mit Leder über'ziehen; **5.** F ‚versohlen'; '**~·neck** *s.* ⚔ *Am.* F ‚Ledernacken' *m*, Ma'rineinfanteˌrist *m* (*des U.S. Marine Corps*).

leath·er·y ['leðərɪ] *adj.* ledern, zäh.

leave¹ [liːv] **I** *v/t.* [*irr.*] **1.** *allg.* verlassen: a) von *j-m od. e-m Ort* weggehen, b) abreisen *od.* abfahren *od.* abfliegen von (***for*** nach), c) von *der Schule* abgehen, d) *j-n od. et.* im Stich lassen, *et.* aufgeben; **2.** lassen: ***~ open*** offen lassen; ***it ~s me cold*** F es lässt mich kalt; ***~ it at that*** F es dabei belassen *od.* (bewenden) lassen; ***~ things as they are*** die Dinge so lassen, wie sie sind; → ***leave alone***; **3.** (übrig) lassen: ***6 from 8 ~s 2*** 8 minus 6 ist 2; ***be left*** übrig sein, (übrig) bleiben; ***there's nothing left for us but to go*** uns bleibt nichts übrig, als zu gehen; ***to be left till called for*** postlagernd; **4.** *Narbe etc.* zu'rücklassen, *Eindruck, Nachricht, Spur etc.* hinter'lassen: ***~ s.o. wondering whether*** j-n im Zweifel darüber lassen, ob; ***~ s.o. to himself*** j-n sich selbst überlassen; **5.** *s-n Schirm etc.* stehen *od.* liegen lassen, vergessen; **6.** über'lassen, an'heim stellen (***to*** *dat.*): ***I ~ it to you*** (***to decide***); ***~ it to me!*** überlass das mir!, lass mich das *od.* nur machen; ***~ nothing to accident*** nichts dem Zufall überlassen; **7.** (*nach dem Tode*) hinter'lassen, zu'rücklassen: ***he ~s a wife and five children***; **8.** vermachen, vererben (***to s.o.*** j-m); **9.** (*auf der Fahrt*) *links od. rechts* liegen lassen: ***~ the mill on the left***; **10.** aufhören mit, (unter)'lassen, *Arbeit etc.* einstellen; **II** *v/i.* [*irr.*] **11.** (fort-, weg-) gehen, (ab)reisen *od.* (ab)fahren *od.* (ab)fliegen (***for*** nach); **12.** gehen, die Stellung aufgeben;

Zssgn mit adv.:

leave| a·bout *v/t.* her'umliegen lassen; **~ a·lone** *v/t.* **1.** al'lein lassen; **2.** *j-n od. et.* in Ruhe lassen; *et.* auf sich beruhen lassen: ***leave well alone*** die Finger davon lassen; **~ a·side** *v/t.* bei'seite lassen; **~ be·hind** *v/t.* **1.** da-, zu'rücklassen; **2.** → ***leave¹*** 4, 5; **3.** *Gegner etc.* hinter sich lassen; **~ off I** *v/t.* **1.** weglassen; **2.** *Kleid etc.* a) nicht anziehen, b) ablegen, nicht mehr tragen; **3.** aufhören mit, *die Arbeit* einstellen; **4.** *Gewohnheit etc.* aufgeben; **II** *v/i.* **5.** aufhören; **~ on** *v/t. Kleid etc.* anbehalten, *a. Licht etc.* anlassen; **~ out** *v/t.* **1.** aus-, weglassen; **2.** draußen lassen; **3.** *j-n* ausschließen (***of*** von): ***leave her out of this!*** lass sie aus dem Spiel!; **~ o·ver** *v/t.* (*als Rest*) übrig lassen: ***be left over*** übrig (geblieben) sein.

leave² [liːv] *s.* **1.** Erlaubnis *f*, Genehmigung *f*: ***ask ~ of s.o.*** j-n um Erlaubnis bitten; ***take ~ to say*** sich zu sagen erlauben; ***by your ~!*** mit Verlaub!; ***without so much as a by your ~*** *iro.* mir nichts, dir nichts; **2.** *a.* ***~ of absence*** Urlaub *m*: (***go on***) ***~*** auf Urlaub (gehen); ***a man on ~*** ein Urlauber; **3.** Abschied *m*: ***take*** (***one's***) ***~*** sich verabschieden, Abschied nehmen (***of s.o.*** von j-m); ***have taken ~ of one's senses*** nicht (mehr) ganz bei Trost sein.

leav·en ['levn] **I** *s.* **1.** a) Sauerteig *m* (*a. fig.*), b) Hefe *f*, c) → ***leavening***; **II** *v/t.* **2.** *Teig* a) säuern, b) (auf)gehen lassen; **3.** *fig.* durch'setzen, -'dringen; '**leav·en·ing** [-nɪŋ] *s.* Treibmittel *n*, Gär-, Gärungsstoff *m*.

leaves [liːvz] *pl. von* ***leaf***.

'**leave-ˌtak·ing** *s.* Abschied(nehmen *n*) *m*.

leav·ing cer·tif·i·cate ['liːvɪŋ] *s.* Abgangszeugnis *n*.

leav·ings ['liːvɪŋz] *s. pl.* **1.** 'Überbleibsel *pl.*, Reste *pl.*; **2.** Abfall *m*.

Leb·a·nese [ˌlebə'niːz] **I** *adj.* liba'nesisch; **II** *s.* a) Liba'nese *m*, Liba'nesin *f*, b) *pl.* Liba'nesen *pl.*

L

lech·er ['letʃə] *s.* Wüstling *m*, *humor.* ‚Lustmolch' *m*; **lech·er·ous** ['letʃərəs] *adj.* ☐ lüstern, geil; '**lech·er·y** [-ərɪ] *s.* Lüsternheit *f*, Geilheit *f*.

lec·tern ['lektɜːn] *s. eccl.* (Lese- *od.* Chor)Pult *n*.

lec·ture ['lektʃə] **I** *s.* **1.** Vortrag *m*; *univ.* Vorlesung *f*, Kol'leg *n* (**on** über *acc.*, **to** vor *dat.*): **~ hall** (*od.* **room** *od.* **theatre**) Vortrags-, *univ.* Hörsaal *m*; **~ tour** Vortragsreise *f*; **2.** Strafpredigt *f*: **give** (*od.* **read**) **s.o. a ~** → 5; **II** *v/i.* **3.** e-n Vortrag *od.* Vorträge halten (**to s.o. on s.th.** vor j-m über e-e Sache); **4.** *univ.* e-e Vorlesung *od.* Vorlesungen halten, lesen (**on** über *acc.*); **III** *v/t.* **5.** *j-m* e-e Strafpredigt *od.* Standpauke halten; '**lec·tur·er** [-tʃərə] *s.* **1.** Vortragende(r *m*) *f*, **2.** *univ.* Do'zent(in), Hochschullehrer(in); **3.** *Church of England*: Hilfsprediger *m*; '**lec·ture·ship** [-ʃɪp] *s. univ.* Dozen'tur *f*, Lehrauftrag *m*.

led [led] *pret. u. p.p. von* **lead¹**.

ledge [ledʒ] *s.* **1.** Leiste *f*, Kante *f*; **2.** a) (Fenster)Sims *m od. n*, b) (Fenster-)Brett *n*; **3.** (Fels)Gesims *n*, (-)Vorsprung *m*; **4.** Felsbank *f*, Riff *n*.

ledg·er ['ledʒə] *s.* **1.** ✝ Hauptbuch *n*; **2.** ⚠ Querbalken *m*, Sturz *m* (*e-s Gerüsts*); **3.** große Steinplatte; **~ line** *s.* **1.** Angelleine *f* mit festliegendem Köder; **2.** ♪ Hilfslinie *f*.

lee [liː] *s.* **1.** (wind)geschützte Stelle; **2.** Windschattenseite *f*; **3.** ⚓ Lee(seite) *f*.

leech [liːtʃ] *s.* **1.** *zo.* Blutegel *m*: **stick like a ~ to s.o.** *fig.* wie e-e Klette an j-m hängen; **2.** *fig.* Blutsauger *m*, Schma'rotzer *m*.

leek [liːk] *s.* ⚘ (Breit)Lauch *m*, Porree *m*.

leer [lɪə] **I** *s.* (lüsterner *od.* gehässiger *od.* boshafter) (Seiten)Blick, anzügliches Grinsen; **II** *v/i.* (lüstern *etc.*) schielen (**at** nach); anzüglich grinsen; **leer·y** ['lɪərɪ] *adj. sl.* **1.** schlau; **2.** argwöhnisch (**of** gegenüber).

lees [liːz] *s. pl.* Bodensatz *m*: a) Hefe *f* (*a. fig.*): **drink** (*od.* **drain**) **to the ~** *bsd. fig.* bis zur Neige leeren, b) Weinstein *m*.

lee| shore *s.* ⚓ Leeküste *f*; **~ side** *s.* ⚓ Leeseite *f*.

lee·ward ['liːwəd; ⚓ 'luːəd] **I** *adj.* Lee...; **II** *s.* Lee(seite) *f*: **to ~** → **III** *adv.* leewärts.

'**lee·way** *s.* **1.** ⚓, *a.* ✈ Abtrift *f*: **make ~** abtreiben; **2.** *fig.* Rückstand *m*: **make up ~** (den Rückstand) aufholen, (das Versäumte) nachholen; **3.** *fig.* Spielraum *m*.

left¹ [left] *pret. u. p.p. von* **leave¹**.

left² [left] **I** *adj.* **1.** link (*a. pol.*); **II** *adv.* **2.** links: **move ~** nach links rücken; **turn ~** links abbiegen; **~ turn!** ⚔ links um!; **III** *s.* **3.** Linke *f* (*a. pol.*), linke Seite: **on** (*od.* **to**) **the ~** (**of**) links (von), linker Hand (von); **on our ~** zu unserer Linken, links von uns; **to the ~** nach links; **keep to the ~** sich links halten, links fahren; **the ~ of the party** *pol.* der linke Flügel der Partei; **4.** *Boxen*: a) Linke *f* (*Faust*), b) Linke(r *m*) *f* (*Schlag*); '**~-hand** *adj.* **1.** link; **2.** → **left-handed** 1–4; ˌ**~-'hand·ed** *adj.* ☐ **1.** linkshändig: **a ~ person** → **left-hander** 1; **2.** linkshändig, link (*Schlag etc.*); **3.** link, linksseitig; **4.** ⚙ linksgängig, -läufig, Links...: **~ drive** Linkssteuerung *f*; **~ screw** linksgängige Schraube; **5.** zweifelhaft, fragwürdig: **~ compliments**; **6.** linkisch, ungeschickt; **7.** *hist.* morga'natisch, zur linken Hand (*Ehe*); ˌ**~-'hand·er** *s.* **1.** Linkshänder(in); **2.** *Boxen*: Linke *f*.

left·ist ['leftɪst] *pol.* **I** *s.* Linke(r *m*) *f*, 'Linkspoˌlitiker(in), -stehende(r *m*) *f*; **II** *adj.* linksgerichtet, links stehend, Links...

ˌ**left|-'lug·gage lock·er** *s. Brit.* (Gepäck)Schließfach *n*; ˌ**~-'lug·gage** (**office**) *s. Brit.* Gepäckaufbewahrung(sstelle) *f*; '**~ˌo·ver I** *adj.* übrig (geblieben); **II** *s.* 'Überbleibsel *n*, (*bsd.* Speise)Rest *m*.

'**left|-wing** *adj. pol.* dem linken Flügel angehörend, Links..., *Person*: *a.* linksgerichtet, links stehend: **~ extremism** 'Linksextreˌmismus *m*; **~ extremist** 'Linksextreˌmist(in); ˌ**~-'wing·er** *s.* **1.** → **leftist** I; **2.** *sport* Linksaußen *m*.

leg [leg] **I** *s.* **1.** a) Bein *n*, b) 'Unterschenkel *m*; → *Bes. Redew.*; **2.** (*Hammel- etc.*)Keule *f*: **~ of mutton**; **3.** a) Bein *n* (*Hose*, *Strumpf*), b) Schaft *m* (*Stiefel*); **4.** a) Bein *n* (*Tisch etc.*), b) Stütze *f*, c) Schenkel *m* (*Zirkel etc.*, *a.* ⩓ *Dreieck*); **5.** E'tappe *f*, Abschnitt *m*, Teilstrecke *f*; **6.** *sport* a) E'tappe *f*, Teilstrecke *f*, b) Runde *f*, c) 'Durchgang *m*, Lauf *m*; **II** *v/i.* **7.** *mst* **~ it** F a) tippeln, marschieren, b) rennen;

Besondere Redewendungen:

on one's ~s a) stehend (*bsd. um e-e Rede zu halten*), b) auf den Beinen (*Ggs. bettlägerig*); **be on one's last ~s** es nicht mehr lange machen, ‚am Eingehen' sein, auf dem letzten Loch pfeifen; **find one's ~s** s-e Beine gebrauchen lernen, *fig.* sich finden; **give s.o. a ~ up** j-m (hin)aufhelfen, *fig.* j-m unter die Arme greifen; **have not a ~ to stand on** *fig.* keinerlei Beweise *od.* keine Chance haben; **pull s.o.'s ~** F j-n ‚auf den Arm nehmen' *od.* aufziehen; **shake a ~** a) F das Tanzbein schwingen, b) *sl.* ‚Tempo machen'; **stand on one's own ~s** auf eigenen Füßen stehen; **stretch one's ~s** sich die Beine vertreten.

leg·a·cy ['legəsɪ] *s.* ⚖ Le'gat *n*, Vermächtnis *n* (*a. fig.*), *fig. a.* Erbe *n*, *contp.* Hinter'lassenschaft *f*.

L

le·gal ['liːgl] *adj.* □ **1.** gesetzlich, rechtlich: ~ ***holiday*** gesetzlicher Feiertag; ~ ***reserves*** ✝ gesetzliche Rücklagen; **2.** le'gal: a) (rechtlich *od.* gesetzlich) zulässig, gesetzmäßig, b) rechtsgültig: ~ ***claim***; ***not*** ~ gesetzlich verboten *od.* nicht zulässig; ***make*** ~ legalisieren; **3.** Rechts..., ju'ristisch: ~ ***adviser*** Rechtsberater(in); ~ ***aid*** Prozesskostenhilfe *f*; ~ ***capacity*** Geschäftsfähigkeit *f*; ~ ***entity*** juristische Person; ~ ***force*** Rechtskraft *f*; ~ ***position*** Rechtslage *f*; ~ ***remedy*** Rechtsmittel *n*; **4.** gerichtlich: ***a*** ~ ***decision***; ***take*** ~ ***action*** (*od.* ***steps***) ***against s.o.*** gegen j-n gerichtlich vorgehen; **le·gal·ese** [ˌliːgə'liːz] *s.* Ju'ristensprache *f*, -jarˌgon *m*; **le·gal·i·ty** [liː'gælətɪ] *s.* Legali'tät *f*, Gesetzlichkeit *f*, Rechtmäßigkeit *f*, Zulässigkeit *f*.

le·gal·i·za·tion [ˌliːgəlaɪ'zeɪʃn] *s.* Legalisierung *f*; **le·gal·ize** ['liːgəlaɪz] *v/t.* legalisieren, rechtskräftig machen, *a.* amtlich beglaubigen, beurkunden.

leg·ate¹ ['legɪt] *s.* (päpstlicher) Le'gat.

le·gate² [lɪ'geɪt] *v/t.* (testamen'tarisch) vermachen.

leg·a·tee [ˌlegə'tiː] *s.* ⚖ Lega'tar(in), Vermächtnisnehmer(in).

le·ga·tion [lɪ'geɪʃn] *s. pol.* Gesandtschaft *f*, Vertretung *f*.

leg·a·tor [ˌlegə'tɔː; *Am.* lɪ'geɪtə] *s.* ⚖ Vermächtnisgeber(in), Erb-lasser(in).

leg·end ['ledʒənd] *s.* **1.** Sage *f*, (*a.* 'Heiligen)Leˌgende *f*; **2.** Le'gende *f*: a) erläuternder Text, Beschriftung *f*, 'Bildˌunterschrift *f*, b) Zeichenerklärung *f* (*auf Karten etc.*), c) Inschrift *f*; **3.** *fig.* legen'däre Gestalt *od.* Sache, Mythus *m*; '**leg·end·ar·y** [-dərɪ] *adj.* legen'där: a) sagenhaft, Sagen..., b) berühmt.

leg·er·de·main [ˌledʒədə'meɪn] *s.* Taschenspiele'rei *f*, *a. fig.* (Taschenspieler)Trick *m*.

-legged [legd] *adj. bsd. in Zssgn* mit (...) Beinen, ...beinig; **leg·gings** ['legɪŋz] *s. pl.* **1.** 'Leggings *pl.*; **2.** 'Überhose *f*; **leg·gy** ['legɪ] *adj.* langbeinig.

leg·i·bil·i·ty [ˌledʒɪ'bɪlətɪ] *s.* Leserlichkeit *f*; **leg·i·ble** ['ledʒəbl] *adj.* □ (gut) leserlich.

le·gion ['liːdʒən] *s.* **1.** *antiq.* ⚔ Legi'on *f* (*a. fig. Unzahl*): ***their name is*** ~ *fig.* ihre Zahl ist Legion; **2.** Legi'on *f*, (*bsd.* Frontkämpfer)Verband *m*: ***the American*** (***British***) ℒ; ℒ ***of Hono***(***u***)***r*** *französische* Ehrenlegion; ***the*** (***Foreign***) ℒ die (französische) Fremdenlegion; '**le·gion·ar·y** [-dʒənərɪ] **I** *adj.* Legions...; **II** *s.* Legio'när *m*; **le·gion·naire** [ˌliːdʒə'neə] *s.* ('Fremden- *etc.*)Legioˌnär *m*.

leg·is·late ['ledʒɪsleɪt] **I** *v/i.* Gesetze erlassen; **II** *v/t.* durch Gesetze bewirken *od.* schaffen: ~ ***away*** durch Gesetze abschaffen; **leg·is·la·tion** [ˌledʒɪs'leɪʃn] *s.* Gesetzgebung *f* (*a. weitS.* [erlassene] Gesetze *pl.*); '**leg·is·la·tive** [-lətɪv] **I** *adj.* □ **1.** gesetzgebend, legisla'tiv; **2.** Legislatur..., Gesetzgebungs...; **II** *s.* **3.** → ***legislature***; '**leg·is·la·tor** [-leɪtə] *s.* Gesetzgeber *m*; '**leg·is·la·ture** [-leɪtʃə] *s.* Legisla'tive *f*, gesetzgebende Körperschaft.

le·git [lɪ'dʒɪt] *sl. für* ***legitimate*** I, ***legitimate drama***.

le·git·i·ma·cy [lɪ'dʒɪtɪməsɪ] *s.* **1.** Legitimi'tät *f*: a) Rechtmäßigkeit *f*, b) Ehelichkeit *f*: ~ ***of birth***, c) Berechtigung *f*, Gültigkeit *f*; **2.** (Folge)Richtigkeit *f*.

le·git·i·mate [lɪ'dʒɪtɪmət] **I** *adj.* □ **1.** legi'tim: a) gesetzmäßig, gesetzlich, b) rechtmäßig, berechtigt (*Forderung etc.*), c) ehelich: ~ ***birth***; ~ ***son***; **2.** (folge)richtig, begründet, einwandfrei; **II** *v/t.* [-meɪt] **3.** legitimieren: a) für gesetzmäßig erklären, b) ehelich machen; **4.** als (rechts)gültig anerkennen; **5.** rechtfertigen; ~ **dra·ma** *s.* **1.** lite'rarisch wertvolles Drama; **2.** echtes Drama (*Ggs. Film etc.*).

le·git·i·ma·tion [lɪˌdʒɪtɪ'meɪʃn] *s.* Legitimati'on *f*: a) Legitimierung *f*, *a.* Ehelichkeitserklärung *f*, b) 'Ausweis(paˌpiere *pl.*) *m*; **le·git·i·ma·tize** [lɪ'dʒɪtɪmətaɪz], **le·git·i·mize** [lɪ'dʒɪtɪmaɪz] → ***legitimate*** 3, 4, 5.

leg·less ['leglɪs] *adj.* ohne Beine, beinlos.

'**leg|·man** *s.* [*irr.*] *bsd. Am.* **1.** Re'porter *m* (im Außendienst); **2.** ‚Laufbursche' *m*; '**~-pull** *s.* F Veräppelung *f*, Scherz *m*; '**~-room** [-rʊm] *s. mot.* Beinfreiheit *f*; '**~-show** *s.* F ‚Beinchenschau' *f*, Re'vue *f*.

leg·ume ['legjuːm] *s.* **1.** ♀ a) Hülsenfrucht *f*, b) Hülse *f* (*Frucht*); **2.** *mst pl.* a) Hülsenfrüchte *pl.* (*als Gemüse*), b) Gemüse *n*; **le·gu·mi·nous** [le'gjuːmɪnəs] *adj.* Hülsen...; Hülsen tragend.

'**leg·work** *s.* F Laufe'rei *f*.

lei·sure ['leʒə] **I** *s.* **1.** Muße *f*, Freizeit *f*: ***at*** ~ → ***leisurely***; ***be at*** ~ Zeit *od.* Muße haben; ***at your*** ~ wenn es Ihnen (gerade) passt; **2.** → ***leisureliness***; **II** *adj.* Muße..., frei: ~ ***hours***; ~ ***activities*** Freizeitbeschäftigungen *pl.*, -gestaltung *f*; ~ ***industry*** Freizeitindustrie *f*; ~ ***park*** Freizeitpark *m*; ~ ***time*** Freizeit *f*; '**~-wear** Freizeit(be)kleidung *f*; '**lei·sured** [-əd] *adj.* frei, unbeschäftigt, müßig: ***the*** ~ ***classes*** die begüterten Klassen; '**lei·sure·li·ness** [-lɪnɪs] *s.* Gemächlichkeit *f*, Gemütlichkeit *f*; '**lei·sure·ly** [-lɪ] *adj. u. adv.* gemächlich, gemütlich.

leit·mo·tiv, *a.* **leit·mo·tif** ['laɪtməʊˌtiːf] *s. bsd.* ♪ 'Leitmoˌtiv *n*.

lem·ming ['lemɪŋ] *s. zo.* Lemming *m*.

lem·on ['lemən] **I** *s.* **1.** Zi'trone *f*; **2.** Zi'tronenbaum *m*; **3.** Zi'tronengelb *n*; **4.** *sl.* ‚Niete' *f*: a) ‚Flasche' *f* (*Person*),

b) ‚Gurke' *f* (*Sache*): ***hand s.o. a ~*** ‚j-n schwer drankriegen'; **II** *adj.* **5.** zi'tronengelb; **lem·on·ade** [ˌleməˈneɪd] *s.* Zi'tronenlimoˌnade *f.*

lem·on| dab *s. ichth.* Rotzunge *f*; **~ sole** *s. ichth.* Seezunge *f*; **~ squash** *s. Brit.* Zi'tronenlimoˌnade *f*; **~ squeez·er** *s.* Zi'tronenpresse *f.*

le·mur ['liːmə] *s. zo.* Le'mur(e) *m*, Maki *m.*

lem·u·res ['lemjʊriːz] *s. pl. myth.* Le'muren *pl.* (*Gespenster*).

lend [lend] *v/t.* [*irr.*] **1.** (aus-, ver)leihen: ***~ s.o. money*** (*od.* ***money to s.o.***) j-m Geld leihen, an j-n Geld verleihen; **2.** *fig. Würde etc.* verleihen (***to*** *dat.*); **3.** *Hilfe etc.* leisten, gewähren: ***~ itself to*** sich eignen zu *od.* für (*Sache*); → ***ear***[1] 3, ***hand*** 1; **4.** *s-n Namen* hergeben (***to*** zu): ***~ o.s. to*** sich hergeben zu; **lend·er** ['lendə] *s.* Aus-, Verleiher(in), Geld-, Kre'ditgeber(in); **lend·ing li·brar·y** ['lendɪŋ] *s.* 'Leihbücheˌrei *f*; **lend·ing rate** *s.* Kreditzins *m.*

ˌLend-'Lease Act *s. hist.* Leih-Pacht-Gesetz *n* (*1941*).

length [leŋθ] *s.* **1.** *allg.* Länge *f*: a) *als Maß, a.* Stück *n* (*Stoff etc.*): ***two feet in ~*** 2 Fuß lang, b) (*a.* lange) Strecke, c) 'Umfang *m* (*Buch, Liste etc.*), d) (*a.* lange) Dauer (*a. Phonetik*); **2.** *sport* Länge *f* (Vorsprung): ***win by a ~*** mit e-r Länge (Vorsprung) siegen;

Besondere Redewendungen:

at ~ a) lang, ausführlich, b) endlich, schließlich; ***at full ~*** a) in allen Einzelheiten, ganz ausführlich, b) der Länge nach (*hinfallen*); ***at great*** (***some***) ***~*** sehr (ziemlich) ausführlich; ***for any ~ of time*** für längere Zeit; (***over all***) ***the ~ and breadth of France*** in ganz Frankreich (herum); ***go*** (***to***) ***great ~s*** a) sehr weit gehen, b) sich sehr bemühen; ***he went*** (***to***) ***the ~ of asserting*** er ging so weit zu behaupten; ***go*** (***to***) ***all ~s*** aufs Ganze gehen, vor nichts zurückschrecken; ***go any ~*** alles (Erdenkliche) tun.

length·en ['leŋθən] **I** *v/t.* **1.** verlängern, länger machen; **2.** ausdehnen; **3.** *Wein etc.* strecken; **II** *v/i.* **4.** sich verlängern, länger werden; **5.** ***~ out*** sich in die Länge ziehen; **'length·en·ing** [-θənɪŋ] *s.* Verlängerung *f.*

length·i·ness ['leŋθɪnɪs] *s.* Langatmigkeit *f*, Weitschweifigkeit *f.*

'length·ways [-weɪz], *Am.* **'length·wise** *adv.* der Länge nach, längs.

length·y ['leŋθɪ] *adj.* ☐ **1.** (sehr) lang; **2.** *fig.* ermüdend *od.* 'übermäßig lang, langatmig.

le·ni·en·cy ['liːnjənsɪ], *a.* **le·ni·ence** ['liːnjəns] *s.* Milde *f*, Nachsicht *f*; **'le·ni·ent** [-nt] *adj.* ☐ mild(e), nachsichtig (***to***[***wards***] gegen'über).

lens [lenz] *s.* **1.** *anat.* Linse *f* (*a. phys.*, ⚙); **2.** *opt.* a) Linse *f*, b) Lupe *f*, (Vergrößerungs)Glas *n*; **3.** *phot.* Objek'tiv *n*, ‚Linse' *f*: ***~ aperture*** Blende *f*; ***~ screen*** Gegenlichtblende *f.*

lent[1] [lent] *pret. u. p.p. von* ***lend***.

Lent[2] [lent] *s.* Fasten(zeit *f*) *pl.*

len·tic·u·lar [len'tɪkjʊlə] *adj.* ☐ **1.** linsenförmig, *bsd. anat.* Linsen...; **2.** *phys.* bikon'vex.

len·til ['lentɪl] *s.* ⚘ Linse *f.*

Lent| lil·y *s.* ⚘ Nar'zisse *f*; **~ term** *s. Brit.* 'Frühjahrstriˌmester *n.*

Le·o ['liːəʊ] *s. ast.* Löwe *m.*

le·o·nine ['liːəʊnaɪn] *adj.* Löwen...

leop·ard ['lepəd] *s. zo.* Leo'pard *m*: ***black ~*** Schwarzer Panther; ***the ~ can't change its spots*** *fig.* die Katze lässt das Mausen nicht; ***~ cat*** *s. zo.* Ben'galkatze *f.*

le·o·tard ['liːəʊtɑːd] *s.* Tri'kot(anzug *m*) *n*, *sport* Gym'nastikanzug *m.*

lep·er ['lepə] *s.* **1.** Leprakranke(r *m*) *f*; **2.** *fig.* Aussätzige(r *m*) *f.*

lep·i·dop·ter·ous [ˌlepɪ'dɒptərəs] *adj.* Schmetterlings...

lep·re·chaun ['leprəkɔːn] *s. Ir.* Kobold *m.*

lep·ro·sy ['leprəsɪ] *s.* ⚕ Lepra *f*; **'lep·rous** [-əs] *adj.* a) leprakrank, b) leprös, Lepra...

les·bi·an ['lezbɪən] **I** *adj.* lesbisch; **II** *s.* Lesbierin *f*; **'les·bi·an·ism** [-nɪzəm] *s.* lesbische Liebe, Lesbia'nismus *m.*

lese-maj·es·ty [ˌliːz'mædʒɪstɪ] *s.* **1.** *a. fig.* Maje'stätsbeleidigung *f*; **2.** Hochverrat *m.*

le·sion ['liːʒn] *s.* **1.** Verletzung *f*, Wunde *f*; **2.** krankhafte Veränderung (*e-s Organs*).

less [les] **I** *adv.* (*comp. von* ***little***) weniger (***than*** als): ***a ~ known*** (*od.* ***~-known***) ***author*** ein weniger bekannter Autor; ***~ and ~*** immer weniger *od.* seltener; ***still*** (*od.* ***much***) ***~*** noch viel weniger, geschweige denn; ***the ~ so as*** (dies) umso weniger, als; **II** *adj.* (*comp. von* ***little***) geringer, kleiner, weniger: ***in ~ time*** in kürzerer Zeit; ***of ~ importance*** (***value***) von geringerer Bedeutung (von geringerem Wert); ***no ~ a person than Churchill***; *a.* ***Churchill, no ~*** kein Geringerer als Churchill; **III** *s.* weniger, e-e kleinere Menge *od.* Zahl, ein geringeres (Aus)Maß: ***for ~*** billiger; ***do with ~*** mit weniger auskommen; ***little ~ than robbery*** so gut wie *od.* schon fast Raub; ***nothing ~ than*** zumindest; ***nothing ~ than a disaster*** e-e echte Katastrophe; ***~ of that!*** hör auf damit!; **IV** *prp.* weniger, minus, ✝ abzüglich.

les·see [le'siː] *s.* Pächter(in) *od.* Mieter(-in), *von Investitionsgütern etc.*: *a.* Leasingnehmer(in).

L

less·en ['lesn] **I** *v/i.* sich vermindern *od.* verringern, abnehmen, geringer werden, nachlassen; **II** *v/t.* vermindern, -ringern, -kleinern; *fig.* her'absetzen, schmälern; '**less·en·ing** [-nɪŋ] *s.* Nachlassen *n*, Abnahme *f*, Verringerung *f*, -minderung *f*.

less·er ['lesə] *adj.* (*nur attr.*) kleiner, geringer; unbedeutender.

les·son ['lesn] *s.* **1.** Lekti'on *f* (*a. fig. Denkzettel, Strafe*), Übungsstück *n*, (*a.* Haus)Aufgabe *f*; **2.** (Lehr-, 'Unterrichts)Stunde *f*; *pl.* 'Unterricht *m*, Stunden *pl.*: ***give ~s*** Unterricht erteilen; ***take ~s from s.o.*** Stunden *od.* Unterricht bei j-m nehmen; **3.** *fig.* Lehre *f*: ***this was a ~ to me*** das war mir e-e Lehre; ***let this be a ~ to you*** lass dir das zur Lehre *od.* Warnung dienen; ***he has learnt his ~*** er hat s-e Lektion gelernt; **4.** *eccl.* Lesung *f*.

les·sor [le'sɔː] *s.* Verpächter(in) *od.* Vermieter(in), *von Investitionsgütern etc.*: *a.* Leasinggeber(in).

lest [lest] *cj.* **1.** (*mst mit folgendem* **should** *konstr.*) dass *od.* da'mit nicht; aus Furcht, dass; **2.** (*nach Ausdrücken des Befürchtens*) dass: ***fear ~***.

let[1] [let] **I** *s.* **1.** *Brit.* F a) Vermietung *f*, b) Mietwohnung *f*, Mietshaus *n*: ***get a ~ for*** e-n Mieter finden für; **II** *v/t.* [*irr.*] **2.** lassen, *j-m* erlauben: ***~ him talk!*** lass ihn reden!; ***~ me help you*** lassen Sie mich Ihnen helfen; ***~ s.o. know*** j-n wissen lassen *od.* Bescheid sagen; ***~ into*** a) (her)einlassen in (*acc.*), b) *j-n* einweihen in *ein Geheimnis*, c) *Stück Stoff etc.* einsetzen in (*acc.*); ***~ s.o. off a penalty*** j-m e-e Strafe erlassen; ***~ s.o. off a promise*** j-n von e-m Versprechen entbinden; **3.** vermieten (**to** an *acc.*, **for** auf *ein Jahr etc.*): ***"to ~"*** „zu vermieten"; **4.** *Arbeit etc.* vergeben (**to** an *j-n*); **III** *v/aux.* [*irr.*] **5.** lassen, mögen, sollen (*zur Umschreibung des Imperativs der 1. u. 2. Person*): ***~ us go! Yes, ~'s!*** gehen wir! Ja, gehen wir! (*od.* Ja, einverstanden!); ***~ him go there at once!*** er soll sofort hingehen!; ***~'s not*** (F ***don't let's***) ***quarrel!*** wir wollen doch nicht streiten!; (***just***) ***~ them try*** das sollen sie nur versuchen; ***~ me see!*** Moment mal!; ***~ A be equal to B*** nehmen wir an, A ist gleich B; ***~ it be known that*** man soll *od.* alle sollen wissen, dass; **IV** *v/i.* [*irr.*] **6.** sich vermieten (lassen) (**at**, **for** für);

Besondere Redewendungen:

~ alone a) geschweige denn, ganz zu schweigen von, b) → ***let alone***; ***~ loose*** loslassen; ***~ be*** a) *et.* sein lassen, die Finger lassen von, b) *et. od. j-n* in Ruhe lassen; ***~ fall*** a) (*a. fig. Bemerkung*) fallen lassen, b) ⩘ *Senkrechte* fällen (**on**, **upon** auf *acc.*); ***~ fly*** a) *et.* abschießen, *fig. et.* vom Stapel lassen, b) (*v/i.*) schießen (**at** auf *acc.*), c) *fig.* vom Leder ziehen, grob werden; ***~ go*** a) loslassen, fahren lassen, b) es sausen lassen, c) drauf'losrasen *od.* -schießen *etc.*, d) loslegen; ***~ o.s. go*** a) sich gehen lassen, b) aus sich herausgehen; ***~ go of s.th.*** et. loslassen; ***~ it go at that*** lass es dabei bewenden;

Zssgn mit adv.:

let| a·lone *v/t.* **1.** al'lein lassen, verlassen; **2.** *j-n od. et.* in Ruhe lassen; *et.* sein lassen; die Finger von *et.* lassen (*a. fig.*): ***let well alone*** lieber die Finger davonlassen; **~ down** *v/t.* **1.** hin'unter- *od.* her'unterlassen: ***let s.o. down gently*** mit j-m glimpflich verfahren; **2.** a) *j-n* im Stich lassen (**on** bei), b) *j-n* enttäuschen, c) *j-n* blamieren; **3.** die Luft aus *e-m Reifen* lassen; **~ in** *v/t.* **1.** (her)'einlassen; **2.** *Stück etc.* einlassen, -setzen; **3.** einweihen (**on** in *acc.*); **4.** ***let s.o. in for*** j-m *et.* aufhalsen *od.* einbrocken; ***let o.s. in for*** sich *et.* einbrocken *od.* einhandeln, sich auf *et.* einlassen; **~ off** *v/t.* **1.** *Sprengladung etc.* loslassen, *Gewehr etc.* abfeuern; *Gas etc.* ablassen; → ***steam*** 1; **2.** *Witz etc.* vom Stapel lassen; **3.** *j-n* laufen *od.* gehen lassen, *mit e-r Geldstrafe etc.* da'vonkommen lassen; **~ on** F **I** *v/i.* **1.** ‚plaudern' (*Geheimnis verraten*); **2.** vorgeben, so tun als ob; **II** *v/t.* **3.** ‚ausplaudern', verraten; **4.** sich *et.* anmerken lassen; **~ out** *v/t.* **1.** hin'aus- *od.* herauslassen; **2.** *Kleid* auslassen; **3.** *Geheimnis* ausplaudern; **4.** → ***let***[1] 3, 4; **~ up** *v/i.* F **1.** a) nachlassen, b) aufhören; **2.** ***~ on*** ablassen von, *j-n* in Ruhe lassen.

let[2] [let] *s.* **1.** *Tennis*: Netzaufschlag *m*, Netz(ball *m*) *n*; **2.** ***without ~ or hindrance*** völlig unbehindert.

'let·down *s.* **1.** Nachlassen *n*; **2.** F Enttäuschung *f*; **3.** ✈ Her'untergehen *n*.

le·thal ['liːθl] *adj.* **1.** tödlich, todbringend; **2.** Todes...

le·thar·gic, le·thar·gi·cal [lɪ'θɑːdʒɪk(l)] *adj.* □ le'thargisch: a) ⚕ schlafsüchtig, b) teilnahmslos, stumpf, träg(e); **leth·ar·gy** ['leθədʒɪ] *s.* Lethar'gie *f*: a) Teilnahmslosigkeit *f*, Stumpfheit *f*, b) ⚕ Schlafsucht *f*.

Le·the ['liːθiː] *s.* **1.** Lethe *f* (*Fluss des Vergessens im Hades*); **2.** *poet.* Vergessen(heit *f*) *n*.

Lett [let] → ***Latvian***.

let·ter ['letə] **I** *s.* **1.** Buchstabe *m* (*a. fig. buchstäblicher Sinn*): ***to the ~*** *fig.* buchstabengetreu, (ganz) exakt; ***the ~ of the law*** der Buchstabe des Gesetzes; ***in ~ and in spirit*** dem Buchstaben u. dem Sinne nach; **2.** Brief *m*, Schreiben *n* (**to** an *acc.*): ***by ~*** brieflich, schriftlich; ***~ of application*** Bewerbungsschreiben; ***~***

of attorney ⚖ Vollmacht *f*; **~ *of credit*** ✝ Akkreditiv *n*; **~ *of intent*** schriftliche Absichtserklärung; **3.** *pl.* Urkunde *f*: ***~s of administration*** ✝ Nachlassverwalterzeugnis *n*; ***~s testamentary*** Testamentsvollstreckerzeugnis *n*; ***~s*** (*od.* **~**) ***of credence***, ***~s credential*** *pol.* Beglaubigungsschreiben *n*; ***~s patent*** ✝ (*sg. od. pl. konstr.*) Patent(urkunde *f*) *n*; **4.** *typ.* a) Letter *f*, Type *f*, b) *coll.* Lettern *pl.*, Typen *pl.*, c) Schrift(art) *f*; **5.** *pl.* a) (schöne) Litera'tur, b) Bildung *f*, c) Wissenschaft *f*: ***man of ~s*** a) Literat *m*, b) Gelehrter *m*; **II** *v/t.* **6.** beschriften; mit Buchstaben bezeichnen; *Buch* betiteln.

let·ter| bomb *s.* Briefbombe *f*; **'~·box** *s.* *bsd. Brit.* Briefkasten *m*; **~ card** *s.* Briefkarte *f*.

let·tered ['letəd] *adj.* **1.** a) (lite'rarisch) gebildet, b) gelehrt; **2.** beschriftet, bedruckt.

let·ter| file *s.* Briefordner *m*; **~ founder** *s. typ.* Schriftgießer *m*.

'let·ter·head *s.* **1.** (gedruckter) Briefkopf; **2.** 'Kopfpa,pier *n*.

let·ter·ing ['letərɪŋ] *s.* Aufdruck *m*, Beschriftung *f*.

,let·ter-'per·fect *adj.* **1.** *thea.* rollensicher; **2.** *allg.* buchstabengetreu.

'let·ter|·press *s. typ.* **1.** (Druck)Text *m*; **2.** Hoch-, Buchdruck *m*; **~ scales** *s. pl.* Briefwaage *f*; **'~·weight** *s.* Briefbeschwerer *m*.

Let·tish ['letɪʃ] → ***Latvian***.

let·tuce ['letɪs] *s.* ⚘ (*bsd.* 'Kopf)Sa,lat *m*.

'let-up *s.* F Nachlassen *n*, Aufhören *n*, Unter'brechung *f*: ***without ~*** unaufhörlich.

leu·co·cyte ['lju:kəʊsaɪt] *s. physiol.* Leuko'zyte *f*, weißes Blutkörperchen.

leu·co·ma [lju:'kəʊmə] *s.* ⚕ Leu'kom *n* (*Hornhauttrübung*).

leu·k(a)e·mi·a [lju:'ki:mɪə] *s.* ⚕ Leukä'mie *f*.

Le·van·tine ['levəntaɪn] **I** *s.* Levan'tiner (-in); **II** *adj.* levan'tinisch.

lev·ee[1] ['levɪ] *s.* (Ufer-, Schutz)Damm *m*, (Fluss)Deich *m*.

lev·ee[2] ['levɪ] *s.* **1.** *hist.* Le'ver *n*, Morgenempfang *m* (*e-s Fürsten*); **2.** *Brit.* Nachmittagsempfang *m*; **3.** *allg.* Empfang *m*.

lev·el ['levl] **I** *s.* **1.** Ebene *f* (*a. geogr.*), ebene Fläche; **2.** Horizon'tale *f*, Waagrechte *f*; **3.** Höhe *f* (*a. geogr.*), (*Meeres-, Wasser-, physiol. Alkohol-, Blutzucker- etc.*)Spiegel *m*, (*Geräusch-, Wasser*)Pegel *m*: ***on a ~*** (***with***) auf gleicher Höhe (mit); ***he's on the ~*** F a) er ist ‚in Ordnung', b) er meint es ehrlich; **4.** *fig.* (*a. geistiges*) Ni'veau, Stand *m*, Grad *m*, Stufe *f*: ***high ~ of education***; ***the ~ of prices*** das Preisniveau; ***low production ~*** niedriger Produktionsstand; ***come down to the ~ of others*** sich auf das Niveau anderer begeben; ***sink to the ~ of cut-throat practices*** auf das Niveau von Halsabschneidern absinken; ***find one's ~*** *fig.* den Platz einnehmen, der e-m zukommt; **5.** (*politische etc.*) Ebene: ***a conference at*** (*od.* ***on***) ***the highest ~*** e-e Konferenz auf höchster Ebene; **6.** ⚙ a) Li'belle *f*, b) Wasserwaage *f*; **7.** ⚙, *surv.* Nivel'lierinstru,ment *n*; **8.** ⚒ a) Sohle *f*, b) Sohlenstrecke *f*; **II** *adj.* **9.** eben: ***a ~ road***; **10.** horizon'tal, waag(e)recht; **11.** gleich (*a. fig.*): **~ *crossing*** schienengleicher Übergang; ***a ~ teaspoon***(***ful***) ein gestrichener Teelöffel (voll); **~** (***with***) a) auf gleicher Höhe (mit), b) gleich hoch (wie); ***draw ~ with*** *j-n* einholen, *fig. a.* mit *j-m* gleichziehen; **~ *with the ground*** a) zu ebener Erde, b) in Bodenhöhe; ***make ~ with the ground*** dem Erdboden gleichmachen; **12.** ausgeglichen: **~ *race*** *a.* Kopf-an-Kopf-Rennen *n*; **~ *stress*** *ling.* schwebende Betonung; **~ *temperature*** gleich bleibende Temperatur; **13.** a) vernünftig, b) ausgeglichen (*Person*), c) kühl, ruhig (*a. Stimme*), d) ausgewogen (*Urteil*); **14.** F ‚anständig', ehrlich, fair: ***a ~ playing field*** 'Chancengleichheit *f*, gleiche Bedingungen *pl.* für alle; **III** *v/t.* **15.** (ein)ebnen, planieren: **~** (***with the ground***) dem Erdboden gleichmachen; **16.** *j-n* zu Boden schlagen; **17.** *fig.* a) gleichmachen, nivellieren, ‚einebnen', b) *Unterschiede* aufheben, c) ausgleichen; **18.** in horizon'tale Lage bringen; **19.** (***at***, ***against***) a) *Waffe, Blick, a. Kritik etc.* richten (auf *acc.*), b) *Anklage* erheben (gegen); **IV** *v/i.* **20.** zielen (***at*** auf *acc.*); **21.** **~ *with s.o.*** F j-m gegenüber ehrlich sein; **~ down** *v/t.* **1.** *Löhne, Preise etc.* nach unten angleichen; **2.** auf ein tieferes Ni'veau her'abdrücken; **~ off** *od.* **out I** *v/t.* (*v/i.* das Flugzeug) abfangen *od.* aufrichten; **II** *v/i. fig.* sich einpendeln (***at*** bei); **~ up** *v/t.* **1.** (nach oben) angleichen; **2.** auf ein höheres Ni'veau heben.

,lev·el-'head·ed *adj.* vernünftig, nüchtern, klar.

lev·el·(l)er ['levlə] *s. sociol.* ‚Gleichmacher' *m* (*Faktor*).

le·ver ['li:və] **I** *s.* **1.** ⚙, *phys.* a) Hebel *m*, b) Brechstange *f*; **2.** ⚙ Anker *m* (*der Uhr*): **~ *escapement*** Ankerhemmung *f*; **~ *watch*** Ankeruhr *f*; **3.** *fig.* Druckmittel *n*; **II** *v/t.* **4.** hebeln, mit e-m Hebel bewegen, (hoch- *etc.*)stemmen: **~ *up***; **'le·ver·age** [-vərɪdʒ] *s.* **1.** ⚙ Hebelkraft *f*, -wirkung *f*; **2.** *fig.* a) Einfluss *m*, b) Druckmittel *n*: ***put ~ on s.o.*** j-n unter Druck setzen.

lev·er·et ['levərɪt] *s.* Junghase *m*, Häschen *n*.

L

le·vi·a·than [lɪ'vaɪəθn] *s. bibl.* Levi'athan *m*, (See)Ungeheuer *n*; *fig.* Ungetüm *n*, Gi'gant *m*.

lev·i·tate ['levɪteɪt] *v/i. u. v/t.* (frei) schweben (lassen); **lev·i·ta·tion** [ˌlevɪ'teɪʃn] *s.* Levitati'on *f*, (freies) Schweben.

lev·i·ty ['levətɪ] *s.* Leichtfertigkeit *f*, Frivoli'tät *f*.

lev·y ['levɪ] **I** *s.* **1.** ✝ a) Erhebung *f* (*von Steuern etc.*), b) Abgabe *f*: ***capital ~*** Kapitalabgabe, c) Beitrag *m*, 'Umlage *f*; **2.** ⚖ Voll'streckungsvollˌzug *m*; **3.** ⚔ a) Aushebung *f*, b) *a. pl.* ausgehobene Truppen *pl.*, Aufgebot *n*; **II** *v/t.* **4.** *Steuern etc.* erheben, *a. Geldstrafe* auferlegen (***on*** *dat.*); **5.** a) beschlagnahmen, b) *Beschlagnahme* 'durchführen; **6.** ⚔ a) *Truppen* ausheben, b) *Krieg* anfangen *od.* führen ([***up***]***on*** gegen).

lewd [luːd] *adj.* ☐ **1.** lüstern, geil; **2.** unanständig, schmutzig; '**lewd·ness** [-nɪs] *s.* **1.** Lüsternheit *f*; **2.** Unanständigkeit *f*.

lex·i·cal ['leksɪkl] *adj.* ☐ lexi'kalisch; **lex·i·cog·ra·pher** [ˌleksɪ'kɒgrəfə] *s.* Lexiko'graph(in), Wörterbuchverfasser (-in); **lex·i·co·graph·ic**, **lex·i·co·graph·i·cal** [ˌleksɪkəʊ'græfɪk(l)] *adj.* ☐ lexiko'graphisch; **lex·i·cog·ra·phy** [ˌleksɪ'kɒgrəfɪ] *s.* Lexikogra'phie *f*; **lex·i·col·o·gy** [ˌleksɪ'kɒlədʒɪ] *s.* Lexikolo'gie *f*; '**lex·i·con** [-kən] *s.* Lexikon *n*.

li·a·bil·i·ty [ˌlaɪə'bɪlətɪ] *s.* **1.** ✝, ⚖ a) Verpflichtung *f*, Verbindlichkeit *f*, Schuld *f*, *Bilanz*: Passivposten *m*, *pl.* Pas'siva *pl.*, b) Haftung *f*, Haftpflicht *f*, Haftbarkeit *f*: ***~ insurance*** Haftpflichtversicherung *f*; → ***limited*** I, c) (*Beitrags-*, *Schadensersatz- etc.*)Pflicht *f*: ***~ for damages***; **2.** Verantwortlichkeit *f*: ***criminal ~*** strafrechtliche Verantwortung; **3.** Ausgesetztsein *n*, Unter'worfensein *n* (***to s.th.*** e-r Sache): ***~ to penalty*** Strafbarkeit *f*; **4.** (***to***) Hang *m* (zu), Anfälligkeit *f* (für).

li·a·ble ['laɪəbl] *adj.* **1.** ✝, ⚖ verantwortlich, haftbar, -pflichtig (***for*** für): ***be ~ for*** haften für; ***hold s.o. ~*** j-n haftbar machen; **2.** verpflichtet (***for*** zu); (*steuer- etc.*)pflichtig: ***~ to*** (*od.* ***for***) ***military service*** wehrpflichtig; **3.** (***to***) neigend (zu), ausgesetzt (*dat.*), unter'worfen (*dat.*): ***be ~ to*** a) *e-r Sache* ausgesetzt sein *od.* unterliegen, b) (*mit inf.*) leicht *et. tun* (können), in Gefahr sein *vergessen etc. zu werden*, c) (*mit inf.*) *et.* wahrscheinlich *tun*: ***be ~ to a fine*** e-r Geldstrafe unterliegen; ***~ to prosecution*** strafbar.

li·aise [lɪ'eɪz] *v/i.* (***with***) als Verbindungsmann fungieren (zu), die Verbindung aufrechterhalten (mit).

li·ai·son [liː'eɪzɔ̃ːŋ, ⚔ -zən] (*Fr.*) *s.* **1.** Zs.-arbeit *f*, Verbindung *f*: ***~ officer*** a) ⚔ Verbindungsoffizier *m*, b) Verbindungsmann *m*; **2.** Liai'son *f*: a) (Liebes-)Verhältnis *n*, b) *ling.* Bindung *f*.

li·a·na [lɪ'ɑːnə] *s.* ⚘ Li'ane *f*.

li·ar ['laɪə] *s.* Lügner(in).

Li·as ['laɪəs] *s. geol.* Lias *m*, *f*, schwarzer Jura.

li·ba·tion [laɪ'beɪʃn] *s.* **1.** Trankopfer *n*; **2.** *humor.* Zeche'rei *f*.

li·bel ['laɪbl] **I** *s.* **1.** ⚖ a) Verleumdung *f*, üble Nachrede, Beleidigung *f* (*durch e-e Veröffentlichung*) (***of***, ***on*** *gen.*), b) Klageschrift *f*; **2.** *allg.* (***on***) Verleumdung *f* (*gen.*), Beleidigung *f* (*gen.*), Hohn *m* (auf *acc.*); **II** *v/t.* **3.** ⚖ (schriftlich *etc.*) verleumden; **4.** *allg.* verunglimpfen; '**li·bel·(l)ant** [-lənt] *s.* ⚖ Kläger(in); **li·bel·(l)ee** [ˌlaɪbə'liː] *s.* ⚖ Beklagte(r *m*) *f*; '**li·bel·(l)ous** [-bləs] *adj.* ☐ verleumderisch.

lib·er·al ['lɪbərəl] **I** *adj.* ☐ **1.** libe'ral, frei(sinnig), vorurteilsfrei, aufgeschlossen; **2.** großzügig: a) freigebig (***of*** mit), b) reichlich (bemessen): ***a ~ gift*** ein großzügiges Geschenk; ***a ~ quantity*** e-e reichliche Menge, c) frei, weitherzig: ***~ interpretation***, d) allgemein (bildend): ***~ education*** allgemein bildende Erziehung *od.* (gute) Allgemeinbildung; ***~ profession*** freier Beruf; **3.** *mst* ℒ *pol.* libe'ral: ***ℒ Party***; **II** *s.* **4.** *oft* ℒ *pol.* Libe'rale(r *m*) *f*; ***~ arts*** *s. pl.* Geisteswissenschaften *pl.* (*Philosophie*, *Literatur*, *Sprachen*, *Soziologie etc.*).

lib·er·al·ism ['lɪbərəlɪzəm] *s.* **1.** → ***liberality*** b; **2.** ℒ *pol.* Libera'lismus *m*; **lib·er·al·i·ty** [ˌlɪbə'rælətɪ] *s.* Großzügigkeit *f*: a) Freigebigkeit *f*, b) libe'rale Einstellung, Liberali'tät *f*; **lib·er·al·i·za·tion** [ˌlɪbərəlaɪ'zeɪʃn] *s.* ✝, *pol.* Liberalisierung *f*; '**lib·er·al·ize** [-laɪz] *v/t.* ✝, *pol.* liberalisieren.

lib·er·ate ['lɪbəreɪt] *v/t.* **1.** befreien (***from*** von) (*a. fig.*); **2.** ⚗ freisetzen; **lib·er·a·tion** [ˌlɪbə'reɪʃn] *s.* **1.** Befreiung *f*; **2.** ⚗ Freisetzen *n od.* -werden *n*; '**lib·er·a·tor** [-tə] *s.* Befreier *m*.

Li·be·ri·an [laɪ'bɪərɪən] **I** *s.* Li'berier(in); **II** *adj.* li'berisch.

lib·er·tin·age ['lɪbətɪnɪdʒ] → ***libertinism***; '**lib·er·tine** [-ətiːn] *s.* Wüstling *m*; '**lib·er·tin·ism** [-tɪnɪzəm] *s.* Sittenlosigkeit *f*, Liberti'nismus *m*.

lib·er·ty ['lɪbətɪ] *s.* **1.** Freiheit *f*: a) per'sönliche *etc.* Freiheit: ***religious ~*** Religionsfreiheit, b) freie Wahl, Erlaubnis *f*: ***large ~ of action*** weitgehende Handlungsfreiheit, c) *mst pl.* Privi'leg *n*, (Vor)Recht *n*, d) *b.s.* Ungehörigkeit *f*, Frechheit *f*; **2.** *hist. Brit.* Freibezirk *m* (*e-r Stadt*);

Besondere Redewendungen:

at ~ a) in Freiheit, frei, b) berechtigt, c) unbenützt; ***be at ~ to do s.th.*** et. tun dürfen; ***you are at ~ to go*** es steht

Ihnen frei zu gehen, Sie können gehen; ***set at ~*** in Freiheit setzen, freilassen; ***take the ~ to do*** (*od.* ***of doing***) ***s.th.*** sich die Freiheit nehmen, et. zu tun; ***take liberties with*** a) sich Freiheiten gegen *j-n* herausnehmen, b) willkürlich mit *et.* umgehen.

li·bid·i·nous [lɪ'bɪdɪnəs] *adj.* □ lüstern, triebhaft, *psych.* libidi'nös, wollüstig; **li·bi·do** [lɪ'biːdəʊ] *s. psych.* Li'bido *f.*

Li·bra ['laɪbrə] *s. ast.* Waage *f*; **'Li·bran** [-rən] *s.* Waage(mensch *m*) *f.*

li·brar·i·an [laɪ'breərɪən] *s.* Bibliothe'kar (-in); **li'brar·i·an·ship** [-ʃɪp] *s.* **1.** Bibliothe'karsstelle *f*; **2.** Biblio'thekswissenschaft *f.*

li·brar·y ['laɪbrərɪ] *s.* **1.** Biblio'thek *f*: a) *öffentliche* Büche'rei, b) *private* Büchersammlung, c) Studierzimmer *n*, d) Buchreihe *f*; **2.** Schallplattensammlung *f*; ***~ sci·ence → librarianship*** 2.

li·bret·to [lɪ'bretəʊ] *s.* ♪ Li'bretto *n*, Text(buch *n*) *m.*

Lib·y·an ['lɪbɪən] **I** *adj.* libysch; **II** *s.* Libyer(in).

lice [laɪs] *pl. von* ***louse.***

li·cence ['laɪsəns] **I** *s.* **1.** Erlaubnis *f*, Genehmigung *f*; **2.** (*a.* ✝ *Export-*, *Herstellungs-*, *Patent-*, *Verkaufs*)Li'zenz *f*, Konzessi'on *f*, behördliche Genehmigung, *z. B.* Schankerlaubnis *f*; amtlicher Zulassungsschein, Zulassung *f*, (*Führer-*, *Jagd-*, *Waffen- etc.*)Schein *m*: ***~ dodger*** TV Schwarzseher *m*, *Radio*: Schwarzhörer *m*; ***~ fee*** Lizenz- *od.* Konzessionsgebühr *f*; ***~ holder*** Führerscheininhaber *m*; ***~ number*** *mot.* Kraftfahrzeug- *od.* Kfz-Nummer *f*; ***~ plate*** *mot.* amtliches *od.* polizeiliches Kennzeichen, Nummernschild *n*; ***~ to practise medicine*** (ärztliche) Approbation; **3.** Heiratserlaubnis *f*; **4.** (*künstlerische*, *dichterische*) Freiheit; **5.** Zügellosigkeit *f*; **II** *v/t.* **6.** → ***license*** I; **'li·cense** [-ns] **I** *v/t.* **1.** *j-m* e-e (behördliche) Genehmigung *od.* e-e Li'zenz *od.* e-e Konzessi'on erteilen; **2.** *et.* lizenzieren, konzessionieren, (amtlich) genehmigen *od.* zulassen; **3.** *Buch* zur Veröffentlichung *od.* *Theaterstück* zur Aufführung freigeben; **4.** *j-n* ermächtigen; **II** *s.* **5.** *Am.* → ***licence*** I; **'li·censed** [-st] *adj.* **1.** konzessioniert, lizenziert, amtlich zugelassen: ***~ house*** (*od.* ***premises***) Lokal *n* mit Schankkonzession; **2.** Lizenz...: ***~ construction*** Lizenzbau *m*; **3.** privilegiert; **li·cen·see** [ˌlaɪsən'siː] *s.* **1.** Li'zenznehmer(in); **2.** Konzessi'onsinhaber(in); **'li·cens·er** [-sə] *s.* Li'zenzgeber *m*, Konzessi'onserteiler *m*; **li·cen·ti·ate** [laɪ'senʃɪət] *s. univ.* **1.** Lizenzi'at *m*; **2.** (*Grad*) Lizenzi'at *n.*

li·cen·tious [laɪ'senʃəs] *adj.* □ unzüchtig, ausschweifend, lasterhaft.

li·chen ['laɪkən] *s.* ♀, ⚕ Flechte *f.*

lich gate [lɪtʃ] *s. überdachtes* Friedhofstor.

lick [lɪk] **I** *v/t.* **1.** (be-, ab)lecken, lecken an (*dat.*): ***~ off*** ablecken; ***~ up*** auflecken; ***~ one's lips*** sich die Lippen lecken; ***~ s.o.'s boots*** *fig.* vor j-m kriechen; ***~ into shape*** *fig.* in die richtige Form bringen, zurechtbiegen, -stutzen; → ***dust*** 1; **2.** F a) *j-n* ‚verdreschen', b) schlagen, besiegen, c) über'treffen, ‚schlagen': ***this ~s everything!***, d) *et.* ‚schaffen', fertig werden mit *e-m Problem*: ***we have got it ~ed!***; **II** *v/i.* **3.** lecken (***at*** an *dat.*), *fig. a.* a) plätschern (*Welle*), b) züngeln (*Flamme*); **III** *s.* **4.** Lecken *n*: ***give s.th. a ~*** an et. lecken; ***a ~ and a promise*** e-e flüchtige Arbeit *etc.*, *bsd.* e-e ‚Katzenwäsche'; **5.** (*ein*) bisschen: ***a ~ of paint***; ***he didn't do a ~ of work*** *Am.* F er hat keinen Strich getan; **6.** F a) Schlag *m*, b) ‚Tempo' *n*: (***at***) ***full ~*** mit größter Geschwindigkeit; **7.** Salzlecke *f.*

ˌlick·e·ty-'split [ˌlɪkətɪ-] *adv. Am.* F wie der Blitz.

lick·ing ['lɪkɪŋ] *s.* **1.** Lecken *n*; **2.** F (Tracht *f*) Prügel *pl.*, Abreibung *f* (*a. fig. Niederlage*).

'lickˌspit·tle *s.* Speichellecker *m.*

lic·o·rice ['lɪkərɪs] → ***liquorice.***

lid [lɪd] *s.* **1.** Deckel *m* (*a.* F *Hut*): ***put the ~ on s.th.*** *Brit.* F a) e-r Sache die Krone aufsetzen, b) et. endgültig ‚erledigen'; ***clamp*** (*od.* ***put***) ***the ~ on s.th.*** *Am.* a) et. verbieten, b) scharf vorgehen gegen et., c) et. (*Nachricht etc.*) sperren; **2.** (Augen)Lid *n.*

li·do ['liːdəʊ] *s. Brit.* Frei- *od.* Strandbad *n.*

lie[1] [laɪ] **I** *s.* Lüge *f*, Schwindel *m*: ***tell a ~*** (*od.* ***lies***) lügen; → ***white lie***; ***give s.o. the ~*** j-n der Lüge bezichtigen; ***give the ~ to*** *et. od. j-n* Lügen strafen; ***he lived a ~*** sein Leben war e-e einzige Lüge; **II** *v/i.* lügen: ***~ to s.o.*** a) j-n belügen, j-n anlügen, b) j-m vorlügen (***that*** dass).

lie[2] [laɪ] **I** *s.* **1.** Lage *f* (*a. fig.*): ***the ~ of the land*** *Brit. fig.* die Lage (der Dinge); **II** *v/i.* [*irr.*] **2.** *allg.* liegen: a) *im Bett*, *im Hinterhalt*, *in Trümmern etc.* liegen, b) *ausgebreitet*, *tot etc.* daliegen, c) begraben sein, ruhen, d) gelegen sein, sich befinden, e) lasten (***on*** auf *der Seele*, im *Magen etc.*), f) begründet liegen, bestehen (***in*** in *dat.*): ***~ dying*** im Sterben liegen; ***~ behind*** *fig.* a) hinter *j-m* liegen (*Erlebnis etc.*), b) dahinter stecken (*Motiv etc.*); ***~ in s.o.'s way*** j-m zur Hand *od.* möglich sein, *a.* in j-s Fach schlagen; ***his talents do not ~ that way*** dazu hat er kein Talent; ***~ on s.o.*** ⚖ j-m obliegen; ***~ under a suspicion*** unter e-m Verdacht stehen; ***~ un-***

der a sentence of death zum Tode verurteilt sein; ***~ with s.o.*** *obs. od. bibl.* j-m beischlafen, mit j-m schlafen; ***as far as ~s with me*** soweit es in m-n Kräften steht; ***it ~s with you to do it*** es liegt an dir, es zu tun; **3.** sich (hin)legen: ***~ on your back!*** leg dich auf den Rücken!; **4.** führen, verlaufen (*Straße etc.*); **5.** ⚖ zulässig sein (*Klage etc.*): ***appeal ~s to the Supreme Court*** Rechtsmittel können beim Obersten Gericht eingelegt werden;
Zssgn mit adv.:
lie| back *v/i.* sich zu'rücklegen; *fig.* die Hände in den Schoß legen; **~ down** *v/i.* **1.** sich hinlegen; **2.** ***~ under, take lying down*** *Beleidigung etc.* widerspruchslos hinnehmen, sich *et.* gefallen lassen: ***we won't take that lying down!*** das lassen wir uns nicht (so einfach) bieten!; **~ in** *v/i.* **1.** im Bett bleiben; **2.** im Wochenbett liegen; **~ off** *v/i.* **1.** ⚓ vom Land *etc.* abhalten; **2.** *fig.* pausieren; **~ low** *v/i.* sich versteckt halten; **~ o·ver** *v/i.* liegen bleiben, aufgeschoben werden; **~ to** *v/i.* ⚓ beiliegen; **~ up** *v/i.* **1.** ruhen (*a. fig.*); **2.** das Bett *od.* das Zimmer hüten (müssen); **3.** außer Betrieb sein.

lied [liːd] *pl.* **lie·der** ['liːdə] (*Ger.*) *s.* ♪ (*deutsches* Kunst)Lied.

lie de·tec·tor *s.* 'Lügende,tektor *m.*

'lie-down *s.* F Schläfchen *n.*

lief [liːf] *adv. obs.* gern: ***~er than*** lieber als; ***I had*** (*od.* ***would***) ***as ~*** ... ich würde eher *sterben etc.*, ich *ginge etc.* ebenso gern.

liege [liːdʒ] **I** *s.* **1.** *a.* ***~ lord*** Leh(e)nsherr *m*; **2.** *a.* ***~man*** Leh(e)nsmann *m*; **II** *adj.* **3.** Leh(e)ns...

lien [lɪən] *s.* ⚖ (***on***) Pfandrecht *n* (***an*** *dat.*), Zu'rückbehaltungsrecht *n* (auf *acc.*).

lieu [ljuː] *s.*: ***in ~ of*** anstelle von (*od. gen.*), anstatt (*gen.*); ***in ~*** (***of that***) stattdessen.

lieu·ten·an·cy [*Brit.* lef'tenənsɪ; ⚓ le't-; *Am.* luː't-] *s.* ⚔, ⚓ Leutnantsrang *m.*

lieu·ten·ant [*Brit.* lef'tenənt; ⚓ le't-; *Am.* luː't-] *s.* **1.** ⚔, ⚓ a) *allg.* Leutnant *m*, b) *Brit.* (*Am.* ***first ~***) Oberleutnant *m*, c) ⚓ (*Am. a.* ***~ senior grade***) Kapi'tänleutnant *m*: ***~ junior grade*** *Am.* Oberleutnant zur See; **2.** Statthalter *m*; **3.** *fig.* rechte Hand, ‚Adju'tant'; **~ colo·nel** *s.* ⚔ Oberst'leutnant *m*; **~ com·mand·er** *s.* ⚓ Kor'vettenkapi,tän *m*; **~ gen·er·al** *s.* ⚔ Gene'ralleutnant *m*; **~ gov·er·nor** *s.* 'Vizegouver,neur *m* (*im brit. Commonwealth od. e-s amer. Bundesstaates*).

life [laɪf] *pl.* **lives** [laɪvz] *s.* **1.** (*organisches*) Leben; → ***large*** 1; **2.** Leben *n*: a) Lebenserscheinungen *pl.*, b) Lebewesen *pl.*: ***there is no ~ on the moon***; ***plant ~*** Pflanzen(welt *f*) *pl.*; **3.** (Menschen)Leben *n*: ***they lost their lives*** sie kamen ums Leben; ***three lives were lost*** drei Menschenleben sind zu beklagen; ***~ and limb*** Leib u. Leben; **4.** Leben *n* (*e-s Einzelwesens*): ***it is a matter of ~ and death*** es geht um Leben oder Tod; ***early in ~*** in jungen Jahren, (schon) früh; **5.** Leben *n*, Lebenszeit *f*, *a.* ⚙ Lebensdauer *f*: ***all his ~*** sein ganzes Leben (lang); **6.** Leben(skraft *f*) *n*: ***there is still ~ in the old dog yet!*** *humor.* so alt u. klapprig bin ich (*od.* ist er) noch gar nicht!; **7.** a) Bestehen *n*, b) ⚖, ✝ Gültigkeitsdauer *f*, Laufzeit *f*: ***the ~ of a contract*** (***an insurance, patent***, *etc.*), c) *parl.* Legisla'turperi,ode *f*; **8.** Lebensweise *f*, -führung *f*, -wandel *m*; Leben *n*: ***lead an honest ~*** ein ehrbares Leben führen; ***lead the ~ of Riley*** F leben wie Gott in Frankreich; **9.** Leben *n*, Welt *f* (*menschliches Tun u. Treiben*): ***~ in Canada*** das Leben in Kanada; ***see ~*** das Leben kennen lernen *od.* genießen, die Welt sehen; **10.** Leben *n*, Lebhaftigkeit *f*, Lebendigkeit *f*: ***put ~ into s.th.*** e-e Sache beleben, Leben in et. bringen; ***he was the ~ and soul of*** er war die Seele *des Unternehmens etc.*, er brachte Leben in *die Party etc.*; **11.** Leben(sbeschreibung *f*) *n*, Biogra'phie *f*: ***the ℒ of Churchill***; **12.** *Versicherungswesen*: Lebensversicherung(en *pl.*) *f*;
Besondere Redewendungen:
for ~ a) fürs (ganze) Leben, b) *bsd.* ⚖ *u. pol.* lebenslänglich, auf Lebenszeit, c) *a.* ***for one's ~, for dear ~*** ums (liebe) Leben *rennen etc.*; ***not for the ~ of me*** F nicht um alles in der Welt; ***not on your ~!*** nie(mals)!; ***never in my ~*** meiner Lebtag (noch) nicht; ***to the ~*** lebensecht, naturgetreu; ***bring to ~*** *fig.* lebendig werden lassen; ***bring s.o. back to ~*** j-n wieder beleben *od.* ins Leben zurückrufen; ***come to ~*** *fig.* lebendig werden, *Person*: *a.* munter werden; ***seek s.o.'s ~*** j-m nach dem Leben trachten; ***save s.o.'s ~*** j-m das Leben retten, *fig. humor.* j-n ‚retten'; ***sell one's ~ dearly*** *fig.* sein Leben teuer verkaufen; ***such is ~*** so ist das Leben; ***take s.o.'s*** (***one's own***) ***~*** j-m (sich [selbst]) das Leben nehmen; ***this is the ~!*** F Mann, ist das ein Leben!

,life|-and-'death [-fən'd-] *adj. Kampf etc.* auf Leben u. Tod; **~ an·nu·i·ty** *s.* Leibrente *f*; **~ as·sur·ance** *s. Brit.* Lebensversicherung *f*; **'~·belt** *s.* **1.** *Brit.* Rettungsring *m*; **2.** *Am.* Rettungsgürtel *m*; **'~·blood** *s.* Herzblut *n* (*a. fig.*); **'~·boat** *s.* ⚓ Rettungsboot *n*; **~ buoy** *s.* Rettungsring *m* (*od. Ähnliches*); **~ cy·cle** *s.* **1.** Lebenszyklus *m*; **2.** Lebensphase *f*; **~ ex·pect·an·cy** *s.* Lebenserwartung *f*; **~ force** *s.* Lebenskraft *f*,

L

Leben spendende Kraft; **'~-ˌgiv·ing** *adj.* Leben spendend, belebend; **'~-guard** *s.* **1.** ⚔ Leibgarde *f*; **2.** Rettungsschwimmer *m*, Bademeister *m*; **Guards** *s. pl.* ⚔ Leibgarde *f* (zu Pferde), 'Gardekavalleˌrie *f*; **~ in·sur·ance** *s.* Lebensversicherung *f*; **~ in·ter·est** *s.* ⚖ lebenslänglicher Nießbrauch; **~ jack·et** *s.* Schwimmweste *f*.

life·less ['laɪflɪs] *adj.* □ leblos: a) tot, b) unbelebt, c) *fig.* matt, schwunglos, ‚lahm', ✝ lustlos (*Börse*).

'life|·like *adj.* lebenswahr, -echt, na'turgetreu; **'~·line** *s.* **1.** ⚓ Rettungsleine *f*; **2.** Si'gnalleine *f* (*für Taucher*); **3.** *fig.* a) Lebensader *f* (*Versorgungsweg*), b) lebenswichtige Sache, ‚Rettungsanker' *m*; **4.** Lebenslinie *f* (*in der Hand*); **'~·long** *adj.* lebenslänglich; **~ mem·ber** *s.* Mitglied *n* auf Lebenszeit; **~ of·fice** *s. Brit.* Lebensversicherungsgesellschaft *f*; **~ pre·serv·er** *s.* **1.** *Am.* ⚓ Schwimmweste *f*, Rettungsgürtel *m*; **2.** Totschläger *m* (*Waffe*).

lif·er ['laɪfə] *s. sl.* **1.** Lebenslängliche(r *m*) *f* (*Strafgefangene*[*r*]); **2.** → ***life sentence***; **3.** *Am.* Be'rufssolˌdat *m*.

life| raft *s.* Rettungsfloß *n*; **'~ˌsav·er** *s.* **1.** Lebensretter(in); **2.** → ***lifeguard*** 2; **3.** *fig.* a) ‚rettender Engel', b) *die* ‚Rettung' (*Sache*); **~ sen·tence** *s.* ⚖ lebenslängliche Freiheitsstrafe; **'~-size(d)** *adj.* lebensgroß, in Lebensgröße; **'~·span** *s.* Leben(sspanne *f*, -szeit *f*) *n*; **'~·style** *s.* Lebensstil *m*; **'~-supˌport sy·stem** *n* ⚕, ⚙ 'Lebenserhaltungssyˌstem *n*; **~ ta·ble** *s.* 'Sterblichkeitstaˌbelle *f*; **'~·time I** *s.* Lebenszeit *f*, Leben *n*, *a.* ⚙ Lebensdauer *f*: ***the chance of a ~*** e-e einmalige Chance; **II** *adj.* lebenslänglich, Lebens...; **~ vest** *s.* Rettungs-, Schwimmweste *f*; **'~·work** *s.* Lebenswerk *n*.

lift [lɪft] **I** *s.* **1.** (Auf-, Hoch)Heben *n*; **2.** stolze *etc.* Kopfhaltung; **3.** ⚙ a) Hub (-höhe *f*) *m*, b) Hubkraft *f*; **4.** ✈ a) Auftrieb *m*, b) Luftbrücke *f*; **5.** *fig.* a) Hilfe *f*, b) (innerer) Auftrieb *m*: ***give s.o. a ~*** a) j-m helfen, b) j-m Auftrieb geben, j-n aufmuntern, c) j-n (im Auto) mitnehmen; **6.** a) *Brit.* Lift *m*, Aufzug *m*, Fahrstuhl *m*, b) (Ski-, Sessel)Lift *m*; **II** *v/t.* **7.** *a.* **~ up** (auf-, em'por-, hoch-) heben; *Augen*, *Stimme etc.* erheben: ***~ s.th. down*** et. herunterheben; ***not to ~ a finger*** keinen Finger rühren; **8.** *fig.* a) (*geistig od. sittlich*) heben, b) *aus der Armut etc.* em'porheben, c) *a.* **~ up** (*innerlich*) erheben, aufmuntern; **9.** *Preise* erhöhen; **10.** *Kartoffeln* ausgraben, ernten; **11.** ‚mitgehen lassen', ‚klauen', stehlen (*a. fig. plagiieren*); **12.** *Gesicht etc.* liften, straffen: ***have one's face ~ed*** sich das Gesicht liften lassen; **13.** *Blockade*, *Verbot*, *Zensur etc.* aufheben; **III** *v/i.* **14.** sich heben (*a. Nebel*); sich (hoch)heben lassen: ***~ off*** ✈ abheben, starten; **'lift·er** [-tə] *s.* **1.** (*sport*) Gewicht)Heber *m*; **2.** ⚙ a) Hebegerät *n*, b) Nocken *m*, c) Stößel *m*; **3.** ‚Langfinger' *m* (*Dieb*).

lift·ing ['lɪftɪŋ] *adj.* Hebe..., Hub...; **~ jack** *s.* ⚙ Hebewinde *f*, *mot.* Wagenheber *m*.

'lift-off *s.* **1.** Start *m* (*Rakete*); **2.** Abheben *n* (*Flugzeug*).

lig·a·ment ['lɪgəmənt] *s. anat.* Liga'ment *n*, Band *n*.

lig·a·ture ['lɪgəˌtʃʊə] **I** *s.* **1.** Binde *f*, Band *n*; **2.** *typ. u.* ♪ Liga'tur *f*; **3.** ⚕ Abbindungsschnur *f*, Bindung *f*; **II** *v/t.* **4.** ver-, ⚕ abbinden.

light[1] [laɪt] **I** *s.* **1.** *allg.* Licht *n* (*Helligkeit*, *Schein*, *Beleuchtung*, *Lichtquelle*, *Lampe*, *Tageslicht*, *fig. Aspekt*, *Erleuchtung*): ***by the ~ of a candle*** beim Schein e-r Kerze, bei Kerzenlicht; ***bring*** (***come***) ***to ~*** *fig.* ans Licht *od.* an den Tag bringen (kommen); ***cast*** (*od.* ***shed***, ***throw***) ***a ~ on s.th.*** *fig.* Licht auf et. werfen; ***place*** (*od.* ***put***) ***in a favo***(***u***)***rable ~*** *fig.* in ein günstiges Licht stellen *od.* rücken; ***see the ~*** *eccl.* erleuchtet werden; ***see the ~*** (***of day***) *fig.* bekannt *od.* veröffentlicht werden; ***I see the ~!*** mir geht ein Licht auf!; (***seen***) ***in the ~ of these facts*** im Lichte *od.* angesichts dieser Tatsachen; ***show s.th. in a different ~*** et. in e-m anderen Licht erscheinen lassen; ***hide one's ~ under a bushel*** *fig.* sein Licht unter den Scheffel stellen; ***let there be ~!*** *Bibl.* es werde Licht; ***he went out like a ~*** F er war sofort ‚weg' (*eingeschlafen*); **2.** Licht *n*: a) Lampe *f*, *a. pl.* Beleuchtung *f* (*beide a. mot. etc.*): ***~s out*** ⚔ Zapfenstreich *m*; ***~s out!*** Lichter aus!, b) (Verkehrs)Ampel *f*; → ***green light***, ***red*** 1; **3.** ⚓ a) Leuchtfeuer *n*, b) Leuchtturm *m*; **4.** Feuer *n* (*zum Anzünden*), *a.* Streichholz *n*: ***put a ~ to s.th.*** et. anzünden; ***strike a ~*** ein Streichholz anzünden; ***will you give me a ~?*** darf ich Sie um Feuer bitten?; **5.** *fig.* Leuchte *f* (*Person*): ***a shining ~*** e-e Leuchte, ein großes Licht; **6.** Lichtöffnung *f*, *bsd.* Fenster *n*, Oberlicht *n*; **7.** *paint.* a) Licht *n*, heller Teil (*e-s Gemäldes*); **8.** *fig.* Verstand *m*, geistige Fähigkeiten *pl.*: ***according to his ~s*** so gut er es eben versteht; **9.** *pl. sl.* Augen *pl.*; **II** *adj.* **10.** hell: ***~-red*** hellrot; **III** *v/t.* [*irr.*] **11.** *a.* **~ up** anzünden; **12.** *oft* **~ up** beleuchten, erhellen (*a. das Gesicht*); **~ up** *Augen etc.* aufleuchten lassen; **13.** *j-m* leuchten; **IV** *v/i.* [*irr.*] **14.** *a.* **~ up** sich entzünden, angehen (*Feuer*, *Licht*); **15.** *mst* **~ up** *fig.* sich erhellen, strahlen (*Gesicht*), aufleuchten (*Augen etc.*); **16.** **~ up** a) die Pfeife *etc.*

anzünden, sich e-e Zigarette anstecken, b) Licht machen.

light² [laɪt] **I** *adj.* □ → ***lightly***; **1.** *allg.* leicht (*z. B. Last; Kleidung; Mahlzeit, Wein, Zigarre;* ⚔ *Infanterie,* ⚓ *Kreuzer etc.; Hand, Schritt, Schlaf; Regen, Wind; Arbeit, Fehler, Strafe; Charakter; Musik, Roman*): ***~ of foot*** leichtfüßig; ***a ~ girl*** ein ‚leichtes' Mädchen; ***~ current*** ϟ Schwachstrom *m*; ***~ metal*** Leichtmetall *n*; ***~ literature*** (*od.* ***reading***) Unterhaltungsliteratur *f*; ***~ railway*** Kleinbahn *f*; ***~ in the head*** benommen; ***~ on one's feet*** leichtfüßig; ***with a ~ heart*** leichten Herzens; ***no ~ matter*** keine Kleinigkeit; ***make ~ of*** a) *et.* auf die leichte Schulter nehmen, b) bagatellisieren; **2.** zu leicht: ***~ weights*** Untergewichte; **3.** locker (*Brot, Erde, Schnee*); **4.** sorglos, unbeschwert, heiter; **5.** a) leicht beladen, b) unbeladen; **II** *adv.* **6.** leicht: ***travel ~*** mit leichtem Gepäck reisen.

light³ [laɪt] *v/i.* [*irr.*] **1.** fallen (***on*** auf *acc.*); **2.** sich niederlassen (***on*** auf *dat.*) (*Vogel etc.*); **3.** ***~ (up)on*** *fig.* (zufällig) stoßen auf (*acc.*); **4.** ***~ out*** *sl.* ‚verduften'; **5.** ***~ into*** F herfallen über *j-n*.

light| bar·ri·er *s.* ϟ Lichtschranke *f*; **'~-e,mit·ting di·ode** *s.* ⚙ 'Leuchtdi,ode *f*.

light·en¹ ['laɪtn] **I** *v/i.* **1.** hell werden, sich erhellen; **2.** blitzen; **II** *v/t.* **3.** erhellen.

light·en² ['laɪtn] **I** *v/t.* **1.** leichter machen, erleichtern (*beide a. fig.*); **2.** *Schiff* (ab)leichtern; **3.** aufheitern; **II** *v/i.* **4.** leichter werden (*a. fig. Herz etc.*).

light·er¹ ['laɪtə] *s.* Anzünder *m* (*a. Gerät*); (Taschen)Feuerzeug *n*.

light·er² ['laɪtə] *s.* ⚓ Leichter(schiff *n*) *m*, Prahm *m*; **'light·er·age** [-ərɪdʒ] *s.* Leichtergeld *n*.

,light·er-than-'air *adj.*: ***~ craft*** Luftfahrzeug *n* leichter als Luft.

'light|-,fin·gered *adj.* **1.** geschickt; **2.** langfingerig, diebisch; **'~-,foot·ed** *adj.* leicht-, schnellfüßig; **,~-'head·ed** *adj.* **1.** leichtsinnig, -fertig; **2.** 'übermütig, ausgelassen; **3.** a) wirr, leicht verrückt, b) schwind(e)lig; **,~-'heart·ed** *adj.* □ fröhlich, heiter, unbeschwert; **~ heav·y·weight** *s. sport* Halbschwergewicht (-ler *m*) *n*; **'~·house** *s.* Leuchtturm *m*.

light·ing ['laɪtɪŋ] *s.* **1.** Beleuchtung *f*; ***~ effects*** Lichteffekte; ***~ point*** ϟ Brennstelle *f*; **2.** Anzünden *n*; **,~-'up time** *s.* Zeit *f* des Einschaltens der Straßenbeleuchtung *od.* (*mot.*) der Scheinwerfer.

light·ly ['laɪtlɪ] *adv.* **1.** *allg.* leicht: ***~ come ~ go*** wie gewonnen, so zerronnen; **2.** gelassen, leicht; **3.** leichtfertig; **4.** leichthin; **5.** geringschätzig.

light·ness ['laɪtnɪs] *s.* **1.** Leichtheit *f*, Leichtigkeit *f* (*a. fig.*); **2.** Leichtverdaulichkeit *f*; **3.** Milde *f*; **4.** Behendigkeit *f*; **5.** Heiterkeit *f*; **6.** Leichtfertigkeit *f*, Leichtsinn *m*, Oberflächlichkeit *f*.

light·ning ['laɪtnɪŋ] **I** *s.* Blitz *m*: ***struck by ~*** vom Blitz getroffen; ***like (greased) ~*** *fig.* wie der *od.* ein geölter Blitz; **II** *adj.* blitzschnell, Schnell...: ***~ artist*** Schnellzeichner *m*; ***with ~ speed*** mit Blitzesschnelle; **~ ar·rest·er** *s.* ϟ Blitzschutzsicherung *f*; **~ bug** *s. Am.* Leuchtkäfer *m*; **~ con·duc·tor**, **~ rod** *s.* Blitzableiter *m*; **~ strike** *s.* Blitzstreik *m*.

light| oil *s.* ⚙ Leichtöl *n*; **~ pen** *s. Computer*: Lichtgriffel *m*.

lights [laɪts] *s. pl.* (Tier)Lunge *f*.

'light|·ship *s.* ⚓ Feuer-, Leuchtschiff *n*; **~ source** *s.* ϟ, *phys.* Lichtquelle *f*; **'~·weight I** *adj.* leicht; **II** *s. sport* Leichtgewicht(ler *m*) *n*; F *fig.* a) ‚kein großes Licht', b) unbedeutender Mensch; **~ year** *s. ast.* Lichtjahr *n*.

lig·ne·ous ['lɪgnɪəs] *adj.* holzig, holzartig, Holz...; **'lig·ni·fy** [-nɪfaɪ] **I** *v/t.* in Holz verwandeln; **II** *v/i.* verholzen; **'lig·nin** [-nɪn] *s.* ⚗ Li'gnin *n*, Holzstoff *m*; **'lig·nite** [-naɪt] *s.* Braunkohle *f*, *bsd.* Li'gnit *m*.

lik·a·ble ['laɪkəbl] *adj.* liebenswert, sym'pathisch, nett.

like¹ [laɪk] **I** *adj. u. prp.* **1.** gleich (*dat.*), wie (*a. adv.*): ***a man ~ you*** ein Mann wie du; ***~ a man*** wie ein Mann; ***what is he ~?*** a) wie sieht er aus?, b) wie ist er?; ***he is ~ that*** er ist nun mal so; ***he is just ~ his brother*** er ist genau (so) wie sein Bruder; ***that's just ~ him!*** das sieht ihm ähnlich!; ***that's just ~ a woman!*** typisch Frau!; ***what does it look ~?*** wie sieht es aus?; ***it looks ~ rain*** es sieht nach Regen aus; ***feel ~ (doing) s.th.*** zu et. aufgelegt sein, Lust haben, et. zu tun, et. gern tun wollen; ***a fool ~ that*** ein derartiger *od.* so ein Dummkopf; ***a thing ~ that*** so etwas; ***I saw one ~ it*** ich sah ein ähnliches (*Auto etc.*); ***there is nothing ~*** es geht nichts über (*acc.*); ***it is nothing ~ as bad as that*** es ist bei weitem nicht so schlimm; ***something ~ 100 tons*** so etwa 100 Tonnen; ***this is something ~!*** F das lässt sich hören!; ***that's more ~ it!*** das lässt sich (schon) eher hören!; ***~ master, ~ man*** wie der Herr, so's Gescherr; **2.** gleich: ***a ~ amount*** ein gleicher Betrag; ***in ~ manner*** a) auf gleiche Weise, b) gleichermaßen; **3.** ähnlich: ***the portrait is not ~*** das Porträt ist nicht ähnlich; ***as ~ as two eggs*** ähnlich wie ein Ei dem anderen; **4.** ähnlich, gleich-, derartig: ***... and other ~ problems*** ... und andere derartige Probleme; **5.** F *od. obs.* (*a. adv.*) wahr'scheinlich: ***he is ~ to pass his exam*** er wird sein Examen wahrscheinlich bestehen;

~ enough, ***as ~ as not*** höchstwahrscheinlich; **6.** *sl.* ‚oder so': ***let's go to the cinema ~***; **II** *cj.* **7.** *sl.* (*fälschlich für* ***as***) wie: ***~ I said***; ***~ who?*** wie wer, zum Beispiel?; **8.** *dial.* als ob; **III** *s.* **9.** *der* (*die, das*) Gleiche: ***his ~*** seinesgleichen; ***the ~*** der-, desgleichen; ***and the ~*** und dergleichen; ***the ~(s) of*** so etwas wie, solche wie; ***the ~(s) of that*** so etwas, etwas Derartiges; ***the ~s of you*** F Leute wie Sie.

like² [laɪk] **I** *v/t.* (gern) mögen: a) gern haben, (gut) leiden können, lieben, b) gern essen, trinken *etc.*: ***~ doing*** (*od.* ***to do***) gern tun; ***much ~d*** sehr beliebt; ***I ~ it*** es gefällt mir; ***I ~ him*** ich hab ihn gern, ich mag ihn (gern), ich kann ihn gut leiden; ***I ~ fast cars*** mir gefallen *od.* ich habe Spaß an schnellen Autos; ***how do you ~ it?*** wie gefällt es dir?, wie findest du es?; ***we ~ it here*** es gefällt uns hier; ***I ~ that!*** *iro.* so was hab ich gern!; ***what do you ~ better?*** was hast du lieber?, was gefällt dir besser?; ***I should ~ to know*** ich möchte gerne wissen; ***I should ~ you to be here*** ich hätte gern, dass du hier wär(e)st; ***~ it or not*** ob du willst oder nicht; ***~ it or lump it!*** F wenn du nicht willst, dann lass es eben bleiben!; ***I ~ steak, but it doesn't ~ me*** *humor.* ich esse Beefsteak gern, aber es bekommt mir nicht; **II** *v/i.* wollen: ***(just) as you ~*** (ganz) wie du willst; ***if you ~*** wenn du willst; **III** *s.* Neigung *f*, Vorliebe *f*: ***~s and dislikes*** Neigungen u. Abneigungen.

-like [laɪk] *in Zssgn* wie, ...artig, ...ähnlich, ...mäßig.

like·a·ble → ***likable***.

like·li·hood ['laɪklɪhʊd] *s.* Wahr'scheinlichkeit *f*: ***in all ~*** aller Wahrscheinlichkeit nach; ***there is a strong ~ of his succeeding*** es ist sehr wahrscheinlich, dass es ihm gelingt; **like·ly** ['laɪklɪ] **I** *adj.* **1.** wahr'scheinlich, vor'aussichtlich: ***not ~*** schwerlich, kaum; ***it is not ~ (that) he will come***, ***he is not ~ to come*** es ist nicht wahrscheinlich, dass er kommen wird; ***which is his most ~ route?*** welchen Weg wird er voraussichtlich *od.* am ehesten einschlagen?; ***this is not ~ to happen*** das wird wahrscheinlich nicht *od.* wohl kaum geschehen; ***not ~!*** *iro.* wohl kaum!; **2.** glaubhaft: ***a ~ story!*** *iro.* wers glaubt, wird selig!; **3.** a) möglich, b) geeignet, infrage kommend, c) aussichtsreich, d) viel versprechend: ***a ~ candidate***; ***a ~ explanation*** e-e mögliche Erklärung; ***a ~ place*** ein möglicher Ort (*wo sich et. befindet etc.*); **II** *adv.* **4.** wahr'scheinlich: ***as ~ as not***, ***very ~*** höchstwahrscheinlich.

ˌlike-'mind·ed *adj.* gleich gesinnt: ***be ~ with s.o.*** mit j-m übereinstimmen.

lik·en ['laɪkən] *v/t.* vergleichen (***to*** mit).

like·ness ['laɪknɪs] *s.* **1.** Ähnlichkeit *f* (***to*** mit); **2.** Gleichheit *f*; **3.** Gestalt *f*, Form *f*; **4.** Bild *n*, Por'trät *n*: ***have one's ~ taken*** sich malen *od.* fotografieren lassen; **5.** Abbild *n* (***of*** *gen.*).

'like·wise *adv. u. cj.* eben-, gleichfalls, des'gleichen, ebenso.

lik·ing ['laɪkɪŋ] *s.* **1.** Zuneigung *f*: ***have (take) a ~ for*** (*od.* ***to***) ***s.o.*** zu j-m eine Zuneigung haben (fassen), an j-m Gefallen haben (finden); **2.** (***for***) Gefallen *n* (an *dat.*), Neigung *f* (zu), Geschmack *m* (an *dat.*): ***be greatly to s.o.'s ~*** j-m sehr zusagen; ***this is not to my ~*** das ist nicht nach meinem Geschmack; ***it's too big for my ~*** es ist mir (einfach) zu groß.

li·lac ['laɪlək] **I** *s.* **1.** ⚘ Spanischer Flieder; **2.** Lila *n* (*Farbe*); **II** *adj.* **3.** lila (-farben).

Lil·li·pu·tian [ˌlɪlɪ'pjuːʃjən] **I** *adj.* **1.** a) winzig, zwergenhaft, b) Liliput..., Klein(st)...; **II** *s.* **2.** Lilipu'taner(in); **3.** Zwerg *m*.

lilt [lɪlt] **I** *s.* **1.** fröhliches Lied; **2.** rhythmischer Schwung; **3.** a) singender Tonfall, b) fröhlicher Klang: ***a ~ in her voice***; **II** *v/t. u. v/i.* **4.** trällern.

lil·y ['lɪlɪ] *s.* ⚘ Lilie *f*: ***~ of the valley*** Maiglöckchen *n*; ***paint the ~*** *fig.* schönfärben; **ˌ~-'liv·ered** *adj.* feig(e).

limb [lɪm] *s.* **1.** *anat.* Glied *n*, *pl.* Glieder *pl.*, Gliedmaßen *pl.*; **2.** Ast *m*: ***out on a ~*** F in e-r gefährlichen Lage; **3.** *fig.* a) Glied *n*, Teil *m*, b) Arm *m*, c) *ling.* (Satz)Glied *n*, d) ⚖ Absatz *m*; **4.** F ‚Satansbraten' *m*.

lim·ber¹ ['lɪmbə] **I** *adj.* geschmeidig (*a. fig.*), gelenkig; **II** *v/t. u. v/i.* ***~ up*** (sich) geschmeidig machen, (sich) lockern, *v/i. a.* Lockerungsübungen machen, sich warm machen *od.* spielen.

lim·ber² ['lɪmbə] **I** *s.* ⚔ Protze *f*; **II** *v/t. u. v/i. mst* ***~ up*** ⚔ aufprotzen.

lim·bo ['lɪmbəʊ] *s.* **1.** *eccl.* Vorhölle *f*; **2.** Gefängnis *n*; **3.** *fig.* a) ‚Rumpelkammer' *f*, b) Vergessenheit *f*, c) Schwebe (-zustand *m*) *f*: ***be in a ~*** ‚in der Luft hängen' (*Person od. Sache*).

lime¹ [laɪm] **I** *s.* **1.** ⚒ Kalk *m*; **2.** ⚘ Kalkdünger *m*; **3.** Vogelleim *m*; **II** *v/t.* **4.** kalken, mit Kalk düngen.

lime² [laɪm] *s.* ⚘ Linde *f*.

lime³ [laɪm] *s.* ⚘ Li'mone *f*, Limo'nelle *f*.

'lime|·kiln *s.* Kalkofen *m*; **'~·light** *s.* **1.** ⚙ Kalklicht *n*; **2.** *fig.* (***be in the ~*** im) Rampenlicht *n od.* (im) Licht *n* der Öffentlichkeit *od.* (im) Mittelpunkt *m* des (öffentlichen) Inter'esses (stehen).

li·men ['laɪmen] *s. psych.* (Bewusstseins- *od.* Reiz)Schwelle *f*.

lime pit *s.* **1.** Kalkbruch *m*; **2.** Kalkgrube *f*; **3.** *Gerberei*: Äscher *m*.

L

Lim·er·ick ['lɪmərɪk] *s.* Limerick *m* (5-zeiliger *Nonsensvers*).

'lime|·stone *s. min.* Kalkstein *m*; **~ tree** *s.* ⚘ Linde(nbaum *m*) *f*.

lim·ey ['laɪmɪ] *s. Am. sl.* ‚Tommy' *m* (*Brite*).

lim·it ['lɪmɪt] **I** *s.* **1.** *bsd. fig.* a) Grenze *f*, Schranke *f*, b) Begrenzung *f*, Beschränkung *f* (**on** *gen.*): ***within ~s*** in Grenzen, bis zu e-m gewissen Grade; ***without ~*** ohne Grenzen, grenzen-, schrankenlos; ***there is a ~ to everything*** alles hat seine Grenzen; ***there is no ~ to his ambition*** sein Ehrgeiz kennt keine Grenzen; ***off ~s*** *Am.* Zutritt verboten (***to*** für); ***that's my ~!*** a) mehr schaffe ich nicht!, b) höher kann ich nicht gehen!; ***that's the ~!*** F das ist (doch) die Höhe!; ***he is the ~!*** F er ist unglaublich *od.* unmöglich!; ***go to the ~*** F bis zum Äußersten gehen, *sport* über die Runden kommen; → ***speed limit***; **2.** A, ⚙ Grenze *f*, Grenzwert *m*; **3.** zeitliche Begrenzung, Frist *f*: ***extreme ~*** ⚕ äußerster Termin; **4.** ⚕ a) Höchstbetrag *m*, b) Limit *n*, Preisgrenze *f*: ***lowest ~*** äußerster *od.* letzter Preis; **II** *v/t.* **5.** begrenzen, beschränken, einschränken (***to*** auf *acc.*); *Preise* limitieren: ***~ o.s. to*** sich beschränken auf (*acc.*); **lim·i·ta·tion** [ˌlɪmɪ'teɪʃn] *s.* **1.** *fig.* Grenze *f*: ***know one's ~s*** s-e Grenzen kennen; **2.** Begrenzung *f*, Ein-, Beschränkung *f*; **3.** (***statutory period of***) ***~*** ⚖ Verjährung(sfrist) *f*: ***be barred by the statute of ~*** verjähren *od.* verjährt sein; **'lim·it·ed** [-tɪd] **I** *adj.* beschränkt, begrenzt (***to*** auf *acc.*): ***~*** (***express***) ***train*** → II; ***~ in time*** zeitlich begrenzt; ***~*** (***liability***) ***company*** ⚕ *Brit.* Aktiengesellschaft *f*; ***~ monarchy*** konstitutionelle Monarchie; ***~ parking zone*** 'Kurzparkˌzone *f*; ***~ partner*** ⚕ Kommanditist(in); ***~ partnership*** ⚕ Kommanditgesellschaft; **II** *s.* Schnellzug *m od.* Bus *m* mit Platzkarten; **'lim·it·less** [-lɪs] *adj.* grenzenlos.

lim·net·ic [lɪm'netɪk] *adj.* Süßwasser...

lim·ou·sine ['lɪmuːziːn] *s. mot.* **1.** *Brit.* Wagen *m* mit Glastrennscheibe; **2.** *Am.* Kleinbus *m*.

limp¹ [lɪmp] *adj.* □ **1.** schlaff, schlapp (*a. fig. kraftlos, schwach*): ***go ~*** erschlaffen, *Person*: *a.* ‚abschlaffen'; **2.** biegsam, weich: ***~ book cover***.

limp² [lɪmp] **I** *v/i.* **1.** hinken (*a. fig. Vers etc.*), humpeln; **2.** sich schleppen (*a. Schiff etc.*); **II** *s.* **3.** Hinken *n*: ***walk with a ~*** → 1.

lim·pet ['lɪmpɪt] *zo.* Napfschnecke *f*: ***like a ~*** *fig.* wie e-e Klette; ***~ mine*** *s.* ⚔ Haftmine *f*.

lim·pid ['lɪmpɪd] *adj.* □ 'durchsichtig, klar (*a. fig. Stil etc.*), hell, rein; **lim·pid·i·ty** [lɪm'pɪdətɪ], **'lim·pid·ness** [-nɪs] *s.* 'Durchsichtigkeit *f*, Klarheit *f*.

limp·ness ['lɪmpnɪs] *s.* Schlaff-, Schlappheit *f*.

lim·y ['laɪmɪ] *adj.* **1.** Kalk..., kalkig: a) kalkhaltig, b) kalkartig; **2.** gekalkt.

lin·age ['laɪnɪdʒ] *s.* **1.** → ***alignment***; **2.** a) Zeilenzahl *f*, b) 'Zeilenhonoˌrar *n*.

linch·pin ['lɪntʃpɪn] *s.* ⚙ Lünse *f*, Vorstecker *m*, Achsnagel *m*.

lin·den ['lɪndən] *s.* ⚘ Linde *f*.

line¹ [laɪn] **I** *s.* **1.** Linie *f*, Strich *m*; **2.** a) (*Hand- etc.*)Linie *f*: ***~ of fate*** Schicksalslinie, b) Falte *f*, Runzel *f*, c) Zug *m* (*im Gesicht*); **3.** Zeile *f*: ***drop s.o. a ~*** j-m ein paar Zeilen schreiben; ***read between the ~s*** zwischen den Zeilen lesen; **4.** *TV* (Bild)Zeile *f*; **5.** a) Vers *m*, b) *pl. Brit. ped.* Strafarbeit *f*, c) *thea. etc.* Rolle *f*, Text *m*; **6.** *pl.* F Trauschein *m*; **7.** F a) Informati'on *f*, Hinweis *m*: ***get a ~ on*** e-e Information erhalten über (*acc.*); **8.** *Am.* F a) ‚Platte' *f* (*Geschwätz*), b) ‚Tour' *f*, ‚Masche' *f* (*Trick*); **9.** Linie *f*, Richtung *f*: ***~ of attack*** Angriffsrichtung, *fig.* Taktik *f*; ***~ of fire*** ⚔ Schusslinie *f*; ***~ of sight*** a) Blickrichtung *f*, b) *a.* ***~ of vision*** Gesichtslinie, -achse *f*; ***he said s.th. along these ~s*** er sagte etwas in dieser Richtung; → ***resistance*** 1; **10.** *pl. fig.* Grundsätze *pl.*, Richtlinie(n *pl.*) *f*, Grundzüge *pl.*: ***along these ~s*** a) nach diesen Grundsätzen, b) folgendermaßen; ***along general ~s*** ganz allgemein, in großen Zügen; **11.** Art *f* (u. Weise), Me'thode *f*: ***~ of approach*** Art, et. anzupacken, Methode *f*; ***~ of argument*** (Art der) Argumentation *f*; ***~ of reasoning*** Denkmethode *f*, -weise *f*; ***take a strong ~*** energisch auftreten *od.* werden (***with s.o.*** j-m gegenüber); ***take the ~ that*** den Standpunkt vertreten, dass; ***don't take that ~ with me!*** komm mir ja nicht so! → ***hard line*** 1; **12.** Grenze *f*, Grenzlinie *f*: ***draw the ~*** (***at***) *fig.* die Grenze ziehen (bei); ***I draw the ~ at that!*** da hört es bei mir auf; ***lay*** (*od.* ***put***) ***on the ~*** *fig.* *sein Leben, s-n Ruf etc.* aufs Spiel setzen; ***be on the ~*** auf dem Spiel stehen; ***your job is on the ~*** es geht um deinen Job; ***I'll lay it on the ~ for you!*** F das kann ich Ihnen genau sagen!; **13.** *pl.* a) Linien(führung *f*) *pl.*, Kon'turen *pl.*, Form *f*, b) Riss *m*, Entwurf *m*; **14.** a) Reihe *f*, Kette *f*, b) *bsd. Am.* (Menschen-, *a.* Auto)Schlange *f*: ***stand in ~*** (***for***) anstehen *od.* Schlange stehen (nach); ***drive in ~*** *mot.* Kolonne fahren; ***be in ~ for*** *fig.* Aussichten haben auf (*acc.*) *od.* Anwärter sein für; **15.** Übereinstimmung *f*: ***be in*** (***out of***) ***~*** (nicht) übereinstimmen *od.* im Einklang sein (***with*** mit); ***bring*** (*od.* ***get***) ***into ~*** a) in Einklang bringen (***with*** mit), b) *j-n* ‚auf Vordermann' bringen, c) *pol.* gleichschalten; ***fall into ~*** sich einordnen, *fig.*

sich anschließen (***with** j-m*); ***toe the ~*** ‚spuren', sich der (*Partei- etc.*)Disziplin beugen; ***in ~ of duty*** *bsd.* ⚔ in Ausübung des Dienstes; **16.** a) (Abstammungs)Linie *f*, b) Fa'milie *f*, Geschlecht *n*: ***the male ~*** die männliche Linie; ***in the direct ~*** in direkter Linie; **17.** *pl.* Los *n*, Geschick *n*: ***hard ~s*** F Pech *n*; **18.** Fach *n*, Gebiet *n*, Sparte *f*: ***~ (of business)*** Branche *f*, Geschäftszweig *m*; ***that's not in my ~*** das schlägt nicht in mein Fach, das liegt mir nicht; ***that's more in my ~*** das liegt mir schon eher; **19.** (*Verkehrs-*, *Eisenbahn- etc.*)Linie *f*, Strecke *f*, Route *f*, *engS.* Gleis *n*: ***ship of the ~*** Linienschiff *n*; ***~s of communications*** ⚔ rückwärtige Verbindungen; ***he was at the end of the ~*** *fig.* er war am Ende; ***that's the end of the ~!*** *fig.* Endstation!; **20.** (*Eisenbahn-*, *Luftverkehrs-*, *Autobus*)Gesellschaft *f*; **21.** a) ϟ, ⚙ Leitung *f*, *bsd.* Tele'fon- *od.* Tele'grafenleitung *f*: ***the ~ is engaged*** (*Am.* ***busy***) die Leitung ist besetzt; ***hold the ~!*** bleiben Sie am Apparat!; ***three ~s*** 3 Anschlüsse; → ***hot line***; **22.** ⚙ (Fertigungs)Straße *f*; **23.** ✝ a) Sorte *f*, Warengattung *f*, b) Posten *m*, Par'tie *f*, c) Ar'tikel(ˌserie *f*) *m od. pl.*; **24.** ⚔ a) Linie *f*: ***behind the enemy's ~s*** hinter den feindlichen Linien; ***~ of battle*** vorderste Linie, Kampflinie, b) Front *f*: ***go up the ~*** an die Front gehen; ***all along the ~***, (***all***) ***down the ~*** *fig.* auf der ganzen Linie, voll (u. ganz); ***go down the ~ for*** *Am.* F sich voll einsetzen für, c) Linie *f* (*Formation beim Antreten*), d) Fronttruppe *f*: ***the ~s*** die Linienregimenter; **25.** *geogr.* Längen- *od.* Breitenkreis *m*: ***the*** ***&*** der Äquator; **26.** ⚓ Linie *f*: ***~ abreast*** Dwarslinie; ***~ ahead*** Kiellinie; **27.** (Wäsche)Leine *f*, (starke) Schnur, Seil *n*, Tau *n*; **28.** *teleph.* a) Draht *m*, b) Kabel *n*; **29.** Angelschnur *f*; **II** *v/i.* **30.** → ***line up*** 1, 2; **III** *v/t.* **31.** linieren; **32.** zeichnen, skizzieren; **33.** *Gesicht* (durch)'furchen; **34.** *Straße etc.* säumen: ***soldiers ~d the street*** Soldaten bildeten an der Straße Spalier; ***~ in*** *v/t.* einzeichnen; ***~ off*** *v/t.* abgrenzen; ***~ through*** *v/t.* 'durchstreichen; ***~ up*** **I** *v/i.* **1.** sich in e-r Linie *od.* Reihe aufstellen; **2.** Schlange stehen; **3.** *fig.* sich zs.-schließen; **II** *v/t.* **4.** in Linie *od.* in e-r Reihe aufstellen; **5.** aufstellen; **6.** *fig.* F *et.* ‚auf die Beine stellen', organisieren, arrangieren.

line² [laɪn] *v/t.* **1.** *Kleid etc.* füttern; **2.** ⚙ ausfüttern, -gießen, -kleiden, -schlagen, (innen) über'ziehen: ***~ one's (own) pockets*** in die eigene Tasche arbeiten, sich bereichern.

lin·e·age ['lɪnɪɪdʒ] *s.* **1.** (geradlinige) Abstammung; **2.** Stammbaum *m*; **3.** Geschlecht *n*, Fa'milie *f*.

lin·e·al ['lɪnɪəl] *adj.* □ geradlinig, in di'rekter Linie, di'rekt (*Abstammung*, *Nachkomme*).

lin·e·a·ment ['lɪnɪəmənt] *s.* (Gesichts-, *fig.* Cha'rakter)Zug *m*.

lin·e·ar ['lɪnɪə] *adj.* □ **1.** Linien..., geradlinig, *bsd.* ⅍, ⚙, *phys.* line'ar (*Gleichung*, *Elektrode*, *Perspektive etc.*), Linear...; **2.** Längen...(*-ausdehnung*, *-maß etc.*); **3.** Linien..., Strich..., strichförmig.

line| block *s.* → ***line etching***; **~ drawing** *s.* Strichzeichnung *f*; **~ etch·ing** *s.* *Kunst*: Strichätzung *f*; **'~·man** [-mən] *s.* [*irr.*] *Am.* **1.** 🚂 Streckenarbeiter *m*; **2.** → ***linesman*** 1.

lin·en ['lɪnɪn] **I** *s.* **1.** Leinen *n*, Leinwand *f*, Linnen *n*; **2.** (Bett-, 'Unter- *etc.*)Wäsche *f*: ***wash one's dirty ~ in public*** *fig.* s-e schmutzige Wäsche vor allen Leuten waschen; **II** *adj.* **3.** leinen, Leinen...: ***~ closet*** (*od.* ***cupboard***) Wäscheschrank *m*.

lin·er¹ ['laɪnə] *s.* **1.** ⚙ Futter *n*, Buchse *f*; **2.** Einsatz(stück *n*) *m*.

lin·er² ['laɪnə] *s.* **1.** ⚓ Linienschiff *n*; **2.** → ***air liner***.

lines·man ['laɪnzmən] *s.* [*irr.*] **1.** ϟ (Fernmelde)Techniker *m*, *engS.* Störungssucher *m*; **2.** 🚂 Streckenwärter *m*; **3.** *sport* Linienrichter *m*.

'line-up *s.* **1.** *sport* (Mannschafts)Aufstellung *f*, Aufgebot *n*; **2.** Gruppierung *f*; **3.** *Am.* ‚Schlange' *f*.

lin·ger ['lɪŋgə] *v/i.* **1.** (*a. fig.*) (noch) verweilen, (zu'rück)bleiben (*beide a. Gefühl*, *Geschmack*, *Erinnerung etc.*), sich aufhalten; *fig. a.* nachklingen (*Töne*, *Gefühl etc.*): ***~ on*** *fig.* (noch) fortleben *od.* -bestehen (*Brauch etc.*); ***~ on a subject*** bei e-m Thema verweilen; **2.** a) zögern, b) trödeln; **3.** da'hinsiechen (*Kranker*); **4.** sich hinziehen *od.* -schleppen.

lin·ge·rie ['læːnʒəriː] (*Fr.*) *s.* ('Damen-) ˌUnterwäsche *f*.

lin·ger·ing ['lɪŋgərɪŋ] *adj.* □ **1.** a) verweilend, b) langsam, zögernd; **2.** (zu'rück)bleibend, nachklingend (*Ton*, *Gefühl etc.*); **3.** schleppend; **4.** schleichend (*Krankheit*); **5.** lang: a) sehnsüchtig, b) innig, c) prüfend: ***a ~ look***.

lin·go ['lɪŋgəʊ] *pl.* **-goes** [-gəʊz] *s.* Kauderwelsch *n*, *engS. a.* ('Fach)Jarˌgon *m*.

lin·gua fran·ca [ˌlɪŋgwə'fræŋkə] *s.* Verkehrssprache *f*.

lin·gual ['lɪŋgwəl] **I** *adj.* Zungen...; **II** *s.* Zungenlaut *m*.

lin·guist ['lɪŋgwɪst] *s.* **1.** Sprachforscher (-in), Lingu'ist(in); **2.** Fremdsprachler (-in), Sprachkundige(r *m*) *f*: ***he is a good ~*** er ist sehr sprachbegabt; **lin·guis·tic** [lɪŋ'gwɪstɪk] *adj.* (□ ***~ally***) **1.** sprachwissenschaftlich, lingu'istisch; **2.** Sprach(en)...; **lin·guis·tics** [lɪŋ'gwɪstiks] *s. pl.* (*mst sg. konstr.*) Sprachwissenschaft *f*, Lingu'istik *f*.

lin·i·ment ['lɪnɪmənt] *s.* ⚕ Einreibemittel *n*.

lin·ing ['laɪnɪŋ] *s.* **1.** Futter(stoff *m*) *n*, (Aus)Fütterung *f* (*von Kleidern etc.*); **2.** ⚙ Futter *n*, Ver-, Auskleidung *f*; Ausmauerung *f*; (*Brems- etc.*)Belag *m*; → ***silver lining***.

link [lɪŋk] **I** *s.* **1.** (Ketten)Glied *n*; **2.** *fig.* a) Glied *n* (*in e-r Kette von Ereignissen etc.*), b) Bindeglied *n*; → ***missing*** 1; **3.** *freundschaftliche etc.* Bande *pl.*; **4.** Verbindung *f*, -knüpfung *f*, Zs.-hang *m* (***between*** zwischen); **5.** Man'schettenknopf *m*; **6.** ⚙ Glied *n* (*a.* ⚡), Verbindungsstück *n*, Gelenk *n*; **7.** *tel.* a) Streckenabschnitt *m*, b) Über'tragungsweg *m*; **8.** *TV* a) Verbindungsstrecke *f*, b) → ***linkup*** 3; **9.** *surv.* Messkettenglied *n*; **10.** → ***links***; **II** *v/t.* **11.** *a.* ~ ***up*** *od.* ***together*** (***with***) a) verbinden, -knüpfen (mit): ~ ***arms*** (***with***) sich einhaken (bei *j-m*), b) mitein'ander in Verbindung *od.* Zs.-hang bringen, c) anein'ander koppeln: ***be*** ~***ed*** (***with***) zs.-hängen *od.* in Zs.-hang stehen (mit); ~***ed*** ⚗ gekoppelt (*a. biol. Gene*); **III** *v/i.* **12.** (***with***) a) sich verbinden (lassen) (mit), b) verknüpft sein (mit).

link·age ['lɪŋkɪdʒ] *s.* **1.** Verkettung *f*, *Computer*: *a.* Pro'grammverbindung *f*; **2.** ⚙ Gestänge *n*, Gelenkviereck *n*; **3.** ⚗, *biol.* Koppelung *f*, (*a. phys. Atom- etc.*)Bindung *f*.

links [lɪŋks] *s. pl.* **1.** *bsd. Scot.* Dünen *pl.*; **2.** (*a. sg. konstr.*) Golfplatz *m*.

'**link·up** *s.* **1.** → ***link*** 4; **2.** (Anein'ander-)Koppeln *n*; **3.** *Radio*, *TV*: Zs.-schaltung *f*.

linn [lɪn] *s. bsd. Scot.* **1.** Teich *m*; **2.** Wasserfall *m*.

lin·net ['lɪnɪt] *s. orn.* Hänfling *m*.

li·no ['laɪnəʊ] *abbr. für* ***linoleum***; **li·no·cut** ['laɪnəʊkʌt] *s.* Lin'olschnitt *m*.

li·no·le·um [lɪ'nəʊljəm] *s.* Lin'oleum *n*.

lin·o·type ['laɪnəʊtaɪp] *s. typ.* **1.** *a.* ® Linotype *f* (*Markenname für e-e Zeilensetz- u. -gießmaschine*); **2.** ('Setzma‚schinen)Zeile *f*.

lin·seed ['lɪnsiːd] *s.* ♀ Leinsamen *m*; ~ **cake** *s.* Leinkuchen *m*; ~ **oil** *s.* Leinöl *n*.

lint [lɪnt] **I** *s.* **1.** ⚕ Schar'pie *f*, Zupflinnen *n*; **2.** *Am.* Fussel *f*; **II** *v/i.* **3.** *Am.* Fusseln bilden, fusseln.

lin·tel ['lɪntl] *s.* ⚠ (Tür-, Fenster)Sturz *m*.

li·on ['laɪən] *s.* **1.** *zo.* Löwe *m* (*a. fig. Held*; *a. ast.* ♌): ***the*** ~***'s share*** *fig.* der Löwenanteil; ***go into the*** ~***'s den*** *fig.* sich in die Höhle des Löwen wagen; **2.** ‚Größe' *f*, Berühmtheit *f* (*Person*); **3.** *pl.* Sehenswürdigkeiten *pl.* (*e-s Ortes*); '**li·on·ess** [-nes] *s.* Löwin *f*; '**li·on-‚heart·ed** *adj.* furchtlos, mutig; **li·on·ize** ['laɪənaɪz] *v/t. j-n* feiern, zum Helden des Tages machen.

lip [lɪp] *s.* **1.** Lippe *f*: ***hang on s.o.'s*** ~***s*** an j-s Lippen hängen; ***keep a stiff upper*** ~ Haltung bewahren; ***lick*** (*od.* ***smack***) ***one's*** ~***s*** sich die Lippen lecken; → ***bite*** 7; **2.** F Unverschämtheit *f*: ***none of your*** ~***!*** keine Frechheiten!; **3.** Rand *m* (*Wunde*, *Schale*, *Krater etc.*); **4.** Tülle *f*, Schnauze *f* (*Krug etc.*).

'**lip|-read** *v/t. u. v/i.* [*irr.* → ***read***] von den Lippen ablesen; '~-‚**read·ing** *s.* Lippenlesen *n*; ~ **salve** [sæ(l)v] *s.* Lippenbalsam *m*, -pflegestift *m*; ~ **ser·vice** *s.* Lippendienst *m*: ***pay*** ~ ***to*** ein Lippenbekenntnis ablegen zu *e-r Idee etc.*; '~·**stick** *s.* Lippenstift *m*.

li·quate ['laɪkweɪt] *v/t. metall.* (aus)seigern.

liq·ue·fa·cient [‚lɪkwɪ'feɪʃnt] **I** *s.* Verflüssigungsmittel *n*; **II** *adj.* verflüssigend; ‚**liq·ue'fac·tion** [-'fækʃn] *s.* Verflüssigung *f*; **liq·ue·fi·a·ble** ['lɪkwɪfaɪəbl] *adj.* schmelzbar; **liq·ue·fy** ['lɪkwɪfaɪ] *v/t. u. v/i.* (sich) verflüssigen; schmelzen; **li·ques·cent** [lɪ'kwesnt] *adj.* sich (leicht) verflüssigend, schmelzend.

li·queur [lɪ'kjʊə] *s.* Li'kör *m*.

liq·uid ['lɪkwɪd] **I** *adj.* ☐ **1.** flüssig; Flüssigkeits...: ~ ***measure*** Flüssigkeitsmaß *n*; ~ ***crystal*** Flüssigkristall *m*; ~ ***crystal display*** Flüssigkristallanzeige *f*; **2.** a) klar, hell u. glänzend, b) feucht (schimmernd): ~ ***eyes***; ~ ***sky***; **3.** perlend, wohltönend; **4.** *ling.* li'quid, fließend: ~ ***sound*** → 7; **5.** ✝ li'quid, flüssig: ~ ***assets***; **II** *s.* **6.** Flüssigkeit *f*; **7.** *Phonetik*: Liquida *f*, Fließlaut *m*.

liq·ui·date ['lɪkwɪdeɪt] *v/t.* **1.** a) *Schulden etc.* tilgen, b) *Schuldbetrag* feststellen; **2.** *Konten* abrechnen, saldieren; **3.** ✝ *Unternehmen* liquidieren; **4.** ✝ *Wertpapier* flüssig machen, realisieren; **5.** *j-n* liquidieren (*umbringen*); **liq·ui·da·tion** [‚lɪkwɪ'deɪʃn] *s.* **1.** ✝ a) Liquidati'on *f*, Abwicklung *f* (*Unternehmen*): ***go into*** ~ in Liquidation treten, b) Tilgung *f* (*von Schulden*), c) Abrechnung *f*, d) Realisierung *f*; **2.** *fig.* Liquidierung *f*, Beseitigung *f*; '**liq·ui·da·tor** [-tə] *s.* ✝ Liqui'dator *m*, Abwickler *m*.

li·quid·i·ty [lɪ'kwɪdətɪ] *s.* **1.** flüssiger Zustand; **2.** ✝ Liquidi'tät *f*, (Geld)Flüssigkeit *f*.

liq·uor ['lɪkə] **I** *s.* **1.** alko'holisches Getränk, *coll.* Spiritu'osen *pl.*, Alkohol *m* (*bsd. Branntwein u. Whisky*): ***in*** ~, ***the worse for*** ~ betrunken; **2.** Flüssigkeit *f*; *pharm.* Arz'neilösung *f*; **3.** ⚙ a) Lauge *f*, b) Flotte *f* (*Färbebad*); **II** *v/i.* **4.** *mst* ~ ***up*** *sl.* ‚einen heben'; **III** *v/t.* **5.** ***get*** ~***ed up*** sich ‚voll laufen' lassen; ~ **cab·i·net** *s.* Hausbar *f*.

liq·uo·rice ['lɪkərɪs] *s.* La'kritze *f*.

L

lisp [lɪsp] **I** *v/i.* **1.** (*a. v/t. et.*) lispeln, mit der Zunge anstoßen; **2.** stammeln; **II** *s.* **3.** Lispeln *n*, Anstoßen *n* (mit der Zunge).

lis·some, *a.* **lis·som** ['lɪsəm] *adj.* **1.** geschmeidig; **2.** wendig, a'gil.

list¹ [lɪst] **I** *s.* Liste *f*, Verzeichnis *n*: ***on the ~*** auf der Liste; ***~ price*** ✝ Listenpreis *m*; **II** *v/t.* a) verzeichnen, aufführen, erfassen, katalogisieren; in e-e Liste eintragen, b) aufzählen: ***~ed*** *Am.* ✝ amtlich notiert, börsenfähig (*Wertpapier*).

list² [lɪst] *s.* **1.** Saum *m*, Rand *m*; **2.** *Weberei*: Salband *n*, Webekante *f*; **3.** (Sal)Leiste *f*; **4.** *pl. hist.* a) Schranken *pl.* (*e-s Turnierplatzes*), b) Kampfplatz *m* (*a. fig.*): ***enter the ~s*** *fig.* in die Schranken treten, zum Kampf antreten.

list³ [lɪst] ⚓ **I** *s.* Schlagseite *f*; **II** *v/i.* Schlagseite haben.

lis·ten ['lɪsn] *v/i.* **1.** horchen, hören, lauschen (***to*** auf *acc.*): ***~ to*** a) *j-m* zuhören, *j-n* anhören, b) auf *j-n od. j-s Rat* hören, *j-m* Gehör schenken, c) *e-m Rat etc.* folgen: ***~!*** hör mal (zu)!; ***~ for*** auf *et. od. j-n* horchen (*warten*); → ***reason*** 1; **2.** ***~ in*** a) Radio hören, b) (*am Telefon etc.*) mithören *od.* mit anhören (***on s.th.*** et.): ***~ in to*** *et.* im Radio hören; **'lis·ten·er** [-nə] *s.* **1.** Horcher(in), Lauscher(in); **2.** Zuhörer(in); **3.** *Radio*: Hörer(in).

lis·ten·ing post ['lɪsnɪŋ] *s.* ⚔ **1.** Horchposten *m* (*a. fig.*); **2.** Abhörstelle *f*.

list·ing ['lɪstɪŋ] *s.* **1.** Auflistung *f*: a) Liste *f*, b) Eintrag *m* in e-r Liste; **2.** *a.* ***~s*** Verzeichnis *n*.

list·less ['lɪstlɪs] *adj.* □ lustlos, teilnahmslos, matt, a'pathisch.

lists [lɪsts] → ***list²*** 4.

lit [lɪt] **I** *pret. u. p.p.* von ***light¹*** *u.* ***light³***; **II** *adj. mst* ***~ up*** *sl.* ‚blau' (*betrunken*).

lit·a·ny ['lɪtənɪ] *s. eccl. u. fig.* Lita'nei *f*.

li·tchi [ˌlaɪ'tʃi; 'lɪtʃɪ] *s. Obst*: 'Litschi *f*.

li·ter ['li:tə] *Am.* → ***litre***.

lit·er·a·cy ['lɪtərəsɪ] *s.* **1.** Fähigkeit *f* zu lesen u. zu schreiben; **2.** (lite'rarische) Bildung, Belesenheit *f*; **'lit·er·al** [-rəl] **I** *adj.* □ **1.** wörtlich, wortgetreu: ***~ translation***; **2.** wörtlich, buchstäblich, eigentlich: ***~ sense***; **3.** nüchtern, wahrheitsgetreu: ***~ account***; ***the ~ truth*** die reine Wahrheit; **4.** *fig.* buchstäblich: ***~ annihilation***; ***a ~ disaster*** e-e wahre *od.* echte Katastrophe; **5.** pe'dantisch, pro'saisch (*Person*); **6.** Buchstaben..., Schreib...: ***~ error*** → 7; **II** *s.* **7.** Schreib- *od.* Druckfehler *m*; **'lit·er·al·ism** [-əlɪzəm], **'lit·er·al·ness** [-rəlnɪs] *s.* **1.** Festhalten *n* am Buchstaben, *bsd.* strenge *od.* allzu wörtliche Über'setzung *od.* Auslegung, Buchstabenglaube *m*; **2.** *Kunst*: Rea'lismus *m*.

lit·er·ar·y ['lɪtərərɪ] *adj.* □ **1.** lite'rarisch, Literatur...: ***~ historian*** Literaturhistoriker(in); ***~ history*** Literaturgeschichte *f*; ***~ language*** Schriftsprache *f*; **2.** schriftstellerisch: ***a ~ man*** ein Literat; ***~ property*** geistiges Eigentum; **3.** lite'rarisch gebildet; **4.** gewählt: ***a ~ expression***; **lit·er·ate** ['lɪtərət] **I** *adj.* **1.** des Lesens u. Schreibens kundig; **2.** (lite'rarisch) gebildet; **3.** lite'rarisch; **II** *s.* **4.** j-d, der Lesen u. Schreiben kann; **5.** Gebildete(r *m*) *f*; **lit·e·ra·ti** [ˌlɪtə'rɑ:ti:] *s. pl.* **1.** Lite'raten *pl.*; **2.** *die* Gelehrten *pl.*; **lit·e·ra·tim** [ˌlɪtə'rɑ:tɪm] (*Lat.*) *adv.* buchstäblich, (wort)wörtlich; **lit·er·a·ture** ['lɪtərətʃə] *s.* **1.** Litera'tur *f*, Schrifttum *n*; **2.** Schriftstelle'rei *f*; **3.** Druckschriften *pl.*, *bsd.* Pro'spekte *pl.*, 'Unterlagen *pl.*

lithe [laɪð] *adj.* □ geschmeidig; **'lithe·ness** [-nɪs] *s.* Geschmeidigkeit *f*.

lith·o·chro·mat·ic [ˌlɪθəʊkrəʊ'mætɪk] *adj.* Farben-, Buntdruck...

lith·o·graph ['lɪθəʊgrɑ:f] **I** *s.* Lithogra'phie *f*, Steindruck *m* (*Erzeugnis*); **II** *v/t. u. v/i.* lithographieren; **li·thog·ra·pher** [lɪ'θɒgrəfə] *s.* Litho'graph *m*; **lith·o·graph·ic** [ˌlɪθəʊ'græfɪk] *adj.* (□ ***~ally***) litho'graphisch, Steindruck...; **li·thog·ra·phy** [lɪ'θɒgrəfɪ] *s.* Lithogra'phie *f*, Steindruck *m*.

Lith·u·a·ni·an [ˌlɪθju:'eɪnjən] **I** *s.* **1.** Litauer(in); **2.** *ling.* Litauisch *n*; **II** *adj.* **3.** litauisch.

lit·i·gant ['lɪtɪgənt] ⚖ **I** *s.* Pro'zessführende(r *m*) *f*, (streitende) Par'tei; **II** *adj.* streitend, pro'zessführend; **lit·i·gate** ['lɪtɪgeɪt] *v/i.* (*u. v/t.*) prozessieren (um), streiten (um); **lit·i·ga·tion** [ˌlɪtɪ'geɪʃn] *s.* Rechtsstreit *m*, Pro'zess *m*; **li·ti·gious** [lɪ'tɪdʒəs] *adj.* □ **1.** ⚖ a) Prozess..., b) strittig, streitig; **2.** pro'zess-, streitsüchtig.

lit·mus ['lɪtməs] *s.* ⚗ Lackmus *n*; ***~ pa·per*** *s.* 'Lackmuspa,pier *n*.

li·tre ['li:tə] *s. Brit.* Liter *m, n*.

lit·ter ['lɪtə] **I** *s.* **1.** Sänfte *f*; **2.** Trage *f*; **3.** Streu *f*; **4.** her'umliegende Sachen *pl.*, *bsd.* (her'umliegendes) Pa'pier u. Abfälle *pl.*; **5.** Wust *m*, Unordnung *f*; **6.** *zo.* Wurf *m Ferkel etc.*; **II** *v/t.* **7.** *mst* ***~ down*** a) Streu legen für *Tiere*, b) *Stall, Boden* einstreuen, c) *Pflanzen* abdecken; **8.** a) verunreinigen, b) unordentlich verstreuen, her'umliegen lassen, c) *Zimmer* in Unordnung bringen, d) *oft* ***~ up*** (unordentlich) her'umliegen in (*dat.*) *od.* auf (*dat.*): ***be ~ed with*** übersät sein mit (*a. fig.*); **9.** *zo. Junge* werfen; **III** *v/i.* **10.** (Junge) werfen.

lit·tle ['lɪtl] **I** *adj.* **1.** klein: ***a ~ house*** ein kleines Haus, ein Häuschen; ***a ~ one*** ein Kleines (*Kind*); ***our ~ ones*** unsere Kleinen; ***the ~ people*** die Elfen; ***~ things*** Kleinigkeiten *pl.*; **2.** kurz

L

(*Strecke od. Zeit*); **3.** wenig: ~ ***hope***; ***a ~ honey*** ein wenig *od.* ein bisschen *od.* etwas Honig; **4.** klein, gering(fügig), unbedeutend: ***of ~ interest*** von geringem Interesse; **5.** klein(lich), beschränkt, engstirnig: ***~ minds*** Kleingeister *pl.*; **6.** gemein, erbärmlich; **7.** *iro.* klein: ***her poor ~ efforts***; ***his ~ ways*** s-e kleinen Eigenarten *od.* Schliche; **II** *adv.* **8.** wenig, kaum, nicht sehr: ***he ~ knows*** er ahnt ja nicht (***that*** dass); ***we see ~ of her*** wir sehen sie nur sehr selten; ***make ~ of*** *et.* bagatellisieren; ***think ~ of*** wenig halten von; **III** *s.* **9.** Kleinigkeit *f*, *das* wenige, *ein* bisschen: ***a ~*** ein wenig, ein bisschen; ***not a ~*** nicht wenig; ***after a ~*** nach e-m Weilchen; ***for a ~*** für ein Weilchen; ***a ~ rash*** ein bisschen voreilig; ***~ by ~*** nach und nach; ***~ or nothing*** so gut wie nichts; ***what ~ I have seen*** das wenige, das ich gesehen habe; ***every ~ helps*** auch der kleinste Beitrag hilft; **'lit·tle·ness** [-nɪs] *s.* **1.** Kleinheit *f*; **2.** Geringfügigkeit *f*, Bedeutungslosigkeit *f*; **3.** Kleinlichkeit *f*; **4.** Beschränktheit *f*.

lit·to·ral ['lɪtərəl] **I** *adj.* a) Küsten..., b) Ufer...; **II** *s.* Küstenland *n*, -strich *m*.

li·tur·gic, **li·tur·gi·cal** [lɪ'tɜːdʒɪk(l)] *adj.* □ li'turgisch; **lit·ur·gy** ['lɪtədʒɪ] *s. eccl.* Litur'gie *f*.

liv·a·ble ['lɪvəbl] *adj.* **1.** *a.* ***~-in*** wohnlich; **2.** *mst* ***~-with*** 'umgänglich (*Person*); **3.** erträglich.

live[1] [lɪv] **I** *v/i.* **1.** *allg.* leben: ***~ to a great age*** ein hohes Alter erreichen; ***~ to be eighty*** achtzig Jahre alt werden; ***~ to see*** *et.* erreichen; ***~ off*** leben von, sich ernähren von; *b.s.* auf *j-s* Kosten leben; ***~ on*** a) weiter-, fortleben, b) *a.* ***~ by*** leben *od.* sich ernähren von; ***~ through s.th.*** *et.* mit- *od.* durchmachen, *et.* miterleben; ***~ with*** a) *a. iro.* mit *der Atombombe etc.* leben, b) *bsd. sport* F mit *e-m Gegner etc.* mithalten; ***we ~ and learn!*** man lernt nie aus!; ***~ and let ~*** leben u. leben lassen; ***he will ~ to regret it!*** das wird er noch bereuen!; **2.** (über)'leben, am Leben bleiben: ***the patient will ~!***; **3.** leben, wohnen: ***~ in a town***; **4.** leben, ein *ehrliches etc.* Leben führen: ***~ well*** gut leben; ***~ to o.s.*** (ganz) für sich leben; **5.** leben, das Leben genießen: ***she wanted to ~*** sie wollte (et. er)leben; (***then***) ***you haven't ~d!*** *humor.* du weißt ja gar nicht, was du versäumt hast!; **II** *v/t.* **6.** *ein anständiges etc. Leben* führen *od.* leben: ***~ one's own life*** sein eigenes Leben leben; **7.** (vor)leben, im Leben verwirklichen: ***he ~d a lie*** sein Leben war e-e einzige Lüge;

Zssgn mit adv.:

live| down *v/t. et.* (durch tadellosen Lebenswandel) vergessen machen, sich reinwaschen *od.* rehabilitieren von: ***I will never live it down*** das wird man mir nie vergessen; ***~ in*** *v/i.* im Haus *od.* Heim *etc.* wohnen, nicht außerhalb wohnen; ***~ out*** *v/i.* außerhalb wohnen; ***~ to·geth·er*** *v/i.* zu'sammen leben *od.* wohnen; ***~ up*** **I** *v/i.*: ***~ to*** *den Anforderungen, Erwartungen etc.* entsprechen, *a. s-m Ruf* gerecht werden; *sein Versprechen* halten; **II** *v/t.*: ***live it up*** ‚auf den Putz hauen', ‚toll leben'.

live[2] [laɪv] **I** *adj.* (*nur attr.*) **1.** le'bendig: a) lebend: ***~ animals***, b) *fig.* lebhaft (*a. Debatte etc.*); rührig, tätig, e'nergisch (*Person*); **2.** aktu'ell: ***a ~ question***; **3.** glühend (*Kohle etc.*) (*a. fig.*); ⚔ scharf (*Munition*); ungebraucht (*Streichholz*); ⚡ Strom führend, geladen: ***~ wire*** *fig.* ‚Energiebündel' *n*; ***~ load*** ⚙ Nutzlast *f*; ***~ steam*** ⚙ Frischdampf *m*; **4.** *Radio, TV*: di'rekt, live, Direkt..., Original..., Live-...: ***~ broadcast*** Live-Sendung *f*, Direktübertragung *f*; **5.** ⚙ a) Trieb..., b) angetrieben; **II** *adv.* **6.** *Radio, TV*: di'rekt, live: ***the game will be broadcast ~***.

-lived [lɪvd] *in Zssgn* ...lebig.

live·li·hood ['laɪvlɪhʊd] *s.* 'Lebens‚unterhalt *m*, Auskommen *n*: ***earn*** (*od.* ***make***) ***a*** (*od.* ***one's***) ***~*** sein Brot *od.* s-n Lebensunterhalt verdienen.

live·li·ness ['laɪvlɪnɪs] *s.* **1.** Lebhaftigkeit *f*; **2.** Le'bendigkeit *f*.

live·long ['lɪvlɒŋ] *adj. poet.*: ***all the ~ day*** den lieben langen Tag.

live·ly ['laɪvlɪ] *adj.* □ **1.** *allg.* lebhaft, le'bendig (*Person, Geist, Gespräch, Rhythmus, Gefühl, Erinnerung, Farbe, Beschreibung etc.*): ***~ hope*** starke Hoffnung; **2.** kräftig, vi'tal; **3.** lebhaft, aufregend (*Zeit*): ***make it*** (*od.* ***things***) ***~ for*** *j-m* (tüchtig) einheizen; ***we had a ~ time*** es war ‚schwer was los'; **4.** flott (*Tempo*).

liv·en ['laɪvn] *mst* ***~ up*** **I** *v/t.* beleben, Leben *od.* Schwung bringen in (*acc.*); **II** *v/i.* sich beleben, in Schwung kommen.

liv·er[1] ['lɪvə] *s. anat.* Leber *f*.

liv·er[2] ['lɪvə] *s.*: ***be a fast ~*** ein flottes Leben führen; ***be a good ~*** ‚gut leben'.

liv·er·ied ['lɪvərɪd] *adj.* livriert.

liv·er·ish ['lɪvərɪʃ] *adj.* F **1.** ***be ~*** es an der Leber haben; **2.** reizbar, mürrisch.

Liv·er·pud·li·an [‚lɪvə'pʌdlɪən] **I** *adj.* aus *od.* von Liverpool; **II** *s.* Liverpooler(in).

'liv·er·wort *s.* ⚘ Leberblümchen *n*.

liv·er·y ['lɪvərɪ] *s.* **1.** Li'vree *f*; **2.** (*bsd.* Amts- *od.* Gilden)Tracht *f*; *fig.* (*a. zo. Winter- etc.*)Kleid *n*; **3.** → ***livery company***; **4.** Pflege *f* u. 'Unterbringung *f* (*von Pferden*) gegen Bezahlung: ***at ~*** in Futter *stehen etc.*; **5.** *Am.* → ***livery stable***; **6.** a) 'Übergabe *f*, Über'tragung *f*,

b) *Brit.* 'Übergabe *f* von vom Vormundschaftsgericht freigegebenem Eigentum; **~ com·pa·ny** *s.* (Handels-) Zunft *f* der ***City of London***; **'~·man** [-mən] *s.* [*irr.*] Zunftmitglied *n*; **~ servant** *s.* livrierter Diener; **~ sta·ble** *s.* Mietstall *m.*

lives [laɪvz] *pl. von* **life**.

'live·stock ['laɪv-] *s.* Vieh(bestand *m*) *n*, lebendes Inven'tar.

liv·id ['lɪvɪd] *adj.* □ **1.** bläulich; bleifarben, graublau; **2.** fahl, aschgrau, blass (***with*** vor *dat.*); **3.** *Brit.* F ‚fuchsteufelswild'; **li·vid·i·ty** [lɪ'vɪdətɪ], **'liv·id·ness** [-nɪs] *s.* Fahlheit *f*, Blässe *f*.

liv·ing ['lɪvɪŋ] **I** *adj.* □ **1.** lebend (*a. Sprachen*), le'bendig (*a. fig. Glaube, Gott etc.*): ***no man ~*** kein Sterblicher; ***not a ~ soul*** keine Menschenseele; ***while ~*** zu Lebzeiten; ***the greatest of ~ statesmen*** der größte lebende Staatsmann; ***~ death*** trostloses Dasein; ***within ~ memory*** seit Menschengedenken; **2.** glühend (*Kohle*); **3.** gewachsen (*Fels*); **4.** Lebens...: ***~ conditions***; **II** *s.* **5.** ***the ~*** die Lebenden; **6.** (das) Leben; **7.** Leben *n*, Lebensweise *f*, -führung *f*: ***good ~*** üppiges Leben; **8.** 'Lebensˌunterhalt *m*: ***make a ~*** s-n Lebensunterhalt verdienen (***as*** als, ***out of*** durch); **9.** Leben *n*, Wohnen *n*; **10.** *eccl. Brit.* Pfründe *f*; **~ room** [rʊm] *s.* Wohnzimmer *n*; **~ space** *s.* **1.** Wohnraum *m*, -fläche *f*; **2.** *pol.* Lebensraum *m*; **~ wage** *s.* ausreichender Lohn.

lix·iv·i·ate [lɪk'sɪvɪeɪt] *v/t.* auslaugen.

liz·ard ['lɪzəd] *s.* **1.** *zo.* a) Eidechse *f*, b) Echse *f*; **2.** Eidechsenleder *n*.

'll [l; əl] F *für* ***will*** 1, 2, 4 *od.* ***shall***.

lla·ma ['lɑːmə] *s. zo.* Lama(wolle *f*) *n*.

lo [ləʊ] *int. obs.* siehe!, seht!: ***~ and behold!*** *oft humor.* sieh(e) da!

loach [ləʊtʃ] *s. ichth.* Schmerle *f*.

load [ləʊd] **I** *s.* **1.** Last *f* (*a. phys.*); **2.** *fig.* Last *f*, Bürde *f*: ***take a ~ off s.o.'s mind*** j-m e-e Last von der Seele nehmen; ***that takes a ~ off my mind!*** da fällt mir ein Stein vom Herzen!; **3.** Ladung *f* (*a. e-r Schusswaffe*; *a. Am. sl. Menge Alkohol*), Fracht *f*, Fuhre *f*: ***a bus~ of tourists*** ein Bus voll(er) Touristen; ***have a ~ on*** *Am. sl.* ‚schwer geladen' haben; ***get a ~ of this!*** F hör mal gut zu!; ***~s of*** F e-e Unmasse *od.* massenhaft *od.* jede Menge *Geld, Fehler etc.*; **4.** *fig.* Belastung *f*: (***work***) ~ (Arbeits)Pensum *n*; **5.** ⚙, ⚡ a) Last *f*, (Arbeits)Belastung *f*, b) Leistung *f*: ***~ capacity*** a) Ladefähigkeit *f*, b) Tragfähigkeit *f*, c) ⚡ Belastbarkeit *f*; **II** *v/t.* **6.** beladen; **7.** *Güter, Schusswaffe etc.* laden, aufladen, *Datei, Software* laden: ***~ the camera*** *phot.* e-n Film einlegen; **8.** *fig. j-n* über'häufen (***with*** mit *Arbeit, Geschenken, Vorwürfen etc.*): ***he's ~ed*** *sl.* a) er hat Geld wie Heu, b) er hat ‚schwer geladen' *od.* ist ‚blau'; **9.** *den Magen* über'laden; **10.** beschweren: ***~ dice*** Würfel präparieren: ***~ the dice*** *fig.* die Karten zinken; ***the dice are ~ed against him*** *fig.* er hat kaum e-e Chance; ***~ed question*** Fangfrage *f*; **11.** *Wein* verfälschen; **III** *v/i.* **12.** *a.* ***~ up*** (auf-, ein)laden.

load·er ['ləʊdə] *s.* **1.** (Ver)Lader *m*; **2.** Verladevorrichtung *f*; **3.** *hunt.* Lader *m*; **4.** ⚔ Ladeschütze *m*.

load·ing ['ləʊdɪŋ] *s.* **1.** (Be-, Auf)Laden *n*; **2.** a) Laden *n* (*e-r Schusswaffe*), b) Einlegen *n* e-s Films (*in die Kamera*); **3.** Ladung *f*, Fracht *f*; **4.** ⚙, ⚡, ✈ Belastung *f*; **5.** *Versicherung*: Verwaltungskostenanteil *m* (*der Prämie*); **~ bridge** *s.* Verlade-, ✈ Fluggastbrücke *f*; **~ coil** *s.* ⚡ Belastungsspule *f*.

load| line *s.* ⚓ Lade(wasser)linie *f*; **'~·star** → ***lodestar***; **'~·stone** → ***lodestone***.

loaf[1] [ləʊf] *pl.* **loaves** [ləʊvz] *s.* **1.** Laib *m* (*Brot*), *weitS.* Brot *n*: ***half a ~ is better than no bread*** (etwas ist) besser als gar nichts; **2.** Zuckerhut *m*: ***~ sugar*** Hutzucker *m*; **3.** *a.* ***meat ~*** Hackbraten *m*; **4.** *Brit. sl.* ‚Birne' *f*: ***use your ~*** denk mal ein bisschen (nach)!

loaf[2] [ləʊf] **I** *v/i. a.* ***~ about*** (*od.* ***around***) her'umlungern, bummeln; faulenzen; **II** *v/t.* ***~ away*** *Zeit* verbummeln; **'loaf·er** [-fə] *s.* **1.** Faulenzer *m*, Nichtstuer *m*; Her'umtreiber(in); **2.** *Am.* Mokas'sin *m* (*Schuh*).

loam [ləʊm] *s.* Lehm(boden) *m*; **'loam·y** [-mɪ] *adj.* lehmig, Lehm...

loan [ləʊn] **I** *s.* **1.** (Ver)Leihen *n*, Ausleihung *f*: ***as a ~***, ***on ~*** leihweise; ***it's on ~***, ***it's a ~*** es ist geliehen; ***ask for the ~ of s.th.*** et. leihweise erbitten; ***put out to ~*** verleihen; **2.** Anleihe *f* (*a. fig.*): ***take up a ~ on*** e-e Anleihe aufnehmen auf *e-e Sache*; ***government ~*** Staatsanleihe; **3.** Darlehen *n*, Kre'dit *m*: ***~ on securities*** Lombarddarlehen; ***bankrate for ~s*** Lombardsatz *m*; **4.** Leihgabe *f* (*für e-e Ausstellung*); **II** *v/t. u. v/i.* **5.** (ver-, aus)leihen (***to*** *dat.*); **~ bank** *s.* Darlehensbank *f*; **~ of·fice** *s.* Darlehenskasse *f*; **~ shark** *s.* F ‚Kre'dithai' *m*; **~ trans·la·tion** *s. ling.* 'Lehnüberˌsetzung *f*; **'~·word** *s. ling.* Lehnwort *n*.

loath [ləʊθ] *adj.* (*nur pred.*) abgeneigt, nicht willens: ***be ~ to do s.th.*** et. nur sehr ungern tun; ***nothing ~*** durchaus nicht abgeneigt.

loathe [ləʊð] *v/t. et. od. j-n* verabscheuen, hassen, nicht ausstehen können; **'loath·ing** [-ðɪŋ] *s.* Abscheu *m*, Ekel *m*; **'loath·ing·ly** [-ðɪŋlɪ] *adv.* mit Abscheu *od.* Ekel; **'loath·some** [-səm] *adj.* □ widerlich, ab'scheulich, verhasst; ekelhaft, eklig.

L

loaves [ləʊvz] *pl. von* ***loaf¹***.

lob [lɒb] **I** *s.* **1.** *Tennis*: Lob *m*; **II** *v/t.* **2.** *den Ball* lobben; **3.** (*engS. et.* von unten her) werfen.

lob·by ['lɒbɪ] **I** *s.* **1.** a) Vor-, Eingangshalle *f*, Vesti'bül *n*, *bsd. thea.*, *Hotel*: Foy'er *n*, b) Wandelgang *m*, -halle *f*, Korridor *m*, *parl. a.* Lobby *f*; **2.** *pol.* Lobby *f*, (Vertreter *pl.* e-r) Inter'essengruppe *f*; **II** *v/t. u. v/i.* **3.** (auf Abgeordnete) Einfluss nehmen: ***~ for*** (mit Hilfe e-r Lobby) für die Annahme *e-s Antrags etc.* arbeiten; ***~*** (***through***) *Gesetzesantrag* mit Hilfe e-r Lobby durchbringen; **'lob·by·ist** [-ɪɪst] *s. pol.* Lobby'ist(in).

lobe [ləʊb] *s.* ⚘, *anat.* Lappen *m*: ***~ of the ear*** Ohrläppchen *n*; **lobed** [-bd] *adj.* gelappt, lappig.

lob·ster ['lɒbstə] *s. zo.* **1.** Hummer *m*: ***as red as a ~*** *fig.* krebsrot; **2.** (***spiny***) ***~*** Languste *f*.

lob·ule ['lɒbjuːl] *s.* ⚘, *anat.* Läppchen *n*.

lo·cal ['ləʊkl] **I** *adj.* ☐ **1.** lo'kal, örtlich, Lokal..., Orts...: ***~ authorities*** *pl.*, ***~ government*** Gemeinde-, Stadt-, Kommunalverwaltung *f*; ***~ call*** *teleph.* Ortsgespräch *n*; ***~ news*** Lokalnachrichten *pl.*; ***~ politics*** Lokalpolitik *f*; ***~ time*** Ortszeit *f*; ***~ traffic*** Lokal-, Orts-, Nahverkehr *m*; ***~ train*** → 5; **2.** Orts..., ortsansässig: a) hiesig, b) dortig: ***the ~ doctor***; **3.** lo'kal, örtlich, Lokal...: ***~ an***(***a***)***esthesia*** → 10; ***~ colo***(***u***)***r*** *fig.* Lokalkolorit *n*; ***a ~ custom*** ein ortsüblicher Brauch; ***~ expression*** ortsgebundener Ausdruck; ***~ radio*** Lo'kalradio *n*; ***~ TV*** Lo'kalfernsehen *n*; **4.** *Brit.* (*als Postvermerk*) Ortsdienst!; **II** *s.* **5.** Vororts-, Nahverkehrszug *m*; **6.** *Am. Zeitung*: Lo'kalnachricht *f*; **7.** *Am.* Ortsgruppe *f* (*e-r Gewerkschaft etc.*); **8.** *pl.* Ortsansässige *pl.*; **9.** *Brit.* F Ortsgasthaus *n*, *a.* Stammkneipe *f*; **10.** ⚕ Lo'kalanästhe,sie *f*, örtliche Betäubung.

lo·cale [ləʊ'kɑːl] *s.* Schauplatz *m*, Ort *m* (*e-s Ereignisses etc.*).

lo·cal·ism ['ləʊkəlɪzəm] *s.* Provinzia'lismus *m*: a) *ling.* örtliche (Sprach)Eigentümlichkeit, b) provinzi'elle Borniertheit, c) Lo'kalpatrio,tismus *m*.

lo·cal·i·ty [ləʊ'kælətɪ] *s.* **1.** a) Ort *m*: ***sense of ~*** Ortssinn *m*, b) Gegend *f*; **2.** (örtliche) Lage.

lo·cal·i·za·tion [,ləʊkəlaɪ'zeɪʃn] *s.* Lokalisierung *f*, örtliche Bestimmung *od.* Festlegung *od.* Begrenzung; **lo·cal·ize** ['ləʊkəlaɪz] *v/t.* **1.** lokalisieren: a) örtlich festlegen *od.* fixieren, b) (örtlich) begrenzen (***to*** auf *acc.*); **2.** Lo'kalkolo,rit geben (*dat.*).

lo·cate [ləʊ'keɪt] **I** *v/t.* **1.** ausfindig machen, die örtliche Lage *od.* den Aufenthalt ermitteln von (*od. gen.*); **2.** a) ⚓ *etc.* orten, b) ⚔ *Ziel etc.* ausmachen; **3.** *Büro etc.* errichten, einrichten; **4.** a) (*an e-m bestimmten Ort*) an- *od.* 'unterbringen, b) *an e-n Ort* verlegen: ***be ~d*** gelegen sein, *wo* liegen *od.* sich befinden; **II** *v/i.* **5.** *Am.* F sich niederlassen; **lo'ca·tion** [-eɪʃn] *s.* **1.** Lage *f*: a) Platz *m*, Stelle *f*, b) Standort *m*, Ort *m*, Örtlichkeit *f*; **2.** Ausfindigmachen *n*, Lokalisierung *f*, ⚓ *etc.* Ortung *f*; **3.** *Am.* a) Grundstück *n*, b) angewiesenes Land; **4.** *Film*: Gelände *n* für Außenaufnahmen, Drehort *m*: ***on ~*** auf Außenaufnahme; ***~ shots*** Außenaufnahmen *pl.*; **5.** Niederlassung *f*, Siedlung *f*: **6.** *Computer*: 'Speicherstelle *f*, -a,dresse *f*.

loc·a·tive ['lɒkətɪv] *ling.* **I** *adj.* Lokativ...: ***~ case*** → **II** *s.* Lokativ *m*, Ortsfall *m*.

loch [lɒk; lɒx] *s. Scot.* **1.** See *m*; **2.** Bucht *f*.

lo·ci ['ləʊsaɪ] *pl. u. gen. von* ***locus***.

lock¹ [lɒk] **I** *s.* **1.** (*Tür- etc.*)Schloss *n*: ***under ~ and key*** a) hinter Schloss u. Riegel (*Person*), b) unter Verschluss (*Sache*); **2.** Verschluss *m*, Schließe *f*; **3.** Sperrvorrichtung *f*; **4.** (*Gewehr- etc.*) Schloss *n*: ***~, stock, and barrel*** a) ganz u. gar, voll und ganz, mit Stumpf u. Stiel, b) mit allem Drum u. Dran, c) mit Sack u. Pack; **5.** a) Schleuse(nkammer) *f*, b) Luft-, Druckschleuse *f*; **6.** Knäuel *m*, *n*, Stau *m* (*von Fahrzeugen*); **7.** *mot. bsd. Brit.* Einschlag *m* (*der Vorderräder*); **8.** *Ringen*: Fessel(griff *m*) *f*; **II** *v/t.* **9.** (ab-, zu-, ver)schließen, zusperren, verriegeln; **10.** *a.* ***~ up*** a) *j-n* einschließen, (ein)sperren, (***in***, ***into*** in *acc.*), b) → ***lock up*** 2; **11.** (*in die Arme*) schließen, *a. Ringen*: um'fassen, -'klammern: ***~ed*** a) eng umschlungen, b) festgekeilt, *fig.* festsitzend, c) ineinander verkrallt: ***~ed in conflict***; **12.** inein'ander schlingen, *die Arme* verschränken; → ***horn***; **13.** ⚙ sperren, sichern, arretieren, festklemmen; **14.** *mot. Räder* blockieren; **15.** *Schiff* ('durch)schleusen; **16.** *Kanal* mit Schleusen versehen; **17.** ⚕ *Geld* festlegen, fest anlegen; **III** *v/i.* **18.** (ab-) schließen; **19.** sich schließen lassen; **20.** ⚙ inein'ander greifen, einrasten; **21.** *mot.* a) sich einschlagen lassen, b) blockieren (*Räder*); **22.** geschleust werden (*Schiff*);

Zssgn mit adv.:

lock| a·way *v/t.* weg-, einschließen; ***~ down*** *v/t. Schiff* hin'abschleusen; ***~ in*** *v/t.* einschließen, -sperren; ***~ on*** *v/i.* (***to***) **1.** *Radar*: (*Ziel*) erfassen u. verfolgen; **2.** *Raumfahrt*: (an)koppeln (an *acc.*); **3.** *fig.* a) einhaken (bei), b) sich ‚verbeißen' (in *acc.*); ***~ out*** *v/t.* (*a. Arbeiter*) aussperren; ***~ up*** *v/t.* **1.** → ***lock¹*** 9, 10; **2.** ver-, ein-, wegschließen; **3.** *Kapital* festlegen, fest anlegen; **4.** *Schiff* hin'aufschleusen.

lock² [lɒk] *s.* **1.** Locke *f*; *pl. poet.* Haar *n*; **2.** (Woll)Flocke *f*; **3.** Strähne *f*, Büschel *n*.
lock·age ['lɒkɪdʒ] *s.* **1.** Schleusen(anlage *f*) *pl.*; **2.** Schleusengeld *n*; **3.** ('Durch)Schleusen *n*.
lock·er ['lɒkə] *s.* **1.** (verschließbarer) Kasten *od.* Schrank, Spind *m*, *n*: **~ room** Umkleideraum *m*, *sport* (Umkleide)Kabine *f*; → ***shot²*** 4; **2.** Schließfach *n*.
lock·et ['lɒkɪt] *s.* Medail'lon *n*.
lock| gate *s.* Schleusentor *n*; **'~·jaw** *s.* ⚕ Kaumuskelkrampf *m*; **'~·nut** *s.* ⚙ Gegenmutter *f*; **'~·out** *s.* Aussperrung *f* (*von Arbeitern*); **'~·smith** *s.* Schlosser *m*; **~ stitch** *s.* Kettenstich *m*; **'~-up** *s.* **1.** a) Gefängnis *n*, b) (Haft)Zelle(n *pl.*) *f*; **2.** *Brit.* (kleiner) Laden; **3.** *mot.* 'Einzelgaˌrage *f*; **4.** Schließen *n*, (Tor-) Schluss *m*; **5.** feste Anlage (*von Kapital*).
lo·co¹ ['ləʊkəʊ] *adj. Am. sl.* ‚bekloppt', verrückt.
lo·co² ['ləʊkəʊ] *s.* Lok *f* (*Lokomotive*).
lo·co·mo·tion [ˌləʊkə'məʊʃn] *s.* **1.** Fortbewegung *f*; **2.** Fortbewegungsfähigkeit *f*; **'lo·coˌmo·tive** [-əʊtɪv] **I** *adj.* sich fortbewegend, fortbewegungsfähig, Fortbewegungs...: **~ *engine*** → **II** *s.* Lokomo'tive *f*.
lo·cum ['ləʊkəm] F *für* **~ te·nens** [ˌləʊkəm'tiːnenz] *pl.* **~ te·nen·tes** [-tɪ'nentiːz] *s.* Vertreter(in) (*z. B. e-s Arztes*).
lo·cus ['ləʊkəs] *pl. u. gen.* **lo·ci** ['ləʊsaɪ] *s.* (⩘ geo'metrischer) Ort.
lo·cust ['ləʊkəst] *s.* **1.** *zo.* Heuschrecke *f*; **2.** *a.* **~ *tree*** ⚘ a) Ro'binie *f*, b) Jo'hannisbrotbaum *m*; **3.** ⚘ Jo'hannisbrot *n*, Ka'rube *f*.
lo·cu·tion [ləʊ'kjuːʃn] *s.* **1.** Ausdrucksweise *f*, Redestil *m*; **2.** Redewendung *f*, Ausdruck *m*.
lode [ləʊd] *s.* ⚒ (Erz)Gang *m*, Ader *f*; **'~·star** *s.* Leitstern *m* (*a. fig.*), *bsd.* Po'larstern *m*; **'~·stone** *s.* **1.** Ma'gneteisen(stein *m*) *n*; **2.** *fig.* Ma'gnet *m*.
lodge [lɒdʒ] **I** *s.* **1.** *allg.* Häus-chen *n*: a) (Jagd-, Ski- *etc.*)Hütte *f*, b) Pförtnerhaus *n*, c) Parkwächter-, Forsthaus *n*; **2.** Pförtner-, Porti'erloge *f*; **3.** *Am.* Zen'tralgebäude *n* (*in e-m Park etc.*); **4.** (*bsd.* Freimaurer)Loge *f*; **5.** (*Indianer-*) Wigwam *m*; **II** *v/i.* **6.** (***with***) a) logieren, (*bsd.* in 'Untermiete) wohnen (bei), b) über'nachten (bei); **7.** stecken (bleiben) (*Kugel etc.*); **III** *v/t.* **8.** *j-n* a) 'unterbringen, aufnehmen, b) in 'Untermiete nehmen; **9.** *Geld* deponieren, hinter'legen; **10.** ✝ *Kredit* eröffnen; **11.** *Antrag*, *Beschwerde etc.* einreichen, *Anzeige* erstatten, *Berufung*, *Protest* einlegen (***with*** bei); **12.** *Kugel*, *Messer etc.* (hin'ein)jagen, *Schlag* landen; **'lodge·ment** [-mənt] → ***lodgment***; **'lodg·er** [-dʒə] *s.* ('Unter)Mieter(in).
lodg·ing ['lɒdʒɪŋ] *s.* **1.** 'Unterkunft *f*, ('Nacht)Quarˌtier *n*; **2.** *pl.* a) (*bsd.* möbliertes) Zimmer, b) (möblierte) Zimmer *pl.*, c) Mietwohnung *f*; **~ house** *s.* Fremdenheim *n*, Pensi'on *f*.
lodg·ment ['lɒdʒmənt] *s.* **1.** ⚖ Einreichung *f* (*Klage*, *Antrag etc.*); Erhebung *f* (*Beschwerde*, *Protest etc.*); Einlegung *f* (*Berufung*); **2.** Hinter'legung *f*, Deponierung *f*.
lo·ess ['ləʊɪs] *s. geol.* Löß *m*, Löss *m*.
loft [lɒft] **I** *s.* **1.** (Dach-, *a.* ✓ Heu)Boden *m*, Speicher *m*: ***in the ~*** auf dem Dachboden; **2.** △ Em'pore *f* (*für Kirchenchor*, *Orgel*); **3.** Taubenschlag *m*; **II** *v/t. u. v/i. Golf*: (den Ball) hoch schlagen; **'loft·er** [-tə] *s. Golf*: Schläger *m* für Hochbälle.
loft·i·ness ['lɒftɪnɪs] *s.* **1.** Höhe *f*; **2.** Erhabenheit *f* (*a. fig.*); **3.** Hochmut *m*; **loft·y** ['lɒftɪ] *adj.* ☐ **1.** hoch(ragend); **2.** *fig.* a) erhaben, b) hochfliegend, c) *contp.* hochtrabend; **3.** stolz, hochmütig.
log¹ [lɒg] **I** *s.* **1.** a) (Holz)Klotz *m*, (-)Block *m*, b) (*Feuer*)Scheit *n*, c) (*gefällter*) (Baum)Stamm: ***in the ~*** unbehauen; ***roll a ~ for s.o.*** *Am.* j-m e-n Dienst erweisen, *bsd.* j-m et. zuschanzen; ***sleep like a ~*** schlafen wie ein Klotz *od.* Bär; **2.** ⚓ Log *n*; **3.** ⚓ *etc.* → ***logbook***: ***keep a ~ (of)*** Buch führen (über *acc.*); **II** *v/t.* **4.** ⚓ loggen: a) *Entfernung* zu'rücklegen, b) *Geschwindigkeit etc.* in das Logbuch eintragen; **II** *v/i.* **5.** **~ *in*** (*od.* ***on***) *Computer*: (sich) 'einloggen; **6.** **~ *out*** (*od.* ***off***) *Computer*: (sich) 'ausloggen.
log² [lɒg] → ***logarithm***.
lo·gan·ber·ry ['ləʊgənbərɪ] *s.* ⚘ Loganbeere *f* (*Kreuzung zwischen Brombeere u. Himbeere*).
log·a·rithm ['lɒgərɪðəm] *s.* ⩘ Loga'rithmus *m*; **log·a·rith·mic**, **log·a·rith·mi·cal** [ˌlɒgə'rɪðmɪk(l)] *adj.* ☐ loga'rithmisch.
'log|·book *s.* **1.** ⚓ Log-, ✈ Bord-, *mot.* Fahrtenbuch *n*; **2.** *mot. Brit.* Kraftfahrzeugbrief *m*; **3.** Reisetagebuch *n*; **~ cab·in** *s.* Blockhaus *n*.
log·ger ['lɒgə] **I** *s.* **1.** Holzfäller *m*; **2.** *Computer*: Regis'triergerät *n*; **3.** *Maschine zum Be- u. Entladen* von Holzstämmen; **4.** *Traktor*, *der in der Holzwirtschaft verwendet wird*; **II** *adj. Scot.* **5.** schwer; **6.** dick; **7.** dickköpfig; **8.** dumm.
log·ger·head ['lɒgəhed] *s.*: ***be at ~s*** (***with s.o.***) sich (mit j-m) in den Haaren liegen.
log·gia ['ləʊdʒə] *s.* △ Loggia *f*.
logh [lɒx] *s. Ir.* See *m*.

log·ic ['lɒdʒɪk] *s. phls. u. fig.* Logik *f*; **'log·i·cal** [-kl] *adj.* □ **1.** logisch (*a. fig. folgerichtig od. natürlich*); **2.** *Computer*: logisch, Logik...; **lo·gi·cian** [ləʊ'dʒɪʃn] *s.* Logiker *m*; **lo·gis·tic** [ləʊ'dʒɪstɪk] **I** *adj.* **1.** *phls. u.* ⚔ lo'gistisch; **II** *s.* **2.** *phls.* Lo'gistik *f*; **3.** *pl. mst sg. konstr. bsd.* ⚔ Lo'gistik *f*.

log·o ['lɒgəʊ] → *s.* ✝ F 'Logo *n*.

log·o·gram ['lɒgəʊgræm] *s.* Logo'gramm *n*, Wortzeichen *n*.

log·o·type ['lɒgəʊtaɪp] *s.* ✝ Firmen- *od.* Markenzeichen *n*.

'log|·roll *pol. Am.* **I** *v/t. Gesetz* durch gegenseitige ‚Schützenhilfe' 'durchbringen; **II** *v/i.* sich gegenseitig in die Hände arbeiten; **'~ˌroll·ing** *s. pol.* ‚Kuhhandel' *m*, gegenseitige Unter'stützung (*zur Durchsetzung von Gruppeninteressen etc.*).

loin [lɔɪn] *s.* **1.** (*mst pl.*) *anat.* Lende *f*: ***gird up one's ~s*** *fig.* sich rüsten *od* wappnen; **2.** *pl. bibl. u. poet.* a) Lenden *pl.* (*Fortpflanzungsorgane*), b) Schoß *m* (*der Frau*); **3.** *Küche*: Lende(nstück *n*) *f*; **'~·cloth** *s.* Lendentuch *n*.

loi·ter ['lɔɪtə] **I** *v/i.* **1.** bummeln, trödeln; **2.** her'umlungern, -stehen, sich her'umtreiben; **II** *v/t.* **3.** ***~ away*** *Zeit* vertrödeln; **'loi·ter·er** [-ərə] *s.* **1.** Bummler (-in), Faulenzer(in); **2.** Her'umtreiber(in).

loll [lɒl] **I** *v/i.* **1.** sich rekeln *od.* (her'um-) lümmeln; **2.** sich lässig lehnen (***against*** gegen); **3.** ***~ out*** her'aushängen, baumeln (*Zunge*); **II** *v/t.* **4.** *a.* ***~ out*** *die Zunge* her'aushängen lassen.

lol·li·pop ['lɒlɪpɒp] *s.* **1.** Lutscher *m* (*Stielbonbon*); **2.** *Brit.* Eis *n* am Stiel.

> **Lollipop lady** bzw. **lollipop man** werden in GB die erwachsenen „Schülerlotsen" genannt, die mit einem runden Schild, das einem Lutscher (**lollipop**) ähnelt, den Verkehr vor der Schule anhalten, um Schülern sicheres Geleit über die Straße zu geben.

lol·lop ['lɒləp] *v/i.* F a) ‚latschen', b) hoppeln.

lol·ly ['lɒlɪ] *s.* **1.** F für ***lollipop***; **2.** *Brit. sl.* ‚Kies' *m* (*Geld*).

Lon·don·er ['lʌndənə] *s.* Londoner(in).

lone [ləʊn] *adj.* einsam: ***play a ~ hand*** *fig.* e-n Alleingang machen; → ***wolf*** 1; **'lone·li·ness** [-lɪnɪs] *s.* Einsamkeit *f*; **'lone·ly** [-lɪ] *adj. allg.* einsam: ***be ~ for*** *Am.* F Sehnsucht haben nach *j-m*; **lon·er** ['ləʊnə] *s.* F Einzelgänger(in); **'lone·some** [-səm] *adj.* □ → ***lonely***.

long¹ [lɒŋ] **I** *adj.* **1.** *allg.* lang (*a. fig. langwierig, a. ling.*): ***two miles*** (***weeks***) ***~***; ***~ journey*** (***list***, ***syllable***); ***~ years of misery***; ***~ measure*** Längenmaß *n*; ***~ wave*** ⚡ Langwelle *f*; ***~er*** *comp.* länger; ***a ~ chance***, ***~ odds*** *fig.* geringe Aussichten; ***a ~ dozen*** 13 Stück; ***~ drink*** Longdrink *m*; ***a ~ guess*** e-e vage Schätzung; **2.** lang, hoch (gewachsen): ***a ~ fellow***; **3.** groß, zahlreich: ***a ~ family***; ***a ~ figure*** eine vielstellige Zahl; ***a ~ price*** ein hoher Preis; **4.** weit reichend: ***a ~ memory***; ***take a ~ view*** weit vorausblicken; **5.** ✝ langfristig, mit langer Laufzeit, auf lange Sicht; **6.** a) ✝ eingedeckt (***of*** mit), b) ***~ on*** F reichlich versehen mit, *fig. a.* voller *Ideen etc.*; **II** *adv.* **7.** lang, lange: ***~ dead*** schon lange tot; ***as*** (*od.* ***so***) ***~ as*** a) so lange (wie), b) sofern; vorausgesetzt, dass; ***~ after*** lange (da)nach; ***~ ago*** vor langer Zeit; ***not ~ ago*** vor kurzem; ***as ~ ago as 1900*** schon 1900; ***all day ~*** den ganzen Tag (lang); ***be ~*** a) lange dauern (*Sache*), b) lange brauchen ([***in***] ***doing s.th.*** et. zu tun); ***don't be*** (***too***) ***~!*** mach nicht so lang!, beeil dich!; ***I shan't be ~!*** (ich) bin gleich wieder da!; ***not ~ before*** kurz bevor; ***it was not ~ before*** es dauerte nicht lange, bis *er kam etc.*; ***so ~!*** tschüss!, bis später (dann)!; ***no*** (*od.* ***not any***) ***~er*** nicht (mehr) länger, nicht mehr; ***for how much ~er?*** wie lange noch?; ***~est*** *sup.* am längsten; **III** *s.* **8.** (e-e) lange Zeit: ***at the ~est*** längstens, höchstens; ***before ~*** bald, binnen kurzem; ***for ~*** lange (Zeit); ***it is ~ since*** es ist lange her, dass; **9.** ***take ~*** lange brauchen; ***the ~ and the short of it*** a) die ganze Geschichte, b) mit 'einem Wort, kurz'um; **10.** Länge *f*: a) *Phonetik*: langer Laut, b) *Metrik*: lange Silbe; **11.** *pl.* a) lange Hose, b) 'Übergrößen *pl.*

long² [lɒŋ] *v/i.* sich sehnen (***for*** nach): ***~ for*** *a. j-n od. et.* herbeisehnen; ***I ~ed to see him*** ich sehnte mich danach, ihn zu sehen; ***the*** (***much***) ***~ed-for rest*** die (heiß) ersehnte Ruhe.

'long|·boat *s.* ⚓ Großboot *n*, großes Beiboot (*e-s Segelschiffs*); **'~·bow** [-bəʊ] *s. hist.* Langbogen *m*: ***draw the ~*** F übertreiben, dick auftragen; **'~·case clock** *s.* Standuhr *f*; **ˌ~-'dat·ed** *adj.* langfristig; **ˌ~-'dis·tance I** *adj.* **1.** *teleph. etc.* Fern...(*-gespräch*, *-empfang*, *-leitung etc.*; *a. -fahrt*, *-lastzug*, *-verkehr etc.*); **2.** ✈, *sport* Langstrecken... (*-bomber*, *-flug*, *-lauf etc.*); **II** *adv.* **3.** ***call ~*** ein Ferngespräch führen; **III** *s.* **4.** *teleph. Am.* a) Fernamt *n*, b) Ferngespräch *n*; **ˌ~-drawn-'out** *adj. fig.* langatmig, in die Länge gezogen.

longe [lʌndʒ] → ***lunge²***.

lon·ge·ron ['lɒndʒərən] *s.* ✈ Rumpf(längs)holm *m.*

lon·gev·i·ty [lɒn'dʒevətı] *s.* Langlebigkeit *f*, langes Leben.

ˌlong|-'haired *adj.* **1.** langhaarig (*a. contp.*), *zo.* Langhaar...; **2.** (betont) intellektu'ell; **'~·hand** *s.* Langschrift *f*, (gewöhnliche) Schreibschrift; **ˌ~'head·ed** *adj.* **1.** langköpfig; **2.** gescheit, klug; **'~·horn** *s.* **1.** langhörniges Tier; **2.** langhörniges Rind, *Am.* Longhorn *n.*

long·ing ['lɒŋıŋ] **I** *adj.* □ sehnsüchtig, verlangend; **II** *s.* Sehnsucht *f*, Verlangen *n* (**for** nach).

long·ish ['lɒŋıʃ] *adj.* ziemlich lang.

lon·gi·tude ['lɒndʒıtju:d] *s. geogr.* Länge *f*; **lon·gi·tu·di·nal** [ˌlɒndʒı'tju:dınl] *adj.* □ **1.** *geogr.* Längen...; **2.** Längs...; **lon·gi·tu·di·nal·ly** [ˌlɒndʒı'tju:dınəlı] *adv.* längs, der Länge nach.

long| johns *s. pl.* F lange 'Unterhose; **~ jump** *s. sport* Weitsprung *m*; **'~-legged** *adj.* langbeinig; **'~-life** *adj.* **1.** mit langer Lebensdauer (*Batterie*); **2.** haltbar gemacht (*Milch etc.*): ***~ milk*** 'H-Milch *f*; **ˌ~-'lived** *adj.* langlebig; **'~-ˌplay·ing rec·ord** *s.* Langspielplatte *f*; **~ prim·er** *s. typ.* Korpus *f* (*Schriftgrad*); **ˌ~-'range** *adj.* **1.** ⚔ weit tragend, Fernkampf..., Fern...; ✈ Langstrecken...: ***~ bomber***; **2.** auf lange Sicht (geplant), langfristig; **'~·shore·man** [-mən] *s.* [*irr.*] Hafenarbeiter *m*; **~ shot** *s.* **1.** *Film*: To'tale *f*; **2.** *sport etc.* (krasser) Außenseiter; **3.** a) ris'kante Wette, b) (ziemlich) aussichtslose Sache, c) wilde Vermutung: ***not by a ~*** nicht entfernt, längst nicht (*so gut etc.*); **ˌ~-'sight·ed** *adj.* **1.** ⚕ weitsichtig; **2.** *fig.* weit blickend, 'umsichtig; **'~-ˌstand·ing** *adj.* seit langer Zeit bestehend, langjährig, alt; **ˌ~-'suf·fer·ing I** *s.* Langmut *f*; **II** *adj.* langmütig; **'~-term** *adj.* langfristig, Langzeit...; **'~-time** *adj.* → ***long-standing***.

lon·gueur [lɒŋ'gɜ:] (*Fr.*) *s.* Länge *f* (*in e-m Roman etc.*).

ˌlong-'wind·ed [-'wındıd] *adj. fig.* langatmig.

loo [lu:] *Brit.* F **I** *s.* Klo *n*; **II** *v/i.* aufs Klo gehen.

loo·fa(h) ['lu:fə] → ***luffa***.

look [lʊk] **I** *s.* **1.** Blick *m* (**at** auf *acc.*, nach): ***have a ~ at s.th.*** (sich) et. ansehen; ***take a good ~ (at it)!*** sieh es dir genau an!; ***have a ~ round*** sich (mal) umsehen; **2.** Miene *f*, Ausdruck *m*; **3.** *oft pl.* Aussehen *n*: (***good***) ***~s*** gutes Aussehen; ***I do not like the ~ of it*** die Sache gefällt mir (gar) nicht; **II** *v/i.* **4.** schauen, blicken, (hin)sehen (**at**, **on** auf *acc.*, nach): ***don't ~!*** nicht hersehen!; ***don't ~ like that!*** schau nicht so (drein)!; ***~ here!*** schau mal (her)!, hör mal (zu)!; → ***leap*** 1; **5.** (nach)schauen, nachsehen: ***~ who is here!*** schau, wer da kommt!, *humor.* ei, wer kommt denn da!; ***~ and see!*** überzeugen Sie sich (selbst)!; **6.** *krank etc.* aussehen (*a. fig.*): ***things ~ bad for him*** es sieht schlimm für ihn aus; ***it ~s as if*** es sieht (so) aus, als ob; ***~ like*** aussehen wie; ***it ~s like snow*** es sieht nach Schnee aus; ***he ~s like winning*** es sieht so aus, als ob er gewinnen sollte; ***it ~s all right to me*** es scheint (mir) in Ordnung zu sein; ***it ~s well on you*** es steht dir gut; **7.** aufpassen; → *Zssgn mit prp.* ***look to***; **8.** *nach e-r Richtung* liegen, gehen (**toward**, **to** nach) (*Zimmer etc.*); **III** *v/t.* **9.** *j-m in die Augen etc.* sehen *od.* schauen *od.* blicken: ***~ s.o. in the eyes***; **10.** aussehen wie: ***he ~s an idiot***; ***he doesn't ~ his age*** man sieht ihm sein Alter nicht an; ***he ~s it!*** so sieht er auch aus!; **11.** durch Blicke ausdrücken: ***~ compassion*** mitleidig dreinschauen; → ***dagger*** 1;

Zssgn mit prp.:

look| a·bout *v/i.*: ***~ one*** sich 'umsehen, um sich blicken; **~ af·ter** *v/i.* **1.** *j-m* nachblicken; **2.** sehen nach, aufpassen auf (*acc.*), sich kümmern um, sorgen für: ***~ o.s.*** a) für sich selbst sorgen, b) auf sich aufpassen; **~ at** *v/i.* (*a.* sich *j-n*, *et.*) ansehen, -schauen, betrachten, blicken auf (*acc.*), *fig. a. et.* prüfen: ***to ~ him*** wenn man ihn (so) ansieht; ***he wouldn't ~ it*** er wollte nichts davon wissen; ***he*** (***it***) ***isn't much to ~*** er (es) sieht nicht ‚berühmt' aus; **~ for** *v/i.* **1.** suchen (nach), sich 'umsehen nach; **2.** erwarten; **~ in·to** *v/i.* **1.** blicken in (*acc.*); **2.** *fig. et.* unter'suchen, prüfen; **~ on** *v/i.* betrachten, ansehen (**as** als); **~ through** *v/i.* **1.** blicken durch; **2.** 'durchsehen, -lesen; **3.** *fig. j-n od. et.* durch'schauen; **~ to** *v/i.* **1.** achten *od.* Acht geben auf (*acc.*): ***~ it that*** achte darauf, dass; sieh zu, dass; **2.** zählen auf (*acc.*), von *j-m* erwarten, *dass er ...*: ***I ~ you to help me*** (*od.* ***for help***) ich erwarte Hilfe von dir; **3.** sich wenden *od.* halten an (*acc.*); **~ up·on** → ***look on***;

Zssgn mit adv.:

look| a·bout *v/i.* sich 'umsehen (**for** nach); **~ a·head** *v/i.* **1.** nach vorn blicken *od.* schauen; **2.** *fig.* a) vor'ausschauen, b) Weitblick haben; **~ a·round** → ***look about***; **~ back** *v/i.* **1.** sich 'umsehen; *a. fig.* zu'rückblicken (**upon** auf *acc.*, **to** nach, zu); **2.** *fig.* schwankend werden; **~ down** *v/i.* **1.** her'ab-, her'untersehen (*a. fig.* [**up**]**on s.o.** auf j-n); **2.** *bsd.* † sich verschlechtern; **~ for·ward** *v/i.*: ***~ to*** sich freuen auf (*acc.*): ***I am looking forward to seeing him*** ich freue mich darauf, ihn zu sehen; **~ in** *v/i. als Besucher* her'ein- *od.* hin'einschauen (**on** bei); **~ on** *v/i.*

zusehen, -schauen (**at** bei); **~ out I** *v/i.* **1.** her'aus- *od.* hin'aussehen, -schauen (***of the window*** zum *od.* aus dem Fenster); **2.** Ausschau halten (**for** nach); **3.** (**for**) gefasst sein (auf *acc.*), auf der Hut sein (vor *dat.*), aufpassen (auf *acc.*): ***~!*** pass auf!, Vorsicht!; **4.** Ausblick gewähren, (hin'aus)gehen (**on** auf *acc.*) (*Fenster etc.*); **II** *v/t.* **5.** (her'aus)suchen; **~ o·ver** *v/t.* **1.** 'durchsehen, (über)'prüfen; **2.** sich *et. od. j-n* ansehen, *j-n* mustern; **~ round** *v/i.* sich 'umsehen; **~ through** *v/t.* → ***look over*** 1; **~ up I** *v/i.* **1.** hin'aufblicken (**at** auf *acc.*); aufblicken (*fig.* ***to s.o.*** zu j-m); **2.** F *a.* ✝ sich bessern; steigen (*Preise*): ***things are looking up*** es geht bergauf; **II** *v/t.* **3.** *Wort* nachschlagen; **4.** *j-n* be- *od.* aufsuchen; **5.** ***look s.o. up and down*** j-n von oben bis unten mustern.

'look·a,like *s.* F Doppelgänger(in).

look·er ['lʊkə] *s.* F: ***be a*** (***good***) **~** gut *od.* ‚toll' aussehen; ***she is not much of a ~*** sie sieht nicht besonders gut aus; **,~-'on** [-ər'ɒn] *pl.* **,look·ers-'on** *s.* Zuschauer(in) (**at** bei).

'look-in *s.* **1.** F kurzer Besuch; **2.** *sl.* Chance *f.*

'look·ing-glass ['lʊkɪŋ-] *s.* Spiegel *m.*

'look·out *s.* **1.** Ausschau *f*: ***be on the ~ for*** nach *et.* Ausschau halten; ***keep a good ~*** (**for**) auf der Hut sein (vor *dat.*); **2.** *a.* ⚓ Ausguck *m*; **3.** Wache *f*, Beobachtungsposten *m*; **4.** *fig.* Aussicht(en *pl.*) *f*; **5.** ***that's his ~*** F das ist s-e Sache *od.* sein Problem.

'look-see *s.*: ***have a ~*** *sl.* a) (kurz) mal nachgucken, b) sich mal umsehen.

loom[1] [luːm] *s.* Webstuhl *m.*

loom[2] [luːm] *v/i. oft* **~ up 1.** (drohend) aufragen: **~ *large*** *fig.* a) sich auftürmen, b) von großer Bedeutung sein *od.* scheinen; **2.** undeutlich *od.* bedrohlich auftauchen; **3.** *fig.* a) sich abzeichnen, b) bedrohlich näher rücken, c) sich zs.-brauen.

loon[1] [luːn] *s. orn.* Seetaucher *m.*

loon[2] [luːn] *s.* F ‚Blödmann' *m.*

loon·y ['luːnɪ] *sl.* **I** *adj.* ‚bekloppt', verrückt; **II** *s.* Verrückte(r *m*) *f*; **~ bin** *s. sl.* ‚Klapsmühle' *f.*

loop [luːp] **I** *s.* **1.** Schlinge *f*, Schleife *f*; **2.** ϟ, 🚂, *Computer*, *Eislauf*, *Fingerabdruck*, *Fluss etc.*: Schleife *f*; **3.** a) Schlaufe *f*, b) Öse *f*; **4.** ✈ *etc.* Looping *m*, *n*; **5.** ⚕ Spi'rale *f* (*Verhütungsmittel*); **6.** → ***loop aerial***; **II** *v/t.* **7.** in e-e Schleife *od.* in Schleifen legen, schlingen; **8.** **~ *the*** **~** ✈ e-n Looping drehen; **9.** ϟ zur Schleife schalten; **III** *v/i.* **10.** e-e Schleife machen, sich schlingen *od.* winden; **~ aer·i·al** *s.*, **~ an·ten·na** *s.* ϟ 'Rahmenan,tenne *f*, Peilrahmen *m*; **'~·hole** *s.* **1.** (Guck)Loch *n*; **2.** ⚔ a) Sehschlitz *m*, b) Schießscharte *f*; **3.** *fig.* Schlupfloch *n*, 'Hintertürchen *n*: ***a ~ in the law*** eine Lücke im Gesetz; **,~-the-'loop** *s. Am.* Achterbahn *f.*

loose [luːs] **I** *adj.* □ **1.** los(e): ***come*** (*od.* ***get***, ***work***) **~** a) abgehen (*Knöpfe*), b) sich ablösen (*Farbe etc.*), c) sich lockern, d) loskommen; ***let*** **~** a) loslassen, b) *s-m Ärger etc.* Luft machen; **2.** frei, befreit (***of***, ***from*** von): ***break*** **~** a) sich losreißen, b) sich lösen (***from*** von), *fig. a.* sich frei machen (***from*** von); **3.** lose (hängend) (*Haar etc.*): **~ *ends*** *fig.* (noch zu erledigende) Kleinigkeiten; ***be at a ~ end*** a) nicht wissen, was man mit sich anfangen soll, b) ohne geregelte Tätigkeit sein; **4.** a) locker (*Boden*, *Glieder*, *Gürtel*, *Husten*, *Schraube*, *Zahn etc.*), b) offen, lose, unverpackt (*Ware*): ***buy s.th.*** **~** et. offen kaufen; **~ *bowels*** offener Leib, *a.* Durchfall *m*; **~ *change*** Kleingeld *n*; **~ *connection*** ϟ Wackelkontakt *m*; *fig.* lose Beziehung; **~ *dress*** weites *od.* lose sitzendes Kleid; **~ *leaves*** lose Blätter; **5.** *fig.* einzeln, verstreut, zs.-hanglos; **6.** ungenau: **~ *translation*** freie Übersetzung; **7.** *fig.* locker, lose (*unmoralisch*): **~ *girl*** (***life***, ***morals***); **~ *tongue*** loses Mundwerk; **II** *adv.* **8.** lose, locker; **III** *v/t.* **9.** → ***loosen*** 1; **10.** befreien, lösen (***from*** von); **11.** lockern: **~ *one's hold of*** *et.* loslassen; **12.** *mst* **~ *off*** *Waffe*, *Schuss* abfeuern; **IV** *v/i.* **13.** *mst* **~ *off*** schießen, feuern (**at** auf *acc.*): **~ *off at s.o.*** *fig.* loswettern gegen j-n; **V** *s.* **14.** ***be on the ~*** a) frei herumlaufen, b) die Gegend ‚unsicher machen', c) ‚einen draufmachen'; **,~-'joint·ed** *adj.* **1.** (außerordentlich) gelenkig; **2.** schlaksig; **'~-leaf** *adj.* Loseblatt...: **~ *binder*** (*od.* ***book***) Loseblatt-, Ringbuch *n*, Schnellhefter *m.*

loos·en ['luːsn] **I** *v/t.* **1.** *Knoten etc.*, *a.* ⚕ *Husten*, *fig. Zunge* lösen; ⚕ *Leib* öffnen; **2.** *Griff*, *Gürtel*, *Schraube etc.*, *a. Disziplin etc.* lockern; ⚒ *Boden* auflockern; **II** *v/i.* **3.** sich lockern (*a. fig.*), sich lösen; **~ up I** *v/t. Muskeln etc.* lockern; *fig. j-n* auflockern; **II** *v/i. bsd. sport* sich (auf)lockern, *fig. a.* auftauen (*Person*).

loose·ness ['luːsnɪs] *s.* **1.** Lockerheit *f*; **2.** Schlaffheit *f*; **3.** Ungenauigkeit *f*, Unklarheit *f*; **4.** Freiheit *f der Übersetzung*; **5.** ⚕ 'Durchfall *m*; **6.** lose Art, Liederlichkeit *f.*

loot [luːt] **I** *s.* **1.** (Kriegs-, Diebes)Beute *f*; **2.** *fig.* Beute *f*; **3.** F ‚Kies' *m* (*Geld*); **II** *v/t.* **4.** erbeuten; **5.** plündern; **III** *v/i.* **6.** plündern; **'loot·er** [-tə] *s.* Plünderer *m*; **'loot·ing** [-tɪŋ] *s.* Plünderung *f.*

lop[1] [lɒp] *v/t.* **1.** *Baum etc.* beschneiden, stutzen; **2.** *oft* **~ *off*** *Äste*, *a. Kopf etc.* abhauen, -hacken.

lop[2] [lɒp] *v/i. u. v/t.* schlaff (her'unter-) hängen (lassen).

lope [ləʊp] **I** *v/i.* (da'her)springen *od.* (-)trotten; **II** *s.*: ***at a ~*** im Galopp, in großen Sprüngen.

'lop|-eared *adj.* mit Hängeohren; **ˌ~-'ears** *s. pl.* Hängeohren *pl.*; **ˌ~-'sid·ed** *adj.* **1.** schief (*a. fig.*), nach einer Seite hängend; **2.** einseitig (*a. fig.*).

lo·qua·cious [ləʊ'kweɪʃəs] *adj.* □ redselig, geschwätzig; **lo'qua·cious·ness** [-nɪs], **lo'quac·i·ty** [-'kwæsətɪ] *s.* Redseligkeit *f.*

lord [lɔːd] **I** *s.* **1.** Herr *m*, Gebieter *m* (***of*** über *acc.*): ***her ~ and master*** *bsd. humor.* ihr Herr u. Gebieter; ***the ~s of creation*** *a. humor.* die Herren der Schöpfung; **2.** *fig.* Ma'gnat *m*; **3.** Lehensherr *m*; → ***manor***; **4.** ***the*** ♎ a) *a.* ♎ ***God*** (Gott) der Herr, b) *a.* ***our*** ♎ (Christus) der Herr; ***the ♎'s day*** der Tag des Herrn; ***the ♎'s Prayer*** das Vaterunser; ***the ♎'s Supper*** das (heilige) Abendmahl; ***the ♎'s table*** der Tisch des Herrn (*a. Abendmahl*), der Altar; ***in the year of our*** ♎ im Jahre des Herrn; (***good***) ***♎!*** (du) lieber Gott *od.* Himmel!; **5.** ♎ Lord *m* (*Adliger od. Würdenträger, z. B. Bischof, hoher Richter*): ***the ♎s*** *Brit. parl.* das Oberhaus; ***live like a ~*** leben wie ein Fürst; **6.** ***my*** ♎ [mɪ'lɔːd; ⚖ *Brit. oft* mɪ'lʌd] My'lord, Euer Lordschaft, ⚖ Euer Ehren (*Anrede*); **II** *v/i.* **7.** *oft* ***~ it*** den Herren spielen: ***~ it over*** a) sich *j-m* gegenüber als Herr aufspielen, b) herrschen über (*acc.*).

Lord| Cham·ber·lain (**of the Household**) *s.* Haushofmeister *m*; ***~ Chancel·lor*** *s.* Lordkanzler *m* (*Präsident des Oberhauses, Präsident der* ***Chancery Division*** *des* ***Supreme Court of Judicature*** *sowie des* ***Court of Appeal***, *Kabinettsmitglied, Bewahrer des Großsiegels*); ***~ Chief Jus·tice of Eng·land*** *s.* ⚖ Lord'oberrichter *m* (*Vorsitzender der* ***King's Bench Division*** *des* ***High Court of Justice***); **ˌ♎-in-'wait·ing** *s.* königlicher Kammerherr (*wenn e-e Königin regiert*); ***~ Jus·tice*** *pl.* **Lords Jus·tic·es** *s. Brit.* Lordrichter *m* (*Richter des* ***Court of Appeal***); ♎ **lieu·ten·ant** *pl.* **lords lieu·ten·ant** *s.* **1.** *hist. Vertreter der Krone in den englischen Grafschaften; jetzt oberster Exekutivbeamter*; **2.** ***Lord Lieutenant*** a) *hist.* Vizekönig *m* von Irland (*bis 1922*), b) *Vertreter der Krone in e-r Grafschaft.*

lord·li·ness ['lɔːdlɪnɪs] *s.* **1.** Großzügigkeit *f*; **2.** Würde *f*; **3.** Pracht *f*, Glanz *m*; **4.** Arro'ganz *f.*

lord·ling ['lɔːdlɪŋ] *s. contp.* Herrchen *n*, kleiner Lord.

lord·ly ['lɔːdlɪ] *adj. u. adv.* **1.** großzügig; **2.** vornehm, edel, Herren...; **3.** herrisch; **4.** stolz; **5.** arro'gant; **6.** prächtig.

Lord| May·or *pl.* **Lord May·ors** *s. Brit.* Oberbürgermeister *m*: ***~'s Day*** *Tag des Amtsantritts des Oberbürgermeisters von London (9. November)*; ***~'s Show*** *Festzug des Oberbürgermeisters von London am 9. November*; ***~ Priv·y Seal*** *s.* Lord'siegelbewahrer *m*; ***~ Prov·ost*** *pl.* **Lord Prov·osts** *s.* Oberbürgermeister *m* (*der vier größten schottischen Städte*).

lord·ship ['lɔːdʃɪp] *s.* **1.** Lordschaft *f*: ***your*** (***his***) ***~*** Euer (Seine) Lordschaft; **2.** *hist.* Herrschaftsgebiet *n* e-s Lords; **3.** *fig.* Herrschaft *f.*

lord| spir·it·u·al *pl.* **lords spir·it·u·al** *s. geistliches Mitglied des brit. Oberhauses*; ***~ tem·po·ral*** *pl.* **lords tem·po·ral** *s. weltliches Mitglied des brit. Oberhauses.*

lore [lɔː] *s.* **1.** (*Tier- etc.*)Kunde *f*, (über'liefertes) Wissen; **2.** Sagen- u. Märchengut *n*, Über'lieferungen *pl.*

lorn [lɔːn] *adj. obs. od. poet.* verlassen, einsam.

lor·ry ['lɒrɪ] *s.* **1.** *Brit.* Last(kraft)wagen *m*, Lastauto *n*: ***it fell off the back of a ~*** F es ist mir (uns, ihr *etc.*) ‚zugeflogen'; **2.** 🚂, ⚒ Lore *f*, Lori *f.*

lose [luːz] **I** *v/t.* [*irr.*] **1.** *allg. Sache, j-n, Gesundheit, das Leben, Verstand, a. Weg, Zeit etc.* verlieren: ***~ o.s.*** a) sich verlieren (*a. fig.*), b) sich verirren; ***~ interest*** a) das Interesse verlieren, b) uninteressant werden (*Sache*); ***she lost the baby*** sie verlor das Baby (*durch Fehlgeburt*); → ***lost***; *s. a. Verbindungen mit verschiedenen Substantiven*; **2.** *Vermögen, Stellung* verlieren, einbüßen, kommen um; **3.** *Vorrecht etc.* verlieren, verlustig gehen (*gen.*); **4.** a) *Schlacht, Spiel etc.* verlieren, b) *Preis etc.* nicht erringen *od.* bekommen, c) *Gesetzesantrag* nicht 'durchbringen; **5.** *Zug etc., a. Gelegenheit* versäumen, verpassen; **6.** a) *Worte etc.* ‚nicht mitbekommen', b) ***he lost his listeners*** F s-e Zuhörer kamen nicht mit; **7.** aus den Augen verlieren; → ***sight*** 3; **8.** vergessen, verlernen: ***I have lost my French***; **9.** nachgehen, zu'rückbleiben (*Uhr*); **10.** *Krankheit etc.* loswerden, *Verfolger a.* abschütteln; **11.** *j-n s-e Stellung etc.* kosten, bringen um: ***this will ~ you your position***; **12.** ***~ it*** *mot. sl.* die Kontrolle über den Wagen verlieren; **II** *v/i.* [*irr.*] **13.** verlieren, Verluste erleiden (***on*** bei, ***by*** durch); **14.** *fig.* verlieren: ***the poem ~s in translation*** das Gedicht verliert (sehr) in der Übersetzung; **15.** (***to***) verlieren (gegen), unter'liegen (*dat.*); **16.** ***~ out*** F a) verlieren, b) ‚in den Mond gucken' (***on*** bei): ***~ on a. et.*** nicht kriegen; **'los·er** [-zə] *s.* **1.** Verlierer(in): ***a good*** (***bad***) ***~***; ***be a ~ by*** Schaden *od.* e-n Verlust erleiden durch; ***come off a ~*** den Kürzeren zie-

L

hen; **2.** F ‚Verlierer' *m*, Versager *m*; **'los·ing** [-zɪŋ] *adj.* **1.** verlierend; **2.** Verlust bringend, Verlust...: *~ **bargain*** † Verlustgeschäft *n*; **3.** verloren, aussichtslos (*Schlacht*, *Spiel*).

loss [lɒs] *s.* **1.** Verlust *m*: a) Einbuße *f*, Ausfall *m* (**in** an *dat.*, von *od. gen.*): *~ **of blood*** (***time***) Blut- (Zeit)verlust; *~ **of pay*** Lohnausfall; ***a dead ~*** totaler Verlust, *fig.* ‚Pleite' *f*, totaler Reinfall (*Sache*), ‚totaler Ausfall', ‚Niete' *f* (*Person*), b) Nachteil *m*, Schaden *m*: ***it's your ~!*** das ist dein Problem!, c) *verlorene Sache od. Person*: ***he is a great ~ to his firm***, d) Verschwinden *n*, Verlieren *n*, e) *verlorene Schlacht*, *Wette etc.*, *a.* Niederlage *f*, f) Abnahme *f*, Schwund *m*: *~ **in weight*** Gewichtsverlust, -abnahme; **2.** *mst pl.* ⚔ Verluste *pl.*, Ausfälle *pl.*; **3.** *Versicherungswesen*: Schadensfall *m*; **4.** ***at a ~*** a) † mit Verlust (*arbeiten*, *verkaufen etc.*), b) in Verlegenheit (**for** um): ***be at a ~*** *a.* nicht mehr ein u. aus wissen; ***be at a ~ for words*** (*od.* ***what to say***) keine Worte finden (können), nicht wissen, was man (dazu) sagen soll; ***he is never at a ~ for an excuse*** er ist nie um e-e Ausrede verlegen; *~* **lead·er** *s.* † 'Lockarˌtikel *m*; **'~-ˌmak·er** *s.* † *Brit.* **1.** mit Verlust arbeitender Betrieb; **2.** Verlustgeschäft *n*.

lost [lɒst] **I** *pret. u. p.p. von* **lose**; **II** *adj.* **1.** verloren: *~ **articles*** (***battle***, ***friend***, ***time*** *etc.*); ***a ~ chance*** e-e verpasste Gelegenheit; *~ **property office*** Fundbüro *n*; **2.** verloren (gegangen), vernichtet, (da)'hin: ***be ~*** a) verloren gehen (**to** an *acc.*), b) zugrunde gehen, untergehen, c) umkommen, den Tod finden, d) verschwinden, e) verschwunden *od.* verschollen sein, f) vergessen sein, g) versunken *od.* vertieft sein (**in** in *acc.*); *~ **in thought***; ***I am ~ without my car!*** ohne mein Auto bin ich verloren *od.* ‚aufgeschmissen'!; **3.** verirrt: ***be ~*** sich verirrt *od.* verlaufen haben, sich nicht mehr zurechtfinden (*a. fig.*); ***get ~*** sich verirren; ***get ~!*** F verschwinde!; ***I'm ~!*** F da komm ich nicht mehr mit!; **4.** *fig.* verschwendet, vergeudet (***on s.o.*** an j-n): ***that's ~ on him*** *a.* a) das lässt ihn kalt, b) dafür hat er keinen Sinn, c) das versteht er nicht.

lot [lɒt] **I** *s.* **1.** Los *n*: ***cast*** (*od.* ***draw***) ***~s*** losen, Lose ziehen (**for** um); ***throw in one's ~ with s.o.*** das Los mit j-m teilen, sich (auf Gedeih u. Verderb) mit j-m zs.-tun; ***by ~*** durch (das) Los; **2.** Anteil *m*; **3.** Los *n*, Schicksal *n*: ***it falls to my ~*** es ist mein Los, es fällt mir zu (*et. zu tun*); **4.** *bsd. Am.* a) Stück *n* Land, Grundstück *n*, *bsd.* Par'zelle *f*, b) Bauplatz *m*, c) (Park- *etc.*)Platz *m*; **5.** *Am.* Filmgelände *n*, *bsd.* Studio *n*; **6.** † a) Ar'tikel *m*, b) Par'tie *f*, Posten *m* (*von Waren*): ***in ~s*** partienweise; **7.** Gruppe *f*, Gesellschaft *f*, ‚Verein' *m*: ***the whole ~*** a) die ganze Gesellschaft, der ganze ‚Laden', b) → 8; **8.** ***the ~*** alles, das Ganze: ***take the ~!***; ***that's the ~*** das ist alles; **9.** (Un)Menge *f*: ***a ~ of***, ***~s of*** viel, e-e Menge, ein Haufen *Geld etc.*; ***~s and ~s of people*** e-e Unmasse Menschen; ***~s!*** *in Antworten*: jede Menge!; **10.** F Kerl *m*: ***a bad ~*** ein übler Bursche; **II** *adv.* **11.** ***a ~***, F ***~s*** a) (sehr) viel: ***a ~ better***; ***I read a ~***, b) (sehr) oft: ***I see her a ~***.

loth [ləʊθ] → ***loath***.

Lo·thar·i·o [ləʊ'θɑːrɪəʊ] *s.* Schwerenöter *m*.

lo·tion ['ləʊʃn] *s.* (*Augen-*, *Haut-*, *Rasier- etc.*)Wasser *n*, Loti'on *f*.

lot·ter·y ['lɒtərɪ] *s.* **1.** Lotte'rie *f*: *~ **ticket*** a) Lotterielos *n*, b) *Lotto etc.*: Tippschein *m*; **2.** *fig.* Glückssache *f*, Lotte'riespiel *n*.

lo·tus ['ləʊtəs] *s.* **1.** *Sage*: Lotos *m* (*Frucht*); **2.** ⚘ a) Lotos(blume *f*) *m*, b) Honigklee *m*; **'~-ˌeat·er** *s.* **1.** (*in der Odyssee*) Lotosesser *m*; **2.** Träumer *m*, Müßiggänger *m*, tatenloser Genussmensch.

loud [laʊd] *adj.* □ **1.** (*a. adv.*) laut (*a. fig.*): *~ **admiration***; **2.** schreiend, auffallend, grell: *~ **colo(u)rs***; **ˌ~'hail·er** *s. Brit.* Mega'phon *n*; **'~·mouth** *s.* F **1.** Großmaul *n*; **2.** ‚dummer Quatscher'; **'~·mouthed** *adj.* großmäulig.

loud·ness ['laʊdnɪs] *s.* **1.** Lautheit *f*, *a. phys.* Lautstärke *f*; **2.** Lärm *m*; **3.** *das* Auffallende, Grellheit *f*.

ˌloud'speak·er *s.* ϟ Lautsprecher *m*.

lounge [laʊndʒ] **I** *s.* **1.** a) Halle *f*, Diele *f*, Gesellschaftsraum *m* (*Hotel*), b) *thea.* Foy'er *n*, c) Abflug-, Wartehalle (*Flughafen*), d) *a.* *~ **bar*** ✈,⚓,🚂 Sa'lon *m*; **2.** Wohndiele *f*, -zimmer *n*; **3.** Sofa *n*, Liege *f*; **II** *v/i.* **4.** sich rekeln; **5.** faulenzen; **6.** *~ **about*** (*od.* ***around***) he'rumliegen *od.* -sitzen *od.* -stehen *od.* -schlendern; **7.** schlendern; **III** *v/t.* **8.** *~ **away*** Zeit verbummeln; *~* **bar** Sa'lon *m* (*e-s Restaurants*); *~* **chair** *s.* Klubsessel *m*; *~* **liz·ard** *s.* F Sa'lonlöwe *m*; *~* **suit** *s. Brit.* Straßenanzug *m*.

lour, **lour·ing** → ***lower***[1], ***lowering***.

louse [laʊs] **I** *pl.* **lice** [laɪs] *s.* **1.** *zo.* Laus *f*; **2.** *sl.* ‚Fiesling' *m*, Scheißkerl *m*; **II** *v/t.* [laʊz] **3.** (ent)lausen; **4.** *~ **up*** *sl.* versauen, -masseln; **'lous·y** [-zɪ] *adj.* **1.** verlaust; **2.** *sl.* a) ‚fies', (hunds)gemein, b) mise'rabel, ‚beschissen': ***the film was ~***; ***I feel ~***, c) ‚lausig': ***for ~ two dollars***; **3.** *~ **with*** *sl.* wimmelnd von; *~ **with people***; *~ **with money*** stinkreich.

lout [laʊt] *s.* Flegel *m*, Rüpel *m*; **'lout·ish** [-tɪʃ] *adj.* □ flegel-, rüpelhaft.

lou·ver, *Brit. a.* **lou·vre** ['luːvə] *s.* **1.** △

hist. Dachtürmchen *n*; **2.** Jalou'sie *f* (*a.* ⚙ *Luft-, Kühlschlitze*).
lov·a·ble ['lʌvəbl] *adj.* □ liebenswert, reizend, ‚süß'.
lov·age ['lʌvɪdʒ] *s.* ⚘ Liebstöckel *n, m.*
love [lʌv] **I** *s.* **1.** (*sinnliche od. geistige*) Liebe (**of**, **for**, **to[wards]** zu): ***~ of music*** Liebe zur Musik, Freude *f* an der Musik; ***~ of adventure*** Abenteuerlust *f*; ***the ~ of God*** a) die Liebe Gottes, b) die Liebe zu Gott; ***for the ~ of God*** um Gottes willen; ***be in ~*** (***with s.o.***) verliebt sein (in j-n); ***fall in ~*** (***with s.o.***) sich verlieben (in j-n); ***make ~*** sich (*sexuell*) lieben; ***make ~ to s.o.*** a) j-n (*körperlich*) lieben, b) *obs.* j-n um'werben, j-m gegenüber zärtlich werden; ***send one's ~ to s.o.*** j-n grüßen lassen; ***give her my ~!*** grüße sie herzlich von mir!; ***~*** *als Briefschluss*: herzliche Grüße; ***for ~*** a) umsonst, gratis, b) *a.* ***for the ~ of it*** (nur) zum Spaß; ***play for ~*** um nichts spielen; ***not for ~ or money*** nicht für Geld u. gute Worte; ***there is no ~ lost between them*** sie haben nichts füreinander übrig; **2.** ~ die Liebe, (Gott *m*) Amor *m*; **3.** *pl. Kunst*: Amo'retten *pl.*; **4.** Liebling *m*, Schatz *m*; **5.** F a) mein Lieber, b) m-e Liebe; **6.** Liebe *f*, Liebschaft *f*; **7.** F lieber *od.* goldiger Kerl: ***he*** (***she***) ***is a ~***; **8.** F reizende *od.* goldige *od.* ‚süße' Sache *od.* Per'son: ***a ~ of a child*** (***hat***); **9.** *bsd. Tennis*: null: ***~ all*** null beide; ***~ fifteen*** fünfzehn null; **II** *v/t.* **10.** *j-n* lieben; **11.** *et.* lieben, sehr mögen: ***~ to do*** (*od.* ***doing***) ***s.th.*** etwas (schrecklich) gern tun; ***we ~d having you with us*** wir haben uns sehr über deinen Besuch gefreut; **~ af·fair** *s.* 'Liebesaf,färe *f*; **'~·bird** *s.* **1.** *orn.* Unzertrennliche(r) *m*; **2.** *pl.* F ‚Turteltauben' *pl.*; **~ child** *s.* [*irr.*] Kind *n* der Liebe; **~ game** *s. Tennis*: Zu-'Null-Spiel *n*; **,~-'hate re·la·tion·ship** *s.* Hassliebe *f*.

> Wundern Sie sich nicht, wenn Sie – vor allem als Frau – mit **love** angesprochen werden. Das ist besonders bei Busschaffnern, Ladeninhabern usw. üblich und ist immer nett gemeint.

love·less ['lʌvlɪs] *adj.* □ **1.** ohne Liebe; **2.** lieblos.
love| let·ter *s.* Liebesbrief *m*; **~ life** *s.* Liebesleben *n*.
love·li·ness ['lʌvlɪnɪs] *s.* Lieblichkeit *f*, Schönheit *f*.
'love|·lock *s.* Schmachtlocke *f*; **'~·lorn** [-lɔːn] *adj.* liebeskrank, vor Liebeskummer *od.* Liebe vergehend.
love·ly ['lʌvlɪ] *adj.* □ **1.** a) lieblich, schön, hübsch, b) *allg.*, *a.* F *u. iro.* schön, wunderbar, reizend, entzückend, c) lieb, nett (***of you*** von dir); **2.** F ‚süß', niedlich.
'love|-,mak·ing *s.* (*körperliche*) Liebe; Liebesspiele *pl.*, -kunst *f*; **~ match** *s.* Liebesheirat *f*; **~ nest** *s.* ‚Liebesnest' *n*; **~ po·tion** *s.* Liebestrank *m*.
lov·er ['lʌvə] *s.* **1.** a) Liebhaber *m*, Geliebte(r) *m*, b) Geliebte *f*; **2.** *pl.* Liebende *pl.*, Liebespaar *n*: ***~s' lane*** *humor.* ‚Seufzergässchen' *n*; ***they were ~s*** sie liebten sich *od.* hatten ein Verhältnis miteinander; **3.** Liebhaber(in), (*Musik- etc.*)Freund(in); **'~·boy** *s.* F Casa'nova *m*.
love| seat *s.* Plaudersofa *n*; **~ set** *s. Tennis*: Zu-'null-Satz *m*; **'~·sick** *adj.* liebeskrank: ***be ~*** *a.* Liebeskummer haben; **~ song** *s.* Liebeslied *n*; **~ sto·ry** *s.* Liebesgeschichte *f*; **~ tri·an·gle** *s.* Dreiecksverhältnis *n*.
lov·ing ['lʌvɪŋ] *adj.* □ liebend, liebevoll, Liebes...: ***~ words***; ***your ~ father*** (*als Briefschluss*) dein dich liebender Vater; **~ cup** *s.* Po'kal *m*; **~ kind·ness** *s.* **1.** (göttliche) Gnade *od.* Barm'herzigkeit; **2.** Herzensgüte *f*.
low[1] [ləʊ] **I** *adj. u. adv.* **1.** nieder, niedrig (*a. Preis, Temperatur, Zahl etc.*): ***of ~ birth*** von niedriger Abkunft; ***~ pressure*** Tiefdruck *m*; ***~ speed*** niedrige *od.* geringe Geschwindigkeit; ***~ water*** ⚓ tiefster Gezeitenstand; ***at the ~est*** wenigstens, mindestens; ***be at its ~est*** auf dem Tiefpunkt angelangt sein; → ***lower[3]***, ***opinion*** 2; **2.** tief (*a. fig.*): ***~ bow***; ***~ flying*** Tiefflug *m*; ***the sun is ~*** die Sonne steht tief; → ***low-necked***; **3.** knapp (*Vorrat etc.*): ***run ~*** knapp werden, zur Neige gehen; ***I am ~ in funds*** ich bin nicht gut bei Kasse; **4.** schwach: ***~ light***; ***~ pulse***; **5.** einfach, fru'gal (*Kost*); **6.** be-, gedrückt: ***~ spirits*** gedrückte Stimmung; ***feel ~*** a) in gedrückter Stimmung *od.* niedergeschlagen sein, b) sich elend fühlen; **7.** minderwertig, schlecht: ***~ quality***; **8.** a) niedrig (*denkend od. gesinnt*): ***~ thinking*** niedrige Denkungsart, b) ordi'när, vul'gär: ***a ~ expression***; ***a ~ fellow***, c) gemein, niederträchtig: ***a ~ trick***; **9.** nieder, primi'tiv: ***~ forms of life*** niedere Lebensformen; ***~ race*** primitive Rasse; **10.** a) tief (*Ton etc.*), b) leise (*Ton, Stimme etc.*): ***in a ~ voice*** leise; **11.** *Phonetik*: offen (*Vokal*); **12.** ⚙, *mot.* erst, niedrigst (*Gang*): ***in ~ gear***; **II** *adv.* **13.** niedrig (*zielen etc.*); **14.** tief: ***bow*** (***hit***, *etc.*) ***~***; ***sunk thus ~*** *fig.* so tief gesunken; ***bring s.o. ~*** *fig.* j-n zu Fall bringen *od.* ruinieren *od.* demütigen; ***lay s.o. ~*** a) j-n niederstrecken, b) *fig.* j-n zur Strecke bringen; ***be laid ~***

(*with*) daniederliegen (mit *e-r Krankheit*); **15.** a) leise, b) tief: ***sing*** ~; **16.** kärglich: ***live*** ~; **17.** billig: ***buy*** (***sell***) ~; **18.** niedrig, mit geringem Einsatz: ***play*** ~; **III** *s.* **19.** *meteor.* Tief(druckgebiet) *n*; **20.** *fig.* Tiefstand *m*: ***reach a new*** ~ e-n neuen Tiefstand erreichen; **21.** *mot.* erster Gang.

low² [ləʊ] **I** *v/i. u. v/t.* brüllen, muhen (*Rind*); **II** *s.* Brüllen *n*, Muhen *n*.

ˌlow|-ˈborn *adj.* von niedriger Geburt; **ˈ~·boy** *s. Am.* niedrige Komˈmode; **ˈ~·brow** F **I** *s.* Ungebildete(r *m*) *f*, ‚Unbedarfte(r' *m*) *f*; **II** *adj.* geistig anspruchslos, *Person*: *a.* ungebildet, ‚unbedarft'; **ˌ~-ˈcal·o·rie** *adj.* kaloˈrienarm; **♀ Church** *s. eccl.* Low Church *f* (*protestantisch-pietistische Sektion der anglikanischen Kirche*); **~ com·e·dy** *s.* Schwank *m*, ‚Klamotte' *f*; **ˈ~-cost** *adj.* billig, preisgünstig; **♀ Coun·tries** *s. pl. die Niederlande, Belgien u. Luxemburg*; **ˈ~-down** F **I** *adj.* fies, gemein; **II** *s.* (volle) Informatiˈonen *pl.*, *die* Wahrheit, genaue Tatsachen *pl.*, ˈHintergründe *pl.* (***on*** über *acc.*); **ˌ~-eˈmis·sion** *adj. mot.* abgas-, schadstoffarm.

low·er¹ [ˈlaʊə] *v/i.* **1.** finster *od.* drohend blicken: ~ ***at*** *j-n* finster anblicken; **2.** *fig.* bedrohlich aussehen (*Himmel, Wolken etc.*); **3.** *fig.* drohen (*Ereignisse*).

low·er² [ˈləʊə] **I** *v/t.* **1.** niedriger machen; **2.** *Augen, Gewehrlauf etc., a. Stimme, Preis, Kosten, Niveau, Temperatur, Ton etc.* senken; *fig. Moral* senken, *a. Widerstand etc.* schwächen; **3.** herˈunter- *od.* hinˈunterlassen, niederlassen; *Fahne, Segel* niederholen, *Rettungsboote* aussetzen; **4.** *fig.* erniedrigen: ~ ***o.s.*** sich herablassen (*et. zu tun*); **II** *v/i.* **5.** sinken, fallen, sich senken.

low·er³ [ˈləʊə] **I** *adj.* (*comp. von* ***low¹*** I) **1.** tiefer, niedriger; **2.** unter, Unter...: ***♀ Chamber*** (*od.* ***House***) *parl.* Unter-, Abgeordnetenhaus *n*; ***the ~ class*** *sociol.* die untere Klasse *od.* Schicht; ~ ***deck*** Unterdeck *n*; ~ ***jaw*** Unterkiefer *m*; ~ ***region*** Unterwelt *f* (*Hölle*); ~ ***school*** Unter- u. Mittelstufe *f*; **3.** *geogr.* Unter..., Nieder...: ***♀ Austria*** Niederösterreich *n*; **II** *adv.* **4.** tiefer: ~ ***down the river*** (***list***) weiter unten am Fluss (auf der Liste).

ˈlow·er| case *s. coll. typ.* Kleinbuchstaben *pl.*; **ˈ~-case** *typ.* **I** *adj.* in Kleinbuchstaben (gedruckt *od.* geschrieben), kleingeschrieben, Klein...; **II** *v/t.* in Kleinbuchstaben drucken *od.* schreiben.

low·er·ing [ˈlaʊərɪŋ] *adj.* ☐ finster, düster, drohend.

low·er·most [ˈləʊəməʊst] → ***lowest***.

low·est [ˈləʊɪst] **I** *adj.* tiefst, niedrigst, unterst (*etc.*, → ***low¹*** I): ~ ***bid*** ✝ Mindestgebot *n*; **II** *adv.* am tiefsten (*etc.*).

ˈlow|-ˌfly·ing *adj.* tief fliegend: ~ ***plane*** Tiefflieger *m*; **~ fre·quen·cy** *s.* ⚡ ˈNiederfreˌquenz *f*; **~ fu·el con·sump·tion en·gine** *s.* Sparmotor *m*; **♀ German** *s. ling.* Niederdeutsch *n*, Plattdeutsch *n*; **ˌ~-ˈkey(ed)** *adj.* gedämpft (*Farbe, Ton, Stimmung etc.*), *fig. a.* a) (sehr) zurückhaltend, b) bedrückt, c) unaufdringlich; **ˈ~·land** [-lənd] **I** *s. oft pl.* Flach-, Tiefland *n*: ***the ♀s*** das schottische Tiefland; **II** *adj.* Tiefland(s)...; **ˈ~·land·er** [-ləndə] *s.* **1.** Tieflandbewohner(in); **2.** ♀ (schottischer) Tiefländer; **♀ Lat·in** *s. ling.* nichtklassisches Laˈtein; **ˌ~-ˈlev·el** *adj.* niedrig (*a. fig.*): ~ ***officials***; ~ ***talks*** *pol.* Gespräche *pl.* auf unterer Ebene; ~ ***attack*** ✈ Tief(flieger)angriff *m*.

low·li·ness [ˈləʊlɪnɪs] *s.* **1.** Niedrigkeit *f*; **2.** Bescheidenheit *f*.

low·ly [ˈləʊlɪ] *adj. u. adv.* **1.** niedrig, gering, bescheiden; **2.** tief (stehend), primiˈtiv, niedrig; **3.** demütig, bescheiden.

Low| Mass *s. R.C.* Stille Messe; **ˌ♀-ˈmind·ed** *adj.* niedrig (gesinnt), gemein; **ˌ♀-ˈnecked** *adj.* tief ausgeschnitten (*Kleid*).

low·ness [ˈləʊnɪs] *s.* **1.** Niedrigkeit *f* (*a. fig., contp.*); **2.** Tiefe *f* (*e-r Verbeugung, e-s Tons etc.*); **3.** ~ ***of spirits*** Niedergeschlagenheit *f*; **4.** a) Gemeinheit *f*, b) ordiˈnäre Art.

ˌlow|-ˈnoise *adj.* rauscharm (*Tonband*); **ˌ~-ˈpitched** *adj.* **1.** ♪ tief; **2.** mit geringer Steigung (*Dach*); **~ pres·sure** *s.* **1.** ⚙ Nieder-, ˈUnterdruck *m*; **2.** *meteor.* Tiefdruck *m*; **ˌ~-ˈpres·sure** *adj.* a) Niederdruck..., b) *meteor.* Tiefdruck...; **ˌ~-ˈpriced** *adj.* ✝ billig; **ˌ~-ˈpro·file** *adj. attr.* **1.** *Politiker etc.*: a) wenig in den Medien präˈsent, b) ziemlich unbekannt *od.* unbeachtet; **2.** ***it was a ~ campaign*** e-e Kampagne, die in den Medien wenig Beachtung fand; **ˌ~-ˈspir·it·ed** *adj.* niedergeschlagen, gedrückt; **♀ Sun·day** *s.* Weißer Sonntag (*erster Sonntag nach Ostern*); **~ ten·sion** *s.* ⚡ Niederspannung *f*; **ˌ~-ˈten·sion** *adj.* ⚡ Niederspannungs...; **~ tide** *s.* ⚓ Niedrigwasser *n*; **ˌ~-ˈval·ue** *adj.* geringwertig; **ˌ~-ˈvolt·age** *adj.* ⚡ **1.** Niederspannungs...; **2.** Schwachstrom...; **~ wa·ter** *s.* ⚓ Ebbe *f*, Niedrigwasser *n*: ***be in ~*** *fig.* auf dem Trockenen sitzen; **ˌ~-ˈwa·ter mark** *s.* **1.** ⚓ Niedrigwassermarke *f*; **2.** *fig.* Tiefpunkt *m*, -stand *m*.

loy·al [ˈlɔɪəl] *adj.* ☐ **1.** (***to***) loyˈal (gegenüber), treu (ergeben) (*dat.*); **2.** (ge)treu (***to*** *dat.*); **3.** aufrecht, redlich; **loy·al·ist** [ˈlɔɪəlɪst] **I** *s.* Loyaˈlist(in): a) *allg.* Treugesinnte(r *m*) *f*, b) *hist.* Königstreue(r *m*) *f*; **II** *adj.* loyaˈlistisch; **ˈloy·al·ty** [-tɪ] *s.* Loyaliˈtät *f*, Treue *f* (***to*** zu, gegen).

loz·enge ['lɒzɪndʒ] *s.* **1.** *her.*, ⚘ Raute *f*, Rhombus *m*; **2.** *pharm.* (*bsd.* 'Husten-) Pa͵stille *f*.
L-plate ['elpleɪt] *s. Brit. Schild mit rotem „L" an Privatautos, das auf e-n Fahrschüler (= learner) hinweist.*
lub·ber ['lʌbə] *s.* **1.** a) Flegel *m*, b) Trottel *m*; **2.** ⚓ Landratte *f*.
lu·bri·cant ['lu:brɪkənt] *s.* Gleit-, ⚙ Schmiermittel *n*; **lu·bri·cate** ['lu:brɪkeɪt] *v/t.* ⚙ *u. fig.* schmieren, ölen; **lu·bri·ca·tion** [͵lu:brɪ'keɪʃn] *s.* ⚙ *u. fig.* Schmieren *n*, Schmierung *f*, Ölen *n*: **~ chart** Schmierplan *m*; **~ point** Schmierstelle *f*, -nippel *m*; '**lu·bri·ca·tor** [-keɪtə] *s.* ⚙ Öler *m*, Schmiervorrichtung *f*; **lu·bric·i·ty** [lu:'brɪsətɪ] *s.* **1.** Gleitfähigkeit *f*, Schlüpfrigkeit *f* (*a. fig.*); **2.** ⚙ Schmierfähigkeit *f*.
luce [lu:s] *s. ichth.* (ausgewachsener) Hecht.
lu·cent ['lu:snt] *adj.* **1.** glänzend, strahlend; **2.** 'durchsichtig, klar.
lu·cern(e) [lu:'sɜ:n] *s.* ⚘ Lu'zerne *f*.
lu·cid ['lu:sɪd] *adj.* ☐ **1.** *fig.* klar: **~ interval** *psych.* lichter Augenblick; **2.** → **lucent**; **lu·cid·i·ty** [lu:'sɪdətɪ], '**lu·cid·ness** [-nɪs] *s. fig.* Klarheit *f*.
Lu·ci·fer ['lu:sɪfə] *s. bibl.* Luzifer *m* (*a. ast. Venus als Morgenstern*).
luck [lʌk] *s.* **1.** Schicksal *n*, Geschick *n*, Zufall *m*: **as ~ would have it** wie es der Zufall wollte, (un)glücklicherweise; **bad** (*od.* **hard, ill**) **~** a) Unglück *n*, Pech *n*, b) *als Einschaltung*: Pech gehabt!; **good ~** Glück *n*; **good ~!** viel Glück!; Hals- u. Beinbruch!; **worse ~** unglücklicherweise, leider; **be down on one's ~** e-e Pechsträhne haben; **just my ~!** so geht es mir immer; **2.** Glück *n*: **for ~** als Glücksbringer; **be in** (**out of**) **~** (kein) Glück haben; **try one's ~** sein Glück versuchen; **with ~** mit ein bisschen Glück; **here's ~!** F Prost!; **luck·i·ly** ['lʌkɪlɪ] *adv.* zum Glück, glücklicherweise; **luck·i·ness** ['lʌkɪnɪs] *s.* Glück *n*; '**luck·less** [-lɪs] *adj.* ☐ glücklos.
luck·y ['lʌkɪ] *adj.* ☐ → **luckily**; **1.** Glücks..., glücklich: **a ~ day** ein Glückstag; **~ hit** Glückstreffer *m*; **be ~** Glück haben; **you ~ thing!** F du Glückliche(r *m*) *f*!; **you are ~ to be alive!** du kannst von Glück sagen, dass du noch lebst!; **it was ~ that** ein Glück, dass ..., zum Glück ...; **2.** Glück bringend, Glücks...: **~ bag**, **~ dip** Glücksbeutel *m*, -topf *m*; **~ star** Glücksstern *m*.
lu·cra·tive ['lu:krətɪv] *adj.* ☐ einträglich, lukra'tiv.
lu·cre ['lu:kə] *s.* Gewinn(sucht *f*) *m*, Geld(gier *f*) *n*: **filthy ~** schnöder Mammon, gemeine Profitgier.
Lud·dite ['lʌdaɪt] *s.* Lud'dit *m*, Ma'schinenstürmer *m*.
lu·di·crous ['lu:dɪkrəs] *adj.* ☐ **1.** lächerlich, ab'surd; **2.** spaßig, drollig.
lu·do ['lu:dəʊ] *s.* Mensch, ärgere dich nicht *n* (*Würfelspiel*).
lu·es ['lu:i:z] *s.* ⚕ Lues *f*, Syphilis *f*.
luff [lʌf] ⚓ **I** *s.* **1.** Luven *n*; **2.** Luv(seite) *f*, Windseite *f*; **II** *v/t. u. v/i.* **3.** *a.* **~ up** anluven.
luf·fa ['lʌfə] *s.* ⚘ *u.* ✝ Luffa *f*.
lug[1] [lʌg] *v/t.* zerren, schleppen: **~ in** *fig.* an den Haaren herbeiziehen, *Thema* (mit Gewalt) hineinbringen.
lug[2] [lʌg] *s.* **1.** (Leder)Schlaufe *f*; **2.** ⚙ a) Henkel *m*, Öhr *n*, b) Knagge *f*, Zinke *f*, c) Ansatz *m*; **3.** *Scot. od. Brit.* F Ohr *n*; **4.** *sl.* Trottel *m*.
luge [lu:ʒ] **I** *s.* Renn-, Rodelschlitten *m*; **II** *v/i.* rodeln.
lug·gage ['lʌgɪdʒ] *s. Brit.* Gepäck *n*; **~ boot** *s. mot.* Kofferraum *m*; **~ car·ri·er** *s.* Gepäckträger *m* (*am Fahrrad*); **~ in·sur·ance** *s.* (Reise)Gepäckversicherung *f*; **~ lock·er** *s.* (Gepäck)Schließfach *n*; **~ rack** *s.* **1.** Gepäcknetz *n*; **2.** *mot.* Gepäckträger *m*; **~ trol·ley** *s.* 🚂 Kofferkuli *m*; **~ van** *s. Brit.* 🚂 Gepäck-, Packwagen *m*.
lug·ger ['lʌgə] *s.* ⚓ Logger *m* (*Schiff*).
lu·gu·bri·ous [lu:'gu:brɪəs] *adj.* ☐ schwermütig, kummervoll.
Luke [lu:k] *npr. u. s. bibl.* 'Lukas(evan͵gelium *n*) *m*.
luke·warm ['lu:kwɔ:m] *adj.* ☐ lau (-warm); *fig.* lau; '**luke·warm·ness** [-nɪs] *s.* Lauheit *f* (*a. fig.*).
lull [lʌl] **I** *v/t.* **1.** *mst* **~ to sleep** einlullen (*a. fig.*); **2.** *fig.* beruhigen, *a. j-s Befürchtungen etc.* beschwichtigen: **~ into** (**a false sense of**) **security** in Sicherheit wiegen; **II** *s.* **3.** Pause *f*, **4.** (Wind-) Stille *f*, Flaute *f* (*a.* ✝), *fig. a.* Stille *f* (*vor dem Sturm*): **a ~ in conversation** e-e Gesprächspause.
lull·a·by ['lʌləbaɪ] *s.* Wiegenlied *n*.
lu·lu ['lu:lu:] *s. Am. sl.* ‚dolles Ding', schicke Sache.
lum·ba·go [lʌm'beɪgəʊ] *s.* ⚕ Hexenschuss *m*, Lum'bago *f*.
lum·bar ['lʌmbə] *adj. anat.* Lenden..., lum'bal.
lum·ber[1] ['lʌmbə] **I** *s.* **1.** *bsd. Am.* Bau-, Nutzholz *n*; **2.** Gerümpel *n*, Plunder *m*; **II** *v/t.* **3.** *bsd. Am. Holz* aufbereiten; **4.** *a.* **~ up** voll stopfen, voll pfropfen.
lum·ber[2] ['lʌmbə] *v/i.* **1.** trampeln, trappen; **2.** (da'hin)rumpeln (*Fahrzeug*).
lum·ber·ing ['lʌmbərɪŋ] *adj.* ☐ schwerfällig.
'**lum·ber|·jack** *s. bsd. Am.* Holzfäller *m*; '**~͵jack·et** *s.* Lumberjack *m*; **~ mill** *s.* Sägewerk *n*; **~ room** *s.* Rumpelkammer *f*; **~ trade** *s.* (Bau)Holzhandel *m*; **~ yard** *s.* Holzplatz *m*.
lu·men ['lu:mən] *s. phys.* Lumen *n*.
lu·mi·nar·y ['lu:mɪnərɪ] *s.* Leuchtkörper

L

m, *bsd. ast.* Himmelskörper *m*; *fig.* Leuchte *f* (*Person*); **lu·mi·nes·cence** [ˌluːmɪ'nesns] *s.* Lumines'zenz *f*; **lu·mi·nes·cent** [ˌluːmɪ'nesnt] *adj.* luminesziernd, leuchtend; **lu·mi·nos·i·ty** [ˌluːmɪ'nɒsətɪ] *s.* **1.** Leuchten *n*, Glanz *m*; **2.** *ast.*, *phys.* Lichtstärke *f*, Helligkeit *f*; **'lu·mi·nous** [-nəs] *adj.* ☐ **1.** leuchtend, Leucht...(*-farbe*, *-kraft*, *-uhr*, *-zifferblatt etc.*), *bsd. phys.* Licht...(*-energie etc.*); **2.** *fig.* a) klar, b) lichtvoll, bril'lant.

lum·mox ['lʌməks] *s. Am.* F Trottel *m*.

lump [lʌmp] **I** *s.* **1.** Klumpen *m*: ***have a ~ in one's throat*** *fig.* e-n Kloß im Hals haben; **2.** a) Schwellung *f*, Beule *f*, b) Geschwulst *f*; **3.** Stück *n Zucker etc.*; **4.** *metall.* Luppe *f*; **5.** *fig.* Masse *f*: ***all of*** (*od.* ***in***) ***a ~*** alles auf einmal; ***in the ~*** a) pauschal, in Bausch u. Bogen, b) im Großen; **6.** F ‚Klotz' *m* (*langweiliger od. stämmiger Kerl*); **7.** ***the ~*** *Brit.* die Selbstständigen *pl.* im Baugewerbe; **II** *adj.* **8.** Stück...: ***~ coal***; ***~ sugar*** Würfelzucker *m*; **9.** Pauschal...(*-fracht*, *-summe etc.*); **III** *v/t.* **10.** *oft* ***~ together*** a) zs.-tun, -legen, b) *fig. a.* in 'einen Topf werfen, über 'einen Kamm scheren, c) *fig.* zs.-fassen; **11.** ***if you don't like it you can ~ it*** a) wenn es dir nicht passt, kannst dus ja bleiben lassen, b) du wirst dich eben damit abfinden müssen; **IV** *v/i.* **12.** Klumpen bilden; **'lump·ish** [-pɪʃ] *adj.* ☐ **1.** schwerfällig, klobig, plump; **2.** dumm; **'lump·y** [-pɪ] *adj.* ☐ **1.** klumpig; **2.** → ***lumpish*** 1; **3.** ⚓ unruhig (*See*).

lu·na·cy ['luːnəsɪ] *s.* ⚕ Wahn-, Irrsinn *m* (*a. fig.* F).

lu·nar ['luːnə] *adj.* Mond..., Lunar...: ***~ landing*** Mondlandung *f*; ***~ landing vehicle*** Mondlandefahrzeug *n*; ***~ module*** Mondfähre *f*; ***~ rock*** Mondgestein *n*; ***~ rover*** Mondfahrzeug *n*; ***~ year*** Mondjahr *n*.

lu·na·tic ['luːnətɪk] **I** *adj.* wahn-, irrsinnig, geisteskrank: ***~ fringe*** F *pol.* extremistische Randgruppe; **II** *s.* Wahnsinnige(r *m*) *f*, Irre(r *m*) *f*: ***~ asylum*** Irrenanstalt *f*.

lunch [lʌntʃ] **I** *s.* Mittagessen *n*, Lunch *m*: ***~ break*** Mittagspause *f*; ***~ counter*** Imbissbar *f*; ***~ hour***, ***~ time*** Mittagszeit *f*, -pause *f*; ***there is no such thing as a free ~*** für nichts gibts nichts; **II** *v/i.* das Mittagessen einnehmen; **III** *v/t.* *j-n* zum Mittagessen einladen, beköstigen.

lunch·eon ['lʌntʃən] → ***lunch***: ***~ meat*** Frühstücksfleisch *n*; ***~ voucher*** Essen(s)marke *f*; **lunch·eon·ette** [ˌlʌntʃə'net] *s. Am.* Imbissstube *f*.

lu·nette [luː'net] *s.* **1.** Lü'nette *f*: a) ⚠ Halbkreis-, Bogenfeld *n*, b) ⚔ Brillschanze *f*, c) Scheuklappe *f* (*Pferd*); **2.** flaches Uhrglas.

lung [lʌŋ] *s. anat.* Lunge(nflügel *m*) *f*: ***the ~s*** die Lunge (*als Organ*); ***~ power*** Stimmkraft *f*.

lunge[1] [lʌndʒ] **I** *s.* **1.** *fenc.* Ausfall *m*, Stoß *m*; **2.** Satz *m od.* Sprung *m* vorwärts; **II** *v/i.* **3.** *fenc.* ausfallen (***at*** gegen); **4.** sich stürzen (***at*** auf *acc.*); **III** *v/t.* **5.** *Waffe etc.* stoßen.

lunge[2] [lʌndʒ] **I** *s.* Longe *f*, Laufleine *f* (*für Pferde*); **II** *v/t.* longieren.

lu·pin(e)[1] ['luːpɪn] *s.* ⚘ Lu'pine *f*.

lu·pine[2] ['luːpaɪn] *adj.* Wolfs..., wölfisch.

lurch[1] [lɜːtʃ] **I** *s.* **1.** Taumeln *n*, Torkeln *n*; **2.** ⚓ Schlingern *n*, Rollen *n*; **3.** Ruck *m*; **II** *v/i.* **4.** ⚓ schlingern; **5.** taumeln, torkeln.

lurch[2] [lɜːtʃ] *s.*: ***leave in the ~*** *fig.* im Stich lassen.

lure [ljʊə] **I** *s.* **1.** Köder *m* (*a. fig.*); **2.** *fig.* Lockung *f*, Verlockungen *pl.*, Reiz *m*; **II** *v/t.* **3.** (an)locken, ködern: ***~ away*** fortlocken; **4.** verlocken (***into*** zu).

lu·rid ['ljʊərɪd] *adj.* ☐ **1.** grell; **2.** fahl, gespenstisch (*Beleuchtung etc.*); **3.** *fig.* a) düster, finster, unheimlich, b) grausig, grässlich.

lurk [lɜːk] **I** *v/i.* **1.** lauern (*a. fig.*); **2.** *fig.* a) verborgen liegen, b) (heimlich) drohen; **3.** *a.* ***~ about*** *od.* ***around*** her'umschleichen; **II** *s.* **4.** ***on the ~*** auf der Lauer; **'lurk·ing** [-kɪŋ] *adj. fig.* versteckt, lauernd, heimlich.

lus·cious ['lʌʃəs] *adj.* ☐ **1.** köstlich, lecker, *a.* saftig; **2.** üppig; **3.** *Mädchen*, *Figur etc.*: prächtig, ‚knackig'.

lush[1] [lʌʃ] *adj.* ☐ ⚘ saftig, üppig (*a. fig.*).

lush[2] [lʌʃ] *s. Am. sl.* **1.** ‚Stoff' *m* (*Whisky etc.*); **2.** Säufer(in).

lust [lʌst] **I** *s.* **1.** a) (sinnliche) Begierde, b) (Sinnes)Lust *f*, Wollust *f*; **2.** Gier *f*, Gelüste *n*, Sucht *f* (***of***, ***for*** nach): ***~ of power*** Machtgier *f*; ***~ for life*** Lebensgier *f*; **II** *v/i.* **3.** gieren (***for***, ***after*** nach): ***they ~ for power*** es gelüstet sie nach Macht.

lus·ter ['lʌstə] *Am.* → ***lustre***.

lust·ful ['lʌstfʊl] *adj.* ☐ wollüstig, geil, lüstern.

lust·i·ly ['lʌstɪlɪ] *adv.* kräftig, mächtig, mit Macht *od.* Schwung, *a.* aus voller Kehle *singen*.

lus·tre ['lʌstə] *s.* **1.** Glanz *m* (*a. min. u. fig.*); **2.** Lüster *m*: a) Kronleuchter *m*, b) *Halbwollgewebe*, c) *Glanzüberzug auf Porzellan etc.*; **'lus·tre·less** [-lɪs] *adj.* glanzlos, stumpf; **lus·trous** ['lʌstrəs] *adj.* ☐ glänzend.

lust·y ['lʌstɪ] *adj.* (☐ → ***lustily***) **1.** kräftig, gesund u. munter; **2.** lebhaft, voller Leben, schwungvoll; **3.** kräftig, kraftvoll.

lu·ta·nist ['luːtənɪst] *s.* Lautenspieler(-in), Laute'nist(in).

L

lute¹ [luːt] *s.* ♪ Laute *f.*
lute² [luːt] **I** *s.* **1.** ⚙ Kitt *m*, Dichtungsmasse *f*; **2.** Gummiring *m*; **II** *v/t.* **3.** (ver)kitten.
lu·te·nist ['luːtənɪst] → ***lutanist***.
Lu·ther·an ['luːθərən] **I** *s. eccl.* Lutheˈraner(in); **II** *adj.* lutherisch; **'Lu·ther·an·ism** [-rənɪzəm] *s.* Luthertum *n.*
lu·tist ['luːtɪst] → ***lutanist***.
lux [lʌks] *pl.* **lux**, **'lux·es** *s. phys.* Lux *n* (*Einheit der Beleuchtungsstärke*).
lux·ate ['lʌkseɪt] *v/t.* ⚕ aus-, verrenken; **lux·a·tion** [lʌk'seɪʃn] *s.* Verrenkung *f*, Luxati'on *f.*
luxe [lʌks] *s.* Luxus *m*; → ***de luxe***.
lux·u·ri·ance [lʌg'zjʊərɪəns], **lux'u·ri·an·cy** [-sɪ] *s.* **1.** Üppigkeit *f*; **2.** Fülle *f* (***of*** an *dat.*), Pracht *f*; **lux'u·ri·ant** [-nt] *adj.* ☐ üppig (*Vegetation etc.*, *a. fig.*); **lux·u·ri·ate** [lʌg'zjʊərɪeɪt] *v/i.* **1.** schwelgen (*a. fig.*) (***in*** in *dat.*); **2.** üppig wachsen *od.* gedeihen; **lux'u·ri·ous** [-ɪəs] *adj.* ☐ **1.** Luxus..., luxuri'ös, üppig; **2.** schwelgerisch, verschwenderisch (*Person*); **3.** genüsslich, wohlig; **lux·ury** ['lʌkʃərɪ] **I** *s.* **1.** Luxus *m*: a) Wohlleben *n*: ***live in ~*** im Überfluss leben, b) (Hoch)Genuss *m*: ***permit o.s. the ~ of doing*** sich den Luxus gestatten, *et.* zu tun, c) Aufwand *m*, Pracht *f*; **2.** a) 'Luxusarˌtikel *m*, b) Genussmittel *n*; **II** *adj.* **3.** 'Luxus...: ***~ flat*** (*Am.* ***apartment***) Kom'fortwohnung *f.*
ly·chee [ˌlaɪ'tʃiː; 'lɪtʃɪ] *s. Obst:* 'Litschi *f.*
lych gate [lɪtʃ] → ***lich gate***.
lye [laɪ] *s.* ⚗ Lauge *f.*
ly·ing¹ ['laɪɪŋ] **I** *pres.p. von* ***lie¹***; **II** *adj.* lügnerisch, verlogen; **III** *s.* Lügen *n od. pl.*
ly·ing² ['laɪɪŋ] **I** *pres.p. von* ***lie²***; **II** *adj.* liegend; **ˌ~-'in** *s.* a) Entbindung *f*, b) Wochenbett *n*: ***~ hospital*** Entbindungsanstalt *f*, -heim *n.*
lymph [lɪmf] *s.* **1.** Lymphe *f*: a) *physiol.* Gewebeflüssigkeit *f*, b) ⚕ Impfstoff *m*; **2.** *poet.* Quellwasser *n*; **lym·phat·ic** [lɪm'fætɪk] ⚕ **I** *adj.* lym'phatisch, Lymph...: ***~ gland***; **II** *s.* Lymphgefäß *n.*
lynch [lɪntʃ] *v/t.* lynchen; **~ law** *s.* 'Lynchjuˌstiz *f.*
lynx [lɪŋks] *s. zo.* Luchs *m*; **'~-eyed** *adj. fig.* luchsäugig.
lyre ['laɪə] *s.* ♪, *ast.* Leier *f*, Lyra *f.*
lyr·ic ['lɪrɪk] **I** *adj.* (☐ ***~ally***) **1.** lyrisch (*a. fig.*); **2.** Musik...: ***~ drama***; **II** *s.* **3.** a) lyrisches Gedicht, b) *pl.* Lyrik *f*; **4.** *pl.* (Lied)Text *m*; **'lyr·i·cal** [-kl] *adj.* ☐ → ***lyric*** I; **'lyr·i·cism** [-ɪsɪzəm] *s.* **1.** Lyrik *f*, lyrischer Cha'rakter *od.* Stil; **2.** Schwärme'rei *f*; **'lyr·ist** [-ɪst] *s.* Lyriker(in).

L

M

M, m [em] *s.* M *n*, m *n* (*Buchstabe*).
ma [mɑː] *s.* F Ma'ma *f.*
ma'am [mæm] *s.* (*Anrede*) **1.** F *für* ***madam***; **2.** [mɑːm; mæm] *Brit.* a) Maje'stät (*Königin*), b) Hoheit (*Prinzessin*).
Maas·tricht Trea·ty ['mɑːstrɪkt] *npr. pol.* Vertrag *m* von Maastricht.
mac¹ [mæk] *s. Brit.* F → ***mackintosh***.
Mac² [mæk] *s. Am.* F ‚Chef' *m.*
ma·ca·bre [mə'kɑːbrə], *Am. a.* **ma'ca·ber** [-bə] *adj.* ma'kaber: a) grausig, b) Toten...
ma·ca·co [mə'keɪkəʊ] *s. zo.* Maki *m.*
mac·ad·am [mə'kædəm] **I** *s.* **1.** Maka'dam-, Schotterdecke *f*; **2.** Schotterstraße *f*; **3.** a) Maka'dam *m*, b) Schotter *m*; **II** *adj.* **4.** beschottert, Schotter...: ~ ***road***; **mac'ad·am·ize** [-maɪz] *v/t.* makadamisieren.
mac·a·ro·ni [ˌmækə'rəʊnɪ] *s. sg. u. pl.* Makka'roni *pl.*: ~ ***cheese*** mit Käse überbackene Makka'roni *pl.*
mac·a·roon [ˌmækə'ruːn] *s.* Ma'krone *f.*
ma·caw [mə'kɔː] *s. orn.* Ara *m.*
mac·ca·ro·ni → ***macaroni***.
mace¹ [meɪs] *s.* Mus'katblüte *f.*
mace² [meɪs] *s.* **1.** ⚔ *hist.* Streitkolben *m*; **2.** Amtsstab *m*; **3.** *a.* ***~-bearer*** Träger *m* des Amtsstabes; **4.** (***Chemical***) ♎ (*TM*) chemische Keule (*Reizgas*).
mac·er·ate ['mæsəreɪt] *v/t.* **1.** (*a. v/i.*) (aufquellen u.) aufweichen; **2.** *biol. Nahrungsmittel* aufschließen; **3.** ausmergeln; **4.** ka'steien.
Mach [mɑːk] *s.* ⚔ *phys.* Mach *n*: ***at ~ two*** (mit) Mach 2 *fliegen*.
Mach·i·a·vel·li·an [ˌmækɪə'velɪən] *adj.* machiavel'listisch, skrupellos.
mach·i·nate ['mækɪneɪt] *v/i.* Ränke schmieden, intrigieren; **mach·i·na·tion** [ˌmækɪ'neɪʃn] *s.* Anschlag *m*, In'trige *f*, Machenschaft *f*, *pl. a.* Ränke; **'mach·i·na·tor** [-tə] *s.* Ränkeschmied *m*, Intri'gant(in).
ma·chine [mə'ʃiːn] **I** *s.* **1.** ⚙ Ma'schine *f* (F *a. Auto*, *Motorrad*, *Flugzeug etc.*); **2.** Appa'rat *m*, Vorrichtung *f*, (*thea.* 'Bühnen)Mechaˌnismus *m*: ***the god from the ~*** Deus *m* ex Machina (*e-e plötzliche Lösung*); **3.** *fig.* ‚Ma'schine' *f*, ‚Roboter' *m* (*Mensch*); **4.** *pol.* (Par'tei)Maˌschine *f*, (Re'gierungs)Appaˌrat *m*; **II** *v/t.* **5.** ⚙ maschi'nell herstellen; maschi'nell drucken; (maschi'nell) bearbeiten; *engS. Metall* zerspanen; ~ **age** *s.* Ma'schinenzeitalter *n*; ~ **fit·ter** *s.* ⚙ Ma'schinenschlosser *m*; ~ **gun** ⚔ **I** *s.* Ma'schinengewehr *n*; **II** *v/t.* mit Ma'schinengewehrfeuer belegen; ~ **lan·guage** *s. Computer*: Ma'schinensprache *f*; **~-made** *adj.* **1.** maschi'nell (hergestellt), Fabrik...: ~ ***paper*** Maschinenpapier *n*; **2.** *fig.* stereo'typ; ~ **pis·tol** *s.* Ma'schinenpisˌtole *f*; **~-ˌread·a·ble** *adj.* ma'schinenlesbar.
ma·chin·er·y [mə'ʃiːnərɪ] *s.* **1.** Maschine'rie *f*, Ma'schinen(park *m*) *pl.*; **2.** Mecha'nismus *m*, (Trieb)Werk *n*; **3.** *fig.* Maschine'rie *f*, Räderwerk *n*, (*Regierungs*)Ma'schine *f*; **4.** dra'matische Kunstmittel *pl.*
ma·chine| shop *s.* ⚙ Ma'schinenhalle *f*, -saal *m*; ~ **tool** *s.* ⚙ 'Werkzeugmaˌschine *f*; **~-ˌwash·a·ble** *adj.* 'waschmaˌschinenfest (*Stoff etc.*).
ma·chin·ist [mə'ʃiːnɪst] *s.* **1.** ⚙ a) Ma'schineningeniˌeur *m*, b) Ma'schinenschlosser *m*, c) Maschi'nist *m* (*a. thea.*); **2.** Ma'schinennäherin *f.*
ma·chis·mo [mæ'tʃɪzməʊ] *s.* Ma'chismo *m*, Männlichkeitswahn *m.*
Mach num·ber [mɑːk] *s. phys.* Machzahl *f.*
ma·cho ['mætʃəʊ] **I** *s.* ‚Macho' *m*, ‚Kraft- *od.* Sexprotz' *m*; **II** *adj.* ‚macho', (betont) männlich.
mac·in·tosh → ***mackintosh***.
mack·er·el ['mækrəl] *pl.* **-el** *s. ichth.* Ma'krele *f*; ~ **sky** *s. meteor.* (Himmel *m* mit) Schäfchenwolken *pl.*
Mack·i·naw ['mækɪnɔː] *s. a.* ~ ***coat*** *Am.* Stutzer *m*, kurzer Plaidmantel.
mack·in·tosh ['mækɪntɒʃ] *s.* Regen-, Gummimantel *m.*
mack·le ['mækl] **I** *s.* **1.** dunkler Fleck; **2.** *typ.* Schmitz *m*, verwischter Druck; **II** *v/t. u. v/i.* **3.** *typ.* schmitzen.
ma·cle ['mækl] *s. min.* **1.** 'Zwillingskrisˌtall *m*; **2.** dunkler Fleck.
macro- [mækrəʊ] *in Zssgn* Makro..., (sehr) groß: ***~climate*** Großklima *n*.
mac·ro ['mækrəʊ] *s. Computer*: Makro *n.*
mac·ro·bi·ot·ic [ˌmækrəʊbaɪ'ɒtɪk] *adj.* makrobi'otisch; **ˌmac·ro·bi'ot·ics** [-ks] *s. pl. sg. konstr.* Makrobi'otik *f.*
mac·ro·cosm ['mækrəʊkɒzəm] *s.* Makro'kosmos *m.*
ma·cron ['mækrɒn] *s.* Längestrich *m* (*über Vokalen*).

M

mad [mæd] *adj.* □ → ***madly***; **1.** wahnsinnig, verrückt, toll (*alle a. fig.*): ~ ***cow disease*** Rinderwahnsinn *m*; ***go*** ~ verrückt werden; ***it's enough to drive one*** ~ es ist zum Verrücktwerden; ***like*** ~ wie toll *od.* wie verrückt (*arbeiten etc.*); ***a*** ~ ***plan*** ein verrücktes Vorhaben; → ***hatter***, ***drive*** 15; **2.** (***after***, ***about***, ***for***, ***on***) versessen (auf *acc.*), verrückt (nach), vernarrt (in *acc.*): ***she is*** ~ ***about music***; **3.** F außer sich, verrückt (***with*** vor *Freude*, *Schmerzen*, *Wut etc.*); **4.** *bsd. Am.* F wütend, böse (***at***, ***about*** über *acc.*, auf *acc.*); **5.** toll, wild, 'übermütig: ***they are having a*** ~ ***time*** bei denen gehts toll zu, sie amüsieren sich toll; **6.** wild (geworden): ***a*** ~ ***bull***; **7.** tollwütig (*Hund*).

Mad·a·gas·can [ˌmædəˈgæskən] **I** *s.* Made'gasse *m*, Made'gassin *f*; **II** *adj.* made'gassisch.

mad·am ['mædəm] *s.* **1.** gnädige Frau *od.* gnädiges Fräulein (*Anrede*); **2.** Bor'dellwirtin *f*, Puffmutter *f*.

'**mad·cap** **I** *s.* ‚verrückter Kerl'; **II** *adj.* ‚verrückt', wild, verwegen.

mad·den ['mædn] **I** *v/t.* verrückt *od.* toll *od.* rasend machen (*a. fig. wütend machen*); **II** *v/i.* verrückt *etc.* werden; '**mad·den·ing** [-nɪŋ] *adj.* □ verrückt *etc.* machend: ***it is*** ~ es ist zum Verrücktwerden.

mad·der[1] ['mædə] *comp. von* ***mad***.

mad·der[2] ['mædə] *s.* ⚘, ⚙ Krapp *m*.

mad·dest ['mædɪst] *sup. von* ***mad***.

mad·ding ['mædɪŋ] *adj. poet.* **1.** rasend, tobend: ***the*** ~ ***crowd***; **2.** → ***maddening***.

'**mad-ˌdoc·tor** *s.* Irrenarzt *m*.

made [meɪd] **I** *pret. u. p.p. von* ***make***; **II** *adj.* **1.** (künstlich) hergestellt: ~ ***dish*** aus mehreren Zutaten zs.-gestelltes Gericht; ~ ***gravy*** künstliche Bratensoße; ~ ***road*** befestigte Straße; ~ ***of wood*** aus Holz, Holz...; ***English***-~ ✝ *Artikel* englischer Fabrikation; **2.** gemacht, arriviert: ***a*** ~ ***man***; ***he had got it*** ~ F er hatte es geschafft; **3.** *körperlich* gebaut: ***a well***-~ ***man***.

ˌ**made|-to-'meas·ure**, ˌ~**-to-'or·der** *adj.* ✝ nach Maß angefertigt, Maß..., *a. fig.* maßgeschneidert, nach Maß; ˌ~**-'up** *adj.* **1.** (frei) erfunden: ***a*** ~ ***story***; **2.** geschminkt; **3.** ✝ Fertig..., Fabrik...: ~ ***clothes*** Konfektionskleidung *f*.

'**mad·house** *s.* Irren-, *fig. a.* Tollhaus *n*.

mad·ly ['mædlɪ] *adv.* **1.** wie verrückt, wie wild: ***they worked*** ~ ***all night***; **2.** F schrecklich, wahnsinnig: ~ ***in love***; **3.** verrückt(erweise).

'**mad·man** [-mən] *s.* [*irr.*] Verrückte(r) *m*, Irre(r) *m*.

mad·ness ['mædnɪs] *s.* **1.** Wahnsinn *m*, Tollheit *f* (*a. fig.*); **2.** *bsd. Am.* Wut *f* (***at*** über *acc.*).

mad·re·pore [ˌmædrɪ'pɔː] *s. zo.* Madre'pore *f*, 'Löcherkoˌralle *f*.

mad·ri·gal ['mædrɪgl] *s.* ♪ Madri'gal *n*.

'**madˌwom·an** *s.* [*irr.*] Wahnsinnige *f*, Irre *f*.

mael·strom ['meɪlstrɒm] *s.* Mahlstrom *m*, Strudel *m* (*a. fig.*): ~ ***of traffic*** Verkehrsgewühl *n*.

Mae West [ˌmeɪ'west] *s. sl.* **1.** ⚓ aufblasbare Schwimmweste; **2.** ⚔ *Am.* Panzer *m* mit Zwillingsturm.

Maf·fi·a ['mæfɪə] → ***Mafia***.

maf·fick ['mæfɪk] *v/i. Brit. obs.* ausgelassen feiern.

Ma·fia ['mæfɪə] *s.* Mafia *f*; **ma·fi·o·so** [ˌmæfɪ'əʊsəʊ] *pl.* **-sos** *od.* **-si** [-sɪ] *s.* Mafi'oso *m*.

mag[1] [mæg] F *für* ***magazine*** 4.

mag[2] [mæg] ⚙ *sl. für* ***magneto***: ~ ***generator*** Magnetodynamo *m*.

mag·a·zine [ˌmægə'ziːn] *s.* **1.** ⚔ a) ('Pulver)Magaˌzin *n*, Muniti'onslager *n*, b) Versorgungslager *n*, c) Maga'zin *n* (*in Mehrladewaffen*): ~ ***gun***, ~ ***rifle*** Mehrladegewehr *n*; **2.** ⚙ Maga'zin *n* (*a. Computer*), Vorratsbehälter *m*; **3.** ✝ Maga'zin *n*, Speicher *m*, Lagerhaus *n*; *fig.* Vorrats-, Kornkammer *f* (*fruchtbares Gebiet*); **4.** Maga'zin *n*, (*oft* illustrierte) Zeitschrift.

mag·da·len ['mægdəlɪn] *s. fig.* Magda'lena *f*, reuige Sünderin.

ma·gen·ta [mə'dʒentə] **I** *s.* ⚗ Ma'genta (-rot) *n*, Fuch'sin *n*; **II** *adj.* ma'gentarot, dunkelrot.

mag·got ['mægət] *s.* **1.** *zo.* Made *f*, Larve *f*; **2.** *fig.* Grille *f*; '**mag·got·y** [-tɪ] *adj.* **1.** madig; **2.** *fig.* schrullig.

Ma·gi ['meɪdʒaɪ] *s. pl.*: ***the*** (***three***) ~ die (drei) Weisen aus dem Morgenland, die Heiligen Drei Könige.

mag·ic ['mædʒɪk] **I** *s.* **1.** Ma'gie *f*, Zaube'rei *f*; **2.** Zauber(kraft *f*) *m* (*a. fig.*): ***it works like*** ~ es ist die reinste Hexerei; **II** *adj.* (□ ~***ally***) **3.** magisch, Wunder..., Zauber...: ~ ***carpet*** fliegender Teppich; ~ ***eye*** ⚡ magisches Auge; ~ ***formula*** Pa'tentreˌzept *n*, -lösung *f*; ~ ***lamp*** Wunderlampe *f*; ~ ***lantern*** Laterna *f* magica; ~ ***square*** magisches Quadrat; **4.** zauberhaft: ~ ***beauty***; '**mag·i·cal** [-kl] → ***magic*** II.

ma·gi·cian [mə'dʒɪʃn] *s.* **1.** Magier *m*, Zauberer *m*; **2.** Zauberkünstler *m*.

mag·is·te·ri·al [ˌmædʒɪ'stɪərɪəl] *adj.* □ **1.** obrigkeitlich, behördlich; **2.** maßgeblich; **3.** herrisch.

mag·is·tra·cy ['mædʒɪstrəsɪ] *s.* **1.** ⚖, *pol.* Amt e-s ***magistrate***; **2.** Richterschaft *f*; **3.** *pol.* Verwaltung *f*; **mag·is·tral** [mə'dʒɪstrəl] *adj. pharm.* magistral (*nach ärztlicher Vorschrift*); '**mag·is·trate** [-reɪt] *s.* **1.** a) ⚖ Richter *m* (an e-m ***magistrates' court***), b) (***police***) ~ *Am.* Poli'zeirichter *m*; **2.** (Ver'wal-

M

tungs)Be,amte(r) *m*: ***chief ~*** *Am.* a) Präsi'dent *m*, b) Gouver'neur *m*, c) Bürgermeister *m*; **mag·is·trates' court** *s.* ⚖ *erstinstanzliches Gericht für einfache Fälle.*

mag·lev ['mæglev] *s.* 🚃 Ma'gnet(schwebe)bahn *f.*

Mag·na C(h)ar·ta [ˌmægnə'kɑːtə] *s.* **1.** *hist.* Magna Charta *f* (*der große Freibrief des englischen Adels [1215]*); **2.** Grundgesetz *n.*

mag·na·nim·i·ty [ˌmægnə'nɪmətɪ] *s.* Edelmut *m*, Großmut *f*; **mag·nan·i·mous** [mæg'nænɪməs] *adj.* □ großmütig, hochherzig.

mag·nate ['mægneɪt] *s.* **1.** Ma'gnat *m*: a) 'Großindustriˌelle(r) *m*, b) Großgrundbesitzer *m*; **2.** Größe *f*, einflussreiche Per'sönlichkeit.

mag·ne·sia [mæg'niːʃə] *s.* ⚗ Ma'gnesia *f*, Ma'gnesiumoˌxid *n*; **mag'ne·sian** [-ʃn] *adj.* **1.** Magnesia...; **2.** Magnesium...; **mag'ne·si·um** [-iːzjəm] *s.* ⚗ Ma'gnesium *n.*

mag·net ['mægnɪt] *s.* Ma'gnet *m* (*a. fig.*); **mag·net·ic** [mæg'netɪk] *adj.* (□ ***~ally***) **1.** ma'gnetisch, Magnet...(*-feld, -kompass, -nadel, -pol etc.*): ***~ attraction*** magnetische Anziehung(skraft) (*a. fig.*); ***~ declination*** Missweisung *f*; ***~ resonance imaging*** ⚕ 'Kernspintomograˌphie *f*; ***~ strip*** (*od.* ***stripe***) Ma'gnetstreifen *m* (*auf Kreditkarte etc.*); ***~ stripe*** Ma'gnetstreifen *m* (*bsd. Tonspur auf Film*); ***~ tape*** Ma'gnet(ton)band *n*; ***~ tape recorder*** Magnettongerät *n*; **2.** *fig.* faszinierend, fesselnd, ma'gnetisch; **mag·net·ics** [mæg'netɪks] *s. pl.* (*mst sg. konstr.*) Wissenschaft *f* vom Magne'tismus; **'mag·net·ism** [-tɪzəm] *s.* **1.** *phys.* Magne'tismus *m*; **2.** *fig.* (ma'gnetische) Anziehungskraft; **mag·net·i·za·tion** [ˌmægnɪtaɪ'zeɪʃn] *s.* Magnetisierung *f*; **'mag·net·ize** [-taɪz] *v/t.* **1.** magnetisieren; **2.** *fig.* (wie ein Ma'gnet) anziehen, fesseln; **'mag·net·iz·er** [-taɪzə] *s.* ⚕ Magneti'seur *m.*

mag·ne·to [mæg'niːtəʊ] *pl.* **-tos** *s.* ⚡ Ma'gnetzünder *m.*

magneto- [mægniːtəʊ] *in Zssgn* Magneto...; **mag·ne·to-e·lec·tric** [mægˌniːtəʊɪ'lektrɪk] *adj.* ma'gnetoeˌlektrisch.

mag·ni·fi·ca·tion [ˌmægnɪfɪ'keɪʃn] *s.* **1.** Vergrößern *n*; **2.** Vergrößerung *f*; **3.** *phys.* Vergrößerungsstärke *f*; **4.** ⚡ Verstärkung *f.*

mag·nif·i·cence [mæg'nɪfɪsns] *s.* Großartigkeit *f*, Herrlichkeit *f*; **mag'nif·i·cent** [-nt] *adj.* □ großartig, prächtig, herrlich (*alle a.* F *fig.*).

mag·ni·fi·er ['mægnɪfaɪə] *s.* **1.** Vergrößerungsglas *n*, Lupe *f*; **2.** ⚡ Verstärker *m*; **3.** Verherrlicher *m*; **mag·ni·fy** ['mægnɪfaɪ] *v/t. opt. u. fig.* **1.** vergrößern: ***~ing glass*** → ***magnifier*** 1; **2.** *fig.* aufbauschen; **3.** ⚡ verstärken.

mag·nil·o·quence [mæg'nɪləʊkwəns] *s.* **1.** Großspreche'rei *f*; **2.** Schwulst *m*, Bom'bast *m*; **mag'nil·o·quent** [-nt] *adj.* □ **1.** großsprecherisch; **2.** hochtrabend, bom'bastisch.

mag·ni·tude ['mægnɪtjuːd] *s.* Größe *f*, Größenordnung *f* (*a. ast.*, ⚗), *fig. a.* Ausmaß *n*, Schwere *f*: ***a star of the first ~*** ein Stern erster Größe; ***of the first ~*** von äußerster Wichtigkeit.

mag·no·li·a [mæg'nəʊljə] *s.* ⚘ Ma'gnolie *f.*

mag·num ['mægnəm] *s.* Zwei'quartflasche *f* (*etwa 2 l enthaltend*); **~ o·pus** [-'əʊpəs] *s.* Meister-, Hauptwerk *n.*

mag·pie ['mægpaɪ] *s.* **1.** *zo.* Elster *f*; **2.** *fig.* Schwätzer(in); **3.** *fig.* sammelwütiger Mensch; **4.** *Scheibenschießen*: zweiter Ring von außen.

ma·gus ['meɪgəs] *pl.* **-gi** [-dʒaɪ] *s.* **1.** 2 *antiq. persischer* Priester; **2.** Zauberer *m*; **3.** *a.* 2 *sg. von* ***Magi.***

ma·ha·ra·ja(h) [ˌmɑːhə'rɑːdʒə] *s.* Maha'radscha *m*; **ˌma·ha'ra·nee** [-ɑːniː] *s.* Maha'rani *f.*

mahl·stick ['mɔːlstɪk] → ***maulstick.***

ma·hog·a·ny [mə'hɒgənɪ] **I** *s.* **1.** ⚘ Maha'gonibaum *m*; **2.** Maha'goni(holz) *n*; **3.** Maha'goni(farbe *f*) *n*; **4.** ***have*** (*od.* ***put***) ***one's feet under s.o.'s ~*** F j-s Gastfreundschaft genießen; **II** *adj.* **5.** Mahagoni...; **6.** maha'gonifarben.

ma·hout [mə'haʊt] *s. Brit. Ind.* Ele'fantentreiber *m.*

maid [meɪd] *s.* **1.** (junges) Mädchen, *poet. u. iro.* Maid *f*: ***~ of hono(u)r*** a) Ehren-, Hofdame *f*, b) *Am. erste* Brautjungfer; ***old ~*** alte Jungfer; **2.** (Dienst-) Mädchen *n*, Magd *f*: ***~-of-all-work*** *bsd. fig.* Mädchen für alles; **3.** *poet.* Jungfrau *f*: ***the 2 (of Orleans).***

maid·en ['meɪdn] **I** *adj.* **1.** mädchenhaft, Mädchen...: ***~ name*** Mädchenname *e-r Frau*; **2.** jungfräulich, unberührt (*a. fig.*): ***~ soil***; **3.** unverheiratet: ***~ aunt***; **4.** Jungfern..., Antritts...: ***~ flight*** ✈ Jungfernflug *m*; ***~ speech*** *parl.* Jungfernrede *f*; ***~ voyage*** ⚓ Jungfernfahrt *f*; **II** *s.* **5.** → ***maid*** 1; **6.** *Scot. hist.* Guillo'tine *f*; **7.** *Rennsport*: a) Maiden *n* (*Pferd, das noch nie gesiegt hat*), b) Rennen *n* für Maidens; **'~·hair (fern)** *s.* ⚘ Frauenhaar(farn *m*) *n*; **'~·head** *s.* **1.** → ***maidenhood***; **2.** *anat.* Jungfernhäutchen *n*; **'~·hood** [-hʊd] *s.* **1.** Jungfräulichkeit *f*, Jungfernschaft *f*; **2.** Jung'mädchenzeit *f.*

maid·en·like ['meɪdnlaɪk], **'maid·en·ly** [-lɪ] *adj.* **1.** → ***maiden*** 1; **2.** jungfräulich, züchtig.

'maidˌserv·ant → ***maid*** 2.

mail¹ [meɪl] **I** *s.* **1.** Post(sendung) *f*, *bsd.* Brief- *od.* Pa'ketpost *f*: ***by ~*** *Am.* mit

M

der Post; ***by return ~*** *Am.* postwendend, umgehend; ***incoming ~*** Posteingang *m*; ***outgoing ~*** Postausgang *m*; **2.** Briefbeutel *m*, Postsack *m*; **3.** Post(-dienst *m*) *f*: ***the Federal ⁓s*** *Am.* die Bundespost; **4.** Postversand *m*; **5.** Postauto *n*, -boot *n*, -bote *m*, -flugzeug *n*, -zug *m*; **II** *adj.* **6.** Post...: ***~ boat*** Post-, Paketboot *n*; **III** *v/t.* **7.** *bsd. Am.* (ab-)schicken, aufgeben; zuschicken (***to*** *dat.*): ***~ing list*** ✝ Adressenliste *f*, -kartei *f*.

mail² [meɪl] **I** *s.* **1.** Kettenpanzer *m*: ***coat of ~*** Panzerhemd *n*; **2.** (Ritter-)Rüstung *f*; **3.** *zo.* Panzer *m*; **II** *v/t.* **4.** panzern.

mail·a·ble ['meɪləbl] *adj. Am.* postversandfähig.

'mail|·bag *s.* Postbeutel *m*; **'~·box** *s.* **1.** *Am.* Briefkasten *m*; **2.** *Computer etc.*: 'Mailbox *f* (*elektronischer Briefkasten*); **'~·car** *s. Am.* Postwagen *m*; **'~ˌcar·ri·er** *s.* → ***mailman***; **'~-clad** *adj.* gepanzert; **'~·coach** *s. Brit.* **1.** Postwagen *m*; **2.** *hist.* Postkutsche *f*.

mailed [meɪld] *adj.* gepanzert (*a. zo.*): ***the ~ fist*** *fig.* die eiserne Faust.

mail·ing ['meɪlɪŋ] *s.* 'Mailing *n*, (Werbe)Rundschreiben *n*; **~ list** *s. Internet*: 'Mailing-Liste *f* (*mit E-Mail-Adressen*).

'mail|·man [-mən] *s.* [*irr.*] *Am.* Briefträger *m*; **~ or·der** *s.* ✝ Bestellung *f* (*von Waren*) durch die Post; **'~-ˌor·der** *adj.* Postversand...: ***~ business*** Versandhandel *m*; ***~ catalog(ue)*** Versandhauskatalog *m*; ***~ house*** (Post)Versandgeschäft *n*; **'~·shot** *s. Brit.* Mailing *n*, Werbebrief *m*.

maim [meɪm] *v/t.* verstümmeln (*a. fig. Text*); zum Krüppel machen; lähmen (*a. fig.*).

main [meɪn] **I** *adj.* □ → ***mainly***; **1.** Haupt..., größt, wichtigst, vorwiegend, hauptsächlich: ***~ clause*** *ling.* Hauptsatz *m*; ***~ deck*** ⚓ Hauptdeck *n*; ***~ girder*** △ Längsträger *m*; ***~ office*** Hauptbüro *n*; ***~ road*** Hauptverkehrsstraße *f*; ***the ~ sea*** die offene *od.* hohe See; ***~ station*** a) *teleph.* Hauptanschluss *m*, b) Hauptbahnhof *m*; ***the ~ thing*** die Hauptsache; ***by ~ force*** mit äußerster Kraft, mit (aller) Gewalt; **2.** ⚓ groß, Groß...: ***~ brace*** Großbrasse *f*; **II** *s.* **3.** *mst pl.* a) Haupt(gas- *etc.*)leitung *f*: ***(gas) ~s***; ***(water) ~s***, b) ⚡ Haupt-, Stromleitung *f*, c) (Strom)Netz *n*: ***operating on the ~s***, ***~s-operated*** mit Netzanschluss *od.* -betrieb; ***~s adapter*** Netzteil *n*; ***~s failure*** Stromausfall *m*; ***~s voltage*** Netzspannung *f*; **4.** a) Hauptrohr *n*, b) Hauptkabel *n*; **5.** 🚂 *Am.* Hauptlinie *f*; **6.** Hauptsache *f*, Kern *m*: ***in*** (*Am. a.* ***for***) ***the ~*** hauptsächlich, in der Hauptsache; **7.** *poet. die* hohe See; **8.** → ***might¹*** 2; ***~ chance*** *s.*: ***have an eye to the ~*** s-n eigenen Vorteil im Auge haben; **'~·frame** *s. Computer*: Großrechner *m*; **~ fuse** *s.* ⚡ Hauptsicherung *f*; **'~·land** [-lənd] *s.* Festland *n*; **~ line** *s.* **1.** 🚂 *etc.*, *a.* ⚔ Hauptlinie *f*: ***~ of resistance*** Hauptkampflinie *f*; **2.** *Am.* Hauptverkehrsstraße *f*; **3.** *sl.* a) Hauptvene *f*, b) ‚Schuss' *m* (*Heroin etc.*); **'~·line** *v/i. sl.* ‚fixen'; **'~ˌlin·er** *s. sl.* ‚Fixer(in)'.

main·ly ['meɪnlɪ] *adv.* hauptsächlich, vorwiegend.

main|·mast ['meɪnmɑːst; ⚓ -məst] *s.* ⚓ Großmast *m*; **~·sail** ['meɪnseɪl; ⚓ -sl] *s.* ⚓ Großsegel *n*; **'~·spring** *s.* **1.** Hauptfeder *f* (*Uhr etc.*); **2.** *fig.* (Haupt)Triebfeder *f*, treibende Kraft; **'~·stay** *s.* **1.** ⚓ Großstag *n*; **2.** *fig.* Hauptstütze *f*; **'~·stream** *s. fig.* Hauptströmung *f*; **⁓ Street** *adj. Am.* provinzi'ell-materia'listisch.

main·tain [meɪn'teɪn] *v/t.* **1.** *Zustand, gute Beziehungen etc.* (aufrecht)erhalten, *e-e Haltung etc.* beibehalten, *Ruhe u. Ordnung etc.* (be)wahren: ***~ a price*** ✝ e-n Preis halten; **2.** in'stand halten, pflegen, ⚙ *a.* warten; **3.** *Briefwechsel etc.* unter'halten, (weiter)führen; **4.** (*in e-m bestimmten Zustand*) lassen, bewahren: ***~ s.th. in (an) excellent condition***; **5.** *Familie etc.* unter'halten, versorgen; **6.** behaupten (***that*** dass, ***to*** zu); **7.** *Meinung, Recht etc.* verfechten; auf *e-r Forderung* bestehen: ***~ an action*** ⚖ e-e Klage anhängig machen; **8.** *j-n* unter'stützen, *j-m* beipflichten; ⚖ *e-e Prozesspartei* 'widerrechtlich unterstützen; **9.** nicht aufgeben, behaupten: ***~ one's ground*** *bsd. fig.* sich behaupten; **main'tain·a·ble** [-nəbl] *adj.* verfechtbar, haltbar; **main'tain·er** [-nə] *s.* Unter'stützer *m*: a) Verfechter *m* (*Meinung etc.*), b) Versorger *m*; **main'tain·or** [-nə] *s.* ⚖ außenstehender Pro'zesstreiber; **main·te·nance** ['meɪntənəns] *s.* **1.** In'standhaltung *f*, Erhaltung *f*; **2.** ⚙ Wartung *f*: ***~ man*** Wartungsmonteur *m*; ***~-free*** wartungsfrei; **3.** 'Unterhalt(smittel *pl.*) *m*: ***~ grant*** Unterhaltszuschuss *m*; ***~ order*** ⚖ Anordnung *f* von Unterhaltszahlungen; **4.** Aufrechterhaltung *f*, Beibehalten *n*; **5.** Behauptung *f*, Verfechtung *f*; **6.** ⚖ 'illeˌgale Unter'stützung e-r pro'zessführenden Par'tei.

'main|·top *s.* ⚓ Großmars *m*; **~ yard** *s.* ⚓ Großrah(e) *f*.

mai·son·(n)ette [ˌmeɪzə'net] *s.* **1.** Maiso'nette *f*; **2.** Einliegerwohnung *f*.

maize [meɪz] *s. Brit.* ⚘ Mais *m*.

ma·jes·tic [mə'dʒestɪk] *adj.* (□ ***~ally***) maje'stätisch; **maj·es·ty** ['mædʒəstɪ] *s.* **1.** Maje'stät *f*: ***His (Her) ⁓*** Seine (Ihre) Majestät; ***Your ⁓*** Eure Majestät; **2.** *fig.* Maje'stät *f*, Erhabenheit *f*, Hoheit *f*.

M

ma·jol·i·ca [məˈjɒlɪkə] *s.* Maˈjolika *f.*

ma·jor [ˈmeɪdʒə] **I** *s.* **1.** Maˈjor *m*; **2.** ⚖ Volljährige(r *m*) *f*, Mündige(r *m*) *f*; **3.** *hinter Eigennamen*: der Ältere; **4.** ♪ a) Dur *n*, b) ˈDurakˌkord *m*, c) Durtonart *f*; **5.** *phls.* a) *a.* **~ term** Oberbegriff *m*, b) *a.* **~ premise** Obersatz *m*; **6.** *univ. Am.* Hauptfach *n*; **II** *adj.* **7.** größer (*a. fig.*); *fig.* bedeutend: **~ attack** Großangriff *m*; **~ event** *bsd. sport* Großveranstaltung *f*, *weitS.* ‚große Sache'; **~ repair** größere Reparatur; **~ shareholder** Großaktionär(in); → **operation** 9; **8.** ⚖ volljährig, mündig; **9.** ♪ a) groß (*Terz etc.*), b) Dur...: **~ key** Durtonart *f*; **C ~** C-Dur *n*; **III** *v/t.* **10.** (*v/i.* **~ in**) *Am.* als Hauptfach studieren; **ˌ~-ˈgen·er·al** *s.* ⚔ Geneˈralmaˌjor *m.*

ma·jor·i·ty [məˈdʒɒrətɪ] *s.* **1.** Mehrheit *f*: **~ of votes** (Stimmen)Mehrheit, Majorität *f*; **~ decision** Mehrheitsbeschluss *m*; ✝ **~ holding** Mehrheitsbeteiligung *f*; **~ leader** *Am.* Fraktionsführer *m* der Mehrheitspartei; **~ rule** Mehrheitsregierung *f*; **in the ~ of cases** in der Mehrzahl der Fälle; **join the ~** a) sich der Mehrheit anschließen, b) zu den Vätern versammelt werden (*sterben*); **win by a large ~** mit großer Mehrheit gewinnen; **2.** ⚖ Voll-, Großjährigkeit *f*; **3.** ⚔ Maˈjorsrang *m*, -stelle *f.*

M

ma·jor| league *s. sport Am.* oberste Spielklasse; **~ mode** *s.* ♪ Dur(tonart *f*) *n*; **~ scale** *s.* Durtonleiter *f.*

ma·jus·cule [ˈmædʒəskjuːl] *s.* Maˈjuskel *f*, großer Anfangsbuchstabe.

make [meɪk] **I** *s.* **1.** a) Mach-, Bauart *f*, Form *f*, b) Erzeugnis *n*, Fabriˈkat *n*: **our own ~** (unser) eigenes Fabrikat; **of best English ~** beste englische Qualität; **2.** *Mode*: Schnitt *m*, Fasˈson *f*; **3.** ✝ a) (Faˈbrik)Marke *f*, b) ⚙ Typ *m*, Bau (-art *f*) *m*; **4.** (*Körper*)Bau *m*; **5.** Anfertigung *f*, Herstellung *f*; **6.** ⚡ Schließen *n* (*Stromkreis*): **be at ~** geschlossen sein; **7. be on the ~** *sl.* a) auf Geld (*od.* e-n Vorteil) aussein, ‚schwer dahinterher' sein, b) auf ein (sexuelles) Abenteuer aus sein; **II** *v/t.* [*irr.*] **8.** *allg. z. B. Einkäufe, Einwände, Feuer, Reise, Versuch* machen; *Frieden* schließen; *e-e Rede* halten; → **face** 2, **war** 1 *etc.*; **9.** machen: a) anfertigen, herstellen, erzeugen (**from**, **of**, **out of** von, aus), b) verarbeiten, bilden, formen (**to**, **into** in *acc.*, zu), c) *Tee etc.* (zu)bereiten, d) *Gedicht etc.* verfassen; **10.** errichten, bauen, *Garten*, *Weg etc.* anlegen; **11.** (er)schaffen: **God made man** Gott schuf den Menschen; **you are made for this job** du bist für diese Arbeit wie geschaffen; **12.** *fig.* machen zu: **he made her his wife**; **to ~ enemies of** sich zu Feinden machen; **13.** ergeben, bilden, entstehen lassen: **many brooks ~ a river**; **oxygen and hydrogen ~ water** Wasserstoff u. Sauerstoff bilden Wasser; **14.** verursachen: a) *ein Geräusch, Lärm, Mühe, Schwierigkeiten* machen, b) bewirken, (mit sich) bringen: **prosperity ~s contentment**; **15.** (er)geben, den Stoff abgeben zu, dienen als (*Sache*): **this ~s a good article** das gibt e-n guten Artikel; **this book ~s good reading** dieses Buch liest sich gut; **16.** sich erweisen als (*Person*): **he would ~ a good salesman** er würde e-n guten Verkäufer abgeben; **she made him a good wife** sie war ihm e-e gute Frau; **17.** bilden, (aus)machen: **this ~s the tenth time** das ist das zehnte Mal; → **difference** 1, **one** 6, **party** 2; **18.** (*mit adj., p.p. etc.*) machen: **~ angry** zornig machen, erzürnen; **~ known** bekannt machen *od.* geben; → **make good**; **19.** (*mit folgendem s.*) machen zu, ernennen zu: **they made him a general**, **he was made a general** er wurde zum General ernannt; **he made himself a martyr** er wurde zum Märtyrer; **20.** *mit inf.* (*act. ohne* **to**, *pass. mit* **to**) *j-n* veranlassen, lassen, bringen, zwingen *od.* nötigen zu: **~ s.o. wait** j-n warten lassen; **we made him talk** wir brachten ihn zum Sprechen; **they made him repeat it** man ließ es ihn wiederholen; **~ s.th. do**, **~ do with s.th.** mit et. auskommen, sich mit et. behelfen; **21.** *fig.* machen: **~ much of** a) viel Wesens um *et. od. j-n* machen, b) sich viel aus *et.* machen, viel von *et.* halten; → **best** 7, **most** 3, **nothing** *Redew.*; **22.** sich e-e Vorstellung von *et.* machen, *et.* halten für: **what do you ~ of it?** was halten Sie davon?; **23.** F *j-n* halten für: **I ~ him a greenhorn**; **24.** schätzen auf (*acc.*): **I ~ the distance three miles**; **25.** feststellen: **I ~ it a quarter to five** nach m-r Uhr ist es Viertel vor fünf; **26.** erfolgreich ˈdurchführen: → **escape** 9; **27.** *j-m* zum Erfolg verhelfen, *j-s* Glück machen: **I can ~ and break you** ich kann aus Ihnen et. machen oder Sie auch fertig machen; **28.** sich *ein Vermögen etc.* erwerben, verdienen, *Geld*, *Profit* machen, *Gewinn* erzielen; → **name** *Redew.*; **29.** ‚schaffen': a) *Strecke* zuˈrücklegen: **can we ~ it in 3 hours?**, b) *Geschwindigkeit* erreichen: **~ 60 mph.**; **30.** F *et.* erreichen, ‚schaffen', *akademischen Grad* erlangen, *sport etc. Punkte*, *a. Schulnote* erzielen, *Zug* erwischen: **~ it** es schaffen; **~ the team** in die Mannschaft aufgenommen werden; **31.** *sl. Frau* ‚ˈumlegen' (*verführen*); **32.** ankommen in (*dat.*), erreichen: **~ port** ⚓ in den Hafen einlaufen; **33.** ⚓ sichten, ausmachen: **~ land**; **34.** *Brit. Mahlzeit* einnehmen; **35.** *Fest etc.* veranstalten; **36.**

Preis festsetzen, machen; **37.** *Kartenspiel*: a) *Karten* mischen, b) *Stich* machen; **38.** ↯ *Stromkreis* schließen; **39.** *ling. Plural etc.* bilden, werden zu; **40.** sich belaufen auf (*acc.*), ergeben, machen: ***two and two ~ four*** 2 u. 2 macht *od.* ist 4; **III** *v/i.* [*irr.*] **41.** sich anschicken, den Versuch machen (***to do*** zu tun): ***he made to go*** er wollte gehen; **42.** (***to*** nach) a) sich begeben *od.* wenden, b) führen, gehen (*Weg etc.*), sich erstrecken, c) fließen; **43.** einsetzen (*Ebbe, Flut*), (an)steigen (*Flut etc.*); **44.** ***~ as if*** (*od.* ***as though***) so tun als ob *od.* als wenn: ***~ believe*** (***that*** *od.* ***to do***) vorgeben (dass *od.* zu tun); **45.** ***~ like*** *Am. sl.* sich verhalten wie: ***~ like a father***;

Zssgn mit prp.:

make| af·ter *v/i. obs. j-m* nachsetzen, *j-n* verfolgen; **~ a·gainst** *v/i.* **1.** ungünstig sein für, schaden (*dat.*); **2.** sprechen gegen (*a. fig.*); **~ for** *v/i.* **1.** a) zugehen auf (*acc.*), sich aufmachen nach, zustreben (*dat.*), b) ⚓ lossteuern (*a. fig.*) *od.* Kurs haben auf (*acc.*), c) sich stürzen auf (*acc.*); **2.** beitragen zu, förderlich sein *od.* dienen (*dat.*): ***it makes for his advantage*** es wirkt sich für ihn günstig aus; ***the aerial makes for better reception*** die Antenne verbessert den Empfang; **~ to·ward(s)** *v/i.* zugehen auf (*acc.*), sich bewegen nach, sich nähern (*dat.*); **~ with** *v/i. Am. sl.* loslegen mit: ***~ the feet!*** nun lauf schon!

Zssgn mit adv.:

make| a·way *v/i.* sich da'vonmachen: ***~ with*** a) sich davonmachen mit (*Geld etc.*), b) *et. od. j-n* beseitigen, aus dem Weg(e) räumen, c) *Geld etc.* durchbringen, d) sich entledigen (*gen.*); **~ good I** *v/t.* **1.** a) (wieder) gutmachen, b) ersetzen, vergüten: ***~ a deficit*** ein Defizit decken; **2.** begründen, rechtfertigen, nachweisen; **3.** *Versprechen, sein Wort* halten; **4.** *den Erwartungen* entsprechen; **5.** *Flucht etc.* glücklich bewerkstelligen; **6.** (*berufliche etc.*) *Stellung* ausbauen; **II** *v/i.* **7.** sich 'durchsetzen, sein Ziel erreichen; **8.** sich bewähren, den Erwartungen entsprechen; **~ off** *v/i.* sich da'vonmachen, ausreißen (***with*** mit *Geld etc.*); **~ out I** *v/t.* **1.** *Scheck etc.* ausstellen; *Urkunde* ausfertigen; *Liste etc.* aufstellen; **2.** ausmachen, erkennen; **3.** *Sachverhalt etc.* feststellen, herausbekommen; **4.** a) *j-n* ausfindig machen, b) aus *j-m od. et.* klug werden; **5.** entziffern; **6.** a) behaupten, b) beweisen, c) *j-n als Lügner etc.* hinstellen; **7.** *Am. mühsam* zustande bringen; **8.** *Summe* voll machen; **9.** halten für; **II** *v/i.* **10.** *bsd. Am.* F Erfolg haben: ***how did you ~?*** wie haben Sie abgeschnitten?; **11.** *bsd. Am.* (*mit j-m*) auskommen; **12.** vorgeben, (so) tun (als ob); **~ o·ver** *v/t.* **1.** *Eigentum* über'tragen, -'eignen, vermachen; **2.** 'umbauen; *Anzug etc.* 'umarbeiten, **~ up I** *v/t.* **1.** bilden, zs.-setzen: ***be made up of*** bestehen *od.* sich zs.-setzen aus; **2.** *Arznei, Bericht etc.* zs.-stellen; *Schriftstück* aufsetzen, *Liste etc.* aufstellen; *Paket* (ver-) packen, verschnüren; **3.** *a. thea.* zu'rechtmachen, schminken, pudern; **4.** *Geschichte etc.* sich ausdenken, *a. b.s.* erfinden: ***a made-up story***; **5.** a) *Versäumtes* nachholen; → ***leeway*** 2, b) 'wiedergewinnen: ***~ lost ground***; **6.** ersetzen, vergüten; **7.** *Rechnung, Konten* ausgleichen; *Bilanz* ziehen; → ***account*** 5; **8.** *Streit etc.* beilegen; **9.** ver'vollständigen, *Fehlendes* ergänzen, *Betrag, Gesellschaft etc.* voll machen; **10.** ***make it up*** a) es wieder gutmachen, b) → 17; **11.** *typ.* um'brechen; **II** *v/i.* **12.** sich zu'rechtmachen, *bsd.* sich pudern *od.* schminken; **13.** (***for***) Ersatz leisten, als Ersatz dienen (für), vergüten (*acc.*); **14.** aufholen, wieder gutmachen, wettmachen (***for*** *acc.*): ***~ for lost time*** die verlorene Zeit wieder wettzumachen suchen; **15.** *Am.* sich nähern (***to*** *dat.*); **16.** (***to***) F (*j-m*) schöntun, sich anbiedern (bei *j-m*), sich her'anmachen (an *j-n*); **17.** sich versöhnen *od.* wieder vertragen (***with*** mit).

make| and break *s.* ↯ Unter'brecher *m*; **ˌ~-and-'break** *adj.* ↯ zeitweilig unter'brochen: ***~ contact*** Unterbrecherkontakt *m*; **'~-beˌlieve I** *s.* **1.** a) Verstellung *f*, b) Heuche'lei *f*; **2.** Vorwand *m*; **3.** Schein *m*, Spiegelfechte'rei *f*; **II** *adj.* **4.** vorgeblich, scheinbar, falsch: ***~ world*** Scheinwelt *f*.

mak·er ['meɪkə] *s.* **1.** a) Macher *m*, Verfertiger *m*; Aussteller(in) *e-r Urkunde*, b) ✝ Hersteller *m*, Erzeuger *m*; **2. the** ***♀*** der Schöpfer (*Gott*): ***meet one's ~*** das Zeitliche segnen.

'make|-ˌread·y *s. typ.* Zurichtung *f*; **'~·shift I** *s.* Notbehelf *m*; **II** *adj.* behelfsmäßig, Behelfs..., Not...

'make-up *s.* **1.** Aufmachung *f*: a) *Film etc.*: Ausstattung *f*, Kostümierung *f*, Maske *f*: ***~ man*** Maskenbildner *m*, b) Verpackung *f*, ✝ Ausstattung *f*: ***~ charge*** *Schneiderei*: Macherlohn *m*; **2.** Schminke *f*, Puder *m*; **3.** Make-up *n*: a) Schminken *n*, b) Pudern *n*; **4.** *fig. humor.* Aufmachung *f*, (Ver)Kleidung *f*; **5.** Zs.-setzung *f*; *sport* (*Mannschafts*)Aufstellung *f*; **6.** Körperbau *m*; **7.** Veranlagung *f*, Na'tur *f*; **8.** *fig. humor. Am.* erfundene Geschichte; **9.** *typ.* 'Umbruch *m*.

'make·weight *s.* **1.** (Gewichts)Zugabe *f*, Zusatz *m*; **2.** Gegengewicht *n* (*a. fig.*); **3.** *fig.* a) Lückenbüßer *m* (*Person*), b) Notbehelf *m*.

M

mak·ing ['meɪkɪŋ] *s.* **1.** Machen *n*: ***this is of my own ~*** das habe ich selbst gemacht; **2.** Erzeugung *f*, Herstellung *f*, Fabrikati'on *f*: ***be in the ~*** *a. fig.* im Werden *od.* im Kommen *od.* in der Entwicklung sein; **3.** a) Zs.-setzung *f*, b) Verfassung *f*, c) Bau(art *f*) *m*, Aufbau *m*, d) Aufmachung *f*; **4.** Glück *n*, Chance *f*: ***this will be the ~ of him*** damit ist er ein gemachter Mann; **5.** *pl.* ('Roh)Materi,al *n* (*a. fig.*): ***he has the ~s of*** er hat das Zeug *od.* die Anlagen zu; **6.** *pl.* Pro'fit *m*, Verdienst *m*; **7.** *pl.* F *die* (nötigen) Zutaten *pl.*

mal- [mæl] *in Zssgn* a) schlecht, b) mangelhaft, c) übel, d) Miss..., un...

Mal·a·chi ['mæləkaɪ], *a.* **Mal·a·chi·as** [,mælə'kaɪəs] *npr. u. s. bibl.* (das Buch) Male'achi *m od.* Mala'chias *m.*

mal·a·chite ['mæləkaɪt] *s. min.* Mala'chit *m*, Kupferspat *m.*

mal·ad·just·ed [,mælə'dʒʌstɪd] *adj. psych.* nicht angepasst, mi'lieugestört; **,mal·ad'just·ment** [-*st*mənt] *s.* **1.** mangelnde Anpassung, Mi'lieustörung *f*; **2.** ⚙ Falscheinstellung *f*; **3.** 'Missverhältnis *n.*

'mal·ad,min·is'tra·tion *s.* **1.** schlechte Verwaltung; **2.** *pol.* 'Misswirtschaft *f.*

,mal·a'droit *adj.* ☐ **1.** ungeschickt; **2.** taktlos.

mal·a·dy ['mælədɪ] *s.* Krankheit *f*, Gebrechen *n*, Übel *n* (*a. fig.*).

ma·la fi·de [,meɪlə'faɪdɪ] (*Lat.*) *adj. u. adv.* arglistig, ⚖ *a.* bösgläubig.

ma·laise [mæ'leɪz] *s.* **1.** Unpässlichkeit *f*; **2.** *fig.* Unbehagen *n.*

mal·a·prop·ism ['mæləprɒpɪzəm] *s.* (lächerliche) Wortverwechslung, 'Missgriff *m*; **mal·ap·ro·pos** [,mæl'æprəpəʊ] **I** *adj.* **1.** unangebracht; **2.** unschicklich; **II** *adv.* **3.** a) zur Unzeit, b) im falschen Augenblick; **III** *s.* **4.** *et.* Unangebrachtes.

ma·lar ['meɪlə] *anat.* **I** *adj.* Backen...; **II** *s.* Backenknochen *m.*

ma·lar·i·a [mə'leərɪə] *s.* ⚕ Ma'laria *f*; **ma'lar·i·al** [-əl], **ma'lar·i·an** [-ən], **ma'lar·i·ous** [-ɪəs] *adj.* Malaria..., ma'lariaverseucht.

ma·lar·k(e)y [mə'lɑːkɪ] *s. Am. sl.* ‚Quatsch' *m*, ‚Käse' *m.*

Ma·lay [mə'leɪ] **I** *s.* **1.** Ma'laie *m*, Ma'laiin *f*; **2.** Ma'laiisch *n*; **II** *adj.* **3.** ma'laiisch; **Ma'lay·an** [-eɪən] *adj.* ma'laiisch.

'mal·con,tent **I** *adj.* unzufrieden (*a. pol.*); **II** *s.* Unzufriedene(r *m*) *f.*

male [meɪl] **I** *adj.* **1.** männlich (*a. biol. u.* ⚙): ***~ child*** Knabe *m*; ***~ choir*** Männerchor *m*; ***~ cousin*** Vetter *m*; ***~ model*** Dressman *m*; ***~ nurse*** Krankenpfleger *m*; ***~ plug*** ⚙ Stecker *m*; ***~ prostitute*** Strichjunge *m*; ***~ rhyme*** männlicher Reim; ***~ screw*** Schraube(nspindel) *f*; **2.** *weitS.* männlich, mannhaft; **II** *s.* **3.** a) Mann *m*, b) Knabe *m*; **4.** *zo.* Männchen *n*; **5.** ⚘ männliche Pflanze.

mal·e·dic·tion [,mælɪ'dɪkʃn] *s.* Fluch *m*, Verwünschung *f*; **,mal·e'dic·to·ry** [-ktərɪ] *adj.* verwünschend, Verwünschungs..., Fluch...

mal·e·fac·tor ['mælɪfæktə] *s.* Misse-, Übeltäter *m*; **'mal·e·fac·tress** [-trɪs] *s.* Misse-, Übeltäterin *f.*

ma·lef·ic [mə'lefɪk] *adj.* (☐ ***~ally***) ruchlos, bösartig; **ma'lef·i·cent** [-ɪsnt] *adj.* **1.** bösartig; **2.** schädlich (***to*** für *od. dat.*); **3.** verbrecherisch.

ma·lev·o·lence [mə'levələns] *s.* 'Missgunst *f*, Feindseligkeit *f* (***to*** gegen), Böswilligkeit *f*; **ma'lev·o·lent** [-nt] *adj.* ☐ **1.** 'missgünstig, widrig (*Umstände etc.*); **2.** feindselig, böswillig, übel wollend.

mal·fea·sance [mæl'fiːzəns] *s.* ⚖ strafbare Handlung.

,mal·for'ma·tion *s. bsd.* ⚕ 'Missbildung *f.*

,mal'func·tion **I** *s.* **1.** ⚕ Funkti'onsstörung *f*; **2.** ⚙ schlechtes Funktionieren, Versagen *n*, De'fekt *m*; **II** *v/i.* **3.** schlecht funktionieren, de'fekt sein, versagen.

mal·ice ['mælɪs] *s.* **1.** Böswilligkeit *f*, Bosheit *f*, Arglist *f*, Tücke *f*; **2.** Groll *m*: ***bear s.o. ~*** j-m grollen, e-n Groll gegen j-n hegen; **3.** ⚖ (böse) Absicht, Vorsatz *m*: ***with ~ aforethought*** (*od.* ***prepense***) vorsätzlich; **4.** (schelmische) Bosheit: ***with ~*** boshaft, maliziös; **ma·li·cious** [mə'lɪʃəs] *adj.* ☐ **1.** böswillig, boshaft; **2.** arglistig, (heim)tückisch; **3.** gehässig; **4.** hämisch; **5.** ⚖ böswillig, vorsätzlich; **6.** malizi'ös, boshaft; **ma·li·cious·ness** [mə'lɪʃəsnɪs] → ***malice*** 1, 2.

ma·lign [mə'laɪn] **I** *adj.* ☐ **1.** verderblich, schädlich; **2.** unheilvoll; **3.** böswillig; **4.** ⚕ bösartig; **II** *v/t.* **5.** verleumden, beschimpfen.

ma·lig·nan·cy [mə'lɪgnənsɪ] *s.* Böswilligkeit *f*, Bösartigkeit *f* (*a.* ⚕); Bosheit *f*, Arglist *f*, Schadenfreude *f*; **ma'lig·nant** [-nt] **I** *adj.* ☐ **1.** böswillig; bösartig (*a.* ⚕); **2.** arglistig, (heim)tückisch; **3.** schadenfroh; **4.** gehässig; **II** *s.* **5.** *hist. Brit.* Roya'list *m*; **6.** Übelgesinnte(r *m*) *f*; **ma'lig·ni·ty** [-nətɪ] → ***malignancy.***

ma·lin·ger [mə'lɪŋgə] *v/i.* sich krank stellen, simulieren, ‚sich drücken'; **ma'lin·ger·er** [-ərə] *s.* Simu'lant *m*, Drückeberger *m.*

mall[1] [mɔːl] *s.* **1.** Prome'nade(nweg *m*) *f*; **2.** Mittelstreifen *m e-r Autobahn*; **3.** *Am.* Einkaufszentrum, Fußgängerzone *f.*

Mall oder **shopping mall** nennt man ein großes, meist überdachtes Einkaufszentrum, in dem eine große Auswahl an diversen Geschäften untergebracht ist. Die größte **mall** der Welt, **The Mall of America,** erstreckt sich über 32 Hektar und befindet sich nahe der Städte St Paul und Minneapolis im Staat Minnesota.

mall² [mɔːl] *s. orn.* Sturmmöwe *f.*

mal·lard ['mæləd] *pl.* **-lards**, *coll.* **-lard** *s. orn.* Stockente *f.*

mal·le·a·ble ['mælɪəbl] *adj.* **1.** ⚙ a) (kalt-) hämmerbar, b) dehn-, streckbar, c) verformbar; **2.** *fig.* gefügig, geschmeidig; **~ cast i·ron** *s.* ⚙ **1.** Tempereisen *n*; **2.** Temperguss *m*; **~ i·ron** *s.* ⚙ **1.** a) Schmiedeeisen *n*, b) schmiedbarer Guss; **2.** → ***malleable cast iron***.

mal·le·o·lar [mə'liːələ] *adj. anat.* Knöchel...

mal·let ['mælɪt] *s.* **1.** Holzhammer *m*, Schlägel *m*; **2.** ⚙, ⚒ Fäustel *m*: **~ *toe*** ✱ Hammerzehe *f*; **3.** *sport* Schlagholz *n*, Schläger *m*.

mal·low ['mæləʊ] *s.* ⚘ Malve *f.*

malm [mɑːm] *s. geol.* Malm *m.*

ˌmal·nu'tri·tion *s.* 'Unterernährung *f*, schlechte Ernährung.

mal·o·dor·ous [mæl'əʊdərəs] *adj.* übel riechend.

ˌmal'prac·tice *s.* **1.** Übeltat *f*; **2.** ⚖ a) Vernachlässigung *f* der beruflichen Sorgfalt, b) Kunstfehler *m*, Fahrlässigkeit *f des Arztes*, c) Untreue *f im Amt etc.*

malt [mɔːlt] **I** *s.* **1.** Malz *n*: **~ *kiln*** Malzdarre *f*; **~ *liquor*** gegorener Malztrank, *bsd.* Bier *n*; **II** *v/t.* **2.** mälzen, malzen: **~*ed milk*** Malzmilch *f*; **3.** unter Zusatz von Malz herstellen; **III** *v/i.* **4.** zu Malz werden.

Mal·tese [ˌmɔːl'tiːz] **I** *s. sg. u. pl.* **1.** a) Mal'teser(in), b) Malteser *pl.*; **2.** *ling.* Mal'tesisch *n*; **II** *adj.* **3.** mal'tesisch, Malteser...; **~ cross** *s.* **1.** Mal'teserkreuz *n*; **2.** ⚘ Brennende Liebe.

'malt·house *s.* Mälze'rei *f.*

malt·ose ['mɔːltəʊs] *s.* ⚗ Malzzucker *m.*

ˌmal'treat *v/t.* **1.** schlecht behandeln, malträtieren; **2.** miss'handeln; **ˌmal'treat·ment** *s.* **1.** schlechte Behandlung; **2.** Miss'handlung *f.*

mal·ver·sa·tion [ˌmælvɜː'seɪʃn] *s.* ⚖ **1.** Amtsvergehen *n*; **2.** Veruntreuung *f*, 'Unterschleif *m.*

ma·mil·la [mæ'mɪlə] *pl.* **-lae** [-liː] *s.* **1.** *anat.* Brustwarze *f*; **2.** *zo.* Zitze *f*; **mam·il·lar·y** ['mæmɪlərɪ] *adj.* **1.** *anat.* Brustwarzen...; **2.** brustwarzenförmig.

mam·ma¹ [mə'mɑː] *s.* Mutti *f.*

mam·ma² ['mæmə] *pl.* **-mae** [-miː] *s.* **1.** *anat.* (weibliche) Brust, Brustdrüse *f*; **2.** *zo.* Zitze *f*, Euter *n*.

mam·mal ['mæml] *s. zo.* Säugetier *n*; **mam·ma·li·an** [mæ'meɪljən] *zo.* **I** *s.* Säugetier *n*; **II** *adj.* Säugetier...

mam·ma·ry ['mæmərɪ] *adj.* **1.** *anat.* Brust(warzen)..., Milch...: **~ *gland*** Milchdrüse *f*; **2.** *zo.* Euter...

mam·mil·la *etc. Am.* → ***mamilla*** *etc.*

mam·mo·gram ['mæməʊgræm] *s.* ✱ Mammo'gramm *n*; **mam·mo·gra·phy** [mæ'mɒgrəfɪ] *s.* Mammogra'phie *f.*

mam·mon ['mæmən] *s.* Mammon *m*; **'mam·mon·ism** [-nɪzəm] *s.* Mammonsdienst *m*, Geldgier *f.*

mam·moth ['mæməθ] **I** *s. zo.* Mammut *n*; **II** *adj.* Mammut...(*-baum*, *-unternehmen etc.*), riesig, Riesen...

mam·my ['mæmɪ] *s.* **1.** F Mami *f*; **2.** *Am. obs.* (schwarzes) Kindermädchen.

man [mæn] **I** *pl.* **men** [men] *s.* **1.** Mensch *m*; **2.** *oft* ♀ *coll.* (*mst ohne* **the**) der Mensch, die Menschen *pl.*, die Menschheit: ***rights of ~*** Menschenrechte; → ***measure*** 5; **3.** Mann *m*: **~ *about town*** Lebemann; ***the ~ in the street*** der Mann auf der Straße, der Durchschnittsmensch; **~ *of God*** Diener *m* Gottes; **~ *of letters*** a) Literat *m*, Schriftsteller *m*, b) Gelehrter *m*; **~ *of all work*** a) Faktotum *n*, b) Allerweltskerl *m*; **~ *of straw*** Strohmann; **~ *of the world*** Weltmann; **~ *of few* (*many*) *words*** Schweiger *m* (Schwätzer *m*); ***Oxford ~*** Oxforder (Akademiker) *m*; ***I have known him ~ and boy*** ich kenne ihn von Jugend auf; ***be one's own ~*** a) sein eigener Herr sein, b) im Vollbesitz s-r Kräfte sein; ***the ~ Smith*** (besagter) Smith; ***my good ~!*** *herablassend*: mein lieber Herr!; → ***honour*** 1; **4.** *weitS.* a) Mann *m*, Per'son *f*, b) jemand, c) man: ***a ~*** jemand; ***any ~*** irgendjemand, jedermann; ***no ~*** niemand; ***few men*** wenige (Leute); ***every ~ jack*** F jeder Einzelne; **~ *by ~*** Mann für Mann, einer nach dem andern; ***as one ~*** wie 'ein Mann, geschlossen; ***to a ~*** bis auf den letzten Mann; ***give a ~ a chance*** einem e-e Chance geben; ***what can a ~ do in such a case?*** was kann man da schon machen?; **5.** F Mensch *m*, Menschenskind *n*: **~ *alive!*** Menschenskind!; ***hurry up, ~!*** Mensch, beeil dich!; **6.** (Ehe)Mann *m*: **~ *and wife*** Mann u. Frau; **7.** a) Diener *m*, b) Angestellte(r) *m*, c) Arbeiter *m*: ***men working*** Baustelle (*Hinweis auf Verkehrsschildern*), d) *hist.* Lehnsmann *m*; **8.** ⚔, ⚓ Mann *m*: a) Sol'dat *m*, b) ⚓ Ma'trose *m*, c) *pl.* Mannschaft *f*: **~ *on leave*** Urlauber *m*; ***20 men*** zwanzig Mann; **9.** *der* Richtige: ***be the ~ for s.th.*** der Richtige für et.

M

(*e-e Aufgabe*) sein; ***I am your ~!*** ich bin Ihr Mann!; **10.** *Brettspiel*: Stein *m*, ('Schach)Fi͵gur *f*; **II** *v/t.* **11.** ⚔, ⚓ bemannen; *a. e-n Arbeitsplatz* besetzen; **12.** *fig. j-n* stärken: ***~ o.s.*** sich ermannen; **III** *adj.* **13.** männlich: ***~ cook*** Koch *m*.

man·a·cle ['mænəkl] **I** *s. mst pl.* (Hand-) Fessel *f*, -schelle *f* (*a. fig.*); **II** *v/t. j-m* Handfesseln *od.* -schellen anlegen, *j-n* fesseln (*a. fig.*).

man·age ['mænɪdʒ] **I** *v/t.* **1.** *Geschäft etc.* führen, verwalten; *Betrieb etc.* leiten; *Gut etc.* bewirtschaften; **2.** *Künstler etc.* managen; **3.** zu'stande bringen, bewerkstelligen, es fertig bringen (***to do*** zu tun) (*a. iro.*): ***he ~d to*** (*inf.*) es gelang ihm zu (*inf.*); **4.** ‚deichseln', ‚managen': ***~ matters*** ‚die Sache managen'; **5.** F *Arbeit*, *Essen* bewältigen, ‚schaffen'; **6.** 'umgehen (können) mit: a) *Werkzeug etc.* handhaben, bedienen, b) *j-n* zu behandeln *od.* zu ‚nehmen' wissen, c) *j-n* bändigen, mit *j-m etc.* fertig werden: ***I can ~ him*** ich werde (schon) mit ihm fertig; **7.** lenken (*a. fig.*); **II** *v/i.* **8.** das Geschäft *od.* den Betrieb *etc.* führen; die Aufsicht haben; **9.** auskommen, sich behelfen (***with*** mit); **10.** F a) ‚es schaffen', 'durchkommen, zurande kommen, b) ermöglichen: *can you come?* ***I'm afraid, I can't ~*** (***it***) es geht leider nicht *od.* es ist mir leider nicht möglich; **'man·age·a·ble** [-dʒəbl] *adj.* □ **1.** lenksam, fügsam; **2.** handlich, leicht zu handhaben(d); **'man·age·a·ble·ness** [-dʒəblnɪs] *s.* **1.** Lenk-, Fügsamkeit *f*; **2.** Handlichkeit *f*; **'man·age·ment** [-mənt] *s.* **1.** (Haus- *etc.*)Verwaltung *f*; **2.** ✝ Management *n*, Unter'nehmensführung *f*: ***~ consultancy*** ✝ Unter'nehmensberatung *f*; ***~ consultant*** Unternehmensberater *m*; → ***industrial management***; **3.** ✝ Geschäftsleitung *f*, Direkti'on *f*: ***under new ~*** unter neuer Leitung; ***labo(u)r and ~*** Arbeitnehmer *pl.* u. Arbeitgeber *pl.*; **4.** ↗ Bewirtschaftung *f* (*Gut etc.*); **5.** Geschicklichkeit *f*, (kluge) Taktik; **6.** Kunstgriff *m*, Trick *m*; **7.** Handhabung *f*, Behandlung *f*; **'man·ag·er** [-dʒə] *s.* **1.** (Haus- *etc.*)Verwalter *m*; **2.** ✝ a) Manager *m*, b) Führungskraft *f*, c) Geschäftsführer *m*, Leiter *m*, Di'rektor *m*: ***board of ~s*** Direktorium *n*; **3.** *thea.* a) Inten'dant *m*, b) Regis'seur *m*, c) Manager *m* (*a. sport*), Impre'sario *m*; **4.** ***be a good ~*** gut *od.* sparsam wirtschaften können; **man·ag·er·ess** [͵mænɪdʒə'res] *s.* **1.** (Haus- *etc.*)Verwalterin *f*; **2.** ✝ a) Managerin *f*, b) Geschäftsführerin *f*, Leiterin *f*, Direk'torin *f*; **3.** Haushälterin *f*; **man·a·ge·ri·al** [͵mænə'dʒɪərɪəl] *adj.* geschäftsführend, Direktions..., leitend: ***~ functions***; ***in ~ capacity*** in leitender Stellung; ***~ qualities*** Führungsqualitäten; ***~ staff*** leitende Angestellte *pl.*

man·ag·ing ['mænɪdʒɪŋ] *adj.* geschäftsführend, leitend, Betriebs...; ***~ board*** *s.* ✝ Direk'torium *n*; ***~ clerk*** *s.* ✝ **1.** Geschäftsführer *m*; **2.** Bü'rovorsteher *m*; ***~ com·mit·tee*** *s.* ✝ Vorstand *m*; ***~ di·rec·tor*** *s.* ✝ Gene'raldi͵rektor *m*, Hauptgeschäftsführer *m*.

Man·chu [͵mæn'tʃuː] **I** *s.* **1.** Mandschu *m* (*Eingeborener der Mandschurei*); **2.** *ling.* Mandschu *n*; **II** *adj.* **3.** man'dschurisch; **Man·chu·ri·an** [mæn'tʃʊərɪən] → ***Manchu*** 1, 3.

man·da·mus [mæn'deɪməs] *s.* ⚖ *hist.* (*heute*: ***order of ~***) Befehl *m e-s höheren Gerichts an ein untergeordnetes*.

man·da·rin[1] ['mændərɪn] *s.* **1.** *hist.* Manda'rin *m* (*chinesischer Titel*); **2.** F ‚hohes Tier' (*hoher Beamter*); **3.** ☊ *ling.* Manda'rin *n*.

man·da·rin[2] ['mændərɪn] *s.* ⚘ Manda'rine *f*.

man·da·tar·y ['mændətərɪ] *s.* ⚖ Manda'tar *m*: a) (Pro'zess)Be͵vollmächtigte(r) *m*, Sachwalter *m*, b) Manda'tarstaat *m*.

man·date ['mændeɪt] **I** *s.* **1.** ⚖ a) Man'dat *n* (*a. parl.*), (Pro'zess)͵Vollmacht *f*, b) Geschäftsbesorgungsauftrag *m*, c) Befehl *m e-s übergeordneten Gerichts*; **2.** *pol.* a) Man'dat *n* (*Schutzherrschaftsauftrag*), b) Man'dat(sgebiet) *n*; **3.** *R.C.* päpstlicher Entscheid; **II** *v/t.* **4.** *pol.* e-m Man'dat unter'stellen: ***~d territory*** Mandatsgebiet *n*; **man·da·tor** [mæn'deɪtə] *s.* ⚖ Man'dant *m*, Vollmachtgeber *m*; **'man·da·to·ry** [-dətərɪ] **I** *adj.* **1.** ⚖ vorschreibend, Muss...: ***~ regulation*** Mussvorschrift *f*; ***to make s.th. ~ upon s.o.*** j-m et. vorschreiben; **2.** obliga'torisch, verbindlich, zwangsweise; **II** *s.* **3.** → ***mandatary***.

man·di·ble ['mændɪbl] *s. anat.* **1.** Kinnbacken *m*, -lade *f*; **2.** 'Unterkieferknochen *m*.

man·do·lin(e) ['mændəlɪn] *s.* ♪ Mando'line *f*.

man·drake ['mændreɪk] *s.* ⚘ Al'raun(e *f*) *m*; Al'raunwurzel *f*.

man·drel, *a.* **man·dril** ['mændrəl] *s.* ⚙ (Spann)Dorn *m*; (Drehbank)Spindel *f*; *für Holz*: Docke(nspindel) *f*.

mane [meɪn] *s.* Mähne *f* (*a. weitS.*).

'man͵eat·er *s.* **1.** Menschenfresser *m*; **2.** Menschen fressendes Tier; **3.** F ‚Männer mordendes Wesen' (*Frau*).

maned [meɪnd] *adj.* mit Mähne; Mähnen...: ***~ wolf***.

ma·nège, *a.* **ma·nege** [mæ'neɪʒ] *s.* **1.** Ma'nege *f*: a) Reitschule *f*, b) Reitbahn *f*, c) Reitkunst *f*; **2.** Gang *m*, Schule *f*; **3.** Zureiten *n*.

ma·nes ['mɑːneɪz] *s. pl.* Manen *pl.*

ma·neu·ver [məˈnuːvə] *etc. Am.* → ***ma-nœuvre** etc.*
man·ful [ˈmænfʊl] *adj.* □ mannhaft, beherzt; ˈ**man·ful·ness** [-nɪs] *s.* Mannhaftigkeit *f*; Beherztheit *f*.
man·ga·nate [ˈmæŋgəneɪt] *s.* ⚗ manˈgansaures Salz; **man·ga·nese** [ˈmæŋgəniːz] *s.* ⚗ Manˈgan *n*; **man·gan·ic** [mæŋˈgænɪk] *adj.* manˈganhaltig, Mangan...
mange [meɪndʒ] *s. vet.* Räude *f*.
man·gel-wur·zel [ˈmæŋglˌwɜːzl] *s.* ⚘ Mangold *m*.
man·ger [ˈmeɪndʒə] *s.* Krippe *f* (*a. ast.* ♋); Futtertrog *m*; → ***dog** Redew.*
man·gle[1] [ˈmæŋgl] *v/t.* **1.** zerfleischen, -fetzen, -stückeln; **2.** *fig. Text* verstümmeln.
man·gle[2] [ˈmæŋgl] **I** *s.* (Wäsche)Mangel *f*; **II** *v/t.* mangeln.
man·gler [ˈmæŋglə] *s.* Fleischwolf *m*.
man·go [ˈmæŋgəʊ] *pl.* **-goes** [-z] *s.* Mango *f* (*Frucht*); Mangobaum *m*.
man·grove [ˈmæŋgrəʊv] *s.* ⚘ Manˈgrove(nbaum *m*) *f*.
man·gy [ˈmeɪndʒɪ] *adj.* □ **1.** *vet.* krätzig, räudig; **2.** *fig.* a) eklig, b) schäbig.
ˈ**manˌhan·dle** *v/t.* **1.** F missˈhandeln; **2.** mit Menschenkraft bewegen *od.* befördern *od.* meistern.

Manhattan ist der kleinste der fünf Bezirke von New York City. Die anderen sind **The Bronx, Brooklyn, Queens** und **Staten Island** [ˌstætnˈaɪlənd]. **Manhattan** ist eine Insel im Mündungsgebiet des **Hudson River** und bildet das Wirtschafts- und Kulturzentrum der Stadt.

ˈ**man·hole** *s.* ⚙ Mann-, Einsteigloch *n*; (Straßen)Schacht *m*.
man·hood [ˈmænhʊd] *s.* **1.** Menschentum *n*; **2.** Mannesalter *n*; **3.** Männlichkeit *f*; **4.** Mannhaftigkeit *f*; **5.** *coll.* die Männer *pl*.
ˈ**man|-ˌhour** *s.* Arbeitsstunde *f*; ˈ**~-hunt** *s.* Großfahndung *f*.
ma·ni·a [ˈmeɪnjə] *s.* **1.** ⚕ Maˈnie *f*, Wahn(sinn) *m*, Besessensein *n*: ***religious ~*** religiöses Irresein; **2.** *fig.* (***for***) Sucht *f* (nach), Leidenschaft *f* (für), Maˈnie *f*, ‚Fimmel' *m*: ***collector's ~*** Sammlerwut *f*; ***sport ~*** ‚Sportfimmel'; **ma·ni·ac** [ˈmeɪnɪæk] **I** *s.* Wahnsinnige(r *m*) *f*, Verrückte(r *m*) *f*; **II** *adj.* wahnsinnig, verrückt, irr(e); **ma·ni·a·cal** [məˈnaɪəkl] *adj.* □ → ***maniac*** II.
ma·nic [ˈmænɪk] *psych.* **I** *adj.* manisch: ***~-depressive*** manisch-depressiv(e Person); **II** *s.* manische Perˈson.
man·i·cure [ˈmænɪˌkjʊə] **I** *s.* Maniˈküre *f*: a) Hand-, Nagelpflege *f*, b) Hand-, Nagelpflegerin *f*; **II** *v/t. u. v/i.* maniˈküren; ˈ**man·iˌcur·ist** [-ərɪst] *s.* Maniˈküre *f* (*Person*).
man·i·fest [ˈmænɪfest] **I** *adj.* □ **1.** offenbar-, -kundig, augenscheinlich, maniˈfest (*a.* ⚕); **II** *v/t.* **2.** offenˈbaren, bekunden, kundtun, manifestieren; **3.** be-, erweisen; **III** *v/i.* **4.** *pol.* Kundgebungen veranstalten; **5.** erscheinen (*Geister*); **IV** *s.* **6.** ⚓ Ladungsverzeichnis *n*; **7.** ⚚ (ˈSchiffs)ManiˌfestN *n*, *bsd. Am.* ✈ Passaˈgierliste *f*; **man·i·fes·ta·tion** [ˌmænɪfeˈsteɪʃn] *s.* **1.** Offenˈbarung *f*, Äußerung *f*, Manifestatiˈon *f*; **2.** (deutliches) Anzeichen, Symˈptom *n*: ***~ of life*** Lebensäußerung *f*; **3.** *pol.* Demonstratiˈon *f*; **4.** Erscheinen *n e-s Geistes*; **man·i·fes·to** [ˌmænɪˈfestəʊ] *s.* Maniˈfest *n*: a) öffentliche Erklärung, b) *pol.* Grundsatzerklärung *f*, (Parˈtei-, ˈWahl)ProˌgrammN *n*.
man·i·fold [ˈmænɪfəʊld] **I** *adj.* □ **1.** mannigfaltig, vielfach, -fältig; **2.** ⚙ Mehr(fach)..., Mehrzweck...; **II** *s.* **3.** ⚙ a) Sammelleitung *f*, b) Rohrverzweigung *f*: ***intake ~*** *mot.* Einlasskrümmer *m*; **4.** Koˈpie *f*, Abzug *m*; **III** *v/t.* **5.** *Text* vervielfältigen, hektographieren; **~ paper** *s.* ˈManifold-PaˌpierN *n* (*festes Durchschlagpapier*); **~ plug** *s.* ϟ Vielfachstecker *m*; **~ writ·er** *s.* Verˈvielfältigungsappaˌrat *m*.
man·i·kin [ˈmænɪkɪn] *s.* **1.** Männchen *n*, Knirps *m*; **2.** Glieder-, Schaufensterpuppe *f*, (ˈAnproˌbier)MoˌdellN *n*; **3.** ⚕ anaˈtomisches Moˈdell, Phanˈtom *n*; **4.** → ***mannequin*** 1.
Ma·nil·(l)a [məˈnɪlə] *s. abbr. für* a) ***~ cheroot***, b) ***~ hemp***, c) ***~ paper***; **~ che·root** *s.* Maˈnilaziˌgarre *f*; **~ hemp** *s.* Maˈnilahanf *m*; **~ pa·per** *s.* Maˈnilapaˌpier *n*.
ma·nip·u·late [məˈnɪpjʊleɪt] **I** *v/t.* **1.** manipulieren, (künstlich) beeinflussen: ***~ prices***; **2.** (geschickt) handhaben; ⚙ bedienen; **3.** *j-n od. et.* manipulieren *od.* geschickt behandeln; **4.** *et.* ‚deichseln', ‚schaukeln'; **5.** *Konten etc.* ‚frisieren'; **II** *v/i.* **6.** manipulieren; **ma·nip·u·la·tion** [məˌnɪpjʊˈleɪʃn] *s.* **1.** Manipulatiˈon *f*: ***~ of currency***; **2.** (Kunst)Griff *m*, Verfahren *n*; **3.** *b.s.* Machenschaft *f*, Manipulatiˈon *f*; **maˈnip·u·la·tive** [-lətɪv] → ***manipulatory***; **maˈnip·u·la·tor** [-tə] *s.* **1.** (geschickter) Handhaber; **2.** Drahtzieher *m*, Manipulierer *m*; **maˈnip·u·la·to·ry** [-lətərɪ] *adj.* **1.** durch Manipulatiˈon herˈbeigeführt; **2.** manipulierend; **3.** Handhabungs...
man·kind [mænˈkaɪnd] *s.* **1.** die Menschheit; **2.** *coll.* die Menschen *pl.*, der

Mensch; **3.** ['mænkaɪnd] *coll.* die Männer *pl.*

'**man·like** *adj.* **1.** menschenähnlich; **2.** wie ein Mann, männlich; **3.** → ***mannish***.

man·li·ness ['mænlɪnɪs] *s.* **1.** Männlichkeit *f*; **2.** Mannhaftigkeit *f*; **man·ly** ['mænlɪ] *adj.* **1.** männlich; **2.** mannhaft; **3.** Mannes...: ~ ***sports*** Männersport *m*.

'**man-made** *adj.* Kunst..., künstlich: ~ ***satellite***; ~ ***fibre*** (*Am.* ***fiber***) ⚙ Kunstfaser *f*.

man·na ['mænə] *s. bibl.* Manna *n, f* (*a.* ⚘ *u. fig.*).

man·ne·quin ['mænɪkɪn] *s.* **1.** Mannequin *n*: ~ ***parade*** Mode(n)schau *f*; **2.** → ***manikin*** 2.

man·ner ['mænə] *s.* **1.** Art *f* (und Weise *f*) (*et. zu tun*): ***after*** (*od.* ***in***) ***this*** ~ auf diese Art *od.* Weise, so: ***in such a*** ~ (***that***) so *od.* derart (, dass); ***in what*** ~? wie?; ***adverb of*** ~ *ling.* Umstandswort der Art u. Weise, Modaladverb *n*; ***in a*** ~ auf e-e Art, gewissermaßen; ***in a*** ~ ***of speaking*** sozusagen; ***all*** ~ ***of things*** alles Mögliche; ***no*** ~ ***of doubt*** gar kein Zweifel; ***by no*** ~ ***of means*** in keiner Weise; **2.** Art *f*, Betragen *n*, Auftreten *n*, Verhalten *n* (***to*** zu): ***I don't like his*** ~ ich mag s-e Art nicht; ***to the*** ~ ***born*** hineingeboren (*in bestimmte Verhältnisse*), von Kind auf damit vertraut; ***as to the*** ~ ***born*** wie selbstverständlich, als ob er *etc.* es immer so getan hätte; **3.** *pl.* Benehmen *n*, 'Umgangsformen *pl.*, Ma'nieren *pl.*: ***bad*** (***good***) ~***s***; ***we shall teach them*** ~***s*** ‚wir werden sie Mores lehren'; ***it is bad*** ~***s*** es gehört sich nicht; **4.** *pl.* Sitten *pl.* (u. Gebräuche *pl.*); **5.** *paint. etc.* Stil(art *f*) *m*, Ma'nier *f*; '**man·nered** [-əd] *adj.* **1.** *mst in Zssgn* gesittet, geartet: ***ill-***~ von schlechtem Benehmen, ungezogen; **2.** gekünstelt, manie'riert; '**man·ner·ism** [-ərɪzəm] *s.* **1.** *Kunst etc.*: Manie'rismus *m*, Künste'lei *f*; **2.** Manie'riertheit *f*, Gehabe *n*; **3.** eigenartige Wendung (*in der Rede etc.*); '**man·ner·li·ness** [-əlɪnɪs] *s.* gutes Benehmen, Ma'nierlichkeit *f*; '**man·ner·ly** [-əlɪ] *adj.* ma'nierlich, gesittet.

man·ni·kin → ***manikin***.

man·nish ['mænɪʃ] *adj.* masku'lin, unweiblich.

ma·nœu·vra·ble [mə'nuːvrəbl] *adj.* **1.** ⚔ manövrierfähig; **2.** ⚙ lenk-, steuerbar; *weitS.* (*a. fig.*) wendig, beweglich; **ma·nœu·vre** [mə'nuːvə] **I** *s.* **1.** ⚔, ⚓ Ma'növer *n*: a) taktische Bewegung, b) Truppen-, ⚓ Flottenübung *f*, ✈ 'Luftma,növer *n*; **2.** *fig.* Ma'növer *n*, Schachzug *m*, List *f*; **II** *v/t. u. v/i.* **3.** manövrieren (*a. fig.*): ~ ***s.o. into s.th.*** j-n in et. hineinmanövrieren; **ma'nœu·vrer** [-vərə] *s. fig.* **1.** (schlauer) Taktiker; **2.** Intri'gant *m*.

man-of-war [ˌmænəv'wɔː], *pl.* ˌ**men-of-'war** [ˌmen-] *s.* ⚓ Kriegsschiff *n*.

ma·nom·e·ter [mə'nɒmɪtə] *s.* ⚙ Mano'meter *n*, Druckmesser *m*.

man·or ['mænə] *s.* **1.** Ritter-, Landgut *n*: ***lord*** (***lady***) ***of the*** ~ Gutsherr(in); **2.** *a.* ~ ***house*** Herrenhaus *n*; **ma·no·ri·al** [mə'nɔːrɪəl] *adj.* herrschaftlich, (Ritter-) Guts..., Herrschafts...

man·qué(e *f*) *m* ['mɑ̃ːŋkeɪ] (*Fr.*) *adj.* verhindert, ‚verkracht': ***a poet manqué***.

'**man,pow·er** *s.* **1.** menschliche Arbeitskraft *od.* -leistung; **2.** 'Menschenpotenzi,al *n*: *bsd.* a) Kriegsstärke *f* (*e-s Volkes*), b) (verfügbare) Arbeitskräfte *pl.*

man·sard ['mænsɑːd] *s.* **1.** *a.* ~ ***roof*** Man'sardendach *n*; **2.** Man'sarde *f*.

'**man,serv·ant** *pl.* '**men,serv·ants** *s.* Diener *m*.

man·sion ['mænʃn] *s.* **1.** (herrschaftliches) Wohnhaus, Villa *f*; **2.** *bsd. pl. Brit.* (großes) Mietshaus; ~ ***house*** *s. Brit.* **1.** Herrenhaus *n*, -sitz *m*; **2.** ***the*** ℒ *Amtssitz des* ***Lord Mayor*** *von London*.

'**man,slaugh·ter** *s.* ⚖ Totschlag *m*, Körperverletzung *f* mit Todesfolge: ***involuntary*** ~ fahrlässige Tötung; ***voluntary*** ~ Totschlag im Affekt.

man·tel ['mæntl] *abbr. für* a) ***mantelpiece***, b) ***mantelshelf***; '~·**piece** *s.* **1.** Ka'mineinfassung *f*, -mantel *m*; **2.** → '~·**shelf** *s.* Ka'minsims *m, n*.

man·tis ['mæntɪs] *pl.* **-tis·es** *s. zo.* Gottesanbeterin *f* (*Heuschrecke*).

man·tle ['mæntl] **I** *s.* **1.** Mantel *m* (*a. zo.*), (ärmelloser) 'Umhang; **2.** *fig.* (Schutz-, Deck)Mantel *m*, Hülle *f*; **3.** ⚙ Mantel *m*; (Glüh)Strumpf *m*; **4.** *Gusstechnik*: Formmantel *m*; **II** *v/i.* **5.** sich über'ziehen (***with*** mit); sich röten (*Gesicht*); **III** *v/t.* **6.** über'ziehen; **7.** verhüllen (*a. fig. bemänteln*).

ˌ**man-to-'man** *adj.* von Mann zu Mann: ***a*** ~ ***talk***.

'**man·trap** *s.* **1.** Fußangel *f*; **2.** *fig.* Falle *f*.

man·u·al ['mænjʊəl] **I** *adj.* ☐ **1.** mit der Hand, Hand..., manu'ell: ~ ***alphabet*** Fingeralphabet *n*; ~ ***exercises*** ⚔ Griffeüben *n*; ~ ***labo***(***u***)***r*** Handarbeit *f*; ~ ***training*** *ped.* Werkunterricht *m*; ~***ly operated*** ⚙ mit Handbetrieb, handgesteuert; **2.** handschriftlich: ~ ***bookkeeping***; **II** *s.* **3.** a) Handbuch *n*, Leitfaden *m*, *Computer*: Benutzerhandbuch *n*: (***instruction***) ~ Bedienungsanleitung(en *pl.*) *f*, b) ⚔ Dienstvorschrift *f*; **4.** ♪ Manu'al *n* (*Orgel etc.*).

man·u·fac·to·ry [ˌmænjʊ'fæktərɪ] *s. obs.* Fa'brik *f*.

man·u·fac·ture [ˌmænjʊ'fæktʃə] **I** *s.* **1.** Fertigung *f*, Erzeugung *f*, Herstellung *f*,

Fabrikati'on *f*: ***year of ~*** Herstellungs-, Baujahr *n*; **2.** Erzeugnis *n*, Fabri'kat *n*; **3.** Indu'strie(zweig *m*) *f*; **II** *v/t.* **4.** verfertigen, erzeugen, herstellen, fabrizieren (*a. fig. Beweismittel etc.*): ***~d goods*** Fabrik-, Fertig-, Manufakturwaren; **5.** verarbeiten (***into*** zu); ˌ**man·u'fac·tur·er** [-tʃərə] *s.* **1.** Hersteller *m*, Erzeuger *m*; **2.** Fabri'kant *m*; ˌ**man·u'fac·tur·ing** [-tʃərɪŋ] *adj.* **1.** Herstellungs..., Produktions...: ***~ cost*** Herstellungskosten *pl.*; ***~ efficiency*** Produktionsleistung *f*; ***~ industries*** Fertigungsindustrien; ***~ plant*** Fabrikationsbetrieb *m*; ***~ process*** Herstellungsverfahren *n*; **2.** Industrie..., Fabrik..., Gewerbe...

ma·nure [mə'njʊə] **I** *s.* **1.** Dünger *m*; **2.** Dung *m*: ***liquid ~*** (Dung)Jauche *f*; **II** *v/t.* **3.** düngen.

man·u·script ['mænjʊskrɪpt] **I** *s.* Manu'skript *n*: a) Handschrift *f* (*alte Urkunde etc.*), b) Urschrift *f* (*e-s Autors*), c) *typ.* Satzvorlage *f*; **II** *adj.* Manuskript..., handschriftlich.

Manx ['mæŋks] **I** *adj.* (von) der Insel Man; **II** *s. ling.* Manx *n* (*e-e keltische Sprache*).

man·y ['menɪ] **I** *adj.* **1.** viele, viel: ***~ times*** oft; ***as ~*** ebenso viel(e); ***as ~ again*** doppelt so viel(e); ***as ~ as forty*** (nicht weniger als) vierzig; ***one too ~*** einer zu viel; ***be one too ~ for*** F *j-m* ‚über' sein; ***they behaved like so ~ children*** sie benahmen sich wie (die) Kinder; **2.** ***~ a*** manch, manch ein: ***~ a man*** manch einer; ***~ a time*** des Öfteren; **II** *s.* **3.** viele: ***the ~*** *pl. konstr.* die (große) Masse; ***~ of us*** viele von uns; ***a good ~*** ziemlich viel(e); ***a great ~*** sehr viele; ***~-sid·ed*** [ˌmenɪ'saɪdɪd] *adj.* vielseitig (*a. fig.*); *fig.* vielschichtig (*Problem etc.*); ***~-sid·ed·ness*** [ˌmenɪ'saɪdɪdnɪs] *s.* **1.** Vielseitigkeit *f* (*a. fig.*); **2.** *fig.* Vielschichtigkeit *f*.

Mao·ism ['maʊɪzəm] *s.* Mao'ismus *m*; '**Mao·ist** [-ɪst] **I** *s.* Mao'ist(in); **II** *adj.* mao'istisch.

map [mæp] **I** *s.* **1.** (Land- *etc.*, *a.* Himmels)Karte *f*: ***~ of the city*** Stadtplan *m*; ***by ~*** nach der Karte; ***off the ~*** F a) abgelegen, ‚hinter dem Mond' (gelegen), b) bedeutungslos; ***on the ~*** F a) (noch) da *od.* vorhanden, b) beachtenswert; ***put on the ~*** *fig. Stadt etc.* bekannt machen, Geltung verschaffen (*dat.*); **2.** *sl.* ‚Vi'sage' *f*, ‚Fresse' *f* (*Gesicht*); **II** *v/t.* **3.** e-e Karte machen von, karto'graphisch darstellen; **4.** *Gebiet* karto'graphisch erfassen; **5.** auf e-r Karte eintragen; **6.** ***~ out*** *fig.* (vor'aus-)planen, ausarbeiten, *s-e Zeit* einteilen; ***~ case*** *s.* Kartentasche *f*; ***~ ex·er·cise*** *s.* ⚔ Planspiel *n*.

ma·ple ['meɪpl] **I** *s.* **1.** ⚘ Ahorn *m*; **2.** Ahornholz *n*; **II** *adj.* **3.** aus Ahorn (-holz), Ahorn...; ***~ sug·ar*** *s.* Ahornzucker *m*.

> Das Ahornblatt – **maple leaf** ['meɪplliːf] – ist das Nationalsymbol Kanadas.

map·per ['mæpə] *s.* Karto'graph *m*.

ma·quis ['mækiː] *pl.* **-quis** [-kiː] *s.* **1.** ⚘ Macchia *f*; **2.** a) Ma'quis *m*, fran'zösische 'Widerstandsbewegung (*im 2. Weltkrieg*), b) Maqui'sard *m*, (fran'zösischer) 'Widerstandskämpfer.

mar [mɑː] *v/t.* **1.** (be)schädigen: ***~-resistant*** ⚙ kratzfest; **2.** ruinieren; **3.** *fig. Pläne etc.* stören, beeinträchtigen; *Schönheit, Spaß* verderben.

mar·a·bou ['mærəbuː] *s. orn.* Marabu *m*.

mar·a·schi·no [ˌmærə'skiːnəʊ] *s.* Maras'chino(liˌkör) *m*.

mar·a·thon ['mærəθn] **I** *s. sport* **1.** *a.* ***~ race*** Marathonlauf *m*; **2.** *fig.* Dauerwettkampf *m*; **II** *adj.* **3.** *sport* Marathon...: ***~ runner***; **4.** *fig.* Marathon..., Dauer...: ***~ session***.

ma·raud [mə'rɔːd] ⚔ **I** *v/i.* plündern; **II** *v/t.* verheeren, (aus)plündern; **ma'raud·er** [-də] *s.* Plünderer *m*.

mar·ble ['mɑːbl] **I** *s.* **1.** *min.* Marmor *m*: ***artificial ~*** Gipsmarmor, Stuck *m*; **2.** Marmorstatue *f*, -bildwerk *n*; **3.** a) Murmel(kugel) *f*, b) *pl. sg. konstr.* Murmelspiel *n*: ***play ~s*** (mit) Murmeln spielen; ***he's lost his ~s*** *Brit. sl.* ‚er hat nicht mehr alle'; **4.** marmorierter Buchschnitt; **II** *adj.* **5.** marmorn, aus Marmor; **6.** marmoriert, gesprenkelt; **7.** *fig.* steinern, gefühllos; **III** *v/t.* **8.** marmorieren, sprenkeln: ***~d meat*** durchwachsenes Fleisch.

mar·cel [mɑː'sel] **I** *v/t. Haar* ondulieren; **II** *s. a.* ***~ wave*** Ondulati'on(swelle) *f*.

march[1] [mɑːtʃ] **I** *v/i.* **1.** ⚔ *etc.* marschieren, ziehen: ***~ off*** abrücken; ***~ past (s.o.)*** (an j-m) vorbeiziehen *od.* -marschieren; ***~ up*** anrücken; **2.** *fig.* fortschreiten; Fortschritte machen; **II** *v/t.* **3.** *Strecke* marschieren, zu'rücklegen; **4.** marschieren lassen: ***~ off prisoners*** Gefangene abführen; **III** *s.* **5.** ⚔ Marsch *m* (*a.* ♪): ***slow ~*** langsamer Parademarsch; ***~ order*** *Am.* Marschbefehl *m*; **6.** Marsch(strecke *f*) *m*: ***a day's ~*** ein Tagemarsch; **7.** ⚔ Vormarsch *m* (***on*** auf *acc.*); **8.** *fig.* (Ab-)Lauf *m*, (Fort)Gang *m*: ***the ~ of events***; **9.** *fig.* Fortschritt *m*: ***the ~ of progress*** die fortschrittliche Entwicklung; **10.** ***steal a ~ (up)on s.o.*** j-m ein Schnippchen schlagen, j-m zuvorkommen.

march² [mɑːtʃ] **I** *s.* **1.** *hist.* Mark *f*; **2.** a) *mst pl.* Grenzgebiet *n*, -land *n*, b) Grenze *f*; **II** *v/i.* **3.** grenzen (***upon*** an *acc.*); **4.** e-e gemeinsame Grenze haben (***with*** mit).

March³ [mɑːtʃ] *s.* März *m*: ***in ~*** im März; ***as mad as a ~ hare*** F total übergeschnappt.

march·ing ['mɑːtʃɪŋ] *adj.* ⚔ Marsch..., marschierend: ***~ order*** a) Marschausrüstung *f*, b) Marschordnung *f*; ***in heavy ~ order*** feldmarschmäßig; ***~ orders*** *Brit.* Marschbefehl *m*; ***he got his ~ orders*** F er bekam den ‚Laufpass'.

mar·chion·ess ['mɑːʃənɪs] *s.* Mar'quise *f*, Markgräfin *f*.

march·pane ['mɑːtʃpeɪn] *s. obs.* Marzi'pan *n*.

Mar·di Gras [ˌmɑːdɪ'grɑː] (*Fr.*) *s.* Fastnacht(sdienstag *m*) *f*.

mare [meə] *s.* Stute *f*: ***the grey ~ is the better horse*** *fig.* die Frau ist der Herr im Hause; ***~'s nest*** *fig.* a) ‚Windei' *n*, *a.* (Zeitungs)Ente *f*, b) ‚Saustall' *m*.

mar·ga·rine [ˌmɑːdʒə'riːn] *s.* Marga'rine *f*.

marge [mɑːdʒ] *s. Brit.* F Marga'rine *f*.

mar·gin ['mɑːdʒɪn] **I** *s.* **1.** Rand *m* (*a. fig.*); **2.** *a. pl.* (Seiten)Rand *m* (*bei Büchern etc.*): ***as per ~*** ✝ wie nebenstehend; **3.** Grenze *f* (*a. fig.*): ***~ of income*** Einkommensgrenze; **4.** Spielraum *m*: ***leave a ~*** Spielraum lassen; **5.** *fig.* 'Überschuss *m*, (*ein*) Mehr *n* (*an Zeit, Geld etc.*): ***safety ~*** Sicherheitsfaktor *m*; ***by a narrow ~*** mit knapper Not; **6.** *mst* ***profit ~*** ✝ (Gewinn-, Verdienst-) Spanne *f*, Marge *f*, Handelsspanne *f*: ***interest ~*** Zinsgefälle *n*; **7.** ✝, *Börse*: Hinter'legungssumme *f*, Deckung *f* (*von Kursschwankungen*), Marge *f*: ***~ business*** *Am.* Effektendifferenzgeschäft *n*; **8.** ✝ Rentabili'tätsgrenze *f*; **9.** *sport* (***by a ~ of four seconds*** mit vier Sekunden) Abstand *m od.* Vorsprung *m*; **II** *v/t.* **10.** mit Rand(bemerkungen) versehen; **11.** an den Rand schreiben; **12.** ✝ *durch Hinterlegung* decken; **'mar·gin·al** [-nl] *adj.* □ **1.** am *od.* auf dem Rand, Rand...: ***~ note*** Randbemerkung *f*; ***~ release*** a) Randauslösung *f*, b) Randlöser *m* (*der Schreibmaschine*); **2.** am Rande, Grenz... (*a. fig.*); **3.** *fig.* Mindest...: ***~ capacity***; **4.** ✝ a) zum Selbstkostenpreis, b) knapp über der Rentabili'tätsgrenze (liegend), Grenz...: ***~ cost*** Grenz-, Mindestkosten *pl.*; ***~ sales*** Verkäufe zum Selbstkostenpreis; **mar·gi·na·li·a** [ˌmɑːdʒɪ'neɪljə] *s. pl.* Margi'nalien *pl.*, Randbemerkungen *pl.*; **'mar·gin·al·ize** *v/t.* **1.** *fig.* an den Rand drängen, zurückdrängen; **2.** (Rand)Bemerkungen schreiben an (*acc.*); **'mar·gin·al·ly** [-nəlɪ] *adv. fig.* **1.** geringfügig; **2.** (nur) am Rande.

mar·grave ['mɑːgreɪv] *s. hist.* Markgraf *m*; **mar·gra·vi·ate** [mɑː'greɪvɪət] *s.* Markgrafschaft *f*; **'mar·gra·vine** [-grəviːn] *s.* Markgräfin *f*.

mar·gue·rite [ˌmɑːgə'riːt] *s.* ⚘ **1.** Marge'rite *f*; **2.** Gänseblümchen *n*.

mar·i·gold ['mærɪgəʊld] *s.* ⚘ Ringelblume *f*, Stu'dentenblume *f*.

mar·i·jua·na, *a.* **mar·i·hua·na** [ˌmærɪ'hwɑːnə] *s.* **1.** ⚘ Marihu'anahanf *m*; **2.** Marihu'ana *n* (*Droge*).

ma·ri·na [ˌmə'riːnə] *s.* Jachthafen *m*.

mar·i·nade [ˌmærɪ'neɪd] *s.* **1.** Mari'nade *f*; **2.** marinierter Fisch; **mar·i·nate** ['mærɪneɪt] *v/t. Fisch* marinieren.

ma·rine [mə'riːn] **I** *adj.* **1.** See...: ***~ warfare***; ***~ court*** *Am.* ⚖ Seegericht *n*; ***~ dumping*** Verklappung *f* (*von Giftstoffen*); ***~ insurance*** See(transport)versicherung *f*; **2.** Meeres...: ***~ plants***; **3.** Schiffs...; **4.** Marine...: ***♀ Corps*** *Am.* ⚔ Marineinfanteriekorps *n*; **II** *s.* **5.** Ma'rine *f*: ***mercantile ~*** Handelsmarine; **6.** ⚔ Ma'rineinfanteˌrist *m*: ***tell that to the ~s!*** F das kannst du deiner Großmutter erzählen!; **7.** *paint.* Seestück *n*.

mar·i·ner ['mærɪnə] *s. poet. od.* ⚖ Seemann *m*, Ma'trose *m*: ***master ~*** Kapitän *m* e-s Handelsschiffs.

Mar·i·ol·a·try [ˌmeərɪ'ɒlətrɪ] *s.* Ma'rienkult *m*, -verehrung *f*.

mar·i·o·nette [ˌmærɪə'net] *s.* Mario'nette *f* (*a. fig.*).

mar·i·tal ['mærɪtl] *adj.* □ ehelich, Ehe..., Gatten...: ***~ partners*** Ehegatten; ***~ relations*** eheliche Beziehungen; ***~ status*** ⚖ Familienstand *m*; ***disruption of ~ relations*** Zerrüttung *f* der Ehe.

mar·i·time ['mærɪtaɪm] *adj.* **1.** See..., Schifffahrts...: ***~ court*** Seeamt *n*; ***~ insurance*** Seeversicherung *f*; ***~ law*** Seerecht *n*; **2.** a) seefahrend, Seemanns..., b) Seehandel (be)treibend; **3.** an der See liegend *od.* lebend, Küsten...; **4.** *zo.* an der Küste lebend, Strand... ***♀ Com·mis·sion*** *s. Am. Oberste Handelsschifffahrtsbehörde der USA*; ***~ ter·ri·to·ry*** *s.* ⚖ Seehoheitsgebiet *n*.

mar·jo·ram ['mɑːdʒərəm] *s.* ⚘ Majoran *m*.

mark¹ [mɑːk] **I** *s.* **1.** Markierung *f*, Marke *f*, Mal *n*; *engS.* Fleck *m*: ***adjusting ~*** ⚙ Einstellmarke; **2.** *fig.* Zeichen *n*: ***~ of confidence*** Vertrauensbeweis *m*; ***~ of respect*** Zeichen der Hochachtung; **3.** (Kenn)Zeichen *n*, (Merk)Mal *n*; *zo.* Kennung *f*: ***distinctive ~*** Kennzeichen; **4.** (Schrift-, Satz)Zeichen *n*: ***question ~*** Fragezeichen; **5.** (An)Zeichen *n*: ***a ~ of great carelessness***; **6.** (Eigentums)Zeichen *n*, Brandmal *n*; **7.** Strieme *f*, Schwiele *f*; **8.** Narbe *f* (*a.* ⚙); **9.** Kerbe *f*, Einschnitt *m*; **10.** Kreuz *n als*

Unterschrift; **11.** Ziel(scheibe *f*; *a. fig.*) *n*: ***wide of*** (*od.* ***beside***) ***the ~*** *fig.* a) fehl am Platz, nicht zur Sache gehörig, b) ‚fehlgeschossen'; ***you are quite off*** (*od.* ***wide of***) ***the ~*** *fig.* Sie irren sich gewaltig; ***hit the ~*** (ins Schwarze) treffen; ***miss the ~*** a) fehl-, vorbeischießen, b) sein Ziel *od.* s-n Zweck verfehlen, ‚danebenhauen'; **12.** *fig.* Norm *f*: ***below the ~*** unterdurchschnittlich, nicht auf der Höhe; ***up to the ~*** a) der Sache gewachsen, b) den Erwartungen entsprechend, c) *gesundheitlich etc.* auf der Höhe; ***within the ~*** innerhalb der erlaubten Grenzen, berechtigt (***in doing*** zu tun); ***overshoot the ~*** über das Ziel hinausschießen, zu weit gehen; **13.** (aufgeprägter) Stempel, Gepräge *n*; **14.** Spur *f* (*a. fig.*): ***leave one's ~ upon*** a) s-n Stempel aufdrücken (*dat.*), b) bei *j-m* s-e Spuren hinterlassen; ***make one's ~*** sich e-n Namen machen (***in*** in *dat.*, ***upon*** bei), Vorzügliches leisten; **15.** *fig.* Bedeutung *f*, Rang *m*: ***a man of ~*** e-e markante Persönlichkeit; **16.** ✝ a) (Waren)Zeichen *n*, Fa'brik-, Schutzmarke *f*, (Handels)Marke *f*, b) Preisangabe *f*; **17.** ⚔ *Brit.* Mo'dell *n*, Type *f* (*Panzerwagen etc.*); **18.** (Schul-) Note *f*, Zen'sur *f*: ***obtain full ~s*** in allen Punkten voll bestehen; ***give s.o. full ~s*** (***for***) *fig.* j-m höchstes Lob spenden (für); ***bad ~*** Note für schlechtes Benehmen; ***bad ~s*** (ein) schlechtes Zeugnis; **19.** *sport* a) *Fußball etc.*: (Strafstoß-) Marke *f*, b) *Laufsport*: Startlinie *f*, c) *Boxen*: *sl.* Magengrube *f*: ***on your ~s!*** auf die Plätze!; ***get off the ~*** starten; **20.** ***not my ~*** *sl.* nicht mein Geschmack, nicht das Richtige für mich; **21.** *sl.* ‚Gimpel' *m*, leichtes Opfer: ***be an easy ~*** leicht ‚reinzulegen' sein; **22.** *hist.* a) Mark *f* (*Grenzgebiet*), b) All'mende *f*; **II** *v/t.* **23.** markieren (*a.* ⚔), (*a. fig. j-n, et., ein Zeitalter*) kennzeichnen; bezeichnen; *Wäsche* zeichnen; ✝ *Waren* auszeichnen, *Preis* festsetzen; *Temperatur etc.* anzeigen; *fig.* ein Zeichen sein für: ***to ~ the occasion*** aus diesem Anlass, zur Feier des Tages; ***the day was ~ed by heavy fighting*** der Tag stand im Zeichen schwerer Kämpfe; → ***time*** 18; **24.** brandmarken; **25.** Spuren hinter'lassen auf (*dat.*); **26.** zeigen, zum Ausdruck bringen; **27.** be-, vermerken, Acht geben auf (*acc.*), sich merken; **28.** *ped. Arbeiten* zensieren; **29.** bestimmen (***for*** für); **30.** *sport* a) *Gegenspieler* decken, markieren, b) *Punkte etc.* notieren; **III** *v/i.* **31.** Acht geben, aufpassen: ***~!*** Achtung!; ***~ you*** wohlgemerkt; ***~ down*** *v/t.* **1.** ✝ (*im Preis*) her'absetzen; **2.** bestimmen, vormerken (***for*** für, zu); ***~ off*** *v/t.* **1.** abgrenzen, -stecken; **2.** *auf e-r Liste* abhaken; **3.** *fig.* (ab)trennen; **4.** ⩓ *Strecke* ab-, auftragen; ***~ out*** *v/t.* **1.** bestimmen, ausersehen (***for*** für, zu); **2.** abgrenzen, (*durch Striche etc.*) bezeichnen, markieren; ***~ up*** *v/t.* ✝ **1.** (*im Preis etc.*) hin'auf-, her'aufsetzen; **2.** *Diskontsatz etc.* erhöhen.

mark² [mɑːk] *s.* ✝ **1.** (deutsche) Mark: ***blocked ~*** Sperrmark; **2.** *hist.* Mark *f* (*Münze, Goldgewicht*).

Mark³ [mɑːk] *npr. u. s. bibl.* 'Markus (-evan,gelium *n*) *m*.

'mark·down *s.* ✝ niedrigere Auszeichnung (*e-r Ware*), Preissenkung *f*.

marked [mɑːkt] *adj.* ☐ **1.** markiert, gekennzeichnet; mit e-r Aufschrift versehen; **2.** ✝ bestätigt (*Am.* gekennzeichnet) (*Scheck*); **3.** mar'kant, ausgeprägt; **4.** deutlich, merklich: ***~ progress***; **5.** auffällig, ostenta'tiv: ***~ indifference***; **6.** gezeichnet: ***a face ~ with smallpox*** ein pockennarbiges Gesicht; ***a ~ man*** *fig.* ein Gezeichneter; **'mark·ed·ly** [-kɪdlɪ] *adv.* deutlich, ausgesprochen.

mark·er ['mɑːkə] *s.* **1.** Anschreiber *m*; *Billard*: Mar'kör *m*; **2.** ⚔ a) Anzeiger *m* (*beim Schießstand*), b) Flügelmann *m*; **3.** a) Kennzeichen *n*, b) (Weg- *etc.*) Markierung *f*; **4.** Lesezeichen *n*; **5.** *Am.* a) Straßenschild *n*, b) Gedenktafel *f*; **6.** ✈ a) Sichtzeichen *n*: ***~ panel*** Fliegertuch *n*, b) Leuchtbombe *f*.

mar·ket ['mɑːkɪt] ✝ **I** *s.* **1.** Markt *m* (*Handel*): ***be in the ~ for*** Bedarf haben an (*a. fig.*); ***come into the ~*** (zum Verkauf) angeboten werden, auf den Markt kommen; ***place*** (*od.* ***put***) ***on the ~*** → 11; ***sale in the open ~*** freihändiger Verkauf; **2.** *Börse*: Markt *m*: ***railway ~*** Markt für Eisenbahnwerte; **3.** (*a.* Geld-) Markt *m*, Börse *f*, Handelsverkehr *m*: ***active*** (***dull***) ***~*** lebhafter (lustloser) Markt; ***play the ~*** an der Börse spekulieren; **4.** a) Marktpreis *m*, b) Marktpreise *pl.*: ***the ~ is low*** (***rising***); ***at the ~*** zum Marktpreis, *Börse*: zum ‚Bestens'-Preis; **5.** Markt(platz) *m*, Handelsplatz *m*: ***in the ~*** auf dem Markt; (***covered***) ***~*** Markthalle *f*; **6.** *Am.* (Lebensmittel)Geschäft *n*: ***meat ~***; **7.** (Wochen- *od.* Jahr)Markt *m*; **8.** Markt *m* (*Absatzgebiet*): ***hold the ~*** a) den Markt beherrschen, b) (durch Kauf *od.* Verkauf) die Preise halten; **9.** Absatz *m*, Verkauf *m*, Markt *m*: ***find a ~*** Absatz finden (*Ware*); ***find a ~ for*** *et.* an den Mann bringen; ***meet with a ready ~*** schnellen Absatz finden; **10.** (***for***) Nachfrage *f* (nach), Bedarf *m* (an *dat.*); **II** *v/t.* **11.** auf den Markt bringen; vertreiben; **III** *v/i.* **12.** einkaufen; auf dem Markt handeln; Märkte besuchen; **IV** *adj.* **13.** Markt...: ***~ day***; **14.** Börsen...; **15.** Kurs...: ***~ profit***; **'mar·ket·a·ble** [-təbl] *adj.* marktfähig, -gängig; börsenfähig.

mar·ket| a·nal·y·sis *s.* ✝ 'Marktana,lyse *f*; **~ con·di·tion** *s.* ✝ Marktlage *f*, Konjunk'tur *f*; **~ e·con·o·my** *s.* ✝ (***free ~***, ***social ~*** freie, sozi'ale) Marktwirtschaft; **~ fluc·tu·a·tion** *s.* ✝ **1.** Konjunk'turbewegung *f*; **2.** *pl.* Konjunk'turschwankungen *pl.*; **~ gar·den** *s. Brit.* Handelsgärtne'rei *f*.

mar·ket·ing ['mɑːkɪtɪŋ] **I** *s.* **1.** ✝ Marketing *n*, Marktversorgung *f*, 'Absatzpoli,tik *f*, -förderung *f*; **2.** Marktbesuch *m*; **II** *adj.* **3.** Markt...: **~ *association*** Marktverband *m*; **~ *company*** Vertriebsgesellschaft *f*; **~ *organization*** Absatzorganisation *f*; **~ *research*** Absatzforschung *f*.

mar·ket| in·ves·ti·ga·tion *s.* 'Marktunter,suchung *f*; **~ lead·ers** *s. pl.* führende Börsenwerte *pl.*; **~ let·ter** *s. Am.* Markt-, Börsenbericht *m*; **~ niche** *s.* Marktnische *f*, -lücke *f*; **'~-,o·ri·ent·ed** *adj.* ✝ marktorientiert; **'~·place** *s.* Marktplatz *m*; **~ price** *s.* **1.** Marktpreis *m*; **2.** *Börse*: Kurs(wert) *m*; **~ quo·ta·tion** *s.* Börsennotierung *f*, Marktkurs *m*: ***list of ~s*** Markt-, Börsenzettel *m*; **~ rate** → ***market price***; **~ re·search** *s.* ✝ Marktforschung *f*; **~ re·search·er** *s.* ✝ Marktforscher *m*; **~ rig·ging** *s.* Kurstreibe'rei *f*, 'Börsenma,növer *n*; **~ sat·u·ra·tion** *s.* Marktsättigung *f*; **~ share** *s.* Marktanteil *m*; **~ stud·y** *s.* ✝ 'Marktunter,suchung *f*; **~ swing** *s. Am.* Konjunk'turperi,ode *f*; **~ town** *s.* Markt(-flecken) *m*; **~ val·ue** *s.* Kurs-, Verkehrswert *m*.

mark·ing ['mɑːkɪŋ] **I** *s.* **1.** Kennzeichnung *f*, Markierung *f*; Bezeichnung *f* (*a.* ♪); *ped.* Zensieren *n*; ✈ Hoheitsabzeichen *n*; **2.** *zo.* (Haut-, Feder)Musterung *f*, Zeichnung *f*; **II** *adj.* **3.** ⚙ markierend: **~ *awl*** Reißahle *f*; **~ *ink*** Zeichen-, Wäschetinte *f*.

marks·man ['mɑːksmən] *s.* [*irr.*] guter Schütze, Meisterschütze *m*, *bsd.* ⚔ *u. Polizei*: Scharfschütze *m*; **'marks·man·ship** [-ʃɪp] *s.* **1.** Schießkunst *f*; **2.** Treffsicherheit *f*.

'mark·up *s.* ✝ **1.** a) höhere Auszeichnung (*e-r Ware*), b) Preiserhöhung *f*; **2.** Kalkulati'onsaufschlag *m*; **3.** *Am.* im Preis erhöhter Ar'tikel.

marl [mɑːl] **I** *s. geol.* Mergel *m*; **II** *v/t.* ✓ mergeln.

mar·ma·lade ['mɑːməleɪd] *s.* (*bsd.* O'rangen)Marme,lade *f*.

Neben ihrer Schreibweise unterscheidet sich **marmalade** von der deutschen „Marmelade" auch dadurch, dass sie aus Zitrusfrüchten – Apfelsinen, Zitronen, Limonen usw. – gemacht wird. Alle anderen Marmeladensorten heißen **jam.**

Mar·mite ['mɑːmaɪt] *TM npr. dunkle Paste aus Hefe- u. Gemüseextrakt.*

mar·mite ['mɑːmaɪt] *s. Kochtopf aus Ton.*

mar·mo·set ['mɑːməʊzet] *s. zo.* Krallenaffe *m*.

mar·mot ['mɑːmət] *s. zo.* **1.** Murmeltier *n*; **2.** Prä'riehund *m*.

mar·o·cain ['mærəkeɪn] *s.* Maro'cain *n* (*ein Kreppgewebe*).

ma·roon[1] [mə'ruːn] **I** *v/t.* **1.** (*auf e-r einsamen Insel etc.*) aussetzen; **2.** *fig.* a) im Stich lassen, b) von der Außenwelt abschneiden; **II** *v/i.* **3.** *Brit.* her'umlungern; **4.** *Am.* einsam zelten; **III** *s.* **5.** Busch-, Ma'ronneger *m* (*Westindien u. Guayana*); **6.** Ausgesetzte(r *m*) *f*.

ma·roon[2] [mə'ruːn] **I** *s.* **1.** Ka'stanienbraun *n*; **2.** Ka'nonenschlag *m* (*Feuerwerk*); **II** *adj.* **3.** ka'stanienbraun.

mar·plot ['mɑːplɒt] *s.* **1.** Quertreiber *m*; **2.** Spielverderber *m*, Störenfried *m*.

marque [mɑːk] *s.* ⚓ *hist.*: ***letter*(*s*) *of ~*** (***and reprisal***) Kaperbrief *m*.

mar·quee [mɑː'kiː] *s.* **1.** großes Zelt; **2.** *Am.* Mar'kise *f*, Schirmdach *n* (*über e-m Hoteleingang etc.*); **3.** Vordach *n* (*über Haustür*).

mar·quess ['mɑːkwɪs] *s.* → ***marquis***.

mar·que·try, *a.* **mar·que·te·rie** ['mɑːkɪtrɪ] *s.* In'tarsia *f*, Markete'rie *f*, Holzeinlegearbeit *f*.

mar·quis ['mɑːkwɪs] *s.* Mar'quis *m* (*englischer Adelstitel*).

mar·riage ['mærɪdʒ] *s.* **1.** Heirat *f*, Vermählung *f*, Hochzeit *f* (**to** mit); → ***civil*** 4; **2.** Ehe(stand *m*) *f*: **~ *of convenience*** Vernunftehe, Geldheirat *f*; ***by ~*** angeheiratet; ***of his*** (***her***) ***first ~*** aus erster Ehe; ***related by ~*** verschwägert; ***contract a ~*** die Ehe eingehen; ***give s.o. in ~*** j-n verheiraten; ***take s.o. in ~*** j-n heiraten; **3.** *fig.* Vermählung *f*, innige Verbindung; **'mar·riage·a·ble** [-dʒəbl] *adj.* heiratsfähig: **~ *age*** Ehemündigkeit *f*.

mar·riage| ar·ti·cles *s. pl.* ⚖ Ehevertrag *m*; **~ bro·ker** *s.* Heiratsvermittler *m*; **~ bu·reau** *s.* 'Heiratsinsti,tut *n*; **~ cer·e·mo·ny** *s.* Trauung *f*; **~ cer·tif·i·cate** *s.* Trauschein *m*; **~ con·tract** *s.* ⚖ Ehevertrag *m*; **~ flight** *s. Bienenzucht*: Hochzeitsflug *m*; **~ guid·ance** *s.* Eheberatung *f*: **~ *counsel*(*l*)*or*** Eheberater(in); **~ li·cence**, *Am.* **~ li·cense** *s.* ⚖ (kirchliche, *Am.* amtliche) Eheerlaubnis; **~ lines** *s. pl. Brit.* F Trauschein *m*; **~ por·tion** *s.* ⚖ Mitgift *f*; **~ set·tle·ment** *s.* ⚖ Ehevertrag *m*.

mar·ried ['mærɪd] *adj.* **1.** verheiratet, Ehe..., ehelich: **~ *life*** Eheleben *n*; **~ *man*** Ehemann *m*; **~ *state*** Ehestand *m*; **2.** *fig.* eng *od.* innig (mitein'ander) verbunden.

mar·ron ['mærən] *s.* ⚘ Ma'rone *f*.

mar·row¹ ['mærəʊ] *s.* **1.** *anat.* (Knochen-)Mark *n*; **2.** *fig.* Mark *n*, Kern *m*, *das* Innerste *od.* Wesentlichste; Lebenskraft *f*: ***to the ~ (of one's bones)*** bis aufs Mark, bis ins Innerste; → ***pith*** 2.

mar·row² ['mærəʊ] *s. Am. mst* **~ *squash***, *Brit. a.* ***vegetable ~*** ⚘ Eier-, Markkürbis *m*.

'**mar·row·bone** *s.* **1.** Markknochen *m*; **2.** *pl. humor.* Knie *pl.*; **3.** *pl.* → ***crossbones***.

mar·row·less ['mærəʊlɪs] *adj. fig.* mark-, kraftlos.

mar·row·y ['mærəʊɪ] *adj. a. fig.* markig, kernig, kräftig.

mar·ry¹ ['mærɪ] **I** *v/t.* **1.** heiraten, sich vermählen *od.* verheiraten mit: ***be married to*** verheiratet sein mit; ***get married to*** sich verheiraten mit; **2.** *a.* **~ *off*** *Sohn, Tochter* verheiraten (***to*** an *acc.*, mit); **3.** *ein Paar* trauen (*Geistlicher*); **4.** *fig.* eng verbinden *od.* verknüpfen (***to*** mit); **II** *v/i.* **5.** (sich ver-)heiraten: ***~ing man*** F Heiratslustige(r) *m*, Ehekandidat *m*; **~ *in haste and repent at leisure*** schnell gefreit, lang bereut.

mar·ry¹ ['mærɪ] *int. obs.* für'wahr!

Mars [mɑːz] *npr. u. s.* Mars *m* (*Kriegsgott od. Planet*).

marsh [mɑːʃ] *s.* **1.** Sumpf(land *n*) *m*, Marsch *f*; **2.** Mo'rast *m*.

mar·shal ['mɑːʃl] **I** *s.* **1.** ⚔ Marschall *m*; **2.** ⚖ *Brit.* Gerichtsbeamte(r) *m*; **3.** ⚖ *Am.* a) ***US ~*** ('Bundes)Voll,zugsbeamte(r) *m*, b) Be'zirkspoli,zeichef *m*, c) *a.* ***city ~*** Poli'zeidi,rektor *m*, d) *a.* ***fire ~*** 'Branddi,rektor *m*; **4.** *hist.* 'Hofmar,schall *m*; **5.** Zere'monienmeister *m*; Festordner *m*; *mot.* Rennwart *m*; **II** *v/t.* **6.** aufstellen (*a.* ⚔); (an)ordnen, arrangieren: **~ *wag(g)ons into trains*** Züge zs.-stellen; **~ *one's thoughts*** *fig.* s-e Gedanken ordnen; **7.** (*bsd. feierlich*) (hin'ein)geleiten (***into*** in *acc.*); **8.** ✈ einwinken; '**mar·shal·(l)ing yard** [-ʃlɪŋ] *s.* 🚂 Rangier-, Verschiebebahnhof *m*.

marsh| fe·ver *s.* ⚕ Sumpffieber *n*; **~ gas** *s.* Sumpfgas *n*; '**~·land** *s.* Sumpf-, Marschland *n*; ,**~'mal·low** *s.* **1.** ⚘ Echter Eibisch, Al'thee *f*; **2.** Marsh'mallow *n* (*Süßigkeit*); **~ mar·i·gold** *s.* ⚘ Sumpfdotterblume *f*.

marsh·y ['mɑːʃɪ] *adj.* sumpfig, mo'rastig, Sumpf...

mar·su·pi·al [mɑː'sjuːpjəl] *zo.* **I** *adj.* **1.** Beuteltier...; **2.** Beutel...; **II** *s.* **3.** Beuteltier *n*.

mart [mɑːt] *s.* **1.** Markt *m*, Handelszentrum *n*; **2.** Aukti'onsraum *m*; **3.** *obs. od. poet.* Markt(platz) *m*, (Jahr)Markt *m*.

mar·ten ['mɑːtɪn] *s. zo.* Marder *m*.

mar·tial ['mɑːʃl] *adj.* □ **1.** kriegerisch, streitbar; **2.** mili'tärisch, sol'datisch: **~ *music*** Militärmusik *f*; **3.** Kriegs..., Militär...: **~ *law*** Kriegs-, Standrecht *n*; ***state of ~ law*** Ausnahmezustand *m*; **~ *arts*** asiatische Kampfsportarten.

Mar·ti·an ['mɑːʃjən] **I** *s.* **1.** Marsmensch *m*; **II** *adj.* **2.** Mars..., kriegerisch; **3.** *ast.* Mars...

mar·tin ['mɑːtɪn] *s. orn.* Mauerschwalbe *f*.

mar·ti·net [,mɑːtɪ'net] *s.* Leuteschinder *m*, Zuchtmeister *m*.

mar·tyr ['mɑːtə] **I** *s.* **1.** Märtyrer(in), Blutzeuge *m*; **2.** *fig.* Märtyrer(in), Opfer *n*: ***make a ~ of o.s.*** sich für et. aufopfern, *iro.* den Märtyrer spielen: ***die a ~ to*** (*od.* ***in the cause of***) ***science*** sein Leben im Dienst der Wissenschaft opfern; **3.** F Dulder *m*, armer Kerl: ***be a ~ to gout*** ständig von Gicht geplagt werden; **II** *v/t.* **4.** zum Märtyrer machen; **5.** zu Tode martern; **6.** martern, peinigen; '**mar·tyr·dom** [-dəm] *s.* **1.** Mar'tyrium *n* (*a. fig.*), Märtyrertod *m*; **2.** Marterqualen *pl.* (*a. fig.*); '**mar·tyr·ize** [-əraɪz] *v/t.* **1.** (***o.s.*** sich) zum Märtyrer machen (*a. fig.*); **2.** → ***martyr*** 6.

mar·vel ['mɑːvl] **I** *s.* **1.** Wunder(ding) *n*: ***engineering ~s*** Wunder der Technik; ***be a ~ at s.th.*** et. fabelhaft können; **2.** Muster *n* (***of*** an *dat.*): ***he is a ~ of patience*** er ist die Geduld selber; ***he is a perfect ~*** F er ist fantastisch *od.* ein Phänomen; **II** *v/i.* **3.** sich (ver)wundern, staunen (***at*** über *acc.*); **4.** sich verwundert fragen, sich wundern (***that*** dass, ***how*** wie, ***why*** warum).

mar·vel·(l)ous ['mɑːvələs] *adj.* □ **1.** erstaunlich, wunderbar; **2.** un'glaublich; **3.** F fabelhaft, fan'tastisch.

Marx·i·an ['mɑːksjən] → ***Marxist***; '**Marx·ism** [-sɪzəm] *s.* Mar'xismus *m*; '**Marx·ist** [-sɪst] **I** *s.* Mar'xist(in); **II** *adj.* mar'xistisch.

mar·zi·pan [,mɑːzɪ'pæn] *s.* Marzi'pan *n*.

mas·car·a [mæ'skɑːrə] *s.* Wimperntusche *f*.

mas·cot ['mæskət] *s.* Mas'kottchen *n*, Talisman *m*; Glücksbringer(in): ***radiator ~*** *mot.* Kühlerfigur *f*.

mas·cu·line ['mæskjʊlɪn] **I** *adj.* **1.** männlich, masku'lin (*a. ling.*); Männer...; **2.** unweiblich, masku'lin; **II** *s.* **3.** *ling.* Masku'linum *n*; **mas·cu·lin·i·ty** [,mæskjʊ'lɪnətɪ] *s.* **1.** Männlichkeit *f*; **2.** Mannhaftigkeit *f*.

mash¹ [mæʃ] **I** *s.* **1.** *Brauerei etc.*: Maische *f*; **2.** ⚒ Mengfutter *n*; **3.** Brei *m*,

Mansch *m*; **4.** *Brit.* Kar'toffelbrei *m*; **5.** *fig.* Mischmasch *m*; **II** *v/t.* **6.** (ein)maischen; **7.** zerdrücken, -quetschen: ***~ed potatoes*** Kartoffelbrei *m*.

mash² [mæʃ] *obs. sl.* **I** *v/t.* **1.** *j-m* den Kopf verdrehen; **2.** flirten mit; **II** *v/i.* **3.** flirten, schäkern.

mash·er¹ ['mæʃə] *s.* **1.** Stampfer *m* (*Küchengerät*); **2.** *Brauerei*: 'Maischappa,rat *m*.

mash·er² ['mæʃə] *s. obs. sl.* Schwerenöter *m*, ‚Schäker' *m*.

mask [mɑːsk] **I** *s.* **1.** Maske *f* (*a.* ⚠), Larve *f*: ***death ~*** Totenmaske; **2.** (Schutz-, Gesichts)Maske *f*: ***fencing ~*** Fechtmaske; ***oxygen ~*** ⚕ Sauerstoffmaske; **3.** Gasmaske *f*; **4.** Maske *f*: a) Maskierte(r *m*) *f*, b) 'Maskenko,stüm *n*, Maskierung *f*, c) *fig.* Verkappung *f*: ***throw off the ~*** *fig.* die Maske fallen lassen; ***under the ~ of*** unter dem Deckmantel (*gen.*); **5.** maskenhaftes Gesicht; **6.** *Kosmetik*: (Gesichts)Maske *f*; **7.** → ***masque***; **8.** ⚔ Tarnung *f*, Blende *f*; **9.** *phot.* Vorsatzscheibe *f*; **II** *v/t.* **10.** *j-n* maskieren, verkleiden, vermummen; *fig.* verschleiern, -hüllen; **11.** ⚔ tarnen; **12.** *a.* ***~ out*** ⚙ korrigieren, retuschieren; *Licht* abblenden; **masked** [-kt] *adj.* **1.** maskiert (*a.* ♀); Masken...: ***~ ball*** Maskenball *m*; **2.** ⚔, ✝ getarnt: ***~ advertising*** Schleichwerbung *f*; **'mask·er** [-kə] *s.* Maske *f*, Maskenspieler *m*.

mas·och·ism ['mæsəʊkɪzəm] *s.* ⚕, *psych.* Maso'chismus *m*; **'mas·och·ist** [-ɪst] *s.* Maso'chist *m*.

ma·son ['meɪsn] **I** *s.* **1.** Steinmetz *m*; **2.** Maurer *m*; **3.** *oft* 2 Freimaurer *m*; **II** *v/t.* **4.** mauern; **Ma·son·ic** [mə'sɒnɪk] *adj.* freimaurerisch, Freimaurer...; **'ma·son·ry** [-rɪ] *s.* **1.** Steinmetz-, Maurerarbeit *f od.* -handwerk *n*; **2.** Mauerwerk *n*; **3.** *mst.* 2 Freimaure'rei *f*.

masque [mɑːsk] *s. thea. hist.* Maskenspiel *n*.

mas·quer·ade [,mæskə'reɪd] **I** *s.* **1.** Maske'rade *f*: a) Maskenball *m*, b) Maskierung *f*, c) *fig.* The'ater *n*, Verstellung *f*, d) *fig.* Maske *f*, Verkleidung *f*; **II** *v/i.* **2.** an e-r Maskerade teilnehmen; **3.** sich maskieren *od.* verkleiden (*a. fig.*); **4.** *fig.* sich ausgeben (***as*** als).

mass¹ [mæs] **I** *s.* **1.** *allg.* Masse *f* (*a.* ⚙ *u. phys.*): ***a ~ of blood*** ein Klumpen Blut; ***a ~ of troops*** e-e Truppenansammlung; ***in the ~*** im Großen u. Ganzen; **2.** Mehrzahl *f*: ***the (great) ~ of imports*** der überwiegende Teil der Einfuhr; **3.** ***the ~*** die Masse, die Allge'meinheit: ***the ~es*** die ‚breite' Masse; **II** *v/t.* **4.** (*v/i.* sich) (an)sammeln *od.* (an)häufen, (*v/i.* sich) zs.-ballen; ⚔ (*v/i.* sich) massieren *od.* konzentrieren; **III** *adj.* **5.** Massen...: ***~ acceleration*** *phys.* Massenbeschleunigung *f*; ***~ communication*** Massenkommunikation *f*; ***~ meeting*** Massenversammlung *f*; ***~ murder*** Massenmord *m*; ***~ society*** Massengesellschaft *f*; ***~ unemployment*** Massenarbeitslosigkeit *f*.

Mass² [mæs] *s. eccl.* (*a.* ♪) Messe *f*; → ***High (Low) Mass***; ***~ was said*** die Messe wurde gelesen; ***to attend (the)*** (*od.* ***go to***) ***~*** zur Messe gehen; ***~ for the dead*** Toten-, Seelenmesse.

mas·sa·cre ['mæsəkə] **I** *s.* Gemetzel *n*, Mas'saker *n*, Blutbad *n*; **II** *v/t.* niedermetzeln, massakrieren.

mas·sage ['mæsɑːʒ] **I** *s.* Mas'sage *f*: ***~ parlo(u)r*** Massagesalon *m*; **II** *v/t.* massieren.

mas·seur [mæ'sɜː] (*Fr.*) *s.* Mas'seur *m*; **mas·seuse** [mæ'sɜːz] (*Fr.*) *s.* Mas'seurin *f*, Mas'seuse *f*.

mas·sif ['mæsiːf] *s. geol.* Ge'birgsmas,siv *n*, -stock *m*.

mas·sive ['mæsɪv] *adj.* ☐ **1.** mas'siv (*a. geol., a. Gold etc.*), schwer, massig; **2.** *fig.* mas'siv, gewaltig, wuchtig, ‚klotzig'; **'mas·sive·ness** [-nɪs] *s.* **1.** Mas'sive(s) *n*, Schwere(s) *n*; **2.** Gediegenheit *f* (*Gold etc.*); **3.** *fig.* Wucht *f*.

mass| me·di·a *s. pl.* Massenmedien *pl.*; **'~-pro,duce** *v/t.* serienmäßig herstellen: ***~d articles*** Massen-, Serienartikel; **~ pro·duc·tion** *s.* ✝ 'Massen-, 'Serienprodukti,on *f*: ***standardized ~*** Fließarbeit *f*.

mass·y ['mæsɪ] → ***massive***.

mast¹ [mɑːst] **I** *s.* **1.** ⚓ (Schiffs)Mast *m*: ***sail before the ~*** (als Matrose) zur See fahren; **2.** (Gitter-, Leitungs-, An'tennen-, ✈ Anker)Mast *m*; **II** *v/t.* **3.** ⚓ bemasten: ***three-~ed*** dreimastig.

mast² [mɑːst] *s.* ↗ Mast(futter *n*) *f*.

mas·tec·to·my [mæ'stektəmɪ] *s.* ⚕ 'Brustamputati,on *f*.

mas·ter ['mɑːstə] **I** *s.* **1.** Meister *m* (*a. Kunst u. fig.*), Herr *m*, Gebieter *m*: ***the 2*** *eccl.* der Herr (*Christus*); ***be ~ of s.th.*** et. (*a. e-e Sprache*) beherrschen; ***be ~ of o.s.*** sich in der Gewalt haben; ***be ~ of the situation*** Herr der Lage sein; ***be one's own ~*** sein eigener Herr sein; ***be ~ of one's time*** über s-e Zeit (nach Belieben) verfügen können; **2.** Besitzer *m*, Eigentümer *m*, Herr *m*: ***make o.s. ~ of s.th.*** et. in s-n Besitz bringen; **3.** Hausherr *m*; **4.** Meister *m*, Sieger *m*; **5.** a) Lehrherr *m*, Meister *m*, b) *a.* ⚖ Dienstherr *m*, Arbeitgeber *m*, c) (Handwerks)Meister *m*: ***~ tailor*** Schneidermeister; ***like ~ like man*** wie der Herr, sos Gescherr; **6.** Vorsteher *m*, Leiter *m e-r Innung etc.*; **7.** ⚓ ('Handels)Kapi,tän *m*: ***~'s certificate*** Kapitänspatent *n*; **8.** *bsd. Brit.* Lehrer *m*: ***~ in English*** Englischlehrer; **9.** *Brit. univ.* Rektor *m* (*Titel der Leiter einiger*

Colleges); **10.** *univ.* Ma'gister *m* (*Grad*): ♀ ***of Arts*** Magister Artium; ♀ ***of Science*** Magister der Naturwissenschaften; **11.** junger Herr (*a. als Anrede für Knaben bis zu 16 Jahren*); **12.** *Brit.* (*in Titeln*): Leiter *m*, Aufseher *m* (*am königlichen Hof etc.*): ♀ ***of Ceremonies*** a) Zeremonienmeister *m*, b) Conférencier *m*; ♀ ***of the Horse*** Oberstallmeister *m*; **13.** ⚖ Proto'koll führender Gerichtsbeamter: ♀ ***of the Rolls*** Oberarchivar *m*; **14.** → ***master copy*** 1; **II** *v/t.* **15.** Herr sein *od.* werden über (*acc.*) (*a. fig.*), *a. Sprache etc.* beherrschen; *Aufgabe, Schwierigkeit* meistern; **16.** *Tier* zähmen; *a. Leidenschaften etc.* bändigen; **III** *adj.* **17.** Meister..., meisterhaft, -lich; **18.** Meister..., Herren...; **19.** Haupt..., hauptsächlich: ~ ***file*** Hauptkartei *f*; ~ ***switch*** ⚡ Hauptschalter *m*; **20.** leitend, führend.

ˌmas·ter|-at-'arms [-ərət'ɑː-] *pl.* **ˌmas·ters-at-'arms** [-əzət'ɑː-] *s.* ⚓ 'Schiffsproˌfos *m* (*Polizeioffizier*); ~ **build·er** *s.* Baumeister *m*; ~ **car·pen·ter** *s.* Zimmermeister *m*; ~ **chord** *s.* ♪ Domi'nantdreiklang *m*; ~ **clock** *s.* Zen'traluhr *f* (*e-r Uhrenanlage*); ~ **cop·y** *s.* **1.** Origi'nalkoˌpie *f* (*a. Film etc.*); **2.** 'Handexemˌplar *n* (*e-s literarischen etc. Werks*); ~ **file** *s.* Stammdatei *f*.

mas·ter·ful ['mɑːstəfʊl] *adj.* ☐ **1.** herrisch, gebieterisch; **2.** → ***masterly***.

mas·ter| fuse *s.* ⚡ Hauptsicherung *f*; ~ **ga(u)ge** *s.* ⚙ Urlehre *f*; **'~·key** *s.* **1.** Hauptschlüssel *m*; **2.** *fig.* Schlüssel *m*.

mas·ter·less ['mɑːstəlɪs] *adj.* herrenlos; **'mas·ter·li·ness** [-lɪnɪs] *s.* meisterhafte Ausführung, Meisterschaft *f*; **'mas·ter·ly** [-lɪ] *adj. u. adv.* meisterhaft, -lich, Meister...

'mas·ter|·mind **I** *s.* **1.** über'ragender Geist, Ge'nie *n*; **2.** (führender) Kopf; **II** *v/t.* **3.** der Kopf (*gen.*) sein, leiten; **'~·piece** *s.* Meisterstück *n*, -werk *n*; ~ **plan** *s.* Gesamtplan *m*; ~ **ser·geant** *s.* ⚔ *Am.* (Ober)Stabsfeldwebel *m*.

mas·ter·ship ['mɑːstəʃɪp] *s.* **1.** meisterhafte Beherrschung (***of*** *gen.*), Meisterschaft *f*; **2.** Herrschaft *f*, Gewalt *f* (***over*** über *acc.*); **3.** Vorsteheramt *n*; **4.** Lehramt *n*.

mas·ter| stroke *s.* Meisterstreich *m*, -stück *n*, Glanzstück *n*; ~ **tooth** *s.* [*irr.*] Eck-, Fangzahn *m*; ~ **touch** *s.* **1.** Meisterhaftigkeit *f*, -schaft *f*; **2.** Meisterzug *m*; **3.** ⚙ *u. fig.* letzter Schliff; **'~·work** → ***masterpiece***.

mas·ter·y ['mɑːstərɪ] *s.* **1.** Herrschaft *f*, Gewalt *f* (***of, over*** über *acc.*); **2.** Über'legenheit *f*, Oberhand *f*: ***gain the ~ over s.o.*** über j-n die Oberhand gewinnen; **3.** Beherrschung *f* (*e-r Sprache etc.*); **4.** → ***master touch*** 1.

'mast·head *s.* **1.** ⚓ Masttopp *m*, Mars *m*: ~ ***light*** Topplicht *n*; **2.** *typ.* Im'pressum *n e-r Zeitung*.

mas·tic ['mæstɪk] *s.* **1.** Mastix(harz *n*) *m*; **2.** ⚘ Mastixstrauch *m*; **3.** Mastik *m*, 'Mastixzeˌment *m*.

mas·ti·cate ['mæstɪkeɪt] *v/t.* (zer-)kauen; **mas·ti·ca·tion** [ˌmæstɪ'keɪʃn] *s.* Kauen *n*; **'mas·ti·ca·tor** [-tə] *s.* **1.** Kauende(r *m*) *f*; **2.** Fleischwolf *m*; **3.** ⚙ 'Mahlmaˌschine *f*; **'mas·ti·ca·to·ry** [-kətərɪ] *adj.* Kau..., Fress...

mas·tiff ['mæstɪf] *s.* Mastiff *m*, Bulldogge *f*, Englische Dogge.

mas·ti·tis [mæ'staɪtɪs] *s.* ⚕ Brust(drüsen)entzündung *f*; **mas·toid** ['mæstɔɪd] *adj. anat.* masto'id, brust(warzen)förmig; **mas·tot·o·my** [mæ'stɒtəmɪ] *s.* ⚕ 'Brustoperatiˌon *f*.

mas·tur·bate ['mæstəbeɪt] *v/i.* masturbieren; **mas·tur·ba·tion** [ˌmæstə'beɪʃn] *s.* Masturbati'on *f*.

mat[1] [mæt] **I** *s.* **1.** Matte *f* (*a. Ringen, Turnen*): ~ ***position*** *Ringen*: Bank *f*; ***be on the ~*** a) am Boden sein, b) *sl. fig.* ‚dran' sein, in der Tinte sitzen, *a.* e-e Zigarre verpasst kriegen; **2.** 'Untersetzer *m*, -satz *m*: ***beer ~*** Bierdeckel *m*; **3.** Vorleger *m*, Abtreter *m*; **4.** grober Sack; **5.** verfilzte Masse (*Haar etc.*), Gewirr *n*; **6.** (*glasloser*) Wechselrahmen; **II** *v/t.* **7.** mit Matten belegen; **8.** (*v/i.* sich) verflechten; **9.** (*v/i.* sich) verfilzen (*Haar*).

mat[2] [mæt] **I** *adj.* matt (*a. phot.*), glanzlos, mattiert; **II** *v/t.* mattieren.

match[1] [mætʃ] **I** *s.* **1.** *der od. die od. das* gleiche *od.* Ebenbürtige: ***his ~*** a) seinesgleichen, b) sein Ebenbild *n*, c) j-d, der es mit ihm aufnehmen kann; ***meet one's ~*** s-n Meister finden; ***be a ~ for s.o.*** j-m gewachsen sein; ***be more than a ~ for s.o.*** j-m überlegen sein; **2.** Gegenstück *n*, Passende(s) *n*; **3.** (zs.-passendes) Paar, Gespann *n* (*a. fig.*): ***they are an excellent ~*** sie passen ausgezeichnet zueinander; **4.** ✝ Ar'tikel *m* gleicher Quali'tät: ***exact ~*** genaue Bemusterung; **5.** (Wett)Kampf *m*, Wettspiel *n*, Par'tie *f*, Treffen *n*: ***boxing ~*** Boxkampf; ***singing ~*** Wettsingen *n*; **6.** a) Heirat *f*, b) *gute etc.* Par'tie (*Person*): ***make a ~ (of it)*** e-e Ehe stiften *od.* zustande bringen; **II** *v/t.* **7.** *j-n* passend verheiraten (***to, with*** mit); **8.** *j-n od. et.* vergleichen (***with*** mit); **9.** *j-n* ausspielen (***against*** gegen); **10.** passend machen, anpassen (***to, with*** an *acc.*); *a. ehelich* verbinden, zs.-fügen; ⚡ angleichen: ***~ing circuit*** Anpassungskreis *m*; **11.** entsprechen (*dat.*), *a. farblich etc.* passen zu: ***well-~ed*** gut zs.-passend; **12.** et. Gleiches *od.* Passendes auswählen *od.* finden zu: ***can you ~ this velvet for me?*** haben Sie et. Passendes zu

M

diesem Samtstoff?; **13.** *nur pass.*: **be ~ed** *j-m* ebenbürtig *od.* gewachsen sein, *e-r Sache* gleichkommen; **not to be ~ed** unerreichbar; **III** *v/i.* **14.** zs.-passen, über'einstimmen (**with** mit), entsprechen (**to** *dat.*): **a brown coat and gloves to ~** ein brauner Mantel u. dazu passende Handschuhe.

match² [mætʃ] *s.* **1.** Zünd-, Streichholz *n*; **2.** Zündschnur *f*; **3.** *hist.* Lunte *f*; '**~box** *s.* Streichholzschachtel *f*.

match·less ['mætʃlɪs] *adj.* □ unvergleichlich, einzigartig.

'**match,mak·er** *s.* **1.** Ehestifter(in), *b.s.* Kuppler(in); **2.** Heiratsvermittler(in).

match| point *s. sport* (für den Sieg) entscheidender Punkt; *Tennis etc.*: Matchball *m*; '**~·wood** *s.* (Holz)Späne *pl.*, Splitter *pl.*: **make ~ of s.th.** aus et. Kleinholz machen, et. kurz u. klein schlagen.

mate¹ [meɪt] **I** *s.* **1.** a) ('Arbeits)Kame,rad *m*, Genosse *m*, Gefährte *m*, b) *als Anrede*: Kame'rad *m*, ‚Kumpel' *m*, c) Gehilfe *m*, Handlanger *m*; **2.** a) (Lebens)Gefährte *m*, Gatte *m*, Gattin *f*, b) *bsd. orn.* Männchen *n od.* Weibchen *n*, c) Gegenstück *n* (*von Schuhen etc.*); **3.** *Handelsmarine*: 'Schiffsoffi,zier *m*; **4.** ⚓ Maat *m*: **cook's ~** Kochsmaat; **II** *v/t.* **5.** (*paarweise*) verbinden, *bsd.* vermählen, -heiraten; *Tiere* paaren; **6.** *fig.* ein'ander anpassen: **~ words with deeds** auf Worte entsprechende Taten folgen lassen; **III** *v/i.* **7.** sich vermählen, (*a. weitS.*) sich verbinden; *zo.* sich paaren; **8.** ⚙ eingreifen (*Zahnräder*); aufein'ander arbeiten (*Flächen*): **mating surfaces** Arbeitsflächen.

mate² [meɪt] → **checkmate**.

ma·te·ri·al [mə'tɪərɪəl] **I** *adj.* □ **1.** materi'ell, physisch, körperlich; **2.** stofflich, Material...: **~ damage** Sachschaden *m*; **~ defect** Materialfehler *m*; **~ fatigue** ⚙ Materialermüdung *f*; **~ goods** Sachgüter; **3.** materia'listisch (*Anschauung etc.*); **4.** materi'ell, leiblich: **~ well-being**; **5.** a) sachlich wichtig, gewichtig, von Belang, b) wesentlich, ausschlaggebend (**to** für); ⚖ erheblich: **~ facts**; **a ~ witness** ein unentbehrlicher Zeuge; **6.** *Logik*: sachlich (*Folgerung etc.*); **7.** ⩓ materi'ell (*Punkt etc.*); **II** *s.* **8.** Materi'al *n*, Stoff *m* (*beide a. fig.*; **for** zu *e-m Buch etc.*); ⚙ Werkstoff *m*; (Kleider-)Stoff *m*; **9.** *coll. od. pl.* Materi'al(ien *pl.*) *n*, Ausrüstung *f*: **building ~s** Baustoffe; **cleaning ~s** Putzzeug *n*; **war ~** Kriegsmaterial; **writing ~s** Schreibmaterial(ien); **10.** *oft pl. fig.* 'Unterlagen *pl.*, *urkundliches etc.* Materi'al; **ma'te·ri·al·ism** [-lɪzəm] *s.* Materia'lismus *m*; **ma'te·ri·al·ist** [-lɪst] **I** *s.* Materia'list(in); **II** *adj. a.* **ma·te·ri·al·is·tic** [mə,tɪərɪə'lɪstɪk] *adj.* (□ **~ally**) materia'listisch; **ma·te·ri·al·i·za·tion** [mə,tɪərɪəlaɪ'zeɪʃn] *s.* **1.** Verkörperung *f*; **2.** *Spiritismus*: Materialisati'on *f*; **ma'te·ri·al·ize** [-laɪz] **I** *v/t.* **1.** *e-r Sache* stoffliche Form geben, *et.* verkörperlichen; **2.** *et.* verwirklichen; **3.** *bsd. Am.* materia'listisch machen: **~ thought**; **4.** *Geister* erscheinen lassen; **II** *v/i.* **5.** (feste) Gestalt annehmen, sich verkörpern (**in** in *dat.*); **6.** sich verwirklichen, Tatsache werden, zu'stande kommen; **7.** sich materialisieren, erscheinen (*Geister*).

ma·té·ri·el [mə,tɪərɪ'el] *s.* Ausrüstung *f*, (⚔ 'Kriegs)Materi,al *n*.

ma·ter·nal [mə'tɜːnl] *adj.* □ a) mütterlich, Mutter...: **~ instinct** (**love**), b) *Verwandte*(*r*) *etc.* mütterlicherseits, c) Mütter...: **~ mortality** Müttersterblichkeit *f*.

ma·ter·ni·ty [mə'tɜːnətɪ] **I** *s.* Mutterschaft *f*; **II** *adj.* Wöchnerinnen..., Schwangerschafts..., Umstands...(*-kleidung*): **~ allowance** (*od.* **benefit**) Mutterschaftsbeihilfe *f*; **~ dress** Umstandskleid *n*; **~ home**, **~ hospital** Entbindungsklinik *f*; **~ leave** Mutterschaftsurlaub *m*; **~ ward** Entbindungsstation *f*.

mat·ey ['meɪtɪ] **I** *adj.* kame'radschaftlich, vertraulich, famili'är; **II** *s. Brit.* F ‚Kumpel' *m* (*Anrede*).

math [mæθ] *s. Am. für* **maths**.

math·e·mat·i·cal [,mæθə'mætɪkl] *adj.* □ **1.** mathe'matisch; **2.** *fig.* (mathe'matisch) ex'akt; **math·e·ma·ti·cian** [,mæθəmə'tɪʃn] *s.* Mathe'matiker(in); **,math·e'mat·ics** [-ks] *s. pl. mst sg. konstr.* Mathema'tik *f*: **higher** (**new**) **~** höhere (neue) Mathematik.

maths [mæθs] *s. Brit.* F ‚Mathe' *f* (*Mathematik*).

mat·ins ['mætɪnz] *s. pl. oft* ♀ a) *R.C.* (Früh)Mette *f*, b) *Church of England*: 'Morgenlitur,gie *f*.

mat·i·nee, mat·i·née ['mætɪneɪ] *s. thea.* Mati'nee *f*, *bsd.* Nachmittagsvorstellung *f*.

mat·ing ['meɪtɪŋ] *s. bsd. orn.* Paarung *f*: **~ season** Paarungszeit *f*.

ma·tri·ar·chal [,meɪtrɪ'ɑːkl] *adj.* matriar'chalisch; **ma·tri·ar·chy** ['meɪtrɪɑːkɪ] *s.* Mutterherrschaft *f*, Matriar'chat *n*; **,ma·tri'cid·al** [-ɪ'saɪdl] *adj.* muttermörderisch; **ma·tri·cide** ['meɪtrɪsaɪd] *s.* **1.** Muttermord *m*; **2.** Muttermörder(in).

ma·tric·u·late [mə'trɪkjʊleɪt] **I** *v/t.* immatrikulieren (*an e-r Universität*); **II** *v/i.* sich immatrikulieren (lassen); **III** *s.* Immatrikulierte(r *m*) *f*; **ma·tric·u·la·tion** [mə,trɪkjʊ'leɪʃn] *s.* Immatrikulati'on *f*.

mat·ri·mo·ni·al [,mætrɪ'məʊnjəl] *adj.* □ ehelich, Ehe...: **~ agency** Heiratsinstitut *n*; **~ cases** ⚖ Ehesachen; **~ law** Eherecht *n*; **mat·ri·mo·ny** ['mætrɪmənɪ] *s.* Ehe(stand *m*) *f*.

M

ma·trix ['meɪtrɪks] *pl.* **-tri·ces** [-trɪsiːz] *s.* **1.** Mutter-, Nährboden *m* (*beide a. fig.*), 'Grundsubˌstanz *f*; **2.** *physiol.* Matrix *f*: a) Mutterboden *m*, b) Gewebeschicht *f*, c) Gebärmutter *f*; **3.** *min.* a) Grundmasse *f*, b) Ganggestein *n*; **4.** ⚙, *typ.* Ma'trize *f* (*a. Schallplattenherstellung*); **5.** ⩓ Matrix *f*: ~ ***algebra*** Matrizenrechnung *f*.

ma·tron ['meɪtrən] *s.* **1.** würdige Dame, Ma'trone *f*; **2.** Hausmutter *f* (*e-s Internats etc.*), Wirtschafterin *f*; **3.** a) Vorsteherin *f*, b) Oberschwester *f*, Oberin *f im Krankenhaus*, c) Aufseherin *f im Gefängnis etc.*; '**ma·tron·ly** [-lɪ] *adj.* ma'tronenhaft (*a. adv.*), gesetzt: ~ ***duties*** hausmütterliche Pflichten.

mat·ted[1] ['mætɪd] *adj.* mattiert.

mat·ted[2] ['mætɪd] *adj.* **1.** mit Matten bedeckt: ***a ~ floor***; **2.** verflochten: ~ ***hair*** verfilztes Haar.

mat·ter ['mætə] **I** *s.* **1.** Ma'terie *f* (*a. phys., phls.*), Materi'al *n*, Stoff *m*; *biol.* Sub'stanz *f*: → ***foreign*** 2, ***grey matter***; **2.** Sache *f* (*a.* ⚖), Angelegenheit *f*: ***this is a serious ~***; ***the ~ in hand*** die vorliegende Angelegenheit; ***a ~ of fact*** e-e Tatsache; ***as a ~ of fact*** tatsächlich, eigentlich; ***a ~ of course*** e-e Selbstverständlichkeit; ***as a ~ of course*** selbstverständlich; ***a ~ of form*** e-e Formsache; ~ ***(in issue)*** ⚖ Streitgegenstand *m*; ***a ~ of taste*** (e-e) Geschmackssache; ***a ~ of time*** e-e Frage der Zeit; ***it is a ~ of life and death*** es geht um Leben u. Tod; ***it's no laughing ~*** es ist nichts zum Lachen; ***for that ~*** was das (an)betrifft, schließlich; ***in the ~ of*** a) hinsichtlich (*gen.*), b) ⚖ in Sachen *A. gegen B.*; **3.** *pl.* (*ohne Artikel*) die 'Umstände *pl.*, die Dinge *pl.*: ***to make ~s worse*** was die Sache noch schlimmer macht; ***as ~s stand*** wie die Dinge liegen; **4.** ***the ~*** die Schwierigkeit: ***what's the ~?*** was ist los?, wo fehlts?; ***what's the ~ with him (it)?*** was ist los mit ihm (damit)?; ***no ~!*** es hat nichts zu sagen!; ***it's no ~ whether*** es spielt keine Rolle, ob; ***no ~ what he says*** was er auch sagt; ***no ~ who*** gleichgültig wer; **5.** ***a ~ of*** (*mit verblasster Bedeutung*) Sache *f*, etwas: ***it's a ~ of £5*** es kostet 5 Pfund; ***a ~ of three weeks*** ungefähr 3 Wochen; ***it was a ~ of five minutes*** es dauerte nur 5 Minuten; ***it's a ~ of common knowledge*** es ist allgemein bekannt; **6.** *fig.* Stoff *m* (*Dichtung*), Thema *n*, Gegenstand *m*, Inhalt *m* (*Buch*), innerer Gehalt; **7.** *mst* ***postal ~*** Postsache *f*: ***printed ~*** Drucksache *f*; **8.** *typ.* a) Manu'skript *n*, b) (Schrift)Satz *m*: ***live ~***, ***standing ~*** Stehsatz *m*; **9.** ⚕ Eiter *m*; **II** *v/i.* **10.** von Bedeutung sein (***to*** für), dar'auf ankommen (***to s.o.*** j-m): ***it doesn't ~*** (es) macht nichts; ***it ~s little*** es ist ziemlich einerlei, es spielt kaum e-e Rolle; **11.** ⚕ eitern.

ˌ**mat·ter|-of-'course** [-tərəv'k-] *adj.* selbstverständlich; ˌ**~-of-'fact** [-tərəv'f-] *adj.* sachlich, nüchtern; pro'saisch.

Mat·thew ['mæθjuː] *npr. u. s. bibl.* Mat'thäus(evanˌgelium *n*) *m*.

mat·ting ['mætɪŋ] *s.* ⚙ **1.** Mattenstoff *m*; **2.** Matten(belag *m*) *pl.*

mat·tock ['mætək] *s.* (Breit)Hacke *f*, ⛏ Karst *m*.

mat·tress ['mætrɪs] *s.* Ma'tratze *f*.

mat·u·ra·tion [ˌmætjʊ'reɪʃn] *s.* **1.** ⚕ (Aus)Reifung *f*, Eiterung *f* (*Geschwür*); **2.** *biol., a. fig.* Reifen *n*.

ma·ture [mə'tjʊə] **I** *adj.* ☐ **1.** *allg.* reif (*a. Käse, Wein; a.* ⚕ *Geschwür*); **2.** reif (*Person*): a) voll entwickelt, b) *fig.* gereift, mündig; **3.** *fig.* reiflich erwogen, (wohl) durch'dacht: ***upon ~ reflection*** nach reiflicher Überlegung; ***~ plans*** ausgereifte Pläne; **4.** † fällig, zahlbar (*Wechsel*); **II** *v/t.* **5.** reifen (lassen), zur Reife bringen; *fig. Pläne* reifen lassen; **III** *v/i.* **6.** reif werden, (her'an-, aus)reifen; † fällig werden; **ma'tured** [-əd] *adj.* **1.** (aus)gereift; **2.** abgelagert; **3.** † fällig; **ma'tu·ri·ty** [-ərətɪ] *s.* **1.** Reife *f* (*a.* ⚕ *u. fig.*): ***bring (come) to ~*** zur Reife bringen (kommen); ***~ of judg(e)ment*** Reife des Urteils; **2.** † Fälligkeit *f*, Verfall(zeit *f*) *m*: ***at*** (*od.* ***on***) ***~*** bei Fälligkeit; ***~ date*** Fälligkeitstag *m*; **3.** *fig. pol.* Mündigkeit *f* (*des Bürgers*).

ma·tu·ti·nal [ˌmætjuː'taɪnl] *adj.* morgendlich, Morgen..., früh.

mat·y ['meɪtɪ] *Brit.* → ***matey***.

maud·lin ['mɔːdlɪn] **I** *s.* weinerliche Gefühlsduse'lei; **II** *adj.* weinerlich sentimen'tal, rührselig.

maul [mɔːl] **I** *s.* **1.** ⚙ Schlegel *m*, schwerer Holzhammer; **II** *v/t.* **2.** *j-n, et.* übel zurichten, *j-n* 'durchprügeln, miss'handeln: ***~ about*** roh umgehen mit; **3.** ‚her'unterreißen' (*Kritiker*).

maul·stick ['mɔːlstɪk] *s. paint.* Malerstock *m*.

maun·der ['mɔːndə] *v/i.* **1.** schwafeln, faseln; **2.** ziellos um'herschlendern *od.* handeln.

Maun·dy Thurs·day ['mɔːndɪ] *s. eccl.* Grün'donnerstag *m*.

mau·so·le·um [ˌmɔːsə'lɪəm] *s.* Mauso'leum *n*, Grabmal *n*.

mauve [məʊv] **I** *s.* Malvenfarbe *f*; **II** *adj.* malvenfarbig, mauve.

mav·er·ick ['mævərɪk] *s. Am.* **1.** herrenloses Vieh ohne Brandzeichen; **2.** mutterloses Kalb; **3.** F *pol.* Einzelgänger *m*, *allg.* Außenseiter *m*.

maw [mɔː] *s.* **1.** (Tier)Magen *m*, *bsd.* Labmagen *m* (*der Wiederkäuer*); **2.** *fig.* Rachen *m des Todes etc.*

mawk·ish ['mɔːkɪʃ] *adj.* ☐ **1.** süßlich,

M

abgestanden (*Geschmack*); **2.** *fig.* rührselig, süßlich, kitschig.

'maw·seed *s.* Mohnsame(n) *m.*

'maw·worm *s. zo.* Spulwurm *m.*

max·i ['mæksɪ] **I** *s.* Maximode *f*: ***wear ~*** Maxi tragen; **II** *adj.* Maxi...: ***~ dress***.

max·il·la [mæk'sɪlə] *pl.* **-lae** [-li:] *s.* **1.** *anat.* (Ober)Kiefer *m*; **2.** *zo.* Fußkiefer *m*, Zange *f*; **max'il·lar·y** [-ərɪ] **I** *adj. anat.* (Ober)Kiefer..., maxil'lar; **II** *s.* Oberkieferknochen *m.*

max·im ['mæksɪm] *s.* Ma'xime *f.*

max·i·mal ['mæksɪml] *adj.* maxi'mal, Maximal..., Höchst...; **'max·i·mize** [-maɪz] *v/t.* ✝, ⚙ maximieren; **max·i·mum** ['mæksɪməm] **I** *pl.* **-ma** [-mə], **-mums** *s.* **1.** Maximum *n*, Höchstgrenze *f*, -maß *n*, -stand *m*, -wert *m* (*a.* ⩚): ***smoke a ~ of 20 cigarettes a day*** maximal 20 Zigaretten am Tag rauchen; **2.** ✝ Höchstpreis *m*, -angebot *n*, -betrag *m*; **II** *adj.* **3.** höchst, größt, Höchst..., Maximal...: ***~ credible accident*** größter anzunehmender Unfall, GAU *m*; ***~ load*** ⚙, ϟ Höchstbelastung *f*; ***~ safety load*** (*od.* ***stress***) zulässige Beanspruchung; ***~ performance*** Höchst-, Spitzenleistung *f*; ***~ permissible speed*** zulässige Höchstgeschwindigkeit; ***~ wages*** Höchst-, Spitzenlohn *m.*

'max·i,sin·gle *s.* Maxisingle *f* (*Schallplatte*).

may[1] [meɪ] *v/aux.* [*irr.*] **1.** (*Möglichkeit, Gelegenheit*) *sg.* kann, mag, *pl.* können, mögen: ***it ~ happen any time*** es kann jederzeit geschehen; ***it might happen*** es könnte geschehen; ***you ~ be right*** du magst Recht haben; ***he ~ not come*** vielleicht kommt er nicht; ***he might lose his way*** er könnte sich verirren; **2.** (*Erlaubnis*) *sg.* darf, kann (*a.* ⚖), *pl.* dürfen können: ***you ~ go***; ***~ I ask?*** darf ich fragen?; ***we might as well go*** da können wir ebenso gut auch gehen; **3.** *ungewisse Frage*: ***how old ~ she be?*** wie alt mag sie wohl sein?; ***I wondered what he might be doing*** ich fragte mich, was er wohl tue; **4.** *Wunschgedanke, Segenswunsch*: ***~ you be happy!*** sei glücklich!; ***~ it please your Majesty*** Eure Majestät mögen geruhen; **5.** *familiäre od. vorwurfsvolle Aufforderung*: ***you might help me*** du könntest mir (eigentlich) helfen; ***you might at least write me*** du könntest mir wenigstens schreiben; **6.** ***~*** *od.* ***might*** *als Konjunktivumschreibung*: ***I shall write to him so that he ~ know our plans***; ***whatever it ~ cost***; ***difficult as it ~ be*** so schwierig es auch sein mag; ***we feared they might attack*** wir fürchteten, sie könnten *od.* würden angreifen.

May[2] [meɪ] *s.* **1.** Mai *m*, *poet.* (*fig. a.* ♀) Lenz *m*: ***in ~*** im Mai; **2.** ♀ ⚘ Weißdornblüte *f.*

may·be ['meɪbi:] *adv.* viel'leicht.

May| bug *s. zo.* Maikäfer *m*; **~ Day** *s.* der 1. Mai; **'♀·day** *s. internationales Funknotsignal*; **'~,flow·er** *s.* **1.** ⚘ a) Maiblume *f*, b) *Am.* Primelstrauch *m*; **2.** ♀ *hist. Name des Auswandererschiffs der* ***Pilgrim Fathers***; **'~·fly** *s. zo.* Eintagsfliege *f.*

may·hap ['meɪhæp] *adv. obs. od. dial.* viel'leicht.

may·hem ['meɪhem] *s.* **1.** *bsd. Am.* ⚖ schwere Körperverletzung; **2.** *fig.* a) ‚Gemetzel' *n*, b) Chaos *n*, Verwüstung *f.*

may·o ['meɪəʊ] *s. Am.* F Majo'näse *f.*

may·on·naise [,meɪə'neɪz] *s.* Majo'näse(gericht *n*) *f*: ***~ of lobster*** Hummermajonäse *f.*

may·or [meə] *s.* Bürgermeister *m*; **'may·or·al** [-ərəl] *adj.* bürgermeisterlich; **'may·or·ess** [-ərɪs] *s.* **1.** Gattin *f* des Bürgermeisters; **2.** *Am.* Bürgermeisterin *f.*

'May|·pole, ♀ *s.* Maibaum *m*; **~ queen** *s.* Mai(en)königin *f*; **'~·thorn** *s.* ⚘ Weißdorn *m.*

maz·a·rine [,mæzə'ri:n] *adj.* maza'rin-, dunkelblau.

maze [meɪz] *s.* **1.** Irrgarten *m*, Laby'rinth *n*, *fig. a.* Gewirr *n*; **2.** *fig.* Verwirrung *f*: ***in a ~*** → **mazed** [-zd] *adj.* verdutzt, verblüfft.

Mc·Coy [mə'kɔɪ] *s. Am. sl.*: ***the real ~*** der wahre Jakob, der (die, das) Echte, das einzig Wahre.

'M-day *s.* Mo'bilmachungstag *m.*

me [mi:; mɪ] **I** *pron.* **1.** (*dat.*) mir: ***he gave ~ money***; ***he gave it*** (***to***) ***~***; **2.** (*acc.*) mich: ***he took ~ away*** er führte mich weg; **3.** F ich: ***it's ~*** ich bins; **II** ♀ *s.* **4.** *psych.* Ich *n.*

mead[1] [mi:d] *s.* Met *m.*

mead[2] [mi:d] *poet. für* ***meadow***.

mead·ow ['medəʊ] *s.* Wiese *f*; **~ grass** *s.* ⚘ Rispengras *n*; **~ saf·fron** *s.* ⚘ (*bsd.* Herbst)Zeitlose *f*; **'~·sweet** *s.* ⚘ **1.** Mädesüß *n*; **2.** *Am.* Spierstrauch *m.*

mead·ow·y ['medəʊɪ] *adj.* wiesenartig, -reich, Wiesen...

mea·ger *Am.*, **mea·gre** *Brit.* ['mi:gə] *adj.* ☐ **1.** mager, dürr; **2.** *fig.* dürftig, kärglich; **'mea·ger·ness** *Am.*, **'mea·gre·ness** *Brit.* [-nɪs] *s.* **1.** Magerkeit *f*; **2.** Dürftigkeit *f.*

meal[1] [mi:l] *s.* **1.** Schrotmehl *n*; **2.** Mehl *n*, Pulver *n* (*aus Nüssen, Mineralen etc.*).

meal[2] [mi:l] *s.* Mahl(zeit *f*) *n*, Essen *n*: ***have a ~*** e-e Mahlzeit einnehmen; ***make a ~ of s.th.*** et. verzehren; ***~s on wheels*** Essen *n* auf Rädern.

meal·ies ['mi:lɪz] (*S.Afr.*) *s. pl.* Mais *m.*

meal| tick·et *s. Am.* **1.** Essensbon(s *pl.*)

M

m; **2.** *sl.* a) *b.s.* ‚Ernährer' *m*, b) Einnahmequelle *f*, ‚Goldesel' *m*, c) Kapi'tal *n*: ***his voice is his ~***; **'~·time** *s.* Essenszeit *f*.

meal·y ['mi:lɪ] *adj.* **1.** mehlig: ***~ potatoes***; **2.** mehlhaltig; **3.** (wie) mit Mehl bestäubt; **4.** blass (*Gesicht*); **'~-mouthed** *adj.* **1.** heuchlerisch, glattzüngig; **2.** leisetreterisch: ***be ~ about it*** um den (heißen) Brei herumreden.

mean¹ [mi:n] **I** *v/t.* [*irr.*] **1.** *et.* beabsichtigen, vorhaben, im Sinn haben: ***I ~ it*** es ist mir Ernst damit; ***~ to do s.th.*** et. zu tun gedenken, et. tun wollen; ***he ~s no harm*** er meint es nicht böse; ***I didn't ~ to disturb you*** ich wollte dich nicht stören; ***without ~ing it*** ohne es zu wollen; → ***business*** 4; **2.** bestimmen (***for*** zu): ***he was meant to be a barrister*** er war zum Anwalt bestimmt; ***the cake is meant to be eaten*** der Kuchen ist zum Essen da; ***that remark was meant for you*** das war auf dich abgezielt; **3.** meinen, sagen wollen: ***by 'liberal' I ~*** unter ‚liberal' verstehe ich; ***I ~ his father*** ich meine s-n Vater; ***I ~ to say*** ich will sagen; **4.** bedeuten: ***that ~s a lot of work***; ***he ~s all the world to me*** er bedeutet mir alles; ***that ~s war*** das bedeutet Krieg; ***what does 'fair' ~?*** was bedeutet *od.* heißt (das Wort) ‚fair'?; **II** *v/i.* [*irr.*] **5.** ***~ well*** (***ill***) ***by*** (*od.* ***to***) ***s.o.*** j-m wohlgesinnt (übel gesinnt) sein.

mean² [mi:n] *adj.* ☐ **1.** gering, niedrig: ***~ birth*** niedrige Herkunft; **2.** ärmlich, schäbig: ***~ streets***; **3.** unbedeutend, gering: ***no ~ artist*** ein recht bedeutender Künstler; ***no ~ foe*** ein nicht zu unterschätzender Gegner; **4.** schäbig, gemein; ***feel ~*** sich schäbig vorkommen; **5.** geizig, schäbig, ‚filzig'; **6.** *Am.* F a) bösartig, ‚ekelhaft', b) ‚bös', scheußlich (*Sache*), c) ‚toll', ‚wüst': ***a ~ fighter***, d) *Am.* unpässlich: ***feel ~*** sich elend fühlen.

mean³ [mi:n] **I** *adj.* **1.** mittel, mittler, Mittel...; 'durchschnittlich, Durchschnitts...: ***~ life*** a) mittlere Lebensdauer, b) *phys.* Halbwertzeit *f*; ***~ sea level*** *das* Normalnull; ***~ value*** Mittelwert *m*; **II** *s.* **2.** Mitte *f*, *das* Mittlere, Mittel *n*, 'Durchschnitt(szahl *f*) *m*; A Mittel(wert *m*) *n*: ***hit the happy ~*** die goldene Mitte treffen; ***arithmetical ~*** arithmetisches Mittel; → ***golden mean***; **3.** *pl. sg. od. pl. konstr.* (Hilfs)Mittel *n od. pl.*, Werkzeug *n*, Weg *m*: ***by all ~s*** auf alle Fälle, unbedingt; ***by any ~s*** etwa, vielleicht, möglicherweise; ***by no ~s*** durchaus nicht, keineswegs, auf keinen Fall; ***by some ~s or other*** auf die eine oder andere Weise, irgendwie; ***by ~s of*** mittels, durch; ***by this*** (*od.* ***these***) ***~s*** hierdurch; ***~ of production*** Produktionsmittel; ***~s of transport***(***ation***) Beförderungsmittel; ***find the ~s*** Mittel und Wege finden; → ***end*** 9, ***way¹*** 1; **4.** *pl.* (Geld)Mittel *pl.*, Vermögen *n*, Einkommen *n*: ***live within*** (***beyond***) ***one's ~s*** s-n Verhältnissen entsprechend (über s-e Verhältnisse) leben; ***a man of ~s*** ein bemittelter Mann; ***~s test*** *Brit.* (behördliche) Einkommens- *od.* Bedürftigkeitsermittlung.

me·an·der [mɪ'ændə] **I** *s. bsd. pl.* Windung *f*, verschlungener Pfad, Schlängelweg *m*; ⚠ Mä'ander(linien *pl.*) *m*, Schlangenlinie *f*; **II** *v/i.* sich winden, (sich) schlängeln.

mean·ing ['mi:nɪŋ] **I** *s.* **1.** Absicht *f*, Zweck *m*, Ziel *n*; **2.** Sinn *m*, Bedeutung *f*: ***full of ~*** bedeutungsvoll, bedeutsam; ***what's the ~ of this?*** was soll das bedeuten?; ***words with the same ~*** Wörter mit gleicher Bedeutung; ***full of ~*** → 3; ***if you take my ~*** wenn Sie verstehen, was ich meine; **II** *adj.* ☐ **3.** bedeutungsvoll, bedeutsam (*Blick etc.*); **4.** *in Zssgn* in ... Absicht: ***well-~*** wohlmeinend, -wollend; **'mean·ing·ful** [-fʊl] *adj.* bedeutungsvoll; **'mean·ing·less** [-lɪs] *adj.* **1.** sinn-, bedeutungslos; **2.** ausdruckslos (*Gesicht*).

mean·ness ['mi:nnɪs] *s.* **1.** Niedrigkeit *f*, niedriger Stand; **2.** Wertlosigkeit *f*, Ärmlichkeit *f*; **3.** Schäbigkeit *f*: a) Gemeinheit *f*, Niederträchtigkeit *f*, b) Geiz *m*; **4.** *Am.* F Bösartigkeit *f*.

meant [ment] *pret. u. p.p. von* **mean¹**.

ˌmean|'time **I** *adv.* in'zwischen, mittler'weile, unter'dessen; **II** *s.* Zwischenzeit *f*: ***in the ~*** → I; ***~ time*** *s. ast.* mittlere (Sonnen)Zeit; **ˌ~'while** → ***meantime*** I.

mea·sles ['mi:zlz] *s. pl. sg. konstr.* **1.** ⚕ Masern *pl.*: ***false ~***, ***German ~*** Röteln *pl.*; **2.** *vet.* Finnen *pl.* (*der Schweine*); **'mea·sly** [-lɪ] *adj.* **1.** ⚕ masernkrank; **2.** *vet.* finnig; **3.** *sl.* elend, schäbig, lumpig.

meas·ur·a·ble ['meʒərəbl] *adj.* ☐ messbar: ***within ~ distance of*** *fig.* nahe (*dat.*); **'meas·ur·a·ble·ness** [-nɪs] *s.* Messbarkeit *f*.

meas·ure ['meʒə] **I** *s.* **1.** Maß(einheit *f*) *n*: ***long ~*** Längenmaß; ***~ of capacity*** Hohlmaß; **2.** *fig.* richtiges Maß, Ausmaß *n*: ***beyond*** (*od.* ***out of***) ***all ~*** über alle Maßen, grenzenlos; ***in a great ~*** in großem Maße, großenteils, überaus; ***in some ~***, ***in a*** (***certain***) ***~*** gewissermaßen, bis zu e-m gewissen Grade; ***for good ~*** obendrein; **3.** Messen *n*, Maß *n*: ***take the ~ of s.th.*** et. abmessen; ***take s.o.'s ~*** a) j-m (*zu e-m Anzug*) Maß nehmen, b) *fig.* j-n taxieren *od.* einschätzen; → ***made-to-measure***; **4.** Maß *n*, Messgerät *n*; ***weigh with two ~s*** *fig.* mit zweierlei Maß messen; →

tape-measure; **5.** Maßstab *m* (***of*** für): ***be a ~ of s.th.*** e-r Sache als Maßstab dienen; ***man is the ~ of all things*** der Mensch ist das Maß aller Dinge; **6.** Anteil *m*, Porti'on *f*, gewisse Menge; **7.** a) Maß(einheit *f*) *n*, Teiler *m*, Faktor *m*, b) *phys.* Maßeinheit *f*: ***~ of variation*** Schwankungsmaß; ***common ~*** gemeinsamer Teiler; **8.** (abgemessener) Teil, Grenze *f*: ***set a ~ to s.th.*** et. begrenzen; **9.** *Metrik*: a) Silbenmaß *n*, b) Versglied *n*, c) Versmaß *n*; **10.** ♪ Metrum *n*, Takt *m*, Rhythmus *m*: ***tread a ~*** tanzen; **11.** *poet.* Weise *f*, Melo'die *f*; **12.** *pl. geol.* Lager *n*, Flöz *n*; **13.** *typ.* Zeilen-, Satz-, Ko'lumnenbreite *f*; **14.** *fig.* Maßnahme *f*, -regel *f*, Schritt *m*: ***take ~s*** Maßnahmen ergreifen; ***take legal ~s*** den Rechtsweg beschreiten; **15.** gesetzliche Maßnahme, Verfügung *f*: ***coercive ~*** Zwangsmaßnahme; **II** *v/t.* **16.** (ver)messen, ab-, aus-, zumessen: ***~ one's length*** *fig.* längelang hinfallen; ***~ swords*** a) die Klingen messen, b) (***with***) die Klingen kreuzen (mit) (*a. fig.*); ***~ s.o. for a suit of clothes*** j-m Maß nehmen zu e-m Anzug; **17.** ***~ out*** ausmessen, die Ausmaße bestimmen; **18.** *fig.* ermessen; **19.** (ab)messen, abschätzen (***by*** an *dat.*): ***~d by*** gemessen an; **20.** beurteilen (***by*** nach); **21.** vergleichen, messen (***with*** mit): ***~ one's strength with s.o.*** s-e Kräfte mit j-m messen; **III** *v/i.* **22.** Messungen vornehmen; **23.** messen, groß sein: ***it ~s 7 inches*** es misst 7 Zoll, es ist 7 Zoll lang; **24.** ***~ up*** (***to***) die Ansprüche (*gen.*) erfüllen, her'anreichen (an *acc.*); **'meas·ured** [-əd] *adj.* **1.** (ab)gemessen: ***~ in the clear*** (*od.* ***day***) ⚙ im Lichten gemessen; ***~ value*** Messwert *m*; **2.** richtig proportioniert; **3.** (ab)gemessen, gleich-, regelmäßig: ***~ tread*** gemessener Schritt; **4.** wohl überlegt, abgewogen, gemessen: ***to speak in ~ terms*** sich maßvoll ausdrücken; **5.** im Versmaß, metrisch; **'meas·ure·less** [-lɪs] *adj.* unermesslich, unbeschränkt; **'meas·ure·ment** [-mənt] *s.* **1.** (Ver-)Messung *f*, (Ab)Messen *n*; **2.** Maß *n*; *pl.* Abmessungen *pl.*, Größe *f*, Ausmaße *pl.*; **3.** ⚓ Tonnengehalt *m*.

meas·ur·ing ['meʒərɪŋ] *s.* **1.** Messen *n*, (Ver)Messung *f*; **2.** *in Zssgn*: Mess...; **~ bridge** *s.* ⚡ Messbrücke *f*; **~ di·al** *s.* Rundmaßskala *f*; **~ glass** *s.* Messglas *n*; **~ in·stru·ment** *s.* Messgerät *n*; **~ range** *s.* Messbereich *m*; **~ tape** *s.* Maß-, Messband *n*, Bandmaß *n*.

meat [miːt] *s.* **1.** Fleisch *n* (*als Nahrung*; *Am. a. von Früchten etc.*): ***~s*** a) Fleischwaren, b) Fleichgerichte; ***fresh ~*** Frischfleisch; ***butcher's ~*** Schlachtfleisch; ***~ and drink*** Speise *f* u. Trank *m*; ***this is ~ and drink to me*** es ist mir e-e Wonne; ***one man's ~ is another man's poison*** des einen Freud ist des andern Leid; **2.** Fleischspeise *f*: ***cold ~*** kalte Platte; ***~ tea*** kaltes Abendbrot mit Tee; **3.** *fig.* Sub'stanz *f*, Gehalt *m*, Inhalt *m*: ***full of ~*** gehaltvoll; **~ ax(e)** *s.* Schlachtbeil *n*; **'~·ball** *s.* **1.** Bu'lette *f*, *südd.* Fleischpflanzerl *n*, *östr.* Fleischla(i)berl *n*; **2.** *Am. sl.* ‚Heini' *m*; **~ broth** *s.* Fleischbrühe *f*; **'~,chop·per** *s.* **1.** Hackmesser *n*; **2.** → **~ grind·er** *s.* Fleischwolf *m*; **~ ex·tract** *s.* 'Fleischex,trakt *m*; **~ fly** *s. zo.* Schmeißfliege *f*; **~ inspec·tion** *s.* Fleischbeschau *f*.

Man unterscheidet im Englischen zwischen **red meat** (dunkles Fleisch: Rind, Lamm, Reh, Hirsch) und **white meat** (helles Fleisch: Geflügel, Kalb, Schweinefleisch).

meat·less ['miːtlɪs] *adj.* fleischlos.

meat loaf *s.* Hackbraten *m*; **'~·man** [-mæn] *s.* [*irr.*] *Am.* Fleischer *m*; **~ meal** *s.* Fleischmehl *n*; **~ pie** *s.* 'Fleischpa,stete *f*; **~ pud·ding** *s.* Fleischpudding *m*; **~ safe** *s.* Fliegenschrank *m*.

meat·y ['miːtɪ] *adj.* **1.** fleischig; **2.** fleischartig; **3.** *fig.* gehaltvoll, handfest, so'lid.

Mec·can·o [mɪ'kɑːnəʊ] (*TM*) *s.* Sta'bilbaukasten *m* (*Spielzeug*).

me·chan·ic [mɪ'kænɪk] **I** *adj.* **1.** → ***mechanical***; **II** *s.* **2.** a) Me'chaniker *m*, Maschi'nist *m*, Mon'teur *m*, (Auto-)Schlosser *m*, b) Handwerker *m*; **3.** *pl. sg. konstr. phys.* a) Me'chanik *f*, Bewegungslehre *f*: ***~s of fluids*** Strömungslehre *f*, b) *a.* ***practical ~s*** Ma'schinenlehre *f*; **4.** *pl. sg. konstr.* ⚙ Konstrukti'on *f* von Ma'schinen *etc.*: ***precision ~s*** Feinmechanik *f*; **5.** *pl. sg. konstr.* Mecha'nismus *m* (*a. fig.*); **6.** *pl. sg. konstr. fig.* Technik *f*: ***the ~s of playwriting***; **me'chan·i·cal** [-kl] *adj.* ☐ **1.** ⚙ me'chanisch (*a. phys.*); maschi'nell, Maschinen...; auto'matisch: ***~ drawing*** maschinelles Zeichnen; ***~ force*** *phys.* mechanische Kraft; ***~ engineer*** Maschinenbauingenieur *m*; ***~ engineering*** Maschinenbau(kunde *f*) *m*; ***~ wood-pulp*** Holzschliff *m*; **2.** *fig.* me'chanisch, auto'matisch; **me'chan·i·cal·ness** [-klnɪs] *s. das* Me'chanische; **mech·a·ni·cian** [,mekə'nɪʃn] → ***mechanic*** 2.

mech·a·nism ['mekənɪzəm] *s.* **1.** Mecha'nismus *m*: ***~ of government*** *fig.* Regierungs-, Verwaltungsapparat *m*; **2.** *biol, physiol., phls., psych.* Mecha'nismus *m*; **3.** *paint. etc.* Technik *f*; **mech·a·nis·tic** [,mekə'nɪstɪk] *adj.* (☐ ***~ally***)

1. *phls.* mecha'nistisch; **2.** me'chanisch bestimmt; **3.** me'chanisch; **mech·a·ni·za·tion** [ˌmekənaɪ'zeɪʃn] *s.* Mechanisierung *f*; **'mech·a·nize** [-naɪz] *v/t.* mechanisieren, ⚔ *a.* motorisieren: **~d division** ⚔ Panzergrenadierdivision *f*.
me·co·ni·um [mɪ'kəʊnjəm] *s. physiol.* Kindspech *n*.
med·al ['medl] *s.* Me'daille *f*: a) Denk-, Schaumünze *f*; → **reverse** 4, b) Orden *m*, Ehrenzeichen *n*, Auszeichnung *f*: **2 of Honor** *Am.* ⚔ Tapferkeitsmedaille; **~ ribbon** Ordensband *n*.
med·aled, med·al·ist *Am.* → **medalled, medallist**.
med·alled ['medld] *adj.* ordengeschmückt.
me·dal·lion [mɪ'dæljən] *s.* **1.** große Denk- *od.* Schaumünze, Me'daille *f*; **2.** Medail'lon *n*; **med·al·list** ['medlɪst] *s.* **1.** Me'daillenschneider *m*; **2.** *bsd. sport* (*Gold- etc.*)Medaillengewinner(in).
med·dle ['medl] *v/i.* **1.** sich (ein-) mischen (**with, in** in *acc.*); **2.** sich (unaufgefordert) befassen, sich abgeben, sich einlassen (**with** mit); **3.** her'umhantieren, -spielen (**with** mit); **'meddler** [-lə] *s.* j-d, der sich (ständig) in fremde Angelegenheiten mischt, aufdringlicher Mensch; **'med·dle·some** [-səm] *adj.* aufdringlich.
me·di·a[1] ['medɪə] *pl.* **-di·ae** [-dɪiː] *s. ling.* Media *f*, stimmhafter Verschlusslaut.
me·di·a[2] ['miːdjə] **1.** *pl. von* **medium**; **2.** Medien *pl.*: **~ coverage** die 'Medienberichterstattung; **~ research** Medienforschung *f*; **mixed ~** a) Multimedia *pl.*, b) *Kunst*: Mischtechnik *f*.
me·di·ae·val *etc.* → **medieval** *etc.*
me·di·al ['miːdjəl] **I** *adj.* □ **1.** mittler, Mittel...: **~ line** Mittellinie *f*; **2.** *ling.* medi'al, inlautend: **~ sound** Inlaut *m*; **3.** Durchschnitts...; **II** *s.* **4.** → **media**[1].
me·di·an ['miːdjən] **I** *adj.* die Mitte bildend, mittler, Mittel...: **~ salaries** ✝ mittlere Gehälter; **~ strip** *Am. mot.* Mittelstreifen *m*; **II** *s.* Mittellinie *f*, -wert *m*; **~ line** *s.* ⩚ a) Mittellinie *f* (*a. anat.*), b) Halbierungslinie *f*; **~ point** *s.* ⩚ Mittelpunkt *m*, Schnittpunkt *m* der Winkelhalbierenden.
me·di·ant ['miːdjənt] *s.* ♪ Medi'ante *f*.
me·di·ate ['miːdɪeɪt] **I** *v/i.* **1.** vermitteln (*a. v/t.*), den Vermittler spielen (**between** zwischen *dat.*); **2.** da'zwischenliegen, ein Bindeglied bilden; **II** *adj.* [-dɪət] □ **3.** mittelbar, 'indiˌrekt; **4.** → **median** I; **me·di·a·tion** [ˌmiːdɪ'eɪʃn] *s.* Vermittlung *f*, Fürsprache *f*; *eccl.* Fürbitte *f*: **through his ~**; **'me·di·a·tor** [-tə] *s.* Vermittler *m*; Fürsprecher *m*; *eccl.* Mittler *m*; **me·di·a·to·ri·al** [ˌmiːdɪə'tɔːrɪəl] *adj.* □ vermittelnd, (Ver)Mittler...; **'me·di·a·tor·ship** [-təʃɪp] *s.* (Ver)Mittleramt *n*, Vermittlung *f*; **'me·di·a·to·ry** [-dɪətərɪ] → **mediatorial**; **me·di·a·trix** [ˌmiːdɪ'eɪtrɪks] *s.* Vermittlerin *f*.
med·ic ['medɪk] **I** *adj.* → **medical** 1; **II** *s.* F Medi'ziner *m* (*Arzt od. Student*), ⚔ Sani'täter *m*.
Med·i·caid ['medɪkeɪd] *s. Am. Gesundheitsfürsorge(programm) für Bedürftige.*
med·i·cal ['medɪkl] **I** *adj.* □ **1.** medi'zinisch, ärztlich, Kranken..., *a.* inter'nistisch: **~ attendance** ärztliche Behandlung; **~ board** Gesundheitsbehörde *f*; **~ certificate** ärztliches Attest; **2 Corps** ⚔ Sanitätstruppe *f*; **2 Department** ⚔ Sanitätswesen *n*; **~ examiner** a) Amtsarzt *m*, -ärztin *f*, b) Vertrauensarzt *m*, -ärztin *f* (*Krankenkasse*), c) *Am.* Leichenbeschauer(in); **~ history** Krankengeschichte *f*; **~ jurisprudence** Gerichtsmedizin *f*; **~ man** → 3 a; **~ officer** Amtsarzt *m*, -ärztin *f*; **~ practitioner** praktischer Arzt, praktische Ärztin; **~ retirement** vorzeitige Pensionierung aus gesundheitlichen Gründen; **~ science** medizinische Wissenschaft, Medizin *f*; **~ specialist** Facharzt *m*, -ärztin *f*; **~ student** Mediziner(in), Medizinstudent(in); **2 Superintendent** Chefarzt *m*, -ärztin *f*; **~ ward** innere Abteilung (*e-r Klinik*); **on ~ grounds** aus gesundheitlichen Gründen; **2.** Heil..., heilend; **II** *s.* **3.** F a) ‚Doktor' *m* (*Arzt*), b) ärztliche Unter'suchung; **me·dic·a·ment** [me'dɪkəmənt] *s.* Medika'ment *n*, Heil-, Arz'neimittel *n*.
Med·i·care ['medɪkeə] *s. Am.* Gesundheitsfürsorge *f* (*bsd. für Senioren*).
med·i·cate ['medɪkeɪt] *v/t.* **1.** medi'zinisch behandeln; **2.** mit Arz'neistoff versetzen *od.* imprägnieren: **~d cotton** medizinische Watte; **~d bath (wine)** Medizinalbad *n* (-wein *m*); **med·i·ca·tion** [ˌmedɪ'keɪʃn] *s.* **1.** Beimischung *f* von Arz'neistoffen; **2.** Verordnung *f*, medi'zinische *od.* medikamen'töse Behandlung; **'med·i·ca·tive** [-keɪtɪv] *adj.*, **me·dic·i·nal** [me'dɪsɪnl] *adj.* □ Medizinal..., medi'zinisch, heilkräftig, -sam, Heil...: **~ herbs** Heilkräuter; **~ spring** Heilquelle *f*.
med·i·cine ['medsɪn] *s.* **1.** Medi'zin *f*, Arz'nei *f* (*a. fig.*): **take one's ~** a) s-e Medizin (ein)nehmen, b) *fig.* ‚die Pille schlucken'; **2.** a) Heilkunde *f*, ärztliche Wissenschaft, b) innere Medi'zin (*Ggs. Chirurgie*); **3.** Zauber *m*, Medi'zin *f* (*bei Indianern etc.*): **he is bad ~** *Am. sl.* er ist ein gefährlicher Bursche; **~ ball** *s. sport* Medi'zinball *m*; **~ chest** *s.* Arz'neischrank *m*, 'Hausapoˌtheke *f*; **~ man** [-mæn] *s.* [*irr.*] Medi'zinmann *m*.
med·i·co ['medɪkəʊ] *pl.* **-cos** *s.* → **medic** II.

M

medico- [medıkəʊ] *in Zssgn* medi'zinisch, Mediko...: **~legal** gerichtsmedizinisch.

me·di·e·val [ˌmedı'iːvl] *adj.* □ mittelalterlich (*a.* F *fig. altmodisch, vorsintflutlich*); ˌ**me·di'e·val·ism** [-vəlızəm] *s.* **1.** Eigentümlichkeit *f od.* Geist *m* des Mittelalters; **2.** Vorliebe *f* für das Mittelalter; **3.** Mittelalterlichkeit *f*; ˌ**me·di'e·val·ist** [-vəlıst] *s.* Mediä'vist(in), Erforscher(in) *od.* Kenner(in) des Mittelalters.

me·di·o·cre [ˌmiːdı'əʊkə] *adj.* mittelmäßig, zweitklassig; **me·di·oc·ri·ty** [ˌmiːdı'ɒkrətı] *s.* **1.** Mittelmäßigkeit *f*, mäßige Begabung; **2.** unbedeutender Mensch, kleiner Geist.

med·i·tate ['medıteıt] **I** *v/i.* nachsinnen, -denken, grübeln, meditieren (*on*, *upon* über *acc.*); **II** *v/t.* erwägen, planen, sinnen auf (*acc.*); **med·i·ta·tion** [ˌmedı'teıʃn] *s.* **1.** Meditati'on *f*, tiefes Nachdenken, Sinnen *n*; **2.** (*bsd.* fromme) Betrachtung, Andacht *f*: **book of ~s** Andachts-, Erbauungsbuch *n*; '**med·i·ta·tive** [-tətıv] *adj.* □ **1.** nachdenklich; **2.** besinnlich (*a. Buch etc.*).

med·i·ter·ra·ne·an [ˌmedıtə'reınjən] **I** *adj.* **1.** von Land um'geben; binnenländisch; **2.** ♀ mittelmeerisch, mediter'ran, Mittelmeer...: ♀ **Sea** → 3; **II** *s.* **3.** ♀ Mittelmeer *n*, Mittelländisches Meer; **4.** ♀ Angehörige(r *m*) *f* der mediter'ranen Rasse.

M

me·di·um ['miːdjəm] **I** *pl.* **-di·a** [-djə], **-di·ums** *s.* **1.** *fig.* Mitte *f*, Mittel *n*, Mittelweg *m*: **the happy ~** die goldene Mitte, der goldene Mittelweg; **2.** *phys.* Mittel *n*, Medium *n*; **3.** ✝, *biol.* Medium *n*, Träger *m*, Mittel *n*: **circulating ~, currency ~** ✝ Umlaufs-, Zahlungsmittel; **dispersion ~** ⚗ Dispersionsmittel; **4.** 'Lebensele,ment *n*, -bedingungen *pl.*; **5.** *fig.* Um'gebung *f*, Mili'eu *n*; **6.** (*a. künstlerisches, a. Kommunikations-*) Medium *n*, (Hilfs-, Werbe- *etc.*)Mittel *n*; Werkzeug *n*, Vermittlung *f*: **by** (*od.* **through**) **the ~ of** durch, vermittels; → **media²**; **7.** *paint.* Bindemittel *n*; **8.** *Spiritismus etc.*: Medium *n*; **9.** *typ.* Medi'anpa,pier *n*; **II** *adj.* **10.** mittler, Mittel..., Durchschnitts..., *a.* mittelmäßig: **~ quality** mittlere Qualität; **~ price** Durchschnittspreis *m*; **~-price car** *mot.* Wagen *m* der mittleren Preisklasse; **~ brown** *s.* Mittelbraun *n*; '**~-ˌdat·ed** *adj.* ✝ mittelfristig; '**~-faced** *adj. typ.* halbfett.

me·di·um·is·tic [ˌmiːdjə'mıstık] *adj. Spiritismus*: medi'al (begabt).

me·di·um| size *s.* Mittelgröße *f*; '**~-size(d)** *adj.* mittelgroß: **~ car** Mittelklassewagen *m*; '**~-term** *adj.* mittelfristig; **~ wave** *s. Radio*: Mittelwelle *f*.

med·lar ['medlə] *s.* ♀ **1.** Mispelstrauch *m*; **2.** Mispel *f* (*Frucht*).

med·ley ['medlı] **I** *s.* **1.** Gemisch *n*; *contp.* Mischmasch *m*, Durchein'ander *n*; **2.** ♪ Potpourri *n*, Medley *n*; **II** *adj.* **3.** gemischt, wirr; bunt; **4.** *sport* Lagen...: **~ swimming**; **~ relay** a) *Schwimmen*: Lagenstaffel *f*, b) *Laufsport*: Schwellstaffel *f*.

me·dul·la [me'dʌlə] *s.* **1.** *anat.* (Knochen)Mark *n*: **~ spinalis** Rückenmark; **2.** ♀ Mark *n*; **me'dul·lar·y** [-ərı] *adj.* medul'lär, Mark...

meed [miːd] *s. poet.* Lohn *m*.

meek [miːk] *adj.* □ **1.** mild, sanft(mütig); **2.** demütig, 'unterwürfig; **3.** fromm (*Tier*): **as ~ as a lamb** *fig.* lammfromm; '**meek·ness** [-nıs] *s.* **1.** Sanftmut *f*, Milde *f*; **2.** Demut *f*, 'Unterwürfigkeit *f*.

meer·schaum ['mıəʃəm] *s.* Meerschaum(pfeife *f*) *m*.

meet [miːt] **I** *v/t.* [*irr.*] **1.** begegnen (*dat.*), treffen, zs.-treffen mit, treffen auf (*acc.*), antreffen: **~ s.o. in the street**; **well met!** schön, dass wir uns treffen!; **2.** abholen; **~ s.o. at the station** j-n von der Bahn abholen; **be met** abgeholt *od.* empfangen werden; **come** (**go**) **to ~ s.o.** j-m entgegenkommen (-gehen); **3.** *j-n* kennen lernen: **when I first met him** als ich s-e Bekanntschaft machte; **pleased to ~ you** F sehr erfreut, Sie kennen zu lernen; **~ Mr. Brown!** *bsd. Am.* darf ich Sie mit Herrn B. bekannt machen?; **4.** *fig. j-m* entgegenkommen (**half-way** auf halbem Wege); **5.** (*feindlich*) zs.-treffen *od.* -stoßen mit, begegnen (*dat.*), stoßen auf (*acc.*); *sport* antreten gegen (*Konkurrenten*); **6.** *a. fig. j-m* gegen'übertreten; → **fate** 1; **7.** *fig.* entgegentreten (*dat.*): a) *e-r Sache* abhelfen, *der Not* steuern, *Schwierigkeiten* über'winden, *e-m Übel* begegnen, *der Konkurrenz* Herr werden, b) *Einwände* wider'legen, entgegnen auf (*acc.*); **8.** *parl.* sich vorstellen (*dat.*): **~ (the) parliament**; **9.** berühren, münden in (*acc.*) (*Straßen*), stoßen *od.* treffen auf (*acc.*), schneiden (*a.* ⩓): **~ s.o.'s eye** a) j-m ins Auge fallen, b) j-s Blick erwidern; **~ the eye** auffallen; **there is more in it than ~s the eye** da steckt mehr dahinter; **10.** *Anforderungen etc.* entsprechen, gerecht werden (*dat.*), über'einstimmen mit: **the supply ~s the demand** das Angebot entspricht der Nachfrage; **be well met** gut zs.-passen; **that won't ~ my case** das löst mein Problem nicht; **11.** *j-s Wünschen* entgegenkommen *od.* entsprechen, *Forderungen* erfüllen, *Verpflichtungen* nachkommen, *Unkosten* bestreiten (**out of** aus), *Nachfrage* befriedigen, *Rechnungen* begleichen, *j-s Auslagen* decken, *Wechsel* honorieren *od.* decken: **~ the**

claims of one's creditors s-e Gläubiger befriedigen; **II** *v/i.* [*irr.*] **12.** zs.-kommen, -treffen, -treten; **13.** sich begegnen, sich treffen, sich finden: **~ *again*** sich wieder sehen; **14.** (*feindlich od. im Spiel*) zs.-stoßen, anein'ander geraten, sich messen; *sport* aufein'ander treffen (*Gegner*); **15.** sich kennen lernen, zs.-treffen; **16.** sich vereinigen (*Straßen etc.*), sich berühren; **17.** genau zs.-treffen *od.* -stimmen *od.* -passen, sich decken; zugehen (*Kleidungsstück*); → ***end*** 1; **18. ~ *with*** a) zs.-treffen mit, sich vereinigen mit, b) (an)treffen, finden, (zufällig) stoßen auf (*acc.*), c) erleben, erleiden, erfahren, betroffen werden von, erhalten, *Billigung* finden, *Erfolg* haben: **~ *with an accident*** e-n Unfall erleiden, verunglücken; **~ *with a kind reception*** freundlich aufgenommen werden; **III** *s.* **19.** *Am.* a) Treffen *n* (*von Zügen etc.*), b) → ***meeting*** 3 b; **20.** *Brit. hunt.* a) Jagdtreffen *n* (*zur Fuchsjagd*), b) Jagdgesellschaft *f*.

meet·ing ['mi:tɪŋ] *s.* **1.** Begegnung *f*, Zs.-treffen *n*, -kunft *f*; **2.** (***at a ~*** auf e-r) Versammlung *od.* Konfe'renz *od.* Sitzung *od.* Tagung: **~ *of creditors*** (***members***) Gläubiger- (Mitglieder-) versammlung; **3.** a) Zweikampf *m*, Du'ell *n*, b) *sport* Treffen *n*, Wettkampf *m*, Veranstaltung *f*; **4.** Zs.-treffen *n* (*zweier Linien etc.*), Zs.-fluss *m* (*zweier Flüsse*); **~ place** *s.* Treffpunkt *m* (*a. weitS.*), Tagungs-, Versammlungsort *m*.

meg(a)- [meg(ə)] *in Zssgn* a) (riesen-) groß, b) Milli'on.

meg·a ['megə] F **I** *adj.* ‚klasse', ‚mega', ‚geil'; **II** *adv.* ‚wahnsinnig': ***they are ~ rich*** sie sind ‚stinkreich'.

meg·a·buck ['megəbʌk] *s.* F Milli'on *f* Dollar; '**meg·a·byte** [-baɪt] *s.* Megabyte *n*; **meg·a·cy·cle** ['megəˌsaɪkl] *s.* ⚡ Megahertz *n*; '**meg·a·death** [-deθ] *s.* Tod *m* von e-r Milli'on Menschen (*bsd. in e-m Atomkrieg*); '**meg·a·fog** [-fɒg] *s.* ⚓ 'Nebelsiˌgnal(anlage *f*) *n*; '**meg·a·lith** [-lɪθ] *s.* Mega'lith *m*, großer Steinblock.

megalo- [megələʊ] *in Zssgn* groß.

meg·a·lo·car·di·a [ˌmegələʊ'kɑ:dɪə] *s.* ⚕ Herzerweiterung *f*; **meg·a·lo·ma·ni·a** [ˌmegələʊ'meɪnjə] *s. psych.* Größenwahn *m*; **meg·a·lop·o·lis** [ˌmegə'lɒpəlɪs] *s.* **1.** Riesenstadt *f*; **2.** Ballungsgebiet *n*.

meg·a·phone ['megəfəʊn] **I** *s.* Mega'phon *n*; **II** *v/t. u. v/i.* durch ein Mega'phon sprechen; '**meg·a·ton** [-tʌn] *s.* Megatonne *f* (*1 Million Tonnen*); '**meg·a·watt** [-wɒt] *s.* ⚡ Megawatt *n*.

meg·ger ['megə] *s.* ⚡ Megohm'meter *n*.

me·gilp [mə'gɪlp] **I** *s.* Leinöl-, Retu-schierfirnis *m*; **II** *v/t.* firnissen.

meg·ohm ['megəʊm] *s.* ⚡ Meg'ohm *n*.

me·grim ['mi:grɪm] *s.* **1.** ⚕ *obs.* Mi'gräne *f*; **2.** *obs.* Grille *f*, Schrulle *f*; **3.** *pl. obs.* Schwermut *f*, Melancho'lie *f*; **4.** *pl. vet.* Koller *m* (*der Pferde*).

mel·an·cho·li·a [ˌmelən'kəʊljə] *s.* ⚕ Melancho'lie *f*, Schwermut *f*; ˌ**mel·an'cho·li·ac** [-lɪæk], ˌ**mel·an'chol·ic** [-'kɒlɪk] **I** *adj.* melan'cholisch, schwermütig, traurig, schmerzlich; **II** *s.* Melan'choliker(in), Schwermütige(r *m*) *f*; **mel·an·chol·y** ['melənkəlɪ] **I** *s.* Melancho'lie *f*: a) ⚕ Depressi'on *f*, b) Schwermut *f*, Trübsinn *m*; **II** *adj.* melan'cholisch: a) schwermütig, trübsinnig, b) *fig.* traurig, düster, trübe.

mé·lange [meɪ'lɑ̃:nʒ] (*Fr.*) *s.* Mischung *f*, Gemisch *n*.

mel·a·no·ma [ˌmelə'nəʊmə] *s.* ⚕ Mela'nom *n*.

me·las·sic [mɪ'læsɪk] *adj.* ⚗ Melassin...(-*säure etc.*).

Mel·ba toast ['melbə] *s.* dünne, hart geröstete Brotscheiben *pl.*

me·lee *Am.*, **mê·lée** ['meleɪ] (*Fr.*) *s.* Handgemenge *n*; *fig.* Tu'mult *m*; Gewühl *n*.

mel·io·rate ['mi:ljəreɪt] **I** *v/t.* **1.** (ver-) bessern; **2.** ⚒ meliorieren; **II** *v/i.* sich (ver)bessern; **mel·io·ra·tion** [ˌmi:ljə'reɪʃn] *s.* (Ver)Besserung *f*; ⚒ Meliorati'on *f*.

me·lis·sa [mɪ'lɪsə] *s.* ⚘, ⚕ (Zi'tronen-) Meˌlisse *f*.

mel·lif·er·ous [me'lɪfərəs] *adj.* **1.** ⚘ honigerzeugend; **2.** *zo.* Honig tragend *od.* bereitend; **mel'lif·lu·ence** [-flʊəns] *s.* **1.** Honigfluss *m*; **2.** *fig.* Süßigkeit *f*; **mel'lif·lu·ent** [-flʊənt] *adj.* ☐ (wie Honig) süß *od.* glatt da'hinfließend; **mel'lif·lu·ous** [-flʊəs] *adj.* ☐ *fig.* honigsüß.

mel·low ['meləʊ] **I** *adj.* ☐ **1.** reif, saftig, mürbe, weich (*Obst*); **2.** ⚒ a) leicht zu bearbeiten(d), locker, b) reich (*Boden*); **3.** ausgereift, mild (*Wein*); **4.** sanft, mild, zart, weich (*Farbe, Licht, Ton etc.*); **5.** *fig.* gereift u. gemildert, mild, freundlich, heiter (*Person*): ***of ~ age*** von gereiftem Alter; **6.** angeheitert, beschwipst; **II** *v/t.* **7.** weich *od.* mürbe machen, *Boden* auflockern; **8.** *fig.* sänftigen, mildern; **9.** (aus)reifen, reifen lassen (*a. fig.*); **III** *v/i.* **10.** weich *od.* mürbe *od.* mild *od.* reif werden (*Wein etc.*); **11.** *fig.* sich abklären *od.* mildern; '**mel·low·ness** [-nɪs] *s.* **1.** Weichheit *f* (*a. fig.*), Mürbheit *f*; **2.** ⚒ Gare *f*; **3.** Gereiftheit *f*; **4.** Milde *f*, Sanftheit *f*.

me·lo·de·on [mɪ'ləʊdjən] *s.* ♪ **1.** Me'lodium(orgel *f*) *n* (*ein amer. Harmonium*); **2.** *Art* Ak'kordeon *n*; **3.** *obs. Am.* Varie'tee(theˌater) *n*.

me·lod·ic [mɪ'lɒdɪk] *adj.* me'lodisch; **me'lod·ics** [-ks] *s. pl. sg. konstr.* ♪ Melo'dielehre *f*, Me'lodik *f*; **me·lo·di·ous**

[mɪˈləʊdjəs] *adj.* □ meloˈdienreich, wohlklingend; **mel·o·dist** [ˈmelədɪst] *s.* **1.** ˈLiedersänger(in), -kompoˌnist(in); **2.** Meˈlodiker *m*; **mel·o·dize** [ˈmelədaɪz] **I** *v/t.* **1.** meˈlodisch machen; **2.** *Lieder* vertonen; **II** *v/i.* **3.** Meloˈdien singen *od.* komponieren; **mel·o·dra·ma** [ˈmeləʊˌdrɑːmə] *s.* Meloˈdram(a) *n* (*a. fig.*); **mel·o·dra·mat·ic** [ˌmeləʊdrəˈmætɪk] *adj.* (□ **~ally**) melodraˈmatisch.

mel·o·dy [ˈmelədɪ] *s.* **1.** ♪ (*a. ling. u. fig.*) Meloˈdie *f*, Weise *f*; **2.** Wohlklang *m*.

mel·on [ˈmelən] *s.* **1.** ⚘ Meˈlone *f*: ***water ~*** Wassermelone; **2. *cut a ~*** ✝ *sl.* e-e Sonderdividende ausschütten.

melt [melt] **I** *v/i.* **1.** (zer)schmelzen, flüssig werden; sich auflösen, auf-, zergehen (***into*** in *acc.*): **~ *down*** zerfließen; → ***butter*** 1; **2.** sich auflösen; **3.** aufgehen (***into*** in *acc.*), sich verflüchtigen; **4.** zs.-schrumpfen; **5.** *fig.* zerschmelzen, zerfließen (***with*** vor *dat.*): **~ *into tears*** in Tränen zerfließen; **6.** *fig.* auftauen, weich werden, schmelzen; **7.** verschmelzen, *ineinander* ˈübergehen (*Ränder*, *Farben etc.*): ***outlines ~ing into each other***; **8.** (ver)schwinden, zur Neige gehen (*Geld etc.*): **~ *away*** dahinschwinden, -schmelzen; **9.** *humor.* vor Hitze vergehen, zerfließen; **II** *v/t.* **10.** schmelzen, lösen; **11.** (zer-)schmelzen *od.* (zer)fließen lassen (***into*** in *acc.*); *Butter* zerlassen; ⚙ schmelzen: **~ *down*** einschmelzen; **12.** *fig.* rühren, erweichen: **~ *s.o.'s heart***; **13.** *Farben etc.* verschmelzen lassen; **III** *s.* **14.** Schmelzen *n* (*Metall*); **15.** a) Schmelze *f*, geschmolzene Masse, b) → ***melting charge***.

ˈ**melt·down** *s.* **1.** Kernschmelze *f* (*im Reaktor*); **2.** a) Niedergang *m*, Abbau *m*, b) Absacken *n* (*der Börsenkurse*).

melt·ing [ˈmeltɪŋ] *adj.* □ **1.** schmelzend, Schmelz...: **~ *heat*** schwüle Hitze; **2.** *fig.* a) weich, zart, b) schmelzend, schmachtend, rührend (*Worte etc.*); **~ *charge*** *s. metall.* Schmelzgut *n*, Einsatz *m*; **~ *furnace*** *s.* ⚙ Schmelzofen *m*; **~ *point*** *s. phys.* Schmelzpunkt *m*; **~ *pot*** *s.* Schmelztiegel *m* (*a. fig. Land etc.*): ***put into the ~*** *fig.* von Grund auf ändern; **~ *stock*** *s. metall.* Charge *f*, Beschickungsgut *n* (*Hochofen*).

mem·ber [ˈmembə] *s.* **1.** Mitglied *n*, Angehörige(r *m*) *f* (*e-s Klubs*, *e-r Familie*, *Partei etc.*): ⁂ ***of Parliament*** *Brit.* Abgeordnete(r *m*) *f* des Unterhauses; ⁂ ***of Congress*** *Am.* Kongressmitglied *n*; **~ *state*** Mitgliedsstaat *m*; **2.** *anat.* a) Glied(maße *f*) *n*, b) (männliches) Glied, Penis *m*; **3.** ⚙ (Bau)Teil *n*; **4.** *ling.* Satzteil *m*, -glied *n*; **5.** ⚗ a) Glied *n* (*Reihe etc.*), b) Seite *f* (*Gleichung*); ˈ**mem·bered** [-əd] *adj.* **1.** gegliedert; **2.** *in Zssgn* ...gliedrig: ***four-~*** viergliedrig; ˈ**mem·ber·ship** [-ʃɪp] *s.* **1.** Mitgliedschaft *f*, Zugehörigkeit *f*: **~ *card*** Mitgliedsausweis *m*; **~ *fee*** Mitgliedsbeitrag *m*; **2.** Mitgliederzahl *f*; *coll. die* Mitglieder *pl.*

mem·brane [ˈmembreɪn] *s.* **1.** *anat.* Memˈbran(e) *f*, Häutchen *n*: ***drum ~*** Trommelfell *n*; **~ *of connective tissue*** Bindegewebshaut *f*; **2.** *phys.*, ⚙ Membran(e) *f*; **mem·bra·ne·ous** [memˈbreɪnjəs], **mem·bra·nous** [memˈbreɪnəs] *adj. anat.*, ⚙ häutig, Membran...: **~ *cartilage*** Hautknorpel *m*.

me·men·to [mɪˈmentəʊ] *pl.* **-tos** [-z] *s.* Meˈmento *n*, Mahnzeichen *n*; Erinnerung *f* (***of*** an *acc.*).

mem·o [ˈmeməʊ] *s.* F Memo *n*, Noˈtiz *f*.

mem·oir [ˈmemwɑː] *s.* **1.** Denkschrift *f*, Abhandlung *f*, Bericht *m*; **2.** *pl.* Memoˈiren *pl.*, Lebenserinnerungen *pl.*

mem·o·ra·bil·i·a [ˌmemərəˈbɪlɪə] (*Lat.*) *s. pl.* Denkwürdigkeiten *pl.*; **mem·o·ra·ble** [ˈmemərəbl] *adj.* □ denkwürdig.

mem·o·ran·dum [ˌmeməˈrændəm] *pl.* **-da** [-də], **-dums** *s.* **1.** Vermerk *m* (*a.* ˈAkten)Noˌtiz *f*: ***make a ~ of*** *et.* notieren; ***urgent ~*** Dringlichkeitsvermerk; **2.** ⚖ Schriftsatz *m*; Vereinbarung *f*, Vertragsurkunde *f*: **~ *of association*** Gründungsurkunde (*e-r Gesellschaft*); **3.** ✝ a) Kommissiˈonsnota *f*: ***send on a ~*** in Kommission senden, b) Rechnung *f*, Nota *f*; **4.** *pol.* diploˈmatische Note, Denkschrift *f*, Memoˈrandum *n*; **5.** Merkblatt *n*; **~ *book*** *s.* Noˈtizbuch *n*, Kladde *f*.

me·mo·ri·al [mɪˈmɔːrɪəl] **I** *adj.* **1.** Gedächtnis...: **~ *service*** Gedenkgottesdienst *m*; **II** *s.* **2.** Denkmal *n*, Ehrenmal *n*; Gedenkfeier *f*; **3.** Andenken *n* (***for*** an *acc.*); **4.** ⚖ Auszug *m* (*aus e-r Urkunde etc.*); **5.** Denkschrift *f*, Eingabe *f*, Gesuch *n*; **6.** *pl.* → ***memoir*** 2; ⁂ ***Day*** *s. Am.* Volkstrauertag *m* (*30. Mai*); **me**ˈ**mo·ri·al·ize** [-laɪz] *v/t.* **1.** e-e Denk- *od.* Bittschrift einreichen bei: **~ *Congress***; **2.** erinnern an (*acc.*), e-e Gedenkfeier abhalten für.

mem·o·rize [ˈmeməraɪz] *v/t.* **1.** sich einprägen, auswendig lernen, memorieren; **2.** niederschreiben, festhalten, verewigen; ˈ**mem·o·ry** [-rɪ] *s.* **1.** Gedächtnis *n*, Erinnerung(svermögen *n*) *f*: ***from ~, by ~*** aus dem Gedächtnis, auswendig; ***call to ~*** sich *et.* ins Gedächtnis zurückrufen; ***escape s.o.'s ~*** j-s Gedächtnis *od.* j-m entfallen; ***if my ~ serves me*** (***right***) wenn ich mich recht erinnere; → ***commit*** 1; **2.** Erinnerung(szeit) *f* (***of*** an *acc.*): ***within living ~*** seit Menschengedenken; ***before ~, beyond ~*** in unvordenklichen Zeiten;

M

3. Andenken *n*, Erinnerung *f*: ***in ~ of*** zum Andenken an (*acc.*); → ***blessed*** 1; **4.** Reminis'zenz *f*, Erinnerung *f* (*an Vergangenes*); **5.** *Computer*: Speicher *m*: ***~ access*** Speicherzugriff *m*; ***~ bank*** Speicherbank *f*; ***~ capacity*** Speicherkapazität *f*; ***~ expansion*** Speichererweiterung *f*; ***~ function*** 'Speicherfunkti‚on *f*.

mem·sa·hib ['mem‚sɑːhɪb] *s. Brit. Ind.* euro'päische Frau.

men [men] *pl. von* ***man***.

men·ace ['menəs] **I** *v/t.* **1.** bedrohen, gefährden; **2.** *et.* androhen; **II** *v/i.* **3.** drohen, Drohungen ausstoßen; **III** *s.* **4.** (Be)Drohung *f* (***to*** *gen.*), *fig. a.* drohende Gefahr (***to*** für); **5.** F ‚Scheusal' *n*, Nervensäge *f*; **'men·ac·ing** [-sɪŋ] *adj.* □ drohend.

mé·nage, me·nage [me'nɑːʒ] (*Fr.*) *s.* Haushalt(ung *f*) *m*.

me·nag·er·ie [mɪ'nædʒərɪ] *s.* Menage'rie *f*, Tierschau *f*.

mend [mend] **I** *v/t.* **1.** ausbessern, flicken, reparieren: ***~ stockings*** Strümpfe stopfen; ***~ a friendship*** *fig.* e-e Freundschaft ‚kitten'; **2.** *fig.* (ver)bessern: ***~ one's efforts*** s-e Anstrengungen verdoppeln; ***~ one's pace*** den Schritt beschleunigen; ***~ one's ways*** sich (*sittlich*) bessern; ***least said soonest ~ed*** je weniger geredet wird, desto rascher wird alles wieder gut; **II** *v/i.* **3.** sich bessern; **4.** genesen: ***be ~ing*** auf dem Wege der Besserung sein; **III** *s.* **5.** ✝ *u. allg.* Besserung *f*: ***be on the ~*** → 4; **6.** ausgebesserte Stelle, Stopfstelle *f*, Flicken *m*; **'mend·a·ble** [-dəbl] *adj.* (aus-)besserungsfähig.

men·da·cious [men'deɪʃəs] *adj.* □ lügnerisch, verlogen, lügenhaft; **men'dac·i·ty** [-'dæsətɪ] *s.* **1.** Lügenhaftigkeit *f*, Verlogenheit *f*; **2.** Lüge *f*, Unwahrheit *f*.

Men·de·li·an [men'diːljən] *adj. biol.* mendelsch, Mendel...; **'Men·de·lize** ['mendəlaɪz] *v/i.* mendeln.

men·di·can·cy ['mendɪkənsɪ] *s.* Bette'lei *f*, Betteln *n*; **'men·di·cant** [-nt] **I** *adj.* **1.** bettelnd, Bettel...: ***~ friar*** → 3; **II** *s.* **2.** Bettler(in); **3.** Bettelmönch *m*.

men·dic·i·ty [men'dɪsətɪ] *s.* **1.** Bette'lei *f*; **2.** Bettelstand *m*: ***reduce to ~*** *fig.* an den Bettelstab bringen.

mend·ing ['mendɪŋ] *s.* **1.** (Aus)Bessern *n*, Flicken *n*: ***his boots need ~*** seine Stiefel müssen repariert werden; ***invisible ~*** Kunststopfen *n*; **2.** *pl.* Stopfgarn *n*.

'men·folk(s) *s. pl.* Mannsvolk *n*, -leute *pl*.

me·ni·al ['miːnjəl] **I** *adj.* □ **1.** *contp.* knechtisch, niedrig (*Arbeit*): ***~ offices*** niedrige Dienste; **2.** knechtisch, unter'würfig; **II** *s.* **3.** Diener(in), Knecht *m*, La'kai *m* (*a. fig.*): ***~s*** Gesinde *n*.

me·nin·ge·al [mɪ'nɪndʒɪəl] *adj. anat.* Hirnhaut...; **men·in·gi·tis** [‚menɪn'dʒaɪtɪs] *s.* ⚕ Menin'gitis *f*, (Ge)Hirnhautentzündung *f*.

me·nis·cus [mɪ'nɪskəs] *pl.* **-nis·ci** [-'nɪsaɪ] *s.* **1.** Me'niskus *m*: a) halbmondförmiger Körper, b) *anat.* Gelenkscheibe *f*; **2.** *opt.* Me'niskenglas *n*.

men·o·pause ['menəʊpɔːz] *s. physiol.* Wechseljahre *pl.*, Klimak'terium *n*.

men·ses ['mensiːz] *s. pl. physiol.* Menses *pl.*, Regel *f* (*der Frau*).

men·stru·al ['menstrʊəl] *adj.* **1.** *ast.* Monats...: ***~ equation*** Monatsgleichung *f*; **2.** *physiol.* Menstruations...: ***~ flow*** Regelblutung *f*; **'men·stru·ate** [-ʊeɪt] *v/i.* menstruieren, die Regel haben; **men·stru·a·tion** [‚menstrʊ'eɪʃn] *s.* Menstruati'on *f*, (monatliche) Regel, Peri'ode *f*.

men·sur·a·bil·i·ty [‚menʃʊrə'bɪlətɪ] *s.* Messbarkeit *f*; **men·sur·a·ble** ['menʃʊrəbl] *adj.* **1.** messbar; **2.** ♪ Mensural...: ***~ music***.

men·tal ['mentl] **I** *adj.* □ **1.** geistig, innerlich, intellektu'ell, Geistes...(*-kraft, -zustand etc.*): ***~ arithmetic*** Kopfrechnen *n*; ***~ reservation*** geheimer Vorbehalt, Mentalreservation *f*; → ***note*** 2; **2.** (geistig-)seelisch; **3.** ⚕ geisteskrank, -gestört, F verrückt: ***~ disease*** Geisteskrankheit *f*; ***~ home***, ***~ hospital*** Nervenheilanstalt *f*; ***~ patient***, ***~ case*** Geisteskranke(r *m*) *f*; ***~ly handicapped*** geistig behindert; **II** *s.* **4.** F Verrückte(r *m*) *f*; **~ age** *s. psych.* geistiges Alter; **~ cru·el·ty** *s.* ⚖ seelische Grausamkeit; **~ de·fi·cien·cy** *s.* ⚕ Geistesbehinderung *f*; **~ de·range·ment** *s.* **1.** ⚖ krankhafte Störung der Geistestätigkeit; **2.** ⚕ Geistesstörung *f*, Irrsinn *m*; **~ hy·giene** *s.* ⚕ 'Psychohygi‚ene *f*.

men·tal·i·ty [men'tælətɪ] *s.* Mentali'tät *f*, Denkungsart *f*, Gesinnung *f*; Wesen *n*, Na'tur *f*.

men·thol ['menθɒl] *s.* ⚗ Men'thol *n*; **'men·tho·lat·ed** [-θəleɪtɪd] *adj.* Men'thol enthaltend, Menthol...

men·tion ['menʃn] **I** *s.* **1.** Erwähnung *f*: ***to make*** (***no***) ***~ of s.th.*** et. (nicht) erwähnen; ***hono(u)rable ~*** ehrenvolle Erwähnung; **2.** lobende Erwähnung; **II** *v/t.* **3.** erwähnen, anführen: (***please***) ***don't ~ it!*** bitte!, gern geschehen!, (es ist) nicht der Rede wert!; ***not to ~*** ganz zu schweigen von; ***not worth ~ing*** nicht der Rede wert; **'men·tion·a·ble** [-ʃnəbl] *adj.* erwähnenswert.

men·tor ['mentɔː] *s.* Mentor *m*, treuer Ratgeber.

men·u ['menjuː] (*Fr.*) *s.* **1.** Speise(n)karte *f*; **2.** Speisenfolge *f*; **3.** *Computer*: Menü *n*.

me·ow [mɪ'aʊ] **I** *v/i.* mi'auen (*Katze*); **II** *s.* Mi'auen *n*.

M

me·phit·ic [me'fɪtɪk] *adj.* verpestet, giftig (*Luft, Geruch etc.*).

mer·can·tile ['mɜːkəntaɪl] *adj.* **1.** kaufmännisch, Handel treibend, Handels...: **~ agency** a) Handelsauskunftei *f*, b) Handelsvertretung *f*; **~ law** Handelsrecht *n*; **~ marine** Handelsmarine *f*; **~ paper** ✝ Warenpapier *n*; **2.** ✝ Merkantil...: **~ system** *hist.* Merkantilismus *m*; **'mer·can·til·ism** [-tɪlɪzəm] *s.* **1.** Handels-, Krämergeist *m*; **2.** kaufmännischer Unter'nehmergeist; **3.** ✝ *hist.* Merkanti'lismus *m*.

mer·ce·nar·y ['mɜːsɪnərɪ] **I** *adj.* ☐ **1.** gedungen, Lohn...: **~ troops** Söldnertruppen; **2.** *fig.* feil, käuflich; **3.** *fig.* gewinnsüchtig: **~ marriage** Geldheirat *f*; **II** *s.* **4.** ⚔ Söldner *m*; *contp.* Mietling *m*.

mer·cer ['mɜːsə] *s. Brit.* Seiden- u. Tex'tilienhändler *m*; **'mer·cer·ize** [-əraɪz] *v/t. Baumwollfasern* merzerisieren; **'mer·cer·y** [-ərɪ] *s.* ✝ *Brit.* **1.** Seiden-, Schnittwaren *pl.*; **2.** Seiden-, Schnittwarenhandlung *f*.

mer·chan·dise ['mɜːtʃəndaɪz] **I** *s.* **1.** *coll.* Ware(n *pl.*) *f*, Handelsgüter *pl.*: **an article of ~** eine Ware; **II** *v/i.* **2.** Handel treiben, Waren vertreiben; **III** *v/t.* **3.** *Waren* vertreiben; **4.** Werbung machen für *e-e Ware*, den Absatz *e-r Ware* steigern; **'mer·chan·dis·ing** [-zɪŋ] ✝ **I** *s.* **1.** Merchandising *n*, Ver'kaufspoli,tik *f* u. -förderung *f* (*durch Marktforschung, wirksame Gütergestaltung, Werbung etc.*); **2.** Handel(sgeschäfte *pl.*) *m*; **II** *adj.* **3.** Handels...

mer·chant ['mɜːtʃənt] ✝ **I** *s.* **1.** (Groß-)Kaufmann *m*, Handelsherr *m*, Großhändler *m*: **the ~s** die Kaufmannschaft, Handelskreise *pl.*; **2.** *bsd. Am.* Ladenbesitzer *m*, Krämer *m*; **3. ~ of doom** *Brit. sl.* ‚Unke' *f*, Schwarzseher(in); **4.** ⚓ *obs.* Handelsschiff *n*; **II** *adj.* **5.** Handels..., Kaufmanns...; **'mer·chant·a·ble** [-təbl] *adj.* marktgängig.

mer·chant| bank *s.* Handelsbank *f*; **~ fleet** *s.* ⚓ Handelsflotte *f*; **'~·man** [-mən] *s.* [*irr.*] ⚓ Kauffahr'tei-, Handelsschiff *n*; **~ na·vy** *s.* 'Handelsma,rine *f*; **~ prince** *s.* ✝ reicher Kaufherr, Handelsfürst *m*; **~ ship** *s.* Handelsschiff *n*.

mer·ci·ful ['mɜːsɪfʊl] *adj.* ☐ (**to**) barm'herzig, mitleidvoll (gegen), gütig (gegen, zu); gnädig (*dat.*); **'mer·ci·ful·ly** [-fʊlɪ] *adv.* **1.** → **merciful**; **2.** glücklicherweise; **'mer·ci·ful·ness** [-nɪs] *s.* Barm'herzigkeit *f*, Erbarmen *n*, Gnade *f* (*Gottes*); **'mer·ci·less** [-ɪlɪs] *adj.* ☐ unbarmherzig, erbarmungslos, mitleidlos; **'mer·ci·less·ness** [-ɪlɪsnɪs] *s.* Erbarmungslosigkeit *f*.

mer·cu·ri·al [mɜː'kjʊərɪəl] *adj.* ☐ **1.** ⚗ Quecksilber...; **2.** *fig.* lebhaft, quecksilb(e)rig; **3.** *myth.* Merkur...: ☿ **wand** Merkurstab *m*; **mer'cu·ri·al·ism** [-lɪzəm] *s.* ⚕ Quecksilbervergiftung *f*; **mer'cu·ri·al·ize** [-laɪz] *v/t.* ⚕, *phot.* mit Quecksilber behandeln; **mer'cu·ric** [-rɪk] *adj.* ⚗ Quecksilber...

mer·cu·ry ['mɜːkjʊrɪ] *s.* **1.** ☿ *myth. ast.* Mer'kur *m*; *fig.* Bote *m*; **2.** ⚗, ⚕ Quecksilber *n*: **~ column** → 3; **~ poisoning** Quecksilbervergiftung *f*; **3.** Quecksilber(säule *f*) *n*: **the ~ is rising** das Barometer steigt (*a. fig.*); **4.** ⚘ Bingelkraut *n*; **~ pres·sure ga(u)ge** *s. phys.* 'Quecksilbermano,meter *n*.

mer·cy ['mɜːsɪ] *s.* **1.** Barm'herzigkeit *f*, Mitleid *n*, Erbarmen *n*; Gnade *f*: **be at the ~ of s.o.** in j-s Gewalt sein, j-m auf Gnade u. Ungnade ausgeliefert sein; **at the ~ of the waves** den Wellen preisgegeben; **throw o.s. on s.o.'s ~** sich j-m auf Gnade u. Ungnade ergeben; **be left to the tender mercies of** *iro.* der rauen Behandlung von ... ausgesetzt sein; **Sister of** ☿ Barmherzige Schwester; **2.** Glück *n*, Segen *m*, (wahre) Wohltat: **it is a ~ that he left**; **~ kill·ing** *s.* Sterbehilfe *f*.

mere [mɪə] *adj.* ☐ bloß, nichts als, rein, völlig: **~(st) nonsense** purer Unsinn; **~ words** bloße Worte; **he is no ~ craftsman** er ist kein bloßer Handwerker; **the ~st accident** der reinste Zufall; **'mere·ly** [-lɪ] *adv.* bloß, rein, nur, lediglich.

mer·e·tri·cious [,merɪ'trɪʃəs] *adj.* ☐ **1.** *obs.* dirnenhaft; **2.** *fig.* a) falsch, verlogen, b) protzig.

merge [mɜːdʒ] **I** *v/t.* **1.** (**in**) verschmelzen (mit), aufgehen lassen (in *dat.*), einverleiben (*dat.*): **be ~d in** in *et.* aufgehen; **2.** ⚖ tilgen, aufheben; **3.** ✝ a) fusionieren, b) *Aktien* zs.-legen; **II** *v/i.* **4. ~ in** sich verschmelzen mit, aufgehen in (*dat.*); **5.** a) *mot.* sich (in den Verkehr) einfädeln: **~ in turn** sich ‚im Reißverschlussverfahren' einfädeln, b) zs.-laufen (*Straßen*); **'mer·gence** [-dʒəns] *s.* Aufgehen *n* (**in** in *dat.*), Verschmelzung *f* (**into** mit); **'merg·er** [-dʒə] *s.* **1.** ✝ Fusi'on *f*, Fusionierung *f von Gesellschaften*; Zs.-legung *f von Aktien*; **2.** ⚖ a) Verschmelzung(svertrag *m*) *f*, Aufgehen *n* (*e-s Besitzes od. Vertrages in e-m anderen etc.*), b) Konsumpti'on *f* (*e-r Straftat durch e-e schwerere*).

me·rid·i·an [mə'rɪdɪən] **I** *adj.* **1.** mittägig, Mittags...; **2.** *ast.* Kulminations..., Meridian...: **~ circle** Meridiankreis *m*; **3.** *fig.* höchst; **II** *s.* **4.** *geogr.* Meridi'an *m*, Längenkreis *m*: **prime ~** Nullmeridian; **5.** *poet.* Mittag(szeit *f*) *m*; **6.** *ast.* Kulminati'onspunkt *m*; **7.** *fig.* Höhepunkt *m*, Gipfel *m*; *fig.* Blüte(zeit) *f*; **me'rid·i·o·nal** [-dɪənl] **I** *adj.* ☐ **1.** *ast.* meridio'nal, Meridian..., Mittags...; **2.** südlich, südländisch; **II** *s.* **3.** Südländer

(-in), *bsd.* 'Südfran,zose *m*, -fran,zösin *f.*

me·ringue [mə'ræŋ] *s.* Me'ringe *f*, Schaumgebäck *n*, Bai'ser *n*.

me·ri·no [mə'riːnəʊ] *pl.* **-nos** [-z] *s.* **1.** *a.* **~ sheep** *zo.* Me'rinoschaf *n*; **2.** ✝ a) Me'rinowolle *f*, b) Me'rino *m* (*Kammgarnstoff*).

mer·it ['merɪt] **I** *s.* **1.** Verdienst(lichkeit *f*) *n*: **according to one's ~** nach Verdienst *belohnen etc.*; **a man of ~** e-e verdiente Persönlichkeit; **Order of** ♕ Verdienstorden *m*; **~ pay** ✝ leistungsbezogene Bezahlung; **~ rating** Leistungsbeurteilung *f*; **2.** Wert *m*, Vorzug *m*: **of architectural ~** von architektonischem Wert, erhaltungswürdig; **3.** **the ~s** *pl.* ⚖ *u. fig.* die Hauptpunkte, der sachliche Gehalt, die wesentlichen (⚖ *a.* materiell-rechtlichen) Gesichtspunkte: **on its (own) ~s** dem wesentlichen Inhalt nach, an (u. für) sich betrachtet; **on the ~s** ⚖ in der Sache selbst, nach materiellem Recht; **decision on the ~s** Sachentscheidung *f*; **inquire into the ~s of a case** e-r Sache auf den Grund gehen; **II** *v/t.* **4.** *Lohn, Strafe etc.* verdienen; **'mer·it·ed** [-tɪd] *adj.* □ verdient; **'mer·it·ed·ly** [-tɪdlɪ] *adv.* verdientermaßen.

me·ri·toc·ra·cy [,merɪ'tɒkrəsɪ] *s. sociol.* **1.** (herrschende) E'lite; **2.** Leistungsgesellschaft *f*.

mer·i·to·ri·ous [,merɪ'tɔːrɪəs] *adj.* □ verdienstvoll.

mer·lin ['mɜːlɪn] *s. orn.* Merlin-, Zwergfalke *m*.

mer·maid ['mɜːmeɪd] *s.* Meerweib *n*, Seejungfrau *f*, Nixe *f*; **'mer·man** [-mæn] *s.* [*irr.*] Wassergeist *m*, Triton *m*, Nix *m*.

mer·ri·ly ['merəlɪ] *adv.* von **merry**; **'mer·ri·ment** [-ɪmənt] *s.* **1.** Fröhlichkeit *f*, Lustigkeit *f*; **2.** Belustigung *f*, Lustbarkeit *f*, Spaß *m*.

mer·ry ['merɪ] *adj.* □ **1.** lustig, fröhlich: **as ~ as a lark** (*od.* **cricket**) kreuzfidel; **make ~** lustig sein, feiern, scherzen; **2.** scherzhaft, spaßhaft, lustig: **make ~ over** sich lustig machen über (*acc.*); **3.** beschwipst, angeheitert; **~ an·drew** ['ændruː] *s.* Hans'wurst *m*, Spaßmacher *m*; **'~-go-,round** [-gəʊ,r-] *s.* Karus'sell *n*; *fig.* Wirbel *m*; **'~,mak·ing** *s.* Belustigung *f*, Lustbarkeit *f*, Fest *n*; **'~·thought** → **wishbone** 1.

me·sa ['meɪsə] *s. geogr. Am.* Tafelland *n*; **~ oak** *s. Am.* Tischeiche *f*.

mes·en·ter·y ['mesəntərɪ] *s. anat., zo.* Gekröse *n*.

mesh [meʃ] **I** *s.* **1.** Masche *f*: **~ stocking** Netzstrumpf *m*; **2.** ⚙ Maschenweite *f*; **3.** *mst pl. fig.* Netz *n*, Schlingen *pl.*: **be caught in the ~es of the law** sich in den Schlingen des Gesetzes verfangen (haben); **4.** ⚙ Inein'andergreifen *n*, Eingriff *m* (*von Zahnrädern*): **be in ~** im Eingriff sein; **5.** → **mesh connection**; **II** *v/t.* **6.** in e-m Netz fangen, verwickeln; **7.** ⚙ in Eingriff bringen, einrücken; **8.** *fig.* (mitein'ander) verzahnen; **III** *v/i.* **9.** ⚙ ein-, inein'ander greifen (*Zahnräder*); **~ con·nec·tion** *s.* ⚡ Vieleck-, *bsd.* Deltaschaltung *f*.

meshed [meʃt] *adj.* netzartig; ...maschig: **close-~** engmaschig.

'mesh·work *s.* Maschen *pl.*, Netzwerk *n*; Gespinst *n*.

mes·mer·ic, mes·mer·i·cal [mez'merɪk(l)] *adj.* **1.** mesmerisch, 'heilma,gnetisch; **2.** *fig.* hyp'notisch, ma'gnetisch, faszinierend.

mes·mer·ism ['mezmərɪzəm] *s.* Mesme'rismus *m*, tierischer Magne'tismus; **'mes·mer·ist** [-ɪst] *s.* 'Heilmagneti,seur *m*; **'mes·mer·ize** [-raɪz] *v/t.* mesmerisieren; *fig.* faszinieren, bannen.

mesne [miːn] *adj.* ⚖ Zwischen..., Mittel...: **~ lord** Afterlehnsherr *m*; **~ in·ter·est** *s.* ⚖ Zwischenzins *m*.

meso- [mesəʊ] *in Zssgn* Zwischen..., Mittel...; **,mes·o'lith·ic** [-'lɪθɪk] *adj.* meso'lithisch, mittelsteinzeitlich.

mes·on ['miːzɒn] *s. phys.* Meson *n*.

Mes·o·zo·ic [,mesəʊ'zəʊɪk] *geol.* **I** *adj.* meso'zoisch; **II** *s.* Meso'zoikum *n*.

mess [mes] **I** *s.* **1.** *obs.* Gericht *n*, Speise *f*: **~ of pottage** *bibl.* Linsengericht; **2.** Viehfutter *n*; **3.** ⚔ Ka'sino *n*, Speiseraum *m*; ⚓ Messe *f*, Back *f*: **officers' ~** Offiziersmesse; **4.** *fig.* Mischmasch *m*, Mansche'rei *f*; **5.** *fig.* a) Durchein'ander *n*, Unordnung *f*, b) Schmutz *m*, ‚Schweine'rei' *f*, c) ‚Schla'massel' *m*, ‚Patsche' *f*, Klemme *f*: **in a ~** beschmutzt, in Unordnung, *fig.* in der Klemme; **get into a ~** in die Klemme kommen; **make a ~** Schmutz machen; **make a ~ of** → 6 c; **make a ~ of it** alles vermasseln *od.* versauen, Mist bauen; **you made a nice ~ of it** da hast du was Schönes angerichtet; **he was a ~** er sah grässlich aus, *fig.* er war völlig verwahrlost; → **pretty** 2; **II** *v/t.* **6.** *a.* **~ up** a) beschmutzen, b) in Unordnung *od.* Verwirrung bringen, c) *fig.* verpfuschen, vermasseln, verhunzen; **III** *v/i.* **7.** (*an e-m gemeinsamen Tisch*) essen (**with** mit): **~ together** ⚓ zu 'einer Back gehören; **8.** manschen, pan(t)schen (**in** in *dat.*); **9.** **~ with** sich einmischen; **10.** **~ about**, **~ around** her'ummurksen, (-)pfuschen, F *fig.* sich her'umtreiben.

mes·sage ['mesɪdʒ] *s.* **1.** Botschaft *f* (*a. bibl.*), Sendung *f*: **can I take a ~?** kann ich et. ausrichten?; **2.** Mitteilung *f*, Bescheid *m*, Nachricht, *Computer*: Meldung *f*: **get the ~** F (es) kapieren; **radio ~** Funkmeldung *f*, -spruch *m*; **3.** *fig.*

M

Botschaft *f*, Anliegen *n e-s Dichters etc.*; '**~-ˌtak·ing ser·vice** *s. teleph.* (Fernsprech)Auftragsdienst *m*.

mes·sen·ger ['mesɪndʒə] *s.* **1.** (Post- *etc.*)Bote *m*: (***express*** *od.* ***special***) **~** Eilbote; ***by* ~** durch Boten; **2.** Ku'rier *m*; ⚔ *a.* Melder *m*; **3.** *fig.* (Vor)Bote *m*, Verkünder *m*; **4.** ⚓ a) Anholtau *n*, b) Ankerkette *f*; **~ air·plane** *s.* ⚔ Ku'rierflugzeug *n*; **~ boy** *s.* Laufbursche *m*, Botenjunge *m*; **~ dog** *s.* Meldehund *m*; **~ pi·geon** *s.* Brieftaube *f*.

mess hall *s.* ⚔, ⚓ Messe *f*, Ka'sino (-raum *m*) *n*, Speisesaal *m*.

Mes·si·ah [mɪ'saɪə] *s. bibl.* Mes'sias *m*, Erlöser *m*; **Mes·si·an·ic** [ˌmesɪ'ænɪk] *adj.* messi'anisch.

mess| jack·et *s.* ⚓ kurze Uni'formjacke; **~ kit** *s.* ⚔ Kochgeschirr *n*, Essgerät *n*; '**~·mate** *s.* ⚔, ⚓ Messgenosse *m*, 'Tischkameˌrad *m*; **~ ser·geant** *s.* ⚔ 'Küchenˌunteroffiˌzier *m*; '**~·tin** *s.* ⚔, ⚓ *bsd. Brit.* Essgeschirr *n*.

mes·suage ['meswɪdʒ] *s.* ⚖ Wohnhaus *n* (*mst mit Ländereien*), Anwesen *n*.

'**mess-up** *s.* F **1.** Durchein'ander *n*; **2.** Missverständnis *n*.

mess·y ['mesɪ] *adj.* □ **1.** unordentlich, schlampig; **2.** unsauber, schmutzig.

mes·ti·zo [me'stiːzəʊ] *pl.* **-zos** [-z] *s.* Me'stize *m*; Mischling *m*.

met [met] *pret. u. p.p. von* ***meet***.

met·a·bol·ic [ˌmetə'bɒlɪk] *adj.* **1.** *physiol.* meta'bolisch, Stoffwechsel...; **2.** sich (ver)wandelnd; **me·tab·o·lism** [me'tæbəlɪzəm] *s.* **1.** *biol.* Metabo'lismus *m*, Formveränderung *f*; **2.** *physiol.*, *a.* ⚕ Stoffwechsel *m*: ***general* ~, *total* ~** Gesamtstoffwechsel; → ***basal*** 2; **3.** ⚗ Metabo'lismus *m*; **me·tab·o·lize** [me'tæbəlaɪz] *v/t.* 'umwandeln.

met·a·car·pal [ˌmetə'kɑːpl] *anat.* **I** *adj.* Mittelhand...; **II** *s.* Mittelhandknochen *m*; ˌ**met·a'car·pus** [-pəs] *pl.* **-pi** [-paɪ] *s.* **1.** Mittelhand *f*; **2.** Vordermittelfuß *m*.

met·age ['miːtɪdʒ] *s.* **1.** amtliches Messen (*des Inhalts od. Gewichts bsd. von Kohlen*); **2.** Messgeld *n*.

met·al ['metl] **I** *s.* **1.** ⚗, *min.* Me'tall *n*; **2.** ⚙ a) 'Nichteisenmeˌtall *n*, b) Me'tall-legierung *f*, *bsd.* 'Typen-, Ge'schützmeˌtall *n*, c) 'Gussmeˌtall *n*: ***brittle* ~, *red* ~** Rotguss *m*; ***fine* ~** Weiß-, Feinmetall; ***grey* ~** graues Gusseisen; **3.** *min.* a) Regulus *m*, Korn *n*, b) (Kupfer)Stein *m*; **4.** ⚒ Schieferton *m*; **5.** ⚙ (flüssige) Glasmasse; **6.** *pl. Brit.* Eisenbahnschienen *pl.*: ***run off the* ~s** entgleisen; **7.** *her.* Me'tall *n* (*Gold- u. Silberfarbe*); **8.** *Straßenbau*: Beschotterung *f*, Schotter *m*; **9.** *fig.* Mut *m*; **II** *v/t.* **10.** mit Me'tall bedecken *od.* versehen; **11.** 🚗, *Straßenbau*: beschottern; **III** *adj.* **12.** Metall..., me'tallen; **~ age** *s.* Bronze- u. Eisenzeitalter *n*; '**~-clad** *adj.* ⚙ me'tallgekapselt; '**~-coat** *v/t.* mit Me'tall über'ziehen; **~ cut·ting** *s.* ⚙ spanabhebende Bearbeitung; **~ found·er** *s.* Me'tallgießer *m*; **~ ga(u)ge** *s.* Blechlehre *f*.

met·al·ize *Am.* → ***metallize***.

me·tal·lic [mɪ'tælɪk] *adj.* (□ **~ally**) **1.** me'tallen, Metall...: **~ *cover*** a) ⚙ Metallüberzug *m*, b) ✝ Metalldeckung *f*; **~ *currency*** Metallwährung *f*, Hartgeld *n*; **2.** me'tallisch (glänzend *od.* klingend): **~ *voice***; **~ *beetle*** Prachtkäfer *m*; **met·al·lif·er·ous** [ˌmetə'lɪfərəs] *adj.* Me'tall führend, metallreich; **met·al·line** ['metəlaɪn] *adj.* **1.** me'tallisch; **2.** me'tallhaltig; **met·al·lize** ['metəlaɪz] *v/t.* metallisieren.

met·al·loid ['metəlɔɪd] **I** *adj.* metallo'idisch; **II** *s.* ⚗ Metallo'id *n*.

met·al·lur·gic, met·al·lur·gi·cal [ˌmetə'lɜːdʒɪk(l)] *adj.* metall'urgisch; **met·al·lur·gist** [me'tælədʒɪst] *s.* Metal'lurg(e) *m*; **met·al·lur·gy** [me'tælədʒɪ] *s.* Metallur'gie *f*, Hüttenkunde *f*, -wesen *n*.

met·al| plat·ing *s.* ⚙ Plattierung *f*; **~-proc·ess·ing**, '**~ˌwork·ing** **I** *s.* Me'tallbearbeitung *f*; **II** *adj.* Me'tall verarbeitend.

met·a·mor·phic [ˌmetə'mɔːfɪk] *adj.* **1.** *geol.* meta'morph; **2.** *biol.* gestaltverändernd; ˌ**met·a'mor·phose** [-fəʊz] **I** *v/t.* **1.** (***to***, ***into***) 'umgestalten (zu), verwandeln (in *acc.*); **2.** verzaubern, -wandeln (***to***, ***into*** in *acc.*); **II** *v/i.* **3.** *zo.* sich verwandeln; ˌ**met·a'mor·pho·sis** [-fəsɪs] *pl.* **-ses** [-siːz] *s.* Metamor'phose *f* (*a. biol.*, *physiol.*), Verwandlung *f*.

met·a·phor ['metəfə] *s.* Me'tapher *f*, bildlicher Ausdruck.

met·a·phor·i·cal [ˌmetə'fɒrɪkl] *adj.* □ meta'phorisch, bildlich.

met·a·phrase ['metəfreɪz] **I** *s.* Meta'phrase *f*, wörtliche Über'setzung; **II** *v/t.* a) wörtlich über'tragen, b) um'schreiben.

met·a·phys·i·cal [ˌmetə'fɪzɪkl] *adj.* □ **1.** *phls.* meta'physisch; **2.** 'übersinnlich; ab'strakt; **met·a·phy·si·cian** [ˌmetəfɪ'zɪʃn] *s. phls.* Meta'physiker *m*; ˌ**met·a'phys·ics** [-ks] *s. pl. sg. konstr. phls.* Metaphy'sik *f*.

met·a·plasm ['metəplæzəm] *s.* **1.** *ling.* Meta'plasmus *m*, Wortveränderung *f*; **2.** *biol.* Meta'plasma *n*.

me·tas·ta·sis [mɪ'tæstəsɪs] *pl.* **-ses** [-siːz] *s.* **1.** ⚕ Meta'stase *f*, Tochtergeschwulst *f*; **2.** *biol.* Stoffwechsel *m*.

met·a·tar·sal [ˌmetə'tɑːsl] *anat.* **I** *adj.* Mittelfuß...; **II** *s.* Mittelfußknochen *m*; ˌ**met·a'tar·sus** [-səs] *pl.* **-si** [-saɪ] *s.* *anat.*, *zo.* Mittelfuß *m*.

mete [miːt] **I** *v/t.* **1.** *poet.* (ab-, aus)messen, durch'messen; **2.** *mst* **~ *out*** (*a. Strafe*) zumessen (***to*** *dat.*); **3.** *fig.* ermessen; **II** *s. mst pl.* **4.** Grenze *f*: ***know one's ~s and bounds*** *fig.* Maß u. Ziel kennen.

me·tem·psy·cho·sis [ˌmetempsɪˈkəʊsɪs] *pl.* **-ses** [-siːz] *s.* Seelenwanderung *f*, Metempsyˈchose *f*.

me·te·or [ˈmiːtjə] *s. ast.* a) Meteˈor *m* (*a. fig.*), b) Sternschnuppe *f*; **me·te·or·ic** [ˌmiːtɪˈɒrɪk] *adj.* **1.** *ast.* meteˈorisch, Meteor...: ***~ shower*** Sternschnuppenschwarm *m*; **2.** *fig.* meteˈorhaft: a) glänzend: ***~ fame***, b) koˈmetenhaft, rasch: ***his ~ rise to power***; **ˈme·te·or·ite** [-jəraɪt] *s. ast.* Meteoˈrit *m*, Meteˈorstein *m*; **me·te·or·o·log·ic, me·te·or·o·log·i·cal** [ˌmiːtjərəˈlɒdʒɪk(l)] *adj.* □ *phys.* meteoroˈlogisch, Wetter..., Luft...: ***~ conditions*** Witterungsverhältnisse; ***~ office*** Wetteramt *n*; ***~ satellite*** Wettersatellit *m*; **me·te·or·ol·o·gist** [ˌmiːtjəˈrɒlədʒɪst] *s. phys.* Meteoroˈloge *m*, Meteoroˈlogin *f*; **me·te·or·ol·o·gy** [ˌmiːtjəˈrɒlədʒɪ] *s. phys.* **1.** Meteoroloˈgie *f*; **2.** meteoroˈlogische Verhältnisse *pl.* (*e-r Gegend*).

me·ter[1] [ˈmiːtə] *Am.* → ***metre***.

me·ter[2] [ˈmiːtə] **I** *s.* ⚙ Messer *m*, Messgerät *n*, Zähler *m*: ***electricity ~*** elektrischer Strommesser *od.* Zähler; **II** *v/t.* (*mit e-m Messinstrument*) messen: ***~ out*** *et.* abgeben, dosieren; **ˈ~·maid** *s.* F Poliˈtesse *f*.

meth·a·done [ˈmeθədəʊn] *s. pharm.* Methaˈdon *n*.

meth·ane [ˈmiːθeɪn] *s.* ⚗ Meˈthan *n*.

me·thinks [mɪˈθɪŋks] *v/impers. obs. od. poet.* mich dünkt, mir scheint.

meth·od [ˈmeθəd] *s.* **1.** Meˈthode *f*; *bsd.* ⚙ Verfahren *n*: ***~ of doing s.th.*** Art u. Weise *f*, et. zu tun; ***by a ~*** nach e-r Methode; **2.** ˈLehrmeˌthode *f*; **3.** System *n*; **4.** *phls.* (logische) ˈDenkmeˌthode; **5.** Ordnung *f*, Meˈthode *f*, Planmäßigkeit *f*: ***work with ~*** methodisch arbeiten; ***there is ~ in his madness*** sein Wahnsinn hat Methode; ***there is ~ in this*** da ist System drin; **me·thod·ic, me·thod·i·cal** [mɪˈθɒdɪk(l)] *adj.* □ **1.** meˈthodisch, systeˈmatisch; **2.** überˈlegt.

Meth·od·ism [ˈmeθədɪzəm] *s. eccl.* Methoˈdismus *m*; **ˈMeth·od·ist** [-ɪst] **I** *s.* **1.** *eccl.* Methoˈdist(in); **2.** ♀ *fig. contp.* Frömmler *m*, Mucker *m*; **II** *adj.* **3.** *eccl.* methoˈdistisch.

meth·od·ize [ˈmeθədaɪz] *v/t.* meˈthodisch ordnen; **ˈmeth·od·less** [-dlɪs] *adj.* □ plan-, syˈstemlos.

meth·od·ol·o·gy [ˌmeθəˈdɒlədʒɪ] *s.* **1.** Methodoloˈgie *f*; **2.** Meˈthodik *f*.

Me·thu·se·lah [mɪˈθjuːzələ] *npr. bibl.* Meˈthusalem *m*: ***as old as ~*** (so) alt wie Methusalem.

meth·yl [ˈmeθɪl; ⚗ ˈmiːθaɪl] *s.* ⚗ Meˈthyl *n*: ***~ alcohol*** Methylalkohol *m*;

meth·yl·ate [ˈmeθɪleɪt] ⚗ **I** *v/t.* **1.** methylieren; **2.** denaturieren: ***~d spirits*** denaturierter Spiritus, Brennspiritus *m*; **II** *s.* **3.** Methyˈlat *n*; **meth·yl·ene** [ˈmeθɪliːn] *s.* ⚗ Methyˈlen *n*; **me·thyl·ic** [mɪˈθɪlɪk] *adj.* ⚗ Methyl...

me·tic·u·los·i·ty [mɪˌtɪkjʊˈlɒsətɪ] *s.* peinliche Genauigkeit, Akriˈbie *f*; **me·tic·u·lous** [mɪˈtɪkjʊləs] *adj.* □ peinlich genau, aˈkribisch.

mé·tier [ˈmeɪtɪeɪ] *s.* **1.** Gewerbe *n*; **2.** *fig.* (Speziˈal)Gebiet *n*, Metiˈer *n*.

me·ton·y·my [mɪˈtɒnɪmɪ] *s.* Metonyˈmie *f*, Begriffsvertauschung *f*.

me·tre [ˈmiːtə] *s. Brit.* **1.** Versmaß *n*, Metrum *n*; **2.** Meter *m, n*.

met·ric [ˈmetrɪk] **I** *adj.* (□ ***~ally***) **1.** metrisch: ***~ system***; ***~ method of analysis*** ⚗ Maßanalyse *f*; **2.** → ***metrical*** 2; **II** *s. pl. sg. konstr.* **3.** Metrik *f*, Verslehre *f*; ♪ Rhythmik *f*, Taktlehre *f*; **ˈmet·ri·cal** [-kl] *adj.* □ **1.** → ***metric*** 1; **2.** a) metrisch, Vers..., b) rhythmisch; **ˈmet·ri·cate** [-keɪt] *v/t. u. v/i. Brit.* (sich) auf das metrische Syˈstem ˈumstellen.

met·ro·nome [ˈmetrənəʊm] *s.* ♪ Metroˈnom *n*, Taktmesser *m*.

me·trop·o·lis [mɪˈtrɒpəlɪs] *s.* **1.** Metroˈpole *f*, Haupt-, Großstadt *f*: ***the ♀*** *Brit.* London; **2.** Hauptzentrum *n*; **3.** *eccl.* Sitz *m* e-s Metropoˈliten *od.* Erzbischofs; **met·ro·pol·i·tan** [ˌmetrəˈpɒlɪtən] **I** *adj.* **1.** hauptstädtisch, Stadt...; **2.** *eccl.* erzbischöflich; **II** *s.* **3.** a) Metropoˈlit *m* (*Ostkirche*), Erzbischof *m*; **4.** Bewohner(in) der Hauptstadt; Großstädter(in).

met·tle [ˈmetl] *s.* **1.** Veranlagung *f*; **2.** Eifer *m*, Mut *m*, Feuer *n*: ***be on one's ~*** vor Eifer brennen; ***put s.o. on his ~*** j-n zur Aufbietung aller s-r Kräfte anspornen; ***try s.o.'s ~*** j-n auf die Probe stellen; ***horse of ~*** feuriges Pferd; **ˈmet·tled** [-ld], **ˈmet·tle·some** [-səm] *adj.* feurig, mutig.

mew[1] [mjuː] *s. orn.* Seemöwe *f*.

mew[2] [mjuː] *v/i.* miˈauen (*Katze*).

mew[3] [mjuː] *s.* **1.** Mauserkäfig *m*; **2.** *pl. sg. konstr.* a) Stall *m*: ***the Royal ♀s*** der Königliche Marstall, b) *Brit. zu Wohnungen umgebaute ehemalige Stallungen*.

mewl [mjuːl] *v/i.* **1.** quäken, wimmern (*Baby*); **2.** miˈauen.

Mex·i·can [ˈmeksɪkən] **I** *adj.* mexiˈkanisch; **II** *s.* Mexiˈkaner(in); ***~ wave*** *s. sport* La-ˈOla-Welle *f*.

mez·za·nine [ˈmetsəniːn] *s.* ⚠ **1.** Mezzaˈnin *n*, Zwischengeschoss, *östr.* -geschoß *n*; **2.** *thea.* Raum *m* unter der Bühne.

mez·zo [ˈmedzəʊ] (*Ital.*) **I** *adj.* **1.** ♪ mezzo, mittel, halb: ***~ forte*** halblaut; **II** *s.* **2.** → ***mezzo-soprano***; **3.** → ***mezzotint***; **ˌ~-soˈpra·no** *s.* ♪ ˈMezzosoˌpran

M

m; '**~·tint I** *s.* **1.** *Kupferstecherei*: Mezzo'tinto *n*, Schabkunst *f*; **2.** Schabkunstblatt *n*: **~ *engraving*** Stechkunst *f* in Mezzotintomanier; **II** *v/t.* **3.** in Mezzo'tinto gravieren.

mi·aow [miː'aʊ] → ***meow***.

mi·asm ['maɪæzəm], **mi·as·ma** [mɪ'æzmə] *pl.* **-ma·ta** [-mətə] *s.* ⚕ Mi'asma *n*, Krankheitsstoff *m*; **mi·as·mal** [mɪ'æzml], **mi·as·mat·ic, mi·as·mat·i·cal** [ˌmɪəz'mætɪk(l)] *adj.* ansteckend.

mi·aul [miː'aʊl; mɪ'ɔːl] *v/i.* mi'auen.

mi·ca ['maɪkə] *min.* **I** *s.* Glimmer(erde *f*) *m*; **II** *adj.* Glimmer...: **~ *capacitor*** ⚡ Glimmerkondensator *m*; **mi·ca·ceous** [maɪ'keɪʃəs] *adj.* Glimmer...

Mi·cah ['maɪkə] *npr. u. s. bibl.* (das Buch) Micha *m od.* Mi'chäas *m*.

mice [maɪs] *pl. von* ***mouse***.

Mich·ael·mas ['mɪklməs] *s.* Micha'elis *n*, Michaelstag *m* (*29. September*); **~ Day** *s.* **1.** Michaelstag *m* (*29. September*); **2.** *e-r der 4 brit. Quartalstage*; **~ term** *s. Brit. univ.* 'Herbstseˌmester *n*.

Mick [mɪk] → ***Mike***[1].

Mick·ey ['mɪkɪ] *s.* **1.** *Am. sl.* ✈ Bordradar *n*; **2. *take the ≗ out of s.o.*** j-n ‚veräppeln'; **3.** → **~ Finn** [fɪn] *s. sl.* a) präparierter Drink, b) Betäubungsmittel *n*.

micro- [maɪkrəʊ] *in Zssgn*: a) Mikro..., (sehr) klein, b) ein milli'onstel, c) mikro'skopisch.

mi·crobe ['maɪkrəʊb] *s. biol.* Mi'krobe *f*; **mi·cro·bi·al** [maɪ'krəʊbjəl], **mi·cro·bic** [maɪ'krəʊbɪk] *adj.* mi'krobisch, Mikroben...; **mi·cro·bi·o·sis** [ˌmaɪkrəʊbaɪ'əʊsɪs] *s.* ⚕ Mi'krobeninfektiˌon *f*.

ˌmi·cro'chem·is·try *s.* Mikroche'mie *f*.

'mi·cro·chip *s. Computer*: Mikrochip *m*.

'mi·croˌcir·cuit *s.* Mikroschaltung *f*.

mi·cro·cosm ['maɪkrəʊkɒzəm] *s.* Mikro'kosmos *m* (*a. phls. u. fig.*); **mi·cro·cos·mic** [ˌmaɪkrəʊ'kɒzmɪk] *adj.* mikro'kosmisch.

'mi·croˌe·lec'tron·ics *s. pl. sg. konstr. phys.* Mikroelek'tronik *f*.

mi·cro·fiche ['maɪkrəʊfiːʃ] *s.* Mikrofiche *m*.

'mi·cro·film *phot.* **I** *s.* Mikrofilm *m*; **II** *v/t.* auf Mikrofilm aufnehmen.

'mi·cro·gram *Am.*, **'mi·cro·gramme** *Brit. s. phys.* Mikro'gramm *n* (*ein millionstel Gramm*).

'mi·cro·groove *s.* **1.** Mikrorille *f*; **2.** Schallplatte *f* mit Mikrorillen.

'mi·cro·inch *s.* ein milli'onstel Zoll.

mi·crom·e·ter [maɪ'krɒmɪtə] *s.* **1.** *phys.* Mikro'meter *n* (*ein millionstel Meter*): **~ *adjustment*** ⚙ Feinsteinstellung *f*; **~ (*caliper*)** Feinmessschraube *f*; **2.** *opt.* Oku'larmikroˌmeter *n* (*an Fernrohren etc.*).

mi·cron ['maɪkrɒn] *pl.* **-crons**, **-cra** [-krə] *s.* ⚗, *phys.* Mikron *n* (*ein tausendstel Millimeter*).

ˌmi·cro'or·gan·ism *s.* Mikroorga'nismus *m*.

mi·cro·phone ['maɪkrəfəʊn] *s.* ⚡ **1.** (***at the ~*** am) Mikro'fon *n*; **2.** *teleph.* Sprechmuschel *f*; **3.** ╒ Radio *n*: ***through the ~*** durch den Rundfunk.

ˌmi·cro'pho·to·graph *s.* **1.** Mikrofoto (-gra'fie *f*) *n*; **2.** → **ˌmi·cro·pho'tog·ra·phy** *s.* Mikrofotogra'fie *f*.

ˌmi·cro'pro·ces·sor *s. Computer*: Mikropro'zessor *m*.

mi·cro·scope ['maɪkrəskəʊp] **I** *s.* Mikro'skop *n*: ***reflecting ~*** Spiegelmikroskop; **~ *stage*** Objektivtisch *m*; **II** *v/t.* mikro'skopisch unter'suchen; **mi·cro·scop·ic, mi·cro·scop·i·cal** [ˌmaɪkrə'skɒpɪk(l)] *adj.* ☐ **1.** mikro'skopisch: **~ *examination***; **~ *slide*** Objektträger *m*; **2.** (peinlich) genau; **3.** mikro'skopisch klein, verschwindend klein.

'mi·croˌsec·ond *s.* Mikrose'kunde *f* (*eine millionstel Sekunde*).

ˌmi·cro'sur·ger·y *s.* ⚕ Mikrochirur'gie *f*.

'mi·cro·volt *s. phys.* Mikrovolt *n*.

'mi·cro·wave *s.* ⚡ Mikrowelle *f*, Dezi'meterwelle *f*: **~ *engineering*** Höchstfrequenztechnik *f*; **~ *oven*** Mikrowellenherd *m*.

mic·tu·ri·tion [ˌmɪktjʊə'rɪʃn] *s.* ⚕ **1.** U'rindrang *m*; **2.** Harnen *n*.

mid[1] [mɪd] *adj. attr. od. in Zssgn* mittler, Mittel...: ***in ~ air*** mitten in der Luft, frei schwebend; ***in the ~ 16th century*** in der Mitte des 16. Jhs.; ***in ~-April*** Mitte April; ***in ~ ocean*** auf offener See.

mid[2] [mɪd] *prp. poet.* in'mitten von (*od. gen.*).

Mi·das ['maɪdæs] **I** *npr. antiq.* Midas *m* (*König von Phrygien*): ***he has the ~ touch*** *fig.* er macht aus allem Geld; **II** *s.* **≗** *zo.* Midasfliege *f*.

'mid·day I *s.* Mittag *m*; **II** *adj.* mittägig, Mittags...

mid·dle ['mɪdl] **I** *adj.* **1.** mittler, Mittel... (*a. ling.*): **~ *finger*** Mittelfinger *m*; **~ *quality*** ✝ Mittelqualität *f*; **~ *management*** mittleres Management; **II** *s.* **2.** Mitte *f*: ***in the ~*** in der Mitte; ***in the ~ of speaking*** mitten in der Rede; ***in the ~ of July*** Mitte Juli; **3.** Mittelweg *m*; **4.** Mittelstück *n* (*a. e-s Schlachttieres*); **5.** Mitte *f* (*des Leibes*), Taille *f*; **6.** Medium *n* (*griechische Verbalform*); **7.** *Logik*: Mittelglied *n* (*e-s Schlusses*); **8.** *Fußball*: Flankenball *m*; **9.** *a.* **~ *article*** *Brit.* Feuille'ton *n*; **10.** *pl.* ✝ Mittelsorte *f*; **11.** Mittelsmann *m*; **III** *v/t.* **12.** in die Mitte platzieren; *Fußball*: zur Mitte flanken.

mid·dle| age *s.* mittleres Alter; **ˌ≗-'Age** *adj.* mittelalterlich; **ˌ~-'aged** *adj.* mittleren Alters; **≗ Ag·es** *s. pl.* das Mittelalter; ~ **A·mer·i·ca** *s. Am.* die (konserva'tive) ameri'kanische Mittelschicht; '**~·brow** F **I** *s.* geistiger ‚Nor'malverbraucher'; **II** *adj.* von 'durchschnittlichen geistigen Inter'essen; ,**~-'class** *adj.* zum Mittelstand gehörig, Mittelstands...; ~ **class·es** *s. pl.* Mittelstand *m*; ~ **course** *s. fig.* Mittelweg *m*; ~ **dis·tance** *s.* **1.** *paint., phot.* Mittelgrund *m*; **2.** *sport* Mittelstrecke *f*; ,**~-'dis·tance** *adj. sport* Mittelstrecken...: ~ ***runner*** Mittelstreckler(in); ~ **ear** *s. anat.* Mittelohr *n*; 2 **East** *s. geogr.* **1.** *der* Mittlere Osten; **2.** *Brit. der* Nahe Osten; 2 **Eng·lish** *s. ling.* Mittelenglisch *n*; 2 **High Ger·man** *s. ling.* Mittelhochdeutsch *n*; ,**~-'in·come** *adj.* mit mittlerem Einkommen; ~ **in·i·tial** *s. Am.* Anfangsbuchstabe *m* des zweiten Vornamens; ~ **life** *s.* die mittleren Lebensjahre *pl.*; '**~·man** [-mæn] *s. [irr.]* **1.** Mittelsmann *m*; **2.** ✝ Zwischenhändler *m*; ~ **man·age·ment** *s.* mittlere Unternehmensführung *f*; '**~·most** *adj.* ganz in der Mitte (liegend); ~ **name** *s.* **1.** zweiter Vorname; **2.** *fig.* her'vorstechende Eigenschaft; ,**~-of-the-'road** *adj.* **1.** *bsd. pol.* gemäßigt; neu'tral; **2.** gefällig (*Musik*), den 'Durchschnittsgeschmack treffend; ~ **rhyme** *s.* Binnenreim *m*; '**~-sized** *adj.* von mittlerer Größe; ~ **watch** *s.* ⚓ Mittelwache *f* (*zwischen Mitternacht u. 4 Uhr morgens*); '**~-weight** *s. sport* Mittelgewicht(ler *m*) *n*; 2 **West** *s. Am.* (*u. Kanada*) Mittelwesten *m*, *der* mittlere Westen.

mid·dling ['mɪdlɪŋ] **I** *adj.* ☐ → *a.* II; **1.** von mittlerer Güte *od.* Sorte, mittelmäßig, Mittel...: ***fair to*** ~ ‚so lala', ‚mittelprächtig'; ~ ***quality*** ✝ Mittelqualität *f*; **2.** F leidlich (*Gesundheit*); **3.** F ziemlich groß; **II** *adv.* F **4.** (*a.* **~*ly***) leidlich, ziemlich; **5.** ziemlich gut; **III** *s.* **6.** *mst pl.* ✝ Mittelsorte *f*; **7.** *pl.* Mittelmehl *n*; **8.** *pl. metall.* 'Zwischenpro,dukt *n*.

mid·dy ['mɪdɪ] *s.* **1.** F *für* ***midshipman***; **2.** → ~ **blouse** *s.* Ma'trosenbluse *f*.

'**mid·field** *s. sport* Mittelfeld *n* (*a. Spieler*): ~ ***man***, ~ ***player*** Mittelfeldspieler *m*.

midge [mɪdʒ] *s.* **1.** *zo.* kleine Mücke; **2.** → ***midget*** 1.

midg·et ['mɪdʒɪt] **I** *s.* **1.** Zwerg *m*, Knirps *m*; **2.** *et.* Winziges; **II** *adj.* **3.** Zwerg..., Miniatur..., Kleinst...: ~ ***car*** *mot.* Klein(st)wagen *m*; ~ ***railroad*** Liliputbahn *f*.

MIDI ['mɪdɪ] *s. abbr. für* ***musical instrument digital interface*** ♪, *Computer*: 'Midi *n* (*digitale Schnittstelle für elektronische Musikinstrumente*).

mid·i ['mɪdɪ] **I** *s.* Midimode *f*: ***wear*** ~ Midi tragen; **II** *adj.* Midi...: ~ ***skirt*** → '**mid·i·skirt** *s.* Midirock *m*.

'**mid·land** [-lənd] **I** *s.* **1.** *mst pl.* Mittelland *n*; **2.** ***the*** 2***s*** *pl.* Mittelengland *n*; **II** *adj.* **3.** binnenländisch; **4.** 2 *geogr.* mittelenglisch.

'**mid·life cri·sis** *s. psych.* Midlife-Crisis *f*, Krise *f* in der Lebensmitte.

'**mid·most** [-məʊst] **I** *adj.* ganz in der Mitte (liegend); innerst; **II** *adv.* (ganz) im Innern *od.* in der Mitte.

'**mid·night** **I** *s.* (***at*** ~ um) Mitternacht *f*; **II** *adj.* mitternächtlich, Mitternachts...: ***burn the*** ~ ***oil*** bis spät in die Nacht arbeiten *od.* aufbleiben; ~ **blue** *s.* Mitternachtsblau *n* (*Farbe*); ~ **sun** *s.* **1.** Mitternachtssonne *f*; **2.** ⚓ Nordersonne *f*.

,**mid|'noon** *s.* Mittag *m*; ,**~-'off** (,**~-'on**) *s. Kricket*: **1.** links (rechts) vom Werfer po'stierter Spieler; **2.** links (rechts) vom Werfer liegende Seite des Spielfelds; '**~·riff** *s.* **1.** *anat.* Zwerchfell *n*; **2.** *Am.* a) Mittelteil *m e-s Damenkleids*, b) zweiteilige Kleidung, c) Obertaille *f*, d) Magengrube *f*; '**~·ship** ⚓ **I** *s.* Mitte *f* des Schiffs; **II** *adj.* Mittschiffs...: ~ ***section*** Hauptspant *n*; '**~·ship·man** [-mən] *s. [irr.]* ⚓ **1.** *Brit.* Leutnant *m* zur See; **2.** *Am.* 'Seeoffi,ziersanwärter *m*; '**~·ships** *adv.* ⚓ mittschiffs.

midst [mɪdst] *s.*: ***in the*** ~ ***of*** inmitten (*gen.*), mitten unter (*dat.*); ***in their*** (***our***) ~ mitten unter ihnen (uns); ***from our*** ~ aus unserer Mitte.

'**mid·stream** *s.* Strommitte *f*: ***in*** ~ *fig.* mittendrin.

'**mid,sum·mer** **I** *s.* **1.** Mitte *f* des Sommers, Hochsommer *m*; **2.** *ast.* Sommersonnenwende *f*; **II** *adj.* **3.** hochsommerlich, Hochsommer...; 2 **Day** *s.* **1.** Jo'hannistag *m* (*24. Juni*); **2.** *e-r der 4 brit. Quartalstage.*

,**mid|'way** **I** *s.* **1.** Hälfte *f* des Weges, halber Weg; **2.** *Am.* Haupt-, Mittelstraße *f* (*auf Ausstellungen etc.*); **II** *adj.* **3.** mittler; **III** *adv.* **4.** auf halbem Wege; ,**~'week** **I** *s.* Mitte *f* der Woche; **II** *adj.* (in der) Mitte der Woche stattfindend.

Der **Midwest** [,mɪd'west] oder **Middle West** ist der mittlere Westen Amerikas: Die Bezeichnung bezog sich ursprünglich auf die Region nahe den **Great Lakes**, die für ihre Industriezentren (z.B. Chicago, Detroit, Pittsburgh) und ihre Landwirtschaft bekannt ist. Heute versteht man darunter das ganze Gebiet zwischen den Rocky Mountains im Westen, der Südgrenze der Staaten Kansas und Missouri sowie dem Verlauf des Ohio River im Süden und der Ostgrenze des Staates Ohio sowie den nördlichen Ausläufern der Appalachen im Osten.

mid·wife ['mɪdwaɪf] *s.* [*irr.*] Hebamme *f*, Geburtshelferin *f* (*a. fig.*); **'mid·wife·ry** [-wɪfərɪ] *s.* Geburtshilfe *f*, *fig. a.* Mithilfe *f*.

ˌmid|'win·ter *s.* **1.** Mitte *f* des Winters; **2.** *ast.* Wintersonnenwende *f*; **ˌ~'year I** *adj.* **1.** in der Mitte des Jahres vorkommend, in der Jahresmitte; **II** *s.* **2.** Jahresmitte *f*; **3.** *Am.* F a) um die Jahresmitte stattfindende Prüfung, b) *pl.* Prüfungszeit *f* (*um die Jahresmitte*).

mien [miːn] *s.* Miene *f*, Gesichtsausdruck *m*; Gebaren *n*: ***noble ~*** vornehme Haltung.

miff [mɪf] *s.* F Verstimmung *f*.

miffed [mɪft] *adj.* beleidigt, eingeschnappt.

might¹ [maɪt] *s.* **1.** Macht *f*, Gewalt *f*: ***~ is (above) right*** Gewalt geht vor Recht; **2.** Stärke *f*, Kraft *f*: ***with ~ and main, with all one's ~*** aus Leibeskräften, mit aller Gewalt.

might² [maɪt] *pret. von* ***may¹***.

'might-have-ˌbeen *s.* **1.** et., was hätte sein können; **2.** Per'son, die es zu et. hätte bringen können.

might·i·ly ['maɪtɪlɪ] *adv.* **1.** mit Macht, heftig, kräftig; **2.** F e'norm, mächtig, sehr; **'might·i·ness** [-ɪnɪs] *s.* Macht *f*, Gewalt *f*; **might·y** ['maɪtɪ] **I** *adj.* ☐ → ***mightily*** *u.* II; **1.** mächtig, gewaltig, heftig, groß, stark; → ***high and mighty***; **2.** *fig.* gewaltig, riesig, mächtig; **II** *adv.* **3.** F mächtig, riesig, ungeheuer: ***~ easy*** kinderleicht; ***~ fine*** prima.

mi·graine ['miːgreɪn] (*Fr.*) *s.* ⚕ Mi'gräne *f*; **'mi·grain·ous** [-nəs] *adj.* durch Migräne verursacht, Migräne...

mi·grant ['maɪgrənt] **I** *adj.* **1.** Wander..., Zug...; → *a.* ***migratory***; **II** *s.* **2.** Wandernde(r *m*) *f*, 'Umsiedler(in); **3.** *zo.* Zugvogel *m*; Wandertier *n*; **mi·grate** [maɪ'greɪt] *v/i.* (aus-, ab)wandern, (*a. orn.* fort)ziehen; **mi·gra·tion** [maɪ'greɪʃn] *s.* Wanderung *f* (*a.* ⚗, *zo.*, *geol.*); Zug *m* (*Menschen od. Wandertiere*); *orn.* (Vogel)Zug *m*: ***~ of (the) peoples*** Völkerwanderung; ***intramolecular ~*** ⚗ intramolekulare Wanderung; → ***ionic²***; **mi·gra·tion·al** [maɪ'greɪʃənl] *adj.* Wander..., Zug...; **'mi·gra·to·ry** [-rətərɪ] *adj.* **1.** (aus)wandernd; **2.** Zug..., Wander...: ***~ bird*** Zugvogel *m*; ***~ instinct*** Wandertrieb *m*; **3.** um'herziehend, no'madisch: ***~ life*** Wanderleben *n*; ***~ worker*** Wanderarbeiter(in).

Mike¹ [maɪk] **I** *npr.* (*Kosename für*) Michael; **II** *s.* ℒ *sl.* a) Ire *m*, b) Katho'lik *m*.

mike² [maɪk] *v/i. sl.* her'umlungern.

mike³ [maɪk] *s.* F ‚Mikro' *n* (*Mikrofon*).

mil [mɪl] *s.* **1.** Tausend *n*: ***per ~*** per Mille; **2.** ⚙ 1/1000 Zoll *m* (*Drahtmaß*); **3.** ⚔ (Teil)Strich *m*.

mil·age ['maɪlɪdʒ] → ***mileage***.

Mil·a·nese [ˌmɪlə'niːz] **I** *adj.* mailändisch; **II** *s. sg. u. pl.* Mailänder(in), Mailänder *pl.*

milch [mɪltʃ] *adj.* Milch gebend, Milch...; **'milch·er** [-tʃə] → ***milker*** 3.

mild [maɪld] *adj.* ☐ mild (*a. Strafe, Wein, Wetter etc.*); gelind, sanft; leicht (*Droge, Krankheit, Zigarre etc.*), schwach: ***~ attempt*** schüchterner Versuch; ***~ steel*** ⚙ Flussstahl *m*; ***to put it ~(ly)*** a) sich gelinde ausdrücken, b) gelinde gesagt; ***draw it ~*** machs mal halblang!

mil·dew ['mɪldjuː] **I** *s.* **1.** ♀ Mehltau(-pilz) *m*, Brand *m* (*am Getreide*); **2.** Schimmel *m*, Moder *m*: ***spot of ~*** Moder- *od.* Stockfleck *m* (*in Papier etc.*); **II** *v/t.* **3.** mit Mehltau *od.* Schimmel- *od.* Moderflecken über'ziehen: ***be ~ed*** verschimmelt sein (*a. fig.*); **III** *v/i.* **4.** brandig *od.* schimm(e)lig *od.* mod(e)rig werden (*a. fig.*); **'mil·dewed** [-djuːd], **'mil·dew·y** [-djuːɪ] *adj.* **1.** brandig, mod(e)rig, schimm(e)lig; **2.** ♀ von Mehltau befallen; mehltauartig.

mild·ness ['maɪldnɪs] *s.* Milde *f*; Sanftheit *f*; Sanftmut *f*.

mile [maɪl] *s.* Meile *f* (*zu Land = 1,609 km*): ***Admiralty ~*** *Brit.* englische Seemeile (*= 1,8532 km*); ***air ~*** Luftmeile (*= 1,852 km*); ***nautical ~, sea ~*** Seemeile (*= 1,852 km*); ***~ after ~ of fields, ~s and ~s of fields*** meilenweite Felder; ***~s apart*** meilenweit auseinander, *fig.* himmelweit entfernt; ***miss s.th. by a ~*** *fig.* et. (meilen)weit verfehlen.

mile·age ['maɪlɪdʒ] *s.* **1.** Meilenlänge *f*, -zahl *f*; **2.** zu'rückgelegte Meilenzahl *od.* Fahrstrecke, Meilenstand *m*: ***~ indicator, ~ recorder*** *mot.* Meilenzähler *m*; **3.** *a.* ***~ allowance*** Meilengeld *n* (*Vergütung*); **4.** Fahrpreis *m* per Meile; **5.** *a.* ***~ book*** 🚂 *Am.* Fahrscheinheft *n*; **6.** F ***get a lot of ~ out of it*** jede Menge (dabei) rausholen; ***there's no ~ in it*** das bringt nichts (ein).

mile·om·e·ter [maɪ'lɒmɪtə] *s. mot.* Meilenzähler *m*.

'mile·stone *s.* Meilenstein *m* (*a. fig.*).

mil·foil ['mɪlfɔɪl] *s.* ♀ Schafgarbe *f*.

mil·i·ar·i·a [ˌmɪlɪ'eərɪə] *s.* ⚕ Frieselfieber *n*; **mil·i·ar·y** ['mɪlɪərɪ] *adj.* ⚕ mili'ar, hirsekornartig: ***~ fever*** → ***miliaria***; ***~ gland*** Hirsedrüse *f*.

mil·i·tan·cy ['mɪlɪtənsɪ] *s.* **1.** Kriegszustand *m*, Kampf *m*; **2.** Kampfgeist *m*; '**mil·i·tant** [-tənt] **I** *adj.* □ mili'tant: a) streitend, kämpfend, b) streitbar, kriegerisch; **II** *s.* Kämpfer *m*, Streiter *m*; '**mil·i·ta·rist** [-tərɪst] *s.* **1.** *pol.* Milita'rist *m*; **2.** Wehr- *od.* Mili'tärexperte *m*; **mil·i·ta·ris·tic** [ˌmɪlɪtə'rɪstɪk] *adj.* milita'ristisch; '**mil·i·ta·rize** [-təraɪz] *v/t.* militarisieren.

mil·i·tar·y ['mɪlɪtərɪ] **I** *adj.* □ **1.** mili'tärisch, Militär...: ***of ~ age*** im wehrpflichtigen Alter; **2.** Heeres..., Kriegs...; **II** *s. pl. konstr.* **3.** Mili'tär *n*, Sol'daten *pl.*, Truppen *pl.*; **~ a·cad·e·my** *s.* **1.** Mili'tärakadeˌmie *f*; **2.** *Am.* (*zivile*) Schule mit mili'tärischer Ausbildung; **~ col·lege** *s. Am.* Mili'tärcollege *n*; **~ gov·ern·ment** *s.* Mili'tärreˌgierung *f*; **~ jun·ta** *s.* Mili'tärjunta *f*; **~ law** *s.* Wehr(straf)recht *n*; **~ map** *s.* Gene'ralstabskarte *f*; **~ po·lice** *s.* Mili'tärpoliˌzei *f*; **~ serv·ice** *s.* Mili'tär-, Wehrdienst *m*; **~ serv·ice book** *s.* Wehrpass *m*; **~ stores** *s. pl.* Mili'tärbedarf *m*, 'Kriegsmateriˌal *n* (*Munition*, *Proviant etc.*); **~ tes·ta·ment** *s.* ⚖ 'Nottestaˌment *n* (*von Militärpersonen im Krieg*); **~ tri·bu·nal** *s.* Mili'tärgericht *n*.

mil·i·tate ['mɪlɪteɪt] *v/i.* (***against***) sprechen (gegen), wider'streiten (*dat.*), *e-r Sache* entgegenwirken; **~ *for*** eintreten *od.* kämpfen für.

mi·li·tia [mɪ'lɪʃə] *s.* ⚔ Mi'liz *f*, Bürgerwehr *f*.

milk [mɪlk] **I** *s.* **1.** Milch *f*: ***~ and water*** *fig.* kraftloses Zeug, seichtes Gewäsch; ***~ of human kindness*** *fig.* Milch der frommen Denkungsart; ***~ of sulphur*** ⚗ Schwefelmilch; ***it is no use crying over spilt ~*** geschehen ist geschehen, hin ist hin; → ***coconut*** 1; **2.** ⚘ (Pflanzen)Milch *f*; **II** *v/t.* **3.** melken; **4.** *fig. j-n* schröpfen, ‚ausnehmen'; **5.** ⚡ *Leitung* ‚anzapfen', abhören; **III** *v/i.* **6.** Milch geben; ˌ**~-and-'wa·ter** *adj.* saft- u. kraftlos, seicht; **~ bar** *s.* Milchbar *f*; **~ crust** *s.* ⚕ Milchschorf *m*; **~ duct** *s. anat.* Milchdrüsengang *m*.

milk·er ['mɪlkə] *s.* **1.** Melker(in); **2.** ⚙ 'Melkmaˌschine *f*; **3.** Milchkuh *f od.* -schaf *n od.* -ziege *f*.

milk| float *s. Brit.* Milchwagen *m*; '**~·man** [-mən] *s.* [*irr.*] Milchmann *m*; **~ run** *s.* ✈ *sl.* **1.** Rou'tineeinsatz *m*; **2.** ‚gemütliche Sache', gefahrloser Einsatz; '**~·shake** *s.* Milchshake *m*; '**~·sop** *s. fig. contp.* Muttersöhnchen *n*; **~ sug·ar** *s.* ⚗ Milchzucker *m*, Lak'tose *f*; **~ tooth** *s.* [*irr.*] Milchzahn *m*; '**~·weed** *s.* ⚘ **1.** Schwalbenwurzgewächs *n*; **2.** Wolfsmilch *f*.

milk·y ['mɪlkɪ] *adj.* **1.** □ milchig, Milch...; milchweiß; **2.** *min.* milchig, wolkig (*bsd. Edelsteine*); **3.** *fig.* a) sanft, b) weichlich, ängstlich; **♀ Way** *s. ast.* Milchstraße *f*.

mill¹ [mɪl] **I** *s.* **1.** (Mehl-, Mahl)Mühle *f*; → ***grist*** 1; **2.** ⚙ (*Kaffee-*, *Öl-*, *Säge- etc.*)Mühle *f*, Zerkleinerungsvorrichtung *f*: ***go through the ~*** *fig.* e-e harte Schule durchmachen; ***put s.o. through the ~*** j-n hart rannehmen; ***have been through the ~*** viel durchgemacht haben; **3.** *metall.* Hütten-, Hammer-, Walzwerk *n*; **4.** *a.* ***spinning ~*** ⚙ Spinne'rei *f*; **5.** ⚙ a) *Münzerei*: Prägwerk *n*, b) *Glasherstellung*: Schleifkasten *m*; **6.** Fa'brik *f*, Werk *n*; **7.** F Prüge'lei *f*; **II** *v/t.* **8.** *Korn etc.* mahlen; **9.** ⚙ *allg.* bearbeiten, *z. B. Holz*, *Metall* fräsen, *Papier*, *Metall* walzen, *Tuch*, *Leder* walken, *Münzen* rändeln, *Eier*, *Schokolade* quirlen, schlagen, *Seide* moulinieren; **10.** F ‚'durchwalken'; **III** *v/i.* **11.** F sich prügeln; **12.** ***~ about*** *od.* ***around*** ('rund)her'umlaufen, her'umirren: ***~ing crowd*** Gewühl *n*, wogende Menge.

mill² [mɪl] *s. Am.* Tausendstel *n* (*bsd.* 1/1000 *Dollar*).

mill| bar *s.* ⚙ Pla'tine *f*; '**~·board** *s.* starke Pappe, Pappdeckel *m*; '**~·course** *s.* **1.** Mühlengerinne *n*; **2.** Mahlgang *m*.

mil·le·nar·i·an [ˌmɪlɪ'neərɪən] **I** *adj.* **1.** tausendjährig; **2.** *eccl.* das Tausendjährige Reich (Christi) betreffend; **II** *s.* **3.** *eccl.* Chili'ast *m*; **mil·le·nar·i·an·ism** [ˌmɪlɪ'neərɪənɪzəm] *s. eccl.* Milleˌnaria'nismus *m*; **mil·le·nar·y** [mɪ'lenərɪ] **I** *adj.* **1.** aus tausend (Jahren) bestehend, von tausend Jahren; **II** *s.* **2.** (Jahr)'Tausend *n*; **3.** Jahr'tausendfeier *f*; **mil·len·ni·al** [mɪ'lenɪəl] *adj.* **1.** Jahrtausend..., Mil'lennium(s)...: ***~ doomsdayer*** Jahr'tausendproˌphet(in); **2.** *eccl.* das Tausendjährige Reich betreffend; **3.** e-e Jahr'tausendfeier betreffend; **4.** tausendjährig; **mil·len·ni·um** [mɪ'lenɪəm] *pl.* **-ni·ums** *od.* **-ni·a** [-nɪə] *s.* **1.** Jahr'tausend *n*: **~ *bug*** *Computer*: Jahr-2000-Probˌlem *n*, -fehler *m*; ***~ celebration*** Mil'lennium(s)feier *f*, Jahrtausendfeier *f*; ***~ compliance*** *Computer*: Jahrtausendfähigkeit *f*, -tauglichkeit *f*; ***~-compliant*** *Computer*: jahrtausendfähig, -tauglich; ***~ date changeover*** Datumswechsel *m* am Ende des Jahrtausends; ***~-proof*** jahrtausendsicher, -fähig; **2.** Jahr'tausendfeier *f*; **3.** *eccl.* Tausendjähriges Reich (Christi); **4.** *fig.* Para'dies *n* auf Erden.

mil·le·pede ['mɪlɪpiːd] *s. zo.* Tausendfüß(l)er *m*.

mill·er ['mɪlə] *s.* **1.** Müller *m*; **2.** ⚙ 'Fräsmaˌschine *f*.

mil·les·i·mal [mɪ'lesɪml] **I** *adj.* □ **1.** tausendst; **2.** aus Tausendsteln bestehend; **II** *s.* **3.** Tausendstel *n*.

mil·let ['mɪlɪt] *s.* ⚘ (Rispen)Hirse *f*.

M

'mill·hand *s.* Mühlen-, Fa'brik-, Spinne'reiarbeiter *m.*
milli- [mılı] *in Zssgn* Tausendstel.
,mil·li'am·me·ter *s.* ⚡ 'Milliam,pere,meter *n.*
mil·li·ard ['mılja:d] *s. Brit.* Milli'arde *f.*
mil·li·bar ['mılıba:] *s. meteor.* Milli'bar *n.*
'mil·li·gram(me) *s.* Milli'gramm *n*; **'mil·li·me·ter** *Am.*, **'mil·li·me·tre** *Brit. s.* Milli'meter *m, n.*
mil·li·ner ['mılınə] *s.* Hut-, Putzmacherin *f*, Mo'distin *f*; **'mil·li·ner·y** [-nərı] *s.* **1.** Putz-, Modewaren *pl.*; **2.** Hutmacherhandwerk *n*; **3.** 'Hutsa,lon *m.*
mill·ing ['mılıŋ] *s.* **1.** Mahlen *n*; **2.** ⚙ a) Walken *n*, b) Rändeln *n*, c) Fräsen *n*, d) Walzen *n*; **3.** *sl.* Tracht *f* Prügel; **~ cut·ter** *s.* ⚙ Fräser *m*; **~ ma·chine** *s.* **1.** 'Fräsma,schine *f*; **2.** Rändelwerk *n*; **~ prod·uct** *s.* 'Mühlen- *od.* ⚙ 'Walzpro,dukt *n.*
mil·lion ['mıljən] *s.* **1.** Milli'on *f*: ***a ~ times*** Millionen Mal; ***two ~ men*** 2 Millionen Mann; ***by the ~*** nach Millionen; ***~s of people*** *fig.* e-e Unmasse Menschen; **2. *the ~*** die große Masse, das Volk; **mil·lion·aire**, *bsd. Am.* **mil·lion·naire** [,mıljə'neə] *s.* Millio'när *m*; **mil·lion·air·ess** [,mıljə'neərıs] *s.* Millio'närin *f*; **'mil·lion·fold** *adj. u. adv.* milli'onenfach; **'mil·lionth** [-nθ] **I** *adj.* milli'onst; **II** *s.* Milli'onstel *n.*
mil·li·pede ['mılıpi:d], *a.* **'mil·li·ped** [-ped] → ***millepede.***
'mil·li,sec·ond *s.* 'Millise,kunde *f.*
'mill|·pond *s.* Mühlteich *m*; **'~·race** *s.* Mühlgerinne *n.*
Mills bomb [mılz], **Mills gre·nade** *s.* ⚔ 'Eier,handgra,nate *f.*
'mill|·stone *s.* Mühlstein *m* (*a. fig. Last*): ***be a ~ round s.o.'s neck*** *fig.* j-m ein Klotz am Bein sein; ***see through a ~*** *fig.* das Gras wachsen hören; **'~·wheel** *s.* Mühlrad *n.*
mi·lom·e·ter → ***mileometer.***
milt[1] [mılt] *s. anat.* Milz *f.*
milt[2] [mılt] *ichth.* **I** *s.* Milch *f* (*der männlichen Fische*); **II** *v/t. den Rogen* mit Milch befruchten; **'milt·er** [-tə] *s. ichth.* Milchner *m.*
mime [maım] **I** *s.* **1.** *antiq.* Mimus *m*, Possenspiel *n*; **2.** Mime *m*; **3.** Possenreißer *m*; **II** *v/t.* **4.** mimen, nachahmen.
mim·e·o·graph ['mımıəgra:f] **I** *s.* Mimeo'graph *m* (*Vervielfältigungsapparat*); **II** *v/t.* vervielfältigen; **mim·e·o·graph·ic** [,mımıə'græfık] *adj.* (☐ ***~ally***) mimeo'graphisch, vervielfältigt.
mi·met·ic [mı'metık] *adj.* (☐ ***~ally***) **1.** nachahmend (*a. ling. lautmalend*); *b.s.* nachäffend, Schein...; **2.** *biol.* fremde Formen nachbildend.
mim·ic ['mımık] **I** *adj.* **1.** mimisch, (durch Gebärden) nachahmend; **2.** Schauspiel...: ***~ art*** Schauspielkunst *f*; **3.** nachgeahmt, Schein...; **II** *s.* **4.** Nachahmer *m*, Imi'tator *m*; **III** *v/t. pret. u. p.p.* **'mim·icked** [-kt], *pres. p.* **'mim·ick·ing** [-kıŋ] **5.** nachahmen, -äffen; **6.** ⚘, *zo.* sich *in der Farbe etc.* angleichen (*dat.*); **'mim·ic·ry** [-krı] *s.* **1.** Nachahmen *n*, -äffung *f*; **2.** *zo.* Mimikry *f*, Angleichung *f.*
mi·mo·sa [mı'məʊzə] *s.* ⚘ Mi'mose *f.*
min·a·ret ['mınəret] *s.* ⚠ Mina'rett *n.*
min·a·to·ry ['mınətərı] *adj.* drohend, bedrohlich.
mince [mıns] **I** *v/t.* **1.** zerhacken, in kleine Stücke zerschneiden; 'durchdrehen: ***~ meat*** Hackfleisch machen; **2.** *fig.* mildern, bemänteln: ***~ one's words*** affektiert sprechen; ***not to ~ matters*** (*od.* ***one's words***) kein Blatt vor den Mund nehmen; **3.** geziert tun: ***~ one's steps*** → 5 b; **II** *v/i.* **4.** Fleisch (*a.* Fett, Gemüse) klein schneiden *od.* zerkleinern, Hackfleisch machen; **5.** a) sich geziert benehmen, b) geziert gehen, trippeln; **III** *s.* **6.** *bsd. Brit.* → ***mincemeat*** 2; **'~·meat** *s.* **1.** Pa'stetenfüllung *f* (*aus Korinthen, Äpfeln, Rosinen, Rum etc. mit od. ohne Fleisch*); **2.** Hackfleisch *n*, Gehacktes *n*: ***make ~ of*** *fig.* a) ‚aus *j-m* Hackfleisch machen', b) *Argument etc.* ‚(in der Luft) zerreißen'; **~ pie** *s. mit* ***mincemeat*** *gefüllte Pastete.*
minc·er ['mınsə] → ***mincing machine.***
minc·ing ['mınsıŋ] *adj.* ☐ *fig.* geziert, affektiert; **~ ma·chine** *s.* 'Fleischhackma,schine *f*, Fleischwolf *m.*
mind [maınd] **I** *s.* **1.** Sinn *m*, Gemüt *n*, Herz *n*: ***have s.th. on one's ~*** et. auf dem Herzen haben; **2.** Seele *f*, Verstand *m*, Geist *m*: ***presence of ~*** Geistesgegenwart *f*; (***the triumph of***) ***~ over matter*** *oft iro.* der Sieg des Geistes über die Materie; ***before one's ~'s eye*** vor s-m geistigen Auge; ***be of sound ~***, ***be in one's right ~*** bei (vollem) Verstand sein; ***of sound ~ and memory*** ⚖ im Vollbesitz s-r geistigen Kräfte; ***be out of one's ~*** nicht (recht) bei Sinnen sein, verrückt sein; ***lose one's ~*** den Verstand verlieren; ***close one's ~ to s.th.*** sich gegen et. verschließen; ***have an open ~*** unvoreingenommen sein; ***cast back one's ~*** sich zurückversetzen (***to*** nach, in *acc.*); ***enter s.o.'s ~*** j-m in den Sinn kommen; ***put*** (*od.* ***give***) ***one's ~ to s.th.*** sich mit e-r Sache befassen; ***put s.th. out of one's ~*** sich et. aus dem Kopf schlagen; ***read s.o.'s ~*** j-s Gedanken lesen; ***that blows your ~!*** F da ist man (einfach) ‚fertig'!; **3.** Geist *m* (*a. phls.*): ***the human ~***; ***things of the ~*** geistige Dinge; ***history of the ~*** Geistesgeschichte *f*; ***his is a fine ~*** er hat e-n feinen Verstand, er ist ein kluger Kopf; ***one of***

the greatest ~s of his time *fig.* e-r der größten Geister *od.* Köpfe s-r Zeit; **4.** Meinung *f*, Ansicht *f*: ***in*** (*od.* ***to***) ***my ~*** m-r Ansicht nach, m-s Erachtens; ***be of s.o.'s ~*** j-s Meinung sein; ***change one's ~*** sich anders besinnen; ***speak one's ~*** (***freely***) s-e Meinung frei äußern; ***give s.o. a piece of one's ~*** j-m gründlich die Meinung sagen; ***know one's own ~*** wissen, was man will; ***be in two ~s about s.th.*** mit sich selbst über et. nicht einig sein; ***there can be no two ~s about it*** darüber kann es keine geteilte Meinung geben; **5.** Neigung *f*, Lust *f*; Absicht *f*: ***have*** (***half***) ***a ~ to do s.th.*** (beinahe) Lust haben, et. zu tun; ***have s.th. in ~*** et. im Sinne haben; ***I have you in ~*** ich denke (dabei) an dich; ***have it in ~ to do s.th.*** beabsichtigen, et. zu tun; ***make up one's ~*** a) sich entschließen, e-n Entschluss fassen, b) zur Überzeugung kommen (***that*** dass), sich klar werden (***about*** über *acc.*); ***I can't make up your ~*** *iro.* ich kann mir nicht deinen Kopf zerbrechen; **6.** Erinnerung *f*, Gedächtnis *n*: ***bear*** (*od.* ***keep***) ***in ~*** (immer) an *et.* denken, *et.* nicht vergessen, bedenken; ***call to ~*** sich *et.* ins Gedächtnis zurückrufen, sich an *et.* erinnern; ***put s.o. in ~ of s.th.*** j-n an et. erinnern; ***nothing comes to ~*** nichts fällt einem dabei ein; ***time out of ~*** seit (*od.* vor) undenklichen Zeiten; **II** *v/t.* **7.** merken, (be)achten, Acht geben, hören auf (*acc.*): ***~ one's P's and Q's*** F sich ganz gehörig in Acht nehmen; ***~ you write*** F denk daran (*od.* vergiss nicht) zu schreiben; **8.** sich in Acht nehmen, sich hüten vor (*dat.*): ***~ the step!*** Achtung, Stufe!; **9.** sorgen für, sehen nach: ***~ the children*** sich um die Kinder kümmern, die Kinder hüten; ***~ your own business!*** kümmere dich um deine eigenen Dinge!; ***don't ~ me!*** lass dich durch mich nicht stören!; ***never ~ him!*** kümmere dich nicht um ihn!; **10.** et. haben gegen, es nicht gern sehen *od.* mögen, sich stoßen an (*dat.*): ***do you ~ my smoking?*** haben Sie et. dagegen, wenn ich rauche?; ***would you ~ coming?*** würden Sie so freundlich sein zu kommen?; ***I don't ~*** (***it***) ich habe nichts dagegen, meinetwegen; ***I wouldn't ~ a drink*** ich hätte nichts gegen einen Drink; **III** *v/i.* **11.** Acht haben, aufpassen, bedenken: ***~*** (***you***)***!*** wohlgemerkt; ***never ~!*** lass es gut sein!, es hat nichts zu sagen!, es macht nichts! (→ *a.* 12); **12.** et. da'gegen haben: ***I don't ~*** ich habe nichts dagegen, meinetwegen; ***I don't ~ if I do*** F ja, ganz gern *od.* ich möchte schon; ***he ~s a great deal*** er ist allerdings dagegen, es macht ihm sehr viel aus; ***never ~!*** mach dir nichts draus!

'mind|-ˌbend·ing, '~-ˌblow·ing, '~-ˌbog·gling *adj. sl.* ‚irr(e)', ‚toll'.

mind·ed ['maɪndɪd] *adj.* **1.** geneigt, gesonnen: ***if you are so ~*** wenn das deine Absicht ist; **2.** *in Zssgn* a) gesinnt: ***evil-~*** böse gesinnt; ***small-~*** kleinlich, b) *religiös, technisch etc.* veranlagt: ***religious-~***, c) interes'siert an (*dat.*): ***air-~*** flugbegeistert.

'mind-exˌpand·ing *adj.* bewusstseinserweiternd, psyche'delisch.

mind·ful ['maɪndfʊl] *adj.* □ (***of***) aufmerksam, achtsam (auf *acc.*), eingedenk (*gen.*): ***be ~ of*** achten auf; **'mind·less** ['maɪndlɪs] *adj.* □ **1.** (***of***) unbekümmert (um), ohne Rücksicht (auf *acc.*), uneingedenk (*gen.*); **2.** hirn-, gedankenlos, ‚blind'; **3.** geistlos, unbeseelt.

'mind|-ˌread·er *s.* Gedankenleser(in); **'~-ˌread·ing** *s.* Gedankenlesen *n.*

mine¹ [maɪn] **I** *poss. pron.* der (die, das) Mein(ig)e ***what is ~*** was mir gehört, das Meinige; ***a friend of ~*** ein Freund von mir; ***me and ~*** ich u. die Mein(ig)en *od.* meine Familie; **II** *poss. adj. poet. od. obs.* mein: ***~ eyes*** meine Augen; ***~ host*** (der) Herr Wirt.

mine² [maɪn] **I** *v/i.* **1.** minieren; **2.** schürfen, graben (***for*** nach); **3.** sich eingraben (*Tiere*); **II** *v/t.* **4.** *Erz, Kohlen* abbauen, gewinnen; **5.** ⚓, ⚔ a) verminen, b) minieren; **6.** *fig.* unter'graben, -mi'nieren; **III** *s.* **7.** *oft pl.* ⚒ Mine *f*, Bergwerk *n*, Zeche *f*, Grube *f*; **8.** ⚓, ⚔ (*Luft-, See*)Mine *f*: ***spring a ~*** e-e Mine springen lassen (*a. fig.*); **9.** *fig.* Fundgrube *f* (***of*** an *dat.*): ***a ~ of information***; **~ bar·ri·er** *s.* ⚔ Minensperre *f*; **~ de·tec·tor** *s.* ⚔ Minensuchgerät *n*; **'~·field** *s.* ⚔ Minenfeld *n*; **~ fore·man** *s.* [*irr.*] ⚒ Obersteiger *m*; **~ gas** *s.* **1.** Me'than *n*; **2.** ⚒ Grubengas *n*, schlagende Wetter *pl.*; **'~ˌlay·er** [-ˌleɪə] *s.* ⚓, ⚔ Minenleger *m.*

min·er ['maɪnə] *s.* **1.** ⚒ Bergarbeiter *m*, -mann *m*, Grubenarbeiter *m*, Kumpel *m*: ***~s' association*** Knappschaft *f*; ***~'s lamp*** Grubenlampe *f*; ***~'s lung*** ⚕ (Kohlen)Staublunge *f*; **2.** ⚓, ⚔ Minenleger *m.*

min·er·al ['mɪnərəl] **I** *s.* **1.** Mine'ral *n*; **2.** *bsd. pl.* Mine'ralwasser *n*; **II** *adj.* **3.** mine'ralisch, Mineral...; **4.** ⚗ 'anorˌganisch; **~ car·bon** *s.* Gra'phit *m*; **~ coal** *s.* Steinkohle *f*; **~ de·pos·it** *s.* Erzlagerstätte *f.*

min·er·al·ize ['mɪnərəlaɪz] *v/t. geol.* **1.** vererzen; **2.** mineralisieren, versteinern; **3.** mit 'anorˌganischem Stoff durch'setzen; **min·er·al·og·i·cal** [ˌmɪnərə'lɒdʒɪkl] *adj.* □ *min.* minera'logisch; **min·er·al·o·gy** [ˌmɪnə'rælədʒɪ] *s.* Mineralo'gie *f.*

min·er·al| oil *s.* Erdöl *n*, Pe'troleum *n*,

M

Mine'ralöl *n*; **~ spring** *s.* Mine'ralquelle *f*, Heilbrunnen *m*; **~ wa·ter** *s.* Mine'ralwasser *n*.

'mine,sweep·er *s.* ⚓, ⚔ Minenräum-, Minensuchboot *n*.

min·e·ver ['mɪnɪvə] → ***miniver***.

min·gle ['mɪŋgl] **I** *v/i.* **1.** verschmelzen, sich vermischen, sich verbinden (***with*** mit): ***with ~d feelings*** *fig.* mit gemischten Gefühlen; **2.** *fig.* sich (ein)mischen (***in*** in *acc.*), sich mischen (***among, with*** unter *acc.*); **II** *v/t.* **3.** vermischen, -mengen.

min·i ['mɪnɪ] **I** *s.* **1.** Minimode *f*: ***wear ~*** Mini tragen; **2.** Minikleid *n*, -rock *m etc.*; **II** *adj.* **3.** Mini...

min·i·a·ture ['mɪnətʃə] **I** *s.* **1.** Minia'tur (-gemälde *n*) *f*; **2.** *fig.* Minia'turausgabe *f*: ***in ~*** im Kleinen, en miniature, Miniatur...; **3.** ⚔ kleine Ordensschnalle; **II** *adj.* **4.** Miniatur..., Klein..., im kleinen; **~ cam·er·a** *s. phot.* Kleinbildkamera *f*; **~ cur·rent** *s.* ⚡ Mini'mal-, 'Unterstrom *m*; **~ grand** *s.* ♪ Stutzflügel *m*; **~ ri·fle shoot·ing** *s.* 'Kleinka,liberschießen *n*.

min·i·a·tur·ist ['mɪnə,tjʊərɪst] *s.* Minia'turmaler(in); **min·i·a·tur·ize** ['mɪnətʃəraɪz] *v/t. bsd. elektronische Elemente* miniaturisieren.

'min·i|·bar *s.* Minibar *f*; **'~·bus** *s. mot.* Mini-, Kleinbus *m*; **'~·cab** *s. mot.* Minicar *m* (*Kleintaxi*); **'~·car** *s. mot.* Kleinwagen *m*; **'~·dress** *s.* Minikleid *n*.

min·i·kin ['mɪnɪkɪn] **I** *adj.* **1.** affektiert, geziert; **2.** winzig, zierlich; **II** *s.* **3.** kleine Stecknadel; **4.** *fig.* Knirps *m*.

min·im ['mɪnɪm] *s.* **1.** ♪ halbe Note; **2.** *et.* Winziges; Zwerg *m*; **3.** *pharm.* 1/60 Drachme *f* (*Apothekermaß*); **4.** Grundstrich *m* (*Kalligraphie*); **'min·i·mal** [-ml] *adj.* kleinst, mini'mal, Mindest...; **'min·i·mize** [-maɪz] *v/t.* **1.** auf das Mindestmaß zu'rückführen, möglichst gering halten; **2.** als geringfügig darstellen, bagatellisieren; **'min·i·mum** [-məm] **I** *pl.* **-ma** [-mə] *s.* Minimum *n* (*a.* ⅍), Mindestmaß *n*, -betrag *m*, -stand *m*: ***with a ~ of effort*** mit e-m Minimum an *od.* von Anstrengung; **II** *adj.* mini'mal, mindest, Mindest..., kleinst: ***~ output*** Leistungsminimum *n*; ***~ price*** Mindestpreis *m*; ***~ reserve holdings*** *pl.* ✝ Mindestreserveguthaben *n od. pl*; ***~ wage*** Mindestlohn *m*.

min·ing ['maɪnɪŋ] **I** *s.* Bergbau *m*, Bergwerk(s)betrieb *m*; **II** *adj.* Bergwerks..., Berg(bau)..., Gruben..., Montan...: ***~ academy*** Bergakademie *f*; ***~ law*** Bergrecht *n*; **~ dis·as·ter** *s.* Grubenunglück *n*; **~ en·gi·neer** *s.* 'Berg(bau)ingeni,eur *m*; **~ in·dus·try** *s.* 'Bergbau-, Mon'tanindu,strie *f*; **~ share** *s.* Kux *m*.

min·ion ['mɪnjən] *s.* **1.** Günstling *m*; **2.** *contp.* Speichellecker *m*: ***~ of the law*** *oft humor.* Gesetzeshüter *m*; **3.** *typ.* Kolo'nel *f* (*Schriftgrad*).

min·i·quake ['mɪnɪkweɪk] *s. geol.* kleines Erdbeben, Erdstoß *m*.

'min·i·skirt *s.* Minirock *m*.

'min·i·state *s. pol.* Zwergstaat *m*.

min·is·ter ['mɪnɪstə] **I** *s.* **1.** *eccl.* Geistliche(r) *m*, Pfarrer *m* (*bsd. e-r Dissenterkirche*); **2.** *pol. Brit.* Mi'nister(in), *a.* Premi'ermi,nister(in): ***2 of the Crown*** (Kabinetts)Minister(in); ***2 of Labour*** Arbeitsminister(in); **3.** *pol.* Gesandte(r *m*) *f*: ***~ plenipotentiary*** bevollmächtigter Gesandter; **4.** *fig.* Diener *m*, Werkzeug *n*; **II** *v/t.* **5.** darreichen; *eccl. die Sakramente* spenden; **III** *v/i.* **6.** (***to***) behilflich *od.* dienlich sein (*dat.*) (*a. fig. fördern*): ***~ to the wants of others*** für die Bedürfnisse anderer sorgen; **7.** *eccl.* Gottesdienst halten; **min·is·te·ri·al** [,mɪnɪ'stɪərɪəl] *adj.* □ **1.** amtlich, Verwaltungs..., 'untergeordnet: ***~ officer*** Verwaltungs-, Exekutivbeamte(r) *m*; **2.** *eccl.* geistlich; **3.** *pol.* a) Ministerial..., Minister..., b) Regierungs...: ***~ bill*** Regierungsvorlage *f*; **4.** Hilfs..., dienlich (***to*** *dat.*); **'min·is·trant** [-trənt] **I** *adj.* **1.** (***to***) dienend (zu), dienstbar (*dat.*); **II** *s.* **2.** Diener(in); **3.** *eccl.* Ministrant *m*; **min·is·tra·tion** [,mɪnɪ'streɪʃn] *s.* Dienst *m* (***to*** an *dat.*); *bsd. kirchliches* Amt; **'min·is·try** [-trɪ] *s.* **1.** *eccl.* geistliches Amt; **2.** *pol. Brit.* a) Mini'sterium *n* (*a. Amtsdauer u. Gebäude*), b) Mi'nisterposten *m*, -amt *n*, c) Kabi'nett *n*, Regierung *f*; **3.** *pol. Brit.* Amt *n* e-s Gesandten; **4.** *eccl. coll.* Geistlichkeit *f*.

min·i·um ['mɪnɪəm] *s.* **1.** → ***vermilion*** 1; **2.** ⚗ Mennige *f*.

min·i·ver ['mɪnɪvə] *s.* Grauwerk *n*, Feh *n* (*Pelz*).

mink [mɪŋk] *s.* **1.** *zo.* Nerz *m*; **2.** Nerz (-fell *n*) *m*.

min·now ['mɪnəʊ] *s.* **1.** *ichth.* Elritze *f*; **2.** *fig. contp.* (*eine*) ‚Null', (*ein*) Niemand *m*.

mi·nor ['maɪnə] **I** *adj.* **1.** a) kleiner, geringer, b) klein, unbedeutend, geringfügig; 'untergeordnet (*a. phls.*): ***~ casualty*** ⚔ Leichtverwundete(r) *m*; ***~ offence*** (*Am.* ***-se***) ⚖ (leichtes) Vergehen; ***the 2 Prophets*** *bibl.* die kleinen Propheten; ***of ~ importance*** von zweitrangiger Bedeutung, c) Neben..., Hilfs..., Unter...: ***a ~ group*** eine Untergruppe; ***~ premise*** → 7; ***~ subject*** *Am. univ.* Nebenfach *n*; **2.** minderjährig; **3.** *Brit.* jünger (*in Schulen*): ***Smith ~*** Smith der Jüngere; **4.** ♪ a) klein (*Terz etc.*), b) Moll...: ***C ~*** c-Moll *n*; ***~ key*** Molltonart *f*; ***in ~ key*** *fig.* (etwas) gedämpft; ***~ mode*** Mollgeschlecht *n*; **II** *s.* **5.** Minderjährige(r *m*) *f*; **6.** ♪ a) Moll *n*, b) 'Mollak,kord *m*, c) Molltonart *f*; **7.** *phls.* 'Untersatz *m*; **8.** *Am. univ.* Nebenfach *n*; **III** *v/i.* **9. ~ *in*** *Am. univ.* als Nebenfach studieren; **mi·nor·i·ty** [maɪ'nɒrətɪ] *s.* **1.** Minderjährigkeit *f*, Unmündigkeit *f*; **2.** Minori'tät *f*, Minderheit *f*, -zahl *f*: **~ *government*** (***party***) Minderheitsregierung (-partei) *f*; ***be in the*** **~** in der Minderheit *od.* -zahl sein.

min·ster ['mɪnstə] *s. eccl.* **1.** Münster *n*; **2.** Klosterkirche *f*.

min·strel ['mɪnstrəl] *s.* **1.** *hist.* Spielmann *m*; Minnesänger *m*; **2.** *poet.* Sänger *m*, Dichter *m*; '**min·strel·sy** [-sɪ] *s.* **1.** Musi'kantentum *n*; **2.** a) Minnesang *m*, -dichtung *f*, b) *poet.* Dichtkunst *f*, Dichtung *f*; **3.** *coll.* Spielleute *pl*.

mint[1] [mɪnt] *s.* **1.** ⚘ Minze *f*: **~ *sauce*** (saure) Minzsoße; **2.** 'Pfefferminz(li,kör) *m*.

mint[2] [mɪnt] **I** *s.* **1.** Münze *f*: a) Münzstätte *f*, -anstalt *f*, b) Münzamt *n*: ***a* ~ *of money*** F ein Haufen Geld; **2.** *fig.* (reiche) Fundgrube, Quelle *f*; **II** *adj.* **3.** (wie) neu, tadellos erhalten, (*Buch etc.*): ***in* ~ *condition***; **4.** postfrisch (*Briefmarke*); **III** *v/t.* **5.** *Geld* münzen, schlagen, prägen; **6.** *fig.* *Wort etc.* prägen; '**mint·age** [-tɪdʒ] *s.* **1.** Münzen *n*, Prägung *f* (*a. fig.*); **2.** *das* Geprägte, Geld *n*; **3.** Prägegebühr *f*.

min·u·end ['mɪnjʊend] *s.* Ⱥ Minu'end *m*.

min·u·et [ˌmɪnjʊ'et] *s.* ♪ Menu'ett *n*.

mi·nus ['maɪnəs] **I** *prp.* **1.** Ⱥ minus, weniger; **2.** F ohne: **~ *his hat***; **II** *adv.* **3.** minus, unter null (*Temperatur*); **III** *adj.* **4.** Minus..., negativ: **~ *amount*** Fehlbetrag *m*; **~ *quantity*** → 6; **~ *sign*** → 5; **IV** *s.* **5.** Minuszeichen *n*; **6.** Minus *n*, negative Größe; **7.** Mangel *m* (***of*** an *dat.*).

mi·nus·cule ['mɪnəskjuːl] **I** *s.* Mi'nuskel *f*; **II** *adj.* winzig, sehr klein.

min·ute[1] ['mɪnɪt] **I** *s.* **1.** Mi'nute *f* (*a. ast.*, Ⱥ, △): ***for a* ~** e-e Minute (lang); **~ *hand*** Minutenzeiger *m* (*Uhr*); ***to the* ~** auf die Minute genau; (***up***) ***to the* ~** hypermodern; **2.** Augenblick *m*: ***in a* ~** sofort; ***just a* ~*!*** Moment mal!; ***the* ~ *that*** sobald; **3.** ✝ a) Kon'zept *n*, kurzer Entwurf, b) No'tiz *f*, Memo'randum *n*: **~ *book*** Protokollbuch *n*; **4.** *pl.* ⚖, *pol.* ('Sitzungs)Proto,koll *n*, Niederschrift *f*: (***the***) **~*s of the proceedings*** Verhandlungsprotokoll *n*; ***keep the* ~*s*** das Protokoll führen; ***loose* ~** 'Aktenno,tiz *f*; **II** *v/t.* **5.** a) entwerfen, aufsetzen, b) notieren, protokollieren.

mi·nute[2] [maɪ'njuːt] *adj.* ☐ **1.** sehr klein, winzig: ***in the* ~*st details*** in den kleinsten Einzelheiten; **2.** *fig.* unbedeutend, geringfügig; **3.** peinlich genau, minuti'ös.

min·ute·ly[1] ['mɪnɪtlɪ] **I** *adj.* jede Mi'nute geschehend, Minuten...; **II** *adv.* jede Mi'nute, von Minute zu Minute.

mi·nute·ly[2] [maɪ'njuːtlɪ] *adv.* von ***minute***[2]; **mi·nute·ness** [maɪ'njuːtnɪs] *s.* **1.** Kleinheit *f*, Winzigkeit *f*; **2.** minuti'öse Genauigkeit.

mi·nu·ti·a [maɪ'njuːʃɪə] *pl.* **-ti·ae** [-ʃɪiː] (*Lat.*) *s.* Einzelheit *f*, De'tail *n*.

minx [mɪŋks] *s.* Range *f*, ‚kleines Biest'.

mir·a·belle [ˌmɪrə'bel] *s.* *Obst*: Mira'belle *f*.

mir·a·cle ['mɪrəkl] *s.* Wunder *n* (*a. fig.* ***of*** an *dat.*); Wundertat *f*, -kraft *f*: ***to a* ~** fantastisch (gut); ***work* ~*s*** Wunder tun *od.* vollbringen; **~ *drug*** Wunderdroge *f*; **~ *play*** *hist. eccl.* Mirakelspiel *n*; **mi·rac·u·lous** [mɪ'rækjʊləs] **I** *adj.* ☐ 'überna,türlich, wunderbar (*a. fig.*); Wunder...: **~ *cure*** Wunderkur *f*; **II** *s.* *das* Wunderbare; **mi·rac·u·lous·ly** [mɪ'rækjʊləslɪ] *adv.* (wie) durch ein Wunder, wunderbar(erweise).

mi·rage ['mɪrɑːʒ] *s.* **1.** *phys.* Luftspiegelung *f*, Fata Mor'gana *f*; **2.** *fig.* Trugbild *n*.

mire ['maɪə] **I** *s.* **1.** Schlamm *m*, Sumpf *m*, Kot *m* (*alle a. fig.*): ***drag s.o. through the* ~** *fig.* j-n in den Schmutz ziehen; ***be deep in the* ~** ‚tief in der Klemme sitzen'; **II** *v/t.* **2.** in den Schlamm fahren *od.* setzen: ***be* ~*d*** im Sumpf *etc.* stecken (bleiben); **3.** beschmutzen, besudeln; **III** *v/i.* **4.** im Sumpf versinken.

mir·ror ['mɪrə] **I** *s.* **1.** Spiegel *m* (*a. zo.*): ***hold up the* ~ *to s.o.*** *fig.* j-m den Spiegel vorhalten; **2.** *fig.* Spiegel(bild *n*) *m*; **II** *v/t.* **3.** 'widerspiegeln: ***be* ~*ed*** sich (wider)spiegeln (***in*** in *dat.*); **4.** mit Spiegel(n) versehen: **~*ed room*** Spiegelzimmer *n*; **~ fin·ish** *s.* ⚙ Hochglanz *m*; '**~-in,vert·ed** *adj.* seitenverkehrt; **~ sym·me·try** *s.* Ⱥ, *phys.* 'Spiegelsymme,trie *f*; **~ writ·ing** *s.* Spiegelschrift *f*.

mirth [mɜːθ] *s.* Fröhlichkeit *f*, Heiterkeit *f*, Freude *f*; '**mirth·ful** [-fʊl] *adj.* ☐ fröhlich, heiter, lustig; '**mirth·ful·ness** [-fʊlnɪs] *s.* → ***mirth***; '**mirth·less** [-lɪs] *adj.* freudlos, trüb(e).

mir·y ['maɪərɪ] *adj.* **1.** sumpfig, schlammig, kotig; **2.** *fig.* schmutzig, gemein.

mis- [mɪs] *in Zssgn* falsch, Falsch..., miss..., Miss...; schlecht; Fehl...

ˌmis·ad'ven·ture *s.* Unfall *m*, Unglück *n*; 'Missgeschick *n*; **ˌmis·a'lign·ment** *s.* ⚙ Flucht(ungs)fehler *m*; *Radio*, *TV*: schlechte Ausrichtung; **ˌmis·al'li·ance** *s.* Mesalli'ance *f*, 'Missheirat *f*.

mis·an·thrope ['mɪzənθrəʊp] *s.* Menschenfeind *m*, Misan'throp *m*; **mis·an·throp·ic**, **mis·an·throp·i·cal** [ˌmɪzən'θrɒpɪk(l)] *adj.* ☐ menschenfeindlich, misan'thropisch; **mis·an·thro·pist** [mɪ'zænθrəpɪst] → ***misanthrope***; **mis·an·thro·py** [mɪ'zænθrəpɪ] *s.* Menschenhass *m*, Misanthro'pie *f*.

'**misˌap·pli'ca·tion** *s.* falsche Verwen-

M

dung; *b.s.* 'Missbrauch *m*; **ˌmis·ap'ply** *v/t.* **1.** falsch anbringen *od.* anwenden; **2.** → ***misappropriate*** 1.

'misˌap·pre'hend *v/t.* 'missverstehen; **'misˌap·pre'hen·sion** *s.* 'Missverständnis *n*, falsche Auffassung: ***be*** *od.* ***labo(u)r under a ~*** sich in e-m Irrtum befinden.

ˌmis·ap'pro·pri·ate *v/t.* **1.** sich 'widerrechtlich aneignen, unter'schlagen; **2.** falsch anwenden: ***~d capital*** ✝ fehlgeleitetes Kapital; **'mis·apˌpro·pri'a·tion** *s.* ⚖ 'widerrechtliche Aneignung *od.* Verwendung, Unter'schlagung *f*, Veruntreuung *f*.

ˌmis·be'come *v/t.* [*irr.* → ***become***] *j-m* schlecht stehen, sich nicht schicken *od.* ziemen für; **ˌmis·be'com·ing** *adj.* → ***unbecoming***.

'mis·beˌgot·ten *adj.* **1.** unehelich (gezeugt); **2.** → ***misgotten***; **3.** mise'rabel, verkorkst.

ˌmis·be'have *v/i. od. v/refl.* **1.** sich schlecht benehmen *od.* aufführen, sich da'nebenbenehmen; ungezogen sein (*Kind*); **2.** ***~ with*** sich einlassen *od.* in'tim werden mit; **ˌmis·be'hav·io(u)r** *s.* **1.** schlechtes Betragen, Ungezogenheit *f*; **2.** ***~ before the enemy*** ⚔ *Am.* Feigheit *f* vor dem Feind.

ˌmis·be'lief *s.* Irrglaube *m*; irrige Ansicht; **ˌmis·be'lieve** *v/i.* irrgläubig sein.

ˌmis'cal·cu·late I *v/t.* falsch berechnen *od.* (ab)schätzen; **II** *v/i.* sich verrechnen, sich verkalkulieren; **'misˌcal·cu'la·tion** *s.* Rechen-, Kalkulati'onsfehler *m*.

ˌmis'call *v/t.* falsch *od.* zu Unrecht (be-)nennen.

ˌmis'car·riage *s.* **1.** Fehlschlag(en *n*) *m*, Miss'lingen *n*: ***~ of justice*** ⚖ Fehlspruch *m*, -urteil *n*, Justizirrtum *m*; **2.** ✝ Versandfehler *m*; **3.** Fehlleitung *f* (*Brief*); **4.** ⚕ Fehlgeburt *f*; **ˌmis'car·ry** *v/i.* **1.** miss'lingen, -'glücken, fehlschlagen, scheitern; **2.** verloren gehen (*Brief*); **3.** ⚕ e-e Fehlgeburt haben.

ˌmis'cast *v/t.* [*irr.* → ***cast***] *thea. etc. Rolle* fehlbesetzen: ***be ~*** a) e-e Fehlbesetzung sein (*Schauspieler*), b) *fig.* s-n Beruf verfehlt haben.

mis·ce·ge·na·tion [ˌmɪsɪdʒɪ'neɪʃn] *s.* Rassenmischung *f*.

mis·cel·la·ne·ous [ˌmɪsɪ'leɪnjəs] *adj.* □ **1.** ge-, vermischt, di'vers; **2.** mannigfaltig, verschiedenartig; **ˌmis·cel'la·ne·ous·ness** [-nɪs] *s.* **1.** Gemischtheit *f*; **2.** Vielseitigkeit *f*, Mannigfaltigkeit *f*; **mis·cel·la·ny** [mɪ'selənɪ] *s.* **1.** Gemisch *n*, Sammlung *f*, Sammelband *m*; **2.** *pl.* vermischte Schriften *pl.*, Mis'zellen *pl.*

ˌmis'chance *s.* 'Missgeschick *n*: ***by ~*** durch e-n unglücklichen Zufall, unglücklicherweise.

mis·chief ['mɪstʃɪf] *s.* **1.** Unheil *n*, Unglück *n*, Schaden *m*: ***do ~*** Unheil anrichten; ***mean ~*** Böses im Schilde führen; ***make ~*** Zwietracht säen, böses Blut machen; ***run into ~*** in Gefahr kommen; **2.** Ursache *f* des Unheils, Übelstand *m*, Unrecht *n*, Störenfried *m*; **3.** Unfug *m*, Possen *m*: ***get into ~*** et. ‚anstellen'; ***keep out of ~*** keine Dummheiten machen, brav sein; ***that will keep you out of ~!*** damit du auf keine dummen Gedanken kommst!; **4.** Racker *m* (*Kind*); **5.** 'Übermut *m*, Ausgelassenheit *f*: ***be full of ~*** immer Unfug im Kopf haben; **6.** *euphem.* der Teufel: ***what*** (***why***) ***the ~ …?*** was (warum) zum Teufel …?; **'~-ˌmak·er** *s.* → ***troublemaker***.

mis·chie·vous ['mɪstʃɪvəs] *adj.* □ **1.** nachteilig, schädlich, verderblich; **2.** boshaft, mutwillig, schadenfroh, schelmisch; **'mis·chie·vous·ness** [-nɪs] *s.* **1.** Schädlichkeit *f*; **2.** Bosheit *f*; **3.** Schalkhaftigkeit *f*, Ausgelassenheit *f*.

mis·ci·ble ['mɪsəbl] *adj.* mischbar.

ˌmis·con'ceive *v/t.* falsch auffassen *od.* verstehen, sich e-n falschen Begriff machen von; **ˌmis·con'cep·tion** *s.* 'Missverständnis *n*, falsche Auffassung.

mis·con·duct I *v/t.* [ˌmɪskən'dʌkt] **1.** schlecht führen *od.* verwalten; **2.** ***~ o.s.*** sich schlecht betragen *od.* benehmen, e-n Fehltritt begehen; **II** *s.* [ˌmɪs'kɒndʌkt] **3.** Ungebühr *f*, schlechtes Betragen *od.* Benehmen; **4.** Verfehlung *f*, *bsd.* Ehebruch *m*, Fehltritt *m*; ⚔ schlechte Führung: ***~ in office*** ⚖ Amtsvergehen *n*.

ˌmis·con'struc·tion *s.* 'Missdeutung *f*, falsche Auslegung; **ˌmis·con'strue** *v/t.* falsch auslegen, miss'deuten, 'missverstehen.

mis·cre·ant ['mɪskrɪənt] **I** *adj.* gemein, ab'scheulich; **II** *s.* Schurke *m*.

ˌmis'date I *v/t.* falsch datieren; **II** *s.* falsches Datum.

ˌmis'deal *v/t. u. v/i.* [*irr.* → ***deal***] ***~*** (***the cards***) sich vergeben.

ˌmis'deed *s.* Missetat *f*.

mis·de·mean [ˌmɪsdɪ'miːn] *v/i. u. v/refl.* sich schlecht betragen, sich vergehen; **ˌmis·de'mean·o(u)r** [-nə] *s.* ⚖ Vergehen *n*, minderes De'likt.

ˌmis·di'rect *v/t.* **1.** *j-n od. et.* fehl-, irreleiten: ***~ed charity*** falsch angebrachte Wohltätigkeit; **2.** ⚖ *die Geschworenen* falsch belehren; **3.** *Brief* falsch adressieren.

mise en scène [ˌmiːzɑ̃ːn'seɪn] (*Fr.*) *s. thea. u. fig.* Inszenierung *f*.

ˌmis·em'ploy *v/t.* **1.** schlecht anwenden; **2.** miss'brauchen.

mi·ser ['maɪzə] *s.* Geizhals *m*.

mis·er·a·ble ['mɪzərəbl] *adj.* □ **1.** elend, jämmerlich, erbärmlich, armselig, kläglich (*alle a. contp.*); **2.** traurig,

M

unglücklich: ***make s.o.*** **~**; **3.** *contp. allg.* mise'rabel.
mi·ser·li·ness ['maɪzəlɪnɪs] *s.* Geiz *m*; **mi·ser·ly** ['maɪzəlɪ] *adj.* geizig.
mis·er·y ['mɪzərɪ] *s.* Elend *n*, Not *f*; Trübsal *f*, Jammer *m*; ***put s.o. out of his ~*** *mst iro.* j-n von s-m Leiden erlösen.
mis·fea·sance [mɪs'fiːzəns] *s.* ⚖ **1.** pflichtwidrige Handlung; **2.** 'Missbrauch *m* (*der Amtsgewalt*).
ˌmis'fire I *v/i.* **1.** versagen (*Waffe*); **2.** *mot.* fehlzünden, aussetzen; **3.** *fig.* ‚da'nebengehen'; **II** *s.* **4.** Versager *m*; **5.** *mot.* Fehlzündung *f*.
'mis·fit *s.* **1.** schlecht sitzendes Kleidungsstück; **2.** nicht passendes Stück; **3.** F *fig.* Außenseiter(in), Eigenbrötler(in).
mis'for·tune *s.* 'Missgeschick *n*.
mis'give *v/t.* [*irr.* → ***give***] *Böses* ahnen lassen: ***my heart ~s me*** mir schwant (***that*** dass, ***about s.th.*** et.); **mis'giv·ing** *s.* Befürchtung *f*, böse Ahnung, Zweifel *m*.
mis'got·ten *adj.* unrechtmäßig erworben.
ˌmis'gov·ern *v/t.* schlecht regieren; **ˌmis'gov·ern·ment** *s.* 'Missregierung *f*, schlechte Regierung.
ˌmis'guide *v/t.* fehlleiten, verleiten, irreführen; **ˌmis'guid·ed** *adj.* fehl-, irregeleitet; irrig, unangebracht.
ˌmis'han·dle *v/t.* miss'handeln; *weitS.* falsch behandeln, schlecht handhaben; verpatzen.
mis·hap ['mɪshæp] *s.* Unglück *n*, Unfall *m*; *mot.* (*a. humor. fig.*) Panne *f*.
ˌmis'hear *v/t. u. v/i.* [*irr.* → ***hear***] falsch hören, sich verhören (bei).
mish·mash ['mɪʃmæʃ] *s.* Mischmasch *m*.
ˌmis·in'form I *v/t. j-m* falsch berichten, *j-n* falsch unter'richten; **II** *v/i.* falsch aussagen (***against*** gegen); **ˌmis·in·for'ma·tion** *s.* falscher Bericht, falsche Auskunft.
ˌmis·in'ter·pret *v/t.* miss'deuten, falsch auffassen *od.* auslegen; **'mis·inˌter·pre'ta·tion** *s.* 'Missdeutung *f*, falsche Auslegung.
ˌmis'join·der *s.* ⚖ unzulässige Klagehäufung; unzulässige Zuziehung (*e-s Streitgenossen*).
ˌmis'judge *v/i. u. v/t.* **1.** falsch (be)urteilen, verkennen; **2.** falsch schätzen: ***I ~d the distance***; **ˌmis'judge·ment** *s.* irriges Urteil; falsche Beurteilung.
ˌmis'lay *v/t.* [*irr.* → ***lay***] *et.* verlegen.
ˌmis'lead *v/t.* [*irr.* → ***lead***] irreführen; *fig. a.* verführen, verleiten (***into doing*** zu tun): ***be misled*** sich verleiten lassen; **ˌmis'lead·ing** *adj.* irreführend.
ˌmis'man·age I *v/t.* schlecht verwalten, unrichtig handhaben; **II** *v/i.* schlecht wirtschaften; **ˌmis'man·age·ment** *s.* 'Missˌmanagement *n*, 'Misswirtschaft *f*.
ˌmis'matched *adj.* nicht zs.-passend, ungleich (*Paar*).
ˌmis'name *v/t.* falsch benennen.
mis·no·mer [ˌmɪs'nəʊmə] *s.* **1.** ⚖ Namensirrtum *m* (*in e-r Urkunde*); **2.** falsche Benennung *od.* Bezeichnung.
mi·sog·a·mist [mɪ'sɒgəmɪst] *s.* Ehefeind *m*.
mi·sog·y·nist [mɪ'sɒdʒɪnɪst] *s.* Frauenfeind *m*; **mi'sog·y·ny** [-nɪ] *s.* Frauenhass *m*, Mysogy'nie *f*.
ˌmis'place *v/t.* **1.** *et.* verlegen; **2.** an e-e falsche Stelle legen *od.* setzen; **3.** *fig.* falsch *od.* übel anbringen: ***~d*** unangebracht, deplatziert.
mis·print I *v/t.* [ˌmɪs'prɪnt] verdrucken, fehldrucken; **II** *s.* ['mɪsprɪnt] Druckfehler *m*.
ˌmis·pro'nounce *v/t.* falsch aussprechen; **'mis·proˌnun·ci'a·tion** *s.* falsche Aussprache.
ˌmis·quo'ta·tion *s.* falsches Zi'tat; **ˌmis'quote** *v/t. u. v/i.* falsch anführen *od.* zitieren.
ˌmis'read *v/t.* [*irr.* → ***read***] **1.** falsch lesen; **2.** miss'deuten.
'misˌrep·re'sent *v/t.* **1.** falsch *od.* ungenau darstellen; **2.** entstellen, verdrehen; **'misˌrep·re·sen'ta·tion** *s.* falsche Darstellung *od.* Angabe (*a.* ⚖), Verdrehung *f*.
ˌmis'rule I *v/t.* **1.** schlecht regieren; **II** *s.* **2.** schlechte Re'gierung, 'Missregierung *f*; **3.** Unordnung *f*.
miss[1] [mɪs] *s.* **1.** ♀ *in der Anrede*: Fräulein *n*: ***♀ Smith***; ***♀ America*** Miss Amerika (*die Schönheitskönigin von Amerika*); **2.** *humor.* (junges) ‚Ding', Dämchen *n*; **3.** F (*ohne folgenden Namen*) Fräulein *n*.
miss[2] [mɪs] **I** *v/t.* **1.** *Chance, Zug etc.* verpassen, versäumen; *Beruf, Person, Schlag, Weg, Ziel* verfehlen: ***~ the point*** (***of an argument***) das Wesentliche (e-s Arguments) nicht begreifen; ***he didn't ~ much*** a) er versäumte nicht viel, b) ihm entging fast nichts; ***~ed approach*** ✈ Fehlanflug *m*; → ***boat*** 1, ***bus*** 1, ***fire*** 6 *etc.*; **2.** *a.* **~ *out*** auslassen, über'gehen, -'springen; **3.** nicht haben, nicht bekommen; **4.** nicht hören können, über'hören; **5.** vermissen; **6.** (ver-) missen, entbehren: ***we ~ her very much*** sie fehlt uns sehr; **7.** vermeiden: ***he just ~ed being hurt*** er ist gerade (noch) e-r Verletzung entgangen; ***I just ~ed running him over*** ich hätte ihn beinahe überfahren; **II** *v/i.* **8.** fehlen, nicht treffen: a) da'nebenschießen, -werfen, -schlagen *etc.*, b) da'nebengehen (*Schuss etc.*); **9.** miss'glücken, -'lingen, fehlschlagen, ‚da'nebengehen'; **10. ~ *out on*** a) über'sehen, auslassen,

M

b) sich entgehen lassen, c) *et.* nicht kriegen; **III** *s.* **11.** Fehlschuss *m*, -wurf *m*, -stoß *m*: ***every shot a ~*** jeder Schuss (ging) daneben; **12.** Verpassen *n*, Versäumen *n*, Verfehlen *n*, Entrinnen *n*: ***a ~ is as good as a mile*** a) knapp daneben ist auch daneben, b) mit knapper Not entrinnen ist immerhin entrinnen; ***give s.th. a ~*** a) et. vermeiden, et. nicht nehmen, et. nicht tun *etc.*, die Finger lassen von et., b) → 10 a; **13.** Verlust *m*.

mis·sal ['mɪsl] *s. eccl.* Messbuch *n*.

mis·shap·en [ˌmɪs'ʃeɪpən] *adj.* 'missgestaltet, ungestalt, unförmig.

mis·sile ['mɪsaɪl; *Am.* -səl] **I** *s.* **1.** (Wurf-)Geschoss, *östr.* Geschoß *n*, Projek'til *n*; **2.** *a.* ***ballistic ~, guided ~*** ⚔ Flugkörper *m*, Fernlenkwaffe *f*, Ra'kete(ngeschoss *n*) *f*; **II** *adj.* **3.** Wurf...; Raketen...: ***~ site*** Raketenstellung *f*.

miss·ing ['mɪsɪŋ] *adj.* **1.** fehlend, weg, nicht da, verschwunden: ***~ link*** *biol.* fehlendes Glied, Zwischenstufe *f* (*zwischen Mensch u. Affe*); **2.** vermisst (⚔ *a.* ***~ in action***), verschollen: ***be ~*** vermisst sein *od.* werden; ***the ~*** die Vermissten, die Verschollenen.

mis·sion ['mɪʃn] *s.* **1.** *pol.* Gesandtschaft *f*; Ge'sandtschaftsperso,nal *n*; **2.** *pol.*, ⚔ Missi'on *f im Ausland*; **3.** (⚔ Kampf)Auftrag *m*; ✈ Einsatz *m*, Feindflug *m*: ***on (a) special ~*** mit besonderem Auftrag; ***~ accomplished!*** Auftrag ausgeführt!; **4.** *eccl.* a) Missi'on *f*, Sendung *f*, b) Missio'narstätigkeit *f*: ***foreign (home) ~*** äußere (innere) Mission, c) Missi'on(sgesellschaft) *f*, d) Missi'onsstati,on *f*; **5.** Missi'on *f*, Sendung *f*, (innere) Berufung, Lebenszweck *m*: ***~ in life*** Lebensaufgabe *f*; **mis·sion·ar·y** ['mɪʃnərɪ] **I** *adj.* missio'narisch, Missions...: ***~ work***; **II** *s.* Missio'nar(in); **mis·sion con·trol** *s. Raumfahrt*: Kon'troll,zentrum *n*.

mis·sis ['mɪsɪz] *s.* **1.** *sl.* gnä' Frau (*Hausfrau*); **2.** F ‚Alte' *f*, ‚bessere Hälfte' (*Ehefrau*).

mis·sive ['mɪsɪv] *s.* Sendschreiben *n*.

ˌmis'spell *v/t.* [*a. irr.* → ***spell***] falsch buchstabieren *od.* schreiben; **ˌmis'spell·ing** *s.* **1.** falsches Buchstabieren; **2.** Rechtschreibfehler *m*.

ˌmis'spend *v/t.* [*irr.* → ***spend***] falsch verwenden, *a. s-e Jugend etc.* vergeuden.

ˌmis'state *v/t.* falsch angeben, unrichtig darstellen; **ˌmis'state·ment** *s.* falsche Angabe *od.* Darstellung.

mis·sus ['mɪsəs] → ***missis***.

miss·y ['mɪsɪ] *s.* F kleines Fräulein.

mist [mɪst] **I** *s.* **1.** (feiner) Nebel, feuchter Dunst, *Am. a.* Sprühregen *m*; **2.** *fig.* Nebel *m*, Schleier *m*: ***be in a ~*** ganz irre *od.* verdutzt sein; **3.** F Beschlag *m*, Hauch *m* (*auf e-m Glas*); **II** *v/i.* **4.** *a.* ***~ over*** nebeln, neblig sein (*a. fig.*); sich trüben (*Augen*); (sich) beschlagen (*Glas*); **III** *v/t.* **5.** um'nebeln.

mis·tak·a·ble [mɪ'steɪkəbl] *adj.* verkennbar, (leicht) zu verwechseln(d), 'misszuverstehen(d); **mis·take** [mɪ'steɪk] **I** *v/t.* [*irr.* → ***take***] **1.** (***for***) verwechseln (mit), (fälschlich) halten (für), verfehlen, nicht erkennen, verkennen, sich irren in (*dat.*): ***~ s.o.'s character*** sich in j-s Charakter irren; **2.** falsch verstehen, 'missverstehen; **II** *v/i.* [*irr.* → ***take***] **3.** sich irren, sich versehen; **III** *s.* **4.** 'Missverständnis *n*; **5.** Irrtum *m* (*a.* ⚖), Fehler *m*, Versehen *n*, 'Missgriff *m*: ***by ~*** irrtümlich, aus Versehen; ***make a ~*** e-n Fehler machen, sich irren; ***and no ~*** F bestimmt, worauf du dich verlassen kannst; **6.** (Schreib-, Sprach-, Rechen-)Fehler *m*; **mis'tak·en** [-kn] *adj.* ☐ **1.** im Irrtum: ***be ~*** sich irren; ***unless I am very much ~*** wenn ich mich nicht sehr irre; ***we were quite ~ in him*** wir haben uns in ihm ziemlich getäuscht; **2.** irrtümlich, falsch, verfehlt (*Politik etc.*): ***(case of) ~ identity*** Personenverwechslung *f*; ***~ kindness*** unangebrachte Freundlichkeit.

mis·ter ['mɪstə] *s.* **1.** ♀ Herr *m* (*abbr.* ***Mr*** *od.* ***Mr.***): ***Mr President*** Herr Präsident; **2.** F *als bloße Anrede*: (mein) Herr!, ‚Meister'!, ‚Chef'!

ˌmis'time *v/t.* zur unpassenden Zeit sagen *od.* tun; e-n falschen Zeitpunkt wählen für, *bsd. sport* schlecht timen.

ˌmis'timed *adj.* unpassend, unangebracht, zur Unzeit, *bsd. sport* schlecht getimed.

mist·i·ness ['mɪstɪnɪs] *s.* **1.** Nebligkeit *f*, Dunstigkeit *f*; **2.** Unklarheit *f*, Verschwommenheit *f* (*a. fig.*).

mis·tle·toe ['mɪsltəʊ] *s.* ⚘ **1.** Mistel *f*; **2.** Mistelzweig *m*.

> Den Mistelzweig findet man während der Weihnachtszeit in vielen britischen Häusern, vor allem über einer Tür angebracht: Wenn jemand darunter steht, darf man sie/ihn küssen.

ˌmis·trans'late *v/t. u. v/i.* falsch über'setzen.

mis·tress ['mɪstrɪs] *s.* **1.** Herrin *f* (*a. fig.*), Gebieterin *f*, Besitzerin *f*: ***she is ~ of herself*** sie weiß sich zu beherrschen; **2.** Frau *f* des Hauses, Hausfrau *f*; **3.** *bsd. Brit.* Lehrerin *f*: ***chemistry ~*** Chemielehrerin; **4.** Kennerin *f*, Meisterin *f in e-r Kunst etc.*; **5.** Mä'tresse *f*, Geliebte *f*; **6.** → ***Mrs.***

ˌmisˈtri·al *s.* ⚖ fehlerhaft geführter (*Am. a.* ergebnisloser) Proˈzess.
ˌmisˈtrust I *s.* **1.** ˈMisstrauen *n*, Argwohn *m* (**of** gegen); **II** *v/t.* **2.** *j-m* missˈtrauen, nicht trauen; **3.** zweifeln an (*dat.*); **misˈtrust·ful** *adj.* □ ˈmisstrauisch, argwöhnisch (**of** gegen).
mist·y [ˈmɪstɪ] *adj.* □ **1.** (leicht) neb(e)lig, dunstig; **2.** *fig.* nebelhaft, verschwommen, unklar.
ˌmis·un·derˈstand *v/t. u. v/i.* [*irr.* → ***understand***] ˈmissverstehen; **ˌmis·un·derˈstand·ing** *s.* **1.** ˈMissverständnis *n*; **2.** ˈMisshelligkeit *f*, Diffeˈrenz *f*; **ˌmis·un·derˈstood** *adj.* **1.** ˈmissverstanden; **2.** verkannt, nicht richtig gewürdigt.
ˌmisˈus·age → ***misuse*** 1.
mis·use I *s.* [ˌmɪsˈjuːs] **1.** ˈMissbrauch *m*, falscher Gebrauch, falsche Anwendung; **2.** Missˈhandlung *f*; **II** *v/t.* [ˌmɪsˈjuːz] **3.** missˈbrauchen, falsch *od.* zu unrechten Zwecken gebrauchen; falsch anwenden; **4.** missˈhandeln.
mite[1] [maɪt] *s. zo.* Milbe *f*.
mite[2] [maɪt] *s.* **1.** Heller *m*; *weitS.* kleine Geldsumme: ***contribute one's ~ to*** sein Scherflein beitragen zu; ***not a ~*** kein bisschen; **2.** F kleines Ding, Dingelchen *n*: ***a ~ of a child*** ein Würmchen.
mi·ter [ˈmaɪtə] *Am.* → ***mitre***.
mit·i·gate [ˈmɪtɪgeɪt] *v/t. Schmerz etc.* lindern; *Strafe etc.* mildern; *Zorn* besänftigen, mäßigen: ***mitigating circumstances*** ⚖ (straf)mildernde Umstände; **mit·i·ga·tion** [ˌmɪtɪˈgeɪʃn] *s.* **1.** Linderung *f*, Milderung *f*; **2.** Milderung *f*, Abschwächung *f*: ***plead in ~*** ⚖ a) für Strafmilderung plädieren, b) strafmildernde Umstände geltend machen; **3.** Besänftigung *f*, Mäßigung *f*.
mi·to·sis [maɪˈtəʊsɪs] *pl.* **-ses** [-siːz] *s. biol.* Miˈtose *f*, ˈindiˌrekte *od.* chromosoˈmale (Zell)Kernteilung.
mi·tre [ˈmaɪtə] **I** *s.* **1.** a) Mitra *f*, Bischofsmütze *f*, b) *fig.* Bischofsamt *n*, -würde *f*; **2.** ⚙ a) → ***mitre joint***, ***mitre square***, b) Gehrungsfläche *f*; **II** *v/t.* **3.** mit der Mitra schmücken, zum Bischof machen; **4.** ⚙ a) auf Gehrung verbinden, b) gehren, auf Gehrung zurichten; **III** *v/i.* **5.** ⚙ sich in ˈeinem Winkel treffen; **~ box** *s.* ⚙ Gehrlade *f*; **~ gear** *s.* Kegelrad *n*, Winkelgetriebe *n*; **~ joint** *s.* Gehrfuge *f*; **~ square** *s.* Gehrdreieck *n*; **~ valve** *s.* ˈKegelvenˌtil *n*; **~ wheel** *s.* Kegelrad *n*.
mitt [mɪt] *s.* **1.** Halbhandschuh *m*; **2.** *Baseball*: Fanghandschuh *m*; **3.** → ***mitten*** 1 *u.* 3; **4.** *Am. sl.* ‚Flosse' *f* (*Hand*).
mit·ten [ˈmɪtn] *s.* **1.** Fausthandschuh *m*, Fäustling *m*: ***get the ~*** F a) e-n Korb bekommen, abgewiesen werden, b) ‚(hinaus)fliegen', entlassen werden; **2.** → ***mitt*** 1; **3.** *sl.* Boxhandschuh *m*.
mit·ti·mus [ˈmɪtɪməs] (*Lat.*) *s.* **1.** ⚖ a) *richterlicher Befehl an die Gefängnisbehörde zur Aufnahme e-s Häftlings*, b) *Befehl zur Übersendung der Akten an ein anderes Gericht*; **2.** F ‚blauer Brief', Entlassung *f*.
mix [mɪks] **I** *v/t.* **1.** (ver)mischen, vermengen (***with*** mit); *Cocktail etc.* mixen, mischen; *Teig* anrühren, mischen: **~ *into*** mischen in (*acc.*); **~ *up*** zs.-, durcheinander mischen, *fig.* völlig durcheinander bringen, verwechseln (***with*** mit); ***be ~ed up*** *fig.* a) verwickelt sein *od.* werden (***in***, ***with*** in *acc.*), b) (*geistig*) ganz durcheinander sein; **2.** *biol.* kreuzen; **3.** *Stoffe* melieren; **4.** *fig.* verbinden: **~ *business with pleasure*** das Angenehme mit dem Nützlichen verbinden; **II** *v/i.* **5.** sich (ver)mischen; **6.** sich mischen lassen; **7.** *gut etc.* auskommen (***with*** mit); **8.** verkehren (***with*** mit, ***in*** in *dat.*): **~ *in the best society***; **III** *s.* **9.** (*Am. a.* koch- *od.* back-, gebrauchsfertige) Mischung: ***cake ~*** Backmischung; **10.** F Durcheinander *n*, Mischmasch *m*; **11.** *sl.* Keileˈrei *f*.
mixed [mɪkst] *adj.* **1.** gemischt (*a. fig. Gefühl*, *Gesellschaft*, *Metapher*); **2.** vermischt, Misch...; **3.** F verwirrt, konˈfus; **~ bag** *s.* F bunte Mischung; **~ blood** *s.* **1.** gemischtes Blut; **2.** Mischling *m*; **~ car·go** *s.* ✝ Stückgutladung *f*; **~ con·struc·tion** *s.* Gemischtbauweise *f*; **~ dou·bles** *s. pl. sg. konstr. sport* gemischtes Doppel: ***play a ~***; **~ e·con·o·my** *s.* ✝ gemischte Wirtschaftsform; **ˌ~-eˈcon·o·my** *adj.* ✝ gemischtwirtschaftlich; **~ fi·nanc·ing** *s.* Mischfinanzierung *f*; **~ for·est** *s.* Mischwald *m*; **~ frac·tion** *s.* & gemischter Bruch; **~ mar·riage** *s.* Mischehe *f*; **~ me·di·a** *s. pl.* **1.** Multiˈmedia *pl.*; **2.** *Kunst*: Mischtechnik *f*; **~ pick·les** *s. pl.* Mixed Pickles *pl.* (*Essiggemüse*).
mix·er [ˈmɪksə] *s.* **1.** Mischer *m*; **2.** Mixer *m* (*von Cocktails etc.*) (*a. Küchengerät*); **3.** ⚙ Mischer *m*, ˈMischmaˌschine *f*; **4.** ⚡ *Fernsehen etc.*: Mischpult *n*; **5.** ***be a good*** (***bad***) **~** F kontaktfreudig (kontaktarm) sein; **mix·ture** [ˈmɪkstʃə] *s.* **1.** Mischung *f* (*a. von Tee*, *Tabak etc.*), Gemisch *n* (*a.* ⚗); **2.** *mot.* Gas-Luft-Gemisch *n*; **3.** *pharm.* Mixˈtur *f*; **4.** *biol.* Kreuzung *f*; **5.** Beimengung *f*; **ˈmix-up** *s.* F **1.** Durcheinˈander *n*; **2.** Verwechslung *f*; **3.** Handgemenge *n*.

Mixer tap heißt die Mischbatterie, die warmes und kaltes Wasser im Hahn mischt. Obwohl der **mixer tap** längst auch in Großbritannien be-

M

kannt ist, sollten Sie sich nicht wundern, wenn es im Badezimmer noch getrennte Hähne gibt. Da muss man sich entweder zwischen heißem und kaltem Wasser entscheiden oder das Becken mit Wasser voll laufen lassen.

miz·(z)en ['mɪzn] *s.* ⚓ **1.** Be'san(segel *n*) *m*; **2.** → '**~-mast** [-mɑːst; ⚓ -məst] *s.* Be'san-, Kreuzmast *m*; '**~-sail** → ***miz(z)en*** 1; **~ top'gal·lant** *s.* Kreuzbramsegel *n*.
miz·zle ['mɪzl] *dial.* **I** *v/i.* nieseln; **II** *s.* Nieseln *n*, Sprühregen *m*.
mne·mon·ic [niː'mɒnɪk] **I** *adj.* **1.** mnemo'technisch; **2.** mne'monisch, Gedächtnis...; **II** *s.* **3.** Gedächtnishilfe *f*; **4.** → ***mnemonics*** 1; **mne'mon·ics** [-ks] *s. pl.* **1.** *a. sg. konstr.* Mnemo'technik *f*, Gedächtniskunst *f*; **2.** mne'monische Zeichen *pl.*; **mne·mo·tech·nics** [ˌniːməʊ'teknɪks] *s. pl. a. sg. konstr.* → ***mnemonics*** 1.
mo [məʊ] *s.* F Mo'ment *m*: ***wait half a ~!*** (eine) Sekunde!
moan [məʊn] **I** *s.* **1.** Stöhnen *n*, Ächzen *n* (*a. fig. des Windes etc.*); **II** *v/i.* **2.** stöhnen, ächzen; **3.** (weh)klagen, jammern; '**moan·ful** [-fʊl] *adj.* □ (weh-)klagend.
moat [məʊt] ⚔ *hist.* **I** *s.* (Wall-, Burg-, Stadt)Graben *m*; **II** *v/t.* mit e-m Graben um'geben.
mob [mɒb] **I** *s.* **1.** Mob *m*, zs.-gerotteter Pöbel(haufen): ***~ law*** Lynchjustiz *f*; ***~ psychology*** Massenpsychologie *f*; **2.** Pöbel *m*, Gesindel *n*; **3.** *sl.* a) (Verbrecher)Bande *f*, b) *allg.* Bande *f*, Sippschaft *f*; **II** *v/t.* **4.** lärmend herfallen über (*acc.*); anpöbeln; angreifen, attackieren; *Geschäfte etc.* stürmen.
mo·bile ['məʊbaɪl] **I** *adj.* **1.** beweglich, wendig (*a. Geist etc.*); schnell (beweglich); **2.** unstet, veränderlich; lebhaft (*Gesichtszüge*); **3.** leichtflüssig; **4.** ⚙, ⚔ fahrbar, beweglich, mo'bil, ⚔ *a.* motorisiert: ***~ crane*** Autokran *m*; ***~ home*** *mot.* Wohnwagen *m*; ***~ phone*** Mobiltelefon *n*, Handy *n*; ***~ warfare*** Bewegungskrieg *m*; ***~ workshop*** Werkstattwagen *m*; **5.** ✝ flüssig: ***~ funds***; **II** ♀ *s* **6.** *Kunst*: Mobile *n*; **7.** *teleph.* F Handy *n*; **mo·bil·i·ty** [məʊ'bɪlətɪ] *s.* **1.** Beweglichkeit *f*, Wendigkeit *f*; **2.** Mobili'tät *f*, Freizügigkeit *f* (*der Arbeitnehmer etc.*).
mo·bi·li·za·tion [ˌməʊbɪlaɪ'zeɪʃn] *s.* Mobilisierung *f*: a) ⚔ Mo'bilmachung *f*, b) *bsd. fig.* Aktivierung *f*, Aufgebot *n* (*der Kräfte etc.*), c) ✝ Flüssigmachung *f*;
mo·bi·lize ['məʊbɪlaɪz] *v/t.* mobilisieren: a) ⚔ mo'bil machen, *a.* dienstverpflichten, b) *fig. Kräfte etc.* aufbieten, einsetzen, c) ✝ *Kapital* flüssig machen.
mob·oc·ra·cy [mɒ'bɒkrəsɪ] *s.* **1.** Pöbelherrschaft *f*; **2.** (herrschender) Pöbel.
mobs·man ['mɒbzmən] *s.* [*irr.*] **1.** Gangster *m*; **2.** *Brit. sl.* (ele'ganter) Taschendieb.
mob·ster ['mɒbstə] *Am. sl. für* ***mobsman*** 1.
moc·ca·sin ['mɒkəsɪn] *s.* **1.** Mokas'sin *m* (*a. Damenschuh*); **2.** *zo.* Mokas'sinschlange *f*.
mo·cha¹ ['mɒkə] **I** *s.* **1.** *a.* ***~ coffee*** 'Mokka(kafˌfee) *m*; **2.** Mochaleder *n*; **II** *adj.* **3.** Mokka...
mo·cha² ['məʊkə], ♀ **stone** *s. min.* Mochastein *m*.
mock [mɒk] **I** *v/t.* **1.** verspotten, -höhnen, lächerlich machen; **2.** (*zum Spott*) nachäffen; **3.** *poet.* nachahmen; **4.** täuschen, narren; **5.** spotten (*gen.*), trotzen (*dat.*), nicht achten (*acc.*); **II** *v/i.* **6.** sich lustig machen, spotten (***at*** über *acc.*); **III** *s.* **7.** → ***mockery*** 1–3; **8.** Nachahmung *f*, Fälschung *f*; **IV** *adj.* **9.** nachgemacht, Schein..., Pseudo...: ***~ attack*** ⚔ Scheinangriff *m*; ***~ battle*** ⚔ Scheingefecht *n*; ***~ king*** Schattenkönig *m*; **mock·er** ['mɒkə] *s.* **1.** Spötter(in); **2.** Nachäffer(in); **mock·er·y** ['mɒkərɪ] *s.* **1.** Spott *m*, Hohn *m*, Spötte'rei *f*; **2.** Gegenstand *m* des Spottes, Gespött *n*: ***make a ~ of*** zum Gespött (der Leute) machen; **3.** Nachäffung *f*; **4.** *fig.* Possenspiel *n*, Farce *f*.
ˌmock-he'ro·ic *adj.* (□ ***~ally***) 'komischhe'roisch (*Gedicht etc.*).
mock·ing ['mɒkɪŋ] **I** *s.* Spott *m*, Gespött *n*; **II** *adj.* □ spöttisch; '**~·bird** *s. orn.* Spottdrossel *f*.
mock| moon *s. ast.* Nebenmond *m*; **~ tri·al** *s.* ⚖ 'Scheinproˌzess *m*; **~ tur·tle** *s. Küche*: Kalbskopf *m* en tor'tue; **~ tur·tle soup** *s.* falsche Schildkrötensuppe; '**~-up** *s.* Mo'dell *n* (in na'türlicher Größe), At'trappe *f*.
mod·al ['məʊdl] *adj.* □ **1.** mo'dal (*a. phls., ling.,* ♪): ***~ proposition*** *Logik*: Modalsatz *m*; ***~ verb*** modales Hilfsverb; **2.** *Statistik*: typisch; **mo·dal·i·ty** [məʊ'dælətɪ] *s.* Modali'tät *f* (*a.* ✝, *pol., phls.*), Art *f* u. Weise *f*, Ausführungsart *f*.
mod cons [ˌmɒd'kɒnz] *pl.* F *abbr. für* ***modern conveniences*** moderner Kom'fort.
mode¹ [məʊd] *s.* **1.** (Art *f* u.) Weise *f*, Me'thode *f*: ***~ of action*** ⚙ Wirkungsweise; ***~ of life*** Lebensweise; ***~ of operation*** Verfahrensweise; ***~ of payment*** ✝ Zahlungsweise; **2.** (Erscheinungs-)Form *f*, Art *f*: ***heat is a ~ of motion*** Wärme ist e-e Form der Bewegung; **3.**

Logik: a) Modali'tät *f*, b) Modus *m* (*e-r Schlussfigur*); **4.** ♪ Modus *m*, Tonart *f*, -geschlecht *n*; **5.** *ling.* Modus *m*, Aussageweise *f*; **6.** *Statistik*: Modus *m*, häufigster Wert. **7.** *Computer*: Modus *m*, Funkti'onsweise *f*.

mode² [məʊd] *s.* Mode *f*, Brauch *m*.

mod·el ['mɒdl] **I** *s.* **1.** Muster *n*, Vorbild *n* (**for** für): ***after*** (*od.* ***on***) ***the ~ of*** nach dem Muster von (*od. gen.*); ***he is a ~ of self-control*** er ist ein Muster an Selbstbeherrschung; **2.** (*fig.* 'Denk)Mo,dell *n*, Nachbildung *f*: ***working ~*** Arbeitsmodell; **3.** Muster *n*, Vorlage *f*; **4.** *paint. etc.* Mo'dell *n*: ***act as a ~ to a painter*** e-m Maler Modell stehen *od.* sitzen; **5.** *Mode*: a) Mannequin *n*, Vorführdame *f*: ***male ~*** Dressman *m*, b) Mo'dellkleid *n*; **6.** ⚙ a) Bau(weise *f*) *m*, b) (Bau)Muster *n*, Mo'dell *n*, Typ(e *f*) *m*; **II** *adj.* **7.** vorbildlich, musterhaft, Muster...: ***~ farm*** landwirtschaftlicher Musterbetrieb; ***~ husband*** Mustergatte *m*; ***~ plant*** ✝ Musterbetrieb *m*; ***~ school*** Musterschule *f*; **8.** Modell...: ***~ airplane***; ***~ builder*** ⚙ Modellbauer *m*; ***~ dress*** → 5 b; **III** *v/t.* **9.** nach Mo'dell formen *od.* herstellen; **10.** modellieren, nachbilden; abformen; **11.** *fig.* formen, gestalten (***after***, ***on***, ***upon*** nach [dem Vorbild *gen.*]): ***~ o.s. on*** sich *j-n* zum Vorbild nehmen; **IV** *v/i.* **12.** *Kunst*: modellieren; **13.** Mo'dell stehen *od.* sitzen; **14.** Kleider vorführen, als Mannequin *od.* Dressman arbeiten; '**mod·el·(l)er** [-lə] *s.* **1.** Modellierer *m*; **2.** Mo'dell-, Musterbauer *m*; '**mod·el·(l)ing** [-lɪŋ] **I** *s.* **1.** Modellieren *n*; **2.** Formgebung *f*, Formung *f*; **3.** Mo'dellstehen *od.* -sitzen *n*; **II** *adj.* **4.** Modellier...: ***~ clay***.

mo·dem ['məʊdem] *s. Computer, teleph.* Modem *m*, *n* (*Datenübertragungsgerät*).

mod·er·ate ['mɒdərət] **I** *adj.* ☐ **1.** gemäßigt (*a. Sprache etc.*; *a. pol.*), mäßig; **2.** mäßig *im Trinken etc.*; fru'gal (*Lebensweise*); **3.** mild (*Winter*, *Strafe etc.*); **4.** vernünftig, maßvoll (*Forderung etc.*); angemessen, niedrig (*Preis*); **5.** mittelmäßig; **II** *s.* **6.** (*pol. mst* ♀) Gemäßigte(r *m*) *f*; **III** *v/t.* [-dəreɪt] **7.** mäßigen, mildern; beruhigen; **8.** einschränken; **9.** ⚙, *phys.* dämpfen, abbremsen; **IV** *v/i.* [-dəreɪt] **10.** sich mäßigen; **11.** nachlassen (*Wind etc.*); '**mod·er·ate·ness** [-nɪs] *s.* Mäßigkeit *f etc.*; **mod·er·a·tion** [ˌmɒdə'reɪʃn] *s.* **1.** Mäßigung *f*, Maß(halten) *n*: ***in ~*** mit Maß; **2.** Mäßigkeit *f*; **3.** *pl. univ.* erste öffentliche Prüfung *in Oxford*; **4.** Milderung *f*; '**mod·er·a·tor** [-dəreɪtə] *s.* **1.** Mäßiger *m*, Beruhiger *m*; Vermittler *m*; **2.** Vorsitzende(r) *m*; Diskussi'onsleiter *m*; *univ.* Exami'nator *m* (*Oxford*); **3.** a) Mode'rator *m* (*Vorsitzender e-s Kollegiums reformierter Kirchen*), b) *TV*: Mode'rator *m*, Modera'torin *f*, Pro'grammleiter(in); **4.** ⚙, *phys.* Mode'rator *m*.

mod·ern ['mɒdən] **I** *adj.* **1.** mo'dern, neuzeitlich: ***~ times*** die Neuzeit; ***the ~ school*** (*od.* ***side***) *ped. Brit.* die Realabteilung; **2.** mo'dern, (neu)modisch; **3.** *mst* ♀ *ling.* a) mo'dern, Neu..., b) neuer: ***♀ Greek*** Neugriechisch *n*; ***~ languages*** neuere Sprachen; ***♀ Languages*** (*als Fach*) Neuphilologie *f*; **II** *s.* **4.** mo'derner Mensch, Fortschrittliche(r *m*) *f*; **5.** Mensch *m* der Neuzeit; **6.** *typ.* neuzeitliche An'tiqua; '**mod·ern·ism** [-dənɪzəm] *s.* **1.** Moder'nismus *m*: a) mo'derne Einstellung, b) mo'dernes Wort, mo'derne Redewendung(en *pl.*); **2.** *eccl.* Moder'nismus *m*; **mo·der·ni·ty** [mɒ'dɜːnətɪ] *s.* **1.** Moderni'tät *f*, (*das*) Mo'derne; **2.** *et.* Mo'dernes; **mod·ern·i·za·tion** [ˌmɒdənaɪ'zeɪʃn] *s.* Modernisierung *f*; '**mod·ern·ize** [-dənaɪz] *v/t. u. v/i.* (sich) modernisieren.

mod·est ['mɒdɪst] *adj.* ☐ **1.** bescheiden, anspruchslos (*Person od. Sache*): ***~ income*** bescheidenes Einkommen; **2.** anständig, sittsam; **3.** maßvoll, vernünftig; '**mod·es·ty** [-tɪ] *s.* **1.** Bescheidenheit *f* (*Person, Einkommen etc.*): ***in all ~*** bei aller Bescheidenheit; **2.** Anspruchslosigkeit *f*, Einfachheit *f*; **3.** Schamgefühl *n*; Sittsamkeit *f*.

mod·i·cum ['mɒdɪkəm] *s.* kleine Menge, *ein* bisschen: ***a ~ of truth*** ein Körnchen Wahrheit.

mod·i·fi·a·ble ['mɒdɪfaɪəbl] *adj.* modifizierbar, (ab)änderungsfähig; **mod·i·fi·ca·tion** [ˌmɒdɪfɪ'keɪʃn] *s.* **1.** Modifikati'on *f*: a) Abänderung *f*: ***make a ~ to*** → ***modify*** 1 a, b) Abart *f*, modifizierte Form, c) Einschränkung *f*, nähere Bestimmung, d) *biol.* nichterbliche Abänderung, e) *ling.* nähere Bestimmung, f) *ling.* lautliche Veränderung, 'Umlautung *f*; **2.** Mäßigung *f*; **mod·i·fy** ['mɒdɪfaɪ] *v/t.* **1.** modifizieren: a) abändern, teilweise 'umwandeln, b) einschränken, näher bestimmen; **2.** mildern, mäßigen; abschwächen; **3.** *ling. Vokal* 'umlauten.

mod·ish ['məʊdɪʃ] *adj.* ☐ **1.** modisch, mo'dern; **2.** Mode...

mods [mɒdz] *s. pl. Brit.* Halbstarke *pl.* von betont dandyhaftem Äußeren (*in den 60er Jahren*) (*Ggs.* ***rockers***).

mod·u·lar ['mɒdjʊlə] *adj.* ⩕, ⚙ Modul...: ***~ design*** Modulbauweise *f*.

mod·u·late ['mɒdjʊleɪt] **I** *v/t.* **1.** abstimmen, regulieren; **2.** anpassen (***to*** an *acc.*); **3.** dämpfen; **4.** *Stimme*, *Ton etc.*, *a. Funk* modulieren: ***~d reception*** ⚡ Tonempfang *m*; **II** *v/i.* **5.** ♪ modulieren (***from*** von, ***to*** nach), die Tonart wech-

M

seln; **6.** all'mählich 'übergehen (***into*** in *acc.*); **mod·u·la·tion** [ˌmɒdjʊ'leɪʃn] *s.* **1.** Abstimmung *f*, Regulierung *f*; **2.** Anpassung *f*; **3.** Dämpfung *f*; **4.** ♪, *Funk*, *a. Stimme*: Modulati'on *f*; **5.** Intonati'on *f*, Tonfall *m*; '**mod·u·la·tor** [-tə] *s.* **1.** Regler *m*; ⚡ Modu'lator *m*: ~ ***of tonality*** *Film*: Tonblende *f*; **2.** ♪ die Tonverwandtschaft (*nach der Tonic-Solfa-Methode*) darstellende Skala; '**mod·ule** [-djuːl] *s.* **1.** Modul *m*, Model *m*, Maßeinheit *f*, Einheits-, Verhältniszahl *f*; **2.** ⚙ Mo'dul *n* (*austauschbare Funktionseinheit*), ⚡ *a.* Baustein *m*; **3.** ⚙ Baueinheit *f*: ~ ***construction*** Baukastensystem *n*; **4.** *Raumfahrt*: (*Kommando- etc.*)Kapsel *f*; '**mod·u·lus** [-ləs] *pl.* **-li** [-laɪ] *s.* ⚗, *phys.* Modul *m*: ~ ***of elasticity*** Elastizitätsmodul.

Mo·gul ['məʊgl] *s.* **1.** Mogul *m*: ***the*** (***Great*** *od.* ***Grand***) ~ der Großmogul; **2.** ♎ *Am. humor.* ‚großes Tier', ‚Bonze' *m*, Ma'gnat *m*.

mo·gul ['məʊgl] *s. Skisport*: Buckel *m* (*aus hartem Schnee*).

mo·hair ['məʊheə] *s.* **1.** Mo'här *m* (*Angorahaar*); **2.** Mo'hairstoff *m*, -kleidungsstück *n*.

Mo·ham·med·an [məʊ'hæmɪdən] **I** *adj.* mohamme'danisch; **II** *s.* Mohamme'daner(in).

moi·e·ty ['mɔɪətɪ] *s.* **1.** Hälfte *f*; **2.** Teil *m*.

moire [mwɑː] *s.* **1.** Moi'ré *m*, *n*, Wasserglanz *m auf Stoffen*; **2.** moirierter Stoff; **moi·ré** ['mwɑːreɪ] **I** *adj.* moiriert, gewässert, geflammt, mit Wellenmuster; **II** *s.* → ***moire*** 1.

moist [mɔɪst] *adj.* □ feucht, nass; '**mois·ten** [-sn] **I** *v/t.* an-, befeuchten, benetzen; **II** *v/i.* feucht werden; nässen; '**moist·ness** [-nɪs] *s.* Feuchte *f*; '**mois·ture** [-tʃə] *s.* Feuchtigkeit *f*: ~-***proof*** feuchtigkeitsfest; '**mois·tur·ize** [-tʃəraɪz] *v/t.* **1.** *Haut* mit e-r Feuchtigkeitscreme behandeln; **2.** *Luft* befeuchten; '**mois·tur·iz·er** [-tʃəraɪzə] *s.* **1.** Feuchtigkeitscreme *f*; **2.** Luftbefeuchter *m*.

moke [məʊk] *s. Brit. sl.* Esel *m* (*a. fig.*).

mo·lar[1] ['məʊlə] *anat.* **I** *s.* Backenzahn *m*, Mo'lar *m*; **II** *adj.* Mahl..., Backen...: ~ ***tooth*** → I.

mo·lar[2] ['məʊlə] *adj.* **1.** *phys.* Massen...: ~ ***motion*** Massenbewegung *f*; **2.** ⚗ mo'lar, Mol...: ~ ***weight*** Mol-, Molargewicht *n*.

mo·lar[3] ['məʊlə] *adj.* ⚕ Molen...

mo·las·ses [məʊ'læsɪz] *s. sg. u. pl.* **1.** Me'lasse *f*; **2.** (Zucker)Sirup *m*.

mold [məʊld] *etc. Am.* → ***mould*** *etc.*

mole[1] [məʊl] *s. zo.* Maulwurf *m* (*a.* F *fig. eingeschleuster Agent*).

mole[2] [məʊl] *s.* (kleines) Muttermal, *bsd.* Leberfleck *m*.

mole[3] [məʊl] *s.* Mole *f*, Hafendamm *m*.

mole[4] [məʊl] *s.* ⚗ Mol *n*, 'Grammoleˌkül *n*.

mole[5] [məʊl] *s.* ⚕ Mole *f*, Mondkalb *n*.

mole crick·et *s. zo.* Maulwurfsgrille *f*.

mo·lec·u·lar [məʊ'lekjʊlə] *adj.* ⚗, *phys.* moleku'lar, Molekular...: ~ ***biology***; ~ ***weight***; **mo·lec·u·lar·i·ty** [məʊˌlekjʊ'lærətɪ] *s.* ⚗, *phys.* Moleku'larzustand *m*; **mol·e·cule** ['mɒlɪkjuːl] *s.* **1.** ⚗, *phys.* Mole'kül *n*; **2.** *fig.* winziges Teilchen.

'**mole|·hill** *s.* Maulwurfshügel *m*, -haufen *m*; → ***mountain*** I; '~**·skin** *s.* **1.** Maulwurfsfell *n*; **2.** ✝ Moleskin *m*, *n*, Englischleder *n* (*Baumwollgewebe*); **3.** *pl.* Hose *f* aus Moleskin.

mo·lest [məʊ'lest] *v/t.* belästigen; **mo·les·ta·tion** [ˌməʊle'steɪʃn] *s.* Belästigung *f*.

Moll, *a.* ♎ [mɒl] *s. sl.* **1.** ‚Nutte' *f* (*Prostituierte*); **2.** Gangsterbraut *f*.

mol·li·fi·ca·tion [ˌmɒlɪfɪ'keɪʃn] *s.* **1.** Besänftigung *f*; **2.** Erweichung *f*; **mol·li·fy** ['mɒlɪfaɪ] *v/t.* **1.** besänftigen, beruhigen, beschwichtigen; **2.** weich machen, erweichen.

mol·lusc ['mɒləsk] → ***mollusk***.

mol·lus·can [mɒ'lʌskən] **I** *adj.* Weichtier...; **II** *s.* → **mol·lusk** ['mɒləsk] *s. zo.* Mol'luske *f*, Weichtier *n*.

mol·ly·cod·dle ['mɒlɪˌkɒdl] **I** *s.* Weichling *m*, Muttersöhnchen *n*; **II** *v/t.* verhätscheln.

molt [məʊlt] *Am.* → ***moult***.

mol·ten ['məʊltən] *adj.* **1.** geschmolzen, (schmelz)flüssig: ~ ***metal*** flüssiges Metall; **2.** gegossen, Guss...

mo·lyb·date [mɒ'lɪbdeɪt] *s.* ⚗ Molyb'dat *n*, molyb'dänsaures Salz; **mo'lyb·de·nite** [-dɪnaɪt] *s. min.* Molybdä'nit *m*.

mom [mɒm] *s.* F *bsd. Am.* **1.** Mami *f*; **2.** ‚Oma' *f* (*alte Frau*); ˌ~**-and-'pop store** *s. Am.* F Tante-Emma-Laden *m*.

mo·ment ['məʊmənt] *s.* **1.** Mo'ment *m*, Augenblick *m*: ***one*** (*od.* ***just a***) ~! (nur) e-n Augenblick!; ***in a*** ~ in e-m Augenblick, sofort; **2.** Zeitpunkt *m*, Augenblick *m*: ~ ***of truth*** Stunde *f* der Wahrheit; ***the very*** ~ ***I saw him*** in dem Augenblick, in dem ich ihn sah; ***at the*** ~ im Augenblick, gerade (jetzt *od.* damals); ***at the last*** ~ im letzten Augenblick; ***never a dull*** ~ a) da *od.* hier ist was los, da *od.* hier ist es nie langweilig, b) man kommt (einfach) nicht zur Ruhe; ***not for the*** ~ im Augenblick nicht; ***to the*** ~ auf die Sekunde genau, pünktlich; **3.** Bedeutung *f*, Tragweite *f*, Belang *m* (***to*** für); **4.** *phys.* Mo'ment *n*: ~ ***of inertia*** Trägheitsmoment; **mo·men·tal** [məʊ'mentl] *adj. phys.* Momenten...; '**mo·men·tar·y** [-tərɪ] *adj.* □ **1.** momen'tan, augenblicklich; **2.**

vor'übergehend, flüchtig; **3.** jeden Augenblick geschehend *od.* möglich; '**moment·ly** [-lɪ] *adv.* **1.** augenblicklich, in e-m Augenblick; **2.** von Se'kunde zu Se'kunde: ***increasing*** **~**; **3.** e-n Augenblick lang; **mo·men·tous** [məʊ'mentəs] *adj.* ◻ bedeutsam, folgenschwer, von großer Tragweite; **mo·men·tous·ness** [məʊ'mentəsnɪs] *s.* Bedeutsam-, Wichtigkeit *f*, Tragweite *f*.

mo·men·tum [məʊ'mentəm] *pl.* **-ta** [-tə] *s.* **1.** *phys.* Im'puls *m*, Mo'ment *n e-r Kraft*: **~** ***theorem*** Momentensatz *m*; **2.** ⚙ Triebkraft *f*; **3.** *allg.* Wucht *f*, Schwung *m*, Fahrt *f*: ***gather*** (*od.* ***gain***) **~** in Fahrt kommen, Stoßkraft gewinnen; ***lose*** **~** (an) Schwung verlieren.

mon·ad ['mɒnæd] *s.* **1.** *phls.* Mo'nade *f*; **2.** *biol.* Einzeller *m*; **3.** ⚗ einwertiges Ele'ment *od.* A'tom; **mo·nad·ic** [mɒ'nædɪk] *adj.* **1.** mo'nadisch, Monaden...; **2.** A eingliedrig, -stellig.

mon·arch ['mɒnək] *s.* Mon'arch(in), Herrscher(in); **mo·nar·chal** [mɒ'nɑːkl] *adj.* ◻ mon'archisch; **mo·nar·chic** *adj.*, **mo·nar·chi·cal** [mɒ'nɑːkɪk(l)] *adj.* ◻ **1.** mon'archisch; **2.** monar'chistisch; **3.** königlich (*a. fig.*); '**mon·arch·ism** [-kɪzəm] *s.* Monar'chismus *m*; '**mon·arch·ist** [-kɪst] **I** *s.* Monar'chist(in); **II** *adj.* monar'chistisch; '**mon·arch·y** [-kɪ] *s.* Monar'chie *f*.

mon·as·ter·y ['mɒnəstərɪ] *s.* (Mönchs-)Kloster *n*; **mo·nas·tic** [mə'næstɪk] *adj.* (◻ **~ally**) **1.** klösterlich, Kloster...; **2.** mönchisch (*a. fig.*), Mönchs...: **~** ***vows*** Mönchsgelübde *n*; **mo·nas·ti·cism** [mə'næstɪsɪzəm] *s.* **1.** Mönch(s)tum *n*; **2.** mönchisches Leben, As'kese *f*.

mon·a·tom·ic [ˌmɒnə'tɒmɪk] *adj.* ⚗ 'einaˌtomig.

Mon·day ['mʌndɪ] *s.* Montag *m*: ***on*** **~** am Montag; ***on*** **~*s*** montags.

mon·e·tar·y ['mʌnɪtərɪ] *adj.* ☤ **1.** Geld..., geldlich, finanzi'ell: **~** ***expansion*** Ausweitung der Geldmenge; **~** ***policy*** Geldmengenpolitik *f*; **~** ***restraint*** restriktive Geldpolitik; **~** ***targeting*** Geldmengenpolitik *f*; **2.** Währungs...(*-einheit, -reform etc.*): **~** ***area*** Währungsgebiet *n*; **~** ***policy*** Währungs-, Geldpolitik *f*; **~** ***stability*** Geldwertstabilität; **~** ***union*** Währungsunion *f*; **3.** Münz...: **~** ***standard*** Münzfuß *m*; '**mon·e·tize** [-taɪz] *v/t.* **1.** zu Münzen prägen; **2.** zum gesetzlichen Zahlungsmittel machen; **3.** den Münzfuß (*gen.*) festsetzen.

mon·ey ['mʌnɪ] *s.* ☤ **1.** Geld *n*; Geldbetrag *m*, -summe *f*: **~** ***on*** (*od.* ***at***) ***call*** Tagesgeld; ***be out of*** **~** kein Geld haben; ***short of*** **~** knapp an Geld, ‚schlecht bei Kasse'; **~** ***due*** ausstehendes Geld; **~** ***on account*** Guthaben *n*; **~** ***on hand*** verfügbares Geld; ***get one's*** **~*'s worth*** et. (*Vollwertiges*) für sein Geld bekommen; **2.** Geld *n*, Vermögen *n*: ***make*** **~** Geld machen, gut verdienen (***by*** bei); ***marry*** **~** sich reich verheiraten; ***have*** **~** ***to burn*** Geld wie Heu haben; **3.** Geldsorte *f*; **4.** Zahlungsmittel *n*; **5.** ***monies*** *pl.* ⚖ Gelder *pl.*, (Geld-)Beträge *pl.*; '**~·bag** *s.* **1.** Geldbeutel *m*; ⚔ Brustbeutel *m*; **2.** *pl.* F a) Geldsäcke *pl.*, Reichtum *m*, b) *sg. konstr.* ‚Geldsack' *m* (*reiche Person*); **~ bill** *s. parl.* Fi'nanzvorlage *f*; **~ box** *s.* Sparbüchse *f*; **~ bro·ker** *s.* Fi'nanzmakler *m*; '**~ˌchang·er** *s.* **1.** Geldwechsler *m*; **2.** 'Wechselautoˌmat *m*.

mon·eyed ['mʌnɪd] *adj.* **1.** reich, vermögend; **2.** Geld...: **~** ***corporation*** ☤ *Am.* Geldinstitut *n*; **~** ***interest*** Finanzwelt *f*.

'**mon·ey|ˌgrub·ber** [-ˌgrʌbə] *s.* Geldraffer *m*; '**~ˌgrub·bing** [-ˌgrʌbɪŋ] *adj.* Geld raffend, geldgierig; **~ laun·der·ing** *s.* Geldwäsche *f*; **~ laun·dry** *s.* Geldwaschanstalt *f*; '**~ˌlend·er** *s.* ☤ Geldverleiher *m*; **~ let·ter** *s.* Geld-, Wertbrief *m*; '**~ˌmak·er** *s.* **1.** guter Geschäftsmann; **2.** Bombengeschäft *n*, ‚Renner' *m*, ‚Goldgrube' *f*; '**~-ˌmak·ing** **I** *adj.* Gewinn bringend, einträglich; **II** *s.* Geldverdienen *n*; **~ mar·ket** *s.* ☤ Geldmarkt *m*; **~ mat·ters** *s. pl.* Geldangelegenheiten *pl.*; **~ or·der** *s.* **1.** Postanweisung *f*; **2.** Zahlungsanweisung *f*; '**~ˌspin·ner** *s.* → ***moneymaker*** 2; **~ sup·ply** *s.* Geldmenge *f*.

M

Money matters – Rund ums Geld

bank account	Bankkonto
bill *Am.*	Geldschein
bureau de change [ˌbjʊərəʊdɪ'ʃɒndʒ]	Wechselstube
cash	Bargeld
cash card	Geldautomatenkarte
cashpoint, cash dispenser	Geldautomat
check *Am.*	Scheck
cheque *Brit.*	Scheck
cheque book	Scheckbuch
cheque card	Scheckkarte
credit card	Kreditkarte
current account	Girokonto
direct debit(ing)	Einzugsverfahren

exchange rate	Wechselkurs
interest	Zinsen
interest rate	Zinssatz
interest-free	zinsloses
loan	Darlehen
loan	Kredit, Darlehen
note	Geldschein
overdrawn	überzogen
PIN number	PIN, Geheimzahl
plastic ['plæstɪk] *sg. umgangssprachlich*	Kreditkarten *pl.*

mon·ger ['mʌŋɡə] *s.* (*mst in Zssgn*) **1.** Händler *m*, Krämer *m*: ***fish~*** Fischhändler; **2.** *fig. contp.* Verbreiter(in) *von Gerüchten etc.*; → ***scaremonger, warmonger*** *etc.*

Mon·gol ['mɒŋɡɒl] **I** *s.* **1.** Mon'gole *m*, Mon'golin *f*; **2.** *ling.* Mon'golisch *n*; **II** *adj.* **3.** → ***Mongolian*** I; **Mon·go·li·an** [mɒŋ'ɡəʊljən] **I** *adj.* **1.** mon'golisch; **2.** mongo'lid, gelb (*Rasse*); **3.** → ***Mongoloid*** I; **II** *s.* **4.** → ***Mongol*** 1; **5.** → ***Mongoloid*** II; '**Mon·gol·oid** [-lɔɪd] *bsd.* ⚕ **I** *adj.* mongolo'id; **II** *s.* Mongolo'ide(r *m*) *f*.

mon·goose ['mɒŋɡuːs] *s. zo.* Mungo *m*.

mon·grel ['mʌŋɡrəl] **I** *s.* **1.** *biol.* Bastard *m*; **2.** Köter *m*, Prome'nadenmischung *f*; **3.** Mischling *m* (*Mensch*); **4.** Zwischending *n*; **II** *adj.* **5.** Bastard..., Misch...: ***~ race*** Mischrasse *f*.

'mongst [mʌŋst] *abbr. für* ***among***(***st***).

mon·ick·er ['mɒnɪkə] → ***moniker***.

mon·ies ['mʌnɪz] *s. pl.* → ***money*** 5.

mon·i·ker ['mɒnɪkə] *s. sl.* (Spitz)Name *m*.

mon·ism ['mɒnɪzəm] *s. phls.* Mo'nismus *m*.

mo·ni·tion [məʊ'nɪʃn] *s.* **1.** (Er)Mahnung *f*; **2.** Warnung *f*.

mon·i·tor ['mɒnɪtə] **I** *s.* **1.** (Er)Mahner *m*; **2.** Warner *m*; **3.** *ped.* Klassenordner *m*; **4.** ⚓ *Art* Panzerschiff *n*; **5.** ϟ, *tel.* a) Abhörer(in), b) Abhorchgerät *n*; **6.** ϟ *etc.* Monitor *m*, Kon'trollgerät *n*, -schirm *m*; **II** *v/t.* **7.** *tel.* ab-, mithören, über'wachen (*a. fig.*); **8.** ϟ *Akustik etc.* durch Abhören kontrollieren; **9.** auf Radioaktivi'tät über'prüfen; '**mon·i·tor·ing** [-tərɪŋ] *adj.* ϟ, *tel.* Mithör..., Prüf..., Überwachungs...: ***~ desk*** Misch-, Reglerpult *n*; '**mon·i·to·ry** [-tərɪ] *adj.* **1.** (er)mahnend, Mahn...; **2.** warnend, Warnungs...

monk [mʌŋk] *s.* **1.** *eccl.* Mönch *m*; **2.** *zo.* Mönchsaffe *m*; **3.** *typ.* Schmierstelle *f*.

mon·key ['mʌŋkɪ] **I** *s.* **1.** *zo.* a) Affe *m* (*a. fig. humor.*), b) *engS.* kleinerer (langschwänziger) Affe (*Ggs.* ***ape***); **2.** ⚙ a) Ramme *f*, b) Fallhammer *m*; **3.** *Brit. sl.* Wut *f*: ***get*** (*od.* ***put***) ***s.o.'s ~ up*** j-n auf die Palme bringen; ***get one's ~ up*** ‚hochgehen', in Wut geraten; **4.** *sl.* 500 Dollar *od.* brit. Pfund; **II** *v/i.* **5.** Possen treiben; **6.** F (***with***) spielen (mit), her'umpfuschen (an *dat.*): ***~*** (***about***) (herum)albern; **III** *v/t.* **7.** nachäffen; **~ bread** *s.* ✿ Affenbrotbaumfrucht *f*; **~ busi·ness** *s. sl.* **1.** ‚krumme Tour', ‚fauler Zauber'; **2.** ‚Blödsinn' *m*, Unfug *m*; **~ en·gine** *s.* ⚙ (Pfahl)Ramme *f*; **~ jack·et** *s.* ⚔ Affenjäckchen *n*; '**~·shine** *s. Am. sl.* (dummer *od.* 'übermütiger) Streich, ‚Blödsinn' *m*; **~ wrench** *s.* ⚙ ‚Engländer' *m*, Univer'sal(schrauben)schlüssel *m*: ***throw a ~ into s.th.*** *Am.* F et. behindern *od.* beeinträchtigen.

monk·ish ['mʌŋkɪʃ] *adj.* **1.** Mönchs...; **2.** *mst contp.* mönchisch, Pfaffen...

mon·o ['mɒnəʊ] F **I** *s. Radio etc*: Mono *n*; **II** *adj.* mono (abspielbar), Mono...

mono- [mɒnəʊ] *in Zssgn* ein..., einfach...; **mon·o·ac·id** [ˌmɒnəʊ'æsɪd] ⚗ **I** *adj.* einsäurig; **II** *s.* einbasige Säure; **mon·o·car·pous** [ˌmɒnəʊ'kɑːpəs] *adj.* ✿ **1.** einfrüchtig (*Blüte*); **2.** nur einmal fruchtend.

mon·o·chro·mat·ic [ˌmɒnəʊkrəʊ'mætɪk] *adj.* (□ ***~ally***) monochro'matisch, einfarbig; **mon·o·chrome** ['mɒnəkrəʊm] **I** *s.* **1.** einfarbiges Gemälde; **2.** Schwarz'weißaufnahme *f*; **II** *adj.* **3.** mono'chrom.

mon·o·cle ['mɒnəkl] *s.* Mon'okel *n*.

mo·no·coque ['mɒnəkɒk] (*Fr.*) *s.* ✈ **1.** Schalenrumpf *m*; **2.** Flugzeug *n* mit Schalenrumpf: ***~ construction*** ⚙ Schalenbau(weise *f*) *m*.

mo·noc·u·lar [mɒ'nɒkjʊlə] *adj.* monoku'lar, für 'ein Auge.

mon·o·cul·ture ['mɒnəʊˌkʌltʃə] *s.* ⚒ 'Monokulˌtur *f*; **mo·nog·a·mous** [mɒ'nɒɡəməs] *adj.* mono'gam(isch); **mo·nog·a·my** [mɒ'nɒɡəmɪ] *s.* Monoga'mie *f*, Einehe *f*; **mon·o·gram** ['mɒnəɡræm] *s.* Mono'gramm *n*; **mon·o·graph** ['mɒnəɡrɑːf] *s.* Monogra'phie *f*; **mon·o·hy·dric** [ˌmɒnəʊ'haɪdrɪk] *adj.* ⚗ einwertig: ***~ alcohol***; **mon·o·lith** ['mɒnəʊlɪθ] *s.* Mono'lith *m*; **mon·o·lith·ic** [ˌmɒnəʊ'lɪθɪk] *adj.* mono'lithisch; *fig.* gi'gantisch; **mo·nol·o·gize** [mɒ'nɒlədʒaɪz] *v/i.* monologisieren, ein Selbstgespräch führen; **mon·o·logue** ['mɒnəlɒɡ] *s.* Mono'log *m*, Selbstgespräch *n*; **mon·o·ma·ni·a** [ˌmɒnəʊ'meɪnjə] *s.* Monoma'nie *f*, fixe I'dee.

mo·no·mi·al [mɒ'nəʊmjəl] *s.* 𝒜 eingliedrige Zahlengröße.

mon·o·phase ['mɒnəʊfeɪz] *adj.* ϟ einphasig; **mon·o·pho·bi·a** [ˌmɒnəʊ'fəʊbjə] *s.* Monopho'bie *f*; **mon·o·phtong** ['mɒnəfθɒŋ] Mono'phthong *m*, einfacher Selbstlaut; **mon·o·plane** ['mɒnəʊpleɪn] *s.* ✈ Eindecker *m*.

mo·nop·o·list [mə'nɒpəlɪst] *s.* ✝ Mono'polist *m*; Mono'polbesitzer(in); **mo'nop·o·lize** [-laɪz] *v/t.* monopolisieren: a) ✝ ein Mono'pol erringen *od.* haben für, b) *fig.* an sich reißen: **~ *the conversation*** die Unterhaltung ganz allein bestreiten, c) *fig. j-n od. et.* mit Beschlag belegen; **mo'nop·o·ly** [-lɪ] *s.* ✝ **1.** Mono'pol(stellung *f*) *n*; **2.** (***of***) Mono'pol *n* (auf *acc.*); Al'leinverkaufs-, Al'leinbetriebs-, Al'leinherstellungsrecht *n* (für): ***market* ~** Marktbeherrschung *f*; **3.** *fig.* Mono'pol *n*, al'leiniger Besitz, al'leinige Beherrschung: **~ *of learning*** Bildungsmonopol.

mon·o·rail ['mɒnəʊreɪl] *s.* 🚂 Einschienenbahn *f*.

mon·o·syl·lab·ic [ˌmɒnəʊsɪ'læbɪk] *adj.* (☐ **~*ally***) *ling. u. fig.* einsilbig; **mon·o·syl·la·ble** ['mɒnəˌsɪləbl] *s.* einsilbiges Wort: ***speak in* ~*s*** einsilbige Antworten geben.

mon·o·the·ism ['mɒnəʊθiːˌɪzəm] *s. eccl.* Monothe'ismus *m*; **'mon·o·theˌist** [-ˌɪst] **I** *s.* Monothe'ist *m*; **II** *adj.* → **mon·o·the·is·tic**, **mon·o·the·is·ti·cal** [ˌmɒnəʊθiː'ɪstɪk(l)] *adj.* monothe'istisch.

mon·o·tone ['mɒnətəʊn] *s.* **1.** mono'tones Geräusch, gleichbleibender Ton; eintönige Wieder'holung; **2.** → ***monotony***; **mo·not·o·nous** [mə'nɒtnəs] *adj.* ☐ mono'ton, eintönig (*a. fig.*); **mo·not·o·ny** [mə'nɒtnɪ] *s.* Monoto'nie *f*, Eintönigkeit *f*, *fig. a.* Einförmigkeit *f*, (ewiges) Einerlei.

mon·o·type ['mɒnəʊtaɪp] (*Fabrikmarke*) *s. typ.* **1.** ® Monotype *f*; **2.** mit der Monotype hergestellte Letter.

mon·o·va·lent ['mɒnəʊˌveɪlənt] *adj.* ⚗ einwertig; **mon·ox·ide** [mɒ'nɒksaɪd] *s.* ⚗ 'Monoˌxid *n*.

mon·soon [mɒn'suːn] *s.* Mon'sun *m*.

mon·ster ['mɒnstə] **I** *s.* **1.** *a. fig.* Monster *n*, Ungeheuer *n*, Scheusal *n*; **2.** Monstrum *n*: a) 'Missgeburt *f*, -bildung *f*, b) *fig.* Ungeheuer *n*, Ko'loss *m*; **II** *adj.* **3.** ungeheuer(lich), Riesen..., Monster...: **~ *film*** Monsterfilm *m*; **~ *meeting*** Massenversammlung *f*.

mon·strance ['mɒnstrəns] *s. eccl.* Monst'ranz *f*.

mon·stros·i·ty [mɒn'strɒsətɪ] *s.* **1.** Ungeheuerlichkeit *f*; **2.** → ***monster*** 2.

mon·strous ['mɒnstrəs] *adj.* ☐ **1.** monströs: a) ungeheuer, riesig, b) unge'heuerlich, grässlich, scheußlich, c) 'missgestaltet, unförmig, ungestalt; **2.** un-, 'widernaˌtürlich; **3.** ab'surd, lächerlich; **'mon·strous·ness** [-nɪs] *s.* **1.** Unge'heuerlichkeit *f*; **2.** Riesenhaftigkeit *f*; **3.** 'WidernaˌtürIichkeit *f*.

mon·tage [mɒn'tɑːʒ] *s.* **1.** ('Bild-, 'Foto-) Monˌtage *f*; **2.** *Film, Radio etc.*: Mon'tage *f*.

month [mʌnθ] *s.* **1.** Monat *m*: ***this day* ~** heute in *od.* vor e-m Monat; ***by the* ~** (all)monatlich; ***a* ~ *of Sundays*** e-e ewig lange Zeit; **2.** F vier Wochen *od.* 30 Tage; **month·ly** ['mʌnθlɪ] **I** *s.* **1.** Monatsschrift *f*; **2.** *pl.* → ***menses***; **II** *adj.* **3.** einen Monat dauernd; **4.** monatlich, Monats...: **~ *salary*** Monatsgehalt *n*; **III** *adv.* **5.** monatlich, einmal im Monat, jeden Monat.

mon·ti·cule ['mɒntɪkjuːl] *s.* **1.** (kleiner) Hügel; **2.** Höckerchen *n*.

mon·u·ment ['mɒnjʊmənt] *s.* Monu'ment *n*, (*a.* Grab-, Na'tur- *etc.*)Denkmal *n* (***to*** für, ***of*** *gen.*): ***a* ~ *of literature*** *fig.* ein Literaturdenkmal; **mon·u·men·tal** [ˌmɒnjʊ'mentl] *adj.* ☐ **1.** monumen'tal, gewaltig, impo'sant; **2.** F kolos'sal, ungeheuer: **~ *stupidity***; **3.** Denkmal(s)..., Gedenk...; Grabmal(s)...

moo [muː] **I** *v/i.* muhen; **II** *s.* Muhen *n*.

mooch [muːtʃ] *sl.* **I** *v/i.* **1.** *a.* **~ *about*** her'umlungern, -strolchen: **~ *along*** dahinlatschen; **II** *v/t.* **2.** ‚klauen', stehlen; **3.** schnorren, erbetteln.

mood¹ [muːd] *s.* **1.** *ling.* Modus *m*, Aussageweise *f*; **2.** ♪ Tonart *f*.

mood² [muːd] *s.* **1.** Stimmung *f* (*a. paint.*, ♪ *etc.*), Laune *f*: ***be in the* ~ *to work*** zur Arbeit aufgelegt sein; ***be in no* ~ *for a walk*** nicht zu e-m Spaziergang aufgelegt sein, keine Lust haben spazieren zu gehen; ***change of* ~** Stimmungsumschwung *m*; **~ *music*** stimmungsvolle Musik; **2.** *paint.*, *phot.* Stimmungsbild *n*; **mood·i·ness** ['muːdɪnɪs] *s.* **1.** Launenhaftigkeit *f*; **2.** Übellaunigkeit *f*; **3.** Trübsinn(igkeit *f*) *m*; **mood·y** ['muːdɪ] *adj.* **1.** ☐ launisch, launenhaft; **2.** übellaunig, verstimmt; **3.** trübsinnig.

moon [muːn] **I** *s.* **1.** Mond *m*: ***full* ~** Vollmond; ***new* ~** Neumond; ***once in a blue* ~** F alle Jubeljahre einmal, höchst selten; ***be over the* ~** F ganz selig sein; ***cry for the* ~** nach etwas Unmöglichem verlangen; ***promise s.o. the* ~** j-m das Blaue vom Himmel (herunter) versprechen; ***reach for the* ~** nach den Sternen greifen; ***shoot the* ~** F bei Nacht u. Nebel ausziehen (*Mieter*); **2.** *ast.* Tra'bant *m*, Satel'lit *m*: ***man-made*** (*od.* ***baby***) **~** (Erd)Satellit, ‚Sputnik' *m*; **3.** *poet.* Mond *m*, Monat *m*; **II** *v/i.* **4.** *mst* **~ *about*** um'herlungern, -geistern; **III** *v/t.* **5.** **~ *away*** Zeit vertrödeln, verträumen; **'~·beam** *s.* Mondstrahl *m*; **'~·calf** *s.* [*irr.*] **1.** ‚Mondkalb' *n*, Trottel *m*; **2.**

M

Träumer *m*; '~·**faced** *adj.* vollmondgesichtig; '~·**light** **I** *s.* Mondlicht *n*, -schein *m*: ♀ ***Sonata*** ♪ Mondscheinsonate *f*; **II** *adj.* mondhell, Mondlicht...: ~ ***flit(ting)*** *sl.* heimliches Ausziehen bei Nacht (*wegen Mietschulden*); '~ˌ**light·er** *s.* Schwarzarbeiter *m*; '~·**lit** *adj.* mondhell; '~ˌ**rak·er** *s.* ⚓ Mondsegel *n*; '~·**rise** *s.* Mondaufgang *m*; '~·**set** *s.* 'Mondˌuntergang *m*; '~·**shine** *s.* **1.** Mondschein *m*; **2.** *fig.* a) Schwindel *m*, fauler Zauber, b) Unsinn *m*, Geschwafel *n*; **3.** *sl.* geschmuggelter *od.* schwarzgebrannter Alkohol; '~ˌ**shin·er** *s. Am. sl.* Alkoholschmuggler *m*; Schwarzbrenner *m*; '~·**stone** *s. min.* Mondstein *m*; '~·**struck** *adj.* **1.** mondsüchtig; **2.** verrückt.

moon·y ['muːnɪ] *adj.* **1.** (halb)mondförmig; **2.** Mond...; **3.** mondhell, Mondlicht...; **4.** F a) verträumt, dösig, b) beschwipst, c) verrückt.

moor[1] [mʊə] *s.* **1.** Ödland *n*, *bsd.* Heideland *n*; **2.** Hochmoor *n*; Bergheide *f*.

moor[2] [mʊə] **I** *v/t.* **1.** ⚓ vertäuen, festmachen; *fig.* verankern, sichern; **II** *v/i.* ⚓ **2.** festmachen, ein Schiff vertäuen; **3.** sich festmachen; **4.** festgemacht *od.* vertäut liegen.

Moor[3] [mʊə] *s.* Maure *m*; Mohr *m*.

moor·age ['mʊərɪdʒ] → ***mooring***.

'**moor**|·**fowl**, ~ **game** *s.* (Schottisches) Moorhuhn; '~·**hen** *s.* **1.** weibliches Moorhuhn; **2.** Gemeines Teichhuhn.

moor·ing ['mʊərɪŋ] *s.* ⚓ **1.** Festmachen *n*; **2.** *mst pl.* Vertäuung *f* (*Schiff*); **3.** *pl.* Liegeplatz *m*; **4.** Anlegegebühr *f*; ~ **buoy** *s.* ⚓ Festmacheboje *f*; ~ **rope** *s.* Halteleine *f*.

Moor·ish ['mʊərɪʃ] *adj.* maurisch.

'**moor·land** [-lənd] *s.* Heidemoor *n*.

moose [muːs] *pl.* **moose** *s. zo.* Elch *m*.

moot [muːt] **I** *s.* **1.** *hist.* (beratende) Volksversammlung; **2.** ⚖, *univ.* Diskussi'on *f* fik'tiver (Rechts)Fälle; **II** *v/t.* **3.** *Frage* aufwerfen, anschneiden; **4.** erörtern, diskutieren; **III** *adj.* **5.** a) strittig: ~ ***point***, b) (rein) aka'demisch: ~ ***question***.

mop[1] [mɒp] **I** *s.* **1.** Mopp *m* (*Fransenbesen*); Schrubber *m*; Wischlappen *m*; **2.** (Haar)Wust *m*; **3.** ⚓ Dweil *m*; **4.** ⚙ Schwabbelscheibe *f*; **II** *v/t.* **5.** auf-, abwischen: ~ ***one's face*** sich das Gesicht (ab)wischen; → ***floor*** 1; **6.** ~ ***up*** a) (mit dem Mopp) aufwischen, b) ⚔ *sl.* (*vom Feinde*) säubern, *Wald* durch'kämmen, c) *sl. Profit etc.* ‚schlucken', d) *sl.* aufräumen mit.

mop[2] [mɒp] **I** *v/i. mst* ~ ***and mow*** Gesichter schneiden; **II** *s.* Gri'masse *f*: ~***s and mows*** Grimassen.

mope [məʊp] **I** *v/i.* **1.** den Kopf hängen lassen, Trübsal blasen; **II** *v/t.* **2.** (*nur pass.*) ***be*** ~***d*** niedergeschlagen sein; ‚sich mopsen' (*langweilen*); **III** *s.* **3.** Trübsalbläser(in); **4.** *pl.* Trübsinn *m*.

mo·ped ['məʊped] *s. mot. Brit.* Moped *n*.

'**mop·head** *s.* F a) Wuschelkopf *m*, b) Struwwelpeter *m*.

mop·ing ['məʊpɪŋ] *adj.* □; '**mop·ish** [-ɪʃ] *adj.* □ trübselig, a'pathisch, kopfhängerisch; '**mop·ish·ness** [-ɪʃnɪs] *s.* Lustlosigkeit *f*, Griesgrämigkeit *f*, Trübsinn *m*.

mop·pet ['mɒpɪt] *s.* F Püppchen *n* (*a. fig. Kind, Mädchen*).

'**mop·ping-up** ['mɒpɪŋ-] *s.* ⚔ *sl.* **1.** Aufräumungsarbeit *f*; **2.** Säuberung *f* (*vom Feinde*): ~ ***operation*** Säuberungsaktion *f*.

mo·raine [mɒ'reɪn] *s. geol.* Mo'räne *f*.

mor·al ['mɒrəl] **I** *adj.* □ **1.** *allg.* mo'ralisch: a) sittlich: ~ ***force***; ~ ***sense*** sittliches Empfinden, b) geistig: ~ ***obligation*** moralische Verpflichtung; ~ ***support*** moralische Unterstützung; ~ ***victory*** moralischer Sieg, c) vernunftgemäß: ~ ***certainty*** moralische Gewissheit, d) Moral..., Sitten...: ~ ***law*** Sittengesetz *n*; ~ ***theology*** Moraltheologie *f*, e) sittenstreng, tugendhaft: ***a*** ~ ***life***; **2.** (sittlich) gut: ***a*** ~ ***act***; **3.** cha'rakterlich: ~***ly firm*** innerlich gefestigt; **II** *s.* **4.** Mo'ral *f*, Nutzanwendung *f* (*e-r Geschichte etc.*): ***draw the*** ~ ***from*** die Lehre ziehen aus; **5.** mo'ralischer Grundsatz: ***point the*** ~ den sittlichen Standpunkt betonen; **6.** *pl.* Mo'ral *f*, sittliches Verhalten, Sitten *pl.*: ***code of*** ~***s*** Sittenkodex *m*; **7.** *pl. sg. konstr.* Sittenlehre *f*, Ethik *f*.

mo·rale [mɒ'rɑːl] *s.* Mo'ral *f*, Haltung *f*, Stimmung *f*, (Arbeits-, Kampf)Geist *m*: ***the*** ~ ***of the army*** die Kampfmoral *od.* Stimmung der Armee; ***raise (lower) the*** ~ die Moral heben (senken).

mor·al| **fac·ul·ty** *s.* Sittlichkeitsgefühl *n*; ~ **haz·ard** *s. Versicherungswesen*: subjek'tives Risiko, Risiko *n* falscher Angaben des Versicherten; ~ **in·san·i·ty** *s. psych.* mo'ralischer De'fekt.

mor·al·ist ['mɒrəlɪst] *s.* **1.** Mora'list *m*, Sittenlehrer *m*; **2.** Ethiker *m*.

mo·ral·i·ty [mə'rælətɪ] *s.* **1.** Mo'ral *f*, Sittlichkeit *f*, Tugend(haftigkeit) *f*; **2.** Morali'tät *f*, sittliche Gesinnung; **3.** Ethik *f*, Sittenlehre *f*; **4.** *pl.* mo'ralische Grundsätze *pl.*, Ethik *f* (*e-r Person*); **5.** *contp.* Mo'ralpredigt *f*; **6.** → ~ **play** *s. hist. thea.* Morali'tät *f*.

mor·al·ize ['mɒrəlaɪz] **I** *v/i.* **1.** moralisieren (***on*** über *acc.*); **II** *v/t.* **2.** mo'ralisch auslegen; **3.** versittlichen, die Mo'ral (*gen.*) heben; '**mor·al·iz·er** [-zə] *s.* Mo'ralprediger(in), -aˌpostel *m*.

mor·al| **phi·los·o·phy**, ~ **sci·ence** *s.* Mo'ralphilosoˌphie *f*, Ethik *f*.

mo·rass [mə'ræs] *s.* **1.** Mo'rast *m*, Sumpf

(-land *n*) *m*; **2.** *fig.* a) Wirrnis *f*, b) Klemme *f*, schwierige Lage.

mor·a·to·ri·um [ˌmɒrəˈtɔːrɪəm] *pl.* **-ri·ums** *s.* ✝ Moraˈtorium *n*, Zahlungsaufschub *m*, Stillhalteabkommen *n*, Stundung *f*; **mor·a·to·ry** [ˈmɒrətərɪ] *adj.* Moratoriums..., Stundungs...

Mo·ra·vi·an [məˈreɪvjən] **I** *s.* **1.** Mähre *m*, Mährin *f*; **2.** *ling.* Mährisch *n*; **II** *adj.* **3.** mährisch: ~ ***Brethren*** *eccl. die* Herrnhuter Brüdergemein(d)e.

mor·bid [ˈmɔːbɪd] *adj.* ☐ morˈbid, krankhaft, pathoˈlogisch: ~ ***anatomy*** ⚕ pathologische Anatomie; **mor·bid·i·ty** [mɔːˈbɪdətɪ] *s.* **1.** Krankhaftigkeit *f*; **2.** Erkrankungsziffer *f*.

mor·dan·cy [ˈmɔːdənsɪ] *s.* Bissigkeit *f*, beißende Schärfe; ˈ**mor·dant** [-dənt] **I** *adj.* ☐ **1.** beißend: a) brennend (*Schmerz*), b) *fig.* scharf, sarˈkastisch (*Worte etc.*); **2.** ⚙ a) beizend, ätzend, b) *Farben* fixierend; **II** *s.* **3.** ⚙ a) Ätzwasser *n*, b) (*bsd. Färberei*) Beize *f*.

more [mɔː] **I** *adj.* **1.** mehr: (***no***) ~ ***than*** (nicht) mehr als; ***they are ~ than we*** sie sind zahlreicher als wir; **2.** mehr, noch (mehr), weiter: ***some ~ tea*** noch etwas Tee; ***one ~ day*** noch ein(en) Tag; ***so much the ~ courage*** umso mehr Mut; ***he is no*** ~ er ist nicht mehr (*ist tot*); **3.** größer (*obs. außer in*): ***the ~ fool*** der größere Tor; ***the ~ part*** der größere Teil; **II** *adv.* **4.** mehr: ~ ***dead than alive*** mehr *od.* eher tot als lebendig; ~ ***and*** ~ immer mehr; ~ ***and ~ difficult*** immer schwieriger; ~ ***or less*** mehr oder weniger, ungefähr; ***the*** ~ umso mehr; ***the ~ so because*** umso mehr, da; ***all the ~ so*** nur umso mehr; ***no*** (*od.* ***not any***) ~ ***than*** ebenso wenig wie; ***neither*** (*od.* ***no***) ~ ***nor less than stupid*** nicht mehr u. nicht weniger als dumm; **5.** (*zur Bildung des comp.*): ~ ***important*** wichtiger; ~ ***often*** öfter; **6.** noch: ***once*** ~ noch einmal; ***two hours*** ~ noch zwei Stunden; **7.** noch mehr, ja soˈgar: ***it is wrong and, ~, it is foolish***; **III** *s.* **8.** Mehr *n* (**of** an *dat.*); **9.** mehr: ~ ***than one person has seen it*** mehr als einer hat es gesehen; ***we shall see ~ of him*** wir werden ihn noch öfter sehen; ***and what is*** ~ und was noch wichtiger ist; ***no*** ~ nicht(s) mehr.

mo·rel [mɒˈrel] *s.* ⚘ **1.** Morchel *f*; **2.** Nachtschatten *m*; **3.** → **mo·rel·lo** [məˈreləʊ] *pl.* **-los** *s.* ⚘ Moˈrelle *f*, Schwarze Sauerweichsel.

more·o·ver [mɔːˈrəʊvə] *adv.* außerdem, überˈdies, ferner, weiter.

mo·res [ˈmɔːriːz] *s. pl.* Sitten *pl.*

mor·ga·nat·ic [ˌmɔːgəˈnætɪk] *adj.* (☐ **~ally**) morgaˈnatisch.

morgue [mɔːg] *s.* **1.** Leichenschauhaus *n*; **2.** F Arˈchiv *n* (*e-s Zeitungsverlages etc.*).

mor·i·bund [ˈmɒrɪbʌnd] *adj.* **1.** sterbend, dem Tode geweiht; **2.** *fig.* zum Aussterben *od.* Scheitern verurteilt.

Mor·mon [ˈmɔːmən] *eccl.* **I** *s.* Morˈmone *m*, Morˈmonin *f*; **II** *adj.* morˈmonisch: ~ ***Church*** mormonische Kirche, Kirche Jesu Christi der Heiligen der letzten Tage; ~ ***State*** *Beiname für* Utah *n* (*USA*).

morn [mɔːn] *s. poet.* Morgen *m*.

morn·ing [ˈmɔːnɪŋ] **I** *s.* **1.** a) Morgen *m*, b) Vormittag *m*: ***in the*** ~ morgens, am Morgen, vormittags; ***early in the*** ~ frühmorgens, früh am Morgen; ***on the ~ of May 5*** am Morgen des 5. Mai; ***one*** (***fine***) ~ eines (schönen) Morgens; ***this*** ~ heute früh; ***the ~ after*** am Morgen darauf, am darauf folgenden Morgen; ***good ~!*** guten Morgen!; ***~!*** F (ˈn) Morgen!; **2.** *fig.* Morgen *m*, Beginn *m*; **3.** *poet.* a) Morgendämmerung *f*, b) ♌ Auˈrora *f*; **II** *adj.* **4.** a) Morgen..., Vormittags..., b) Früh...; ˌ**~-ˈaf·ter pill** *s. die* Pille danach; ~ **call** *s.* Weckdienst *m* (*im Hotel etc.*); ~ **coat** *s.* Cut(away) *m*; ~ **dress** *s.* **1.** Hauskleid *n*; **2.** Besuchs-, Konfeˈrenzanzug *m*, ‚Stresemann' *m* (*schwarzer Rock mit gestreifter Hose*); ~ **gift** *s.* ⚖ *hist.* Morgengabe *f*; ~ **glo·ry** *s.* ⚘ Winde *f*; ~ **gown** *s.* Morgenrock *m*; Hauskleid *n* (*der Frau*); ~ **per·form·ance** *s. thea.* Frühvorstellung *f*, Matiˈnee *f*; ~ **prayer** *s. eccl.* **1.** Morgengebet *n*; **2.** Frühgottesdienst *m*; ~ **sick·ness** *s.* ⚕ morgendliches Erbrechen (*bei Schwangeren*); ~ **star** *s.* **1.** *ast.*, *a.* ⚔ *hist.* Morgenstern *m*; **2.** ⚘ Menˈtzelie *f*.

Mo·roc·can [məˈrɒkən] **I** *adj.* marokˈkanisch; **II** *s.* Marokˈkaner(in).

mo·roc·co [məˈrɒkəʊ] *pl.* **-cos** [-z] *s. a.* ~ ***leather*** Saffian(leder *n*) *m*.

mo·ron [ˈmɔːrɒn] *s.* **1.** Schwachsinnige(r *m*) *f*; **2.** F Trottel *m*, Idiˈot *m*; **mo·ron·ic** [məˈrɒnɪk] *adj.* schwachsinnig.

mo·rose [məˈrəʊs] *adj.* ☐ mürrisch, grämlich, verdrießlich; **moˈrose·ness** [-nɪs] *s.* Verdrießlichkeit *f*.

mor·pheme [ˈmɔːfiːm] *s. ling.* Morˈphem *n*.

mor·phi·a [ˈmɔːfjə], ˈ**mor·phine** [-fiːn] *s.* ⚗ Morphium *n*; ˈ**mor·phin·ism** [-fɪnɪzəm] *s.* **1.** Morphiˈnismus *m*, Morphiumsucht *f*; **2.** Morphiumvergiftung *f*; ˈ**mor·phin·ist** [-fɪnɪst] *s.* Morphiˈnist(in).

morpho- [mɔːfəʊ] *in Zssgn* Form..., Gestalt..., Morpho...

mor·pho·log·ic, **mor·pho·log·i·cal** [ˌmɔːfəˈlɒdʒɪk(l)] *adj.* ☐ morphoˈlogisch, Form...: ~ ***element*** Formelement *n*; **mor·phol·o·gy** [mɔːˈfɒlədʒɪ] *s.* Morpholoˈgie *f*.

mor·ris [ˈmɒrɪs] *s. a.* ~ ***dance*** Moˈriskentanz *m*; ~ **tube** *s.* Einstecklauf *m* (*für Gewehre*).

M

mor·row ['mɒrəʊ] *s. mst poet.* morgiger *od.* folgender Tag: ***the ~ of*** a) der Tag nach, b) *fig.* die Zeit unmittelbar nach.

Morse[1] [mɔːs] **I** *adj.* Morse...: ***~ code*** Morsealphabet *n*; **II** *v/t. u. v/i.* ♀ morsen.

morse[2] [mɔːs] → ***walrus***.

mor·sel ['mɔːsl] **I** *s.* **1.** Bissen *m*, Happen *m*; **2.** Stückchen *n*, *das* bisschen; **3.** Leckerbissen *m*; **II** *v/t.* **4.** in kleine Stückchen teilen, in kleinen Porti'onen austeilen.

mort[1] [mɔːt] *s. hunt.* ('Hirsch),Totsi,gnal *n*.

mort[2] [mɔːt] *s. ichth.* dreijähriger Lachs.

mor·tal ['mɔːtl] **I** *adj.* □ **1.** sterblich; **2.** tödlich: a) verderblich, todbringend (***to*** für): ***~ wound***, b) erbittert: ***~ battle***; ***~ hatred*** tödlicher Hass; **3.** Tod(es)...: ***~ agony*** Todeskampf *m*; ***~ enemies*** Todfeinde; ***~ fear*** Todesangst *f*; ***~ hour*** Todesstunde *f*; ***~ sin*** Todsünde *f*; **4.** menschlich, irdisch, Menschen...: ***~ life*** irdisches Leben, Vergänglichkeit *f*; ***by no ~ means*** F auf keine menschenmögliche Art; ***of no ~ use*** F absolut zwecklos; ***every ~ thing*** F alles Menschenmögliche; **5.** F Mords..., ‚mordsmäßig': ***I'm in a ~ hurry*** ich habs furchtbar eilig; **6.** ewig, sterbenslangweilig: ***three ~ hours*** drei endlose Stunden; **II** *s.* **7.** Sterbliche(r *m*) *f*; **mor·tal·i·ty** [mɔː'tæləti] *s.* **1.** Sterblichkeit *f*; **2.** die (sterbliche) Menschheit; **3.** *a.* ***~ rate*** a) Sterblichkeit(sziffer) *f*, b) ⚙ Verschleiß(quote *f*) *m*.

mor·tar[1] ['mɔːtə] **I** *s.* **1.** ⚗ Mörser *m*; **2.** *metall.* Pochladen *m*; **3.** ⚔ a) Mörser *m* (*Geschütz*), b) Gra'natwerfer *m*: ***~ shell*** Werfergranate *f*; **4.** (Feuerwerks)Böller *m*; **II** *v/t.* **5.** ⚔ mit Mörsern beschießen, mit Gra'natwerferfeuer belegen.

mor·tar[2] ['mɔːtə] *s.* ⚠ Mörtel *m*.

'mor·tar·board *s.* **1.** ⚠ Mörtelbrett *n*; **2.** *univ.* qua'dratisches Ba'rett.

mort·gage ['mɔːgɪdʒ] ⚖ **I** *s.* **1.** Verpfändung *f*, Pfandgut *n*: ***give in ~*** verpfänden; **2.** Pfandbrief *m*; **3.** Hypo'thek *f*: ***by ~*** hypothekarisch; ***lend on ~*** auf Hypothek (ver)leihen; ***raise a ~*** e-e Hypothek aufnehmen (***on*** auf *acc.*); **4.** Hypo'thekenbrief *m*; **II** *v/t.* **5.** (*a. fig.*) verpfänden (***to*** an *acc.*); **6.** hypothe'karisch belasten, e-e Hypo'thek aufnehmen auf (*acc.*); ***~ bond*** *s.* Hypo'thekenpfandbrief *m*; ***~ deed*** *s.* **1.** Pfandbrief *m*; **2.** Hypo'thekenbrief *m*.

mort·ga·gee [,mɔːgə'dʒiː] *s.* ⚖ Hypothe'kar *m*, Pfand- *od.* Hypo'thekengläubiger *m*; **,mort·ga'gor** [-'dʒɔː] *s.* Pfand- *od.* Hypo'thekenschuldner *m*.

mor·ti·cian [mɔː'tɪʃən] *s. Am.* Leichenbestatter *m*.

mor·ti·fi·ca·tion [,mɔːtɪfɪ'keɪʃn] *s.* **1.** Demütigung *f*, Kränkung *f*; **2.** Ärger *m*, Verdruss *m*; **3.** Ka'steiung *f*, Abtötung *f* (*Leidenschaften*); **4.** ⚕ (kalter) Brand, Ne'krose *f*; **mor·ti·fy** ['mɔːtɪfaɪ] **I** *v/t.* **1.** demütigen, kränken; **2.** *Gefühle* verletzen; **3.** *Körper*, *Fleisch* ka'steien; *Leidenschaften* abtöten; **4.** ⚕ brandig machen, absterben lassen; **II** *v/i.* **5.** ⚕ brandig werden, absterben.

mor·tise ['mɔːtɪs] ⚙ **I** *s.* a) Zapfenloch *n*, b) Stemmloch *n*, c) (Keil)Nut *f*, d) Falz *m*, Fuge *f*; **II** *v/t.* a) verzapfen, b) einstemmen, c) einzapfen (***into*** in *acc.*); ***~ chis·el*** *s.* Lochbeitel *m*; ***~ ga(u)ge*** *s.* Zapfenstreichmaß *n*; ***~ joint*** *s.* Verzapfung *f*; ***~ lock*** *s.* (Ein-)Steckschloss *n*.

mort·main ['mɔːtmeɪn] *s.* ⚖ unveräußerlicher Besitz, Besitz *m* der Toten Hand: ***in ~*** unveräußerlich.

mor·tu·ar·y ['mɔːtjʊərɪ] **I** *s.* Leichenhalle *f*; **II** *adj.* Leichen..., Begräbnis...

mo·sa·ic[1] [məʊ'zeɪɪk] **I** *s.* **1.** Mosa'ik *n* (*a. fig.*); **2.** ('Luftbild)Mosa,ik *n*, Reihenbild *n*; **II** *adj.* **3.** Mosaik...; mosa'ikartig.

Mo·sa·ic[2] *adj.*, **Mo·sa·i·cal** [məʊ'zeɪɪk(l)] *adj.* mo'saisch.

Mo·selle [məʊ'zel] *s.* Mosel(wein) *m*.

mo·sey ['məʊzɪ] *v/i. Am. sl.* **1.** *a.* ***~ along*** da'hinlatschen; **2.** ‚abhauen'.

Mos·lem ['mɒzlem] → ***Muslim***.

mosque [mɒsk] *s.* Mo'schee *f*.

mos·qui·to [mə'skiːtəʊ] *s.* **1.** *pl.* **-toes** *zo.* Stechmücke *f*, *bsd.* Mos'kito *m*; **2.** *pl.* **-toes** *od.* **-tos** ✈ Mos'kito *m* (*brit. Bomber*); ***~ boat***, ***~ craft*** *s.* Schnellboot *n*; ***~ net*** *s.* Mos'kitonetz *n*; ♀ **State** *s. Am.* (*Beiname für*) New Jersey *n* (*USA*).

moss [mɒs] *s.* **1.** ⚘ Moos *n*; **2.** (Torf-)Moor *n*; **'~-grown** *adj.* **1.** moosbewachsen, bemoost; **2.** *fig.* altmodisch, über'holt.

moss·i·ness ['mɒsɪnɪs] *s.* **1.** 'Moos,überzug *m*; **2.** Moosartigkeit *f*, Weichheit *f*; **moss·y** ['mɒsɪ] *adj.* **1.** moosig, bemoost; **2.** moosartig; **3.** Moos...: ***~ green*** Moosgrün *n*.

most [məʊst] **I** *adj.* □ → ***mostly***; **1.** meist, größt; höchst, äußerst; ***the ~ fear*** die meiste *od.* größte Angst; ***for the ~ part*** größten-, meistenteils; **2.** (*vor e-m Substantiv im pl.*) die meisten: ***~ people*** die meisten Leute; **II** *s.* **3.** *das* meiste, *das* Höchste, *das* Äußerste: ***at (the) ~*** höchstens, bestenfalls; ***make the ~ of*** *et.* nach Kräften ausnützen, (noch) das Beste aus *et.* herausholen; **4.** das meiste, der größte Teil: ***he spent ~ of his time there*** er verbrachte die meiste Zeit dort; **5.** die meisten: ***better than ~*** besser als die meisten; ***~ of my friends*** die meisten m-r Freunde; **III** *adv.* **6.** am meisten: ***~ of all*** am allermeisten; **7.** *zur Bildung des Superlativs*: ***the ~ important point*** der wichtigste

Punkt; **8.** *vor adj.* höchst, äußerst, 'überaus: ***it's ~ kind of you***.

-most [məʊst] *in Zssgn Bezeichnung des sup.*: ***in~, top~*** *etc.*

'most-ˌfa·vo(u)red-'na·tion clause *s. pol.* Meistbegünstigungsklausel *f.*

most·ly ['məʊstlɪ] *adv.* **1.** größtenteils, im Wesentlichen, in der Hauptsache; **2.** hauptsächlich.

MOT [ˌeməʊ'tiː] *s. Brit.* **1.** *abbr. für* ***Ministry of Transport*** Ver'kehrsminisˌterium *n*; **2.** *mot. als Test etwa*: TÜV *m*; ***go for one's ~*** zum TÜV müssen; ***pass*** (***fail***) ***one's ~*** (nicht) durch den TÜV kommen.

mote [məʊt] *s.* (Sonnen)Stäubchen *n*: ***the ~ in another's eye*** *bibl.* der Splitter im Auge des anderen.

mo·tel [məʊ'tel] *s.* Mo'tel *n.*

mo·tet [məʊ'tet] *s.* ♪ Mo'tette *f.*

moth [mɒθ] *s.* **1.** *pl.* **moths** *zo.* Nachtfalter *m*; **2.** *pl.* **moths** *od. coll.* **moth** (Kleider)Motte *f*; **'~·ball I** *s.* Mottenkugel *f*: ***put in ~s*** → **II** *v/t. Kleidung, a. Maschinen etc.* einmotten; *fig. Plan etc.* ‚auf Eis legen'; **'~-ˌeat·en** *adj.* **1.** von Motten zerfressen; **2.** *fig.* veraltet, anti'quiert.

moth·er[1] ['mʌðə] **I** *s.* **1.** Mutter *f* (*a. fig.*); **II** *adj.* **2.** Mutter...: ***2's Day*** Muttertag *m*; **III** *v/t.* **3.** (*mst fig.*) gebären, her'vorbringen; **4.** bemuttern; **5.** ***~ a novel on s.o.*** j-m e-n Roman zuschreiben.

moth·er[2] ['mʌðə] **I** *s.* Essigmutter *f*; **II** *v/i.* Essigmutter ansetzen.

Moth·er Car·ey's chick·en ['keərɪz] *s. orn.* Sturmschwalbe *f.*

moth·er| cell *s. biol.* Mutterzelle *f*; **~ church** *s.* **1.** Mutterkirche *f*; **2.** Hauptkirche *f*; **~ coun·try** *s.* **1.** Mutterland *n*; **2.** Vater-, Heimatland *n*; **~ earth** *s.* Mutter *f* Erde; **~ fix·a·tion** *s. psych.* Mutterfixierung *f*, -bindung *f*; **'~ˌfuck·er** *s. fig.* V ‚Scheißkerl' *m.*

moth·er·hood ['mʌðəhʊd] *s.* **1.** Mutterschaft *f*; **2.** *coll. die* Mütter *pl.*

'moth·er-in-law [-ðərɪn-] *pl.* **'moth·ers-in-law** [-ðəzɪn-] *s.* Schwiegermutter *f.*

> Auch die anderen Verwandtschaftsbezeichnungen mit „**...-in-law**" bilden den Plural auf gleiche Weise:
>
> **brothers-in-law**
> **fathers-in-law**
> **parents-in-law** usw.
>
> Achten Sie auch auf die Pluralbildung folgender zusammengesetzter Wörter:
>
> **passer-by / passers-by**
> Passant(en)
> **lady-in-waiting / ladies-in--waiting**
> Hofdame(n)
> **woman driver / women drivers**
> Autofahrerin(nen)
>
> Ausnahme:
> **layby / laybys** Rastplatz/-plätze

'moth·er·land → ***mother country***.

moth·er·less ['mʌðəlɪs] *adj.* mutterlos.

'moth·er·li·ness ['mʌðəlɪnɪs] *s.* Mütterlichkeit *f.*

moth·er| liq·uor *s.* ⚗ Mutterlauge *f*; **~ lode** *s.* ⚒ Hauptader *f.*

moth·er·ly ['mʌðəlɪ] *adj. u. adv.* mütterlich.

moth·er| of pearl *s.* Perlmutter *f*, Perlmutt *n*; **ˌ~-of-'pearl** [-ðərəv'p-] *adj.* perlmuttern, Perlmutt...

moth·er| ship *s.* ⚓ *Brit.* Mutterschiff *n*; **~ su·pe·ri·or** *s. eccl.* Oberin *f*, Äb'tissin *f*; **~ tie** *s. psych.* Mutterbindung *f*; **~ tongue** *s.* Muttersprache *f*; **~ wit** *s.* Mutterwitz *m.*

moth·er·y ['mʌðərɪ] *adj.* hefig, trübe.

moth·y ['mɒθɪ] *adj.* **1.** voller Motten; **2.** mottenzerfressen.

mo·tif [məʊ'tiːf] *s.* **1.** ♪ ('Leit)Moˌtiv *n*; **2.** *paint. etc., Literatur*: Mo'tiv *n*, Vorwurf *m*; **3.** *fig.* Leitgedanke *m.*

mo·tile ['məʊtaɪl] *adj. biol.* frei beweglich; **mo·til·i·ty** [məʊ'tɪlətɪ] *s.* selbstständiges Bewegungsvermögen.

mo·tion ['məʊʃn] **I** *s.* **1.** Bewegung *f* (*a. phys.*, ✈, ♪): ***go through the ~s of doing s.th.*** *fig.* et. mechanisch *od.* pro forma tun; **2.** Gang *m* (*a.* ⚙): ***set in ~*** in Gang bringen, in Bewegung setzen; → ***idle*** 3; **3.** (Körper-, Hand)Bewegung *f*, Wink *m*: ***~ of the head*** Zeichen *n* mit dem Kopf; **4.** Antrieb *m*: ***of one's own ~*** aus eigenem Antrieb, *a.* freiwillig; **5.** *pl.* Schritte *pl.*, Handlungen *pl.*: ***watch s.o.'s ~s***; **6.** ⚖, *parl. etc.* Antrag *m*: ***carry a ~*** e-n Antrag durchbringen; ***~ of no confidence*** Misstrauensantrag *m*; **7.** *physiol.* Stuhlgang *m*; **II** *v/i.* **8.** winken (***with*** mit, ***to*** *dat.*); **III** *v/t.* **9.** *j-m* (zu)winken, *j-n* durch e-n Wink auffordern (***to do*** zu tun), *j-n wohin* winken; **'mo·tion·less** [-lɪs] *adj.* bewegungslos, regungslos, unbeweglich.

mo·tion| pic·ture *s.* Film *m*; **'~-ˌpic·ture** *adj.* Film...: ***~ camera***; ***~ projector*** Filmprojektor *m*; **~ stud·y** *s.* Bewe-

M

gungs-, Rationalisierungsstudie *f*; **~ ther·a·py** *s.* ⚕ Be'wegungsthera,pie *f.*

mo·ti·vate ['məʊtɪveɪt] *v/t.* **1.** motivieren: a) *et.* begründen, b *j-n* anregen, anspornen; **2.** *et.* anregen, her'vorrufen; **mo·ti·va·tion** [,məʊtɪ'veɪʃn] *s.* **1.** Motivierung *f*: a) Begründung *f*, b) Motivati'on *f*, Ansporn *m*, Antrieb *m*: **~ *research*** Motivforschung *f*; **2.** Anregung *f*.

mo·tive ['məʊtɪv] **I** *s.* **1.** Mo'tiv *n*, Beweggrund *m*, Antrieb *m* (***for*** zu); **2.** → ***motif*** 1 *u.* 2; **II** *adj.* **3.** bewegend, treibend (*a. fig.*): **~ *power*** Triebkraft *f*; **III** *v/t.* **4.** *mst pass.* der Beweggrund sein von, veranlassen: ***an act ~d by hatred*** e-e vom Hass diktierte Tat.

mo·tiv·i·ty [məʊ'tɪvətɪ] *s.* Bewegungsfähigkeit *f*, -kraft *f*.

mot·ley ['mɒtlɪ] **I** *adj.* **1.** bunt (*a. fig. Menge etc.*), scheckig; **II** *s.* **2.** *hist.* Narrenkleid *n*; **3.** Kunterbunt *n*.

mo·tor ['məʊtə] **I** *s.* **1.** ⚙ (*bsd.* E'lektro-, Verbrennungs)Motor *m*; **2.** *fig.* treibende Kraft; **3.** *bsd. Brit.* a) Kraftwagen *m*, Auto *n*, b) Motorfahrzeug *n*; **4.** *anat.* a) Muskel *m*, b) mo'torischer Nerv; **II** *adj.* **5.** bewegend, (an)treibend; **6.** Motor...; **7.** Auto...; **8.** *anat.* mo'torisch; **III** *v/i.* **9.** *mot.* fahren; **IV** *v/t.* **10.** in e-m Kraftfahrzeug befördern; **~ ac·ci·dent** *s.* Autounfall *m*; **~ am·bu·lance** *s.* Krankenwagen *m*, Ambu'lanz *f*; **'~-as,sist·ed** *adj.*: **~ *bicycle*** a) Fahrrad *n* mit Hilfsmotor, b) Mofa *n*; **~ bi·cy·cle** → ***motorcycle***; **'~·bike** F *für* ***motorcycle***; **'~·boat** *s.* Motorboot *n*; **'~·bus** *s.* Autobus *m*; **'~·cade** [-keɪd] *s.* 'Autoko,lonne *f*; **'~·car** *s.* **1.** Kraftwagen *m*, Auto(mo'bil) *n*: **~ *industry*** Automobilindustrie *f*; **2.** 🚃 Triebwagen *m*; **~ car·a·van** *s. Brit.* 'Wohnmo,bil *n*; **~ coach** → ***coach*** 3; **~ court** → ***motel***; **'~,cy·cle I** *s.* Motorrad *n*; **II** *v/i.* a) Motorrad fahren, b) mit dem Motorrad fahren; **'~,cy·clist** *s.* Motorradfahrer(in); **'~-,driv·en** *adj.* mit Motorantrieb, Motor...; **'~·drome** [-drəʊm] *s.* Moto'drom *n*.

mo·tored ['məʊtəd] *adj.* ⚙ **1.** motorisiert, mit e-m Motor *od.* mit Mo'toren (versehen); **2.** ...motorig.

mo·tor| en·gine *s.* 'Kraftma,schine *f*; **~ fit·ter** *s.* Autoschlosser *m*; **~ home** 'Wohnmo,bil *n*. **~ in·dus·try** *s.* 'Autoindus,trie *f*.

mo·tor·ing ['məʊtərɪŋ] *s.* Autofahren *n*; Motorsport *m*: ***school of ~*** Fahrschule *f*; **'mo·tor·ist** [-ɪst] *s.* Kraft-, Autofahrer(in).

mo·tor·i·za·tion [,məʊtəraɪ'zeɪʃn] *s.* Motorisierung *f*; **mo·tor·ize** ['məʊtəraɪz] *v/t.* ⚙ *u.* ⚔ motorisieren: ***~d unit*** ⚔ (voll) motorisierte Einheit.

mo·tor launch *s.* 'Motorbar,kasse *f*.

mo·tor·less ['məʊtələs] *adj.* motorlos: **~ *flight*** Segelflug *m*.

mo·tor| lor·ry *s. Brit.* Lastkraftwagen *m*; **'~·man** [-mən] *s.* [*irr.*] Wagenführer *m*; **~ me·chan·ic** *s.* 'Autome,chaniker *m*; **~ nerve** *s. anat.* mo'torischer Nerv, Bewegungsnerv *m*; **~ oil** *s.* Motoröl *n*; **~ pool** *s.* Fahrbereitschaft *f*; **~ road** *s.* Autostraße *f*; **~ scoot·er** *s.* Motorroller *m*; **~ ship** *s.* Motorschiff *n*; **~ show** *s.* Automo'bilausstellung *f*; **~ start·er** *s.* (Motor)Anlasser *m*; **~ tor·pe·do boat** *s.* ⚓, ⚔ Schnellboot *n*; **~ trac·tor** *s.* Traktor *m*, Schlepper *m*, 'Zugma,schine *f*; **~ truck** *s.* **1.** *bsd. Am.* Lastkraftwagen *m*; **2.** ⚡ E'lektrokarren *m*; **~ van** *s. Brit.* Lieferwagen *m*; **~ ve·hi·cle** *s.* Kraftfahrzeug *n*; **'~·way** *s. Brit.* Autobahn *f*; **'~·way junc·tion** *s. Brit.* Autobahndreieck *n*.

mot·tle ['mɒtl] *v/t.* sprenkeln, marmorieren; **'mot·tled** [-ld] *adj.* gesprenkelt, gefleckt, bunt.

mot·to ['mɒtəʊ] *pl.* **-toes**, **-tos** *s.* Motto *n*, Wahl-, Sinnspruch *m*.

mou·jik ['muːʒɪk] → ***muzhik***.

mould¹ [məʊld] **I** *s.* **1.** ⚙ (Gieß-, Guss-) Form *f*: ***cast in the same ~*** *fig.* aus demselben Holz geschnitzt; **2.** (Körper-) Bau *m*, Gestalt *f*, (*äußere*) Form; **3.** Art *f*, Na'tur *f*, Cha'rakter *m*; **4.** ⚙ a) Hohlform *f*, b) Pressform *f*, c) Ko'kille *f*, Hartgussform *f*, d) Ma'trize *f*, e) ('Form)Mo,dell *n*, f) Gesenk *n*; **5.** ⚙ a) 'Gussmateri,al *n*, b) Guss(stück *n*) *m*; **6.** *Schiffbau*: Mall *n*; **7.** ⚠ a) Sims *m*, *n*, b) Leiste *f*, c) Hohlkehle *f*; **8.** *Küche*: Form *f* (*für Speisen*): ***jelly ~*** Puddingform; **9.** *geol.* Abdruck *m* (*Versteinerung*); **II** *v/t.* **10.** ⚙ gießen; (ab)formen, modellieren; pressen; *Holz* profilieren; ⚓ abmallen; **11.** formen (*a. fig. Charakter*), bilden, gestalten (***on*** nach dem Muster von); **III** *v/i.* **12.** Gestalt annehmen, sich formen.

mould² [məʊld] **I** *s.* **1.** Schimmel *m*, Moder *m*; **2.** ⚘ Schimmelpilz *m*; **II** *v/i.* **3.** schimm(e)lig werden, (ver)schimmeln.

mould³ [məʊld] *s.* **1.** lockere Erde, Gartenerde *f*; **2.** Humus(boden) *m*.

mould·a·ble ['məʊldəbl] *adj.* (ver-) formbar, bildsam: **~ *material*** ⚙ Pressmasse *f*.

mould·er¹ ['məʊldə] *s.* **1.** ⚙ Former *m*, Gießer *m*; **2.** *fig.* Gestalter(in).

mould·er² ['məʊldə] *v/i. a.* **~ *away*** vermodern, (*zu Staub*) zerfallen.

mould·i·ness ['məʊldɪnɪs] *s.* Moder *m*, Schimm(e)ligkeit *f*, (*a. fig.*) Schalheit *f*; *fig. sl.* Fadheit *f*.

mould·ing ['məʊldɪŋ] *s.* **1.** Formen *n*, Formgebung *f*; **2.** Formgieße'rei *f*, -arbeit *f*; Modellieren *n*; **3.** Formstück *n*; Pressteil *n*; **4.** → ***mould¹*** 7; **~ board** *s.*

1. Formbrett *n*; 2. *Küche*: Kuchen-, Nudelbrett *n*; **~ clay** *s.* ⚙ Formerde *f*, -ton *m*; **~ ma·chine** *s.* 1. *Holzbearbeitung*: 'Kehl(hobel)ma,schine *f*; 2. *metall.* 'Formma,schine *f*; 3. 'Spritzma,schine *f* (*für Spritzguss etc.*); **~ press** *s.* Formpresse *f*; **~ sand** *s.* Formsand *m*.

mould·y ['məʊldɪ] *adj.* 1. schimm(e)lig; 2. Schimmel..., schimmelartig: **~ *fungi*** Schimmelpilze; 3. muffig, schal (*a. fig.*), *sl.* fad.

moult [məʊlt] *zo.* I *v/i.* (sich) mausern (*a. fig.*); sich häuten; II *v/t. Federn, Haut* abwerfen, verlieren; III *s.* Mauser(ung) *f*; Häutung *f*.

mound¹ [maʊnd] *s.* 1. Erdwall *m*, -hügel *m*; 2. Damm *m*; 3. *Baseball*: Abwurfstelle *f*.

mound² [maʊnd] *s. hist.* Reichsapfel *m*.

mount¹ [maʊnt] I *v/t.* 1. *Berg, Pferd, Barrikaden etc., fig. den Thron* besteigen; *Treppen* hin'aufgehen, ersteigen; *Fluss* hin'auffahren; 2. beritten machen: **~ *troops***; **~*ed police*** berittene Polizei; 3. errichten; *a. Maschine* aufstellen, montieren (*a. phot., TV*); anbringen, einbauen, befestigen; *Papier, Bild* aufkleben, -ziehen; *Edelstein* fassen; *Messer etc.* mit e-m Griff versehen, stielen; ⚕ *Versuchsobjekt* präparieren; *Präparat im Mikroskop* fixieren; 4. zs.-bauen, -stellen, arrangieren; *thea. Stück* inszenieren, *fig. a.* aufziehen; 5. ⚔ a) *Geschütz* in Stellung bringen, b) *Posten* aufstellen; → ***guard*** 9; 6. ⚓ bewaffnet sein mit, *Geschütz* führen; II *v/i.* 7. (auf-, em'por-, hoch)steigen; 8. *fig.* (an)wachsen, steigen, sich auftürmen (*bsd. Schulden, Schwierigkeiten etc.*): **~*ing suspense*** (***debts***) wachsende Spannung (Schulden); 9. *oft* **~ *up*** sich belaufen (***to*** auf *acc.*); III *s.* 10. Gestell *n*; ⚙ Ständer *m*, Halterung *f*, 'Untersatz *m*; Fassung *f*; (Wechsel)Rahmen *m*, Passepar'tout *n*; 'Aufziehkar,ton *m*; ⚔ (Ge'schütz)La,fette *f*; Ob'jektträger *m* (*Mikroskop*); 11. Pferd *n*, Reittier *n*.

> **Mounted Police,** umgangssprachlich **Mounties**, heißen die berittenen Polizisten Kanadas.

mount² [maʊnt] *s.* 1. *poet.* a) Berg *m*, b) Hügel *m*; 2. ℒ (*in Eigennamen*) Berg *m*: **ℒ *Sinai***; **ℒ *of Venus*** *Handlesekunst f*: Venusberg *m*.

moun·tain ['maʊntɪn] I *s.* Berg *m* (*a. fig. von Arbeit etc.*); *pl.* Gebirge *n*: ***make a ~ out of a molehill*** aus e-r Mücke e-n Elefanten machen; II *adj.* Berg..., Gebirgs...: **~ *artillery*** Gebirgsartillerie *f*; **~ ash** *s. e-e* Eberesche *f*; **~ bike** *s.* Mountainbike *n*, Geländefahrrad *n*; **~ chain** *s.* Berg-, Gebirgskette *f*; **~ crys·tal** *s.* 'Bergkri,stall *m*; **~ cock** *s.* Auerhahn *m*.

moun·tained ['maʊntɪnd] *adj.* bergig, gebirgig.

moun·tain·eer [,maʊntɪ'nɪə] I *s.* 1. Bergbewohner(in); 2. Bergsteiger(in); II *v/i.* 3. bergsteigen; **,moun·tain'eer·ing** [-'nɪərɪŋ] I *s.* Bergsteigen *n*; II *adj.* bergsteigerisch; **moun·tain·ous** ['maʊntɪnəs] *adj.* 1. bergig, gebirgig; 2. Berg..., Gebirgs...; 3. *fig.* riesig, gewaltig.

moun·tain| rail·way *s.* Bergbahn *f*; **~ range** *s.* Gebirgszug *m*, -kette *f*; **~ sick·ness** *s.* ⚕ Berg-, Höhenkrankheit *f*; **'~·side** *s.* Berg(ab)hang *m*; **~ slide** *s.* Bergrutsch *m*; **ℒ State** *s. Am.* (*Beiname für*) a) Mon'tana *n*, b) West Vir'ginia *n* (*USA*); **~ troops** *s. pl.* Gebirgstruppen *pl.*; **~ wood** *s.* 'Holzas,best *m*.

moun·te·bank ['maʊntɪbæŋk] *s.* 1. Quacksalber *m*; Marktschreier *m*; 2. Scharlatan *m*.

mount·ing ['maʊntɪŋ] *s.* 1. ⚙ a) Einbau *m*, Aufstellung *f*, Mon'tage *f* (*a. phot., TV etc.*), b) Gestell *n*, Rahmen *m*, c) Befestigung *f*, Aufhängung *f*, d) (Auf-)Lagerung *f*, e) Arma'tur *f*, f) (Ein)Fassung *f* (*Edelstein*), g) Ausstattung *f*, h) *pl.* Fenster-, Türbeschläge *pl.*, i) *pl.* Gewirre *n* (*an Türschlössern*), j) (*Weberei*) Geschirr *n*, Zeug *n*; 2. ⚡ (Ver-)Schaltung *f*, Installati'on *f*; **~ brack·et** *s.* Befestigungsschelle *f*.

mourn [mɔːn] I *v/i.* 1. trauern, klagen (***at, over*** über *acc.*; ***for, over*** um); 2. Trauer(kleidung) tragen, trauern; II *v/t.* 3. *j-n* betrauern, *a. et.* beklagen, trauern um *j-n*; **'mourn·er** [-nə] *s.* Trauernde(r *m*) *f*, Leidtragende(r *m*) *f*; **'mourn·ful** [-fʊl] *adj.* □ trauervoll, traurig, düster, Trauer...

mourn·ing ['mɔːnɪŋ] I *s.* 1. Trauer(n *n*) *f*; ***national ~*** Staatstrauer; 2. Trauer(-kleidung) *f*: ***in ~*** in Trauer; ***go into*** (***out of***) **~** Trauer anlegen (die Trauer ablegen); II *adj.* □ 3. trauernd; 4. Trauer...: **~ *band*** Trauerband *n*, -flor *m*; **~ bor·der**, **~ edge** *s.* Trauerrand *m*; **~ pa·per** *s.* Pa'pier *n* mit Trauerrand.

mouse [maʊs] I *pl.* **mice** [maɪs] *s.* 1. *zo.* Maus *f*: **~ *trap*** Mausefalle *f* (*a. fig.*); 2. *pl. a.* **mous·es** *Computer*: Maus *f*; 3. ⚙ Zugleine *f* mit Gewicht; 4. F Feigling *m*; 5. *sl.* ‚blaues Auge', ‚Veilchen' *n*; II *v/i.* [maʊz] 6. mausen, Mäuse fangen; **'~·click** *s. Computer*: Mausklick *m*; **'~-,col·o(u)red** *adj.* mausfarbig, -grau; **'~·mat** *s.*, **'~·pad** *s. Computer*:

'Mousepad *n*; ~ **po·ta·to** *s. sl.* Mouse-Potato *f* (*j-d, der unentwegt am Computer sitzt*).

Das am längsten gespielte Theaterstück stammt von Agatha Christie und heißt **The Mousetrap.** Der spannende Thriller läuft seit 1952 ununterbrochen in London.

mousse [muːs] *s.* **1.** Mousse *f*, Schaumspeise *f*; **2.** *a.* ***styling*** ~ Schaumfestiger *m*.

mous·tache [məˈstɑːʃ] *s.* Schnurrbart *m* (*a. zo.*).

mous·y [ˈmaʊsɪ] *adj.* **1.** von Mäusen heimgesucht; **2.** mausartig; mausgrau; **3.** *fig.* grau, trüb; **4.** *fig.* leise; furchtsam; farblos; unscheinbar.

mouth [maʊθ] **I** *pl.* **mouths** [maʊðz] *s.* **1.** Mund *m*: ***give*** ~ Laut geben, anschlagen (*Hund*); ***by word*** (*od.* ***way***) ***of*** ~ mündlich; ***keep one's*** ~ ***shut*** F den Mund halten; ***shut s.o.'s*** ~ j-m den Mund stopfen; ***stop s.o.'s*** ~ j-m (durch Bestechung) den Mund stopfen; ***down in the*** ~ F niedergeschlagen, bedrückt; → ***wrong*** 2; **2.** Maul *n*, Schnauze *f*, Rachen *m* (*Tier*); **3.** Mündung *f* (*Fluss, Kanone etc.*); Öffnung *f* (*Flasche, Sack*); Ein-, Ausgang *m* (*Höhle, Röhre etc.*); Ein-, Ausfahrt *f* (*Hafen etc.*); ♪ → ***mouthpiece*** 1; **4.** ⚙ a) Mundloch *n*, b) Schnauze *f*, c) Öffnung *f*, d) Gichtöffnung *f* (*Hochofen*), e) Abstichloch *n* (*Hoch-, Schmelzofen*); **II** *v/t.* [maʊð] **5.** (*bsd.* affekˈtiert *od.* gespreizt) (aus-)sprechen; **6.** *Worte* (*unhörbar*) mit den Lippen formen; **7.** in den Mund *od.* ins Maul nehmen; ˈ**mouth·ful** [-fʊl] *pl.* **-fuls** *s.* **1.** *ein* Mund voll, Brocken *m* (*a. fig. ellenlanges Wort*); **2.** kleine Menge; **3.** *sl.* großes Wort.

mouth| or·gan *s.* ♪ **1.** ˈMundharˌmonika *f*; **2.** Panflöte *f*; ˈ**~·piece** *s.* **1.** ♪ Mundstück *n*, Ansatz *m*; **2.** ⚙ a) Schalltrichter *m*, Sprechmuschel *f*, b) Mundstück *n* (*a. e-r Tabakspfeife od. Gasmaske*), Tülle *f*; **3.** *fig.* Sprachrohr *n* (*a. Person*); ⚖ *sl.* (Straf)Verteidiger *m*; **4.** Gebiss *n* (*Pferdezaum*); **5.** *Boxen*: Zahnschutz *m*; ˌ**~-to-ˈ~ res·pi·ra·tion** *s.* ⚕ Mund-zu-Mund-Beatmung *f*; ˈ**~·wash** *s.* Mundwasser *n*; ˈ**~-ˌwa·ter·ing** *adj.* lecker.

mov·a·bil·i·ty [ˌmuːvəˈbɪlətɪ] *s.* Beweglichkeit *f*, Bewegbarkeit *f*.

mov·a·ble [ˈmuːvəbl] **I** *adj.* □ **1.** beweglich (*a.* ⚙; *a.* ⚖ *Eigentum, Feiertag*), bewegbar: ~ ***goods*** → 5; **2.** a) verschiebbar, verstellbar, b) fahrbar; **3.** ⚒ ortsveränderlich; **II** *s.* **4.** *pl.* Möbel *pl.*; **5.** *pl.* ⚖ Moˈbilien *pl.*, bewegliche Habe; ~ **kid·ney** *s.* ⚕ Wanderniere *f*.

move [muːv] **I** *v/t.* **1.** fortbewegen, -rücken, von der Stelle bewegen, verschieben (*a. Textstelle, Datei auf dem Computer*); ⚔ *Einheit* verlegen: ~ ***up*** a) *Truppen* heranbringen, b) *ped. Brit. Schüler* versetzen; F ~ ***it*** Tempo!; **2.** entfernen, fortbringen, -schaffen; **3.** bewegen (*a. fig.*), in Bewegung setzen *od.* halten, (an)treiben: ~ ***on*** vorwärts treiben; **4.** *fig.* bewegen, rühren, ergreifen: ***be*** **~*d to tears*** zu Tränen gerührt sein; **5.** *j-n* veranlassen, bewegen, hinreißen (***to*** zu): ~ ***to anger*** erzürnen; **6.** *Schach etc.*: e-n Zug machen mit, ziehen; **7.** *et.* beantragen, Antrag stellen auf (*acc.*), vorschlagen: ~ ***an amendment*** *parl.* e-n Abänderungsantrag stellen; **8.** *Antrag* stellen, einbringen; **II** *v/i.* **9.** sich bewegen, sich rühren, sich regen; ⚙ laufen, in Gang sein (*Maschine etc.*); **10.** sich fortbewegen, gehen, fahren: ~ ***on*** weitergehen: ~ ***with the times*** *fig.* mit der Zeit gehen; **11.** sich entfernen, abziehen, abmarschieren; *wegen Wohnungswechsels* (ˈum)ziehen (***to*** nach): ~ ***in*** einziehen; ***if*** **~*d*** falls verzogen; **12.** fortschreiten, weitergehen (*Vorgang*); **13.** verkehren, sich bewegen: ~ ***in good society***; **14.** a) vorgehen, Schritte unterˈnehmen (***in s.th.*** in e-r Sache, ***against*** gegen), b) *a.* ~ ***in*** handeln, zupacken, losschlagen: ***he*** **~*d quickly***; **15.** ~ ***for*** beantragen, (e-n) Antrag stellen auf (*acc.*); ~ ***that*** beantragen, dass; **16.** *Schach etc.*: e-n Zug machen, ziehen; **17.** ⚕ sich entleeren (*Darm*); **18.** ~ ***up*** ✝ anziehen, steigen (*Preise*); **III** *s.* **19.** (Fort)Bewegung *f*, Aufbruch *m*; ˈÜbergang *m*: ***on the*** ~ in Bewegung, auf den Beinen; ***get a*** ~ ***on!*** *sl.* Tempo!, mach(t) schon!; ***make a*** ~ a) aufbrechen, sich (von der Stelle) rühren, b) → 14 b; **20.** ˈUmzug *m*; **21.** *Schach etc.*: Zug *m*; *fig.* Schritt *m*, Maßnahme *f*: ***a clever*** ~ ein kluger Schachzug (*od.* Schritt); ***make the first*** ~ den ersten Schritt tun; ˈ**move·ment** [-mənt] *s.* **1.** Bewegung *f* (*a. fig., pol., eccl., paint. etc.*); ⚔, ⚓ (Truppen- *od.* Flotten)Bewegung *f*: ~ ***by air*** Lufttransport *m*; **2.** *mst pl.* Handeln *n*, Schritte *pl.*, Maßnahmen *pl.*; **3.** (rasche) Entwicklung, Fortschreiten *n* (*von Ereignissen, e-r Handlung*); **4.** Bestrebung *f*, Tenˈdenz *f*, (moˈderne) Richtung; **5.** ♪ a) Satz *m*: ***a*** ~ ***of a sonata***, b) Tempo *n*; **6.** ⚙ a) Bewegung *f*, b) Lauf *m* (*Maschine*), c) Gang-, Gehwerk *n* (*der Uhr*), ˈAntriebsmechaˌnismus *m*; **7.** *a.* ~ ***of the bowels*** ⚕ Stuhlgang *m*; **8.** ✝ (Kurs-, Preis)Bewegung *f*, ˈUmsatz *m* (*Börse, Markt*): ***downward*** ~ Senkung *f*, Fallen *n*; ***retrograde*** ~ rückläufige Bewegung;

M

upward ~ Steigen *n*, Aufwärtsbewegung *f* (*der Preise*); '**mov·er** [-və] *s.* **1.** *fig.* treibende Kraft, Triebkraft *f*, Antrieb *m* (*a. Person*); **2.** ⚙ Triebwerk *n*, Motor *m*; → ***prime mover***; **3.** Antragsteller(in); **4.** *Am.* a) Spedi'teur *m*, b) (Möbel)Packer *m*.

mov·ie ['muːvɪ] *Am.* F **I** *s.* **1.** Film(streifen) *m*; **2.** *pl.* a) Filmwesen *n*, b) Kino *n*, c) Kinovorstellung *f*: ***go to the ~s*** ins Kino gehen; **II** *adj.* **3.** Film..., Kino..., Lichtspiel...: ***~ camera*** Filmkamera *f*; ***~ projector*** Filmprojektor *m*; ***~ star*** Filmstar *m*; '**~ˌgo·er** *s. Am.* F Kinobesucher(in).

mov·ing ['muːvɪŋ] *adj.* □ **1.** beweglich, sich bewegend; **2.** bewegend, treibend: ***~ power*** treibende Kraft; **3.** a) rührend, bewegend, b) eindringlich, packend; **~ coil** *s.* ⚡ Drehspule *f*; **~ magnet** *s.* 'Drehmaˌgnet *m*; **~ pic·ture** F → ***motion picture***; **~ stair·case** *s.* Rolltreppe *f*; **~ van** *s.* Möbelwagen *m*.

mow¹ [məʊ] **I** *v/t.* [*a. irr.*] (ab)mähen, schneiden: ***~ down*** niedermähen (*a. fig.*); **II** *v/i.* [*a. irr.*] mähen.

mow² [məʊ] *s.* **1.** Getreidegarbe *f*, Heuhaufen *m*; **2.** Heu-, Getreideboden *m*.

mow·er ['məʊə] *s.* **1.** Mäher(in), Schnitter(in); **2.** a) Rasenmäher *m*, b) → **mow·ing ma·chine** ['məʊɪŋ-] *s.* 'Mähmaˌschine *f*.

mown [məʊn] *p.p. von* ***mow¹***.

Mr, **Mr.** → ***mister*** 1.

Mrs, **Mrs.** ['mɪsɪz] *s.* Frau *f* (*Anrede für verheiratete Frauen*): ***Mrs Smith***.

Ms, **Ms.** [mɪz] *Anrede für Frauen ohne Berücksichtigung des Familienstandes*.

mu [mjuː] *s.* My *n* (*griechischer Buchstabe*).

much [mʌtʃ] **I** *s.* **1.** Menge *f*, große Sache, Besondere(s) *n*: ***nothing ~*** nichts Besonderes; ***it did not come to ~*** es kam nicht viel dabei heraus; ***think ~ of s.o.*** viel von j-m halten; ***he is not ~ of a dancer*** er ist kein großer Tänzer; → ***make*** 21; **II** *adj.* **2.** viel: ***too ~*** zu viel; **III** *adv.* **3.** sehr: ***~ to my regret*** sehr zu m-m Bedauern; **4.** (*in Zssgn*) viel...: ***~-admired***; **5.** (*vor comp.*) viel, weit: ***~ stronger***; **6.** (*vor sup.*) bei weitem, weitaus: ***~ the oldest***; **7.** fast: ***he did it in ~ the same way*** er tat es auf ungefähr die gleiche Weise; ***it is ~ the same thing*** es ist ziemlich dasselbe;
Besondere Redewendungen:
~ as I would like so gern ich (auch) möchte; ***as ~ as*** so viel wie; ***he did not as ~ as write*** er schrieb nicht einmal; ***as ~ again*** noch einmal so viel; ***he said as ~*** das war (ungefähr) der Sinn s-r Worte; ***this is as ~ as to say*** das heißt mit anderen Worten; ***as ~ as to say*** als wenn er (*etc.*) sagen wollte; ***I thought as ~*** das habe ich mir gedacht; ***so ~*** a) so sehr, b) so viel, c) lauter, nichts als; ***so ~ the better*** umso besser; ***so ~ for our plans*** so viel (wäre also) zu unseren Plänen (zu sagen); ***not so ~ as*** nicht einmal; ***without so ~ as to move*** ohne sich auch nur zu bewegen; ***so ~ so*** (und zwar) so sehr; ***~ less*** a) viel weniger, b) geschweige denn; ***~ like a child*** ganz wie ein Kind.

much·ly ['mʌtʃlɪ] *adv. obs. od. humor.* sehr, viel, besonders; '**much·ness** [-tʃnɪs] *s.* große Menge: ***much of a ~*** F ziemlich *od.* praktisch dasselbe.

mu·ci·lage ['mjuːsɪlɪdʒ] *s.* **1.** ⚘ (Pflanzen)Schleim *m*; **2.** *bsd. Am.* Klebstoff *m*, Gummilösung *f*; **mu·ci·lag·i·nous** [ˌmjuːsɪ'lædʒɪnəs] *adj.* **1.** schleimig; **2.** klebrig.

muck [mʌk] **I** *s.* **1.** Mist *m*, Dung *m*; **2.** Kot *m*, Dreck *m*, Unrat *m*, Schmutz *m* (*a. fig.*); **3.** *Brit.* F Blödsinn *m*, ‚Mist' *m*: ***make a ~ of*** → 6; **II** *v/t.* **4.** düngen; *a.* ***~ out*** ausmisten; **5.** *oft* ***~ up*** F beschmutzen; **6.** *sl.* verpfuschen, verhunzen, ‚vermasseln'; **III** *v/i.* **7.** *mst* ***~ about*** *sl.* a) her'umlungern, b) her'umpfuschen (***with*** an *dat.*), c) her'umalbern; **8.** ***~ in*** F mit anpacken; '**muck·er** [-kə] *s.* **1.** *sl.* a) ‚Blödmann' *m*, b) ‚Kumpel' *m*; **2.** ⚒ Lader *m*: ***~'s car*** Minenhund *m*; **3.** *sl.* a) schwerer Sturz, b) *fig.* ‚Reinfall' *m*: ***come a ~*** auf die ‚Schnauze' fallen, *fig. a.* ‚reinfallen'.

'**muck|·hill** *s.* Mist-, Dreckhaufen *m*; '**~·rake** *v/i. fig.* im Schmutz her'umwühlen; *Am. sl.* Skan'dale aufdecken; '**~ˌrak·er** *s. Am.* Skan'dalmacher *m*.

muck·y ['mʌkɪ] *adj.* schmutzig, dreckig (*a. fig.*).

mu·cous ['mjuːkəs] *adj.* schleimig, Schleim...: ***~ membrane*** Schleimhaut *f*; '**mu·cus** [-kəs] *s. biol.* Schleim *m*.

mud [mʌd] *s.* **1.** Schlamm *m*, Matsch *m*: ***~ and snow tyres*** (*Am.* ***tires***) *mot.* Matsch-u.-Schnee-Reifen; **2.** Mo'rast *m*, Kot *m*, Schmutz *m* (*alle a. fig.*): ***drag in the ~*** *fig.* in den Schmutz ziehen; ***stick in the ~*** im Schlamm stecken bleiben, *fig.* aus dem Dreck nicht mehr herauskommen; ***sling*** (*od.* ***throw***) ***~ at s.o.*** *fig.* j-n mit Schmutz bewerfen; ***his name is ~ with me*** er ist für mich erledigt; ***~ in your eye!*** F prost!; → ***clear*** 1; '**~·bath** *s.* ⚕ Moor-, Schlammbad *n*.

mud·di·ness ['mʌdɪnɪs] *s.* **1.** Schlammigkeit *f*, Trübheit *f* (*a. des Lichts*); **2.** Schmutzigkeit *f*.

mud·dle ['mʌdl] **I** *s.* **1.** Durchein'ander *n*, Unordnung *f*, Wirrwarr *m*: ***make a ~ of s.th.*** et. durcheinander bringen *od.* ‚vermasseln'; ***get into a ~*** in Schwierigkeiten geraten; **2.** Verworrenheit *f*, Unklarheit *f*: ***be in a ~*** in Verwirrung *od.* verwirrt sein; **II** *v/t.* **3.** *Gedanken etc.*

verwirren: ~ **up** verwechseln, durcheinander werfen; **4.** in Unordnung bringen, durchein'ander bringen; **5.** ‚benebeln' (*bsd. durch Alkohol*): ~ ***one's brains*** sich benebeln; **6.** verpfuschen, verderben; **III** *v/i.* **7.** pfuschen, stümpern, ‚wursteln': ~ ***about*** herumwursteln (***with*** an *dat.*); ~ ***on*** weiterwursteln; ~ ***through*** sich durchwursteln; **'mud·dle·dom** [-dəm] *s. humor.* Durcheinander *n*; **'mud·dle-ˌhead·ed** *adj.* wirr(köpfig), kon'fus; **'mud·dler** [-lə] *s.* **1.** j-d, der sich 'durchwurstelt; Wirrkopf *m*; Pfuscher *m*; **2.** *Am.* ('Um-)Rührlöffel *m*.

mud·dy ['mʌdɪ] **I** *adj.* ☐ **1.** schlammig, trüb(e) (*a. Licht*); Schlamm...: ~ ***soil***; **2.** schmutzig; **3.** *fig.* unklar, verworren, kon'fus; **4.** verschwommen (*Farbe*); **II** *v/t.* **5.** trüben; **6.** beschmutzen.

'mud|·guard *s.* **1.** a) *mot.* Kotflügel *m*, b) Schutzblech *n* (*Fahrrad*); **2.** ⚙ Schmutzfänger *m*; **'~·hole** *s.* **1.** Schlammloch *n*; **2.** ⚙ Schlammablass *m*; **'~·lark** *s.* Gassenjunge *m*, Dreckspatz *m*; ~ **pack** *s.* ⚕ Fangopackung *f*; **'~ˌsling·er** [-ˌslɪŋə] *s.* F Verleumder(in); **'~ˌsling·ing** [-ˌslɪŋɪŋ] F **I** *s.* Beschmutzung *f*, Verleumdung *f*; **II** *adj.* verleumderisch.

mues·li ['mjuːzlɪ] *s.* Müsli *n*.

muff [mʌf] **I** *s.* **1.** Muff *m*; **2.** F *sport. u. fig.* ‚Patzer' *m*; **3.** F ‚Flasche' *f*, Stümper *m*; **4.** ⚙ a) Stutzen *m*, b) Muffe *f*; **II** *v/t.* **5.** F *sport u. fig.* ‚verpatzen'; **III** *v/i.* **6.** F ‚patzen'.

muf·fin ['mʌfɪn] *s.* Muffin *n*: a) *Brit.* Hefeteigsemmel *f*, b) *Am. kleine süße Semmel*.

muf·fle ['mʌfl] **I** *v/t.* **1.** *oft* ~ ***up*** einhüllen, einwickeln; *Ruder* um'wickeln; **2.** *Ton etc.* dämpfen (*a. fig.*); **II** *s.* **3.** *metall.* Muffel *f*: ~ ***furnace*** Muffelofen *m*; **4.** ⚙ Flaschenzug *m*; **'muf·fler** [-lə] *s.* **1.** (dicker) Schal *m*, Halstuch *n*; **2.** ⚙ Schalldämpfer *m*; *mot.* Auspufftopf *m*; ♪ Dämpfer *m*.

muf·ti ['mʌftɪ] *s.* **1.** Mufti *m*; **2.** ⚔ Zi'vilkleidung *f*: ***in*** ~ in Zivil.

mug [mʌg] **I** *s.* **1.** Krug *m*; **2.** Becher *m*; **3.** *sl.* a) Vi'sage *f*, Gesicht *n*: ~ ***shot*** Kopfbild *n* (*bsd. für das Verbrecheralbum*), *Film etc.*: Großaufnahme *f*, b) ‚Fresse' *f*, Mund *m*, c) Gri'masse *f*; **4.** *Brit. sl.* a) Trottel *m*, b) Büffler *m*, Streber *m*; **5.** *Am. sl.* a) Boxer *m*, b) Ga'nove *m*; **II** *v/t.* **6.** *sl. bsd. Verbrecher* fotografieren; **7.** *sl.* über'fallen, niederschlagen u. ausrauben; **8.** *a.* ~ ***up*** *Brit. sl.* ‚büffeln', ‚ochsen'; **III** *v/i.* **9.** *sl.* Gri'massen schneiden; **10.** *Am. sl.* ‚schmusen'; **'mug·ger** [-gə] *s. sl.* Straßenräuber *m*.

mug·gi·ness ['mʌgɪnɪs] *s.* **1.** Schwüle *f*; **2.** Muffigkeit *f*; **'mug·ging** [-gɪŋ] *s. sl.* 'Raubˌüberfall *m* (auf der Straße);

mug·gy ['mʌgɪ] *adj.* **1.** schwül (*Wetter*); **2.** dumpfig, muffig.

'mug·wort *s.* ⚘ Beifuß *m*.

mug·wump ['mʌgwʌmp] *s. Am.* **1.** F ‚hohes Tier'; **2.** *pol. sl.* a) Unabhängige(r *m*) *f*, Einzelgänger(in), b) ‚Re'bell(in)', Abtrünnige(r *m*) *f*.

mu·lat·to [mjuː'lætəʊ] **I** *pl.* **-toes** *s.* Mu'latte *m*, Mu'lattin *f*; **II** *adj.* Mulatten...

mul·ber·ry ['mʌlbərɪ] *s.* **1.** Maulbeerbaum *m*; **2.** Maulbeere *f*.

mulch [mʌltʃ] ✓ **I** *s.* Mulch *m*; **II** *v/t.* mulchen.

mulct [mʌlkt] **I** *s.* **1.** Geldstrafe *f*; **II** *v/t.* **2.** mit e-r Geldstrafe belegen; **3.** a) *j-n* betrügen (***of*** um), b) *Geld etc.* ‚abknöpfen' (***from s.o.*** j-m).

mule [mjuːl] *s.* **1.** *zo.* a) Maultier *n*, b) Maulesel *m*; **2.** *biol.* Bastard *m*, Hy'bride *f*; **3.** *fig.* sturer Kerl, Dickkopf *m*; **4.** ⚙ a) (Motor)Schlepper *m*, Traktor *m*, b) 'Förderlokomoˌtive *f*, c) 'Mule(spinn)maˌschine *f* (*Spinnerei*); **5.** Pan'toffel *m*; **mule jen·ny** → ***mule*** 4 c; **mule skin·ner**, *Am.* F **mu·le·teer** [ˌmjuːlɪ'tɪə] *s.* Maultiertreiber *m*; **mule track** *s.* Saumpfad *m*.

mul·ish ['mjuːlɪʃ] *adj.* ☐ störrisch, stur.

mull¹ [mʌl] **I** *v/t.* F verpatzen, verpfuschen; **II** *v/i.* ~ ***over*** F *Am.* nachdenken, -grübeln über (*acc.*).

mull² [mʌl] *v/t. Getränk* heiß machen u. (süß) würzen: ~***ed wine*** Glühwein *m*.

mull³ [mʌl] *s.* (⚕ Verband)Mull *m*.

mull⁴ [mʌl] *s. Scot.* Vorgebirge *n*.

mul·la(h) ['mʌlə] *s. eccl.* Mulla *m*.

mul·le(i)n ['mʌlɪn] *s.* ⚘ Königskerze *f*, Wollkraut *n*.

mull·er ['mʌlə] *s.* ⚙ Reibstein *m*.

mul·let ['mʌlɪt] *s. ichth.* **1.** *a.* ***grey*** ~ Meeräsche *f*; **2.** *a.* ***red*** ~ Seebarbe *f*.

mul·li·gan ['mʌlɪgən] *s. Am.* F Eintopfgericht *n*.

mul·li·ga·taw·ny [ˌmʌlɪgə'tɔːnɪ] *s.* Currysuppe *f*.

mul·li·grubs ['mʌlɪgrʌbz] *s. pl.* F **1.** Bauchweh *n*; **2.** miese Laune.

mul·lion ['mʌlɪən] *s.* ⚠ Mittelpfosten *m* (*Fenster etc.*).

mul·tan·gu·lar [mʌl'tæŋgjʊlə] *adj.* vielwink(e)lig, -eckig.

mul·te·i·ty [mʌl'tiːətɪ] *s.* Vielheit *f*.

multi- [mʌltɪ] *in Zssgn*: viel..., mehr..., ...reich, Mehrfach..., Multi...

mul·ti ['mʌltɪ] *s.* ✝ F ‚Multi' *m*.

'mul·tiˌax·le drive *s. mot.* Mehrachsenantrieb *m*; **'mul·tiˌcast·ing** *s. Internet, Server-Technologie*: 'Multiˌcasting *n* (*Fähigkeit e-s Servers, einen einzigen Datenstrom gleichzeitig vielen Zugreifenden zur Verfügung zu stellen*); **'mul·tiˌcol·o(u)r**, **'mul·tiˌcol·o(u)red** *adj.* mehrfarbig, Mehrfarben...; **ˌmul·ti'cul·tur·al** *adj.* ☐ 'multikultuˌrell; **ˌmul·ti'en·gine(d)** *adj.* 'mehrmoˌtorig.

mul·ti·far·i·ous [ˌmʌltɪˈfeərɪəs] *adj.* □ mannigfaltig.
ˈmul·ti·form *adj.* vielförmig, -gestaltig; **ˌmul·tiˈfunc·tio·nal** *adj.* □ ˌmultifunktioˈnal: **~ keyboard** *Computer*: ˈMultifunktionstastaˌtur *f*; **ˈmul·ti·graph** *typ.* **I** *s.* Verˈvielfältigungsmaˌschine *f*; **II** *v/t. u. v/i.* vervielfältigen; **ˈmul·ti·grid tube** *s.* ⚡ Mehrgitterröhre *f*; **ˌmul·tiˈlat·er·al** *adj.* **1.** vielseitig (*a. fig.*); **2.** *pol.* mehrseitig, multilateˈral; **ˌmul·tiˈlin·gual** *adj.* mehrsprachig; **ˌmul·tiˈme·di·a I** *s. pl.* Medienverbund *m*, Multiˈmedia *pl.*; **II** *adj.* ˌmultimediˈal, ˌMultiˈmedia...: **~ group** ˈMedienkonˌzern *m*; **ˌmul·ti·mil·lionˈaire** *s.* ˈMultimillioˌnär *m*; **ˌmul·tiˈna·tion·al I** *adj. bsd.* ✝ multinatioˈnal; **II** *s.* multinatioˈnaler Konˈzern, ‚Multi' *m*; **mul·tip·a·rous** [mʌlˈtɪpərəs] *adj.* mehrgebärend; **ˌmul·tiˈpar·tite** *adj.* **1.** vielteilig; **2.** → ***multilateral*** 2.
mul·ti·ple [ˈmʌltɪpl] **I** *adj.* □ **1.** viel-, mehrfach; **2.** mannigfaltig; **3.** *biol.*, ⚕, ℞ mulˈtipel; **4.** ⚙, ⚡ a) Mehr(fach)..., Vielfach...: **~ switch**, b) Parallel...; **5.** *ling.* zs.-gesetzt (*Satz*); **II** *s.* **6.** Vielfache(s) *n* (*a.* ℞); **7.** *a.* **~ connection** ⚡ Paralˈlelschaltung *f*: **in ~** parallel (geschaltet); **~ birth** *s.* ⚕ Mehrlingsgeburt *f*; **ˌ~-ˈchoice ques·tion** *s.* Auswahlfrage *f*; **ˌ~-ˈdisk clutch** *s. mot.* Laˈmellenkupplung *f*; **~ fac·tors** *s. pl. biol.* polyˈmere Gene *pl.*; **ˌ~-ˈpar·ty** *adj. pol.* Mehrparteien...: **~ system**; **~ plug** *s.* ⚡ Mehrfachstecker *m*; **~ pro·duc·tion** *s.* ✝ Serienherstellung *f*; **~ re·tail·er** *s.* Einzelhandelskette *f*, Ladenkette *f*; **~ root** *s.* ℞ mehrwertige Wurzel; **~ scle·ro·sis** *s.* ⚕ mulˈtiple Skleˈrose; **~ shop** *s.*, **~ store** *s.* ✝ Ketten-, Filiˈalgeschäft *n*; **~ thread** *s.* ⚙ mehrgängiges Gewinde.
mul·ti·plex [ˈmʌltɪpleks] **I** *adj.* **1.** mehr-, vielfach; **2.** ⚡, *tel.* Mehrfach...(*-betrieb*, *-telegrafie etc.*); **II** *v/t.* **3.** ⚡, *tel.* a) in Mehrfachschaltung betreiben, b) gleichzeitig senden; **ˈmul·ti·pli·a·ble** [-plaɪəbl] *adj.* multiplizierbar; **mul·ti·pli·cand** [ˌmʌltɪplɪˈkænd] *s.* ℞ Multipliˈkand *m*; **ˈmul·ti·pli·cate** [-plɪkeɪt] *adj.* mehr-, vielfach; **mul·ti·pli·ca·tion** [ˌmʌltɪplɪˈkeɪʃn] *s.* **1.** Vermehrung *f* (*a.* ♀); **2.** ℞ a) Multiplikatiˈon *f*: **~ sign** Mal-, Multiplikationszeichen *n*; **~ table** *das* Einmaleins, b) Vervielfachung *f*; **3.** ⚙ (Geˈtriebe)Überˌsetzung *f*; **mul·ti·plic·i·ty** [ˌmʌltɪˈplɪsətɪ] *s.* **1.** Vielfalt *f*; **2.** Menge *f*, Vielzahl *f*, -heit *f*; **3.** ℞ a) Mehr-, Vielwertigkeit *f*, b) Mehrfachheit *f*; **ˈmul·ti·pli·er** [-plaɪə] *s.* **1.** Vermehrer *m*; **2.** ℞ a) Multipliˈkator *m*, b) Multipliˈziermaˌschine *f*; **3.** *phys.* a) Verstärker *m*, b) Vergrößerungslinse *f*, Lupe *f*; **4.** ⚡ ˈVor- *od.* ˈNebenˌwiderstand *m*; **5.** ⚙ Überˈsetzung *f*; **ˈmul·ti·ply** [-plaɪ] **I** *v/t.* **1.** vermehren (*a. biol.*), vervielfältigen: **~ing glass** *opt.* Vergrößerungsglas *n*, -linse *f*; **2.** ℞ multiplizieren (**by** mit); **3.** ⚡ vielfachschalten; **II** *v/i.* **4.** multiplizieren; **5.** sich vermehren *od.* vervielfachen.
ˌmul·ti|ˈpo·lar *adj.* ⚡ viel-, mehrpolig; **ˌ~-ˈpur·pose** *adj.* Mehrzweck...: **~ aircraft**; **ˌ~ˈra·cial** *adj.* gemischtrassig, Vielvölker...: **~ state**; **ˈ~ˌseat·er** *s.* ✈ Mehrsitzer *m*; **ˈ~·speed** *adj.* ⚙ Mehrgang...; **ˈ~·stage** *adj.* ⚙, ⚡ mehrstufig, Mehrstufen...: **~ rocket**; **ˌ~-ˈsto·r(e)y** *adj.* vielstöckig: **~ building** Hochhaus *n*; **~ parking garage**, **~ car park** Park(hoch)haus *n*; **ˈ~ˌtask·ing** *s. Computer*: ˈMultiˌtasking *n* (*gleichzeitiger Betrieb mehrerer Programmabläufe*).
mul·ti·tude [ˈmʌltɪtjuːd] *s.* **1.** große Zahl, Menge *f*; **2.** Vielheit *f*; **3.** Menschenmenge *f*: **the ~** der große Haufen, die Masse; **mul·ti·tu·di·nous** [ˌmʌltɪˈtjuːdɪnəs] *adj.* □ **1.** (sehr) zahlreich; **2.** mannigfaltig, vielfältig.
ˌmul·ti|ˈva·lent *adj.* ⚗ mehr-, vielwertig; **ˈ~·way** *adj.* ⚡ mehrwegig: **~ plug** Vielfachstecker *m*.
mum¹ [mʌm] F **I** *int.* pst!, still!; **~'s the word!** (aber) Mund halten!; **II** *adj.* still, stumm.
mum² [mʌm] *v/i.* **1.** sich vermummen; **2.** Mummenschanz treiben.
mum³ [mʌm] *s.* F Mami *f*.
mum·ble [ˈmʌmbl] **I** *v/t. u. v/i.* **1.** murmeln; **2.** mummeln, knabbern; **II** *s.* **3.** Gemurmel *n*.
Mum·bo Jum·bo [ˌmʌmbəʊˈdʒʌmbəʊ] *s.* **1.** Popanz *m*; **2.** ♎ a) Hokusˈpokus *m*, fauler Zauber, b) Kauderwelsch *n*.
mum·mer [ˈmʌmə] *s.* **1.** Vermummte(r *m*) *f*, Maske *f* (*Person*); **2.** *contp.* Komödiˈant *m*; **ˈmum·mer·y** [-ərɪ] *s.* **1.** *contp.* Mummenschanz *m*, Maskeˈrade *f*; **2.** Hokusˈpokus *m*.
mum·mi·fi·ca·tion [ˌmʌmɪfɪˈkeɪʃn] *s.* **1.** Mumifizierung *f*; **2.** ⚕ trockener Brand; **mum·mi·fy** [ˈmʌmɪfaɪ] **I** *v/t.* mumifizieren; **II** *v/i. a. fig.* vertrocknen, -dorren.
mum·my¹ [ˈmʌmɪ] *s.* **1.** Mumie *f* (*a. fig.*); **2.** Brei *m*, breiige Masse.
mum·my² [ˈmʌmɪ] *s.* F Mutti *f*.
mump [mʌmp] *v/i.* **1.** schmollen, schlecht gelaunt sein; **2.** F schnorren, betteln; **ˈmump·ish** [-pɪʃ] *adj.* □ mürrisch.
mumps [mʌmps] *s. pl.* **1.** *sg. konstr.* ⚕ Mumps *m*; **2.** miese Laune.
munch [mʌntʃ] *v/t. u. v/i.* schmatzend kauen, ‚mampfen'.
Mun·chau·sen·ism [mʌnˈtʃɔːznɪzəm] Münchhausiˈade *f*, fanˈtastische Geschichte.
mun·dane [ˈmʌndeɪn] *adj.* □ **1.** welt-

M

lich, Welt...; **2.** irdisch, weltlich: **~ *poetry*** weltliche Dichtung; **3.** pro'saisch, nüchtern.
mu·nic·i·pal [mjuː'nɪsɪpl] *adj.* □ **1.** städtisch, Stadt...; kommu'nal, Gemeinde...: **~ *elections*** Kommunalwahlen; **2.** Selbstverwaltungs...: **~ *town*** → ***municipality*** 1; **3.** Land(es)...: **~ *law*** Landesrecht *n*; **~ bank** *s.* ✝ Kommu'nalbank *f*; **~ bonds** *s. pl.* ✝ Kommu'nalobligatiˌonen *pl.*, Stadtanleihen *pl.*; **~ cor·po·ra·tion** *s.* **1.** Gemeindebehörde *f*; **2.** Körperschaft *f* des öffentlichen Rechts.
mu·nic·i·pal·i·ty [mjuːˌnɪsɪ'pælətɪ] *s.* **1.** Stadt *f* mit Selbstverwaltung; Stadtbezirk *m*; **2.** Stadtbehörde *f*, -verwaltung *f*; **mu·nic·i·pal·ize** [mjuː'nɪsɪpəlaɪz] *v/t.* **1.** *Stadt* mit Obrigkeitsgewalt ausstatten; **2.** *Betrieb etc.* kommunalisieren.
mu·nic·i·pal| loan *s.* Kommu'nalanleihe *f*; **~ rates**, **~ tax·es** *s. pl.* Gemeindesteuern *pl.*, -abgaben *pl.*
mu·nif·i·cence [mjuː'nɪfɪsns] *s.* Freigebigkeit *f*, Großzügigkeit *f*; **mu'nif·i·cent** [-nt] *adj.* □ freigebig, großzügig.
mu·ni·ment ['mjuːnɪmənt] *s.* **1.** *pl.* ⚖ Rechtsurkunde *f*; **2.** Urkundensammlung *f*, Ar'chiv *n*.
mu·ni·tion [mjuː'nɪʃn] **I** *s.* *mst pl.* 'Kriegsmateriˌal *n*, -vorräte *pl.*, *bsd.* Muniti'on *f*: **~ *plant*** Rüstungsfabrik *f*; **~ *worker*** Munitionsarbeiter(in); **II** *v/t.* mit Materi'al *od.* Muniti'on versehen, ausrüsten.
mu·ral ['mjʊərəl] **I** *adj.* Mauer..., Wand...; **II** *s.* *a.* **~ *painting*** Wandgemälde *n*.
mur·der ['mɜːdə] **I** *s.* **1.** (***of***) Mord *m* (an *dat.*), Ermordung *f* (*gen.*): **~ *will out*** *fig.* die Sonne bringt es an den Tag; ***the ~ is out*** *fig.* das Geheimnis ist gelüftet; ***cry blue ~*** F zetermordio schreien; ***get away with ~*** F sich alles erlauben können; ***it was ~!*** F es war fürchterlich!; **II** *v/t.* **2.** (er)morden; **3.** *fig.* (*a. Sprache*) verschandeln, verhunzen; **4.** *sport* F ‚ausein'ander nehmen'; **'mur·der·er** [-ərə] *s.* Mörder *m*; **'mur·der·ess** [-ərɪs] *s.* Mörderin *f*; **'mur·der·ous** [-dərəs] *adj.* □ **1.** mörderisch (*a. fig. Hitze, Tempo etc.*); **2.** Mord...: **~ *intent***; **3.** tödlich, todbringend; **4.** blutdürstig; **mur·der squad** *s. Brit.* 'Mordkommissiˌon *f*.
mure [mjʊə] *v/t.* **1.** einmauern; **2.** *mst* **~ *up*** einsperren.
mu·ri·ate ['mjʊərɪət] *s.* ⚗ **1.** Muri'at *n*, Hydrochlo'rid *n*; **2.** 'Kaliumchloˌrid *n*; **mu·ri·at·ic** [ˌmjʊərɪ'ætɪk] *adj.* salzsauer: **~ *acid*** Salzsäure *f*.
murk·y ['mɜːkɪ] *adj.* □ dunkel, düster, trüb (*alle a. fig.*).
mur·mur ['mɜːmə] **I** *s.* **1.** Murmeln *n*, (leises) Rauschen (*Wasser, Wind etc.*); **2.** Gemurmel *n*; **3.** Murren *n*: ***without a ~*** ohne zu murren; **4.** ⚕ Geräusch *n*; **II** *v/i.* **5.** murmeln (*a. Wasser etc.*); **6.** murren (***at***, ***against*** gegen); **III** *v/t.* **7.** murmeln; **'mur·mur·ous** [-mərəs] *adj.* □ **1.** murmelnd; **2.** murrend.
Mur·phy's Law ['mɜːfɪz] *s.* Murphy's Gesetz *n* (*nach dem tatsächlich einmal schief geht, was schief gehen kann*).
mur·rain ['mʌrɪn] *s.* Viehseuche *f*.
mu·sac ['mjuːzæk] *s.* F *etwa*: leichte (*od.* sehr seichte) Musik, Hintergrundmusik *f*.
mus·ca·dine ['mʌskədɪn], **'mus·cat** [-kət], **mus·ca·tel** [ˌmʌskə'tel] *s.* Muska'teller(wein) *m*, -traube *f*.
mus·cle ['mʌsl] **I** *s.* **1.** *anat.* Muskel *m*, Muskelfleisch *n*: ***not to move a ~*** *fig.* sich nicht rühren, nicht mit der Wimper zucken; **2.** *fig. a.* **~ *power*** Muskelkraft *f*; **3.** *Am. sl.* Muskelprotz *m*, ‚Schläger' *m*; **4.** *fig.* F Macht *f*, Einfluss *m*, ‚Muskeln' *pl.*; **II** *v/i.* **5.** **~ *in*** *bsd. Am.* F sich rücksichtslos eindrängen; **'~-bound** *adj.*: ***be ~*** eine überentwickelte Muskulatur haben; **~ man** [mæn] *s.* **1.** 'Muskelpaˌket *n*, -mann *m*; **2.** ‚Schläger' *m*.
Mus·co·vite ['mʌskəʊvaɪt] **I** *s.* **1.** a) Mosko'witer(in), b) Russe *m*, Russin *f*; **2.** ♀ *min.* Musko'wit *m*, Kaliglimmer *m*; **II** *adj.* **3.** a) mosko'witisch, b) russisch.
mus·cu·lar ['mʌskjʊlə] *adj.* □ **1.** Muskel...: **~ *atrophy*** Muskelschwund *m*; **2.** musku'lös; **mus·cu·lar·i·ty** [ˌmʌskjʊ'lærətɪ] *s.* Muskelkraft *f*, musku'löser Körperbau; **'mus·cu·la·ture** [-lətʃə] *s.* *anat.* Muskula'tur *f*.
Muse[1] [mjuːz] *s. myth.* Muse *f* (*fig. a.* ♀).
muse[2] [mjuːz] *v/i.* **1.** (nach)sinnen, (-)denken, (-)grübeln (***on***, ***upon*** über *acc.*); **2.** in Gedanken versunken sein, träumen; **'mus·er** [-zə] *s.* Träumer(in), Sinnende(r *m*) *f*.
mu·se·um [mjuː'zɪəm] *s.* Mu'seum *n*: **~ *piece*** Museumsstück *n* (*a. fig.*).

Das **British Museum** in London beherbergt eine der reichhaltigsten Kunst- und Antiquitätensammlungen der Welt mit erlesenen Ausstellungsstücken aus den Kulturbereichen von Ägypten, Assyrien, Babylonien, Asien, China, Griechenland, Mexiko und des antiken Rom.

mush[1] [mʌʃ] *s.* **1.** Brei *m*, Mus *n*; **2.** *Am.* (Mais)Brei *m*; **3.** F a) Gefühlsduse'lei *f*, b) sentimen'tales Zeug; **4.** *Radio*: Knistergeräusch *n*: **~ *area*** Störgebiet *n*.

mush² [mʌʃ] *v/i. Am.* **1.** durch den Schnee stapfen; **2.** mit Hundeschlitten fahren.

mush·room ['mʌʃrʊm] **I** *s.* **1.** ♀ a) Ständerpilz *m*, b) *allg.* essbarer Pilz, *bsd.* Champignon *m*: ***grow like ~s*** → 6 a; **2.** *fig.* Em'porkömmling *m*; **II** *adj.* **3.** Pilz...; pilzförmig: ***~ bulb*** ⚡ Pilzbirne *f*; ***~ cloud*** Atompilz *m*; **4.** plötzlich entstanden; Eintags...: ***~ fame***; **III** *v/i.* **5.** Pilze sammeln; **6.** *fig.* a) wie Pilze aus dem Boden schießen, b) sich ausbreiten (*Flammen*); **IV** *v/t.* **7.** F *Zigarette* ausdrücken.

mush·y ['mʌʃɪ] *adj.* □ **1.** breiig, weich; **2.** *fig.* a) weichlich, b) F gefühlsduselig.

mu·sic ['mju:zɪk] *s.* **1.** Mu'sik *f*, Tonkunst *f*; *konkr.* Kompositi'on(en *pl. coll.*) *f*: ***face the ~*** F ‚die Suppe auslöffeln'; ***set to ~*** vertonen; **2.** Noten(blatt *n*) *pl.*: ***play from ~*** vom Blatt spielen; **3.** *coll.* Musi'kalien *pl.*: ***~ shop*** → ***music house***; **4.** *fig.* Mu'sik *f*, Wohllaut *m*, Gesang *m*; **5.** (Mu'sik)Ka,pelle *f*.

mu·si·cal ['mju:zɪkl] **I** *adj.* □ **1.** Musik...: ***~ history***; ***~ instrument***; **2.** me'lodisch; **3.** musi'kalisch (*Person, Komödie etc.*); **II** *s.* **4.** Musical *n*; **5.** F *für* ***musical film***; **~ art** *s.* (Kunst *f* der) Mu'sik *f*, Tonkunst *f*; **~ box** *s. Brit.* Spieldose *f*; **~ chairs** *s. pl.* ‚Reise *f* nach Je'rusalem' (*Gesellschaftsspiel*); **~ clock** *s.* Spieluhr *f*; **~ film** *s.* Mu'sikfilm *m*; **~ glass·es** *s. pl.* ♪ 'Glashar,monika *f*.

mu·si·cal·i·ty [,mju:zɪ'kælətɪ], **mu·si·cal·ness** ['mju:zɪklnɪs] *s.* **1.** Musikali'tät *f*; **2.** Wohlklang *m*.

'mu·sic|-ap,pre·ci'a·tion rec·ord *s.* Schallplatte *f* mit mu'sikkundlichem Kommen'tar; **~ book** *s.* Notenheft *n*, -buch *n*; **~ box** *s.* **1.** Spieldose *f*; **2.** → ***jukebox***; **~ hall** *s. Brit.* Varie'tee(the,ater) *n*; **~ house** *s.* Musi'kalienhandlung *f*.

mu·si·cian [mju:'zɪʃn] *s.* **1.** (*bsd.* Berufs)Musiker(in): ***be a good ~*** a) gut spielen *od.* singen, b) sehr musikalisch sein; **2.** Musi'kant *m*.

mu·si·col·o·gy [,mju:zɪ'kɒlədʒɪ] *s.* Mu'sikwissenschaft *f*.

mu·sic| pa·per *s.* 'Notenpa,pier *n*; **~ rack**, **~ stand** *s.* Notenständer *m*; **~ stool** *s.* Kla'vierstuhl *m*.

mus·ing ['mju:zɪŋ] **I** *s.* **1.** Sinnen *n*, Grübeln *n*, Nachdenken *n*; **2.** *pl.* Träume'reien *pl.*; **II** *adj.* □ **3.** nachdenklich, sinnend, in Gedanken (versunken).

musk [mʌsk] *s.* **1.** *zo.* Moschus *m* (*a. Duftstoff*), Bisam *m*; **2.** → ***musk deer***; **3.** Moschuspflanze *f*; **~ bag** *s. zo.* Moschusbeutel *m*; **~ deer** *s. zo.* Moschustier *n*.

mus·ket ['mʌskɪt] *s.* ⚔ *hist.* Mus'kete *f*, Flinte *f*; **mus·ket·eer** [,mʌskɪ'tɪə] *s. hist.* Muske'tier *m*; **'mus·ket·ry** [-trɪ] *s.* **1.** *hist. coll.* a) Mus'keten *pl.*, b) Muske'tiere *pl.*; **2.** *hist.* Mus'ketenschießen *n*; **3.** ⚔ 'Schieß,unterricht *m*: ***~ manual*** Schießvorschrift *f*.

musk| ox *s.* [*irr.*] *zo.* Moschusochse *m*; **~ rat** *s. zo.* Bisamratte *f*; **~ rose** *s.* ♀ Moschusrose *f*.

musk·y ['mʌskɪ] *adj.* □ **1.** nach Moschus riechend; **2.** Moschus...

Mus·lim ['mʊslɪm] **I** *s.* Mus'lim *m*; **II** *adj.* mus'limisch.

mus·lin ['mʌzlɪn] *s.* Musse'lin *m*.

mus·quash ['mʌskwɒʃ] → ***muskrat***.

muss [mʌs] *bsd. Am.* F **I** *s.* Durchein'ander *n*, Unordnung *f*; **II** *v/t. oft* ***~ up*** durchein'ander bringen, in Unordnung bringen, *Haar* verwuscheln.

mus·sel ['mʌsl] *s.* Muschel *f*.

Mus·sul·man ['mʌslmən] **I** *pl.* **-mans**, *a.* **-men** [-mən] *s.* Muselman(n) *m*; **II** *adj.* muselmanisch.

muss·y ['mʌsɪ] *adj. Am.* F unordentlich; verknittert; schmutzig.

must¹ [mʌst] **I** *v/aux.* **1.** *pres.* muss, musst, müssen, müsst: ***I ~ go now*** ich muss jetzt gehen; ***he ~ be over eighty*** er muss über achtzig (Jahre alt) sein; **2.** *neg.* darf, darfst, dürfen, dürft: ***you ~ not smoke here*** du darfst hier nicht rauchen; **3.** *pret.* a) musste, musstest, mussten, musstet: ***it was too late now, he ~ go on***; ***just as I was busiest, he ~ come*** gerade als ich am meisten zu tun hatte, musste er kommen, b) *neg.* durfte, durftest, durften, durftet; **II** *adj.* **4.** unerlässlich, abso'lut notwendig: ***a ~ book*** ein Buch, das man (unbedingt) gelesen haben muss; **III** *s.* **5.** Muss *n*: ***it is a ~*** es ist unerlässlich *od.* unbedingt erforderlich (→ *a.* 4).

must² [mʌst] *s.* Most *m*.

must³ [mʌst] *s.* **1.** Moder *m*, Schimmel *m*; **2.** Modrigkeit *f*.

mus·tache [mə'stɑ:ʃ; *Am.* 'mʌstæʃ] *Am.* → ***moustache***.

mus·tang ['mʌstæŋ] *s.* **1.** *zo.* Mustang *m* (*halbwildes Präriepferd*); **2.** ♇ ✈ Mustang *m* (*amer. Jagdflugzeug im 2. Weltkrieg*).

mus·tard ['mʌstəd] *s.* **1.** Senf *m*, Mostrich *m*; → ***keen¹*** 13; **2.** ♀ Senf *m*; **3.** *Am. sl.* a) ‚Mordskerl' *m*, b) ‚tolle' Sache, c) ‚Pfeffer' *m*, Schwung *m*; **~ gas** *s.* ⚔ Senfgas *n*, Gelbkreuz *n*; **~ plas·ter** *s.* ⚕ Senfpflaster *n*; **~ poul·tice** *s.* ⚕ Senfpackung *f*; **~ seed** *s.* **1.** ♀ Senfsame *m*: ***grain of ~*** *bibl.* Senfkorn *n*; **2.** *hunt.* Vogelschrot *m, n*.

mus·ter ['mʌstə] **I** *v/t.* **1.** ⚔ a) (zum Ap'pell) antreten lassen, mustern, b) aufbieten: ***~ in*** (***out***) *Am.* einziehen (entlassen, ausmustern); **2.** zs.-bringen, auftreiben; **3.** *a.* ***~ up*** *fig.* aufbieten, *s-e Kraft* zs.-nehmen, *Mut* fassen; **II** *v/i.* **4.**

M

sich versammeln, ⚔ *a.* antreten; **III** *s.* **5.** ⚔ Ap'pell *m*, Pa'rade *f*; Musterung *f*: ***pass ~*** *fig.* durchgehen, Billigung finden (***with*** bei); **6.** ⚔ → ***muster roll*** 2; **7.** Versammlung *f*; **8.** Aufgebot *n*; **~ book** *s.* ⚔ Stammrollenbuch *n*; **~ roll** *s.* **1.** ⚓ Musterrolle *f*; **2.** ⚔ Stammrolle *f*.

mus·ti·ness ['mʌstɪnɪs] *s.* **1.** Muffigkeit *f*, Modrigkeit *f*; **2.** *fig.* Verstaubtheit *f*; **mus·ty** ['mʌstɪ] *adj.* ☐ **1.** muffig; **2.** mod(e)rig; **3.** schal (*a. fig.*); **4.** *fig.* verstaubt.

mu·ta·bil·i·ty [ˌmjuːtə'bɪlətɪ] *s.* **1.** Veränderlichkeit *f*; **2.** *fig.* Unbeständigkeit *f*; **3.** *biol.* Mutati'onsfähigkeit *f*; **mu·ta·ble** ['mjuːtəbl] *adj.* ☐ **1.** veränderlich; **2.** *fig.* unbeständig; **3.** *biol.* mutati'onsfähig; **mu·tant** ['mjuːtənt] *biol.* **I** *adj.* **1.** mutierend; **2.** mutati'onsbedingt; **II** *s.* **3.** Vari'ante *f*, Mu'tant *m*; **mu·tate** [mjuː'teɪt] **I** *v/t.* **1.** verändern; **2.** *ling.* 'umlauten: **~*d vowel*** Umlaut *m*; **II** *v/i.* **3.** sich ändern; **4.** *ling.* 'umlauten; **5.** *biol.* mutieren; **mu·ta·tion** [mjuː'teɪʃn] *s.* **1.** (Ver)Änderung *f*; **2.** 'Umwandlung *f*: ***~ of energy*** *phys.* Energieumformung *f*; **3.** *biol.* a) Mutati'on *f* (*a.* ♪), b) Mutati'onsproˌdukt *n*; **4.** *ling.* 'Umlaut *m*.

mute [mjuːt] **I** *adj.* ☐ **1.** stumm (*a. ling.*), *weitS. a.* still, schweigend: ***~ sound*** *ling.* Verschlusslaut *m*; **II** *s.* **2.** Stumme(r *m*) *f*; **3.** *thea.* Sta'tist(in); **4.** ♪ Dämpfer *m*; **5.** *ling.* a) stummer Buchstabe, b) Verschlusslaut *m*; **III** *v/t.* **6.** ♪ *Instrument* dämpfen.

mu·ti·late ['mjuːtɪleɪt] *v/t.* verstümmeln (*a. fig.*); **mu·ti·la·tion** [ˌmjuːtɪ'leɪʃn] *s.* Verstümmelung *f*.

mu·ti·neer [ˌmjuːtɪ'nɪə] **I** *s.* Meuterer *m*; **II** *v/i.* meutern; **mu·ti·nous** ['mjuːtɪnəs] *adj.* ☐ **1.** meuterisch; **2.** aufrührerisch, re'bellisch (*a. fig.*); **mu·ti·ny** ['mjuːtɪnɪ] **I** *s.* **1.** Meute'rei *f*; **2.** Auflehnung *f*, Rebelli'on *f*; **II** *v/i.* **3.** meutern.

mut·ism ['mjuːtɪzəm] *s.* (Taub)Stummheit *f*.

mutt [mʌt] *s. Am. sl.* **1.** Trottel *m*, Schafskopf *m*; **2.** Köter *m*, Hund *m*.

mut·ter ['mʌtə] **I** *v/i.* **1.** (*a. v/t. et.*) murmeln: ***~ to o.s.*** vor sich hinmurmeln; **2.** murren (***at*** über *acc.*; ***against*** gegen); **II** *s.* **3.** Gemurmel *n*; **4.** Murren *n*.

mut·ton ['mʌtn] *s.* Hammelfleisch *n*: ***leg of ~*** Hammelkeule *f*; → ***dead*** 1; **~ chop** *s.* **1.** 'Hammelkoteˌlett *n*; **2.** *pl.* Kote'letten *pl.* (*Backenbart*); '**~·head** *s.* F ‚Schafskopf' *m*.

mu·tu·al ['mjuːtʃʊəl] *adj.* ☐ **1.** gegen-, wechselseitig: ***~ aid*** gegenseitige Hilfe; ***~ building association*** Baugenossenschaft *f*; ***by ~ consent*** in gegenseitigem Einvernehmen; ***~ contributory negligence*** ⚖ beiderseitiges Verschulden; ***~ improvement society*** Fortbildungsverein *m*; ***~ insurance*** ✝ Versicherung *f* auf Gegenseitigkeit; ***~ investment trust***, ***~ fund*** *Am.* Investmentfonds *m*; ***~ will*** ⚖ gegenseitiges Testament; ***it's ~*** *iro.* es beruht auf Gegenseitigkeit; **2.** gemeinsam: ***our ~ friends***; **mu·tu·al·i·ty** [ˌmjuːtjʊ'ælətɪ] *s.* Gegenseitigkeit *f*.

Mu·zak ['mjuːzæk] *TM npr.* funktio'nelle Musik (*psychologisch gezielte Klangberieselung*).

mu·zhik, **mu·zjik** ['muːʒɪk] *s.* Muschik *m*, russischer Bauer.

muz·zle ['mʌzl] **I** *s.* **1.** Maul *n*, Schnauze *f* (*Tier*); **2.** Maulkorb *m*; **3.** Mündung *f* *e-r Feuerwaffe*; **4.** ⚙ Mündung *f*, Tülle *f*; **II** *v/t.* **5.** e-n Maulkorb anlegen (*dat.*); *fig. a. Presse etc.* knebeln, mundtot machen, den Mund stopfen (*dat.*); **~ brake** *s.* ⚔ Mündungsbremse *f*; **~ burst** *s.* ⚔ Mündungskrepierer *m*; '**~-ˌload·er** *s.* ⚔ *hist.* Vorderlader *m*; **~ ve·loc·i·ty** *s. Ballistik*: Mündungs-, Anfangsgeschwindigkeit *f*.

muz·zy ['mʌzɪ] *adj.* ☐ F **1.** zerstreut, verwirrt; **2.** dus(e)lig; **3.** stumpfsinnig.

my [maɪ] *poss. pron.* mein(e): ***I must wash ~ face*** ich muss mir das Gesicht waschen; (***oh***) **~!** F (du) meine Güte!

my·al·gi·a [maɪ'ældʒɪə] *s.* ⚕ 'Muskelrheuma(ˌtismus *m*) *n*.

my·col·o·gy [maɪ'kɒlədʒɪ] *s.* ⚘ **1.** Pilzkunde *f*, Mykolo'gie *f*; **2.** Pilzflora *f*, Pilze *pl.* (*e-s Gebiets*).

my·cose ['maɪkəʊs] *s.* ⚗ My'kose *f*.

my·co·sis [maɪ'kəʊsɪs] *s.* ⚕ Pilzkrankheit *f*, My'kose *f*.

my·e·li·tis [ˌmaɪə'laɪtɪs] *s.* Mye'litis *f*: a) Rückenmarksentzündung *f*, b) Knochenmarksentzündung *f*; **my·e·lon** ['maɪəlɒn] *s.* Rückenmark *n*.

my·o·car·di·o·gram [ˌmaɪəʊ'kɑːdɪəʊgræm] *s.* ⚕ Eˌlektrokardio'gramm *n*; ˌ**my·o'car·di·o·graph** [-grɑːf] *s.* ⚕ Eˌlektrokardio'graph *m*, EK'G-Appaˌrat *m*; **my·o·car·di·tis** [ˌmaɪəʊkɑː'daɪtɪs] *s.* Herzmuskelentzündung *f*.

my·ol·o·gy [maɪ'ɒlədʒɪ] *s.* Myolo'gie *f*, Muskelkunde *f*, -lehre *f*.

my·o·ma [maɪ'əʊmə] *s.* ⚕ My'om *n*.

my·ope ['maɪəʊp] *s.* ⚕ Kurzsichtige(r *m*) *f*; **my·o·pi·a** [maɪ'əʊpjə] *s.* ⚕ Kurzsichtigkeit *f* (*a. fig.*); **my·op·ic** [maɪ'ɒpɪc] *adj.* kurzsichtig; **my·o·py** ['maɪəpɪ] → ***myopia***.

myr·i·ad ['mɪrɪəd] **I** *s.* Myri'ade *f*, *fig. a.* Unzahl *f*; **II** *adj.* unzählig.

myr·mi·don ['mɜːmɪdən] *s.* Scherge *m*, Häscher *m*; Helfershelfer *m*: ***~ of law*** Hüter *m* des Gesetzes.

myrrh [mɜː] *s.* ⚘ Myrr(h)e *f*.

myr·tle ['mɜːtl] *s.* ⚘ **1.** Myrte *f*; **2.** *Am.* Immergrün *n*.

my·self [maɪ'self] *pron.* **1.** (*verstärkend*) (ich *od.* mir *od.* mich) selbst: ***I did it ~***

ich selbst habe es getan; ***I ~ wouldn't do it*** ich (persönlich) würde es sein lassen; ***it is for ~*** es ist für mich (selbst); **2.** *refl.* mir (*dat.*), mich (*acc.*): ***I cut ~*** ich habe mich geschnitten.

mys·te·ri·ous [mɪˈstɪərɪəs] *adj.* ☐ mysteriˈös: a) geheimnisvoll, b) rätsel-, schleierhaft, unerklärlich; **mysˈte·ri·ous·ness** [-nɪs] *s.* Rätselhaftigkeit *f*, Unerklärlichkeit *f*, *das* Geheimnisvolle *od.* Mysteriˈöse.

mys·ter·y [ˈmɪstərɪ] *s.* **1.** Geheimnis *n*, Rätsel *n* (**to** für *od. dat.*): ***make a ~ of*** *et.* geheim halten; ***wrapped in ~*** in geheimnisvolles Dunkel gehüllt; ***it's a complete ~ to me*** es ist mir völlig schleierhaft; **2.** Rätselhaftigkeit *f*, Unerklärlichkeit *f*; **3.** *eccl.* Myˈsterium *n*; **4.** *pl.* Geheimlehre *f*, -kunst *f*; Myˈsterien *pl.*; **5.** → ***mystery play*** 1; **6.** *Am.* → **~ nov·el** *s.* Krimiˈnalroˌman *m*; **~ play** *s.* **1.** *hist.* Myˈsterienspiel *n*; **2.** *thea.* Krimiˈnalstück *n*; **~ ship** *s.* ⚓ U-Boot-Falle *f*; **~ tour** *s.* Fahrt *f* ins Blaue.

mys·tic [ˈmɪstɪk] **I** *adj.* (☐ **~ally**) **1.** mystisch; **2.** *fig.* rätselhaft, mysteriˈös, geheimnisvoll; **3.** geheim, Zauber...; **II** *s.* **4.** Mystiker(in); Schwärmer(in); ˈ**mys·ti·cal** [-kl] *adj.* ☐ **1.** symˈbolisch; **2.** → ***mystic*** 1, 2; ˈ**mys·ti·cism** [-ɪsɪzəm] *s.* *phls.*, *eccl.* a) Mystiˈzismus *m*, Glaubensschwärmeˈrei *f*, b) Mystik *f*.

mys·ti·fi·ca·tion [ˌmɪstɪfɪˈkeɪʃn] *s.* **1.** Täuschung *f*, Irreführung *f*; **2.** Foppeˈrei *f*; **3.** Verwirrung *f*, Verblüffung *f*; **mys·ti·fy** [ˈmɪstɪfaɪ] *v/t.* **1.** täuschen, hinters Licht führen, foppen; **2.** verwirren, verblüffen; **3.** in Dunkel hüllen.

myth [mɪθ] *s.* **1.** (Götter-, Helden)Sage *f*, Mythos *m* (*a. pol.*), Mythus *m*, Mythe *f*; **2.** Märchen *n*, erfundene Geschichte; **3.** *fig.* Mythus *m* (*legendär gewordene Person od. Sache*).

myth·ic, **myth·i·cal** [ˈmɪθɪk(l)] *adj.* ☐ **1.** mythisch, sagenhaft; Sagen...; **2.** *fig.* erdichtet, fikˈtiv.

myth·o·log·ic, **myth·o·log·i·cal** [ˌmɪθəˈlɒdʒɪk(l)] *adj.* ☐ mythoˈlogisch; **my·thol·o·gist** [mɪˈθɒlədʒɪst] *s.* Mythoˈloge *m*; **my·thol·o·gize** [mɪˈθɒlədʒaɪz] *v/t.* mythologisieren; **my·thol·o·gy** [mɪˈθɒlədʒɪ] *s.* **1.** Mytholoˈgie *f*, Götter- u. Heldensagen *pl.*; **2.** Sagenforschung *f*, -kunde *f*.

M

N

N, n [en] *s.* **1.** N *n*, n *n* (*Buchstabe*); **2.** ⚗ N *n* (*Stickstoff*); **3.** ⅍ N *n*, n *n* (*unbestimmte Konstante*).

nab [næb] *v/t.* F **1.** schnappen, erwischen; **2.** sich *et.* schnappen.

na·bob ['neɪbɒb] *s.* Nabob *m* (*a. fig.* Krösus).

na·celle [næ'sel] *s.* ✈ **1.** (Flugzeug-)Rumpf *m*; **2.** (Motor-, Luftschiff)Gondel *f*; **3.** Bal'lonkorb *m*.

na·cre ['neɪkə] *s.* Perlmutt(er *f*) *n*; **'na·cre·ous** [-krɪəs], **'na·crous** [-krəs] *adj.* **1.** perlmutterartig; **2.** Perlmutt(er)...

na·dir ['neɪˌdɪə] *s.* **1.** *ast., geogr.* Na'dir *m*, Fußpunkt *m*; **2.** *fig.* Tief-, Nullpunkt *m*.

naff [næf] *Brit. sl.* **I** *adj.* **1.** geschmacklos (*Film etc.*); **2.** hirnrissig, blöd (*Idee etc.*); **3.** nutzlos, ‚out'; **II** *v/i.* **4.** ~ **off!** verpiss dich!, zieh Leine!; **'naff·ing** *adj. Brit. sl.* ‚blöd', ‚nervend'.

nag¹ [næg] *s.* **1.** kleines Reitpferd, Pony *n*; **2.** F *contp.* Gaul *m*.

nag² [næg] **I** *v/t.* **1.** her'umnörgeln an (*dat.*); *j-m* zusetzen; **II** *v/i.* **2.** nörgeln, keifen: ~ **at** → 1; **3.** *fig.* nagen, bohren; **III** *s.* **4.** → **'nag·ger** [-gə] *s.* Nörgler (-in); **'nag·ging** [-gɪŋ] **I** *s.* Nörge'lei *f*, Gekeife *n*; **II** *adj.* nörgelnd, keifend, *fig.* nagend.

nai·ad ['naɪæd] *s.* **1.** *myth.* Na'jade *f*, Wassernymphe *f*; **2.** *fig.* (Bade)Nixe *f*.

nail [neɪl] **I** *s.* **1.** (Finger-, Zehen)Nagel *m*; **2.** ⚙ Nagel *m*; Stift *m*; **3.** *zo.* a) Nagel *m*, b) Klaue *f*, Kralle *f*;

Besondere Redewendungen:

a ~ in s.o.'s coffin ein Nagel zu j-s Sarg; ***on the ~*** auf der Stelle, sofort, bar *bezahlen*; ***to the ~*** bis ins Letzte, vollendet; ***hit the (right) ~ on the head*** *fig.* den Nagel auf den Kopf treffen; ***hard as ~s*** eisern: a) fit, in guter Kondition, b) unbarmherzig; ***right as ~s*** ganz richtig;

II *v/t.* **4.** (an)nageln (***on*** auf *acc.*, ***to*** an *acc.*): ***~ed to the spot*** wie an- *od.* festgenagelt; ***~ to the barndoor*** *fig. Lüge etc.* festnageln; → ***colour*** 10; **5.** benageln, mit Nägeln beschlagen; **6.** *a.* ***~ up*** vernageln; **7.** *fig. Augen etc.* heften, *Aufmerksamkeit* richten (***to*** auf *acc.*); **8.** → ***nail down*** 2; **9.** F a) schnappen, erwischen, b) sich *et.* schnappen, c) ‚klauen', d) *et.* ‚spitzkriegen' (*entdecken*); ~ **down** *v/t.* **1.** zunageln; **2.** *fig. j-n* festnageln (***to*** auf *acc.*); **3.** *fig. et.* endgültig beweisen; ~ **up** *v/t.* **1.** zs.-nageln; **2.** zu-, vernageln; **3.** *fig.* zs.-basteln: ***a nailed-up drama***.

nail| bed *s. anat.* Nagelbett *n*; **'~-ˌbit·ing I** *s.* Nägelkauen *n*; **II** *adj.* atemberaubend, atemlos (*Spannung*), aufregend, spannungsgeladen; ~ **brush** *s.* Nagelbürste *f*; ~ **en·am·el** *s.* Nagellack *m*; ~ **file** *s.* Nagelfeile *f*; ~ **head** *s.* ⚙ Nagelkopf *m*; ~ **pol·ish** *s.* Nagellack *m*; **'~-ˌpull·er** *s.* ⚙ Nagelzieher *m*; ~ **scis·sors** *s. pl.* Nagelschere *f*; ~ **var·nish** *s. Brit.* Nagellack *m*: ***~ remover*** Nagellackentferner *m*.

na·ïve [nɑː'iːv], *a.* **na·ive** [neɪv] *adj.* ☐ *allg.* na'iv (*a. Kunst*); **na·ïve·té** [nɑː'iːvteɪ], *a.* **na·ive·ty** ['neɪvtɪ] *s.* Naivi'tät *f*.

na·ked ['neɪkɪd] *adj.* ☐ **1.** nackt, bloß, unbedeckt: ***~ Lady*** ⚘ Herbstzeitlose *f*; **2.** bloß, unbewaffnet (*Auge*); **3.** bloß, blank (*Schwert*; ⚙ *Draht*); **4.** nackt, kahl (*Feld, Raum, Wand etc.*); **5.** entblößt (***of*** von): ***~ of all provisions*** bar aller Vorräte; **6.** a) schutz-, wehrlos, b) preisgegeben (***to*** *dat.*); **7.** nackt, unverhüllt: ***~ facts***; ***~ truth***; **8.** ⚖ bloß, unbestätigt: ***~ confession***; ***~ possession*** tatsächlicher Besitz (*ohne Rechtsanspruch*); **'na·ked·ness** [-nɪs] *s.* **1.** Nacktheit *f*, Blöße *f*; **2.** Kahlheit *f*; **3.** Schutz-, Wehrlosigkeit *f*; **4.** Mangel *m* (***of*** an *dat.*); **5.** *fig.* Unverhülltheit *f*.

nam·a·ble ['neɪməbl] *adj.* **1.** benennbar; **2.** nennenswert.

nam·by-pam·by [ˌnæmbɪ'pæmbɪ] **I** *adj.* **1.** seicht, abgeschmackt; **2.** affektiert, ‚etepe'tete'; **3.** sentimen'tal; **II** *s.* **4.** sentimentales Zeug; **5.** sentimentaler Mensch; **6.** Mutterkindchen *n*.

name [neɪm] **I** *v/t.* **1.** nennen; erwähnen, anführen; **2.** (be)nennen (***after***, ***from*** nach), e-n Namen geben (*dat.*): ***~d*** genannt, namens; **3.** beim (richtigen) Namen nennen; **4.** a) ernennen (zu), b) nomi'nieren, vorschlagen (***for*** für); **5.** *Datum etc.* bestimmen; **6.** *parl. Brit.* mit Namen zur Ordnung rufen: ***~!*** a) zur Ordnung rufen!, b) *allg.* Namen nennen!; **II** *s.* **7.** Name *m*: ***what is your ~?*** wie heißen Sie?; ***in ~ only*** nur dem Namen nach; **8.** Name *m*, Bezeichnung *f*, Benennung *f*; **9.** Schimpfname *m*: ***call s.o. ~s*** j-n beschimpfen; **10.** Name *m*, Ruf *m*: ***a bad ~***; → *Bes. Redew.*; **11.** (berühmter) Name, (guter) Ruf: ***a man of ~*** ein Mann von Ruf; **12.** Name *m*, Berühmtheit *f* (*Person*): ***the great ~s of our century***; **13.** Geschlecht *n*, Fa'milie *f*;

Besondere Redewendungen:

by ~ a) mit Namen, namentlich, b) namens, c) dem Namen nach; ***a man by*** (*od.* ***of***) ***the ~ of A.*** ein Mann namens A.; ***in the ~ of*** a) um (*gen.*) willen, b) im Namen *des Gesetzes etc.*, c) auf *j-s* Namen *bestellen etc.*; ***I haven't a penny to my ~*** ich besitze keinen Pfennig; ***give one's ~*** s-n Namen nennen; ***give it a ~!*** F heraus damit!, sagen Sie, was Sie (haben) wollen!; ***give s.o.*** (***s.th.***) ***a bad ~*** j-n (et.) in Verruf bringen; ***give a dog a bad ~ and hang him*** j-n wegen s-s schlechten Rufs *od.* auf Grund von Gerüchten verurteilen; ***have a ~ for being*** dafür bekannt sein, *et.* zu sein; ***make one's ~***, ***make*** (*od.* ***win***) ***a ~ for o.s.*** sich e-n Namen machen (***as*** als, ***by*** durch); ***put one's ~ down for*** a) kandidieren für, b) sich anmelden für, c) sich vormerken lassen für; ***send in one's ~*** sich (an)melden (lassen); ***what's in a ~?*** was bedeutet schon ein Name?; ***that's the ~ of the game!*** darum dreht es sich!

'name|-ˌcall·ing *s.* Beschimpfung(en *pl.*) *f*; **~ child** *s.*: ***my ~*** das nach mir benannte Kind.

named [neɪmd] *adj.* **1.** genannt, namens; **2.** genannt, erwähnt: ***~ above*** oben genannt.

name| day *s.* **1.** Namenstag *m*; **2.** ✝ Abrechnungstag *m*; **'~-ˌdrop·per** *s.* j-d, der ständig mit promi'nenten Bekannten angibt; **'~-ˌdrop·ping** *s.* Wichtigtue'rei *f* durch Erwähnung von Promi'nenten, die man angeblich kennt.

name·less ['neɪmlɪs] *adj.* ☐ **1.** namenlos, unbekannt, ob'skur; **2.** ungenannt, unerwähnt; ano'nym; **3.** unehelich (*Kind*); **4.** *fig.* namenlos, unbeschreiblich (*Furcht etc.*); **5.** unaussprechlich, ab'scheulich; **'name·ly** [-lɪ] *adv.* nämlich.

name| part *s. thea.* Titelrolle *f*; **~ plate** *s.* **1.** Tür-, Firmen-, Namens-, Straßenschild *n*; **2.** ⚙ Typenschild *n*; **'~·sake** *s.* Namensvetter *m*, -schwester *f*.

nam·ing ['neɪmɪŋ] *s.* Namengebung *f*.

nan·cy ['nænsɪ] *s. sl.* **1.** Muttersöhnchen *n*; **2.** ‚Homo' *m*.

nan·ny ['nænɪ] *s.* **1.** Kindermädchen *n*: ***~ state*** *bsd. Brit.* Versorgerstaat *m*; **2.** Oma *f*; **3.** → **~ goat** *s.* Ziege *f*.

nap¹ [næp] **I** *v/i.* **1.** ein Schläfchen *od.* ein Nickerchen machen; **2.** *fig.* ‚schlafen': ***catch s.o. ~ping*** j-n überrumpeln; **II** *s.* **3.** Schläfchen *n*, ‚Nickerchen' *n*: ***take a ~*** → 1.

nap² [næp] **I** *s.* **1.** Haar(seite *f*) *n e-s Gewebes*; **2.** a) *Spinnerei*: Noppe *f*, b) *Weberei*: (Gewebe)Flor *m*; **II** *v/t. u. v/i.* **3.** noppen, rauen.

nap³ [næp] *s.* **1.** Na'poleon *n* (*Kartenspiel*): ***a ~ hand*** *fig.* gute Chancen; ***go ~*** a) die höchste Zahl von Stichen ansagen, b) *fig.* alles auf eine Karte setzen; **2.** Setzen *n* auf eine einzige Gewinnchance.

na·palm ['neɪpɑːm] *s.* ⚔ Napalm *n*.

nape [neɪp] *s. mst* ***~ of the neck*** Genick *n*, Nacken *m*.

naph·tha ['næfθə] *s.* ⚗ **1.** Naphtha *n*, 'Leuchtpeˌtroleum *n*; **2.** ('Schwer)Benˌzin *n*: ***cleaner's ~*** Waschbenzin; ***painter's ~*** Testbenzin; **'naph·tha·lene** [-liːn] *s.* Naphtha'lin *n*; **naph·tha·len·ic** [ˌnæfθə'lenɪk] *adj.* naphtha'linsauer: ***~ acid*** Naphthalinsäure *f*; **naph·thal·ic** [næf'θælɪk] *adj.* naph'thalsauer: ***~ acid*** Naphthalsäure *f*; **'naph·tha·line** [-liːn] → ***naphthalene***.

nap·kin ['næpkɪn] *s.* **1.** *a.* ***table ~*** Servi'ette *f*; **2.** Wischtuch *n*; **3.** *bsd. Brit.* Windel *f*; **4.** *a.* ***sanitary ~*** *Am.* Monatsbinde *f*.

napped [næpt] *adj.* genoppt, geraut (*Tuch*); **nap·ping** ['næpɪŋ] *s.* **1.** Ausnoppen *n* (*der Wolle*); **2.** Rauen *n*: ***~ comb*** Aufstreichkamm *m*.

nap·py ['næpɪ] *s. bsd. Brit.* F Windel *f*.

nar·cis·sism [nɑː'sɪsɪzəm] *s. psych.* Nar'zissmus *m*; **nar'cis·sist** [-ɪst] *s.* Nar'zisst (-in).

nar·cis·sus [nɑː'sɪsəs] *pl.* **-sus·es** [-sɪz] *s.* ⚘ Nar'zisse *f*.

'nar·co ['nɑːkəʊ] *s. sl.* → ***narcotics agent***.

nar·co·sis [nɑː'kəʊsɪs] *s.* Nar'kose *f*.

nar·cot·ic [nɑː'kɒtɪk] **I** *adj.* (☐ ***~ally***) **1.** nar'kotisch (*a. fig. einschläfernd*); **2.** Rauschgift...; **II** *s.* **3.** Nar'kotikum *n*, Betäubungsmittel *n* (*a. fig.*); **4.** Rauschgift *n*: ***~s agent*** Drogenfahnder *m*; ***~s squad*** Rauschgiftdezernat *n*; **nar·co·tism** ['nɑːkətɪzəm] *s.* **1.** Narko'tismus *m* (*Sucht*); **2.** nar'kotischer Zustand *od.* Rausch; **nar·co·tize** ['nɑːkətaɪz] *v/t.* narkotisieren.

nard [nɑːd] *s.* **1.** ⚘ Narde *f*; **2.** *pharm.* Nardensalbe *f*.

nark [nɑːk] *sl.* **I** *s.* **1.** Poli'zeispitzel *m*; **II** *v/t.* **2.** bespitzeln; **3.** ärgern; **nark·y** ['nɑːkɪ] *adj.* gereizt, grantig.

nar·rate [nə'reɪt] *v/t. u. v/i.* erzählen; **nar'ra·tion** [-eɪʃn] *s.* Erzählung *f*; **nar·ra·tive** ['nærətɪv] **I** *s.* **1.** Erzählung *f*, Geschichte *f*; **2.** Bericht *m*, Schilderung *f*; **II** *adj.* ☐ **3.** erzählend: ***~ poem***; **4.** Erzählungs...: ***~ skill*** Erzählergabe *f*; **nar'ra·tor** [-tə] *s.* Erzähler(in).

nar·row ['nærəʊ] **I** *adj.* ☐ **1.** eng, schmal: ***the ~ seas*** der Ärmelkanal u. die Irische See; **2.** eng (*a. fig.*), (*räum-*

lich) beschränkt, knapp: ***within ~ bounds*** in engen Grenzen; ***in the ~est sense*** im engsten Sinne; **3.** *fig.* eingeschränkt, beschränkt; **4.** → ***narrow-minded***; **5.** knapp, beschränkt (*Mittel, Verhältnisse*); **6.** knapp (*Entkommen, Mehrheit etc.*); **7.** gründlich, eingehend; genau: ***~ investigations***; **II** *v/i.* **8.** enger *od.* schmäler werden, sich verengen (***into*** zu); **9.** knapper werden; **III** *v/t.* **10.** enger *od.* schmäler machen, verenge(r)n; **11.** einengen, beengen; **12.** *a.* ***~ down*** (***to*** auf *acc.*) be-, einschränken, begrenzen, eingrenzen; **13.** *Maschen* abnehmen; **14.** engstirnig machen; **IV** *s.* **15.** Enge *f*, enge *od.* schmale Stelle; *pl.* a) (Meer)Enge *f*, b) *bsd. Am.* Engpass *m*.

nar·row| ga(u)ge *s.* 🚂 Schmalspur *f*; **'~-ga(u)ge** [-rəʊg-], *a.* **ˌ~-'ga(u)ged** [-rəʊ'g-] *adj.* Schmalspur...; **ˌ~-'mind·ed** [-rəʊ'maɪndɪd] *adj.* engherzig, -stirnig, borniert, kleinlich; **ˌ~-'mind·ed·ness** [-rəʊ'maɪndɪdnɪs] *s.* Engstirnigkeit *f*, Borniertheit *f*.

nar·row·ness ['nærəʊnɪs] *s.* **1.** Enge *f*, Schmalheit *f*; **2.** Knappheit *f*; **3.** → ***narrow-mindedness***; **4.** Gründlichkeit *f*.

na·sal ['neɪzl] **I** *adj.* ☐ → ***nasally***; **1.** Nasen...: ***~ bone***; ***~ cavity***; ***~ organ*** *humor.* Riechorgan *n*; ***~ septum*** Nasenscheidewand *f*; **2.** *ling.* na'sal, Nasal...: ***~ twang*** Näseln *n*; **II** *s.* **3.** *ling.* Na'sal(laut) *m*; **na·sal·i·ty** [neɪ'zæləti] *s.* Nasali'tät *f*; **na·sal·i·za·tion** [ˌneɪzəlaɪ'zeɪʃn] *s.* Nasalierung *f*, nasale Aussprache; **'na·sal·ize** [-zəlaɪz] **I** *v/t.* nasalieren; **II** *v/i.* näseln, durch die Nase sprechen; **'na·sal·ly** [-zəlɪ] *adv.* **1.** nasal, durch die Nase; **2.** näselnd.

N

nas·cent ['næsnt] *adj.* **1.** werdend, entstehend: ***~ state*** Entwicklungszustand *m*; **2.** ⚗ frei werdend.

nas·ti·ness ['nɑːstɪnɪs] *s.* **1.** Schmutzigkeit *f*; **2.** Ekligkeit *f*; **3.** Unflätigkeit *f*; **4.** Gefährlichkeit *f*; **5.** a) Bosheit *f*, b) Gemeinheit *f*, c) Übelgelauntheit *f*.

nas·tur·tium [nə'stɜːʃəm] *s.* ⚘ Kapu'ziner- *od.* Brunnenkresse *f*.

nas·ty ['nɑːstɪ] **I** *adj.* ☐ **1.** schmutzig; **2.** ekelhaft, eklig, widerlich (*alle a. fig.*): ***~ taste***; ***~ fellow***; **3.** *fig.* schmutzig, zotig; **4.** *fig.* böse, schlimm, gefährlich: ***~ accident***; **5.** *fig.* a) bös, gehässig, garstig (***to*** zu, gegen), b) fies, niederträchtig, c) übel gelaunt, ‚eklig'; **II** *s.* **6.** *mst pl. Video*: ‚'Schmutz- u. 'Horror-Kas‚sette' *f*.

na·tal ['neɪtl] *adj.* Geburts...: ***~ day***; **na·tal·i·ty** [nə'tæləti] *s. bsd. Am.* Geburtenziffer *f*.

na·ta·tion [nə'teɪʃn] *s.* Schwimmen *n*; **na·ta·to·ri·al** [ˌneɪtə'tɔːrɪəl] *adj.* Schwimm...: ***~ bird***; **na·ta·to·ry** ['neɪtətərɪ] *adj.* Schwimm...

natch [nætʃ] *adv. sl. abbr. für* ***naturally*** selbstverständlich.

na·tion ['neɪʃn] *s.* **1.** Nati'on *f*: a) Volk *n*, b) Staat *m*; **2.** (Indi'aner)Stamm *m*.

na·tion·al ['næʃənl] **I** *adj.* ☐ **1.** natio'nal, National..., Landes..., Volks...: ***~ language*** Landessprache *f*; **2.** staatlich, öffentlich, Staats...: ***~ debt*** Staatsschuld *f*, öffentliche Schuld; **3.** (ein)heimisch; **4.** landesweit (*Streik etc.*), 'überregioˌnal (*Zeitung etc.*); **II** *s.* **5.** Staatsangehörige(r *m*) *f*; **~ an·them** *s.* Natio'nalhymne *f*; **~ as·sem·bly** *s. pol.* Natio'nalversammlung *f*; **~ bank** *s.* ✝ Landes-, Natio'nalbank *f*; **~ cham·pi·on** *s.* Landesmeister(in); **~ con·ven·tion** *s. pol. Am.* Par'teikonvent *m* (*zur Nominierung des Präsidentschaftskandidaten etc.*); **~ cur·ren·cy** *s.* ✝ Landeswährung *f*; **~ dish** *s.* Natio'nalgericht *n*; **~ e·con·o·my** *s.* ✝ Volkswirtschaft *f*; **Ձ Gi·ro** *s.* ✉ *Brit.* Postscheck-, Postgirodienst *m*; **Ձ Guard** *s. Am.* Natio'nalgarde *f* (*Art Miliz*); **Ձ Health Ser·vice** *s. Brit.* staatlicher Gesundheitsdienst; **~ in·come** *s.* ✝ Sozi'alproˌdukt *n*; **Ձ In·sur·ance** *s. Brit.* Sozi'alversicherung *f*.

na·tion·al·ism ['næʃnəlɪzəm] *s.* **1.** Natio'nalgefühl *n*, Nationa'lismus *m*; **2.** ✝ *Am.* Ver'staatlichungspoliˌtik *f*; **'na·tion·al·ist** [-ɪst] **I** *s. pol.* Nationa'list (-in); **II** *adj.* nationa'listisch; **na·tion·al·i·ty** [næʃə'næləti] *s.* **1.** Nationali'tät *f*, Staatsangehörigkeit *f*; **2.** Nati'on *f*; **na·tion·al·i·za·tion** [ˌnæʃnəlaɪ'zeɪʃn] *s.* **1.** *bsd. Am.* Einbürgerung *f*, Naturalisierung *f*; **2.** ✝ Verstaatlichung *f*; **3.** Verwandlung *f* in e-e (*einheitliche, unabhängige etc.*) Nation; **'na·tion·al·ize** [-laɪz] *v/t.* **1.** einbürgern, naturalisieren; **2.** ✝ verstaatlichen; **3.** zu e-r Nation machen; **4.** *Problem etc.* zur Sache der Nation machen.

na·tion·al| park *s.* Natio'nalpark *m* (*Naturschutzgebiet*); **~ prod·uct** *s.* ✝ Sozi'alproˌdukt *n*; **~ serv·ice** *s.* ⚔ Wehrdienst *m*; **Ձ So·cial·ism** *s. pol. hist.* Natio'nalsoziaˌlismus *m*.

'na·tion|·hood [-hʊd] *s.* (natio'nale) Souveräni'tät; **'~-state** *s.* Natio'nalstaat *m*; **ˌ~-'wide** *adj.* allgemein, das ganze Land um'fassend.

na·tive ['neɪtɪv] **I** *adj.* ☐ **1.** angeboren (***to s.o.*** j-m), na'türlich (*Recht etc.*); **2.** gebürtig, eingeboren, Eingeborenen...: ***~ quarter***; ***~ American*** gebürtige(r) Ameri'kaner(in); ***Ձ American*** Indi'aner(in); ***go ~*** unter den *od.* wie die Eingeborenen leben, sich den Einheimischen anpassen; **3.** (ein)heimisch, inländisch, Landes...: ***~ plant*** ⚘ einheimische Pflanze; ***~ product***; **4.** heimatlich, Heimat...: ***~ country*** Heimat *f*, Vaterland *n*; ***~ language*** Muttersprache *f*; ***~***

speaker *ling.* Muttersprachler(in); ~ ***town*** Heimat-, Vaterstadt *f*; **5.** ursprünglich, urwüchsig, na'turhaft: ~ ***beauty***; **6.** ursprünglich, eigentlich: ***the*** ~ ***sense of a word***; **7.** gediegen (*Metall etc.*); **8.** *min.* a) roh, Jungfern..., b) na'türlich vorkommend; **II** *s.* **9.** Eingeborene(r *m*) *f*; **10.** Einheimische(r *m*) *f*, Landeskind *n*: ***a*** ~ ***of Berlin*** ein gebürtiger Berliner; **11.** ⚘ einheimisches Gewächs; **12.** *zo.* einheimisches Tier; **13.** Na'tive *f*, (künstlich) gezüchtete Auster; '~**-born** *adj.* gebürtig: ***a*** ~ ***American***.

na·tiv·i·ty [nə'tɪvətɪ] *s.* **1.** Geburt *f* (*a. fig.*): ***the*** ♎ *eccl.* a) die Geburt Christi (*a. paint. etc.*), b) Weihnachten *n*, c) Ma'riä Geburt (*8. September*); ♎ ***play*** Krippenspiel *n*; **2.** *ast.* Nativi'tät *f*, (Ge'burts)Horo͵skop *n*.

na·tron ['neɪtrən] *s. min.* kohlensaures Natron.

nat·ter ['nætə] *Brit.* F **I** *v/i.* plauschen, plaudern; **II** *s.* Plausch *m*, Schwatz *m*.

nat·ty ['nætɪ] *adj.* □ F schick, piekfein (angezogen), ele'gant (*a. fig.*).

nat·u·ral ['nætʃrəl] **I** *adj.* □ → ***naturally***; **1.** na'türlich, Natur...: ~ ***disaster*** Naturkatastrophe *f*; ~ ***law*** Naturgesetz *n*; ***die a*** ~ ***death*** e-s natürlichen Todes sterben; → ***person*** 1; **2.** na'turgemäß, -bedingt; **3.** angeboren, na'türlich, eigen (***to*** *dat.*): ~ ***talent***; **4.** → ***natural-born***; **5.** re'al, wirklich, physisch; **6.** selbstverständlich, na'türlich: ***it comes quite*** ~ ***to him*** es ist ihm ganz selbstverständlich; **7.** na'türlich, ungekünstelt (*Benehmen etc.*); **8.** na'turgetreu, na'türlich (wirkend) (*Nachahmung, Bild etc.*); **9.** unbearbeitet, Natur..., Roh...: ~ ***steel*** Rohstahl *m*; **10.** na'turhaft, urwüchsig; **11.** na'türlich, unehelich (*Kind, Vater etc.*); **12.** ⩘ na'türlich: ~ ***number*** natürliche Zahl; **13.** ♪ a) ohne Vorzeichen: ~ ***key*** C-Dur-Tonart *f*, b) mit e-m Auflösungszeichen (versehen) (*Note*), c) Vokal...: ~ ***music***; **II** *s.* **14.** *obs.* Idi'ot(in); **15.** ♪ a) Auflösungszeichen *n*, b) mit e-m Auflösungszeichen versehene Note, c) Stammton *m*, d) weiße Taste (*Klaviatur*); **16.** F a) Na'turta͵lent *n* (*Person*), b) (sicherer) Erfolg (*a. Person*); *e-e* ‚klare Sache' (***for s.o.*** für j-n); '~**-born** *adj.* von Geburt, geboren: ~ ***genius***; ~ **fre·quen·cy** *s. phys.* 'Eigenfre͵quenz *f*; ~ **gas** *s. geol.* Erdgas *n*; ~ **his·to·ry** *s.* Na'turgeschichte *f*.

nat·u·ral·ism ['nætʃrəlɪzəm] *s. phls., paint. etc.* Natura'lismus *m*; '**nat·u·ral·ist** [-ɪst] **I** *s.* **1.** *phls., paint. etc.* Natura'list *m*; **2.** Na'turwissenschaftler(in), -forscher(in), *bsd.* Zoo'loge *m*, Zoo'login *f od.* Bo'taniker(in); **3.** *Brit.* a) Tierhändler *m*, b) ('Tier)Präpa͵rator *m*; **II** *adj.* **4.** natura'listisch; **nat·u·ral·is·tic** [͵nætʃrə'lɪstɪc] *adj.* (□ ~***ally***) **1.** *phls., paint. etc.* naturalistisch; **2.** na'turkundlich, -geschichtlich.

nat·u·ral·i·za·tion [͵nætʃrəlaɪ'zeɪʃn] *s.* Naturalisierung *f*, Einbürgerung *f*; **nat·u·ral·ize** ['nætʃrəlaɪz] *v/t.* **1.** naturalisieren, einbürgern; **2.** einbürgern (*a. ling. u. fig.*), ⚘, *zo.* heimisch machen; **3.** akklimatisieren (*a. fig.*).

nat·u·ral·ly ['nætʃrəlɪ] *adv.* **1.** von Na'tur (aus); **2.** instink'tiv, spon'tan; **3.** auf na'türlichem Wege, na'türlich; **4.** *a. int.* na'türlich, selbstverständlich; '**nat·u·ral·ness** [-rəlnɪs] *s. allg.* Na'türlichkeit *f*.

nat·u·ral| phi·los·o·phy *s.* **1.** Na'turphiloso͵phie *f*, -kunde *f*; **2.** Phy'sik *f*; ~ **re·li·gion** *s.* Na'turreligi͵on *f*; ~ **rights** *s. pl.* ⚖, *pol.* Na'turrechte *pl. des Menschen*; ~ **scale** *s.* **1.** ♪ Stammtonleiter *f*; **2.** ⩘ Achse *f* der na'türlichen Zahlen; ~ **sci·ence** *s.* Na'turwissenschaft *f*; ~ **se·lec·tion** *s. biol.* na'türliche Auslese; ~ **sign** *s.* ♪ Auflösungszeichen *n*; ~ **state** *s.* Na'turzustand *m*.

na·ture ['neɪtʃə] *s.* **1.** Na'tur *f*, Schöpfung *f*; **2.** (*a.* ♎; *ohne art.*) Na'tur(kräfte *pl.*) *f*: ***law of*** ~ Naturgesetz *n*; ***from*** ~ nach der Natur *malen etc.*; ***back to*** ~ zurück zur Natur; ***in the state of*** ~ in natürlichem Zustand, nackt; → ***debt***, ***true*** 4; **3.** Na'tur *f*, Veranlagung *f*, Cha'rakter *m*, (Eigen-, Gemüts)Art *f*, Natu'rell *n*: ***animal*** ~ das Tierische *im Menschen*; ***by*** ~ von Natur (aus); ***human*** ~ die menschliche Natur; ***of good*** ~ gutherzig, -mütig; ***it is in her*** ~ es liegt in ihrem Wesen; → ***second*** 1; **4.** Art *f*, Sorte *f*: ***of*** (*od.* ***in***) ***the*** ~ ***of a trial*** nach Art (*od.* in Form) e-s Verhörs; ~ ***of the business*** Gegenstand *m* der Firma; **5.** (na'türliche) Beschaffenheit; **6.** Na'tur *f*, na'türliche Landschaft: ~ ***conservation*** Naturschutz *m*; ♎ ***Conservancy*** *Brit.* Naturschutzbehörde *f*; ~ ***reserve*** Naturschutzgebiet *n*; ~ ***trail*** Naturlehrpfad *m*; **7.** ***ease*** (*od.* ***relieve***) ~ sich erleichtern (*urinieren etc.*).

-natured [neɪtʃəd] *in Zssgn* geartet, ...artig, ...mütig: ***good-***~ gutartig.

na·tur·ism ['neɪtʃərɪzəm] *s.* 'Freikörperkul͵tur *f*; '**na·tur·ist** [-ɪst] *s.* FK'K-Anhänger(in).

na·tur·o·path ['neɪtʃərəʊpæθ] *s.* ⚕ **1.** Heilpraktiker(in); **2.** Na'turheilkundige(r *m*) *f*.

naught [nɔːt] **I** *s.* Null *f*: ***bring*** (***come***) ***to*** ~ zunichte machen (werden); ***set at*** ~ *Mahnung etc.* in den Wind schlagen; **II** *adj. obs.* keineswegs.

naugh·ti·ness ['nɔːtɪnɪs] *s.* Ungezogenheit *f*, Unartigkeit *f*; **naugh·ty** ['nɔːtɪ] *adj.* □ **1.** ungezogen, unartig; **2.** ungehörig (*Handlung*); **3.** unanständig, schlimm (*Wort etc.*): ~, ~! F aber, aber!

N

nau·se·a ['nɔːsjə] *s.* **1.** Übelkeit *f*, Brechreiz *m*; **2.** Seekrankheit *f*; **3.** *fig.* Ekel *m*; '**nau·se·ate** [-sɪeɪt] **I** *v/i.* **1.** (e-n) Brechreiz empfinden, sich ekeln (**at** vor *dat.*); **II** *v/t.* **2.** sich ekeln vor (*dat.*); **3.** anekeln, *j-m* Übelkeit erregen: ***be ~d (at)*** → 1; '**nau·se·at·ing** [-sɪeɪtɪŋ], '**nau·seous** [-sjəs] *adj.* □ Ekel erregend, widerlich.

nau·tic ['nɔːtɪk] → ***nautical***.

nau·ti·cal ['nɔːtɪkl] *adj.* □ ⚓ nautisch, Schiffs..., See(fahrts)...; **~ al·ma·nac** *s.* nautisches Jahrbuch; **~ chart** *s.* Seekarte *f*; **~ mile** *s.* ⚓ Seemeile *f* (*1,852 km*).

na·val ['neɪvl] *adj.* ⚓ **1.** Flotten..., (Kriegs)Marine...; **2.** See..., Schiffs...; **~ a·cad·e·my** *s.* ⚓ **1.** Ma'rineakade,mie *f*; **2.** Navigati'onsschule *f*; **~ air·plane** *s.* Ma'rineflugzeug *n*; **~ ar·chi·tect** *s.* 'Schiffbauingeni,eur *m*; **~ base** *s.* 'Flottenstützpunkt *m*, -,basis *f*; **~ bat·tle** *s.* Seeschlacht *f*; **~ ca·det** *s.* 'Seeka,dett *m*; **~ forc·es** *s. pl.* Seestreitkräfte *pl.*; **~ of·fi·cer** *s.* **1.** Ma'rineoffi,zier *m*; **2.** *Am.* (höherer) Hafenzollbeamter; **~ pow·er** *s. pol.* Seemacht *f*.

nave[1] [neɪv] *s.* ⚠ Mittel-, Hauptschiff *n*: ***~ of a cathedral***.

nave[2] [neɪv] *s.* ⚙ (Rad)Nabe *f*.

na·vel ['neɪvl] *s.* **1.** *anat.* Nabel *m*, *fig. a.* Mitte(lpunkt *m*) *f*; **2.** → **~ or·ange** *s.* 'Navelo,range *f*; **~ string** *s. anat.* Nabelschnur *f*.

N

nav·i·cert ['nævɪsɜːt] *s.* ✝, ⚓ Navi'cert *n* (*Geleitschein*).

na·vic·u·lar [nə'vɪkjʊlə] *adj.* nachen-, kahnförmig: **~ (*bone*)** *anat.* Kahnbein *n*.

nav·i·ga·bil·i·ty [,nævɪgə'bɪlətɪ] *s.* **1.** ⚓ a) Schiffbarkeit *f* (*e-s Gewässers*), b) Fahrtüchtigkeit *f*; **2.** ✈ Lenkbarkeit *f*; **nav·i·ga·ble** ['nævɪgəbl] *adj.* **1.** ⚓ a) schiffbar, (be)fahrbar, b) fahrtüchtig; **2.** ✈ lenkbar (*Luftschiff*); **nav·i·gate** ['nævɪgeɪt] **I** *v/i.* **1.** schiffen, (zu Schiff) fahren; **2.** *bsd.* ⚓, ✈ steuern, orten (**to** nach); **II** *v/t.* **3.** *Gewässer* a) befahren, b) durch'fahren; **4.** ✈ durch'fliegen; **5.** steuern, lenken; **nav·i·ga·tion** [,nævɪ'geɪʃn] *s.* **1.** ⚓ Nautik *f*, Navigati'on *f*, Schiffsführung *f*, Schifffahrtskunde *f*; **2.** ✈ Navigati'onskunde *f*; **3.** ⚓ Schifffahrt *f*, Seefahrt *f*; **4.** ✈, ⚓ a) Navigati'on *f*, b) Ortung *f*; **nav·i·ga·tion·al** [,nævɪ'geɪʃnl] *adj.* Navigations...

nav·i·ga·tion| chan·nel *s.* Fahrwasser *n*; **~ chart** *s.* Navigati'onskarte *f*; **~ guide** *s.* Bake *f*; **~ light** *s.* Positi'onslicht *n*; **~ of·fi·cer** *s.* ⚓, ✈ Navigati'onsoffi,zier *m*.

nav·i·ga·tor ['nævɪgeɪtə] *s.* **1.** ⚓ a) Seefahrer *m*, b) Nautiker *m*, c) Steuermann *m*, d) *Am.* Navigati'onsoffi,zier *m*; **2.** ✈ a) (Aero)'Nautiker *m*, b) Beobachter *m*.

nav·vy ['nævɪ] *s.* **1.** *Brit.* Ka'nal-, Erd-, Streckenarbeiter *m*; **2.** ⚙ Exka'vator *m*, Löffelbagger *m*.

na·vy ['neɪvɪ] *s.* ⚓ **1.** *mst* ♀ 'Kriegsma,rine *f*; **2.** (Kriegs)Flotte *f*; **~ blue** *s.* Ma'rineblau *n*; ,**~-'blue** *adj.* ma'rineblau; ♀ **Board** *s. Brit.* Admirali'tät *f*; **~ league** *s.* Flottenverein *m*; ♀ **List** *s.* Ma'rine,rangliste *f*; **~ yard** *s.* Ma'rinewerft *f*.

nay [neɪ] **I** *adv.* **1.** *obs.* nein; **2.** *obs.* ja so'gar; **II** *s.* **3.** *parl. etc.* Nein(stimme *f*) *n*: ***the ~s have it!*** der Antrag ist abgelehnt!

Naz·a·rene [,næzə'riːn] *s.* Naza'rener *m* (*a. Christus*).

naze [neɪz] *s.* Landspitze *f*.

Na·zi ['nɑːtsɪ] *pol. contp.* **I** *s.* Nazi *m*; **II** *adj.* Nazi...; '**Na·zism** [-ɪzəm] *s.* Na'zismus *m*.

neap [niːp] **I** *adj.* niedrig, abnehmend (*Flut*); **II** *s. a.* ***~ tide*** Nippflut *f*; **III** *v/i.* zu'rückgehen (*Flut*).

near [nɪə] **I** *adv.* **1.** nahe, (ganz) in der Nähe; **2.** nahe (bevorstehend) (*Ereignis etc.*): ***~ upon five o'clock*** ziemlich genau um 5 Uhr; **3.** F annähernd, nahezu, fast: ***not ~ so bad*** bei weitem nicht so schlecht;

Besondere Redewendungen:

~ at hand a) nahe, in der Nähe, dicht dabei, b) *fig.* nahe bevorstehend, vor der Tür; ***~ by*** → ***nearby*** I; ***come*** (*od.* ***go***) ***~ to*** a) sich ungefähr belaufen auf (*acc.*), b) *e-r Sache* sehr nahe kommen, fast *et.* sein; ***come ~ to doing s.th.*** et. beinahe tun; ***draw ~*** heranrücken (*a. Zeitpunkt*); ***live ~*** sparsam *od.* kärglich leben; ***sail ~ to the wind*** ⚓ hart am Wind segeln;

II *adj.* □ → **I** *u.* ***nearly***; **4.** nahe (gelegen), in der Nähe: ***the ~est place*** der nächste Ort; ***~ miss*** a) ⚔ Nahkrepierer *m*, b) ✈ Beinahezusammenstoß *m*, c) *fig.* fast ein Erfolg; **5.** kurz, nahe (*Weg*): ***the ~est way*** der kürzeste Weg; **6.** nahe (*Zeit*, *Ereignis*): ***the ~ future***; **7.** nahe (verwandt): ***the ~est relations*** die nächsten Verwandten; **8.** eng (befreundet), in'tim: ***a ~ friend***; **9.** a'kut, brennend (*Frage*, *Problem etc.*); **10.** knapp (*Entkommen*, *Rennen etc.*): ***that was a ~ thing*** F ,das hätte ins Auge gehen können'; **11.** genau, (wort)getreu (*Übersetzung etc.*); **12.** sparsam, geizig; **13.** link (*vom Fahrer aus*; *Pferd*, *Fahrbahnseite etc.*): ***~ horse*** Handpferd *n*; **14.** Imitations...: ***~ leather***; ***~ beer*** Dünnbier *n*; ***~ silk*** Halbseide *f*; **III** *prp.* **15.** nahe, in der Nähe von (*od. gen.*), nahe an (*dat.*) *od.* bei, unweit (*gen.*): ***~ s.o.*** j-m nahe; ***~ doing s.th.*** nahe daran, et. zu tun; **16.** (*zeitlich*) nahe, nicht weit von; **IV** *v/t.*

u. v/i. **17.** sich nähern, näher kommen (*dat.*): ***be ~ing completion*** der Vollendung entgegengehen.

near·by **I** [ˌnɪəˈbaɪ] *adv. bsd. Am.* in der Nähe, nahe; **II** [ˈnɪəbaɪ] *adj.* nahe (gelegen).

Near East *s. geogr., pol.* **1.** *Brit. obs. die* Balkanstaaten *pl.*; **2.** *der* Nahe Osten.

near·ly [ˈnɪəlɪ] *adv.* **1.** beinahe, fast; **2.** annähernd: ***not ~*** bei weitem nicht, nicht annähernd; **3.** genau, gründlich; **near·ness** [ˈnɪənɪs] *s.* **1.** Nähe *f*; **2.** Innigkeit *f*, Vertrautheit *f*; **3.** große Ähnlichkeit; **4.** Knauserigkeit *f*.

near| point *s. opt.* Nahpunkt *m*; **ˈ~·side** *s. mot.* Beifahrerseite *f*; **ˌ~-ˈsight·ed** *adj.* kurzsichtig; **ˌ~-ˈsight·ed·ness** *s.* Kurzsichtigkeit *f*.

neat¹ [niːt] *adj.* ☐ **1.** sauber: a) ordentlich, reinlich, b) hübsch, nett (*a. fig.*), aˈdrett, geschmackvoll, c) klar, ˈübersichtlich, d) geschickt; **2.** treffend (*Antwort etc.*); **3.** a) rein: ***~ silk***, b) pur: ***~ whisky***; **4.** *sl.* prima.

neat² [niːt] **I** *s. pl.* **1.** *coll.* Rind-, Hornvieh *n*, Rinder *pl.*; **2.** Ochse *m*, Rind *n*; **II** *adj.* **3.** Rind(er)...

ˈneath, neath [niːθ] *prp. poet. od. dial.* unter (*dat.*), ˈunterhalb (*gen.*).

neat·ness [ˈniːtnɪs] *s.* **1.** Ordentlichkeit *f*, Sauberkeit *f*; **2.** Gefälligkeit *f*, Nettigkeit *f*; Zierlichkeit *f*; **3.** schlichte Eleˈganz, Klarheit *f* (*Stil etc.*); **4.** Geschicklichkeit *f*; **5.** Unvermischtheit *f* (*Getränke etc.*).

ˈneat's|-foot oil *s.* Klauenfett *n*; **ˈ~-ˌleath·er** *s.* Rindsleder *n*.

neb·u·la [ˈnebjʊlə] *pl.* **-lae** [-liː] *s.* **1.** *ast.* Nebel(fleck) *m*; **2.** ⚕ a) Trübheit *f* (*des Urins*), b) Hornhauttrübung *f*; **ˈneb·u·lar** [-lə] *adj. ast.* **1.** Nebel(fleck)..., Nebular...; **2.** nebelartig; **neb·u·los·i·ty** [ˌnebjʊˈlɒsətɪ] *s.* **1.** Neb(e)ligkeit *f*; **2.** Trübheit *f*; **3.** *fig.* Verschwommenheit *f*; **4.** → ***nebula*** 1; **ˈneb·u·lous** [-ləs] *adj.* ☐ **1.** neb(e)lig, wolkig (*a. Flüssigkeit*); *ast.* Nebel...; **2.** *fig.* verschwommen, nebelhaft.

nec·es·sar·i·ly [ˈnesəsərəlɪ] *adv.* **1.** notwendigerweise; **2.** unbedingt: ***you need not ~ do it***; **nec·es·sar·y** [ˈnesəsərɪ] **I** *adj.* ☐ **1.** notwendig, nötig, erforderlich (***to*** für): ***it is ~ for me to do it*** es ist nötig, dass ich es tue; ***a ~ evil*** ein notwendiges Übel; ***if ~*** nötigenfalls; **2.** unvermeidlich, zwangsläufig, notwendig: ***a ~ consequence***; **3.** notgedrungen; **II** *s.* **4.** Erfordernis *n*, Bedürfnis *n*: ***necessaries of life*** Notbedarf *m*, Lebensbedürfnisse; ***strict necessaries*** unentbehrliche Unterhaltsmittel; **5.** ✝ Beˈdarfsarˌtikel *m*.

ne·ces·si·tar·i·an [nɪˌsesɪˈteərɪən] *phls.* **I** *s.* Determiˈnist *m*; **II** *adj.* determiˈnistisch.

ne·ces·si·tate [nɪˈsesɪteɪt] *v/t.* **1.** notwendig *od.* nötig machen, erfordern, verlangen; **2.** *j-n* zwingen, nötigen; **ne·ces·si·ta·tion** [nɪˌsesɪˈteɪʃn] *s.* Nötigung *f*, Zwang *m*; **neˈces·si·tous** [-təs] *adj.* ☐ **1.** bedürftig, Not leidend; **2.** dürftig, ärmlich (*Umstände*); **3.** notgedrungen (*Handlung*); **neˈces·si·ty** [-tɪ] *s.* **1.** Notwendigkeit *f*: a) Erforderlichkeit *f*, b) ˈUnumˌgänglichkeit *f*, Unvermeidlichkeit *f*, c) Zwang *m*: ***as a ~, of ~*** notwendigerweise; ***be under the ~ of doing*** gezwungen sein zu tun; **2.** (dringendes) Bedürfnis: (***the bare***) ***necessities of life*** (die dringendsten) Lebensbedürfnisse; **3.** Not *f*, Zwangslage *f*, *a.* ⚖ Notstand *m*: ***~ is the mother of invention*** Not macht erfinderisch; ***~ knows no law*** Not kennt kein Gebot; ***in case of ~*** im Notfall; → ***virtue*** 3; **4.** Not(lage) *f*, Bedürftigkeit *f*.

neck [nek] **I** *s.* **1.** Hals *m* (*a. Flasche, Gewehr, Saiteninstrument*); **2.** Nacken *m*, Genick *n*: ***break one's ~*** sich das Genick brechen; ***crane one's ~*** sich den Hals ausrenken (***at*** nach); ***get it in the ~*** *sl.* ‚eins aufs Dach bekommen'; ***risk one's ~*** Kopf u. Kragen riskieren; ***stick one's ~ out*** F viel riskieren, den Kopf hinhalten; ***be up to one's ~ in s.th.*** bis über die Ohren in et. stecken; ***win by a ~*** *sport* um e-e Kopflänge gewinnen (*Pferd*); ***~ and ~*** Kopf an Kopf (*a. fig.*); ***~ and crop*** mit Stumpf u. Stiel; ***~ or nothing*** a) (*adv.*) auf Biegen oder Brechen, b) (*attr.*) tollkühn, verzweifelt; ***it is ~ or nothing*** es geht um alles oder nichts; **3.** Hals-, Kammstück *n* (*Schlachtvieh*); **4.** Ausschnitt *m* (*Kleid*); **5.** *anat.* Hals *m e-s Organs*; **6.** ⚠ Halsglied *n* (*Säule*); **7.** ⚙ a) Hals *m* (*Welle*), b) Schenkel *m* (*Achse*), c) (abgesetzter) Zapfen, d) Ansatz *m* (*Schraube*), e) Einfüllstutzen *m*; **8.** a) Landenge *f*, b) Engpass *m*: ***~ of the woods*** ‚Ecke' *f e-s Landes*; **II** *v/t.* **9.** *e-m Huhn etc.* den Kopf abschlagen *od.* den Hals ˈumdrehen; **10.** ⚙ *a.* ***~ out*** aushalsen; **11.** *sl.* ‚knutschen' *od.* ‚schmusen' mit; **III** *v/i.* **12.** *sl.* ‚knutschen'; **ˈ~·cloth** *s.* Halstuch *n*.

neck·er·chief [ˈnekətʃɪf] *s.* Halstuch *n*.

neck·ing [ˈnekɪŋ] *s.* **1.** ⚠ Säulenhals *m*; **2.** ⚙ a) Aushalsen *n e-s Hohlkörpers*, b) Querschnittverminderung *f*; **3.** *sl.* ‚Geknutsche' *n*.

neck·lace [ˈneklɪs], **ˈneck·let** [-lɪt] *s.* Halskette *f*.

neck| le·ver *s. Ringen*: Nackenhebel *m*; **ˈ~·line** *s.* Ausschnitt *m* (*am Kleid*); **~ scis·sors** *s. pl. sg. konstr. Ringen*: Halsschere *f*; **ˈ~·tie** *s.* Kraˈwatte *f*, Schlips *m*; **ˈ~·wear** *s.* ✝ *coll.* Kraˈwatten *pl.*, Kragen *pl.*, Halstücher *pl.*

N

ne·crol·o·gy [neˈkrɒlədʒɪ] *s.* **1.** Toten-, Sterbeliste *f*; **2.** Nachruf *m*; **nec·ro·man·cer** [ˈnekrəʊmænsə] *s.* **1.** Geister-, Totenbeschwörer *m*; **2.** *allg.* Schwarzkünstler *m*; **nec·ro·man·cy** [ˈnekrəʊmænsɪ] *s.* **1.** Geisterbeschwörung *f*, Nekromanˈtie *f*; **2.** *allg.* schwarze Kunst; **ne·croph·i·lism** [neˈkrɒfɪlɪzəm] *s. psych.* Nekrophiˈlie *f*; **ne·cro·sis** [neˈkrəʊsɪs] *s.* ⚕ Neˈkrose *f*, Brand *m* (*a.* ⚘): **~ of the bone** Knochenfraß *m*; **ne·crot·ic** [neˈkrɒtɪk] *adj.* ⚘, ⚕ brandig.

nec·tar [ˈnektə] *s. myth.* Nektar *m* (*a.* ⚘ *u. fig.*), Göttertrank *m*; **ˈnec·ta·rine** [-riːn] *s. Obst*: Nektaˈrine *f*; **ˈnec·ta·ry** [-ərɪ] *s.* ⚘, *zo.* Nekˈtarium *n*, Honigdrüse *f*.

née, *bsd. Am.* **nee** [neɪ] *adj.* geborene (*vor dem Mädchennamen e-r Frau*).

need [niːd] **I** *s.* **1.** (**of**, **for**) (dringendes) Bedürfnis (nach), Bedarf *m* (an *dat.*): ***one's own ~s*** Eigenbedarf; ***be*** (*od.* ***stand***) ***in ~ of s.th.*** et. dringend brauchen, et. sehr nötig haben; ***fill a ~*** e-m Bedürfnis entgegenkommen, e-m Mangel abhelfen; ***in ~ of repair*** reparaturbedürftig; ***have no ~ to do*** kein Bedürfnis *od.* keinen Grund haben zu tun; **2.** Mangel *m* (**of**, **for** an *dat.*): ***feel the ~ of*** (*od.* ***for***) ***s.th.*** et. vermissen, Mangel an et. verspüren; **3.** dringende Notwendigkeit: ***there is no ~ for you to come*** du brauchst nicht zu kommen; **4.** Not(lage) *f*: ***in case of ~, if ~ be, if ~ arise*** nötigenfalls, im Notfall; **5.** Armut *f*, Not *f*; **6.** *pl.* Erfordernisse *pl.*, Bedürfnisse *pl.*; **II** *v/t.* **7.** benötigen, nötig haben, brauchen; **8.** erfordern: ***it ~s all your strength***; ***it ~ed doing*** es musste (einmal) getan werden; **III** *v/aux.* **9.** müssen, brauchen: ***it ~s to be done*** es muss getan werden; ***it ~s but to become known*** es braucht nur bekannt zu werden; **10.** (*vor e-r Verneinung u. in Fragen, ohne* **to**; *3. sg. pres.* ***need***) brauchen, müssen: ***she ~ not do it***; ***you ~ not have come*** du hättest nicht zu kommen brauchen; **ˈneed·ful** [-fʊl] **I** *adj.* □ nötig; **II** *s. das* Nötige: ***the ~*** F das nötige Kleingeld; **ˈneed·i·ness** [-dɪnɪs] *s.* Bedürftigkeit *f*, Armut *f*.

nee·dle [ˈniːdl] **I** *s.* **1.** (*Näh-, a. Grammophon-, Magnet- etc.*)Nadel *f* (*a.* ⚕, ⚘): ***knitting-~*** Stricknadel; ***as sharp as a ~*** *fig.* äußerst intelligent, ‚auf Draht'; ***~'s eye*** Nadelöhr *n*; ***get*** (*od.* ***take***) ***the ~*** F ‚hochgehen', e-e Wut kriegen; ***give s.o. the ~*** → 7; **2.** ⚙ a) Venˈtilnadel *f*, b) *mot.* Schwimmernadel *f* (*Vergaser*), c) Zeiger *m*, d) Zunge *f* (*Waage*), e) Radiernadel *f*; **3.** Nadel *f* (*Berg-, Felsspitze*); **4.** Obeˈlisk *m*; **5.** *min.* Kriˈstallnadel *f*; **II** *v/t.* **6.** (*mit e-r Nadel*) nähen, durchˈstechen; ⚕ punktieren: **~ *one's way through*** *fig.* sich hindurchschlängeln; **7.** F *durch Sticheleien* aufbringen, reizen; **8.** anstacheln; **9.** F *Getränk durch Alkoholzusatz* schärfen; **~ bath** *s.* Strahldusche *f*; **ˈ~·book** *s.* Nadelbuch *n*; **~ gun** *s.* ⚔ Zündnadelgewehr *n*; **ˈ~·like** *adj.* nadelartig; **~ point** *s.* **1.** Petitˈpointstickeˌrei *f*; **2.** → **ˈ~-point lace** *s.* Nadelspitze *f* (*Ggs. Klöppelspitze*).

need·less [ˈniːdlɪs] *adj.* unnötig, ˈüberflüssig: **~ *to say*** selbstredend, selbstverständlich; ***~ly*** *adv.* unnötig(erweise); **ˈneed·less·ness** [-nɪs] *s.* Unnötigkeit *f*, ˈÜberflüssigkeit *f*.

nee·dle valve *s.* ⚙ ˈNadelvenˌtil *n*; **ˈ~ˌwom·an** *s.* [*irr.*] Näherin *f*; **ˈ~·work I** *s.* Handarbeit *f*, Näheˈrei *f*; **II** *adj.* Handarbeits...: **~ *shop***.

needs [niːdz] *adv.* unbedingt, notwendigerweise: ***if you must ~ do it*** wenn du es durchaus tun willst.

need·y [ˈniːdɪ] *adj.* □ arm, bedürftig, notleidend.

ne'er [neə] *poet. für* **never**; **ˈ~-do-well I** *s.* Taugenichts *m*, Tunichtgut *m*; **II** *adj.* nichtsnutzig.

ne·far·i·ous [nɪˈfeərɪəs] *adj.* □ ruchlos, schändlich; **neˈfar·i·ous·ness** [-nɪs] *s.* Ruchlosigkeit *f*, Bosheit *f*.

ne·gate [nɪˈgeɪt] *v/t.* **1.** verneinen, negieren, leugnen; **2.** annullieren, unwirksam machen, aufheben, verwerfen; **neˈga·tion** [-eɪʃn] *s.* **1.** Verneinung *f*, Verneinen *n*, Negieren *n*; **2.** Verwerfung *f*, Annullierung *f*, Aufhebung *f*; **3.** *phls.* a) (*Logik*) Negatiˈon *f*, b) Nichts *n*.

neg·a·tive [ˈnegətɪv] **I** *adj.* □ **1.** negativ, verneinend; **2.** abschlägig, ablehnend (*Antwort etc.*); **3.** erfolglos, ergebnislos; **4.** negativ (*ohne positive Werte*); **5.** ⚗, ⚡, A, ⚕, *phot.*, *phys.* negativ: **~ *conductor*** ⚡ Minusleitung *f*; **~ *electrode*** Kat(h)ode *f*; **~ *lens*** *opt.* Zerstreuungslinse *f*; **~ *sign*** A Minuszeichen *n*, negatives Vorzeichen; ***~!*** Fehlanzeige!; **II** *s.* **6.** Verneinung *f*: ***answer in the ~*** verneinen; **7.** abschlägige Antwort; **8.** *ling.* Negatiˈon *f*; **9.** a) Einspruch *m*, Veto *n*, b) ablehnende Stimme; **10.** negative Eigenschaft, Negativum *n*; **11.** ⚡ negativer Pol; **12.** A a) Minuszeichen *n*, b) negative Zahl; **13.** *phot.* Negativ *n*; **III** *v/t.* **14.** negieren, verneinen; **15.** verwerfen, ablehnen; **16.** widerˈlegen; **17.** unwirksam machen, neutralisieren, aufheben; **ˈneg·a·tiv·ism** [-vɪzəm] *s.* Negatiˈvismus *m* (*a. phls.*, *psych.*); **ne·ga·tor** [nɪˈgeɪtə] *s.* Verneiner *m*; **ˈneg·a·to·ry** [-tərɪ] *adj.* verneinend, negativ.

neg·lect [nɪˈglekt] **I** *v/t.* **1.** vernachlässigen; **2.** missˈachten; **3.** versäumen, unterˈlassen (***to do*** *od.* ***doing*** zu tun); **4.** überˈsehen, -ˈgehen; außer Acht lassen;

N

II *s.* **5.** Vernachlässigung *f*, Hint'ansetzung *f*; **6.** 'Missachtung *f*; **7.** Unter'lassung *f*, Versäumnis *n*, ⚖ *a.* Fahrlässigkeit *f*: **~ of duty** Pflichtversäumnis; **8.** Verwahrlosung *f*: **in a state of ~** verwahrlost; **9.** Über'gehen *n*, Auslassung *f*; **10.** Nachlässigkeit *f*; **neg'lect·ful** [-fʊl] *adj.* □ → **negligent** 1.

neg·li·gée ['negli:ʒeɪ] *s.* Negli'gee *n*: a) *ungezwungene Hauskleidung*, b) *dünner Morgenmantel.*

neg·li·gence ['neglɪdʒəns] *s.* **1.** Nachlässigkeit *f*, Unachtsamkeit *f*; **2.** ⚖ Fahrlässigkeit *f*: **contributory ~** mitwirkendes Verschulden; '**neg·li·gent** [-nt] *adj.* □ **1.** nachlässig, gleichgültig, unachtsam (**of** gegen): **be ~ of s.th.** et. vernachlässigen, et. außer Acht lassen; **2.** ⚖ fahrlässig; **3.** lässig, sa'lopp.

neg·li·gi·ble ['neglɪdʒəbl] *adj.* □ **1.** nebensächlich, unwesentlich; **2.** geringfügig, unbedeutend; → **quantity** 2.

ne·go·ti·a·bil·i·ty [nɪˌgəʊʃjə'bɪlətɪ] *s.* ✝ **1.** Verkäuflichkeit *f*; **2.** Begebbarkeit *f*; **3.** Bank-, Börsenfähigkeit *f*; **4.** Über'tragbarkeit *f*; **5.** Verwertbarkeit *f*; **ne·go·ti·a·ble** [nɪ'gəʊʃjəbl] *adj.* □ **1.** ✝ a) verkäuflich, veräußerlich, b) verkehrsfähig, c) bank-, börsenfähig, d) (durch Indossa'ment) über'tragbar, begebbar, e) verwertbar: **~ instrument** begebbares (Wert)Papier; **not ~** nur zur Verrechnung; **2.** über'windbar (*Hindernis*); befahrbar (*Straße*); **3.** auf dem Verhandlungsweg erreichbar: **salary ~** Gehalt nach Vereinbarung.

ne·go·ti·ate [nɪ'gəʊʃɪeɪt] **I** *v/i.* **1.** ver-, unter'handeln, in Unter'handlung stehen (**with** mit, **for**, **about** um, wegen): **negotiating table** Verhandlungstisch *m*; **II** *v/t.* **2.** *Vertrag etc.* zu'stande bringen, (ab)schließen; **3.** verhandeln über (*acc.*); **4.** ✝ *Wechsel* begeben: **~ back** zurückbegeben; **5.** *Hindernis etc.* über'winden, *a. Kurve* nehmen; **ne·go·ti·a·tion** [nɪˌgəʊʃɪ'eɪʃn] *s.* **1.** Ver-, Unter'handlung *f*: **enter into ~s** in Verhandlungen eintreten: **by way of ~** auf dem Verhandlungswege; **2.** Aushandeln *n* (*Vertrag*); **3.** ✝ Begebung *f*, Über'tragung *f* (*Wechsel etc.*): **further ~** Weiterbegebung; **4.** Über'windung *f*, Nehmen *n von Hindernissen*; **ne'go·ti·a·tor** [-tə] *s.* **1.** 'Unterhändler *m*; **2.** Vermittler *m*.

ne·gress ['ni:grɪs] *s. obs.* Negerin *f*.

ne·gro ['ni:grəʊ] **I** *pl.* **-groes** *s.* Neger (-in); **II** *adj.* Neger...: **~ question** Negerfrage *f*, -problem *n*; **~ spiritual** → **spiritual** 8; '**ne·groid** [-rɔɪd] *adj.* negro'id, negerartig.

Ne·gus¹ ['ni:gəs] *s. hist.* Negus *m* (*äthiopischer Königstitel*).

ne·gus² ['ni:gəs] *s.* Glühwein *m*.

neigh [neɪ] **I** *v/t. u. v/i.* wiehern; **II** *s.* Gewieher *n*, Wiehern *n*.

neigh·bo(u)r ['neɪbə] **I** *s.* **1.** Nachbar (-in); **2.** Nächste(r) *m*, Mitmensch *m*; **II** *adj.* **3.** → **neighbo(u)ring**; **III** *v/t.* **4.** (an)grenzen an (*acc.*); **IV** *v/i.* **5.** benachbart sein, in der Nachbarschaft wohnen; **6.** grenzen (**upon** an *acc.*); '**neigh·bo(u)r·hood** [-hʊd] *s.* **1.** Nachbarschaft *f* (*a. fig.*), Um'gebung *f*, Nähe *f*: **in the ~ of** a) in der Umgebung von, b) *fig.* F ungefähr, etwa, um ... herum; **2.** *coll.* Nachbarn *pl.*, Nachbarschaft *f*; **3.** (Wohn)Gegend *f*: **a fashionable ~**; '**neigh·bo(u)r·ing** [-bərɪŋ] *adj.* benachbart, angrenzend, Nachbar...: **~ state** *a.* Anliegerstaat *m*; '**neigh·bo(u)r·li·ness** [-lɪnɪs] *s.* (gut)'nachbarliches Verhalten; Freundlichkeit *f*; '**neigh·bo(u)r·ly** [-lɪ] *adj. u. adv.* **1.** (gut)'nachbarlich; **2.** freundlich, gesellig.

> In Großbritannien gibt es vielerorts Straßenschilder mit der Aufschrift **This is a Neighbourhood Watch Area**. Die **Neighbourhood Watch** („Nachbarschaftswache“) ist eine freiwillige Organisation, die der Polizei bei der örtlichen Verbrechensbekämpfung hilft, indem Mitglieder Ausschau nach potenziellen Einbrechern, Autodieben usw. halten und besonders während der Abwesenheit von Nachbarn auf deren Häuser aufpassen.

nei·ther ['naɪðə] **I** *adj. u. pron.* **1.** kein (von beiden): **~ of you** keiner von euch (beiden); **II** *cj.* **2.** weder: **~ you nor he knows** weder du weißt es noch er; **3.** noch (auch), auch nicht, ebenso wenig: **he does not know, ~ do I** er weiß es nicht, noch *od.* ebenso wenig weiß ich es.

nem·a·tode ['nemətəʊd] *zo. s.* Nema'tode *f*, Fadenwurm *m*.

nem con [ˌnem'kɒn] *adv.* einstimmig.

nem·e·sis, *a.* 2 ['nemɪsɪs] *s. myth. u. fig.* Nemesis *f*, (die Göttin der) Vergeltung *f*.

ne·mo ['ni:məʊ] *s. Radio, TV*: 'Außenrepor,tage *f*.

neo- [ni:əʊ] *in Zssgn* neu, jung, neo..., Neo...

ne·o·lith ['ni:əʊlɪθ] *s.* jungsteinzeitliches Gerät; **ne·o·lith·ic** [ˌni:əʊ'lɪθɪk] *adj.* jungsteinzeitlich, neo'lithisch: **2 period** Jungsteinzeit *f*.

ne·ol·o·gism [niːˈɒlədʒɪzəm] *s.* **1.** *ling.* Neoloˈgismus *m*, Wortneubildung *f*; **2.** *eccl.* neue Dokˈtrin; **neˈol·o·gy** [-dʒɪ] *s.* **1.** → ***neologism*** 1 *u.* 2; **2.** *ling.* Neoloˈgie *f*, Bildung *f* neuer Wörter.

ne·on [ˈniːən] *s.* ⚗ Neon *n*: **~ *lamp*** Neonlampe *f*, Leucht(stoff)röhre *f*; **~ *signs*** Leuchtreklame *f*.

ne·o-Na·zi [ˌniːəʊˈnɑːtsɪ] **I** *s.* ˈNeonazi *m*; **II** *adj.* ˈneonaˌzistisch.

ne·o·phyte [ˈniːəʊfaɪt] *s.* **1.** *eccl.* Neubekehrte(r *m*) *f*, Konverˈtit(in); **2.** *R.C.* a) Noˈvize *m*, *f*, b) Jungpriester *m*; **3.** *fig.* Neuling *m*, Anfänger(in).

ne·o·plasm [ˈniːəʊplæzəm] *s.* ⚕ Neoˈplasma *n*, Gewächs *n*.

ne·o·ter·ic [ˌniːəʊˈterɪk] *adj.* (☐ **~*ally***) neuzeitlich, moˈdern.

Ne·o·zo·ic [ˌniːəʊˈzəʊɪk] *geol.* **I** *s.* Neoˈzoikum *n*, Neuzeit *f*; **II** *adj.* neoˈzoisch.

Nep·a·lese [ˌnepɔːˈliːz] **I** *s.* Nepaˈlese *m*, Nepalesin *f*, Bewohner(in) von Nepal; Nepaˈlesen *pl.*; **II** *adj.* nepaˈlesisch.

neph·ew [ˈnefjuː] Neffe *m*.

ne·phol·o·gy [nɪˈfɒlədʒɪ] *s.* Wolkenkunde *f*.

ne·phrit·ic [neˈfrɪtɪk] *adj.* ⚕ Nieren...; **ne·phri·tis** [neˈfraɪtɪs] *s.* ⚕ Neˈphritis *f*, Nierenentzündung *f*; **neph·ro·lith** [ˈnefrəʊlɪθ] *s.* ⚕ Nierenstein *m*; **ne·phrol·o·gist** [neˈfrɒlədʒɪst] *s.* ⚕ Nierenfacharzt *m*, Uroˈloge *m*.

nep·o·tism [ˈnepətɪzəm] *s.* Nepoˈtismus *m*, Vetternwirtschaft *f*.

Nep·tune [ˈneptjuːn] *s. myth. u. ast.* Neptun *m*.

nerd [nɜːd] *s.* **1.** Trottel *m*, Depp *m*; **2.** (Computer- *etc.*)Freak *m*.

Ne·re·id [ˈnɪərɪɪd] *s. myth.* Nereˈide *f*, Wassernymphe *f*.

ner·va·tion [nəːˈveɪʃn], **nerv·a·ture** [ˈnɜːvəˌtʃʊə] *s.* **1.** Anordnung *f* der Nerven; **2.** ⚘ Aderung *f*.

nerve [nɜːv] **I** *s.* **1.** Nerv(enfaser *f*) *m*: ***get on s.o.'s ~s*** j-m auf die Nerven gehen; ***be all ~s, be a bag of ~s*** F ein Nervenbündel sein; ***a fit of ~s*** e-e Nervenkrise; ***strain every ~*** s-e ganze Kraft aufbieten; **2.** *fig.* a) Lebensnerv *m*, b) Stärke *f*, Enerˈgie *f*, c) (innere) Ruhe, d) Mut *m*, e) *sl.* Frechheit *f*: ***lose one's ~*** die Nerven verlieren; ***have the ~ to do s.th.*** es wagen, et. zu tun; ***he has got a ~!*** *sl.* der hat vielleicht Nerven!; **3.** ⚘ Nerv *m*, Ader *f* (*Blatt*); **4.** ⚠ (Gewölbe)Rippe *f*; **II** *v/t.* **5.** *fig.* (*körperlich od. seelisch*) stärken, ermutigen: **~ *o.s.*** sich aufraffen; **~ cen·ter** *Am.*, **~ cen·tre** *Brit. s.* Nervenzentrum *n* (*a. fig.*); **~ cord** *s.* Nervenstrang *m*.

nerved [nɜːvd] *adj.* **1.** nervig (*mst in Zssgn*): ***strong-~*** nervenstark; **2.** ⚘, *zo.* geädert, gerippt.

nerve| gas *s.* Nervengas *n*; **ˈ~·less** [ˈnɜːvlɪs] *adj.* ☐ **1.** *fig.* kraft-, enerˈgielos; **2.** ohne Nerven; **3.** ⚘ ohne Adern, nervenlos; **~ poi·son** *s.* Nervengift *n*; **ˈ~-ˌrack·ing** *adj.* nervenaufreibend.

nerv·ine [ˈnɜːviːn] *adj. u. s.* ⚕ nervenstärkend(es Mittel).

nerv·ous [ˈnɜːvəs] *adj.* **1.** Nerven...(*-system, -zusammenbruch etc.*): **~ *breakdown*** Nervenzs.-bruch *m*; **~ *excitement*** nervöse Erregtheit; **~ *wreck*** ‚Nervenbündel' *n*; **2.** nervenreich; **3.** nerˈvös: a) nervenschwach, erregbar, b) ängstlich, scheu, c) aufgeregt; **4.** aufregend; **5.** *obs.* kräftig, nervig; **ˈner·vous·ness** [-nɪs] *s.* Nervosiˈtät *f*.

nerv·y [ˈnɜːvɪ] *adj.* F **1.** frech; **2.** nerˈvös; **3.** nervenaufreibend.

nes·ci·ence [ˈnesɪəns] *s.* (vollständige) Unwissenheit; **ˈnes·ci·ent** [-nt] *adj.* unwissend (***of*** in *dat.*).

ness [nes] *s.* Vorgebirge *n*.

nest [nest] **I** *s.* **1.** *orn.*, *zo.*, *a. geol.* Nest *n*; **2.** *fig.* Nest *n*, Zufluchtsort *m*, behagliches Heim; **3.** *fig.* Schlupfwinkel *m*, Brutstätte *f*: **~ *of vice*** Lasterhöhle *f*; **4.** Brut *f* (*junger Tiere*): ***take a ~*** ein Nest ausnehmen; **5.** ⚔ (Widerstands-, M'G-)Nest *n*; **6.** Serie *f*, Satz *m* (*ineinander passender Dinge*, *z. B. Schüsseln*); **7.** ⚙ Satz *m*, Gruppe *f*: **~ *of boiler tubes*** Heizrohrbündel *n*; **II** *v/i.* **8.** a) ein Nest bauen, b) nisten; **9.** sich einnisten, sich ˈniederlassen; **10.** Vogelnester ausnehmen; **III** *v/t.* **11.** *Töpfe etc.* ineinˈander stellen *od.* setzen; **~ egg** *s.* **1.** Nestei *n*; **2.** *fig.* Spar-, Notgroschen *m*.

nes·tle [ˈnesl] **I** *v/i.* **1.** *a.* **~ *down*** sich behaglich ˈniederlassen; **2.** sich anschmiegen *od.* kuscheln (***to, against*** an *acc.*); **3.** sich einnisten; **II** *v/t.* **4.** schmiegen, kuscheln (***on, to, against*** an *acc.*); **nest·ling** [ˈnestlɪŋ] *s.* **1.** *orn.* Nestling *m*; **2.** *fig.* Nesthäkchen *n*.

net[1] [net] **I** *s.* **1.** (*a. weitS. Straßen- etc.*, ✈ Koordiˈnaten)Netz *n*: ***the*** ♀ (*od.* **~**) das ˈInternet; → *a.* ***network*** 4; **2.** *fig.* Falle *f*, Netz *n*, Garn *n*; **3.** netzartiges Gewebe, Netz *n*; ✝ Tüll *m*, Musseˈlin *m*: **~ *curtain*** Store *m*; **4.** *Tennis*: Netzball *m*; **II** *v/t.* **5.** mit e-m Netz fangen; **6.** *fig.* (ein)fangen; **7.** mit e-m Netz umˈgeben *od.* bedecken; **8.** *Gewässer* mit Netzen abfischen; **9.** in Fiˈlet arbeiten, knüpfen; **10.** *Tennis*: *Ball* ins Netz schlagen; **III** *v/i.* **11.** Netz- *od.* Fiˈletarbeit machen.

net[2] [net] **I** *adj.* ✝ **1.** netto, Netto..., Rein..., Roh...: **~ *income*** Nettoeinkommen *n*; **II** *v/t.* **2.** netto einbringen, e-n Reingewinn von ... abwerfen; **3.** netto verdienen, e-n Reingewinn haben von; **~ a·mount** *s.* Nettobetrag *m*, Reinertrag *m*; **~ as·sets** *s. pl.* Reinvermögen *n*; **~ bor·row·ings** *s. pl.* Nettokreditaufnahme *f*; **~ cash** *s.* ✝ netto

Kasse: ~ ***in advance*** Nettokasse im Voraus; ~ **ef·fi·cien·cy** *s.* ⚙ Nutzleistung *f.*

neth·er ['neðə] *adj.* **1.** unter, Unter...: ~ ***regions***, ~ ***world*** Unterwelt *f*; **2.** nieder, Nieder...

Neth·er·land·er ['neðələndə] *s.* Niederländer(in); '**Neth·er·land·ish** [-dɪʃ] *adj.* niederländisch.

'**neth·er·most** *adj.* unterst, tiefst.

net·i·quette ['netɪket] *s. Computer, Internet*: Neti'quette *f*, Neti'kette *f.*

net| load *s.* ✝, ⚙ Nutzlast *f*; ~ **price** *s.* ✝ Nettopreis *m*; ~ **pro·ceeds** *s. pl.* ✝ Nettoeinnahme(n *pl.*) *f*, Reinerlös *m*; ~ **prof·it** *s.* ✝ Reingewinn *m.*

net surf·er *s.*, **Net surf·er** *s.* 'Internet-ˌsurfer(in).

net·ted ['netɪd] *adj.* **1.** netzförmig, maschig; **2.** von Netzen um'geben *od.* bedeckt; '**net·ting** [-tɪŋ] *s.* **1.** Netzstricken *n*, Fi'letarbeit *f*; **2.** Netz(werk) *n*, Geflecht *n* (*a. Draht*); ⚔ Tarnnetze *pl.*

net·tle ['netl] **I** *s.* **1.** ⚘ Nessel *f*: ***grasp the*** ~ *fig.* den Stier bei den Hörnern packen; **II** *v/t.* **2.** mit *od.* an Nesseln brennen; **3.** *fig.* ärgern, reizen: ***be*** ~***d at*** aufgebracht sein über (*acc.*); ~ **cloth** *s.* Nesseltuch *n*; ~ **rash** *s.* ⚕ Nesselausschlag *m.*

net| weight *s.* ✝ Netto-, Rein-, Eigen-, Trockengewicht *n*; '~**·work** **I** *s.* **1.** Netz-, Maschenwerk *n*, Geflecht *n*, Netz *n*, *Computer*: Netz(werk) *n*: ~ ***access*** Netzzugang *m*; ~ ***driver*** Netzwerktreiber *m*; ~ ***server*** Netzwerkserver *m*; **2.** Netz-, Fi'letarbeit *f*; **3.** *fig.* Netz *n*: ~ ***of roads*** Straßennetz; ~ ***of intrigues*** Netz von Intrigen; **4.** ⚡ a) Leitungs-, Verteilungsnetz *n*, b) *Rundfunk*: Sendernetz *n*, -gruppe *f*; **II** *v/t. Computer*: vernetzen; ~ **yield** *s.* ✝ effek'tive Ren'dite *od.* Verzinsung, Nettoertrag *m.*

neu·ral ['njʊərəl] *adj. physiol.* Nerven...: ~ ***axis*** Nervenachse *f.*

neu·ral·gia [ˌnjʊə'rældʒə] *s.* ⚕ Neural'gie *f*, Nervenschmerz *m*; ˌ**neu'ral·gic** [-dʒɪk] *adj.* (☐ ~***ally***) neur'algisch.

neu·ras·the·ni·a [ˌnjʊərəs'θiːnɪə] *s.* ⚕ Neurasthe'nie *f*, Nervenschwäche *f*; ˌ**neu·ras'then·ic** [-'θenɪk] ⚕ **I** *adj.* (☐ ~***ally***) neura'sthenisch; **II** *s.* Neura'stheniker(in).

neu·ri·tis [ˌnjʊə'raɪtɪs] *s.* Nervenentzündung *f.*

neu·rol·o·gist [ˌnjʊə'rɒlədʒɪst] *s.* Neuro'loge *m*, Nervenarzt *m*; ˌ**neu'rol·o·gy** [-dʒɪ] *s.* Neurolo'gie *f.*

neu·ro·path ['njʊərəʊpæθ] *s.* ⚕ Nervenleidende(r *m*) *f*; **neu·ro·path·ic** [ˌnjʊərəʊ'pæθɪk] *adj.* (☐ ~***ally***) neuro'pathisch: a) ner'vös (*Leiden etc.*), b) nervenkrank; **neu·rop·a·thist** [ˌnjʊə'rɒpəθɪst] → ***neurologist***; **neu'rop·a·thy** [ˌnjʊə'rɒpəθɪ] *s.* Nervenleiden *n.*

neu·rop·ter·an [ˌnjʊə'rɒptərən] *zo.* **I** *adj.* Netzflügler...; **II** *s.* Netzflügler *m.*

neu·ro·sis [ˌnjʊə'rəʊsɪs] *pl.* **-ses** [-siːz] *s.* ⚕ Neu'rose *f*; ˌ**neu'rot·ic** [-'rɒtɪk] **I** *adj.* (☐ ~***ally***) **1.** neu'rotisch; **2.** Nerven...(*-mittel, -leiden etc.*); **II** *s.* **3.** Neu'rotiker(in); **4.** Nervenmittel *n*; ˌ**neu'rot·o·my** [-'rɒtəmɪ] *s.* **1.** 'Nervenanatoˌmie *f*; **2.** Nervenschnitt *m.*

neu·ter ['njuːtə] **I** *adj.* **1.** *ling.* a) sächlich, b) intransitiv (*Verb*); **2.** *biol.* geschlechtslos; **II** *s.* **3.** *ling.* a) Neutrum *n*, sächliches Hauptwort, b) intransitives Verb; **4.** ⚘ Blüte *f* ohne Staubgefäße u. Stempel; **5.** *zo.* geschlechtsloses *od.* kastriertes Tier; **III** *v/t.* **6.** kastrieren.

neu·tral ['njuːtrəl] **I** *adj.* ☐ **1.** neu'tral (*a. pol.*), par'teilos, 'unparˌteiisch, unbeteiligt; **2.** neutral, unbestimmt, farblos; **3.** neutral (*a.* ⚗, ⚡), gleichgültig, 'indiffeˌrent; **4.** ⚘, *zo.* geschlechtslos; **5.** ⚙, *mot.* a) Ruhe..., Null... (*Lage*), b) Leerlauf... (*Gang*); **II** *s.* **6.** a) Neu'trale(r *m*) *f*, Par'teilose(r *m*) *f*, b) neutraler Staat, c) Angehörige(r *m*) *f* e-s neutralen Staates; **7.** *mot.*, ⚙ Ruhelage *f*, Leerlaufstellung *f*: ***put the car in*** ~ den Gang herausnehmen; ~ **ax·is** *s.* ⚒, *phys.*, ⚙ neutrale Achse, Nulllinie *f*; ~ **con·duc·tor** *s.* ⚡ Nullleiter *m*; ~ **gear** *s.* ⚙ Leerlauf(gang) *m.*

neu·tral·ism ['njuːtrəlɪzəm] *s.* Neutra'lismus *m*; '**neu·tral·ist** [-ɪst] **I** *s.* Neutra'list *m*; **II** *adj.* neutra'listisch.

neu·tral·i·ty [njuː'trælətɪ] *s.* Neutrali'tät *f* (*a.* ⚗, *pol.*).

neu·tral·i·za·tion [ˌnjuːtrəlaɪ'zeɪʃn] *s.* **1.** Neutralisierung *f*, Ausgleichung *f*, (gegenseitige) Aufhebung; **2.** ⚗ Neutralisati'on *f*; **3.** *pol.* Neutrali'tätserklärung *f e-s Staates etc.*; **4.** ⚡ Entkopplung *f*; **5.** ⚔ Niederhaltung *f*, Lahmlegung *f*, *a. sport*: Ausschaltung *f*; **neu·tral·ize** ['njuːtrəlaɪz] *v/t.* **1.** neutralisieren (*a.* ⚗), ausgleichen, aufheben: ~ ***each other*** sich gegenseitig aufheben; **2.** *pol.* für neu'tral erklären; **3.** ⚡ neutralisieren, entkoppeln; **4.** ⚔ niederhalten, -kämpfen, *a. sport*: *Gegner* ausschalten; *Kampfstoff* entgiften.

neu·tral| line *s.* **1.** ⚒, *phys.* Neu'trale *f*, neu'trale Linie; **2.** *phys.* Nulllinie *f*; **3.** → ***neutral axis***; ~ **po·si·tion** *s.* **1.** ⚙ Nullstellung *f*, -lage *f*, Ruhestellung *f*; **2.** ⚡ neutrale Stellung (*Anker etc.*).

neu·tro·dyne ['njuːtrədaɪn] *s.* ⚡ Neutro'dyn *n.*

neu·tron ['njuːtrɒn] *phys.* **I** *s.* Neu'tron *n*; **II** *adj.* Neutronen...(*-bombe, -zahl etc.*).

né·vé ['neveɪ] (*Fr.*) *s.* Firn(feld *n*) *m.*

nev·er ['nevə] *adv.* **1.** nie, niemals, nimmer(mehr); **2.** durch'aus nicht, (ganz und) gar nicht, nicht im Geringsten; **3.** (doch) wohl nicht;

N

Besondere Redewendungen:
~ *ever* noch nie; **~ *fear*** nur keine Bange!; **~ *mind*** das macht nichts!; ***well I ~!*** F nein, so was!, das ist ja unerhört!; **~ *so*** auch noch so; ***he ~ so much as answered*** er hat noch nicht einmal geantwortet; **~ *say die!*** nur nicht verzweifeln!

'nev·er|-do-ˌwell *s.* Taugenichts *m*, Tunichtgut *m*; **ˌ~-'end·ing** [-ər'e-] *adj.* endlos, nicht enden wollend; **ˌ~-'fail·ing** *adj.* **1.** unfehlbar, untrüglich; **2.** nie versiegend; **ˌ~'more** *adv.* nimmermehr, nie wieder; **ˌ~-'nev·er** *s.* F **1. *buy on the ~*** ‚abstottern', auf Pump kaufen; **2.** *a.* **~ *land*** a) ‚Arsch *m* der Welt', b) *fig.* Wolken'kuckucksheim *n*.

ˌnev·er·the'less *adv.* nichtsdesto'weniger, dennoch, trotzdem.

ne·vus ['niːvəs] *s.* ⚕ Muttermal *n*, Leberfleck *m*: ***vascular ~*** Feuermal.

new [njuː] **I** *adj.* □ → ***newly***; **1.** *allg.* neu: ***nothing ~*** nichts Neues; → ***broom²***; **2.** *a. ling.* neu, mo'dern; *bsd. contp.* neumodisch; **3.** neu (*Obst etc.*), frisch (*Brot, Milch etc.*); **4.** neu (*Ggs. alt*), gut erhalten: ***as good as ~*** so gut wie neu; **5.** neu(entdeckt *od.* -erschienen *od.* -erstanden *od.* -geschaffen): **~ *facts***; **~ *star***; **~ *moon*** Neumond *m*; **~ *publications*** Neuerscheinungen *pl.*; ***the ~ woman*** die Frau von heute; ***the*** ≗ ***World*** die Neue Welt (*Amerika*); ***that is not ~ to me*** das ist mir nichts Neues; **6.** unerforscht: **~ *ground*** Neuland *n* (*a. fig.*); **7.** neu (gewählt, ernannt): ***the ~ president***; **8.** (***to***) a) *j-m* unbekannt, b) nicht vertraut (mit *e-r Sache*), unerfahren (in *dat.*), c) *j-m* ungewohnt; **9.** neu, ander, besser: ***feel a ~ man*** sich wie neugeboren fühlen; **10.** erneut: ***a ~ start***; **11.** (*bsd. bei Ortsnamen*) Neu...; **II** *adv.* **12.** neu(erlich), so'eben, frisch (*bsd. in Zssgn*): ***~-built*** neu erbaut.

new·bie ['njuːbɪ] *s.* F *bsd. Computer:* Neuling *m*, Anfänger(in).

'new|·born *adj.* neugeboren (*a. fig.*); **~ build·ing** *s.* Neubau *m*; **'~-come** *adj.* neu angekommen; **'~ˌcom·er** *s.* **1.** Neuankömmling *m*, Fremde(r *m*) *f*; **2.** Neuling *m* (***to*** in *e-m Fach*); ≗ **Deal** *s. hist.* New Deal *m* (*Wirtschafts- u. Sozialpolitik des Präsidenten F. D. Roosevelt*).

new·el ['njuːəl] *s.* ⚙ **1.** Spindel *f* (*Wendeltreppe, Gussform etc.*); **2.** Endpfosten *m* (*Geländer*).

'new|ˌfan·gled [-ˌfæŋgld] *adj. contp.* neu(modisch); **'~-fledged** *adj.* **1.** flügge geworden; **2.** *fig.* neu gebacken; **ˌ~-'found** *adj.* **1.** neu gefunden; neu erfunden; **2.** neu entdeckt.

New·found·land (dog) [njuː'faʊndlənd], **New'found·land·er** [-də] *s.* Neu'fundländer *m* (*Hund*).

new·ish ['njuːɪʃ] *adj.* ziemlich neu;

new·ly ['njuːlɪ] *adv.* **1.** neulich, kürzlich, jüngst: **~ *married*** neu *od.* jung vermählt; **2.** von neuem; **new·ness** ['njuːnɪs] *s.* Neuheit *f*, *das* Neue; *fig.* Unerfahrenheit *f*.

ˌnew-'rich I *adj.* neureich; **II** *s.* Neureiche(r *m*) *f*, Parve'nü *m*.

news [njuːz] *s. pl. sg. konstr.* **1.** *das* Neue, Neuigkeit(en *pl.*) *f*, Neues *n*, Nachricht(en *pl.*) *f*: ***a piece of ~*** e-e Nachricht *od.* Neuigkeit; ***at this ~*** bei dieser Nachricht; ***commercial ~*** ✝ Handelsteil *m* (*Zeitung*); ***break the (bad) ~ to s.o.*** j-m die (schlechte) Nachricht (schonend) beibringen; ***have ~ from s.o.*** von j-m Nachricht haben; ***it is ~ to me*** das ist mir (ganz) neu; ***what('s the) ~?*** was gibt es Neues?; **~ *certainly travels fast!*** es spricht sich alles herum!; ***he is bad ~s*** *Am. sl.* mit ihm werden wir Ärger kriegen; **2.** neueste (Zeitungs-, Radio)Nachrichten *pl.*: ***be in the ~*** (in der Öffentlichkeit) von sich reden machen; **~ a·gen·cy** *s.* 'Nachrichtenagenˌtur *f*, -büˌro *n*; **'~-ˌa·gent** *s.* Zeitungshändler(in); **~ black·out** *s.* Nachrichtensperre *f*; **'~·boy** *s.* Zeitungsjunge *m*; **~ butch·er** *s.* 🚂 *Am.* Verkäufer *m* von Zeitungen, Süßigkeiten *etc.*; **'~·cast** *s. Radio, TV:* Nachrichtensendung *f*; **'~ˌcast·er** *s.* Nachrichtensprecher(in); **~ cin·e·ma** *s.* Aktuali'tätenkino *n*; **~ con·fer·ence** *s.* 'Pressekonfeˌrenz *f*; **'~ˌdeal·er** *Am.* → ***newsagent***; **~ flash** *s.* (eingeblendete) Kurzmeldung; **'~·group** *s. Internet:* 'Newsgroup *f* (*e-e Art öffentliches schwarzes Brett zum Nachrichtenaustausch*); **'~·hawk** *s.*, **'~·hound** *s. Am.* F 'Zeitungsreˌporter(in); **~ i·tem** *s.* 'Presseno,tiz *f*; **'~ˌlet·ter** *s.* (Nachrichten)Rundschreiben *n*, Zirku'lar *n*; **~ mag·a·zine** *s.* 'Nachrichtenmagaˌzin *n*; **'~·man** [-mæn] *s.* [*irr.*] **1.** Zeitungshändler *m*, -austräger *m*; **2.** Journa'list *m*; **'~ˌmon·ger** *s.* Neuigkeitskrämer (-in).

'newsˌpa·per *s.* Zeitung *f*; **~ ad·ver·tise·ment** *s.* 'Zeitungsanˌnonce *f*, -anzeige *f*; **~ clip·ping** *Am.*, **~ cut·ting** *s.* Zeitungsausschnitt *m*; **'~·man** [-mæn] *s.* [*irr.*] **1.** Zeitungsverkäufer *m*; **2.** Journa'list *m*; **3.** Zeitungsverleger *m*.

'news|·print *s.* 'Zeitungspaˌpier *n*; **'~ˌread·er** *s. Brit.* für ***newscaster***; **'~·reel** *s.* Wochenschau *f*; **~ re·lease** *s.* Pressemitteilung *f*; **'~·room** [-rʊm] *s.* **1.** 'Nachrichtenraum *m*, -zentrale *f*; **2.** *Brit.* Zeitschriftenlesesaal *m*; **3.** *Am.* 'Zeitungsladen *m*, -kiˌosk *m*; **~ serv·ice** *s.* Nachrichtendienst *m*; **'~·sheet** *s.* Informati'onsblatt *n*; **'~-stall** *s. Brit.*,

'~·stand *s.* 'Zeitungski,osk *m*, -stand *m*.

Die überregionalen britischen Zeitungen lassen sich in 2 Kategorien aufteilen:

tabloids: die populären Zeitungen, z. B. *The Sun, The Daily Mirror, The Daily Express*

qualities bzw. **broadsheets:** die seriösen Zeitungen, die sich auch durch ihr größeres Format von den **tabloids** unterscheiden (z. B. *The Times, The Daily Telegraph, The Guardian, The Independent*).

Zu den bekanntesten Zeitungen in den USA gehören *The Washington Post, The Wall Street Journal, USA Today* und *The Herald Tribune*. Aufgrund der geographischen Ausbreitung der Vereinigten Staaten gibt es mehr regionale als nationale Zeitungen.

New Style *s.* neue Zeitrechnung (*nach dem gregorianischen Kalender*), neuer Stil.

news| ven·dor *s.* Zeitungsverkäufer(in); **'~,wor·thy** *adj.* von Inter'esse (für den Zeitungsleser), berichtenswert, schlagzeilenträchtig.

news·y ['nju:zɪ] *adj.* F voller Neuigkeiten.

newt [nju:t] *s. zo.* Wassermolch *m*.

new·ton ['nju:tn] *s. phys.* Newton *n* (*Maßeinheit*).

New·to·ni·an [nju:'təʊnjən] *adj.* newton(i)sch: ***~ force*** newtonsche Kraft.

new| year *s.* Neujahr *n*, *das* neue Jahr; **♀ Year** *s.* Neujahrstag *m*; **♀ Year's Day** *s.* Neujahrstag *m*; **♀ Year's Eve** *s.* Sil'vesterabend *m*; **♀ Zea·land·er** ['zi:ləndə] *s.* Neuseeländer(in).

Zu Neujahr ist das so genannte **first-footing** in Schottland Tradition. Es geht darum, als erster Mann im neuen Jahr die Türschwelle von Nachbarn zu überqueren, was den Gastgebern Glück bringen soll. Streng genommen erwartet man vom **first-footer**, dass er **tall, dark and handsome** (groß, dunkel und gut aussehend) ist. Als „Belohnung“ bekommt er ein Glas Whisky.

next [nekst] **I** *adj.* **1.** nächst, nächstfolgend, -stehend: ***the ~ house*** (***train***) das nächste Haus (der nächste Zug); (***the***) ***~ day*** am nächsten *od.* folgenden Tag; ***~ door*** (im Haus) nebenan; ***~ door to*** *fig.* beinahe, fast *unmöglich etc.*, so gut wie; ***~ to*** a) (gleich) neben, b) (gleich) nach (*Rang, Reihenfolge*), c) fast *unmöglich etc.*; ***~ to nothing*** fast gar nichts; ***~ to last*** zweitletzt; ***the ~ but one*** der (die, das) Übernächste; ***~ in size*** a) nächstgrößer, b) nächstkleiner; ***~ friend*** ⚖ Prozesspfleger *m*; ***the ~ of kin*** der (*pl.* die) nächste(n) Angehörige(n) *od.* Verwandte(n); ***be ~ best*** a) der (die, das) Zweitbeste sein, b) (***to***) *fig.* gleich kommen (nach), fast so gut sein (wie); ***week after ~*** übernächste Woche; ***what ~?*** was (denn) noch?; **II** *adv.* **2.** (*Ort, Zeit etc.*) zu'nächst, gleich dar'auf, als Nächste(r) *od.* Nächstes: ***come ~*** (als Nächstes) folgen; **3.** nächstens, demnächst, das nächste Mal; **4.** (*bei Aufzählung*) dann, dar'auf; **III** *prp.* **5.** (gleich) neben (*dat.*) *od.* bei (*dat.*) *od.* an (*dat.*); **6.** zu'nächst nach, (*an Rang*) gleich nach; **IV** *s.* **7.** *der* (*die, das*) Nächste; **'next-door** *adj.* neben'an, im Nachbar- *od.* Nebenhaus, benachbart.

nex·us ['neksəs] *s.* Verknüpfung *f*, Zs.-hang *m*.

nib [nɪb] *s.* **1.** Schnabel *m* (*Vogel*); **2.** (Gold-, Stahl)Spitze *f* (*Schreibfeder*); **3.** *pl.* Kaffee- *od.* Ka'kaobohnenstückchen *pl.*

nib·ble ['nɪbl] **I** *v/t.* **1.** nagen, knabbern an (*dat.*): ***~ off*** abbeißen, -fressen; **2.** vorsichtig anbeißen (*Fische am Köder*); **II** *v/i.* **3.** nagen, knabbern (***at*** an *dat.*): ***~ at one's food*** im Essen herumstochern; **4.** *Kekse etc.* ‚knabbern‘, naschen; **5.** (fast) anbeißen (*Fisch*) (*a. fig. Käufer*); **6.** *fig.* kritteln, tadeln; **III** *s.* **7.** Nagen *n*, Knabbern *n*; **8.** (kleiner) Bissen, Happen *m*.

nib·lick ['nɪblɪk] *s. Golf: obs.* Niblick *m* (*Schläger*).

nibs [nɪbz] *s. pl. sg. konstr.* F ‚großes Tier‘: ***his ~*** ‚seine Hoheit‘.

nice [naɪs] *adj.* ☐ **1.** fein (*Beobachtung, Sinn, Urteil, Unterschied etc.*); **2.** lecker, fein (*Speise etc.*); **3.** nett, freundlich (***to*** zu *j-m*); **4.** nett, hübsch, schön (*alle a. iro.*): ***~ girl***; ***~ weather***; ***a ~ mess*** *iro.* e-e schöne Bescherung; ***~ and fat*** schön fett; ***~ and warm*** hübsch

N

warm; **5.** niedlich, nett; **6.** heikel, wählerisch (***about*** in *dat.*); **7.** (peinlich) genau, gewissenhaft; **8.** (*mst mit* ***not***) anständig; **9.** *fig.* heikel, schwierig; **'nice·ly** [-lɪ] *adv.* **1.** nett, fein: ***I was done ~*** *sl. iro.* ich wurde schön übers Ohr gehauen; **2.** gut, fein, befriedigend: ***that will do ~*** das passt ausgezeichnet; ***she is doing ~*** F es geht ihr gut (*od.* besser), sie macht gute Fortschritte; **3.** sorgfältig, genau; **'nice·ness** [-nɪs] *s.* **1.** Feinheit *f*; **2.** Nettheit *f*; Niedlichkeit *f*; **3.** F Nettigkeit *f*; **4.** Schärfe *f des Urteils*; **5.** Genauigkeit *f*, Pünktlichkeit *f*; **'ni·ce·ty** [-sətɪ] **1.** Feinheit *f*, Schärfe *f des Urteils etc.*; **2.** peinliche Genauigkeit, Pünktlichkeit *f*: ***to a ~*** aufs Genaueste, bis aufs Haar; **3.** Spitzfindigkeit *f*; **4.** *pl.* kleine 'Unterschiede *pl.*, Feinheiten *pl.*: ***not to stand upon niceties*** es nicht so genau nehmen; **5.** wählerisches Wesen; **6.** ***the niceties of life*** die Annehmlichkeiten des Lebens.

niche [nɪtʃ] **I** *s.* **1.** △, *a.* ⚕ Nische *f*; **2.** *fig.* Platz *m*, wo man hingehört: ***he finally found his ~ in life*** er hat endlich s-n Platz im Leben gefunden; **3.** *fig.* (ruhiges) Plätzchen; **II** *v/t.* **4.** mit e-r Nische versehen; **5.** in e-e Nische stellen.

ni·chrome ['naɪkrəʊm] *s.* ⚙ Nickelchrom *n.*

Nick¹ [nɪk] *npr.* **1.** Niki *m* (*Koseform zu* ***Nicholas***); **2.** ***Old ~*** *sl.* der Teufel.

nick² [nɪk] **I** *s.* **1.** Kerbe *f*, Einkerbung *f*, Einschnitt *m*; **2.** Kerbholz *n*; **3.** *typ.* Signa'tur(rinne) *f*; **4.** ***in the*** (***very***) ***~*** (***of time***) a) im richtigen Augenblick, wie gerufen, b) im letzten Moment; ***in good ~*** ‚gut in Schuss'; **5.** *Würfelspiel etc.*: (hoher) Wurf, Treffer *m*; **II** *v/t.* **6.** (ein)kerben, einschneiden: ***~ out*** auszacken, -furchen; ***~ o.s.*** sich *beim Rasieren* schneiden; **7.** *et.* glücklich treffen: ***~ the time*** gerade den richtigen Zeitpunkt treffen; **8.** erraten; **9.** *Zug etc.* erwischen, (noch) kriegen; **10.** *Brit. sl.* a) betrügen, reinlegen, b) ‚klauen', c) *j-n* ‚schnappen' *od.* ‚einlochen'.

nick·el ['nɪkl] **I** *s.* **1.** ⚗, *min.* Nickel *n*; **2.** *Am.* F Nickel *m*, Fünf'centstück *n*; **II** *adj.* **3.** Nickel...; **III** *v/t.* **4.** vernickeln; **~ bloom** *s. min.* Nickelblüte *f*; **'~-clad sheet** *s.* ⚙ nickelplattiertes Blech.

nick·el·o·de·on [ˌnɪkə'ləʊdɪən] *s. Am.* **1.** *hist.* billiges ('Film-, Varie'tee)Theˌater; **2.** Mu'sikautoˌmat *m.*

'nick·el|-plate *v/t.* ⚙ vernickeln; **'~-ˌplat·ing** *s.* Vernickelung *f*; **~ sil·ver** *s.* Neusilber *n*; **~ steel** *s.* Nickelstahl *m.*

nick·nack ['nɪknæk] → ***knickknack***.

nick·name ['nɪkneɪm] **I** *s.* Spitzname *m*; ⚔ Deckname *m*; **II** *v/t.* mit e-m Spitznamen bezeichnen, *j-m* e-n *od.* den Spitznamen geben.

nic·o·tine ['nɪkətiːn] *s.* ⚗ Niko'tin *n*; ***~ patch*** Niko'tinpflaster *n*; **'nic·o·tin·ism** [-nɪzəm] *s.* Niko'tinvergiftung *f.*

nide [naɪd] *s.* (Fa'sanen)Nest *n.*

nid·i·fy ['nɪdɪfaɪ] *v/i.* nisten.

nid-nod ['nɪdnɒd] *v/i.* (mehrmals *od.* ständig) nicken.

ni·dus ['naɪdəs] *pl. a.* **-di** [-daɪ] *s.* **1.** *zo.* Nest *n*, Brutstätte *f*; **2.** *fig.* Lagerstätte *f*, Sitz *m*; **3.** ⚕ Herd *m e-r Krankheit.*

niece [niːs] *s.* Nichte *f.*

nif·ty ['nɪftɪ] *adj. sl.* **1.** ‚sauber': a) hübsch, fesch, b) prima, c) raffiniert; **2.** *Brit.* stinkend.

nig·gard ['nɪgəd] **I** *s.* Knicker(in), Geizhals *m*, Filz *m*; **II** *adj.* □ geizig, knickerig, knickrig, kärglich; **'nig·gard·li·ness** [-lɪnɪs] *s.* Knause'rei *f*, Geiz *m*; **'nig·gard·ly** [-lɪ] **I** *adv.* → ***niggard*** II; **II** *adj.* schäbig, kümmerlich: ***a ~ gift***.

nig·ger ['nɪgə] *s.* F *neg.!* Nigger *m*, Neger(in), Schwarze(r *m*) *f*: ***work like a ~*** wie ein Pferd arbeiten, schuften; ***~ in the woodpile*** *sl. der* Haken an der Sache.

nig·gle ['nɪgl] **I** *v/i.* **1.** her'umnörgeln (***at*** an *dat.*); **2.** ***~ at*** *fig.* nagen an (*dat.*), plagen, quälen: ***the matter niggled at his brain*** die Sache ging ihm nicht aus dem Kopf; **3.** stören, ärgerlich sein (*Dinge, Fakten*); **II** *v/t.* **4.** her'umnörgeln an (*dat.*); **'nig·gler** *s.* **1.** a) Tüftler(in), b) Pe'dant(in); **2.** Nörgler(in); **'nig·gling** **I** *adj.* □ **1.** a) tüftelig, b) pe'dantisch; **2.** nörglerisch; **3.** *fig.* nagend, quälend; **II** *s.* **4.** Nörgeln *n*, ‚Meckern' *n.*

nigh [naɪ] *obs. od. poet.* **I** *adv.* **1.** nahe (***to*** an *dat.*): ***~*** (***un***)***to death*** dem Tode nahe; ***~ but*** beinahe; ***draw ~ to*** sich nähern (*dat.*); **2.** *mst* ***well ~*** beinahe, nahezu; **II** *prp.* **3.** nahe bei, neben.

night [naɪt] *s.* **1.** Nacht *f*: ***at ~, by ~, in the ~***, F ***o'nights*** bei Nacht, nachts, des Nachts; ***~'s lodging*** Nachtquartier *n*; ***all ~*** (***long***) die ganze Nacht (hindurch); ***over ~*** über Nacht; ***bid*** (*od.* ***wish***) ***s.o. good ~*** j-m gute (*od.* Gute) Nacht wünschen; ***make a ~ of it*** die ganze Nacht durchmachen, -feiern, sich die Nacht um die Ohren schlagen; ***stay the ~ at*** übernachten in *e-m Ort od.* bei *j-m*; **2.** Abend *m*: ***last ~*** gestern Abend; ***the ~ before last*** vorgestern Abend; ***first ~*** *thea.* Erstaufführung *f*, Premiere *f*; ***a ~ of Wagner*** Wagnerabend; ***on the ~ of May 4th*** am Abend des 4. Mai; ***~ out*** freier Abend; ***have a ~ out*** e-n Abend ausspannen, ausgehen; **3.** *fig.* Nacht *f*, Dunkelheit *f*; **~ at·tack** *s.* ⚔ Nachtangriff *m*; **~ bird** *s.* **1.** Nachtvogel *m*; **2.** *fig.* Nachtschwärmer *m*; **'~-blind** *adj.* ⚕ nachtblind; **'~·cap** *s.* **1.** Nachtmütze *f*, -haube *f*; **2.** *fig.* Schlummertrunk *m*; **'~·club** *s.* Nachtklub *m*,

'Nachtlo,kal *n*; '**~·dress** *s.* Nachthemd *n* (*für Frauen u. Kinder*); **~ ex·po·sure** *s. phot.* Nachtaufnahme *f*; '**~·fall** *s.* Einbruch *m* der Nacht; **~ fight·er** *s.* ✈, ⚔ Nachtjäger *m*; **~ glass** *s.* Nachtfernrohr *n*, -glas *n*; '**~·gown** → ***nightdress***.

night·in·gale ['naɪtɪŋgeɪl] *s. orn.* Nachtigall *f*.

'**night|·jar** *s. orn.* Ziegenmelker *m*; **~ leave** *s.* ⚔ Urlaub *m* bis zum Wecken; **~ let·ter(-gram)** *s. Am.* (verbilligtes) 'Nachttele,gramm; '**~·life** *s.* Nachtleben *n*; '**~-long I** *adj.* e-e *od.* die ganze Nacht dauernd; **II** *adv.* die ganze Nacht (hin'durch).

night·ly ['naɪtlɪ] **I** *adj.* **1.** nächtlich, Nacht...; **2.** jede Nacht *od.* jeden Abend stattfindend; **II** *adv.* **3.** a) (all-) nächtlich, jede Nacht, b) jeden Abend, (all)abendlich.

night·mare ['naɪtmeə] *s.* **1.** Nachtmahr *m* (*böser Geist*); **2.** ⚕ Alb(drücken *n*) *m*, böser Traum; **3.** *fig.* Schreckgespenst *n*, Albtraum *m*, Spuk *m*; '**night·mar·ish** [-eərɪʃ] *adj.* beklemmend, schauerlich.

night| nurse *s.* Nachtschwester *f*; **~ owl** *s.* **1.** *orn.* Nachteule *f* (*a.* F *fig. Nachtmensch*); **2.** F Nachtschwärmer *m*; **~ por·ter** *s.* 'Nachtporti,er *m*; **~ rate** *s.* Nachttarif *m*.

nights [naɪts] *adv.* F bei Nacht, nachts.

night| school *s.* Abend-, Fortbildungsschule *f*; '**~·shade** *s.* ♀ Nachtschatten *m*: ***deadly ~*** Tollkirsche *f*; **~ shift** *s.* Nachtschicht *f*: ***be on ~*** Nachtschicht haben; '**~·shirt** *s.* Nachthemd *n* (*für Männer u. Knaben*); '**~·spot** *s.* F *für* ***nightclub***; '**~·stand** *s. Am.* Nachttisch *m*; **~ stick** *s. Am.* Schlagstock *m der Polizei*; '**~·stool** *s.* Nachtstuhl *m*; '**~-time** *s.* Nachtzeit *f*; **~ vi·sion** *s.* **1.** nächtliche Erscheinung; **2.** Nachtsehvermögen *n*; **~ watch** *s.* Nachtwache *f*; **,~'watch·man** [-mən] *s.* [*irr.*] Nachtwächter *m*; '**~·wear** *s.* Nachtzeug *n*.

night·y ['naɪtɪ] *s.* F (Damen-, Kinder-) Nachthemd *n*.

ni·hil·ism ['naɪɪlɪzəm] *s. phls., pol.* Nihi'lismus *m*; '**ni·hil·ist** [-ɪst] **I** *s.* Nihi'list (-in); **II** *adj.* → **ni·hil·is·tic** [,naɪɪ'lɪstɪk] *adj.* nihi'listisch.

nil [nɪl] *s.* Nichts *n*, Null *f* (*bsd. in Spielresultaten*): ***two goals to ~*** zwei zu null (2:0); ***~ report*** Fehlanzeige *f*; ***his influence is ~*** *fig.* sein Einfluss ist gleich null.

nim·ble ['nɪmbl] *adj.* □ flink, hurtig, gewandt, be'händ: ***~ mind*** *fig.* beweglicher Geist, rasche Auffassungsgabe; **,~-'fin·gered** *adj.* **1.** geschickt; **2.** langfingerig, diebisch; **,~-'foot·ed** *adj.* leicht-, schnellfüßig.

nim·ble·ness ['nɪmblnɪs] *s.* Flinkheit *f*, Gewandtheit *f*, *fig. a.* geistige Beweglichkeit.

nim·bus ['nɪmbəs] *pl.* **-bi** [-baɪ] *od.* **-bus·es** *s.* **1.** *a.* ***~ cloud*** graue Regenwolke; **2.** Nimbus *m*: a) Heiligenschein *m*, b) *fig.* Ruhm *m*.

NIMBY, **nimby** ['nɪmbɪ] *abbr. für* ***not in my back yard*** **I** *s. j-d, der nach dem Sankt-Florians-Prinzip handelt*; **II** *adj.* F ablehnend: ***a ~ attitude*** e-e ‚Ohne-mich'-Haltung.

NIMBY

Der Ausdruck **NIMBY** ['nɪmbɪ] bzw. **nimby** ist kurz für **not in my back yard** („nicht in meinem Hinterhof") und bezeichnet Leute, die bestimmte Dinge wie den Bau von Straßen, Sportstadien usw. oder Straßenmusikanten tolerieren oder gar unterstützen, solange sie die eigene Wohngegend nicht tangieren. Diese Doppelmoral entspricht in etwa dem deutschen „Sankt-Florians-Prinzip".

nim·i·ny-pim·i·ny [,nɪmɪnɪ'pɪmɪnɪ] *adj.* affek'tiert, ‚etepe'tete'.

Nim·rod ['nɪmrɒd] *npr. Bibl. u. fig.* Nimrod *m* (*großer Jäger*).

nin·com·poop ['nɪnkəmpu:p] *s.* Einfaltspinsel *m*, Trottel *m*.

nine [naɪn] **I** *adj.* **1.** neun: ***~ days' wonder*** Tagesgespräch *n*, sensationelles Ereignis; ***~ times out of ten*** in neun von zehn Fällen; **II** *s.* **2.** Neun *f*, Neuner *m* (*Spielkarte etc.*): ***the ~ of hearts*** Herzneun; ***to the ~s*** in höchstem Maße; ***dressed up to the ~s*** piekfein gekleidet, aufgedonnert; **3.** ***the* 2** die neun Musen; **4.** *sport* Baseballmannschaft *f*; '**nine·fold I** *adj. u. adv.* neunfach; **II** *s. das* Neunfache; '**nine·pins** *s. pl.* **1.** Kegel *pl.*: ***~ alley*** Kegelbahn *f*; **2.** *a. sg. konstr.* Kegelspiel *n*: ***play ~*** Kegel spielen, kegeln.

nine·teen [,naɪn'ti:n] **I** *adj.* neunzehn; → ***dozen*** 2; **II** *s.* Neunzehn *f*; **,nine'teenth** [-θ] **I** *adj.* neunzehnt; **II** *s.* Neunzehntel *n*; **nine·ti·eth** ['naɪntɪɪθ] **I** *adj.* neunzigst; **II** *s.* Neunzigstel *n*; **nine·ty** ['naɪntɪ] **I** *s.* Neunzig *f*: ***he is in his nineties*** er ist in den Neunzigern; ***in the nineties*** in den Neunzigerjahren (*e-s Jahrhunderts*); **II** *adj.* neunzig.

nin·ny ['nɪnɪ] F *s.* Trottel *m*.

ninth [naɪnθ] **I** *adj.* **1.** neunt: ***in the ~ place*** neuntens, an neunter Stelle; **II** *s.* **2.** *der* (*die, das*) Neunte; **3.** *a.* ***~ part***

Neuntel *n*; **4.** ♪ None *f*; **'ninth·ly** [-lɪ] *adv.* neuntens.

nip¹ [nɪp] **I** *v/t.* **1.** kneifen, zwicken, klemmen: **~ *off*** abzwicken, -kneifen, -beißen; **2.** (*durch Frost etc.*) beschädigen, vernichten, ka'puttmachen: **~ *in the bud*** *fig.* im Keim ersticken; **3.** *sl.* → ***nick²*** 10 b *u.* c; **II** *v/i.* **4.** schneiden (*Kälte, Wind*); ⚙ klemmen (*Maschine*); **5.** F ‚flitzen': **~ *in*** hineinschlüpfen; **~ *on ahead*** nach vorne flitzen; **III** *s.* **6.** Kneifen *n*, Kniff *m*, Biss *m*; **7.** Schneiden *n* (*Kälte etc.*); scharfer Frost; **8.** ⚘ Frostbrand *m*; **9.** Knick *m* (*Draht etc.*); **10. ~ *and tuck***, *attr.* **~*-and-tuck*** *Am.* auf Biegen oder Brechen, scharf (*Kampf*), hart (*Rennen*).

nip² [nɪp] **I** *v/i. u. v/t.* nippen (an *dat.*); **II** *s.* Schlückchen *n*.

Nip [nɪp] *s. sl.* ‚Japs' *m*.

nip·per ['nɪpə] *s.* **1.** *zo.* a) Vorder-, Schneidezahn *m* (*bsd. des Pferdes*), b) Schere *f* (*Krebs etc.*); **2.** *mst pl.* ⚙ a) *a.* ***a pair of ~s*** (Kneif)Zange *f*, b) Pin'zette *f*; **3.** *pl.* Kneifer *m*; **4.** *Brit.* F Bengel *m*, ‚Stift' *m*; **5.** *pl.* F Handschellen *pl.*

nip·ping ['nɪpɪŋ] *adj.* ☐ **1.** kneifend; **2.** beißend, schneidend (*Kälte, Wind*); **3.** *fig.* bissig, scharf (*Worte*).

nip·ple ['nɪpl] *s.* **1.** *anat.* Brustwarze *f*; **2.** (Saug)Hütchen *n*, Sauger *m* (*e-r Saugflasche*); **3.** ⚙ (Speichen-, Schmier)Nippel *m*; (Rohr)Stutzen *m*.

nip·py ['nɪpɪ] **I** *adj.* **1.** → ***nipping*** 2, 3; **2.** F schnell, ‚fix'; spritzig (*Auto*); **II** *s.* **3.** *Brit.* F Kellnerin *f*.

ni·sei ['niːˌseɪ] *pl.* **-sei, -seis** *s.* Ja'paner (-in) geboren in den USA.

ni·si ['naɪsaɪ] (*Lat.*) *cj.* ⚖ wenn nicht: ***decree ~*** vorläufiges Scheidungsurteil.

Nis·sen hut ['nɪsn] *s.* ⚔ Nissenhütte *f*, 'Wellblechbaˌracke *f*.

nit [nɪt] *s.* **1.** *Brit* F Schwachkopf *m*, Trottel *m*; **2.** *zo.* Nisse *f*, Niss *f*.

ni·ter *Am.* → ***nitre***.

'nitˌpick·ing **I** *adj.* F kleinlich, ‚pingelig'; **II** *s.* ‚Pingeligkeit' *f*.

ni·trate ['naɪtreɪt] **I** *s.* ⚗ Ni'trat *n*, sal'petersaures Salz: **~ *of silver*** salpetersaures Silber, Höllenstein *m*; **~ *of soda*** (*od.* ***sodium***) salpetersaures Natrium; **II** *v/t.* nitrieren; **III** *v/i.* sich in Sal'peter verwandeln.

ni·tre ['naɪtə] *s.* ⚗ Sal'peter *m*: **~ *cake*** Natriumkuchen *m*.

ni·tric ['naɪtrɪk] *adj.* ⚗ sal'petersauer, Salpeter..., Stickstoff...; **~ ac·id** *s.* Sal'petersäure *f*; **~ ox·ide** *s.* 'Stickstoffoˌxid *n*.

ni·tride ['naɪtraɪd] **I** *s.* Ni'trid *n*; **II** *v/t.* nitrieren; **ni·trif·er·ous** [naɪ'trɪfərəs] *adj.* **1.** stickstoffhaltig; **2.** sal'peterhaltig; **'ni·tri·fy** [-trɪfaɪ] **I** *v/t.* nitrieren; **II** *v/i.* sich in Sal'peter verwandeln; **'ni·trite** [-aɪt] *s.* Ni'trit *n*, sal'pet(e)rigsaures Salz.

ni·tro·ben·zene [ˌnaɪtrəʊ'benziːn], **ni·tro·ben·zol(e)** [ˌnaɪtrəʊ'benzɒl] *s.* ⚗ Nitroben'zol *n*.

ni·tro·cel·lu·lose [ˌnaɪtrəʊ'seljʊləʊs] *s.* ⚗ Nitrozellu'lose *f*: **~ *lacquer*** Nitro(zellulose)lack *m*.

ni·tro·gen ['naɪtrədʒən] *s.* ⚗ Stickstoff *m*: **~ *carbide*** Stickkohlenstoff *m*; **~ *chloride*** Chlorstickstoff; **~ *oxide*** Stickoxid *n*; **~ *oxide reduction*** Entstickung *f*; **ni·trog·e·nize** [naɪ'trɒdʒɪnaɪz] *v/t.* mit Stickstoff verbinden *od.* anreichern *od.* sättigen: **~*d foods*** stickstoffhaltige Nahrungsmittel; **ni·trog·e·nous** [naɪ'trɒdʒɪnəs] *adj.* stickstoffhaltig.

ni·tro·glyc·er·in(e) [ˌnaɪtrəʊ'glɪsəriːn] *s.* ⚗ Nitroglyze'rin *n*.

ni·tro·hy·dro·chlo·ric ['naɪtrəʊˌhaɪdrəʊ'klɒrɪk] *adj.* Salpetersalz...

ni·trous ['naɪtrəs] *adj.* ⚗ Salpeter..., sal'peterhaltig, sal'petrig; **~ ac·id** *s.* sal'petrige Säure; **~ ox·ide** *s.* 'Stickstoffoxiˌdul *n*, Lachgas *n*.

nit·ty-grit·ty [ˌnɪtɪ'grɪtɪ] *s.*: ***get down to the ~*** F zur Sache kommen.

nit·wit ['nɪtwɪt] *s.* Schwachkopf *m*.

nix¹ [nɪks] *adv. Am. sl.* ‚nix', nichts, *int. a.* nein.

nix² [nɪks] *pl.* **-es** *s.* Nix *m*, Wassergeist *m*; **'nix·ie** [-ksɪ] *s.* (Wasser)Nixe *f*.

no [nəʊ] **I** *adv.* **1.** nein: ***answer ~*** Nein sagen; **2.** (*nach* ***or*** *am Ende e-s Satzes*) nicht (*jetzt mst* ***not***): ***whether ... or ~*** ob ... oder nicht; **3.** (*beim comp.*) um nichts, nicht: **~ *better a writer*** kein besserer Schriftsteller; **~ *longer (ago) than yesterday*** erst gestern; **~*!*** nicht möglich!, nein!; → ***more*** 2, 4, ***soon*** 1; **II** *adj.* **4.** kein(e): **~ *hope*** keine Hoffnung; **~ *one*** keiner; **~ *man*** niemand; **~ *parking*** Parkverbot; **~ *thoroughfare*** Durchfahrt gesperrt; ***in ~ time*** im Nu; **~*-claims bonus*** Vergütung *f* für Schadenfreiheit; ***no-fly zone*** Flugverbotszone *f*; **5.** kein, alles andere als ein(e): ***he is ~ artist***; **~ *such thing*** nichts dergleichen; **6.** (*vor ger.*): ***there is ~ denying*** es lässt sich *od.* man kann nicht leugnen; **III** *pl.* **noes** *s.* **7.** Nein *n*, verneinende Antwort, Absage *f*, Weigerung *f*; **8.** *parl.* Gegenstimme *f*: ***the ayes and ~es*** die Stimmen für u. wider; ***the ~es have it*** die Mehrheit ist dagegen, der Antrag ist abgelehnt.

'no-acˌcount *adj. Am. dial.* unbedeutend (*mst Person*).

nob¹ [nɒb] *s. sl.* ‚Birne' *f* (*Kopf*).

nob² [nɒb] *s. sl.* ‚feiner Pinkel' (*vornehmer Mann*), ‚großes Tier'.

nob·ble ['nɒbl] *v/t. sl.* **1.** betrügen, ‚reinlegen'; **2.** *j-n* auf s-e Seite ziehen, ‚herumkriegen'; **3.** bestechen; **4.** ‚klauen'.

nob·by ['nɒbɪ] *adj. sl.* schick.

No·bel Prize [nəʊ'bel] *s.* No'belpreis *m*: **~ winner** Nobelpreisträger(in); **Nobel Peace Prize** Friedensnobelpreis.

no·bil·i·ar·y [nəʊ'bɪlɪərɪ] *adj.* adlig, Adels...

no·bil·i·ty [nəʊ'bɪlətɪ] *s.* **1.** *fig.* Adel *m*, Würde *f*, Vornehmheit *f*: **~ of mind** vornehme Denkungsart; **~ of soul** Seelenadel; **2.** Adel(sstand) *m*, *die* Adligen *pl.*; (*bsd. in England*) *der* hohe Adel: **the ~ and gentry** der hohe u. niedere Adel.

no·ble ['nəʊbl] **I** *adj.* □ **1.** adlig, von Adel; edel, erlaucht; **2.** *fig.* edel, nobel, erhaben, groß(mütig), vor'trefflich: **the ~ art** (**of self-defence**, *Am.* **self-defense**) die edle Kunst der Selbstverteidigung (*Boxen*); **3.** prächtig, stattlich: **a ~ edifice**; **4.** prächtig geschmückt (**with** mit); **5.** *phys.* Edel...(*-gas*, *-metall*); **II** *s.* **6.** Edelmann *m*, (hoher) Adliger; **7.** *hist.* Nobel *m* (*Goldmünze*); '**~man** [-mən] *s.* [*irr.*] **1.** Edelmann *m*, (hoher) Adliger; **2.** *pl. Schach*: Offi'ziere *pl.*; ˌ**~-'mind·ed** *adj.* edel denkend; ˌ**~-'mind·ed·ness** *s.* vornehme Denkungsart, Edelmut *m*.

no·ble·ness ['nəʊblnɪs] *s.* **1.** Adel *m*, hohe Abstammung; **2.** *fig.* a) Adel *m*, Würde *f*, b) Edelsinn *m*, -mut *m*.

'**no·bleˌwom·an** *s.* [*irr.*] Adlige *f*.

no·bod·y ['nəʊbədɪ] **I** *adj. pron.* niemand, keiner: **~ else** sonst niemand, niemand anders; **II** *s. fig.* unbedeutende Per'son, ‚Niemand' *m*, ‚Null' *f*: **be** (**a**) **~** *a.* nichts sein, nichts zu sagen haben.

nock [nɒk] **I** *s. Bogenschießen*: Kerbe *f*; **II** *v/t.* a) *Pfeil* auf die Kerbe legen, b) *Bogen* einkerben.

no-claim(s) bo·nus [ˌnəʊkleɪm(z)'bəʊnəs] *s. Versicherung*: 'Schadenfreiheitsraˌbatt *m*.

noc·tam·bu·la·tion [nɒkˌtæmbjʊ'leɪʃn], *a.* **noc·tam·bu·lism** [nɒk'tæmbjʊlɪzəm] *s.* ⚕ Somnambu'lismus *m*, Nachtwandeln *n*; **noc·tam·bu·list** [nɒk'tæmbjʊlɪst] *s.* Schlafwandler(in), Somnam'bule(r *m*) *f*.

noc·turn ['nɒktɜːn] *s. R.C.* Nachtmette *f*; **noc·tur·nal** [nɒk'tɜːnl] *adj.* □ nächtlich, Nacht...; **noc·turne** ['nɒktɜːn] *s.* **1.** *paint.* Nachtstück *n*; **2.** ♪ Not'turno *n*.

noc·u·ous ['nɒkjʊəs] *adj.* □ **1.** schädlich; **2.** giftig (*Schlangen*).

nod [nɒd] **I** *v/i.* **1.** nicken: **~ to s.o.** j-m zunicken, j-n grüßen; **~ding acquaintance** oberflächliche(r) Bekannte(r), Grußbekanntschaft *f*; **we are on ~ding terms** wir grüßen uns; **2.** sich neigen (*Blumen etc.*) (*a. fig.* **to** vor *dat.*); wippen (*Hutfeder*); **3.** nicken, (*sitzend*) schlafen: **~ off** einnicken; **4.** *fig.* unaufmerksam sein, ‚schlafen': **Homer sometimes ~s** auch dem Aufmerksamsten entgeht manchmal etwas; **II** *v/t.* **5. ~ one's head** (mit dem Kopf) nicken; **6.** (*durch Nicken*) andeuten: **~ one's assent** beifällig (zu)nicken; **~ s.o. out** j-n hinauswinken; **III** *s.* **7.** (Kopf)Nicken *n*, Wink *m*: **give s.o. a ~** j-m zunicken; **go to the land of ~** einschlafen; **on the ~** *Am. sl.* auf Pump.

nod·al ['nəʊdl] *adj.* Knoten...: **~ point** a) ♪, *phys.* Schwingungsknoten *m*, b) ⚹, *phys.* Knotenpunkt *m*.

nod·dle ['nɒdl] *s. sl.* Schädel *m*, ‚Birne' *f*, *fig.* ‚Grips' *m*.

node [nəʊd] *s.* **1.** *allg.* Knoten *m* (*a. ast.*, ⚘, ⚹; *a. fig. im Drama etc.*): **~ of a curve** ⚹ Knotenpunkt *m* e-r Kurve; **2.** ⚕ Knoten *m*, Knötchen *n*: **gouty ~** Gichtknoten; **3.** *phys.* Schwingungsknoten *m*.

no·dose ['nəʊdəʊs] *adj.* knotig (*a.* ⚕), voller Knoten; **no·dos·i·ty** [nəʊ'dɒsətɪ] *s.* **1.** knotige Beschaffenheit; **2.** → **node** 2.

nod·u·lar ['nɒdjʊlə] *adj.* knoten-, knötchenförmig: **~-ulcerous** ⚕ tubero-ulzerös.

nod·ule ['nɒdjuːl] *s.* **1.** ⚘, ⚕ Knötchen *n*: **lymphatic ~** Lymphknötchen *n*; **2.** *geol.*, *min.* Nest *n*, Niere *f*.

no·dus ['nəʊdəs] *pl.* **-di** [-daɪ] *s.* Knoten *m*, Schwierigkeit *f*.

nog [nɒg] *s.* **1.** Holznagel *m*, -klotz *m*; **2.** ⚠ a) Holm *m* (*querliegender Balken*), b) *Maurerei*: Riegel *m*.

nog·gin ['nɒgɪn] *s.* **1.** kleiner (Holz-)Krug; **2.** F ‚Birne' *f* (*Kopf*).

nog·ging ['nɒgɪŋ] *s.* ⚠ Riegelmauer *f*, (ausgemauertes) Fachwerk.

'**no-good** *Am.* F **I** *s.* Lump *m*, Nichtsnutz *m*; **II** *adj.* nichtsnutzig, elend, mise'rabel.

'**no·how** *adv.* F **1.** auf keinen Fall, durch'aus nicht; **2.** nichts sagend, ungut: **feel ~** nicht auf der Höhe sein; **look ~** nach nichts aussehen.

noil [nɔɪl] *s. sg. u. pl.* ✝, ⚙ Kämmling *m*, Kurzwolle *f*.

ˌ**no-'i·ron** *adj.* bügelfrei (*Hemd etc.*).

noise [nɔɪz] **I** *s.* **1.** Geräusch *n*; Lärm *m*, Getöse *n*, Geschrei *n*: **~ of battle** Gefechtslärm; **~ abatement**, **~ control** Lärmbekämpfung *f*; **~ nuisance** Lärmbelästigung *f*; **hold your ~!** F halt den Mund!; **2.** Rauschen *n* (*a.* ⚡ *Störung*), Summen *n*: **~ factor** ⚡ Rauschfaktor *m*; **3.** *fig.* Streit *m*, Krach *m*: **make a ~** Krach machen (**about** wegen); → 4; **4.** *fig.* Aufsehen *n*, Geschrei *n*: **make a great ~ in the world** großes Aufsehen erregen; **make a ~** viel Tamtam machen (**about** um); **5. a big ~** *sl.* ein hohes (*od.* großes) Tier (*wichtige Persönlichkeit*); **II** *v/i.* **6. ~ it** lärmen; **III**

v/t. **7.** ~ ***abroad*** verbreiten, aussprengen; ~ **bar·ri·er** *s.* 'Lärmschutzwall *m.*
noise·less ['nɔɪzlɪs] *adj.* ☐ laut-, geräuschlos (*a.* ⚙), still; '**noise·less·ness** [-nɪs] *s.* Geräuschlosigkeit *f.*
noise| lev·el *s.* Lärm-, ⚡ Störpegel *m*; ~ **sup·pres·sion** *s.* ⚡ **1.** Störschutz *m*; **2.** Entstörung *f*; ~ **pol·lu·tion** *s.* Lärmbelästigung *f*; ~ **volt·age** *s.* ⚡ **1.** Geräuschspannung *f*; **2.** Störspannung *f.*
nois·i·ness ['nɔɪzɪnɪs] *s.* Lärm *m*, Getöse *n*; lärmendes Wesen.
noi·some ['nɔɪsəm] *adj.* ☐ **1.** schädlich, ungesund; **2.** widerlich.
nois·y ['nɔɪzɪ] *adj.* ☐ **1.** geräuschvoll, laut; lärmend: ~ ***running*** ⚙ geräuschvoller Gang; ~ ***fellow*** Krakeeler *m*, Schreier *m*; **2.** *fig.* grell, schreiend (*Farbe etc.*); laut, aufdringlich (*Stil*).
nol·le ['nɒlɪ], **nol·le·pros** [ˌnɒlɪ'prɒs] (*Lat.*) ⚖ *Am.* **I** *v/i.* a) die Zu'rücknahme e-r Klage einleiten, b) *im Strafprozess*: das Verfahren einstellen; **II** *s.* → ***nolle prosequi.***
nol·le pros·e·qui [ˌnɒlɪ'prɒsɪkwaɪ] (*Lat.*) *s.* ⚖ a) Zu'rücknahme *f* der (*Zivil*)Klage, b) Einstellung *f* des (*Straf-*)Verfahrens.
ˌ**no-'load** *s.* ⚡ Leerlauf *m*: ~ ***speed*** Leerlaufdrehzahl *f.*
nol-pros [nɒl'prɒs] → ***nolle*** I.
no·mad ['nəʊməd] **I** *adj.* no'madisch, Nomaden...; **II** *s.* No'made *m*, No'madin *f*; **no·mad·ic** [nəʊ'mædɪk] *adj.* (☐ ~***ally***) **1.** → ***nomad*** I; **2.** *fig.* unstet; '**no·mad·ism** [-dɪzəm] *s.* No'madentum *n*, Wanderleben *n.*
'**no-man's land** *s.* ⚔ Niemandsland *n* (*a. fig.*).
nom·bril ['nɒmbrɪl] *s.* Nabel *m* (*des Wappenschilds*).
nom de plume [ˌnɔ̃mdə'pluːm] (*Fr.*) *s.* Pseudo'nym *n*, Schriftstellername *m.*
no·men·cla·ture [nəʊ'menklətʃə] *s.* **1.** Nomenkla'tur *f*: a) (*wissenschaftliche*) Namengebung, b) Namensverzeichnis *n*; **2.** (*fachliche*) Terminolo'gie; **3.** *coll. die* Namen *pl.*, Bezeichnungen *pl.* (*a.* ₳).
nom·i·nal ['nɒmɪnl] *adj.* ☐ **1.** Namen...; **2.** nomi'nell, Nominal...: ~ ***consideration*** ⚖ formale Gegenleistung; ~ ***fine*** nominelle (*sehr geringe*) Geldstrafe; ~ ***rank*** Titularrang *m*; **3.** *ling.* nomi'nal; **4.** ⚙, ⚡ Nominal..., Nenn..., Soll...; ~ **ac·count** *s.* ✝ Sachkonto *n*; ~ **a·mount** *s.* ✝ Nennbetrag *m*; ~ **bal·ance** *s.* ✝ Sollbestand *m*; ~ **ca·pac·i·ty** *s.* ⚡, ⚙ Nennleistung *f*; ~ **cap·i·tal** *s.* ✝ 'Grund-, 'Stammkapiˌtal *n*; ~ **fre·quen·cy** *s.* ⚡ 'Sollfreˌquenz *f*; ~ **in·ter·est** *s.* ✝ Nomi'nalzinsfuß *m.*
nom·i·nal·ism ['nɒmɪnəlɪzəm] *s. phls.* Nomina'lismus *m.*
nom·i·nal| out·put *s.* ⚙ Nennleistung *f*; ~ **par** *s.* ✝ Nenn-, Nomi'nalwert *m*; ~ **par·i·ty** *s.* ✝ 'Nennwertpariˌtät *f*; ~ **speed** *s.* ⚡ Nenndrehzahl *f*; ~ **stock** *s.* ✝ 'Gründungs-, 'Stammkapiˌtal *n*; ~ **val·ue** *s.* ✝, ⚙ Nennwert *m.*
nom·i·nate *v/t.* ['nɒmɪneɪt] **1.** (***to***) berufen, ernennen (zu *e-r Stelle*), einsetzen (in *ein Amt*); **2.** nominieren, als ('Wahl)Kandiˌdaten aufstellen; **nom·i·na·tion** [ˌnɒmɪ'neɪʃn] *s.* **1.** (***to***) Berufung *f*, Ernennung *f* (zu), Einsetzung *f* (in): ***in*** ~ vorgeschlagen (***for*** für); **2.** Vorschlagsrecht *n*; **3.** Nominierung *f*, Vorwahl *f* (*e-s Kandidaten*): ~ ***day*** Wahlvorschlagstermin *m*; **nom·i·na·tive** ['nɒmɪnətɪv] **I** *adj. ling.* nominativ (-isch): ~ ***case*** → ***II***; **II** *s. ling.* Nominativ *m*, erster Fall; '**nom·i·na·tor** [-tə] *s.* Ernenn(end)er *m*; **nom·i·nee** [ˌnɒmɪ'niː] *s.* **1.** Vorgeschlagene(r *m*) *f*, Kandi'dat(in); **2.** ✝ Begünstigte(r *m*) *f*, Empfänger(in) *e-r Rente etc.*
non- [nɒn] *in Zssgn*: nicht..., Nicht..., un..., miss...
ˌ**non(-)ac'cept·ance** *s.* Annahmeverweigerung *f*, Nichtannahme *f e-s Wechsels etc.*
ˌ**non(-)a'chiev·er** *s.* Versager *m.*
non·age ['nəʊnɪdʒ] *s.* Unmündigkeit *f*, Minderjährigkeit *f.*
non·a·ge·nar·i·an [ˌnəʊnədʒɪ'neərɪən] **I** *adj.* neunzigjährig; **II** *s.* Neunzigjährige(r *m*) *f.*
ˌ**non-ag'gres·sion** *s.* Nichtangriff *m*: ~ ***treaty*** *pol.* Nichtangriffspakt *m.*
non·a·gon ['nɒnəgən] *s.* ₳ Nona'gon *n*, Neuneck *n.*
ˌ**non(-)al·co'hol·ic** *adj.* alkoholfrei.
ˌ**non-a'ligned** *adj. pol.* bündnis-, blockfrei.
ˌ**non(-)ap'pear·ance** *s.* Nichterscheinen *n vor Gericht etc.*
ˌ**non(-)as'sess·a·ble** *adj.* nicht steuerpflichtig, steuerfrei.
ˌ**non(-)at'tend·ance** *s.* Nichterscheinen *n.*
ˌ**non(-)bel'lig·er·ent** **I** *adj.* nicht Krieg führend; **II** *s.* nicht am Krieg teilnehmende Per'son *od.* Nati'on.
ˌ**non(-)'busi·ness** *adj.* gemeinnützig.
nonce [nɒns] *s.* (*nur in*): ***for the*** ~ a) für das 'eine Mal, nur für diesen Fall, b) einstweilen; ~ **word** *s. ling.* Ad-'hoc-Bildung *f.*
non·cha·lance ['nɒnʃələns] (*Fr.*) *s.* Noncha'lance *f*: a) (Nach)Lässigkeit *f*, Gleichgültigkeit *f*, b) Unbekümmertheit *f*; '**non·cha·lant** [-nt] *adj.* ☐ lässig: a) gleichgültig, b) unbekümmert.
ˌ**non(-)'chlo·rine bleached** *adj.* chlorfrei (*Papier*).
ˌ**non(-)col'le·gi·ate** *adj.* **1.** *Brit. univ.* keinem College angehörend; **2.** nichtaka'demisch; **3.** nicht aus Colleges bestehend (*Universität*).

non·com [ˌnɒn'kɒm] F *für* ***non-commissioned (officer)***.

ˌnon(-)'com·bat·ant ⚔ **I** *s.* 'Nichtkämpfer *m*, -kombatˌtant *m*; **II** *adj.* am Kampf nicht beteiligt.

ˌnon(-)com'mis·sioned *adj.* **1.** unbestallt, nicht be'vollmächtigt; **2.** 'Unteroffiˌziersˌrang besitzend; ~ **of·fi·cer** *s.* ⚔ 'Unteroffiˌzier *m*.

ˌnon-com'mit·tal **I** *adj.* **1.** unverbindlich, nichts sagend, neu'tral; **2.** zu'rückhaltend, sich nicht festlegen wollend (*Person*); **II** *s.* Unverbindlichkeit *f*.

ˌnon(-)com'mit·ted → ***non-aligned***.

ˌnon(-)com'pli·ance *s.* **1.** Zu'widerhandeln *n* (***with*** gegen), Weigerung *f*; **2.** Nichterfüllung *f*, Nichteinhaltung *f* (***with*** von *od. gen.*).

non com·pos (men·tis) [ˌnɒn'kɒmpəs('mentɪs)] (*Lat.*) *adj.* ⚖ unzurechnungsfähig.

ˌnon-con'duc·tor *s.* ⚡ Nichtleiter *m*.

ˌnon·con'form·ist **I** *s.* Nonkonfor'mist (-in): a) (sozi'aler *od.* po'litischer) Einzelgänger, b) *Brit. eccl.* Dissi'dent(in), Freikirchler(in); **II** *adj.* 'nonkonforˌmistisch; **ˌnon·con'form·i·ty** *s.* **1.** mangelnde Über'einstimmung (***with*** mit) *od.* Anpassung (***to*** an *acc.*); **2.** Nonkonfor'mismus *m*; **3.** *eccl.* Dissi'dententum *n*.

ˌnon-con'tent *s. Brit. parl.* Neinstimme *f* (*im Oberhaus*).

ˌnon(-)con'ten·tious *adj.* □ nicht strittig: ~ ***litigation*** ⚖ freiwillige Gerichtsbarkeit.

ˌnon-con'trib·u·to·ry *adj.* beitragsfrei (*Organisation*).

'non(-)co(-)ˌop·er'a·tion *s.* Verweigerung *f* der Mit- *od.* Zu'sammenarbeit; *pol.* passiver 'Widerstand.

ˌnon(-)cor'rod·ing *adj.* ⚙ **1.** korrosi'onsfrei; **2.** rostbeständig (*Eisen*).

ˌnon(-)'creas·ing *adj.* ☤ knitterfrei.

ˌnon(-)'cut·ting *adj.* ⚙ spanlos: ~ ***shaping*** spanlose Formung.

ˌnon(-)'daz·zling *adj.* ⚙ blendfrei.

ˌnon(-)de'liv·er·y *s.* **1.** ☤, ⚖ Nichtauslieferung *f*, Nichterfüllung *f*; **2.** ✉ Nichtbestellung *f*.

'non(-)deˌnom·i'na·tion·al *adj.* nicht konfes'sionsgebunden: ~ ***school*** Simultan-, Gemeinschaftsschule *f*.

non·de·script ['nɒndɪskrɪpt] **I** *adj.* schwer zu beschreiben(d), unbestimmbar, nicht klassifizierbar (*mst contp.*); **II** *s.* Per'son *od.* Sache, die schwer zu klassifizieren ist *od.* über die nichts Näheres bekannt ist, *etwas* 'Undefiˌnierbares.

ˌnon-di'rec·tion·al *adj. Funk, Radio*: ungerichtet: ~ ***aerial*** (*bsd. Am.* ***antenna***) Rundstrahlantenne *f*.

ˌnon(-)'du·ra·bles *s. pl.* kurzlebige Konsumgüter *pl*.

none [nʌn] **I** *pron. u. s. mst pl. konstr.* kein, niemand: ~ ***of them is here*** keiner von ihnen ist hier; ***I have*** ~ ich habe keine(n); ~ ***but fools*** nur Narren; ***it's*** ~ ***of your business*** das geht dich nichts an; ~ ***of that*** nichts dergleichen; ~ ***of your tricks!*** lass deine Späße!; ***he will have*** ~ ***of me*** er will von mir nichts wissen; → ***other*** 8; **II** *adv.* in keiner Weise, nicht im Geringsten, keineswegs: ~ ***too high*** keineswegs zu hoch; ~ ***the less*** nichtsdestoweniger; ~ ***too soon*** kein bisschen zu früh, im letzten Augenblick; → ***wise*** 3.

ˌnon-ef'fec·tive ⚔ **I** *adj.* dienstuntauglich; **II** *s.* Dienstuntaugliche(r) *m*.

ˌnon(-)'e·go *s. phls.* Nicht-Ich *n*.

non·en·ti·ty [nɒ'nentətɪ] *s.* **1.** Nicht(da)sein *n*; **2.** Unding *n*, Nichts *n*; *fig. contp.* Null *f* (*Person*).

nones [nəʊnz] *s. pl.* **1.** *antiq.* Nonen *pl.*; **2.** *R.C.* 'Mittagsofˌfizium *n*.

ˌnon(-)es'sen·tial *Brit.* **I** *adj.* unwesentlich; **II** *s.* unwesentliche Sache, Nebensächlichkeit *f*: ~***s*** *a.* nicht lebenswichtige Dinge.

'none·such **I** *adj.* **1.** unvergleichlich; **II** *s.* **2.** Per'son *od.* Sache, die nicht ihresgleichen hat, Muster *n*; **3.** ⚘ a) Brennende Liebe, b) Nonpa'reilleapfel *m*.

ˌnone·the'less *adv.* nichtsdestoweniger, dennoch.

ˌnon(-)e'vent *s.* F ‚Reinfall' *m*.

ˌnon(-)ex'ist·ence *s.* Nicht(da)sein *n*; *weitS.* Fehlen *n*; **ˌnon(-)ex'ist·ent** *adj.* nicht existierend.

ˌnon(-)'fad·ing *adj.* ⚙, ☤ lichtecht.

non(-)fat [ˌnɒn'fæt] *adj.* fettarm, Mager...

non(-)fea·sance [ˌnɒn'fiːzəns] *s.* ⚖ pflichtwidrige Unter'lassung.

ˌnon(-)'fer·rous *adj.* **1.** nicht eisenhaltig; **2.** Nichteisen...: ~ ***metal***.

ˌnon(-)'fic·tion *s.* Sachbücher *pl*.

ˌnon(-)'flam·ma·ble *adj.* flammbeständig, nicht entflammbar.

ˌnon(-)'freez·ing *adj.* ⚙ kältebeständig: ~ ***mixture*** Frostschutzmittel *n*.

ˌnon(-)ful·fil(l)·ment *s.* Nichterfüllung *f*.

ˌnon(-)'glar·ing *adj.* blendfrei.

ˌnon(-)'haz·ard·ous *adj.* ungefährlich.

ˌnon(-)'hu·man *adj.* nicht zur menschlichen Rasse gehörig.

ˌnon(-)in'duc·tive *adj.* ⚡ indukti'onsfrei.

ˌnon(-)in'flam·ma·ble *adj.* nicht feuergefährlich.

ˌnon-'in·ter·est-ˌbear·ing *adj.* ☤ zinslos.

'non(-)ˌin·ter'ven·tion *s. pol.* Nichteinmischung *f*.

ˌnon-'i·ron *adj.* bügelfrei.

ˌnon(-)'ju·ry *adj.*: ~ ***trial*** ⚖ summarisches Verfahren.

ˌnon-ˈlad·der·ing *adj.* maschenfest.
ˌnon(-)ˈlead·ed [-ˈledɪd] *adj.* ⚗ bleifrei (*Benzin*).
ˌnon(-)ˈmet·al *s.* ⚗ ˈNichtmeˌtall *n*; **ˌnon(-)meˈtal·lic** *adj.* ˈnichtmeˌtallisch: **~ element** Metalloid *n*.
ˌnon(-)neˈgo·ti·a·ble *adj.* † ˈunüberˌtragbar, nicht begebbar: **~ bill** (**cheque**, *Am.* **check**) Rektawechsel *m* (-scheck *m*).
no-no [ˈnəʊnəʊ] *s.* F: **be a ~** verboten *od.* tabu sein, nicht infrage kommen.
no-ˈnon·sense *adj.* sachlich, kühl.
ˌnon(-)ˈnu·cle·ar *adj.* **1.** a) *pol.* ohne Aˈtomwaffen, b) ⚔ konventioˈnell; **2.** ⚙ ohne Aˈtomkraft.
ˌnon(-)obˈjec·tion·a·ble *adj.* einwandfrei.
ˌnon(-)obˈserv·ance *s.* Nichtbe(ob)achtung *f*; Nichterfüllung *f*.
non·pa·reil [ˈnɒnpərəl] (*Fr.*) **I** *adj.* **1.** unvergleichlich; **II** *s.* **2.** *der* (*die*, *das*) Unvergleichliche; **3.** *typ.* Nonpaˈreille(-schrift) *f*; **4.** Liebesperlen(plätzchen *n*) *pl*.
ˌnon(-)ˈpar·ti·san *adj.* **1.** (parˈtei)unabhängig; ˈüberparˌteilich; **2.** objekˈtiv, ˈunparˌteiisch.
ˌnon(-)ˈpar·ty → ***non(-)partisan***.
ˌnon(-)ˈpay·ment *s.* Nicht(be)zahlung *f*, Nichterfüllung *f*.
ˌnon(-)perˈform·ance *s.* ⚖ Nichterfüllung *f*.
ˌnon(-)ˈper·ish·a·ble *adj.* haltbar: **~ foods**.
ˌnon(-)ˈper·son *s.* ˌˈUnperˌsonˈ *f*.
ˌnonˈplus **I** *v/t.* verblüffen, verwirren: **be ~(s)ed** *a.* verdutzt sein; **II** *s.* Verlegenheit *f*, Klemme *f*: **at a ~** ratlos, verdutzt.
ˌnon(-)polˈlut·ing *adj.* ˈumweltfreundlich, ungiftig.
ˌnon(-)proˈduc·tive *adj.* † ˈunprodukˌtiv (*a. Person*); unergiebig.
ˌnon(-)ˈprof·it (mak·ing) *adj.* gemeinnützig: **a ~ institution**.
ˈnonˌpro·lif·erˈa·tion *s.* *pol.* Nichtweitergabe *f* von Aˈtomwaffen: **~ treaty** Atomsperrvertrag *m*.
non-pros [ˌnɒnˈprɒs] *v/t.* ⚖ *e-n Kläger* (*wegen Nichterscheinens*) abweisen; **non pro·se·qui·tur** [ˌnɒnprəʊˈsekwɪtə] (*Lat.*) *s.* Abweisung *f* e-s Klägers *wegen Nichterscheinens*.
ˌnon(-)ˈquo·ta *adj.* † nicht kontingenˈtiert: **~ imports**.
ˌnon(-)reˈcov·er·a·ble *adj.*: **~ energy** nicht erneuerbare Energie.
ˌnon-reˈcur·ring *adj.* einmalig (*Zahlung etc.*).
ˈnon(-)ˌrep·re·senˈta·tion·al *adj.* *Kunst*: gegenstandslos, abˈstrakt.
ˌnon(-)ˈres·i·dent **I** *adj.* **1.** außerhalb des Amtsbezirks wohnend; abwesend (*Amtsperson*); **2.** nicht ansässig: **~ traffic** Durchgangsverkehr *m*; **3.** auswärtig (*Klubmitglied*); **II** *s.* **4.** Abwesende(r *m*) *f*; **5.** Nichtansässige(r *m*) *f*; nicht im Hause Wohnende(r *m*) *f*; **6.** † Deˈvisenausländer *m*.
ˌnon(-)reˈturn·a·ble *adj.* † Einweg...: **~ bottle**.
ˌnon(-)ˈrig·id *adj.* *Brit.* ✈ unstarr (*Luftschiff*; *a. phys. Molekül*).
ˌnon(-)ˈsched·uled *adj.* **1.** außerplanmäßig; **2.** ✈ Charter...
non·sense [ˈnɒnsəns] **I** *s.* Unsinn *m*, dummes Zeug: **talk ~**; **stand no ~** sich nichts gefallen lassen; **make ~ of** a) ad absurdum führen, b) illusorisch machen; **there's no ~ about him** er ist ein ganz kühler Bursche; **II** *int.* Unsinn!, Blödsinn!; **III** *adj.* a) Nonsens...: **~ verses**, **~ word**, b) → **non·sen·si·cal** [nɒnˈsensɪkl] *adj.* □ unsinnig, abˈsurd.
non se·qui·tur [ˌnɒnˈsekwɪtə] (*Lat.*) *s.* Trugschluss *m*, irrige Folgerung.
ˌnon(-)ˈskid *adj.* *mot.* rutschsicher, Gleitschutz...
ˌnon(-)ˈslip *adj.* rutschfest.
ˌnon(-)ˈsmok·er *s.* **1.** Nichtraucher(in) (*Person*); **2.** Nichtraucher(abteil *n*) *m* (*Zug*, *Restaurant*); **ˌnon(-)ˈsmoking** *adj.* Nichtraucher...: **~ area** Nichtraucherbereich *m*, -zone *f*.
ˌnon-ˈstart·er *s.* *fig.* F **1.** ‚Blindgänger' *m* (*Person*); **2.** ‚Pleite' *f*, ‚Reinfall' *m* (*Plan etc.*).
ˌnon(-)ˈstick *adj.* mit Antiˈhaftbeschichtung, beschichtet.
ˌnon(-)ˈstop *adj.* ohne Halt, pausenlos, Nonstop..., ˈdurchgehend (*Zug*), ohne Zwischenlandung (*Flug*), *adv.* *a.* nonˈstop: **~ flight** Nonstopflug *m*; **~ operation** ⚙ 24-Stunden-Betrieb *m*; **~ run** *mot.* Ohnehaltfahrt *f*.
ˈnon·such → ***nonesuch***.
ˌnon(-)ˈsuit ⚖ **I** *s.* **1.** (*gezwungene*) Zuˈrücknahme e-r Klage; **2.** Abweisung *f* e-r Klage; **II** *v/t.* **3.** *den Kläger* mit der Klage abweisen.
ˌnon(-)supˈport *s.* ⚖ Nichterfüllung *f* einer ˈUnterhaltsverpflichtung.
ˌnon-ˈsyn·chro·nous *adj.* ⚙ *Brit.* asynˈchron.
ˌnon(-)ˈtox·ic *adj.* ungiftig.
ˌnon-ˈU *adj.* *Brit.* F unfein.
ˌnon(-)ˈu·ni·form *adj.* ungleichmäßig (*a. phys.*, A), uneinheitlich.
ˌnon(-)ˈun·ion *Brit.* *adj.* † keiner Gewerkschaft angehörig, nicht organisiert: **~ shop** *Am.* gewerkschaftsfreier Betrieb; **ˌnon(-)ˈun·ion·ist** *s.* **1.** nicht organisierter Arbeiter; **2.** Gewerkschaftsgegner *m*.
ˌnon(-)ˈus·er *s.* ⚖ Nichtausübung *f* e-s Rechts.
ˌnon(-)ˈva·lent *adj.* A, *phys.* nullwertig.
ˌnon(-)ˈval·ue bill *s.* † Gefälligkeitswechsel *m*.

ˌnon(-)'vi·o·lent *adj.* gewaltlos.
ˌnon(-)'war·ran·ty *s.* ⚖ Haftungsausschluss *m.*
noo·dle¹ ['nuːdl] *s.* **1.** F Trottel *m*; **2.** *sl.* ‚Birne' *f*, Schädel *m.*
noo·dle² ['nuːdl] *s.* Nudel *f*: **~ *soup*** Nudelsuppe *f.*
nook [nʊk] *s.* (Schlupf)Winkel *m*, Ecke *f*, (stilles) Plätzchen.
nook·ie, **nook·y** ['nʊkɪ] *s.* F ‚Nümmerchen' *n* (*Sex*).
noon [nuːn] **I** *s. a.* **'~·day**, **'~·tide**, **'~·time** Mittag(szeit *f*) *m*: ***at* ~** zu Mittag; ***at high* ~** am hellen Mittag; **II** *adj.* mittägig, Mittags...
noose [nuːs] **I** *s.* Schlinge *f* (*a. fig.*): ***running* ~** Lauf-, Gleitschlinge; ***slip one's head out of the hangman's* ~** *fig.* mit knapper Not dem Galgen entgehen; ***put one's head into the* ~** *fig.* den Kopf in die Schlinge stecken; **II** *v/t.* a) *et.* schlingen (***over*** über *acc.*, ***round*** um), b) (mit e-r Schlinge) fangen.
ˌno-'par *adj.* † nennwertlos (*Aktie*).
nope [nəʊp] *adv.* F ‚ne(e)', nein.
nor [nɔː] *cj.* **1.** (*mst nach neg.*) noch: ***neither* ... ~** weder ... noch; **2.** (*nach e-m verneinten Satzglied od. zu Beginn e-s angehängten verneinten Satzes*) und nicht, auch nicht(s): **~ *do*** (*od.* ***am***) ***I*** ich auch nicht.
Nor·dic ['nɔːdɪk] **I** *adj.* nordisch: **~ *combined*** *Skisport*: nordische Kombination; **II** *s.* nordischer Mensch.
norm [nɔːm] *s.* **1.** Norm *f* (*a.* ⚗, †); **2.** *biol.* Typus *m*; **3.** *bsd. ped.* 'Durchschnittsleistung *f*; **'nor·mal** [-ml] **I** *adj.* □ → ***normally***; **1.** nor'mal, Normal...; gewöhnlich, üblich: **~ *school*** pädagogische Hochschule; **~ *speed*** ⚙ Betriebsdrehzahl *f*; **2.** ⚗ normal: a) richtig, b) lot-, senkrecht: **~ *line*** → 5; **II** *s.* **3.** → ***normalcy***; **4.** Nor'maltyp *m*; **5.** ⚗ Nor'male *f*, Senkrechte *f*, (Einfalls)Lot *n*; **'nor·mal·cy** [-mlsɪ] *s.* Normali'tät *f*, Nor'malzustand *m*, *das* Nor'male: ***return to* ~** sich wieder normalisieren; **nor·mal·i·ty** [nɔː'mælətɪ] *s.* Normali'tät *f* (*a.* ⚗).
nor·mal·i·za·tion [ˌnɔːməlaɪ'zeɪʃn] *s.* **1.** Normalisierung *f*; **2.** Normung *f*, Vereinheitlichung *f*; **nor·mal·ize** ['nɔːməlaɪz] *v/t.* **1.** normalisieren; **2.** normen, vereinheitlichen; **3.** *metall.* nor'malglühen; **nor·mal·ly** ['nɔːməlɪ] *adv.* nor'malerweise, (für) gewöhnlich.
Nor·man ['nɔːmən] **I** *s.* **1.** *hist.* Nor'manne *m*, Nor'mannin *f*; **2.** Bewohner(in) der Norman'die; **3.** *ling.* Nor'mannisch *n*; **II** *adj.* **4.** nor'mannisch.
nor·ma·tive ['nɔːmətɪv] *adj.* norma'tiv.
Norse [nɔːs] **I** *adj.* **1.** skandi'navisch; **2.** altnordisch; **3.** (*bsd.* alt)norwegisch; **II** *s.* **4.** *ling.* a) Altnordisch *n*, b) (*bsd.* Alt)Norwegisch *n*; **5.** *coll.* a) *die* Skandinavier *pl.*, b) *die* Norweger *pl.*; **'~·man** [-mən] *s.* [*irr.*] *hist.* Nordländer *m*, Norweger *m.*
north [nɔːθ] **I** *s.* **1.** *mst* ***the*** ♀ Nord(en *m*) (*Himmelsrichtung, Gegend etc.*): ***to the* ~ *of*** nördlich von; **~ *by east*** ⚓ Nord zu Ost; **2.** ***the*** ♀ a) *Brit.* Nordengland *n*, b) *Am.* die Nordstaaten *pl.*, c) die Arktis; **II** *adj.* **3.** nördlich, Nord...; **III** *adv.* **4.** nördlich, nach *od.* im Norden (***of*** von); ♀ **At·lan·tic Trea·ty** *s.* 'Nordatˌlantikˌpakt *m*; ♀ **Brit·ain** *s.* Schottland *n*; ♀ **Coun·try** *s.* Nordengland *n*; **~-east** [ˌnɔːθ'iːst; ⚓ nɔːr'iːst] **I** *s.* Nord'ost(en *m*): **~ *by east*** ⚓ Nordost zu Ost; **II** *adj.* nord'östlich, Nordost...; **III** *adv.* nordöstlich, nach Nordosten; **~-east·er** [ˌnɔːθ'iːstə; ⚓ nɔːr'iːstə] *s.* Nord'ostwind *m*; **~-east·er·ly** [ˌnɔːθ'iːstəlɪ; ⚓ nɔːr'iːstəlɪ] *adj. u. adv.* nordöstlich, Nordost...; **ˌ~-'east·ern** *adj.* nordöstlich; **ˌ~-'east·ward I** *adj. u. adv.* nordöstlich; **II** *s.* nordöstliche Richtung.
north·er·ly ['nɔːðəlɪ] *adj. u. adv.* nördlich; **'north·ern** [-ðn] *adj.* **1.** nördlich, Nord...: **~ *Europe*** Nordeuropa *n*; **~ *lights*** Nordlicht *n*; **2.** nordisch; **'north·ern·er** [-ðənə] *s.* Bewohner(in) des nördlichen Landesteils, *bsd.* der amer. Nordstaaten; **'north·ern·most** *adj.* nördlichst; **north·ing** ['nɔːθɪŋ] *s.* **1.** *ast.* nördliche Deklinati'on (*Planet*); **2.** Weg *m od.* Di'stanz *f* nach Norden, nördliche Richtung.
'North|·man [-mən] *s.* [*irr.*] Nordländer *m*; ♀ **point** *s. phys.* Nordpunkt *m*; **~ Pole** *s.* Nordpol *m*; **~ Sea** *s.* Nordsee *f*; ♀**-south di·vide** *s.* Nord-Süd-Gefälle *n*; **~ Star** *s. ast.* Po'larstern *m.*
north·ward ['nɔːθwəd] *adj. u. adv.* nördlich (***of***, ***from*** von), nordwärts, nach Norden; **'north·wards** [-dz] *adv.* → ***northward***.
north-west [ˌnɔːθ'west; ⚓ nɔː'west] **I** *s.* Nord'west(en *m*); **II** *adj.* nord'westlich, Nordwest...: ♀ ***Passage*** *geogr.* Nordwestpassage *f*; **III** *adv.* nordwestlich, nach *od.* von Nordwesten; **north-west·er** [ˌnɔːθ'westə; ⚓ nɔː'westə] *s.* **1.** Nord'westwind *m*; **2.** *Am.* Ölzeug *n*; **north-west·er·ly** [ˌnɔːθ'westəlɪ; ⚓ nɔː'westəlɪ] *adj. u. adv.* nordwestlich; **ˌnorth-'west·ern** *adj.* nordwestlich.
Nor·we·gian [nɔː'wiːdʒən] **I** *adj.* **1.** norwegisch; **II** *s.* **2.** Norweger(in); **3.** *ling.* Norwegisch *n.*
nose [nəʊz] **I** *s.* **1.** *anat.* Nase *f* (*a. fig.* ***for*** für); **2.** *Brit.* A'roma *n*, starker Geruch (*Tee, Heu etc.*); **3.** ⚙ *etc.* a) Nase *f*, Vorsprung *m*, (⚔ Geschoss)Spitze *f*, Schnabel *m*, b) Schneidkopf *m* (*Drehstahl etc.*), Mündung *f*; **4.** a) ✈ (Rumpf)Nase *f*, (*a.* ⚓ Schiffs)Bug *m*, b) *mot.* ‚Schnauze' *f* (*Vorderteil*);
Besondere Redewendungen:

N

bite (*od.* **snap**) **s.o.'s ~ off** j-n scharf anfahren; **cut off one's ~ to spite one's face** sich ins eigene Fleisch schneiden; **follow one's ~** a) immer der Nase nach gehen, b) s-m Instinkt folgen; **have a good ~ for s.th.** F e-e gute Nase *od.* e-n ‚Riecher' für et. haben; **hold one's ~** sich die Nase zuhalten; **lead s.o. by the ~** j-n völlig beherrschen; **keep one's ~ clean** F sich nichts zuschulden kommen lassen; **look down one's ~** ein verdrießliches Gesicht machen; **look down one's ~ at** *j-n od. et.* verachten; **pay through the ~** ‚bluten' *od.* übermäßig bezahlen müssen; **poke** (*od.* **put**, **thrust**) **one's ~ into** s-e Nase in *et.* stecken; **put s.o.'s ~ out of joint** a) j-n ausstechen, j-m die Freundin *etc.* ausspannen, b) j-m das Nachsehen geben; **not to see beyond one's ~** a) die Hand nicht vor den Augen sehen können, b) *fig.* e-n engen (*geistigen*) Horizont haben; **turn up one's ~** (**at**) die Nase rümpfen (über *acc.*); **as plain as the ~ in your face** sonnenklar; **under s.o.'s** (**very**) **~** direkt vor j-s Nase; **II** *v/t.* **5.** riechen, spüren, wittern; **6.** beschnüffeln; mit der Nase berühren *od.* stoßen; **7.** *fig.* a) sich *im Verkehr etc.* vorsichtig vortasten, b) *Auto etc.* vorsichtig (*aus der Garage etc.*) fahren; **8.** näseln(d aussprechen); **III** *v/i.* **9.** *a.* **~ around** (herum)schnüffeln (**after**, **for** nach) (*a. fig.*);

Zssgn mit adv.:

nose| down ✈ **I** *v/t. Flugzeug* (an-)drücken; **II** *v/i.* im Steilflug niedergehen; **~ out** *v/t.* **1.** ausschnüffeln, -spionieren, her'ausbekommen; **2.** um e-e Handbreit schlagen; **~ o·ver** *v/i.* ✈ (sich) über'schlagen, e-n ‚Kopfstand' machen; **~ up** ✈ **I** *v/t. Flugzeug* hochziehen; **II** *v/i.* steil hochgehen.

nose| ape *s. zo.* Nasenaffe *m*; **'~·bag** *s.* Futterbeutel *m*; **'~·bleed** *s.* ⚕ Nasenbluten *n*; **~ cone** *s.* Ra'ketenspitze *f*.

nosed [nəʊzd] *adj. mst in Zssgn* mit e-r *dicken etc.* Nase, ...nasig.

'nose|·dive I *s.* **1.** ✈ Sturzflug *m*; **2.** ✝ F (Kurs-, Preis)Sturz *m*; **II** *v/i.* **3.** e-n Sturzflug machen; **4.** ✝ ‚purzeln' (*Kurs, Preis*); **'~·gay** *s.* Sträußchen *n*; **'~-ˌheav·y** *adj.* ✈ vorderlastig; **'~-ˌo·ver** *s.* ✈ ‚Kopfstand' *m beim Landen*; **'~·piece** *s.* ⚙ a) Mundstück *n* (*Blasebalg, Schlauch etc.*), b) Re'volver *m* (*Objektivende e-s Mikroskops*), c) Steg *m* (*e-r Brille*); Nasensteg *m* (*Schutzbrille*); **'~·rag** *s. sl.* ‚Rotzfahne' *f* (*Taschentuch*); **~ tur·ret** *s.* ✈ vordere Kanzel; **'~ˌwarm·er** *s. sl.* ‚Nasenwärmer' *m*, kurze Pfeife; **~ wheel** *s.* ✈ Bugrad *n*.

nos·ey → **nosy**.

'no-show *s.* ✈ *Am. sl.* **1.** *zur Abflugszeit nicht erschienener Flugpassagier*; **2.** ‚Phantom' *n* (*fiktiver Arbeitnehmer etc.*).

ˌno-'smok·ing *adj.* Nichtraucher...

nos·o·log·i·cal [ˌnɒsəʊ'lɒdʒɪkl] *adj.* □ ⚕ noso-, patho'logisch; **no·sol·o·gist** [nəʊ'sɒlədʒɪst] *s.* Patho'loge *m*.

nos·tal·gi·a [nɒ'stældʒɪə] *s.* ⚕ Nostal'gie *f* (*a.* ⚕): a) Heimweh *n*, b) Sehnsucht *f nach etwas Vergangenem*; **nos·tal·gic** [nɒ'stældʒɪk] *adj.* (□ **~ally**) **1.** Heimweh...; **2.** no'stalgisch, wehmütig.

nos·tril ['nɒstrɪl] *s.* Nasenloch *n*, *bsd. zo.* Nüster *f*: **it stinks in one's ~s** es ekelt einen an.

nos·trum ['nɒstrəm] *s.* **1.** ⚕ Geheimmittel *n*, 'Quacksalbermediˌzin *f*; **2.** *fig.* (*soziales, politisches*) Heilmittel *n*, Pa'tentreˌzept *n*.

nos·y ['nəʊzɪ] *adj.* **1.** F neugierig: **~ parker** *Brit.* neugierige Person; **2.** *Brit.* a) aro'matisch, duftend (*bsd. Tee*), b) muffig.

not [nɒt] *adv.* **1.** nicht; **~ that** nicht, dass, nicht als ob; **is it ~?**, F **isn't it?** nicht wahr?; → **at** 7; **2.** **~ a** kein(e): **~ a few** nicht wenige.

no·ta·bil·i·ty [ˌnəʊtə'bɪlətɪ] *s.* **1.** wichtige Per'sönlichkeit, 'Standesperˌson *f*; **2.** her'vorragende Eigenschaft, Bedeutung *f*; **no·ta·ble** ['nəʊtəbl] **I** *adj.* □ **1.** beachtens-, bemerkenswert, denkwürdig, wichtig; **2.** beträchtlich: **a ~ difference**; **3.** angesehen, her'vorragend; **4.** ⚗ merklich; **II** *s.* **5.** → **notability** 1.

no·tar·i·al [nəʊ'teərɪəl] *adj.* □ ⚖ **1.** Notariats..., notari'ell; **2.** notariell beglaubigt; **no·ta·rize** ['nəʊtəraɪz] *v/t.* notariell be'urkunden *od.* beglaubigen; **no·ta·ry** ['nəʊtərɪ] *s. mst* **~ public** (öffentlicher) No'tar.

no·ta·tion [nəʊ'teɪʃn] *s.* **1.** Aufzeichnung *f*, Notierung *f*; **2.** *bsd.* ⚗, ⚚ Schreibweise *f*, Bezeichnung *f*: **chemical ~** chemisches Formelzeichen; **3.** ♪ (Aufzeichnen *n* in) Notenschrift *f*.

notch [nɒtʃ] **I** *s.* **1.** *a.* ⚙ Kerbe *f*, Einschnitt *m*, Aussparung *f*, Falz *m*, Nute *f*, Raste *f*: **be a ~ above** F e-e Klasse besser sein als; **2.** (Vi'sier)Kimme *f* (*Schusswaffe*): **~ and bead sights** Kimme und Korn; **3.** *Am.* Engpass *m*; **II** *v/t.* **4.** *bsd.* ⚙ (ein)kerben, (ein)schneiden, einfeilen; **5.** ⚙ a) ausklinken, b) nuten, falzen; **notched** [-tʃt] *adj.* **1.** ⚙ (ein-)gekerbt, mit Nuten versehen; **2.** ⚘ grob gezähnt (*Blatt*).

note [nəʊt] **I** *s.* **1.** (Kenn)Zeichen *n*, Merkmal *n*; *fig.* Ansehen *n*, Ruf *m*, Bedeutung *f*: **man of ~** bedeutender Mann; **nothing of ~** nichts von Bedeutung; **2.** *mst pl.* No'tiz *f*, Aufzeichnung *f*: **compare ~s** Meinungen *od.* Erfahrungen austauschen, sich beraten;

make a ~ of s.th. sich et. vormerken *od.* notieren; ***make a mental ~ of s.th.*** sich et. merken; ***take ~s of s.th.*** sich über et. Notizen machen; ***take ~ of s.th.*** *fig.* et. zur Kenntnis nehmen, et. berücksichtigen; **3.** *pol.* (diplo'matische) Note: ***exchange of ~s*** Notenwechsel *m*; **4.** Briefchen *n*, Zettelchen *n*; **5.** *typ.* a) Anmerkung *f*, b) (Satz-)Zeichen *n*; **6.** † a) Nota *f*, Rechnung *f*: ***as per ~*** laut Nota, b) (Schuld)Schein *m*: ***~ of hand*** → ***promissory***; ***bought and sold ~*** Schlussschein; ***~s payable*** (***receivable***) *Am.* Wechselverbindlichkeiten (-forderungen), c) Banknote *f*, d) Vermerk *m*, Notiz *f*: ***urgent ~*** Dringlichkeitsvermerk *m*, e) Mitteilung *f*: ***advice ~*** Versandanzeige *f*; ***~ of exchange*** Kursblatt *n*; **7.** ♪ a) Note *f*, b) Ton *m*, c) Taste *f*; **8.** *weitS.* a) Klang *m*, Melo'die *f*, Gesang *m* (*Vogel*), b) *fig.* Ton(art *f*) *m*: ***change one's ~*** e-n anderen Ton anschlagen; ***strike the right ~*** den richtigen Ton treffen; ***strike a false ~*** a) sich im Ton vergreifen, b) sich danebenbenehmen; ***on this*** (***encouraging*** *etc.*) ***~*** mit diesen (ermutigenden *etc.*) Worten; **9.** *fig.* Brandmal *n*, Schandfleck *m*; **II** *v/t.* **10.** Kenntnis nehmen von, bemerken, be(ob)achten; **11.** besonders erwähnen; **12.** *a.* ***~ down*** niederschreiben, notieren, vermerken; **13.** † *Wechsel* protestieren; *Preise* angeben.

note| bank *s.* † Notenbank *f*; **'~·book** *s.* **1.** No'tizbuch *n*; †, ⚖ Kladde *f*; **2.** *Computer*: Notebook *n* (*tragbarer Kleincomputer*); **~ bro·ker** *s.* † *Am.* Wechselhändler *m*, Dis'kontmakler *m*.

not·ed ['nəʊtɪd] *adj.* □ **1.** bekannt, berühmt (***for*** wegen); **2.** † notiert: ***~ before official hours*** vorbörslich (*Kurs*); **'not·ed·ly** [-lɪ] *adv.* ausgesprochen, deutlich, besonders.

note·pad ['nəʊtpæd] *s.* **1.** No'tizblock *m*; **2.** *Computer*: Notepad *n* (*tragbarer Kleinstcomputer*).

note| pa·per *s.* 'Briefpa,pier *n*; **~ press** *s.* † 'Banknotenpresse *f*, -drucke,rei *f*; **'~,wor·thy** *adj.* bemerkens-, beachtenswert.

noth·ing ['nʌθɪŋ] **I** *pron.* **1.** nichts (***of*** von): ***~ much*** nichts Bedeutendes; **II** *s.* **2.** Nichts *n*: ***to ~*** zu *od.* in nichts; ***for ~*** vergebens, umsonst; **3.** *fig.* Nichts *n*, Unwichtigkeit *f*, Kleinigkeit *f*; *pl.* Nichtigkeiten *pl.*; Null *f* (*a. Person*): ***whisper sweet ~s*** Süßholz raspeln; **III** *adv.* **4.** durch'aus nicht, keineswegs: ***~ like complete*** alles andere als vollständig; **IV** *int.* **5.** F keine Spur!, Unsinn!;

Besondere Redewendungen:

good for ~ zu nichts zu gebrauchen; ***~ doing*** F a) (das) kommt gar nicht in Frage, b) nichts zu machen; ***~ but*** nichts als, nur; ***~ else*** nichts anderes, sonst nichts; ***~ if not courageous*** überaus mutig; ***not for ~*** nicht umsonst, nicht ohne Grund; ***that is ~ to what we have seen*** das ist nichts gegen das, was wir gesehen haben; ***that's ~ to me*** das bedeutet mir nichts; ***that is ~ to you*** das geht dich nichts an; ***there is ~ like*** es geht nichts über; ***there is ~ to it*** a) da ist nichts dabei, b) an der Sache ist nichts dran; ***come to ~*** *fig.* zunichte werden, sich zerschlagen; ***feel like ~ on earth*** sich hundeelend fühlen; ***make ~ of s.th.*** nicht viel Wesens von et. machen, sich nichts aus et. machen; ***I can make ~ of it*** ich kann daraus nicht klug werden; → ***say*** 2, ***think*** 3 e.

noth·ing·ness ['nʌθɪŋnɪs] *s.* **1.** Nichts *n*; **2.** Nichtigkeit *f*; **3.** Leere *f*.

no·tice ['nəʊtɪs] **I** *s.* **1.** Wahrnehmung *f*: ***to avoid ~*** (*Redew.*) um Aufsehen zu vermeiden; ***come under s.o.'s ~*** j-m bekannt werden; ***escape ~*** unbemerkt bleiben; ***take ~ of*** Notiz nehmen von *et. od. j-m*, beachten; ***~!*** zur Beachtung!; **2.** No'tiz *f*, (*a. Presse*)Nachricht *f*, Anzeige *f* (*a.* †), (An)Meldung *f*, Ankündigung *f*, Mitteilung *f*; ⚖ Vorladung *f*; (Buch)Besprechung *f*; Kenntnis *f*: ***~ of acceptance*** † Annahmeerklärung *f*; ***~ of arrival*** † Eingangsbestätigung *f*; ***~ of assessment*** Steuerbescheid *m*; ***~ of departure*** (polizeiliche) Abmeldung *f*; ***previous ~*** Voranzeige *f*; ***bring s.th. to s.o.'s ~*** j-m et. zur Kenntnis bringen; ***give ~ that*** bekannt geben, dass; ***give s.o. ~ of s.th.*** j-n von et. benachrichtigen; ***give ~ of appeal*** ⚖ Berufung einlegen; ***give ~ of motion*** *parl.* e-n Initiativantrag stellen; ***give ~ of a patent*** ein Patent anmelden; ***have ~ of*** Kenntnis haben von; **3.** Warnung *f*; Kündigung(sfrist) *f*: ***give s.o. ~*** (***for Easter***) j-m (zu Ostern) kündigen; ***I am under ~ to leave*** mir ist gekündigt worden; ***at a day's ~*** binnen eines Tages; ***at a moment's ~*** sogleich, jederzeit; ***at short ~*** kurzfristig, auf (kurzen) Abruf, sofort; ***subject to a month's ~*** mit monatlicher Kündigung; ***without ~*** fristlos; ***until further ~*** bis auf weiteres; → ***quit*** 9; **II** *v/t.* **4.** bemerken, beobachten, wahrnehmen; **5.** beachten, achten auf (*acc.*); **6.** No'tiz nehmen von; **7.** *Buch* besprechen; **8.** anzeigen, melden, bekannt machen, ⚖ benachrichtigen; **no·tice·a·ble** ['nəʊtɪsəbl] *adj.* □ **1.** wahrnehmbar, merklich, spürbar; **2.** bemerkenswert, beachtlich; **3.** auffällig, ins Auge fallend.

no·tice| board *s.* **1.** Anschlagtafel *f*, schwarzes Brett; **2.** Warnschild *n*; **~ pe·ri·od** *s.* Kündigungsfrist *f*.

no·ti·fi·a·ble ['nəʊtɪfaɪəbl] *adj.* meldepflichtig; **no·ti·fi·ca·tion** [,nəʊtɪfɪ-

'keɪʃn] *s.* Anzeige *f*, Meldung *f*, Mitteilung *f*, Bekanntmachung *f*, Benachrichtigung *f*; **no·ti·fy** ['nəʊtɪfaɪ] *v/t.* **1.** bekannt geben, anzeigen, avisieren, melden, (amtlich) mitteilen (***s.th. to s.o.*** j-m et.); **2.** *j-n* benachrichtigen, in Kenntnis setzen (***of*** von, ***that*** dass).

no·tion ['nəʊʃn] *s.* **1.** Begriff *m* (*a. phls.*, ⚲), Gedanke *m*, I'dee *f*, Vorstellung *f* (***of*** von): ***not to have the vaguest ~ of s.th.*** nicht die leiseste Ahnung von et. haben; ***I have a ~ that*** ich denke mir, dass; **2.** Meinung *f*, Ansicht *f*: ***fall into the ~ that*** auf den Gedanken kommen, dass; **3.** Neigung *f*, Lust *f*, Absicht *f* (***of doing*** zu tun); **4.** *pl. Am.* a) Kurzwaren *pl.*, b) Kinkerlitzchen *pl.*; '**no·tion·al** [-ʃənl] *adj.* □ **1.** begrifflich, Begriffs...; **2.** *phls.* rein gedanklich, spekula'tiv; **3.** theo'retisch; **4.** fik'tiv, angenommen, imagi'när.

no·to·ri·e·ty [ˌnəʊtə'raɪətɪ] *s.* **1.** *bsd. contp.* allgemeine Bekanntheit, (traurige) Berühmtheit, schlechter Ruf; **2.** Berüchtigtsein *n*, *das* No'torische; **3.** allbekannte Per'sönlichkeit *od.* Sache; **no·to·ri·ous** [nəʊ'tɔːrɪəs] *adj.* □ no'torisch: a) offenkundig, b) all-, stadt-, weltbekannt, c) berüchtigt (***for*** wegen).

not·with·stand·ing [ˌnɒtwɪθ'stændɪŋ] **I** *prp.* ungeachtet, trotz (*gen.*): ***~ the objections*** ungeachtet der Einwände; ***his great reputation ~*** trotz s-s hohen Ansehens; **II** *a.* ***~ that*** *cj.* ob'gleich; **III** *adv.* nichtsdesto'weniger, dennoch.

nou·gat ['nuːgɑː] *s.* *Art* türkischer Honig.

nought [nɔːt] *s. u. pron.* **1.** nichts: ***bring to ~*** ruinieren, zunichte machen; ***come to ~*** zunichte werden, misslingen, fehlschlagen; **2.** Null *f* (*a. fig.*): ***set at ~*** *et.* in den Wind schlagen, verlachen, ignorieren.

noun [naʊn] *ling.* **I** *s.* Hauptwort *n*, Substantiv *n*: ***proper ~*** Eigenname *m*; **II** *adj.* substantivisch.

nour·ish ['nʌrɪʃ] *v/t.* **1.** (er)nähren, erhalten (***on*** von); **2.** *fig. Gefühl* nähren, hegen; '**nour·ish·ing** [-ʃɪŋ] *adj.* nahrhaft, Nähr...; '**nour·ish·ment** [-mənt] *s.* **1.** Ernährung *f*; **2.** Nahrung *f* (*a. fig.*), Nahrungsmittel *n*: ***take ~*** Nahrung zu sich nehmen.

nous [naʊs] *s.* **1.** *phls.* Vernunft *f*, Verstand *m*; **2.** F Mutterwitz *m*, ‚Grütze' *f*, ‚Grips' *m*.

no·va ['nəʊvə] *pl.* **-vae** [-viː], *a.* **-vas** *s. ast.* Nova *f*, neuer Stern.

no·va·tion [nəʊ'veɪʃn] *s.* ⚖ Nova'tion *f* (*Forderungsablösung od. -übertragung*).

nov·el ['nɒvl] **I** *adj.* neu(artig); ungewöhnlich, über'raschend; **II** *s.* Ro'man *m*: ***short ~*** Kurzroman; ***~ writer*** → ***novelist***; **no·vel·la** [nəʊ'velə] *s.* No'velle *f*; **nov·el·ette** [ˌnɒvə'let] *s.* **1.** kurzer Roman; **2.** *contp.* seichter Unter'haltungsroˌman; **nov·el·ist** ['nɒvəlɪst] *s.* Ro'manschriftsteller(in); **no·vel·is·tic** [ˌnɒvə'lɪstɪk] *adj.* ro'manhaft, Roman...; '**nov·el·ty** [-tɪ] *s.* **1.** Neuheit *f*: a) *das* Neue, b) *et.* Neues: ***the ~ had soon worn off*** der Reiz des Neuen war bald verflogen; **2.** Ungewöhnlichkeit *f*, *et.* Ungewöhnliches; **3.** *pl.* ✝ (billige) Neuheiten *pl.*: ***~ item*** Neuheit *f*, Schlager *m*, (billiger) Modeartikel; **4.** Neuerung *f*.

No·vem·ber [nəʊ'vembə] *s.* No'vember *m*: ***in ~*** im November.

nov·ice ['nɒvɪs] *s.* **1.** Anfänger(in), Neuling *m* (***at*** auf *e-m Gebiet*); **2.** *R.C.* No'vize *m*, *f*, No'vizin *f*; **3.** *bibl.* Neubekehrte(r *m*) *f*.

now [naʊ] **I** *adv.* **1.** nun, gegenwärtig, jetzt: ***from ~*** von jetzt an; ***up to ~*** bis jetzt; **2.** so'fort, bald; **3.** eben, so'eben: ***just ~*** gerade eben, vor ein paar Minuten; **4.** nun, dann, dar'auf, damals; **5.** (*nicht zeitlich*) nun (aber); **II** *cj.* **6.** *a.* ***~ that*** nun aber, nun da, da nun, jetzt wo; **III** *s.* **7.** *poet.* Gegenwart *f*, Jetzt *n*;

Besondere Redewendungen:

before ~ schon einmal, schon früher; ***by ~*** mittlerweile, jetzt; ***~ if*** wenn nun aber; ***how ~?*** nun?, was gibts?, was soll das heißen?; ***what is it ~?*** was ist jetzt schon wieder los?; ***now ... now ...*** bald ... bald ...; ***~ and again***, (***every***) ***~ and then*** von Zeit zu Zeit, hie(r) und da, dann und wann, gelegentlich; ***~ then*** (nun) also; ***come ~!*** nur ruhig!, sachte, sachte!; ***what ~?*** was nun?; ***~ or never*** jetzt oder nie.

now·a·days ['naʊədeɪz] **I** *adv.* heutzutage, jetzt; **II** *s. das* Heute *od.* Jetzt.

'**no·way(s)** [-weɪ(z)] F → ***nowise***.

'**no·where** **I** *adv.* **1.** nirgends, nirgendwo: ***be ~*** a) *Sport*: unter ‚ferner liefen' enden, b) nichts erreicht haben; ***get ~*** nicht weiterkommen, nichts erreichen; ***~ near*** auch nicht annähernd; **2.** nirgendwohin; **II** *s.* **3.** Nirgendwo *n*: ***from ~*** aus dem Nichts; ***in the middle of ~*** 🚆 auf freier Strecke *halten*.

'**no·wise** *adv.* in keiner Weise.

nox·ious ['nɒkʃəs] *adj.* □ schädlich (***to*** für): ***~ substance*** Schadstoff *m*; ***~ emission*** Schadstoffausstoß *m*.

noz·zle ['nɒzl] *s.* **1.** Schnauze *f*, Rüssel *m*; **2.** *sl.* ‚Rüssel' *m* (*Nase*); **3.** ⚙ a) Schnauze *f*, Tülle *f*, Schnabel *m*, Mundstück *n*, Ausguss *m*, Röhre *f*, (*an Gefäßen etc.*), b) Stutzen *m*, Mündung *f* (*an Röhren etc.*), c) (*Kraftstoff- etc.*)Düse *f*, d) 'Zapfpisˌtole *f*.

nth [enθ] *adj.* ⚲ n-te(r), n-tes: ***to the ~ degree*** a) ⚲ bis zum n-ten Grade, b) *fig.* im höchsten Maße; ***for the ~ time*** zum hundertsten Mal.

N

nu [nju:] *s.* Ny *n* (*griech. Buchstabe*).
nu·ance [nju:'ɑ̃:ns] (*Fr.*) *s.* Nu'ance *f*: a) Schattierung *f*, b) Feinheit *f*, feiner 'Unterschied.
nub [nʌb] *s.* **1.** Knopf *m*, Auswuchs *m*, Knötchen *n*; **2.** (kleiner) Klumpen, Nuss *f* (*Kohle etc.*); **3.** ***the*** ~ F der springende Punkt (***of*** bei); **'nub·bly** [-blɪ] *adj.* knotig.
nu·bile ['nju:baɪl] *adj.* **1.** heiratsfähig, ehemündig (*Frau*); **2.** attrak'tiv; **nu·bil·i·ty** [nju:'bɪlətɪ] *s.* Heiratsfähigkeit *f etc.*
nu·cle·ar ['nju:klɪə] **I** *adj.* **1.** kernförmig; *a. biol. etc.* Kern...; **2.** *phys.* nukle'ar, Nuklear..., (Atom)Kern..., ato'mar, Atom...: ~ ***test***; ~ ***weapon*** Kernwaffe *f*; **3.** *a.* ~***-powered*** mit A'tomantrieb, Atom...: ~ ***submarine***; **II** *s.* **4.** Kernwaffe *f*, A'tomraˌkete *f*; **5.** *pol.* A'tommacht *f*; ~ **bomb** *s.* A'tombombe *f*; ~ **charge** *s. phys.* Kernladung *f*; ~ **chem·is·try** *s.* 'Kercheˌmie *f*; ~ **dis·in·te·gra·tion** *s. phys.* Kernzerfall *m*; ~ **en·er·gy** *s. phys.* **1.** 'Kernenerˌgie *f*; **2.** *allg.* A'tomenerˌgie *f*; ~ **fam·i·ly** *s.* 'Kernfaˌmilie *f*; ~ **fis·sion** *s. phys.* Kernspaltung *f*; ˌ~**-'free** *adj.* a'tomwaffenfrei; ~ **fu·el** *s.* Kernbrennstoff *m*: ~ ***rod*** Brennstab *m*; ~ **fu·sion** *s. phys.* 'Kernfusˌion *f*; ~ **par·ti·cle** *s. phys.* Kernteilchen *n*; ~ **phys·ics** *s. pl. sg. konstr.* 'Kernphyˌsik *f*; ~ **pow·er** *s.* **1.** *phys.* Kernkraft *f*: ~ ***plant*** Kernkraftwerk *n*; **2.** *pol.* A'tommacht *f*; ~ **re·ac·tor** *s. phys.* 'Kernreˌaktor *m*; ~ **re·search** *s.* (A'tom)Kernforschung *f*; ~ **ship** *s.* Re'aktorschiff *n*; ~ **smug·gling** *s.* A'tomschmuggel *m*; ~ **the·o·ry** *s. phys.* 'Kerntheoˌrie *f*; ~ **war(·fare)** *s.* A'tomkrieg(führung *f*) *m*; ~ **war·head** *s.* ⚔ A'tomsprengkopf *m*; ~ **waste** *s.* A'tommüll *m*.
nu·cle·i ['nju:klɪaɪ] *pl. von* ***nucleus***.
nu·cle·o·lus [nju:'kli:ələs] *pl.* **-li** [-laɪ] *s.* ⚘, *biol.* Kernkörperchen *n*.
nu·cle·on ['nju:klɪɒn] *s. phys.* Nukleon *n*, (A'tom)Kernbaustein *m*.
nu·cle·us ['nju:klɪəs] *pl.* **-e·i** [-ɪaɪ] *s.* **1.** *allg.* (*a.* A'tom-, Ko'meten-, Zell)Kern *m* (*a.* ⚗); **2.** *fig.* Kern *m*: a) Mittelpunkt *m*, b) Grundstock *m*; **3.** *opt.* Kernschatten *m*.
nude [nju:d] **I** *adj.* **1.** nackt (*a. fig. Tatsache etc.*), bloß; **2.** nackt, kahl: ~ ***hill***; **3.** ⚖ unverbindlich, nichtig: ~ ***contract***; **II** *s.* **4.** *paint. etc.* Akt *m*: ***study from the*** ~ Aktstudie *f*; **5.** Nacktheit *f*: ***in the*** ~ nackt.
nudge [nʌdʒ] **I** *v/t. j-n* anstoßen, ‚(an-)stupsen'; **II** *s.* Stups *m*.
nu·die ['nju:dɪ] *s. sl.* Nacktfilm *m*.
nud·ism ['nju:dɪzəm] *s.* 'Nackt-, 'Freikörperkulˌtur *f*, Nu'dismus *m*; **'nud·ist** [-ɪst] *s.* Nu'dist(in), FK'K-Anhänger (-in): ~ ***beach*** Nacktbadestrand *m*; ~ ***camp***, ~ ***colony*** FKK-Platz *m*; **'nu·di·ty** [-ətɪ] *s.* **1.** Nacktheit *f*, Blöße *f*; **2.** *fig.* Armut *f*; **3.** Kahlheit *f*; **4.** *paint. etc.* 'Akt(fiˌgur *f*) *m*.
nu·ga·to·ry ['nju:gətərɪ] *adj.* **1.** wertlos, albern; **2.** unwirksam (*a.* ⚖), eitel, leer.
nug·get ['nʌgɪt] *s.* **1.** Nugget *n* (*Goldklumpen*); **2.** *fig.* Brocken *m*.
nui·sance ['nju:sns] *s.* **1.** Ärgernis *n*, Plage *f*, *et.* Lästiges *od.* Unangenehmes; Unfug *m*, 'Missstand *m*: ***dust*** ~ Staubplage; ***what a*** ~***!*** wie ärgerlich!; **2.** ⚖ Poli'zeiwidrigkeit *f*: ***public*** ~ Störung *f od.* Gefährdung *f* der öffentlichen Sicherheit u. Ordnung, *a. fig. iro.* öffentliches Ärgernis; ***private*** ~ Besitzstörung *f*; ***commit no*** ~***!*** das Verunreinigen (dieses Ortes) ist verboten!; **3.** (*von Personen*) ‚Landplage' *f*, Quälgeist *m*, Nervensäge *f*: ***be a*** ~ ***to s.o.*** j-m lästig fallen; ***make a*** ~ ***of o.s.*** anderen auf die Nerven gehen; ~ **call** *s. teleph.* Schockanruf *m*, *pl. a.* Tele'fonˌterror *m*; ~ **call·er** *s. teleph.* Schockanrufer(in); ~ **raid** *s.* ⚔, ✈ Störangriff *m*; ~ **tax** *s. sl. ärgerliche kleine* (*Verbraucher*)*Steuer*: ~ **val·ue** *s.* Wert *m od.* Wirkung *f* als störender Faktor.
nuke [nu:k] *Am. sl.* **I** *s.* **1.** Kernwaffe *f*; **2.** 'Kernreˌaktor *m*; **II** *v/t.* **3.** mit Kernwaffen angreifen.
null [nʌl] **I** *adj.* **1.** ⚖ *u. fig.* nichtig, ungültig: ***declare*** ~ ***and void*** für null u. nichtig erklären; **2.** wertlos, leer, nichts sagend, unbedeutend; **II** *s.* **3.** ⚗, ∮ Null *f*: ~ ***set*** Nullmenge *f*.
nul·li·fi·ca·tion [ˌnʌlɪfɪ'keɪʃn] *s.* **1.** Aufhebung *f*, Nichtigerklärung *f*; **2.** Zu'nichtemachen *n*; **nul·li·fy** ['nʌlɪfaɪ] *v/t.* **1.** ungültig machen, für null u. nichtig erklären, aufheben; **2.** zu'nichte machen; **nul·li·ty** ['nʌlətɪ] *s.* **1.** Unwirksamkeit *f*; ⚖ Ungültigkeit *f*, Nichtigkeit *f*: ***decree of*** ~ Nichtigkeitsurteil *n od.* Annullierung *f e-r Ehe*; ~ ***suit*** Nichtigkeitsklage *f*; ***be a*** ~ (null u.) nichtig sein; **2.** Nichts *n*; *fig.* Null *f* (*Person*).
numb [nʌm] **I** *adj.* □ starr, erstarrt (***with*** vor *Kälte etc.*); taub (*empfindungslos*); *fig.* a) (wie) betäubt, starr (***with fear*** vor Angst), b) abgestumpft; **II** *v/t.* starr *od.* taub machen, erstarren lassen; *fig.* a) betäuben, b) abstumpfen.
num·ber ['nʌmbə] **I** *s.* **1.** Zahl(enwert *m*) *f*, Ziffer *f*; **2.** (Haus-, Tele'fon- *etc.*) Nummer *f*: ***by*** ~***s*** nummernweise; ~ ***engaged*** *teleph.* besetzt; ***have s.o.'s*** ~ F j-n durchschaut haben; ***his*** ~ ***is up*** F s-e Stunde hat geschlagen, jetzt ist er dran; → ***number one***; **3.** (An)Zahl *f*: ***a*** ~ ***of*** e-e Anzahl von (*od. gen.*), mehrere; ***a great*** ~ ***of*** sehr viele *Leute etc.*; ***five in*** ~ fünf an (der) Zahl; ***in large*** ~***s*** in großen Mengen; ***in round*** ~ rund;

N

one of their ~ einer aus ihrer Mitte; ***~s of times*** zu wiederholten Malen; ***times without ~*** unzählige Male; ***five times the ~ of people*** fünfmal so viele Leute; **4.** ✝ a) (An)Zahl *f*, Nummer *f*, b) Ar'tikel *m*, Ware *f*; **5.** Heft *n*, Nummer *f*, Ausgabe *f* (*Zeitschrift etc.*), Lieferung *f* *e-s Werkes*: ***appear in ~s*** in Lieferungen erscheinen; **6.** *thea. etc.* (Pro'gramm)Nummer *f*; **7.** ♪ a) Nummer *f* (*Satz*), b) *sl.* Tanznummer *f*, Schlager *m*; **8.** *poet. pl.* Verse *pl.*; **9.** *ling.* Numerus *m*: ***plural*** (***singular***) ~ Mehrzahl (Einzahl) *f*; **10.** ⚙ Feinheitsnummer *f* (*Garn*); **11.** *sl.* ‚Type' *f*, ‚Nummer' *f* (*Person*); **12.** *&s* *bibl.* Numeri *pl.*, Viertes Buch Mose; **II** *v/t.* **13.** zs.-zählen, aufrechnen: ***~ off*** abzählen; ***his days are ~ed*** s-e Tage sind gezählt; **14.** zählen, rechnen (*a. fig.* ***among***, ***in***, ***with*** zu *od.* unter *acc.*); **15.** nummerieren: ***~ consecutively*** durchnummerieren; **16.** zählen, sich belaufen auf (*acc.*); **17.** *Jahre* zählen, alt sein; **III** *v/i.* **18.** (auf)zählen; **19.** zählen (***among*** zu *j-s Freunden etc.*); **num·ber block** *s.* *Computer*: Nummernblock *m*; **'num·ber-ˌcrunch·ing** *Computer*: **I** *s.* sehr schnelle Zahlenverarbeitung *f*, sehr hohe Rechenleistung; **II** *adj.* rechenintensiv; **num·bered ac·count** *s.* 'Nummernˌkonto *n*; **'num·ber·ing** [-bərɪŋ] *s.* Nummerierung *f*; **'num·ber·less** [-lɪs] *adj.* unzählig, zahllos.

num·ber| one **I** *adj.* **1.** a) erstklassig, b) (aller)höchst: ***~ priority***; **II** *s.* **2.** Nummer *f* eins; der (die, das) Erste; erste Klasse; **3.** F das liebe Ich: ***look after ~*** auf seinen Vorteil bedacht sein, nur an sich selbst denken; **4.** ***do ~*** F sein ‚kleines Geschäft' machen; **'~·plate** *s.* *mot.* Nummernschild *n*; **~ pol·y·gon** *s.* ⩚ 'Zahlenvieleck *n*, -polyˌgon *n*; **~ two** *s.*: ***do ~*** F sein ‚großes Geschäft' machen.

numb·ness ['nʌmnɪs] *s.* Erstarrung *f*, Starr-, Taubheit *f*; *fig.* Betäubung *f*.

nu·mer·a·ble ['njuːmərəbl] *adj.* zählbar; **'nu·mer·al** [-rəl] **I** *adj.* **1.** Zahl..., Zahlen..., nu'merisch: ***~ language*** Ziffernsprache *f*; **II** *s.* **2.** Ziffer *f*, Zahlzeichen *n*; **3.** *ling.* Zahlwort *n*; **'nu·mer·ar·y** [-ərɪ] *adj.* Zahl(en)...; **'nu·mer·ate** [-rət] *adj.* rechenkundig: ***be ~*** rechnen können; **nu·mer·a·tion** [ˌnjuːmə'reɪʃn] *s.* **1.** Zählen *n*; Rechenkunst *f*; **2.** Nummerierung *f*; **3.** (Auf)Zählung *f*; **'nu·mer·a·tive** [-ətɪv] *adj.* zählend, Zahl(-en)...: ***~ system*** Zahlensystem *n*; **'nu·mer·a·tor** [-məreɪtə] *s.* ⩚ Zähler *m* *e-s Bruchs*; **nu·mer·i·cal** [njuː'merɪkl] *adj.* ☐ nu'merisch: a) ⩚ Zahl(en)...: ***~ value***; ***~ equation*** Zahlengleichung *f*, b) zahlenmäßig: ***~ superiority***.

nu·mer·ous ['njuːmərəs] *adj.* ☐ zahlreich: ***a ~ assembly***; **'nu·mer·ous·ness** [-nɪs] *s.* große Zahl, Menge *f*, Stärke *f*.

nu·mis·mat·ic [ˌnjuːmɪz'mætɪk] *adj.* (☐ ***~ally***) numis'matisch, Münz(en)...; **ˌnu·misˈmat·ics** [-ks] *s. pl. sg. konstr.* Numis'matik *f*, Münzkunde *f*; **nu·mis·ma·tist** [njuː'mɪzmətɪst] *s.* Numis'matiker(in): a) Münzkenner(in), b) Münzsammler(in).

num·skull ['nʌmskʌl] *s.* Dummkopf *m*, Trottel *m*.

nun [nʌn] *s. eccl.* Nonne *f*.

nun·ci·a·ture ['nʌnʃɪətʃə] *s. eccl.* Nuntia'tur *f*; **nun·ci·o** ['nʌnʃɪəʊ] *pl.* **-os** *s.* Nuntius *m*.

nun·cu·pa·tive ['nʌnkjʊpeɪtɪv] *adj.* ⚖ mündlich: ***~ will*** mündliches Testament, *bsd.* ⚔ Not-, ⚓ Seetestament.

nun·ner·y ['nʌnərɪ] *s.* Nonnenkloster *n*.

nup·tial ['nʌptʃəl] **I** *adj.* hochzeitlich, Hochzeit(s)..., Ehe..., Braut...: ***~ bed*** Brautbett *n*; ***~ flight*** Hochzeitsflug *m* *der Bienen*; **II** *s. mst pl.* Hochzeit *f*.

nurse [nɜːs] **I** *s.* **1.** *mst* ***wet ~*** (Säug-)Amme *f*; **2.** *a.* ***dry ~*** Kinderfrau *f*, -mädchen *n*; **3.** Krankenschwester *f*, *a.* ***~-attendant*** (Kranken)Pfleger(in): ***head ~*** Oberschwester; → ***male*** 1; **4.** a) Stillen *n*, Stillzeit *f*, b) Pflege *f*: ***at ~*** in Pflege; ***put out to ~*** *Kinder* in Pflege geben; **5.** *zo.* a) Amme *f*, b) Arbeiterin *f* (*Biene*); **6.** *fig.* Nährmutter *f*; **II** *v/t.* **7.** *Kind* säugen, nähren, stillen, *dem Kind* die Brust geben; **8.** *Kind* auf-, großziehen; **9.** a) *Kranke* pflegen, b) *Krankheit* auskurieren, c) *Glied*, *Stimme* schonen, d) *Knie etc.* (schützend) um'fassen: ***~ one's leg*** ein Bein über das andere schlagen, e) sparsam *od.* schonend 'umgehen mit: ***~ a glass of wine*** bedächtig ein Glas Wein trinken; **10.** *fig.* a) nähren, fördern, b) *Gefühl etc.* nähren, hegen; **11.** streicheln, hätscheln; *weitS. a. pol.* sich eifrig kümmern um, sich ‚warm halten': ***~ one's constituency***; **III** *v/i.* **12.** a) säugen, stillen, b) die Brust nehmen (*Säugling*); **13.** als (Kranken)Pfleger(in) arbeiten.

nurse·ling → ***nursling***.

'nurse·maid *s.* Kindermädchen *n*.

nurs·er·y ['nɜːsrɪ] *s.* **1.** Kinderzimmer *n*: ***day ~*** Spielzimmer *n*; ***night ~*** Kinderschlafzimmer; **2.** Kindertagesstätte *f*; **3.** Pflanz-, Baumschule *f*; Schonung *f*; *fig.* Pflanzstätte *f*, Schule *f*; **4.** Fischpflege *f*, Streckteich *m*; **5.** *a.* ***~ stakes*** (Pferde-)Rennen *n* für Zweijährige; **~ gov·er·ness** *s.* Kinderfräulein *n*; **'~·man** [-mən] *s.* [*irr.*] Pflanzenzüchter *m*; **~ rhyme** *s.* Kinderlied *n*, -reim *m*; **~ school** *s.* Kindergarten *m*; **~ slope** *s.* *Skisport*: ‚Idi'otenhügel' *m*, Anfängerhügel *m*; **~ tale** *s.* Ammenmärchen *n*.

nurs·ing ['nɜːsɪŋ] **I** *s.* **1.** Säugen *n*, Stillen *n*; **2.** *a.* ***sick~***, ***~ care*** (Kranken-) Pflege *f*; **II** *adj.* **3.** Nähr..., Pflege..., Kranken...; **~ ben·e·fit** *s.* Stillgeld *n*; **~ bot·tle** *s.* Säuglingsflasche *f*; **~ home** *s.* **1.** *bsd. Brit.* a) Pri'vatklinik *f*, b) pri'vate Entbindungsklinik; **2.** Pflegeheim *n*; **~ moth·er** *s.* stillende Mutter; **~ staff** *s.* 'Pflegeperso,nal *n*.

nurs·ling ['nɜːslɪŋ] *s.* **1.** Säugling *m*; **2.** Pflegling *m*; **3.** *fig.* a) Liebling *m*, Hätschelkind *n*, b) Schützling *m*.

nur·ture ['nɜːtʃə] **I** *v/t.* **1.** (er)nähren; **2.** auf-, erziehen; **3.** *fig. Gefühle etc.* hegen; **II** *s.* **4.** Nahrung *f*; *fig.* Pflege *f*, Erziehung *f*.

nut [nʌt] **I** *s.* **1.** ⚘ Nuss *f*; **2.** ⚙ a) Nuss *f*, b) (Schrauben)Mutter *f*: ***~s and bolts*** *fig.* praktische Grundlagen, wesentliche Details; **3.** ♪ a) Frosch *m* (*am Bogen*), b) Saitensattel *m*; **4.** *pl.* ⚒ Nusskohle *f*; **5.** *fig.* schwierige Sache: ***a hard ~ to crack*** e-e harte Nuss; **6.** *sl.* a) ‚Birne' *f* (*Kopf*): ***be*** (***go***) ***off one's ~*** verrückt sein (werden), b) *contp.* ‚Knülch' *m*, Kerl *m*, c) komischer Kauz, ‚Spinner' *m*, d) Idi'ot *m*, e) Geck *m*; **7.** *sl.* ***be ~s*** verrückt sein (***on*** nach); ***he is ~s about her*** er ist in sie total verschossen; ***drive s.o. ~s*** j-n verrückt machen; ***go ~s*** überschnappen; ***do one's ~*** ‚ausrasten', ‚'durchdrehen'; ***that's ~s to him*** das ist genau sein Fall; ***~s!*** a) du spinnst wohl!, b) *a.* ***~ to you!*** ‚du kannst mich mal!'; **8.** *pl.* V ‚Eier' *pl.* (*Hoden*); **9.** ***not for ~s*** *sl.* überhaupt nicht; ***he can't play for ~s*** *sl.* er spielt miserabel; **10.** *sl.* a) ‚Spinner' *m*, b) ... fan *m*, ... freak *m*; **II** *v/i.* **11.** Nüsse pflücken; **III** *v/t.* **12.** F *j-n* mit dem Kopf treffen, anstoßen.

nut| bolt ⚙ **1.** Mutterbolzen *m*; **2.** Bolzen *m od.* Schraube *f* mit Mutter; **~ but·ter** *s.* Nussbutter *f*; **'~·case** *s. sl.* ‚Spinner' *m*; **'~,crack·er** *s.* **1.** *a. pl.* Nussknacker *m*; **2.** *orn.* Tannenhäher *m*; **'~·gall** *s.* Gallapfel *m*: ***~ ink*** Gallustinte *f*; **'~·hatch** *s. orn.* Kleiber *m*, Spechtmeise *f*; **'~·house** *s. sl.* ‚Klapsmühle' *f*.

nut·meg ['nʌtmeg] *s.* Mus'kat(nuss *f*) *m*: ***~ butter*** Muskatbutter *f*.

Nu·tra·Sweet *TM*, **nu·tra·sweet** ['njuːtrəswiːt] *s. ein Süßstoff*.

nu·tri·a ['njuːtrɪə] *s.* **1.** *zo.* Biberratte *f*, Nutria *f*; **2.** ⚒ Nutriafell *n*.

nu·tri·ent ['njuːtrɪənt] **I** *adj.* **1.** nährend, nahrhaft; **2.** Ernährungs...: ***~ medium*** *biol.* Nährsubstanz *f*; ***~ solution*** Nährlösung *f*; **II** *s.* **3.** Nährstoff *m*; **4.** *biol.* Baustoff *m*; **'nu·tri·ment** [-ɪmənt] *s.* Nahrung *f*, Nährstoff *m* (*a. fig.*); *biol.* Baustoff *m*.

nu·tri·tion [njuː'trɪʃn] *s.* **1.** Ernährung *f*; **2.** Nahrung *f*: ***~ cycle*** Nahrungskreislauf *m*; **nu'tri·tion·al** [-ʃənl] Ernährungs..., Nähr...: ***~ value*** Nährwert *m*; **nu'tri·tion·ist** [-ʃnɪst] *s.* Ernährungswissenschaftler(in), Diä'tetiker(in), Ernährungsberater(in); **nu'tri·tious** [-ʃəs] *adj.* ☐ nährend, nahrhaft; **nu'tri·tious·ness** [-ʃəsnɪs] *s.* Nahrhaftigkeit *f*.

nu·tri·tive ['njuːtrətɪv] *adj.* ☐ **1.** nährend, nahrhaft: ***~ value*** Nährwert *m*; **2.** Ernährungs...: ***~ tract*** Ernährungsbahn *f*.

nuts [nʌts] → ***nut*** 7.

nut| screw *s.* ⚙ **1.** Schraube *f* mit Mutter; **2.** Innengewinde *n*; **'~·shell** *s.* ⚘ Nussschale *f*: (***to put it***) ***in a ~*** (*Redewendung*) mit 'einem Wort, kurz gesagt; **~·ter** ['nʌtə] *s. Brit.* F Spinner(in), Verrückte(r *m*) *f*; **~ tree** *s.* ⚘ **1.** Haselnussstrauch *m*; **2.** Nussbaum *m*.

nut·ty ['nʌtɪ] *adj.* **1.** voller Nüsse; **2.** nussartig, Nuss...; **3.** pi'kant; **4.** *sl.* verrückt (***on*** nach).

nuz·zle ['nʌzl] **I** *v/t.* **1.** mit der Schnauze aufwühlen; **2.** mit der Schnauze *od.* Nase reiben an (*dat.*); *fig. Kind* liebkosen, hätscheln; **3.** *e-m Schwein etc.* e-n Ring durch die Nase ziehen; **II** *v/i.* **4.** (mit der Schnauze) wühlen, schnüffeln (***in*** in *dat.*, ***for*** nach); **5.** sich (an)schmiegen (***to*** an *acc.*).

ny·lon ['naɪlɒn] *s.* Nylon *n*: ***~s*** F Nylonstrümpfe, Nylons.

nymph [nɪmf] *s.* **1.** *myth.* Nymphe *f* (*a. poet. u. iro. Mädchen*); **2.** *zo.* a) Puppe *f*, b) Nymphe *f*; **'nymph·et** [nɪm'fet] *s.* ‚Nymphchen' *n*; **nym·pho** ['nɪmfəʊ] *pl.* **-phos** *s.* F *für* ***nymphomaniac*** II.

nym·pho·ma·ni·a [,nɪmfəʊ'meɪnjə] *s.* ⚕ Nymphoma'nie *f*, Mannstollheit *f*; **,nym·pho'ma·ni·ac** [-nɪæk] **I** *adj.* nympho'man, mannstoll; **II** *s.* Nympho'manin *f*.

N

O

O, o¹ [əʊ] *s.* **1.** O *n*, o *n* (*Buchstabe*); **2.** *bsd. teleph.* Null *f*.

O, o² [əʊ] *int.* o(h)!, ah!, ach!

oaf [əʊf] *s.* **1.** Dummkopf *m*, ‚Esel' *m*; **2.** Lümmel *m*, Flegel *m*; **oaf·ish** ['əʊfɪʃ] *adj.* **1.** dumm, ‚blöd'; **2.** lümmel-, flegelhaft.

oak [əʊk] **I** *s.* **1.** ⚘ *a.* **~ tree** Eiche *f*, Eichbaum *m*; **2.** *poet.* Eichenlaub *n*; **3.** Eichenholz *n*; **4.** *Brit. univ. sl.* Eichentür *f*: ***sport one's ~*** die Tür verschlossen halten, nicht zu sprechen sein; **5.** ***the* 2*s*** *sport Stutenrennen in Epsom*; **II** *adj.* **6.** eichen, Eichen...; **~ ap·ple** *s.* ⚘ Gallapfel *m*.

oak·en ['əʊkən] *adj.* **1.** *bsd. poet.* Eichen...; **2.** eichen, von Eichenholz; **oak·let** ['əʊklɪt], **oak·ling** ['əʊklɪŋ] *s.* ⚘ junge *od.* kleine Eiche.

oa·kum ['əʊkəm] *s.* Werg *n*: ***pick ~*** a) Werg zupfen, b) F ‚Tüten kleben', ‚Knast schieben'.

'oak·wood *s.* **1.** Eichenholz *n*; **2.** Eichenwald(ung *f*) *m*.

oar [ɔː] **I** *s.* **1.** Ruder *n* (*a. zo.*), *bsd. sport* Riemen *m*: ***four-~*** Vierer *m* (*Boot*); ***pull a good ~*** gut rudern; ***put*** (*od.* ***shove***) ***one's ~ in*** F sich einmischen, *im Gespräch* ‚s-n Senf dazugeben'; ***rest on one's ~s*** *fig.* sich auf s-n Lorbeeren ausruhen; → ***ship*** 8; **2.** *sport* Ruderer *m*, Ruderin *f*: ***a good ~***; **3.** *fig.* Flügel *m*, Arm *m*; **4.** *Brauerei*: Krücke *f*; **II** *v/t. u. v/i.* **5.** rudern; **oared** [ɔːd] *adj.* **1.** mit Rudern (versehen), Ruder...; **2.** *in Zssgn* ...rud(e)rig; **oar·lock** ['ɔːlɒk] *s. Am.* Riemendolle *f*; **oars·man** ['ɔːzmən] *s.* [*irr.*] Ruderer *m*; **oars·wom·an** ['ɔːzˌwʊmən] *s.* [*irr.*] Ruderin *f*.

o·a·sis [əʊ'eɪsɪs] *pl.* **-ses** [-siːz] *s.* O'ase *f* (*a. fig.*).

oast [əʊst] *s. Brauerei*: Darre *f*.

oat [əʊt] *s. mst pl.* Hafer *m*: ***be off one's ~s*** F keinen Appetit haben; ***he feels his ~s*** F a) ihn sticht der Hafer, b) er ist ‚groß in Form'; ***sow one's wild ~s*** sich austoben, sich die Hörner abstoßen; **oat·en** ['əʊtn] *adj.* **1.** Hafer...; **2.** Hafermehl...

oath [əʊθ; *pl.* əʊðz] *s.* **1.** Eid *m*, Schwur *m*: **~ *of allegiance*** Fahnen-, Treueid; **~ *of disclosure*** ⚖ Offenbarungseid; **~ *of office*** Amts-, Diensteid; ***false ~*** Falsch-, Meineid *m*; ***bind by ~*** eidlich verpflichten; (***up***)***on ~*** unter Eid, eidlich; ***upon my ~!*** das kann ich beschwören!; ***administer*** (*od.* ***tender***) ***an ~ to s.o.***, ***put s.o. to*** (*od.* ***on***) ***his ~*** j-m e-n Eid abnehmen, j-n schwören lassen; ***swear*** (*od.* ***take***) ***an ~*** e-n Eid leisten, schwören (***on***, ***to*** auf *acc.*); ***in lieu of an ~*** an Eides statt; ***under ~*** unter Eid, eidlich verpflichtet; ***be on one's ~*** unter Eid stehen; **2.** Fluch *m*, Verwünschung *f*.

'oat·meal *s.* **1.** Hafermehl *n*, -grütze *f*; **2.** Haferschleim *m*.

ob·bli·ga·to [ˌɒblɪ'gɑːtəʊ] ♪ **I** *adj.* obli'gat, hauptstimmig; **II** *pl.* **-tos** *s.* selbstständige Begleitstimme.

ob·du·ra·cy ['ɒbdjʊrəsɪ] *s. fig.* Verstocktheit *f*, Halsstarrigkeit *f*; **'ob·du·rate** [-rət] *adj.* ☐ **1.** verstockt, halsstarrig; **2.** hartherzig.

o·be·di·ence [ə'biːdjəns] *s.* **1.** Gehorsam *m* (***to*** gegen); **2.** *fig.* Abhängigkeit *f* (***to*** von): ***in ~ to*** gemäß (*dat.*), im Verfolg (*gen.*); ***in ~ to s.o.*** auf j-s Verlangen; **o'be·di·ent** [-nt] *adj.* ☐ **1.** gehorsam (***to*** *dat.*); **2.** ergeben, unter'würfig (***to*** *dat.*): ***Your ~ servant*** Hochachtungsvoll (*Amtsstil*); **3.** *fig.* abhängig (***to*** von).

o·bei·sance [əʊ'beɪsəns] *s.* **1.** Verbeugung *f*; **2.** Ehrerbietung *f*, Huldigung *f*: ***do*** (*od.* ***make*** *od.* ***pay***) **~ *to s.o.*** j-m huldigen; **o'bei·sant** [-nt] *adj.* huldigend, unter'würfig.

ob·e·lisk ['ɒbelɪsk] *s.* **1.** Obe'lisk *m*; **2.** *typ.* a) → ***obelus***, b) Kreuz(zeichen) *n* (*für Randbemerkungen*).

ob·e·lus ['ɒbɪləs] *pl.* **-li** [-laɪ] *s. typ.* **1.** Obe'lisk *m* (*Zeichen für fragwürdige Stellen*); **2.** Verweisungszeichen *n auf Randbemerkungen*.

o·bese [əʊ'biːs] *adj.* fettleibig, korpu'lent, *a. fig.* fett, dick; **o'bese·ness** [-nɪs], **o'bes·i·ty** [-sətɪ] *s.* Fettleibigkeit *f*, Korpu'lenz *f*.

o·bey [ə'beɪ] **I** *v/t.* **1.** *j-m* gehorchen, folgen (*a. fig.*); **2.** *e-m Befehl etc.* Folge leisten, befolgen (*acc.*); **II** *v/i.* **3.** gehorchen, folgen (***to*** *dat.*).

ob·fus·cate ['ɒbfʌskeɪt] *v/t.* **1.** verfinstern, trüben (*a. fig.*); **2.** *fig. Urteil etc.* trüben, verwirren; *die Sinne* benebeln; **ob·fus·ca·tion** [ˌɒbfʌs'keɪʃn] Verfinsterung *f etc.*

o·bit·u·ar·y [ə'bɪtjʊərɪ] **I** *s.* **1.** Todesan-

O

zeige *f*; **2.** Nachruf *m*; **3.** *eccl.* Totenliste *f*; **II** *adj.* **4.** Toten..., Todes...: **~ notice** Todesanzeige *f*.

ob·ject[1] [əbˈdʒekt] **I** *v/t.* **1.** *fig.* einwenden, vorbringen (**to** gegen); **2.** vorhalten, vorwerfen (**to**, **against** *dat.*); **II** *v/i.* **3.** Einwendungen machen, Einsprüche erheben, protestieren, reklamieren (**to**, **against** gegen); **4.** et. einwenden, et. dagegen haben: **~ to s.th.** et. beanstanden; ***do you ~ to my smoking?*** haben Sie et. dagegen, wenn ich rauche?; ***if you don't ~*** wenn Sie nichts dagegen haben.

ob·ject[2] [ˈɒbdʒɪkt] *s.* **1.** Obˈjekt *n* (*a. Kunst*), Gegenstand *m* (*a. fig. des Mitleids etc.*): **~ of invention** ⚖ Erfindungsgegenstand; ***money is no ~*** Geld spielt keine Rolle; ***salary no ~*** Gehalt Nebensache; **2.** Absicht *f*, Ziel *n*, Zweck *m*: ***make it one's ~ to do s.th.*** es sich zum Ziel setzen, et. zu tun; **3.** F komische *od.* scheußliche Perˈson *od.* Sache: ***what an ~ you are!*** wie sehen Sie denn aus!; **4.** *ling.* a) Obˈjekt *n*: ***direct ~*** Akkusativobjekt; **~ clause** Objektsatz *m*, b) von e-r Präpositiˈon abhängiges Wort; **~ draw·ing** *s.* Zeichnen *n* nach Vorlagen *od.* Moˈdellen; **ˈ~-ˌfind·er** *s. phot.* (Objekˈtiv)Sucher *m*; **~ glass** *s. opt.* Objekˈtiv(linse *f*) *n*.

ob·jec·ti·fy [ɒbˈdʒektɪfaɪ] *v/t.* objektivieren.

ob·jec·tion [əbˈdʒekʃn] *s.* **1.** a) Einwendung *f* (*a.* ⚖), Einspruch *m*, -wand *m*, -wurf *m*, Bedenken *n* (**to** gegen), b) *weitS.* Abneigung *f*, ˈWiderwille *m* (**against** gegen): ***I have no ~ to him*** ich habe nichts gegen ihn *od.* an ihm nichts auszusetzen; ***make*** (*od.* ***raise***) ***an ~ to s.th.*** gegen et. e-n Einwand erheben; ***take ~ to s.th.*** gegen et. protestieren; **2.** Beanstandung *f*, Reklamatiˈon *f*; **obˈjec·tion·a·ble** [-ʃnəbl] *adj.* □ **1.** nicht einwandfrei, zu beanstanden(d), unerwünscht, anrüchig; **2.** unangenehm (**to** *dat. od.* für); **3.** anstößig.

ob·jec·tive [əbˈdʒektɪv] **I** *adj.* □ **1.** objekˈtiv (*a. phls.*), sachlich, vorurteilslos; **2.** *ling.* Objekts...: **~ case** → 5; **~ genitive** objektiver Genitiv; **3.** Ziel...: **~ point** → 6; **II** *s.* **4.** *opt.* Objekˈtiv(linse *f*) *n*; **5.** *ling.* Obˈjektsfall *m*; **6.** (*bsd.* ⚔ Kampf-, Angriffs)Ziel *n*; **obˈjec·tive·ness** [-nɪs], **ob·jec·tiv·i·ty** [ˌɒbdʒekˈtɪvətɪ] *s.* Objektiviˈtät *f*.

ob·ject lens *s. opt.* Objekˈtiv(linse *f*) *n*.

ob·ject·less [ˈɒbdʒɪktlɪs] *adj.* gegenstands-, zweck-, ziellos.

ob·ject les·son *s.* **1.** *ped. u. fig.* ˈAnschauungsˌunterricht *m*; **2.** *fig.* Schulbeispiel *n*; **3.** *fig.* Denkzettel *m*.

ob·jec·tor [əbˈdʒektə] *s.* Gegner(in) (**to** *gen.*); → ***conscientious***.

ob·ject| plate, **~ slide** *s.* Obˈjektträger *m* (*Mikroskop etc.*); **~ teach·ing** *s.* ˈAnschauungsˌunterricht *m*.

ob·jet d'art [ˌɒbʒeɪˈdɑː] (*Fr.*) *s.* (*bsd.* kleiner) Kunstgegenstand.

ob·jur·gate [ˈɒbdʒɜːgeɪt] *v/t.* tadeln, schelten.

ob·late[1] [ˈɒbleɪt] *adj.* A, *phys.* (an den Polen) abgeplattet.

ob·late[2] [ˈɒbleɪt] *R.C.* Obˈlat(in) (*Laienbruder od. -schwester*).

ob·la·tion [əʊˈbleɪʃn] *s. bsd. eccl.* Opfer (-gabe *f*) *n*.

ob·li·gate *v/t.* [ˈɒblɪgeɪt] *a.* ⚖ verpflichten; **ob·li·ga·tion** [ˌɒblɪˈgeɪʃn] *s.* **1.** Verpflichten *n*; **2.** Verpflichtung *f*, Verbindlichkeit *f*: **of ~** obligatorisch; ***be under an ~ to s.o.*** j-m (zu Dank) verpflichtet sein; **3.** ✝ a) Schuldverschreibung *f*, Obligatiˈon *f*, b) (Schuld-) Verpflichtung *f*, Verbindlichkeit *f*: ***financial ~*** Zahlungsverpflichtung; **~ to buy** Kaufzwang *m*; **no ~**, **without ~** unverbindlich, freibleibend; **ob·lig·a·to·ry** [əˈblɪgətərɪ] *adj.* □ verpflichtend, bindend, (rechts)verbindlich, obligaˈtorisch (**on**, **upon** für), Zwangs...

o·blige [əˈblaɪdʒ] **I** *v/t.* **1.** nötigen, zwingen: ***I was ~d to go*** ich musste gehen; **2.** *fig.* *j-n* (zu Dank) verpflichten: ***much ~d!*** sehr verbunden!, danke bestens!; ***I am ~d to you for it*** ich habe es Ihnen zu verdanken; ***will you ~ me by*** (*ger.*)***?*** wären Sie so freundlich, zu (*inf.*)?, *iro.* würden Sie gefälligst *et. tun*?; **3.** *j-m* gefällig sein, e-n Gefallen tun, dienen: **to ~ you** Ihnen zu Gefallen; **~ *the company with*** die Gesellschaft mit *e-m Lied etc.* erfreuen; **4.** ⚖ *j-n* (*durch Eid etc.*) binden (**to** an *acc.*): **~ o.s.** sich verpflichten (**to do** *et.* zu tun); **II** *v/i.* **5.** **~ with** F *Lied etc.* vortragen, zum Besten geben; **6.** erwünscht sein: ***an early reply will ~*** um baldige Antwort wird gebeten; **ob·li·gee** [ˌɒblɪˈdʒiː] *s.* ⚖ Obligatiˈonsgläubiger (-in), Forderungsberechtigte(r *m*) *f*; **oˈblig·ing** [-dʒɪŋ] *adj.* □ verbindlich, gefällig, zuˈvor-, entgegenkommend; **oˈblig·ing·ness** [-dʒɪŋnɪs] *s.* Gefälligkeit *f*, Zuˈvorkommenheit *f*; **ob·li·gor** [ˌɒblɪˈgɔː] *s.* ⚖ (Obligatiˈons)Schuldner(in).

ob·lique [əˈbliːk] *adj.* □ **1.** *bsd.* A schief, schräg: **~(*-angled*)** schiefwink(e)lig; ***at an ~ angle with*** im spitzen Winkel zu; **2.** ˈindiˌrekt, versteckt, verblümt: **~ *accusation***; **~ *glance*** Seitenblick *m*; **3.** unaufrichtig, unredlich; **4.** *ling.* abhängig, ˈindiˌrekt: **~ case** Beugefall *m*; **~ *speech*** indirekte Rede; **obˈlique·ness** [-nɪs], **ob·liq·ui·ty** [əˈblɪkwətɪ] *s.* **1.** Schiefe *f* (*a. ast.*), schiefe Lage *od.* Richtung, Schrägheit *f*; **2.** *fig.* Schiefheit *f*: ***moral ~*** Unredlichkeit *f*;

~ ***of judg*(*e*)*ment*** Schiefe *f* des Urteils.

ob·lit·er·ate [ə'blɪtəreɪt] *v/t.* **1.** auslöschen, tilgen (*beide a. fig.*), *Schrift a.* ausstreichen, wegradieren; *Briefmarken* entwerten; **2.** ⚕ veröden; **ob·lit·er·a·tion** [əˌblɪtə'reɪʃn] *s.* **1.** Verwischung *f*, Auslöschung *f*; **2.** *fig.* Vernichtung *f*, Vertilgung *f*.

ob·liv·i·on [ə'blɪvɪən] *s.* **1.** Vergessenheit *f*: ***fall*** (*od.* ***sink***) ***into*** ~ in Vergessenheit geraten; **2.** Vergessen *n*, Vergesslichkeit *f*; **3.** ⚖, *pol.* Straferlass *m*: (***Act of***) ♀ Amne'stie *f*; **ob'liv·i·ous** [-ɪəs] *adj.* □ vergesslich: ***be ~ of s.th.*** et. vergessen (haben); ***be ~ to s.th.*** F *fig.* blind sein gegen et., et. nicht beachten.

ob·long ['ɒblɒŋ] **I** *adj.* **1.** länglich: ~ ***hole*** ⚙ Langloch *n*; **2.** ⩚ rechteckig; **II** *s.* **3.** ⩚ Rechteck *n*.

ob·lo·quy ['ɒbləkwɪ] *s.* **1.** Verleumdung *f*, Schmähung *f*: ***fall into*** ~ in Verruf kommen; **2.** Schmach *f*.

ob·nox·ious [əb'nɒkʃəs] *adj.* □ **1.** anstößig, anrüchig, verhasst, ab'scheulich; **2.** (***to***) unbeliebt (bei), unangenehm (*dat.*); **ob'nox·ious·ness** [-nɪs] *s.* **1.** Anstößigkeit *f*, Anrüchigkeit *f*; **2.** Verhasstheit *f*.

o·boe ['əʊbəʊ] *s.* ♪ O'boe *f*; **'o·bo·ist** [-əʊɪst] *s.* Obo'ist(in).

ob·scene [əb'siːn] *adj.* □ **1.** unzüchtig (*a.* ⚖), unanständig, zotig, ob'szön: ~ ***libel*** ⚖ Veröffentlichung *f* unzüchtiger Schriften; ~ ***talker*** Zotenreißer *m*; **2.** 'widerlich; **ob·scen·i·ty** [əb'senətɪ] *s.* **1.** Unanständigkeit *f*, Schmutz *m*, Zote *f*, *pl. a.* Obszöni'täten *pl.*; **2.** 'Widerlichkeit *f*.

ob·scur·ant ['ɒbskjʊərənt] *s.* Obsku'rant *m*, Dunkelmann, Bildungsfeind *m*; **ob·scur·ant·ism** [ˌɒbskjʊə'ræntɪzəm] *s.* Obskuran'tismus *m*, Bildungshass *m*; **ob·scur·ant·ist** [ˌɒbskjʊə'ræntɪst] **I** *s.* → ***obscurant***; **II** *adj.* obskuran'tistisch.

ob·scu·ra·tion [ˌɒbskjʊ'reɪʃn] *s.* Verdunkelung *f* (*a. fig.*).

ob·scure [əb'skjʊə] **I** *adj.* □ **1.** dunkel, düster; **2.** *fig.* dunkel, unklar; **3.** *fig.* ob'skur, unbekannt, unbedeutend; **4.** *fig.* verborgen: ***live an ~ life***; **II** *v/t.* **5.** verdunkeln, verfinstern (*a. fig.*); **6.** *fig.* verkleinern, in den Schatten stellen; **7.** *fig.* unverständlich *od.* undeutlich machen; **8.** verbergen; **ob'scu·ri·ty** [-ərətɪ] *s.* **1.** Dunkelheit *f* (*a. fig.*); **2.** *fig.* Unklarheit *f*, Undeutlichkeit *f*, Unverständlichkeit *f*; **3.** *fig.* Unbekanntheit *f*, Verborgenheit *f*, Niedrigkeit *f der Herkunft*: ***be lost in*** ~ vergessen sein.

ob·se·quies ['ɒbsɪkwɪz] *s. pl.* Trauerfeierlichkeit(en *pl.*) *f*.

ob·se·qui·ous [əb'siːkwɪəs] *adj.* □ unter'würfig (***to*** gegen), ser'vil, kriecherisch; **ob'se·qui·ous·ness** [-nɪs] *s.* Unter'würfigkeit *f*.

ob·serv·a·ble [əb'zɜːvəbl] *adj.* □ **1.** wahrnehmbar; **2.** bemerkenswert; **3.** zu be(ob)achten(d); **ob'serv·ance** [-vns] *s.* **1.** Befolgung *f*, Be(ob)achtung *f*, Ein-, Innehaltung *f von Gesetzen etc.*; **2.** *eccl.* Heilighaltung *f*, Feiern *n*; **3.** Brauch *m*, Sitte *f*; **4.** Regel *f*, Vorschrift *f*; **5.** *R.C.* Ordensregel *f*, Obser'vanz *f*; **ob'serv·ant** [-vnt] *adj.* □ **1.** beobachtend, befolgend (***of*** *acc.*): ***be very ~ of forms*** sehr auf Formen halten; **2.** aufmerksam, acht-, wachsam (***of*** auf *acc.*).

ob·ser·va·tion [ˌɒbzə'veɪʃn] **I** *s.* **1.** Beobachtung *f* (*a.* ⚕, ⚓ *etc.*), Über'wachung *f*, Wahrnehmung *f*: ***keep s.o. under*** ~ j-n beobachten (lassen); **2.** ⚔ (Nah)Aufklärung *f*; **3.** Beobachtungsvermögen *n*; **4.** Bemerkung *f*; **5.** Befolgung *f*; **II** *adj.* **6.** Beobachtungs..., Aussichts...; ~ **bal·loon** *s.* 'Fesselbalˌlon *m*; ~ **car** *s.* 🚃 Aussichtswagen *m*; ~ **coach** *s.* Omnibus *m* mit Aussichtsplattform; ~ **post** *s.* ⚔ Beobachtungsstand *m*, -posten *m*; ~ **tow·er** *s.* Beobachtungswarte *f*; Aussichtsturm *m*; ~ **ward** *s.* ⚕ Be'obachtungsstatiˌon *f*; ~ **win·dow** *s.* ⚙ *etc.* Beobachtungsfenster *n*.

ob·serv·a·to·ry [əb'zɜːvətrɪ] *s.* Observa'torium *n*: a) Wetterwarte *f*, b) Sternwarte *f*.

ob·serve [əb'zɜːv] **I** *v/t.* **1.** beobachten: a) über'wachen, b) (be)merken, wahrnehmen, c) *Gesetz etc.* befolgen, (ein-)halten, beachten, *Fest etc.* feiern, begehen: ~ ***silence*** Stillschweigen bewahren; **2.** bemerken, äußern, sagen; **II** *v/i.* **3.** Beobachtungen machen; **4.** Bemerkungen machen, sich äußern (***on***, ***upon*** über *acc.*); **ob'serv·er** [-və] *s.* **1.** Beobachter(in) (*a. pol.*), Zuschauer(in); **2.** Befolger(in); **3.** ⚔, ✈ a) Beobachter *m*, b) *Flugmeldedienst*: Luftspäher *m*; **ob'serv·ing** [-vɪŋ] *adj.* □ aufmerksam, achtsam.

ob·sess [əb'ses] *v/t.* quälen, heimsuchen, verfolgen (*von Ideen etc.*): ~***ed by*** (*od.* ***with***) besessen von; **ob·ses·sion** [əb'seʃn] *s.* Besessenheit *f*, fixe I'dee; *psych.* Zwangsvorstellung *f*; **ob'ses·sive** [-sɪv] *adj. psych.* zwanghaft, Zwangs...: ~ ***neurosis***.

ob·so·les·cence [ˌɒbsəʊ'lesns] *s.* Veralten *n*: ***planned ~*** ✝, ⚙ künstliche Veralterung; **ob·so'les·cent** [-nt] *adj.* veraltend.

ob·so·lete ['ɒbsəliːt] *adj.* □ **1.** veraltet, über'holt, altmodisch; **2.** abgenutzt, verbraucht; **3.** *biol.* zu'rückgeblieben, rudimen'tär.

ob·sta·cle ['ɒbstəkl] *s.* Hindernis *n* (***to*** für) (*a. fig.*): ***put ~s in s.o.'s way*** *fig.*

O

j-m Hindernisse in den Weg legen; ~ ***race*** *sport* Hindernisrennen *n*.
ob·stet·ric, ob·stet·ri·cal [ɒbˈstetrɪk(l)] *adj.* Geburts(hilfe)…, Entbindungs…; **ob·ste·tri·cian** [ˌɒbsteˈtrɪʃn] *s.* ⚕ Geburtshelfer(in); **obˈstet·rics** [-ks] *s. pl. mst sg. konstr.* Geburtshilfe *f*.
ob·sti·na·cy [ˈɒbstɪnəsɪ] *s.* Hartnäckigkeit *f* (*a. fig.*, ⚕ *etc.*), Eigensinn *m*; **ˈob·sti·nate** [-tənət] *adj.* □ hartnäckig (*a. fig.*), halsstarrig, eigensinnig.
ob·strep·er·ous [əbˈstrepərəs] *adj.* □ **1.** ungebärdig, tobend, ˈwiderspenstig; **2.** lärmend.
ob·struct [əbˈstrʌkt] **I** *v/t.* **1.** versperren, -stopfen, blockieren: ~ ***s.o.'s view*** j-m die Sicht nehmen; **2.** *a. fig.* behindern, hemmen, lahm legen; **3.** *fig.*, *a. pol.* blockieren, vereiteln; **4.** *sport*: sperren, (*a. Amtsperson*) behindern (***in*** bei); **II** *v/i.* **5.** *pol.* Obstruktiˈon treiben; **obˈstruc·tion** [-kʃn] *s.* **1.** Versperrung *f*, Verstopfung *f*; **2.** Behinderung *f*, Hemmung *f*; **3.** Hindernis *n* (***to*** für); **4.** *pol.* Obstruktiˈon *f*; **obˈstruc·tion·ism** [-kʃənɪzəm] *s. bsd. pol.* Obstruktiˈonspoliˌtik *f*; **obˈstruc·tion·ist** [-kʃənɪst] **I** *s.* Obstruktiˈonspoˌlitiker(in); **II** *adj.* Obstruktions…; **obˈstruc·tive** [-tɪv] **I** *adj.* □ **1.** versperrend (*etc.* → ***obstruct*** I); **2.** (***of***, ***to***) hinderlich, hemmend (für): ***be ~ to s.th.*** et. behindern; **3.** Obstruktions…; **II** *s.* **4.** Hindernis *n*.
ob·tain [əbˈteɪn] **I** *v/t.* **1.** erlangen, erhalten, bekommen, erwerben, sich verschaffen, *Sieg* erringen: ~ ***by flattery*** sich erschmeicheln; ~ ***legal force*** Rechtskraft erlangen; ***details can be ~ed from*** Näheres ist zu erfahren bei; **2.** *Willen, Wünsche etc.* ˈdurchsetzen; **3.** erreichen; **4.** ⚘ *Preis* erzielen; **II** *v/i.* **5.** (vor)herrschen, bestehen; Geltung haben, sich behaupten; **obˈtain·a·ble** [-nəbl] *adj.* erreichbar, erlangbar; erhältlich, zu erhalten(d) (***at*** bei); **obˈtain·ment** [-mənt] *s.* Erlangung *f*.
ob·trude [əbˈtruːd] **I** *v/t.* aufdrängen, -nötigen, -zwingen (***upon***, ***on*** *dat.*): ~ ***o.s. upon*** → **II** *v/i.* sich aufdrängen (***upon***, ***on*** *dat.*); **obˈtru·sion** [-uːʒn] *s.* **1.** Aufdrängen *n*, Aufnötigung *f*; **2.** Aufdringlichkeit *f*; **obˈtru·sive** [-uːsɪv] *adj.* □ aufdringlich (*a. Sache*).
ob·tu·rate [ˈɒbtjʊəreɪt] *v/t.* **1.** *a.* ⚕ verstopfen, verschließen; **2.** ⚙ (ab)dichten, lidern; **ob·tu·ra·tion** [ˌɒbtjʊəˈreɪʃn] *s.* **1.** Verstopfung *f*, Verschließung *f*; **2.** ⚙ (Ab)Dichtung *f*.
ob·tuse [əbˈtjuːs] *adj.* □ **1.** stumpf (*a.* ∡): ~***(-angled)*** stumpfwink(e)lig; **2.** *fig.* begriffsstutzig, beschränkt; dumpf (*Ton*, *Schmerz etc.*); **obˈtuse·ness** [-nɪs] *s.* **1.** Stumpfheit *f* (*a. fig.*); **2.** Begriffsstutzigkeit *f*.
ob·verse [ˈɒbvɜːs] **I** *s.* **1.** Vorderseite *f*; Bildseite *f e-r Münze*; **2.** Gegenstück *n*, *die* andere Seite, Kehrseite *f*; **II** *adj.* □ **3.** Vorder…, dem Beobachter zugekehrt; **4.** entsprechend, ˈumgekehrt; **ob·verse·ly** [ɒbˈvɜːslɪ] *adv.* ˈumgekehrt.
ob·vi·ate [ˈɒbvɪeɪt] *v/t.* **1.** *e-r Sache* begegnen, zuˈvorkommen, vorbeugen, *et.* verhindern, verhüten; **2.** aus dem Weg räumen, beseitigen; **3.** erübrigen; **ob·vi·a·tion** [ˌɒbvɪˈeɪʃn] *s.* **1.** Vorbeugen *n*, Verhütung *f*; **2.** Beseitigung *f*.
ob·vi·ous [ˈɒbvɪəs] *adj.* □ offensichtlich, augenfällig, klar, deutlich; nahe liegend, einleuchtend: ***it is ~ that*** es liegt auf der Hand, dass; ***it was the ~ thing to do*** es war das Nächstliegende; ***he was the ~ choice*** kein anderer kam dafür in Frage; **ˈob·vi·ous·ness** [-nɪs] *s.* Offensichtlichkeit *f*.
oc·ca·sion [əˈkeɪʒn] **I** *s.* **1.** (günstige) Gelegenheit; **2.** (***of***) Gelegenheit *f* (zu), Möglichkeit *f* (*gen.*); **3.** (besondere) Gelegenheit, Anlass *m*; (F festliches) Ereignis: ***on this ~*** bei dieser Gelegenheit; ***on the ~ of*** anlässlich (*gen.*); ***on ~*** a) bei Gelegenheit, b) gelegentlich, c) wenn nötig; ***for the ~*** für diese besondere Gelegenheit, eigens zu diesem Zweck; ***a great ~*** ein großes Ereignis; ***improve the ~*** die Gelegenheit (*bsd.* zu e-r Moralpredigt) benützen; ***rise to the ~*** sich der Lage gewachsen zeigen; **4.** Anlass *m*, Anstoß *m*: ***give ~ to*** → 6; **5.** (***for***) Grund *m* (zu), Ursache *f* (*gen.*), Veranlassung *f* (zu); **II** *v/t.* **6.** verursachen (***s.o. s.th.***, ***s.th. to s.o.*** j-m et.), hervorrufen, bewirken, zeitigen; **7.** *j-n* veranlassen (***to do*** zu tun); **ocˈca·sion·al** [-ʒənl] *adj.* □ **1.** gelegentlich, Gelegenheits…(*-arbeit*, *-dichter*, *-gedicht etc.*); vereinzelt; **2.** zufällig; **ocˈca·sion·al·ly** [-ʒnəlɪ] *adv.* gelegentlich, hin u. wieder.
Oc·ci·dent [ˈɒksɪdənt] *s.* **1.** ˈOkzident *m*, Westen *m*, Abendland *n*; **2.** ℒ Westen *m*; **Oc·ci·den·tal** [ˌɒksɪˈdentl] **I** *adj.* □ **1.** abendländisch, westlich; **2.** ℒ westlich; **II** *s.* **3.** Abendländer(in).
oc·cip·i·tal [ɒkˈsɪpɪtl] *anat.* **I** *adj.* Hinterhaupt(s)…; **II** *s.* ˈHinterhauptsbein *n*; **oc·ci·put** [ˈɒksɪpʌt] *pl.* **oc·cip·i·ta** [ɒkˈsɪpɪtə] *s. anat.* ˈHinterkopf *m*.
oc·clude [ɒˈkluːd] *v/t.* **1.** *a.* ⚕ verstopfen, verschließen; **2.** a) einschließen, b) ausschließen, c) abschließen (***from*** von); **3.** ⚗ okkludieren, adsorbieren; **ocˈclu·sion** [-uːʒn] *s.* **1.** *a.* ⚕ a) Verstopfung *f*, Verschließung *f*, b) Verschluss *m*; **2.** Okklusiˈon *f*: a) ⚗ Adsorptiˈon *f*, b) ⚕ Biss(stellung *f*) *m*; ***abnormal ~*** Bissanomalie *f*.
oc·cult [ɒˈkʌlt] **I** *adj.* □ okˈkult: a) geheimnisvoll, verborgen (*a.* ⚕), b) ma-

gisch, 'übersinnlich, c) geheim, Geheim...: **~ sciences** Geheimwissenschaften; **II** *v/t.* verdecken; *ast.* verfinstern; **III** *s.*: **the ~** das Ok'kulte; **oc·cult·ism** ['ɒkəltɪzəm] *s.* Okkul'tismus *m*; **oc·cult·ist** ['ɒkəltɪst] **I** *s.* Okkul'tist (-in); **II** *adj.* okkul'tistisch.

oc·cu·pan·cy ['ɒkjʊpənsɪ] *s.* **1.** Besitzergreifung *f* (*a.* ⚖); Einzug *m* (**of** in *e-e Wohnung*); **2.** Innehaben *n*, Besitz *m*: **during his ~ of the post** solange er die Stelle innehatte; **3.** In'anspruchnahme *f* (*von Raum etc.*); '**oc·cu·pant** [-nt] *s.* **1.** *bsd.* ⚖ Besitzergreifer(in); **2.** Besitzer (-in), Inhaber(in); **3.** Bewohner(in), Insasse *m*, Insassin *f* (*Haus etc.*); **oc·cu·pa·tion** [ˌɒkjʊ'peɪʃn] *s.* **1.** Besitz *m*, Innehaben *n*; **2.** Besitznahme *f*, -ergreifung *f*; **3.** ⚔, *pol.* Besetzung *f*, Besatzung *f*, Okkupati'on *f*: **~ troops** Besatzungstruppen; → **zone** 1; **4.** Beschäftigung *f*: **without ~** beschäftigungslos; **5.** Beruf *m*, Gewerbe *n*: **by ~** von Beruf; **employed in an ~** berufstätig; **in** (*od.* **as a**) **regular ~** hauptberuflich; **oc·cu·pa·tion·al** [ˌɒkjuː'peɪʃənl] *adj.* **1.** beruflich, Berufs...(*-gruppe*, *-krankheit etc.*), Arbeits...(*-psychologie*, *-unfall etc.*): **~ hazard** Berufsrisiko *n*; **2.** Beschäftigungs...: **~ therapy**.

oc·cu·pi·er ['ɒkjʊpaɪə] → **occupant**.

oc·cu·py ['ɒkjʊpaɪ] *v/t.* **1.** in Besitz nehmen, Besitz ergreifen von; *Wohnung* beziehen; ⚔ besetzen; **2.** besitzen, innehaben; *fig.* *Amt etc.* bekleiden, innehaben: **~ the chair** den Vorsitz führen; **3.** bewohnen; **4.** *Raum* einnehmen, (*a. Zeit*) in Anspruch nehmen; **5.** *j-n*, *j-s Geist* beschäftigen: **~ o.s.** sich beschäftigen *od.* befassen (**with** mit); **be occupied with** (*od.* **in**) **doing** damit beschäftigt sein, *et.* zu tun.

oc·cur [ə'kɜː] *v/i.* **1.** sich ereignen, vorfallen, -kommen, passieren, eintreten; **2.** vorkommen (**in Poe** bei Poe); **3.** zustoßen, vorkommen, begegnen (**to s.o.** j-m); **4.** einfallen (**to** *dat.*): **it ~red to me that** es fiel mir ein *od.* es kam mir der Gedanke, dass; **oc·cur·rence** [ə'kʌrəns] *s.* **1.** Vorkommen *n*, Auftreten *n*; **2.** Ereignis *n*, Vorfall *m*, Vorkommnis *n*.

o·cean ['əʊʃn] *s.* **1.** Ozean *m*, Meer *n*: **~ lane** Schifffahrtsroute *f*; **~ liner** Ozeandampfer *m*; **2.** *fig.* Meer *n*: **~s of** F e-e Unmenge von; **~ bill of lad·ing** *s.* ✝ Konnosse'ment *n*, Seefrachtbrief *m*; '**~-ˌgo·ing** *adj.* ⚓ Hochsee..., hochseetüchtig.

o·ce·an·ic [ˌəʊʃɪ'ænɪk] *adj.* oze'anisch, Ozean..., Meer(es)...

o·ce·a·no·graph·ic, **o·ce·a·no·graph·i·cal** [ˌəʊʃɪənəʊ'græfɪk(l)] *adj.* ozeano'graphisch; **o·ce·a·nog·ra·phy** [ˌəʊʃjə'nɒgrəfɪ] *s.* Meereskunde *f*; **o·ce·a·nol·o·gy** [ˌəʊʃjə'nɒlədʒɪ] *s.* Ozeanolo'gie *f*, Meereskunde *f*.

oc·el·lat·ed ['ɒsəleɪtɪd] *adj. zo.* **1.** augenfleckig; **2.** augenähnlich; **o·cel·lus** [əʊ'seləs] *pl.* **-li** [-laɪ] *s. zo.* **1.** Punktauge *n*; **2.** Augenfleck *m*.

o·cher *Am.* → **ochre**.

och·loc·ra·cy [ɒk'lɒkrəsɪ] *s.* Ochlokra'tie *f*, Pöbelherrschaft *f*.

o·chre ['əʊkə] **I** *s.* **1.** *min.* Ocker *m*: **blue** (*od.* **iron**) **~** Eisenocker *m*; **brown** (*od.* **spruce**) **~** brauner Eisenocker; **2.** Ockerfarbe *f*, -gelb *n*; **II** *adj.* **3.** ockergelb; **o·chre·ous** ['əʊkrɪəs] *adj.* **1.** Ocker...; **2.** ockerhaltig *od.* -artig *od.* -farbig.

o'clock [ə'klɒk] Uhr (*bei Zeitangaben*): **four ~** vier Uhr.

oc·ta·gon ['ɒktəgən] *s.* ⩓ Achteck *n*; **oc·tag·o·nal** [ɒk'tægənl] *adj.* ☐ **1.** achteckig, -seitig; **2.** Achtkant...

oc·ta·he·dral [ˌɒktə'hedrəl] *adj.* ⩓, *min.* okta'edrisch, achtflächig; ˌ**oc·ta'he·dron** [-drən] *pl.* **-drons** *od.* **-dra** [-drə] *s.* Okta'eder *n*.

oc·tal ['ɒktl] *adj.* ⚡ Oktal...

oc·tane ['ɒkteɪn] *s.* ⚗ Ok'tan *n*: **~ number**, **~ rating** Oktanzahl *f*.

oc·tant ['ɒktənt] *s.* ⩓, ⚓ Ok'tant *m*.

oc·tave ['ɒktɪv; *eccl.* 'ɒkteɪv] *s.* ♪, *eccl.*, *phys.* Ok'tave *f*.

oc·ta·vo [ɒk'teɪvəʊ] *pl.* **-vos** *s.* **1.** Ok'tav(forˌmat) *n*; **2.** Ok'tavband *m*.

oc·til·lion [ɒk'tɪljən] *s.* ⩓ *Brit.* Oktilli'on *f*, *Am.* Quadrilli'arde *f*.

Oc·to·ber [ɒk'təʊbə] *s.* Ok'tober *m*: **in ~** im Oktober.

oc·to·dec·i·mo [ˌɒktəʊ'desɪməʊ] *pl.* **-mos** *s.* **1.** Okto'dezforˌmat *n*; **2.** Okto'dezband *m*.

oc·to·ge·nar·i·an [ˌɒktəʊdʒɪ'neərɪən] **I** *adj.* achtzigjährig; **II** *s.* Achtzigjährige(r *m*) *f*, Achtziger(in).

oc·to·pod ['ɒktəpɒd] *s. zo.* Okto'pode *m*, Krake *m*.

oc·to·pus ['ɒktəpəs] *pl.* **-pus·es** *od.* '**oc·to·pi** [-paɪ] *s.* **1.** *zo.* Krake *m*: a) 'Seepoˌlyp *m*, b) Okto'pode *m*; **2.** *fig.* Po'lyp *m*.

oc·to·syl·lab·ic [ˌɒktəʊsɪ'læbɪk] **I** *adj.* achtsilbig; **II** *s.* Achtsilb(l)er *m* (*Vers*); **oc·to·syl·la·ble** ['ɒktəʊˌsɪləbl] *s.* **1.** achtsilbiges Wort; **2.** → **octosyllabic** II.

oc·u·lar ['ɒkjʊlə] **I** *adj.* ☐ **1.** Augen...(*-bewegung*, *-zeuge etc.*); **2.** sichtbar (*Beweis*), augenfällig; **II** *s.* **3.** *opt.* Oku'lar *n*; '**oc·u·lar·ly** [-lɪ] *adv.* **1.** augenscheinlich; **2.** durch Augenschein, mit eigenen Augen; '**oc·u·list** [-lɪst] *s.* Augenarzt *m*.

OD [ˌəʊ'diː] *sl. abbr. für* **overdose** **I** *s.* 'Überdosis *f*; **II** *v/i.* e-e Überdosis nehmen: **~ on ...** e-e Überdosis ... nehmen.

odd [ɒd] **I** *adj.* ☐ → **oddly**; **1.** sonderbar, seltsam, merkwürdig, kuri'os: **an ~**

fellow (*od.* F ***fish***) ein sonderbarer Kauz; **2.** (*nach Zahlen etc.*) und etliche, und einige *od.* etwas dar'über: ***50 ~*** über 50, einige 50; ***fifty ~ thousand*** zwischen 50 000 u. 60 000; ***it cost five pounds ~*** es kostete etwas über 5 Pfund; **3.** (*noch*) übrig, 'überzählig, restlich; **4.** ungerade: ***~ and even*** gerade u. ungerade; ***an ~ number*** eine ungerade Zahl; ***~ man out*** Überzählige(r) *m*; ***the ~ man*** der Mann mit der entscheidenden Stimme (*bei Stimmengleichheit*) (→ 6); **5.** a) einzeln (*Schuh etc.*): ***~ pair*** Einzelpaar *n*, b) vereinzelt: ***some ~ volumes*** einige Einzelbände, c) ausgefallen, wenig gefragt (*Kleidergröße*); **6.** gelegentlich, Gelegenheits...: ***~ jobs*** Gelegenheitsarbeiten; ***at ~ moments***, ***at ~ times*** dann und wann, zwischendurch; ***~ man*** Gelegenheitsarbeiter *m*; **II** *s.* **7.** → ***odds***; **'odd·ball** *s. Am.* F → ***oddity*** 2.

odd·i·ty ['ɒdɪtɪ] *s.* **1.** Seltsamkeit *f*, Wunderlichkeit *f*, Eigenartigkeit *f*; **2.** komischer Kauz, Unikum *n*; **3.** seltsame *od.* kuri'ose Sache; **odd·ly** ['ɒdlɪ] *adv.* **1.** → ***odd*** 1; **2.** *a.* ***~ enough*** seltsamerweise; **odd·ments** ['ɒdmənts] *s. pl.* Reste *pl.*, 'Überbleibsel *pl.*; Krimskrams *m*; † Einzelstücke *pl.*; **odd·ness** ['ɒdnɪs] *s.* Seltsamkeit *f*, Sonderbarkeit *f*.

'odd,num·bered *adj.* ungeradzahlig.

odds [ɒdz] *s. pl. oft sg. konstr.* **1.** Verschiedenheit *f*, 'Unterschied *m*: ***what's the ~?*** F was macht es (schon) aus?; ***it makes no ~*** es macht nichts (aus); **2.** Vorgabe *f* (*im Spiel*): ***give s.o. ~*** j-m et. vorgeben; ***take ~*** sich vorgeben lassen; ***take the ~*** e-e ungleiche Wette eingehen; **3.** (Gewinn)Chancen *pl.*: ***the ~ are 10 to 1*** die Chancen stehen 10 zu 1; ***the ~ are in our favo(u)r*** (*od.* ***on us***) *a. fig.* wir haben die besseren Chancen; ***the ~ are against us*** unsere Chancen stehen schlecht, wir sind im Nachteil; ***against long ~*** mit wenig Aussicht auf Erfolg; ***by long ~*** bei weitem; ***the ~ are that he will come*** es ist sehr wahrscheinlich, dass er kommt; **4.** Uneinigkeit *f*: ***at ~ with*** im Streit mit, uneins mit; ***set at ~*** uneinig machen, gegeneinander aufhetzen; **5.** ***~ and ends*** a) allerlei Kleinigkeiten, Krimskrams *m*, dies u. das, b) Reste, Abfälle; **,~-'on I** *adj.* aussichtsreich (*z. B. Rennpferd*): ***~ certainty*** sichere Sache; ***it's ~ that*** es ist so gut wie sicher, dass; **II** *s.* gute Chance.

ode [əʊd] *s.* Ode *f*.

o·di·ous ['əʊdjəs] *adj.* □ **1.** verhasst, hassenswert, ab'scheulich; **2.** widerlich, ekelhaft; **'o·di·ous·ness** [-nɪs] *s.* **1.** Verhasstheit *f*, Ab'scheulichkeit *f*; **2.** Widerlichkeit *f*; **'o·di·um** [-jəm] *s.* **1.** Verhasstheit *f*; **2.** Odium *n*, Vorwurf *m*, Makel *m*; **3.** Hass *m*, Gehässigkeit *f*.

o·dom·e·ter [əʊ'dɒmɪtə] *s.* **1.** Weg(strecken)messer *m*; **2.** Kilo'meterzähler *m*.

o·don·tic [ɒ'dɒntɪk] *adj.* Zahn...: ***~ nerve***; **o·don·tol·o·gy** [ˌɒdɒn'tɒlədʒɪ] *s.* Zahn(heil)kunde *f*, Odontolo'gie *f*.

o·dor(·less) *Am.* → ***odour***(***less***).

o·dor·ant ['əʊdərənt] *adj.*, **o·dor·if·er·ous** [ˌəʊdə'rɪfərəs] *adj.* □ **1.** wohlriechend, duftend; **2.** *allg.* riechend.

o·dour ['əʊdə] *s.* **1.** Geruch *m*; **2.** Duft *m*, Wohlgeruch *m*; **3.** *fig.* Geruch *m*, Ruf *m*: ***the ~ of sanctity*** der Geruch der Heiligkeit; ***be in bad ~ with s.o.*** bei j-m in schlechtem Ruf stehen; **'o·dour·less** [-lɪs] *adj.* geruchlos.

Od·ys·sey ['ɒdɪsɪ] *s. lit.* (*fig. oft* ℒ) Odys'see *f*.

oe·col·o·gy [iː'kɒlədʒɪ] → ***ecology***.

oec·u·men·i·cal [ˌiːkjʊ'menɪkəl] *etc.* → ***ecumenical*** *etc.*

oe·de·ma [iː'diːmə] *pl.* **-ma·ta** [-mətə] *s.* ⚕ Ö'dem *n*.

oe·di·pal ['iːdɪpl] *adj. psych.* ödi'pal, Ödipus...

Oed·i·pus com·plex ['iːdɪpəs] *s. psych.* 'Ödipuskomˌplex *m*.

oen·o·lo·gy [iː'nɒlədʒɪ] Wein(bau)kunde *f*, Önolo'gie *f*.

o'er ['əʊə] *poet. od. dial. für* ***over***.

oe·so·phag·e·al [iːˌsɒfə'dʒiːəl] *adj. anat.* Speiseröhren..., Schlund...: ***~ orifice*** Magenmund *m*; **oe·soph·a·gus** [iː'sɒfəgəs] *pl.* **-gi** [-gaɪ] *od.* **-gus·es** *s. anat.* Speiseröhre *f*.

of [ɒv, əv] *prp.* **1.** *allg.* von; **2.** *zur Bezeichnung des Genitivs*: ***the tail ~ the dog*** der Schwanz des Hundes; ***the tail ~ a dog*** der Hundeschwanz; **3.** *Ort*: bei: ***the battle ~ Hastings***; **4.** *Entfernung, Trennung, Befreiung*: a) von: ***south ~*** (***within ten miles ~***) ***London***; ***cure*** (***rid***) ***~ s.th.***; ***free ~***, b) *gen.*: ***robbed ~ his purse*** s-r Börse beraubt, c) um: ***cheat s.o. ~ s.th.***; **5.** *Herkunft*: von, aus: ***~ good family***; ***Mr. X ~ London***; **6.** *Teil*: von *od. gen.*: ***the best ~ my friends***; ***a friend ~ mine*** ein Freund von mir, e-r m-r Freunde; ***that red nose ~ his*** diese rote Nase, die er hat; **7.** *Eigenschaft*: von, mit: ***a man ~ courage***; ***a man ~ no importance*** ein unbedeutender Mensch; **8.** *Stoff*: aus, von: ***a dress ~ silk*** ein Kleid aus *od.* von Seide, ein Seidenkleid; (***made***) ***~ steel*** aus Stahl (hergestellt), stählern, Stahl...; **9.** *Urheberschaft, Art u. Weise*: von: ***the works ~ Byron***; ***it was clever ~ him***; ***~ o.s.*** von selbst, von sich aus; **10.** *Ursache, Grund*: a) von, an (*dat.*): ***die ~ cancer*** an Krebs sterben, b) aus: ***~ charity***, c) vor (*dat.*): ***afraid ~***, d) auf (*acc.*): ***proud ~***, e) über (*acc.*): ***a-***

O

shamed ~, f) nach: ***smell ~***; **11.** *Beziehung*: hinsichtlich (*gen.*): ***quick ~ eye*** flinkäugig; ***nimble ~ foot*** leichtfüßig; **12.** *Thema*: a) von, über (*acc.*): ***speak ~ s.th.***, b) an (*acc.*): ***think ~ s.th.***; **13.** *Apposition, im Deutschen nicht ausgedrückt*: a) ***the city ~ London***; ***the University ~ Oxford***; ***the month ~ April***; ***the name ~ Smith***, b) *Maß*: ***two feet ~ snow***; ***a glass ~ wine***; ***a piece ~ meat***; **14.** *Genitivus objectivus*: a) zu: ***the love ~ God***, b) vor (*dat.*): ***the fear ~ God*** die Furcht vor Gott, die Gottesfurcht, c) bei: ***an audience ~ the king;*** **15.** *Zeit*: a) an (*dat.*), in (*dat.*), *mst gen.*: ***~ an evening*** e-s Abends; ***~ late years*** in den letzten Jahren, b) von: ***your letter ~ March 3rd*** Ihr Schreiben vom 3. März, c) *Am.* F vor (*bei Zeitangaben*): ***ten minutes ~ three***.

off [ɒf] **I** *adv.* **1.** *mst in Zssgn mit vb.* fort, weg, da'von: ***be ~*** a) weg *od.* fort sein, b) (weg)gehen, sich davonmachen, (ab)fahren, c) wegmüssen; ***be ~!***, ***~ you go!***, ***~ with you!*** fort mit dir!, pack dich!, weg!; ***where are you ~ to?*** wo gehst du hin?; **2.** ab(*-brechen, -kühlen, -rutschen, -schneiden etc.*), her'unter(...), los(...): ***the apple is ~*** der Apfel ist ab; ***dash ~*** losrennen; ***have one's shoes*** *etc.* ***~*** s-e *od.* die Schuhe *etc.* ausgezogen haben; ***~ with your hat!*** herunter mit dem Hut!; **3.** entfernt, weg: ***3 miles ~***; **4.** *Zeitpunkt*: von jetzt an, hin: ***Christmas is a week ~*** bis Weihnachten ist es eine Woche; ***~ and on*** a) ab u. zu, hin u. wieder, b) ab u. an, mit (kurzen) Unterbrechungen; **5.** abgezogen, ab(züglich); **6.** a) aus(geschaltet), abgeschaltet, -gestellt (*Maschine, Radio etc.*), (ab)gesperrt (*Gas etc.*), zu (*Hahn etc.*), b) *fig.* aus, vor'bei, abgebrochen; gelöst (*Verlobung*): ***the bet is ~*** die Wette gilt nicht mehr; ***the whole thing is ~*** die ganze Sache ist abgeblasen *od.* ins Wasser gefallen; **7.** aus(gegangen), verkauft, nicht mehr vorrätig; **8.** frei (*von Arbeit*): ***take a day ~*** sich e-n Tag freinehmen; **9.** ganz, zu Ende: ***drink ~*** (ganz) austrinken; ***kill ~*** ausrotten; ***sell ~*** ausverkaufen; **10.** ✝ flau: ***the market is ~***; **11.** nicht frisch, (leicht) verdorben (*Nahrungsmittel*); **12.** *sport* außer Form; **13.** ⚓ vom Land *etc.* ab; **14.** ***well*** (***badly***) ***~*** gut (schlecht) d(a)ran *od.* gestellt *od.* situiert; ***how are you ~ for ...?*** wie bist du dran mit ...?; **II** *prp.* **15.** von ... (weg, ab, her'unter): ***climb ~ the horse*** vom Pferd (herunter)steigen; ***eat ~ a plate*** von e-m Teller essen; ***take 3 percent ~ the price*** 3 Prozent vom Preis abziehen; ***be ~ a drug*** *sl.* von e-r Droge ‚herunter sein'; **16.** abseits von *od. gen.*, von ... ab: ***~ the street***; ***a street ~ Piccadilly*** e-e Seitenstraße von Piccadilly; ***~ one's balance*** aus dem Gleichgewicht; ***~ form*** außer Form; **17.** frei von: ***~ duty*** dienstfrei; **18.** ⚓ auf der Höhe von *Trafalgar etc.*, vor *der Küste*; **III** *adj.* **19.** (weiter) entfernt; **20.** Seiten..., Neben...: ***~ street***; **21.** recht (*von Tieren, Fuhrwerken etc.*): ***the ~ horse*** das rechte Pferd, das Handpferd; **22.** *Kricket*: abseitig (*rechts vom Schlagmann*); **23.** ab(-), los(gegangen); **24.** (arbeits-, dienst)frei: ***an ~ day***; → **25.** (*verhältnismäßig*) schlecht: ***an ~ day*** ein schlechter Tag (*an dem alles misslingt etc.*); ***an ~ year for fruit*** ein schlechtes Obstjahr; **26.** ✝ a) flau, still, tot (*Saison*), b) von schlechter Quali'tät: ***~ shade*** Fehlfarbe *f*; **27.** ‚ab', unwohl, nicht auf dem Damm: ***I am feeling rather ~ today***; **28.** ***on the ~ chance*** auf gut Glück: ***I went there on the ~ chance of seeing him*** ich ging in der vagen Hoffnung hin, ihn zu sehen; **IV** *int.* **29.** weg!, fort!, raus!: ***hands ~!*** Hände weg!; **30.** her'unter!, ab!

of·fal ['ɒfl] *s.* **1.** Abfall *m*; **2.** *sg. od. pl. konstr.* Fleischabfall *m*, Inne'reien *pl.*; **3.** billige *od.* minderwertige Fische *pl.*; **4.** *fig.* Schund *m*, Ausschuss *m*.

ˌoff|'beat *adj.* F ausgefallen, extrava'gant (*Geschmack, Kleidung etc.*); **'~·cast I** *adj.* verworfen, abgetan; **II** *s.* abgetane Per'son *od.* Sache; **ˌ~-'cen·ter** *Am.*, **ˌ~-'cen·tre** *Brit. adj.* verrutscht; ⚙ außermittig, ex'zentrisch (*a. fig.*); **ˌ~-'col·o(u)r** *adj.* **1.** a) farblich abweichend, b) nicht lupenrein: ***~ jewel***; **2.** *fig.* nicht (ganz) in Ordnung; unpässlich; **3.** zweideutig, schlüpfrig: ***~ jokes***; **ˌ~-'du·ty** *adj.* dienstfrei.

of·fence [ə'fens] *s.* **1.** *allg.* Vergehen *n*, Verstoß *m* (***against*** gegen); **2.** ⚖ a) *a.* ***criminal ~*** Straftat *f*, strafbare Handlung, De'likt *n*, b) *a.* ***lesser*** *od.* ***minor ~*** Über'tretung *f*; **3.** Anstoß *m*, Ärgernis *n*, Beleidigung *f*, Kränkung *f*: ***give ~*** Anstoß *od.* Ärgernis erregen (***to*** bei); ***take ~*** (***at***) Anstoß nehmen (an *dat.*), beleidigt *od.* gekränkt sein (durch, über *acc.*), (*et.*) übel nehmen; ***no ~*** (***meant***)***!*** nichts für ungut!; **4.** Angriff *m*: ***arms of ~*** Angriffswaffen *pl.*; **of'fence·less** [-lɪs] *adj.* harmlos.

of·fend [ə'fend] **I** *v/t.* **1.** *j-n, j-s Gefühle etc.* verletzen, beleidigen, kränken: ***it ~s the eye*** es beleidigt das Auge; ***be ~ed at*** (*od.* ***by***) ***s.th.*** sich durch et. beleidigt fühlen; ***be ~ed with*** (*od.* ***by***) ***s.o.*** sich durch j-n beleidigt fühlen; **II** *v/i.* **2.** Anstoß erregen; **3.** (***against***) verstoßen (gegen), sündigen, sich vergehen (an *dat.*); **of'fend·ed·ly** [-dɪdlɪ] *adv.* beleidigt; **of'fend·er** [-də] *s.* Übel-, Missetäter(in); ⚖ Straffällige(r *m*) *f*: ***first ~*** ⚖ nicht Vorbestrafte(r *m*)

O

f, Ersttäter(in); ***second ~*** Rückfällige(r *m*) *f*; **of'fend·ing** [-dɪŋ] *adj.* **1.** verletzend, beleidigend; **2.** anstößig.

of·fense(·less) *Am.* → ***offence(less)***.

of·fen·sive [ə'fensɪv] **I** *adj.* ☐ **1.** beleidigend, anstößig, anstoß- *od.* Ärgernis erregend; **2.** 'widerwärtig, ekelhaft, übel: ***~ smell***; **3.** angreifend, offen'siv: ***~ war*** Angriffs-, Offensivkrieg *m*; ***~ weapon*** Angriffswaffe *f*; **II** *s.* **4.** Offen'sive *f*, Angriff *m*: ***take the ~*** die Offensive ergreifen, zum Angriff übergehen; **of'fen·sive·ness** [-nɪs] *s.* **1.** *das* Beleidigende, Anstößigkeit *f*; **2.** 'Widerlichkeit *f*.

of·fer ['ɒfə] **I** *v/t.* **1.** *Geschenk, Ware etc., a. Schlacht* anbieten; ✝ *a.* offerieren; *Preis, Summe* bieten: ***~ s.o. a cigarette***; ***~ one's hand (to)*** *j-m* die Hand bieten *od.* reichen; ***~ for sale*** zum Verkauf anbieten; **2.** *Ansicht, Entschuldigung etc.* vorbringen, äußern; **3.** *Anblick, Schwierigkeit etc.* bieten: ***no opportunity ~ed itself*** es bot sich keine Gelegenheit; **4.** sich bereit erklären zu, sich (an)erbieten zu; **5.** Anstalten machen zu, sich anschicken zu; **6.** *fig. Beleidigung* zufügen; *Widerstand* leisten; *Gewalt* antun (**to** *dat.*); **7.** *a.* ***~ up*** opfern, *Opfer, Gebet, Geschenk* darbringen (**to** *dat.*); **II** *v/i.* **8.** sich bieten, auftauchen: ***no opportunity ~ed*** es bot sich keine Gelegenheit; **III** *s.* **9.** *allg.* Angebot *n*, Anerbieten *n*; **10.** ✝ (An-)Gebot *n*, Of'ferte *f*, Antrag *m*: ***on ~*** zu verkaufen, verkäuflich; **11.** Vorbringen *n* (*e-s Vorschlags, e-r Meinung etc.*); **of·fer·ing** ['ɒfərɪŋ] *s.* **1.** *eccl.* Opfer *n*; **2.** *eccl.* Spende *f*; **3.** Angebot *n* (*Am. a.* ✝ *Börse*).

of·fer·to·ry ['ɒfətərɪ] *s. eccl.* **1.** *mst* ♀ Offer'torium *n*; **2.** Kol'lekte *f*, Geldsammlung *f*; **3.** Opfer(geld) *n*.

ˌoff|-'face *adj.* stirnfrei (*Damenhut*); **'~-ˌfla·vo(u)r** *s.* (unerwünschter) Beigeschmack; **ˌ~'grade** *adj.* ✝ von geringerer Quali'tät: ***~ iron*** Ausfalleisen *n*.

off|·hand [ˌɒf'hænd] **I** *adv.* **1.** aus dem Stegreif *od.* Kopf, (so) ohne weiteres *sagen können etc.*; **II** *adj.* **2.** unvorbereitet, improvisiert, Stegreif...: ***an ~ speech***; **3.** lässig (*Art etc.*), 'hingeworfen (*Bemerkung*); **4.** kurz (angebunden); **ˌ~'hand·ed** [-dɪd] → ***offhand*** II; **ˌ~'hand·ed·ness** [-dɪdnɪs] *s.* Lässigkeit *f*.

of·fice ['ɒfɪs] *s.* **1.** Bü'ro *n*, Kanz'lei *f*, Kon'tor *n*; Geschäftsstelle *f* (*a.* ⚖ *des Gerichts*), Amt *n*; Geschäfts-, Amtszimmer *n od.* -gebäude *n*; **2.** Behörde *f*, Amt *n*, (Dienst)Stelle *f*; *mst* ♀ *bsd. Brit.* Mini'sterium *n*, (Ministeri'al)Amt *n*: ***Foreign ♀***; **3.** Zweigstelle *f*, Fili'ale *f*; **4.** (*bsd.* öffentliches, staatliches) Amt, Posten *m*, Stellung *f*: ***take ~, enter upon an ~*** ein Amt antreten; ***be in ~*** im Amt *od.* an der Macht sein; ***hold an ~*** ein Amt bekleiden *od.* innehaben; ***resign one's ~*** zurücktreten, sein Amt niederlegen; **5.** Funkti'on *f*, Aufgabe *f*, Pflicht *f*: ***it is my ~ to advise him***; **6.** Dienst(leistung *f*) *m*, Gefälligkeit *f*: ***good ~s*** *pol.* gute Dienste; ***do s.o. a good ~*** j-m e-n guten Dienst erweisen; ***through the good ~s of*** durch die freundliche Vermittlung von; **7.** *eccl.* Gottesdienst *m*: ***♀ for the Dead*** Totenamt *n*; ***perform the last ~s to*** *e-n Toten* aussegnen; ***divine ~*** das Brevier; **8.** *pl. bsd. Brit.* Wirtschaftsteil *m*, -raum *m od.* -räume *pl. od.* -gebäude *n od. pl.*; **9.** *sl.* Wink *m*, Tipp *m*.

of·fice| ac·tion *s.* (Prüfungs)Bescheid *m des Patentamts*; **'~-ˌbear·er** *s.* Amtsinhaber(in); **~ block** *s.* Bü'rogebäude *n*; **~ boy** *s.* Laufbursche *m*, Bü'rogehilfe *m*; **~ clerk** *s.* Konto'rist(in), Bü'roangestellte(r *m*) *f*; **~ girl** *s.* Bü'rogehilfin *f*; **'~ˌhold·er** *s.* Amtsinhaber(in), (Staats)Beamte(r) *m*, (Staats)Beamtin *f*; **~ hours** *s. pl.* Dienststunden *pl.*, Geschäftszeit *f*; **'~-ˌhunt·er** *s.* Postenjäger(in).

of·fi·cer ['ɒfɪsə] **I** *s.* **1.** ⚔, ⚓ Offi'zier *m*: ***~ of the day*** Offizier vom Tagesdienst; ***commanding ~*** Kommandeur *m*, Einheitsführer *m*; ***~ cadet*** Fähnrich *m*; ***~ candidate*** Offiziersanwärter *m*; ***♀s' Training Corps*** *Brit.* Offiziersausbildungskorps *n*; **2.** a) Poli'zist *m*, Poli'zeibeamte(r) *m*, b) Herr Wachtmeister (*Anrede*); **3.** Beamte(r) *m* (*a.* ✝ *etc.*), Beamtin *f*, Amtsträger(in): ***medical ~*** Amtsarzt *m*; ***public ~*** Beamte(r) im öffentlichen Dienst; **4.** Vorstandsmitglied *n*; **II** *v/t.* **5.** ⚔ a) mit Offizieren versehen, b) *e-e Einheit* als Offizier befehligen (*mst pass.*): ***be ~ed by*** befehligt werden von; **6.** *fig.* leiten, führen.

of·fice| seek·er *s. bsd. Am.* **1.** Stellungssuchende(r *m*) *f*; **2.** *b.s.* Postenjäger(in); **~ staff** *s.* Bü'roperso̦nal *n*; **~ sup·plies** *s. pl.* Bü'romateri̦al *n*, -bedarf *m*.

of·fi·cial [ə'fɪʃl] **I** *adj.* ☐ **1.** offizi'ell, amtlich, dienstlich, behördlich: ***~ act*** Amtshandlung *f*; ***~ business*** ✉ Dienstsache *f*; ***~ call*** *teleph.* Dienstgespräch *n*; ***~ duties*** Amtspflichten; ***~ language*** Amtssprache *f*; ***~ oath*** Amtseid *m*; ***~ residence*** Amtssitz *m*; ***~ secret*** Amts-, Dienstgeheimnis *n*; ***through ~ channels*** auf dem Dienst- *od.* Instanzenweg; ***~ trip*** Dienstreise *f*; **2.** offiziell, amtlich (bestätigt *od.* autorisiert): ***an ~ report***; **3.** offizi'ell, for'mell: ***an ~ dinner***; **4.** ⚕ offizi'nell; **II** *s.* **5.** Beamte(r) *m*, Beamtin *f*, Funktio'när(in); **of'fi·cial·dom** [-dəm] *s.* → ***officialism*** 2 *u.* 3; **of·fi·cial·ese** [əˌfɪʃə-

'liːz] *s.* Behördensprache *f*, Amtsstil *m*; **of'fi·cial·ism** [-ʃəlɪzəm] *s.* **1.** Amtsme'thoden *pl.*; **2.** Bürokra'tie *f*, Amtsschimmel *m*; **3.** *coll. das* Beamtentum, *die* Beamten *pl.*

of·fi·ci·ate [ə'fɪʃɪeɪt] *v/i.* **1.** amtieren, fungieren (*as* als); **2.** den Gottesdienst leiten: **~ *at the wedding*** die Trauung vornehmen.

of·fic·i·nal [ə'fɪsɪnl] **I** *adj.* ⚕ a) offizi'nell, als Arz'nei anerkannt, b) Arznei...: **~ *plants*** Heilkräuter *pl.*; **II** *s.* offizinelle Arznei.

of·fi·cious [ə'fɪʃəs] *adj.* ☐ **1.** aufdringlich, über'trieben diensteifrig, 'übereifrig; **2.** offizi'ös, halbamtlich; **of'fi·cious·ness** [-nɪs] *s.* Zudringlichkeit *f*, (aufdringlicher) Diensteifer.

of·fing ['ɒfɪŋ] *s.* ⚓ offene See, Seeraum *m*: ***in the* ~** a) auf offener See, b) *fig.* in (Aus)Sicht: ***be in the* ~** *a.* sich abzeichnen.

off·ish ['ɒfɪʃ] *adj.* F reserviert, unnahbar, kühl, steif.

'off|-key *adj. u. adv.* ♪ falsch; **'~-ˌli·cence** *s. Brit.* 'Schankkonzessiˌon *f* über die Straße; **'off(-)line I** *adj. Computer*: Offline...: **~ *mode*** 'Offlinebetrieb *m*; **II** *adv. Computer*: 'offline; **ˌ~'load** *v/t. fig.* abladen (***on s.o.*** auf j-n); **ˌ~-'peak I** *adj.* abfallend, unter der Spitze liegend: **~ *charges*** *pl.* verbilligter Tarif; **~ *hours*** verkehrsschwache Stunden; **~ *tariff*** Nacht(strom)tarif *m*; **II** *s.* ⚡ Belastungstal *n*; **'~-piste** [-piːst] *adj.* abseits der Piste (*Skifahren*); **~ po·si·tion** *s.* ⚙ Ausschalt-, Nullstellung *f*; **'~·print I** *s.* Sonder(ab)druck *m* (***from*** aus); **II** *v/t.* als Sonder(ab)druck herstellen; **'~-ˌput·ting** *adj.* F störend, unangenehm; **'~-road** *adj. mot.* **1.** geländegängig, Gelände... **2.** im freien Gelände; **ˌ~-'road·er** *s. mot.* **1.** Geländefahrzeug *n*; **2.** Fahrer *m* e-s Geländefahrzeugs; **'~-sales** *s. pl. Brit.* Verkauf *m od.* Verkäufe *pl.* von alkoholischen Getränken ‚über die Straße'; **'~ˌscour·ings** *s. pl.* **1.** Kehricht *m*, Schmutz *m*; **2.** Abschaum *m* (*bsd. fig.*): ***the* ~*s of humanity***; **'~·scum** *s. fig.* Abschaum *m*, Auswurf *m*; **~ sea·son** *s.* 'Nebensaiˌson *f*, stille Sai'son.

off·set ['ɒfset] **I** *s.* **1.** Ausgleich *m*, Kompensati'on *f*; ✝ Verrechnung *f*: **~ *account*** Verrechnungskonto *n*; **2.** ⚘ a) Ableger *m*, b) kurzer Ausläufer; **3.** Neben-, Seitenlinie *f* (*e-s Stammbaums etc.*); **4.** Abzweigung *f*; Ausläufer *m* (*bsd. e-s Gebirges*); **5.** *typ.* a) Offsetdruck *m*, b) Abziehen *n*, Abliegen *n* (*bsd. noch feuchten Druckes*), c) Abzug *m*, Pa'trize *f* (*Lithographie*); **6.** ⚙ a) Kröpfung *f*; Biegung *f e-s Rohrs*, b) ⚒ kurze Sohle, c) ⚡ (Ab)Zweigleitung *f*; **7.** *surv.* Ordi'nate *f*; **8.** ⚠ Absatz *m e-r Mauer etc.*; **II** *v/t.* [*irr.* → ***set***] **9.** ausgleichen, aufwiegen, wettmachen: ***the gains* ~ *the losses***; **10.** ✝ *Am.* aufrechnen, ausgleichen; **11.** ⚙ kröpfen; **12.** ⚠ *Mauer etc.* absetzen; **13.** *typ.* im Offsetverfahren drucken; **~ bulb** *s.* ⚘ Brutzwiebel *f*; **~ sheet** *s. typ.* 'Durchschussbogen *m*.

'off|·shoot *s.* **1.** ⚘ Sprössling *m*, Ausläufer *m*, Ableger *m*; **2.** Abzweigung *f*; **3.** *fig.* Seitenlinie *f* (*e-s Stammbaums etc.*); **'~·shore I** *adv.* **1.** von der Küste ab *od.* her; **2.** in einiger Entfernung von der Küste; **II** *adj.* **3.** küstennah: **~ *drilling*** Offshorebohrung *f*; **4.** ablandig (*Wind, Strömung*); **5.** Auslands...: **~ *order*** *Am.* Offshoreauftrag *m*; **ˌ~'side** *adj. u. adv. sport* abseits; **'~·side I** *s.* **1.** *sport* Abseits(stellung *f*) *n*; **2.** *mot.* Fahrerseite *f*; **II** *adj. u. adv.* abseits: ***be* ~** im Abseits stehen; **~ *trap*** Abseitsfalle *f*; **'~·size** *s.* ⚙ Maßabweichung *f*; **'~·spring** *s.* **1.** Nachkommen(schaft *f*) *pl.*; **2.** (*pl.* ***offspring***) Nachkomme *m*, Abkömmling *m*; **3.** *fig.* Frucht *f*, Ergebnis *n*; **ˌ~'stage** *adj.* hinter der Bühne, hinter den Ku'lissen (*a. fig.*); **'~·take** *s.* **1.** ✝ Abzug *m*; Einkauf *m*; **2.** ⚙ Abzug(srohr *n*) *m*; **ˌ~-the-'cuff** *adj. fig.* aus dem Handgelenk *od.* Stegreif; **ˌ~-the-'peg** *adj.* von der Stange, Konfektions...; **ˌ~-the-'rec·ord** *adj.* nicht für die Öffentlichkeit bestimmt, 'inoffiziˌell; **ˌ~-the-'shelf** *adj.* ✝, ⚙ Standard...: **~ *accessories*; ˌ~-'white** *adj.* gebrochen weiß.

oft [ɒft] *adv. obs., poet. u. in Zssgn* oft: **~*-told*** oft erzählt.

of·ten ['ɒfn] *adv.* oft(mals), häufig: ***as* ~ *as not*, *ever so* ~** sehr oft; ***more* ~ *than not*** meistens.

o·gee ['əʊdʒiː] *s.* **1.** S-Kurve *f*, S-förmige Linie; **2.** ⚠ a) Kar'nies *n*, Rinnleiste *f*, b) *a.* **~ *arch*** Eselsrücken *m* (*Bogenform*).

o·give ['əʊdʒaɪv] *s.* **1.** ⚠ a) Gratrippe *f e-s Gewölbes*, b) Spitzbogen *m*; **2.** ⚔ Geschossspitze *f*; **3.** *Statistik*: Häufigkeitsverteilungskurve *f*.

o·gle ['əʊgl] **I** *v/t.* liebäugeln mit; **II** *v/i.* (***with***) liebäugeln (mit, *a. fig.*), ‚Augen machen' (*dat.*); **III** *s.* verliebter *od.* liebäugelnder Blick; **'o·gler** [-lə] *s.* Liebäugelnde(r *m*) *f*.

o·gre ['əʊgə] *s.* **1.** (Menschen fressendes) Ungeheuer, *bsd.* Riese *m* (*im Märchen*); **2.** *fig.* Scheusal *n*, Ungeheuer *n* (*Mensch*); **o·gress** ['əʊgrɪs] *s.* Menschenfresserin *f*, Riesin *f* (*im Märchen*).

oh [əʊ] *int.* oh!; ach!

ohm [əʊm], **ohm·ad** ['əʊmæd] *s.* ⚡ Ohm *n*: ***⁀'s Law*** ohmsches Gesetz; **ohm·age** ['əʊmɪdʒ] *s.* Ohmzahl *f*; **ohm·ic** ['əʊmɪk] *adj.* ohmsch: **~ *resistance***; **ohm·me·ter** ['əʊmˌmiːtə] *s.* ⚡ Ohmmeter *n*.

oi [ɔɪ] *int.* F he!, he du!
oi(c)k *s. Brit. sl.* 'Prolo *m.*
oil [ɔɪl] **I** *s.* **1.** Öl *n*: ***pour ~ on the flames*** *fig.* Öl ins Feuer gießen; ***pour ~ on troubled waters*** *fig.* die Gemüter beruhigen; ***smell of ~*** *fig.* mehr Fleiß als Geist *od.* Talent verraten; **2.** (Erd-)Öl *n*, Pe'troleum *n*: ***strike ~*** a) Erdöl finden, auf Öl stoßen, fündig werden (*a. fig.*), b) *fig.* Glück *od.* Erfolg haben; **3.** *mst pl.* Ölfarbe *f*: ***paint in ~s*** in Öl malen; **4.** *mst pl.* F Ölgemälde *n*; **5.** *pl.* Ölzeug *n*, -haut *f*; **II** *v/t.* **6.** ⚙ (ein-)ölen, einfetten, schmieren; → ***palm¹*** 1; **'~-ˌbear·ing** *adj. geol.* ölhaltig, Öl führend; **'~·berg** [-bɜːg] *s.* ⚓ Riesentanker *m*; **~ box** *s.* ⚙ Schmierbüchse *f*; **~ brake** *s. mot.* Öldruckbremse *f*; **~ burn·er** *s.* ⚙ Ölbrenner *m*; **'~·cake** *s.* Ölkuchen *m*; **'~·can** *s.* 'Ölkaˌnister *m*, -kännchen *n*; **~ change** *s. mot.* Ölwechsel *m*; **'~·cloth** *s.* **1.** Wachstuch *n*; **2.** → ***oilskin***; **~ col·o(u)r** *s. mst pl.* Ölfarbe *f*; **~ cri·sis** *s.* [*irr.*] ✝ Ölkrise *f*; **'~·cup** *s.* ⚙ Öler *m*, Schmierbüchse *f*.
oiled [ɔɪld] *adj.* **1.** (ein)geölt; **2.** *bsd.* ***well ~*** *sl.* ‚blau', besoffen.
oil·er ['ɔɪlə] *s.* **1.** ⚓, ⚙ Öler *m*, Schmierer *m* (*Person u. Gerät*); **2.** ⚙ Öl-, Schmierkanne *f*; **3.** *Am.* F → ***oilskin*** 2; **4.** *Am.* Ölquelle *f*; **5.** ⚓ Öltanker *m*.
'oil|·field *s.* Ölfeld *n*; **'~-ˌfired** *adj.* mit Ölfeuerung, ölbeheizt: ***~ central heating*** Ölzentralheizung *f*; **~ fu·el** *s.* **1.** Heizöl *n*; **2.** Öltreibstoff *m*; **~ gas** *s.* Ölgas *n*; **~ ga(u)ge** *s.* ⚙ Ölstandsanzeiger *m*; **~ glut** *s.* Ölschwemme *f*.
oil·i·ness ['ɔɪlɪnɪs] *s.* **1.** ölige Beschaffenheit, Fettigkeit *f*, Schmierfähigkeit *f*; **2.** *fig.* Glattheit *f*, aalglattes Wesen; **3.** *fig.* Öligkeit *f*, salbungsvolles Wesen.
oil| lev·el *s. mot.* Ölstand *m*; **~ paint** *s.* Ölfarbe *f*; **~ paint·ing** *s.* **1.** 'Ölmaleˌrei *f*; **2.** Ölgemälde *n*; **3.** ⚙ Ölanstrich *m*; **~ pan** *s. mot.* Ölwanne *f*; **'~-proˌduc·ing coun·try** *s.* Ölförderland *n*; **~ rig** *s.* Bohrinsel *f*; **~ seal** *s.* ⚙ **1.** Öldichtung *f*; **2.** *a.* ***~ ring*** Simmerring *m*; **'~·skin** *s.* **1.** Ölleinwand *f*; **2.** *pl.* Ölzeug *n*, -kleidung *f*; **~ slick** *s.* **1.** ⚙ Ölschlick *m*; **2.** Ölteppich *m* (*auf dem Meer etc.*); **~ stove** *s.* Ölofen *m*; **~ sump** *s.* ⚙ Ölwanne *f*; **~ switch** *s.* ⚙ Ölschalter *m*; **~ var·nish** *s.* Öllack *m*; **~ well** *s.* Ölquelle *f*.
oil·y ['ɔɪlɪ] *adj.* ☐ **1.** ölig, ölhaltig, Öl...; **2.** fettig, schmierig; **3.** *fig.* glatt(züngig), aalglatt, schmeichlerisch; **4.** *fig.* ölig, salbungsvoll.
oint·ment ['ɔɪntmənt] *s.* ⚕ Salbe *f*; → ***fly²*** 1.
O.K., OK, o·kay [ˌəʊ'keɪ] F **I** *adj. u. int.* richtig, gut, in Ordnung, genehmigt; **II** *v/t.* genehmigen, gutheißen, *e-r Sache* zustimmen; **III** *s.* Zustimmung *f*, Genehmigung *f*.
old [əʊld] **I** *adj.* **1.** alt, betagt: ***grow ~*** alt werden, altern; **2.** *zehn Jahre etc.* alt: ***ten years ~***; **3.** alt('hergebracht): ***~ tradition***; ***as ~ as the hills*** uralt; **4.** alt, vergangen, früher: ***the ~ masters*** *paint. etc.* die alten Meister; → ***old boy***; **5.** alt(bekannt, -bewährt): ***an ~ friend***; **6.** alt, abgenutzt; (ab)getragen (*Kleider*): ***that is ~ hat*** das ist ein alter Hut; **7.** alt(modisch), verkalkt; **8.** alt, erfahren, gewitz(ig)t: ***~ offender*** alter Sünder; → ***hand*** 6; **9.** F (*guter*) alter, lieber: ***~ chap*** *od.* ***man*** ‚altes Haus'; ***nice ~ boy*** netter alter ‚Knabe'; ***the ~ man*** der ‚Alte' (*Chef*); ***my ~ man*** mein ‚Alter' (*Vater*); ***my ~ woman*** meine ‚Alte' (*Ehefrau*); **10.** *sl.* toll: ***have a fine ~ time*** sich toll amüsieren; ***any ~ thing*** irgend(et)was, egal was; ***any ~ time*** egal wann; **II** *s.* **11.** ***the ~*** die Alten *pl*; **12.** ***of ~***, ***in times of ~*** ehedem, vor alters; ***from of ~*** seit alters; ***times of ~*** alte Zeiten; ***a friend of ~*** ein alter Freund.
old| age *s.* (hohes) Alter, Greisenalter *n*: ***~ annuity***, ***~ pension*** (Alters)Rente *f*, Ruhegeld *n*; ***~ insurance*** Altersversicherung *f*; ***~ pensioner*** (Alters)Rentner(in), Ruhegeldempfänger(in); **~ boy** *s. Brit.* ehemaliger Schüler, Ehemalige(r) *m*; **~·clothes·man** [ˌəʊld'kləʊðzmæn] *s.* [*irr.*] Trödler *m*.
old·en ['əʊldən] *adj. Brit. obs. od. poet.* alt: ***in ~ times***.
Old| Eng·lish *s. ling.* Altenglisch *n*; **ˌ♀--es'tab·lished** *adj.* alteingesessen (*Firma etc.*), alt (*Brauch etc.*); **ˌ♀-'fash·ioned** *adj.* **1.** altmodisch: ***an ~ butler*** ein Butler der alten Schule; **2.** altklug (*Kind*); **ˌ♀-'fo·g(e)y·ish** *adj.* altmodisch, verknöchert, verkalkt; **♀ girl** *s.* **1.** *Brit.* ehemalige Schülerin; **2.** F ‚altes Mädchen'; **~ Glo·ry** *s.* Sternenbanner *n* (*Flagge der USA*); **~ Guard** *s. pol.* ‚alte Garde': a) *Am. der ultrakonservative Flügel der Republikaner*, b) *allg. jede streng konservative Gruppe*.
old·ie ['əʊldɪ] *s.* F **1.** Oldie *m* (*alter Schlager*); **2.** alter Witz.
old·ish ['əʊldɪʃ] *adj.* ältlich.
ˌold|-'line *adj.* **1.** konserva'tiv; **2.** traditio'nell; **3.** e-r alten Linie entstammend; **ˌ~-'maid·ish** *adj.* alt'jüngferlich.
old·ster ['əʊldstə] *s.* F ‚alter Knabe'.
old| style *s.* **1.** alte Zeitrechnung (*nach dem julianischen Kalender*); **2.** *typ.* Mediä'val(schrift) *f*; **'~-time** *adj.* aus alter Zeit, alt; **ˌ~-'tim·er** *s.* F **1.** Oldtimer *m*: a) altmodische Sache, *z. B.* altes Auto, b) ‚alter Hase', ‚Vete'ran' *m*; **2.** → ***oldster***; **~ wives' tale** *s.* Ammenmärchen *n*; **ˌ~-'wom·an·ish** *adj.* alt'weiberhaft; **ˌ~-'world** *adj.* **1.** altertüm-

O

lich, anheimelnd; **2.** alt, an'tik: ~ ***furniture***; **3.** altmodisch.

o·le·ag·i·nous [ˌəʊlɪ'ædʒɪnəs] *adj.* ölig (*a. fig.*), ölhaltig, Öl...

o·le·ate ['əʊlɪeɪt] *s.* ⚗ ölsaures Salz: ~ ***of potash*** ölsaures Kali.

o·le·fi·ant ['əʊlɪfaɪənt] *adj.* ⚗ Öl bildend: ~ ***gas***.

o·le·if·er·ous [ˌəʊlɪ'ɪfərəs] *adj.* ⚘ ölhaltig.

o·le·in ['əʊlɪɪn] *s.* ⚗ **1.** Ole'in *n*; **2.** (handelsübliche) Ölsäure.

o·le·o·graph ['əʊlɪəʊgrɑːf] *s.* Öldruck *m* (*Bild*); **o·le·og·ra·phy** [ˌəʊlɪ'ɒgrəfɪ] *s.* Öldruck(verfahren *n*) *m*.

o·le·o·mar·ga·rine ['əʊlɪəʊˌmɑːdʒə'riːn] *s.* Marga'rine *f*.

O lev·el *s. Brit. ped.* (*etwa*) mittlere Reife.

ol·fac·tion [ɒl'fækʃn] *s.* Geruchssinn *m*; **ol·fac·to·ry** [ɒl'fæktərɪ] *adj.* Geruchs...: ~ ***nerves***.

ol·i·garch ['ɒlɪgɑːk] *s.* Olig'arch *m*; '**ol·i·garch·y** [-kɪ] *s.* Oligar'chie *f*.

o·li·o ['əʊlɪəʊ] *pl.* **-os** *s.* **1.** Ra'gout *n* (*a. fig.*); **2.** ♪ Potpourri *n*.

ol·ive ['ɒlɪv] **I** *s.* **1.** *a.* ~***-tree*** O'live *f*, Ölbaum *m*: ***Mount of*** **≈*****s*** *bibl.* Ölberg; **2.** O'live *f* (*Frucht*); **3.** Ölzweig *m*; **4.** *a.* ~***-green*** O'livgrün *n*; **II** *adj.* **5.** o'livenartig, Oliven...; **6.** o'livgrau, -grün; ~ **branch** *s.* Ölzweig *m* (*a. fig.*): ***hold out the*** ~ s-n Friedenswillen zeigen; ~ **drab** *s.* **1.** O'livgrün *n*; **2.** *Am.* o'livgrünes Uni'formtuch; ˌ~-'**drab** *adj.* o'livgrün; ~ **oil** *s.* O'livenöl *n*.

ol·la po·dri·da [ˌɒləpɒ'driːdə] → ***olio*** 1.

ol·o·gy ['ɒlədʒɪ] *s. humor.* Wissenschaft(szweig *m*) *f*.

O·lym·pi·ad [əʊ'lɪmpɪæd] *s. allg.* Olympi'ade *f*; **O'lym·pi·an** [-ɪən] *adj.* o'lympisch; **O'lym·pic** [-ɪk] **I** *adj.* o'lympisch: ~ ***Games*** → **II** *s. pl.* O'lympische Spiele *pl.*

om·buds·man ['ɒmbʊdzmən] *s.* [*irr.*] **1.** *pol.* Ombudsmann *m* (*Beauftragter für Beschwerden von Staatsbürgern*); **2.** Beschwerdestelle *f*, Schiedsrichter *m*.

om·e·let(te) ['ɒmlɪt] *s.* Ome'lett *n*: ***you cannot make an*** ~ ***without breaking eggs*** *fig.* wo gehobelt wird, (da) fallen Späne.

o·men ['əʊmen] **I** *s.* Omen *n*, (*bsd.* schlechtes) Vorzeichen (***for*** für): ***a good*** (***bad***, ***ill***) ~; **II** *v/i. u. v/t.* deuten (auf *acc.*), ahnen (lassen), prophe'zeien, (ver)künden.

o·men·tum [əʊ'mentəm] *pl.* **-ta** [-tə] *s. anat.* (Darm)Netz *n*.

om·i·nous ['ɒmɪnəs] *adj.* □ unheil-, verhängnisvoll, omi'nös, drohend.

o·mis·si·ble [əʊ'mɪsɪbl] *adj.* auslassbar; **o·mis·sion** [ə'mɪʃn] *s.* **1.** Aus-, Weglassung *f* (***from*** aus); **2.** Unter'lassung *f*, Versäumnis *n*, Über'gehung *f*: ***sin of*** ~ Unterlassungssünde *f*; **o·mit** [ə'mɪt] *v/t.* **1.** aus-, weglassen (***from*** aus *od.* von); über'gehen; **2.** unter'lassen, (es) versäumen (***doing***, ***to do*** *et.* zu tun).

om·ni·bus ['ɒmnɪbəs] **I** *s.* **1.** Omnibus *m*, (Auto)Bus *m*; **2.** Sammelband *m*, Antholo'gie *f*; **II** *adj.* **3.** Sammel... (*-konto, -klausel etc.*); ~ **bar** *s.* ⚡ Sammelschiene *f*; ~ **bill** *s. parl.* (Vorlage *f* zu e-m) Mantelgesetz *n*.

om·ni·di·rec·tion·al [ˌɒmnɪdɪ'rekʃənl] *s.* ⚡ Rundstrahl...(*-antenne*), Allrichtungs...(*-mikrofon*).

om·ni·far·i·ous [ˌɒmnɪ'feərɪəs] *adj.* von aller(lei) Art, vielseitig.

om·nip·o·tence [ˌɒm'nɪpətəns] *s.* Allmacht *f*; **om'nip·o·tent** [-nt] *adj.* □ all'mächtig.

om·ni·pres·ence [ˌɒmnɪ'prezns] *s.* All'gegenwart *f*; ˌ**om·ni'pres·ent** [-nt] *adj.* all'gegenwärtig, über'all.

om·nis·cience [ɒm'nɪsɪəns] *s.* All'wissenheit *f*; **om'nis·cient** [-nt] *adj.* □ all'wissend.

om·ni·um ['ɒmnɪəm] *s.* ✝ *Brit.* Omnium *n*, Gesamtwert *m e-r fundierten öffentlichen Anleihe*; ˌ~-'**gath·er·um** [-'gæðərəm] *s.* **1.** Sammel'surium *n*; **2.** bunte Gesellschaft.

om·niv·o·rous [ɒm'nɪvərəs] *adj.* alles fressend.

o·mo·plate ['əʊməʊpleɪt] *s. anat.* Schulterblatt *n*.

om·phal·ic [ɒm'fælɪk] *adj. anat.* Nabel...; **om·pha·lo·cele** ['ɒmfələʊsiːl] *s.* ⚕ Nabelbruch *m*.

om·pha·los ['ɒmfəlɒs] *pl.* **-li** [-laɪ] *s.* **1.** *anat.* Nabel *m* (*a. fig. Mittelpunkt*); **2.** *antiq.* Schildbuckel *m*.

on [ɒn; ən] **I** *prp.* **1.** *mst* auf (*dat. od. acc.*): *siehe die mit* ***on*** *verbundenen Wörter*; **2.** *Lage*: a) (*getragen von*): auf (*dat.*), an (*dat.*), in (*dat.*): ~ ***board*** an Bord; ~ ***earth*** auf Erden; ***the scar*** ~ ***the face*** die Narbe im Gesicht; ~ ***foot*** zu Fuß; ~ ***all fours*** auf allen vieren; ~ ***the radio*** im Radio; ***have you a match*** ~ ***you?*** haben Sie ein Streichholz bei sich?, b) (*festgemacht od. unmittelbar*) an (*dat.*): ~ ***the chain***; ~ ***the Thames***; ~ ***the wall***; **3.** *Richtung, Ziel*: auf (*acc.*) ... (hin) (*od.* los), nach ... (hin), an (*acc.*), zu: ***a blow*** ~ ***the chin*** ein Schlag ans Kinn; ***throw s.o.*** *od.* ***s.th.*** ~ ***the floor*** j-n *od.* et. zu Boden werfen; **4.** *fig.* a) *Grund*: auf ... (hin): ~ ***his authority***; ~ ***suspicion***; ***levy a duty*** ~ ***silk*** einen Zoll auf Seide erheben; ~ ***his own theory*** nach s-r eigenen Theorie; ~ ***these conditions*** unter diesen Bedingungen, b) *Aufeinanderfolge*: auf (*acc.*), über (*acc.*), nach: ***loss*** ~ ***loss*** Verlust auf *od.* über Verlust, ein Verlust nach dem andern, c) *gehörig* zu, *beschäftigt* bei, an (*dat.*): ~ ***a commit-***

tee zu e-m Ausschuss gehörend; ***be ~ the Stock Exchange*** an der Börse (beschäftigt) sein, d) *Zustand*: in, auf (*dat.*), zu: ***~ duty*** im Dienst; ***~ fire*** in Brand; ***~ leave*** auf Urlaub; ***~ sale*** verkäuflich, e) *gerichtet* auf (*acc.*): ***an attack ~***; ***~ business*** geschäftlich; ***a joke ~ me*** ein Spaß auf m-e Kosten; ***shut*** (***open***) ***the door ~ s.o.*** j-m die Tür verschließen (öffnen); ***have s.th. ~ s.o.*** *sl.* et. Belastendes über j-n wissen; ***have nothing ~ s.o.*** *sl.* j-m nichts anhaben können, *a.* j-m nichts voraushaben; ***this is ~ me*** F das geht auf m-e Rechnung; ***be ~ a pill*** e-e Pille (ständig) nehmen, f) *Thema*: über (*acc.*): ***agreement*** (***lecture***, ***opinion***) ***~***; ***talk ~ a subject***; **5.** *Zeitpunkt*: an (*dat.*): ***~ Sunday***; ***~ the 1st of April***; ***~ or before April 1st*** bis zum 1. April; ***~ his arrival*** bei *od.* (gleich) nach seiner Ankunft; ***~ being asked*** als ich *etc.* (danach) gefragt wurde; ***~ entering*** beim Eintritt; **II** *adv.* **6.** (*a. Zssgn mit vb.*) da'rauf (*legen*, *schrauben etc.*); **7.** *bsd. Kleidung*: a) an(*-haben*, *-ziehen*): ***have*** (***put***) ***a coat ~***, b) auf: ***keep one's hat ~***; **8.** (*a. in Zssgn mit vb.*) weiter(*-gehen*, *-sprechen etc.*): ***and so ~*** und so weiter; ***~ and ~*** immer weiter; ***~ and off*** a) ab u. zu, b) ab u. an, mit Unterbrechungen; ***from that day ~*** von dem Tage an; ***~ with the show!*** weiter im Programm!; ***~ to ...*** auf (*acc.*) ... (hinauf *od.* hinaus); **III** *adj. pred.* **9.** ***be ~*** a) im Gange sein (*Spiel etc.*), vor sich gehen: ***what's ~?*** was ist los?; ***have you anything ~ tomorrow?*** haben Sie morgen et. vor?; ***that's not ~!*** das ist nicht ‚drin'!, b) an sein (*Licht*, *Radio*, *Wasser etc.*), an-, eingeschaltet sein, laufen; auf sein (*Hahn*): ***~-off*** ⚙ An – Aus, c) *thea.* gegeben werden, laufen (*Film*), *Radio*, *TV*: gesendet werden, d) d(a)ran (*an der Reihe*) sein, e) (mit) dabei sein, mitmachen; **10.** ***be ~ to*** *sl. et.* ‚spitzgekriegt' haben, über *j-n od. et.* im Bilde sein; ***he is always ~ at me*** er ‚bearbeitet' mich ständig (***about*** wegen); **11.** *sl.* beschwipst: ***be a bit ~*** e-n Schwips haben.

o·nan·ism ['əʊnənɪzəm] *s.* ⚕ **1.** Coitus *m* inter'ruptus; **2.** Ona'nie *f.*

'on·board *adj.* ✈ bordeigen, Bord...: ***~ computer***.

once [wʌns] **I** *adv.* **1.** einmal: ***~ again*** (*od.* ***more***) noch einmal; ***~ and again*** (*od.* ***~ or twice***) einige Male, ab u. zu; ***~ in a while*** (*od.* ***way***) zuweilen, hin u. wieder; ***~*** (***and***) ***for all*** ein für alle Mal; ***if ~ he should suspect*** wenn er erst einmal misstrauisch würde; ***not ~*** kein einziges Mal; **2.** einmal, einst: ***~*** (***upon a time***) ***there was*** es war einmal (*Märchenanfang*); **II** *s.* **3.** ***every ~ in a while*** von Zeit zu Zeit; ***for ~***, ***this ~*** dieses 'eine Mal, (für) diesmal (*ausnahmsweise*); **4.** ***at ~*** a) auf einmal, zugleich, gleichzeitig: ***don't all speak at ~***; ***at ~ a soldier and a poet*** Soldat u. Dichter zugleich, b) sogleich, sofort: ***all at ~*** plötzlich, mit 'einem Male; **III** *cj.* **5.** *a.* ***~ that*** so'bald *od.* wenn ... (einmal), wenn erst; **'~-ˌo·ver** *s.* F ***give*** *s.o. od. s.th.* ***the ~*** a) *j-n* kurz mustern *od.* abschätzen, (sich) *j-n od. et.* (rasch) mal ansehen, b) *j-n* ‚in die Mache' nehmen.

'onˌcom·ing *adj.* **1.** (her'an)nahend, entgegenkommend: ***~ traffic*** Gegenverkehr *m*; **2.** *fig.* kommend: ***the ~ generation***.

one [wʌn] **I** *adj.* **1.** ein (eine, ein): ***~ hundred*** (ein)hundert; ***~ man in ten*** jeder Zehnte; ***~ or two*** ein paar, einige; **2.** (*betont*) ein (eine, ein), ein einziger ... (eine einzige ..., ein einziges ...): ***all were of ~ mind*** sie waren alle 'eines Sinnes; ***for ~ thing*** (zunächst) einmal; ***his ~ thought*** sein einziger Gedanke; ***the ~ way to do it*** die einzige Möglichkeit (es zu tun); **3.** ein gewisser (e-e gewisse, ein gewisses), ein (eine, ein): ***~ day*** e-s Tages (*in Zukunft od. Vergangenheit*); ***~ of these days*** irgendwann (ein)mal; ***~ John Smith*** ein gewisser J. S.; **II** *s.* **4.** Eins *f*, eins: ***Roman ~*** römische Eins; ***~ and a half*** ein(und)einhalb, anderthalb; ***at ~ o'clock*** um ein Uhr; **5.** *der* (*die*) einzelne..., *das* einzelne (Stück): ***~ by ~***, ***~ after another*** e-r nach dem andern, einzeln; ***I for ~*** ich zum Beispiel; **6.** Einheit *f*: ***be at ~ with s.o.*** mit j-m 'einer Meinung *od.* einig sein; ***~ and all*** alle miteinander; ***all in ~*** alles in 'einem; ***it is all ~*** (***to me***) es ist (mir) ganz einerlei; ***be made ~*** ein (*Ehe*)Paar werden; ***make ~*** mit von der Partie sein; **7.** *bsd.* Ein'dollar- *od.* Ein'pfundnote *f*; **III** *pron.* **8.** ein, einer, jemand: ***like ~ dead*** wie ein Toter; ***~ of the poets*** einer der Dichter; ***~ another*** einander; ***~ who*** einer, der; ***the ~ who*** der(jenige), der; ***~ of these days*** dieser Tage; ***~ in the eye*** F *fig.* ein Denkzettel; **9.** (*Stützwort*, *mst unübersetzt*): ***a sly ~*** ein (ganz) Schlauer; ***the little ~s*** die Kleinen; ***a red pencil and a blue ~*** ein roter Bleistift u. ein blauer; ***that ~*** der (die, das) da *od.* dort; ***the ~s you mention*** die (von Ihnen) Erwähnten; → ***each*** *etc.*; **10.** man: ***~ knows***; **11.** ***~'s*** sein: ***break ~'s leg*** sich das Bein brechen; ***take ~'s walk*** s-n Spaziergang machen; **'~-act play** *s. thea.* Einakter *m*; **ˌ~-'armed** *adj.* einarmig: ***~ bandit*** F Spielautomat *m*; **'~-crop sys·tem** *s.* ⸙ 'Monokulˌtur *f*; **ˌ~-'dig·it** *adj.* ⅍ einstellig (*Zahl*); **ˌ~-'eyed** *adj.* einäugig; **ˌ~-'hand·ed** *adj.* **1.** einhändig; **2.** mit nur 'einer Hand zu bedienen(d); **ˌ~-'horse** *adj.* **1.** einspännig; **2.**

O

~ town F (elendes) ‚Kaff' *n od.* ‚Nest' *n*; ˌ**~-'legged** [-'legd] *adj.* **1.** einbeinig; **2.** *fig.* einseitig; '**~-line busi·ness** *s.* ✝ Fachgeschäft *n*; ˌ**~-'man** *adj.* Einmann...: **~ business** ✝ Einzelunternehmen *n*; **~ bus** Einmannbus *m*; **~ show** a) One-Man-Show *f* (*a. fig.*), b) Ausstellung *f* der Werke 'eines Künstlers.

one·ness ['wʌnnɪs] *s.* **1.** Einheit *f*; **2.** Gleichheit *f*, Identi'tät *f*; **3.** Einigkeit *f*, (völliger) Einklang.

ˌ**one|-'night stand** *s. thea.* einmaliges Gastspiel (*a. fig.* F *sexuelles Abenteuer*); ˌ**~-'off** F *bsd. Brit.* **I** *adj.* einmalig; **~ production** Einzelfertigung *f*; **II** *s.*: **a ~** et. Einmaliges, e-e Ausnahme (-erscheinung); **she's a ~** *a.* sie ist einzigartig; ˌ**~-'par·ent** *adj*: **~ family** Ein'elternfamilie *f*; ˌ**~-'per·son** *adj.* Einper'sonen...: **~ household** Singlehaushalt *m*; ˌ**~-'piece** *adj.* **1.** einteilig: **~ bathing-suit**; **2.** ⚙ aus 'einem Stück, Voll...; ˌ**~-'price shop** *s.* Einheitspreisladen *m*.

on·er ['wʌnə] *s.* **1.** *sl.* ‚Ka'none' *f* (*Könner*) (**at** in *dat.*); **2.** *sl.* ‚Mordsding' *n* (*bsd. wuchtiger Schlag*).

on·er·ous ['ɒnərəs] *adj.* □ lästig, drückend, beschwerlich (**to** für); '**on·er·ous·ness** [-nɪs] *s.* Beschwerlichkeit *f*, Last *f*.

one'self *pron.* **1.** *refl.* sich (selber): **by ~** aus eigener Kraft, von selbst; **2.** selbst, selber; **3.** *mst* **one's self** man (selbst *od.* selber).

ˌ**one|-'shot** F *Am.* **I** *adj.* **1.** einmalig (*nur einmal möglich*); **2.** auf Anhieb gefunden (*Lösung etc.*); **II** *s.* **3.** *et.* Einmaliges *n*: a) einmalige Angelegenheit, b) einmalige Veröffentlichung (*od.* Ausgabe), c) einmaliger Auftritt (*e-s Schauspielers etc.*); **4.** *Film*: Nahaufnahme *f* e-s Darstellers; ˌ**~-'sid·ed** [-'saɪdɪd] *adj.* □ einseitig (*a. fig.*); '**~·time I** *adj.* einst-, ehemalig; **II** *adv.* einst-, ehemals; '**~-track** *adj.* **1.** 🚂 eingleisig; **2.** *fig.* einseitig: **you have a ~ mind** du hast immer nur dasselbe im Kopf; ˌ**~-'two** *s.* **1.** *Fußball*: Doppelpass *m*; **2.** *Boxen*: Rechts-'links-‑Kombinatiˌon *f*; **~-up·man·ship** [wʌn'ʌpmənʃɪp] *s.* die Kunst, dem andern immer (um eine Nasenlänge) vor'aus zu sein; ˌ**~-'way** *adj.* **1.** Einweg...(*-flasche etc.*), Einbahn...(*-straße, -verkehr*): **~ ticket** *Am.* einfache Fahrkarte; **2.** *fig.* einseitig.

on·ion ['ʌnjən] *s.* **1.** ♀ Zwiebel *f*; **2.** *sl.* ‚Rübe' *f* (*Kopf*): **off one's ~** *sl.* (total) verrückt; **3. know one's ~s** F sein Geschäft verstehen; '**~·skin** *s.* **1.** Zwiebelschale *f*; **2.** 'Durchschlag- *od.* 'Luftpostpaˌpier *n*.

'**on(-)line I** *adj. Computer*: 'Online...: **~ mode** 'Onlinebetrieb *m*; **II** *adv.* 'online: **go ~** a) *Computer*: online *od.* auf Onlinebetrieb gehen, b) in Betrieb gehen, den Betrieb aufnehmen (*Fabrik etc.*); **~ ser·vice pro·vid·er** *s. Internet*: 'Online-Dienst *m*.

'**onˌlook·er** *s.* Zuschauer(in) (**at** bei); '**onˌlook·ing** *adj.* zuschauend.

on·ly ['əʊnlɪ] **I** *adj.* **1.** einzig, al'leinig: **the ~ son** der einzige Sohn; **my one and ~ hope** meine einzige Hoffnung; **the ~ begotten Son of God** Gottes eingeborener Sohn; **2.** einzigartig: **the ~ and only Mr. X** *a. iro.* der unvergleichliche, einzigartige Mr. X; **II** *adv.* **3.** nur, bloß: **not ~ ..., but** (**also**) nicht nur ..., sondern auch; **if ~** wenn nur; **4.** erst: **~ yesterday** erst gestern, gestern noch; **~ just** eben erst, gerade, kaum; **III** *cj.* **5.** je'doch, nur (dass), aber; **6. ~ that** nur, dass; außer, wenn.

ˌ**on-'off switch** *s.* ⚡ Ein-Aus-Schalter *m*.

on·o·mat·o·poe·ia [ˌɒnəʊmætəʊ'piːə] *s.* Lautmale'rei *f*; ˌ**on·o·mat·o'poe·ic** [-'piːɪk], **on·o·mat·o·po·et·ic** [ˌɒnəʊmætəʊpəʊ'etɪk] *adj.* (□ **~ally**) lautnachahmend, onomatopo'etisch.

'**on|-poˌsi·tion** *s.* ⚙ Einschaltstellung *f*, -zustand *m*; '**~·rush** *s.* Ansturm *m* (*a. fig.*); '**~·set** *s.* **1.** Angriff *m*, At'tacke *f*; **2.** Anfang *m*, Beginn *m*, Einsetzen *n*: **at the first ~** gleich beim ersten Anlauf; **3.** ⚕ Ausbruch *m* (*e-r Krankheit*), Anfall *m*; **~'shore** *adj. u. adv.* **1.** landwärts; **2.** a) in Küstennähe, b) an Land; **3.** ✝ Inlands...: **~ purchases**; '**on-(-)site** *adj.* Vor-Ort- . . .; **~-slaught** ['ɒnslɔːt] *s.* (heftiger) Angriff *od.* Ansturm (*a. fig.*); ˌ**~-the-'job** *adj.* praktisch: **~ training**.

on·to ['ɒntʊ; -tə] *prp.* **1.** auf (*acc.*); **2. be ~ s.th.** *sl.* hinter et. gekommen sein; **he's ~ you** *sl.* er hat dich durchschaut.

on·to·gen·e·sis [ˌɒntəʊ'dʒenɪsɪs] *s. biol.* Ontoge'nese *f*.

on·tol·o·gy [ɒn'tɒlədʒɪ] *s. phls.* Ontolo'gie *f*.

o·nus ['əʊnəs] (*Lat.*) *s. nur sg.* **1.** *fig.* Last *f*, Verpflichtung *f*, Onus *n*; **2.** *a.* **~ of proof, ~ probandi** ⚖ Beweislast *f*: **the ~ rests with him** die Beweislast trifft ihn.

on·ward ['ɒnwəd] **I** *adv.* vorwärts, weiter: **from the tenth century ~** vom 10. Jahrhundert an; **II** *adj.* vorwärts schreitend, fortschreitend; '**on·wards** [-dz] → **onward** I.

on·yx ['ɒnɪks] *s.* **1.** *min.* Onyx *m*; **2.** ⚕ Nagelgeschwür *n* der Hornhaut, Onyx *m*.

o·o·blast ['əʊəblɑːst] *s. biol.* Eikeim *m*; **o·o·cyst** ['əʊəsɪst] *s.* Oo'zyste *f*.

oo·dles ['uːdlz] *s. pl.* F Unmengen *pl.*, ‚Haufen' *m*: **he has ~ of money** er hat Geld wie Heu.

oof [uːf] *s. Brit. sl.* ‚Kies' *m* (*Geld*).
oomph [ʊmf] *s. sl.* 'Sex-Ap'peal *m.*
o·o·sperm ['əʊəspɜːm] *s. biol.* befruchtetes Ei *od.* befruchtete Eizelle, Zy'gote *f.*
ooze [uːz] **I** *v/i.* **1.** ('durch-, aus-, ein)sickern (***through***, ***out of***, ***into***); ein-, hin'durchdringen (*a. Licht etc.*): **~ *away*** a) versickern, b) *fig.* (dahin)schwinden; **~ *out*** a) entweichen (*Luft*, *Gas*), b) *fig.* durchsickern (*Geheimnis*); **~ *with sweat*** von Schweiß triefen; **II** *v/t.* **2.** ausströmen, -schwitzen; **3.** *fig.* ausstrahlen, *iro.* triefen von; **III** *s.* **4.** ⚙ Lohbrühe *f*: **~ *leather*** lohgares Leder; **5.** Schlick *m*, Schlamm(grund) *m*; **oo·zy** ['uːzɪ] *adj.* **1.** schlammig, schlick(er)ig; **2.** schleimig; **3.** feucht.
o·pac·i·ty [əʊ'pæsətɪ] *s.* **1.** 'Undurch,sichtigkeit *f* (*a. fig.*); **2.** Dunkelheit *f* (*a. fig.*); **3.** *fig.* Borniertheit *f*; **4.** *phys.* ('Licht),Undurch,lässigkeit *f*; **5.** Deckfähigkeit *f* (*Farbe*).
o·pal ['əʊpl] *s. min.* O'pal *m*: **~ *blue*** Opalblau *n*; **~ *glass*** Opal-, Milchglas *n*; **~ *lamp*** Opallampe *f*; **o·pal·esce** [ˌəʊpə'les] *v/i.* opalisieren, bunt schillern; **o·pal·es·cence** [ˌəʊpə'lesns] *s.* Opalisieren *n*, Schillern *n*; **o·pal·es·cent** [ˌəʊpə'lesnt] *adj.* opalisierend, schillernd.
o·paque [əʊ'peɪk] *adj.* ☐ **1.** 'undurch,sichtig, o'pak: **~ *colo(u)r*** Deckfarbe *f*; **2.** 'undurch,lässig (***to*** für *Strahlen*): **~ *meal*** ⚕ Kontrastmahlzeit *f*; **3.** glanzlos, trüb; **4.** *fig.* a) unklar, dunkel, b) borniert, dumm; **o'paque·ness** [-nɪs] *s.* ('Licht),Undurch,lässigkeit *f*; Deckkraft *f* (*Farben*).
op art [ɒp] *s. Kunst*: Op-Art *f.*
o·pen ['əʊpən] **I** *adj.* ☐ **1.** *allg.* offen (*z. B. Buch, Flasche,* ⚒ *Kette,* ϟ *Stromkreis,* ⚔ *Stadt, Tür,* ⚕ *Wunde*); offen stehend, auf: **~ *prison*** offenes Gefängnis; **~ *warfare*** ⚔ Bewegungskrieg *m*; ***keep one's eyes*** **~** *fig.* die Augen offen halten; → ***arm¹*** 1, ***bowels*** 1, ***order*** 5; **2.** zugänglich, frei, offen (*Gelände, Straße, Meer etc.*): **~ *field*** freies Feld; **~ *spaces*** öffentliche Plätze (*Parkanlagen etc.*); **3.** frei, bloß, offen (*Wagen etc.*; ϟ *Motor*); → ***lay open***; **4.** offen, eisfrei (*Wetter,* ⚓ *Hafen, Gewässer*); ⚓ klar (*Sicht*): **~ *winter*** frostfreier Winter; **5.** ge-, eröffnet (*Laden, Theater etc.*), offen (*a. fig.* ***to*** *dat.*), öffentlich (*Sitzung, Versteigerung etc.*); (jedem) zugänglich: ***a career*** **~ *to talent***; **~ *competition*** freier Wettbewerb; **~ *market*** ✝ offener *od.* freier Markt; **~ *position*** freie *od.* offene (*Arbeits*)Stelle; **~ *policy*** a) ✝ Offenmarktpolitik *f*, b) *Versicherung*: Pauschalpolice *f*; **~ *scholarship*** *Brit.* offenes Stipendium; **~ *for subscription*** ✝ zur Zeichnung aufgelegt; ***in*** **~ *court*** in öffentlicher Verhandlung, vor Gericht; **6.** (***to***) *fig. der Kritik, dem Zweifel etc.* ausgesetzt, unter'worfen: **~ *to question*** anfechtbar; **~ *to temptation*** anfällig gegen die Versuchung; ***leave o.s. wide*** **~** (***to s.o.***) sich (j-m gegenüber) e-e (große) Blöße geben; **7.** zugänglich, aufgeschlossen (***to*** für *od. dat.*): ***an*** **~ *mind***; ***be*** **~ *to conviction*** (***an offer***) mit sich reden (handeln) lassen; ***that is*** **~ *to argument*** darüber lässt sich streiten; **8.** offen(kundig), unverhüllt: **~ *contempt***; ***an*** **~ *secret*** ein offenes Geheimnis; **9.** offen, freimütig: ***an*** **~ *character***; **~ *letter*** offener Brief; ***I will be*** **~ *with you*** ich will ganz offen mit dir reden; **10.** freigebig: ***with an*** **~ *hand***; ***keep an*** **~ *house*** ein offenes Haus führen, gastfrei sein; **11.** *fig.* unentschieden, offen (*Frage, Forderung, Kampf, Urteil etc.*); **12.** *fig.* frei (*ohne Verbote*): **~ *pattern*** ⚖ ungeschütztes Muster; **~ *season*** Jagd-, Fischzeit *f*; **13.** ✝ laufend (*Konto, Kredit, Rechnung*): **~ *cheque*** Barscheck *m*; **14.** ⚙ durch'brochen (*Gewebe, Handarbeit*); **15.** *ling.* offen (*Silbe, Vokal*): **~ *consonant*** Reibelaut *m*; **16.** ♪ a) weit (*Lage, Satz*), b) leer (*Saite etc.*): **~ *note*** Grundton *m*; **17.** *typ.* licht (*Satz*): **~ *type*** Konturschrift *f*; **II** *s.* **18.** ***the*** **~** a) offenes Land, b) offene See: ***in the*** **~** im Freien, unter freiem Himmel; ⚒ über Tag; ***bring into the*** **~** *fig.* an die Öffentlichkeit bringen; ***come into the*** **~** *fig.* sich erklären, offen reden, Farbe bekennen, (***with s.th.*** mit et.) an die Öffentlichkeit treten; **19.** ***the*** 🏆 *bsd. Golf*: offenes Turnier *für Amateure u. Berufsspieler*; **III** *v/t.* **20.** *allg.* öffnen, aufmachen; *Buch a.* aufschlagen; ϟ *Stromkreis* ausschalten, unter'brechen: **~ *the bowels*** ⚕ den Leib öffnen; **~ *s.o.'s eyes*** *fig.* j-m die Augen öffnen; → ***throttle*** 2; **21.** *Aussicht,* ✝ *Akkreditiv, Debatte,* ⚔ *das Feuer,* ✝ *Konto, Geschäft,* ⚖ *die Verhandlung etc.* eröffnen; *Verhandlungen* anknüpfen, in *Verhandlungen* eintreten; ✝ *neue Märkte* erschließen: **~ *s.th. to traffic*** *e-e Straße etc.* dem Verkehr übergeben; **22.** *fig. Gefühle, Gedanken* enthüllen, *s-e Absichten* entdecken: **~ *o.s. to s.o.*** sich j-m mitteilen; → ***heart*** *Redew.*; **IV** *v/i.* **23.** sich öffnen *od.* auftun, aufgehen; *fig.* sich *dem Auge, Geist etc.* erschließen, zeigen, auftun; **24.** führen, gehen (*Tür, Fenster*) (***on to*** auf *acc.*, ***into*** nach *dat.*); **25.** *fig.* a) anfangen, beginnen (*Schule, Börse etc.*), öffnen, aufmachen (*Laden etc.*), b) (e-n Brief, s-e Rede) beginnen (***with*** mit *e-m Kompliment etc.*); **26.** *allg.* öffnen; (ein Buch) aufschlagen; **~ out I** *v/t.* **1.** *et.* ausbrei-

ten; **II** *v/i.* **2.** sich ausbreiten, -dehnen, sich erweitern; **3.** *mot.* Vollgas geben; **~ up I** *v/t.* **1.** *Land*, ⚚ *Markt etc.* erschließen; **II** *v/i.* **2.** ⚔ das Feuer eröffnen; **3.** *fig.* a) ‚loslegen' (*mit Worten, Schlägen etc.*), b) ‚auftauen', mitteilsam werden; **4.** sich auftun *od.* zeigen.

ˌo·pen|-ˈac·cess li·brar·y *s.* ˈFreihandbiblioˌthek *f*; **ˌ~-ˈair** *adj.* Freilicht..., Freiluft..., unter freiem Himmel: **~ *swimming pool*** Freibad *n*; **ˌ~-and-ˈshut** *adj.* ganz einfach, sonnenklar; **ˌ~-ˈarmed** *adj.* warm, herzlich (*Empfang*); **ˈ~·cast min·ing** *s.* Tagebau *m*; **ˌ~-ˈdoor** *adj.* frei zugänglich: **~ *policy*** (Handels)Politik *f* der offenen Tür; **ˌ~-ˈend·ed** *adj.* **1.** zeitlich unbegrenzt: **~ *discussion*** Open-ˈEnd-Diskussion *f*; **2.** ausbaufähig: **~ *program(me)***.

o·pen·er [ˈəʊpnə] *s.* **1.** (*fig.* Er)Öffner (-in); **2.** (*Büchsen- etc.*)Öffner *m*; *sport etc.* Eröffnung(sspiel *n*, *thea.* -nummer *f*) *f*.

ˌo·pen|-ˈeyed *adj.* **1.** mit großen Augen, staunend; **2.** wachsam; **ˌ~-ˈhand·ed** *adj.* □ freigebig; **ˌ~-ˈheart** *adj.*: **~ *surgery*** ⚕ Offenherzchirurgie *f*; **ˌ~-ˈheart·ed** *adj.* □ offen(herzig), aufrichtig; **ˌ~-ˈhearth** *adj.* ⚙ Siemens-Martin(*-Ofen, -Stahl*).

o·pen·ing [ˈəʊpnɪŋ] **I** *s.* **1.** *das* Öffnen; Eröffnung *f* (*a. fig. Akkreditiv, Konto, Testament, Unternehmen*); *fig.* Inbetriebnahme *f* (*e-r Anlage etc.*); *fig.* Erschließung *f* (*Land*, ⚚ *Markt*); **2.** Öffnung *f*, Loch *n*, Lücke *f*, Bresche *f*, Spalt *m*, ˈDurchlass *m*; **3.** *Am.* (Wald-) Lichtung *f*; **4.** ⚙ (Spann)Weite *f*; **5.** *fig.* Eröffnung *f* (*a. Schach, Kampf etc.*), Beginn *m*, einleitender Teil (*a.* ⚖); **6.** Gelegenheit *f*, (⚚ Absatz)Möglichkeit *f*; **7.** ⚚ offene *od.* freie Stelle; **II** *adj.* **8.** Öffnungs...; **9.** Eröffnungs...: **~ *speech***; **~ *price*** ⚚ Eröffnungskurs *m*; **~ *night*** *thea.* Eröffnungsvorstellung *f*.

ˌo·pen|-ˈmar·ket *adj.* Freimarkt...: **~ *paper*** marktgängiges Wertpapier; **~ *policy*** Offenmarktpolitik *f*; **ˌ~-ˈmind·ed** *adj.* □ aufgeschlossen, vorurteilslos; **ˌ~-ˈmouthed** *adj.* mit offenem Mund, *fig. a.* gaffend; **ˈ~-plan of·fice** *s.* ˈGroßraumbüˌro *n*; **~ ses·a·me** *s.* Sesam öffne dich *n*; **~ shop** *s. Am.* Betrieb *m*, der auch Nichtgewerkschaftsmitglieder beschäftigt; ⚲ **U·ni·ver·si·ty** *s.* ˈFernsehuniversiˌtät *f*, ˈTelekolˌleg *n*; **ˈ~·work** *s.* ˈDurchbrucharbeit *f* (*Handarbeit*); **~ work·ing** *s.* ⚒ Tagebau *m*.

op·er·a¹ [ˈɒpərə] *s.* Oper *f* (*a. Gebäude*): ***comic*** **~** komische Oper; ***grand*** **~** große Oper.

op·er·a² [ˈɒpərə] *pl. von* **opus**.

op·er·a·ble [ˈɒpərəbl] *adj.* **1.** ˈdurchführbar; **2.** ⚙ betriebsfähig; **3.** ⚕ opeˈrabel.

op·er·a| cloak *s.* Abendmantel *m*; **~ glass(·es** *pl.*) *s.* Opern-, Theˈaterglas *n*; **~ hat** *s.* ˈKlappzyˌlinder *m*, Chapeau ˈclaque *m*; **~ house** *s.* Opernhaus *n*, Oper *f*; **~ pump** *s. Am.* glatter Pumps.

op·er·ate [ˈɒpəreɪt] **I** *v/i.* **1.** arbeiten, in Betrieb sein, funktionieren, laufen (*Maschine etc.*): ***be operating*** in Betrieb sein; **~ *on batteries*** von Batterien betrieben werden; **~ *at a deficit*** ⚚ mit Verlust arbeiten; **2.** wirksam werden *od.* sein, (ein)wirken (**on**, **upon** auf *acc.*, **as** als), hinwirken (**for** auf *acc.*); **3.** ⚕ (**on**, **upon**) *j-n* operieren: **be ~d on** operiert werden; **4.** ⚚ F spekulieren, operieren: **~ *for a fall*** auf e-e Baisse spekulieren; **5.** ⚔ operieren; **II** *v/t.* **6.** bewirken, verursachen, (mit sich) bringen; **7.** ⚙ *Maschine* laufen lassen, bedienen, *Gerät* handhaben, *Schalter, Bremse etc.* betätigen, *Auto* fahren: ***safe to*** **~** betriebssicher; **8.** *Unternehmen, Geschäft* betreiben, führen, *Vorhaben* ausführen.

op·er·at·ic [ˌɒpəˈrætɪk] *adj.* (□ **~ally**) opernhaft (*a. fig. contp.*), Opern...: **~ *performance*** Opernaufführung *f*; **~ *singer*** Opernsänger(in).

op·er·at·ing [ˈɒpəreɪtɪŋ] *adj.* **1.** *bsd.* ⚙ in Betrieb befindlich, Betriebs..., Arbeits...: **~ *conditions*** Betriebsbedingungen; **~ *instructions*** Bedienungsvorschrift *f*, Betriebsanweisung *f*; **~ *lever*** Betätigungshebel *m*; **~ *system*** *Computer*: Betriebssystem *n*; **2.** ⚚ Betriebs..., betrieblich: **~ *assets*** Vermögenswerte; **~ *costs*** (*od.* ***expenses***) Betriebs-, Geschäfts(un)kosten; **~ *profit*** Betriebsgewinn *m*; **~ *statement*** Betriebsbilanz *f*; **3.** ⚕ operierend, Operations...: **~ *room*** *od.* **~ *theatre*** (*Am.* ***theater***) Operationssaal *m*; **~ *surgeon*** → ***operator*** 4; **~ *table*** Operationstisch *m*.

op·er·a·tion [ˌɒpəˈreɪʃn] *s.* **1.** Wirken *n*, Wirkung *f* (**on** auf *acc.*); **2.** *bsd.* ⚖ Wirksamkeit *f*, Geltung *f*: ***by*** **~ *of law*** kraft Gesetzes; ***come into*** **~** in Kraft treten; **3.** ⚙ Betrieb *m*, Tätigkeit *f*, Lauf *m* (*Maschine etc.*): ***in*** **~** in Betrieb; ***put*** (*od.* ***set***) ***in*** (***out of***) **~** in (außer) Betrieb setzen; **4.** *bsd.* ⚙ Wirkungs-, Arbeitsweise *f*, Arbeits(vor)gang *m*, (*Arbeits-, Denk- etc. a. chemischer*) Proˈzess *m*; **5.** ⚙ Inbetriebsetzung *f*, Bedienung *f* (*Maschine, Gerät*), Betätigung *f* (*Bremse, Schalter*); **6.** Arbeit *f*: ***building*** **~s** Bauarbeiten; **7.** ⚚ a) Betrieb *m*: ***continuous*** **~** durchgehender Betrieb; ***in*** **~** in Betrieb, b) Unterˈnehmen *n*, -ˈnehmung *f*, c) Geschäft *n*: ***trading*** **~** Tauschgeschäft; **8.** *Börse*: Transaktiˈon *f*; **9.** ⚕ Operatiˈon *f*, (chirurgischer) Eingriff: **~ *for appendicitis*** Blinddarmoperation; **~ *to*** (*od.* ***on***) ***the***

neck Halsoperation; ***major ~*** a) größere Operation, b) *fig.* F große Sache, ‚schwere Geburt'; **10.** ⚔ Operati'on *f*, Einsatz *m*, Unter'nehmung *f*; ˌ**op·er'a·tion·al** [-ʃənl] *adj.* **1.** ⚙ a) Betriebs..., Arbeits..., b) betriebsbereit, -fähig; **2.** ✝ betrieblich, Betriebs...; **3.** ⚔ Einsatz..., Operations..., einsatzfähig: ***~ objective*** Operationsziel *n*; **4.** ⚓ klar, fahrbereit; **op·er·a·tive** ['ɒpərətɪv] **I** *adj.* □ **1.** wirkend, treibend: ***an ~ motive***; **2.** wirksam: ***an ~ dose***; ***become ~*** ⚖ (rechts)wirksam werden, in Kraft treten; ***the ~ word*** das Wort, auf das es ankommt, ⚖ *a.* das rechtsbegründende Wort; **3.** praktisch; **4.** ✝, ⚙ Arbeits..., Betriebs..., betriebsfähig; **5.** ⚕ opera'tiv, chir'urgisch: ***~ dentistry*** Zahn- u. Kieferchirurgie *f*; **6.** arbeitend, tätig, beschäftigt; **II** *s.* **7.** (Fach)Arbeiter *m*, Me'chaniker *m*; → ***operator*** 2; **8.** *Am.* Pri'vatdetekˌtiv(in); **op·er·a·tor** ['ɒpəreɪtə] *s.* **1.** *der* (*die*, *das*) Wirkende; **2.** a) ⚙ Bedienungsperson *f*, Arbeiter(in), (*Kran- etc.*)Führer *m*: ***engine ~*** Maschinist *m*; ***~'s license*** *Am.* Führerschein *m*, b) Telegra'fist(in), c) Telefo'nist(in), d) (Film)Vorführer *m*, *a.* Kameramann *m*; **3.** ✝ a) Unter'nehmer *m*, b) *Börse*: (berufsmäßiger) Speku'lant, *b.s.* Schieber *m*; **4.** ⚕ operierender Arzt, Opera'teur *m*; **5.** *Computer*: Ope'rator *m*.

o·per·cu·lum [əʊ'pɜːkjʊləm] *pl.* **-la** [-lə] *s.* **1.** ⚘ Deckel *m*; **2.** *zo.* a) Deckel *m* (*Schnecken*), b) Kiemendeckel *m* (*Fische*).

op·er·et·ta [ˌɒpə'retə] *s.* Ope'rette *f*.

oph·thal·mi·a [ɒf'θælmɪə] *s.* ⚕ Bindehautentzündung *f*; **oph'thal·mic** [-ɪk] *adj.* Augen...; augenkrank: ***~ hospital*** Augenklinik *f*; **oph·thal·mol·o·gist** [ˌɒfθæl'mɒlədʒɪst] *s.* Augenarzt *m*, Augenärztin *f*; **oph·thal·mol·o·gy** [ˌɒfθæl'mɒlədʒɪ] *s.* Augenheilkunde *f*, Ophthalmolo'gie *f*; **oph·thal·mo·scope** [ɒf'θælməskəʊp] *s.* ⚕ Augenspiegel *m*, Ophthalmo'skop *n*.

o·pi·ate ['əʊpɪət] **I** *s.* **1.** ⚕ Opi'at *n*, 'Opiumpräpaˌrat *n*; **2.** Schlaf- *od.* Beruhigungs- *od.* Betäubungsmittel *n* (*a. fig.*): ***~ for the people*** Opium *n* fürs Volk; **II** *adj.* **3.** einschläfernd; betäubend (*a. fig.*).

o·pine [əʊ'paɪn] **I** *v/i.* da'fürhalten; **II** *v/t.* *et.* meinen.

o·pin·ion [ə'pɪnjən] *s.* **1.** Meinung *f*, Ansicht *f*, Stellungnahme *f*: ***in my ~*** m-s Erachtens, nach m-r Meinung *od.* Ansicht; ***be of (the) ~ that*** der Meinung sein, dass; ***that is a matter of ~*** das ist Ansichtssache *f*; ***public ~*** die öffentliche Meinung; **2.** Achtung *f*, (gute) Meinung: ***have a high (low*** *od.* ***poor) ~ of*** e-e (keine) hohe Meinung haben von, (nicht) viel halten von; ***she has no ~ of Frenchmen*** sie hält nicht viel von (den) Franzosen; **3.** (schriftliches) Gutachten (***on*** über *acc.*): ***counsel's ~*** Rechtsgutachten; **4.** *mst pl.* Über'zeugung *f*: ***have the courage of one's ~s*** zu s-r Überzeugung stehen; **5.** ⚖ (Urteils)Begründung *f*; **o'pin·ion·at·ed** [-neɪtɪd] *adj.* **1.** starr-, eigensinnig; dog'matisch; **2.** schulmeisterlich, über'heblich.

o'pin·ion|-ˌform·ing *adj.* meinungsbildend; **~ form·er**, **~ lead·er**, **~-ˌmak·er** *s.* Meinungsbildner *m*; **~ poll** *s.* 'Meinungsˌumfrage *f*; **~ poll·ster** *s.* Meinungsforscher(in); **~ re·search** *s.* Meinungsforschung *f*.

o·pi·um ['əʊpjəm] *s.* Opium *n*: ***~ eater*** Opiumesser *m*; ***~ poppy*** ⚘ Schlafmohn *m*; **'o·pi·um·ism** [-mɪzəm] *s.* ⚕ **1.** Opiumsucht *f*; **2.** Opiumvergiftung *f*.

o·pos·sum [ə'pɒsəm] *s. zo.* O'possum *n*, Beutelratte *f*.

op·po·nent [ə'pəʊnənt] **I** *adj.* entgegenstehend, -gesetzt, gegnerisch (***to*** *dat.*); **II** *s.* Gegner(in) (*a.* ⚖, *sport*), Gegenspieler(in), 'Widersacher(in), Oppo'nent(in).

op·por·tune ['ɒpətjuːn] *adj.* □ **1.** günstig, passend, gut angebracht, oppor'tun; **2.** rechtzeitig; **'op·por·tune·ness** [-nɪs] *s.* Opportuni'tät *f*, Rechtzeitigkeit *f*; günstiger Zeitpunkt.

op·por·tun·ism [ˌɒpə'tjuːnɪzm] *s.* Opportu'nismus *m*; **'op·por·tun·ist** [-ɪst] *s.* Opportu'nist(in).

op·por·tu·ni·ty [ˌɒpə'tjuːnətɪ] *s.* (*günstige*) Gelegenheit, Möglichkeit *f* (***of doing, to do*** zu tun; ***for s.th.*** zu et.): ***miss the ~*** die Gelegenheit verpassen; ***seize*** (*od.* ***take***) ***an ~*** e-e Gelegenheit ergreifen; ***at the first ~*** bei der ersten Gelegenheit; ***~ for advancement*** Aufstiegsmöglichkeit; ***~ makes the thief*** Gelegenheit macht Diebe.

op·pose [ə'pəʊz] *v/t.* **1.** (*vergleichend*) gegen'überstellen; **2.** entgegensetzen, -stellen (***to*** *dat.*); **3.** entgegentreten (*dat.*), sich wider'setzen (*dat.*); angehen gegen, bekämpfen; **4.** ⚖ *Am.* gegen *e-e Patentanmeldung* Einspruch erheben; **op'posed** [-zd] *adj.* **1.** gegensätzlich, entgegengesetzt (*a.* ⩘); **2.** (***to***) abgeneigt (*dat.*), feind (*dat.*), feindlich (gegen): ***be ~ to*** *j-m od. e-r Sache* feindlich *od.* ablehnend gegenüberstehen, gegen *j-n od. et.* sein; **3.** ⚙ Gegen...: ***~ piston engine*** Gegenkolben-, Boxermotor *m*; **op'pos·ing** [-zɪŋ] *adj.* **1.** gegen'überliegend; **2.** opponierend, gegnerisch; **3.** *fig.* entgegengesetzt, unvereinbar.

op·po·site ['ɒpəzɪt] **I** *adj.* □ **1.** gegen'überliegend, -stehend (***to*** *dat.*): ***~ angle*** ⩘ Gegen-, Scheitelwinkel *m*; **2.** entgegengesetzt (gerichtet), 'umgekehrt: *~ directions*; *~ signs* ⩘ entgegengesetzte Vorzeichen; *of ~ sign* ⩘ ungleichnamig; *~ pistons* ⚙ gegenläufige Kolben; **3.** gegensätzlich, entgegengesetzt, gegenteilig, (grund)verschieden, ander: *words of ~ meaning*; **4.** gegnerisch, Gegen...: *~ side* *sport* Gegenpartei *f*, gegnerische Mannschaft; *~ number* *sport, pol. etc.* Gegenspieler(in), ‚Gegenüber' *n*, *weitS.* ‚Kollege' *m*, ‚Kollegin' *f* (von der anderen Seite); **5.** ⚘ gegenständig (*Blätter*); **II** *s.* **6.** Gegenteil *n* (*a.* ⩘), -satz *m*: *just the ~* das genaue Gegenteil; **III** *adv.* **7.** gegen'über; **IV** *prp.* **8.** gegenüber (*dat.*): *the ~ house*; *play ~ X.* *sport, Film etc.* (der, die) Gegenspieler(in) von X sein.

op·po·si·tion [ˌɒpəˈzɪʃn] *s.* **1.** Gegen'überstellung *f*; *das* Gegen'überstehen *od.* -liegen; ⚙ Gegenläufigkeit *f*; **2.** 'Widerstand *m* (*to* gegen): *offer ~ (to)* Widerstand leisten (gegen); *meet with* (*od. face*) *stiff ~* auf heftigen Widerstand stoßen; **3.** Gegensatz *m*, 'Widerspruch *m*: *act in ~ to* zuwiderhandeln (*dat.*); **4.** *pol.* (*a. ast. u. fig.*) Opposi'ti'on *f*; **5.** ✝ Konkur'renz *f*; **6.** ⚖ a) 'Widerspruch *m*, b) *Am.* Einspruch *m* (*to* gegen *e-e Patentanmeldung*); **7.** *Logik*: Gegensatz *m*; ˌ**op·po'si·tion·al** [-ʃənl] *adj.* **1.** *pol.* oppositio'nell, Oppositions..., regierungsfeindlich; **2.** gegensätzlich, Widerstands...

op·press [əˈpres] *v/t.* **1.** *seelisch* bedrücken; **2.** unter'drücken, tyrannisieren, schikanieren; **op'pres·sion** [-eʃn] *s.* **1.** Unter'drückung *f*, Tyrannisierung *f*; ⚖ a) Schi'kane(n *pl.*) *f*, b) 'Missbrauch *m* der Amtsgewalt; **2.** Druck *m*, Bedrängnis *f*, Not *f*; **3.** Bedrücktheit *f*; **4.** ⚕ Beklemmung *f*; **op'pres·sive** [-sɪv] *adj.* ☐ **1.** *seelisch* (be)drückend; **2.** ty'rannisch, grausam, hart; ⚖ schika'nös; **3.** drückend (schwül); **op'pres·sive·ness** [-sɪvnɪs] *s.* **1.** Druck *m*; **2.** Schwere *f*, Schwüle *f*; **op'pres·sor** [-sə] *s.* Unter'drücker *m*, Ty'rann *m*.

op·pro·bri·ous [əˈprəʊbrɪəs] *adj.* ☐ **1.** schmähend, Schmäh...; **2.** schändlich, in'fam; **op'pro·bri·um** [-ɪəm] *s.* Schmach *f*, Schande *f*.

op·pugn [ɒˈpjuːn] *v/t.* anfechten.

opt [ɒpt] *v/i.* wählen (*between* zwischen *dat.*), sich entscheiden (*for* für, *against* gegen), *bsd. pol.* optieren (*for* für); *~ in* a) sich da'für entscheiden, b) mitmachen, c) beitreten; *~ out* a) sich dagegen entscheiden, b) ‚aussteigen' (*of* aus *der Gesellschaft, e-r Unternehmung etc.*), austreten (*of* aus), c) *Versicherung etc.* kündigen (*of acc.*); **op·ta·tive** [ˈɒptətɪv] **I** *adj.* Wunsch..., *ling.* optativ(isch): *~ mood* → **II** *s. ling.* Optativ *m*, Wunschform *f*.

op·tic [ˈɒptɪk] **I** *adj.* **1.** Augen..., Seh..., Gesichts...: *~ angle* Seh-, Gesichtswinkel *m*; *~ axis* a) optische Achse, b) Sehachse *f*; *~ nerve* Sehnerv *m*; **2.** → *optical*; **II** *s.* **3.** *mst pl. humor.* Auge *n*; **4.** *pl. sg. konstr. phys.* Optik *f*, Lichtlehre *f*; **'op·ti·cal** [-kl] *adj.* ☐ optisch: *~ illusion* optische Täuschung; *~ microscope* Lichtmikroskop *n*; *~ viewfinder* *TV* optischer Sucher; **op·ti·cian** [ɒpˈtɪʃn] *s.* Optiker(in).

op·ti·mal [ˈɒptɪml] → *optimum* II.

op·ti·mism [ˈɒptɪmɪzəm] *s.* Opti'mismus *m*; **'op·ti·mist** [-ɪst] *s.* Opti'mist(in); **op·ti·mis·tic** [ˌɒptɪˈmɪstɪk] *adj.* (☐ *~ally*) opti'mistisch.

op·ti·mize [ˈɒptɪmaɪz] *v/t.* ✝, ⚙ optimieren.

op·ti·mum [ˈɒptɪməm] **I** *pl.* **-ma** [-mə] *s.* **1.** Optimum *n*, günstigster Fall, Bestfall *m*; **2.** ✝, ⚙ Bestwert *m*; **II** *adj.* **3.** opti'mal, günstigst, best.

op·tion [ˈɒpʃn] *s.* **1.** Wahlfreiheit *f*, freie Wahl *od.* Entscheidung: *~ of a fine* Recht *n*, e-e Geldstrafe (*an Stelle der Haft*) zu wählen; **2.** Wahl *f*: *at one's ~* nach Wahl; *make one's ~* s-e Wahl treffen; **3.** Alterna'tive *f*: *I had no ~ but to* ich hatte keine andere Wahl als; **4.** ✝ Opti'on *f* (*a. Versicherung*), Vorkaufsrecht *n*: *buyer's ~* Kaufoption, Vorprämie *f*; *~ for the call* (*the put*) Vor- (Rück)prämiengeschäft *n*; *~ rate* Prämiensatz *m*; *~ of repurchase* Rückkaufsrecht *n*; **5.** *~s* *pl. Computer*: Opti'onen *pl*; **op·tion·al** [ˈɒpʃənl] *adj.* ☐ **1.** freigestellt, wahlfrei, freiwillig, fakulta'tiv: *~ bonds* *Am.* kündbare Obligationen; *~ extra(s)* Sonderausstattung *f*; *~ subject* *ped.* Wahlfach *n*; **2.** ✝ Options...: *~ bargain* Prämiengeschäft *n*.

'opt-out *s.* 'Opt-out *n*, Nichtbeteiligung *f*, Ausnahmeregelung *f*: *~ clause* 'Rücktrittsˌklausel *f*.

op·u·lence [ˈɒpjʊləns] *s.* Reichtum *m*, ('Über)Fülle *f*, 'Überfluss *m*: *live in ~* im Überfluss leben; **'op·u·lent** [-nt] *adj.* ☐ **1.** (sehr) reich (*a. fig.*); **2.** üppig, opu'lent: *~ meal*.

o·pus [ˈəʊpəs] *pl.* **op·er·a** [ˈɒpərə] (*Lat.*) *s.* (*einzelnes*) Werk, Opus *n*; → *magnum opus*; **o·pus·cule** [ɒˈpʌskjuːl] *s.* ♪, *lit.* kleines Werk.

or[1] [ɔː] *cj.* **1.** oder: *~ else* sonst, andernfalls; *one ~ two* ein bis zwei, einige; **2.** (*nach neg.*) noch, und kein, und auch nicht.

or[2] [ɔː] *s. her.* Gold *n*, Gelb *n*.

or·a·cle [ˈɒrəkl] **I** *s.* **1.** O'rakel(spruch *m*) *n*; *fig. a.* Weissagung *f*: *work the ~* F e-e Sache ‚drehen'; **2.** *fig.* o'rakelhafter Ausspruch; **3.** *fig.* Pro'phet(in), unfehlbare Autori'tät; **II** *v/t. u. v/i.* **4.** o'rakeln; **o·rac·u·lar** [ɒˈrækjʊlə] *adj.* ☐ **1.** o'rakelhaft (*a. fig.*), Orakel...; **2.** *fig.* weise.

o·ra·cy ['ɔːrəsɪ] *s. ped.* Sprachgewandtheit *f.*

o·ral ['ɔːrəl] **I** *adj.* ☐ **1.** mündlich: **~ *contract***; **~ *examination***; **2.** ⚕ o'ral (*a. ling.*), Mund...: ***for ~ use*** zum innerlichen Gebrauch; **~ *intercourse*** Oralverkehr *m*; **~ *stage*** *psych.* orale Phase; **II** *s.* **3.** F mündliche Prüfung.

or·ange ['ɒrɪndʒ] **I** *s.* ⚘ O'range *f*, Apfel'sine *f*: ***bitter ~*** Pomeranze *f*; ***squeeze the ~ dry*** F j-n ausquetschen wie e-e Zitrone; **II** *adj.* Orangen...; o'range (-farben); **~ lead** [led] *s.* ⚙ O'rangemennige *f*, Bleisafran *m*; **~ peel** *s.* **1.** O'rangenschale *f*; **2.** *a.* **~ *effect*** ⚙ O'rangenschalenstruk,tur *f* (*Lackierung*).

Orangemen

Orangeman ['ɒrɪndʒmən] ist der Name eines Mitglieds der **Orange Society,** einer irisch-protestantischen Gesellschaft, die für die Übermacht der Protestanten in Nordirland kämpft. Die entsprechende schottische Vereinigung, die sich für die gesellschaftliche Vormacht der Protestanten in Schottland einsetzt, heißt **Orange Lodge**. Der Name geht jeweils auf den protestantischen **King William of Orange** (Wilhelm von Oranien aus den Niederlanden) zurück, der im Jahr 1690 den irisch-katholischen **King James II** besiegte.

or·ange·ry ['ɒrɪndʒərɪ] *s.* Orange'rie *f.*

o·rang-ou·tang [ɔː,ræŋuː'tæŋ], **o,rang-u'tan** [-uː'tæn] *s. zo.* 'Orang-'Utan *m.*

o·rate [ɔː'reɪt] *v/i.* **1.** e-e Rede halten; **2.** *humor. u. contp.* (lange) Reden halten *od.* ‚schwingen', reden; **o'ra·tion** [-'eɪʃn] *s.* **1.** *förmliche od. feierliche* Rede; **2.** *ling.* (*direkte etc.*) Rede *f*; **or·a·tor** ['ɒrətə] *s.* **1.** Redner(in); **2.** ⚖ *Am.* Kläger(in) (*in **equity**-Prozessen*); **or·a·tor·i·cal** [,ɒrə'tɒrɪkl] *adj.* ☐ rednerisch, Redner..., ora'torisch, rhe'torisch, Rede...; **or·a·to·ri·o** [,ɒrə'tɔːrɪəʊ] *pl.* **-ri·os** *s.* ♪ Ora'torium *n*; **or·a·tor·ize** ['ɒrətəraɪz] → ***orate*** 2; **or·a·to·ry** ['ɒrətərɪ] *s.* **1.** Redekunst *f*, Beredsamkeit *f*, Rhe'torik *f*; **2.** *eccl.* Ka'pelle *f*, Andachtsraum *m.*

orb [ɔːb] **I** *s.* **1.** Kugel *f*, Ball *m*; **2.** *poet.* Gestirn *n*, Himmelskörper *m*; **3.** *poet.* a) Augapfel *m*, b) Auge *n*; **4.** *hist.* Reichsapfel *m*; **or·bic·u·lar** [ɔː'bɪkjʊlə] *adj.* ☐ **1.** kugelförmig; **2.** rund, kreisförmig; **3.** ringförmig; **or·bit** ['ɔːbɪt] **I** *s.* **1.** (*ast. etc.* Kreis-, *phys.* Elek'tronen-) Bahn *f*: ***get into ~*** in e-e Umlaufbahn gelangen (*Erdsatellit*); ***put into ~*** → 5; **2.** *fig.* Bereich *m*, Wirkungskreis *m*; *pol.* Einflusssphäre *f*; **3.** *anat.* a) Augenhöhle *f*, b) Auge *n*; **II** *v/t.* **4.** *die Erde etc.* um'kreisen; **5.** in e-e 'Umlaufbahn bringen; **III** *v/i.* **6.** die Erde *etc.* um'kreisen; **7.** ✈ (über dem Flugplatz) kreisen; **'or·bit·al** [-bɪtl] **I** *adj.* **1.** *anat.* Augenhöhlen...: **~ *cavity*** Augenhöhle *f*; **2.** *ast., phys.* Bahn...: **~ *electron***; **II** *s.* **3.** *Brit.* Ringstraße *f.*

or·chard ['ɔːtʃəd] *s.* Obstgarten *m*; 'Obstplan,tage *f*: ***in ~*** mit Obstbäumen bepflanzt; **'or·chard·ing** [-dɪŋ] *s.* **1.** Obstbau *m*; **2.** *coll. Am.* 'Obstkul,turen *pl.*

or·ches·tic [ɔː'kestɪk] **I** *adj.* Tanz...; **II** *s. pl.* Or'chestik *f.*

or·ches·tra ['ɔːkɪstrə] *s.* **1.** ♪ Or'chester *n*; **2.** *thea.* a) Or'chester(raum *m*, -graben *m*) *n*, b) Par'terre *n*, c) *a.* **~ *stalls*** Par'kett *n*; **or·ches·tral** [ɔː'kestrəl] *adj.* ♪ **1.** Orchester...; **2.** orche'stral; **'or·ches·trate** [-reɪt] *v/t.* **1.** *a. v/i.* ♪ orchestrieren, instrumentieren; **2.** *fig. Am.* ordnen, aufbauen; **or·ches·tra·tion** [,ɔːke'streɪʃn] *s.* Instrumentati'on *f.*

or·chid ['ɔːkɪd] *s.* ⚘ Orchi'dee *f.*

or·chis ['ɔːkɪs] *pl.* **'or·chis·es** *s.* ⚘ **1.** Orchi'dee *f*; **2.** Knabenkraut *n.*

or·dain [ɔː'deɪn] *v/t.* **1.** *eccl.* ordinieren, (*zum Priester*) weihen; **2.** bestimmen, fügen (*Gott, Schicksal*); **3.** anordnen, verfügen.

or·deal [ɔː'diːl] *s.* **1.** *hist.* Gottesurteil *n*: **~ *by fire*** Feuerprobe *f*; **2.** *fig.* Zerreiß-, Feuerprobe *f*, schwere Prüfung; **3.** *fig.* Qual *f*, Nervenprobe *f*, Tor'tur *f*, Mar'tyrium *n.*

or·der ['ɔːdə] **I** *s.* **1.** Ordnung *f*, geordneter Zustand: ***love of ~*** Ordnungsliebe *f*; ***in ~*** in Ordnung (*a. fig.*); ***out of ~*** in Unordnung; → 8; **2.** (öffentliche) Ordnung: ***law and ~*** Ruhe *f* u. Ordnung; **3.** Ordnung *f* (*a.* ⚘ *Kategorie*), Sy'stem *n*: ***social ~*** soziale Ordnung; **4.** (An)Ordnung *f*, Reihenfolge *f*; *ling.* (Satz)Stellung *f*, Wortfolge *f*: ***in alphabetical ~*** in alphabetischer Ordnung; **~ *of priority*** Dringlichkeitsfolge *f*; **~ *of merit*** (*od.* ***precedence***) Rangordnung; **5.** Ordnung *f*, Aufstellung *f*; △ Stil *m*: ***in close*** (***open***) **~** ⚔ in geschlossener (geöffneter) Ordnung; **~ *of battle*** a) ⚔ Schlachtordnung, Gefechtsaufstellung, b) ⚓ Gefechtsformation *f*; ***Doric ~*** △ dorische Säulenordnung; **6.** ⚔ vorschriftsmäßige Uni'form u. Ausrüs-

O

tung; → ***marching***; **7.** (Geschäfts-)Ordnung *f*: ***standing ~s*** *parl.* feststehende Geschäftsordnung; ***a call to ~*** ein Ordnungsruf *m*; ***call to ~*** zur Ordnung rufen; ***rise to*** (***a point of***) ***~*** zur Geschäftsordnung sprechen; ***2!, 2!*** zur Ordnung!; ***in*** (***out of***) ***~*** (un)zulässig; ***~ of the day*** Tagesordnung; → 9; ***be the ~ of the day*** *fig.* an der Tagesordnung sein; ***pass to the ~ of the day*** zur Tagesordnung übergehen; → ***rule*** 15; **8.** Zustand *m*: ***in bad ~*** nicht in Ordnung, in schlechtem Zustand; ***out of ~*** nicht in Ordnung, defekt; ***in running ~*** betriebsfähig; **9.** Befehl *m*, Instrukti'on *f*, Anordnung *f*: ***2 in Council*** *pol.* Kabinettsbefehl; ***~ of the day*** ⚔ Tagesbefehl; ***~ for remittance*** Überweisungsauftrag *m*; ***doctor's ~s*** ärztliche Anordnung; ***by ~*** a) befehls-, auftragsgemäß, b) im Auftrag (*vor der Unterschrift*); ***by*** (*od.* ***on the***) ***~ of*** auf Befehl von, im Auftrag von; ***be under ~s to do s.th.*** Befehl haben, et. zu tun; ***till further ~s*** bis auf weiteres; ***in short ~*** *Am.* F sofort; **10.** ⚖ (Gerichts)Beschluss *m*, Befehl *m*, Verfügung *f*; **11.** ✝ Bestellung *f* (*a. Ware*), Auftrag *m* (***for*** für): ***a large*** (*od.* ***tall***) ***~*** F e-e (arge) Zumutung, (zu) viel verlangt; ***~s on hand*** Auftragsbestand *m*; ***give*** (*od.* ***place***) ***an ~*** e-n Auftrag erteilen, e-e Bestellung aufgeben; ***make to ~*** a) auf Bestellung anfertigen, b) nach Maß anfertigen; ***shoes made to ~*** Maßschuhe; ***last ~s, please*** Polizeistunde!; **12.** ✝ Order *f* (*Zahlungsauftrag*): ***pay to s.o.'s ~*** an j-s Order zahlen; ***pay to the ~ of*** für mich an ... (*Wechselindossament*); ***payable to ~*** zahlbar an Order; ***own ~*** eigene Order; **13.** → ***post-office order***, ***postal*** I; **14.** ₳ Ordnung *f*, Grad *m*: ***equation of the first ~*** Gleichung *f* ersten Grades; **15.** Größenordnung *f*: ***of*** (*od.* ***in***) ***the ~ of*** in der Größenordnung von; **16.** Art *f*, Rang *m*: ***of a high ~*** von hohem Rang; ***of quite another ~*** von ganz anderer Art; ***on the ~ of*** nach Art von; **17.** (Gesellschafts)Schicht *f*, Klasse *f*, Stand *m*: ***the higher ~s*** die höheren Klassen; ***the military ~*** der Soldatenstand; **18.** Orden *m* (*Gemeinschaft*): ***the Franciscan ~*** *eccl.* der Franziskanerorden; ***the Teutonic ~*** *hist.* der Deutsche (*Ritter-*)Orden; **19.** Orden(szeichen *n*) *m*; → ***Garter*** 2; **20.** *pl. mst* ***holy ~s*** *eccl.* (heilige) Weihen, Priesterweihe *f*: ***take*** (***holy***) ***~s*** die (heiligen) Weihen empfangen; ***major ~s*** höhere Weihen; **21.** Einlassschein *m*, *thea.* Freikarte *f*; **22.** ***in ~ to*** *inf.* um zu *inf.*; ***in ~ that*** damit; **II** *v/t.* **23.** *j-m od. e-e Sache* befehlen, *et.* anordnen: ***he ~ed him to come*** er befahl ihm zu kommen; **24.** *j-n* schicken, beordern (***to*** nach); **25.** ⚕ *j-m et.* verordnen; **26.** bestellen (*a.* ✝; *a. im Restaurant*); **27.** regeln, leiten, führen; **28.** ***~ arms!*** ⚔ Gewehr ab!; **29.** ordnen, einrichten: ***~ one's affairs*** s-e Angelegenheiten in Ordnung bringen; **~ a·bout** *v/t.* her'umkommandieren; **~ a·way** *v/t.* **1.** weg-, fortschicken; **2.** abführen lassen; **~ back** *v/t.* zu'rückbeordern; **~ in** *v/t.* her'einkommen lassen; **~ off** *v/t. sport* vom Platz stellen; **~ out** *v/t.* **1.** hin'ausbeordern; **2.** hin'ausweisen.

or·der| bill *s.* ✝ 'Orderpa,pier *n*; **~ bill of lad·ing** *s.* ✝, ⚙ 'Orderkonnosse,ment *n*; **~ book** *s.* **1.** ✝ Auftragsbuch *n*; **2.** *Brit. parl.* Liste *f* der angemeldeten Anträge; **~ check** *Am.*, **~ cheque** *Brit. s.* ✝ Orderscheck *m*; **~ form** *s.* ✝ Bestellschein *m*; **~ in·stru·ment** *s.* ✝ 'Orderpa,pier *n*.

or·der·less ['ɔːdəlɪs] *adj.* unordentlich, regellos; **'or·der·li·ness** [-lɪnɪs] *s.* **1.** Ordnung *f*, Regelmäßigkeit *f*; **2.** Ordentlichkeit *f*.

or·der·ly ['ɔːdəlɪ] **I** *adj.* **1.** ordentlich, (wohl) geordnet; **2.** plan-, regelmäßig, me'thodisch; **3.** *fig.* ruhig, friedlich: ***an ~ citizen***; **4.** ⚔ a) im *od.* vom Dienst, Dienst tuend, b) Ordonnanz...: ***on ~ duty*** auf Ordonnanz; **II** *adv.* **5.** ordnungsgemäß, planmäßig; **III** *s.* **6.** ⚔ a) Ordon'nanz *f*, b) Sani'täter *m*, Krankenträger *m*, c) (Offi'ziers)Bursche *m*; **7.** *allg.* (Kranken)Pfleger *m*; **~ of·fi·cer** *s.* ⚔ **1.** Ordon'nanzoffi,zier *m*; **2.** Offi'zier *m* vom Dienst; **~ room** *s.* ⚔ Schreibstube *f*.

or·der| num·ber *s.* ✝ Bestellnummer *f*; **~ pad** *s.* ✝ Bestell(schein)block *m*; **~ pa·per** *s.* **1.** 'Sitzungspro,gramm *n*, (*schriftliche*) Tagesordnung; **2.** ✝ *Am.* 'Orderpa,pier *n*; **~ proc·ess·ing** *s.* Auftragsabwicklung *f*; **~ slip** *s.* ✝ Bestellzettel *m*.

or·di·nal ['ɔːdɪnl] **I** *adj.* **1.** ₳ Ordnungs..., Ordinal...: ***~ number***; **2.** ⚘, *zo.* Ordnungs...; **II** *s.* **3.** ₳ Ordnungszahl *f*; **4.** *eccl.* a) Ordi'nale *n* (*Regelbuch für die Ordinierung anglikanischer Geistlicher*), b) *oft* 2 Ordi'narium *n* (*Ritualbuch od. Gottesdienstordnung*).

or·di·nance ['ɔːdɪnəns] *s.* **1.** *amtliche* Verordnung; **2.** *eccl.* (*festgesetzter*) Brauch, Ritus *m*.

or·di·nand [,ɔːdɪ'nænd] *s. eccl.* Ordi'nandus *m*.

or·di·nar·i·ly ['ɔːdnrɪlɪ] *adv.* **1.** nor'malerweise, gewöhnlich; **2.** wie gewöhnlich *od.* üblich.

or·di·nar·y ['ɔːdnrɪ] **I** *adj.* □ → ***ordinarily***; **1.** gewöhnlich, nor'mal, üblich; **2.** gewöhnlich, mittelmäßig, Durchschnitts...: ***~ face*** Alltagsgesicht *n*; **3.** ständig; ordentlich (*Gericht*, *Mitglied*); **II** *s.* **4.** *das* Übliche, *das* Nor'male:

O

nothing out of the ~ nichts Ungewöhnliches; ***above the ~*** außergewöhnlich; **5.** ***in ~*** ordentlich, von Amts wegen; ***judge in ~*** ordentlicher Richter; ***physician in ~*** (***to a king***) Leibarzt *m* (e-s Königs); **6.** *eccl.* Ordi'narium *n*, Gottesdienst-, Messordnung *f*; **7.** *a.* ♀ *eccl.* Ordi'narius *m* (*Bischof*); **8.** ⚖ a) ordentlicher Richter, b) *Am.* Nachlassrichter *m*; **9.** *Brit. obs.* a) Hausmannskost *f*, b) Tagesgericht *n*; **10.** *Brit. obs.* Gaststätte *f*; **~ life in·sur·ance** *s.* Lebensversicherung *f* auf den Todesfall; **~ sea·man** *s.* 'Leichtma,trose *m*; **~ share** *s.* ✝ Stammaktie *f*.

or·di·nate ['ɔːdnət] *s.* ⩚ Ordi'nate *f*.

or·di·na·tion [,ɔːdɪ'neɪʃn] *s.* **1.** *eccl.* Priesterweihe *f*, Ordinati'on *f*; **2.** Ratschluss *m* (*Gottes etc.*).

ord·nance ['ɔːdnəns] *s.* ⚔ **1.** Artille'rie *f*, Geschütze *pl.*: ***a piece of ~*** ein (schweres) Geschütz; **~ *technician*** Feuerwerker *m*; **2.** 'Feldzeugmateri,al *n*; **3.** Feldzeugwesen *n*: ***Royal Army ♀ Corps*** Feldzeugkorps *n* des brit. Heeres; **♀ De·part·ment** *s.* ⚔ Zeug-, Waffenamt *n*; **~ de·pot** *s.* ⚔ 'Feldzeug-, *bsd.* Artille'riede,pot *n*; **~ map** *s.* ⚔ **1.** *Am.* Gene'ralstabskarte *f*; **2.** *Brit.* Messtischblatt *n*; **~ of·fi·cer** *s.* **1.** ⚓ *Am.* Artille'rieoffi,zier *m*; **2.** Offi'zier *m* der Feldzeugtruppe; **3.** 'Waffenoffi,zier *m*; **~ park** *s.* ⚔ a) Geschützpark *m*, b) Feldzeugpark *m*; **~ ser·geant** *s.* ⚔ 'Waffen-, Ge'räte,unteroffi,zier *m*; **♀ Sur·vey** *s.* amtliche Landesvermessung: ***♀ map*** *Brit.* a) Messtischblatt *n*, b) (*1:100 000*) Generalstabskarte *f*.

or·dure ['ɔː,djʊə] *s.* Kot *m*, Schmutz *m*, Unflat *m* (*a. fig.*).

ore [ɔː] *s.* **1.** Erz *n*; **2.** *poet.* (kostbares) Me'tall; **'~-,bear·ing** *adj. geol.* Erz führend, erzhaltig; **~ bed** *s.* Erzlager *n*.

or·gan ['ɔːgən] *s.* **1.** Or'gan *n*: a) *anat.* Körperwerkzeug *n*: **~ *donor*** Organspender *m*; **~ *transplant*** Organverpflanzung *f*; **~ *of sight*** Sehorgan, b) *fig.* Werkzeug *n*, Hilfsmittel *n*, c) Sprachrohr *n* (*Zeitschrift*): ***party ~*** Parteiorgan, d) *laute etc.* Stimme; **2.** ♪ a) Orgel *f*: **~ *stop*** Orgelregister *n*, b) Kla'vier *n* (*e-r Orgel*), c) *a.* ***American ~*** *Art* Harmonium *n*, d) → ***barrel organ***; **~-*grinder*** Leier(kasten)mann *m*.

or·gan·die, or·gan·dy ['ɔːgəndɪ] *s.* Or'gandy *m* (*Baumwollgewebe*).

or·gan·ic [ɔː'gænɪk] *adj.* (□ ***~ally***) *allg.* **1.** or'ganisch; **2.** bio'logisch-or'ganisch, F Bio...: **~ *vegetables***; **~ chem·is·try** *s.* or'ganische Che'mie; **~ dis·ease** *s.* ⚕ or'ganische Krankheit; **~ e·lec·tric·i·ty** *s. zo.* tierische Elektrizi'tät; **~ farm·er** *s.* Ökobauer *m*; **~ food** *s.* Biokost *f*; **~ law** *s. pol.* Grundgesetz *n*; **~ waste** *s.* Biomüll *m*.

or·gan·ism ['ɔːgənɪzəm] *s. biol. u. fig.* Orga'nismus *m*.

or·gan·ist ['ɔːgənɪst] *s.* ♪ Orga'nist(in).

or·gan·i·za·tion [,ɔːgənaɪ'zeɪʃn] *s.* **1.** Organisati'on *f*: a) Organisierung *f*, Bildung *f*, Gründung *f*, b) (syste'matischer) Aufbau, Gliederung *f*, (Aus)Gestaltung *f*, c) Zs.-schluss *m*, Verband *m*, Gesellschaft *f*: ***administrative ~*** Verwaltungsapparat *m*; **2.** Orga'nismus *m*, Sy'stem *n*; **,or·gan·i'za·tion·al** [-ʃənl] *adj.* organisa'torisch; **or·gan·ize** ['ɔːgənaɪz] **I** *v/t.* **1.** organisieren: a) aufbauen, einrichten: ***~d crime*** (die) organisierte Kriminalität, das organisierte Verbrechen, b) gründen, ins Leben rufen, c) veranstalten, *sport a.* ausrichten: ***~d tour*** Gesellschaftsreise *f*, d) gestalten; **2.** in ein Sy'stem bringen; **3.** (gewerkschaftlich) organisieren: ***~d labo(u)r***; **II** *v/i.* **4.** sich organisieren; **or·gan·iz·er** ['ɔːgənaɪzə] *s.* **1.** Organi'sator *m*; Veranstalter *m*, *sport a.* Ausrichter *m*; **2.** ⚖ Gründer *m*; **3.** *Computer*: *a.* ***personal ~*** 'Organizer *m*: a) elek'tronisches Notizbuch, b) *Programm für Ter'min- u. A'dressverwaltung*.

or·gan loft *s.* ⚠ Orgelchor *m*.

or·gan·zine ['ɔːgənziːn] *s.* Organ'sin (-seide *f*) *m*, *n*.

or·gasm ['ɔːgæzəm] *s. physiol.* **1.** Or'gasmus *m*, (sexu'eller) Höhepunkt; **2.** heftige Erregung; **or·gi·as·tic** [,ɔːdʒɪ'æstɪk] *adj.* orgi'astisch; **or·gy** ['ɔːdʒɪ] *s.* Orgie *f*.

o·ri·el ['ɔːrɪəl] *s.* ⚠ Erker *m*.

o·ri·ent ['ɔːrɪənt] **I** *s.* **1.** Osten *m*; **2.** ***the ♀*** der (Ferne) Osten, der Orient; **II** *adj.* **3.** aufgehend (*Sonne*); **4.** östlich; **5.** glänzend; **III** *v/t.* [-ɪent] **6.** orientieren, die Lage *od.* die Richtung bestimmen von, orten; *Landkarte* einnorden; *Instrument* einstellen; *Kirche* osten; **7.** *fig.* geistig (aus)richten, orientieren (***by*** an *dat.*): ***profit-~ed*** gewinnorientiert; **8.** **~ *o.s.*** sich orientieren (***by*** an *dat.*), sich zu'rechtfinden, sich informieren; **o·ri·en·tal** [,ɔːrɪ'entl] **I** *adj.* **1.** östlich; **2.** *mst* ♀ orien'talisch, *bsd. Am. a.* ostasiatisch, östlich; **II** *s.* **3.** Orien'tale *m*, Orien'talin *f*, *bsd. Am. a.* Ostasiat(in); **o·ri·en·tal·ist** [,ɔːrɪ'entəlɪst] *s.* Orienta'list(in); **o·ri·en·tate** ['ɔːrɪenteɪt] → ***orient*** 6, 7, 8; **o·ri·en·ta·tion** [,ɔːrɪen'teɪʃn] *s.* **1.** ⚠ Ostung *f* (*Kirche*); **2.** Anlage *f*, Richtung *f*; **3.** Orientierung *f* (*a.* ⛯ *u. fig.*), Ortung *f*, Ausrichtung *f* (*a. fig.*); **4.** *a. fig.* Orientierung *f*, (Sich)Zu'rechtfinden *n*: **~ *course*** Einführungskurs *m*; **5.** Orientierungssinn *m*; **or·i·en·teer·ing** [,ɔːrɪen'tiːrɪŋ] *s.* Orientierungslauf *m*.

or·i·fice ['ɒrɪfɪs] *s.* Öffnung *f* (*a. anat.*, ⚙), Mündung *f*.

or·i·flamme ['ɒrɪflæm] *s.* Banner *n*, Fahne *f*; *fig.* Fa'nal *n*.

O

or·i·gin ['ɒrɪdʒɪn] *s.* **1.** Ursprung *f*: a) Quelle *f*, b) *fig.* Herkunft *f*, Abstammung *f*: ***certificate of ~*** ✝ Ursprungszeugnis *n*; ***country of ~*** ✝ Ursprungsland *n*, c) Anfang *m*, Entstehung *f*: ***the ~ of species*** der Ursprung der Arten; **2.** ⩚ Koordi'natenursprung *m*, -nullpunkt *m*.

o·rig·i·nal [ə'rɪdʒənl] **I** *adj.* □ → ***originally***; **1.** origi'nal, Original..., Ur..., ursprünglich, echt: ***the ~ text*** der Ur-*od.* Originaltext; **2.** erst, ursprünglich, Ur...: ***~ bill*** ✝ *Am.* Primawechsel *m*; ***~ capital*** ✝ Gründungskapital *n*; ***~ copy*** Erstausfertigung *f*; ***~ cost*** ✝ Selbstkosten *pl.*; ***~ inhabitants*** Ureinwohner; ***~ jurisdiction*** ⚖ erstinstanzliche Zuständigkeit; ***~ share*** ✝ Stammaktie *f*; → ***sin*** 1; **3.** origi'nell, neu(artig); ***an ~ idea***; **4.** schöpferisch, ursprünglich: ***~ genius*** Originalgenie *n*, Schöpfergeist *m*; ***~ thinker*** selbstständiger Geist; **5.** urwüchsig, Ur...: ***~ nature*** Urnatur *f*; **II** *s.* **6.** Origi'nal *n*: a) Urbild *n*, -stück *n*, b) Urfassung *f*, -text *m*: ***in the ~*** im Original, im Urtext, ⚖ urschriftlich; **7.** Original *n* (*Mensch*); **8.** ⚘, *zo.* Stammform *f*; **o·rig·i·nal·i·ty** [ə'rɪdʒə'nælətɪ] *s.* **1.** Originali'tät *f*: a) Ursprünglichkeit *f*, Echtheit *f*, b) Eigenart *f*, origi'neller Cha'rakter, c) Neuheit *f*; **2.** *das* Schöpferische; **o'rig·i·nal·ly** [-dʒənəlɪ] *adv.* **1.** ursprünglich, zu'erst; **2.** hauptsächlich, eigentlich; **3.** von Anfang an, schon immer; **4.** origi'nell.

o·rig·i·nate [ə'rɪdʒəneɪt] **I** *v/i.* **1.** (***from***) entstehen (aus), s-n Ursprung haben (in *dat.*), herrühren (von *od.* aus); **2.** (***with***, ***from***) ausgehen (von *j-m*); **II** *v/t.* **3.** her'vorbringen, verursachen, erzeugen, schaffen; **4.** den Anfang machen mit, den Grund legen zu; **o·rig·i·na·tion** [əˌrɪdʒə'neɪʃn] *s.* **1.** Her'vorbringung *f*, Schaffung *f*, Veranlassung *f*; **2.** → ***origin*** 1 b *u.* c; **o'rig·i·na·tive** [-tɪv] *adj.* schöpferisch; **o'rig·i·na·tor** [-tə] *s.* Urheber(in), Begründer(in), Schöpfer(in).

o·ri·ole ['ɔːrɪəʊl] *s. orn.* Pi'rol *m*.

or·mo·lu ['ɔːməʊluː] *s.* a) Malergold *n*, b) Goldbronze *f*.

or·na·ment I *s.* ['ɔːnəmənt] Orna'ment *n*, Verzierung *f* (*a.* ♪), Schmuck *m*; *fig.* Zier(de) *f* (***to*** für *od. gen.*): ***rich in ~*** reich verziert; **II** *v/t.* [-ment] verzieren, schmücken; **or·na·men·tal** [ˌɔːnə'mentl] *adj.* □ ornamen'tal, schmückend, dekora'tiv, Zier...: ***~ castings*** ⚙ Kunstguss *m*; ***~ plants*** Zierpflanzen; ***~ type*** Zierschrift *f*; **or·na·men·ta·tion** [ˌɔːnəmen'teɪʃn] *s.* Ornamentierung *f*, Verzierung *f*.

or·nate [ɔː'neɪt] *adj.* □ **1.** reich verziert; **2.** über'laden (*Stil etc.*); blumig (*Sprache*).

or·ni·tho·log·i·cal [ˌɔːnɪθə'lɒdʒɪkl] *adj.* □ ornitho'logisch; **or·ni·thol·o·gist** [ˌɔːnɪ'θɒlədʒɪst] *s.* Ornitho'loge *m*; **or·ni·thol·o·gy** [ˌɔːnɪ'θɒlədʒɪ] *s.* Ornitholo'gie *f*, Vogelkunde *f*; **or·ni·thop·ter** [ˌɔːnɪ'θɒptə] *s.* ✈ Schwingenflügler *m*; **ˌor·ni·tho'rhyn·chus** [-ə'rɪŋkəs] *s. zo.* Schnabeltier *n*.

o·rol·o·gy [ɒ'rɒlədʒɪ] *s.* Gebirgskunde *f*.

o·ro·pha·ryn·ge·al ['ɔːrəʊˌfærɪn'dʒiːəl] *adj.* ⚕ Mund-Rachen-...

o·ro·tund ['ɔːrəʊtʌnd] *adj.* **1.** volltönend; **2.** bom'bastisch (*Stil*).

or·phan ['ɔːfn] **I** *s.* **1.** (Voll)Waise *f*, Waisenkind *n*: ***~s' home*** → ***orphanage*** 1; **II** *adj.* **2.** Waisen...: ***an ~ child***; **III** *v/t.* **3.** zur Waise machen: ***be ~ed*** (zur) Waise werden, verwaisen; **or·phan·age** ['ɔːfənɪdʒ] *s.* **1.** Waisenheim *n*, -haus *n*; **2.** Verwaistheit *f*; **or·phan·ize** ['ɔːfnaɪz] *v/t.* → ***orphan*** 3.

or·rer·y ['ɒrərɪ] *s.* Plane'tarium *n*.

or·tho·chro·mat·ic [ˌɔːθəʊkrəʊ'mætɪk] *adj. phot.* orthochro'matisch, farb(wert)richtig.

or·tho·don·ti·a [ˌɔːθəʊ'dɒnʃɪə] *s.* ⚕ 'Kieferorthopäˌdie *f*.

or·tho·dox ['ɔːθədɒks] *adj.* □ **1.** *eccl.* ortho'dox: a) streng-, recht-, altgläubig, b) ⚜ 'griechisch-ortho'dox: ⚜ ***Church***; **2.** *fig.* ortho'dox: a) streng: ***an ~ opinion***, b) anerkannt, üblich, konventio'nell; **'or·tho·dox·y** [-ksɪ] *s. eccl.* Orthodo'xie *f* (*a. fig. orthodoxes Denken*).

or·thog·o·nal [ɔː'θɒgənl] *adj.* ⩚ ortho'gonal, rechtwink(e)lig.

or·tho·graph·ic, **or·tho·graph·i·cal** [ˌɔːθəʊ'græfɪk(l)] *adj.* □ **1.** ortho'graphisch; **2.** ⩚ senkrecht, rechtwink(e)lig; **or·thog·ra·phy** [ɔː'θɒgrəfɪ] *s.* Orthogra'phie *f*, Rechtschreibung *f*.

or·tho·p(a)e·dic [ˌɔːθəʊ'piːdɪk] *adj.* ⚕ ortho'pädisch; **ˌor·tho'p(a)e·dics** [-ks] *s. pl. oft sg. konstr.* Orthopä'die *f*; **ˌor·tho'p(a)e·dist** [-ɪst] *s.* Ortho'päde *m*; **or·tho·p(a)e·dy** ['ɔːθəʊpiːdɪ] → ***orthop(a)edics***.

or·thop·ter [ɔː'θɒptə] *s.* **1.** ✈ → ***ornithopter***; **2.** → **or'thop·ter·on** [-ərɒn] *s. zo.* Geradflügler *m*.

or·tho·scope ['ɔːθəʊskəʊp] *s.* ⚕ Ortho'skop *n*.

Os·car ['ɒskə] *s.* Oskar *m* (*Filmpreis*).

os·cil·late ['ɒsɪleɪt] **I** *v/i.* **1.** oszillieren, schwingen, pendeln, vibrieren: ***oscillating axle*** *mot.* Schwingachse *f*; ***oscillating circuit*** ⚡ Schwingkreis *m*; **2.** *fig.* (hin- u. her) schwanken; **II** *v/t.* **3.** in Schwingungen versetzen; **os·cil·la·tion** [ˌɒsɪ'leɪʃn] *s.* **1.** Oszillati'on *f*, Schwingung *f*, Pendelbewegung *f*, Schwankung *f*; **2.** *fig.* Schwanken *n*; **3.** ⚡ a) Ladungswechsel *m*, b) Stoßspannung *f*, c) Peri'ode *f*; **'os·cil·la·tor** [-tə] *s.* ⚡ Oszil'lator *m*; **'os·cil·la·to·ry** [-lətərɪ] *adj.* oszilla'torisch, schwingend, schwingungsfähig: **~ *circuit*** ⚡ Schwingkreis *m*; **os·cil·lo·graph** [ə'sɪləʊɡrɑːf] *s.* Oszillo'graph *m*; **os·cil·lo·scope** [ə'sɪləʊskəʊp] *s. phys.*, ⚡ Oszillo'skop *n.*

os·cu·late ['ɒskjʊleɪt] *v/t. u. v/i.* **1.** *humor.* (sich) küssen; **2.** ⩘ oskulieren.

o·sier ['əʊʒə] *s.* ⚘ Korbweide *f*: **~ *basket*** Weidenkorb *m*; **~ *furniture*** Korbmöbel *pl.*

os·mic ['ɒzmɪk] *adj.* ⚗ Osmium...

os·mo·sis [ɒz'məʊsɪs] *s. phys.* Os'mose *f*; **os·mot·ic** [ɒz'mɒtɪk] *adj.* (□ **~*ally***) os'motisch.

os·prey ['ɒsprɪ] *s.* **1.** *orn.* Fischadler *m*; **2.** ✝ Reiherfederbusch *m.*

os·se·in ['ɒsɪɪn] *s. biol.*, ⚗ Knochenleim *m.*

os·se·ous ['ɒsɪəs] *adj.* knöchern, Knochen...; **os·si·cle** ['ɒsɪkl] *s. anat.* Knöchelchen *n*; **os·si·fi·ca·tion** [ˌɒsɪfɪ'keɪʃn] Verknöcherung *f*; **os·si·fied** ['ɒsɪfaɪd] *adj.* verknöchert (*a. fig.*); **os·si·fy** ['ɒsɪfaɪ] **I** *v/t.* **1.** verknöchern (lassen); **2.** *fig.* verknöchern; (*in Konventionen*) erstarren lassen; **II** *v/i.* **3.** verknöchern; **4.** *fig.* verknöchern, (in Konventi'onen) erstarren; **os·su·ar·y** ['ɒsjʊərɪ] *s.* Beinhaus *n.*

os·te·i·tis [ˌɒstɪ'aɪtɪs] *s.* ⚕ Knochenentzündung *f.*

os·ten·si·ble [ɒ'stensəbl] *adj.* □ **1.** scheinbar; **2.** an-, vorgeblich: **~ *partner*** ✝ Strohmann *m.*

os·ten·ta·tion [ˌɒsten'teɪʃn] *s.* **1.** (protzige) Schaustellung; **2.** Protze'rei *f*, Prahle'rei *f*; **3.** Gepränge *n*; **ˌos·ten'ta·tious** [-ʃəs] *adj.* □ **1.** großtuerisch, prahlerisch, prunkend; **2.** (*absichtlich*) auffällig, ostenta'tiv, betont; **ˌos·ten'ta·tious·ness** [-ʃəsnɪs] → ***ostentation***.

os·te·o·ar·thri·tis [ˌɒstɪəʊɑː'θraɪtɪs] *s.* ⚕ Arth'rose *f*; **os·te·o·blast** ['ɒstɪəʊblɑːst] *s. biol.* Knochenbildner *m*; **os·te·oc·la·sis** [ˌɒstɪ'ɒkləsɪs] *s.* ⚕ (opera'tive) 'Knochenfrakˌtur; **os·te·ol·o·gy** [ˌɒstɪ'ɒlədʒɪ] *s.* Knochenlehre *f*; **os·te·o·ma** [ˌɒstɪ'əʊmə] *s.* ⚕ Oste'om *n*, gutartige Knochengeschwulst; **os·te·o·ma·la·ci·a** [ˌɒstɪəʊmə'leɪʃɪə] *s.* ⚕ Knochenerweichung *f*; **'os·te·o·path** [-ɪəʊpæθ] *s.* ⚕ Osteo'path *m.*

ost·ler ['ɒslə] *s.* Stallknecht *m.*

os·tra·cism ['ɒstrəsɪzəm] *s.* **1.** *antiq.* Scherbengericht *n*; **2.** *fig.* a) Verbannung *f*, b) Ächtung *f*; **'os·tra·cize** [-saɪz] *v/t.* **1.** verbannen (*a. fig.*); **2.** *fig.* ächten, (aus der Gesellschaft) ausstoßen, verfemen.

os·trich ['ɒstrɪtʃ] *s. orn.* Strauß *m*; **~ *pol·i·cy*** *s.* Vogel-'Strauß-Poliˌtik *f.*

oth·er ['ʌðə] **I** *adj.* **1.** ander; **2.** (*vor s. im pl.*) andere, übrige: ***the ~ guests***; **3.** ander, weiter, sonstig: ***one ~ person*** e-e weitere Person, (noch) j-d anders; **4.** anders (***than*** als): ***no person ~ than yourself*** niemand außer dir; **5.** (***from***, ***than***) anders (als), verschieden (von); **6.** zweit (*nur in*): ***every ~*** jeder (jede, jedes) zweite ...; ***every ~ day*** jeden zweiten Tag; **7.** (*nur in*): ***the ~ day*** neulich, kürzlich; ***the ~ night*** neulich abends; **II** *pron.* **8.** ander: ***the ~*** der (die, das) andere; ***each ~*** einander; ***the two ~s*** die beiden anderen; ***of all ~s*** vor allen anderen; ***no*** (*od.* ***none***) ***~ than*** kein anderer als; ***some day*** (*od.* ***time***) ***or ~*** eines Tages, irgendeinmal; ***some way or ~*** irgendwie, auf irgendeine Weise; → ***someone*** I; **III** *adv.* **9.** anders (***than*** als); **'~·wise** [-waɪz] *adv.* **1.** (*a. cj.*) sonst, andernfalls; **2.** sonst, im Übrigen: ***stupid but ~ harmless***; **3.** anderweitig: ***~ occupied***; ***unless you are ~ engaged*** wenn du nichts anderes vorhast; **4.** anders (***than*** als): ***we think ~*** wir denken anders; ***berries edible and ~*** essbare u. nicht essbare Beeren; **ˌ~'world** *adj.* jenseitig; **ˌ~'world·ly** *adj.* **1.** jenseitig, Jenseits...; **2.** auf das Jenseits gerichtet; **3.** weltfremd.

o·ti·ose ['əʊʃɪəʊs] *adj.* □ müßig: a) untätig, b) zwecklos.

o·to·lar·yn·gol·o·gist ['əʊtəʊˌlærɪŋ'ɡɒlədʒɪst] *s.* ⚕ Hals-Nasen-Ohren-Arzt *m*; **o·tol·o·gy** [əʊ'tɒlədʒɪ] *s.* Ohrenheilkunde *f*; **o·to·rhi·no·lar·yn·gol·o·gist** ['əʊtəʊˌraɪnəʊˌlærɪŋ'ɡɒlədʒɪst] → ***otolaryngologist***; **o·to·scope** ['əʊtəskəʊp] *s.* ⚕ Ohr(en)spiegel *m.*

ot·ter ['ɒtə] *s.* **1.** *zo.* Otter *m*; **2.** Otterfell *n*, -pelz *m*; **'~·hound** *s. hunt.* Otterhund *m.*

Ot·to·man ['ɒtəʊmən] **I** *adj.* **1.** os'manisch, türkisch; **II** *s. pl.* **-mans 2.** Os'mane *m*, Türke *m*; **3.** ♀ Otto'mane *f* (*Sofa*).

ouch [aʊtʃ] *int.* autsch!, au!

ought[1] [ɔːt] **I** *v/aux. ich, er, sie, es* sollte, *du* solltest, *ihr* solltet, *wir, sie, Sie* sollten: ***he ~ to do it*** er sollte es (eigentlich) tun; ***he ~*** (***not***) ***to have seen it*** er hätte es (nicht) sehen sollen; ***you ~ to have known better*** du hättest es besser wissen sollen *od.* müssen; **II** *s.* (mo'ralische) Pflicht.

ought[2] [ɔːt] *s.* Null *f.*

ought[3] [ɔːt] → ***aught***.

ounce[1] [aʊns] *s.* **1.** Unze *f* (*28,35 g*): ***by the ~*** nach (dem) Gewicht; **2.** *fig. ein* bisschen, Körnchen *n* (*Wahrheit etc.*): ***an ~ of practice is worth a pound of theory*** Probieren geht über Studieren.

ounce[2] [aʊns] *s.* **1.** *zo.* Irbis *m* (*Schneeleopard*); **2.** *poet.* Luchs *m.*

our ['aʊə] *poss. adj.* unser: ♀ ***Father*** das Vaterunser; **ours** ['aʊəz] *poss. pron.* **1.** *der* (*die, das*) Uns(e)re: ***I like ~ better***

mir gefällt das Unsere besser; ***a friend of ~*** ein Freund von uns; ***this world of ~*** diese unsere Welt; ***~ is a small group*** unsere Gruppe ist klein; **2.** unser, *der* (*die*, *das*) Uns(e)re: ***it is ~*** es gehört uns, es ist unser; **ˌour'self** *pron.*: ***We*** ♔ Wir höchstselbst; **ˌour'selves** *pron.* **1.** *refl.* uns (selbst): ***we blame ~*** wir geben uns (selbst) die Schuld; **2.** (wir) selbst: ***let us do it ~***; **3.** uns (selbst): ***good for the others, not for ~*** gut für die andern, nicht für uns (selbst).

oust [aʊst] *v/t.* **1.** vertreiben, entfernen, verdrängen, hin'auswerfen (***from*** aus): ***~ s.o. from office***; ***~ from the market*** ☤ vom Markt verdrängen; **2.** ⚖ enteignen, um den Besitz bringen; **3.** berauben (***of*** *gen.*); **'oust·er** [-tə] *s.* ⚖ a) Enteignung *f*, b) Besitzvorenthaltung *f*.

out [aʊt] **I** *adv.* **1.** (*a. in Zssgn mit vb.*) hin'aus (*-gehen*, *-werfen etc.*), her'aus (*-kommen*, *-schauen etc.*), aus (*-brechen*, *-pumpen*, *-sterben etc.*): ***voyage ~*** Ausreise *f*; ***way ~*** Ausgang *m*; ***on the way ~*** beim Hinausgehen; ***~ with him!*** hinaus mit ihm!; ***~ with it!*** hinaus *od.* heraus damit!; ***have a tooth ~*** sich e-n Zahn ziehen lassen; ***insure ~ and home*** ☤ hin u. zurück versichern; ***have it ~ with s.o.*** *fig.* die Sache mit j-m ausfechten; ***that's ~!*** das kommt nicht in Frage!; **2.** außen, draußen, fort: ***some way ~*** ein Stück draußen; ***he is ~*** er ist draußen; **3.** nicht zu Hause, ausgegangen: ***be ~ on business*** geschäftlich verreist sein; ***a day ~*** ein freier Tag; ***an evening ~*** ein Ausgehabend *m*; ***be ~ on account of illness*** wegen Krankheit der Arbeit fernbleiben; **4.** ausständig (*Arbeiter*): ***be ~*** streiken; **5.** a) ins Freie, b) draußen, im Freien, c) ⚓ draußen, auf See, d) ⚔ im Felde; **6.** a) ausgeliehen (*Buch*), b) verliehen (*Geld*), c) verpachtet, vermietet, d) (*aus dem Gefängnis etc.*) entlassen; **7.** her'aus *sein*: a) (***just***) ***~*** (soeben) erschienen (*Buch*), b) in Blüte (*Blumen*), entfaltet (*Blüte*), c) ausgeschlüpft (*Küken*), d) verrenkt (*Glied*), e) *fig.* enthüllt (*Geheimnis*): ***the girl is not yet ~*** das Mädchen ist noch nicht in die Gesellschaft eingeführt (worden); → ***blood*** 3, ***murder*** 1; **8.** *sport* aus, draußen: a) nicht (mehr) im Spiel, b) im Aus; **9.** *Boxen*: ausgezählt, kampfunfähig; **10.** *pol.* draußen, raus, nicht (mehr) im Amt, nicht (mehr) am Ruder; **11.** ‚out', aus der Mode; **12.** aus, vor'bei (*zu Ende*): ***before the week is ~*** vor Ende der Woche; **13.** aus, erloschen (*Feuer*, *Licht*); **14.** aus(gegangen), verbraucht: ***the potatoes are ~***; **15.** aus der Übung: ***my hand is ~***; **16.** zu Ende, bis zum Ende, ganz: ***hear s.o. ~*** j-n bis zum Ende *od.* ganz anhören; **17.** ausgetreten, über die Ufer getreten (*Fluss*); **18.** löch(e)rig, 'durchgescheuert; → ***elbow*** 1; **19.** ärmer um *1 Dollar etc.*; **20.** unrichtig, im Irrtum (befangen): ***his calculations are ~*** s-e Berechnungen stimmen nicht; ***be*** (***far***) ***~*** sich (gewaltig) irren, (ganz) auf dem Holzweg sein; **21.** entzweit, verkracht: ***be ~ with s.o.***; **22.** laut *lachen etc.*; **23.** ***~ for*** auf *e-e Sache* aus, auf der Jagd *od.* Suche nach: ***~ for prey*** auf Raub aus; **24.** ***~ to do s.th.*** darauf aus, et. zu tun; **25.** (*bsd. nach sup.*) *das Beste etc.* weit u. breit; **26.** ***~ and about*** (wieder) auf den Beinen; ***~ and away*** bei weitem; ***~ and ~*** durch u. durch; ***~ of*** → 31; **II** *adj.* **27.** Außen...: ***~ edge***; ***~ party*** Oppositionspartei *f*; **28.** *sport* auswärtig, Auswärts... (*-spiel*); **29.** *Kricket*: nicht schlagend: ***~ side*** → 34; **30.** 'übernorˌmal, Über...; → ***outsize***; **III** *prp.* **31.** ***~ of*** a) aus (... her'aus), zu ... hin'aus, b) *fig.* aus *Furcht*, *Mitleid etc.*, c) aus, von: ***two ~ of three*** zwei von drei *Personen etc.*, d) außerhalb, außer *Reichweite*, *Sicht etc.*, e) außer *Atem*, *Übung etc.*, ohne: ***be ~ of s.th.*** et. nicht (mehr) haben, ohne et. sein; → ***money*** 1, ***work*** 1, f) aus *der Mode*, *Richtung etc.*, nicht gemäß: ***~ of drawing*** verzeichnet; → ***focus*** 1, ***hand*** *Redew.*, ***question*** 4, g) außerhalb (*gen. od.* von): ***6 miles ~ of Oxford***; ***~ of doors*** im Freien, ins Freie; ***be ~ of it*** nicht dabei sein (dürfen); ***feel ~ of it*** sich ausgeschlossen *od.* nicht zugehörig fühlen, h) um *et. betrügen*: ***cheat s.o. ~ of s.th.***, i) aus, von: ***get s.th. ~ of s.o.*** et. von j-m bekommen; ***he got more*** (***pleasure***) ***~ of it*** er hatte mehr davon, j) *hergestellt* aus: ***made ~ of paper***; **IV** *s.* **32.** *typ.* Auslassung *f*, ‚Leiche' *f*; **33.** *Tennis etc.*: Ausball *m*; **34.** ***the ~s*** *Kricket etc.*: die 'FeldparˌteI; **35.** ***the ~s*** *parl.* die Oppositi'on; **36.** *Am.* F Ausweg *m*, Schlupfloch *n*; **37.** → ***outage*** 2; **V** *v/t.* **38.** hin'auswerfen, verjagen, F rausschmeißen; **39.** *sport*: a) *den Gegner* ausschalten, b) *Boxen*: k. 'o. schlagen, c) *Tennis*: *Ball* ins Aus schlagen; **40.** F ‚outen', als schwul bloßstellen: ***~ o.s.*** a) sich zu erkennen geben (***as*** als), b) sich ‚outen', öffentlich zugeben, dass man homosexu'ell ist; **VI** *v/i.* her'auskommen, bekannt werden (*Wahrheit etc.*); **VII** *int.* **41.** hin'aus!, raus!

ˌout'act *v/t. thea. etc. j-n* ‚an die Wand spielen'.

out·age ['aʊtɪdʒ] *s.* **1.** fehlende Menge; **2.** ⚙ (Strom- *etc.*)Ausfall *m*.

ˌout|-and-'out *adj.* abso'lut, völlig: ***an ~ villain*** ein Erzschurke; **ˌ~-and-'out·er** *s. sl.* **1.** 'Hundertproˌzentige(r *m*) *f*, ‚Waschechte(r' *m*) *f*; **2.** *et.* 'Hundertpro,zentiges *od.* ganz Typisches *s-r Art*; '**~·back** *s.* (*bsd. der* australische) Busch, *das* Hinterland; ,**~'bal·ance** *v/t.* über'wiegen; ,**~'bid** *v/t.* [*irr.* → ***bid***] über'bieten (*a. fig.*); '**~·board** ⚓ **I** *adj.* Außenbord...: *~ **motor***; **II** *adv.* außenbords; '**~·bound** *adj.* **1.** ⚓ nach auswärts bestimmt *od.* fahrend, auslaufend, ausgehend; **2.** ✈ im Abflug; **3.** ✝ nach dem Ausland bestimmt; ,**~'box** *v/t. j-n* ausboxen, *im Boxen* schlagen; ,**~'brave** *v/t.* **1.** trotzen (*dat.*); **2.** an Kühnheit *od.* Glanz über'treffen; '**~·break** *s. allg.* Ausbruch *m*; '**~,build·ing** *s.* Außen-, Nebengebäude *n*; '**~·burst** *s.* Ausbruch *m* (*a. fig.*); '**~·cast I** *adj.* **1.** ausgestoßen, verstoßen; **II** *s.* **2.** Ausgestoßene(r *m*) *f*; **3.** Abfall *m*, Ausschuss *m*; ,**~'class** *v/t. j-m* weit über'legen sein, *j-n* weit über'treffen, *sport a. j-n* deklassieren; '**~,clear·ing** *s.* ✝ Gesamtbetrag *m* der Wechsel- u. Scheckforderungen e-r Bank an das ***Clearing-House***; '**~·come** *s.* Ergebnis *n*, Resul'tat *n*, Folge *f*; '**~·crop I** *s.* **1.** *geol.* a) Zu'tageliegen *n*, Anstehen *n*, b) Anstehendes *n*, Ausbiss *m*; **2.** *fig.* Zu'tagetreten *n*; **II** *v/i.* ,***out'crop*** **3.** *geol.* zu'tage liegen *od.* treten (*a. fig.*); '**~·cry** *s.* Aufschrei *m*, Schrei *m* der Entrüstung; ,**~'dat·ed** *adj.* über'holt, veraltet; ,**~'dis·tance** *v/t.* (weit) über'holen *od.* hinter sich lassen (*a. fig.*); ,**~'do** *v/t.* [*irr.* → ***do***[1]] über'treffen (***o.s.*** sich selbst); '**~·door** *adj.* Außen..., draußen, außerhalb des Hauses, im Freien: *~ **aerial*** Außen-, Hochantenne *f*; *~ **dress*** Ausgehanzug *m*; *~ **exercise*** Bewegung *f* im Freien; *~ **performance*** *thea.* Freilichtaufführung *f*; *~ **season*** *bsd. sport* Freiluftsaison *f*; *~ **shot*** *phot.* Außen-, Freilichtaufnahme *f*; ,**~'doors I** *adv.* **1.** draußen, im Freien; **2.** hin'aus, ins Freie; **II** *adj.* **3.** → ***outdoor***; **III** *s.* **4.** das Freie; die freie Na'tur.

out·er ['aʊtə] *adj.* Außen...: *~ **garments***, *~ **wear*** Oberbekleidung *f*; *~ **cover*** ✈ Außenhaut *f*; *~ **diameter*** äußerer Durchmesser; *~ **harbo(u)r*** ⚓ Außenhafen *m*; ***the ~ man*** der äußere Mensch; *~ **skin*** Oberhaut *f*, Epidermis *f*; *~ **space*** Weltraum *m*; *~ **surface*** Außenfläche *f*, -seite *f*; *~ **world*** Außenwelt *f*; '**~·most** *adj.* äußerst.

,**out|'face** *v/t.* **1.** Trotz bieten (*dat.*), mutig *od.* gefasst begegnen (*dat.*): *~ **a situation*** e-r Lage Herr werden; **2.** *j-n* mit Blicken aus der Fassung bringen; '**~·fall** *s.* Mündung *f*; '**~·field** *s.* **1.** *Baseball u. Kricket*: a) Außenfeld *n*, b) Außenfeldspieler *pl.*; **2.** *fig.* fernes Gebiet; **3.** weitab liegende Felder *pl.* (*e-r Farm*); '**~,field·er** *s.* Außenfeldspieler(in); ,**~'fight** *v/t.* niederkämpfen, schlagen; '**~,fight·er** *s.* Di'stanzboxer *m*; '**~·fit I** *s.* **1.** Ausrüstung *f*, -stattung *f*: ***travel(l)ing ~***; *~ **of tools*** Werkzeug *n*; ***cooking ~*** Kochutensilien *pl.*; ***puncture ~*** Reifenflickzeug *n*; ***the whole ~*** F der ganze Kram; **2.** F a) ⚔ Einheit *f*, ‚Haufen' *m*, b) Gruppe *f*, c) F ‚Verein' *m*, ‚Laden' *m*, Gesellschaft *f*; **II** *v/t.* **3.** ausrüsten, -statten; '**~,fit·ter** *s.* ✝ **1.** 'Ausrüstungsliefer,ant *m*; **2.** Herrenausstatter *m*; **3.** (Fach)Händler *m*: ***electrical ~*** Elektrohändler; ,**~'flank** *v/t.* **1.** ⚔ die Flanke um'fassen von: ***~ing attack*** Umfassungsangriff *m*; **2.** *fig.* über'listen; '**~·flow** *s.* Ausfluss *m* (*a.* ⚕): *~ **of gold*** ✝ Goldabfluss *m*; ,**~'gen·er·al** → ***outmanoeuvre***; ,**~'go I** *v/t.* [*irr.* → ***go***] *fig.* über'treffen; über'listen; **II** *s.* '**out·go** *pl.* '**~·goes** ✝ Ausgaben *pl.*; ,**~'go·ing I** *adj.* weggehend; 🚂, ⚓, *teleph. etc.* abgehend (*a. Verkehr*, ⚡, *Strom*); ausziehend (*Mieter*); zu'rückgehend (*Flut*); abtretend (*Regierung*): *~ **mail*** Postausgang *m*; **II** *s.* Ausgehen *n*; *pl.* ✝ Ausgaben *pl.*; '**~·group** *s.* Fremdgruppe *f*; ,**~'grow** *v/t.* [*irr.* → ***grow***] **1.** schneller wachsen als, hin'auswachsen über (*acc.*); **2.** *j-m* über den Kopf wachsen; **3.** her'auswachsen aus *Kleidern*; **4.** *fig. Gewohnheit etc.* (mit der Zeit) ablegen, her'auswachsen aus; '**~·growth** *s.* **1.** na'türliche Folge, Ergebnis *n*; **2.** Nebenerscheinung *f*; **3.** ⚕ Auswuchs *m*; '**~·guard** *s.* ⚔ Vorposten *m*, Feldwache *f*; ,**~-'Her·od** [-'herəd] *v/t.*: *~ **Herod*** der schlimmste Tyrann sein; '**~·house** *s.* **1.** Nebengebäude *n*, Schuppen *m*; **2.** *Am.* Außenabort *m*.

out·ing ['aʊtɪŋ] *s.* Ausflug *m*: ***go for an ~*** e-n Ausflug machen; ***works ~, company ~*** Betriebsausflug.

,**out|'jump** *v/t.* höher *od.* weiter springen als; **~'land·ish** [-'lændɪʃ] *adj.* **1.** fremdartig, seltsam, e'xotisch; **2.** a) unkultiviert, b) rückständig; **3.** abgelegen; **4.** ausländisch; ,**~'last** *v/t.* über'dauern, -'leben.

out·law ['aʊtlɔː] **I** *s.* **1.** *hist.* Geächtete(r *m*) *f*, Vogelfreie(r *m*) *f*; **2.** Ban'dit *m*, Verbrecher *m*; **3.** *Am.* bösartiges Pferd; **II** *v/t.* **4.** *hist.* ächten, für vogelfrei erklären; **5.** ⚖ *Am.* für verjährt erklären: ***~ed claim*** verjährter Anspruch; **6.** für ungesetzlich erklären, verbieten; *Krieg etc.* ächten; '**out·law·ry** [-rɪ] *s.* **1.** *hist.* a) Acht *f* (u. Bann *m*), b) Ächtung *f*; **2.** Verfemung *f*, Verbot *n*, Ächtung *f*; **3.** Ge'setzesmiss,achtung *f*; **4.** Verbrechertum *n*.

'**out|·lay** *s.* (Geld)Auslage(n *pl.*) *f*: ***initial ~*** Anschaffungskosten *pl.*; '**~·let** *s.* **1.** Auslass *m*, Abzug *m*, Abzugsöffnung *f*, 'Durchlass *m*; *mot.* Abluftstutzen *m*; **2.** ⚡ Steckdose *f*; *weitS.* (***electric ~***) Stromverbraucher *m*; **3.** *fig.* Ven'til *n*, Betätigungsfeld *n*: ***find an ~ for one's***

O

emotions s-n Gefühlen Luft machen können; **4.** ♆ a) Absatzmarkt *m*, -möglichkeit *f*, b) Großabnehmer *m*, c) Verkaufsstelle *f*; **'~·line I** *s.* **1.** a) 'Umriss(linie *f*) *m*, b) *mst pl.* 'Umrisse *pl.*, Kon'turen *pl.*, Silhou'ette *f*; **2.** *Zeichnen*: a) Kon'turzeichnung *f*, b) 'Umriss-, Kon'turlinie *f*; **3.** Entwurf *m*, Skizze *f*; **4.** (***of***) *fig.* 'Umriss *m* (von), 'Überblick *m* (über *acc.*); **5.** Abriss *m*, Auszug *m*: ***an ~ of history***; **II** *v/t.* **6.** entwerfen, skizzieren; *fig. a.* um'reißen, e-n 'Überblick geben über (*acc.*), in groben Zügen darstellen; **7.** die 'Umrisse zeigen von: ***~d against*** scharf abgehoben von; **,~-'live** *v/t. j-n od. et.* über'leben; *et.* über'dauern; **'~·look** *s.* **1.** Aussicht *f*, (Aus-)Blick *m*; *fig.* Aussichten *pl.*; **2.** *fig.* Auffassung *f*, Einstellung *f*, Ansichten *pl.*, (Welt)Anschauung *f*; *pol.* Zielsetzung *f*; **3.** Ausguck *m*, Warte *f*; **4.** Wacht *f*, Wache *f*; **'~,ly·ing** *adj.* **1.** außerhalb *od.* abseits gelegen, entlegen, Außen...: ***~ district*** Außenbezirk *m*; **2.** *fig.* am Rande liegend, nebensächlich; **,~·ma'neu·ver** *Am.*, **,~·ma'noeu·vre** *Brit. v/t.* ausmanövrieren (*a. fig. überlisten*); **,~'match** *v/t.* über'treffen, (aus dem Felde) schlagen; **,~'mod·ed** *adj.* 'unmo,dern, veraltet, über'holt; **'~·most** [-məʊst] *adj.* äußerst (*a. fig.*); **,~'num·ber** *v/t.* an Zahl über'treffen, zahlenmäßig über'legen sein (*dat.*): ***be ~ed*** in der Minderheit sein.

,out-of-'bal·ance [,aʊtəv-] *adj.* ⚙ unausgeglichen: ***~ force*** Unwuchtkraft *f*; **,~-'date** *adj.* veraltet, 'unmo,dern; **,~-'door(s)** → ***outdoor(s)***; **,~-'pock·et ex·pens·es** *s. pl.* Barauslagen *pl.*; **,~-the-'way** [,aʊtəvðə-] *adj.* **1.** abgelegen, versteckt; **2.** ausgefallen, ungewöhnlich; **3.** ungehörig; **,~-'town** *adj.* auswärtig: ***~ bank*** ♆ auswärtige Bank; ***~ bill*** Distanzwechsel *m*; **,~-'turn** *adj.* unangebracht, taktlos, vorlaut; **,~-'work pay** *s.* Er'werbslosenunter,stützung *f*.

,out'pace *v/t. j-n* hinter sich lassen; **'~,pa·tient** *s.* ⚕ ambu'lanter Pati'ent: ***~ treatment*** ambulante Behandlung; **,~'play** *v/t.* besser spielen als, schlagen; **,~'point** *v/t. sport* nach Punkten schlagen; **'~·port** *s.* ⚓ **1.** Vorhafen *m*; **2.** abgelegener Hafen; **'~·pour**, **'~,pour·ing** *s.* Erguss *m* (*a. fig.*); **'~·put** *s.* Output *m*: a) ♆, ⚙ (Arbeits)Leistung *f*, b) ♆ Ausstoß *m*, Produkti'on *f*, Ertrag *m*, c) ⚒ Förderung *f*, Fördermenge *f*, d) ⚡ Ausgang(sleistung *f*) *m*, e) *Computer*: (Daten)Ausgabe *f*: ***~ capacity*** ⚙ Leistungsfähigkeit *f*, *e-r Maschine*: *a.* Stückleistung *f*; ***~ voltage*** ⚡ Ausgangsspannung *f*.

out·rage ['aʊtreɪdʒ] **I** *s.* **1.** Frevel(tat *f*) *m*, Gräuel(tat *f*) *m*, Ausschreitung *f*, Verbrechen *n*, *a. fig.* Ungeheuerlichkeit *f*; **2.** (***on***, ***upon***) Frevel(tat *f*) *m* (an *dat.*), Atten'tat *n* (auf *acc.*) (*bsd. fig.*): ***an ~ upon decency*** e-e grobe Verletzung des Anstandes; ***an ~ upon justice*** e-e Vergewaltigung der Gerechtigkeit; **3.** Schande *f*, Schmach *f*; **II** *v/t.* **4.** sich vergehen an (*dat.*), *j-m* Gewalt antun (*a. fig.*); **5.** *Gefühle etc.* mit Füßen treten, gröblich beleidigen *od.* verletzen; **6.** *j-n* em'pören, schockieren; **out·ra·geous** [aʊt'reɪdʒəs] *adj.* ☐ **1.** frevelhaft, abscheulich, verbrecherisch; **2.** schändlich, em'pörend, ungeheuerlich: ***~ behavio(u)r***; **3.** heftig, unerhört: ***~ heat***.

,out'range *v/t.* **1.** ⚔ e-e größere Reichweite haben als; **2.** hin'ausreichen über (*acc.*); **3.** *fig.* über'treffen; **,~'rank** *v/t.* **1.** im Rang höher stehen als; **2.** *fig.* wichtiger sein als; **,~'reach** → ***outrange*** 2, 3; **,~'ride** *v/t.* [*irr.* → ***ride***] **1.** besser *od.* schneller reiten *od.* fahren als; **2.** ⚓ *e-n Sturm* ausreiten; **'~,rid·er** *s.* Vorreiter *m*; **'~,rig·ger** *s.* **1.** ⚓, ⚙ *u. Rudern*: Ausleger *m*; **2.** Auslegerboot *n*; **'~·right I** *adj.* **1.** völlig, gänzlich, to'tal: ***an ~ loss***; ***an ~ lie*** e-e glatte Lüge; **2.** vorbehaltlos, offen: ***an ~ refusal*** e-e glatte Weigerung; **3.** gerade (her)'aus, di'rekt; **II** *adv.* ***out'right*** **4.** → 1; **5.** ohne Vorbehalt, ganz: ***refuse ~*** rundweg ablehnen; ***sell ~*** fest verkaufen; **6.** auf der Stelle, so'fort: ***kill ~***; ***buy ~*** *Am.* gegen sofortige Lieferung kaufen; ***laugh ~*** laut lachen; **,~'ri·val** *v/t.* über'treffen, über'bieten (***in*** an *od.* in *dat.*), ausstechen; **,~'run I** *v/t.* [*irr.* → ***run***] **1.** schneller laufen als, (im Laufen) besiegen; **2.** *fig.* über'schreiten; **II** *s.* **'outrun** **3.** *Skisport*: Auslauf *m*; **'~,run·ner** *s.* **1.** (Vor)Läufer *m* (*Bedienter*); **2.** Leithund *m*; **,~'sell** *v/t.* [*irr.* → ***sell***] **1.** mehr verkaufen als; **2.** sich besser verkaufen als; mehr einbringen als; **'~·set** *s.* **1.** Anfang *m*, Beginn *m*: ***at the ~*** am Anfang; ***from the ~*** gleich von Anfang an; **2.** Aufbruch *m zu e-r Reise*; **,~'shine** [*irr.* → ***shine***] *v/t.* über'strahlen, *fig. a.* in den Schatten stellen.

,out'side I *s.* **1.** *das* Äußere (*a. fig.*), Außenseite *f*: ***on the ~ of*** außerhalb, jenseits (*gen.*); **2.** *fig. das* Äußerste: ***at the ~*** äußerstenfalls, höchstens; **3.** *sport* Außenstürmer *m*: ***~ right*** Rechtsaußen *m*; **II** *adj.* **4.** äußer, Außen... (*-antenne*, *-durchmesser etc.*), von außen: ***~ broker*** ♆ freier Makler; ***~ capital*** Fremdkapital *n*; ***an ~ opinion*** die Meinung e-s Außenstehenden; **5.** außerhalb, (dr)außen; **6.** *fig.* äußerst (*Schätzung*, *Preis*); **7.** ***~ chance*** winzige Chance, *sport* Außenseiterchance *f*; **III** *adv.* **8.** draußen, außerhalb: ***~ of*** a) außerhalb, b) *Am.* F außer, ausgenommen; **9.** her'aus, hin'aus; **10.** außen, an

O

der Außenseite; **IV** *prp.* **11.** außerhalb, jenseits (*gen.*) (*a. fig.*); ˌ**out'sid·er** *s.* **1.** *allg.* Außenseiter(in); **2.** ✝ freier Makler.

ˌ**out|'sit** *v/t.* [*irr.* → **sit**] länger sitzen (bleiben) als; '**~·size I** *s.* 'Übergröße *f* (*a. Kleidungsstück*); **II** *adj. a.* '**~·sized** 'übergroß, -dimensioˌnal; '**~·skirts** *s. pl.* nahe Um'gebung, Stadtrand *m*, *a. fig.* Rand(gebiet *n*) *m*, Periphe'rie *f*; ˌ**~'smart** → **outwit**; '**~·source** [-sɔːs] *v/t. Arbeit* ,'outˌsourcen', an e-n externen Dienstleister vergeben; '**~·sourc·ing** *s.* ✝ ,'Outˌsourcing' *n*; ˌ**~'speed** *v/t.* [*irr.* → **speed**] schneller sein als.

ˌ**out|'spo·ken** *adj.* ☐ offen, freimütig; unverblümt: **she was very ~ about it** sie äußerte sich sehr offen darüber; ˌ**~'spo·ken·ness** [-'spəʊkənnɪs] *s.* Offenheit *f*, Freimütigkeit *f*; Unverblümtheit *f*.

ˌ**out'stand·ing** *adj.* **1.** her'vorragend (*bsd. fig. Leistung, Spieler etc.*); *fig.* her'vorstechend (*Eigenschaft etc.*), promi'nent (*Persönlichkeit*); **2.** *bsd.* ✝ unerledigt, aus-, offen stehend (*Forderung etc.*), unbezahlt (*Zinsen*): **~ capital stock** ausgegebenes Aktienkapital; **~ debts** → '**outˌstand·ings** *s. pl.* ✝ Außenstände *pl.*, Forderungen *pl.*

ˌ**out|'stare** *v/t.* mit e-m Blick aus der Fassung bringen; '**~ˌsta·tion** *s.* **1.** 'Außenstatiˌon *f*; **2.** *Funk*: 'Gegenstatiˌon *f*; ˌ**~'stay** *v/t.* länger bleiben als; → **welcome** 1; ˌ**~'stretch** *v/t.* ausstrecken; ˌ**~'strip** *v/t.* über'holen, hinter sich lassen, *fig. a.* über'flügeln, (aus dem Feld) schlagen; ˌ**~'swim** *v/t.* [*irr.* → **swim**] schneller schwimmen als, schlagen; ˌ**~'talk** *v/t.* in Grund u. Boden reden, ,über'fahren'; '**~·turn** *s.* **1.** Ertrag *m*; **2.** ✝ Ausfall *m*: **~ sample** Ausfallmuster *n*; ˌ**~'vote** *v/t.* über'stimmen.

out·ward ['aʊtwəd] **I** *adj.* ☐ → **outwardly**; **1.** äußer, sichtbar; Außen...; **2.** äußerlich (*a.* ⚕ *u. fig. contp.*); **3.** nach (dr)außen gerichtet *od.* führend, Aus(wärts)..., Hin...: **~ cargo**, **~ freight** ⚓ ausgehende Ladung, Hinfracht *f*; **~ journey** Aus-, Hinreise *f*; **~ trade** Ausfuhrhandel *m*; **II** *adv.* **4.** (nach) auswärts, nach außen: **clear ~** *Schiff* ausklarieren; → **bound**[2]; '**out·ward·ly** [-lɪ] *adv.* äußerlich; außen, nach außen (hin); '**out·ward·ness** [-nɪs] *s.* Äußerlichkeit *f*; äußere Form; '**out·wards** [-dz] → **outward** II.

ˌ**out|'wear** *v/t.* [*irr.* → **wear**] **1.** abnutzen; **2.** *fig.* erschöpfen; **3.** *fig.* über'dauern, haltbarer sein als; ˌ**~'weigh** *v/t.* **1.** mehr wiegen als; **2.** *fig.* über'wiegen, gewichtiger sein als, *e-e Sache* aufwiegen; ˌ**~'wit** *v/t.* über'listen, ,austricksen'; '**~·work** *s.* **1.** ⚔ Außenwerk *n*; *fig.* Bollwerk *n*; **2.** ✝ Heimarbeit *f*; '**~ˌwork·er** *s.* **1.** Außenarbeiter(in); **2.** Heimarbeiter(in); '**~·worn** *adj., pred.* ˌ**out'worn 1.** abgetragen, abgenutzt; **2.** veraltet, über'holt; **3.** erschöpft.

ou·zel ['uːzl] *s. orn.* Amsel *f*.

o·va ['əʊvə] *pl. von* **ovum**.

o·val ['əʊvl] **I** *adj.* o'val; **II** *s.* O'val *n*.

o·var·i·an [ˌəʊ'veərɪən] *adj.* **1.** *anat.* Eierstock(s)...; **2.** ⚘ Fruchtknoten...; **o·va·ri·tis** [ˌəʊvə'raɪtɪs] *s.* Eierstockentzündung *f*; **o·va·ry** ['əʊvərɪ] *s.* **1.** *anat.* Eierstock *m*; **2.** ⚘ Fruchtknoten *m*.

o·va·tion [əʊ'veɪʃn] *s.* Ovati'on *f*, begeisterte Huldigung.

ov·en ['ʌvn] *s.* **1.** Backofen *m*, -rohr *n*; **2.** ⚙ Ofen *m*; '**~·dry** *adj.* ofentrocken; '**~ˌread·y** *adj.* bratfertig; '**~·ware** *s.* feuerfestes Geschirr.

o·ver ['əʊvə] **I** *prp.* **1.** *Lage*: über (*dat.*): **the lamp ~ his head**; **be ~ the signature of Mr. N.** von Herrn N. unterzeichnet sein; **2.** *Richtung, Bewegung*: über (*acc.*), über (*acc.*) ... hin *od.* (hin-) 'weg: **jump ~ the fence**; **the bridge ~ the Danube** die Brücke über die Donau; **~ the radio** im Radio; **all ~ the town** durch die ganze *od.* in der ganzen Stadt; **from all ~ Germany** aus ganz Deutschland; **be all ~ s.o.** *sl.* ganz hingerissen sein von j-m; **3.** über (*dat.*), auf der anderen Seite von (*od. gen.*): **~ the sea** in Übersee, jenseits des Meeres; **~ the street** über die Straße, auf der anderen Seite; **~ the way** gegenüber; **4.** a) über *der Arbeit einschlafen etc.*, bei *e-m Glas Wein etc.*, b) über (*acc.*), wegen: **laugh ~** über *et.* lachen; **5.** *Herrschaft, Rang*: über (*dat. od. acc.*): **be ~ s.o.** über j-m stehen; **6.** über (*acc.*), mehr als: **~ a mile**: **~ and above** zusätzlich zu, außer; → 21; **7.** über (*acc.*), während (*gen.*): **~ the weekend**; **~ night** die Nacht über; **8.** durch: **he went ~ his notes** er ging seine Notizen durch; **II** *adv.* **9.** hinüber, dar'über: **he jumped ~**; **10.** hinüber (**to** zu), auf die andere Seite; **11.** her'über: **come ~** herüberkommen (*a. weitS. zu Besuch*); **12.** drüben: **~ there** da drüben; **~ against** gegenüber (*dat.*; *a. fig. im Gegensatz zu*); **13.** (*genau*) dar'über: **the bird is directly ~**; **14.** über (*acc.*) ...; dar'über ... (*decken, legen etc.*); über'...: **to paint ~** *et.* übermalen; **15.** (*mst in Verbindung mit vb.*) a) über'... (*-geben etc.*): **hand s.th. ~**, b) 'über... (*-kochen etc.*): **boil ~**; **16.** (*oft in Verbindung mit vb.*) a) 'um... (*-fallen, -werfen etc.*), b) (her)'um... (*-drehen etc.*): **see ~!** siehe umstehend; **17.** 'durch(weg), vom Anfang bis zum Ende: **the world ~** a) in der ganzen Welt, b) durch die ganze Welt; **read s.th. ~** *et.* (ganz) durchlesen; **18.** (gründlich) über'... (*-denken, -legen*):

O

think s.th. **~**; ***talk s.th.*** **~** et. durchsprechen; **19.** nochmals, wieder: ***do s.th.*** **~**; (***all***) **~** ***again*** nochmals, (ganz) von vorn; **~** ***and*** **~** (***again***) immer wieder; ***ten times*** **~** zehnmal hintereinander; **20.** 'übermäßig, allzu *sparsam etc.*, 'über...(*-vorsichtig etc.*); **21.** dar'über, mehr: ***10 years and*** **~** 10 Jahre und darüber; **~** ***and above*** außerdem, überdies; → 6; **22.** übrig, über: ***left*** **~** übrig (gelassen *od.* geblieben); ***have s.th.*** **~** et. übrig haben; **23.** zu Ende, vor'über, vor'bei: ***the lesson is*** **~**; **~** ***with*** F erledigt, vorüber; ***it's all*** **~** es ist aus und vorbei; ***get s.th.*** **~** (***and done***) ***with*** F et. hinter sich bringen; *Funk*: **~*!*** over!, Ende!; **~** ***and out!*** over and out!, Ende (*der Gesamtdurchsage*)!

ˌo·ver|-a'bun·dant [-vərə-] *adj.* □ 'überreich(lich), 'übermäßig; **ˌ~'act** [-vər'æ-] **I** *v/t. e-e Rolle* über'treiben, über'spielen; **II** *v/i.* (s-e Rolle) über'treiben; **'~·all** [-ərɔːl] **I** *adj.* **1.** gesamt, Gesamt...: **~** ***length***; **~** ***efficiency*** ⚙ Totalnutzeffekt *m*; **II** *s.* **2.** *a. pl.* Arbeits-, Mon'teur-, Kombinati'onsanzug *m*; (*Arzt- etc.*)Kittel *m*; **3.** *Brit.* Kittelschürze *f*; **4.** *pl. obs.* 'Überzieh-, Arbeitshose *f*; **ˌ~·a'chiev·er** *s.* Überflieger *m*; **ˌ~·am'bi·tious** [-əræ-] *adj.* □ allzu ehrgeizig; **ˌ~'anx·ious** [-ər'æ-] *adj.* □ **1.** 'überängstlich; **2.** allzu begierig; **'~·arm stroke** [-ərɑːm] *s. Schwimmen*: Hand-über-'Hand-Stoß *m*; **ˌ~'awe** [-ər'ɔː] *v/t.* **1.** einschüchtern; **2.** tief beeindrucken; **ˌ~'bal·ance I** *v/t.* **1.** über'wiegen (*a. fig.*); **2.** 'umstoßen, -kippen; **II** *v/i.* **3.** 'umkippen, das 'Übergewicht bekommen; **III** *s.* ***'overbalance*** **4.** 'Übergewicht *n*; **5.** ⚚ 'Überschuss *m*: **~** ***of exports***; **ˌ~'bear** *v/t.* [*irr.* → ***bear***[1]] **1.** niederdrücken; **2.** über'winden; **3.** tyrannisieren; **4.** *fig.* schwerer wiegen als; **ˌ~'bear·ance** *s.* Anmaßung *f*, Arro'ganz *f*; **ˌ~'bear·ing** *adj.* □ **1.** anmaßend, arro'gant, hochfahrend; **2.** von über'ragender Bedeutung; **ˌ~'bid** *v/t.* [*irr.* → ***bid***] **1.** ⚚ über'bieten; **2.** *Bridge*: über'reizen; **'~·blouse** *s.* Kasackbluse *f*; **ˌ~'blown** *adj.* **1.** am Verblühen (*a. fig.*); **2.** ♪ über'blasen (*Ton*); **3.** *metall.* 'übergar (*Stahl*); **4.** *fig.* schwülstig; **'~·board** *adv.* ⚓ über Bord: ***throw*** **~** über Bord werfen (*a. fig.*); ***go*** **~** (***about*** *od.* ***for***) F hingerissen sein (von); **ˌ~'brim** *v/i. u. v/t.* 'überfließen (lassen); **ˌ~'build** *v/t.* [*irr.* → ***build***] **1.** über'bauen; **2.** zu dicht bebauen; **3.** **~** ***o.s.*** sich ‚verbauen'; **ˌ~'bur·den** *v/t.* über'bürden, -'laden, -'lasten; **ˌ~'bus·y** *adj.* **1.** zu sehr beschäftigt; **2.** 'übergeschäftig; **ˌ~'buy** [*irr.* → ***buy***] ⚚ **I** *v/t.* zu viel kaufen von; **II** *v/i.* zu teuer *od.* über Bedarf (ein)kaufen; **ˌ~·ca'pac·i·ty** *s.* Überkapazität *f*; **ˌ~'cap·i·tal·ize** *v/t.* ⚚ **1.** e-n zu hohen Nennwert für das 'Stammkapiˌtal *e-s Unternehmens* angeben: **~** ***a firm***; **2.** 'überkapitalisieren; **ˌ~'cast I** *v/t.* [*irr.* → ***cast***] **1.** *mit Wolken* über'ziehen, bedecken, verdunkeln, trüben (*a. fig.*); **2.** *Naht* um'stechen; **II** *v/i.* [*irr.* → ***cast***] **3.** sich bewölken, sich beziehen (*Himmel*); **III** *adj.* ***'overcast*** **4.** bewölkt, bedeckt (*Himmel*); **5.** trüb(e), düster (*a. fig.*); **6.** über'wendlich (genäht); **ˌ~'charge I** *v/t.* **1.** a) *j-m* zu viel berechnen, b) *e-n Betrag* zu viel verlangen, c) zu viel anrechnen *od.* verlangen für *et.*; **2.** ⚙, ϟ über'laden (*a. fig.*); **II** *s.* **3.** ⚚ a) Mehrbetrag *m*, Aufschlag *m*: **~** ***for arrears*** Säumniszuschlag *m*, b) Über'forderung *f*, Über'teuerung *f*; **4.** Über'ladung *f*, 'Überbelastung *f*; **ˌ~'cloud** → ***overcast*** 1, 3; **'~·coat** *s.* Mantel *m*; **ˌ~'come** [*irr.* → ***come***] **I** *v/t.* über'winden, -'wältigen, -'mannen, bezwingen; *e-r Sache* Herr werden: ***he was*** **~** ***with*** (*od.* ***by***) ***emotion*** er wurde von s-n Gefühlen übermannt; **II** *v/i.* siegen, triumphieren: ***we shall*** **~*!***; **ˌ~'com·pen·sate** *v/t. psych.* 'überkompensieren; **ˌ~'con·fi·dence** *s.* **1.** übersteigertes Selbstvertrauen *od.* -bewusstsein; **2.** zu großes Vertrauen; **3.** zu großer Opti'mismus; **ˌ~'con·fi·dent** *adj.* □ **1.** allzu sehr vertrauend (***of*** auf *acc.*); **2.** über'trieben selbstbewusst; **3.** (all)zu opti'mistisch; **ˌ~'crop** *v/t.* ↙ Raubbau treiben mit; **ˌ~'crowd** *v/t.* über'füllen: **~*ed profession*** überlaufener Beruf; **ˌ~·de'vel·op** *v/t. bsd. phot.* 'überentwickeln; **ˌ~'do** *v/t.* [*irr.* → ***do***[1]] **1.** über'treiben, zu weit treiben; **2.** *fig.* zu weit gehen mit *od.* in (*dat.*), *et.* zu arg treiben: **~** ***it*** (*od.* ***things***) a) zu weit gehen, b) des Guten zu viel tun; **3.** 'überbeanspruchen; **4.** zu stark *od.* zu lange kochen *od.* braten; **ˌ~'done** *adj.* 'übergar; **~·dose I** *s.* ['əʊvədəʊs] 'Überdosis *f*; **II** *v/t.* [ˌəʊvə'dəʊs] a) *j-m* e-e zu starke Dosis geben, b) *et.* 'überdosieren; **III** *v/i.* [ˌəʊvə'dəʊs]: **~** ***on ...*** e-e 'Überdosis ... (*acc.*) nehmen; **'~·draft** *s.* ⚚ a) ('Konto)Überˌziehung *f*, b) Über'ziehung *f*, über'zogener Betrag; **ˌ~'draw** *v/t.* [*irr.* → ***draw***] **1.** *Konto* über'ziehen; **2.** *Bogen* über'spannen; **3.** *fig.* über'treiben; **ˌ~'dress** *v/t. u. v/i.* (sich) über'trieben anziehen; **ˌ~'drive I** *v/t.* [*irr.* → ***drive***] **1.** abschinden, -hetzen; **2.** *et.* zu weit treiben; **II** *s.* ***'overdrive*** **3.** *mot.* Overdrive *m*, Schnell-, Schongang *m*; **ˌ~'due** *adj.* 'überfällig (*a.* 🚂, ⚚): ***the train is*** **~** der Zug hat Verspätung; ***she is*** **~** sie müsste längst hier sein; **ˌ~'eat** [-ər'iːt] *v/i.* [*irr.* → ***eat***] (*a.* **~** ***o.s.***) sich über'essen; **ˌ~'em·pha·size** [-ər'e-] *v/t.* 'überbetonen; **ˌ~·em'ploy·ment** *s.* Überbeschäftigung *f*; **ˌ~'es·ti·mate** [-ər'estɪmeɪt] **I** *v/t.* über'schätzen, 'überbewerten; **II** *s.* [-mət] Über'schätzung *f*; **ˌ~·ex'cite** [-vərɪ-] *v/t.* **1.** über'reizen; **2.** ⚡ 'übererregen; **ˌ~-ex'ert** [-vərɪ-] *v/t.* über'anstrengen; **ˌ~·ex'pose** [-vərɪ-] *v/t. phot.* 'überbelichten; **ˌ~-ex'po·sure** [-vərɪ-] *s. phot.* 'Überbelichtung *f*; **ˌ~·fa'tigue I** *v/t.* über'müden, über'anstrengen; **II** *s.* Über'müdung *f*; **ˌ~'feed** *v/t.* [*irr.* → ***feed***] über'füttern, 'überernähren; **ˌ~·fer·ti·li'za·tion** *s.* Überdüngung *f*; **ˌ~'fish·ing** *s.* Überfischen *n*; **ˌ~'flow I** *v/i.* **1.** 'überlaufen, 'überfließen, 'überströmen, sich ergießen (***into*** in *acc.*); **2.** *fig.* 'überquellen (***with*** von); **II** *v/t.* **3.** über'fluten, über'schwemmen; **4.** nicht mehr Platz finden in (*e-m Saal etc.*); **III** *s.* **'overflow 5.** Über'schwemmung *f*, 'Überfließen *n*; **6.** ⚙ a) *a.* ⚡ 'Überlauf *m*, b) *a.* ***~ pipe*** Überlaufrohr *n*, c) *a.* ***~ basin*** 'Überlaufbasˌsin *n*: ***~ valve*** Überströmventil *n*; **7.** 'Überschuss *m*: ***~ meeting*** Parallelversammlung *f*; **ˌ~'flow·ing I** *adj.* **1.** 'überfließend, -quellend, -strömend (*a. fig. Güte, Herz etc.*); **2.** 'überreich (*Ernte etc.*); **II** *s.* **3.** 'Überfließen *n*: ***full to ~*** voll (bis) zum Überlaufen, *weitS.* zum Platzen voll; **ˌ~'fly** *v/t.* [*irr.* → ***fly***[1]] über'fliegen; **ˌ~'fond** *adj.*: ***be ~ of doing s.th.*** et. leidenschaftlich gern tun; **'~·freight** *s.* ☤ 'Überfracht *f*; **'~·ground** *adj.* über der Erde (befindlich); **ˌ~'grow** *v/t.* [*irr.* → ***grow***] **1.** über'wachsen, -'wuchern; **2.** hin'auswachsen über (*acc.*), zu groß werden für; **ˌ~'grown** *adj.* **1.** über'wachsen; **2.** 'übermäßig gewachsen, 'übergroß; **'~·growth** *s.* **1.** Über'wucherung *f*; **2.** 'übermäßiges Wachstum; **'~·hand** *adj. u. adv.* **1.** *Schlag etc.* von oben; **2.** *sport* 'überhand: ***~ stroke*** a) *Tennis*: Überhandschlag *m*, b) *Schwimmen*: Hand-über-Hand-Stoß *m*; ***~ service*** Hochaufschlag *m*; **3.** *Näherei*: über'wendlich; **ˌ~'hang I** *v/t.* [*irr.* → ***hang***] **1.** her'vorstehen *od.* -ragen, 'überhängen über (*acc.*); **2.** *fig.* (drohend) schweben über (*dat.*), drohen (*dat.*); **II** *v/i.* [*irr.* → ***hang***] **3.** 'überhängen, -kragen (*a.* △), her'vorstehen, -ragen; **III** *s.* **'overhang 4.** 'Überhang *m* (*a.* △, ⚓, ✈); ⚙ Ausladung *f*; **ˌ~-'hap·py** *adj.* 'überglücklich; **ˌ~-'hast·y** *adj.* über'eilt; **ˌ~'haul I** *v/t.* **1.** ⚙ *Maschine etc.* (gene'ral)überˌholen, (*a. fig.*) gründlich über'prüfen (*a. fig.*) u. in'stand setzen; **2.** ⚓ *Tau, Taljen etc.* 'überholen; **3.** a) einholen, b) über'holen; **II** *s.* **'overhaul 4.** ⚙ Über'holung *f*, gründliche Über'prüfung (*a. fig.*); **'~·head I** *adj.* **1.** oberirdisch, Frei..., Hoch...(*-antenne, -behälter etc.*): ***~ line*** Frei-, Oberleitung *f*; ***~ railway*** Hochbahn *f*; **2.** *mot.* a) oben gesteuert (*Motor, Ventil*), b) oben liegend (*Nockenwelle*); **3.** allgemein, Gesamt...: ***~ costs***, ***~ expenses*** → 6; **4.** *sport*: a) ***~ stroke*** → 7, b) ***~ kick*** (Fall-)Rückzieher *m*; **5.** 'Overhead...: ***~ projector*** 'Overhead- (*od.* Tageslicht-)Proˌjektor *m*; ***~ transparency*** *Demo-, Lehrmaterial*: 'Folie *f*; **II** *s.* **6.** *a. pl.* allgemeine Unkosten *pl.*, Gemeinkosten *pl.*, laufende Geschäftskosten *pl.*; **7.** *Tennis*: Über'kopfball *m*; **III** *adv.* **ˌover'head 8.** (dr)oben: ***works ~!*** Vorsicht, Dacharbeiten!; **ˌ~'hear** *v/t.* [*irr.* → ***hear***] belauschen, (zufällig) (mit an)hören; **ˌ~'heat I** *v/t. Motor etc., a. fig.* über'hitzen, *Raum* über'heizen: ***~ itself*** → II; **II** *v/i.* ⚙ heißlaufen; **'~·house** *adj.* Dach...(*-antenne etc.*); **ˌ~'hung** *adj.* ⚙ fliegend (angeordnet), freitragend; 'überhängend; **ˌ~·in'dulge** [-vərɪ-] **I** *v/t.* **1.** zu nachsichtig behandeln; **2.** *e-r Leidenschaft etc.* 'übermäßig frönen; **II** *v/i.* **3.** ***~ in*** sich allzu sehr ergehen in (*dat.*); **ˌ~·in'dul·gence** [-vərɪ-] *s.* **1.** zu große Nachsicht; **2.** 'übermäßiger Genuss; **ˌ~-in'dul·gent** [-vərɪ-] *adj.* allzu nachsichtig; **ˌ~·in'sure** [-vərɪ-] *v/t. u. v/i.* (sich) 'überversichern; **ˌ~'is·sue** [-ər'ɪ-] **I** *s.* 'Überemissiˌon *f*; **II** *v/t.* zu viel *Banknoten etc.* ausgeben; **ˌ~'joyed** [-'dʒɔɪd] *adj.* außer sich vor Freude, 'überglücklich; **'~·kill** *s.* **1.** ⚔ Overkill *m*; **2.** *fig.* 'Übermaß *n*, Zu'viel *n* (***of*** an *dat.*); **ˌ~'lad·en** *adj.* über'laden (*a. fig.*); **ˌ~'land I** *adv.* über Land, auf dem Landweg; **II** *adj.* **'overland** Überland...: ***~ route*** Landweg *m*; ***~ transport*** Überland-, Fernverkehr *m*; **ˌ~'lap I** *v/t.* **1.** 'übergreifen auf (*acc.*) *od.* in (*acc.*), sich über'schneiden mit, teilweise zs.-fallen mit; ⚙ über'lappen; **2.** hin'ausgehen über (*acc.*); **II** *v/i.* **3.** sich *od.* ein'ander über'schneiden, sich teilweise decken, auf- *od.* inein'ander 'übergreifen; ⚙ über'lappen, 'übergreifen; **III** *s.* **'overlap 4.** 'Übergreifen *n*, Über'schneiden *n*; ⚙ Über'lappung *f*; **ˌ~'lay I** *v/t.* [*irr.* → ***lay***[1]] **1.** belegen; ⚙ über'lagern; **2.** über'ziehen (***with*** mit *Gold etc.*); **3.** *typ.* zurichten; **II** *s.* **'overlay 4.** Bedeckung *f*: ***~ mattress*** Auflegematratze *f*; **5.** Auflage *f*, 'Überzug *m*; **6.** *typ.* Zurichtung *f*; **7.** Planpause *f*; **ˌ~'leaf** *adv.* 'umstehend, 'umseitig; **ˌ~'lie** *v/t.* [*irr.* → ***lie***[2]] **1.** liegen auf *od.* über (*dat.*); **2.** *geol.* über'lagern; **ˌ~'load I** *v/t.* über'laden, 'überbelasten, *a.* ⚡ über'lasten; **II** *s.* **'overload** 'Überbelastung *f*, -beanspruchung *f*, *a.* ⚡ Über'lastung *f*; **ˌ~'long** *adj. u. adv.* 'überlang, (all)zu lang; **ˌ~'look** *v/t.* **1.** *Fehler etc.* (geflissentlich) über'sehen, nicht beachten, *fig. a.* ignorieren, (nachsichtig) hin'wegsehen über (*acc.*); **2.** über'blicken; *weitS. a.* Aussicht gewähren auf (*acc.*); **3.** über'wachen; (prüfend) 'durchsehen;

O

'~·**lord** *s.* Oberherr *m*; '~·**lord·ship** *s.* Oberherrschaft *f*.

o·ver·ly ['əʊvəlɪ] *adv.* allzu (sehr).

ˌ**o·ver**|'**ly·ing** *adj.* da'rüber liegend; '~·**man** [-mæn] *s.* [*irr.*] Aufseher *m*, Vorarbeiter *m*; ⚒ Steiger *m*; ˌ~'**manned** *adj.* 'überbelegt, zu stark bemannt; ˌ~'**much I** *adj.* allzu viel; **II** *adv.* allzu (sehr, viel), 'übermäßig; ˌ~'**nice** *adj.* 'überfein; ˌ~'**night I** *adv.* über Nacht; **II** *adj.* Nacht...; Übernachtungs...: ~ ***lodgings***; ~ ***bag*** Reisetasche *f*; ~ ***case*** Handkoffer *m*; ~ ***guests*** Übernachtungsgäste; ~ ***stay*** Übernachtung *f*; ~ ***stop*** Aufenthalt *m* für e-e Nacht; '~·**pass** *s.* ('Straßen-, 'Eisenbahn)Überˌführung *f*; ˌ~'**pay** *v/t.* [*irr.* → ***pay***] **1.** zu teuer bezahlen; **2.** 'überreichlich belohnen; **3.** 'überbezahlen; ˌ~'**peo·pled** *adj.* über'völkert; ˌ~·**per'suade** *v/t. j-n* (gegen s-n Willen) über'reden; ˌ~'**play** *v/t.* **1.** über'treiben; **2.** ~ ***one's hand*** *fig.* sich über'nehmen, es über'treiben; '~·**plus** *s.* 'Überschuss *m*; '~ˌ**pop·u'la·tion** *s.* 'Über(be)völkerung *f*; ˌ~'**pow·er** *v/t.* über'wältigen (*a. fig.*); ˌ~'**print I** *v/t.* **1.** *typ.* a) über'drucken, b) e-e zu große Auflage drucken von; **2.** *phot.* 'überkopieren; **II** *s.* '***overprint*** **3.** *typ.* 'Überdruck *m*; **4.** a) Aufdruck *m* (*auf Briefmarken*), b) Briefmarke *f* mit Aufdruck; ˌ~·**pro'duce** *v/t.* ✝ 'überproduzieren; ˌ~·**pro'duc·tion** *s.* 'Überproduktiˌon *f*; ˌ~'**proof** *adj.* 'überproˌzentig (*alkoholisches Getränk*); ˌ~'**rate** *v/t.* **1.** über'schätzen, 'überbewerten (*a. sport*); **2.** ✝ zu hoch veranschlagen; ˌ~'**reach** *v/t.* **1.** zu weit gehen für: ~ ***one's purpose*** *fig.* über sein Ziel hinausschießen; ~ ***o.s.*** es zu weit treiben, sich übernehmen; **2.** *j-n* über'vorteilen, -'listen; ˌ~·**re'act** *v/i.* 'überreagieren; ˌ~'**ride** *v/t.* [*irr.* → ***ride***] **1.** über'reiten; **2.** *fig.* sich (rücksichtslos) hin'wegsetzen über (*acc.*); **3.** *fig.* 'umstoßen, aufheben, nichtig machen; **4.** den Vorrang haben vor (*dat.*); ˌ~'**rid·ing** *adj.* über'wiegend, hauptsächlich; vorrangig; ˌ~'**ripe** *adj.* 'überreif; ˌ~'**rule** *v/t.* **1.** *Vorschlag etc.* verwerfen, zu'rückweisen; ⚖ *Urteil* 'umstoßen; **2.** *fig.* die Oberhand gewinnen über (*acc.*); ˌ~'**rul·ing** *adj.* beherrschend, 'übermächtig; ˌ~'**run** *v/t.* [*irr.* → ***run***] **1.** *fig. Land etc.* über'fluten, -'schwemmen (*a. fig.*), einfallen in (*acc.*), über'rollen (*a. fig.*): ***be ~ with*** wimmeln von, überlaufen sein von; **2.** *fig.* rasch um sich greifen in (*dat.*); **3.** *typ.* um'brechen; ˌ~'**run·ning** *adj.* ⚙ Freilauf..., Überlauf...: ~ ***clutch***; ˌ~'**sea I** *adv. a.* ˌ~'**seas** nach *od.* in 'Übersee; **II** *adj.* 'überseeisch, Übersee...; ˌ~'**see** *v/t.* [*irr.* → ***see***¹] beaufsichtigen, über'wachen; '~ˌ**se·er** [-ˌsɪə] *s.* **1.** Aufseher(in), In'spektor *m*, Inspek'torin *f*; **2.** Vorarbeiter(in); ⚒ Steiger *m*; ˌ~'**sen·si·tive** *adj.* □ 'überempfindlich; ˌ~'**set** *v/t.* [*irr.* → ***set***] → ***upset***¹ I; ˌ~'**sew** *v/t.* [*irr.* → ***sew***] über'wendlich nähen; ˌ~'**sexed** *adj.* sexbesessen; ˌ~'**shad·ow** *v/t.* **1.** *fig.* in den Schatten stellen; **2.** *bsd. fig.* über'schatten, e-n Schatten werfen auf (*acc.*), verdüstern; '~·**shoe** *s.* 'Überschuh *m*; ˌ~'**shoot** *v/t.* [*irr.* → ***shoot***] **1.** über *ein Ziel* hin'ausschießen (*a. fig.*): ~ ***o.s.*** (*od.* ***the mark***) zu weit gehen, übers Ziel hinausschießen; '~·**shot** *adj.* oberschlächtig (*Wasserrad, Mühle*); '~·**sight** *s.* **1.** Versehen *n*: ***by an ~*** aus Versehen; **2.** Aufsicht *f*; ˌ~'**sim·pli·fy** *v/t.* (zu) grob vereinfachen; '~·**size** *s.* 'Übergröße *f*; '~·**size(d)** *adj.* 'übergroß; ~·**slaugh** ['əʊvəslɔː] *v/t.* **1.** ⚔ abkommandieren; **2.** *Am. bei der Beförderung* über'gehen; ˌ~'**sleep I** *v/t.* [*irr.* → ***sleep***] *e-n Zeitpunkt* verschlafen: ~ ***o.s.*** → II; **II** *v/i.* [*irr.* → ***sleep***] (sich) verschlafen; '~·**sleeve** *s.* Ärmelschoner *m*; ˌ~'**speed** *v/t.* [*irr.* → ***speed***] *den Motor* über'drehen; ˌ~'**spend** [*irr.* → ***spend***] **I** *v/i.* **1.** zu viel ausgeben; **II** *v/t.* **2.** *Ausgabensumme* über'schreiten; **3.** ~ ***o.s.*** über s-e Verhältnisse leben; '~·**spill** *s.* (*bsd.* Be'völkerungs)ˌÜberschuss *m*; ˌ~'**spread** *v/t.* [*irr.* → ***spread***] **1.** über'ziehen, sich ausbreiten über (*acc.*); **2.** (***with***) über'ziehen *od.* bedecken (mit); ˌ~'**staffed** *adj.* (perso'nell) 'überbesetzt; ˌ~'**state** *v/t.* über'treiben: ~ ***one's case*** in s-n Behauptungen zu weit gehen; ˌ~'**state·ment** *s.* Über'treibung *f*; ˌ~'**stay** *v/t. e-e Zeit* über'schreiten: ~ ***one's time*** über s-e Zeit hinaus bleiben; → ***welcome*** 1; ˌ~'**steer** *v/i. mot.* über'steuern; ˌ~'**step** *v/t.* über'schreiten (*a. fig.*); ˌ~'**stock I** *v/t.* **1.** 'überreichlich eindecken, ✝ *a.* 'überbeliefern, *den Markt* über'schwemmen: ~ ***o.s.*** → 3; **2.** ✝ in zu großen Mengen auf Lager halten; **II** *v/i.* **3.** sich zu hoch eindecken; ˌ~'**strain I** *v/t.* über'anstrengen, 'überstrapazieren (*a. fig.*): ~ ***one's conscience*** übertriebene Skrupel haben; **II** *s.* '***overstrain*** Über'anstrengung *f*; ˌ~'**strung** *adj.* **1.** über'reizt (*Nerven od. Person*); **2.** '***overstrung*** ♪ kreuzsaitig (*Klavier*); ˌ~·**sub'scribe** *v/t.* ✝ *Anleihe* über'zeichnen; ˌ~·**sub'scrip·tion** *s.* ✝ Über'zeichnung *f*; ˌ~·**sup'ply** *s.* (***of*** an *dat.*) **1.** 'Überangebot *n*; **2.** zu großer Vorrat.

o·vert ['əʊvɜːt] *adj.* □ offen(kundig): ~ ***act*** ⚖ Ausführungshandlung *f*; ~ ***hostility*** offene Feindschaft; ~ ***market*** ✝ offener Markt.

ˌ**o·ver**|'**take** *v/t.* [*irr.* → ***take***] **1.** einholen (*a. fig.*); **2.** über'holen (*a. v/i.*); **3.** *fig.* über'raschen, -'fallen; **4.** *Versäumtes* nachholen; ˌ~'**task** *v/t.* **1.** über'bürden; **2.** über *j-s* Kräfte gehen; **ˌ~ˈtax** *v/t.* **1.** ˈüberbesteuern; **2.** zu hoch einschätzen; **3.** ˈüberbeanspruchen, zu hohe Anforderungen stellen an (*acc.*); *Geduld* strapazieren: **~ one's strength** sich (kräftemäßig) übernehmen; **ˌ~-the-ˈcount·er** *adj.* **1.** ✝ freihändig (*Effektenverkauf*): **~ market** Freiverkehrsmarkt *m*; **2.** *pharm.* reˈzeptfrei; **ˌ~ˈthrow I** *v/t.* [*irr.* → **throw**] **1.** (ˈum-)stürzen (*a. fig. Regierung etc.*); **2.** niederwerfen, besiegen; **3.** niederreißen, vernichten; **II** *s.* **ˈoverthrow 4.** Sturz *m*, Niederlage *f* (*e-r Regierung etc.*); **5.** Vernichtung *f*, ˈUntergang *m*; **ˈ~·time I** *s.* ✝ a) ˈÜberstunden *pl.*, b) *a.* **~ pay** Mehrarbeitszuschlag *m*, ˈÜberstundenlohn *m*; **II** *adv.*: **work ~** Überstunden machen; **ˌ~ˈtire** *v/t.* überˈmüden; **ˈ~-tone** *s.* **1.** ♪ Oberton *m*; **2.** *fig.* a) ˈUnterton *m*, b) *pl.* Neben-, Zwischentöne *pl.*: **it had ~s of** es schwang darin et. mit von; **ˌ~ˈtop**, **ˌ~ˈtow·er** *v/t.* überˈragen (*a. fig.*); **ˌ~ˈtrain** *v/t. u. v/i.* ˈübertrainieren; **ˈ~·trump** *v/t. u. v/i.* überˈtrumpfen.

o·ver·ture [ˈəʊvəˌtjʊə] *s.* **1.** ♪ Ouverˈtüre *f*; **2.** *fig.* Einleitung *f*, Vorspiel *n*; **3.** (forˈmeller Heirats-, Friedens)Antrag *m*, Angebot *n*; **4.** *pl.* Annäherungsversuche *pl.*

ˌo·ver|ˈturn I *v/t.* (ˈum)stürzen (*a. fig.*); ˈumstoßen, -kippen; **II** *v/i.* ˈumkippen, -schlagen, -stürzen, kentern; **III** *s.* **ˈoverturn** (ˈUm)Sturz *m*; **ˌ~ˈval·ue** *v/t.* zu hoch einschätzen, ˈüberbewerten; **ˈ~·view** *s. fig.* ˈÜberblick *m*; **ˌ~ˈween·ing** *adj.* **1.** anmaßend, überˈheblich; **2.** überˈtrieben; **ˈ~·weight I** *s.* ˈÜbergewicht *n* (*a. fig.*); **II** *adj.* **ˌoverˈweight** ˈübergewichtig, mit ˈÜbergewicht.

o·ver·whelm [ˌəʊvəˈwelm] *v/t.* **1.** überˈwältigen, -ˈmannen (*bsd. fig.*); **2.** *fig. mit Fragen, Geschenken etc.* überˈschütten, -ˈhäufen: **~ed with work** überlastet; **3.** erdrücken; **o·verˈwhelm·ing** [-mɪŋ] *adj.* überˈwältigend.

o·ver|·wind [ˌəʊvəˈwaɪnd] *v/t.* [*irr.* → **wind²**] *Uhr etc.* überˈdrehen; **ˌ~ˈwork I** *v/t.* **1.** überˈanstrengen, mit Arbeit überˈlasten, ˈüberstrapazieren (*a. fig.*): **~ o.s.** → 2; **II** *v/i.* **2.** sich überˈarbeiten; **III** *s.* **3.** ˈArbeitsüberˌlastung *f*; **4.** Überˈarbeitung *f*; **ˌ~ˈwrought** *adj.* **1.** überˈarbeitet, erschöpft; **2.** überˈreizt; **ˌ~ˈzeal·ous** *adj.* ˈübereifrig.

o·vi·duct [ˈəʊvɪdʌkt] *s. anat.* Eileiter *m*; **ˈo·vi·form** [-ɪfɔːm] *adj.* eiförmig, oˈval; **o·vip·a·rous** [əʊˈvɪpərəs] *adj.* oviˈpar, Eier legend.

o·vo·gen·e·sis [ˌəʊvəʊˈdʒenɪsɪs] *s. biol.* Eibildung *f*; **o·void** [ˈəʊvɔɪd] *adj. u. s.* eiförmig(er Körper).

o·vu·lar [ˈɒvjʊlə] *adj. biol.* Ei..., Ovular...; **o·vu·la·tion** [ˌɒvjʊˈleɪʃn] *s.* Ovulatiˈon *f*, Eisprung *m*; **o·vule** [ˈəʊvjuːl] *s.* **1.** *biol.* Ovulum *n*, kleines Ei; **2.** ⚘ Samenanlage *f*; **o·vum** [ˈəʊvəm] *pl.* **o·va** [ˈəʊvə] *s. biol.* Ovum *n*, Ei(zelle *f*) *n*.

owe [əʊ] **I** *v/t.* **1.** *Geld, Achtung, e-e Erklärung etc.* schulden, schuldig sein: **~ s.o. a grudge** gegen j-n e-n Groll hegen; **you ~ that to yourself** das bist du dir schuldig; **2.** bei *j-m* Schulden haben (**for** für); **3.** *et.* verdanken, zu verdanken haben, Dank schulden für: **I ~ him much** ich habe ihm viel zu verdanken; **II** *v/i.* **4.** Schulden haben; **5.** die Bezahlung schuldig sein (**for** für); **ow·ing** [ˈəʊɪŋ] *adj.* **1.** geschuldet: **be ~** zu zahlen sein, noch offen stehen; **have ~** ausstehen haben; **2. ~ to** infolge (*gen.*), wegen (*gen.*), dank (*dat.*): **be ~ to** zurückzuführen sein auf (*acc.*), zuzuschreiben sein (*dat.*).

owl [aʊl] *s.* **1.** *orn.* Eule *f*; **2.** *fig.* ‚alte Eule' (*Person*): **wise old ~** ‚kluges Kind'; **owl·ish** [ˈaʊlɪʃ] *adj.* □ eulenhaft.

own [əʊn] **I** *v/t.* **1.** besitzen; **2.** *Erben, Kind, Schuld etc.* anerkennen; **3.** zugeben, (ein)gestehen, einräumen: **~ o.s. defeated** sich geschlagen geben; **II** *v/i.* **4.** sich bekennen (**to** zu): **~ to** → 3; **5. ~ up** es zugeben *od.* gestehen; **III** *adj.* **6.** eigen: **my ~ self** ich selbst; **~ brother to s.o.** j-s leiblicher Bruder; **7.** eigen(-artig), besonder: **it has a value all of its ~** es hat e-n ganz eigenen Wert; **8.** selbst: **I cook my ~ breakfast** ich mache mir das Frühstück selbst; **9.** (innig) geliebt, einzig: **my ~ child!**; **IV** *s.* **10. my ~** a) mein Eigentum *n*, b) meine Angehörigen *pl.*: **may I have it for my ~?** darf ich es haben?; **come into one's ~** a) s-n rechtmäßigen Besitz erlangen, b) zur Geltung kommen; **she has a car of her ~** sie hat ein eigenes Auto; **he has a way of his ~** er hat e-e eigene Art; **on one's ~** F a) selbstständig, unabhängig, ohne fremde Hilfe, b) von sich aus, aus eigenem Antrieb, c) auf eigene Verantwortung; **be left on one's ~** F sich selbst überlassen sein; **get one's ~ back** F sich revanchieren, sich rächen (**on** an *dat.*); → **hold** 20.

-owned [əʊnd] *adj. in Zssgn* gehörig, gehörend (*dat.*), in *j-s* Besitz: **state-~** staatseigen, Staats...

own·er [ˈəʊnə] *s.* Eigentümer(in), Inhaber(in); **at ~'s risk** ✝ auf eigene Gefahr; **~-driver** j-d, der sein eigenes Auto fährt; **~-occupation** Eigennutzung *f* (*e-s Hauses etc.*); **ˈown·er·less** [-lɪs] *adj.* herrenlos; **ˈown·er·ship** [-ʃɪp] *s.* **1.** Eigentum(srecht) *n*, Besitzerschaft *f*; **2.** Besitz *m*.

ox [ɒks] *pl.* **ox·en** [ˈɒksn] *s.* **1.** Ochse *m*; **2.** (Haus)Rind *n*.

O

ox·a·late ['ɒksəleɪt] *s.* ⚗ Oxa'lat *n*; **ox·al·ic** [ɒks'ælɪk] *adj.* ⚗ o'xalsauer: **~ *acid*** Oxalsäure *f*.
Ox·bridge ['ɒksbrɪdʒ] *s. Brit.* F (die Universi'täten) Oxford *u.* Cambridge *pl.*

Oxfam

Die Abkürzung für **Oxford Committee for Famine Relief** („Oxforder Ausschuss für Hungerhilfe"). **Oxfam** wurde 1942 gegründet und ist die bekannteste Wohltätigkeitsorganisation Großbritanniens. Die **Oxfam**-Geschäfte, die es in vielen Orten gibt, verkaufen Gebrauchtwaren sowie eigens für sie gefertigte Produkte aus Entwicklungsländern (*siehe auch* **charity shops**).

Ox·ford| man *s.* [*irr.*] → ***Oxonian*** II; **~ move·ment** *s. eccl.* Oxfordbewegung *f*.
ox·i·dant ['ɒksɪdənt] *s.* ⚗ Oxidati'onsmittel *n*; **'ox·i·date** [-deɪt] → ***oxidize***; **ox·i·da·tion** [ˌɒksɪ'deɪʃn] *s.* ⚗ Oxidati'on *f*, Oxidierung *f*; **ox·ide** ['ɒksaɪd] *s.* ⚗ O'xid *n*; **'ox·i·dize** [-daɪz] *v/t. u. v/i.* ⚗ oxidieren; **'ox·i·diz·er** [-daɪzə] *s.* ⚗ Oxidati'onsmittel *n*.
'ox·lip *s.* ⚘ Hohe Schlüsselblume.
Ox·o·ni·an [ɒk'səʊnjən] **I** *adj.* Oxforder, Oxford...; **II** *s.* Mitglied *n od.* Graduierte(r *m*) *f* der Universi'tät Oxford; *weitS.* Oxforder(in).
'ox·tail *s.* Ochsenschwanz *m*: **~ *soup***.
ox·y·a·cet·y·lene [ˌɒksɪə'setɪliːn] *adj.* ⚗, ⚙ Sauerstoff-Azetylen...: **~ *torch*** *od.* ***burner*** Schweißbrenner *m*; **~ *welding*** Autogenschweißen *n*.
ox·y·gen ['ɒksɪdʒən] *s.* ⚗ Sauerstoff *m*: **~ *apparatus*** Atemgerät *n*; **~ *tent*** ⚕ Sauerstoffzelt *n*; **ox·yg·e·nant** [ɒk'sɪdʒənənt] *s.* Oxidati'onsmittel *n*; **ox·y·gen·ate** [ɒk'sɪdʒəneɪt], **ox·y·gen·ize** [ɒk'sɪdʒənaɪz] *v/t.* **1.** oxidieren, mit Sauerstoff verbinden *od.* behandeln; **2.** mit Sauerstoff anreichern.
ox·y·hy·dro·gen [ˌɒksɪ'haɪdrədʒən] ⚗, ⚙ **I** *adj.* Hydrooxygen..., Knallgas...; **II** *s.* Knallgas *n*.
oy [ɔɪ] *int.* he!, he du!
o·yer ['ɔɪə] *s.* ⚖ **1.** *hist.* gerichtliche Unter'suchung; **2.** → **~ and ter·mi·ner** ['tɜːmɪnə] *s.* ⚖ **1.** *hist.* gerichtliche Unter'suchung u. Entscheidung; **2.** *mst* ***commission*** (*od.* ***writ***) ***of ~*** *Brit. königliche Ermächtigung an die Richter der Assisengerichte, Gericht zu halten.*
o·yez [əʊ'jes] *int.* hört (zu)!
oys·ter ['ɔɪstə] *s.* **1.** *zo.* Auster *f*: ***~s on the shell*** frische Austern; ***he thinks the world is his ~*** *fig.* er meint, er kann alles haben; **2.** F ‚zugeknöpfter Mensch'; **~ bank**, **~ bed** *s.* Austernbank *f*; **~ catch·er** *s. orn.* Austernfischer *m*; **~ farm** *s.* Austernpark *m*.
o·zone ['əʊzəʊn] *s.* **1.** ⚗ O'zon *m, n*: **2.** F O'zon *m, n*, reine frische Luft; **~ a·lert** *s.* O'zonaˌlarm *m*; **ˌ~-de'plet·ing** *adj.* ozonschädlich; **~ de·ple·tion** *s.* O'zonabbbau *m*; **ˌ~-'free** *adj.* o'zonfrei; **ˌ~-'friend·ly** *adj.* FCK'W-frei (*Spray etc.*); **~ hole** *s.* O'zonloch *n*; **~ lay·er** *s.* O'zonschicht *f*; **o·zon·ic** [əʊ'zɒnɪk] *adj.* **1.** o'zonisch, Ozon...; **2.** o'zonhaltig; **o·zo·nif·er·ous** [ˌəʊzəʊ'nɪfərəs] *adj.* **1.** o'zonhaltig; **2.** O'zon erzeugend; **o·zo·nize** ['əʊzəʊnaɪz] **I** *v/t.* ozonisieren; **II** *v/i.* sich in O'zon verwandeln; **o·zo·niz·er** ['əʊzəʊnaɪzə] *s.* Ozoni'sator *m*.

O

P

P, p [piː] *s.* P *n*, p *n* (*Buchstabe*): ***mind one's P's and Q's*** sich sehr in Acht nehmen.

pa [pɑː] *s.* F Pa'pa *m*, ‚Paps' *m*.

pab·u·lum ['pæbjʊləm] *s.* Nahrung *f* (*a. fig.*).

pace¹ [peɪs] **I** *s.* **1.** Schritt *m* (*a. als Maß*); **2.** Gang(art *f*) *m*: ***put a horse through its ~s*** ein Pferd alle Gangarten machen lassen; ***put s.o. through his ~s*** *fig.* j-n auf Herz u. Nieren prüfen; **3.** Passgang *m* (*Pferd*); **4.** a) ⚔ Marschschritt *m*, b) (Marsch)Geschwindigkeit *f*, Tempo *n* (*a. sport*; *a. fig. e-r Handlung etc.*), Fahrt *f*, Schwung *m*: ***go the ~*** a) ein scharfes Tempo anschlagen, b) *fig.* flott leben; ***keep ~ with*** Schritt halten mit (*a. fig.*); ***set the ~*** *sport* das Tempo angeben (*a. fig.*) *od.* machen; ***at a great ~*** in schnellem Tempo; **II** *v/t.* **5.** *a.* ***~ out*** (*od.* ***off***) abschreiten; **6.** *Zimmer etc.* durch'schreiten, -'messen; **7.** *fig.* das Tempo (*gen.*) bestimmen; **8.** *sport* Schrittmacher sein für; **9.** *Pferd* im Passgang gehen lassen; **III** *v/i.* **10.** (*auf u. ab etc.*) schreiten; **11.** im Passgang gehen (*Pferd*).

pa·ce² ['peɪsɪ] (*Lat.*) *prp.* ohne (*dat.*) nahe treten zu wollen.

'pace|,mak·er *s. sport* (*a.* ⚕ Herz-) Schrittmacher *m*: ***~ race*** *Radsport*: Steherrennen *n*; **'~,mak·ing** *s. sport* Schrittmacherdienste *pl.*

pac·er ['peɪsə] *s.* **1.** → ***pacemaker***; **2.** Passgänger *m* (*Pferd*).

pach·y·derm ['pækɪdɜːm] *s. zo.* Dickhäuter *m* (*a. humor. fig.*); **pach·y·der·ma·tous** [,pækɪ'dɜːmətəs] *adj.* **1.** *zo.* dickhäutig; *fig. a.* dickfellig; **2.** ⚘ dickwandig.

pa·cif·ic [pə'sɪfɪk] *adj.* (□ ***~ally***) **1.** friedfertig, versöhnlich, Friedens...: ***~ policy***; **2.** ruhig, friedlich; **3.** ♀ *geogr.* pa'zifisch, Pa'zifisch: ***the ♀*** (***Ocean***) der Pazifische *od.* Stille Ozean, der Pa'zifik; **pac·i·fi·ca·tion** [,pæsɪfɪ'keɪʃn] *s.* **1.** Befriedung *f*; **2.** Beschwichtigung *f*.

pac·i·fi·er ['pæsɪfaɪə] *s.* **1.** Friedensstifter(in); **2.** *Am.* a) Schnuller *m*, b) Beißring *m für Kleinkinder*; **'pac·i·fism** [-fɪzəm] *s.* Pazi'fismus *m*; **'pac·i·fist** [-fɪst] **I** *s.* Pazi'fist *m*; **II** *adj.* pazi'fistisch; **'pac·i·fy** [-faɪ] *v/t.* **1.** *Land* befrieden; **2.** besänftigen, beschwichtigen.

pack [pæk] **I** *s.* **1.** Pack(en) *m*, Ballen *m*, Bündel *n*; **2.** *bsd. Am.* Packung *f*, Schachtel *f Zigaretten etc.*, Päckchen *n*: ***a ~ of films*** ein Filmpack *m*; **3.** ⚕, *Kosmetik*: Packung *f*: ***face ~***; **4.** (Karten)Spiel *n*; **5.** ⚔ a) Tor'nister *m*, b) Rückentrage *f* (*Kabelrolle etc.*); **6.** Verpackungsweise *f*; **7.** (Schub *m*) Kon'serven *pl.*; **8.** Menge *f*: ***a ~ of lies*** ein Haufen Lügen; ***a ~ of nonsense*** lauter Unsinn; **9.** Packeis *n*; **10.** Pack *n*, Bande *f* (*Diebe etc.*); **11.** Meute *f*, Koppel *f* (*Hunde*); Rudel *n* (*Wölfe*, ⚔ *U-Boote*); **12.** *Rugby*: Sturm(reihe *f*) *m*; **II** *v/t.* **13.** *oft* ***~ up*** einpacken (*a.* ⚕), zs.-, verpacken: ***~ it in!*** F *fig.* hör doch auf (damit)!; **14.** zs.-pressen, -pferchen; → ***sardine;*** **15.** voll stopfen: ***a ~ed house*** *thea. etc.* ein zum Bersten volles Haus; **16.** eindosen, konservieren; **17.** ⚙ (ab)dichten; **18.** bepacken, -laden; **19.** *Geschworenenbank etc.* mit s-n Leuten besetzen; **20.** *Am.* F (bei sich) tragen: ***~ a hard punch*** *Boxen*: e-n harten Schlag haben; **21.** *a.* ***~ off*** (fort)schicken, (-)jagen; **III** *v/i.* **22.** packen (*oft* ***~ up***): ***~ up*** *fig.* ‚einpacken' (*es aufgeben*); **23.** sich *gut etc.* (ver)packen lassen; **24.** fest werden, sich fest zs.-ballen; **25.** *mst* ***~ off*** *fig.* sich packen *od.* da'vonmachen: ***send s.o. ~ing*** j-n fortjagen; **26.** ***~ up*** *sl.* ‚absterben', ‚verrecken' (*Motor*) (***on s.o.*** j-m).

pack·age ['pækɪdʒ] **I** *s.* **1.** Pack *m*, Ballen *m*; Frachtstück *n*; *bsd. Am.* Pa'ket *n*; **2.** Packung *f* (*Spaghetti etc.*): ***~ insert*** Beipackzettel *m*, Packungsbeilage *f*; **3.** Verpackung *f*; **4.** ⚙ betriebsfertige Maschine *od.* Baueinheit; **5.** ✝, *pol.*, *fig.* Pa'ket *n* (*a. Computer*), *pol. a.* Junktim *n*: ***~ deal*** a) Kopplungsgeschäft *n*, b) Pau'schalarrange,ment *n*, -angebot *n*; ***~ holiday*** Pauschalurlaub *m*, ***~ tour*** Pauschalreise *f*, c) *pol.* Junktim *n*, d) (als Ganzes *od.* en bloc verkauftes) ('Fernseh- *etc.*)Pro,gramm *n*; **II** *v/t.* **6.** verpacken; **7.** *Lebensmittel etc.* abpacken; **8.** ✝ en bloc anbieten *od.* verkaufen; **'pack·ag·ing** [-dʒɪŋ] **I** *s.* (Einzel-) Verpackung *f*; **II** *adj.* Verpackungs...: ***~ machine***; ***~ waste*** Verpackungsmüll *m*.

pack| an·i·mal *s.* Pack-, Lasttier *n*; **'~-cloth** *s.* Packleinwand *f*; **~ drill** *s.* ⚔ Strafexerzieren *n* in voller Marschausrüstung.

P

pack·er ['pækə] *s.* **1.** (Ver)Packer(in); **2.** ✝ Verpacker *m*, Großhändler *m*; *Am.* Kon'serven,hersteller *m*; **3.** Ver'packungsma,schine *f*.

pack·et ['pækɪt] **I** *s.* **1.** kleines Pa'ket, Päckchen *n*, Schachtel *f* (*Zigaretten etc.*); ***sell s.o. a ~*** F j-n ‚anschmieren'; **2.** ⚓ *a.* ***~ boat*** Postschiff *n*, Pa'ketboot *n*; **3.** *sl.* Haufen *m* Geld, *e-e* ‚(hübsche) Stange Geld'; **4.** *sl.* ‚Ding' *n* (*Schlag, Ärger etc.*); **II** *v/t.* **5.** verpacken, paketieren.

'pack|·horse *s.* **1.** Packpferd *n*; **2.** *fig.* Lastesel *m*; **~ ice** *s.* Packeis *n*.

pack·ing ['pækɪŋ] *s.* **1.** (Ver)Packen *n*: ***do one's ~*** packen; **2.** Konservierung *f*; **3.** Verpackung *f* (*a.* ✝); **4.** ⚙ a) (Ab-) Dichtung *f*, b) Dichtung *f*, c) 'Dichtungsmateri,al *n*, d) Füllung *f*, e) *Computer*: Verdichtung *f*; **5.** Zs.-ballen *n*; **~ box** *s.* **1.** Packkiste *f*; **2.** ⚙ Stopfbüchse *f*; **~ case** *s.* Packkiste *f*; **~ de·part·ment** *s.* ✝ Packe'rei *f*; **~ house** *s.* **1.** *Am.* Abpackbetrieb *m*; **2.** Warenlager *n*; **~ pa·per** *s.* 'Packpa,pier *n*; **~ ring** *s.* ⚙ Dichtring *m*, Man'schette *f*; **~ sleeve** *s.* ⚙ Dichtungsmuffe *f*.

pack| rat *s. zo.* Packratte *f*; **'~·sack** *s. Am.* Rucksack *m*, Tor'nister *m*; **'~,sad·dle** *s.* Pack-, Saumsattel *m*; **'~·thread** *s.* Packzwirn *m*, Bindfaden *m*; **~ train** *s.* 'Tragtierko,lonne *f*.

pact [pækt] s. Pakt *m*, Vertrag *m*.

pad¹ [pæd] **I** *s.* **1.** Polster *n*, (Stoß)Kissen *n*, Wulst *m*, Bausch *m*: ***oil ~*** ⚙ Schmierkissen *n*; **2.** *sport* Knie- *od.* Beinschützer *m*; **3.** 'Unterlage *f*; ⚙ Kon'sole *f für Hilfsgeräte*; → ***mouse-pad***; **4.** ('Löschpa,pier-, Brief-, Schreib-) Block *m*; **5.** Stempelkissen *n*; **6.** *zo.* (Fuß)Ballen *m*; **7.** *hunt.* Pfote *f*; **8.** *sl.* ‚Bude' *f* (*Zimmer od. Wohnung*); **9.** ✈ a) Startrampe *f*, b) (Ra'keten)Abschussrampe *f*; **10.** *Am. sl.* a) Schutzgelder *pl.*, b) Schmiergelder *pl.*; **II** *v/t.* **11.** (aus)polstern, wattieren: ***~ded cell*** Gummizelle *f* (*für Irre*): **12.** *fig. Rede, Schrift* ‚garnieren', ‚aufblähen'.

pad² [pæd] *v/t. u. v/i. a.* ***~ along*** *sl.* (da'hin)trotten, (-)latschen.

pad·ding ['pædɪŋ] *s.* **1.** (Aus)Polstern *n*; **2.** Polsterung *f*, Wattierung *f*, Einlage *f*; **3.** (Polster)Füllung *f*; **4.** *fig.* leeres Füllwerk, (Zeilen)Füllsel *n*; **5.** *a.* ***~ capacitor*** ⚡ 'Paddingkonden,sator *m*.

pad·dle ['pædl] **I** *s.* **1.** Paddel *n*: **2.** ⚓ a) Schaufel(rad *n*) *f*, b) Raddampfer *m*; **3.** *obs.* Waschbleuel *m*; **4.** ⚙ Kratze *f*, Rührstange *f*; **5.** ⚙ a) Schaufel *f* (*Wasserrad*), b) Schütz *n*, Falltor *n* (*Schleuse*); **II** *v/i.* **6.** rudern, *bsd.* paddeln; → ***canoe*** I; **7.** *im Wasser* plan(t)schen; **8.** watscheln; **III** *v/t.* **9.** paddeln; **10.** *Am.* F verhauen; **~ steam·er** *s.* ⚓ Raddampfer *m*; **~ wheel** *s.* Schaufelrad *n*.

pad·dling pool ['pædlɪŋ] *s.* Plan(t)schbecken *n*.

pad·dock¹ ['pædək] *s.* **1.** (Pferde)Koppel *f*; **2.** *sport* a) Sattelplatz *m*, b) *mot.* Fahrerlager *n*.

pad·dock² ['pædək] *s. zo.* **1.** *obs. od. dial.* Frosch *m*; **2.** *obs.* Kröte *f*.

Pad·dy¹ ['pædɪ] *s.* F ‚'Paddy' *m* (*Ire*).

pad·dy² ['pædɪ] *s.* ✝ roher Reis.

pad·dy³ ['pædɪ] *s.* F Wutanfall *m*; **~ wag·on** *s. Am.* F ‚grüne Minna' (*Polizeigefangenenwagen*).

pad·lock ['pædlɒk] **I** *s.* Vorhänge-, Vorlegeschloss *n*; **II** *v/t.* mit e-m Vorhängeschloss verschließen.

pa·dre ['pɑːdrɪ] *s.* Pater *m* (*Priester*); ⚔ Ka'plan *m*.

pae·an ['piːən] *s.* **1.** *antiq.* Pä'an *m*; **2.** *allg.* Freuden-, Lobgesang *m*.

paed·er·ast *etc.* → ***pederast*** *etc.*

pae·di·at·ric *etc.* → ***pediatric*** *etc.*

pa·gan ['peɪgən] **I** *s.* Heide *m*, Heidin *f*; **II** *adj.* heidnisch; **'pa·gan·ism** [-nɪzəm] *s.* Heidentum *n*.

page¹ [peɪdʒ] **I** *s.* **1.** Seite *f* (*Buch etc.*); *typ.* Schriftseite *f*, Ko'lumne *f*: ***~ printer*** *tel.* Blattdrucker *m*; **2.** *fig.* Chronik *f*, Buch *n*; **3.** *fig.* Blatt *n aus der Geschichte etc.*; **II** *v/t.* **4.** paginieren.

page² [peɪdʒ] **I** *s.* **1.** *hist.* Page *m*; Edelknabe *m*; **2.** *a.* ***~ boy*** (Ho'tel)Page *m*; **II** *v/t.* **3.** *j-n* (durch e-n Pagen *od.* per Lautsprecher) ausrufen lassen; **4.** mit *j-m* über Funkrufempfänger Kon'takt aufnehmen, *j-n* ‚anpiepsen'.

pag·eant ['pædʒənt] *s.* **1.** a) (*bsd.* hi'storischer) Fest- *od.* Umzug, b) (historisches) Festspiel; **2.** (Schau)Gepränge *n*, Pomp *m*; **3.** *fig.* leerer Prunk; **'pag·eant·ry** [-rɪ] *s.* → ***pageant*** 2, 3.

page·boy ['peɪdʒbɔɪ] *s.* **1.** Page *m*; **2.** *Frisur*: Pagenkopf *m*.

pag·er ['peɪdʒə(r)] Funkrufempfänger *m*, ‚Piepser' *m*.

pag·i·nal ['pædʒɪnl] *adj.* Seiten...; **'pag·i·nate** [-neɪt] *v/t.* paginieren; **pag·i·na·tion** [,pædʒɪ'neɪʃn], *a.* **pag·ing** ['peɪdʒɪŋ] *s.* Paginierung *f*, 'Seitennume,rierung *f*.

pa·go·da [pə'gəʊdə] *s.* Pa'gode *f*; **~ tree** *s.* ⚘ So'phora *f*: ***shake the ~*** *obs. fig.* in Indien schnell ein Vermögen machen.

pah [pɑː] *int. contp.* a) pfui!, b) pah!

paid [peɪd] **I** *pret. u. p.p. von* ***pay***; **II** *adj.* bezahlt: ***~ in*** → ***paid-in***; ***~ up*** → ***paid-up***; ***put ~ to s.th.*** e-r Sache ein Ende setzen; **,~-'in** *adj.* **1.** ✝ (voll) eingezahlt: ***~ capital*** Einlagekapital *n*; **2.** → ***paid-up*** 2; **,~-'up** *adj.* **1.** → ***paid-in*** 1; **2.** ***fully ~ member*** Mitglied *n* ohne Beitragsrückstände, vollwertiges Mitglied.

pail [peɪl] *s.* Eimer *m*, Kübel *m*; **'pail·ful** [-fʊl] *s. ein* Eimer (voll): ***by ~s*** eimerweise.

pail·lasse ['pælıæs] *s.* Strohsack *m* (*Matratze*).

pain [peın] **I** *s.* **1.** Schmerz(en *pl.*) *m*, Pein *f*; *pl.* ⚕ (Geburts)Wehen *pl.*: ***be in ~*** Schmerzen haben, leiden; ***you are a ~ in the neck*** F du gehst mir auf die Nerven; **2.** Schmerz(en *pl.*) *m*, Leid *n*, Kummer *m*: ***give*** (*od.* ***cause***) ***s.o. ~*** j-m Kummer machen; **3.** *pl.* Mühe *f*, Bemühungen *pl.*: ***be at ~s, take ~s*** sich Mühe geben, sich anstrengen; ***spare no ~s*** keine Mühe scheuen; ***all he got for his ~s*** der (ganze) Dank (für s-e Mühe); **4.** Strafe *f*: **(*up*)*on*** (*od.* ***under***) ***~ of*** bei Strafe von; ***on*** (*od.* ***under***) ***~ of death*** bei Todesstrafe; **II** *v/t.* **5.** *j-m* wehtun, *j-n* schmerzen; *fig. a. j-n* schmerzlich berühren, peinigen; **pained** [-nd] *adj.* gequält, schmerzlich; '**pain·ful** [-fʊl] *adj.* □ **1.** schmerzhaft; **2.** a) schmerzlich, quälend, b) peinlich: ***produce a ~ impression*** peinlich wirken; **3.** mühsam; '**pain·ful·ness** [-fʊlnıs] *s.* Schmerzhaftigkeit *f etc.*; '**pain**ˌ**kill·er** *s.* F Schmerzmittel *n*, -tablette *f*, schmerzstillendes Mittel; '**pain·less** [-lıs] *adj.* □ schmerzlos (*a. fig.*).

pains·tak·ing ['peınzˌteıkıŋ] **I** *adj.* □ sorgfältig, gewissenhaft; eifrig; **II** *s.* Sorgfalt *f*, Mühe *f*.

paint [peınt] **I** *v/t.* **1.** *Bild* malen; *fig.* ausmalen, schildern: ***~ s.o.'s portrait*** j-n malen; **2.** an-, bemalen, (an)streichen; *Auto* lackieren: ***~ out*** übermalen; ***~ the town red*** *sl.* ‚auf die Pauke hauen', ‚(schwer) einen draufmachen'; → ***lily***; **3.** *Mittel* auftragen, *Hals*, *Wunde* (aus)pinseln; **4.** schminken: ***~ one's face*** sich schminken, sich ‚anmalen'; **II** *v/i.* **5.** malen; **6.** streichen; **7.** sich schminken; **III** *s.* **8.** (Anstrich-, Öl)Farbe *f*; (Auto)Lack *m*; Tünche *f*; **9.** *a.* ***coat of ~*** Anstrich *m*: ***as fresh as ~*** F frisch u. munter; **10.** Schminke *f*; **11.** ⚕ Tink'tur *f*; '**~·box** *s.* **1.** Tusch-, Malkasten *m*; **2.** Schminkdose *f*; '**~·brush** *s.* Pinsel *m*.

paint·ed ['peıntıd] *p.p. u. adj.* **1.** ge-, bemalt, gestrichen; lackiert; **2.** *bsd.* ⚘, *zo.* bunt, scheckig; **3.** *fig.* gefärbt; **≈ La·dy** *s.* **1.** *zo.* Distelfalter *m*; **2.** ⚘ Rote Wucherblume; **~ wom·an** *s.* Hure *f*, ‚Flittchen' *n*.

paint·er¹ ['peıntə] *s.* ⚓ Fangleine *f*: ***cut the ~*** *fig.* alle Brücken hinter sich abbrechen.

paint·er² ['peıntə] *s.* **1.** (Kunst)Maler (-in); **2.** Maler *m*, Anstreicher *m*: ***~'s colic*** ⚕ Bleikolik *f*; ***~'s shop*** a) Malerwerkstatt *f*, b) (Auto)Lackiererei *f*; '**paint·ing** [-tıŋ] *s.* **1.** Malen *n*, Male'rei *f*: ***~ in oil*** Ölmalerei *f*; **2.** Gemälde *n*, Bild *n*; **3.** ⚙ a) Farbanstrich *m*, b) Spritzlackieren *n*.

paint| re·fresh·er *s.* 'Neuglanzpoliˌtur *f*; **~ re·mov·er** *s.* (Farben)Abbeizmittel *n*.

paint·ress ['peıntrıs] *s.* Malerin *f*.

'**paint|-ˌspray·ing pis·tol** *s.* ⚙ ('Anstreich)ˌSpritzpiˌstole *f*; '**~·work** *s. mot.* Lackierung *f*, Lack *m*.

pair [peə] **I** *s.* **1.** Paar *n*: ***a ~ of boots, legs*** *etc.*; **2.** (*Zweiteiliges, mst unübersetzt*): ***a ~ of scales*** (***scissors, spectacles***) eine Waage (Schere, Brille); ***a ~ of trousers*** ein Paar Hosen, eine Hose; **3.** Paar *n*, Pärchen *n* (*Mann u. Frau; zo. Männchen u. Weibchen*): ***~ skating*** *sport* Paarlauf(en *n*) *m*; ***in ~s*** paarweise; **4.** Partner *m*; Gegenstück *n* (*von e-m Paar*); *der* (*die, das*) andere *od.* Zweite: ***where is the ~ to this shoe?***; **5.** *pol.* a) *zwei Mitglieder verschiedener Parteien, die sich abgesprochen haben, sich der Stimme zu enthalten etc.*, b) *dieses Abkommen*, c) *e-r dieser Partner*; **6.** (Zweier)Gespann *n*: ***carriage and ~*** Zweispänner *m*; **7.** *sport* Zweier *m* (*Ruderboot*): ***~ with cox*** Zweier mit Steuermann; **8.** *a.* ***kinematic ~*** ⚙ Ele'mentenpaar *n*; **9.** *Brit.* ***~ of stairs*** (*od.* ***steps***) Treppe *f*: ***two ~ front*** (***back***) (Raum *m od.* Mieter *m*) im zweiten Stock nach vorn (hinten); **II** *v/t.* **10.** *a.* ***~ off*** a) paarweise anordnen, b) F *fig.* verheiraten; **11.** *Tiere* paaren (***with*** mit); **III** *v/i.* **12.** sich paaren (*Tiere*) (*a. fig.*); **13.** zs.-passen; **14.** ***~ off*** a) paarweise weggehen, b) F *fig.* sich verheiraten (***with*** mit), c) *pol.* (***with*** mit *e-m Mitglied e-r anderen Partei*) ein Abkommen treffen (→ 5a); **pair·ing** ['peərıŋ] *s. biol.* Paarung *f* (*a. sport*): ***~ season, ~ time*** Paarungszeit *f*.

pair-oar ['peərɔː] **I** *s.* Zweier *m* (*Boot*); **II** *adj.* zweiruderig.

pa·ja·mas [pə'dʒɑːməs] *bsd. Am.* → ***pyjamas***.

Pak·i ['pækı] *s. Brit. sl.* Paki'stani *m*.

Pak·i·stan·i [ˌpɑːkı'stɑːnı] **I** *adj.* pakistanisch; **II** *s.* Paki'staner(in), Paki'stani *m*.

pal [pæl] **I** *s.* F ‚Kumpel' *m*, ‚Spezi' *m*, Freund *m*; **II** *v/i. mst* ***~ up*** F sich anfreunden (***with s.o.*** mit j-m).

pal·ace ['pælıs] *s.* Schloss *n*, Pa'last *m*, Pa'lais *n*: ***~ of justice*** Justizpalast; **~ car** *s.* 🚂 Sa'lonwagen *m*; **~ guard** *s.* **1.** Pa'lastwache *f*; **2.** *fig. contp.* Clique *f um e-n Regierungschef*, Kama'rilla *f*; **~ rev·o·lu·tion** *s. pol. fig.* Pa'lastrevoluti̦on *f*.

pal·a·din ['pælədın] *s. hist.* Pala'din *m* (*a. fig.*).

pa·lae·og·ra·pher *etc.* → ***paleographer*** *etc.*

pal·at·a·ble ['pælətəbl] *adj.* □ wohlschmeckend, schmackhaft (*a. fig.*); '**pal·a·tal** [-tl] **I** *adj.* **1.** Gaumen...; **II** *s.* **2.** Gaumenknochen *m*; **3.** *ling.* Pala'tal

(-laut) *m*; '**pal·a·tal·ize** [-təlaɪz] *v/t. ling.* Laut palatalisieren; **pal·ate** ['pælət] *s.* **1.** *anat.* Gaumen *m*: **bony** (*od.* **hard**) ~ harter Gaumen, Vordergaumen; **cleft** ~ Wolfsrachen *m*; **soft** ~ weicher Gaumen, Gaumensegel *n*; **2.** *fig.* (**for**) Gaumen *m*, Sinn *m* (für), Geschmack *m* (an *dat.*).

pa·la·tial [pə'leɪʃl] *adj.* pa'lastartig, Palast..., Schloss..., Luxus...

pa·lat·i·nate [pə'lætɪnət] **I** *s.* **1.** *hist.* Pfalzgrafschaft *f*; **2. the** ♀ die (Rhein-)Pfalz; **II** *adj.* **3.** ♀ Pfälzer, pfälzisch.

pal·a·tine[1] ['pælətaɪn] **I** *adj.* **1.** *hist.* Pfalz..., pfalzgräflich: **Count** ♀ Pfalzgraf; **County** ♀ Pfalzgrafschaft *f*; **2.** ♀ pfälzisch, Pfälzer(...); **II** *s.* **3.** Pfalzgraf *m*; **4.** ♀ (Rhein)Pfälzer(in).

pal·a·tine[2] ['pælətaɪn] *anat.* **I** *adj.* Gaumen...: ~ **tonsil** Gaumen-, Halsmandel *f*; **II** *s.* Gaumenbein *n*.

pa·lav·er [pə'lɑːvə] **I** *s.* **1.** Unter'handlung *f*, -'redung *f*, Konfe'renz *f*; **2.** F ‚Pa'laver' *n*, Geschwätz *n*; **3.** F ‚Wirbel' *m*; **II** *v/i.* **4.** unter'handeln; **5.** pa'lavern, ‚quasseln'; **III** *v/t.* **6.** F *j-n* beschwatzen; *j-m* schmeicheln.

pale[1] [peɪl] **I** *s.* **1.** Pfahl *m* (*a. her.*); **2.** *bsd. fig.* um'grenzter Raum, Bereich *m*, (enge) Grenzen *pl.*: **beyond the** ~ *fig.* jenseits der Grenzen des Erlaubten; **within the** ~ **of the Church** im Schoße der Kirche; **II** *v/t.* **3.** *a.* ~ **in** einpfählen, -zäunen; *fig.* um'schließen; **4.** *hist.* pfählen.

pale[2] [peɪl] **I** *adj.* □ **1.** blass, bleich, fahl: **turn** ~ → 3; ~ **with fright** schreckensbleich; **as** ~ **as ashes** (**clay**, **death**) aschfahl (kreidebleich, totenblass); **2.** hell, blass, matt (*Farben*): ~ **ale** helles Bier; ~ **green** Blass-, Zartgrün; ~ **pink** (Blass)Rosa; **II** *v/i.* **3.** blass werden, erbleichen, erblassen; **4.** *fig.* verblassen (**before** *od.* **beside** vor *dat.*); **III** *v/t.* **5.** bleich machen, erbleichen lassen.

'**pale·face** *s.* Bleichgesicht *n* (*Ggs. Indianer*).

pale·ness ['peɪlnɪs] *s.* Blässe *f*, Farblosigkeit *f* (*a. fig.*).

pa·le·og·ra·pher [ˌpælɪ'ɒgrəfə] *s.* Paläo'graph *m*; ˌ**pa·le'og·ra·phy** [-fɪ] *s.* **1.** alte Schriftarten *pl.*, alte Schriftdenkmäler *pl.*; **2.** Paläogra'phie *f*, Handschriftenkunde *f*.

pa·le·o·lith·ic [ˌpælɪəʊ'lɪθɪk] **I** *adj.* paläo'lithisch, altsteinzeitlich; **II** *s.* Altsteinzeit *f*.

pa·le·on·tol·o·gist [ˌpælɪɒn'tɒlədʒɪst] *s.* Paläonto'loge *m*; ˌ**pa·le·on'tol·o·gy** [-dʒɪ] *s.* Paläontolo'gie *f*.

pa·le·o·zo·ic [ˌpælɪəʊ'zəʊɪk] *geol.* **I** *adj.* paläo'zoisch: ~ **era** → II; **II** *s.* Paläo'zoikum *n*.

Pal·es·tin·i·an [ˌpæle'stɪnɪən] **I** *adj.* palästi'nensisch; **II** *s.* Palästi'nenser(in).

pal·e·tot ['pæltəʊ] *s.* **1.** 'Paletot *m*, 'Überzieher *m* (*für Herren*); **2.** loser (Damen)Mantel.

pal·ette ['pælət] *s. paint.* Pa'lette *f*, *fig. a.* Farbenskala *f*; ~ **knife** *s.* Streichmesser *n*, Spachtel *m*, *f*.

pal·frey ['pɔːlfrɪ] *s.* Zelter *m*.

pal·ing ['peɪlɪŋ] *s.* Um'pfählung *f*, Pfahl-, Lattenzaun *m*, Sta'ket *n*.

pal·in·gen·e·sis [ˌpælɪn'dʒenɪsɪs] *s. bsd. eccl.* 'Wiedergeburt *f*, *a. biol.* Palinge'nese *f*.

pal·i·sade [ˌpælɪseɪd] **I** *s.* **1.** Pali'sade *f*; Pfahlzaun *m*, Sta'ket *n*; **2.** Schanzpfahl *m*; **II** *v/t.* **3.** mit Pfählen *od.* mit e-r Palisade um'geben.

pall[1] [pɔːl] *s.* **1.** Bahr-, Leichentuch *n*; **2.** *fig.* Mantel *m*, Hülle *f*, Decke *f*; **3.** a) (Rauch)Wolke *f*, b) Dunstglocke *f*; **4.** *eccl.* → **pallium** 2; **5.** *her.* Gabel(kreuz *n*) *f*.

pall[2] [pɔːl] **I** *v/i.* **1.** (**on**, **upon**) jeden Reiz verlieren (für), *j-n* kalt lassen *od.* langweilen; **2.** schal *od.* fade werden, s-n Reiz verlieren; **II** *v/t.* **3.** *a. fig.* über'sättigen.

pal·la·di·um [pə'leɪdjəm] [-djə] *s.* Pal'ladium *n*: a) *pl.* **-di·a** *fig.* Hort *m*, Schutz *m*, b) ⚗ *ein Element*.

'**pall**ˌ**bear·er** *s.* Sargträger *m*.

pal·let[1] ['pælɪt] *s.* (Stroh)Lager *n*, Strohsack *m*, Pritsche *f*.

pal·let[2] ['pælɪt] *s.* **1.** ⚙ Dreh-, Töpferscheibe *f*; **2.** *paint.* Pa'lette *f*; **3.** Trockenbrett *n* (*für Keramik*, *Ziegel etc.*); **4.** ⚙ Pa'lette: ~ **truck** Gabelstapler *m*; '**pal·let·ize** [-lətaɪz] *v/t.* ⚙ palettieren.

pal·liasse ['pælɪæs] → **paillasse**.

pal·li·ate ['pælɪeɪt] *v/t.* **1.** ⚕ lindern; **2.** *fig.* bemänteln, beschönigen; **pal·li·a·tion** [ˌpælɪ'eɪʃn] *s.* **1.** Linderung *f*; **2.** Bemäntelung *f*, Beschönigung *f*; '**pal·li·a·tive** [-ɪətɪv] **I** *adj.* **1.** ⚕ lindernd, pallia'tiv; **2.** *fig.* bemäntelnd, beschönigend; **II** *s.* **3.** ⚕ Linderungsmittel *n*; **4.** *fig.* Bemäntelung *f*.

pal·lid ['pælɪd] *adj.* □ *a. fig.* blass, farblos; '**pal·lid·ness** [-nɪs] *s.* Blässe *f*.

pal·li·um ['pælɪəm] *pl.* **-li·a** [-lɪə], **-li·ums** *s.* **1.** *antiq.* 'Pallium *n*, Philo'sophenmantel *m*; **2.** *eccl.* a) Pallium *n* (*Schulterband des Erzbischofs*), b) Al'tartuch *n*; **3.** *anat.* (Ge)Hirnmantel *m*; **4.** *zo.* Mantel *m*.

pal·lor ['pælə] *s.* Blässe *f*.

pal·ly ['pælɪ] *adj.* F **1.** (eng) befreundet; **2.** kumpelhaft.

palm[1] [pɑːm] **I** *s.* **1.** Handfläche *f*, -teller *m*, hohle Hand: **grease** (*od.* **oil**) **s.o.'s** ~ j-n ‚schmieren', bestechen; **2.** Hand(-breite) *f* (*als Maß*); **3.** Schaufel *f* (*Anker*, *Hirschgeweih*); **II** *v/t.* **4.** betasten, streicheln; **5.** a) palmieren (*wegzaubern*), b) *Am. sl.* ‚klauen', stehlen; **6.** ~ **s.th. off on s.o.**, ~ **s.o. off with s.th.**

P

j-m et. ‚aufhängen' *od.* ‚andrehen'; **~ *o.s. off*** (***as***) sich ausgeben (als).

palm² [pɑːm] *s.* **1.** ♀ Palme *f*; **2.** *fig.* Siegespalme *f*, Krone *f*, Sieg *m*: ***bear*** (*od.* ***win***) ***the ~*** den Sieg davontragen; → ***yield*** 4.

pal·mate ['pælmɪt] *adj.* **1.** ♀ handförmig (gefingert *od.* geteilt); **2.** *zo.* schwimmfüßig.

palm grease *s.* F Schmiergeld *n*.

pal·mi·ped ['pælmɪped], '**pal·mi·pede** [-ɪpiːd] *zo.* **I** *adj.* schwimmfüßig; **II** *s.* Schwimmfüßer *m*.

palm·ist ['pɑːmɪst] *s.* Handleser(in); '**palm·is·try** [-trɪ] *s.* Handlesekunst *f*, Chiroman'tie *f*.

palm| oil *s.* **1.** Palmöl *n*; **2.** → ***palm grease***; **♀ Sun·day** *s.* Palm'sonntag *m*; '**~·top** *s. Computer*: 'Palmtop *m* (*tragbarer Kleinstcomputer*); **~ tree** *s.* Palme *f*.

palm·y ['pɑːmɪ] *adj.* **1.** palmenreich; **2.** *fig.* glorreich, Glanz..., Blüte...

pa·loo·ka [pə'luːkə] *s. Am. sl.* **1.** *bsd. sport* ‚Niete' *f*, ‚Flasche' *f*; **2.** ‚Ochse' *m*; **3.** Lümmel *m*.

palp [pælp] *s. zo.* Taster *m*, Fühler *m*; **pal·pa·bil·i·ty** [ˌpælpə'bɪlətɪ] *s.* **1.** Fühl-, Greif-, Tastbarkeit *f*; **2.** *fig.* Handgreiflichkeit *f*, Augenfälligkeit *f*; '**pal·pa·ble** [-pəbl] *adj.* ☐ **1.** fühl-, greif-, tastbar; **2.** *fig.* handgreiflich, augenfällig; '**pal·pa·ble·ness** [-pəblnɪs] → ***palpability***; '**pal·pate** [-peɪt] *v/t.* befühlen, abtasten (*a.* ⚕); **pal·pa·tion** [pæl'peɪʃn] *s.* Abtasten *n* (*a.* ⚕).

pal·pe·bra ['pælpɪbrə] *s. anat.* Augenlid *n*: ***lower ~*** Unterlid *n*.

pal·pi·tant ['pælpɪtənt] *adj.* klopfend, pochend; **pal·pi·tate** ['pælpɪteɪt] *v/i.* **1.** klopfen, pochen (*Herz*); **2.** (er)zittern; **pal·pi·ta·tion** [ˌpælpɪ'teɪʃn] *s.* Klopfen *n*, (heftiges) Schlagen: **~ (*of the heart*)** ⚕ Herzklopfen *n*.

pal·sied ['pɔːlzɪd] *adj.* **1.** gelähmt; **2.** zittrig, wacklig; **pal·sy** ['pɔːlzɪ] **I** *s.* **1.** ⚕ Lähmung *f*: ***shaking ~*** Schüttellähmung; ***wasting ~*** progressive Muskelatrophie; → ***writer*** 1; **2.** *fig.* Ohnmacht *f*, Lähmung *f*; **II** *v/t.* **3.** lähmen.

pal·ter ['pɔːltə] *v/i.* **1.** (***with***) gemein handeln (an *dat.*), sein Spiel treiben (mit); **2.** feilschen.

pal·tri·ness ['pɔːltrɪnɪs] *s.* Armseligkeit *f*, Schäbigkeit *f*; **pal·try** ['pɔːltrɪ] *adj.* ☐ **1.** armselig, karg: ***a ~ sum***; **2.** dürftig, fadenscheinig: ***a ~ excuse***; **3.** schäbig, schofel, gemein: ***a ~ fellow***; ***a ~ lie***; ***a ~ ten dollars*** lumpige zehn Dollar.

pam·pas ['pæmpəs] *s. pl.* Pampas *pl.* (*südamer. Grasebene*[*n*]).

pam·per ['pæmpə] *v/t.* verwöhnen, -hätscheln; *fig. Stolz etc.* nähren, ‚hätscheln'; *e-m Gelüst* frönen.

pam·phlet ['pæmflɪt] *s.* **1.** Bro'schüre *f*, Druckschrift *f*, Heft *n*; **2.** Flugblatt *n*, -schrift *f*; **pam·phlet·eer** [ˌpæmflə'tɪə] *s.* Verfasser(in) von Flugschriften.

pan¹ [pæn] **I** *s.* **1.** Pfanne *f*: ***frying ~*** Bratpfanne; **2.** ⚙ Pfanne *f*, Tiegel *m*, Becken *n*, Mulde *f*, Trog *m*; **3.** Schale *f* (*e-r Waage*); **4.** ⚔ *hist.* (Zünd)Pfanne *f*; → ***flash*** 2; **5.** *sl.* Vi'sage *f*, Gesicht *n*; **6.** F ‚Verriss' *m*, vernichtende Kri'tik; **II** *v/t.* **7.** *oft* **~ *out***, **~ *off*** *Gold*(*sand*) auswaschen; **8.** F ‚verreißen', scharf kritisieren; **III** *v/i.* **9.** **~ *out*** *Am. sl.* sich bezahlt machen, ‚klappen': **~ *out well*** a) *an Gold* ergiebig sein, b) *fig.* ‚hinhauen', ‚einschlagen'.

pan² [pæn] **I** *v/t. Filmkamera* schwenken, fahren; **II** *v/i.* a) panoramieren, die 'Film,kamera fahren *od.* schwenken, b) (her'um)schwenken (*Kamera*); **III** *s. Film*: Schwenk *m*.

pan- [pæn] *in Zssgn* all..., gesamt...; All..., Gesamt..., Pan...

pan·a·ce·a [ˌpænə'sɪə] *s.* All'heil-, Wundermittel *n*; *fig. a.* Pa'tentreˌzept *n*.

pa·nache [pə'næʃ] *s.* **1.** Helm-, Federbusch *m*; **2.** *fig.* Großtue'rei *f*.

Pan-A·mer·i·can [ˌpænə'merɪkən] *adj.* panameri'kanisch.

'**pan·cake I** *s.* **1.** Pfann-, Eierkuchen *m*: ***~ roll*** Frühlingsrolle *f*; **2.** Leder *n* geringerer Qualität (*aus Resten hergestellt*); **3.** *a.* ***~ landing*** ✈ Bumslandung *f*; **II** *v/i.* **4.** ✈ *bei Landung* 'durchsacken; **III** *v/t.* **5.** ✈ *Maschine* 'durchsacken lassen; **IV** *adj.* **6.** Pfannkuchen...: ***~ Day*** F Fastnachtsdienstag *m*; **7.** flach: ***~ coil*** ⚡ Flachspule.

pan·chro·mat·ic [ˌpænkrəʊ'mætɪk] *adj.* ♪, *phot.* panchro'matisch.

pan·cre·as ['pæŋkrɪəs] *s. anat.* Bauchspeicheldrüse *f*, Pankreas *n*; **pan·cre·at·ic** [ˌpæŋkrɪ'ætɪk] *adj.* Bauchspeicheldrüsen...: **~ *juice*** Bauchspeichel *m*.

pan·da ['pændə] *s. zo.* Panda *m*, Katzenbär *m*; **~ car** *s. Brit.* (Funk-, Poli'zei)Streifenwagen *m*; **~ cross·ing** *s. Brit.* 'Fußgängerˌüberweg *m* mit Druckampel.

pan·dem·ic [pæn'demɪk] *adj.* ⚕ pan'demisch, ganz allgemein verbreitet.

pan·de·mo·ni·um [ˌpændɪ'məʊnjəm] *s. fig.* **1.** In'ferno *n*, Hölle *f*; **2.** Höllenlärm *m*.

pan·der ['pændə] **I** *s.* **1.** a) Kuppler(in), b) Zuhälter *m*; **2.** *fig.* j-d, der aus den Schwächen u. Lastern anderer Kapi'tal schlägt; j-d, der e-m Laster Vorschub leistet; **II** *v/t.* **3.** verkuppeln; **III** *v/i.* **4.** kuppeln; **5.** **~ *to*** a) appellieren an, sich wenden an, b) *e-m Laster etc.* Vorschub leisten: ***~ to s.o.'s ambition*** j-s Ehrgeiz anstacheln.

Pan·do·ra's box [pæn'dɔːrəz] *s. myth. u. fig.* die Büchse der Pan'dora.

P

pane [peɪn] *s.* **1.** (Fenster)Scheibe *f*; **2.** ⚙ Feld *n*, Fach *n*, Platte *f*, Tafel *f*, Füllung *f* (*Tür*), ⚠ Kas'sette *f* (*Decke*): **~ *of glass*** *e-e* Tafel Glas; **3.** ebene Seitenfläche; Finne *f* (*Hammer*); Fa'cette *f* (*Edelstein*).

pan·e·gyr·ic [ˌpænɪ'dʒɪrɪk] **I** *s.* Lobrede *f*, -preisung *f*, -schrift *f*, Lobeshymne *f* (**on** über *acc.*); **II** *adj.* → **pan·e'gyr·i·cal** [-kl] *adj.* □ lobpreisend, Lob(es)...; **ˌpan·e'gyr·ist** [-ɪst] *s.* Lobredner *m*; **pan·e·gy·rize** ['pænɪdʒɪraɪz] **I** *v/t.* (lob)preisen, ‚in den Himmel heben'; **II** *v/i.* sich in Lobeshymnen ergehen.

pan·el ['pænl] **I** *s.* **1.** ⚠ (vertieftes) Feld, Fach *n*, Füllung *f* (*Tür*), Täfelung *f* (*Wand*); **2.** Tafel *f* (*Holz*), Platte *f* (*Blech etc.*); **3.** *paint.* Holztafel *f*, Gemälde *n* auf Holz; **4.** *phot.* (Bild *n* im) 'Hochforˌmat *n*; **5.** Einsatz(streifen) *m am Kleid*; **6.** ✈ a) ⚔ 'Flieger-, Si'gnaltuch *n*, b) Stoffbahn *f* (*Fallschirm*), c) Streifen *m* der Bespannung (*am Flugzeugflügel*), Verkleidung(sblech *n*) *f* (*Flügelbauteil*); **7.** ⚡, ⚙ a) → ***instrument*** 6, b) Schalttafel(feld *n*) *f*, c) *Radio etc.*: Feld *n*, Einschub *m*, d) → ***panel board*** 2; **8.** (Bau)Abteilung *f*, Abschnitt *m*; **9.** ⚒ (Abbau)Feld *n*; **10.** ⚖ a) Liste *f* der Geschworenen, b) Geschworene *pl.*; **11.** ('Unter)Ausschuss *m*, Kommissi'on *f*, Gremium *n*, Kammer *f*; **12.** a) → ***panel discussion***, b) Diskussi'onsteilnehmer *pl.*; **13.** *Meinungsforschung*: Befragtengruppe *f*; **II** *v/t.* **14.** täfeln, paneelieren, in Felder einteilen; **15.** *Kleid* mit Einsatzstreifen verzieren.

pan·el| board *s.* **1.** ⚙ Füllbrett *n*, (Wand-, Par'kett)Tafel *f*; **2.** ⚡ Schaltbrett *n*, -tafel *f*; **~ dis·cus·sion** *s.* Podiumsgespräch *n*, öffentliche Diskussi'on; **~ game** *s. TV etc.*: Ratespiel *n*, 'Quiz(proˌgramm) *n*; **~ heat·ing** *s.* Flächenheizung *f*.

pan·el·ist ['pænlɪst] *s.* **1.** Diskussi'onsteilnehmer(in); **2.** *TV etc.* Teilnehmer (-in) an e-m 'Quizproˌgramm.

pan·el·(l)ing ['pænlɪŋ] *s.* Täfelung *f*, Verkleidung *f*.

pan·el| sys·tem *s.* 'Listensyˌstem *n* (*für die Auswahl von Abgeordneten etc.*); **~ saw** *s.* Laubsäge *f*; **~ truck** *s. Am.* (kleiner) Lieferwagen; **'~·work** *s.* Tafel-, Fachwerk *n*.

pang [pæŋ] *s.* **1.** plötzlicher Schmerz, Stechen *n*, Stich *m*: ***death ~s*** Todesqualen; ***~s of hunger*** nagender Hunger; ***~s of love*** Liebesschmerz *m*; **2.** *fig.* aufschießende Angst, plötzlicher Schmerz, Qual *f*, Weh *n*, Pein *f*: ***~s of remorse*** heftige Gewissensbisse.

ˌPan-'Ger·man **I** *adj.* 'pangerˌmanisch, all-, großdeutsch; **II** *s.* 'Pangermaˌnist *m*, Alldeutsche(r) *m*.

pan·han·dle ['pænˌhændl] **I** *s.* **1.** Pfannenstiel *m*; **2.** *Am.* schmaler Fortsatz (*bes. e-s Staatsgebiets*); **II** *v/t. u. v/i.* **3.** *Am. sl. j-n* (an)betteln, *et.* ‚schnorren', erbetteln (*a. fig.*); **'panˌhan·dler** [-lə] *s. Am. sl.* Bettler *m*, ‚Schnorrer' *m*.

pan·ic¹ ['pænɪk] *s.* ⚘ (Kolben)Hirse *f*.

pan·ic² ['pænɪk] **I** *adj.* **1.** panisch: **~ *fear***; **~ *haste*** blinde Hast; **~ *braking*** *mot.* scharfes Bremsen; **~ *buying*** Angstkäufe; ***push the ~ button*** *fig.* F panisch reagieren; ***be at ~ stations*** F fast ‚'durchdrehen'; **II** *s.* **2.** Panik *f*, panischer Schrecken; **3.** ✝ Börsenpanik *f*, Kurssturz *m*: ***~-proof*** krisenfest; **4.** *Am. sl.* etwas zum Totlachen; **III** *v/t. pret. u. p.p.* **'pan·icked** [-kt] **5.** in Panik versetzen; **6.** in Panik geraten, *Am. sl. Publikum* hinreißen; **IV** *v/i.* **7.** von panischem Schrecken erfasst werden: ***don't ~!*** nur die Ruhe!; **8.** sich zu e-r Kurzschlusshandlung hinreißen lassen, ‚'durchdrehen'; **'pan·ick·y** [-kɪ] *adj.* F **1.** 'überängstlich, -nerˌvös; **2.** in Panik.

pan·i·cle ['pænɪkl] *s.* ⚘ Rispe *f*.

'pan·ic|ˌmon·ger *s.* Bange-, Panikmacher(in); **~ re·ac·tion** *s.* Kurzschlusshandlung *f*; **'~-ˌstrick·en**, **'~-struck** *adj.* von panischem Schrecken gepackt.

pan·jan·drum [pən'dʒændrəm] *s. humor.* Wichtigtuer *m*.

pan·nier ['pænɪə] *s.* **1.** (Trag)Korb *m*: ***a pair of ~s*** e-e Doppelpacktasche (*Fahr-, Motorrad*); **2.** a) Reifrock *m*, b) Reifrockgestell *n*.

pan·ni·kin ['pænɪkɪn] *s.* **1.** Pfännchen *n*; **2.** kleines Trinkgefäß.

pan·ning ['pænɪŋ] *s. Film*: Panoramierung *f*, (Kamera)Schwenkung *f*: **~ *shot*** Schwenk *m*.

pan·o·plied ['pænəplɪd] *adj.* **1.** vollständig gerüstet (*a. fig.*); **2.** prächtig geschmückt; **pan·o·ply** ['pænəplɪ] *s.* **1.** vollständige Rüstung; **2.** *fig.* prächtige Um'rahmung *od.* Aufmachung, Schmuck *m*.

pan·o·ra·ma [ˌpænə'rɑːmə] *s.* **1.** Pano'rama *n* (*a. paint.*), Rundblick *m*; **2.** a) *Film*: Schwenk *m*, b) *phot.* Rundbildaufnahme *f*: **~ *lens*** Weitwinkelobjektiv *n*; **3.** *fig.* vollständiger 'Überblick (***of*** über *acc.*); **ˌpan·o'ram·ic** [-'ræmɪk] *adj.* (□ ***~ally***) pano'ramisch, Rundblick...: **~ *camera*** Panoramenkamera; **~ *sketch*** Ansichtsskizze; **~ *windshield*** *mot. Am.* Rundsichtverglasung.

pan shot *s.* (Kamera)Schwenk *m*.

pan·sy ['pænzɪ] *s.* **1.** ⚘ Stiefmütterchen *n*; **2.** *a.* **~ *boy*** F a) ‚Bubi' *m*, b) ‚Homo' *m*, ‚Schwule(r)' *m*.

pant [pænt] **I** *v/i.* **1.** keuchen, japsen, schnaufen: **~ *for breath*** nach Luft schnappen; **2.** *fig.* lechzen, dürsten, gieren (***for*** *od.* ***after*** nach); **II** *v/t.* **3.** **~ *out*** Worte (her'vor)keuchen.

P

pan·ta·loon [ˌpæntəˈluːn] *s.* **1.** *thea.* Hansˈwurst *m*; **2.** *pl. hist.* Pantaˈlons *pl.* (*Herrenhose*).
pan·tech·ni·con [pænˈteknɪkən] *s. Brit.* **1.** Möbellager *n*; **2.** *a.* **~ *van*** Möbelwagen *m.*
pan·the·ism [ˈpænθiːɪzəm] *s. phls.* Pantheˈismus *m*; ˈ**pan·the·ist** [-ɪst] *s.* Pantheˈist(in); **pan·the·is·tic** [ˌpænθiːˈɪstɪk] *adj.* pantheˈistisch.
pan·the·on [ˈpænθɪən] *s.* Pantheon *n*, Ehrentempel *m*, Ruhmeshalle *f.*
pan·ther [ˈpænθə] *s. zo.* Pant(h)er *m.*
pan·ties [ˈpæntɪz] *s. pl.* F **1.** Kinderhöschen *n od. pl.*; **2.** (Damen)Slip *m.*
pan·ti·hose [ˈpæntɪhəʊz] *s.* Strumpfhose *f.*
pan·tile [ˈpæntaɪl] *s.* Dachziegel *m*, -pfanne *f*, Hohlziegel *m.*
pan·to·graph [ˈpæntəʊgrɑːf] *s.* **1.** ⚡ Scherenstromabnehmer *m*; **2.** ⚙ Storchschnabel *m.*
pan·to·mime [ˈpæntəmaɪm] **I** *s.* **1.** *thea.* Pantoˈmime *f*; **2.** *Brit.* (Laien)Spiel *n*, englisches Weihnachtsspiel; **3.** Mienen-, Gebärdenspiel *n*; **II** *v/t.* **4.** pantoˈmimisch darstellen, mimen; **pan·to·mim·ic** [ˌpæntəˈmɪmɪk] *adj.* (□ **~*ally***) pantoˈmimisch.
pan·try [ˈpæntrɪ] *s.* Vorratskammer *f*, Speiseschrank *m*: ***butler's* ~** Anrichteraum *m.*
pants [pænts] *s. pl.* **1.** lange (Herren-)Hose; → ***wear***[1] 1; **2.** *Brit.* Herrenunterhose *f.*
ˈ**pant| skirt** [pænt] *s.* Hosenrock *m*; **pant(s) suit** *s. Am.* Hosenanzug *m.*
pant·y [ˈpæntɪ] → ***panties***; **~ gir·dle** *s.* Miederhös-chen *n*; **~ hose** *s.* Strumpfhose *f*; **~ lin·er** *s.* ˈSlipeinlage *f*; ˈ**~·waist** *Am. s.* **1.** Hemdhöschen *n*; **2.** *sl.* Schwächling *m.*
pap [pæp] *s.* **1.** (Kinder)Brei *m*, Papp *m*; **2.** *fig. Am.* F Protektiˈon *f.*
pa·pa [pəˈpɑː] *s.* Paˈpa *m.*
pa·pa·cy [ˈpeɪpəsɪ] *s.* **1.** päpstliches Amt; **2.** ♎ Papsttum *n*; **3.** Pontifiˈkat *n*; ˈ**pa·pal** [-pl] *adj.* □ **1.** päpstlich; **2.** ˈrömisch-kaˈtholisch; ˈ**pa·pal·ism** [-əlɪzəm] *s.* Papsttum *n*; ˈ**pa·pal·ist** [-əlɪst] *s.* Paˈpist(in).
pa·pa·ya [pəˈpaɪə] *s.* **1.** Paˈpaya *f* (*Frucht*); **2.** Paˈpaya *f*, Meˈlonenbaum *m.*
pa·per [ˈpeɪpə] **I** *s.* **1.** ⚙ a) Paˈpier *n*, b) Pappe *f*, c) Taˈpete *f*; **2.** Blatt *n* Papier; **3.** Papier *n als Schreibmaterial*: **~ *does not blush*** Papier ist geduldig; ***on* ~** *fig.* auf dem Papier, theoretisch; → ***commit*** 1; **4.** Dokuˈment *n*, Schriftstück *n*; **5.** ✝ a) (ˈWert)Paˌpier *n*, b) Wechsel *m*, c) Paˈpiergeld *n*: ***best* ~** erstklassiger Wechsel; ***convertible* ~** (*in Gold*) einlösbares Papiergeld; **~ *currency*** Papierwährung *f*; **6.** *pl.* a) ˈAusweis- *od.* Beˈglaubigungspaˌpiere *pl.*, Dokuˈmente *pl.*: ***send in one's* ~*s*** den Abschied nehmen, b) Akten *pl.*, Schriftstücke *pl.*: **~*s on appeal*** ⚖ Berufungsakten; ***move for* ~*s*** *bsd. parl.* die Vorlage der Unterlagen *e-s Falles* beantragen; **7.** Prüfungsarbeit *f*; **8.** Aufsatz *m*, Abhandlung *f*, Vortrag *m*, -lesung *f*, Refeˈrat *n*: ***read a* ~** e-n Vortrag halten, referieren (***on*** über *acc.*); **9.** Zeitung *f*, Blatt *n*; **10.** Brief *m*, Heft *n mit Nadeln etc.*; **11.** *thea. sl.* a) Freikarte *f*, b) Besucher *m* mit Freikarte; **II** *adj.* **12.** paˈpieren, Papier..., Papp...; **13.** *fig.* (hauch)dünn, schwach; **14.** nur auf dem Paˈpier vorhanden: **~ *team***; **III** *v/t.* **15.** in Papier einwickeln; mit Papier ausschlagen: **~ *over*** überkleben, *fig.* (notdürftig) übertünchen; **16.** tapezieren; **17.** mit ˈSandpaˌpier polieren; **18.** *thea. sl. Haus* mit Freikarten füllen; ˈ**~·back** *s.* Paperback *n*, Taschenbuch *n*; **~ bag** *s.* Tüte *f*; ˈ**~·board** *s.* Pappdeckel *m*, Pappe *f*; **~ chase** *s.* Schnitzeljagd *f*; **~ clip** *s.* Büˈro-, Heftklammer *f*; **~ cup** *s.* Pappbecher *m*; **~ cut·ter** *s.* **1.** Paˈpierˌschneidemaˌschine *f*; **2.** → ***paper knife***; **~ ex·er·cise** *s.* ⚔ Planspiel *n*; **~ fas·ten·er** *s.* Heftklammer *f*; **~ feed** *s.* Papiereinzug *m*; ˈ**~ˌhang·er** *s.* Tapezierer *m*; **~ jam** *s.* Papierstau *m*; **~ knife** *s.* Paˈpiermesser *n*, Brieföffner *m*; **~ mill** *s.* Paˈpierfabˌrik *f*, -mühle *f*; **~ mon·ey** *s.* Paˈpiergeld *n*; **~ plate** *s.* Pappteller *m*; **~ prof·it** *s.* ✝ rechnerischer Gewinn; **~ stain·er** *s.* Taˈpetenmaler *m*, -macher *m*; **~ tape** *s. Computer*: Lochstreifen *m*; ˈ**~·thin** *adj.* hauchdünn (*a. fig.*); **~ ti·ger** *s. fig.* Paˈpiertiger *m*; **~ tis·sue** *s.* Paˈpiertuch *n*; **~ war(·fare)** *s.* **1.** Pressekrieg *m*, -fehde *f*, Federkrieg *m*; **2.** Paˈpierkrieg *m*; ˈ**~-weight** *s.* **1.** Briefbeschwerer *m*; **2.** *sport* Paˈpiergewicht(ler *m*) *n*; ˈ**~·work** *s.* Schreib-, Büˈroarbeit *f.*
pa·per·y [ˈpeɪpərɪ] *adj.* paˈpierähnlich; (paˈpier)dünn.
pa·pier-mâ·ché [ˌpæpjeɪˈmæʃeɪ] *s.* Paˈpiermaˌché, -maˌschee *n*, ˈPappmaˌché, -maˌschee *n.*
pa·pil·i·o·na·ceous [pəˌpɪlɪəʊˈneɪʃəs] *adj.* ⚘ schmetterlingsblütig.
pa·pil·la [pəˈpɪlə] *pl.* **-pil·lae** [-liː] *s. anat.* Paˈpille *f* (*a.* ⚘), Warze *f*; **papˈil·lar·y** [-ərɪ] *adj.* **1.** warzenartig, papilˈlär; **2.** mit Paˈpillen versehen.
pa·pist [ˈpeɪpɪst] *s. contp.* Paˈpist *m*; **pa·pis·tic** *adj.*; **pa·pis·ti·cal** [pəˈpɪstɪk(l)] *adj.* □ **1.** päpstlich; **2.** *contp.* paˈpistisch; ˈ**pa·pist·ry** [-rɪ] *s.* Paˈpismus *m*, Papisteˈrei *f.*
pa·poose [pəˈpuːs] *s.* **1.** Indiˈanerbaby *n*; **2.** *Am. humor.* ‚Balg' *m.*
pap·pus [ˈpæpəs] *pl.* **-pi** [-aɪ] *s.* **1.** ⚘ a)

P

Haarkrone *f*, b) Federkelch *m*; **2.** Flaum *m*.

pap·py ['pæpɪ] *adj.* breiig, pappig.

Pap| test, ~ smear [pæp] *s.* ⚕ Abstrich *m*.

pa·py·rus [pə'paɪərəs] *pl.* **-ri** [-raɪ] *s.* **1.** ⚘ Pa'pyrus(staude *f*) *m*; **2.** *antiq.* Pa'pyrus(rolle *f*, -text) *m*.

par [pɑː] **I** *s.* **1.** ✝ Nennwert *m*, Pari *n*: ***issue ~*** Emissionskurs *m*; ***nominal*** (*od.* ***face***) ~ Nennbetrag *m* (*Aktie*), Nominalwert *m*; ***~ of exchange*** Wechselpari(tät *f*) *n*, Parikurs *m*; ***at ~*** zum Nennwert, al pari; ***above*** (***below***) ~ über (unter) Pari; **2.** *fig.* ***above ~*** in bester Form; ***up to*** (***below***) ~ F (nicht) auf der Höhe; ***be on a ~*** (***with***) ebenbürtig *od.* gewachsen sein (*dat.*), entsprechen (*dat.*); ***put on a ~ with*** gleichstellen (*dat.*); ***on a ~*** *Brit.* im Durchschnitt; **3.** *Golf*: Par *n*, festgesetzte Schlagzahl; **II** *adj.* **4.** ✝ pari: ***~ clearance*** *Am.* Clearing *n* zum Pariwert; ***~ value*** Pari-, Nennwert *m*.

para- [pærə] *in Zssgn* **1.** neben, über ... hin'aus; **2.** ähnlich; **3.** falsch; **4.** ⚗ neben, ähnlich; Verwandtschaft bezeichnend; **5.** ⚕ a) fehlerhaft, ab'norm, b) ergänzend, c) um'gebend; **6.** Schutz...; **7.** Fallschirm...

pa·ra ['pærə] *s.* F **1.** ⚔ Fallschirmjäger *m*; **2.** *typ.* Absatz *m*.

par·a·ble ['pærəbl] *s.* Pa'rabel *f*, Gleichnis *n* (*a. bibl.*).

pa·rab·o·la [pə'ræbələ] *s.* ⩓ Pa'rabel *f*: ***~ compasses*** Parabelzirkel *m*.

par·a·bol·ic [ˌpærə'bɒlɪk] *adj.* **1.** → ***parabolical***; **2.** ⩓ para'bolisch, Parabel...: ***~ mirror*** Parabolspiegel *m*; **ˌpar·a'bol·i·cal** [-kl] *adj.* ☐ para'bolisch, gleichnishaft; **pa·rab·o·loid** [pə'ræbəlɔɪd] *s.* ⩓ Parabolo'id *n*.

'par·a·brake *v/t.* ✈ durch Bremsfallschirm abbremsen.

par·a·chute ['pærəʃuːt] **I** *s.* **1.** ✈ Fallschirm *m*: ***~ jumper*** Fallschirmspringer *m*; **2.** ⚘ Schirmflieger *m*; **3.** ⚙ Sicherheits-, Fangvorrichtung *f*; **II** *v/t.* **4.** (mit dem Fallschirm) absetzen, -werfen; **III** *v/i.* **5.** mit dem Fallschirm abspringen; **6.** (wie) mit e-m Fallschirm schweben; ***~ flare*** *s.* ⚔ Leuchtfallschirm *m*; ***~ troops*** *s. pl.* ⚔ Fallschirmtruppen *pl*.

par·a·chut·ist ['pærəʃuːtɪst] *s.* ✈ **1.** Fallschirmspringer(in); **2.** ⚔ Fallschirmjäger *m*.

pa·rade [pə'reɪd] **I** *s.* **1.** Pa'rade *f*, Vorführung *f*, Zur'schaustellen *n*; ***make a ~ of*** → 7; **2.** ⚔ a) Pa'rade *f* (*Truppenschau u. Vorbeimarsch*): ***be on ~*** e-e Parade abhalten, b) Ap'pell *m*: ***~ rest!*** Rührt Euch!, c) *a.* ***~ ground*** Pa'rade-, Exerzierplatz *m*; **3.** ('Um)Zug *m*, (Auf-, Vor'bei)Marsch *m*; **4.** *bsd. Brit.* Prome'nade *f*; **5.** *fenc.* Pa'rade *f*; **II** *v/t.* **6.** zur Schau stellen, vorführen; **7.** zur Schau tragen, protzen mit; **8.** ⚔ auf-, vor'beimarschieren lassen; **9.** *Straße* entlangstolzieren; **III** *v/i.* **10.** ⚔ paradieren, (vor'bei)marschieren; **11.** e-n Umzug veranstalten, durch die Straßen ziehen; **12.** sich zur Schau stellen, stolzieren.

par·a·digm ['pærədaɪm] *s. ling.* Para'digma *n*, (Muster)Beispiel *n*; **par·a·dig·mat·ic** [ˌpærədɪg'mætɪk] *adj.* (☐ ***~ally***) paradig'matisch.

par·a·dise ['pærədaɪs] *s.* (*bibl.* ♀) Para'dies *n* (*a. fig.*): ***bird of ~*** Paradiesvogel *m*; → ***fool's paradise***; **par·a·dis·i·ac** [ˌpærə'dɪsɪæk], **par·a·di·si·a·cal** [ˌpærədɪ'saɪəkl] *adj.* para'diesisch.

par·a·dox ['pærədɒks] *s.* Pa'radoxon *n*, Para'dox *n*; **par·a·dox·i·cal** [ˌpærə'dɒksɪkl] *adj.* ☐ para'dox.

'par·a·drop *v/t.* ✈ mit dem Fallschirm abwerfen *od.* absetzen.

par·af·fin ['pærəfɪn], **par·af·fine** ['pærəfiːn] **I** *s.* Paraf'fin *n*: ***liquid ~***, *Brit.* ***~ (oil)*** Paraffinöl *n*; ***solid ~*** Erdwachs *n*; ***~ wax*** Paraffin (*für Kerzen*); **II** *v/t.* ⚙ paraffinieren.

par·a·glid·er ['pærəˌglaɪdə] *s. sport* **1.** Gleitschirm *m*; **2.** 'ParaˌglIder(in), Gleitschirmflieger(in); **'par·aˌglid·ing** *s.* 'Paraˌgliding *n*, Gleitschirmfliegen *n*.

par·a·gon ['pærəgən] *s.* **1.** Muster *n*, Vorbild *n*: ***~ of virtue*** Muster *od. iro.* Ausbund *m* an Tugend; **2.** *typ.* Text *f* (*Schriftgrad*).

par·a·graph ['pærəgrɑːf] *s.* **1.** *typ.* a) Absatz *m*, Abschnitt *m*, Para'graph *m*, b) Para'graphzeichen *n*; **2.** kurzer ('Zeitungs)Arˌtikel; **'par·a·graph·er** [-fə] *s.* **1.** Verfasser *m* kleiner Zeitungsartikel; **2.** 'Leitarˌtikler *m* (*e-r Zeitung*).

Par·a·guay·an [ˌpærə'gwaɪən] **I** *adj.* para'guayisch; **II** *s.* Para'guayer(in).

par·a·keet ['pærəkiːt] *s. orn.* Sittich *m*: ***Australian grass ~*** Wellensittich.

par·al·de·hyde [pə'rældɪhaɪd] *s.* ⚗ Paralde'hyd *n*.

par·al·lac·tic [ˌpærə'læktɪk] *adj. ast., phys.* paral'laktisch: ***~ motion*** parallaktische Verschiebung; **par·al·lax** ['pærəlæks] *s.* Paral'laxe *f*.

par·al·lel ['pærəlel] **I** *adj.* **1.** (***with, to***) paral'lel (zu, mit), gleichlaufend (mit): ***~ bars*** *Turnen*: Barren *m*; ***~ connection*** ⚡ Parallelschaltung *f*; ***run ~ to*** parallel verlaufen zu; **2.** *fig.* paral'lel, gleich(gerichtet, -laufend), entsprechend: ***~ case*** Parallelfall *m*; ***~ passage*** Parallele *f in e-m Text*; **II** *s.* **3.** ⩓ *u. fig.* Paral'lele *f* (***to*** zu): ***in ~ with*** parallel zu; ***draw a ~ between*** *fig.* e-e Parallele ziehen zwischen (*dat.*), (miteinander) vergleichen; **4.** ⩓ Paralleli'tät *f* (*a. fig. Gleichheit*); **5.** *geogr.* Breitenkreis *m*; **6.** ⚡ Paral'lelschaltung *f*: ***connect*** (*od.* ***join***) ***in ~*** parallel schal-

P

ten; **7.** Gegenstück *n*, Entsprechung *f*: ***have no ~*** nicht seinesgleichen haben; ***without ~*** ohnegleichen; **III** *v/t.* **8.** (***with***, ***to***) anpassen, -gleichen (*dat.*); **9.** gleichkommen (*dat.*); **10.** et. Gleiches *od.* Entsprechendes finden zu; **11.** *bsd. Am.* F parallel laufen zu; **'par·al·lel·ism** [-lɪzəm] *s.* ⩚ Paralle'lismus *m* (*a. ling., phls., fig.*), Paralleli'tät *f*; **par·al·lel·o·gram** [ˌpærə'leləʊgræm] *s.* ⩚ Parallelo'gramm *n*: ***~ of forces*** *phys.* Kräfteparallelogramm *n*.

Forty-Ninth Parallel wird die Grenze zwischen den USA und Kanada genannt, da dieser Breitengrad die beiden Staaten trennt.

pa·ral·o·gism [pə'rælədʒɪzəm] *s. phls.* Paralo'gismus *m*, Trugschluss *m*.

Par·a·lym·pics [ˌpærə'lɪmpɪks] *s. pl. sport* Para'lympics *pl.*, Be'hindertenolympiˌade *f*.

par·a·ly·sa·tion [ˌpærəlaɪ'zeɪʃn] *s.* **1.** ⚕ Lähmung *f* (*a. fig.*); **2.** *fig.* Lahmlegung *f*; **par·a·lyse** ['pærəlaɪz] *v/t.* **1.** ⚕ paralysieren, lähmen (*a. fig.*); **2.** *fig.* lahm legen, lähmen, zum Erliegen bringen; **pa·ral·y·sis** [pə'rælɪsɪs] *pl.* **-ses** [-siːz] *s.* **1.** ⚕ Para'lyse *f*, Lähmung *f*; **2.** *fig.* a) Lähmung *f*, Lahmlegung *f*, b) Da'niederliegen *n*, c) Ohnmacht *f*; **par·a·lyt·ic** [ˌpærə'lɪtɪk] **I** *adj.* (□ ***~ally***) ⚕ para'lytisch: a) Lähmungs..., b) gelähmt (*a. fig.*), c) F volltrunken; **II** *s.* ⚕ Para'lytiker(in).

par·a·lyze *bsd. Am.* → ***paralyse***.

par·a·med·ic [ˌpærə'medɪk] *s. Am.* **1.** ärztlicher Assi'stent, *a.* Sani'täter *m*; **2.** Arzt, der sich in abgelegenen Gegenden mit dem Fallschirm absetzen lässt.

pa·ram·e·ter [pə'ræmɪtə] *s.* ⩚ **1.** Pa'rameter *m*; **2.** Nebenveränderliche *f*.

ˌpar·a'mil·i·tar·y *adj.* 'paramiliˌtärisch.

par·a·mount ['pærəmaʊnt] **I** *adj.* □ **1.** höher stehend (***to*** als), oberst, höchst; **2.** *fig.* an der Spitze stehend, größt, über'ragend, ausschlaggebend: ***of ~ importance*** von (aller)größter Bedeutung; **'par·a·mount·cy** *s.* **1.** allergrößte Wichtigkeit *od.* Bedeutung; **2.** wichtigste Positi'on, Vorrangstellung *f*, oberste Führungspositi'on.

par·a·mour ['pærəˌmʊə] *s.* Geliebte(r *m*) *f*, Buhle *m, f*.

par·a·noi·a [ˌpærə'nɔɪə] *s.* ⚕ Para'noia *f*; **ˌpar·a'noi·ac** [-ɪæk] **I** *adj.* para'noisch; **II** *s.* Para'noiker(in); **par·a·noid** ['pærənɔɪd] *adj.* parano'id.

par·a·pet ['pærəpɪt] *s.* **1.** ⚔ Wall *m*, Brustwehr *f*; **2.** ⚠ (Brücken)Geländer *n*, (Bal'kon-, Fenster)Brüstung *f*.

par·aph ['pærəf] *s.* Pa'raphe *f*, ('Unterschrifts)Schnörkel *m*.

par·a·pher·na·li·a [ˌpærəfə'neɪljə] *s. pl.* **1.** Zubehör *n, m*, Uten'silien *pl.*, ‚Drum u. 'Dran' *n*; **2.** ⚖ Parapher'nalgut *n der Ehefrau*.

par·a·phrase ['pærəfreɪz] **I** *s.* Para'phrase *f* (*a.* ♪), Um'schreibung *f*; freie 'Wiedergabe, Interpretati'on *f*; **II** *v/t. u. v/i.* paraphrasieren (*a.* ♪), interpretieren, *e-n Text* frei 'wiedergeben; um'schreiben.

par·a·ple·gi·a [ˌpærə'pliːdʒə] *s.* Paraple'gie *f*, doppelseitige Lähmung; **ˌpara'ple·gic** [-dʒɪk] *adj.* para'plegisch.

ˌpar·a·psy'chol·o·gy [ˌpærəsaɪ'kɒlədʒɪ] *s.* 'Parapsycholoˌgie *f*.

par·a·scend·ing [ˌpærə'sendɪŋ] *s.* Fallschirmsport *m*, -springen *n*.

par·a·sit·al [ˌpærə'saɪtl] *adj.* para'sitisch (*a. fig.*); **par·a·site** ['pærəsaɪt] **I** *s.* **1.** *biol. u. fig.* Schma'rotzer *m*, Para'sit *m*; **2.** *ling.* para'sitischer Laut; **II** *adj.* **3.** → ***parasitic*** 4; **ˌpar·a'sit·ic**, **ˌpar·a'sit·ic·al** [-'sɪtɪk(l)] *adj.* □ **1.** *biol.* para'sitisch (*a. ling.*), schma'rotzend; **2.** ⚕ para'sitisch, parasi'tär; **3.** *fig.* schma'rotzerhaft, para'sitisch; **4.** ⚙, ⚡ (*nur* ***parasitic***) störend, parasi'tär: ***~ current*** Fremdstrom *m*; **par·a·sit·ism** ['pærəsaɪtɪzəm] *s.* Parasi'tismus *m* (*a.* ⚕), Schma'rotzertum *n*.

par·a·sol ['pærəsɒl] *s.* (Damen)Sonnenschirm *m*, *obs.* Para'sol *m, n*.

par·a·suit ['pærəsuːt] *s.* ✈ 'Fallschirmkombinatiˌon *f*.

par·a·thy·roid (gland) [ˌpærə'θaɪrɔɪd] *s. anat.* Nebenschilddrüse *f*.

'par·aˌtroop·er *s.* ⚔ Fallschirmjäger *m*; **'par·a·troops** *s. pl.* ⚔ Fallschirmtruppen *pl.*

par·a·ty·phoid (fe·ver) [ˌpærə'taɪfɔɪd] *s.* ⚕ Paratyphus *m*.

par·a·vane ['pærəveɪn] *s.* ⚓ Minenabweiser *m*, Ottergerät *n*.

par·boil ['pɑːbɔɪl] *v/t.* **1.** halb gar kochen, ankochen; **2.** *fig.* über'hitzen.

par·cel ['pɑːsl] **I** *s.* **1.** Pa'ket *n*, Päckchen *n*; Bündel *n*; *pl.* Stückgüter *pl.*: ***~ of shares*** Aktienpaket; ***do up in ~s*** einpacken; **2.** ✝ Posten *m*, Par'tie *f*, Los *n* (*Ware*): ***in ~s*** in kleinen Posten, stück-, packweise; **3.** *contp.* Haufe(n) *m*; **4.** *a.* ***~ of land*** Par'zelle *f*; **II** *v/t.* **5.** *mst* ***~ out*** auf-, aus-, abteilen, *Land* parzellieren; **6.** *a.* ***~ up*** einpacken, (ver)packen; ***~ bomb*** *s.* Pa'ketbombe *f*; ***~ of·fice*** *s.* Gepäckabfertigung(sstelle) *f*; ***~ post*** *s.* Pa'ketpost *f*; ***~s count·er*** *s.* ✉ Pa'ketschalter *m*, -annahme *f*, -ausgabe *f*.

par·ce·nar·y ['pɑːsɪnərɪ] *s.* ⚖ Mitbesitz *m* (*durch Erbschaft*); **'par·ce·ner** [-nə] *s.* Miterbe *m*.

parch [pɑːtʃ] **I** *v/t.* **1.** rösten, dörren; **2.** ausdörren, -trocknen, (ver)sengen: ***be***

~ed (***with thirst***), ‚am Verdursten' sein; **II** *v/i.* **3.** ausdörren, -trocknen, rösten, schmoren; '**parch·ing** [-tʃɪŋ] *adj.* **1.** brennend (*Durst*); **2.** sengend (*Hitze*); '**parch·ment** [-mənt] *s.* **1.** Perga'ment *n*; **2.** *a.* ***vegetable ~*** Perga'mentpa,pier *n*; **3.** Per'gament(urkunde *f*) *n*, Urkunde *f*.

pard [pɑːd], '**pard·ner** [-dnə] *s. bsd. Am.* F Partner *m*, ‚Kumpel' *m*.

par·don ['pɑːdn] **I** *v/t.* **1.** *j-m od. e-e Sache* verzeihen, *j-n od. et.* entschuldigen: ***~ me!*** Verzeihung!, entschuldigen Sie!, verzeihen Sie!; ***~ me for interrupting you!*** entschuldigen Sie, wenn ich Sie unterbreche!; **2.** *Schuld* vergeben; **3.** *j-m* das Leben schenken, *j-m* die Strafe erlassen, *j-n* begnadigen; **II** *s.* **4.** Verzeihung *f*: ***a thousand ~s*** ich bitte Sie tausendmal um Entschuldigung; ***beg*** (*od.* ***ask***) ***s.o.'s ~*** j-n um Verzeihung bitten; (***I***) ***beg your ~*** a) entschuldigen Sie bitte!, Verzeihung!, b) F *a.* ***~?*** wie sagten Sie (doch eben)?, wie bitte?, c) *empört*: erlauben Sie mal!; **5.** Vergebung *f*; *R.C.* Ablass *m*; ⚖ Begnadigung *f*, Straferlass *m*: ***general ~*** (allgemeine) Amnestie; **6.** Par'don *m*, Gnade *f*; '**par·don·a·ble** [-nəbl] *adj.* □ verzeihlich (*Fehler*), lässlich (*Sünde*); '**par·don·er** [-nə] *s. eccl. hist.* Ablasskrämer *m*.

pare [peə] *v/t. Äpfel etc.* schälen; *Fingernägel etc.* (be)schneiden: ***~ down*** *fig.* beschneiden, einschränken; ***~ off*** (ab-)schälen (*a.* ⚙); → ***claw*** 1 b.

par·e·gor·ic [ˌpærə'gɒrɪk] *adj. u. s.* ⚕ schmerzstillend(es Mittel).

par·en·ceph·a·lon [ˌpæren'sefəlɒn] *s. anat.* Kleinhirn *n*.

pa·ren·chy·ma [pə'reŋkɪmə] *s.* **1.** Paren'chym *n* (*biol.*, ⚘ *Grund-*, *anat. Organgewebe*); **2.** ⚕ Tumorgewebe *n*.

par·ent ['peərənt] **I** *s.* **1.** *pl.* Eltern *pl.*: ***~-teacher association*** *ped.* (*amer.*, *a. brit.*) Eltern-Lehrer-Ausschuss *m*; ***~-teacher meeting*** Elternabend *m*; **2.** *a.* ⚖ Elternteil *m*; **3.** Vorfahr *m*; **4.** *biol.* Elter *m*; **5.** *fig.* Ursache *f*: ***the ~ of vice*** aller Laster Anfang; **6.** ✝ F ‚Mutter' *f* (*Muttergesellschaft*); **II** *adj.* **7.** *biol.* Stamm..., Mutter...: ***~ cell*** Mutterzelle *f*; **8.** ursprünglich, Ur...: ***~ form*** Urform *f*; **9.** *fig.* Mutter..., Stamm...: ***~ company*** ✝ Stammhaus *n*, Muttergesellschaft *f*; ***~ material*** Urstoff *m*, *geol.* Ausgangsgestein *n*; ***~ organization*** Dachorganisation *f*; ***~ patent*** ✝ Stammpatent *n*; ***~ rock*** *geol.* Urgestein *n*; ***~ ship*** ⚓ Mutterschiff *n*; ***~ unit*** ⚔ Stammtruppenteil *m*; '**par·ent·age** [-tɪdʒ] *s.* **1.** Abkunft *f*, Abstammung *f*, Fa'milie *f*; **2.** Elternschaft *f*; **3.** *fig.* Urheberschaft *f*; **pa·ren·tal** [pə'rentl] *adj.* □ elterlich, Eltern...: ***~ authority*** ⚖ elterliche Gewalt.

pa·ren·the·sis [pə'renθɪsɪs] *pl.* **-the·ses** [-siːz] *s.* **1.** *ling.* Paren'these *f*, Einschaltung *f*: ***by way of ~*** *fig.* beiläufig; **2.** *mst pl. typ.* (runde) Klammer(n *pl.*): ***put in parentheses*** einklammern; **pa'ren·the·size** [-saɪz] *v/t.* **1.** einschalten, einflechten; **2.** *typ.* einklammern; **par·en·thet·ic**, **par·en·thet·i·cal** [ˌpærən'θetɪk(l)] *adj.* □ **1.** paren'thetisch, eingeschaltet; *fig.* beiläufig; **2.** eingeklammert.

par·ent·less ['peərəntlɪs] *adj.* elternlos.

pa·re·sis ['pærɪsɪs] *s.* ⚕ **1.** Pa'rese *f*, unvollständige Lähmung; **2.** *a.* ***general ~*** progres'sive Para'lyse.

par·get ['pɑːdʒɪt] **I** *s.* **1.** Gips(stein) *m*; **2.** Verputz *m*; **3.** Stuck *m*; **II** *v/t.* **4.** verputzen; **5.** mit Stuck verzieren.

par·he·li·on [pɑː'hiːljən] *pl.* **-li·a** [-ljə] *s.* Nebensonne *f*, Par'helion *n*.

pa·ri·ah ['pærɪə] *s.* Paria *m* (*a. fig.*).

pa·ri·e·tal [pə'raɪɪtl] **I** *adj.* **1.** *anat.* parie'tal: a) (*a.* ⚘, *biol.*) wandständig, Wand..., b) seitlich, c) Scheitel(-bein)...; **2.** *ped. Am.* in'tern, Haus...; **II** *s.* **3.** *a.* ***~ bone*** Scheitelbein *n*.

par·ing ['peərɪŋ] *s.* **1.** Schälen *n*; (Be-)Schneiden *n*, Stutzen *n* (*a. fig.*); **2.** *pl.* Schalen *pl.*: ***potato ~s***; **3.** *pl.* ⚙ Späne *pl.*, Schabsel *pl.*, Schnitzel *pl.*; ***~ knife*** *s.* **1.** Schälmesser *n* (*für Obst etc.*); **2.** Beschneidmesser.

pa·ri pas·su [ˌpɑːrɪ'pæsuː] (*Lat.*) *adv.* gleichrangig, -berechtigt.

Par·is ['pærɪs] *adj.* Pa'riser; ***~ blue*** *s.* Ber'liner Blau *n*; ***~ green*** *s.* Pa'riser *od.* Schweinfurter Grün *n*.

par·ish ['pærɪʃ] **I** *s.* **1.** *eccl.* a) Kirchspiel *n*, Pfarrbezirk *m*, b) Gemeinde *f* (*a. coll.*); **2.** *a.* ***civil*** (*od.* ***poor-law***) ***~*** *pol. Brit.* (po'litische) Gemeinde: ***go*** (*od.* ***be***) ***on the ~*** der Gemeinde zur Last fallen; **II** *adj.* **3.** Kirchen..., Pfarr...: ***~ church*** Pfarrkirche *f*; ***~ clerk*** Küster *m*; ***~ register*** Kirchenbuch *n*; **4.** *pol.* Gemeinde...: ***~ council*** Gemeinderat *m*; ***~-pump politics*** Kirchturmpolitik *f*; **pa·rish·ion·er** [pə'rɪʃənə] *s.* Gemeindeglied *n*.

Pa·ri·sian [pə'rɪzjən] **I** *s.* Pa'riser(in); **II** *adj.* Pa'riser.

par·i·syl·lab·ic [ˌpærɪsɪ'læbɪk] *ling.* **I** *adj.* parisyl'labisch, gleichsilbig; **II** *s.* Pari'syllabum *n*.

par·i·ty ['pærətɪ] *s.* **1.** Gleichheit *f*, *a.* gleichberechtigte Stellung; **2.** ✝ a) Pari'tät *f*, b) 'Umrechnungskurs *m*: ***at the ~ of*** zum Umrechnungskurs von; ***~ clause*** Paritätsklausel *f*; ***~ price*** Parikurs *m*. **3.** *Computer*: Pari'tät *f*.

park [pɑːk] **I** *s.* **1.** Park *m*, (Park)Anlagen *pl.*; **2.** Na'turschutzgebiet *n*, Park *m*: ***national ~***; **3.** *bsd.* ⚔ (Geschütz-, Fahrzeug- *etc.*)Park *m*; **4.** *Am.* Parkplatz *m*; **5.** a) *Am.* (Sport)Platz *m*, b)

the ~ *Brit.* F der Fußballplatz; **II** *v/t.* **6.** *mot. etc.* parken, ab-, aufstellen; F *et.* abstellen, *wo* lassen: ***~ o.s.*** sich ‚hinhocken'; **III** *v/i.* **7.** parken.

par·ka ['pɑːkə] *s.* Parka *m, f.*

ˌpark-and-'ride sys·tem *s.* 'Park-and--'ride-Syˌstem *n.*

park·ing ['pɑːkɪŋ] *s. mot.* **1.** Parken *n*: ***No ~!*** Parken verboten!; **2.** Parkplatz *m*, -plätze *pl.*, -fläche *f*; **~ brake** *s.* Feststellbremse *f*; **~ disc** *s.* Parkscheibe *f*; **~ fee** *s.* Parkgebühr *f*; **~ ga·rage** *s.* Parkhaus *n*; **~ light** *s.* Park-, Standlicht *n*; **~ lot** *s. Am.* Parkplatz *m*, -fläche *f*; **~ me·ter** *s.* Park(zeit)uhr *f*; **~ of·fend·er** *s.* Falschparker *m*, Parksünder *m*; **~ place** *s.* **1.** Parkplatz *m*, -fläche *f*; **2.** Parklücke *f*; **~ space** *s.* **1.** → ***parking place***; **2.** Abstellfläche *f*; -lücke *f*; **~ tick·et** *s.* Strafzettel *m* (für unerlaubtes Parken).

par·lance ['pɑːləns] *s.* Ausdrucksweise *f*, Sprache *f*: ***in common ~*** auf gut Deutsch; ***in legal ~*** in der Rechtssprache; ***in modern ~*** im modernen Sprachgebrauch.

par·lay ['pɑːlɪ] *Am.* **I** *v/t.* **1.** *Wett-, Spielgewinn* wieder einsetzen; **2.** *fig.* aus *j-m od. et.* Kapi'tal schlagen; **3.** erweitern, ausbauen (***into*** zu); **II** *v/i.* **4.** e-n Spielgewinn wieder einsetzen; **III** *s.* **5.** erneuter Einsatz e-s Gewinns; **6.** Auswertung *f*; **7.** Ausweitung *f*, Ausbau *m.*

par·ley ['pɑːlɪ] **I** *s.* **1.** Unter'redung *f*, Verhandlung *f*; **2.** ⚔ (Waffenstillstands)Verhandlung(en *pl.*) *f*, Unter'handlung(en *pl.*) *f*; **II** *v/i.* **3.** sich besprechen (***with*** mit); **4.** ⚔ unter'handeln; **III** *v/t.* **5.** *humor.* parlieren: ***~ French***.

par·lia·ment ['pɑːləmənt] *s.* Parla'ment *n*: ***enter*** (*od.* ***get into*** *od.* ***go into***) ***ꝰ*** ins Parlament gewählt werden; ***Member of ꝰ*** *Brit.* Mitglied des Unterhauses, Abgeordnete(r *m*) *f*; **par·lia·men·tar·i·an** [ˌpɑːləmen'teərɪən] *pol.* **I** *s.* (erfahrener) Parlamen'tarier; **II** *adj.* → ***parliamentary***; **par·lia·men·ta·rism** [ˌpɑːlə'mentərɪzəm] *s.* parlamen'tarisches Sy'stem, Parlamenta'rismus *m*; **par·lia·men·ta·ry** [ˌpɑːlə'mentərɪ] *adj.* **1.** parlamen'tarisch, Parlaments...: ***ꝰ Commissioner*** *Brit.* → ***ombudsman*** 1; ***~ group*** (*od.* ***party***) Fraktion *f*; ***~ party leader*** *Brit.* Fraktionsvorsitzende(r) *m*; **2.** *fig.* höflich (*Sprache*).

par·lo(u)r ['pɑːlə] **I** *s.* **1.** Wohnzimmer *n*; **2.** *obs.* Besuchszimmer *n*, Sa'lon *m*; **3.** Empfangs-, Sprechzimmer *n*; **4.** Klub-, Gesellschaftszimmer *n* (*Hotel*); **5.** *bsd. Am.* Geschäftsraum *m*, Sa'lon *m*; → ***beauty parlo(u)r***; **II** *adj.* **6.** Wohnzimmer...: ***~ furniture***; **7.** *fig.* Salon...: ***~ radical***, *Am.* ***~ red*** *pol.* Salonbolschewist(in); **~ car** *s.* 🚃 *Am.* Sa'lonwagen *m*; **~ game** *s.* Gesellschaftsspiel *n*; **'~·maid** *s.* Stubenmädchen *n.*

par·lous ['pɑːləs] *obs.* **I** *adj.* **1.** pre'kär; **2.** schlau; **II** *adv.* **3.** ‚furchtbar'.

pa·ro·chi·al [pə'rəʊkjəl] *adj.* □ **1.** parochi'al, Pfarr..., Gemeinde...: ***~ church council*** Kirchenvorstand *m*; ***~ school*** *Am.* Konfessionsschule *f*; **2.** *fig.* beschränkt, eng(stirnig): ***~ politics*** Kirchturmpolitik *f*; **pa'ro·chi·al·ism** [-lɪzəm] *s.* **1.** Parochi'alsyˌstem *n*; **2.** *fig.* Beschränktheit *f*, Spießigkeit *f.*

par·o·dist ['pærədɪst] *s.* Paro'dist(in); **par·o·dy** ['pærədɪ] **I** *s. a. fig.* Paro'die *f* (***of*** auf *acc.*); **II** *v/t.* parodieren.

pa·rol [pə'rəʊl] *adj.* ⚖ a) (bloß) mündlich, b) unbeglaubigt, ungesiegelt: ***~ contract*** formloser (*mündlicher od. schriftlicher*) Vertrag; ***~ evidence*** Zeugenbeweis *m.*

pa·role [pə'rəʊl] **I** *s.* **1.** ⚖ a) bedingte Haftentlassung *od.* Strafaussetzung, b) Hafturlaub *m*: ***put s.o. on ~*** → 4; ***~ officer*** *Am.* Bewährungshelfer *m*; **2.** *a.* ***~ of hono(u)r*** *bsd.* ⚔ Ehrenwort *n*: ***on ~*** auf Ehrenwort; **3.** ⚔ Pa'role *f*, Kennwort *n*; **II** *v/t.* **4.** ⚖ a) *j-n* bedingt (aus der Haft) entlassen, j-s Strafe bedingt aussetzen, b) *j-m* Hafturlaub gewähren; **pa·rol·ee** [pərəʊ'liː] *s.* ⚖ bedingt Haftentlassene(r *m*) *f.*

par·o·nym ['pærənɪm] *s. ling.* **1.** Paro'nym *n*, Wortableitung *f*; **2.** 'Lehnüberˌsetzung *f*; **pa·ron·y·mous** [pə'rɒnɪməs] *adj.* □ a) (stamm)verwandt, b) 'lehnüberˌsetzt (*Wort*).

par·o·quet ['pærəket] → ***parakeet***.

pa·rot·id [pə'rɒtɪd] *s. a.* ***~ gland*** *anat.* Ohrspeicheldrüse *f*; **par·o·ti·tis** [ˌpærəʊ'taɪtɪs] *s.* Mumps *m.*

par·ox·ysm ['pærəksɪzəm] *s.* ⚕ Paro'xysmus *m*, Krampf *m*, Anfall *m* (*a. fig.*): ***~s of laughter*** Lachkrampf *m*; ***~s of rage*** Wutanfall *m*; **par·ox·ys·mal** [ˌpærək'sɪzməl] *adj.* krampfartig.

par·quet ['pɑːkeɪ] **I** *s.* **1.** Par'kett(fußboden *m*) *n*; **2.** *thea. bsd. Am.* Par'kett *n*; **II** *v/t.* **3.** parkettieren; **'par·quet·ry** [-kɪtrɪ] *s.* Par'kett(arbeit *f*) *n.*

par·ri·cid·al [ˌpærɪ'saɪdl] *adj.* vater-, muttermörderisch; **par·ri·cide** ['pærɪsaɪd] *s.* **1.** Vater-, Muttermörder(in); **2.** Vater-, Mutter-, Verwandtenmord *m.*

par·rot ['pærət] **I** *s. orn.* Papa'gei *m*, *fig. a.* Nachschwätzer(in); **II** *v/t.* nachplappern; **~ dis·ease**, **~ fe·ver** *s.* ⚕ Papa'geienkrankheit *f.*

par·ry ['pærɪ] **I** *v/t. Stöße, Schläge, Fragen etc.* parieren, abwehren (*beide a. v/i.*); **II** *s. fenc. etc.* Pa'rade *f*, Abwehr *f.*

parse [pɑːz] *v/t. ling. Satz* gram'matisch zergliedern, *Satzteil* bestimmen, *Wort* grammatisch definieren.

par·sec ['pɑːsek] *s. ast.* Parsek *n*, Sternweite *f* (*3,26 Lichtjahre*).

pars·er ['pɑːsə] *s. Computer:* 'Parser *m.*

par·si·mo·ni·ous [ˌpɑːsɪ'məʊnjəs] *adj.* □ **1.** sparsam, geizig, knauserig (**of** mit); **2.** armselig, kärglich; ˌ**par·si'mo·ni·ous·ness** [-nɪs], **par·si·mo·ny** ['pɑːsɪmənɪ] *s.* Sparsamkeit *f*, Geiz *m*, Knauserigkeit *f*.

pars·ing ['pɑːsɪŋ] *s. Computer:* 'Parsing *n*, 'Syntaxanaˌlyse *f*.

pars·ley ['pɑːslɪ] *s.* ⚘ Peter'silie *f*.

pars·nip ['pɑːsnɪp] *s.* ⚘ Pastinak *m*.

par·son ['pɑːsn] *s.* Pastor *m*, Pfarrer *m*; F *contp.* Pfaffe *m*: **~'s nose** Bürzel *m* (*e-r Gans etc.*); '**par·son·age** [-nɪdʒ] *s.* Pfar'rei *f*, Pfarrhaus *n*.

part [pɑːt] **I** *s.* **1.** Teil *m*, *n*, Stück *n*: **~ by volume** (**weight**) *phys.* Raum(Gewichts)teil; **~ of speech** *ling.* Redeteil, Wortklasse *f*; **in ~** teilweise; **payment in ~** Abschlagszahlung *f*; **be ~ and parcel of** e-n wesentlichen Bestandteil bilden von (*od. gen.*); **for the best ~ of the year** fast das ganze Jahr (über); **2.** ⩚ Bruchteil *m*: **three ~s** drei Viertel; **3.** ⚙ (Bau-, Einzel)Teil *n*: **~s list** Ersatzteil-, Stückliste *f*; **4.** ✝ Lieferung *f e-s Buches*; **5.** (Körper)Teil *m*, Glied *n*: **soft ~** Weichteil *n*; **the** (**privy**) **~s** die Geschlechtsteile; **6.** Anteil *m* (**of**, **in** an *dat.*): **have a ~ in** teilhaben an (*dat.*); **have neither ~ nor lot in** nicht das Geringste mit *et.* zu tun haben; **take ~** (**in**) teilnehmen (an *dat.*), mitmachen (bei); **he wanted no ~ of it** er wollte davon nichts wissen *od.* damit zu tun haben; **7.** *fig.* Teil *m*, Seite *f*: **the most ~** die Mehrheit, das meiste *von et.*; **for my ~** ich für mein(en) Teil; **for the most ~** meistens, größtenteils; **on the ~ of** vonseiten, seitens (*gen.*); **take in good** (**bad**) **~** *et.* gut (übel) aufnehmen; **8.** Seite *f*, Par'tei *f*: **he took my ~** er ergriff m-e Partei; **9.** Pflicht *f*: **do one's ~** das Seinige *od.* s-e Schuldigkeit tun; **10.** *thea.* Rolle *f* (*a. fig.*): **act** (*od. a. fig.* **play**) **a ~** e-e Rolle spielen; **11.** ♪ Sing- *od.* Instrumen'talstimme *f*, Par'tie *f*: **for** (*od.* **in** *od.* **of**) **several ~s** mehrstimmig; **12.** *pl.* (geistige) Fähigkeiten *pl.*, Ta'lent *n*: **a man of ~s** ein fähiger Kopf; **13.** *oft pl.* Gegend *f*, Teil *m e-s Landes*, *der Erde*: **in these ~s** hierzulande; **in foreign ~s** im Ausland; **14.** *Am.* (Haar)Scheitel *m*; **II** *v/t.* **15.** teilen, ab-, ein-, zerteilen; trennen (**from** von); **16.** *Streitende* trennen, *Metalle* scheiden, *Haar* scheiteln; **III** *v/i.* **17.** ausein'ander gehen, sich lösen, zerreißen, brechen (*a.* ⚓), aufgehen (*Vorhang*); **18.** ausein'ander gehen, sich trennen (*Menschen*, *Wege etc.*): **~ friends** als Freunde auseinander gehen; **~ with** sich von *j-m od. et.* trennen; **~ with one's money** mit dem Geld herausrücken; **IV.** *adj.* **19.** Teil...: **~ damage** Teilschaden *m*; **~ delivery** Teillieferung *f*; **V** *adv.* **20.** teilweise, zum Teil: **made ~ of iron, ~ of wood** teils aus Eisen, teils aus Holz.

part- [pɑːt] *in Zssgn* teilweise, zum Teil: **~-done** zum Teil erledigt; **accept s.th. in ~-exchange** et. in Zahlung nehmen; **~-finished** halb fertig; **~-opened** ein Stück geöffnet.

par·take [pɑː'teɪk] **I** *v/i.* [*irr.* → **take**] **1.** teilnehmen, -haben (**in**, **of** an *dat.*); **2.** (**of**) *et.* an sich haben (von), *et.* teilen (mit): **his manner ~s of insolence** es ist et. Unverschämtes in s-m Benehmen; **3.** (**of**) mitessen, genießen, *j-s Mahlzeit* teilen; *Mahlzeit* einnehmen; **II** *v/t.* [*irr.* → **take**] **4.** *obs.* teilen, teilhaben (an *dat.*).

par·terre [pɑː'teə] *s.* **1.** französischer Garten; **2.** *thea. bsd. Am.* Par'terre *n*.

par·the·no·gen·e·sis [ˌpɑːθɪnəʊ'dʒenɪsɪs] *s.* Parthenoge'nese *f*: a) ⚘ Jungfernfrüchtigkeit *f*, b) *zo.* Jungfernzeugung *f*, c) *eccl.* Jungfrauengeburt *f*.

Par·thi·an ['pɑːθjən] *adj.* parthisch: **~ shot** → **parting shot**.

par·tial ['pɑːʃl] *adj.* □ → **partially**; **1.** teilweise, parti'ell, Teil...: **~ eclipse** *ast.* partielle Finsternis; **~ payment** Teilzahlung *f*; **~ view** Teilansicht *f*; **2.** par'teiisch, eingenommen (**to** für), einseitig: **be ~ to s.th.** e-e besondere Vorliebe haben für et.; **par·ti·al·i·ty** [ˌpɑːʃɪ'ælətɪ] *s.* **1.** Par'teilichkeit *f*, Voreingenommenheit *f*; **2.** Vorliebe *f* (**to**, **for** für); '**par·tial·ly** [-ʃəlɪ] *adv.* teilweise, zum Teil: **~ sighted** sehbehindert.

par·tic·i·pant [pɑː'tɪsɪpənt] **I** *s.* Teilnehmer(in) (**in** an *dat.*); **II** *adj.* teilnehmend, Teilnehmer..., (mit)beteiligt; **par·tic·i·pate** [pɑː'tɪsɪpeɪt] *v/i.* **1.** teilhaben, -nehmen, sich beteiligen (**in** an *dat.*), mitmachen (bei); beteiligt sein (an *dat.*); ✝ am Gewinn beteiligt sein; **2. ~ of** *et.* an sich haben von; **par'tic·i·pat·ing** [-peɪtɪŋ] *adj.* **1.** ✝ gewinnberechtigt, mit Gewinnbeteiligung (*Versicherungspolice etc.*): **~ share** dividendenberechtigte Aktie; **~ rights** Gewinnbeteiligungsrechte; **2.** teilnehmend, Teilnehmer...: **~ country** *EU etc.*: Teilnehmerland *n*; **par·tic·i·pa·tion** [pɑːˌtɪsɪ'peɪʃn] *s.* **1.** Teilnahme *f*, Beteiligung *f*, Mitwirkung *f*; **2.** ✝ Teilhaberschaft *f*, (Gewinn)Beteiligung *f*; **par'tic·i·pator** [-peɪtə] *s.* Teilnehmer(in) (**in** an *dat.*).

par·ti·cip·i·al [ˌpɑːtɪ'sɪpɪəl] *adj.* □ *ling.* partizipi'al; **par·ti·ci·ple** ['pɑːtɪsɪpl] *s. ling.* Parti'zip *n*, Mittelwort *n*.

par·ti·cle ['pɑːtɪkl] *s.* **1.** Teilchen *n*, Stückchen *n*; **2.** *phys.* Par'tikel *n* (*a. f*), (Stoff-, Masse-, Elemen'tar)Teilchen *n*; **3.** *fig.* Fünkchen *n*, Spur *f*: **not a ~ of**

P

truth in it nicht ein wahres Wort daran; **4.** *ling.* Par'tikel *f.*

par·ti·col·o(u)red ['pɑːtɪˌkʌləd] *adj.* bunt, vielfarbig.

par·tic·u·lar [pə'tɪkjʊlə] **I** *adj.* □ → ***particularly***; **1.** besonder, einzeln, spezi'ell, Sonder...: **~ *average*** ✝ kleine (besondere) Havarie; ***for no ~ reason*** aus keinem besonderen Grund; ***this ~ case*** dieser spezielle Fall; **2.** individu'ell, ausgeprägt; **3.** ausführlich; 'umständlich; **4.** peinlich genau, eigen: ***be ~ about*** es genau nehmen mit, Wert legen auf (*acc.*); **5.** wählerisch (***in, about, as to*** in *dat.*): ***none too ~ about*** *iro.* nicht gerade wählerisch (*in s-n Methoden etc.*); **6.** eigentümlich, sonderbar; **II** *s.* **7.** Einzelheit *f*, besonderer 'Umstand; *pl.* nähere Umstände *od.* Angaben *pl.*, *das* Nähere: ***in ~*** insbesondere; ***enter into ~s*** sich auf Einzelheiten einlassen; ***further ~s from*** Näheres (erfährt man) bei; **8.** Perso'nalien *pl.*, Angaben *pl. zur Person*; **9.** F Speziali'tät *f*, *et.* Typisches; **par'tic·u·lar·ism** [-ərɪzəm] *s. pol.* Partikula'rismus *m*: a) Sonderbestrebungen *pl.*, b) ˌKleinstaate'rei *f*; **par·tic·u·lar·i·ty** [pəˌtɪkjʊ'lærətɪ] *s.* **1.** Besonderheit *f*, Eigentümlichkeit *f*; **2.** besonderer 'Umstand, Einzelheit *f*; **3.** Ausführlichkeit *f*; **4.** (peinliche) Genauigkeit; **5.** Eigenheit *f*; **par·tic·u·lar·i·za·tion** [pəˌtɪkjʊləraɪ'zeɪʃn] *s.* Detaillierung *f*, Spezifizierung *f*; **par'tic·u·lar·ize** [-əraɪz] **I** *v/t.* spezifizieren, einzeln (*a.* 'umständlich) anführen, ausführlich angeben; **II** *v/i.* ins Einzelne gehen; **par'tic·u·lar·ly** [-lɪ] *adv.* **1.** besonders, im Besonderen, insbesondere: ***not ~*** nicht sonderlich; **(*more*) *~ as*** umso mehr als, zumal; **2.** ungewöhnlich; **3.** ausdrücklich.

part·ing ['pɑːtɪŋ] **I** *adj.* **1.** Scheide..., Abschieds...: **~ *kiss***; **~ *breath*** letzter Atemzug; **2.** trennend, abteilend: **~ *wall*** Trennwand *f*; **II** *s.* **3.** Abschied *m*, Scheiden *n*, Trennung *f* (***with*** von); *fig.* Tod *m*; **4.** Trennlinie *f*, (Haar)Scheitel *m*: **~ *of the ways*** Weggabelung, *fig.* Scheideweg; **5.** ⚗, *phys.* Scheidung *f*: **~ *silver*** Scheidesilber; **6.** ⚙ *Gießerei*: a) *a.* **~ *sand*** Streusand *m*, trockener Formsand, b) *a.* **~ *line*** Teilfuge *f* (*Gussform*); **7.** ⚓ Bruch *m*, Reißen *n*; **~ *shot*** *s. fig.* letzte boshafte Bemerkung (*beim Abschied*).

par·ti·san¹ ['pɑːtɪzn] *s.* ⚔ *hist.* Parti'sane *f* (*Stoßwaffe*).

par·ti·san² [ˌpɑːtɪ'zæn] **I** *s.* **1.** Par'teigänger(in), -genosse *m*, -genossin *f*; **2.** ⚔ Parti'san *m*, Freischärler *m*; **II** *adj.* **3.** Partei...; **4.** par'teiisch: **~ *spirit*** leidenschaftliche Parteilichkeit; **5.** ⚔ Partisanen..., ˌ**par·ti'san·ship** [-ʃɪp] *s.* **1.** *pl.* Par'teigängertum *n*; **2.** *fig.* Par'tei-, Vetternwirtschaft *f.*

par·tite ['pɑːtaɪt] *adj.* **1.** geteilt (*a.* ⚘); **2.** *in Zssgn* ...teilig.

par·ti·tion [pɑː'tɪʃn] **I** *s.* **1.** (Auf-, Ver-) Teilung *f*; **2.** ⚖ ('Erb)Auseinˌandersetzung *f*; **3.** Trennung *f*, Absonderung *f*; **4.** Scheide-, Querwand *f*, Fach *n* (*Schrank etc.*); (Bretter)Verschlag *m*: **~ *wall*** Zwischenwand *f*; **II** *v/t.* **5.** (auf-, ver)teilen; **6.** *Erbschaft* ausein'ander setzen; **7.** *mst* **~ *off*** abteilen, -fachen; **par·ti·tive** ['pɑːtɪtɪv] **I** *adj.* teilend, Teil...; *ling.* parti'tiv: **~ *genitive***; **II** *s. ling.* Parti'tivum *n.*

part·ly ['pɑːtlɪ] *adv.* zum Teil, teilweise, teils: **~ ..., ~ ...** teils ..., teils ...

part·ner ['pɑːtnə] **I** *s.* **1.** *allg.* (*a. sport, a.* Tanz)Partner(in); **2.** ✝ Gesellschafter *m*, (Geschäfts)Teilhaber(in), Kompagnon *m*: ***general ~*** (unbeschränkt) haftender Gesellschafter, Komplementär *m*; ***special ~*** *Am.* Kommanditist (-in); → ***dormant*** 3; ***limited*** I; ***silent*** 2; ***sleeping partner***; **3.** 'Lebenskameˌrad (-in), Gatte *m*, Gattin *f*; **II** *v/t.* **4.** zs.-bringen, -tun; **5.** sich zs.-tun, sich assoziieren (***with*** mit *j-m*): ***be ~ed with*** *j-n* zum Partner haben; '**part·ner·ship** [-ʃɪp] *s.* **1.** Teilhaberschaft *f*, Partnerschaft *f*, Mitbeteiligung *f* (***in*** an *dat.*); **2.** ✝ a) Handelsgesellschaft *f*, b) Perso'nalgesellschaft *f*: ***general*** *od.* ***ordinary ~*** offene Handelsgesellschaft; → ***limited*** I; ***special ~*** *Am.* Kommanditgesellschaft *f*; ***deed of ~*** Gesellschaftsvertrag *m*; ***enter into a ~ with*** → ***partner*** 5.

part| own·er *s.* **1.** Miteigentümer(in); **2.** ⚓ Mitreeder *m*; **~ *pay·ment*** *s.* Teil-, Abschlagszahlung *f.*

par·tridge ['pɑːtrɪdʒ] *pl.* **par·tridge** *u.* **par·tridg·es** *s. orn.* Rebhuhn *n.*

part| sing·ing *s.* ♪ mehrstimmiger Gesang; '**~-time I** *adj.* Teilzeit...: **~ *job*** Teilzeitarbeit(sstelle) *f*; **~ *employee*** Teilzeitbeschäftigte(r *m*) *f*; **~ *farmer*** Nebenerwerbslandwirt *m*; **II** *adv.* Teilzeit ..., halbtags: ***work ~*** Teilzeit arbeiten; '**~ˌtim·er** *s.* Teilzeitbeschäftigte(r *m*) *f*, Halbtagskraft *f.*

par·tu·ri·ent [pɑː'tjʊərɪənt] *adj.* **1.** gebärend, kreißend; **2.** *fig.* (*mit e-r Idee*) schwanger; **par·tu·ri·tion** [ˌpɑːtjʊə'rɪʃn] *s.* Gebären *n.*

par·ty ['pɑːtɪ] *s.* **1.** *pol.* Par'tei *f*: **~ *boss*** Parteibonze *m*; **~ *spirit*** Parteigeist *m*; → ***whip*** 4a; **2.** Par'tie *f*, Gesellschaft *f*: ***hunting ~***; ***make one of the ~*** sich anschließen, mitmachen; **3.** Trupp *m*: a) ⚔ Kom'mando *n*, b) (Arbeits)Gruppe *f*, c) (Rettungs- *etc.*)Mannschaft *f*; **4.** Einladung *f*, Party *f*, Gesellschaft *f*: ***give a ~***; **~ *pooper*** *sl.* Partykiller *m*; **5.** ⚖ (Pro'zess- *etc.*)Parˌtei *f*: ***contracting ~, ~ to a contract*** Vertragspartei, Kontrahent *m*; ***a third ~*** ein Dritter; **6.** Teilhaber(in), -nehmer(-in), Beteiligte(r *m*) *f*: ***be a ~ to*** beteiligt sein an, *et.* mitmachen; ***the parties concerned*** die Beteiligten; **7.** F ‚Typ' *m*, Per'son *f*; **~ card** *s.* Par'teibuch *n*; **~ in·fight·ing** *s.* parteiinterne Querelen; **~ line** *s.* **1.** *teleph.* Gemeinschaftsanschluss *m*; **2.** *pol.* Par'teilinie *f*, -direkˌtive *f*: ***follow the ~*** *parl.* linientreu sein; ***voting was on ~s*** bei der Abstimmung herrschte Fraktionszwang; **~ lin·er** *s. Am.* Linientreue(r *m*) *f*; **~ poop·er** *s.* F Spaßverderber *m*; **~ tick·et** *s.* **1.** Gruppenfahrkarte *f*; **2.** *pol. Am.* (Kandi'daten)Liste *f e-r Partei.*

par·ve·nu ['pɑːvənjuː] (*Fr.*) *s.* Em'porkömmling *m*, Parve'nü *m.*

Pas·cal ['pæskl] Pas'cal *n*: a) *phys. Einheit des Drucks*, b) *e-e Computersprache.*

pa·sha ['pɑːʃə] *s.* Pascha *m.*

pasque·flow·er ['pæskˌflaʊə] *s.* ⚘ Küchenschelle *f.*

pass¹ [pɑːs] *s.* **1.** (Eng)Pass *m*, Zugang *m*, 'Durchgang *m*, -fahrt *f*, Weg *m*: ***hold the ~*** die Stellung halten (*a. fig.*); ***sell the ~*** *fig.* alles verraten; **2.** Joch *n*, Sattel *m* (*Berg*); **3.** schiffbarer Ka'nal; **4.** Fischgang *m* (*Schleuse etc.*).

pass² [pɑːs] **I** *s.* **1.** (Reise)Pass *m*; (Perso'nal)Ausweis *m*; Passierschein *m*; 🚂, *thea. a.* ***free ~*** Frei-, Dauerkarte *f*; **2.** ⚔ a) Urlaubsschein *m*, b) Kurzurlaub *m*: ***be on ~*** auf (Kurz)Urlaub sein; **3.** a) Bestehen *n*, 'Durchkommen *n im Examen etc.*, b) bestandenes Examen, c) Note *f*, Zeugnis *n*, d) *univ. Brit.* einfacher Grad; **4.** ✝, ⚙ Abnahme *f*, Genehmigung *f*; **5.** Bestreichung *f*, Strich *m beim Hypnotisieren etc.*; **6.** *Maltechnik*: Strich *m*; **7.** (Hand)Bewegung *f*, (Zauber)Trick *m*; **8.** *Fußball etc.*: Pass *m*, (Ball)Abgabe *f*, Vorlage *f*: ***~ back*** Rückgabe *f*; ***low ~*** Flachpass; **9.** *fenc.* Ausfall *m*, Stoß *m*; **10.** *sl.* Annäherungsversuch *m*, *oft* ***hard ~*** Zudringlichkeit *f*: ***make a ~ at*** *e-r Frau gegenüber* zudringlich werden; **11.** *fig.* a) Zustand *m*, b) kritische Lage: ***a pretty ~*** F e-e ‚schöne Geschichte'; ***be at a desperate ~*** hoffnungslos sein; ***things have come to such a ~*** die Dinge haben sich derart zugespitzt; **12.** ⚙ Arbeitsgang *m* (*Werkzeugmaschine*); **13.** ⚙ (Schweiß)Lage *f*; **14.** *Walzwesen*: a) Gang *m*, b) Zug *m*; **15.** ϟ Pass *m* (*frequenzabhängiger Vierpol*); **II** *v/t.* **16.** *et.* passieren, vor'bei-, vor'übergehen, -fahren, -fließen, -kommen, -reiten, -ziehen an (*dat.*); **17.** über'holen (*a. mot.*), vor'beilaufen, -fahren an (*dat.*); **18.** durch-, über'schreiten, passieren, durch'gehen, -'reisen *etc.*: ***~ s.o.'s lips*** über j-s Lippen kommen; **19.** über'steigen, -'treffen, hin'ausgehen über (*acc.*) (*a. fig.*): ***it ~es my comprehension*** es geht über m-n Verstand; **20.** *fig.* über'gehen, -'springen, keine No'tiz nehmen von; ✝ *e-e Dividende* ausfallen lassen; **21.** *durch et.* hin'durchleiten, -führen (*a.* ⚙), gleiten lassen: ***~ (through a sieve)*** durch ein Sieb passieren, durchseihen; ; ***~ one's hand over*** mit der Hand über *et.* fahren; **22.** *Gegenstand* reichen, (*a.* ⚖ *Falschgeld*) weitergeben; *Geld* in 'Umlauf setzen; (über-) 'senden, (*a. Funkspruch*) befördern; *sport Ball* abspielen, abgeben (***to*** an *acc.* passen), (zu): ***~ the chair*** (***to***) den Vorsitz abgeben (an *j-n*); ***~ the hat*** (***round*** *Brit.*) e-e Sammlung veranstalten (***for*** für *j-n*); ***~ the time of day*** guten (*od.* Guten) Tag *etc.* sagen, grüßen; ***~ to s.o.'s account*** j-m *e-n Betrag* in Rechnung stellen; ***~ to s.o.'s credit*** j-m gutschreiben; → ***word*** 5; **23.** *Türschloss* öffnen; **24.** vor'bei-, 'durchlassen, passieren lassen; **25.** *fig.* anerkennen, gelten lassen, genehmigen; **26.** ⚕ a) *Eiter*, *Nierenstein etc.* ausscheiden, b) *Eingeweide* entleeren, *Wasser* lassen; **27.** *Zeit* verbringen, -leben, -treiben; **28.** *parl. etc.* a) *Vorschlag* 'durchbringen, -setzen, b) *Gesetz* verabschieden, ergehen lassen, c) *Resolution* annehmen; **29.** rechtskräftig machen; **30.** ⚖ *Eigentum*, *Rechtstitel* über'tragen, *letztwillig* zukommen lassen; **31.** a) *Examen* bestehen, b) *Prüfling* bestehen lassen, 'durchkommen lassen; **32.** *Urteil* äußern, *s-e Meinung* aussprechen (***upon*** über *acc.*), *Bemerkung* fallen lassen, *Kompliment* machen: ***~ criticism on*** Kritik üben an (*dat.*); → ***sentence*** 2 a; **III** *v/i.* **33.** sich fortbewegen, von e-m Ort zum andern gehen *od.* fahren *od.* ziehen *etc.*; **34.** vor'bei-, vor'übergehen *etc.* (***by*** an *dat.*); **35.** 'durchgehen, passieren (*a. Linie*): ***it just ~ed through my mind*** *fig.* es ging mir eben durch den Kopf; **36.** ⚕ abgehen, abgeführt werden; **37.** 'durchkommen: a) ein Hindernis *etc.* bewältigen, b) (e-e Prüfung) bestehen; **38.** her'umgereicht werden, von Hand zu Hand gehen, herumgehen; im 'Umlauf sein: ***harsh words ~ed between them*** es fielen harte Worte bei ihrer Auseinandersetzung; **39.** a) *sport* passen, (den Ball) zuspielen *od.* abgeben, b) (*Kartenspiel u. fig.*) passen: ***I ~ on that!*** da muss ich passen!; **40.** *fenc.* ausfallen; **41.** 'übergehen (***from ...*** [***in***]***to*** von ... zu), werden (***into*** zu); **42.** *in andere Hände* 'übergehen, über'tragen werden (*Eigentum*); fallen (***to*** an *Erben etc.*); *unter j-s Aufsicht* kommen, geraten; **43.** an-, hin-, 'durchgehen, leidlich sein, unbeanstandet bleiben, geduldet werden: ***let that ~*** reden wir nicht mehr davon; **44.** *parl. etc.* 'durchgehen, bewilligt *od.*

P

zum Gesetz erhoben werden, Rechtskraft erlangen; **45.** gangbar sein, Geltung finden (*Ideen, Grundsätze*); **46.** angesehen werden, gelten (***for*** als); **47.** urteilen, entscheiden (***upon*** über *acc.*); ⚖ *a.* gefällt werden (*Urteil*); **48.** vergehen (*a. Schmerz etc.*), verstreichen (*Zeit*); endigen; sterben: ***fashions ~*** Moden kommen u. gehen; **49.** sich zutragen *od.* abspielen, passieren: ***what ~ed between you and him?***; ***bring to ~*** bewirken; ***it came to ~ that*** *bibl.* es begab sich, dass;

Zssgn mit prp.:

pass| be·yond *v/i.* hin'ausgehen über (*acc.*) (*a. fig.*); **~ by** *v/i.* **1.** vor'bei-, vor'übergehen an (*dat.*); **2.** *et. od. j-n* über'gehen (***in silence*** stillschweigend); **3.** unter *dem Namen ...* bekannt sein; **~ for** → ***pass*** 46; **~ in·to I** *v/t.* **1.** *et.* einführen in (*acc.*); **II** *v/i.* **2.** (hinein)gehen *etc.* in (*acc.*); **3.** führen *od.* leiten in (*acc.*); **4.** 'übergehen in (*acc.*): **~ *law*** (zum) Gesetz werden; **~ through I** *v/t.* **1.** durch ... führen *od.* leiten *od.* stecken; 'durchschleusen; **II** *v/i.* **2.** durch'fahren, -'queren, -'schreiten *etc.*; durch ... gehen *etc.*; durch'fließen; **3.** durch ... führen (*Draht, Tunnel etc.*); **4.** durch'bohren; **5.** 'durchmachen, erleben;

Zssgn mit adv.:

pass| a·way I *v/t.* **1.** *Zeit* ver-, zubringen (***doing s.th.*** mit et.); **II** *v/i.* **2.** vergehen (*Zeit etc.*); **3.** verscheiden, sterben; **~ by** *v/i.* **1.** vor'bei-, vor'übergehen (*a. Zeit*); **2.** → ***pass over*** 4; **~ down** *v/t. Bräuche etc.* über'liefern, weitergeben (***to*** an *dat.*); **~ in** *v/t.* **1.** einlassen; **2.** einreichen, -händigen: **~ *one's check*** *Am. sl.* ‚den Löffel abgeben' (*sterben*); **~ off I** *v/t.* **1.** *j-n od. et.* ausgeben (***for, as*** für, als); **II** *v/i.* **2.** vergehen (*Schmerz etc.*); **3.** *gut etc.* vorübergehen, von'statten gehen; **4.** 'durchgehen (***as*** als); **~ on I** *v/t.* **1.** weitergeben, -reichen (***to*** *dat. od.* an *acc.*); befördern; **2.** ✝ abwälzen (***to*** auf *acc.*); **II** *v/i.* **3.** weitergehen; **4.** 'übergehen (***to*** zu); **5.** → ***pass away*** 3; **~ out I** *v/i.* **1.** hin'ausgehen, -fließen, -strömen; **2.** *sl.* ‚umkippen', ohnmächtig werden; **II** *v/t.* **3.** ver-, austeilen; **~ o·ver I** *v/i.* **1.** hinübergehen; **2.** 'überleiten, -führen; **II** *v/t.* **3.** über'reichen, -'tragen; **4.** über'gehen (***in silence*** stillschweigend), ignorieren; **5.** → ***pass up*** 1; **~ through** *v/i.* **1.** hin'durchführen; **2.** hin'durchgehen, -reisen *etc.*: ***be passing through*** auf der Durchreise sein; **~ up** *v/t. sl.* **1.** a) sich *e-e Chance* entgehen lassen, b) *et.* ‚sausen' lassen; verzichten auf (*acc.*); **2.** *j-n* über'gehen.

pass·a·ble ['pɑːsəbl] *adj.* □ **1.** passierbar; gang-, befahrbar; **2.** ✝ gangbar, gültig (*Geld etc.*); **3.** *fig.* leidlich, pas'sabel.

pas·sage ['pæsɪdʒ] *s.* **1.** Her'ein-, Heraus-, Vor'über-, 'Durchgehen *n*, 'Durchgang *m*, -reise *f*, -fahrt *f*, 'Durchfließen *n*: ***no ~!*** kein Durchgang!, keine Durchfahrt!; → ***bird*** 1; **2.** ✝ ('Waren-)Tran,sit *m*, 'Durchgang *m*; **3.** Pas'sage *f*, ('Durch-, Verbindungs)Gang *m*; *bsd. Brit.* Korridor *m*; **4.** Ka'nal *m*, Furt *f*; **5.** ⚙ 'Durchlass *m*, -tritt *m*; **6.** (See-, Flug)Reise *f*, ('Über)Fahrt *f*: ***book one's ~*** s-e Schiffskarte lösen (***to*** nach); ***work one's ~*** s-e Überfahrt durch Arbeit abverdienen; **7.** Vergehen *n*, Ablauf *m*: ***the ~ of time***; **8.** *parl.* 'Durchkommen *n*, Annahme *f*, In-'Kraft-Treten *n e-s Gesetzes*; **9.** Wortwechsel *m*; **10.** *pl.* Beziehungen *pl.*, *geistiger* Austausch; **11.** (Text)Stelle *f*, Passus *m*; **12.** ♪ Pas'sage *f* (*a. Reiten*); **13.** *fig.* 'Übergang *m*, -tritt *m* (***from ... to, into*** von ... in *acc.*, zu); **14.** a) (Darm)Entleerung *f*, Stuhlgang *m*, b) *anat.* (*Gehör- etc.*)Gang *m*, (*Harn- etc.*) Weg(e *pl.*) *m*: ***auditory*** (***urinary***) **~**; **~ at arms** *s.* **1.** Waffengang; **2.** Wortgefecht *n*, ‚Schlagabtausch' *m*; **~ boat** *s.* Fährboot *n*; **'~·way** *s.* 'Durchgang *m*, Korridor *m*, Pas'sage *f*.

'pass|·book *s.* **1.** *bsd. Brit.* a) Bank-, Kontobuch *n*, b) Sparbuch *n*; **2.** Buch *n* über kreditierte Waren; **~ check** *s. Am.* Pas'sierschein *m*; **~ de·gree** → ***pass²*** 3c.

pas·sé, pas·sée ['pɑːseɪ] (*Fr.*) *adj.* pas'sé: a) vergangen, b) veraltet, c) verblüht: ***a passée belle*** e-e verblühte Schönheit.

passe·men·terie ['pɑːsməntrɪ] (*Fr.*) *s.* Posamentierwaren *pl.*

pas·sen·ger ['pæsɪndʒə] *s.* **1.** Passa'gier *m*, Fahr-, Fluggast *m*, Reisende(r *m*) *f*, Insasse *m*: **~ *cabin*** ✈ Fluggastraum *m*; **2.** F a) Schma'rotzer *m*, b) Drückeberger *m*; **~ car** *s.* **1.** Per'sonen(kraft)wagen *m*, *abbr.* Pkw; **2.** 🚂 *Am.* Per'sonenwagen *m*, **~ lift** *s. Brit.* Per'sonenaufzug *m*; **~ pi·geon** *s. orn.* Wandertaube *f*; **~ plane** *s.* ✈ Passa'gierflugzeug *n*; **~ serv·ice** *s.* Per'sonenbeförderung *f*; **~ traf·fic** *s.* Per'sonenverkehr *m*; **~ train** *s.* 🚂 Per'sonenzug *m*.

passe-par·tout ['pæspɑːtuː] (*Fr.*) *s.* **1.** Hauptschlüssel *m*; **2.** Passepar'tout *n* (*Bildumrahmung*).

,pass·er-'by *pl.* **,pass·ers-'by** *s.* Pas'sant(in).

pass ex·am·i·na·tion *s. univ. Brit.* unterstes 'Abschlusse,xamen.

pas·sim ['pæsɪm] (*Lat.*) *adv.* passim, hier u. da, an verschiedenen Orten.

pass·ing ['pɑːsɪŋ] **I** *adj.* **1.** vor'über-, 'durchgehend: **~ *axle*** ⚙ durchgehende Achse; **2.** vergehend, vor'übergehend, flüchtig; **3.** beiläufig; **II** *s.* **4.** Vor'bei-, 'Durch-, Hin'übergehen *n*: ***in ~*** im Vorbeigehen, *fig.* beiläufig, nebenbei; ***no ~!*** *mot.* Überholverbot!; **5.** 'Übergang *m*: ***~ of title*** Eigentumsübertragung *f*; **6.** Da'hinschwinden *n*; **7.** Hinscheiden *n*, Ableben *n*; **8.** *pol.* 'Durchgehen *n e-s Gesetzes*; **~ beam** *s. mot.* Abblendlicht *n*; **~ lane** *s. mot.* Über'holspur *f*; **~ note** *s.* ♪ 'Durchgangston *m*; **~ shot** *s. Tennis*: Pas'sierschlag *m*; **~ zone** *s. Staffellauf*: Wechselzone *f*.

pas·sion ['pæʃn] *s.* **1.** Leidenschaft *f*, heftige Gemütserregung, (Gefühls-) Ausbruch *m*; **2.** Zorn *m*: ***fly into a ~*** e-n Wutanfall bekommen; → ***heat*** 6; **3.** Leidenschaft *f*: a) heiße Liebe, heftige Neigung, b) heißer Wunsch, c) Passi'on *f*, Vorliebe *f* (***for*** für), d) Liebhabe'rei *f*; Passi'on *f*: ***it has become a ~ with him*** es ist bei ihm zur Leidenschaft geworden, er tut es leidenschaftlich gern(e); **4.** ♀ *eccl.* Leiden *n* (Christi), Passion *f* (*a.* ♪, *paint. u. fig.*); **pas·sion·ate** ['pæʃənət] *adj.* □ **1.** leidenschaftlich (*a. fig.*); **2.** hitzig, jähzornig; **pas·sion·less** ['pæʃnlɪs] *adj.* □ leidenschaftslos.

pas·sion| play *s. eccl.* Passi'onsspiel *n*; **♀ Sun·day** *s. eccl.* Passi'onssonntag *m*; **~ week** *s.* **1.** Karwoche *f*; **2.** Woche zwischen Passi'onssonntag u. Palm'sonntag.

pas·si·vate ['pæsɪveɪt] *v/t.* ⚙, ⚗ passivieren.

pas·sive ['pæsɪv] **I** *adj.* □ **1.** passiv (*a. ling.*, ⚡, ✱, *sport*), leidend, teilnahmslos, 'widerstandslos: ***~ air defence*** Luftschutz; ***~ smoker*** Passivraucher *m*; ***~ smoking*** Passivrauchen *n*; ***~ verb*** *ling.* passivisch konstruiertes Verb; ***~ voice*** → 3; ***~ vocabulary*** passiver Wortschatz; **2.** ✝ untätig, nicht zinstragend, passiv: ***~ debt*** unverzinsliche Schuld; ***~ trade*** Passivhandel *m*; **II** *s.* **3.** *ling.* Passiv *n*, Leideform *f*; **'pas·sive·ness** [-nɪs], **pas·siv·i·ty** [pæ'sɪvətɪ] *s.* Passivi'tät *f*, Teilnahmslosigkeit *f*.

'pass·key *s.* **1.** Hauptschlüssel *m*; **2.** Drücker *m*; **3.** Nachschlüssel *m*.

pas·som·e·ter [pæ'sɒmɪtə] *s.* ⚙ Schrittmesser *m*.

Pass·o·ver ['pɑːsˌəʊvə] *s. eccl.* **1.** Passah(fest) *n*; **2.** ♀ Osterlamm *n*.

pass·port ['pɑːspɔːt] *s.* **1.** (Reise)Pass *m*: ***~ inspection*** Passkontrolle *f*; **2.** ✝ Passierschein *m*; **3.** *fig.* Zugang *m*, Weg *m*, Schlüssel *m* (***to*** zu).

'pass·word *s.* Pa'role *f*, Losung *f*, Kennwort *n*.

past [pɑːst] **I** *adj.* **1.** vergangen, verflossen: ***for some time ~*** seit einiger Zeit; **2.** *ling.* Vergangenheits...: ***~ participle*** Mittelwort *n* der Vergangenheit, Partizip *n* Perfekt; ***~ tense*** Vergangenheit *f*, Präteritum *n*; **3.** vorig, früher, ehemalig, letzt: ***~ president***; ***~ master*** *fig.* Altmeister *m*, großer Könner; **II** *s.* **4.** Vergangenheit *f* (*a. ling.*), *weitS. a.* Vorleben *n*: ***a woman with a ~*** eine Frau mit Vergangenheit; **III** *adv.* **5.** vor'bei, vor'über: ***to run ~***; **IV** *prp.* **6.** (*Zeit*) nach, über (*acc.*): ***half ~ seven*** halb acht; ***she is ~ forty*** sie ist über vierzig; **7.** an ... vorbei: ***he ran ~ the house***; **8.** über ... hin'aus: ***~ comprehension*** unfassbar, unfasslich; ***~ cure*** unheilbar; ***~ hope*** hoffnungslos; ***he is ~ it*** F er ist ‚darüber hinaus'; ***she is ~ caring*** das kümmert sie alles nicht mehr; ***I would not put it ~ him*** *sl.* ich traue es ihm glatt zu.

pas·ta ['pæstə] *s.* Teigwaren *pl.*, Nudeln *pl.* (*als sg. konstr.*).

ˌpast-'due *adj.* ✝ 'überfällig (*Wechsel etc.*); Verzugs...(*-zinsen*).

paste [peɪst] **I** *s.* **1.** Teig *m*, (*Fisch-, Zahn- etc.*)Paste *f*, Brei *m*; ⚙ Tonmasse *f*; Glasmasse *f*; **2.** Kleister *m*, Klebstoff *m*, Papp *m*; **3.** a) Paste *f* (*Diamantenherstellung*), b) künstlicher Edelstein, Simili *n*, *m*; **II** *v/t.* **4.** kleben, kleistern, pappen, bekleben (***with*** mit); **5.** ***~ up*** a) auf-, ankleben (***on***, ***in*** auf, in *acc.*), b) verkleistern (*Loch*); **6.** *sl.* ('durch)hauen: ***~ s.o. one*** j-m ‚eine kleben'; **7.** *Computer*: einfügen (***into*** in); **'~·board I** *s.* **1.** Pappe *f*, Pappendeckel *m*, Kar'ton *m*; **2.** *sl.* (Eintritts-, Spiel-, Vi'siten)Karte *f*; **II** *adj.* **3.** aus Pappe, Papp...: ***~ box*** Karton; **4.** *fig.* unecht, wertlos, kitschig, nachgemacht.

pas·tel I *s.* [pæ'stel] **1.** ⚘ Färberwaid *m*; **2.** ⚙ Waidblau *n*; **3.** Pa'stellstift *m*, -farbe *f*; **4.** Pa'stellzeichnung *f*, -bild *n*; **II** *adj.* ['pæstl] **5.** zart, duftig, Pastell... (*Farbe*); **pas·tel·ist** ['pæstəlɪst], **pas·tel·list** [pæ'stelɪst] *s.* Pa'stellmaler(in).

pas·tern ['pæstɜːn] *s. zo.* Fessel *f* (*vom Pferd*).

'paste-up *s. typ.* 'Klebeˌumbruch *m*.

pas·teur·i·za·tion [ˌpæstəraɪ'zeɪʃn] *s.* Pasteurisierung *f*; **pas·teur·ize** ['pæstəraɪz] *v/t.* pasteurisieren.

pas·tiche [pæ'stiːʃ] **1.** Pas'tiche *m*, Pas'ticcio *n*: a) *paint. im Stil e-s anderen Malers angefertigtes Bild*, b) ♪ *aus Stücken verschiedener Komponisten zs.-gesetzte Oper*; **2.** *fig.* Mischmasch *m*.

pas·tille ['pæstəl] *s.* **1.** Räucherkerzchen *n*; **2.** *pharm* Pa'stille *f*.

pas·time ['pɑːstaɪm] *s.* (***as a ~*** zum) Zeitvertreib *m*.

past·i·ness ['peɪstɪnɪs] *s.* **1.** breiiger Zustand; breiiges Aussehen; **2.** *fig.* käsiges Aussehen.

past·ing ['peɪstɪŋ] *s.* **1.** Kleistern *n*, Kleben *n*; **2.** ⚙ Klebstoff *m*; **3.** *sl.* ‚Dresche' *f*, (Tracht *f*) Prügel *pl.*

pas·tor ['pɑːstə] *s.* Pfarrer *m*, Pastor *m*,

Seelsorger *m*; '**pas·to·ral** [-tərəl] **I** *adj.* □ **1.** Schäfer..., Hirten..., i'dyllisch, ländlich; **2.** *eccl.* pasto'ral, seelsorgerlich: ~ ***staff*** Krummstab; **II** *s.* **3.** Hirtengedicht *n*, I'dylle *f*; **4.** *paint.* ländliche Szene; **5.** ♪ a) Schäferspiel *n*, b) Pasto'rale *n*; **6.** *eccl.* a) Hirtenbrief *m*, b) *pl. a.* ♀ ***Epistles*** Pasto'ralbriefe *pl.* (*von Paulus*); '**pas·tor·ate** [-ərət] *s.* **1.** Pasto'rat *n*, Pfarramt *n*; **2.** *coll. die* Geistlichen *pl.*; **3.** *Am.* Pfarrhaus *n*.

past per·fect *ling. s.* Vorvergangenheit *f*, 'Plusquamper,fekt(um) *n*.

pas·try ['peɪstrɪ] *s.* **1.** a) *coll.* Kon'ditorwaren *pl.*, Feingebäck *n*, b) Kuchen *m*, Torte *f*; **2.** (Kuchen-, Torten)Teig *m*; ~ **cook** *s.* Kon'ditor *m*.

pas·tur·age ['pɑːstjʊrɪdʒ] *s.* **1.** Weiden *n* (*Vieh*); **2.** Weidegras *n*; **3.** Weide(land *n*) *f*; **4.** Bienenzucht *f* u. -fütterung *f*.

pas·ture ['pɑːstʃə] **I** *s.* **1.** Weidegras *n*, Viehfutter *n*; **2.** Weide(land *n*) *f*: ***seek greener ~s*** *fig.* sich nach besseren Möglichkeiten umsehen; ***retire to ~*** (in den Ruhestand) abtreten; **II** *v/i.* **3.** grasen, weiden; **III** *v/t.* **4.** *Vieh* auf die Weide treiben, weiden; **5.** *Wiese* abweiden.

past·y¹ ['peɪstɪ] *adj.* **1.** teigig, kleisterig; **2.** *fig.* ‚käsig', blass.

past·y² ['pæstɪ] *s.* ('Fleisch)Pa,stete *f*.

pat [pæt] **I** *s.* **1.** *Brit.* (*leichter*) Schlag, Klaps *m*: ~ ***on the back*** *fig.* Schulterklopfen *n*, Lob *n*, Glückwunsch *m*; **2.** (Butter)Klümpchen *n*; **3.** Klopfen *n*, Getrappel *n*, Tapsen *n*; **II** *adj.* **4.** a) pa'rat, bereit, b) passend, treffend: ~ ***answer*** schlagfertige Antwort; ~ ***solution*** Patentlösung; ***a ~ style*** ein gekonnter Stil; ***know s.th. off*** (*od.* ***have it down***) ~ F et. (wie) am Schnürchen können; **5.** fest: ***stand ~*** festbleiben, sich nicht beirren lassen; **6.** (*a. adv.*) im rechten Augenblick, rechtzeitig, wie gerufen; **III** *v/t.* **7.** *Brit.* klopfen, tätscheln: ~ ***s.o. on the back*** j-m (anerkennend) auf die Schulter klopfen, *fig. a.* j-n beglückwünschen.

pat² [pæt] *s.* Ire *m* (*Spitzname*).

'**pat-a-cake** backe, backe Kuchen (*Kinderspiel*).

patch [pætʃ] **I** *s.* **1.** Fleck *m*, Flicken *m*, Lappen *m*; ⚔ *etc.* Tuchabzeichen *n*: ***not a ~ on*** F gar nicht zu vergleichen mit; **2.** a) ⚕ Pflaster *n*, b) Augenbinde *f*; **3.** Schönheitspflästerchen *n*; **4.** Stück *n* Land, Fleck *m*; Stück *n* Rasen; Stelle *f* (*a. im Buch*): ***in ~es*** stellenweise; ***strike a bad ~*** e-e Pechsträhne *od.* e-n schwarzen Tag haben; **5.** (Farb)Fleck *m* (*bei Tieren etc.*); **6.** *pl.* Bruchstücke *pl.*, *et.* Zs.-gestoppeltes; **II** *v/t.* **7.** flicken, ausbessern; mit Flicken versehen; **8.** ~ ***up*** *bsd. fig.* a) zs.-stoppeln: ~ ***up a textbook***, b) ‚zs.-flicken', c) *Ehe etc.* ‚kitten', d) *Streit* beilegen, e) über'tünchen, beschönigen; '~·**board** *s. Computer*: Schaltbrett; ~ **kit** *s.* Flickzeug *n*.

patch·ou·li ['pætʃʊlɪ] *s.* 'Patschuli *n* (*Pflanze u. Parfüm*).

patch| pock·et *s.* aufgesetzte Tasche; ~ **test** *s.* ⚕ Tuberku'linprobe *f*; '~·**word** *s. ling.* Flickwort *n*; '~·**work** *s. a. fig.* Flickwerk *n*.

patch·y ['pætʃɪ] *adj.* □ **1.** voller Flicken; **2.** *fig.* zs.-gestoppelt; **3.** fleckig; **4.** *fig.* ungleichmäßig.

pate [peɪt] *s.* F Schädel *m*, ‚Birne' *f*.

pâté ['pæteɪ] (*Fr.*) *s.* Pa'stete *f*.

pat·en ['pætən] *s. eccl.* Pa'tene *f*, Hostienteller *m*.

pa·ten·cy ['peɪtənsɪ] *s.* **1.** Offenkundigkeit *f*; **2.** ⚕ 'Durchgängigkeit *f* (*e-s Kanals etc.*).

pat·ent ['peɪtənt; *bsd.* ⚖ *u. Am.* 'pæ-] **I** *adj.* □ **1.** offen(kundig): ***to be ~*** auf der Hand liegen; **2.** ***letters ~*** → 6 *u.* 7; **3.** patentiert, gesetzlich geschützt: ~ ***article*** Markenartikel *m*; ~ ***fuel*** Presskohlen *pl.*; ~ ***leather*** Lack-, Glanzleder *n*; ~***-leather shoe*** Lackschuh *m*; ~ ***medicine*** Marken-, Patentmedizin *f*; **4.** ⚖ Patent...: ~ ***agent*** (*Am.* ***attorney***) Patentanwalt *m*; ~ ***law*** *objektives* Patentrecht; ♀ ***Office*** Patentamt *n*; ~ ***right*** *subjektives* Patentrecht; ~ ***roll*** *Brit.* Patentregister *n*; ~ ***specification*** Patentschrift *f*, -beschreibung *f*; **5.** *Brit.* F ‚pa'tent': ~ ***methods***; **II** *s.* **6.** Pa'tent *n*, Privi'leg(ium) *n*, Freibrief *m*, Bestallung *f*; **7.** ⚖ Pa'tent(urkunde *f*) *n*: ~ ***of addition*** Zusatzpatent; ~ ***applied for***, ~ ***pending*** Patent angemeldet; ***take out a ~ for*** → 10; **8.** *Brit.* F ‚Re'zept' *n*; **III** *v/t.* **9.** patentieren, gesetzlich schützen; **10.** patentieren lassen; '**pat·ent·a·ble** [-təbl] *adj.* pa'tentfähig; **pat·ent·ee** [,peɪtən'tiː] *s.* Pa'tentinhaber(in).

pa·ter ['peɪtə] *s. ped. sl.* ‚Alter Herr' (*Vater*).

pa·ter·nal [pə'tɜːnl] *adj.* □ väterlich, Vater...: ~ ***grandfather*** Großvater väterlicherseits; **pa'ter·ni·ty** [-nətɪ] *s.* Vaterschaft *f* (*a. fig.*): ~ ***suit*** ⚖ Vaterschaftsklage *f*; ***declare ~*** die Vaterschaft feststellen.

pa·ter·nos·ter [,pætə'nɒstə] **I** *s.* **1.** *R.C.* a) Vater'unser *n*, b) Rosenkranz *m*; **2.** ⚙ Pater'noster *m* (*Aufzug*); **II** *adj.* **3.** ⚙ Paternoster...

path [pɑːθ] *pl.* **paths** [pɑːðz] *s.* **1.** Pfad *m*, Weg *m* (*a. fig.*): ***cross s.o.'s ~*** j-m über den Weg laufen; **2.** ⚙, *phys.*, *sport* Bahn *f*: ~ ***of electrons*** Elektronenbahn; **3.** *Computer*: Pfad *m*.

pa·thet·ic [pə'θetɪk] *adj.* (□ ~***ally***) **1.** *obs.* pa'thetisch, allzu gefühlvoll: ~ ***fallacy*** Vermenschlichung *f* der Natur (*in*

P

der Literatur); **2.** Mitleid erregend; **3.** *Brit.* F kläglich, jämmerlich, ‚zum Weinen'.

'path,find·er *s.* **1.** ✈, ⚔ Pfadfinder *m*; **2.** Forschungsreisende(r) *m*; **3.** *fig.* Bahnbrecher *m*.

path·less ['pɑːθlɪs] *adj.* weglos.

path·o·gen·ic [ˌpæθə'dʒenɪk] *adj.* ⚕ patho'gen, krankheitserregend.

path·o·log·i·cal [ˌpæθə'lɒdʒɪkl] *adj.* □ ⚕ patho'logisch: a) krankhaft, b) *die Krankheitslehre betreffend*; **pa·thol·o·gist** [pə'θɒlədʒɪst] *s.* ⚕ Patho'loge *m*; **pa·thol·o·gy** [pə'θɒlədʒɪ] *s.* ⚕ **1.** Patholo'gie *f*, Krankheitslehre *f*; **2.** pathologischer Befund.

pa·thos ['peɪθɒs] *s.* **1.** *obs.* Pathos *n*; **2.** a) Mitleid *n*, b) *das* Mitleid Erregende.

'path·way *s.* Pfad *m*, Weg *m*, Bahn *f*.

pa·tience ['peɪʃns] *s.* **1.** Geduld *f*; Ausdauer *f*: ***lose one's ~*** die Geduld verlieren; ***be out of ~ with s.o.*** aufgebracht sein gegen j-n; ***have no ~ with s.o.*** j-n nicht leiden können, nichts übrig haben für j-n; ***try s.o.'s ~*** j-s Geduld auf die Probe stellen; → ***Job²***; ***possess*** 2 b; **2.** *bsd. Brit.* Pati'ence *f* (*Kartenspiel*); **'pa·tient** [-nt] **I** *adj.* □ **1.** geduldig; nachsichtig; beharrlich: ***be ~ of*** ertragen; ***~ of two interpretations*** *fig.* zwei Deutungen zulassend; **II** *s.* **2.** Pati'ent(in), Kranke(r *m*) *f*; **3.** ⚖ *Brit.* Geistesgestörte(r *m*) *f* (*in e-r Heil- und Pflegeanstalt*).

pat·i·o ['pætɪəʊ] *s.* **1.** Innenhof *m*, Patio *m*; **2.** Ter'rasse *f*, Ve'randa *f*.

pa·tri·arch ['peɪtrɪɑːk] *s.* Patri'arch *m*; **pa·tri·ar·chal** [ˌpeɪtrɪ'ɑːkl] *adj.* patriar'chalisch (*a. fig. ehrwürdig*); **'pa·tri·arch·ate** [-kɪt] *s.* Patriar'chat *n*.

pa·tri·cian [pə'trɪʃn] **I** *adj.* pa'trizisch; *fig.* aristo'kratisch; **II** *s.* Pa'trizier(in).

pat·ri·cide ['pætrɪsaɪd] → ***parricide***.

pat·ri·mo·ni·al [ˌpætrɪ'məʊnjəl] *adj.* ererbt, Erb...; **pat·ri·mo·ny** ['pætrɪmənɪ] *s.* **1.** väterliches Erbteil (*a. fig.*); **2.** Vermögen *n*; **3.** Kirchengut *n*.

pa·tri·ot ['pætrɪət] *s.* Patri'ot(in); **pa·tri·ot·eer** [ˌpætrɪə'tɪə] *s.* Hur'rapatriˌot *m*; **pa·tri·ot·ic** [ˌpætrɪ'ɒtɪk] *adj.* (□ ***~ally***) patri'otisch; **'pa·tri·ot·ism** [-tɪzəm] *s.* Patrio'tismus *m*, Vaterlandsliebe *f*.

pa·trol [pə'trəʊl] **I** *v/i.* **1.** ⚔ patroullieren, ✈ Pa'trouille fliegen; auf Streife sein (*Polizisten*), s-e Runde machen (*Wachmann*); **II** *v/t.* **2.** ⚔ abpatrouillieren, ✈ *Strecke* abfliegen; auf Streife sein in (*dat.*); **III** *s.* **3.** (***on ~*** auf) Patrouille *f*; Streife *f*; Runde *f*; **4.** ⚔ Patrouille *f*, Späh-, Stoßtrupp *m*; (Poli'zei)Streife *f*: ***~ activity*** ⚔ Spähtrupptätigkeit *f*; ***~ car*** a) ⚔ (Panzer-)Spähwagen *m*, b) (Funk-, Poli'zei-)Streifenwagen *m*; ***~ wagon*** *Am.* Polizeigefangenenwagen *m*; **~·man** [-mæn] *s.* [*irr.*] Streifenbeamte(r) *m*.

pa·tron ['peɪtrən] *s.* **1.** Pa'tron *m*, Schutz-, Schirmherr *m*; **2.** Gönner *m*, Förderer *m*; **3.** *R.C.* a) 'Kirchenpaˌtron *m*, b) → ***patron saint***; **4.** a) ✝ (Stamm-)Kunde *m*, b) Stammgast *m*, *a. thea. etc.* regelmäßiger Besucher; **5.** *Brit. mot.* Pannenhelfer *m*; **pa·tron·age** ['pætrənɪdʒ] *s.* **1.** Schirmherrschaft *f*; **2.** Gönnerschaft *f*, Förderung *f*; **3.** ⚖ Patro'natsrecht *n*; **4.** Kundschaft *f*; **5.** gönnerhaftes Benehmen; **6.** *Am.* Recht *n* der Ämterbesetzung; **pa·tron·ess** ['peɪtrənɪs] *s.* Pa'tronin *f etc.* (→ ***patron***).

pa·tron·ize ['pætrənaɪz] *v/t.* **1.** beschirmen, beschützen; **2.** fördern, unter'stützen; **3.** (Stamm)Kunde *od.* Stammgast sein bei, *Theater etc.* regelmäßig besuchen; **4.** gönnerhaft behandeln; **'pa·tron·iz·er** [-zə] *s.* → ***patron*** 2, 4; **'pa·tron·iz·ing** [-zɪŋ] *adj.* □ gönnerhaft, her'ablassend: ***~ air*** Gönnermiene *f*.

pa·tron saint *s. R.C.* Schutzheilige(r) *m*.

pat·sy ['pætsɪ] *s. sl.* **1.** Sündenbock *m*; **2.** Gimpel *m*; **3.** 'Witzfiˌgur *f*.

pat·ten ['pætn] *s.* **1.** Holzschuh *m*; **2.** Stelzschuh *m*; **3.** ⚠ Säulenfuß *m*.

pat·ter¹ ['pætə] **I** *v/i. u. v/t.* **1.** schwatzen, (da'her)plappern; ‚he'runterleiern'; **II** *s.* **2.** Geplapper *n*; **3.** ('Fach-)Jargon *m*; **4.** Gaunersprache *f*.

pat·ter² ['pætə] **I** *v/i.* **1.** prasseln (*Regen etc.*); **2.** trappeln (*Füße*); **II** *s.* **3.** Prasseln *n* (*Regen*); **4.** (Fuß)Getrappel *n*; **5.** Klappern *n*.

pat·tern ['pætən] **I** *s.* **1.** (*a.* Schnitt-, Stick)Muster *n*, Vorlage *f*, Mo'dell *n*: ***on the ~ of*** nach dem Muster von *od. gen.*; **2.** ✝ Muster *n*: a) (Waren)Probe *f*, b) Des'sin *n*, Mo'tiv *n* (*Stoff*): ***by ~ post*** als Muster ohne Wert; **3.** *fig.* Muster *n*, Vorbild *n*; **4.** *fig.* Plan *m*, Anlage *f*: ***~ of one's life***; **5.** ⚙ a) Scha'blone *f*, b) 'Gussmoˌdell *n*, c) Lehre *f*; **6.** *Weberei*: Pa'trone *f*; **7.** (***behavio[u]r***) ***~*** *psych.* (Verhaltens)Muster *n*; **II** *adj.* **8.** musterhaft, Muster...: ***a ~ wife***; **III** *v/t.* **9.** (nach)bilden, gestalten (***after***, ***on*** nach): ***~ one's conduct on s.o.*** sich (in s-m Benehmen) ein Beispiel an j-m nehmen; **10.** mit Muster(n) verzieren, mustern; **~ bomb·ing** *s.* ⚔ Flächenwurf *m*; **~ book** *s.* ✝ Musterbuch *n*; **~ mak·er** *s.* ⚙ Mo'dellmacher *m*; **~ paint·ing** *s.* ⚔ Tarnanstrich *m*.

pat·ty ['pætɪ] *s.* Pa'stetchen *n*.

pau·ci·ty ['pɔːsətɪ] *s.* geringe Zahl *od.* Menge, Knappheit.

Paul·ine ['pɔːlaɪn] *adj. eccl.* pau'linisch.

paunch [pɔːntʃ] *s.* **1.** (Dick)Bauch *m*, Wanst *m*; **2.** *zo.* Pansen *m*; **'paunch·y** [-tʃɪ] *adj.* dickbäuchig.

P

pau·per ['pɔːpə] **I** *s.* **1.** Arme(r *m*) *f*; **2.** *Am.* a) Unter'stützungsempfänger(in), b) ⚖ unter Armenrecht Klagende(r *m*) *f*; **II** *adj.* **3.** Armen...; **'pau·per·ism** [-ərɪzəm] *s.* Verarmung *f*, Massenarmut *f*; **pau·per·i·za·tion** [ˌpɔːpəraɪ'zeɪʃn] *s.* Verarmung *f*, Verelendung *f*; **'pau·per·ize** [-əraɪz] *v/t.* bettelarm machen.

pause [pɔːz] **I** *s.* **1.** Pause *f*, Unter'brechung *f*: ***make a ~*** innehalten, pausieren; ***it gives one ~ to think*** es gibt e-m zu denken; **2.** *typ.* Gedankenstrich *m*; **3.** ♪ Fer'mate *f*; **II** *v/i.* **4.** pausieren, innehalten; stehen bleiben; zögern; **5.** verweilen (***on***, ***upon*** bei): ***~ upon a note*** (*od.* ***tone***) ♪ e-n Ton aushalten.

pave [peɪv] *v/t.* *Straße* pflastern, *Fußboden* legen: ***~ the way for*** *fig.* den Weg ebnen für; → ***paving***; **'pave·ment** [-mənt] *s.* **1.** (Straßen)Pflaster *n*; **2.** *Brit.* Bürgersteig *m*, Trot'toir *n*: ***~ artist*** Pflastermaler *m*; ***~ café*** Straßencafé *n*; **3.** *Am.* Fahrbahn *f*; **4.** Fußboden(belag) *m*; **'pav·er** [-və] *s.* **1.** Pflasterer *m*; **2.** Fliesen-, Plattenleger *m*; **3.** Pflasterstein *m*, Fußbodenplatte *f*; **4.** *Am.* 'Straßenbeˌtonmischer *m*.

pa·vil·ion [pə'vɪljən] *s.* **1.** (großes) Zelt; **2.** Pavillon *m*, Gartenhäuschen *n*; **3.** ✝ (Messe)Pavillon *m*.

pav·ing ['peɪvɪŋ] *s.* Pflastern *n*; (Be)Pflasterung *f*, Straßendecke *f*; Fußbodenbelag *m*; ***~ stone*** *s.* Pflasterstein *m*; ***~ tile*** *s.* Fliese *f*.

pav·io(u)r ['peɪvjə] *s.* Pflasterer *m*.

paw [pɔː] **I** *s.* **1.** Pfote *f*, Tatze *f*; **2.** F ‚Pfote' *f* (*Hand*); **3.** F *humor.* ‚Klaue' *f* (*Handschrift*); **II** *v/t.* **4.** *mit dem Vorderfuß od. der Pfote* scharren; **5.** F ‚betatschen': a) derb *od.* ungeschickt anfassen, b) *j-n* ‚begrapschen': ***~ the air*** (in der Luft) herumfuchteln; **III** *v/i.* **6.** stampfen, scharren; **7.** ‚(he'rum)fummeln'.

pawl [pɔːl] *s.* **1.** ⚙ Sperrhaken *m*, -klinke *f*, Klaue *f*; **2.** ⚓ Pall *n*.

pawn[1] [pɔːn] *s.* **1.** *Schach*: Bauer *m*; **2.** *fig.* 'Schachfiˌgur *f*; ***sacrifice a ~*** ein Bauernopfer bringen.

pawn[2] [pɔːn] **I** *s.* **1.** Pfand(sache *f*) *n*; ⚖ *u. fig. a.* Faustpfand *n*: ***in*** (*od.* ***at***) ***~*** verpfändet, versetzt; **II** *v/t.* **2.** verpfänden (*a. fig.*), versetzen; **3.** ✝ lombardieren; **'~ˌbro·ker** *s.* Pfandleiher *m*.

pawn·ee [ˌpɔː'niː] *s.* ⚖ Pfandinhaber *m*, -nehmer *m*; **pawn·er**, **pawn·or** ['pɔːnə] *s.* Pfandschuldner *m*.

'pawn|·shop *s.* Pfandhaus *n*, Pfandleihe *f*; ***~ tick·et*** *s.* Pfandschein *m*.

pay [peɪ] **I** *s.* **1.** Bezahlung *f*; (Arbeits-)Lohn *m*, Löhnung *f*; Gehalt *n*; Sold *m* (*a. fig.*); ⚔ (Wehr)Sold *m*: ***in the ~ of s.o.*** bei j-m beschäftigt, in j-s Sold; **2.** *fig.* Belohnung *f*, Lohn *m*; **II** *v/t.* [*irr.*] **3.** zahlen, entrichten; *Rechnung* bezahlen *od.* begleichen, *Wechsel* einlösen, *Hypothek* ablösen; *j-n* bezahlen, *Gläubiger* befriedigen: ***~ into*** einzahlen auf *ein Konto*; ***~ one's way*** ohne Verlust arbeiten, s-n Verbindlichkeiten nachkommen, auskommen mit dem, was man hat; **4.** *fig.* (be)lohnen, vergelten (***for*** *et.*): ***~ home*** heimzahlen; **5.** *fig.* *Achtung* zollen; *Aufmerksamkeit* schenken; *Besuch* abstatten; *Ehre* erweisen; *Kompliment* machen; → ***court*** 10; ***homage*** 2; **6.** *fig.* sich lohnen für *j-n*; **III** *v/i.* [*irr.*] **7.** zahlen, Zahlung leisten: ***~ for*** (für) *et.* bezahlen (*a. fig. et. büßen*), die Kosten tragen für; ***he had to ~ dearly for it*** *fig.* er musste es bitter büßen, es kam ihn teuer zu stehen; **8.** *fig.* sich lohnen, sich rentieren, sich bezahlt machen;

Zssgn mit adv.:

pay| back *v/t.* **1.** zu'rückzahlen, -erstatten; **2.** *fig.* a) *Besuch etc.* erwidern, b) *j-m* heimzahlen (***for s.th.*** et.); → ***coin*** 1; ***~ down*** *v/t.* **1.** bar bezahlen; **2.** e-e Anzahlung machen von; ***~ in*** *v/t. u. v/i.* (*auf ein Konto*) einzahlen; → ***paid-in***; ***~ off*** **I** *v/t.* **1.** *j-n* auszahlen, entlohnen; ⚓ abmustern; **2.** *et.* abbezahlen, tilgen; **3.** *Am. für* ***pay back*** 2b; **II** *v/i.* **4.** F → ***pay*** 8; ***~ out*** *v/t.* **1.** auszahlen; **2.** F *fig.* → ***pay back*** 2b; **3.** (*pret. u. p.p.* **payed**) *Kabel*, *Kette etc.* ausstecken, -legen, abrollen; ***~ up*** *v/t. j-n od. et.* voll *od.* so'fort bezahlen; *Schuld* tilgen; ✝ *Anteile*, *Versicherung etc.* voll einzahlen; → ***paid-up***.

pay·a·ble ['peɪəbl] *adj.* **1.** zahlbar, fällig: ***~ to bearer*** auf den Überbringer lautend; ***make a cheque*** (*Am.* ***check***) ***~ to s.o.*** e-n Scheck auf j-n ausstellen; **2.** ✝ ren'tabel.

ˌpay|-as-you-'earn *s.* *Brit.* Lohnsteuerabzug *m*; **ˌ~-as-you-'see tel·e·vi·sion** *s.* Münzfernsehen *n*; ***~ bed*** *s.* ⚕ Pri'vatbett *n*; ***~ check*** *s.* *Am.* Lohn-, Gehaltsscheck *m*; ***~ claim*** *s.* Lohn-, Gehaltsforderung *f*; ***~ clerk*** *s.* **1.** ✝ Lohnauszahler *m*; **2.** ⚔ Rechnungsführer *m*; **'~·day** *s.* Zahl-, Löhnungstag *m*; ***~ desk*** *s.* ✝ Kasse *f* (*im Kaufhaus*); ***~ dirt*** *s.* **1.** *geol.* Gold führendes Erdreich; **2.** *fig.* *Am.* Geld *n*, Gewinn *m*: ***strike ~*** Erfolg haben.

pay·ee [peɪ'iː] *s.* **1.** Zahlungsempfänger (-in); **2.** Wechselnehmer(in).

pay en·ve·lope *s.* Lohntüte *f*.

pay·er ['peɪə] *s.* **1.** (Be)Zahler *m*; **2.** (*Wechsel*)Bezogene(r) *m*, Tras'sat *m*.

pay freeze *s.* Lohnstopp *m*.

pay·ing ['peɪɪŋ] *adj.* **1.** lohnend, einträglich, ren'tabel: ***not ~*** unrentabel; ***~ concern*** lohnendes Geschäft; **2.** Kassen..., Zahl(ungs)...: ***~ guest*** zahlender Gast; **ˌ~-'in slip** *s.* Einzahlungsschein *m*.

P

'pay|·load *s.* **1.** ⚙, ⚓, ✈ Nutzlast *f*: **~ *capacity*** Ladefähigkeit *f*; **2.** ⚔ Sprengladung *f*; **3.** ✝ *Am.* Lohnanteil *m*; **'~ˌmas·ter** *s.* ⚔ Zahlmeister *m*.

pay·ment ['peɪmənt] *s.* **1.** (Ein-, Aus-, Be)Zahlung *f*, Entrichtung *f*, Abtragung *f von Schulden*, Einlösung *f e-s Wechsels*: **~ *in kind*** Sachleistung *f*; ***in ~ of*** zum Ausgleich (*gen.*); ***on ~*** (***of***) nach Eingang (*gen.*), gegen Zahlung (von *od. gen.*); ***accept in ~*** in Zahlung nehmen; **2.** gezahlte Summe, Bezahlung *f*; **3.** Lohn *m*, Löhnung *f*, Besoldung *f*; **4.** *fig.* Lohn *m* (*a. Strafe*).

'pay|·off *s. sl.* **1.** Aus- *od.* Abzahlung *f*; **2.** *fig.* Abrechnung *f* (*Rache*); **3.** Resul'tat *n*; Entscheidung *f*; **4.** *Am.* Clou *m* (*Höhepunkt*); **~ of·fice** *s.* **1.** 'Lohnbüˌro *n*; **2.** Zahlstelle *f*.

pay·o·la [peɪ'əʊlə] *s. Am. sl.* Bestechungs-, Schmiergeld(er *pl.*) *n*.

pay| pack·et *s.* Lohntüte *f*; **~ pause** *s.* Lohnpause *f*; **'~·roll** *s.* Lohnliste *f*: ***have*** (*od.* ***keep***) ***s.o. on one's ~*** j-n (bei sich) beschäftigen; ***he is no longer on our ~*** er arbeitet nicht mehr für *od.* bei uns; **~ round** *s.* Tarifrunde *f*; **~ scale** *s.* Lohn- und Gehaltstarif *m*; **~ slip** *s.* Lohn-, Gehaltsstreifen *m*; **~ tel·e·phone** *s.* Münzfernsprecher *m*; **~ TV** *s.* 'Pay-TˌV *n*.

pea [piː] **I** *s.* ⚘ Erbse *f*: ***as like as two ~s*** sich gleichend wie ein Ei dem andern; → ***sweet pea***; **II** *adj.* erbsengroß, -förmig.

peace [piːs] **I** *s.* **1.** Friede(n) *m*: ***at ~*** a) in Frieden, im Friedenszustand, b) in Frieden ruhend (*tot*); **2.** *a.* ***the King's*** (*od.* ***Queen's***) ***~***, ***public ~*** Landfrieden *m*, öffentliche Ruhe und Ordnung, öffentliche Sicherheit: ***breach of the ~*** ⚖ (öffentliche) Ruhestörung; ***disturb the ~*** die öffentliche Ruhe stören; ***keep the ~*** die öffentliche Sicherheit wahren; **3.** *fig.* Ruhe *f*, Friede(n) *m*: **~ *of mind*** Seelenruhe; ***hold one's ~*** sich ruhig verhalten; ***leave in ~*** in Ruhe *od.* Frieden lassen; **4.** Versöhnung *f*, Eintracht *f*: ***make one's ~ with s.o.*** sich mit j-m versöhnen; **II** *int.* **5.** sst!, still!, ruhig!; **III** *adj.* **6.** Friedens...: **~ *conference***; **~ *feelers***; **~ *movement***; **~ *offensive***; **~ *corps*** Friedenstruppe *f*; **'peace·a·ble** [-səbl] *adj.* □ friedlich: a) friedfertig, -liebend, b) ruhig, ungestört; **'peace·ful** [-fʊl] *adj.* □ friedlich; **'~-ˌkeep·ing** *adj.*: **~ *force*** *pol.* ⚔ Friedenstruppe *f*; **'peace·less** [-lɪs] *adj.* friedlos.

peace·nik ['piːsnɪk] *s. Am. sl.* Kriegsgegner(in).

peace| of·fer·ing *s.* **1.** *eccl.* Sühneopfer *n*; **2.** Versöhnungsgeschenk *n*, versöhnliche Geste, Friedenszeichen *n*; **~ of·fi·cer** *s.* Sicherheitsbeamte(r) *m*, Schutzmann *m*; **~ re·search** *s.* Friedensforschung *f*; **~ set·tle·ment** *s.* Friedensregelung *f*; **~ stud·ies** *s. pl.* Friedensforschung *f*; **'~·time I** *s.* Friedenszeit *f*; **II** *adj.* in Friedenszeiten, Friedens...; **~ trea·ty** *s. pol.* Friedensvertrag *m*.

peach¹ [piːtʃ] *s.* **1.** ⚘ Pfirsich(baum) *m*; **2.** *sl.* ‚klasse' Per'son *od.* Sache: ***a ~ of a car*** ein ‚todschicker' Wagen; ***a ~ of a girl*** ein bildhübsches Mädchen.

peach² [piːtʃ] *v/i.*: **~ *against*** (*od.* ***on***) *Komplicen* ‚verpfeifen', *Schulkameraden* verpetzen.

peach·y ['piːtʃɪ] *adj.* **1.** pfirsichartig; **2.** *sl.* ‚prima', ‚schick', ‚klasse'.

pea·cock ['piːkɒk] *s.* **1.** *orn.* Pfau(hahn) *m*; **2.** *fig.* (eitler) Fatzke *m*; **~ blue** *s.* Pfauenblau *n* (*Farbe*).

'pea|·fowl *s. orn.* Pfau *m*; **'~·hen** *s. orn.* Pfauhenne *f*; **~ jack·et** *s.* ⚓ Ko'lani *m* (*Uniformjacke*).

peak¹ [piːk] **I** *s.* **1.** Spitze *f*; **2.** Bergspitze *f*, Horn *n*, spitzer Berg; **3.** (Mützen-)Schirm *m*; **4.** ⚓ Piek *f*; **5.** ⚡, *phys.* Höchst-, Scheitelwert *m*; **6.** *fig.* (Leistungs- *etc.*)Spitze *f*, Höchststand *m*; Gipfel *m des Glücks etc.*: **~ *of traffic*** Verkehrsspitze; ***reach the ~*** den Höchststand erreichen; **II** *adj.* **7.** Spitzen..., Höchst..., Haupt...: **~ *factor*** *phys.*, ⚡ Scheitelfaktor *m*; **~ *load*** Spitzenbelastung *f* (*a.* ⚡); **~ *season*** Hochsaison *f*, -konjunktur; **~ *time*** a) Hochkonjunktur *f*, b) Stoßzeit *f*, c) = **~** (***traffic***) ***hours*** Hauptverkehrszeit *f*, d) *Stromverbrauch*: Hauptbelastungszeit *f*, Spitzenzeit *f*, e) → **~ *viewing time*** *TV* Hauptsendezeit *f*.

peak² [piːk] *v/i.* **1.** kränkeln, abmagern; **2.** spitz aussehen.

peaked [piːkt] *adj.* **1.** spitz(ig): **~ *cap*** Schirmmütze; **2.** F ‚spitz', kränklich.

peak·y ['piːkɪ] *adj.* **1.** gipfelig; **2.** spitz (-ig); **3.** → ***peaked*** 2.

peal [piːl] **I** *s.* **1.** (Glocken)Läuten *n*; **2.** Glockenspiel *n*; **3.** (*Donner*)Schlag *m*, Dröhnen *n*: **~ *of laughter*** schallendes Gelächter; **II** *v/i.* **4.** läuten; erschallen, dröhnen, schmettern; **III** *v/t.* **5.** erschallen lassen.

'pea·nut I *s.* **1.** ⚘ Erdnuss *f*; **2.** *Am. sl.* a) *pl.* ‚Peanuts' *pl.*, ‚kleine Fische' *pl.* (*geringer Betrag*), b) ‚kleines Würstchen' (*Person*); **II** *adj.* **3.** *Am. sl.* klein, unbedeutend, lächerlich: ***a ~ politician***; **~ but·ter** *s.* Erdnussbutter *f*.

pear [peə] *s.* ⚘ **1.** Birne *f* (*a. weitS. Objekt*); **2.** *a.* **~ tree** Birnbaum *m*.

pearl [pɜːl] **I** *s.* **1.** Perle *f* (*a. fig. u. pharm.*): ***cast ~s before swine*** Perlen vor die Säue werfen; **2.** Perl'mutt *n*; **3.** *typ.* Perl(schrift) *f*; **II** *adj.* **4.** Perlen...; Perlmutt(er)...; **III** *v/i.* **5.** Perlen bilden, perlen, tropfen; **~ bar·ley** *s.* Perlgraupen *pl.*; **~ div·er** *s.* Perlentaucher *m*; **~ oys·ter** *s. zo.* Perlmuschel *f*.

P

pearl·y ['pɜːlɪ] *adj.* **1.** Perlen..., perlenartig, perlmutterartig; **2.** perlenreich.

'pear|-quince *s.* ⚘ Echte Quitte, Birnenquitte *f*; **'~-shaped** *adj.* birnenförmig.

peas·ant ['peznt] **I** *s.* **1.** (Klein)Bauer *m*; **2.** *fig.* F ‚Bauer' *m*; **II** *adj.* **3.** (klein-) bäuerlich, Bauern...: **~ *woman*** Bäuerin *f*; **'peas·ant·ry** [-rɪ] *s.* *die* (Klein-) Bauern *pl.*, Landvolk *n.*

pease [piːz] *s. pl. Br. dial.* Erbsen *pl.*: **~ *pudding*** Erbs(en)brei *m.*

'pea|ˌshoot·er *s.* **1.** Blas-, Pusterohr *n*; **2.** *Am.* Kata'pult *m, n*; **3.** *Am. sl.* ‚Ka'none' *f* (*Pistole*); **~ soup** *s.* **1.** Erbsensuppe *f*; **2.** *a.* **ˌ~-'soup·er** [-'suːpə] *s.* **1.** F ‚Waschküche' *f* (*dichter Nebel*); **2.** 'Frankokaˌnadier *m*; **ˌ~'soup·y** [-'suːpɪ] *adj.* F dicht u. gelb (*Nebel*).

peat [piːt] *s.* **1.** Torf *m*: ***cut*** (*od.* ***dig***) **~** Torf stechen: **~ *bath*** ⚕ Moorbad *n*; **~ *coal*** Torfkohle *f*: **~ *moss*** Torfmoos *n*; **2.** Torfstück *n*, -sode *f.*

peb·ble ['pebl] **I** *s.* **1.** Kiesel(stein) *m*: ***you are not the only ~ on the beach*** F man (*od.* ich) kann auch ohne dich auskommen; **2.** A'chat *m*; **3.** 'Bergkriˌstall *m*; **4.** *opt.* Linse *f* aus 'Bergkriˌstall; **II** *v/t.* **5.** *Weg* mit Kies bestreuen; **6.** ⚙ *Leder* krispeln; **'peb·bly** [-lɪ] *adj.* kieselig.

pec·ca·dil·lo [ˌpekə'dɪləʊ] *pl.* **-loes** *s.* ‚kleine Sünde', Kava'liersdeˌlikt *n.*

peck¹ [pek] *s.* **1.** Viertelscheffel *m* (*Brit. 9,1, Am. 8,8 Liter*); **2.** *fig.* Menge *f*, Haufen *m*: ***a ~ of trouble***.

peck² [pek] **I** *v/t.* **1.** *mit dem Schnabel etc.* (auf)picken, (-)hacken; **2.** *j-m* ein Küsschen geben; **II** *v/i.* **3.** (***at***) picken, hacken (nach), einhacken (auf *acc.*): ***~ing order*** *zo. u. fig.* Hackordnung *f*; **~ *at s.o.*** *fig.* auf j-m ‚herumhacken'; **~ *at one's food*** *lustlos* im Essen herumstochern; **III** *s.* **4.** Schlag *m*, (Schnabel-) Hieb *m*; **5.** Loch *n*; **6.** leichter *od.* flüchtiger Kuss; **7.** *Brit. sl.* ‚Futter' *n* (*Essen*); **'peck·er** [-kə] *s.* **1.** Picke *f*, Haue *f*; **2.** ⚙ Abfühlnadel *f*; **3.** *sl.* ‚Zinken' *m* (*Nase*): ***keep your ~ up!*** halt die Ohren steif!; **4.** *Am. sl.* ‚Schwanz' *m* (*Penis*); **peck·ish** ['pekɪʃ] *adj.* F **1.** hungrig; **2.** *Am.* reizbar.

pec·to·ral ['pektərəl] **I** *adj.* **1.** *anat.*, ⚕ Brust...; **II** *s.* **2.** *hist.* Brustplatte *f*; **3.** *anat.* Brustmuskel *m*; **4.** *pharm.* Brustmittel *n*; **5.** *zo. a.* **~ *fin*** Brustflosse *f*; **6.** *R.C.* Brustkreuz *n.*

pec·u·late ['pekjʊleɪt] *v/t.* (*v/i.* öffentliche Gelder) unter'schlagen, veruntreuen; **pec·u·la·tion** [ˌpekjʊ'leɪʃn] *s.* Unter'schlagung *f*, Veruntreuung *f*, 'Unterschleif *m*; **'pec·u·la·tor** [-tə] *s.* Veruntreuer *m.*

pe·cul·iar [pɪ'kjuːljə] **I** *adj.* ☐ **1.** eigen (-tümlich) (***to*** *dat.*); **2.** eigen, seltsam, absonderlich; **3.** besonder; **II** *s.* **4.** ausschließliches Eigentum; **pe·cu·li·ar·i·ty** [pɪˌkjuːlɪ'ærətɪ] *s.* **1.** Eigenheit *f*, Eigentümlichkeit *f*, Besonderheit *f*; **2.** Eigenartigkeit *f*, Seltsamkeit *f.*

pe·cu·ni·ar·y [pɪ'kjuːnjərɪ] *adj.* ☐ Geld..., pekuni'är, finanzi'ell: **~ *advantage*** Vermögensvorteil.

ped·a·gog·ic, ped·a·gog·i·cal [ˌpedə'gɒdʒɪk(l)] *adj.* ☐ päda'gogisch, erzieherisch, Erziehungs...; **ˌped·a'gog·ics** [-ks] *s. pl. sg. konstr.* Päda'gogik *f*; **ped·a·gogue** ['pedəgɒg] *s.* **1.** Päda'goge *m*, Erzieher *m*; **2.** *contp. fig.* Pe'dant *m*, Schulmeister *m*; **ped·a·go·gy** ['pedəgɒdʒɪ] *s.* Päda'gogik *f.*

ped·al ['pedl] **I** *s.* **1.** Pe'dal *n* (*a.* ♪), Fußhebel *m*, Tretkurbel *f*; → ***soft pedal***; **2.** *a.* **~ *note*** ♪ Pe'dal- *od.* Orgelton *m*; **II** *v/i.* **3.** ⚙, ♪ Pe'dal treten; **4.** Rad fahren, ‚strampeln'; **III** *v/t.* **5.** treten, fahren; **IV.** *adj.* **6.** Pedal..., Fuß...: **~ *bin*** Treteimer *m*; **~ *car*** Tretauto *n*; **~ *brake*** *mot.* Fußbremse *f*; **~ *control*** ✈ Pedalsteuerung *f*; **~ *switch*** ⚙ Fußschalter *m.*

ped·a·lo ['pedələʊ] *s.* Tretboot *n.*

ped·ant ['pedənt] *s.* Pe'dant(in), Kleinigkeitskrämer(in); **pe·dan·tic** [pɪ'dæntɪk] *adj.* (☐ **~*ally***) pe'dantisch, kleinlich; **'ped·ant·ry** [-trɪ] *s.* Pedante'rie *f.*

ped·dle ['pedl] **I** *v/i.* **1.** hausieren gehen; **2.** sich mit Kleinigkeiten abgeben, tändeln; **II** *v/t.* **3.** hausieren gehen mit (*a. fig.*), handeln mit: **~ *drugs***; **~ *new ideas***; **'ped·dler** [-lə] *Am.* → ***pedlar***; **'ped·dling** [-lɪŋ] *adj. fig.* kleinlich; geringfügig, unbedeutend, wertlos.

ped·er·ast ['pedəræst] *s.* Päde'rast *m*; **'ped·er·as·ty** [-tɪ] *s.* Pädera'stie *f*, Knabenliebe *f.*

ped·es·tal ['pedɪstl] *s.* **1.** ⚠ Sockel *m*, Posta'ment *n*, Säulenfuß *m*: ***set s.o. on a ~*** *fig.* j-n aufs Podest erheben; **2.** *fig.* Basis *f*, Grundlage *f*; **3.** ⚙ 'Untergestell *n*, Sockel *m*, (Lager)Bock *m.*

pe·des·tri·an [pɪ'destrɪən] **I** *adj.* **1.** zu Fuß, Fuß...; Spazier...; Fußgänger...: **~ *precinct*** (*od.* ***area***) Fußgängerzone *f*; **2.** *fig.* pro'saisch, nüchtern; langweilig; **II** *s.* **3.** Fußgänger(in); **pe'des·tri·an·ize** [-naɪz] *v/t.* in e-e Fußgängerzone verwandeln.

Pedestrian crossing

Es gibt verschiedene Fußgängerübergänge, die alle nach Tieren benannt sind:

zebra crossing	Zebrastreifen

pelican crossing Ampelübergang (eine Abkürzung von **pedestrian light controlled crossing**)

puffin crossing (**puffin** heißt der Papageientaucher; der Name ist eine Abkürzung von **pedestrian user-friendly intelligent crossing**)

toucan crossing (ein Übergang, der von Fußgängern und Radfahrern benutzt werden kann, also „**two can cross**")

pe·di·at·ric [ˌpiːdɪ'ætrɪk] *adj.* ⚕ pädi'atrisch, Kinder(heilkunde)...; **pe·di·a·tri·cian** [ˌpiːdɪə'trɪʃn] *s.* Kinderarzt *m*, -ärztin *f*; ˌ**pe·di'at·rics** [-ks] *s. pl. sg. konstr.* Kinderheilkunde *f*, Pädia'trie *f*; ˌ**pe·di'at·rist** [-ɪst] → ***pediatrician***; **ped·i·at·ry** ['piːdɪætrɪ] → ***pediatrics***.

ped·i·cel ['pedɪsəl] *s.* **1.** ⚘ Blütenstängel *m*; **2.** *anat.*, *zo.* Stiel(chen *n*) *m;* '**ped·i·cle** [-kl] *s.* **1.** ⚘ Blütenstängel *m*; **2.** ⚕ Stiel *m* (*Tumor*).

ped·i·cure ['pedɪkjʊə] **I** *s.* Pedi'küre *f*: a) Fußpflege *f*, b) Fußpfleger(in); **II** *v/t. j-s* Füße behandeln *od.* pflegen; '**ped·i·cur·ist** [-ərɪst] → ***pedicure*** I b.

ped·i·gree ['pedɪgriː] **I** *s.* **1.** Stammbaum *m* (*a. zo. u. fig.*), Ahnentafel *f*; **2.** Entwicklungstafel *f*; **3.** Ab-, Herkunft *f*; **4.** lange Ahnenreihe; **II** *adj. a.* '**ped·i·greed** [-iːd] **5.** mit Stammbaum, reinrassig, Zucht...

ped·i·ment ['pedɪmənt] *s.* ⚠ **1.** Giebel (-feld *n*) *m*; **2.** Ziergiebel *m*.

ped·lar ['pedlə] *s.* Hausierer *m*.

pe·dom·e·ter [pɪ'dɒmɪtə] *s. phys.* Schrittmesser *m*, -zähler *m*.

pe·dun·cle [pɪ'dʌŋkl] *s.* **1.** ⚘ Blütenstandstiel *m*, Blütenzweig *m*; **2.** *zo.* Stiel *m*, Schaft *m*; **3.** *anat.* Zirbel-, Hirnstiel *m*.

pee [piː] *v/i.* F ‚Pi'pi machen', ‚pinkeln'.

peek[1] [piːk] **I** *v/i.* **1.** gucken, spähen (***into*** in *acc.*); **2.** ~ ***out*** her'ausgucken (*a. fig.*); **II** *s.* **3.** flüchtiger *od.* heimlicher Blick.

peek[2] [piːk] *s.* Piepsen *n* (*Vogel*).

peek·a·boo [ˌpiːkə'buː] *s.* ‚Guck-Guck-Spiel' *n* (*kleiner Kinder*).

peel[1] [piːl] **I** *v/t.* **1.** *Frucht, Kartoffeln, Bäume* schälen: ~ ***off*** abschälen, -lösen; ~***ed barley*** Graupen *pl.*; ***keep your eyes*** ~***ed*** *sl.* halt die Augen offen; **2.** *sl. Kleider* abstreifen; **II** *v/i.* **3.** *a.* ~ ***off*** sich abschälen, sich abblättern, abbröckeln, abschilfern; **4.** *sl.* ‚sich entblättern', ‚strippen'; **5.** ~ ***off*** ✈ *aus e-m Verband* ausscheren; **III** *s.* **6.** (*Zitronen- etc.*)Schale *f*; Rinde *f*; Haut *f*.

peel[2] [piːl] *s.* **1.** Backschaufel *f*, Brotschieber *m*; **2.** *typ.* Aufhängekreuz *n*.

peel·er[1] ['piːlə] *s.* **1.** (*Kartoffel- etc.*) Schäler *m*; **2.** *sl.* Stripperin *f*.

peel·er[2] ['piːlə] *s. sl. obs.* ‚Bulle' *m* (*Polizist*).

peel·ing ['piːlɪŋ] *s.* (*lose*) Schale, Rinde *f*, Haut *f*.

peen [piːn] *s.* ⚙ Finne *f*, Hammerbahn *f*.

peep[1] [piːp] **I** *v/i.* **1.** piep(s)en (*Vogel etc.*): ***he never dared*** ~ ***again*** er hat es nicht mehr gewagt, den Mund aufzumachen; **II** *s.* **2.** Piep(s)en *n*; **3.** *sl.* ‚Pieps' *m* (*Wort*).

peep[2] [piːp] **I** *v/i.* **1.** gucken, neugierig *od.* verstohlen blicken (***into*** in *acc.*): ~ ***at*** e-n Blick werfen auf (*acc.*); **2.** *oft* ~ ***out*** her'vorgucken, -schauen, -lugen (*a. fig. sich zeigen, zum Vorschein kommen*); **II** *s.* **3.** neugieriger *od.* verstohlener Blick: ***have*** (*od.* ***take***) ***a*** ~ → 1; **4.** Blick *m* (***of*** in *acc.*), ('Durch)Sicht *f*; **5.** ***at*** ~ ***of day*** bei Tagesanbruch; '**peep·er** [-pə] *s.* **1.** Spitzel *m*; **2.** *sl.* ‚Gucker' *m* (*Auge*); **3.** *sl.* Spiegel *m*; Fenster *n*; Brille *f*.

'**peep·hole** *s.* Guckloch *n*.

Peep·ing Tom ['piːpɪŋ] *s.* ‚Spanner' *m* (*Voyeur*).

'**peep|·scope** *s.* ‚Spion' *m* (*an der Tür*); ~ **show** *s.* **1.** Guckkasten *m*; **2.** Peep-Show *f*.

peer[1] [pɪə] *v/i.* **1.** spähen, gucken (***into*** in *acc.*): ~ ***at*** sich *et.* genau an- *od.* begucken; **2.** *poet.* sich zeigen; **3.** → ***peep***[2] 2.

peer[2] [pɪə] *s.* **1.** Gleiche(r *m*) *f*, Ebenbürtige(r *m*) *f*: ***without a*** ~ ohnegleichen, unvergleichlich; ***he associates with his*** ~***s*** er gesellt sich zu seinesgleichen; ~ ***group*** *sociol.* Peer-Group *f*; ~ ***pressure*** *sociol.* 'Peer-ˌPressure *m*, (Erwartungs)Druck *m* von Gleichaltrigen *od.* sozial Gleichgestellten; **2.** Angehörige(r) *m* des (brit.) Hochadels: ~ ***of the realm*** *Brit.* Peer *m* (*Mitglied des Oberhauses*); **peer·age** ['pɪərɪdʒ] *s.* **1.** Peerage *f*: a) Peerswürde *f*, b) Hochadel *m*, (*die*) Peers *pl.*; **2.** 'Adelskaˌlender *m*; **peer·ess** ['pɪərɪs] *s.* **1.** Gemahlin *f* e-s Peers; **2.** hohe Adlige: ~ ***in her own right*** Peeress *f* im eigenen Recht; **peer·less** ['pɪəlɪs] *adj.* □ unvergleichlich, einzig(artig).

peeve [piːv] F *v/t.* (ver)ärgern; **peeved** [-vd] *adj.* F ‚eingeschnappt', verärgert; '**pee·vish** [-vɪʃ] *adj.* □ grämlich, übellaunig, verdrießlich.

P

peg [peg] **I** *s.* **1.** (Holz-, *surv.* Absteck-)Pflock *m*; (Holz)Nagel *m*; (Schuh)Stift *m*; ⚙ Dübel *m*; Sprosse *f* (*a. fig.*): ***take s.o. down a ~ (or two)*** j-m ‚einen Dämpfer aufsetzen'; ***come down a ~*** gelindere Saiten aufziehen, ‚zurückstecken'; ***a round ~ in a square hole, a square ~ in a round hole*** ein Mensch am falschen Platze; **2.** (Kleider)Haken *m*: ***off the ~*** von der Stange (*Anzug*); **3.** (Wäsche)Klammer *f*; **4.** (Zelt)Hering *m*; **5.** ♪ Wirbel *m* (*Saiteninstrument*); **6.** *fig.* ‚Aufhänger' *m*: ***a good ~ on which to hang a story***; **7.** *Brit.* ‚Gläs-chen' *n*, *bsd.* Whisky *m* mit Soda; **II** *v/t.* **8.** anpflöcken, -nageln; **9.** ⚙ (ver)dübeln; **10.** *a.* ***~ out*** *surv.* *Grenze, Land* abstecken: ***~ out one's claim*** *fig.* s-e Ansprüche geltend machen; **11.** † *Löhne, Preise* stützen, halten: ***~ged price*** Stützkurs; **12.** F schmeißen (***at*** nach); **III** *v/i.* **13.** ***~ away*** (*od.* ***along***) F drauf'losarbeiten; **14.** ***~ out*** F a) ‚zs.-‑klappen', b) ‚abkratzen' (*sterben*); **'~-top** *s.* Kreisel *m*.

peign·oir ['peɪnwɑː] (*Fr.*) *s.* Morgenrock *m*.

pe·jo·ra·tive ['piːdʒərətɪv] **I** *adj.* ☐ abschätzig, her'absetzend, pejora'tiv; **II** *s.* *ling.* abschätziges Wort, Pejora'tivum *n*.

peke [piːk] F *für* ***Pekingese*** 2.

Pe·king·ese [ˌpiːkɪŋ'iːz] *s. sg. u. pl.* **1.** Bewohner(in) von Peking; **2.** ♀ Peki'nese *m* (*Hund*).

pel·age ['pelɪdʒ] *s. zo.* Körperbedeckung *f* wilder Tiere (*Fell etc.*).

pel·ar·gon·ic [ˌpelɑː'gɒnɪk] *adj.* ⚗ Pelargon...: ***~ acid***; **ˌpel·ar'go·ni·um** [-'gəʊnjəm] *s.* ⚘ Pelar'gonie *f*.

pelf [pelf] *s. contp.* Mammon *m*.

pel·i·can ['pelɪkən] *s. orn.* Pelikan *m*; **~ cross·ing** *s.* mit *Ampeln gesicherter* Fußgängerüberweg *m*.

pe·lisse [pe'liːs] *s.* (*langer*) Damen- *od.* Kindermantel.

pel·let ['pelɪt] *s.* **1.** Kügelchen *n*, Pille *f*; **2.** Schrotkorn *n* (*Munition*).

pel·li·cle ['pelɪkl] *s.* Häutchen *n*; Membran *f*; **pel·lic·u·lar** [pe'lɪkjʊlə] *adj.* häutchenförmig, Häutchen...

pell-mell [ˌpel'mel] **I** *adv.* **1.** durcheinander, ‚wie Kraut u. Rüben'; **2.** 'unterschiedslos; **3.** Hals über Kopf; **II** *adj.* **4.** verworren, kunterbunt; **5.** hastig, über'eilt; **III** *s.* **6.** Durchein'ander *n*.

pel·lu·cid [pe'ljuːsɪd] *adj.* ☐ 'durchsichtig, klar (*a. fig.*).

pelt¹ [pelt] *s.* Fell *n*, (Tier)Pelz *m*; † *rohe* Haut.

pelt² [pelt] **I** *v/t.* **1.** *j-n mit Steinen etc.* bewerfen, (*fig. mit Fragen*) bombardieren; **2.** verhauen, prügeln; **II** *v/i.* **3.** *mit Steinen etc.* werfen (***at*** nach); **4.** niederprasseln: ***~ing rain*** Platzregen *m*; **III** *s.* **5.** Schlag *m*, Wurf *m*; **6.** Prasseln *n* (*Regen*); **7.** Eile *f*: (***at***) ***full ~*** in voller Geschwindigkeit.

pelt·ry ['peltrɪ] *s.* **1.** Rauch-, Pelzwaren *pl.*; **2.** Fell *n*, Haut *f*.

pel·vic ['pelvɪk] *adj. anat.* Becken...: ***~ cavity*** Beckenhöhle; **pel·vis** ['pelvɪs] *pl.* **-ves** [-viːz] *s. anat.* Becken *n*.

pem·(m)i·can ['pemɪkən] *s.* Pemmikan *n* (*Dörrfleisch*).

pen¹ [pen] **I** *s.* **1.** Pferch *m*, Hürde *f* (*Schafe*), Verschlag *m* (*Geflügel*), Hühnerstall *m*; **2.** kleiner Behälter *od.* Raum; **3.** ⚓ (U-Boot-)Bunker *m*; **4.** *Am. sl.* ‚Kittchen' *n*, ‚Knast' *m*; **II** *v/t.* **5.** *a.* ***~ in, ~ up*** einpferchen, -schließen, -sperren.

pen² [pen] **I** *s.* **1.** (Schreib)Feder *f*, *a.* Federhalter *m*; Füller *m*; Kugelschreiber *m*: ***set ~ to paper*** die Feder ansetzen; ***~ and ink*** Schreibzeug *n*; ***~ friend*** Brieffreund(in); **2.** *fig.* Feder *f*, Stil *m*: ***he has a sharp ~*** er führt e-e spitze Feder; **II** *v/t.* **3.** (nieder)schreiben; ab-, verfassen.

> Beachten Sie bitte, dass **pen** sowohl für einen Kugelschreiber als auch für einen Füllfederhalter verwendet wird. Das deutsche „Hast du was zum Schreiben?" wird im Englischen oft durch **Have you got a pen?** wiedergegeben.

pe·nal ['piːnl] *adj.* ☐ **1.** strafrechtlich, Straf...: ***~ code*** Strafgesetzbuch *n*; ***~ colony*** Sträflingskolonie *f*; ***~ duty*** Strafzoll *m*; ***~ institution*** Strafanstalt *f*; ***~ law*** Strafrecht *n*; ***~ reform*** Strafrechtsreform *f*; ***~ sum*** Vertrags-, Konventionalstrafe *f*; → ***servitude*** 2; **2.** sträflich, strafbar: ***~ act***; **'pe·nal·ize** [-nəlaɪz] *v/t.* **1.** mit e-r Strafe belegen, bestrafen; **2.** benachteiligen, ‚bestrafen'; **pen·al·ty** ['penltɪ] *s.* **1.** gesetzliche Strafe: ***on*** (*od.* ***under***) ***~ of*** bei Strafe von; → ***extreme*** 2; ***pay*** (*od.* ***bear***) ***the ~ of*** *et.* büßen; **2.** (Geld)Buße *f*, Vertragsstrafe *f*; **3.** *fig.* Nachteil *m*, Fluch *m des Ruhms etc.*; **4.** *sport* a) Strafe *f*, Strafpunkt *m*, b) *Fußball*: Elf'meter *m*, c) *Hockey*: Sieben'meter *m*, *Eishockey*: Penalty *m*: ***~ area*** *Fußball*: Strafraum *m*; ***~ box*** a) *Eishockey*: Strafbank, b) *Fußball*: Strafraum *m*; ***~ kick*** *Fußball*: Strafstoß *m*; ***~ shot*** *Eishockey*: Penalty *m*; ***~ shootout*** *Fußball*: Elfmeterschießen *n*; ***~ spot*** a) *Fußball*: Elfmeterpunkt *m*, b) *Hockey*: Siebenmeterpunkt *m*.

P

pen·ance ['penəns] *s.* Buße *f*: ***do** ~* Buße tun.
ˌpen-and-'ink *adj.* Feder..., Schreiber...: *~ (**drawing**)* Federzeichnung *f*.
pence [pens] *pl. von **penny***.
pen·chant ['pɑ̃:ŋʃɑ̃:ŋ] (*Fr.*) *s.* (***for***) Neigung *f*, Hang *m* (für, zu), Vorliebe *f* (für).
pen·cil ['pensl] **I** *s.* **1.** Blei-, Zeichen-, Farbstift *m*: ***red** ~* Rotstift; ***in** ~* mit Bleistift; **2.** *paint. obs.* Pinsel *m*; *fig.* Stil *m e-s Malers*; **3.** *rhet.* Griffel *m*, Stift *m*; **4.** ⚙, ⚕, *Kosmetik*: Stift *m*; **5.** ⚹, *phys.* (Strahlen)Büschel *m*, *n*: *~ **of light*** *phot.* Lichtbündel *n*; **II 6.** *v/t.* zeichnen; **7.** mit e-m Bleistift aufschreiben, anzeichnen *od.* anstreichen; **8.** mit e-m Stift behandeln, *z.B. die Augenbrauen* nachziehen; **'pen·cil(l)ed** [-ld] *adj.* **1.** fein gezeichnet *od.* gestrichelt; **2.** mit e-m Bleistift gezeichnet *od.* angestrichen; **3.** ⚹, *phys.* gebündelt (*Strahlen etc.*).
pen·cil| push·er *s. humor.* ‚Bürohengst' *m*; *~* **sharp·en·er** *s.* Bleistiftspitzer *m*.
'pen·craft *s.* **1.** → ***penmanship***; **2.** Schriftstelle'rei *f*.
pend·ant ['pendənt] **I** *s.* **1.** Anhänger *m*, (*Schmuckstück*), Ohrgehänge *n*; **2.** a) Behang *m*, b) Hängeleuchter *m*; **3.** Bügel *m* (*Uhr*); **4.** ⚠ Hängezierrat *m*; **5.** *fig.* Anhang *m*, Anhängsel *n*; **6.** *fig.* Pen'dant *n*, Seiten-, Gegenstück *n* (***to*** zu); **7.** ⚓ → ***pennant*** 1; **II** *adj.* → ***pendent*** I; **'pend·en·cy** [-dənsı] *s. fig. bsd.* ⚖ Schweben *n*, Anhängigkeit *f* (*e-s Prozesses*); **'pend·ent** [-nt] **I** *adj.* **1.** (her'ab)hängend; 'überhängend; Hänge...; **2.** *fig.* → ***pending*** 3; **3.** *ling.* unvollständig; **II** *s.* **4.** → ***pendant*** I; **'pending** [-dıŋ] **I** *adj.* **1.** hängend; **2.** bevorstehend; **3.** *bsd.* ⚖ schwebend, (noch) unentschieden; anhängig (*Klage*); → ***patent*** 7; **II** *prp.* **4.** a) während, b) bis zu.
pen·du·late ['pendjʊleıt] *v/i.* **1.** pendeln; **2.** *fig.* fluktuieren, schwanken; **'pen·du·lous** [-ləs] *adj.* hängend, pendelnd; Hänge...(*bauch etc.*), Pendel...(*-bewegung etc.*); **'pen·du·lum** [-ləm] **I** *s.* **1.** *phys.* Pendel *n*; **2.** ⚙ a) Pendel *n*, Perpen'dikel *m*, *n* (*Uhr*), b) Schwunggewicht *n*; **3.** *fig.* Pendelbewegung *f*, wechselnde Stimmung *od.* Haltung; → ***swing*** 20; **II** *adj.* **4.** Pendel...(*-säge, -uhr, -waage etc.*): *~ **wheel*** Unruh *f der Uhr*.
pen·e·tra·bil·i·ty [ˌpenıtrə'bılətı] *s.* Durch'dringbarkeit *f*, Durch'dringlichkeit *f*; **pen·e·tra·ble** ['penıtrəbl] *adj.* □ durch'dringlich, erfassbar, erreichbar; **pen·e·tra·li·a** [ˌpenı'treıljə] (*Lat.*) *s. pl.* **1.** *das* Innerste, *das* Aller'heiligste; **2.** *fig.* Geheimnisse *pl.*; in'time Dinge *pl.*
pen·e·trate ['penıtreıt] **I** *v/t.* **1.** durch'dringen, eindringen in (*acc.*), durch'bohren, *a.* ⚔ durch'stoßen; **2.** *fig. seelisch* durch'dringen, erfüllen; **3.** *fig. geistig* eindringen in (*acc.*), ergründen, durch'schauen; **II** *v/i.* **4.** eindringen, 'durchdringen (***into***, ***to*** in *acc.*, zu); ✈, ⚔ einfliegen; **5.** 'durch-, vordringen (***to*** zu); **6.** *fig.* ergründen: *~ **into a secret***; **'pen·e·trat·ing** [-tıŋ] *adj.* □ **1.** 'durchdringend, durch'bohrend (*a. Blick*): *~ **power*** ⚔ Durchschlagskraft *f*; **2.** *fig.* durch'dringend, scharf(sinnig); **pen·e·tra·tion** [ˌpenı'treıʃn] *s.* **1.** Ein-, 'Durchdringen, Durch'bohren *n*; **2.** Eindringungsvermögen *n*, 'Durchschlagskraft *f* (*e-s Geschosses*); Tiefenwirkung *f*; **3.** ⚔ 'Durch-, Einbruch *m*; ✈ Einflug *m*; **4.** *phys.* Schärfe *f*, Auflösungsvermögen *n* (*Auge, Objektiv etc.*); **5.** *fig.* Ergründung *f*; **6.** *fig.* Einflussnahme *f*, Durchdringung *f*: ***peaceful** ~* friedliche Durchdringung *e-s Landes*; **7.** *fig.* Scharfsinn *m*, durch'dringender Verstand; **'pen·e·tra·tive** [-trətıv] *adj.* □ → ***penetrating***.
pen friend *s.* Brieffreund(in).
pen·guin ['peŋgwın] *s.* **1.** Pinguin *m*; **2.** ✈ Übungsflugzeug *n*; *~* **suit** *s.* Raumanzug *m*.
'penˌhold·er *s.* Federhalter *m*.
pen·i·cil·lin [ˌpenı'sılın] *s.* ⚕ Penizil'lin *n*.
pen·in·su·la [pı'nınsjʊlə] *s.* Halbinsel *f*; **pen'in·su·lar** [-lə] *adj.* **1.** Halbinsel...; **2.** halbinselförmig.
pe·nis ['pi:nıs] *s. anat.* Penis *m*.
pen·i·tence ['penıtəns] *s.* Bußfertigkeit *f*, Buße *f*, Reue *f*; **'pen·i·tent** [-nt] **I** *adj.* □ **1.** bußfertig, reuig, zerknirscht; **II** *s.* **2.** Bußfertige(r *m*) *f*, Büßer(in); **3.** Beichtkind *n*; **pen·i·ten·tial** [ˌpenı'tenʃl] *eccl.* **I** *adj.* □ bußfertig, Buß...; **II** *s. a.* *~ **book*** *R.C.* Buß-, Pöni'tenzbuch *n*; **pen·i·ten·tia·ry** [ˌpenı'tenʃərı] **I** *s.* **1.** *eccl.* Bußpriester *m*; **2.** *Am.* 'Straf(voll'zugs)anstalt *f*; **3.** *hist.* Besserungsanstalt *f*; **II** *adj.* **4.** *eccl.* Buß...
'pen|·knife *s.* [*irr.*] Feder-, Taschenmesser *n*; **'~·man** [-mən] *s.* [*irr.*] **1.** Kalli'graph *m*; **2.** Schriftsteller *m*; **'~·manship** [-mənʃıp] *s.* **1.** Schreibkunst *f*; **2.** Stil *m*; schriftstellerisches Können; *~* **name** *s.* Schriftstellername *m*, Pseudo'nym *n*.
pen·nant ['penənt] *s.* **1.** ⚓, ⚔ Wimpel *m*, Stander *m*, kleine Flagge; **2.** (Lanzen)Fähnchen *n*; **3.** *sport Am.* Siegeswimpel *m*; *fig.* Meisterschaft *f*; **4.** ♪ *Am.* Fähnchen *n*.
pen·ni·less ['penılıs] *adj.* □ ohne (e-n Pfennig) Geld, mittellos.
pen·non ['penən] *s.* **1.** *bsd.* ⚔ Fähnlein *n*, Wimpel *m*, Lanzenfähnchen *n*; **2.** Fittich *m*, Schwinge *f*.

P

Penn·syl·va·nia Dutch [ˌpensɪlˈveɪnjə] *s.* **1.** *coll.* in Pennsylˈvania lebende ˈDeutschameriˌkaner *pl.*; **2.** *ling.* Pennsylˈvanisch-Deutsch *n.*

pen·ny [ˈpenɪ] *pl.* **-nies** *od. coll.* **pence** [pens] *s.* **1.** a) *Brit.* Penny *m* (= £ 0.01 = 1 p), b) *Am.* Centstück *n*: ***in for a ~, in for a pound*** wer A sagt, muss auch B sagen; ***the ~ dropped!*** *humor.* ‚der Groschen ist gefallen'!; ***spend a ~*** F ‚mal verschwinden' (*auf die Toilette*); **2.** *fig.* Pfennig *m*, Heller *m*, Kleinigkeit *f*: ***not worth a ~*** keinen Heller wert; ***he hasn't a ~ to bless himself with*** er hat keinen roten Heller; ***a ~ for your thoughts!*** (an) was denkst du denn (eben)?; **3.** *fig.* Geld *n*: ***turn an honest ~*** sich et. (durch ehrliche Arbeit) (daˈzu)verdienen; ***a pretty ~*** ein hübsches Sümmchen.

Ein britisches Pfund hat 100 **pence.**

1p	**one penny, one p** [piː]
5p	**five pence, five p**
20p	**twenty pence, twenty p**

Der Plural von **penny** lautet allgemein **pence.** Nur wenn von einzelnen Ein-Penny-Münzen die Rede ist, sagt man **pennies.**

ˌpen·ny|-a-ˈlin·er *s. bsd. Brit.* Schreiberling *m*, Zeilenschinder *m*; **~ arcade** *s.* ˈSpielsaˌlon *m*; **~ dread·ful** *s.* ˈGroschen-, ˈSchauerroˌman *m*; Groschenblatt *n*; **ˌ~-in-the-ˈslot ma·chine** *s.* (Verkaufs)Automat *m*; **ˈ~-ˌpinch·er** *s.* F Pfennigfuchser *m*; **ˈ~·weight** *s.* *Brit.* Pennygewicht *n* (*1½ Gramm*); **ˌ~-ˈwise** *adj.* am falschen Ende sparsam: ***~ and pound-foolish*** im Kleinen sparsam, im Großen verschwenderisch; **ˈ~·worth** [ˈpenəθ] *s.* **1.** was man für e-n Penny kaufen kann: ***a ~ of tobacco*** für e-n Penny Tabak; **2.** (*bsd.* guter) Kauf: ***a good ~.***

pe·no·log·ic, pe·no·log·i·cal [ˌpiːnəˈlɒdʒɪk(l)] *adj.* □ ⚖ krimiˈnalkundlich, Strafvollzugs...; **pe·nol·o·gy** [piːˈnɒlədʒɪ] *s.* Krimiˈnalstrafkunde *f*, *bsd.* Strafvollzugslehre *f*.

pen pal *Am. für* ***pen friend.***

pen·sion¹ [ˈpɑ̃ːŋsɪɔ̃ːŋ] (*Fr.*) *s.* Pensiˈon *f*: a) Fremdenheim *n*, b) ˈUnterkunft u. Verpflegung *f*: ***full ~.***

pen·sion² [ˈpenʃn] **I** *s.* Pensiˈon *f*, Ruhegeld *n*, Rente *f*: ***~ fund*** Pensionskasse *f*; ***~ plan, ~ scheme*** (Alters)Versorgungsplan *m*; ***entitled to a ~*** pensionsberechtigt; ***be on a ~*** in Rente *od.* Pension sein; **II** *v/t. oft* ***~ off*** *j-n* pensionieren; **ˈpen·sion·a·ble** [-ʃnəbl] *adj.* pensiˈonsberechtigt, -fähig: ***of ~ age*** im Renten- *od.* Pensionsalter; **ˈpen·sion·er** [-ʃənə] *s.* **1.** Pensioˈnär *m*, Ruhegeldempfänger(in), Rentner(in); **2.** *Brit.* Stuˈdent *m* (*in Cambridge*), der für Kost u. Wohnung im College zahlt.

pen·sive [ˈpensɪv] *adj.* □ **1.** nachdenklich, sinnend, gedankenvoll; **2.** ernst, tiefsinnig; **ˈpen·sive·ness** [-nɪs] *s.* Nachdenklichkeit *f*, Tiefsinn *m*, Ernst *m*.

ˈpen·stock *s.* **1.** Wehr *n*, Stauanlage *f*; **2.** *Am.* Druckrohr *n*.

pen·ta·cle [ˈpentəkl] → ***pentagram.***

pen·ta·gon [ˈpentəgən] *s.* ⩚ Fünfeck *n*: ***the ℒ*** *Am.* das Pentagon (*das amer. Verteidigungsministerium*); **pen·tag·o·nal** [penˈtægənl] *adj.* fünfeckig; **ˈpen·ta·gram** [-græm] *s.* Pentaˈgramm *n*, Drudenfuß *m*; **pen·ta·he·dral** [ˌpentəˈhiːdrəl] *adj.* ⩚ fünfflächig; **pen·ta·he·dron** [ˌpentəˈhiːdrɒn] *pl.* **-drons** *od.* **-dra** [-drə] *s.* ⩚ ˌPentaˈeder *n*; **pen·tam·e·ter** [penˈtæmɪtə] *s.* Penˈtameter *m*.

Pen·ta·teuch [ˈpentətjuːk] *s. bibl.* Pentaˈteuch *m*, die fünf Bücher Mose.

pen·tath·lete [penˈtæθliːt] *s. sport* Fünfkämpfer(in); **penˈtath·lon** [-lɒn] *s. sport* Fünfkampf *m*.

pen·ta·va·lent [ˌpentəˈveɪlənt] *adj.* ⚗ fünfwertig.

Pen·te·cost [ˈpentɪkɒst] *s.* Pfingsten *n od. pl.*, Pfingstfest *n*; **Pen·te·cos·tal** [ˌpentɪˈkɒstl] *adj.* pfingstlich; Pfingst...

pent·house [ˈpenthaʊs] *s.* ⚠ **1.** Penthouse *n*, ˈDachterˌrassenwohnung *f*; **2.** Wetter-, Vor-, Schirmdach *n*; **3.** Anbau *m*, Nebengebäude *n*, angebauter Schuppen.

pen·tode [ˈpentəʊd] *s.* ⚡ Penˈtode *f*, Fünfpolröhre *f*.

ˌpent-ˈup *adj.* **1.** eingepfercht; **2.** *fig.* angestaut (*Gefühle*): ***~ demand*** ✝ *Am.* Nachholbedarf *m*.

pe·nult [peˈnʌlt] *s. ling.* vorletzte Silbe; **peˈnul·ti·mate** [-tɪmət] **I** *adj.* vorletzt; **II** *s.* → ***penult.***

pe·num·bra [pɪˈnʌmbrə] *pl.* **-bras** *s.* Halbschatten *m*.

pe·nu·ri·ous [pɪˈnjʊərɪəs] *adj.* □ **1.** geizig, knauserig; **2.** karg; **pen·u·ry** [ˈpenjʊrɪ] *s.* Knappheit *f*, Armut *f*, Not *f*, Mangel *m*.

pe·on [ˈpiːən] *s.* **1.** Solˈdat *m*, Poliˈzist *m*, Bote *m* (*in Indien u. Ceylon*); **2.** Tagelöhner *m* (*in Südamerika*); **3.** (*durch Geldschulden*) zu Dienst verpflichteter Arbeiter (*Mexiko*); **4.** *Am.* zu Arbeit herˈangezogener Sträfling; **ˈpe·on·age** [-nɪdʒ] **ˈpe·on·ism** [-nɪzəm] *s.* Dienstbarkeit *f*, Leibeigenschaft *f*.

P

pe·o·ny ['piːənɪ] *s.* ⚘ Pfingstrose *f.*

peo·ple ['piːpl] **I** *s.* **1.** *pl. konstr.* die Leute *pl.*, die Menschen *pl.*: ***English*** ~ (die) Engländer; ***London*** ~ die Londoner (Bevölkerung); ***country*** ~ Landleute, -bevölkerung; ***literary*** ~ (die) Literaten; ***a great many*** ~ sehr viele Leute; ***some*** ~ manche; ***he of all*** ~ ausgerechnet er; **2.** ***the*** ~ a) *a. sg. konstr.* das *gemeine* Volk, b) die Bürger *pl.*, die Wähler *pl.*; **3.** *pl.* **~s** Volk *n*, Nati'on *f*: ***the ~s of Europe***; ***the chosen*** ~ das auserwählte Volk; **4.** *pl. konstr.* F *j-s* Angehörige *pl.*, Fa'milie *f*: ***my*** ~ m-e Leute; **5.** F man: ~ ***say*** man sagt; **II** *v/t.* **6.** bevölkern (***with*** mit).

peo·ple's re·pub·lic *s. pol.* 'Volksrepublik *f*: ***the ℒ of China***.

pep [pep] *sl.* **I** *s.* E'lan *m*, Schwung *m*, ‚Schmiss' *m*: ~ ***pill*** Aufputschtablette *f*; ~ ***talk*** Anfeuerung *f*, ermunternde Worte; **II** *v/t.* ~ ***up*** a) *j-n* ‚aufmöbeln', in Schwung bringen, b) *j-n* anfeuern, c) *Geschichte* ‚pfeffern', d) *et.* in Schwung bringen.

pep·per ['pepə] **I** *s.* **1.** Pfeffer *m* (*a. fig. et. Scharfes*); **2.** ⚘ Pfefferstrauch *m*, *bsd.* a) Spanischer Pfeffer, b) Roter Pfeffer, c) Paprika *m*; **3.** pfefferähnliches Gewürz: ~ ***cake*** Ingwerkuchen *m*; **II** *v/t.* **4.** pfeffern; **5.** *fig. Stil etc.* würzen; **6.** *fig.* sprenkeln, bestreuen; **7.** *fig.* ‚bepfeffern', bombardieren (*a. mit Fragen etc.*); **8.** *fig.* 'durchprügeln; ˌ**~-and-'salt I** *adj.* pfeffer-und-salz-farbig (*Stoff*); **II** *s.* a) Pfeffer u. Salz *n* (*Stoff*), b) Anzug *m* in Pfeffer u. Salz; '**~-box** *s. bsd. Brit.*, ~ **cast·or** *s.* Pfefferbüchse *f*, -streuer *m*; '**~-corn** *s.* Pfefferkorn *n*; '**~-mint** *s.* **1.** ⚘ Pfefferminze *f*; **2.** Pfefferminzöl *n*; **3.** *a.* ~ ***drop***, ~ ***lozenge*** Pfefferminzplätzchen *n.*

pep·per·y ['pepərɪ] *adj.* **1.** pfefferig, scharf; **2.** *fig.* hitzig, jähzornig; **3.** gepfeffert, scharf (*Stil*).

pep·py ['pepɪ] *adj. sl.* schwungvoll, ‚schmissig', forsch.

pep·sin ['pepsɪn] *s.* ⚗ Pep'sin *n*; **pep·tic** ['peptɪk] *anat. adj.* **1.** Verdauungs...: ~ ***gland*** Magendrüse *f*; ~ ***ulcer*** Magengeschwür *n*; **2.** verdauungsfördernd, peptisch; **pep·tone** ['peptəʊn] *s. physiol.* Pep'ton *n.*

per [pɜː; pə] *prp.* **1.** per, durch: ~ ***bearer*** durch Überbringer; ~ ***post*** durch die Post; ~ ***rail*** per Bahn; **2.** pro, je, für: ~ ***annum*** [pər'ænəm] pro Jahr, jährlich; ~ ***capita*** ['kæpɪtə] pro Kopf, pro Person; ~ ***capita income*** Pro-Kopf-Einkommen *n*; ~ ***capita quota*** Kopfbetrag *m*; ~ ***cent*** pro *od.* vom Hundert; ~ ***second*** in der *od.* pro Sekunde; **3.** laut, gemäß (✝ *a.* ***as*** ~).

per·ad·ven·ture [pərəd'ventʃə] *adv. obs.* viel'leicht, ungefähr.

per·am·bu·late [pə'ræmbjʊleɪt] **I** *v/t.* **1.** durch'wandern, -'reisen, -'ziehen; **2.** bereisen, besichtigen; **3.** die Grenzen *e-s Gebiets* abschreiten; **II** *v/i.* **4.** um'herwandern; **per·am·bu·la·tion** [pəˌræmbjʊ'leɪʃn] *s.* **1.** Durch'wanderung *f*; **2.** Bereisen *n*, Besichtigung(sreise) *f*; **3.** Grenzbegehung *f*; **per·am·bu·la·tor** [pə'ræmbjʊleɪtə] *s. bsd. Brit.* Kinderwagen *m.*

per·ceiv·a·ble [pə'siːvəbl] *adj.* □ **1.** wahrnehmbar, spürbar, merklich; **2.** verständlich; **per·ceive** [pə'siːv] *v/t. u. v/i.* **1.** wahrnehmen, empfinden, (be-)merken, spüren; **2.** verstehen, erkennen, begreifen.

per·cent, *Brit.* **per cent** [pə'sent] **I** *adj.* **1.** ...prozentig; **II** *s.* **2.** Pro'zent *n* (%); **3.** *pl.* 'Wertpaˌpiere *pl.* mit feststehendem Zinssatz: ***three per cents*** dreiprozentige Wertpapiere; **per'cent·age** [-tɪdʒ] *s.* **1.** Pro'zent-, Hundertsatz *m*; Prozentgehalt *m*: ~ ***by weight*** Gewichtsprozent *n*; **2.** ✝ Pro'zente *pl.*; **3.** *weitS.* Teil *m*, Anteil *m* (**of** an *dat.*); **4.** ✝ Gewinnanteil *m*, Provisi'on *f*, Tanti'eme *f*; **per'cen·tal** [-tl], **per'cen·tile** [-taɪl] *adj.* prozentu'al, Prozent...

per·cep·ti·bil·i·ty [pəˌseptə'bɪlətɪ] *s.* Wahrnehmbarkeit *f*; **per·cep·ti·ble** [pə'septəbl] *adj.* □ wahrnehmbar, merklich; **per·cep·tion** [pə'sepʃn] *s.* **1.** (sinnliche *od.* geistige) Wahrnehmung, Empfindung *f*; **2.** Wahrnehmungsvermögen *n*; **3.** Auffassung(skraft) *f*; **4.** Begriff *m*, Vorstellung *f*; **5.** Erkenntnis *f*; **per·cep·tion·al** [pə'sepʃənl] *adj.* Wahrnehmungs..., Empfindungs...; **per·cep·tive** [pə'septɪv] *adj.* □ **1.** wahrnehmend, Wahrnehmungs...; **2.** auffassungsfähig, scharfsichtig; **per·cep·tiv·i·ty** [ˌpɜːsep'tɪvətɪ] *s.* → ***perception*** 2.

perch[1] [pɜːtʃ] *pl.* '**perch·es** [-ɪz] *od.* **perch** *s. ichth.* Flussbarsch *m.*

perch[2] [pɜːtʃ] **I** *s.* **1.** (Auf)Sitzstange *f für Vögel*, Hühnerstange *f*; **2.** F *fig.* hoher (sicherer) Sitz, ‚Thron' *m*: ***knock s.o. off his*** ~ *fig.* j-n von s-m Sockel herunterstoßen; ***come off your ~!*** F tu nicht so überlegen!; **3.** *surv.* Messstange *f*; **4.** Rute *f* (*Längenmaß = 5,029 m*); **5.** ⚓ Pricke *f*; **6.** Lang-, Lenkbaum *m e-s Wagens*; **II** *v/i.* **7.** sich setzen *od.* niederlassen (**on** auf *acc.*), sitzen (*Vögel*); *fig.* hoch sitzen *od.* ‚thronen'; **III** *v/t.* **8.** (*auf et. Hohes*) setzen: ~ ***o.s.*** sich setzen; ***be ~ed*** sitzen, ‚thronen'.

per·chance [pə'tʃɑːns] *adv. poet.* viel'leicht, zufällig.

perch·er ['pɜːtʃə] *s. orn.* Sitzvogel *m.*

per·chlo·rate [pə'klɔːreɪt] *s.* ⚗ Perchlo'rat *n*; **per'chlo·ric** [-ɪk] *adj.* 'überchlorig: ~ ***acid*** Über- *od.* Perchlorsäure *f*; **per'chlo·ride** [-raɪd] *s.* Perchlo'rid *n.*

P

per·cip·i·ence [pəˈsɪpɪəns] *s.* **1.** Wahrnehmen *n*; **2.** Wahrnehmung(svermögen *n*) *f*; **perˈcip·i·ent** [-nt] → ***perceptive*** 1.

per·co·late [ˈpɜːkəleɪt] **I** *v/t.* **1.** *Kaffee etc.* filtern, ˈdurchseihen, ˈdurchsickern lassen; **II** *v/i.* **2.** ˈdurchsickern (*a. fig.*): ***percolating tank*** Sickertank *m*; **3.** gefiltert werden; **per·co·la·tion** [ˌpɜːkəˈleɪʃn] *s.* ˈDurchseihung *f*, Filtratiˈon *f*; **ˈper·co·la·tor** [-tə] *s.* Filˈtriertrichter *m*, Perkoˈlator *m*, ˈKaffeemaˌschine *f*.

per·cuss [pəˈkʌs] *v/t. u. v/i.* ⚕ perkutieren, abklopfen; **perˈcus·sion** [-ʌʃən] **I** *s.* **1.** Schlag *m*, Stoß *m*, Erschütterung *f*, Aufschlag *m*; **2.** ⚕ a) Perkussiˈon *f*, Abklopfen *n*, b) ˈKlopfmasˌsage *f*; **3.** ♪ *coll.* ˈSchlaginstruˌmente *pl.*, -zeug *n*; **II** *adj.* **4.** Schlag..., Stoß..., Zünd...: **~ *cap*** Zündhütchen *n*; ***~ drill*** ⚙ Schlagbohrer *m*; ***~ fuse*** ⚔ Aufschlagzünder *m*; ***~ instrument*** ♪ Schlaginstrument *n*; ***~ welding*** ⚙ Schlag-, Stoßschweißen *n*; **III** *v/t.* **5.** ⚕ a) perkutieren, abklopfen, b) durch Beklopfen massieren; **perˈcus·sion·ist** [-ʌʃnɪst] *s.* ♪ Schlagzeuger *m*; **perˈcus·sive** [-sɪv] → ***percussion*** 4.

per·cu·ta·ne·ous [ˌpɜːkjuːˈteɪnjəs] *adj.* □ ⚕ perkuˈtan, durch die Haut.

per di·em [ˌpɜːˈdaɪem] **I** *adj. u. adv.* täglich, pro Tag: **~ *rate*** Tagessatz *m*; **II** *s.* Tagegeld *n*.

per·di·tion [pəˈdɪʃn] *s.* **1.** Verderben *n*; **2.** a) ewige Verdammnis, b) Hölle *f*.

per·e·gri·nate [ˈperɪgrɪneɪt] **I** *v/i.* wandern, umˈherreisen; **II** *v/t.* durchˈwandern, bereisen; **per·e·gri·na·tion** [ˌperɪgrɪˈneɪʃn] *s.* **1.** Wanderschaft *f*, **2.** Wanderung *f*; **3.** *fig.* Weitschweifigkeit *f*.

per·emp·to·ri·ness [pəˈrem*p*tərɪnɪs] *s.* **1.** Entschiedenheit *f*, Bestimmtheit *f*; herrisches Wesen; **2.** Endgültigkeit *f*; **per·emp·to·ry** [pəˈrem*p*tərɪ] *adj.* □ **1.** entschieden, bestimmt; gebieterisch, herrisch; **2.** entscheidend, endgültig; zwingend, definiˈtiv: ***a ~ command***.

per·en·ni·al [pəˈrenjəl] **I** *adj.* □ **1.** das ganze Jahr *od.* Jahre hinˈdurch dauernd, beständig; **2.** immer während, anhaltend; **3.** ⚘ perennierend, winterhart; **II** *s.* **4.** ⚘ perennierende Pflanze.

per·fect [ˈpɜːfɪkt] **I** *adj.* □ → ***perfectly***; **1.** perˈfekt, vollˈendet: a) fehler-, makellos, ideˈal, b) fertig, abgeschlossen: ***make ~*** vervollkommnen; ***~ pitch*** ♪ absolutes Gehör; ***~ participle*** *ling.* Mittelwort *n* der Vergangenheit, Partizip *n* Perfekt; ***~ tense*** Perfekt *n*; **2.** gründlich (ausgebildet), perˈfekt (***in*** in *dat.*); **3.** gänzlich, ˈvollständig: ***a ~ circle***; ***~ strangers*** wildfremde Leute; **4.** F rein, ‚komˈplett': ***~ nonsense***; ***a ~ fool*** ein ausgemachter Narr; **II** *s.* **5.** *ling.* Perfekt *n*: ***past ~*** Plusquamperfekt; **III** *v/t.* [pəˈfekt] **6.** vollˈenden; verˈvollkommnen (*o.s.* sich); **per·fect·i·ble** [pəˈfektəbl] *adj.* verˈvollkommnungsfähig; **per·fec·tion** [pəˈfekʃn] *s.* **1.** Verˈvollkommnung *f*, **2.** *fig.* Vollˈkommenheit *f*, Vollˈendung *f*, Perfektiˈon *f*: ***bring to ~*** vervollkommnen; ***to ~*** vollkommen, meisterlich; **3.** Vorˈtrefflichkeit *f*; **4.** Fehler-, Makellosigkeit *f*; **5.** *fig.* Gipfel *m*; **6.** *pl.* Fertigkeiten *pl.*; **per·fec·tion·ist** [pəˈfekʃnɪst] **I** *s.* Perfektioˈnist *m*; **II** *adj.* perfektioˈnistisch; **ˈper·fect·ly** [-ktlɪ] *adv.* **1.** vollkommen, fehlerlos; gänzlich, völlig; **2.** F ganz, absoˈlut, einfach *wunderbar etc.*

per·fid·i·ous [pəˈfɪdɪəs] *adj.* □ verräterisch, falsch, heimtückisch, perˈfid; **perˈfid·i·ous·ness** [-nɪs], **per·fi·dy** [ˈpɜːfɪdɪ] *s.* Falschheit *f*, Perfiˈdie *f*, Tücke *f*, Verrat *m*.

per·fo·rate I *v/t.* [ˈpɜːfəreɪt] durchˈbohren, -ˈlöchern, lochen, perforieren: ***~d disk*** ⚙ (Kreis)Lochscheibe *f*; ***~d tape*** Lochstreifen *m*; **II** *adj.* [-rɪt] durchˈlöchert, gelocht; **per·fo·ra·tion** [ˌpɜːfəˈreɪʃn] *s.* **1.** Durchˈbohrung *f*, -ˈlochung *f*, -ˈlöcherung *f*, Perforatiˈon *f*: ***~ of the stomach*** ⚕ Magendurchbruch *m*; **2.** Lochung *f*, gelochte Linie; **3.** Loch *n*, Öffnung *f*; **ˈper·fo·ra·tor** [-tə] *s.* Locher *m*.

per·force [pəˈfɔːs] *adv.* notgedrungen, gezwungenermaßen.

per·form [pəˈfɔːm] **I** *v/t.* **1.** *Arbeit, Dienst etc.* verrichten, leisten, machen, tun, ausführen; ⚕ *e-e Operation* ˈdurchführen (***on*** bei); **2.** vollˈbringen, -ˈziehen, ˈdurchführen; *e-r Verpflichtung* nachkommen, *e-e Pflicht*, *a. e-n Vertrag* erfüllen; **3.** *Theaterstück, Konzert etc.* aufführen, geben, spielen; *e-e Rolle* spielen, darstellen; **II** *v/i.* **4.** et. ausführen *od.* leisten; ⚙ funktionieren, arbeiten: ***~ well*** e-e gute Leistung bringen; **5.** *thea. etc.* e-e Vorstellung geben, auftreten, spielen: ***~ on the piano*** Klavier spielen, auf dem Klavier et. vortragen; **perˈform·ance** [-məns] *s.* **1.** Aus-, ˈDurchführung *f*: ***in the ~ of his duty*** in Ausübung s-r Pflicht; **2.** Leistung *f* (*a.* ⚖, ⚙), Erfüllung *f* (*Pflicht, Versprechen, Vertrag*), Vollˈziehung *f*: ***~ in kind*** Sachleistung; ***~ data*** ⚙ Leistungswerte *pl.*; ***~ principle*** *sociol.* Leistungsprinzip *n*; ***~ test*** *ped.* Leistungsprüfung *f*; ***~ of a machine*** (Arbeits)Leistung *od.* Arbeitsweise *f* e-r Maschine; **3.** ♪, *thea.* Aufführung *f*, Vorstellung *f*, Vortrag *m*; **4.** *thea.* Darstellung(skunst) *f*, Spiel *n*; **5.** *ling.* Perforˈmanz *f*; **perˈform·er** [-mə] *s.* **1.** Ausführende(r *m*) *f*; **2.** Leistungsträger(in): ***top ~***; **3.** Schauspieler(in); Darsteller(in); Musiker(in); Künstler(in); **perˈform·ing**

P

[-mɪŋ] *adj.* **1.** *thea.* Aufführungs...: ~ ***rights***; **2.** darstellend: ~ ***arts***; **3.** dressiert (*Tier*).

per·fume I *v/t.* [pəˈfjuːm] **1.** mit Duft erfüllen, parfümieren (*a. fig.*); II *s.* [ˈpɜːfjuːm] **2.** Duft *m*, Wohlgeruch *m*; **3.** Parˈfüm *n*, Duftstoff *m*; **perˈfum·er** [-mə] *s.* Parfümeˈriehändler *m*, Parfüˈmeur *m*; **perˈfum·er·y** [-mərɪ] *s.* Parfümeˈrien *pl.*; Parfümeˈrie(geschäft *n*) *f.*

per·func·to·ry [pəˈfʌŋktərɪ] *adj.* □ **1.** oberflächlich, obenhin, flüchtig; **2.** meˈchanisch, interˈesselos.

per·go·la [ˈpɜːgələ] *s.* Laube *f*, offener Laubengang, Pergola *f.*

per·haps [pəˈhæps; præps] *adv.* vielˈleicht.

per·i·car·di·tis [ˌperɪkɑːˈdaɪtɪs] *s.* ⚕ Herzbeutelentzündung *f*, Perikarˈditis *f*; **per·i·car·di·um** [ˌperɪˈkɑːdjəm] *pl.* **-di·a** [-djə] *s. anat.* **1.** Herzbeutel *m*; **2.** Herzfell *n.*

per·i·carp [ˈperɪkɑːp] *s.* ⚘ Fruchthülle *f*, Periˈkarp *n.*

per·i·gee [ˈperɪdʒiː] *s. ast.* Erdnähe *f.*

per·i·he·li·on [ˌperɪˈhiːljən] *s. ast.* Sonnennähe *f e-s Planeten.*

per·il [ˈperəl] I *s.* Gefahr *f*, Risiko *n* (*a.* ⚓): ***in ~ of one's life*** in Lebensgefahr; ***at*** (***one's***) ~ auf eigene Gefahr; ***at the ~ of*** auf die Gefahr hin, dass; II *v/t.* gefährden; **ˈper·il·ous** [-rələs] *adj.* □ gefährlich.

per·im·e·ter [pəˈrɪmɪtə] *s.* **1.** Peripheˈrie *f*: a) ⩓ ˈUmkreis *m*, b) *allg.* Rand *m*: ~ ***position*** ⚔ Randstellung *f*; **2.** ⚕, *opt.* Periˈmeter *n* (*Instrument*).

per·i·ne·um [ˌperɪˈniːəm] *pl.* **-ne·a** [-ə] *s. anat.* Damm *m*, Periˈneum *n.*

pe·ri·od [ˈpɪərɪəd] I *s.* **1.** Periˈode *f* (*a.* ⩓, ⚡, ♪), Zeit(dauer *f*, -raum *m*, -spanne *f*) *f*, Frist *f*: ~ ***of appeal*** ⚖ Berufungsfrist; ~ ***of exposure*** *phot.* Belichtungszeit; ~ ***of office*** Amtsdauer *f*; ***for a ~*** für einige Zeit; ***for a ~ of*** auf die Dauer von; **2.** *ast.* ˈUmlaufszeit *f*; **3.** (vergangenes *od.* gegenwärtiges) Zeitalter: ***glacial ~*** Eiszeit *f*; ***dresses of the ~*** zeitgenössische Kleider; ***a girl of the ~*** ein modernes Mädchen; **4.** *ped.* (ˈUnterrichts)Stunde *f*; **5.** *Sport*: Spielabschnitt *m*, *z.B. Eishockey*: Drittel *n*; **6.** *a.* ***monthly ~*** (*od.* ***~s*** *pl.*) ⚕ Periode *f der Frau*; **7.** (Sprech)Pause *f*, Absatz *m*; **8.** *ling.* a) Punkt *m*: ***put a ~ to*** *fig. e-r Sache* ein Ende setzen, b) Satzgefüge *n*, c) *allg.* wohlgefügter Satz; II *adj.* **9.** a) zeitgeschichtlich, Zeit...: ~ ***play*** Zeitstück *n*; b) Stil...: ~ ***furniture***; ~ ***house*** Haus *n* im Zeitstil; ~ ***dress*** historisches Kostüm.

pe·ri·od·ic¹ [ˌpɪərɪˈɒdɪk] *adj.* (□ ~***ally***) **1.** periˈodisch, Kreis..., regelmäßig ˈwiederkehrend; **2.** *ling.* rheˈtorisch, wohlgefügt (*Satz*).

per·i·od·ic² [ˌpɜːraɪˈɒdɪk] *adj.* ⚗ per-, überjodsauer: ~ ***acid*** Überjodsäure *f.*

pe·ri·od·i·cal [ˌpɪərɪˈɒdɪkl] I *adj.* □ **1.** → ***periodic¹***; **2.** regelmäßig erscheinend; **3.** Zeitschriften...; II *s.* **4.** Zeitschrift *f*; **pe·ri·o·dic·i·ty** [ˌpɪərɪəˈdɪsətɪ] *s.* **1.** Periodiziˈtät *f* (*a.* ⚕); **2.** ⚗ Stellung *f* e-s Eleˈments in der Aˈtomgewichtstafel; **3.** ⚡ Freˈquenz *f.*

per·i·os·te·um [ˌperɪˈɒstɪəm] *pl.* **-te·a** [-ə] *s. anat.* Knochenhaut *f*; **per·i·os·ti·tis** [ˌperɪəˈstaɪtɪs] *s.* ⚕ Knochenhautentzündung *f.*

per·i·pa·tet·ic [ˌperɪpəˈtetɪk] *adj.* (□ ~***ally***) **1.** umˈherwandelnd; **2.** ♎ *phls.* peripaˈtetisch; **3.** *fig.* weitschweifig.

pe·riph·er·al [pəˈrɪfərəl] *adj.* □ **1.** periˈpherisch, Rand...: ~ (***equipment***) *Computer*: Peripheˈriegerät *n*; ~***s*** Peripheˈriegeräte *pl.*; **2.** *anat.* periˈpher; **pe·riph·er·y** [pəˈrɪfərɪ] *s.* Peripheˈrie *f*; *fig. a.* Rand *m*, Grenze *f.*

pe·riph·ra·sis [pəˈrɪfrəsɪs] *pl.* **-ses** [-siːz] *s.* Umˈschreibung *f*, Periˈphrase *f*; **per·i·phras·tic** [ˌperɪˈfræstɪk] *adj.* (□ ~***ally***) umˈschreibend, periˈphrastisch.

per·i·scope [ˈperɪskəʊp] *s.* ⚔ **1.** Sehrohr *n* (*U-Boot*, *Panzer*); **2.** Beobachtungsspiegel *m.*

per·ish [ˈperɪʃ] I *v/i.* **1.** ˈumkommen, ˈuntergehen, zuˈgrunde gehen, sterben, (tödlich) verunglücken (***by***, ***of***, ***with*** durch, von, an *dat.*): ***to ~ by drowning*** ertrinken; ~ ***the thought!*** Gott behüte!; **2.** hinschwinden, absterben, eingehen; II *v/t.* **3.** vernichten (*mst pass.*): ***be ~ed with*** F (fast) umkommen vor *Kälte etc.*; **ˈper·ish·a·ble** [-ʃəbl] I *adj.* □ vergänglich; leicht verderblich (*Lebensmittel etc.*); II *s. pl.* leicht verderbliche Waren *pl.*; **ˈper·ish·er** [-ʃə] *s. Brit.* ***little ~*** kleiner Räuber (*Kind*); **ˈper·ish·ing** [-ʃɪŋ] I *adj.* □ vernichtend, tödlich (*a. fig.*); II *adv.* F scheußlich, verflixt: ~ ***cold.***

per·i·style [ˈperɪstaɪl] *s.* ⚠ Säulengang *m*, Periˈstyl *n.*

per·i·to·n(a)e·um [ˌperɪtəʊˈniːəm] *pl.* **-ne·a** [-ə] *s. anat.* Bauchfell *n*; **ˌper·i·toˈni·tis** [-təˈnaɪtɪs] *s.* ⚕ Bauchfellentzündung *f.*

per·i·wig [ˈperɪwɪg] *s.* Peˈrücke *f.*

per·i·win·kle [ˈperɪˌwɪŋkl] *s.* **1.** ⚘ Immergrün *n.*; **2.** *zo.* (*essbare*) Uferschnecke.

per·jure [ˈpɜːdʒə] *v/t.*: ~ ***o.s.*** e-n Meineid leisten, meineidig werden; ~***d*** meineidig; **ˈper·jur·er** [-dʒərə] *s.* Meineidige(r *m*) *f*; **ˈper·ju·ry** [-dʒərɪ] *s.* Meineid *m.*

perk¹ [pɜːk] *s. mst pl. bsd. Brit* F *für* ***perquisite*** 1.

perk² [pɜːk] I *v/i. mst ~* ***up*** **1.** (lebhaft) den Kopf recken, munter werden; **2.** *fig.* die Nase hoch tragen, selbstbewusst

P

od. forsch auftreten; **3.** *fig.* sich erholen, munter werden; **II** *v/t. mst* ~ ***up*** **4.** *den Kopf* recken; *die Ohren* spitzen; **5.** ~ ***up*** *j-n* ‚aufmöbeln'; **6.** ~ ***o.s.*** (***up***) sich schönmachen; **'perk·i·ness** [-kɪnɪs] *s.* Keckheit *f*, Selbstbewusstsein *n*; **'perk·y** [-kɪ] *adj.* □ **1.** flott, forsch; **2.** keck, dreist, frech.

perm [pɜːm] *s.* F Dauerwelle *f*.

per·ma·frost ['pɜːməfrɒst] *s.* Dauerfrostboden *m*.

per·ma·nence ['pɜːmənəns] *s.* **1.** Perma'nenz *f* (*a. phys.*), Ständigkeit *f*, (Fort)Dauer *f*; **2.** Beständigkeit *f*, Dauerhaftigkeit *f*; **'per·ma·nen·cy** [-sɪ] **1.** → ***permanence***; **2.** *et.* Dauerhaftes *od.* Bleibendes; feste Anstellung, Dauerstellung *f*; **'per·ma·nent** [-nt] *adj.* □ (fort)dauernd, bleibend, perma'nent; ständig (*Ausschuss*, *Bauten*, *Personal*, *Wohnsitz etc.*); dauerhaft, Dauer... (*-magnet*, *-stellung*, *-ton*, *-wirkung etc.*), mas'siv (*Bau*): ~ ***assets*** ♆ Anlagevermögen *n*; ~ ***call*** *teleph.* Dauerbelegung *f*; ~ ***disposal*** Endlagerung *f*; ♀ ***Secretary*** *Brit.* ständiger (*fachlicher*) Staatssekretär; ~ ***situation*** ♆ Dauer-, Lebensstellung *f*; ~ ***wave*** Dauerwelle *f*; ~ ***way*** 🚂 Bahnkörper *m*; Oberbau *m*.

per·man·ga·nate [pɜː'mæŋgəneɪt] *s.* ⚗ Permanga'nat *n*: ~ ***of potash*** Kaliumpermanganat; **per·man·gan·ic** [ˌpɜːmæŋ'gænɪk] *adj.* Übermangan...: ~ ***acid***.

per·me·a·bil·i·ty [ˌpɜːmjə'bɪlətɪ] *s.* Durch'dringbarkeit *f*, *bsd. phys.* Permeabili'tät *f*: ~ ***to gas***(***es***) *phys.* Gasdurchlässigkeit *f*.

per·me·a·ble ['pɜːmjəbl] *adj.* □ 'durchlässig (***to*** für); **per·me·ance** ['pɜːmɪəns] *s.* **1.** Durch'dringung *f*; **2.** *phys.* ma'gnetischer Leitwert; **per·me·ate** ['pɜːmɪeɪt] **I** *v/t.* durch'dringen; **II** *v/i.* dringen (***into*** in *acc.*), sich verbreiten (***among*** unter *dat.*), 'durchsickern; **per·me·a·tion** [ˌpɜːmɪ'eɪʃn] *s.* Eindringen *n*, Durch'dringung *f*.

per·mis·si·ble [pə'mɪsəbl] *adj.* □ zulässig; **per'mis·sion** [-'mɪʃn] *s.* Erlaubnis *f*, Genehmigung *f*, Zulassung *f*: ***by special*** ~ mit besonderer Erlaubnis; ***ask s.o. for*** ~, ***ask s.o.'s*** ~ j-n um Erlaubnis bitten; **per'mis·sive** [-sɪv] *adj.* □ **1.** gestattend, zulassend; ⚖ fakulta'tiv; **2.** tole'rant, libe'ral; (sexu'ell) freizügig: ~ ***society*** tabufreie Gesellschaft; **per'mis·sive·ness** [-sɪvnɪs] *s.* **1.** Zulässigkeit *f*; **2.** Tole'ranz *f*; **3.** (sexu'elle) Freizügigkeit *f*.

per·mit [pə'mɪt] **I** *v/t.* **1.** *et.* erlauben, gestatten, zulassen, dulden: ***am I*** **~*ted to*** darf ich?; ~ ***o.s. s.th.*** sich et. erlauben; **II** *v/i.* **2.** erlauben: ***weather*** (***time***) **~*ting*** wenn es das Wetter (die Zeit) erlaubt; **3.** ~ ***of*** *fig.* zulassen: ***the rule*** **~*s of no exception***; **III** *s.* ['pɜːmɪt] **4.** Genehmigung(sschein *m*) *f*, Li'zenz *f*, Zulassung *f* (***to*** für); ♆ Aus-, Einfuhrerlaubnis *f*; **5.** Aus-, Einreiseerlaubnis *f*; **6.** Passierschein *m*; **per·mit·tiv·i·ty** [ˌpɜːmɪ'tɪvətɪ] *s. phys.* Permittivi'tät *f*, Dielektrizi'tätskonˌstante *f*.

per·mu·ta·tion [ˌpɜːmjuː'teɪʃn] *s.* **1.** Vertauschung *f*, Versetzung *f*: ~ ***lock*** Vexierschloss; **2.** 𝔄 Permutati'on *f*.

per·ni·cious [pə'nɪʃəs] *adj.* □ **1.** verderblich, schädlich; **2.** ⚕ bösartig, perni'ziös; **per'ni·cious·ness** [-nɪs] *s.* Schädlichkeit *f*; Bösartigkeit *f*.

per·nick·et·y [pə'nɪkətɪ] *adj.* **1.** F ‚pingelig', kleinlich, wählerisch, pe'dantisch (***about*** mit); **2.** heikel (*a. Sache*).

per·o·rate ['perəreɪt] *v/i.* **1.** große Reden schwingen; **2.** e-e Rede abschließen; **per·o·ra·tion** [ˌperə'reɪʃn] *s.* (zs.-fassender) Redeschluss.

per·ox·ide [pə'rɒksaɪd] ⚗ 'Superoˌxid *n*; *engS.* 'Wasserstoffˌsuperoˌxid *n*: ~ ***blonde*** F ‚Wasserstoffblondine' *f*; **per'ox·i·dize** [-sɪdaɪz] *v/t. u. v/i.* peroxidieren.

per·pen·dic·u·lar [ˌpɜːpən'dɪkjʊlə] **I** *adj.* □ **1.** senk-, lotrecht (***to*** zu): ~ ***style*** ⚠ englische Spätgotik; **2.** rechtwinklig (***to*** auf *dat.*); **3.** ⚒ seiger; **4.** steil; **5.** aufrecht (*a. fig.*); **II** *s.* **6.** (Einfalls)Lot *n*, Senkrechte *f*, Perpen'dikel *n*, *m*: ***out of*** (***the***) ~ schief, nicht senkrecht; ***raise*** (***let fall***) ***a*** ~ ein Lot errichten (fällen); **7.** ⚙ (Senk)Lot *n*, Senkwaage *f*.

per·pe·trate ['pɜːpɪtreɪt] *v/t. Verbrechen etc.* begehen, verüben; F *fig. Buch etc.* ‚verbrechen'; **per·pe·tra·tion** [ˌpɜːpɪ'treɪʃn] *s.* Begehung *f*, Verübung *f*; **'per·pe·tra·tor** [-tə] *s.* Ver'ursacher *m*, Täter *m*.

per·pet·u·al [pə'petʃʊəl] *adj.* □ **1.** fortwährend, immer während, unaufhörlich, beständig, ewig, andauernd: ~ ***check*** Dauerschach *n*; ~ ***motion machine*** Perpetuum mobile *n*; ~ ***snow*** ewiger Schnee, Firn *m*; **2.** lebenslänglich, unabsetzbar: ~ ***officer***; **3.** ♆ unablösbar, unkündbar: ~ ***lease***; ~ ***bonds*** Rentenanleihen; **4.** ⚘ perennierend; **per'pet·u·ate** *v/t.* [-tʃʊeɪt] verewigen, fortbestehen lassen, (immer während) fortsetzen; **per·pet·u·a·tion** [pəˌpetʃʊ'eɪʃn] *s.* Fortdauer *f*, endlose Fortsetzung, Verewigung *f*, Fortbestehenlassen *n*; **per·pe·tu·i·ty** [ˌpɜːpɪ'tjuːətɪ] *s.* **1.** Fortdauer *f*, unaufhörliches Bestehen, Unaufhörlichkeit *f*, Ewigkeit *f*: ***in*** (*od.* ***to*** *od.* ***for***) ~ auf ewig; **2.** ⚖ Unveräußerlichkeit(sverfügung) *f*; **3.** lebenslängliche (Jahres)Rente.

per·plex [pə'pleks] *v/t.* verwirren, verblüffen, bestürzt machen; **per'plexed** [-kst] *adj.* □ **1.** verwirrt, verblüfft, ver-

P

dutzt, bestürzt (*Person*); **2.** verworren, verwickelt (*Sache*); **per'plex·i·ty** [-ksətɪ] *s.* **1.** Verwirrung *f*, Bestürzung *f*, Verlegenheit *f*; **2.** Verworrenheit *f*.

per·qui·site ['pɜːkwɪzɪt] *s.* **1.** *mst pl. bsd. Brit.* a) Nebeneinkünfte *pl.*, -verdienst *m*, b) Vergünstigung *f*; **2.** Vergütung *f*, Gehalt *n*; **3.** per'sönliches Vorrecht.

per·se·cute ['pɜːsɪkjuːt] *v/t.* **1.** *bsd. pol., eccl.* verfolgen; **2.** a) plagen, belästigen, b) drangsalieren, schikanieren; **per·se·cu·tion** [ˌpɜːsɪ'kjuːʃn] *s.* **1.** Verfolgung *f*: **~ mania**, **~ complex** Verfolgungswahn *m*; **2.** Drangsalierung *f*, Schi'kane(n *pl.*) *f*; **'per·se·cu·tor** [-tə] *s.* **1.** Verfolger *m*; **2.** Peiniger(in).

per·se·ver·ance [ˌpɜːsɪ'vɪərəns] *s.* Beharrlichkeit *f*, Ausdauer *f*; **per·sev·er·ate** [pə'sevəreɪt] *v/i. psych.* ständig *od.* immer 'wiederkehren (*Melodie*, *Motiv*, *Gedanken etc.*); **per·se·vere** [ˌpɜːsɪ'vɪə] *v/i.* (**in**) beharren, ausdauern, aushalten (bei), fortfahren (mit), festhalten (an *dat.*); **ˌper·se'ver·ing** [-'vɪərɪŋ] *adj.* □ beharrlich, standhaft.

Per·sian ['pɜːʃn] **I** *adj.* **1.** persisch; **II** *s.* **2.** Perser(in); **3.** *ling.* Persisch *n*; **~ blinds** *s. pl.* Jalou'sien *pl.*; **~ car·pet** *s.* Perserteppich *m*; **~ cat** *s.* An'gorakatze *f*.

per·si·flage [ˌpɜːsɪ'flɑːʒ] *s.* Persi'flage *f*, (*feine*) Verspottung *f*.

per·sim·mon [pɜː'sɪmən] *s.* ⚘ Persi'mone *f*, Kaki-, Dattelpflaume *f*.

per·sist [pə'sɪst] *v/i.* **1.** (**in**) aus-, verharren (bei), hartnäckig bestehen (auf *dat.*), beharren (auf *dat.*, bei), unbeirrt fortfahren (mit); **2.** weiterarbeiten (**with** an *dat.*); **3.** fortdauern, anhalten; fortbestehen, weiter bestehen; **per'sist·ence** [-təns], **per'sist·en·cy** [-tənsɪ] *s.* **1.** Beharren *n* (**in** bei); Beharrlichkeit *f*; Fortdauer *f*; **2.** beharrliches *od.* hartnäckiges Fortfahren (**in** in *dat.*); **3.** Hartnäckigkeit *f*, Ausdauer *f*; **4.** *phys.* Beharrung(szustand *m*) *f*, Nachwirkung *f*; Wirkungsdauer *f*; *TV etc.* Nachleuchten *n*; *opt.* (Augen)Trägheit *f*; **per'sist·ent** [-tənt] *adj.* □ **1.** beharrlich, ausdauernd, hartnäckig; **2.** ständig, nachhaltig; anhaltend (*a.* ✝ *Nachfrage*; *a. Regen*); ⚔ sesshaft (*Kampfstoff*), schwerflüchtig (*Gas*).

per·son ['pɜːsn] *s.* **1.** Per'son *f* (*a. contp.*), (Einzel)Wesen *n*, Indi'viduum *n*; *weitS.* Per'sönlichkeit *f*: **any ~** irgendjemand: **in ~** in eigener Person, persönlich; **no ~** niemand; **natural ~** ⚖ natürliche Person; **~-to-~ call** *teleph.* Voranmeldung(sgespräch *n*) *f*; **2.** *das* Äußere, Körper *m*: **carry s.th. on one's ~** et. bei sich tragen; **3.** *thea.* Rolle *f*.

per·so·na [pɜː'səʊnə] *pl.* **-nae** [-niː] *s.* (*Lat.*) **1.** a) *thea.* Cha'rakter *m*, Rolle *f*, b) Gestalt *f* (*in der Literatur*); **2. ~ (non) grata** Persona (non) grata *f*, (nicht) genehme Person.

per·son·a·ble ['pɜːsnəbl] *adj.* **1.** von angenehmem Äußeren; **2.** sym'pathisch; **'per·son·age** [-nɪdʒ] *s.* **1.** (hohe) Per'sönlichkeit; **2.** → **persona** 1; **'per·son·al** [-nl] **I** *adj.* □ **1.** per'sönlich (*a. ling.*); Personal...(*-konto*, *-kredit*, *-steuer etc.*); Privat...(*-einkommen*, *-leben etc.*); eigen (*a. Meinung*): **~ call** *teleph.* Voranmeldung(sgespräch *n*) *f*; **~ column** → 5; **~ damage** Personenschaden *m*; **~ data** Personalien *pl.*; **~ file** Personalakte *f*; **~ injury** Körperverletzung *f*; **~ property** (*od.* **estate**) → **personalty**; **~ union** *pol.* Personalunion *f*; **2.** persönlich, pri'vat, vertraulich (*Brief etc.*); mündlich (*Auskunft etc.*): **~ matter** Privatsache *f*; **~ stereo** a) 'Walkman *TM m*, b) tragbarer C'D-ˌPlayer; **3.** äußer, körperlich: **~ charms**; **~ hygiene** Körperpflege *f*; **4.** persönlich, anzüglich (*Bemerkung etc.*): **become ~** anzüglich werden; **II** *s.* **5.** Per'sönliches *n* (*Zeitung*); **per·son·al·i·ty** [ˌpɜːsə'nælətɪ] *s.* **1.** Per'sönlichkeit *f* (*a. jur.*), Per'son *f*: **~ clash** *psych.* Persönlichkeitskonflikt *m*; **~ cult** *pol.* Personenkult *m*; **~ test** *psych.* Persönlichkeitstest *m*; **2.** Individuali'tät *f*; **3.** *pl.* Anzüglichkeiten *pl.*, anzügliche Bemerkungen *pl.*; **per·son·al·ize** ['pɜːsnəlaɪz] → **personify**; **'per·son·al·ty** [-nltɪ] ⚖ bewegliches Vermögen; **'per·son·ate** [-səneɪt] *v/t.* **1.** → **personify**; **2.** vor-, darstellen; **3.** nachahmen; **4.** sich (fälschlich) ausgeben als; **per·son·a·tion** [ˌpɜːsə'neɪʃn] *s.* **1.** Vor-, Darstellung *f*; **2.** Personifika'tion *f*, Verkörperung *f*; **3.** Nachahmung *f*; **4.** ⚖ fälschliches Sich'ausgeben.

per·son·i·fi·ca·tion [pɜːˌsɒnɪfɪ'keɪʃn] *s.* Verkörperung *f*; **per·son·i·fy** [pɜː'sɒnɪfaɪ] *v/t.* personifizieren, verkörpern, versinnbildlichen.

per·son·nel [ˌpɜːsə'nel] *s.* Perso'nal *n*, Belegschaft *f*; ⚔, ⚓ Mannschaft(en *pl.*) *f*, Besatzung *f*: **~ manager** ✝ Personalchef *m*.

per·spec·tiv·al [ˌpɜːspekt'taɪvl] *adj.* perspek'tivisch; **per·spec·tive** [pə'spektɪv] **I** *s.* **1.** ⩘, *paint. etc.* Perspek'tive *f*: **in (true) ~** in richtiger Perspektive; **2.** *a.* **~ drawing** perspektivische Zeichnung; **3.** Perspek'tive *f*: a) Aussicht *f*, -blick *m* (*beide a. fig.*), b) *fig.* klarer Blick: **he has no ~** er sieht die Dinge nicht im richtigen Verhältnis (zueinander); **II** *adj.* □ **4.** → **perspectival**.

per·spex ['pɜːspeks] (*TM*) *s. Brit.* Sicherheits-, Plexiglas *n*.

per·spi·ca·cious [ˌpɜːspɪ'keɪʃəs] *adj.* □ scharfsinnig, 'durchdringend; **ˌper·spi'cac·i·ty** [-'kæsətɪ] *s.* Scharfblick *m*, -sinn *m*; **ˌper·spi'cu·i·ty** [-'kjuːətɪ] *s.*

P

Klarheit *f*, Verständlichkeit *f*; **per·spic·u·ous** [pəˈspɪkjʊəs] *adj.* □ deutlich, klar, (leicht) verständlich.

per·spi·ra·tion [ˌpɜːspəˈreɪʃn] *s.* **1.** Ausdünsten *n*, Schwitzen *n*; **2.** Schweiß *m*; **per·spir·a·to·ry** [pəˈspaɪərətərɪ] *adj.* Schweiß...: **~ gland** Schweißdrüse *f*; **per·spire** [pəˈspaɪə] **I** *v/i.* schwitzen, transpirieren; **II** *v/t.* ausschwitzen, -dünsten.

per·suade [pəˈsweɪd] *v/t.* **1.** überˈreden, bereden (**to** *inf.*, **into** *ger.* zu *inf.*); **2.** überˈzeugen (**of** von, **that** dass): **~ o.s.** a) sich überzeugen, b) sich einbilden *od.* einreden; **be ~d that** überzeugt sein, dass; **perˈsuad·er** [-də] *s.* **1.** Überredungskünstler(in), ‚Verführer' *m*; **2.** *sl.* Überˈredungsmittel *n* (*a. Pistole etc.*).

per·sua·sion [pəˈsweɪʒn] *s.* **1.** Überˈredung *f*; **2.** *a.* **powers of ~** Überˈredungsgabe *f*, -künste *pl.*; **3.** Überˈzeugung *f*, fester Glaube; **4.** *eccl.* Glaube(nsrichtung *f*) *m*; **5.** F *humor.* a) Art *f*, Sorte *f*, b) Geschlecht *n*: **female ~**; **perˈsua·sive** [-eɪsɪv] *adj.* □ **1.** überˈredend; **2.** überˈzeugend; **perˈsua·sive·ness** [-eɪsɪvnɪs] *s.* **1.** → **persuasion** 2; **2.** überˈzeugende Art.

pert [pɜːt] *adj.* □ keck (*a. fig. Hut etc.*), schnippisch, vorlaut.

per·tain [pɜːˈteɪn] *v/i.* (**to**) a) gehören (*dat. od.* zu), b) betreffen (*acc.*), sich beziehen (auf *acc.*): **~ing to** betreffend.

per·ti·na·cious [ˌpɜːtɪˈneɪʃəs] *adj.* □ **1.** hartnäckig, zäh; **2.** beharrlich, standhaft; **ˌper·tiˈnac·i·ty** [-ˈnæsətɪ] *s.* Hartnäckigkeit *f*; Zähigkeit *f*, Beharrlichkeit *f*.

per·ti·nence [ˈpɜːtɪnəns], **ˈper·ti·nen·cy** [-sɪ] *s.* **1.** Angemessenheit *f*, Gemäßheit *f*; **2.** Sachdienlichkeit *f*, Releˈvanz *f*; **ˈper·ti·nent** [-nt] *adj.* □ **1.** angemessen, passend, gemäß; **2.** zur Sache gehörig, einschlägig, sachdienlich, gehörig (**to** zu): **be ~ to** Bezug haben auf (*acc.*).

pert·ness [ˈpɜːtnɪs] *s.* Keckheit *f*, schnippisches Wesen, vorlaute Art.

per·turb [pəˈtɜːb] *v/t.* beunruhigen, stören, verwirren, ängstigen; **per·tur·ba·tion** [ˌpɜːtəˈbeɪʃn] *s.* **1.** Unruhe *f*, Bestürzung *f*; **2.** Beunruhigung *f*, Störung *f*; **3.** *ast.* Perturbatiˈon *f*.

pe·ruke [pəˈruːk] *s. hist.* Peˈrücke *f*.

pe·rus·al [pəˈruːzl] *s.* sorgfältiges ˈDurchlesen, ˈDurchsicht *f*, Prüfung *f*: **for ~** zur Einsicht; **pe·ruse** [pəˈruːz] *v/t.* (ˈdurch)lesen; *weitS.* ˈdurchgehen, prüfen.

Pe·ru·vi·an [pəˈruːvjən] **I** *adj.* peruˈanisch: **~ bark** ⚘ Chinarinde *f*; **II** *s.* Peruˈaner(in).

per·vade [pəˈveɪd] *v/t.* durchˈdringen, -ˈziehen, erfüllen (*a. fig.*); **perˈva·sion** [-eɪʒn] *s.* Durchˈdringung *f* (*a. fig.*); **perˈva·sive** [-eɪsɪv] *adj.* □ ˈdurchdringend; *fig.* ˈüberall vorˈhanden, beherrschend.

per·verse [pəˈvɜːs] *adj.* □ **1.** verkehrt, Fehl...; **2.** verderbt, böse; **3.** verdreht, wunderlich; **4.** verstockt; **5.** launisch; **6.** *psych.* perˈvers (*a. fig.*), ˈwidernatürlich; **perˈver·sion** [-ɜːʒn] *s.* **1.** Verdrehung *f*, ˈUmkehrung *f*; Entstellung *f*: **~ of justice** Rechtsbeugung *f*; **~ of history** Geschichtsklitterung *f*; **2.** *bsd. eccl.* Verirrung *f*, Abkehr *f vom Guten etc.*; **3.** *psych.* Perversiˈon *f*; **4.** ⚷ ˈUmkehrung *f* (*e-r Figur*); **perˈver·si·ty** [-sətɪ] *s.* **1.** Verdrehtheit *f*; **2.** Halsstarrigkeit *f*; **3.** Verderbtheit *f*; **4.** ˈWidernaˌtürlichkeit *f*, Perversiˈtät *f* (*a. fig.*); **perˈver·sive** [-sɪv] *adj.* verderblich (**of** für).

per·vert **I** *v/t.* [pəˈvɜːt] **1.** verdrehen, verkehren, entstellen, fälschen, pervertieren (*a. psych.*); missˈbrauchen; **2.** *j-n* verderben, verführen; **II** *s.* [ˈpɜːvɜːt] **3.** Abtrünnige(r *m*) *f*; **4.** *a.* **sexual ~** *psych.* perˈverser Mensch; **perˈvert·er** [-tə] *s.* Verdreher(in); Verführer(in).

per·vi·ous [ˈpɜːvjəs] *adj.* □ **1.** ˈdurchlässig (*a. phys.*), durchˈdringbar, gangbar (**to** für); **2.** *fig.* zugänglich (**to** für), offen (**to** *dat.*); **3.** ⚙ undicht.

pes·ky [ˈpeskɪ] *adj. u. adv. Am.* F ‚verflixt'.

pes·sa·ry [ˈpesərɪ] *s.* ⚕ Pesˈsar *n*.

pes·si·mism [ˈpesɪmɪzəm] *s.* Pessiˈmismus *m*, Schwarzseheˈrei *f*; **ˈpes·si·mist** [-ɪst] **I** *s.* Pessiˈmist(in), Schwarzseher(-in); **II** *adj. a.* **pes·si·mis·tic** [ˌpesɪˈmɪstɪk] *adj.* (□ **~ally**) pessiˈmistisch.

pest [pest] *s.* **1.** Pest *f*, Plage *f* (*a. fig.*); **2.** *fig.* Pestbeule *f*; **3.** *fig.* a) ‚Ekel' *n*, ‚Nervensäge' *f*, b) Plage *f*, lästige Sache; **4.** *bsd.* **insect ~** *biol.* Schädling *m*: **~ control** Schädlingsbekämpfung *f*.

pes·ter [ˈpestə] *v/t.* plagen, quälen, belästigen, *j-m* auf die Nerven gehen.

pes·ti·cide [ˈpestɪsaɪd] *s.* Schädlingsbekämpfungsmittel *n*, Pestiˈzid *n*.

pes·ti·lence [ˈpestɪləns] *s.* Seuche *f*, Pest *f*, Pestiˈlenz *f* (*a. fig.*); **ˈpes·ti·lent** [-nt] *adj.* → **pes·ti·len·tial** [ˌpestɪˈlenʃl] *adj.* □ **1.** verpestend, ansteckend; **2.** *fig.* verderblich, schädlich; **3.** *oft humor.* ekelhaft.

pes·tle [ˈpesl] **I** *s.* **1.** Mörserkeule *f*, Stößel *m*; **2.** ⚗ Piˈstill *n*; **II** *v/t.* **3.** zerstoßen.

pet[1] [pet] **I** *s.* **1.** (zahmes) Haustier; Stubentier *n*; **2.** gehätscheltes Tier *od.* Kind, Liebling *m*, ‚Schatz' *m*, ‚Schätzchen' *n*; **II** *adj.* **3.** Lieblings...: **~ dog** Schoßhund *m*; **~ hate** bevorzugtes Hassobjekt; **~ mistake** Lieblingsfehler *m*; **~ name** Kosename *m*; **~ shop** Tierhandlung *f*; → **aversion** 3; **III** *v/t.* **4.** (ver)hätscheln, liebkosen; **5.** F ‚abfummeln', Petting machen mit; **IV** *v/i.* **6.** F ‚fummeln', knutschen, Petting machen.

P

pet² [pet] *s.* schlechte Laune: ***in a ~*** verärgert, schlecht gelaunt.

pet·al ['petl] *s.* ⚘ Blumenblatt *n.*

pe·tard [pe'tɑːd] *s.* **1.** ⚔ *hist.* Pe'tarde *f*, Sprengbüchse *f*; → ***hoist¹***; **2.** Schwärmer *m* (*Feuerwerk*).

pe·ter¹ ['piːtə] *v/i.*: ***~ out*** a) (allmählich) zu Ende gehen, abebben (*Erregung, Sturm etc.*), b) sich verlieren, c) sich totlaufen, versanden.

pe·ter² ['piːtə] *s. sl.* ‚Zipfel' *m* (*Penis*).

pe·ter³ ['piːtə] *s. sl.* **1.** Geldschrank *m*; **2.** (Laden)Kasse *f.*

Pe·ter ['piːtə] *npr. u. s. bibl.* 'Petrus *m*: (***the Epistles of***) **~** die Petrusbriefe.

pet·it ['petɪ] → ***petty***.

pe·ti·tion [pɪ'tɪʃn] **I** *s.* Bitte *f*, *bsd.* Bittschrift *f*, Gesuch *n*; Eingabe *f* (*a. Patentrecht*); ⚖ (schriftlicher) Antrag: ***~ for divorce*** Scheidungsklage *f*; ***~ in bankruptcy*** Konkursantrag *m*; ***file one's ~ in bankruptcy*** Konkurs anmelden; ***~ for clemency*** Gnadengesuch *n*; **II** *v/i.* (*u. v/t. j-n*) bitten, an-, ersuchen (***for*** um), schriftlich einkommen (***s.o.*** bei j-m), e-e Bittschrift einreichen (***s.o.*** an j-n): ***~ for divorce*** die Scheidungsklage einreichen; **pe'ti·tion·er** [-ʃnə] *s.* Antragsteller(in): a) Bitt-, Gesuchsteller(in), Pe'tent *m*, b) ⚖ (Scheidungs)Kläger(in).

pet·rel ['petrəl] *s.* **1.** *orn.* Sturmvogel *m*; → ***stormy petrel***; **2.** Unruhestifter *m.*

pet·ri·fac·tion [ˌpetrɪ'fækʃn] *s.* Versteinerung *f* (*Vorgang u. Ergebnis*; *a. fig.*); **pet·ri·fy** ['petrɪfaɪ] **I** *v/t.* **1.** versteinern (*a. fig.*); **2.** *fig.* *durch Schrecken etc.* versteinern, erstarren lassen: ***petrified with horror*** starr vor Schrecken; **II** *v/i.* **3.** sich versteinern (*a. fig.*).

P

pe·tro·chem·is·try [ˌpetrəʊ'kemɪstrɪ] *s.* Petroche'mie *f*; **pe·trog·ra·phy** [pɪ'trɒgrəfɪ] *s.* Gesteinsbeschreibung *f*, -kunde *f.*

pet·rol ['petrəl] *s. mot. Brit.* Ben'zin *n*, Kraftstoff *m*: ***~ bomb*** Molotowcocktail *m*; ***~ coupon*** Benzingutschein *m*; ***~ engine*** Benzin-, Vergasermotor *m*; ***~ ga(u)ge*** Kraftstoffanzeige *f*; ***~ station*** Tankstelle *f*; **pet·ro·la·tum** [ˌpetrə'leɪtəm] *s.* **1.** ⚗ Petro'latum *n*, Vase'lin *n*; **2.** ⚕ Paraf'finöl *n*; **pet·ro·le·um** [pɪ'trəʊljəm] *s.* Pe'troleum *n*, Erd-, Mine'ralöl *n*: ***~ jelly*** → ***petrolatum***; **pe·trol·o·gy** [pɪ'trɒlədʒɪ] *s.* Gesteinskunde *f.*

An britischen Tankstellen gibt es generell folgende Benzinsorten:

unleaded [ˌʌn'ledɪd]	Benzin bleifrei
super unleaded	Super bleifrei
four-star	Super verbleit
regular	Normalbenzin (*verbleit*)
diesel ['diːzl]	Diesel

pet·ti·coat ['petɪkəʊt] **I** *s.* **1.** 'Unterrock *m*; Petticoat *m*; **2.** *fig.* Frauenzimmer *n*, Weibsbild *n*, ‚Unterrock' *m*; **3.** Kinderröckchen *n*; **4.** ⚙ Glocke *f*; **5.** ⚡ a) *a.* ***~ insulator*** 'Glockeniso,lator *m*, b) Isolierglocke *f*; **6.** *mot.* (Ven'til)Schutzhaube *f*; **II** *adj.* **7.** Weiber...: ***~ government*** Weiberregiment *n.*

pet·ti·fog·ger ['petɪfɒgə] *s.* 'Winkeladvoˌkat *m*; Haarspalter *m*, Rabu'list *m*; '**pet·ti·fog·ging** [-gɪŋ] **I** *adj.* **1.** rechtsverdrehend; **2.** schika'nös, rabu'listisch; **3.** gemein, lumpig; **II** *s.* **4.** Rabu'listik *f*, Haarspalte'rei *f*, Rechtskniffe *pl.*

pet·ti·ness ['petɪnɪs] *s.* **1.** Geringfügigkeit *f*; **2.** Kleinlichkeit *f.*

pet·ting ['petɪŋ] *s.* F ‚Fumme'lei' *f*, Petting *n.*

pet·tish ['petɪʃ] *adj.* □ reizbar, mürrisch; '**pet·tish·ness** [-nɪs] *s.* Gereiztheit *f.*

pet·ti·toes ['petɪtəʊz] *s. pl.* *Küche*: Schweinsfüße *pl.*

pet·ty ['petɪ] *adj.* □ **1.** unbedeutend, geringfügig, klein, Klein...: ***~ cash*** ✝ a) geringfügige Beträge, b) kleine Kasse, Portokasse; ***~ offence*** ⚖ Bagatelldelikt *n*; ***~ wares*** Kurzwaren; **2.** kleinlich; **~ bour·gois** ['bʊəʒwɑː] **I** *s.* (*Fr.*) Kleinbürger(in); **II** *adj.* kleinbürgerlich; **~ bour·geoi·sie** [ˌbʊəʒwɑː'ziː] *s.* (*Fr.*) Kleinbürgertum *n*; **~ ju·ry** *s.* ⚖ kleine Jury; **~ lar·ce·ny** *s.* ⚖ leichter Diebstahl; **~ of·fi·cer** *s.* ⚔, ⚓ Maat *m* (*Unteroffizier*); **~ ses·sions** *s. pl.* → ***magistrate***.

pet·u·lance ['petjʊləns] *s.* Gereiztheit *f*; '**pet·u·lant** [-nt] *adj.* □ gereizt.

pe·tu·ni·a [pɪ'tjuːnjə] *s.* ⚘ Pe'tunie *f.*

pew [pjuː] *s.* **1.** Kirchenstuhl *m*, -sitz *m*, Bank(reihe) *f*; **2.** *Brit.* F Platz *m*: ***take a ~*** sich ‚platzen'.

pe·wit ['piːwɪt] *s. orn.* **1.** Kiebitz *m*; **2.** *a.* ***~ gull*** Lachmöwe *f.*

pew·ter ['pjuːtə] **I** *s.* **1.** brit. Schüsselzinn *n*, Hartzinn *n*; **2.** *coll.* Zinngerät *n*; **3.** Zinnkrug *m*, -gefäß *n*; **4.** *Brit. sl. bsd. Sport*: Po'kal *m*; **II** *adj.* **5.** (Hart-)Zinn..., zinnern; '**pew·ter·er** [-ərə] *s.* Zinngießer *m.*

pH [ˌpiː'eɪtʃ] *s.* ⚗ p'H-Wert *m.*

pha·e·ton ['feɪtn] *s.* Phaeton *m* (*Kutsche*; *mot. obs.* *Tourenwagen*).

phag·o·cyte ['fægəʊsaɪt] *s. biol.* Phago'zyt *m*, Fresszelle *f.*

phal·ange ['fælændʒ] *s.* **1.** *anat.* Finger-, Zehenknochen *m*; **2.** ⚘ Staubfädenbündel *n*; **3.** *zo.* Tarsenglied *n*.
pha·lanx ['fælæŋks] *pl.* **-lanx·es** *od.* **-lan·ges** [fæ'lændʒiːz] *s.* **1.** ⚔ *hist.* Phalanx *f*, *fig. a.* geschlossene Front; **2.** → ***phalange*** 1 *u.* 2.
phal·lic ['fælɪk] *adj.* phallisch, Phallus...: **~ *symbol***; **phal·lus** ['fæləs] *pl.* **-li** [-laɪ] *s.* Phallus *m*.
phan·tasm ['fæntæzəm] → ***phantom*** 1 a *u.* b; **phan·tas·ma·go·ri·a** [ˌfæntæzmə'gɒrɪə] *s.* Phantasmago'rie *f*, Gaukelbild *n*, Blendwerk *n*; **phan·tas·ma·gor·ic** [ˌfæntæzmə'gɒrɪk] *adj.* (□ **~*ally***) phantasma'gorisch, gespensterhaft, trügerisch; **phan·tas·mal** [fæn'tæzml] *adj.* □ **1.** halluzina'torisch, eingebildet; **2.** geisterhaft; **3.** illu'sorisch, unwirklich, trügerisch.
phan·tom ['fæntəm] **I** *s.* **1.** Phan'tom *n*: a) Erscheinung *f*, Gespenst *n*, *a. fig.* Geist *m*, b) Wahngebilde *n*, Hirngespinst *n*; Trugbild *n*, c) *fig.* Alptraum *m*, Schreckgespenst *n*; **2.** *fig.* Schatten *m*, Schein *m*; **3.** ⚕ Phantom *n* (*Körpermodell*); **II** *adj.* **4.** Phantom..., Gespenster..., Geister...; **5.** scheinbar, Schein...; **~ cir·cuit** *s.* ϟ Phan'tomkreis *m*, Duplexleitung *f*; **~ (limb) pain** *s.* ⚕ Phan'tomschmerz *m*; **~ ship** *s.* Geisterschiff *n*; **~ view** *s.* ⚙ (Konstrukti'ons)Durchsicht *f*.
phar·i·sa·ic, phar·i·sa·i·cal [ˌfærɪ'seɪɪk(l)] *adj.* □ phari'säisch, selbstgerecht, scheinheilig; **phar·i·sa·ism** ['færɪseɪɪzəm] *s.* Phari'säertum *n*, Scheinheiligkeit *f*; **Phar·i·see** ['færɪsiː] *s.* **1.** *eccl.* Phari'säer *m*; **2.** ♀ *fig.* Phari'säer(in), Selbstgerechte(r *m*) *f*, Heuchler(in).
phar·ma·ceu·ti·cal [ˌfɑːmə'sjuːtɪkl] *adj.* □ pharma'zeutisch; Apotheker...: **~ *industry*** 'Pharmaindustˌrie *f*; ˌ**phar·ma'ceu·ti·cals** *s. pl.* Arz'neimittel *pl.*; ˌ**phar·ma'ceu·tics** [-ks] *s. pl. sg. konstr.* Pharma'zeutik *f*, Arz'neimittelkunde *f*; **phar·ma·cist** ['fɑːməsɪst] *s.* **1.** Pharma'zeut *m*, Apo'theker *m*; **2.** pharma'zeutischer Chemiker; **phar·ma·col·o·gy** *s.* [ˌfɑːmə'kɒlədʒɪ] ˌPharmakolo'gie *f*, Arz'neimittellehre *f*; **phar·ma·co·poe·ia** [ˌfɑːməkə'piːə] *s.* **1.** ˌPharmako'pöe *f*, amtliches Arz'neibuch; **2.** Arz'neimittelvorrat *m*; **phar·ma·cy** ['fɑːməsɪ] *s.* **1.** → ***pharmaceutics***; **2.** Apo'theke *f*.
pha·ryn·gal [fə'rɪŋgl]; **pha·ryn·ge·al** [ˌfærɪn'dʒiːl] **I** *adj. anat.* Rachen... (*-mandeln etc.*; *a. ling. -laut*); **II** *s. anat.* Schlundknochen *m*; **phar·yn·gi·tis** [ˌfærɪn'dʒaɪtɪs] *s.* 'Rachenkaˌtarr(h) *m*; **phaˌryn·go'na·sal** [-gəʊ'neɪzl] *adj.* Rachen u. Nase betreffend; **phar·ynx** ['færɪŋks] *s.* Schlund *m*, Rachen(höhle *f*) *m*.

phase [feɪz] **I** *s.* **1.** ⚗, ϟ, ✈, *ast., biol., phys.* Phase *f*: ***the ~s of the moon*** *ast.* die Mondphasen; **~ *advancer*** (*od.* ***converter***) ϟ Phasenverschieber *m*; ***in ~*** (***out of ~***) ϟ phasengleich (phasenverschoben); **2.** (Entwicklungs)Stufe *f*, Stadium *n*, Phase *f* (*a. psych.*); **3.** ⚔ (Front)Abschnitt *m*; **II** *v/t.* **4.** ϟ in Phase bringen; **5.** aufeinander abstimmen, ⚙ synchronisieren; **6.** stufenweise durchführen, staffeln: **~ *down*** einstellen; **~ *in*** stufenweise einführen; **~ *out*** *et.* stufenweise einstellen *od.* abwickeln *od.* auflösen, *Produkt etc.* auslaufen lassen; **III** *v/i.* **7.** **~ *out*** sich stufenweise zurückziehen (***of*** aus).
pH-bal·anced [piː'eɪtʃˌbælənst] *adj.* ⚗ p'H-neutˌral.
pheas·ant ['feznt] *s. orn.* Fa'san *m*; '**pheas·ant·ry** [-rɪ] *s.* Fasane'rie *f*.
phe·nic ['fiːnɪk] *adj.* ⚗ kar'bolsauer, Karbol...: **~ *acid*** → **phe·nol** ['fiːnɒl] *s.* ⚗ Phe'nol *n*, Kar'bolsäure *f*; **phe·nol·ic** [fɪ'nɒlɪk] **I** *adj.* Phenol...: **~ *resin*** → **II** *s.* Phe'nolharz *n*.
phe·nom·e·nal [fɪ'nɒmɪnl] *adj.* □ phänome'nal: a) *phls.* Erscheinungs... (*-welt etc.*), b) unglaublich, ‚toll'; **phe'nom·e·nal·ism** [-nəlɪzəm] *s. phls.* Phänomena'lismus *m*; **phe·nom·e·non** [fɪ'nɒmɪnən] *pl.* **-na** [-nə] *s.* **1.** Phäno'men *n*, Erscheinung *f* (*a. phys. u. phls.*); **2.** *pl.* ***-nons*** *fig.* wahres Wunder; *a.* ***infant ~*** Wunderkind *n*.

Die Pluralform **phenomena** wird besonders im amerikanischen Englisch auch als Singular verwendet:

You often find this phenomena among twins.

Puristen empfinden diesen Gebrauch als falsch.

phe·no·type ['fiːnəʊtaɪp] *s. biol.* 'Phänoˌtypus *m*, Erscheinungsbild *n*.
phen·yl ['fiːnɪl] *s.* Phe'nyl *n*; **phe·nyl·ic** [fɪ'nɪlɪk] *adj.* Phenyl..., phe'nolisch: **~ *acid*** → ***phenol***.
phew [fjuː] *int.* puh!
pH fac·tor [ˌpiː'eɪtʃ] *s.* ⚗ p'H-Wert *m*.
phi·al ['faɪəl] *s.* Phi'ole *f*, (*bsd.* Arz'nei-) Fläschchen *n*, Am'pulle *f*.
Phi Be·ta Kap·pa [ˌfaɪˌbiːtə'kæpə] *s. Am.* a) *studentische Vereinigung hervorragender Akademiker*, b) *ein Mitglied dieser Vereinigung.*
phi·lan·der [fɪ'lændə] *v/i.* ‚poussieren', schäkern; **phi'lan·der·er** [-ərə] *s.* Schäker *m*, Schürzenjäger *m*.

phil·an·throp·ic, phil·an·throp·i·cal [ˌfɪlən'θrɒpɪk(l)] *adj.* □ philan'thropisch, menschenfreundlich; **phi·lan·thro·pist** [fɪ'lænθrəpɪst] **I** *s.* Philanthrop *m*, Menschenfreund *m*; **II** *adj.* → ***philanthropic***; **phi·lan·thro·py** [fɪ'lænθrəpɪ] *s.* Philanthro'pie *f*, Menschenliebe *f*.

phil·a·tel·ic [ˌfɪlə'telɪk] *adj.* philate'listisch; **phi·lat·e·list** [fɪ'lætəlɪst] **I** *s.* Philate'list *m*; **II** *adj.* philate'listisch; **phi·lat·e·ly** [fɪ'lætəlɪ] *s.* Philate'lie *f*.

phil·har·mon·ic [ˌfɪlɑː'mɒnɪk] *adj.* philhar'monisch (*Konzert*, *Orchester*): ~ ***society*** Philharmonie *f*.

Phi·lip·pi·ans [fɪ'lɪpɪənz] *s. pl. sg. konstr. bibl.* (Brief *m* des Paulus an die) Phi'lipper *pl.*

phi·lip·pic [fɪ'lɪpɪk] *s.* Phi'lippika *f*, Strafpredigt *f*.

Phil·ip·pine ['fɪlɪpiːn] *adj.* **1.** philip'pinisch, Philippinen...; **2.** Filipino...

Phi·lis·tine ['fɪlɪstaɪn] **I** *s. fig.* Phi'lister *m*, Spießbürger *m*, Spießer *m*; **II** *adj.* phi'listerhaft, spießbürgerlich; **'phi·lis·tin·ism** [-tɪnɪzəm] *s.* Phi'listertum *n*, Philiste'rei *f*, Spießbürgertum *n*, Ba'nausentum *n*.

Phil·lips *TM* **screw·driv·er** ['fɪlɪps] *s.* 'Kreuzschlitzschraubendreher *m*, F -zieher *m*.

phil·o·log·i·cal [ˌfɪlə'lɒdʒɪkl] *adj.* □ philo'logisch, sprachwissenschaftlich; **phi·lol·o·gist** [fɪ'lɒlədʒɪst] *s.* Philo'loge *m*, Philo'login *f*, Sprachwissenschaftler (-in); **phi·lol·o·gy** [fɪ'lɒlədʒɪ] *s.* Philolo'gie *f*, (Litera'tur- u.) Sprachwissenschaft *f*.

phi·los·o·pher [fɪ'lɒsəfə] *s.* Philo'soph *m* (*a. fig. Lebenskünstler*): ***natural*** ~ Naturforscher *m*; ***~s' stone*** Stein *m* der Weisen; **phil·o·soph·ic, phil·o·soph·i·cal** [ˌfɪlə'sɒfɪk(l)] *adj.* □ philo'sophisch (*a. fig. weise, gleichmütig*); **phi'los·o·phize** [-faɪz] *v/i.* philosophieren; **phi'los·o·phy** [-fɪ] *s.* **1.** Philoso'phie *f*: ***natural*** ~ Naturwissenschaft *f*; ~ ***of history*** Geschichtsphilosophie; **2.** a) *a.* ~ ***of life*** ('Lebens)Philosoˌphie *f*, Weltanschauung *f*, b) *fig.* (philo'sophische) Gelassenheit, c) ‚Philoso'phie' *f*, Denkbild *n*, -modell *n*.

phil·ter *Am.*, **phil·tre** *Brit.* ['fɪltə] *s.* **1.** Liebestrank *m*; **2.** Zaubertrank *m*.

phiz [fɪz] *s. sl.* Vi'sage *f*, Gesicht *n*.

phle·bi·tis [flɪ'baɪtɪs] *s.* ⚕ Venenentzündung *f*, Phle'bitis *f*.

phlegm [flem] *s.* **1.** *physiol.* Phlegma *n*, Schleim *m*; **2.** *fig.* Phlegma *n*: a) stumpfer Gleichmut, b) (geistige) Trägheit; **phleg·mat·ic** [fleg'mætɪk] **I** *adj.* (□ ***~ally***) *physiol. u. fig.* phleg'matisch; **II** *s.* Phleg'matiker(in).

pH lev·el [ˌpiː'eɪtʃ] *s.* ⚗ p'H-Wert *m*.

pho·bi·a ['fəʊbɪə] *s. psych.* (***about***) Pho'bie *f*, krankhafte Furcht (vor *dat.*) *od.* Abneigung (gegen).

Phoe·ni·cian [fɪ'nɪʃɪən] **I** *s.* **1.** Phö'nizier (-in); **2.** *ling.* Phö'nikisch *n*; **II** *adj.* **3.** phö'nizisch.

phoe·nix ['fiːnɪks] *s. myth.* Phönix *m* (*legendärer Vogel*), *fig. a.* Wunder *n*.

phon [fɒn] *s. phys.* Phon *n*.

phone[1] [fəʊn] *s. ling.* (Einzel)Laut *m*.

phone[2] [fəʊn] *s.*, *v/t. u. v/i.* F → ***telephone***; ***by*** ~ telefonisch; ***be on the*** ~ a) am Telefon sein, b) Telefon haben; ***pick up*** (***put down***) ***the*** ~ abnehmen (auflegen).

phone book *s.* Tele'fonbuch *n*; ~ **booth** *s.* Tele'fonzelle *f*; **'~·card** *s.* Tele'fonkarte *f*; **'~-in** *s. Radio, TV: Sendung mit Hörer- bzw. Zuschauerbeteiligung per Telefon.*

pho·neme ['fəʊniːm] *s. ling.* **1.** Pho'nem *n*; **2.** → ***phone***[1].

pho·net·ic [fəʊ'netɪk] *adj.* (□ ***~ally***) pho'netisch, lautlich: ~ ***spelling***, ~ ***transcription*** Lautschrift *f*; **pho·ne·ti·cian** [ˌfəʊnɪ'tɪʃn] *s.* Pho'netiker *m*; **pho'net·ics** [-ks] *s. pl. mst sg. konstr.* Pho'netik *f*, Laut(bildungs)lehre *f*.

pho·ney ['fəʊnɪ] → ***phony***.

phon·ic ['fəʊnɪk] *adj.* **1.** lautlich, a'kustisch; **2.** pho'netisch; **3.** ⚙ phonisch.

pho·no·gram ['fəʊnəgræm] *s.* Lautzeichen *n*; **'pho·no·graph** [-grɑːf] *s.* ⚙ **1.** Phono'graph *m*, 'Sprechmaˌschine *f*; **2.** *Am.* Plattenspieler *m*, Grammo'phon *n*; **pho·no·graph·ic** [ˌfəʊnə'græfɪk] *adj.* (□ ***~ally***) phono'graphisch.

pho·nol·o·gy [fəʊ'nɒlədʒɪ] *s. ling.* Phonolo'gie *f*, Lautlehre *f*.

pho·nom·e·ter [fəʊ'nɒmɪtə] *s. phys.* Phono'meter *n*, Schall(stärke)messer *m*.

pho·ny ['fəʊnɪ] F **I** *adj.* **1.** falsch, gefälscht, unecht; Falsch..., Schwindel..., Schein...: ~ ***war*** *hist.* ‚Sitzkrieg' *m*; **II** *s.* **2.** Schwindler(in), ‚Schauspieler(in)', Scharlatan *m*: ***he is*** ~ *a.* der ist nicht ‚echt'; **3.** Fälschung *f*, Schwindel *m*.

phos·gene ['fɒzdʒiːn] *s.* ⚗ Phos'gen *n*, Chlor'kohlenoˌxid *n*; **phos·phate** ['fɒsfeɪt] *s.* ⚗ **1.** Phos'phat *n*: ~ ***of lime*** phosphorsaurer Kalk; **2.** ⚘ Phos'phat (-düngemittel) *n*; ˌ**phos·phate-'free** *adj.* phos'phatfrei (*Waschmittel etc.*); **phos·phat·ic** [fɒs'fætɪk] *adj.* ⚗ phos'phathaltig; **phos·phide** ['fɒsfaɪd] *s.* ⚗ Phos'phid *n*; **phos·phite** ['fɒsfaɪt] *s.* **1.** ⚗ Phos'phit *n*; **2.** *min.* 'Phosphormeˌtall *n*; **phos·phor** ['fɒsfə] **I** *s.* **1.** *poet.* Phosphor *m*; **2.** ⚙ Leuchtmasse *f*; **II** *adj.* **3.** Phosphor...; **phos·pho·rate** ['fɒsfəreɪt] *v/t.* ⚗ **1.** phosphorisieren; **2.** phosphoreszierend machen; **phos·pho·resce** [ˌfɒsfə'res] *v/i.* phosphoreszieren, (nach)leuchten; **phos·pho·res·cence** [ˌfɒsfə'resns] *s.* **1.** ⚗, *phys.* Chemolumines'zenz *f*; **2.** *phys.* Phosphores'zenz

P

f, Nachleuchten n; **phos·pho·res·cent** [ˌfɒsfəˈresnt] *adj.* phosphoreszierend; **phos·phor·ic** [fɒsˈfɒrɪk] *adj.* phosphorsauer, -haltig, Phosphor...; **phos·pho·rous** [ˈfɒsfərəs] *adj.* ⚗ phosˈphorig(sauer); **phos·pho·rus** [ˈfɒsfərəs] *pl.* **-ri** [-raɪ] *s.* **1.** ⚗ Phosphor *m*; **2.** *phys.* ˈLeuchtphosˌphore *f*, -masse *f*.

phot [fɒt] *s. phys.* Phot *n*.

pho·to [ˈfəʊtəʊ] F → ***photograph***.

photo- [fəʊtəʊ] *in Zssgn* Photo..., Foto...: a) Licht..., b) fotoˈgrafisch; ˈ**~·cell** *s.* ⚡ Fotozelle *f*; ˌ**~ˈchem·i·cal** *adj.* □ photoˈchemisch; ˌ**~·comˈpose** *v/t.* im Fotosatz herstellen; ˈ**~ˌcop·i·er** *s.* Fotokoˈpiergerät *n*; ˈ**~ˌcop·y** → ***photostat*** 1 *u.* 3; ˌ**~·eˈlec·tric** [-təʊ-] *adj.*; ˌ**~·eˈlec·tri·cal** [-təʊ-] *adj.* □ *phys.* photoeˈlektrisch: **~ *barrier*** Lichtschranke *f*; **~ *cell*** Fotozelle *f*; ˌ**~-enˈgrav·ing** [-təʊ-] *s.* Lichtdruck(verfahren *n*) *m*; **~ fin·ish** *s. sport* a) Fotofinish *n*, b) äußerst knappe Entscheidung; ˈ**♀·fit** *TM*, **~·fit** (**pic·ture**) *s. Brit. Polizei*: Phanˈtombild *n*; ˈ**~·flash** (**lamp**) *s.* Blitzlicht(birne *f*) *n*.

pho·to·gen·ic [ˌfəʊtəʊˈdʒenɪk] *adj.* **1.** fotoˈgen, bildwirksam; **2.** *biol.* lichterzeugend, Leucht...; **~·gram·me·try** [ˌfəʊtəˈgræmɪtrɪ] *s.* Photogrammmeˈtrie *f*, Messbildverfahren *n*.

pho·to·graph [ˈfəʊtəgrɑːf] **I** *s.* Fotograˈfie *f*, (Licht)Bild *n*, Aufnahme *f*: ***take a ~*** e-e Aufnahme machen (***of*** von); **II** *v/t.* fotografieren, aufnehmen, ‚knipsen'; **III** *v/i.* fotografieren; fotografiert werden: ***he does not ~ well*** er wird nicht gut auf den Bildern, er lässt sich schlecht fotografieren; **pho·tog·ra·pher** [fəˈtɒgrəfə] *s.* Fotoˈgraf(in); **pho·to·graph·ic** [ˌfəʊtəˈgræfɪk] *adj.* (□ ***~ally***) **1.** fotoˈgrafisch; **2.** *fig.* fotografisch genau; **pho·tog·ra·phy** [fəˈtɒgrəfɪ] *s.* Fotograˈfie *f*, Lichtbildkunst *f*.

pho·to·gra·vure [ˌfəʊtəgrəˈvjʊə] *s.* ˈPhotograˌvüre *f*, Kupferlichtdruck *m*; ˌ**pho·toˈjour·nal·ism** *s.* ˈBildjournaˌlismus *m*; ˌ**pho·toˈlith·o·graph** *typ.* **I** *s.* ˌPhotolithograˈphie *f* (*Erzeugnis*); **II** *v/t.* photolithographieren; ˌ**pho·to·liˈthog·ra·phy** *s.* ˌPhotolithograˈphie *f* (*Verfahren*).

pho·tom·e·ter [fəʊˈtɒmɪtə] *s. phys.* Photoˈmeter *n*, Lichtstärkemesser *m*; **phoˈtom·e·try** [-trɪ] *s.* Lichtstärkemessung *f*.

ˌ**pho·toˈmi·cro·graph** *s. phot.* ˈMikrofotograˌfie *f* (*Bild*).

ˌ**pho·to|·monˈtage** *s.* ˈFotomonˌtage *f*; ˌ**~ˈmu·ral** *s.* Riesenvergrößerung *f* (*Wandschmuck*), *a.* ˈFototaˌpete *f*; ˌ**~ˈoff·set** *s. typ.* fotoˈgrafischer Offsetdruck *m*.

pho·ton [ˈfəʊtɒn] *s.* **1.** *phys.* Photon *n*, Lichtquant *n*; **2.** *opt.* Troland *n*.

ˈ**pho·to·play** *s.* Filmdrama *n*.

pho·to·stat [ˈfəʊtəʊstæt] *phot.* **I** *s.* **1.** Fotokoˈpie *f*, Ablichtung *f*; **2.** ♀ Fotokoˈpiergerät *n* (*Handelsname*); **II** *v/t.* **3.** fotokopieren, ablichten; **pho·to·stat·ic** [ˌfəʊtəʊˈstætɪk] *adj.* Kopier..., Ablichtungs...: **~ *copy*** → ***photostat*** 1.

ˌ**pho·to·teˈleg·ra·phy** *s.* ˈBildtelegraˌfie *f*; ˈ**pho·to·type** *s. typ.* **I** *s.* Lichtdruck(bild *n*, -platte *f*) *m*; **II** *v/t.* im Lichtdruckverfahren vervielfältigen; ˌ**pho·toˈtype·set** → ***photocompose***.

phrase [freɪz] **I** *s.* **1.** (Rede)Wendung *f*, Redensart *f*, Ausdruck *m*: **~ *of civility*** Höflichkeitsfloskel *f*; **~ *book*** a) Sammlung *f* von Redewendungen, b) Sprachführer *m*; **2.** Phrase *f*, Schlagwort *n*: **~ *monger*** Phrasendrescher *m*; ***as the ~ goes*** wie man so schön sagt; **3.** *ling.* a) Wortverbindung *f*, b) kurzer Satz, c) Sprechtakt *m*; **4.** ♪ Satz *m*; Phrase *f*; **II** *v/t.* **5.** ausdrücken, formulieren; **6.** ♪ phrasieren; **phra·se·ol·o·gy** [ˌfreɪzɪˈɒlədʒɪ] *s.* Phraseoloˈgie *f* (*a. Buch*), Ausdrucksweise *f*.

phren·ic [ˈfrenɪk] *anat.* **I** *adj.* Zwerchfell...; **II** *s.* Zwerchfell *n*.

phre·nol·o·gist [frɪˈnɒlədʒɪst] *s.* Phrenoˈloge *m*; **phreˈnol·o·gy** [-dʒɪ] *s.* Phrenoloˈgie *f*, Schädellehre *f*.

phthi·sis [ˈθaɪsɪs] *s.* Tuberkuˈlose *f*, Schwindsucht *f*.

phut [fʌt] **I** *int.* fft!; **II** *adj. sl.*: ***go ~*** a) futschgehen, b) ‚platzen'.

pH val·ue [ˌpiːˈeɪtʃ] *s.* ⚗ pˈH-Wert *m*.

phy·col·o·gy [faɪˈkɒlədʒɪ] *s.* Algenkunde *f*.

phyl·lox·e·ra [ˌfɪlɒkˈsɪərə] *pl.* **-rae** [-riː] *s. zo.* Reblaus *f*.

phy·lum [ˈfaɪləm] *pl.* **-la** [-lə] *s.* **1.** *bot. zo.* ˈUnterabteilung *f*, Ordnung; **2.** *biol.* Stamm *m*; **3.** *ling.* Sprachstamm *m*.

phys·ic [ˈfɪzɪk] **I** *s.* **1.** Arzˈnei(mittel *n*) *f*, *bsd.* Abführmittel *n*; **2.** *obs.* Heilkunde *f*; **3.** *pl. sg. konstr.* (die) Phyˈsik; **II** *v/t. pret. u. p.p.* ˈ**phys·icked** [-kt] **4.** *obs.* *j-n* (ärztlich) behandeln; ˈ**phys·i·cal** [-kl] **I** *adj.* □ **1.** physisch, körperlich (*a. Liebe etc.*): **~ *condition*** Gesundheitszustand *m*; **~ *culture*** Körperkultur *f*; **~ *education***, **~ *training*** *ped.* Leibeserziehung *f*; **~ *examination*** → 3; **~ *force*** physische Gewalt; **~ *impossibility*** absolute Unmöglichkeit; **~ *inventory*** ✝ Bestandsaufnahme *f*; **~ *stock*** ✝ Lagerbestand *m*; **2.** physiˈkalisch; naˈturwissenschaftlich: **~ *geography*** physikalische Geographie; **~ *science*** a) Physik *f*, b) Naturwissenschaft(en *pl.*) *f*; **II** *s.* **3.** ärztliche Unterˈsuchung, ⚔ Musterung *f*; **phy·si·cian** [fɪˈzɪʃn] *s.* Arzt *m*; ˈ**phys·i·cist** [-ɪsɪst] *s.* Physiker *m*.

ˌ**phys·i·co-ˈchem·i·cal** [ˌfɪzɪkəʊ-] *adj.* □ physikoˈchemisch.

P

phys·i·og·no·my [ˌfɪzɪˈɒnəmɪ] *s.* **1.** Physiognoˈmie *f* (*a. fig.*), Gesichtsausdruck *m*, -züge *pl.*; **2.** Physioˈgnomik *f*; ˌ**phys·iˈog·ra·phy** [-ˈɒgrəfɪ] *s.* **1.** ˌPhysio(geo)graˈphie *f*; **2.** Naˈturbeschreibung *f*; **phys·i·o·log·i·cal** [ˌfɪzɪəˈlɒdʒɪkl] *adj.* □ physioˈlogisch; ˌ**phys·iˈol·o·gist** [-ˈɒlədʒɪst] *s.* Physioˈloge *m*; ˌ**phys·iˈol·o·gy** [-ˈɒlədʒɪ] *s.* Physioloˈgie *f*; **phys·i·o·ther·a·pist** [ˌfɪzɪəʊˈθerəpɪst] *s.* ⚕ Physiotheraˈpeut(in), *weitS.* Heilgymnastiker(in); **phys·i·o·ther·a·py** [ˌfɪzɪəʊˈθerəpɪ] *s.* ˌPhysiotheraˈpie *f*, ˈHeilgymˌnastik *f*.

phy·sique [fɪˈziːk] *s.* Körperbau *m*, -beschaffenheit *f*, Konstitutiˈon *f*.

phy·to·gen·e·sis [ˌfaɪtəʊˈdʒenɪsɪs] *s.* ⚘ Lehre *f* von der Entstehung der Pflanzen; **phy·tol·o·gy** [faɪˈtɒlədʒɪ] *s.* Pflanzenkunde *f*; **phy·to·to·my** [faɪˈtɒtəmɪ] *s.* ⚘ ˈPflanzenanatoˌmie *f*.

pi·an·ist [ˈpɪənɪst] *s.* ♪ Piaˈnist(in), Klaˈvierspieler(in).

pi·an·o¹ [pɪˈænəʊ] *pl.* **-os** *s.* ♪ Klaˈvier *n*, Piˌano(ˈforte) *n*: ***at (on) the ~*** am (auf dem) Klavier.

pi·a·no² [ˈpjɑːnəʊ] ♪ **I** *pl.* **-nos** *s.* Piˈano *n* (*leises Spiel*): ***~ pedal*** Pianopedal *n*; **II** *adv.* piˈano, leise.

pi·an·o·for·te [ˌpjænəʊˈfɔːtɪ] → ***piano¹***.

pi·an·o play·er **1.** → ***pianist***; **2.** Piaˈnola *n*.

pi·az·za [pɪˈætsə] *pl.* **-zas** (*Ital.*) *s.* **1.** öffentlicher Platz; **2.** *Am.* (große) Veˈranda.

pi·broch [ˈpiːbrɒk; -ɒx] *s.* ˈKriegsmuˌsik *f* der Bergschotten; ˈDudelsackvariatiˌonen *pl.*

pi·ca [ˈpaɪkə] *s. typ.* Cicero *f*, Pica *f*.

pic·a·resque [ˌpɪkəˈresk] *adj.* pikaˈresk: ***~ novel*** Schelmenroman *m*.

pic·a·roon [ˌpɪkəˈruːn] *s.* **1.** Gauner *m*, Abenteurer *m*; **2.** Piˈrat *m*.

pic·a·yune [ˌpɪkɪˈjuːn] *Am.* **I** *s.* **1.** *mst fig.* Pfennig *m*, Groschen *m*; **2.** *fig.* Lapˈpalie *f*; Tinnef *m*, *n*; **3.** *fig.* ‚Nullʻ *f* (*unbedeutender Mensch*); **II** *adj.*, *a.* ˌ**pic·aˈyun·ish** [-nɪʃ] **4.** unbedeutend, schäbig; klein(lich).

pic·ca·lil·li [ˈpɪkəlɪlɪ] *s. pl.* Piccaˈlilli *pl.* (*eingemachtes, scharf gewürztes Mischgemüse*).

pic·ca·nin·ny [ˈpɪkənɪnɪ] **I** *s. humor.* (*bsd.* Neger)Kind *n*, Gör *n*; **II** *adj.* kindlich; winzig.

pic·co·lo [ˈpɪkələʊ] *pl.* **-los** *s.* ♪ Pikkoloflöte *f*; ***~ pi·an·o*** *s.* ♪ Kleinklavier *n*.

pick [pɪk] **I** *s.* **1.** ⚙ a) Spitz-, Kreuzhacke *f*, Picke *f*, Pickel *m*, b) ⚒ (Keil)Haue *f*; **2.** Schlag *m*; **3.** Auswahl *f*, -lese *f*: ***the ~ of the bunch*** der (die, das) Beste von allen; ***take your ~!*** suchen Sie sich etwas aus!; Sie haben die Wahl!; **4.** *typ.* unreiner Buchstabe; **5.** ✓ Ernte *f*; **II** *v/t.* **6.** aufhacken, -picken: → ***brain*** 2, ***hole*** 1; **7.** *Körner* aufpicken; auflesen, sammeln; *Blumen, Obst* pflücken; *Beeren* abzupfen; F lustlos essen, herumstochern in (*dat.*); **8.** *fig.* (sorgfältig) auswählen, -suchen: ***~ one's way*** (*od.* ***steps***) sich s-n Weg suchen *od.* bahnen, *fig.* sich durchlavieren; ***~ one's words*** s-e Worte (sorgfältig) wählen; ***~ a quarrel*** (***with s.o.***) (mit j-m) Streit suchen *od.* anbändeln; **9.** *Gemüse etc.* (ver)lesen, säubern; *Hühner* rupfen; *Metall* scheiden; *Wolle* zupfen; in *der Nase* bohren; in *den Zähnen* stochern; *e-n Knochen* (ab)nagen; → ***bone*** 1; **10.** *Schloss* mit e-m Dietrich öffnen, ‚knackenʻ; *j-m die Tasche* ausräumen (*Dieb*); **11.** ♪ *Am. Banjo etc.* spielen; **12.** ausfasern, zerpflücken: ***~ to pieces*** *fig. Theorie etc.* zerpflücken, herunterreißen; **III** *v/i.* **13.** hacken, picke(l)n; **14.** (lustlos) im Essen herˈumstochern; **15.** sorgfältig wählen: ***~ and choose*** *a.* wählerisch sein; **16.** ‚stiˈbitzenʻ, stehlen; *Zssgn mit prp. u. adv.*:

pick| at *v/i.* **1.** *im Essen* herˈumstochern; **2.** F herˈummäkeln *od.* -nörgeln an (*dat.*); auf *j-m* herˈumhacken; **~ off** *v/t.* **1.** (ab)pflücken, -rupfen; **2.** wegnehmen; **3.** (einzeln) abschießen, ‚wegputzenʻ; **~ on** *v/i.* **1.** aussuchen, sich entscheiden für; **2.** → ***pick at*** 2; **~ out** *v/t.* **1.** (sich) *et. od. j-n* auswählen; **2.** ausmachen, erkennen; *fig.* herˈausfinden, -bekommen; **3.** ♪ sich *e-e Melodie auf dem Klavier etc.* zs.-suchen; **4.** *mit e-r anderen Farbe* absetzen; **~ o·ver** *v/t.* **1.** (gründlich) ˈdurchsehen, -gehen; **2.** (das Beste) auslesen; **~ up I** *v/t.* **1.** *Boden* aufhacken; **2.** aufheben, -nehmen, -lesen; in die Hand nehmen: ***pick o.s. up*** sich ‚hochrappelnʻ (*a. fig.*); → ***gauntlet¹*** 2; **3.** *j-n im Fahrzeug* mitnehmen, abholen; **4.** F a) *j-n* ‚auflesen, -gabeln, -reißenʻ, b) ‚hochnehmenʻ (*verhaften*), c) ‚klauenʻ (*stehlen*); **5.** *Strickmaschen* aufnehmen; **6.** a) *Rundfunksender* ‚(rein)kriegenʻ, b) *Sendung* empfangen, aufnehmen, abhören, c) *Funkspruch etc.* auffangen; **7.** in Sicht bekommen; **8.** *fig. et.* ‚mitkriegenʻ, *Wort, Sprache etc.* ‚aufschnappenʻ; **9.** erstehen, gewinnen: ***~ a livelihood*** sich mit Gelegenheitsarbeiten *etc.* durchschlagen; ***~ courage*** Mut fassen; ***~ speed*** auf Touren (*od.* in Fahrt) kommen; **II** *v/i.* **10.** sich (wieder) erholen (*a.* ✝); **11.** sich anfreunden (***with*** mit); **12.** auf Touren kommen, Geschwindigkeit aufnehmen; *fig.* stärker werden.

pick-a-back [ˈpɪkəbæk] *adj. u. adv.* huckepack *tragen etc.*: ***~ plane*** ✈ Huckepackflugzeug *n*.

pick·a·nin·ny → ***piccaninny***.

ˈ**pick·ax(e)** *s.* (Spitz)Hacke *f*, (Beil)Pike *f*, Pickel *m*.

P

picked [pɪkt] *adj. fig.* ausgewählt, -gesucht, (aus)erlesen: ~ **troops** ⚔ Kerntruppen *pl.*

pick·er·el ['pɪkərəl] *s. ichth.* (*Brit.* junger) Hecht.

pick·et ['pɪkɪt] **I** *s.* **1.** (Holz-, Absteck-) Pfahl *m*; Pflock *m*; **2.** ⚔ Vorposten *m*; **3.** Streikposten *m*; **II** *v/t.* **4.** einpfählen; **5.** an e-n Pfahl binden, anpflocken; **6.** Streikposten aufstellen vor (*dat.*), mit Streikposten besetzen; (als Streikposten) anhalten *od.* belästigen; **7.** ⚔ als Vorposten ausstellen; **III** *v/i.* **8.** Streikposten stehen.

pick·ings ['pɪkɪŋz] *s. pl.* **1.** Nachlese *f*, 'Überbleibsel *pl.*, Reste *pl.*; **2.** *a.* ~ **and stealings** a) unehrliche Nebeneinkünfte *pl.*, b) Diebesbeute *f*, Fang *m*; **3.** Pro'fit *m*.

pick·le ['pɪkl] **I** *s.* **1.** Pökel *m*, Salzlake *f*, Essigsoße *f* (*zum Einlegen*); **2.** Essig-, Gewürzgurke *f*; **3.** *pl.* Eingepökelte(s) *n*, Pickles *pl.*; → **mixed pickles**; **4.** ⚙ Beize *f*; **5.** F *a.* **nice** (*od.* **sad** *od.* **sorry**) ~ missliche Lage, ‚böse Sache': **be in a** ~ (schön) in der Patsche sitzen; **6.** F Balg *m*, *n*, Gör *n*; **II** *v/t.* **7.** einpökeln, -salzen, -legen; **8.** ⚙ *Metall* (ab)beizen; *Bleche* dekapieren: **pickling agent** Abbeizmittel *n*; **9.** ✓ *Saatgut* beizen; '**pick·led** [-ld] *adj.* **1.** gepökelt, eingesalzen; Essig..., Salz...: ~ **herring** Salzhering *m*; **2.** *sl.* ‚blau' (*betrunken*).

'**pick|·lock** *s.* **1.** Einbrecher *m*; **2.** Dietrich *m*; '**~-me-up** *s.* F Schnäps-chen *n*, *a. fig.* Stärkung *f*; '**~-off** *adj.* ⚙ *Am.* 'abmon,tierbar, Wechsel...; '**~,pock·et** *s.* Taschendieb *m*; '**~·up** *s.* **1.** Ansteigen *n*; ✝ Erholung *f*: ~ (**in prices**) Anziehen *n* der Preise, Hausse *f*; **2.** *mot.* Start-, Beschleunigungsvermögen *n*; **3.** *a.* ~ **truck** (kleiner) Lieferwagen; **4.** *Am.* → **pick-me-up**; **5.** ⚙ Tonabnehmer *m*, Pick-up *m* (*am Plattenspieler*); Empfänger *m* (*Mikrophon*); Geber *m* (*Messgerät*); **6.** *TV*: a) Abtasten *n*, b) Abtastgerät *n*, c) *a. Radio*: 'Aufnahme- und Über'tragungsappara,tur *f*; **7.** ⚡ a) Schalldose *f*, b) Ansprechen *n* (*Relais*); **8.** F a) Zufallsbekanntschaft *f*, b) ‚Flittchen' *n*, c) ‚Anhalter' *m*; **9.** *mst* ~ **dinner** *sl.* improvisierte Mahlzeit, Essen *n* aus (Fleisch)Resten; **10.** *sl.* a) Verhaftung *f*, b) Verhaftete(r *m*) *f*; **11.** *sl.* Fund *m*.

pick·y ['pɪkɪ] *adj.* F wählerisch.

pic·nic ['pɪknɪk] **I** *s.* **1.** a) Picknick *n*, b) Ausflug *m*; **2.** F a) (reines) Vergnügen, b) Kinderspiel *n*: **no** ~ keine leichte Sache, kein Honiglecken; **II** *v/i.* **3.** ein Picknick *etc.* machen; picknicken.

pic·to·gram ['pɪktəʊgræm] Pikto'gramm *n*.

pic·to·ri·al [pɪk'tɔːrɪəl] **I** *adj.* □ **1.** malerisch, Maler...: ~ **art** Malerei; **2.** Bild(er)..., illustriert: ~ **advertising** Bildwerbung; **3.** *fig.* bildmäßig (*a. phot.*), -haft; **II** *s.* **4.** Illustrierte *f* (*Zeitung*).

pic·ture ['pɪktʃə] **I** *s.* **1.** *allg.*, *a. TV* Bild *n*: (**clinical**) ~ ⚕ Krankheitsbild, Befund *m*; **2.** Abbildung *f*, Illustrati'on *f*, Bild *n*; **3.** Gemälde *n*, Bild *n*: **sit for one's** ~ sich malen lassen; **4.** (geistiges) Bild, Vorstellung *f*: **form a** ~ **of s.th.** sich von et. ein Bild machen; **get the** ~ F *et.* verstehen *od.* kapieren; **5.** *fig.* F Bild *n*, Verkörperung *f*: **he looks the very** ~ **of health** er sieht aus wie das blühende Leben; **be the** ~ **of misery** ein Bild des Jammers sein; **6.** Ebenbild *n*: **the child is the** ~ **of his father**; **7.** *fig.* anschauliche Darstellung *od.* Schilderung (*in Worten*), Bild *n*; **8.** F bildschöne Sache *od.* Per'son: **she is a perfect** ~ sie ist bildschön; **the hat is a** ~ der Hut ist ein Gedicht; **9.** *fig.* F Blickfeld *n*: **be in the** ~ a) sichtbar sein, e-e Rolle spielen, b) im Bilde (*informiert*) sein; **come into the** ~ in Erscheinung treten; **put s.o. in the** ~ j-n ins Bild setzen; **quite out of the** ~ gar nicht von Interesse, ohne Belang; **10.** *phot.* Aufnahme *f*, Bild *n*; **11.** a) Film *m*, Streifen *m*, b) *pl.* F Kino *n*, Film *m* (*Filmvorführung od. Filmwelt*): **go to the ~s** *Brit.* ins Kino gehen; **II** *v/t.* **12.** abbilden, darstellen, malen; **13.** *fig.* anschaulich schildern, beschreiben, ausmalen; **14.** *a.* ~ **to o.s.** *fig.* sich ein Bild machen von, sich *et.* ausmalen *od.* vorstellen; **15.** *s-e Empfindung etc.* spiegeln, zeigen; **III** *adj.* **16.** Bild..., Bilder...; **17.** Film...: ~ **play** Filmdrama *n*; ~ **book** *s.* Bilderbuch *n*; ~ **card** *s. Kartenspiel*: Fi'gurenkarte *f*, Bild *n*; ~ **ed·i·tor** *s.* 'Bildredak,teur *m*; '**~,go·er** *s. Brit.* Kinobesucher(in); ~ **post·card** *s.* Ansichtskarte *f*; ~ **puz·zle** *s.* **1.** Vexierbild *n*; **2.** Bilderrätsel *n*.

pic·tur·esque [,pɪktʃə'resk] *adj.* □ malerisch (*a. fig.*).

pic·ture| te·leg·ra·phy *s.* 'Bildtelegra,fie *f*; ~ **the·a·ter** *Am.*, ~ **the·a·tre** *Brit. s.* 'Filmthe,ater *n*, Lichtspielhaus *n*, Kino *n*; ~ **trans·mis·sion** *s.* 'Bildüber,tragung *f*, Bildfunk *m*; ~ **tube** *s. TV* Bildröhre *f*; ~ **writ·ing** *s.* Bilderschrift *f*.

pic·tur·ize ['pɪktʃəraɪz] *v/t.* **1.** *Am.* verfilmen; **2.** bebildern.

pid·dle ['pɪdl] *v/i.* **1.** (*v/t.* ver)trödeln; **2.** F ‚Pi'pi machen', ‚pinkeln'; '**pid·dling** [-lɪŋ] *adj.* ‚lumpig'.

pidg·in ['pɪdʒɪn] *s.* **1.** *sl.* Angelegenheit *f*: **that is your** ~ das ist deine Sache; **2.** ~ **English** Pidginenglisch *n* (*Verkehrssprache zwischen Europäern u. Ostasiaten*); *weitS.* Kauderwelsch *n*.

P

pie[1] [paɪ] *s.* **1.** *orn.* Elster *f*; **2.** *zo.* Scheck(e) *m* (*Pferd*).

pie[2] [paɪ] *s.* **1.** ('Fleisch-, 'Obst- *etc.*)Pas,tete *f*, Pie *f*: **~ in the sky** F a) ein ‚schöner Traum', b) leere Versprechung(en); **a share in the ~** ✝ F ein ‚Stück vom Kuchen'; **~-flinging** ‚Tortenschlacht' *f*; **it's** (**as easy as**) **~** *sl.* es ist kinderleicht; → **finger** 1; **humble** I; **2.** (Obst)Torte *f*; **3.** *pol. Am. sl.* Protekti'on *f*, Bestechung *f*: **~ counter** ‚Futterkrippe' *f*; **4.** F *e-e* feine Sache, *ein* ‚gefundenes Fressen'.

pie[3] [paɪ] **I** *s.* **1.** *typ.* Zwiebelfisch(e *pl.*) *m*; **2.** *fig.* Durchein'ander *n*; **II** *v/t.* **3.** *typ. Satz* zs.-werfen; **4.** *fig.* durcheinander bringen.

pie·bald ['paɪbɔːld] **I** *adj.* scheckig, bunt; **II** *s.* scheckiges Tier; Schecke *m*, *f* (*Pferd*).

piece [piːs] **I** *s.* **1.** Stück *n*: **a ~ of land** ein Stück Land; **a ~ of furniture** ein Möbel(stück) *n*; **a ~ of wallpaper** e-e Rolle Tapete; **a ~** je, das Stück (*im Preis*); **by the ~** a) stückweise *verkaufen*, b) im Akkord *od.* Stücklohn *arbeiten od. bezahlen*; **in ~s** entzwei, ‚kaputt'; **of a ~** gleichmäßig; **all of a ~** aus 'einem Guss; **be all of a ~ with** ganz passen zu; **break** (*od.* **fall**) **to ~s** entzweigehen, zerbrechen; **go to ~s** a) in Stücke gehen (*a. fig.*), b) *fig.* zs.-brechen (*Person*); **take to ~s** auseinander nehmen, zerlegen; **it's a ~ of a cake** F *fig.* es ist kinderleicht (*od.* ein Kinderspiel); → **pick** 12, **pull** 16; **2.** *fig.* Beispiel *n*, Fall *m*, *mst* ein(e): **a ~ of advice** ein Rat(schlag) *m*; **a ~ of folly** e-e Dummheit; **a ~ of news** e-e Neuigkeit; → **mind** 4; **3.** Teil *m* (*e-s Service etc.*): **two-~ set** zweiteiliger Satz; **4.** (Geld)Stück *n*, Münze *f*; **5.** ⚔ Geschütz *n*; Gewehr *n*; **6.** a) *a.* **~ of work** Arbeit *f*, Stück *n*: **a nasty ~ of work** *fig.* F ein ‚fieser' Kerl, b) *paint.* Stück *n*, Gemälde *n*, c) *thea.* (Bühnen)Stück *n*, d) ♪ (Mu'sik)Stück *n*, e) (kleines) *literarisches* Werk; **7.** ('Spiel)Fi,gur *f*, Stein *m*; *Schach*: Offi'zier *m*, Figur *f*: **minor ~s** leichtere Figuren (*Läufer u. Springer*); **8.** F a) Stück *n* Wegs, kurze Entfernung, b) Weilchen *n*; **9.** V *a.* **~ of ass** a) ‚heiße Biene', b) ‚Nummer' *f* (*Koitus*); **II** *v/t.* **10.** *a.* **~ up** flicken, ausbessern, zs.-stücken; **11.** verlängern, anstücken, -setzen (**on to** an *acc.*); **12.** *oft* **~ together** zs.-setzen, -stücke(l)n (*a. fig.*); **13.** ver'vollständigen, ergänzen; **~ goods** *pl.* ✝ Meter-, Schnittware *f*; '**~·meal** *adv. u. adj.* stückchenweise, all'mählich; **~ rate** *s.* Ak'kordsatz *m*; **~ wag·es** *s. pl.* Ak'kord-, Stücklohn *m*; '**~·work** *s.* Ak'kordarbeit *f*; '**~,work·er** *s.* Ak'kordarbeiter(in).

pièce de ré·sis·tance [pɪ,esdərezɪ'stɑ̃ːŋs] (*Fr.*) *s.* **1.** Hauptgericht *n*; **2.** *fig.* Glanzstück *n*, Krönung *f*.

pie| chart *s. Statistik*: 'Kreisdia,gramm *n*; '**~·crust** *s.* Pa'stetenkruste *f*, ungefüllte Pa'stete.

pied[1] [paɪd] *adj.* gescheckt, buntscheckig: **℘ Piper** (**of Hamelin**) *der* Rattenfänger von Hameln.

pied[2] [paɪd] *pret. u. p.p. von* **pie**[3] II.

'**pie|-eyed** *adj. Am. sl.* ‚blau', ‚besoffen'; '**~·plant** *s. Am.* Rha'barber *m*.

pier [pɪə] *s.* **1.** Pier *m*, *f* (*feste Landungsbrücke*); **2.** Kai *m*; **3.** Mole *f*, Hafendamm *m*; (Brücken- *od.* Tor- *od.* Stütz-) Pfeiler *m*; **pier·age** ['pɪərɪdʒ] *s.* Kaigeld *n*.

pierce [pɪəs] **I** *v/t.* **1.** durch'bohren, -'dringen, -'stechen, -'stoßen; ⚙ lochen; ⚔ durch'brechen, -'stoßen, eindringen in (*acc.*); **2.** *fig.* durch'dringen (*Kälte, Schrei, Schmerz etc.*): **~ s.o.'s heart** j-m ins Herz schneiden; **3.** *fig.* durch'schauen, ergründen, eindringen in *Geheimnisse etc.*; **II** *v/i.* **4.** (ein)dringen (**into** in *acc.*) (*a. fig.*); dringen (**through** durch); '**pierc·ing** [-sɪŋ] *adj.* ☐ 'durchdringend, scharf, schneidend, stechend (*a. Kälte, Blick, Schmerz*); gellend (*Schrei*).

pier| glass *s.* Pfeilerspiegel *m*; '**~·head** *s.* Molenkopf *m*.

pi·er·rot ['pɪərəʊ] *s.* Pier'rot *m*, Hans'wurst *m*.

pi·e·tism ['paɪətɪzəm] *s.* **1.** Pie'tismus *m*; **2.** → **piety** 1; **3.** *contp.* Frömme'lei *f*; '**pi·e·tist** [-ɪst] *s.* **1.** Pie'tist(in); **2.** *contp.* Frömmler(in).

pi·e·ty ['paɪətɪ] *s.* **1.** Frömmigkeit *f*; **2.** Pie'tät *f*, Ehrfurcht *f* (**to** vor *dat.*).

pi·e·zo·e·lec·tric [paɪ,iːzəʊɪ'lektrɪk] *adj. phys.* pi'ezoe,lektrisch.

pif·fle ['pɪfl] F **I** *v/i.* Quatsch reden *od.* machen; **II** *s.* Quatsch *m*.

pig [pɪg] **I** *pl.* **pigs** *od. coll.* **pig** *s.* **1.** Ferkel *n*: **sow in ~** trächtiges Mutterschwein; **sucking ~** Spanferkel; **buy a ~ in a poke** *fig.* die Katze im Sack kaufen; **~s might fly** *iron.* ‚man hat schon Pferde kotzen sehen'; **in a** (*od.* **the**) **~'s eye!** *Am. sl.* Quatsch!, ‚von wegen'!; **2.** *fig. contp.* a) ‚Fresssack' *m*, b) ‚Ekel' *n*, c) sturer Kerl, d) gieriger Kerl; **3.** *sl.* ‚Bulle' *m* (*Polizist*); **4.** ⚙ a) Massel *f*, (Roheisen)Barren *m*, b) Roheisen *n*, c) Block *m*, Mulde *f* (*bsd. Blei*); **II** *v/i.* **5.** ferkeln, frischen; **6.** *mst* **~ it** F ‚aufein'ander hocken', eng zs.-hausen.

pi·geon ['pɪdʒɪn] *s.* **1.** *pl.* **-geons** *od. coll.* **-geon** Taube *f*: **that's not my ~** F a) das ist nicht mein Fall, b) das ist nicht mein ‚Bier'; **2.** *sl.* ‚Gimpel' *m*; **3.** → **clay pigeon**; **~ breast** *s.* ⚕ Hühnerbrust *f*; '**~·hole** **I** *s.* **1.** (Ablege-, Schub-) Fach *n*; **2.** Taubenloch *n*; **II** *v/t.* **3.** in

P

ein Schubfach legen, einordnen, *Akten* ablegen; **4.** *fig.* zu'rückstellen, zu den Akten legen, auf die lange Bank schieben, die Erledigung *e-r Sache* verschleppen; **5.** *fig.* *Tatsachen, Wissen* (ein)ordnen, klassifizieren; **6.** mit Fächern versehen; **~ house**, **~ loft** *s.* Taubenschlag *m*; '**~-,liv·ered** *adj.* feige.

pi·geon·ry ['pɪdʒɪnrɪ] *s.* Taubenschlag *m.*

pig·ger·y ['pɪgərɪ] *s.* **1.** Schweinezucht *f*; **2.** Schweinestall *m*; **3.** *fig. contp.* Saustall *m*; **pig·gish** ['pɪgɪʃ] *adj.* **1.** schweinisch, unflätig; **2.** gierig; **3.** dickköpfig; **pig·gy** ['pɪgɪ] **I** *s.* F **1.** Schweinchen *n*: **~ *bank*** Sparschwein(chen); **2.** *Am.* Zehe *f*; **II** *adj.* **3.** → ***piggish***; '**pig·gy·back** → ***pick-a-back***.

,**pig**|'**head·ed** *adj.* □ dickköpfig, stur; **~ i·ron** *s.* Massel-, Roheisen *n*; **~ Lat·in** *s. e-e Kindergeheimsprache*.

pig·let ['pɪglɪt] *s.* Ferkel *n.*

pig·ment ['pɪgmənt] **I** *s.* **1.** *a. biol.* Pig'ment *n*; **2.** Farbe *f*, Farbstoff *m*, -körper *m*; **II** *v/t. u. v/i.* **3.** (sich) pigmentieren, (sich) färben; '**pig·men·tar·y** [-tərɪ], *a.* **pig·men·tal** [pɪg'mentl] *adj.* Pigment...; **pig·men·ta·tion** [,pɪgmən'teɪʃn] *s.* **1.** *biol.* Pigmentati'on *f*, Färbung *f*; **2.** ⚕ Pigmentierung *f.*

pig·my ['pɪgmɪ] → ***pygmy***.

'**pig**|·**nut** *s.* ⚘ 'Erdka,stanie *f*, -nuss *f*; '**~·skin** *s.* **1.** Schweinehaut *f*; **2.** Schweinsleder *n*; '**~,stick·ing** *s.* **1.** Wildschweinjagd *f*, Sauhatz *f*; **2.** Schweineschlachten *n*; '**~·sty** [-staɪ] *s.* Schweinestall *m* (*a. fig.*); '**~·tail** *s.* **1.** Zopf *m*; **2.** Rolle *f* ('Kau),Tabak.

pi-jaw ['paɪdʒɔː] *s. Brit. sl.* Mo'ralpredigt *f*, Standpauke *f.*

pike[1] [paɪk] *pl.* **pikes** *od. bsd. coll.* **pike** *s.* **1.** *ichth.* Hecht *m*; **2.** *Sport*: Hechtsprung *m.*

pike[2] [paɪk] *s.* **1.** ⚔ *hist.* Pike *f*, (Lang-)Spieß *m*; **2.** (Speer- *etc.*)Spitze *f*, Stachel *m*; **3.** a) Schlagbaum *m* (*Mautstraße*), b) Maut *f*, Straßenbenutzungsgebühr *f*, c) Mautstraße *f*, gebührenpflichtige Straße; **4.** *Brit. dial.* Bergspitze *f.*

'**pike·man** [-mən] *s.* [*irr.*] **1.** ⚒ Hauer *m*; **2.** Mauteinnehmer *m*; **3.** ⚔ *hist.* Pike'nier *m.*

pik·er ['paɪkə] *s. Am. sl.* **1.** Geizhals *m*; **2.** vorsichtiger Spieler.

'**pike·staff** *s.*: ***as plain as a ~*** sonnenklar.

pi·las·ter [pɪ'læstə] *s.* ⚠ Pi'laster *m*, (*viereckiger*) Stützpfeiler.

pil·chard ['pɪltʃəd] *s.* Sar'dine *f.*

pile[1] [paɪl] **I** *s.* **1.** Haufen *m*, Stoß *m*, Stapel *m* (*Akten, Holz etc.*): ***a ~ of arms*** e-e Gewehrpyramide; **2.** Scheiterhaufen *m*; **3.** großes Gebäude, Ge'bäudekom,plex *m*; **4.** F ‚Haufen' *m*, ‚Masse' *f* (*bsd. Geld*): ***make a*** (*od.* ***one's***) **~** e-e Menge Geld machen, ein Vermögen verdienen; ***make a ~ of money*** e-e Stange Geld verdienen; **5.** ϟ a) (gal'vanische *etc.*) Säule: ***thermoelectrical ~*** Thermosäule, b) Batte'rie *f*; **6.** *a.* ***atomic ~*** (A'tom)Meiler *m*, Re'aktor *m*; **7.** *metall.* 'Schweiß(eisen)pa'ket *n*; **8.** *Am. sl.* ‚Schlitten' *m* (*Auto*); **9.** → ***piles***; **II** *v/t.* **10.** *a.* **~ *up*** (*od.* ***on***) (an-, auf)häufen, (auf)stapeln, aufschichten: **~ *arms*** ⚔ Gewehre zs.-setzen; **11.** aufspeichern (*a. fig.*); **12.** über'häufen, -'laden (*a. fig.*): **~ *a table with food***; **~ *up*** (*od.* ***on***) ***the agony*** F Schrecken auf Schrecken häufen; **~ *it on*** F dick auftragen; **13.** **~ *up*** F a) ⚓ *Schiff* auflaufen lassen, b) ✈ mit *dem Flugzeug* ‚Bruch machen', c) *mot. sein Auto* ka'puttfahren; **III** *v/i.* **14.** *mst* **~ *up*** sich (auf- *od.* an)häufen, sich ansammeln *od.* stapeln (*a. fig.*); **15.** F sich (scharenweise) drängen (***into*** in *acc.*); **16.** **~ *up*** a) ⚓ auffahren, b) ✈ ‚Bruch machen', c) *mot.* aufein'ander prallen.

pile[2] [paɪl] **I** *s.* **1.** ⚙ (Stütz)Pfahl *m*, Pfeiler *m*; Bock *m*, Joch *n e-r Brücke*; **2.** *her.* Spitzpfahl *m*; **II** *v/t.* **3.** auspfählen, unter'pfählen, durch Pfähle verstärken; **4.** (hin'ein)treiben *od.* (ein)rammen in (*acc.*).

pile[3] [paɪl] **I** *s.* **1.** Flaum *m*; **2.** (Woll-)Haar *n*, Pelz *m* (*des Fells*); **3.** *Weberei*: a) Samt *m*, Ve'lours *n*, b) Flor *m*, Pol *m* (*e-s Gewebes*); **II** *adj.* **4.** ...fach gewebt (*Teppich etc.*): ***a three-~ carpet***.

pile| **bridge** (Pfahl)Jochbrücke *f*; **~ driv·er** *s.* ⚙ **1.** (Pfahl)Ramme *f*; **2.** Rammklotz *m*; **~ dwell·ing** *s.* Pfahlbau *m*; **~ fab·ric** *s.* Samtstoff *m*; *pl.* Polgewebe *pl.*

piles [paɪlz] *s. pl.* ⚕ Hämorr(ho)'iden *pl.*

'**pile-up** *s. mot.* 'Massenkarambo,lage *f.*

pil·fer ['pɪlfə] *v/t. u. v/i.* stehlen, sti'bitzen; '**pil·fer·age** [-ərɪdʒ] *s.* Diebe'rei *f*; '**pil·fer·er** [-ərə] *s.* Dieb(in).

pil·grim ['pɪlgrɪm] *s.* **1.** Pilger(in), Wallfahrer(in); **2.** *fig.* Pilger *m*, Wanderer *m*; **3.** ♀ (*pl. a.* ♀ ***Fathers***) *hist.* Pilgervater *m*; '**pil·grim·age** [-mɪdʒ] **I** *s.* **1.** Pilger-, Wallfahrt *f* (*a. fig.*); **2.** *fig.* lange Reise; **II** *v/i.* **3.** pilgern, wallfahren.

pill [pɪl] **I** *s.* **1.** Pille *f* (*a. fig.*), Ta'blette *f*: ***swallow the ~*** die bittere Pille schlucken, in den sauren Apfel beißen; **~ *popper*** F Pillenschlucker *m*; → ***gild***[2] 2; **2.** *sl.* ‚Brechmittel' *n*, ‚Ekel' *n* (*Person*); **3.** *sport sl.* Ball *m*; *Brit. a.* Billard *n*; **4.** ⚔ *sl. od. humor.* ‚blaue Bohne' (*Gewehrkugel*), ‚Ei' *n*, ‚Koffer' *m* (*Granate, Bombe*); **5.** *sl.* ‚Stäbchen' *n* (*Zigarette*); **6.** ***the ~*** die (Anti'baby-)Pille: ***be on the ~*** die Pille nehmen; **II** *v/t.* **7.** *sl. bei e-r Wahl* durchfallen lassen.

pil·lage ['pɪlɪdʒ] **I** *v/t.* **1.** (aus)plündern; **2.** rauben, erbeuten; **II** *v/i.* **3.** plündern; **III** *s.* **4.** Plünderung *f*, Plündern *n*; **5.** Beute *f*.

pil·lar ['pɪlə] **I** *s.* **1.** Pfeiler *m*, Ständer *m* (*a. Reitsport*): **~ of coal** ⚒ Kohlenpfeiler; ***run from ~ to post*** *fig.* von Pontius zu Pilatus laufen; **2.** ⚠ (*a. weitS.* Luft-, Rauch- *etc.*)Säule *f*; **3.** *fig.* Säule *f*, (Haupt)Stütze *f*: ***the ~s of society*** (***wisdom***) die Säulen der Gesellschaft (der Weisheit); ***he was a ~ of strength*** er stand da wie ein Fels in der Brandung; **4.** ⚙ Stütze *f*, Sup'port *m*, Sockel *m*; **II** *v/t.* **5.** mit Pfeilern *od.* Säulen stützen *od.* schmücken; '**~·box** *s. Brit.* Briefkasten *m* (in Säulenform).

pil·lared ['pɪləd] *adj.* **1.** mit Säulen *od.* Pfeilern (versehen); **2.** säulenförmig.

'**pill·box** *s.* **1.** Pillenschachtel *f*; **2.** ⚔ *sl.* Bunker *m*, 'Unterstand *m*.

pil·lion ['pɪljən] *s.* **1.** leichter (Damen-)Sattel; **2.** Sattelkissen *n*; **3.** *a.* **~ seat** *mot.* Soziussitz *m*: ***ride ~*** auf dem Soziussitz (mit)fahren; **~ rid·er** *s.* Soziusfahrer(in).

pil·lo·ry ['pɪlərɪ] **I** *s.* (***in the ~*** am) Pranger *m* (*a. fig.*); **II** *v/t.* an den Pranger stellen; *fig.* anprangern.

pil·low ['pɪləʊ] **I** *s.* **1.** (Kopf)Kissen *n*, Polster *n*: ***take counsel of one's ~*** *fig.* die Sache beschlafen; **2.** ⚙ (Zapfen)Lager *n*, Pfanne *f*; **II** *v/t.* **3.** (auf ein Kissen) betten, stützen (***on*** auf *acc.*): **~ up** hoch betten; '**~·case** *s.* (Kopf)Kissenbezug *m*; **~ fight** *s.* Kissenschlacht *f*; **~ lace** *s.* Klöppel-, Kissenspitzen *pl.*; **~ slip** → ***pillowcase.***

pi·lose ['paɪləʊs] *adj.* ⚘, *zo.* behaart.

pi·lot ['paɪlət] **I** *s.* **1.** ⚓ Lotse *m*: ***drop the ~*** *fig.* den Lotsen von Bord schicken; **2.** ✈ Flugzeug-, Bal'lonführer *m*, Pi'lot *m*: ***~'s licence*** Flug-, Pilotenschein *m*; ***second ~*** Kopilot *m*; **3.** *fig.* a) Führer *m*, Wegweiser *m*, b) Berater *m*; **4.** ⚙ a) Be'tätigungsele,ment *n*, b) Führungszapfen *m*; **5.** → a) ***pilot program(me)***, b) ***pilot film***; **II** *v/t.* **6.** ⚓ lotsen (*a. mot. u. fig.*), steuern: ***~ through*** durchlotsen (*a. fig.*); **7.** ✈ steuern, fliegen; **8.** *bsd. fig.* führen, lenken, leiten; **III** *adj.* **9.** Versuchs..., Pilot...; **10.** Hilfs-...: ***~ parachute***; **11.** Steuer..., Kontroll..., Leit...: ***~ relay*** Steuer-, Kontrollrelais *n*; '**pi·lot·age** [-tɪdʒ] *s.* **1.** ⚓ Lotsen(kunst *f*) *n*: ***certificate of ~*** Lotsenpatent *n*; **2.** Lotsengeld *n*; **3.** ✈ a) Flugkunst *f*, b) 'Bodennavigati,on *f*; **4.** *fig.* Leitung *f*, Führung *f*.

pi·lot| bal·loon *s.* ✈ Pi'lotbal,lon *m*; **~ boat** *s.* Lotsenboot *n*; **~ burn·er** *s.* ⚙ Zündbrenner *m*, -flamme *f*; **~ cloth** *s.* dunkelblauer Fries; **~ en·gine** *s.* 🚂 'Leerfahrtlokomo,tive *f*; **~ film** *s.* Pi'lotfilm *m*; **~ in·jec·tion** *s. mot.* Voreinspritzung *f*; **~ in·struc·tor** *s.* ✈ Fluglehrer(in); **~ jet** *s.* ⚙ Leerlaufdüse *f*; **~ lamp** *s.* ⚙ Kon'trolllampe *f*.

pi·lot·less ['paɪlətlɪs] *adj.* führerlos, unbemannt: ***~ airplane***.

pi·lot| light *s.* **1.** → ***pilot burner***; **2.** → ***pilot lamp***; **~ of·fi·cer** *s.* ⚔ Fliegerleutnant *m*; **~ plant** *s.* **1.** Versuchsanlage *f*; **2.** Musterbetrieb *m*; **~ program(me** *Brit.*) *s. Radio*, *TV*: Pi'lotsendung *f*; **~ pro·ject** *s.*, **~ scheme** *s.* Pi'lot-, Ver'suchspro,jekt *n*; **~ stud·y** *s.* Pi'lotstudie *f*; **~ train·ee** *s.* Flugschüler (-in); **~ valve** *s.* ⚙ 'Steuerven,til *n*.

pi·lous ['paɪləs] → ***pilose***.

pil·ule ['pɪljuːl] *s.* kleine Pille.

pi·men·to [pɪ'mentəʊ] *pl.* **-tos** *s.* ⚘ *bsd. Brit.* **1.** kleine rote Paprikaschote, Spanischer Pfeffer; **2.** Pi'ment *m*, *n*, Nelkenpfeffer *m*; **3.** Pi'mentbaum *m*; **4.** leuchtendes Rot; **pi·mi·en·to** [,pɪmɪ'entəʊ] *pl.* **-tos** → ***pimento*** 1–3.

pimp [pɪmp] **I** *s.* a) Kuppler *m*, b) Zuhälter *m*; **II** *v/i.* Kuppler *od.* Zuhälter sein.

pim·per·nel ['pɪmpənel] *s.* ⚘ Pimper'nell *m*.

pim·ple ['pɪmpl] **I** *s.* Pustel *f*, (Haut)Pickel *m*; **II** *v/i.* pickelig werden; '**pim·pled** [-ld], '**pim·ply** [-lɪ] *adj.* pickelig.

pin [pɪn] **I** *s.* **1.** (Steck)Nadel *f*: ***~s and needles*** ‚Kribbeln' (*in eingeschlafenen Gliedern*); ***I've got ~s and needles in my left leg*** mir ist das linke Bein ‚eingeschlafen'; ***sit on ~s and needles*** *fig.* wie auf Kohlen sitzen; ***I don't care a ~*** das ist mir völlig schnuppe; **2.** (Schmuck-, Haar-, Hut)Nadel *f*: ***scarf ~*** Vorstecknadel; **3.** (Ansteck)Nadel *f*, Abzeichen *n*; **4.** ⚙ Pflock *m*, Dübel *m*, Bolzen *m*, Zapfen *m*, Stift *m*: ***split ~*** Splint *m*; ***~ with thread*** Gewindezapfen *m*; ***~ bearing*** Nadel-, Stiftlager *n*; **5.** ⚙ Dorn *m*; **6.** *a.* ***drawing ~*** *Brit.* Reißnagel *m*, -zwecke *f*; **7.** *a.* ***clothes-~*** Wäscheklammer *f*; **8.** *a.* ***rolling ~*** Nudel-, Wellholz *n*; **9.** F ‚Stelzen' *pl.* (*Beine*): ***that knocked him off his ~s*** das hat ihn ‚umgehauen'; **10.** ♪ Wirbel *m* (*Streichinstrument*); **11.** a) *Kegelsport*: Kegel *m*, b) *Bowling*: Pin *m*; **II** *v/t.* **12.** (an)heften, -stecken, befestigen (***to***, ***on*** an *acc.*): ***~ up*** auf-, hochstecken; ***~ one's faith on*** sein Vertrauen auf *j-n* setzen; ***~ one's hopes on*** s-e (ganze) Hoffnung setzen auf (*acc.*); ***~ a murder on s.o.*** F j-m e-n Mord ‚anhängen'; **13.** pressen, drücken, heften (***against***, ***to*** gegen, an *acc.*), festhalten; **14.** *a.* ***~ down*** a) zu Boden pressen, b) *fig.* *j-n* festnageln (***to*** auf *ein Versprechen*, *e-e Aussage etc.*), c) ⚔ *Feindkräfte* fesseln (*a. Schach*), d) *et.* genau bestimmen *od.* definieren; **15.** ⚙ verbolzen, -dübeln, -stiften.

P

pin·a·fore ['pɪnəfɔː] *s.* (Kinder)Lätzchen *n*, (-)Schürze *f*.

'pin|·ball ma·chine *s.* Flipper *m* (*Spielautomat*); **~ bit** *s.* ⚙ Bohrspitze *f*; **~ bolt** *s.* Federbolzen *m*.

pince-nez ['pæːnsneɪ] (*Fr.*) *s.* Kneifer *m*, Klemmer *m*.

pin·cer ['pɪnsə] *adj.* Zangen...: ***~ movement*** ⚔ Zangenbewegung *f*; **'pin·cers** [-əz] *s. pl.* **1.** (Kneif-, Beiß)Zange *f*: ***a pair of ~*** eine Kneifzange; **2.** ⚕, *typ.* Pin'zette *f*; **3.** *zo.* Krebsschere *f*.

pinch [pɪntʃ] **I** *v/t.* **1.** zwicken, kneifen, (ein)klemmen, quetschen: ***~ off*** abkneifen; **2.** beengen, einengen, -zwängen; *fig.* (be)drücken, beengen, beschränken: ***be ~ed for time*** wenig Zeit haben; ***be ~ed*** in Bedrängnis sein, Not leiden, knapp sein (***for***, ***in***, ***of*** an *dat.*); ***be ~ed for money*** knapp bei Kasse sein; ***~ed circumstances*** beschränkte Verhältnisse; **3.** *fig.* quälen: ***be ~ed with hunger*** ausgehungert sein; ***a ~ed face*** ein spitzes *od.* abgehärmtes Gesicht; **4.** *sl. et.* ‚klauen' (*stehlen*); **5.** *sl. j-n* ‚schnappen' (*verhaften*); **II** *v/i.* **6.** drücken, kneifen, zwicken: ***~ing want*** drückende Not; → ***shoe*** 1; **7.** *fig. a.* ***~ and scrape*** knausern, darben, sich nichts gönnen; **III** *s.* **8.** Kneifen *n*, Zwicken *n*; **9.** *fig.* Druck *m*, Qual *f*, Not(lage) *f*: ***at a ~*** im Notfall; ***if it comes to a ~*** wenn es zum Äußersten kommt; **10.** Prise *f* (*Tabak etc.*); **11.** Quäntchen *n*, (kleines) bisschen: ***a ~ of butter***; ***with a ~ of salt*** *fig.* mit Vorbehalt; **12.** *sl.* Festnahme *f*, Verhaftung *f*.

pinch·beck ['pɪntʃbek] **I** *s.* **1.** Tombak *m*, Talmi *n* (*a. fig.*); **II** *adj.* **2.** Talmi... (*a. fig.*); **3.** unecht.

'pinch|·hit *v/i.* [*irr.* → ***hit***] *Am. Baseball u. fig.* einspringen (***for*** für); **'~,hit·ter** *s. Am.* Ersatz(mann) *m*.

'pinch,pen·ny **I** *adj.* knick(e)rig; **II** *s.* knick(e)riger Mensch, Knicker *m*.

'pin,cush·ion *s.* Nadelkissen *n*.

pine¹ [paɪn] *s.* **1.** ⚘ Kiefer *f*, Föhre *f*, Pinie *f*; **2.** Kiefernholz *n*; **3.** F Ananas *f*.

pine² [paɪn] *v/i.* **1.** sich sehnen, schmachten (***after***, ***for*** nach); **2.** *mst* ***~ away*** verschmachten, vor Gram vergehen; **3.** sich grämen *od.* abhärmen (***at*** über *acc.*).

pin·e·al gland ['paɪnɪəl] *s. anat.* Zirbeldrüse *f*.

'pine|,ap·ple *s.* **1.** ⚘ Ananas *f*; **2.** ⚔ *sl.* a) 'Handgra,nate *f*, b) (kleine) Bombe; **~ cone** *s.* ⚘ Kiefernzapfen *m*; **~ marten** *s. zo.* Baummarder *m*; **~ nee·dle** *s.* ⚘ Fichtennadel *f*; **~ oil** *s.* Kiefernöl *n*.

pine| tar *s.* Kienteer *m*; **~ tree** → ***pine¹*** 1.

ping [pɪŋ] **I** *v/i.* **1.** pfeifen (*Kugel*), schwirren (*Mücke etc.*); *mot.* klingeln; **II** *s.* **2.** Peng *n*; **3.** Pfeifen *n*, Schwirren *n*; *mot.* Klingeln *n*; **'~-pong** [-pɒŋ] *s.* Tischtennis *n*.

'pin|·head *s.* **1.** (Steck)Nadelkopf *m*; **2.** *fig.* Kleinigkeit *f*; **3.** F Dummkopf *m*; **'~·hole** *s.* **1.** Nadelloch *n*; **2.** kleines Loch (*a. opt.*): ***~ camera*** Lochkamera *f*.

pin·ion¹ ['pɪnjən] *s.* ⚙ **1.** Ritzel *n*, Antriebs(kegel)rad *n*: ***gear ~*** Getriebezahnrad *n*; ***~ drive*** Ritzelantrieb *m*; **2.** Kammwalze *f*.

pin·ion² ['pɪnjən] **I** *s.* **1.** *orn.* Flügelspitze *f*; **2.** *orn.* (Schwung)Feder *f*; **3.** *poet.* Schwinge *f*, Fittich *m*; **II** *v/t.* **4.** die Flügel stutzen (*dat.*) (*a. fig.*); **5.** fesseln (***to*** an *acc.*).

pink¹ [pɪŋk] **I** *s.* **1.** ⚘ Nelke *f*: ***plumed*** (*od.* ***feathered***) ***~*** Federnelke; **2.** Blassrot *n*, Rosa *n*; **3.** *bsd. Brit.* (scharlach-)roter Jagdrock; **4.** *pol. Am. sl.* ‚Rotangehauchte(r)' *m*, Sa'lonbolsche,wist *m*; **5.** *fig.* Gipfel *m*, Krone *f*, höchster Grad: ***in the ~ of health*** bei bester Gesundheit; ***the ~ of perfection*** die höchste Vollendung; ***be in the ~*** (***of condition***) in ‚Hochform' sein; **II** *adj.* **6.** rosa(farben), blassrot: ***~ slip*** ‚blauer Brief', Kündigungsschreiben *n*; **7.** *pol. sl.* ‚rötlich', kommu'nistisch angehaucht.

pink² [pɪŋk] *v/t.* **1.** *a.* ***~ out*** auszacken: ***~ing shears*** *pl.* Zickzackschere *f*; **2.** durch'bohren, -'stechen.

pink³ [pɪŋk] *s.* ⚓ Pinke *f* (*Boot*).

pink⁴ [pɪŋk] *v/i.* klopfen (*Motor*).

pink·ish ['pɪŋkɪʃ] *adj.* rötlich (*a. pol. sl.*), blassrosa.

pin mon·ey *s.* (*a.* selbst verdientes) Taschengeld (*der Frau*).

pin·na ['pɪnə] *pl.* **-nae** [-niː] *s.* **1.** *anat.* Ohrmuschel *f*; **2.** *zo.* a) Feder *f*, Flügel *m*, b) Flosse *f*; **3.** ⚘ Fieder(blatt *n*) *f*.

pin·nace ['pɪnɪs] *s.* ⚓ Pi'nasse *f*.

pin·na·cle ['pɪnəkl] *s.* **1.** ⚠ a) Spitzturm *m*, b) Zinne *f*; **2.** (Fels-, Berg)Spitze *f*, Gipfel *m*; **3.** *fig.* Gipfel *m*, Spitze *f*, Höhepunkt *m*.

pin·nate ['pɪnɪt] *adj.* gefiedert.

pin·ni·grade ['pɪnɪgreɪd], **'pin·ni·ped** [-ped] *zo.* **I** *adj.* flossen-, schwimmfüßig; **II** *s.* Flossen-, Schwimmfüßer *m*.

pin·nule ['pɪnjuːl] *s.* **1.** Federchen *n*; **2.** *zo.* Flössel *n*; **3.** ⚘ Fiederblättchen *n*.

pin·ny ['pɪnɪ] F → ***pinafore***.

pi·noch·le, pi·noc·le ['piːnʌkl] *s. Am.* Bi'nokel *n* (*Kartenspiel*).

'pin|·point **I** *v/t. Ziel* genau festlegen *od.* lokalisieren *od.* bombardieren; *fig. et.* genau bestimmen; **II** *adj.* genau, Punkt...: ***~ bombing*** Bombenpunktwurf *m*; ***~ strike*** ✝ Schwerpunktstreik *m*; ***~ target*** Punktziel *n*; **'~·prick** *s.* **1.** Nadelstich *m* (*a. fig.*): ***policy of ~s*** Politik *f* der Nadelstiche; **2.** *fig.* Stiche'lei *f*, spitze Bemerkung; **'~-striped** *adj.* mit Nadelstreifen (*Anzug*).

pint [paɪnt] *s.* **1.** Pint *n* (*Brit. 0,57, Am. 0,47 Liter*); **2.** F Halbe *f* (Bier); **'pint-ˌsize(d)** *adj.* F winzig.

pin·tle ['pɪntl] *s.* **1.** ⚙ (Dreh)Bolzen *m*; **2.** *mot.* Düsennadel *f*, -zapfen *m*; **3.** ⚓ Fingerling *m*, Ruderhaken *m*.

pin·to ['pɪntəʊ] *pl.* **-tos** *s. Am.* Scheck(e) *m*, Schecke *f* (*Pferd*).

'pin-up (girl) *s.* Pin-'up-Girl *n*.

pi·o·neer [ˌpaɪə'nɪə] **I** *s.* **1.** ⚔ Pio'nier *m*; **2.** *fig.* Pio'nier *m*, Bahnbrecher *m*, Vorkämpfer *m*, Wegbereiter *m*; **II** *v/i.* **3.** *fig.* den Weg bahnen, bahnbrechende Arbeit leisten; **III** *v/t.* **4.** den Weg bahnen für (*a. fig.*); **IV.** *adj.* **5.** Pionier...: **~ *work***; **6.** *fig.* bahnbrechend, wegbereitend, Versuchs..., erst.

pi·ous ['paɪəs] *adj.* □ **1.** fromm (*a. iro.*), gottesfürchtig: **~ *fraud*** (***wish***) *fig.* frommer Betrug (Wunsch); **~ *effort*** F gut gemeinter Versuch; **2.** lieb (*Kind*).

pip¹ [pɪp] *s.* **1.** *vet.* Pips *m* (*Geflügelkrankheit*); **2.** *Brit.* F miese Laune: ***he gives me the ~*** er geht mir auf den ,Wecker'.

pip² [pɪp] *s.* **1.** Auge *n* (*auf Spielkarten*), Punkt *m* (*auf Würfeln etc.*); **2.** (Obst-)Kern *m*; **3.** ⚔ *bsd. Brit. sl.* Stern *m* (*Rangabzeichen*); **4.** *Radar*: Blip *m* (*Bildspur*); **5.** *Brit. Radio*: Ton *m* (*Zeitzeichen*).

pip³ [pɪp] *Brit.* F **I** *v/t.* **1.** 'durchfallen lassen (*bei e-r Wahl etc.*); **2.** *fig.* knapp besiegen, im Ziel abfangen; **3.** ,abknallen' (*erschießen*); **II** *v/i.* **4.** *a.* **~ *out*** ,abkratzen' (*sterben*).

pipe [paɪp] **I** *s.* **1.** ⚙ a) Rohr *n*, Röhre *f*, b) (Rohr)Leitung *f*; **2.** (Tabaks)Pfeife *f*: ***put that in your ~ and smoke it*** F lass dir das gesagt sein; **3.** ♪ Pfeife *f* (*Flöte*); Orgelpfeife *f*; ('Holz)Blasinstruˌment *n*; *mst pl.* Dudelsack *m*; **4.** a) Pfeifen *n* (*e-s Vogels*), Piep(s)en *n*, b) Pfeifenton *m*, c) Stimme *f*; **5.** F Luftröhre *f*: ***clear one's ~*** sich räuspern; **6.** *metall.* Lunker *m*; **7.** ⚒ (Wetter)Lutte *f*; **8.** ✝ Pipe *f* (*Weinfass = Brit. 477,3, Am. 397,4 Liter*); **II** *v/t.* **9.** (durch Röhren, *weitS.* durch Kabel) leiten, *weitS. a.* schleusen, *a. e-e Radiosendung* über'tragen: **~*d music*** Musik *f* aus dem Lautsprecher, Musikberieselung *f*; **10.** Röhren *od.* e-e Rohrleitung legen in (*acc.*); **11.** pfeifen, flöten; *Lied* anstimmen, singen; **12.** quieken, piepsen; **13.** ⚓ *Mannschaft* zs.-pfeifen; **14.** *Schneiderei*: paspelieren, mit Biesen besetzen; **15.** *Torte etc.* mit feinem Guss verzieren, spritzen; **16.** **~ *one's eye*** F ,flennen', weinen; **III** *v/i.* **17.** pfeifen (*a. Wind etc.*), flöten; piep(s)en: **~ *down*** *sl.* ,die Luft anhalten', ,die Klappe halten'; **~ *up*** loslegen, anfangen; **~ bowl** *s.* Pfeifenkopf *m*; **~ burst** *s.* Rohrbruch *m*; **~ clamp** *s.* ⚙ Rohrschelle *f*; **'~·clay** **I** *s.* **1.** *min.* Pfeifenton *m*; **2.** ⚔ *fig.* ,Kom'miss' *m*; **II** *v/t.* **3.** mit Pfeifenton weißen; **~ clip** *s.* ⚙ Rohrschelle *f*; **~ dream** *s.* F Luftschloss *n*, Hirngespinst *n*; **~ fit·ter** *s.* ⚙ Rohrleger *m*; **'~·line** *s.* **1.** Rohrleitung *f*; *für Erdöl, Erdgas*: Pipeline *f*: ***in the ~*** *fig.* in Vorbereitung (*Pläne etc.*), im Kommen (*Entwicklung etc.*); **2.** *fig.* ,Draht' *m*, (geheime) Verbindung *od.* (Informati'ons)Quelle; **3.** (*bsd.* Ver'sorgungs)Syˌstem *n*.

pip·er ['paɪpə] *s.* Pfeifer *m*: ***pay the ~*** *fig.* die Zeche bezahlen, *weitS.* der Dumme sein.

pipe| rack *s.* Pfeifenständer *m*; **~ tongs** *s. pl.* ⚙ Rohrzange *f*.

pi·pette [pɪ'pet] *s.* ⚗ Pi'pette *f*.

pipe wrench *s.* ⚙ Rohrzange *f*.

pip·ing ['paɪpɪŋ] **I** *s.* **1.** ⚙ a) Rohrleitung *f*, -netz *n*, Röhrenwerk *n*, b) Rohrverlegung *f*; **2.** *metall.* a) Lunker *m*, b) Lunkerbildung *f*; **3.** Pfeifen *n*, Piep(s)en *n*; Pfiff *m*; **4.** *Schneiderei*: Paspel *f*, (*an Uniformen*) Biese *f*; **5.** (feiner) Zuckerguss, Verzierung *f* (*Kuchen*); **II** *adj.* **6.** pfeifend, schrill; **7.** friedlich, i'dyllisch (*Zeit*); **III** *adv.* **8.** **~ *hot*** siedend heiß, *fig.* ,brühwarm'.

pip·pin ['pɪpɪn] *s.* **1.** Pippinapfel *m*; **2.** *sl.* a) ,tolle Sache', b) ,toller Kerl'.

'pip·squeak *s.* F ,Grashüpfer' *m*, ,Würstchen' *n* (*Person*).

pi·quan·cy ['piːkənsɪ] *s.* Pi'kantheit *f*, *das* Pi'kante; **'pi·quant** [-nt] *adj.* □ pi'kant (*a. fig.*).

pique [piːk] **I** *v/t.* **1.** (auf)reizen, sticheln, ärgern, *j-s Stolz etc.* verletzen: ***be ~d at*** über *et.* pikiert *od.* verärgert sein; **2.** *Neugier etc.* reizen, wecken; **3.** **~ *o.s.*** (***on***) sich et. einbilden (auf *acc.*), sich brüsten (mit); **II** *s.* **4.** Groll *m*; Gereiztheit *f*, Gekränktsein *n*, Ärger *m*.

pi·qué ['piːkeɪ] *s.* Pi'kee *m* (*Gewebe*).

pi·quet [pɪ'ket] *s.* Pi'kett *n* (*Kartenspiel*).

pi·ra·cy ['paɪərəsɪ] *s.* **1.** Pirate'rie *f*, Seeräube'rei *f*; **2.** Plagi'at *n*, *bsd.* a) Raubdruck *m*, b) Raubpressung *f* (*e-r Schallplatte f*); **3.** Pa'tentverletzung *f*; **pi·rate** ['paɪərət] **I** *s.* **1.** a) Pi'rat *m*, Seeräuber *m*, b) Seeräuberschiff *n*; **2.** Plagi'ator *m*, *bsd.* a) Raubdrucker *m*, b) Raubpresser *m* (*von Schallplatten*); **II** *adj.* **3.** Piraten...: **~ *ship***; **4.** ⚖ Raub...: **~ *copy*** 'Raubkoˌpie *f*; **~ *edition*** Raubdruck *m*; **5.** Schwarz...: **~ *listener***; **~ (*radio*) *station*** Pi'raten-, Schwarzsender *m*; **III** *v/t.* **6.** kapern, (aus)plündern (*a. weitS.*); **7.** a) plagiieren, *bsd.* unerlaubt nachdrucken, b) e-e 'Raubkoˌpie machen von; **pi·rat·i·cal** [paɪ'rætɪkl] *adj.* □ **1.** (see-)räuberisch, Piraten...; **2.** **~ *edition*** Raubdruck *m*.

pir·ou·ette [ˌpɪrʊ'et] **I** *s. Tanz etc.*: Pirou'ette *f*; **II** *v/i.* pirouettieren.

P

Pis·ces ['pɪsiːz] *s. pl. ast.* **1.** Fische *pl.*; **2.** *Person: ein* Fisch *m.*
pis·ci·cul·ture ['pɪsɪkʌltʃə] *s.* Fischzucht *f*; **pis·ci·cul·tur·ist** [ˌpɪsɪ'kʌltʃərɪst] *s.* Fischzüchter *m.*
pish [pɪʃ] *int.* **1.** pfui!; **2.** pah!
pi·si·form ['paɪsɪfɔːm] *adj.* erbsenförmig, Erbsen...
piss [pɪs] *sl.* **I** *v/i.* ‚pissen', ‚pinkeln': **~ on s.th.** *fig.* ‚auf et. scheißen'; **~ off!** verpiss dich!; **II** *v/t.* ‚be-, anpissen': **~ the bed** ins Bett pinkeln; **III** *s.* ‚Pisse' *f*; **piss art·ist** *s. Brit.* V **1.** Säufer(in); **2.** ‚Niete' *f*; **3.** Großmaul *n*; **4.** ‚Arsch(loch' *n*) *m*; **pissed** [-st] *adj. sl.* **1.** ‚blau', besoffen; **2. ~ off** ‚(stock)sauer'.
pis·tach·i·o [pɪ'stɑːʃɪəʊ] *pl.* **-i·os** *s.* ⚘ Pi'stazie *f.*
piste [piːst] *s.* ('Ski)Piste *f.*
pis·til ['pɪstɪl] *s.* ⚘ Pi'still *n*, Stempel *m*, Griffel *m*; **'pis·til·late** [-lət] *adj.* mit Stempel(n), weiblich (*Blüte*).
pis·tol ['pɪstl] *s.* Pi'stole *f* (*a. phys.*): **hold a ~ to s.o.'s head** *fig.* j-m die Pistole auf die Brust setzen; **~ point** *s.*: **at ~** mit vorgehaltener Pistole; **~ shot** *s.* **1.** Pi'stolenschuss *m*; **2.** *Am.* Pi'stolenschütze *m.*
pis·ton ['pɪstən] *s.* **1.** ⚙ Kolben *m*: **~ engine** Kolbenmotor *m*; **2.** ⚙ (Druck-) Stempel *m*; **~ dis·place·ment** *s.* Kolbenverdrängung *f*, Hubraum *m*; **~ rod** *s.* Kolben-, Pleuelstange *f*; **~ stroke** *s.* Kolbenhub *m.*
pit¹ [pɪt] **I** *s.* **1.** Grube *f* (*a. anat.*): **refuse ~** Müllgrube; **~ of the stomach** Magengrube; *sl.* **the ~s** das Letzte, Mist *m*; **2.** Abgrund *m* (*a. fig.*): (**bottomless**) **~**, **~** (**of hell**) (Abgrund der) Hölle *f*, Höllenschlund *m*; **3.** ⚒ a) (*bsd.* Kohlen)Grube *f*, Zeche *f*, b) (*bsd.* Kohlen)Schacht *m*; **4.** ⸙ (Rüben- *etc.*)Miete *f*; **5.** ⚙ a) *Gießerei*: Dammgrube *f*, b) Abstichherd *m*, Schlackengrube *f*; **6.** *thea.* a) *bsd. Brit.* Par'kett *n*, b) Or'chestergraben *m*; **7.** *mot. Sport*: Box *f*: **~ stop** Boxenstopp *m*; **8.** ✝ *Am.* Börse *f*, Maklerstand *m*: **grain ~** Getreidebörse; **9.** ⚕ (Blattern-, Pocken)Narbe *f*; **10.** ⚙ Rostgrübchen *n*; **II** *v/t.* **11.** Löcher *od.* Vertiefungen bilden in (*dat.*) *od.* graben in (*acc.*); ⚙ an-, zerfressen (*Korrosion*); ⚕ mit Narben bedecken: **~ted with smallpox** pockennarbig; **12.** ⸙ *Rüben etc.* einmieten; **13.** (**against**) a) *feindlich* gegen'überstellen (*dat.*), b) *j-n* ausspielen (gegen), c) *s-e Kraft etc.* messen (mit), *Argument* ins Feld führen (gegen); **III** *v/i.* **14.** Löcher *od.* Vertiefungen bilden; ⚕ narbig werden; ⚙ sich festfressen (*Kolben*).
pit² [pɪt] *Am.* **I** *s.* (Obst)Stein *m*; **II** *v/t.* entsteinen.
pit·a *bsd. Am.* → **pitta**.
pit-a-pat [ˌpɪtə'pæt] **I** *adv.* ticktack (*Herz*); klippklapp (*Schritte*); **II** *s.* Getrappel *n*, Getrippel *n.*
pitch¹ [pɪtʃ] **I** *s.* Pech *n*; **II** *v/t.* (ver)pichen, teeren (*a.* ⚓).
pitch² [pɪtʃ] **I** *s.* **1.** Wurf *m* (*a. sport*): **queer s.o.'s ~** F j-m ‚die Tour vermasseln', j-m e-n Strich durch die Rechnung machen; **what's the ~?** *Am. sl.* was ist los?; **2.** ✝ (Waren)Angebot *n*; **3.** ⚓ Stampfen *n*; **4.** Neigung *f*, Gefälle *n* (*Dach etc.*); **5.** ⚙ a) Teilung *f* (*Gewinde, Zahnrad*), b) Schränkung *f* (*Säge*), c) Steigung *f* (*Luftschraube* ✈); **6.** ♪ a) Tonhöhe *f*, b) (*absolute*) Stimmung *e-s Instruments*, c) Nor'malstimmung *f*, Kammerton *m*: **above ~** zu hoch; **have absolute ~** das absolute Gehör haben; **sing true to ~** tonrein singen; **7.** Grad *m*, Stufe *f*, Höhe *f* (*a. fig.*); *fig.* höchster Grad, Gipfel *m*: **to the highest ~** aufs Äußerste; **8.** ✝ a) Stand *m e-s Händlers*, b) *sl.* Anpreisung *f*, Verkaufsgespräch *n*, c) *sl.* ‚Platte' *f*, ‚Masche' *f*; **9.** *sport Brit.* Spielfeld *n*; *Kricket*: (Mittel)Feld *n*; **II** *v/t.* **10.** (*gezielt*) werfen (*a. sport*), schleudern; *Golf*: *den Ball* heben (*hoch schlagen*); **11.** *Heu etc.* aufladen, -gabeln; **12.** *Pfosten etc.* einrammen, befestigen; *Zelt, Verkaufsstand etc.* aufschlagen; *Leiter, Stadt etc.* anlegen; **13.** ♪ a) *Instrument* stimmen, b) *Grundton* angeben, c) *Lied etc. in e-r Tonart* anstimmen *od.* singen *od.* spielen: **high-~ed voice** hohe Stimme; **~ one's hopes too high** *fig.* s-e Hoffnungen zu hoch stecken; **~ a yarn** *fig.* ein Garn spinnen; **14.** *fig. Rede etc.* abstimmen (**on** auf *acc.*), *et.* ausdrücken; **15.** *Straße* beschottern, *Böschung* verpacken; **16.** *Brit. Ware* ausstellen, feilhalten; **17.** ⚔ **~ed battle** regelrechte *od.* offene (Feld)Schlacht; **III** *v/i.* **18.** (kopf'über) hinstürzen, -schlagen; **19.** ⚔ (sich) lagern; **20.** ✝ e-n (Verkaufs-) Stand aufschlagen; **21.** ⚓ stampfen (*Schiff*); *fig.* taumeln; **22.** sich neigen (*Dach etc.*); **23. ~ in** F a) sich (tüchtig) ins Zeug legen, loslegen, b) tüchtig ‚zulangen' (*essen*); **24. ~ into** F a) herfallen über *j-n* (*a. fig.*), b) herfallen über *das Essen*, c) sich (mit Schwung) an *die Arbeit* machen; **25. ~ on, ~ upon** sich entscheiden für, verfallen auf (*acc.*); **ˌ~-and-'toss** *s.* ‚Kopf oder Schrift' (*Spiel*); **~ an·gle** *s.* ⚙ Steigungswinkel *m*; **ˌ~-'black** *adj.* pechschwarz; **'~blende** [-blend] *s. min.* (U'ran)Pechblende *f*; **~ cir·cle** *s.* ⚙ Teilkreis *m* (*Zahnrad*); **ˌ~-'dark** *adj.* pechschwarz, stockdunkel (*Nacht*).
pitch·er¹ ['pɪtʃə] *s. sport* Werfer *m.*
pitch·er² ['pɪtʃə] *s.* (irdener) Krug (*mit Henkel*).
'pitch|·fork **I** *s.* **1.** ⸙ Heu-, Mistgabel *f*;

P

2. ♪ Stimmgabel *f*; **II** *v/t.* **3.** mit der Heugabel werfen; **4.** *fig.* rücksichtslos werfen: **~ *troops into a battle***; **5.** ‚schubsen' (***into*** in *ein Amt etc.*); **~ *pine*** *s.* ⚘ Pechkiefer *f*; **~ *pipe*** *s.* ♪ Stimmpfeife *f*.

pitch·y ['pɪtʃɪ] *adj.* **1.** pechartig; **2.** voll Pech; **3.** pechschwarz (*a. fig.*).

pit coal *s.* Schwarz-, Steinkohle *f*.

pit·e·ous ['pɪtɪəs] → ***pitiable*** 1.

'pit·fall *s.* Fallgrube *f*, Falle *f*, *fig. a.* Fallstrick *m*.

pith [pɪθ] *s.* **1.** ⚘, *anat.* Mark *n*; **2.** *a.* **~ *and marrow*** *fig.* Mark *n*, Kern *m*, 'Quintes,senz *f*; **3.** *fig.* Kraft *f*, Präg'nanz *f* (*e-r Rede etc.*); **4.** *fig.* Gewicht *n*, Bedeutung *f*.

'pit·head *s.* ⚒ **1.** Füllort *m*, Schachtöffnung *f*; **2.** Fördergerüst *n*.

pith·e·can·thro·pus [,pɪθɪkæn'θrəʊpəs] *s.* Javamensch *m*.

pith| hat, **~ hel·met** *s.* Tropenhelm *m*.

pith·i·ness ['pɪθɪnɪs] *s.* **1.** *das* Markige, Markigkeit *f*; **2.** *fig.* Kernigkeit *f*, Präg'nanz *f*, Kraft *f*; **pith·less** ['pɪθlɪs] *adj.* marklos; *fig.* kraftlos, schwach; **pith·y** ['pɪθɪ] *adj.* ☐ **1.** mark(art)ig; **2.** *fig.* markig, kernig, präg'nant.

pit·i·a·ble ['pɪtɪəbl] *adj.* ☐ **1.** Mitleid erregend, bedauernswert; *a. contp.* erbärmlich, jämmerlich, elend, kläglich; **2.** *contp.* armselig, dürftig; **'pit·i·ful** [-fʊl] *adj.* ☐ **1.** mitleidig, mitleidsvoll; **2.** → ***pitiable***; **'pit·i·less** [-lɪs] *adj.* ☐ **1.** unbarmherzig; **2.** erbarmungslos, mitleidlos.

'pit|·man [-mən] *s.* [*irr.*] Bergmann *m*, Knappe *m*, Grubenarbeiter *m*; **~ prop** *s.* ⚒ (Gruben)Stempel *m*; *pl.* Grubenholz *n*; **~ saw** *s.* ⚙ Schrot-, Längensäge *f*.

pit·ta ['pɪtə] *s. a.* **~ *bread*** Fladenbrot *n*.

pit·tance ['pɪtəns] *s.* **1.** Hungerlohn *m*, ‚paar Pfennige' *pl.*; **2.** (kleines) bisschen: ***the small ~ of learning*** das kümmerliche Wissen.

pit·ting ['pɪtɪŋ] *s. metall.* Körnung *f*, Lochfraß *m*, 'Grübchenkorrosi,on *f*.

pi·tu·i·tar·y [pɪ'tjʊɪtərɪ] *physiol.* **I** *adj.* pitui'tär, Schleim absondernd, Schleim...; **II** *s. a.* **~ *gland*** Hirnanhang(drüse *f*) *m*, Hypo'physe *f*.

pit·y ['pɪtɪ] **I** *s.* **1.** Mitleid *n*, Erbarmen *n*: ***feel ~ for***, ***have*** (*od.* ***take***) **~ *on*** Mitleid haben mit; ***for ~'s sake!*** um Himmels willen!; **2.** Jammer *m*: ***it is a*** (***great***) **~** es ist (sehr) schade; ***what a ~!*** wie schade!; ***it is a thousand pities*** es ist jammerschade; ***the ~ of it is that*** es ist ein Jammer, dass; **II** *v/t.* **3.** bemitleiden, bedauern, Mitleid haben mit: ***I ~ him*** er tut mir Leid; **pit·y·ing** ['pɪtɪɪŋ] *adj.* ☐ mitleidig.

piv·ot ['pɪvət] **I** *s.* **1.** a) (Dreh)Punkt *m*, b) (Dreh)Zapfen *m*: **~ *bearing*** Zapfenlager, c) Stift *m*, d) Spindel *f*; **2.** (Tür-)Angel *f*; **3.** ⚔ stehender Flügel(mann), Schwenkungspunkt *m*; **4.** *fig.* a) Dreh-, Angelpunkt *m*, b) → ***pivot man***, c) *Fußball*: 'Schaltstati,on *f* (*Spieler*); **II** *v/t.* **5.** ⚙ a) mit Zapfen *etc.* versehen, b) drehbar lagern, c) (ein)schwenken; **III** *v/i.* **6.** sich drehen (***upon***, ***on*** um) (*a. fig.*); ⚔ schwenken; **'piv·ot·al** [-tl] *adj.* **1.** Zapfen..., Angel...: **~ *point*** Angelpunkt *m*; **2.** *fig.* zen'tral, Kardinal...: ***a ~ question***.

piv·ot| bolt *s.* Drehbolzen *m*; **~ bridge** *s.* Drehbrücke *f*; **~ man** [-mən] *s.* [*irr.*] *fig.* 'Schlüsselfi,gur *f*; **'~-,mount·ed** *adj.* schwenkbar; **~ tooth** *s.* ✂ Stiftzahn *m*.

pix·el ['pɪksl] *s.* *TV*, *Computer*: 'Pixel *n*, Bildpunkt *m*.

pix·ie → ***pixy***.

pix·i·lat·ed ['pɪksɪleɪtɪd] *adj.* *Am.* F **1.** ‚verdreht', leicht verrückt; **2.** ‚blau' (*betrunken*).

pix·y ['pɪksɪ] *s.* Fee *f*, Elf *m*, Kobold *m*.

pi·zazz, **piz·zazz** [pɪ'zæz] *s.* **1.** *Mode etc.*: ‚Pfiff' *m*, Ele'ganz *f*, Flair *n*; **2.** E'lan *m*, Ener'gie *f*.

piz·zle ['pɪzl] *s.* **1.** *zo.* Fiesel *m*; **2.** Ochsenziemer *m*.

pla·ca·ble ['plækəbl] *adj.* ☐ versöhnlich, nachgiebig.

plac·ard ['plækɑːd] **I** *s.* **1.** a) Pla'kat *n*, b) Transpa'rent *n*; **II** *v/t.* **2.** mit Pla'katen bekleben; **3.** durch Pla'kate bekannt geben, anschlagen.

pla·cate [plə'keɪt] *v/t.* beschwichtigen, besänftigen, versöhnlich stimmen.

place [pleɪs] **I** *s.* **1.** Ort *m*, Stelle *f*, Platz *m*: ***from ~ to ~*** von Ort zu Ort; ***in ~*** am Platze (*a. fig. angebracht*); ***in ~s*** stellenweise; ***in ~ of*** anstelle (*gen.*), anstatt (*gen.*); ***out of ~*** *fig.* fehl am Platz, unangebracht; ***take ~*** stattfinden; ***take s.o.'s ~*** j-s Stelle einnehmen; ***take the ~ of*** ersetzen, an die Stelle treten von; ***if I were in your ~*** an Ihrer Stelle (*würde ich ...*); ***put yourself in my ~*** versetzen Sie sich in meine Lage; **2.** Ort *m*, Stätte *f*: **~ *of amusement*** Vergnügungsstätte; **~ *of birth*** Geburtsort; **~ *of business*** ✝ Geschäftssitz *m*; **~ *of delivery*** ✝ Erfüllungsort; **~ *of jurisdiction*** Gerichtsstand *m*; **~ *of worship*** Gotteshaus *n*, Kultstätte *f*; ***from this ~*** ✝ ab hier; ***in*** (*od.* ***of***) ***your ~*** ✝ dort; ***go ~s*** *Am.* a) ‚groß ausgehen', b) die Sehenswürdigkeiten *e-s Ortes* ansehen, c) *fig.* es weit bringen (*im Leben*); **3.** Wohnsitz *m*; F Wohnung *f*, Haus *n*: ***at his ~*** bei ihm (zu Hause); **4.** Wohnort *m*; Ort(schaft *f*) *m*, Stadt *f*, Dorf *n*: ***in this ~*** hier; **5.** ⚓ Platz *m*, Hafen *m*: **~ *for tran(s)shipment*** Umschlagplatz; **6.** ⚔ Festung *f*; **7.** F Gaststätte *f*, Lo'kal *n*; **8.** (Sitz)Platz *m*; **9.** *fig.* Platz *m* (*in e-r Reihenfolge*; *a. sport*), Stelle *f* (*a. in e-m Buch*): ***in the first ~*** a) an erster Stelle, erstens, b) zuerst, von vornherein, c) in erster Linie, d) überhaupt (erst); ***in third ~ sport*** auf dem dritten Platz; **10.** ⩫ (Dezi'mal)Stelle *f*; **11.** Raum *m* (*a. fig.*, *a. für Zweifel etc.*); **12.** *thea.* Ort *m* (der Handlung); **13.** (An)Stellung *f*, (Arbeits)Stelle *f*: ***out of ~*** stellenlos; **14.** Dienst *m*, Amt *n*: ***it is not my ~*** *fig.* es ist nicht meines Amtes; **15.** (sozi'ale) Stellung, Rang *m*, Stand *m*: ***keep s.o. in his ~*** j-n in s-n Schranken *od.* Grenzen halten; ***know one's ~*** wissen, wohin man gehört; ***put s.o. in his ~*** j-n in s-e Schranken weisen; **16.** *univ.* (Studien)Platz *m*; **II** *v/t.* **17.** stellen, setzen, legen (*a. fig.*); *teleph. Gespräch* anmelden; → ***disposal*** 3; **18.** ⚔ *Posten* aufstellen, (**o.s.** sich) postieren; **19.** *j-n* an-, einstellen; ernennen, in ein Amt einsetzen; **20.** *j-n* 'unterbringen (*a. Kind*), *j-m* Arbeit *od.* e-e Anstellung verschaffen; **21.** ☨ *Anleihe*, *Kapital* 'unterbringen; *Auftrag* erteilen *od.* vergeben; *Bestellung* aufgeben; *Vertrag* abschließen; → ***account*** 5, ***credit*** 1; **22.** ☨ *Ware* absetzen; **23.** (der Lage nach) näher bestimmen; *fig. j-n* ,'unterbringen' (*identifizieren*): ***I can't ~ him*** ich weiß nicht, wo ich ihn ,unterbringen' *od.* ,hintun' soll; **24.** *sport* platzieren: ***be ~d*** unter den ersten drei sein, sich platzieren; ***~ bet*** *s. Rennsport*: Platzwette *f*.

pla·ce·bo [plə'si:bəʊ] *pl.* **-bos** *s.* **1.** ⚕ Pla'cebo *n*, 'Blindpräpa,rat *n*; **2.** *fig.* Beruhigungspille *f*.

place| card *s.* Platz-, Tischkarte *f*; **~ hunt·er** *s.* Pöstchenjäger *m*; **~ hunt·ing** *s.* Pöstchenjäge'rei *f*; **~ kick** *s. sport* a) *Fußball*: Stoß *m* auf den ruhenden Ball (*Freistoß etc.*), b) *Rugby*: Platztritt *m*; '**~·man** [-mən] *s.* [*irr.*] *pol. contp.* ,Pöstcheninhaber' *m*, ,'Futterkrippenpo,litiker' *m*; **~ mat** *s.* Set *n*, Platzdeckchen *n*.

place·ment ['pleɪsmənt] *s.* **1.** (Hin-, Auf)Stellen *n*, Platzieren *n*; **2.** a) Einstellung *f e-s Arbeitnehmers*, b) Vermittlung *f e-s Arbeitsplatzes*, c) 'Unterbringung *f von Arbeitskräften*, *Waisen*; **3.** Stellung *f*, Lage *f*, Anordnung *f*; **4.** ☨ a) Anlage *f*, Unterbringung *f von Kapital*, b) Vergabe *f von Aufträgen*; **5.** *ped. Am.* Einstufung *f*.

place name *s.* Ortsname *m*.

pla·cen·ta [plə'sentə] *pl.* **-tae** [-ti:] *s.* **1.** *anat.* Pla'zenta *f*, Mutterkuchen *m*; **2.** ⚘ Samenleiste *f*.

plac·er ['plæsə] *s. min.* **1.** *bsd. Am.* (*Gold- etc.*)Seife *f*; **2.** seifengold- *od.* erzseifenhaltige Stelle; **~ gold** *s.* Seifen-, Waschgold *n*; **~ min·ing** *s.* Goldwaschen *n*.

pla·cet ['pleɪset] (*Lat.*) *s.* Plazet *n*, Zustimmung *f*, Ja *n*.

plac·id ['plæsɪd] *adj.* ☐ **1.** (seelen)ruhig, ,gemütlich'; **2.** mild, sanft; **3.** selbstgefällig; **pla·cid·i·ty** [plæ'sɪdətɪ] *s.* Milde *f*, Gelassenheit *f*, (Seelen)Ruhe *f*.

plack·et ['plækɪt] *s. Mode*: a) Schlitz *m an Frauenkleid*, b) Tasche *f*.

pla·gi·a·rism ['pleɪdʒjərɪzəm] *s.* Plagi'at *n*; '**pla·gi·a·rist** [-ɪst] *s.* Plagi'ator *m*; '**pla·gi·a·rize** [-raɪz] **I** *v/t.* plagiieren, abschreiben; **II** *v/i.* ein Plagi'at begehen.

plague [pleɪg] **I** *s.* **1.** ⚕ Seuche *f*, Pest *f*: ***avoid like the ~*** *fig.* wie die Pest meiden; **2.** *bsd. fig.* Plage *f*, Heimsuchung *f*, Geißel *f*: ***the ten ~s*** *bibl.* die Zehn Plagen; ***a ~ on it!*** zum Henker damit!; **3.** *fig.* F a) Plage *f*, b) Quälgeist *m* (*Mensch*); **II** *v/t.* **4.** plagen, quälen; **5.** F belästigen, peinigen; **6.** *fig.* heimsuchen; **~ spot** *s. mst fig.* Pestbeule *f*.

plaice [pleɪs] *pl. coll.* **plaice** *s. ichth.* Scholle *f*.

plaid [plæd] **I** *s.* schottisches Plaid(tuch); **II** *adj.* bunt kariert.

plain [pleɪn] **I** *adj.* ☐ **1.** einfach, schlicht: ***~ clothes*** Zivil(kleidung *f*) *n*; ***~-clothes man*** Kriminalbeamte(r) *m od.* Polizist in Zivil; ***~ cooking*** bürgerliche Küche; ***~ fare*** Hausmannskost *f*; ***~ paper*** unliniertes Papier; ***~ postcard*** gewöhnliche Postkarte; **2.** schlicht, schmucklos, kahl (*Zimmer etc.*); ungemustert, einfarbig (*Stoff*): ***~ knitting*** Rechts-, Glattstrickerei *f*; ***~ sewing*** Weißnäherei *f*; **3.** unscheinbar, reizlos, hausbacken (*Gesicht*, *Mädchen etc.*); **4.** klar, leicht verständlich: ***in ~ language*** *tel.* im Klartext (*a. fig.*), offen; **5.** klar, offenbar, -kundig (*Irrtum etc.*); **6.** klar (und deutlich), 'unmissverständlich, 'unum,wunden: ***~ talk***; ***the ~ truth*** die nackte Wahrheit; **7.** offen, ehrlich: ***~ dealing*** ehrliche Handlungsweise; **8.** pur, unverdünnt (*Getränk*); *fig.* bar, rein (*Unsinn etc.*): ***~ folly*** heller Wahnsinn; **9.** *bsd. Am.* flach; ⚙ glatt: ***~ country*** *Am.* Flachland *n*; ***~ roll*** ⚙ Glattwalze *f*; ***~ bearing*** Gleitlager *n*; ***~ fit*** ⚙ Schlichtsitz *m*; *fig.* → ***sailing*** 1; **10.** ohne Filter (*Zigarette*); **II** *adv.* **11.** klar, deutlich; **III** *s.* **12.** Ebene *f*, Fläche *f*, Flachland *n*; *pl. bsd. Am.* Prä'rie *f*; '**plain·ness** [-nɪs] *s.* **1.** Einfachheit *f*, Schlichtheit *f*; **2.** Deutlichkeit *f*, Klarheit *f*; **3.** Offenheit *f*, Ehrlichkeit *f*; **4.** Reizlosigkeit *f* (*e-r Frau etc.*); ,**plain-'spo·ken** *adj.* offen, freimütig: ***he is a ~ man*** er nimmt (sich) kein Blatt vor den Mund.

plaint [pleɪnt] *s.* **1.** Beschwerde *f*, Klage *f*; **2.** ⚖ (An)Klage(schrift) *f*; '**plain·tiff** [-tɪf] *s.* ⚖ (Zi'vil)Kläger(in): ***party ~*** klagende Partei; '**plain·tive** [-tɪv] *adj.*

P

□ traurig, kläglich; wehleidig (*Stimme*); Klage...: ~ ***song***.
plait [plæt] **I** *s.* **1.** Zopf *m*, Flechte *f*; (Haar-, Stroh)Geflecht *n*; **2.** Falte *f*; **II** *v/t.* **3.** *Haar, Matte etc.* flechten; **4.** verflechten.
plan [plæn] **I** *s.* **1.** (Spiel-, Wirtschafts-, Arbeits)Plan *m*, Entwurf *m*, Pro'jekt *n*, Vorhaben *n*: ~ ***of action*** Schlachtplan (*a. fig.*); ***according to*** ~ planmäßig; ***make*** ~***s*** (***for the future***) (Zukunfts-) Pläne schmieden; **2.** (Lage-, Stadt-) Plan *m*: ***general*** ~ Übersichtsplan; **3.** ⚙ (Grund)Riss *m*: ~ ***view*** Draufsicht; **II** *v/t.* **4.** planen, entwerfen, e-n Plan entwerfen für *od.* zu: ~ ***ahead*** (*a. v/i.*) vorausplanen; ~***ning board*** Planungsamt *n*; **5.** *fig.* planen, beabsichtigen.
plane[1] [pleɪn] *s.* ⚘ Pla'tane *f*.
plane[2] [pleɪn] **I** *adj.* **1.** flach, eben; ⚙ plan; **2.** ⩘ eben: ~ ***figure***; ~ ***curve*** einfach gekrümmte Kurve; **II** *s.* **3.** Ebene *f*, (ebene) Fläche: ~ ***of refraction*** *phys.* Brechungsebene; ***on the upward*** ~ *fig.* im Anstieg; **4.** *fig.* Ebene *f*, Stufe *f*, Ni'veau *n*, Bereich *m*: ***on the same*** ~ ***as*** auf dem gleichen Niveau wie; **5.** ⚙ Hobel *m*; **6.** ⚒ Förderstrecke *f*; **7.** ✈ a) Tragfläche *f*: ***elevating*** (***depressing***) ~***s*** Höhen-(Flächen)steuer *n*, b) Flugzeug *n*; **III** *v/t.* **8.** (ein)ebnen, planieren, ⚙ *a.* schlichten, *Bleche* abrichten; **9.** (ab)hobeln; **10.** *typ.* bestoßen; **IV.** *v/i.* **11.** ✈ gleiten; fliegen; '**plan·er** [-nə] *s.* **1.** ⚙ 'Hobel(ma,schine *f*) *m*; **2.** *typ.* Klopfholz *n*.
plane sail·ing *s.* ⚓ Plansegeln *n*.
plan·et ['plænɪt] *s. ast.* Pla'net *m*.
plane ta·ble *s. surv.* Messtisch *m*: ~ ***map*** Messtischblatt *n*.
plan·e·tar·i·um [ˌplænɪ'teərɪəm] *s.* Plane'tarium *n*; **plan·e·tar·y** ['plænɪtərɪ] *adj.* **1.** *ast.* plane'tarisch, Planeten...; **2.** *fig.* um'herirrend; **3.** ⚙ Planeten...: ~ ***gear*** Planetengetriebe *n*; ~ ***wheel*** Umlaufrad *n*; **plan·et·oid** ['plænɪtɔɪd] *s. ast.* Planeto'id *m*.
plane tree → ***plane***[1].
pla·nim·e·ter [plæ'nɪmɪtə] *s.* ⚙ Plani'meter *n*, Flächenmesser *m*; **pla'nim·e·try** [-trɪ] *s.* Planime'trie *f*.
plan·ish ['plænɪʃ] ⚙ *v/t.* **1.** glätten, (ab-) schlichten, planieren; **2.** *Holz* glatt hobeln; **3.** *Metall* glatt hämmern; polieren.
plank [plæŋk] **I** *s.* **1.** (*a.* Schiffs)Planke *f*, Bohle *f*, (Fußboden)Diele *f*, Brett *n*: ~ ***flooring*** Bohlenbelag *m*; ***walk the*** ~ a) ⚓ *hist.* ertränkt werden, b) *fig. pol. etc.* ‚abgeschossen' werden; **2.** *pol. bsd. Am.* (Pro'gramm)Punkt *m e-r Partei*; **3.** ⚒ Schwarte *f*; **II** *v/t.* **4.** mit Planken *etc.* belegen, beplanken, dielen; **5.** verschalen, ⚒ verzimmern; **6.** *Speise* auf e-m Brett servieren; **7.** ~ ***down*** (*od.* ***out***) F *Geld* auf den Tisch legen, hinlegen, ‚blechen'; ~ **bed** *s.* (Holz)Pritsche *f* (*im Gefängnis etc.*).
plank·ing ['plæŋkɪŋ] *s.* Beplankung *f*, (Holz)Verschalung *f*, Bohlenbelag *m*; *coll.* Planken *pl.*
plank·ton ['plæŋktən] *s. zo.* Plankton *n*.
plan·less ['plænlɪs] *adj.* planlos; '**planning** [-nɪŋ] *s.* **1.** Planen *n*, Planung *f*; **2.** ✝ Bewirtschaftung *f*, Planwirtschaft *f*.
pla·no-con·cave [ˌpleɪnəʊ'kɒnkeɪv] *adj. phys.* 'plankon,kav (*Linse*).
plant [plɑːnt] **I** *s.* **1.** a) Pflanze *f*, Gewächs *n*, b) Setz-, Steckling *m*: ***in*** ~ im Wachstum befindlich; **2.** ⚙ (Betriebs-, Fa'brik)Anlage *f*, Werk *n*, Fa'brik *f*, (Fabrikati'ons)Betrieb *m*: ~ ***engineer*** Betriebsingenieur *m*; **3.** ⚙ (Ma'schinen)Anlage *f*, Aggre'gat *n*; Appara'tur *f*; **4.** (Be'triebs)Materi,al *n*, Betriebseinrichtung *f*, Inven'tar *n*: ~ ***equipment*** Werksausrüstung *f*; **5.** *sl.* a) *et.* Eingeschmuggeltes, Schwindel *m*, (*a.* Poli'zei)Falle *f*, b) (Poli'zei)Spitzel *m*; **II** *v/t.* **6.** (ein-, an)pflanzen: ~ ***out*** aus-, um-, verpflanzen; **7.** *Land* a) bepflanzen, b) besiedeln, kolonisieren; **8.** *Kolonisten* ansiedeln; **9.** *Garten etc.* anlegen; *et.* errichten; *Kolonie etc.* gründen; **10.** *fig.* (**o.s.** sich) *wo* aufpflanzen, (auf-) stellen, postieren; **11.** *Faust, Fuß wohin* setzen, ‚pflanzen'; **12.** *fig. Ideen etc.* (ein)pflanzen, einimpfen; **13.** *sl. Schlag* ‚landen', ‚verpassen'; *Schuss* setzen, knallen; **14.** *Spitzel* einschleusen; **15.** *sl. Belastendes etc.* (ein)schmuggeln, ‚deponieren': ~ ***s.th. on*** *j-m et.* ‚unterschieben'; **16.** *j-n* im Stich lassen.
plan·tain[1] ['plæntɪn] *s.* ⚘ Wegerich *m*.
plan·tain[2] ['plæntɪn] *s.* ⚘ **1.** Pi'sang *m*; **2.** Ba'nane *f* (*Frucht*).
plan·ta·tion [plæn'teɪʃn] *s.* **1.** Pflanzung *f* (*a. fig.*), Plan'tage *f*; **2.** (Wald)Schonung *f*; **3.** *hist.* Ansiedlung *f*, Kolo'nie *f*.
plant·er ['plɑːntə] *s.* **1.** Pflanzer *m*, Plan'tagenbesitzer *m*; **2.** *hist.* Siedler *m*; **3.** 'Pflanzma,schine *f*.
plan·ti·grade ['plæntɪgreɪd] *zo.* **I** *adj.* auf den Fußsohlen gehend; **II** *s.* Sohlengänger *m* (*Bär etc.*).
plant louse *s.* [*irr.*] *zo.* Blattlaus *f*.
plaque [plɑːk] *s.* **1.** (Schmuck)Platte *f*; **2.** A'graffe *f*, (Ordens)Schnalle *f*, Spange *f*; **3.** Gedenktafel *f*; **4.** (Namens-) Schild *n*; **5.** ⚕ Fleck *m*: ***dental*** ~ Zahnbelag *m*.
plash[1] [plæʃ] *v/t. u. v/i.* (Zweige) zu e-r Hecke verflechten.
plash[2] [plæʃ] **I** *v/i.* **1.** platschen, plätschern (*Wasser*); *im Wasser* plan(t)schen; **II** *v/t.* **2.** platschen *od.* klatschen auf (*acc.*): ~! platsch!; **III** *s.* **3.** Platschen *n*, Plätschern *n*, Spritzen *n*; **4.** Pfütze *f*, Lache *f*; '**plash·y** [-ʃɪ] *adj.* **1.** plätschernd, klatschend, spritzend; **2.** voller Pfützen, matschig, feucht.

P

plasm ['plæzəm], **'plas·ma** [-zmə] *s.* **1.** *biol.* ('Milch-, 'Blut-, 'Muskel)ˌPlasma *n*; **2.** *biol.* Proto'plasma *n*; **3.** *min.*, *phys.* 'Plasma *n*; **plas·mat·ic** [plæz'mætɪk], **'plas·mic** [-zmɪk] *adj. biol.* plas'matisch, Plasma...

plas·ter ['plɑːstə] **I** *s.* **1.** *pharm.* (Heft-, Senf)Pflaster *n*; **2.** a) Gips *m* (*a.* ⚕), b) ⚙ Mörtel *m*, Verputz *m*, Bewurf *m*, Tünche *f*: ~ ***cast*** a) Gipsabdruck *m*, b) ⚕ Gipsverband *m*; **3.** *mst* ~ ***of Paris*** a) (gebrannter) Gips (*a.* ⚕), b) Stuck *m*, Gips(mörtel) *m*; **II** *v/t.* **4.** ⚙ (ver)gipsen, (über)'tünchen, verputzen; **5.** bepflastern (*a. fig. mit Plakaten, Steinwürfen etc.*); **6.** *fig.* über'schütten (***with*** mit *Lob etc.*); **7.** ***be ~ed*** *sl.* ‚besoffen' sein; **'plas·ter·er** [-ərə] *s.* Stucka'teur *m*; **'plas·ter·ing** [-ərɪŋ] *s.* **1.** Verputz *m*, Bewurf *m*; **2.** Stuck *m*; **3.** Gipsen *n*; **4.** Stucka'tur *f*.

plas·tic ['plæstɪk] **I** *adj.* (□ ***~ally***) **1.** plastisch: ~ ***art*** bildende Kunst, Plastik *f*; **2.** formgebend, gestaltend; **3.** ⚙ (ver)formbar, knetbar, plastisch: ~ ***clay*** bildfähiger Ton; **4.** Kunststoff...: ~ ***bag*** Plastikbeutel *m*, -tüte *f*; (***synthetic***) ~ ***material*** → 9; **5.** ⚕ plastisch: ~ ***surgery***; ~ ***surgeon*** Facharzt *m* für plastische Chirurgie; **6.** *fig.* plastisch, anschaulich; **7.** *fig.* formbar (*Geist*); **8.** ~ ***bomb*** Plastikbombe *f*; **II** *s.* **9.** ⚙ (Kunstharz)Pressstoff *m*, Plastik-, Kunststoff *m*; **'plas·ti·cine** [-ɪsiːn] *s.* Plasti'lin *n*, Knetmasse *f*; **plas·tic·i·ty** [plæ'stɪsətɪ] *s.* Plastizi'tät *f* (*a. fig. Bildhaftigkeit*), (Ver)Formbarkeit *f*; **'plas·ti·ciz·er** [-ɪsaɪzə] *s.* ⚙ Weichmacher *m*.

plat [plæt] → ***plait***, ***plot*** 1.

plate [pleɪt] **I** *s.* **1.** *allg.* Platte *f* (*a. phot.*); (Me'tall)Schild *n*, Tafel *f*; (Namen-, Firmen-, Tür)Schild *n*; **2.** *paint.* (Kupfer- *etc.*)Stich *m*; *weitS.* Holzschnitt *m*: ***etched*** ~ Radierung *f*; **3.** (Bild)Tafel *f* (*Buch*); **4.** (Ess-, *eccl.* Kol'lekten)Teller *m*; Platte *f* (*a. Gang e-r Mahlzeit*); *coll.* (Gold-, Silber-, Tafel-) Geschirr *n od.* (-)Besteck *n*: ***German*** ~ Neusilber *n*; ***have a lot on one's*** ~ F viel am Hals haben; ***hand s.o. s.th. on a*** ~ j-m et. ‚auf dem Tablett servieren'; **5.** ⚙ (Glas-, Me'tall)Platte *f*; Scheibe *f*, La'melle *f* (*Kupplung etc.*); Deckel *m*; **6.** ⚙ Grobblech *n*; Blechtafel *f*; **7.** ⚡ *Radio*: A'node *f e-r Röhre*; Platte *f*, Elek'trode *f e-s Kondensators*; **8.** *typ.* (Druck-, Stereo'typ)Platte *f*; **9.** Po'kal *m*, Preis *m beim Rennen*; **10.** *Am. Baseball*: (Schlag)Mal *n*; **11.** *a.* ***dental*** ~ a) (Gaumen)Platte *f*, b) *weitS.* (künstliches) Gebiss; **12.** *Am. sl.* a) ('hyper)eleˌgante Per'son, b) ‚tolle Frau'; **13.** *pl. sl.* ‚Plattfüße' *pl.* (*Füße*); **II** *v/t.* **14.** mit Platten belegen; ⚔, ⚓ panzern, blenden; **15.** plattieren, (mit Me'tall) über'ziehen; **16.** *typ.* a) stereotypieren, b) *Typendruck*: in Platten formen; ~ **ar·mo(u)r** *s.* ⚓, ⚙ Plattenpanzer(ung *f*) *m*.

pla·teau ['plætəʊ] *pl.* **-teaux**, **teaus** [-z] (*Fr.*) *s.* Pla'teau *n* (*a. fig. psych. etc.*), Hochebene *f*.

plate cir·cuit *s.* ⚡ An'odenkreis *m*.

plat·ed ['pleɪtɪd] *adj.* ⚙ plattiert, me'tallüberˌzogen, versilbert, -goldet, dubliert; **'plate·ful** [-fʊl] *pl.* **-fuls** *s. ein* Teller *m* (voll).

plate| glass *s.* Scheiben-, Spiegelglas *n*; **'~ˌhold·er** *s. phot.* ('Platten)Kasˌsette *f*; **'~ˌlay·er** *s.* 🚂 Streckenarbeiter *m*; **'~mark** → ***hallmark***.

plat·en ['plætən] *s.* **1.** *typ.* Drucktiegel *m*, Platte *f*: ~ ***press*** Tiegeldruckpresse *f*; **2.** ('Schreibmaˌschinen)Walze *f*; **3.** 'Druckzyˌlinder *m* (*Rotationsmaschine*).

plat·er ['pleɪtə] *s.* **1.** ⚙ Plattierer *m*; **2.** (minderwertiges) Rennpferd.

plate| shears *s. pl.* Blechschere *f*; ~ **spring** *s.* ⚙ Blattfeder *f*.

plat·form ['plætfɔːm] *s.* **1.** Plattform *f*, ('Redner)Triˌbüne *f*, Podium *n*; **2.** ⚙ Rampe *f*; (Lauf-, Steuer)Bühne *f*: ***lifting*** ~ Hebebühne *f*; **3.** Treppenabsatz *m*; **4.** *geogr.* a) Hochebene *f*, b) Ter'rasse *f* (*a. engS.*); **5.** 🚂 a) Bahnsteig *m*, b) Plattform *f am Wagenende*); **6.** ⚔ Bettung *f e-s Geschützes*; **7.** a) *a.* ~ ***sole*** Pla'teausohle *f*, b) *pl*, *a.* ~ ***shoes*** Schuhe *pl.* mit Plateausohle; **8.** *fig.* öffentliches Forum, Podiumsgespräch *n*; **9.** *pol.* Par'teiproˌgramm *n*, Plattform *f*; *bsd. Am.* program'matische Wahlerklärung; ~ **car** *bsd. Am.* → ***flatcar***; ~ **scale** *s.* ⚙ Brückenwaage *f*; ~ **tick·et** *s.* Bahnsteigkarte *f*.

plat·ing ['pleɪtɪŋ] *s.* **1.** Panzerung *f*; **2.** ⚙ Beplattung *f*, Me'tallˌauflage *f*, Verkleidung *f* (*mit Metallplatten*); **3.** Plattieren *n*, Versilberung *f*.

pla·tin·ic [plə'tɪnɪk] *adj.* Platin...: ~ ***acid*** ⚗ Platinchlorid *n*; **plat·i·nize** ['plætɪnaɪz] *v/t.* **1.** ⚙ platinieren, mit Platin über'ziehen; **2.** ⚗ mit Platin verbinden; **plat·i·num** ['plætɪnəm] *s.* Platin *n*: ~ ***blonde*** F Platinblondine *f*.

plat·i·tude ['plætɪtjuːd] *s. fig.* Plattheit *f*, Gemeinplatz *m*, Platti'tüde *f*; **plat·i·tu·di·nar·i·an** ['plætɪˌtjuːdɪ'neərɪən] *s.* Phrasendrescher *m*, Schwätzer *m*; **plat·i·tu·di·nize** [ˌplætɪ'tjuːdɪnaɪz] *v/i.* sich in Gemeinplätzen ergehen, quatschen; **plat·i·tu·di·nous** [ˌplætɪ'tjuːdɪnəs] *adj.* □ platt, seicht, phrasenhaft.

Pla·ton·ic [plə'tɒnɪk] *adj.* (□ ***~ally***) pla'tonisch.

pla·toon [plə'tuːn] *s.* **1.** ⚔ Zug *m* (*Kompanieabteilung*): ***in*** (*od.* ***by***) ***~s*** zugweise; **2.** Poli'zeiaufgebot *n*.

plat·ter ['plætə] *s.* **1.** (Servier)Platte *f*:

***hand s.o. s.th. on a ~** fig.* F j-m et. ‚auf e-m Tablett servieren'; **2.** *Am. sl.* Schallplatte *f*.

plat·y·pus ['plætɪpəs] *pl.* **-pus·es** *s. zo.* Schnabeltier *n*.

plat·y(r)·rhine ['plætɪraɪn] *zo.* **I** *adj.* breitnasig; **II** *s.* Breitnase *f* (*Affe*).

plau·dit ['plɔːdɪt] *s. mst pl.* lauter Beifall, Ap'plaus *m*.

plau·si·bil·i·ty [ˌplɔːzə'bɪlətɪ] *s.* **1.** Glaubwürdigkeit *f*, Wahr'scheinlichkeit *f*; **2.** gefälliges Äußeres, einnehmendes Wesen; **3.** *Computer*: ˌPlausibili'tät *f*;

plau·si·ble ['plɔːzəbl] *adj.* □ **1.** glaubhaft, einleuchtend, annehmbar, plau'sibel; **2.** einnehmend, gewinnend (*Äußeres*); **3.** glaubwürdig.

play [pleɪ] **I** *s.* **1.** (Glücks-, Wett-, Unter'haltungs)Spiel *n* (*a. sport*): ***be at ~*** a) spielen, b) *Kartenspiel*: am Ausspielen sein, c) *Schach*: am Zuge sein; ***it is your ~*** Sie sind am Spiel; ***in*** (***out of***) ***~*** *sport*: (noch) im Spiel (im Aus) (*Ball*); ***lose money at ~*** Geld verwetten; **2.** Spiel(weise *f*) *n*: ***that was pretty ~*** das war gut (gespielt); → ***fair***[1] 9, ***foul play***; **3.** Spiele'rei *f*, Kurzweil *f*, *a.* Liebesspiel(e *pl.*) *n*: ***a ~ of words*** ein Spiel mit Worten; ***a ~*** (***up***)***on words*** ein Wortspiel; ***in ~*** im Scherz; **4.** *thea.* (Schau)Spiel *n*, (The'ater)Stück *n*: ***at the ~*** im Theater; ***go to the ~*** ins Theater gehen; ***as good as a ~*** äußerst amüsant *od.* interessant; **5.** Spiel *n*, Vortrag *m*; **6.** *fig.* Spiel *n des Lichtes auf Wasser etc.*, spielerische Bewegung, (*Muskel- etc.*)Spiel *n*: ***~ of colo***(***u***)***rs*** Farbenspiel; **7.** Bewegung *f*, Gang *m*: ***bring into ~*** a) in Gang bringen, b) ins Spiel *od.* zur Anwendung bringen; ***come into ~*** ins Spiel kommen; ***make ~*** a) Wirkung haben, b) s-n Zweck erfüllen; ***make ~ with*** zur Geltung bringen, sich brüsten mit; ***make a ~ for*** *Am. sl. e-m Mädchen* den Kopf verdrehen wollen; **8.** Spielraum *m* (*a. fig.*); ⚙ *mst* Spiel *n*: ***allow*** (*od.* ***give***) ***full*** (*od.* ***free***) ***~ to*** *e-r Sache*, *s-r Fantasie etc.* freien Lauf lassen; **II** *v/i.* **9.** a) spielen (*a. sport*, *thea. u. fig.*) (**for** um *Geld etc.*), b) mitspielen (*a. fig. mitmachen*): ***~ at*** a) *Ball*, *Karten etc.* spielen, b) *fig.* sich nur so nebenbei mit *et.* beschäftigen; ***~ at business*** ein bisschen in Geschäften machen; ***~ for time*** a) Zeit zu gewinnen suchen, b) *sport*: auf Zeit spielen; ***~ into s.o.'s hands*** j-m in die Hände spielen; ***~*** (***up***)***on*** a) ♪ auf *einem Instrument* spielen, b) mit *Worten* spielen, c) *fig. j-s Schwächen* ausnutzen; ***~ with*** spielen mit (*a. fig. e-m Gedanken*; *a. leichtfertig umgehen mit*; *a. engS. herumfingern an*); ***~ safe*** ‚auf Nummer sicher' gehen; ***~!*** *Tennis etc.*: bitte! (= *fertig*); → ***fair***[1] 15, ***false*** II, ***fast***[2] 3, ***gallery*** 2; **10.** a) *Kartenspiel*: ausspielen, b) *Schach*: am Zug sein, ziehen; **11.** a) ‚her'umspielen', sich amüsieren, b) Unsinn treiben, c) scherzen; **12.** a) sich tummeln, b) flattern, gaukeln, c) spielen (*Lächeln*, *Licht etc.*) (**on** auf *dat.*), d) schillern (*Farbe*), e) in Tätigkeit sein (*Springbrunnen*); **13.** a) schießen, b) spritzen, c) strahlen, streichen: ***~ on*** gerichtet sein auf (*acc.*), bestreichen, bespritzen (*Schlauch*, *Wasserstrahl*), anstrahlen, absuchen (*Scheinwerfer*); **14.** ⚙ a) Spiel(raum) haben, b) sich bewegen (*Kolben etc.*); **15.** sich *gut etc.* zum Spielen eignen (*Boden etc.*); **III** *v/t.* **16.** *Karten*, *Tennis etc.*, *a.* ♪, *a. thea. Rolle od. Stück*, *a. fig.* spielen: ***~*** (***s.th. on***) ***the piano*** (et. auf dem) Klavier spielen; ***~ both ends against the middle*** *fig.* vorsichtig lavieren; ***~ it safe*** a) kein Risiko eingehen, b) (*Wendung*) um (ganz) sicherzugehen; ***~ it low down*** *sl.* ein gemeines Spiel treiben (**on** mit *j-m*); ***~ the races*** bei (Pferde)Rennen wetten; → ***deuce*** 3, ***fool***[1] 2, ***game***[1] 4, ***havoc***, ***hooky***[2], ***trick*** 2, ***truant*** 1; **17.** a) *Karte* ausspielen (*a. fig.*): ***~ one's cards well*** s-e Chancen gut (aus)nutzen, b) *Schachfigur* ziehen; **18.** spielen, Vorstellungen geben in (*dat.*): ***~ the larger cities***; **19.** *Geschütz*, *Scheinwerfer*, *Licht-*, *Wasserstrahl etc.* richten (**on** auf *acc.*): ***~ a hose on*** *et.* bespritzen; ***~ colo***(***u***)***red lights on*** *et.* bunt anstrahlen; **20.** *Fisch* auszappeln lassen;

Zssgn mit prp.:

play| at → ***play*** 9; **~ (up·)on** → ***play*** 9, 12, 13, 19; **~ up to** → ***play*** 9; **~ with** → ***play*** 9;

Zssgn mit adv.:

play| a·round *v/i.* → ***play*** 11a; **~ a·way I** *v/t. Geld* verspielen; **II** *v/i.* drauf'losspielen; **~ back** *v/t. Platte*, *Band* abspielen; **~ down** *v/t. fig.* ‚herunterspielen'; **~ off** *v/t.* **1.** *sport Spiel* a) beenden, b) *durch Stichkampf* entscheiden; **2.** *fig. j-n* ausspielen (***against*** gegen *e-n andern*); **3.** *Musik* her'unterspielen; **~ out** *v/t.* erschöpfen: ***played out*** erschöpft, ‚fertig'; **~ up I** *v/i.* **1.** ♪ lauter spielen; **2.** *sport* F ‚aufdrehen'; **3.** *Brit.* F ‚verrückt spielen' (*Auto etc.*); **4. ~ *to*** a) *j-m* schöntun, b) *j-n* unter'stützen; **II** *v/t.* **5.** *e-e Sache* ‚hochspielen'; **6.** F *j-n* ‚auf die Palme bringen' (*reizen*).

play·a·ble ['pleɪəbl] *adj.* **1.** spielbar; **2.** *thea.* bühnenreif, -gerecht.

'play|·act *v/i. contp.* ‚schauspielern'; **~ ac·tor** *s. mst contp.* Schauspieler *m* (*a. fig.*); **'~·back** *s.* ϟ **1.** Play-back *n*, Abspielen *n*: **~ *head*** Tonabnehmerkopf *m*; **2.** Wiedergabegerät *n*; **'~·bill** *s.* The'aterplaˌkat *n*; **'~·book** *s. thea.*

Textbuch *n*; '**~·boy** *s.* Playboy *m*; '**~·day** *s.* (schul)freier Tag.

play·er ['pleɪə] *s.* **1.** *sport*, *a.* ♪ Spieler (-in); **2.** *Brit. sport* Berufsspieler *m*; **3.** (Glücks)Spieler *m*; **4.** Schauspieler(in); **~ pi·an·o** *s.* me'chanisches Kla'vier.

'play,fel·low → ***playmate***.

play·ful ['pleɪfʊl] *adj.* □ **1.** spielerisch; **2.** verspielt; **3.** ausgelassen, neckisch; '**play·ful·ness** [-nɪs] *s.* **1.** Munterkeit *f*; Ausgelassenheit *f*; **2.** Verspieltheit *f*.

'play|·girl *s.* Playgirl *n*; '**~,go·er** *s.* The'aterbesucher(in); '**~·ground** *s.* **1.** Spiel-, Tummelplatz *m* (*a. fig.*); **2.** Schulhof *m*; '**~·house** *s.* **1.** *thea.* Schauspielhaus *n*; **2.** Spielhaus *n*, -hütte *f*.

play·ing| card ['pleɪɪŋ] *s.* Spielkarte *f*; **~ field** *s. Brit.* Sport-, Spielplatz *m*.

play·let ['pleɪlɪt] *s.* kurzes Schauspiel.

'play|·mate *s.* 'Spielkame,rad(in), Gespiele *m*, Gespielin *f*; '**~-off** *s. sport* Entscheidungsspiel *n*; '**~·pen** Laufgitter *n*; '**~·suit** *s.* Spielhöschen *n*; '**~·thing** *s.* Spielzeug *n* (*fig. a. Person*); '**~·time** *s.* **1.** Freizeit *f*; **2.** *ped.* große Pause; '**~·wright** *s.* Bühnenschriftsteller *m*, Dra'matiker *m*.

plea [pliː] *s.* **1.** Vorwand *m*, Ausrede *f*: ***on the ~ of*** (*od.* ***that***) unter dem Vorwand (*gen.*) *od.* dass; **2.** ⚖ a) Verteidigung *f*, b) Antwort *f* des Angeklagten: ***~ of guilty*** Schuldgeständnis *n*; **3.** ⚖ Einrede *f*: ***make a ~*** Einspruch erheben; ***~ of the crown*** *Brit.* Strafklage *f*; **4.** *fig.* (dringende) Bitte (***for*** um), Gesuch *n*; **5.** *fig.* Befürwortung *f*; **~ bar·gain·ing** *s. Brit.* ⚖ Verfahrensabsprache *f* (*inoffizielle Absprache, nach der ein Angeklagter durch Schuldbekenntnis e-e milde Strafe zugesichert bekommt*).

plead [pliːd] **I** *v/i.* **1.** ⚖ *u. fig.* plädieren (***for*** für); **2.** ⚖ (*vor Gericht*) e-n Fall erörtern, Beweisgründe vorbringen; **3.** ⚖ sich zu s-r Verteidigung äußern: ***~ guilty*** sich schuldig bekennen (***to*** *gen.*); **4.** dringend bitten (***for*** um, ***with s.o.*** j-n); **5.** sich einsetzen *od.* verwenden (***for*** für, ***with s.o.*** bei j-m); **6.** einwenden *od.* geltend machen (***that*** dass); **II** *v/t.* **7.** ⚖ *u. fig.* als Verteidigung *od.* Entschuldigung anführen, *et.* vorschützen: ***~ ignorance***; **8.** ⚖ erörtern; **9.** ⚖ a) *Sache* vertreten, verteidigen: ***~ s.o.'s cause***, b) (als Beweisgrund) vorbringen, anführen; '**plead·er** [-də] *s.* ⚖ *u. fig.* Anwalt *m*, Sachwalter *m*; '**plead·ing** [-dɪŋ] **I** *s.* **1.** ⚖ a) Plädo'yer *n*, b) Plädieren *n*, Führen *n* e-r Rechtssache, c) Parteivorbringen *n*, d) *pl.*, gerichtliche Verhandlungen *pl.*, e) *bsd. Brit.* vorbereitete Schriftsätze *pl.*, Vorverhandlung *f*; **2.** Fürsprache *f*; **3.** Bitten *n* (***for*** um); **II** *adj.* □ **4.** flehend, bittend, inständig.

pleas·ant ['pleznt] *adj.* □ **1.** angenehm (*a. Geruch, Traum etc.*), wohltuend, erfreulich (*Nachrichten etc.*), vergnüglich; **2.** freundlich (*a. Wetter, Zimmer*): ***please look ~!*** bitte recht freundlich!; '**pleas·ant·ness** [-nɪs] *s.* **1.** *das* Angenehme; angenehmes Wesen; **2.** Freundlichkeit *f*; **3.** Heiterkeit *f* (*a. fig.*); '**pleas·ant·ry** [-trɪ] *s.* **1.** Heiter-, Lustigkeit *f*; **2.** Scherz *m*: a) Witz *m*, b) Hänse'lei *f*.

please [pliːz] **I** *v/i.* **1.** gefallen, angenehm sein, befriedigen, Anklang finden: ***~!*** bitte (sehr)!; ***as you ~*** wie Sie wünschen; ***if you ~*** a) wenn ich bitten darf, wenn es Ihnen recht ist, b) *iro.* gefälligst, c) man stelle sich vor, denken Sie nur; ***~ come in!*** bitte, treten Sie ein!; **2.** befriedigen, zufrieden stellen: ***anxious to ~*** dienstbeflissen, sehr eifrig; **II** *v/t.* **3.** *j-m* gefallen *od.* angenehm sein *od.* zusagen, *j-n* erfreuen: ***be ~d to do*** sich freuen *et.* zu tun; ***I am only too ~d to do it*** ich tue es mit dem größten Vergnügen; ***be ~d with*** a) befriedigt sein von, b) Vergnügen haben an (*dat.*), c) Gefallen finden an (*dat.*): ***I am ~d with it*** es gefällt mir; **4.** befriedigen, zufrieden stellen: ***~ o.s.*** tun, was man will; ***~ yourself*** a) wie Sie wünschen, b) bitte, bedienen Sie sich; ***only to ~ you*** nur Ihnen zuliebe; → ***hard*** 3; **5.** (*a. iro.*) geruhen, belieben (***to do*** *et.* zu tun): ***~ God*** so Gott will; **pleased** [-zd] *adj.* zufrieden (***with*** mit), erfreut (***at*** über *acc.*); → ***Punch***[4]; '**pleas·ing** [-zɪŋ] *adj.* □ angenehm, wohltuend, gefällig.

pleas·ur·a·ble ['pleʒərəbl] *adj.* □ angenehm, vergnüglich, ergötzlich.

pleas·ure ['pleʒə] **I** *s.* **1.** Vergnügen *n*, Freude *f*, (*a. sexueller*) Genuss, Lust *f*: ***with ~!*** mit Vergnügen!; ***give s.o. ~*** j-m Vergnügen (*od.* Freude) machen; ***have the ~ of doing*** das Vergnügen haben, *et.* zu tun; ***take ~ in*** (*od.* ***at***) Vergnügen *od.* Freude finden an (*dat.*): ***he takes (a) ~ in contradicting*** es macht ihm Spaß zu widersprechen; ***take one's ~*** sich vergnügen; ***a man of ~*** ein Genussmensch; **2.** Gefallen *m*, Gefälligkeit *f*: ***do s.o. a ~*** j-m e-n Gefallen tun; **3.** Belieben *n*, Gutdünken *n*: ***at ~*** nach Belieben; ***at the Court's ~*** nach dem Ermessen des Gerichts; ⚖ ***during Her Majesty's ~*** *Brit.* auf unbestimmte Zeit (*Freiheitsstrafe*); **II** *v/i.* **4.** sich erfreuen *od.* vergnügen; **~ boat** *s.* Vergnügungsdampfer *m*; **~ ground** *s.* Vergnügungs-, Rasenplatz *m*; **~ prin·ci·ple** *s. psych.* 'Lustprin,zip *n*; '**~-,seek·ing** *adj.* vergnügungssüchtig; **~ tour** *s.*, **~ trip** *s.* Vergnügungsreise *f*.

pleat [pliːt] **I** *s.* (Rock- *etc.*)Falte *f*; **II** *v/t.* falten, fälteln, plissieren.

ple·be·ian [plɪ'biːən] **I** *adj.* ple'bejisch; **II** *s.* Ple'bejer(in); **ple'be·ian·ism** [-nɪzəm] *s.* Ple'bejertum *n.*

pleb·i·scite ['plebɪsɪt] *s.* Plebis'zit *n*, Volksabstimmung *f*, -entscheid *m.*

plec·trum ['plektrəm] *pl.* **-tra** [-ə] *s.* ♪ Plektron *n.*

pledge [pledʒ] **I** *s.* **1.** (Faust-, 'Unter-) Pfand *n*, Pfandgegenstand *m*; Verpfändung *f*; Bürgschaft *f*, Sicherheit *f*; *hist.* Bürge *m*, Geisel *f*: ***in ~ of*** a) als Pfand für, b) *fig.* als Beweis für, zum Zeichen, dass; ***hold in ~*** als Pfand halten; ***put in ~*** verpfänden; ***take out of ~*** *Pfand* auslösen; **2.** Versprechen *n*, feste Zusage, Gelübde *n*, Gelöbnis *n*: ***take the ~*** dem Alkohol abschwören; **3.** *fig.* 'Unterpfand *n*, Beweis *m* (*der Freundschaft etc.*): ***under the ~ of secrecy*** unter dem Siegel der Verschwiegenheit; **4.** *a.* ***~ of love*** *fig.* Pfand *n* der Liebe (*Kind*); **5.** Zutrinken *n*, Toast *m*; **6.** *bsd. univ. Am.* a) Versprechen *n*, e-r Verbindung *od.* e-m (Geheim)Bund beizutreten, b) Anwärter(in) auf solche Mitgliedschaft; **II** *v/t.* **7.** verpfänden (***s.th. to s.o.*** j-m et.); Pfand bestellen für, e-e Sicherheit leisten für; als Sicherheit *od.* zum Pfand geben: ***~ one's word*** *fig.* sein Wort verpfänden; ***~d article*** Pfandobjekt; ***~d merchandise*** † sicherungsübereignete Ware(n); ***~d securities*** † lombardierte Effekten; **8.** *j-n* verpflichten (***to*** zu, auf *acc.*): ***~ o.s.*** geloben, sich verpflichten; **9.** *j-m* zutrinken, auf das Wohl (*gen.*) trinken; **'pledge·a·ble** [-dʒəbl] *adj.* verpfändbar; **pledg·ee** [ple'dʒiː] *s.* Pfandnehmer(in), -inhaber (-in), -gläubiger(in); **pledge·or** [ple'dʒɔː], **'pledg·er** [-dʒə], **pledg·or** [ple'dʒɔː] *s.* ⚖ Pfandgeber(in), -schuldner(in).

Ple·iad ['plaɪəd] *pl.* **'Ple·ia·des** [-diːz] *s. ast., fig.* Siebengestirn *n.*

Pleis·to·cene ['plaɪstəʊsiːn] *s. geol.* Pleisto'zän *n*, Di'luvium *n.*

ple·na·ry ['pliːnərɪ] *adj.* **1.** □ voll(ständig), Voll..., Plenar...: ***~ session*** Plenarsitzung *f*; **2.** voll('kommen), uneingeschränkt: ***~ indulgence*** *R.C.* vollkommener Ablass; ***~ power*** Generalvollmacht *f.*

plen·i·po·ten·ti·ar·y [ˌplenɪpəʊ'tenʃərɪ] **I** *s.* **1.** (Gene'ral)Beˌvollmächtigte(r *m*) *f*, bevollmächtigter Gesandter *od.* Mi'nister; **II** *adj.* **2.** bevollmächtigt; **3.** abso'lut, unbeschränkt.

plen·i·tude ['plenɪtjuːd] *s.* **1.** → ***plenty*** 1; **2.** Vollkommenheit *f.*

plen·te·ous ['plentjəs] *adj.* □ *poet.* reich(lich); **'plen·te·ous·ness** [-nɪs] *s. poet.* Fülle *f.*

plen·ti·ful ['plentɪfʊl] *adj.* □ reich(lich), im 'Überfluss (vor'handen); **'plen·ti·ful·ness** [-nɪs] → ***plenty*** 1.

plen·ty ['plentɪ] **I** *s.* Fülle *f*, 'Überfluss *m*, Reichtum *m* (***of*** an *dat.*): ***have ~ of s.th.*** mit et. reichlich versehen sein, et. in Hülle u. Fülle haben; ***in ~*** im Überfluss; ***~ of money*** (***time***) jede Menge *od.* viel Geld (Zeit); ***~ of times*** sehr oft; → ***horn*** 4; **II** *adj. bsd. Am.* reichlich, jede Menge; **III** *adv.* F a) bei weitem, ‚lange', b) *Am.* ‚mächtig'.

ple·num ['pliːnəm] *s.* **1.** Plenum *n*, Vollversammlung *f*; **2.** *phys.* (vollkommen) ausgefüllter Raum.

ple·o·nasm ['plɪəʊnæzəm] *s.* Pleo'nasmus *m*; **ple·o·nas·tic** [ˌplɪəʊ'næstɪk] *adj.* (□ ***~ally***) pleo'nastisch.

pleth·o·ra ['pleθərə] *s.* **1.** ⚕ Blutandrang *m*; **2.** *fig.* 'Überfülle *f*, Zu'viel *n* (***of*** an *dat.*); **ple·thor·ic** [ple'θɒrɪk] *adj.* (□ ***~ally***) **1.** ⚕ ple'thorisch; **2.** *fig.* 'übervoll, über'laden.

pleu·ra ['plʊərə] *pl.* **-rae** [-riː] *s. anat.* Brust-, Rippenfell *n*; **'pleu·ral** [-rəl] *adj.* Brust-, Rippenfell...; **'pleu·ri·sy** [-rəsɪ] *s.* ⚕ Pleu'ritis *f*, Brustfell-, Rippenfellentzündung *f.*

pleu·ro·car·pous [ˌplʊərəʊ'kɑːpəs] *adj.* ⚘ seitenfrüchtig; **ˌpleu·ro·pneu'mo·ni·a** [-njʊ'məʊnjə] *s.* **1.** ⚕ Lungen- u. Rippenfellentzündung *f*; **2.** *vet.* Lungen- u. Brustseuche *f.*

plex·or ['pleksə] *s.* ⚕ Perkussi'onshammer *m.*

plex·us ['pleksəs] *pl.* **-es** [-ɪz] *s.* **1.** *anat.* Plexus *m*, (Nerven)Geflecht *n*; **2.** *fig.* Flechtwerk *n*, Netz(werk) *n*, Kom'plex *m.*

pli·a·bil·i·ty [ˌplaɪə'bɪlətɪ] *s.* Biegsamkeit *f*, Geschmeidigkeit *f* (*a. fig.*); **pli·a·ble** ['plaɪəbl] *adj.* □ **1.** biegsam, geschmeidig (*a. fig.*); **2.** *fig.* nachgiebig, fügsam, leicht zu beeinflussen(d).

pli·an·cy ['plaɪənsɪ] *s.* Biegsamkeit *f*, Geschmeidigkeit *f* (*a. fig.*); **'pli·ant** [-nt] *adj.* □ → ***pliable***.

pli·ers ['plaɪəz] *s. pl.* (*a. als sg. konstr.*) ⚙ (***a pair of ~*** e-e) (Draht-, Kneif)Zange: ***round*(*-nosed*)** ***~*** Rundzange *f.*

plight[1] [plaɪt] *s.* (missliche) Lage, Not-, Zwangslage *f.*

plight[2] [plaɪt] *bsd. poet.* **I** *v/t.* **1.** *Wort, Ehre* verpfänden, *Treue* geloben: ***~ed troth*** gelobte Treue; **2.** verloben (***to*** *dat.*); **II** *s.* **3.** *obs.* Gelöbnis *n*, feierliches Versprechen; **4.** *a.* ***~ of faith*** Verlobung *f.*

plim·soll ['plɪmsəl] *s.* Turnschuh *m.*

plinth [plɪnθ] *s.* △ **1.** Plinthe *f*, Säulenplatte *f*; **2.** Fußleiste *f.*

Pli·o·cene ['plaɪəʊsiːn] *s. geol.* Plio'zän *n.*

plod [plɒd] **I** *v/i.* **1.** *a.* ***~ along***, ***~ on*** mühsam *od.* schwerfällig gehen, sich da'hinschleppen, trotten, (ein'her)stapfen; **2.** ***~ away*** *fig.* sich abmühen *od.* -plagen (***at*** mit), ‚schuften'; **II** *v/t.* **3.** ***~***

one's way → 1; '**plod·der** [-də] *s. fig.* Arbeitstier *n*; '**plod·ding** [-dɪŋ] **I** *adj.* □ **1.** stapfend; **2.** arbeitsam, angestrengt *od.* unverdrossen (*arbeitend*); **II** *s.* **3.** Placke'rei *f*, Schufte'rei *f*.

plonk[1] [plɒŋk] *s.* F billiger u. schlechter Wein, *humor.* Fusel.

plonk[2] [plɒŋk] F **I** *v/t.* **1.** *a.* ***~ down*** *et.* ‚hinschmeißen'; **2.** ♪ zupfen auf (*acc.*); **3.** ***~ down*** *Am. sl.* ‚blechen', bezahlen; **II** *v/i.* **4.** ‚knallen'; **III** *adv.* **5.** knallend; **6.** ‚zack', genau: ***~ in the eye***; ***~!*** wamm!

plop [plɒp] **I** *v/i.* plumpsen; **II** *v/t.* plumpsen lassen; **III** *s.* Plumps *m*, Plumpsen *n*; **IV** *adv.* mit e-m Plumps; **V** *int.* plumps!

plo·sion ['pləʊʒn] *s. ling.* Verschluss(-sprengung *f*) *m*; **plo·sive** ['pləʊsɪv] **I** *adj.* Verschluss...; **II** *s.* Verschlusslaut *m*.

plot [plɒt] **I** *s.* **1.** Stück(chen) *n* Land, Par'zelle *f*, Grundstück *n*: ***a garden-~*** ein Stück Garten; **2.** *bsd. Am.* (Lage-, Bau)Plan *m*, (Grund)Riss *m*, Dia'gramm *n*, grafische Darstellung; **3.** ⚔ a) *Artillerie*: Zielort *m*, b) *Radar*: Standort *m*; **4.** (geheimer) Plan, Kom'plott *n*, Anschlag *m*, Verschwörung *f*, In'trige *f*: ***lay a ~*** ein Komplott schmieden; **5.** Handlung *f*, Fabel *f* (*Roman, Drama etc.*), *a.* In'trige *f* (*Komödie*); **II** *v/t.* **6.** e-n Plan von *et.* anfertigen, *et.* planen, entwerfen; aufzeichnen (*a.* ***~ down***) (***on*** in *dat.*); ⚓, ✈ *Kurs* abstecken, -setzen, ermitteln; ⩚ *Kurve* (grafisch) darstellen *od.* auswerten; *Luftbilder* auswerten: ***~ted fire*** ⚔ Planfeuer *n*; **7.** *a.* ***~ out*** *Land* parzellieren; **8.** *Verschwörung* planen, aushecken, *Meuterei etc.* anzetteln; **9.** *Romanhandlung etc.* entwickeln, ersinnen; **III** *v/i.* **10.** (***against***) Ränke *od.* ein Komplott schmieden, intrigieren, sich verschwören (gegen), e-n Anschlag verüben (auf *acc.*); '**plot·ter** [-tə] *s.* **1.** Planzeichner (-in); **2.** Anstifter(in); **3.** Ränkeschmied *m*, Intri'gant(in), Verschwörer(in).

plough [plaʊ] **I** *s.* **1.** Pflug *m*: ***put one's hand to the ~*** s-e Hand an den Pflug legen; **2.** ***the*** ♀ *ast.* der Große Bär *od.* Wagen; **3.** *Tischlerei*: Falzhobel *m*; **4.** *Buchbinderei*: Beschneidhobel *m*; **5.** *univ. Brit. sl.* ‚('Durch)Rasseln' *n*, ‚'Durchfall' *m*; **II** *v/t.* **6.** *Boden* ('um-)pflügen: ***~ back*** unterpflügen, *fig. Gewinn* wieder in das Geschäft stecken; → ***sand*** 2; **7.** *fig.* a) *Wasser, Gesicht* (durch)'furchen, *Wellen* pflügen, b) sich (*e-n Weg*) bahnen: ***~ one's way***; **8.** *univ. Brit. sl.* 'durchfallen lassen: ***be*** *od.* ***get ~ed*** durchrasseln; **III** *v/i.* **9.** *fig.* sich e-n Weg bahnen: ***~ through a book*** F ein Buch durchackern; '**~·land** *s.* Ackerland *n*; '**~·man** [-mən] *s.* [*irr.*] Pflüger *m*: ***~'s lunch*** Imbiss *m* aus Brot, Käse *etc.*; **~ plane** *s.* ⚙ Nuthobel *m*; '**~·share** *s.* ⸗ Pflugschar *f*.

plov·er ['plʌvə] *s. orn.* **1.** Regenpfeifer *m*; **2.** Gelbschenkelwasserläufer *m*; **3.** Kiebitz *m*.

plow [plaʊ] *etc. Am.* → ***plough*** *etc.*

ploy [plɔɪ] *s.* F Trick *m*, ‚Masche' *f*.

pluck [plʌk] **I** *s.* **1.** Rupfen *n*, Zupfen *n*, Zerren *n*; **2.** Ruck *m*, Zug *m*; **3.** Geschlinge *n von Schlachttieren*; **4.** *fig.* Schneid *m*, Mut *m*; **5.** → ***plough*** 5; **II** *v/t.* **6.** *Obst, Blumen etc.* pflücken, abreißen; **7.** *Federn, Haar, Unkraut etc.* ausreißen, -zupfen, *Geflügel* rupfen; ⚙ *Wolle* plüsen; → ***crow***[1] 1; **8.** zupfen, ziehen, zerren, reißen: ***~ s.o. by the sleeve*** j-n am Ärmel zupfen; ***~ up courage*** *fig.* Mut fassen; **9.** *sl. j-n* ‚rupfen', ausplündern; **10.** → ***plough*** 8; **III** *v/i.* **11.** (***at***) zupfen, ziehen, zerren (an *dat.*), schnappen, greifen (nach); '**pluck·i·ness** [-kɪnɪs] *s.* Schneid *m*, Mut *m*; '**pluck·y** [-kɪ] *adj.* □ F mutig, schneidig.

plug [plʌg] **I** *s.* **1.** Pflock *m*, Stöpsel *m*, Dübel *m*, Zapfen *m*; (Fass)Spund *m*; Pfropf(en) *m* (*a.* ⚕); Verschlussschraube *f*, (Hahn-, Ven'til)Küken *n*: ***drain ~*** Ablassschraube; **2.** ⚡ Stecker *m*, Stöpsel *m*: ***~-ended cord*** Stöpselschnur *f*; ***~ socket*** Steckdose *f*; **3.** *mot.* Zündkerze *f*; **4.** ('Feuer)Hy,drant *m*; **5.** (Klo'sett)Spülvorrichtung *f*; **6.** (Zahn)Plombe *f*; **7.** Priem *m* (*Kautabak*); **8.** → ***plug hat***; **9.** ✝ *sl.* Ladenhüter *m*; **10.** *sl.* alter Gaul; **11.** *sl.* a) (Faust)Schlag *m*, b) Schuss *m*, c) Kugel *f*: ***take a ~ at*** → 18; **12.** *Am. Radio*: Re'klame(hinweis *m*) *f*; **13.** F falsches Geldstück; **II** *v/t.* **14.** *a.* ***~ up*** zu-, verstopfen, zustöpseln; **15.** *Zahn* plombieren; **16.** ***~ in*** ⚡ *Gerät* einstecken, -stöpseln, *durch Steckkontakt* anschließen; **17.** F *im Radio etc.* (ständig) Reklame machen für; *Lied etc.* ständig spielen (lassen); **18.** *sl. j-m* ‚eine (*e-n Schlag, e-e Kugel*) verpassen'; **III** *v/i.* **19.** F *a.* ***~ away*** ‚schuften' (***at*** an *dat.*); **~ box** *s.* 'Steckdose *f*, -kon,takt *m*; **~ fuse** *s.* Stöpselsicherung *f*; **~ hat** *s. Am. sl.* ‚Angströhre' *f* (*Zylinder*); '**~-in** *adj.* ⚙ Steck..., Einschub...: ***~ board*** *Computer*: Steckkarte *f*; ***~ telephone*** umsteckbares Telefon; '**~-,ug·ly I** *s. Am. sl.* Schläger *m*, Ra'bauke *m*; **II** *adj.* F abgrundhässlich; **~ wrench** *s. mot.* Zündkerzenschlüssel *m*.

plum [plʌm] *s.* **1.** Pflaume *f*, Zwetsch(g)e *f*; **2.** Ro'sine (*im Pudding etc.*): ***~ cake*** Rosinenkuchen *m*; **3.** *fig.* a) ‚Ro'sine' *f* (*das Beste*), b) *a.* ***~ job*** ‚Bombenjob' *m*, c) *Am. sl.* Belohnung *f für Unterstützung bei der Wahl*

(*Posten, Titel etc.*); **4.** *Am. sl.* unverhoffter Gewinn, ✝ 'Sonderdivi,dende *f*.

plum·age ['plu:mɪdʒ] *s.* Gefieder *n*.

plumb [plʌm] **I** *s.* **1.** (Blei)Lot *n*, Senkblei *n*: ***out of ~*** aus dem Lot, nicht (mehr) senkrecht; **2.** ⚓ (Echo)Lot *n*; **II** *adj.* **3.** lot-, senkrecht; **4.** F völlig, rein (*Unsinn etc.*); **III** *adv.* **5.** *fig.* genau, ‚peng', platsch (*ins Wasser etc.*); **6.** *Am.* F ‚to'tal' (*verrückt etc.*); **IV** *v/t.* **7.** lotrecht machen; **8.** ⚓ *Meerestiefe* (ab-, aus)loten, sondieren; **9.** *fig.* sondieren, ergründen; **10.** ⚙ (mit Blei) verlöten, verbleien; **11.** F Wasser- *od.* Gasleitungen legen in (*e-m Haus*); **V** *v/i.* **12.** klempnern; **plum·ba·go** [plʌm'beɪgəʊ] *s.* **1.** *min.* a) Gra'phit *m*, b) Bleiglanz *m*; **2.** ⚘ Bleiwurz *f*.

plumb bob → ***plumb*** 1.

plum·be·ous ['plʌmbɪəs] *adj.* **1.** bleiartig; **2.** bleifarben; **3.** *Keramik*: mit Blei glasiert; **plumb·er** ['plʌmə(r)] *s.* **1.** Klempner *m*, Installa'teur *m*; **2.** Bleiarbeiter *m*; '**plum·bic** [-bɪk] *adj.* Blei...: ***~ chloride*** ⚗ Bleitetrachlorid *n*; **plum·bif·erous** [plʌm'bɪfərəs] *adj.* bleihaltig; '**plumb·ing** [-mɪŋ] *s.* **1.** Klempner-, Installa'teurarbeit *f*; **2.** Rohr-, Wasser-, Gasleitung *f*; sani'täre Einrichtung; **3.** Blei(gießer)arbeit *f*; **4.** △, ⚓ Ausloten *n*; '**plum·bism** [-bɪzəm] *s.* ⚕ Bleivergiftung *f*.

plumb line I *s.* **1.** Senkschnur *f*, -blei *n*; **II** *v/t.* **2.** △, ⚓ ausloten; **3.** *fig.* sondieren, prüfen.

plum·bo- [plʌmbəʊ] ⚗ *in Zssgn* Blei..., *z.B.* ***plumbosolvent*** Blei zersetzend.

plumb rule *s.* ⚙ Lot-, Senkwaage *f*.

plume [plu:m] **I** *s.* **1.** *orn.* (*Straußen- etc.*) Feder *f*: ***adorn o.s. with borrowed ~s*** *fig.* sich mit fremden Federn schmücken; **2.** (Hut-, Schmuck)Feder *f*; **3.** Feder-, Helmbusch *m*; **4.** *fig.* ***~*** (***of cloud***) Wolkenstreifen *m*; ***~*** (***of smoke***) Rauchfahne *f*; **II** *v/t.* **5.** mit Federn schmücken: ***~ o.s.*** (***up***)***on*** *fig.* sich brüsten mit; ***~d*** a) gefiedert, b) mit Federn geschmückt; **6.** *Gefieder* putzen; '**plume·less** [-lɪs] *adj.* ungefiedert.

plum·met ['plʌmɪt] **I** *s.* **1.** (Blei)Lot *n*, Senkblei *n*; **2.** ⚙ Senkwaage *f*; **3.** *Fischen*: (Blei)Senker *m*; **4.** *fig.* Bleigewicht *n*; **II** *v/i.* **5.** absinken, (ab)stürzen (*a. fig.*).

plum·my ['plʌmɪ] *adj.* **1.** pflaumenartig, Pflaumen...; **2.** reich an Pflaumen *od.* Ro'sinen; **3.** F ‚prima', ‚schick'; **4.** so'nor: ***~ voice***.

plu·mose ['plu:məʊs] *adj.* **1.** *orn.* gefiedert; **2.** ⚘, *zo.* federartig.

plump¹ [plʌmp] **I** *adj.* drall, mollig, ‚pummelig': ***~ cheeks*** Pausbacken; **II** *v/t. u. v/i. oft* ***~ out*** prall *od.* fett machen (werden).

plump² [plʌmp] **I** *v/i.* **1.** (hin)plumpsen, schwer fallen, sich (*in e-n Sessel etc.*) fallen lassen; **2.** *pol.* kumulieren: ***~ for*** a) *e-m Wahlkandidaten* s-e Stimme ungeteilt geben, b) *j-n* rückhaltlos unterstützen, c) sich sofort für *et.* entscheiden; **II** *v/t.* **3.** plumpsen lassen; **4.** mit *s-r Meinung etc.* her'ausplatzen, unverblümt her'aussagen; **III** *s.* **5.** F Plumps *m*; **IV** *adv.* **6.** plumpsend, mit e-m Plumps; **7.** F unverblümt, geradeheraus; **V** *adj.* ☐ **8.** F plump (*Lüge etc.*), deutlich, glatt (*Ablehnung etc.*); '**plump·er** [-pə] *s.* **1.** Plumps *m*; **2.** Bausch *m*; **3.** *pol.* ungeteilte Wahlstimme; **4.** *sl.* plumpe Lüge.

plum pud·ding *s.* Plumpudding *m* (*mit Nierenfett zubereiteter englischer Rosinenpudding*).

plum to·ma·to *s.* 'Eierto,mate *f*.

plum·y ['plu:mɪ] *adj.* **1.** gefiedert; **2.** federartig.

plun·der ['plʌndə] **I** *v/t.* **1.** *Land, Stadt etc.* plündern; **2.** rauben, stehlen; **3.** *j-n* ausplündern; **II** *v/i.* **4.** plündern, rauben; **III** *s.* **5.** Plünderung *f*; **6.** Beute *f*, Raub *m*; **7.** *Am.* F Plunder *m*; '**plun·der·er** [-ərə] *s.* Plünderer *m*, Räuber *m*.

plunge [plʌndʒ] **I** *v/t.* **1.** (ein-, 'unter-) tauchen, stürzen (***in***, ***into*** in *acc.*); *fig. j-n in Schulden etc.* stürzen; *e-e Nation in e-n Krieg* stürzen *od.* treiben; *Zimmer in Dunkel* tauchen *od.* hüllen; **2.** *Waffe* stoßen; **II** *v/i.* **3.** (ein-, 'unter-) tauchen (***into*** in *acc.*); **4.** (ab)stürzen (*a. fig. Klippe etc.*, ✝ *Preise*); **5.** *ins Zimmer etc.* stürzen, stürmen; *fig.* sich *in e-e Tätigkeit, in Schulden etc.* stürzen; **6.** ⚓ stampfen (*Schiff*); **7.** sich nach vorne werfen, ausschlagen (*Pferd*); **8.** *sl.* et. riskieren, alles auf 'eine Karte setzen; **III** *s.* **9.** (Ein-, 'Unter)Tauchen *n*; *sport* (Kopf)Sprung *m*: ***take the ~*** *fig.* den entscheidenden Schritt *od.* den Sprung wagen; **10.** Sturz *m*, Stürzen *n*; **11.** Ausschlagen *n e-s Pferdes*; **12.** Sprung-, Schwimmbecken *n*; **13.** Schwimmen *n*, Bad *n*; '**plung·er** [-dʒə] *s.* **1.** Taucher *m*; **2.** ⚙ Tauchkolben *m*; **3.** ⚡ a) Tauchkern *m*, b) Tauchspule *f*; **4.** *mot.* Ven'tilkolben *m*; **5.** ⚔ Schlagbolzen *m*; **6.** *sl.* a) Hasar'deur *m*, Spieler *m*, b) wilder Speku'lant.

plunk [plʌŋk] → ***plonk²***.

plu·per·fect [,plu:'pɜ:fɪkt] *s. a.* ***~ tense*** *ling.* Plusquamperfekt *n*, Vorvergangenheit *f*.

plu·ral ['plʊərəl] **I** *adj.* ☐ **1.** mehrfach: ***~ marriage*** Mehrehe *f*; ***~ society*** pluralistische Gesellschaft; ***~ vote*** Mehrstimmenwahlrecht *n*; **2.** *ling.*

Manche englischen Wörter erscheinen im Gegensatz zum Deutschen immer in der Mehrzahl. Hier die wichtigsten:

briefs	Slip
jeans	Jeans(hose)
shorts	kurze Hose, Shorts *pl.*, *Am.* Unterhose
pants	Unterhose, *Am.* Hose
pyjamas, *Am.* **pajamas** [pə'dʒɑːməz]	Schlafanzug
swimming trunks	Badehose
tights	Strumpfhose
trousers	Hose
binoculars [bɪ'nɒkjʊləz]	Fernglas
dentures ['dentʃəz]	Gebiss
glasses	Brille
goggles	Schutz-, Ski-, Taucherbrille
pincers	Kneifzange
pliers ['plaɪəz]	Zange
scissors ['sɪzəz]	Schere
tweezers	Pinzette
outskirts	Stadtrand
surroundings	Umgebung
congratulations	Glückwunsch
thanks	Dank
police	Polizei

All diese Substantive benötigen die Pluralform des Verbs:

These trousers are too long for me.

(!) Bei den meisten Begriffen von **briefs** bis **tweezers** handelt es sich um Gegenstände, die aus zwei praktisch identischen Hälften bestehen, daher die Pluralform. Statt **a** bzw. **an** setzt man **some** bzw. **any** oder **a pair of** voran:

I need **some** new sunglasses.
Have you got **any** cotton pyjamas?
This is **a** new **pair of** scissors.

Plural..., im Plural, plu'ralisch: ~ ***number*** → 3; **II** *s.* **3.** *ling.* Plural *m*, Mehrzahl *f*; '**plu·ral·ism** [-rəlɪzəm] *s.* **1.** Vielheit *f*; **2.** *eccl.* Besitz *m* mehrerer Pfründen *od.* Ämter; **3.** *phls.*, *pol.* Plura'lismus *m*; '**plu·ral·ist** [-rəlɪst] *adj. phls.*, *pol.* plura'listisch; **plu·ral·i·ty** [ˌplʊə'rælətɪ] *s.* **1.** Mehrheit *f*, 'Über-, Mehrzahl *f*; **2.** Vielheit *f*, -zahl *f*; **3.** *pol.* (*Am. bsd.* rela'tive) Stimmenmehrheit; **4.** → ***pluralism*** 2; '**plu·ral·ize** [-rəlaɪz] *v/t. ling.* **1.** in den Plural setzen; **2.** als *od.* im Plural gebrauchen.

P

Manche Fremdwörter im Englischen haben ihre ursprüngliche Pluralform beibehalten:

analysis [əˈnæləsɪs]	**analyses** [əˈnæləsiːz]
bacterium	**bacteria**
bureau [ˈbjʊərəʊ]	**bureaux** [ˈbjʊərəʊz]
crisis [ˈkraɪsɪs]	**crises** [ˈkraɪsiːz]
criterion [kraɪˈtɪərɪən]	**criteria**
phenomenon [fɪˈnɒmɪnən]	**phenomena**
stimulus	**stimuli** [-laɪ]
thesis [ˈθiːsɪs]	**theses** [ˈθiːsiːz]

Andere Fremdwörter haben sowohl eine „englische" als auch ihre ursprüngliche Pluralform. Heutzutage wird die 1. Form häufiger verwendet:

antenna	**antennas, antennae** [-niː]
cactus	**cactuses, cacti** [ˈkæktaɪ]
concerto [kənˈtʃeətəʊ]	**concertos, concerti** [-tiː]
formula	**formulas, formulae** [-liː]
hippopotamus	**hippopotamuses, hippopotami** [-maɪ]
index	**indexes, indices** [ˈɪndɪsiːz]
stadium	**stadiums, stadia**

plus [plʌs] **I** *prp.* **1.** plus, und; **2.** *bsd.* ✝ zuzüglich (*gen.*); **II** *adj.* **3.** Plus..., *a.* extra, Extra...; **4.** ⚕, ⚡ positiv, Plus...: **~ *quantity*** positive Größe; **5.** F plus, mit; **III** *s.* **6.** Plus(zeichen) *n*; **7.** Plus *n*, Mehr *n*, ˈÜberschuss *m*; **8.** *fig.* Plus (-punkt *m*) *n*; **ˌ~-ˈfours** *s. pl.* *weite* Knickerbocker- *od.* Golfhose.

plush [plʌʃ] **I** *s.* **1.** Plüsch *m*; **II** *adj.* **2.** Plüsch...; **3.** *sl.* (stink)vornehm, ‚feuˈdal'; **ˈplush·y** [-ʃɪ] *adj.* **1.** plüschartig; **2.** → ***plush*** 3.

plus·(s)age [ˈplʌsɪdʒ] *s. Am.* ˈÜberschuss *m*.

Plu·to [ˈpluːtəʊ] *s. myth. u. ast.* Pluto *m* (*Gott u. Planet*).

plu·toc·ra·cy [pluːˈtɒkrəsɪ] *s.* **1.** Plutokraˈtie *f*, Geldherrschaft *f*; **2.** ˈGeldaristokraˌtie *f*, *coll.* Plutoˈkraten *pl.*; **plu·to·crat** [ˈpluːtəʊkræt] *s.* Plutoˈkrat *m*, Kapitaˈlist *m*; **plu·to·crat·ic** [ˌpluːtəʊˈkrætɪk] *adj.* plutoˈkratisch.

plu·ton·ic [pluːˈtɒnɪk] *adj. geol.* pluˈtonisch; **pluˈto·ni·um** [-ˈtəʊnjəm] *s.* ⚗ Pluˈtonium *n*.

plu·vi·al [ˈpluːvjəl] *adj.* regnerisch; Regen...; **ˈplu·vi·o·graph** [-əʊgrɑːf] *s. phys.* Regenschreiber *m*; **plu·vi·om·eter** [ˌpluːvɪˈɒmɪtə] *s. phys.* Pluvioˈmeter *n*, Regenmesser *m*; **ˈplu·vi·ous** [-jəs] → ***pluvial***.

ply[1] [plaɪ] **I** *v/t.* **1.** *Arbeitsgerät* handhaben, hantieren mit; **2.** *Gewerbe* betreiben, ausüben; **3.** (***with***) bearbeiten (mit) (*a. fig.*); *fig.* *j-m* (mit *Fragen etc.*) zusetzen, *j-n* (mit *et.*) überˈhäufen: **~ *s.o. with drink*** j-n zum Trinken nötigen; **4.** *Strecke* (regelmäßig) befahren; **II** *v/i.* **5.** verkehren, fahren, pendeln (***between*** zwischen); **6.** ⚓ aufkreuzen.

ply[2] [plaɪ] **I** *s.* **1.** Falte *f*; (Garn)Strähne *f*; (Stoff-, Sperrholz- *etc.*)Lage *f*, Schicht *f*: ***three-~*** dreifach (*z.B. Garn, Teppich*); **2.** *fig.* Hang *m*, Neigung *f*; **II** *v/t.* **3.** falten; *Garn* fachen; **ˈply·wood** *s.* Sperrholz *n*.

pneu·mat·ic [njuːˈmætɪk] **I** *adj.* (□ ***~ally***) **1.** ⚙, *phys.* pneuˈmatisch, Luft...; ⚙ Druck-, Pressluft...: **~ *brake*** Druckluftbremse *f*; **~ *tool*** Pressluftwerkzeug *n*; **2.** *zo.* lufthaltig; **II** *s.* **3.** Luftreifen *m*; **4.** Fahrzeug *n* mit Luftbereifung; **~ dispatch** *s.* Rohrpost *f*; **~ drill** *s.* Pressluftbohrer *m*; **~ float** *s.* Floßsack *m*; **~ ham·mer** *s.* Presslufthammer *m*.

pneu·mat·ics [njuːˈmætɪks] *s. pl. sg. konstr. phys.* Pneuˈmatik *f*.

pneu·mat·ic| tire (*od.* **tyre**) *s.* Luftreifen *m*; *pl. a.* Luftbereifung *f*; **~ tube** *s.* pneuˈmatische Röhre; *weitS.*, *a. pl.* Rohrpost *f*.

pneu·mo·ni·a [njuːˈməʊnjə] *s.* ⚕ Lungenentzündung *f*, Pneumoˈnie *f*; **pneuˈmon·ic** [-ˈmɒnɪk] *adj.* pneuˈmonisch, die Lunge *od.* Lungenentzündung betreffend.

poach[1] [pəʊtʃ] **I** *v/t.* **1.** *a.* **~ *up*** *Erde* aufwühlen, *Rasen* zertrampeln; **2.** (zu e-m Brei) anrühren; **3.** wildern, unerlaubt jagen *od.* fangen; **4.** räubern (*a. fig.*); **5.** *sl.* wegschnappen; **6.** ⚙ *Papier* bleichen; **II** *v/i.* **7.** weich *od.* matschig werden (*Boden*); **8.** unbefugt eindringen (*on* in *acc.*); → ***preserve*** 8b; **9.** *hunt.* wildern.

poach² [pəʊtʃ] *v/t.* *Eier* pochieren: **~*ed egg*** pochiertes *od.* verlorenes Ei.

poach·er¹ ['pəʊtʃə] *s.* Wilderer *m*, Wilddieb *m*.

poach·er² ['pəʊtʃə] *s.* Po'chierpfanne *f*.

poach·ing ['pəʊtʃɪŋ] *s.* Wildern *n*, Wilde'rei *f*.

PO Box [ˌpiː əʊ 'bɒks] *s.* Postfach *n*.

po·chette [pɒ'ʃet] (*Fr.*) *s.* Handtäschchen *n*.

pock [pɒk] *s.* ⚕ **1.** Pocke *f*, Blatter *f*; **2.** → ***pockmark***.

pock·et ['pɒkɪt] **I** *s.* **1.** (*Hosen- etc., a. zo. Backen- etc.*)Tasche *f*: ***have s.o. in one's ~*** *fig.* j-n in der Tasche *od.* Gewalt haben; ***put s.o. in one's ~*** *fig.* j-n in die Tasche stecken; ***put one's pride in one's ~*** s-n Stolz überwinden, klein beigeben; **2.** *fig.* Geldbeutel *m*, Fi'nanzen *pl.*: ***be in ~*** gut bei Kasse sein; ***be 3 dollars in*** (***out of***) **~** drei Dollar profitiert (verloren) haben; ***put one's hand in one's ~*** (tief) in die Tasche greifen; → ***line²*** 2; **3.** *Brit.* Sack *m Hopfen, Wolle* (*= 76 kg*); **4.** *geol.* Einschluss *m*; **5.** *min.* (*Erz-, Gold*)Nest *n*; **6.** *Billard*: Tasche *f*, Loch *n*; **7.** ✈ (Luft)Loch *n*, Fallbö *f*; **8.** ⚔ Kessel *m*: **~ *of resistance*** Widerstandsnest *n*; **II** *adj.* **9.** Taschen..., im (*fig.* Westen)Taschenformat; **III** *v/t.* **10.** in die Tasche stecken, einstecken (*a. fig. einheimsen*); **11.** a) *fig. Kränkung* einstecken, hinnehmen, b) *Gefühle* unter'drücken, *s-n Stolz* über'winden; **12.** *Billardkugel* einlochen; **13.** *pol. Am. Gesetzesvorlage* nicht unter'schreiben, sein Veto einlegen gegen (*Präsident etc.*); **14.** ⚔ *Feind* einkesseln; **~ bat·tle·ship** *s.* ⚓ Westentaschenkreuzer *m*; **~ bil·liards** *s. pl. sing. konstr.* Poolbillard *n*; **~ book** *s.* **1.** Taschen-, No'tizbuch *n*; **2.** a) Brieftasche *f*, b) Geldbeutel *m* (*beide a. fig.*); **3.** *Am.* Handtasche *f*; **4.** Taschenbuch *n*; **~ cal·cu·la·tor** *s.* Taschenrechner *m*; **~ e·di·tion** *s.* Taschenausgabe *f*.

pock·et·ful ['pɒkɪtfʊl] *pl.* **-fuls** *s.* e-e Tasche (voll): ***a ~ of money***.

'pock·et|·knife *s.* [*irr.*] Taschenmesser *n*; **~ lamp** *s.* Taschenlampe *f*; **~ light·er** *s.* Taschenfeuerzeug *n*; **~ mon·ey** *s.* Taschengeld *n*; **'~-size(d)** *adj.* im (*fig.* Westen)Taschenformat; **~ ve·to** *s. pol. Am.* Zu'rückhalten *n od.* Verzögerung *f* e-s Gesetzentwurfs (*bsd. durch den Präsidenten etc.*).

'pock|·mark *s.* Pockennarbe *f*; **'~-marked** *adj.* pockennarbig.

pod¹ [pɒd] *s. zo.* **1.** Herde *f* (*Wale, Robben*); **2.** Schwarm *m* (*Vögel*).

pod² [pɒd] **I** *s.* **1.** ⚘ Hülse *f*, Schale *f*, Schote *f*: **~ *pepper*** Paprika *f*; **2.** *zo.* (Schutz)Hülle *f*, *a.* Ko'kon *m* (*der Seidenraupe*), Beutel *m* (*des Moschustiers*); **3.** *sl.* ‚Wampe' *f*, Bauch *m*: ***in ~*** ‚dick' (*schwanger*); **II** *v/i.* **4.** Hülsen ansetzen; **5.** *Erbsen etc.* aushülsen, -schoten.

po·dag·ra [pəʊ'dægrə] *s.* ⚕ Podagra *n*, (Fuß)Gicht *f*.

podg·y ['pɒdʒɪ] *adj.* F unter'setzt, dicklich.

po·di·a·trist [pəʊ'daɪətrɪst] *s. Am.* Fußpfleger(in); **po'di·a·try** [-trɪ] *s.* Fußpflege *f*, Pedi'küre *f*.

Po·dunk ['pəʊdʌŋk] *s. Am. contp.* ‚Krähwinkel' *n*.

po·em ['pəʊɪm] *s.* Gedicht *n* (*a. fig.*), Dichtung *f*; **po·et** ['pəʊɪt] *s.* Dichter *m*, Po'et *m*: **~ *laureate*** a) Dichterfürst *m*, b) *Brit.* Hofdichter *m*; **po·et·as·ter** [pəʊɪ'tæstə] *s.* Dichterling *m*; **po·et·ess** ['pəʊɪtɪs] *s.* Dichterin *f*.

po·et·ic, po·et·i·cal [pəʊ'etɪk(l)] *adj.* □ **1.** po'etisch, dichterisch: **~ *justice*** *fig.* ausgleichende Gerechtigkeit; → ***licence*** 4; **2.** *fig.* po'etisch, ro'mantisch, stimmungsvoll; **po'et·ics** [-ks] *s. pl. sg. konstr.* Po'etik *f*; **po·et·ize** ['pəʊɪtaɪz] **I** *v/i.* **1.** dichten; **II** *v/t.* **2.** in Verse bringen; **3.** (im Gedicht) besingen; **po·et·ry** ['pəʊɪtrɪ] *s.* **1.** Poe'sie *f* (*a. Ggs. Prosa*) (*a. fig.*), Dichtkunst *f*; **2.** Dichtung *f*, *coll.* Dichtungen *pl.*, Gedichte *pl.*: ***dramatic ~*** dramatische Dichtung.

po-faced [ˌpəʊ'feɪst] *Brit.* F grimmig (dreinschauend).

po·grom ['pɒgrəm] *s.* Po'grom *m*, *n*, (*bsd.* Juden)Verfolgung *f*.

poign·an·cy ['pɔɪnənsɪ] *s.* **1.** Schärfe *f von Gerüchen etc.*; **2.** *fig.* Bitterkeit *f*, Heftigkeit *f*, Schärfe *f*; **3.** Schmerzlichkeit *f*; **'poign·ant** [-nt] *adj.* □ **1.** scharf, beißend (*Geruch, Geschmack*); **2.** pi'kant (*a. fig.*); **3.** *fig.* a) bitter, quälend (*Reue, Hunger etc.*), b) ergreifend: ***a ~ scene***, c) beißend, scharf: **~ *wit***, d) treffend, präg'nant: **~ *remark***; **4.** 'durchdringend: ***a ~ look***.

point [pɔɪnt] **I** *s.* **1.** (*Nadel-, Messer-, Bleistift- etc.*)Spitze *f*: (***not***) ***to put too fine a ~ upon s.th.*** *fig.* et. (nicht gerade) gewählt ausdrücken; ***at the ~ of the pistol*** → ***pistol point***; ***at the ~ of the sword*** *fig.* unter Zwang, mit Gewalt; **2.** ⚙ a) Stecheisen *n*, b) Grabstichel *m*, Griffel *m*, c) Radiernadel *f*, d) Ahle *f*; **3.** *geogr.* a) Landspitze *f*, b) Himmelsrichtung *f*; → ***cardinal*** 1; **4.** *hunt.* a) (Geweih)Ende *n*, b) Stehen *n des Jagdhundes*; **5.** *ling.* a) *a.* ***full ~*** Punkt *m am Satzende*, b) **~ *of exclamation*** Ausrufezeichen *n*; → ***interrogation*** 1; **6.** *typ.* a) Punk'tur *f*, b) typo'graphischer Punkt (*= 0,376 mm im Didot-System*); **7.** ⩓ a) Punkt *m*: **~ *of intersection*** Schnittpunkt, b) (Dezi'mal)Punkt *m*,

Komma *n*; **8.** (Kompass)Strich *m*; **9.** Auge *n*, Punkt *m auf Karten, Würfeln*; **10.** → ***point lace***; **11.** *phys.* Grad *m e-r Skala* (*a. ast.*), Stufe *f* (*a.* ⚙ *e-s Schalters*), Punkt *m*: ***~ of action*** Angriffspunkt (der Kraft); ***~ of contact*** Berührungspunkt; ***~ of culmination*** Kulminations-, Gipfelpunkt; ***boiling ~*** Siedepunkt; ***freezing ~*** Gefrierpunkt; ***3 ~s below zero*** 3 Grad unter null; ***to bursting ~*** zum Bersten (*voll*); ***frankness to the ~ of insult*** *fig.* an Beleidigung grenzende Offenheit; ***up to a ~*** bis zu e-m gewissen Grad; ***when it came to the ~*** *fig.* als es so weit war, als es darauf ankam; → ***stretch*** 10; **12.** Punkt *m*, Stelle *f*, Ort *m*: ***~ of departure*** Ausgangsort; ***~ of destination*** Bestimmungsort; ***~ of entry*** ⚓ Eingangshafen *m*; ***~ of lubrication*** ⚙ Schmierstelle; ***~ of view*** *fig.* Gesichts-, Standpunkt; **13.** ⚡ a) Kon'takt(punkt) *m*, b) *Brit.* 'Steckkon,takt *m*; **14.** *Brit.* (Kon'troll)Posten *m e-s Verkehrspolizisten*; **15.** *pl.* 🚂 *Brit.* Weichen *pl.*; **16.** Punkt *m e-s Bewertungs- od. Bewirtschaftungssystems* (*a. Börse u. sport*): ***bad ~*** *sport* Strafpunkt; ***beat*** (***win***) ***on ~s*** nach Punkten schlagen (gewinnen); ***winner on ~s*** Punktsieger *m*; ***level on ~s*** punktgleich; ***give ~s to s.o.*** a) *sport* j-m vorgeben, b) *fig.* j-m überlegen sein; **17.** *Boxen*: ‚Punkt' *m* (*Kinnspitze*); **18.** *a.* ***~ of time*** Zeitpunkt *m*, Augenblick *m*: ***at the ~ of death***; ***at this ~*** a) in diesem Augenblick, b) an dieser Stelle, hier (*a. in e-r Rede etc.*); ***be on the ~ of doing s.th.*** im Begriff sein, et. zu tun; **19.** Punkt *m e-r Tagesordnung etc.*, (Einzel-, Teil)Frage *f*: ***a case in ~*** ein einschlägiger Fall, ein Beispiel; ***the case in ~*** der vorliegende Fall; ***at all ~s*** in allen Punkten, in jeder Hinsicht; ***~ of interest*** interessante Einzelheit; ***~ of law*** Rechtsfrage; ***~ of order*** a) (Punkt der) Tagesordnung *f*, b) Verfahrensfrage *f*; ***differ on many ~s*** in vielen Punkten nicht übereinstimmen; **20.** Kernpunkt *m*, -frage *f*, springender Punkt, Sache *f*: ***beside*** (*od.* ***off***) ***the ~*** nicht zur Sache gehörig, abwegig, unerheblich; ***come to the ~*** zur Sache kommen; ***the ~*** zur Sache gehörig, (zu)treffend, exakt; ***keep*** (*od.* ***stick***) ***to the ~*** bei der Sache bleiben; ***make*** (*od.* ***score***) ***a ~*** ein Argument anbringen, s-e Ansicht durchsetzen; ***make a ~ of s.th.*** Wert *od.* Gewicht auf et. legen, auf et. bestehen; ***make the ~ that*** die Feststellung machen, dass; ***that's the ~ I wanted to make*** darauf wollte ich hinaus; ***in ~ of*** hinsichtlich (*gen.*); ***in ~ of fact*** tatsächlich; ***that is the ~!*** das ist die Frage!; ***the ~ is that*** die Sache ist die, dass; ***it's a ~ of hono(u)r to him*** das ist Ehrensache für ihn; ***you have a ~ there!*** da haben Sie nicht Unrecht!; ***I take your ~!*** ich verstehe, was Sie meinen!; → ***miss²*** 1, ***press*** 8; **21.** Pointe *f e-s Witzes etc.*; **22.** Zweck *m*, Ziel *n*, Absicht *f*: ***what's your ~ in coming?***; ***carry*** (*od.* ***gain*** *od.* ***make***) ***one's ~*** sich (*od.* s-e Ansicht) durchsetzen, sein Ziel erreichen; ***there is no ~ in doing*** es hat keinen Zweck *od.* es ist sinnlos, zu tun; **23.** Nachdruck *m*: ***give ~ to one's words*** s-n Worten Nachdruck *od.* Gewicht verleihen; **24.** (her'vorstechende) Eigenschaft, (Vor)Zug *m*: ***a noble ~ in her*** ein edler Zug an ihr; ***it has its ~s*** es hat so s-e Vorzüge; ***strong ~*** starke Seite, Stärke; ***weak ~*** schwache Seite, wunder Punkt; **II** *v/t.* **25.** (an-, zu)spitzen; **26.** *fig.* pointieren; **27.** *Waffe etc.* richten (***at*** auf *acc.*): ***~ one's finger at*** (mit dem Finger) auf *j-n* deuten *od.* zeigen; ***~*** (***up***)***on*** *Augen, Gedanken etc.* richten auf (*acc.*); ***~ to*** *Kurs, Aufmerksamkeit* lenken auf (*acc.*), *j-n* bringen auf (*acc.*); **28.** ***~ out*** a) zeigen, b) *fig.* hinweisen *od.* aufmerksam machen auf (*acc.*), betonen, c) *fig.* aufzeigen (*a. Fehler*), klarmachen, d) ausführen, darlegen; **29.** ***~ off places*** ⚕ (Dezimal-) Stellen abstreichen; **30.** ***~ up*** a) △ verfugen, b) ⚙ *Fugen* glatt streichen, c) *Am. fig.* unter'streichen; **III** *v/i.* **31.** (mit dem Finger) zeigen, deuten, weisen (***at*** auf *acc.*); **32.** ***~ to*** nach *e-r Richtung* weisen *od.* liegen (*Haus etc.*); *fig.* a) hinweisen, -deuten auf (*acc.*), b) ab-, hinzielen auf (*acc.*); **33.** *hunt.* (vor)stehen (*Jagdhund*); **34.** ⚕ reifen (*Abszess etc.*); **,~-'blank** **I** *adj.* **1.** schnurgerade; **2.** ✕ Kernschuss...(*-Weite etc.*): ***at ~ range*** aus kürzester Entfernung; ***~ shot*** Fleckschuss *m*; **3.** unverblümt, offen; glatt (*Ablehnung*); **II** *adv.* **4.** geradewegs; **5.** *fig.* 'rundhe'raus, klipp u. klar; **~ du·ty** *s. Brit.* (Verkehrs)Postendienst *m* (*Polizei*).

point·ed ['pɔɪntɪd] *adj.* □ **1.** spitz, zugespitzt, Spitz...(*-bogen, -geschoss etc.*); **2.** scharf, pointiert (*Stil, Bemerkung*), anzüglich; **3.** treffend; **'point·ed·ness** [-nɪs] *s.* **1.** Spitzigkeit *f*; **2.** *fig.* Schärfe *f*, Deutlichkeit *f*; **3.** Anzüglichkeit *f*, Spitze *f*; **'point·er** [-tə] *s.* **1.** ✕ 'Richtschütze *m*, -kano,nier *m*; **2.** Zeiger *m*, Weiser *m* (*Uhr, Messgerät*); **3.** Zeigestock *m*; **4.** Radiernadel *f*; **5.** *hunt.* Vorsteh-, Hühnerhund *m*; **6.** F Fingerzeig *m*, Tipp *m*.

point lace *s.* genähte Spitze(n *pl.*).

point·less ['pɔɪntlɪs] *adj.* □ **1.** ohne Spitze, stumpf; **2.** *sport etc.* punktlos; **3.** *fig.* witzlos, ohne Pointe; **4.** *fig.* sinn-, zwecklos.

point po·lice·man [-mən] *s.* [*irr.*] → ***pointsman*** 2; **points·man** ['pɔɪnts-

P

mən] *s.* [*irr.*] *Brit.* **1.** 🚂 Weichensteller *m*; **2.** Ver'kehrspoli,zist *m*; **point system** *s.* **1.** *sport, ped. etc.* 'Punktsys,tem *n* (*a. typ.*); **2.** Punktschrift *f für Blinde*; **,point-to-'point (race)** *s.* Geländejagdrennen *n*.

poise [pɔɪz] **I** *s.* **1.** Gleichgewicht *n*; **2.** Schwebe *f* (*a. fig. Unentschiedenheit*); **3.** (*Körper-, Kopf*)Haltung *f*; **4.** *fig.* sicheres Auftreten; Gelassenheit *f*; Haltung *f*; **II** *v/t.* **5.** im Gleichgewicht halten; *et.* balancieren: ***be ~d*** a) im Gleichgewicht sein, b) gelassen *od.* ausgeglichen sein, c) *fig.* schweben: ***~d for*** bereit zu; **6.** *Kopf, Waffe etc.* halten; **III** *v/i.* **7.** schweben.

poi·son ['pɔɪzn] **I** *s.* **1.** Gift *n* (*a. fig.*): ***what is your ~?*** F was wollen Sie trinken?; **II** *v/t.* **2.** (***o.s.*** sich) vergiften (*a. fig.*); **3.** ⚕ infizieren; **'poi·son·er** [-nə] *s.* **1.** Giftmörder(in), Giftmischer(in); **2.** *fig.* Vergifter(in), ‚Giftspritze' *f*.

poi·son| fang *s. zo.* Giftzahn *m*; **~ gas** *s.* ⚔ Kampfstoff *m*, *bsd.* Giftgas *n*.

poi·son·ing ['pɔɪznɪŋ] *s.* **1.** Vergiftung *f*; **2.** Giftmord *m*; **'poi·son·ous** [-nəs] *adj.* ☐ **1.** giftig (*a. fig.*) Gift...; **2.** F ekelhaft.

,poi·son-'pen let·ter *s.* verleumderischer *od.* ob'szöner (*anonymer*) Brief.

poke¹ [pəʊk] **I** *v/t.* **1.** *j-n* stoßen, puffen, knuffen: ***~ s.o. in the ribs*** j-m e-n Rippenstoß geben; **2.** *Loch* stoßen (***in*** in *acc.*); **3.** *a.* ***~ up*** *Feuer* schüren; **4.** *Kopf* vorstrecken, *Nase etc. wohin* stecken: ***she ~s her nose into everything*** sie steckt überall ihre Nase hinein; **5.** ***~ fun at s.o.*** sich über j-n lustig machen; **II** *v/i.* **6.** stoßen (***at*** nach); stöbern (***into*** in *dat.*): ***~ about*** (herum)tasten, -tappen (***for*** nach); **7.** *fig.* a) *a.* ***~ and pry*** (herum)schnüffeln, b) sich einmischen (***into*** in *acc.*); **8.** *a.* ***~ about*** F (her'um)trödeln, bummeln; **III** *s.* **9.** (Rippen)Stoß *m*, Puff *m*, Knuff *m*; **10.** *Am.* → ***slowpoke***.

poke² [pəʊk] *s. obs.* Spitztüte *f*; → ***pig*** 1.

poke bon·net *s.* Kiepe(nhut *m*) *f*.

pok·er¹ ['pəʊkə] *s.* Schürhaken *m*: ***be as stiff as a ~*** steif wie ein Stock sein.

pok·er² ['pəʊkə] *s.* Poker(spiel) *n*.

pok·er| face *s.* Pokergesicht *n* (*unbewegtes, undurchdringliches Gesicht, a. Person*); **~ work** *s.* Brandmale'rei *f*.

pok·y ['pəʊkɪ] *adj.* **1.** eng, winzig; **2.** 'unele,gant: ***~ dress***; **3.** langweilig, ‚lahm' (*a. Mensch*).

po·lar ['pəʊlə] **I** *adj.* ☐ **1.** po'lar (*a. phys.*, ⚗), Polar...: ***~ air*** Polarluft *f*, polare Kaltluft; ***~ fox*** Polarfuchs *m*; ***~ lights*** Polarlicht *n*; ***♀ Sea*** Polar-, Eismeer *n*; **2.** *fig.* po'lar, genau entgegengesetzt (wirkend); **II** *s.* **3.** ⚗ Po'lare *f*; **~ ax·is** *s.* ⚗, *ast.* Po'larachse *f*; **~ bear** *s. zo.* Eisbär *m*; **~ cir·cle** *s. geogr.* Po'larkreis *m*.

po·lar·i·ty [pəʊ'lærətɪ] *s. phys.* Polari'tät *f* (*a. fig.*): ***~ indicator*** ⚡ Polsucher *m*; **po·lar·i·za·tion** [,pəʊləraɪ'zeɪʃn] *s.* ⚡, *phys.* Polarisati'on *f*, *fig.* Polarisierung *f*; **po·lar·ize** ['pəʊləraɪz] *v/t.* ⚡, *phys.* polarisieren (*a. fig.*); **po·lar·iz·er** ['pəʊləraɪzə] *s. phys.* Polari'sator *m*.

pole¹ [pəʊl] **I** *s.* **1.** Pfosten *m*, Pfahl *m*; **2.** (*Bohnen-, Telegrafen-, Zelt- etc.*) Stange *f*; (*sport* Sprung)Stab *m*; (Wagen)Deichsel *f*; ⚡ (Leitungs)Mast *m*; (Ski)Stock *m*: ***~ jumper*** *sport* Stabhochspringer; ***be up the ~*** *sl.* a) in der Tinte sitzen, b) verrückt sein; **3.** ⚓ a) Flaggenmast *m*, b) Schifferstange *f*: ***under bare ~s*** ⚓ vor Topp und Takel; **4.** (Mess)Rute *f* (*5,029 Meter*); **II** *v/t.* **5.** *Boot* staken; **6.** *Bohnen etc.* stängen.

pole² [pəʊl] *s.* **1.** *ast., biol., geogr., phys.* Pol *m*: ***celestial ~*** Himmelspol; ***the North (South) ♀*** der 'Nordpol ('Südpol); ***negative ~*** *phys.* negativer Pol, ⚡ *a.* Ka't(h)ode *f*; → ***positive*** 8; **2.** *fig.* Gegenpol *m*, entgegengesetztes Ex'trem: ***they are ~s apart*** Welten trennen sie.

Pole³ [pəʊl] *s.* Pole *m*, Polin *f*.

pole| aer·i·al *s.* 'Staban,tenne *f*; **'~·ax(e)** *s.* **1.** Streitaxt *f*; **2.** ⚓ a) *hist.* Enterbeil *n*, b) Kappbeil *n*; **3.** Schlächterbeil *n*; **'~·cat** *s. zo.* **1.** Iltis *m*; **2.** *Am.* Skunk *m*; **~ chang·er** *s.* ⚡ Polwechsler *m*; **~ charge** *s.* ⚔ gestreckte Ladung; **~ jump** *etc.* → ***pole vault*** *etc.*

po·lem·ic [pɒ'lemɪk] **I** *adj.* (☐ ***~ally***) **1.** po'lemisch, Streit...; **II** *s.* **2.** Po'lemiker (-in); **3.** Po'lemik *f*; **po'lem·i·cist** [-ɪsɪst] *s.* Po'lemiker(in); **po'lem·ics** [-ks] *s. pl. sg. konstr.* Po'lemik *f*.

pole| star *s. ast.* Po'larstern *m*; *fig.* Leitstern *m*; **~ vault** *s. sport* Stabhochsprung *m*; **'~-vault** *v/i. sport* stabhochspringen; **~ vault·er** *s. sport* Stabhochspringer *m*.

po·lice [pə'liːs] **I** *s.* **1.** Poli'zei(behörde, -truppe) *f*; **2.** *coll. pl. konstr.* Poli'zei *f*, *einzelne* Poli'zisten *pl.*: ***five ~***; **3.** ⚔ *Am.* Ordnungsdienst *m*: ***kitchen ~*** Küchendienst; **II** *v/t.* **4.** (poli'zeilich) über'wachen; **5.** *fig.* kontrollieren, über'wachen; **6.** ⚔ *Am. Kaserne etc.* säubern, in Ordnung halten; **III** *adj.* **7.** poli'zeilich, Polizei...(*-gericht, -gewalt, -staat etc.*): **~ blot·ter** *s. Am.* Dienstbuch *n*; **~ car** *s.* Poli'zeiauto *n*; **~ con·sta·ble** → ***policeman*** 1; **~ dog** *s.* **1.** Poli'zeihund *m*; **2.** (Deutscher) Schäferhund; **~ force** *s.* Poli'zei(truppe) *f*; **~·man** [-mən] *s.* [*irr.*] **1.** Poli'zist *m*, Schutzmann *m*; **2.** *zo.* Sol'dat *m* (*Ameise*); **~ mes·sage** *s. Radio*: a) 'Durchsage *f* der Poli'zei, b) Reiseruf *m*; **~ of·fi·cer** *s.* Poli'zeibeamte(r) *m*, Poli'zist *m*; **~ rec·ord** *s.* 'Vorstrafenre,gister *n*; **~ sta·tion** *s.* Poli'zei-

P

wache *f*, -reˌvier *n*; **~ trap** *s.* Autofalle *f*; **~ˌwoman** *s.* Poli'zistin *f*.

pol·i·clin·ic [ˌpɒlɪ'klɪnɪk] *s.* ⚕ Poliklinik *f*, Ambu'lanz *f*.

pol·i·cy¹ ['pɒlɪsɪ] *s.* **1.** Verfahren(sweise *f*) *n*, Taktik *f*, Poli'tik *f*: ***marketing ~*** ✝ Absatzpolitik *e-r Firma*; ***honesty is the best ~*** ehrlich währt am längsten; ***the best ~ would be to*** (*inf.*) das Beste *od.* Klügste wäre, zu (*inf.*); **2.** Poli'tik *f* (*Wege u. Ziele der Staatsführung*), po'litische Linie: ***foreign ~*** Außenpolitik; ***~ adviser*** (politischer) Berater; **3.** ***public ~*** ⚖ Rechtsordnung *f*: ***against public ~*** sittenwidrig; **4.** Klugheit *f*: a) Zweckmäßigkeit *f*, b) Schlauheit *f*.

pol·i·cy² ['pɒlɪsɪ] *s.* **1.** (Ver'sicherungs-) Poˌlice *f*, Versicherungsschein *m*; **2.** *a.* ***~ racket*** *Am.* Zahlenlotto *n*; **'~ˌhold·er** *s.* Versicherungsnehmer(in), Po'liceninhaber(in); **'~-ˌmak·ing** *adj.* die Richtlinien der Poli'tik bestimmend.

pol·i·o ['pəʊlɪəʊ] *s.* ⚕ F **1.** Polio *f*; **2.** Poliofall *m*.

pol·i·o·my·e·li·tis [ˌpəʊlɪəʊmaɪə'laɪtɪs] *s.* ⚕ spi'nale Kinderlähmung, Poliomye'litis *f*.

Pol·ish¹ ['pəʊlɪʃ] **I** *adj.* polnisch; **II** *s. ling.* Polnisch *n*.

pol·ish² ['pɒlɪʃ] **I** *v/t.* **1.** polieren, glätten; *Schuhe etc.* wichsen; ⚙ abschleifen, -schmirgeln, glanzschleifen; **2.** *fig.* abschleifen, verfeinern: ***~ off*** F a) *Gegner* ‚erledigen', b) *Arbeit* ‚hinhauen' (*schnell erledigen*), c) *Essen* ‚wegputzen', ‚verdrücken' (*verschlingen*); ***~ up*** aufpolieren (*a. fig. Wissen auffrischen*); **II** *v/i.* **3.** glänzend werden; sich polieren lassen; **III** *s.* **4.** Poli'tur *f*, (Hoch)Glanz *m*, Glätte *f*: ***give s.th. a ~*** et. polieren; **5.** Poliermittel *n*, Poli'tur *f*; Schuhcreme *f*; Bohnerwachs *n*; **6.** *fig.* Schliff *m* (*feine Sitten*); **7.** *fig.* Glanz *m*; **'pol·ished** [-ʃt] *adj.* **1.** poliert, glatt, glänzend; **2.** *fig.* geschliffen: a) höflich, b) gebildet, fein, c) bril'lant; **'pol·ish·er** [-ʃə] *s.* **1.** Polierer *m*, Schleifer *m*; **2.** ⚙ a) Polierfeile *f*, -stahl *m*, -scheibe *f*, -bürste *f*, b) Po'liermaˌschine *f*; **3.** Poliermittel *n*, Poli'tur *f*; **'pol·ish·ing** [-ʃɪŋ] **I** *s.* Polieren *n*, Glätten *n*, Schleifen *n*; **II** *adj.* Polier..., Putz...: ***~ file*** Polierfeile *f*; ***~ powder*** Polier-, Schleifpulver *n*; ***~ wax*** Bohnerwachs *n*.

po·lite [pə'laɪt] *adj.* ☐ **1.** höflich, artig (***to*** gegen); **2.** verfeinert, fein: ***~ arts*** schöne Künste; ***~ letters*** schöne Literatur, Belletristik; **po'lite·ness** [-nɪs] *s.* Höflichkeit *f*.

pol·i·tic ['pɒlɪtɪk] *adj.* ☐ **1.** diplo'matisch; **2.** *fig.* diplo'matisch, (welt)klug, berechnend, po'litisch; **3.** po'litisch: ***body ~*** Staatskörper *m*; **po·lit·i·cal** [pə'lɪtɪkl] *adj.* ☐ **1.** po'litisch: ***~ correctness*** Po'litical Cor'rectness *f*, po'litische Kor'rektheit *f*; ***~ly correct*** po'litisch kor'rekt (*Wortwahl*); ***~ economy*** Volkswirtschaft *f*; ***~ science*** Politologie *f*; ***~ scientist*** Politologe *m*, Politikwissenschaftler *m*; ***a ~ issue*** ein Politikum; **2.** staatlich, Staats...: ***~ system*** Regierungssystem *n*; **pol·i·ti·cian** [ˌpɒlɪ'tɪʃn] *s.* **1.** Po'litiker *m*; **2.** a) (Par'tei)Poˌlitiker *m* (*a. contp.*), b) *Am.* po'litischer Opportu'nist; **po·lit·i·cize** [pə'lɪtɪsaɪz] *v/i. u. v/t. allg.* politisieren; **po·lit·i·co** [pə'lɪtɪkəʊ] *Am.* F *für* ***politician*** 2.

Political correctness

Kurz **PC** genannt, ist diese in den USA entstandene Bewegung bestrebt, „diskriminierende" Ausdrücke in der englischen Sprache zu „neutralisieren". Ein frühes Beispiel im britischen Englisch war die Ersetzung von **pensioner** („Rentner[in]") durch **senior citizen** („Senior[in]"), eine Entwicklung, die sich auch in der deutschen Sprache vollzogen hat.

Besonders die Bezeichnungen verschiedener Rassen und ethnischer Minderheiten haben sich durch den Einfluss von **political correctness** verändert. Dazu gehören die in den USA heimischen Indianer. Der letzte Begriff ist der aktuelle:

(Red) Indian → American Indian → Native American

Ähnlich bei den Schwarzen:

negro → coloured person → black → African American

po·lit·i·co- [pəlɪtɪkəʊ] *in Zssgn* politisch-...: ***~-economical*** wirtschaftspolitisch.

pol·i·tics ['pɒlɪtɪks] *s. pl. oft sg. konstr.* **1.** Poli'tik *f*, Staatskunst *f*; **2.** (Par'tei-, 'Staats)Poliˌtik: ***enter ~*** ins politische Leben (ein)treten; **3.** po'litische Über'zeugung *od.* Richtung: ***what are his ~?*** wie ist er politisch eingestellt?; **4.**

fig. (Inter'essen)Poli,tik *f*; **5.** *Am.* (politische) Machenschaften *pl.*: ***play ~*** Winkelzüge machen, manipulieren; **'pol·i·ty** [-ɪtɪ] *s.* **1.** Regierungsform *f*, Verfassung *f*, politische Ordnung; **2.** Staats-, Gemeinwesen *n*, Staat *m*.

pol·ka ['pɒlkə] **I** *s.* ♪ Polka *f*; **II** *v/i.* Polka tanzen; **~ dot** *s.* Punktmuster *n* (*auf Textilien*).

poll[1] [pəʊl] **I** *s.* **1.** *bsd. dial. od. humor.* (Hinter)Kopf *m*; **2.** ('Einzel)Per,son *f*; **3.** Abstimmung *f*, Stimmabgabe *f*, Wahl *f*: ***poor ~*** geringe Wahlbeteiligung; **4.** Wählerliste *f*; **5.** a) Stimmenzählung *f*, b) Stimmenzahl *f*; **6.** *mst pl.* 'Wahllo,kal *n*: ***go to the ~s*** zur Wahl (-urne) gehen; **7.** (Ergebnis *n* e-r) ('Meinungs),Umfrage *f*; **II** *v/t.* **8.** *Haar etc.* stutzen, (*a. Tier*) scheren; *Baum* kappen; *Pflanze* köpfen; *e-m Rind* die Hörner stutzen; **9.** in die Wahlliste eintragen; **10.** *Wahlstimmen* erhalten, auf sich vereinigen; **11.** *Bevölkerung* befragen; **III** *v/i.* **12.** s-e Stimme abgeben, wählen: ***~ for*** stimmen für.

poll[2] [pɒl] *s. univ. Brit. sl.* **1.** *coll.* ***the ~*** *Studenten, die sich nur auf den* ***poll degree*** (→ 2) vorbereiten; **2.** *a.* ***~ examination*** (leichteres) Bakkalaure'atsex,amen: ***~ degree*** *nach Bestehen dieses Examens erlangter Grad.*

poll[3] [pəʊl] **I** *adj.* hornlos: ***~ cattle***; **II** *s.* hornloses Rind.

pol·lack ['pɒlək] *pl.* **-lacks**, *bsd. coll.* **-lack** *s.* Pollack *m*, Steinköhler *m* (*Dorsch*).

pol·lard ['pɒləd] **I** *s.* **1.** gekappter Baum; **2.** *zo.* a) hornloses Tier, b) Hirsch, der sein Geweih abgeworfen hat; **3.** (Weizen)Kleie *f*; **II** *v/t.* **4.** *Baum etc.* kappen, stutzen.

'poll·book *s.* Wählerliste *f*.

pol·len ['pɒlən] *s.* ⚘ Pollen *m*, Blütenstaub *m*: ***~ catarrh*** Heuschnupfen *m*; ***~ sac*** Pollensack *m*; ***~ count*** Pollenwerte *pl.*; ***a high ~ count*** starker Pollenflug; ***~ tube*** Pollenschlauch *m*; **'pol·li·nate** [-neɪt] *v/t. bot.* bestäuben, befruchten.

poll·ing ['pəʊlɪŋ] **I** *s.* **1.** Wählen *n*, Wahl *f*; **2.** Wahlbeteiligung *f*: ***heavy (poor) ~*** starke (geringe) Wahlbeteiligung; **II** *adj.* **3.** Wahl...: ***~ booth*** Wahlzelle *f*; ***~ district*** Wahlkreis *m*; ***~ place*** *Am.*, ***~ station*** *bsd. Brit.* Wahllokal *n*.

pol·lock ['pɒlək] → ***pollack***.

poll·ster ['pəʊlstə] *s.* Meinungsforscher(in).

poll tax *s.* Kopfsteuer *f*, -geld *n*.

pol·lu·tant [pə'lu:tənt] *s.* Schadstoff *m*; **pol·lute** [pə'lu:t] *v/t.* **1.** beflecken (*a. fig. Ehre etc.*), beschmutzen; **2.** *Wasser etc.* verunreinigen, *Umwelt etc.* verschmutzen; **3.** *fig.* besudeln; *eccl.* entweihen; *moralisch* verderben; **pol'lut·er** [-tə] *s.* 'Umweltverschmutzer *m*, -sünder *m*: ***~ pays principle*** Ver'ursacherprinzip *n* (*bei Bereinigung von Umweltschäden*); **pol'lu·tion** [-u:ʃn] *s.* **1.** Befleckung *f*, Verunreinigung *f* (*a. fig.*); **2.** *fig.* Entweihung *f*, Schändung *f*; **3.** *physiol.* Polluti'on *f*; **4.** ('Umwelt-, Luft-, Wasser)Verschmutzung *f*: ***~ control*** Umweltschutz *m*; ***~ level*** Schadstoffbelastung *f*; **pol'lu·tive** [-tɪv] *adj.* 'umweltverschmutzend, -feindlich.

po·lo ['pəʊləʊ] *s. sport* Polo *n*: ***~ (neck)*** Rollkragen(pullover) *m*; ***~ shirt*** Polohemd *n*.

po·lo·ny [pə'ləʊnɪ] *s.* grobe Zerve'latwurst.

pol·troon [pɒl'tru:n] *s.* Feigling *m*.

poly- [pɒlɪ] *in Zssgn* Viel..., Mehr..., Poly...; **pol·y·an·drous** [,pɒlɪ'ændrəs] *adj.* ⚘, *zo.*, *sociol.* poly'andrisch; **,pol·y·a'tom·ic** *adj.* ⚗ 'viel-, 'mehra,tomig; **,pol·y'bas·ic** *adj.* ⚗ mehrbasig; **,pol·y·chro'mat·ic** *adj.* (□ ***~ally***) viel-, mehrfarbig; **'pol·y·chrome** **I** *adj.* **1.** viel-, mehrfarbig, bunt: ***~ printing*** Bunt-, Mehrfarbendruck; **II** *s.* **2.** Vielfarbigkeit *f*; **3.** bunt bemalte Plastik; **,pol·y'clin·ic** *s.* Klinik *f* (für alle Krankheiten).

po·lyg·a·mist [pə'lɪgəmɪst] *s.* Polyga'mist(in); **po'lyg·a·mous** [-məs] *adj.* poly'gam(isch ⚘, *zo.*); **po'lyg·a·my** [-mɪ] *s.* Polyga'mie *f* (*a. zo.*), Mehrehe *f*, Vielweibe'rei *f*.

pol·y·glot ['pɒlɪglɒt] **I** *adj.* **1.** vielsprachig; **II** *s.* **2.** Poly'glotte *f* (*Buch in mehreren Sprachen*); **3.** Poly'glotte(r *m*) *f* (*Person*).

pol·y·gon ['pɒlɪgən] *s.* A a) Poly'gon *n*, Vieleck *n*, b) Polygo'nalzahl *f*: ***~ of forces*** *phys.* Kräftepolygon; **po·lyg·o·nal** [pɒ'lɪgənl] *adj.* polygo'nal, vieleckig.

po·lyg·y·ny [pə'lɪdʒɪnɪ] *s. allg.* Polygy'nie *f*.

pol·y·he·dral [,pɒlɪ'hedrl] *adj.* A poly'edrisch, vielflächig, Polyeder...; **,pol·y'he·dron** [-rən] *s.* A Poly'eder *n*.

pol·y·mer·ic [,pɒlɪ'merɪk] *adj.* ⚗ ,poly'mer; **po·lym·er·ism** [pə'lɪmərɪzəm] *s.* Polyme'rie *f*; **pol·y·mer·ize** [pə'lɪməraɪz] ⚗ **I** *v/t.* polymerisieren; **II** *v/i.* poly'mere Körper bilden.

pol·y·mor·phic [,pɒlɪ'mɔ:fɪk] *adj.* poly'morph, vielgestaltig.

Pol·y·ne·sian [,pɒlɪ'ni:zjən] **I** *adj.* **1.** poly'nesisch; **II** *s.* **2.** Poly'nesier(in); **3.** *ling.* Poly'nesisch *n*.

pol·y·no·mi·al [,pɒlɪ'nəʊmjəl] **I** *adj.* A poly'nomisch, vielglied(e)rig; **II** *s.* A Poly'nom *n*.

pol·yp(e) ['pɒlɪp] *s.* ✱, *zo.* Po'lyp *m*.

'pol·y·phase *adj.* ↯ mehrphasig: ***~ current*** Mehrphasen-, Drehstrom *m*; **,pol·y'phon·ic** [-'fɒnɪk] *adj.* **1.** vielstimmig, mehrtönig; **2.** ♪ poly'phon, kontra'punktisch; **3.** *ling.* pho'netisch mehr-

P

deutig; '**pol·y·pod** [-pɒd] *s. zo.* Vielfüßer *m.*
pol·y·pus ['pɒlɪpəs] *pl.* **-pi** [-paɪ] *s.* **1.** *zo.* Po'lyp *m*, Tintenfisch *m*; **2.** ⚕ Po'lyp *m.*
pol·y·sty·rene [ˌpɒlɪ'staɪriːn] *s.* ⚗ ˌPolysty'rol *n*, *bsd.* ˌStyro'por *TM n.*
ˌ**pol·y·syl'lab·ic** *adj.* mehr-, vielsilbig; '**pol·yˌsyl·la·ble** *s.* vielsilbiges Wort; ˌ**pol·y'tech·nic I** *adj.* poly'technisch; **II** *s.* poly'technische Schule, Poly'technikum *n*; '**pol·y·the·ism** *s.* Polythe'ismus *m*, Vielgötte'rei *f*; **pol·y·thene** ['pɒlɪθiːn] *s.* ⚗ Polyäthy'len *n*: ~ ***bag*** Plastiktüte *f*; ˌ**pol·y'trop·ic** *adj.* ⚕, *biol.* poly'trop(isch); ˌ**pol·y'va·lent** *adj.* ⚗ polyva'lent, mehrwertig.

Die ehemaligen **polytechnics** – Hochschulen mit technischem und betriebswirtschaftlichem Schwerpunkt – wurden in den Neunzigerjahren zum Rang von Universitäten erhoben und entsprechend umbenannt, z. B. **The Polytechnic of Wales** zu **The University of Glamorgan.**

pol·y·zo·on [ˌpɒlɪ'zəʊɒn] *pl.* **-'zo·a** [-ə] *s.* Moostierchen *n.*
pom [pɒm] → ***pommy***.
po·made [pə'mɑːd] **I** *s.* Po'made *f*; **II** *v/t.* pomadisieren, mit Po'made einreiben.
po·man·der [pəʊ'mændə] *s.* Duftkugel *f.*
po·ma·tum [pəʊ'meɪtəm] → ***pomade***.
pome [pəʊm] *s.* **1.** ⚘ Apfel-, Kernfrucht *f*; **2.** *hist.* Reichsapfel *m.*
pome·gran·ate ['pɒmɪˌgrænɪt] *s.* **1.** *a.* ~ ***tree*** Gra'natapfelbaum *m*; **2.** *a.* ~ ***apple*** Gra'natapfel *m.*
Pom·er·a·nian [ˌpɒmə'reɪnjən] **I** *adj.* **1.** pommer(i)sch; **II** *s.* **2.** Pommer(in); **3.** *a.* ~ ***dog*** Spitz *m.*
po·mi·cul·ture ['pəʊmɪˌkʌltʃə] *s.* Obstbaumzucht *f.*
pom·mel ['pʌml] **I** *s.* (Degen-, Sattel-, Turm)Knopf *m*, Knauf *m*; **II** *v/t.* mit den Fäusten bearbeiten, schlagen.
pom·my ['pɒmɪ] *s. sl. brit.* Einwanderer *m* (in Au'stralien *od.* Neu'seeland).
pomp [pɒmp] *s.* Pomp *m*, Prunk *m.*
pom·pon ['pɔ̃ːmpɔ̃ːŋ] (*Fr.*) *s.* Troddel *f*, Quaste *f.*
pom·pos·i·ty [pɒm'pɒsətɪ] *s.* **1.** Prunk *m*; Pomphaftigkeit *f*, Prahle'rei *f*; wichtigtuerisches Wesen; **2.** Bom'bast *m*, Schwülstigkeit *f* (*im Ausdruck*); **pompous** ['pɒmpəs] *adj.* ☐ **1.** pom'pös, prunkvoll; **2.** wichtigtuerisch, aufgeblasen; **3.** bom'bastisch, schwülstig (*Sprache*).
ponce [pɒns] *Brit. sl.* **I** *s.* **1.** Zuhälter *m*; **2.** ‚Homo' *m*; **II** *v/i.* **3.** Zuhälter sein; '**ponc·ing** [-sɪŋ] *s. Brit. sl.* Zuhälte'rei *f.*
pon·cho ['pɒntʃəʊ] *pl.* **-chos** [-z] *s.* Poncho *m*, 'Umhang *m.*
pond [pɒnd] *s.* Teich *m*, Weiher *m*: ***horse*** ~ Pferdeschwemme *f*; ***big*** ~ ‚Großer Teich' (*Atlantik*).
pon·der ['pɒndə] **I** *v/i.* nachdenken, -sinnen, (nach)grübeln (***on***, ***upon***, ***over*** über *acc.*): ~ ***over s.th.*** et. überlegen; **II** *v/t.* über'legen, nachdenken über (*acc.*): ~ ***one's words*** s-e Worte abwägen; ~***ing silence*** nachdenkliches Schweigen; **pon·der·a·bil·i·ty** [ˌpɒndərə'bɪlətɪ] *s. phys.* Wägbarkeit *f*; '**pon·der·a·ble** [-dərəbl] *adj.* wägbar (*a. fig.*); **pon·der·os·i·ty** [ˌpɒndə'rɒsətɪ] *s.* **1.** Gewicht *n*, Schwere *f*, Gewichtigkeit *f*; **2.** *fig.* Schwerfälligkeit *f*; '**pon·der·ous** [-dərəs] *adj.* ☐ **1.** schwer, massig, gewichtig; **2.** *fig.* schwerfällig (*Stil*); '**pon·der·ous·ness** [-dərəsnɪs] → ***ponderosity***.
pone[1] [pəʊn] *s. Am.* Maisbrot *n.*
po·ne[2] ['pəʊnɪ] *s. Kartenspiel*: **1.** Vorhand *f*; **2.** Spieler, der abhebt.
pong [pɒŋ] **I** *s.* **1.** dumpfes Dröhnen; **2.** *Br. sl.* Gestank *m*, ‚Mief' *m*; **II** *v/i.* **3.** dröhnen; **4.** *Br. sl.* stinken; **5.** *sl. thea.* improvisieren.
pon·tiff ['pɒntɪf] *s.* **1.** Hohe'priester *m*; **2.** Papst *m*; **pon·tif·i·cal** [pɒn'tɪfɪkl] *adj.* ☐ **1.** *antiq.* (ober)priesterlich; **2.** *R.C.* pontifi'kal: a) bischöflich, b) *bsd.* päpstlich: ♀ ***Mass*** Pontifikalamt *n*; **3.** *fig.* a) feierlich, würdig, b) päpstlich, über'heblich; **pon·tif·i·cate I** *s.* [pɒn'tɪfɪkət] Pontifi'kat *n*; **II** *v/i.* [-keɪt] a) sich päpstlich gebärden, b) ~ (***on***) sich dogmatisch auslassen (über); '**pon·ti·fy** [-ɪfaɪ] → ***pontificate*** II.
pon·toon[1] [pɒn'tuːn] *s.* **1.** Pon'ton *m*, Brückenkahn *m*: ~ ***bridge*** Ponton-, Schiffsbrücke *f*; ~ ***train*** ⚔ Brückenkolonne *f*; **2.** ⚓ Kielleichter *m*, Prahm *m*; **3.** ✈ Schwimmer *m.*
pon·toon[2] [pɒn'tuːn] *s. Brit.* 'Siebzehnund'vier *n* (*Kartenspiel*).
po·ny ['pəʊnɪ] **I** *s.* **1.** *zo.* Pony *n*: a) kleines Pferd, b) *Am. a.* Mustang *m*, c) *pl. sl.* Rennpferde *pl.*; **2.** *Brit. sl.* £ 25; **3.** *Am.* F ‚Klatsche' *f*, Eselsbrücke *f* (*Übersetzungshilfe*); **4.** *Am.* F a) kleines (Schnaps- *etc.*)Glas, b) Gläs-chen *n* Schnaps *etc.*; **5.** *Am.* et. ‚im Westentaschenformat', Miniatur... (*z.B. Auto, Zeitschrift*); **II** *v/t.* **6.** ~ ***up*** *Am. sl.* berappen, bezahlen; ~ **en·gine** *s.* 🚂 Ran'gierlokomoˌtive *f*; ~ **tail** *s.* Pferdeschwanz *m* (*Frisur*).
pooch [puːtʃ] *s. Am. sl.* Köter *m.*
poo·dle ['puːdl] *s. zo.* Pudel *m.*
poof [puːf] *Brit. sl.* ‚Schwule(r)' *m*, ‚Homo' *m.*

pooh [puː] *int. contp.* pah!; ˌ**~-'pooh** *v/t.* geringschätzig behandeln, *et.* als unwichtig abtun, die Nase rümpfen über (*acc.*), *et.* verlachen.

pool[1] [puːl] *s.* **1.** Teich *m*, Tümpel *m*; **2.** Pfütze *f*, Lache *f*: **~ *of blood*** Blutlache; **3.** (Schwimm)Becken *n*; **4.** *geol.* pe'troleumhaltige Ge'steinsparˌtie; **5.** ⚙ Schmelzbad *n*.

pool[2] [puːl] **I** *s.* **1.** *Kartenspiel*: a) (Gesamt)Einsatz *m*, b) (Spiel)Kasse *f*; **2.** *mst pl.* (Fußball- *etc.*)Toto *m*, *n*: **~*s coupon*** *Brit.* Tippschein *m* (*im Toto*); **3.** *Billard*: a) *Brit.* Poulespiel *n* (*mit Einsatz*), b) *Am.* Poolbillard *n*; **4.** *fenc.* Ausscheidungsrunde *f*; **5.** ✝ a) Pool *m*, Kar'tell *n*, Ring *m*, Inter'essengemeinschaft *f*, b) *a.* ***working*** **~** Arbeitsgemeinschaft *f*, c) (Preis- *etc.*)Abkommen *n*; **6.** ✝ gemeinsamer Fonds; **7.** **~** (***of players***) *sport* a) Kader *m*, b) Aufgebot *n*, Auswahl *f*; **II** *v/t.* **8.** ✝ *Geld, Kapital* zs.-legen: **~ *funds*** zs.-schießen; *Gewinn* unterein'ander (ver)teilen; *Geschäftsrisiko* verteilen; **9.** ✝ zu e-m Ring vereinigen; **10.** *fig. Kräfte, Wissen etc.* vereinigen, zs.-tun; **III** *v/i.* **11.** ein Kar'tell bilden; '**~·room** *s. Am.* **1.** Billardzimmer *n*; **2.** 'Spielsaˌlon *m*; **3.** Wettannahmestelle *f*.

poop[1] [puːp] ⚓ **I** *s.* **1.** Heck *n*; **2.** *a.* **~ *deck*** Achterdeck *n*; **3.** *obs.* Achterhütte *f*; **II** *v/t.* **4.** *Schiff* von hinten treffen (*Sturzwelle*): ***be*** **~*ed*** e-e Sturzsee von hinten bekommen.

poop[2] [puːp] **I** *v/i.* **1.** tuten; **2.** ‚pupen', furzen; **II** *v/t.* **3.** *sl. j-n* ‚auspumpen': **~*ed*** (***out***) ‚fix u. fertig'.

poor [pʊə] **I** *adj.* □ → ***poorly*** II; **1.** arm, mittellos, (unter'stützungs)bedürftig: **~ *person*** ⚖ Arme(r *m*) *f*; **2.** *fig.* arm(selig), ärmlich, dürftig (*Kleidung, Mahlzeit etc.*); **3.** dürr, mager (*Boden, Erz, Vieh etc.*), schlecht, unergiebig (*Ernte etc.*): **~ *coal*** Magerkohle *f*; **4.** *fig.* arm (***in*** an *dat.*); schlecht, mangelhaft, schwach (*Gesundheit, Leistung, Spieler, Sicht, Verständigung etc.*): **~ *consolation*** schwacher Trost; ***a*** **~ *lookout*** schlechte Aussichten; ***a*** **~ *night*** e-e schlechte Nacht; **5.** *fig. contp.* jämmerlich, traurig: ***in my*** **~ *opinion*** *iro.* m-r unmaßgeblichen Meinung nach; **6.** F arm, bedauernswert: **~ *me!*** *humor.* ich Ärmste(r)!; **II** *s.* **7.** ***the*** **~** die Armen *pl.*; '**~·house** *s. hist.* Armenhaus *n*; **~ *law*** *s. hist.* **1.** ⚖ Armenrecht *n*; **2.** *pl.* öffentliches Fürsorgerecht.

poor·ly ['pʊəlɪ] **I** *adj.* **1.** unpässlich, kränklich: ***he looks*** **~** er sieht schlecht aus; **II** *adv.* **2.** armselig, dürftig: ***he is*** **~ *off*** es geht ihm schlecht; **3.** *fig.* schlecht, dürftig, schwach: **~ *gifted*** schwach begabt; ***think*** **~ *of*** nicht viel halten von; '**poor·ness** [-nɪs] *s.* **1.** Armut *f*, Mangel *m*; *fig.* Armseligkeit *f*, Ärmlichkeit *f*, Dürftigkeit *f*; **2.** ⸝ Magerkeit *f*, Unfruchtbarkeit *f* (*des Bodens*); *min.* Unergiebigkeit *f*.

poove [puːv] *s.* → ***poof***; '**poov·y** *adj.* ‚schwul'.

pop[1] [pɒp] **I** *v/i.* **1.** knallen, puffen, losgehen (*Flaschenkork, Feuerwerk etc.*); **2.** aufplatzen (*Kastanien, Mais*); **3.** F knallen, ‚ballern' (***at*** auf *acc.*); **4.** *mit adv.* flitzen, huschen: **~ *in*** hereinplatzen, auf e-n Sprung vorbeikommen (*Besuch*); **~ *off*** F a) ‚abhauen', sich aus dem Staub machen, plötzlich verschwinden, b) einnicken, c) ‚abkratzen' (*sterben*), d) *Am. sl.* ‚das Maul aufreißen'; **~ *up*** (plötzlich) auftauchen; **5.** *a.* **~ *out*** aus den Höhlen treten (*Augen*); **II** *v/t.* **6.** knallen *od.* platzen lassen; *Am. Mais* rösten; **7.** F *Gewehr etc.* abfeuern; **8.** abknallen, -schießen; **9.** schnell *wohin* tun *od.* stecken: **~ *one's head in the door***; **~ *on*** *Hut* aufstülpen; **10.** her'ausplatzen mit (*e-r Frage etc.*): **~ *the question*** F (***to*** *e-r Dame*) e-n Heiratsantrag machen; **11.** *Brit. sl.* versetzen, verpfänden; **III** *s.* **12.** Knall *m*, Puff *m*, Paff *m*; **13.** F Schuss *m*: ***take a*** **~ *at*** schießen nach; **14.** *Am. sl.* Pi'stole *f*; **15.** *bsd. Am. kohlensäurehaltiges Getränk*: a) F Cola *f*, b) F ‚Limo' *f* (*Limonade*); **16.** ***in*** **~** *Brit. sl.* versetzt, verpfändet; **IV** *int.* **17.** puff!, paff!, husch!, zack!; **V** *adv.* **18.** a) mit e-m Knall, b) plötzlich: ***go*** **~** knallen, platzen.

pop[2] [pɒp] *s. Am.* F **1.** Pa'pa *m*, Papi *m*; **2.** ‚Opa' *m*, Alter *m*.

pop[3] [pɒp] F **I** *s.* **1.** *a.* **~ *music*** 'Schlager-, 'Popmuˌsik *f*; **2.** *a.* **~ *song*** Schlager *m*; **II** *adj.* **3.** Schlager...: **~ *group*** Popgruppe *f*; **~ *singer*** Schlager-, Popsänger(in).

pop[4] [pɒp] → ***popsicle***.

pop art *s. Kunst*: Pop-Art *f*.

'**pop·corn** *s.* Puffmais *m*, Popcorn *n*.

pope [pəʊp] *s. R.C.* Papst *m* (*a. fig.*): ***is the*** ♀ (***a***) ***Catholic?*** worauf du dich verlassen kannst!, da fragst du noch?; '**pope·dom** [-dəm] *s.* Papsttum *n*; '**pop·er·y** [-pərɪ] *s. contp.* Papiste'rei *f*, Pfaffentum *n*.

'**pop|·eyed** *adj.* F glotzäugig: ***be*** **~** Stielaugen machen (***with*** vor *dat.*); '**~·gun** *s.* Kindergewehr *n*; ‚Knallbüchse' *f* (*a. fig. schlechtes Gewehr*).

pop·in·jay ['pɒpɪndʒeɪ] *s. obs.* Geck *m*, Laffe *m*, Fatzke *m*.

pop·ish ['pəʊpɪʃ] *adj.* □ *contp.* pa'pistisch.

pop·lar ['pɒplə] *s.* ⚘ Pappel *f*.

pop·lin ['pɒplɪn] *s.* Pope'lin *m*, Pope'line *f* (*Stoff*).

pop·per ['pɒpə] *s.* F Druckknopf *m*.

pop·pet ['pɒpɪt] *s.* **1.** *obs. od. dial.* Püppchen *n* (*a. Kosewort*); **2.** ⚙ a) *a.* **~ *head***

P

Docke *f e-r Drehbank*, b) *a.* **~ valve** 'Schnüffelven,til *n.*

pop·py ['pɒpɪ] *s.* **1.** ⚘ Mohn(blume *f*) *m*; **2.** a) Mohnsaft *m*, b) Mohnrot *n*; '**~·cock** *s. Am.* F Quatsch *m*; ♎ **Day** *s. Brit.* F Volkstrauertag *m* (*Sonntag vor od. nach dem 11. November*); **~ seed** *s.* Mohn(samen) *m.*

pops [pɒps] → ***pop²*** 2.

pop·si·cle ['pɒpsɪkl] *s. Am.* Eis *n* am Stiel.

pop·sy ['pɒpsɪ], *a.* ,**~-'wop·sy** [-'wɒpsɪ] *s.* ‚süße Puppe', ‚Mädchen' *n*, ‚Schatz' *m.*

pop·u·lace ['pɒpjʊləs] *s.* **1.** Pöbel *m*; **2.** (gemeines) Volk, *der* große Haufen.

pop·u·lar ['pɒpjʊlə] *adj.* □ → ***popular-ly***; **1.** Volks...: **~ *election*** allgemeine Wahl; **~ *front*** *pol.* Volksfront *f*; **~ *government*** Volksherrschaft *f*; **2.** allgemein, weit verbreitet (*Irrtum, Unzufriedenheit etc.*); **3.** popu'lär, (allgemein) beliebt (***with*** bei): ***the ~ hero*** der Held des Tages; ***make o.s. ~ with*** sich bei *j-m* beliebt machen; **4.** a) popu'lär, volkstümlich, b) gemeinverständlich, Popular...: **~ *magazine*** populäre Zeitschrift; **~ *music*** volkstümliche Musik; **~ *newspaper*** Boule'vardblatt *n*; **~ *science*** Popularwissenschaft *f*; **~ *song*** Schlager *m*; **~ *writer*** Volksschriftsteller(in); **5.** (für jeden) erschwinglich, Volks...: **~ *edition*** Volksausgabe *f*; **~ *prices*** volkstümliche Preise; **pop·u·lar·i·ty** [,pɒpjʊ'lærətɪ] *s.* Populari'tät *f*, Volkstümlichkeit *f*, Beliebtheit *f* (***with*** bei, ***among*** unter *dat.*); '**pop·u·lar·ize** [-əraɪz] *v/t.* **1.** popu'lär machen, (*beim Volk*) einführen; **2.** popularisieren, volkstümlich *od.* gemeinverständlich darstellen; '**pop·u·lar·ly** [-lɪ] *adv.* **1.** allgemein; im Volksmund; **2.** populär, volkstümlich, gemeinverständlich.

P

pop·u·late ['pɒpjʊleɪt] *v/t.* bevölkern, besiedeln; **pop·u·la·tion** [,pɒpjʊ'leɪʃn] *s.* **1.** Bevölkerung *f*, Einwohnerschaft *f*: **~ *density*** Bevölkerungsdichte *f*; **~ *explosion*** Bevölkerungsexplosion *f*; **2.** Bevölkerungszahl *f*; **3.** Gesamtzahl *f*, Bestand *m*: ***swine ~*** Schweinebestand (*e-s Landes*); '**pop·u·lous** [-ləs] *adj.* □ dicht besiedelt, volkreich; '**pop·u·lous·ness** [-ləsnɪs] *s.* dichte Besied(e)lung, Bevölkerungsdichte *f.*

por·ce·lain ['pɔːsəlɪn] **I** *s.* Porzel'lan *n*; **II** *adj.* Porzellan...: **~ *clay*** *min.* Porzellanerde *f*, Kaolin *n.*

porch [pɔːtʃ] *s.* **1.** (über'dachte) Vorhalle, Por'tal *n*; **2.** *Am.* Ve'randa *f*: **~ *climber*** *sl.* ‚Klettermaxe' *m*, Einsteigdieb *m.*

por·cine ['pɔːsaɪn] *adj.* **1.** *zo.* zur Fa'milie der Schweine gehörig; **2.** schweineartig; **3.** *fig.* schweinisch.

por·cu·pine ['pɔːkjʊpaɪn] *s. zo.* Stachelschwein *n.*

pore¹ [pɔː] *v/i.* **1.** (***over***) brüten (über *dat.*): **~ *over one's books*** über s-n Büchern hocken; **2.** (nach)grübeln (***on, upon*** über *acc*).

pore² [pɔː] *s. biol. etc.* Pore *f.*

pork [pɔːk] *s.* **1.** Schweinefleisch *n*; **2.** *Am.* F *von der Regierung aus politischen Gründen gewährte (finanzielle) Begünstigung od. Stellung*; **~ bar·rel** *s. Am.* F *politisch berechnete* Geldzuwendung *der Regierung*; **~ butch·er** *s.* Schweineschlächter *m*; **~ chop** *s.* 'Schweinekote,lett *n.*

pork·er ['pɔːkə] *s.* Mastschwein *n*; '**pork·ling** [-klɪŋ] *s.* Ferkel *n.*

pork pie *s.* 'Schweinefleischpa,stete *f.*

'**pork-pie hat** *s.* runder Filzhut.

pork·y¹ ['pɔːkɪ] *adj.* fett(ig), dick.

por·ky² ['pɔːkɪ] *s. Am.* F Stachelschwein *n.*

porn [pɔːn], **por·no** ['pɔːnəʊ] *sl.* **I** *s.* **1.** Porno(gra'phie *f*) *m*; **2.** Porno(film) *m*; **II** *adj.* **3.** → ***pornographic***.

por·no·graph·ic [,pɔːnəʊ'græfɪk] *adj.* porno'graphisch, Porno...: **~ *film*** Porno(film) *m*; **por·nog·ra·phy** [pɔː'nɒgrəfɪ] *s.* Pornogra'phie *f.*

por·ny ['pɔːnɪ] *adj. sl.* → ***pornographic***.

po·ros·i·ty [pɔː'rɒsətɪ] *s.* **1.** Porosi'tät *f*, ('Luft-, 'Wasser),Durchlässigkeit *f*; **2.** Pore *f*, po'röse Stelle; **po·rous** ['pɔːrəs] *adj.* po'rös: a) löch(e)rig, porig, b) ('luft-, 'wasser),durchlässig.

por·poise ['pɔːpəs] *pl.* **-pois·es**, *coll.* **-poise** *s. zo.* **1.** Tümmler *m*; **2.** Del'phin *m.*

por·ridge ['pɒrɪdʒ] *s.* Porridge *n, m*, Hafer(flocken)brei *m*, -grütze *f*: ***pease ~*** Erbsenbrei.

Porridge wird hauptsächlich in Schottland gerne zum Frühstück gegessen. Er wird mit Wasser oder Milch angemacht, in einem Topf erhitzt und mit Zucker gesüßt. Man kann eine Prise Salz hinzufügen. Auf den fertigen Brei kommt ein Schuss kalte Milch oder Sahne.

Beachten Sie den Unterschied:

to make porridge	Hafergrütze machen
to do porridge	„Knast schieben"

por·ri·go [pə'raɪgəʊ] *s.* ⚕ Grind *m.*
port¹ [pɔːt] *s.* **1.** ⚓, ✈ (See-, Flug)Hafen *m*: ***free*** ~ Freihafen; ***inner*** ~ Binnenhafen; ~ ***of call*** a) ⚓ Anlaufhafen, b) ✈ Anflughafen; ~ ***of delivery*** (*od.* ***discharge***) Löschhafen, -platz *m*; ~ ***of departure*** a) ⚓ Abgangshafen, b) ✈ Abflughafen; ~ ***of destination*** a) ⚓ Bestimmungshafen, b) ✈ Zielflughafen; ~ ***of entry*** Einlaufhafen; ~ ***of registry*** Heimathafen; ~ ***of tran(s)shipment*** Umschlaghafen; ***any*** ~ ***in a storm*** *fig.* in der Not frisst der Teufel Fliegen; **2.** Hafenplatz *m*, -stadt *f*; **3.** *fig.* (sicherer) Hafen, Ziel *n*: ***come safe to*** ~.
port² [pɔːt] ⚓ **I** *s.* Backbord(seite *f*) *n*: ***on the*** ~ ***beam*** an Backbord dwars; ***on the*** ~ ***bow*** an Backbord voraus; ***on the*** ~ ***quarter*** Backbord achtern; ***cast to*** ~ nach Backbord abfallen; **II** *v/t. Ruder* nach der Backbordseite 'umlegen; **III** *v/i.* nach Backbord drehen (*Schiff*); **IV** *adj.* a) ⚓ Backbord..., b) ✈ link.
port³ [pɔːt] *s.* **1.** Tor *n*, Pforte *f*; ***city*** ~ Stadttor; **2.** ⚓ a) (Pfort-, Lade)Luke *f*, b) (Schieß)Scharte *f* (*a.* ⚔ *Panzer*); **3.** ⚙ (Auslass-, Einlass)Öffnung *f*, Abzug *m*; **4.** ⚡ Anschlussbuchse *f*.
port⁴ [pɔːt] *s.* Portwein *m.*
port⁵ [pɔːt] *v/t.* **1.** *obs.* tragen; **2.** ⚔ *Am.* ~ ***arms!*** Gewehr in Schräghalte nach links!
port·a·ble ['pɔːtəbl] **I** *adj.* **1.** tragbar: ~ ***radio*** (***set***) a) → 3a, b) ⚔ Tornisterfunkgerät; ~ ***typewriter*** → 4; **2.** transpor'tabel, beweglich: ~ ***derrick*** fahrbarer Kran; ~ ***firearm*** Handfeuerwaffe *f*; ~ ***railway*** Feldbahn *f*; ~ ***search light*** Handscheinwerfer *m*; **II** *s.* **3.** a) Kofferradio *n*, b) Portable *m*, *n*, tragbares Fernsehgerät, c) Phonokoffer *m*, d) Koffertonbandgerät *n*; **4.** 'Reiseschreibma,schine *f.*
por·tage ['pɔːtɪdʒ] *s.* **1.** (*bsd.* 'Trage-)Trans,port *m*; **2.** ✝ Fracht *f*, Rollgeld *n*; **3.** ⚓ a) Por'tage *f*, Trageplatz *m*, b) Tragen *n* (*von Kähnen etc.*) über e-e Portage.
por·tal¹ ['pɔːtl] *s.* **1.** ⚠ Por'tal *n*, (Haupt)Eingang *m*, Tor *n*: ~ ***crane*** ⚙ Portalkran *m*; **2.** *poet.* Pforte *f*, Tor *n*: ~ ***of heaven***; **3.** *Computer*: 'Portal *n*, Startseite *f* (*mit Themenauswahl*).
por·tal² ['pɔːtl] *anat.* **I** *adj.* Pfort(-ader)...; **II** *s.* Pfortader *f.*
,por·tal-to-'por·tal pay *s.* ✝ *Arbeitslohn, berechnet für die Zeit vom Betreten der Fabrik etc. bis zum Verlassen.*
port·cul·lis [,pɔːt'kʌlɪs] *s.* ⚔ *hist.* Fallgatter *n.*
por·tend [pɔː'tend] *v/t.* vorbedeuten, anzeigen, deuten auf (*acc.*); **por·tent** ['pɔːtent] *s.* **1.** Vorbedeutung *f*; **2.** (*bsd.* schlimmes) (Vor-, An)Zeichen, Omen *n*; **3.** Wunder *n* (*Sache od. Person*); **por'ten·tous** [-ntəs] *adj.* □ **1.** omi'nös, unheil-, verhängnisvoll; **2.** ungeheuer, wunderbar, *a. humor.* unheimlich.
por·ter¹ ['pɔːtə] *s.* a) Pförtner *m*, b) Por'tier *m.*
por·ter² ['pɔːtə] *s.* **1.** 🚂 (Gepäck)Träger *m*, Dienstmann *m*; **2.** 🚂 *Am.* (Schlafwagen)Schaffner *m.*
por·ter³ ['pɔːtə] *s.* Porter(bier *n*) *m.*
'por·ter-house *s.* **1.** *obs.* Bier-, Speisehaus *n*; **2.** *a.* ~ ***steak*** Porterhousesteak *n.*
'port|,fire *s.* ⚔ Zeitzündschnur *f*, Lunte *f*; **,~'fo·li·o** *s.* **1.** a) Aktentasche *f*, (*a.* Künstler- *etc.*)Mappe *f*, b) Porte'feuille *n* (*für Staatsdokumente*); **2.** *fig.* (Mi'nister)Porte,feuille *n*: ***without*** ~ ohne Geschäftsbereich; **3.** ✝ ('Wechsel-)Porte,feuille *n*; **'~·hole** *s.* **1.** ⚓ a) (Pfort)Luke *f*, b) Bullauge *n*; **2.** ⚙ → ***port³*** 3.
por·ti·co ['pɔːtɪkəʊ] *pl.* **-cos** *s.* ⚠ Säulengang *m.*
por·tion ['pɔːʃn] **I** *s.* **1.** (An)Teil *m* (***of*** an *dat.*); **2.** Porti'on *f* (*Essen*); **3.** Teil *m*, Stück *n* (*Buch, Gebiet, Strecke etc.*); **4.** Menge *f*, Quantum *n*; **5.** ⚖ a) Mitgift *f*, Aussteuer *f*, b) Erbteil *n*: ***legal*** ~ Pflichtteil *n*; **6.** *fig.* Los *n*, Schicksal *n*; **II** *v/t.* **7.** aufteilen: ~ ***out*** aus-, verteilen; **8.** zuteilen; **9.** *Tochter* aussteuern.
port·li·ness ['pɔːtlɪnɪs] *s.* **1.** Stattlichkeit *f*; **2.** Wohlbeleibtheit *f*; **port·ly** ['pɔːtlɪ] *adj.* **1.** stattlich, würdevoll; **2.** wohlbeleibt.
port·man·teau [,pɔːt'mæntəʊ] *pl.* **-s** *u.* **-x** [-z] *s.* **1.** Handkoffer *m*; **2.** *obs.* Mantelsack *m*; **3.** *mst* ~ ***word*** *ling.* Schachtelwort *n.*
por·trait ['pɔːtrɪt] *s.* **1.** a) Por'trät *n*, Bild(nis) *n*, b) *phot.* Por'trät(aufnahme *f*) *n*; ***take s.o.'s*** ~ j-n porträtieren *od.* malen; → ***sit for*** 3; **2.** *fig.* Bild *n*, (lebenswahre) Schilderung *f*; **'por·trait·ist** [-tɪst] *s.* Por'trätmaler(in); **'por·trai·ture** [-tʃə] *s.* **1.** → ***portrait***; **2.** a) Por'trätmale,rei *f*, b) *phot.* Por'trätfotogra,fie *f*; **por·tray** [pɔː'treɪ] *v/t.* **1.** porträ'tieren, (ab)malen; **2.** *fig.* schildern, darstellen; **por·tray·al** [pɔː'treɪəl] *s.* **1.** Porträtieren *n*; **2.** Por'trät *n*; **3.** *fig.* Schilderung *f.*
Por·tu·guese [,pɔːtjʊ'giːz] **I** *pl.* **-guese** *s.* **1.** Portu'giese *m*, Portu'giesin *f*; **2.** *ling.* Portu'giesisch *n*; **II** *adj.* **3.** portu'giesisch.
pose¹ [pəʊz] **I** *s.* **1.** Pose *f* (*a. fig.*), Posi'tur *f*, Haltung *f*; **II** *v/t.* **2.** aufstellen, in Posi'tur setzen; **3.** *Frage* stellen, aufwerfen; **4.** *Behauptung* aufstellen, *Anspruch* erheben; **5.** (***as***) hinstellen (als), ausgeben (für); **III** *v/i.* **6.** sich in Posi'tur setzen; **7.** a) *paint etc.* Mo'dell stehen *od.* sitzen, b) sich fotografieren

lassen; **8.** posieren, sich in Pose werfen; **9.** auftreten *od.* sich ausgeben (***as*** als).
pose² [pəʊz] *v/t.* durch Fragen verwirren, verblüffen.
pos·er ['pəʊzə] *s.* **1.** → ***poseur***; **2.** ‚harte Nuss', knifflige Frage.
po·seur [pəʊ'zɜː] (*Fr.*) *s.* Po'seur *m*, ‚Schauspieler' *m*.
posh ['pɒʃ] *adj.* F ‚piekfein', ‚todschick', ‚feu'dal'.
pos·it ['pɒzɪt] *phls.* **I** *v/t.* postulieren; **II** *n* Postu'lat *n*.
po·si·tion [pə'zɪʃn] **I** *s.* **1.** Positi'on *f*, Lage *f*, Standort *m*; ⚙ (Schalt- *etc.*) Stellung *f*: ***~ of the sun*** *ast.* Sonnenstand *m*; ***in*** (***out of***) ***~*** (nicht) in der richtigen Lage; **2.** *körperliche* Lage, Stellung *f*: ***horizontal ~***; **3.** ⚓, ✈ Positi'on *f* (*a. sport*), ⚓ *a.* Besteck *n*: ***~ lights*** a) ⚓, ✈ Positionslichter, b) *mot.* Begrenzungslichter; **4.** ⚔ Stellung *f*: ***~ warfare*** Stellungskrieg *m*; **5.** (Arbeits-) Platz *m*, Stellung *f*, Posten *m*, Amt *n*: ***hold a responsible ~*** e-e verantwortliche Stellung innehaben; **6.** *fig.* (sozi'ale) Stellung, (gesellschaftlicher) Rang: ***people of ~*** Leute von Rang; **7.** *fig.* Lage *f*, Situati'on *f*: ***an awkward ~***; ***be in a ~ to do s.th.*** in der Lage sein, et. zu tun; **8.** *fig.* (Sach)Lage *f*, Stand *m der Dinge*: ***financial ~*** Finanzlage, Vermögensverhältnisse *pl.*; ***legal ~*** Rechtslage; **9.** Standpunkt *m*, Haltung *f*: ***take up a ~ on a question*** zu e-r Frage Stellung nehmen; **10.** ⚘, *phls.* (Grund-, Lehr)Satz *m*; **II** *v/t.* **11.** *bsd.* ⚙ in die richtige Lage bringen, (ein-) stellen; anbringen; *Cursor etc.* positio'nieren; **12.** lokalisieren; **13.** *Polizisten etc.* postieren; **po'si·tion·al** [-ʃənl] *adj.* Stellungs..., Lage...: ***~ play*** *sport* Stellungsspiel *n*; **po·si·tion find·er** *s.* Ortungsgerät *n*; **po·si·tion pa·per** *s. pol.* 'Grundsatzpa‚pier *n*.
pos·i·tive ['pɒzətɪv] **I** *adj.* □ **1.** bestimmt, defini'tiv, ausdrücklich (*Befehl etc.*), fest (*Versprechen etc.*), unbedingt: ***~ law*** ⚖ positives Recht; **2.** sicher, 'unum‚stößlich, eindeutig (*Beweis*, *Tatsache*); **3.** positiv, tatsächlich; **4.** positiv, zustimmend: ***~ reaction***; **5.** über'zeugt, (abso'lut) sicher: ***be ~ about s.th.*** e-r Sache ganz sicher sein; **6.** rechthaberisch; **7.** F ausgesprochen, abso'lut: ***a ~ fool*** ein ausgemachter Narr; **8.** ⚡, ⚘, ✱, *biol.*, *phys.*, *phot.*, *phls.* positiv: ***~ electrode*** ⚡ Anode *f*; ***~ pole*** ⚡ Pluspol *m*; **9.** ⚙ zwangsläufig, Zwangs... (*Getriebe*, *Steuerung etc.*); **10.** *ling.* im Positiv stehend: ***~ degree*** Positiv *m*; **II** *s.* **11.** *et.* Positives, Positivum *n*; **12.** *phot.* Positiv *n*; **13.** *ling.* Positiv *m*; **'pos·i·tive·ness** [-nɪs] *s.* **1.** Bestimmtheit *f*; Wirklichkeit *f*; **2.** *fig.* Hartnäckigkeit *f*; **'pos·i·tiv·ism** [-vɪzəm] *s. phls.* Positi'vismus *m*.
pos·se ['pɒsɪ] *s.* (Poli'zei- *etc.*)Aufgebot *n*; *allg.* Haufen *m*, Schar *f*.
pos·sess [pə'zes] *v/t.* **1.** *allg.* (*a. Eigenschaften*, *Kenntnisse etc.*) besitzen, haben; im Besitz haben, (inne)haben: ***~ed of*** im Besitz *e-r Sache*; ***~ o.s. of*** *et.* in Besitz nehmen, sich *e-r Sache* bemächtigen; ***~ed noun*** *ling.* Besitzsubjekt *n*; **2.** a) (*a. fig. e-e Sprache etc.*) beherrschen, Gewalt haben über (*acc.*), b) erfüllen (***with*** mit *e-r Idee*, mit *Unwillen etc.*): ***like a man ~ed*** wie ein Besessener, wie toll; ***~ one's soul in patience*** sich in Geduld fassen; **pos'ses·sion** [-eʃn] *s.* **1.** *abstrakt*: Besitz *m* (*a.* ⚖): ***actual ~*** tatsächlicher *od.* unmittelbarer Besitz; ***adverse ~*** Ersitzung(sbesitz *m*) *f*; ***in the ~ of*** in *j-s* Besitz; ***in ~ of s.th.*** im Besitz e-r Sache; ***have ~ of*** im Besitze von *et.* sein; ***take ~ of*** Besitz ergreifen von, in Besitz nehmen; **2.** Besitz(tum *n*) *m*, Habe *f*; **3.** *pl.* Besitzungen *pl.*, Liegenschaften *pl.*: ***foreign ~s*** auswärtige Besitzungen; **4.** *fig.* Besessenheit *f*; **5.** *fig.* Beherrscht-, Erfülltsein *n* (***by*** von *e-r Idee etc.*); **6.** *mst* ***self-~*** *fig.* Fassung *f*, Beherrschung *f*; **pos'ses·sive** [-sɪv] **I** *adj.* □ **1.** Besitz...; **2.** besitzgierig, -betonend: ***~ instinct*** Sinn *m* für Besitz; **3.** *fig.* besitzergreifend (*Mutter etc.*); **4.** *ling.* posses'siv, besitzanzeigend: ***~ case*** → 5 b; **II** *s.* **5.** *ling.* a) Posses'siv(um) *n*, besitzanzeigendes Fürwort, b) Genitiv *m*, zweiter Fall; **pos'ses·sor** [-sə] *s.* Besitzer(-in), Inhaber(in); **pos'ses·so·ry** [-sərɪ] *adj.* Besitz...: ***~ action*** ⚖ Besitzstörungsklage *f*; ***~ right*** Besitzrecht *n*.
pos·si·bil·i·ty [‚pɒsə'bɪlətɪ] *s.* **1.** Möglichkeit *f* (***of*** zu, für, ***of doing*** *et.* zu tun): ***there is no ~ of his coming*** es besteht keine Möglichkeit, dass er kommt; **2.** *pl.* (Entwicklungs)Möglichkeiten *pl.*, (-)Fähigkeiten *pl.*; **pos·si·ble** ['pɒsəbl] **I** *adj.* □ **1.** möglich (***with*** bei, ***to*** *dat.*, ***for*** für): ***this is ~ with him*** das ist bei ihm möglich; ***highest ~*** größtmöglich; **2.** eventu'ell, etwaig, denkbar; **3.** F annehmbar, pas'sabel, leidlich; **II** *s.* **4.** ***the ~*** das (Menschen-) Mögliche, das Beste; *sport* die höchste Punktzahl; **5.** infrage kommende Per'son (*bei Wettbewerb etc.*); **pos·si·bly** ['pɒsəblɪ] *adv.* **1.** möglicherweise, viel'leicht; **2.** (irgend) möglich: ***when I ~ can*** wenn ich irgend kann; ***I cannot ~ do this*** ich kann das unmöglich tun; ***how can I ~ do it?*** wie kann ich es nur *od.* bloß machen?
pos·sum ['pɒsəm] *s.* F *abbr. für* ***opossum***: ***play ~*** sich nicht rühren, sich tot *od.* krank *od.* dumm stellen.
post¹ [pəʊst] **I** *s.* **1.** Pfahl *m*, Pfosten *m*,

P

Ständer *m*, Stange *f*, Stab *m*: **as deaf as a ~** *fig.* stocktaub; **2.** Anschlagsäule *f*; **3.** *sport* (Start- *od.* Ziel)Pfosten *m*, Start- (*od.* Ziel)linie *f*: **be beaten at the ~** kurz vor dem Ziel geschlagen werden; **II** *v/t.* **4.** *mst* **~ up** *Plakate etc.* anschlagen, -kleben; **5.** *mst* **~ over** *Mauer mit Zetteln* bekleben; **6.** a) *et.* (durch Aushang *etc.*) bekannt geben: **~ as missing** ⚓, ✈ als vermisst melden, b) *fig.* (öffentlich) anprangern.

post² [pəʊst] **I** *s.* **1.** ⚔ Posten *m* (*Stelle od. Soldat*): **advanced ~** vorgeschobener Posten; **last ~** *Brit.* Zapfenstreich *m*; **at one's ~** auf (s-m) Posten; **2.** ⚔ Standort *m*, Garni'son *f*: **℘ Exchange** (*abbr.* **PX**) *Am.* Einkaufsstelle *f*; **~ headquarters** Standortkommandantur *f*; **3.** Posten *m*, Platz *m*, Stand *m*; ✝ Börsenstand *m*; **4.** Handelsniederlassung *f*, -platz *m*; **5.** ✝ (Rechnungs)Posten *m*; **6.** Posten *m*, (An)Stellung *f*, Stelle *f*, Amt *n*: **~ of a secretary** Sekretärsposten; **II** *v/t.* **7.** *Soldaten etc.* 'aufstellen, postieren; **8.** ⚔ a) ernennen, b) versetzen, (ab)kommandieren; **9.** ✝ eintragen, verbuchen; *Konto* (ins Hauptbuch) über'tragen: **~ up** *Bücher* nachtragen, in Ordnung bringen.

post³ [pəʊst] **I** *s.* **1.** ✉ *bsd. Brit.* Post *f*: a) *als Einrichtung*, b) *Brit.* Postamt *n*, c) *Brit.* Post-, Briefkasten *m*, d) Postzustellung *f*, e) Postsendung(en *pl.*) *f*, -sachen *pl.*, *f*) Nachricht *f*: **by ~** per (*od.* mit der) Post; **2.** *hist.* a) Post(kutsche) *f*, b) Ku'rier *m*; **3.** *bsd. Brit.* 'Brief,papier *n* (*Format*); **II** *v/t.* **4.** *Brit.* zur Post geben, mit der Post (zu)senden, aufgeben, in den Briefkasten werfen; **5.** F *mst* **~ up** *j-n* informieren: **keep s.o. ~ed** j-n auf dem Laufenden halten; **well ~ed** gut unterrichtet.

post- [pəʊst] *in Zssgn* nach, später, hinter, post...

post·age ['pəʊstɪdʒ] *s.* Porto *n*, Postgebühr *f*, -spesen *pl.*: **additional** (*od.* **extra**) **~** Nachporto, Portozuschlag *m*; **~ free**, **~ paid** portofrei, franko; **~ due** *s.* Nach-, Strafporto *n*; **~ stamp** *s.* Briefmarke *f*, Postwertzeichen *n*.

post·al ['pəʊstəl] **I** *adj.* po'stalisch, Post...: **~ card** → II; **~ cash order** Postnachnahme *f*; **~ code** → **postcode**; **~ district** Postzustellbezirk *m*; **~ order** *Brit.* Postanweisung *f*; **~ parcel** Postpaket *n*; **~ service** *bsd. Am.* 'Postzustelldienst *m*: **~ tuition** Fernunterricht *m*; **~ vote** *Brit.* Briefwahl *f*; **~ voter** Briefwähler(in); **℘ Union** Weltpostverein *m*; **II** *s. Am.* Postkarte *f* (*mit aufgedruckter Marke*).

'post|·box *s. Brit.* **1.** Briefkasten *m*; **2.** 'Mailbox *f* (*elektronischer Briefkasten*); **'~·card** [-sk] *s.* Postkarte *f*; **'~·code** *s. Brit.* Postleitzahl *f*.

ˌpost|-'date *v/t.* **1.** *Brief etc.* vo'rausdaˌtieren; **2.** nachträglich *od.* später datieren; **'~ˌen·try** *s.* **1.** ✝ nachträgliche (Ver)Buchung; **2.** ✝ Nachverzollung *f*; **3.** *sport* Nachnennung *f*.

post·er ['pəʊstə] *s.* **1.** Pla'katankleber *m*; **2.** Pla'kat *n*: **~ paint** Plakatfarbe *f*; **3.** Poster *m*, *n*.

poste res·tante [ˌpəʊst'restɑ̃:nt] (*Fr.*) **I** *adj.* postlagernd; **II** *s. bsd. Brit.* Aufbewahrungsstelle *f* für postlagernde Sendungen.

pos·te·ri·or [pɒ'stɪrɪə] **I** *adj.* ☐ a) später (**to** als), b) hinter, Hinter...: **be ~ to** *zeitlich od. örtlich* kommen nach, folgen auf (*acc.*); **II** *s.* Hinterteil *n*, Hintern *m*; **pos·ter·i·ty** [pɒ'sterətɪ] *s.* **1.** Nachkommen(schaft *f*) *pl.*; **2.** Nachwelt *f*.

pos·tern ['pəʊstɜ:n] *s. a.* **~ door**, **~ gate** Hinter-, Neben-, Seitentür *f*.

ˌpost-'free *adj.* portofrei.

ˌpost'grad·u·ate [-st'g-] **I** *adj.* nach dem ersten aka'demischen Grad: **~ studies**; **II** *s.* j-d, der nach dem ersten aka'demischen Grad weiterstudiert.

ˌpost'haste *adv.* eiligst.

post·hu·mous ['pɒstjʊməs] *adj.* ☐ po'stum, post'hum: a) *nach des Vaters Tod geboren*, b) nachgelassen, hinter'lassen (*Schriftwerk*), c) nachträglich (*Ordensverleihung etc.*): **~ fame** Nachruhm *m*.

pos·til·(l)ion [pə'stɪljən] *s. hist.* Postillion *m*.

post·ing ['pəʊstɪŋ] *s.* Versetzung *f*, ⚔ 'Abkomman,dierung *f*.

post|·man ['pəʊstmən] *s.* [*irr.*] Briefträger *m*, Postbote *m*; **'~·mark** [-stm-] **I** *s.* Poststempel *m*; **II** *v/t.* (ab)stempeln; **'~ˌmas·ter** [-stˌm-] *s.* Postamtsvorsteher *m*, Postmeister *m*: **℘ General** Postminister *m*.

post·me·rid·i·an [ˌpəʊstmə'rɪdɪən] *adj.* Nachmittags..., nachmittägig; **post me·rid·i·em** [-mə'rɪdɪəm] (*Lat.*) *adv.* (*abbr.* **p.m.**) nachmittags.

'postˌmis·tress [-stˌm-] *s.* Postmeisterin *f*.

post|·mod·ern [ˌpəʊst'mɒdn] *adj. bsd.* ⚠ 'postmo,dern; **ˌ~'mod·ern·ism** *s. bsd.* ⚠ **1.** die 'Postmo,derne, (der) ˌPostmoder'nismus; **ˌ~'mod·ern·ist I** *adj.* postmoder'nistisch, 'postmo,dern; **II** *s.* 'Postmoderne(r *m*) *f*, Vertreter(in) der 'Postmo,derne; **~-mor·tem** [ˌpəʊst'mɔ:təm] ⚖, ⚕ **I** *adj.* Leichen..., nach dem Tode (stattfindend); **II** *s.* (*abbr. für* **~ examination**) Leichenöffnung *f*, Auto'psie *f*; *fig.* Ma'növerkri,tik *f*, nachträgliche Ana'lyse; **ˌ~'na·tal** *adj.* nach der Geburt (stattfindend); **ˌ~'nup·tial** *adj.* nach der Hochzeit (stattfindend).

post of·fice *s.* **1.** Post(amt *n*) *f*: **General**

P

♀ Hauptpost(amt); ♀ ***Department*** *Am.* Postministerium *n*; **2.** *Am. ein Gesellschaftsspiel*; **~ box** *s.* Post(schließ)fach *n*; **~ or·der** *s.* Postanweisung *f*; **~ savings bank** *s.* Postsparkasse *f*.

ˌpost'op·er·a·tive *adj.* ⚕ postopera'tiv, nachträglich.

ˌpost-'paid *adj. u. adv.* freigemacht, frankiert.

post·pone [ˌpəʊst'pəʊn] *v/t.* **1.** verschieben, auf-, hin'ausschieben; **2.** 'unterordnen (***to*** *dat.*), hint'ansetzen; **ˌpost'pone·ment** [-mənt] *s.* **1.** Verschiebung *f*, Aufschub *m*; **2.** ⚙, *a. ling.* Nachstellung *f*.

ˌpost·po'si·tion *s.* **1.** Nachstellung *f* (*a. ling.*); **2.** *ling.* nachgestelltes (Verhältnis)Wort; **ˌpost'pos·i·tive** *ling.* **I** *adj.* nachgestellt; **II** *s.* → ***postposition*** 2.

ˌpost'pran·di·al *adj.* nach dem Essen, nach Tisch (*Rede, Schläfchen etc.*).

post·script ['pəʊsskrɪpt] *s.* **1.** Post'skriptum *n* (*zu e-m Brief*), Nachschrift *f*; **2.** Nachtrag *m* (*zu e-m Buch*); **3.** Nachbemerkung *f*.

pos·tu·lant ['pɒstjʊlənt] *s.* **1.** Antragsteller(in); **2.** *R.C.* Postu'lant(in); **pos·tu·late I** *v/t.* ['pɒstjʊleɪt] **1.** fordern, verlangen, begehren; **2.** postulieren, (als gegeben) vor'aussetzen; **II** *s.* [-lət] **3.** Postu'lat *n*, ('Grund)Vorˌaussetzung *f*.

pos·ture ['pɒstʃə] **I** *s.* **1.** (Körper)Haltung *f*, Stellung *f*; (*a. thea., paint.*) Posi'tur *f*, Pose *f*; **2.** Lage *f* (*a. fig. Situation*), Anordnung *f*; **3.** *fig. geistige* Haltung; **II** *v/t.* **4.** zu'rechtstellen, arrangieren; **III** *v/i.* **5.** sich in Posi'tur stellen *od.* in Pose werfen; posieren (*a. fig.* ***as*** als); **'pos·tur·er** [-ərə] *s.* **1.** Schlangenmensch *m* (*Artist*); **2.** → ***poseur***.

ˌpost'war *adj.* Nachkriegs...: **~ *Germany*** Deutschland *n* nach dem (Zweiten Welt)Krieg, 'Nachkriegsˌdeutschland *n*.

po·sy ['pəʊzɪ] *s.* **1.** Sträußchen *n*; **2.** *obs.* Motto *n*, Denkspruch *m*.

pot [pɒt] **I** *s.* **1.** (*Blumen-, Koch-, Nacht- etc.*)Topf *m*: ***go to ~*** *sl.* a) kaputtgehen, b) ‚vor die Hunde gehen' (*Person*); ***keep the ~ boiling*** a) die Sache in Gang halten, b) sich über Wasser halten; ***the ~ calls the kettle black*** ein Esel schilt den andern Langohr; ***big ~*** *sl.* ‚großes Tier'; ***a ~ of money*** F ‚ein Heidengeld'; ***he has ~s of money*** F er hat Geld wie Heu; **2.** Kanne *f*; **3.** ⚙ Tiegel *m*, Gefäß *n*: **~ *annealing*** Kastenglühen *n*; **~ *galvanization*** Feuerverzinken *n*; **4.** *sport sl.* Po'kal *m*; **5.** (Spiel)Einsatz *m*; **6.** → ***pot shot***; **7.** *sl.* Pot *n*, Marihu'ana *n*; **II** *v/t.* **8.** in e-n Topf tun; *Pflanze* eintopfen; **9.** *Fleisch* einlegen, einmachen: **~*ted meat*** Fleischkonserven *pl.*; **10.** *Billardball* einlochen; **11.** *hunt.* (ab)schießen; **12.** F einheimsen, erbeuten; **13.** *Baby* aufs Töpfchen setzen; **14.** *fig.* F a) *Musik* ‚konservieren', b) *Stoff* mundgerecht machen; **III** *v/i.* **15.** (los)ballern, schießen (***at*** auf *acc.*).

po·ta·ble ['pəʊtəbl] **I** *adj.* trinkbar; **II** *s.* Getränk *n*.

po·tage [pɒ'tɑːʒ] (*Fr.*) *s.* (dicke) Suppe.

pot·ash ['pɒtæʃ] *s.* ⚗ **1.** Pottasche *f*, 'Kaliumkarboˌnat *n*: ***bicarbonate of ~*** doppeltkohlensaures Kali; **~ *fertilizer*** Kalidünger *m*; **~ *mine*** Kalibergwerk *n*; **2.** → ***caustic*** 1.

po·tas·si·um [pə'tæsjəm] *s.* ⚗ Kalium *n*; **~ bro·mide** *s.* 'Kaliumbroˌmid *n*; **~ car·bon·ate** *s.* 'Kaliumkarboˌnat *n*, Pottasche *f*; **~ cy·a·nide** *s.* 'Kaliumcyaˌnid *n*, Zyan'kali *n*; **~ hy·drox·ide** *s.* 'Kaliumhydroˌxid *n*, Ätzkali *n*; **~ ni·trate** *s.* 'Kaliumniˌtrat *n*.

po·ta·tion [pəʊ'teɪʃn] *s.* **1.** Trinken *n*; Zeche'rei *f*; **2.** Getränk *n*.

po·ta·to [pə'teɪtəʊ] *pl.* **-toes** *s.* **1.** Kar'toffel *f*: ***fried ~es*** Bratkartoffeln; ***small ~es*** *Am.* F ‚kleine Fische'; ***hot ~*** F ‚heißes Eisen'; ***drop s.th. like a hot ~*** et. wie eine heiße Kartoffel fallen lassen; ***think o.s. no small ~es*** *sl.* sehr von sich eingenommen sein; ***one ~, two ~es, three ~es*** *etc. beim Sekundenzählen*: 'einundˌzwanzig, 'zweiundzwanzig, 'dreiundzwanzig *etc.*; **2.** *Am. sl.* a) ‚Rübe' *f* (*Kopf*), b) Dollar *m*; **~ bee·tle** *s. zo.* Kar'toffelkäfer *m*; **~ blight** → ***potato disease***; **~ bug** → ***potato beetle***; **~ chips** *s. pl.* a) *Brit.* Pommes frites *pl.*, b) *Am.* → **~ crisps** *s. pl.* Kar'toffelchips *pl.*; **~ dis·ease** *s.* Kar'toffelkrankheit *f*; **~ soup** *s.* Kar'toffelsuppe *f*; **~ trap** *s. sl.* ‚Klappe' *f*, ‚Maul' *n*.

pot| bar·ley *s.* Graupen *pl.*; **'~ˌbel·lied** *adj.* dickbäuchig; **'~ˌbel·ly** *s.* Schmerbauch *m*; **'~ˌboil·er** *s.* F *Kunst etc.*: reine Brotarbeit; **'~·boy** *s. Brit.* Schankkellner *m*.

po·teen [pɒ'tiːn] *s.* heimlich gebrannter Whisky (*in Irland*).

po·ten·cy ['pəʊtənsɪ] *s.* **1.** Stärke *f*, Macht *f*; *fig. a.* Einfluss *m*; **2.** Wirksamkeit *f*, Kraft *f*; **3.** *physiol.* Po'tenz *f*; **'po·tent** [-nt] *adj.* ☐ **1.** mächtig, stark; **2.** einflussreich; **3.** po'tent, fi'nanzstark: ***a ~ bidder***; **4.** zwingend, über'zeugend (*Argumente etc.*); **5.** stark (*Drogen, Getränk*); **6.** *physiol.* po'tent; **'po·ten·tate** [-teɪt] *s.* Poten'tat *m*, Machthaber *m*, Herrscher *m*; **po·ten·tial** [pəʊ'tenʃl] **I** *adj.* ☐ **1.** potenzi'ell: a) möglich, eventu'ell, b) in der Anlage vorhanden, la'tent: **~ *market*** (***murderer***) potenzieller Markt (Mörder); **2.** *ling.* Möglichkeits...: **~ *mood*** → 4; **3.** *phys.* potenzi'ell, gebunden: **~ *energy*** potenzielle Energie, Energie der Lage; **II** *s.* **4.** *ling.* Potenti'alis *m*, Möglichkeitsform *f*; **5.**

phys. Potenzi'al *n* (*a.* ⚡), ⚡ Spannung *f*: ***~ equation*** ⚖ Potenzialgleichung *f*; **6.** (*Kriegs-*, *Menschen- etc.*)Potenzi'al *n*, Re'serven *pl.*; **7.** Leistungsfähigkeit *f*, Kraftvorrat *m*; **po·ten·ti·al·i·ty** [pəʊtenʃɪ'ælətɪ] *s.* **1.** Potenziali'tät *f*, (Entwicklungs)Möglichkeit *f*; **2.** Wirkungsvermögen *n*, innere Kraft; **po·ten·ti·om·e·ter** [pəʊˌtenʃɪ'ɒmɪtə] *s.* ⚡ Potentio'meter *n* (*veränderbarer Widerstand*).

'pot·head *s. sl.* ‚Hascher' *m.*

po·theen [pɒ'θiːn] → ***poteen***.

poth·er ['pɒðə] **I** *s.* **1.** Aufruhr *m*, Lärm *m*, Aufregung *f*, ‚The'ater' *n*: ***be in a ~ about s.th.*** e-n großen Wirbel wegen et. machen; **2.** Rauch-, Staubwolke *f*, Dunst *m*; **II** *v/t.* **3.** verwirren, aufregen; **III** *v/i.* **4.** sich aufregen.

'pot|·herb *s.* Küchenkraut *n*; **'~·hole** *s.* **1.** *mot.* Schlagloch *n*; **2.** *geol.* Gletschertopf *m*, Strudelkessel *m*; **'~ˌhol·er** *s.* Höhlenforscher *m*; **'~·hook** *s.* **1.** Kesselhaken *m*; **2.** Schnörkel *m* (*Kinderschrift*); *pl.* Gekritzel *n*; **'~·house** *s.* Wirtschaft *f*, Kneipe *f*; **'~ˌhunt·er** *s. sl.* **1.** Aasjäger *m*; **2.** *sport* F Preisjäger *m.*

po·tion ['pəʊʃn] *s.* (Arz'nei-, Gift-, Zauber)Trank *m.*

pot luck *s.*: ***take ~*** a) (***with s.o.***) (bei j-m) mit dem vorlieb nehmen, was es gerade (zu essen) gibt, b) es aufs Geratewohl probieren.

pot·pour·ri [ˌpəʊ'pʊrɪ] *s.* Potpourri *n*: a) Dufttopf *m*, b) musi'kalisches Aller'lei, c) *fig.* Kunterbunt *n*, Aller'lei *n.*

pot| roast *s.* Schmorfleisch *n*; **'~·sherd** [-ʃɜːd] *s.* (Topf)Scherbe *f*; **~ shot** *s.* **1.** unweidmännischer Schuss; **2.** Nahschuss *m*, 'hinterhältiger Schuss; **3.** (wahllos abgegebener) Schuss; **4.** *fig.* Seitenhieb *m.*

pot·tage ['pɒtɪdʒ] *s.* dicke Gemüsesuppe (mit Fleisch).

pot·ter¹ ['pɒtə] **I** *v/i.* **1.** *oft* ***~ about*** her'umwerkeln, -hantieren; **2.** (her'um-)trödeln: ***~ at*** herumspielen, -pfuschen an *od.* in (*dat.*); **II** *v/t.* **3.** ***~ away*** *Zeit* vertrödeln.

pot·ter² ['pɒtə] *s.* Töpfer(in): ***~'s clay*** Töpferton *m*; ***~'s lathe*** Töpferscheibentisch *m*; ***~'s wheel*** Töpferscheibe *f*; **'pot·ter·y** [-ərɪ] *s.* **1.** Töpfer-, Tonware(n *pl.*) *f*, Steingut *n*, Ke'ramik *f*; **2.** Töpfe'rei(werkstatt) *f*; **3.** Töpfe'rei *f* (*Kunst*), Ke'ramik *f.*

pot·ty ['pɒtɪ] *adj.* F **1.** verrückt; **2.** klein, unbedeutend.

'pot-ˌval·o(u)r *s.* angetrunkener Mut.

pouch [paʊtʃ] **I** *s.* **1.** Beutel (*a. zo.*, ♀), (Leder-, Trage-, *a.* Post)Tasche *f*, (kleiner) Sack; **2.** Tabaksbeutel *m*; **3.** Geldbeutel *m*; **4.** ⚔ Pa'tronentasche *f*; **5.** *anat.* (Tränen)Sack *m*; **II** *v/t.* **6.** in e-n Beutel tun; **7.** *fig.* einstecken; **8.** (*v/i.* sich) beuteln *od.* bauschen; **pouched** [-tʃt] *adj. zo.* Beutel...

pouf(fe) [puːf] *s.* **1.** a) Haarknoten *m*, -rolle *f*, b) Einlage *f*; **2.** Puff *m* (*Sitzpolster*); **3.** Tur'nüre *f*; **4.** → ***poof***.

poul·ter·er ['pəʊltərə] *s.* Geflügelhändler *m.*

poul·tice ['pəʊltɪs] ⚕ **I** *s.* 'Breiˌumschlag *m*, Packung *f*; **II** *v/t.* e-n 'Breiˌumschlag auflegen auf (*acc.*), e-e Packung machen um.

poul·try ['pəʊltrɪ] *s.* (Haus)Geflügel *n*, Federvieh *n*: ***~ farm*** Geflügelfarm *f*; **'~·man** [-mən] *s. irr.* Geflügelzüchter *m od.* -händler *m.*

pounce¹ [paʊns] **I** *s.* **1.** a) Her'abstoßen *n e-s Raubvogels*, b) Sprung *m*, Satz *m*: ***on the ~*** sprungbereit; **II** *v/i.* **2.** (herab)stoßen, sich stürzen (***on***, ***upon*** auf *acc.*) (*Raubvogel*); **3.** *fig.* a) (***on***, ***upon***) sich stürzen (auf *j-n*, *e-n Fehler*, *e-e Gelegenheit etc.*), losgehen (auf *j-n*), b) ‚zuschlagen'; **4.** (plötzlich) stürzen: ***~ into the room***.

pounce² [paʊns] **I** *s.* **1.** Glättpulver *n*, *bsd.* Bimssteinpulver *n*; **2.** Pauspulver *n*; **3.** 'durchgepaustes (*bsd.* Stick)Muster; **II** *v/t.* **4.** glatt abreiben, bimsen; **5.** 'durchpausen.

pound¹ [paʊnd] *s.* **1.** Pfund *n* (*abbr.* ***lb.*** = *453,59 g*): ***~ cake*** *Am.* (reichhaltiger) Früchtekuchen *m*; **2.** *a.* ***~ sterling*** Pfund *n* (Sterling) (*abbr.* £): ***pay twenty shillings in the ~*** *fig. obs.* voll bezahlen.

pound² [paʊnd] **I** *s.* **1.** schwerer Stoß *od.* Schlag, Stampfen *n*; **II** *v/t.* **2.** (zer-)stoßen, (zer)stampfen; **3.** feststampfen, rammen; **4.** hämmern (auf), trommeln auf, schlagen: ***~ sense into s.o.*** *fig.* j-m Vernunft einhämmern; ***~ out*** a) glatt hämmern, b) *Melodie* herunterhämmern (*auf dem Klavier*); **5.** ⚔ beschießen; **III** *v/i.* **6.** hämmern (*a. Herz*), pochen, schlagen; **7.** *mst* ***~ along*** (ein'her)stampfen, wuchtig gehen; **8.** stampfen (*Maschine etc.*); **9.** ***~ (away) at*** ⚔ unter schweren Beschuss nehmen.

pound³ [paʊnd] **I** *s.* **1.** 'Tieraˌsyl *n*; **2.** Hürde *f*, Pferch *m*; **3.** Abstellplatz *m* für abgeschleppte Autos; **II** *v/t.* **4.** *oft* ***~ up*** einpferchen.

pound·age ['paʊndɪdʒ] *s.* **1.** Anteil *m od.* Gebühr *f* pro Pfund (*Sterling*); **2.** Bezahlung *f* pro Pfund (*Gewicht*); **3.** Gewicht *n* in Pfund.

pound·er ['paʊndə] *s. in Zssgn* ...pfünder.

ˌpound-'fool·ish *adj.* unfähig, mit großen Summen *od.* Pro'blemen 'umzugehen; → ***penny-wise***.

pour [pɔː] **I** *s.* **1.** Strömen *n*; **2.** (Regen-)Guss *m*; **3.** *metall.* Einguss *m*: ***~ test*** Stockpunktbestimmung; **II** *v/t.* **4.** gießen, schütten (***from***, ***out of*** aus, ***into***,

P

in in *acc.*, ***on, upon*** auf *acc.*): ***~ forth*** (*od.* ***out***) a) ausgießen, (aus)strömen lassen, b) *fig. Herz* ausschütten, *Kummer* ausbreiten, c) *Flüche etc.* ausstoßen; ***~ out drinks*** Getränke eingießen, -schenken; ***~ off*** abgießen; ***~ it on*** *Am. sl.* a) ‚rangehen', b) *a.* ***~ on the speed*** ‚volle Pulle' fahren; **5.** ***~ itself*** sich ergießen (*Fluss*); **III** *v/i.* **6.** strömen, gießen: ***~ down*** niederströmen; ***~ forth*** (*od.* ***out***) (*a. fig.*) sich ergießen, strömen (***from*** aus); ***it ~s with rain*** es gießt in Strömen; ***it never rains but it ~s*** *fig.* ein Unglück kommt selten allein; **7.** *fig.* strömen (*Menschenmenge etc.*): ***~ in*** hereinströmen (*a. Aufträge, Briefe etc.*); **8.** *metall. in die Form* gießen;

pour·a·ble ['pɔːrəbl] *adj.* ⚙ vergießbar: ***~ compound*** Gussmasse *f*; **pour·ing** ['pɔːrɪŋ] **I** *adj.* **1.** strömend (*a. Regen*); **2.** ⚙ Gieß..., Guss...: ***~ gate*** Gießtrichter *m*; **II** *s.* **3.** ⚙ (Ver)Gießen *n*, Guss *m*.

pout¹ [paʊt] **I** *v/i.* **1.** die Lippen spitzen *od.* aufwerfen; **2.** a) e-e Schnute *od.* e-n Flunsch ziehen, b) *fig.* schmollen; **3.** vorstehen (*Lippen*); **II** *v/t.* **4.** *Lippen, Mund* (schmollend) aufwerfen, (*a. zum Kuss*) spitzen; **5.** schmollen(d sagen); **III** *s.* **6.** Flunsch *m*, Schnute *f*, Schmollmund *m*; **7.** Schmollen *n*: ***have the ~s*** schmollen, im Schmollwinkel sitzen.

pout² [paʊt] *s. ein* Schellfisch *m*.

pout·er ['paʊtə] *s.* **1.** *a.* ***~ pigeon*** *orn.* Kropftaube *f*; **2.** → ***pout²***.

pov·er·ty ['pɒvətɪ] *s.* **1.** (***of*** an *dat.*) Armut *f*, Mangel *m* (*beide a. fig.*): ***~ of ideas*** Ideenarmut; **2.** *fig.* Armseligkeit *f*, Dürftigkeit *f*; **3.** Armut *f*, geringe Ergiebigkeit (*des Bodens etc.*); **'~-ˌstrick·en** *adj.* **1.** in Armut lebend, verarmt; **2.** *fig.* armselig.

pow·der ['paʊdə] **I** *s.* **1.** (*Back-, Schieß- etc.*)Pulver *n*: ***not worth ~ and shot*** keinen Schuss Pulver wert; ***keep your ~ dry!*** sei auf der Hut!; ***take a ~*** *Am. sl.* ‚türmen'; **2.** Puder *m*: ***face ~***; **II** *v/t.* **3.** pulvern, pulverisieren: ***~ed milk*** Trockenmilch *f*; ***~ed sugar*** Staubzucker *m*; **4.** (be)pudern: ***~ one's nose*** a) sich die Nase pudern, b) F ‚mal kurz verschwinden'; **5.** bestäuben, bestreuen (***with*** mit); **III** *v/i.* **6.** zu Pulver werden; **~ box** *s.* Puderdose *f*; **~ keg** *s. fig.* Pulverfass *n*; **~ met·al·lur·gy** *s.* 'Sintermetallurˌgie *f*, Me'tallkeˌramik *f*; **~ mill** *s.* 'Pulvermühle *f*, -faˌbrik *f*; **~ puff** *s.* Puderquaste *f*; **~ room** *s.* 'Damentoiˌlette *f*.

pow·der·y ['paʊdərɪ] *adj.* **1.** pulverig, Pulver...: ***~ snow*** Pulverschnee *m*; **2.** bestäubt.

pow·er ['paʊə] **I** *s.* **1.** Kraft *f*, Stärke *f*, Macht *f*, Vermögen *n*: ***do all in one's ~*** alles tun, was in s-r Macht steht; ***it was out of*** (*od.* ***not in***) ***his ~*** es stand nicht in s-r Macht (***to do*** zu tun); ***more ~ to you***(***r elbow***)***!*** nur zu!, viel Erfolg!; **2.** Kraft *f*, Ener'gie *f*; *weitS.* Wucht *f*, Gewalt *f*; **3.** *mst pl. hypnotische etc.* Kräfte *pl.*, (geistige) Fähigkeiten *pl.*, Ta'lent *n*: ***reasoning ~*** Denkvermögen *n*; **4.** Macht *f*, Gewalt *f*, Herrschaft *f*, Einfluss *m* (***over*** über *acc.*): ***be in ~*** *pol.* an der Macht *od.* am Ruder sein; ***be in s.o.'s ~*** in j-s Gewalt sein; ***come into ~*** *pol.* an die Macht kommen; ***~ politics*** Machtpolitik *f*; **5.** *pol.* Gewalt *f als Staatsfunktion*: ***legislative ~***; ***separation of ~s*** Gewaltenteilung *f*; **6.** *pol.* (Macht)Befugnis *f*, (Amts)Gewalt *f*; **7.** ⚖ (Handlungs-, Vertretungs)Vollmacht *f*, Befugnis *f*, Recht *n*: ***~ of testation*** Testierfähigkeit *f*; → ***attorney***; **8.** *pol.* Macht *f*, Staat *m*; **9.** Macht(faktor *m*) *f*, einflussreiche Stelle *od.* Per'son: ***the ~s that be*** die maßgeblichen (Regierungs)Stellen; ***~ behind the throne*** graue Eminenz; **10.** *mst pl.* höhere Macht: ***heavenly ~s***; **11.** F Masse *f*: ***a ~ of people***; **12.** Ⓐ Po'tenz *f*: ***raise to the third ~*** in die dritte Potenz erheben; **13.** ⚡, *phys.* Kraft *f*, Ener'gie *f*, Leistung *f*; *a.* ***~ current*** ⚡ (Stark)Strom *m*; *Funk, Radio, TV*: Sendestärke *f*; *opt.* Stärke *f e-r Linse*: ***~ cable*** Starkstromkabel *n*; ***~ economy*** Energiewirtschaft *f*; **14.** ⚙ me'chanische Kraft, Antriebskraft *f*: ***~-propelled*** kraftbetrieben, Kraft...; ***~ on*** (mit) Vollgas; ***~ off*** a) mit abgestelltem Motor, b) im Leerlauf; **II** *v/t.* **15.** mit (*elektrischer etc.*) Kraft versehen *od.* betreiben, antreiben: ***rocket-~ed*** raketengetrieben; **~ am·pli·fi·er** *s. Radio*: Kraft-, Endverstärker *m*; **'~-asˌsis·ted** *adj. mot.* Servo... (*-lenkung etc.*); **~ brake** *s. mot.* 'Servobremse *f*; **~ con·sump·tion** *s.* ⚡ Strom-, Ener'gieverbrauch *m*; **~ cut** *s.* ⚡ **1.** Stromsperre *f*; **2.** → ***power failure***; **~ dress·ing** *s* Karri'erelook *m*, 'durchgestyltes 'Outfit; **~ drive** *s.* ⚙ Kraftantrieb *m*; **'~-ˌdriv·en** *adj.* ⚙ kraftbetrieben, Kraft...; **~ en·gi·neer·ing** *s.* ⚡ 'Starkstromˌtechnik *f*; **~ fac·tor** *s.* ⚡, *phys.* 'Leistungsˌfaktor *m*; **ˌ~-'fail pro·tection** *s.* Netzausfallschutz *m*; **~ fail·ure** *s.* ⚡ Strom-, Netzausfall *m*.

pow·er·ful ['paʊəfʊl] *adj.* ☐ **1.** mächtig (*a. Körper, Schlag, Mensch*), stark (*a. opt. u. Motor*), gewaltig, kräftig; **2.** *fig.* kräftig, wirksam (*a. Argument*); wuchtig (*Stil*); packend (*Roman etc.*); **3.** F ‚massig', gewaltig.

pow·er| glid·er *s.* ✈ Motorsegler *m*; **'~·house** *s.* **1.** → ***power station***; **2.** ⚙ Ma'schinenhaus *n*; **3.** *Am. sl.* a) *sport* ‚Bombenmannschaft' *f*, b) *sport* ‚Ka'none' *f* (*Spitzenspieler*), c) Riesenkerl *m*, d) ‚Wucht' *f*, ‚tolle' Person *od.* Sache; **~ lathe** *s.* ⚙ Hochleistungsdrehbank *f*.

pow·er·less ['paʊəlɪs] *adj.* □ kraft-, machtlos, ohnmächtig.

pow·er| line *s.* ⚡ **1.** Starkstromleitung *f*; **2.** 'Überlandleitung *f*; ,**~-'op·er·at·ed** *adj.* ⚙ kraftbetätigt, -betrieben; **~ out·put** *s.* ⚡, ⚙ Ausgangs-, Nennleistung *f*; **~ pack** *s.* ⚡ Netzteil *n* (*Radio etc.*); **~ plant** *s.* **1.** → ***power station***; **2.** Ma'schinensatz *m*, Aggre'gat *n*, Triebwerk(anlage *f*) *n*; **~ play** *s. sport* Powerplay *n*; **~ point** *s.* ⚡ Steckdose *f*; **~ pol·i·tics** *s. pl. sg. konstr.* 'Machtpoli,tik *f*; **~ saw** *s.* ⚙ Motorsäge *f*; **~ shar·ing** *s.* Teilhabe *f* an der Macht; **~ shov·el** *s.* ⚙ Löffelbagger *m*; **~ sta·tion** *s.* ⚡ Elektrizi'täts-, Kraftwerk *n*: ***long-distance* ~** Überlandzentrale *f*; **~ steer·ing** *s. mot.* Servolenkung *f*; **~ stroke** *s.* ⚙, ⚡, *mot.* Arbeitshub *m*, -takt *m*; **~ strug·gle** *s.* Machtkampf *m*; **~ sup·ply** *s.* ⚡ **1.** Ener'gieversorgung *f*, Netz(anschluss *m*) *n*; **2.** → ***power pack***; **~ trans·mis·sion** *s.* ⚙ 'Leistungs-, Ener'gieüber,tragung *f*; **~ un·it** *s.* **1.** → ***power station***; **2.** → ***power plant*** 2.

pow·wow ['paʊwaʊ] **I** *s.* **1.** a) indi'anisches Fest, b) Ratsversammlung *f*, c) indi'anischer Medi'zinmann; **2.** *Am.* F a) (lärmende, *a.* po'litische) Versammlung, b) Konfe'renz *f*, Besprechung *f*; **II** *v/i.* **3.** *bsd. Am.* F e-e Versammlung *etc.* abhalten; debattieren.

pox [pɒks] *s.* ⚕ **1.** Pocken *pl.*, Blattern *pl.*; Pusteln *pl.*; **2.** V Syphilis *f*.

prac·ti·ca·bil·i·ty [,præktɪkə'bɪlətɪ] *s.* 'Durchführbarkeit *f etc.*; **prac·ti·ca·ble** ['præktɪkəbl] *adj.* □ **1.** 'durch-, ausführbar, möglich; **2.** anwendbar, brauchbar; **3.** gang-, (be)fahrbar (*Straße, Furt etc.*).

prac·ti·cal ['præktɪkl] *adj.* □ → ***practically***; **1.** (*Ggs. theoretisch*) praktisch (*Kenntnisse, Landwirtschaft etc.*); angewandt: **~ *chemistry***; **~ *fact*** Erfahrungstatsache *f*; **2.** praktisch (*Anwendung, Versuch etc.*); **3.** praktisch, geschickt (*Person*); **4.** praktisch, in der Praxis tätig, ausübend: **~ *politician***; **~ *man*** Mann der Praxis, Praktiker; **5.** praktisch (*Denken*); **6.** praktisch, faktisch, tatsächlich; **7.** sachlich; **8.** praktisch anwendbar, 'durchführbar; **9.** handgreiflich, grob: **~ *joke***; **prac·ti·cal·i·ty** [,præktɪ'kælətɪ] *s. das* Praktische, praktisches Wesen, Sachlichkeit *f*; praktische Anwendbarkeit; '**prac·ti·cal·ly** *adv.* **1.** [-kəlɪ] → ***practical***; **2.** [-klɪ] praktisch, so gut wie *nichts etc.*

prac·tice ['præktɪs] **I** *s.* **1.** Praxis *f* (*Ggs. Theorie*): ***in* ~** in der Praxis; ***put into* ~** in die Praxis umsetzen, ausführen, verwirklichen; **2.** Übung *f* (*a.* ♪, ⚔), *mot. sport* Training *n*: ***in* (*out of*) ~** in (aus) der Übung; **~ *makes perfect*** Übung macht den Meister; **3.** Praxis *f* (*Arzt, Anwalt*): ***be in* ~** praktizieren, s-e Praxis ausüben (*Arzt*); **4.** Brauch *m*, Gewohnheit *f*, übliches Verfahren, Usus *m*; **5.** Handlungsweise *f*, Praktik *f*; *oft pl. contp.* (unsaubere) Praktiken *pl.*, Machenschaften *pl.*, Schliche *pl.*; **6.** Verfahren *n*; ⚙ *a.* Technik *f*: ***welding* ~** Schweißtechnik; **7.** ⚖ Verfahren(sregeln *pl.*) *n*, for'melles Recht; **8.** Übungs..., Probe...: **~ *alarm***, **~ *alert*** Probealarm *m*; **~ *ammunition*** ⚔ Übungsmunition *f*; **~ *cartridge*** ⚔ Exerzierpatrone *f*; **~ *flight*** ✈ Übungsflug *m*; **~ *run*** *mot.* Trainingsfahrt *f*; **II** *v/t. u. v/i.* **9.** *Am.* → ***practise***.

prac·tise ['præktɪs] **I** *v/t.* **1.** *Beruf* ausüben; *Geschäft etc.* betreiben; tätig sein als *od.* in (*dat.*), *als Arzt, Anwalt* praktizieren: **~ *medicine*** (***law***); **2.** ♪ *etc.* (ein)üben, sich üben in (*dat.*); *et. auf e-m Instrument* üben; *j-n* schulen: **~ *Bach*** Bach üben; **3.** *fig. Höflichkeit etc.* üben: **~ *politeness***; **4.** verüben: **~ *a fraud on*** *j-n* arglistig täuschen; **II** *v/i.* **5.** praktizieren (*als Arzt, Jurist, a. Katholik*); **6.** (sich) üben (***on the piano*** auf dem Klavier, ***at shooting*** im Schießen); **7. ~ *on*** (*od.* ***upon***) a) *j-n* ‚bearbeiten', b) *j-s Schwäche etc.* ausnutzen, miss'brauchen; '**prac·tised** [-st] *adj.* geübt (*Person, a. Auge, Hand*).

prac·ti·tion·er [præk'tɪʃnə] *s.* **1.** Praktiker *m*; **2. *general*** (*od.* ***medical***) **~** praktischer Arzt; **3. *legal*** (*od.* ***general***) **~** (Rechts)Anwalt *m*.

General practitioners oder **GPs** sind Allgemeinärzte, die heute oft einer Gemeinschaftspraxis angehören. Im Krankheitsfall wendet man sich in erster Linie an seinen **GP,** der einen bei Bedarf an einen Spezialisten überweist.

prag·mat·ic [præg'mætɪk] *adj.* (□ ***~ally***) **1.** *phls.* prag'matisch; **2.** → **prag'mat·i·cal** [-kl] *adj.* □ **1.** *phls.* prag'matisch, *fig. a.* praktisch (denkend), sachlich; **2.** belehrend; **3.** geschäftig; **4.** 'übereifrig, aufdringlich; **5.** rechthaberisch; **prag·ma·tism** ['prægmətɪzəm] *s.* **1.** *phls.* Pragma'tismus *m*, *fig. a.* Sachlichkeit *f*, praktisches Denken; **2.** 'Übereifer *m*; **3.** rechthaberisches Wesen; **prag·ma·tize** ['prægmətaɪz] *v/t.* **1.** als re'al darstellen; **2.** vernunftmäßig erklären, rationalisieren.

prai·rie ['preərɪ] *s.* **1.** Grasebene *f*, Steppe *f*; **2.** Prä'rie *f* (*in Nordamerika*); **3.** *Am.* (grasbewachsene) Lichtung; **~**

P

dog *s. zo.* Prä'riehund *m*; **~ schoon·er** *s. Am.* Planwagen *m der frühen Siedler*.

praise [preɪz] **I** *v/t.* **1.** loben, rühmen, preisen; → ***sky*** 2; **2.** (*bsd. Gott*) (lob-) preisen, loben; **II** *s.* **3.** Lob *n*: ***sing s.o.'s ~*** j-s Lob singen; ***in ~ of s.o.***, ***in s.o.'s ~*** zu j-s Lob; **'~,wor·thi·ness** *s.* Löblichkeit *f*, lobenswerte Eigenschaft; **'~,wor·thy** *adj.* □ lobenswert, löblich.

pram¹ [præm] *s.* ⚓ Prahm *m*.

pram² [præm] *s.* F → ***perambulator***.

prance [prɑːns] *v/i.* **1.** a) sich bäumen, b) tänzeln (*Pferd*); **2.** (ein'her)stolzieren, paradieren; sich brüsten; **3.** F herumtollen.

pran·di·al ['prændɪəl] *adj.* Essens..., Tisch...

prang [præŋ] *Brit.* F **I** *s.* **1.** ✈ Bruchlandung *f*; **2.** *mot.* schwerer Unfall; **3.** Luftangriff *m*; **4.** *fig.* ‚tolles Ding'; **II** *v/i.* **5.** ‚knallen', ‚krachen'.

prank¹ [præŋk] *s.* **1.** Streich *m*, Ulk *m*, Jux *m*; **2.** *weitS.* Kapri'ole *f*, Faxe.

prank² [præŋk] **I** *v/t. mst* **~ *out*** (*od.* ***up***) (her'aus)putzen, schmücken; **II** *v/i.* prunken, prangen.

prat [præt] *s.* **1.** *Brit.* F Trottel *m*; **2.** *sl.* ‚Hintern' *m*.

prate [preɪt] **I** *v/i.* schwatzen, schwafeln (***of*** von); **II** *v/t.* (da'her)schwafeln; **III** *s.* Geschwätz *n*, Geschwafel *n*; **'prat·er** [-tə] *s.* Schwätzer(in).

prat·fall ['prætfɔːl] *s.* F a) Sturz *m* auf den ‚Hintern', b) *fig.* ‚Bauchlandung' *f*, Bla'mage *f*: ***have*** (*od.* ***take***) ***a ~*** sich ‚auf den Hintern setzen', e-e Bauchlandung machen, sich blamieren; ***until the next ~*** bis er (*od.* sie) wieder mal ‚auf den Hintern fällt'.

'prat·ing [-tɪŋ] *adj.* □ schwatzhaft, geschwätzig; **prat·tle** ['prætl] → ***prate***.

prawn [prɔːn] *s. zo.* Gar'nele *f*.

pray [preɪ] **I** *v/i.* **1.** beten (***to*** zu, ***for*** um, für); **2.** bitten, ersuchen (***for*** um); ⚖ beantragen (***that*** dass); **II** *v/t.* **3.** *j-n* inständig bitten, ersuchen, anflehen (***for*** um): ***~, consider!*** bitte, bedenken Sie doch!; **4.** *et.* erbitten, erflehen.

prayer [preə] *s.* **1.** Ge'bet *n*: ***put up a ~*** ein Gebet emporsenden; ***say one's ~s*** beten, s-e Gebete verrichten; ***he hasn't got a ~*** *Am. sl.* er hat nicht die geringste Chance; **2.** *oft pl.* Andacht *f*: ***evening ~*** Abendandacht; **3.** inständige Bitte, Flehen *n*; **4.** Gesuch *n*; ⚖ *a.* Antrag *m*, Klagebegehren *n*; **5.** ['preɪə] Beter(in); **~ book** *s.* Ge'betbuch *n*; **~ meet·ing** *s.* Ge'betsversammlung *f*; **~ wheel** *s.* Ge'betsmühle *f*.

pre- [priː; prɪ] *in Zssgn* a) (*zeitlich*) vor (-her); vor...; früher als, b) (*räumlich*) vor, da'vor.

preach [priːtʃ] **I** *v/i.* **1.** (***to***) predigen (zu *od.* vor *dat.*), e-e Predigt halten (*dat. od.* vor *dat.*); **2.** *fig.* ‚predigen': ***~ at s.o.*** j-m e-e (Moral)Predigt halten; **II** *v/t.* **3.** *et.* predigen: ***~ the gospel*** das Evangelium verkünden; ***~ a sermon*** e-e Predigt halten; **4.** ermahnen zu: ***~ charity*** Nächstenliebe predigen; **'preach·er** [-tʃə] *s.* Prediger(in); **'preach·i·fy** [-tʃɪfaɪ] *v/i.* sal'badern, Mo'ral predigen; **'preach·ing** [-tʃɪŋ] *s.* **1.** Predigen *n*; **2.** *bibl.* Lehre *f*; **'preach·y** [-tʃɪ] *adj.* □ F sal'badernd, moralisierend.

pre·am·ble [priː'æmbl] *s.* **1.** Prä'ambel *f* (*a.* ⚖), Einleitung *f*; Oberbegriff *m e-r Patentschrift*; Kopf *m e-s Funkspruchs etc.*; **2.** *fig.* Vorspiel *n*, Auftakt *m*.

pre·ar·range [ˌpriːə'reɪndʒ] *v/t.* **1.** vorher abmachen *od.* anordnen *od.* bestimmen; **2.** vorbereiten.

preb·end ['prebənd] *s. eccl.* Prä'bende *f*, Pfründe *f*; **'preb·en·dar·y** [-bəndərɪ] *s.* Pfründner *m*.

pre·cal·cu·late [ˌpriː'kælkjʊleɪt] *v/t.* vor'ausberechnen.

pre·car·i·ous [prɪ'keərɪəs] *adj.* □ **1.** pre'kär, unsicher (*a. Lebensunterhalt*), bedenklich (*a. Gesundheitszustand*); **2.** gefährlich; **3.** anfechtbar; **4.** ⚖ 'widerruflich; **pre'car·i·ous·ness** [-nɪs] *s.* **1.** Unsicherheit *f*; **2.** Gefährlichkeit *f*; **3.** Zweifelhaftigkeit *f*.

pre·cau·tion [prɪ'kɔːʃn] *s.* **1.** Vorkehrung *f*, Vorsichtsmaßregel *f*: ***take ~s*** Vorsichtsmaßregeln *od.* Vorsorge treffen; ***as a ~*** vorsichtshalber, vorsorglich; **2.** Vorsicht *f*; **pre'cau·tion·ar·y** [-ʃnərɪ] *adj.* **1.** vorbeugend, Vorsichts...: ***~ measures*** Vorkehrungen; **2.** Warn...: ***~ signal*** Warnsignal *n*.

pre·cede [ˌpriː'siːd] **I** *v/t.* **1.** vor'aus-, vor'angehen (*dat.*) (*a. fig. Buchkapitel, Zeitraum etc.*); **2.** den Vorrang *od.* Vortritt *od.* Vorzug haben vor (*dat.*), vorgehen (*dat.*); **3.** *fig.* (***by***, ***with s.th.***) (durch *et.*) einleiten, (*e-r Sache et.*) vor'ausschicken; **II** *v/i.* **4.** vo'ran-, vo'rausgehen; **5.** den Vorrang *od.* Vortritt haben; **pre·ced·ence** ['presɪdəns] *s.* **1.** Vor'hergehen *n*, Priori'tät *f*: ***have the ~ of*** *e-r Sache zeitlich* vorangehen; **2.** Vorrang *m*, Vorzug *m*, Vortritt *m*, Vorrecht *n*: ***take ~ of*** (*od.* ***over***) → ***precede*** 2; (***order of***) **~** Rangordnung *f*; **prec·e·dent** ['presɪdənt] **I** *s.* ⚖ Präze'denzfall *m*, Präju'diz *n*: ***without ~*** ohne Beispiel, noch nie dagewesen; ***set a ~*** e-n Präzedenzfall schaffen; **II** [prɪ'siːdənt] *adj.* □ vor'hergehend; **pre'ced·ing** [-dɪŋ] **I** *adj.* vor'hergehend: ***~ indorser*** ✝ Vor(der)mann *m* (*Wechsel*); **II** *prp.* vor (*dat.*).

pre·cen·sor [ˌpriː'sensə] *v/t.* e-r 'Vorzenˌsur unter'werfen.

pre·cen·tor [ˌpriː'sentə] *s.* ♪, *eccl.* Kantor *m*, Vorsänger *m*.

pre·cept ['pri:sept] *s.* **1.** (*a.* göttliches) Gebot; **2.** Regel *f*, Richtschnur *f*; **3.** Lehre *f*, Unter'weisung *f*; **4.** ⚖ Gerichtsbefehl *m*; **pre·cep·tor** [prɪ'septə] *s.* Lehrer *m*.

pre·cinct ['pri:sɪŋkt] *s.* **1.** Bezirk *m*: ***cathedral ~s*** Domfreiheit *f*; **2.** *bsd. Am.* Poli'zei-, Wahlbezirk *m*; **3.** *pl.* Bereich *m*, *pl. fig. a.* Grenzen *pl.*

pre·ci·os·i·ty [ˌpreʃɪ'ɒsətɪ] *s.* Geziertheit *f*, Affektiertheit *f*.

pre·cious ['preʃəs] **I** *adj.* □ **1.** kostbar, wertvoll (*a. fig.*): ***~ memories***; **2.** edel (*Steine etc.*): ***~ metals*** Edelmetalle; **3.** F ‚schön': a) *iro.* ‚nett': ***a ~ mess***, b) beträchtlich: ***a ~ lot better than*** bei weitem besser als; **4.** *fig.* prezi'ös, affektiert, geziert: ***~ style***; **II** *adv.* **5.** F reichlich, äußerst: ***~ little***; **III** *s.* **6.** Schatz *m*, Liebling *m*: ***my ~!***; **'pre·cious·ness** [-nɪs] *s.* **1.** Köstlichkeit *f*, Kostbarkeit *f*; **2.** → ***preciosity***.

prec·i·pice ['presɪpɪs] *s.* Abgrund *m*, *fig. a.* Klippe *f*.

pre·cip·i·ta·ble [prɪ'sɪpɪtəbl] *adj.* ⚗ abscheidbar, fällbar, niederschlagbar; **pre'cip·i·tance** [-təns], **pre·cip·i·tan·cy** [-tənsɪ] *s.* **1.** Eile *f*; **2.** Hast *f*, Über'stürzung *f*; **pre'cip·i·tant** [-tənt] **I** *adj.* □ **1.** (steil) abstürzend, jäh; **2.** *fig.* hastig, eilig; **3.** *fig.* über'eilt; **II** *s.* **4.** ⚗ Fällungsmittel *n*; **pre'cip·i·tate** [-teɪt] **I** *v/t.* **1.** hin'abstürzen (*a. fig.*); **2.** *fig. Ereignisse* her'aufbeschwören, (plötzlich) her'beiführen, beschleunigen; **3.** *j-n* (hin'ein)stürzen (***into*** in *acc.*): ***~ a country into war***; **4.** ⚗ (aus)fällen; **5.** *meteor.* niederschlagen, verflüssigen; **II** *v/i.* **6.** ⚗ *u. meteor.* sich niederschlagen; **III** *adj.* [-tət] **7.** jäh(lings) hin'abstürzend, steil abfallend; **8.** *fig.* über'stürzt, -'eilt, 'voreilig; eilig, hastig; **9.** plötzlich; **IV** *s.* [-teɪt] **10.** ⚗ Niederschlag *m*, 'Fällproˌdukt *n*; **pre'cip·i·tate·ness** [-tətnɪs] *s.* Über'eilung *f*, 'Voreiligkeit *f*; **pre·cip·i·ta·tion** [prɪˌsɪpɪ'teɪʃn] *s.* **1.** jäher Sturz, (Her'ab)Stürzen *n*; **2.** *fig.* Über'stürzung *f*; Hast *f*; **3.** ⚗ Fällung *f*; **4.** *meteor.* Niederschlag *m*; **5.** *Spiritismus*: Materialisati'on *f*; **pre'cip·i·tous** [-təs] *adj.* □ **1.** jäh, steil (abfallend), abschüssig; **2.** *fig.* über'stürzt.

pré·cis ['preɪsi:] (*Fr.*) **I** *pl.* **-cis** [-si:z] *s.* (kurze) 'Übersicht, Zs.-fassung *f*; **II** *v/t.* kurz zs.-fassen.

pre·cise [prɪ'saɪs] *adj.* □ **1.** prä'zis(e), klar, genau; **2.** ex'akt, (peinlich) genau, kor'rekt; *contp.* pe'dantisch; **3.** genau, richtig (*Betrag, Moment etc.*); **pre'cise·ly** [-lɪ] *adv.* **1.** → ***precise***; **2.** gerade, genau, ausgerechnet; **3.** ***~!*** genau!; **pre'cise·ness** [-nɪs] *s.* **1.** (über'triebene) Genauigkeit; **2.** (ängstliche) Gewissenhaftigkeit, Pedante'rie *f*; **pre·ci·sion** [prɪ'sɪʒn] **I** *s.* Genauigkeit *f*, Ex'aktheit *f*; *a.* ⚙, ⚔ Präzisi'on *f*; **II** *adj.* ⚙, ⚔ Präzisions…, Fein…: ***~ adjustment*** a) ⚙ Feineinstellung, b) ⚔ genaues Einschießen; ***~ bombing*** gezielter Bombenwurf; ***~ instrument*** Präzisionsinstrument *n*; ***~ mechanics*** Feinmechanik *f*; ***~-made*** Präzisions…

pre·clude [prɪ'klu:d] *v/t.* **1.** ausschließen (***from*** von); **2.** *e-r Sache* vorbeugen *od.* zu'vorkommen; *Einwände* vor'wegnehmen; **3.** *j-n* hindern (***from*** an *dat.*, ***from doing*** zu tun); **pre'clu·sion** [-u:ʒn] *s.* **1.** Ausschließung *f*, Ausschluss *m* (***from*** von); **2.** Verhinderung *f*; **pre'clu·sive** [-u:sɪv] *adj.* □ **1.** ausschließend (***of*** von); **2.** (ver)hindernd.

pre·co·cious [prɪ'kəʊʃəs] *adj.* □ **1.** frühreif, frühzeitig (entwickelt); **2.** *fig.* frühreif, altklug; **pre'co·cious·ness** [-nɪs], **pre'coc·i·ty** [-'kɒsətɪ] *s.* **1.** Frühreife *f*, -zeitigkeit *f*; **2.** *fig.* Frühreife *f*, Altklugheit *f*.

pre·cog·ni·tion [ˌpri:kɒg'nɪʃn] *s.* Präkogniti'on *f*, Vorauswissen *n*.

pre·con·ceive [ˌpri:kən'si:v] *v/t.* (sich) vorher ausdenken, sich vorher vorstellen: ***~d opinion*** → **pre·con·cep·tion** [ˌpri:kən'sepʃn] *s.* vorgefasste Meinung, *a.* Vorurteil *n*.

pre·con·cert [ˌpri:kən'sɜ:t] *v/t.* vorher vereinbaren: ***~ed*** verabredet, *b.s.* abgekartet.

pre·con·di·tion [ˌpri:kən'dɪʃn] **I** *s.* **1.** Vorbedingung *f*, Vor'aussetzung *f*: ***~s for accession*** Beitrittsvorraussetzungen *pl.* (*zur EU etc.*) ; **II** *v/t.* **2.** ⚙ vorbehandeln; **3.** *fig. j-n* einstimmen.

pre·co·nize ['pri:kənaɪz] *v/t.* **1.** öffentlich verkündigen; **2.** *R. C. Bischof* präkonisieren.

pre·cook [ˌpri:'kʊk] *v/t.* vorkochen.

pre·cool [ˌpri:'ku:l] *v/t.* vorkühlen.

pre·cur·sor [ˌpri:'kɜ:sə] *s.* **1.** Vorläufer (-in), Vorbote *m*, -botin *f*; **2.** (Amts-) Vorgänger(in); **ˌpre'cur·so·ry** [-ərɪ] *adj.* **1.** vor'ausgehend; **2.** einleitend, vorbereitend.

pre·da·ceous *Am.*, **pre·da·cious** *Brit.* [prɪ'deɪʃəs] *adj.* räuberisch: ***~ animal*** Raubtier *n*; ***~ instinct*** Raub(tier)instinkt *m*.

pre·date [ˌpri:'deɪt] *v/t.* **1.** zu'rück-, vordatieren; **2.** *zeitlich* vor'angehen.

pred·a·to·ry ['predətərɪ] *adj.* □ räuberisch, Raub…(*-krieg, -vogel etc.*).

pre·de·cease [ˌpri:dɪ'si:s] *v/t.* früher sterben als *j-d*, vor *j-m* sterben: ***~d parent*** ⚖ vorverstorbener Elternteil.

pred·e·ces·sor ['pri:dɪsesə] *s.* **1.** Vorgänger(in) (*a. fig. Buch etc.*): ***~ in interest*** ⚖ Rechtsvorgänger; ***~ in office*** Amtsvorgänger; **2.** Vorfahr *m*.

pre·des·ti·nate [ˌpri:'destɪneɪt] **I** *v/t.* *eccl. u. weitS.* prädestinieren, aus(er)-

wählen, (vor'her)bestimmen, ausersehen (**to** für, zu); **II** *adj.* [-neɪt] prädestiniert, auserwählt; **pre·des·ti·na·tion** [priːˌdestɪ'neɪʃn] *s.* **1.** Vor'herbestimmung *f*; **2.** *eccl.* Prädestinati'on *f*, Gnadenwahl *f*; **ˌpre'des·tine** [-tɪn] → ***predestinate*** I.

pre·de·ter·mi·na·tion ['priːdɪˌtɜːmɪ'neɪʃn] *s.* Vor'herbestimmung *f*; **pre·de·ter·mine** [ˌpriːdɪ'tɜːmɪn] *v/t.* **1.** *eccl.*, *a.* ⚙ vor'herbestimmen; **2.** *Kosten etc.* vorher festsetzen *od.* bestimmen: **~ *s.o. to s.th.*** j-n für et. vorbestimmen.

pred·i·ca·ble ['predɪkəbl] **I** *adj.* aussagbar, *j-m* zuzuschreiben(d); **II** *s. pl. phls.* Prädika'bilien *pl.*, Allgemeinbegriffe *pl.*; **pre·dic·a·ment** [prɪ'dɪkəmənt] *s.* **1.** *phls.* Katego'rie *f*; **2.** (missliche) Lage; **pred·i·cate** ['predɪkeɪt] **I** *v/t.* **1.** behaupten, aussagen; **2.** *phls.* prädizieren, aussagen; **3.** gründen, basieren (**on** auf *dat.*): ***be ~d on*** basieren auf (*dat.*); **II** *s.* [-kət] **4.** *phls.* Aussage *f*; **5.** *ling.* Prädi'kat *n*, Satzaussage *f*: **~ *adjective*** prädikatives Adjektiv; **~ *noun*** Prädikatsnomen *n*; **pred·i·ca·tion** [ˌpredɪ'keɪʃn] *s.* Aussage *f* (*a. ling. im Prädikat*), Behauptung *f*; **pred·i·ca·tive** [prɪ'dɪkətɪv] *adj.* ☐ **1.** aussagend, Aussage...; **2.** *ling.* prädika'tiv; **pred·i·ca·to·ry** [prɪ'dɪkətərɪ] *adj.* **1.** predigend, Prediger...; **2.** gepredigt.

pre·dict [prɪ'dɪkt] *v/t.* vor'her-, vor'aussagen, prophe'zeien; **pre'dict·a·ble** [-təbl] *adj.* vor'aussagbar, berechenbar (*a. Person, Politik etc.*): ***he's so ~*** bei ihm weiß man immer genau, was er tun wird; **pre'dict·a·bly** [-təblɪ] *adv.* a) wie vorherzusehen war, b) man kann jetzt schon sagen, dass; **pre'dic·tion** [-kʃn] *s.* Vor'her-, Vor'aussage *f*, Weissagung *f*, Prophe'zeiung *f*; **pre'dic·tor** [-tə] *s.* **1.** Pro'phet(in); **2.** ✈ Kom'mandogerät *n*.

pre·di·lec·tion [ˌpriːdɪ'lekʃn] *s.* Vorliebe *f*, Voreingenommenheit *f*.

pre·dis·pose [ˌpriːdɪ'spəʊz] *v/t.* **1.** (**for**) *j-n* (im Vor'aus) geneigt *od.* empfänglich machen *od.* einnehmen (für); **2.** (**to**) *bsd.* ⚕ prädisponieren, empfänglich *od.* anfällig machen (für); **pre·dis·po·si·tion** ['priːˌdɪspə'zɪʃn] *s.* (**to**) Neigung *f* (zu); Empfänglichkeit *f* (für); Anfälligkeit *f* (für) (*alle a.* ⚕).

pre·dom·i·nance [prɪ'dɒmɪnəns] *s.* **1.** Vorherrschaft *f*; Vormacht(stellung) *f*; **2.** *fig.* Vorherrschen *n*, Über'wiegen *n*, 'Übergewicht *n* (**in** in *dat.*, **over** über *acc.*); **3.** Über'legenheit *f*; **pre'dom·i·nant** [-nt] *adj.* ☐ **1.** vorherrschend, über'wiegend, 'vorwiegend; **2.** über'legen; **pre'dom·i·nate** [-neɪt] *v/i.* **1.** vorherrschen, über'wiegen, vorwiegen; **2.** *zahlenmäßig, geistig, körperlich etc.* über'legen sein; **3.** die Oberhand *od.* das 'Übergewicht haben (**over** über *acc.*); **4.** herrschen, die Herrschaft haben (**over** über *acc.*).

pre-em·i·nence [ˌpriː'emɪnəns] *s.* **1.** Her'vorragen *n*, Über'legenheit *f* (***above***, ***over*** über *acc.*); **2.** Vorrang *m*, -zug *m* (**over** vor *dat.*); **3.** her'vorragende Stellung; **ˌpre-'em·i·nent** [-nt] *adj.* ☐ her'vorragend, über'ragend: ***be ~*** hervorstechen, sich hervortun.

pre-empt [ˌpriː'empt] *v/t.* **1.** (*v/i.* Land) durch Vorkaufsrecht erwerben; **2.** (im Voraus) mit Beschlag belegen; **ˌpre-'emp·tion** [-pʃn] *s.* Vorkauf(srecht *n*) *m*: **~ *price*** Vorkaufspreis *m*; **ˌpre-'emp·tive** [-tɪv] *adj.* **1.** Vorkaufs...: **~ *right***; **2.** ⚔ Präventiv...: **~ *strike*** Präventivschlag *m*; **ˌpre'emp·tor** [-tə] *s.* Vorkaufsberechtigte(r *m*) *f*.

preen [priːn] *v/t. Gefieder etc.* putzen; *sein Haar* (her)richten: **~ *o.s.*** sich putzen (*a. Person*); **~ *o.s. on*** sich et. einbilden auf (*acc.*).

pre-en·gage [ˌpriːɪn'geɪdʒ] *v/t.* **1.** im Vor'aus *vertraglich* verpflichten; **2.** im Vor'aus in Anspruch nehmen; **3.** ✝ vorbestellen; **ˌpre-en'gage·ment** [-mənt] *s.* vorher eingegangene Verpflichtung, frühere Verbindlichkeit.

pre-ex·am·i·na·tion ['priːɪgˌzæmɪ'neɪʃn] *s.* vor'herige Vernehmung, 'Vorunterˌsuchung *f*, -prüfung *f*.

pre-ex·ist [ˌpriːɪg'zɪst] *v/i.* vorher vor'handen sein *od.* existieren; **ˌpre-ex'ist·ence** [-təns] *s. bsd. eccl.* früheres Dasein, Präexi'stenz *f*.

pre·fab ['priːfæb] **I** *adj.* → ***prefabricated***; **II** *s.* Fertighaus *n*.

pre·fab·ri·cate [ˌpriː'fæbrɪkeɪt] *v/t.* vorfabrizieren, *genormte* Fertigteile für *Häuser etc.* herstellen; **ˌpre'fab·ri·cat·ed** [-tɪd] *adj.* vorgefertigt, zs.-setzbar, Fertig...: **~ *house*** Fertighaus *n*; **~ *piece*** Bauteil *n*.

pref·ace ['prefɪs] **I** *s.* Vorwort *n*, -rede *f*; Einleitung *f* (*a. fig.*); **II** *v/t. Rede etc.* einleiten (*a. fig.*), ein Vorwort schreiben zu *e-m Buch*.

pref·a·to·ry ['prefətərɪ] *adj.* ☐ einleitend, Einleitungs...

pre·fect ['priːfekt] *s.* **1.** *pol.* Prä'fekt *m*; **2.** *Brit.* Vertrauensschüler *m*.

pre·fer [prɪ'fɜː] *v/t.* **1.** (es) vorziehen (**to** *dat.*, ***rather than*** statt); bevorzugen: ***I ~ to go today*** ich gehe lieber heute; ***~red*** ✝ bevorzugt, Vorzugs...(*-aktie etc.*); **2.** befördern (**to** [***the rank of***] zum); **3.** ⚖ *Gläubiger etc.* begünstigen, bevorzugt befriedigen; **4.** ⚖ *Gesuch, Klage* einreichen (**to** bei, ***against*** gegen); *Ansprüche* erheben; **pref·er·a·ble** ['prefərəbl] *adj.* ☐ (**to**) vorzuziehen(d) (*dat.*); vorzüglicher (als); **pref·er·a·bly** ['prefərəblɪ] *adv.* vorzugsweise, lieber, am

P

besten; **pref·er·ence** ['prefərəns] *s.* **1.** Bevorzugung *f*, Vorzug *m* (***above, before, over, to*** vor *dat.*); **2.** Vorliebe *f* (***for*** für): ***by ~*** mit (besonderer) Vorliebe; **3.** ✝, ⚖ a) Vor(zugs)recht *n*, Priori'tät *f*: ***~ bond*** Prioritätsobligation *f*; ***~ dividend*** *Brit.* Vorzugsdividende *f*; ***~ share*** (*od.* ***stock***) → e), b) Vorzug *m*, Bevorrechtigung *f*: ***~ as to dividends*** Dividendenbevorrechtigung *f*, c) bevorzugte Befriedigung (*a. Konkurs*): ***fraudulent ~*** Gläubigerbegünstigung *f*, d) *Zoll*: 'Meistbegünstigung(sta͵rif *m*) *f*, e) *Brit.* 'Vorzugs͵aktie *f*; **pref·er·en·tial** [͵prefə'renʃl] *adj.* □ bevorzugt; *a.* ✝, ⚖ bevorrechtigt (*Forderung, Gläubiger etc.*), Vorzugs...(*-aktie, -dividende, -recht, -zoll*): ***~ treatment*** Vorzugsbehandlung *f*; **pref·er·en·tial·ly** [͵prefə'renʃəlɪ] *adv.* vorzugsweise; **pre'fer·ment** [-mənt] *s.* **1.** Beförderung *f* (***to*** zu); **2.** höheres Amt, Ehrenamt *n* (*bsd. eccl.*); **3.** ⚖ Einreichung *f* (*Klage*).

pre·fig·u·ra·tion ['pri:͵fɪgjʊ'reɪʃn] *s.* **1.** vorbildhafte Darstellung, Vor-, Urbild *n*; **2.** vor'herige Darstellung.

pre·fix I *v/t.* [͵pri:'fɪks] **1.** (*a. ling. Wort, Silbe*) vorsetzen, vor'ausgehen lassen (***to*** *dat.*); **II** *s.* ['pri:fɪks] **2.** *ling.* Prä'fix *n*, Vorsilbe *f*; **3.** *bsd. Am. teleph.* Vorwahl *f*; **4.** Namenszu- *od.* -vorsatz *m*.

͵**pre-'for·mat** *v/t. Computer*: vorformatieren.

preg·gers ['pregəz] *adj.* F schwanger.

preg·nan·cy ['pregnənsɪ] *s.* **1.** Schwangerschaft *f*; *zo.* Trächtigkeit *f*; **2.** *fig.* Fruchtbarkeit *f*, Schöpferkraft *f*, Gedankenfülle *f*; **3.** *fig.* Prä'gnanz *f*, Bedeutungsgehalt *m*, -schwere *f*; **'preg·nant** [-nt] *adj.* □ **1.** a) schwanger (*Frau*), b) trächtig (*Tier*); **2.** *fig.* fruchtbar, reich (***in*** an *dat.*); **3.** einfalls-, geistreich; **4.** *fig.* bedeutungsvoll, gewichtig; voll (***with*** von).

pre·heat [͵pri:'hi:t] *v/t.* vorwärmen (*a.* ⚙).

pre·hen·sile [prɪ'hensaɪl] *adj. zo.* Greif...: ***~ organ***.

pre·his·tor·ic, pre·his·tor·i·cal [͵pri:hɪ'stɒrɪk(l)] *adj.* □ prähi'storisch, vorgeschichtlich; **pre·his·to·ry** [͵pri:'hɪstərɪ] *s.* Vor-, Urgeschichte *f*.

pre-ig·ni·tion [͵pri:ɪg'nɪʃn] *s. mot.* Frühzündung *f*.

pre·judge [͵pri:'dʒʌdʒ] *v/t.* im Vor'aus *od.* vorschnell be- *od.* verurteilen.

prej·u·dice ['predʒʊdɪs] **I** *s.* **1.** Vorurteil *n*, Voreingenommenheit *f*, *a.* ⚖ Befangenheit *f*; **2.** (*a.* ⚖) Nachteil *m*, Schaden *m*: ***to the ~ of*** zum Nachteil (*gen.*); ***without ~*** ohne Verbindlichkeit; ***without ~ to*** ohne Schaden für, unbeschadet (*gen.*); **II** *v/t.* **3.** mit e-m Vorurteil erfüllen, einnehmen (***in favo[u]r of*** für, ***against*** gegen): ***~d*** a) (vor)eingenommen, b) ⚖ befangen, c) vorgefasst (*Meinung*); **4.** *a.* ⚖ beeinträchtigen, benachteiligen, schaden (*dat.*), *e-r Sache* abträglich sein; **prej·u·di·cial** [͵predʒʊ'dɪʃl] *adj.* □ nachteilig, schädlich (***to*** für): ***be ~ to*** → ***prejudice*** 4.

prel·a·cy ['preləsɪ] *s. eccl.* **1.** Präla'tur *f* (*Würde od. Amtsbereich*); **2.** *coll.* Prä'laten(stand *m*, -tum *n*) *pl.*; **prel·ate** ['prelɪt] *s.* Prä'lat *m*.

pre·lect [prɪ'lekt] *v/i.* lesen, e-e Vorlesung *od.* Vorlesungen halten (***on, upon*** über *acc.*, ***to*** vor *dat.*); **pre'lec·tion** [-kʃn] *s.* Vorlesung *f*, Vortrag *m*; **pre'lec·tor** [-tə] *s.* Vorleser *m*, (Universi'täts)Lektor *m*.

pre·lim ['pri:lɪm] **1.** F → ***preliminary examination***; **2.** *pl. typ.* Tite'lei *f*.

pre·lim·i·nar·y [prɪ'lɪmɪnərɪ] **I** *adj.* □ **1.** einleitend, vorbereitend, Vor...: ***~ discussion*** Vorbesprechung *f*; ***~ inquiry*** ⚖ Voruntersuchung *f*; ***~ measures*** vorbereitende Maßnahmen; ***~ round*** *sport* Vorrunde *f*; ***~ work*** Vorarbeit *f*; **2.** vorläufig: ***~ dressing*** ⚕ Notverband *m*; **II** *s.* **3.** *mst pl.* Einleitung *f*, Vorbereitung(en *pl.*) *f*, vorbereitende Maßnahmen *pl.*; *pl.* Prälimi'narien *pl.* (*a.* ⚖ *e-s Vertrags*); **4.** ⚖ Vorverhandlungen *pl.*; **5.** → ***~ ex·am·i·na·tion*** *s. univ.* **1.** Aufnahmeprüfung *f*; **2.** a) Vorprüfung *f*, b) ⚕ Physikum *n*.

prel·ude ['prelju:d] **I** *s.* **1.** ♪ Vorspiel *n*, Einleitung *f* (*beide a. fig.*), Prä'ludium *n*; *fig.* Auftakt *m*; **II** *v/t.* **2.** ♪ a) einleiten, b) als Prä'ludium spielen; **3.** *bsd. fig.* einleiten, das Vorspiel *od.* der Auftakt sein zu; **III** *v/i.* **4.** ♪ a) ein Prä'ludium spielen, b) als Vorspiel dienen (***to*** für, zu); **5.** *fig.* das Vorspiel *od.* die Einleitung bilden (***to*** zu).

pre·mar·i·tal [͵pri:'mærɪtl] *adj.* vorehelich.

pre·ma·ture [͵premə'tjʊə] *adj.* □ **1.** früh-, vorzeitig, verfrüht: ***~ birth*** Frühgeburt *f*; ***~ ignition*** *mot.* Frühzündung *f*; **2.** *fig.* voreilig, -schnell, über'eilt; **3.** frühreif; ͵**pre·ma'ture·ness** [-nɪs], ͵**pre·ma'tu·ri·ty** [-ərətɪ] *s.* **1.** Frühreife *f*; **2.** Früh-, Vorzeitigkeit *f*; **3.** Über'eiltheit *f*.

pre·med·i·cal [͵pri:'medɪkl] *adj. univ. Am.* 'vormedi͵zinisch, in die Medi'zin einführend: ***~ course*** Einführungskurs *m* in die Medizin; ***~ student*** Medizinstudent(in), der (die) e-n Einführungskurs besucht.

pre·me·di·e·val ['pri:͵medɪ'i:vl] *adj.* frühmittelalterlich.

pre·med·i·tate [͵pri:'medɪteɪt] *v/t. u. v/i.* vorher über'legen: ***~d murder*** vorsätzlicher Mord; ͵**pre'med·i·tat·ed·ly** [-tɪdlɪ] *adv.* mit Vorbedacht, vorsätzlich; **pre·med·i·ta·tion** [pri:͵medɪ'teɪʃn] *s.* Vorbedacht *m*; Vorsatz *m*.

P

pre·mi·er ['premjə] **I** *adj.* erst; oberst, Haupt...; **II** *s.* Premi'er(mi,nister) *m*, Mi'nisterpräsi,dent(in).

pre·mière [prə'mjeə] (*Fr.*) *thea.* **I** *s.* **1.** Premi'ere *f*, Ur-, Erstaufführung *f*; **2.** a) Darstellerin *f*, b) Primaballe'rina *f*; **II** *v/t.* **3.** ur-, erstaufführen.

pre·mi·er·ship ['premjəʃɪp] *s.* Amt *n od.* Würde *f* des Premi'ermi,nisters.

pre·mil·len·ni·al [,pri:mɪ'lenjəl] *adj.* ... vor dem neuen Jahr'tausend, ... vor der Jahrtausendwende: **~ angst** [æŋst] Mil'lenniumsangst *f*; **~ tension** Stress *m* vor der Jahrtausendwende, Mil'lenniumsangst *f*.

prem·ise[1] ['premɪs] *s.* **1.** *phls.* Prä'misse *f*, Vor'aussetzung *f*, Vordersatz *m e-s Schlusses*; **2.** ⚖ a) *pl. das* Obenerwähnte: **in the ~s** im Vorstehenden; **in these ~s** in Hinsicht auf das eben Erwähnte, b) oben erwähntes Grundstück; **3.** *pl.* a) Grundstück *n*, b) Haus *n* nebst Zubehör (*Nebengebäude, Grund u. Boden*), c) Lo'kal *n*, Räumlichkeiten *pl.*: **business ~s** Geschäftsräume *pl.*, Werksgelände *n*; **licensed ~** Schanklokal *n*; **on the ~s** an Ort u. Stelle, auf dem Grundstück, im Hause *od.* Lokal.

pre·mise[2] [prɪ'maɪz] *v/t.* **1.** vor'ausschicken; **2.** *phls.* postulieren.

pre·mi·um ['pri:mjəm] *s.* **1.** (Leistungs- *etc.*)Prämie *f*, Bonus *m*; Belohnung *f*, Preis *m*; Zugabe *f*: **~ offers** ✝ Verkauf *m* mit Zugaben; **~ system** Prämienlohnsystem *n*; **2.** (Versicherungs)Prämie *f*: **free of ~** prämienfrei; **3.** ✝ Aufgeld *n*, Agio *n*: **at a ~** a) ✝ über Pari, b) *fig.* hoch im Kurs (stehend), sehr gesucht; **sell at a ~** a) (*v/i.*) über Pari stehen, b) (*v/t.*) mit Gewinn verkaufen; **4.** *a.* **~ petrol** *Brit.*, **~ gas** *Am.* 'Super(ben,zin) *n*; **5.** Lehrgeld *n e-s Lehrlings*, 'Ausbildungshono,rar *n*.

pre·mo·ni·tion [,pri:mə'nɪʃn] *s.* **1.** Warnung *f*; **2.** (Vor)Ahnung *f*, (Vor)Gefühl *n*; **pre·mon·i·to·ry** [prɪ'mɒnɪtərɪ] *adj.* warnend: **~ symptom** ⚕ Frühsymptom *n*.

pre·na·tal [,pri:'neɪtl] *adj.* ⚕ vor der Geburt, vorgeburtlich, präna'tal: **~ care** Schwangerenvorsorge *f*.

pre·oc·cu·pan·cy [,pri:'ɒkjʊpənsɪ] *s.* **1.** (Recht *n* der) frühere(n) Besitznahme; **2.** (**in**) Beschäftigtsein *n* (mit), Vertieftsein *n* (in *acc.*); **pre·oc·cu·pa·tion** [pri:,ɒkjʊ'peɪʃn] *s.* **1.** vor'herige Besitznahme; **2.** (**with**) Beschäftigtsein *n* (mit), Vertieftsein *n* (in *acc.*), In'anspruchnahme *f* (durch); **3.** Hauptbeschäftigung *f*; **4.** Vorurteil *n*, Voreingenommenheit *f*; **,pre'oc·cu·pied** [-paɪd] *adj.* vertieft (**with** in *acc.*), gedankenverloren; **preoc·cu·py** [,pri:'ɒkjʊpaɪ] *v/t.* **1.** vorher *od.* vor anderen in Besitz nehmen; **2.** *j-n* (völlig) in Anspruch nehmen, *j-s Gedanken* ausschließlich beschäftigen, erfüllen.

pre·or·dain [,pri:ɔ:'deɪn] *v/t.* vorher anordnen, vor'herbestimmen.

prep [prep] *s.* F **1.** a) *a.* **~ school** → **preparatory school**, b) *Am.* Schüler (-in) e-r **preparatory school**; **2.** *Brit.* → **preparation** 5.

pre·pack [,pri:'pæk], **pre·pack·age** [,pri:'pækɪdʒ] *v/t.* ✝ abpacken.

pre·paid [,pri:'peɪd] *adj.* vor'ausbezahlt; ✉ frankiert, (porto)frei.

prep·a·ra·tion [,prepə'reɪʃn] *s.* **1.** Vorbereitung *f*: **in ~ for** als Vorbereitung auf (*acc.*); **make ~s** Vorbereitungen *od.* Anstalten treffen (**for** für); **2.** (Zu-) Bereitung *f* (*von Tee, Speisen etc.*), Herstellung *f*, ⚒, ⚙ Aufbereitung *f* (*von Erz, Kraftstoff etc.*); Vorbehandlung *f*, Imprägnieren *n* (*von Holz etc.*); **3.** ⚗, ⚕ Präpa'rat *n*, *pharm. a.* Arz'nei (-mittel *n*) *f*; **4.** Abfassung *f e-r Urkunde etc.*; Ausfüllen *n e-s Formulars*; **5.** *ped. Brit.* (Anfertigung *f* der) Hausaufgaben *pl.*, Vorbereitung(sstunde) *f*; **6.** ♪ a) (Disso'nanz)Vorbereitung *f*, b) Einleitung *f*; **pre·par·a·tive** [prɪ'pærətɪv] **I** *adj.* □ → **preparatory** I; **II** *s.* Vorbereitung *f*, vorbereitende Maßnahme (**for** auf *acc.*, **to** zu).

pre·par·a·to·ry [prɪ'pærətərɪ] **I** *adj.* □ **1.** vorbereitend, als Vorbereitung dienend (**to** für); **2.** Vor(bereitungs)...; **3. ~ to** *adv.* im Hinblick auf (*acc.*), vor (*dat.*): **~ to doing s.th.** bevor *od.* ehe man etwas tut; **II** *s.* **4.** *Brit.* → **~ school** *s.* **1.** *Brit.* (*mit Ausnahme Schottlands*) *Vorbereitungsschule auf e-e public school*; **2.** *Am. Vorbereitungsschule auf e-e Hochschule. Siehe Infobox bei* **prep school**.

pre·pare [prɪ'peə] **I** *v/t.* **1.** (*a. Rede, Schularbeiten, Schüler etc.*) vorbereiten; zu'rechtmachen, fertig machen, (her)richten; *Speise etc.* (zu)bereiten; **2.** (aus)rüsten, bereitstellen; **3.** *j-n seelisch* vorbereiten (**to do** zu tun, **for** auf *acc.*): a) geneigt *od.* bereit machen, b) gefasst machen: **~ o.s. to do s.th.** sich anschicken, et. zu tun; **4.** anfertigen, ausarbeiten, *Plan* entwerfen, *Schriftstück* abfassen; **5.** ⚗, ⚙ a) herstellen, anfertigen, b) präparieren, zurichten; **6.** *Kohle* aufbereiten; **II** *v/i.* **7.** (**for**) sich (*a. seelisch*) vorbereiten (auf *acc.*), sich anschicken *od.* rüsten, Vorbereitungen *od.* Anstalten treffen (für): **~ for war** (sich) zum Krieg rüsten; **~ to ...!** ⚔ Fertig zum ...!; **pre'pared** [-eəd] *adj.* **1.** vor-, zubereitet, bereit; **2.** *fig.* bereit, gewillt; **3.** gefasst (**for** auf *acc.*); **pre'par·ed·ness** [-eədnɪs] *s.* **1.** Bereitschaft *f*, -sein *n*; **2.** Gefasstsein *n* (**for** auf *acc.*).

pre·pay [,pri:'peɪ] *v/t.* [*irr.* → **pay**] vorausbezahlen, *Brief etc.* frankieren;

P

ˌ**pre'pay·ment** [-mənt] *s.* Vor'aus(be)-zahlung *f*; ✉ Frankierung *f*.

pre·pense [prɪ'pens] *adj.* □ ⚖ vorsätzlich, vorbedacht: ***with*** (*od.* ***of***) ***malice*** ~ in böswilliger Absicht.

pre·pon·der·ance [prɪ'pɒndərəns] *s.* **1.** 'Übergewicht *n* (*a. fig.* ***over*** über *acc.*); **2.** *fig.* Über'wiegen *n* (*an Zahl etc.*), über'wiegende Zahl (***over*** über *acc.*); **pre'pon·der·ant** [-nt] *adj.* □ über'wiegend, entscheidend; **pre·pon·der·ate** [prɪ'pɒndəreɪt] *v/i.* *fig.* über'wiegen, vorherrschen: ~ ***over*** (an Zahl) übersteigen, überlegen sein (*dat.*).

prep·o·si·tion [ˌprepə'zɪʃn] *s. ling.* Präpositi'on *f*, Verhältniswort *n*; ˌ**prep·o·'si·tion·al** [-ʃənl] *adj.* □ präpositio'nal.

pre·pos·sess [ˌpriːpə'zes] *v/t.* **1.** *mst pass. j-n, j-s Geist* einnehmen (***in favo[u]r of*** für): ~***ed*** voreingenommen; ~***ing*** einnehmend, anziehend; **2.** erfüllen (***with*** mit *Ideen etc.*); ˌ**pre·pos·'ses·sion** [-eʃn] *s.* Voreingenommenheit *f* (***in favo[u]r of*** für), Vorurteil *n* (***against*** gegen); vorgefasste (günstige) Meinung (***for*** von).

pre·pos·ter·ous [prɪ'pɒstərəs] *adj.* □ **1.** ab'surd, un-, 'widersinnig; **2.** lächerlich, gro'tesk.

pre·po·tence [prɪ'pəʊtəns], **pre'po·ten·cy** [-sɪ] *s.* **1.** Vorherrschaft *f*, Über'legenheit *f*; **2.** *biol.* stärkere Vererbungskraft; **pre'po·tent** [-nt] *adj.* **1.** vorherrschend, (an Kraft) über'legen; **2.** *biol.* sich stärker fortpflanzend *od.* vererbend.

pre·pie, **prep·py** ['prepɪ] *adj. bsd. Am. mst. b. s.* ad'rett, geschniegelt

pre·print **I** *s.* ['priːprɪnt] **1.** Vorabdruck *m* (*e-s Buches etc.*); **2.** Teilausgabe *f*; **II** *v/t.* [ˌpriː'print] **3.** vorabdrucken.

prep school [prep] → ***preparatory school.***

prep school

In England (nicht in Schottland):

Privatе Vorbereitungsschule für Schüler im Alter von ca. 8 bis 13, die auf eine **public school** (private Schule) gehen wollen. Sowohl **prep schools** als auch **public schools** sind größtenteils reine Jungen- bzw. Mädchenschulen.

In den USA:

Privatschule, auf der Schüler auf die Hochschule vorbereitet werden.

pre·puce ['priːpjuːs] *s. anat.* Vorhaut *f*.

Pre-Raph·a·el·ite [ˌpriː'ræfəlaɪt] *paint.* **I** *adj.* präraffae'litisch; **II** *s.* Präraffae'lit(in).

pre·re·cord·ed [ˌpriːrɪ'kɔːdɪd] *adj.* bespielt (*Musikkassette etc.*).

pre·req·ui·site [ˌpriː'rekwɪzɪt] **I** *adj.* vor'auszusetzen(d), erforderlich (***for***, ***to*** für); **II** *s.* Vorbedingung *f*, ('Grund-)Vorˌaussetzung (***for***, ***to*** für).

pre·rog·a·tive [prɪ'rɒgətɪv] **I** *s.* Privi'leg(ium) *n*, Vorrecht *n*: ***royal*** ~ Hoheitsrecht *n*; **II** *adj.* bevorrechtigt: ~ ***right*** Vorrecht.

pre·sage ['presɪdʒ] **I** *v/t.* **1.** *mst Böses* ahnen; **2.** (vorher) anzeigen *od.* ankündigen; **3.** weissagen, prophe'zeien; **II** *s.* **4.** Omen *n*, Warnungs-, Anzeichen *n*; **5.** (Vor)Ahnung *f*, Vorgefühl *n*; **6.** Vorbedeutung *f*: ***of evil*** ~.

pres·by·op·ic [ˌprezbɪ'ɒpɪk] *adj.* alters(weit)sichtig.

pres·by·ter ['prezbɪtə] *s. eccl.* **1.** (Kirchen)Älteste(r) *m*; **2.** (Hilfs)Geistliche(r) *m* (*in Episkopalkirchen*); **Pres·by·te·ri·an** [ˌprezbɪ'tɪərɪən] **I** *adj.* presbyteri'anisch; **II** *s.* Presbyteri'aner(in); '**pres·by·ter·y** [-tərɪ] *s.* **1.** Presby'terium *n* (*a.* ⚠ *Chor*); **2.** Pfarrhaus *n*.

pre·school *ped.* **I** *adj.* [ˌpriː'skuːl] vorschulisch, Vorschul...: ~ ***child*** noch nicht schulpflichtiges Kind; **II** *s.* ['priːskuːl] Vorschule *f*.

pre·sci·ence ['presɪəns] *s.* Vor'herwissen *n*, Vor'aussicht *f*; '**pre·sci·ent** [-nt] *adj.* □ vor'herwissend, -sehend (***of*** *acc.*).

pre·scribe [prɪ'skraɪb] **I** *v/t.* **1.** vorschreiben (***to s.o.*** j-m), *et.* anordnen: (***as***) ~***d*** (wie) vorgeschrieben, vorschriftsmäßig; **2.** ⚕ verordnen, -schreiben (***for*** *od.* ***to s.o.*** j-m, ***for s.th.*** gegen et.); **II** *v/i.* **3.** ⚕ et. verschreiben, ein Re'zept ausstellen (***for s.o.*** j-m); **4.** ⚖ a) verjähren, b) Verjährung *od.* Ersitzung geltend machen (***for***, ***to*** für, auf *acc.*).

pre·scrip·tion [prɪ'skrɪpʃn] **I** *s.* **1.** Vorschrift *f*, Verordnung *f*; **2.** ⚕ a) Re'zept *n*, b) verordnete Medi'zin; **3.** ⚖ a) (***positive***) ~ Ersitzung *f*, b) (***negative***) ~ Verjährung *f*; **II** *adj.* **4.** ärztlich verordnet: ~ ***glasses***; ~ ***pad*** Rezeptblock *m*; **pre'scrip·tive** [-ptɪv] *adj.* □ **1.** verordnend, vorschreibend; **2.** ⚖ a) ersessen: ~ ***right***, b) Verjährungs...: ~ ***period***; ~ ***debt*** verjährte Schuld.

pre·se·lec·tion [ˌpriːsɪ'lekʃn] *s.* **1.** ⚙ Vorwahl *f*; **2.** *Radio*: 'Vorselektiˌon *f*; ˌ**pre·se'lec·tive** [-ktɪv] *adj.* ⚙, *mot.* Vorwähler...: ~ ***gears***; ˌ**pre·se'lec·tor** [-tə] *s.* ⚙ Vorwähler *m*.

pres·ence ['prezns] *s.* **1.** Gegenwart *f*, Anwesenheit *f*, ⚔ *pol.* Prä'senz *f*: ***in the*** ~ ***of*** in Gegenwart *od.* in Anwesenheit von *od. gen.*, vor *Zeugen*; ***saving***

P

your ~ sosehr ich es bedaure, dies in Ihrer Gegenwart sagen zu müssen; → ***mind*** 2; **2.** (unmittelbare) Nähe, Vor'handensein *n*: ***be admitted into the ~*** (zur Audienz) vorgelassen werden; ***in the ~ of danger*** angesichts der Gefahr; **3.** hohe Per'sönlichkeit(en *pl.*); **4.** Äußere(s) *n*, Aussehen *n*, (stattliche) Erscheinung; *weitS.* Auftreten *n*, Haltung *f*; **5.** Anwesenheit *f* e-s unsichtbaren Geistes; **~ cham·ber** *s.* Audi'enzsaal *m*.

pres·ent¹ ['preznt] **I** *adj.* □ → ***presently***; **1.** (*räumlich*) gegenwärtig, anwesend; vor'handen (*a.* ☂ *etc.*): ***~ company, those ~*** die Anwesenden; ***be ~ at*** teilnehmen an (*dat.*), beiwohnen (*dat.*), zugegen sein bei; ***~!*** (*bei Namensaufruf*) hier!; ***it is ~ to my mind*** *fig.* es ist mir gegenwärtig; **2.** (*zeitlich*) gegenwärtig, jetzig, augenblicklich, momen'tan: ***the ~ day*** (*od.* ***time***) die Gegenwart; ***~ value*** Gegenwartswert *m*; **3.** heutig (*bsd. Tag*), laufend (*bsd. Jahr*, *Monat*); **4.** vorliegend (*Fall*, *Urkunde etc.*): ***the ~ writer*** der Schreiber *od.* Verfasser (dieser Zeilen); **5.** *ling.* ***~ participle*** Mittelwort *n* der Gegenwart, Partizip *n* Präsens; ***~ perfect*** Perfekt *n*, zweite Vergangenheit; ***~ tense*** → 7; **II** *s.* **6.** Gegenwart *f*: ***at ~*** gegenwärtig, im Augenblick, jetzt, momentan; ***for the ~*** für den Augenblick, vorläufig, einstweilen; ***up to the ~*** bislang, bis dato; **7.** *ling.* Präsens *n*, Gegenwart *f*; **8.** *pl.* ⚖ (vorliegendes) Schriftstück *od.* Doku'ment: ***by these ~s*** hiermit, hierdurch; ***know all men by these ~s*** hiermit jedermann kund und zu wissen(, *dass*).

pre·sent² [prɪ'zent] **I** *v/t.* **1.** (dar)bieten, (über)'reichen; *Nachricht etc.* über'bringen: ***~ one's compliments to*** sich *j-m* empfehlen; ***~ s.o. with*** j-n mit *et.* beschenken; ***~ s.th. to*** *j-m* et. schenken; **2.** *Gesuch etc.* einreichen, vorlegen, unter'breiten; ☿ *Scheck*, *Wechsel* (zur Zahlung) vorlegen, präsentieren; ⚖ *Klage* erheben: ***~ a case*** e-n Fall vor Gericht vertreten; **3.** *j-n für ein Amt* vorschlagen; **4.** *Bitte*, *Klage* vorbringen; *Gedanken*, *Wunsch etc.* äußern, unterbreiten; **5.** *j-n* vorstellen (***to*** *dat.*), einführen (***at*** bei *Hofe*): ***~ o.s.*** a) sich vorstellen, b) sich einfinden, erscheinen, sich melden (***for*** zu), c) *fig.* sich bieten (*Möglichkeit etc.*); **6.** *Schwierigkeiten* bieten, *Problem* darstellen; **7.** *thea. etc.* darbieten, *Film* vorführen, zeigen, *Sendung* bringen *od.* moderieren, *Rolle* spielen *od.* verkörpern; *fig.* vergegenwärtigen, darstellen, schildern; **8.** ⚔ a) *Gewehr* präsentieren, b) *Waffe* anlegen, richten (***at*** auf *acc.*).

pres·ent³ ['preznt] *s.* Geschenk *n*: ***make s.o. a ~ of s.th.*** j-m et. zum Geschenk machen.

pre·sent·a·ble [prɪ'zentəbl] *adj.* □ **1.** darstellbar; **2.** präsen'tabel (*Geschenk*); **3.** präsen'tabel (*Erscheinung*), anständig angezogen.

pres·en·ta·tion [ˌprezən'teɪʃn] *s.* **1.** Schenkung *f*, (feierliche) Über'reichung *od.* 'Übergabe: ***~ copy*** Widmungsexemplar *n*; **2.** Gabe *f*, Geschenk *n*; **3.** Vorstellung *f*, Einführung *f e-r Person*; **4.** Vorstellung *f*, Erscheinen *n*; **5.** *fig.* Darstellung *f*, Schilderung *f*, Behandlung *f e-s Falles*, *Problems etc.*; **6.** *thea.*, *Film*: Darbietung *f*, Vorführung *f*; *Radio*, *TV*: Moderati'on *f*; ⚕ Demonstrati'on *f* (*im Kolleg*); **7.** Einreichung *f e-s Gesuchs etc.*; ☿ Vorlage *f e-s Wechsels*: (***up***)***on ~*** gegen Vorlage; ***payable on ~*** zahlbar bei Sicht; **8.** Vorschlag(srecht *n*) *m*; Ernennung *f* (*Brit. a. eccl.*); **9.** ⚕ (Kinds)Lage *f im Uterus*; **10.** *psych.* a) Wahrnehmung *f*, b) Vorstellung *f*.

ˌ**pres·ent-'day** [ˌpreznt-] *adj.* heutig, gegenwärtig, mo'dern.

pre·sent·er [prɪ'zentə] *s. Brit.* ('Fernseh)Modeˌrator *m*.

pre·sen·tient [prɪ'senʃɪənt] *adj.* im Voraus fühlend, ahnend (***of*** *acc.*); **pre·sen·ti·ment** [prɪ'zentɪmənt] *s.* (Vor-)Gefühl *n*, (*mst* böse Vor)Ahnung.

pres·ent·ly ['prezntlɪ] *adv.* **1.** (so-)'gleich, bald (dar'auf), als'bald; **2.** jetzt, gegenwärtig; **3.** so'fort.

pre·sent·ment [prɪ'zentmənt] *s.* **1.** Darstellung *f*, 'Wiedergabe *f*, Bild *n*; **2.** *thea. etc.* Darbietung *f*, Aufführung *f*; **3.** ☿ (*Wechsel- etc.*)Vorlage *f*; **4.** ⚖ Anklage(schrift) *f*; Unter'suchung *f* von Amts wegen.

pre·serv·a·ble [prɪ'zɜːvəbl] *adj.* erhaltbar, zu erhalten(d), konservierbar; **pres·er·va·tion** [ˌprezə'veɪʃn] *s.* **1.** Bewahrung *f*, (Er)Rettung *f*, Schutz *m* (***from*** vor *dat.*): ***~ of natural beauty*** Naturschutz; **2.** Erhaltung *f*, Konservierung *f*: ***in good ~*** gut erhalten: ***~ of evidence*** ⚖ Beweissicherung *f*; **3.** Einmachen *n*, -kochen *n*, Konservierung *f* (*von Früchten etc.*); **pre'serv·a·tive** [-vətɪv] **I** *adj.* **1.** bewahrend, Schutz...: ***~ coat*** ⚙ Schutzanstrich *m*; **2.** erhaltend, konservierend; **II** *s.* **3.** Konservierungsmittel *n* (*a.* ⚙); **pre·serve** [prɪ'zɜːv] **I** *v/t.* **1.** bewahren, behüten, (er)retten, (be)schützen (***from*** vor *dat.*); **2.** erhalten, vor dem Verderb schützen: ***well-~d*** gut erhalten; **3.** aufbewahren, -heben; ⚖ *Beweise* sichern; **4.** konservieren (*a.* ⚙), *Obst etc.* einkochen, -machen, -legen: ***~d meat*** Büchsenfleisch *n*, *coll.* Fleischkonserven *pl.*; **5.** *hunt. bsd. Brit. Wild*, *Fische* hegen; **6.** *fig. Haltung*, *Ruhe*, *Andenken etc.* (be)wahren: ***~ silence***; **II** *s.* **7.** *mst pl.* Eingemachte(s) *n*, Kon'serve(n *pl.*) *f*;

P

8. *oft pl.* a) *hunt. bsd. Brit.* ('Wild)Reser,vat *n*, (Jagd-, Fisch)Gehege *n*, b) *fig.* Gehege *n*: ***poach on s.o.'s ~s*** j-m ins Gehege kommen (*a. fig.*); **pre'serv·er** [-və] *s.* **1.** Bewahrer(in), Erhalter(in), (Er)Retter(in); **2.** Konservierungsmittel *n*; **3.** 'Einkochappa,rat *m*; **4.** *hunt. Brit.* Heger *m*, Wildhüter *m*.

pre·set [,priː'set] *v/t.* [*irr.* → ***set***] ⚙ voreinstellen.

pre·shrink [,priː'ʃrɪŋk] *v/t.* [*irr.* → ***shrink***] ⚙ *Stoffe* krumpfen; vorwaschen.

pre·side [prɪ'zaɪd] *v/i.* **1.** den Vorsitz haben *od.* führen (***at*** bei, ***over*** über *acc.*), präsidieren: ***~ over*** (*od.* ***at***) ***a meeting*** e-e Versammlung leiten; ***presiding judge*** ⚖ Vorsitzende(r *m*) *f*; **2.** ♪ *u. fig.* führen.

pres·i·den·cy ['prezɪdənsɪ] *s.* **1.** Prä'sidium *n*, Vorsitz *m*, (Ober)Aufsicht *f*; **2.** *pol.* a) Präsi'dentschaft *f*, b) Amtszeit *f e-s Präsidenten*; **3.** *eccl.* (***First ~*** oberste) Mor'monenbehörde *f*; **'pres·i·dent** [-nt] *s.* **1.** Präsi'dent *m* (*a. pol. u.* ⚖), Vorsitzende(r *m*) *f*, Vorstand *m e-r* Körperschaft; *Am.* ✝ (Gene'ral)Di,rektor *m*: ***~ of the Board of Trade*** *Brit.* Handelsminister *m*; **2.** *univ. bsd. Am.* Rektor *m*; **pres·i·dent e·lect** *s. der* gewählte Präsi'dent (*vor Amtsantritt*); **pres·i·den·tial** [,prezɪ'denʃl] *adj.* ☐ Präsidenten..., Präsidentschafts...: ***~ message*** *Am.* Botschaft *f* des Präsidenten an den Kongress; ***~ primary*** *Am.* Vorwahl *f* zur Nominierung des Präsidentschaftskandidaten *e-r Partei*; ***~ system*** Präsidialsystem *n*; ***~ term*** Amtsperiode *f* des Präsidenten; ***~ year*** *Am.* F Jahr *n* der Präsidentenwahl.

press [pres] **I** *v/t.* **1.** *allg., a. j-m die Hand* drücken, pressen (*a.* ⚙); **2.** drücken auf (*acc.*): ***~ the button*** auf den Knopf drücken (*a. fig.*); **3.** *Saft, Frucht etc.* (aus)pressen, keltern; **4.** (*vorwärts*) drängen *od.* treiben, (*weiter- etc.*)drängen, (-)treiben: ***~ on***; **5.** *j-n* (be)drängen: a) in die Enge treiben, zwingen (***to do*** zu tun), b) *j-m* zusetzen, *j-n* bestürmen: ***~ s.o. for*** j-n dringend um *et.* bitten, von j-m *Geld* erpressen; ***be ~ed for money*** (***time***) in Geldverlegenheit sein (unter Zeitdruck stehen, es eilig haben); ***hard ~ed*** in Bedrängnis; **6.** ([***up***]***on*** *j-m*) *et.* aufdrängen, -nötigen; **7.** *Kleidungsstück* plätten; **8.** Nachdruck legen auf (*acc.*): ***~ a charge*** Anklage erheben; ***~ one's point*** auf s-r Forderung *od.* Meinung nachdrücklich bestehen; ***~ the point that*** nachdrücklich betonen, dass; ***~ home*** a) *Forderung etc.* 'durchsetzen, b) *Angriff* energisch 'durchführen, c) *Vorteil* ausnutzen (wollen); **9.** ⚔, ⚓ *in den Dienst* pressen; **II** *v/i.* **10.** drücken, (e-n) Druck ausüben (*a. fig.*); **11.** drängen, pressieren: ***time ~es*** die Zeit drängt; **12.** ***~ for*** dringen *od.* drängen auf (*acc.*), fordern; **13.** (sich) *wohin* drängen: ***~ forward*** (sich) vordrängen, vorwärts drängen; ***~ on*** vorwärts drängen, weitereilen; ***~ in upon s.o.*** auf j-n eindringen (*a. fig.*); **III** *s.* **14.** (*Frucht-, Wein- etc.*)Presse *f*; **15.** *typ.* a) (Drucker)Presse *f*, b) Drucke'rei(anstalt *f*, -raum *m*, -wesen *n*) *f*, c) Druck(en *n*) *m*: ***correct the ~*** Korrektur lesen; ***go to*** (***the***) ***~*** in Druck gehen; ***send to*** (***the***) ***~*** in Druck geben; ***in the ~*** im Druck; ***ready for the ~*** druckfertig; **16.** ***the ~*** die Presse (*Zeitungswesen, a. coll. die Zeitungen od. die Presseleute*): ***~ campaign*** Pressefeldzug *m*; ***~ conference*** Pressekonferenz *f*; ***~ photographer*** Pressefotograf *m*; ***have a good*** (***bad***) ***~*** e-e gute (schlechte) Presse haben; **17.** Spanner *m für Skier od. Tennisschläger*; **18.** (*Bücher- etc., bsd. Wäsche*)Schrank *m*; **19.** *fig.* a) Druck *m*, Hast *f*, b) Dringlichkeit *f*, Drang *m der Geschäfte*: ***the ~ of business***; **20.** ⚔, ⚓ *hist.* Zwangsaushebung *f*; ***~ a·gen·cy*** *s.* 'Presseagen,tur *f*; ***~ a·gent*** *s. thea. etc.* 'Pressea,gent *m*; ***~ bar·on*** *s.* Pressezar *m*; ***~ box*** *s.* 'Pressetri,büne *f*; ***~ but·ton*** *s.* ϟ (Druck)Knopf *m*; ***~ clip·ping*** *Am.* → ***press cutting***; ***~ cop·y*** *s.* **1.** 'Durchschlag *m*; **2.** Rezensi'onsexem,plar *n*; ***~ cor·rec·tor*** *s. typ.* Kor'rektor *m*; ***~ Coun·cil*** *s. Brit.* Presserat *m*; ***~ cut·ting*** *s. Brit.* Zeitungsausschnitt *m*.

pressed [prest] *adj.* gepresst, Press... (*-glas, -käse, -öl, -ziegel etc.*); **'press·er** [-sə] *s.* **1.** ⚙ Presser(in); **2.** *typ.* Drucker *m*; **3.** Bügler(in); **4.** ⚙ Pressvorrichtung *f*; **5.** *typ. etc.* Druckwalze *f*.

press| gal·ler·y *s. parl. bsd. Brit.* 'Pressetri,büne *f*; **'~-gang I** *s.* ⚓ *hist.* 'Presspa,trouille *f*; **II** *v/t.*: ***~ s.o. into doing s.th.*** F j-n zu et. zwingen.

press·ing ['presɪŋ] **I** *adj.* ☐ **1.** pressend, drückend; **2.** *fig.* a) (be)drückend, b) dringend, dringlich; **II** *s.* **3.** (Aus)Pressen *n*; **4.** ⚙ a) Stanzen *n*, b) *Papierfabrikation*: Satinieren *n*; **5.** ⚙ Pressling *m*; **6.** *Schallplattenfabrikation*: a) Pressplatte *f*, b) Pressung *f*, c) Auflage *f*.

press| law *s. mst pl.* Pressegesetz(e *pl.*) *n*; **~ lord** *s.* Pressezar *m*; **'~·man** [-mən] *s.* [*irr.*] **1.** (Buch)Drucker *m*; **2.** Zeitungsmann *m*, Pressevertreter *m*; **'~·mark** *s.* Signa'tur *f*, Biblio'theksnummer *f e-s Buches*; **~ proof** *s. typ.* letzte Korrek'tur, Ma'schinenrevisi,on *f*; **~ re·lease** *s.* Presseverlautbarung *f*; **~ room** *s.* Drucke'rei(raum *m*) *f*, Ma'schinensaal *m*; **'~·stud** *s.* Druckknopf *m*; **,~-to-'talk but·ton** *s.* Sprechtaste *f*; **'~-up** *s. sport* Liegestütz *m*.

pres·sure ['preʃə] **I** *s.* **1.** Druck *m* (*a.* ⚙, *phys.*): *~ hose* (*pump*, *valve*) ⚙ Druckschlauch *m* (-pumpe *f*, -ventil *n*); *work at high ~* mit Hochdruck arbeiten (*a. fig.*); **2.** *meteor.* (Luft)Druck *m*: *high* (*low*) *~* Hoch-(Tief)druck; **3.** *fig.* Druck *m* (*Last od. Zwang*): *act under ~* unter Druck handeln; *bring ~ to bear upon* auf *j-n* Druck ausüben; *the ~ of business* der Drang *od.* Druck der Geschäfte; *~ of taxation* Steuerdruck *m*, -last *f*; **4.** *fig.* Drangsal *f*, Not *f*: *monetary ~* Geldknappheit *f*; *~ of conscience* Gewissensnot *f*; **II** *v/t.* **5.** → *pressurize* 1; **6.** *fig. j-n* (dazu) treiben *od.* zwingen (*into doing et.* zu tun); *~* **cab·in** *s.* ✈ 'Druckausgleichska,bine *f*; *~* **cook·er** *s.* Schnellkochtopf *m*; *~* **drop** *s.* **1.** ⚙ Druckgefälle *n*; **2.** ⚡ Spannungsabfall *m*; *~* **e·qual·i·za·tion** *s.* Druckausgleich *m*; *~* **ga(u)ge** *s.* ⚙ Druckmesser *m*, Mano'meter *n*; *~* **group** *s. pol.* Inter'essengruppe *f*; *~* **lu·bri·ca·tion** *s.* ⚙ 'Druck(,umlauf)-,schmierung *f*; '*~-*,**sen·si·tive** *adj.* ⚘ druckempfindlich; *~* **suit** *s.* ✈ ('Über-)Druckanzug *m*; *~* **tank** *s.* ⚙ Druckbehälter *m*.

pres·sur·ize ['preʃəraɪz] *v/t.* **1.** ⚗, ⚙ unter Druck setzen (*a. fig.*), unter 'Überdruck halten, *bsd.* ✈ druckfest machen: *~d cabin* → *pressure cabin*; **2.** ⚗ belüften.

'**press·work** *s. typ.* Druckarbeit *f*.

pres·ti·dig·i·ta·tion ['prestɪ,dɪdʒɪ'teɪʃn] *s.* **1.** Fingerfertigkeit *f*; **2.** Taschenspielerkunst *f*; **pres·ti·dig·i·ta·tor** [,prestɪ'dɪdʒɪteɪtə] *s.* Taschenspieler *m* (*a. fig.*).

pres·tige [pre'stiːʒ] (*Fr.*) *s.* Pre'stige *n*, Geltung *f*, Ansehen *n*.

pres·tig·ious [pre'stɪdʒəs] *adj.* berühmt, renom'miert.

pres·to ['prestəʊ] (*Ital.*) **I** *adv.* ♪ presto, (sehr) schnell (*a. fig.*): *hey ~, pass!* Hokuspokus (Fidibus)! (*Zauberformel*); **II** *adj.* blitzschnell.

pre·stressed [,priː'strest] *adj.* ⚙ vorgespannt: *~ concrete* Spannbeton *m*.

pre·sum·a·ble [prɪ'zjuːməbl] *adj.* □ vermutlich, mutmaßlich, wahr'scheinlich; **pre·sume** [prɪ'zjuːm] **I** *v/t.* **1.** *als wahr* annehmen, vermuten; vor'aussetzen; schließen (*from* aus): *~d dead* verschollen; **2.** sich *et.* erlauben; **II** *v/i.* **3.** vermuten, mutmaßen: *I ~* (wie) ich vermute, vermutlich; **4.** sich her'ausnehmen, sich erdreisten, (es) wagen (*to inf.* zu *inf.*); anmaßend sein; **5.** *~* (*up*)*on* ausnutzen *od.* miss'brauchen (*acc.*); **pre'sum·ed·ly** [-mɪdlɪ] *adv.* vermutlich; **pre'sum·ing** [-mɪŋ] *adj.* □ → *presumptuous* 1.

pre·sump·tion [prɪ'zʌmpʃn] *s.* **1.** Vermutung *f*, Annahme *f*, Mutmaßung *f*; **2.** ⚖ Vermutung *f*, Präsumti'on *f*: *~ of death* Todesvermutung, Verschollenheit *f*; *~ of innocence* Unschuldsvermutung *f*; *~ of law* Rechtsvermutung *f* (*der Wahrheit bis zum Beweis des Gegenteils*); **3.** Wahrscheinlichkeit *f*: *there is a strong ~ of his death* es ist (mit Sicherheit) anzunehmen, dass er tot ist; **4.** Vermessenheit *f*, Anmaßung *f*, Dünkel *m*; **pre'sump·tive** [-ptɪv] *adj.* □ vermutlich, mutmaßlich, präsum'tiv: *~ evidence* ⚖ Indizienbeweis *m*; *~ title* ⚖ präsumtives Eigentum; **pre'sump·tu·ous** [-ptjʊəs] *adj.* □ **1.** anmaßend, vermessen, dreist; **2.** über'heblich, dünkelhaft.

pre·sup·pose [,priːsə'pəʊz] *v/t.* vor'aussetzen: a) im Vor'aus annehmen, b) zur Vor'aussetzung haben; **pre·sup·po·si·tion** [,priːsʌpə'zɪʃn] *s.* Vor'aussetzung *f*.

pre-tax [,priː'tæks] *adj.* ✝ vor Abzug der Steuern, *a.* Brutto...

pre-teen [,priː'tiːn] *adj. u. s.* (Kind *n*) im Alter zwischen 10 u. 12.

pre·tence [prɪ'tens] *s.* **1.** Anspruch *m*: *make no ~ to* keinen Anspruch erheben auf (*acc.*); **2.** Vorwand *m*, Scheingrund *m*, Vortäuschung *f*: *false ~s* ⚖ Arglist *f*; *under false ~s* arglistig, unter Vorspiegelung falscher Tatsachen; **3.** *fig.* Schein *m*, Verstellung *f*: *make ~ of doing s.th.* sich den Anschein geben, als tue man etwas.

pre·tend [prɪ'tend] **I** *v/t.* **1.** vorgeben, -täuschen, -schützen, -heucheln; so tun als ob: *~ to be sick* sich krank stellen, krank spielen; **2.** → *presume* 2–4; **II** *v/i.* **3.** sich verstellen, heucheln: *he is only ~ing* er tut nur so; **4.** Anspruch erheben (*to* auf *den Thron etc.*); **pre'tend·ed** [-dɪd] *adj.* □ vorgetäuscht, an-, vorgeblich; **pre'tend·er** [-də] *s.* **1.** Beanspruchende(r *m*) *f*; **2.** ('Thron-)Präten,dent *m*, Thronbewerber *m*.

pre·tense *Am.* → *pretence*.

pre·ten·sion [prɪ'tenʃn] *s.* **1.** Anspruch *m* (*to* auf *acc.*): *of great ~s* anspruchsvoll; **2.** Anmaßung *f*, Dünkel *m*; **pre'ten·tious** [-ʃəs] *adj.* □ **1.** anmaßend; **2.** prätenti'ös, anspruchsvoll; **3.** protzig; **pre'ten·tious·ness** [-ʃəsnɪs] *s.* Anmaßung *f*.

preter- [priːtə] *in Zssgn* (hin'ausgehend) über (*acc.*), mehr als.

pret·er·it(e) ['pretərɪt] *ling.* **I** *adj.* Vergangenheits...; **II** *s.* Prä'teritum *n*, (erste) Vergangenheit; ,*~*-'**pres·ent** [-'preznt] *s.* Prä'terito,präsens *n*.

pre·ter·nat·u·ral [,priːtə'nætʃrəl] *adj.* □ **1.** ab'norm, außergewöhnlich; **2.** 'übernatürlich.

pre·text ['priːtekst] *s.* Vorwand *m*, Ausrede *f*: *under* (*od. on*) *the ~ of* unter dem Vorwand (*gen.*).

pre·tri·al [,priː'traɪəl] ⚖ **I** *s.* Vorverhandlung *f*; **II** *adj.* vor der (Haupt)Verhandlung, Untersuchungs...

pret·ti·fy ['prɪtɪfaɪ] *v/t.* F verschönern, hübsch machen; '**pret·ti·ly** [-ɪlɪ] *adv.* → ***pretty*** 1; '**pret·ti·ness** [-ɪnɪs] *s.* **1.** Hübschheit *f*, Niedlichkeit *f*; Anmut *f*; **2.** Geziertheit *f*; **pret·ty** ['prɪtɪ] **I** *adj.* □ **1.** hübsch, nett, niedlich; **2.** (*a. iro.*) schön, fein, tüchtig: ***a ~ mess!*** e-e schöne Geschichte!; **3.** F ‚(ganz) schön', ‚hübsch', beträchtlich: ***it costs a ~ penny*** es kostet e-e schöne Stange Geld; **II** *adv.* **4.** a) ziemlich, ganz, b) einigermaßen, leidlich: ***~ cold*** ganz schön kalt; ***~ good*** recht gut, nicht schlecht; ***~ much the same thing*** so ziemlich dasselbe; ***~ near*** nahe daran, ziemlich nahe; **5.** ***sitting ~*** *sl.* wie der Hase im Kohl, ‚warm' (sitzend); **III** *v/t.* **6.** ***~ up*** *et.* hübsch machen, ‚aufpolieren'.

pret·zel ['pretsəl] *s.* (Salz)Brezel *f.*

pre·vail [prɪ'veɪl] *v/i.* **1.** (***over, against***) die Oberhand *od.* das 'Übergewicht gewinnen *od.* haben (über *acc.*), (*a.* ⚖ ob)siegen; *fig. a.* sich 'durchsetzen *od.* behaupten (gegen); **2.** *fig.* ausschlag-, maßgebend sein; **3.** *fig.* (vor)herrschen; (weit) verbreitet sein; **4.** ***~ (up)on s.o. to do*** j-n dazu bewegen *od.* bringen, *et.* zu tun; **pre'vail·ing** [-lɪŋ] *adj.* □ **1.** über'legen: ***~ party*** ⚖ obsiegende Partei; **2.** (vor)herrschend, maßgebend: ***the ~ opinion*** die herrschende Meinung; ***under the ~ circumstances*** unter den obwaltenden Umständen; ***~ tone*** ✝ Grundstimmung *f*; **prev·a·lence** ['prevələns] *s.* **1.** (Vor)Herrschen *n*; Über'handnehmen *n*; **2.** (allgemeine) Gültigkeit; **prev·a·lent** ['prevələnt] *adj.* □ (vor)herrschend, über'wiegend; häufig, weit verbreitet.

pre·var·i·cate [prɪ'værɪkeɪt] *v/i.* Ausflüchte machen; die Wahrheit verdrehen; **pre·var·i·ca·tion** [prɪˌværɪ'keɪʃn] *s.* **1.** Ausflucht *f*, Tatsachenverdrehung *f*, Winkelzug *m*; **2.** ⚖ Anwaltstreubruch *m*; **pre'var·i·ca·tor** [-tə] *s.* Ausflüchtemacher(in), Wortverdreher(in).

pre·vent [prɪ'vent] *v/t.* **1.** verhindern, -hüten; *e-r Sache* vorbeugen *od.* zu'vorkommen; **2.** (***from***) *j-n* hindern (an *dat.*), abhalten (von): ***~ s.o. from coming*** j-n am Kommen hindern, j-n vom Kommen abhalten; **pre'vent·a·ble** [-təbl] *adj.* verhütbar, abwendbar; **pre'ven·tion** [-nʃn] *s.* **1.** Verhinderung *f*, Verhütung *f*: ***~ of accidents*** Unfallverhütung; **2.** *bsd.* ⚕ Vorbeugung *f*; **pre'ven·tive** [-tɪv] **I** *adj.* □ **1.** *a.* ⚕ vorbeugend, prophy'laktisch, Vorbeugungs...: ***~ medicine*** Vorbeugungsmedizin *f*; **2.** *bsd.* ⚖ präven'tiv: ***~ arrest*** Schutzhaft *f*; ***~ detention*** a) Sicherungsverwahrung, b) *Am.* Vorbeugehaft *f*; ***~ war*** *pol.* Präventivkrieg *m*; **II** *s.* **3.** *a.* ⚕ Vorbeugungs-, Schutzmittel *n*; **4.** Schutz-, Vorsichtsmaßnahme *f*.

pre·view ['priːvjuː] *s.* **1.** Vorbesichtigung *f*; *Film*: a) Probeaufführung *f*, b) (Pro'gramm)Vorschau *f*; *Radio, TV*: Probe *f*; **2.** Vorbesprechung *f e-s Buches*; **3.** (Vor)'Ausblick *m*.

pre·vi·ous ['priːvjəs] **I** *adj.* □ → ***previously***; **1.** vor'her-, vor'ausgehend, früher, vor'herig, Vor...: ***~ conviction*** ⚖ Vorstrafe *f*; ***~ holder*** ✝ Vor(der)mann *m*; ***~ question*** *parl.* Vorfrage, ob ohne weitere Debatte abgestimmt werden soll; ***move the ~ question*** Übergang zur Tagesordnung beantragen; ***without ~ notice*** ohne vorherige Ankündigung; **2.** *mst* ***too ~*** F verfrüht, voreilig; **II** *adv.* **3.** ***~ to*** bevor, vor (*dat.*); ***~ to that*** zuvor; '**pre·vi·ous·ly** [-lɪ] *adv.* vorher, früher.

pre·vo·ca·tion·al [ˌpriːvəʊ'keɪʃənl] *adj.* vorberuflich.

pre·vue ['priːvjuː] *s. Am.* (Film)Vorschau *f*.

pre·war [ˌpriː'wɔː] *adj.* Vorkriegs...

prey [preɪ] **I** *s.* **1.** *zo. u. fig.* Raub *m*, Beute *f*, Opfer *n*: → ***beast*** 1, ***bird*** 1; ***become*** (*od.* ***fall***) ***a ~ to*** *j-m od. e-r Sache* zum Opfer fallen; **II** *v/i.* **2.** auf Raub *od.* Beute ausgehen; **3.** ***~ (up)on*** a) *zo.* Jagd machen auf (*acc.*), erbeuten, fressen, b) *fig.* berauben, aussaugen, c) *fig.* nagen *od.* zehren an (*dat.*): ***it ~ed upon his mind*** es ließ ihm keine Ruhe, der Gedanke quälte ihn.

price [praɪs] **I** *s.* **1.** ✝ a) (Kauf)Preis *m*, Kosten *pl.*, b) *Börse*: Kurs(wert) *m*: ***~ of issue*** Emissionspreis; ***bid ~*** gebotener Preis, *Börse*: Geldkurs; ***share*** (*od.* ***stock***) ***~*** Aktienkurs; ***secure a good ~*** e-n guten Preis erzielen; ***every man has his ~*** *fig.* keiner ist unbestechlich; (***not***) ***at any ~*** um jeden (keinen) Preis; **2.** (Kopf)Preis *m*: ***set a ~ on s.o.'s head*** e-n Preis auf j-s Kopf aussetzen; **3.** *fig.* Lohn *m*, Preis *m*; **4.** (Wett-)Chance(n *pl.*) *f*: ***what ~ ...?*** *sl.* wie steht es mit ...?, welche Chancen hat ...?; **II** *v/t.* **5.** ✝ a) den Preis festsetzen für, b) *Waren* auszeichnen: ***~d*** mit Preisangaben (*Katalog*); ***high-~d*** hoch im Preis, teuer; **6.** bewerten: ***~ s.th. high*** (***low***) e-r Sache großen (geringen) Wert beimessen; **7.** F nach dem Preis *e-r Ware* fragen; ***~ a·gree·ment*** *s.* Preisabsprache *f*; ***~ ceil·ing*** *s.* oberste Preisgrenze; '**~-ˌcon·scious** *adj.* preisbewusst; ***~ con·trol*** *s.* 'Preiskonˌtrolle *f*, -überˌwachung *f*; ***~ cut*** *s.* Preissenkung *f*; ***~ cut·ting*** *s.* Preisdrücke'rei *f*, -senkung *f*, 'Preisunterˌbietung *f*; ***~ dif·fer·en·tial*** *s.* Preisunterschied *m*, -gefälle *n*; ***~ floor*** *s.* unterste Preisgrenze; ***~ freeze*** *s.* Preisstopp *m*.

P

price·less ['praɪslɪs] *adj.* unschätzbar, unbezahlbar (*a.* F *köstlich*).
price| lev·el *s.* 'Preisni,veau *n*; ~ **lim·it** *s.* (Preis)Limit *n*, Preisgrenze *f*; ~ **list** *s.* **1.** Preisliste *f*; **2.** *Börse*: Kurszettel *m*; '**~-main,tained** *adj.* ✝ preisgebunden (*Ware*); ~ **main·te·nance** *s.* ✝ Preisbindung *f*; ~ **peg·ging** *s.* Preisstützung *f*; ~ **range** *s.* Preisklasse *f*; ~ **tag**, ~ **tick·et** *s.* Preisschild *n*, -zettel *m*.
pric·ey ['praɪsɪ] *adj.* F (ganz schön) teuer.
prick [prɪk] **I** *s.* **1.** (*Insekten-*, *Nadel- etc.*)Stich *m*; **2.** stechender Schmerz, Stich *m*: ***~s of conscience*** *fig.* Gewissensbisse; **3.** spitzer Gegenstand; Stachel *m* (*a. fig.*): ***kick against the ~s*** wider den Stachel löcken; **4.** V a) ‚Schwanz' *m*, b) ‚blöder Hund'; **II** *v/t.* **5.** (ein-, 'durch)stechen, ‚piken': ***~ one's finger*** sich in den Finger stechen; ***his conscience ~ed him*** *fig.* er bekam Gewissensbisse; **6.** *a.* ***~ out*** (aus)stechen, lochen; *Muster etc.* punktieren; **7.** ✓ pikieren: ***~ in*** (***out***) ein-(aus)pflanzen; **8.** prickeln auf *od.* in (*dat.*); **9.** ***~ up one's ears*** die Ohren spitzen (*a. fig.*); **III** *v/i.* **10.** stechen (*a. Schmerzen*); **11.** prickeln; **12.** ***~ up*** sich aufrichten (*Ohren etc.*); '**prick·er** [-kə] *s.* **1.** ⚙ Pfriem *m*, Ahle *f*; **2.** *metall.* Schießnadel *f*; '**prick·et** [-kɪt] *s.* *zo.* Spießbock *m*.
prick·le ['prɪkl] **I** *s.* **1.** Stachel *m*, Dorn *m*; **2.** Prickeln *n*, Kribbeln *n* (*der Haut*); **II** *v/i.* **3.** stechen; **4.** prickeln, kribbeln; '**prick·ly** [-lɪ] *adj.* **1.** stachelig, dornig; **2.** stechend, pickelnd: ~ ***heat*** ⚕ Frieselausschlag *m*, Hitzebläschen *pl.*; **3.** *fig.* reizbar.
pric·y ['praɪsɪ] → ***pricey***.
pride [praɪd] **I** *s.* **1.** Stolz *m* (*a. Gegenstand des Stolzes*): ***civic ~*** Bürgerstolz *m*; ***~ of place*** Ehrenplatz *m*, *fig.* Vorrang *m*, *b.s.* Standesdünkel *m*; ***take ~ of place*** die erste Stelle einnehmen; ***take*** (***a***) ***~ in*** stolz sein auf (*acc.*); ***he is the ~ of his family*** er ist der Stolz s-r Familie; **2.** *b.s.* Stolz *m*, Hochmut *m*: ***~ goes before a fall*** Hochmut kommt vor dem Fall; **3.** *rhet.* Pracht *f*; **4.** Höhe *f*, Blüte *f*: ***~ of the season*** beste Jahreszeit; ***in the ~ of his years*** in s-n besten Jahren; **5.** *zo.* (Löwen)Rudel *n*; **6.** ***in his ~*** *her.* Rad schlagend (*Pfau*); **II** *v/t.* **7.** ***~ o.s.*** (***on***, ***upon***) stolz sein (auf *acc.*), sich et. einbilden (auf *acc.*), sich brüsten (mit).
priest [pri:st] *s.* Priester *m*, Geistliche(r) *m*; '**priest·craft** *s.* *contp.* Pfaffenlist *f*; '**priest·ess** [-tɪs] *s.* Priesterin *f*; '**priest·hood** [-hʊd] *s.* **1.** Priesteramt *n*, -würde *f*; **2.** Priesterschaft *f*, Priester *pl.*; '**priest·ly** [-lɪ] *adj.* priesterlich, Priester...
prig [prɪg] *s.* (selbstgefälliger) Pe'dant; eingebildeter Mensch; Tugendbold *m*; '**prig·gish** [-gɪʃ] *adj.* ☐ **1.** selbstgefällig, eingebildet; **2.** pe'dantisch; **3.** tugendhaft.
prim [prɪm] **I** *adj.* ☐ **1.** steif, for'mell, *a.* affektiert, gekünstelt; **2.** spröde, ‚etepe'tete'; **3.** → ***priggish***; **II** *v/t.* **4.** *Mund*, *Gesicht* affektiert verziehen.
pri·ma·cy ['praɪməsɪ] *s.* **1.** Pri'mat *m*, *n*, Vorrang *m*, Vortritt *m*; **2.** *eccl.* Pri'mat *m*, *n* (*Würde*, *Sprengel e-s Primas*); **3.** *R.C.* Pri'mat *m*, *n* (*Gerichtsbarkeit des Papstes*).
pri·ma don·na [,pri:mə'dɒnə] *s.* ♪ Prima'donna *f* (*a. fig.*).
pri·ma fa·ci·e [,praɪmə'feɪʃi:] (*Lat.*) *adj. u. adv.* dem (ersten) Anschein nach: ~ ***case*** ⚖ Fall, bei dem der Tatbestand einfach liegt; ~ ***evidence*** ⚖ a) glaubhafter Beweis, b) Beweis des ersten Anscheins.
pri·mal ['praɪml] *adj.* ☐ **1.** erst, frühest, ursprünglich; **2.** wichtigst, Haupt...; '**pri·ma·ri·ly** [-mərəlɪ] *adv.* in erster Linie; **pri·ma·ry** ['praɪmərɪ] **I** *adj.* ☐ **1.** erst, ursprünglich, Anfangs..., Ur...: ~ ***instinct*** Urinstinkt *m*; ~ ***matter*** Urstoff *m*; ~ ***rocks*** Urgestein *n*, -gebirge *n*; ~ ***scream*** *psych.* Urschrei *m*; **2.** pri'mär, hauptsächlich, wichtigst, Haupt...: ~ ***accent*** *ling.* Hauptakzent *m*; ~ ***concern*** Hauptsorge *f*; ~ ***industry*** Grundstoffindustrie *f*; ~ ***liability*** ⚖ unmittelbare Haftung; ~ ***road*** Straße *f* erster Ordnung; ~ ***share*** ✝ Stammaktie *f*; ***of ~ importance*** von höchster Wichtigkeit; **3.** grundlegend, elemen'tar, Grund...: ~ ***education*** Volksschul-, *Am.* Grundschul(aus)bildung *f*; ~ ***school*** Volks-, *Am.* Grundschule *f*; **4.** ϟ Primär...(*-batterie*, *-spule*, *-strom etc.*); **5.** ⚕ Primär...: ~ ***tumo***(***u***)***r*** Primärtumor *m*; **II** *s.* **6.** *a.* ~ ***colo***(***u***)***r*** Pri'mär-, Grundfarbe *f*; **7.** *a.* ~ ***feather*** *orn.* Haupt-, Schwungfeder *f*; **8.** *pol. Am.* a) *a.* ~ ***election*** Vorwahl *f* (*zur Aufstellung von Wahlkandidaten*), b) *a.* ~ ***meeting*** (*innerparteiliche*) Versammlung zur Nominierung der 'Wahlkandi,daten; **9.** *a.* ~ ***planet*** *ast.* 'Hauptpla,net *m*.
pri·mate ['praɪmət] *s.* *eccl. Brit.* Primas *m*: ***♀ of England*** (*Titel des Erzbischofs von York*); ***♀ of All England*** (*Titel des Erzbischofs von Canterbury*); **pri·ma·tes** [praɪ'meɪti:z] *s. pl.* *zo.* Pri'maten *pl.*
prime [praɪm] **I** *adj.* ☐ **1.** erst, wichtigst, wesentlichst, Haupt...(*-grund etc.*): ***of ~ importance*** von größter Wichtigkeit; **2.** erstklassig (*Kapitalanlage*, *Qualität etc.*), prima: ~ ***bill*** ✝ vorzüglicher Wechsel; ~ ***rate*** Vorzugszins *m* für erste Adressen; ~ ***time*** *TV* Haupteinschaltzeit *f*; **3.** pri'mär, grundlegend; **4.**

erst, Erst..., Ur...; **5.** ⅍ a) unteilbar, b) teilerfremd (***to*** zu): ~ ***factor*** (***number***) Primfaktor *m* (Primzahl *f*); **II** *s.* **6.** Anfang *m*: ~ ***of the day*** (***year***) Tagesanbruch *m* (Frühling *m*); **7.** *fig.* Blüte(zeit) *f*: ***in his*** ~ in der Blüte s-r Jahre, im besten (Mannes)Alter; **8.** *das* Beste, höchste Voll'kommenheit; ✝ Primasorte *f*, auserlesene Quali'tät; **9.** *eccl.* Prim *f*, erste Gebetsstunde; Frühgottesdienst *m*; **10.** ⅍ a) Primzahl *f*, b) Strich *m* (*erste Ableitung e-r Funktion*): ***x*** ~ (***x***') x Strich (x'); **11.** Strichindex *m*; **12.** ♪ *u. fenc.* Prim *f*; **III** *v/t.* **13.** ⚔ *Bomben, Munition* scharfmachen: ~***d*** zündfertig; **14.** a) ⚙ *Pumpe* anlassen, b) *sl.* ‚voll laufen lassen': ~***d*** ‚besoffen'; **15.** *mot.* a) *Kraftstoff* vorpumpen, b) Anlasskraftstoff einspritzen in (*acc.*); **16.** ⚙, *paint.* grundieren; **17.** mit Strichindex versehen; **18.** *fig.* instruieren, vorbereiten; ~ **cost** *s.* ✝ **1.** Selbstkosten(preis *m*) *pl.*, Gestehungskosten *pl.*; **2.** Einkaufspreis *m*, Anschaffungskosten *pl.*; ~ **min·is·ter** *s.* Premi'ermi͵nister *m*, Mi'nisterpräsi͵dent *m*; ~ **mov·er** *s.* **1.** *phys.* Antriebskraft *f*; *fig.* Triebfeder *f*, treibende Kraft; **2.** ⚙ 'Antriebsma͵schine *f*; 'Zugma͵schine *f* (*Sattelschlepper*); ⚔ *Am.* Geschützschlepper *m*; Triebwagen *m* (*Straßenbahn*).

prim·er¹ ['praɪmə] *s.* **1.** ⚔ Zündvorrichtung *f*, -hütchen *n*, -pille *f*; Sprengkapsel *f*; **2.** ⚔ Zündbolzen *m* (*am Gewehr*); **3.** ⚒ Zünddraht *m*; **4.** ⚙ Einspritzvorrichtung *f* (*bsd. mot.*): ~ ***pump*** Anlasseinspritzpumpe *f*; ~ ***valve*** Anlassventil *n*; **5.** ⚙ Grundier-, Spachtelmasse *f*: ~ ***coat*** Voranstrich *m*; **6.** Grundierer *m*.

prim·er² ['praɪmə] *s.* **1.** a) Fibel *f*, b) Elemen'tarbuch *n*, c) *fig.* Leitfaden *m*; **2.** ['prɪmə] *typ.* a) ***great*** ~ Tertia (-schrift) *f*, b) ***long*** ~ Korpus(schrift) *f*, (-), Garmond(schrift) *f*.

pri·me·val [praɪ'miːvl] *adj.* □ urzeitlich, Ur...(*-wald etc.*).

prim·ing ['praɪmɪŋ] *s.* **1.** ⚔ Zündmasse *f*, Zündung *f*: ~ ***charge*** Zünd-, Initialladung *f*; **2.** ⚙ Grundierung *f*: ~ ***colo(u)r*** Grundierfarbe *f*; **3.** *a.* ~ ***material*** Spachtelmasse *f*; **4.** *mot.* Einspritzen *n* von Anlasskraftstoff: ~ ***fuel injector*** Anlasseinspritzanlage *f*; **5.** ⚙ Angießen *n e-r Pumpe*; **6.** *a.* ~ ***of the tide*** verfrühtes Eintreten der Flut; **7.** *fig.* Instrukti'on *f*, Vorbereitung *f*.

prim·i·tive ['prɪmɪtɪv] **I** *adj.* □ **1.** erst, ursprünglich, urzeitlich, Ur...: ***℘ Church*** Urkirche; ~ ***races*** Ur-, Naturvölker; ~ ***rocks*** *geol.* Urgestein *n*; **2.** *allg.* (*a. contp.*) primi'tiv (*Kultur, Mensch, a. fig. Denkweise, Konstruktion etc.*); **3.** *ling.* Stamm...: ~ ***verb***; **4.** ~ ***colo(u)r*** Grundfarbe *f*; **II** *s.* **5.** *der* (*die, das*) Primi'tive: ***the*** ~***s*** die Primitiven (*Naturvölker*); **6.** *Kunst*: a) primi'tiver Künstler, b) Frühmeister *m*, c) Früher Meister (*der Frührenaissance, a. Bild*); **7.** *ling.* Stammwort *n*; '**prim·i·tive·ness** [-nɪs] *s.* **1.** Ursprünglichkeit *f*; **2.** Primitivi'tät *f*; '**prim·i·tiv·ism** [-vɪzəm] *s.* **1.** Primitivi'tät *f*; **2.** *Kunst*: Primiti'vismus *m*.

prim·ness ['prɪmnɪs] *s.* **1.** Steifheit *f*, Förmlichkeit *f*; **2.** Sprödigkeit *f*, Zimperlichkeit *f*.

pri·mo·gen·i·tor [͵praɪməʊ'dʒenɪtə] *s.* (Ur)Ahn *m*, Stammvater *m*; ͵**pri·mo'gen·i·ture** [-ɪtʃə] *s.* Erstgeburt(srecht *n* ⚖) *f*.

pri·mor·di·al [praɪ'mɔːdjəl] □ primordi'al (*a. biol.*), Ur...

prim·rose ['prɪmrəʊz] *s.* **1.** ⚘ Primel *f*, Gelbe Schlüsselblume: ~ ***path*** *fig.* Rosenpfad *m*; **2.** ***evening*** ~ ⚘ Nachtkerze *f*; **3.** *a.* ~ ***yellow*** Blassgelb *n*.

prim·u·la ['prɪmjʊlə] *s.* ⚘ Primel *f*.

prince [prɪns] *s.* **1.** Fürst *m* (*Landesherr u. Adelstitel*): ***℘ of the Church*** Kirchenfürst; ***℘ of Darkness*** Fürst der Finsternis (*Satan*); ***℘ of Peace*** Friedensfürst (*Christus*); ~ ***of poets*** Dichterfürst; ***merchant*** ~ Kaufherr *m*; ~ ***consort*** Prinzgemahl *m*; **2.** Prinz *m*: ~ ***of the blood*** Prinz von (königlichem) Geblüt; ***℘ Albert*** *Am.* Gehrock *m*; **prince·dom** ['prɪnsdəm] *s.* **1.** Fürstenwürde *f*; **2.** Fürstentum *n*; '**prince·ling** [-lɪŋ] *s.* **1.** Prinzchen *n*; **2.** kleiner Herrscher, Duo'dezfürst *m*; '**prince·ly** [-lɪ] *adj.* fürstlich (*a. fig.*); prinzlich, königlich; **prin·cess** [prɪn'ses] **I** *s.* **1.** Prin'zessin *f*: ~ ***royal*** *älteste Tochter e-s Herrschers*; **2.** Fürstin *f*; **II** *adj.* **3.** *Damenmode*: Prinzess...(*-kleid etc.*).

prin·ci·pal ['prɪnsəpl] **I** *adj.* □ → ***principally***; **1.** erst, hauptsächlich, Haupt...: ~ ***actor*** Haupt(rollen)darsteller *m*; ~ ***office***, ~ ***place of business*** Hauptgeschäftsstelle *f*, -niederlassung *f*; **2.** ♪, *ling.* Haupt..., Stamm...: ~ ***chord*** Stammakkord; ~ ***clause*** Hauptsatz; ~ ***parts*** Stammformen *des Verbs*; **3.** ✝ Kapital...: ~ ***amount*** Kapitalbetrag *m*; **II** *s.* **4.** 'Haupt(per͵son *f*) *n*; Vorsteher (-in), *bsd. Am.* ('Schul)Di͵rektor *m*, Rektor *m*; **5.** ✝ Chef(in), Prinzi'pal (-in); **6.** ✝, ⚖ Auftrag-, Vollmachtgeber (-in), Geschäftsherr *m*; **7.** ⚖ *a.* ~ ***in the first degree*** Haupttäter(in), -schuldige(r *m*) *f*: ~ ***in the second degree*** Mittäter(in); **8.** *a.* ~ ***debtor*** Hauptschuldner(in); **9.** Duel'lant *m* (*Ggs. Sekundant*); **10.** ✝ ('Grund)Kapi͵tal *n*, Hauptsumme *f*, (*Nachlass- etc.*)Masse *f*: ~ ***and interest*** Kapital u. Zins(en); **11.** *a.* ~ ***beam*** ⚠ Hauptbalken *m*; **prin·ci·pal·i·ty** [͵prɪnsɪ'pælətɪ] *s.* Fürstentum *n*; '**prin·ci·pal·ly** [-plɪ] *adv.* hauptsächlich, in der Hauptsache.

P

prin·ci·ple ['prɪnsəpl] *s.* **1.** Prin'zip *n*, Grundsatz *m*, -regel *f*: ***a man of ~s*** ein Mann mit Grundsätzen; ***~ of law*** Rechtsgrundsatz *m*; ***in ~*** im Prinzip, an sich; ***on ~*** aus Prinzip, grundsätzlich; ***on the ~ that*** nach dem Grundsatz, dass; **2.** *phys. etc.* Prinzip *n*, (Na'tur-) Gesetz *n*, Satz *m*: ***~ of causality*** Kausalitätsprinzip; ***~ of averages*** Mittelwertsatz: ***~ of relativity*** Relativitätstheorie *f*; **3.** Grund(lage *f*) *m*; **4.** ⚗ Grundbestandteil *m*; '**prin·ci·pled** [-ld] *adj.* mit *hohen etc.* Grundsätzen.

prink [prɪŋk] **I** *v/i. a.* ***~ up*** sich (auf)putzen, sich schniegeln; **II** *v/t.* (auf)putzen: ***~ o.s.*** (***up***).

print [prɪnt] **I** *v/t.* **1.** *typ.* drucken (lassen), in Druck geben: ***~ in italics*** kursiv drucken; **2.** (ab)drucken: ***~ed form*** Vordruck *m*; ***~ed matter*** ✉ Drucksache(n *pl.*) *f*: ***~ed circuit*** ⚡ gedruckte Schaltung; **3.** bedrucken: ***~ed goods*** bedruckte Stoffe; **4.** in Druckschrift schreiben: ***~ed characters*** Druckbuchstaben; **5.** *Stempel etc.* (auf)drücken (***on*** *dat.*), *Eindruck*, *Spur* hinter'lassen (***on*** auf *acc.*), *Muster etc.* ab-, aufdrucken, drücken (***in*** in *acc.*); **6.** *fig.* einprägen (***on s.o.'s mind*** j-m); **7.** ***~ out*** a) *Computer*: ausdrucken, b) *a.* ***~ off*** *phot.* abziehen, kopieren; **II** *v/i.* **8.** *typ.* drucken; **9.** gedruckt werden, sich im Druck befinden: ***the book is ~ing***; **10.** sich drucken (*phot.* abziehen) lassen; **III** *s.* **11.** (*Finger- etc.*)Abdruck *m*, Eindruck *m*, Spur *f*, Mal *n*; **12.** *typ.* Druck *m*: ***colo(u)red ~*** Farbdruck; ***in ~*** a) im Druck (erschienen), b) vorrätig; ***out of ~*** vergriffen; ***in cold ~*** *fig.* schwarz auf weiß; **13.** Druckschrift *f*, *bsd. Am.* Zeitung *f*, Blatt *n*: ***rush into ~*** sich in die Öffentlichkeit flüchten; ***appear in ~*** im Druck erscheinen; **14.** Druckschrift *f*, -buchstaben *pl.*; **15.** 'Zeitungspa,pier *n*; **16.** (*Stahl- etc.*) Stich *m*; Holzschnitt *m*; Lithogra'phie *f*; **17.** bedruckter Kat'tun, Druckstoff *m*: ***~ dress*** Kattunkleid *n*; **18.** *phot.* Abzug *m*, Ko'pie *f*; **19.** ⚙ Stempel *m*, Form *f*: ***~ cutter*** Formenschneider *m*; **20.** *metall.* Gesenk *n*; *Eisengießerei*: Kernauge *n*; **21.** *fig.* Stempel *m*; '**print·a·ble** [-təbl] *adj.* **1.** druckfähig; **2.** druckfertig, -reif (*Manuskript*); '**print·er** [-tə] *s.* **1.** (Buch- *etc.*)Drucker *m*: ***~'s devil*** Setzerjunge *m*; ***~'s error*** Druckfehler *m*; ***~'s flower*** Vignette *f*; ***~'s ink*** Druckerschwärze *f*; **2.** Drucke'reibesitzer *m*; **3.** *Computer*: Drucker *m* (*Gerät*); '**print·er·y** [-tərɪ] *s. bsd. Am.* Drucke'rei *f*.

print·ing ['prɪntɪŋ] *s.* **1.** Drucken *n*; (Buch)Druck *m*, Buchdruckerkunst *f*; **2.** Tuchdruck *m*; **3.** *phot.* Abziehen *n*, Kopieren *n*; **~ block** *s.* Kli'schee *n*; **~ frame** *s. phot.* Ko'pierrahmen *m*; **~ ink** *s.* Druckerschwärze *f*, -farbe *f*; **~ machine** *s. typ.* Schnellpresse *f*, ('Buch-) ,Druckma,schine *f*; **~ of·fice** *s.* (Buch-) Drucke'rei *f*: ***lithographic ~*** lithographische Anstalt; **~ me·di·a** *s. pl.* Druckmedien *pl.*; '**~-out** *adj. phot.* Kopier...; **~ pa·per** *s.* **1.** 'Druckpa,pier *n*; **2.** 'Lichtpauspa,pier *n*; **3.** Ko'pierpa,pier *n*; **~ press** *s.* Druckerpresse *f*: ***~ type*** Letter *f*, Type *f*; **~ space** *s.* Satzspiegel *m*; **~ tel·e·graph** *s.* 'Drucktele,graf *m*; **~ types** *s. pl.* Lettern *pl.*; **~ works** *s. pl. oft sg. konstr.* Drucke'rei *f*.

'**print|,mak·er** *s.* Grafiker(in); '**~·out** *s. Computer*: Ausdruck *m*, Print-out *m*.

pri·or ['praɪə] **I** *adj.* **1.** (***to***) früher, älter (als): ***~ art*** *Patentrecht*: Stand *m* der Technik, Vorwegnahme *f*; ***~ patent*** älteres Patent; ***~ use*** Vorbenutzung *f*; ***subject to ~ sale*** ✝ Zwischenverkauf vorbehalten; **2.** vordringlich, Vorzugs...: ***~ right*** (*od.* ***claim***) Vorzugsrecht *n*; ***~ condition*** erste Voraussetzung; **II** *adv.* **3.** ***~ to*** vor (*dat.*) (*zeitlich*); **III** *s. eccl.* **4.** Prior *m*; '**pri·or·ess** [-ərɪs] *s.* Pri'orin *f*; **pri·or·i·ty** [praɪ'ɒrətɪ] *s.* **1.** Priori'tät *f* (*a.* ⚖), Vorrang *m* (*a. e-s Anspruchs etc.*), Vorzug *m* (***over***, ***to*** vor *dat.*): ***take ~ of*** den Vorrang haben *od.* genießen vor (*dat.*); ***set priorities*** Prioritäten setzen, Schwerpunkte bilden; ***~ share*** ✝ Vorzugsaktie *f*; **2.** Dringlichkeit(sstufe) *f*: ***~ call*** *teleph.* Vorrangsgespräch *n*; ***~ list*** Dringlichkeitsliste *f*; ***of first*** (*od.* ***top***) ***~*** von größter Dringlichkeit; ***give ~ to*** *et.* vordringlich behandeln; **3.** Vorfahrt(srecht *n*) *f*; '**pri·o·ry** [-ərɪ] *s. eccl.* Prio'rei *f*.

prise [praɪz] *bsd. Brit.* → ***prize***³.

prism ['prɪzəm] *s.* Prisma *n* (*a. fig.*): ***~ binoculars*** Prismen(fern)glas *n*; **pris·mat·ic** [prɪz'mætɪk] *adj.* (□ ***~ally***) pris'matisch, Prismen...: ***~ colo(u)rs*** Regenbogenfarben.

pris·on ['prɪzn] *s.* Gefängnis *n* (*a. fig.*), Strafanstalt *f*; '**~-,break·ing** *s.* Ausbruch *m* aus dem Gefängnis; **~ camp** *s.* **1.** (Kriegs)Gefangenenlager *n*; **2.** ‚offenes' Gefängnis; **~ ed·i·tor** *s.* (*presserechtlich verantwortlicher*) ‚Sitzredak,teur' *m*.

pris·on·er ['prɪznə] *s.* Gefangene(r *m*) *f* (*a. fig.*), Häftling *m*: ***~*** (***at the bar***) Angeklagte(r *m*) *f*; ***~*** (***on remand***) Untersuchungsgefangene(r); ***~ of state*** Staatsgefangene(r), politischer Häftling; ***~*** (***of war***) Kriegsgefangene(r); ***hold*** (***take***) ***s.o. ~*** j-n gefangen halten (nehmen); ***he is a ~ to*** *fig.* er ist gefesselt an (*acc.*); ***~'s bar***(***s***), ***~'s base*** *s.* Barlauf(spiel *n*) *m*.

pris·on| of·fi·cer *s.* Strafvollzugsbeam-

P

te(r) *m*; ~ **psy·cho·sis** *s.* [*irr.*] 'Haft-psy,chose *f.*

pris·sy ['prɪsɪ] *adj. Am.* F zimperlich, etepe'tete.

pris·tine ['prɪstiːn] *adj.* **1.** ursprünglich, -tümlich, unverdorben; **2.** vormalig, alt.

pri·va·cy ['prɪvəsɪ] *s.* **1.** Zu'rückgezogenheit *f*, Alleinsein *n*; Ruhe *f*: ***disturb s.o.'s ~*** j-n stören; **2.** Pri'vatleben *n*, *a.* ⚖ Pri'vat-, In'timsphäre *f*: ***right of ~*** Persönlichkeitsrecht *n*; **3.** Heimlichkeit *f*, Geheimhaltung *f*: ***~ of letters*** ⚖ Briefgeheimnis *n*; ***talk to s.o. in ~*** mit j-m unter vier Augen sprechen; ***in strict ~*** streng vertraulich.

pri·vate ['praɪvɪt] **I** *adj.* □ **1.** pri'vat, Privat...(*-konto, -leben, -person, -recht etc.*), per'sönlich: ***~ affair*** Privatangelegenheit *f*; ***~ member's bill*** *parl.* Antrag *m* e-s Abgeordneten; ***~ eye*** *Am. sl.* Privatdetektiv *m*; ***~ firm*** ✝ Einzelfirma *f*; ***~ gentleman*** Privatier *m*; ***~ means*** Privatvermögen *n*; → ***nuisance*** 2; ***~ property*** Privateigentum *n*; -besitz *m*; **2.** pri'vat, Privat...(*-pension, -schule etc.*), nichtöffentlich: ***~ (limited) company*** ✝ *Brit.* Gesellschaft *f* mit beschränkter Haftung; ***~ corporation*** a) ⚖ privatrechtliche Körperschaft, b) ✝ *Am.* Gesellschaft *f* mit beschränkter Haftung; ***sell by ~ contract*** unter der Hand verkaufen; ***~ hotel*** Fremdenheim *n*; ***~ industry*** Privatwirtschaft *f*; ***~ road*** Privatweg *m*; ***~ theatre*** Liebhabertheater *n*; ***~ view*** Besichtigung *f* durch geladene Gäste; **3.** al'lein, zu'rückgezogen, einsam; **4.** geheim (*Gedanken, Verhandlungen etc.*), heimlich; vertraulich (*Mitteilung etc.*): ***~ parts*** → 10; ***~ prayer*** stilles Gebet; ***~ reasons*** Hintergründe; ***keep s.th. ~*** et. geheim halten *od.* vertraulich behandeln; ***this is for your ~ ear*** dies sage ich Ihnen ganz im Vertrauen; **5.** außeramtlich (*Angelegenheit*); **6.** nicht beamtet; **7.** ⚖ außergerichtlich: ***~ arrangement*** gütlicher Vergleich; **8.** ***~ soldier*** → 9; **II** *s.* **9.** ⚔ (gewöhnlicher) Sol'dat; *pl.* Mannschaften *pl.*: ***~ 1st Class*** *Am.* Obergefreite(r) *m*; **10.** *pl.* Geschlechtsteile *pl.*; **11.** ***in ~*** a) pri'vat(im), b) insge'heim, unter vier Augen.

pri·va·teer [,praɪvə'tɪə] **I** *s.* **1.** ⚓ Freibeuter *m*, Kaperschiff *n*; **2.** Kapi'tän *m* e-s Kaperschiffes, Kaperer *m*; **3.** *pl.* Mannschaft *f* e-s Kaperschiffes; **II** *v/i.* **4.** Kape'rei treiben.

pri·va·tion [praɪ'veɪʃn] *s.* **1.** *a. fig.* Wegnahme *f*, Entziehung *f*, Entzug *m*; **2.** Not *f*, Entbehrung *f*.

priv·a·tive ['prɪvətɪv] **I** *adj.* □ **1.** entziehend, beraubend; **2.** *a. ling. od. phls.* verneinend, negativ; **II** *s.* **3.** *ling.* a) Ver'neinungspar,tikel *f*, b) priva'tiver Ausdruck.

priv·et ['prɪvɪt] *s.* ⚘ Li'guster *m.*

priv·i·lege ['prɪvɪlɪdʒ] **I** *s.* **1.** Privi'leg *n*, Sonder-, Vorrecht *n*, Vergünstigung *f*, *Am. pol.* Grundrecht *n*; ***breach of a ~*** a) Übertretung *f* der Machtbefugnis, b) *parl.* Vergehen *n* gegen die Vorrechte des Parlaments; ***Committee of ≈s*** Ausschuss *m* zur Untersuchung von Rechtsübergriffen; ***~ of Parliament*** *pol.* Immunität *f* e-s Abgeordneten; ***~ of self-defence*** (Recht *n* der) Notwehr *f*; ***with kitchen ~s*** mit Küchenbenutzung; **2.** *fig.* (besonderer) Vorzug: ***have the ~ of being admitted*** den Vorzug haben, zugelassen zu sein; ***it is a ~ to do*** es ist e-e besondere Ehre, *et.* zu tun; **3.** *pl.* ✝ Prämien- *od.* Stellgeschäft *n*; **II** *v/t.* **4.** privilegieren, bevorrecht(ig)en: ***the ~d classes*** die privilegierten Stände; ***~d debt*** bevorrechtigte Forderung; ***~d communication*** ⚖ a) vertrauliche Mitteilung (*für die Schweigepflicht besteht*), b) Berufsgeheimnis *n.*

priv·i·ty ['prɪvətɪ] *s.* **1.** ⚖ (Inter'essen-) Gemeinschaft *f*; **2.** ⚖ Rechtsbeziehung *f*; **3.** ⚖ Rechtsnachfolge *f*; **4.** Mitwisserschaft *f.*

priv·y ['prɪvɪ] **I** *adj.* □ **1.** eingeweiht (***to*** in *acc.*); **2.** ⚖ (mit)beteiligt (***to*** an *dat.*); **3.** *mst. poet.* heimlich, geheim: ***~ parts*** Scham-, Geschlechtsteile; ***~ stairs*** Hintertreppe *f*; **II** *s.* **4.** 'Mitinteres,sent(in) (***to*** an *dat.*); **5.** A'bort *m*, Abtritt *m*; ≈ **Coun·cil** *s. Brit.* (Geheimer) Staats- *od.* Kronrat: ***Judicial Committee of the ~*** ⚖ Justizausschuss *m* des Staatsrats (*höchste Berufungsinstanz für die Dominions*); ≈ **Coun·cil·lor** *s. Brit.* Geheimer (Staats)Rat (*Person*); ≈ **Purse** *s.* königliche Pri'vatscha,tulle; ≈ **Seal** *s. Brit.* Geheimsiegel *n*: ***Lord ~*** königlicher Geheimsiegelbewahrer.

prize[1] [praɪz] **I** *s.* **1.** (Sieger)Preis *m* (*a. fig.*), Prämie *f*: ***the ~s of a profession*** die höchsten Stellungen in e-m Beruf; **2.** (*a.* Lotte'rie)Gewinn *m*: ***the first ~*** das große Los; **3.** Lohn *m*, Belohnung *f*; **II** *adj.* **4.** preisgekrönt, prämiiert; **5.** Preis...: ***~ medal***; **6.** a) erstklassig (*a. iro.*), b) F *contp.* Riesen...: ***~ idiot***; **III** *v/t.* **7.** (hoch) schätzen, würdigen.

prize[2] [praɪz] **I** *s.* ⚓ Prise *f*, Beute *f* (*a. fig.*): ***make ~ of*** → **II** *v/t.* (als Prise) aufbringen, kapern.

prize[3] [praɪz] *bsd. Brit.* **I** *v/t.* **1.** (auf-) stemmen: ***~ open*** (mit e-m Hebel) aufbrechen; ***~ up*** hochwuchten *od.* -stemmen; **II** *s.* **2.** Hebelwirkung *f*, -kraft *f*; **3.** Hebel *m.*

prize| com·pe·ti·tion *s.* Preisausschreiben *n*; ~ **court** *s.* ⚓ Prisengericht *n*; ~ **fight** *s.* Preisboxkampf *m*; ~ **fight·er** *s.* Preis-, Berufsboxer *m*; ~ **list** *s.* Ge-

P

winnliste *f*; '**~·man** [-mən] *s.* [*irr.*] Preisträger *m*; **~ mon·ey** *s.* **1.** ⚓ Prisengeld(er *pl.*) *n*; **2.** Geldpreis *m*; **~ ques·tion** *s.* Preisfrage *f*; **~ ring** *s.* (Box)Ring *m*, *das* Berufsboxen; **~ win·ner** *s.* Preisträger(in); '**~-ˌwin·ning** *adj.* preisgekrönt, präm(i)iert.

pro¹ [prəʊ] *pl.* **pros I** *s.* Jastimme *f*, Stimme *f* da'für: ***the ~s and cons*** das Für und Wider; **II** *adv.* da'für.

pro² [prəʊ] (*Lat.*) *prp.* für; pro, per; → ***pro forma***, ***pro rata***.

pro³ [prəʊ] *s.* F **1.** *sport* Profi *m* (*a. fig.*); **2.** ‚Nutte' *f*.

pro- [prəʊ] *in Zssgn*: **1.** pro..., ...freundlich, *z.B.* ***~-German***; **2.** stellvertretend, Vize..., Pro...; **3.** vor (*räumlich u. zeitlich*).

prob·a·bil·i·ty [ˌprɒbə'bɪlətɪ] *s.* Wahrscheinlichkeit *f* (*a.* ⩚): ***in all ~*** aller Wahrscheinlichkeit nach, höchstwahrscheinlich; ***theory of ~***, ***~ calculus*** ⩚ Wahrscheinlichkeitsrechnung *f*; ***the ~ is that*** es besteht die Wahrscheinlichkeit, dass; **prob·a·ble** ['prɒbəbl] *adj.* □ **1.** wahrscheinlich, vermutlich, mutmaßlich: ***~ cause*** ⚖ hinreichender Verdacht; **2.** wahrscheinlich, glaubhaft, einleuchtend.

pro·bate ['prəʊbeɪt] ⚖ **I** *s.* **1.** gerichtliche (*bsd.* Testa'ments)Bestätigung; **2.** Testa'mentserˌöffnung *f*; **3.** Abschrift *f* e-s gerichtlich bestätigten Testaments; **II** *v/t.* **4.** *bsd. Am. Testament* a) bestätigen, b) eröffnen u. als rechtswirksam bestätigen lassen; **~ court** *s.* Nachlassgericht *n*, (*in U.S.A. a. zuständig in Sachen der freiwilligen Gerichtsbarkeit*, *bsd. als*) Vormundschaftsgericht *n*; **~ du·ty** *s.* ⚖ Erbschaftssteuer *f*.

pro·ba·tion [prə'beɪʃn] *s.* **1.** (Eignungs-) Prüfung *f*, Probe(zeit) *f*: ***on ~*** auf Probe(zeit); **2.** ⚖ a) Bewährungsfrist *f*, b) bedingte Freilassung *f*: ***place s.o. on ~*** j-m Bewährungsfrist zubilligen, j-n unter Zubilligung von Bewährungsfrist freilassen: ***~ officer*** Bewährungshelfer (-in); **3.** *eccl.* Novizi'at *n*; **pro'ba·tion·ar·y** [-ʃnərɪ], **pro'ba·tion·al** [-ʃənl] *adj.* Probe...: ***~ period*** ⚖ Bewährungsfrist *f*; **pro'ba·tion·er** [-ʃnə] *s.* **1.** 'Probekandiˌdat(in), Angestellte(r *m*) *f* auf Probe, *z.B.* Lernschwester *f*; **2.** *fig.* Neuling *m*; **3.** *eccl.* No'vize *m*, *f*; **4.** ⚖ a) j-d, dessen Strafe zur Bewährung ausgesetzt ist, b) auf Bewährung bedingt Strafentlassene(r).

pro·ba·tive ['prəʊbətɪv] als Beweis dienend (***of*** für): ***~ facts*** ⚖ beweiserhebliche Tatsachen; ***~ force*** Beweiskraft *f*.

probe [prəʊb] **I** *v/t.* **1.** ⚕ sondieren (*a. fig.*); **2.** *fig.* eindringen in (*acc.*), erforschen, (gründlich) unter'suchen; **II** *v/i.* **3.** *fig.* (forschend) eindringen (***into*** in *acc.*); **III** *s.* **4.** ⚕, *a. Raumforschung etc.*: Sonde *f*; **5.** *fig.* Sondierung *f*; *bsd. Am.* Unter'suchung *f*.

prob·i·ty ['prəʊbətɪ] *s.* Rechtschaffenheit *f*, Redlichkeit *f*.

prob·lem ['prɒbləm] **I** *s.* **1.** Pro'blem *n* (*a. phls.*, *Schach etc.*), proble'matische Sache, Schwierigkeit *f*: ***set a ~*** ein Problem stellen; **2.** ⩚ Aufgabe *f*, Problem *n*; **3.** *fig.* Rätsel *n* (***to*** für *j-n*); **II** *adj.* **4.** proble'matisch: ***~ play*** Problemstück *n*; ***~ child*** schwer erziehbares Kind, Sorgenkind; ***~ drinker*** Alkoholiker(in); **prob·lem·at·ic**, **prob·lem·at·i·cal** [ˌprɒblə'mætɪk(l)] *adj.* □ proble'matisch, zweifelhaft.

pro·bos·cis [prəʊ'bɒsɪs] *pl.* **-cis·es** [-sɪsiːz] *s. zo.* Rüssel *m* (*a. humor.*).

pro·ce·dur·al [prə'siːdʒərəl] *adj.* ⚖ verfahrensrechtlich; Verfahrens...: ***~ law***; **pro·ce·dure** [prə'siːdʒə] *s.* **1.** *allg.* Verfahren *n* (*a.* ⚙), Vorgehen *n*; **2.** ⚖ (*bsd. prozessrechtliches*) Verfahren: ***rules of ~*** Prozessvorschriften, Verfahrensbestimmungen; **3.** Handlungsweise *f*, Verhalten *n*.

pro·ceed [prə'siːd] *v/i.* **1.** weitergehen, -fahren *etc.*; sich begeben (***to*** nach); **2.** *fig.* weitergehen (*Handlung etc.*), fortschreiten; **3.** vor sich gehen, von'statten gehen; **4.** *fig.* fortfahren (***with***, ***in*** mit, in *s-r Rede etc.*), s-e Arbeit *etc.* fortsetzen: ***~ on one's journey*** s-e Reise fortsetzen, weiterreisen; **5.** *fig.* vorgehen, verfahren: ***~ with*** *et.* durchführen *od.* in Angriff nehmen; ***~ on the assumption that*** davon ausgehen, dass; **6.** schreiten *od.* 'übergehen (***to*** zu), sich anschicken (***to do*** zu tun): ***~ to business*** an die Arbeit gehen, anfangen; **7.** (***from***) ausgehen *od.* herrühren *od.* kommen (von) (*Geräusch*, *Hoffnung*, *Krankheit etc.*), (*e-r Hoffnung etc.*) entspringen; **8.** ⚖ (gerichtlich) vorgehen, e-n Pro'zess anstrengen (***against*** gegen); **9.** *univ. Brit.* promovieren (***to*** [***the degree of***] zum); **pro'ceed·ing** [-dɪŋ] *s.* **1.** Vorgehen *n*, Verfahren *n*; **2.** *pl.* ⚖ Verfahren *n*, (Gerichts)Verhandlung(en *pl.*) *f*: ***take*** (*od.* ***institute***) ***~s against*** ein Verfahren einleiten *od.* gerichtlich vorgehen gegen; **3.** *pl.* (Sitzungs-, Tätigkeits)Bericht(e *pl.*) *m*, (⚖ Pro'zess)Akten *pl.*; **pro·ceeds** ['prəʊsiːdz] *s. pl.* **1.** Erlös *m* (***from a sale*** aus e-m Verkauf), Ertrag *m*, Gewinn *m*; **2.** Einnahmen *pl.*

pro·cess ['prəʊses] **I** *s.* **1.** Verfahren *n*, Pro'zess *m* (*a.* ⚙, ⚗): ***~ engineering*** Verfahrenstechnik *f*; ***~ chart*** Arbeitsablaufdiagramm *n*; ***~ control*** *Computer*: Prozesssteuerung *f*; ***~ of manufacture*** Herstellungsvorgang *m*, Werdegang *m*; ***in ~ of construction*** im Bau (befindlich); **2.** Vorgang *m*, Verlauf *m*, Pro'zess *m* (*a. phys.*): ***~ of combustion***

Verbrennungsvorgang; ***mental*** ~ Denkprozess *m*; **3.** Arbeitsgang *m*; **4.** Fortgang *m*, -schreiten *n*, (Ver)Lauf *m*: ***in ~ of time*** im Laufe der Zeit; ***be in ~*** im Gange sein; **5.** *typ.* 'photome,chanisches Reprodukti'onsverfahren: ~ ***printing*** Mehrfarbendruck *m*; **6.** *anat.* Fortsatz *m*; **7.** ⚘ Auswuchs *m*; **8.** ⚖ a) Zustellung(en *pl.*) *f*, *bsd.* Vorladung *f*, b) (ordentliches) Verfahren: ***due ~ of law*** rechtliches Gehör; **II** *v/t.* **9.** ⚙ *etc.* bearbeiten, (chemisch *etc.*) behandeln, e-m Verfahren unter'werfen; *Material*, *a. Daten* verarbeiten; *Lebensmittel* haltbar machen, *Milch etc.* sterilisieren: ~ ***into*** verarbeiten zu; **10.** ⚖ *j-n* gerichtlich belangen; **11.** *Am. fig. j-n* 'durchschleusen, abfertigen, *j-s Fall etc.* bearbeiten; **III** *v/i.* [prəʊ'ses] **12.** F in e-r Prozessi'on (mit)gehen; '**pro·cess·ing** [-sɪŋ] *s.* **1.** ⚙ Vered(e)lung *f*: ~ ***industry*** weiterverarbeitende Industrie, Veredelungsindustrie *f*; **2.** ⚙, *a. Computer*: Verarbeitung *f*; **3.** *bsd. Am. fig.* Bearbeitung *f*.

pro·ces·sion [prə'seʃn] *s.* **1.** Prozessi'on *f*, (feierlicher) (Auf-, 'Um)Zug: ***go in ~*** e-e Prozession abhalten *od.* machen; **2.** Reihe(nfolge) *f*; **3.** *a.* ~ ***of the Holy Spirit*** *eccl.* Ausströmen *n* des Heiligen Geistes; **pro'ces·sion·al** [-ʃənl] **I** *adj.* Prozessions...; **II** *s. eccl.* a) Prozessi'onsbuch *n*, b) Prozessi'onshymne *f*.

pro·ces·sor ['prəʊsesə] *s.* **1.** ⚙ Verarbeiter *m*; Hersteller(in); **2.** *Am.* (Sach-) Bearbeiter(in); **3.** *Computer*: Pro'zessor *m*.

pro·claim [prə'kleɪm] *v/t.* **1.** proklamieren, (öffentlich) verkünd(ig)en, kundgeben: ~ ***war*** den Krieg erklären; ~ ***s.o. a traitor*** j-n zum Verräter erklären; ~ ***s.o. king*** j-n zum König ausrufen; **2.** den Ausnahmezustand verhängen über *ein Gebiet etc.*; **3.** in die Acht erklären; **4.** *Versammlung etc.* verbieten.

proc·la·ma·tion [,prɒklə'meɪʃn] *s.* **1.** Proklamati'on *f* (***to*** an *acc.*), (öffentliche *od.* feierliche) Verkündigung *od.* Bekanntmachung, Aufruf *m*: ~ ***of martial law*** Verhängung *f* des Standrechts; **2.** Erklärung *f*, Ausrufung *f zum König etc.*; **3.** Verhängung *f* des Ausnahmezustandes.

pro·cliv·i·ty [prə'klɪvətɪ] *s.* Neigung *f*, Hang *m* (***to***, ***toward*** zu).

pro·cras·ti·nate [prəʊ'kræstɪneɪt] **I** *v/i.* zaudern, zögern; **II** *v/t.* hi'nausziehen, verschleppen.

pro·cre·ant ['prəʊkrɪənt] *adj.* (er)zeugend; **pro·cre·ate** ['prəʊkrɪeɪt] *v/t.* (er-) zeugen, her'vorbringen (*a. fig.*); **pro·cre·a·tion** [,prəʊkrɪ'eɪʃn] *s.* (Er)Zeugung *f*, Her'vorbringen *n*; '**pro·cre·a·tive** [-ɪeɪtɪv] *adj.* **1.** zeugungsfähig, Zeugungs...: ~ ***capacity*** Zeugungsfähigkeit; **2.** fruchtbar; '**pro·cre·a·tor** [-ɪeɪtə] *s.* Erzeuger *m*.

Pro·crus·te·an [prəʊ'krʌstɪən] *adj.* Prokrustes... (*a. fig.*): ~ ***bed***.

proc·tor ['prɒktə] **I** *s.* **1.** *univ. Brit.* a) Diszipli'narbe,amte(r) *m*, b) Aufsicht Führende(r) *m*, (*bsd. bei Prüfungen*): ***~'s man***, ***~'s (bull)dog*** *sl.* Pedell; **2.** ⚖ a) Anwalt *m* (*an Spezialgerichten*), b) *a.* ***King's*** (*od.* ***Queen's***) ~ Proku'rator *m* der Krone; **II** *v/t.* **3.** beaufsichtigen.

pro·cur·a·ble [prə'kjʊərəbl] *adj.* zu beschaffen(d), erhältlich; **proc·u·ra·tion** [,prɒkjʊə'reɪʃn] *s.* **1.** → ***procurement*** 1 *u.* 3; **2.** (Stell)Vertretung *f*; **3.** ✝ Pro'kura *f*, Vollmacht *f*: ***by ~*** per Prokura; ***joint ~*** Gesamthandlungsvollmacht; ***single*** (*od.* ***sole***) ~ Einzelprokura; **4.** → ***procuring*** 2; **proc·u·ra·tor** ['prɒkjʊəreɪtə] *s.* **1.** ⚖ Anwalt *m*: ***2 General*** *Brit.* Königlicher Anwalt des Schatzamtes; **2.** ⚖ Bevollmächtigte(r) *m*, Sachwalter *m*; **3.** ~ ***fiscal*** ⚖ *Scot.* Staatsanwalt *m*.

pro·cure [prə'kjʊə] **I** *v/t.* **1.** (sich) be-, verschaffen, besorgen (***s.th. for s.o.***, ***s.o. s.th.*** j-m et.); *a. Beweise etc.* liefern, beibringen; **2.** erwerben, erlangen; **3.** verkuppeln; **4.** *fig.* bewirken, her'beiführen; **5.** veranlassen: ~ ***s.o. to commit a crime*** j-n zu e-m Verbrechen anstiften; **II** *v/i.* **6.** kuppeln; Zuhälte'rei treiben; **pro'cure·ment** [-mənt] *s.* **1.** Besorgung *f*, Beschaffung *f*; **2.** Erwerbung *f*; **3.** Vermittlung *f*; **4.** Veranlassung *f*; **pro'cur·er** [-ərə] *s.* **1.** Beschaffer(in), Vermittler(in); **2.** a) Kuppler *m*, b) Zuhälter *m*; **pro'cur·ess** [-ərɪs] *s.* Kupplerin *f*; **pro'cur·ing** [-ərɪŋ] *s.* **1.** Beschaffen *n etc.*; **2.** a) Kuppe'lei *f*, b) Zuhälte'rei *f*.

prod [prɒd] **I** *v/t.* **1.** stechen, stoßen; **2.** *fig.* anstacheln, -spornen (***into*** zu *et.*); **II** *s.* **3.** Stich *m*, Stechen *n*, Stoß *m* (*a. fig.*); **4.** *fig.* Ansporn *m*; **5.** Stachelstock *m*; **6.** Ahle *f*.

prod·i·gal ['prɒdɪgl] **I** *adj.* ☐ **1.** verschwenderisch (***of*** mit): ***be ~ of*** → ***prodigalize***; ***the ~ son*** *bibl.* der verlorene Sohn; **II** *s.* **2.** Verschwender(in); **3.** reuiger Sünder; **prod·i·gal·i·ty** [,prɒdɪ'gælətɪ] *s.* **1.** Verschwendung *f*; **2.** Üppigkeit *f*, Fülle *f* (***of*** an *dat.*); '**prod·i·gal·ize** [-gəlaɪz] *v/t.* verschwenden, verschwenderisch 'umgehen mit.

pro·di·gious [prə'dɪdʒəs] *adj.* ☐ **1.** erstaunlich, wunderbar, großartig; **2.** gewaltig, ungeheuer; **prod·i·gy** ['prɒdɪdʒɪ] *s.* **1.** Wunder *n* (***of*** *gen. od.* an *dat.*): ***a ~ of learning*** ein Wunder der *od.* an Gelehrsamkeit; **2.** *mst* ***infant ~*** Wunderkind *n*.

pro·duce[1] [prə'djuːs] *v/t.* **1.** *allg.* erzeugen, machen, schaffen; ✝ *Waren etc.*

produzieren, herstellen, erzeugen; *Kohle etc.* gewinnen, fördern; *Buch* a) verfassen, b) her'ausbringen; *thea. Stück* a) inszenieren, b) aufführen; *Film* produzieren; *Brit. thea., Radio*: Re'gie führen bei: **~ o.s.** *fig.* sich produzieren; **2.** ⚘ *Früchte etc.* her'vorbringen; **3.** ✝ *Gewinn, Zinsen* (ein)bringen, abwerfen; **4.** *fig.* erzeugen, bewirken, her'vorrufen, zeitigen; *Wirkung* erzielen; **5.** her'vorziehen, -holen (**from** aus *der Tasche etc.*); *Ausweis etc.* (vor)zeigen, vorlegen; *Beweise, Zeugen etc.* beibringen; *Gründe* anführen; **6.** ⩓ *Linie* verlängern.

prod·uce² ['prɒdjuːs] *s.* (*nur sg.*) **1.** (*bsd.* 'Boden)Pro,dukt(e *pl.*) *n*, (Na'tur)Erzeugnis(se *pl.*) *n*: **~ market** Produkten-, Warenmarkt *m*; **2.** Ertrag *m*, Gewinn *m*.

pro·duc·er [prə'djuːsə] *s.* **1.** *a.* ✝ Erzeuger(in), 'Hersteller(in): **~ country** ✝ Erzeugerland *n*; **2.** ✝ Produ'zent *m*, Fabri'kant *m*: **~ goods** Produktionsgüter; **3.** a) *Film*: Produ'zent *m*, Produkti'onsleiter *m*, b) *Brit. thea., Radio*: Regis'seur *m*, Spielleiter *m*; **4.** ⚙ Gene'rator *m*: **~ gas** Generatorgas *n*; **pro'duc·i·ble** [-səbl] *adj.* **1.** erzeug-, herstellbar, produzierbar; **2.** vorzuzeigen(d), beizubringen(d); **pro'duc·ing** [-sɪŋ] *adj.* Produktions..., Herstellungs...

prod·uct ['prɒdəkt] *s.* **1.** *a.* ✝, ⚙ Pro'dukt *n* (*a.* ⩓, ⚗), Erzeugnis *n*: **intermediate ~** Zwischenprodukt *n*; **~ liability** Produkthaftung *f*; **~ line** Erzeugnis(gruppe *f*) *n*; **~ patent** Stoffpatent *n*; **~ range** Produktpalette *f*; **2.** *fig.* (*a.* 'Geistes)Pro,dukt *n*, Ergebnis *n*, Werk *n*; **3.** *fig.* Pro'dukt *n* (*Person*).

pro·duc·tion [prə'dʌkʃn] *s.* **1.** (*z.B. Kälte-, Strom*)Erzeugung *f*, (*z.B. Rauch*)Bildung *f*; **2.** ✝ Produkti'on *f*, Herstellung *f*, Erzeugung *f*, Fertigung *f*; ⚗, ⚒, *min.* Gewinnung *f*; ⚒ Förderleistung *f*: **~ of gold** Goldgewinnung; **be in ~** serienmäßig hergestellt werden; **be in good ~** genügend hergestellt werden; **go into ~** a) in Produktion gehen, b) die Produktion aufnehmen (*Fabrik*); **3.** (*Arbeits*)Erzeugnis *n*, (*a.* Na'tur)Pro,dukt *n*, Fabri'kat *n*; **4.** *fig.* (*mst* lite'rarisches) Pro'dukt, Ergebnis *n*, Werk *n*, Schöpfung *f*, Frucht *f*; **5.** Her'vorbringen *n*, Entstehung *f*; **6.** Vorlegung *f*, -zeigung *f e-s Dokuments etc.*, Beibringung *f e-s Zeugen*, Erbringen *n e-s Beweises*; Vorführen *n*, Aufweisen *n*; **7.** Her'vorholen *n*, -ziehen *n*; **8.** *thea.* Vor-, Aufführung *f*, Inszenierung *f*; **9.** a) *Brit. thea., Radio, TV*: Re'gie *f*, Spielleitung *f*, b) *Film*: Produkti'on *f*; **pro'duc·tion·al** [-ʃənl] *adj.* Produktions...

pro·duc·tion| ca·pac·i·ty *s.* Produkti'onskapazi,tät *f*, Leistungsfähigkeit *f*; **~ car** *s. mot.* Serienwagen *m*; **~ costs** *s. pl.* Gestehungskosten *pl.*; **~ di·rec·tor** *s. Radio*: Sendeleiter *m*; **~ en·gi·neer** *s.* Be'triebsingeni,eur *m*; **~ goods** *s. pl.* Produkti'onsgüter *pl.*; **~ line** *s.* ⚙ Fließband *n*, Fertigungsstraße *f*; **~ lo·ca·tion** *s.* Produktionsstandort *m*; **~ man·ag·er** *s.* ✝ 'Herstellungsleiter *m*.

pro·duc·tive [prə'dʌktɪv] *adj.* ☐ **1.** (**of** *acc.*) her'vorbringend, erzeugend, schaffend: **be ~ of** führen zu, erzeugen; **2.** produk'tiv, ergiebig, ertragreich, fruchtbar, ren'tabel; **3.** produzierend, leistungsfähig; ⚒ abbauwürdig; **4.** *fig.* produk'tiv, fruchtbar, schöpferisch; **pro'duc·tive·ness** [-nɪs], **pro·duc·tiv·i·ty** [,prɒdʌk'tɪvətɪ] *s.* Produkti-vi'tät *f*: a) ✝ Rentabili'tät *f*, Ergiebigkeit *f*, b) ✝ Leistungs-, Ertragsfähigkeit *f*, c) *fig.* Fruchtbarkeit *f*.

pro·em ['prəʊem] *s.* Einleitung *f* (*a. fig.*), Vorrede *f*.

prof [prɒf] *s.* F Prof *m* (*Professor*).

prof·a·na·tion [,prɒfə'neɪʃn] *s.* Entweihung *f*, Profanierung *f*; **pro·fane** [prə'feɪn] **I** *adj.* ☐ **1.** weltlich, pro'fan, ungeweiht, Profan...(*-bau, -geschichte*); **2.** lästerlich, gottlos: **~ language**; **3.** uneingeweiht (**to** in *acc.*); **II** *v/t.* **4.** entweihen, profanieren; **pro·fan·i·ty** [prə'fænətɪ] *s.* **1.** Gott-, Ruchlosigkeit *f*; **2.** Weltlichkeit *f*; **3.** Fluchen *n*; *pl.* Flüche *pl.*

pro·fess [prə'fes] *v/t.* **1.** (*a.* öffentlich) erklären, *Reue etc.* bekunden, sich bezeichnen (**to be** als), sich bekennen zu (*e-m Glauben etc.*) *od.* als (*Christ etc.*): **~ o.s. a communist**; **~ Christianity**; **2.** beteuern, versichern, *b.s.* heucheln, zur Schau tragen; **3.** eintreten für, *Grundsätze etc.* vertreten; **4.** (*als Beruf*) ausüben, betreiben; **5.** *Brit.* Pro'fessor sein in (*dat.*), lehren; **pro'fessed** [-st] *adj.* ☐ **1.** erklärt (*Feind etc.*), ausgesprochen; **2.** an-, vorgeblich; **3.** Berufs..., berufsmäßig; **4.** (in einen Orden) aufgenommen: **~ monk** Profess *m*; **pro'fess·ed·ly** [-sɪdlɪ] *adv.* **1.** angeblich; **2.** erklärtermaßen; **3.** offenkundig; **pro'fes·sion** [-eʃn] *s.* **1.** (*bsd.* aka'demischer *od.* freier) Beruf, Stand *m*: **learned ~** gelehrter Beruf; **the ~s** die akademischen Berufe; **the military ~** der Soldatenberuf; **by ~** von Beruf; **2. the ~** *coll.* der Beruf *od.* Stand: **the medical ~** die Ärzteschaft; **3.** (*bsd.* Glaubens)Bekenntnis *n*; **4.** Bekundung *f*, (*a.* falsche) Versicherung *od.* Behauptung, Beteuerung *f*: **~ of friendship** Freundschaftsbeteuerung *f*; **5.** *eccl.* Pro'fess *f*, Gelübde(ablegung *f*) *n*; **pro'fes·sion·al** [-eʃənl] **I** *adj.* ☐ **1.** Berufs..., beruflich, Amts..., Standes...: **~ discretion** Schweigepflicht *f des Arztes etc.*; **~ ethics** Berufsethos *n*;

P

2. Fach..., Berufs..., fachlich: ~ ***association*** Berufsgenossenschaft *f*; ~ ***school*** Fach-, Berufsschule *f*; ~ ***studies*** Fachstudium *n*; ~ ***terminology*** Fachsprache *f*; ~ ***man*** Mann vom Fach (→ 4); **3.** professio'nell, Berufs... (*a. sport*): ~ ***player***; **4.** freiberuflich, aka'demisch; ~ ***man*** Akademiker, Geistesarbeiter; ***the*** ~ ***classes*** die höheren Berufsstände; **5.** gelernt, fachlich ausgebildet: ~ ***gardener***; **6.** *fig. iro.* unentwegt, ‚Berufs...': ~ ***patriot***; **II** *s.* **7.** *sport* Berufssportler(in) *od.* -spieler (-in); **8.** Berufskünstler *m etc.*, Künstler *m* vom Fach; **9.** Fachmann *m*; **10.** Geistesarbeiter *m*; **pro'fes·sion·al·ism** [-eʃnəlɪzəm] *s.* Berufssportlertum *n*, -spielertum *n*, Profitum *n*.

pro·fes·sor [prə'fesə] *s.* **1.** Pro'fessor *m*, Profes'sorin *f*; → ***associate*** 8; **2.** *Am.* Hochschullehrer *m*; **3.** *a. humor.* Lehrmeister *m*; **4.** *bsd. Am. od. Scot.* (*a.* Glaubens)Bekenner *m*; **pro·fes·so·ri·al** [ˌprɒfɪ'sɔːrɪəl] *adj.* □ professo'ral; Professoren...: ~ ***chair*** Lehrstuhl *m*, Professur *f*; **pro·fes·so·ri·ate** [ˌprɒfɪ'sɔːrɪət] *s.* **1.** Profes'soren(schaft *f*) *pl.*; **2.** → **pro'fes·sor·ship** [-ʃɪp] *s.* Profes'sur *f*, Lehrstuhl *m*.

prof·fer ['prɒfə] **I** *s.* Angebot *n*; **II** *v/t.* (an)bieten.

pro·fi·cien·cy [prə'fɪʃnsɪ] *s.* Können *n*, Tüchtigkeit *f*, (gute) Leistungen *pl.*; Fertigkeit *f*; **pro'fi·cient** [-nt] **I** *adj.* □ tüchtig, geübt, bewandert, erfahren (***in***, ***at*** in *dat.*); **II** *s.* Fachmann *m*, Meister *m*.

pro·file ['prəʊfaɪl] **I** *s.* **1.** Pro'fil *n*: a) Seitenansicht *f*, b) Kon'tur *f*: ***keep a low*** ~ *fig.* sich ‚bedeckt' *od.* im Hintergrund halten; **2.** (*a.* ⚠, ⚙) Pro'fil *n*, Längsschnitt *m*; **3.** Querschnitt *m* (*a. fig.*); **4.** 'Kurzbiograˌphie *f*; **II** *v/t.* **5.** im Profil darstellen, profilieren; ⚙ im Quer- *od.* Längsschnitt zeichnen; **6.** ⚙ profilieren, fassonieren; kopierfräsen: ~ ***cutter*** Fassonfräser *m*.

prof·it ['prɒfɪt] **I** *s.* **1.** (✝ *oft pl.*) Gewinn *m*, Pro'fit *m*: ~ ***and loss account*** Gewinn- u. Verlustkonto *n*, Erfolgsrechnung *f*; ~ ***margin*** Gewinnspanne *f*; ~ ***maximization*** Gewinnmaximierung *f*; ~***-sharing*** Gewinnbeteiligung *f*; ~***-taking*** *Börse*: Gewinnmitnahme *f*; ***sell at a*** ~ mit Gewinn verkaufen; ***leave a*** ~ e-n Gewinn abwerfen; **2.** *oft pl.* a) Ertrag *m*, Erlös *m*, b) Reinertrag *m*; **3.** ⚖ Nutzung *f*, Früchte *pl.* (*aus Land*); **4.** Nutzen *m*, Vorteil *m*: ***turn s.th. to*** ~ aus et. Nutzen ziehen; ***to his*** ~ zu s-m Vorteil; **II** *v/i.* **5.** (***by***, ***from***) (e-n) Nutzen *od.* Gewinn ziehen (aus), profitieren (von): ~ ***by*** *a.* sich *et.* zunutze machen, *e-e Gelegenheit* ausnützen; **III** *v/t.* **6.** nützen, nutzen (*dat.*), von Nutzen sein für; **'prof·it·a·ble** [-təbl] *adj.* □ **1.** Gewinn bringend, einträglich, lohnend, ren'tabel: ***be*** ~ *a.* sich rentieren; **2.** vorteilhaft, nützlich (***to*** für); **'prof·it·a·ble·ness** [-təblnɪs] *s.* **1.** Einträglichkeit *f*, Rentabili'tät *f*; **2.** Nützlichkeit *f*; **prof·it·eer** [ˌprɒfɪ'tɪə] **I** *s.* Pro'fitmacher *m*, (Kriegs- *etc.*)Gewinnler *m*, ‚Schieber' *m*, Wucherer *m*; **II** *v/i.* Schieber- *od.* Wuchergeschäfte machen, ‚schieben'; **prof·it·eer·ing** [ˌprɒfɪ'tɪərɪŋ] *s.* Schieber-, Wuchergeschäfte *pl.*, Preistreibe'rei *f*; **'prof·it·less** [-lɪs] *adj.* □ **1.** 'unrenˌtabel, ohne Gewinn; **2.** nutzlos.

prof·li·ga·cy ['prɒflɪgəsɪ] *s.* **1.** Lasterhaftigkeit *f*, Verworfenheit *f*; **2.** Verschwendung(ssucht) *f*; **'prof·li·gate** [-gət] **I** *adj.* □ **1.** verworfen, liederlich; **2.** verschwenderisch; **II** *s.* **3.** lasterhafter Mensch, Liederjan *m*; **4.** Verschwender(in).

pro for·ma [ˌprəʊ'fɔːmə] (*Lat.*) *adv. u. adj.* **1.** pro forma, zum Schein; **2.** ✝ Pro-forma-...(*-Rechnung*), Schein...(*-Geschäft*): ~ ***bill*** Pro-forma-Wechsel *m*, Gefälligkeitswechsel *m*.

pro·found [prə'faʊnd] *adj.* □ **1.** tief (*mst fig. Friede, Seufzer, Schlaf etc.*); **2.** tief schürfend, inhaltsschwer, gründlich, pro'fund; **3.** *fig.* unergründlich, dunkel; **4.** *fig.* tief, groß (*Hochachtung etc.*), stark (*Interesse etc.*), vollkommen (*Gleichgültigkeit*); **pro'found·ness** [-nɪs], **pro'fun·di·ty** [-'fʌndətɪ] *s.* **1.** Tiefe *f*, Abgrund *m* (*a. fig.*); **2.** Tiefgründigkeit *f*, -sinnigkeit *f*; **3.** Gründlichkeit *f*; **4.** *pl.* tiefgründige Pro'bleme *od.* Theo'rien; **5.** *oft pl.* Weisheit *f*, pro'funder Ausspruch; **6.** Stärke *f*, hoher Grad (*der Erregung etc.*).

pro·fuse [prə'fjuːs] *adj.* □ **1.** (*a.* 'über-) reich (***of***, ***in*** an *dat.*), 'überfließend, üppig; **2.** (*oft* allzu) freigebig, verschwenderisch (***of***, ***in*** mit): ***be*** ~ ***in one's thanks*** überschwänglich danken; ~***ly illustrated*** reich(haltig) illustriert; **pro'fuse·ness** [-nɪs], **pro'fu·sion** [-uːʒn] *s.* **1.** ('Über)Fülle *f*, 'Überfluss *m* (***of*** an *dat.*): ***in*** ~ in Hülle u. Fülle; **2.** Verschwendung *f*, Luxus *m*, allzu große Freigebigkeit.

pro·gen·i·tive [prəʊ'dʒenɪtɪv] *adj.* **1.** Zeugungs...: ~ ***act***; **2.** zeugungsfähig; **pro'gen·i·tor** [-tə] *s.* **1.** Vorfahr *m*, Ahn *m*; **2.** *fig.* Vorläufer *m*; **pro'gen·i·tress** [-trɪs] *s.* Ahne *f*; **pro'gen·i·ture** [-tʃə] *s.* **1.** Zeugung *f*; **2.** Nachkommenschaft *f*; **prog·e·ny** ['prɒdʒənɪ] *s.* **1.** Nachkommen(schaft *f a.* ⚘) *pl.*; *zo. die* Jungen *pl.*, Brut *f*; **2.** *fig.* Frucht *f*, Pro'dukt *n*.

pro·gna·thy ['prɒgnəθɪ] *s.* ⚕ **1.** Progna'thie *f*; **2.** Proge'nie *f*.

prog·no·sis [prɒg'nəʊsɪs] *pl.* **-ses** [-siːz] *s.* ⚕ *etc.* Pro'gnose *f*, Vor'hersage *f*;

P

prog'nos·tic [-'nɒstɪk] **I** *adj.* **1.** prognostisch (*bsd.* ⚕), vor'aussagend (***of*** *acc.*); **2.** warnend, vorbedeutend; **II** *s.* **3.** Vor'hersage *f*; **4.** (An-, Vor)Zeichen *n*; **prog·nos·ti·cate** [prɒg'nɒstɪkeɪt] *v/t.* **1.** (*a. v/i.*) vor'her-, vor'aussagen, prognostizieren; **2.** anzeigen; **prog·nos·ti·ca·tion** [prəgˌnɒstɪ'keɪʃn] *s.* **1.** Vor'her-, Vor'aussage *f*, Pro'gnose *f* (*a.* ⚕); **2.** Prophe'zeiung *f*; **3.** Vorzeichen *n*.

pro·gram(me) ['prəʊgræm] **I** *s.* **1.** ('Studien-, Par'tei- *etc.*)Proˌgramm *n*, Plan *m* (*a. fig.* F): ***manufacturing ~*** Herstellungsprogramm *n*; **2.** Pro'gramm *n*: a) *thea.* Spielplan *m*, b) Pro'grammheft *n*, c) Darbietung *f*, d) *Radio*, *TV*: Sendefolge *f*, Sendung *f*: ***~ director*** Programmdirektor *m*; ***~ music*** Programmmusik *f*; ***~ picture*** Beifilm *m*; ***~ rating*** *TV* Einschaltquote *f*; **3.** *Computer*: Programm *n*: ***~-controlled*** programmgesteuert; ***~ step*** Programmschritt *m*; **II** *v/t.* **4.** ein Pro'gramm aufstellen für; **5.** auf das Pro'gramm setzen, planen, ansetzen; **6.** *Computer* programmieren; **'pro·grammed** [-md] *adj.* programmiert: ***~ instruction***; ***~ learning***; **'pro·gram·mer** [-mə] *s. Computer*: Program'mierer(in); **'pro·gram·ming** [-mɪŋ] *s.* **1.** *Rundfunk*, *TV*: Pro'grammgestaltung *f*; **2.** *Computer*: Programmierung *f*: ***~ language*** Programmiersprache *f*.

pro·gress I ['prəʊgres] *s.* (*nur sg. außer* 6) **1.** *fig.* Fortschritt(e *pl.*) *m*: ***make ~*** Fortschritte machen; ***~ engineer*** Entwicklungsingenieur *m*; ***~ report*** Zwischenbericht; **2.** (Weiter)Entwicklung *f*: ***in ~*** im Werden (begriffen); **3.** Fortschreiten *n*, Vorrücken *n*; ⚔ Vordringen *n*; **4.** Fortgang *m*, (Ver)Lauf *m*: ***be in ~*** im Gange sein; **5.** Über'handnehmen *n*, 'Um-sich-Greifen *n*: ***the disease made rapid ~*** die Krankheit griff schnell um sich; **6.** *obs.* Reise *f*, Fahrt *f*; *Brit. mst hist.* Rundreise *f e-s Herrschers etc.*; **II** [prəʊ'gres] *v/i.* **7.** fortschreiten, weitergehen, s-n Fortgang nehmen; **8.** sich (fort-, weiter)entwickeln: ***~ towards completion*** s-r Vollendung entgegengehen; **9.** *fig.* Fortschritte machen, vo'rankommen, vorwärts kommen.

pro·gres·sion [prəʊ'greʃn] *s.* **1.** Vorwärts-, Fortbewegung *f*; **2.** Weiterentwicklung *f*, Verlauf *m*; **3.** (Aufein'ander)Folge *f*; **4.** Progressi'on *f*: a) A Reihe *f*, b) Staffelung *f e-r Steuer etc.*; **5.** ♪ a) Se'quenz *f*, b) Fortschreitung *f* (*Stimmbewegung*); **pro'gres·sion·ist** [-ʃnɪst], **pro'gress·ist** [-esɪst] *s. pol.* Fortschrittler *m*; **pro'gres·sive** [-esɪv] **I** *adj.* □ **1.** fortschrittlich (*Person u. Sache*): ***~ party*** *pol.* Fortschrittspartei *f*; **2.** fortschreitend, -laufend, progres'siv: ***a ~ step*** *fig.* ein Schritt nach vorn; ***~ assembly*** ⚙ Fließbandmontage *f*; **3.** gestaffelt, progres'siv (*Besteuerung etc.*); **4.** (fort)laufend: ***~ numbers***; **5.** *a.* ⚕ zunehmend, progres'siv: ***~ paralysis***; **6.** *ling.* progres'siv: ***~ form*** Verlaufsform *f*; **II** *s.* **7.** *pol.* Progres'sive(r *m*) *f*, Fortschrittler *m*; **pro'gres·sive·ly** [-esɪvlɪ] *adv.* schritt-, stufenweise, nach u. nach, all'mählich.

pro·hib·it [prə'hɪbɪt] *v/t.* **1.** verbieten, unter'sagen (***s.th.*** et., ***s.o. from doing*** j-m *et.* zu tun); **2.** verhindern (***s.th. being done*** dass et. geschieht); **3.** hindern (***s.o. from doing*** j-n daran, *et.* zu tun); **pro·hi·bi·tion** [ˌprəʊɪ'bɪʃn] *s.* **1.** Verbot *n*; **2.** (*hist. Am. mst* ⚖) Prohibiti'on(szeit) *f*, Alkoholverbot *n*; **pro·hi·bi·tion·ist** [ˌprəʊɪ'bɪʃnɪst] *s. hist. Am.* Prohibitio'nist *m*, Verfechter *m* des Alkoholverbots; **pro'hib·i·tive** [-tɪv] *adj.* □ **1.** verbietend, unter'sagend; **2.** ☤ Prohibitiv..., Schutz..., Sperr...: ***~ duty*** Prohibitivzoll *m*; ***~ tax*** Prohibitivsteuer *f*; **3.** unerschwinglich (*Preis*), untragbar (*Kosten*); **pro'hib·i·to·ry** [-tərɪ] → ***prohibitive***.

pro·ject I *v/t.* [prə'dʒekt] **1.** planen, entwerfen, projektieren; **2.** werfen, schleudern; **3.** *Bild*, *Licht*, *Schatten etc.* werfen, projizieren; **4.** *fig.* projizieren (*a.* A): ***~ o.s.*** (*od.* ***one's thoughts***) ***into*** sich versetzen in (*acc.*); ***~ one's feelings into*** s-e Gefühle übertragen auf (*acc.*); **II** *v/i.* **5.** vorspringen, -stehen, -ragen (***over*** über *acc.*); **III** *s.* ['prɒdʒekt] **6.** Pro'jekt *n* (*a. Am. ped.*), Plan *m*, (*a.* Bau)Vorhaben *n*, Entwurf *m*: ***~ engineer*** Projektingenieur *m*.

pro·jec·tile [prəʊ'dʒektaɪl] **I** *s.* **1.** ⚔ Geschoss, *östr.* Geschoß *n*, Projek'til *n*; **2.** (Wurf)Geschoss *n*; **II** *adj.* **3.** (an)treibend, Stoß..., Trieb...: ***~ force***; **4.** Wurf...

pro·jec·tion [prə'dʒekʃn] *s.* **1.** Vorsprung *m*, vorspringender Teil *od.* Gegenstand *etc.*; △ Auskragung *f*, -ladung *f*, 'Überhang *m*; **2.** Fortsatz *m*; **3.** Werfen *n*, Schleudern *n*, (Vorwärts)Treiben *n*; **4.** Wurf *m*, Stoß *m*; **5.** A, *ast.* Projekti'on *f*: ***upright ~*** Aufriss *m*; **6.** *phot.* Projekti'on *f*: a) Projizieren *n* (*Lichtbilder*), b) Lichtbild *n*; **7.** Vorführen *n* (*Film*): ***~ booth*** Vorführkabine *f*; ***~ screen*** Projektions-, Leinwand *f*, Bildschirm *m*; **8.** *psych.* Projekti'on *f*; **9.** *fig.* 'Widerspiegelung *f*; **10.** a) Planen *n*, Entwerfen *n*, b) Plan *m*, Entwurf *m*; **11.** *Statistik etc.*: Hochrechnung *f*; **pro'jec·tion·ist** [-kʃnɪst] *s.* Filmvorführer *m*; **pro'jec·tor** [-ktə] *s.* **1.** Projekti'onsappaˌrat *m*, Vorführgerät *n*, Bildwerfer *m*, Pro'jektor *m*; **2.** ⚙ Scheinwerfer *m*; **3.** ⚔ (Ra'keten-, Flammen- *etc.*)Werfer *m*; **4.** a) Planer *m*, b) *contp.* Pläneschmied *m*, Pro'jektemacher *m*.

pro·lapse ['prəʊlæps] ⚕ **I** *s.* Vorfall *m*, Pro'laps(us) *m*; **II** *v/i.* [prə'læps] prolabieren, vorfallen; **pro·lap·sus** [prəʊ'læpsəs] → ***prolapse*** I.

prole [prəʊl] *s.* F Pro'let(in).

pro·le·tar·i·an [ˌprəʊlɪ'teərɪən] **I** *adj.* prole'tarisch, Proletarier...; **II** *s.* Prole'tarier(in); ˌ**pro·le'tar·i·at(e)** [-ɪət] *s.* Proletari'at *n*.

pro·li·cide ['prəʊlɪsaɪd] *s.* ⚖ Tötung *f* der Leibesfrucht, Abtreibung *f*.

pro·lif·er·ate [prəʊ'lɪfəreɪt] *v/i. biol.* **1.** wuchern; **2.** sich fortpflanzen (*durch Zellteilung etc.*); **3.** sich stark vermehren; **pro·lif·e'ra·tion** [prəʊˌlɪfə'reɪʃn] *s.* **1.** Wuchern *n*; **2.** Fortpflanzung *f*; **3.** starke Vermehrung *od.* Ausbreitung; **pro'lif·ic** [-fɪk] *adj.* (☐ **~*ally***) **1.** *bsd. biol.* (*oft* 'überaus) fruchtbar; **2.** *fig.* reich (***of***, ***in*** an *dat.*); **3.** *fig.* fruchtbar, produk'tiv (*Schriftsteller etc.*).

pro·lix ['prəʊlɪks] *adj.* ☐ weitschweifig; **pro·lix·i·ty** [ˌprəʊ'lɪksətɪ] *s.* Weitschweifigkeit *f*.

pro·log *Am.* → ***prologue***.

pro·logue ['prəʊlɒg] *s.* **1.** *bsd. thea.* Pro'log *m*, Einleitung *f* (***to*** zu); **2.** *fig.* Vorspiel *n*, Auftakt *m*; '**pro·logu·ize** [-gaɪz] *v/i.* e-n Pro'log verfassen *od.* sprechen.

pro·long [prə'lɒŋ] *v/t.* **1.** verlängern, (aus)dehnen; **2.** ✝ *Wechsel* prolongieren; **pro'longed** [-ŋd] *adj.* anhaltend (*Beifall, Regen etc.*): ***for a ~ period*** längere Zeit; **pro·lon·ga·tion** [ˌprəʊlɒŋ'geɪʃn] *s.* **1.** Verlängerung *f*; **2.** Prolongierung *f e-s Wechsels etc.*, Fristverlängerung *f*, Aufschub *m*: **~ *business*** ✝ Prolongationsgeschäft *n*.

prom [prɒm] *s.* **1.** *Am.* F High-School-, College-Ball *m*; **2.** *bsd. Brit.* F a) 'Strandpromeˌnade *f*, b) → ***promenade concert***.

The Proms (kurz für **Promenade Concerts**) heißt die Konzertreihe, die jeden Sommer von Ende Juli bis September in der Londoner **Royal Albert Hall** stattfindet. Die Aufführungen reichen von der Klassik bis zur Avantgarde und umfassen inzwischen auch Jazz und Ethnomusik. Den Höhepunkt bildet die **Last Night of the Proms**, bei der das Publikum bei traditionellen und patriotischen Liedern begeistert mitsingt.

prom·e·nade [ˌprɒmə'nɑːd] **I** *s.* **1.** Prome'nade *f*: a) Spaziergang *m*, -fahrt *f*, -ritt *m*, b) Spazierweg *m*, Wandelhalle *f*; **2.** [*a.* -'neɪd] feierlicher Einzug der (Ball)Gäste, Polo'naise *f*; **3.** → ***prom*** 1; **4.** → ***promenade concert***; **II** *v/i.* **5.** promenieren, spazieren (gehen *etc.*); **III** *v/t.* **6.** promenieren *od.* (her'um)spazieren in (*dat.*) *od.* auf (*dat.*); **7.** spazieren führen, (um'her)führen; **~ con·cert** *s. Konzert in ungezwungener Atmosphäre*; **~ deck** *s.* ⚓ Prome'nadendeck *n*.

prom·i·nence ['prɒmɪnəns] *s.* **1.** (Her-) 'Vorragen *n*, -springen *n*; **2.** Vorsprung *m*, vorstehender Teil; *ast.* Protube'ranz *f*; **3.** *fig.* a) Berühmtheit *f*, b) Bedeutung *f*: ***bring into ~*** a) berühmt machen, b) klar herausstellen, hervorheben; ***come into ~*** in den Vordergrund rücken, hervortreten; → ***blaze*** 7; '**prom·i·nent** [-nt] *adj.* ☐ **1.** vorstehend, -springend (*a. Nase etc.*); **2.** mar'kant, auffallend, her'vorstechend (*Eigenschaft*); **3.** promi'nent: a) führend (*Persönlichkeit*), her'vorragend, b) berühmt.

prom·is·cu·i·ty [ˌprɒmɪ'skjuːətɪ] *s.* **1.** Vermischt-, Verworrenheit *f*, Durchein'ander *n*; **2.** Wahllosigkeit *f*; **3.** Promiskui'tät *f*, wahllose *od.* ungebundene Geschlechtsbeziehungen *pl.*; **pro·mis·cu·ous** [prə'mɪskjʊəs] *adj.* ☐ **1.** (kunter)bunt, verworren; **2.** wahl-, 'unterschiedslos; **3.** gemeinsam (*beider Geschlechter*): **~ *bathing***.

prom·ise ['prɒmɪs] **I** *s.* **1.** Versprechen *n*, -heißung *f*, Zusage *f* (***to*** *j-m* gegen'über): **~ *to pay*** ✝ Zahlungsversprechen; ***break*** (***keep***) ***one's ~*** sein Versprechen brechen (halten); ***make a ~*** ein Versprechen geben; ***breach of ~*** Bruch *m* des Eheversprechens; ***Land of ♀*** → ***Promised Land***; **2.** *fig.* Hoffnung *f od.* Aussicht *f* (***of*** auf *acc.*, zu *inf.*): ***of great ~*** viel versprechend (*Aussicht, junger Mann etc.*); ***show some ~*** gewisse Ansätze zeigen; **II** *v/t.* **3.** versprechen, zusagen, in Aussicht stellen (***s.o. s.th.***, ***s.th. to s.o.*** j-m et.): ***I ~ you*** a) das kann ich Ihnen versichern, b) ich warne Sie!; **4.** *fig.* versprechen, erwarten *od.* hoffen lassen, ankündigen; **5.** ***be ~d*** (in die Ehe) versprochen sein; **6.** **~ *o.s. s.th.*** sich et. versprechen *od.* erhoffen; **III** *v/i.* **7.** versprechen, zusagen; **8.** *fig.* Hoffnungen erwecken: ***he ~s well*** er lässt sich gut an; ***the weather ~s fine*** das Wetter verspricht gut zu werden; **Prom·ised Land** ['prɒmɪst] *s. bibl. u. fig. das* Gelobte Land, Land *n* der Verheißung; **prom·is·ee** [ˌprɒmɪ'siː] *s.* ⚖ Versprechensempfänger(in), Berechtigte(r *m*) *f*; '**prom·is·ing** [-sɪŋ] *adj.* ☐ *fig.* viel versprechend, hoff-

P

nungs-, verheißungsvoll, aussichtsreich; '**prom·i·sor** [-sɔː] *s.* ⚖ Versprechensgeber(in); '**prom·is·so·ry** [-sərɪ] *adj.* versprechend: ~ ***note*** ☤ Schuldschein *m*, Eigen-, Solawechsel *m*.

pro·mo ['prəʊməʊ] F **I** *adj.* Reklame...; **II** *s. Radio, TV*: (Werbe)Spot *m*; *Zeitung*: Anzeige *f*.

prom·on·to·ry ['prɒməntrɪ] *s.* Vorgebirge *n*.

pro·mote [prə'məʊt] *v/t.* **1.** fördern, unter'stützen; *b.s.* Vorschub leisten (*dat.*); **2.** *j-n* befördern: ***be ~d*** a) befördert werden, b) *sport* aufsteigen; **3.** *parl. Antrag* a) unter'stützen, b) einbringen; **4.** ☤ *Gesellschaft* gründen; **5.** ☤ a) *Verkauf* (*durch Werbung*) steigern, b) werben für; **6.** *Boxkampf etc.* veranstalten; **7.** *ped. Am. Schüler* versetzen; **8.** *Schach*: *Bauern* verwandeln; **9.** *Am. sl.* ‚organisieren'; **pro'mot·er** [-tə] *s.* **1.** Förderer *m*; Befürworter *m*; *b.s.* Anstifter *m*; **2.** ☤ Gründer *m*: ***~'s shares*** Gründeraktien; **3.** *sport* Veranstalter *m*; **pro'mo·tion** [-əʊʃn] *s.* **1.** Beförderung *f* (*a.* ⚔): ~ ***list*** Beförderungsliste *f*; ***get one's ~*** befördert werden; ~ ***prospects*** *pl.* Aufstiegschancen *pl.*; **2.** Förderung *f*, Befürwortung *f*: ***export ~*** ☤ Exportförderung; **3.** ☤ Gründung *f*; **4.** ☤ Verkaufsförderung *f*, Werbung *f*; **5.** *ped. Am.* Versetzung *f*; **6.** *sport* Aufstieg *m*: ***gain ~*** aufsteigen; **7.** *Schach*: Umwandlung *f*; **pro'mo·tion·al** [-əʊʃənl] *adj.* **1.** Beförderungs...; **2.** fördernd; **3.** ☤ Reklame..., Werbe...; **pro'mo·tive** [-tɪv] *adj.* fördernd, begünstigend (***of*** *acc.*).

prompt [prɒmpt] **I** *adj.* □ **1.** unverzüglich, prompt, so'fortig, 'umgehend: ***a ~ reply*** e-e prompte *od.* schlagfertige Antwort; **2.** schnell, rasch; **3.** bereit (-willig); **4.** ☤ a) pünktlich, b) bar, c) sofort liefer- u. zahlbar: ***for ~ cash*** gegen sofortige Kasse; **II** *adv.* **5.** pünktlich; **III** *v/t.* **6.** *j-n* antreiben, bewegen, (*a. et.*) veranlassen (***to*** zu); **7.** *Gedanken, Gefühl etc.* eingeben, wecken; **8.** *j-m* das Stichwort geben, ein-, vorsagen; *thea. j-m* soufflieren: ~ ***book*** Soufflierbuch *n*; ~ ***box*** Souffleurkasten; ~ ***facility*** *Computer*: Bedienerführung *f*; **IV** *s.* **9.** *Computer*: Prompt *m*, Eingabeaufforderung *f*; **10.** ☤ Ziel *n*, Zahlungsfrist *f*; '**prompt·er** [-tə] *s.* **1.** *thea.* Souf'fleur *m*, Souf'fleuse *f*; **2.** Vorsager(in); **3.** Anreger(in), Urheber(in); *b.s.* Anstifter(in); '**prompt·ing** [-tɪŋ] *s.* (*oft pl.*) *fig.* Eingebung *f*, Stimme *f des Herzens*; '**promp·ti·tude** [-tɪtjuːd], '**prompt·ness** [-nɪs] *s.* **1.** Schnelligkeit *f*; **2.** Bereitwilligkeit *f*; **3.** *bsd.* ☤ Promptheit *f*, Pünktlichkeit *f*.

prompt note *s.* ☤ Verkaufsnota *f* mit Angabe der Zahlungsfrist.

pro·mul·gate ['prɒmlgeɪt] *v/t.* **1.** *Gesetz etc.* (öffentlich) bekannt machen *od.* verkündigen; **2.** *Lehre etc.* verbreiten; **pro·mul·ga·tion** [ˌprɒml'geɪʃn] *s.* **1.** (öffentliche) Bekanntmachung, Verkündung *f*, -öffentlichung *f*; **2.** Verbreitung *f*.

prone [prəʊn] *adj.* □ **1.** auf dem Bauch *od.* mit dem Gesicht nach unten liegend, hingestreckt: ~ ***position*** a) Bauchlage, b) ⚔ *etc.* Anschlag liegend; **2.** (vorn'über)gebeugt; **3.** abschüssig; **4.** *fig.* (***to***) neigend (zu), veranlagt (zu), anfällig (für); '**prone·ness** [-nɪs] *s.* (***to***) Neigung *f*, Hang *m* (zu), Anfälligkeit *f* (für).

prong [prɒŋ] **I** *s.* **1.** Zinke *f e-r* (*Heu- etc.*)*Gabel*; Zacke *f*, Spitze *f*, Dorn *m*; **2.** (Geweih)Sprosse *f*, (-)Ende *n*; **3.** Horn *n*; **4.** (Heu-, Mist- *etc.*)Gabel *f*; **II** *v/t.* **5.** mit e-r Gabel stechen *od.* heben; **6.** aufspießen; **pronged** [-ŋd] *adj.* gezinkt, zackig: ***two-~*** zweizinkig.

pro·nom·i·nal [prə'nɒmɪnl] *adj.* □ *ling.* pronomi'nal.

pro·noun ['prəʊnaʊn] *s. ling.* Pro'nomen *n*, Fürwort *n*.

pro·nounce [prə'naʊns] **I** *v/t.* **1.** aussprechen (*a. ling.*); **2.** erklären für, bezeichnen als; **3.** *Urteil* aussprechen *od.* verkünden, *Segen* erteilen: ~ ***sentence of death*** das Todesurteil fällen, auf Todesstrafe erkennen; **4.** behaupten (***that*** dass); **II** *v/i.* **5.** Stellung nehmen, s-e Meinung äußern (***on*** zu): ~ ***in favo(u)r of*** (***against***) ***s.th.*** sich für (gegen) et. aussprechen; **pro'nounced** [-st] *adj.* □ **1.** ausgesprochen, ausgeprägt, deutlich (*Tendenz etc.*), sichtlich (*Besserung etc.*); **2.** bestimmt, entschieden (*Ansicht etc.*); **pro'nounc·ed·ly** [-sɪdlɪ] *adv.* ausgesprochen *gut, schlecht etc.*; **pro'nounce·ment** [-mənt] *s.* **1.** Äußerung *f*; **2.** Erklärung *f*, (⚖ *Urteils*)Verkünd(ig)ung *f*; **3.** Entscheidung *f*.

pron·to ['prɒntəʊ] *adv. Am.* F fix, schnell, ‚aber dalli'.

pro·nun·ci·a·tion [prəˌnʌnsɪ'eɪʃn] *s.* Aussprache *f*.

proof [pruːf] **I** *adj.* **1.** fest (***against***, ***to*** gegen), 'undurchˌlässig, (*wasser- etc.*) dicht, (*hitze*)beständig, (*kugel*)sicher; **2.** gefeit (***against*** gegen) (*a. fig.*); *fig. a.* unzugänglich: ~ ***against bribes*** unbestechlich; **3.** ⚗ *obs.* probehaltig, nor'malstark (*alkoholische Flüssigkeit*); **II** *s.* **4.** Beweis *m*, Nachweis *m*: ***in ~ of*** zum *od.* als Beweis (*gen.*); ***give ~ of*** *et.* beweisen; **5.** (*a.* ⚖) Beweis(mittel *n*, -stück *n*) *m*; Beleg(e *pl.*) *m*; **6.** Probe *f* (*a.* ⚙), (*a.* Materi'al)Prüfung *f*: ***put to*** (***the***) ~ auf die Probe stellen; ***the ~ of the pudding is in the eating*** Probieren geht über Studieren; **7.** *typ.* a) Korrek'turfahne *f*, -bogen *m*, b) Probeabzug *m* (*a. phot.*): ***clean*** ~ Revisionsbogen *m*; **8.** Nor'malstärke *f alkoholischer Getränke*; **III** *v/t.* **9.** ⚙ (*wasser- etc.*)dicht *od.* (*hitze- etc.*)beständig *od.* (*kugel-etc.*)fest machen, imprägnieren; '~-ˌ**read·er** *s. typ.* Kor'rektor *m*; '~ˌ**reading** *s. typ.* Korrek'turlesen *n*; ~ **sheet** → ***proof*** 7 a; ~ **spir·it** *s.* Nor'malweingeist *m*.

prop¹ [prɒp] **I** *s.* **1.** Stütze *f* (*a.* ⚓), (Stütz)Pfahl *m*; **2.** *fig.* Stütze *f*, Halt *m*; **3.** ⚠, ⚙ Stempel *m*, Stützbalken *m*, Strebe *f*; **4.** ⚙ Drehpunkt *m e-s Hebels*; **5.** *pl. sl.* ‚Stelzen' *pl.* (*Beine*); **II** *v/t.* **6.** stützen (*a. fig.*); **7.** *a.* ~ ***up*** a) (ab)stützen, ⚙ *a.* absteifen, verstreben, *mot.* aufbocken, b) *sich*, *et.* lehnen (***against*** gegen).

prop² [prɒp] *s. thea.* Requi'sit *n* (*a. fig.*).

prop³ [prɒp] *s.* ✈ Pro'peller *m*.

prop·a·gan·da [ˌprɒpə'gændə] *s.* Propa'ganda *f*; ✝ Werbung *f*, Re'klame *f*: ***make*** ~ ***for***; ~ ***week*** Werbewoche *f*; ˌ**prop·a'gan·dist** [-dɪst] **I** *s.* Propagan'dist(in); **II** *adj.* propagan'distisch; **prop·a·gan·dis·tic** [ˌprɒpəgæn'dɪstɪk] *adj.* propagan'distisch; ˌ**prop·a'gan·dize** [-daɪz] **I** *v/t.* **1.** Propa'ganda machen für, propagieren; **2.** *j-n* durch Propa'ganda beeinflussen; **II** *v/i.* **3.** Propa'ganda machen.

prop·a·gate ['prɒpəgeɪt] **I** *v/t.* **1.** *biol.*, *a. phys. Ton, Bewegung, Licht* fortpflanzen; **2.** *Nachricht etc.* aus-, verbreiten, propagieren; **II** *v/i.* **3.** sich fortpflanzen; **prop·a·ga·tion** [ˌprɒpə'geɪʃn] *s.* **1.** Fortpflanzung *f* (*a. phys.*), Vermehrung *f*; **2.** Aus-, Verbreitung *f*; **prop·a·ga·tor** ['prɒpəgeɪtə] *s.* **1.** Fortpflanzer *m*; **2.** Verbreiter *m*, Propagan'dist *m*.

pro·pane ['prəʊpeɪn] *s.* ⚗ Pro'pan *n*.

pro·pel [prə'pel] *v/t.* antreiben, (vorwärts) treiben (*a. fig. od.* ⚙); **pro'pel·lant** [-lənt] *s.* ⚙ Treibstoff *m*, -mittel *n*: ~ (***charge***) Treibladung *f e-r Rakete etc.*; **pro'pel·lent** [-lənt] **I** *adj.* **1.** antreibend, (vorwärts) treibend: ~ ***gas*** Treibgas; ~ ***power*** Antriebs-, Triebkraft *f*; **II** *s.* **2.** *fig.* treibende Kraft; **3.** → ***propellant***; **pro'pel·ler** [-lə] *s.* Pro'peller *m*: a) ✈ Luftschraube *f*, b) ⚓ Schiffsschraube *f*: ~ ***blade*** ✈ Luftschraubenblatt *n*; **pro'pel·ling** [-lɪŋ] *adj.* Antriebs..., Trieb..., Treib...: ~ ***charge*** Treibladung *f*, -satz *m e-r Rakete etc.*; ~ ***nozzle*** ✈ Schubdüse *f*; ~ ***pencil*** Drehbleistift *m*.

pro·pen·si·ty [prə'pensətɪ] *s. fig.* Hang *m*, Neigung *f* (***to***, ***for*** zu).

prop·er ['prɒpə] *adj.* ☐ **1.** richtig, passend, geeignet, angemessen, ordnungsgemäß, zweckmäßig: ***in*** ~ ***form*** in gebührender *od.* angemessener Form; ***in the*** ~ ***place*** am rechten Platz; ***do as you think (it)*** ~ tun Sie, was Sie für richtig halten; ~ ***fraction*** ⅍ echter Bruch; **2.** anständig, schicklich, kor'rekt, einwandfrei (*Benehmen etc.*): ***it is*** ~ es (ge)ziemt *od.* schickt sich; **3.** zulässig; **4.** eigen(tümlich) (***to*** *dat.*), besonder; **5.** genau: ***in the*** ~ ***meaning of the word*** streng genommen; **6.** (*mst nachgestellt*) eigentlich: ***philosophy*** ~ die eigentliche Philosophie; ***in the Middle East*** ~ im Mittleren Osten selbst; **7.** maßgebend, zuständig (*Dienststelle etc.*); **8.** F ‚richtig', ‚ordentlich', ‚anständig': ***a*** ~ ***licking*** e-e gehörige Tracht Prügel; **9.** *ling.* Eigen...: ~ ***name*** (*od.* ***noun***) Eigenname *m*; '**prop·er·ly** [-lɪ] *adv.* **1.** richtig (*etc.* → ***proper*** 1, 2), passend, wie es sich gehört: ***behave*** ~ sich (anständig) benehmen; **2.** genau: ~ ***speaking*** eigentlich, streng genommen; **3.** F gründlich, ‚anständig', ‚tüchtig'.

> Auch Eigennamen haben sich in bestimmten englischen Redewendungen niedergeschlagen:
>
> **... any Tom, Dick and/or Harry**
> jeder x-Beliebige
> **I'm not going to dance with any Tom, Dick or Harry.**
>
> **For Pete's sake ...!**
> (*bei Verärgerung*) Menschenskind!
> **For Pete's sake turn that music down!**
>
> **Bob's your uncle!**
> Fertig ist die Laube!
> **Add the powder, stir it, and Bob's your uncle!**
>
> **before you can/could say Jack Robinson**
> im Handumdrehen, im Nu
> **He went into the kitchen, and before you could say Jack Robinson he had produced a meal.**

prop·er·tied ['prɒpətɪd] *adj.* besitzend, begütert: ***the*** ~ ***classes***.

prop·er·ty ['prɒpətɪ] *s.* **1.** Eigentum *n*, Besitz(tum *n*) *m*, Gut *n*, Vermögen *n*: ***common*** ~ Gemeingut; ***damage to*** ~ Sachschaden *m*; ***law of*** ~ ⚖ Sachen-

P

recht *n*; ***left*** ~ Hinterlassenschaft *f*; ***lost*** ~ Fundsache *f*; ***man of*** ~ begüterter Mann; ***personal*** ~ → ***personalty***; **2.** *a.* ***landed*** ~ (Grund-, Land)Besitz *m*, Grundstück *n*, Liegenschaft *f*, Ländeˈreien *pl.*; **3.** ⚖ Eigentum(srecht) *n*: ***industrial*** ~ gewerbliches Schutzrecht; ***intellectual*** ~ geistiges Eigentum; ***literary*** ~ literarisches Eigentum, Urheberrecht; **4.** *mst pl. thea.* Requiˈsit(en *pl.*) *n*; **5.** Eigenart *f*, -heit *f*; Merkmal *n*; **6.** *phys. etc.* Eigenschaft *f*, ⚙ *a.* Fähigkeit *f*: ~ ***of material*** Werkstoffeigenschaft; ***insulating*** ~ Isolationsvermögen *n*; ~ **as·sets** *s. pl.* ✝ Vermögenswerte *pl.*; ~ **in·sur·ance** *s.* Sachversicherung *f*; ~ **man** [mæn] *s.* [*irr.*] *thea.* Requisiˈteur *m*; ~ **mar·ket** *s.* Immoˈbilienmarkt *m*; ~ **tax** *s.* **1.** Vermögenssteuer *f*; **2.** Grundsteuer *f*.

proph·e·cy [ˈprɒfɪsɪ] *s.* Propheˈzeiung *f*, Weissagung *f*; ˈ**proph·e·sy** [-saɪ] *v/t.* propheˈzeien, weis-, vorˈaussagen (***s.th. for s.o.*** j-m et.).

proph·et [ˈprɒfɪt] *s.* Proˈphet *m* (*a. fig.*): ***the Major*** (***Minor***) ***℘s*** *bibl.* die großen (kleinen) Propheten; ˈ**proph·et·ess** [-tɪs] *s.* Proˈphetin *f*; **pro·phet·ic, pro·phet·i·cal** [prəˈfetɪk(l)] *adj.* □ proˈphetisch.

pro·phy·lac·tic [ˌprɒfɪˈlæktɪk] **I** *adj. bsd.* ⚕ prophyˈlaktisch, vorbeugend, Vorbeugungs..., Schutz...; **II** *s.* ⚕ Prophyˈlaktikum *n*, vorbeugendes Mittel; *fig.* vorbeugende Maßnahme; ˌ**pro·phyˈlax·is** [-ksɪs] *s.* ⚕ Prophyˈlaxe *f*, Prävenˈtivbeˌhandlung *f*, Vorbeugung *f*.

pro·pin·qui·ty [prəˈpɪŋkwətɪ] *s.* **1.** Nähe *f*; **2.** nahe Verwandtschaft.

pro·pi·ti·ate [prəˈpɪʃɪeɪt] *v/t.* versöhnen, besänftigen, günstig stimmen; **pro·pi·ti·a·tion** [prəˌpɪʃɪˈeɪʃn] *s.* **1.** Versöhnung *f*, Besänftigung *f*; **2.** *obs.* (Sühn-) Opfer *n*, Sühne *f*; **proˈpi·ti·a·to·ry** [-ɪətərɪ] *adj.* □ versöhnend, sühnend, Sühn...

pro·pi·tious [prəˈpɪʃəs] *adj.* □ **1.** günstig, vorteilhaft (***to*** für); **2.** gnädig, geneigt.

ˈ**prop·jet** *s.* ✈ **1.** *a.* ~ ***engine*** Proˈpellerturˌbine(ntriebwerk *n*) *f*; **2.** *a.* ~ ***plane*** Flugzeug *n* mit Proˈpellerturˌbine(n).

pro·po·nent [prəˈpəʊnənt] *s.* **1.** Vorschlagende(r *m*) *f*; *fig.* Befürworter(in); **2.** ⚖ präsumˈtiver Testaˈmentserbe.

pro·por·tion [prəˈpɔːʃn] **I** *s.* **1.** (richtiges) Verhältnis; Gleich-, Ebenmaß *n*; *pl.* (Aus)Maße *pl.*, Größenverhältnisse *pl.*, Dimensiˈonen *pl.*, Proportiˈonen *pl.*: ***in*** ~ ***as*** in dem Maße wie, je nachdem wie; ***in*** ~ ***to*** im Verhältnis zu; ***be out of*** (***all***) ~ ***to*** in keinem Verhältnis stehen zu; ***sense of*** ~ *fig.* Augenmaß *n*; **2.** *fig.* a) Ausmaß *n*, Größe *f*, Umfang *m*, b) Symmetˈrie *f*, Harmoˈnie *f*; **3.** Ⱥ, ⚗ Proportiˈon *f*; **4.** Ⱥ a) Dreisatz(rechnung *f*) *m*, *obs.* Regeldeˈtri *f*, b) *a.* ***geometric*** ~ Verhältnisgleichheit *f*; **5.** Anteil *m*, Teil *m*: ***in*** ~ anteilig; **II** *v/t.* **6.** (***to***) in das richtige Verhältnis bringen (mit, zu), anpassen (*dat.*); **7.** verhältnismäßig verteilen; **8.** proportionieren, bemessen; **9.** symˈmetrisch gestalten: ***well-~d*** ebenmäßig, wohlgestaltet; **proˈpor·tion·al** [-ʃənl] **I** *adj.* □ **1.** proportioˈnal, verhältnismäßig; anteilmäßig: ~ ***numbers*** Ⱥ Proportionalzahlen *pl.*; ~ ***representation*** *pol.* Verhältniswahl(system *n*) *f*; **2.** → ***proportionate***; **II** *s.* **3.** Ⱥ Proportioˈnale *f*; **proˈpor·tion·ate** [-ʃnət] *adj.* □ (***to***) im richtigen Verhältnis (stehend) (zu), angemessen (*dat.*), entsprechend (*dat.*): ~ ***share*** ✝ Verhältnisanteil *m*, anteilmäßige Befriedigung.

pro·pos·al [prəˈpəʊzl] *s.* **1.** Vorschlag *m*, (*a.* ✝, *a. Friedens*)Angebot *n*, (*a.* Heirats)Antrag *m*; **2.** Plan *m*; **pro·pose** [prəˈpəʊz] **I** *v/t.* **1.** vorschlagen (***s.th. to s.o.*** j-m et., ***s.o. for*** j-n zu *od.* als); **2.** *Antrag* stellen; *Resolution* einbringen; *Misstrauensvotum* stellen *od.* beantragen; **3.** *Rätsel* aufgeben; *Frage* stellen; **4.** beabsichtigen, sich vornehmen; **5.** e-n Toast ausbringen auf (*acc.*), auf *et.* trinken; **II** *v/i.* **6.** beabsichtigen, vorhaben; planen: ***man ~s*** (***but***) ***God disposes*** der Mensch denkt, Gott lenkt; **7.** e-n Heiratsantrag machen (***to*** *dat.*), anhalten (***for*** um *j-n, j-s Hand*); **proˈpos·er** [-zə] *s. pol.* Antragsteller *m*; **prop·o·si·tion** [ˌprɒpəˈzɪʃn] **I** *s.* **1.** Vorschlag *m*, Antrag *m*; **2.** (vorgeschlagener) Plan, Proˈjekt *n*; **3.** ✝ Angebot *n*; **4.** Behauptung *f*; **5.** F a) Sache *f*, b) Geschäft *n*: ***an easy*** ~ ‚kleine Fische', Kleinigkeit *f*; **6.** *phls.* Satz *m*; **7.** Ⱥ (Lehr)Satz *m*; **II** *v/t.* **8.** *j-m* e-n Vorschlag machen; **9.** *e-m Mädchen* e-n unsittlichen Antrag machen.

pro·pound [prəˈpaʊnd] *v/t.* **1.** *Frage etc.* vorlegen, -tragen (***to*** *dat.*); **2.** vorschlagen; **3.** ~ ***a will*** ⚖ auf Anerkennung e-s Testaments klagen.

pro·pri·e·tar·y [prəˈpraɪətərɪ] **I** *adj.* **1.** Eigentums...(*-recht etc.*), Vermögens...; **2.** Eigentümer..., Besitzer...: ~ ***company*** ✝ a) *Am.* Holding-, Dachgesellschaft *f*, b) *Brit.* Familiengesellschaft *f*; ***the*** ~ ***classes*** die besitzenden Schichten; **3.** gesetzlich geschützt (*Arznei, Ware*): ~ ***article*** Markenartikel *m*; ~ ***name*** Markenbezeichnung *f*; **II** *s.* **4.** Eigentümer *m od. pl.*; **5.** ⚕ a) mediˈzinischer ˈMarkenarˌtikel, b) nicht reˈzeptpflichtiges Medikaˈment; **pro·pri·e·tor** [prəˈpraɪətə] *s.* Eigentümer *m*, Besitzer *m*, (Geschäfts)Inhaber *m*, Anteilseigner *m*, Gesellschafter *m*: ***~s' capital*** Eigenkapital *n e-r Gesellschaft*;

sole ~ a) Alleininhaber(in), b) ✝ *Am.* Einzelkaufmann *m*; **pro'pri·e·tor·ship** [-təʃɪp] *s.* **1.** Eigentum(srecht) *n* (*in* an *dat.*); **2.** Verlagsrecht *n*; **3.** *Bilanz*: 'Eigenkapi,tal *n*; **4.** ***sole*** ~ a) al'leiniges Eigentumsrecht, b) ✝ *Am.* 'Einzelunter,nehmen *n*; **pro'pri·e·tress** [-trɪs] *s.* Eigentümerin *f etc.*; **pro'pri·e·ty** [-tɪ] *s.* **1.** Schicklichkeit *f*, Anstand *m*; **2.** *pl.* Anstandsformen *pl.*; **3.** Angemessenheit *f*, Richtigkeit *f*.

props [prɒps] *s. pl. thea. sl.* **1.** Requi'siten *pl.*; **2.** *sg. konstr.* Requisi'teur *m*.

pro·pul·sion [prə'pʌlʃn] *s.* **1.** ⚙ Antrieb *m* (*a. fig.*), Antriebskraft *f*: ~ ***nozzle*** Rückstoßdüse *f*; **2.** Fortbewegung *f*; **pro'pul·sive** [-lsɪv] *adj.* antreibend, (vorwärts) treibend (*a. fig.*): ~ ***force*** Triebkraft *f*; ~ ***jet*** Treibstrahl *m*.

pro ra·ta [,prəʊ'rɑːtə] (*Lat.*) *adj. u. adv.* verhältnis-, anteilmäßig, pro 'rata; **pro-rate** ['prəʊreɪt] *Am v/t.* anteilmäßig ver-, aufteilen.

pro·ro·ga·tion [,prəʊrə'geɪʃn] *s. pol.* Vertagung *f*; **pro·rogue** [prə'rəʊg] *v/t. u. v/i.* (sich) vertagen.

pro·sa·ic [prəʊ'zeɪɪk] *adj.* (□ ~***ally***) *fig.* pro'saisch: a) all'täglich, b) nüchtern, trocken, c) langweilig.

pro·sce·ni·um [prəʊ'siːnjəm] *pl.* **-ni·a** [-njə] *s. thea.* Pro'szenium *n*.

pro·scribe [prəʊ'skraɪb] *v/t.* **1.** ächten, für vogelfrei erklären; **2.** *mst fig.* verbannen; **3.** *fig.* a) verurteilen, b) verbieten; **pro'scrip·tion** [-'skrɪpʃn] *s.* **1.** Ächtung *f*, Acht *f*, Proskripti'on *f* (*mst hist.*); **2.** Verbannung *f*; **3.** *fig.* Verurteilung *f*, Verbot *n*; **pro'scrip·tive** [-'skrɪptɪv] *adj.* □ **1.** Ächtungs..., ächtend; **2.** verbietend, Verbots...

prose [prəʊz] **I** *s.* **1.** Prosa *f*; **2.** *fig.* Prosa *f*, Nüchternheit *f*, All'täglichkeit *f*; **3.** *ped.* Über'setzung *f in die Fremdsprache*; **II** *adj.* **4.** Prosa...: ~ ***writer*** Prosaschriftsteller(in); **5.** *fig.* pro'saisch; **III** *v/t. u. v/i.* **6.** in Prosa schreiben; **7.** langweilig erzählen.

pros·e·cute ['prɒsɪkjuːt] **I** *v/t.* **1.** *Plan etc.* verfolgen, weiterführen: ~ ***an action*** ⚖ e-n Prozess führen; **2.** *Gewerbe, Studien etc.* betreiben; **3.** *Untersuchung* 'durchführen; **4.** ⚖ a) strafrechtlich verfolgen, b) gerichtlich verfolgen, belangen, anklagen (***for*** wegen), c) *Forderung* einklagen; **II** *v/i.* **5.** gerichtlich vorgehen; **6.** ⚖ als Kläger auftreten, die Anklage vertreten: ***prosecuting counsel*** (***Am. attorney***) → ***prosecutor***; **pros·e·cu·tion** [,prɒsɪ'kjuːʃn] *s.* **1.** Verfolgung *f*, Fortsetzung *f*, 'Durchführung *f e-s Plans etc.*; **2.** Betreiben *n e-s Gewerbes etc.*; **3.** ⚖ a) strafrechtliche Verfolgung, Strafverfolgung *f*, b) Einklagen *n e-r Forderung etc.*: ***liable to*** ~ strafbar; ***Director of Public*** **2*****s*** Leiter *m* der Anklagebehörde; **4.** ***the*** ~ ⚖ die Staatsanwaltschaft, die Anklage(behörde); → ***witness*** 1; **'pros·e·cu·tor** [-tə] *s.* ⚖ (An)Kläger *m*, Anklagevertreter *m*: ***public*** ~ Staatsanwalt *m*.

pros·e·lyte ['prɒsɪlaɪt] *s. eccl.* Prose'lyt (-in), Konver'tit(in), *a. fig.* Neubekehrte(r *m*) *f*; **'pros·e·lyt·ism** [-lɪtɪzəm] *s.* Prosely'tismus *m*: a) Bekehrungseifer *m*, b) Prose'lytentum *n*; **'pros·e·lyt·ize** [-lɪtaɪz] **I** *v/t.* (***to***) bekehren (zu), *fig. a.* gewinnen (für); **II** *v/i.* Anhänger gewinnen.

pros·i·ness ['prəʊzɪnɪs] *s.* **1.** Eintönigkeit *f*, Langweiligkeit *f*; **2.** Weitschweifigkeit *f*.

pros·o·dy ['prɒsədɪ] *s.* Proso'die *f* (*Silbenmessungslehre*).

pros·pect **I** *s.* ['prɒspekt] **1.** (Aus)Sicht *f*, (-)Blick *m* (***of*** auf *acc.*); **2.** *fig.* Aussicht *f*: ***hold out a*** ~ ***of*** *et.* in Aussicht stellen; ***have s.th. in*** ~ auf et. Aussicht haben, et. in Aussicht haben; **3.** *fig.* Vor('aus)schau *f* (***of*** auf *acc.*); **4.** ✝ *etc.* Interes'sent *m*, Reflek'tant *m*; ✝ möglicher Kunde; **5.** ⚒ a) (*Erz- etc.*) Anzeichen *n*, b) Schürfprobe *f*, c) Schürfstelle *f*; **II** *v/t.* [prə'spekt] **6.** *Gebiet* durch'forschen, unter'suchen (***for*** nach *Gold etc.*); **III** *v/i.* [prə'spekt] **7.** (***for***) ⚒ suchen (nach, *a. fig.*), schürfen (nach); (nach *Öl*) bohren; **pro·spec·tive** [prə'spektɪv] *adj.* □ **1.** (zu)künftig, vor'aussichtlich, in Aussicht stehend, potenzi'ell: ~ ***buyer*** Kaufinteressent *m*, potenzieller Käufer; **2.** *fig.* vor'ausschauend; **pros·pec·tor** [prə'spektə] *s.* Pro'spektor *m*, Schürfer *m*, Goldsucher *m*; **pro·spec·tus** [prə'spektəs] *s.* Pros'pekt *m*: a) Werbeschrift *f*, b) ✝ Subskripti'onsanzeige *f*, c) *Brit.* 'Schulpros,pekt *m*.

pros·per ['prɒspə] **I** *v/i.* Erfolg haben (***in*** bei); gedeihen, florieren, blühen (*Unternehmen etc.*); **II** *v/t.* begünstigen, *j-m* hold *od.* gewogen sein; segnen, *j-m* gnädig sein (*Gott*); **pros·per·i·ty** [prɒ'sperətɪ] *s.* **1.** Wohlstand *m* (*a.* ✝), Gedeihen *n*, Glück *n*; **2.** ✝ Prosperi'tät *f*, Blüte(zeit) *f*, (*a.* ***peak*** ~ 'Hoch)Konjunk,tur *f*; **'pros·per·ous** [-pərəs] *adj.* □ **1.** gedeihend, blühend, erfolgreich, glücklich; **2.** wohlhabend, Wohlstands...; **3.** günstig (*Wind etc.*).

pros·tate (gland) ['prɒsteɪt] *s. anat.* Prostata *f*, Vorsteherdrüse *f*.

pros·the·sis ['prɒsθɪsɪs] *pl.* **-ses** [-siːz] *s.* **1.** ⚕ Pro'these *f*, künstliches Glied; **2.** ⚕ Anfertigung *f* e-r Pro'these; **3.** *ling.* Pros'these *f* (*Vorsetzen e-s Buchstabens od. e-r Silbe vor ein Wort*).

pros·ti·tute ['prɒstɪtjuːt] **I** *s.* **1.** a) Prostituierte *f*, b) *a.* ***male*** ~ Strichjunge *m*; **II** *v/t.* **2.** prostituieren: ~ ***o.s.*** sich prostituieren *od.* verkaufen (*a. fig.*); **3.** *fig.*

(für ehrlose Zwecke) her-, preisgeben, entwürdigen, *Talente etc.* wegwerfen; **pros·ti·tu·tion** [ˌprɒstɪ'tjuːʃn] *s.* **1.** Prostituti'on *f*; **2.** *fig.* Her'ab-, Entwürdigung *f*.

pros·trate **I** *v/t.* [prɒ'streɪt] **1.** zu Boden werfen *od.* strecken, niederwerfen; **2.** *~ o.s. fig.* sich in den Staub werfen, sich demütigen (***before*** vor); **3.** entkräften, erschöpfen; *fig.* niederschmettern; **II** *adj.* ['prɒstreɪt] **4.** hingestreckt; **5.** *fig.* erschöpft (***with*** vor *dat.*), da'niederliegend, kraftlos; *weitS.* gebrochen (***with grief*** vom Gram); **6.** *fig.* a) demütig, b) fußfällig, im Staube liegend; **pros'tra·tion** [-eɪʃn] *s.* **1.** Fußfall *m* (*a. fig.*); **2.** *fig.* Niederwerfung *f*, Demütigung *f*; **3.** Erschöpfung, Entkräftung *f*; **4.** *fig.* Niedergeschlagenheit *f*.

pros·y ['prəʊzɪ] *adj.* □ **1.** langweilig, weitschweifig; **2.** nüchtern, pro'saisch.

pro·tag·o·nist [prəʊ'tægənɪst] *s.* **1.** *thea.* 'Hauptfiˌgur *f*, Held(in), Träger(in) der Handlung; **2.** *fig.* Vorkämpfer(in).

pro·te·an [prəʊ'tiːən] *adj.* **1.** *fig.* pro'teisch, vielgestaltig; **2.** *zo.* a'möbenartig: ***~ animalcule*** Amöbe *f*.

pro·tect [prə'tekt] *v/t.* **1.** (be)schützen (***from*** vor *dat.*, ***against*** gegen): ***~ interests*** Interessen wahren; **2.** ✝ (durch Zölle) schützen; **3.** ✝ a) *Sichtwechsel* honorieren, einlösen, b) *Wechsel mit Laufzeit* schützen; **4.** ⚙ (ab)sichern, abschirmen; *weitS.* schonen: ***~ed against corrosion*** korrosionsgeschützt; ***~ed motor*** ⚡ geschützter Motor; **5.** ⚔ (taktisch) sichern, abschirmen; **6.** *Schach: Figur* decken; **pro'tec·tion** [-kʃn] *s.* **1.** Schutz *m*, Beschützung *f* (***from*** vor *dat.*); Sicherheit *f*: ***~ factor*** ('Licht)Schutzˌfaktor *m*; ***~ money*** Schutzgeld *n*; ***~ racket*** (organisierte) Schutzgelderpressung; ***~ of interests*** Interessenwahrung *f*; (***legal***) ***~ of registered designs*** ⚖ Gebrauchsmusterschutz *m*; ***~ of industrial property*** gewerblicher Rechtsschutz; **2.** ✝ Wirtschaftsschutz *m*, 'Schutzzoll (-poliˌtik *f*, -syˌstem *n*) *m*; **3.** ✝ Honorierung *f e-s Wechsels*: ***find due ~*** honoriert werden; **4.** Protekti'on *f*, Gönnerschaft *f*, Förderung *f*: ***~*** (***money***) *Am.* ‚Schutzgebühr' *f*; **5.** ⚙ Schutz *m*, Abschirmung *f*; **pro'tec·tion·ism** [-kʃənɪzəm] *s.* ✝ 'Schutzzollpoliˌtik *f*; **pro'tec·tion·ist** [-kʃənɪst] **I** *s.* **1.** Protektio'nist *m*, Verfechter *m* der Schutzzollpolitik; **2.** Na'turschützer *m*; **II** *adj.* **3.** protektio'nistisch, Schutzzoll...; **pro'tec·tive** [-tɪv] *adj.* □ **1.** (be)schützend, Schutz gewährend, Schutz...: ***~ conveyance*** ⚖ Sicherungsübereignung *f*; ***~ custody*** ⚖ Schutzhaft *f*; ***~ duty*** ✝ Schutzzoll *m*; ***~ goggles*** Schutzbrille *f*; **2.** ✝ Schutzzoll...; **3.** beschützerisch; **pro'tec·tor** [-tə] *s.* **1.** Beschützer *m*, Schutz-, Schirmherr *m*, Gönner *m*; **2.** ⚙ *etc.* Schutz(vorrichtung *f*, -mittel *n*) *m*, Schützer *m*, Schoner *m*; **3.** *hist.* Pro'tektor *m*, Reichsverweser *m*; **pro'tec·tor·ate** [-tərət] *s.* Protekto'rat *n*: a) Schutzherrschaft *f*, b) Schutzgebiet *n*; **pro'tec·tress** [-trɪs] *s.* Beschützerin *f*, Schutz-, Schirmherrin *f*.

pro·té·gé ['prəʊteʒeɪ] (*Fr.*) *s.* Schützling *m*, Prote'gé *m*.

pro·te·in ['prəʊtiːn] *s. biol.* Prote'in *n*, Eiweiß(körper *m od. pl.*) *n*.

pro·test **I** *s.* ['prəʊtest] **1.** Pro'test *m*, Ein-, 'Widerspruch *m*: ***in ~, as a ~*** aus (*od.* als) Protest; ***enter*** (*od.* ***lodge***) ***a ~*** Protest erheben *od.* Verwahrung einlegen (***with*** bei); ***accept under ~*** unter Vorbehalt *od.* Protest annehmen; **2.** ✝, ⚖ ('Wechsel)Proˌtest *m*; **3.** ⚓, ⚖ 'See-proˌtest *m*, Verklarung *f*; **II** *v/i.* [prə'test] **4.** protestieren, Verwahrung einlegen, sich verwahren (***against*** gegen); **III** *v/t.* [prə'test] **5.** protestieren gegen, reklamieren; **6.** beteuern (***s.th.*** et., ***that*** dass): ***~ one's loyalty***; **7.** ✝ *Wechsel* protestieren: ***have a bill ~ed*** e-n Wechsel zu Protest gehen lassen.

Prot·es·tant ['prɒtɪstənt] **I** *s.* Prote'stant (-in); **II** *adj.* prote'stantisch; **'Prot·es·tant·ism** [-tɪzəm] *s.* Protestan'tismus *m*.

prot·es·ta·tion [ˌprəʊte'steɪʃn] *s.* **1.** Beteuerung *f*; **2.** Pro'test *m*.

pro·to·col ['prəʊtəkɒl] **I** *s.* **1.** (Ver'handlungs)Protoˌkoll *n*; **2.** *pol.* Proto'koll *n*: a) *diplomatische Etikette*, b) *kleineres Vertragswerk*; **3.** *pol.* Einleitungs- u. Schlussformeln *pl. e-r Urkunde etc.*; **II** *v/t. u. v/i.* **4.** protokollieren.

pro·ton ['prəʊtɒn] *s. phys.* Proton *n*.

pro·to·plasm ['prəʊtəʊplæzəm] *s. biol.* **1.** Proto'plasma *n* (*Zellsubstanz*); **2.** Urschleim *m*; **'pro·to·plast** [-plæst] *s. biol.* Proto'plast *m*.

pro·to·type ['prəʊtəʊtaɪp] *s.* Proto'typ *m* (*a. biol.*): a) Urbild *n*, -typ *m*, -form *f*, b) (Ur)Muster *n*; ⚙ ('Richt)Moˌdell *n*, Ausgangsbautyp *m*.

pro·to·zo·on [ˌprəʊtəʊ'zəʊən] *pl.* **-'zo·a** [-'zəʊə] *s. zo.* Proto'zoon *n*, Urtierchen *n*, Einzeller *m*.

pro·tract [prə'trækt] *v/t.* **1.** in die Länge (*od.* hinaus)ziehen, verschleppen: ***~ed illness*** langwierige Krankheit; ***~ed defence*** ⚔ hinhaltende Verteidigung; **2.** A mit e-m Winkelmesser *od.* maßstabsgetreu zeichnen *od.* auftragen; **pro'trac·tion** [-kʃn] *s.* **1.** Hin'ausschieben *n*, -ziehen *n*, Verschleppen *n* (*a.* ⚖); **2.** A maßstabsgetreue Zeichnung; **pro'trac·tor** [-tə] *s.* **1.** A Transpor'teur *m*, Gradbogen *m*, Winkelmesser *m*; **2.** *anat.* Streckmuskel *m*.

pro·trude [prə'truːd] **I** *v/i.* her'aus-, (her)'vorstehen, -ragen, -treten; **II** *v/t.*

P

her'ausstrecken, (her)'vortreten lassen; **pro'tru·sion** [-uːʒn] *s.* **1.** Her'vorstehen *n*, -treten *n*, Vorspringen *n*; **2.** Vorwölbung *f*, (her)'vorstehender Teil; **pro'tru·sive** [-uːsɪv] *adj.* □ vorstehend, her'vortretend.

pro·tu·ber·ance [prəˈtjuːbərəns] *s.* **1.** Auswuchs *m*, Beule *f*, Höcker *m*; **2.** *ast.* Protube'ranz *f*; **3.** (Her)'Vortreten *n*, -stehen *n*; **pro'tu·ber·ant** [-nt] *adj.* □ (her)'vorstehend, -tretend, -quellend (*a. Augen*).

proud [praʊd] **I** *adj.* □ **1.** stolz (***of*** auf *acc.*, ***to*** *inf.* zu *inf.*): ***a ~ day*** *fig.* ein stolzer Tag *für uns etc.*; **2.** hochmütig, eingebildet; **3.** *fig.* stolz, prächtig; **4.** ***~ flesh*** ⚕ wildes Fleisch; **II** *adv.* **5.** F stolz: ***do s.o. ~*** a) j-m große Ehre erweisen, b) j-n königlich bewirten; ***do o.s. ~*** a) stolz auf sich sein können, b) es sich gut gehen lassen.

prov·a·ble [ˈpruːvəbl] *adj.* □ be-, nachweisbar, erweislich; **prove** [pruːv] **I** *v/t.* **1.** er-, nach-, beweisen, **2.** ⚖ *Testament* bestätigen (lassen); **3.** bekunden, unter Beweis stellen, zeigen; **4.** (*a.* ⚙) prüfen, erproben: ***a ~d remedy*** ein erprobtes *od.* bewährtes Mittel; ***~ o.s.*** a) sich bewähren, b) sich erweisen als; → ***proving*** 1; **5.** A die Probe machen auf (*acc.*); **II** *v/i.* **6.** sich her'ausstellen *od.* erweisen (als): ***he will ~ (to be) the heir*** es wird sich herausstellen, dass er der Erbe ist; ***~ true (false)*** a) sich als richtig (falsch) herausstellen, b) sich (nicht) bestätigen (*Voraussage etc.*); **7.** ausfallen, sich ergeben; '**prov·en** [-vən] *adj.* be-, erwiesen, nachgewiesen; *fig.* bewährt.

prov·e·nance [ˈprɒvənəns] *s.* Herkunft *f*, Ursprung *m*, Proveni'enz *f*.

prov·en·der [ˈprɒvɪndə] *s.* **1.** ✓ (Trocken)Futter *n*; **2.** F *humor.* ‚Futter' *n* (*Lebensmittel*).

prov·erb [ˈprɒvɜːb] **1.** *s.* Sprichwort *n*: ***he is a ~ for shrewdness*** s-e Schläue ist sprichwörtlich (*b.s.* berüchtigt); **2.** (***The Book of***) ***2s*** *pl. bibl.* die Sprüche *pl.* (Salo'monis); **pro·ver·bi·al** [prəˈvɜːbjəl] *adj.* □ sprichwörtlich (*a. fig.*).

pro·vide [prəˈvaɪd] **I** *v/t.* **1.** versehen, -sorgen, ausstatten, beliefern (***with*** mit); **2.** ver-, beschaffen, besorgen, liefern; zur Verfügung (*od.* bereit)stellen; *Gelegenheit* schaffen; **3.** ⚖ vorsehen, -schreiben, bestimmen (*a. Gesetze, Vertrag etc.*); **II** *v/i.* **4.** Vorsorge *od.* Vorkehrungen treffen, vorsorgen, sich sichern (***against*** vor *dat.*, gegen): ***~ against*** a) sich schützen vor (*dat.*), b) *et.* unmöglich machen, verhindern; ***~ for*** a) sorgen für (*j-s Lebensunterhalt*), b) *Maßnahmen* vorsehen, *e-r Sache* Rechnung tragen, *Bedürfnisse* befriedigen, *Gelder etc.* bereitstellen; **5.** ⚖ den Vorbehalt machen (***that*** dass): ***unless otherwise ~d*** sofern nichts Gegenteiliges bestimmt ist; ***providing (that)*** → **pro'vid·ed** [-dɪd] *cj. a.* ***~ that*** **1.** vor'ausgesetzt (dass), unter der Bedingung, dass; **2.** wenn, so'fern.

prov·i·dence [ˈprɒvɪdəns] *s.* **1.** (göttliche) Vorsehung; **2.** ***the 2*** die Vorsehung, Gott *m*; **3.** Vorsorge *f*, (weise) Vor'aussicht; '**prov·i·dent** [-nt] *adj.* □ **1.** vor'ausblickend, vor-, fürsorglich: ***~ bank*** Sparkasse *f*; ***~ fund*** Unterstützungskasse *f*; ***~ society*** Versicherungsverein *m* auf Gegenseitigkeit; **2.** haushälterisch, sparsam; **prov·i·den·tial** [ˌprɒvɪˈdenʃl] *adj.* □ **1.** schicksalhaft; **2.** glücklich, gnädig (*Geschick etc.*).

pro·vid·er [prəˈvaɪdə] *s.* **1.** Versorger (-in), Ernährer *m*: ***good ~*** F treu sorgende(r) Mutter (Vater); **2.** Liefe'rant *m*; **3.** *Internet etc.*: Pro'vider *m*.

prov·ince [ˈprɒvɪns] *s.* **1.** Pro'vinz *f* (*a. Ggs. Stadt*), Bezirk *m*; **2.** *fig.* a) (Wissens)Gebiet *n*, Fach *n*, b) (Aufgaben-) Bereich *m*, Amt *n*: ***it is not within my ~*** a) es schlägt nicht in mein Fach, b) es ist nicht m-s Amtes (***to*** *inf.* zu *inf.*).

pro·vin·cial [prəˈvɪnʃl] **I** *adj.* □ **1.** Provinz..., provinzi'ell (*a. fig. engstirnig, spießbürgerlich*): ***~ town***; **2.** provinzi'ell, ländlich, kleinstädtisch; **3.** *fig. contp.* pro'vinzlerisch (*ungebildet, plump*); **II** *s.* **4.** Pro'vinzbewohner(in); *contp.* Pro'vinzler(in); **pro'vin·cial·ism** [-ʃəlɪzəm] *s.* Provinzia'lismus *m* (*a.*

P

Proverbs – Einige bekannte englische Sprichwörter

Absence makes the heart grow fonder.	Durch die Ferne wächst die Liebe.
All that glitters is not gold.	Es ist nicht alles Gold, was glänzt.
A stitch in time saves nine.	Gleich getan, ist viel gespart.
Barking dogs seldom bite.	Hunde, die bellen, beißen nicht.
Beauty is in the eye of the beholder.	Schön ist, was gefällt.

Don't count your chickens before they're hatched.	Man soll den Tag nicht vor dem Abend loben.
Don't put all your eggs in one basket.	Man sollte nicht alles auf eine Karte setzen.
It never rains but it pours.	Ein Unglück kommt selten allein.
It's no use crying over spilt milk.	Was geschehen ist, ist geschehen.
It takes two to tango.	Dazu gehören immer zwei.
Make hay while the sun shines./Strike while the iron is hot.	Man soll das Eisen schmieden, solange es heiß ist.
Marry in haste, repent at leisure.	Heiraten in Eile bereut man in Weile.
Necessity is the mother of invention.	Not macht erfinderisch.
No news is good news.	Keine Nachricht ist gute Nachricht.
Nothing ventured, nothing gained.	Wer nicht wagt, der nicht gewinnt.
Once bitten, twice shy.	Ein gebranntes Kind scheut das Feuer.
Out of sight, out of mind.	Aus den Augen, aus dem Sinn.
The early bird catches the worm.	Morgenstund hat Gold im Mund.
The proof of the pudding is in the eating.	Probieren geht über Studieren.
Too many cooks spoil the broth.	Viele Köche verderben den Brei.
Variety is the spice of life.	In der Abwechslung liegt die Würze des Lebens.
When the cat's away the mice will play.	Wenn die Katze aus dem Haus ist, tanzen die Mäuse auf dem Tisch.
You can't have your cake and eat it.	Man kann nicht alles haben.
You can't make an omelette without breaking eggs.	Wo gehobelt wird, da fallen Späne.

mundartlicher Ausdruck, *a. contp. Kleingeisterei*, *Lokalpatriotismus*, *Plumpheit*); *contp.* Pro'vinzlertum *n*.

prov·ing ['pruːvɪŋ] *s.* **1.** Prüfen *n*, Erprobung *f*: **~ *flight*** Probe-, Erprobungsflug *m*; **~ *ground*** Versuchsgelände *n*; **2. ~ *of a will*** ⚖ Eröffnung *f* u. Bestätigung *f* e-s Testaments.

pro·vi·sion [prəˈvɪʒn] **I** *s.* **1.** a) Vorkehrung *f*, -sorge *f*, Maßnahme *f*, b) Vor-, Einrichtung *f*: ***make ~*** sorgen *od.* Vorkehrungen treffen (***for*** für), sich schützen (***against*** vor *dat. od.* gegen); **2.** ⚖ Bestimmung *f*, Vorschrift *f*: ***come within the ~s of the law*** unter die gesetzlichen Bestimmungen fallen; **3.** ⚖ Bedingung *f*, Vorbehalt *m*; **4.** Beschaffung *f*, Besorgung *f*, Bereitstellung *f*; **5.** *pl.* (Lebensmittel)Vorräte *pl.*, Vorrat *m* (***of*** an *dat.*), Nahrungsmittel *pl.*, Provi'ant *m*: ***~s dealer*** (*od.* ***merchant***) Lebensmittel-, Feinkosthändler *m*; ***~s industry*** Nahrungsmittelindustrie *f*; **6.** *oft pl.* Rückstellungen *pl.*, -lagen *pl.*, Re'serven *pl.*: ***~ for taxes*** Steuerrückstellungen *pl.*; **II** *v/t.* **7.** mit Lebensmitteln versehen, verproviantieren; **pro'vi·sion·al** [-ʒənl] *adj.* □ provi'sorisch, einstweilig, behelfsmäßig: ***~ agreement*** Vorvertrag *m*; ***~ arrangement***

P

Provisorium *n*; ~ ***receipt*** Interimsquittung *f*; ~ ***regulations*** Übergangsbestimmungen; ~ ***result*** *sport* vorläufiges *od.* inoffizielles Endergebnis.

pro·vi·so [prə'vaɪzəʊ] *s.* ⚖ Vorbehalt *m*, (Bedingungs)Klausel *f*, Bedingung *f*: ~ ***clause*** Vorbehaltsklausel *f*; **pro'vi·so·ry** [-zərɪ] *adj.* □ **1.** bedingend, bedingt, vorbehaltlich; **2.** provi'sorisch, vorläufig.

pro·vo ['prəʊvəʊ] *s. Mitglied der provisorischen irisch-republikanischen Armee.*

prov·o·ca·tion [ˌprɒvə'keɪʃn] *s.* **1.** Herausforderung *f*, Provokati'on *f* (*a.* ⚖); **2.** Aufreizung *f*, Erregung *f*; **3.** Verärgerung *f*, Ärger *m*: ***at the slightest*** ~ beim geringsten Anlass; **pro·voc·a·tive** [prə'vɒkətɪv] **I** *adj.* (*a.* zum 'Widerspruch) her'ausfordernd, aufreizend (***of*** zu), provozierend; **II** *s.* Reiz(mittel *n*) *m*, Antrieb *m* (***of*** zu).

pro·voke [prə'vəʊk] *v/t.* provozieren: a) erzürnen, aufbringen, b) *et.* her'vorrufen, *Gefühl a.* erregen, c) *j-n* (auf)reizen, her'ausfordern: ~ ***s.o. to do s.th.*** j-n dazu bewegen, et. zu tun; **pro'vok·ing** [-kɪŋ] *adj.* □ **1.** → ***provocative*** I; **2.** unerträglich, unausstehlich.

prov·ost ['prɒvəst] *s.* **1.** Vorsteher *m* (*a. univ. Brit. e-s College*); **2.** *Scot.* Bürgermeister *m*; **3.** *eccl.* Propst *m*; **4.** [prə'vəʊ] ⚔ Pro'fos *m*, Offi'zier *m* der Mili'tärpoliˌzei; ~ **mar·shal** [prə'vəʊ] *s.* ⚔ Komman'deur *m* der Mili'tärpoliˌzei.

prow [praʊ] *s.* ⚓, ✈ Bug *m*.

prow·ess ['praʊɪs] *s.* **1.** Tapferkeit *f*, Kühnheit *f*; **2.** über'ragendes Können, Tüchtigkeit *f*.

prowl [praʊl] **I** *v/i.* um'herschleichen, -streichen; **II** *v/t.* durch'streifen; **III** *s.* Um'herstreifen *n*, Streife *f*: ***be on the*** ~ → I; ~ ***car*** *Am.* (Polizei)Streifenwagen *m*; '**prowl·er** [-lə] *s.* Her'umtreiber *m*.

prox·i·mal ['prɒksɪml] *adj.* □ *anat.* proxi'mal, körpernah; '**prox·i·mate** [-mət] *adj.* □ **1.** nächst, folgend, (sich) unmittelbar (anschließend): ~ ***cause*** unmittelbare Ursache; **2.** nahe liegend; **3.** annähernd; **prox·im·i·ty** [prɒk'sɪmətɪ] *s.* Nähe *f*: ~ ***fuse*** ⚔ Annäherungszünder *m*; '**prox·i·mo** [-məʊ] *adv.* (des) nächsten Monats.

prox·y ['prɒksɪ] *s.* **1.** (Stell)Vertretung *f*, (Handlungs)Vollmacht *f*: ***by*** ~ in Vertretung (→ 2); ***marriage by*** ~ Ferntrauung *f*; **2.** (Stell)Vertreter(in), Bevollmächtigte(r *m*) *f*: ***by*** ~ durch e-n Bevollmächtigten; ***stand*** ~ ***for s.o.*** als Stellvertreter fungieren für j-n; **3.** Vollmacht(surkunde) *f*.

prude [pruːd] *s.* prüder Mensch: ***be a*** ~ prüde sein.

pru·dence ['pruːdəns] *s.* **1.** Klugheit *f*, Vernunft *f*; **2.** 'Um-, Vorsicht *f*, Über'legtheit *f*: ***ordinary*** ~ ⚖ die im Verkehr erforderliche Sorgfalt; '**pru·dent** [-nt] *adj.* □ **1.** klug, vernünftig; **2.** 'um-, vorsichtig, besonnen; **pru·den·tial** [prʊ'denʃl] *adj.* □ a) → ***prudent***, b) sachverständig: ***for*** ~ ***reasons*** aus Gründen praktischer Überlegung.

prud·er·y ['pruːdərɪ] *s.* Prüde'rie *f*; '**prud·ish** [-dɪʃ] *adj.* □ prüde.

prune[1] [pruːn] *s.* **1.** (*a.* Back)Pflaume *f*; **2.** *sl.* ‚Blödmann' *m*.

prune[2] [pruːn] *v/t.* **1.** *Bäume etc.* (aus-)putzen, beschneiden; **2.** *a.* ~ ***off***, ~ ***away*** wegschneiden; **3.** *fig.* zu('recht-)stutzen, befreien (***of*** von), säubern, *Text etc.* zs.-streichen, straffen, kürzen, *Überflüssiges* entfernen.

pru·nel·la[1] [prʊ'nelə] *s.* ✝ Pru'nell *m*, Lasting *m* (*Gewebe*).

pru·nel·la[2] [prʊ'nelə] *s.* ⚕ *obs.* Halsbräune *f*.

pru·nelle [prʊ'nel] *s.* Prü'nelle *f* (*getrocknete entkernte Pflaume*).

pru·nel·lo [prʊ'neləʊ] → ***prunelle***.

prun·ing| knife ['pruːnɪŋ] *s.* [*irr.*] Gartenmesser *n*; ~ **shears** *s. pl.* Baumschere *f*.

pru·ri·ence ['prʊərɪəns], '**pru·ri·en·cy** [-sɪ] *s.* **1.** Geilheit *f*, Lüsternheit *f*; (Sinnen)Kitzel *m*; **2.** Gier *f* (***for*** nach); '**pru·ri·ent** [-nt] *adj.* □ geil, lüstern, las'ziv.

Prus·sian ['prʌʃn] **I** *adj.* preußisch; **II** *s.* Preuße *m*, Preußin *f*; ~ **blue** *s.* Preußischblau *n*.

prus·si·ate ['prʌʃɪət] *s.* ⚗ Prussi'at *n*; ~ **of pot·ash** *s.* ⚗ 'Kaliumferrozyaˌnid *n*.

prus·sic ac·id ['prʌsɪk] *s.* ⚗ Blausäure *f*, Zy'anwasserstoff(säure *f*) *m*.

pry[1] [praɪ] *v/i.* neugierig gucken *od.* sein, (***about*** her'um)spähen, (-)schnüffeln: ~ ***into*** a) *et.* zu erforschen suchen, b) *contp.* s-e Nase stecken in (*acc.*).

pry[2] [praɪ] **I** *v/t.* **1.** *a.* ~ ***open*** *mit e-m Hebel etc.* aufbrechen, -stemmen: ~ ***up*** hochstemmen, -heben; **2.** *fig.* her'ausholen; **II** *s.* **3.** Hebel *m*; Brecheisen *n*; **4.** Hebelwirkung *f*.

pry·ing ['praɪɪŋ] *adj.* □ neugierig, naseweis.

psalm [sɑːm] *s.* Psalm *m*: ***the*** (***Book of***) ***&s*** *bibl.* die Psalmen; '**psalm·ist** [-mɪst] *s.* Psal'mist *m*; **psal·mo·dy** ['sælmədɪ] *s.* **1.** Psalmo'die *f*, Psalmengesang *m*; **2.** Psalmen *pl*.

Psal·ter ['sɔːltə] *s.* Psalter *m*, (Buch *n* der) Psalmen *pl*.; **psal·te·ri·um** [sɔːl'tɪərɪəm] *pl.* **-ri·a** [-rɪə] *s. zo.* Blättermagen *m*.

pse·phol·o·gy [pse'fɒlədʒɪ] *s.* (wissenschaftliche) Ana'lyse von Wahlergebnissen u. -trends.

pseu·do- ['sjuːdəʊ] *in Zssgn* Pseudo..., pseudo..., falsch, unecht; ˌ**pseu·do-**

P

'**carp** [-'kɑːp] *s.* ⚘ Scheinfrucht *f*; '**pseu·do·nym** [-dənɪm] *s.* Pseudo'nym *n*, Deckname *m*; ˌ**pseu·do'nym·i·ty** [-də'nɪmətɪ] *s.* **1.** Pseudonymi'tät *f*; **2.** Führen *n* e-s Pseudo'nyms; **pseu'don·y·mous** [-'dɒnɪməs] *adj.* □ pseudo'nym.

pshaw [pʃɔː] *int.* pah!

psit·ta·co·sis [ˌsɪtə'kəʊsɪs] *s.* ⚕ Papa'geienkrankheit *f*.

pso·ri·a·sis [psɒ'raɪəsɪs] *s.* ⚕ Schuppenflechte *f*, Pso'riasis *f*.

Psy·che ['saɪkɪ] *s.* **1.** *myth.* Psyche *f*; **2.** ♀ Psyche *f*, Seele *f*, Geist *m*.

psy·che·del·ic [ˌsaɪkɪ'delɪk] *adj.* psyche'delisch, bewusstseinserweiternd.

psy·chi·at·ric, psy·chi·at·ri·cal [ˌsaɪkɪ'ætrɪk(l)] *adj.* psychi'atrisch; **psy·chi·a·trist** [saɪ'kaɪətrɪst] *s.* ⚕ Psychi'ater *m*; **psy'chi·a·try** [saɪ'kaɪətrɪ] *s.* ⚕ Psychiatrie *f*.

psy·chic ['saɪkɪk] **I** *adj.* (□ **~ally**) **1.** psychisch, seelisch(-geistig), Seelen...; **2.** 'übersinnlich: **~ forces** 'übersinnliche Kräfte *pl.*; **~ healer** Geistheiler(in); **3.** medi'al (veranlagt), F ‚hellseherisch'; **4.** parapsycho'logisch: **~ research** Para-Forschung *f*; **II** *s.* **5.** medi'al veranlagte Per'son, Medium *n*; **6.** *das* Psychische; **7.** *pl. sg. konstr.* a) Seelenkunde *f*, -forschung *f*, b) Parapsycholo'gie *f*; '**psy·chi·cal** [-kl] *adj.* □ → **psychic** I.

psy·cho·a·nal·y·sis [ˌsaɪkəʊə'næləsɪs] *s.* ˌPsychoana'lyse *f*; **psy·cho·an·a·lyst** [ˌsaɪkəʊ'ænəlɪst] *s.* ˌPsychoana'lytiker (-in).

psy·cho·graph ['saɪkəʊgrɑːf] *s.* Psycho'gramm *n*.

psy·cho·log·ic [ˌsaɪkə'lɒdʒɪk] → **psychological**; ˌ**psy·cho'log·i·cal** [-kl] *adj.* □ psycho'logisch: **~ moment** richtiger Augenblick; **~ warfare** a) psychologische Kriegführung, b) *fig.* Nervenkrieg *m*; **psy·chol·o·gist** [saɪ'kɒlədʒɪst] *s.* Psycho'loge *m*, Psycho'login *f*; **psy·chol·o·gy** [saɪ'kɒlədʒɪ] *s.* Psycholo'gie *f* (*Wissenschaft od. Seelenleben*): **good ~** *fig.* das psychologisch Richtige.

psy·cho·path ['saɪkəʊpæθ] *s.* Psycho'path(in); **psy·cho·path·ic** [ˌsaɪkəʊ'pæθɪk] **I** *adj.* psycho'pathisch; **II** *s.* Psycho'path(in); **psy·chop·a·thy** [saɪ'kɒpəθɪ] *s.* Psychopa'thie *f*, Gemütskrankheit *f*.

psy·cho·sis [saɪ'kəʊsɪs] *pl.* **-ses** [-siːz] *s.* Psy'chose *f* (*a. fig.*).

psy·cho·ther·a·py [ˌsaɪkəʊ'θerəpɪ] *s.* ⚕ ˌPsychothera'pie *f*.

psy·chot·ic [saɪ'kɒtɪk] **I** *adj.* □ psy'chotisch; **II** *s.* Psy'chotiker(in).

ptar·mi·gan ['tɑːmɪgən] *s. zo.* Schneehuhn *n*.

pto·maine ['təʊmeɪn] *s.* ⚗ Ptoma'in *n*, Leichengift *n*.

pub [pʌb] *s. bsd. Brit.* F Pub *n od. m*, Kneipe *f*; **~ crawl** *s. bsd. Brit.* F Kneipenbummel *m*.

pu·ber·ty ['pjuːbətɪ] *s.* **1.** Puber'tät *f*, Geschlechtsreife *f*; **2.** *a.* **age of ~** Puber'tät(salter *n*) *f*: **~ vocal change** Stimmbruch *m*.

pu·bes[1] ['pjuːbiːz] *s. anat.* a) Schamgegend *f*, b) Schamhaare *pl.*

pu·bes[2] ['pjuːbiːz] *pl. von* **pubis**.

pu·bes·cence [pjuː'besns] *s.* **1.** Geschlechtsreife *f*; **2.** ⚘, *zo.* Flaumhaar *n*; **pu'bes·cent** [-nt] *adj.* **1.** geschlechtsreif (werdend); **2.** Pubertäts...; **3.** ⚘, *zo.* fein behaart.

pu·bic ['pjuːbɪk] *adj. anat.* Scham...

pu·bis ['pjuːbɪs] *pl.* **-bes** [-biːz] *s. anat.* Schambein *n*.

pub·lic ['pʌblɪk] **I** *adj.* □ **1.** öffentlich stattfindend (*z.B. Verhandlung, Versammlung, Versteigerung*): **~ notice** öffentliche Bekanntmachung, Aufgebot *n*; **in the ~ eye** im Lichte der Öffentlichkeit; **2.** öffentlich, allgemein bekannt: **~ figure** Persönlichkeit *f* des öffentlichen Lebens, prominente Gestalt; **go ~** a) sich an die Öffentlichkeit wenden, b) ✝ sich in e-e AG umwandeln; **make ~** (allgemein) bekannt machen; **3.** a) öffentlich (*z.B. Anstalt, Bad, Dienst, Feiertag, Kredit, Sicherheit, Straße, Verkehrsmittel*), b) Staats..., staatlich (*z.B. Anleihe, Behörde, Papiere, Schuld, Stellung*), c) Volks... (*-bücherei, -gesundheit etc.*), d) Gemeinde..., Stadt...: **~ accountant** *Am.* Wirtschaftsprüfer *m*; **~-address system** öffentliche Lautsprecheranlage; ♀ **Assistance** *Am.* Sozialhilfe *f*; **~ borrowing** staatliche Kreditaufnahme; **~ charge** Sozialhilfeempfänger(in); **~ (limited) company** ✝ *Brit.* Aktiengesellschaft; **~ convenience** öffentliche Bedürfnisanstalt; **~ corporation** ⚖ öffentlich-rechtliche Körperschaft; **~ economy** Volkswirtschaft(slehre) *f*; **~ enemy** Staatsfeind *m*; **~ expenditure** öffentliche Ausgaben *pl.*; **~ house** *bsd. Brit.* → **pub**; **~ information** Unterrichtung der Öffentlichkeit; **~ law** öffentliches Recht; **~ opinion** öffentliche Meinung; **~ opinion poll** öffentliche Umfrage, Meinungsbefragung *f*; **~ relations** a) Public Relations *pl.*, Öffentlichkeitsarbeit *f*, b) *attr.* Presse..., Werbe..., Public-Relations-...; **~ revenue** Staatseinkünfte *pl.*; **~ school** a) *Brit.* Public School *f*, höhere Privatschule mit Internat, b) *Am.* staatliche Schule; **~ sector spending** öffentliche Ausgaben; **~ service** a) Staatsdienst *m*, b) öffentliche Versorgung (*Gas, Wasser, Elektrizität etc.*); **~ servant** a) (Staats)Beamte(r) *m*, b) Angestellte(r) *m* im öffentlichen Dienst; **~ works** öffentliche (Bau)Arbeiten; → **nui-**

sance 2, ***policy***[1] 3, ***prosecutor***, ***utility*** 3; **4.** natio'nal: ~ ***disaster***; **II** *s.* **5.** Öffentlichkeit *f*: ***in*** ~ in der Öffentlichkeit, öffentlich; **6.** *sg. u. pl. konstr.* Öffentlichkeit *f*, *die* Leute *pl.*; *das* Publikum; Kreise *pl.*, Welt *f*: ***appear before the*** ~ an die Öffentlichkeit treten; ***exclude the*** ~ ⚖ die Öffentlichkeit ausschließen; **7.** *Brit.* F → ***pub***; '**pub·li·can** [-kən] *s.* **1.** *Brit.* (Gast)Wirt *m*; **2.** *hist.*, *bibl.* Zöllner *m*; **pub·li·ca·tion** [ˌpʌblɪ'keɪʃn] *s.* **1.** Bekanntmachung *f*, -gabe *f*; **2.** Her'ausgabe *f*, Veröffentlichung *f* (*von Druckwerken*); **3.** Publikati'on *f*, Veröffentlichung *f*, Verlagswerk *n*; (Druck)Schrift *f*: ***monthly*** ~ Monatsschrift; ***new*** ~ Neuerscheinung *f*; '**pub·li·cist** [-ɪsɪst] *s.* **1.** Publi'zist *m*, Tagesschriftsteller *m*; **2.** Völkerrechtler *m*; **pub·lic·i·ty** [pʌb'lɪsətɪ] *s.* **1.** Publizi'tät *f*, Öffentlichkeit *f* (*a.* ⚖ *des Verfahrens*): ***give s.th.*** ~ et. allgemein bekannt machen; ***seek*** ~ bekannt werden wollen; **2.** Re'klame *f*, Werbung *f*, Pu'blicity *f*: ~ ***agent***, ~ ***man*** Werbefachmann *m*; ~ ***campaign*** Werbefeldzug *m*; ~ ***manager*** Werbeleiter *m*; '**pub·li·cize** [-ɪsaɪz] *v/t.* **1.** publizieren, (öffentlich) bekannt machen; **2.** Re'klame machen für, propagieren.

ˌ**pub·lic|-'pri·vate** *adj.* ✝ gemischtwirtschaftlich; ˌ~-'**spir·it·ed** *adj.* gemeinsinnig, sozi'al gesinnt.

pub·lish ['pʌblɪʃ] *v/t.* **1.** (offizi'ell) bekannt machen *od.* geben; *Aufgebot etc.* verkünd(ig)en; **2.** publizieren, veröffentlichen; **3.** *Buch etc.* verlegen, herausbringen: ***just*** ~***ed*** (so)eben erschienen; ~***ed by Methuen*** im Verlag Methuen erschienen; ~***ed by the author*** im Selbstverlag; **4.** ⚖ *Beleidigendes* äußern, verbreiten; '**pub·lish·er** [-ʃə] *s.* **1.** Verleger *m*, Her'ausgeber *m*; *bsd. Am.* Zeitungsverleger *m*; **2.** *pl.* Verlag *m*, Verlagsanstalt *f*; '**pub·lish·ing** [-ʃɪŋ] **I** *s.* Her'ausgabe *f*, Verlag *m*; **II** *adj.* Verlags...: ~ ***business*** Verlagsgeschäft *n*, -buchhandel *m*; ~ ***house*** → ***publisher*** 2.

puce [pju:s] *adj.* braunrot.

puck [pʌk] *s.* **1.** Kobold *m*; **2.** *Eishockey*: Puck *m*, Scheibe *f*.

puck·a ['pʌkə] *adj. Brit.* F **1.** echt, wirklich; **2.** erstklassig, tadellos.

puck·er ['pʌkə] **I** *v/t. oft* ~ ***up*** **1.** runzeln, fälteln, Runzeln *od.* Falten bilden in (*dat.*); **2.** *Mund, Lippen etc.* zs.-ziehen, spitzen; *a. Stirn, Stoff* kräuseln; **II** *v/i.* **3.** sich kräuseln, sich zs.-ziehen, sich falten, Runzeln bilden; **III** *s.* **4.** Runzel *f*, Falte *f*; **5.** Bausch *m*; **6.** F Aufregung *f* (***about*** über *acc.*, wegen).

pud·ding ['pʊdɪŋ] *s.* **1.** a) Pudding *m*, b) Nach-, Süßspeise *f*; → ***proof*** 6; **2.** *Art* 'Fleischpaˌstete *f*; **3.** *e-e Wurstsorte*: ***black*** ~ Blutwurst *f*; ***white*** ~ Presssack *m*; '~-**faced** *adj.* mit e-m Vollmondgesicht.

pud·dle ['pʌdl] **I** *s.* **1.** Pfütze *f*, Lache *f*; **2.** ⚙ Lehmschlag *m*; **II** *v/t.* **3.** mit Pfützen bedecken; in Matsch verwandeln; **4.** *Wasser* trüben (*a. fig.*); **5.** *Lehm* zu Lehmschlag verarbeiten; **6.** mit Lehmschlag abdichten *od.* auskleiden; **7.** *metall.* puddeln: ~(***d***) ***steel*** Puddelstahl *m*; **III** *v/i.* **8.** her'umplan(t)schen *od.* -waten; **9.** *fig.* her'umpfuschen; '**pud·dler** [-lə] *s.* ⚙ Puddler *m* (*Arbeiter od. Gerät*).

pu·den·cy ['pju:dənsɪ] *s.* Verschämtheit *f*.

pu·den·dum [pju:'dendəm] *mst im pl.* **-da** [-də] *s.* (weibliche) Scham, Vulva *f*.

pu·dent ['pju:dənt] *adj.* verschämt.

pudg·y ['pʌdʒɪ] *adj.* dicklich.

pu·er·ile ['pjʊəraɪl] *adj.* □ pue'ril, knabenhaft, kindlich, *contp.* kindisch; **pu·er·il·i·ty** [pjʊə'rɪlətɪ] *s.* **1.** Puerili'tät *f*, kindliches *od.* kindisches Wesen; **2.** Kinde'rei *f*.

pu·er·per·al [pju:'ɜ:pərəl] *adj.* Kindbett...: ~ ***fever***.

puff [pʌf] **I** *s.* **1.** Hauch *m*; (leichter) Windstoß; **2.** Zug *m beim Rauchen*; Paffen *n der Pfeife etc.*; **3.** (Rauch-, Dampf)Wölkchen *n*; **4.** leichter Knall; **5.** *Bäckerei*: Windbeutel *m*; **6.** Puderquaste *f*; **7.** Puffe *f*, Bausch *m an Kleidern*; **8.** a) marktschreierische Anpreisung, aufdringliche Re'klame, b) lobhudelnde Kri'tik: ~ ***is part of the trade*** Klappern gehört zum Handwerk; **II** *v/t.* **9.** blasen, pusten (***away*** weg, ***out*** aus); **10.** auspuffen, -paffen, -stoßen; **11.** *Zigarre etc.* paffen; **12.** *oft* ~ ***out***, ~ ***up*** aufblasen, (-)blähen; *fig.* aufgeblasen machen: ~***ed up with pride*** stolzgeschwellt; ~***ed eyes*** geschwollene Augen; ~***ed sleeve*** Puffärmel *m*; **13.** außer Atem bringen: ~***ed*** außer Atem; **14.** marktschreierisch anpreisen: ~ ***up*** *Preise* hochtreiben; **III** *v/i.* **15.** paffen (***at*** an *e-r Zigarre etc.*); Rauch- *od.* Dampfwölkchen ausstoßen; **16.** pusten, schnaufen, keuchen; **17.** *Lokomotive etc.* (da'hin)dampfen, keuchen; **18.** ~ ***out*** (*od.* ***up***) sich (auf)blähen; ~ **ad·der** *s. zo.* Puffotter *f*; '~-**ball** *s.* ♀ Bofist *m*.

puff·er ['pʌfə] *s.* **1.** Paffer *m*; **2.** Marktschreier *m*; **3.** Preistreiber *m*, Scheinbieter *m bei Auktionen*; '**puff·er·y** [-ərɪ] *s.* Marktschreie'rei *f*.

puf·fin ['pʌfɪn] *s. orn.* Lund *m*, Papa'geientaucher *m*.

puff·i·ness ['pʌfɪnɪs] *s.* **1.** Aufgeblähtheit *f*, Aufgeblasenheit *f* (*a. fig.*); **2.** (Auf)Gedunsenheit *f*; **3.** Schwulst *m*; **puff·ing** ['pʌfɪŋ] *s.* **1.** Aufbauschung *f*, Aufblähung *f*; **2.** → ***puff*** 8 a; **3.** Scheinbieten *n bei Auktionen*, Preistreibe'rei

P

f; **puff pas·try** *s.* Blätterteig *m*; **puff·y** ['pʌfɪ] *adj.* □ **1.** böig (*Wind*); **2.** kurzatmig, keuchend; **3.** aufgebläht, (an)geschwollen; **4.** bauschig (*Ärmel*); **5.** aufgedunsen, dick; **6.** *fig.* schwülstig.

pug[1] [pʌg] *s. a.* **~ dog** Mops *m*.

pug[2] [pʌg] *v/t.* **1.** *Lehm etc.* mischen u. kneten; schlagen; **2.** mit Lehmschlag *etc.* ausfüllen *od.* abdichten.

pug[3] [pʌg] *s. sl.* Boxer *m*.

pu·gil·ism ['pju:dʒɪlɪzəm] *s.* (Berufs-) Boxen *n*; **'pu·gil·ist** [-ɪst] *s.* (Berufs-) Boxer *m*.

pug·na·cious [pʌg'neɪʃəs] *adj.* □ **1.** kampflustig, kämpferisch; **2.** streitsüchtig; **pug'nac·i·ty** [-'næsətɪ] *s.* **1.** Kampflust *f*; **2.** Streitsucht *f*.

pug| nose *s.* Stupsnase *f*; **'~-nosed** *adj.* stupsnasig.

puis·ne ['pju:nɪ] **I** *adj.* ⚖ rangjünger, 'untergeordnet: **~ judge** → II; **II** *s.* 'Unterrichter *m*, Beisitzer *m*.

puke [pju:k] F **I** *v/t. u. v/i.* (sich) erbrechen, ‚kotzen'; **II** *s.* ‚Kotze' *f*.

puk·ka ['pʌkə] → **pucka**.

pul·chri·tude ['pʌlkrɪtju:d] *s. bsd. Am.* (weibliche) Schönheit; **pul·chri·tu·di·nous** [ˌpʌlkrɪ'tju:dɪnəs] *adj. Am.* schön.

pule [pju:l] *v/i.* **1.** wimmern, winseln; **2.** piepsen.

pull [pʊl] **I** *s.* **1.** Ziehen *n*, Zerren *n*; **2.** Zug *m*, Ruck *m*: **give a strong ~ (at)** kräftig ziehen (an *dat.*); **3.** *mot. etc.* Zug(kraft *f*) *m*, Ziehkraft *f*; **4.** Anziehungskraft *f* (*a. fig.*); **5.** *fig.* Zug-, Werbekraft *f*; **6.** Zug *m*, Schluck *m* (**at** aus); **7.** Zug(griff) *m*, -leine *f*: **bell ~** Glockenzug; **8.** a) Bootfahrt *f*, Ruderpar'tie *f*, b) Ruderschlag *m*; **9.** (**long ~** große) Anstrengung, ‚Schlauch' *m*, *fig.* Durststrecke *f*; **10.** ermüdende Steigung; **11.** Vorteil *m* (**over**, **of** vor *dat.*, gegen'über); **12.** *sl.* (**with**) (heimlicher) Einfluss (auf *acc.*), Beziehungen *pl.* (zu); **13.** *typ.* Fahne *f*, (erster) Abzug; **II** *v/t.* **14.** ziehen, schleppen; **15.** zerren (an *dat.*), zupfen (an *dat.*): **~ about** umherzerren; **~ a muscle** sich e-e Muskelzerrung zuziehen; → **face** 2, **leg** *Redew.*, **string** 3, **trigger** 2; **16.** reißen: **~ apart** auseinander reißen; **~ to pieces** a) zerreißen, in Stücke reißen, b) *fig.* (in e-r Kritik *etc.*) ‚verreißen'; **~ o.s. together** *fig.* sich zs.-reißen; **17.** *Pflanze* ausreißen; *Korken*, *Zahn* ziehen; *Blumen*, *Obst* pflücken; *Flachs* raufen; *Gans etc.* rupfen; *Leder* enthaaren; **18. ~ one's punches** *Boxen*: verhalten schlagen, *fig.* sich zurückhalten; **not to ~ one's punches** *fig.* vom Leder ziehen, kein Blatt vor den Mund nehmen; **19.** *Pferd* zügeln; *Rennpferd* pullen; **20.** *Boot* rudern: **~ a good oar** gut rudern; → **weight** 1; **21.** *Am. Messer etc.* ziehen: **~ a pistol on** *j-n* mit der Pistole bedrohen; **22.** *typ.* *Fahne* abziehen; **23.** *sl. et.* ‚drehen', ‚schaukeln' (*ausführen*): **~ the job** das Ding drehen; **~ a fast one on s.o.** j-n ‚reinlegen'; **24.** *sl.* ‚schnappen' (*verhaften*); **25.** *sl.* e-e Razzia machen auf (*acc.*), *Spielhölle etc.* ausheben; **III** *v/i.* **26.** ziehen (**at** an *dat.*); **27.** zerren, reißen (**at** an *dat.*); **28.** *a.* **~ against the bit** am Zügel reißen (*Pferd*); **29.** a) e-n Zug machen, trinken (**at** aus *e-r Flasche*), b) ziehen (**at** an *e-r Pfeife etc.*); **30.** *gut etc.* ziehen (*Pfeife etc.*); **31.** sich vorwärts arbeiten, vorwärts bewegen *od.* schieben: **~ into the station** 🚂 (in den Bahnhof) einfahren; **32.** rudern, pullen: **~ together** *fig.* zs.-arbeiten; **33.** (her'an)fahren (**to the kerb** an den Bordstein); **34.** *sl.* ‚ziehen', Zugkraft haben (*Reklame*);

Zssgn mit adv.:

pull| a·way I *v/t.* **1.** wegziehen, -reißen; **II** *v/i.* **2.** anfahren (*Bus etc.*); **3.** sich losreißen; **4.** *a. sport* sich absetzen (von **from**); **~ down** *v/t.* **1.** her'unterziehen, -reißen; *Gebäude* abreißen; **2.** *fig.* he'runterreißen, her'absetzen; **3.** *j-n* schwächen; *j-n* entmutigen; **~ in I** *v/t.* **1.** (her)'einziehen; **2.** *Pferd* zügeln, parieren; **II** *v/i.* **3.** anhalten, stehen bleiben; **4.** hin'einrudern; 🚂 einfahren; **~ off I** *v/t.* **1.** wegziehen, -reißen; **2.** *Schuhe etc.* ausziehen; *Hut* abnehmen (**to** vor *dat.*); **3.** *Preis*, *Sieg* da'vontragen, erringen; **4.** F *et.* ‚schaukeln', ‚schaffen'; **II** *v/i.* **5.** sich in Bewegung setzen, abfahren; abstoßen (*Boot*); **~ on** *v/t.* *Kleid etc.* anziehen; **~ out I** *v/t.* **1.** her'ausziehen; ⚔ *Truppen* abziehen; **2.** ✈ *Flugzeug* hochziehen, *aus dem Sturzflug* abfangen; **3.** *fig.* in die Länge ziehen; **II** *v/i.* **4.** hin'ausrudern; abfahren (*Zug etc.*); ausscheren (*Fahrzeug*); ⚔ abziehen; *fig.* ‚aussteigen' (**of** aus); **~ round I** *v/t.* *Kranken* wieder ‚hinkriegen', 'durchbringen; **II** *v/i.* wieder auf die Beine kommen, 'durchkommen, sich erholen; **~ through I** *v/t.* **1.** (hin-) 'durchziehen; **2.** *fig.* a) *j-m* 'durchhelfen, b) → **pull round** I; **3.** *et.* erfolgreich 'durchführen; **II** *v/i.* **4.** → **pull round** II; **5.** sich 'durchschlagen; **~ up I** *v/t.* **1.** hochziehen (*a.* ✈); ⚓ *Flagge* hissen; **2.** *Pferd*, *Wagen* anhalten; **3.** *j-n* zu'rückhalten, *j-m* Einhalt gebieten; *j-n* zur Rede stellen; **II** *v/i.* **4.** (an)halten, vorfahren; **5.** *fig.* bremsen; **6.** *sport* sich nach vorn schieben: **~ to** (*od.* **with**) *j-n* einholen.

'pull|·back *s.* **1.** Hemmnis *n*; **2.** ⚔ Rückzug *m*; **~ date** *s.* ✝ Haltbarkeitsdatum *n*.

pul·let ['pʊlɪt] *s.* Hühnchen *n*.

pul·ley ['pʊlɪ] ⚙ *s.* **1.** a) Rolle *f* (*bsd.* *Flaschenzug*): **rope ~** Seilrolle *f*; **block**

P

and **~**, *set of* **~s** Flaschenzug *m*, b) Flasche *f* (*Verbindung mehrerer Rollen*), c) Flaschenzug *m*; **2.** ⚓ Talje *f*; **3.** *a.* ***belt* ~** Riemenscheibe *f*; **~ block** *s.* ⚙ (Roll)Kloben *m*; **~ chain** *s.* Flaschenzugkette *f*; **~ drive** *s.* Riemenscheibenantrieb *m*.

Pull·man (car) ['pʊlmən] *pl.* **-mans** *s.* 🚃 Pullmanwagen *m*.

'pull|-off I *s.* **1.** ✈ Lösen *n* des Fallschirms (*beim Absprung*); **2.** *leichter etc.* Abzug (*Schusswaffe*); **II** *adj.* **3.** ⚙ Abzieh...(*-feder*); **'~-out I** *s.* **1.** Faltblatt *n*; **2.** (Zeitschriften)Beilage *f*; **3.** ⚔ (Truppen)Abzug *m*; **II** *adj.* **4.** ausziehbar: **~ *map*** Faltkarte *f*; **~ *seat*** Schiebesitz *m*; **'~ˌo·ver** *s.* Pull'over *m*; **~ switch** *s.* ⚡ Zugschalter *m*.

pul·lu·late ['pʌljʊleɪt] *v/i.* **1.** (her'vor-)sprossen, knospen; **2.** Knospen treiben; **3.** keimen (*Samen*); **4.** *biol.* sich (*durch Knospung*) vermehren; **5.** *fig.* wuchern, grassieren; **6.** *fig.* wimmeln.

'pull-up *s.* **1.** *Brit. mot.* Raststätte *f*; **2.** Klimmzug *m*.

pul·mo·nar·y ['pʌlmənərɪ] *adj.* *anat.* Lungen...; **'pul·mo·nate** [-neɪt] *zo. adj.* Lungen..., mit Lungen (ausgestattet): **~ (*mollusc*)** Lungenschnecke *f*; **pul·mon·ic** [pʌl'mɒnɪk] **I** *adj.* Lungen...; **II** *s.* Lungenheilmittel *n*.

pulp [pʌlp] **I** *s.* **1.** Fruchtfleisch *n*, -mark *n*; **2.** ⚘ Stängelmark *n*; **3.** *anat.* (Zahn-)Pulpa *f*; **4.** Brei *m*, breiige Masse: ***beat to a* ~** *fig. j-n* zu Brei schlagen; **5.** ⚙ a) Pa'pierbrei *m*, Pulpe *f*, *bsd.* Ganzzeug *n*, b) Zellstoff *m*: **~ *board*** Zellstoffpappe *f*; **~ *engine*** → ***pulper*** 1; **~ *factory*** Holzschleiferei *f*; **6.** Maische *f*, Schnitzel *pl.* (*Zucker*); **7.** *Am.* a) Schund *m*, b) *a.* **~ *magazine*** *Am.* Schundblatt *n*; **II** *v/t.* **8.** in Brei verwandeln; **9.** *Papier* einstampfen; **10.** *Früchte* entfleischen; **III** *v/i.* **11.** breiig werden *od.* sein; **'pulp·er** [-pə] *s.* **1.** ⚙ (Ganzzeug)Holländer *m* (*Papier*); **2.** ✓ (Rüben)Breimühle *f*; **'pulp·i·fy** [-pɪfaɪ] *v/t.* in Brei verwandeln; **'pulp·i·ness** [-pɪnɪs] *s.* **1.** Weichheit *f*; **2.** Fleischigkeit *f*; **3.** Matschigkeit *f*.

pul·pit ['pʊlpɪt] *s.* **1.** Kanzel *f*: ***in the* ~** auf der Kanzel; **~ *orator*** Kanzelredner *m*; **2.** ***the* ~** *coll.* die Geistlichkeit; **3.** *fig.* Kanzel *f*; **4.** ⚙ Bedienungsstand *m*.

pulp·y ['pʌlpɪ] *adj.* □ **1.** weich u. saftig; **2.** fleischig; **3.** schwammig; **4.** breiig, matschig.

pul·sate [pʌl'seɪt] *v/i.* **1.** pulsieren (*a.* ⚡), (rhythmisch) pochen *od.* schlagen; **2.** vibrieren; **3.** *fig.* pulsieren (***with*** von *Leben, Erregung*); **pul·sa·tile** ['pʌlsətaɪl] *adj.* ♪ Schlag...: **~ *instrument***; **pul'sat·ing** [-tɪŋ] *adj.* **1.** ⚡ pulsierend (*a. fig.*), stoßweise; **2.** *fig.* beschwingt (*Rhythmus, Weise*); **pul'sa·tion** [-eɪʃn] *s.* **1.** Pulsieren *n* (*a. fig.*), Pochen *n*, Schlagen *n*; **2.** Pulsschlag *m* (*a. fig.*); **3.** Vibrieren *n*.

pulse[1] [pʌls] **I** *s.* **1.** Puls(schlag) *m* (*a. fig.*): ***quick* ~** schneller Puls; **~ *rate*** ⚕ Pulszahl *f*; ***feel s.o.'s* ~** a) j-m den Puls fühlen, b) *fig.* j-m auf den Zahn fühlen, bei j-m vorfühlen; **2.** ⚡, *phys.* Im'puls *m*, (Strom)Stoß *m*; **II** *v/i.* **3.** → ***pulsate***.

pulse[2] [pʌls] *s.* Hülsenfrüchte *pl.*

pul·ver·i·za·tion [ˌpʌlvəraɪ'zeɪʃn] *s.* **1.** Pulverisierung *f*, (Feinst)Mahlung *f*; **2.** Zerstäubung *f von Flüssigkeiten*; **3.** *fig.* Zermalmung *f*; **pul·ver·ize** ['pʌlvəraɪz] **I** *v/t.* **1.** pulverisieren, *zu Staub* zermahlen, -stoßen, -reiben: **~*d coal*** fein gemahlene Kohlen *pl.*, Kohlenstaub *m*; **2.** *Flüssigkeit* zerstäuben; **3.** *fig.* zermalmen; **II** *v/i.* **4.** (in Staub) zerfallen; **pul·ver·iz·er** ['pʌlvəraɪzə] *s.* **1.** ⚙ Zerkleinerer *m*, Pulverisiermühle *f*, Mahlanlage *f*; **2.** Zerstäuber *m*; **pul·ver·u·lent** [pʌl'verjələnt] *adj.* **1.** (fein)pulverig; **2.** (leicht) zerbröckelnd; **3.** staubig.

pu·ma ['pjuːmə] *s. zo.* Puma *m*.

pum·ice ['pʌmɪs] **I** *s.* *a.* **~ *stone*** Bimsstein *m*; **II** *v/t.* mit Bimsstein abreiben, (ab)bimsen.

pum·mel ['pʌml] → ***pommel*** II.

pump[1] [pʌmp] **I** *s.* **1.** Pumpe *f*: (***dispensing***) **~** *mot.* Zapfsäule *f*; **~ *priming*** a) Anlassen *n* der Pumpe, b) ✝ Ankurbelung *f* der Wirtschaft; **2.** Pumpen(stoß *m*) *n*; **II** *v/t.* **3.** pumpen: **~ *dry*** auspumpen, leer pumpen; **~ *out*** auspumpen (*a. fig. erschöpfen*); **~ *up*** a) hochpumpen, b) *Reifen* aufpumpen (*a. fig.*); **~ *bullets into*** *fig. j-m* Kugeln in den Leib jagen; **~ *money into*** ✝ Geld in *et.* hineinpumpen; **4.** *fig. j-n* aushohlen, -fragen, -horchen; **III** *v/i.* **5.** pumpen (*a. fig. Herz etc.*).

pump[2] [pʌmp] *s.* **1.** Pumps *m* (*Halbschuh*); **2.** *Brit.* Turnschuh *m*.

'pump-ˌhan·dle I *s.* Pumpenschwengel *m*; **II** *v/t.* F *j-s Hand* 'überschwänglich schütteln.

pump·kin ['pʌmpkɪn] *s.* ⚘ (*bsd.* Garten-)Kürbis *m*.

P

pumpkin pie ist kein Gemüsegericht, sondern ein Nachtisch, der in Amerika – vor allem am **Thanksgiving Day** (*siehe dort*) – beliebt ist. Das Kürbisfleisch wird mit braunem Zucker, Zimt, Muskat, Milch und Eiern gemischt und gebacken. Dazu gibt es Vanilleeis.

pump room *s.* Trinkhalle *f in Kurbädern.*

pun [pʌn] **I** *s.* Wortspiel *n* (**on** über *acc.*, mit); **II** *v/i.* Wortspiele *od.* ein Wortspiel machen, witzeln.

punch¹ [pʌntʃ] **I** *s.* **1.** (Faust)Schlag *m*: ***beat s.o. to the ~*** *Am. fig.* j-m zuvorkommen; → ***pull*** 18; **2.** Schlagkraft *f* (*a. fig.*); → ***pack*** 20; **3.** F Wucht *f*, Schmiss *m*, Schwung *m*; **II** *v/t.* **4.** (*mit der Faust*) schlagen, boxen, knuffen; **5.** (ein)hämmern auf (*acc.*): ***~ the typewriter***.

punch² [pʌntʃ] ⚙ **I** *s.* **1.** Stanzwerkzeug *n*, Lochstanze *f*, -eisen *n*, Stempel *m*, 'Durchschlag *m*, Dorn *m*; **2.** Pa'trize *f*; **3.** Prägestempel *m*; **4.** Lochzange *f* (*a.* 🚂 *etc.*); **5.** (Pa'pier)Locher *m*; **II** *v/t.* **6.** (aus-, loch)stanzen, durch'schlagen, lochen; **7.** *Zahlen etc.* punzen, stempeln; **8.** *Fahrkarten etc.* lochen, knipsen: ***~ed card*** Lochkarte *f*; ***~ed tape*** Lochstreifen *m*.

punch³ [pʌntʃ] *s.* Punsch *m*.

punch⁴ [pʌntʃ] *s. Brit.* **1.** kurzbeiniges schweres Zugpferd; **2.** F ‚Stöpsel' *m* (*kleine dicke Person*).

Punch [pʌntʃ] *s.* Kasperle *n*, Hans'wurst *m*: ***~ and Judy show*** Kasperletheater *n*; ***he was as pleased as ~*** er hat sich königlich gefreut.

'punch|·ball *s. Boxen*: Punchingball *m*, (Mais)Birne *f*; **~ card** *s.* Lochkarte *f*; **,~-'drunk** *adj.* **1.** (von vielen Boxhieben) blöde (geworden); **2.** groggy.

pun·cheon¹ ['pʌntʃən] *s.* **1.** (Holz-, Stütz)Pfosten *m*; **2.** ⚙ → ***punch²*** 1.

pun·cheon² ['pʌntʃən] *s. hist.* Puncheon *n* (*Fass von 315–540 l*).

punch·er ['pʌntʃə] *s.* **1.** ⚙ Locheisen *n*, Locher *m*; **2.** F Schläger *m* (*a. Boxer*); **3.** *Am.* F Cowboy *m*.

punch·ing| bag ['pʌntʃɪŋ] *s. Boxen*: Sandsack *m*; **~ ball** *s. Boxen*: Punchingball *m*; **~ die** *s.* ⚙ 'Stanzma,trize *f*.

punch| line *s. Am.* Po'inte *f*, 'Knallef,fekt *m*; **~ press** *s.* ⚙ Lochpresse *f*; **'~-up** *s.* F Schläge'rei *f*.

punc·til·i·o [pʌŋk'tɪlɪəʊ] *pl.* **-i·os** *s.* **1.** Punkt *m* der Eti'kette; Feinheit *f des Benehmens etc.*; **2.** heikler *od.* kitzliger Punkt: ***~ of hono(u)r*** Ehrenpunkt *m*; **3.** → ***punctiliousness***; **punc'til·i·ous** [-ɪəs] *adj.* ☐ **1.** peinlich (genau), pe'dantisch, spitzfindig; **2.** (über'trieben) förmlich; **punc'til·i·ous·ness** [-ɪəsnɪs] *s.* pe'dantische Genauigkeit, Förmlichkeit *f*.

punc·tu·al ['pʌŋktjʊəl] *adj.* ☐ pünktlich; **punc·tu·al·i·ty** [,pʌŋktjʊ'ælətɪ] *s.* Pünktlichkeit *f*.

punc·tu·ate ['pʌŋktjʊeɪt] *v/t.* **1.** interpunktieren, Satzzeichen setzen in (*acc.*); **2.** *fig.* a) unter'brechen (**with** durch, mit), b) unter'streichen; **punc·tu·a·tion** [,pʌŋktjʊ'eɪʃn] *s.* **1.** Interpunkti'on *f*, Zeichensetzung *f*: ***close*** (***open***) **~** (weniger) strikte Zeichensetzung; **~ *mark*** Satzzeichen *n*; **2.** *fig.* a) Unter'brechung *f*, b) Unter'streichung *f*.

punc·ture ['pʌŋktʃə] **I** *v/t.* **1.** durch'stechen, -'bohren; **2.** ⚕ punktieren; **II** *v/i.* **3.** ein Loch bekommen, platzen (*Reifen*); **4.** ϟ 'durchschlagen; **III** *s.* **5.** (Ein-)Stich *m*, Loch *n*; **6.** Reifenpanne *f*: ***~ outfit*** Flickzeug *n*; **7.** ⚕ Punk'tur *f*; **8.** ϟ 'Durchschlag *m*; **'~-proof** *adj. mot.* pannen-, ϟ 'durchschlagsicher.

pun·dit ['pʌndɪt] *s.* **1.** Pandit *m* (*brahmanischer Gelehrter*); **2.** *humor.* a) ‚gelehrtes Haus', b) ‚Weise(r)' *m* (*Experte*).

pun·gen·cy ['pʌndʒənsɪ] *s.* Schärfe *f* (*a. fig.*); **'pun·gent** [-nt] *adj.* ☐ **1.** scharf (*im Geschmack*); **2.** stechend (*Geruch etc.*), *a. fig.* beißend, scharf; **3.** *fig.* prickelnd, pi'kant.

pu·ni·ness ['pju:nɪnɪs] *s.* **1.** Schwächlichkeit *f*; **2.** Kleinheit *f*.

pun·ish ['pʌnɪʃ] *v/t.* **1.** *j-n* (be)strafen (**for** für, wegen); **2.** *Vergehen* bestrafen, ahnden; **3.** F *fig. Boxer etc.* übel zurichten, arg mitnehmen (*a. weitS. strapazieren*): ***~ing*** ‚mörderisch', zermürbend; **4.** F ‚reinhauen' (*ins Essen*); **'pun·ish·a·ble** [-ʃəbl] *adj.* ☐ strafbar; **'pun·ish·ment** [-mənt] *s.* **1.** Bestrafung *f* (**by** durch); **2.** Strafe *f* (*a.* ⚖): ***for*** (*od.* ***as***) ***a ~*** als *od.* zur Strafe; **3.** F a) grobe Behandlung, b) *Boxen*: ‚Prügel' *pl.*: ***take ~*** ‚schwer einstecken' müssen; c) Stra'paze *f*, ‚Schlauch' *m*, d) ⚙, ✝ harte Beanspruchung.

pu·ni·tive ['pju:nətɪv] *adj.* Straf...

punk [pʌŋk] **I** *s.* **1.** Zunder(holz *n*) *m*; **2.** *sl. contp.* a) ‚Flasche' *f*, b) ‚Blödmann' *m*, c) ‚Mist' *m*; **3.** ‚Punk' *m* (*Bewegung u. Anhänger*), Punker(in); **II** *adj. sl.* **4.** mise'rabel; **5.** Punk... (*a.* ♪).

pun·ster ['pʌnstə] *s.* Wortspielmacher (-in), Witzbold *m*.

punt¹ [pʌnt] **I** *s.* Punt *n*, Stakkahn *m*; **II** *v/t. Boot* staken; **III** *v/i.* punten, im Punt fahren.

punt² [pʌnt] **I** *s. Rugby etc.*: Falltritt *m*; **II** *v/t. u. v/i.* (den Ball) aus der Hand (ab)schlagen.

punt³ [pʌnt] *v/i.* **1.** *Glücksspiel*: gegen die Bank setzen; **2.** (*auf ein Pferd*) setzen, *allg.* wetten.

punt⁴ [pʌnt] *s. Währung*: Punt *n*, irisches Pfund.

punt·er¹ ['pʌntə] *s. bsd. Brit.* **1.** Wetter (-in); **2.** (Glücks)Spieler(in); **3.** F *a. b. s.* Kunde *m*, Kundin *f*: ***the average ~*** ‚Otto Nor'malverbraucher'; ***the ~s*** *pl.* die Leutchen *pl.*, das 'Publikum; **4.** F Freier *m* (*e-r Prostituierten*).

punt·er² ['pʌntə] *s.* Stechkahnfahrer(in).

pu·ny ['pju:nɪ] *adj.* ☐ schwächlich; winzig, *a. fig.* kümmerlich.

P

pup [pʌp] **I** *s.* junger Hund: ***in ~*** trächtig (*Hündin*); ***conceited ~*** → ***puppy*** 2; ***sell s.o. a ~*** F j-m et. andrehen, j-n ‚reinlegen'; **II** *v/t. u. v/i.* (Junge) werfen.

pu·pa ['pju:pə] *pl.* **-pae** [-pi:] *s. zo.* Puppe *f*; **'pu·pate** [-peɪt] *v/i. zo.* sich verpuppen; **pu·pa·tion** [pju:'peɪʃən] *s. zo.* Verpuppung *f*.

pu·pil¹ ['pju:pl] *s.* **1.** Schüler(in): ***~ teacher*** Junglehrer(in); **2.** ✝ Prakti'kant(in); **3.** ⚖ Mündel *m, n*.

pu·pil² ['pju:pl] *s. anat.* Pu'pille *f*.

pu·pil·(l)age ['pju:pɪlɪdʒ] *s.* **1.** Schüler-, Lehrjahre *pl.*; **2.** Minderjährigkeit *f*, Unmündigkeit *f*; **'pu·pil·(l)ar** [-lə] → **'pu·pil·(l)ar·y** [-lərɪ] *adj.* **1.** ⚖ Mündel...; **2.** *anat.* Pupillen...

pup·pet ['pʌpɪt] *s. a. fig.* Mario'nette *f*, Puppe *f*: ***~ government*** Marionettenregierung *f*; ***~ show*** (*od.* ***play***) Puppenspiel *n*, Mario'nettenthe,ater *n*.

pup·py ['pʌpɪ] *s.* **1.** *zo.* junger Hund, Welpe *m*, *a. weitS.* Junge(s) *n*: ***~ love*** → ***calf love***; **2.** *fig.* (junger) Schnösel, Fatzke *m*; **'pup·py·hood** [-hʊd] *s.* Jugend-, Flegeljahre *pl.*

pup tent *s.* kleines Schutzzelt.

pur [pɜ:] → ***purr***.

pur·blind ['pɜ:blaɪnd] *adj.* **1.** *fig.* kurzsichtig, dumm; **2.** a) halb blind, b) *obs.* (ganz) blind.

pur·chas·a·ble ['pɜ:tʃəsəbl] *adj.* käuflich (*a. fig.*); **pur·chase** ['pɜ:tʃəs] **I** *v/t.* **1.** kaufen, erstehen, (käuflich) erwerben; **2.** *fig.* erkaufen, erringen (***with*** mit, durch); **3.** *fig.* kaufen (*bestechen*); **4.** ⚙, ⚓ a) hochwinden; b) (mit Hebelkraft) heben *od.* bewegen; **II** *s.* **5.** (An-, Ein)Kauf *m*: ***by ~*** durch Kauf, käuflich; ***make ~s*** Einkäufe machen; **6.** 'Kauf(-ob,jekt *n*) *m*, Anschaffung *f*: ***~s*** *Bilanz*: Wareneingänge; **7.** ⚖ Erwerbung *f*; **8.** (Jahres)Ertrag *m*: ***at ten years' ~*** zum Zehnfachen des Jahresertrages; ***his life is not worth a day's ~*** er lebt keinen Tag mehr, er macht es nicht mehr lange; **9.** ⚙ Hebevorrichtung *f*, *bsd.* a) Flaschenzug *m*, b) ⚓ Talje *f*; **10.** Hebelkraft *f*, -wirkung *f*; **11.** (guter) Angriffs- *od.* Ansatzpunkt; **12.** *fig.* a) Machtstellung *f*, Einfluss *m*, b) Machtmittel *n*, Handhabe *f*.

pur·chase| ac·count *s.* ✝ Wareneingangskonto *n*; **~ dis·count** *s.* 'Einkaufsra,batt *m*; **~ mon·ey** *s.* Kaufsumme *f*; **~ pat·tern** *s.* Käuferverhalten *n*; **~ price** *s.* Kaufpreis *m*.

pur·chas·er ['pɜ:tʃəsə] *s.* **1.** Käufer(in); Abnehmer(in); **2.** ⚖ Erwerber *m*: ***first ~*** Ersterwerber.

pur·chase tax *s. Brit.* Kaufsteuer *f*.

pur·chas·ing| a·gent ['pɜ:tʃəsɪŋ] *s.* ✝ Einkäufer *m*; **~ as·so·ci·a·tion** *s.* Einkaufsgenossenschaft *f*; **~ de·part·ment** *s.* Einkauf(sabteilung *f*) *m*; **~ man·ag·er** *s.* Einkaufsleiter *m*; **~ pow·er** *s.* Kaufkraft *f*.

pure [pjʊə] *adj.* □ **1.** rein: a) sauber, makellos (*a. fig. Freundschaft, Sprache, Ton etc.*), b) unschuldig, unberührt: ***a ~ girl***, c) unvermischt: ***~ gold*** pures *od.* reines Gold, d) theo'retisch: ***~ mathematics*** reine Mathematik, e) völlig, bloß, pur: ***~ nonsense***; **~ly** *adv. fig.* rein, bloß, ausschließlich; **2.** *biol.* reinrassig; **'~·bred I** *adj.* reinrassig, rasserein; **II** *s.* reinrassiges Tier.

pu·rée ['pjʊəreɪ] (*Fr.*) *s.* **1.** Pü'ree *n*; **2.** (Pü'ree)Suppe *f*.

pur·ga·tion [pɜ:'geɪʃn] *s.* **1.** *mst eccl. u. fig.* Reinigung *f*; **2.** ⚕ Darmentleerung *f*; **pur·ga·tive** ['pɜ:gətɪv] **I** *adj.* □ **1.** reinigend; **2.** ⚕ abführend, Abführ...; **II** *s.* **3.** ⚕ Abführmittel *n*; **pur·ga·to·ry** ['pɜ:gətərɪ] *s. R.C.* Fegefeuer *n* (*a. fig.*).

purge [pɜ:dʒ] **I** *v/t.* **1.** *mst fig j-n* reinigen (***of***, ***from*** von *Schuld, Verdacht*); **2.** *Flüssigkeit* klären, läutern; **3.** ⚕ a) *Darm* abführen, entschlacken, b) *j-m* Abführmittel geben; **4.** *Verbrechen* sühnen; **5.** *pol.* a) *Partei etc.* säubern, b) (aus der Par'tei) ausschließen, c) liquidieren (*töten*); **II** *v/i.* **6.** sich läutern; **7.** ⚕ a) abführen (*Medikament*), b) Stuhlgang haben; **III** *s.* **8.** Reinigung *f*; **9.** ⚕ a) Entleerung *f*, -schlackung *f*, b) Abführmittel *n*; **10.** *pol.* 'Säuberung(s-akti,on) *f*.

pu·ri·fi·ca·tion [,pjʊərɪfɪ'keɪʃn] *s.* **1.** Reinigung *f* (*a. eccl.*); **2.** ⚙ Reinigung *f* (*a. metall.*), Klärung *f*, Abläuterung *f*; Regenerierung *f von Altöl*; **pu·ri·fi·er** ['pjʊərɪfaɪə] *s.* ⚙ Reiniger *m*, 'Reinigungsappa,rat *m*; **pu·ri·fy** ['pjʊərɪfaɪ] **I** *v/t.* **1.** reinigen (***of***, ***from*** von) (*a. fig. läutern*); **2.** ⚙ reinigen, läutern, klären; aufbereiten, *Öl* regenerieren; **II** *v/i.* **3.** sich läutern.

pur·ism ['pjʊərɪzəm] *s. a. ling. u. Kunst*: Pu'rismus *m*; **'pur·ist** [-ɪst] *s.* Pu'rist *m*, *bsd.* Sprachreiniger *m*.

Pu·ri·tan ['pjʊərɪtən] **I** *s.* **1.** *hist.* (*fig. mst* 𝔭) Puri'taner(in); **II** *adj.* **2.** puri'tanisch; **3.** *fig.* (*mst* 𝔭) → ***puritanical***; **pu·ri·tan·i·cal** [,pjʊərɪ'tænɪkəl] *adj.* □ puritanisch, über'trieben sittenstreng; **'Pu·ri·tan·ism** [-tənɪzəm] *s.* Purita'nismus *m*.

pu·ri·ty ['pjʊərətɪ] *s.* Reinheit *f*: ***𝔓 Campaign*** *fig.* Sauberkeitskampagne *f*.

purl¹ [pɜ:l] **I** *v/i.* murmeln, rieseln (*Bach*); **II** *s.* Murmeln *n*.

purl² [pɜ:l] **I** *v/t.* **1.** (um)'säumen, einfassen; **2.** (*a. v/i.*) links stricken; **II** *s.* **3.** Gold-, Silberdrahtlitze *f*; **4.** Zäckchen(-borte *f*) *n*; **5.** Häkelkante *f*; **6.** Linksstricken *n*.

purl·er ['pɜ:lə] *s.* F **1.** schwerer Sturz:

come (*od.* ***take***) ***a ~*** schwer stürzen; **2.** schwerer Schlag.

pur·lieus ['pɜːljuːz] *s. pl.* Um'gebung *f*, Randbezirk(e *pl.*) *m*.

pur·loin [pɜː'lɔɪn] *v/t.* entwenden, stehlen (*a. fig.*); **pur'loin·er** [-nə] *s.* Dieb *m*; *fig.* Plagi'ator *m*.

pur·ple ['pɜːpl] **I** *adj.* **1.** violett, lila: ***2 Heart*** a) ⚔ *Am.* Verwundetenabzeichen *n*, b) *Brit.* F Amphetamintablette *f*; **2.** *fig.* bril'lant (*Stil*): ***~ passage*** Glanzstelle *f*; **3.** *Am.* lästerlich; **II** *s.* **4.** Vio'lett *n*, Lila *n*; Purpur *m* (*a. fig. Herrscher-, Kardinalswürde*): ***raise to the ~*** zum Kardinal ernennen; **III** *v/i.* **5.** sich violett *od.* lila färben.

pur·port ['pɜːpət] **I** *v/t.* **1.** behaupten, vorgeben: ***~ to be*** (***do***) angeblich sein (tun), sein (tun) wollen; **2.** besagen, beinhalten, zum Inhalt haben, ausdrücken (wollen); **II** *s.* **3.** Tenor *m*, Inhalt *m*, Sinn *m*.

pur·pose ['pɜːpəs] **I** *s.* **1.** Zweck *m*, Ziel *n*; Absicht *f*, Vorsatz *m*: ***for what ~?*** zu welchem Zweck?, wozu?; ***for all practical ~s*** praktisch; ***for the ~ of*** a) um zu, zwecks, b) im Sinne *e-s Gesetzes*; ***of set ~*** ⚖ vorsätzlich; ***on ~*** absichtlich; ***to the ~*** a) zur Sache (gehörig), b) zweckdienlich; ***to no ~*** vergeblich, umsonst; ***answer*** (*od.* ***serve***) ***the ~*** dem Zweck entsprechen; ***be to little ~*** wenig Zweck haben; ***turn to good ~*** gut anwenden *od.* nützen; ***novel with a ~***, ***~ novel*** Tendenzroman *m*; **2.** *a.* ***strength of ~*** Entschlusskraft *f*; **3.** Zielbewusstheit *f*; **4.** Wirkung *f*; **II** *v/t.* **5.** vorhaben, beabsichtigen, bezwecken; **'~-built** *adj.* spezi'algefertigt, Spezial..., Zweck...

pur·pose·ful ['pɜːpəsfʊl] *adj.* ☐ **1.** zielbewusst, entschlossen; **2.** zweckmäßig, -voll; **3.** absichtlich; **'pur·pose·less** [-lɪs] *adj.* ☐ **1.** zwecklos; **2.** ziel-, planlos; **'pur·pose·ly** [-lɪ] *adv.* absichtlich, vorsätzlich; **'pur·pos·ive** [-sɪv] *adj.* **1.** zweckmäßig, -voll, -dienlich; **2.** absichtlich, bewusst, *a.* gezielt; **3.** zielstrebig.

'pur·pose-trained *adj.* mit Spezi'alausbildung.

purr [pɜː] **I** *v/i.* **1.** schnurren (*Katze etc.*); **2.** *fig.* surren, summen (*Motor etc.*); **3.** *fig.* vor Behagen schnurren; **II** *v/t.* **4.** *et.* summen, säuseln (*sagen*); **III** *s.* **5.** Schnurren *n*; Surren *n*.

purse [pɜːs] **I** *s.* **1.** a) Geldbeutel *m*, Börse *f*, b) (Damen)Handtasche *f*: ***a light*** (***long***) ***~*** *fig.* ein magerer (voller) Geldbeutel; ***public ~*** Staatssäckel *m*; **2.** Fonds *m*: ***common ~*** gemeinsame Kasse; **3.** Geldsammlung *f*, -geschenk *n*: ***make up a ~ for*** Geld sammeln für; **4.** *sport*: a) Siegprämie *f*, b) *Boxen*: Börse *f*; **II** *v/t.* **5.** *oft* ***~ up*** in Falten legen; *Stirn* runzeln; *Lippen* schürzen, *Mund* spitzen; **'~-proud** *adj.* geldstolz, protzig.

purs·er ['pɜːsə] *s.* **1.** ⚓ Zahl-, Provi'antmeister *m*; **2.** ✈ Purser(in).

purse strings *s. pl.*: ***hold the ~*** den Geldbeutel verwalten; ***tighten the ~*** den Daumen auf dem Beutel halten.

purs·lane ['pɜːslɪn] *s.* ⚘ Portulak(gewächs *n*) *m*.

pur·su·ance [pə'sjʊəns] *s.* Verfolgung *f*, Ausführung *f*: ***in ~ of*** a) im Verfolg (*gen.*), b) → ***pursuant***; **pur'su·ant** [-nt] *adj.* ☐: ***~ to*** gemäß *od.* laut *e-r Vorschrift etc.*

pur·sue [pə'sjuː] **I** *v/t.* **1.** (*a.* ⚔) verfolgen, *j-m* nachsetzen, *j-n* jagen; **2.** *fig. Zweck*, *Ziel*, *Plan* verfolgen; **3.** nach *Glück etc.* streben; *dem Vergnügen* nachgehen; **4.** *Kurs*, *Weg* einschlagen, folgen (*dat.*); **5.** *Beruf*, *Studien etc.* betreiben, nachgehen (*dat.*); **6.** *et.* weiterführen, fortsetzen, fortfahren in; **7.** *Thema etc.* weiterführen, (weiter)diskutieren; **II** *v/i.* **8.** ***~ after*** → 1; **9.** *im Sprechen etc.* fortfahren; **pur'su·er** [-juːə] *s.* **1.** Verfolger(in); **2.** ⚖ *Scot.* (An)Kläger(in).

pur·suit [pə'sjuːt] *s.* **1.** Verfolgung *f*, Jagd *f* (***of*** auf *acc.*): ***~ action*** ⚔ Verfolgungskampf *m*; ***in hot ~*** in wilder Verfolgung *od.* Jagd; **2.** *fig.* Streben *n*, Trachten *n*, Jagd *f* (***of*** nach); **3.** Verfolgung *f*, Verfolg *m e-s Plans etc.*: ***in ~ of*** im Verfolg *e-r Sache*; **4.** Beschäftigung *f*, Betätigung *f*; Ausübung *f e-s Gewerbes*, Betreiben *n von Studien etc.*; **5.** *pl.* Arbeiten *pl.*, Geschäfte *pl.*; Studien *pl.*; **~ in·ter·cep·tor** *s.* ✈ Zerstörer *m*; **~ plane** *s.* ✈ Jagdflugzeug *n*.

pur·sy[1] ['pɜːsɪ] *adj.* **1.** kurzatmig; **2.** korpu'lent; **3.** protzig.

pur·sy[2] ['pɜːsɪ] *adj.* zs.-gekniffen.

pu·ru·lence ['pjʊərʊləns] *s.* ⚕ **1.** Eitrigkeit *f*; **2.** Eiter *m*; **'pu·ru·lent** [-nt] *adj.* ☐ ⚕ eiternd, eit(e)rig; Eiter...: ***~ matter*** Eiter *m*.

pur·vey [pə'veɪ] **I** *v/t.* (***to***) *mst Lebensmittel* liefern (an *acc.*), (*j-n*) versorgen mit; **II** *v/i.* (***for***) liefern (an *acc.*), sorgen (für): ***~ for*** *j-n* beliefern; **pur'vey·ance** [-eɪəns] *s.* **1.** Lieferung *f*, Beschaffung *f*; **2.** (Mund)Vorrat *m*, Lebensmittel *pl.*; **pur'vey·or** [-eɪə] *s.* **1.** Liefe'rant *m*: ***2 to Her Majesty*** Hoflieferant; **2.** Lebensmittelhändler *m*.

pur·view ['pɜːvjuː] *s.* **1.** ⚖ verfügender Teil (*e-s Gesetzes*); **2.** *bsd.* ⚖ (Anwendungs)Bereich *m e-s Gesetzes*, b) Zuständigkeit(sbereich *m*) *f*; **3.** Wirkungskreis *m*, Sphäre *f*, Gebiet *n*; **4.** Gesichtskreis *m*, Blickfeld *n* (*a. fig.*).

pus [pʌs] *s.* ⚕ Eiter *m*.

push [pʊʃ] **I** *s.* **1.** Stoß *m*, Schub *m*: ***give s.o. a ~*** a) j-m e-n Stoß versetzen, b)

P

mot. j-n anschieben; ***give s.o. the ~*** *sl.* j-n ‚rausschmeißen' (*entlassen*); ***get the ~*** *sl.* ‚rausfliegen' (*entlassen werden*); **2.** ⚠, ⚙, *geol.* (horizon'taler) Druck, Schub *m*; **3.** Anstoß *m*, -trieb *m*; **4.** Anstrengung *f*, Bemühung *f*; **5.** *bsd.* ⚔ Vorstoß *m* (***for*** auf *acc.*); Offen'sive *f*; **6.** *fig.* Druck *m*, Drang *m der Verhältnisse*; **7.** kritischer Augenblick: ***at a ~*** im Notfall; ***bring to the last ~*** aufs Äußerste treiben; ***when it came to the ~*** als es darauf ankam; **8.** F Schwung *m*, Ener'gie *f*, Tatkraft *f*, Draufgängertum *n*; **9.** Protekti'on *f*: ***get a job by ~***; **10.** F Menge *f*, Haufen *m Menschen*; **11.** *sl.* a) (exklu'sive) Clique, b) ‚Verein' *m*, ‚Bande' *f*; **II** *v/t.* **12.** stoßen, *Karren etc.* schieben: ***~ open*** aufstoßen; **13.** stecken, schieben (***into*** in *acc.*); **14.** drängen: ***~ one's way ahead*** (***through***) sich vor- (durch)drängen; **15.** *fig.* (an)treiben, drängen (***to*** zu, ***to do*** zu tun): ***~ s.o. for*** j-n bedrängen *od.* j-m zusetzen wegen; ***~ s.o. for payment*** bei j-m auf Zahlung drängen; ***~ s.th. on s.o.*** j-m et. aufdrängen; ***be ~ed for time*** in Zeitnot *od.* im Gedränge sein; ***be ~ed for money*** in Geldverlegenheit sein; **16.** *a.* ***~ ahead*** (*od.* ***forward*** *od.* ***on***) *Angelegenheit* (e'nergisch) betreiben *od.* verfolgen, vor'antreiben; **17.** *a.* ***~ through*** 'durchführen, -setzen; *Anspruch* 'durchdrücken; *Vorteil* ausnutzen: ***~ s.th. too far*** et. zu weit treiben; **18.** Re'klame machen für, die Trommel rühren für; **19.** F verkaufen, mit *Rauschgift etc.* handeln; **20.** F sich *e-m Alter* nähern: ***be ~ing 70***; **III** *v/i.* **21.** stoßen, schieben; **22.** (sich) drängen; **23.** sich vorwärts drängen, sich vor'ankämpfen; **24.** sich tüchtig ins Zeug legen; **25.** *Billard*: schieben; ***~ a·round*** *v/t.* her'umschubsen (*a. fig.*); ***~ off*** **I** *v/t.* **1.** *Boot* abstoßen; **2.** ✝ *Waren* abstoßen, losschlagen; **II** *v/i.* **3.** ⚓ abstoßen (***from*** von); **4.** F ‚abhauen'; **5.** ***~!*** F ‚schieß los'!; ***~ up*** *v/t.* hoch-, hin'aufschieben, -stoßen; ✝ *Preise* hochtreiben; ***~ un·der*** *v/t.* F *j-n* ‚unterbuttern'.

'push|·ball *s.* Pushball(spiel *n*) *m*; **'~-bike** *s. Brit.* F Fahrrad *n*; **'~-ˌbut·ton I** *s.* ⚙ Druckknopf *m*, -taste *f*; **II** *adj.* druckknopfgesteuert, Druckknopf...: ***~ switch***; ***~ telephone*** Tastentelefon *n*; ***~ warfare*** automatische Kriegführung; **'~·cart** *s.* **1.** (Hand)Karren *m*; **2.** *Am.* Einkaufswagen *m*; **'~·chair** *s.* (Kinder-) Sportwagen *m*.

push·er ['pʊʃə] *s.* **1.** ⚙ Schieber *m* (*a. Kinderlöffel*); **2.** 🚂 'Hilfslokomoˌtive *f*; **3.** *a.* ***~ airplane*** Flugzeug *n* mit Druckschraube; **4.** F Streber *m*; Draufgänger *m*; **5.** *sl.* ‚Pusher' *m*, ‚Dealer' *m* (*Rauschgifthändler*).

push·ful ['pʊʃfʊl] *adj.* ☐ e'nergisch, unter'nehmend, draufgängerisch.

push·ing ['pʊʃɪŋ] *adj.* ☐ **1.** → ***pushful***; **2.** streberisch; **3.** zudringlich.

'push|-off *s.* F Anfang *m*, Start *m*; **'~ˌo·ver** *s.* F **1.** leicht zu besiegender Gegner; **2.** Gimpel *m*: ***he is a ~ for that*** darauf fällt er prompt herein; **3.** leichte Sache, Kinderspiel *n*; **ˌ~-'pull** *adj.* ϟ Gegentakt...; ***~ start*** *s. mot.* Anschieben *n*; **ˌ~-to-'talk but·ton** *s.* ϟ Sprechtaste *f*; **'~-up** *s.* Liegestütz *m*.

push·y ['pʊʃɪ] *adj.* F aufdringlich, penetrant; aggres'siv.

pu·sil·la·nim·i·ty [ˌpju:sɪlə'nɪmətɪ] *s.* Kleinmütigkeit *f*, Verzagtheit *f*; **pu·sil·lan·i·mous** [ˌpju:sɪ'lænɪməs] *adj.* ☐ kleinmütig, verzagt.

puss[1] [pʊs] *s.* **1.** Mieze *f*, Kätzchen *n* (*a.* F *fig. Mädchen*): ***♀ in Boots*** der Gestiefelte Kater; ***~ in the corner*** Kämmerchen vermieten (*Kinderspiel*); **2.** *hunt.* Hase *m*.

puss[2] [pʊs] *s. sl.* ‚Fresse' *f*, Vi'sage *f*.

puss·l(e)y ['pʊslɪ] *s.* ⚘ *Am.* Kohlportulak *m*.

puss·y ['pʊsɪ] *s.* **1.** Mieze(kätzchen *n*) *f*, Kätzchen *n*; **2.** → ***tipcat***; **3.** *et.* Weiches u. Wolliges, *bsd.* ⚘ (Weiden)Kätzchen *n*; **4.** *vulg.* ‚Muschi' *f* (*Vulva*): ***have some ~*** ‚bumsen'; **'~·cat 1.** → ***pussy*** 1; **2.** → ***pussy willow***; **'~·foot I** *v/i.* **1.** (wie e-e Katze) schleichen; **2.** *fig.* F a) leisetreten, b) sich nicht festlegen (***on*** auf *acc.*), her'umreden (um); **II** *pl.* **-foots** [-fʊts] *s.* **3.** Schleicher *m*; **4.** *fig.* F Leisetreter *m*; ***~ wil·low*** *s.* ⚘ Verschiedenfarbige Weide.

pus·tule ['pʌstju:l] *s.* **1.** ⚕ Pustel *f*, Eiterbläschen *n*; **2.** ⚘, *zo.* Warze *f*.

put [pʊt] **I** *s.* **1.** *bsd. sport* Stoß *m*, Wurf *m*; **2.** ✝, *Börse*: Rückprämie *f*: ***~ and call*** Stellagegeschäft *n*; ***~ of more*** Nochgeschäft *n* ‚auf Geben'; **II** *adj.* **3.** F an Ort u. Stelle, unbeweglich: ***stay ~*** a) sich nicht (vom Fleck) rühren, b) festbleiben (*a. fig.*); **III** *v/t.* [*irr.*] **4.** legen, stellen, setzen, *wohin* tun; befestigen (***to*** an *dat.*): ***I shall ~ the matter before him*** ich werde ihm die Sache vorlegen; ***I ~ him above his brother*** ich stelle ihn über seinen Bruder; ***~ s.th. in hand*** *fig.* et. in die Hand nehmen, anfangen; **5.** stecken (***in one's pocket*** in die Tasche, ***in prison*** ins Gefängnis); **6.** *j-n in e-e unangenehme Lage*, ✝ *et. auf den Markt, in Ordnung, thea. ein Stück auf die Bühne etc.* bringen: ***~ s.o. across a river*** j-n über e-n Fluss übersetzen; ***~ it across s.o.*** F j-n ‚reinlegen'; ***~ one's brain to it*** sich darauf konzentrieren, die Sache in Angriff nehmen; ***~ s.o. in mind of*** j-n erinnern an (*acc.*); ***~ s.th. on paper*** et. zu Papier bringen; ***~ s.o. right*** j-n berichtigen; **7.** *ein Ende, in*

P

Kraft, in Umlauf, j-n auf Diät, in Besitz, in ein gutes od. schlechtes Licht, ins Unrecht, über ein Land, sich et. in den Kopf, j-n an e-e Arbeit setzen: **~ one's signature to** s-e Unterschrift darauf *od.* darunter setzen; ***~ yourself in my place*** versetze dich in m-e Lage; **8.** **~ o.s.** sich in *j-s Hände etc.* begeben: **~ o.s. under s.o.'s care** sich in j-s Obhut begeben; ***~ yourself in(to) my hands*** vertraue dich mir ganz an; **9.** ***~ out of*** aus ... hin'ausstellen *etc.*; werfen *od.* verdrängen aus; außer *Betrieb od. Gefecht etc.* setzen; → ***action*** 2, 9, ***running*** 1; **10.** unter'werfen, -'ziehen (***to*** *e-r Probe etc.*; **through** *e-m Verhör etc.*): **~ s.o. through it** j-n auf Herz u. Nieren prüfen; → ***confusion*** 3, ***death*** 1, ***expense*** 2, ***shame*** 2, ***sword***, ***test*** 1; **11.** *Land* bepflanzen (***into***, ***under*** mit): ***land was ~ under potatoes***; **12.** (***to***) setzen (an *acc.*), (an)treiben *od.* zwingen (zu): **~ s.o. *to work*** j-n an die Arbeit setzen, j-n arbeiten lassen; ***~ to school*** zur Schule schicken, einschulen; ***~ to trade*** *j-n* ein Handwerk lernen lassen; **~ s.o. *to a joiner*** j-n bei e-m Schreiner in die Lehre geben; **~ s.o. *to it*** j-m zusetzen, j-n bedrängen; ***be hard ~ to it*** arg bedrängt werden; → ***flight***¹, ***pace***¹ 2; **13.** veranlassen, verlocken (***on***, ***to*** zu); **14.** *in Furcht, Wut etc.* versetzen; → ***countenance*** 2, ***ease*** 2, ***guard*** 11, ***mettle*** 2, ***temper*** 4; **15.** über'setzen (***into French*** *etc.* ins Französische *etc.*); **16.** *(un)klar etc.* ausdrücken, sagen *klug etc.* formulieren, *in Worte* fassen: ***the case was cleverly ~***; ***to ~ it mildly*** gelinde gesagt; ***how shall I ~ it?*** wie soll ich mich (*od.* es) ausdrücken; **17.** schätzen (***at*** auf *acc.*); **18.** (***to***) verwenden (für), anwenden (zu): ***~ s.th. to a good use*** et. gut verwenden; **19.** *Frage, Antrag etc.* vorlegen, stellen; *den Fall* setzen: ***I ~ it to you*** a) ich appelliere an Sie, b) ich stelle es Ihnen anheim; ***I ~ it to you that*** geben Sie zu, dass; **20.** *Geld* setzen, wetten (***on*** auf *acc.*); **21.** (***into***) *Geld* stecken (in *acc.*), anlegen (in *dat.*), investieren (in *dat.*); **22.** *Schuld* zuschieben, geben (***on*** *dat.*): ***they ~ the blame on him***; **23.** *Uhr* stellen; **24.** *bsd. sport* werfen, schleudern; *Kugel, Stein* stoßen; **25.** *Waffe* stoßen, *Kugel* schießen (***in***[***to***] in *acc.*); **IV.** *v/i.* [*irr.*] **26.** sich begeben (***to land*** an Land), fahren: ***~ to sea*** in See stechen; **27.** *Am.* münden, sich ergießen (*Fluss*) (***into*** in *e-n See etc.*); **28.** ***~ upon*** *mst pass.* a) *j-m* zusetzen, b) *j-n* ausnutzen, c) *j-n* ‚reinlegen';
Zssgn mit prp.:
→ *Beispiele unter* ***put*** 4 → 28;
Zssgn mit adv.:

put| a·bout I *v/t.* **1.** ⚓ wenden; **2.** *Gerücht* verbreiten; **3.** a) beunruhigen, b) quälen, c) ärgern; **II** *v/i.* **4.** ⚓ wenden; **~ a·cross** *v/t.* **1.** ⚓ 'übersetzen; **2.** *sl. et.* ‚schaukeln', erfolgreich 'durchführen, *Idee etc.* ‚verkaufen': ***put it across*** ‚es schaffen', Erfolg haben; **~ a·side** *v/t.* **1.** → ***put away*** 1 *u.* 3; **2.** *fig.* bei'seite schieben; **~ a·way I** *v/t.* **1.** weglegen, -stecken, -tun, beiseite legen; **2.** auf-, wegräumen; **3.** *Geld* zu'rücklegen, ‚auf die hohe Kante legen'; **4.** *Laster etc.* ablegen; **5.** F *Speisen* ‚verdrücken', *Getränke* ‚runterstellen'; **6.** F *j-n* ‚einsperren'; **7.** F *j-n* ‚beseitigen' (*umbringen*); **8.** *sl. et.* versetzen; **II** *v/i.* **9.** ⚓ auslaufen (***for*** nach); **~ back I** *v/t.* **1.** zu'rückschieben, -stellen, -tun; **2.** *Uhr* zu'rückstellen, *Zeiger* zu'rückdrehen; **3.** *fig.* aufhalten, hemmen; → ***clock***¹ 1; **4.** *Schüler* zu'rückversetzen; **II** *v/i.* **5.** ⚓ 'umkehren; **~ by** *v/t.* **1.** → ***put away*** 1 *u.* 3; **2.** *e-r Frage etc.* ausweichen; **3.** *fig.* bei'seite schieben, *j-n* über'gehen; **~ down** *v/t.* **1.** hin-, niederlegen, -stellen, -setzen; → ***foot*** 1; **2.** *j-n auf der Fahrt* absetzen, aussteigen lassen; **3.** *Weinkeller* anlegen; **4.** *Aufstand* niederwerfen, *a. Missstand* unter'drücken; **5.** *j-n* demütigen, ducken; kurz abweisen; heruntersetzen; **6.** zum Schweigen bringen; **7.** a) *Preise* heruntersetzen, b) *Ausgaben* einschränken; **8.** (auf-, nieder)schreiben; **9.** (***to***) ✝ a) *j-m* anschreiben, b) auf *j-s Rechnung* setzen: ***put s.th. down to s.o.'s account***; **10.** *j-n* eintragen *od.* vormerken (***for*** für *e-e Spende etc.*): ***put o.s. down*** sich eintragen; **11.** zuschreiben (***to*** *dat.*); **12.** schätzen (***at***, ***for*** auf *acc.*); **13.** ansehen (***as***, ***for*** als); **~ forth** *v/t.* **1.** her'vor-, hin'auslegen, -stellen, -schieben; **2.** *Hand etc.* ausstrecken; **3.** *Kraft etc.* aufbieten; **4.** ⚘ *Knospen etc.* treiben; **5.** veröffentlichen, *bsd. Buch* her'ausbringen; **6.** behaupten; **~ for·ward** *v/t.* **1.** vorschieben; *Uhr* vorstellen, *Zeiger* vorrücken; **2.** in den Vordergrund schieben: ***put o.s. forward*** a) sich hervortun, b) sich vordrängen; **3.** *fig.* voranbringen, weiterhelfen (*dat.*); **4.** *Meinung etc.* vorbringen, *et.* vorlegen, unter'breiten; *Theorie* aufstellen; **~ in I** *v/t.* **1.** her'ein-, hin'einlegen *etc.*; **2.** einschieben, -schalten: ***~ a word*** a) e-e Bemerkung einwerfen *od.* anbringen, b) ein Wort mitsprechen, c) ein Wort einlegen (***for*** für); ***~ an extra hour's work*** e-e Stunde mehr arbeiten; **3.** *Schlag etc.* anbringen; **4.** *Gesuch etc.* einreichen, *Dokument* vorlegen; *Anspruch* stellen *od.* erheben (***to***, ***for*** auf *acc.*); **5.** *j-n* anstellen, *in ein Amt* einsetzen; **6.** *Annonce* einrücken; **7.** F *Zeit* verbringen; **II** *v/i.* **8.** ⚓ einlaufen; **9.**

einkehren (***at*** in *e-m Gasthaus etc.*); **10.** sich bewerben (***for*** um): **~ *for s.th.*** et. fordern *od.* verlangen; **~ in·side** *v/t.* F *j-n* ‚einlochen'; **~ off I** *v/t.* **1.** weg-, bei'seite legen, -stellen; **2.** *Kleider*, *bsd. fig. Zweifel etc.* ablegen; **3.** auf-, verschieben; **4.** *j-n* vertrösten, abspeisen (***with*** mit *Worten etc.*); **5.** *j-m* absagen; **6.** sich drücken vor (*dat.*); **7.** *j-n* abbringen, *j-m* abraten (***from*** von); **8.** hindern (***from*** an *dat.*); **9.** ***put s.th. off*** (***up***)***on s.o.*** j-m et. ‚andrehen'; **10.** F a) *j-n* aus der Fassung *od.* aus dem Kon'zept bringen, b) j-m die Lust nehmen, *j-n* abstoßen; **II** *v/i.* **11.** ⚓ auslaufen; **~ on** *v/t.* **1.** *Kleider* anziehen; *Hut*, *Brille* aufsetzen; *Rouge* auflegen; **2.** *Fett* ansetzen; → ***weight*** 1; **3.** *Charakter*, *Gestalt* annehmen; **4.** vortäuschen, -spiegeln, (er)heucheln: → ***air***¹ 7, ***dog*** *Redew.*; ***put it on*** F a) angeben, b) übertreiben, c) ‚schwer draufschlagen' (*auf den Preis*), d) heucheln; ***put it on thick*** F dick auftragen; ***his modesty is all ~*** s-e Bescheidenheit ist nur Mache; **5.** *Summe* aufschlagen (***on*** auf *den Preis*); **6.** *Uhr* vorstellen, *Zeiger* vorrücken; **7.** an-, einschalten, *Gas etc.* aufdrehen, *Dampf* anlassen, *Tempo* beschleunigen; **8.** *Kraft*, *a. Arbeitskräfte*, *Sonderzug etc.* einsetzen; **9.** *Schraube*, *Bremse* anziehen; **10.** *thea. etc. Stück*, *Sendung* bringen; **11.** ***put s.o. on to*** j-m e-n Tipp geben für, j-n auf *e-e Idee* bringen; **12.** *sport Tor etc.* erzielen; **~ out I** *v/t.* **1.** hin'auslegen, -stellen *etc.*; **2.** *Hand*, *Fühler* ausstrecken; *Zunge* her'ausstrecken; *Ankündigung etc.* aushängen; **3.** *sport* zum Ausscheiden zwingen, ‚aus dem Rennen werfen'; **4.** *Glied* aus-, verrenken; **5.** *Feuer*, *Licht* (aus-)löschen; **6.** a) verwirren, außer Fassung bringen, b) verstimmen, ärgern: ***be ~ about s.th.***, c) *j-m* Ungelegenheiten bereiten, *j-n* stören; **7.** *Kraft etc.* aufbieten; **8.** *Geld* ausleihen (***at interest*** auf Zinsen), investieren; **9.** *Boot* aussetzen; **10.** *Augen* ausstechen; **11.** *Arbeit*, *a. Kind*, *Tier* außer Haus geben; ✝ in Auftrag geben; → ***grass*** 3, ***nurse*** 4; **12.** *Knospen etc.* treiben; **II** *v/i.* **13.** ⚓ auslaufen: **~** (***to sea***) in See stechen; **~ o·ver I** *v/t.* **1.** *sl.* → ***put across*** 2; **2.** *e-m Film etc.* Erfolg sichern, popu'lär machen (*acc.*): ***put o.s. over*** sich durchsetzen, ‚ankommen'; **3.** ***put it over on*** *j-n* ‚reinlegen'; **II** *v/i.* **4.** ⚓ hin'überfahren; **~ through** *v/t.* **1.** 'durch-, ausführen; **2.** *teleph. j-n* verbinden (***to*** mit); **~ to** *v/t. Pferd* anspannen, *Lokomotive* vorspannen; **~ to·geth·er** *v/t.* **1.** zs.-setzen (*a. Schriftwerk*) zs.-stellen; **2.** zs.-zählen: → ***two*** 2; **3.** zs.-stecken; → ***head*** *Redew.*; **~ up I** *v/t.* **1.** hin'auflegen, -stellen; **2.** hochschieben, -ziehen; → ***back***¹ 7, ***shutter*** 1; **3.** *Hände* a) heben, b) *zum Kampf* hochnehmen; **4.** *Bild etc.* aufhängen; *Plakat* anschlagen; **5.** *Haar* aufstecken; **6.** *Schirm* aufspannen; **7.** *Zelt etc.* aufstellen, *Gebäude* errichten; **8.** F *et.* aushecken; *et.* ‚drehen', fingieren; **9.** *Gebet* em'porsenden; **10.** *Gast* (bei sich) aufnehmen, 'unterbringen; **11.** weglegen; **12.** aufbewahren; **13.** ein-, ver-, wegpacken; zs.-legen; **14.** *Schwert* einstecken; **15.** konservieren, einkochen, -machen; **16.** *Spiel etc.* zeigen; *e-n Kampf* liefern; *Widerstand* leisten; **17.** (als Kandi'daten) aufstellen; **18.** *Auktion*: an-, ausbieten: **~ *for sale*** meistbietend verkaufen; **19.** *Preis etc.* hinaufsetzen, erhöhen; **20.** *Wild* aufjagen; **21.** *Eheaufgebot* verkünden; **22.** bezahlen; **23.** (ein)setzen (*Wette etc.*), *Geld* bereitstellen, *od.* hinter'legen; **24.** **~ *to*** a) *j-n* anstiften zu, b) *j-n* informieren über (*acc.*), *a. j-m* e-n Tipp geben für; **II** *v/i.* **25.** absteigen, einkehren (***at*** in); **26.** (***for***) sich aufstellen lassen, kandidieren (für), sich bewerben (um); **27.** **~ *with*** sich abfinden mit, sich gefallen lassen, hinnehmen.

pu·ta·tive ['pjuːtətɪv] *adj.* ☐ **1.** vermeintlich; **2.** mutmaßlich; **3.** ⚖ puta'tiv.

'put|·down *s.*: ***that was a ~*** damit wollte er *etc.* mich *etc.* fertig machen; **'~·off** *s.* **1.** Ausflucht *f*; **2.** Verschiebung *f*; **'~-·on I** *adj.* **1.** vorgetäuscht; **II** *s. Am. sl.* **2.** Bluff *m*; **3.** Getue *n*, ‚Mache' *f*, ‚Schau' *f*.

put-put ['pʌtpʌt] *s.* Tuckern *n* (*e-s Motors etc.*).

pu·tre·fa·cient [ˌpjuːtrɪ'feɪʃənt] → ***putrefactive***; **ˌpu·tre'fac·tion** [-'fækʃn] *s.* **1.** Fäulnis *f*, Verwesung *f*; **2.** Faulen *n*; **ˌpu·tre'fac·tive** [-'fæktɪv] **I** *adj.* **1.** faulig, Fäulnis...; **2.** Fäulnis erregend; **II** *s.* **3.** Fäulniserreger *m*; **pu·tre·fy** ['pjuːtrɪfaɪ] **I** *v/i.* (ver)faulen, verwesen; **II** *v/t.* verfaulen lassen.

pu·tres·cence [pjuː'tresns] *s.* (Ver-)Faulen *n*, Fäulnis *f*; **pu'tres·cent** [-nt] *adj.* **1.** (ver)faulend, verwesend; **2.** faulig, Fäulnis...

pu·trid ['pjuːtrɪd] *adj.* ☐ **1.** verfault, verwest; faulig (*Geruch*), stinkend; **2.** *fig.* verderbt, kor'rupt; **3.** *fig.* verderblich; **4.** *fig.* ekelhaft; **5.** *sl.* mise'rabel.

putsch [pʊtʃ] (*Ger.*) *s. pol.* Putsch *m*, Staatsstreich *m*.

putt [pʌt] *Golf*: **I** *v/t. u. v/i.* putten; **II** *s.* Putt *m*.

put·tee ['pʌtɪ] *s.* 'Wickelgaˌmasche *f*.

putt·er ['pʌtə] *s. Golf*: Putter *m* (*Schläger od. Spieler*).

putt·ing green ['pʌtɪŋ] *s. Golf*: Putting-Green *n* (*Platzteil*).

put·ty ['pʌtɪ] **I** *s.* **1.** ⚙ Kitt *m*, Spachtel

m: (***glaziers'***) **~** Glaserkitt; (***plasterers'***) **~** Kalkkitt; (***jewellers'***) **~** Zinnasche *f*; **2.** *fig.* Wachs *n*: ***he is ~ in her hand***; **II** *v/t.* **3.** *a.* ***~ up*** (ver)kitten; **~ knife** *s.* [*irr.*] Spachtelmesser *n*.

'put-up *adj.* F abgekartet: ***a ~ job*** e-e ‚Schiebung'.

puz·zle ['pʌzl] **I** *s.* **1.** Rätsel *n*; **2.** Puzzle-, Geduldspiel *n*; **3.** schwierige Sache, Prob'lem *n*; **4.** Verwirrung *f*, Verlegenheit *f*; **II** *v/t.* **5.** verwirren, vor ein Rätsel stellen, verdutzen; **6.** *et.* komplizieren, durchein'ander bringen; **7.** *j-m* Kopfzerbrechen machen, zu schaffen machen: ***~ one's brains*** (*od.* ***head***) sich den Kopf zerbrechen (***over*** über *acc.*); **8.** ***~ out*** austüfteln, -knobeln, her'ausbekommen; **III** *v/i.* **9.** verwirrt sein (***over***, ***about*** über *acc.*); **10.** sich den Kopf zerbrechen (***over*** über *acc.*); **'~-ˌhead·ed** *adj.* wirrköpfig, kon'fus; **~ lock** *s.* Vexier-, Buchstabenschloss *n*.

puz·zle·ment ['pʌzlmənt] *s.* Verwirrung *f*; **'puz·zler** [-lə] → ***puzzle*** 3; **'puz·zling** [-lɪŋ] *adj.* ☐ **1.** rätselhaft; **2.** verwirrend.

py·e·li·tis [paɪə'laɪtɪs] *s.* ⚕ Nierenbeckenentzündung *f*.

pyg·m(a)e·an [pɪg'miːən] → ***pygmy*** II.

pyg·my ['pɪgmɪ] **I** *s.* **1.** ♀ Pyg'mäe *m*, Pyg'mäin *f* (*Zwergmensch*); **2.** *fig.* Zwerg *m*; **II** *adj.* **3.** Pygmäen...; **4.** winzig, Zwerg...; **5.** unbedeutend.

py·ja·mas [pə'dʒɑːməz] *s. pl.* Schlafanzug *m*, Py'jama *m*.

py·lon ['paɪlən] *s.* **1.** ⚡ (freitragender) Mast (*für Hochspannungsleitungen etc.*); **2.** ✈ Orientierungsturm *m*, *bsd.* Wendeturm *m*.

py·lo·rus [paɪ'lɔːrəs] *pl.* **-ri** [-raɪ] *s. anat.* Py'lorus *m*, Pförtner *m*.

pyr·a·mid ['pɪrəmɪd] *s.* Pyra'mide *f* (*a.* ⚗ *u. fig.*): ***~ of ages*** Alterspyramide *f*; **py·ram·i·dal** [pɪ'ræmɪdl] *adj.* ☐ **1.** Pyramiden...; **2.** pyrami'dal (*a. fig. gewaltig*), pyra'midenartig, -förmig.

pyre ['paɪə] *s.* Scheiterhaufen *m*.

py·ret·ic [paɪ'retɪk] *adj.* ⚕ fieberhaft, Fieber...; **py'rex·i·a** [-eksɪə] *s.* ⚕ Fieberzustand *m*.

py·rite ['paɪraɪt] *s. min.* Py'rit *m*, Schwefel-, Eisenkies *m*; **py·ri·tes** [paɪ'raɪtiːz] *s. min.* Py'rit *m*: ***copper ~*** Kupferkies; ***iron ~*** → ***pyrite***.

pyro- [paɪərəʊ] *in Zssgn* Feuer..., Brand..., Wärme..., Glut...; **'py·ro·gen** [-rədʒən] *s.* ⚕ Fieber erregender Stoff; **py·rog·e·nous** [paɪ'rɒdʒɪnəs] *adj.* **1.** a) wärmeerzeugend, b) durch Wärme erzeugt; **2.** ⚕ a) Fieber erregend, b) durch Fieber verursacht; **3.** *geol.* pyro'gen; **py·rog·ra·phy** [paɪ'rɒgrəfɪ] *s.* Brandmale'rei *f*; **py·ro·ma·ni·a** [ˌpaɪrəʊ'meɪnɪə] *s.* Pyroma'nie *f*, Brandstiftungstrieb *m*; **py·ro·ma·ni·ac** [ˌpaɪrəʊ'meɪnɪæk] *s.* Pyro'mane *m*, Pyro'manin *f*.

py·ro·tech·nic, py·ro·tech·ni·cal [ˌpaɪrəʊ'teknɪk(l)] *adj.* ☐ **1.** pyro'technisch; **2.** Feuerwerks..., feuerwerkartig; **3.** *fig.* bril'lant; **ˌpy·ro'tech·nics** [-ks] *s. pl.* **1.** Pyro'technik *f*, Feuerwerke'rei *f*; **2.** *fig.* Feuerwerk *n von Witz etc.*; **ˌpy·ro'tech·nist** [-ɪst] *s.* Pyro'techniker *m*.

Pyr·rhic vic·to·ry ['pɪrɪk] *s.* Pyrrhussieg *m*.

Py·thag·o·re·an [paɪˌθægə'rɪən] **I** *adj.* pythago'reisch; **II** *s. phls.* Pythago'reer *m*.

py·thon ['paɪθn] *s. zo.* **1.** Python(schlange *f*) *m*; **2.** *allg.* Riesenschlange *f*.

pyx [pɪks] **I** *s.* **1.** *R.C.* Pyxis *f*, Monst'ranz *f*; **2.** *Brit.* Büchse *f* mit Probemünzen; **II** *v/t.* **3.** *Münze* a) in der ***Pyx*** hinter'legen, b) auf Gewicht u. Feinheit prüfen.

pzazz [psæz] → ***piz(z)azz***.

P

Q

Q, q [kjuː] *s.* Q *n*, q *n* (*Buchstabe*).

'Q-boat *s.* ⚓ U-Boot-Falle *f*.

quack[1] [kwæk] **I** *v/i.* **1.** quaken; **2.** *fig.* schnattern, schwatzen; **II** *s.* **3.** Quaken *n*; *fig.* Geplapper *n*.

quack[2] [kwæk] **I** *s.* **1.** *a.* ~ ***doctor*** Quacksalber *m*, Kurpfuscher *m*; **2.** Scharlatan *m*; Marktschreier *m*; **II** *adj.* **3.** quacksalberisch, Quacksalber...; **4.** marktschreierisch; **5.** Schwindel...; **III** *v/i. u. v/t.* **6.** quacksalbern, her'umpfuschen (an *dat.*); **7.** marktschreierisch auftreten (*v/t.* anpreisen); **'quack·er·y** [-kərɪ] *s.* **1.** Quacksalbe'rei *f*, Kurpfusche'rei *f*; **2.** Scharlatane'rie *f*; **3.** marktschreierisches Auftreten.

quad[1] [kwɒd] F → ***quadrangle***, ***quadrat***, ***quadruped***, ***quadruplet***.

quad[2] [kwɒd] **I** *s.* ⚡ Viererkabel *n*; **II** *v/t.* zum Vierer verseilen.

quad·ra·ble ['kwɒdrəbl] *adj.* ⩲ quadrierbar.

quad·ra·ge·nar·i·an [ˌkwɒdrədʒɪ'neərɪən] **I** *adj.* a) vierzigjährig, b) in den Vierzigern; **II** *s.* Vierziger(in), Vierzigjährige(r *m*) *f*.

quad·ran·gle ['kwɒdræŋgl] *s.* **1.** ⩲ *u. weitS.* Viereck *n*; **2.** a) (*bsd.* Schul)Hof *m*, b) viereckiger Ge'bäudekomˌplex; **quad·ran·gu·lar** [kwɒ'dræŋgjʊlə] *adj.* □ ⩲ viereckig.

quad·rant ['kwɒdrənt] *s.* **1.** ⩲ Quad'rant *m*, Viertelkreis *m*, ('Kreis)Segˌment *n*; **2.** ⚓, *ast.* Qua'drant *m*.

quad·ra·phon·ic [ˌkwɒdrə'fɒnɪk] *adj.* ♪, *phys.* quadro'phonisch; ˌ**quad·ra'phon·ics** [-ks] *s. pl. sg. konstr.* Quadropho'nie *f*.

quad·rat ['kwɒdrət] *s. typ.* Qua'drat *n*, (großer) Ausschluss: ***em*** ~ Geviert *n*; ***en*** ~ Halbgeviert *n*.

quad·rate ['kwɒdrət] **I** *adj.* (annähernd) qua'dratisch, *bsd. anat.* Quadrat...; **II** *v/t.* [kwɒ'dreɪt] in Über'einstimmung bringen (***with***, ***to*** mit); **III** *v/i.* [kwɒ'dreɪt] über'einstimmen; **quad·rat·ic** [kwɒ'drætɪk] **I** *adj.* qua'dratisch (*Form*, ⩲ *Gleichung*): ~ ***curve*** Kurve *f* zweiter Ordnung; **II** *s.* ⩲ qua'dratische Gleichung; **quad·ra·ture** ['kwɒdrətʃə] *s.* **1.** ⩲, *ast.* Quadra'tur *f* (***of the circle*** des Kreises); **2.** ⚡ (Phasen)Verschiebung *f* um 90 Grad.

quad·ren·ni·al [kwɒ'drenɪəl] **I** *adj.* □ **1.** vierjährig, vier Jahre dauernd; **2.** vierjährlich, alle vier Jahre stattfindend; **II** *s.* **3.** Zeitraum *m* von vier Jahren; **4.** vierter Jahrestag.

quad·ri·lat·er·al [ˌkwɒdrɪ'lætərəl] **I** *adj.* vierseitig; **II** *s.* Vierseit *n*, -eck *n*.

qua·drille [kwə'drɪl] *s.* Qua'drille *f* (*Tanz*).

quad·ril·lion [kwɒ'drɪljən] *s.* ⩲ **1.** *Brit.* Quadrilli'on *f*; **2.** *Am.* Billi'arde *f*.

quad·ri·par·tite [ˌkwɒdrɪ'pɑːtaɪt] *adj.* **1.** vierteilig (*a.* ⚘); **2.** Vierer..., zwischen vier Partnern abgeschlossen *etc.*: ~ ***pact*** Viererpakt *m*.

quad·ro ['kwɒdrəʊ] *adj. u. adv.* ♪, *Radio*: quadro.

quad·ro- [kwɒdrəʊ] *in Zssgn* quadro...

ˌ**quad·ro'phon·ic** [-'fɒnɪk] *etc.* → ***quadraphonic*** *etc.*

quad·ru·ped ['kwɒdrʊped] **I** *s.* Vierfüßer *m*; **II** *adj. a.* **quad·ru·pe·dal** [ˌkwɒdrə'piːdl] vierfüßig; **'quad·ru·ple** [-pl] **I** *adj.* **1.** *a.* ~ ***to*** (*od.* ***of***) vierfach, -fältig; viermal so groß wie; **2.** Vierer...: ~ ***machinegun*** ⚔ Vierlings-MG *n*; ~ ***measure*** ♪ Viervierteltakt *m*; ~ ***thread*** ⚙ viergängiges Gewinde; **II** *adv.* **3.** vierfach; **III** *s.* **4.** *das* Vierfache; **IV** *v/t.* **5.** vervierfachen; **6.** viermal so groß *od.* so viel sein wie; **V** *v/i.* **7.** sich vervierfachen; **'quad·ru·plet** [-plɪt] *s.* **1.** Vierling *m* (*Kind*); **2.** Vierergruppe *f*; **'quad·ru·plex** [-pleks] **I** *adj.* **1.** vierfach; **2.** ⚡ Quadruplex..., Vierfach...: ~ ***system*** Vierfachbetrieb *m*, Doppelgegensprechen *n*; **II** *s.* **3.** 'Quadruplextele̩graf *m*; **quad·ru·pli·cate** **I** *v/t.* [kwɒ'druːplɪkeɪt] **1.** vervierfachen; **2.** *Dokument* vierfach ausfertigen; **II** *adj.* [kwɒ'druːplɪkət] **3.** vierfach; **III** *s.* [-kət] **4.** vierfache Ausfertigung.

quaff [kwɑːf] **I** *v/i.* zechen; **II** *v/t.* schlürfen, in langen Zügen (aus)trinken: ~ ***off*** *Getränk* hinunterstürzen.

quag [kwæg] → ***quagmire***; **'quag·gy** [-gɪ] *adj.* **1.** sumpfig; **2.** schwammig; **'quag·mire** [-maɪə] *s.* Mo'rast *m*, Moor(boden *m*) *n*, Sumpf(land *n*) *m*: ***be caught in a*** ~ *fig.* in der Patsche sitzen.

quail[1] [kweɪl] *pl.* **quails**, *coll.* **quail** *s. orn.* Wachtel *f*.

quail[2] [kweɪl] *v/i.* **1.** verzagen; **2.** (vor Angst) zittern (***before*** vor *dat.*; ***at*** bei).

quaint [kweɪnt] *adj.* □ **1.** wunderlich, drollig, kuri'os; **2.** malerisch, anheimelnd (*altmodisch*); **3.** seltsam, merkwürdig; '**quaint·ness** [-nɪs] *s.* **1.** Wunderlichkeit *f*; Seltsamkeit *f*; **2.** anheimelndes (*bsd.* altmodisches) Aussehen.

quake [kweɪk] **I** *v/i.* zittern, beben (***with***, ***for*** vor *dat.*); **II** *s.* Zittern *n*, (*a.* Erd)Beben *n*, Erschütterung *f*.

Quak·er ['kweɪkə] *s.* **1.** *eccl.* Quäker *m*: *~(s') **meeting*** *fig.* schweigsame Versammlung; **2.** *a.* ***~ gun*** ⚔ *Am.* Ge'schützatˌtrappe *f*; **3.** ♀, *a.* ***♀ bird*** *orn.* schwarzer Albatros; '**Quak·er·ess** [-ərɪs] *s.* Quäkerin *f*; '**Quak·er·ism** [-ərɪzəm] *s.* Quäkertum *n*.

quak·ing grass ['kweɪkɪŋ-] *s.* ⚘ Zittergras *n*.

qual·i·fi·ca·tion [ˌkwɒlɪfɪ'keɪʃn] *s.* **1.** Qualifikati'on *f*, Befähigung *f*, Eignung *f* (***for*** für, zu): ***~ test*** Eignungsprüfung *f*; ***have the necessary ~s*** den Anforderungen entsprechen; **2.** Vorbedingung *f*, (notwendige) Vor'aussetzung (***of***, ***for*** für); **3.** Eignungszeugnis *n*; **4.** Einschränkung *f*, Modifikati'on *f*: ***without any ~*** ohne jede Einschränkung; **5.** *ling.* nähere Bestimmung; **6.** ☤ 'Mindestˌaktienkapiˌtal *n* (*e-s Aufsichtsratsmitglieds*); **qual·i·fied** ['kwɒlɪfaɪd] *adj.* **1.** qualifiziert, geeignet, befähigt (***for*** für); **2.** berechtigt: ***~ for a post*** anstellungsberechtigt; ***~ voter*** Wahlberechtigte(r *m*) *f*; **3.** eingeschränkt, bedingt, modifiziert: ***~ acceptance*** ☤ bedingte Annahme (*e-s Wechsels*); ***~ sale*** ☤ Konditionskauf *m*; ***in a ~ sense*** mit Einschränkungen; **qual·i·fy** ['kwɒlɪfaɪ] **I** *v/t.* **1.** qualifizieren, befähigen, geeignet machen (***for*** für; ***for being***, ***to be*** zu sein); **2.** berechtigen (***for*** zu); **3.** bezeichnen, charakterisieren (***as*** als); **4.** einschränken, modifizieren; **5.** abschwächen, mildern; **6.** *Getränke* verdünnen; **7.** *ling.* modifizieren, näher bestimmen; **II** *v/i.* **8.** sich qualifizieren *od.* eignen, die Eignung besitzen *od.* nachweisen, infrage kommen (***for*** für; ***as*** als): ***~ing examination*** Eignungsprüfung *f*; ***~ing period*** Anwartschafts-, Probezeit *f*; **9.** *sport* sich qualifizieren (***for*** für): ***~ing round*** Ausscheidungsrunde *f*; **10.** die nötigen Fähigkeiten erwerben; **11.** die (ju'ristischen) Vorbedingungen erfüllen, *bsd. Am.* den Eid ablegen; **qual·i·ta·tive** ['kwɒlɪtətɪv] *adj.* □ qualita'tiv (*a.* ⚗ *Analyse*, *a.* ⚕ *Verteilung*); **qual·i·ty** ['kwɒlətɪ] *s.* **1.** Eigenschaft *f* (*Person u. Sache*): (***good***) ***~*** gute Eigenschaft; ***in the ~ of*** (in der Eigenschaft) als; **2.** Art *f*, Na'tur *f*, Beschaffenheit *f*; **3.** Fähigkeit *f*, Ta'lent *n*; **4.** *bsd.* ☤, ⚙ Quali'tät *f*: ***in ~*** qualitativ; **5.** ☤ (Güte)Sorte *f*, Klasse *f*; **6.** gute Quali'tät, Güte *f*: ***~ goods*** Qualitätswaren; ***~ of life*** Lebensqualität; **7.** a) ♪ 'Tonqualiˌtät *f*, -farbe *f*, b) *ling.* Klangfarbe *f*; **8.** *phls.* Quali'tät *f*; **9.** vornehmer Stand: ***person of ~*** Standesperson *f*; ***the people of ~*** die vornehme Welt.

qualm [kwɑːm] *s.* **1.** Übelkeitsgefühl *n*, Schwäche(anfall *m*) *f*; **2.** Bedenken *pl.*, Zweifel *pl.*; Skrupel *m*; '**qualm·ish** [-mɪʃ] *adj.* □ **1.** (sich) übel (fühlend), unwohl; **2.** Übelkeits...: ***~ feelings***.

quan·da·ry ['kwɒndərɪ] *s.* Verlegenheit *f*, verzwickte Lage: ***be in a ~*** sich in e-m Dilemma befinden; nicht wissen, was man tun soll.

quan·go [kwæŋgəʊ] *s.* halbstaatliche Organisation.

quan·ta ['kwɒntə] *pl. von **quantum***.

quan·ti·fi·a·ble ['kwɒntɪfaɪəbl] *s.* quantitativ bestimmbar, messbar; **quan·ti·fy** [-faɪ] *vt.* quantitativ bestimmen, messen.

quan·ti·ta·tive ['kwɒntɪtətɪv] *adj.* □ quantita'tiv (*a. ling.*), Mengen...: ***~ analysis*** ⚗ quantitative Analyse; ***~ ratio*** Mengenverhältnis *n*; **quan·ti·ty** ['kwɒntətɪ] *s.* **1.** Quanti'tät *f*, (bestimmte *od.* große) Menge, Quantum *n*: ***~ of heat*** *phys.* Wärmemenge; ***a ~ of cigars*** e-e Anzahl Zigarren; ***in*** (***large***) ***quantities*** in großen Mengen; ***~ discount*** ☤ Mengenrabatt *m*; ***~ production*** Massenerzeugung *f*, Serienfertigung *f*; ***~ purchase*** Großeinkauf *m*; ***~ surveyor*** *Brit.* Bausachverständige(r) *m*; **2.** ⚕ Größe *f*: ***negligible ~*** a) unwesentliche Größe, b) *fig.* völlig unbedeutende Person *etc.*; ***numerical ~*** Zahlengröße; (***un***)***known ~*** (un)bekannte Größe (*a. fig.*); **3.** *ling.* Quanti'tät *f*, Lautdauer *f*; (Silben)Zeitmaß *n*.

quan·ti·za·tion [ˌkwɒntɪ'zeɪʃn] *s. phys.* Quantelung *f*; **quan·tize** ['kwɒntaɪz] *v/t.* **1.** *phys.* quanteln; **2.** *Computer*: quantisieren.

quan·tum ['kwɒntəm] *pl.* **-ta** [-tə] *s.* **1.** Quantum *n*, Menge *f*; **2.** (An)Teil *m*; **3.** *phys.* Quant *n*: ***~ of radiation*** Lichtquant; ***~ jump*** *s.*, ***~ leap*** *s.* **1.** *phys.* 'Quantensprung *m* (*a. fig.*); **2.** *fig.* gewaltiger Fortschritt, Riesenschritt *m*; ***~ me·chan·ics*** *s. pl.* 'Quantenmeˌchanik *f*; ***~ or·bit***, ***~ path*** *s.* Quantenbahn *f*.

quar·an·tine ['kwɒrəntiːn] **I** *s.* ⚕ **1.** Quaran'täne *f*: ***absolute ~*** Isolierung *f*; ***~ flag*** ⚓ Quarantäneflagge *f*; ***put in ~*** → 2; **II** *v/t.* **2.** unter Quaran'täne stellen; **3.** *fig. pol.*, ☤ *Land* völlig isolieren.

quar·rel ['kwɒrəl] **I** *s.* **1.** Streit *m*, Zank *m*, Hader *m* (***with*** mit; ***between*** zwischen): ***have no ~ with*** (*od.* ***against***) keinen Grund zum Streit haben mit, nichts auszusetzen haben an (*dat.*); → ***pick*** 8; **II** *v/i.* **2.** (sich) streiten, (sich) zanken (***with*** mit; ***for*** wegen; ***about*** über *acc.*); **3.** sich entzweien; **4.** hadern (***with one's lot*** mit s-m Schicksal); **5.** et. auszusetzen haben (***with*** an *dat.*); → ***bread*** 2; '**quar·rel·(l)er** [-rələ] *s.* Zänker(in), ‚Streithammel' *m*; '**quar·rel·some** [-səm] *adj.* □ streitsüchtig; '**quar·rel·some·ness** [-səmnɪs] *s.* Streitsucht *f.*

quar·ri·er ['kwɒrɪə] *s.* Steinbrecher *m.*

quar·ry[1] ['kwɒrɪ] *s.* **1.** *hunt.* (verfolgtes) Wild, Jagdbeute *f*; **2.** *fig.* Wild *n*, Opfer *n*, Beute *f.*

quar·ry[2] ['kwɒrɪ] **I** *s.* **1.** Steinbruch *m*; **2.** Quaderstein *m*; **3.** 'unglasierte Kachel; **4.** *fig.* Fundgrube *f*, Quelle *f*; **II** *v/t.* **5.** *Steine* brechen, abbauen; **6.** *fig.* zs.-tragen, (mühsam) erarbeiten, ausgraben; stöbern (***for*** nach); '**~·man** [-mən] *s.* [*irr.*] → ***quarrier***; '**~·stone** *s.* Bruchstein *m.*

quart[1] [kwɔːt] *s.* **1.** Quart *n* (*Maß* = *Brit. 1,14 l, Am. 0,95 l*); **2.** *a.* ***~-pot*** Quartkrug *m.*

quart[2] [kɑːt] *s.* **1.** *fenc.* Quart *f*; **2.** *Kartenspiel*: Quart *f* (*Sequenz von 4 Karten gleicher Farbe*); **3.** ♪ Quart(e) *f.*

quar·tan ['kwɔːtn] ⚕ **I** *adj.* viertägig: ***~ fever*** → **II** *s.* Quar'tan-, Vier'tagefieber *n.*

quar·ter ['kwɔːtə] **I** *s.* **1.** Viertel *n*, vierter Teil: ***~ of a century*** Vierteljahrhundert *n*; ***for a ~ the price*** zum viertel Preis; ***not a ~ as good*** nicht annähernd so gut; **2.** *a.* ***~ of an hour*** Viertel(stunde *f*) *n*: ***a ~ to six*** (ein) Viertel vor sechs, drei Viertel sechs; **3.** *a.* ***~ of a year*** Vierteljahr *n*, Quar'tal *n*; **4.** Viertel(pfund *n*, -zentner *m*) *n*; **5.** *bsd.* Hinter)Viertel *n e-s Schlachttieres*; Kruppe *f e-s Pferdes*; **6.** *sport* a) (Spiel)Viertel *n*, b) Viertelmeile(nlauf *m*, *a.* ***~-mile race***) *f*, c) → ***quarterback*** I; **7.** *Am.* Vierteldollar *m*, 25 Cent; **8.** Quarter *n*: a) *Handelsgewicht* (*Brit. 12,7 kg, Am. 11,34 kg*), b) *Hohlmaß* (*2,908 hl*); **9.** Himmelsrichtung *f*; **10.** Gegend *f*, Teil *m e-s Landes etc.*: ***at close ~s*** nahe aufeinander; ***come to close ~s*** handgemein werden; ***from all ~s*** von überall (her); ***in this ~*** hierzulande, in dieser Gegend; **11.** (Stadt)Viertel *n*: ***poor ~*** Armenviertel; ***residential ~*** Wohnbezirk *m*; **12.** *mst pl.* Quar'tier *n*, 'Unterkunft *f*, Wohnung *f*: ***have free ~s*** freie Wohnung haben; **13.** *mst pl.* ⚔ Quar'tier *n*, ('Truppen)ˌUnterkunft *f*: ***be confined to ~s*** Stubenarrest haben; **14.** Stelle *f*, Seite *f*, Quelle *f*: ***higher ~s*** höhere Stellen; ***in the proper ~*** bei der zuständigen Stelle; ***from official ~s*** von amtlicher Seite; ***from a good ~*** aus guter Quelle; → ***informed*** 1; **15.** *bsd.* ⚔ Par'don *m*, Schonung *f*: ***find no ~*** keine Schonung finden; ***give no ~*** keinen Pardon geben; ***give fair ~*** *fig.* Nachsicht üben; **16.** ⚓ Achterschiff *n*; **17.** ⚓ Posten *m*; **18.** *her.* Quar'tier *n*, (Wappen)Feld *n*; **19.** ⚙, ⚠ Stollenholz *n*; **II** *v/t.* **20.** *et.* vierteln; *weitS.* aufteilen, zerstückeln; **21.** *j-n* vierteilen; **22.** *Wappenschild* vieren; **23.** *j-n* beherbergen; ⚔ einquartieren, *Truppen* 'unterbringen ([***up***]***on*** bei): ***~ed in barracks*** kaserniert; ***be ~ed at*** (*od.* ***in***) in Garnison liegen in (*dat.*); ***be ~ed*** (***up***)***on*** bei *j-m* in Quartier liegen; ***~ o.s. upon s.o.*** *fig.* sich bei j-m einquartieren; **24.** *Gegend* durch'stöbern (*Jagdhunde*).

'**quar·ter|·back** **I** *s.* *American Football*: ‚'Angriffsdiriˌgent' *m*; **II** *v/t.* *den Angriff* dirigieren (*a. fig.*); **~ bind·ing** *s.* *Buchbinderei*: Halbfranz(band *m*) *n*; **~ cir·cle** *s.* **1.** ⚘ Viertelkreis *m*; **2.** ⚙ Abrundung *f*; **~ day** *s.* Quar'talstag *m für fällige Zahlungen* (*in England: 25. 3., 24. 6., 29. 9., 25. 12.; in USA: 1. 1., 1. 4., 1. 7., 1. 10.*); '**~·deck** *s.* ⚓ **1.** Achterdeck *n*; **2.** *coll.* Offi'ziere *pl.*; ˌ**~'fi·nal** *s.* *sport* **1.** *mst pl.* 'Viertelfiˌnale *n*; **2.** 'Viertelfiˌnalspiel *n*; ˌ**~'fi·nal·ist** *s.* *sport* Teilnehmer(in) am Viertelfinale.

quar·ter·ly ['kwɔːtəlɪ] **I** *adj.* **1.** Viertel...; **2.** vierteljährlich, Quartals...; **II** *adv.* **3.** in *od.* nach Vierteln; **4.** vierteljährlich, quar'talsweise; **III** *s.* **5.** Viertel'jahresschrift *f.*

'**quar·terˌmas·ter** *s.* **1.** ⚔ Quar'tiermeister *m*; **2.** ⚓ a) Steuerer *m* (*Handelsmarine*), b) Steuermannsmaat *m* (*Kriegsmarine*); ˌ**♀-'Gen·er·al** *s.* ⚔ Gene'ralquarˌtiermeister *m.*

quar·tern ['kwɔːtən] *s.* *bsd. Brit.* **1.** Viertel *n* (*bsd. e-s Maßes od. Gewichtes*): a) Viertelpint *n*, b) Viertel *n* e-s engl. Pfunds; **2.** *a.* ***~ loaf*** Vier'pfundbrot *n.*

quar·ter| ses·sions *s. pl.* ⚖ **1.** *Brit. obs.* Krimi'nalgericht *n* (*mit vierteljährlichen Sitzungen, a. Berufungsinstanz für Zivilsachen; bis 1971*); **2.** *Am.* (*in einigen Staaten*) *ein ähnliches* Gericht für Strafsachen; **~ tone** *s.* ♪ **1.** 'Vierteltoninterˌvall *n*; **2.** Viertelton *m.*

quar·tet(te) [kwɔː'tet] *s.* **1.** ♪ Quar'tett *n* (*a. humor. 4 Personen*); **2.** Vierergruppe *f.*

quar·tile ['kwɔːtaɪl] *s.* **1.** *ast.* Quadra'tur *f*, Geviertschein *m*; **2.** *Statistik*: Quar'til *n*, Viertelswert *m.*

quar·to ['kwɔːtəʊ] *pl.* **-tos** *typ.* **I** *s.* 'Quartforˌmat *n*; **II** *adj.* im 'Quartforˌmat.

quartz [kwɔːts] *s.* *min.* Quarz *m*: ***crystallized ~*** Bergkristall *m*; ***~ clock*** Quarzuhr *f*; ***~ lamp*** a) ⚙ Quarz(glas)lampe *f*, b) ⚕ Quarzlampe *f* (*Höhensonne*).

qua·sar ['kweɪzɑː] *s.* *ast.* Qua'sar *m.*

quash[1] [kwɒʃ] *v/t.* ⚖ **1.** *Verfügung etc.* aufheben, annullieren, verwerfen; **2.**

Q

Klage abweisen; **3.** *Verfahren* niederschlagen.

quash² [kwɒʃ] *v/t.* **1.** zermalmen, -stören; **2.** *fig.* unter'drücken.

qua·si ['kweɪzaɪ] *adv.* gleichsam, gewissermaßen, sozu'sagen; Quasi..., Schein..., ...ähnlich: **~ contract** vertragsähnliches Verhältnis; **~-judicial** quasigerichtlich; **~-official** halbamtlich.

qua·ter·na·ry [kwə'tɜːnərɪ] **I** *adj.* **1.** aus vier bestehend; **2.** ♀ *geol.* Quartär...; **3.** ⚗ vierbindig, quater'när; **II** *s.* **4.** Gruppe *f* von 4 Dingen; **5.** Vier *f* (*Zahl*); **6.** *geol.* Quar'tär(peri,ode *f*) *n.*

quat·rain ['kwɒtreɪn] *s.* Vierzeiler *m.*

quat·re·foil ['kætrəfɔɪl] *s.* **1.** ⚠ Vierpass *m*; **2.** ⚘ vierblättriges (Klee)Blatt.

qua·ver ['kweɪvə] **I** *v/i.* **1.** zittern; **2.** ♪ tremolieren (*weitS. a. beim Sprechen*); **II** *v/t. mst* **~ out 3.** mit über'triebenem Vi'brato singen; **4.** mit zitternder Stimme sagen, stammeln; **III** *s.* **5.** ♪ Trillern *n*, Tremolo *n*; **6.** ♪ *Brit.* Achtelnote *f*; **'qua·ver·y** [-vərɪ] *adj.* zitternd.

quay [kiː] *s.* ⚓ (**on the ~** am) Kai *m*; **quay·age** ['kiːɪdʒ] *s.* **1.** Kaigeld *n*, -gebühr *f*; **2.** Kaianlagen *pl.*

quea·si·ness ['kwiːzɪnɪs] *s.* **1.** Übelkeit *f*; **2.** ('Über)Empfindlichkeit *f*; **quea·sy** ['kwiːzɪ] *adj.* ☐ **1.** ('über)empfindlich (*Magen etc.*); **2.** heikel, mäkelig (*beim Essen etc.*); **3.** Ekel erregend; **4.** unwohl: **I feel ~** mir ist übel; **5.** bedenklich.

queen [kwiːn] **I** *s.* **1.** Königin *f* (*a. fig.*): **♀ of** (**the**) **May** Maikönigin; **the ~ of the watering places** *fig.* die Königin *od.* Perle der Badeorte; **~'s metal** Weißmetall *n*; **~'s ware** gelbes Steingut; **♀ Anne is dead!** *humor.* so'n Bart!; **2.** *zo.* Königin *f*: a) *a.* **~ bee** Bienenkönigin, b) *a.* **~ ant** Ameisenkönigin; **3.** *Kartenspiel, Schach*: Dame *f*: **~'s pawn** Damenbauer *m*; **4.** *sl.* a) ‚Schwule(r)' *m*, ‚Tunte' *f*, b) *Am.* ‚Prachtweib' *n*; **II** *v/i.* **5.** *mst* **~ it** die große Dame spielen: **~ it over** *j-n* von oben herab behandeln; **6.** *Schach*: in e-e Dame verwandelt werden (*Bauer*); **III** *v/t.* **7.** zur Königin machen; **8.** *Bienenstock* beweiseln; **9.** *Schach*: *Bauern* (in e-e Dame) verwandeln; **~ dow·a·ger** *s.* Königinwitwe *f*; **'~-like** → **queenly**.

queen·ly ['kwiːnlɪ] *adj. u. adv.* wie e-e Königin, maje'stätisch.

queen moth·er *s.* Königinmutter *f.*

Queen's| Bench → **King's Bench**; **~ Coun·sel** → **King's Counsel**; **~ Eng·lish** → **English** 3; **~ Speech** → **King's Speech**.

queer [kwɪə] **I** *adj.* ☐ **1.** seltsam, sonderbar, wunderlich, kuri'os, ‚komisch': **~** (**in the head**) F leicht verrückt; **~ fellow** komischer Kauz; **2.** F fragwürdig, ‚faul' (*Sache*): **be in ♀ Street** a) ‚auf dem Trockenen sitzen', b) ‚in der Tinte sitzen'; **3.** unwohl, schwummerig: **feel ~** sich ‚komisch' fühlen; **4.** *sl.* gefälscht; **5.** *sl.* ‚schwul' (*homosexuell*); **II** *v/t.* **6.** *sl.* verpfuschen, verderben; → **pitch²** 1; **7.** *sl. j-n* in ein falsches Licht setzen (**with** bei); **III** *s.* **8.** *sl.* ‚Blüte' *f* (*Falschgeld*); **9.** *sl.* ‚Schwule(r)' *m*, ‚Homo' *m.*

quell [kwel] *v/t. rhet.* **1.** bezwingen; **2.** *Aufstand etc., a. Gefühle* unter'drücken, ersticken.

quench [kwentʃ] *v/t.* **1.** *rhet. Flammen, Durst etc.* löschen; **2.** *fig.* a) → **quell** 2, b) *Hoffnung* zu'nichte machen, c) *Verlangen* stillen; **3.** ⚙ *Asche, Koks etc.* (ab)löschen; **4.** *metall.* abschrecken, härten: **~ing and tempering** (Stahl-)Vergütung *f*; **5.** ⚡ *Funken* löschen: **~ed spark gap** Löschfunkenstrecke *f*; **6.** *fig. j-m* den Mund stopfen; **'quench·er** [-tʃə] *s.* F Schluck *m*; **'quench·less** [-lɪs] *adj.* ☐ un(aus)löschbar.

que·nelle [kə'nel] *s.* Fleisch- *od.* Fischknödel *m.*

que·rist ['kwɪərɪst] *s.* Fragesteller(in).

quer·u·lous ['kwerʊləs] *adj.* ☐ quengelig, nörgelnd, verdrossen.

que·ry ['kwɪərɪ] **I** *s.* **1.** (*bsd.* zweifelnde *od.* unangenehme) Frage; ✝ Rückfrage *f*: **~** (*abbr.* **qu.**), **was the money ever paid?** Frage, wurde das Geld je bezahlt?; **2.** *typ.* (anzweifelndes) Fragezeichen; **3.** *fig.* Zweifel *m*; **II** *v/t.* **4.** fragen; **5.** *j-n* (aus-, be)fragen; **6.** *et.* in Zweifel ziehen, infrage stellen, beanstanden; **7.** *typ.* mit e-m Fragezeichen versehen.

quest [kwest] **I** *s.* **1.** Suche *f*, Streben *n*, Trachten *n* (**for**, **of** nach): **knightly ~** Ritterzug *m*; **the ~ for the** (**Holy**) **Grail** die Suche nach dem (Heiligen) Gral; **in ~ of** auf der Suche nach; **2.** Nachforschung(en *pl.*) *f*; **II** *v/i.* **3.** suchen (**for**, **after** nach); **4.** Wild suchen (*Jagdhund*); **III** *v/t.* **5.** suchen *od.* trachten nach.

ques·tion ['kwestʃən] **I** *s.* **1.** Frage *f* (*a. ling.*): **beg the ~** die Antwort auf eine Frage schuldig bleiben; **put a ~ to s.o.** j-m e-e Frage stellen; **the ~ does not arise** die Frage ist belanglos; → **pop¹** 10; **2.** Frage *f*, Pro'blem *n*, Thema *n*, (Streit)Punkt *m*: **the social ~** die soziale Frage; **~s of the day** Tagesfragen; **~ of fact** ⚖ Tatfrage; **~ of law** ⚖ Rechtsfrage; **the point in ~** die fragliche *od.* vorliegende *od.* zur Debatte stehende Sache; **come into ~** infrage kommen, wichtig werden; **there is no ~ of** *s.th. od. ger.* es ist nicht die Rede von *et. od.* davon, dass; **~!** *parl.* zur Sache!; **3.** Frage *f*, Sache *f*, Angelegenheit *f*: **only a ~ of time** nur e-e Frage der Zeit; **4.** Frage

Q

f, Zweifel *m*: ***beyond* (*all*) ~** ohne Frage, fraglos; ***call in* ~** → 8; ***there is no* ~ *but*** (*od.* ***that***) es steht außer Frage, dass; ***out of* ~** außer Frage; ***that is out of the* ~** das kommt nicht infrage; **5.** *pol.* Anfrage *f*: ***put to the* ~** zur Abstimmung über *e-e Sache* schreiten; **6.** ⚖ Vernehmung *f*; Unter'suchung *f*: ***put to the* ~** *hist. j-n* foltern; **II** *v/t.* **7.** *j-n* (aus-, be)fragen; ⚖ vernehmen, -hören; **8.** *et.* an-, bezweifeln, in Zweifel ziehen; '**ques·tion·a·ble** [-tʃənəbl] *adj.* ☐ **1.** fraglich, zweifelhaft, ungewiss; **2.** bedenklich, fragwürdig; '**ques·tion·ar·y** [-tʃənərɪ] → ***questionnaire***; '**ques·tion·er** [-tʃənə] *s.* Fragesteller(in), Frager(in); '**ques·tion·ing** [-tʃənɪŋ] **I** *adj.* ☐ fragend (*a. Blick, Stimme*); **II** *s.* Befragung *f*; ⚖ Vernehmung *f*.

ques·tion| mark *s.* Fragezeichen *n*; **~ mas·ter** *s.* Mode'rator *m* e-r Quizsendung.

ques·tion·naire [ˌkwestɪə'neə] (*Fr.*) *s.* Fragebogen *m*.

ques·tion time *s. parl.* Fragestunde *f*.

queue [kjuː] **I** *s.* **1.** (Haar)Zopf *m*; **2.** *bsd. Brit.* Schlange *f*, Reihe *f vor Geschäften etc.*: ***stand*** (*od.* ***wait***) ***in a* ~** Schlange stehen; → ***jump*** 25; **II** *v/i.* **3.** *mst* **~ *up*** *Brit.* Schlange stehen, sich anstellen; '**~-ˌjump·er** *s.* F j-d., der sich vordrängelt, *mot.* Ko'lonnenspringer *m*.

quib·ble ['kwɪbl] **I** *s.* **1.** Spitzfindigkeit *f*, Wortklaube'rei *f*, Ausflucht *f*; **2.** *obs.* Wortspiel *n*; **II** *v/i.* **3.** her'umreden, Ausflüchte machen; **4.** spitzfindig sein, Haarspalte'rei betreiben; **5.** witzeln; '**quib·bler** [-lə] *s.* **1.** Wortklauber(in), -verdreher(in); **2.** Krittler(in); '**quib·bling** [-lɪŋ] *adj.* ☐ spitzfindig, haarspalterisch, wortklauberisch.

quick [kwɪk] **I** *adj.* ☐ **1.** schnell, so'fortig: **~ *answer*** (***service***) prompte Antwort (Bedienung); **~ *returns*** ✝ schneller Umsatz; **2.** schnell, hurtig, geschwind, rasch: ***be* ~!** mach schnell!, beeile dich!; ***be* ~ *about s.th.*** sich mit et. beeilen; **3.** (geistig) gewandt, flink, aufgeweckt, schlagfertig, ‚fix'; beweglich, flink (*Geist*): **~ *wit*** Schlagfertigkeit *f*; **4.** scharf (*Auge, Ohr, Verstand*): ***a* ~ *ear*** ein feines Gehör; **5.** scharf (*Geruch, Geschmack, Schmerz*); **6.** voreilig, hitzig: ***a* ~ *temper***; **7.** *obs.* lebend (*a.* ⚘ *Hecke*), lebendig: **~ *with child*** (hoch)schwanger; **8.** *fig.* lebhaft (*a. Gefühle*; *a. Handel etc.*); **9.** lose, treibend (*Sand etc.*); **10.** *min.* erzhaltig, ergiebig; **11.** ✝ flüssig (*Anlagen, Aktiva*); **II** *s.* **12. *the* ~** die Lebenden *pl.*; **13.** (lebendes) Fleisch; *fig.* Mark *n*: ***to the* ~** a) (bis) ins Fleisch, b) *fig.* bis ins Mark *od.* Herz, c) durch u. durch; ***cut s.o. to the* ~** j-n tief verletzen; ***touched to the* ~** bis ins Mark getroffen; ***a Socialist to the* ~** ein Sozialist bis auf die Knochen; ***paint s.o. to the* ~** j-n malen wie er leibt u. lebt; **14.** *Am.* → ***quicksilver***; **III** *adv.* **15.** schnell, geschwind; **ˌ~-'ac·tion** *adj.* ⚙ Schnell...; '**~-break switch** *s.* ⚡ Mo'mentschalter *m*; '**~-change** *adj.* **1. ~ *artist*** *thea.* Verwandlungskünstler(in); **2.** ⚙ Schnellwechsel...(*-futter, -getriebe etc.*); '**~-ˌdry·ing** *adj.* schnell trocknend (*Lack*); ä'therisch (*Öl*); '**~-eared** *adj.* mit e-m feinen Gehör.

quick·en ['kwɪkən] **I** *v/t.* **1.** beschleunigen; **2.** (wieder) lebendig machen; beseelen; **3.** *Interesse etc.* an-, erregen; **4.** beleben, *j-m* neuen Auftrieb geben; **II** *v/i.* **5.** sich beschleunigen (*Puls, Schritte etc.*); **6.** (wieder) lebendig werden; **7.** gekräftigt werden; **8.** hoch'schwanger werden; **9.** sich bewegen (*Fötus*).

'**quick|-eyed** *adj.* scharfsichtig (*a. fig.*); '**~-ˌfire**, '**~-ˌfir·ing** *adj.* ⚔ Schnellfeuer...; '**~-freeze** *v/t.* einfrieren, tiefkühlen; '**~-ˌfreez·ing** *s.* Tiefkühl-, Gefrierverfahren *n*; '**~-ˌfro·zen** *adj.* tiefgekühlt.

quick·ie ['kwɪkɪ] *s.* F **1.** *et.* ‚Hingehauenes', ‚auf die Schnelle' gemachte Sache, *z. B.* billiger, improvisierter Film; **2.** ‚kurze Sache', *z. B.* kurzer Werbefilm; **3. *have a* ~** F rasch einen ‚kippen'.

'**quick|·lime** *s.* ⚗ gebrannter, ungelöschter Kalk, Ätzkalk *m*; **~ march** *s.* ⚔ Eilmarsch *m*; '**~·match** *s.* ⚔, ⚒ Zündschnur *f*; **~ mo·tion** *s.* ⚙ Schnellgang *m*; **ˌ~-'mo·tion cam·er·a** *s. phot.* Zeitraffer(kamera *f*) *m*.

quick·ness ['kwɪknɪs] *s.* **1.** Schnelligkeit *f*; **2.** (geistige) Beweglichkeit *od.* Flinkheit; **3.** Hitzigkeit *f*: **~ *of temper***; **4. ~ *of sight*** gutes Sehvermögen; **5.** Lebendigkeit *f*, Kraft *f*.

'**quick|·sand** *s. geol.* Treibsand *m*; '**~·set** *s.* **1.** heckenbildende Pflanze, *bsd.* Weißdorn *m*; **2.** Setzling *m*; **3.** *a.* **~ *hedge*** lebende Hecke; **ˌ~-'set·ting** *adj.* ⚙ schnell abbindend (*Zement etc.*); **ˌ~-'sight·ed** *adj.* scharfsichtig; '**~ˌsil·ver** *s.* Quecksilber *n* (*a. fig.*); '**~·step** *s.* **1.** ⚔ Schnellschritt *m*; **2.** ♪ Quickstep *m* (*schneller Foxtrott*); **ˌ~-'tem·pered** *adj.* hitzig, jäh; **~ time** *s.* ⚔ **1.** schnelles Marschtempo; **2.** exerziermäßiges Marschtempo: **~ *march!*** Im Gleichschritt, marsch!; **ˌ~-'wit·ted** *adj.* schlagfertig, aufgeweckt, ‚fix'.

quid[1] [kwɪd] *s.* **1.** Priem *m* (*Kautabak*); **2.** wiedergekäutes Futter.

quid[2] [kwɪd] *pl. mst* **quid** *s. Brit. sl.* Pfund *n* (Sterling).

quid·di·ty ['kwɪdətɪ] *s.* **1.** *phls.* Es'senz *f*, Wesen *n*; **2.** Feinheit *f*; **3.** Spitzfindigkeit *f*.

quid·nunc ['kwɪdnʌŋk] *s.* Neuigkeitskrämer *m*, Klatschtante *f.*
quid pro quo [ˌkwɪdprəʊ'kwəʊ] *pl.* **quid pro quos** (*Lat.*) *s.* Gegenleistung *f*, Vergütung *f.*
qui·es·cence [kwaɪ'esns] *s.* Ruhe *f*, Stille *f*; **qui'es·cent** [-nt] *adj.* □ **1.** ruhig, bewegungslos; *fig.* ruhig, still: **~ state** Ruhezustand *m*; **2.** *ling.* stumm (*Buchstabe*).
qui·et ['kwaɪət] **I** *adj.* □ **1.** ruhig, still (*a. fig. Person, See, Straße etc.*); **2.** ruhig, leise, geräuschlos (*a.* ⚙): **~ running** *mot.* ruhiger Gang; **be ~!** sei still!; **~, please!** ich bitte um Ruhe!; **keep ~** a) sich ruhig verhalten, b) den Mund halten; **3.** bewegungslos, still; **4.** ruhig, friedlich (*a. Leben, Zeiten*); behaglich, beschaulich: **~ conscience** ruhiges Gewissen; **~ enjoyment** ⚖ ruhiger Besitz, ungestörter Genuss; **5.** ruhig, unauffällig (*Farbe etc.*); **6.** versteckt, geheim, leise: **keep s.th. ~** et. geheim halten, et. für sich behalten; **7.** ✝ ruhig, still, ‚flau' (*Geschäft etc.*); **II** *s.* **8.** Ruhe *f*, Stille *f*; Frieden *m*: **on the ~** (*od.* **on the q.t.**) F ‚klammheimlich', stillschweigend; **III** *v/t.* **9.** beruhigen, zur Ruhe bringen; **10.** besänftigen; **11.** zum Schweigen bringen; **IV** *v/i.* **12.** *mst* **~ down** ruhig *od.* still werden, sich beruhigen; **'qui·et·en** [-tn] → **quiet** III *u.* IV.
qui·et·ism ['kwaɪɪtɪzəm] *s. eccl.* Quie'tismus *m.*
qui·et·ness ['kwaɪətnɪs] *s.* **1.** → **quietude**; **2.** Geräuschlosigkeit *f*; **qui·e·tude** ['kwaɪɪtju:d] *s.* **1.** Stille *f*, Ruhe *f*; **2.** *fig.* Friede(n) *m*; **3.** (Gemüts)Ruhe *f.*
qui·e·tus [kwaɪ'i:təs] *s.* **1.** Ende *n*, Tod *m*; **2.** Todesstoß *m*: **give s.o. his ~** j-m den Garaus machen; **3.** (restlose) Tilgung *e-r Schuld*; **4.** ⚖ a) *Brit.* Endquittung *f*, b) *Am.* Entlastung *f des Nachlassverwalters.*
quill [kwɪl] **I** *s.* **1.** *a.* **~ feather** *orn.* (Schwung-, Schwanz)Feder *f*; **2.** *a.* **~ pen** Federkiel *m*; *fig.* Feder *f*; **3.** *zo.* Stachel *m* (*Igel etc.*); **4.** ♪ a) *hist.* Panflöte *f*, b) Plektrum *n*; **5.** Zahnstocher *m*; **6.** Zimtstange *f*; **7.** ⚙ Weberspule *f*; **8.** ⚙ Hohlwelle *f*; **II** *v/t.* **9.** rund fälteln, kräuseln; **10.** *Faden* aufspulen; **'~-ˌdriv·er** *s. contp.* Federfuchser *m.*
quilt [kwɪlt] **I** *s.* **1.** Steppdecke *f*; **2.** gesteppte (Bett)Decke; **II** *v/t.* **3.** steppen, 'durchnähen; **4.** wattieren, (aus)polstern; **'quilt·ing** [-tɪŋ] *s.* **1.** 'Durchnähen *n*, Steppen *n*: **~ seam** Steppnaht *f*; **2.** gesteppte Arbeit; **3.** Füllung *f*, Wattierung *f*; **4.** Pi'kee *m* (*Gewebe*).
quim [kwɪm] *s.* V ‚Möse' *f.*
quince [kwɪns] *s.* ♀ Quitte *f.*
qui·nine [*Brit.* kwɪ'ni:n; *Am.* 'kwaɪnaɪn] *s.* ⚗, *pharm.* Chi'nin *n.*
quin·qua·ge·nar·i·an [ˌkwɪŋkwədʒɪ'neərɪən] **I** *adj.* fünfzigjährig, in den Fünfzigern; **II** *s.* Fünfzigjährige(r *m*) *f*, Fünfziger(in); **quin·quen·ni·al** [kwɪŋ'kwenɪəl] *adj.* □ fünfjährig; fünfjährlich (*wiederkehrend*).
quins [kwɪnz] *s. pl.* F Fünflinge *pl.*
quin·sy ['kwɪnzɪ] *s.* ⚕ (Hals)Bräune *f*, Mandelentzündung *f.*
quint *s.* **1.** [kɪnt] *Pikett*: Quinte *f*; **2.** [kwɪnt] ♪ Quint(e) *f.*
quin·tal ['kwɪntl] *s.* Doppelzentner *m.*
quinte [kɛ̃t; kænt] (*Fr.*) *s. fenc.* Quinte *f.*
quint·es·sence [kwɪn'tesns] *s.* **1.** ⚗ 'Quintessenz *f* (*a. phls. u. fig.*); **2.** *fig.* Kern *m*, Inbegriff *m*; **3.** a) Urtyp *m*, b) klassisches Beispiel, c) (höchste) Voll'kommenheit *f.*
quin·tet(te) [kwɪn'tet] *s.* **1.** ♪ Quin'tett *n* (*a. humor. 5 Personen*); **2.** Fünfergruppe *f.*
quin·tu·ple ['kwɪntjʊpl] **I** *adj.* fünffach; **II** *s. das* Fünffache; **III** *v/t. u. v/i.* (sich) verfünffachen; **'quin·tu·plets** [-plɪts] *s. pl.* Fünflinge *pl.*
quip [kwɪp] **I** *s.* **1.** witziger Einfall, geistreiche Bemerkung, Bon'mot *n*; **2.** (Seiten)Hieb *m*, Stich(e'lei *f*) *m*; **II** *v/i.* **3.** witzeln, spötteln.
quire ['kwaɪə] *s.* **1.** *typ.* Buch *n* (*24 Bogen*); **2.** *Buchbinderei*: Lage *f.*
quirk [kwɜ:k] *s.* **1.** → **quip** 1, 2; **2.** Kniff *m*, Trick *m*; **3.** Zucken *n des Mundes etc.*; **4.** Eigenart *f*, seltsame Angewohnheit: **by a ~ of fate** durch e-n verrückten Zufall, wie das Schicksal so spielt; **5.** Schnörkel *m*; **6.** ⚠ Hohlkehle *f*; **'quirk·y** [-kɪ] *adj.* F **1.** ‚gerissen' (*Anwalt etc.*); **2.** eigenartig, schrullig, ‚komisch'.
quis·ling ['kwɪzlɪŋ] *s. pol.* F Quisling *m*, Kollabora'teur *m.*
quit [kwɪt] **I** *v/t.* **1.** verzichten auf (*acc.*); **2.** *a. Stellung* aufgeben; *Dienst* quittieren; sich vom *Geschäft* zu'rückziehen; **3.** F aufhören (**s.th.** mit et.; **doing** zu tun); **4.** verlassen; **5.** *Schuld* bezahlen, tilgen; **6. ~ o.s.** sich befreien (**of** von); **7.** *poet.* vergelten (**love with hate** Liebe mit Hass); **II** *v/i.* **8.** aufhören; **9.** weggehen; **10.** ausziehen (*Mieter*): **notice to ~** Kündigung *f*, **give notice to ~** (*j-m* die Wohnung) kündigen; **III** *adj. pred.* **11.** quitt, frei: **go ~** frei ausgehen; **be ~ for** davonkommen mit; **12.** frei, los (**of** von): **~ of charges** ✝ nach Abzug der Kosten, spesenfrei; **'~·claim** *s.* ⚖ **1.** Verzicht(leistung *f*) *m auf Rechte*; **2. ~ deed** a) Grundstückskaufvertrag *m*, b) *Am.* Zessi'onsurkunde *f* (*beide: ohne Haftung für Rechts- od. Sachmängel*).
quite [kwaɪt] *adv.* **1.** ganz, völlig: **~ another** ein ganz anderer; **~ wrong** völlig

Q

falsch; **2.** wirklich, tatsächlich, ziemlich: **~ a disappointment** e-e ziemliche Enttäuschung; **~ good** recht gut; **~ a few** ziemlich viele; **~ a gentleman** wirklich ein feiner Herr; **3.** F ganz, durch'aus: **~ nice** ganz *od.* sehr nett; **~ the thing** genau das Richtige; **~ (so)!** ganz recht!

quit rent *s.* ⚖ Miet-, Pachtzins *m.*

quits [kwɪts] *adj.* quitt (*mit j-m*): **call it ~** quitt sein; **get ~ with s.o.** mit j-m quitt werden; → **double** 10.

quit·tance ['kwɪtəns] *s.* **1.** Vergeltung *f*, Entgelt *n*; **2.** Erledigung *f e-r Schuld etc.*; **3.** ✝ Quittung *f.*

quit·ter ['kwɪtə] *s. Am. u.* F **1.** Drückeberger *m*; **2.** Feigling *m.*

quiv·er¹ ['kwɪvə] **I** *v/i.* beben, zittern (**with** vor *dat.*); **II** *s.* Beben *n*, Zittern *n*: **in a ~ of excitement** *fig.* zitternd vor Aufregung.

quiv·er² ['kwɪvə] *s.* Köcher *m*: **have an arrow left in one's ~** *fig.* noch ein Eisen im Feuer haben; **a ~ full of children** *fig.* e-e ganze Schar Kinder.

qui vive [ˌkiː'viːv] (*Fr.*) *s.*: **be on the ~** auf dem Quivive *od.* auf der Hut sein.

quix·ot·ic [kwɪk'sɒtɪk] *adj.* (☐ **~ally**) donqui'chotisch (*weltfremd, überspannt*); **quix·ot·ism** ['kwɪksətɪzəm], **quix·ot·ry** ['kwɪksətrɪ] *s.* Donquichotte'rie *f*, Narre'tei *f.*

quiz [kwɪz] **I** *v/t.* **1.** *Am. j-n* prüfen, abfragen; **2.** (aus)fragen; **3.** *bsd. Brit.* aufziehen, hänseln; **4.** (spöttisch) anstarren, fixieren; **II** *pl.* '**quiz·zes** [-zɪz] *s.* **5.** *ped. Am.* Prüfung *f*, Klassenarbeit *f*; **6.** Ausfragen *n*; **7.** *Radio, TV*: Quiz *n*: **~ game** Ratespiel *n*, Quiz; **~master** Quizmaster *m*; **~ program(me)**, **~ show** Quizsendung *f*; **8.** Denksportaufgabe *f*; **9.** *obs.* Foppe'rei *f*, Ulk *m.*

quiz·zi·cal ['kwɪzɪkl] *adj.* ☐ **1.** seltsam, komisch; **2.** spöttisch.

quod [kwɒd] *s. sl.* ‚Kittchen' *n*: **be in ~** *a.* ‚sitzen'.

quoin [kɔɪn] **I** *s.* **1.** ⚠ a) (vorspringende) Ecke, b) Eckstein *m*; **2.** *typ.* Schließkeil *m*; **II** *v/t.* **3.** *typ. Druckform* schließen; **4.** ⚙ verkeilen; **5.** ⚠ *Ecke* mit Keilsteinen versehen.

quoit [kɔɪt] *s.* **1.** Wurfring *m*; **2.** *pl. sg. konstr.* Wurfringspiel *n.*

quon·dam ['kwɒndæm] *adj.* ehemalig, früher.

Quon·set hut ['kwɒnsɪt] *s. Am.* (*Warenzeichen*) *e-e* Nissenhütte.

quo·rum ['kwɔːrəm] *s.* **1.** beschlussfähige Anzahl *od.* Mitgliederzahl: **be** (*od.* **constitute**) **a ~** beschlussfähig sein; **2.** ⚖ handlungsfähige Besetzung *e-s Gerichts.*

quo·ta ['kwəʊtə] *s.* **1.** *bsd.* ✝ Quote *f*, Anteil *m*; **2.** ✝ (*Einfuhr- etc.*)Kontin'gent *n*: **~ goods** kontingentierte Waren; **~ system** 'Quotensysˌtem *n*, -regelung *f*, Zuteilungssystem *n*; **3.** ⚖ Kon'kursdividende(nquote) *f*; **4.** *Am.* Einwanderungsquote *f.*

quot·a·ble ['kwəʊtəbl] *adj.* zi'tierbar.

quo·ta·tion [kwəʊ'teɪʃn] *s.* **1.** Zi'tat *n*; Anführung *f*, Her'anziehung *f* (*a.* ⚖): **familiar ~s** geflügelte Worte; **2.** Beleg (-stelle *f*) *m*; **3.** ✝ a) Preisangabe *f*, -ansatz *m*, b) (Börsen-, Kurs)Notierung *f*, Kurs *m*: **final ~** Schlussnotierung; **4.** *typ.* Steg *m*; **~ marks** *s. pl.* Anführungszeichen *pl.*, ‚Gänsefüßchen' *pl.*

Beachten Sie, dass die englischen Anführungszeichen anders sind als die deutschen. Sie sind jeweils oben angebracht und nach innen gekehrt: somit „umklammern" sie das Wort.
Beispiel: **She said "No, I'm not coming".**

Ein einprägsamer Merkspruch, der sich aus der Form und Platzierung der englischen (doppelten) An- bzw. Abführungszeichen (**"..."**) ergibt, lautet:

Sixty-six and ninety-nine, like washing hanging on a line.
(„Sechsundsechzig und neunundneunzig, wie Wäsche an der Leine.")

quote [kwəʊt] **I** *v/t.* **1.** zitieren (**from** aus), (*a. als Beweis*) anführen, *weitS. a.* Bezug nehmen auf (*acc.*), sich auf *ein Dokument etc.* berufen, *e-e Quelle, e-n Fall* her'anziehen; **2.** ✝ *Preis* aufgeben, ansetzen, berechnen; **3.** *Börse*: notieren: **be ~d at** (*od.* **with**) notieren *od.* im Kurs stehen mit; **4.** *Am.* in Anführungszeichen setzen; **II** *v/i.* **5.** zitieren (**from** aus): **~: ...** ich zitiere ..., Zitat...; **III** *s.* F **6.** Zi'tat *n*; **7.** *pl.* → **quotation marks**.

quoth [kwəʊθ] *obs.* *ich, er, sie, es* sprach, sagte.

quo·tid·i·an [kwɒ'tɪdɪən] **I** *adj.* **1.** täglich: **~ fever** → 3; **2.** all'täglich, gewöhnlich; **II** *s.* **3.** ⚕ Quotidi'anfieber *n.*

quo·tient ['kwəʊʃnt] *s.* ⅌ Quoti'ent *m.*

Q

R

R, r [ɑː] *s.* R *n*, r *n* (*Buchstabe*): ***the three Rs*** (*reading*, [*w*]*riting*, [*a*]*rithmetic*) (das) Lesen, Schreiben, Rechnen.

rab·bet ['ræbɪt] ⚙ **I** *s.* **1.** a) Fuge *f*, Falz *m*, Nut *f*, b) Falzverbindung *f*; **2.** Stoßstahl *m*; **II** *v/t.* **3.** einfügen, (zs.-)fugen, falzen; **~ joint** *s.* Fuge *f*, Falzverbindung *f*; **~ plane** *s.* Falzhobel *m*.

rab·bi ['ræbaɪ] *s.* **1.** Rab'biner *m*; **2.** Rabbi *m* (*Schriftgelehrter*); **rab·bin·ate** ['ræbɪnət] *s.* **1.** Rabbi'nat *n*; **2.** *coll.* Rab'biner *pl.*; **rab·bin·i·cal** [ræ'bɪnɪkl] *adj.* □ rab'binisch.

rab·bit ['ræbɪt] *s.* **1.** *zo.* Ka'ninchen *n*; **2.** *zo. Am. allg.* Hase *m*; **3.** → ***Welsh rabbit***; **4.** *sport* F a) Anfänger(in), b) ‚Flasche' *f*, c) *Laufsport*: Tempomacher *m*; **~ fe·ver** *s.* Hasenpest *f*; **~ hutch** *s.* Ka'ninchenstall *m*; **~ punch** *s. Boxen*: Genickschlag *m*.

rab·ble[1] ['ræbl] *s.* **1.** Mob *m*, Pöbelhaufen *m*; **2. the ~** der Pöbel: ***~-rousing*** aufwieglerisch, demagogisch.

rab·ble[2] ['ræbl] ⚙ **I** *s.* Rührstange *f*, Kratze *f*; **II** *v/t.* 'umrühren.

Rab·e·lai·si·an [ˌræbə'leɪzɪən] *adj.* **1.** des Rabe'lais; **2.** im Stil von Rabe'lais (*grob-satirisch*, *geistvoll-frech*).

rab·id ['ræbɪd] *adj.* □ **1.** wütend (*a. Hass etc.*), rasend (*a. fig. Hunger etc.*); **2.** rabi'at, fa'natisch: ***a ~ anti-Semite***; **3.** toll(wütig): ***a ~ dog***; **'rab·id·ness** [-nɪs] *s.* **1.** Rasen *n*, Wut *f*; **2.** (wilder) Fana'tismus.

ra·bies ['reɪbiːz] *s. vet.* Tollwut *f*.

rac·coon [rə'kuːn] *s.* Waschbär *m*.

race[1] [reɪs] *s.* **1.** Rasse *f*: ***the white ~***; **2.** Rasse *f*: a) Rassenzugehörigkeit *f*, b) rassische Eigenart: ***differences of ~*** Rassenunterschiede; **3.** a) Geschlecht *n*, Fa'milie *f*, b) Volk *n*; **4.** *biol.* Rasse *f*, Gattung *f*, 'Unterart *f*; **5.** (*Menschen- etc.*)Geschlecht *n*: ***the human ~***; **6.** *fig.* Kaste *f*, Schlag *m*: ***the ~ of politicians***; **7.** Rasse *f des Weins etc.*

race[2] [reɪs] **I** *s.* **1.** *sport* (Wett)Rennen *n*, (Wett)Lauf *m*: ***motor ~*** Autorennen; **2.** *pl. sport* Pferderennen *n*; → ***play*** 16; **3.** *fig.* (***for***) Wettlauf *m*, Kampf *m* (um), Jagd *f* (nach): ***~ against time*** Wettlauf mit der Zeit; **4.** *ast.* Lauf *m* (*a. fig. des Lebens etc.*): ***his ~ is run*** er hat die längste Zeit gelebt; **5.** a) starke Strömung, b) Stromschnelle *f*, c) Flussbett *n*, d) Ka'nal *m*, Gerinne *n*, e) Ka'nalgewässer *n*; **6.** ⚙ a) Laufring *m* (*Kugellager*), (Gleit)Bahn *f*, b) *Weberei*: Schützenbahn *f*; **7.** → ***slipstream***; **II** *v/i.* **8.** an e-m Rennen teilnehmen, *bsd.* um die Wette laufen *od.* fahren (***with*** mit); laufen *etc.* (***for*** um); **9.** (da'hin)rasen, (-)schießen, rennen; **10.** ⚙ 'durchdrehen (*Rad*); **III** *v/t.* **11.** um die Wette laufen *od.* fahren *etc.* mit; **12.** *Pferde* rennen *od.* laufen lassen; **13.** *Fahrzeug* rasen lassen, rasen mit; **14.** *fig.* ('durch)hetzen, (-)jagen; *Gesetz* 'durchpeitschen; **15.** ⚙ a) *Motor* 'durchdrehen lassen, b) *Motor* hochjagen: ***~ up*** *Flugzeugmotor* abbremsen; **~ boat** *s.* Rennboot *n*; **'~·course** *s.* (Pferde)Rennbahn *f*; **~ di·rec·tor** *s.* *mot.* Rennleiter *m*; **'~ˌgo·er** *s.* Rennplatzbesucher(in); **'~·horse** *s.* Rennpferd *n*.

ra·ceme [rə'siːm] *s.* ⚘ Traube *f* (*Blütenstand*).

race meet·ing *s.* (Pferde)Rennen *n*.

rac·er ['reɪsə] *s.* **1.** a) (Renn)Läufer(in), b) Rennfahrer(in); **2.** Rennpferd *n*; **3.** Rennrad *n*, -boot *n*, -wagen *m*.

Race Re·la·tions Board *s. Brit.* Ausschuss *m* zur Verhinderung von Rassendiskriminierung.

race ri·ot *s.* 'Rassenkraˌwall *m*; **'~·track** *s.* **1.** *mot.* Rennstrecke *f*; **2.** → ***racecourse***; **'~·way** *s.* **1.** (Mühl)Gerinne *n*; **2.** ⚙ Laufring *m*.

ra·chis ['reɪkɪs] *pl.* **rach·i·des** ['reɪkɪdiːz] *s.* **1.** ⚘, *zo.* Rhachis *f*, Spindel *f*; **2.** *anat.*, *zo.* Rückgrat *n*; **ra·chi·tis** [ræ'kaɪtɪs] *s.* ⚕ Ra'chitis *f*.

ra·cial ['reɪʃl] *adj.* □ rassisch, Rassen...: ***~ equality*** Rassengleichheit *f*; ***~ discrimination*** Rassendiskriminierung *f*; ***~ segregation*** Rassentrennung *f*; **'ra·cial·ism** [-ʃəlɪzəm] *s.* **1.** Ras'sismus *m*; **2.** Rassenkult *m*; **3.** 'Rassenpoliˌtik *f*; **'ra·cial·ist** [-ʃəlɪst] **I** *s.* Ras'sist(in); **II** *adj.* ras'sistisch.

rac·i·ness ['reɪsɪnɪs] *s.* **1.** Rassigkeit *f*, Rasse *f*; **2.** Urwüchsigkeit *f*; **3.** *das* Pi'kante, Würze *f*; **4.** Schwung *m*, ‚Schmiss' *m*.

rac·ing ['reɪsɪŋ] **I** *s.* **1.** Rennen *n*; **2.** (Pferde)Rennsport *m*; **II** *adj.* **3.** Renn...(*-boot*, *-wagen etc.*): ***~ circuit*** *mot.* Rennstrecke *f*; ***~ cyclist*** Radrennfahrer *m*; ***~ driver*** Rennfahrer(in); ~

man Pferdesportliebhaber *m*; ***~ world*** *die* Rennwelt.
rac·ism ['reɪsɪzəm] → ***racialism***; **'rac·ist** → ***racialist***.
rack¹ [ræk] **I** *s.* **1.** Gestell *n*, Gerüst *n*; (*Gewehr-*, *Kleider-* *etc.*)Ständer *m*; (Streck-, Stütz)Rahmen *m*; ✓ Raufe *f*, Futtergestell *n*; 🚃 Gepäcknetz *n*; (Handtuch)Halter *m*; **2.** 'Fächerre,gal *n*; **3.** *typ.* 'Setzre,gal *n*; **4.** ⚙ Zahnstange *f*: ***~(-and-pinion) gear*** Zahnstangengetriebe *n*; **5.** *hist.* Folterbank *f*, (Streck)Folter *f*; *fig.* (Folter)Qualen *pl.*: ***put on the ~*** *bsd. fig. j-n* auf die Folter spannen; **II** *v/t.* **6.** (aus)recken, strecken; **7.** auf *od.* in ein Gestell *od.* Re'gal legen; **8.** *bsd. fig.* foltern, martern: ***~ one's brains*** sich den Kopf zermartern; ***~ed with pain*** schmerzgequält; ***~ing pains*** rasende Schmerzen; **9.** a) *Miete* (wucherisch) hoch schrauben, b) → ***rack-rent*** 3; **10.** ***~ up*** ✓ mit Futter versehen.
rack² [ræk] *s.*: ***go to ~ and ruin*** *a. fig.* ka'puttgehen.
rack³ [ræk] *s.* Passgang *m* (*Pferd*).
rack⁴ [ræk] **I** *s.* fliegendes Gewölk; **II** *v/i.* (da'hin)ziehen (*Wolken*).
rack⁵ [ræk] *v/t. oft* ***~ off*** *Wein etc.* abziehen, -füllen.
rack·et¹ ['rækɪt] *s.* **1.** *sport* Ra'kett *n*, (*Tennis-* *etc.*)Schläger *m*: ***~ press*** Spanner *m*; **2.** *pl. oft sg. konstr.* Ra'kettspiel *n*, Wandballspiel *n*; **3.** Schneeteller *m*.
rack·et² ['rækɪt] **I** *s.* **1.** Krach *m*, Lärm *m*, Ra'dau *m*, Spek'takel *m*; **2.** ‚Wirbel' *m*, Aufregung *f*; **3.** a) ausgelassene Gesellschaft, rauschendes Fest, b) Vergnügungstaumel *m*, c) Trubel *m des Gesellschaftslebens*: ***go on the ~*** ‚auf die Pauke hauen'; **4.** harte (Nerven-)Probe, ‚Schlauch' *m*: ***stand the ~*** F a) die Sache durchstehen, b) die Folgen zu tragen haben, c) (alles) berappen; **5.** *sl.* a) Schwindel *m*, ‚Schiebung' *f*, b) Erpresserbande *f*, Racket *n*, c) organisierte Erpressung, d) ‚Masche' *f*, (einträgliches) Geschäft, e) *Am.* Beruf *m*, Branche *f*; **II** *v/i.* **6.** Krach machen, lärmen; **7.** *mst* ***~ about*** ‚(herum)sumpfen'; **rack·et·eer** [,rækə'tɪə] **I** *s.* **1.** Gangster *m*, Erpresser *m*; **2.** Schieber *m*, Geschäftemacher *m*; **II** *v/i.* **3.** dunkle Geschäfte machen; **4.** organisierte Erpressung betreiben; **rack·et·eer·ing** [,rækə'tɪərɪŋ] *s.* **1.** Gangstertum *n*, organisierte Erpressung; **2.** Geschäftemache'rei *f*; **'rack·et·y** [-tɪ] *adj.* **1.** lärmend; **2.** turbu'lent; **3.** ausgelassen, ausschweifend.
rack| rail·way *s.* Zahnradbahn *f*; **'~-rent** **I** *s.* **1.** Wuchermiete *f*; **2.** *Brit.* höchstmögliche Jahresmiete; **II** *v/t.* **3.** e-e Wuchermiete für *et. od.* von *j-m* verlangen; **~ wheel** *s.* Zahnrad *n*.
ra·coon → ***raccoon***.
rac·y ['reɪsɪ] *adj.* **1.** rassig (*a. fig. Auto, Stil etc.*), feurig (*Pferd*, *a. Musik etc.*); **2.** urtümlich, kernig: ***~ of the soil*** urwüchsig, bodenständig; **3.** *fig.* a) le'bendig, geistreich, ‚spritzig', b) schwungvoll, schmissig: ***~ melody***; **4.** pi'kant, würzig (*Geruch etc.*) (*a. fig.*); **5.** F *u. Am.* schlüpfrig, gewagt.
rad [ræd] *s. pol.* Radi'kale(r *m*) *f*.
ra·dar ['reɪdɑː] **I** *s.* **1.** Ra'dar *m*, *n*, Funkmesstechnik *f*, -ortung *f*; **2.** *a.* ***~ set*** Radargerät *n*; **II** *adj.* **3.** Radar...: ***~ display*** Radarschirmbild *n*; ***~ gun*** Radarpistole *f*; ***~ scanner*** Radarsuchgerät *n*; ***~ screen*** Radarschirm *m*; ***~ scope*** Radarsichtgerät *n*; ***~ trap*** Radarfalle *f* (*der Polizei*).
rad·dle ['rædl] **I** *s.* **1.** *min.* Rötel *m*; **II** *v/t.* **2.** mit Rötel bemalen; **3.** rot anmalen.
ra·di·al ['reɪdjəl] **I** *adj.* □ **1.** radi'al, Radial..., Strahl(en)...; sternförmig; **2.** *anat.* Speichen...; **3.** ⚘, *zo.* radi'alsym,metrisch; **II** *s.* **4.** *anat.* → a) ***radial artery***, b) ***radial nerve***; **~ ar·ter·y** *s.* Speichenschlagader *f*; **~ drill** *s.* ⚙ Radi'albohrma,schine *f*; **~ en·gine** *s.* Sternmotor *m*; **'~-flow tur·bine** *s.* Radi'altur,bine *f*; **~ nerve** *s.* Speichennerv *m*; **'~(-ply) tire** (*Brit.* **tyre**) *s.* ⚙ Gürtelreifen *m*; **~ route** *s.* Ausfallstraße *f*.
ra·di·ance ['reɪdjəns], **'ra·di·an·cy** [-sɪ] *s.* **1.** *a. fig.* Strahlen *n*, strahlender Glanz; **2.** → ***radiation***; **'ra·di·ant** [-nt] **I** *adj.* □ **1.** strahlend (*a. fig.* ***with*** vor *dat.*, von): ***~ beauty***; ***~ with joy*** freudestrahlend; ***be ~ with health*** vor Gesundheit strotzen; **2.** *phys.* Strahlungs...(*-energie etc.*): ***~ heating*** ⚙ Flächenheizung *f*; **3.** strahlenförmig (angeordnet); **II** *s.* **4.** Strahl(ungs)punkt *m*; **'ra·di·ate** [-dɪeɪt] **I** *v/i.* **1.** ausstrahlen (***from*** von) (*a. fig.*); **2.** *a. fig.* strahlen, leuchten; **II** *v/t.* **3.** *Licht*, *Wärme etc.* ausstrahlen; **4.** *fig. Liebe etc.* ausstrahlen, -strömen: ***~ health*** vor Gesundheit strotzen; **5.** *Radio*, *TV*: ausstrahlen, senden; **III** *adj.* [-dɪət] **6.** radi'al, strahlig, Strahl(en)...; **ra·di·a·tion** [,reɪdɪ'eɪʃn] *s.* **1.** *phys.* (Aus)Strahlung *f* (*a. fig.*): ***~ detection team*** ⚔ Strahlenspürtrupp *m*; ***~ level*** Strahlenbelastung *f*; **2.** *a.* ***~ therapy*** ⚕ Strahlenbehandlung *f*, Bestrahlung *f*; **'ra·dia·tor** [-dɪeɪtə] *s.* **1.** ⚙ Heizkörper *m*; Strahlkörper *m*, -ofen *m*; **2.** ⚡ 'Raumstrahlan,tenne *f*; **3.** *mot.* Kühler *m*: ***~ core*** Kühlerblock *m*; ***~ grid***, ***~ grill*** Kühlergrill *m*; ***~ mascot*** Kühlerfigur *f*.
rad·i·cal ['rædɪkl] **I** *adj.* □ → ***radically***; **1.** radi'kal (*pol. oft* ♀); *weitS. a.* drastisch, gründlich: ***~ cure*** Radikal-, Rosskur *f*; ***undergo a ~ change*** sich von Grund auf ändern; **2.** ursprünglich,

eingewurzelt; fundamen'tal (*Fehler etc.*); grundlegend, Grund...: ~ ***difference***; ~ ***idea***; **3.** *bsd.* ⚘, ⩚ Wurzel...: ~ ***sign*** → 8b; ~ ***plane*** ⩚ Potenzebene *f*; **4.** *ling.* Wurzel..., Stamm...: ~ ***word*** Stamm(wort *n*) *m*; **5.** ♪ Grund(ton)...; **6.** *a.* ⚗ Radikal...; **II** *s.* **7.** *pol.* (*a.* 𝔏) Radi'kale(r *m*) *f*; **8.** ⩚ a) Wurzel *f*, b) Wurzelzeichen *n*; **9.** *ling.* Wurzel(buchstabe *m*) *f*; **10.** ♪ Grundton *m* (*Akkord*); **11.** ⚗ Radi'kal *n*; '**rad·i·cal·ism** [-kəlɪzəm] *s.* Radika'lismus *m*; '**rad·i·cal·ize** [-kəlaɪz] *v/t.* (*v/i.* sich) radikalisieren; '**rad·i·cal·ly** [-kəlɪ] *adv.* **1.** radi'kal, von Grund auf; **2.** ursprünglich.

ra·dic·chi·o [ræ'dɪkɪəʊ] *s.* ⚘ Ra'dicchio *m.*

rad·i·ces ['reɪdɪsiːz] *pl. von* ***radix***.

rad·i·cle ['rædɪkl] *s.* **1.** ⚘ a) Keimwurzel *f*, b) Würzelchen *n*; **2.** *anat.* (Gefäß-, Nerven)Wurzel *f*.

ra·di·i ['reɪdɪaɪ] *pl. von* ***radius***.

ra·di·o ['reɪdɪəʊ] **I** *pl.* **-di·os** *s.* **1.** Funk(-betrieb) *m*; **2.** Radio *n*, Rundfunk *m*: ***on the*** ~ im Rundfunk; **3.** a) Radio(gerät) *n*, Rundfunkempfänger *m*, b) Funkgerät *n*; **4.** (Radio)Sender *m*; **5.** Rundfunkgesellschaft *f*; **6.** F Funkspruch *m*; **II** *v/t.* **7.** senden, funken, *e-e Funkmeldung* 'durchgeben; **8.** ✱ a) e-e Röntgenaufnahme machen von, b) durch'leuchten; **9.** ✱ mit Radium bestrahlen.

ˌ**ra·di·o|'ac·tive** *adj.* radioak'tiv: ~ ***waste*** radioaktiver Müll, Atommüll *m*; ˌ~**·ac'tiv·i·ty** *s.* Radioaktivi'tät *f*; ~ **am·a·teur** *s.* 'Funkamaˌteur *m*; ~ **bea·con** *s.* Funkbake *f*; ~ **beam** *s.* Funk-, Richtstrahl *m*; ~ **bear·ing** *s.* **1.** Funkpeilung *f*; **2.** Peilwinkel *m*; ~ **cab** *s.* 'Funkˌtaxi *n*; ~ **car** *s.* Funk(streifen)wagen *m*; ˌ~'**car·bon dat·ing** *s.* Radiokar'bonmeˌthode, C-'14-Meˌthode *f*; ˌ~'**chem·is·try** *s.* 'Radio-, 'Strahlencheˌmie *f*; ˌ~**-con'trol I** *s.* Funksteuerung *f*; **II** *v/t.* fernsteuern; ˌ~'**el·e·ment** *s.* radioak'tives Ele'ment; ~ **en·gi·neer·ing** *s.* Funktechnik *f*; ~ **fre·quen·cy** *s.* ϟ 'Hochfreˌquenz *f*.

ra·di·o·gram ['reɪdɪəʊgræm] *s.* **1.** 'Funkmeldung *f*, -teleˌgramm *n*; **2.** *Brit.* a) → ***radiograph*** I, b) Mu'siktruhe *f*.

ra·di·o·graph ['reɪdɪəʊgrɑːf] ✱ **I** *s.* Radio'gramm *n*, *bsd.* Röntgenaufnahme *f*; **II** *v/t.* ein Radio'gramm *etc.* machen von; **ra·di·o·gra·phy** [ˌreɪdɪ'ɒgrəfɪ] *s.* Röntgenogra'phie *f*.

ra·di·o·log·i·cal [ˌreɪdɪəʊ'lɒdʒɪkl] *adj.* ✱ radio'logisch, Röntgen...; **ra·di·ol·o·gist** [ˌreɪdɪ'ɒlədʒɪst] *s.* Röntgeno'loge *m*; **ra·di·ol·o·gy** [ˌreɪdɪ'ɒlədʒɪ] *s.* Strahlen-, 'Röntgenkunde *f*.

ra·di·o| mark·er *s.* ✈ (Anflug)Funkbake *f*; ~ **mes·sage** *s.* Funkmeldung *f*; ~ **op·er·a·tor** *s.* (✈ Bord)Funker *m*.

ra·di·o·phone ['reɪdɪəʊfəʊn] *s.* **1.** *phys.* Radio'phon *n*; **2.** → ***radiotelephone***.

ˌ**ra·di·o|'pho·no·graph** *s. Am.* Mu'siktruhe *f*; ˌ~'**pho·to·graph** *s.* Funkbild *n*; ˌ~**·pho'tog·ra·phy** *s.* Bildfunk *m*.

ra·di·os·co·py [ˌreɪdɪ'ɒskəpɪ] *s.* ✱ Röntgenosko'pie *f*, 'Röntgenunterˌsuchung *f*.

ra·di·o| set *s.* → ***radio*** 3; ~ **sonde** [sɒnd] *s. meteor.* Radiosonde *f*; ~ **tax·i** *s.* 'Funkˌtaxi *n*; ˌ~'**tel·e·gram** *s.* 'Funkteleˌgramm *n*; ˌ~**·te'leg·ra·phy** *s.* drahtlose Telegra'fie; ˌ~'**tel·e·phone** *s.* Funksprechgerät *n*; ˌ~**·te'leph·o·ny** *s.* drahtlose Telefo'nie; ˌ~'**ther·a·py** *s.* 'Strahlen-, 'Röntgentheraˌpie *f*.

rad·ish ['rædɪʃ] *s.* **1.** *a.* ***large*** ~ Rettich *m*; **2.** *a.* ***red*** ~ Ra'dieschen *n*.

ra·di·um ['reɪdjəm] *s.* ⚗ Radium *n*.

ra·di·us ['reɪdjəs] *pl.* **-di·i** [-dɪaɪ] *od.* **-di·us·es** *s.* **1.** ⩚ Radius *m*, Halbmesser *m*: ~ ***of turn*** *mot.* Wendehalbmesser; **2.** ⚙, *anat.* Speiche *f*; **3.** ⚘ Strahl(-blüte *f*) *m*; **4.** 'Umkreis *m*: ***within a*** ~ ***of***; **5.** *fig.* (Wirkungs-, Einfluss)Bereich *m*: ~ (***of action***) Aktionsradius *m*, *mot.* Fahrbereich *m*.

ra·dix ['reɪdɪks] *pl.* **rad·i·ces** ['reɪdɪsiːz] *s.* **1.** ⩚ Basis *f*, Grundzahl *f*; **2.** ⚘, *a. ling.* Wurzel *f*.

raf·fi·a ['ræfɪə] *s.* Raffiabast *m*.

raff·ish ['ræfɪʃ] *adj.* ☐ **1.** liederlich; **2.** pöbelhaft, ordi'när.

raf·fle ['ræfl] **I** *s.* Tombola *f*, Verlosung *f*; **II** *v/t. oft* ~ ***off*** *et.* (in e-r Tombola) verlosen; **III** *v/i.* losen (***for*** um).

raft [rɑːft] **I** *s.* **1.** Floß *n*; **2.** zs.-gebundenes Holz; **3.** *Am.* Treibholz(ansammlung *f*) *n*; **4.** F Unmenge *f*, ‚Haufen' *m*, ‚Latte' *f*; **II** *v/t.* **5.** flößen, als *od.* mit dem Floß befördern; **6.** zu e-m Floß zs.-binden; **7.** mit e-m Floß befahren; '**raft·er** [-tə] *s.* **1.** Flößer *m*; **2.** ⚙ (Dach-)Sparren *m*; **rafts·man** ['rɑːftsmən] *s.* [*irr.*] Flößer *m*.

rag[1] [ræg] *s.* **1.** Fetzen *m*, Lumpen *m*, Lappen *m*: ***in*** ~***s*** a) in Fetzen (*Stoff etc.*), b) zerlumpt (*Person*); ***not a*** ~ ***of evidence*** nicht den geringsten Beweis; ***chew the*** ~ a) ‚quatschen', plaudern, b) ‚meckern'; ***cook to*** ~***s*** zerkochen; ***it's a red*** ~ ***to him*** *fig.* es ist für ihn ein rotes Tuch; → ***ragtag***; **2.** *pl. Papierherstellung*: Hadern *pl.*, Lumpen *pl.*; **3.** *humor.* ‚Fetzen' *m* (*Kleid, Anzug*): ***not a*** ~ ***to put on*** keinen Fetzen zum Anziehen *haben*; → ***glad*** 2; **4.** *humor.* ‚Lappen' *m* (*Geldschein, Taschentuch etc.*); **5.** (*contp.* Käse-, Wurst)Blatt *n* (*Zeitung*); **6.** ♪ F → ***ragtime***.

rag[2] [ræg] *sl.* **I** *v/t.* **1.** *j-n* ‚anschnauzen'; **2.** *j-n* ‚aufziehen'; **3.** *j-m* e-n Streich spielen; **4.** *j-n* ‚piesacken', übel mitspielen (*dat.*); **II** *v/i.* **5.** Ra'dau machen; **III** *s.* **6.** Ra'dau *m*; **7.** Ulk *m*, Jux *m*.

R

rag·a·muf·fin ['rægəˌmʌfɪn] *s.* **1.** zerlumpter Kerl; **2.** Gassenkind *n.*

ˌrag|-and-'bone man [-gən'b-] *s.* Lumpensammler *m*; **~ bag** *s.* Lumpensack *m*; *fig.* Sammel'surium *n*: ***out of the ~*** aus der ‚Klamottenkiste'; **~ doll** *s.* Stoffpuppe *f.*

rage [reɪdʒ] **I** *s.* **1.** Wut(anfall *m*) *f*, Zorn *m*, Rage *f*: ***be in a ~*** vor Wut schäumen, toben; ***fly into a ~*** in Wut geraten; **2.** Wüten *n*, Toben *n*, Rasen *n* (*der Elemente, der Leidenschaft etc.*); **3.** Sucht *f*, Ma'nie *f*, Gier *f* (***for*** nach): ***~ for collecting things*** Sammelwut *f*; **4.** Begeisterung *f*, Taumel *m*, Rausch *m*, Ek'stase *f*: ***it is all the ~*** es ist jetzt die große Mode, alles ist wild darauf; **II** *v/i.* **5.** (*a. fig.*) toben, rasen, wüten (***at, against*** gegen).

rag fair *s.* Trödelmarkt *m.*

rag·ged ['rægɪd] *adj.* ☐ **1.** zerlumpt, abgerissen (*Person, Kleidung*); **2.** zottig, struppig; **3.** zerfetzt, ausgefranst (*Wunde*); **4.** zackig, gezackt (*Glas, Stein*); **5.** holp(e)rig: ***~ rhymes***; **6.** verwildert: ***a ~ garden***; **7.** roh, unfertig, fehler-, mangelhaft; zs.-hanglos; **8.** rau (*Stimme, Ton*).

'rag·man [-mən] *s.* [*irr.*] Lumpensammler *m.*

ra·gout ['rægu:] *s.* Ra'gout *n.*

rag| pa·per *s.* ⚙ 'Haderpaˌpier *n*; **'~ˌpick·er** *s.* Lumpensammler(in); **'~·tag** *s.* Pöbel *m*, Gesindel *n*: ***~ and bobtail*** Krethi u. Plethi *pl.*; **'~·time** *s.* ♪ Ragtime *m* (*Jazzstil*).

raid [reɪd] **I** *s.* **1.** Ein-, 'Überfall *m*; Raub-, Streifzug *m*; ⚔ 'Stoßtruppunterˌnehmen *n*; ⚓ Kaperfahrt *f*; ✈ (Luft-)Angriff *m*; **2.** (Poli'zei)ˌRazzia *f*; **3.** *fig.* a) (An)Sturm *m* (***on, upon*** auf *acc.*), b) *sport* Vorstoß *m*; **II** *v/t.* **4.** e-n 'Überfall machen auf (*acc.*), über'fallen, angreifen (*a.* ✈): ***~ing party*** ⚔ Stoßtrupp *m*; **5.** stürmen, plündern; **6.** e-e Razzia machen in (*dat.*); **7.** ***~ the market*** ✝ den Markt drücken.

rail¹ [reɪl] **I** *s.* **1.** ⚙ Schiene *f*, Riegel *m*, Querstange *f*; **2.** Geländer *n*; (***main***) ~ ⚓ Reling *f*; **3.** 🚂 a) Schiene *f*, b) *pl.* Gleis *n*: ***by ~*** mit der Bahn; ***run off the ~s*** entgleisen; ***off the ~s*** *fig.* aus dem Geleise, durcheinander; **4.** *pl.* ✝ 'Eisenbahnˌaktien *pl.*; **II** *v/t.* **5.** *a.* ***~ in*** mit e-m Geländer um'geben: ***~ off*** durch ein Geländer (ab)trennen.

rail² [reɪl] *s. orn.* Ralle *f.*

rail³ [reɪl] *v/i.* schimpfen, lästern, fluchen (***at, against*** über *acc.*): ***~ at*** (*od.* ***against***) über *et.* herziehen, gegen *et.* wettern.

rail| bus *s.* Schienenbus *m*; **'~·car** *s.* Triebwagen *m*; **'~·head** *s.* **1.** Kopfbahnhof *m*, ⚔ Ausladebahnhof *m*; **2.** 🚂 a) Schienenkopf *m*, b) im Bau befindliches Ende (*e-r neuen Strecke*).

rail·ing ['reɪlɪŋ] *s.* **1.** *a. pl.* Geländer *n*, Gitter *n*; **2.** ⚓ Reling *f.*

rail·ler·y ['reɪlərɪ] *s.* Necke'rei *f*, Stiche'lei *f*, (gutmütiger) Spott.

rail·road ['reɪlrəʊd] *bsd. Am.* **I** *s.* **1.** *allg.* Eisenbahn *f*; **2.** *pl.* ✝ 'Eisenbahnˌaktien *pl.*; **II** *adj.* **3.** Eisenbahn...: ***~ accident***; **III** *v/t.* **4.** mit der Eisenbahn befördern; **5.** F *Gesetzesvorlage etc.* 'durchpeitschen; **6.** F a) *j-n* ‚über'fahren', zwingen (***into doing*** *et.* zu tun), b) *j-n* ‚abservieren'; **'railˌroad·er** [-də] *s. Am.* Eisenbahner *m.*

rail·way ['reilweɪ] **I** *s.* **1.** *bsd. Brit. allg.* Eisenbahn *f*; **2.** Lo'kalbahn *f*; **II** *adj.* **3.** Eisenbahn...: ***~ accident***; **~ car·riage** *s.* Per'sonenwagen *m*; **~ guard** *s.* Zugbegleiter *m*; **~ guide** *s.* Kursbuch *n*; **'~·man** [-weɪmən] *s.* [*irr.*] Eisenbahner *m.*

rai·ment ['reɪmənt] *s. poet.* Kleidung *f*, Gewand *n.*

rain [reɪn] **I** *s.* **1.** Regen *m*; *pl.* Regenfälle *pl.*, -güsse *pl.*: ***the ~s*** die Regenzeit (*in den Tropen*); ***~ or shine*** bei jedem Wetter; ***as right as ~*** F ganz richtig, in Ordnung; **II** *v/i.* **2.** *impers.* regnen; → ***pour*** 6; **3.** *fig.* regnen; niederprasseln (*Schläge*); strömen (*Tränen*); **III** *v/t.* **4.** *Tropfen etc.* (her)'niedersenden, regnen: ***it's ~ing cats and dogs*** es gießt in Strömen; **5.** *fig.* (nieder)regnen *od.* (-)hageln lassen; **'~·bow** [-bəʊ] *s.* Regenbogen *m*; **~ check** *s. Am.* Einlasskarte *f* für die Neuansetzung e-r wegen Regens abgebrochenen (Sport)Veranstaltung: ***may I take a ~ on it?*** *fig.* darf ich darauf (*auf Ihr Angebot etc.*) später einmal zurückkommen?; **'~·coat** *s.* Regenmantel *m*; **'~·drop** *s.* Regentropfen *m*; **'~·fall** *s.* **1.** Regen(schauer) *m*; **2.** *meteor.* Niederschlagsmenge *f*; **~ forest** *s.* Regenwald *m.*

rain·i·ness ['reɪnɪnɪs] *s.* **1.** Regenneigung *f*; **2.** Regenwetter *n.*

'rain|·proof **I** *adj.* wasserdicht; **II** *s.* Regenmantel *m*; **'~·storm** *s.* heftiger Regenguss.

rain·y ['reɪnɪ] *adj.* ☐ regnerisch, verregnet; Regen...(*-wetter, -wind etc.*): ***save up for a ~ day*** *fig.* e-n Notgroschen zurücklegen.

raise [reɪz] **I** *v/t.* **1.** *oft* ***~ up*** (in die Höhe) heben, auf-, em'por-, hochheben, erheben, erhöhen; *mit Kran etc.* hochwinden, -ziehen; *Augen* erheben, aufschlagen; ⚕ *Blasen* ziehen; *Kohle* fördern; *Staub* aufwirbeln; *Vorhang* hochziehen; *Teig, Brot* treiben: ***~ one's glass to*** auf *j-n* das Glas erheben, *j-m* zutrinken; ***~ one's hat*** (***to s.o.***) den Hut ziehen (vor j-m, *a. fig.*); → ***power*** 12; **2.** aufrichten, -stellen, aufrecht stellen; **3.** errichten, erstellen, (er)bauen; **4.** *Familie* gründen; *Kinder* auf-, groß-

R

ziehen; **5.** a) *Pflanzen* ziehen, b) *Tiere* züchten; **6.** aufwecken: **~ *from the dead*** von den Toten erwecken; **7.** *Geister* zitieren, beschwören; **8.** *Gelächter, Sturm etc.* her'vorrufen, verursachen; *Erwartungen, Verdacht, Zorn* erwecken, erregen; *Gerücht* aufkommen lassen; *Schwierigkeiten* machen; **9.** *Geist, Mut* beleben, anfeuern; **10.** aufwiegeln (***against*** gegen); *Aufruhr* anstiften, -zetteln; **11.** *Geld etc.* beschaffen; *Anleihe, Hypothek, Kredit* aufnehmen; *Steuern* erheben; *Heer* aufstellen; **12.** *Stimme, Geschrei* erheben; **13.** *An-, Einspruch* erheben, *Einwand a.* vorbringen, geltend machen, *Forderung a.* stellen; *Frage* aufwerfen; *Sache* zur Sprache bringen; **14.** (ver)stärken, vergrößern, vermehren; **15.** *Lohn, Preis, Wert etc.* erhöhen, hin'aufsetzen; *Temperatur, Wette etc.* steigern; **16.** (im Rang) erhöhen: **~ *to the throne*** auf den Thron erheben; **17.** *Belagerung, Blockade etc., a. Verbot* aufheben; **18.** ⚓ sichten; **II** *s.* **19.** Erhöhung *f*; *Am.* Steigung *f* (*Straße*); **20.** *bsd. Am.* (Gehalts-, Lohn)Erhöhung *f*, Aufbesserung *f*; **raised** [-zd] *adj.* **1.** erhöht; **2.** gesteigert; **3.** ⚙ erhaben; **4.** Hefe...: **~ *cake***.

rai·sin ['reɪzn] *s.* Ro'sine *f*.

rai·son d'é·tat [ˌreɪzɔ̃:*n*deɪ'tɑ:] (*Fr.*) *s.* 'Staatsräˌson *f*; **~ d'ê·tre** [-'deɪtrə] (*Fr.*) *s.* Daseinsberechtigung *f*, -zweck *m*.

raj [rɑ:dʒ] *s. Brit. Ind.* Herrschaft *f*.

ra·ja(h) ['rɑ:dʒə] *s.* Radscha *m* (*indischer Fürst*).

rake[1] [reɪk] **I** *s.* **1.** Rechen *m* (*a. des Croupiers etc.*), Harke *f*; **2.** ⚙ a) Rührstange *f*, b) Kratze *f*, c) Schürhaken *m*; **II** *v/t.* **3.** (glatt-, zs.-)rechen, (-)harken; **4.** *mst* **~ *together*** zs.-scharren (*a. fig. zs.-raffen*); **5.** durch'stöbern (*a.* **~ *up*, ~ *over***): **~ *up*** *fig. alte Geschichten* aufrühren; **6.** ⚔ (mit Feuer) bestreichen, ‚beharken'; **7.** über'blicken, absuchen; **III** *v/i.* **8.** rechen, harken; **9.** *fig.* herumstöbern, -suchen (***for*** nach).

rake[2] [reɪk] *s.* Lebemann *m*.

rake[3] [reɪk] **I** *v/i.* **1.** Neigung haben; **2.** ⚓ a) 'überhängen (*Steven*), b) Fall haben (*Mast, Schornstein*); **II** *v/t.* **3.** (nach rückwärts) neigen; **III** *s.* **4.** Neigung(swinkel *m*) *f*.

'rake-off *s.* F (Gewinn)Anteil *m*.

rak·ish[1] ['reɪkɪʃ] *adj.* □ ausschweifend, liederlich, wüst.

rak·ish[2] ['reɪkɪʃ] *adj.* **1.** ⚓, *mot.* schnittig (gebaut); **2.** *fig.* flott, verwegen, keck.

ral·ly[1] ['rælɪ] **I** *v/t.* **1.** *Truppen etc.* (wieder) sammeln *od.* ordnen; **2.** vereinigen, scharen (***round, to*** um *acc.*), zs.-trommeln; **3.** aufrütteln, -muntern, in Schwung bringen; **4.** *Kräfte etc.* sammeln, zs.-raffen; **II** *v/i.* **5.** sich (wieder) sammeln; **6.** *a. fig.* sich scharen (***round, to*** um *acc.*); sich zs.-tun; sich anschließen (***to*** *dat. od.* an *acc.*); **7.** *a.* **~ *round*** sich erholen (*a. fig. u.* ✝), neue Kräfte sammeln; *sport etc.* sich (wieder) ‚fangen'; **8.** *Tennis etc.*: a) e-n Ballwechsel ausführen, b) sich einschlagen; **III** *s.* **9.** ⚔ Sammeln *n*; **10.** Zs.-kunft *f*, Treffen *n*, Tagung *f*, Kundgebung *f*, (Massen)Versammlung *f*; **11.** Erholung *f* (*a.* ✝ *der Preise, des Marktes*); **12.** *Tennis*: Ballwechsel *m*; **13.** *mot.* Rallye *f*, Sternfahrt *f*.

ral·ly[2] ['rælɪ] *v/t.* hänseln.

ral·ly·ing ['rælɪɪŋ] *adj.* Sammel...: **~ *cry*** Parole *f*, Schlagwort *n*; **~ *point*** Sammelpunkt *m*, -platz *m*.

ram [ræm] **I** *s.* **1.** *zo.* (*ast.* ♈) Widder *m*; **2.** ⚔ *hist.* Sturmbock *m*; **3.** ⚙ a) Ramme *f*, b) Rammbock *m*, -bär *m*, c) Presskolben *m*; **4.** ⚓ Rammsporn *m*; **II** *v/t.* **5.** (fest-, ein)rammen (*a.* **~ *down*** *od.* ***in***); *weitS.* (gewaltsam) stoßen, drücken; **6.** (hin'ein)stopfen: **~ *up*** a) voll stopfen, b) verrammeln, verstopfen; **7.** *fig.* eintrichtern, -pauken: **~ *s.th. into s.o.*** j-m et. einbläuen; → ***throat*** 1; **8.** ⚓, ✈ *etc.* rammen; *weitS.* stoßen, schmettern, ‚knallen'.

ram·ble ['ræmbl] **I** *v/i.* **1.** um'herwandern, -streifen, bummeln; **2.** sich winden (*Fluss etc.*); **3.** ⚘ wuchern, (üppig) ranken; **4.** *fig.* (vom Thema) abschweifen; drauf'losreden; **II** *s.* **5.** (Fuß)Wanderung *f*, Streifzug *m*; Bummel *m*; **'ram·bler** [-lə] *s.* **1.** Wand(e)rer *m*, Wand(r)erin *f*; **2.** *a.* ***crimson*** **~** ⚘ Kletterrose *f*; **'ram·bling** [-lɪŋ] **I** *adj.* □ **1.** um'herwandernd, -streifend: **~ *club*** Wanderverein *m*; **2.** ⚘ (üppig) rankend, wuchernd; **3.** weitläufig, verschachtelt (*Gebäude*); **4.** *fig.* abschweifend, weitschweifig, planlos; **II** *s.* **5.** Wandern *n*, Um'herstreifen *n*.

ram·bo ['ræmbəʊ] *s.* F Rambo *m*; **'~-style** *adj.* nach 'Ramboart, angriffslustig, draufgängerisch.

ram·bunc·tious [ræm'bʌŋkʃəs] *adj.* laut, lärmend, wild.

ram·ie ['ræmi:] *s.* Ra'mie(faser) *f*.

ram·i·fi·ca·tion [ˌræmɪfɪ'keɪʃn] *s.* Verzweigung *f*, -ästelung *f* (*a. fig.*); **ram·i·fy** ['ræmɪfaɪ] *v/t. u. v/i.* (sich) verzweigen (*a. fig.*).

ram·jet (en·gine) ['ræmdʒet] *s.* ⚙ Staustrahltriebwerk *n*.

ramp[1] [ræmp] **I** *s.* **1.** Rampe *f* (*a.* ⚠ *Abdachung*); **2.** (schräge) Auffahrt, (Lade)Rampe *f*; **3.** Krümmling *m* (*am Treppengeländer*); **4.** ✈ (fahrbare) Treppe; **II** *v/i.* **5.** sich (drohend) aufrichten, zum Sprung ansetzen (*Tier*); **6.** toben, wüten; **7.** ⚘ wuchern; **III** *v/t.* **8.** mit e-r Rampe versehen.

R

ramp² [ræmp] *s. Brit. sl.* Betrug *m.*

ram·page [ræm'peɪdʒ] **I** *v/i.* toben, wüten; **II** *s.*: ***be on the ~*** a) (sich aus)toben, b) *fig.* grassieren, um sich greifen, wüten; **ram'pa·geous** [-dʒəs] *adj.* ☐ wild, wütend.

ramp·an·cy ['ræmpənsɪ] *s.* **1.** Über'handnehmen *n*, 'Umsichgreifen *n*, Grassieren *n*; **2.** *fig.* wilde Ausgelassenheit, Wildheit *f*; **'ramp·ant** [-nt] *adj.* ☐ **1.** wild, zügellos, ausgelassen; **2.** über'hand nehmend: ***be ~*** → ***rampage*** II b; **3.** üppig, wuchernd (*Pflanzen*); **4.** (drohend) aufgerichtet, sprungbereit (*Tier*); **5.** *her.* steigend.

ram·part ['ræmpɑːt] *s.* ⚔ a) Brustwehr *f*, b) (Schutz)Wall *m* (*a. fig.*).

ram raid ['ræmreɪd] *s.* F Blitzeinbruch *m* (*in ein Geschäft, bei dem das Schaufenster od. die Tür mit e-m Auto eingefahren wird*); **'ram-raid** *v/t.* F e-n Blitzeinbruch machen (*acc.* in, bei); **ram raid·er** *s.* F Blitzeinbrecher(in); **ram raid·ing** *s.* F Blitzeinbruch *m*, -einbrüche *pl.*

ram·rod ['ræmrɒd] *s.* ⚔ *hist.* Ladestock *m*: ***as stiff as a ~*** als hätte *er etc.* e-n Ladestock verschluckt.

ram·shack·le ['ræmˌʃækl] *adj.* baufällig, wack(e)lig; klapp(e)rig.

ran¹ [ræn] *pret. von* ***run***.

ran² [ræn] *s.* **1.** Docke *f* Bindfaden; **2.** ⚓ aufgehaspeltes Kabelgarn.

ranch [rɑːntʃ; *bsd. Am.* ræntʃ] **I** *s.* Ranch *f*, (*bsd.* Vieh)Farm *f*; **II** *v/i.* Viehzucht treiben; **'ranch·er** [-tʃə] *s.* *Am.* **1.** Rancher *m*, Viehzüchter *m*; **2.** Farmer *m*; **3.** Rancharbeiter *m*.

ran·cid ['rænsɪd] *adj.* **1.** ranzig (*Butter etc.*); **2.** *fig.* widerlich; **ran·cid·i·ty** [ræn'sɪdətɪ], **'ran·cid·ness** [-nɪs] *s.* Ranzigkeit *f*.

ran·cor *Am.* → ***rancour***.

ran·cor·ous ['ræŋkərəs] *adj.* ☐ erbittert, voller Groll, giftig; **ran·cour** ['ræŋkə] *s.* Groll *m*, Hass *m*.

ran·dom ['rændəm] **I** *adj.* ☐ ziel-, wahllos, zufällig, aufs Gerate'wohl, Zufalls...: ***~ mating*** *biol.* Zufallspaarung *f*; ***~ sample*** (*od.* ***test***) Stichprobe *f*; ***~ shot*** Schuss *m* ins Blaue; ***~ access*** *Computer*: wahlfreier *od.* direkter Zugriff; **II** *s.*: ***at ~*** aufs Geratewohl, auf gut Glück, blindlings, zufällig: ***talk at ~*** (wild) drauflosreden.

rand·y ['rændɪ] *adj.* F geil.

ra·nee [ˌrɑː'niː] *s.* Rani *f* (*indische Fürstin*).

rang [ræŋ] *pret. von* ***ring²***.

range [reɪndʒ] **I** *s.* **1.** Reihe *f*; (*a.* Berg-)Kette *f*; **2.** (Koch-, Küchen)Herd *m*; **3.** Schießstand *m*, -platz *m*; **4.** Entfernung *f zum Ziel*, Abstand *m*: ***at a ~ of*** aus (*od.* in) e-r Entfernung von; ***at close ~*** aus der Nähe; ***find the ~*** ⚔ sich einschießen; ***take the ~*** die Entfernung schätzen; **5.** *bsd.* ⚔ Reich-, Trag-, Schussweite *f*; ⚓ Laufstrecke *f* (*Torpedo*); ✈ Flugbereich *m*: ***at close ~*** aus nächster Nähe; ***out of ~*** außer Schussweite; ***within ~ of vision*** in Sichtweite; → ***long-range***; **6.** Ausdehnung *f*, (ausgedehnte) Fläche; **7.** *fig.* Bereich *m*, Spielraum *m*, Grenzen *pl.*; (⚘, *zo.* Verbreitungs)Gebiet *n*: ***~ (of action)*** Aktionsbereich; ***~ (of activities)*** (Betätigungs)Feld *n*; ***~ of application*** Anwendungsbereich; ***~ of prices*** † Preislage *f*, -klasse *f*; ***~ of reception*** *Funk*: Empfangsbereich; ***boiling ~*** *phys.* Siedebereich; **8.** † Kollekti'on *f*, Sorti'ment *n*: ***a wide ~ (of goods)*** e-e große Auswahl, ein großes Angebot; **9.** Bereich *m*, Gebiet *n*, Raum *m*: ***~ of knowledge*** Wissensbereich; ***~ of thought*** Ideenkreis *m*; **10.** ♪ a) 'Ton-, 'Stimmˌumfang *m*, b) Ton-, Stimmlage *f*; **II** *v/t.* **11.** (in Reihen) aufstellen *od.* anordnen; **12.** einreihen, -ordnen: ***~ o.s. with*** (*od.* ***on the side of***) zu *j-m* halten; **13.** *Gebiet etc.* durch'streifen, -'wandern; **14.** längs *der Küste* fahren, entlangfahren; **15.** *Teleskop etc.* einstellen; **16.** ⚔ a) *Geschütz* richten (***on*** auf *acc.*), b) e-e Reichweite haben von, tragen; **III** *v/i.* **17.** (***with***) e-e Reihe *od.* Linie bilden (mit), in e-r Reihe *od.* Linie stehen (mit); **18.** sich erstrecken, verlaufen, reichen; **19.** *fig.* rangieren (***among*** unter), im gleichen Rang stehen (***with*** mit); zählen, gehören (***with*** zu); **20.** (um'her)streifen, (-)schweifen, wandern (*a. Auge, Blick*); **21.** ⚘, *zo.* vorkommen, verbreitet *od.* zu finden sein; **22.** schwanken, sich bewegen (***from ... to ...*** *od.* ***between ... and ...*** zwischen ... und ...) (*Zahlenwert, Preis etc.*); **23.** ⚔ sich einschießen (*Geschütz*).

'rangeˌfind·er *s.* ⚔, *phot.* Entfernungsmesser *m* (⚔ *a. Mann*).

rang·er ['reɪndʒə] *s.* **1.** *Am.* Ranger *m*: a) *Wächter e-s Nationalparks*, b) *mst* ♁ *Angehöriger e-r Schutztruppe e-s Bundesstaates*, c) ⚔ *Angehöriger e-r Kommandotruppe*; **2.** *Brit.* Aufseher *m* e-s königlichen Forsts *od.* Parks (*Titel*); **3.** *a.* ***~ guide*** *Brit.* Ranger *f* (*Pfadfinderin über 16 Jahre*).

rank¹ [ræŋk] **I** *s.* **1.** Reihe *f*, Linie *f*; **2.** ⚔ a) Glied *n*, b) Rang *m*, Dienstgrad *m*: ***the ~s*** (Unteroffiziere und) Mannschaften; ***~ and file*** ⚔ *der* Mannschaftsstand, *pol.* die Basis (*e-r Partei*); ***in ~ and file*** in Reih und Glied; ***close the ~s*** die Reihen schließen; ***join the ~s*** ins Heer eintreten; ***rise from the ~s*** von der Pike auf dienen (*a. fig.*); **3.** (sozi'ale) Klasse, Stand *m*, Schicht *f*, Rang *m*: ***man of ~*** Mann von Stand; ***~ and fashion*** die vornehme Welt; ***of second ~*** zweitrangig; ***take ~ of*** den

Vorrang haben vor (*dat.*); ***take ~ with*** mit *j-m* gleichrangig sein; **II** *v/t.* **4.** (ein-) reihen, (-)ordnen, klassifizieren; **5.** *Truppe etc.* aufstellen, formieren; **6.** *fig.* rechnen, zählen (***with***, ***among*** zu): ***I ~ him above Shaw*** ich stelle ihn über Shaw; **III** *v/i.* **7.** sich reihen *od.* ordnen; ⚔ (in geschlossener Formati'on) marschieren; **8.** e-n Rang *od.* e-e Stelle einnehmen, rangieren (***above*** über *dat.*, ***below*** unter *dat.*, ***next to*** hinter *dat.*): ***~ as*** gelten als; ***~ first*** an erster Stelle stehen; ***~ high*** e-n hohen Rang einnehmen, *a.* e-n hohen Stellenwert haben; ***~ing officer*** *Am.* rangältester Offizier; **9.** ***~ among***, ***~ with*** gehören *od.* zählen zu.

rank² [ræŋk] *adj.* □ **1.** a) üppig, geil wachsend (*Pflanzen*), b) verwildert (*Garten*); **2.** fruchtbar, fett (*Boden*); **3.** stinkend, ranzig; **4.** widerlich, scharf (*Geruch od. Geschmack*); **5.** krass: ***~ outsider***; ***~ beginner*** blutiger Anfänger; ***~ nonsense*** blühender Unsinn; **6.** ekelhaft, unanständig.

rank·er ['ræŋkə] *s.* ⚔ a) einfacher Sol'dat, b) aus dem Mannschaftsstand her'vorgegangener Offi'zier.

ran·kle ['ræŋkl] *v/i.* **1.** eitern, schwären (*Wunde*); **2.** *fig.* nagen, fressen, weh tun: ***~ with*** *j-n* wurmen, *j-m* wehtun.

ran·sack ['rænsæk] *v/t.* **1.** durch'wühlen; **2.** plündern, ausrauben.

ran·som ['rænsəm] **I** *s.* **1.** Loskauf *m*, Auslösung *f*; **2.** Lösegeld *n*: ***a king's ~*** e-e Riesensumme; ***hold to ~*** a) *j-n* gegen Lösegeld gefangen halten, b) *fig. j-n* erpressen; **3.** *eccl.* Erlösung *f*; **II** *v/t.* **4.** los-, freikaufen; **5.** *eccl.* erlösen.

rant [rænt] **I** *v/i.* **1.** toben, lärmen; **2.** schwadronieren, Phrasen dreschen; **3.** *obs.* geifern (***at***, ***against*** über *acc.*); **II** *v/t.* **4.** pa'thetisch vortragen; **III** *s.* **5.** Wortschwall *m*; Schwulst *m*, leeres Gerede, ˌPhrasendresche'rei *f*; **'rant·er** [-tə] *s.* **1.** pa'thetischer Redner, Kanzelpauker *m*; **2.** Schwadro'neur *m*, Großsprecher *m*.

ra·nun·cu·lus [rə'nʌŋkjʊləs] *pl.* **-lus·es**, **-li** [-laɪ] *s.* ⚘ Ra'nunkel *f*.

rap¹ [ræp] **I** *v/t.* **1.** klopfen *od.* pochen an *od.* auf (*acc.*): ***~ s.o.'s fingers***, ***~ s.o. over the knuckles*** *bsd. fig.* j-m auf die Finger klopfen; **2.** *Am. sl.* a) *j-m* e-e ˌZi'garre' verpassen, b) *j-n*, *et.* scharf kritisieren, c) *j-n* ˌverdonnern', d) *j-n* ˌschnappen'; **3.** ***~ out*** a) durch Klopfen mitteilen (*Geist*), b) *Worte* her'auspoltern, ˌbellen'; **II** *v/i.* **4.** klopfen, pochen, schlagen (***at*** an *acc.*); **III** *s.* **5.** Klopfen *n*; **6.** Schlag *m*; **7.** *Am.* F a) scharfe Kri'tik, b) ˌZi'garre' *f*, Rüge *f*; **8.** *Am. sl.* a) Anklage *f*, b) Strafe *f*, c) Schuld *f*: ***~ sheet*** Strafregister *n*; ***beat the ~*** sich rauswinden; ***take the ~*** (zu e-r Strafe) ˌverdonnert' werden; **9.** *Am.* F ˌPlausch' *m*: ***~ session*** (Gruppen-) Diskussion *f*.

rap² [ræp] *s. fig.* Heller *m*, Deut *m*: ***I don't care*** (*od.* ***give***) ***a ~*** (***for it***) das ist mir ganz egal; ***it is not worth a ~*** es ist keinen Pfifferling wert.

ra·pa·cious [rə'peɪʃəs] *adj.* □ raubgierig, Raub...(*-tier*, *-vogel*); *fig.* (hab)gierig; **ra'pa·cious·ness** [-nɪs], **ra'pac·i·ty** [-'pæsətɪ] *s.* **1.** Raubgier *f*; **2.** *fig.* Habgier *f*.

rape¹ [reɪp] **I** *s.* **1.** Vergewaltigung *f* (*a. fig.*), ⚖ Notzucht *f*: ***~ and murder*** Lustmord *m*; ***statutory ~*** *Am.* ⚖ Unzucht mit Minderjährigen; **2.** Entführung *f*, Raub *m*; **II** *v/t.* **3.** vergewaltigen; **4.** *obs.* rauben.

rape² [reɪp] *s.* ⚘ Raps *m*.

rape³ [reɪp] *s.* Trester *pl.*

rape| oil *s.* Rüb-, Rapsöl *n*; **'~·seed** *s.* Rübsamen *m*.

rap·id ['ræpɪd] **I** *adj.* □ **1.** schnell, rasch, ra'pid(e); reißend (*Fluss*; ✝ *Absatz*); Schnell...: ***~ deployment force*** schnelle Eingreiftruppe; ***~ fire*** ⚔ Schnellfeuer *n*; ***~ transit*** *Am.* Nahschnellverkehr *m*; **2.** jäh, steil (*Hang*); **3.** *phot.* a) lichtstark (*Objektiv*), b) hoch empfindlich (*Film*); **II** *s.* **4.** *pl.* Stromschnelle(n *pl.*) *f*; **ra·pid·i·ty** [rə'pɪdətɪ] *s.* Schnelligkeit *f*, (rasende) Geschwindigkeit.

ra·pi·er ['reɪpjə] *s. fenc.* Ra'pier *n*: ***~ thrust*** *fig.* sar'kastische Bemerkung.

rap·ist ['reɪpɪst] *s.* Vergewaltiger *m*: ***~-killer*** Lustmörder *m*.

rap·port [ræ'pɔː] *s.* (enge, per'sönliche) Beziehung: ***be in*** (*od.* ***en***) ***~ with*** mit *j-m* in Verbindung stehen, *fig.* gut harmonieren mit.

rap·proche·ment [ræ'prɒʃmɑ̃ːŋ] (*Fr.*) *s. bsd. pol.* (Wieder)'Annäherung *f*.

rapt [ræpt] *adj.* **1.** versunken, verloren (***in*** in *acc.*): ***~ in thought***; **2.** hingerissen, entzückt (***with***, ***by*** von); **3.** verzückt (*Lächeln etc.*); gespannt (***upon*** auf *acc.*) (*a. Aufmerksamkeit*).

rap·to·ri·al [ræp'tɔːrɪəl] *orn.* **I** *adj.* Raub...; **II** *s.* Raubvogel *m*.

rap·ture ['ræptʃə] *s.* **1.** Entzücken *n*, Verzückung *f*, Begeisterung *f*, Taumel *m*: ***in ~s*** hingerissen (***at*** von); ***go into ~s*** in Verzückung geraten (***over*** über *acc.*); ***~ of the deep*** ⚓ Tiefenrausch *m*; **2.** *pl.* Ausbruch *m* des Entzückens, Begeisterungstaumel *m*; **'rap·tur·ous** [-tʃərəs] *adj.* □ **1.** entzückt, hingerissen; **2.** stürmisch, begeistert (*Beifall etc.*); **3.** verzückt (*Gesicht*).

rare¹ [reə] *adj.* □ **1.** selten, rar (*a. fig. ungewöhnlich, hervorragend, köstlich*): ***~ earth*** ⚗ seltene Erde; ***~ fun*** F Mordsspaß *m*; ***~ gas*** Edelgas *n*; **2.** *phys.* dünn (*Luft*).

rare² [reə] *adj.* halbgar, nicht 'durchgebraten (*Fleisch*); englisch (*Steak*).

R

rare·bit ['reəbɪt] *s.*: ***Welsh ~*** überbackene Käseschnitte.

rar·ee show ['reəriː] *s.* **1.** Guckkasten *m*; **2.** Straßenzirkus *m*; **3.** *fig.* Schauspiel *n*.

rar·e·fac·tion [ˌreərɪ'fækʃn] *s. phys.* Verdünnung *f*; **rar·e·fy** ['reərɪfaɪ] **I** *v/t.* **1.** verdünnen; **2.** *fig.* verfeinern; **II** *v/i.* **3.** sich verdünnen.

rare·ness ['reənɪs] → ***rarity***.

rar·ing ['reərɪŋ] *adj.*: ***~ to do s.th.*** F ganz wild darauf, et. zu tun.

rar·i·ty ['reərətɪ] *s.* **1.** Seltenheit *f*: a) *seltenes Vorkommen*, b) Rari'tät *f*, Kostbarkeit *f*; **2.** Vor'trefflichkeit *f*; **3.** *phys.* Verdünnung *f*.

ras·cal ['rɑːskəl] *s.* **1.** Schuft *m*, Schurke *m*, Ha'lunke *m*; **2.** *humor.* a) Gauner *m*, b) Frechdachs *m* (*Kind*); **ras·cal·i·ty** [rɑː'skælətɪ] *s.* Schurke'rei *f*; **'ras·cal·ly** [-kəlɪ] *adj u. adv.* niederträchtig, gemein.

rash¹ [ræʃ] *adj.* □ **1.** hastig, über'eilt, -'stürzt, vorschnell: ***a ~ decision***; **2.** unbesonnen.

rash² [ræʃ] *s.* ⚕ (Haut)Ausschlag *m*.

rash·er ['ræʃə] *s.* (dünne) Scheibe Frühstücksspeck *od.* Schinken.

rash·ness ['ræʃnɪs] *s.* **1.** Hast *f*, Über'eiltheit *f*, -'stürztheit *f*; **2.** Unbesonnenheit *f*.

rasp [rɑːsp] **I** *v/t.* **1.** raspeln, feilen, schaben; **2.** *fig. Gefühle etc.* verletzen; *Ohren* beleidigen; *Nerven* reizen; **3.** krächzen(d äußern); **II** *s.* **4.** Raspel *f*, Grobfeile *f*; Reibeisen *n*.

rasp·ber·ry ['rɑːzbərɪ] *s.* **1.** ⚘ Himbeere *f*; **2.** *a.* ***~ cane*** ⚘ Himbeerstrauch *m*; **3.** ***give*** (*od.* ***blow***) ***a ~*** *fig. sl.* verächtlich schnauben.

rasp·ing ['rɑːspɪŋ] **I** *adj.* □ **1.** kratzend, krächzend (*Stimme etc.*); **II** *s.* **2.** Raspeln *n*; **3.** *pl.* Raspelspäne *pl.*

ras·ter ['ræstə] *s. opt., TV* Raster *m*.

rat [ræt] **I** *s.* **1.** *zo.* Ratte *f*: ***smell a ~*** *fig.* Lunte *od.* den Braten riechen, Unrat wittern; ***like a drowned ~*** pudelnass; ***~s!*** ‚Quatsch'!; **2.** *pol.* F 'Überläufer *m*, Abtrünnige(r *m*) *f*; **3.** F a) *allg.* Verräter *m*, b) ‚Schwein' *n*, c) Spitzel *m*, d) Streikbrecher *m*; **II** *v/i.* **4.** *pol.* F 'überlaufen, *allg.* Verrat begehen: ***~ on*** a) *j-n* verraten *od.* im Stich lassen, b) *Kumpane* ‚verpfeifen', c) *et.* widerrufen, d) aus *et.* ‚aussteigen'; **5.** Ratten fangen.

rat·a·bil·i·ty [ˌreɪtə'bɪlətɪ] *s.* **1.** (Ab-)Schätzbarkeit *f*; **2.** Verhältnismäßigkeit *f*; **3.** *bsd. Brit.* Steuerbarkeit *f*, 'Umlagepflicht *f*; **rat·a·ble** ['reɪtəbl] *adj.* □ **1.** (ab)schätzbar, abzuschätzen(d), bewertbar; **2.** anteilmäßig, proportio'nal; **3.** *bsd. Brit.* (kommu'nal)steuerpflichtig; zollpflichtig: ***~ value*** Einheitswert *m*.

ratch [rætʃ] *s.* ⚙ **1.** (gezahnte) Sperrstange; **2.** Auslösung *f* (*Uhr*).

ratch·et ['rætʃɪt] *s.* ⚙ Sperrklinke *f*; ***~ wheel*** *s.* ⚙ Sperrad *n*.

rate¹ [reɪt] **I** *s.* **1.** (Verhältnis)Ziffer *f*, Quote *f*, Maß(stab *m*) *n*, (*Wachstums-, Inflations- etc.*)Rate *f*: ***birth ~*** Geburtenziffer; ***death ~*** Sterblichkeitsziffer; ***at the ~ of*** im Verhältnis von (→ 2 *u.* 6); ***at a fearful ~*** in erschreckendem Ausmaß; **2.** (*Diskont-, Lohn-, Steuer- etc.*)Satz *m*, Kurs *m*, Ta'rif *m*: ***~ of exchange*** (Umrechnungs-, Wechsel-)Kurs; ***~ of the day*** Tageskurs; ***at the ~ of*** zum Satz(e) von; **3.** (festgesetzter) Preis, Betrag *m*, Taxe *f*: ***at any ~*** *fig.* a) auf jeden Fall, b) wenigstens; ***at that ~*** unter diesen Umständen; **4.** (*Post- etc.*) Gebühr *f*, Porto *n*; (Gas-, Strom-)Preis *m*: ***inland ~*** Inlandporto; **5.** *Brit.* (Kommu'nal)Steuer *f*, (Gemeinde)Abgabe *f*; **6.** (rela'tive) Geschwindigkeit: ***~ of climb*** ✈ Steiggeschwindigkeit; ***~ of energy*** *phys.* Energiemenge *f* pro Zeiteinheit; ***~ of an engine*** Motorleistung *f*; ***~ plate*** ⚙ Leistungsschild *n*; ***at the ~ of*** mit e-r Geschwindigkeit von; **7.** Grad *m*, Rang *m*, Klasse *f*; **8.** ⚓ a) Klasse *f* (*Schiff*), b) Dienstgrad *m* (*Matrose*); **II** *v/t.* **9.** *et.* abschätzen, taxieren (***at*** auf *acc.*); **10.** *j-n* einschätzen, beurteilen; ⚓ *Seemann* einstufen; **11.** *Preis etc.* bemessen, ansetzen; *Kosten* veranschlagen: ***~ up*** höher versichern; **12.** *j-n* betrachten als, halten für; **13.** rechnen, zählen (***among*** zu); **14.** *Brit.* a) (zur Steuer) veranlagen, b) besteuern; **15.** *Am. sl. et.* wert sein, Anspruch haben auf (*acc.*); **III** *v/i.* **16.** angesehen werden, gelten (***as*** als): ***~ high*** (***low***) hoch (niedrig) ‚im Kurs stehen', e-n hohen Stellenwert haben; ***~ above*** (***below***) rangieren, stehen über (unter) *j-m od. e-r Sache*; ***~ high with s.o.*** bei j-m e-n Stein im Brett haben; ***she*** (***it***) ***~d high with him*** sie (es) galt viel bei ihm; **17.** ***~ among*** zählen zu.

rate² [reɪt] **I** *v/t.* ausschelten (***for***, ***about*** wegen); **II** *v/i.* schimpfen (***at*** auf *acc.*).

rate·a·bil·i·ty *etc.* → ***ratability*** *etc.*

rat·ed ['reɪtɪd] *adj.* **1.** (gemeinde)steuerpflichtig; **2.** ⚙ Nenn...: ***~ power*** Nennleistung *f*.

'rate,pay·er *s. Brit.* (Gemeinde)Steuerzahler(in).

rath·er ['rɑːðə] *adv.* **1.** ziemlich, fast, etwas: ***~ cold*** ziemlich kalt; ***I would ~ think*** ich möchte fast glauben; ***I ~ expected it*** ich habe es fast erwartet; **2.** lieber, eher (***than*** als): ***I would*** (*od.* ***had***) ***much ~ go*** ich möchte viel lieber gehen; **3.** (***or*** oder) vielmehr, eigentlich, besser gesagt; **4.** *bsd. Brit.* F (ja) freilich!, aller'dings!

rat·i·fi·ca·tion [ˌrætɪfɪ'keɪʃn] *s.* **1.** Bestätigung *f*, Genehmigung *f*; **2.** *pol.* Ratifizierung *f*; **rat·i·fy** ['rætɪfaɪ] *v/t.* **1.** bestätigen, genehmigen, gutheißen; **2.** *pol.* ratifizieren.

rat·ing[1] ['reɪtɪŋ] *s.* **1.** (Ab)Schätzung *f*, Bewertung *f*, (*a.* Leistungs)Beurteilung *f*; *ped. Am.* (Zeugnis)Note *f*; *Radio*, *TV*: Einschaltquote *f*; **2.** (Leistungs-)Stand *m*, Ni'veau *n*; **3.** *fig.* Stellenwert *m*; **4.** ⚓ a) Dienstgrad *m*, b) *Brit.* Matrose *m*, c) *pl. Brit.* Leute *pl.* e-s bestimmten Dienstgrades; **5.** ⚓ (Segel-)Klasse *f*; **6.** ✝ Kre'ditwürdigkeit *f*; **7.** Ta'rif *m*; **8.** *Brit.* a) (Gemeindesteuer-)Veranlagung *f*, b) Steuersatz *m*; **9.** ⚙ (Nenn)Leistung *f*, Betriebsdaten *pl.*

rat·ing[2] ['reɪtɪŋ] *s.* heftige Schelte.

ra·tio ['reɪʃɪəʊ] *s.* **1.** ⩚ *etc.* Verhältnis *n*: **~ of distribution** Verteilungsschlüssel *m*; **be in the inverse ~** a) im umgekehrten Verhältnis stehen, b) ⩚ umgekehrt proportional sein (**to** zu); **2.** ⩚ Quoti'ent *m*; **3.** ✝ Wertverhältnis *n* zwischen Gold u. Silber; **4.** ⚙ Über'setzungsverhältnis *n* (*e-s Getriebes*).

ra·ti·oc·i·na·tion [ˌrætɪɒsɪ'neɪʃn] *s.* **1.** logisches Denken; **2.** logischer Gedankengang *od.* Schluss.

ra·tion ['ræʃn] **I** *s.* **1.** Rati'on *f*, Zuteilung *f*: **~ card** Lebensmittelkarte *f*; **off the ~** markenfrei; **2.** ⚔ (Tages)Verpflegungssatz *m*; **3.** *pl.* Lebensmittel *pl.*, Verpflegung *f*; **II** *v/t.* **4.** rationieren, (zwangs)bewirtschaften; **5.** *a.* **~ out** (in Rationen) zuteilen; **6.** ⚔ verpflegen.

ra·tion·al ['ræʃənl] *adj.* □ **1.** vernünftig: a) vernunftmäßig, ratio'nal, b) vernunftbegabt, c) verständig; **2.** zweckmäßig, ratio'nal (*a.* ⩚); **ra·tion·ale** [ˌræʃə'nɑːl] *s.* **1.** 'Grundprinˌzip *n*; **2.** vernunftmäßige Erklärung.

ra·tion·al·ism ['ræʃnəlɪzəm] *s.* Rationa'lismus *m*; '**ra·tion·al·ist** [-ɪst] **I** *s.* Rationa'list *m*; **II** *adj.* → **ra·tion·al·is·tic** [ˌræʃnə'lɪstɪk] *adj.* (□ **~ally**) rationa'listisch; **ra·tion·al·i·ty** [ˌræʃə'nælətɪ] *s.* **1.** Vernünftigkeit *f*; **2.** Vernunft *f*, Denkvermögen *n*; **ra·tion·al·i·za·tion** [ˌræʃnəlaɪ'zeɪʃn] *s.* **1.** Rationalisieren *n*; **2.** ✝ Rationalisierung *f*; '**ra·tion·al·ize** [-laɪz] **I** *v/t.* **1.** ratio'nal erklären, vernunftgemäß deuten; **2.** ✝ rationalisieren; **II** *v/i.* **3.** ratio'nell verfahren; **4.** rationa'listisch denken.

ra·tion·ing ['ræʃnɪŋ] *s.* Rationierung *f*.

rat| race *s.* **1.** ‚Hetzjagd' *f* (*des Lebens*); **2.** harter (Konkur'renz)Kampf; **3.** Teufelskreis *m*; **~ run** *s. Brit.* F *mot.* 'Ausweichˌroute *f*, Schleichweg *m*.

rats·bane ['rætsbeɪn] *s.* Rattengift *n*.

rat-tat [ˌræt'tæt], *a.* **rat-tat-tat** [ˌrætə'tæt] **I** *s.* Rattern *n*, Geknatter *n*; **II** *v/i.* knattern.

rat·ten ['rætn] *v/i. bsd. Brit.* (die Arbeit) sabotieren, Sabo'tage treiben.

rat·ter ['rætə] *s.* Rattenfänger *m* (*Hund od. Katze*).

rat·tle ['rætl] **I** *v/i.* **1.** rattern, klappern, rasseln, klirren: **~ at the door** an der Tür rütteln; **~ off** losrattern, davonjagen; **2.** röcheln; rasseln (*Atem*); **3.** *a.* **~ away** *od.* **on** plappern; **II** *v/t.* **4.** rasseln mit *od.* an (*dat.*); an *der Tür etc.* rütteln; mit *Geschirr etc.* klappern; → **sabre** 1; **5.** *a.* **~ off** *Rede etc.* ‚her'unterrasseln'; **6.** F *j-n* aus der Fassung bringen, verunsichern; **III** *s.* **7.** Rattern *n*, Gerassel *n*, Klappern *n*; **8.** Rassel *f*, (Kinder)Klapper *f*; **9.** Röcheln *n*; **10.** Lärm *m*, Trubel *m*; **11.** ⚘ a) **red ~** Sumpfläusekraut *n*, b) **yellow ~** Klappertopf *m*; '**~·brain** *s.* Hohl-, Wirrkopf *m*; '**~·brained** [-breɪnd] '**~-ˌpat·ed** [-ˌpeɪtɪd] *adj.* hohl-, wirrköpfig; '**~-snake** *s.* Klapperschlange *f*; '**~·trap** F **I** *s.* **1.** Klapperkasten *m* (*Fahrzeug etc.*); **2.** *mst pl.* (Trödel)Kram *m*; **II** *adj.* **3.** klapperig.

rat·tling ['rætlɪŋ] **I** *adj.* **1.** ratternd, klappernd; **2.** lebhaft; **3.** F schnell: **at a ~ pace** in rasendem Tempo; **4.** F ‚toll'; **II** *adv.* **5.** äußerst.

rat·ty ['rætɪ] *adj.* **1.** rattenverseucht; **2.** Ratten...; **3.** *sl.* gereizt, bissig.

rau·cous ['rɔːkəs] *adj.* □ rau, heiser.

raunch·y ['rɔːntʃɪ] *adj.* F **1.** a) ordi'när, *Witz etc. a.* ‚dreckig', b) geil, ‚scharf'; **2.** derb, direkt u. sehr freizügig (*Roman etc.*); **3.** *bsd. Am.* a) ‚vergammelt', b) dreckig.

rav·age ['rævɪdʒ] **I** *s.* **1.** Verwüstung *f*, Verheerung *f*; **2.** *pl.* verheerende (Aus-)Wirkungen *pl.*: **the ~s of time** der Zahn der Zeit; **II** *v/t.* **3.** verwüsten, verheeren; plündern: **a face ~d by grief** *fig.* ein gramzerfurchtes Gesicht; **III** *v/i.* **4.** Verheerungen anrichten.

rave [reɪv] **I** *v/i.* **1.** a) fantasieren, irrereden, b) toben, wüten (*a. fig. Sturm etc.*), c) *fig.* wettern; **2.** schwärmen (**about**, **of** von); **II** *s.* **3.** Pracht *f*; **4.** F Schwärme'rei *f*: **~ review** ‚Bombenkritik' *f*; **5.** ♪ a) Rave *m*, b) 'Raveˌparty *f*; **6.** *Brit. sl.* a) Mode *f*, b) → **rave-up**.

rav·el ['rævl] **I** *v/t.* **1.** *a.* **~ out** ausfasern, auftrennen; entwirren (*a. fig.*); **2.** verwirren, -wickeln (*a. fig.*); **II** *v/i.* **3.** *a.* **~ out** sich auftrennen, sich ausfasern; sich entwirren (*a. fig.*); **III** *s.* **4.** Verwirrung *f*, -wicklung *f*; **5.** loser Faden.

ra·ven[1] ['reɪvn] **I** *s. orn.* Rabe *m*; **II** *adj.* (kohl)rabenschwarz.

rav·en[2] ['rævn] **I** *v/i.* **1.** rauben, plündern; **2.** gierig (fr)essen; **3.** Heißhunger haben; **4.** lechzen (**for** nach); **II** *v/t.* **5.** (gierig) verschlingen.

rav·en·ous ['rævənəs] *adj.* □ **1.** ausgehungert, heißhungrig (*beide a. fig.*); **2.** gierig (**for** auf *acc.*): **~ hunger** Bären-

R

hunger *m*; **3.** gefräßig; **4.** raubgierig (*Tier*).

'rave-up *s. Brit. sl.* ‚tolle Party'.

ra·vine [rə'vi:n] *s.* (Berg)Schlucht *f*, Klamm *f*; Hohlweg *m*.

rav·ing ['reɪvɪŋ] **I** *adj.* □ **1.** tobend, rasend; **2.** fantasierend, delirierend; **3.** F ‚toll', fan'tastisch: ***a ~ beauty***; **II** *s.* **4.** *mst pl.* a) Rase'rei *f*, b) De'lirien *pl.*, Fieberwahn *m*.

rav·ish ['rævɪʃ] *v/t.* **1.** entzücken, hinreißen; **2.** *obs. Frau* a) vergewaltigen, schänden, b) entführen; **3.** *rhet.* rauben, entreißen; **'rav·ish·er** [-ʃə] *s. obs.* **1.** Schänder *m*; **2.** Entführer *m*; **'rav·ish·ing** [-ʃɪŋ] *adj.* □ hinreißend, entzückend.

raw [rɔ:] **I** *adj.* □ **1.** roh (*a. fig. grob*); **2.** roh, ungekocht; **3.** ⚙, ✝ roh, Roh..., unbearbeitet, *a.* ungegerbt (*Leder*), ungewalkt (*Tuch*), ungesponnen (*Wolle* etc.), unvermischt, unverdünnt (*Spirituosen*): ***~ material*** Rohmaterial *n*, -stoff *m* (*a. fig.*); ***~ silk*** Rohseide *f*; **4.** *phot.* unbelichtet; **5.** roh, noch nicht ausgewertet: ***~ data***; **6.** *Am.* nagelneu; **7.** wund (gerieben); offen (*Wunde*); **8.** unwirtlich, rau, nasskalt (*Wetter, Klima etc.*); **9.** unerfahren, ‚grün'; **10.** *sl.* gemein: ***a ~ deal*** e-e Gemeinheit; **II** *s.* **11.** wunde, wund geriebene Stelle; **12.** *fig.* wunder Punkt: ***touch s.o. on the ~*** j-n an s-r empfindlichen Stelle treffen; **13.** ✝ Rohstoff *m*; **14.** ***in the ~*** a) im Naturzustand, b) nackt: ***life in the ~*** *fig.* die grausame Härte des Lebens; **'~-boned** *adj.* hager, (grob)knochig; **'~hide** *s.* **1.** Rohhaut *f*, -leder *n*; **2.** Peitsche *f*.

raw·ness ['rɔ:nɪs] *s.* **1.** Rohzustand *m*; **2.** Unerfahrenheit *f*; **3.** Wundsein *n*; **4.** Rauheit *f des Wetters*.

ray[1] [reɪ] **I** *s.* **1.** (Licht)Strahl *m*; **2.** *fig.* (*Hoffnungs- etc.*)Strahl *m*, Schimmer *m*; **3.** *phys.*, ⚘, ⚘ Strahl *m*: ***~ treatment*** ⚕ Strahlenbehandlung *f*, Bestrahlung *f*; **II** *v/i.* **4.** Strahlen aussenden; **5.** sich strahlenförmig ausbreiten; **III** *v/t.* **6.** ***a. ~ out*** ausstrahlen; **7.** bestrahlen (*a. phys.*, ⚕), ⚕ F röntgen.

ray[2] [reɪ] *s. ichth.* Rochen *m*.

ray·on ['reɪɒn] *s.* ✝ 'Kunstseide(npro,dukt *n*) *f*: ***~ staple*** Zellwolle *f*.

raze [reɪz] *v/t.* **1.** *Gebäude* niederreißen; *Festung* schleifen: ***~ s.th. to the ground*** et. dem Erdboden gleichmachen; **2.** *fig.* ausmerzen; **3.** ritzen, kratzen, streifen.

ra·zor ['reɪzə] *s.* Rasiermesser *n*: (***safety***) ***~*** Rasierapparat *m*; ***~ blade*** Rasierklinge *f*; ***as sharp as a ~*** messerscharf; ***be on a ~'s edge*** auf des Messers Schneide stehen; ***~ cut*** *s.* Messerschnitt *m* (*a. Frisur*); ***~ strop*** *s.* Streichriemen *m*.

razz [ræz] *v/t. Am. sl.* hänseln, ‚aufziehen'.

raz·zi·a ['ræzɪə] *s. hist.* Raubzug *m*.

raz·zle-daz·zle ['ræzl,dæzl] *s. sl.* **1.** Saufe'rei *f*: ***go on the ~*** ‚auf die Pauke hauen'; **2.** ‚Rummel' *m*; **3.** *Am. sl.* a) ‚Kuddelmuddel' *m*, *n*, b) ‚Wirbel' *m*, Tam'tam *n*.

re [ri:] (*Lat.*) *prp.* **1.** ⚖ in Sachen; **2.** *bsd.* ✝ betrifft, betreffs, bezüglich.

re- *in Zssgn* **1.** [ri:] wieder, noch einmal, neu: ***reprint***, ***rebirth***; **2.** [rɪ] zu'rück, wider: ***revert***, ***retract***.

're [ə] F *für* ***are***.

re·ab·sorb [,ri:əb'sɔ:b] *v/t.* resorbieren.

reach [ri:tʃ] **I** *v/t.* **1.** (hin-, her)reichen, über'reichen, geben (***s.o. s.th.*** j-m et.); *j-m e-n Schlag* versetzen; **2.** (her)langen, nehmen: ***~ s.th. down*** et. herunterlangen; **3.** *oft* ***~ out*** (*od.* ***forth***) *Hand etc.* reichen, 'ausstrecken; **4.** reichen *od.* sich erstrecken bis an (*acc.*) *od.* zu: ***the water ~ed his knees*** das Wasser ging ihm bis an die Knie; **5.** *Zahl, Alter* erreichen; sich belaufen auf (*acc.*); *Auflagenzahl* erleben; **6.** erreichen, erzielen, gelangen zu: ***~ an understanding***; ***~ no conclusion*** zu keinem Schluss gelangen; **7.** *Ziel* erreichen, treffen; **8.** *Ort* erreichen, eintreffen in *od.* an (*dat.*): ***~ home*** nach Hause gelangen; ***~ s.o.'s ear*** j-m zu Ohren kommen; **9.** *j-n* erreichen (*Brief etc.*); **10.** *fig.* (ein)wirken auf (*acc.*), *durch Werbung etc.* ansprechen *od.* gewinnen *od.* erreichen, bei *j-m* (*geistig*) 'durchdringen; **II** *v/i.* **11.** (mit der Hand) reichen *od.* greifen *od.* langen; **12.** ***a. ~ out*** langen, greifen (***after***, ***for***, ***at*** nach); **13.** reichen, sich erstrecken *od.* ausdehnen (***to*** bis [zu]): ***as far as the eye can ~*** so weit das Auge reicht; **14.** sich belaufen (***to*** auf *acc.*); **III** *s.* **15.** Griff *m*: ***make a ~ for s.th.*** nach et. greifen *od.* langen; **16.** Reich-, Tragweite *f* (*Geschoss, Waffe, Stimme etc.*) (*a. fig.*): ***within ~*** erreichbar; ***within s.o.'s ~*** in j-s Reichweite, für j-n erreichbar *od.* erschwinglich, j-m zugänglich; ***above*** (*od.* ***beyond*** *od.* ***out of***) ***~*** unerreichbar *od.* unerschwinglich (***of*** für); ***within easy ~ of the station*** vom Bahnhof aus leicht zu erreichen; **17.** Bereich *m*, 'Umfang *m*, Ausdehnung *f*; **18.** (geistige) Fassungskraft, Hori'zont *m*; **19.** a) Ka'nalabschnitt *m* (*zwischen zwei Schleusen*), b) Flussstrecke *f*; **'reach·able** [-tʃəbl] *adj.* erreichbar.

'reach-me-,down F **I** *adj.* **1.** Konfektions..., von der Stange; **2.** abgelegt (*Kleider*); **II** *s.* **3.** *mst pl.* Konfekti'onsanzug *m*, Kleid *n* von der Stange, *pl.* Konfekti'onskleidung *f*; **4.** abgelegtes Kleidungsstück *n* (*das von jüngeren Geschwistern etc. weiter getragen wird*).

R

re·act [rɪ'ækt] **I** *v/i.* **1.** ⚗, ⚛ reagieren (**to** auf *acc.*): ***slow to ~*** reaktionsträge; **2.** *fig.* (**to**) reagieren, antworten, eingehen (auf *acc.*), (et.) aufnehmen; sich verhalten (auf *acc.*, bei): ***~ against*** *e-r Sache* entgegenwirken *od.* widerstreben; **3.** ein-, zu'rückwirken, Rückwirkungen haben ([**up**]**on** auf *acc.*): ***~ on each other*** sich gegenseitig beeinflussen; **4.** ⚔ e-n Gegenschlag führen; **II** *v/t.* **5.** ⚗ zur Reakti'on bringen.

re-act [ˌriː'ækt] *v/t. thea. etc.* wieder aufführen.

re·act·ance [rɪ'æktəns] *s.* ⚡ Reak'tanz *f*, 'Blindˌwiderstand *m*.

re·ac·tion [rɪ'ækʃn] *s.* **1.** ⚗, ⚛, *phys.* Reakti'on *f*; **2.** Rückwirkung *f*, -schlag *m*, Gegen-, Einwirkung *f* (**from**, **against** gegen, [**up**]**on** auf *acc.*); **3.** *fig.* (**to**) Reakti'on *f* (auf *acc.*), Verhalten *n* (bei), Stellungnahme *f* (zu); **4.** *pol.* Reakti'on *f* (*a. Bewegung*), Rückschritt (-lertum *n*) *m*; **5.** ☤ rückläufige Bewegung, (*Kurs-*, *Preis- etc.*)Rückgang *m*; **6.** ⚔ Gegenstoß *m*, -schlag *m*; **7.** ⚙ Gegendruck *m*; **8.** ⚡ Rückkopplung *f*, -wirkung *f*; **re'ac·tion·ar·y** [-ʃnərɪ] **I** *adj. bsd. pol.* reaktio'när; **II** *s. pol.* Reaktio'när(in).

re·ac·tion| drive *s.* ⚙ Rückstoßantrieb *m*; **~ time** *s. psych.* Reakti'onszeit *f*.

re'ac·ti·vate [rɪ'æktɪveɪt] *v/t.* reaktivieren; **re·ac·tive** [rɪ'æktɪv] *adj.* ☐ **1.** reak'tiv, rück-, gegenwirkend; **2.** empfänglich (**to** für), Reaktions...; **3.** ⚡ Blind... (*-strom*, *-leistung etc.*); **re·ac·tor** [rɪ'æktə] *s.* **1.** *phys.* ('Kern)Reˌaktor *m*: ***~ core*** Re'aktorkern *m*; **2.** ⚡ Drossel(spule) *f*.

read¹ [riːd] **I** *v/t.* [*irr.*] **1.** lesen (*a. fig.*): ***~ s.th. into*** et. in *e-n Text* hineinlesen; ***~ off*** et. ablesen; ***~ out*** a) *et.* (laut) vorlesen, b) *Buch etc.* auslesen; ***~ over*** a) durchlesen, b) *formell* vor-, verlesen (*Notar etc.*); ***~ up*** a) sich in *et.* einlesen, b) *et.* nachlesen; ***~ s.o.'s face*** in j-s Gesicht lesen; **2.** vor-, verlesen; *Rede etc.* ablesen; **3.** *parl. Vorlage* lesen: ***was read for the third time*** *die Vorlage* wurde in dritter Lesung behandelt; **4.** *Kurzschrift etc.* lesen können; *die Uhr* kennen: ***~ music*** a) Noten lesen, b) nach Noten spielen *etc.*; **5.** *Traum etc.* deuten; → ***fortune*** 3; **6.** *et.* auslegen, auffassen, verstehen: ***do you ~ me?*** a) *Funk*: können Sie mich verstehen?, b) *fig.* haben Sie mich verstanden?; ***we can take it as ~ that*** wir können (also) davon ausgehen, dass; **7.** *Charakter etc.* durch'schauen: ***I ~ you like a book*** ich lese in dir wie in e-m Buch; **8.** ⚙ a) anzeigen (*Messgerät*), b) *Barometerstand etc.* ablesen; **9.** *Rätsel* lösen; **II** *v/i.* [*irr.*] **10.** lesen: ***~ to s.o.*** j-m vorlesen; **11.** e-e Vorlesung *od.* e-n Vortrag halten; **12.** *bsd. Brit.* (**for**) sich vorbereiten (auf *e-e Prüfung etc.*), *et.* studieren: ***~ for the bar*** sich auf den Anwaltsberuf vorbereiten; ***~ up on*** sich in *et.* einlesen *od.* einarbeiten; **13.** sich *gut etc.* lesen lassen; **14.** *so u. so* lauten, heißen: ***the passage ~s as follows***.

read² [red] **I** *pret. u. p.p. von* **read¹**; **II** *adj.* **1.** gelesen: ***the most-~ book*** das meistgelesene Buch; **2.** belesen (**in** in *dat.*); → ***well-read***.

read·a·ble ['riːdəbl] *adj.* ☐ lesbar: a) lesenswert, b) leserlich.

re·ad·dress [ˌriːə'dres] *v/t.* **1.** *Brief* neu adressieren; **2.** ***~ o.s.*** sich nochmals wenden (**to** an *j-n*).

read·er ['riːdə] *s.* **1.** Leser(in); **2.** Vorleser(in); **3.** (Verlags)Lektor *m*, (Ver'lags)Lekˌtorin *f*; **4.** *typ.* Kor'rektor *m*; **5.** *univ. Brit.* außerordentlicher Pro'fessor, Do'zent(in); **6.** a) *ped.* Lesebuch *n*, b) Antholo'gie *f*; **7.** *Computer*: Lesegerät *n*; **'read·er·ship** [-ʃɪp] *s.* **1.** Vorleseramt *n*; **2.** *univ. Brit.* Do'zentenstelle *f*.

read·i·ly ['redɪlɪ] *adv.* **1.** so'gleich, prompt; **2.** bereitwillig, gern; **3.** leicht, ohne weiteres; **'read·i·ness** [-ɪnɪs] *s.* **1.** Bereitschaft *f*: ***~ for war*** Kriegsbereitschaft; ***in ~*** bereit, in Bereitschaft; ***place in ~*** bereitstellen; **2.** Schnelligkeit *f*, Raschheit *f*, Promptheit *f*: ***~ of mind*** *od.* ***wit*** Geistesgegenwart *f*; **3.** Gewandtheit *f*; **4.** Bereitwilligkeit *f*: ***~ to help others*** Hilfsbereitschaft *f*.

read·ing ['riːdɪŋ] **I** *s.* **1.** Lesen *n*; *weitS.* Bücherstudium *n*; **2.** (Vor)Lesung *f*, Vortrag *m*; **3.** *parl.* Lesung *f*; **4.** Belesenheit *f*: ***a man of vast ~*** ein sehr belesener Mann; **5.** Lek'türe *f*, Lesestoff *m*: ***this book makes good ~*** dieses Buch liest sich gut; **6.** Lesart *f*, Versi'on *f*; **7.** Deutung *f*, Auslegung *f*, Auffassung *f*; **8.** ⚙ Anzeige *f*, Ablesung *f* (*Messgerät*), (*Barometer- etc.*)Stand *m*; **II** *adj.* **9.** Lese...: ***~ lamp***; ***~ desk*** *s.* Lesepult *n*; ***~ glass*** *s.* Vergrößerungsglas *n*, Lupe *f*; ***~ glass·es*** *s. pl.* Lesebrille *f*; ***~ head*** *s. Computer*: Lesekopf *m*; ***~ mat·ter*** *s.* **1.** Lesestoff *m*; **2.** redaktio'neller Teil (*e-r Zeitung*); ***~ pub·lic*** *s.* Leserschaft *f*, 'Leserˌpublikum *n*; ***~ room*** *s.* Lesezimmer *n*, -saal *m*.

re·ad·just [ˌriːə'dʒʌst] *v/t.* **1.** wieder anpassen; ⚙ nachstellen, -richten; **2.** wieder in Ordnung bringen; ☤ sanieren; *pol. etc.* neu orientieren; **ˌre·ad'just·ment** [-smənt] *s.* **1.** Wieder'anpassung *f*; **2.** Neuordnung *f*; ☤ wirtschaftliche Sanierung; **3.** ⚙ Korrek'tur *f*.

re·ad·mis·sion [ˌriːəd'mɪʃn] *s.* Wieder'zulassung *f* (**to** zu); **ˌre·ad'mit** [-'mɪt] *v/t.* wieder zulassen.

'read|-ˌon·ly mem·o·ry *s. Computer*:

(Nur)Lesespeicher *m*, Festwertspeicher *m*; '**~-out** *s. Computer*: Ausgabe *f* (*von lesbaren Worten*): **~ *pulse*** Leseimpuls *m*; '**~-through** *s. thea.* Leseprobe *f*.

read·y ['redɪ] **I** *adj.* □ → ***readily***; **1.** bereit, fertig (***for*** zu *et.*): **~ *for action*** ⚔ einsatzbereit; **~ *for sea*** ⚓ seeklar; **~ *for service*** ⚙ betriebsfertig; **~ *for take-off*** ✈ startbereit; **~ *to operate*** ⚙ betriebsbereit; ***be ~ with s.th.*** et. bereithaben *od.* -halten; ***get*** *od.* ***make ~*** (sich) bereitmachen *od.* fertig machen; ***are you ~? go!*** *sport* Achtung, fertig, los!; **2.** bereit(willig), willens, geneigt (***to*** zu); **3.** schnell, rasch, prompt: ***find a ~ market*** (*od.* ***sale***) ♆ raschen Absatz finden, gut gehen; **4.** schlagfertig, prompt (*Antwort*), geschickt (*Arbeiter etc.*), gewandt: ***a ~ pen*** e-e gewandte Feder; **~ *wit*** Schlagfertigkeit *f*; **5.** im Begriff, nahe dar'an (***to do*** zu tun); **6.** ♆ verfügbar, greifbar (*Vermögenswerte*), bar (*Geld*): **~ *cash*** *od.* ***money*** Bargeld *n*, -zahlung *f*; **~ *money business*** Bar-, Kassageschäft *n*; **7.** bequem, leicht: **~ *at*** (*od.* ***to***) ***hand*** gleich zur Hand; **II** *v/t.* **8.** bereitmachen, fertig machen; **III** *s.* **9.** *mst* ***the ~*** *sl.* Bargeld *n*; **10.** ⚔ ***at the ~*** schussbereit (*a. Kamera*); **IV** *adv.* **11.** fertig: **~*-built house*** Fertighaus *n*; **12.** ***readier*** schneller; ***readiest*** am schnellsten; ˌ**~-'made** *adj.* **1.** Konfektions..., von der Stange: **~ *clothes*** Konfektion(sbekleidung *f*) *f*; **~ *shop*** Konfektionsgeschäft *n*; **2.** gebrauchsfertig, Fertig...; **3.** *fig.* schablonisiert, ‚fertig', ‚vorgekaut'; **4.** *fig.* Patent...: **~ *solution***; **~ reck·on·er** *s.* 'Rechentaˌbelle *f*; ˌ**~-to-'serve** *adj.* tischfertig (*Speise*); ˌ**~-to-'wear** → ***ready-made*** 1; ˌ**~-'wit·ted** *adj.* schlagfertig.

re·af·firm [ˌriːə'fɜːm] *v/t.* nochmals versichern *od.* beteuern.

re·af·for·est [ˌriːæ'fɒrɪst] *v/t.* wieder aufforsten.

re·a·gent [riː'eɪdʒənt] *s.* **1.** ⚗ Re'agens *n*; **2.** *fig.* Gegenkraft *f*, -wirkung *f*; **3.** *psych.* 'Testperson *f*.

re·al [rɪəl] **I** *adj.* □ → ***really***; **1.** re'al (*a. phls.*), tatsächlich, wirklich, wahr, eigentlich: **~ *life*** das wirkliche Leben; ***the ~ thing*** *sl.* das einzig Wahre; **2.** echt (*Seide etc.*, *a. fig. Gefühle, Mann etc.*); **3.** ⚖ a) dinglich, b) unbeweglich: **~ *account*** ♆ Sach(wert)konto *n*; **~ *action*** dingliche Klage; **~ *assets*** unbewegliches Vermögen; **~ *estate*** *od.* ***property*** Grundeigentum *n*, Liegenschaften *pl.*, Immobilien *pl.*; **~ *stock*** ♆ Istbestand *m*; **~ *time*** *Computer*: Echtzeit *f*; **~ *wage*** Reallohn *m*; **4.** *phys.*, ⚗ re'ell (*Bild, Zahl etc.*); **5.** ⚡ ohmsch, Wirk...: **~ *power*** Wirkleistung *f*; **II** *adv.* **6.** *bsd. Am.* F sehr, äußerst, ‚richtig': ***for ~*** echt, im Ernst; **III** *s.* **7.** ***the ~*** *phls.* das Re'ale, die Wirklichkeit; **re·al ale** *s. bsd. Brit.* 'Real Ale *n* (*nach traditionellen Methoden hergestelltes, fassvergorenes, ungefiltertes u. nicht pasteurisiertes Bier*); '**re·al·ism** [-lɪzəm] *s.* Rea'lismus *m* (*a. phls., lit., paint.*); '**re·al·ist** [-lɪst] **I** *s.* Rea'list(in); **II** *adj.* → **re·al·is·tic** [ˌrɪə'lɪstɪk] *adj.* (□ **~ally**) rea'listisch (*a. phls., lit., paint.*), wirklichkeitsnah, -getreu, sachlich; **re·al·i·ty** [rɪ'ælətɪ] *s.* **1.** Reali'tät *f*, Wirklichkeit *f*: ***in ~*** in Wirklichkeit, tatsächlich; **2.** Wirklichkeits-, Na'turtreue *f*; **3.** Tatsache *f*, Faktum *n*, Gegebenheit *f*; **re·al·iz·a·ble** ['rɪəlaɪzəbl] *adj.* □ **1.** realisierbar, aus-, 'durchführbar; **2.** ♆ realisierbar, verwertbar, kapitalisierbar, verkäuflich; **re·al·i·za·tion** [ˌrɪəlaɪ'zeɪʃn] *s.* **1.** Realisierung *f*, Verwirklichung *f*, Aus-, 'Durchführung *f*; **2.** Vergegen'wärtigung *f*, Erkenntnis *f*; **3.** ♆ a) Realisierung *f*, Verwertung *f*, b) Liquidati'on *f*, Glattstellung *f*, c) Erzielung *f* *e-s Gewinns*: **~ *account*** Liquidationskonto *n*; **re·al·ize** ['rɪəlaɪz] *v/t.* **1.** (klar) erkennen, sich klarmachen, begreifen, erfassen: ***he ~d that*** er sah ein, dass; ihm wurde klar *od.* es kam ihm zum Bewusstsein, dass; **2.** verwirklichen, realisieren, aus-, 'durchführen; **3.** sich vergegen'wärtigen, sich (lebhaft) vorstellen; **4.** ♆ a) realisieren, verwerten, zu Geld *od.* flüssig machen, b) *Gewinn, Preis* erzielen; **re·al·ly** ['rɪəlɪ] *adv.* **1.** wirklich, tatsächlich, eigentlich: ***not ~*** eigentlich nicht; ***not ~!*** nicht möglich!; **2.** (*rügend*) **~*!*** ich muss schon sagen!; **3.** unbedingt: ***you ~ must come!***

realm [relm] *s.* **1.** Königreich *n*: ***Peer of the*** ♎ Mitglied *n* des Oberhauses; **2.** *fig.* Reich *n*, Sphäre *f*; **3.** Bereich *m*, (Fach-)Gebiet *n*.

'**re·al-time clock** *s. Computer*: Echtzeituhr *f*.

re·al·tor ['rɪəltə] *s. Am.* Immo'bilienmakler *m*; '**re·al·ty** [-tɪ] *s.* Grundeigentum *n*, -besitz *m*, Liegenschaften *pl.*

ream[1] [riːm] *s.* Ries *n* (*480 Bogen Papier*): ***printer's ~, long ~*** 516 Bogen Druckpapier; **~*s and ~s of*** *fig.* zahllose, große Mengen von.

ream[2] [riːm] *v/t.* ⚙ **1.** *Bohrloch etc.* erweitern; **2.** *oft* **~ *out*** a) *Bohrung* (auf-, aus)räumen, b) *Kaliber* ausbohren, c) nachbohren; '**ream·er** [-mə] *s.* **1.** ⚙ Reib-, Räumahle *f*; **2.** *Am.* Fruchtpresse *f*.

re·an·i·mate [ˌriː'ænɪmeɪt] *v/t.* **1.** 'wieder beleben; **2.** *fig.* neu beleben.

reap [riːp] **I** *v/t.* **1.** *Getreide etc.* schneiden, ernten; **2.** *Feld* mähen, abernten; **3.** *fig.* ernten; **II** *v/i.* **4.** mähen, ernten: ***he ~s where he has not sown*** *fig.* er erntet, wo er nicht gesät hat; '**reap·er** [-pə] *s.* **1.** Schnitter(in), Mäher(in): ***the***

***Grim** ≈ fig.* der Sensenmann; **2.** 'Mähma,schine *f*: **~-binder** Mähbinder *m*.

re·ap·pear [ˌriːə'pɪə] *v/i.* wieder erscheinen; **ˌre·ap'pear·ance** [-ərəns] *s.* 'Wiedererscheinen *n*.

re·ap·pli·ca·tion ['riːˌæplɪ'keɪʃn] *s.* **1.** wieder'holte Anwendung; **2.** erneutes Gesuch; **re·ap·ply** [ˌriːə'plaɪ] **I** *v/t.* wieder *od.* wieder'holt anwenden; **II** *v/i.* (***for***) (*et.*) wiederholt beantragen, erneut e-n Antrag stellen (auf *acc.*); sich erneut bewerben (um).

re·ap·point [ˌriːə'pɔɪnt] *v/t.* wieder ernennen *od.* einsetzen *od.* anstellen.

re·ap·prais·al [ˌriːə'preɪzl] *s.* Neubewertung *f*, -beurteilung *f*.

rear[1] [rɪə] **I** *v/t.* **1.** *Kind* auf-, großziehen, erziehen; *Tiere* züchten; *Pflanzen* ziehen; **2.** *Leiter etc.* aufrichten, -stellen; **3.** *rhet. Gebäude* errichten; **4.** *Haupt, Stimme etc.* (er)heben; **II** *v/i.* **5.** *a.* **~ *up*** sich (auf)bäumen (*Pferd etc.*); **6.** *oft* **~ *up*** (auf-, hoch)ragen.

rear[2] [rɪə] **I** *s.* **1.** 'Hinter-, Rückseite *f*; *mot.*, ⚓ Heck *n*: ***at*** (*Am.* ***in***) ***the ~ of*** hinter (*dat.*); **2.** 'Hintergrund *m*: ***in the ~ of*** im Hintergrund (*gen.*); **3.** ⚔ Nachhut *f*: ***bring up the ~*** *allg.* die Nachhut bilden, den Zug beschließen; ***take in the ~*** *den Feind* im Rücken fassen; **4.** F a) ‚Hintern' *m*, b) *Brit.* ‚Lokus' *m* (*Abort*); **II** *adj.* **5.** hinter, Hinter..., Rück... **~ *axle***: *mot.* Hinterachse *f*; **~ *echelon*** ⚔ rückwärtiger Stab; **~ *engine*** *mot.* Heckmotor *m*; **~ ad·mi·ral** *s.* ⚓ 'Konteradmi,ral *m*; **~ drive** *s. mot.* Heckantrieb *m*; **~ end** *s.* **1.** hinter(st)er Teil, Ende *n*; **2.** F ‚Hintern' *m*; **'~·guard** *s.* ⚔ Nachhut *f*: **~ *action*** Rückzugsgefecht *n* (*a. fig.*); **~ gun·ner** *s.* ✈ Heckschütze *m*; **~ lamp, ~ light** *s. mot.* Schlusslicht *n*.

re·arm [ˌriː'ɑːm] **I** *v/t.* 'wieder bewaffnen; **II** *v/i.* wieder aufrüsten; **ˌre'ar·ma·ment** [-məmənt] *s.* Wieder'aufrüstung *f*, 'Wiederbewaffnung *f*.

re·ar·range [ˌriːə'reɪndʒ] *v/t.* neu-, 'umordnen, ändern; **ˌre·ar'range·ment** [-mənt] *s.* **1.** 'Um-, Neuordnung *f*, Neugestaltung *f*; Änderung *f*; **2.** ⚗ 'Umlagerung *f*; **3.** 𝄞 'Umschreibung *f*.

rear| sight *s.* ⚔ Kimme *f*; **'~·view mir·ror, '~-ˌvi·sion mir·ror** *s. mot.* Rückspiegel *m*.

rear·ward ['rɪəwəd] **I** *adj.* **1.** hinter, rückwärtig; **2.** Rückwärts...; **II** *adv. a.* **'rear·wards** [-dz] nach hinten, rückwärts, zu'rück.

rea·son ['riːzn] **I** *s.* **1.** *ohne art.* Vernunft *f* (*a. phls.*), Verstand *m*, Einsicht *f*: ***Age of*** ≈ *hist. die* Aufklärung; ***bring s.o. to ~*** j-n zur Vernunft bringen; ***listen to ~*** Vernunft annehmen; ***lose one's ~*** den Verstand verlieren; ***it stands to ~*** es ist klar, es leuchtet ein (***that*** dass); ***there is ~ in what you say*** was du sagst, hat Hand u. Fuß; ***in*** (***all***) **~** a) in Grenzen, mit Maß u. Ziel, b) mit Recht; ***do everything in ~*** sein Möglichstes tun (in gewissen Grenzen); **2.** Grund *m* (***of, for*** *gen. od.* für), Ursache *f* (***for*** *gen.*), Anlass *m*: ***the ~ why*** (der Grund) weshalb; ***by ~ of*** wegen (*gen.*), infolge (*gen.*); ***for this ~*** aus diesem Grund, deshalb; ***with ~*** aus gutem Grund, mit Recht; ***have ~ to do*** Grund *od.* Anlass haben, zu tun; ***there is no ~ to suppose*** es besteht kein Grund zu der Annahme; ***there is every ~ to believe*** alles spricht dafür (***that*** dass); ***for ~s best known to oneself*** *iro.* aus unerfindlichen Gründen; **3.** Begründung *f*, Rechtfertigung *f*: **~ *of state*** Staatsräson *f*; **II** *v/i.* **4.** logisch denken; vernünftig urteilen; **5.** schließen, folgern (***from*** aus); **6.** (***with***) vernünftig reden (mit *j-m*), (*j-m*) gut zureden, (*j-n*) zu über'zeugen suchen: ***he is not to be ~ed with*** er lässt nicht mit sich reden; **III** *v/t.* **7.** *a.* **~ *out*** durch'denken: **~*ed*** wohl durchdacht; **8.** ergründen (***why*** warum, ***what*** was); **9.** erörtern: **~ *away*** *et.* wegdisputieren; **~ *s.o. into*** (***out of***) ***s.th.*** j-m et. ein- (aus)reden; **10.** schließen, geltend machen (***that*** dass); **'rea·son·a·ble** [-nəbl] *adj.* ☐ → ***reasonably***; vernünftig: a) vernunftgemäß, b) verständig, einsichtig (*Person*), c) angemessen, annehmbar, tragbar, billig (*Forderung*), zumutbar (*Bedingung, Frist, Preis etc.*): **~ *doubt*** berechtigter Zweifel; **~ *care and diligence*** ⚖ die im Verkehr erforderliche Sorgfalt; **'rea·son·a·ble·ness** [-nəblnɪs] *s.* **1.** Vernünftigkeit *f*, Verständigkeit *f*; **2.** Annehmbarkeit *f*, Zumutbarkeit *f*, Billigkeit *f*; **'rea·son·a·bly** [-nəblɪ] *adv.* **1.** vernünftig; **2.** vernünftiger-, billigerweise; **3.** ziemlich, leidlich: **~ *good***; **'rea·son·er** [-nə] *s.* logischer Geist (*Person*); **'rea·son·ing** [-nɪŋ] **I** *s.* **1.** Denken *n*, Folgern *n*, Urteilen *n*; **2.** *a.* ***line of ~*** Gedankengang *m*; **3.** Argumentati'on *f*, Beweisführung *f*; **4.** Schluss(folgerung *f*) *m*, Schlüsse *pl.*; **5.** Argu'ment *n*, Beweis *m*; **II** *adj.* **6.** Denk..., Urteils...

re·as·sem·ble [ˌriːə'sembl] *v/t.* **1.** (*v/i.* sich) wieder versammeln; **2.** ⚙ wieder zs.-bauen.

re·as·sert [ˌriːə'sɜːt] *v/t.* **1.** erneut feststellen; **2.** wieder behaupten; **3.** wieder geltend machen.

re·as·sess·ment [ˌriːə'sesmənt] *s.* **1.** neuerliche (Ab)Schätzung; **2.** ✝ Neuveranlagung *f*; **3.** *fig.* Neubeurteilung *f*.

re·as·sur·ance [ˌriːə'ʃʊərəns] *s.* **1.** Beruhigung *f*; **2.** nochmalige Versicherung, Bestätigung *f*; **3.** ✝ Rückversicherung *f*; **re·as·sure** [ˌriːə'ʃʊə] *v/t.* **1.**

R

j-n beruhigen; **2.** *et.* nochmals versichern *od.* beteuern; **3.** ✝ wieder versichern; ˌ**re·asˈsur·ing** [-ərɪŋ] *adj.* □ beruhigend.

re·bap·tism [ˌriːˈbæptɪzəm] *s.* ˈWiedertaufe *f*; **re·bap·tize** [ˌriːbæpˈtaɪz] *v/t.* **1.** ˈwiedertaufen; **2.** ˈumtaufen.

re·bate¹ [ˈriːbeɪt] *s.* **1.** Raˈbatt *m*, (Preis-)Nachlass *m*, Abzug *m*; **2.** Zuˈrückzahlung *f*, (Rück)Vergütung *f*.

re·bate² [ˈræbɪt] → ***rabbet***.

reb·el [ˈrebl] **I** *s.* Reˈbell(in), Empörer(-in) (*beide a. fig.*), Aufrührer(in); **II** *adj.* reˈbellisch, aufrührerisch; Rebellen...; **III** *v/i.* [rɪˈbel] rebellieren, sich empören *od.* auflehnen (***against*** gegen); **re·bel·lion** [rɪˈbeljən] *s.* **1.** Rebelliˈon *f*, Aufruhr *m*, Aufstand *m*, Empörung *f* (***against***, ***to*** gegen); **2.** Auflehnung *f*, offener ˈWiderstand; **reˈbel·lious** [rɪˈbeljəs] *adj.* □ **1.** reˈbellisch: a) aufrührerisch, -ständisch, b) *fig.* aufsässig, ˈwiderspenstig (*a. Sache*); **2.** ⚕ hartnäckig (*Krankheit*).

re·birth [ˌriːˈbɜːθ] *s.* ˈWiedergeburt *f* (*a. fig.*).

re·bore [ˌriːˈbɔː] *v/t.* ⚙ **1.** *Loch* nachbohren; **2.** *Motorzylinder* ausschleifen.

re·born [ˌriːˈbɔːn] *adj.* ˈwieder geboren, neugeboren (*a. fig.*).

re·bound¹ **I** *v/i.* [rɪˈbaʊnd] **1.** zuˈrückprallen, -schnellen; **2.** *fig.* zuˈrückfallen (***upon*** auf *acc.*); **II** *s.* [ˈriːbaʊnd] **3.** Zuˈrückprallen *n*; **4.** Rückprall *m*; **5.** ˈWiderhall *m*; **6.** *fig.* Reaktiˈon *f* (***from*** auf *e-n Rückschlag etc.*): ***on the ~*** a) als Reaktion darauf, b) in e-r Krise (befindlich); ***take s.o. on*** (*od.* ***at***) ***the ~*** j-s Enttäuschung ausnutzen; **7.** *sport* Abpraller *m*.

re·bound² [ˌriːˈbaʊnd] *adj.* neu gebunden (*Buch*).

re·broad·cast [ˌriːˈbrɔːdkɑːst] **I** *v/t.* [*irr.* → ***cast***] **1.** *Radio, TV: e-e Sendung* wiederˈholen; **2.** durch Reˈlais(statiˌonen) überˈtragen; **II** *v/i.* [*irr.* → ***cast***] **3.** über Reˈlais(statiˌonen) senden: ***~ing station*** Ballsender *m*; **III** *s.* **4.** Wiederˈholungssendung *f*; **5.** Reˈlaisüberˌtragung *f*, Ballsendung *f*.

re·buff [rɪˈbʌf] **I** *s.* **1.** (schroffe) Abweisung, Abfuhr *f*: ***meet with a ~*** abblitzen; **II** *v/t.* **2.** zuˈrück-, abweisen, abblitzen lassen; **3.** *Angriff* abweisen, zuˈrückschlagen.

re·build [ˌriːˈbɪld] *v/t.* [*irr.* → ***build***] **1.** wieder aufbauen (*a. fig.*); **2.** ˈumbauen; **3.** *fig.* wiederˈherstellen.

re·buke [rɪˈbjuːk] **I** *v/t.* **1.** *j-n* rügen, rüffeln, zuˈrechtweisen, *j-m* e-n scharfen Verweis erteilen; **2.** *et.* scharf tadeln, rügen; **II** *s.* **3.** Rüge *f*, (scharfer) Tadel, Rüffel *m*.

re·bus [ˈriːbəs] *pl.* **-bus·es** [-sɪz] *s.* Rebus *m, n*, Bilderrätsel *n*.

re·but [rɪˈbʌt] *bsd.* ⚖ **I** *v/t.* widerˈlegen, entkräften; **II** *v/i.* den Gegenbeweis antreten; **reˈbut·tal** [-tl] *s. bsd.* ⚖ Widerˈlegung *f*, Entkräftung *f*; **reˈbut·ter** [-tə] *s. bsd.* ⚖ Gegenbeweis *m*.

re·cal·ci·trance [rɪˈkælsɪtrəns] *s.* ˈWiderspenstigkeit *f*; **reˈcal·ci·trant** [-nt] *adj.* ˈwiderspenstig.

re·call [rɪˈkɔːl] **I** *v/t.* **1.** zuˈrückrufen, *Gesandten etc.* abberufen; ✝ *defekte Autos etc.* (in die Werkstatt) zuˈrückrufen; **2.** sich erinnern an (*acc.*), sich ins Gedächtnis zurückrufen; **3.** *j-n* erinnern (***to*** an *acc.*): ***~ s.th. to s.o.*** (*od.* ***to s.o.'s mind***) j-m et. ins Gedächtnis zurückrufen; **4.** *poet. Gefühl* wieder wachrufen; **5.** *Versprechen etc.* zuˈrücknehmen, widerˈrufen: ***until ~ed*** bis auf Widerruf; **6.** ✝ *Kapital, Kredit etc.* (auf)kündigen; **II** *s.* **7.** Zuˈrückrufung *f*; Abberufung *f e-s Gesandten etc.*; ⚙, ✝ Rückruf *m* (*in die Werkstatt*); **8.** ˈWiderruf *m*, Zuˈrücknahme *f*: ***beyond*** (*od.* ***past***) ***~*** unwiderruflich, unabänderlich; **9.** ✝ (Auf)Kündigung *f*, Aufruf *m*; **10.** ⚔ Siˈgnal *n* zum Sammeln; **11.** (***total*** absoˈlutes) Gedächtnis; ***~ test*** *s. ped.* Nacherzählung *f*.

re·cant [rɪˈkænt] **I** *v/t. Behauptung* (forˈmell) zuˈrücknehmen, widerˈrufen; **II** *v/i.* (öffentlich) widerˈrufen, Abbitte tun; **re·can·ta·tion** [ˌriːkænˈteɪʃn] *s.* Widerˈrufung *f*.

re·cap¹ [ˌriːˈkæp] *v/t.* ⚙ *Am. Autoreifen* runderneuern.

re·cap² [ˈriːkæp] F *für* ***recapitulate***, ***recapitulation***.

re·cap·i·tal·i·za·tion [ˈriːˌkæpɪtəlaɪˈzeɪʃn] *s.* ✝ Neukapitalisierung *f*.

re·ca·pit·u·late [ˌriːkəˈpɪtjʊleɪt] *v/t. u. v/i.* rekapitulieren (*a. biol.*), (kurz) zs.-fassen *od.* wiederˈholen; **re·ca·pit·u·la·tion** [ˈriːkəˌpɪtjʊˈleɪʃn] *s.* ˌRekapitulatiˈon *f* (*a. biol.*), kurze Wiederˈholung *od.* Zs.-fassung.

re·cap·ture [ˌriːˈkæptʃə] **I** *v/t.* **1.** *et.* wieder (in Besitz) nehmen, ˈwiedererlangen; *j-n* wieder ergreifen; **2.** ⚔ zuˈrückerobern; **II** *s.* **3.** ˈWiedererlangung *f*, -ergreifung *f*; ⚔ Zuˈrückeroberung *f*.

re·cast [ˌriːˈkɑːst] **I** *v/t.* [*irr.* → ***cast***] **1.** ⚙ ˈumgießen; **2.** ˈumformen, neu-, ˈumgestalten; **3.** *thea. Stück, Rolle* ˈumbesetzen; *Rollen* neu verteilen; **4.** ˈdurchrechnen; **II** *s.* **5.** ⚙ ˈUmguss *m*; **6.** ˈUmarbeitung *f*, ˈUmgestaltung *f*; **7.** *thea.* Neu-, ˈUmbesetzung *f*.

re·cede [rɪˈsiːd] *v/i.* **1.** zuˈrücktreten, -weichen: ***receding*** fliehend (*Kinn, Stirn*); **2.** ent-, verschwinden; *fig. in den Hintergrund* treten; **3.** *fig.* (***from***) zurücktreten (von *e-m Amt, Vertrag*), (von *e-r Sache*) Abstand nehmen, (*e-e Ansicht*) aufgeben; *bsd.* ✝ zuˈrückgehen, im Wert fallen.

R

re·ceipt [rɪ'siːt] **I** *s.* **1.** Empfang *m e-s Briefes etc.*, Erhalt *m*; Annahme *f e-r Sendung*; Eingang *m von Waren*: ***on ~ of*** bei *od.* nach Empfang (*gen.*); ***be in ~ of*** im Besitz *e-r Sendung etc.* sein; **2.** Empfangsbestätigung *f*, Quittung *f*, Beleg *m*: ***~ stamp*** Quittungsstempel *m*; **3.** *pl.* ⚜ Einnahmen *pl.*, Eingänge *pl.*, eingehende Gelder *pl. od.* Waren *pl.*; **4.** *obs.* ('Koch)Reˌzept *n*; **II** *v/t. u. v/i.* **5.** quittieren.

re·ceiv·a·ble [rɪ'siːvəbl] *adj.* **1.** annehmbar, zulässig (*Beweis etc.*): ***be ~*** als gesetzliches Zahlungsmittel gelten; **2.** ⚜ ausstehend (*Forderung, Gelder, Guthaben*), debi'torisch (*Posten*): ***accounts ~***, ***~s*** *s. pl.* Außenstände, Forderungen; ***bills ~*** Rimessen; **re·ceive** [rɪ'siːv] **I** *v/t.* **1.** *Brief etc., a weitS. Befehl, Eindruck, Radiosendung, Sakramente, Wunde* empfangen, *a. Namen, Schock, Treffer* erhalten, bekommen; *Aufmerksamkeit* finden, auf sich ziehen; *Neuigkeit* erfahren; **2.** in Empfang nehmen, annehmen, *a. Beichte, Eid* entgegennehmen; *Geld etc.* einnehmen: ***~ stolen goods*** ⚖ Hehlerei treiben; **3.** *j-n* bei sich aufnehmen, beherbergen; **4.** *Besucher, a. weitS. Schauspieler etc.* empfangen (***with applause*** mit Beifall); **5.** *j-n* aufnehmen (***into*** in *e-e Gemeinschaft*); *j-n* zulassen; **6.** *Nachricht etc.* aufnehmen, reagieren auf (*acc.*): ***how did he ~ this offer?***; **7.** *et.* erleben, erleiden, erfahren; *Beleidigung* einstecken; *Armbruch etc.* da'vontragen; **8.** ⚙ *Flüssigkeit, Schraube etc.* aufnehmen; **9.** *et.* (als gültig) anerkennen; **II** *v/i.* **10.** (Besuch) empfangen; **11.** *eccl.* das Abendmahl empfangen, *R.C.* kommunizieren; **re'ceived** [-vd] *adj.* **1.** erhalten: ***~ with thanks*** dankend erhalten; **2.** allgemein anerkannt: ***~ text*** echter *od.* authentischer Text; **3.** gültig, kor'rekt, vorschriftsmäßig; **re'ceiv·er** [-və] *s.* **1.** Empfänger(in); **2.** (Steuer-, Zoll)Einnehmer *m*; **3.** *a.* ***official ~*** ⚖ a) (gerichtlich bestellter) Zwangs- *od.* Kon'kurs- *od.* Masseverwalter, b) Liqui'dator *m*, c) Treuhänder *m*; **4.** *a.* ***~ of stolen goods*** ⚖ Hehler (-in); **5.** (Radio-, Funk)Empfänger, (-)Empfangsgerät *n*; **6.** *teleph.* Hörer *m*; **7.** ⚙ (Sammel)Becken *n*, (-)Behälter *m*; **8.** ⚗, *phys.* Rezipi'ent *m*; **re'ceiv·er·ship** [-vəʃɪp] *s.* ⚖ Zwangs-, Kon'kursverwaltung *f*, Geschäftsaufsicht *f*; **re'ceiv·ing** [-vɪŋ] *s.* **1.** Annahme *f*: ***~ hopper*** ⚙ Schüttrumpf *m*; ***~ office*** Annahmestelle *f*; ***~ order*** ⚖ Konkurseröffnungsbeschluss *m*; **2.** *Funk*: Empfang *m*: ***~ set*** → ***receiver*** 5; ***~ station*** Empfangsstation *f*; **3.** ⚖ Hehle'rei *f*.

re·cen·cy ['riːsnsɪ] *s.* Neuheit *f*.

re·cen·sion [rɪ'senʃn] *s.* **1.** Prüfung *f*, Revisi'on *f*, 'Durchsicht *f e-s Textes etc.*; **2.** revidierter Text.

re·cent ['riːsnt] *adj.* ☐ **1.** vor kurzem *od.* unlängst (geschehen *od.* entstanden *etc.*): ***the ~ events*** die jüngsten Ereignisse; **2.** neu, jung, frisch: ***of ~ date*** neueren *od.* jüngeren Datums; **3.** neu, mo'dern; **'re·cent·ly** [-lɪ] *adv.* kürzlich, vor kurzem, unlängst, neulich.

re·cep·ta·cle [rɪ'septəkl] *s.* **1.** Behälter *m*, Gefäß *n*; **2.** *a.* ***floral ~*** ⚘ Fruchtboden *m*; **3.** ⚡ a) Steckdose *f*, b) Gerätbuchse *f*.

re·cep·tion [rɪ'sepʃn] *s.* **1.** Empfang *m* (*a. Funk, TV*), Annahme *f*; **2.** Zulassung *f*; **3.** Aufnahme *f* (*a. fig.*): ***meet with a favo(u)rable ~*** e-e günstige Aufnahme finden (*Buch etc.*); **4.** (offizi'eller) Empfang, *a.* Empfangsabend *m*: ***a warm (cool) ~*** ein herzlicher (kühler) Empfang; ***~ room*** Empfangszimmer *n*; **re'cep·tion·ist** [-ʃənɪst] *s.* **1.** Empfangsdame *f*; **2.** ⚕ Sprechstundenhilfe *f*.

re·cep·tive [rɪ'septɪv] *adj.* ☐ aufnahmefähig, empfänglich (***of*** für); **re·cep·tiv·i·ty** [ˌresep'tɪvətɪ] *s.* Aufnahmefähigkeit *f*, Empfänglichkeit *f*.

re·cess [rɪ'ses] **I** *s.* **1.** (zeitweilige) Unter'brechung (*a.* ⚖ *der Verhandlung*), (*Am. a.* Schul)Pause *f*, *bsd. parl.* Ferien *pl.*; **2.** Schlupfwinkel *m*, stiller Winkel; **3.** ⚠ (Wand)Aussparung *f*, Nische *f*, Al'koven *m*; **4.** ⚙ Aussparung *f*, Vertiefung *f*, Einschnitt *m*; **5.** *pl. fig. das* Innere, Tiefe(n *pl.*) *f*, geheime Winkel *pl. des Herzens etc.*; **II** *v/t.* **6.** in e-e Nische stellen, zu'rücksetzen; **7.** aussparen; ausbuchten, einsenken, vertiefen; **III** *v/i.* **8.** *Am.* e-e Pause *od.* Ferien machen, unter'brechen, sich vertagen.

re·ces·sion [rɪ'seʃn] *s.* **1.** Zu'rücktreten *n*; **2.** *eccl.* Auszug *m*; **3.** ⚠ *etc.* Vertiefung *f*; **4.** ⚜ Rezessi'on *f*, (leichter) Konjunk'turrückgang: ***period of ~*** Rezessionsphase *f*; **re'ces·sion·al** [-ʃənl] **I** *adj.* **1.** *eccl.* Schluss...; **2.** *parl.* Ferien...; **3.** ⚜ Rezessions...; **II** *s.* **4.** *a.* ***~ hymn*** 'Schlusschoˌral *m*.

re·charge [ˌriː'tʃɑːdʒ] *v/t.* **1.** wieder (be-) laden; **2.** ⚔ a) von neuem angreifen, b) nachladen; **3.** ⚡ *Batterie* wieder aufladen.

re·cher·ché [rə'ʃeəʃeɪ] (*Fr.*) *adj. fig.* **1.** ausgesucht, exqui'sit; **2.** *iro.* gesucht, prezi'ös.

re·chris·ten [ˌriː'krɪsn] → ***rebaptize***.

re·cid·i·vism [rɪ'sɪdɪvɪzəm] *s.* ⚖ Rückfall *m*, -fälligkeit *f*; **re'cid·i·vist** [-ɪst] *s.* Rückfällige(r *m*) *f*; **re'cid·i·vous** [-vəs] *adj.* rückfällig.

rec·i·pe ['resɪpɪ] *s.* ('Koch)Reˌzept *n*.

re·cip·i·ent [rɪ'sɪpɪənt] **I** *s.* **1.** Empfänger

(-in); **II** *adj.* **2.** aufnehmend; **3.** empfänglich (**of**, **to** für).

re·cip·ro·cal [rɪ'sɪprəkl] **I** *adj.* □ **1.** wechsel-, gegenseitig, *Vertrag*, *Versicherung* auf Gegenseitigkeit: **~ service** Gegendienst *m*; **~ relationship** Wechselbeziehung *f*; **2.** 'umgekehrt; **3.** ℞, *ling.*, *phls.* rezi'prok; **II** *s.* **4.** Gegenstück *n*; **5.** *a.* **~ value** ℞ reziproker Wert, Kehrwert *m*; **re'cip·ro·cate** [-keɪt] **I** *v/t.* **1.** *Gefühle etc.* erwidern, vergelten; *Glückwünsche etc.* austauschen; **II** *v/i.* **2.** sich erkenntlich zeigen, sich revanchieren (**for** für, **with** mit): **glad to ~** zu Gegendiensten gern bereit; **3.** in Wechselbeziehung stehen; **4.** ⚙ sich hin- u. herbewegen: **reciprocating engine** Kolbenmaschine *f*, -motor *m*; **re·cip·ro·ca·tion** [rɪˌsɪprə'keɪʃn] *s.* **1.** Erwiderung *f*; **2.** Erkenntlichkeit *f*; **3.** Austausch *m*; **4.** Wechselwirkung *f*; **5.** ⚙ ˌHinund'herbewegung *f*; **rec·i·proc·i·ty** [ˌresɪ'prɒsətɪ] *s.* Reziprozi'tät *f*, Gegenseitigkeit *f* (*a.* ✝ *in Verträgen etc.*): **~ clause** Gegenseitigkeitsklausel *f*.

re·cit·al [rɪ'saɪtl] *s.* **1.** Vortrag *m*, -lesung *f*; **2.** ♪ (Solo)Vortrag *m*, (*Orgel- etc.*) Kon'zert *n*: **lieder ~** Liederabend *m*; **3.** Bericht *m*, Schilderung *f*; **4.** Aufzählung *f*; **5.** ⚖ a) *a.* **~ of fact** Darstellung *f* des Sachverhalts, b) Prä'ambel *f e-s Vertrags etc.*; **rec·i·ta·tion** [ˌresɪ'teɪʃn] *s.* **1.** Auf-, Hersagen *n*, Rezitieren *n*; **2.** Vortrag *m*, Rezitati'on *f*; **3.** *ped. Am.* Abfrage-, Übungsstunde *f*; **4.** Vortragsstück *n*, rezitierter Text; **rec·i·ta·tive** [ˌresɪtə'tiːv] ♪ **I** *adj.* rezita'tivartig; **II** *s.* Rezita'tiv *n*, Sprechgesang *m*; **re·cite** [rɪ'saɪt] *v/t.* **1.** (auswendig) her- *od.* aufsagen; **2.** rezitieren, vortragen, deklamieren; **3.** ⚖ a) *Sachverhalt* darstellen, b) anführen, zitieren; **re'cit·er** [-tə] *s.* **1.** Rezi'tator *m*, Rezita'torin *f*, Vortragskünstler(in); **2.** Vortragsbuch *n*.

reck·less ['reklɪs] *adj.* □ **1.** unbesorgt, unbekümmert (**of** um); **be ~ of** sich nicht kümmern um; **2.** sorglos; leichtsinnig; verwegen; **3.** rücksichtslos; ⚖ (bewusst *od.* grob) fahrlässig; **'reck·less·ness** [-nɪs] *s.* **1.** Unbesorgtheit *f*, Unbekümmertheit *f* (**of** um); **2.** Sorglosigkeit *f*, Leichtsinn *m*, Verwegenheit *f*; **3.** Rücksichtslosigkeit *f*.

reck·on ['rekən] **I** *v/t.* **1.** (be-, er)rechnen: **~ in** einrechnen; **~ over** nachrechnen; **~ up** a) auf-, zs.-zählen, b) *j-n* einschätzen; **2.** halten für: **~ as** *od.* **for** betrachten als; **~ among** *od.* **with** rechnen *od.* zählen zu (*od.* unter *acc.*); **3.** der Meinung sein (**that** dass); **II** *v/i.* **4.** zählen, rechnen: **~ with** a) rechnen mit (*a. fig.*), b) abrechnen mit (*a. fig.*); **he is to be ~ed with** mit ihm muss man rechnen; **~ without** nicht rechnen mit; **~ (up)on** *fig.* rechnen *od.* zählen auf *j-n*, *j-s Hilfe etc.*; **I ~** schätze ich, glaube ich; → **host²** 2; **reck·on·er** ['reknə] *s.* **1.** Rechner(in); **2.** → **ready reckoner**; **reck·on·ing** ['reknɪŋ] *s.* **1.** Rechnen *n*; **2.** Berechnung *f*, Kalkulati'on *f*; ⚓ Gissung *f*: **dead ~** gegisstes Besteck; **be out of** (*od.* **out in**) **one's ~** sich verrechnet haben (*a. fig.*); **3.** Abrechnung *f*: **day of ~** a) *bsd. fig.* Tag *m* der Abrechnung, b) *eccl.* der Jüngste Tag; **4.** *obs.* Rechnung *f*, Zeche *f*.

re·claim [rɪ'kleɪm] *v/t.* **1.** *Eigentum*, *Rechte etc.* zu'rückfordern, her'ausverlangen, reklamieren; **2.** *Land* urbar machen, kultivieren, trockenlegen; **3.** *Tiere* zähmen; **4.** *Volk* zivilisieren; **5.** ⚙ *aus Altmaterial* gewinnen, *Altöl*, *Gummi etc.* regenerieren; **6.** *fig.* a) *j-n* bekehren, bessern, b) *j-n* zu'rückbringen, -führen (**from** von, **to** zu); **re'claim·a·ble** [-məbl] *adj.* □ **1.** (ver)besserungsfähig; **2.** kul'turfähig (*Land*); **3.** ⚙ regenerierfähig.

rec·la·ma·tion [ˌreklə'meɪʃn] *s.* **1.** Reklamati'on *f*: a) Rückforderung *f*, b) Beschwerde *f*; **2.** *fig.* Bekehrung *f*, Besserung *f*, Heilung *f* (**from** von); **3.** Urbarmachung *f*, Neugewinnung *f* (*von Land*); **4.** ⚙ Rückgewinnung *f*.

re·cline [rɪ'klaɪn] **I** *v/i.* **1.** sich (an-, zu'rück)lehnen: **reclining chair** (verstellbarer) Lehnstuhl; **2.** ruhen, liegen (**on**, **upon** an, auf *dat.*); **3.** *fig.* **~ upon** sich stützen auf (*acc.*); **II** *v/t.* **4.** (an-, zu'rück)lehnen, legen (**on**, **upon** auf *acc.*).

re·cluse [rɪ'kluːs] **I** *s.* **1.** Einsiedler(in); **II** *adj.* **2.** einsam, abgeschieden (**from** von); **3.** einsiedlerisch.

rec·og·ni·tion [ˌrekəg'nɪʃn] *s.* **1.** ('Wieder)Erkennen *n*: **~ vocabulary** *ling.* passiver Wortschatz; **beyond ~**, **out of ~**, **past** (**all**) **~** (bis) zur Unkenntlichkeit *verändert*, *verstümmelt etc.*; **the capital has changed beyond** (**all**) **~** die Hauptstadt ist (überhaupt) nicht wieder zu erkennen; **2.** Erkenntnis *f*; **3.** Anerkennung *f* (*a. pol.*): **in ~ of** als Anerkennung für; **win ~** sich durchsetzen, Anerkennung finden; **rec·og·niz·a·ble** ['rekəgnaɪzəbl] *adj.* □ ('wieder) erkennbar, kenntlich; **re·cog·ni·zance** [rɪ'kɒgnɪzəns] *s.* **1.** ⚖ schriftliche Verpflichtung; (Schuld)Anerkenntnis *n*, *f*: **enter into ~s** sich gerichtlich binden; **2.** ⚖ Sicherheitsleistung *f*, Kauti'on *f*; **re·cog·ni·zant** [rɪ'kɒgnɪzənt] *adj.*: **be ~ of** anerkennen; **rec·og·nize** ['rekəgnaɪz] *v/t.* **1.** ('wieder) erkennen; **2.** *j-n*, *e-e Regierung*, *Schuld etc.*, *a. lobend* anerkennen: **~ that** zugeben, dass; **3.** No'tiz nehmen von; **4.** *auf der Straße* grüßen; **5.** *j-m* das Wort erteilen.

re·coil **I** *v/i.* [rɪ'kɔɪl] **1.** zu'rückprallen;

R

zu'rückstoßen (*Gewehr etc.*); **2.** *fig.* zu'rückprallen, -schrecken, -schaudern (**at**, **from** vor *dat.*); **3. ~ on** *fig.* zu'rückfallen auf (*acc.*); **II** *s.* ['riːkɔɪl] **4.** Rückprall *m*; **5.** ⚔ a) Rückstoß *m* (*Gewehr*), b) (Rohr)Rücklauf *m* (*Geschütz*); **re'coil·less** [-lɪs] *adj.* ⚔ rückstoßfrei.

rec·ol·lect [ˌrekə'lekt] *v/t.* sich erinnern (*gen.*) *od.* an (*acc.*), sich ins Gedächtnis zu'rückrufen.

re-col·lect [ˌriːkə'lekt] *v/t.* wieder sammeln (*a. fig.*): **~ o.s.** sich fassen.

rec·ol·lec·tion [ˌrekə'lekʃn] *s.* Erinnerung *f* (*Vermögen u. Vorgang*), Gedächtnis *n*: ***it is within my ~*** es ist mir erinnerlich; ***to the best of my ~*** soweit ich mich (daran) erinnern kann.

re·com·mence [ˌriːkə'mens] *v/t. u. v/i.* wieder beginnen.

rec·om·mend [ˌrekə'mend] *v/t.* **1.** empfehlen (***s.th. to s.o.*** j-m et.): ***~ s.o. for a post*** j-n für e-n Posten empfehlen; ***~ caution*** Vorsicht empfehlen, zu Vorsicht raten; **2.** empfehlen, anziehend machen: ***his manners ~ him***; **3.** (an-) empfehlen, anvertrauen: ***~ o.s. to s.o.***; **ˌrec·om'mend·a·ble** [-dəbl] *adj.* □ empfehlenswert; **rec·om·men·da·tion** [ˌrekəmen'deɪʃn] *s.* **1.** Empfehlung *f* (*a. fig. Eigenschaft*), Befürwortung *f*, Vorschlag *m*: ***on the ~ of*** auf Empfehlung von; **2.** *a.* ***letter of ~*** Empfehlungsschreiben *n*; **ˌrec·om'mend·a·to·ry** [-dətərɪ] *adj.* empfehlend, Empfehlungs...

re·com·mis·sion [ˌriːkə'mɪʃn] *v/t.* **1.** wieder anstellen *od.* beauftragen; ⚔ *Offizier* reaktivieren; **2.** ⚓ *Schiff* wieder in Dienst stellen.

re·com·mit [ˌriːkə'mɪt] *v/t.* **1.** *parl.* (an e-n Ausschuss) zu'rückverweisen; **2.** ⚖ a) *j-n* wieder *dem Gericht* über'antworten, b) *j-n* wieder in *e-e* (*Straf- od. Heil-*) *Anstalt* einweisen.

rec·om·pense ['rekəmpens] **I** *v/t.* **1.** *j-n* belohnen, entschädigen (**for** für); **2.** *et.* vergelten, belohnen (***to s.o.*** j-m); **3.** *et.* erstatten, ersetzen, wieder gutmachen; **II** *s.* **4.** Belohnung *f*; *a. b.s.* Vergeltung *f*; **5.** Entschädigung *f*, Ersatz *m*.

re·com·pose [ˌriːkəm'pəʊz] *v/t.* **1.** wieder zs.-setzen; **2.** neu (an)ordnen, 'umgestalten, -gruppieren; **3.** *fig.* wieder beruhigen; **4.** *typ.* neu setzen.

rec·on·cil·a·ble ['rekənsaɪləbl] *adj.* **1.** versöhnbar; **2.** vereinbar (**with** mit); **rec·on·cile** ['rekənsaɪl] *v/t.* **1.** *j-n* ver-, aussöhnen (**to**, **with** mit): ***~ o.s. to***, ***become ~d to*** *fig.* sich versöhnen *od.* abfinden *od.* befreunden mit *et.*, sich fügen *od.* finden in (*acc.*); **2.** *fig.* in Einklang bringen, abstimmen (**with**, **to** mit); **3.** *Streit* beilegen, schlichten; **rec·on·cil·i·a·tion** [ˌrekənsɪlɪ'eɪʃn] *s.* **1.** Ver-, Aussöhnung *f* (**to**, **with** mit); **2.** Beilegung *f*, Schlichtung *f*; **3.** Ausgleich(ung *f*) *m*, Einklang *m* (**between** zwischen *dat.*, unter *dat.*).

rec·on·dite [rɪ'kɒndaɪt] *adj.* □ *fig.* tief (-gründig), ab'strus, dunkel.

re·con·di·tion [ˌriːkən'dɪʃn] *v/t. bsd.* ⚙ wieder in'standsetzen, über'holen, erneuern.

re·con·nais·sance [rɪ'kɒnɪsəns] *s.* ⚔ a) Erkundung *f*, Aufklärung *f*, b) *a.* ***~ party*** *od.* ***patrol*** Spähtrupp *m*: ***~ car*** Spähwagen *m*; ***~ plane*** Aufklärungsflugzeug *n*, Aufklärer *m*.

rec·on·noi·ter *Am.*, **rec·on·noi·tre** *Brit.* [ˌrekə'nɔɪtə] *v/t.* ⚔ erkunden, aufklären, auskundschaften (*a. fig.*), rekognoszieren (*a. geol.*).

re·con·quer [ˌriː'kɒŋkə] *v/t.* 'wieder-, zu'rückerobern; **ˌre'con·quest** [-kwest] *s.* 'Wiedereroberung *f*.

re·con·sid·er [ˌriːkən'sɪdə] *v/t.* **1.** von neuem erwägen, nochmals über'legen, nachprüfen; **2.** *pol.*, ⚖ *Antrag*, *Sache* nochmals behandeln; **re·con·sid·er·a·tion** ['riːkənˌsɪdə'reɪʃn] *s.* nochmalige Über'legung *od.* Erwägung *od.* Prüfung.

re·con·stit·u·ent [ˌriːkən'stɪtjʊənt] **I** *s.* ⚕ 'Roborans *n*; **II** *adj. bsd.* ⚕ wieder aufbauend.

re·con·sti·tute [ˌriː'kɒnstɪtjuːt] *v/t.* **1.** wieder einsetzen; **2.** wieder herstellen; neu bilden; ⚔ neu aufstellen; **3.** im Wasser auflösen.

re·con·struct [ˌriːkən'strʌkt] *v/t.* **1.** wieder aufbauen (*a. fig.*), wieder herstellen; **2.** 'umbauen (*a.* ⚙ *neu konstruieren*), 'umformen, -bilden; **3.** ✝ wieder aufbauen, sanieren; **ˌre·con·struc·tion** [ˌriːkən'strʌkʃn] *s.* **1.** Wieder'aufbau *m*, -'herstellung *f*; **2.** 'Umbau *m* (*a.* ⚙ *Neukonstruktion*), 'Umformung *f*; **3.** Rekonstrukti'on *f* (*a. e-s Verbrechens etc.*); **4.** ✝ Sanierung *f*, Wieder'aufbau *m*.

re·con·ver·sion [ˌriːkən'vɜːʃn] *s.* ('Rück)ˌUmwandlung *f*, 'Umstellung *f* (*bsd.* ✝ *e-s Betriebs, auf Friedensproduktion etc.*); **ˌre·con'vert** [-'vɜːt] *v/t.* (wieder) 'umstellen.

rec·ord[1] ['rekɔːd] *s.* **1.** Aufzeichnung *f*, Niederschrift *f*: **on ~** a) (geschichtlich *etc.*) verzeichnet, schriftlich belegt, b) → 4 b, c) *fig. das beste etc.* aller Zeiten, bisher; ***off the ~*** inoffiziell, nicht für die Öffentlichkeit bestimmt; ***on the ~*** offiziell; ***matter of ~*** verbürgte Tatsache; **2.** (schriftlicher) Bericht; **3.** *a.* ⚖ Urkunde *f*, Doku'ment *n*, 'Unterlage *f*; **4.** ⚖ a) Proto'koll *n*, Niederschrift *f*, b) (Gerichts)Akte *f*, Aktenstück *n*: **on ~** aktenkundig; ***on the ~ of the case*** nach Aktenlage; ***go on ~*** *fig.* a) sich erklären *od.* festlegen, b) sich erweisen (**as** als); ***place on ~*** aktenkundig ma-

R

chen; ***court of ~*** ordentliches Gericht; ***~ office*** Archiv *n*; ***(just) to put the ~ straight!*** (nur) um das mal klarzustellen!; ***just for the ~!*** (nur) um das mal festzuhalten!; **5.** Re'gister *n*, Liste *f*, Verzeichnis *n*, Bi'lanz *f*: ***criminal ~*** a) Strafregister, b) *weitS.* Vorstrafen *pl.*; ***have a (criminal) ~*** vorbestraft sein; ***his human rights record ...*** die Art u. Weise, wie er mit den Menschenrechten 'umgeht *od.* 'umging,...; **6.** *a.* ⚙ Registrierung *f*; **7.** a) Ruf *m*, Leumund *m*, Vergangenheit *f*: ***a bad ~***, b) *gute etc.* Leistung(en *pl.*) *in der Vergangenheit*; **8.** *fig.* Urkunde *f*, Zeugnis *n*: ***be a ~ of*** *et.* bezeugen; **9.** (Schall)Platte *f*: ***~ changer*** Plattenwechsler *m*; ***~ library*** a) Plattensammlung *f*, -archiv *n*, b) Plattenverleih *m*; ***~ machine*** *Am.* Musikautomat *m*; ***~ player*** Plattenspieler *m*; **10.** *sport, a. weitS.* Re'kord *m*, Best-, Höchstleistung *f*: ***~ high (low)*** ✝ Rekordhoch (-tief) *n*; ***~ attendance*** Zuschauerrekord *m*; ***~ performance*** *allg.* Spitzenleistung *f*; ***~ prices*** ✝ Rekordpreise; ***in ~ time*** in Rekordzeit.

re·cord² [rɪ'kɔːd] *v/t.* **1.** schriftlich niederlegen; (*a.* ⚙) aufzeichnen, -schreiben; ⚖ beurkunden, protokollieren; zu den Akten nehmen; ✝ *etc.* eintragen, registrieren, erfassen: ***by ~ed delivery*** ✉ per Einschreiben; **2.** ⚙ *Messwerte* registrieren, verzeichnen; **3.** (*auf Tonband etc.*) aufnehmen, -zeichnen, *Sendung* mitschneiden, *a. fotografisch* festhalten; **4.** *fig.* aufzeichnen, festhalten, der Nachwelt über'liefern; **5.** *Stimme* abgeben; **re·cord·er** [rɪ'kɔːdə] *s.* **1.** Regi'strator *m*; *weitS.* Chro'nist *m*; **2.** Schrift-, Proto'kollführer(in); **3.** ⚖ *Brit. obs.* Einzelrichter *m* der ***Quarter Sessions***; **4.** ⚙ Aufnahmegerät *n*: a) Regi'strierappa,rat *m*, (Bild-, Selbst-) Schreiber *m*, b) 'Wiedergabegerät *n*; → ***tape recorder*** *etc.*; **5.** ♪ Blockflöte *f*; **re·cord·ing** [rɪ'kɔːdɪŋ] **I** *s.* **1.** *a.* ⚙ Aufzeichnung *f*, Registrierung *f*; **2.** Beurkundung *f*; Protokollierung *f*; **3.** *Radio etc.*: Aufnahme *f*, Aufzeichnung *f*, Mitschnitt *m*; **II** *adj.* **4.** Protokoll...; **5.** registrierend: ***~ chart*** Registrierpapier *n*; ***~ head*** a) ⚡ Tonkopf *m* (*Tonbandgerät*), b) Schreibkopf *m* (*Computer*).

re·count¹ [rɪ'kaʊnt] *v/t.* **1.** (im Einzelnen) erzählen; **2.** aufzählen.

re-count² [ˌriː'kaʊnt] *v/t.* nachzählen.

re·coup [rɪ'kuːp] *v/t.* **1.** 'wiedergewinnen, *Verlust etc.* wieder'einbringen; **2.** *j-n* entschädigen (***for*** für); **3.** ✝, ⚖ einbehalten.

re·course [rɪ'kɔːs] *s.* **1.** Zuflucht *f* (***to*** zu): ***have ~ to s.th.*** s-e Zuflucht zu et. nehmen; ***have ~ to foul means*** zu unredlichen Mitteln greifen; **2.** ✝, ⚖ Re'gress *m*, Re'kurs *m*: ***with (without) ~*** mit (ohne) Rückgriff; ***liable to ~*** regresspflichtig.

re·cov·er [rɪ'kʌvə] **I** *v/t.* **1.** (*a. fig. Appetit, Bewusstsein, Fassung etc.*) 'wiedererlangen, wieder finden; zu'rückerlangen, -gewinnen; ⚔ 'wieder-, zu'rückerobern; *Fahrzeug, Schiff* bergen: ***~ one's breath*** wieder zu Atem kommen; ***~ one's legs*** wieder auf die Beine kommen; ***~ land from the sea*** dem Meer Land abringen; **2.** *Verluste etc.* wieder gutmachen, wieder'einbringen, ersetzen; *Zeit* wieder'aufholen; **3.** ⚖ a) *Schuld etc.* einziehen, beitreiben, b) *Urteil* erwirken (***against*** gegen): ***~ damages for*** Schadensersatz erhalten für; **4.** ⚙ *aus Altmaterial* regenerieren, 'wiedergewinnen; **5.** ***~ o.s.*** → 8 *u.* 9.: ***be ~ed from*** wiederhergestellt sein von; **6.** (er)retten, befreien (***from*** aus *dat.*); **7.** *fenc. etc.* in die Ausgangsstellung bringen; **II** *v/i.* **8.** genesen, wieder gesund werden; **9.** sich erholen (***from, of*** von *e-m Schock etc.*) (*a.* ✝); **10.** wieder zu sich kommen, das Bewusstsein 'wiedererlangen; **11.** ⚖ a) Recht bekommen, b) entschädigt werden, sich schadlos halten: ***~ in one's (law-)suit*** s-n Prozess gewinnen, obsiegen.

re·cov·er·a·ble [rɪ'kʌvərəbl] *adj.* **1.** 'wiedererlangbar; **2.** wieder gutzumachen(d); **3.** ⚖ ein-, beitreibbar (*Schuld*); **4.** wiederherstellbar; **5.** ⚙ regenerierbar; **re·cov·er·y** [rɪ'kʌvərɪ] *s.* **1.** (Zu)'Rück-, 'Wiedererlangung *f*, -gewinnung *f*; **2.** ⚖ a) Ein-, Beitreibung *f*, b) *mst* ***~ of damages*** (Erlangung *f* von) Schadenersatz *m*; **3.** ⚙ Rückgewinnung *f aus Abfallstoffen etc.*; **4.** ⚓ *etc.* Bergung *f*, Rettung *f*: ***~ vehicle*** *mot.* Bergungsfahrzeug *n*; Abschleppwagen *m*; **5.** *fig.* Rettung *f*, Bekehrung *f*; **6.** Genesung *f*, Gesundung *f*, Erholung *f* (*a.* ✝), (*gesundheitliche*) Wieder'herstellung: ***economic ~*** Konjunkturaufschwung *m*, -belebung *f*; ***be past (od. beyond) ~*** unheilbar krank sein, *fig.* hoffnungslos darniederliegen; **7.** *sport* a) *fenc. etc.* Zu'rückgehen *n* in die Ausgangsstellung, b) *Golf*: Bunkerschlag *m*.

rec·re·an·cy ['rekrɪənsɪ] *s.* **1.** Feigheit *f*; **2.** Abtrünnigkeit *f*; '**rec·re·ant** [-nt] **I** *adj.* ☐ **1.** feig(e); **2.** abtrünnig, treulos; **II** *s.* **3.** Feigling *m*; **4.** Abtrünnige(r *m*) *f*.

rec·re·ate ['rekrɪeɪt] **I** *v/t.* **1.** erfrischen, *j-m* Erholung *od.* Entspannung gewähren; **2.** erheitern, unter'halten; **3.** ***~ o.s.*** a) ausspannen, sich erholen, b) sich ergötzen *od.* unterhalten; **II** *v/i.* **4.** → 3.

re-cre·ate [ˌriːkrɪ'eɪt] *v/t.* neu *od.* wieder (er)schaffen.

rec·re·a·tion [ˌrekrɪ'eɪʃn] *s.* Erholung *f*, Entspannung *f*, Erfrischung *f*; Belustigung *f*, Unter'haltung *f*: ***~ area*** Erholungsgebiet *n*; ~ ***centre***, *Am.* ~ ***center*** Freizeitzentrum *n*; ~ ***ground*** Spiel-, Sportplatz *m*; ˌ**rec·re'a·tion·al** [-ʃənl] *adj.* Erholungs…, Entspannungs…, *Ort etc.* der Erholung; Freizeit…: ~ ***value*** Freizeitwert *m*; ~ ***vehicle*** *Am.* 'Wohnmoˌbil *n*; **rec·re·a·tive** ['rekrɪeɪtɪv] *adj.* **1.** erholsam, entspannend, erfrischend; **2.** unter'haltend.

re·crim·i·nate [rɪ'krɪmɪneɪt] *v/i. u. v/t.* Gegenbeschuldigungen vorbringen (gegen); **re·crim·i·na·tion** [rɪˌkrɪmɪ'neɪʃn] *s.* Gegenbeschuldigung *f*.

re·cru·desce [ˌriːkruː'des] *v/i.* **1.** wieder aufbrechen (*Wunde*); **2.** sich wieder verschlimmern (*Zustand*); **3.** *fig.* wieder ausbrechen, wieder aufflackern (*Übel*); ˌ**re·cru'des·cence** [-sns] *s.* **1.** Wieder'aufbrechen *n* (*e-r Wunde etc.*); **2.** *fig.* a) Wieder'ausbrechen *n*, b) Wieder'aufleben *n*.

re·cruit [rɪ'kruːt] **I** *s.* **1.** ⚔ a) Re'krut *m*, b) *Am.* (einfacher) Sol'dat; **2.** Neuling *m* (*a. contp.*); **II** *v/t.* **3.** ⚔ rekrutieren: a) *Rekruten* ausheben, einziehen, b) anwerben, c) *Einheit* ergänzen, erneuern, d) *weitS. Leute* her'anziehen: ***be*** ~***ed from*** sich rekrutieren aus, *fig. a.* sich zs.-setzen *od.* ergänzen aus; **4.** *j-n*, *j-s Gesundheit* wieder'herstellen; **5.** *fig.* stärken, erfrischen; **III** *v/i.* **6.** Rekruten ausheben *od.* anwerben; **7.** sich erholen; **re'cruit·al** [-tl] *s.* Erholung *f*, Wieder'herstellung *f*; **re'cruit·ing** [-tɪŋ] ⚔ **I** *s.* Rekrutierung *f*, (An)Werben *n*; **II** *adj.* Werbe…(*-büro*, *-offizier etc.*); Rekrutierungs…(*-stelle*); **re'cruit·ment** [-mənt] *s.* **1.** Verstärkung *f*, Auffrischung *f*; **2.** *bsd.* ⚔ Rekrutierung *f*; **3.** Erholung *f*.

rec·tal ['rektəl] *adj.* ☐ *anat.* rek'tal: ~ ***syringe*** Klistierspritze *f*.

rec·tan·gle ['rekˌtæŋgl] *s.* ∡ Rechteck *n*; **rec·tan·gu·lar** [rek'tæŋgjʊlə] *adj.* ☐ ∡ **1.** rechteckig; **2.** rechtwink(e)lig.

rec·ti·fi·a·ble ['rektɪfaɪəbl] *adj.* **1.** zu berichtigen(d), korrigierbar; **2.** ∡, ⚙, ⚗ rektifizierbar; **rec·ti·fi·ca·tion** [ˌrektɪfɪ'keɪʃn] *s.* **1.** Berichtigung *f*, Verbesserung *f*, Richtigstellung *f*; **2.** ∡, ⚗ Rektifikati'on *f*; **3.** ⚡ Gleichrichtung *f*; **4.** *phot.* Entzerrung *f*; '**rec·ti·fi·er** [-aɪə] *s.* **1.** Berichtiger *m*; **2.** ⚗ *etc.* Rektifizierer *m*; **3.** ⚡ Gleichrichter *m*; **4.** *phot.* Entzerrungsgerät *n*; **rec·ti·fy** ['rektɪfaɪ] *v/t.* berichtigen, korrigieren, richtigstellen; *Missstand etc.* beseitigen; ∡, ⚗, ⚙ rektifizieren; ⚡ gleichrichten.

rec·ti·lin·e·al [ˌrektɪ'lɪnɪəl] *adj.*, ˌ**rec·ti'lin·e·ar** [-ɪə] *adj.* ☐ geradlinig; **rec·ti·tude** ['rektɪtjuːd] *s.* Geradheit *f*, Rechtschaffenheit *f*.

rec·tor ['rektə] *s.* **1.** *eccl.* Pfarrer *m*; **2.** *univ.* Rektor *m*; **3.** *Scot.* ('Schul)Diˌrektor *m*; '**rec·tor·ate** [-ərət], '**rec·tor·ship** [-ʃɪp] *s.* **1.** *ped.* Rekto'rat *n*; **2.** *eccl.* a) Pfarrstelle *f*, b) Amt *n od.* Amtszeit *f* e-s Pfarrers; '**rec·to·ry** [-tərɪ] *s.* Pfar'rei *f*, Pfarre *f*: a) Pfarrhaus *n*, b) *Brit.* Pfarrstelle *f*, c) Kirchspiel *n*.

rec·tum ['rektəm] *pl.* **-ta** [-tə] *s. anat.* Mastdarm *m*, Rektum *n*.

re·cum·ben·cy [rɪ'kʌmbənsɪ] *s.* **1.** liegende Stellung, Liegen *n*; **2.** *fig.* Ruhe *f*; **re'cum·bent** [-nt] *adj.* ☐ (sich zu'rück)lehnend, liegend, *a. fig.* ruhend.

re·cu·per·ate [rɪ'kjuːpəreɪt] **I** *v/i.* **1.** sich erholen (*a.* ☿); **II** *v/t.* **2.** 'wiedererlangen; **3.** *Verluste etc.* wettmachen; **re·cu·per·a·tion** [rɪˌkjuːpə'reɪʃn] *s.* Erholung *f* (*a. fig.*); **re'cu·per·a·tive** [-rətɪv] *adj.* **1.** stärkend, kräftigend; **2.** Erholungs…

re·cur [rɪ'kɜː] *v/i.* **1.** 'wiederkehren, wieder auftreten (*Ereignis*, *Erscheinung etc.*); **2.** *fig. in Gedanken*, *im Gespräch* zu'rückkommen (***to*** auf *acc.*); **3.** *fig.* 'wiederkehren (*Gedanken*); **4.** zu'rückgreifen (***to*** auf *acc.*); **5.** ∡ (peri'odisch) wiederkehren (*Kurve etc.*): ~***ring decimal*** periodische Dezimalzahl; **re·cur·rence** [rɪ'kʌrəns] *s.* **1.** 'Wiederkehr *f*, Wieder'auftreten *n*; **2.** Zu'rückgreifen *n* (***to*** auf *acc.*); **3.** *fig.* Zu'rückkommen *n* (*im Gespräch etc.*) (***to*** auf *acc.*); **re·cur·rent** [rɪ'kʌrənt] *adj.* ☐ **1.** 'wiederkehrend (*a. Zahlungen*, *Träume*), sich wieder'holend; **2.** peri'odisch auftretend: ~ ***fever*** ⚕ Rückfallfieber *n*; **3.** ⚘, *anat.* rückläufig (*Nerv*, *Arterie etc.*).

re·cy·cla·ble [ˌriː'saɪkləbl] *adj.* recyclingfähig, wieder verwertbar; **re·cy·cle** [ˌriː'saɪkl] *v/t.* **1.** ⚙ *Abfälle* 'wieder verwerten; ~***d paper*** Umweltpapier *n*; **2.** ☿ *Kapital* zu'rückschleusen; **re'cy·cling** [-lɪŋ] *s.* ⚙, ☿ Re'cycling *n*: a) ⚙ 'Wiederverwertung *f*: ~ ***of waste material***, b) ☿ Rückschleusung *f*: ~ ***of funds***.

red [red] **I** *adj.* **1.** rot: ~ ***ant*** Rote Waldameise; ♀ ***Book*** a) Adelskalender *m*, b) *pol.* Rotbuch *n*; ~ ***cabbage*** Rotkohl *m*; ♀ ***Cross*** Rotes Kreuz; ~ ***currant*** Johannisbeere *f*; ~ ***deer*** Edel-, Rothirsch *m*; ♀ ***Ensign*** brit. Handelsflagge *f*; ~ ***hat*** Kardinalshut *m*; ~ ***heat*** Rotglut *f*; ~ ***herring*** a) Bückling *m*, b) *fig.* Ablenkungsmanöver *n*, falsche Spur; ***draw a*** ~ ***herring across the path*** a) ein Ablenkungsmanöver durchführen, b) e-e falsche Spur zurücklassen; ~ ***lead*** *min.* Mennige *f*; ~ ***lead ore*** Rotbleierz *n*; ~ ***light*** Warn-, Stopplicht *n*; ***see the*** ~ ***light*** *fig.* die Gefahr erkennen; ***the lights are at*** ~ *mot.* die Ampel steht auf Rot; ~ ***tape*** Amtsschimmel *m*, Bürokratismus *m*, Papierkrieg *m*; ***see*** ~ ‚rotsehen', wild werden; → ***paint*** 2; ***rag***¹ 1; **2.** rot (glühend); **3.** rot(haarig); **4.** rot(häutig); **5.** *oft* ♀ *pol.* rot: a) kommu'nistisch, sozia'listisch, b) sow'jetisch: ***the* 2 *Army*** die Rote Armee; **II** *s.* **6.** Rot *n*; **7.** *a.* **~*skin*** Rothaut *f* (*Indianer*); **8.** *oft* 2 *pol.* Rote(r *m*) *f*; **9.** *bsd.* ✝ ***be in the ~*** in den roten Zahlen sein; ***get out of the ~*** aus den roten Zahlen herauskommen.

re·dact [rɪ'dækt] *v/t.* **1.** redigieren, herausgeben; **2.** *Erklärung etc.* abfassen; **re'dac·tion** [-kʃn] *s.* **1.** Redakti'on *f* (*Tätigkeit*), Her'ausgabe *f*; **2.** (Ab)Fassung *f*; **3.** Neubearbeitung *f*.

ˌred|-'blood·ed *adj. fig.* lebenssprühend, vi'tal, feurig; **'~·breast** *s. orn.* Rotkehlchen *n*; **'~·cap** *s.* ‚Rotkäppchen' *n*: a) *Brit. sl.* Mili'tärpoliˌzist *m*, b) *Am.* (Bahnhofs)Gepäckträger *m*; **~ car·pet** *s.* roter Teppich: **~ *treatment*** ‚großer Bahnhof'; **'red·cur·rant** *s.* ⚘ Rote Jo'hannisbeere.

red·den ['redn] **I** *v/t.* röten, rot färben; **II** *v/i.* rot werden: a) sich röten, b) erröten (***at*** über *acc.*, ***with*** vor *dat.*).

red·dish ['redɪʃ] *adj.* rötlich.

red·dle ['redl] *s.* Rötel *m*.

re·dec·o·rate [ˌri:'dekəreɪt] *v/t.* *Zimmer etc.* renovieren, neu streichen *od.* tapezieren.

re·deem [rɪ'di:m] *v/t.* **1.** *Verpflichtung* abzahlen, -lösen, tilgen, amortisieren; **2.** zu'rückkaufen; **3.** ✝ *Staatspapier* auslosen; **4.** *Pfand* einlösen; **5.** *Gefangene etc.* los-, freikaufen; **6.** *Versprechen* erfüllen, einlösen; **7.** *Fehler etc.* wieder gutmachen, *Sünde* abbüßen; **8.** *schlechte Eigenschaft* aufwiegen, wettmachen, versöhnen mit: **~*ing feature*** a) versöhnender Zug, b) ausgleichendes Moment; **9.** *Ehre*, *Rechte* 'wiedererlangen, wiederherstellen; **10.** (***from***) bewahren (vor *dat.*); (er)retten (von); befreien (von); **11.** *eccl.* erlösen (***from*** von); **12.** *Zeitverlust* wettmachen; **re'deem·a·ble** [-məbl] *adj.* □ **1.** abzahlbar, -lösbar, tilgbar; kündbar (*Anleihe*); rückzahlbar (*Wertpapier*): **~ *loan*** Tilgungsdarlehen *n*; **2.** zu'rückkaufbar; **3.** ✝ auslosbar (*Staatspapier*); **4.** einlösbar (*Pfand*, *Versprechen etc.*); **5.** wieder gutzumachen(d) (*Fehler*), abzubüßen(d) (*Sünde*); **6.** 'wiedererlangbar; **7.** *eccl.* erlösbar; **re'deem·er** [-mə] *s.* **1.** Einlöser(in) *etc.*; **2.** 2 *eccl.* Erlöser *m*, Heiland *m*.

re·de·liv·er [ˌri:dɪ'lɪvə] *v/t.* **1.** *j-n* wieder befreien; **2.** *et.* zu'rückgeben; rückliefern.

re·demp·tion [rɪ'dempʃn] *s.* **1.** Abzahlung *f*, Ablösung *f*, Tilgung *f*, Amortisati'on *f e-r Schuld etc.*: **~ *fund*** *Am.* ✝ Tilgungsfonds *m*; **~ *loan*** ✝ Ablösungsanleihe *f*; **2.** Rückkauf *m*; **3.** Auslosung *f von Staatspapieren*; **4.** Einlösung *f e-s Pfandes* (*fig. e-s Versprechens*); **5.** Los-, Freikauf *m e-r Geisel etc.*; **6.** Wieder'gutmachung *f e-s Fehlers*; Abbüßung *f e-r Sünde*; **7.** Ausgleich *m* (***of*** für), Wettmachen *n e-s Nachteils*; **8.** 'Wiedererlangung *f*, Wieder'herstellung *f e-s Rechts etc.*; **9.** *bsd. eccl.* Erlösung *f* (***from*** von): ***past*** *od.* ***beyond ~*** hoffnungs- *od.* rettungslos (verloren); **re'demp·tive** [-ptɪv] *adj. eccl.* erlösend, Erlösungs...

re·de·ploy [ˌri:dɪ'plɔɪ] *v/t.* **1.** *bsd.* ⚔ 'umgrupˌpieren; **2.** ⚔, *a.* ✝ verlegen; **ˌre·de'ploy·ment** [-mənt] *s.* **1.** 'Umgrupˌpierung *f*; (Truppen)Verschiebung *f*; **2.** Verlegung *f*.

re·de·vel·op [ˌri:dɪ'veləp] *v/t.* **1.** neu entwickeln; **2.** *phot.* nachentwickeln; **3.** *Stadtteil etc.* sanieren; **ˌre·de'vel·op·ment** [-mənt] *s.* **1.** Neuentwicklung *f etc.*; **2.** (Stadt- *etc.*)Sanierung *f*: **~ *area*** Sanierungsgebiet *n*.

ˌred-'hand·ed *adj.*: ***catch s.o. ~*** j-n auf frischer Tat ertappen.

red·hi·bi·tion [ˌredhɪ'bɪʃn] *s.* ⚖ Wandlung *f beim Kauf*; **red·hib·i·to·ry** [red'hɪbɪtərɪ] *adj.* Wandlungs...(*-klage etc.*): **~ *defect*** Fehler *m* der Sache beim Kauf.

ˌred-'hot *adj.* **1.** rot glühend; **2.** glühend heiß; **3.** *fig.* wild, toll; **4.** hitzig, jähzornig; **5.** allerneuest, 'brandaktuˌell: **~ *news***.

red·in·te·grate [re'dɪntɪgreɪt] *v/t.* **1.** wiederherstellen; **2.** erneuern.

re·di·rect [ˌri:dɪ'rekt] *v/t.* **1.** *Brief etc.* 'umadresˌsieren; **2.** *Verkehr* 'umleiten; **3.** *fig.* e-e neue Richtung geben (*dat.*), ändern.

re·dis·count [ˌri:'dɪskaʊnt] ✝ **I** *v/t.* **1.** rediskontieren; **II** *s.* **2.** Rediskon'tierung *f*; **3.** Redis'kont *m*: **~ *rate*** *Am.* Rediskontsatz *m*; **4.** rediskon'tierter Wechsel.

re·dis·cov·er [ˌri:dɪ'skʌvə] *v/t.* 'wieder entdecken.

re·dis·trib·ute [ˌri:dɪ'strɪbju:t] *v/t.* **1.** neu verteilen; **2.** wieder verteilen.

ˌred|-'let·ter day *s. fig.* Freuden-, Glückstag *m*; **ˌ~-'light dis·trict** *s.* Bor'dellviertel *n*.

red·ness ['rednɪs] *s.* Röte *f*.

re·do [ˌri:'du:] *v/t.* [*irr.* → ***do***] **1.** nochmals tun *od.* machen; **2.** *Haar etc.* nochmals richten *etc.*

red·o·lence ['redəʊləns] *s.* Duft *m*, Wohlgeruch *m*; **'red·o·lent** [-nt] *adj.* duftend (***of***, ***with*** nach): ***be ~ of*** *fig. et.* atmen, stark gemahnen an (*acc.*), um'wittert sein von.

re·dou·ble [ˌri:'dʌbl] **I** *v/t.* **1.** verdoppeln; **2.** *Bridge*: *j-m* Re'kontra geben; **II** *v/i.* **3.** sich verdoppeln; **4.** *Bridge*: Re'kontra geben.

re·doubt [rɪ'daʊt] *s.* ⚔ **1.** Re'doute *f*; **2.** Schanze *f*; **re'doubt·a·ble** [-təbl] *adj. rhet. od. iro.* **1.** furchtbar, schrecklich; **2.** gewaltig.

R

re·dound [rɪ'daʊnd] *v/i.* **1.** ausschlagen *od.* gereichen (***to*** zu *j-s Ehre, Vorteil etc.*); **2.** zu'teil werden, erwachsen (***to*** *dat.*, ***from*** aus); **3.** zu'rückfallen, -wirken (***upon*** auf *acc.*).

re·draft [ˌriː'drɑːft] **I** *s.* **1.** neuer Entwurf; **2.** ✝ Rück-, Ri'kambiowechsel *m*; **II** *v/t.* **3.** → ***redraw*** I.

re·draw [ˌriː'drɔː] [*irr.* → ***draw***] **I** *v/t.* neu entwerfen; **II** *v/i.* ✝ zu'rücktrasˌsieren (***on*** auf *acc.*).

re·dress [rɪ'dres] **I** *s.* **1.** Abhilfe *f* (*a.* ⚖): ***legal ~*** Rechtshilfe *f*: ***obtain ~ from s.o.*** gegen j-n Regress nehmen; **2.** Behebung *f*, Beseitigung *f e-s Übelstandes*; **3.** Wieder'gutmachung *f e-s Unrechts, Fehlers etc.*; **4.** Entschädigung *f* (***for*** für); **II** *v/t.* **5.** *Missstand* beheben, beseitigen, (*dat.*) abhelfen; *Unrecht* wieder gutmachen; *Gleichgewicht etc.* wieder herstellen; **6.** ✈ *Flugzeug* in die nor'male Fluglage zu'rückbringen.

ˌred|-'short *adj. metall.* rotbrüchig; **'~·start** *s. orn.* Rotschwänzchen *n*; **ˌ~-'tape** *adj.* büro'kratisch; **ˌ~-'tap·ism** [-'teɪpɪzəm] *s.* Bürokra'tismus *m*; **ˌ~-'tap·ist** [-'teɪpɪst] *s.* Büro'krat(in), Aktenmensch *m*.

re·duce [rɪ'djuːs] **I** *v/t.* **1.** her'absetzen, vermindern, -ringern, -kleinern, reduzieren, *fig. a.* abbauen: ***~d scale*** verjüngter Maßstab; ***on a ~d scale*** in verkleinertem Maßstab; **2.** *Preise* her'absetzen, ermäßigen: ***at ~d prices*** zu herabgesetzten Preisen; ***at a ~d fare*** zu ermäßigtem Fahrpreis; **3.** *im Rang, Wert etc.* her'absetzen, -mindern, -drücken, erniedrigen; *a.* ***~ to the ranks*** ⚔ degradieren; **4.** schwächen, erschöpfen; (*finanziell*) erschüttern: ***in ~d circumstances*** in beschränkten Verhältnissen, verarmt; **5.** (***to***) verwandeln (in *acc.*, zu), machen (zu): ***~ to pulp*** zu Brei machen; ***~d to a skeleton*** zum Skelett abgemagert; **6.** bringen (***to*** zu): ***~ to a system*** in ein System bringen; ***~ to rules*** in Regeln fassen; ***~ to writing*** schriftlich niederlegen, aufzeichnen; ***~ theories into practice*** Theorien in die Praxis umsetzen; **7.** zu'rückführen, reduzieren (***to*** auf *acc.*): ***~ to absurdity*** ad absurdum führen; **8.** zerlegen (***to*** in *acc.*); **9.** einteilen (***to*** in *acc.*); **10.** anpassen (***to*** *dat. od.* an *acc.*); **11.** ₳, ⚗, *biol.* reduzieren; *Gleichung* auflösen; ***~ to a common denominator*** auf e-n gemeinsamen Nenner bringen; **12.** *metall.* (aus)schmelzen (***from*** aus); **13.** zwingen, *zur Verzweiflung etc.* bringen: ***~ to obedience*** zum Gehorsam zwingen; ***he was ~d to sell*** (***-ing***) ***his house*** er war gezwungen, sein Haus zu verkaufen; ***~d to tears*** zu Tränen gerührt; **14.** unter'werfen, erobern; *Festung* zur 'Übergabe zwingen; **15.** beschränken (***to*** auf *acc.*); **16.** *Farben etc.* verdünnen; **17.** *phot.* abschwächen; **18.** ⚕ einrenken, (wieder) einrichten; **II** *v/i.* **19.** (an Gewicht) abnehmen; e-e Abmagerungskur machen;

re'duc·er [-sə] *s.* **1.** ⚗ Redukti'onsmittel *n*; **2.** *phot.* a) Abschwächer *m*, b) Entwickler *m*; **3.** ⚙ a) Redu'zierstück *n od.* -maˌschine *f*, b) → ***reducing gear***;

reˌduced-e'mis·sion *adj. attr. mot. etc.* 'abgasreduˌziert; **re'duc·i·ble** [-səbl] *adj.* **1.** reduzierbar (*a.* ⚕), zu'rückführbar (***to*** auf *acc.*): ***be ~ to*** sich reduzieren *od.* zurückführen lassen auf (*acc.*); **2.** verwandelbar (***to***, ***into*** in *acc.*); **3.** her'absetzbar.

re·duc·ing| a·gent [rɪ'djuːsɪŋ] *s.* ⚗ Redukti'onsmittel *n*; **~ di·et** *s.* Abmagerungskur *f*; **~ gear** *s.* ⚙ Unter'setzungsgetriebe *n*.

re·duc·tion [rɪ'dʌkʃn] *s.* **1.** Her'absetzung *f*, Verminderung *f*, -ringerung *f*, -kleinerung *f*, Reduzierung *f*, *fig. a.* Abbau *m*: ***~ in*** (*od.* ***of***) ***prices*** Preisherabsetzung, -ermäßigung *f*; ***~ in*** (*od.* ***of***) ***wages*** Lohnkürzung *f*; ***~ of interest*** Zinsherabsetzung; ***~ of staff*** Personalabbau *m*; **2.** (Preis)Nachlass *m*, Abzug *m*, Ra'batt *m*; **3.** Verminderung *f*, Rückgang *m*: ***import ~*** ✝ Einfuhrrückgang; **4.** Verwandlung *f* (***into***, ***to*** in *acc.*): ***~ into gas*** Vergasung *f*; **5.** Zu'rückführung *f*, Reduzierung *f* (***to*** auf *acc.*); **6.** Zerlegung *f* (***to*** in *acc.*); **7.** ⚗ Redukti'on *f*; **8.** ₳ Redukti'on *f*, Kürzung *f*, Vereinfachung *f*, Auflösung *f von Gleichungen*; **9.** *metall.* (Aus-)Schmelzung *f*; **10.** Unter'werfung *f* (***to*** unter *acc.*); Bezwingung *f*, ⚔ Niederkämpfung *f*; **11.** *phot.* Abschwächung *f*; **12.** *biol.* Redukti'on *f*; **13.** ⚕ Einrenkung *f*; **14.** Verkleinerung *f* (*e-s Bildes etc.*); **~ com·pass·es** *s. pl.* Redukti'onszirkel *m*; **~ di·vi·sion** *s. biol.* Redukti'onsteilung *f*; **~ gear** *s.* ⚙ Redukti'ons-, Unter'setzungsgetriebe *n*; **~ ra·tio** *s.* ⚙ Unter'setzungsverhältnis *n*.

re·dun·dance [rɪ'dʌndəns], **re'dun·dan·cy** [-sɪ] *s.* **1.** 'Überfluss *m*, -fülle *f*; **2.** 'Überflüssigkeit *f*, ✝ *a.* Arbeitslosigkeit *f*: ***redundancies*** *pl.* Freistellungen *pl.*, Entlassungen *pl.*; ***~ letter*** *od.* ***notice*** Entlassungsschreiben *n*; **3.** Wortfülle *f*; **4.** *ling.*, *Informatik*: Redun'danz *f*; **re'dun·dant** [-nt] *adj.* ☐ **1.** 'überreichlich, -mäßig; **2.** 'überschüssig, -zählig: ***~ workers*** freigesetzte (*entlassene*) Arbeitskräfte; ***make s.o. ~*** j-n freisetzen, -stellen; **3.** 'überflüssig; **4.** üppig; **5.** 'überfließend (***of***, ***with*** von); **6.** über'laden (*Stil etc.*), *bsd.* weitschweifig; **7.** *ling.*, *Informatik*: redun'dant.

re·du·pli·cate [rɪ'djuːplɪkeɪt] *v/t.* **1.** verdoppeln; **2.** wieder'holen; **3.** *ling.* reduplizieren.

R

re·dye [ˌriːˈdaɪ] *v/t.* **1.** nachfärben; **2.** ˈumfärben.
re·ech·o [riːˈekəʊ] **I** *v/i.* ˈwiderhallen (***with*** von); **II** *v/t.* widerhallen lassen.
reed [riːd] *s.* **1.** ♀ Schilf *n*; (Schilf)Rohr *n*; Ried(gras) *n*: ***broken ~*** *fig.* schwankes Rohr; **2.** *pl. Brit.* (Dachdecker-)Stroh *n*; **3.** Pfeil *m*; **4.** Rohrflöte *f*; **5.** ♪ a) (Rohr)Blatt *n*: ***~ instruments, the ~s*** Rohrblattinstrumente, b) *a.* ***~ stop*** Zungenstimme *f* (*Orgel*); **6.** ⚙ Weberkamm *m*, Blatt *n*.
re-ed·it [ˌriːˈedɪt] *v/t.* neu herˈausgeben; **re-e·di·tion** [ˌriːɪˈdɪʃn] *s.* Neuausgabe *f*.
re-ed·u·cate [ˌriːˈedjʊkeɪt] *v/t.* ˈumschulen; **re-ed·u·ca·tion** [ˈriːˌedjʊˈkeɪʃn] *s.* ˈUmschulung *f*.
reed·y [ˈriːdɪ] *adj.* **1.** schilfig, schilfreich; **2.** lang u. schlank; **3.** dünn, quäkend (*Stimme*).
reef¹ [riːf] *s.* **1.** (Felsen)Riff *n*; **2.** *min.* Ader *f*, (Quarz)Gang *m*.
reef² [riːf] ⚓ **I** *s.* Reff *n*; **II** *v/t. Segel* reffen.
reef·er [ˈriːfə] *s.* **1.** ⚓ a) Reffer *m*, b) *sl.* ˈSeekaˌdett *m*, c) Bord-, Maˈtrosenjacke *f*, d) *Am. sl.* Kühlschiff *n*; **2.** *Am. sl.* a) 🚂, *mot.* Kühlwagen *m*, b) Kühlschrank *m*; **3.** *sl.* Marihuˈanazigaˌrette *f*.
reek [riːk] **I** *s.* **1.** Gestank *m*, (üble) Ausdünstung, Geruch *m*; **2.** Dampf *m*, Dunst *m*, Qualm *m*; **II** *v/i.* **3.** stinken, riechen (***of, with*** nach), üble Dünste ausströmen; **4.** dampfen, rauchen (***with*** von); **5.** *fig.* (***of, with***) stark riechen (nach), voll sein (von); ˈ**reek·y** [-kɪ] *adj.* **1.** dampfend, dunstend; **2.** rauchig.
reel¹ [riːl] **I** *s.* **1.** Haspel *f*, (*Garn- etc.*) Winde *f*; **2.** (*Garn-, Schlauch- etc.*) Rolle *f*, (*Bandmaß-, Farbband-, Film- etc.*)Spule *f*; ⚡ Kabeltrommel *f*; **3.** a) Film(streifen) *m*, b) (Film)Akt *m*; **II** *v/t.* **4.** *a.* ***~ up*** aufspulen, -wickeln, -rollen: ***~ off*** abhaspeln, -spulen, *fig.* ‚herunterrasseln‘: ***~ off a poem***.
reel² [riːl] *v/i.* **1.** sich (schnell) drehen, wirbeln: ***my head ~s*** mir schwindelt; **2.** wanken, taumeln: ***~ back*** zurücktaumeln.
reel³ [riːl] *s.* Reel *m* (*schottischer Volkstanz*).
re-e·lect [ˌriːɪˈlekt] *v/t.* ˈwieder wählen; ˌ**re-eˈlec·tion** [-kʃn] *s.* ˈWiederwahl *f*; **re-el·i·gi·ble** [ˌriːˈelɪdʒəbl] *adj.* ˈwieder wählbar.
re-em·bark [ˌriːɪmˈbɑːk] *v/t.* (*v/i.* sich) wieder einschiffen.
re-e·merge [ˌriːɪˈmɜːdʒ] *v/i.* wieder auftauchen, wieder auftreten.
re-en·act [ˌriːɪˈnækt] *v/t.* **1.** wieder in Kraft setzen; **2.** *thea.* neu inszenieren; **3.** *fig.* wiederˈholen; ˌ**re-enˈact·ment** [-mənt] *s.* **1.** ˌWiederinˈkraftsetzung *f*; **2.** *thea.* Neuinszenierung *f*.
re-en·gage [ˌriːɪnˈgeɪdʒ] *v/t.* *j-n* wieder an- *od.* einstellen.
re-en·list [ˌriːɪnˈlɪst] ⚔ *v/t. u. v/i.* (sich) weiterverpflichten, ˈwieder verpflichten; (*nur v/i.*) kapitulieren: ***~ed man*** Kapitulant *m*; ˌ**re-enˈlist·ment** [-mənt] *s.* Wiederˈanwerbung *f*.
re-en·ter [ˌriːˈentə] *v/t.* **1.** wieder betreten, wieder eintreten in (*acc.*); **2.** wieder eintragen (*in e-e Liste etc.*); **3.** ⚙ *Farben* auftragen; **re-en·trant** [riːˈentrənt] **I** *adj.* ⩓ einspringend (*Winkel*); **II** *s.* einspringender Winkel; **re-en·try** [riːˈentrɪ] *s.* Wiederˈeintritt *m* (*a. Raumfahrt: in die Erdatmosphäre*; *a.* ⚖ *in den Besitz*).
re-es·tab·lish [ˌriːɪˈstæblɪʃ] *v/t.* **1.** wiederˈherstellen; **2.** wieder einführen, neu gründen.
reeve¹ [riːv] *s. Brit.* a) *hist.* Vogt *m*, b) Gemeindevorsteher *m*.
reeve² [riːv] *v/t.* ⚓ *Tauende* einscheren; *das Tau* ziehen (***around*** um).
re-ex·am·i·na·tion [ˈriːɪgˌzæmɪˈneɪʃn] *s.* **1.** Nachprüfung *f*, Wiederˈholungsprüfung *f*; **2.** ⚖ a) nochmaliges (Zeugen-)Verhör, b) nochmalige Unterˈsuchung.
re-ex·change [ˌriːɪksˈtʃeɪndʒ] *s.* **1.** Rücktausch *m*; **2.** ✝ Rück-, Gegenwechsel *m*; **3.** ✝ Rückwechselkosten *pl.*
re-ex·port ✝ **I** *v/t.* [ˌriːekˈspɔːt] **1.** wiederˈausführen; **II** *s.* [ˌriːˈekspɔːt] **2.** Wiederˈausfuhr *f*; **3.** wiederˈausgeführte Ware.
ref¹ [ref] *s. sport* F a) Schiri *m* (*Schiedsrichter*), b) *Boxen*: Ringrichter *m*.
ref² [ref] *abbr. für* ***reference*** *in Briefen, auf Rechnungen etc.*: betrifft, Betr.
re·fash·ion [ˌriːˈfæʃn] *v/t.* ˈumgestalten, -modeln.
re·fec·tion [rɪˈfekʃn] *s.* **1.** Erfrischung *f*; **2.** Imbiss *m*; **reˈfec·to·ry** [-ktərɪ] *s.* **1.** *R.C.* Refekˈtorium *n* (*Speiseraum*); **2.** *univ.* Mensa *f*.
re·fer [rɪˈfɜː] **I** *v/t.* **1.** verweisen, hinweisen (***to*** auf *acc.*); **2.** *j-n um Auskunft, Referenzen etc.* verweisen (***to*** an *j-n*); **3.** (zur Entscheidung *etc.*) überˈgeben, -ˈweisen (***to*** an *acc.*): ***~ back to*** ⚖ *Rechtssache* zurückverweisen an *die Unterinstanz*; ***~ to drawer*** ✝ an Aussteller zurück; **4.** (***to***) zuschreiben (*dat.*), zuˈrückführen (auf *acc.*); **5.** zuordnen, -weisen (***to*** *e-r Klasse etc.*); **II** *v/i.* **6.** (***to***) verweisen, hinweisen, sich beziehen, Bezug haben (auf *acc.*), betreffen (*acc.*): ***~ to s.th. briefly*** et. kurz berühren; ***~ring to my letter*** Bezug nehmend auf mein Schreiben; ***the point ~red to*** der erwähnte *od.* betreffende Punkt; **7.** sich beziehen *od.* berufen, Bezug nehmen (***to*** auf *j-n*); **8.** (***to***) sich wenden (an *acc.*), (*a. Uhr, Wörterbuch etc.*) befragen; (in *e-m Buch*)

R

nachschlagen, -sehen; **ref·er·a·ble** [rɪˈfɜːrəbl] *adj.* **1.** (**to**) zuzuschreiben(d) (*dat.*), zuˈrückführen(d) (auf *acc.*); **2.** (**to**) zu beziehen(d) (auf *acc.*), bezüglich (*gen.*); **ref·er·ee** [ˌrefəˈriː] **I** *s.* **1.** ⚖, *sport* Schiedsrichter *m*, ⚖ *a.* beauftragter Richter; *Boxen*: Ringrichter *m*; **2.** *parl. etc.* Refeˈrent *m*, Berichterstatter *m*; **3.** ⚖ *etc.* Sachbearbeiter(in), -verständige(r *m*) *f*; **II** *v/i. u. v/t.* **4.** als Schiedsrichter *etc.* fungieren (bei); **ref·er·ence** [ˈrefrəns] **I** *s.* **1.** Verweis(ung *f*) *m*, Hinweis *m* (**to** auf *acc.*): ***cross-~*** Querverweis: (***list of***) ***~s*** Quellenangabe *f*, Literaturverzeichnis *n*; ***mark of ~*** → 2 a *u.* 4; **2.** a) Verweiszeichen *n*, b) Verweisstelle *f*, c) Beleg *m*, ˈUnterlage *f*; **3.** Bezugnahme *f* (**to** auf *acc.*); *Patentrecht*: Entgegenhaltung *f*: ***in*** (*od.* ***with***) ***~ to*** bezüglich (*gen.*); ***for future ~*** zu späterer Verwendung; ***terms of ~*** Richtlinien; ***have ~ to*** sich beziehen auf (*acc.*); **4.** *a.* ***~ number*** Akten-, Geschäftszeichen *n*; **5.** (**to**) Anspielung *f* (auf *acc.*), Erwähnung *f* (*gen.*): ***make ~ to*** auf *et.* anspielen, *et.* erwähnen; **6.** (**to**) Zs.-hang *m* (mit), Beziehung *f* (zu): ***have no ~ to*** nichts zu tun haben mit; ***with ~ to him*** was ihn betrifft; **7.** Rücksicht *f* (**to** auf *acc.*): ***without ~ to*** ohne Berücksichtigung (*gen.*); **8.** (**to**) Nachschlagen *n*, -sehen *n* (in *dat.*), Befragen *n* (*gen.*): ***book*** (*od.* ***work***) ***of ~*** Nachschlagewerk *n*; ***~ library*** Handbibliothek *f*; **9.** (**to**) Befragung *f* (*gen.*), Rückfrage *f* (bei); **10.** ⚖ Überˈweisung *f e-r Sache* (**to** an *ein Schiedsgericht etc.*); **11.** a) Refeˈrenz *f*, Empfehlung *f*, *allg.* Zeugnis *n*, b) Refeˈrenz *f* (*Auskunftgeber*); **II** *adj.* **12.** ⚙, ⍲ Bezugs...: ***~ frequency***; ***~ value***; **III** *v/t.* **13.** Verweise anbringen in *e-m Buch*; **ref·er·en·dum** [ˌrefəˈrendəm] *pl.* **-dums** *s. pol.* Volksentscheid *m*, -befragung *f*, Refeˈrendum *n*.

re·fill [ˌriːˈfɪl] **I** *v/t.* wieder füllen, nach-, auffüllen; **II** *v/i.* sich wieder füllen; **III** *s.* [ˈriːfɪl] Nach-, Ersatzfüllung *f*; ϟ Erˈsatzbatteˌrie *f*; Ersatzmine *f* (*Bleistift etc.*); Einlage *f* (*Ringbuch*); **~ pack** *s.* Nachfüllpack(ung *f*) *m*.

re·fine [rɪˈfaɪn] **I** *v/t.* **1.** ⚙ veredeln, raffinieren, *bsd.* a) *Eisen* frischen, b) *Metall* feinen, c) *Stahl* gar machen, d) *Glas* läutern, e) *Petroleum, Zucker* raffinieren; **2.** *fig.* bilden, verfeinern, kultivieren; **3.** *fig.* läutern, vergeistigen; **II** *v/i.* **4.** sich läutern; **5.** sich verfeinern *od.* kultivieren; **6.** (herˈum)tüfteln ([**up**]**on** an *dat.*); **7.** **~** (**up**)**on** verbessern, weiterentwickeln; **reˈfined** [-nd] *adj.* ☐ **1.** geläutert, raffiniert: ***~ sugar*** Feinzucker *m*, Raffinade *f*; ***~ steel*** Raffinierstahl *m*; **2.** *fig.* fein, gebildet, kultiviert; **3.** *fig.* raffiniert, subˈtil; **4.** (ˈüber)fein, (-)genau; **reˈfine·ment** [-mənt] *s.* **1.** ⚙ Veredelung *f*, Vergütungs-, Raffinatiˈonsbehandlung *f*; **2.** Verfeinerung *f*; **3.** Feinheit *f der Sprache, e-r Konstruktion etc.*, Raffiˈnesse *f* (*des Luxus etc.*); **4.** Vornehm-, Feinheit *f*, Kultiviertheit *f*, gebildetes Wesen; **5.** Klügeˈlei *f*, Spitzfindigkeit *f*; **reˈfin·er** [-nə] *s.* **1.** ⚙ a) (Eisen)Frischer *m*, b) Raffiˈneur *m*, (Zucker)Sieder *m*, c) *metall.* Vorfrischofen *m*; **2.** Verfeinerer *m*; **3.** Klügler (-in), Haarspalter(in); **reˈfin·er·y** [-nərɪ] *s.* ⚙ **1.** (*Öl-, Zucker- etc.*)Raffineˈrie *f*; **2.** *metall.* (Eisen-, Frisch)Hütte *f*; **reˈfin·ing fur·nace** [-nɪŋ] *s. metall.* Frisch-, Feinofen *m*.

re·fit [ˌriːˈfɪt] **I** *v/t.* **1.** wieder inˈstand setzen, ausbessern; **2.** neu ausrüsten; **II** *v/i.* **3.** ausgebessert *od.* überˈholt werden; **III** *s.* **4.** *a.* **re·fit·ment** [rɪˈfɪtmənt] Wiederinˈstandsetzung *f*, Ausbesserung *f*.

re·fla·tion [riːˈfleɪʃn] *s.* † Reflatiˈon *f*.

re·flect [rɪˈflekt] **I** *v/t.* **1.** *Strahlen etc.* reflektieren, zuˈrückwerfen, -strahlen: ***~ing power*** Reflexionsvermögen *n*; **2.** *Bild etc.* (ˈwider)spiegeln: ***~ing telescope*** Spiegelteleskop *n*; **3.** *fig.* (ˈwider)spiegeln, zeigen: ***be ~ed in*** sich (wider)spiegeln in (*dat.*); ***~ credit on s.o.*** j-m Ehre machen; ***our prices ~ your commission*** † unsere Preise enthalten Ihre Provision; **4.** überˈlegen (***that*** dass, ***how*** wie); **II** *v/i.* **5.** ([**up**]**on**) nachdenken, -sinnen (über *acc.*), (*et.*) überˈlegen; **6.** **~** (**up**)**on** a) sich abfällig äußern über (*acc.*), *et.* herˈabsetzen, b) ein schlechtes Licht werfen auf (*acc.*), *j-m* nicht gerade zur Ehre gereichen, c) *et.* ungünstig beeinflussen; **reˈflec·tion** [-kʃn] *s.* **1.** *phys.* Reflexiˈon *f*, Zuˈrückstrahlung *f*; **2.** (ˈWider)Spiegelung *f* (*a. fig.*); Reˈflex *m*, ˈWiderschein *m*: ***a faint ~ of*** *fig.* ein schwacher Abglanz (*gen.*); **3.** Spiegelbild *n*; **4.** *fig.* Nachwirkung *f*, Einfluss *m*; **5.** a) Überˈlegung *f*, Erwägung *f*, b) Betrachtung *f*, Gedanke *m* (**on** über *acc.*): ***on ~*** nach einigem Nachdenken; **6.** abfällige Bemerkung (**on** über *acc.*), Anwurf *m*: ***cast ~s upon*** herabsetzen, in ein schlechtes Licht setzen; **7.** *anat.* a) Zuˈrückbiegung *f*, b) zuˈrückgebogener Teil; **8.** *physiol.* Reˈflex *m*; **reˈflec·tive** [-tɪv] *adj.* ☐ **1.** reflektierend, zuˈrückstrahlend; **2.** nachdenklich; **reˈflec·tor** [-tə] *s.* **1.** Reˈflektor *m*; **2.** Spiegel *m*; **3.** *mot. etc.* Rückstrahler *m*; Katzenauge *n* (*Fahrrad etc.*); **4.** Scheinwerfer *m*; **re·flex** [ˈriːfleks] **I** *s.* **1.** *physiol.* Reˈflex *m*: ***~ action*** (*od.* ***movement***) Reflexbewegung *f*; **2.** (ˈLicht)Reˌflex *m*, ˈWiderschein *m*; *fig.* Abglanz *m*: ***~ camera*** (Spiegel)Reflexkamera *f*; **3.** Spiegelbild *n* (*a. fig.*); **II** *adj.* **4.** zuˈrückgebogen;

R

5. Reflex..., Rück...; **re·flex·i·ble** [rɪ'fleksəbl] *adj.* reflektierbar; **re·flex·ion** [rɪ'flekʃn] *s.* → ***reflection***; **re·flex·ive** [rɪ'fleksɪv] **I** *adj.* ☐ **1.** zu'rückwirkend; **2.** *ling.* refle'xiv, rückbezüglich, Reflexiv...; **II** *s.* **3.** *ling.* a) rückbezügliches Fürwort *od.* Zeitwort, b) reflexive Form.

re·flex·ol·o·gy [ˌriːflek'sɒlədʒɪ] *s.* ⚕ **1.** Reflexolo'gie *f*; **2.** Re'flexzonenmasˌsage *f*.

re·float [ˌriː'fləʊt] ⚓ **I** *v/t.* wieder flottmachen; **II** *v/i.* wieder flott werden.

re·flux ['riːflʌks] *s.* Zu'rückfließen *n*, Rückfluss *m* (*a.* ✝ *von Kapital*).

re·for·est [ˌriː'fɒrɪst] *v/t. Land* aufforsten.

re·form¹ [rɪ'fɔːm] **I** *s.* **1.** *pol. etc.* Re'form *f*, Verbesserung *f*; **2.** Besserung *f*: ~ ***school*** Besserungsanstalt *f*; **II** *v/t.* **3.** reformieren, verbessern; **4.** *j-n* bessern; **5.** *Missstand etc.* beseitigen; **6.** ⚖ *Am. Urkunde* berichtigen; **III** *v/i.* **7.** sich bessern.

re·form², re-form [ˌriː'fɔːm] **I** *v/t.* 'umformen, -gestalten, -bilden, neu gestalten; **II** *v/i.* sich 'umformen, sich neu gestalten.

ref·or·ma·tion¹ [ˌrefə'meɪʃn] *s.* **1.** Reformierung *f*, Verbesserung *f*; **2.** Besserung *f des Lebenswandels etc.*; **3.** ☧ *eccl.* Reformati'on *f*; **4.** ⚖ *Am.* Berichtigung *f e-r Urkunde*.

re·for·ma·tion², re-for·ma·tion [ˌriːfɔː'meɪʃn] *s.* 'Umbildung *f*, 'Um-, Neugestaltung *f*.

re·form·a·to·ry [rɪ'fɔːmətərɪ] **I** *adj.* **1.** Besserungs...: ~ ***measures*** Besserungsmaßnahmen; **2.** Reform...; **II** *s.* **3.** Besserungsanstalt *f*; **re'formed** [-md] *adj.* **1.** verbessert, neu u. besser gestaltet; **2.** gebessert: ~ ***drunkard*** geheilter Trinker; **3.** ☧ *eccl.* reformiert; **re'form·er** [-mə] *s.* **1.** *bsd. eccl.* Refor'mator *m*; **2.** *pol.* Re'former(in); **re'form·ist** [-mɪst] *s.* **1.** *eccl.* Reformierte(r *m*) *f*; **2.** → ***reformer***.

re·fract [rɪ'frækt] *v/t. phys. Strahlen* brechen; **re'fract·ing** [-tɪŋ] *adj. phys.* lichtbrechend, Brechungs..., Refraktions...: ~ ***angle*** Brechungswinkel *m*; ~ ***telescope*** Refraktor *m*; **re'frac·tion** [-kʃn] *s. phys.* **1.** (*Licht-, Strahlen*)Brechung *f*, Refrakti'on *f*; **2.** *opt.* Brechungskraft *f*; **re'frac·tive** [-tɪv] *adj. phys.* Brechungs..., Refraktions...; **re'frac·tor** [-tə] *s. phys.* **1.** Lichtbrechungskörper *m*; **2.** Re'fraktor *m*; **re'frac·to·ri·ness** [-tərɪnɪs] *s.* **1.** 'Widerspenstigkeit *f*; **2.** 'Widerstandskraft *f*, *bsd.* a) ⚒ Strengflüssigkeit *f*, b) ⚙ Feuerfestigkeit *f*; **3.** ⚕ a) 'Widerstandsfähigkeit *f gegen Krankheiten*, b) Hartnäckigkeit *f e-r Krankheit*; **re'frac·to·ry** [-tərɪ] **I** *adj.* **1.** 'widerspenstig, aufsässig; **2.** ⚒ strengflüssig; **3.** ⚙ feuerfest: ~ ***clay*** Schamotte(ton *m*) *f*; **4.** ⚕ a) 'widerstandsfähig (*Person*), b) hartnäckig (*Krankheit*); **II** *s.* **5.** ⚙ feuerfester Baustoff.

re·frain¹ [rɪ'freɪn] *v/i.* (***from***) Abstand nehmen *od.* absehen (von), sich (*gen.*) enthalten: ~ ***from doing s.th.*** et. unterlassen, es unterlassen, et. zu tun.

re·frain² [rɪ'freɪn] *s.* Re'frain *m*.

re·fran·gi·ble [rɪ'frændʒɪbl] *adj. phys.* brechbar.

re·fresh [rɪ'freʃ] **I** *v/t.* **1.** erfrischen, erquicken (*a. fig.*); **2.** *fig. sein Gedächtnis* auffrischen; *Vorrat etc.* erneuern; **II** *v/i.* **3.** sich erfrischen; **4.** frische Vorräte fassen (*Schiff etc.*); **re'fresh·er** [-ʃə] *s.* **1.** Erfrischung *f*, ‚Gläs-chen' *n* (*Trunk*); **2.** *fig.* Auffrischung *f*: ~ ***course*** Auffrischungs-, Wiederholungskurs *m*; ***paint*** ~ Neuglanzpolitur *f*; **3.** ⚖ 'Nachschuss (-honoˌrar *n*) *m e-s Anwalts*; **re'fresh·ing** [-ʃɪŋ] *adj.* ☐ erfrischend (*a. fig. wohltuend*); **re'fresh·ment** [-mənt] *s.* Erfrischung *f* (*a. Getränk etc.*): ~ ***room*** (Bahnhofs)Büfett *n*.

re·frig·er·ant [rɪ'frɪdʒərənt] **I** *adj.* **1.** kühlend, Kühl...; **II** *s.* **2.** ⚕ kühlendes Mittel, Kühltrank *m*; **3.** ⚙ Kühlmittel *n*; **re·frig·er·ate** [rɪ'frɪdʒəreɪt] *v/t.* ⚙ kühlen; **re'frig·er·at·ing** [-reɪtɪŋ] *adj.* ⚙ Kühl...(*-raum etc.*), Kälte...(*-maschine etc.*); **re·frig·er·a·tion** [rɪˌfrɪdʒə'reɪʃn] *s.* Kühlung *f*, Kälteerzeugung *f*, -technik *f*; **re'frig·er·a·tor** [-reɪtə] *s.* ⚙ Kühlschrank *m*, -raum *m*, -anlage *f*; 'Kältemaˌschine *f*: ~ ***van*** *Brit.*, ~ ***car*** *Am.* 🚃 Kühlwagen *m*; ~ ***van*** *od.* ***lorry*** *Brit.*, ~ ***truck*** *Am. mot.* Kühlwagen *m*; ~ ***vessel*** ⚓ Kühlschiff *n*.

re·fu·el [ˌriː'fjʊəl] *v/t. u. v/i. mot.*, ✈ (auf)tanken.

ref·uge ['refjuːdʒ] **I** *s.* **1.** Zuflucht *f* (*a. fig. Ausweg, a. Person, Gott*), Schutz *m* (***from*** vor): ***seek*** (*od.* ***take***) ~ ***in*** *fig.* s-e Zuflucht suchen in *od.* nehmen zu; ***house of*** ~ Obdachlosenasyl *n*; **2.** Zuflucht *f*, Zufluchtsort *m*; **3.** *a.* ~ ***hut*** *mount.* Schutzhütte *f*; **4.** Verkehrsinsel *f*; **II** *v/i.* **5.** Schutz suchen; **ref·u·gee** [ˌrefjʊ'dʒiː] *s.* Flüchtling *m*: ~ ***camp*** Flüchtlingslager *n*.

re·ful·gent [rɪ'fʌldʒənt] *adj.* ☐ glänzend, strahlend.

re·fund¹ **I** *v/t.* [riː'fʌnd] **1.** *Geld* zu'rückzahlen, -erstatten, *Verlust, Auslagen* ersetzen, rückvergüten; **2.** *j-m* Rückzahlung leisten, *j-m* seine Auslagen ersetzen; **II** *s.* ['riːfʌnd] **3.** Rückvergütung *f*.

re·fund² [ˌriː'fʌnd] *v/t.* ✝ *Anleihe etc.* neu fundieren.

re·fund·ment [rɪ'fʌndmənt] *s.* Rückvergütung *f*.

re·fur·bish [ˌriː'fɜːbɪʃ] *v/t.* 'aufpoˌlieren (*a. fig.*).

R

re·fur·nish [ˌriːˈfɜːnɪʃ] *v/t.* wieder *od.* neu möblieren *od.* ausstatten.

re·fu·sal [rɪˈfjuːzl] *s.* **1.** Ablehnung *f*, Zu'rückweisung *f e-s Angebots etc.*; **2.** Verweigerung *f e-r Bitte, des Gehorsams etc., a. Reitsport*; **3.** abschlägige Antwort: ***he will take no ~*** er lässt sich nicht abweisen; **4.** Weigerung *f* (***to do s.th.*** et. zu tun); **5.** ⚖ Vorkaufsrecht *n*, Vorhand *f*: ***first ~ of*** erstes Anrecht auf (*acc.*); ***give s.o. the ~ of s.th.*** j-m das Vorkaufsrecht auf e-e Sache einräumen.

re·fuse¹ [rɪˈfjuːz] **I** *v/t.* **1.** *Amt, Antrag, Kandidaten etc.* ablehnen; *Angebot* ausschlagen; *et. od. j-n* zu'rückweisen; *j-n* abweisen; *j-m e-e Bitte* abschlagen; **2.** *Befehl, Forderung, Gehorsam* verweigern; *Bitte* abschlagen; **3.** *Kartenspiel*: *Farbe* verweigern; **4.** *Hindernis* verweigern, scheuen vor (*dat.*) (*Pferd*); **II** *v/i.* **5.** sich weigern, es ablehnen (***to do*** zu tun): ***he ~d to believe it*** er wollte es einfach nicht glauben; ***he ~d to be bullied*** er ließ sich nicht tyrannisieren; ***it ~d to work*** es wollte nicht funktionieren, es ‚streikte'; **6.** absagen (*Gast*); **7.** scheuen (*Pferd*).

ref·use² [ˈrefjuːs] **I** *s.* **1.** ⚙ Abfall *m*, Ausschuss *m*; **2.** (Küchen)Abfall *m*, Müll *m*; **II** *adj.* **3.** wertlos; **4.** Abfall..., Müll...; **~ skip** *s. Brit.* 'Müllconˌtainer *m*.

ref·u·ta·ble [ˈrefjʊtəbl] *adj.* ☐ wider'legbar; **ref·u·ta·tion** [ˌrefjuːˈteɪʃn] *s.* Wider'legung *f*; **re·fute** [rɪˈfjuːt] *v/t.* wider'legen.

re·gain [rɪˈgeɪn] *v/t.* 'wiedergewinnen; *a. Bewusstsein etc.* 'wiedererlangen: ***~ one's feet*** wieder auf die Beine kommen; ***~ the shore*** den Strand wiedergewinnen (*erreichen*).

re·gal [ˈriːgl] *adj.* ☐ königlich (*a. fig. prächtig*); Königs...

re·gale [rɪˈgeɪl] **I** *v/t.* **1.** erfreuen, ergötzen; **2.** festlich bewirten: ***~ o.s. on*** sich laben an (*dat.*); **II** *v/i.* **3.** (***on***) schwelgen (in *dat.*), sich gütlich tun (an *dat.*).

R

re·ga·li·a [rɪˈgeɪljə] *s. pl.* ('Krönungs-, 'Amts)Inˌsignien *pl.*

re·gard [rɪˈgɑːd] **I** *v/t.* **1.** ansehen; betrachten (*a. fig.* ***with*** mit *Abneigung etc.*); **2.** *fig.* ***~ as*** betrachten als, halten für: ***be ~ed as*** gelten als *od.* für; **3.** *fig.* beachten, berücksichtigen; **4.** respektieren; **5.** achten, (hoch) schätzen; **6.** betreffen, angehen: ***as ~s*** was ... betrifft; **II** *s.* **7.** (*fester od. bedeutsamer*) Blick; **8.** Hinblick *m*, -sicht *f* (***to*** auf *acc.*): ***in this ~*** in dieser Hinsicht; ***in ~ to*** (*od.* ***of***), ***with ~ to*** hinsichtlich, bezüglich, was ... betrifft; ***have ~ to*** a) sich beziehen auf (*acc.*), b) in Betracht ziehen; **9.** (***to, for***) Rücksicht(nahme) *f* (auf *acc.*), Beachtung *f* (*gen.*): ***pay no ~ to s.th.*** sich um et. nicht kümmern; ***without ~ to*** (*od.* ***for***) ohne Rücksicht auf (*acc.*); ***have no ~ for s.o.'s feelings*** auf j-s Gefühle keine Rücksicht nehmen; **10.** (Hoch)Achtung *f* (***for*** vor *dat.*); **11.** *pl.* Grüße *pl.*, Empfehlungen *pl.*: ***with kind ~s to*** mit herzlichen Grüßen an (*acc.*); ***give him my*** (***best***) ***~s*** grüße ihn (herzlich) von mir; **re'gard·ful** [-fʊl] *adj.* ☐ **1.** achtsam, aufmerksam (***of*** auf *acc.*); **2.** rücksichtsvoll (***of*** gegen); **re'gard·ing** [-dɪŋ] *prp.* bezüglich, betreffs, hinsichtlich (*gen.*); **re'gard·less** [-lɪs] **I** *adj.* ☐ **1.** ***~ of*** ungeachtet (*gen.*), ohne Rücksicht auf (*acc.*); **2.** rücksichts-, achtlos; **II** *adv.* **3.** F trotzdem, dennoch; ganz gleich, was passiert *od.* passieren würde; ohne Rücksicht auf Kosten *etc.*

re·gat·ta [rɪˈgætə] *s.* Re'gatta *f*.

re·gen·cy [ˈriːdʒənsɪ] *s.* **1.** Re'gentschaft *f* (*Amt, Gebiet, Periode*); **2.** ♀ *hist.* Regentschaft(szeit) *f*, *bsd.* a) Ré'gence *f* (*in Frankreich, des Herzogs Philipp von Orléans* [*1715–23*]), b) *in England* (*1811–30*), *von Georg, Prinz von Wales* (*später Georg IV.*).

re·gen·er·ate [rɪˈdʒenəreɪt] **I** *v/t. u. v/i.* **1.** (sich) regenerieren (*a. biol., phys.,* ⚙) (sich) erneuern, (sich) neu *od.* wieder bilden; (sich) wieder erzeugen: ***be ~d*** *eccl.* wieder geboren werden; **2.** *fig.* (sich) bessern *od.* reformieren; **3.** *fig.* (sich) neu beleben; **4.** ⚡ rückkoppeln; **II** *adj.* [-rət] **5.** ge- *od.* verbessert, reformiert; 'wieder geboren; **re·gen·er·a·tion** [rɪˌdʒenəˈreɪʃn] *s.* **1.** Regenerati'on *f* (*a. biol.*), Erneuerung *f*; **2.** *eccl.* 'Wiedergeburt *f*; **3.** Besserung *f*; **4.** ⚡ Rückkopplung *f*; **5.** ⚙ Regenerierung *f*, 'Wiedergewinnung *f*; **re'gen·er·a·tive** [-nərətɪv] *adj.* ☐ **1.** (ver)bessernd; **2.** neu schaffend; **3.** Erneuerungs..., Verjüngungs...; **4.** ⚡ Rückkopplungs...

re·gent [ˈriːdʒənt] *s.* **1.** Re'gent(in): ***Queen*** ♀ Regentin *f*; ***Prince*** ♀ Prinzregent *m*; **2.** *univ. Am.* Mitglied *n* des 'Aufsichtskomiˌtees; **'re·gent·ship** [-ʃɪp] *s.* Re'gentschaft *f*.

reg·gae [ˈregeɪ] *s.* ♪ 'Reggae *m*

reg·i·cide [ˈredʒɪsaɪd] *s.* **1.** Königsmörder *m*; **2.** Königsmord *m*.

re·gime, *a.* **ré·gime** [reɪˈʒiːm] *s.* **1.** *pol.* Re'gime *n*, Regierungsform *f*; **2.** (vor-)herrschendes Sy'stem: ***matrimonial ~*** ⚖ eheliches Güterrecht; **3.** → ***regimen*** 1.

reg·i·men [ˈredʒɪmən] *s.* **1.** ⚕ gesunde Lebensweise, *bsd.* Di'ät *f*; **2.** Regierung *f*, Herrschaft *f*; **3.** *ling.* Rekti'on *f*.

reg·i·ment I *s.* [ˈredʒɪmənt] **1.** ⚔ Regi'ment *n*; **2.** *fig.* (große) Schar; **II** *v/t.* [ˈredʒɪment] **3.** *fig.* reglementieren, bevormunden; **4.** organisieren, syste'matisch einteilen.

reg·i·men·tal [ˌredʒɪˈmentl] *adj.* □ Regiments...: ~ ***officer*** *Brit.* Truppenoffizier *m*; **reg·i·men·tals** [ˌredʒɪˈmentlz] *s. pl.* ⚔ (Regi'ments)Uniˌform *f*; **reg·i·men·ta·tion** [ˌredʒɪmenˈteɪʃn] *s.* **1.** Organisierung *f*, Einteilung *f*; **2.** Reglementierung *f*, Diri'gismus *m*, Bevormundung *f*.

Re·gi·na [rɪˈdʒaɪnə] (*Lat.*) *s. Brit.* ⚖ *die* Königin; *weitS. die* Krone, *der* Staat: ~ ***versus John Doe***.

re·gion [ˈriːdʒən] *s.* **1.** Gebiet *n* (*a. meteor.*), (*a.* ⚕ *Körper*)Gegend *f*, (*a. Höhen-*, *Tiefen*)Regi'on *f*, Landstrich *m*; (Verwaltungs)Bezirk *m*; **2.** *fig.* Gebiet *n*, Bereich *m*, Sphäre *f*; (*a. himmlische etc.*) Regi'on: ***in the ~ of*** von ungefähr ...; **ˈre·gion·al** [-dʒənl] *adj.* □ regio'nal; örtlich, lo'kal (*beide a.* ⚕); Orts...; Bezirks...: ~ (***station***) *Radio*: Regio'nalsender *m*; **ˈre·gion·al·ism** [-dʒənəlɪzəm] *s.* **1.** Regiona'lismus *m*, Lo'kalpatriotismus *m*; **2.** Heimatkunst *f*; **3.** *ling.* nur regio'nal gebrauchter Ausdruck.

reg·is·ter [ˈredʒɪstə] **I** *s.* **1.** Re'gister *n* (*a. Computer*), (Eintragungs)Buch *n*, (*a.* Inhalts)Verzeichnis *n*; (*Wähler- etc.*)Liste *f*: ~ ***of births***, ***marriages***, ***and deaths*** Personenstandsregister; ~ ***of companies*** Handelsregister; (***ship's***) ~ Schiffsregister; ~ ***ton*** ⚓ Registertonne *f*; **2.** ⚙ a) Registriervorrichtung *f*, Zählwerk *n*: ***cash*** ~ Registrier-, Kontrollkasse *f*, b) Schieber *m*, Klappe *f*, Ven'til *n*; **3.** ♪ a) ('Orgel)Reˌgister *n*, b) Stimm-, Tonlage *f*, c) 'Stimmˌumfang *m*; **4.** *typ.* Re'gister *n*; **5.** *phot.* genaue Einstellung; **6.** → ***registrar***; **II** *v/t.* **7.** registrieren, (in ein Register *etc.*) eintragen *od.* -schreiben (lassen), anmelden (***for school*** zur Schule); *weitS.* amtlich erfassen; (*a. fig. Erfolg etc.*) verzeichnen, -buchen: ~ ***a company*** e-e Firma handelsgerichtlich eintragen; **8.** ✝ *Warenzeichen* anmelden; *Artikel* gesetzlich schützen; **9.** *Postsachen* einschreiben (lassen); *Gepäck* aufgeben; **10.** ⚙ *Messwerte* registrieren, anzeigen; **11.** *fig. Empfindung* zeigen, ausdrücken, registrieren; **12.** *typ.* in das Re'gister bringen; **13.** ⚔ *Geschütz* einschießen; **III** *v/i.* **14.** sich (in das Ho'telreˌgister, in die Wählerliste *etc.*) eintragen (lassen); *univ. etc.* sich einschreiben (***for*** für); **15.** sich (an)melden (***at***, ***with*** bei *der Polizei etc.*); **16.** *typ.* Re'gister halten; **17.** ⚙ a) sich decken, genau passen, b) einrasten; **18.** ♪ registrieren; **19.** ⚔ sich einschießen; **ˈreg·is·tered** [-əd] *adj.* **1.** eingetragen (✝ *Geschäftssitz*, *Gesellschaft*, *Warenzeichen*); **2.** ✝ gesetzlich geschützt: ~ ***design*** (*od.* ***pattern***) Gebrauchsmuster *n*; **3.** ✝ registriert, Namens...: ~ ***bonds*** Namensschuldverschreibungen; ~ ***capital*** autorisiertes (Aktien)Kapital; ~ ***share*** (*Am.* ***stock***) Namensaktie *f*; **4.** ✉ eingeschrieben, Einschreibe...(*-brief etc.*): ~! Einschreiben!; **reg·is·trar** [ˌredʒɪˈstrɑː] *s.* Regi'strator *m*, Archi'var(in), Urkundsbeamte(r) *m*; *Brit.* Standesbeamte(r) *m*; ⚕ *Brit.* Krankenhausarzt *m*, -ärztin *f*: ~***'s office*** a) Standesamt *n*, b) Registratur *f*; **2** ***General*** *Brit.* oberster Standesbeamter; ~ ***in bankruptcy*** ⚖ *Brit.* Konkursrichter *m*; **reg·is·tra·tion** [ˌredʒɪˈstreɪʃn] *s.* **1.** (*bsd.* amtliche) Registrierung, Erfassung *f*; Eintragung *f* (*a.* ✝ *e-r Gesellschaft*, *e-s Warenzeichens*); *mot.* Zulassung *f e-s Fahrzeugs*; **2.** (*polizeiliche*, *a. Hotel-*, *Schul- etc.*) Anmeldung, Einschreibung *f*: ***compulsory*** ~ (An)Meldepflicht *f*; ~ ***fee*** Anmelde-, Einschreibgebühr *f*; ✝ Umschreibungsgebühr *f* (*Aktien*); ~ ***form*** (An)Meldeformular *n*; ~ ***office*** Meldestelle *f*, Einwohnermeldeamt *n*; **3.** Zahl *f* der Erfassten, registrierte Zahl; **4.** ✉ Einschreibung *f*; **5.** *a.* ~ ***of luggage*** *bsd. Brit.* Gepäckaufgabe *f*: ~ ***window*** Gepäckschalter *m*; **ˈreg·is·try** [-trɪ] *s.* **1.** Registrierung *f* (*a. e-s Schiffs*): ~ ***fee*** *Am.* Anmelde-, Einschreibegebühr *f*; ***port of*** ~ ⚓ Registerhafen *m*; **2.** Re'gister *n*; **3.** *a.* ~ ***office*** a) Registra'tur *f*, b) Standesamt *n*, c) 'Stellenverˌmittlungsbüˌro *n*.

reg·let [ˈreglɪt] *s.* **1.** ⚠ Leistchen *n*; **2.** *typ.* a) Re'glette *f*, b) ('Zeilen)ˌDurchschuss *m*.

reg·nant [ˈregnənt] *adj.* regierend; *fig.* (vor)herrschend.

re·gress **I** *v/i.* [rɪˈgres] **1.** sich rückwärts bewegen; **2.** *fig.* a) sich rückläufig entwickeln, b) *biol.*, *psych.* sich zu'rückbilden *od.* -entwickeln; **II** *s.* [ˈriːgres] **3.** Rückwärtsbewegung *f*; **4.** rückläufige Entwicklung; **reˈgres·sion** [-eʃn] *s.* **1.** → ***regress*** II; **2.** Regressi'on *f*: a) *biol. psych.* Rückentwicklung *f*, b) ⚠ Beziehung *f*; **reˈgres·sive** [-sɪv] *adj.* □ **1.** rückläufig; **2.** rückwirkend (*Steuer etc.*, *a. ling. Akzent*); **3.** *biol.* regres'siv.

re·gret [rɪˈgret] **I** *s.* **1.** Bedauern *n* (***at*** über *acc.*): ***to my*** ~ zu m-m Bedauern, leider; **2.** Reue *f*; **3.** Schmerz *m*, Trauer *f* (***for*** um); **II** *v/t.* **4.** bedauern, bereuen: ***it is to be ~ted*** es ist bedauerlich; ***I ~ to say*** ich muss leider sagen; **5.** *Vergangenes etc.*, *a. Tote* beklagen, trauern um, *j-m od. e-r Sache* nachtrauern; **reˈgret·ful** [-fʊl] *adj.* □ bedauernd, reue-, kummervoll; **reˈgret·ta·ble** [-təbl] *adj.* □ **1.** bedauerlich; **2.** bedauernswert, zu bedauern(d); **reˈgret·ta·bly** [-təblɪ] *adv.* bedauerlicherweise.

re·grind [ˌriːˈgraɪnd] *v/t.* [*irr.* → ***grind***] ⚙ nachschleifen.

re·group [ˌriːˈgruːp] *v/t.* 'umgruppieren,

R

neu gruppieren, (*a.* ✝ *Kapital*) 'umschichten; **re'group·ment** [-mənt] *s.* 'Umgrup,pierung *f.*

reg·u·lar ['regjʊlə] **I** *adj.* □ **1.** *zeitlich* regelmäßig; 🚂 *etc.* fahrplanmäßig: **~ air service** regelmäßige Flugverbindung; **~ business** ✝ laufende Geschäfte; **~ customer** → 14; **at ~ intervals** in regelmäßigen Abständen; **2.** regelmäßig (*in Form od. Anordnung*), ebenmäßig; sym'metrisch; **3.** regelmäßig, geregelt, geordnet (*Lebensweise etc.*); **4.** pünktlich, genau; **5.** regu'lär, nor'mal, gewohnt; **6.** richtig, geprüft, gelernt: **a ~ cook**; **~ doctor** approbierter Arzt; **7.** richtig, vorschriftsmäßig, formgerecht; **8.** F ‚richtig(gehend)': **~ rascal**; **a ~ guy** *Am.* ein Pfundskerl; **9.** ⚔ a) regu'lär (*Kampftruppe*), b) Berufs..., ak'tiv (*Heer, Soldat*); **10.** *sport*: Stamm...: **~ player**; **make the ~ team** sich e-n Stammplatz (*in der Mannschaft*) erobern; *eccl.* Ordens...; **II** *s.* **11.** Ordensgeistliche(r) *m*; **12.** ⚔ ak'tiver Sol'dat, Be'rufssol,dat *m*; *pl.* regu'läre Truppen *pl.*; **13.** *pol. Am.* treuer Par'teianhänger; **14.** F Stammkunde *m*, -kundin *f*, -gast *m*; **reg·u·lar·i·ty** [,regjʊ'lærətɪ] *s.* **1.** Regelmäßigkeit *f*: a) Gleichmäßigkeit *f*, Stetigkeit *f*, b) regelmäßige Form; **2.** Ordnung *f*, Richtigkeit *f*; **'reg·u·lar·ize** [-əraɪz] *v/t.* regeln, festlegen.

reg·u·late ['regjʊleɪt] *v/t.* **1.** *Geschäft, Verdauung, Verkehr etc.* regeln; ordnen; (*a.* ✝ *Wirtschaft*) lenken; **2.** ⚖ (gesetzlich) regeln; **3.** ⚙ a) *Geschwindigkeit etc.* regulieren, regeln, b) *Gerät, Uhr* (ein)stellen; **4.** anpassen (**according to** an *acc.*); **'reg·u·lat·ing** [-tɪŋ] *adj.* ⚙ Regulier..., (Ein)Stell...: **~ screw** Stellschraube *f*; **~ switch** Regelschalter *m*; **reg·u·la·tion** [,regjʊ'leɪʃn] **I** *s.* **1.** Regelung *f*, Regulierung *f* (*a.* ⚙); ⚙ Einstellung *f*; **2.** Verfügung *f*, (Ausführungs)Verordnung *f*; *pl.* a) 'Durchführungsbestimmungen *pl.*, b) Satzung(en *pl.*) *f*, Sta'tuten *pl.*, c) (Dienst-, Betriebs)Vorschrift *f*: **~s of the works** Betriebsordnung *f*; **traffic ~s** Verkehrsvorschriften; **according to ~s** nach Vorschrift, vorschriftsmäßig; **contrary to ~s** vorschriftswidrig; **II** *adj.* **3.** vorschriftsmäßig; ⚔ *a.* Dienst...(-*mütze etc.*); **'reg·u·la·tive** [-lətɪv] *adj.* regelnd, regulierend, *a. phls.* regula'tiv; **'reg·u·la·tor** [-tə] *s.* **1.** ⚡ Regler *m*; **2.** *Uhrmacherei*: Regu'lator *m* (*a. Uhr*); **3.** ⚙ Regulier-, Stellvorrichtung *f*: **~ valve** Reglerventil *n*; **4.** ⚗ Regu'lator *m*; **'reg·u·la·to·ry** [-leɪtərɪ] *adj.* Durch-, Ausführungs...

re·gur·gi·tate [rɪ'gɜːdʒɪteɪt] **I** *v/i.* zu'rückfließen; **II** *v/t.* wieder ausströmen, -speien; *Essen* erbrechen.

re·ha·bil·i·tate [,riːə'bɪlɪteɪt] *v/t.* **1.** rehabilitieren: a) wieder einsetzen (**in** in *acc.*), b) *j-s* Ruf wiederherstellen, c) *e-n Versehrten* wieder ins Berufsleben eingliedern; **2.** *et. od. j-n* wieder'herstellen; **3.** ⚖ *Strafentlassenen* resozialisieren; **4.** *Altbauten*, ✝ *e-n Betrieb etc.* sanieren; **re·ha·bil·i·ta·tion** ['riːə,bɪlɪ'teɪʃn] *s.* **1.** Rehabilitierung *f*: a) Wieder'einsetzung *f* (*in frühere Rechte*), b) Ehrenrettung *f*, c) *a.* **vocational ~** Wieder'eingliederung *f* ins Berufsleben: **~ centre** (*Am.* **center**) Rehabilitationszentrum *n*; **2.** Wieder'herstellung *f*; ✝ Sanierung *f*: **industrial ~** wirtschaftlicher Wiederaufbau; **3.** *a.* **social ~** ⚖ Resozialisierung *f*.

re·hash ['riːhæʃ] **I** *s.* **1.** *fig. et.* Aufgewärmtes, Wieder'holung *f*, ‚Aufguss' *m*; **2.** Wieder'aufwärmen *n*; **II** *v/t.* [,riː'hæʃ] **3.** *fig.* wieder aufwärmen, 'wiederkäuen.

re·hear·ing [,riː'hɪərɪŋ] *s.* ⚖ erneute Verhandlung.

re·hears·al [rɪ'hɜːsl] *s.* **1.** *thea.*, ♪ *u. fig.* Probe *f*: **be in ~** einstudiert werden; **final ~** Generalprobe; **2.** Einstudierung *f*; **3.** Wieder'holung *f*; **4.** Aufsagen *n*, Vortrag *m*; **5.** *fig.* Lita'nei *f*; **re·hearse** [rɪ'hɜːs] *v/t.* **1.** *thea.*, ♪ *et.* proben (*a. v/i. u. fig.*), *Rolle etc.* einstudieren; **2.** wieder'holen; **3.** aufzählen; **4.** aufsagen, rezitieren; **5.** *fig. Möglichkeiten etc.* 'durchspielen.

reign [reɪn] **I** *s.* **1.** Regierung *f*, Regierungszeit *f*: **in** (*od.* **under**) **the ~ of** unter der Regierung (*gen.*); **2.** Herrschaft *f* (*a. fig. der Mode etc.*): **~ of law** Rechtsstaatlichkeit *f*; **2 of Terror** Schreckensherrschaft; **II** *v/i.* **3.** regieren, herrschen (**over** über *acc.*); **4.** *fig.* (vor)herrschen: **silence ~ed** es herrschte Stille.

re·im·burs·a·ble [,riːɪm'bɜːsəbl] *adj.* rückzahlbar; **re·im·burse** [,riːɪm'bɜːs] *v/t.* **1.** *j-n* entschädigen (**for** für): **~ o.s.** sich entschädigen *od.* schadlos halten; **2.** *et.* zu'rückzahlen, vergüten, *Auslagen* erstatten, *Kosten* decken; **,re·im'burse·ment** [-mənt] *s.* **1.** Entschädigung *f*; **2.** ('Wieder)Erstattung *f*, (Rück)Vergütung *f*, (Kosten)Deckung *f*: **~ credit** ✝ Rembourskredit *m*.

re·im·port ✝ **I** *v/t.* [,riːɪm'pɔːt] **1.** wieder'einführen; **II** *s.* [,riː'ɪmpɔːt] **2.** 'Wiedereinfuhr *f*; **3.** *pl.* wieder'eingeführte Waren *pl.*

rein [reɪn] **I** *s.* **1.** *oft pl.* Zügel *m mst pl.* (*a. fig.*): **draw ~** (an)halten, zügeln (*a. fig.*); **give a horse the ~(s)** die Zügel locker lassen; **give free ~(s) to** *s-r Fantasie* freien Lauf lassen *od.* die Zügel schießen lassen; **keep a tight ~ on** *j-n* fest an der Kandare haben; **take** (*od.* **assume**) **the ~s of government**

die Zügel (der Regierung) in die Hand nehmen; **II** *v/t.* **2.** *Pferd* aufzäumen; **3.** lenken: **~ back** (*od.* **in**, **up**) (*a. v/i.*) a) anhalten, b) verhalten; **4.** *a.* **~ in** *fig.* zügeln, im Zaum halten.

re·in·car·na·tion [ˌriːɪnkɑːˈneɪʃn] *s.* Reinkarnatiˈon *f*: a) (Glaube *m* an die) Seelenwanderung *f*, b) ˈWiederverkörperung *f*, -geburt *f*.

rein·deer [ˈreɪnˌdɪə] *pl.* **-deer** *od.* **-deers** *s. zo.* Ren(ntier) *n*.

re·in·force [ˌriːɪnˈfɔːs] **I** *v/t.* **1.** verstärken (*a.* ⚙, *Gewebe etc.*, *a.* ⚔ *u. fig.*), ⚙ *Beton* armieren: **~d concrete** Eisen-, Stahlbeton *m*; **2.** *fig. Gesundheit* kräftigen, *Worte* bekräftigen, *Beweis* unterˈmauern; **II** *s.* **3.** ⚙ Verstärkung *f*; **ˌre·inˈforce·ment** [-mənt] *s.* **1.** Verstärkung *f*; Armierung *f* (*Beton*); *pl.* ⚔ Verstärkungstruppen *pl.*; **2.** *fig.* Unterˈmauerung *f*, Bekräftigung *f*.

re·in·stall [ˌriːɪnˈstɔːl] *v/t.* wieder einsetzen; **ˌre·inˈstal(l)·ment** [-mənt] *s.* Wiederˈeinsetzung *f*.

re·in·state [ˌriːɪnˈsteɪt] *v/t.* **1.** *j-n* wieder einsetzen (**in** in *acc.*); **2.** *et.* (wieder) inˈstand setzen; **3.** *j-n od. et.* wiederˈherstellen; *Versicherung etc.* wieder aufleben lassen; **ˌre·inˈstate·ment** [-mənt] *s.* **1.** Wiederˈeinsetzung *f*; **2.** Wiederˈherstellung *f*.

re·in·sur·ance [ˌriːɪnˈʃʊərəns] *s.* ✝ Rückversicherung *f*; **re·in·sure** [ˌriːɪnˈʃʊə] *v/t.* **1.** rückversichern; **2.** nachversichern.

re·in·vest·ment [ˌriːɪnˈvestmənt] *s.* ✝ Neu-, ˈWiederanlage *f*.

re·is·sue [ˌriːˈɪʃuː] **I** *v/t.* **1.** *Banknoten etc.* wieder ausgeben; **2.** *Buch* neu herausgeben; **II** *s.* **3.** ˈWieder-, Neuausgabe *f*: **~ patent** Abänderungspatent *n*.

re·it·er·ate [riːˈɪtəreɪt] *v/t.* (ständig) wiederˈholen; **re·it·er·a·tion** [riːˌɪtəˈreɪʃn] *s.* Wiederˈholung *f*.

re·ject I *v/t.* [rɪˈdʒekt] **1.** *Antrag*, *Kandidaten*, *Lieferung*, *Verantwortung etc.* ablehnen; *Ersuchen*, *Freier etc.* ab-, zuˈrückweisen; *Bitte* abschlagen; *et.* verwerfen; *Nahrung* verweigern: **be ~ed** *pol. u. thea.* durchfallen; **2.** (als wertlos) ausscheiden; **3.** *Essen* wieder von sich geben (*Magen*); **4.** ⚕ *körperfremdes Gewebe etc.* abstoßen; **II** *s.* [ˈriːdʒekt] **5.** ⚔ Ausgemusterte(r) *m*, Untaugliche(r) *m*; **6.** ✝ ˈAusschussarˌtikel *m*; **re·jec·ta·men·ta** [rɪˌdʒektəˈmentə] *s. pl.* **1.** Abfälle *pl.*; **2.** Strandgut *n*; **3.** *physiol.* Exkreˈmente *pl.*; **reˈjec·tion** [-kʃn] *s.* **1.** Ablehnung *f*, Zuˈrückweisung *f*, Verwerfung *f*; ✝, ⚙ Abnahmeverweigerung *f*; **2.** Ausscheidung *f*; **3.** *pl.* Ausschussartikel *pl.*; **4.** ⚕ Abstoßung *f*; **5.** *pl. physiol.* Exkreˈmente *pl.*; **reˈjec·tor** [-tə] *s. a.* **~ circuit** ⚡ Sperrkreis *m*.

re·joice [rɪˈdʒɔɪs] **I** *v/i.* **1.** sich freuen, frohˈlocken (**in**, **at** über *acc.*); **2. ~ in** sich *e-r Sache* erfreuen; **II** *v/t.* **3.** erfreuen: **~d at** (*od.* **by**) erfreut über (*acc.*); **reˈjoic·ing** [-sɪŋ] **I** *s.* **1.** Freude *f*, Frohˈlocken *n*; **2.** *oft pl.* (Freuden)Fest *n*, Lustbarkeit(en *pl.*) *f*; **II** *adj.* ☐ **3.** erfreut, froh (**in**, **at** über *acc.*).

re-join [ˌriːˈdʒɔɪn] *v/t. u. v/i.* (sich) ˈwieder vereinigen (**to**, **with** mit), (sich) wieder zs.-fügen.

re·join¹ [ˌriːˈdʒɔɪn] *v/t.* sich wieder anschließen (*dat.*) *od.* an (*acc.*), wieder eintreten in *e-e Partei etc.*; wieder zuˈrückkehren zu, *j-n* wieder treffen.

re·join² [rɪˈdʒɔɪn] **I** *v/t.* erwidern; **II** *v/i.* ⚖ e-e Gegenerklärung auf e-e Reˈplik abgeben; **reˈjoin·der** [-ndə] *s.* Erwiderung *f*; ⚖ Gegenerklärung *f* (*des Beklagten auf e-e Replik*).

re·ju·ve·nate [rɪˈdʒuːvɪneɪt] *v/t.* (*v/i.* sich) verjüngen; **re·ju·ve·na·tion** [rɪˌdʒuːvɪˈneɪʃn] *s.* Verjüngung *f*.

re·ju·ve·nesce [ˌriːdʒuːvɪˈnes] *v/t. u. v/i.* (sich) verjüngen (*a. biol.*); **ˌre·ju·veˈnes·cence** [-sns] *s.* (*biol.* Zell)Verjüngung *f*.

re·kindle [ˌriːˈkɪndl] **I** *v/t.* **1.** wieder anzünden; **2.** *fig.* wieder entfachen, neu beleben; **II** *v/i.* **3.** sich wieder entzünden; **4.** *fig.* wieder entbrennen, wieder aufleben.

re·lapse [rɪˈlæps] **I** *v/i.* **1.** zuˈrückfallen, wieder (ver)fallen (**into** in *acc.*); **2.** rückfällig werden; ⚕ e-n Rückfall bekommen; **II** *s.* **3.** ⚕ Rückfall *m*.

re·late [rɪˈleɪt] **I** *v/t.* **1.** berichten, erzählen (**to s.o.** j-m); **2.** in Beziehung *od.* Zs.-hang bringen, verbinden (**to**, **with** mit); **II** *v/i.* **3.** sich beziehen, Bezug haben (**to** auf *acc.*): **relating to** in Bezug auf (*acc.*), bezüglich (*gen.*); **4. ~ to s.o.** a) sich j-m gegenüber verhalten, b) zu j-m e-e (*gute*, *innere etc.*) Beziehung haben; **reˈlat·ed** [-tɪd] *adj.* verwandt (**to**, **with** mit) (*a. fig.*): **~ by marriage** verschwägert.

re·la·tion [rɪˈleɪʃn] *s.* **1.** Bericht *m*, Erzählung *f*; **2.** Beziehung *f* (*a. pol.*, ✝, ♀), (*a. Vertrags-*, *Vertrauens- etc.*)Verhältnis *n*; (*kausaler etc.*) Zs.-hang; Bezug *m*: **business ~s** Geschäftsbeziehungen; **human ~s** a) zwischenmenschliche Beziehungen, b) (innerbetriebliche) Kontaktpflege; **in ~ to** in Bezug auf (*acc.*); **be out of all ~ to** in keinem Verhältnis stehen zu; **bear no ~ to** nichts zu tun haben mit; → **public** 3; **3.** a) Verwandte(r *m*) *f*, b) Verwandtschaft *f* (*a. fig.*): **what ~ is he to you?** wie ist er mit dir verwandt?; **reˈla·tion·al** [-ʃənl] *adj.* **1.** verwandtschaftlich, Verwandtschafts...; **2.** Beziehungs..., Bezugs...; **3.** *EDV* relatioˈnal: **~ database** relatioˈnale Datenbank; **reˈla-**

R

tion·ship [-ʃɪp] *s.* **1.** Beziehung *f*, (*a.* *Rechts*)Verhältnis *n* (**to** zu); **2.** Verwandtschaft *f* (**to** mit) (*a. coll. u. fig.*).

rel·a·tive ['relətɪv] **I** *adj.* ☐ **1.** bezüglich, sich beziehend (**to** auf *acc.*): **~ value** ⚗ Bezugswert *m*; **~ to** bezüglich, hinsichtlich (*gen.*); **2.** rela'tiv, verhältnismäßig, Verhältnis...; **3.** (**to**) abhängig (von), bedingt (durch); **4.** gegenseitig, entsprechend, jeweilig; **5.** *ling.* bezüglich, Relativ...; **6.** ♪ paral'lel (*Tonart*); **II** *s.* **7.** Verwandte(r *m*) *f*; **8.** *ling.* a) Rela'tivpro,nomen *n*, b) Rela'tivsatz *m*; '**rel·a·tive·ness** [-nɪs] *s.* Relativi'tät *f*; '**rel·a·tiv·ism** [-vɪzəm] *s. phls.* Relati'vismus *m*; **rel·a·tiv·i·ty** [ˌrelə'tɪvətɪ] *s.* **1.** Relativi'tät *f*: **theory of ~** *phys.* Relativitätstheorie *f*; **2.** Abhängigkeit *f* (**to** von).

re·lax [rɪ'læks] **I** *v/t.* **1.** *Muskeln etc.*, ⚙ *Feder* entspannen; (*a. fig. Disziplin, Vorschrift etc.*) lockern: **~ing climate** Schonklima *n*; **2.** in *s-n Anstrengungen etc.* nachlassen; **3.** ⚕ abführend wirken; **II** *v/i.* **4.** sich entspannen (*Muskeln etc., a. Geist, Person*); ausspannen, sich erholen (*Person*); es sich bequem machen: **~ing** entspannend, erholsam, Erholungs...; **5.** sich lockern (*Griff, Seil etc.*) (*a. fig.*); **6.** nachlassen (**in** in *e-r Bemühung etc.*) (*a. Sturm etc.*); **7.** milder *od.* freundlicher werden; **re·lax·a·tion** [ˌriːlæk'seɪʃn] *s.* **1.** Entspannung *f* (*a. fig. Erholung*); Lockerung *f* (*a. fig.*); Erschlaffung *f*; **2.** Nachlassen *n*; **3.** Milderung *f e-r Strafe etc.*

re·lay ['riːleɪ] **I** *s.* **1.** a) frisches Gespann, b) Pferdewechsel *m*, c) *fig.* ⚒, ⚔ Ablösung(smannschaft) *f*: **~ attack** ⚔ rollender Angriff; **in ~s** ⚔ in rollendem Einsatz; **2.** *sport a.* **~ race** Staffel(lauf *m*, -wettbewerb *m*) *f*: **~ team** Staffel *f*; **3.** a) [ˌriː'leɪ] ⚡ Re'lais *n*: **~ station** Relais-, Zwischensender *m*, **~ switch** Schaltschütz *n*, b) *Radio*: Über'tragung *f*; **II** *v/t.* **4.** *allg.* weitergeben; **5.** [ˌriː'leɪ] ⚡ mit Re'lais steuern; *Radio*: (mit Re'lais) über'tragen.

re·lease [rɪ'liːs] **I** *s.* **1.** (Haft)Entlassung *f*, Freilassung *f* (**from** aus); **2.** *fig.* Befreiung *f*, Erlösung *f* (**from** von); **3.** Entlastung *f* (*a. e-s Treuhänders etc.*), Entbindung *f* (**from** von *e-r Pflicht*); **4.** Freigabe *f* (*Buch, Film, Vermögen etc.*): **first ~** *Film*: Uraufführung *f*; (**press**) **~** (Presse)Verlautbarung *f*; **~ of energy** Freiwerden *n* von Energie; **5.** ⚖ a) Verzicht(leistung *f*, -urkunde *f*) *m*, b) ('Rechts)Über,tragung *f*, c) Quittung *f*; **6.** ⚙, *phot.* a) Auslöser *m*, b) Auslösung *f*: **~ of bombs** ⚔ Bombenabwurf *m*; **II** *v/t.* **7.** *Häftling* ent-, freilassen; **8.** *fig.* (**from**) a) befreien, erlösen (von), b) entbinden, -lasten (von *e-r Pflicht, Schuld etc.*); **9.** *Buch, Film, Guthaben* freigeben; **10.** ⚖ verzichten auf (*acc.*), *Recht* aufgeben *od.* über'tragen; *Hypothek* löschen; **11.** ⚗, *phys.* freisetzen; **12.** ⚙ a) auslösen (*a. phot.*); *Bomben* abwerfen; *Gas* abblasen, b) ausschalten: **~ the clutch** auskuppeln.

rel·e·gate ['relɪgeɪt] *v/t.* **1.** relegieren, verbannen (**out of** aus): **be ~d** *sport* absteigen; **2.** verweisen (**to** an *acc.*); **3.** (**to**) verweisen (in *acc.*), zuschreiben (*dat.*): **~ to the sphere of legend** in das Reich der Fabel verweisen; **he was ~d to fourth place** *sport* er wurde auf den vierten Platz verwiesen; **rel·e·ga·tion** [ˌrelɪ'geɪʃn] *s.* **1.** Verbannung *f* (**out of** aus); **2.** Verweisung *f* (**to** an *acc.*); **3.** *sport* Abstieg *m*: **in danger of ~** in Abstiegsgefahr.

re·lent [rɪ'lent] *v/i.* weicher *od.* mitleidig werden, sich erweichen lassen; **re'lent·less** [-lɪs] *adj.* ☐ unbarmherzig, schonungslos, hart.

rel·e·vance ['relɪvəns], '**rel·e·van·cy** [-sɪ] *s.* Rele'vanz *f*, (*a.* Beweis)Erheblichkeit *f*; Bedeutung *f* (**to** für); '**rel·e·vant** [-nt] *adj.* ☐ **1.** einschlägig, sachdienlich; anwendbar (**to** auf *acc.*); **2.** (beweis-, rechts- *etc.*)erheblich, belangvoll, von Bedeutung (**to** für).

re·li·a·bil·i·ty [rɪˌlaɪə'bɪlətɪ] *s.* Zuverlässigkeit *f*, ⚙ *a.* Betriebssicherheit *f*: **~ test** Zuverlässigkeitsprüfung *f*; **re·li·a·ble** [rɪ'laɪəbl] *adj.* ☐ **1.** zuverlässig (*a.* ⚙ *betriebssicher*), verlässlich; **2.** glaubwürdig; **3.** vertrauenswürdig, re'ell (*Firma etc.*); **re·li·ance** [rɪ'laɪəns] *s.* Vertrauen *n*: **in ~ (up)on** unter Verlass auf (*acc.*), bauend auf; **place ~ on** (*od.* **in**) Vertrauen in *j-n* setzen; **re·li·ant** [rɪ'laɪənt] *adj.* **1.** vertrauensvoll; **2.** zuversichtlich.

rel·ic ['relɪk] *s.* **1.** ('Über)Rest *m*, 'Überbleibsel *n*, Re'likt *n*: **~s of the past** *fig.* Zeugen der Vergangenheit; **2.** *R.C.* Re'liquie *f*.

re·lief[1] [rɪ'liːf] *s.* **1.** Erleichterung *f* (*a.* ⚕); → **sigh** 5; **2.** (angenehme) Unter'brechung, Abwechslung *f*, Wohltat *f* (**to** für *das Auge etc.*); **3.** Trost *m*; **4.** Entlastung *f*; (*Steuer- etc.*)Erleichterung *f*; **5.** a) Unter'stützung *f*, Hilfe *f*, b) *Am.* Sozi'alhilfe *f*; **~ fund** Unterstützungsfonds *m*, -kasse *f*; **be on ~** Sozialhilfe beziehen; **6.** ⚖ a) Rechtshilfe *f*: **the ~ sought** das Klagebegehren, b) Rechtsbehelf *m*, -mittel *n*; **7.** ⚔ a) *a. allg.* Ablösung *f*, b) Entsatz *m*, Entlastung *f*, c) *in Zssgn* Entlastungs...: **~ attack** (**road**, **train**); **~ driver** *mot.* Beifahrer *m*.

re·lief[2] [rɪ'liːf] *s.* ⚠ *etc.* Reli'ef *n*; erhabene Arbeit: **~ map** Relief-, Höhenkarte *f*; **be in ~ against** sich (scharf) abheben gegen; **set into vivid ~** *fig. et.* plastisch schildern; **stand out in** (**bold**)

~ deutlich hervortreten (*a. fig.*); ***throw into*** ~ hervortreten lassen (*a. fig.*).

re·lieve [rɪˈliːv] *v/t.* **1.** *Schmerzen etc., a. Gewissen* erleichtern: ~ ***one's feelings*** s-n Gefühlen Luft machen; ~ ***s.o.'s mind*** j-n beruhigen; → ***nature*** 7; **2.** *j-n* entlasten: ~ ***s.o. from*** (*od.* ***of***) j-m *et.* abnehmen, j-n von *e-r Pflicht etc.* entbinden, j-n *e-r Verantwortung etc.* entheben, j-n von *et.* befreien; ~ ***s.o. of*** *humor.* j-n um *et.* ‚erleichtern', j-m *et.* stehlen; **3.** *j-n* erleichtern, beruhigen, trösten: ***I am ~d to hear*** es beruhigt mich, zu hören; **4.** ⚔ a) *Platz* entsetzen, b) *Kampftruppe* entlasten, c) *Posten, Einheit* ablösen; **5.** *Bedürftige* unterˈstützen, *Armen* helfen; **6.** *Eintöniges* beleben, Abwechslung bringen in (*acc.*); **7.** herˈvor-, abheben; **8.** *j-m* Recht verschaffen; *e-r Sache* abhelfen; **9.** ⚙ a) entlasten (*a.* ⚠), *Feder* entspannen, b) ˈhinterdrehen.

re·lie·vo [rɪˈliːvəʊ] *pl.* **-vos** *s.* Reliˈefarbeit *f.*

re·li·gion [rɪˈlɪdʒən] *s.* **1.** Religiˈon *f* (*a. iro.*): ***get*** ~ F fromm werden; **2.** Frömmigkeit *f*; **3.** Ehrensache *f*, Herzenspflicht *f*; **4.** moˈnastisches Leben: ***enter*** ~ in e-n Orden eintreten; **reˈli·gion·ist** [-dʒənɪst] *s.* religiˈöser Schwärmer *od.* Eiferer; **re·lig·i·os·i·ty** [rɪˌlɪdʒɪˈɒsətɪ] *s.* **1.** Religiosiˈtät *f*; **2.** Frömmeˈlei *f.*

re·li·gious [rɪˈlɪdʒəs] *adj.* ☐ **1.** Religions..., religiˈös (*Buch, Pflicht etc.*); **2.** religiˈös, fromm; **3.** Ordens...: ~ ***order*** geistlicher Orden; **4.** *fig.* gewissenhaft, peinlich genau; **5.** *fig.* andächtig: ~ ***silence***.

re·lin·quish [rɪˈlɪŋkwɪʃ] *v/t.* **1.** *Hoffnung, Idee, Plan etc.* aufgeben; **2.** (***to***) *Besitz, Recht* abtreten (*dat. od.* an *acc.*), preisgeben (*dat.*), überˈlassen (*dat.*); **3.** *et.* loslassen, fahren lassen; **4.** verzichten auf (*acc.*); **reˈlin·quish·ment** [-mənt] *s.* **1.** Aufgabe *f*; **2.** Überˈlassung *f*; **3.** Verzicht *m* (***of*** auf *acc.*).

rel·i·quar·y [ˈrelɪkwərɪ] *s. R.C.* Reˈliquienschrein *m.*

rel·ish [ˈrelɪʃ] **I** *v/t.* **1.** gern essen, sich schmecken lassen; *a. fig.* (mit Behagen) genießen, Geschmack finden an (*dat.*): ***I do not much ~ the idea*** ich bin nicht gerade begeistert davon (***of doing*** zu tun); **2.** *fig.* schmackhaft machen; **II** *v/i.* **3.** schmecken *od.* (*fig.*) riechen (***of*** nach); **III** *s.* **4.** (Wohl)Geschmack *m*; **5.** *fig.* a) Kostprobe *f*, b) Beigeschmack *m* (***of*** von); **6.** a) Gewürz *n*, Würze *f* (*a. fig.*), b) Horsd'œuvre *n*, Appeˈtithappen *m*; **7.** *fig.* (***for***) Geschmack *m* (an *dat.*), Sinn *m* (für): ***have no ~ for*** sich nichts machen aus; ***with*** (***great***) ~ mit (großem) Behagen, mit Wonne (*a. iro.*).

re·live [ˌriːˈlɪv] *v/t. et.* noch einmal durchˈleben *od.* erleben.

re·lo·cate [ˌriːləʊˈkeɪt] **I** *v/t.* **1.** ˈumsiedeln, *Betrieb, Werk*: *a.* verlegen; **2.** *Computer*: verschieben; **II** *v/i.* **3.** ˈumziehen (***to*** nach).

re·luc·tance [rɪˈlʌktəns] *s.* **1.** Widerˈstreben *n*, Abneigung *f* (***to*** gegen, ***to do s.th.*** et. zu tun): ***with*** ~ widerstrebend, ungern, zögernd; **2.** *phys.* magnetischer ˈWiderstand; **reˈluc·tant** [-nt] *adj.* ☐ ˈwiderwillig, widerˈstrebend, zögernd, ungern: ***be ~ to do s.th.*** sich sträuben, et. zu tun; et. nur ungern tun.

re·ly [rɪˈlaɪ] *v/i.* **1.** ~ (***up***)***on*** sich verlassen, vertrauen *od.* bauen *od.* zählen auf (*acc.*): ~ ***on s.th.*** (***for***) auf et. angewiesen sein (hinsichtlich *gen.*), et. (ausschließlich) beziehen (von); **2.** ~ (***up***)***on*** sich auf *e-e Quelle etc.* stützen *od.* berufen.

re·main [rɪˈmeɪn] **I** *v/i.* **1.** *allg.* bleiben; **2.** (übrig) bleiben (*a. fig.* ***to s.o.*** j-m); zuˈrück-, verbleiben, noch übrig sein: ***it now ~s for me to explain*** es bleibt mir nur noch übrig, zu erklären; ***nothing ~s*** (***to us***) ***but to*** (*inf.*) es bleibt (uns) nichts anderes übrig, als zu (*inf.*); ***that ~s to be seen*** das bleibt abzuwarten; **3.** (bestehen) bleiben: ~ ***in force*** in Kraft bleiben; **4.** *im Briefschluss*: verbleiben; **II** *s. pl.* **5.** *a. fig.* Reste *pl.*, ˈÜberreste *pl.*, -bleibsel *pl.*; **6.** *die sterblichen* Überreste *pl.*; **7.** *a.* ***literary ~s*** hinterˈlassene Werke *pl.*, liteˈrarischer Nachlass; **reˈmain·der** [-də] **I** *s.* **1.** Rest *m* (*a.* ⅍), *das* Übrige; **2.** ✝ Restbestand *m*, -betrag *m*: ~ ***of a debt*** Restschuld *f*; **3.** ⚙ Rückstand *m*; **4.** *Buchhandel*: Restauflage *f*, Remitˈtenden *pl.*; **5.** ⚖ a) Anwartschaft *f* (auf Grundeigentum), b) Nacherbenrecht *n*; **II** *v/t.* **6.** *Bücher* billig abgeben; **reˈmain·der·man** [-dəmæn] *s.* [*irr.*] ⚖ a) Anwärter *m*, b) Nacherbe *m*; **reˈmain·ing** [-nɪŋ] *adj.* übrig (geblieben), Rest..., verbleibend, restlich.

re·make [ˌriːˈmeɪk] **I** *v/t.* [*irr.* → ***make***] wieder *od.* neu machen, *Film*: *a.* neu drehen; **II** *s.* [ˈriːmeɪk] ˈNeuverfilmung *f*, Reˈmake *n.*

re·mand [rɪˈmɑːnd] **I** *v/t.* ⚖ a) (in Unterˈsuchungshaft) zuˈrückschicken, b) *Rechtssache* (an die untere Inˈstanz) zuˈrückverweisen; **II** *s.* (Zuˈrücksendung *f* in die) Unterˈsuchungshaft *f*: ~ ***prison*** Untersuchungsgefängnis *n*; ***prisoner on*** ~ Untersuchungsgefangene(r *m*) *f*; ***be brought up on*** ~ aus der Untersuchungshaft vorgeführt werden; ~ ***centre*** (*od.* ***home***) Unterˈsuchungshaftanstalt *f* für Jugendliche.

re·mark [rɪˈmɑːk] **I** *v/t.* **1.** (be)merken, beobachten; **2.** bemerken, äußern (***that*** dass); **II** *v/i.* **3.** e-e Bemerkung *od.* Bemerkungen machen, sich äußern

R

([*up*]*on* über *acc.*, zu); **III** *s.* **4.** Bemerkung *f*, Äußerung *f*: ***without ~*** ohne Kommentar; ***worthy of ~*** → **re'mark·a·ble** [-kəbl] *adj.* □ bemerkenswert: a) beachtlich, b) ungewöhnlich; **re'mark·a·ble·ness** [-kəblnɪs] *s.* **1.** Ungewöhnlichkeit *f*, Merkwürdigkeit *f*; **2.** Bedeutsamkeit *f*.

re·mar·riage [ˌriː'mærɪdʒ] *s.* 'Wiederverˌheiratung *f*; **ˌre'mar·ry** [-rɪ] *v/i.* wieder heiraten.

re·me·di·a·ble [rɪ'miːdjəbl] *adj.* □ heil-, abstellbar: ***this is ~*** dem ist abzuhelfen; **re'me·di·al** [-jəl] *adj.* □ **1.** heilend, Heil...: ***~ gymnastics*** Heilgymnastik *f*; ***~ teaching*** Förderunterricht *m* (*für Lernschwache*); **2.** abhelfend: ***~ measure*** Abhilfsmaßnahme *f*.

rem·e·dy ['remɪdɪ] **I** *s.* **1.** ⚕ (Heil)Mittel *n*, Arz'nei *f* (***for, against*** für, gegen); **2.** *fig.* (Gegen)Mittel *n* (***for, against*** gegen); Abhilfe *f*; ⚖ Rechtsmittel *n*, -behelf *m*; **3.** *Münzwesen*: Re'medium *n*, Tole'ranz *f*; **II** *v/t.* **4.** *Mangel, Schaden* beheben; **5.** *Missstand* abstellen, abhelfen (*dat.*), in Ordnung bringen.

re·mem·ber [rɪ'membə] **I** *v/t.* **1.** sich entsinnen (*gen.*) *od.* an (*acc.*), sich besinnen auf (*acc.*), sich erinnern an (*acc.*): ***I ~ that*** es fällt mir (gerade) ein, dass; **2.** sich merken, nicht vergessen; **3.** eingedenk sein (*gen.*), denken an (*acc.*), beherzigen, sich *et.* vor Augen halten; **4.** *j-n mit e-m Geschenk, in s-m Testament* bedenken; **5.** empfehlen, grüßen: ***~ me to him*** grüßen Sie ihn von mir; **II** *v/i.* **6.** sich erinnern *od.* entsinnen: ***not that I ~*** nicht, dass ich wüsste; **re'mem·brance** [-brəns] *s.* **1.** Erinnerung *f*, Gedächtnis *n* (***of*** an *acc.*); **2.** Gedächtnis *n*, An-, Gedenken *n*: ***in ~ of*** im Gedenken *od.* zur Erinnerung an (*acc.*); ***ℛ Day*** Volkstrauertag *m* (*11. November*); **3.** Andenken *n* (*Sache*); **4.** *pl.* Grüße *pl.*, Empfehlungen *pl.*

R

remember to (do)
daran denken / nicht vergessen, etwas zu tun
kann sich auf jede Zeit beziehen

Remember to book a table.
Did you remember to ring him up?

remember + -ing
sich daran erinnern, etwas getan/erlebt zu haben
bezieht sich nur auf die Vergangenheit

I remember seeing him at the party.
Can you remember writing that down?

re·mi·gra·tion [ˌriːmaɪ'greɪʃn] *s.* Rückwanderung *f*.

re·mil·i·ta·ri·za·tion ['riːˌmɪlɪtəraɪ'zeɪʃn] *s.* Remilitarisierung *f*.

re·mind [rɪ'maɪnd] *v/t.* *j-n* erinnern (***of*** an *acc.*, ***that*** dass): ***that ~s me*** da(bei) fällt mir (et.) ein; ***this ~s me of home*** das erinnert mich an zu Hause; **re'mind·er** [-də] *s.* **1.** Mahnung *f*: ***a gentle ~*** ein (zarter) Wink; **2.** Erinnerung *f* (***of*** an *acc.*); **3.** Gedächtnishilfe *f*.

rem·i·nisce [ˌremɪ'nɪs] *v/i.* in Erinnerungen schwelgen; **ˌrem·i'nis·cence** [-sns] *s.* **1.** Erinnerung *f*; **2.** *pl.* (Lebens)Erinnerungen *pl.*, Reminis'zenzen *pl.*; **3.** *fig.* Anklang *m*; **ˌrem·i'nis·cent** [-snt] *adj.* □ **1.** sich erinnernd (***of*** an *acc.*), Erinnerungs...; **2.** Erinnerungen wachrufend (***of*** an *acc.*), erinnerungsträchtig; **3.** sich (gern) erinnernd, in Erinnerungen schwelgend.

re·mise[1] [rɪ'maɪz] *s.* ⚖ Aufgabe *f e-s Anspruchs*, Rechtsverzicht *m*.

re·mise[2] [rə'miːz] *s.* **1.** *obs.* a) Re'mise *f*, Wagenschuppen *m*, b) Mietkutsche *f*; **2.** *fenc.* Ri'messe *f*.

re·miss [rɪ'mɪs] *adj.* □ (nach)lässig, säumig; lax, träge: ***be ~ in one's duties*** s-e Pflichten vernachlässigen; **re'mis·si·ble** [-səbl] *adj.* **1.** erlässlich; **2.** verzeihlich; *R.C.* lässlich (*Sünde*); **re'mis·sion** [-ɪʃn] *s.* **1.** Vergebung *f* (der Sünden); **2.** a) (teilweiser) Erlass *e-r Strafe, Schuld, Gebühr etc.*, b) Nachlass *m*, Ermäßigung *f*; **3.** Nachlassen *n der Intensität etc.*; ⚕ Remissi'on *f*; **re'miss·ness** [-nɪs] *s.* (Nach)Lässigkeit *f*.

re·mit [rɪ'mɪt] **I** *v/t.* **1.** *Sünden* vergeben; **2.** *Schulden, Strafe* (ganz *od.* teilweise) erlassen; **3.** hin'aus-, verschieben (***till, to*** bis, ***to*** auf *acc.*); **4.** a) nachlassen in *s-n Anstrengungen etc.*, b) *Zorn etc.* mäßigen, c) aufhören mit, einstellen; **5.** ✝ *Geld etc.* über'weisen, -'senden; **6.** *bsd.* ⚖ a) (*Fall etc. zur Entscheidung*) über'tragen, b) → ***remand*** I b; **II** *v/i.* **7.** ✝ Zahlung leisten, remittieren; **re'mit·tal** [-tl] → ***remission***; **re'mit·tance** [-təns] *s.* **1.** (*bsd.* Geld)Sendung *f*, Über'weisung *f*; **2.** ✝ (Geld-, Wechsel-)Sendung *f*, Überweisung *f*, Ri'messe *f*: ***~ account*** Überweisungskonto *n*; ***make ~*** remittieren, Deckung anschaffen; **re·mit·tee** [ˌremɪ'tiː] *s.* ✝ (Zahlungs-, Über'weisungs)Empfänger *m*; **re'mit·tent** [-tənt] *bsd.* ⚕ **I** *adj.* (vorübergehend) nachlassend; remittierend (*Fieber*); **II** *s.* remittierendes Fieber; **re'mit·ter** [-tə] *s.* **1.** ✝ Geldsender *m*, Über'sender *m*; Remit'tend *m*; **2.** ⚖ a) Wieder'einsetzung *f* (**to** in *frühere Rechte etc.*), b) Über'weisung *f e-s Falles.*

rem·nant ['remnənt] *s.* **1.** ('Über)Rest *m*, 'Überbleibsel *n*; kläglicher Rest; *fig.* (letzter) Rest, Spur *f*; **2.** ✝ (Stoff)Rest *m*; *pl.* Reste(r) *pl.*: **~ sale** Resteverkauf *m*.

re·mod·el [ˌriː'mɒdl] *v/t.* 'umbilden, -bauen, -formen, -gestalten.

re·mon·e·ti·za·tion [riːˌmʌnɪtaɪ'zeɪʃn] *s.* ✝ Wiederin'kurssetzung *f*.

re·mon·strance [rɪ'mɒnstrəns] *s.* (Gegen)Vorstellung *f*, Vorhaltung *f*, Einspruch *m*, Pro'test *m*; **re'mon·strant** [-nt] **I** *adj.* □ protestierend; **II** *s.* Einsprucherheber *m*; **re·mon·strate** ['remənstreɪt] **I** *v/i.* **1.** protestieren (***against*** gegen); **2.** Vorhaltungen *od.* Vorwürfe machen (***on*** über *acc.*, ***with s.o.*** j-m); **II** *v/t.* **3.** einwenden (***that*** dass).

re·morse [rɪ'mɔːs] *s.* Gewissensbisse *pl.*, Reue *f* (***at*** über *acc.*, ***for*** wegen): ***without ~*** unbarmherzig, kalt; **re'morse·ful** [-fʊl] *adj.* □ reumütig, reuevoll; **re'morse·less** [-lɪs] *adj.* □ unbarmherzig, hart(herzig).

re·mote [rɪ'məʊt] **I** *adj.* □ **1.** *räumlich u. zeitlich*, *a. fig.* fern, (weit) entfernt (***from*** von); *fig.* schwach, vage: ***~ antiquity*** graue Vorzeit; ***a ~ chance*** e-e winzige Chance; ***~ control*** ⚙ a) Fernsteuerung *f*, b) Fernbedienung *f*; ***~-control(led)*** ferngesteuert, -gelenkt, mit Fernbedienung; ***~ future*** ferne Zukunft; ***not the ~st idea*** keine blasse Ahnung; ***~ pickup*** ⚙ Fernabfrage *f*; ***~ possibility*** vage Möglichkeit; ***~ relation*** entfernte(r) *od.* weitläufige(r) Verwandte(r); ***~ resemblance*** entfernte *od.* schwache Ähnlichkeit; ***~ sensing*** ⚙ Re'mote 'Sensing *n*, Fernerkundung *f*; **2.** abgelegen, entlegen; **3.** mittelbar, 'indiˌrekt: ***~ damages*** ⚖ Folgeschäden; **4.** distan'ziert, unnahbar; **II** *s.* **5.** *Am. TV*: Außenübertragung *f*; **re'mote·ness** [-nɪs] *s.* Ferne *f*, Entlegenheit *f*.

re·mount [ˌriː'maʊnt] **I** *v/t.* **1.** *Berg, Pferd etc.* wieder besteigen; **2.** ⚔ neue Pferde beschaffen für; **3.** ⚙ *Maschine* wieder aufstellen; **II** *v/i.* **4.** wieder aufsteigen; wieder aufsitzen (*Reiter*); **5.** *fig.* zu'rückgehen (***to*** auf *acc.*); **III** *s.* ['riːmaʊnt] **6.** frisches Reitpferd; ⚔ Re'monte *f*.

re·mov·a·ble [rɪ'muːvəbl] *adj.* □ **1.** absetzbar; **2.** ⚙ abnehmbar, auswechselbar; **3.** behebbar (*Übel*); **re'mov·al** [-vl] *s.* **1.** Fort-, Wegschaffen *n*, -räumen *n*; Entfernen *n*; Abfuhr *f*, 'Abtransˌport *m*; Beseitigung *f* (*a. fig. Behebung von Fehlern, Missständen, e-s Gegners*); **2.** 'Umzug *m* (***to*** in *acc.*, nach): ***~ of business*** Geschäftsverlegung *f*; ***~ man*** a) Spediteur *m*, b) Möbelpacker *m*; ***~ van*** Möbelwagen *m*; **3.** a) Absetzung *f*, Enthebung *f* (***from office*** aus dem Amt), b) (Straf)Versetzung *f*; **4.** ⚖ Verweisung *f* (***to*** an *acc.*);

re·move [rɪ'muːv] **I** *v/t.* **1.** *allg.* (weg-) nehmen, entfernen (***from*** aus); ⚙ abnehmen, abmontieren, ausbauen; *Kleidungsstück* ablegen; *Hut* abnehmen; *Hand* zu'rückziehen; *fig. Furcht, Zweifel etc.* nehmen: ***~ from the agenda*** *et.* von der Tagesordnung absetzen; ***~ o.s.*** sich entfernen (***from*** von); **2.** wegräumen, -rücken, -bringen, fortschaffen, abtransportieren; (*a. fig. j-n*) aus dem Weg(e) räumen: ***~ furniture*** (Wohnungs)Umzüge besorgen; ***~ a prisoner*** e-n Gefangenen abführen (lassen); ***~ mountains*** *fig.* Berge versetzen; ***~ by suction*** ⚙ absaugen; ***a first cousin once ~d*** Kind e-s Vetters *od.* e-r Kusine; **3.** *Fehler, Gegner, Hindernis, Spuren etc.* beseitigen; *Flecken* entfernen; *fig. Schwierigkeiten* beheben; **4.** *wohin* bringen, schaffen, verlegen; **5.** *Beamten* absetzen, entlassen, *s-s Amtes* entheben; **II** *v/i.* **6.** (aus-, 'um-, ver)ziehen (***to*** nach); **III** *s.* **7.** Entfernung *f*, Abstand *m*: ***at a ~*** *fig.* mit einigem Abstand; **8.** Schritt *m*, Stufe *f*, Grad *m*; **9.** *Brit.* nächster Gang (*beim Essen*); **re'mov·er** [-və] *s.* **1.** Abbeizmittel *n*; **2.** ('Möbel)Spediˌteur *m*.

re·mu·ner·ate [rɪ'mjuːnəreɪt] *v/t.* **1.** *j-n* entschädigen, belohnen (***for*** für); **2.** *et.* vergüten, Entschädigung zahlen für, ersetzen; **re·mu·ner·a·tion** [rɪˌmjuːnə'reɪʃn] *s.* **1.** Entschädigung *f*, Vergütung *f*; **2.** Belohnung *f*; **3.** Hono'rar *n*, Lohn *m*, Entgelt *n*; **re'mu·ner·a·tive** [-nərətɪv] *adj.* □ einträglich, lohnend, lukra'tiv, vorteilhaft.

Ren·ais·sance [rə'neɪsəns] (*Fr.*) *s.* **1.** Renais'sance *f*; **2.** ≈ 'Wiedergeburt *f*, -erwachen *n*.

re·nal ['riːnl] *adj. anat.* Nieren...

re·name [ˌriː'neɪm] *v/t.* **1.** 'umbenennen; **2.** neu benennen.

re·nas·cence [rɪ'næsns] *s.* **1.** 'Wiedergeburt *f*, Erneuerung *f*; **2.** ≈ Renais'sance *f*; **re'nas·cent** [-nt] *adj.* sich erneuernd, wieder auflebend, 'wieder erwachend.

rend [rend] [*irr.*] **I** *v/t.* **1.** (zer)reißen: ***~ from*** *j-m* entreißen; ***~ the air*** die Luft zerreißen (*Schrei etc.*); **2.** spalten (*a. fig.*); **II** *v/i.* **3.** (zer)reißen.

ren·der ['rendə] *v/t.* **1.** *a.* ***~ back*** zu'rückgeben, -erstatten: ***~ up*** herausgeben, *fig.* vergelten (***good for evil*** Böses mit Gutem); **2.** (*a.* ⚔ *Festung*) über'geben; ✝ *Rechnung* (vor)legen: ***per account ~ed*** ✝ laut (erteilter) Rechnung;

R

~ ***a profit*** Gewinn abwerfen; → *a.* ***account*** 6 *u.* 7; **3.** (***to s.o.*** j-m) *e-n Dienst, Hilfe etc.* leisten; *Aufmerksamkeit, Ehre, Gehorsam* erweisen; *Dank* abstatten: ***for services ~ed*** für geleistete Dienste; **4.** *Grund* angeben; **5.** ⚖ *Urteil* fällen; **6.** *berühmt, schwierig, sichtbar etc.* machen: ~ ***audible*** hörbar machen; ~ ***possible*** möglich machen, ermöglichen; **7.** *künstlerisch* 'wiedergeben, interpretieren; **8.** *sprachlich, sinngemäß* 'wiedergeben, über'setzen; **9.** ⚙ *Fett* auslassen; **10.** ⚠ roh bewerfen; '**ren·der·ing** [-dərɪŋ] *s.* **1.** 'Übergabe *f*: ~ ***of account*** ✝ Rechnungslegung *f*; **2.** *künstlerische* 'Wiedergabe, ˌInterpretati'on *f*, Gestaltung *f*, Vortrag *m*; **3.** Über'setzung *f*, 'Wiedergabe *f*; **4.** ⚠ Rohbewurf *m*.

ren·dez·vous ['rɒndɪvuː] *pl.* **-vous** [-vuːz] (*Fr.*) *s.* **1.** a) Rendez'vous *n*, Verabredung *f*, Stelldichein *n*, b) Zs.-kunft *f*; **2.** Treffpunkt *m* (*a.* ⚔).

ren·di·tion [ren'dɪʃn] *s.* **1.** → ***rendering*** 2 *u.* 3; **2.** *Am.* (Urteils)Fällung *f*, (-)Verkündung *f*.

ren·e·gade ['renɪgeɪd] **I** *s.* Rene'gat(in), Abtrünnige(r *m*) *f*, 'Überläufer(in); **II** *adj.* abtrünnig.

re·nege [rɪ'niːg] **I** *v/i.* **1.** sein Wort brechen: ~ ***on*** *et.* nicht (ein)halten, *e-r Sache* untreu werden; **2.** *Kartenspiel*: nicht bedienen; **II** *v/t.* **3.** ab-, verleugnen.

re·new [rɪ'njuː] *v/t.* **1.** *allg.* erneuern (*z.B. Bekanntschaft, Angriff, Autoreifen, Gelöbnis*): ***~ed*** erneut; **2.** *Briefwechsel etc.* wieder aufnehmen: ~ ***one's efforts*** sich erneut bemühen; **3.** *Jugend, Kraft* 'wiedererlangen; *biol.* regenerieren; **4.** ✝ *Vertrag etc.* erneuern, verlängern; *Wechsel* prolongieren; **5.** ergänzen, -setzen; **6.** wieder'holen; **re'new·a·ble** [-juːəbl] *adj.* **1.** erneuerbar, zu erneuern(d): ~ ***resources*** erneuerbare Res'sourcen *od.* Energiequellen; **2.** ✝ erneuerungs-, verlängerungsfähig; prolongierbar (*Wechsel*); **re'new·al** [-juːəl] *s.* **1.** Erneuerung *f*; **2.** ✝ a) Erneuerung *f*, Verlängerung *f*, b) Prolongati'on *f*.

ren·i·form ['riːnɪfɔːm] *adj.* nierenförmig.

ren·net¹ ['renɪt] *s.* ⚗, *zo.* Lab *n*.

ren·net² ['renɪt] *s.* ⚘ *Brit.* Re'nette *f*.

re·nounce [rɪ'naʊns] **I** *v/t.* **1.** verzichten auf (*acc.*), *et.* aufgeben; entsagen (*dat.*); **2.** verleugnen; *dem Glauben etc.* abschwören; *Freundschaft* aufsagen; ✝ *Vertrag* kündigen; *et.* von sich weisen, ablehnen; sich von *j-m* lossagen; *j-n* verstoßen; **3.** *Kartenspiel*: *Farbe* nicht bedienen (können); **II** *v/i.* **4.** Verzicht leisten; **5.** *Kartenspiel*: nicht bedienen (können), passen.

ren·o·vate ['renəʊveɪt] *v/t.* **1.** erneuern; wieder'herstellen; **2.** renovieren; **ren·o·va·tion** [ˌrenəʊ'veɪʃn] *s.* Renovierung *f*, Erneuerung *f*; '**ren·o·va·tor** [-tə] *s.* Erneuerer *m*.

re·nown [rɪ'naʊn] *s. rhet.* Ruhm *m*, Ruf *m*, Berühmtheit *f*; **re'nowned** [-nd] *adj.* berühmt, namhaft.

rent¹ [rent] **I** *s.* **1.** (Wohnungs)Miete *f*, Mietzins *m*: ***for*** ~ *bsd. Am.* a) zu vermieten, b) zu verleihen; ***~-controlled*** miet(preis)gebunden; ~ ***tribunal*** Mieterschiedsgericht *n*; **2.** Pacht(geld *n*, -zins *m*) *f*; **II** *v/t.* **3.** vermieten; **4.** verpachten; **5.** mieten; **6.** (ab)pachten; **7.** *Am.* a) *et.* ausleihen, b) sich *et.* leihen; **III** *v/i.* **8.** vermietet *od.* verpachtet werden (***at*** *od.* ***for*** zu).

rent² [rent] **I** *s.* Riss *m*; Spalt(e *f*) *m*; **II** *pret. u. p.p. von* ***rend***.

rent·a·ble ['rentəbl] *adj.* (ver)mietbar.

ˌrent-a-'car (serv·ice) *s. mot.* Autoverleih *m*.

ren·tal ['rentl] *s.* **1.** Miet-, Pachtbetrag *m*, -satz *m*: ~ ***car*** Mietwagen *m*; ~ ***library*** *Am.* Leihbücherei *f*: ~ ***value*** Miet-, Pachtwert *m*; **2.** (Brutto)Mietertrag *m*; **3.** Zinsbuch *n*.

rent boy *s.* Strichjunge *m*.

rent| charge *pl.* **rents charge** *s.* Grundrente *f*; ~ **con·trol** *s.* Mietbindung *f*.

rent·er ['rentə] *s. bsd. Am.* **1.** Pächter (-in), Mieter(in); **2.** Verpächter(in), -mieter(in), -leiher(in); **ˌrent-'free** *adj.* miet-, pachtfrei.

re·nun·ci·a·tion [rɪˌnʌnsɪ'eɪʃn] *s.* **1.** (***of***) Verzicht *m* (auf *acc.*), Aufgabe *f* (*gen.*); **2.** Entsagung *f*; **3.** Ablehnung *f*.

re·o·pen [ˌriː'əʊpən] **I** *v/t.* **1.** 'wieder eröffnen; **2.** wieder beginnen, wieder aufnehmen; **II** *v/i.* **3.** sich wieder öffnen; **4.** 'wieder eröffnen (*Geschäft etc.*); **5.** wieder beginnen.

re·or·gan·i·za·tion ['riːˌɔːgənaɪ'zeɪʃn] *s.* **1.** 'Umbildung *f*, Neuordnung *f*, -gestaltung *f*; **2.** ✝ Sanierung *f*; **re·or·gan·ize** [ˌriː'ɔːgənaɪz] *v/t.* **1.** reorganisieren, neu gestalten, 'umgestalten, 'umgliedern; **2.** ✝ sanieren.

rep¹ [rep] *s.* Rips *m* (*Stoff*).

rep² [rep] *s. sl.* **1.** Wüstling *m*; **2.** *Am.* Ruf *m*.

re·pack [ˌriː'pæk] *v/t.* 'umpacken.

re·paint [ˌriː'peɪnt] *v/t.* neu (an)streichen, über'malen.

re·pair¹ [rɪ'peə] **I** *v/t.* **1.** reparieren, (wieder) in'stand setzen; ausbessern, flicken; **2.** wieder'herstellen; **3.** wieder gutmachen; *Verlust* ersetzen; **II** *s.* **4.** Repara'tur *f*, In'standsetzung *f*, Ausbesserung *f*; *pl.* In'standsetzungsarbeit(en *pl.*) *f*: ***state of*** ~ (baulicher *etc.*) Zustand; ***in good*** ~ in gutem Zustand; ***in need of*** ~ reparaturbedürftig; ***out of***

R

~ a) betriebsunfähig, b) baufällig; ***under ~*** in Reparatur; ***~ kit***, ***~ outfit*** Reparaturwerkzeug *n*, Flickzeug *n*.

re·pair² [rɪ'peə] **I** *v/i.* sich begeben (***to*** nach, zu); **II** *s.* Zufluchtsort *m*, (beliebter) Aufenthaltsort.

re·pair·a·ble [rɪ'peərəbl] *adj.* **1.** repara'turbedürftig; **2.** zu reparieren(d), reparierbar; **3.** → ***reparable***.

re'pair|·man [-mæn] *s.* [*irr.*] *bsd. Am.* Me'chaniker *m*, Autoschlosser *m*, (*Fernseh- etc.*)Techniker *m*; **~ shop** *s.* Repara'turwerkstatt *f*.

rep·a·ra·ble ['repərəbl] *adj.* □ wieder gutzumachen(d); ersetzbar (*Verlust*); **rep·a·ra·tion** [ˌrepə'reɪʃn] *s.* **1.** Wieder'gutmachung *f*: ***make ~*** Genugtuung leisten; **2.** Entschädigung *f*, Ersatz *m*; **3.** *pol.* Wieder'gutmachungsleistung *f*; *pl.* Reparati'onen *pl.*

rep·ar·tee [ˌrepɑː'tiː] *s.* schlagfertige Antwort, Schlagfertigkeit *f*: ***quick at ~*** schlagfertig.

re·par·ti·tion [ˌriːpɑː'tɪʃn] **I** *s.* Aufteilung *f*, (Neu)Verteilung *f*; **II** *v/t.* (neu) auf-, verteilen.

re·pass [ˌriː'pɑːs] *v/i.* (*u. v/t.*) wieder vor'beikommen (***an*** *dat.*).

re·past [rɪ'pɑːst] *s.* Mahl(zeit *f*) *n*.

re·pa·tri·ate [riː'pætrɪeɪt] **I** *v/t.* repatriieren, (in die Heimat) zu'rückführen; **II** *s.* Repatriierte(r *m*) *f*, Heimkehrer (-in); **re·pa·tri·a·tion** [ˌriːpætrɪ'eɪʃn] *s.* Rückführung *f*.

re·pay [*irr.* → ***pay***] **I** *v/t.* [riː'peɪ] **1.** *Geld etc.* zu'rückzahlen, (zu'rück)erstatten; **2.** *fig. Besuch, Gruß, Schlag etc.* erwidern; *Böses* heimzahlen, vergelten (***to s.o.*** j-m); **3.** *j-n* belohnen, (*a.* ✝) entschädigen (***for*** für); **4.** *et.* lohnen, vergelten (***with*** mit); **II** *v/i.* [ˌriː'peɪ] **5.** nochmals (be)zahlen; **re'pay·a·ble** [-'peɪəbl] *adj.* rückzahlbar; **re'pay·ment** [-mənt] *s.* **1.** Rückzahlung *f*; **2.** Erwiderung *f*; **3.** Vergeltung *f*.

re·peal [rɪ'piːl] **I** *v/t.* **1.** *Gesetz etc.* aufheben, außer Kraft setzen; **2.** wider'rufen; **II** *s.* **3.** Aufhebung *f von Gesetzen*; **re'peal·a·ble** [-ləbl] *adj.* 'widerruflich, aufhebbar.

re·peat [rɪ'piːt] **I** *v/t.* **1.** wieder'holen: ***~ an experience*** et. nochmals durchmachen *od.* erleben; ***~ an order*** (***for s.th.*** et.) nachbestellen; **2.** nachsprechen, wieder'holen; weitererzählen; **3.** *ped. Gedicht* aufsagen; **II** *v/i.* **4.** sich wieder'holen (*Vorgang*); **5.** repetieren (*Uhr, Gewehr*); **6.** aufstoßen (*Speisen*); **III** *s.* **7.** Wieder'holung *f* (*a. TV etc.*); **8.** *et.* sich Wieder'holendes (*z.B. Muster*), *bsd. Stoff, Tapete*: Rap'port *m*; **9.** ♪ a) Wieder'holung *f*, b) Wieder'holungszeichen *n*: **10.** ✝ *oft* ***~ order*** Nachbestellung *f*; **re'peat·ed** [-tɪd] *adj.* □ wieder'holt, mehrmalig; neuerlich; **re'peat·er** [-tə] *s.* **1.** Wieder'holende(r *m*) *f*; **2.** Repetieruhr *f*; **3.** Repetier-, Mehrladegewehr *n*; **4.** *Am. Wähler, der widerrechtlich mehrere Stimmen abgibt*; **5.** ✍ peri'odische Dezi'malzahl *f*; **6.** ⚖ Rückfällige(r *m*) *f*; **7.** ⚓ Tochterkompass *m*; **8.** ϟ a) (Leitungs)Verstärker *m*, b) Über'trager *m*; **re'peat·ing** [-tɪŋ] *adj.* wieder'holend: ***~ decimal*** → ***repeater*** 5; ***~ rifle*** → ***repeater*** 3; ***~ watch*** → ***repeater*** 2.

re·pel [rɪ'pel] *v/t.* **1.** *Angreifer* zu'rückschlagen, -treiben; **2.** *Angriff* abschlagen, abweisen, *a. Schlag* abwehren; **3.** *fig.* ab-, zu'rückweisen; **4.** *phys.* abstoßen; **5.** *fig. j-n* abstoßen, anwidern; **re'pel·lent** [-lənt] *adj.* □ **1.** ab-, zu'rückstoßend; **2.** *fig.* abstoßend.

re·pent [rɪ'pent] *v/t.* (*a. v/i.* ***of***) *et.* bereuen; **re'pent·ance** [-təns] *s.* Reue *f*; **re'pent·ant** [-tənt] *adj.* □ reuig (***of*** über *acc.*), bußfertig.

re·per·cus·sion [ˌriːpə'kʌʃn] *s.* **1.** Rückprall *m*, -stoß *m*; **2.** 'Widerhall *m*; **3.** *mst pl. fig.* Rück-, Auswirkungen *pl.* (***on*** auf *acc.*).

rep·er·toire ['repətwɑː] → ***repertory*** 1.

rep·er·to·ry ['repətərɪ] *s.* **1.** *thea.* Reper'toire *n*, Spielplan *m*: ***~ theatre*** (*Am.* ***theater***) Repertoirebühne *f*, -theater *n*; **2.** → ***repository*** 3.

rep·e·ti·tion [ˌrepɪ'tɪʃn] *s.* **1.** Wieder'holung *f*: ***~ order*** ✝ Nachbestellung *f*; ***~ work*** ⚙ Reihenfertigung *f*; **2.** *ped.* (Stück *n* zum) Aufsagen *n*; **3.** Ko'pie *f*, Nachbildung *f*; **rep·e·ti·tious** [ˌrepɪ'tɪʃəs] *adj.* □ sich ständig wieder'holend; ewig gleich bleibend; **re·pet·i·tive** [rɪ'petətɪv] *adj.* □ **1.** sich wieder'holend, wieder'holt; **2.** → ***repetitious***.

re·pine [rɪ'paɪn] *v/i.* murren, 'missvergnügt *od.* unzufrieden sein (***at*** über *acc.*); **re'pin·ing** [-nɪŋ] *adj.* □ unzufrieden, murrend, mürrisch.

re·place [rɪ'pleɪs] *v/t.* **1.** wieder hinstellen, -legen; *teleph. Hörer* auflegen; **2.** *et. Verlorenes, Veraltetes* ersetzen, an die Stelle treten von; ⚙ austauschen, ersetzen, *a.* wieder einsetzen; **3.** *j-n* ersetzen *od.* ablösen *od.* vertreten, *j-s* Stelle einnehmen; **4.** *Geld* zu'rückerstatten, ersetzen; **5.** ✍ vertauschen; **re'place·a·ble** [-səbl] *adj.* ersetzbar; ⚙ auswechselbar; **re'place·ment** [-mənt] *s.* **1.** a) Ersetzung *f*, b) Ersatz *m*: ***~ engine*** ⚙ Austauschmotor *m*; ***~ part*** Ersatzteil *n*; **2.** ⚔ a) Ersatzmann *m*, b) Ersatz *m*, Auffüllung *f*: ***~ unit*** Ersatztruppenteil *m*; **3.** *med.* Pro'these *f*: ***~ surgery*** Ersatzteilchirurgie *f*.

re·plant [ˌriː'plɑːnt] *v/t.* **1.** 'umpflanzen; **2.** neu pflanzen.

re·play ['riːpleɪ] *s. sport* **1.** Wieder'holungsspiel *n*; **2.** *TV*: Wieder'holung *f e-r Spielszene*.

R

re·plen·ish [rɪˈplenɪʃ] *v/t.* (wieder) auffüllen, ergänzen; **reˈplen·ish·ment** [-mənt] *s.* **1.** Auffüllung *f*, Ersatz *m*; **2.** Ergänzung *f*.

re·plete [rɪˈpliːt] *adj.* **1.** (***with***) (zum Platzen) voll (von), angefüllt (von); **2.** reichlich versehen (***with*** mit); **reˈple·tion** [-iːʃn] *s.* (ˈÜber)Fülle *f*: ***full to*** ~ bis zum Rand(e) voll.

re·plev·in [rɪˈplevɪn] *s.* ⚖ **1.** (Klage *f* auf) Herˈausgabe *f* gegen Sicherheitsleistung; **2.** einstweilige Verfügung (auf Herausgabe).

rep·li·ca [ˈreplɪkə] *s.* **1.** *paint.* Reˈplik *f*, Origiˈnalkoˌpie *f*; **2.** Koˈpie *f*; **3.** *fig.* Ebenbild *n*.

rep·li·ca·tion [ˌreplɪˈkeɪʃn] *s.* **1.** Erwiderung *f*; **2.** Echo *n*; **3.** ⚖ Reˈplik *f*; **4.** Reproduktiˈon *f*, Koˈpie *f*.

re·ply [rɪˈplaɪ] **I** *v/i.* **1.** antworten, erwidern (***to s.th.*** auf et., ***to s.o.*** j-m) (*a. fig.*); **2.** ⚖ replizieren; **II** *s.* **3.** Antwort *f*, Erwiderung *f*: ***in*** ~ ***to*** (als Antwort) auf; ***in*** ~ ***to your letter*** in Beantwortung Ihres Schreibens; ~***-paid telegram*** Telegramm *n* mit bezahlter Rückantwort; ~ (***postal***) ***card*** Postkarte *f* mit Rückantwort; ~ ***postage*** Rückporto *n*; (***there is***) ***no*** ~ *teleph.* der Teilnehmer meldet sich nicht; **4.** *Funk*: Rückmeldung *f*; **5.** ⚖ Reˈplik *f*.

re·port [rɪˈpɔːt] **I** *s.* **1.** *allg.* Bericht *m* (***on*** über *acc.*); ✝ (Geschäfts-, Sitzungs-, Verhandlungs)Bericht *m*: ***month under*** ~ Berichtsmonat *m*; ~ ***stage*** *parl.* Erörterungsstadium *n e-r Vorlage*; **2.** Gutachten *n*, Refeˈrat *n*; **3.** ⚔ Meldung *f*; **4.** ⚖ Anzeige *f*; **5.** Nachricht *f*, (Presse)Bericht *m*, (-)Meldung *f*; **6.** (Schul)Zeugnis *n*; **7.** Gerücht *n*; **8.** Ruf *m*, Leumund *m*; **9.** Knall *m*; **II** *v/t.* **10.** berichten (***to s.o.*** j-m); Bericht erstatten, berichten über (*acc.*); erzählen: ***it is*** ~***ed that*** es heißt, dass; ***he is*** ~***ed as saying*** er soll gesagt haben; ~***ed speech*** *ling.* indirekte Rede; **11.** *Vorkommnis, Schaden etc.* melden; **12.** *j-n* (***o.s.*** sich) melden; anzeigen (***to*** bei, ***for*** wegen); **13.** *parl. Gesetzesvorlage* (wieder) vorlegen (*Ausschuss*); **III** *v/i.* **14.** (e-n) Bericht geben *od.* erstatten, berichten (***on, of*** über *acc.*); **15.** als Berichterstatter(in) arbeiten (***for*** für *e-e Zeitung*); **16.** (***to***) sich melden (bei); sich stellen (*dat.*): ~ ***for duty*** sich zum Dienst melden; **17.** ~ ***to*** *Am. j-m* unterˈstellt sein; **reˈport·a·ble** [-təbl] *adj.* **1.** ⚕ meldepflichtig (*Krankheit*); **2.** steuerpflichtig (*Einkommen*); **reˈport·ed·ly** [-tɪdlɪ] *adv.* wie verlautet; **reˈport·er** [-tə] *s.* **1.** Reˈporter(in), (Presse)Berichterstatter(in); **2.** Berichterstatter (-in), Refeˈrent(in); **3.** Protoˈkollführer(in).

re·pose [rɪˈpəʊz] **I** *s.* **1.** Ruhe *f* (*a. fig.*); Erholung *f* (***from*** von): ***in*** ~ in Ruhe, untätig (*a. Vulkan*); **2.** *fig.* Gelassenheit *f*, (Gemüts)Ruhe *f*; **II** *v/i.* **3.** ruhen (*a. Toter*); (sich) ausruhen, schlafen; **4.** ~ ***on*** a) liegen *od.* ruhen auf (*dat.*), b) *fig.* beruhen auf (*dat.*), c) verweilen bei (*Gedanken*); **5.** ~ ***in*** *fig.* vertrauen auf (*acc.*); **III** *v/t.* **6.** *j-m* Ruhe gewähren, *j-n* (sich aus)ruhen lassen: ~ ***o.s.*** sich zur Ruhe legen; **7.** ~ ***on*** legen *od.* betten auf (*acc.*); **8.** ~ ***in*** *fig. Vertrauen, Hoffnung* setzen auf (*acc.*); **re·pos·i·to·ry** [rɪˈpɒzɪtərɪ] *s.* **1.** Behältnis *n*, Gefäß *n* (*a. fig.*); **2.** Verwahrungsort *m*; ✝ (Waren)Lager *n*, Niederlage *f*; **3.** *fig.* Fundgrube *f*, Quelle *f*; **4.** Vertraute(r *m*) *f*.

re·pos·sess [ˌriːpəˈzes] *v/t.* **1.** wieder in Besitz nehmen; **2.** ~ ***of*** *j-n* wieder in den Besitz *e-r Sache* setzen.

rep·re·hend [ˌreprɪˈhend] *v/t.* tadeln, rügen; ˌ**rep·reˈhen·si·ble** [-nsəbl] *adj.* □ tadelnswert, sträflich; ˌ**rep·reˈhen·sion** [-nʃn] *s.* Tadel *m*, Rüge *f*, Verweis *m*.

rep·re·sent [ˌreprɪˈzent] *v/t.* **1.** *j-n od. j-s Sache* vertreten: ***be*** ~***ed at*** bei *e-r Sache* vertreten sein; **2.** (bildlich, grafisch) dar-, vorstellen, abbilden; **3.** *thea.* a) *Rolle* darstellen, verkörpern, b) *Stück* aufführen; **4.** *fig.* (*symbolisch*) darstellen, verkörpern, bedeuten, repräsentieren; *e-r Sache* entsprechen; **5.** darlegen, -stellen, schildern, vor Augen führen (***to*** *dat.*): ~ ***to o.s.*** sich *et.* vorstellen; **6.** hin-, darstellen (***as*** *od.* ***to be*** als); behaupten, vorbringen: ~ ***that*** behaupten, dass; es so hinstellen, als ob; ~ ***to s.o. that*** j-m vorhalten, dass; **rep·re·sen·ta·tion** [ˌreprɪzenˈteɪʃn] *s.* **1.** ⚖, ✝, *pol.* Vertretung *f*; → ***proportional*** 1; **2.** (*bildliche, grafische*) Darstellung, Bild *n*; **3.** *thea.* a) Darstellung *f e-r Rolle*, b) Aufführung *f e-s Stückes*; **4.** Schilderung *f*, Darstellung *f des Sachverhalts*: ***false*** ~***s*** ⚖ falsche Angaben; **5.** Vorhaltung *f*: ***make*** ~***s to*** bei *j-m* vorstellig werden, Vorstellungen erheben bei; **6.** ⚖ a) Anzeige *f* von Geˈfahrˌumständen (*Versicherung*), b) Rechtsnachfolge *f* (*bsd. Erbrecht*); **7.** *phls.* Vorstellung *f*, Begriff *m*; ˌ**repreˈsent·a·tive** [-tətɪv] **I** *s.* **1.** Vertreter (-in); Stellvertreter(in), Beauftragte(r *m*) *f*, Repräsenˈtant(in): ***authorized*** ~ Bevollmächtigte(r *m*) *f*; (***commercial***) ~ Handelsvertreter(in); **2.** *parl.* (Volks-) Vertreter(in), Abgeordnete(r *m*) *f*: ***House of*** 𝔖***s*** *Am.* Repräsentantenhaus *n*; **3.** *fig.* typischer Vertreter, Musterbeispiel *n* (***of*** *gen.*); **II** *adj.* □ **4.** (***of***) vertretend (*acc.*), stellvertretend (für): ***in a*** ~ ***capacity*** als Vertreter(in); **5.** *pol.* repräsentaˈtiv: ~ ***government*** parlamentarische Regierung; **6.** darstellend (***of*** *acc.*): ~ ***arts***; **7.** (***of***) *fig.* ver-

R

körpernd (*acc.*), sym'bolisch (für); **8.** typisch, kennzeichnend (***of*** für); *Statistik etc.*: repräsenta'tiv (*Auswahl, Querschnitt*): **~ sample** ✝ Durchschnittsmuster *n*; **9.** ⚘, *zo.* entsprechend (***of*** *dat.*).

re·press [rɪ'pres] *v/t.* **1.** *Gefühle, Tränen etc.* unter'drücken; **2.** *psych.* verdrängen; **re'pres·sion** [-eʃn] *s.* **1.** Unter'drückung *f*; **2.** *psych.* Verdrängung *f*; **re'pres·sive** [-sɪv] *adj.* □ **1.** repres'siv, unter'drückend; **2.** hemmend, Hemmungs...

re·prieve [rɪ'priːv] **I** *s.* **1.** ⚖ a) Begnadigung *f*, b) (Straf-, Voll'streckungs)Aufschub *m*; **2.** *fig.* (Gnaden)Frist *f*, Atempause *f*; **II** *v/t.* **3.** ⚖ *j-s* 'Urteilsvoll‚streckung aussetzen, (*a. fig.*) *j-m* e-e Gnadenfrist gewähren; **4.** *j-n* begnadigen; **5.** *fig. j-m* e-e Atempause gönnen.

rep·ri·mand ['reprɪmɑːnd] **I** *s.* Verweis *m*, Rüge *f*, Maßregelung *f*; **II** *v/t. j-m* e-n Verweis erteilen, *j-n* rügen *od.* maßregeln.

re·print [‚riː'prɪnt] **I** *v/t.* neu drucken, nachdrucken, neu auflegen; **II** *s.* ['riːprɪnt] Nach-, Neudruck *m*, Re'print *m*, Neuauflage *f*.

re·pris·al [rɪ'praɪzl] *s.* Repres'salie *f*, Vergeltungsmaßnahme *f*: ***make ~s*** (***up***)***on*** Repressalien ergreifen gegen.

re·pro ['reprəʊ] *s.* F **1.** *typ.* ‚Repro' *f*, Reprodukti'on(svorlage) *f*; **2.** → ***reproduction*** 8.

re·proach [rɪ'prəʊtʃ] **I** *s.* **1.** Vorwurf *m*, Tadel *m*: ***without fear or ~*** ohne Furcht u. Tadel; ***heap ~es on*** *j-n* mit Vorwürfen überschütten; **2.** *fig.* Schande *f* (***to*** für): ***bring ~*** (***up***)***on*** *j-m* Schande machen; **II** *v/t.* **3.** vorwerfen, -halten, zum Vorwurf machen (***s.o. with s.th.*** j-m et.); **4.** *j-m* Vorwürfe machen, *j-n* tadeln (***for*** wegen); **5.** *et.* tadeln; **6.** *fig.* ein Vorwurf sein für, *et.* mit Schande bedecken; **re'proach·ful** [-fʊl] *adj.* □ vorwurfsvoll, tadelnd.

rep·ro·bate ['reprəʊbeɪt] **I** *adj.* **1.** ruchlos, lasterhaft; **2.** *eccl.* verdammt; **II** *s.* **3.** a) verkommenes Sub'jekt, b) Schurke *m*, c) Taugenichts *m*; **4.** (*von Gott*) Verworfene(r *m*) *f*; Verdammte(r *m*) *f*; **III** *v/t.* **5.** miss'billigen, verurteilen, verwerfen; verdammen (*Gott*); **rep·ro·ba·tion** [‚reprəʊ'beɪʃn] *s.* 'Missbilligung *f*, Verurteilung *f*.

re·pro·cess [‚riː'prəʊses] *v/t.* ⚙ wieder aufbereiten; ‚**re'pro·cess·ing** *s.* Wieder'aufbereitung *f*: **~ *plant*** Wiederaufbereitungsanlage *f* (*für Kernbrennstoffe*).

re·pro·duce [‚riːprə'djuːs] **I** *v/t.* **1.** *biol. u. fig.* ('wieder) erzeugen, (wieder) her'vorbringen; (***o.s.*** sich) fortpflanzen; **2.** *biol. Glied* regenerieren, neu bilden; **3.** *Bild etc.* reproduzieren; (*a.* ⚙) nachbilden, kopieren; *typ.* ab-, nachdrucken, vervielfältigen; **4.** *Stimme etc.* reproduzieren, 'wiedergeben; **5.** *Buch, Schauspiel* neu her'ausbringen; **6.** *et.* wieder'holen; **II** *v/i.* **7.** sich fortpflanzen *od.* vermehren; ‚**re·pro'duc·er** [-sə] *s.* **1.** ⚡ a) 'Ton‚wiedergabegerät *n*, b) Tonabnehmer *m*; **2.** *Computer*: (Loch)Kartendoppler *m*; ‚**re·pro'duc·i·ble** [-səbl] *adj.* reproduzierbar; ‚**re·pro'duc·tion** [-'dʌkʃn] *s.* **1.** *allg.* 'Wiedererzeugung *f*; **2.** *biol.* Fortpflanzung *f*; **3.** *typ., phot.* Reprodukti'on *f* (*a. psych. früherer Erlebnisse*); **4.** *typ.* Nachdruck *m*, Vervielfältigung *f*; **5.** ⚙ Nachbildung *f*; **6.** ♪, ⚡ *etc.* 'Wiedergabe *f*; **7.** *ped.* Nacherzählung *f*; **8.** Reproduktion *f*: a) Nachbildung *f*, b) *paint.* Ko'pie *f*; ‚**re·pro'duc·tive** [-'dʌktɪv] *adj.* □ **1.** sich vermehrend, fruchtbar; **2.** *biol.* Fortpflanzungs...: **~ *organs***; **3.** *psych.* reproduk'tiv, nachschöpferisch.

re·proof [rɪ'pruːf] *s.* Tadel *m*, Rüge *f*, Verweis *m*.

re·prov·al [rɪ'pruːvl] → ***reproof***; **re·prove** [rɪ'pruːv] *v/t. j-n* tadeln, rügen; *et.* miss'billigen; **re'prov·ing·ly** [-vɪŋlɪ] *adv.* tadelnd *etc.*

reps [reps] → ***rep***[1].

rep·tant ['reptənt] *adj.* ⚘, *zo.* kriechend;

'rep·tile [-taɪl] **I** *s.* **1.** *zo.* Rep'til *n*, Kriechtier *n*; **2.** *fig.* a) Kriecher(in), b) ‚falsche Schlange'; **II** *adj.* **3.** kriechend, Kriech...; **4.** *fig.* a) kriecherisch, b) gemein, niederträchtig, **rep·til·i·an** [rep'tɪlɪən] **I** *adj.* **1.** *zo.* Reptilien..., Kriechtier..., rep'tilisch; **2.** → ***reptile*** 4 b; **II** *s.* **3.** → ***reptile*** 1 *u.* 2.

re·pub·lic [rɪ'pʌblɪk] *s. pol.* Repu'blik *f*: ***the ~ of letters*** *fig.* die Gelehrtenwelt, die literarische Welt; **re'pub·li·can** [-kən] (*USA pol.* ℛ) **I** *adj.* republi'kanisch; **II** *s.* Republi'kaner(in); **re'pub·li·can·ism** [-kənɪzəm] *s.* **1.** republi'kanische Staatsform; **2.** republi'kanische Gesinnung.

re·pub·li·ca·tion ['riː‚pʌblɪ'keɪʃn] *s.* **1.** 'Wiederveröffentlichung *f*; **2.** Neuauflage *f* (*a. Erzeugnis*); **re·pub·lish** [‚riː'pʌblɪʃ] *v/t.* neu veröffentlichen.

re·pu·di·ate [rɪ'pjuːdɪeɪt] **I** *v/t.* **1.** *Autorität, Schuld etc.* nicht anerkennen; *Vertrag* für unverbindlich erklären; **2.** *als unberechtigt* zu'rückweisen, verwerfen; **3.** *et.* ablehnen, nicht glauben; **4.** *Sohn etc.* verstoßen; **II** *v/i.* **5.** Staatsschulden nicht anerkennen; **re·pu·di·a·tion** [rɪ‚pjuːdɪ'eɪʃn] *s.* **1.** Nichtanerkennung *f* (*bsd. e-r Staatsschuld*); **2.** Ablehnung *f*, Zu'rückweisung *f*, Verwerfung *f*; **3.** Verstoßung *f*.

re·pug·nance [rɪ'pʌgnəns] *s.* **1.** 'Widerwille *m*, Abneigung *f* (***to, against*** gegen); **2.** Unvereinbarkeit *f*, (innerer) 'Widerspruch (***of*** *gen. od.* von, ***to, with***

mit); **re'pug·nant** [-nt] *adj.* **1.** widerlich, zu'wider(laufend), 'widerwärtig (*to dat.*); **2.** unvereinbar (***to***, ***with*** mit); **3.** wider'strebend.

re·pulse [rɪ'pʌls] **I** *v/t.* **1.** *Feind* zu'rückschlagen, -werfen; *Angriff* abschlagen, -weisen; **2.** *fig. j-n* abweisen; *Bitte* abschlagen; **II** *s.* **3.** Zurückschlagen *n*, Abwehr *f*; **4.** *fig.* Zu'rückweisung *f*, Absage *f*: ***meet with a ~*** abgewiesen werden (*a. fig.*); **5.** *phys.* Rückstoß *m*; **re'pul·sion** [-lʃn] *s.* **1.** *phys.* Abstoßung *f*, Repulsi'on *f*: ***~ motor*** ⚡ Repulsionsmotor *m*; **2.** *fig.* Abscheu *m*, *f*; **re'pul·sive** [-sɪv] *adj.* □ *fig.* abstoßend (*a. phys.*), 'widerwärtig; **re'pul·sive·ness** [-sɪvnɪs] *s.* 'Widerwärtigkeit *f*.

re·pur·chase [ˌriː'pɜːtʃəs] **I** *v/t.* 'wieder-, zu'rückkaufen; **II** *s.* ✝ Rückkauf *m*.

rep·u·ta·ble ['repjʊtəbl] *adj.* □ **1.** achtbar, geachtet, angesehen, ehrbar; **2.** anständig; **rep·u·ta·tion** [ˌrepjʊ'teɪʃn] *s.* **1.** (guter) Ruf, Name *m*: ***a man of ~*** ein Mann von Ruf *od.* Namen; **2.** Ruf *m*: ***good*** (***bad***) ***~***; ***have the ~ of being*** im Ruf stehen, *et.* zu sein; ***have a ~ for*** bekannt sein für *od.* wegen.

re·pute [rɪ'pjuːt] **I** *s.* **1.** Ruf *m*, Leumund *m*: ***by ~*** dem Rufe nach, wie es heißt; ***of ill ~*** von schlechtem Ruf, übel beleumdet; ***house of ill ~*** Bordell *n*; **2.** → ***reputation*** 1: ***be held in high ~*** hohes Ansehen genießen; **II** *v/t.* **3.** halten für: ***be ~d*** (***to be***) gelten als; ***be well*** (***ill***) ***~d*** in gutem (üblem) Rufe stehen; **re'put·ed** [-tɪd] *adj.* □ **1.** angeblich; **2.** ungeeicht, landesüblich (*Maß*); **3.** bekannt, berühmt; **re'put·ed·ly** [-tɪdlɪ] *adv.* angeblich, dem Vernehmen nach.

re·quest [rɪ'kwest] **I** *s.* **1.** Bitte *f*, Wunsch *m*; (*a. formelles*) Ersuchen, Gesuch *n*, Antrag *m*; (*Zahlungs- etc.*) Aufforderung *f*: ***at*** (*od.* ***by***) (***s.o.'s***) ***~*** auf (j-s) Ansuchen *od.* Bitte hin, auf (j-s) Veranlassung; ***by ~*** auf Wunsch; ***no flowers by ~*** Blumenspenden dankend verbeten; ***~ denied!*** *a. iro.* (Antrag) abgelehnt!; (***musical***) ***~ program***(***me***) Wunschkonzert *n*; ***~ stop*** 🚌 *etc.* Bedarfshaltestelle *f*; **2.** Nachfrage *f* (*a.* ✝): ***be in*** (***great***) ***~*** (sehr) gefragt *od.* begehrt sein; **II** *v/t.* **3.** bitten *od.* ersuchen um: ***~ s.th. from s.o.*** j-n um et. ersuchen; ***it is ~ed*** es wird gebeten; **4.** *j-n* (höflich) bitten, *j-n* (*a. amtlich*) ersuchen (***to do*** zu tun).

re·qui·em ['rekwɪem] *s.* Requiem *n* (*a.* ♪), Seelen-, Totenmesse *f*.

re·quire [rɪ'kwaɪə] **I** *v/t.* **1.** erfordern (*Sache*): ***be ~d*** erforderlich sein; ***if ~d*** erforderlichenfalls, wenn nötig; **2.** brauchen, nötig haben, *e-r Sache* bedürfen: ***a task which ~s to be done*** e-e Aufgabe, die noch erledigt werden muss; **3.** verlangen, fordern (***of s.o.*** von j-m): ***~*** (***of***) ***s.o. to do s.th.*** j-n auffordern, et. zu tun; von j-m verlangen, dass er et. tue; ***~d subject*** *ped. Am.* Pflichtfach *n*; **4.** *Brit.* wünschen; **II** *v/i.* **5.** (es) verlangen; **re'quire·ment** [-mənt] *s.* **1.** (*fig.* An)Forderung *f*; *fig.* Bedingung *f*, Vor'aussetzung *f*: ***meet the ~s*** den Anforderungen entsprechen; **2.** Erfordernis *n*, Bedürfnis *n*; *mst pl.* Bedarf *m*: ***~s of raw materials*** Rohstoffbedarf *m*.

req·ui·site ['rekwɪzɪt] **I** *adj.* **1.** erforderlich, notwendig (***for***, ***to*** für); **II** *s.* **2.** Erfordernis *n*, Vor'aussetzung *f* (***for*** für); **3.** (Be'darfs-, Ge'brauchs)Arˌtikel *m*: ***office ~s*** Büroartikel; **req·ui·si·tion** [ˌrekwɪ'zɪʃn] **I** *s.* **1.** Anforderung *f* (***for*** an *dat.*): ***~ number*** Bestellnummer *f*; **2.** (amtliche) Aufforderung; *Völkerrecht*: Ersuchen *n*; **3.** ⚔ Requisiti'on *f*, Beschlagnahme *f*; In'anspruchnahme *f*; **4.** Einsatz *m*, Beanspruchung *f*; **5.** Erfordernis *n*; **II** *v/t.* **6.** verlangen; **7.** in Anspruch nehmen; ⚔ requirieren.

re·quit·al [rɪ'kwaɪtl] *s.* **1.** Belohnung *f* (***for*** für); **2.** Vergeltung *f* (***of*** für); **3.** Vergütung *f* (***for*** für); **re·quite** [rɪ'kwaɪt] *v/t.* **1.** belohnen: ***~ s.o.*** (***for s.th.***); **2.** vergelten.

re·read [ˌriː'riːd] *v/t.* [*irr.* → ***read***] nochmals ('durch)lesen.

re·route [ˌriː'ruːt] *v/t.* 'umleiten.

re·run [ˌriː'rʌn] **I** *v/t.* [*irr.*] *thea. Film*: wieder aufführen; *Radio*, *TV*, *a. Computer*: *Programm* wieder'holen; **II** *s.* ['riːrʌn] 'Wiederaufführung *f*; Wieder'holung *f*; *Computer*: Wiederholungslauf *m*.

res [riːz] *pl.* **res** (*Lat.*) *s.* ⚖ Sache *f*: ***~ judicata*** rechtskräftig entschiedene Sache, *weitS.* (materielle) Rechtskraft; ***~ gestae*** (beweiserhebliche) Tatsachen, Tatbestand *m*.

re·sale ['riːseɪl] *s.* 'Wieder-, Weiterverkauf *m*: ***~ price maintenance*** Preisbindung *f* der zweiten Hand.

re·sched·ule [*Brit.* ˌriː'ʃedjuːl; *Am.* ˌriː'skedʒʊl] *v/t.* **1.** *Termin*, *Konzert* verlegen, verschieben (***for*** auf *acc.*), neu festsetzen; **2.** ✝ die 'Rückzahlungsmodaliˌtäten für ... ändern.

re·scind [rɪ'sɪnd] *v/t. Gesetz*, *Urteil etc.* aufheben, für nichtig erklären; *Kauf etc.* rückgängig machen; von *e-m Vertrag* zu'rücktreten; **re'scis·sion** [-ɪʒn] *s.* **1.** Aufhebung *f e-s Urteils etc.*; **2.** Rücktritt *m vom Vertrag*.

res·cue ['reskjuː] **I** *v/t.* **1.** (***from***) retten (aus), (*bsd.* ⚖ gewaltsam) befreien (von); (*bsd. et.*) bergen: ***~ from oblivion*** der Vergessenheit entreißen; **2.** (gewaltsam) zu'rückholen; **II** *s.* **3.** Rettung *f* (*a. fig.*); Bergung *f*: ***come to s.o.'s ~*** j-m zu Hilfe kommen; **4.** (gewaltsame)

R

Befreiung; **III** *adj.* **5.** Rettungs...: **~ *operation*** *a. fig.* Rettungsaktion *f*; **~ *party*** Rettungs-, Bergungsmannschaft *f*; **~ *vessel*** ⚓ Bergungsfahrzeug *f*; '**res·cu·er** [-juə] *s.* Befreier(in), Retter(in).

re·search [rɪ'sɜːtʃ] **I** *s.* **1.** Forschung(s-arbeit) *f*, (wissenschaftliche) Unter'suchung (***on*** über *acc.*, auf dem Gebiet *gen.*); **2.** (genaue) Unter'suchung, (Nach)Forschung *f* (***after***, ***for*** nach); **II** *v/i.* **3.** forschen, Forschungen anstellen, wissenschaftlich arbeiten (***on*** über *acc.*): **~ *into*** → 4; **III** *v/t.* **4.** erforschen, unter'suchen; **IV** *adj.* **5.** Forschungs...: **re'search·er** [-tʃə] *s.* Forscher(in).

re·seat [ˌriː'siːt] *v/t.* **1.** *Saal etc.* neu bestuhlen; **2.** *j-n* 'umsetzen; **3. ~ *o.s.*** sich wieder setzen; **4.** ⚙ *Ventile* nachschleifen.

re·sect [riː'sekt] *v/t.* ⚕ her'ausschneiden; **re'sec·tion** [-kʃn] *s.* ⚕ Resekti'on *f*.

re·se·da ['resɪdə] *s.* **1.** ⚘ Re'seda *f*; **2.** Re'sedagrün *n*.

re·sell [ˌriː'sel] *v/t.* [*irr.* → ***sell***] wieder verkaufen, weiterverkaufen; ˌ**re'sell·er** [-lə] *s.* 'Wiederverkäufer *m*.

re·sem·blance [rɪ'zembləns] *s.* Ähnlichkeit *f* (***to*** mit, ***between*** zwischen): ***bear*** (*od.* ***have***) **~ *to*** → **re·sem·ble** [rɪ'zembl] *v/t.* (*dat.*) ähnlich sein *od.* sehen, gleichen, ähneln.

re·sent [rɪ'zent] *v/t.* übel nehmen, verübeln, sich ärgern über (*acc.*); **re'sent·ful** [-fʊl] *adj.* ☐ **1.** (***against***, ***of***) aufgebracht (gegen), ärgerlich *od.* voller Groll (auf *acc.*); **2.** übelnehmerisch, reizbar; **re'sent·ment** [-mənt] *s.* **1.** Ressenti'ment *n*, Groll *m* (***against***, ***at*** gegen); **2.** Verstimmung *f*, Unmut *m*, Unwille *m*.

res·er·va·tion [ˌrezə'veɪʃn] *s.* **1.** Vorbehalt *m*; ⚖ *a.* Vorbehaltsrecht *n od.* -klausel *f*: ***without*** **~** ohne Vorbehalt; → ***mental*** 1; **2.** *oft pl. Am.* Vorbestellung *f*, Reservierung *f von Zimmern etc.*; **3.** *Am.* Reser'vat *n*: a) Na'turschutzgebiet *n*, b) Indi'anerreservatiˌon *f*.

re·serve [rɪ'zɜːv] **I** *s.* **1.** *allg.* Re'serve *f* (*a. fig.*), Vorrat *m*: ***in*** **~** in Reserve, vorrätig; **~ *seat*** Notsitz *m*; **2.** ✝ Reserve *f*, Rücklage *f*, -stellung *f*: **~ *account*** Rückstellungskonto *n*: **~ *currency*** Leitwährung *f*; **3.** ⚔ a) Re'serve *f*: **~ *officer*** Reserveoffizier *m*; b) *pl. taktische* Re'serven *pl.*; **4.** *sport* Ersatz (-mann) *m*, Re'servespieler *m*; **5.** Reser'vat *n*, Schutzgebiet *n*: **~ *game*** geschützter Wildbestand; **6.** Vorbehalt *m* (*a.* ⚖): ***without*** **~** vorbehalt-, rückhaltlos; ***with certain*** **~*s*** mit gewissen Einschränkungen; **~ *price*** ✝ Mindestgebot *n* (*bei Versteigerungen*); **7.** *fig.* Zu'rückhaltung *f*, Re'serve *f*, zu'rückhaltendes Wesen: ***receive s.th. with*** **~** *e-e Nachricht etc.* mit Zurückhaltung aufnehmen; **II** *v/t.* **8.** (sich) aufsparen *od.* -bewahren, (zu'rück)behalten, in Re'serve halten; ⚔ *j-n* zu'rückstellen; **9.** (sich) zu'rückhalten mit, warten mit, *et.* verschieben: **~ *judg(e)ment*** ⚖ die Urteilsverkündung aussetzen; **10.** reservieren (lassen), vorbestellen, vormerken (***to***, ***for*** für); **11.** *bsd.* ⚖ a) vorbehalten (***to s.o.*** j-m), b) sich vorbehalten: **~ *the right to do*** (*od.* ***of doing***) ***s.th.*** sich das Recht vorbehalten, et. zu tun; ***all rights*** **~*d*** alle Rechte vorbehalten; **re'served** [-vd] *adj.* ☐ *fig.* zu'rückhaltend, reserviert; **re'serv·ist** [-vɪst] *s.* ⚔ Reser'vist *m*.

res·er·voir ['rezəvwɑː] *s.* **1.** Behälter *m* für Wasser *etc.*; Speicher *m*; **2.** ('Wasser)Reserˌvoir *n*: a) Wasserturm *m*, b) Sammel-, Staubecken *n*, Bas'sin *n*; **3.** *fig.* Reser'voir *n* (***of*** an *dat.*).

re·set [ˌriː'set] *v/t.* [*irr.* → ***set***] **1.** *Edelstein* neu fassen; **2.** *Messer* neu abziehen; **3.** *typ.* neu setzen; **4.** ⚙ nachrichten, -stellen; *Computer*: rücksetzen, nullstellen.

re·set·tle [ˌriː'setl] **I** *v/t.* **1.** *Land* wieder besiedeln; **2.** *j-n* wieder ansiedeln, 'umsiedeln; **3.** wieder in Ordnung bringen; **II** *v/i.* **4.** sich wieder ansiedeln; **5.** *fig.* sich wieder setzen *od.* legen *od.* beruhigen; ˌ**re'set·tle·ment** [-mənt] *s.* **1.** 'Wiederansiedlung *f*, 'Umsiedlung *f*; **2.** Neuordnung *f*.

re·shape [ˌriː'ʃeɪp] *v/t.* neu formen, 'umgestalten.

re·ship [ˌriː'ʃɪp] *v/t.* **1.** *Güter* wieder verschiffen; **2.** 'umladen; ˌ**re'ship·ment** [-mənt] *s.* **1.** 'Wiederverladung *f*; **2.** Rückladung *f*, -fracht *f*.

re·shuf·fle [ˌriː'ʃʌfl] **I** *v/t.* **1.** *Spielkarten* neu mischen; **2.** *bsd. pol.* 'umgruppieren, -bilden; **II** *s.* **3.** *pol.* 'Umbildung *f*, 'Umgruppierung *f*.

re·side [rɪ'zaɪd] *v/i.* **1.** wohnen, ansässig sein, s-n (ständigen) Wohnsitz haben (***in***, ***at*** in *dat.*); **2.** *fig.* (***in***) a) wohnen (in *dat.*), b) innewohnen (*dat.*), c) zustehen (*dat.*), liegen, ruhen (bei *j-m*).

res·i·dence ['rezɪdəns] *s.* **1.** Wohnsitz *m*, -ort *m*; Sitz *m e-r Behörde etc.*: ***take up one's*** **~** s-n Wohnsitz nehmen *od.* aufschlagen, sich niederlassen; **2.** Aufenthalt *m*: **~ *permit*** Aufenthaltsgenehmigung *f*; ***place of*** **~** Wohn-, Aufenthaltsort *m*; **3.** (herrschaftliches) Wohnhaus; **4.** Wohnung *f*: ***official*** **~** Dienstwohnung *f*; **5.** Wohnen *n*; **6.** Ortsansässigkeit *f*: **~ *is required*** es besteht Residenzpflicht; ***be in*** **~** am Amtsort ansässig sein; '**res·i·dent** [-nt] **I** *adj.* **1.** (orts-)ansässig, (ständig) wohnhaft; **2.** im (*Schul- od. Kranken- etc.*)Haus woh-

R

nend: ~ ***physician***; **3.** *fig.* innewohnend (***in*** *dat.*); **4.** *zo.* sesshaft: ~ ***birds*** Standvögel; **5.** *Computer* resident; **II** *s.* **6.** Ortsansässige(r *m*) *f*, Einwohner(in); *mot.* Anlieger *m*; **7.** ⚕ *Am.* Assis'tenzarzt *m*, -ärztin *f*; *pol. a.* ***minister-~*** Mi'nisterresi,dent *m* (*Gesandter*); **res·i·den·tial** [ˌrezɪ'denʃl] *adj.* **1.** a) Wohn...: ~ ***allowance*** Ortszulage *f*; ~ ***area*** (*a.* vornehme) Wohngegend; ~ ***university*** Internatsuniversität *f*, b) herrschaftlich; **2.** Wohnsitz...

re·sid·u·al [rɪ'zɪdjʊəl] **I** *adj.* **1.** ⚖ zu'rückbleibend, übrig; **2.** übrig (geblieben), Rest... (*a. phys. etc.*): ~ ***product*** ⚗, ⚙ Nebenprodukt *n*; ~ ***soil*** *geol.* Eluvialboden *m*; **3.** *phys.* rema'nent: ~ ***magnetism***; **II** *s.* **4.** Rückstand *m*, Rest *m*; **5.** ⚖ Rest(wert) *m*, Diffe'renz *f*; **re'sid·u·ar·y** [-ərɪ] *adj.* restlich, übrig (geblieben): ~ ***estate*** ⚖ Reinnachlass *m*; ~ ***legatee*** Nachvermächtnisnehmer(in); **res·i·due** ['rezɪdjuː] *s.* **1.** Rest *m* (*a.* ⚖, ✝); **2.** ⚗ Rückstand *m*; **3.** ⚖ reiner (Erb)Nachlass; **re'sid·u·um** [-jʊəm] *pl.* **-u·a** [-jʊə] (*Lat.*) *s.* **1.** *bsd.* ⚗ Rückstand *m*, (*a.* ⚖) Re'siduum *n*; **2.** *fig.* Bodensatz *m*, Hefe *f e-s Volkes etc.*

re·sign [rɪ'zaɪn] **I** *v/t.* **1.** *Besitz*, *Hoffnung etc.* aufgeben; verzichten auf (*acc.*); *Amt* niederlegen; **2.** über'lassen (***to*** *dat.*); **3.** ~ ***o.s.*** sich anvertrauen *od.* überlassen (***to*** *dat.*); **4.** ~ ***o.s.*** (***to***) sich ergeben (in *acc.*), sich abfinden *od.* versöhnen (mit *s-m Schicksal etc.*); **II** *v/i.* **5.** (***to*** in *acc.*) sich ergeben, sich fügen; **6.** (***from***) a) zu'rücktreten (von *e-m Amt*), abdanken, b) austreten (aus); **res·ig·na·tion** [ˌrezɪg'neɪʃn] *s.* **1.** Aufgabe *f*, Verzicht *m*; **2.** Rücktritt(sgesuch *n*) *m*, Amtsniederlegung *f*, Abdankung *f*: ***send in*** (*od.* ***tender***) ***one's*** ~ s-n Rücktritt einreichen; **3.** Ergebung *f* (***to*** in *acc.*); **re'signed** [-nd] *adj.* □ ergeben: ***he is ~ to his fate*** er hat sich mit s-m Schicksal abgefunden.

re·sil·i·ence [rɪ'zɪlɪəns] *s.* Elastizi'tät *f*: a) *phys.* Prallkraft *f*, b) *fig.* Spannkraft *f*; **re'sil·i·ent** [-nt] *adj.* e'lastisch: a) federnd, b) *fig.* spannkräftig, unverwüstlich.

res·in ['rezɪn] **I** *s.* **1.** Harz *n*; **2.** → ***rosin*** I; **II** *v/t.* **3.** harzen, mit Harz behandeln; **'res·in·ous** [-nəs] *adj.* harzig, Harz...

re·sist [rɪ'zɪst] **I** *v/t.* **1.** wider'stehen (*dat.*): ***I cannot ~ doing it*** ich muss es einfach tun; **2.** 'Widerstand leisten (*dat. od.* gegen), sich wider'setzen (*dat.*), sich sträuben gegen: ***~ing a public officer in the excecution of his duty*** ⚖ Widerstand *m* gegen die Staatsgewalt; **II** *v/i.* **3.** 'Widerstand leisten, sich wider'setzen; **III** *s.* **4.** ⚙ Deckmittel *n*, Schutzlack *m*; **re'sist·ance** [-təns] *s.* **1.** Widerstand *m* (***to*** gegen): ***air*** ~ *phys.* Luftwiderstand; ~ ***movement*** *pol.* Widerstandsbewegung *f*; ***offer*** ~ Widerstand leisten (***to*** *dat.*); ***take the line of least*** ~ den Weg des geringsten Widerstandes einschlagen; **2.** 'Widerstandskraft *f* (*a.* ⚕); ⚙ (*Hitze-*, *Kälte- etc.*)Beständigkeit *f*, (*Biegungs-*, *Säure-*, *Stoß- etc.*)Festigkeit *f*: ~ ***to wear*** Verschleißfestigkeit *f*; **3.** ⚡ Widerstand *m*; **re'sist·ant** [-tənt] *adj.* **1.** wider'stehend, -'strebend; **2.** ⚙ 'widerstandsfähig (***to*** gegen), beständig; **re·sis·tiv·i·ty** [ˌriːzɪ'stɪvətɪ] *s.* ⚡ spe'zifischer Widerstand; **re'sis·tor** [-tə] *s.* ⚡ Widerstand *m* (*Bauteil*).

re·sit **I** *s.* ['riːsɪt] *ped.* Wieder'holungsprüfung *f*; **II** *v/t.* [ˌriː'sɪt] [*irr.* → ***sit***] *Prüfung* wieder'holen; **III** *v/i.* [ˌriː'sɪt] [*irr.* → ***sit***] die Prüfung wieder'holen.

re·sole [ˌriː'səʊl] *v/t.* neu besohlen.

res·o·lu·ble [rɪ'zɒljʊbl] *adj.* **1.** ⚗ auflösbar; **2.** *fig.* lösbar.

res·o·lute ['rezəluːt] *adj.* □ entschieden, entschlossen, reso'lut; **'res·o·lute·ness** [-nɪs] *s.* Entschlossenheit *f*; reso'lute Art.

res·o·lu·tion [ˌrezə'luːʃn] *s.* **1.** Entschlossenheit *f*, Entschiedenheit *f*; **2.** Entschluss *m*: ***good ~s*** gute Vorsätze; **3.** ✝, *parl.* Beschluss(fassung *f*) *m*, Entschließung *f*, Resoluti'on *f*; **4.** ⚗, ⚖, ♪, *phys.*, *opt.* (*a. Metrik*) Auflösung *f* (***into*** in *acc.*); **5.** ⚙ Rasterung *f* (*Bild*); **6.** ⚕ a) Lösung *f e-r Entzündung etc.*, b) Zerteilung *f e-s Tumors*; **7.** *fig.* Lösung *f e-r Frage*; Behebung *f von Zweifeln.*

re·solv·a·ble [rɪ'zɒlvəbl] *adj.* (auf)lösbar (***into*** in *acc.*); **re'solve** [rɪ'zɒlv] **I** *v/t.* **1.** *a. opt.*, ⚗, ♪, ⚖ auflösen (***into*** in *acc.*): ***be ~d into*** sich auflösen in (*acc.*); ***~d into dust*** in Staub verwandelt; ***resolving power*** *opt.*, *phot.* Auflösungsvermögen *n*; → ***committee***; **2.** analysieren; **3.** *fig.* zu'rückführen (***into***, ***to*** auf *acc.*); **4.** *fig. Frage etc.* lösen; **5.** *fig. Bedenken*, *Zweifel* zerstreuen; **6.** a) beschließen, sich entschließen (***to do*** *et.* zu tun), b) entscheiden; **II** *v/i.* **7.** sich auflösen (***into*** in *acc.*, ***to*** zu); **8.** (***on***, ***upon s.th.***) (et.) beschließen, sich entschließen (zu et.); **III** *s.* **9.** Entschluss *m*, Vorsatz *m*; **10.** *Am.* → ***resolution*** 3; **11.** *rhet.* Entschlossenheit *f*; **re'solved** [-vd] *p.p. u. adj.* □ (fest) entschlossen.

res·o·nance ['rezənəns] *s.* Reso'nanz *f* (*a.* ♪, ⚕, *phys.*), Nach-, 'Widerhall *m*, Mitschwingen *n*: ~ ***box*** Resonanzkasten *m*; **'res·o·nant** [-nt] *adj.* □ **1.** 'wider-, nachhallend (***with*** von); **2.** volltönend (*Stimme*); **3.** *phys.* mitschwingend, Resonanz...; **'res·o·na·tor** [-neɪtə] *s.* **1.** *phys.* Reso'nator *m*; **2.** ⚡ Reso'nanzkreis *m*.

R

re·sorb [rɪ'sɔːb] *v/t.* (wieder) aufsaugen, resorbieren; **re'sorb·ence** [-bəns], **re'sorp·tion** [-ɔːpʃn] *s.* Resorpti'on *f.*

re·sort [rɪ'zɔːt] **I** *s.* **1.** Zuflucht *f* (**to** zu); Mittel *n*: **in the** (*od.* **as a**) **last ~** als letzter Ausweg, ‚wenn alle Stricke reißen'; **have ~ to** → 5; **without ~ to force** ohne Gewaltanwendung; **2.** Besuch *m*, Zustrom *m*: **place of ~** (beliebter) Treffpunkt; **3.** (Aufenthalts-, Erholungs)Ort *m*: **health ~** Kurort; **summer ~** Sommerurlaubsort; **II** *v/i.* **4. ~ to** a) sich begeben zu *od.* nach, b) *Ort* oft besuchen; **5. ~ to** s-e Zuflucht nehmen zu, zu'rückgreifen auf (*acc.*), greifen zu, Gebrauch machen von.

re·sound [rɪ'zaʊnd] **I** *v/i.* **1.** 'widerhallen (**with, to** von): **~ing** schallend; **2.** erschallen, ertönen (*Klang*); **II** *v/t.* **3.** 'widerhallen lassen.

re·source [rɪ'sɔːs] *s.* **1.** (Hilfs)Quelle *f*, (-)Mittel *n*; **2.** *pl.* a) Mittel *pl.*, Reichtümer *pl. e-s Landes*: **natural ~s** Bodenschätze, b) Geldmittel *pl.*, c) ✝ *Am.* Ak'tiva *pl.*; **3.** → **resort** 1; **4.** Findig-, Wendigkeit *f*; Ta'lent *n*: **he is full of ~** er weiß sich immer zu helfen; **5.** Entspannung *f*, Unter'haltung *f*; **re'source·ful** [-fʊl] *adj.* ☐ **1.** reich an Hilfsquellen; **2.** findig, wendig, einfallsreich.

re·spect [rɪ'spekt] **I** *s.* **1.** Rücksicht *f* (**to, of** auf *acc.*): **without ~ to persons** ohne Ansehen der Person; **2.** Hinsicht *f*, Beziehung *f*: **in every** (**some**) **~** in jeder (gewisser) Hinsicht; **in ~ of** (*od.* **to**), **with ~ to** (*od.* **of**) hinsichtlich (*gen.*), bezüglich (*gen.*), in Anbetracht (*gen.*); **have ~ to** sich beziehen auf (*acc.*); **3.** (Hoch)Achtung *f*, Ehrerbietung *f*, Re'spekt *m* (**for** vor *dat.*); **4.** **one's ~s** *pl.* s-e Empfehlungen *pl. od.* Grüße *pl.* (**to** an *acc.*): **give him my ~s** grüßen Sie ihn von mir; **pay one's ~s to** a) *j-n* bestens grüßen, b) *j-m* s-e Aufwartung machen; **II** *v/t.* **5.** sich beziehen auf (*acc.*), betreffen; **6.** (hoch) achten, ehren; **7.** *Gefühle, Gesetze etc.* respektieren, (be)achten; **~ o.s.** etwas auf sich halten; **re·spect·a·bil·i·ty** [rɪˌspektə'bɪlətɪ] *s.* **1.** Ehrbarkeit *f*, Achtbarkeit *f*; **2.** Ansehen *n*; ✝ Solidi'tät *f*; **3.** a) *pl.* Re'spektsperˌsonen *pl.*, Honorati'oren *pl.*, b) Re'spektsperˌson *f*; **4.** *pl.* Anstandsregeln *pl.*; **re'spect·a·ble** [-təbl] *adj.* ☐ **1.** ansehnlich, (recht) beachtlich; **2.** acht-, ehrbar; anständig, so'lide; **3.** angesehen, geachtet; **4.** kor'rekt, konventio'nell; **re'spect·er** [-tə] *s.*: **be no ~ of persons** ohne Ansehen der Person handeln; **re'spect·ful** [-fʊl] *adj.* ☐ re'spektvoll (*a. iro. Entfernung*), ehrerbietig, höflich: **Yours ~ly** mit vorzüglicher Hochachtung (*Briefschluss*); **re'spect·ing** [-tɪŋ] *prp.* bezüglich (*gen.*), hinsichtlich (*gen.*), über (*acc.*); **re'spec·tive** [-tɪv] *adj.* ☐ jeweilig (*jedem einzeln zukommend*), verschieden: **to our ~ places** *wir gingen* jeder an s-n Platz; **re'spec·tive·ly** [-tɪvlɪ] *adv.* a) beziehungsweise, b) in dieser Reihenfolge.

res·pi·ra·tion [ˌrespə'reɪʃn] *s.* Atmung *f*, Atmen *n*, Atemholen *n*: **artificial ~** künstliche Beatmung; **res·pi·ra·tor** ['respəreɪtə] *s.* **1.** *Brit.* Gasmaske *f*; **2.** Atemfilter *m*; **3.** ✱ Atemgerät *n*, 'Sauerstoffappaˌrat *m*; **re·spir·a·to·ry** [rɪ'spaɪərətərɪ] *adj. anat.* Atmungs...

re·spire [rɪ'spaɪə] **I** *v/i.* **1.** atmen; **2.** *fig.* aufatmen; **II** *v/t.* **3.** (ein)atmen; *poet.* atmen.

res·pite ['respaɪt] **I** *s.* **1.** Frist *f*, (Zahlungs)Aufschub *m*, Stundung *f*; **2.** ⚖ a) Aussetzung *f* des Voll'zugs (*der Todesstrafe*), b) Strafaufschub *m*; **3.** *fig.* (Atem-, Ruhe)Pause *f*; **II** *v/t.* **4.** auf-, verschieben; **5.** *j-m* Aufschub gewähren, e-e Frist einräumen; **6.** ⚖ die Voll'streckung des Urteils an *j-m* aufschieben; **7.** Erleichterung von *Schmerz etc.* verschaffen.

re·splend·ence [rɪ'splendəns], **re'splend·en·cy** [-sɪ] *s.* Glanz *m* (*a. fig. Pracht*); **re'splend·ent** [-nt] *adj.* ☐ glänzend, strahlend, prangend.

re·spond [rɪ'spɒnd] *v/i.* **1.** (**to**) antworten (auf *acc.*) (*a. eccl.*), *Brief etc.* beantworten; **2.** *fig.* antworten, er'widern (**with** mit); **3.** *fig.* (**to**) reagieren *od.* ansprechen (auf *acc.*), empfänglich sein (für), eingehen auf (*acc.*): **~ to a call** e-m Ruf(e) folgen; **4.** ⚙ ansprechen (*Motor*), gehorchen; **re'spond·ent** [-dənt] **I** *adj.* **1. ~ to** reagierend auf (*acc.*), empfänglich für; **2.** ⚖ beklagt; **II** *s.* **3.** ⚖ a) (Scheidungs)Beklagte(r *m*) *f*, b) Berufungsbeklagte(r *m*) *f*.

re·sponse [rɪ'spɒns] *s.* **1.** Antwort *f*, Erwiderung *f*: **in ~ to** als Antwort auf (*acc.*), in Erwiderung (*gen.*); **2.** *fig.* a) Reakti'on *f* (*a. biol., psych.*), Antwort *f*, b) 'Widerhall *m* (*alle*: **to** auf *acc.*): **meet with a good ~** Widerhall *od.* e-e gute Aufnahme finden; **3.** *eccl.* Antwort(strophe) *f*; **4.** ⚙ Ansprechen *n* (*des Motors etc.*).

re·spon·si·bil·i·ty [rɪˌspɒnsə'bɪlətɪ] *s.* **1.** Verantwortlichkeit *f*; **2.** Verantwortung *f* (**for, of** für): **on one's own ~** auf eigene Verantwortung; **3.** ⚖ a) Zurechnungsfähigkeit *f*, b) Haftbarkeit *f*; **4.** Vertrauenswürdigkeit *f*; ✝ Zahlungsfähigkeit *f*; **5.** *oft pl.* Verbindlichkeit *f*, Verpflichtung *f*; **re·spon·si·ble** [rɪ'spɒnsəbl] *adj.* ☐ **1.** verantwortlich (**to** *dat.*, **for** für): **~ partner** ✝ persönlich haftender Gesellschafter; **2.** ⚖ a) zurechnungsfähig, b) geschäftsfähig, c) haftbar; **3.** verantwortungsbewusst, zu-

R

verlässig; ✝ so'lide, zahlungsfähig; **4.** verantwortungsvoll, verantwortlich (*Stellung*): ***used to ~ work*** an selbstständiges Arbeiten gewöhnt; **5.** (***for***) a) schuld (an *dat.*), verantwortlich (für), b) die Ursache (*gen. od.* von); **re·spon·sive** [rɪ'spɒnsɪv] *adj.* □ **1.** Antwort..., antwortend (***to*** auf *acc.*); **2.** (***to***) (leicht) reagierend (auf *acc.*), ansprechbar; *weitS.* empfänglich *od.* zugänglich *od.* aufgeschlossen (für): ***be ~ to*** a) ansprechen *od.* reagieren auf (*acc.*), b) eingehen auf (*j-n*), (*e-m Bedürfnis etc.*) entgegenkommen; **3.** ⚙ e'lastisch (*Motor*).

rest[1] [rest] **I** *s.* **1.** (*a.* Nacht)Ruhe *f*, Rast *f*; *fig.* a) Ruhe *f* (*Frieden, Untätigkeit*), b) Ruhepause *f*, Erholung *f*, c) ewige *od.* letzte Ruhe (*Tod*); *phys.* Ruhe(lage *f*): ***at ~*** in Ruhe, ruhig; ***be at ~*** a) ruhen (*Toter*), b) beruhigt sein, c) ⚙ sich in Ruhelage befinden; ***give a ~ to*** a) *Maschine etc.* ruhen lassen, b) F *et.* auf sich beruhen lassen; ***have a good night's ~*** gut schlafen; ***lay to ~*** zur letzten Ruhe betten; ***set s.o.'s mind at ~*** j-n beruhigen; ***set a matter at ~*** e-e Sache (endgültig) entscheiden *od.* erledigen; ***take a ~*** sich ausruhen; **2.** Ruheplatz *m* (*a. Grab*), Raststätte *f*; Aufenthalt *m*; Herberge *f*, Heim *n*; **3.** ⚙ a) Auflage *f*, Stütze *f*, (Arm)Lehne *f*, (Fuß)Raste *f*, *teleph.* Gabel *f*, b) Sup'port *m e-r Drehbank*, c) ⚔ (Gewehr)Auflage *f*; **4.** ♪ Pause *f*; **5.** *Metrik*: Zä'sur *f*; **II** *v/i.* **6.** ruhen, schlafen (*a. Toter*); **7.** (sich aus-)ruhen, rasten, e-e (Ruhe)Pause einlegen: ***let a matter ~*** *fig.* e-e Sache auf sich beruhen lassen; ***the matter cannot ~ there*** damit kann es nicht sein Bewenden haben; **8.** sich stützen: ***~ against*** sich stützen *od.* lehnen gegen, ⚙ anliegen an (*acc.*); ***~ (up)on*** a) ruhen auf (*dat.*) (*a. Last, Blick, Schatten etc.*), b) *fig.* beruhen auf (*dat.*), sich stützen auf (*acc.*), c) *fig.* sich verlassen auf (*acc.*); **9.** ***~ with*** bei *j-m* liegen (*Entscheidung, Schuld*), in *j-s* Händen liegen, von *j-m* abhängen, *j-m* über'lassen bleiben; **10.** ⚖ *Am.* → 16; **III** *v/t.* **11.** (aus)ruhen lassen, *j-m* Ruhe gönnen: ***~ o.s.*** sich ausruhen; ***God ~ his soul*** Gott hab ihn selig; **12.** *Augen, Stimme* schonen; **13.** legen, lagern (***on*** auf *acc.*); **14.** *Am.* F *Hut etc.* ablegen; **15.** ***~ one's case*** ⚖ *Am.* den Beweisvortrag abschließen.

rest[2] [rest] **I** *s.* **1.** Rest *m*; (*das*) Übrige, (*die*) Übrigen: ***and all the ~ of it*** und alles Übrige; ***the ~ of us*** wir Übrigen; ***for the ~*** im Übrigen; **2.** ✝ *Brit.* Re'serve,fonds *m*; **3.** ✝ *Brit.* a) Bilanzierung *f*, b) Restsaldo *m*; **II** *v/i.* **4.** *in e-m Zustand* bleiben, weiterhin sein: ***~ assured that*** seien Sie versichert *od.* verlassen Sie sich darauf, dass; **5.** ***~ with*** → ***rest***[1] 9.

re·state [ˌriː'steɪt] *v/t.* neu (u. besser) formulieren; ˌ**re'state·ment** [-mənt] *s.* neue Darstellung *od.* Formulierung.

res·tau·rant ['restərɔ̃ːŋ] (*Fr.*) *s.* Restau'rant *n*, Gaststätte *f*: ***~ car*** Speisewagen *m*.

rest| cure ⚕ Liegekur *f*; **~ home** *s.* Alten- *od.* Pflegeheim *n*.

rest·ed ['restɪd] *p.p. u. adj.* ausgeruht, erholt; **rest·ful** ['restfʊl] *adj.* □ **1.** ruhig, friedlich; **2.** erholsam, gemütlich; **3.** bequem, angenehm.

rest house *s.* Rasthaus *n*.

rest·ing place ['restɪŋ] *s.* **1.** Ruheplatz *m*; **2.** (letzte) Ruhestätte, Grab *n*.

res·ti·tu·tion [ˌrestɪ'tjuːʃn] *s.* **1.** Restitu'tion *f*: a) (Zu)'Rückerstattung *f*, b) Entschädigung *f*, c) Wieder'gutmachung *f*, d) Wieder'herstellung *f von Rechten etc.*: ***make ~*** Ersatz leisten (***of*** für); **2.** *phys.* (e'lastische) Rückstellung; **3.** *phot.* Entzerrung *f*.

res·tive ['restɪv] *adj.* □ **1.** unruhig, ner'vös; **2.** störrisch, 'widerspenstig, bockig (*a. Pferd*); '**res·tive·ness** [-nɪs] *s.* **1.** Unruhe *f*, Ungeduld *f*; **2.** 'Widerspenstigkeit *f*.

rest·less ['restlɪs] *adj.* □ **1.** ruhe-, rastlos; **2.** unruhig; **3.** schlaflos (*Nacht*); '**rest·less·ness** [-nɪs] *s.* **1.** Ruhe-, Rastlosigkeit *f*; **2.** (ner'vöse) Unruhe, Unrast *f*.

re·stock [ˌriː'stɒk] **I** *v/t.* **1.** ✝ a) *Lager* wieder auffüllen, b) *Ware* wieder auf Lager nehmen; **2.** *Gewässer* wieder mit Fischen besetzen; **II** *v/i.* **3.** neuen Vorrat einlagern.

res·to·ra·tion [ˌrestə'reɪʃn] *s.* **1.** Wieder'herstellung *f* (*e-s Zustandes, der Gesundheit etc.*); **2.** Restaurierung *f e-s Kunstwerks etc.*; **3.** Rückerstattung *f*, -gabe *f*; **4.** Wieder'einsetzung *f* (***to*** in *ein Amt*); **5.** ***the R~*** *hist.* die Restaura'tion; **re·stor·a·tive** [rɪ'stɒrətɪv] ⚕ **I** *adj.* □ **1.** stärkend; **II** *s.* **2.** Stärkungsmittel *n*; **3.** 'Wiederbelebungsmittel *n*.

re·store [rɪ'stɔː] *v/t.* **1.** *Einrichtung, Gesundheit, Ordnung etc.* wieder'herstellen; **2.** a) *Kunstwerk etc.* restaurieren, b) ⚙ in'stand setzen; **3.** *j-n* wieder einsetzen (***to*** in *acc.*); **4.** zu'rückerstatten, -bringen, -geben: ***~ s.th. to its place*** et. an s-n Platz zurückstellen; ***~ the receiver*** *teleph.* den Hörer auflegen *od.* einhängen; ***~ s.o.*** (***to health***) j-n gesund machen *od.* wiederherstellen; ***~ s.o. to liberty*** j-m die Freiheit wiedergeben; ***~ s.o. to life*** j-n ins Leben zurückrufen; ***~ a king*** (***to the throne***) e-n König wieder auf den Thron setzen; **re'stor·er** [-ɔːrə] *s.* **1.** Wieder'hersteller (-in); **2.** Restau'rator *m*, Restaura'torin *f*; **3.** Haarwuchsmittel *n*.

R

re·strain [rɪ'streɪn] *v/t.* **1.** zu'rückhalten: **~ *s.o. from doing s.th.*** j-n davon abhalten, et. zu tun; ***~ing order*** ⚖ Unterlassungsurteil *n*; **2.** a) in Schranken halten, Einhalt gebieten (*dat.*), b) *Pferd* im Zaum halten, zügeln (*a. fig.*); **3.** *Gefühl* unter'drücken, bezähmen; **4.** a) einsperren, -schließen, b) *Geisteskranken* in e-r Anstalt 'unterbringen; **5.** *Macht etc.* be-, einschränken; **6.** ✝ *Produktion etc.* drosseln; **re'strained** [-nd] *adj.* □ **1.** zu'rückhaltend, beherrscht, maßvoll; **2.** verhalten, gedämpft; **re'straint** [-nt] *s.* **1.** Einschränkung *f*, Beschränkung(en *pl.*) *f*; Hemmnis *n*, Zwang *m*: **~ *of*** (*od.* ***upon***) ***liberty*** Beschränkung der Freiheit; **~ *of trade*** a) Beschränkung des Handels, b) Einschränkung des freien Wettbewerbs, Konkurrenzverbot *n*; **~ *clause*** Konkurrenzklausel *f*; ***call for*** **~** Maßhalteappell *m*; ***without*** **~** frei, ungehemmt, offen; **2.** ⚖ Freiheitsbeschränkung *f*, Haft *f*: ***place s.o. under*** **~** j-n in Gewahrsam nehmen; **3.** a) Zu'rückhaltung *f*, Beherrschtheit *f*, b) (künstlerische) Zucht.

re·strict [rɪ'strɪkt] *v/t.* a) einschränken, b) beschränken (***to*** auf *acc.*): ***be ~ed to doing*** sich darauf beschränken müssen, et. zu tun; **re'strict·ed** [-tɪd] *adj.* □ eingeschränkt, beschränkt, begrenzt: **~!** nur für den Dienstgebrauch!; **~ *area*** Sperrgebiet *n*; **~ *district*** Gebiet *n* mit bestimmten Baubeschränkungen; **re'stric·tion** [-kʃn] *s.* **1.** Ein-, Beschränkung *f* (***of, on*** *gen.*): ***~s on imports*** Einfuhrbeschränkungen; ***~s of space*** räumliche Beschränktheit; ***without ~s*** uneingeschränkt; **2.** Vorbehalt *m*; **re'stric·tive** [-tɪv] **I** *adj.* □ be-, einschränkend (***of*** *acc.*): **~ *clause*** a) *ling.* einschränkender Relativsatz, b) ✝ einschränkende Bestimmung; **~ *practices*** wettbewerbsbeschränkende Praktiken; **II** *s. ling.* Einschränkung *f*.

rest room *s. Am.* Toi'lette *f* (*Hotel etc.*).

re·struc·ture [ˌriː'strʌktʃə] *v/t.* 'umstrukturieren.

re·sult [rɪ'zʌlt] **I** *s.* **1.** *a.* ⚘ Ergebnis *n*, Resul'tat *n*; (*a.* guter) Erfolg: ***without*** **~** ergebnislos; **2.** Folge *f*, Aus-, Nachwirkung *f*: ***as a*** **~** a) die Folge war, dass, b) folglich; ***get ~s*** Erfolge erzielen, et. erreichen; **II** *v/i.* **3.** sich ergeben, resultieren (***from*** aus): **~ *in*** hinauslaufen auf (*acc.*), zur Folge haben (*acc.*), enden mit (*dat.*); **re'sult·ant** [-tənt] **I** *adj.* **1.** sich ergebend, (dabei *od.* daraus) entstehend, resultierend (***from*** aus); **II** *s.* **2.** *phys.*, ⚘ Resul'tante *f*; **3.** (End)Ergebnis *n*.

re·sume [rɪ'zjuːm] **I** *v/t.* **1.** *Tätigkeit etc.* wieder aufnehmen, wieder anfangen; fortsetzen: ***he ~d painting*** er begann wieder zu malen, er malte wieder; **2.** 'wiedererlangen; *Platz* wieder einnehmen; *Amt, Kommando* wieder über'nehmen; *Namen* wieder annehmen; **3.** resümieren, zs.-fassen; **II** *v/i.* **4.** s-e Tätigkeit wieder aufnehmen; **5.** *in s-r Rede* fortfahren; **6.** wieder beginnen.

ré·su·mé ['rezjuːmeɪ] (*Fr.*) *s.* **1.** Resü'mee *n*, Zs.-fassung *f*; **2.** *bsd. Am.* Lebenslauf *m*.

re·sump·tion [rɪ'zʌmpʃn] *s.* **1.** a) Zu'rücknahme *f*, b) ✝ Li'zenzentzug *m*; **2.** Wieder'aufnahme *f e-r Tätigkeit, von Zahlungen etc.*

re·sur·gence [rɪ'sɜːdʒəns] *s.* Wiederem'porkommen *n*, Wieder'aufleben *n*, -'aufstieg *m*, 'Wiedererweckung *f*; **re'sur·gent** [-nt] *adj.* wieder auflebend, 'wieder erwachend.

res·ur·rect [ˌrezə'rekt] *v/t.* **1.** F wieder zum Leben erwecken; **2.** *fig. Sitte* wieder aufleben lassen; **3.** *Leiche* ausgraben; **ˌres·ur'rec·tion** [-kʃn] *s.* **1.** (*eccl.* ♀) Auferstehung *f*; **2.** *fig.* Wieder'aufleben *n*, 'Wiedererwachen *n*; **3.** Leichenraub *m*.

re·sus·ci·tate [rɪ'sʌsɪteɪt] **I** *v/t.* **1.** 'wieder beleben; **2.** *fig.* 'wieder erwecken, wieder aufleben lassen; **II** *v/i.* **3.** das Bewusstsein 'wiedererlangen; **4.** wieder aufleben; **re·sus·ci·ta·tion** [rɪˌsʌsɪ'teɪʃn] *s.* **1.** 'Wiederbelebung *f* (*a. fig. Erneuerung*); **2.** Auferstehung *f*.

ret [ret] **I** *v/t. Flachs etc.* rösten, rötten; **II** *v/i.* verfaulen (*Heu*).

re·tail ['riːteɪl] **I** *s.* Einzel-, Kleinhandel *m*, Kleinverkauf *m*, De'tailgeschäft *n*: ***by*** (*Am.* ***at***) **~** → III; **II** *adj.* Einzel-, Kleinhandels...: **~ *bookseller*** Sortimentsbuchhändler *m*; **~ *dealer*** Einzelhändler *m*; **~ *price*** Einzelhandels-, Ladenpreis *m*; **~ *price maintenance*** Preisbindung *f*; **~ *trade*** → I; **III** *adv.* im Einzelhandel, einzeln, en de'tail: ***sell*** **~**; **IV** *v/t.* [riː'teɪl] a) *Waren* im Kleinen *od.* en de'tail verkaufen, b) *Klatsch* weitergeben, (haarklein) weitererzählen; **V** *v/i.* [riː'teɪl] im Einzelhandel verkauft werden (***at*** zu *6 Dollar etc.*); **re·tail·er** [riː'teɪlə] *s.* **1.** ✝ Einzel-, Kleinhändler (-in); **2.** Erzähler(in), Verbreiter(in) *von Klatsch etc.*

re·tain [rɪ'teɪn] *v/t.* **1.** zu'rück(be)halten, einbehalten; **2.** *Eigenschaft, Posten etc., a. im Gedächtnis* behalten; *a. Geduld etc.* bewahren; **3.** *Brauch* beibehalten; **4.** *j-n* in s-n Diensten halten: **~ *a lawyer*** e-n Anwalt nehmen; ***~ing fee*** → ***retainer*** 2 a; **5.** ⚙ halten, sichern, stützen; *Wasser* stauen: ***~ing nut*** Befestigungsmutter *f*; ***~ing ring*** Sprengring *m*; ***~ing wall*** Stütz-, Staumauer *f*; **re'tain·er** [-nə] *s.* **1.** *hist.* Gefolgsmann *m*: ***old*** **~** F altes Faktotum; **2.** ⚖ a) Verpflichtung *f* e-s Anwalts, b) Hono-

R

'rarvorschuss *m*: ***general* ~** Pauschalhonorar *n*, c) Pro'zessvollmacht *f*; **3.** ⚙ a) Befestigungsteil *n*, b) Käfig *m e-s Kugellagers*.

re·take [ˌriː'teɪk] **I** *v/t.* [*irr.* → ***take***] **1.** wieder (an-, ein-, zu'rück)nehmen; **2.** ⚔ wieder einnehmen; **3.** *Film*: *Szene etc.* wieder'holen, nochmals (ab)drehen; **II** *s.* ['riːteɪk] **4.** *Film*: Re'take *n*, Wieder'holung *f*.

re·tal·i·ate [rɪ'tælɪeɪt] **I** *v/i.* Vergeltung üben, sich rächen (***upon s.o.*** an j-m); **II** *v/t.* vergelten, sich rächen für, heimzahlen; **re·tal·i·a·tion** [rɪˌtælɪ'eɪʃn] *s.* Vergeltung *f*: ***in* ~** als Vergeltung(smaßnahme); **re'tal·i·a·to·ry** [-ɪətərɪ] *adj.* Vergeltungs...: **~ *duty*** ✝ Kampfzoll *m*.

re·tard [rɪ'tɑːd] *v/t.* **1.** verzögern, -langsamen, aufhalten; **2.** *phys.* retardieren, verzögern; *Elektronen* bremsen: ***be* ~*ed*** nacheilen; **3.** *biol.* retardieren; **4.** *psych.* *j-s.* Entwicklung hemmen: **~*ed child*** zurückgebliebenes Kind; ***mentally* ~*ed*** geistig zurückgeblieben; **5.** *mot.* *Zündung* nachstellen: **~*ed ignition*** a) Spätzündung *f*, b) verzögerte Zündung; **re·tar·da·tion** [ˌriːtɑː'deɪʃn] *s.* **1.** Verzögerung *f* (*a. phys.*), -langsamung *f*, -spätung *f*; Aufschub *m*; **2.** ⚗, *phys.*, *biol.* Retardati'on *f*; *phys.* (*Elektronen-*) Bremsung *f*; **3.** *psych.* a) Entwicklungshemmung *f*, b) 'Unterentwickeltheit *f*; **4.** ♪ a) Verlangsamung *f*, b) aufwärts gehender Vorhalt.

retch [retʃ] *v/i.* würgen (*beim Erbrechen*).

re·tell [ˌriː'tel] *v/t.* [*irr.* → ***tell***] **1.** nochmals erzählen *od.* sagen, wieder'holen; **2.** *ped.* nacherzählen.

re·ten·tion [rɪ'tenʃn] *s.* **1.** Zu'rückhalten *n*; **2.** Einbehaltung *f*; **3.** Beibehaltung *f* (*a. von Bräuchen etc.*), Bewahrung *f*; **4.** ⚕ Verhalten *n*; **5.** Festhalten *n*, Halt *m*: **~ *pin*** ⚙ Arretierstift *m*; **6.** Merken *n*, Merkfähigkeit *f*; **re'ten·tive** [-ntɪv] *adj.* □ **1.** (zu'rück)haltend (***of*** *acc.*); **2.** erhaltend, bewahrend; gut (*Gedächtnis*); **3.** Wasser speichernd.

re·think [ˌriː'θɪŋk] *v/t.* [*irr.* → ***think***] *et.* nochmals über'denken; ˌ**re'think·ing** [-kɪŋ] *s.* 'Umdenken *n*.

ret·i·cence ['retɪsəns] *s.* **1.** Verschwiegenheit *f*, Schweigsamkeit *f*; **2.** Zu'rückhaltung *f*; **'ret·i·cent** [-nt] *adj.* □ verschwiegen (***about***, ***on*** über *acc.*), schweigsam; zu'rückhaltend.

ret·i·cle ['retɪkl] *s.* *opt.* Fadenkreuz *n*.

re·tic·u·lar [rɪ'tɪkjʊlə] *adj.* □ netzartig, -förmig, Netz...; **re'tic·u·late I** *adj.* □ [-lət] netzartig, -förmig; **II** *v/t.* [-leɪt] netzförmig mustern *od.* bedecken; **III** *v/i.* [-leɪt] sich verästeln; **re'tic·u·lat·ed** [-leɪtɪd] *adj.* netzförmig, maschig, Netz...: **~ *glass*** Filigranglas *n*; **re·tic·u·la·tion** [rɪˌtɪkjʊ'leɪʃn] *s.* Netzwerk *n*; **ret·i·cule** ['retɪkjuːl] *s.* **1.** → ***reticle***; **2.** Damentasche *f*, Arbeitsbeutel *m*; **re·ti·form** ['riːtɪfɔːm] *adj.* netz-, gitterförmig.

ret·i·na ['retɪnə] *s.* *anat.* Retina *f*, Netzhaut *f*.

ret·i·nue ['retɪnjuː] *s.* Gefolge *n*.

re·tire [rɪ'taɪə] **I** *v/i.* **1.** *allg.* sich zu'rückziehen (*a.* ⚔): **~** (***from business***) *a.* sich zur Ruhe setzen; **~ *into o.s.*** sich verschließen; **~** (***to rest***) sich zur Ruhe begeben, schlafen gehen; **2.** ab-, zu'rücktreten; in den Ruhestand treten, in Pensi'on *od.* Rente gehen, s-n Abschied nehmen (*Beamter*); **3.** *fig.* zu'rücktreten (*Hintergrund*, *Ufer etc.*); **II** *v/t.* **4.** zu'rückziehen (*a.* ⚔); **5.** ✝ *Noten* aus dem Verkehr ziehen; *Wechsel* einlösen; **6.** *bsd.* ⚔ verabschieden, pensionieren; → ***retired*** 1; **re'tired** [-əd] *p.p. u. adj.* □ **1.** pensioniert, im Ruhestand (lebend): **~ *general*** General a.D. *od.* außer Dienst; **~ *pay*** Ruhegeld *n*, Pension *f*; ***be placed on the* ~ *list*** ⚔ den Abschied erhalten; **2.** im Ruhestand (lebend); **3.** zu'rückgezogen (*Leben*); **4.** abgelegen, einsam (*Ort*): **re'tire·ment** [-mənt] *s.* **1.** (Sich)Zu'rückziehen *n*; **2.** Aus-, Rücktritt *m*, Ausscheiden *n*; **3.** Ruhestand *m*: ***early* ~** vorzeitiger Ruhestand; **~ *pension*** (Alters)Rente *f*, Ruhegeld *n*; **~ *pensioner*** (Alters)Rentner(in), Ruhegeldempfänger(in); ***go into* ~** sich ins Privatleben zurückziehen; **4.** *j-s* Zu'rückgezogenheit *f*; **5.** a) Abgeschiedenheit *f*, b) abgelegener Ort, Zuflucht *f*; **6.** ⚔ (planmäßige) Absetzbewegung, Rückzug *m*; **7.** ✝ Einziehung *f*; **re'tir·ing** [-ərɪŋ] *adj.* □ **1.** Ruhestands...: **~ *age*** Renten-, Pensionsalter *n*; **~ *pension*** Ruhegeld *n*; **2.** *fig.* zu'rückhaltend, bescheiden; **3.** unauffällig, de'zent (*Farbe etc.*); **4.** **~ *room*** a) Privatzimmer *n*, b) Toilette *f*.

re·tool [ˌriː'tuːl] *v/t.* *Fabrik* mit neuen Ma'schinen ausrüsten.

re·tort¹ [rɪ'tɔːt] **I** *s.* **1.** (scharfe *od.* treffende) Entgegnung, (schlagfertige) Antwort; Erwiderung *f*; **II** *v/t.* **2.** (darauf) erwidern; **3.** *Beleidigung etc.* zu'rückgeben (***on s.o.*** j-m); **III** *v/i.* **4.** (scharf *od.* treffend) erwidern, entgegnen.

re·tort² [rɪ'tɔːt] *s.* ⚗, ⚙ Re'torte *f*.

re·tor·tion [rɪ'tɔːʃn] *s.* **1.** (Sich)'Umwenden *n*, Zu'rückströmen *n*, -biegen *n*, -beugen *n*; **2.** *Völkerrecht*: Retorsi'on *f* (*Vergeltungsmaßnahme*).

re·touch [ˌriː'tʌtʃ] **I** *v/t.* *et.* über'arbeiten; *phot.* retuschieren; **II** *s.* Re'tusche *f*.

re·trace [rɪ'treɪs] **I** *v/t.* (*a. fig. Stammbaum etc.*) zu'rückverfolgen; *fig.* zu'rückführen (***to*** auf *acc.*): **~ *one's***

R

steps a) (denselben Weg) zurückgehen, b) *fig.* die Sache ungeschehen machen; **II** *s.* ⚡ Rücklauf *m.*

re·tract [rɪ'trækt] **I** *v/t.* **1.** *Behauptung* zu'rücknehmen, (*a.* ⚖ *Aussage*) wider'rufen; **2.** *Haut, Zunge etc., a.* ⚖ *Anklage* zu'rückziehen; **3.** *zo. Klauen etc., a.* ✈ *Fahrgestell* einziehen; **II** *v/i.* **4.** sich zurückziehen; **5.** widerrufen, es zurücknehmen; **6.** zu'rücktreten (***from*** von *e-m Entschluss, e-m Vertrag etc.*); **re'tract·a·ble** [-təbl] *adj.* **1.** einziehbar: **~ *landing gear*** ✈ einziehbares Fahrgestell; **2.** zu'rückziehbar; **3.** zu'rücknehmbar, zu wider'rufen(d); **re·trac·ta·tion** [ˌriːtræk'teɪʃn] → ***retraction*** 1; **re'trac·tile** [-taɪl] *adj.* **1.** einziehbar; **2.** *a. anat.* zu'rückziehbar; **re'trac·tion** [-kʃn] *s.* **1.** Zu'rücknahme *f*, 'Widerruf *m*; **2.** Zu'rück-, Einziehen *n*; **3.** ⚕, *zo.* Retrakti'on *f*; **re'trac·tor** [-tə] *s.* **1.** *anat.* Retrakti'onsmuskel *m*; **2.** ⚕ Re'traktor *m*, Wundhaken *m.*

re·train [ˌriː'treɪn] *v/t. j-n* 'umschulen; **ˌre'train·ing** [-nɪŋ] *s. a.* ***occupational*** **~** 'Umschulung(skurs *m*) *f.*

re·trans·late [ˌriːtræns'leɪt] *v/t.* (zu-)'rückübeˌsetzen; **ˌre·trans'la·tion** [-eɪʃn] *s.* 'Rückübeˌsetzung *f.*

re·tread [ˌriː'tred] **I** *v/t.* ⚙ *Reifen* runderneuern; **II** ['riːtred] *s.* runderneuerter Reifen.

re·treat [rɪ'triːt] **I** *s.* **1.** *bsd.* ⚔ Rückzug *m*: ***beat a*** **~** *fig.* das Feld räumen, klein beigeben; ***sound the*** (*od.* ***a***) **~** zum Rückzug blasen; ***there was no*** **~** es gab kein Zurück; **2.** Zufluchtsort *m*, Schlupfwinkel *m*; **3.** Anstalt *f für Geisteskranke etc.*; **4.** Zu'rückgezogenheit *f*, Abgeschiedenheit *f*; **5.** ⚔ Zapfenstreich *m*; **II** *v/i.* **6.** *a.* ⚔ sich zu'rückziehen; **7.** zu'rücktreten, -weichen (*z.B. Meer*): **~*ing chin*** fliehendes Kinn; **III** *v/t.* **8.** *bsd. Schachfigur* zu'rückziehen.

re-treat [ˌriː'triːt] *v/t. allg.* erneut behandeln.

re·trench [rɪ'trentʃ] **I** *v/t.* **1.** *Ausgaben etc.* einschränken, *a. Personal* abbauen; **2.** beschneiden, kürzen; **3.** a) *Textstelle* streichen, b) *Buch* zs.-streichen; **4.** *Festungswerk* mit inneren Verschanzungen versehen; **II** *v/i.* **5.** sich einschränken, Sparmaßnahmen 'durchführen, sparen; **re'trench·ment** [-mənt] *s.* **1.** Einschränkung *f*, (*Kosten-, Personal-*)Abbau *m*; Sparmaßnahme *f*; (Gehalts-)Kürzung *f*; **2.** Streichung *f*, Kürzung *f*; **3.** ⚔ Verschanzung *f*, innere Verteidigungsstellung.

re·tri·al [ˌriː'traɪəl] *s.* **1.** nochmalige Prüfung; **2.** ⚖ Wieder'aufnahmeverfahren *n.*

ret·ri·bu·tion [ˌretrɪ'bjuːʃn] *s.* Vergeltung *f*, Strafe *f*; **re·trib·u·tive** [rɪ'trɪbjʊtɪv] *adj.* ☐ vergeltend, Vergeltungs...

re·triev·a·ble [rɪ'triːvəbl] *adj.* ☐ **1.** 'wiederzugewinnen(d); **2.** wieder gutzumachen(d), wettzumachen(d); **re'trieve** [rɪ'triːv] **I** *v/t.* **1.** *hunt.* apportieren; **2.** 'wieder finden, wiederbekommen; **3.** (sich *et.*) zu'rückholen; **4.** *et.* her'ausholen, -fischen (***from*** aus); **5.** *fig.* 'wiedergewinnen, -erlangen; *Fehler* wieder gutmachen; *Verlust* wettmachen; **6.** *j-n* retten (***from*** aus); **7.** *et.* der Vergessenheit entreißen; **II** *s.* **8.** ***beyond*** (*od.* ***past***) **~** unwiederbringlich dahin; **re'triev·er** [-və] *s. hunt.* Re'triever *m*, *allg.* Apportierhund *m.*

ret·ro- [retrəʊ] *in Zssgn* zurück..., rück(-wärts)..., Rück...; entgegengesetzt; hinter...; **ˌret·ro'ac·tive** *adj.* ☐ **1.** ⚖ rückwirkend; **2.** zu'rückwirkend; **ˌret·ro'ces·sion** *s.* **1.** a) *a.* ⚕ Zu'rückgehen *n*, b) ⚕ Nach'innenschlagen *n*; **2.** ⚖ 'Wieder-, Rückabtretung *f*; **'ret·ro·fit I** *s.* **1.** nachträglich ausstatten (***with*** mit), nachrüsten, 'umrüsten; **2.** *Gebäude etc.* moderni'sieren; **II** *s.* **3.** Nachrüstung *f*, 'Umrüstung *f*; **4.** Moderni'sierung *f*; **ˌret·ro·gra'da·tion** *s.* **1.** → ***retrogression*** 1; **2.** Zu'rückgehen *n*; **3.** *fig.* Rück-, Niedergang *m*; **ret·ro·grade** ['retrəʊgreɪd] **I** *adj.* **1.** ⚕, ♪, *ast., zo.* rückläufig; **2.** *fig.* rückgängig, -läufig, Rückwärts..., rückschrittlich; **II** *v/i.* **3.** a) rückläufig sein, b) zu'rückgehen; **4.** rückwärts gehen; **5.** *bsd. biol.* entarten.

ret·ro·gres·sion [ˌretrəʊ'greʃn] *s.* **1.** *ast.* rückläufige Bewegung; **2.** *bsd. biol.* Rückentwicklung *f*; **3.** *fig.* Rückgang *m*, -schritt *m*; **ˌret·ro'gres·sive** [-esɪv] *adj.* ☐ **1.** *bsd. biol.* rückschreitend: **~ *metamorphosis*** *biol.* Rückbildung *f*; **2.** *fig.* rückschrittlich; **3.** *fig.* nieder-, zu'rückgehend; **ret·ro·rock·et** ['retrəʊˌrɒkɪt] *s.* 'Bremsraˌkete *f*; **ret·ro·spect** ['retrəʊspekt] *s.* Rückblick *m*, -schau *f* (***of, on*** auf *acc.*): ***in*** (***the***) **~** rückschauend, im Rückblick; **ret·ro·spec·tion** [ˌretrəʊ'spekʃn] *s.* Erinnerung *f*, Zu'rückblicken *n*; **ret·ro·spec·tive** [ˌretrəʊ'spektɪv] *adj.* ☐ **1.** zu'rückblickend; **2.** nach rückwärts *od.* hinten (gerichtet); **3.** ⚖ rückwirkend.

ret·rous·sé [rə'truːseɪ] (*Fr.*) *adj.* nach oben gebogen: **~ *nose*** Stupsnase *f.*

re·try [ˌriː'traɪ] *v/t.* ⚖ a) *Prozess* wieder aufnehmen, b) neu verhandeln gegen *j-n.*

re·turn [rɪ'tɜːn] **I** *v/i.* **1.** zu'rückkehren, -kommen (***to*** zu); 'wiederkehren (*a. fig.*); *fig.* wieder auftreten (*Krankheit etc.*): **~ *to*** *fig.* a) auf *ein Thema* zurückkommen, b) zu *e-m Vorhaben* zurückkommen, c) in *e-e Gewohnheit etc.* zurückfallen, d) in *e-n Zustand* zurückkehren; **~ *to dust*** zu Staub werden; **~**

R

to health wieder gesund werden; **2.** zu'rückfallen (*Besitz*) (***to*** an *acc.*); **3.** erwidern, antworten; **II** *v/t.* **4.** *Gruß etc., a. Besuch,* ⚔ *Feuer, Liebe, Schlag etc.* erwidern: ~ ***thanks*** danken; **5.** zu'rückgeben, *Geld a.* zu'rückzahlen, -erstatten; **6.** zu'rückschicken, -senden: ~***ed empties*** ✝ zurückgesandtes Leergut; ~***ed letter*** unzustellbarer Brief; **7.** (an s-n Platz) zu'rückstellen, -tun; **8.** (ein-)bringen, *Gewinn* abwerfen, *Zinsen* tragen; **9.** *Bericht* erstatten; ⚖ a) Voll'zugsbericht erstatten über (*acc.*), b) *Gerichtsbefehl* mit Vollzugsbericht rückvorlegen; **10.** ⚖ *Schuldspruch* fällen *od.* aussprechen: ***be ~ed guilty*** schuldig gesprochen werden; **11.** *Votum* abgeben; **12.** amtlich erklären für *od.* als, *j-n arbeitsunfähig etc.* schreiben; **13.** *Einkommen* zur Steuerveranlagung erklären, angeben (***at*** mit); **14.** *amtliche Liste etc.* vorlegen *od.* veröffentlichen; **15.** *parl. Brit. Wahlergebnis* melden; **16.** *parl. Brit.* als Abgeordneten wählen (***to Parliament*** ins Parlament); **17.** *sport Ball* zu'rückschlagen; **18.** *Echo, Strahlen* zu'rückwerfen; **19.** ⚙ zu'rückführen, -leiten; **III** *s.* **20.** Rückkehr *f*, -kunft *f*; 'Wiederkehr *f* (*a. fig.*): ~ ***of health*** Genesung *f*; ***by ~ of post*** *Brit.*, ***by ~ mail*** *Am.* postwendend, umgehend; ***many happy ~s of the day!*** herzlichen Glückwunsch zum Geburtstag!; ***on my ~*** bei m-r Rückkehr; **21.** Wieder'auftreten *n* (*Krankheit etc.*): ~ ***of influenza*** Gripperückfall *m*; ~ ***of cold weather*** Kälterückfall *m*; **22.** 🚂 Rückfahrkarte *f*; **23.** Rück-, Her'ausgabe *f*: ***on sale or ~*** ✝ in Kommission; **24.** *oft pl.* ✝ Rücksendung *f* (*a. Ware*): ~***s*** a) Rückgut, b) *Buchhandel*: *a.* ~ ***copies*** Remittenden; **25.** ✝ Rückzahlung *f*, (-)Erstattung *f*; *Versicherung*: ~ (***of premium***) Ri'storno *n*; **26.** Entgelt *n*, Gegenleistung *f*, Entschädigung *f*: ***in ~*** dafür, dagegen; ***in ~ for*** (als Gegenleistung) für; ***without ~*** unentgeltlich; **27.** *oft pl.* ✝ a) (*Kapital- etc.*)'Umsatz *m*: ***quick ~s*** schneller Umsatz, b) Ertrag *m*, Einnahme *f*, Verzinsung *f*, Gewinn *m*: ***yield*** (*od.* ***bring***) ***a ~*** Nutzen abwerfen, sich rentieren; **28.** Erwiderung *f* (*a. fig. e-s Grußes etc.*): ~ ***of affection*** Gegenliebe *f*; **29.** (amtlicher) Bericht, (sta'tistischer) Ausweis, Aufstellung *f*; *pol. Brit.* Wahlbericht *m*, -ergebnis *n*: ***annual ~*** Jahresbericht *m*, -ausweis *m*; ***bank ~*** Bankausweis *m*; ***official ~s*** amtliche Ziffern; **30.** Steuererklärung *f*; **31.** ⚖ a) Rückvorlage *f* (*e-s Vollstreckungsbefehls etc.*) (mit Voll'zugsbericht), b) Voll'zugsbericht *m* (*des Gerichtsvollziehers etc.*); **32.** *a.* ~ ***day*** ⚖ Ver'handlungster,min *m*; **33.** ⚙ a) Rückführung *f*, -leitung *f*, b) Rücklauf *m*, c) ⚡ Rückleitung *f*, d) *Computer*: Re'turn *m* (*Betätigen der Rückführtaste*); **34.** Biegung *f*, Krümmung *f*; **35.** △ a) 'Wiederkehr *f*, b) vorspringender *od.* zu'rückgesetzter Teil, c) (Seiten)Flügel *m*; **36.** *Tennis*: Re'turn *m*, Rückschlag *m* (*a. Ball*); **37.** *sport a.* ~ ***match*** Rückspiel *n*; **38.** (leichter) Feinschnitt (*Tabak*); **IV** *adj.* **39.** Rück...(*-porto, -reise, -spiel etc.*): ~ ***cable*** ⚡ Rückleitung *f*; ~ ***cargo*** Rückfracht *f*, -ladung *f*; ~ ***current*** ⚡ Rück-, Erdstrom *m*; ~ ***ticket*** a) Rückfahrkarte *f*, b) ✈ Rückflugkarte *f*; ~ ***valve*** ⚙ Rückschlagventil *n*; ~ ***visit*** Gegenbesuch *m*; ~ ***wire*** ⚡ Nullleiter *m*; **re'turn·a·ble** [-nəbl] *adj.* **1.** zu'rückzugeben(d); einzusenden(d): ~ ***bottle*** Mehrwegflasche *f*; **2.** ✝ rückzahlbar.

re·turn·ing of·fi·cer [rɪ'tɜːnɪŋ] *s. pol. Brit.* 'Wahlkommis,sar *m*.

re'turn key *s. Computer*: **1.** Eingabetaste *f*; **2.** Rückführtaste *f*.

re·u·ni·fi·ca·tion ['riːˌjuːnɪfɪ'keɪʃn] *s. pol.* 'Wiedervereinigung *f*.

re·un·ion [ˌriː'juːnjən] *s.* **1.** 'Wiedervereinigung *f*; *fig.* Versöhnung *f*; **2.** (*Familien-, Klassen- etc.*)Treffen *n*, Zs.-kunft *f*.

re·u·nite [ˌriːjuː'naɪt] **I** *v/t.* 'wieder vereinigen; **II** *v/i.* sich wieder vereinigen.

re·us·a·ble [ˌriː'juːzəbl] *adj.* wieder verwendbar *od.* verwertbar: ~ ***package*** Mehrwegverpackung *f*.

rev [rev] *mot.* F **I** *s.* Umdrehung *f*: ~***s per minute*** Dreh-, Tourenzahl *f*; **II** *v/t. mst* ~ ***up*** auf Touren bringen; **III** *v/i.* laufen, auf Touren sein (*Motor*): ~ ***up*** a) auf Touren kommen, b) den Motor ‚hochjagen' *od.* auf Touren bringen.

re·vac·ci·nate [ˌriː'væksɪneɪt] *v/t.* ⚕ 'wieder impfen, nachimpfen.

re·val·or·i·za·tion ['riːˌvæləraɪ'zeɪʃn] *s.* ✝ Aufwertung *f*; **re·val·or·ize** [ˌriː'væləraɪz] *v/t.* aufwerten.

re·val·u·ate [ˌriː'væljʊeɪt] *v/t.* ✝ **1.** neu bewerten; **2.** aufwerten; **re·val·u·a·tion** ['riːˌvæljʊ'eɪʃn] *s.* **1.** Neubewertung *f*; **2.** Aufwertung *f*.

re·val·ue [ˌriː'væljuː] → ***revaluate***.

re·vamp [ˌriː'væmp] *v/t.* F ‚aufpolieren'.

re·vanch·ist [rɪ'væntʃɪst] **I** *adj.* revan'chistisch; **II** *s.* Revan'chist *m*.

re·veal [rɪ'viːl] **I** *v/t.* (***to***) **1.** *eccl., a. fig.* offenbaren (*dat.*); **2.** enthüllen, zeigen (*dat.*) (*a. fig. erkennen lassen*), sehen lassen; **3.** *fig. Geheimnis etc.* enthüllen, verraten, aufdecken (*dat.*); **II** *s.* **4.** ⚙ a) innere Laibung (*Tür etc.*), b) Fensterrahmen *m* (*Auto*); **re'veal·ing** [-lɪŋ] *adj.* **1.** enthüllend, aufschlussreich; **2.** ‚offenherzig' (*Kleid*).

rev·eil·le [rɪ'vælɪ] *s.* ⚔ (Si'gnal *n* zum) Wecken *n*.

rev·el ['revl] **I** *v/i.* **1.** (lärmend) feiern,

ausgelassen sein; **2.** (***in***) *fig.* a) schwelgen (in *dat.*), *et.* in vollen Zügen genießen, b) sich weiden *od.* ergötzen (***in*** an *dat.*); **II** *s.* **3.** *oft pl.* → ***revelry***.

rev·e·la·tion [ˌrevəˈleɪʃn] *s.* **1.** Enthüllung *f*, Offenˈbarung *f*: ***it was a ~ to me*** es fiel mir wie Schuppen von den Augen; ***what a ~!*** welch überraschende Entdeckung!, ach so ist das!; **2.** (göttliche) Offenbarung: ***the* ℛ *(of St. John)*** *bibl.* die (Geheime) Offenbarung (des Johannes); **3.** F ‚Offenbarung' *f* (*et. Ausgezeichnetes*).

rev·el·(l)er [ˈrevlə] *s.* **1.** Feiernde(r *m*) *f*; **2.** Zecher *m*; **3.** Nachtschwärmer *m*; **ˈrev·el·ry** [-lrɪ] *s.* lärmende Festlichkeit, Rummel *m*, Trubel *m*.

re·venge [rɪˈvendʒ] **I** *v/t.* **1.** *et.*, *a. j-n* rächen ([***up***]***on*** an *dat.*): ***~ o.s. for s.th.*** sich für et. rächen; ***be ~d*** a) gerächt sein *od.* werden, b) sich rächen; **2.** sich rächen für, vergelten (***upon***, ***on*** an *dat.*); **II** *s.* **3.** Rache *f*: ***take one's ~*** Rache nehmen, sich rächen; ***in ~ for it*** dafür; **4.** Reˈvanche *f* (*beim Spiel*): ***have one's ~*** sich revanchieren; **5.** Rachsucht *f*, -gier *f*; **reˈvenge·ful** [-fʊl] *adj.* □ rachsüchtig; **reˈvenge·ful·ness** [-fʊlnɪs] → ***revenge*** 5.

rev·e·nue [ˈrevənjuː] *s.* **1.** *a.* ***public ~*** öffentliche Einnahmen *pl.*, Staatseinkünfte *pl.*; **2.** a) Fiˈnanzverwaltung *f*, b) Fiskus *m*: ***defraud the ~*** Steuern hinterziehen; ***~ board*** → ***revenue office***; **3.** *pl.* Einnahmen *pl.*, Einkünfte *pl.*; **4.** Ertrag *m*, Nutzung *f*; **5.** Einkommensquelle *f*; **~ cut·ter** *s.* ⚓ Zollkutter *m*; **~ of·fice** *s.* Fiˈnanzamt *n*; **~ of·fi·cer** *s.* Zollbeamte(r) *m*; Fiˈnanzbeamte(r) *m*; **~ stamp** *s.* ✝ Bandeˈrole *f*, Steuermarke *f*.

re·ver·ber·ate [rɪˈvɜːbəreɪt] *phys.* **I** *v/i.* **1.** zuˈrückstrahlen; **2.** (nach-, ˈwider-) hallen; **II** *v/t.* **3.** *Strahlen, Hitze, Klang* zuˈrückwerfen; von *e-m Klange* widerhallen; **re·ver·ber·a·tion** [rɪˌvɜːbəˈreɪʃn] *s.* **1.** Zuˈrückwerfen *n*, -strahlen *n*; **2.** ˈWiderhall(en *n*) *m*; Nachhall *m*; **reˈver·ber·a·tor** [-tə] *s.* ⚙ **1.** Reˈflektor *m*; **2.** Scheinwerfer *m*.

re·vere [rɪˈvɪə] *v/t.* (ver)ehren.

rev·er·ence [ˈrevərəns] **I** *s.* **1.** Verehrung *f* (***for*** für *od. gen.*); **2.** Ehrfurcht *f* (***for*** vor *dat.*); **3.** Ehrerbietung *f*; **4.** Reveˈrenz *f* (*Verbeugung od. Knicks*); **5.** *dial. od. humor.* ***Your*** (***His***) ***~*** Euer (Seine) Ehrwürden; **II** *v/t.* **6.** (ver)ehren; **ˈrev·er·end** [-nd] **I** *adj.* **1.** ehrwürdig; **2.** ℛ *eccl.* hochwürdig (*Geistlicher*): ***Very* ℛ** (*im Titel e-s Dekans*); ***Right* ℛ** (*Bischof*); ***Most* ℛ** (*Erzbischof*): ℛ ***Mother*** Mutter Oberin *f*; **II** *s.* **3.** Geistliche(r) *m*; **ˈrev·er·ent** [-nt] *adj.* □, **rev·er·en·tial** [ˌrevəˈrenʃl] *adj.* □ ehrerbietig, ehrfurchtsvoll.

rev·er·ie [ˈrevərɪ] *s.* Träumeˈrei *f* (*a.* ♪): ***be lost in*** (***a***) ***~*** in Träumen versunken sein.

re·ver·sal [rɪˈvɜːsl] *s.* **1.** ˈUmkehr(ung) *f*; ˈUmschwung *m*, -schlagen *n*: ***~ film*** *phot.* ˈUmkehrfilm *m*; ***~ of opinion*** Meinungsumschwung; ***~ process*** *phot.* Umkehrentwicklung *f*; **2.** ⚖ (Urteils)Aufhebung *f*, ˈUmstoßung *f*; **3.** ⚙ ˈUmsteuerung *f*; **4.** ϟ (ˈStrom)ˌUmkehr *f*; **5.** ✝ Stornierung *f*; **reˈverse** [rɪˈvɜːs] **I** *s.* **1.** Gegenteil *n*, *das* ˈUmgekehrte; **2.** Rückschlag *m*: ***~ of fortune*** Schicksalsschlag *m*; **3.** ⚔ Niederlage *f*, Schlappe *f*; **4.** Rückseite *f*, *bsd. fig.* Kehrseite *f*: ***~ of a coin*** Rückseite *od.* Revers *m* e-r Münze; ***~ of the medal*** *fig.* Kehrseite der Medaille; ***on the ~*** umstehend; ***take in ~*** ⚔ im Rücken packen; **5.** *mot.* Rückwärtsgang *m*; **6.** ⚙ ˈUmsteuerung *f*; **II** *adj.* □ **7.** ˈumgekehrt, verkehrt, entgegengesetzt (***to*** *dat.*): ***~-charge call*** *teleph.* R-Gespräch *n*; ***~ current*** ϟ Gegenstrom *m*; ***~ flying*** ✈ Rückenflug *m*; ***~ order*** umgekehrte Reihenfolge; ***~ side*** a) Rückseite *f*, b) linke (*Stoff*)Seite; **8.** rückläufig, rückwärts ...: ***~ gear*** → 5; **III** *v/t.* **9.** ˈumkehren (*a.* ⚗, ϟ), ˈumdrehen; *fig. Politik* (ganz) ˈumstellen; *Meinung* völlig ändern: ***~ the charge***(***s***) *teleph.* ein R-Gespräch führen; ***~ the order of things*** die Weltordnung auf den Kopf stellen; **10.** ⚖ *Urteil* aufheben, ˈumstoßen; **11.** ✝ stornieren; **12.** ⚙ im Rückwärtsgang *od.* rückwärts fahren *od.* laufen (lassen); **13.** ϟ a) ˈumpolen, b) ˈumsteuern; **IV** *v/i.* **14.** rückwärts fahren; **15.** *beim Walzer* ˈlinksherˌum tanzen; **reˈvers·i·ble** [-səbl] *adj.* **1.** *a.* ⚗, ⚗, *phys.* ˈumkehrbar; **2.** doppelseitig, wendbar (*Stoff, Mantel*); **3.** ⚙ ˈumsteuerbar; **4.** ⚖ ˈumstoßbar; **reˈvers·ing** [-sɪŋ] *adj.* ⚙, *phys.* Umkehr..., Umsteuerungs...: ***~ gear*** a) Umsteuerung *f*, b) Wendegetriebe *n*, c) Rückwärtsgang *m*; ***~ pole*** ϟ Wendepol *m*; ***~ switch*** ϟ Wendeschalter *m*; **reˈver·sion** [-ɜːʃn] *s.* **1.** *a.* ⚗ ˈUmkehrung *f*; **2.** ⚖ a) Heim-, Rückfall *m*, b) *a.* ***right of ~*** Heimfallsrecht *n*; **3.** ⚖ a) Anwartschaft *f* (***of*** auf *acc.*), b) Anwartschaftsrente *f*; **4.** *biol.* a) Rückartung *f*, b) Ataˈvismus *m*; **5.** ϟ ˈUmpolung *f*; **reˈver·sion·ar·y** [-ɜːʃnərɪ] *adj.* **1.** ⚖ anwartschaftlich, Anwartschafts...: ***~ annuity*** Rente *f* auf den Überlebensfall; ***~ heir*** Nacherbe *m*; **2.** *biol.* ataˈvistisch; **reˈver·sion·er** [-ɜːʃnə] *s.* ⚖ **1.** Anwartschaftsberechtigte(r *m*) *f*, Anwärter(in); **2.** Nacherbe *m*, -erbin *f*; **re·vert** [rɪˈvɜːt] **I** *v/i.* **1.** zuˈrückkehren (***to*** zu *s-m Glauben etc.*); **2.** zuˈrückkommen (***to*** auf *e-n Brief, ein Thema etc.*); **3.** wieder zuˈrückfallen (***to*** in *acc.*): ***~ to***

R

barbarism; **4.** ⚖ zu'rück-, heimfallen (***to s.o.*** an j-n); **5.** *biol.* zu'rückschlagen (***to*** zu); **II** *v/t.* **6.** *Blick* (zu'rück)wenden; **re'vert·i·ble** [-ɜːtəbl] *adj.* ⚖ heimfällig (*Besitz*).

re·vet·ment [rɪ'vetmənt] *s.* **1.** ⚙ Verkleidung *f*, Futtermauer *f* (*Ufer etc.*); **2.** ⚔ Splitterschutzwand *f*.

re·view [rɪ'vjuː] **I** *s.* **1.** 'Nachprüfung *f*, (Über)'Prüfung *f*, Revisi'on *f*: ***court of ~*** ⚖ Rechtsmittelgericht *n*; ***be under ~*** überprüft werden; **2.** (Buch)Besprechung *f*, Rezensi'on *f*, Kri'tik *f*: ***~ copy*** Rezensionsexemplar *n*; **3.** Rundschau *f*, kritische Zeitschrift; **4.** ⚔ Pa'rade *f*, Truppenschau *f*: ***naval ~*** Flottenparade; ***pass in ~*** a) mustern, b) (vorbei-) defilieren (lassen), c) → **5.** Rückblick *m*, -schau *f* (***of*** auf *acc.*): ***pass in ~*** a) Rückschau halten über (*acc.*), b) *im Geiste* Revue passieren lassen; **6.** Bericht *m*, 'Übersicht *f*, -blick *m* (***of*** über *acc.*): ***market ~*** ✝ Markt-, Börsenbericht; ***month under ~*** Berichtsmonat *m*; **7.** 'Durchsicht *f*; **8.** → ***revue***; **II** *v/t.* **9.** nachprüfen, (über)'prüfen, e-r Revisi'on unter'ziehen; **10.** ⚔ besichtigen, inspizieren; **11.** *fig.* zu'rückblicken auf (*acc.*); **12.** über'blicken, -'schauen: ***~ the situation***; **13.** e-n 'Überblick geben über (*acc.*); **14.** *Buch* besprechen, rezensieren; **III** *v/i.* **15.** (Buch)Besprechungen schreiben; **re'view·er** [-juːə] *s.* Kritiker(in), Rezen'sent(in): ***~'s copy*** Rezensionsexemplar *n*.

re·vile [rɪ'vaɪl] *v/t. u. v/i.*: ***~*** (***at*** *od.* ***against***) ***s.th.*** et. schmähen *od.* verunglimpfen; **re'vile·ment** [-mənt] *s.* Schmähung *f*, Verunglimpfung *f*.

re·vis·al [rɪ'vaɪzl] *s.* **1.** (Nach)Prüfung *f*; **2.** (nochmalige) 'Durchsicht; **3.** *typ.* zweite Korrek'tur; **re·vise** [rɪ'vaɪz] **I** *v/t.* **1.** revidieren: a) *typ.* in zweiter Korrektur lesen, b) *Buch* über'arbeiten: ***~ed edition*** verbesserte Auflage, c) *fig. Ansicht* ändern; **2.** über'prüfen, (wieder) 'durchsehen; **II** *s.* **3.** *a.* ***~ proof*** *typ.* Revisi'onsbogen *m*, Korrek'turabzug *m*; **4.** → ***revision***; **re'vis·er** [-zə] *s.* **1.** *typ.* Kor'rektor *m*; **2.** Bearbeiter *m*;

re·vi·sion [rɪ'vɪʒn] *s.* **1.** Revisi'on *f*: a) 'Durchsicht *f*, b) Über'arbeitung *f*, c) Korrek'tur *f*; **2.** verbesserte Ausgabe *od.* Auflage.

re·vis·it [ˌriː'vɪzɪt] *v/t.* nochmals *od.* wieder besuchen: ***London ~ed*** Wiedersehen *n* mit London.

re·vi·tal·ize [ˌriː'vaɪtəlaɪz] *v/t.* neu beleben, 'wieder beleben.

re·viv·al [rɪ'vaɪvl] *s.* **1.** 'Wiederbelebung *f* (*a.* ✝; *a.* ⚖ *von Rechten*): ***~ of architecture*** Neugotik *f*; ***Ձ of Learning*** *hist.* Renaissance *f*; **2.** Wieder'aufleben *n*, -'aufblühen *n*, Erneuerung *f*; **3.** *eccl.* a) Erweckung *f*, b) *a.* ***~ meeting*** Erweckungsversammlung *f*; **4.** Wieder'aufgreifen *n e-s veralteten Worts etc.*; *thea.* Wieder'aufnahme *f e-s vergessenen Stücks*; **re'viv·al·ism** [-vəlɪzəm] *s. bsd. U.S.A.* a) (religi'öse) Erweckungsbewegung, ˌEvangelisati'on *f*, b) Erweckungseifer *m*; **re·vive** [rɪ'vaɪv] **I** *v/t.* **1.** 'wieder beleben (*a. fig.*); **2.** *Anspruch, Gefühl, Hoffnung, Streit etc.* wieder aufleben lassen; *Gefühle* 'wieder erwecken; *Brauch, Gesetz* wieder einführen; *Vertrag* erneuern; *Gerechtigkeit, Ruf* wieder'herstellen; *Thema* wieder aufgreifen; **3.** *thea. Stück* wieder auf die Bühne bringen; **4.** ⚙ *Metall* frischen; **II** *v/i.* **5.** wieder (zum Leben) erwachen; **6.** das Bewusstsein 'wiedererlangen; **7.** *fig.* wieder aufleben (*a. Rechte*); 'wieder erwachen (*Hass etc.*); wieder aufblühen; ✝ sich erholen; **8.** wieder auftreten; wieder aufkommen (*Brauch etc.*); **re'viv·er** [-və] *s.* **1.** ⚙ Auffrischungs-, Regenerierungsmittel *n*; **2.** *sl.* (*alkoholische*) Stärkung; **re·viv·i·fy** [riː'vɪvɪfaɪ] *v/t.* **1.** 'wieder beleben; **2.** *fig.* wieder aufleben lassen, neu beleben.

rev·o·ca·ble ['revəkəbl] *adj.* □ 'widerruflich; **rev·o·ca·tion** [ˌrevə'keɪʃn] *s.* ⚖ 'Widerruf *m*, Aufhebung *f*, (*Lizenz- etc.*)Entzug *m*.

re·voke [rɪ'vəʊk] **I** *v/t.* wider'rufen, aufheben, rückgängig machen; **II** *v/i. Kartenspiel*: nicht Farbe bekennen, nicht bedienen.

re·volt [rɪ'vəʊlt] **I** *s.* **1.** Re'volte *f*, Aufruhr *m*, Aufstand *m*; **II** *v/i.* **2.** a) (*a. fig.*) revoltieren, sich em'pören, sich auflehnen (***against*** gegen), b) abfallen (***from*** von); **3.** *fig.* 'Widerwillen empfinden (***at*** über *acc.*), sich sträuben *od.* empören (***against***, ***at***, ***from*** gegen); **III** *v/t.* **4.** *fig.* empören, mit Abscheu erfüllen, abstoßen; **re'volt·ing** [-tɪŋ] *adj.* □ em'pörend, abstoßend, widerlich.

rev·o·lu·tion [ˌrevə'luːʃn] *s.* **1.** 'Umwälzung *f*, Um'drehung *f*, Rotati'on *f*: ***~s per minute*** ⚙ Umdrehungen pro Minute, Dreh-, Tourenzahl *f*; ***~ counter*** Drehzahlmesser *m*, Tourenzähler *m*; **2.** *ast.* a) Kreislauf *m* (*a. fig.*), b) Um'drehung *f*, c) 'Umlauf(zeit *f*) *m*; **3.** *fig.* Revoluti'on *f*: a) 'Umwälzung *f*, 'Umschwung *m*, b) *pol.* 'Umsturz *m*; **ˌrev·o'lu·tion·ar·y** [-ʃnərɪ] **I** *adj.* revolutio'när: a) *pol.* Revolutions..., Umsturz..., b) *fig.* 'umwälzend, E'poche machend; **II** *s. a.* **ˌrev·o'lu·tion·ist** [-ʃnɪst] Revolutio'när(in) (*a. fig.*); **ˌrev·o'lu·tion·ize** [-ʃnaɪz] *v/t.* **1.** aufwiegeln, in Aufruhr bringen; **2.** *Staat* revolutionieren (*a. fig. von Grund auf umgestalten*).

re·volve [rɪ'vɒlv] **I** *v/i.* **1.** *bsd.* ✈, ⚙, *phys.* sich drehen, kreisen, rotieren

R

(***on***, ***about*** um *e-e Achse*, ***round*** um *e-n Mittelpunkt*); **2.** e-n Kreislauf bilden, da'hinrollen (*Jahre etc.*); **II** *v/t.* **3.** drehen, rotieren lassen; **4.** *fig.* (hin u. her) über'legen, *Gedanken*, *Problem* wälzen; **re'volv·er** [-və] *s.* Re'volver *m*; **re'volv·ing** [-vɪŋ] *adj.* a) sich drehend, kreisend, drehbar (***about***, ***round*** um), b) Dreh...(*-bleistift*, *-brücke*, *-bühne*, *-tür etc.*): *~* ***credit*** ✝ Revolvingkredit *m*; *~* ***shutter*** Rolladen *m*.

re·vue [rɪ'vjuː] *s. thea.* **1.** Re'vue *f*; **2.** (zeitkritisches) Kaba'rett, sa'tirische Kaba'rettvorführung.

re·vul·sion [rɪ'vʌlʃn] *s.* **1.** ⚕ Ableitung *f*; **2.** *fig.* 'Umschwung *m*; **3.** *fig.* Abscheu *m* (***against*** vor *dat.*); **re'vul·sive** [-lsɪv] *adj. u. s.* ableitend(es Mittel).

re·ward [rɪ'wɔːd] **I** *s.* **1.** Entgelt *n*; Belohnung *f*, *a.* Finderlohn *m*; **2.** Vergeltung *f*, (gerechter) Lohn; **II** *v/t.* **3.** *j-n od. et.* belohnen (*a. fig.*); *fig. j-m* vergelten (***for s.th.*** et.); *j-n od. et.* bestrafen; **re'ward·ing** [-dɪŋ] *adj.* □ lohnend (*a. fig.*); *fig. a.* dankbar (*Aufgabe*).

re·wind [ˌriː'waɪnd] **I** *v/t. Film*, *Tonband etc.* (zu')rückspulen, 'umspulen; *Garn etc.* wieder aufspulen; *Uhr* wieder aufziehen; **II** *s.* Rückspulung *f etc.*; Rücklauf *m* (*am Tonbandgerät etc.*): *~* ***button*** Rücklauftaste *f*.

re·word [ˌriː'wɜːd] *v/t.* neu *od.* anders formulieren.

re·write [ˌriː'raɪt] **I** *v/t. u. v/i.* [*irr.* → ***write***] **1.** nochmals *od.* neu schreiben; **2.** 'umschreiben; *Am. Pressebericht* redigieren, über'arbeiten; **II** *s.* **3.** *Am.* redigierter Bericht: *~* ***man*** Überarbeiter *m*.

Rex [reks] (*Lat.*) *s.* ⚖ *Brit. der* König.

rhap·sod·ic, **rhap·sod·i·cal** [ræp'sɒdɪk(l)] *adj.* □ **1.** rhap'sodisch; **2.** *fig.* begeistert, 'überschwänglich, ek'statisch; **rhap·so·dist** ['ræpsədɪst] *s.* **1.** Rhap'sode *m*; **2.** *fig.* begeisterter Schwärmer; **rhap·so·dize** ['ræpsədaɪz] *v/i. fig.* schwärmen (***about***, ***on*** von); **rhap·so·dy** ['ræpsədɪ] *s.* **1.** Rhapso'die *f* (*a.* ♪); **2.** *fig.* (Wort)Schwall *m*, Schwärme'rei *f*: ***go into rhapsodies over*** in Ekstase geraten über (*acc.*).

rhe·o·stat ['rɪəʊstæt] *s.* ⚡ Rheo'stat *m*, 'Regelˌwiderstand *m*.

rhet·o·ric ['retərɪk] *s.* **1.** Rhe'torik *f*, Redekunst *f*; **2.** *fig. contp.* schöne Reden *pl.*, (leere) Phrasen *pl.*, Schwulst *m*; **rhe·tor·i·cal** [rɪ'tɒrɪkl] *adj.* □ **1.** rhe'torisch, Redner...: *~* ***question*** rhetorische Frage; **2.** *contp.* schönrednerisch, phrasenhaft, schwülstig; **rhet·o·ri·cian** [ˌretə'rɪʃn] *s.* **1.** guter Redner, Redekünstler *m*; **2.** *contp.* Schönredner *m*, Phrasendrescher *m*.

rheu·mat·ic [ruː'mætɪk] ⚕ **I** *adj.* (□ ***~ally***) **1.** rheu'matisch: *~* ***fever*** Gelenkrheumatismus *m*; **II** *s.* **2.** Rheu'matiker(in); **3.** *pl. sg. konstr.* F Rheuma *n*; **rheu·ma·tism** ['ruːmətɪzəm] *s.* Rheuma'tismus *m*, Rheuma *n*: ***articular*** *~* Gelenkrheumatismus.

Rhine·land·er ['raɪnlændə] *s.* Rheinländer(in).

rhine·stone ['raɪnstəʊn] *s. min.* Rheinkiesel *m* (*Bergkristall*).

rhi·no[1] ['raɪnəʊ] *s. sl.* ‚Kies' *m* (*Geld*).

rhi·no[2] ['raɪnəʊ] *pl.* **-nos** *s.* F, **rhi·noc·er·os** [raɪ'nɒsərəs] *pl.* **-os·es**, *coll.* **-os** *s. zo.* Rhi'nozeros *n*, Nashorn *n*.

rhi·zoph·a·gous [raɪ'zɒfəgəs] *adj. zo.* wurzelfressend.

Rho·de·si·an [rəʊ'diːzjən] *hist.* **I** *adj.* rho'desisch; **II** *s.* Rho'desier(in).

rho·do·cyte ['rəʊdəsaɪt] *s. physiol.* rotes Blutkörperchen.

rho·do·den·dron [ˌrəʊdə'dendrən] *s.* ⚘ Rhodo'dendron *n*, *m*.

rhomb [rɒm] → ***rhombus***; **rhom·bic** ['rɒmbɪk] *adj.* rhombisch, rautenförmig; **rhom·bo·he·dron** [ˌrɒmbə'hedrən] *pl.* **-he·dra** [-drə], **-he·drons** *s.* A Rhombo'eder *n*; **rhom·boid** ['rɒmbɔɪd] **I** *s.* **1.** A Rhombo'id *n*, Parallelo'gramm *n*; **II** *adj.* **2.** rautenförmig; **3.** → ***rhomboidal***; **rhom·boi·dal** [rɒm'bɔɪdl] *adj.* A rhombo'idförmig, rhombo'idisch; **rhom·bus** ['rɒmbəs] *pl.* **-bus·es**, **-bi** [-baɪ] *s.* A Rhombus *m*, Raute *f*.

rhu·barb ['ruːbɑːb] *s.* **1.** ⚘ Rha'barber *m*; **2.** *Am. sl.* ‚Krach' *m*.

rhumb [rʌm] *s.* **1.** Kompassstrich *m*; **2.** *a.* *~* ***line*** a) A loxo'dromische Linie, b) ⚓ Dwarslinie *f*.

rhyme [raɪm] **I** *s.* **1.** Reim *m* (***to*** auf *acc.*): ***without*** *~* ***or reason*** ohne Sinn und Zweck; **2.** *sg. od. pl.* a) Vers *m*, b) Reim *m*, Gedicht *n*, Lied *n*; **II** *v/i.* **3.** reimen, Verse machen; **4.** sich reimen (***with*** mit, ***to*** auf *acc.*); **III** *v/t.* **5.** reimen, in Reime bringen; **6.** *Wort* reimen lassen (***with*** auf *acc.*); **'rhyme·less** [-lɪs] *adj.* reimlos; **'rhym·er** [-mə], **'rhyme·ster** [-stə] *s.* Verseschmied *m*; **rhym·ing dic·tion·ar·y** ['raɪmɪŋ] *s.* Reimwörterbuch *n*.

rhythm ['rɪðəm] *s.* **1.** ♪ Rhythmus *m* (*a. Metrik u. fig.*); Takt *m*: ***three-four*** *~*; ***dance ~s*** Tanzrhythmen, beschwingte Weisen; *~* ***method*** Knaus-Ogino-Methode *f* (*Empfängnisverhütung*); **2.** Versmaß *n*; **3.** ⚕ Pulsschlag *m*; **rhyth·mic**, **rhyth·mi·cal** ['rɪðmɪk(l)] *adj.* □ rhythmisch: a) taktmäßig, b) *fig.* regelmäßig ('wiederkehrend); **rhyth·mics** ['rɪðmɪks] *s. pl. sg. konstr.* ♪ Rhythmik *f* (*a. Metrik*).

ri·al·to [rɪ'æltəʊ] *s.* **1.** *Am.* The'aterviertel *n*; **2.** Börse *f*, Markt *m*.

rib [rɪb] **I** *s.* **1.** *anat.* Rippe *f*: *~* ***cage*** Brustkorb *m*; **2.** *Küche*: a) *a.* *~* ***roast***

R

Rippenstück *n*, b) Rippe(n)speer *m*; **3.** *humor.* ‚Ehehälfte' *f*; **4.** ⚘ (Blatt)Rippe *f*, (-)Ader *f*; **5.** ⚙ Stab *m*, Stange *f*, (*a. Heiz-, Kühl- etc.*)Rippe *f*; **6.** ⚠ (*Gewölbe- etc.*)Rippe *f*, Strebe *f*; **7.** ⚓ a) (Schiffs)Rippe *f*, Spant *n*, b) Spiere *f*; **8.** ♪ Zarge *f*; **9.** (*Stoff*)Rippe *f*: **~ stitch** *Stricken*: linke Masche; **II** *v/t.* **10.** mit Rippen versehen; **11.** *Stoff etc.* rippen; **12.** *sl.* ‚aufziehen', hänseln.

rib·ald [ˈrɪbəld] **I** *adj.* **1.** lästerlich, frech; **2.** zotig, ‚saftig', obˈszön; **II** *s.* **3.** Spötter(in), Lästermaul *n*; **4.** Zotenreißer *m*; ˈ**rib·ald·ry** [-drɪ] *s.* Zoten(reißeˈrei *f*) *pl.*, ‚saftige' Späße *pl.*

rib·and [ˈrɪbənd] *s.* (Zier)Band *n*.

ribbed [rɪbd] *adj.* gerippt, geriffelt, Rippen...: **~ cooler** ⚙ Rippenkühler *m*; **~ glass** Riffelglas *n*.

rib·bon [ˈrɪbən] *s.* **1.** Band *n*, Borte *f*; **2.** Ordensband *n*; **3.** (schmaler) Streifen; **4.** Fetzen *m*: **tear to ~s** in Fetzen reißen; **5.** Farbband *n* (*Schreibmaschine*); **6.** ⚙ a) (Meˈtall)Band *n*, (-)Streifen *m*, b) (Holz)Leiste *f*: **~ cartridge** Farbbandkassette *f*; **~ microphone** Bändchenmikrofon *n*; **~ saw** Bandsäge *f*; **7.** *pl.* Zügel *pl.*; **~ build·ing**, **~ de·vel·op·ment** *s. Brit.* Stadtrandsiedlung *f* entlang e-r Ausfallstraße.

rib·bon·ed [ˈrɪbənd] *adj.* **1.** bebändert; **2.** gestreift.

ri·bo·fla·vin [ˌraɪbəʊˈfleɪvɪn] *s.* ⚗ Riboflaˈvin *n* (*Vitamin* B_2).

ri·bo·nu·cle·ic ac·id [ˌraɪbəʊnjuːˈkliːɪk] *s.* Ribonukleinsäure *f*.

rice [raɪs] *s.* ⚘ Reis *m*; **~ flour** *s.* Reismehl *n*; **~ pad·dy** *s.* Reisfeld *n*; **~ pa·per** *s.* ˈReispaˌpier *n*; **~ pud·ding** *s.* Milchreis *m*.

ric·er [ˈraɪsə] *s. Am.* Karˈtoffelpresse *f*.

rich [rɪtʃ] **I** *adj* (□ → **richly**) **1.** reich (**in** an *dat.*) (*a. fig.*), wohlhabend: **~ in cattle** viehreich; **~ in hydrogen** wasserstoffreich; **~ in ideas** ideenreich; **2.** schwer (*Stoff*), prächtig, kostbar (*Seide, Schmuck etc.*); **3.** reich(lich), reichhaltig, ergiebig (*Ernte etc.*); **4.** fruchtbar, fett (*Boden*); **5.** a) *geol.* (erz)reich, fündig (*Lagerstätte*), b) *min.* reich, fett (*Erz*): **strike it ~** *min.* a) auf Öl *etc.* stoßen, b) *fig.* arrivieren, zu Geld kommen, c) *fig.* das große Los ziehen, e-n Volltreffer landen; **6.** ⛍ schwer; *mot.* fett, gasreich (*Luftgemisch*); **7.** schwer, fett (*Speise*); **8.** schwer, kräftig (*Wein, Duft etc.*); **9.** satt, voll (*Farbton*); **10.** voll, satt (*Ton*); voll(tönend), klangvoll (*Stimme*); **11.** inhalt(s)reich; **12.** F ‚köstlich', ‚großartig'; **II** *s.* **13.** *coll.* **the ~** die Reichen *pl.*; **rich·es** [ˈrɪtʃɪz] *s. pl.* Reichtum *m*, -tümer *pl.*; ˈ**rich·ly** [-lɪ] *adv.* reichlich, in reichem Maße; ˈ**rich·ness** [-nɪs] *s.* **1.** Reichtum *m*, Reichhaltigkeit *f*, Fülle *f*; **2.** Pracht *f*; **3.** Ergiebigkeit *f*; **4.** Nahrhaftigkeit *f*; **5.** (Voll)Gehalt *m*, Schwere *f* (*Wein etc.*); **6.** Sattheit *f* (*Farbton*); **7.** Klangfülle *f*.

rick[1] [rɪk] ✓ *bsd. Brit.* **I** *s.* (Getreide-, Heu)Schober *m*; **II** *v/t.* schobern.

rick[2] [rɪk] *v/t. bsd. Brit.* verrenken.

rick·ets [ˈrɪkɪts] *s. sg. od. pl. konstr.* ⚕ Raˈchitis *f*; ˈ**rick·et·y** [-tɪ] *adj.* **1.** ⚕ raˈchitisch; **2.** gebrechlich (*Person*), wack(e)lig (*a. Möbel u. fig.*), klapp(e)rig (*Auto etc.*).

ric·o·chet [ˈrɪkəʃeɪ] **I** *s.* **1.** Abprallen *n*; **2.** ⚔ a) Rikoschettieren *n*, b) *a.* **~ shot** Abpraller *m*, Querschläger *m*; **II** *v/i.* **3.** abprallen.

rid [rɪd] *v/t.* [*irr.*] befreien, frei machen (**of** von): **get ~ of** *j-n od. et.* loswerden; **be ~ of** *j-n od. et.* los sein; **rid·dance** [ˈrɪdəns] *s.* Befreiung *f*, Erlösung *f*: (**he is a**) **good ~!** man ist froh, dass man ihn (wieder) los ist!, den wären wir los!

rid·den [ˈrɪdn] **I** *p.p. von* **ride**; **II** *adj. in Zssgn.* bedrückt, geplagt, gepeinigt von: **fever-~**; **pest-~** von der Pest heimgesucht.

rid·dle[1] [ˈrɪdl] **I** *s.* **1.** Rätsel *n* (*a. fig.*): **speak in ~s** → 4; **II** *v/t.* **2.** enträtseln: **~ me** rate mal; **3.** *fig. j-n* vor ein Rätsel stellen; **III** *v/i.* **4.** *fig.* in Rätseln sprechen.

rid·dle[2] [ˈrɪdl] **I** *s.* **1.** Schüttelsieb *n*; **II** *v/t.* **2.** (ˈdurch-, aus)sieben; **3.** *fig.* durchˈsieben, durchˈlöchern: **~ s.o. with bullets**; **4.** *fig. Argument etc.* zerpflücken; **5.** *fig.* mit Fragen bestürmen.

ride [raɪd] **I** *s.* **1.** a) Ritt *m*, b) Fahrt *f* (*bsd. auf e-m [Motor]Rad od. in e-m öffentlichen Verkehrsmittel*): **go for a ~**, **take a ~** a) ausreiten, b) ausfahren; **give s.o. a. ~** j-n reiten *od.* fahren lassen, j-n *im Auto etc.* mitnehmen; **take s.o. for a ~** F a) j-n (im Auto entführen und) umbringen, b) j-n ‚reinlegen' (*betrügen*), c) j-n ‚auf den Arm nehmen' (*hänseln*); **2.** Reitweg *m*, Schneise *f*; **II** *v/i.* [*irr.*] **3.** reiten (*a. fig. rittlings sitzen*): **~ out** F ausreiten; **~ for** zustreben (*dat.*), entgegeneilen (*dat.*); **~ for a fall** halsbrecherisch reiten, *fig.* in sein Verderben rennen; **~ up** hochrutschen (*Kragen etc.*); **let it ~!** F lass die Karre laufen!; **he let the remark ~** er ließ die Bemerkung hingehen; **Nixon ~s again!** *iro.* N. ist wieder da!; **4.** fahren: **~ on a bicycle** Rad fahren; **~ in a train** mit e-m Zug fahren; **5.** sich (fort)bewegen, daˈhinziehen (*a. Mond, Wolken etc.*); **6.** (auf dem Wasser) treiben, schwimmen; *fig.* schweben: **~ at anchor** ⚓ vor Anker liegen; **~ on the waves of popularity** *fig.* von der Woge der Volksgunst getragen werden; **~ on the wind** sich vom Wind tragen lassen (*Vogel*); **be riding on air** *fig.* selig sein (*vor Glück*); **7.** *fig.* ruhen, liegen, sich drehen (**on**

R

auf *dat.*); **8.** sich über'lagern (*z.B.* ⚕ *Knochenfragmente*); ⚓ unklar laufen (*Tau*); **9.** ⚙ fahren, laufen, gleiten; **10.** zum Reiten *gut etc.* geeignet sein (*Boden*); **11.** im Reitdress wiegen; **III** *v/t.* [*irr.*] **12.** reiten: *~ **at*** *sein Pferd* lenken nach *od.* auf (*acc.*); *~ **to death*** zu Tode reiten (*a. fig. Theorie, Witz etc.*); *~ **a race*** an e-m Rennen teilnehmen; **13.** reiten *od.* rittlings sitzen (lassen) auf (*dat.*); *j-n auf den Schultern* tragen; **14.** *Motorrad etc.* fahren, lenken: *~ **over*** a) *j-n* überfahren, b) → 17; c) über *e-e Sache* rücksichtslos hinweggehen; **15.** *fig.* reiten *od.* schwimmen *od.* schweben auf (*dat.*): *~ **the waves*** auf den Wellen reiten; **16.** aufliegen *od.* ruhen auf (*dat.*); **17.** tyrannisieren, beherrschen; *weitS.* heimsuchen, plagen, quälen; *j-m* bös zusetzen (*a. mit Kritik*); *Am.* F *j-n* reizen, hänseln: ***the devil ~s him*** ihn reitet der Teufel; → ***ridden*** II; **18.** *Land* durch'reiten; *~ **down*** *v/t.* **1.** über'holen; **2.** a) niederreiten, b) über'fahren; *~ **out*** *v/t. Sturm etc.* (gut) über'stehen (*a. fig.*).

rid·er ['raɪdə] *s.* **1.** Reiter(in); **2.** (Mit-)Fahrer(in); **3.** ⚙ a) Oberteil *n*, b) Laufgewicht *n* (*Waage*); **4.** ⚠ Strebe *f*; **5.** ⚓ Binnenspant *n*; **6.** ⚖ a) Zusatz (-klausel *f*) *m*, b) Beiblatt *n*, c) ('Wechsel)Al,longe *f*, d) zusätzliche Empfehlung; **7.** A Zusatzaufgabe *f*; **8.** ⚒ Salband *n*.

ridge [rɪdʒ] **I** *s.* **1.** a) (Gebirgs)Kamm *m*, Grat *m*, Kammlinie *f*, b) Berg-, Hügelkette *f*, c) Wasserscheide *f*; **2.** Kamm *m e-r Welle*; **3.** Rücken *m der Nase, e-s Tiers*; **4.** ⚠ (Dach)First *m*; **5.** ✎ a) (Furchen)Rain *m*, b) erhöhtes Mistbeet; **6.** ⚙ Wulst *m*; **7.** *meteor.* Hochdruckgürtel *m*; **II** *v/t. u. v/i.* **8.** (sich) furchen; *~ **pole*** *s.* **1.** ⚠ Firstbalken *m*; **2.** Firststange *f* (*Zelt*); *~ **tent*** *s.* Hauszelt *n*; *~ **tile*** *s.* ⚠ Firstziegel *m*; '*~**·way*** *s.* Kammlinien-, Gratweg *m*.

rid·i·cule ['rɪdɪkjuːl] **I** *s.* Spott *m*: ***hold up to ~*** → II; ***turn (in)to ~*** *et.* ins Lächerliche ziehen; **II** *v/t.* lächerlich machen, verspotten; **ri·dic·u·lous** [rɪ'dɪkjʊləs] *adj.* ☐ lächerlich; **ri·dic·u·lous·ness** [rɪ'dɪkjʊləsnɪs] *s.* Lächerlichkeit *f*.

rid·ing ['raɪdɪŋ] **I** *s.* **1.** Reiten *n*; Reitsport *m*; **2.** Fahren *n*; **3.** Reitweg *m*; **4.** *Brit.* Verwaltungsbezirk *m*; **II** *adj.* **5.** Reit...: *~ **horse*** (***school, whip*** *etc.*); *~ **breeches*** *pl.* Reithose *f*; *~ **habit*** Reitkleid *n*.

rife [raɪf] *adj. pred.* **1.** weit verbreitet, häufig: ***be ~*** (vor)herrschen, grassieren; ***grow*** (*od.* ***wax***) *~* überhand nehmen; **2.** (***with***) voll (von), angefüllt (mit).

rif·fle ['rɪfl] **I** *s.* **1.** ⚙ Rille *f*, Riefelung *f*; **2.** *Am.* a) seichter Abschnitt (*Fluss*), b) Stromschnelle *f*; **3.** Stechen *n* (*Mischen von Spielkarten*); **II** *v/t.* **4.** ⚙ riffeln; **5.** *Spielkarten* stechen (*mischen*); **6.** 'durchblättern; *Zettel etc.* durchein'ander bringen.

riff-raff ['rɪfræf] *s.* Pöbel *m*, Gesindel *n*, Pack *n*.

ri·fle¹ ['raɪfl] **I** *s.* **1.** Gewehr *n* (*mit gezogenem Lauf*), Büchse *f*; **2.** *pl.* ⚔ Schützen *pl.*; **II** *v/t.* **3.** *Gewehrlauf* ziehen.

ri·fle² ['raɪfl] *v/t.* (aus)plündern, *Haus a.* durch'wühlen.

ri·fle| corps *s.* Schützenkorps *n*; *~ **grenade*** *s.* Ge'wehrgranate *f*; '*~**·man*** [-mən] *s.* [*irr.*] ⚔ Schütze *m*, Jäger *m*; *~ **pit*** *s.* ⚔ Schützenloch *n*; *~ **prac·tice*** *s.* ⚔ Schießübung *f*; *~ **range*** *s.* **1.** Schießstand *m*; **2.** Schussweite *f*; *~ **shot*** *s.* **1.** Gewehrschuss *m*; **2.** Schussweite *f*.

ri·fling ['raɪflɪŋ] *s.* **1.** Ziehen *n e-s Gewehrlaufs etc.*; **2.** Züge *pl.*

rift [rɪft] **I** *s.* **1.** Spalte *f*, Spalt *m*, Ritze *f*; **2.** Sprung *m*, Riss *m*: ***a little ~ within the lute*** *fig.* der Anfang vom Ende; **II** *v/t.* **3.** (zer)spalten; *~ **saw*** *s.* ⚙ Gattersäge *f*; *~ **val·ley*** *s. geol.* Senkungsgraben *m*.

rig¹ [rɪg] **I** *s.* **1.** ⚓ Takelung *f*, Take'lage *f*; ✈ (Auf)Rüstung *f*; **2.** Ausrüstung *f*; Vorrichtung *f*; **3.** F *fig.* Aufmachung *f* (*Kleidung*): ***in full ~*** in voller Montur; **4.** *Am.* a) Fuhrwerk *n*, b) Sattelschlepper *m*; **5.** Bohranlage *f*; **II** *v/t.* **6.** ⚓ a) *Schiff* auftakeln, b) *Segel* anschlagen; **7.** ✈ (auf)rüsten, montieren; **8.** *~ **out***, *~ **up*** a) ⚓ *etc.* ausrüsten, -statten, b) F *fig. j-n* ‚auftakeln', ausstaffieren; **9.** *oft ~ **up*** (behelfsmäßig) zs.-bauen, zs.-basteln.

rig² [rɪg] **I** *v/t.* ✝ *Markt etc., pol. Wahl* manipulieren; **II** *s.* ('Schwindel)Ma,növer *n*, Schiebung *f*.

rig·ger ['rɪgə] *s.* **1.** ⚓ Takler *m*; **2.** ✈ Mon'teur *m*, ('Rüst)Me,chaniker *m*; **3.** ϟ Kabelleger *m*; **4.** ⚠ Schutzgerüst *n*; **5.** ⚙ Schnur-, Riemenscheibe *f*; **6.** ✝ Kurstreiber *m*.

rig·ging ['rɪgɪŋ] *s.* **1.** ⚓ Take'lage *f*, Takelwerk *n*: ***running (standing) ~*** laufendes (stehendes) Gut; **2.** ✈ Verspannung *f*; **3.** → ***rig***² II; *~ **loft*** *s. thea.* Schnürboden *m*.

right [raɪt] **I** *adj.* ☐ → ***rightly***; **1.** richtig, recht, angemessen: ***it is only ~*** es ist nicht mehr als recht und billig; ***he is ~ to do so*** er tut recht daran (, so zu handeln); ***the ~ thing*** das Richtige; ***say the ~ thing*** das rechte Wort finden; **2.** richtig: a) kor'rekt, b) wahr(heitsgemäß): ***the solution is ~*** die Lösung stimmt *od.* ist richtig; ***is your watch ~?*** geht Ihre Uhr richtig?; ***be ~*** Recht haben; ***get s.th. ~*** et. klarlegen, et. in Ordnung bringen; ***~?*** F klar?; ***all ~!*** a) alles in Ordnung, b) ganz recht!, c) ab-

R

gemacht!, in Ordnung!, gut!, (na) schön! (→ *a.* 4); **~ you are!** F richtig!, jawohl!; **that's ~!** ganz recht!, stimmt!; **3.** richtig, geeignet: **he is the ~ man** er ist der Richtige; **he is all ~** F er ist in Ordnung (→ *a.* 4); **the ~ man in the ~ place** der rechte Mann am rechten Platz; **4.** gesund, wohl: **he is all ~** a) es geht ihm gut, er fühlt sich wohl, b) ihm ist nichts passiert; **out of one's ~ mind, not ~ in one's** (*od.* **the**) **head** F nicht ganz bei Trost; **in one's ~ mind** bei klarem Verstand; **5.** richtig, in Ordnung: **come ~** in Ordnung kommen; **put** (*od.* **set**) **~** a) in Ordnung bringen, b) *j-n* (über e-n Irrtum) aufklären, c) *Irrtum* richtig stellen, d) *j-n* gesund machen; **put o.s. ~ with s.o.** a) sich vor j-m rechtfertigen, b) sich mit j-m gut stellen; **6.** recht, Rechts... (*a. pol.*): **~ arm** (*od.* **hand**) *fig.* rechte Hand; **~ side** rechte Seite, Oberseite *f* (*a. Münze, Stoff etc.*); **on** (*od.* **to**) **the ~ side** rechts, rechter Hand; **on the ~ side of 40** noch nicht 40 (Jahre alt); **~ turn** Rechtswendung *f* (um 90 Grad); **~ wing** a) *sport u. pol.* rechter Flügel, b) *sport* Rechtsaußen *m* (*Spieler*); **7.** ⩓ a) recht(*er Winkel*), b) rechtwink(e)lig (*Dreieck*), c) gerade (*Linie*), d) senkrecht (*Figur*): **at ~ angles** rechtwink(e)lig; **8.** *obs.* rechtmäßig (*Erbe*); echt (*Kognak etc.*); **II** *adv.* **9.** richtig, recht: **act** (*od.* **do**) **~**; **guess ~** richtig (er)raten; **10.** recht, richtig, gut: **nothing goes ~ with me** (bei) mir geht alles schief; **turn out ~** gut ausgehen; → 5; **11.** rechts (**from** von); nach rechts; auf der rechten Seite: **~ and left** a) rechts und links, b) *fig. a.* **~, left and centre** (*Am.* **center**) überall, von *od.* auf *od.* nach allen Seiten; **~ about face!** ⚔ (ganze Abteilung,) kehrt!; **12.** gerade (-wegs), (schnur)stracks, so'fort: **~ ahead, ~ on** geradeaus; **~ away** (*od.* **off**) *bsd. Am.* sofort, gleich; **~ now** *Am.* jetzt (gleich); **13.** völlig, ganz (und gar), di'rekt: **rotten ~ through** durch und durch faul; **14.** genau, gerade: **~ in the middle**; **15.** F ‚richtig', ‚ordentlich': **I was ~ glad**; **he's a big shot all ~** (**but**) er ist schon ein ‚großes Tier' (, aber); **16.** *obs.* recht, sehr: **know ~ well** sehr wohl wissen; **17.** ♌ *in Titeln*: hoch, sehr: **~ Hono(u)rable** Sehr Ehrenwert; → **reverend** 2; **III** *s.* **18.** Recht *n*: **of** (*od.* **by**) **~s** von Rechts wegen, rechtmäßig, eigentlich; **in the ~** im Recht; **~ and wrong** Recht und Unrecht; **do s.o. ~** j-m Gerechtigkeit widerfahren lassen; **give s.o. his ~s** j-m sein Recht geben *od.* lassen; **19.** ⚖ (subjek'tives) Recht, Anrecht *n*, (Rechts)Anspruch *m* (**to** auf *acc.*); Berechtigung *f*: **~s and duties** Rechte und Pflichten; **~ of inheritance** Erbschaftsanspruch; **~ of possession** Eigentumsrecht; **~ of sale** Verkaufsrecht; **~ of way** → **right-of-way**; **industrial ~s** gewerbliche Schutzrechte; **by ~ of** kraft (*gen.*), auf Grund (*gen.*); **in ~ of his wife** a) im Namen s-r Frau, b) vonseiten s-r Frau; **in one's own ~** aus eigenem Recht; **be within one's ~s** das Recht auf s-r Seite haben; **20.** *das* Rechte *od.* Richtige: **do the ~**; **21.** *pl.* (richtige) Ordnung: **bring** (*od.* **put** *od.* **set**) **s.th. to ~s** et. (wieder) in Ordnung bringen; **22.** wahrer Sachverhalt: **know the ~s of a case**; **23.** *die* Rechte, rechte Seite (*a. Stoff*): **on** (*od.* **to**) **the ~** rechts, zur Rechten; **on the ~ of** rechts von; **keep to the ~** sich rechts halten, *mot.* rechts fahren; **turn to the ~** (sich) nach rechts wenden; **24.** rechte Hand, Rechte *f*; **25.** *Boxen*: Rechte *f* (*Faust od. Schlag*); **26.** ♌ *pol.* a) rechter Flügel, b) 'Rechtspar,tei *f*; **IV** *v/t.* **27.** (⚓ auf)richten, ins Gleichgewicht bringen; ✈ *Maschine* abfangen; **28.** *Fehler, Irrtum* berichtigen: **~ itself** a) sich wieder ausgleichen, b) (wieder) in Ordnung kommen; **29.** *Unrecht etc.* wieder gutmachen, in Ordnung bringen; **30.** *Zimmer etc.* in Ordnung bringen; **31.** *j-m* zu s-m Recht verhelfen: **~ o.s.** sich rehabilitieren; **V** *v/i.* **32.** sich wieder aufrichten.

'right|·a·bout *s. a.* **~ face** (*od.* **turn**) Kehrtwendung *f* (*a. fig.*): **send s.o. to the ~** j-m ‚heimleuchten'; **'~-ˌan·gled** → **right** 7 b; **'~·down** *adj. u. adv.* ‚regelrecht', ausgesprochen.

right·eous ['raɪtʃəs] **I** *adj.* □ gerecht (*a. Sache, Zorn*), rechtschaffen; **II** *s. coll.* **the ~** die Gerechten *pl.*; **'right·eous·ness** [-nɪs] *s.* Rechtschaffenheit *f*.

'right|·ful [-fʊl] *adj.* □ rechtmäßig; **'~-hand** *adj.* **1.** recht: **~ bend** Rechtskurve *f*; **~ man** a) ⚔ rechter Nebenmann, b) *fig.* rechte Hand; **2.** rechtshändig: **~ blow** *Boxen*: Rechte *f*; **3.** ⚙ Rechts...; rechtsgängig (*Schraube*); rechtsläufig (*Motor*): **~ drive** Rechtssteuerung *f*; **~ thread** Rechtsgewinde *n*; **ˌ~-'hand·ed** *adj.* **1.** rechtshändig: **~ person** Rechtshänder(in); **2.** → **right-hand** 3; **ˌ~-'hand·er** [-'hændə] *s.* F **1.** Rechtshänder(in); **2.** *Boxen*: Rechte *f* (*Schlag*).

right·ist ['raɪtɪst] **I** *adj. pol.* 'rechtsgerichtet, rechts stehend; **II** *s.* 'Rechtspar,teiler *m*, Rechte(r *m*) *f*.

right·ly ['raɪtlɪ] *adv.* **1.** richtig; **2.** mit Recht; **3.** F (*nicht*) genau.

ˌright-'mind·ed *adj.* rechtschaffen.

right·ness ['raɪtnɪs] *s.* **1.** Richtigkeit *f*; **2.** Rechtmäßigkeit *f*; **3.** Geradheit *f* (*Linie*).

right·o [ˌraɪt'əʊ] *int. Brit.* F gut!, schön!, in Ordnung!

R

ˌright|-of-ˈway *pl.* **ˌrights-of-ˈway** *s.* **1.** *Verkehr*: a) Vorfahrt(srecht *n*) *f*, b) Vorrang *m* (*e-r Straße*, *a. fig.*): ***yield the ~*** (die) Vorfahrt gewähren (***to*** *dat.*); **2.** Wegerecht *n*; **3.** öffentlicher Weg; **4.** *Am.* zu öffentlichen Zwecken beanspruchtes (*z.B.* Bahn)Gelände; **ˌ~-ˈwing** *adj. pol.* Rechts..., dem rechten Flügel angehörend, rechts stehend: ***~ extremism*** ˈRechtsextreˌmismus *m*; ***~ extremist*** ˈRechtsextreˌmist(in); **ˌ~-ˈwing·er** *s.* **1.** → ***rightist*** II; **2.** *sport* Rechtsaußen *m*.

right·oh → ***righto***.

rig·id [ˈrɪdʒɪd] *adj.* □ **1.** starr, steif; **2.** ⚙ a) starr, unbeweglich, b) (stand-, form-) fest, staˈbil: ***~ airship*** Starrluftschiff *n*; **3.** *fig.* a) streng (*Disziplin*, *Glaube*, *Sparsamkeit etc.*), b) starr (*Politik*, ✝ *Preise etc.*), c) streng, hart, unbeugsam (*Person*); **ri·gid·i·ty** [rɪˈdʒɪdətɪ] *s.* **1.** Starr-, Steifheit *f* (*a. fig.*), Starre *f*; **2.** ⚙ a) Starrheit *f*, Unbeweglichkeit *f*, b) (Stand-, Form)Festigkeit *f*, Stabiliˈtät *f*; **3.** *fig.* Strenge *f*, Härte *f*, Unnachgiebigkeit *f*.

rig·ma·role [ˈrɪgmərəʊl] *s.* **1.** Geschwätz *n*: ***tell a long ~*** lang u. breit erzählen; **2.** *iro.* Brimˈborium *n*.

rig·or[1] [ˈrɪgə] *Am.* → ***rigour***.

rig·or[2] [ˈrɪgə] *s.* ⚕ **1.** Schüttel-, Fieberfrost *m*; **2.** Starre *f*; → **ri·gor mor·tis** [ˌraɪgɔːˈmɔːtɪs] *s.* ⚕ Leichenstarre *f*.

rig·or·ous [ˈrɪgərəs] *adj.* □ **1.** streng, hart, rigoˈros: ***~ measures***; **2.** streng (*Winter*); rau (*Klima etc.*); **3.** (peinlich) genau, strikt, exˈakt.

rig·our [ˈrɪgə] *s.* **1.** Strenge *f*, Härte *f* (*a. des Winters*); Rauheit *f* (*Klima*): ***~s of the weather*** Unbilden der Witterung; **2.** Exˈaktheit *f*, Schärfe *f*.

rile [raɪl] *v/t.* F ärgern: ***be ~d at*** aufgebracht sein über (*acc.*).

rill [rɪl] *s.* Bächlein *n*, Rinnsal *n*.

rim [rɪm] **I** *s.* **1.** *allg.* Rand *m*; **2.** ⚙ a) Felge *f*, b) (Rad)Kranz *m*: ***~ brake*** Felgenbremse *f*; **3.** (Brillen)Rand *m*, Fassung *f*; **II** *v/t.* **4.** mit e-m Rand versehen; einfassen; **5.** ⚙ *Rad* befelgen.

rime [raɪm] *s. poet.* (Rau)Reif *m*.

rim·less [ˈrɪmlɪs] *adj.* randlos.

rim·y [ˈraɪmɪ] *adj.* bereift, voll Reif.

rind [raɪnd] *s.* **1.** ⚘ (Baum)Rinde *f*, Borke *f*; **2.** (Brot-, Käse)Rinde *f*, Kruste *f*; **3.** (Speck)Schwarte *f*; **4.** (Obst-, Gemüse)Schale *f*; **5.** *fig.* Schale *f*, *das* Äußere.

ring[1] [rɪŋ] **I** *s.* **1.** *allg.* Ring *m* (*a.* ⚘, ⚗): ***form a ~*** *fig.* e-n Kreis bilden (*Personen*); **2.** ⚙ Öse *f*; **3.** *ast.* Hof *m*; **4.** (Zirkus)Ring *m*, Maˈnege *f*; **5.** (Box-)Ring *m*, *weitS.* (*das*) (Berufs)Boxen: ***be in the ~ for*** *fig.* kämpfen um; **6.** *Rennsport*: a) Buchmacherstand *m*, b) *coll. die* Buchmacher *pl.*; **7.** ✝ Ring *m*, Karˈtell *n*; **8.** (*Verbrecher-*, *Spionage- etc.*)Ring *m*, Organisatiˈon *f*; *weitS.* Clique *f*; **II** *v/t.* **9.** beringen; *e-m Tier* e-n Ring durch die Nase ziehen; **10.** ⚒ *Baum* ringeln; **11.** in Ringe schneiden: ***~ onions***; **12.** *mst* ***~ in*** (*od.* ***round*** *od.* ***about***) umˈringen, -ˈkreisen, einschließen; *Vieh* umˈreiten, zs.-treiben.

ring[2] [rɪŋ] **I** *s.* **1.** a) Glockenklang *m*, -läuten *n*, b) Glockenspiel *n*, Läutwerk *n* (*Kirche*); **2.** Läut-, Rufzeichen *n*, Klingeln *n*; **3.** *teleph.* Anruf *m*: ***give me a ~*** rufe mich an; **4.** Klang *m*, Schall *m*: ***the ~ of truth*** der Klang der Wahrheit, der echte Klang; **II** *v/i.* [*irr.*] **5.** läuten (*Glocke*), klingeln (*Glöckchen*): ***~ at the door*** klingeln; ***~ for*** nach *j-m* klingeln; ***~ off*** *teleph.* (den Hörer) auflegen; **6.** klingen (*Münze*, *Stimme*, *Ohr etc.*): ***~ true*** wahr klingen; **7.** *oft* ***~ out*** erklingen, -schallen (***with*** von), ertönen (*a. Schuss*): ***~ again*** widerhallen; **III** *v/t.* [*irr.*] **8.** *Glocke* läuten: ***~ the bell*** a) klingeln, läuten, b) *fig.* → ***bell***[1] 1; ***~ down*** (***up***) ***the curtain*** *thea.* den Vorhang nieder- (hoch)gehen lassen; ***~ in the new year*** das neue Jahr einläuten; ***~ s.o. up*** *teleph. bsd. Brit.* j-n *od.* bei j-m anrufen; **9.** erklingen lassen; *fig. j-s Lob* erschallen lassen.

ˈring|-aˌround-a-ˈros·y *s.* ,Ringelreihen' *n* (*Kinderspiel*); **~ bind·er** *s.* Ringbuch *n*; **~ com·pound** *s.* ⚗ Ringverbindung *f*; **ˈ~·dove** *s. orn.* **1.** Ringeltaube *f*; **2.** Lachtaube *f*.

ringed [rɪŋd] *adj.* **1.** beringt (*Hand etc.*); *fig.* verheiratet; **2.** *zo.* Ringel...

ring·er [ˈrɪŋə] *s.* **1.** Glöckner *m*; **2.** F a) *Pferderennen*: ,Ringer' *m vertauschtes Pferd*, b) *fig. a.* ***dead ~*** Doppelgänger(in), Double *n*, (genaues) Ebenbild, ,Zwilling' *m* (***for*** von *od. gen.*), c) (gestohlenes) Kfz mit falschem Kennzeichen.

ring| fence [ˌrɪŋˈfens] *s.* (vollständige) Umˈzäunung; **ˈ~-fence** *v/t.* **1.** einzäunen, umˈzäunen; **2.** *fig. Geld*, *Budget etc.* fest einplanen, festlegen; **3.** *fig. berufliche Stellung etc.* fest absichern.

ring·ing[1] [ˈrɪŋɪŋ] **I** *s.* **1.** (Glocken)Läuten *n*; **2.** Klinge(l)n *n*: ***he has a ~ in his ears*** ihm klingen die Ohren; **II** *adj.* □ **3.** klinge(l)nd, schallend: ***~ cheers*** brausende Hochrufe; ***~ laugh*** schallendes Gelächter; ***~ tone*** *teleph.* Rufzeichen *n*.

ring·ing[2] [ˈrɪŋɪŋ] *s. a.* ***car ~*** F *betrügerisches Abändern der Identität e-s Kfz durch Anbringen e-s falschen Kennzeichens.*

ˈringˌlead·er *s.* Rädelsführer *m*.

ring·let [ˈrɪŋlɪt] *s.* **1.** Ringlein *n*; **2.** (Ringel)Löckchen *n*.

ˈring|ˌmas·ter *s.* ˈZirkusdiˌrektor *m*; **~ road** *s. mot. bsd. Brit.* Ring-, Umˈge-

R

hungsstraße *f*; **'~·side** *s.*: ***at the ~*** *Boxen*: am Ring; ***~ seat*** Ringplatz *m*, *weitS.* guter Platz; ***have a ~ seat*** *fig.* die Sache aus nächster Nähe verfolgen (können); **~ snake** *s. zo.* Ringelnatter *f*.

ring·ster ['rɪŋstə] *s. Am.* F *bsd. pol.* Mitglied *n* e-s Ringes *od.* e-r Clique.

ring| wall *s.* Ringmauer *f*; **'~·worm** *s.* ⚕ Ringelflechte *f*.

rink [rɪŋk] *s.* **1.** a) (*bsd.* Kunst)Eisbahn *f*, b) Rollschuhbahn *f*; **2.** a) *Bowls*: Spielfeld *n*, b) *Curling*: Rink *m*, Bahn *f*.

rinse [rɪns] **I** *v/t.* **1.** *oft* ***~ out*** (ab-, aus-, nach)spülen; **2.** *Haare* tönen; **II** *s.* **3.** Spülung *f*: ***give s.th. a good ~*** et. gut (ab- *od.* aus)spülen; **4.** Spülmittel *n*; **5.** Tönung *f* (*Haar*); **'rins·ing** [-sɪŋ] *s.* **1.** (Aus)Spülen *n*, Spülung *f*; **2.** *mst pl.* Spülwasser *n*.

ri·ot ['raɪət] **I** *s.* **1.** *bsd.* ⚖ Aufruhr *m*, Zs.-rottung *f*: ***2 Act*** *hist. Brit.* Aufruhrakte *f*; ***read the 2 Act to*** *fig. humor. j-n* (ernstlich) warnen, *j-m* die Leviten lesen; ***~ call*** *Am.* Hilfeersuchen *n* (der Polizei bei Aufruhr *etc.*); ***~ gun*** Straßenkampfwaffe *f*; ***~ squad***, ***~ police*** Überfallkommando *n*; ***~ stick*** Schlagstock *m*; **2.** Tu'mult *m*, Aufruhr *m*, (*a. fig. der Gefühle*), Kra'wall *m* (*a.* = Lärm *m*); **3.** *fig.* Ausschweifung *f*, 'Orgie *f* (*a. weitS. in Farben etc.*): ***run ~*** a) (sich aus)toben, b) durchgehen (*Fantasie etc.*), c) *hunt.* e-e falsche Fährte verfolgen (*Hund*), d) ⚘ wuchern; ***he (it) is a ~*** F er (es) ist einfach ‚toll' *od.* ‚zum Schreien' (komisch); **II** *v/i.* **4.** a) an e-m Aufruhr teilnehmen, b) e-n Aufruhr anzetteln; **5.** randalieren, toben; **6.** *a. fig.* schwelgen (***in*** in *dat.*); **'ri·ot·er** [-tə] *s.* Aufrührer *m*; Randalierer *m*, Kra'wallmacher *m*; **'ri·ot·ous** [-təs] *adj.* □ **1.** aufrührerisch: ***~ assembly*** ⚖ Zs.-rottung *f*; **2.** tumultu'arisch, tobend; **3.** ausgelassen, wild (*a. Farbe etc.*); **4.** zügellos, toll.

R

rip [rɪp] **I** *v/t.* **1.** (zer)reißen, (-)schlitzen; *Naht etc.* (auf-, zer)trennen: ***~ off*** los-, wegreißen, *fig. sl.* sich *et.* ‚unter den Nagel reißen'; *Bank etc.* ausrauben; *j-n* ‚ausnehmen', neppen; ***~ up*** (*od.* ***open***) aufreißen, -schlitzen, -trennen; **II** *v/i.* **2.** reißen, (auf)platzen; **3.** F sausen: ***let her ~!*** gib Gas!; ***~ into*** *fig.* auf *j-n* losgehen; **4.** ***~ out with*** *Fluch etc.* ausstoßen; **III** *s.* **5.** Schlitz *m*, Riss *m*.

ri·par·i·an [raɪ'peərɪən] **I** *adj.* **1.** Ufer...: ***~ owner*** → 3; **II** *s.* **2.** Uferbewohner (-in); **3.** ⚖ Uferanlieger *m*.

'rip·cord *s.* ✈ Reißleine *f*.

ripe [raɪp] *adj.* □ **1.** reif (*Obst, Ernte etc.*); ausgereift (*Käse, Wein*); schlachtreif (*Tier*); *hunt.* abschussreif; ⚕ operati'onsreif (*Abszess etc.*): ***~ beauty*** *fig.* reife Schönheit; **2.** *körperlich, geistig* reif, voll entwickelt; **3.** *fig.* reif, gereift, (*Alter, Urteil etc.*); voll'endet (*Künstler etc.*); ausgereift (*Plan etc.*); **4.** (*zeitlich*) reif (***for*** für); **5.** reif, bereit, fertig (***for*** für); **6.** F deftig (*Witz etc.*); **'rip·en** [-pən] **I** *v/i.* **1.** *a. fig.* reifen, reif werden; **2.** sich (voll) entwickeln, her'anreifen (***into*** zu); **II** *v/t.* **3.** reifen lassen; **'ripe·ness** [-nɪs] *s.* Reife *f* (*a. fig.*).

'rip-off *s. sl.* **1.** a) Diebstahl *m*, b) Raub *m*; **2.** ‚Nepp' *m*, *allg.* ‚Beschiss' *m*.

ri·poste [rɪ'pɒst] **I** *s.* **1.** *fenc.* Ri'poste *f*, Nachstoß *m*; **2.** *fig.* a) schlagfertige Erwiderung, b) scharfe Antwort; **II** *v/i.* **3.** *fenc.* ripostieren; e-n Gegenstoß machen (*a. fig.*); **4.** *fig.* (schlagfertig *od.* hart) kontern.

rip·per ['rɪpə] *s.* **1.** ⚙ a) Trennmesser *n*, b) 'Trennma,schine *f*, c) → ***rip saw***; **2.** *sl.* a) 'Prachtexem,plar *n*, b) Prachtkerl *m*; **3.** *blutrünstiger Mörder*; **rip·ping** ['rɪpɪŋ] *obs. Brit. sl. adj.* □ prächtig, ‚prima', ‚toll'.

rip·ple[1] ['rɪpl] **I** *s.* **1.** kleine Welle(n *pl.*), Kräuselung *f* (*Wasser, Sand etc.*): ***~ of laughter*** *fig.* leises Lachen; ***cause a ~*** *fig.* ein kleines Aufsehen erregen; **2.** Rieseln *n*, (Da'hin)Plätschern *n* (*a. fig. Gespräch*); **3.** *fig.* Spiel(en) *n* (*der Muskeln etc.*); **II** *v/i.* **4.** kleine Wellen schlagen, sich kräuseln; **5.** rieseln, (da'hin-)plätschern (*a. fig. Gespräch*); **6.** *fig.* spielen (*Muskeln etc.*); **III** *v/t.* **7.** *Wasser etc.* leicht bewegen, kräuseln.

rip·ple[2] ['rɪpl] ⚙ **I** *s.* Riffelkamm *m*; **II** *v/t. Flachs* riffeln.

rip·ple| cloth *s.* Zibe'line *f* (*Wollstoff*); **~ cur·rent** *s.* ⚡ Brummstrom *m*; **~ finish** *s.* ⚙ Kräusellack *m*.

,rip|-'roar·ing *adj.* F ‚toll'; **~ saw** *s.* ⚙ Spaltsäge *f*; **'~,snort·er** [-,snɔːtə] *s. sl.* a) ‚tolle Sache', b) ‚toller Kerl'; **'~-,snort·ing** [-'snɔːtɪŋ] *adj. sl.* ‚toll'.

rise [raɪz] **I** *v/i.* [*irr.*] **1.** sich erheben, *vom Bett, Tisch etc.* aufstehen: ***~ (from the dead)*** *eccl.* (von den Toten) auferstehen; **2.** a) aufbrechen, b) die Sitzung schließen, sich vertagen; **3.** auf-, em'por-, hochsteigen (*Vogel, Rauch etc.*; *a. Geruch*; *a. fig. Gedanke, Zorn etc.*): ***the curtain ~s*** *thea.* der Vorhang geht auf; ***my hair ~s*** die Haare stehen mir zu Berge; ***her colo(u)r rose*** die Röte stieg ihr ins Gesicht; ***land ~s to view*** Land kommt in Sicht; ***spirits rose*** die Stimmung hob sich; ***the word rose to her lips*** das Wort kam ihr auf die Lippen; **4.** steigen, sich bäumen (*Pferd*): ***~ to a fence*** zum Sprung über ein Hindernis ansetzen; **5.** sich erheben, em'porragen (*Berg etc.*); **6.** aufgehen (*Sonne etc.*; *a. Saat, Teig*); **7.** (an)steigen (*Gelände etc.*; *a. Wasser*; *a. Temperatur etc.*); **8.** (an)steigen, anziehen (*Preise etc.*); **9.** ⚕ sich bilden (*Blasen*);

10. sich erheben, aufkommen (*Sturm*); **11.** sich erheben *od.* em'pören, revoltieren: **~ in arms** zu den Waffen greifen; **my stomach ~s against** (*od.* **at**) **it** mein Magen sträubt sich dagegen, (*a. fig.*) es ekelt mich an; **12.** *beruflich od. gesellschaftlich* aufsteigen: **~ in the world** vorwärts kommen, es zu et. bringen; **13.** *fig.* sich erheben: a) erhaben sein (**above** über *acc.*), b) sich em'porschwingen (*Geist*); → **occasion** 3; **14.** ♪ (an)steigen, anschwellen; **II** *v/t.* [*irr.*] **15.** aufsteigen lassen; *Fisch* an die Oberfläche locken; **16.** *Schiff* sichten; **III** *s.* **17.** (Auf)Steigen *n*, Aufstieg *m*; **18.** *ast.* Aufgang *m*; **19.** Auferstehung *f von den Toten*; **20.** Steigen *n* (*Fisch*), Schnappen *n* nach dem Köder: **get** (*od.* **take**) **a ~ out of s.o.** *sl.* j-n ‚auf die Palme bringen'; **21.** *fig.* Aufstieg *m* (*Person, Nation etc.*): **a young man on the ~** ein aufstrebender junger Mann; **22.** (An)Steigen *n*, Erhöhung *f* (*Flut, Temperatur etc.*; ✝ *Preise etc.*); *Börse*: Aufschwung *m*, Hausse *f*; *bsd. Brit.* Aufbesserung *f*, Lohn-, Gehaltserhöhung *f*: **buy for a ~** auf Hausse spekulieren; **on the ~** im Steigen (begriffen) (*Preise*); **23.** Zuwachs *m*, -nahme *f*: **~ in population** Bevölkerungszuwachs; **24.** Ursprung *m* (*a. fig. Entstehung*): **take** (*od.* **have**) **its ~** entspringen, entstehen; **25.** Anlass *m*: **give ~ to** verursachen, hervorrufen, erregen; **26.** a) Steigung *f* (*Gelände*), b) Anhöhe *f*, Erhebung *f*; **27.** Höhe *f*; ⚠ Pfeilhöhe *f* (*Bogen*); **ris·en** ['rɪzn] *p.p. von* **rise**; **'ris·er** [-zə] *s.* **1. early ~** Frühaufsteher (-in); **late ~** Langschläfer(in); **2.** Steigung *f e-r Treppenstufe*; **3.** a) ⚙ Steigrohr *n*, b) ⚡ Steigleitung *f*, c) *Gießerei*: Steiger *m*.

ris·i·bil·i·ty [ˌrɪzɪ'bɪlətɪ] *s.* **1.** *a. pl.* Lachlust *f*; **2.** Gelächter *n*; **ris·i·ble** ['rɪzɪbl] *adj.* **1.** lachlustig; **2.** Lach...: **~ muscles**; **3.** lachhaft.

ris·ing ['raɪzɪŋ] **I** *adj.* **1.** (an)steigend (*a. fig.*): **~ ground** (Boden)Erhebung *f*, Anhöhe *f*; **~ gust** Steigbö *f*; **~ main** a) ⚙ Steigrohr *n*, b) ⚡ Steigleitung *f*; **~ rhythm** *Metrik*: steigender Rhythmus; **2.** her'anwachsend, kommend (*Generation*); **3.** aufstrebend: **a ~ lawyer**; **II** *prp.* **4.** *Am.* F **~ of** a) (etwas) mehr als, b) genau; **III** *s.* **5.** Aufstehen *n*; **6.** (An-)Steigen *n* (*a. fig. Preise, Temperatur etc.*); **7.** Steigung *f*, Anhöhe *f*; **8.** *ast.* Aufgehen *n*; **9.** Aufstand *m*, Erhebung *f*; **10.** Steigerung *f*, Zunahme *f*; **11.** Aufbruch *m e-r Versammlung*; **12.** ⚕ a) Geschwulst *f*, b) Pustel *f*.

risk [rɪsk] **I** *s.* **1.** Wagnis *n*, Gefahr *f*, Risiko *n*: **at one's own ~** auf eigene Gefahr; **at the ~ of one's life** unter Lebensgefahr; **at the ~ of** (*ger.*) auf die Gefahr hin, zu (*inf.*); **be at ~** gefährdet sein, auf dem Spiel stehen; **put at ~** gefährden; **run the ~ of doing s.th.** Gefahr laufen, et. zu tun; **run** (*od.* **take**) **a ~** ein Risiko eingehen; **2.** ✝ a) Risiko *n*, Gefahr *f*, b) versichertes Wagnis (*Ware od. Person*): **~ capital** Risikokapital *n*; **~ spreading** Risikostreuung *f*; **security ~** *pol.* Sicherheitsrisiko; **II** *v/t.* **3.** riskieren, wagen, aufs Spiel setzen: **~ one's life**; **4.** *Verlust, Verletzung etc.* riskieren; **'risk·y** [-kɪ] *adj.* ☐ **1.** ris'kant, gewagt, gefährlich; **2.** → **risqué**.

ris·qué ['riːskeɪ] *adj.* gewagt, schlüpfrig: **a ~ story**.

ris·sole ['rɪsəʊl] (*Fr.*) *s. Küche*: Briso'lett *n*.

rite [raɪt] *s.* **1.** *bsd. eccl.* Ritus *m*, Zeremo'nie *f*, feierliche Handlung: **funeral ~s** Totenfeier *f*, Leichenbegängnis *n*; **last ~s** Sterbesakramente; **2.** *oft* ℒ *eccl.* Ritus *m*: a) Religi'onsform *f*, b) Litur'gie *f*; **3.** Gepflogenheit *f*, Brauch *m*.

rit·u·al ['rɪtʃʊəl] **I** *s.* **1.** *eccl. etc., a. fig.* Ritu'al *n*; **2.** *eccl.* Ritu'albuch *n*; **II** *adj.* ☐ **3.** ritu'al, Ritual...: **~ murder** Ritualmord *m*; **4.** ritu'ell, feierlich: **~ dance**.

ritz·y ['rɪtsɪ] *adj. sl.* **1.** ‚stinkvornehm', ‚feu'dal'; **2.** angeberisch.

ri·val ['raɪvl] **I** *s.* **1.** Ri'vale *m*, Ri'valin *f*, Nebenbuhler(in), Konkur'rent(in): **without a ~** *fig.* ohnegleichen, unerreicht; **II** *adj.* **2.** rivalisierend, wetteifernd: **~ firm** ✝ Konkurrenzfirma *f*; **III** *v/t.* **3.** rivalisieren *od.* wetteifern *od.* konkurrieren mit, *j-m* den Rang streitig machen; **4.** *fig.* es aufnehmen mit; gleichkommen (*dat.*); **'ri·val·ry** [-rɪ] *s.* **1.** Rivali'tät *f*, Nebenbuhlerschaft *f*; **2.** Wettstreit *m*, -eifer *m*, Konkur'renz *f*: **enter into ~ with s.o.** j-m Konkurrenz machen.

rive [raɪv] **I** *v/t.* [*irr.*] **1.** (zer)spalten; **2.** *poet.* zerreißen; **II** *v/i.* [*irr.*] **3.** sich spalten; *fig.* brechen (*Herz*); **riv·en** ['rɪvən] *p.p. von* **rive**.

riv·er ['rɪvə] *s.* **1.** Fluss *m*, Strom *m*: **~ police** Wasserschutzpolizei *f*; **the ~ Thames** die Themse; **Hudson** ℒ der Hudson; **down the ~** stromab(wärts); **sell s.o. down the ~** F j-n ‚verkaufen'; **up the ~** a) stromauf(wärts), b) *Am.* F in den *od.* im ‚Knast'; **2.** *fig.* Strom *m*, Flut *f*.

riv·er·ain ['rɪvəreɪn] **I** *adj.* Ufer..., Fluss...; **II** *s.* Ufer- *od.* Flussbewohner(in).

riv·er| ba·sin *s. geol.* Einzugsgebiet *n*; **'~·bed** *s.* Flussbett *n*; **~ dam** *s.* Staudamm *m*, Talsperre *f*; **'~·front** *s.* (Fluss-)Hafenviertel *n*; **'~·head** *s.* (Fluss)Quelle *f*, Quellfluss *m*; **~ horse** *s. zo.* Flusspferd *n*.

R

riv·er·ine ['rɪvəraɪn] *adj.* am Fluss (gelegen *od.* wohnend); Fluss...
riv·er| po·lice *s.* 'Wasserschutzpoli,zei *f*; '**~·side I** *s.* Flussufer *n*; **II** *adj.* am Ufer (gelegen), Ufer...
riv·et ['rɪvɪt] **I** *s.* ⚙ **1.** Niete *f*, Niet *m*: **~ *joint*** Nietverbindung *f*; **II** *v/t.* **2.** ⚙ (ver)nieten; **3.** befestigen (***to*** an *dat.*); **4.** *fig.* a) *Blick, Aufmerksamkeit* heften, richten (***on*** auf *acc.*), b) *Aufmerksamkeit, a. j-n* fesseln: ***stand ~ed to the spot*** wie angewurzelt stehen bleiben; '**riv·et·ing** [-tɪŋ] *s.* ⚙ **1.** Nietnaht *f*; **2.** (Ver)Nieten *n*: **~ *hammer*** Niethammer *m*.
riv·u·let ['rɪvjʊlɪt] *s.* Flüsschen *n*.
roach¹ [rəʊtʃ] *s. ichth.* Plötze *f*, Rotauge *n*: ***sound as a ~*** kerngesund.
roach² [rəʊtʃ] *s.* ⚓ Gilling *f*.
roach³ [rəʊtʃ] *bsd. Am.* → ***cockroach***.
road [rəʊd] **I** *s.* **1.** a) (Land)Straße *f*, b) Weg *m* (*a. fig.*), c) Strecke *f*, d) Fahrbahn *f*: ***by ~*** a) auf dem Straßenweg, b) per Achse, mit dem Fahrzeug; ***on the ~*** a) auf der Straße, b) auf Reisen, unterwegs, c) *thea.* auf Tournee; ***hold the ~ well*** *mot.* e-e gute Straßenlage haben; ***take*** (*sl.* ***hit***) ***the ~*** aufbrechen; ***rule of the ~*** Straßenverkehrsordnung *f*; ***the ~ to success*** *fig.* der Weg zum Erfolg; ***be in s.o.'s ~*** *fig.* j-m im Wege stehen; **~ *up!*** Straßenarbeiten!; **2.** *mst pl.* ⚓ Reede *f*; **3.** 🚂 *Am.* Bahn(strecke) *f*; **4.** ⚒ Förderstrecke *f*; **II** *adj.* **5.** Straßen..., Weg...: **~ *conditions*** Straßenzustand *m*; **~ *haulage*** Güterkraftverkehr *m*; **~ *junction*** Straßenknotenpunkt *m*, -einmündung *f*; **~ *sign*** Straßenschild *n*, Wegweiser *m*.
road·a·bil·i·ty [,rəʊdə'bɪlətɪ] *s. mot.* Fahreigenschaften *pl.*; *engS.* Straßenlage *f*.
road| ac·ci·dent *s.* Verkehrsunfall *m*; '**~·bed** *s.* a) 🚂 Bahnkörper *m*, b) Straßenbettung *f*; '**~·block** *s.* **1.** Straßensperre *f*; **2.** Verkehrshindernis *n*; **3.** *fig.* Hindernis *n*; '**~·book** *s.* Reisehandbuch *n*; **~ haul·age** *s.* Güterkraftverkehr *m*; **~ hog** *s.* Verkehrsrowdy *m* (*rücksichtsloser Fahrer*); '**~,hold·ing** *s. mot.* Straßenlage *f*; **~ hole** *s.* Schlagloch *n*; **~ house** *s.* Rasthaus *n*; '**~·man** [-mən] *s.* [*irr.*] **1.** Straßenarbeiter *m*; **2.** Straßenhändler *m*; **~ man·ag·er** *s.* Roadmanager *m* (*e-r Rockgruppe*); **~ map** *s.* Straßen-, Autokarte *f*; **~ met·al** *s.* Straßenbeschotterung *f*, -schotter *m*; **~ rage** *s.* Aggressivi'tät *f* (*od.* aggres'sives Verhalten) im Straßenverkehr; **~ rag·er** *s.* aggressive(r) Straßenverkehrsteilnehmer(in); **~ roll·er** *s.* ⚙ Straßenwalze *f*; **~ sense** *s. mot.* Fahrverstand *m*; '**~·side I** *s.* (***by the ~*** am) Straßenrand *m*; **II** *adj.* an der Landstraße (gelegen): **~ *inn***; '**~·stead** *s.* ⚓ Reede *f*.
road·ster ['rəʊdstə] *s.* **1.** *Am.* Roadster *m*, (offener) Sportzweisitzer; **2.** *sport* (starkes) Tourenrad.
road| tank·er *s. mot.* Tankwagen *m*; **~ tax** *s. Brit.* 'Kraftfahrzeugsteuer *f*; **~ test** *mot. s.* Probefahrt *f*; '**~-test** *v/t. ein Auto* Probe fahren; **~ toll** *s.* Straßenbenutzungsgebühr *f*, Maut(gebühr) *f*; **~ us·er** *s.* Verkehrsteilnehmer(in); '**~·way** *s.* Fahrdamm *m*, -bahn *f*; '**~·work** *s. sport* Lauftraining *n*; **~ works** *s. pl.* Straßenarbeiten *pl.*, Baustelle *f auf e-r Straße*; '**~,wor·thi·ness** *s. mot.* Verkehrssicherheit *f* (*Auto*); '**~,wor·thy** *adj. mot.* verkehrssicher (*Auto*).
roam [rəʊm] **I** *v/i. a.* **~ *about*** (um'her-)streifen, (-)wandern; **II** *v/t.* durch'streifen (*a. fig. Blick etc.*); **III** *s.* Wandern *n*, Um'herstreifen *n*.
roan [rəʊn] **I** *adj.* **1.** rötlich grau; **2.** gefleckt; **II** *s.* **3.** Rotgrau *n*; **4.** *zo.* a) Rotschimmel *m*, b) rotgraue Kuh; **5.** Schafleder *n*.
roar [rɔː] **I** *v/i.* **1.** brüllen: **~ *at*** a) *j-n* anbrüllen, b) über *et.* schallend lachen; **~ *with*** vor *Schmerz, Lachen etc.* brüllen; **2.** *fig.* tosen, toben, brausen (*Wind, Meer*); krachen, (g)rollen (*Donner*); (er)dröhnen, donnern (*Geschütz, Motor etc.*); brausen, donnern (*Fahrzeug*); **3.** *vet.* keuchen (*Pferd*); **II** *v/t.* **4.** *et.* brüllen: **~ *out*** *Freude, Schmerz etc.* hinausbrüllen; **~ *s.o. down*** j-n niederschreien; **III** *s.* **5.** Brüllen *n*, Gebrüll *n* (*a. fig.*): ***set the table in a ~*** (***of laughter***) bei der Gesellschaft schallendes Gelächter hervorrufen; **6.** *fig.* Tosen *n*, Toben *n*, Brausen *n* (*Wind, Meer*); Krachen *n*, Rollen *n* (*Donner*); Donner *m* (*Geschütze*); Dröhnen *n*, Lärm *m* (*Motor, Maschinen etc.*); Getöse *n*; '**roar·ing** [-rɪŋ] **I** *adj.* ☐ **1.** brüllend (*a. fig.* ***with*** vor *dat.*); **2.** lärmend, laut; **3.** tosend (*etc.* → ***roar*** 2); **4.** brausend, stürmisch (*Nacht, Fest*); **5.** a) großartig, ‚fan'tastisch': ***a ~ business*** (*od.* ***trade***) ein schwunghafter Handel, ein ‚Bombengeschäft'; ***in ~ health*** vor Gesundheit strotzend, b) ‚wild', ‚fa'natisch': ***a ~ Christian***; **II** *s.* **6.** → ***roar*** 5 *u.* 6; **7.** *vet.* Keuchen *n* (*Pferd*).
roast [rəʊst] **I** *v/t.* **1.** *Fleisch etc.* braten, rösten; schmoren: ***be ~ed alive*** a) bei lebendigem Leibe verbrannt werden *od.* verbrennen, b) *fig.* vor Hitze fast umkommen; **2.** *Kaffee etc.* rösten; **3.** *metall.* rösten, abschwelen; **4.** F a) ‚durch den Kakao ziehen', b) ‚verreißen' (*kritisieren*); **II** *v/i.* **5.** rösten, braten; schmoren (*a. fig. in der Sonne etc.*): ***I am simply ~ing*** *fig.* mir ist wahnsinnig heiß; **III** *s.* **6.** Braten *m*; → ***rule*** 13; **IV** *adj.* **7.** geröstet, gebraten,

R

Röst...: ~ ***beef*** Rinderbraten *m*; ~ ***meat*** Braten *m*; ~ ***pork*** Schweinebraten *m*; **'roast·er** [-tə] *s.* **1.** Röster *m*, 'Röstappa,rat *m*; **2.** *metall.* Röstofen *m*; **3.** Spanferkel *n*, Brathähnchen *n etc.*; **'roast·ing** [-tɪŋ] *s.*: ***give s.o. a.*** ~ F a) → ***roast*** 4, b) j-n ,total niedermachen'.

rob [rɒb] *v/t.* **1.** a) *et.* rauben, stehlen, b) *Haus etc.* ausrauben, (-)plündern, c) *fig.* berauben (***of*** *gen.*); **2.** *j-n* berauben: ~ ***s.o. of*** a) j-n *e-r Sache* berauben (*a. fig.*), b) *fig.* j-n um *et.* bringen, j-m *et.* nehmen; **rob·ber** ['rɒbə] *s.* Räuber *m*; **rob·ber·y** ['rɒbərɪ] *s.* **1.** *a.* ⚖ Raub *m* (***from*** an *dat.*); 'Raub,überfall *m*; **2.** *fig.* ,Diebstahl' *m*, ,Beschiss' *m*.

robe [rəʊb] **I** *s.* **1.** (Amts)Robe *f*, Ta'lar *m* (*Geistlicher, Richter etc.*): ~***s*** Amtstracht *f*; ***state*** ~ Staatskleid *n*; (***the gentlemen of***) ***the*** (***long***) ~ *fig.* die Juristen; **2.** Robe *f*: a) wallendes Gewand, b) Festkleid *n*, c) Abendkleid *n*, d) ✝ *einteiliges Damenkleid*, e) Bademantel *m*; **3.** *bsd.* Taufkleid *n* (*Säugling*); **II** *v/t.* **4.** *j-n* (feierlich an)kleiden, *j-m* die Robe anlegen; **5.** *fig.* (ein)hüllen; **III** *v/i.* **6.** die Robe anlegen.

rob·in ['rɒbɪn] *s.* **1.** *a.* ~ ***redbreast*** *orn.* a) Rotkehlchen *n*, b) amer. Wanderdrossel *f*; **2.** → ***round robin***.

rob·o·rant ['rɒbərənt] ⚕ **I** *adj.* stärkend; **II** *s.* Stärkungsmittel *n*, Roborans *n*.

ro·bot ['rəʊbɒt] **I** *s.* **1.** Roboter *m* (*a. fig.*), ⚙ *a.* Auto'mat *m*; **2.** *a.* ~ ***bomb*** ⚔ V-Geschoss *n*; **II** *adj.* **3.** auto'matisch: ~ ***pilot*** ✈ Selbststeuergerät *n*.

ro·bot·ics [rəʊ'bɒtɪks] *s. pl. sg. konstr.* Robotertechnik *f*.

ro·bust [rəʊ'bʌst] *adj.* ☐ **1.** ro'bust: a) kräftig, stark (*Gesundheit, Körper, Person etc.*), b) kernig, gerade (*Geist*), c) derb (*Humor*); **2.** ⚙ sta'bil, 'widerstandsfähig; **3.** hart, schwer (*Arbeit etc.*); **ro'bust·ness** [-nɪs] *s.* Ro'bustheit *f*.

roc [rɒk] *s. myth.* (Vogel *m*) Rock *m*.

rock¹ [rɒk] *s.* **1.** Fels *m* (*a. fig.*), Felsen *m*; *coll.* Felsen *pl.*, (Fels)Gestein *n*: ***the*** ♀ *geogr.* Gibraltar; ***volcanic*** ~ *geol.* vulkanisches Gestein; (***as***) ***firm as a*** ~ *fig.* wie ein Fels, zuverlässig; **2.** Klippe *f* (*a. fig.*): ***on the*** ~***s*** a) F ,pleite', in Geldnot, b) F ,kaputt', in die Brüche gegangen (*Ehe etc.*), c) on the rocks, mit Eiswürfeln (*Getränk*); ***see*** ~***s ahead*** mit Schwierigkeiten rechnen; **3.** *Am.* Stein *m*: ***throw*** ~***s at s.o.***; **4.** Pfefferminzstange *f*; **5.** *sl.* Stein, *bsd.* Diamant *m*, *pl.* ,Klunkern' *pl.*; **6.** *Am. sl.* a) Geldstück *n*, *bsd.* Dollar *m*, b) *pl.* ,Kies' *m* (*Geld*); **7.** *pl.* V ,Eier' *pl.* (*Hoden*).

rock² [rɒk] **I** *v/t.* **1.** wiegen, schaukeln; *Kind* (in den Schlaf) wiegen: ~ ***in security*** *fig. j-n* in Sicherheit wiegen; **2.** ins Wanken bringen, erschüttern: ~ ***the boat*** *fig.* die Sache gefährden; **3.** *Sieb, Sand etc.* rütteln; **II** *v/i.* **4.** (sich) schaukeln, sich wiegen; **5.** (sch)wanken, wackeln, taumeln (*a. fig.*); **6.** ♪ a) Rock 'n' Roll tanzen, b) ,rocken' (*spielen*); **III** *s.* **7.** → ***rock 'n' roll***.

rock| and roll [,rɒkən'rəʊl] → ***rock 'n' roll***; ~ **bed** Felsengrund *m*; ~ **bot·tom** *s. fig.* Tief-, Nullpunkt *m*: ***get down to*** ~ der Sache auf den Grund gehen; ***his supplies touched*** ~ s-e Vorräte waren erschöpft; ,~-'**bot·tom** *adj.* F allerniedrigst, äußerst (*Preis etc.*); '~-**bound** *adj.* von Felsen um'schlossen; ~ **cake** *s.* hart gebackenes Plätzchen; ~ **can·dy** → ***rock¹*** 4; ~ **climb·ing** *s.* Felsenklettern *n*; ~ **cork** *s. min.* 'Bergas,best *m*, -kork *m*; ~ **crys·tal** *s. min.* 'Bergkri,stall *m*; ~ **de·bris** *s. geol.* Felsgeröll *n*; ~ **draw·ings** *s. pl.* Felszeichnungen *pl.*; ~ **drill** *s.* ⚙ Steinbohrer *m*.

rock·er ['rɒkə] *s.* **1.** Kufe *f* (*Wiege etc.*): ***off one's*** ~ *sl.* ,übergeschnappt', verrückt; **2.** a) Schaukelpferd *n*, b) *Am.* Schaukelstuhl *m*; **3.** ⚙ a) Wippe *f*, b) Wiegemesser *n*, c) Schwing-, Kipphebel *m*; **4.** Schwingtrog *m* (*zur Goldwäsche*); **5.** *Eislauf*: a) Holländer(schlittschuh) *m*, b) Kehre *f*; **6.** *pl. Brit.* Rocker *pl.*, ,Lederjacken' *pl.* (*Jugendliche*); ~ **arm** *s.* ⚙ Kipphebel *m*; ~ **switch** *s.* ⚡ Wippschalter *m*.

rock·er·y ['rɒkərɪ] *s.* Steingarten *m*.

rock·et¹ ['rɒkɪt] **I** *s.* **1.** *allg.* Ra'kete *f*; **2.** *fig.* F ,Zi'garre' *f*, Anpfiff *m*; **II** *adj.* **3.** Raketen...: ~ ***bomb***; ~ ***aircraft***, ~-***driven airplane*** Raketenflugzeug *n*; ~-***assisted take-off*** ✈ Raketenstart *m*; **III** *v/i.* **4.** (wie e-e Ra'kete) hochschießen; **5.** ✝ hochschnellen (*Preise*); **6.** *fig.* e-n ko'metenhaften Aufstieg nehmen; **IV** *v/t.* **7.** ⚔ mit Raketen beschießen; **8.** mit e-r Ra'kete *in den Weltraum etc.* befördern.

rock·et² ['rɒkɪt] *s.* ♀ **1.** 'Nachtvi,ole *f*; **2.** Rauke *f*; **3.** → ~ ***salad***; **4.** *a.* ~ ***cress*** (echtes) Barbarakraut.

rock·et·eer [,rɒkɪ'tɪə] *s.* ⚔ **1.** Ra'ketenkano,nier *m od.* -pi,lot *m*; **2.** Ra'ketenforscher *m*, -fachmann *m*.

rock·et| jet *s.* Ra'ketentriebwerk *n*; ~ **launch·er** *s.* ⚔ Ra'ketenwerfer *m*; '~-**-,launch·ing site** *s.* ⚔ Ra'ketenabschussbasis *f*; '~-,**pow·ered** *adj.* mit Ra'ketenantrieb; ~ **pro·jec·tor** *s.* ⚔ (Ra'keten)Werfer *m*.

rock·et·ry ['rɒkɪtrɪ] *s.* **1.** Ra'ketentechnik *f od.* -forschung *f*; **2.** *coll.* Ra'keten *pl.*

rock·et sal·ad *s.* ♀ Senfkohl *m*.

rock| flour *s. min.* Bergmehl *n*; ~ **garden** *s.* Steingarten *m*; ~ **group** *s.* ♪ 'Rockgruppe *f*, -band *f*.

rock·i·ness ['rɒkɪnɪs] *s.* felsige *od.* steinige Beschaffenheit.

R

rock·ing| chair ['rɒkɪŋ] *s.* Schaukelstuhl *m*; ~ **horse** *s.* Schaukelpferd *n*; ~ **le·ver** *s.* Schwinghebel *m*.

rock| leath·er → ***rock cork***; ~ **'n' roll** [ˌrɒkən'rəʊl] *s.* Rock 'n' Roll *m* (*Musik u. Tanz*); ~ **oil** *s.* Stein-, Erdöl *n*, Petroleum *n*; ~ **plant** *s.* ⚘ Felsen-, Alpen-, Steingartenpflanze *f*; '~**·rose** *s.* ⚘ Zistrose *f*; ~ **salt** *s.* ⚒ Steinsalz *n*; '~**·slide** *s.* Steinschlag *m*, Felssturz *m*; '~**·wood** *s. min.* 'Holzasˌbest *m*; '~**·work** *s.* **1.** Gesteinsmasse *f*; **2.** a) Steingarten *m*, b) Grottenwerk *n*; **3.** ⚠ Quaderwerk *n*.

rock·y[1] ['rɒkɪ] *adj.* **1.** felsig; **2.** steinhart (*a. fig.*).

rock·y[2] ['rɒkɪ] *adj.* ☐ F wack(e)lig (*a. fig.*), wankend.

ro·co·co [rəʊ'kəʊkəʊ] **I** *s.* **1.** Rokoko *n*; **II** *adj.* **2.** Rokoko...; **3.** verschnörkelt, über'laden.

rod [rɒd] *s.* **1.** Rute *f*, Gerte *f*; *a. fig. bibl.* Reis *n*; **2.** (Zucht)Rute *f* (*a. fig.*): ***have a ~ in pickle for s.o.*** mit j-m noch ein Hühnchen zu rupfen haben; ***kiss the ~*** sich unter die Rute beugen; ***make a ~ for one's own back*** *fig.* sich die Rute selber flechten; ***spare the ~ and spoil the child*** wer die Rute spart, verzieht das Kind; **3.** a) Zepter *n*, b) Amtsstab *m*, c) *fig.* Amtsgewalt *f*, d) *fig.* Knute *f*, Tyran'nei *f*; → ***Black Rod***; **4.** (Holz)Stab *m*, Stock *m*; **5.** ⚙ (Rund-)Stab *m*, (Treib-, Verbindungs- *etc.*) Stange *f*: ~ ***aerial*** ⚡ Stabantenne *f*; *Kernkraft*: Brennstab *m*; **6.** a) Angelrute *f*, b) Angler *m*; **7.** Messlatte *f*, -stab *m*; **8.** a) Rute *f* (*Längenmaß*), b) Quadratrute *f* (*Flächenmaß*); **9.** *Am. sl.* ‚Ka'none' *f* (*Pistole*); **10.** *anat.* Stäbchen *n* (*Netzhaut*); **11.** *biol.* 'Stäbchenbakˌterie *f*; **12.** *Am. sl.* → ***hot rod***.

rode [rəʊd] *pret. von* **ride**.

ro·dent ['rəʊdənt] **I** *adj.* **1.** *zo.* nagend; Nage...: ~ ***teeth***; **2.** ⚕ fressend (*Geschwür*); **II** *s.* **3.** Nagetier *n*.

ro·de·o [rəʊ'deɪəʊ] *pl.* **-s** *s. Am.* Ro'deo *m, n*: a) Zs.-treiben *n* von Vieh, b) *Sammelplatz für diesen Zweck*, c) 'Cowboyturˌnier *n*, Wildwestvorführung *f*, d) 'Motorrad-, 'Autoroˌdeo *m, n*.

roe[1] [rəʊ] *s. zo.* **1.** *a.* ***hard ~*** Rogen *m*, Fischlaich *m*: ~ ***corn*** Fischei *n*; **2.** *a.* ***soft ~*** Milch *f*; **3.** Eier *pl.* (*vom Hummer etc.*).

roe[2] [rəʊ] *pl.* **roes**, *coll.* **roe** *s. zo.* **1.** Reh *n*; **2.** a) Ricke *f* (*weibliches Reh*), b) Hirschkuh *f*; '~**·buck** *s.* Rehbock *m*; ~ **deer** *s.* Reh *n*.

roent·gen → ***röntgen***.

ro·ga·tion [rəʊ'geɪʃn] *s. eccl.* a) (Für-)Bitte *f*, ('Bitt)Litaˌnei *f*, b) *mst pl.* Bittgang *m*: ♀ ***Sunday*** Sonntag *m* Rogate; ♀ ***week*** Himmelfahrts-, Bittwoche *f*;

rog·a·to·ry ['rɒgətərɪ] *adj.* ⚖ Untersuchungs...: ~ ***commission***; ***letters ~*** Amtshilfeersuchen *n*.

rog·er ['rɒdʒə] *int.* **1.** *Funk*: Roger!, Verstanden!; **2.** F in Ordnung!

rogue [rəʊg] *s.* **1.** Schurke *m*, Gauner *m*: ***~s' gallery*** Verbrecheralbum *n*; **2.** *humor.* Schelm *m*, Schlingel *m*, Spitzbube *m*; **3.** ⚘ a) aus der Art schlagende Pflanze, b) 'Missbildung *f*; **4.** *zo. a.* ~ ***elephant***, ~ ***buffalo*** *etc.* bösartiger Einzelgänger; **5.** *Pferderennen*: a) bockendes Pferd, b) Ausreißer *m* (*Pferd*); '**ro·guer·y** [-gərɪ] *s.* **1.** Schurke'rei *f*, Gaune'rei *f*; **2.** Spitzbübe'rei *f*; '**roguish** [-gɪʃ] *adj.* ☐ **1.** schurkisch; **2.** schelmisch, schalkhaft, spitzbübisch.

roil [rɔɪl] **I** *v/i.* **1.** tosen, brausen (*Wasser*); **II** *v/t.* **2.** *Wasser etc.* aufwühlen; **3.** *bsd. Am.* ärgern, reizen: ***be ~ed at*** aufgebracht sein über (*acc.*).

roist·er ['rɔɪstə] *v/i.* **1.** kra'keelen; **2.** aufschneiden, prahlen; '**roist·er·er** [-tərə] *s.* **1.** Kra'keeler *m*; **2.** Großmaul *n*.

role [rəʊl] *s. thea. u. fig.* Rolle *f*: ***play a ~*** e-e Rolle spielen; ~ **play(·ing)** *s. ped., psych.* Rollenspiel *n*; ~ **swap·ping** *s.* Rollentausch *m*.

roll [rəʊl] **I** *s.* **1.** (*Haar-, Kragen-, Papier- etc.*)Rolle *f*; **2.** a) *hist.* Schriftrolle *f*, Perga'ment *n*, b) Urkunde *f*, c) (*bsd.* Namens)Liste *f*, Verzeichnis *n*, d) ⚖ Anwaltsliste *f*: ~ ***of hono(u)r*** Ehrenliste, -tafel *f* (*bsd. der Gefallenen*); ***the ♀s*** Staatsarchiv *n* (*Gebäude in London*); ***call the ~*** die (Namens- *od.* Anwesenheits)Liste verlesen, Appell abhalten; ***strike s.o. off the ~*** j-n von der Anwaltsliste streichen; → ***master*** 13; **3.** ⚠ a) *a.* ~ ***mo(u)lding*** Rundleiste *f*, Wulst *m*, b) *antiq.* Vo'lute *f*; **4.** ⚙ Rolle *f*, Walze *f*; **5.** Brötchen *n*, Semmel *f*; **6.** (*bsd.* 'Fleisch)Rouˌlade *f*; **7.** *sport* Rolle *f* (*a.* ✈ *Kunstflug*); **8.** ⚓ Rollen *n*, Schlingern *n* (*Schiff*); **9.** wiegender Gang, Seemannsgang *m*; **10.** Fließen *n*, Fluss *m* (*des Wassers*; *a. fig. der Rede, von Versen etc.*); **11.** (*Orgel- etc.*)Brausen *n*; (*Donner*)Rollen *n*; (*Trommel-*)Wirbel *m*; Dröhnen *n* (*Stimme etc.*); Rollen *n*, Trillern *n* (*Vogel*); **12.** *Am. sl.* a) Geldscheinbündel *n*, b) *fig.* (*e-e* Masse) Geld *n*; **II** *v/i.* **13.** rollen (*Ball etc.*): ***start ~ing*** ins Rollen kommen; **14.** rollen, fahren (*Fahrzeug*); **15.** *a.* ~ ***along*** sich (da'hin)wälzen, da'hinströmen (*Fluten*) (*a. fig.*); **16.** da'hinziehen (*Gestirn, Wolken*); **17.** sich wälzen: ***be ~ing in money*** F im Geld schwimmen; **18.** *sport*, *a.* ✈ e-e Rolle machen; **19.** ⚓ schlingern; **20.** wiegend gehen: ***~ing gait*** → 9; **21.** (g)rollen (*Donner*); brausen (*Orgel*); dröhnen (*Stimme*); wirbeln (*Trommel*); trillern (*Vogel*); **22.** a) ⚙ sich walzen lassen, b) *typ.* sich verteilen

R

(*Druckfarbe*); **III** *v/t.* **23.** *Fass, Rad etc., a. Augen* rollen; (her'um)wälzen, (-)drehen: **~ *a problem round in one's mind*** *fig.* ein Problem wälzen; *Film:* **~ *film!*, ~ *it*** *Am.* Kamera an!; **24.** *Wagen etc.* rollen, fahren, schieben; **25.** *Wassermassen* wälzen (*Fluss*); **26.** (zs.-, auf-, ein)rollen, (-)wickeln; **27.** *Teig* (aus)rollen; *Zigarette* drehen; *Schneeball etc.* formen: **~*ed ham*** Rollschinken *m*; **28.** ⚙ *Metalle* walzen, strecken; *Rasen, Straße* walzen: **~*ed glass*** gezogenes Glas; **~*ed gold*** Walzgold *n*, Golddublee *n*; **~*ed iron*** (*od.* ***products***) Walzeisen *n*; **~ *on*** *et.* aufwalzen; **29.** *typ.* a) *Papier* ka'landern, glätten, b) *Druckfarbe* auftragen; **30.** rollen(d sprechen): **~ *one's r's*; ~*ed r*** Zungen-R *n*; **31.** *Trommel* wirbeln; **32.** ⚓ *Schiff* zum Rollen bringen; **33.** *Körper etc. beim Gehen* wiegen; **34.** *Am. sl. Betrunkenen etc.* ausplündern;

Zssgn mit adv.:

roll| back *v/t. fig.* her'unterschrauben, reduzieren; **~ in** *v/i.* **1.** *fig.* her'einströmen, eintreffen (*Angebote, Geld etc.*); **2.** F schlafen gehen; **~ out** *v/t.* **1.** *metall.* auswalzen, strecken; **2.** *Teig* ausrollen; **3.** a) *Lied etc.* (hin'aus)schmettern, b) *Verse* deklamieren; **~ o·ver** *v/t.* (*v/i.* sich) he'rumwälzen, -drehen; **~ up I** *v/i.* **1.** (her)'anrollen, (-)'anfahren; F vorfahren; **2.** F ‚aufkreuzen', auftauchen; **3.** sich zs.-rollen; **4.** *fig.* sich ansammeln *od.* (-)häufen; **II** *v/t.* **5.** her'anfahren; **6.** aufrollen, -wickeln; **7.** ⚔ *gegnerische Front* aufrollen; **8.** *sl.* ansammeln: **~ *a fortune***.

'roll|·back *s. Am.* **1.** ⚔ Zu'rückwerfen *n* (*des Feinds*); **2.** ✝ Zu'rückschrauben *n* (*der Preise*); **3.** *fig.* Rückgang *m*; **'~·bar** *s. mot.* 'Überrollbügel *m*; **~ call** *s.* **1.** Namensaufruf *m*: **~ (*vote*)** *pol.* namentliche Abstimmung; **2.** ⚔ 'Anwesenheitsap,pell *m*.

roll·er ['rəʊlə] *s.* **1.** ⚙ a) Walzwerkarbeiter *m*, b) Fördermann *m*; **2.** (Stoff-, Garn- *etc.*)Rolle *f*; **3.** ⚙ a) (Gleit-, Lauf-, Führungs)Rolle *f*, b) (Gleit)Rolle *f*, Rädchen *n* (*unter Möbeln, an Rollschuhen etc.*); **4.** a) Walze *f*, b) Zy'linder *m*, Trommel *f*; **5.** *typ.* Druckwalze *f*; **6.** Rollstab *m* (*Landkarte etc.*); **7.** ⚓ Roller *m*, Sturzwelle *f*; **8.** *orn.* a) Flug-, Tümmlertaube *f*, b) *e-e* Racke: ***common* ~** Blauracke, c) Harzer Roller *m*; **~ band·age** *s.* ⚕ Rollbinde *f*; **~ bear·ing** *s.* ⚙ Rollen-, Wälzlager *n*; **~ clutch** *s.* ⚙ Rollen-, Freilaufkupplung *f*; **~ coast·er** *s.* Achterbahn(wagen *m*) *f*; **~ mill** *s.* ⚙ **1.** Mahl-, Quetschwerk *n*; **2.** → ***rolling mill***; **~ skate** *s.* Rollschuh *m*; **'~-skate** *v/i.* Rollschuh laufen; **~ skating** *s.* Rollschuhlaufen *n*; **~ tow·el** *s.* Rollhandtuch *n*.

roll| film *s. phot.* Rollfilm *m*; **'~-front cab·i·net** *s.* Rollschrank *m*.

rol·lick ['rɒlɪk] *v/i.* **1.** a) ausgelassen *od.* 'übermütig sein, b) her'umtollen; **2.** das Leben genießen; **'rol·lick·ing** [-kɪŋ] *adj.* ausgelassen, 'übermütig.

roll·ing ['rəʊlɪŋ] **I** *s.* **1.** Rollen *n*; **2.** Da'hinfließen *n* (*Wasser etc.*); **3.** Rollen *n* (*Donner*); Brausen *n* (*Wasser*); **4.** *metall.* Walzen *n*, Strecken *n*; **5.** ⚓ Schlingern *n*; **II** *adj.* **6.** rollend *etc.*; → ***roll*** II; **~ bar·rage** *s.* ⚔ Feuerwalze *f*; **~ cap·i·tal** *s.* ✝ Be'triebskapi,tal *n*; **~ chair** *s.* ⚕ Rollstuhl *m*; **~ kitch·en** *s.* ⚔ Feldküche *f*; **~ mill** *s.* ⚙ **1.** Walzwerk *n*, Hütte *f*; **2.** 'Walzma,schine *f*; **3.** Walz(en)straße *f*; **~ pin** *s.* Nudel-, Wellholz *n*; **~ press** *s.* ⚙ **1.** Walzen-, Rotati'onspresse *f*; **2.** *Papierfabrikation*: Sati'nierma,schine *f*; **~ stock** *s.* 🚂 rollendes Materi'al, Betriebsmittel *pl.*; **~ stone** *s. fig.* Zugvogel *m*: ***a* ~ *gathers no moss*** wer rastet, der rostet; **~ ti·tle** *s. Film*: Rolltitel *m*.

roll| lathe *s.* ⚙ Walzendrehbank *f*; **'~·mop** *s.* Rollmops *m*; **'~·neck** *s.* 'Rollkragen(pul,lover) *m*; **'~-on** *s.* **1.** E'lastikschlüpfer *m*; **2.** Deorollstift *m*; **'~-out** *s.* **1.** ✈ Ausrollen *n* (*nach der Landung*); **2.** ✈ 'Roll-out *m* (*Präsentation e-s neuen Flugzeugs*); **3.** Präsentati'on *f od.* Vorstellung *f e-s neuen Produktes*; **'~-top desk** *s.* Rollpult *n*; **~ train** *s. metall.* Walzenstrecke *f*.

ro·ly-po·ly [,rəʊlɪ'pəʊlɪ] **I** *s.* **1.** *a.* **~ *pudding*** *Art* Pudding *m*; **2.** Pummelchen *n* (*Person*); **II** *adj.* **3.** mollig, pummelig.

Ro·ma·ic [rəʊ'meɪɪk] **I** *adj.* ro'maisch, neugriechisch; **II** *s. ling.* Neugriechisch *n*.

Ro·man ['rəʊmən] **I** *adj.* **1.** römisch: **~ *arch*** △ romanischer Bogen; **~ *candle*** Leuchtkugel *f* (*Feuerwerk*); **~ *holiday*** *fig.* a) blutrünstiges Vergnügen, b) Vergnügen *n* auf Kosten anderer, c) Riesenskandal *m*; **~ *law*** römisches Recht; **~ *nose*** Römer-, Adlernase *f*; **~ *numeral*** römische Ziffer; **2.** (römisch-)ka'tholisch; **3.** *mst* 𝔯 *typ.* Antiqua...; **II** *s.* **4.** Römer(in); **5.** *mst* 𝔯 *typ.* An'tiqua *f*; **6.** *eccl.* Katho'lik(in); **7.** *pl. bibl.* (Brief *m* des Paulus an die) Römer *pl.*

ro·man à clef [rəʊ,mɑːnɑː'kleɪ] (*Fr.*) *s.* 'Schlüsselro,man *m*.

Ro·man Cath·o·lic *eccl.* **I** *adj.* (römisch-)ka'tholisch; **II** *s.* Katho'lik(in); **~ Church** *s.* römische *od.* (römisch-)ka'tholische Kirche.

ro·mance [rəʊ'mæns] **I** *s.* **1.** *hist.* ('Ritter-, 'Vers)Ro,man *m*; **2.** Ro'manze *f*: a) (ro'mantischer) 'Liebes-, 'Abenteuerro,man, b) *fig.* 'Liebesaf,färe *f*, c) ♪ *Lied od. lyrisches Instrumentalstück*; **3.** *fig.* Märchen *n*, Fantaste'rei *f*; **4.** *fig.* Ro'mantik *f*: a) Zauber *m*, b) ro'manti-

R

sche I'deen *pl.*; **II** *v/i.* **5.** (Ro'manzen) dichten; **6.** *fig.* a) fabulieren, ‚Ro'mane erzählen', b) ins Schwärmen geraten.

Ro·mance [rəʊ'mæns] *bsd. ling.* **I** *adj.* ro'manisch: **~ peoples** Romanen; **~ philologist** Romanist(in); **II** *s.* a) Ro'manisch *n*, b) *a.* **the ~ languages** die romanischen Sprachen *pl.*

ro·manc·er [rəʊ'mænsə] *s.* **1.** Ro'manzendichter(in); Verfasser(in) e-s ('Vers-)Ro,mans; **2.** a) Fan'tast(in), b) Aufschneider(in).

Rom·a·nes ['rɒmənes] *s.* Zi'geunersprache *f.*

Ro·man·esque [,rəʊmə'nesk] **I** *adj.* **1.** ⚠, *ling.* ro'manisch; **2.** *ling.* proven'zalisch; **3.** ♀ *fig.* ro'mantisch; **II** *s.* **4.** *a.* **~ style** romanischer (Bau)Stil; *das* Ro'manische; **5.** → **Romance²** II.

ro·man-fleuve [rəʊ,mɑ̃:ŋ'flɜ:v] (*Fr.*) *s.* Fa'milienro,man *m.*

Ro·man·ic [rəʊ'mænɪk] *adj.* **1.** → **Romance²** I; **2.** römisch (*Kulturform*).

Ro·man·ism ['rəʊmənɪzəm] *s.* **1.** a) Roma'nismus *m*, römisch-ka'tholische Einstellung, b) Poli'tik *f od.* Gebräuche *pl.* der römischen Kirche; **2.** *hist.* das Römertum; '**Ro·man·ist** [-ɪst] *s.* **1.** *ling.*, ⚖ Roma'nist(in); **2.** ('Römisch-)Ka,tholische(r *m*) *f.*

ro·man·tic [rəʊ'mæntɪk] **I** *adj.* (□ **~ally**) **1.** *allg.* ro'mantisch: a) *Kunst etc.*: *die Romantik betreffend*: **the ~ movement** die Romantik, b) ro'manhaft, fan'tastisch (*a. iro.*): **a ~ tale**, c) ro'mantisch veranlagt: **a ~ girl**, d) malerisch: **a ~ town**, e) gefühlvoll: **a ~ scene**; **II** *s.* **2.** Ro'mantiker(in) (*a. fig.*); **3.** *das* Ro'mantische; **4.** *pl.* romantische I'deen *pl. od.* Gefühle *pl.*; **ro'man·ti·cism** [-ɪsɪzəm] *s.* **1.** *Kunst*: Ro'mantik *f*; **2.** (Sinn *m* für) Romantik *f*; **ro'man·ti·cist** [-ɪsɪst] *s. Kunst*: Ro'mantiker(in); **ro'man·ti·cize** [-ɪsaɪz] **I** *v/t.* **1.** romantisieren; **2.** in ro'mantischem Licht sehen; **II** *v/i.* **3.** *fig.* schwärmen.

Rom·a·ny ['rɒmənɪ] *s.* **1.** Zi'geuner(in); **2.** *coll. die* Zigeuner *pl.*; **3.** Romani *n*, Zi'geunersprache *f.*

Rome [rəʊm] *npr.* Rom *n* (*a. fig. hist. das Römerreich*; *eccl. die katholische Kirche*): **~ was not built in a day** Rom ist nicht an einem Tag erbaut worden; **do in ~ as the Romans do!** man sollte sich immer s-r Umgebung anpassen!

romp [rɒmp] **I** *v/i.* **1.** um'hertollen, sich balgen, toben: **~ through** *fig.* spielend durchkommen; **2.** ‚rasen', flitzen: **~ away** davonziehen (*Rennpferd etc.*); **II** *s.* **3.** *obs.* Wildfang *m*, Range *f*; **4.** Tollen *n*, Balge'rei *f*; **5.** F *sport* leichter Sieg; **6.** F ‚(wilde) Schmuse'rei'; '**romp·ers** [-pəz] *s. pl.* Spielanzug *m* (*für Kinder*); '**romp·y** [-pɪ] *adj.* ausgelassen, wild.

ron·deau ['rɒndəʊ] *pl.* **-deaus** [-dəʊz] *s. Metrik*: Ron'deau *n*, Ringelgedicht *n*; **ron·del** ['rɒndl] *s.* vierzehnzeiliges Ron'deau.

ron·do ['rɒndəʊ] *s.* ♪ Rondo *n.*

rönt·gen ['rɒntjən] **I** *s. phys.* Röntgen *n* (*Maßeinheit*); **II** *adj. mst* ♀ Röntgen...: **~ rays**; **III** *v/t.* → '**rönt·gen·ize** [-tgənaɪz] *v/t.* röntgen; **rönt·gen·o·gram** [rɒnt'genəgræm] *s.* Röntgenaufnahme *f*; **rönt·gen·og·ra·phy** [,rɒntgə'nɒgrəfɪ] *s.* 'Röntgenfotogra,fie *f* (*Verfahren*); **rönt·gen·ol·o·gist** [,rɒntgə'nɒlədʒɪst] *s.* Röntgeno'loge *f*; **rönt·gen·os·co·py** [,rɒntgə'nɒskəpɪ] *s.* 'Röntgendurch,leuchtung *f*, -unter,suchung *f*; **rönt·gen·o·ther·a·py** [,rɒntgənə'θerəpɪ] *s.* 'Röntgenthera,pie *f.*

rood [ru:d] **I** *s.* **1.** *eccl.* Kruzi'fix *n*; **2.** Viertelacre *m* (*Flächenmaß*); **3.** Rute *f* (*Längenmaß*); **II** *adj.* **4.** ⚠ Lettner...: **~ altar**; **~ loft** Chorbühne *f*; **~ screen** Lettner *m.*

roof [ru:f] **I** *s.* **1.** ⚠ (Haus)Dach *n*: **under my ~** *fig.* unter m-m Dach, in m-m Haus; **raise the ~** F Krach schlagen; **2.** *mot.* Verdeck *n*; **3.** *fig.* (*Blätter-, Zelt- etc.*)Dach *n*, (*Himmels*)Gewölbe *n*, (-)Zelt *n*: **~ of the mouth** *anat.* Gaumen(dach *n*) *m*; **the ~ of the world** das Dach der Welt; **4.** ⚒ Hangende(s) *n*; **II** *v/t.* **5.** bedachen: **~ in** *Haus* (ein)decken; **~ over** überdachen: **~ed-in** überdacht, umbaut; '**roof·age** [-fɪdʒ] → **roofing** 2; '**roof·er** [-fə] *s.* Dachdecker *m*; **roof gar·den** *s.* **1.** Dachgarten *m*; **2.** *Am.* 'Dachrestau,rant *n*; '**roof·ing** [-fɪŋ] **I** *s.* **1.** Bedachen *n*, Dachdeckerarbeit *f*; **2.** a) 'Deckmateri,alien *pl.*, b) Dachwerk *n*; **II** *adj.* **3.** Dach...: **~ felt** Dachpappe *f*; '**roof·less** [-lɪs] *adj.* **1.** ohne Dach, unbedeckt; **2.** *fig.* obdachlos; **roof rack** *s. mot.* Dachgepäckträger *m*; **roof tree** *s.* **1.** ⚠ Firstbalken *m*; **2.** *fig.* Dach *n.*

rook¹ [rʊk] **I** *s.* **1.** *orn.* Saatkrähe *f*; **2.** *fig.* Gauner *m*, Bauernfänger *m*; **II** *v/t.* **3.** *j-n* betrügen.

rook² [rʊk] *s. Schachspiel*: Turm *m.*

rook·er·y ['rʊkərɪ] *s.* **1.** a) Krähenhorst *m*, b) 'Krähenkolo,nie *f*; **2.** *orn.*, *zo.* Brutplatz *m*; **3.** *fig.* a) 'Elendsquar,tier *n*, -viertel *n*, b) 'Mietska,serne *f.*

rook·ie ['rʊkɪ] *s. sl.* **1.** ⚔ Re'krut *m*; **2.** Neuling *m*, Anfänger(in).

room [ru:m] **I** *s.* **1.** Raum *m*, Platz *m*: **make ~ (for)** *a. fig.* Platz machen (*dat.*); **no ~ to swing a cat (in)** sehr wenig Platz; **in the ~ of** anstelle von (*od. gen.*); **2.** Raum *m*, Zimmer *n*, Stube *f*: **next ~** Nebenzimmer; **~ heating** Raumheizung *f*; **~ temperature** (*a. normale*) Raum-, Zimmertemperatur *f*; **3.** *pl. Brit.* Wohnung *f*; **4.** *fig.* (Spiel-)Raum *m*; Gelegenheit *f*, Anlass *m*: **~ for**

R

complaint Anlass zur Klage; ***there is no ~ for hope*** es besteht keinerlei Hoffnung; ***there is ~ for improvement*** es ließe sich noch manches besser machen; **II** *v/i.* **5.** *bsd. Am.* wohnen, logieren (***at*** in *dat.*, ***with*** bei): ***~ together*** zs.-wohnen; **-roomed** [ruːmd] *adj. in Zssgn.* ...zimmerig; **room·er** [ˈruːmə] *s. bsd. Am.* ˈUntermieter(in); ˈ**room·ful** [-fʊl] *pl.* **-fuls** *s.*: ***a ~ of people*** ein Zimmer voll(er) Leute; **room·i·ness** [ˈruːmɪnɪs] *s.* Geräumigkeit *f.*

room·ing| house [ˈruːmɪŋ] *s. Am.* Fremdenheim *n*, Pensiˈon *f*; ˌ**~-ˈin** *n* ⚕ Rooming-ˈin *n* (*gemeinsame Unterbringung von Mutter und Kind*).

ˈ**room·mate** *s.* ˈStubenkameˌrad(in).

room·y [ˈruːmɪ] *adj.* □ geräumig.

roost [ruːst] **I** *s.* a) Schlafplatz *m*, -sitz *m* (*Vogel*), b) Hühnerstange *f od.* -stall *m*: ***at ~*** auf der Stange; ***come home to ~*** *fig.* auf den Urheber zurückfallen; → ***rule*** 13; **II** *v/i. orn.* a) auf der Stange sitzen, b) sich (zum Schlafen) niederhocken; ˈ**roost·er** [-tə] *s. bsd. Am.* (Haus)Hahn *m.*

root[1] [ruːt] **I** *s.* **1.** ⚘ Wurzel *f* (*a. weitS. Wurzelgemüse*, *Knolle*, *Zwiebel*): ***~ and branch*** *fig.* mit Stumpf u. Stiel; ***pull out by the ~*** mit der Wurzel herausreißen (*a. fig. ausrotten*); ***put down ~s*** *fig.* Wurzel schlagen, sesshaft werden; ***strike at the ~ of*** *fig. et.* an der Wurzel treffen; ***strike*** (*od.* ***take***) ***~*** Wurzel schlagen (*a. fig.*); ***~s of a mountain*** *der* Fuß e-s Berges; **2.** *anat.* (*Haar-*, *Nagel-*, *Zahn-*, *Zungen- etc.*) Wurzel *f*; **3.** ⩚ a) Wurzel *f*, b) eingesetzter *od.* gesuchter Wert (*Gleichung*): ***~ extraction*** Wurzelziehen *n*; **4.** *ling.* Wurzel(wort *n*) *f*, Stammwort *n*; **5.** ♪ Grundton *m*; **6.** *fig.* a) Quelle *f*, Ursache *f*, Wurzel *f*: ***~ of all evil*** Wurzel alles Bösen; ***get at the ~ of*** *e-r Sache* auf den Grund gehen; ***have its ~ in***, ***take its ~ from*** → 8, b) *pl.* Wurzeln *pl.*, Ursprung *m*, c) Kern *m*, Wesen *n*, Gehalt *m*: ***~ of the matter*** Kern der Sache; ***~ idea*** Grundgedanke *m*; **II** *v/i.* **7.** Wurzel fassen *od.* schlagen, (ein)wurzeln (*a. fig.*): ***deeply ~ed*** *fig.* tief verwurzelt; ***stand ~ed to the ground*** wie angewurzelt dastehen; **8.** ***~ in*** beruhen auf (*dat.*), s-n Grund *od.* Ursprung haben in (*dat.*); **III** *v/t.* **9.** tief einpflanzen, einwurzeln lassen: ***fear ~ed him to the ground*** *fig.* er stand vor Furcht wie angewurzelt; **10.** ***~ up***, ***~ out***, ***~ away*** a) ausreißen, b) *fig.* ausrotten, vertilgen.

root[2] [ruːt] **I** *v/i.* **1.** wühlen (***for*** nach) (*Schwein*); **2.** ***~ about*** *fig.* herˈumwühlen; **II** *v/t.* **3.** *Boden* auf-, ˈumwühlen; **4.** ***~ out***, ***~ up*** *a. fig.* ausgraben, aufstöbern.

root[3] [ruːt] *v/i.* ***~ for*** *Am. sl.* a) *sport j-n* anfeuern, b) *fig.* Stimmung machen für *j-n od. et.*

ˌ**root-and-ˈbranch** *adj.* radiˈkal, restlos.

root di·rec·to·ry *s. Computer*: Stamm-, Wurzelverzeichnis *n.*

root·ed [ˈruːtɪd] *adj.* □ (fest) eingewurzelt (*a. fig.*); ˈ**root·ed·ly** [-lɪ] *adv.* von Grund auf, zuˈtiefst; ˈ**root·ed·ness** [-nɪs] *s.* Verwurzelung *f*, Eingewurzeltsein *n.*

root·er [ˈruːtə] *s. sport Am.* F begeisterter Anhänger, ‚Faˈnatiker' *m.*

root·less [ˈruːtlɪs] *adj.* wurzellos (*a. fig.*); **root·let** [ˈruːtlɪt] *s.* ⚘ Wurzelfaser *f.*

ˌ**root|-mean-ˈsquare** *s.* ⩚ quaˈdratischer Mittelwert; ˈ**~·stock** *s.* **1.** ⚘ Wurzelstock *m*; **2.** *fig.* Wurzel *f*; ***~ treatment*** *s.* ⚕ (Zahn)Wurzelbehandlung *f.*

rope [rəʊp] **I** *s.* **1.** Seil *n*, Tau *n*; Strick *m*, Strang *m* (*beide a. zum Erhängen*); ⚓ (Tau)Ende *n*: ***the ~*** *fig.* der Strick (*Tod durch den Strang*); ***be at the end of one's ~*** mit s-m Latein am Ende sein; ***know the ~s*** sich auskennen, ‚den Bogen raushaben'; ***learn the ~s*** sich einarbeiten; ***show s.o. the ~s*** j-m die Kniffe beibringen; **2.** *mount.* (Kletter)Seil *n*: ***on the ~*** angeseilt; ***~*** (***team***) Seilschaft *f*; **3.** (Arˈtisten)Seil *n*: ***on the high ~s*** *fig.* a) hochgestimmt, b) hochmütig; **4.** *Am.* Lasso *n*, *m*; **5.** *pl. Boxen*: (Ring)Seile *pl.*: ***be on the ~s*** a) (angeschlagen) in den Seilen hängen, b) *fig.* am Ende *od.* ‚fertig' sein; ***have s.o. on the ~s*** *sl.* j-n ‚zur Schnecke' gemacht haben; **6.** *fig.* Strang *m Tabak etc.*; Bund *n Zwiebeln etc.*; Schnur *f Perlen etc.*: ***~ of sand*** *fig.* Illusion *f*; **7.** Faden *m* (*Flüssigkeit*); **8.** *fig.* Spielraum *m*, Handlungsfreiheit *f*: ***give s.o.*** (***plenty of***) ***~***; **II** *v/t.* **9.** (mit e-m Seil) zs.-binden; festbinden; **10.** *mst* ***~ in*** (*od.* ***off*** *od.* ***out***) *Platz* (durch ein Seil) absperren *od.* abgrenzen; **11.** *mount.* anseilen: ***~ down*** (***up***) *j-n* ab- (auf)seilen; **12.** *Am.* mit dem Lasso einfangen: ***~ in*** *sl. Wähler*, *Kunden etc.* fangen, *j-n* ‚an Land ziehen', sich *ein Mädchen etc.* ‚anlachen'; **III** *v/i.* **13.** Fäden ziehen (*Flüssigkeit*); **14.** *a.* ***~ up*** *mount.* sich anseilen: ***~ down*** sich abseilen; **~ dancer** *s.* Seiltänzer(in); **~ lad·der** *s.* **1.** Strickleiter *f*; **2.** ⚓ Seefallreep *n*; **~ mo(u)ld·ing** *s.* ⚠ Seilleiste *f*; **~ quoit** *s.* ⚓, *sport* Seilring *m*; **~ rail·way** → ***ropeway.***

rop·er·y [ˈrəʊpərɪ] *s.* Seileˈrei *f.*

ˈ**rope's-end** ⚓ **I** *s.* ˈTauˌende *n*; **II** *v/t.* mit dem Tauende prügeln.

rope| tow *s. Skisport*: Schlepplift *m*; ˈ**~·walk** *s.* Seiler-, Reeperbahn *f*; ˈ**~ˌwalk·er** *s.* Seiltänzer(in); ˈ**~·way** *s.* (Seil)Schwebebahn *f*; ˈ**~·yard** *s.* Seile-

R

'rei *f*; ~ **yarn** *s.* **1.** ⚙ Kabelgarn *n*; **2.** *fig.* Baga'telle *f*.

rop·i·ness ['rəʊpɪnɪs] *s.* Dickflüssigkeit *f*, Klebrigkeit *f*; '**rop·y** [-pɪ] *adj.* □ **1.** klebrig, zäh, fadenziehend: ~ ***sirup***; **2.** kahmig: ~ ***wine***; **3.** F ‚mies'.

ror·qual ['rɔːkwəl] *s. zo.* Finnwal *m*.

ro·sace ['rəʊzeɪs] (*Fr.*) *s.* ⚠ **1.** Ro'sette *f*; **2.** → ***rose window***.

ro·sa·ceous [rəʊ'zeɪʃəs] *adj.* **1.** ⚘ a) zu den Rosa'zeen gehörig, b) rosenblütig; **2.** Rosen...

ro·sar·i·an [rəʊ'zeərɪən] *s.* **1.** Rosenzüchter *m*; **2.** *R.C.* Mitglied *n* einer Rosenkranzbruderschaft.

ro·sa·ry ['rəʊzərɪ] *s.* **1.** *R.C.* Rosenkranz *m*: ***say the*** 𝔖 den Rosenkranz beten; **2.** Rosengarten *m*, -beet *n*.

rose[1] [rəʊz] **I** *s.* **1.** ⚘ Rose *f*: ~ ***of Jericho*** Jerichorose; ~ ***of May*** Weiße Narzisse; ~ ***of Sharon*** a) *bibl.* Sharontulpe *f*, b) Großblumiges Johanniskraut; ***the*** ~ ***of*** *fig.* die Rose (*das schönste Mädchen*) von; ***gather*** (***life's***) ~***s*** sein Leben genießen; ***on a bed of*** ~***s*** *fig.* auf Rosen gebettet; ***it is no bed of*** ~***s*** es ist kein Honiglecken; ***it is not all*** ~***s*** es ist nicht so rosig, wie es aussieht; ***under the*** ~ im Vertrauen; **2.** → ***rose colo(u)r***; **3.** *her. hist.* Rose *f*: ***Red*** 𝔖 Rote Rose (*Haus Lancaster*); ***White*** 𝔖 Weiße Rose (*Haus York*); ***Wars of the*** 𝔖***s*** Rosenkriege; **4.** ⚠ Ro'sette *f* (*a. Putz*; *a. Edelstein*[*schliff*]); **5.** Brause *f* (*Gießkanne etc.*); **6.** *phys.* 'Kreis,skala *f*; **7.** ⚓ *etc.* Windrose *f*; **8.** ✱ Wundrose *f*; **II** *adj.* **9.** Rosen...; **10.** rosenfarbig.

rose[2] [rəʊz] *pret. von* **rise**.

ro·se·ate ['rəʊzɪət] *adj.* □ → ***rose-colo(u)red***.

rose| bit *s.* ⚙ Senkfräser *m*; '~**·bud** *s.* ⚘ Rosenknospe *f* (*a. fig. Mädchen*); '~**-bush** *s.* Rosenstrauch *m*; ~ **col·o(u)r** *s.* Rosa-, Rosenrot *n*: ***life is not all*** ~ *fig.* das Leben besteht nicht nur aus Annehmlichkeiten; '~**-,col·o(u)red** *adj.* **1.** rosa-, rosenfarbig, rosenrot; **2.** *fig.* rosig, opti'mistisch: ***see things through*** ~ ***spectacles*** die Dinge durch e-e rosa (-rote) Brille sehen; '~**·hip** *s.* ⚘ Hagebutte *f*.

rose·mar·y ['rəʊzmərɪ] *s.* ⚘ Rosmarin *m*.

ro·se·o·la [rəʊ'ziːələ] *s.* ✱ **1.** Rose'ole *f* (*Ausschlag*); **2.** → ***German measles***.

,rose|-'pink I *s.* ⚙ Rosenlack *m*, roter Farbstoff; **II** *adj.* rosa, rosenrot (*a. fig.*); ~ **rash** → ***roseola*** 1; **,~-'red** *adj.* rosenrot.

ro·ser·y → ***rosary*** 2.

rose tree *s.* Rosenstock *m*.

ro·sette [rəʊ'zet] *s.* Ro'sette *f* (*a.* ⚠); **ro'set·ted** [-tɪd] *adj.* **1.** mit Rosetten geschmückt; **2.** ro'settenförmig.

'rose|-,wa·ter I *s.* **1.** Rosenwasser *n*; **2.** *fig.* a) Schmeichе'leien *pl.*, b) Gefühlsduse'lei *f*; **II** *adj.* **3.** *fig.* a) ('über)fein, (-)zart, b) affek'tiert, c) sentimen'tal; ~ **win·dow** *s.* ⚠ ('Fenster)Ro,sette *f*, (-)Rose *f*; '~**·wood** *s.* Rosenholz *n*.

ros·in ['rɒzɪn] **I** *s.* ⚗ (Terpen'tin)Harz *n*, *bsd.* Kolo'phonium *n*, Geigenharz *n*; **II** *v/t.* mit Kolo'phonium einreiben.

ros·i·ness ['rəʊzɪnɪs] *s.* Rosigkeit *f*, rosiges Aussehen.

ros·ter ['rəʊstə] *s.* ⚔ **1.** (Dienst-, Namens)Liste *f*; **2.** Dienstplan *m*.

ros·tral ['rɒstrəl] *adj.* (schiffs)schnabelförmig; '**ros·trate**(**d**) [-reɪt(ɪd)] *adj.* **1.** ⚘, *zo.* geschnäbelt; **2.** → ***rostral***.

ros·trum ['rɒstrəm] *pl.* **-tra** [-trə] *s.* **1.** a) Rednerbühne *f*, Podium *n*, b) Kanzel *f*, c) *fig.* Plattform *f*; **2.** ⚓ *hist.* Schiffsschnabel *m*; **3.** ⚘, *zo.* Schnabel *m*; **4.** *zo.* a) Kopfspitze *f*, b) Rüssel *m* (*Insekt*).

ros·y ['rəʊzɪ] *adj.* □ **1.** rosenrot, -farbig; ~ ***red*** Rosenrot *n*; **2.** rosig, blühend (*Wangen etc.*); **3.** *fig.* rosig.

rot [rɒt] **I** *v/i.* **1.** (ver)faulen, (-)modern (*a. fig. im Gefängnis*); verrotten, verwesen; *geol.* verwittern; **2.** *fig.* verkommen, verrotten; **3.** *Brit. sl.* ‚quatschen', Unsinn reden; **II** *v/t.* **4.** faulen lassen; **5.** *bsd. Flachs* rotten; **6.** *Brit. sl. Plan etc.* vermurksen; **7.** *Brit. sl. j-n* ‚anpflaumen' (*hänseln*); **III** *s.* **8.** a) Fäulnis *f*, Verwesung *f*, b) Fäule *f*, c) *et.* Verfaultes; → ***dry-rot***; **9.** ⚘, *zo.* a) Fäule *f*, b) *vet.* Leberfäule *f* (*Schaf*); **10.** *Brit. sl.*, *a. int.* ‚Quatsch' *m*, Blödsinn *m*.

ro·ta ['rəʊtə] *s.* **1.** → ***roster***; **2.** *Brit.* a) 'Dienst,turnus *m*, b) *a.* ~ ***system*** Turnusplan *m*; **3.** *mst* 𝔖 *R.C.* Rota *f* (*oberster Gerichtshof der römisch-katholischen Kirche*).

Ro·tar·i·an [rəʊ'teərɪən] **I** *s.* Ro'tarier *m*; **II** *adj.* Rotary..., Rotarier...

ro·ta·ry ['rəʊtərɪ] **I** *adj.* **1.** rotierend, kreisend, sich drehend, 'umlaufend; Rotations..., Dreh...: ~ ***crane*** Dreh-, Schwenkkran *m*; ~ ***file*** Drehkartei *f*; ~ ***pump*** Umlaufpumpe *f*; ~ ***switch*** ⚡ Drehschalter *m*; ~ ***traffic*** Kreisverkehr *m*; **II** *s.* **2.** ⚙ *durch Rotation arbeitende Maschine*, *bsd.* a) → ***rotary engine***, b) → ***rotary machine***, c) → ***rotary press***; **3.** *Am. mot.* Kreisverkehr *m* (*Straße*); **4.** 𝔖 → 𝔖 **Club** *s.* Rotary Club *m*; ~ **cur·rent** *s.* ⚡ Drehstrom *m*; ~ **en·gine** *s.* Drehkolbenmotor *m*; ~ **hoe** *s.* ⚒ Hackfräse *f*; 𝔖 **In·ter·na·tion·al** *s.* Weltvereinigung *f* der Rotary Clubs; ~ **ma·chine** *s. typ.* Rotati'onsma,schine *f*; ~ **pis·ton en·gine** *s.* → ***rotary engine***; ~ **press** *s. typ.* Rotati'ons(druck)presse *f*.

ro·tate[1] [rəʊ'teɪt] **I** *v/i.* **1.** rotieren, kreisen, sich drehen; **2.** der Reihe nach *od.* turnusmäßig wechseln: ~ ***in office***; **II** *v/t.* **3.** rotieren *od.* (um)'kreisen lassen;

4. *Personal* turnusmäßig *etc.* auswechseln; **5.** ✓ *Frucht* wechseln: **~ crops** im Fruchtwechsel anbauen.

ro·tate² ['rəʊteɪt] *adj.* ⚘, *zo.* radförmig.

ro·ta·tion [rəʊ'teɪʃn] *s.* **1.** ⚙, *phys.* Rotati'on *f*, (Achsen-, 'Um)Drehung *f*, 'Um-, Kreislauf *m*, Drehbewegung *f*: **~ of the earth** (tägliche) Erdumdrehung (*um die eigene Achse*); **2.** Wechsel *m*, Abwechslung *f*: **in** (*od.* **by**) **~** der Reihe nach, abwechselnd, im Turnus; **~ in office** turnusmäßiger Wechsel im Amt; **~ of crops** ✓ Fruchtwechsel, -folge *f*; **ro·ta·tive** ['rəʊtətɪv] *adj.* **1.** → **rotary** 1; **2.** abwechselnd, regelmäßig 'wiederkehrend; **ro·ta·to·ry** ['rəʊtətərɪ] *adj.* **1.** → **rotary** 1; **2.** *fig.* abwechselnd *od.* turnusmäßig (aufein'ander folgend): **~ assemblies**; **3. ~ muscle** *anat.* Dreh-, Rollmuskel *m*.

rote [rəʊt] *s.*: **by ~** *fig.* a) (rein) mechanisch, b) auswendig.

'rot·gut *s. sl.* Fusel *m*.

ro·ti·fer ['rəʊtɪfə] *s. zo.* Rädertier(chen) *n*; **Ro·tif·er·a** [rəʊ'tɪfərə] *s. pl. zo.* Rädertiere *pl.*

ro·to·gra·vure [ˌrəʊtəʊgrə'vjʊə] *s. typ.* **1.** Kupfer(tief)druck *m*; **2.** → **roto section**.

ro·tor ['rəʊtə] *s.* **1.** ✈ Rotor *m*, Drehflügel *m*; **2.** ϟ Rotor *m*, Anker *m*; **3.** ⚙ Rotor *m* (*Drehteil e-r Maschine*); **4.** ⚓ (Flettner)Rotor *m*.

ro·to sec·tion ['rəʊtəʊ] *s.* Kupfertiefdruckbeilage *f e-r Zeitung*.

rot·ten ['rɒtn] *adj.* ☐ **1.** faul, verfault: **~ to the core** a) kernfaul, b) *fig.* durch u. durch korrupt; **2.** morsch, mürbe; **3.** brandig, stockig (*Holz*); **4.** ⚕ faul(ig) (*Zahn*); **5.** *fig.* a) verderbt, kor'rupt, b) niederträchtig, gemein; **6.** *sl.* (,'hunds-) mise,rabel': **~ luck** Saupech *n*; **~ weather** Sauwetter *n*; **'rot·ten·ness** [-nɪs] *s.* **1.** Fäule *f*, Fäulnis *f*; **2.** *fig.* Verderbtheit *f*, Kor'ruptheit *f*; **rot·ter** ['rɒtə] *s. Brit. sl.* Schweinehund *m*, ,Scheißkerl' *m*.

ro·tund [rəʊ'tʌnd] *adj.* ☐ **1.** *obs.* rund, kreisförmig; **2.** rundlich (*Mensch*); **3.** *fig.* a) voll(tönend) (*Stimme*), b) hochtrabend, blumig, pom'pös (*Ausdruck*); **4.** *fig.* ausgewogen (*Stil*); **ro'tun·da** [-də] *s.* △ Rundbau *m*; **ro'tun·date** [-deɪt] *adj. bsd.* ⚘ abgerundet; **ro'tun·di·ty** [-dətɪ] *s.* **1.** Rundheit *f*; **2.** Rundlichkeit *f*; **3.** Rundung *f*; **4.** *fig.* Ausgewogenheit *f* (*des Stils etc.*).

rou·ble ['ruːbl] *s.* Rubel *m* (*russische Währung*).

rou·é ['ruːeɪ] (*Fr.*) *s. obs.* Rou'é *m*, Lebemann *m*.

rouge [ruːʒ] **I** *s.* Rouge *n*, (rote) Schminke; ⚙ Polierrot *n*; **II** *adj. her.* rot; **III** *v/i.* Rouge auflegen, sich schminken; **IV** *v/t.* (rot) schminken.

rough [rʌf] **I** *adj.* ☐ → **roughly**; **1.** rau (*Oberfläche, a. Haut, Tuch etc.; a. Stimme*); **2.** rau, struppig (*Fell, Haar*); **3.** holp(e)rig, uneben (*Gelände, Weg*); **4.** rau, unwirtlich, zerklüftet (*Landschaft*); **5.** rau (*Wind etc.*); stürmisch (*See, Überfahrt, Wetter*): **~ sea** ⚓ grobe See; **6.** grob, roh (*Mensch, Manieren etc.*); raubeinig, ungehobelt (*Person*); heftig (*Temperament etc.*): **~ play** rohes *od.* hartes Spiel; **~ stuff** F Gewalttätigkeit(en *pl.*) *f*; **7.** rau, barsch, schroff (*Person od. Redeweise*): **~ words**; **have a ~ tongue** e-e raue Sprache sprechen; **8.** F rau (*Behandlung, Empfang etc.*), hart (*Leben, Tag etc.*), garstig, böse: **it was ~** es war e-e böse Sache; **I had a ~ time** es ist mir ziemlich ,mies' ergangen; **that's ~ luck for him** da hat er aber Pech (gehabt); **9.** roh, grob: a) ohne Feinheit, b) unbearbeitet, im Rohzustand: **~ cloth** ungewalktes Tuch; **~ food** grobe Kost; **~ rice** unpolierter Reis; **~ style** grober *od.* ungeschliffener Stil; **~ stone** a) unbehauener Stein, b) ungeschliffener (Edel-) Stein; → **diamond** 1, **rough-and--ready**; **10.** ⚙ Grob...: **~ carpenter** Grobtischler *m*; **~ file** Schruppfeile *f*; **11.** unfertig, Roh...: **~ copy** Konzept *n*; **~ draft** (*od.* **sketch**) Faustskizze *f*, Rohentwurf *m*; **in a ~ state** im Rohzustand; **12.** *fig.* grob: a) annähernd (richtig), ungefähr, b) flüchtig, im 'Überschlag: **~ analysis** Rohanalyse *f*; **~ calculation** Überschlag *m*; **~ size** ⚙ Rohmaß *n*; **13.** *typ.* noch nicht beschnitten (*Buchrand*); **14.** herb, sauer (*bsd. Wein*); **15.** stark (wirkend) (*Arznei*); **16.** *Brit. sl.* schlecht, ungenießbar (*Fisch*); **II** *adv.* **17.** rau, hart, roh: **play ~**; **cut up ~** ,massiv' werden; **18.** grob, flüchtig; **III** *s.* **19.** Rauheit *f*, *das* Raue: **over ~ and smooth** über Stock und Stein; **take the ~ with the smooth** *fig.* das Leben nehmen, wie es ist; → **rough-and-tumble** II; **20.** *bsd. Brit.* ,Schläger' *m*, Rowdy *m*, Rohling *m*; **21.** Rohzustand *m*: **from the ~** aus dem Rohen *arbeiten*; **in the ~** im Groben, im Rohzustand; **take s.o. in the ~** j-n nehmen, wie er ist; **22.** a) holperiger Boden, b) *Golf*: Rough *n*; **23.** Stollen *m* (*am Pferdehufeisen*); **IV** *v/t.* **24.** an-, aufrauen; **25.** *j-n* miss'handeln, übel zurichten; **26.** *mst* **~ out** *Material* roh *od.* grob bearbeiten, vorbearbeiten; *metall.* vorwalzen; *Linse, Edelstein* grob schleifen; **27.** *Pferd* zureiten; **28.** *Pferd(ehuf)* mit Stollen versehen; **29. ~ in, ~ out** entwerfen, flüchtig skizzieren; **30. ~ up** *Haare etc.* gegen den Strich streichen: **~ the wrong way** *fig.* j-n reizen *od.* verstimmen; **31.** *sport Gegner* hart ,nehmen'; **V** *v/i.* **32.** rau werden; **33.** *sport* (über'trieben) hart spielen; **34.** *~ it* F primi'tiv *od.* anspruchslos leben, ein spar'tanisches Leben führen.

rough·age ['rʌfɪdʒ] *s.* a) ✓ Raufutter *n*, b) grobe Nahrung, c) *biol.* Ballaststoffe *pl.*

ˌrough|-and-'read·y *adj.* **1.** grob (gearbeitet), Not..., Behelfs...: ***~ rule*** Faustregel *f*; **2.** rau *od.* grob, aber zuverlässig (*Person*); **3.** schludrig: ***a ~ worker***; **ˌ~-and-'tum·ble I** *adj.* **1.** wild, heftig, verworren: ***a ~ fight***; **II** *s.* **2.** wildes Handgemenge, wüste Keile'rei; **3.** *fig.* Wirren *pl. des Krieges, des Lebens etc.*; **'~·cast I** *s.* **1.** *fig.* roher Entwurf; **2.** ⚠ Rohputz *m*, Berapp *m*; **II** *adj.* **3.** im Entwurf, unfertig; **4.** roh verputzt, angeworfen; **III** *v/t.* [*irr.* → ***cast***] **5.** im Entwurf anfertigen, roh entwerfen; **6.** ⚠ berappen, (*mit Rohputz*) anwerfen; **'~·dry** *v/t. Wäsche* (nur) trocknen (*ohne sie zu bügeln od. mangeln*).

rough·en ['rʌfən] **I** *v/i.* rau(er) werden; **II** *v/t. a.* ***~ up*** an-, aufrauen, rau machen.

ˌrough|-'grind *v/t.* [*irr.* → ***grind***] **1.** ⚙ vorschleifen; **2.** *Korn* schroten; **ˌ~-'han·dle** *v/t.* grob *od.* bru'tal behandeln; **ˌ~-'hew** *v/t.* [*irr.* → ***hew***] **1.** *Holz, Stein etc.* roh behauen, grob bearbeiten; **2.** *fig.* in groben Zügen entwerfen; **ˌ~-'hewn** *adj.* **1.** ⚙ roh behauen; **2.** *fig.* in groben Zügen entworfen *od.* gestaltet; **3.** *fig.* grobschlächtig, ungehobelt; **'~·house** *sl.* **I** *s.* a) Ra'dau *m*, b) wüste Keile'rei; **II** *v/t.* → ***rough*** 25; **III** *v/i.* Ra'dau machen, toben.

rough·ly ['rʌflɪ] *adv.* **1.** rau, roh, grob; **2.** a) grob, ungefähr, annähernd: ***~ speaking*** etwa, ungefähr, b) ganz allgemein (gesagt).

ˌrough|-ma'chine *v/t.* ⚙ grob bearbeiten; **'~·neck** *s. Am. sl.* **1.** Raubein *n*, Grobian *m*; **2.** Rowdy *m*.

rough·ness ['rʌfnɪs] *s.* **1.** Rauheit *f*, Unebenheit *f*; **2.** ⚙ raue Stelle; **3.** *fig.* Rohheit *f*, Grobheit *f*, Ungeschliffenheit *f*; **4.** Wildheit *f*, Heftigkeit *f*; **5.** Herbheit *f* (*Wein*).

ˌrough|-'plane *v/t.* ⚙ vorhobeln; **'~ˌrid·er** *s.* **1.** Zureiter *m*; **2.** verwegener Reiter; **3.** *Am.* ⚔ *hist.* a) 'irreguˌlärer Kavalle'rist, b) ♀ *Angehöriger e-s im spanisch-amer. Krieg aufgestellten Kavallerie-Freiwilligenregiments*; **'~·shod** *adj.* scharf beschlagen (*Pferd*): ***ride ~ over*** *fig.* a) *j-n* rücksichtslos behandeln, *j-n* schikanieren, b) rücksichtslos über *et.* hinweggehen.

rou·lade [ruː'lɑːd] (*Fr.*) *s.* **1.** ♪ Rou'lade *f*, Pas'sage *f*; **2.** *Küche*: Rou'lade *f*.

rou·lette [ruː'let] *s.* **1.** Rou'lett *n* (*Glücksspiel*); **2.** ⚙ Rollrädchen *n*.

Rou·ma·ni·an → ***Rumanian***.

round [raʊnd] **I** *adj.* ☐ → ***roundly***; **1.** *allg.* rund: a) kugelrund, b) kreisrund, c) zy'lindrisch, d) abgerundet, e) bogenförmig, f) e-n Kreis beschreibend (*Bewegung, Linie etc.*), g) rundlich, dick (*Arme, Wangen etc.*): → ***round angle*** (***hand***, ***robin*** *etc.*); **2.** *ling.* gerundet (*Vokal*); **3.** weich, vollmundig (*Wein*); **4.** 𝔄 ganz (*ohne Bruch*): ***in ~ numbers*** a) in ganzen Zahlen, b) auf- *od.* abgerundet; **5.** *fig.* rund, voll: ***a ~ dozen***; **6.** rund, annähernd (richtig); **7.** rund, beträchtlich (*Summe*); **8.** (ab)gerundet, flüssig (*Stil*); **9.** voll(tönend) (*Stimme*); **10.** flott, scharf: ***at a ~ pace***; **11.** offen, unverblümt: ***a ~ answer***; ***~ lie*** freche Lüge; **12.** kräftig, derb, ‚saftig': ***in ~ terms*** in unmissverständlichen Ausdrücken; **II** *s.* **13.** Rund *n*, Kreis *m*, Ring *m*; **14.** Rund(-teil *n*, -bau *m*) *n*, *et.* Rundes; **15.** a) (runde) Stange, b) ⚙ Rundstab *m*, c) (Leiter)Sprosse *f*; **16.** Rundung *f*: ***out of ~*** ⚙ unrund; ***worked on the ~*** über e-n Leisten gearbeitet (*Schuh*); **17.** *Kunst*: Rundplastik *f*: ***in the ~*** a) plastisch, b) *fig.* vollkommen; **18.** *a.* ***~ of beef*** Rindskeule *f*; **19.** *Brit.* Scheibe *f*, Schnitte *f* (*Brot etc.*); **20.** Kreislauf *m*, Runde *f*: ***the ~ of the seasons***; ***the daily ~*** der tägliche Trott; **21.** a) (Dienst)Runde *f*, Rundgang *m* (*Briefträger, Polizist etc.*), b) ⚔ Streife *f*: ***make the ~ of*** e-n Rundgang machen um; **22.** a) (Inspekti'ons)Rundgang *m*, -fahrt *f*, b) Rundreise *f*, Tour *f*; **23.** *fig.* Reihe *f*, Folge *f von Besuchen, Pflichten etc.*: ***a ~ of pleasures***; **24.** a) *Boxen, Golf etc.*: Runde *f*, b) (Verhandlungs- *etc.*)Runde *f*: ***first ~ to him!*** die erste Runde geht an ihn!, *fig. humor. a.* eins zu null für ihn!; **25.** Runde *f*, Lage *f* (*Bier etc.*): ***stand a ~*** (***of drinks***) ‚e-n ausgeben' (*für alle*); **26.** Runde *f*, Kreis *m* (*Personen*): ***go*** (*od.* ***make***) ***the ~*** (***of***) die Runde machen, kursieren (bei, in *dat.*) (*Gerücht, Witz etc.*); **27.** a) ⚔ Salve *f*, b) Schuss *m*: ***20 ~s*** (***of cartridge***) 20 Schuss (Patronen); **28.** *fig.* Lach-, Beifallssalve *f*: ***~ after ~ of applause*** nicht enden wollender Beifall; **29.** ♪ a) Rundgesang *m*, Kanon *m*, b) Rundtanz *m*, Reigen *m*; **III** *adv.* **30.** *a.* ***~ about*** rund-, rings(her)'um; **31.** rund(her)'um, im ganzen 'Umkreis, auf *od.* von allen Seiten: ***all ~*** a) ringsum, überall, b) *fig.* durch die Bank, auf der ganzen Linie; ***for a mile ~*** im Umkreis von e-r Meile; **32.** rundherum, im Kreise: ***~ and ~*** immer rundherum; ***hand s.th. ~*** et. herumreichen; ***look ~*** um sich blicken; ***turn ~*** (sich) umdrehen; ***the wheels go ~*** die Räder drehen sich; **33.** außen her'um: ***a long way ~*** ein weiter Umweg; **34.** *zeitlich*: her'an: ***comes ~ again*** *der Sommer etc.* kehrt wieder; **35.** e-e Zeit lang: ***all the year ~*** das ganze Jahr lang *od.* hindurch; ***the clock ~*** volle 24 Stunden; **36.** a) hinüber, b) he'rüber: ***ask s.o. ~*** j-n zu sich bitten; ***order one's car ~*** (den Wagen) vorfahren lassen; **IV** *prp.* **37.** (rund) um: ***a tour ~ the world***; **38.** um (... her'um): ***sail ~ the Cape***; ***just ~ the corner*** gleich um die Ecke; **39.** in *od.* auf (*dat.*) ... herum: ***~ all the shops*** in allen Läden herum; **40.** um (... herum), im 'Umkreis von (*od. gen.*); **41.** um (... herum): ***write a book ~ a story***; ***argue ~ and ~ a subject*** um ein Thema herumreden; **42.** *zeitlich*: durch, während (*gen.*); **V** *v/t.* **43.** rund machen, (*a. fig.* ab)runden: ***~ed edge*** abgerundete Kante; ***~ed number*** auf- *od.* abgerundete Zahl; ***~ed teaspoon*** gehäufter Teelöffel; ***~ed vowel*** *ling.* gerundeter Vokal; **44.** um'kreisen; **45.** um'geben, -'schließen; **46.** *Ecke, Landspitze etc.* um'fahren, -'segeln, her'umfahren *od.* biegen um; **47.** *mot. Kurve* ausfahren; **VI** *v/i.* **48.** rund werden, sich runden; **49.** *fig.* sich abrunden, voll'kommen werden; **50.** ⚓ drehen, wenden; **51.** ***~ on*** F a) *j-n* ‚anfahren', b) über *j-n* herfallen;

Zssgn mit adv.:

round| off *v/t.* **1.** abrunden (*a. fig.*); **2.** *Fest, Rede etc.* beschließen, krönen; **3.** *Zahlen* auf- *od.* abrunden; **4.** *Schiff* wenden; **~ out I** *v/t.* **1.** (*v/i.* sich) runden *od.* ausfüllen; **2.** *fig.* abrunden; **II** *v/i.* **3.** rundlich werden (*Person*); **~ to** *v/i.* ⚓ beidrehen; **~ up** *v/t.* **1.** *Vieh* zs.--treiben; **2.** F a) *Verbrecherbande* ausheben, b) *Leute etc.* zs.-trommeln, *a. et.* auftreiben, c) zs.-klauben; **3.** *Zahl etc.* aufrunden.

'round·a·bout I *adj.* **1.** 'umständlich, weitschweifig (*Erklärung etc.*): ***~ way*** Umweg *m*; **2.** rundlich (*Person*); **II** *s.* **3.** 'Umweg *m*; **4.** *fig.* 'Umschweife *pl.*; **5.** *bsd. Brit.* Karus'sell *n*; → ***swing*** 24; **6.** *Brit.* Kreisverkehr *m*.

round| an·gle *s.* ⩓ Vollwinkel *m*; **~ arch** *s.* ⚠ (ro'manischer) Rundbogen; **~ dance** *s.* Rundtanz *m*; Dreher *m*.

roun·del ['raʊndl] *s.* **1.** kleine runde Scheibe; **2.** Medail'lon *n* (*a. her.*), runde Schmuckplatte; **3.** ⚠ a) rundes Feld *od.* Fenster, b) runde Nische; **4.** *Metrik*: → ***rondel***.

roun·de·lay ['raʊndɪleɪ] *s.* **1.** ♪ Re'frainliedchen *n*, Rundgesang *m*; **2.** Rundtanz *m*; **3.** (Vogel)Lied *n*.

round·er ['raʊndə] *s.* **1.** *Brit. sport* a) *pl. sg. konstr.* Rounders *n*, Rundball *m* (*Art Baseball*), b) ganzer 'Umlauf; **2.** *Am. sl.* a) liederlicher Kerl, b) Säufer *m*.

'round|-eyed *adj.* mit großen Augen, staunend; **~ hand** *s.* Rundschrift *f*; **'~·head** *s.* **1.** ♀ *hist.* Rundkopf *m* (*Puritaner*); **2.** Rundkopf *m* (*Person*; *a.* ⚙): ***~ screw*** Rundkopfschraube *f*; **'~·house** *s.* **1.** 🚂 Lokomo'tivschuppen *m*; **2.** ⚓ *hist.* Achterhütte *f*; **3.** *hist.* Turm *m*, Gefängnis *n*; **4.** *Am. sl.* (wilder) Schwinger (*Schlag*).

round·ing ['raʊndɪŋ] *s.* Rundung *f* (*a. ling.*): ***~-off*** Abrundung *f*; **'round·ish** [-ɪʃ] *adj.* rundlich; **'round·ly** [-dlɪ] *adv.* **1.** rund, ungefähr; **2.** rundweg, rundher'aus; **3.** gründlich, gehörig; **'roundness** [-dnɪs] *s.* **1.** Rundheit *f* (*a. fig.*); Rundung *f*; **2.** *fig.* Unverblümtheit *f*; **'round·nose(d)** *adj.* ⚙ Rund...: ***~ pliers*** Rundzange *f*; **round rob·in** *s.* **1.** Petiti'on *f*, Denkschrift *f* (*bsd. mit im Kreis herum geschriebenen Unterschriften*); **2.** *sport Am. Turnier, bei dem jeder gegen jeden antritt*; **round shot** *s.* ⚔ *hist.* Ka'nonenkugel *f*.

rounds·man ['raʊndzmən] *s.* [*irr.*] *Brit.* Austräger *m*, Laufbursche *m*: ***milk ~*** Milchmann *m*.

round| steak *s. aus der Keule geschnittenes Beefsteak*; **~ ta·ble** *s.* **1.** a) runder Tisch, b) Tafelrunde *f*: ***the*** ♀ die Tafelrunde (des König Artus); **2. *round-table conference*** Konfe'renz *f* am runden Tisch, 'Round-Table-Konfe,renz *f*; **,~-the-'clock** *adj.* 24-stündig, rund um die Uhr; **'~·top** *s.* ⚓ Krähennest *n*; **~ tow·el** *s.* Rollhandtuch *n*; **~ trip** *s.* *Am.* 'Hin- u. 'Rückfahrt *f od.* -flug *m*; **,~-'trip** *adj.*: ***~ ticket*** *Am.* a) Rückfahrkarte *f*, b) ✈ Rückflugticket *n*; **~ turn** *s.* ⚓ Rundtörn *m* (*Knoten*): ***bring up with a ~*** *j-n* jäh unterbrechen; **'~·up** *s.* **1.** Zs.-treiben *n von Vieh*; **2.** *fig.* a) Zs.-treiben *n*, Sammeln *n*, b) Razzia *f*, Aushebung *f* von Verbrechern, c) Zs.-fassung *f*, 'Übersicht *f*: ***football ~***; ***~ of the news*** Nachrichtenüberblick *m*; **'~·worm** *s. zo.*, ⚕ Spulwurm *m*.

roup [ru:p] *s. vet.* a) Darre *f der Hühner*, b) Pips *m*.

rouse [raʊz] **I** *v/t.* **1.** *oft* ***~ up*** wachrütteln, (auf)wecken (***from*** aus); **2.** *Wild etc.* aufjagen; **3.** *fig. j-n* auf-, wachrütteln, ermuntern: ***~ o.s.*** sich aufraffen; **4.** *fig. j-n* in Wut bringen, aufbringen, reizen; **5.** *fig. Gefühle etc.* erwecken, wachrufen, *Hass* entflammen, *Zorn* erregen; **6.** ⚙ *Bier etc.* ('um)rühren; **II** *v/i.* **7.** *mst* ***~ up*** aufwachen (*a. fig.*); **8.** aufschrecken; **III** *s.* **9.** ⚔ *Brit.* Wecken *n*; **'rous·er** [-zə] *s.* F **1.** Sensati'on *f*; **2.** faustdicke Lüge, Schwindel *m*; **'rousing** [-zɪŋ] *adj.* ☐ **1.** *fig.* aufrüttelnd, zündend, mitreißend (*Ansprache, Lied etc.*); **2.** brausend, stürmisch (*Beifall etc.*); **3.** aufregend, spannend; **4.** F ‚toll'.

roust·a·bout ['raʊstəbaʊt] *s.* **1.** *Am.* a)

Werft-, Hafenarbeiter *m*, b) *oft contp.* Gelegenheitsarbeiter *m*; **2.** Handlanger *m*, Hilfsarbeiter *m*.

rout[1] [raʊt] **I** *s.* **1.** Rotte *f*, wilder Haufen; **2.** ⚖ Zs.-rottung *f*, Auflauf *m*; **3.** *bsd.* ⚔ a) wilde Flucht, b) Schlappe *f*, Niederlage *f*: ***put to ~*** → 5; **4.** *obs.* (große) Abendgesellschaft; **II** *v/t.* **5.** ⚔ in die Flucht *od.* vernichtend schlagen.

rout[2] [raʊt] *v/t.* **1.** → ***root*** [2] II; **2.** ***~ out***, ***~ up*** *j-n aus dem Bett od. e-m Versteck etc.* (her'aus)treiben, (-)jagen; **3.** vertreiben; **4.** ⚙ ausfräsen (*a. typ.*), ausschweifen.

route [ruːt; ⚔ *a.* raʊt] **I** *s.* **1.** (Reise-, Fahrt)Route *f*, (-)Weg *m*: ***en ~*** (*Fr.*) unterwegs; **2.** (Bahn-, Bus-, Flug-) Strecke *f*, Route *f*; (Verkehrs)Linie *f*; ⚓ Schifffahrtsweg *m*; (Fern)Straße *f*; **3.** ⚡ Leit(ungs)weg *m*; **4.** ⚔ a) Marschroute *f*, b) *Brit.* Marschbefehl *m*: ***~ march*** *Brit.* Übungsmarsch *m*, *Am.* Marsch *m* mit Marscherleichterungen; ***~ step, march!*** ohne Tritt(, marsch)!; **5.** ✝ *Am.* Versand(art *f*) *m*; **II** *v/t.* **6.** *Truppen* in Marsch setzen; *Transportgüter etc.* befördern, *a. weitS.* leiten (***via*** über *acc.*); **7.** die Route (*od.* ⚙ den Arbeitsgang) festlegen von (*od. gen.*); **8.** *Anträge etc.* (auf dem Dienstweg) weiterleiten; **9.** a) ⚡ legen, führen: ***~ lines***, b) *tel.* leiten.

rou·tine [ruː'tiːn] **I** *s.* **1.** a) (Ge'schäfts-, 'Amts- *etc.*)Rou,tine *f*, übliche *od.* gleichbleibende Proze'dur, gewohnter Gang, b) me'chanische Arbeit, (ewiges) Einerlei, c) Rou'tinesache *f*, d) *contp.* Scha'blone *f*, e) *contp.* (alter) Trott; **2.** *Am.* a) (Zirkus- *etc.*)Nummer *f*, b) *contp.* ‚Platte' *f*, Geschwätz *n*; **3.** *Computer etc.*: Rou'tine *f*, (Unter)Pro'gramm *n*; **II** *adj.* **4.** a) all'täglich, immer gleich bleibend, üblich, b) laufend, regel-, rou'tinemäßig: ***~ check***; **5.** *contp.* me'chanisch, scha'blonenhaft; **rou'tine·ly** [-lɪ] *adv.* **1.** rou'tinemäßig; **2.** *contp.* mechanisch; **rou'tin·ist** [-nɪst] *s.* Gewohnheitsmensch *m*; **rou'tin·ize** [-naɪz] *v/t.* **1.** e-r Rou'tine *etc.* unter'werfen; **2.** *et.* zur Routine machen.

roux [ruː] *s. pl.* **roux** [ruːz] Mehlschwitze *f*, Einbrenne *f*.

rove[1] [rəʊv] **I** *v/i. a.* ***~ about*** um'herstreifen, -schweifen, -wandern (*a. fig. Augen etc.*); **II** *v/t.* durch'streifen; **III** *s.* (Um'her)Wandern *n*; Wanderschaft *f*.

rove[2] [rəʊv] **I** *v/t.* **1.** ⚙ vorspinnen; **2.** *Wolle etc.* ausfasern; *Gestricktes* auftrennen, aufräufeln; **II** *s.* **3.** Vorgespinst *n*; **4.** (*Woll- etc.*)Strähne *f*.

rov·er[1] ['rəʊvə] *s.* ⚙ 'Vorspinnma,schine *f*.

rov·er[2] ['rəʊvə] *s.* **1.** Wanderer *m*; **2.** Pi'rat(enschiff *n*) *m*; **3.** Wandertier *n*; **4.** *obs. Brit. Pfadfinder über 17.*

rov·ing ['rəʊvɪŋ] *adj.* **1.** um'herziehend, -streifend; **2.** *fig.* ausschweifend: ***~ fancy***; ***have a ~ eye*** gern ein Auge riskieren; **3.** *fig.* ‚fliegend': ***~ reporter***; ***~ force*** (Polizei)Einsatztruppe *f*.

row[1] [rəʊ] *s.* **1.** *allg.* (*a. Häuser-, Sitz-*) Reihe *f*: ***in ~s*** in Reihen, reihenweise; ***a hard ~ to hoe*** *fig.* e-e schwierige Sache; **2.** Straße *f*: ***Rochester*** ♀; **3.** ⚠ Baufluchtlinie *f*.

row[2] [rəʊ] **I** *v/i.* **1.** rudern; **II** *v/t.* **2.** *Boot*, *a. Rennen*, *a. j-n* rudern: ***~ down*** *j-n* (*beim Rudern*) überholen; **3.** rudern gegen, mit *j-m* (wett)rudern; **III** *s.* **4.** Rudern *n*; 'Ruderpar,tie *f*: ***go for a ~*** rudern gehen.

row[3] [raʊ] F **I** *s.* Krach *m*: a) Kra'wall *m*, Spek'takel *m*, b) Streit *m*, c) Schläge'rei *f*: ***get into a ~*** a) ‚eins aufs Dach bekommen', b) Krach bekommen (***with*** mit); ***have a ~ with*** Krach haben mit; ***kick up a ~*** Krach schlagen; ***what's the ~?*** was ist denn los?; **II** *v/t. j-n* ‚zs.-stauchen'; **III** *v/i.* randalieren.

row·an ['raʊən] *s.* ♀ Eberesche *f*; '**~,ber·ry** *s.* Vogelbeere *f*.

row·di·ness ['raʊdɪnɪs] *s.* Pöbelhaftigkeit *f*, rüpelhaftes Benehmen *od.* Wesen; **row·dy** ['raʊdɪ] **I** *s.* 'Rowdy *m*, Ra'bauke *m*, Schläger *m*; **II** *adj.* rüpel-, rowdyhaft, gewalttätig; '**row·dy·ism** [-ɪɪzəm] *s.* **1.** Rowdytum *n*, rüpelhaftes Benehmen; **2.** Gewalttätigkeit *f*, Rüpe'lei *f*.

row·el ['raʊəl] **I** *s.* Spornrädchen *n*; **II** *v/t. e-m Pferd* die Sporen geben.

row·en ['raʊən] *s.* ⸙ Grummet *n*.

row·ing ['rəʊɪŋ] **I** *s.* Rudern *n*, Rudersport *m*; **II** *adj.* Ruder...: ***~ boat***; ***~ machine*** Ruderapparat *m*.

row·lock ['rɒlək] *s.* ⚓ Dolle *f*.

roy·al ['rɔɪəl] **I** *adj.* □ **1.** königlich, Königs...: ***His ♀ Highness*** S-e Königliche Hoheit; ***~ prince*** Prinz *m* von königlichem Geblüt; → ***princess*** 1; ***♀ Academy*** Königliche Akademie der Künste (*Großbritanniens*); ***~ blue*** Königsblau *n*; ***♀ Exchange*** *die* Londoner Börse (*Gebäude*); ***~ flush*** *Poker*: Royal Flush *m*; ***♀ Navy*** (Königlich-Brit.) Marine *f*; ***~ paper*** → 6; ***~ road*** *fig.* leichter *od.* bequemer Weg (***to*** zu); ***~ speech*** Thronrede *f*; **2.** fürstlich (*a. fig.*): ***the ~ and ancient game*** das Golfspiel; **3.** *fig.* (*a.* F) prächtig, großartig: ***in ~ spirits*** F in glänzender Stimmung; ***~ stag*** *hunt.* Kapitalhirsch *m*; ***~ tiger*** *zo.* Königstiger *m*; **4.** edel (*a. Gas*); **II** *s.* **5.** F Mitglied *n* des Königshauses; **6.** Roy'alpa,pier *n* (*Format*); **7.** *a.* ***~ sail*** ⚓ Ober(bram)segel *n*; **roy·al·ist** ['rɔɪəlɪst] **I** *s.* Roya'list(in), Königstreue(r *m*) *f*; **II** *adj.* königstreu; '**roy·al·ty** [-ltɪ] *s.* **1.** Königtum *n*: a) Königswürde *f*, b) Königreich *n*: ***insignia of ~*** Kroninsignien *pl.*; **2.** königliche Abkunft; **3.** a) fürstliche Per'sönlichkeit, b) *pl.* Fürstlichkeiten *pl.*, c) Königshaus *n*; **4.** Krongut *n*; **5.** Re'gal *n*, königliches Privi'leg; **6.** Abgabe *f* an die Krone, Pachtgeld *n*: ***mining ~*** Bergwerksabgabe *f*; **7.** monarchische Regierung; **8.** ⚖ (Au'toren- *etc.*)Tanti͵eme *f*, Gewinnanteil *m*; **9.** ⚖ a) Li'zenz *f*, b) Li'zenzgebühr *f*: ***~ fees*** Pa'tentgebühren; ***subject to payment of royalties*** lizenzpflichtig.

roz·zer ['rɒzə] *s. Br. sl.* Bulle *m* (*Polizist*).

rub [rʌb] **I** *s.* **1.** (Ab)Reiben *n*, Polieren *n*: ***give it a ~*** reibe es (doch einmal); ***have a ~ with a towel*** sich (mit dem Handtuch) abreiben *od.* abtrocknen; **2.** *fig.* Schwierigkeit *f*, Haken *m*: ***there's the ~!*** F da liegt der Hase im Pfeffer!; ***there's a ~ in it*** F die Sache hat e-n Haken; **3.** Unannehmlichkeit *f*; **4.** *fig.* Stiche'lei *f*; **5.** raue *od.* aufgeriebene Stelle; **6.** Unebenheit *f*; **II** *v/t.* **7.** reiben: ***~ one's hands*** sich die Hände reiben (*mst fig.*); ***~ shoulders with*** *fig.* verkehren mit, (*dat.*) nahe stehen; ***~ it in, ~ s.o.'s nose in it*** es j-m ‚unter die Nase reiben'; → ***rub up***; **8.** reiben, (reibend) streichen; massieren; **9.** einreiben (***with*** mit *e-r Salbe etc.*); **10.** streifen, reiben an (*dat.*); (wund) scheuern; **11.** a) scheuern, schaben, b) *Tafel etc.* abwischen, c) polieren, d) wichsen, bohnern, e) abreiben, frottieren; **12.** ⚙ (ab)schleifen, (ab)feilen: ***~ with emery*** (***pumice***) abschmirgeln (abbimsen); **13.** *typ.* abklatschen; **III** *v/i.* **14.** reiben, streifen (***against*** *od.* [***up***]***on*** an *dat.*, gegen); **15.** *fig.* sich schlagen (***through*** durch);

Zssgn mit adv.:

rub| a·long *v/i.* **1.** sich (mühsam) 'durchschlagen; **2.** (gut) auskommen (***with*** mit *j-m*); **~ down** *v/t.* **1.** abreiben, frottieren; *Pferd* striegeln; **2.** herunter-, wegreiben; **~ in** *v/t.* **1.** *a. Zeichnung* einreiben; **2.** *sl.* ‚her'umreiten' auf (*dat.*); → ***rub*** 7; **~ off I** *v/t.* **1.** ab-, wegreiben; abschleifen; **II** *v/i.* **2.** abgehen (*Lack etc.*); **3.** *fig.* sich abnützen; **4.** *fig.* F abfärben (***onto*** auf *acc.*); **~ out I** *v/t.* **1.** ausradieren; **2.** wegwischen, -reiben; **3.** *Am. sl.* ‚'umlegen' (*töten*); **II** *v/i.* **4.** weggehen (*Fleck etc.*); **~ up** *v/t.* **1.** (auf)polieren; **2.** *fig.* a) *Kenntnisse etc.* auffrischen, b) *Gedächtnis etc.* stärken; **3.** *fig.* F ***rub s.o. up the right way*** j-n richtig behandeln; ***rub s.o. up the wrong way*** j-n ‚verschnupfen' *od.* verstimmen; ***it rubs me up the wrong way*** es geht mir gegen den Strich; **4.** *Farben etc.* verreiben.

rub-a-dub ['rʌbədʌb] *s.* Ta'ramtamtam *n*, Trommelwirbel *m*.

rub·ber¹ ['rʌbə] **I** *s.* **1.** Gummi *n*, *m*, (Na'tur)Kautschuk *m*; **2.** (Radier-)Gummi *m*; **3.** *a.* ***~ band*** Gummiring *m*, -band *n*; **4.** ***~ tyre*** (*od. bsd. Am.* ***tire***) Gummireifen *m*; **5.** *pl.* a) *Am.* ('Gummi)͵Überschuhe *pl.*, b) *Brit.* Turnschuhe *pl.*; **6.** *sl.* ‚Gummi' *m*, ‚Pa'riser' *m* (*Kondom*); **7.** Reiber *m*, Polierer *m*; **8.** Mas'seur(in), Mas'seuse *f*; **9.** Reibzeug *n*; **10.** a) Frottier(hand)tuch *n*, -handschuh *m*, b) Wischtuch *n*, c) Polierkissen *n*, d) *Brit.* Geschirrtuch *n*; **11.** Reibfläche *f*; **12.** ⚙ a) Schleifstein *m*, b) Putzfeile *f*; **13.** *typ.* Farbläufer *m*; **14.** 'Schmirgelpa͵pier *n*; 'Glaspa͵pier *n*; **15.** (weicher) Formziegel; **16.** F *Eishockey*: Puck *m*, Scheibe *f*; **17.** *Baseball*: Platte *f*; **II** *v/t.* **18.** → ***rubberize***; **III** *v/i.* **19.** → ***rubberneck*** 4, 5; **IV** *adj.* **20.** Gummi...: ***~ solution*** Gummilösung *f*.

rub·ber² ['rʌbə] *s. Kartenspiel*: Robber *m*.

rub·ber| boat *s.* Gummi-, Schlauchboot *n*; **~ ce·ment** *s.* ⚙ Gummilösung *f*; **~ check** *s. Am.*, **~ cheque** *s. Brit.* F geplatzter Scheck; **~ coat·ing** *s.* Gummierung *f*; **~ din·ghi** *s.* Schlauchboot *n*.

rub·ber·ize ['rʌbəraɪz] *v/t.* ⚙ mit Gummi imprägnieren, gummieren.

'rub·ber|·neck *Am.* F **I** *s.* **1.** Gaffer(in), Neugierige(r *m*) *f*; **2.** Tou'rist(in); **II** *adj.* **3.** neugierig, schaulustig; **III** *v/i.* **4.** neugierig gaffen, ‚sich den Hals verrenken'; **5.** die Sehenswürdigkeiten (*e-r Stadt etc.*) ansehen; **IV** *v/t.* **6.** neugierig betrachten; **~ plant** *s.* ♀ Kautschukpflanze *f*, *bsd.* Gummibaum *m*; **~ stamp** *s.* **1.** Gummistempel *m*; **2.** F a) sturer Beamter, b) bloßes Werkzeug, c) Nachbeter *m*; **3.** *bsd. Am.* F (abgedroschene) Phrase; **͵~-'stamp** *v/t.* **1.** abstempeln; **2.** F (rou'tinemäßig) genehmigen; **~ tree** *s.* ♀ a) Gummibaum *m*, b) Kautschukbaum *m*.

rub·bing ['rʌbɪŋ] *s.* **1.** a) *phys.* Reibung *f*, b) ⚙ Abrieb *m*; **2.** *typ.* Reiberdruck *m*; **~ cloth** *s.* Frottier-, Wisch-, Scheuertuch *n*; **~ con·tact** *s.* ⚡ 'Reibe-, 'Schleifkon͵takt *m*; **'~·stone** *s.* Schleif-, Wetzstein *m*; **~ var·nish** *s.* ⚙ Schleiflack *m*.

rub·bish ['rʌbɪʃ] *s. bsd. Brit.* **1.** Abfall *m*, Kehricht *m*, Müll *m*: ***~ bin*** Abfalleimer *m*; ***~ chute*** Müllschlucker *m*; **2.** (Gesteins)Schutt *m* (*a. geol.*); **3.** F Schund *m*, Plunder *m*; **4.** F *a. int.* Blödsinn *m*, Quatsch *m*; **5.** ⚒ a) *über Tage*: Abraum *m*, b) *unter Tage*: taubes Gestein; **'rub·bish tip** *s. bsd. Brit.* 'Mülldepo͵nie *f*, -halde *f*; **'rub·bish·y** [-ʃɪ] *adj.* **1.** schuttbedeckt; **2.** F Schund..., wertlos.

rub·ble ['rʌbl] *s.* **1.** Bruchstein(e *pl.*) *m*, Schotter *m*; **2.** *geol.* (Stein)Schutt *m*, Geröll *n*, Geschiebe *n*; **3.** (rohes)

Bruchsteinmauerwerk; **4.** loses Packeis; **~ ma·son·ry** → ***rubble*** 3; **'~·stone** *s.* Bruchstein *m*; **'~·work** → ***rubble*** 3.

'rub·down *s.* Abreibung *f*: ***have a ~*** sich trockenreiben *od.* frottieren.

rube [ru:b] *s. Am. sl.* ‚Lackel' *m.*

ru·be·fa·cient [ˌru:bɪ'feɪʃjənt] ⚕ **I** *adj.* (*bsd.* haut)rötend; **II** *s.* (*bsd.* haut)rötendes Mittel; **ˌru·be'fac·tion** [-'fækʃn] *s.* ⚕ Hautröte *f*, -rötung *f*.

ru·bi·cund ['ru:bɪkənd] *adj.* rötlich, rot, rosig (*Person*).

ru·bric ['ru:brɪk] **I** *s.* **1.** *typ.* Ru'brik *f* ([*roter*] *Titelkopf od. Buchstabe*; *Abschnitt*); **2.** *eccl.* Rubrik *f*, li'turgische Anweisung; **II** *adj.* **3.** rot (gedruckt *etc.*), rubriziert; **'ru·bri·cate** [-keɪt] *v/t.* **1.** rot bezeichnen; **2.** rubrizieren.

'rub·stone *s.* Schleifstein *m.*

ru·by ['ru:bɪ] **I** *s.* **1.** *a.* ***true ~***, ***Oriental ~*** *min.* Ru'bin *m*; **2.** (Ru'bin)Rot *n*; **3.** *fig.* Rotwein *m*; **4.** *fig.* roter (Haut)Pickel; **5.** *Uhrmacherei*: Stein *m*; **6.** *typ.* Pa'riser Schrift *f*, Fünfein'halbpunktschrift *f*; **II** *adj.* **7.** (kar'min-, ru'bin)rot.

ruche [ru:ʃ] *s.* Rüsche *f*; **ruched** [-ʃt] *adj.* mit Rüschen besetzt; **'ruch·ing** [-ʃɪŋ] *s.* **1.** *coll.* Rüschen(besatz *m*) *pl.*; **2.** Rüschenstoff *m.*

ruck¹ [rʌk] *s.* **1.** *sport das* (Haupt)Feld; **2.** ***the*** (***common***) ***~*** *fig.* die breite Masse: ***rise out of the ~*** *fig.* sich über den Durchschnitt erheben.

ruck² [rʌk] **I** *s.* Falte *f*; **II** *v/t. oft* ***~ up*** hochschieben, zerknüllen, -knittern; **III** *v/i. oft* ***~ up*** Falten werfen, hochrutschen.

ruck·sack ['rʌksæk] (*Ger.*) *s.* Rucksack *m.*

ruck·us ['rʌkəs] → ***ruction***.

ruc·tion ['rʌkʃn] *s. oft pl.* F a) Tohuwa'bohu *n*, b) Krach *m*, Kra'wall *m*, c) Schläge'rei *f*.

rud·der ['rʌdə] *s.* **1.** ⚓ (Steuer)Ruder *n*, Steuer *n*; **2.** ✈ Seitenruder *n*, -steuer *n*: ***~ controls*** Seitensteuerung *f*; **3.** *fig.* Richtschnur *f*; **4.** *Brauerei*: Rührkelle *f*; **'rud·der·less** [-lɪs] *adj.* **1.** ohne Ruder; **2.** *fig.* führer-, steuerlos.

rud·di·ness ['rʌdɪnɪs] *s.* Röte *f*; **rud·dy** ['rʌdɪ] *adj.* ☐ **1.** rot, rötlich, gerötet; gesund (*Gesichtsfarbe*); **2.** *Brit. sl.* verflixt.

rude [ru:d] *adj.* ☐ **1.** grob, unverschämt; rüde, ungehobelt; **2.** roh, unsanft (*a. fig. Erwachen*); **3.** wild, heftig (*Kampf*, *Leidenschaft*); rau (*Klima etc.*); hart (*Los*, *Zeit etc.*); **4.** wild (*Landschaft*); holp(e)rig (*Weg*); **5.** wirr (*Masse etc.*): ***~ chaos*** chaotischer Urzustand; **6.** *allg.* primi'tiv: a) unzivilisiert, b) ungebildet, c) kunstlos, d) behelfsmäßig; **7.** ro'bust, unverwüstlich (*Gesundheit*): ***be in ~ health*** vor Gesundheit strotzen; **8.** roh, unverarbeitet (*Stoff*); **9.** plump, ungeschickt; **10.** a) ungefähr, b) flüchtig, grob: ***~ sketch***; ***a ~ observer*** ein oberflächlicher Beobachter; **'rude·ness** [-nɪs] *s.* **1.** Grobheit *f*; **2.** Rohheit *f*; **3.** Heftigkeit *f*; **4.** Wild-, Rauheit *f*; **5.** Primitivi'tät *f*; **6.** Unebenheit *f*.

ru·di·ment ['ru:dɪmənt] *s.* **1.** Rudi'ment *n* (*a. biol. rudimentäres Organ*), Ansatz *m*; **2.** *pl.* Anfangsgründe *pl.*, Grundlagen *pl.*, Rudi'mente *pl.*; **ru·di·men·tal** [ˌru:dɪ'mentl], **ru·di·men·ta·ry** [ˌru:dɪ'mentərɪ] *adj.* ☐ **1.** elemen'tar, Anfangs...; **2.** rudimen'tär (*a. biol.*).

rue¹ [ru:] *s.* ⚘ Gartenraute *f*.

rue² [ru:] *v/t.* bereuen, bedauern; *Ereignis* verwünschen: ***he will live to ~ it*** er wird es noch bereuen; **'rue·ful** [-fʊl] *adj.* ☐ **1.** kläglich, jämmerlich: ***the Knight of the ~ Countenance*** der Ritter von der traurigen Gestalt (*Don Quichotte*); **2.** wehmütig; **3.** reumütig; **'rue·ful·ness** [-fʊlnɪs] *s.* **1.** Gram *m*, Traurigkeit *f*; **2.** Jammer *m.*

ruff¹ [rʌf] *s.* **1.** Halskrause *f* (*a. zo.*, *orn.*); **2.** (Pa'pier)Krause *f* (*Topf etc.*); **3.** Rüsche *f*; **4.** *orn.* a) Kampfläufer *m*, b) Haustaube *f* mit Halskrause.

ruff² [rʌf] **I** *s. Kartenspiel*: Trumpfen *n*; **II** *v/t. u. v/i.* mit Trumpf stechen.

ruff(e)³ [rʌf] *s. ichth.* Kaulbarsch *m.*

ruf·fi·an ['rʌfjən] *s.* **1.** Rüpel *m*; **2.** Raufbold *m*; **'ruf·fi·an·ism** [-nɪzəm] *s.* Rohheit *f*, Brutali'tät *f*; **'ruf·fi·an·ly** [-lɪ] *adj.* **1.** roh, bru'tal; **2.** wild.

ruf·fle ['rʌfl] **I** *v/t.* **1.** *Wasser etc.*, *a. Tuch* kräuseln; *Stirn* kraus ziehen; **2.** *Federn*, *Haare* sträuben: ***~ one's feathers*** sich aufplustern (*a. fig.*); **3.** *Papier* zerknittern; **4.** durchein'ander bringen *od.* werfen; **5.** *fig. j-n* aus der Fassung bringen; *j-n* (ver)ärgern: ***~ s.o.'s temper*** j-n verstimmen; **II** *v/i.* **6.** sich kräuseln; **7.** zerknüllt *od.* zerzaust werden; **8.** *fig.* die Ruhe verlieren; **9.** *fig.* sich aufspielen, anmaßend auftreten; **III** *s.* **10.** Kräuseln *n*; **11.** Rüsche *f*, Krause *f*; **12.** *orn.* Halskrause *f*; **13.** *fig.* Aufregung *f*, Störung *f*: ***without ~ or excitement*** in aller Ruhe.

ru·fous ['ru:fəs] *adj.* rotbraun.

rug [rʌg] *s.* **1.** (kleiner) Teppich, (Bett-, Ka'min)Vorleger *m*, Brücke *f*: ***pull the ~ from under s.o.*** *fig.* j-m den Boden unter den Füßen wegziehen; **2.** *bsd. Brit.* dicke wollene (Reise- *etc.*)Decke.

rug·by (foot·ball) ['rʌgbɪ] *s. sport* Rugby *n.*

rug·ged ['rʌgɪd] *adj.* ☐ **1.** zerklüftet, wild (*Landschaft etc.*), zackig, schroff (*Fels etc.*), felsig; **2.** durch'furcht (*Gesicht etc.*), uneben (*Boden etc.*), holperig (*Weg etc.*), knorrig (*Gestalt*); **3.** rauh (*Rinde*, *Tuch*, *a. fig. Manieren*,

R

Sport etc.): ***life is ~*** das Leben ist hart; ***~ individualism*** krasser Individualismus; **4.** ruppig, grob; **5.** *bsd. Am. a.* ⚙ ro'bust, stark, sta'bil; **'rug·ged·ize** *v/t.* besonders robust machen: ***~d laptop*** besonders robuster Laptop; **'rug·ged·ness** [-nɪs] *s.* **1.** Rauheit *f*; **2.** Grobheit *f*; **3.** *Am.* Ro'bustheit *f.*

rug·ger ['rʌgə] *Brit.* F *für* ***rugby***.

ru·in ['rʊɪn] **I** *s.* **1.** Ru'ine *f* (*a. fig. Person etc.*); *pl.* Ruine(n *pl.*) *f*, Trümmer *pl.*: ***lay in ~s*** in Schutt u. Asche legen; ***lie in ~s*** in Trümmern liegen; **2.** Verfall *m*: ***go to ~*** verfallen; **3.** Ru'in *m*, 'Untergang *m*, Zs.-bruch *m*, Verderben *n*: ***bring to ~*** → 5; ***the ~ of my hopes (plans)*** das Ende m-r Hoffnungen (Pläne); ***it will be the ~ of him*** es wird sein Untergang sein; **II** *v/t.* **4.** vernichten, zerstören; **5.** *j-n, a. Sache, Gesundheit etc.* ruinieren, zu'grunde richten; *Hoffnungen, Pläne* zu'nichte machen; *Augen, Aussichten etc.* verderben; *Sprache* verhunzen; **6.** *Mädchen* verführen; **ru·in·a·tion** [rʊɪ'neɪʃn] *s.* **1.** Zerstörung *f*, Verwüstung *f*; **2.** F *j-s* Ru'in *m*, Verderben *n*, 'Untergang *m*; **'ru·in·ous** [-nəs] *adj.* ☐ **1.** verfallen(d), baufällig, ru'inenhaft; **2.** verderblich, mörderisch, ruinierend, rui'nös: ***a ~ price*** a) ruinöser *od.* enormer Preis, b) Schleuderpreis *m*; **'ru·in·ous·ness** [-nəsnɪs] *s.* **1.** Baufälligkeit *f*; **2.** Verderblichkeit *f.*

rule [ru:l] **I** *s.* **1.** Regel *f*, Nor'malfall *m*: ***as a ~*** in der Regel; ***as is the ~*** wie es allgemein üblich ist; ***become the ~*** zur Regel werden; ***make it a ~ to*** (*inf.*) es sich zur Regel machen, zu (*inf.*); ***by all the ~s*** eigentlich; → ***exception*** 1; **2.** Regel *f*, Richtschnur *f*, Grundsatz *m*; *sport etc.* Spielregel *f* (*a. fig.*): ***against the ~s*** regelwidrig; ***~s of action*** (*od.* ***conduct***) Verhaltensmaßregeln, Richtlinien; ***~ of thumb*** Faustregel, praktische Erfahrung; ***by ~ of thumb*** über den Daumen gepeilt; ***serve as a ~*** als Richtschnur *od.* Maßstab dienen; **3.** ⚖ a) Vorschrift *f*, (gesetzliche) Bestimmung, Norm *f*, b) gerichtliche Entscheidung, c) Rechtsgrundsatz *m*: ***~s of the air*** Luftverkehrsregeln; ***work to ~*** Dienst nach Vorschrift tun (*als Streikmittel*); → ***road*** 1; **4.** *pl.* (Geschäfts-, Gerichts- *etc.*)Ordnung *f*: (***standing***) ***~s of court*** ⚖ Prozessordnung; ***~s of procedure*** a) Verfahrensordnung, b) Geschäftsordnung; **5.** *a.* ***standing ~*** Satzung *f*: ***against the ~s*** satzungswidrig; ***the ~s (and by-laws)*** die Satzungen, die Statuten; **6.** *eccl.* Ordensregel *f*; **7.** ☤ U'sance *f*, Handelsbrauch *m*; **8.** 𝔸 Regel *f*, Rechnungsart *f*: ***~ of proportion***, ***~ of three*** Regeldetri *f*, Dreisatz *m*; **9.** Herrschaft *f*, Regierung *f*: ***during (under) the ~ of*** während (unter) der Regierung (*gen.*); ***~ of law*** Rechtsstaatlichkeit *f*; **10.** a) Line'al *n*, b) *a.* ***folding ~*** Zollstock *m*; **11.** a) Richtmaß *n*, b) Winkel(eisen *n*, -maß *n*) *m*; **12.** *typ.* a) (Messing)Linie *f*: ***~ case*** Linienkasten *m*, b) Ko'lumnenmaß *n* (*Satzspiegel*), c) *Brit.* Strich *m*: ***em ~*** Gedankenstrich; ***en ~*** Halbgeviert *n*; **II** *v/t.* **13.** *a.* ***~ over*** *Land, Gefühl etc.* beherrschen, herrschen über (*acc.*), regieren: ***~ the roast*** (*od.* ***roost***) *fig.* das Regiment führen, Herr im Haus sein; **14.** lenken, leiten: ***be ~d by*** sich leiten lassen von; **15.** *bsd.* ⚖ anordnen, verfügen, entscheiden: ***~ out*** a) *j-n od. et.* ausschließen (*a. sport*), b) *et.* ablehnen; ***~ s.o. out of order*** *parl.* j-m das Wort entziehen; ***~ s.th. out of order*** et. nicht zulassen; **16.** a) *Papier* linieren, b) *Linie* ziehen: ***~ s.th. out*** et. durchstreichen; ***~d paper*** liniertes Papier; **III** *v/i.* **17.** herrschen *od.* regieren (***over*** über *acc.*); **18.** entscheiden (***that*** dass); **19.** ☤ *hoch etc.* stehen, liegen, notieren (*Preise*): ***~ high (low)***; weiterhin hoch notieren; **20.** vorherrschen; **21.** gelten, in Kraft sein (*Recht etc.*); **'rul·er** [-lə] *s.* **1.** Herrscher(in); **2.** Line'al *n*; ⚙ Richtscheit *n*; **3.** ⚙ Li'niermaˌschine *f*; **'rul·ing** [-lɪŋ] **I** *s.* **1.** ⚖ (gerichtliche) Entscheidung, Verfügung *f*; **2.** Linie(n *pl.*) *f*; **3.** Herrschaft *f*; **II** *adj.* **4.** herrschend; *fig.* (vor-)herrschend; **5.** maßgebend, grundlegend: ***~ case***; **6.** ☤ bestehend, laufend: ***~ price*** Tagespreis *m.*

rum[1] [rʌm] *s.* Rum *m*, *Am. a.* Alkohol *m.*

rum[2] [rʌm] *adj.* ☐ *bsd. Brit. sl.* **1.** ‚komisch' (*eigenartig*): ***~ customer*** komischer Kauz; ***~ go*** dumme Geschichte; ***~ start*** (tolle) Überraschung; **2.** ulkig, drollig.

Ru·ma·ni·an [ru:'meɪnjən] **I** *adj.* **1.** ru'mänisch; **II** *s.* **2.** Ru'mäne *m*, Ru'mänin *f*; **3.** *ling.* Ru'mänisch *n.*

rum·ba ['rʌmbə] *s.* Rumba *m*, *f.*

rum·ble[1] ['rʌmbl] **I** *v/i.* **1.** poltern (*a. Stimme*); rattern (*Gefährt, Zug etc.*), rumpeln, rollen (*Donner*), knurren (*Magen*); **II** *v/t.* **2.** *a.* ***~ out*** *Worte* herauspoltern, *Lied* grölen; **III** *s.* **3.** Gepolter *n*, Rattern *n*, Rumpeln *n*, Rollen *n* (*Donner*); **4.** ⚙ Poliertrommel *f*; **5.** a) Bedientensitz *m*, b) Gepäckraum *m*, c) → ***rumble seat***; **6.** *Am.* (Straßen-)Schlacht *f* (*zwischen jugendlichen Banden*).

rum·ble[2] ['rʌmbl] *v/t. sl.* **1.** *j-n* durch'schauen; **2.** *et.* ‚spitzkriegen'; **3.** *Am.* *j-n* argwöhnisch machen.

rum·ble seat *s. Am. mot.* Not-, Klappsitz *m.*

rum·bus·tious [rʌm'bʌstɪəs] *adj.* F **1.** laut, lärmend; **2.** wild, ausgelassen.

R

ru·men ['ru:men] *pl.* **-mi·na** [-mɪnə] *s. zo.* Pansen *m*; **'ru·mi·nant** [-mɪnənt] **I** *adj.* □ **1.** *zo.* 'wiederkäuend; **2.** *fig.* grübelnd; **II** *s.* **3.** *zo.* 'Wiederkäuer *m*; **'ru·mi·nate** [-mɪneɪt] **I** *v/i.* **1.** 'wiederkäuen; **2.** *fig.* grübeln (***about***, ***over*** über *acc.*); **II** *v/t.* **3.** *fig.* grübeln über (*acc.*, *dat.*); **ru·mi·na·tion** [ˌru:mɪ'neɪʃn] *s.* **1.** 'Wiederkäuen *n*; **2.** *fig.* Grübeln *n*; **'ru·mi·na·tive** [-mɪnətɪv] *adj.* □ nachdenklich, grüblerisch.

rum·mage ['rʌmɪdʒ] **I** *v/t.* **1.** durch'stöbern, -'wühlen, wühlen in (*dat.*); **2.** *a.* **~ *out***, **~ *up*** aus-, her'vorkramen; **II** *v/i.* **3.** *a.* **~ *about*** (her'um)stöbern *od.* (-)wühlen (***in*** in *dat.*); **III** *s.* **4.** *mst* **~ *goods*** Ramsch *m*, Ausschuss *m*, Restwaren *pl.*; **~ sale** *s.* **1.** Ramschverkauf *m*; **2.** 'Wohltätigkeitsbaˌzar *m*.

rum·mer ['rʌmə] *s.* Römer *m*, ('Wein-)Poˌkal *m*.

rum·my¹ ['rʌmɪ] *s.* Rommee *n* (*Kartenspiel*).

rum·my² ['rʌmɪ] *adj.* □ → ***rum***² 1 *u.* 2.

ru·mo(u)r ['ru:mə] **I** *s.* a) Gerücht *n*, b) Gerede *n*: **~ *has it***, ***the*** **~ *runs*** es geht das Gerücht; **II** *v/t.* (als Gerücht) verbreiten (*mst pass.*): ***it is ~ed that*** man sagt *od.* es geht das Gerücht, dass; ***he is ~ed to be*** man munkelt *od.* es heißt, er sei.

rump [rʌmp] *s.* **1.** *zo.* Steiß *m*, 'Hinterteil *n* (*a. des Menschen*); *orn.* Bürzel *m*; **~ *steak*** *Küche*: Rumpsteak *n*; **2.** *fig.* Rumpf *m*, kümmerlicher Rest: ***the*** **♀** (***Parliament***) *hist.* das Rumpfparlament.

rum·pie ['rʌmpɪ] *s.* Aufsteiger *m*, der auf dem Land wohnt (= ***rural upwardly-mobile professional***).

rum·ple ['rʌmpl] *v/t.* **1.** zerknittern, -knüllen; **2.** *Haar etc.* zerwühlen.

rum·pus ['rʌmpəs] *s.* F **1.** Krach *m*, Kra'wall *m*; **2.** Trubel *m*; **3.** Streit *m*, ‚Krach' *m*; **~ room** *s. Am.* Hobby- *od.* Partyraum *m*.

R

'rumˌrun·ner *s. Am.* Alkoholschmuggler *m*.

run [rʌn] **I** *s.* **1.** Laufen *n*, Rennen *n*; **2.** Lauf *m* (*a. sport u. fig.*); Lauf-, ⚔ Sturmschritt *m*: ***at the*** **~** im Lauf(-schritt), im Dauerlauf; ***in the long*** **~** *fig.* auf die Dauer, am Ende, schließlich; ***in the short*** **~** fürs Nächste; ***on the*** **~** a) auf der Flucht, b) (immer) auf den Beinen (*tätig*); ***be in the*** **~** *bsd. Am. pol. bei e-r Wahl* infrage kommen *od.* im Rennen liegen, kandidieren; ***come down with a*** **~** schnell *od.* plötzlich fallen (*a. Barometer*, *Preis*); ***go for*** (*od.* ***take***) ***a*** **~** e-n Lauf machen; ***have a*** **~** ***for one's money*** sich abhetzen müssen; ***have s.o. on the*** **~** j-n herumjagen, -hetzen; **3.** a) Anlauf *m*: ***take a*** **~** (e-n) Anlauf nehmen, b) *Baseball*, *Kricket*: erfolgreicher Lauf; **4.** *Reiten*: schneller Ga'lopp; **5.** ⚓, *mot.* Fahrt *f*; **6.** *oft* ***short*** **~** Spazierfahrt *f*; **7.** Abstecher *m*, kleine Reise (***to*** nach); **8.** ✈ (Bomben)Zielanflug *m*; **9.** ♪ Lauf *m*; **10.** Zulauf *m*, ✝ Ansturm *m*, Run *m* (***on*** auf *e-e Bank etc.*); ✝ stürmische Nachfrage (***on*** nach *e-r Ware*); **11.** *fig.* Lauf *m*, (Fort)Gang *m*: ***the*** **~** ***of events***; **12.** *fig.* Verlauf *m*: ***the*** **~** ***of the hills***; **13.** *fig.* a) Ten'denz *f*, b) Mode *f*; **14.** Folge *f*, (*sport* Erfolgs-, Treffer)Serie *f*: ***a*** **~** ***of bad*** (***good***) ***luck*** e-e Pechsträhne (e-e Glückssträhne); **15.** *Am.* kleiner Wasserlauf; **16.** *bsd. Am.* Laufmasche *f*; **17.** (Bob-, Rodel)Bahn *f*; **18.** ✈ Rollstrecke *f*; **19.** a) (Vieh-)Trift *f*, Weide *f*, b) (Hühner)Hof *m*, Auslauf *m*; **20.** ⚙ a) Bahn *f*, b) Laufschiene *f*, c) Rinne *f*; **21.** Mühl-, Mahlgang *m*; **22.** ⚙ a) Herstellungsgröße *f*, (Rohr- *etc.*)Länge *f*, b) (Betriebs)Leistung *f*, Ausstoß *m*, c) Gang *m*, 'Arbeitsperiˌode *f*, d) 'Durchlauf *m* (*von Beschickungsgut*), e) Charge *f*, Menge *f*, f) Bedienung *f*; **23.** Auflage *f* (*Zeitung*); **24.** *Kartenspiel*: Se'quenz *f*; **25.** (Amts-, Gültigkeits-, Zeit)Dauer *f*: **~ *of office***; **26.** *thea.*, *Film*: Laufzeit *f*: ***have a*** **~** ***of 20 nights*** 20-mal nacheinander gegeben werden; **27.** a) Art *f*, Schlag *m*; Sorte *f* (*a.* ✝), b) *mst* ***common*** (*od.* ***general*** *od.* ***ordinary***) **~** 'Durchschnitt *m*, *die* große Masse: **~ *of the mill*** Durchschnitt *m*; **28.** Herde *f*; **29.** Schwarm *m* (*Fische*); **30.** ⚓ (Achter)Piek *f*; **31.** (***of***) a) freie Benutzung (*gen.*), b) freier Zutritt (zu); **II** *v/i.* [*irr.*] **32.** laufen, rennen; eilen, stürzen; **33.** da'vonlaufen, Reiß'aus nehmen; **34.** *sport* a) (um die Wette) laufen, b) (an e-m Lauf *od.* Rennen) teilnehmen, laufen, c) als *Zweiter etc.* einlaufen: ***also ran*** ferner liefen; **35.** *fig.* laufen (*Blick*, *Feuer*, *Finger*, *Schauer etc.*): ***his eyes ran over ...*** sein Blick überflog ...; ***the tune keeps ~ning through my head*** die Melodie geht mir nicht aus dem Kopf; **36.** *pol.* kandidieren (***for*** für); **37.** ⚓ *etc.* fahren; (*in den Hafen*) einlaufen: **~ *before the wind*** vor dem Wind segeln; **38.** wandern (*Fische*); **39.** 🚂 *etc.* verkehren, *auf e-r Strecke* fahren, gehen; **40.** fließen, strömen (*beide a. fig. Blut in den Adern*, *Tränen*, *a. Verse*): ***it ~s in the blood*** (***family***) es liegt im Blut (in der Familie); **41.** lauten (*Schriftstück*); **42.** gehen (*Melodie*); **43.** verfließen, -streichen (*Zeit etc.*); **44.** dauern: ***three days ~ning*** drei Tage hintereinander; **45.** laufen, gegeben werden (*Theaterstück etc.*); **46.** verlaufen (*Straße etc.*, *a. Vorgang*), sich erstrecken; führen, gehen (*Weg etc.*): ***my taste*** (***talent***) ***does not*** **~** ***that way***

dafür habe ich keinen Sinn (keine Begabung); **47.** ⚙ laufen, gleiten (*Seil etc.*); **48.** ⚙ laufen: a) in Gang sein, arbeiten, b) gehen (*Uhr etc.*), funktionieren; **49.** in Betrieb sein (*Fabrik, Hotel etc.*); **50.** aus-, zerlaufen (*Farbe*); **51.** tropfen, strömen, triefen (***with*** vor *dat.*) (*Gesicht etc.*); laufen (*Nase, Augen*); 'übergehen (*Augen*): **~ *with tears*** in Tränen schwimmen; **52.** rinnen, laufen (*Gefäß*); **53.** schmelzen (*Metall*); tauen (*Eis*); **54.** ⚕ eitern, laufen; **55.** fluten, wogen: ***a heavy sea was ~ning*** es ging e-e schwere See; **56.** *Am.* a) laufen, fallen (*Masche*), b) Laufmaschen bekommen (*Strumpf*); **57.** ⚖ laufen, gelten, in Kraft sein *od.* bleiben: ***the period ~s*** die Frist läuft; **58.** ✝ sich stellen (*Preis, Ware*); **59.** *mit adj.*: werden, sein: **~ *dry*** a) versiegen, b) keine Milch mehr geben, c) erschöpft sein, d) sich ausgeschrieben haben (*Schriftsteller*); → 80; **~ *low*** (*od.* ***short***) zur Neige gehen, knapp werden; → ***high*** 22, ***riot*** 3, ***wild*** 2; **60.** *im Durchschnitt* sein, *klein etc.* ausfallen (*Früchte etc.*); **III** *v/t.* [*irr.*] **61.** *Weg etc.* laufen; *Strecke* durch'laufen, zu'rücklegen; *Weg* einschlagen; **62.** fahren (*a.* ⚓); *Strecke* be-, durch'fahren: **~ *a car against a tree*** mit e-m Wagen gegen e-n Baum fahren; **63.** *Rennen* austragen, laufen, *Wettlauf* machen; **64.** um die Wette laufen mit: **~ *s.o. close*** dicht an j-n herankommen (*a. fig.*); **65.** *Pferd* treiben; **66.** *hunt.* hetzen, *a. Spur* verfolgen (*a. fig.*); **67.** *Botschaften* über'bringen; *Botengänge od. Besorgungen* machen: **~ *errands***; **68.** *Blockade* brechen; **69.** a) *Pferd etc.* laufen lassen, b) *pol. j-n* als Kandi'daten aufstellen (***for*** für); **70.** a) *Vieh* treiben, b) weiden lassen; **71.** 🚂, ⚓ *etc.* fahren *od.* verkehren lassen; **72.** *Am. Annonce* veröffentlichen; **73.** transportieren; **74.** *Schnaps etc.* schmuggeln; **75.** *Augen, Finger etc.* gleiten lassen: **~ *one's hand through one's hair*** (sich) mit den Fingern durchs Haar fahren; **76.** *Film* laufen lassen; **77.** ⚙ *Maschine etc.* laufen lassen, bedienen; **78.** *Betrieb etc.* führen, leiten, verwalten; *Geschäft etc.* betreiben; *Zeitung* her'ausgeben; **79.** hin'eingeraten (lassen) in (*acc.*): **~ *debts*** Schulden machen; **~ *a firm into debt*** e-e Firma in Schulden stürzen; **~ *the danger of*** (*ger.*) Gefahr laufen zu (*inf.*); → ***risk*** 1; **80.** ausströmen, fließen lassen; *Wasser etc.* führen (*Leitung*): **~ *dry*** leer laufen lassen; → 59; **81.** *Gold etc.* (mit sich) führen (*Fluss*); **82.** *Metall* schmelzen; **83.** *Blei, Kugel* gießen; **84.** *Fieber, Temperatur* haben; **85.** stoßen, stechen, stecken; **86.** *Graben, Linie, Schnur etc.* ziehen; *Straße etc.* anlegen; *Brücke* schlagen; *Leitung* legen; **87.** leicht (ver)nähen, heften; **88.** *j-n* belangen (***for*** wegen);

Zssgn mit prp.:

run| a·cross *v/i. j-n* zufällig treffen, stoßen auf (*acc.*); **~ af·ter** *v/i.* hinter ... (*dat.*) herlaufen *od.* her sein, nachlaufen (*dat.*) (*alle a. fig.*); **~ a·gainst I** *v/i.* **1.** zs.-stoßen mit, laufen *od.* rennen *od.* fahren gegen; **2.** *pol.* kandidieren gegen; **II** *v/t.* **3.** *et.* stoßen gegen: ***run one's head against*** mit dem Kopf gegen *die Wand etc.* stoßen; **~ at** *v/i.* losstürzen auf (*acc.*); **~ for** *v/i.* **1.** auf ... (*acc.*) zulaufen *od.* -rennen; laufen nach; **2.** **~ *it*** Reiß'aus nehmen; **3.** *fig.* sich bemühen *od.* bewerben um; *pol.* → ***run*** 36; **~ in·to I** *v/i.* **1.** (hin'ein)laufen *od.* (-)rennen in (*acc.*); **2.** ⚓ in *den Hafen* einlaufen; **3.** → ***run against*** 1; **4.** → ***run across***; **5.** geraten *od.* sich stürzen in (*acc.*): **~ *debt***; **6.** werden *od.* sich entwickeln zu; **7.** sich belaufen auf (*acc.*): **~ *four editions*** vier Auflagen erleben; **~ *money*** ins Geld laufen; **II** *v/t.* **8.** *Messer etc.* stoßen *od.* rennen in (*acc.*); **~ off** *v/i.* her'unterfahren *od.* -laufen von: **~ *the rails*** entgleisen; **~ on** *v/i.* **1.** sich drehen um, betreffen; **2.** sich beschäftigen mit; **3.** losfahren auf (*acc.*); **4.** → ***run across***; **5.** mit *e-m Treibstoff* fahren, (an)getrieben werden von; **~ o·ver** *v/i.* **1.** laufen *od.* gleiten über (*acc.*); **2.** über'fahren; **3.** 'durchgehen, -lesen, über'fliegen; **~ through** *v/i.* **1.** → ***run over*** 3; **2.** kurz erzählen, streifen; **3.** 'durchmachen, erleben; **4.** sich hin'durchziehen durch; **5.** *Vermögen* 'durchbringen; **~ to** *v/i.* **1.** sich belaufen auf (*acc.*); **2.** (aus)reichen für (*Geldmittel*); **3.** sich entwickeln zu, neigen zu; **4.** F sich *et.* leisten; **5.** allzu sehr *Blätter etc.* treiben (*Pflanze*); → ***fat*** 5, ***seed*** 1; **~ up·on** → ***run on***; **~ with** *v/i.* über'einstimmen mit;

Zssgn mit adv.:

run| a·way *v/i.* **1.** da'vonlaufen (***from*** von *od. dat.*): **~ *from a subject*** von einem Thema abschweifen; **2.** 'durchgehen (*Pferd etc.*): **~ *with*** a) durchgehen mit *j-m* (*a. Fantasie, Temperament*); ***don't ~ with the idea that*** glauben Sie bloß nicht, dass, b) *et.* ‚mitgehen lassen', c) *viel Geld* kosten *od.* verschlingen, d) *sport Satz etc.* klar gewinnen; **~ down I** *v/i.* **1.** hin'unterlaufen (*a. Träne etc.*); **2.** ablaufen (*Uhr*); **3.** *fig.* her'unterkommen; **II** *v/t.* **4.** über'fahren; **5.** ⚓ in den Grund bohren; **6.** *j-n* einholen; **7.** *Wild, Verbrecher* zur Strecke bringen; **8.** aufstöbern, ausfindig machen; **9.** erschöpfen, *Batterie a.* zu stark entladen: ***be ~*** *fig.* erschöpft *od.* ab(gearbeitet, -gespannt) sein; **10.**

R

Betrieb etc. her'unterwirtschaften; **~ in I** *v/i.* **1.** hin'ein-, her'einlaufen; **2. ~ *with*** *fig.* über'einstimmen mit; **II** *v/t.* **3.** hineinlaufen lassen; **4.** einfügen (*a. typ.*); **5.** F *Verbrecher* ‚einlochen'; **6.** ⚙ *Maschine* (sich) einlaufen lassen, *Auto etc.* einfahren; **~ off I** *v/i.* **1.** → ***run away***; **2.** ablaufen, -fließen; **II** *v/t.* **3.** *et.* schnell erledigen; *Gedicht etc.* her'unterrasseln; **4.** *typ.* abdrucken, -ziehen; **5.** *Rennen etc.* a) austragen, b) zur Entscheidung bringen; **~ on** *v/i.* **1.** weiterlaufen; **2.** *fig.* fortlaufen, fortgesetzt werden (***to*** bis); **3.** a) (unaufhörlich) reden, fortplappern, b) *in der Rede* fortfahren; **4.** anwachsen (***into*** zu); **5.** *typ.* (ohne Absatz) fortlaufen; **~ out I** *v/i.* **1.** hin'aus-, her'auslaufen; **2.** herausfließen, -laufen; **3.** (aus)laufen (*Gefäß*); **4.** *fig.* ablaufen, zu Ende gehen; **5.** ausgehen, knapp werden (*Vorrat*): ***I have ~ of tobacco*** ich habe keinen Tabak mehr; **6.** her'ausragen; sich erstrecken; **II** *v/t.* **7.** hin'ausjagen, -treiben; **8.** erschöpfen: ***run o.s. out*** bis zur Erschöpfung laufen; ***be ~*** a) *vom Laufen* ausgepumpt sein, b) ausverkauft sein; **~ o·ver I** *v/i.* **1.** hin'überlaufen; **2.** 'überlaufen, -fließen; **II** *v/t.* **3.** über'fahren; **~ through** *v/t.* **1.** durch'bohren, -'stoßen; **2.** *Wort* 'durchstreichen; **3.** *Zug* 'durchfahren lassen; **~ up I** *v/i.* **1.** hin'auflaufen, -fahren; **2.** zulaufen (***to*** auf *acc.*); **3.** schnell anwachsen, hochschießen; **4.** einlaufen, -gehen (*Kleider*); **II** *v/t.* **5.** *Vermögen etc.* anwachsen lassen; **6.** *Rechnung* auflaufen lassen; **7.** *Angebot, Preis* in die Höhe treiben; **8.** *Flagge* hissen; **9.** schnell zs.-zählen; **10.** *Haus etc.* schnell hochziehen; **11.** *Kleid etc.* ‚zs.-hauen' (*schnell nähen*).

'run|·a·bout *s.* **1.** Her'umtreiber(in); **2.** *a.* ***~ car*** *mot.* Kleinwagen *m*, Stadtauto *n*; **3.** leichtes Motorboot; **'~-a·round** *s. Am.* F: ***give s.o. the ~*** a) j-n von Pontius zu Pilatus schicken, b) j-n hinhalten, c) j-n ‚an der Nase herumführen'; **'~·a·way I** *s.* **1.** Ausreißer(in), 'Durchgänger *m* (*a. Pferd*); **2.** 'Durchgehen *n e-s Atomreaktors*; **II** *adj.* **3.** 'durchgebrannt, flüchtig (*Häftling etc.*): ***~ car*** Wagen, der sich selbstständig gemacht hat; ***~ inflation*** ✝ galoppierende Inflation; ***~ match*** Heirat *f* e-s durchgebrannten Liebespaares; ***~ victory*** *sport* Kantersieg *m*; **'~-down I** *adj.* **1.** erschöpft (*a.* ⚡ *Batterie*), abgespannt, ‚erledigt'; **2.** heruntergekommen, baufällig; **3.** abgelaufen (*Uhr*); **II** ['rʌndaʊn] *s.* **4.** F (ausführlicher) Bericht.

rune [ruːn] *s.* Rune *f.*

rung[1] [rʌŋ] *p.p. von* ***ring***[2].

rung[2] [rʌŋ] *s.* **1.** (*bsd.* Leiter)Sprosse *f*; **2.** *fig.* Stufe *f*, Sprosse *f*; **3.** (Rad)Speiche *f*; **4.** Runge *f.*

ru·nic ['ruːnɪk] **I** *adj.* **1.** runisch; Runen...; **II** *s.* **2.** Runeninschrift *f*; **3.** *typ.* Runenschrift *f.*

'run-in *s.* **1.** *sport Brit.* Einlauf *m*; **2.** *typ.* Einschiebung *f*; **3.** ⚙ a) Einfahren *n* (*Auto etc.*), b) Einlaufen *n* (*Maschine*); **4.** *Am.* F ‚Krach' *m*, Zs.-stoß *m* (*Streit*); **~ groove** *s.* Einlaufrille *f* (*Schallplatte*).

run·let ['rʌnlɪt] *s.* Bach *m.*

run·nel ['rʌnl] *s.* **1.** Rinnsal *n*; **2.** Rinne *f*, Rinnstein *m.*

run·ner ['rʌnə] *s.* **1.** (*a.* Wett)Läufer (-in); **2.** Rennpferd *n*; **3.** a) Bote *m*, b) Laufbursche *m*, c) ⚔ Melder *m*; **4.** ✝ *Am.* a) Unter'nehmer *m*, b) F Vertreter *m*, c) F ‚Renner' *m*, Verkaufsschlager *m*; **5.** *mst in Zssgn* Schmuggler *m*; **6.** Läufer *m* (*Teppich*); **7.** (*Schlitten- etc.*) Kufe *f*; **8.** ⚙ a) Laufschiene *f*, b) Seilring *m*, c) (*Turbinen- etc.*)Laufrad *n*, d) (Gleit-, Lauf)Rolle *f*, e) Rollwalze *f*; **9.** *typ.* Zeilenzähler *m*; **10.** ✓ Drillschar *f*; **11.** ⚓ Drehreep *n*; **12.** ⚘ a) Ausläufer *m*, b) Kletterpflanze *f*, c) Stangenbohne *f*; **13.** *orn.* Ralle *f*; **14.** *ichth.* Goldstöcker *m*; **ˌ~-'up** *s.* (***to*** hinter *dat.*) Zweite(r *m*) *f*, *sport a.* Vizemeister(in).

run·ning ['rʌnɪŋ] **I** *s.* **1.** Laufen *n*, Lauf *m* (*a.* ⚙): ***be still in the ~*** noch gut im Rennen liegen (*a. fig.* ***for*** um); ***be out of the ~*** aus dem Rennen sein (*a. fig.* ***for*** um); ***make the ~*** a) das Tempo machen, b) das Tempo angeben; ***put s.o. out of the ~*** j-n aus dem Rennen werfen (*a. fig.*); ***take*** (***up***) ***the ~*** sich an die Spitze setzen (*a. fig.*); **2.** Schmuggel *m*; **3.** Leitung *f*, Aufsicht *f*, Bedienung *f*, Über'wachung *f e-r Maschine*; **4.** Durch'brechen *n e-r Blockade*; **II** *adj.* **5.** laufend (*a.* ⚙): ***~ fight*** ⚔ a) Rückzugsgefecht *n*, b) laufendes Gefecht (*a. fig.*); ***~ gear*** ⚙ Laufwerk *n*; ***~ glance*** *fig.* flüchtiger Blick; ***~ jump*** Sprung *m* mit Anlauf; ***~ knot*** laufender Knoten; ***~ mate*** *pol. Am.* 'Vizepräsiˌdentschaftsbewerber(in); ***~ shot*** *Film*: Fahraufnahme *f*; ***~ speed*** Fahr- *od.* Umlaufgeschwindigkeit *f*; ***~ start*** *sport* fliegender Start; ***in ~ order*** ⚙ betriebsfähig; **6.** *fig.* laufend (*ständig*), fortlaufend: ***~ account*** ✝ a) laufende Rechnung, b) Kontokorrent *n*; ***~ commentary*** a) laufender Kommentar, b) (Funk)Reportage *f*; ***~ debts*** laufende Schulden; ***~ hand*** Schreibschrift *f*; ***~ head***(***line***), ***~ title*** Kolumnentitel *m*; ***~ pattern*** fortlaufendes Muster; ***~ text*** fortlaufender Text; **7.** fließend (*Wasser*); **8.** ⚕ laufend, eiternd (*Wunde*); **9.** aufein'ander folgend: ***five times*** (***for three days***) ***~*** fünfmal (drei Tage) hintereinander; ***~ fire*** ⚔ Lauffeuer *n*; **10.** line'ar gemessen: ***per ~ metre*** pro laufenden Meter; **11.** ⚘ a) rankend, b)

R

kriechend; **12.** ♪ laufend: **~ *passages*** Läufe; **~ board** *s. mot.*, 🚂 *etc.* Tritt-, Laufbrett *n*; **ˌ~-ˈin test** *s.* ⚙ Probelauf *m*.

ˈrun|-off *s. sport* Entscheidungslauf *m*, -rennen *n*; **ˈ~-off vote** *s. pol.* Stichwahl *f*; **ˌ~-of-the-ˈmill** *adj.* Durchschnitts..., mittelmäßig; **ˈ~·proof** *adj.* maschenfest; **ˈ~-on** *typ.* **I** *adj.* angehängt, fortlaufend gesetzt; **II** *s.* angehängtes Wort.

runs [rʌnz] *s. pl.* F *bsd. Brit.* Durchfall *m*, ‚Scheißerei' *f*.

runt [rʌnt] *s.* **1.** *zo.* Zwergrind *n*, -ochse *m*; **2.** *fig.* (*contp.* lächerlicher) Zwerg; **3.** *orn. große kräftige Haustaubenrasse.*

ˈrun|-through *s.* **1.** a) Überfliegen *n* (*e-s Briefs etc.*), b) kurze Zs.-fassung; **2.** *thea.* schnelle Probe; **ˈ~-up** *s.* **1.** *sport.* Anlauf *m*: ***in the ~ to*** *fig.* im Vorfeld *der Wahlen etc.*; **2.** ⚔ (Ziel)Anflug *m*; **3.** ✈ kurzer Probelauf *der Motoren*; **ˈ~·way** *s.* **1.** ✈ Start-und-ˈLande-Bahn *f*, Piste *f*; **2.** *sport* Anlaufbahn *f*; **3.** *hunt.* Wildpfad *m*, (-)Wechsel *m*: **~ *watching*** Ansitzjagd *f*; **4.** *bsd. Am.* Laufsteg *m*.

ru·pee [ruːˈpiː] *s.* Rupie *f* (*Geld*).

rup·ture [ˈrʌptʃə] **I** *s.* **1.** Bruch *m* (*a.* ⚕ *u. fig.*), (*a.* ⚕ *Muskel- etc.*)Riss *m*: ***diplomatic ~*** Abbruch *m* der diplomatischen Beziehungen; **~ *support*** ⚕ Bruchband *n*; **2.** Brechen *n* (*a.* ⚙): **~ *limit*** ⚙ Bruchgrenze *f*; **II** *v/t.* **3.** brechen (*a. fig.*), zersprengen, -reißen (*a.* ⚕): **~ *o.s.*** → 6; **4.** *fig.* abbrechen, trennen; **III** *v/i.* **5.** zerspringen, (-)reißen; **6.** ⚕ sich e-n Bruch heben.

ru·ral [ˈrʊərəl] *adj.* □ **1.** ländlich, Land...; **2.** landwirtschaftlich; **ˈru·ral·ize** [-rəlaɪz] **I** *v/t.* **1.** e-n ländlichen Chaˈrakter geben; **2.** auf das Landleben ˈumstellen; **II** *v/i.* **3.** auf dem Lande leben; **4.** sich auf das Landleben umstellen; **5.** ländlich werden, verbauern.

Ru·ri·ta·ni·an [ˌrʊərɪˈteɪnjən] *adj. fig.* abenteuerlich.

ruse [ruːz] *s.* List *f*, Trick *m*.

rush¹ [rʌʃ] *s.* ⚘ Binse *f*; *coll.* Binsen *pl.*: ***not worth a ~*** *fig.* keinen Pfifferling wert.

rush² [rʌʃ] **I** *v/i.* **1.** rasen, stürzen, (daˈhin)jagen, stürmen, (heˈrum)hetzen: **~ *at s.o.*** auf j-n losstürzen; **~ *in*** hereinstürzen, -stürmen; **~ *into extremes*** *fig.* ins Extrem verfallen: **~ *through*** a) hasten durch, b) *et.* hastig erledigen *etc.*; ***an idea ~ed into my mind*** ein Gedanke schoss mir durch den Kopf; ***blood ~ed to her face*** das Blut schoss ihr ins Gesicht; **2.** (daˈhin)brausen (*Wind*); **3.** *fig.* sich (*vorschnell*) stürzen (***into*** in *od.* auf *acc.*); → ***conclusion*** 3, ***print*** 13; **II** *v/t.* **4.** (an)treiben, drängen, hetzen, jagen: ***I refuse to be ~ed*** ich lasse mich nicht drängen; **~ *up prices*** *Am.* die Preise in die Höhe treiben; ***be ~ed for time*** F unter Zeitdruck stehen; **5.** schnell *od.* auf dem schnellsten Wege *wohin* bringen *od.* schaffen: **~ *s.o. to the hospital***; **6.** schnell erledigen, *Arbeit etc.* herˈunterhasten, hinhauen: **~ *a bill*** (***through***) e-e Gesetzesvorlage durchpeitschen; **7.** überˈstürzen, -ˈeilen; **8.** losstürmen auf (*acc.*), angreifen; **9.** im Sturm nehmen (*a. fig.*), stürmen (*a. fig.*): **~ *s.o. off his feet*** j-n in Trab halten; **10.** über *ein Hindernis* hinˈwegsetzen; **11.** *Am. sl.* mit Aufmerksamkeiten überˈhäufen, umˈwerben; **12.** *Brit. sl.* ‚neppen', ‚bescheißen' (**£5** um 5 Pfund); **III** *s.* **13.** Vorwärtsstürmen *n*, Daˈhinschießen *n*; Brausen *n* (*Wind*): ***on the ~*** F in aller Eile; ***with a ~*** plötzlich; **14.** ⚔ a) Sturm *m*, b) Sprung *m*: ***by ~es*** sprungweise; **15.** *American Football*: Vorstoß *m*, ˈDurchbruch *m*; **16.** *fig.* a) (An)Sturm *m* (***for*** auf *acc.*), b) (Massen)Andrang *m*, c) *a.* ✝ stürmische Nachfrage (***on*** *od.* ***for*** nach): ***make a ~ for*** losstürzen auf (*acc.*); **17.** ⚕ a) (Blut)Andrang *m*, b) (Adrenaˈlin- *etc.*)Stoß *m*; **18.** *fig.* plötzlicher Ausbruch (*von Tränen etc.*); plötzliche Anwandlung, Anfall *m*: **~ *of pity***; **19.** a) Drang *m der Geschäfte*, ‚Hetze' *f*, b) Hochbetrieb *m*, -druck *m*, c) Überˈhäufung *f* (***of*** mit *Arbeit*); **~ hour** *s.* Hauptverkehrs-, Stoßzeit *f*; **ˈ~-ˌhour** *adj.* Hauptverkehrs..., Stoß...: **~ *traffic*** Stoßverkehr *m*; **~ job** *s.* eilige Arbeit, dringende Sache; **~ or·der** *s.* ✝ Eilauftrag *m*.

rusk [rʌsk] *s.* **1.** Zwieback *m*; **2.** Sandkuchengebäck *n*.

rus·set [ˈrʌsɪt] **I** *adj.* **1.** a) rostbraun, b) rotgelb, -grau; **2.** *obs.* grob; **II** *s.* **3.** a) Rostbraun *n*, b) Rotgelb *n*, -grau *n*; **4.** grobes handgewebtes Tuch; **5.** Boskop *m* (*rötlicher Winterapfel*).

Rus·sia leath·er [ˈrʌʃə] *s.* Juchten(leder) *n*; **ˈRus·sian** [-ʃn] **I** *s.* **1.** Russe *m*, Russin *f*; **2.** *ling.* Russisch *n*; **II** *adj.* **3.** russisch; **ˈRus·sian·ize** [-ʃənaɪz] *v/t.* russifizieren.

Rus·so- [rʌsəʊ] *in Zssgn* a) russisch, b) russisch-...

rust [rʌst] **I** *s.* **1.** Rost *m* (*a. fig.*): ***gather ~*** Rost ansetzen; **2.** Rost- *od.* Moderfleck *m*; **3.** ⚘ a) Rost *m*, Brand *m*, b) *a.* **~ *fungus*** Rostpilz *m*; **II** *v/i.* **4.** (ver-)rosten, einrosten (*a. fig.*), rostig werden; **5.** moderfleckig werden; **III** *v/t.* **6.** rostig machen; **7.** *fig.* einrosten lassen.

rus·tic [ˈrʌstɪk] **I** *adj.* □ (**~*ally***) **1.** ländlich, rustiˈkal, Land..., Bauern...; **2.** simpel, schlicht, anspruchslos; **3.** grob, ungehobelt, bäurisch; **4.** rustiˈkal, roh (gearbeitet): **~ *furniture***; **5.** ⚠ a) Rustika..., b) mit Bossenwerk verziert; **6.** *typ.* unregelmäßig geformt; **II** *s.* **7.** (ein-

R

facher) Bauer, Landmann *m*; **8.** *fig.* Bauer *m*; **'rus·ti·cate** [-keɪt] **I** *v/i.* **1.** auf dem Lande leben; **2.** a) ein ländliches Leben führen, b) verbauern; **II** *v/t.* **3.** aufs Land senden; **4.** *Brit. univ.* relegieren, (zeitweilig) von der Universi'tät verweisen; **5.** ⩓ mit Bossenwerk verzieren; **rus·ti·ca·tion** [ˌrʌstɪ'keɪʃn] *s.* **1.** Landaufenthalt *m*; **2.** Verbauerung *f*; **3.** *Brit. univ.* (zeitweise) Relegati'on; **rus·tic·i·ty** [rʌ'stɪsətɪ] *s.* **1.** ländlicher Cha'rakter; **2.** grobe *od.* bäurische Art; **3.** (ländliche) Einfachheit.

rus·tic| ware *s.* hellbraune Terra'kotta; **~ work** *s.* **1.** ⩓ Bossenwerk *n*, Rustika *f*; **2.** *roh gezimmerte Möbel etc.*

rust·i·ness ['rʌstɪnɪs] *s.* **1.** Rostigkeit *f*; **2.** *fig.* Eingerostetsein *n*.

rus·tle ['rʌsl] **I** *v/i.* **1.** rascheln (*Blätter etc.*), rauschen, knistern (*Seide etc.*); **2.** *Am. sl.* ‚rangehen', (e'nergisch) zupacken; **II** *v/t.* **3.** rascheln mit (*od.* in *dat.*), rascheln machen; **4.** *Am. sl. Vieh* stehlen; **5.** **~ up** F a) *et.* ‚organisieren', auftreiben, b) *Essen* ‚zaubern'; **III** *s.* **6.** Rauschen *n*, Rascheln *n*, Knistern *n*; **'rus·tler** [-lə] *s. Am. sl.* **1.** Viehdieb *m*; **2.** Mordsanstrengung *f*.

rust·less ['rʌstlɪs] *adj.* rostfrei, nicht rostend: ***~ steel***.

rust·y ['rʌstɪ] *adj.* □ **1.** rostig, verrostet; **2.** *fig.* eingerostet (*Kenntnisse etc.*); **3.** rostfarben; **4.** ⚘ vom Rost(pilz) befallen; **5.** schäbig (*Kleidung*); **6.** rau (*Stimme*).

rut[1] [rʌt] **I** *s.* **1.** (Wagen-, Rad)Spur *f*, Furche *f*; **2.** *fig.* altes Geleise, alter Trott: ***be in a ~*** sich in ausgefahrenen Gleisen bewegen; ***get into a ~*** in e-n (immer gleichen) Trott verfallen; **II** *v/t.* **3.** furchen.

rut[2] [rʌt] *zo.* **I** *s.* **1.** a) Brunst *f*, b) Brunft *f* (*Hirsch*); **2.** Brunst-, Brunftzeit *f*; **II** *v/i.* **3.** brunften, brunsten.

ru·ta·ba·ga [ˌruːtə'beɪgə] *s.* ⚘ *Am.* Gelbe Kohlrübe.

Ruth[1] [ruːθ], *a.* ***Book of ~*** *s. bibl.* (das Buch) Ruth *f*.

ruth[2] [ruːθ] *s. obs.* Mitleid *n*.

ruth·less ['ruːθlɪs] *adj.* □ **1.** unbarmherzig, mitleidlos; **2.** rücksichts-, skrupellos; **'ruth·less·ness** [-nɪs] *s.* **1.** Unbarmherzigkeit *f*; **2.** Rücksichts-, Skrupellosigkeit *f*.

rut·ting ['rʌtɪŋ] *zo.* **I** *s.* Brunst *f*; **II** *adj.* Brunst..., Brunft...: ***~ time***; **rut·tish** ['rʌtɪʃ] *adj. zo.* brunftig, brünstig.

rut·ty ['rʌtɪ] *adj.* durch'furcht, ausgefahren (*Weg*).

rye [raɪ] *s.* **1.** ⚘ Roggen *m*; **2.** *a.* ***~ whisky*** Roggenwhisky *m*.

S

S, s [es] *s.* S *n*, s *n* (*Buchstabe*).
's [z] **1.** F *für* **is**: ***he's here***; **2.** F *für* **has**: ***she's just come***; **3.** [s] F *für* **us**: ***let's go***; **4.** [s] F *für* **does**: ***what's he think about it?***
Sab·bath ['sæbəθ] *s.* Sabbat *m*; *weitS.* ♀ Sonn-, Ruhetag *m*: ***break*** (***keep***) ***the ~*** den Sabbat entheiligen (heiligen); ***witches' ~*** Hexensabbat; **'~,break·er** *s.* Sabbatschänder(in).
Sab·bat·ic [sə'bætɪk] *adj.* (□ ***~ally***) → ***sabbatical*** I; **sab'bat·i·cal** [-kl] **I** *adj.* □ ♀ Sabbat...; **II** *s. a.* ***~ year*** a) Sabbatjahr *n*, b) *univ.* Ferienjahr *n e-s Professors*.
sa·ber ['seɪbə] *Am.* → ***sabre***.
sa·ble ['seɪbl] **I** *s.* **1.** *zo.* a) Zobel *m*, b) (*bsd.* Fichten)Marder *m*; **2.** Zobelfell *n*, -pelz *m*; **3.** *her.* Schwarz *n*; **4.** *mst pl. poet.* Trauer(kleidung) *f*; **II** *adj.* **5.** Zobel...; **6.** *her.* schwarz; **7.** *poet.* schwarz, finster.
sa·bot ['sæbəʊ] *s.* **1.** Holzschuh *m*; **2.** ⚔ Geschoss-, Führungsring *m*.
sab·o·tage ['sæbətɑːʒ] **I** *s.* Sabo'tage *f*; **II** *v/t.* sabotieren; **III** *v/i.* Sabo'tage treiben; **sa·bo·teur** [ˌsæbə'tɜː] (*Fr.*) *s.* Sabo'teur *m*.
sa·bre ['seɪbə] **I** *s.* **1.** Säbel *m*: ***rattle the ~*** *fig.* mit dem Säbel rasseln; **2.** ⚔ *hist.* Kavalle'rist *m*; **II** *v/t.* **3.** niedersäbeln; **~ rat·tling** *s. fig.* Säbelrasseln *n*.
sab·u·lous ['sæbjʊləs] *adj.* sandig, Sand...: ***~ urine*** ⚕ Harngrieß *m*.
sac [sæk] *s.* **1.** ♀, *anat., zo.* Sack *m*, Beutel *m*; **2.** ⚙ (Tinten)Sack *m* (*Füllhalter*).
sac·cha·rate ['sækəreɪt] *s.* ⚗ Sa(c)cha'rat *n*; **sac·char·ic** [sə'kærɪk] *adj.* ⚗ Zucker...: ***~ acid***; **sac·cha·rif·er·ous** [ˌsækə'rɪfərəs] *adj.* ⚗ zuckerhaltig *od.* Zucker erzeugend; **sac·char·i·fy** [sə'kærɪfaɪ] *v/t.* **1.** verzuckern, sa(c)charifizieren; **2.** süßen; **sac·cha·rim·e·ter** [ˌsækə'rɪmɪtə] *s.* Zuckermesser *m*, Sa(c)chari'meter *n*.
sac·cha·rin(e) ['sækərɪn] *s.* ⚗ Sa(c)cha'rin *n*; **'sac·cha·rine** [-raɪn] *adj.* **1.** Zucker..., Süßstoff...: **2.** *fig.* süßlich: ***a ~ smile***; **'sac·cha·roid** [-rɔɪd] *adj.* ⚗, *min.* zuckerartig, körnig; **sac·cha·rom·e·ter** [ˌsækə'rɒmɪtə] → ***saccharimeter***; **'sac·cha·rose** [-rəʊs] *s.* ⚗ Rohrzucker *m*, Sa(c)cha'rose *f*.
sac·cule ['sækjuːl] *s. bsd. anat.* Säckchen *n*.
sac·er·do·tal [ˌsæsə'dəʊtl] *adj.* □ priesterlich, Priester...; **ˌsac·er'do·tal·ism** [-təlɪzəm] *s.* **1.** Priestertum *n*; **2.** *contp.* Pfaffentum *n*.
sa·chem ['seɪtʃəm] *s.* **1.** Indi'anerhäuptling *m*; **2.** *Am. humor.* ‚großes Tier', *bsd. pol.* ‚Par'teiboss' *m*.
sa·chet ['sæʃeɪ] *s.* **1.** Säckchen *n*, Tütchen *n*; **2.** Duftkissen *n*.
sack[1] [sæk] **I** *s.* **1.** Sack *m*; **2.** F ‚Laufpass' *m*: ***get the ~*** a) ‚fliegen', ‚an die Luft gesetzt (*entlassen*) werden', b) *von e-m Mädchen* den Laufpass bekommen; ***give s.o. the ~*** → 7; **3.** *Am.* a) (Verpackungs)Beutel *m*, Tüte *f*, b) Beutel (-inhalt) *m*; **4.** a) 'Umhang *m*, b) (kurzer) loser Mantel, c) → ***sack coat***, ***sack dress***; **5.** *sl.* ‚Falle' *f*, ‚Klappe' *f* (*Bett*): ***hit the ~*** sich ‚hinhauen'; **II** *v/t.* **6.** einsacken, in Säcke *od.* Beutel abfüllen; **7.** F a) *j-n* ‚rausschmeißen' (*entlassen*), b) *e-m Liebhaber* den Laufpass geben.
sack[2] [sæk] **I** *s.* Plünderung *f*: ***put to ~*** → **II** *v/t. Stadt etc.* (aus)plündern.
sack[3] [sæk] *s.* heller Südwein.
'sack|·but [-bʌt] *s.* ♪ **1.** *hist.* 'Zugpoˌsaune *f*; **2.** *bibl.* Harfe *f*; **'~·cloth** *s.* Sackleinen *n*: ***in ~ and ashes*** *fig.* in Sack u. Asche *Buße tun od. trauern*; **~ coat** *s. Am.* Sakko *m*, *n*; **~ dress** *s.* Sackkleid *n*; **'~·ful** [-fʊl] *pl.* **-fuls** *s.* Sack *m* (voll); **~ race** *s.* Sackhüpfen *n*.
sa·cral ['seɪkrəl] **I** *adj.* **1.** *eccl.* sa'kral, Sakral...; **2.** *anat.* Sakral..., Kreuz(bein)...; **II** *s.* **3.** Sa'kralwirbel *m*; **4.** Sa'kralnerv *m*.
sac·ra·ment ['sækrəmənt] *s.* **1.** *eccl.* Sakra'ment *n*: ***the*** (***Blessed*** *od.* ***Holy***) ***~*** a) das (heilige) Abendmahl, b) *R.C.* die heilige Kommunion; ***the last ~s*** die Sterbesakramente; **2.** Sym'bol *n* (***of*** für); **3.** My'sterium *n*; **4.** feierlicher Eid; **sac·ra·men·tal** [ˌsækrə'mentl] **I** *adj.* □ sakramen'tal, Sakraments...; *fig.* heilig, weihevoll; **II** *s. R.C.* heiliger *od.* sakramen'taler Ritus *od.* Gegenstand; *pl.* Sakramen'talien *pl.*
sa·cred ['seɪkrɪd] *adj.* □ **1.** *eccl. u. fig.* heilig (*a. Andenken, Pflicht, Recht etc.*), geheiligt, geweiht (***to*** *dat.*): ***~ cow*** *fig.* ‚heilige Kuh'; **2.** geistlich, kirchlich, Kirchen... (*Dichtung, Musik*); **'sa·cred·ness** [-nɪs] *s.* Heiligkeit *f*.

S

sac·ri·fice ['sækrɪfaɪs] **I** *s.* **1.** *eccl. u. fig.* a) Opfer *n* (*Handlung u. Sache*), b) *fig.* Aufopferung *f*; Verzicht *m* (**of** auf *acc.*): **~ of the Mass** Messopfer *n*; **the great** (*od.* **last**) **~** das höchste Opfer, *bsd.* der Heldentod; **make a ~ of** *et.* opfern; **make ~s** → 6; **at some ~ of accuracy** unter einigem Verzicht auf Genauigkeit; **2.** ✝ Verlust *m*: **sell at a ~** → 4; **II** *v/t.* **3.** *eccl. u. fig., a. Schach*: opfern (**to** *dat.*): **~ one's life**; **4.** ✝ mit Verlust verkaufen; **III** *v/i.* **5.** *eccl.* opfern; **6.** *fig.* Opfer bringen; **sac·ri·fi·cial** [ˌsækrɪ'fɪʃl] *adj.* □ **1.** *eccl.* Opfer...; **2.** aufopferungsvoll.

sac·ri·lege ['sækrɪlɪdʒ] *s.* Sakri'leg *n*: a) Kirchenschändung *f*, -raub *m*, b) Entweihung *f*, c) *allg.* Frevel *m*; **sac·ri·le·gious** [ˌsækrɪ'lɪdʒəs] *adj.* □ sakri'legisch, *allg.* frevlerisch.

sa·crist ['seɪkrɪst], **sac·ris·tan** ['sækrɪstən] *s. eccl.* Sakri'stan *m*, Mes(s)ner *m*, Küster *m*; **sac·ris·ty** ['sækrɪstɪ] *s. eccl.* Sakri'stei *f*.

sac·ro·sanct ['sækrəʊsæŋkt] *adj.* (*a. iro.*) sakro'sankt, hochheilig.

sa·crum ['seɪkrəm] *s. anat.* Kreuzbein *n*, Sakrum *n*.

sad [sæd] *adj.* □ → **sadly**; **1.** (**at**) traurig (über *acc.*), bekümmert, niedergeschlagen (wegen); melan'cholisch: **a ~der and a wiser man** j-d, der durch Schaden klug geworden ist; **2.** traurig (*Pflicht*), tragisch (*Unfall etc.*): **~ to say** bedauerlicherweise; **3.** schlimm, arg (*Zustand*); **4.** *contp.* elend, mise'rabel, jämmerlich, F arg, ‚furchtbar': **a ~ dog** ein mieser Kerl; **5.** dunkel, matt (*Farbe*); **6.** teigig, klitschig: **~ bread**; **sad·den** ['sædn] **I** *v/t.* traurig machen, betrüben; **II** *v/i.* traurig werden (**at** über *acc.*).

sad·dle ['sædl] **I** *s.* **1.** (*Pferde-, Fahrrad- etc.*)Sattel *m*: **in the ~** im Sattel, *fig.* fest im Sattel, im Amt, an der Macht; **put the ~ on the wrong** (**right**) **horse** *fig.* die Schuld dem Falschen (Richtigen) geben *od.* zuschreiben; **2.** a) (*Pferde*)Rücken *m*, b) Rücken(stück *n*) *m* (*Schlachtvieh etc.*): **~ of mutton** Hammelrücken; **3.** (Berg)Sattel *m*; **4.** Buchrücken *m*; **5.** ⚙ a) Querholz *n*, b) Bettschlitten *m*, Sup'port *m* (*Werkzeugmaschine*), c) Lager *n*, d) Türschwelle *f*; **II** *v/t.* **6.** *Pferd* satteln; **7.** *bsd. fig.* a) belasten, b) *Aufgabe etc.* aufbürden, -halsen (**on**, **upon** *dat.*), c) *et.* zur Last legen (**on**, **upon** *dat.*); '**~·back** *s.* **1.** Bergsattel *m*; **2.** ⚠ Satteldach *n*; **3.** *zo. Tier mit sattelförmiger Rückenzeichnung*, *bsd.* a) Nebelkrähe *f*, b) männliche Sattelrobbe; **4.** hohlrückiges Pferd; '**~·backed** *adj.* **1.** hohlrückig (*Pferd etc.*); **2.** sattelförmig; '**~·bag** *s.* Satteltasche *f*; **~ blan·ket** *s.* Woilach *m*; **~ horse** *s.* Reitpferd *n*; '**~·nose** *s.* Sattelnase *f*.

sad·dler·y ['sædlərɪ] *s.* **1.** Sattle'rei *f*; **2.** Sattelzeug *n*.

sad·ism ['seɪdɪzəm] *s. psych.* Sa'dismus *m*; '**sad·ist** [-ɪst] **I** *s.* Sa'dist(in); **II** *adj.* → **sa·dis·tic** [sə'dɪstɪk] *adj.* (□ **~ally**) sa'distisch.

sad·ly ['sædlɪ] *adv.* **1.** traurig, betrübt; **2.** *a.* **~ enough** unglücklicherweise, leider; **3.** erbärmlich, arg, schmählich *vernachlässigt etc.*

sad·ness ['sædnɪs] *s.* Traurigkeit *f*.

sa·fa·ri [sə'fɑːrɪ] *s.* (**on ~** auf) Sa'fari *f*.

safe [seɪf] **I** *adj.* □ **1.** sicher (**from** vor *dat.*): **we are ~ now** jetzt sind wir in Sicherheit; **keep s.th. ~** et. sicher aufbewahren; **better to be ~ than sorry!** ‚Vorsicht ist die Mutter der Porzellankiste!'; **2.** sicher, unversehrt, heil; außer Gefahr (*a. Patient*): **~ and sound** heil u. gesund *ankommen etc.*; **3.** sicher, ungefährlich: **~ period** ⚕ unfruchtbare Tage *pl.* (*der Frau*); **~** (**to operate**) ⚙ betriebssicher; **~ stress** ⚙ zulässige Beanspruchung; **the rope is ~** das Seil hält; **is it ~ to go there?** ist es ungefährlich, da hinzugehen?; **in ~ custody** → 7; **as ~ as houses** F absolut sicher; **it is ~ to say** man kann (ruhig) sagen; **to be on the ~ side** um ganz sicher zu gehen; → **play** 9; **4.** vorsichtig (*Fahrer, Schätzung etc.*); **5.** sicher, zuverlässig: **a ~ leader**; **a ~ method**; **6.** sicher, wahrscheinlich: **a ~ winner**; **he is ~ to be there** er wird sicher *od.* bestimmt da sein; **7.** in sicherem Gewahrsam (*a. Verbrecher*); **II** *s.* **8.** Safe *m*, Tre'sor *m*, Geldschrank *m*; **9.** → **meat safe**; '**~-ˌblow·er**, '**~-ˌcrack·er** *s.* F Geldschrankknacker *m*; **~ con·duct** *s.* **1.** Geleitbrief *m*; **2.** freies *od.* sicheres Geleit; **~ de·pos·it** *s.* Stahlkammer *f*, Tre'sor(raum) *m*; '**~-deˌpos·it box** *s.* Tre'sor(fach *n*) *m*, Safe *m*; '**~·guard I** *s.* Sicherung *f*: a) Schutz (**against** gegen, vor *dat.*), Vorsichtsmaßnahme *f* (gegen), b) Sicherheitsklausel *f*, c) ⚙ Schutzvorrichtung *f*; **II** *v/t.* sichern, schützen; *Interessen* wahrnehmen: **~ing duty** Schutzzoll *m*; **~ keep·ing** *s.* sichere Verwahrung, Gewahrsam *m*.

safe·ness ['seɪfnɪs] → **safety** 1–3.

safe·ty ['seɪftɪ] *s.* **1.** Sicherheit *f*: **be in ~**; **jump to ~** sich durch e-n Sprung retten; **2.** Sicherheit *f*, Gefahrlosigkeit *f*: **~ (of operation)** ⚙ Betriebssicherheit; **~ glass** Sicherheitsglas *n*; **~ measure** Sicherheitsmaßnahme *f*, -vorkehrung *f*; **~ in flight** ✈ Flugsicherheit; **~ on the road** Verkehrssicherheit; **there is ~ in numbers** zu mehreren ist man sicherer; **~ first!** Sicherheit über alles!; **~ first scheme** Unfallverhütungsprogramm

S

n; ***play for ~*** sichergehen (wollen), Risiken vermeiden; **3.** Sicherheit *f*, Zuverlässigkeit *f*, Verlässlichkeit *f* (*Mechanismus, Verfahren etc.*); **4.** *a.* ***~ device*** ⚙ Sicherung *f*, Schutz-, Sicherheitsvorrichtung *f*; **5.** Sicherung(sflügel *m*) *f* (*Gewehr etc.*): ***at ~*** gesichert; **~ belt** *s.* **1.** Rettungsgürtel *m*; **2.** ✈, *mot.* Sicherheitsgurt *m*; **~ bolt** *s.* ⚙, ⚔ Sicherheitsbolzen *m*; **~ buoy** *s.* Rettungsboje *f*; **~ catch** *s.* **1.** ⚙ Sicherung *f* (*Lift etc.*); **2.** Sicherungsflügel *m* (*Gewehr etc.*): ***release the ~*** entsichern; **~ curtain** *s. thea.* eiserner Vorhang; **~ fuse** *s.* **1.** ⚙ Sicherheitszünder *m*, -zündschnur *f*; **2.** ⚡ a) (Schmelz)Sicherung *f*, b) Sicherheitsausschalter *m*; **~ is·land** *s.* Verkehrsinsel *f*; **~ lamp** *s.* ⚒ Grubenlampe *f*; **~ lock** *s.* **1.** Sicherheitsschloss *n*; **2.** Sicherung *f* (*Gewehr, Mine etc.*); **~ match** *s.* Sicherheitszündholz *n*; **~ net** *s. Zirkus etc.* (*a. fig. soziales*) Netz; **~ pin** *s.* Sicherheitsnadel *f*; **~ razor** *s.* Ra'sierappa,rat *m*; **~ rules** *pl.* ⚙ Sicherheits-, Unfallverhütungsvorschriften *pl.*; **~ sheet** *s.* Sprungtuch *n* (*Feuerwehr*); **~ valve** *s.* **1.** ⚙ 'Überdruck-, 'Sicherheitsven,til *n*; **2.** *fig.* Ven'til *n*: ***sit on the ~*** Unterdrückungspolitik betreiben; **~ zone** *s.* Verkehrsinsel *f*.

saf·fi·an ['sæfjən] *s.* Saffian(leder *n*) *m*.

saf·flow·er ['sæflaʊə] *s.* **1.** ⚘ Sa'flor *m*, Färberdistel *f*; **2.** getrocknete Sa'florblüten *pl.*: ***~ oil*** Safloröl *n*.

saf·fron ['sæfrən] *s.* **1.** ⚘ echter Safran; **2.** *pharm., Küche*: Safran *m*; **3.** Safrangelb *n*.

sag [sæg] **I** *v/i.* **1.** sich senken, ab-, 'durchsacken; *bsd.* ⚙ 'durchhängen; **2.** (he'rab)hängen (*a. Unterkiefer etc.*): ***~ging shoulders*** hängende *od.* abfallende Schultern; **3.** schief hängen (*Rocksaum etc.*); **4.** *fig.* sinken, nachlassen, abfallen; ✝ nachgeben (*Markt, Preise*): ***~ging spirits*** sinkender Mut; **5.** ⚓ (*mst* ***~ to leeward*** nach Lee) (ab-) treiben; **II** *s.* **6.** 'Durch-, Absacken *n*; **7.** Senkung *f*; ⚙ 'Durchhang *m*; **8.** ✝ (Preis)Abschwächung *f*.

sa·ga ['sɑːgə] *s.* **1.** Saga *f* (*Heldenerzählung*); **2.** Sage *f*, Erzählung *f*; **3.** *a.* ***~ novel*** Fa'milienro,man *m*.

sa·ga·cious [sə'geɪʃəs] *adj.* □ scharfsinnig, klug (*a. Tier*); **sa·gac·i·ty** [sə'gæsɪtɪ] *s.* Scharfsinn *m*.

sage[1] [seɪdʒ] **I** *s.* Weise(r) *m*; **II** *adj.* □ weise, klug, verständig.

sage[2] [seɪdʒ] *s.* ⚘ Salbei *m, f*: ***~ tea***.

Sag·it·ta·ri·us [,sædʒɪ'teərɪəs] *s. ast.* Schütze *m*.

sa·go ['seɪgəʊ] *s.* Sago *m*.

said [sed; səd] **I** *pret. u. p.p. von* ***say***: ***he is ~ to have been ill*** er soll krank gewesen sein; es heißt, er sei krank gewesen; **II** *adj. bsd.* ⚖ vorerwähnt, besagt.

sail [seɪl] **I** *s.* **1.** ⚓ a) Segel *n*, b) *coll.* Segel(werk *n*) *pl.*: ***make ~*** a) die Segel (bei)setzen, b) mehr Segel beisetzen, c) *a.* ***set ~*** unter Segel gehen, auslaufen (***for*** nach); ***take in ~*** a) Segel einholen, b) *fig.* zurückstecken; ***under ~*** unter Segel, auf der Fahrt; ***under full ~*** mit vollen Segeln; → ***trim*** 9; **2.** ⚓ (Segel-) Schiff(e *pl.*) *n*: ***a fleet of 20 ~***; ***~ ho!*** Schiff ho! (*in Sicht*); **3.** ⚓ Fahrt *f*: ***have a ~*** segeln gehen; **4.** ⚙ a) Segel *n e-s Windmühlenflügels*, b) Flügel *m e-r Windmühle*; **II** *v/i.* **5.** a) *allg.* mit e-m Schiff *od.* zu Schiff fahren *od.* reisen, b) fahren (*Schiff*), c) *bsd. sport* segeln; → ***wind***[1] 1; **6.** ⚓ a) auslaufen (*Schiff*), b) abfahren, -segeln (***for*** *od.* ***to*** nach): ***ready to ~*** seeklar; **7.** a) ✈ fliegen, b) *a.* ***~ along*** *fig.* da'hinschweben, (-)segeln (*Wolke, Vogel*); **8.** *fig.* (*bsd. stolz*) schweben, ‚rauschen', schreiten; **9.** ***~ in*** F ‚sich ranmachen', zupacken; **10.** ***~ into*** F a) *j-n od. et.* attackieren, 'herfallen über (*acc.*), b) ‚rangehen' an (*acc.*), *et.* tüchtig anpacken; **III** *v/t.* **11.** durch'segeln, befahren; **12.** *Segelboot* segeln, *allg. Schiff* steuern; **13.** *poet.* durch *die Luft* schweben; **'~·boat** → ***sailing boat***.

sail·er ['seɪlə] *s.* ⚓ Segler *m* (*Schiff*).

sail·ing ['seɪlɪŋ] **I** *s.* **1.** ⚓ (Segel-) Schifffahrt *f*, Navigati'on *f*: ***plain*** (*od.* ***smooth***) ***~*** *fig.* ‚klare Sache'; ***from now on it is all plain ~*** von jetzt an geht alles glatt (über die Bühne); **2.** Segelsport *m*, Segeln *n*; **3.** Abfahrt *f* (***for*** nach); **II** *adj.* **4.** Segel...; **~ boat** *s.* Segelboot *n*; **~ mas·ter** *s.* Navi'gator *m e-r Jacht*; **~ or·ders** *s. pl.* ⚓ **1.** Fahrtauftrag *m*; **2.** Befehl *m* zum Auslaufen; **~ ship**, **~ ves·sel** *s.* ⚓ Segelschiff *n*.

sail loft *s.* ⚓ Segelmacherwerkstatt *f* (*an Bord*).

sail·or ['seɪlə] *s.* **1.** Ma'trose *m*, Seemann *m*: ***~ hat*** Matrosenhut *m*; ***~s' home*** Seemannsheim *n*; ***~'s knot*** Schifferknoten *m*; **2.** *von Seereisenden*: ***be a good ~*** seefest sein; ***be a bad ~*** leicht seekrank werden; **3.** Ma'trosenanzug *m od.* -hut *m für Kinder*; **'sail·or·ly** [-lɪ] *adj.* seemännisch.

'sail·plane **I** *s.* Segelflugzeug *n*; **II** *v/i.* segelfliegen.

saint [seɪnt] **I** *s.* (*vor Eigennamen* ♀, *abbr.* **St** *od.* **S** [snt]) *eccl.* (*a. fig., iro. a.* ***~ on wheels***) Heilige(r *m*) *f*: ***St Bernard (dog)*** Bernhardiner *m* (*Hund*); ***St Anthony's fire*** ⚕ *die* Wundrose; ***St Elmo's fire*** *meteor. das* Elmsfeuer; (***the Court of***) ***St James('s)*** der brit. Hof; ***St John's wort*** ⚘ *das* Johanniskraut; ***St Monday*** *Brit.* F ‚blauer Montag'; ***St Martin's summer*** Altweibersommer *m*; ***St Paul's*** *die* Paulskathedrale (*in London*); ***St Peter's*** *die* Pe-

S

terskirche (*in Rom*); ***St Valentine's Day*** *der* Valentinstag; ***St Vitus's dance*** ⚕ *der* Veitstanz; **II** *v/t.* heilig sprechen; **III** *v/i. mst* **~ *it*** a) wie ein Heiliger leben, b) den Heiligen spielen; **'saint·ed** [-tɪd] *p.p. u. adj.* **1.** *eccl.* heilig (gesprochen); **2.** heilig, fromm; **3.** anbetungswürdig; **4.** geheiligt, geweiht (*Ort*); **5.** selig (*Verstorbener*); **'saint·hood** [-hʊd] *s.* (Stand *m* der) Heiligkeit *f.*

'saint·like → ***saintly***.

saint·li·ness ['seɪntlɪnɪs] *s.* Heiligkeit *f* (*a. iro.*); **saint·ly** ['seɪntlɪ] *adj.* **1.** heilig; **2.** fromm; **3.** heiligmäßig (*Leben*).

saith [seθ] *obs. od. poet. 3. sg. pres. von* ***say***.

sake [seɪk] *s.*: ***for the ~ of*** um ... (*gen.*) willen, *j-m* zuliebe; wegen (*gen.*), halber (*gen.*): ***for heaven's ~*** um Himmels willen; ***for his ~*** ihm zuliebe, seinetwegen; ***for my own ~ as well as yours*** um meinetwillen ebenso wie um deinetwillen; ***for peace(')*** **~** um des lieben Friedens willen; ***for old times' ~***, ***for old ~'s ~*** eingedenk alter Zeiten.

sal [sæl] *s.* ⚗, *pharm.* Salz *n*: **~ *ammoniac*** Salmiak(salz) *n.*

sa·laam [sə'lɑːm] **I** *s.* Selam *m* (*orientalischer Gruß*); **II** *v/t. u. v/i.* mit e-m Selam *od.* e-r tiefen Verbeugung (be-)grüßen.

sal·a·bil·i·ty [ˌseɪlə'bɪlətɪ] *s.* ✝ Verkäuflichkeit *f*, Marktfähigkeit *f*; **sal·a·ble** ['seɪləbl] *adj.* □ ✝ **1.** verkäuflich; **2.** marktfähig, gangbar.

sa·la·cious [sə'leɪʃəs] *adj.* □ **1.** geil, lüstern; **2.** ob'szön, zotig; **sa'la·cious·ness** [-nɪs], **sa·lac·i·ty** [sə'læsətɪ] *s.* **1.** Geilheit *f*, Wollust *f*; **2.** Obszöni'tät *f.*

sal·ad ['sæləd] *s.* **1.** Sa'lat *m* (*a. fig. Durcheinander*); **2.** ⚘ Sa'lat(gewächs *n*, -pflanze *f*) *m*; **~ days** *s. pl.*: ***in my ~*** in m-n wilden Jugendtagen; **~ dress·ing** *s.* Sa'latsoße *f*; **~ oil** *s.* Sa'latöl *n.*

sal·a·man·der ['sæləˌmændə] *s.* **1.** *zo.* Sala'mander *m*; **2.** Sala'mander *m* (*Feuergeist*); **3.** *j-d der große Hitze ertragen kann*; **4.** a) rot glühendes (Schür)Eisen (*zum Anzünden*), b) *glühende Eisenschaufel, die über Gebäck gehalten wird, um es zu bräunen*; **5.** *metall.* Ofensau *f.*

sa·la·mi [sə'lɑːmɪ] *s.* Sa'lami *f*; **~ tac·tics** *s. pl. pol.* Sa'lamitaktik *f.*

sa·lar·i·at [sə'leərɪæt] *s.* (Klasse *f* der) Gehaltsempfänger *pl.*

sal·a·ried ['sælərɪd] *adj.* **1.** (fest) bezahlt, fest angestellt: **~ *employee*** Gehaltsempfänger(in), Angestellte(r *m*) *f*; **2.** bezahlt (*Stellung*); **sal·a·ry** ['sælərɪ] **I** *s.* Gehalt *n*, Besoldung *f*; **II** *v/t.* (mit e-m Gehalt) bezahlen, *j-m* ein Gehalt zahlen.

sale [seɪl] *s.* **1.** Verkauf *m*, -äußerung *f*: ***by private ~*** unter der Hand; ***for ~*** zu verkaufen; ***not for ~*** unverkäuflich; ***be on ~*** angeboten *od.* verkauft werden; ***forced ~*** Zwangsverkauf *m*; **~ *of work*** Basar *m*; **2.** ✝ Verkauf *m*, Vertrieb *m*; → ***return*** 23; **3.** ✝ Ab-, 'Umsatz *m*, Verkaufsziffer *f*: ***slow ~*** schleppender Absatz; ***meet with a ready ~*** schnellen Absatz finden, gut ‚gehen'; **4.** (öffentliche) Versteigerung, Aukti'on *f*: ***put up for ~*** versteigern, meistbietend verkaufen; **5.** ✝ *a. pl.* (Sai'son)Schlussverkauf *m*; **sale·a·bil·i·ty** *etc. bsd. Brit.* → ***salability*** *etc.*; **'sale·room** → ***salesroom***.

sales| ac·count [seɪlz] *s.* ✝ Verkaufskonto *n*; **~ a·gent** *s.* (Handels)Vertreter *m*; **~ ap·peal** *s.* Zugkraft *f e-r Ware*; **'~·clerk** *s.* ✝ *Am.* (Laden)Verkäufer (-in); **~ de·part·ment** *s.* ✝ Verkauf(s-abteilung *f*) *m*; **~ drive** *s.* ✝ Ver'kaufskamˌpagne *f*; **~ en·gi·neer** *s.* ✝ Ver'kaufsingeniˌeur *m*; **~ fi·nance com·pa·ny** *s. Am.* **1.** Absatzfinanzierungsgesellschaft *f*; **2.** 'Teilzahlungskreˌditinstiˌtut *n*; **'~·girl** *s.* (Laden)Verkäuferin *f*; **'~ˌla·dy** *Am.* → ***saleswoman***; **'~·man** [-mən] *s.* [*irr.*] **1.** ✝ a) Verkäufer *m*, b) *Am.* (Handlungs)Reisende(r) *m*, (Handels)Vertreter *m*; **2.** *fig. Am.* Reisende(r) *m* (**of** in *dat.*); **~ man·ag·er** *s.* ✝ Verkaufsleiter *m.*

sales·man·ship ['seɪlzmənʃɪp] *s.* **1.** a) Verkaufstechnik, b) ✝ Verkaufsgewandtheit *f*, Geschäftstüchtigkeit *f*; **2.** *fig.* Über'zeugungskunst *f*, wirkungsvolle Art, e-e Idee *etc.* zu ‚verkaufen' *od.* ‚an den Mann zu bringen'.

sales| pro·mo·tion *s.* ✝ Verkaufsförderung *f*; **~ re·sist·ance** *s.* ✝ Kaufabneigung *f*, 'Widerstand *m* (des potenzi'ellen Kunden); **'~·room** [-rʊm] *s.* Ver'kaufs-, *bsd.* Aukti'onsraum *m*, -loˌkal *n*; **~ slip** *s. Am.* Kassenbeleg *m*; **~ talk** *s.* **1.** ✝ Verkaufsgespräch *n*; **2.** anpreisende Worte *pl.*; **~ tax** *s.* ✝ 'Umsatzsteuer *f*; **'~ˌwom·an** *s.* [*irr.*] ✝ **1.** Verkäuferin *f*; **2.** *Am.* (Handels)Vertreterin *f.*

Sal·ic ['sælɪk] *adj. hist.* salisch: **~ *law*** Salisches Gesetz.

sal·ic ['sælɪk] *adj. min.* salisch.

sal·i·cyl·ic [ˌsælɪ'sɪlɪk] *adj.* Salizyl...

sa·li·ence ['seɪljəns], **'sa·li·en·cy** [-sɪ] *s.* **1.** Her'vorspringen *n*, Her'ausragen *n*; **2.** vorspringende Stelle, Vorsprung *m*: ***give ~ to*** *fig. e-e Sache* herausstellen; **'sa·li·ent** [-nt] **I** *adj.* **1.** (her)'vorspringend, her'ausragend: **~ *angle*** ausspringender Winkel; **~ *point*** *fig.* springender Punkt; **2.** *fig.* her'vorstechend, ins Auge springend; **3.** *her. u. humor.* springend; **4.** *poet.* (her'vor)sprudelnd; **II** *s.* **5.** ⚔ Frontausbuchtung *f.*

sa·lif·er·ous [sə'lɪfərəs] *adj.* **1.** Salz bildend; **2.** *bsd. geol.* salzhaltig.

sa·line **I** *adj.* ['seɪlaɪn] **1.** salzig, salzhaltig, Salz...; **2.** *pharm.* sa'linisch; **II** *s.* [sə'laɪn] **3.** Salzsee *m od.* -sumpf *m od.* -quelle *f*; **4.** Sa'line *f*, Salzwerk *n*; **5.** ⚗ a) *pl.* Salze *pl.*, b) Salzlösung *f*; **6.** *pharm.* sa'linisches Mittel; **sa·lin·i·ty** [sə'lɪnətɪ] *s.* **1.** Salzigkeit *f*; **2.** Salzhaltigkeit *f*, Salzgehalt *m.*

sa·li·va [sə'laɪvə] *s.* Speichel(flüssigkeit *f*) *m*; **sal·i·var·y** ['sælɪvərɪ] *adj.* Speichel...; **sal·i·vate** ['sælɪveɪt] **I** *v/t.* **1.** (vermehrten) Speichelfluss her'vorrufen bei *j-m*; **II** *v/i.* **2.** Speichelfluss haben; **3.** Speichel absondern; **sal·i·va·tion** [ˌsælɪ'veɪʃn] *s.* **1.** Speichelabsonderung *f*; **2.** (vermehrter) Speichelfluss.

sal·low[1] ['sæləʊ] *s.* ⚘ (*bsd.* Sal)Weide *f.*

sal·low[2] ['sæləʊ] *adj.* blässlich, fahl.

sal·ly ['sælɪ] **I** *s.* **1.** ⚔ Ausfall *m*: ~ ***port*** *hist.* Ausfallstor *n*; **2.** *fig.* geistreicher Ausspruch *od.* Einfall, Geistesblitz *m*, *a.* (Seiten)Hieb *m*; **3.** (Zornes)Ausbruch *m*; **II** *v/i.* **4.** *oft* ~ ***out*** ⚔ e-n Ausfall machen, her'vorbrechen; **5.** *mst* ~ ***forth*** (*od.* ***out***) sich aufmachen, aufbrechen.

Sal·ly Lunn [ˌsælɪ'lʌn] *s. leichter Teekuchen.*

sal·ma·gun·di [ˌsælmə'gʌndɪ] *s.* **1.** bunter Teller (*Salat, kalter Braten etc.*); **2.** *fig.* Mischmasch *m.*

salm·on ['sæmən] *pl.* **-mons**, *coll.* **-mon I** *s.* **1.** *ichth.* Lachs *m*, Salm *m*: ~ ***ladder*** (*od.* ***leap***, ***pass***) Lachsleiter *f*; ~ ***peal***, ~ ***peel*** junger Lachs; ~ ***trout*** Lachsforelle *f*; **2.** *a.* ~ ***colo(u)r***, ~ ***pink*** Lachs(farbe *f*) *n*; **II** *adj.* **3.** *a.* **~*-colo(u)red***, **~*-pink*** lachsfarben, -rot.

sal·mo·nel·la [ˌsælmə'nelə] *s.* **1.** *biol.* a) *pl.* **-lae** [-liː] Salmo'nelle *f*, b) ⚕ *coll.* Salmo'nellen *pl.*; **2.** ⚕ *coll. a.* ~ ***infection*** (*od.* ***poisoning***) Salmo'nellenvergiftung *f.*

sa·lon ['sælɔ̃ːŋ] (*Fr.*) *s.* Sa'lon *m* (*a. Ausstellungsraum, vornehmes Geschäft*; *a. fig. schöngeistiger Treffpunkt*).

sa·loon [sə'luːn] *s.* **1.** Sa'lon *m* (*bsd. in Hotels etc.*), (Gesellschafts)Saal *m*: ***billiard*** ~ *Brit.* Billardzimmer *n*; ***shaving*** ~ Rasiersalon; **2.** a) ✈ Sa'lon *m* (*Aufenthaltsraum*), b) ⚓ *a.* ~ ***cabin*** Ka'bine *f* erster Klasse, c) → ***saloon car***, d) → ***saloon bar***: ***sleeping*** ~ 🚆 (Luxus-)Schlafwagen *m*; **3.** *Am.* Kneipe *f*; **4.** *obs.* Sa'lon *m*, Empfangszimmer *n*; ~ **bar** *s. Brit. vornehmerer Teil e-s Lokals*; ~ **car** *s.* **1.** *mot. Brit.* a) Limou'sine *f*, b) *sport* Tourenwagen *m*; **2.** → ~ **car·riage** *s.* 🚆 Sa'lonwagen *m*; ~ **deck** *s.* ⚓ Sa'londeck *n*; ~ **pis·tol** *s. Brit.* 'Übungspiˌstole *f.*

sal·sa[1] ['sælsə] ♪ **I** *s.* Salsa *m* (*Musik u. Tanz*); **II** *v/i.* Salsa tanzen.

sal·sa[2] ['sælsə] *s.* 'Salsasoße *f.*

salt [sɔːlt] **I** *s.* **1.** (Koch)Salz *n*: ***eat s.o.'s*** ~ *fig.* a) j-s Gast sein, b) von j-m abhängen; ***with a grain of*** ~ *fig.* mit Vorbehalt, cum grano salis; ***not to be worth one's*** ~ keinen Schuss Pulver wert sein; ***the*** ~ ***of the earth*** *bibl. u. fig.* das Salz der Erde; **2.** Salz(fässchen) *n*: ***above*** (***below***) ***the*** ~ am oberen (unteren) Ende der Tafel; **3.** ⚗ Salz *n*; **4.** *oft pl. pharm.* a) (*bsd.* Abführ)Salz *n*, b) *mst* ***smelling*** **~*s*** Riechsalz, c) F → ***Epsom salt***; **5.** *fig.* Würze *f*, Salz *n*; **6.** *fig.* Witz *m*, E'sprit *m*; **7.** *bsd.* ***old*** ~ F alter Seebär; **II** *v/t.* **8.** salzen, würzen (*beide a. fig.*); **9.** (ein)salzen, *bsd.* pökeln: **~*ed meat*** Pökel-, Salzfleisch *n*; **10.** ✝ F a) *Bücher etc.* ‚frisieren', b) *Bohrloch etc.* (betrügerisch) ‚anreichern'; **11.** *fig.* durch'setzen mit; **12.** ~ ***away*** (*od.* ***down***) a) einsalzen, -pökeln, b) F *Geld etc.* ‚auf die hohe Kante legen'; **III** *adj.* **13.** salzig, Salz...: ~ ***spring*** Salzquelle *f*; **14.** ⚘ halo'phil, Salz...; **15.** → ***salted*** 1.

sal·tant ['sæltənt] *adj. her.* springend; **sal·ta·tion** [sæl'teɪʃn] *s.* **1.** Springen *n*; **2.** Sprung *m*; **3.** plötzlicher 'Umschwung; **4.** *biol.* Erbsprung *m*; **'sal·ta·to·ry** [-ətərɪ] *adj.* **1.** springend; **2.** Spring..., Sprung...; **3.** Tanz...; **4.** *fig.* sprunghaft.

'saltˌcel·lar *s.* **1.** Salzfässchen *n*; **2.** *Brit.* F ‚Salzfässchen' *n* (*Vertiefung über dem Schlüsselbein*).

salt·ed ['sɔːltɪd] *adj.* **1.** gesalzen; **2.** (ein-)gesalzen, gepökelt: ~ ***herring*** Salzhering *m*; **3.** *sl.* routi'niert, ausgekocht, erfahren; **'salt·ern** [-tən] *s.* ⚙ **1.** Sa'line *f*; **2.** Salzgarten *m* (*Bassins*).

'salt-free *adj.* salzlos.

salt·i·ness ['sɔːltɪnɪs] *s.* Salzigkeit *f.*

salt| lick *s.* Salzlecke *f* (*für Wild*); ~ **marsh** *s.* **1.** Salzsumpf *m*; **2.** Butenmarsch *f*; ~ **mine** *s.* Salzbergwerk *n.*

salt·ness ['sɔːltnɪs] *s.* Salzigkeit *f.*

'salt·pan *s.* **1.** ⚙ Salzsiedepfanne *f*; **2.** (*geol.* na'türliches) Ver'dunstungsbasˌsin.

salt·pe·ter *Am.*, **salt·pe·tre** *Brit.* ['sɔːltˌpiːtə] *s.* ⚗ Sal'peter *m.*

salt| pit *s.* Salzgrube *f*; **'~ˌwa·ter** *adj.* Salzwasser...; **'~·works** *s. pl. oft sg. konstr.* Sa'line *f.*

salt·y ['sɔːltɪ] *adj.* **1.** salzig; **2.** *fig.* gesalzen, gepfeffert: ~ ***remarks***.

sa·lu·bri·ous [sə'luːbrɪəs] *adj.* ☐ heilsam, gesund, zuträglich, bekömmlich; **sa'lu·bri·ty** [-rətɪ] *s.* Heilsamkeit *f*, Zuträglichkeit *f.*

sal·u·tar·i·ness ['sæljʊtərɪnɪs] → ***salubrity***; **sal·u·tar·y** ['sæljʊtərɪ] *adj.* heilsam, gesund (*a. fig.*).

sal·u·ta·tion [ˌsæljuː'teɪʃn] *s.* **1.** Begrüßung *f*, Gruß *m*: ***in*** ~ zum Gruß; **2.** Anrede *f* (*im Brief*); **sa·lu·ta·to·ry** [sə'luːtətərɪ] *adj.* Begrüßungs...: ~ (***oration***) *bsd. ped. Am.* Begrüßungsrede *f*; **sa·lute** [sə'lu:t] **I** *v/t.* **1.** grüßen, begrüßen (*durch e-e Geste etc.*); *weitS.* empfangen, *j-m* begegnen; **~ with a smile**; **2.** (*dem Auge, dem Ohr*) begegnen, *j-n* begrüßen (*Anblick, Geräusch etc.*); **3.** ⚔, ⚓ salutieren vor (*dat.*), grüßen; **4.** *fig.* grüßen, ehren, feiern; **II** *v/i.* **5.** grüßen (**to** *acc.*); **6.** ⚔ (**to**) salutieren (vor *dat.*), grüßen (*acc.*); **7.** Sa'lut schießen; **III** *s.* **8.** Gruß *m* (*a. fenc.*), Begrüßung *f*; **9.** ⚔, ⚓ a) Gruß *m*, Ehrenbezeigung *f*, b) Sa'lut *m* (**of six guns** von 6 Schuss): **~ of colo(u)rs** ⚓ Flaggensalut; **stand at the ~** salutieren; **take the ~** a) den Gruß erwidern, b) die Parade abnehmen, c) die Front (der Ehrenkompanie) abschreiten; **10.** *obs.* (Begrüßungs)Kuss *m*; **11.** *Am.* Frosch *m* (*Feuerwerk*).

sal·vage ['sælvɪdʒ] **I** *s.* **1.** a) Bergung *f*, Rettung *f* (*Schiff, Ladung etc.*), b) Bergungsgut *n*, c) *a.* **~ money** Bergegeld *n*: **~ vessel** Bergungs-, *a.* Hebeschiff *n*, d) *Versicherung*: Wert *m* der geretteten Güter; **2.** *a.* **~ work** Aufräumungsarbeiten *pl.*; **3.** ⚙ a) verwertbares 'Altmateri,al, b) 'Wiederverwertung *f*: **~ value** Schrottwert *m*; **4.** *fig.* (Er-)Rettung *f* (**from** aus); **II** *v/t.* **5.** bergen, retten (*a.* ✝ *u. fig.*); **6.** *Schrott etc.* verwerten.

sal·va·tion [sæl'veɪʃn] *s.* **1.** (Er)Rettung *f*; **2.** a) Heil *n*, Rettung *f*, b) Retter *m*; **3.** *eccl.* a) (Seelen)Heil *n*, b) Erlösung *f*: **2 Army** Heilsarmee *f*; **sal'va·tion·ist** [-nɪst] *s. eccl.* Mitglied *n* der 'Heilsar,mee.

salve[1] [sælv] **I** *s.* **1.** (Heil)Salbe *f*; **2.** *fig.* Balsam *m*, Pflaster *n*, Trost *m*; **3.** *fig.* Beruhigungsmittel *n fürs Gewissen etc.*; **II** *v/t.* **4.** (ein)salben; **5.** *fig. Gewissen etc.* beschwichtigen; **6.** *fig. Mangel* beschönigen; **7.** *Schaden, Zweifel etc.* beheben.

salve[2] [sælv] → **salvage** 5.

sal·ver ['sælvə] *s.* Ta'blett *n*.

sal·vo[1] ['sælvəʊ] *pl.* **-vos, -voes** *s.* **1.** ⚔ a) Salve *f*, Lage *f*, b) *a.* **~ bombing** ✈ Schüttwurf *m*; **~ fire** a) ⚔ Laufsalve, b) ⚓ Salvenfeuer; **2.** *fig.* (*Beifalls*)Salve *f*.

sal·vo[2] ['sælvəʊ] *pl.* **-vos** *s.* **1.** Ausrede *f*; **2.** *bsd.* ⚖ Vorbehalt(sklausel *f*) *m*.

sal·vor ['sælvə] *s.* ⚓ **1.** Berger *m*; **2.** Bergungsschiff *n*.

Sa·mar·i·tan [sə'mærɪtən] **I** *s.* Samari'taner(in), Sama'riter(in): **good ~** *bibl. u. fig.* barmherziger Samariter; **II** *adj.* sama'ritisch; *fig.* barmherzig.

sam·ba ['sæmbə] ♪ **I** *s.* Samba *f*, *m* (*Musik u. Tanz*); **II** *v/i.* Samba tanzen.

same [seɪm] **I** *adj.* **1.** selb, gleich, nämlich: **at the ~ price as** zu demselben Preis wie; **it comes to the ~ thing** es läuft auf dasselbe hinaus; **the very** (*od.* **just the** *od.* **exactly the**) **~ thing** genau dasselbe; **one and the ~ thing** ein u. dasselbe; **he is no longer the ~ man** er ist nicht mehr der Gleiche *od.* der Alte; → **time** 4; **2.** *ohne Artikel fig.* eintönig; **II** *pron.* **3.** der-, die-, dasselbe, der *od.* die *od.* das Gleiche: **it is much the ~** es ist (so) ziemlich das Gleiche; **~ here** F so geht es mir auch, ‚ganz meinerseits'; **it is all the ~ to me** es ist mir ganz gleich *od.* einerlei; **4. the ~** a) *a.* ⚖ der- *od.* dieselbe, die besagte Person, b) ⚖ der- *od.* dieselbe, die erwähnte Person, *a. eccl.* er, sie, es, dieser, diese, dies(es); **5.** *ohne Artikel* ✝ *od.* F der- *od.* die- *od.* dasselbe: **£5 for alterations to ~**; **III** *adv.* **6. the ~** in derselben Weise, genauso, ebenso (**as** wie): **all the ~** gleichviel, trotzdem; **just the ~** F a) genau so, b) trotzdem; (**the**) **~ to you!** (*danke,*) gleichfalls!; **'same·ness** [-nɪs] *s.* **1.** Gleichheit *f*, Identi'tät *f*; **2.** Einförmigkeit *f*, -tönigkeit *f*.

sam·let ['sæmlɪt] *s.* junger Lachs.

sam·pan ['sæmpæn] *s.* Sampan *m* (*chinesisches* [*Haus*]*Boot*).

sam·ple ['sɑ:mpl] **I** *s.* **1.** ✝ a) (Waren-, Quali'täts)Probe *f*, (Stück-, Typen-) Muster *n*, b) Probepackung *f*, c) (Ausstellungs)Muster *n*, d) Stichprobe(nmuster *n*) *f*: **by ~ post** (als) Muster ohne Wert; **up to ~** dem Muster entsprechend; **~s only** Muster ohne Wert; **2.** *Statistik*: Sample *n*, Stichprobe *f*; **3.** *fig.* Probe *f*: **a ~ of his courage**; **that's a ~ of her behavio(u)r** das ist typisch für sie; **II** *v/t.* **4.** probieren, e-e Probe nehmen von, *bsd. Küche*: kosten; **5.** e-e Stichprobe machen bei; **6.** e-e Probe zeigen von; ✝ *et.* bemustern; **7.** als Muster dienen für; **8.** *Computer*: a) abfragen, b) abtasten; **III** *v/i.* **9. ~ out** ausfallen; **IV** *adj.* **10.** Muster...(*-buch, -karte, -koffer etc.*), Probe...; **'sam·pler** [-lə] *s.* **1.** Probierer(in), Prüfer *m*; **2.** *Stickerei*: Sticktuch *n*; **3.** *TV* Farbschalter *m*; **4.** *Computer*: Abtaster *m*; **'sam·pling** [-lɪŋ] *s.* **1.** ✝ a) 'Musterkollekti,on *f*, b) Bemusterung *f*; **2.** Stichprobenerhebung *f*.

Sam·son ['sæmsn] *s. fig.* Samson *m*, Herkules *m*.

Sam·u·el ['sæmjʊəl] *npr. u. s. bibl.* (das Buch) Samuel *m*.

san·a·tive ['sænətɪv] *adj.* heilend, heilsam, -kräftig; **san·a·to·ri·um** [,sænə'tɔ:rɪəm] *pl.* **-ri·ums, -ri·a** [-rɪə] *s.* ⚕ **1.** Sana'torium *n*, *bsd.* a) Lungenheilstätte *f*, b) Erholungsheim *n*; **2.** (*bsd.* Höhen-) Luftkurort *m*; **3.** *Brit.* (Inter'nats-) Krankenzimmer *n*; **'san·a·to·ry** [-tərɪ] → **sanative**.

sanc·ti·fi·ca·tion [,sæŋktɪfɪ'keɪʃn] *s. eccl.* **1.** Heilig(mach)ung *f*; **2.** Weihung *f*, Heiligung *f*; **sanc·ti·fied** ['sæŋktɪfaɪd] *adj.* **1.** geheiligt, geweiht; **2.** heilig

u. unverletzlich; **3.** → ***sanctimonious***; **sanc·ti·fy** ['sæŋktɪfaɪ] *v/t.* heiligen: a) weihen, b) (von Sünden) reinigen, c) *fig.* rechtfertigen: ***the end sanctifies the means*** der Zweck heiligt die Mittel.

sanc·ti·mo·ni·ous [ˌsæŋktɪ'məʊnjəs] *adj.* □ frömmelnd, scheinheilig; **ˌsanc·ti'mo·ni·ous·ness** [-nɪs], **sanc·ti·mo·ny** ['sæŋktɪmənɪ] *s.* Scheinheiligkeit *f*, Frömme'lei *f*.

sanc·tion ['sæŋkʃn] **I** *s.* **1.** Sankti'on *f*, (nachträgliche) Billigung *od.* Zustimmung: ***give one's ~ to*** → 3 a; **2.** ⚖ a) Sanktionierung *f e-s Gesetzes etc.*, b) *pol.* Sankti'on *f*, Zwangsmittel *n*, c) *gesetzliche* Strafe, d) *hist.* De'kret *n*; **II** *v/t.* **3.** sanktionieren: a) billigen, gutheißen, b) dulden, c) *Eid etc.* bindend machen, d) Gesetzeskraft verleihen (*dat.*).

sanc·ti·ty ['sæŋktətɪ] *s.* **1.** Heiligkeit *f* (*a. fig. Unverletzlichkeit*); **2.** *pl.* heilige Ide'ale *pl. od.* Gefühle *pl.*

sanc·tu·ar·y ['sæŋktjʊərɪ] *s.* **1.** Heiligtum *n* (*a. fig.*); **2.** *eccl.* Heiligtum *n*, heilige Stätte; *bsd. bibl.* Aller'heiligste(s) *n*; **3.** Frei- (*fig. a.* Zufluchts)stätte *f*, A'syl *n*: (***rights of***) ~ Asylrecht *n*; ***break the*** ~ das Asylrecht verletzen; **4.** *hunt.* a) Schonzeit *f*, b) Schutzgebiet *n*.

sanc·tum ['sæŋktəm] *s.* Heiligtum *n*: a) heilige Stätte, b) *fig.* Pri'vat-, Studierzimmer *n*, c) innerste Sphäre; **~ sanc·to·rum** [sæŋk'tɔːrəm] *s. eccl.*, *a. humor. das* Aller'heiligste.

sand [sænd] **I** *s.* **1.** Sand *m*: ***built on ~*** *fig.* auf Sand gebaut; ***rope of ~*** *fig.* trügerische Sicherheit; **2.** *oft pl.* a) Sandbank *f*, b) Sand(fläche *f*, -wüste *f*) *m*: ***plough the ~(s)*** *fig.* s-e Zeit verschwenden; **3.** *mst pl.* Sand(körner *pl.*) *m*: ***his ~s are running out*** s-e Tage sind gezählt; **4.** *Am. sl.* ‚Mumm' *m*; **II** *v/t.* **5.** mit Sand bestreuen; **6.** (ab-) schmirgeln.

san·dal[1] ['sændl] *s.* San'dale *f*.

san·dal[2] ['sændl], **'~·wood** *s.* **1.** (rotes) Sandelholz; **2.** Sandelbaum *m*.

'sand|·bag [-ndb-] **I** *s.* **1.** Sandsack *m*; **II** *v/t.* **2.** *bsd.* ⚔ mit Sandsäcken befestigen; **3.** mit e-m Sandsack niederschlagen; **'~·bank** [-ndb-] *s.* Sandbank *f*; **'~·blast** [-ndb-] ⚙ **I** *s.* Sandstrahl(gebläse *n*) *m*; **II** *v/t.* sandstrahlen; **'~·box** [-ndb-] *s.* **1.** *hist.* Streusandbüchse *f*, **2.** *Gießerei*: Sandform *f*; **3.** Sandkasten *m*; **'~·boy** [-ndb-] *s.*: (***as***) ***happy as a ~*** kreuzfidel; **~ drift** *s. geol.* Flugsand *m*.

sand·er ['sændə] *s.* ⚙ **1.** Sandstrahlgebläse *n*; **2.** 'Sandpaˌpierˌschleifmaˌschine *f*.

'sand|·fly *s.* a) Sandfliege *f*, b) Gnitze *f*, c) Kriebelmücke *f*; **'~·glass** *s.* Sanduhr *f*, Stundenglas *n*; **'~·grouse** *s. orn.* Flughuhn *n*; **'~·lot** *s. Am.* Sandplatz *m* (*Behelfsspielplatz für Baseball etc.*); **'~·man** [-ndmæn] *s.* [*irr.*] Sandmann *m*, -männchen *n*; **~ mar·tin** [-ndˌm-] *s. orn.* Uferschwalbe *f*; **'~ˌpa·per** [-ndˌp-] **I** *s.* 'Sandpaˌpier *n*; **II** *v/t.* (ab)schmirgeln; **'~ˌpip·er** [-ndˌp-] *s. orn.* Flussuferläufer *m*; **'~·pit** [-ndp-] *s.* **1.** Sandgrube *f*; **2.** Sandkasten *m*; **~ shoes** *s. pl.* Strandschuhe *pl.*; **~ spout** *s.* Sandhose *f*; **'~·stone** [-nds-] *s. geol.* Sandstein *m*; **'~·storm** [-nds-] *s.* Sandsturm *m*; **~ ta·ble** *s.* ⚔ Sandkasten *m*; **~ trap** *s. Golf*: Sandhindernis *n*.

sand·wich ['sænwɪdʒ] **I** *s.* Sandwich *n* (*belegtes Doppelbrot*): ***open ~*** belegtes Brot; ***sit ~*** *fig.* eingezwängt sitzen; **II** *v/t. a.* ***~ in*** *fig.* einlegen, schieben; einklemmen, -zwängen; *sport Gegner* ‚in die Zange nehmen'; **~ cake** *s.* Schichttorte *f*; **~ course** *s. ped. Kurs, bei dem sich theoretische u. praktische Ausbildung abwechseln*; **~ man** [-mæn] *s.* [*irr.*] Sandwichman *m*, Pla'katträger *m*.

sand·y ['sændɪ] *adj.* **1.** sandig, Sand...: ***~ desert*** Sandwüste *f*; **2.** *fig.* sandfarben; rotblond (*Haare*); **3.** sandartig; **4.** *fig.* a) unsicher, b) *Am. sl.* frech.

Sand·y ['sændɪ] *s.* **1.** *bsd. Scot. Kurzform für* ***Alexander***; **2.** (*Spitzname für*) Schotte *m*.

sand yacht *s.* Strandsegler *m*.

sane [seɪn] *adj.* □ **1.** geistig gesund *od.* nor'mal; **2.** vernünftig, gescheit.

San·for·ize ['sænfəraɪz] *v/t.* sanforisieren (*Gewebe schrumpffest machen*).

sang [sæŋ] *pret. u. p.p. von* ***sing***.

sang·froid [ˌsɑ̃ːŋ'frwɑː] (*Fr.*) *s.* Kaltblütigkeit *f*.

San·grail [sæŋ'greɪl], **San·gre·al** ['sæŋgrɪəl] *s.* der Heilige Gral.

san·gui·nar·y ['sæŋgwɪnərɪ] *adj.* □ **1.** blutig, mörderisch (*Kampf etc.*); **2.** blutdürstig, grausam: ***a ~ person***; ***~ laws***; **3.** blutig, Blut...; **4.** *Brit.* unflätig; **san·guine** ['sæŋgwɪn] **I** *adj.* □ **1.** heiter, lebhaft, leichtblütig; **2.** 'voll-, heißblütig, hitzig; **3.** zuversichtlich (*a. Bericht, Hoffnung etc.*): ***be ~ of success*** zuversichtlich auf Erfolg rechnen; **4.** rot, blühend, von gesunder Gesichtsfarbe; **5.** ⚕ *hist.* sangu'inisch; **6.** (blut-) rot; **II** *s.* **7.** Rötelstift *m*; **8.** Rötelzeichnung *f*; **san·guin·e·ous** [sæŋ'gwɪnɪəs] *adj.* → ***sanguine*** I.

sa·ni·es ['seɪnɪiːz] *s.* ⚕ pu'trider Eiter, Jauche *f*.

san·i·tar·i·an [ˌsænɪ'teərɪən] **I** *adj.* **1.** → ***sanitary*** 1; **II** *s.* **2.** Hygi'eniker *m*; **3.** Ge'sundheitsaˌpostel *m*; **ˌsan·i'tar·i·um** [-rɪəm] *pl.* **-i·ums**, **-i·a** [-ɪə] *s. bsd. Am. für* ***sanatorium***; **san·i·tar·y** ['sænɪtərɪ] **I** *adj.* □ **1.** hygi'enisch, Gesundheits..., (*a.* ⚙) sani'tär: ***~ towel*** (*Am.* ***napkin***) Damenbinde *f*; **2.** hygi'enisch (einwandfrei), gesund; **II** *s.* **3.** *Am.* öffentli-

S

che Bedürfnisanstalt; **ˌsan·i'ta·tion** [-'teɪʃn] *s.* **1.** sani'täre Einrichtungen *pl.* (*in Gebäuden*); **2.** Gesundheitspflege *f*, -wesen *n*, Hygi'ene *f*.

san·i·tize ['sænɪtaɪz] *v/t.* **1.** → ***sterilize*** a; **2.** *fig. Image etc.* ‚aufpolieren'.

san·i·ty ['sænətɪ] *s.* **1.** geistige Gesundheit; *bsd.* ⚖ Zurechnungsfähigkeit *f*; **2.** gesunder Verstand.

sank [sæŋk] *pret. von* ***sink***.

san·se·rif [ˌsæn'serɪf] *s. typ.* Gro'tesk *f*.

San·skrit ['sænskrɪt] *s.* Sanskrit *n*.

San·ta Claus [ˌsæntə'klɔːz] *npr.* der Nikolaus, der Weihnachtsmann.

sap¹ [sæp] **I** *s.* **1.** ♀ Saft *m*; **2.** *fig.* (Lebens)Saft *m*, (-)Kraft *f*, Mark *n*; **3.** *a.* **~-wood** Splint(holz *n*) *m*; **II** *v/t.* **4.** entsaften.

sap² [sæp] **I** *s.* **1.** ⚔ Sappe *f*, Grabenkopf *m*; **II** *v/t.* **2.** (*a. fig. Gesundheit etc.*) unter'graben, -mi'nieren; **3.** *Kräfte etc.* erschöpfen, schwächen.

sap³ [sæp] *s.* F Trottel *m*.

sap⁴ [sæp] *Am. sl.* **I** *s.* Totschläger *m* (*Waffe*); **II** *v/t.* *j-n* (mit e-m Totschläger) bewusstlos schlagen.

'sap·head *s.* **1.** ⚔ Sappenkopf *m*; **2.** F Trottel *m*.

sap·id ['sæpɪd] *adj.* **1.** e-n Geschmack habend; **2.** schmackhaft; **3.** *fig.* interes'sant; **sa·pid·i·ty** [sə'pɪdətɪ] *s.* Schmackhaftigkeit *f*.

sa·pi·ence ['seɪpjəns] *s. mst iro.* Weisheit *f*; **'sa·pi·ent** [-nt] *adj.* □ *mst iro.* weise.

sap·less ['sæplɪs] *adj.* saftlos (*a. fig. kraftlos*).

sap·ling ['sæplɪŋ] *s.* **1.** junger Baum, Schössling *m*; **2.** *fig.* Grünschnabel *m*, Jüngling *m*.

sap·o·na·ceous [ˌsæpəʊ'neɪʃəs] *adj.* **1.** seifenartig, seifig; **2.** *fig.* glatt.

sa·pon·i·fi·ca·tion [səˌpɒnɪfɪ'keɪʃn] *s.* ⚗ Verseifung *f*; **sa·pon·i·fy** [sə'pɒnɪfaɪ] *v/t. u. v/i.* verseifen.

sap·per ['sæpə] *s.* ⚔ Pio'nier *m*, Sap'peur *m*.

Sap·phic ['sæfɪk] **I** *adj.* **1.** sapphisch; **2.** ♀ lesbisch; **II** *s.* **3.** sapphischer Vers.

sap·phire ['sæfaɪə] **I** *s.* **1.** *min.* Saphir *m* (*a. am Plattenspieler*); **2.** *a.* **~ blue** Saphirblau *n*; **3.** *orn.* Saphirkolibri *m*; **II** *adj.* **4.** saphirblau; **5.** Saphir...

sap·py ['sæpɪ] *adj.* **1.** saftig; **2.** *fig.* kraftvoll, markig; **3.** *sl.* blöd, doof.

Sar·a·cen ['særəsn] **I** *s.* Sara'zene *m*, Sara'zenin *f*; **II** *adj.* sara'zenisch.

sar·casm ['sɑːkæzəm] *s.* Sar'kasmus *m*: a) beißender Spott, b) sar'kastische Bemerkung; **sar·cas·tic** [sɑː'kæstɪk] *adj.* (□ **~ally**) sarkastisch.

sar·co·ma [sɑː'kəʊmə] *pl.* **-ma·ta** [-mətə] *s.* ⚕ Sar'kom *n* (*Geschwulst*); **sar'coph·a·gous** [-'kɒfəgəs] *adj. zo.* Fleisch fressend; **sar'coph·a·gus** [-'kɒfəgəs] *pl.* **-gi** [-gaɪ] *s.* Sarko'phag *m* (*Steinsarg*).

sard [sɑːd] *s. min.* Sard(er) *m*.

sar·dine¹ [sɑː'diːn] *pl.* **sar·dines** *od. coll.* **sar·dine** *s. ichth.* Sar'dine *f*: ***packed like ~s*** zs.-gepfercht wie die Heringe.

sar·dine² ['sɑːdaɪn] → ***sard***.

sar·don·ic [sɑː'dɒnɪk] *adj.* (□ **~ally**) ⚕ *u. fig.* sar'donisch.

sa·ri ['sɑːrɪ] *s.* Sari *m*.

sark [sɑːk] *s. Scot. od. dial.* Hemd *n*.

sark·y ['sɑːkɪ] F *für* ***sarcastic***.

sa·rong [sə'rɒŋ] *s.* Sarong *m*.

sar·sen ['sɑːsn] *s. geol.* großer Sandsteinblock.

sar·to·ri·al [sɑː'tɔːrɪəl] *adj.* □ **1.** Schneider...; **2.** Kleidung(s)...: **~ *elegance*** Eleganz der Kleidung; **sar'to·ri·us** [-rɪəs] *s. anat.* Schneidermuskel *m*.

sash¹ [sæʃ] *s.* Schärpe *f*.

sash² [sæʃ] *s.* **1.** (schiebbarer) Fensterrahmen; **2.** schiebbarer Teil *e-s Schiebefensters*; **~ saw** *s.* ⚙ Schlitzsäge *f*; **~ win·dow** *s.* Schiebe-, Fallfenster *n*.

Sas·se·nach ['sæsənæk] *Scot. u. Irish* **I** *s.* ‚Sachse' *m*, Engländer *m*; **II** *adj.* englisch.

sat [sæt] *pret. u. p.p. von* ***sit***.

Sa·tan ['seɪtən] *s.* Satan *m*, Teufel *m* (*fig.* ♀); **sa·tan·ic** [sə'tænɪk] *adj.* (□ **~ally**) sa'tanisch, teuflisch.

satch·el ['sætʃəl] *s.* Schultasche *f*, -mappe *f*, *bsd.* Schulranzen *m*.

sate¹ [seɪt] *v/t.* über'sättigen: ***be ~d with*** übersättigt sein von.

sate² [sæt; seɪt] *obs. für* ***sat***.

sa·teen [sæ'tiːn] *s.* ('Baum)Wollsaˌtin *m*.

sat·el·lite ['sætəlaɪt] *s.* **1.** *ast.* a) Satel'lit *m*, Tra'bant *m*, b) (*künstlicher*) ('Erd-)Satelˌlit *m*: **~ *dish*** Satellitenschüssel *f*; **~ *picture*** Satellitenbild *n*; **~ *transmission*** *TV etc.* Satellitenübertragung *f*; **~ *TV*** Satellitenfernsehen *n*; **2.** Tra'bant *m*, Anhänger *m*; **3.** *fig.* a) *a.* **~ *state*** *od.* ***nation*** *pol.* Satel'lit(enstaat) *m*, b) *a.* **~ *town*** Tra'bantenstadt *f*, c) *a.* **~ *airfield*** Ausweichflugplatz *m*, d) † Zweigfirma *f*.

sa·ti·ate ['seɪʃɪeɪt] *v/t.* **1.** über'sättigen; **2.** vollauf sättigen *od.* befriedigen; **sa·ti·a·tion** [ˌseɪʃɪ'eɪʃn] *s.* (Über)'Sättigung *f*; **sa·ti·e·ty** [sə'taɪətɪ] *s.* **1.** (***of***) Übersättigung *f* (mit), 'Überdruss *m* (an *dat.*): ***to ~*** bis zum Überdruss; **2.** Sattheit *f*.

sat·in ['sætɪn] **I** *s.* ⚙ **1.** Sa'tin *m*, Atlas *m* (*Stoff*); **2.** *a.* ***white ~*** *sl.* Gin *m*; **II** *adj.* **3.** Satin...; **4.** a) seidenglatt, b) glänzend; **III** *v/t.* **5.** ⚙ satinieren, glätten; **sat·i·net(te)** [ˌsætɪ'net] *s.* Halbatlas *m*.

'sat·in|-ˌfin·ished *adj.* ⚙ mattiert; **~ pa·per** *s.* satiniertes Pa'pier, 'Atlaspaˌpier *n*.

sat·in·y ['sætɪnɪ] *adj.* seidig.

sat·ire ['sætaɪə] *s.* **1.** Sa'tire *f*, *bsd.* a) Spottgedicht *n*, -schrift *f* ([**up**]**on** auf *acc.*), b) sa'tirische Litera'tur, c) Spott *m*; **2.** *fig.* Hohn *m* ([**up**]**on** auf *acc.*); **sa·tir·ic, sa·tir·i·cal** [sə'tɪrɪk(l)] *adj.* □ sa'tirisch; **sat·i·rist** ['sætərɪst] *s.* Sa'tiriker(in); **sat·i·rize** ['sætəraɪz] *v/t.* verspotten, e-e Sa'tire machen auf (*acc.*).

sat·is·fac·tion [ˌsætɪs'fækʃn] *s.* **1.** Befriedigung *f*, Zu'friedenstellung *f*: ***find ~ in*** Befriedigung finden in (*dat.*); ***give ~*** befriedigen; **2.** (***at, with***) Zufriedenheit *f* (mit), Befriedigung *f*, Genugtuung *f* (über *acc.*): ***to the ~ of all*** zur Zufriedenheit aller; **3.** *eccl.* Sühne *f*; **4.** Satisfakti'on *f*, Genugtuung *f* (*Duell etc.*); **5.** ⚖, ✝ Befriedigung *f e-s Anspruchs*; Erfüllung *f e-r Verpflichtung*; (Be)Zahlung *f e-r Schuld*; **6.** Gewissheit *f*: ***show to the court's ~*** ⚖ einwandfrei glaubhaft machen; **ˌsat·is'fac·to·ri·ness** [-ktərɪnɪs] *s. das* Befriedigende; **ˌsat·is'fac·to·ry** [-ktərɪ] *adj.* □ **1.** befriedigend, zu'frieden stellend; **2.** *eccl.* sühnend; **sat·is·fy** ['sætɪsfaɪ] **I** *v/t.* **1.** befriedigen, zu'frieden stellen, genügen (*dat.*): ***be satisfied with s.th.*** mit et. zufrieden sein; **2.** a) *j-n* sättigen, b) *Hunger etc., a. Neugier* stillen, c) *fig. Wunsch* erfüllen, *Bedürfnis, a. Trieb* befriedigen; **3.** ✝ *Anspruch* befriedigen; *Schuld* begleichen, tilgen; *e-r Verpflichtung* nachkommen; *Bedingungen*, ⚖ *a. Urteil* erfüllen; **4.** a) *j-n* entschädigen, b) *Gläubiger* befriedigen; **5.** *den Anforderungen* entsprechen, genügen; **6.** ⩲ *Bedingung, Gleichung* erfüllen; **7.** *j-n* über'zeugen (***of*** von): ***~ o.s. that*** sich überzeugen *od.* vergewissern, dass; ***I am satisfied that*** ich bin davon (*od.* habe mich) überzeugt, dass; **II** *v/i.* **8.** befriedigen; **sat·is·fy·ing** ['sætɪsfaɪɪŋ] *adj.* □ **1.** befriedigend, zu'frieden stellend; **2.** sättigend.

sa·trap ['sætrəp] *s. hist.* Sa'trap *m* (*a. fig.*), Statthalter *m*.

sat·u·rant ['sætʃərənt] **I** *adj.* **1.** *bsd.* ⚗ sättigend; **II** *s.* **2.** neutralisierender Stoff; **3.** ⚕ Mittel *n* gegen Magensäure; **sat·u·rate** ['sætʃəreɪt] *v/t.* **1.** ⚗ *u. fig.* sättigen, saturieren (*a.* ✝ *Markt*); **2.** (durch)'tränken, durch'setzen: ***be ~d with*** *fig.* erfüllt *od.* durchdrungen sein von; **3.** ⚔ mit Bombenteppichen belegen; **sat·u·rat·ed** ['sætʃəreɪtɪd] *adj.* **1.** durch'tränkt, -'setzt; **2.** tropfnass; **3.** satt (*Farbe*); **4.** ⚗ a) *a. fig.* saturiert, gesättigt, b) reakti'onsträge.

sat·u·ra·tion [ˌsætʃə'reɪʃn] *s.* **1.** *bsd.* ⚗, *phys. u. fig.* Sättigung *f*, Saturierung *f*; **2.** (Durch)'Tränkung *f*, Durch'setzung *f*; **3.** Sattheit *f* (*Farbe*); **~ bomb·ing** *s.* ⚔ Bombenteppich(e *pl.*) *m*; **~ point** *s.* ⚗ Sättigungspunkt *m*.

Sat·ur·day ['sætədɪ] *s.* Sonnabend *m*, Samstag *m*: ***on ~*** am Sonnabend *od.* Samstag; ***on ~s*** sonnabends, samstags.

Sat·urn ['sætən] *s.* **1.** *antiq.* Sa'turn(us) *m* (*Gott*); **2.** *ast.* Sa'turn *m* (*Planet*); **3.** ⚗ *hist.* Blei *n*; **4.** *her.* Schwarz *n*; **Sat·ur·na·li·a** [ˌsætə'neɪljə] *s. pl. antiq.* Satur'nalien *pl.*; **Sat·ur·na·li·an** [ˌsætə'neɪljən] *adj.* **1.** *antiq.* satur'nalisch; **2.** ♀ *fig.* orgi'astisch; **Sa·tur·ni·an** [sæ'tɜːnjən] *adj.* **1.** *ast.* Saturn...; **2.** *myth, a. fig. poet.* sa'turnisch: ***~ age*** *fig.* goldenes Zeitalter; **'sat·ur·nine** [-naɪn] *adj.* □ **1.** düster, finster (*Person, Gesicht etc.*); **2.** ♀ im Zeichen des Sa'turn geboren; **3.** *min.* Blei...

sat·yr ['sætə] *s.* **1.** *oft* ♀ *myth.* Satyr *m* (*Waldgott*); **2.** *fig.* Satyr *m* (*geiler Mensch*); **3.** ⚕ Satyro'mane *m*; **sat·y·ri·a·sis** [ˌsætə'raɪəsɪs] *s.* ⚕ Saty'riasis *f*; **sa·tyr·ic** [sə'tɪrɪk] *adj.* Satyr..., satyrhaft.

sauce [sɔːs] **I** *s.* **1.** Sauce *f*, Soße *f*, Tunke *f*: ***hunger is the best ~*** Hunger ist der beste Koch; ***what is ~ for the goose is ~ for the gander*** was dem einen recht ist, ist dem andern billig; **2.** *fig.* Würze *f*; **3.** *Am.* Kom'pott *n*; **4.** F Frechheit *f*; **5.** ⚙ a) Beize *f*, b) (Tabak-)Brühe *f*; **II** *v/t.* **6.** mit Soße würzen; **7.** *fig.* würzen; **8.** F frech sein zu; **'~·boat** *s.* Sauciere *f*, Soßenschüssel *f*; **'~·dish** *s. Am.* Kom'pottschüssel *f*, -schale *f*; **'~·pan** [-pən] *s.* Kochtopf *m*, Kasse'rolle *f*.

sau·cer ['sɔːsə] *s.* 'Untertasse *f*; → ***flying saucer***; **~ eye** [-əraɪ] *s.* Glotz-, Kullerauge *n*; **'~-eyed** [-əraɪd] *adj.* glotzäugig.

sau·ci·ness ['sɔːsɪnɪs] *s.* **1.** Frechheit *f*; **2.** Kessheit *f*; **sau·cy** ['sɔːsɪ] *adj.* □ **1.** frech, unverschämt; **2.** F kess, flott, fesch: ***a ~ hat***.

Sau·di ['saʊdɪ] **I** *s.* Saudi *m*; **II** *adj.* ˌsaudi-a'rabisch; **~ A·ra·bi·an I** *s.* ˌSaudi-'Araber(in); **II** *adj.* ˌsaudi-a'rabisch.

sau·na ['sɔːnə] *s.* Sauna *f*.

saun·ter ['sɔːntə] **I** *v/i.* schlendern: ***~ about*** um'herschlendern, (-)bummeln; **II** *s.* (Um'her)Schlendern *n*, Bummel *m*.

sau·ri·an ['sɔːrɪən] *zo.* **I** *s.* Saurier *m*; **II** *adj.* Saurier..., Echsen...

sau·sage ['sɒsɪdʒ] *s.* **1.** Wurst *f*; **2.** *a.* ***~ balloon*** ⚔ F 'Fesselbalˌlon *m*; **3.** *sl.* Deutsche(r *m*) *f*; **~ dog** *s. Brit.* F Dackel *m*; **~ meat** *s.* Wurstmasse *f*, Brät *n*.

sau·té ['səʊteɪ] (*Fr.*) **I** *adj. Küche*: sau'té, sautiert; **II** *s.* Sau'té *n*.

sav·age ['sævɪdʒ] **I** *adj.* □ **1.** *allg.* wild: a) primi'tiv (*Volk etc.*), b) ungezähmt (*Tier*), c) bru'tal, grausam, d) F wütend, e) wüst (*Landschaft*); **II** *s.* **2.** Wilde(r *m*) *f*; **3.** Rohling *m*; **4.** bösartiges Tier, *bsd.* bissiges Pferd; **III** *v/t.* **5.** *j-n*

S

übel zurichten, *a. fig. j-m* übel mitspielen; **6.** *j-n* anfallen, beißen (*Pferd etc.*); **'sav·age·ness** [-nɪs] *s.* **1.** Wildheit *f*, Rohheit *f*, Grausamkeit *f*; **2.** Wut *f*, Bissigkeit *f*; **'sav·age·ry** [-dʒərɪ] *s.* **1.** Unzivilisiertheit *f*, Wildheit *f*; **2.** Rohheit *f*, Grausamkeit *f*.

sa·van·na(h) [sə'vænə] *s. geogr.* Sa'vanne *f*.

sa·vant ['sævənt] *s.* großer Gelehrter.

save¹ [seɪv] **I** *v/t.* **1.** (er)retten (***from*** von, vor *dat.*): **~ s.o.'s life** j-m das Leben retten; **2.** ⚓ bergen; **3.** bewahren, schützen (***from*** vor *dat.*): ***God ~ the Queen*** Gott erhalte die Königin; **~ *the situation*** die Situation retten; → ***appearance*** 3, ***face*** 4, ***harmless*** 2; **4.** *Geld etc.* sparen, einsparen: **~ *time*** Zeit gewinnen *od.* sparen; **5.** (auf)sparen, aufheben, -bewahren: **~ *it!*** *sl.* ‚geschenkt'!, halts Maul!; → ***breath*** 1; **6.** *a. Augen* schonen; schonend *od.* sparsam 'umgehen mit; **7.** *j-m e-e Mühe etc.* ersparen: ***it ~d me the trouble of going there***; **8.** *eccl.* (***from***) retten (aus), erlösen (von); **9.** *Brit.* ausnehmen: **~ *the mark!*** verzeihen Sie die Bemerkung!; **~ *your presence*** (*od.* ***reverence***) mit Verlaub; **10.** *a.* **~ *up*** aufsparen; **11.** *sport*: a) *Schuss* halten, b) *Tor* verhindern; **12.** *Computer*: sichern, (ab)speichern (***onto*** auf *acc.*); **II** *v/i.* **13.** sparen; **14.** *sport* ‚retten', halten; **15.** *Computer*: sich (ab)speichern lassen (*Datei*); **III** *s.* **16.** *sport* Pa'rade *f* (*Tormann*).

save² [seɪv] *prp. u. cj.* außer (*dat.*), mit Ausnahme von (*od. gen.*), ausgenommen (*nom.*), abgesehen von: **~ *for*** bis auf (*acc.*); **~ *that*** abgesehen davon, dass; nur, dass.

sav·e·loy [ˌsævə'lɔɪ] *s.* Zerve'latwurst *f*.

sav·er ['seɪvə] *s.* **1.** Retter(in); **2.** Sparer (-in); **3.** sparsames Gerät *etc.*

sav·ing ['seɪvɪŋ] **I** *adj.* ☐ **1.** sparsam (***of*** mit); **2.** ...sparend: ***time-~***; **3.** rettend: **~ *grace*** *eccl.* selig machende Gnade; **~ *humo(u)r*** befreiender Humor; **4.** ⚖ Vorbehalts...: **~ *clause***; **II** *s.* **5.** (Er-) Rettung *f*; **6.** a) Sparen *n*, b) Ersparnis *f*, Einsparung *f*: **~ *of time*** Zeitersparnis; **7.** *pl.* Ersparnis(se *pl.*) *f*; Spargeld (-er *pl.*) *n*; **8.** ⚖ Vorbehalt *m*; **III** *prp. u. cj.* **9.** außer (*dat.*), ausgenommen: **~ *your presence*** (*od.* ***reverence***) mit Verlaub.

sav·ings| ac·count ['seɪvɪŋz] *s.* Sparkonto *n*; **~ bank** *s.* Sparkasse *f*: **~ (*deposit*) *book*** Spar(kassen)buch *n*; **~ de·pos·it** *s.* Spareinlage *f*.

sav·io(u)r ['seɪvjə] *s.* (Er)Retter *m*, Erlöser *m*: ***the* ♀** *eccl.* der Heiland *od.* Erlöser.

sa·voir| faire [ˌsævwɑː'feə] (*Fr.*) *s.* Gewandtheit *f*, Takt(gefühl *n*) *m*, Savoir-'faire *n*; **~ vi·vre** [-'viːvr] (*Fr.*) *s.* feine Lebensart, Savoir-'vivre *n*.

sa·vor·y ['seɪvərɪ] *s.* ⚘ Bohnenkraut *n*, Kölle *f*.

sa·vo(u)r ['seɪvə] **I** *s.* **1.** (Wohl)Geschmack *m*; **2.** *bsd. fig.* Würze *f*, Reiz *m*; **3.** *fig.* Beigeschmack *m*, Anstrich *m*; **II** *v/t.* **4.** *bsd. fig.* genießen, auskosten; **5.** *bsd. fig.* würzen; **6.** *fig.* e-n Beigeschmack *od.* Anstrich haben von, riechen nach; **III** *v/i.* **7.** **~ *of*** a) *a. fig.* schmecken *od.* riechen nach, b) → 6; **'sa·vo(u)r·i·ness** [-vərɪnɪs] *s.* Wohlgeschmack *m*, -geruch *m*, Schmackhaftigkeit *f*; **'sa·vo(u)r·less** [-lɪs] *adj.* geschmack-, geruchlos, fade; **'sa·vo(u)r·y** [-vərɪ] **I** *adj.* ☐ **1.** wohlschmeckend, -riechend, schmackhaft; **2.** *a. fig.* appe'titlich, angenehm; **3.** würzig, pi'kant (*a. fig.*); **II** *s.* **4.** *Brit.* pi'kante Vor- *od.* Nachspeise.

sa·voy [sə'vɔɪ] *s.* Wirsing(kohl) *m*.

sav·vy ['sævɪ] *sl.* **I** *v/t.* ‚kapieren', verstehen; **II** *s.* ‚Köpfchen' *n*, ‚'Durchblick' *m*, Verstand *m*.

saw¹ [sɔː] *pret. von* ***see¹***.

saw² [sɔː] *s.* Sprichwort *n*.

saw³ [sɔː] **I** *s.* **1.** ⚙ Säge *f*: ***singing*** (*od.* ***musical***) **~** ♪ singende Säge; **II** *v/t.* **2.** [*irr.*] sägen: **~ *down*** *Baum* umsägen; **~ *off*** absägen; **~ *out*** *Bretter* zuschneiden; **~ *up*** zersägen; **~ *the air*** (***with one's hands***) (mit den Händen) herumfuchteln; **III** *v/i.* [*irr.*] **3.** sägen; **4.** (auf der Geige) ‚kratzen'.

'saw|·bones *s. pl. sg. konstr. sl.* a) ‚Bauchaufschneider' *m* (*Chirurg*), b) ‚Medi'zinmann' *m* (*Arzt*); **'~·buck** *s. Am.* **1.** Sägebock *m*; **2.** *sl.* 10-Dollar-Note *f*; **'~·dust** *s.* Sägemehl *n*: ***let the ~ out of*** *fig.* die Hohlheit zeigen von; **'~·fish** *s. ichth.* Sägefisch *m*; **'~·fly** *s. zo.* Blattwespe *f*; **~ frame**, **~ gate** *s.* ⚙ Sägegatter *n*; **'~·horse** *s.* Sägebock *m*; **'~·mill** *s.* Sägewerk *n*, -mühle *f*.

sawn [sɔːn] *p.p. von* ***saw³***.

Saw·ney ['sɔːnɪ] *s.* F **1.** (*Spitzname für*) Schotte *m*; **2.** ♀ Trottel *m*.

saw| set *s.* ⚙ Schränkeisen *n*; **'~·tooth I** *s.* **1.** Sägezahn *m*; **II** *adj.* **2.** Sägezahn...: **~ *roof*** Säge-, Scheddach *n*; **3.** ⚡ Sägezahn..., Kipp...(*-spannung etc.*); **'~·wort** *s.* ⚘ Färberdistel *f*.

saw·yer ['sɔːjə] *s.* Säger *m*.

Saxe [sæks] *s.* Sächsischblau *n*.

sax·horn ['sækshɔːn] *s.* ♪ Saxhorn *n*.

sax·i·frage ['sæksɪfrɪdʒ] *s.* ⚘ Steinbrech *m*.

Sax·on ['sæksn] **I** *s.* **1.** Sachse *m*, Sächsin *f*; **2.** *hist.* (Angel)Sachse *m*, (Angel-) Sächsin *f*; **3.** *ling.* Sächsisch *n*; **II** *adj.* **4.** sächsisch; **5.** (alt-, angel)sächsisch, *ling.* *oft* ger'manisch: **~ *genitive*** sächsischer Genitiv; **~ blue** → ***Saxe***; **'Sax·o·ny** [-nɪ] *s.* **1.** *geogr.* Sachsen *n*; **2.** ♀ feiner, glänzender Wollstoff.

S

sax·o·phone ['sæksəfəʊn] *s.* ♪ Saxo'phon *n*; **sax·o·phon·ist** [sæk'sɒfənɪst] *s.* Saxopho'nist(in).

say [seɪ] **I** *v/t.* [*irr.*] **1.** *et.* sagen, sprechen; **2.** sagen, äußern, berichten: ***he has nothing to ~ for himself*** a) er ist sehr zurückhaltend, b) *contp.* mit ihm ist nicht viel los; ***have you nothing to ~ for yourself?*** hast du nichts zu deiner Rechtfertigung zu sagen?; ***to ~ nothing of*** ganz zu schweigen von, geschweige; ***the Bible ~s*** die Bibel sagt, in der Bibel heißt es; ***people*** (*od.* ***they***) ***~ he is ill, he is said to be ill*** man sagt *od.* es heißt, er sei krank, er soll krank sein; ***~ no more*** F schon gut! (*ich habe verstanden*); **3.** sagen, behaupten, versprechen: ***you said you would come***; → ***soon*** 2; **4.** a) *a.* ***~ over*** *Gedicht etc.* auf-, hersagen, b) *Gebet* sprechen, c) *R.C. Messe* lesen; **5.** (be)sagen, bedeuten: ***that is to ~*** das heißt; ***$500, ~, five hundred dollars*** $500, in Worten: fünfhundert Dollar; ***that is ~ing a great deal*** das will viel heißen; **6.** annehmen: (***let us***) ***~ it happens*** angenommen, es passiert; ***a sum of, ~, $20*** e-e Summe von, sagen wir (mal), *od.* von etwa $20; ***I should ~*** ich dächte, ich würde sagen; **II** *v/i.* [*irr.*] **7.** sagen, meinen: ***you may well ~ so!*** das kann man wohl sagen!; ***it is hard to ~*** es ist schwer zu sagen; ***what do you ~*** (*od.* ***what ~ you***) ***to ...?*** was hältst du von ...?, wie wäre es mit ...?; ***you don't ~*** (***so***)***!*** was Sie nicht sagen!, nicht möglich!; ***it ~s*** es lautet (*Schreiben etc.*); ***it ~s here*** hier steht (*geschrieben*), hier heißt es; **8.** ***I ~!*** *int.* a) hör(en Sie) mal!, sag(en Sie) mal!, b) *erstaunt od. beifällig*: Donnerwetter!; **III** *s.* **9.** ***have one's ~*** (***to*** *od.* ***on***) s-e Meinung äußern (über *acc. od.* zu); **10.** Mitspracherecht *n*: ***have a*** (***no***) ***~ in*** et. (nichts) zu sagen haben bei; ***it is my ~ now!*** jetzt rede ich!; **11.** *a.* ***final ~*** endgültige Entscheidung: ***who has the ~ in this matter?*** wer hat in dieser Sache zu entscheiden *od.* das letzte Wort zu reden?

say·est ['seɪɪst] *obs. 2. sg. pres. von* ***say***: ***thou ~*** du sagst.

say·ing ['seɪɪŋ] *s.* **1.** Reden *n*: ***it goes without ~*** es ist selbstverständlich; ***there is no ~*** man kann nicht sagen *od.* wissen (*ob, wann etc.*); **2.** Ausspruch *m*; **3.** Sprichwort *n*, Redensart *f*: ***as the ~ goes*** (*od.* ***is***) wie es (im Sprichwort) heißt, wie man sagt.

says [sez; səz] *3. sg. pres. von* ***say***: ***he ~*** er sagt.

'say-so *s.* F **1.** (bloße) Behauptung; **2.** → ***say*** 11.

scab [skæb] **I** *s.* **1.** ⚕ a) Grind *m*, (Wund)Schorf *m*, b) Krätze *f*; **2.** *vet.* Räude *f*; **3.** ⚘ Schorf *m*; **4.** *sl.* Ha'lunke *m*; **5.** *sl.* a) Streikbrecher(in), b) Nichtgewerkschaftler *m*: ***~ work*** Schwarzarbeit *f*; *a.* Arbeit unter Tariflohn; **6.** ⚙ Gussfehler *m*; **II** *v/i.* **7.** verschorfen, sich verkrusten; **8.** *a.* ***~ it*** *sl.* als Streikbrecher *od.* unter Ta'riflohn arbeiten.

scab·bard ['skæbəd] *s.* (Schwert- *etc.*) Scheide *f*.

scabbed [skæbd] *adj.* **1.** → ***scabby***; **2.** ⚘ schorfig.

scab·by ['skæbɪ] *adj.* ☐ **1.** ⚕ schorfig, grindig; **2.** *vet.* räudig; **3.** F schäbig, schuftig.

sca·bi·es ['skeɪbɪiːz] → ***scab*** 1 b *u.* 2.

sca·bi·ous[1] ['skeɪbjəs] *adj.* **1.** ⚕ skabi'ös, krätzig; **2.** *vet.* räudig.

sca·bi·ous[2] ['skeɪbjəs] *s.* ⚘ Skabi'ose *f*.

sca·brous ['skeɪbrəs] *adj.* **1.** rau, schuppig (*Pflanze etc.*); **2.** heikel, kniff(e)lig: ***a ~ question***; **3.** *fig.* schlüpfrig, anstößig.

scaf·fold ['skæfəld] **I** *s.* **1.** (Bau-, Arbeits)Gerüst *n*; **2.** Blutgerüst *n*, (*a.* Tod *m* auf dem) Scha'fott *n*; **3.** ('Redner-, 'Zuschauer)Tri͵büne *f*; **4.** *anat.* a) Knochengerüst *n*, b) Stützgewebe *n*; **5.** ⚙ Ansatz *m* (*im Hochofen*); **II** *v/t.* **6.** ein Gerüst anbringen an (*dat.*); **7.** auf e-m Gestell aufbauen; **'scaf·fold·ing** [-dɪŋ] *s.* **1.** (Bau)Gerüst *n*; **2.** Ge'rüstmateri͵al *n*; **3.** Errichtung *f* des Gerüsts.

scal·a·ble ['skeɪləbl] *adj.* ersteigbar.

scal·age ['skeɪlɪdʒ] *s.* **1.** ✝ *Am.* Schwundgeld *n*; **2.** Holzmaß *n*.

sca·lar ['skeɪlə] ⩘ **I** *adj.* ska'lar, ungerichtet; **II** *s.* Ska'lar *m*.

scal·a·wag ['skæləwæg] *s.* **1.** Kümmerling *m* (*Tier*); **2.** F Lump *m*.

scald[1] [skɔːld] *s.* Skalde *m* (*nordischer Sänger*).

scald[2] [skɔːld] **I** *v/t.* **1.** verbrühen; **2.** *Milch etc.* abkochen: ***~ing hot*** a) kochend heiß, b) glühend heiß (*Tag etc.*); ***~ing tears*** *fig.* heiße Tränen; **3.** *Obst etc.* dünsten; **4.** *Geflügel, Schwein etc.* abbrühen; **5.** *a.* ***~ out*** *Gefäß, Instrumente* auskochen; **II** *s.* **6.** Verbrühung *f*.

scale[1] [skeɪl] **I** *s.* **1.** *zo.* Schuppe *f*; *coll.* Schuppen *pl.*; **2.** ⚕ Schuppe *f*: ***come off in ~s*** → 11; ***the ~s fell from my eyes*** es fiel mir wie Schuppen von den Augen; **3.** a) ⚘ Schuppenblatt *n*, b) (*Erbsen- etc.*)Hülse *f*, Schale *f*; **4.** (*Messer*)Schale *f*; **5.** Ablagerung *f*, *bsd.* a) Kesselstein *m*, b) ⚕ Zahnstein *m*; **6.** *a. pl. metall.* Zunder *m*: ***iron ~*** Hammerschlag *m*, Glühspan *m*; **II** *v/t.* **7.** *a.* ***~ off*** *Fisch* (ab)schuppen; *Schicht etc.* ablösen, -schälen, -häuten; **8.** a) abklopfen, den Kesselstein entfernen aus, b) *Zähne* vom Zahnstein befreien; **9.** e-e Kruste *od.* Kesselstein ansetzen in (*dat.*) *od.* an (*dat.*); **10.** *metall.* zunderfrei machen, ausglühen; **III** *v/i.* **11.** *a.* ***~ off***

S

sich abschuppen *od.* -lösen, abblättern; **12.** Kessel- *od.* Zahnstein ansetzen.

scale² [skeɪl] **I** *s.* **1.** Waagschale *f* (*a. fig.*): ***hold the ~s even*** *fig.* gerecht urteilen; ***throw into the ~*** *fig. Argument, Schwert etc.* in die Waagschale werfen; ***turn*** (*od.* ***tip***) ***the ~(s)*** *fig.* den Ausschlag geben; ***turn the ~ at 55 lbs*** 55 Pfund wiegen; → ***weight*** 4; **2.** *mst pl.* Waage *f*: ***a pair of ~s*** eine Waage; ***go to ~*** *sport* gewogen werden (*Jockey, Boxer*); ***go to ~ at 90 lbs*** 90 Pfund auf die Waage bringen; **3.** ***2s*** *pl. ast.* Waage *f*; **II** *v/t.* **4.** wiegen; **5.** F (ab-, aus-) wiegen; **III** *v/i.* **6.** ***~ in*** (***out***) vor (nach) dem Rennen gewogen werden (*Jockey*).

scale³ [skeɪl] **I** *s.* **1.** ⚙, *phys.* Skala *f*: ***~ division*** Gradeinteilung *f*; ***~ disk*** Skalenscheibe *f*; ***~ line*** Teilstrich *m*; **2.** a) Stufenleiter *f*, Staffelung *f*, b) Skala *f*, Ta'rif *m*: ***~ of fees*** Gebührenordnung *f*; ***~ of wages*** Lohnskala, -tabelle *f*; **3.** Stufe *f* (*auf e-r Skala, Tabelle etc.*; *a. fig.*): ***social ~*** Gesellschaftsstufe; **4.** ⩚, ⚙ a) Maßstab(angabe *f*) *m*, b) loga'rithmischer Rechenstab: ***in*** (*od.* ***to***) ***~*** maßstab(s)gerecht: ***drawn to a ~ of 1:5*** im Maßstab 1:5 gezeichnet; ***~ model*** maßstab(s)getreues Modell; **5.** *fig.* Maßstab *m*, 'Umfang *m*: ***on a large ~*** in großem Umfang, im großen; **6.** ⩚ (nu'merische) Zahlenreihe: ***decimal ~*** Dezimalreihe *f*; **7.** ♪ a) Tonleiter *f*, b) 'Ton,umfang *m* (*Instrument*): ***learn one's ~s*** Tonleitern üben; **8.** *Am. Börse*: ***on a ~*** zu verschiedenen Kurswerten (*Wertpapiere*); **9.** *fig.* Leiter *f*: ***a ~ to success***; **II** *v/t.* **10.** erklimmen, erklettern (*a. fig.*); **11.** maßstab(s)getreu zeichnen: ***~ down*** (***up***) maßstäblich verkleinern (vergrößern); **12.** einstufen: ***~ down*** *Löhne* herunterschrauben, drücken; ***~ up*** *Preise etc.* hoch schrauben; **III** *v/i.* **13.** *auf e-r Skala od. fig.* klettern, steigen: ***~ down*** fallen.

scale| ar·mo(u)r *s.* Schuppenpanzer *m*; ***~ beam*** *s.* Waagebalken *m*; ***~ buy·ing*** *s.* ✝ (spekula'tiver) Aufkauf von 'Wertpa,pieren.

scaled [skeɪld] *adj.* **1.** *zo.* schuppig, Schuppen...; **2.** abgeschuppt: ***~ herring***; **3.** mit e-r Skala (versehen).

'scale-down *s.* maßstab(s)gerechte Verkleinerung.

scale·less ['skeɪllɪs] *adj.* schuppenlos.

sca·lene ['skeɪliːn] ⩚ **I** *adj.* ungleichseitig (*Figur*), schief (*Körper*); **II** *s.* schiefwinkliges Dreieck.

scal·ing ['skeɪlɪŋ] *s.* **1.** (Ab)Schuppen *n*; **2.** Kesselstein- *od.* Zahnsteinentfernung *f*; **3.** Erklettern *n*, Aufstieg *m* (*a. fig.*); **4.** ✝ (spekula'tiver) Auf- u. Verkauf *m* von 'Wertpa,pieren.

scall [skɔːl] *s.* ⚕ (Kopf)Grind *m*.

scal·la·wag → ***scalawag***.

scal·lion ['skæljən] *s.* ⚘ Scha'lotte *f*.

scal·lop ['skɒləp] **I** *s.* **1.** *zo.* Kammmuschel *f*; **2.** *a.* ***~ shell*** Muschelschale *f* (*a. aus Porzellan zum Servieren von Speisen*); **3.** *Näherei*: Lan'gette *f*; **II** *v/t.* **4.** ⚙ ausbogen, bogenförmig verzieren; **5.** *Näherei*: langettieren; **6.** *Speisen* in der (Muschel)Schale über'backen.

scalp [skælp] **I** *s.* **1.** *anat.* Kopfhaut *f*; **2.** Skalp *m* (*abgezogene Kopfhaut als Siegeszeichen*): ***be out for ~s*** sich auf dem Kriegspfad befinden, *fig.* kampf-, angriffslustig sein; **3.** *fig.* ('Sieges)Tro,phäe *f*; **II** *v/t.* **4.** skalpieren; **5.** ✝ *Am.* F *Wertpapiere* mit kleinem Pro'fit weiterverkaufen; **6.** *Am. sl. Eintrittskarten* auf dem schwarzen Markt verkaufen.

scal·pel ['skælpəl] *s.* ⚕ Skal'pell *n*.

scal·y ['skeɪlɪ] *adj.* **1.** schuppig, geschuppt; **2.** Schuppen...; **3.** schuppenförmig; **4.** sich abschuppend, schilferig.

scam [skæm] *s.* F betrügerischer Trick.

scamp [skæmp] **I** *s.* Ha'lunke *m*; *humor. a.* Spitzbube *m*; **II** *v/t.* *Arbeit etc.* schlud(e)rig ausführen, hinschlampen.

scam·per ['skæmpə] **I** *v/i.* **1.** *a.* ***~ about*** (he'rum)tollen, her'umhüpfen; **2.** hasten: ***~ away*** (*od.* ***off***) sich davonmachen; **II** *s.* **3.** (He'rum)Tollen *n*.

scan [skæn] **I** *v/t.* **1.** genau *od.* kritisch prüfen, forschend *od.* scharf ansehen; **2.** *Horizont etc.* absuchen; **3.** über'fliegen: ***~ the headlines***; **4.** *Vers* skandieren; **5.** ⚡, *Radar*, *TV*: abtasten; **6.** *Computer*, ⚕ *etc.*: scannen: ***~ in*** einscannen; **II** *v/i.* **7.** *Metrik*: a) skan'dieren, b) sich *gut etc.* skandieren (lassen); **III** *s.* **8.** genaue Prüfung (*durch Blicke*); **9.** *Radar*, *TV*: Abtastung *f*; **10.** *Computer*: Scan *m*; **11.** ⚕ Scan *m*: a) 'Ultraschalluntersuchung *f*, -aufnahme *f*, b) 'Kernspintomo,gramm *n*, c) Com'putertomo,gramm; **12.** *phot.* Scan *m*, Aufnahme *f*, (*durch Überwachungskamera, Satelliten etc.*).

scan·dal ['skændl] *s.* **1.** Skan'dal *m*: a) skanda'löses Ereignis, b) (öffentliches) Ärgernis: ***cause ~*** Anstoß erregen, c) Schande *f*, Schmach *f* (***to*** für); **2.** Verleumdung *f*, (böswilliger) Klatsch: ***talk ~*** klatschen; ***~ sheet*** Skandal-, Revolverblatt *n*; **3.** ⚖ üble Nachrede (*im Prozess*); **4.** ‚unmöglicher' Mensch.

scan·dal·ize¹ ['skændəlaɪz] *v/t.* Anstoß erregen bei (*dat.*), *j-n* schockieren: ***be ~d at*** Anstoß nehmen an (*dat.*), empört sein über (*acc.*).

scan·dal·ize² ['skændəlaɪz] *v/t.* ⚓ *Segel* verkleinern, ohne zu reffen.

'scan·dal,mon·ger *s.* Lästermaul *n*, Klatschbase *f*.

scan·dal·ous ['skændələs] *adj.* □ **1.** skanda'lös, anstößig, schockierend; **2.** schändlich, schimpflich; **3.** verleumderisch, Schmäh...: ~ ***stories***; **4.** klatschsüchtig (*Person*).

Scan·di·na·vi·an [ˌskændɪˈneɪvjən] **I** *adj.* **1.** skandiˈnavisch; **II** *s.* **2.** Skandiˈnavier(in); **3.** *ling.* a) Skandiˈnavisch *n*, b) Altnordisch *n*.

scan·ner [ˈskænə] *s.* **1.** *Computer*, ⚙, ⚕: Scanner *m*; **2.** *TV* Bildabtaster *m*; **3.** Raˈdar-, ˈRichtanˌtenne *f*.

scan·ning [ˈskænɪŋ] *s.* **1.** *Computer*, ⚙, ⚕: Scannen *n*; **2.** *TV* Bildabtastung *f*; **3.** *Radar etc.*: Abtastung *f*; ~ **disk** *s.* *TV* Abtastscheibe *f*; ~ **lines** *s. pl.* *TV* Rasterlinien *pl.*

scan·sion [ˈskænʃn] *s.* *Metrik*: Skandierung *f*, Skansiˈon *f*.

Scan·so·res [skænˈsɔːriːz] *s. pl.* *orn.* Klettervögel *pl.*; **scanˈso·ri·al** [-rɪəl] *adj.* *orn.* **1.** Kletter...; **2.** zu den Klettervögeln gehörig.

scant [skænt] *adj.* knapp (**of** an *dat.*), spärlich, dürftig, gering: ***a ~ 2 hours*** knapp 2 Stunden; **ˈscan·ties** [-tɪz] *s. pl.* Damenslip *m*; **ˈscant·i·ness** [-tɪnɪs], **ˈscant·ness** [-nɪs] *s.* **1.** Knappheit *f*, Kargheit *f*; **2.** Unzulänglichkeit *f*; **ˈscant·y** [-tɪ] *adj.* ☐ **1.** → ***scant***; **2.** unzureichend; **3.** eng, beengt (*Raum etc.*).

scape [skeɪp] *s.* **1.** ⚘, *zo.* Schaft *m*; **2.** ⚠ (Säulen)Schaft *m*.

ˈscape·goat *s. fig.* Sündenbock *m*.

ˈscape·grace *s.* Taugenichts *m*.

scaph·oid [ˈskæfɔɪd] *anat.* **I** *adj.* scaphoˈid, Kahn...; **II** *s.* *a.* ~ ***bone*** Kahnbein *n*.

scap·u·la [ˈskæpjʊlə] *pl.* **-lae** [-liː] *s.* *anat.* Schulterblatt *n*; **ˈscap·u·lar** [-lə] **I** *adj.* **1.** *anat.* Schulter(blatt)...; **II** *s.* **2.** → ***scapulary***; **3.** ⚕ Schulterbinde *f*; **ˈscap·u·lar·y** [-lərɪ] *s.* *eccl.* Skapuˈlier *n*.

scar¹ [skɑː] **I** *s.* **1.** Narbe *f* (*a.* ⚘; *a. fig. u. psych.*); **2.** Schramme *f*, Kratzer *m*; **3.** *fig.* (Schand)Fleck *m*, Makel *m*; **II** *v/t.* **4.** e-e Narbe *od.* Narben hinterˈlassen auf (*dat.*); **5.** *fig.* bei *j-m* ein Trauma hinterˈlassen; **6.** *fig.* entstellen, verunstalten; **III** *v/i.* **7.** *a.* ~ ***over*** vernarben (*a. fig.*).

scar² [skɑː] *s. Brit.* Klippe *f*, steiler (Felsen)Abhang.

scar·ab [ˈskærəb] *s.* **1.** *zo.* Skaraˈbäus *m* (*a. Schmuck etc.*); **2.** *zo.* Mistkäfer *m*.

scarce [skeəs] **I** *adj.* ☐ **1.** knapp, spärlich: ~ ***commodities*** ✝ Mangelwaren; **2.** selten, rar: ***make o.s. ~*** F a) sich rar machen, b) ‚sich dünnmachen'; **II** *adv.* **3.** *obs.* → **ˈscarce·ly** [-lɪ] *adv.* **1.** kaum, gerade erst: ~ ***anything*** kaum etwas, fast nichts; ***~ ... when*** kaum ... als; **2.** wohl nicht, kaum, schwerlich; **ˈscarce·ness** [-nɪs], **ˈscar·ci·ty** [-sətɪ] *s.* **1.** a) Knappheit *f*, Mangel *m* (**of** an *dat.*), b) Verknappung *f*; **2.** (Hungers)Not *f*; **3.** Seltenheit *f*: ~ ***value*** Seltenheitswert *m*.

scare [skeə] **I** *v/t.* **1.** erschrecken, *j-m* e-n Schrecken einjagen, ängstigen: ***be ~d of s.th.*** sich vor et. fürchten; **2.** *a.* ~ ***away*** verscheuchen, -jagen; **3.** ~ ***up*** a) *Wild etc.* aufscheuchen, b) F *Geld etc.* auftreiben, *et.* ‚organisieren'; **II** *v/i.* **4.** erschrecken: ***he does not ~ easily*** er lässt sich nicht leicht ins Bockshorn jagen; **III** *s.* **5.** Schreck(en) *m*, Panik *f*: ~ ***buying*** Angstkäufe *pl.*; ~ ***news*** Schreckensnachricht(en *pl.*) *f*; **6.** blinder Aˈlarm; **ˈ~·crow** *s.* **1.** Vogelscheuche *f* (*a. fig. Person*); **2.** *fig.* Schreckgespenst *n*; **ˈ~ˌhead(·ing)** *s.* (riesige) Sensatiˈonsschlagzeile; **ˈ~ˌmon·ger** *s.* Panikmacher(in); **ˈ~ˌmon·ger·ing** *s.* Panikmache *f*.

scared·y-cat [ˈskeə(r)dɪkæt] *s.* Angsthase *m*.

scarf¹ [skɑːf] *pl.* **scarfs, scarves** [-vz] *s.* **1.** Hals-, Kopf-, Schultertuch *n*, Schal *m*; **2.** (breite) Kraˈwatte (*für Herren*); **3.** ⚔ Schärpe *f*; **4.** *eccl.* Seidenstola *f*; **5.** Tischläufer *m*.

scarf² [skɑːf] **I** *s.* **1.** ⚙ Laschung *f*, Blatt *n* (*Hölzer*); ⚓ Lasch *m*; **2.** ⚙ → ***scarf joint***; **II** *v/t.* **3.** ⚙ zs.-blatten; ⚓ (ver)laschen; **4.** e-n *Wal* aufschneiden.

scarf| joint *s.* ⚙ Blattfuge *f*, Verlaschung *f*; **ˈ~·pin** *s.* Kraˈwattennadel *f*; **ˈ~·skin** *s.* *anat.* Oberhaut *f*.

scar·i·fi·ca·tion [ˌskeərɪfɪˈkeɪʃn] *s.* ⚕ Hautritzung *f*; **scar·i·fi·ca·tor** [ˈskeərɪfɪkeɪtə], **scar·i·fi·er** [ˈskeərɪfaɪə] *s.* **1.** ⚕ Stichelmesser *n*; **2.** ⸙ Messeregge *f*; **3.** ⚙ Straßenaufreißer *m*; **scar·i·fy** [ˈskeərɪfaɪ] *v/t.* **1.** *Haut* ritzen, ⚕ skarifizieren; **2.** ⸙ a) *Boden* auflockern, b) *Samen* anritzen; **3.** *fig.* a) *Gefühle etc.* verletzen, b) scharf kritisieren.

scar·la·ti·na [ˌskɑːləˈtiːnə] *s.* ⚕ Scharlach(fieber *n*) *m*.

scar·let [ˈskɑːlət] **I** *s.* **1.** Scharlach(rot *n*) *m*; **2.** Scharlach(tuch *n*, -gewand *n*) *m*; **II** *adj.* **3.** scharlachrot: ***flush*** (*od.* ***turn***) ~ dunkelrot werden; **4.** *fig.* unzüchtig; ~ **fe·ver** *s.* ⚕ Scharlach(fieber *n*) *m*; ~ **hat** *s.* **1.** Kardiˈnalshut *m*; **2.** *fig.* Kardiˈnalswürde *f*; ~ **run·ner** *s.* ⚘ Scharlach-, Feuerbohne *f*; ♀ **Wom·an** *s.* **1.** *bibl. die* (scharlachrot gekleidete) Hure; **2.** *fig. contp.* (*das* heidnische *od.* päpstliche) Rom.

scarp [skɑːp] **I** *s.* **1.** steile Böschung; **2.** ⚔ Esˈkarpe *f*; **II** *v/t.* **3.** abböschen, abdachen; **scarped** [-pt] *adj.* steil, abschüssig.

scarred [skɑːd] *adj.* narbig.

scarves [skɑːvz] *pl. von* ***scarf¹***.

scar·y [ˈskeərɪ] *adj.* F **1.** a) grus(e)lig, schaurig, b) unheimlich; **2.** schreckhaft, ängstlich.

scat¹ [skæt] F **I** *int.* **1.** ‚hau ab'!; **2.** Tempo!; **II** *v/i.* **3.** ‚verduften'; **4.** flitzen.

scat² [skæt] *s. Jazz*: Scat *m* (*Singen zs.-hangloser Silben*).

S

scathe [skeɪð] **I** *v/t.* **1.** *poet.* versengen; **2.** *obs. od. Scot.* verletzen; **3.** *fig.* vernichtend kritisieren; **II** *s.* **4.** Schaden *m*: ***without ~***; **5.** Beleidigung *f*; **'scathe·less** [-lɪs] *adj.* unversehrt; **'scath·ing** [-ðɪŋ] *adj.* □ *fig.* **1.** vernichtend, ätzend (*Kritik etc.*); **2.** verletzend.

sca·tol·o·gy [skə'tɒlədʒɪ] *s.* **1.** ⚕ Skato'logie *f*, Kotstudium *n*; **2.** *fig.* Beschäftigung *f* mit dem Ob'szönen (in der Lite'ratur).

scat·ter ['skætə] **I** *v/t.* **1.** *a.* ***~ about*** (aus-, um'her-, ver)streuen; **2.** verbreiten, -teilen; **3.** bestreuen (***with*** mit); **4.** *Menge etc.* zerstreuen, *a. Vögel etc.* ausein'ander scheuchen: ***be ~ed to the four winds*** in alle Winde zerstreut werden *od.* sein; **5.** *Geld* verschleudern, verzetteln: ***~ one's strength*** *fig.* sich verzetteln; **6.** *phys. Licht etc.* zerstreuen; **II** *v/i.* **7.** sich zerstreuen (*Menge*), ausein'ander stieben (*a. Vögel etc.*), sich zerteilen (*Nebel*); **8.** a) sich verbreiten (***over*** über *acc.*), b) verstreut sein; **III** *s.* **9.** *allg., a. phys. etc.* Streuung *f*; **'~-brain** *s.* Wirrkopf *m*; **'~·brained** *adj.* wirr, kon'fus.

scat·tered ['skætəd] *adj.* **1.** ver-, zerstreut (liegend *od.* vorkommend *etc.*); **2.** vereinzelt (auftretend): ***~ rain showers***; **3.** *fig.* wirr; **4.** *phys.* dif'fus, Streu...

'scat·ter|·gun *s. Am.* Schrotflinte *f*; **~ rug** *s. Am.* Brücke *f* (*Teppich*).

scaur [skɔː] *bsd. Scot. für* ***scar²***.

scav·enge ['skævɪndʒ] **I** *v/t.* **1.** *Straßen etc.* reinigen, säubern; **2.** *mot. Zylinder von Gasen* reinigen, spülen: ***~ stroke*** Spültakt *m*, Auspuffhub *m*; **3.** *Am.* a) *Abfälle etc.* auflesen, b) *et.* auftreiben, c) *et.* durch'stöbern (***for*** nach); **II** *v/i.* **4.** ***~ for*** (her'um)suchen nach; **'scav·en·ger** [-dʒə] *s.* **1.** Straßenkehrer *m*; **2.** Müllmann *m*; **3.** a) Trödler *m*, b) Lumpensammler *m*; **4.** ⚗ Reinigungsmittel *n*; **5.** *zo.* Aasfresser *m*: ***~ beetle*** Aas fressender Käfer.

sce·nar·i·o [sɪ'nɑːrɪəʊ] *pl.* **-ri·os** *s.* **1.** a) *thea.* Sze'nar(io) *n*, b) *Film*: Drehbuch *n*; **2.** *fig.* Sze'nario *n*, Plan *m*; **sce·na·rist** ['siːnərɪst] *s.* Drehbuchautor *m*.

scene [siːn] *s.* **1.** *thea., Film, TV*: a) Szene *f*, Auftritt *m*, b) Ort *m* der Handlung, Schauplatz *m* (*a. Roman etc.*); → ***lay*** 6, c) Ku'lisse *f*, d) → ***scenery*** b: ***behind the ~s*** hinter den Kulissen (*a. fig.*); ***change of ~*** Szenenwechsel *m*, *fig.* ‚Tapetenwechsel' *m*; **2.** Szene *f*, Epi'sode *f* (*Roman etc.*); **3.** 'Hintergrund *m e-r Erzählung etc.*; **4.** *fig.* Szene *f*, Schauplatz *m*: ***~ of accident*** (***crime***) Unfallort *m* (Tatort *m*); **5.** Szene *f*, Anblick *m*; *paint.* (Landschafts-) Bild *n*: ***~ of destruction*** *fig.* Bild der Zerstörung; **6.** Szene *f*: a) Vorgang *m*, b) (heftiger) Auftritt: ***make*** (***s.o.***) ***a. ~*** (j-m) e-e Szene machen; **7.** *fig.* (Welt-) Bühne *f*: ***quit the ~*** von der Bühne abtreten, sterben; **8.** *sl.* (Drogen-, Pop- *etc.*)Szene *f*: ***that's not my ~*** *fig.* das ist nicht mein Fall; **~ dock** *s. thea.* Requi'sitenraum *m*; **~ paint·er** *s.* Bühnenmaler(in).

scen·er·y ['siːnərɪ] *s.* Szene'rie *f*: a) Landschaft *f*, Gegend *f*, b) *thea.* Bühnenbild *n*, -ausstattung *f*.

'scene,shift·er *s. thea.* Bühnenarbeiter *m*, Ku'lissenschieber *m*.

sce·nic ['siːnɪk] **I** *adj.* (□ ***~ally***) **1.** landschaftlich, Landschafts...; **2.** (landschaftlich) schön, malerisch: ***~ railway*** (in e-r künstlichen Landschaft angelegte) Liliputbahn; ***~ road*** landschaftlich schöne Strecke (*Hinweis auf Autokarte*); **3.** *thea.* a) szenisch, Bühnen...: ***~ designer*** Bühnenbildner(in), b) dra'matisch (*a. Gemälde etc.*), c) Ausstattungs...; **II** *s.* **4.** Na'turfilm *m*.

sce·no·graph·ic, sce·no·graph·i·cal [ˌsiːnə'græfɪk(l)] *adj.* □ szeno'graphisch, perspek'tivisch.

scent [sent] **I** *s.* **1.** (*bsd.* Wohl)Geruch *m*, Duft *m*; **2.** Par'füm *n*; **3.** *hunt.* a) Witterung *f*, b) Spur *f*, Fährte *f* (*a. fig.*): ***blazing ~*** warme Fährte; ***on the*** (***wrong***) ***~*** auf der (falschen) Fährte; ***put on the ~*** auf die Fährte setzen; ***put*** (*od.* ***throw***) ***off the ~*** von der (richtigen) Spur ablenken; **4.** a) Geruchssinn *m*, b) *zo. u. fig.* Spürsinn *m*, *gute etc.* Nase: ***have a ~ for s.th.*** *fig.* e-e Nase für et. haben; **II** *v/t.* **5.** *et.* riechen; **6.** *a.* ***~ out*** *hunt. u. fig.* wittern, (auf)spüren; **7.** mit Wohlgeruch erfüllen; **8.** parfümieren; **scent bag** *s.* **1.** *zo.* Duftdrüse *f*; **2.** *Fuchsjagd*: künstliche Schleppe; **3.** Duftkissen *n*; **scent bot·tle** *s.* Par'fümfläschchen *n*; **'scent·ed** [-tɪd] *adj.* **1.** duftend; **2.** parfümiert; **scent gland** *s.* *zo.* Duft-, Moschusdrüse *f*; **'scent·less** [-lɪs] *adj.* **1.** geruchlos; **2.** *hunt.* ohne Witterung (*Boden*).

scep·sis ['skepsɪs] *s.* **1.** Skepsis *f*; **2.** *phls.* Skepti'zismus *m*.

scep·ter ['septə] *etc. Am.* → ***sceptre*** *etc.*

scep·tic ['skeptɪk] *s.* **1.** (*phls. mst* ♀) Skeptiker(in); **2.** *eccl.* Zweifler(in), *allg.* Ungläubige(r *m*) *f*, Athe'ist(in); **'scep·ti·cal** [-kl] *adj.* □ skeptisch (*a. phls.*), misstrauisch, ungläubig: ***be ~ about*** (*od.* ***of***) ***s.th.*** e-r Sache skeptisch gegenüberstehen, et. bezweifeln, an et. zweifeln; **'scep·ti·cism** [-ɪzɪzəm] → ***scepsis***.

scep·tre ['septə] *s.* Zepter *n*: ***wield the ~*** das Zepter führen, herrschen; **'scep·tred** [-əd] *adj.* **1.** zeptertragend, herrschend (*a. fig.*); **2.** *fig.* königlich.

sched·ule [*Brit.* 'ʃedjuːl; *Am.* 'skedʒʊl]

I *s.* **1.** Liste *f*, Ta'belle *f*, Aufstellung *f*, Verzeichnis *n*; **2.** *bsd.* ⚖ Anhang *m*; **3.** *bsd. Am.* a) (Arbeits-, Lehr-, Stunden-) Plan *m*, b) Fahrplan *m*: ***be behind ~*** Verspätung haben, *weitS.* im Verzug sein; ***on ~*** (fahr)planmäßig, pünktlich; **4.** Formblatt *n*, Vordruck *m*, Formu'lar *n*; **5.** Einkommensteuerklasse *f*; II *v/t.* **6.** *et.* in e-r Liste *etc. od.* tabel'larisch zs.-stellen; **7.** (in e-e Liste *etc.*) eintragen, -fügen: ***~d departure*** (fahr)planmäßige Abfahrt; ***~d flight*** ✈ Linienflug *m*; ***the train is ~d to leave at 6*** der Zug fährt fahrplanmäßig um 6; **8.** *bsd.* ⚖ (als Anhang) beifügen (***to*** *dat.*); **9.** a) festlegen, b) planen.

sche·mat·ic [skɪ'mætɪk] *adj.* (□ ***~ally***) sche'matisch; **sche·ma·tize** ['skiːmətaɪz] *v/t. u. v/i.* schematisieren.

scheme [skiːm] I *s.* **1.** Schema *n*, System *n*, Anlage *f*: ***~ of colo(u)r*** Farbenzusammenstellung *f*, -skala *f*; ***~ of philosophy*** philosophisches System; **2.** a) Schema *n*, Aufstellung *f*, Ta'belle *f*, b) 'Übersicht *f*, c) sche'matische Darstellung; **3.** Plan *m*, Pro'jekt *n*, Pro'gramm *n*: ***irrigation ~***; **4.** (dunkler) Plan, In'trige *f*, Kom'plott *n*; II *v/t.* **5.** *a.* ***~ out*** planen, entwerfen; **6.** *Böses* planen, aushecken; **7.** in ein Schema *od.* Sy'stem bringen; III *v/i.* **8.** Pläne schmieden, *bsd. b.s.* Ränke schmieden, intrigieren; '**schem·er** [-mə] *s.* **1.** Plänemacher *m*; **2.** Ränkeschmied *m*, Intri'gant *m*; '**schem·ing** [-mɪŋ] *adj.* □ ränkevoll, intri'gant.

Schen·gen a·gree·ment ['ʃeŋən] *s. pol.* Schengener Abkommen *n*.

scher·zan·do [skeət'sændəʊ] (*Ital.*) *adv.* ♪ scher'zando, heiter; **scher·zo** ['skeətsəʊ] *s.* ♪ Scherzo *n*.

schism ['skɪzəm] *s.* **1.** *eccl.* a) Schisma *n*, Kirchenspaltung *f*, b) Lossagung *f*; **2.** *fig.* Spaltung *f*, Riss *m*; **schis·mat·ic** [skɪz'mætɪk] *bsd. eccl.* I *adj.* (□ ***~ally***) schis'matisch, abtrünnig; II *s.* Schis'matiker *m*, Abtrünnige(r) *m*; **schis'mat·i·cal** [skɪz'mætɪkl] *adj.* □ → ***schismatic*** I.

schist [ʃɪst] *s. geol.* Schiefer *m*.

schiz·oid ['skɪtsɔɪd] *psych.* I *adj.* schizo'id; II *s.* Schizo'ide(r *m*) *f*.

schiz·o·my·cete [ˌskɪtsəʊmaɪ'siːt] *s.* ⚘ Spaltpilz *m*, Schizomy'zet *m*.

schiz·o·phrene ['skɪtsəʊfriːn] *s. psych.* Schizo'phrene(r *m*) *f*; **schiz·o·phre·ni·a** [ˌskɪtsəʊ'friːnjə] *s. psych.* Schizophre'nie *f*; **schiz·o·phren·ic** [ˌskɪtsəʊ'frenɪk] *psych.* I *s.* Schizophrene(r *m*) *f*; II *adj.* schizo'phren.

schle·miel, schle·mihl [ʃle'miːl] *s. Am. sl.* **1.** Pechvogel *m*; **2.** Tollpatsch *m*.

schlep(p) [ʃlep] *Am. sl.* I *v/t.* **1.** a) schleppen, b) (mit sich) herumschleppen; II *v/i.* **2.** sich schleppen, ‚latschen': ***~ through the traffic*** sich durch den Verkehr quälen; III *s.* **3.** Trottel *m*, Tollpatsch *m*, ‚Blödmann' *m*; **4.** Umstandskrämer(in); **5.** Langweiler(in); **6.** Gelegenheitsarbeiter(in); **7.** langweilige u. ermüdende Fahrt *od.* Reise *etc.*; '**schlep·per** → ***schlep(p)*** 3–6.

schmaltz [ʃmɔːlts] (*Ger.*) *s. sl.* **1.** ‚Schmalz' *m* (*a. Musik*); **2.** Kitsch *m*; '**schmaltz·y** [-tsɪ] *adj.* ‚schmalzig', sentimen'tal.

schmoos(e) [ʃmuːs], **schmooze** [ʃmuːz] *bsd. Am.* F I *v/i.* plaudern, schwatzen; II *v/t.* beschwatzen; III *s.* Schwätzchen *n*, Schwatz *m*, Plauderei *f*.

schnap(p)s [ʃnæps] (*Ger.*) *s.* Schnaps *m*.

schnit·zel ['ʃnɪtsəl] (*Ger.*) *s. Küche*: Wiener Schnitzel *n*.

schnor·kel ['ʃnɔːkəl] → ***snorkel***.

schol·ar ['skɒlə] *s.* **1.** a) Gelehrte(r) *m*, *bsd.* Geisteswissenschaftler *m*, b) Gebildete(r) *m*; **2.** Studierende(r *m*) *f*: ***he is an apt ~*** er lernt gut; ***he is a good French ~*** er ist im Französischen gut beschlagen; ***he is not much of a ~*** F mit s-r Bildung ist es nicht weit her; **3.** *ped. univ.* Stipendi'at *m*; **4.** *obs. od. poet.* Schüler(in), Jünger(in); '**schol·ar·ly** [-lɪ] *adj. u. adv.* **1.** gelehrt; **2.** gelehrtenhaft; '**schol·ar·ship** [-ʃɪp] *s.* **1.** Gelehrsamkeit *f*: ***classical ~*** humanistische Bildung; **2.** *ped.* Sti'pendium *n*.

scho·las·tic [skə'læstɪk] I *adj.* (□ ***~ally***) **1.** aka'demisch (*Bildung etc.*); **2.** schulisch, Schul..., Schüler...; **3.** erzieherisch: ***~ profession*** Lehr(er)beruf *m*; **4.** *phls.* scho'lastisch (*a. fig. contp. spitzfindig, pedantisch*); II *s.* **5.** *phls.* Scho'lastiker *m*; **6.** *fig.* Schulmeister *m*, Pe'dant *m*; **scho'las·ti·cism** [-ɪsɪzəm] *s.* **1.** *a.* ♀ Scho'lastik *f*; **2.** *fig.* Pedante'rie *f*.

school[1] [skuːl] I *s.* **1.** Schule *f* (*Anstalt*): ***at ~*** auf der Schule; → ***high school*** *etc.*; → 4; **2.** (Schul)Stufe *f*: ***lower ~*** Unterstufe; ***senior*** (*od.* ***upper***) ***~*** Oberstufe; **3.** Lehrgang *m*, Kurs(us) *m*; **4.** *mst ohne art.* ('Schul)ˌUnterricht *m*, Schule *f*: ***at*** (*od.* ***in***) ***~*** in der Schule, im Unterricht; ***go to ~*** zur Schule gehen; ***put to ~*** einschulen; → ***tale*** 5; **5.** Schule *f*, Schulhaus *n*, -gebäude *n*; **6.** *univ.* a) Fakul'tät *f*: ***the law ~*** die juristische Fakultät, b) Fachbereich *m*, (selbstständige) Abteilung innerhalb e-r Fakul'tät; **7.** *Am.* Hochschule *f*; **8.** *pl.* 'Schlussexˌamen *n* (*für den Grad e-s* ***Bachelor of Arts****; Oxford*); **9.** *fig. harte etc.* Schule, Lehre *f*: ***a severe ~***; **10.** *phls., paint. etc.* Schule *f* (*Richtung u. Anhängerschaft*): ***~ of thought*** (geistige) Richtung; ***the Hegelian ~*** *phls.* die hegelianische Schule *od.* Richtung, die Hege-

S

lianer *pl.*; **a gentleman of the old ~** ein Kavalier der alten Schule; **11.** ♪ Schule *f*: a) Lehrbuch *n*, b) Lehre *f*, Sy'stem *n*; **II** *v/t.* **12.** einschulen; **13.** schulen, unter'richten, ausbilden, trainieren; **14.** *Temperament, Zunge etc.* zügeln; **15. ~ o.s.** (*to*) sich erziehen (zu), sich üben (in *dat.*); **~ o.s. to do s.th.** lernen *od.* sich daran gewöhnen et. zu tun; **16.** *Pferd* dressieren; **17.** *obs.* tadeln.

school² [sku:l] *s. ichth.* Schwarm *m* (*a. fig.*), Schule *f*, Zug *m* (*Wale etc.*).

school| age *s.* schulpflichtiges Alter; **'~-age** *adj.* schulpflichtig; **'~·bag** *s.* Schultasche *f*; **~ board** *s.* (lo'kale) Schulbehörde; **'~·boy** *s.* Schüler *m*, Schuljunge *m*; **'~·bus** *s.* Schulbus *m*; **~ days** *pl.* (alte) Schulzeit; **'~ˌfel·low** → **schoolmate**; **'~·girl** *s.* Schülerin *f*, Schulmädchen *n*; **'~ˌgirl·ish** *adj.* schulmädchenhaft; **'~·house 1.** (*bsd.* Dorf)Schulhaus *n*; **2.** *Brit.* (Wohn)Haus *n* des Schulleiters.

school·ing ['sku:lɪŋ] *s.* **1.** ('Schul)ˌUnterricht *m*; **2.** Schulung *f*, Ausbildung *f*; **3.** Schulgeld *n*; **4.** *sport* Schulreiten *n*; **5.** *obs.* Verweis *m*.

school| leav·er ['li:və] *s.* Schulabgänger (-in); **~ leav·ing cer·tif·i·cate** *s.* Abgangszeugnis *n*; **'~·ma'am** [-mæm] *s. Am. für* **schoolmarm**; **'~·man** [-mən] *s.* [*irr.*] **1.** Päda'goge *m*; **2.** *hist.* Scho'lastiker *m*; **'~·marm** [-mɑ:m] F **1.** Lehrerin *f*; **2.** *fig. contp.* Schulmeisterin *f*; **'~ˌmas·ter** *s.* **1.** Schulleiter *m*; **2.** Lehrer *m*; **3.** *fig. contp.* Schulmeister *m*; **'~ˌmas·ter·ly** *adj.* schulmeisterlich; **'~·mate** *s.* 'Schulkameˌrad(in); **'~ˌmis·tress** *s.* **1.** Schulleiterin *f*; **2.** Lehrerin *f*; **~ re·port** *s.* Schulzeugnis *n*; **'~·room** [-rʊm] *s.* Klassenzimmer *n*; **~ ship** *s.* ⚓ Schulschiff *n*; **~ tie** *s.*: **old ~** *Brit.* a) Krawatte *f* mit den Farben e-r **Public School**, b) *Spitzname für e-n ehemaligen Schüler e-r* **Public School**, c) sentimentale Bindung an die alte Schule, d) *der* Einfluss der **Public Schools** auf das öffentliche Leben in England, e) *contp.* Cliquenwirtschaft *f* unter ehemaligen Schülern e-r **Public School**, f) *contp.* arrogantes Gehabe solcher Schüler; **~ u·ni·form** *s.* (einheitliche) Schulkleidung; **'~·work** *s.* (in der Schule zu erledigende) Aufgaben *pl.*; **'~·yard** *s. Am.* Schulhof *m*.

schoon·er ['sku:nə] *s.* **1.** ⚓ Schoner *m*; **2.** *bsd. Am.* → **prairie schooner**; **3.** großes Bierglas.

schorl [ʃɔ:l] *s. min.* Schörl *m*, (schwarzer) Turma'lin.

schot·tische [ʃɒ'ti:ʃ] *s.* ♪ Schottische(r) *m* (*a. Tanz*).

schuss [ʃʊs] (*Ger.*) *Skisport*: **I** *s.* Schuss (-fahrt *f*) *m*; **II** *v/i.* Schuss fahren.

schwa [ʃwɑ:] *s. ling.* Schwa *n*: a) *kurzer Vokal von unbestimmter Klangfarbe*, b) *das phonetische Symbol* ə.

sci·a·gram ['skaɪəgræm], **'sci·a·graph** [-grɑ:f] *s.* ⚕ Röntgenbild *n*; **sci·ag·ra·phy** [skaɪ'ægrəfɪ] *s.* **1.** ⚕ Herstellung *f* von Röntgenaufnahmen; **2.** Schattenmale'rei *f*, Schattenriss *m*.

sci·at·ic [saɪ'ætɪk] *adj.* ⚕ **1.** Ischias...; **2.** an Ischias leidend; **sci'at·i·ca** [-kə] *s.* ⚕ Ischias *f*.

sci·ence ['saɪəns] *s.* **1.** Wissenschaft *f*: **man of ~** Wissenschaftler *m*; **~ park** Technologiezentrum *n*; **2.** *a.* **natural ~** *coll. die* Na'turwissenschaft(en *pl.*); **3.** *fig.* Lehre *f*, Kunde *f*: **~ of gardening** Gartenbaukunst *f*; **4.** *phls., eccl.* Erkenntnis *f* (**of** von); **5.** Kunst (-fertigkeit) *f*, (gute) Technik (*a. sport*); **6.** ♀ → **Christian Science**; **~ fic·tion** *s.* 'Science-'Fiction *f*.

sci·en·ter [saɪ'entə] (*Lat.*) ⚖ *adv.* wissentlich.

sci·en·tif·ic [ˌsaɪən'tɪfɪk] *adj.* (□ **~ally**) **1.** (*engS.* na'tur)wissenschaftlich; **2.** wissenschaftlich, ex'akt, syste'matisch; **3.** *fig. sport etc.* kunstgerecht; **sci·en·tist** ['saɪəntɪst] *s.* (Na'tur)Wissenschaftler *m*.

sci-fi [ˌsaɪ'faɪ] F *für* **science fiction**.

scil·i·cet ['saɪlɪset] *adv.* (*abbr.* **scil.** *od.* **sc.**) nämlich, d. h. (das heißt).

scim·i·tar, scim·i·ter ['sɪmɪtə] *s.* (orien'talischer) Krummsäbel.

scin·til·la [sɪn'tɪlə] *s. bsd. fig.* Fünkchen *n*: **not a ~ of truth**; **scin·til·lant** ['sɪntɪlənt] *adj.* funkelnd, schillernd; **scin·til·late** ['sɪntɪleɪt] **I** *v/i.* **1.** Funken sprühen; **2.** funkeln (*a. fig. Augen*), sprühen (*a. fig. Geist, Witz*); **II** *v/t.* **3.** *Funken, fig. Geistesblitze* (ver)sprühen; **scin·til·la·tion** [ˌsɪntɪ'leɪʃn] *s.* **1.** Funkensprühen *n*, Funkeln *n*; **2.** Schillern *n*; **3.** *fig.* Geistesblitz *m*.

sci·o·lism ['saɪəʊlɪzəm] *s.* Halbwissen *n*; **'sci·o·list** [-lɪst] *s.* Halbgebildete(r) *m*, -wisser *m*.

sci·on ['saɪən] *s.* **1.** ⚘ Ableger *m*, Steckling *m*, (Pfropf)Reis *n*; **2.** *fig.* Spross *m*, Sprössling *m*.

scir·rhous ['sɪrəs] *adj.* ⚕ szir'rhös, hart geschwollen; **'scir·rhus** [-rəs] *pl.* **-rhus·es** *s.* ⚕ Szirrhus *m*, harte Krebsgeschwulst.

scis·sor ['sɪzə] *v/t.* **1.** (*mit der Schere*) (zer-, zu-, aus)schneiden; **2.** scherenartig bewegen *etc.*; **~ kick** *s. Fußball, Schwimmen*: Scherenschlag *m*.

scis·sors ['sɪzəz] *s. pl.* **1.** *a.* **pair of ~** Schere *f*; **2.** *sg. konstr. sport* (*Hochsprung*: *a.* **~ jump**, *Ringen*: *a.* **~ hold**) Schere *f*.

scis·sure ['sɪʒə] *s. bsd.* ⚕ Fis'sur *f*, Riss *m*.

scle·ra ['sklɪərə] *s. anat.* Sklera *f*, Lederhaut *f* des Auges.

S

scle·ro·ma [ˌsklɪəˈrəʊmə] *pl.* **-ma·ta** [-mətə] *s.* ⚕ Skleˈrom *n*, Verhärtung *f*; ˌ**scleˈro·sis** [-ˈrəʊsɪs] *pl.* **-ro·ses** [-siːz] *s.* **1.** ⚕ Skleˈrose *f*, Verhärtung *f* (*des Zellgewebes*); **2.** ⚘ Verhärtung *f* (*der Zellwand*); **scleˈrot·ic** [-ˈrɒtɪk] **I** *adj.* ⚕, *anat.* skleˈrotisch; *fig.* verkalkt; **II** *s.* *anat.* → ***sclera***; **scle·rous** [ˈsklɪərəs] *adj.* ⚕ skleˈrös, verhärtet.

scoff [skɒf] **I** *s.* **1.** Spott *m*, Hohn *m*; **2.** Zielscheibe *f* des Spotts; **II** *v/i.* **3.** spotten (**at** über *acc.*); ˈ**scoff·er** [-fə] *s.* Spötter(in).

scold [skəʊld] **I** *v/t.* *j-n* (aus)schelten, auszanken; **II** *s.* zänkisches Weib, (Haus)Drachen *m*; ˈ**scold·ing** [-dɪŋ] *s.* **1.** Schelten *n*; **2.** Schelte *f*: ***get a (good) ~*** (tüchtig) ausgeschimpft werden.

scol·lop [ˈskɒləp] → ***scallop***.

sconce¹ [skɒns] *s.* **1.** (Wand-, Klaˈvier-) Leuchter *m*; **2.** Kerzenhalter *m*.

sconce² [skɒns] *s.* ⚔ Schanze *f*.

sconce³ [skɒns] *univ.* **I** *v/t.* *zu e-r Strafe* verdonnern; **II** *s.* Strafe *f*.

sconce⁴ [skɒns] *s. sl.* ‚Birne' *f*, Schädel *m*.

scone [skɒn] *s.* weiches Teegebäck.

scoop [skuːp] **I** *s.* **1.** a) Schöpfkelle *f*, (*a.* Wasser)Schöpfer *m*, b) (*a. Zucker- etc.*) Schaufel *f*, Schippe *f*, c) ⚙ Baggereimer *m*, -löffel *m*; **2.** *Äpfel-*, *Käse-*Stecher *m*; **3.** ⚕ Spatel *m*; **4.** (Aus)Schöpfen *n*; **5.** Schub *m*: ***in one ~*** mit ˈeinem Schub; **6.** *sport* Schlenzer *m*; **7.** *sl.* a) ‚Schnitt' *m*, (großer) Fang, b) *Zeitung*: sensatioˈnelle Erstmeldung, Excluˈsivbericht *m*, ‚Knüller' *m*; **II** *v/t.* **8.** schöpfen, schaufeln: ***~ out water*** Wasser ausschöpfen; ***~ up*** (auf)schaufeln, *fig. Geld* scheffeln; **9.** *mst* ***~ out*** *Loch* (aus-) graben; **10.** *oft* ***~ in*** *sl. Gewinn* einstecken, *Geld* scheffeln; **11.** *sl. Konkurrenzzeitung* durch e-e Erstmeldung ausstechen, *j-m* zuˈvorkommen (**on** bei, mit).

scoot [skuːt] F *v/t.* **1.** rasen, flitzen; **2.** ‚abhauen'; ˈ**scoot·er** [-tə] *s.* **1.** (Kinder-, *a.* Motor)Roller *m*; **2.** *sport Am.* Eisjacht *f*.

scope [skəʊp] *s.* **1.** Bereich *m*, Gebiet *n*; ⚖ Anwendungsbereich *m*; Reichweite *f*: ***within the ~ of*** im Rahmen (*gen.*); ***come within the ~ of*** unter *ein Gesetz etc.* fallen; ***an undertaking of wide ~*** ein groß angelegtes Unternehmen; **2.** Ausmaß *n*, ˈUmfang *m*: ***~ of authority*** ⚖ Vollmachtsumfang; **3.** (Spiel)Raum *m*, Bewegungsfreiheit *f*: ***give one's fancy full ~*** s-r Fantasie freien Lauf lassen; ***have free ~*** freie Hand haben (**for** bei); **4.** (geistiger) Horiˈzont, Gesichtskreis *m*.

scor·bu·tic [skɔːˈbjuːtɪk] ⚕ **I** *adj.* (□ ***~ally***) **1.** skorˈbutisch, Skorbut...; **II** *s.* **2.** Skorˈbutkranke(r *m*) *f*.

scorch [skɔːtʃ] **I** *v/t.* **1.** versengen, -brennen: ***~ed earth*** ⚔ verbrannte Erde; **2.** (aus)dörren; **3.** ⚡ verschmoren; **4.** *fig.* (durch scharfe Kritik *od.* beißenden Spott) verletzen; **II** *v/i.* **5.** versengt werden; **6.** ausdörren; **7.** F *mot. etc.* rasen; ˈ**scorch·er** [-tʃə] *s.* **1.** F et. sehr Heißes, *bsd.* glühend heißer Tag; **2.** *sl.* ‚Ding' *n*: a) beißende Bemerkung, b) scharfe Kritik, c) böser Brief, d) ‚tolle' Sache; **3.** F *mot.* ‚Raser' *m*; **4.** *sport sl.* a) ‚Bombenschuss' *m*, b) knallharter Schlag; ˈ**scorch·ing** [-tʃɪŋ] *adj.* □ **1.** sengend, brennend (heiß); **2.** vernichtend (*Kritik etc.*).

score [skɔː] **I** *s.* **1.** Kerbe *f*, Rille *f*; **2.** (Markierungs)Linie *f*; *sport* Start-, Ziellinie *f*: ***get off at full ~*** a) losrasen, b) *fig.* außer sich geraten; **3.** Zeche *f*, Rechnung *f*: ***run up a ~*** Schulden machen; ***settle old ~s*** *fig.* e-e alte Rechnung begleichen; ***on the ~ of*** *fig.* aufgrund von, wegen; ***on that ~*** in dieser Hinsicht; ***on what ~?*** aus welchem Grund?; **4.** *bsd. sport* a) (Spiel)Stand *m*, b) *erzielte* Punkt- *od.* Trefferzahl, (Spiel)Ergebnis *n*, (Be)Wertung *f*, c) Punktliste *f*: ***know the ~*** F Bescheid wissen; ***make a ~ off s.o.*** F *fig.* j-m ‚eins auswischen'; ***what is the ~?*** a) wie steht das Spiel?, b) *fig. Am.* wie ist die Lage?; ***~ one for me!*** *humor.* eins zu null für mich!; **5.** (Satz *m* von) 20, 20 Stück: ***four ~ and seven years*** 87 Jahre; **6.** *pl.* große (An)Zahl *f*, Menge *f*: ***~s of times*** *fig.* hundert-, x-mal; **7.** ♪ Partiˈtur *f*; **II** *v/t.* **8.** einkerben; **9.** markieren: ***~ out*** aus-, durchstreichen; **10.** *oft* ***~ up*** *Schulden*, *Zechen* anschreiben, -rechnen: ***~ (up) s.th. against*** (*od.* ***to***) ***s.o.*** *fig.* j-m et. ankreiden; **11.** *ped. psych. j-s Leistung etc.* bewerten; **12.** *sport* a) *Punkte*, *Treffer* erzielen, sammeln, *Tore* schießen, *fig. Erfolge*, *Sieg* verzeichnen, erringen, b) *Punkte*, *Spielstand etc.* aufschreiben: ***~ a hit*** a) e-n Treffer erzielen, b) *fig.* e-n Bombenerfolg haben; ***~ s.o. off*** F *fig.* j-m ‚eins auswischen'; **13.** *sport* zählen: ***a try ~s 6 points***; **14.** ♪ a) in Partiˈtur setzen, b) instrumentieren; **15.** *Am. fig.* scharf kritisieren *od.* angreifen; **III** *v/i.* **16.** *sport* a) e-n Punkt *od.* Treffer erzielen, Punkte sammeln, b) die Punkte zählen *od.* aufschreiben; **17.** F Erfolg *od.* Glück haben, e-n Vorteil erzielen: ***~ over*** *j-n, et.* übertreffen; **18.** zählen, gezählt werden: ***that ~s for us***; ˈ**~·board** *s.* Anzeigetafel *f im Stadion etc.*; ˈ**~·card** *s.* *sport* **1.** Spielberichtsbogen *m*; **2.** *Boxen etc.*: Punktzettel *m*; *Golf*: Zählkarte *f*.

score·less [ˈskɔːlɪs] *adj.* *sport* torlos; ˈ**score·line** *s. Brit. sport* Endstand *m*; ˈ**scor·er** *s. sport* a) Schreiber *m*, b) Torschütze *m*.

S

sco·ri·a ['skɔːrɪə] *pl.* **-ri·ae** [-rɪiː] *s.* (⚙ Me'tall-, *geol.* Gesteins)Schlacke *f*; **sco·ri·a·ceous** [ˌskɔːrɪ'eɪʃəs] *adj.* schlackig; '**sco·ri·fy** [-ɪfaɪ] *v/t.* verschlacken.

scorn [skɔːn] **I** *s.* **1.** Verachtung *f*: ***think ~ of*** verachten; **2.** Spott *m*, Hohn *m*: ***laugh to ~*** verlachen; **3.** Zielscheibe *f* des Spottes, *das* Gespött (*der Leute etc.*); **II** *v/t.* **4.** verachten: a) gering schätzen, b) verschmähen; '**scorn·ful** [-fʊl] *adj.* □ **1.** verächtlich; **2.** spöttisch.

Scor·pi·o ['skɔːpɪəʊ] *s. ast.* Skorpi'on *m*; '**scor·pi·on** [-pjən] *s. zo.* Skorpi'on *m*.

Scot[1] [skɒt] *s.* Schotte *m*, Schottin *f*.

Der 30. November ist **St Andrew's Day** [snt'ændruːzdeɪ], der Nationalfeiertag der Schotten. Traditionalisten tragen an diesem Tag eine Distel (**thistle** ['θɪsl]) im Knopfloch, das Symbol Schottlands.

scot[2] [skɒt] *s.* **1.** (Zahlungs)Beitrag *m*: ***pay*** (***for***) ***one's ~s*** s-n Beitrag leisten; **2.** *a.* ***~ and lot*** *hist.* Gemeindeabgabe *f*: ***pay ~ and lot*** *fig.* alles auf Heller u. Pfennig bezahlen.

Scotch [skɒtʃ] **I** *adj.* **1.** schottisch (*bsd. Whisky etc.*): ***~ broth*** *dicke Rindfleischsuppe mit Gemüse u. Graupen*; ***~ egg*** *hart gekochtes Ei in paniertem Wurstbrät*; ***~ mist*** dichter, nasser Nebel; ***~ tape*** *TM* (durchsichtiges) Klebeband, (durchsichtiger) Klebestreifen; ***~ terrier*** Scotchterrier *m*; ***~ woodcock*** *heißer Toast mit Anchovispaste u. Rührei*; **II** *s.* **2.** Scotch *m*, schottischer Whisky; **3.** ***the ~*** *coll.* die Schotten *pl.*; **4.** *ling.* Schottisch *n*.

scotch [skɒtʃ] **I** *v/t.* **1.** (leicht) verwunden, schrammen; **2.** *fig. et.* im Keim ersticken: ***~ s.o.'s plans*** j-m e-n Strich durch die Rechnung machen; **3.** *Rad etc. mit e-m Bremsklotz* blockieren; **II** *s.* **4.** (Ein)Schnitt *m*, Kerbe *f*; **5.** ⚙ Bremsklotz *m*, Hemmschuh *m* (*a. fig.*).

'**Scotch·man** [-mən] *s.* [*irr.*] → ***Scotsman***.

ˌ**scot-'free** [ˌskɒt-] *adj.*: ***go*** (*od.* ***get off***) ***~*** *fig.* ungeschoren davonkommen.

Scot·land Yard ['skɒtlənd] *s.* Scotland Yard *m* (*die Londoner Kriminalpolizei*).

Scots [skɒts] **I** *s. ling.* Schottisch *n*; **II** *adj.* schottisch: ***~ law***; '**~·man** [-mən] *s.* [*irr.*] *bsd. Scot.* Schotte *m*; '**~ˌwom·an** *s.* [*irr.*] *bsd. Scot.* Schottin *f*.

Scot·ti·cism ['skɒtɪsɪzəm] *s.* schottische (Sprach)Eigenheit.

Scot·tish ['skɒtɪʃ] *adj.* schottisch.

scoun·drel ['skaʊndrəl] *s.* Schurke *m*, Schuft *m*, Ha'lunke *m*; '**scoun·drel·ly** [-rəlɪ] *adj.* schurkisch, niederträchtig, gemein.

scour[1] ['skaʊə] *v/t.* **1.** scheuern, schrubben; *Messer etc.* polieren; **2.** *Kleider etc.* säubern, reinigen; **3.** *Kanal etc.* schlämmen, *Rohr etc.* (aus)spülen; **4.** *Pferd etc.* putzen, striegeln; **5.** ⚙ *Wolle* waschen: ***~ing mill*** Wollwäscherei *f*; **6.** *Darm* entschlacken; **7.** *a.* ***~ away***, ***~ off*** *Flecken etc.* entfernen, *Schmutz* abreiben.

scour[2] ['skaʊə] **I** *v/i.* **1.** *a.* ***~ about*** (um'her)rennen, (-)jagen; **2.** (suchend) um'herstreifen; **II** *v/t.* **3.** durch'suchen, -'stöbern, *Gegend a.* -'kämmen, *Stadt a.* ‚abklappern' (***for*** nach).

scourge [skɜːdʒ] **I** *s.* **1.** Geißel *f*: a) Peitsche *f*, b) *fig.* Plage *f*; **II** *v/t.* **2.** geißeln, (aus)peitschen; **3.** *fig.* a) *durch Kritik etc.* geißeln, b) züchtigen, c) quälen, peinigen.

scouse[1] [skaʊs] *s.* Labskaus *n*.

scouse[2] [skaʊs] *s. Brit.* F *s.* **1.** Liverpooler(in); **2.** Liverpooler Jar'gon *m*.

scout [skaʊt] **I** *s.* **1.** Kundschafter *m*, Späher *m*; **2.** ⚔ a) Erkundungsfahrzeug *n*: ***~ car*** Spähwagen *m*, b) ⚓ *a.* ***~ vessel*** Aufklärungsfahrzeug *n*, c) ✈ *a.* ***~*** (***air***)***plane*** Aufklärer *m*; **3.** Kundschaften *n*; ⚔ Erkundung *f*: ***on the ~*** auf Erkundung; **4.** Pfadfinder *m*, *Am.* Pfadfinderin *f*; **5.** ***a good ~*** F ein feiner Kerl; **6.** *univ. Brit.* Hausdiener *m* e-s College (*Oxford*); **7.** *mot. Brit.* Straßenwachtfahrer *m* (*Automobilklub*); **8.** a) *sport* ‚Späher' *m*, Beobachter *m* (*gegnerischer Mannschaften*), b) *a.* ***talent ~*** Ta'lentsucher *m*; **II** *v/i.* **9.** auf Erkundung sein: ***~ about*** (*od.* ***around***) sich umsehen (***for*** nach); ***~ing party*** ⚔ Spähtrupp *m*; **III** *v/t.* **10.** auskundschaften, erkunden; '**~ˌmas·ter** *s.* Führer *m* (e-r Pfadfindergruppe).

scow [skaʊ] *s.* ⚓ (See)Leichter *m*.

scowl [skaʊl] **I** *v/i.* finster blicken: ***~ at*** finster anblicken; **II** *s.* finsterer Blick *od.* (Gesichts)Ausdruck; '**scowl·ing** [-lɪŋ] *adj.* □ finster.

scrab·ble ['skræbl] **I** *v/i.* **1.** kratzen, scharren: ***~ about*** *bsd. fig.* (herum)suchen (***for*** nach); **2.** *fig.* sich (ab)plagen (***for*** für, um); **3.** krabbeln; **4.** kritzeln; **II** *v/t.* **5.** scharren nach; **6.** bekritzeln.

scrag [skræg] **I** *s.* **1.** *fig.* ‚Gerippe' *n* (*dürrer Mensch etc.*); **2.** *mst* ***~ end*** (***of mutton***) (Hammel)Hals *m*; **3.** F ‚Kragen' *m*, Hals *m*; **II** *v/t.* **4.** *sl.* a) *j-n* ‚abmurksen', *j-m* den Hals 'umdrehen, b) *j-n* aufhängen; '**scrag·gi·ness** [-gɪnɪs] *s.* Magerkeit *f*; '**scrag·gy** [-gɪ] *adj.* □ **1.** dürr, hager, knorrig; **2.** zerklüftet, rau.

scram [skræm] *v/i. sl.* ‚abhauen', verduften: **~!** hau ab!, raus!

scram·ble ['scræmbl] **I** *v/i.* **1.** krabbeln, klettern: **~ to one's feet** sich aufrappeln; **2.** *a. fig.* sich raufen *od.* balgen (**for** um): **~ for a living** sich (um s-n Lebensunterhalt) ‚abstrampeln'; **II** *v/t.* **3.** *oft* **~ up**, **~ together** zs.-scharren, -raffen; **4.** ϟ *Funkspruch etc.* zerhacken; **5.** *Eier* verrühren: **~d eggs** Rührei *n*; **6.** *Karten etc.* durchein'ander werfen; *Flugplan etc.* durchein'ander bringen; **III** *s.* **7.** Krabbe'lei *f*, Klette'rei *f*; **8.** *a. fig.* (**for**) Balge'rei *f* (um), Jagd *f* (nach *Geld etc.*); **9.** *Brit.* Moto'crossrennen *n*; **10.** ✈ a) A'larmstart *m*, b) Luftkampf *m*; '**scram·bler** [-lə] *s. tel.* Zerhacker *m*.

scrap¹ [skræp] **I** *s.* **1.** Stück(chen) *n*, Brocken *m*, Fetzen *m*, Schnitzel *n*, *m*: **a ~ of paper** ein Fetzen Papier (*a. fig.*); **not a ~** kein bisschen; **2.** *pl.* Abfall *m*, (*bsd.* Speise)Reste *pl.*; **3.** (Zeitungs-)Ausschnitt *m*; ausgeschnittenes Bild *etc. zum Einkleben*; **4.** *mst pl. fig.* Bruchstück *n*, (Gesprächs- *etc.*)Fetzen *m*: **~s of conversation**; **5.** *mst pl.* (Fett)Grieben *pl.*; **6.** ⚙ a) Schrott *m*, b) Ausschuss *m*, c) Abfall *m*: **~ value** Schrottwert *m*; **II** *v/t.* **7.** (als unbrauchbar) ausrangieren; **8.** *fig.* zum alten Eisen *od.* über Bord werfen: **~ methods**; **9.** ⚙ verschrotten.

scrap² [skræp] *sl.* **I** *s.* **1.** Streit *m*, Ausein'andersetzung *f*; **2.** Keile'rei *f*, Prüge'lei *f*; **3.** (Box)Kampf *m*; **II** *v/i.* **4.** streiten; **5.** sich prügeln; kämpfen (**with** mit).

'**scrap·book** *s.* Sammelalbum *n*, Einklebebuch *n*.

scrape [skreɪp] **I** *s.* **1.** Kratzen *n*, Scharren *n*; **2.** Kratzer *m*, Schramme *f*; **3.** *fig. obs.* Kratzfuß *m*; **4.** *fig.* ‚Klemme' *f*: **be in a ~** in der Klemme sein *od.* sitzen; **5. bread and ~** F dünn geschmiertes Butterbrot; **II** *v/t.* **6.** kratzen, schaben: **~ off** ab-, wegkratzen; **~ together** (*od.* **up**) *a. fig. Geld etc.* zs.-kratzen; **~ (an) acquaintance with** a) oberflächlich bekannt werden mit, b) *contp.* sich bei *j-m* anbiedern; **~ a living** → 11; **7.** kratzen *od.* scharren mit *den Füßen etc.*; **III** *v/i.* **8.** kratzen, schaben, scharren; **9.** scheuern, sich reiben (**against** an *dat.*); **10.** kratzen (**on** auf *e-r Geige etc.*); **11.** *mst* **~ along** *fig.* sich (mühsam) 'durchschlagen: **~ through** (**an examination**) mit Ach u. Krach durchkommen (durch e-e Prüfung); '**scrap·er** [-pə] *s.* **1.** Fußabstreifer *m*; **2.** ⚙ a) Schaber *m*, Kratzer *m*, Streichmesser *n*, b) ⚠ *etc.* Schrapper *m*, c) Planierpflug *m*.

scrap heap *s.* Abfall-, Schrotthaufen *m*: **fit only for the ~** völlig wertlos; **throw on the ~** *fig. a. j-n* zum alten Eisen werfen.

scrap·ing ['skreɪpɪŋ] *s.* **1.** Kratzen *n etc.*; **2.** *pl.* (Ab)Schabsel *pl.*, Späne *pl.*; **3.** *pl. fig. contp.* Abschaum *m*.

scrap| i·ron *s.*, **~ met·al** *s.* ⚙ (Eisen-)Schrott *m*, Alteisen *n*.

scrap·per ['skræpə] *s. sl.* Raufbold *m*.

scrap·py¹ ['skræpɪ] *adj.* □ *sl.* rauflustig.

scrap·py² ['skræpɪ] *adj.* □ **1.** aus (Speise)Resten (hergestellt): **~ dinner**; **2.** bruchstückhaft; **3.** zs.-gestoppelt.

'**scrap·yard** *s.* Schrottplatz *m*.

scratch [skrætʃ] **I** *s.* **1.** Kratzer *m*, Schramme *f* (*beide a. fig. leichte Verwundung*), Riss *m*; **2.** Kratzen *n* (*a. Geräusch*): **by the ~ of a pen** mit 'einem Federstrich; **3.** *sport* a) Startlinie *f*, b) nor'male Startbedingungen *pl.*: **come up to** (**the**) **~** a) sich stellen, s-n Mann stehen, b) den Erwartungen entsprechen; **keep s.o. up to** (**the**) **~** j-n bei der Stange halten; **start from ~** a) ohne Vorgabe starten, b) *fig.* ganz von vorne anfangen; **up to ~** auf der Höhe, in Form; **4.** *pl. mst sg. konstr. vet.* Mauke *f*; **II** *adj.* **5.** Konzept..., Schmier...: **~ paper**; **~ pad** a) Notizblock *m*, b) *Computer*: Notizblockspeicher *m*; **6.** *sport* a) ohne Vorgabe: **~ race**, b) zs.-gewürfelt: **~ team**; **III** *v/t.* **7.** (zer)kratzen: **~ the surface of** *fig. et.* (nur) oberflächlich behandeln; **8.** kratzen; *Tier* kraulen: **~ one's head** sich (*aus Verlegenheit etc.*) den Kopf kratzen; **~ together** (*od.* **up**) *bsd. fig.* zs.-kratzen, -scharren; **9.** kritzeln; **10.** *a.* **~ out**, **~ through** aus-, 'durchstreichen; **11.** *sport Pferd etc.* vom Rennen, *a. Nennung* zu'rückziehen; **12.** *pol. Kandidaten* streichen; **IV** *v/i.* **13.** kratzen (*a. Schreibfeder etc.*); **14.** sich kratzen *od.* scheuern; **15.** scharren (**for** nach); **16.** **~ along**, **~ through** → **scrape** 11; **17.** *sport* s-e Meldung zu'rückziehen, ausscheiden; **~ card** *s.* Rubbelkarte *f*, -los *n*; '**scratch·y** [-tʃɪ] *adj.* □ **1.** kratzend; **2.** zerkratzt; **3.** kritzelig; **4.** *sport* a) → **scratch** 6, b) unausgeglichen; **5.** *vet.* an Mauke erkrankt.

scrawl [skrɔːl] **I** *v/t.* kritzeln, hinschmieren; **II** *v/i.* kritzeln; **III** *s.* Gekritzel *n*; Geschreibsel *n*.

scray [skreɪ] *s. Brit.* Seeschwalbe *f*.

scream [skriːm] **I** *s.* **1.** (gellender) Schrei; **2.** Gekreisch(e) *n*: **~s of laughter** brüllendes Gelächter; **he** (**it**) **was a** (**perfect**) **~** *sl.* er (es) war zum Schreien (komisch); **3.** Heulen *n* (*Sirene etc.*); **II** *v/i.* **4.** schreien (*a. fig. Farben etc.*), gellen; kreischen: **~ out** aufschreien; **~ with laughter** vor Lachen brüllen; **5.** heulen (*Wind etc.*), schrill pfeifen; **III** *v/t.* **6.** *oft* **~ out** (her'aus)schreien; '**scream·er** [-mə] *s.* **1.** Schreiende(r *m*) *f*; **2.** *sl.* a) ‚tolle Sache', b) *bsd. Am.* F Riesenschlagzeile *f*; **'scream·ing** [-mɪŋ] *adj.* □ **1.** schrill, gellend; **2.** *fig.* schreiend, grell: **~ *colo(u)rs***; **3.** F a) ‚toll', großartig, b) *a.* ***~ly funny*** zum Schreien (komisch).

scree [skriː] *s. geol. Brit.* **1.** Geröll *n*; **2.** Geröllhalde *f*.

screech [skriːtʃ] **I** *v/i.* (gellend) schreien; kreischen (*a. weitS. Bremsen etc.*); **II** *v/t. et.* kreischen; **III** *s.* ('durchdringender) Schrei; **~ owl** *s. orn.* Schreiende Eule, Käuzchen *n*.

screed [skriːd] *s.* **1.** lange Liste; **2.** langatmige Rede *etc.*, Ti'rade *f*.

screen [skriːn] **I** *s.* **1.** (Schutz)Schirm *m*, (-)Wand *f*; **2.** ⚠ a) Zwischenwand *f*, b) *eccl.* Lettner *m*; **3.** a) (Film)Leinwand *f*, b) *coll.* ***the ~*** der Film, das Kino: **~ *star*** Filmstar *m*; ***on the ~*** im Film; **4.** a) *TV*, *Radar*, *Computer*: Bildschirm *m*, b) ✱ Röntgenschirm *m*: **~ *flicker*** Bildschirmflimmern *n*; **5.** Drahtgitter *n*, -netz *n*; **6.** Fliegenfenster *n*; **7.** ⚙ Gittersieb *n für Sand etc.*; **8.** ⚔ a) *taktische* Abschirmung, (⚓ Geleit-)Schutz *m*, b) (Rauch-, Schützen-)Schleier *m*, Nebelwand *f*, c) Tarnung *f*; **9.** *fig.* a) Schutz *m*, Schirm *m*, b) Tarnung *f*, Maske *f*; **10.** *phys.* a) *a.* ***optical ~*** Filter *m*, Blende *f*, b) *a.* ***electric ~*** Abschirmung *f*, c) *a.* ***ground ~*** Erdungsebene *f*; **11.** *phot.*, *typ.* Raster (-platte *f*) *m*; **12.** *mot.* Windschutzscheibe *f*; **II** *v/t.* **13.** *a.* **~ *off*** abschirmen, verdecken; *Licht* abblenden; **14.** (be-)schirmen (***from*** vor *dat.*); **15.** *fig. j-n* decken; **16.** ⚔ a) tarnen (*a. fig.*), b) einnebeln; **17.** ⚙ *Sand etc.* ('durch)sieben: ***~ed coal*** Würfelkohle *f*; **18.** *phot. Bild* projizieren; **19.** *Film*: a) verfilmen, b) für den Film bearbeiten; **20.** *fig. Personen* (aus)sieben, (über-)'prüfen; **III** *v/i.* **21.** sich (ver)filmen lassen; sich für den Film eignen (*a. Person*); **~ grid** *s.* ϟ Schirmgitter *n*; **~ junk·ie** *s.* F Com'putersüchtige(r *m*) *f*, 'Bildschirm-ˌJunkie *m*; **'~·land** [-lənd] *s. Am.* Filmwelt *f*; **'~·play** *s. Film*: Drehbuch *n*; **'~·print I** *s.* Siebdruck *m*; **II** *v/t.* im Siebdruckverfahren herstellen; **~ sav·er** *s. Computer*: Bildschirmschoner *m*; **~ test** *s. Film*: Probeaufnahme *f*; **'~-test** *v/t. Film*: Probeaufnahmen machen von; **~ wash·er** *s. mot.* Scheibenwaschanlage *f*; **~ wire** *s.* ⚙ Maschendraht *m*; **'~ˌwrit·er** *s.* Drehbuchautor(in).

screw [skruː] **I** *s.* **1.** ⚙ Schraube *f* (*ohne Mutter*): ***there is a ~ loose*** (***somewhere***) *fig.* da stimmt et. nicht; ***he has a ~ loose*** F bei ihm ist e-e Schraube locker; **2.** ⚙ Spindel *f* (*Presse*); **3.** (Flugzeug-, Schiffs)Schraube *f*; **4.** ⚓ Schraubendampfer *m*; **5.** F *fig.* Druck *m*: ***apply the ~ to***, ***put the ~(s) on*** *j-n* unter Druck setzen; ***give another turn to the ~*** *a. fig.* die Schraube anziehen; **6.** *Brit.* Tütchen *n Tabak etc.*; **7.** *bsd. sport* Ef'fet *m*; **8.** *Brit.* Geizhals *m*; **9.** *Brit.* alter Klepper (*Pferd*); **10.** *Brit. sl.* Lohn *m*, Gehalt *n*; **11.** Korkenzieher *m*; **12.** *sl.* Gefängniswärter *m*; **13.** V ‚Nummer' *f*: ***have a ~*** ‚bumsen'; ***be a good ~*** gut ‚bumsen'; **II** *v/t.* **14.** schrauben: **~ *down*** ein-, festschrauben; **~ *on*** an-, aufschrauben; **~ *up*** a) zuschrauben, b) *Papier* zerknüllen; ***his head is ~ed on the right way*** F er ist nicht auf den Kopf gefallen; **15.** *fig. Augen*, *Körper etc.* (ver)drehen; *Mund etc.* verziehen; **16.** **~ *down*** (***up***) ✝ *Preise* her'unterschrauben (hoch schrauben); **~ *s.th. out of*** et. aus *j-m* herauspressen; **~ *up one's courage*** Mut fassen; **17.** *sport dem Ball* Ef'fet geben; **18.** F *j-n* ‚reinlegen'; **19.** **~ *up*** F ‚vermasseln'; **20.** V ‚bumsen', ‚vögeln': ***~ you!***, ***get ~ed*** *bsd. Am.* geh zum Teufel!; **III** *v/i.* **21.** sich (ein)schrauben lassen; **22.** knausern; **23.** V ‚bumsen', ‚vögeln'; **24.** **~ *around*** *Am. sl.* sich he'rumtreiben.

'screw|·ball *Am.* **I** *s.* **1.** *Baseball*: Ef'fetball *m*; **2.** *sl.* ‚Spinner' *m*; **II** *adj.* **3.** *sl.* verrückt; **~ bolt** *s.* ⚙ Schraubenbolzen *m*; **~ cap** *s.* **1.** Schraubdeckel *m*, Verschlusskappe *f*; **2.** 'Überwurfmutter *f*; **~ con·vey·er** *s.* Förderschnecke *f*; **~ die** *s.* Gewindeschneideeisen *n*; **'~ˌdriv·er** *s.* Schraubenzieher *m*.

screw·ed [skruːd] *adj.* **1.** verschraubt; **2.** mit Gewinde; **3.** verdreht, gewunden; **4.** F ‚besoffen'.

screw| gear(·ing) *s.* ⚙ **1.** Schneckenrad *n*; **2.** Schneckengetriebe *n*; **~ jack** *s.* **1.** Hebespindel *f*; **2.** Wagenheber *m*; **~ nut** *s.* Mutterschraube *f*; **~ press** *s.* Spindel- *od.* Schraubenpresse *f*; **~ steam·er** → ***screw*** 4; **~ tap** *s.* ⚙ Gewindebohrer *m*; **~ top** *s.* Schraubverschluss *m*; **~ wrench** *s.* ⚙ Schraubenschlüssel *m*.

screw·y ['skruːɪ] *adj.* **1.** schraubenartig; **2.** F ‚beschwipst'; **3.** *Am. sl.* verrückt; **4.** knickerig.

scrib·ble ['skrɪbl] **I** *v/t.* **1.** *a.* **~ *down*** (hin)kritzeln, (-)schmieren: **~ *over*** bekritzeln; **2.** ⚙ *Wolle* krempeln; **II** *v/i.* **3.** kritzeln; **III** *s.* **4.** Gekritzel *n*, Geschreibsel *n*; **'scrib·bler** [-lə] *s.* **1.** Kritzler *m*, Schmierer *m*; **2.** Schreiberling *m*; **3.** ⚙ 'Krempelmaˌschine *f*.

scrib·bling| block, **~ pad** ['skrɪblɪŋ] *s. Brit.* Schmier-, No'tizblock *m*.

scribe [skraɪb] **I** *s.* **1.** Schreiber *m* (*a. hist.*), Ko'pist *m*; **2.** *bibl.* Schriftgelehrte(r) *m*; **3.** *humor.* a) Schriftsteller *m*, b) Journa'list *m*; **4.** ⚙ *a.* **~ *awl*** Reißnadel *f*; **II** *v/t.* **5.** ⚙ anreißen; **'scrib·er** [-bə] → ***scribe*** 4.

S

scrim [skrɪm] *s.* leichter Leinen- *od.* Baumwollstoff.

scrim·mage ['skrɪmɪdʒ] *s.* **1.** Handgemenge *n*, Getümmel *n*; **2.** a) *American Football*: Scrimmage *n* (*Rückpass*), b) *Rugby*: Gedränge *n*.

scrimp [skrɪmp] **I** *v/t.* **1.** knausern mit, knapp bemessen; **2.** *j-n* knapp halten (***for*** mit); **II** *v/i.* **3.** *a.* **~ *and save*** knausern (***on*** mit); **III** *adj.* **4.** → **'scrimp·y** [-pɪ] knapp, eng.

'scrim·shank *v/i. bsd.* ⚔ *Brit. sl.* sich drücken.

scrip[1] [skrɪp] *s. hist.* (Pilger-, Schäfer-) Tasche *f*, Ränzel *n*.

scrip[2] [skrɪp] *s.* **1.** ✝ a) Berechtigungsschein *m*, b) Scrip *m*, Interimsschein *m*, -aktie *f*, *coll. die* Scrips *pl. etc.*; **2.** *a.* **~ *money*** a) Er'satzpa͵piergeldwährung *f*, b) ⚔ Besatzungsgeld *n*.

script [skrɪpt] *s.* **1.** Handschrift *f*; **2.** Schrift(art) *f*: ***phonetic* ~** Lautschrift; **3.** *typ.* (Schreib)Schrift *f*; **4.** a) Text *m*, b) *thea. etc.* Manu'skript *n*, c) *Film*: Drehbuch *n*; **5.** ⚖ Urschrift *f*; **6.** *ped. Brit.* (schriftliche) Prüfungsarbeit; **~ *ed·i·tor*** *s. Film, thea., TV*: Drama'turg *m*; **~ *girl*** *s. Film*: Scriptgirl *n* (*Ateliersekretärin*).

scrip·tur·al ['skrɪptʃərəl] *adj.* **1.** Schrift...; **2.** *a.* ♀ biblisch, der Heiligen Schrift; **scrip·ture** ['skrɪptʃə] *s.* **1.** ♀, *mst* ***the* ♀*s*** *die* Heilige Schrift, *die* Bibel; **2.** *obs.* ♀ Bibelstelle *f*; **3.** heilige (nichtchristliche) Schrift: ***Buddhist* ~**; **4.** *a.* **~ *class*** (*od.* ***lesson***) *ped.* Religi'onsstunde *f*.

'script͵writ·er *s.* **1.** *Film, TV*: Drehbuchautor(in); **2.** *Radio*: Hörspielautor(in).

scrive·ner ['skrɪvnə] *s. hist.* **1.** (öffentlicher) Schreiber; **2.** No'tar *m*.

scrof·u·la ['skrɒfjʊlə] *s.* ⚕ Skrofu'lose *f*; **'scrof·u·lous** [-ləs] *adj.* ☐ ⚕ skrofu'lös.

scroll [skrəʊl] **I** *s.* **1.** Schriftrolle *f*; **2.** a) ⚠ Vo'lute *f*, b) ♪ Schnecke *f*, c) Schnörkel *m* (*Schrift*); **3.** Liste *f*, Verzeichnis *n*; **4.** ⚙ Triebkranz *m*; **5.** *Computer*: Scrollen *n*, ‚Blättern' *n*; **II** *v/i.* *Computer*: scrollen, ‚blättern'; **~ *chuck*** *s.* ⚙ Univer'salspannfutter *n*; **~ *gear*** *s.* ⚙ Schneckenrad *n*; **~ *saw*** *s.* ⚙ Laubsäge *f*; **'~·*work*** *s.* **1.** Schneckenverzierung *f*; **2.** Laubsägearbeit *f*.

scro·tum ['skrəʊtəm] *pl.* **-ta** [-tə] *s. anat.* Hodensack *m*, Skrotum *n*.

scrounge [skraʊndʒ] F **I** *v/t.* **1.** ‚organisieren': a) ‚klauen', b) beschaffen; **2.** schnorren; **II** *v/i.* **3.** ‚klauen'; **4.** schnorren, nassauern; **'scroung·er** [-dʒə] *s.* F **1.** Dieb *m*; **2.** Schnorrer *m*, Nassauer *m*.

scrub[1] [skrʌb] **I** *v/t.* **1.** schrubben, scheuern; **2.** ⚙ *Gas* reinigen; **3.** F *fig.* streichen, ausfallen lassen; **II** *v/i.* **4.** schrubben, scheuern; **III** *s.* **5.** Schrubben *n*: ***that wants a good* ~** das muss tüchtig gescheuert werden; **6.** *sport* a) Re'servespieler *m*, b) *a.* **~ *team*** zweite Mannschaft *od.* ‚Garni'tur', c) *a.* **~ *game*** Spiel *n* der Re'servemannschaften.

scrub[2] [skrʌb] *s.* **1.** Gestrüpp *n*, Buschwerk *n*; **2.** Busch *m* (*Gebiet*); **3.** a) verkümmerter Baum, b) Tier *n* minderwertiger Abstammung, c) Knirps *m*, d) *fig. contp.* ‚Null' *f* (*Person*).

'scrub(·bing) brush ['skrʌbɪŋ] *s.* Scheuerbürste *f*.

scrub·by ['skrʌbɪ] *adj.* **1.** verkümmert, -krüppelt; **2.** gestrüppreich; **3.** armselig, schäbig; **4.** stopp(e)lig.

scruff [skrʌf], **~ *of the neck*** *s.* Genick *n*: ***take s.o. by the ~ of the neck*** j-n beim Kragen packen.

scruff·y ['skrʌfɪ] *adj.* F schmudd(e)lig, dreckig.

scrum·mage ['skrʌmɪdʒ] → ***scrimmage***.

scrump·tious ['skrʌmpʃəs] *adj.* F ‚toll', ‚prima'.

scrunch [skrʌntʃ] **I** *v/t.* **1.** knirschend (zer)kauen; **2.** zermalmen; **II** *v/i.* **3.** knirschen; **4.** knirschend kauen; **III** *s.* **5.** Knirschen *n*.

scru·ple ['skru:pl] **I** *s.* **1.** Skrupel *m*, Zweifel *m*, Bedenken *n* (*alle mst pl.*): ***have ~s about doing*** Bedenken haben, *et.* zu tun; ***without* ~** skrupellos; **2.** *pharm.* Skrupel *n* (*= 20 Gran od. 1,296 Gramm*); **II** *v/i.* **3.** Skrupel *od.* Bedenken haben; **'scru·pu·lous** [-pjʊləs] *adj.* ☐ **1.** voller Skrupel *od.* Bedenken, (allzu) bedenklich (***about*** in *dat.*); **2.** ('über)gewissenhaft, peinlich (genau); **3.** ängstlich, vorsichtig.

scru·ti·neer [͵skru:tɪ'nɪə] *s. pol.* Wahlprüfer *m*; **scru·ti·nize** ['skru:tɪnaɪz] *v/t.* **1.** (genau) prüfen, unter'suchen; **2.** genau ansehen, studieren; **scru·ti·ny** ['skru:tɪnɪ] *s.* **1.** (genaue) Unter'suchung, *pol.* Wahlprüfung *f*; **2.** prüfender *od.* forschender Blick.

scu·ba ['sku:bə] *s.* (Schwimm)Tauchgerät *n*: **~ *diving*** Sporttauchen *n*.

scud [skʌd] **I** *v/i.* **1.** eilen, jagen; **2.** ⚓ lenzen; **II** *s.* **3.** (Da'hin)Jagen *n*; **4.** (tief treibende) Wolkenfetzen *pl.*; **5.** (Wind)Bö *f*.

scuff [skʌf] **I** *v/i.* **1.** schlurfen(d gehen); **2.** ab-, aufscharren; **II** *v/t.* **3.** *bsd. Am.* abstoßen, abnutzen; **4.** boxen.

scuf·fle ['skʌfl] **I** *v/i.* **1.** sich balgen, raufen; **2.** → ***scuff*** 1; **II** *s.* **3.** Balge'rei *f*, Raufe'rei *f*, Handgemenge *n*; **4.** Schlurfen *n*.

scull [skʌl] ⚓ **I** *s.* **1.** Heck-, Wriggriemen *m*; **2.** Skullboot *n*; **II** *v/i. u. v/t.* **3.** wriggen; **4.** skullen; **'scul·ler** [-lə] *s.* **1.** Skuller *m* (*Ruderer*); **2.** → ***scull*** 2.

scul·ler·y ['skʌlərɪ] *s. Brit.* Spülküche *f*: **~ maid** Spül-, Küchenmädchen *n*; '**scul·lion** [-ljən] *s. hist. Brit.* Küchenjunge *m*.

sculp(t) [skʌlp(t)] F *für* **sculpture** II *u.* III.

sculp·tor ['skʌlptə] *s.* Bildhauer *m*; '**sculp·tress** [-trɪs] *s.* Bildhauerin *f*; '**sculp·tur·al** [-tʃərəl] *adj.* □ bildhauerisch, Skulptur...; '**sculp·ture** [-tʃə] **I** *s.* Plastik *f*: a) Bildhauerkunst *f*, b) Skulp'tur *f*, Bildhauerwerk *n*; **II** *v/t.* formen, (her'aus)meißeln *od.* (-)schnitzen; **III** *v/i.* bildhauern.

scum [skʌm] **I** *s.* (⚙ *u. fig.* Ab)Schaum *m*: **the ~ of the earth** *fig.* der Abschaum der Menschheit; **II** *v/t. u. v/i.* abschäumen.

scum·ble ['skʌmbl] *paint.* **I** *v/t.* **1.** *Farben, Umrisse* vertreiben, dämpfen; **II** *s.* **2.** Gedämpftheit *f*; **3.** La'sur *f*.

scum·my ['skʌmɪ] *adj.* **1.** schaumig; **2.** *fig.* gemein, ‚fies'.

scup·per ['skʌpə] **I** *s.* **1.** ⚓ Speigatt *n*; **II** *v/t.* ⚔ *Brit. sl.* **2.** niedermetzeln; **3.** *Schiff* versenken; **4.** *fig.* ka'puttmachen.

scurf [skɜːf] *s.* **1.** ⚕ a) Schorf *m*, Grind *m*, b) *bsd. Brit.* (Kopf)Schuppen *pl.*; **2.** abblätternde Kruste; '**scurf·y** [-fɪ] *adj.* schorfig, grindig; schuppig.

scur·ril·i·ty [skʌ'rɪlətɪ] *s.* **1.** zotige Scherzhaftigkeit; **2.** Zotigkeit *f*; **3.** Zote *f*; **scur·ril·ous** ['skʌrɪləs] *adj.* □ **1.** ordi'när-scherzhaft, ‚frech'; **2.** unflätig, zotig.

scur·ry ['skʌrɪ] **I** *v/i.* **1.** huschen, hasten; **II** *s.* **2.** Hasten *n*; Getrippel *n*; **3.** *sport* a) Sprint *m*, b) *Pferdesport*: Fliegerrennen *n*; **4.** Schneetreiben *n*.

scur·vy ['skɜːvɪ] **I** *s.* ⚕ Skor'but *m*; **II** *adj.* (hunds)gemein, ‚fies'.

scut [skʌt] *s.* **1.** *hunt.* Blume *f*, kurzer Schwanz (*Hase*), Wedel *m* (*Rotwild*); **2.** Stutzschwanz *m*.

scu·tage ['skjuːtɪdʒ] *s.* ⚔ *hist.* Schildpfennig *m*, Rittersteuer *f*.

scutch [skʌtʃ] ⚙ **I** *v/t.* **1.** *Flachs* schwingen; **2.** *Baumwolle od. Seidenfäden* (durch Schlagen) entwirren; **II** *s.* **3.** (Flachs)Schwingmesser *n*, ('Flachs-)ˌSchwingmaˌschine *f*.

scutch·eon ['skʌtʃən] *s.* **1.** → ***escutcheon***; **2.** → ***scute***.

scute [skjuːt] *s. zo.* Schuppe *f*.

scu·tel·late(d) ['skjuːtəleɪt(ɪd)] *adj. zo.* schuppig; **scu'tel·lum** [skjuː'teləm] *pl.* **-la** [-lə] *s.* ⚘, *zo.* Schildchen *n*.

scut·tle[1] ['skʌtl] *s.* **1.** Kohlenkasten *m*, -eimer *m*; **2.** (flacher) Korb.

scut·tle[2] ['skʌtl] **I** *v/i.* **1.** hasten, flitzen; **2. ~ out of** ⚔ *u. fig.* sich hastig zu'rückziehen aus *od.* von; **II** *s.* **3.** hastiger Rückzug.

scut·tle[3] ['skʌtl] **I** *s.* **1.** (Dach-, Boden-) Luke *f*; **2.** ⚓ (Spring)Luke *f*; **3.** *mot.* Stirnwand *f*, Spritzbrett *n*; **II** *v/t.* **4.** ⚓ a) *Schiff* anbohren *od.* die 'Bodenvenˌtile öffnen, b) (selbst) versenken; '**~·butt** *s.* **1.** ⚓ Trinkwassertonne *f od.* -anlage *f*; **2.** *Am.* F Gerücht *n*.

scythe [saɪð] **I** *s.* **1.** Sense *f*; **II** *v/t.* **2.** (ab)mähen; **3. ~ down** *Fußball*: ‚umsäbeln'.

sea [siː] *s.* **1.** a) See *f*, Meer *n* (*a. fig.*), b) Ozean *m*, Weltmeer *n*: **at ~** auf *od.* zur See; *mst* ***all at ~*** *fig.* ratlos, im Dunkeln tappend; ***beyond the ~, over ~(s)*** nach *od.* in Übersee; ***by ~*** auf dem Seeweg; ***on the ~*** a) auf *od.* zur See, b) an der See *od.* Küste (gelegen); ***follow the ~*** zur See fahren; ***put (out) to ~*** in See stechen; ***the four ~s*** die vier (*Großbritannien umgebenden*) Meere; ***the high ~s*** die hohe See, die Hochsee; **2.** ⚓ See(gang *m*) *f*: ***heavy ~***; ***long (short) ~*** lange (kurze) See; **3.** ⚓ See *f*, hohe Welle; → ***ship*** 7; **~ an·chor** *s.* **1.** ⚓ Treibanker *m*; **2.** ✈ Wasseranker *m*; **~ bear** *s. zo.* **1.** Eisbär *m*; **2.** Seebär *m*; '**~·board I** *s.* (See)Küste *f*; **II** *adj.* Küsten...; '**~-born** *adj.* **1.** aus dem Meer stammend; **2.** *poet.* meergeboren; '**~·borne** *adj.* auf dem Seewege befördert, See...: **~ *goods*** Seehandelsgüter; **~ *invasion*** ⚔ Landungsunternehmen *n* von See aus; **~ *trade*** Seehandel *m*; **~ calf** → ***sea dog*** 1a; **~ cap·tain** *s.* ('Schiffs)Kapiˌtän *m*; **~ cock** *s.* ⚓ 'Bordvenˌtil *n*; **~ cow** *s. zo.* **1.** Seekuh *f*, Si'rene *f*; **2.** Walross *n*; **~ dog** *s.* **1.** *zo.* a) Gemeiner Seehund, Meerkalb *n*, b) → ***dogfish***; **2.** *fig.* ⚓ (alter) Seebär; '**~·drome** [-drəʊm] *s.* ✈ Wasserflughafen *m*; **~ el·e·phant** *s. zo.* 'See-Eleˌfant *m*; '**~ˌfar·er** [-ˌfeərə] *s.* Seefahrer *m*, -mann *m*; '**~ˌfar·ing** [-ˌfeərɪŋ] **I** *adj.* seefahrend: **~ *man*** Seemann *m*; **~ *nation*** Seefahrernation *f*; **II** *s.* Seefahrt *f*; **~ farm·ing** *s.* 'Aquakulˌtur *f*; '**~·food** *s.* Meeresfrüchte *pl.*; '**~·fowl** *s.* Seevogel *m*; **~ front** *s.* Seeseite *f* (*e-r Stadt etc.*); **~ ga(u)ge** *s.* ⚓ **1.** Tiefgang *m*; **2.** Lotstock *m*; '**~·girt** *adj. poet.* 'meerumˌschlungen; **~ god** *s.* Meeresgott *m*; '**~ˌgo·ing** *adj.* ⚓ seetüchtig, Hochsee...; **~ green** *s.* Meergrün *n*; **~ gull** *s. orn.* Seemöwe *f*; **~ hog** *s. zo.* Schweinswal *m*, *bsd.* Meerschwein *n*; **~ horse** *s.* **1.** *zo.* a) Seepferdchen *n*, b) Walross *n*; **2.** *myth.* Seepferd *n*; **3.** große Welle.

seal[1] [siːl] **I** *s.* **1.** *pl.* **seals**, *bsd. coll.* **seal** *zo.* Robbe *f*, *engS.* Seehund *m*; **2.** → ***sealskin***; **II** *v/i.* **3.** auf Robbenjagd gehen.

seal[2] [siːl] **I** *s.* **1.** Siegel *n*: ***set one's ~ to*** sein Siegel auf *et.* drücken, *bsd. fig. et.* besiegeln (*bekräftigen*); ***under the ~ of secrecy*** *fig.* unter dem Siegel der Verschwiegenheit; **2.** Siegel(prägung *f*) *n*;

3. Siegel(stempel *m*) *n*, Petschaft *n*; → ***Great Seal***; **4.** ⚖ *etc.* Siegel *n*, Verschluss *m*; *Zollverkehr etc.*: Plombe *f*: ***under ~*** unter Verschluss; **5.** ⚙ a) (wasser-, luftdichter) Verschluss, b) (Ab-) Dichtung *f*, c) Versiegelung *f* (*Kunststoff etc.*); **6.** *fig.* Siegel *n*, Besiegelung *f*, Bekräftigung *f*; **7.** Zeichen *n*, Garan'tie *f*; **8.** *fig.* Stempel *m*, Zeichen *n des Todes etc.*; **II** *v/t.* **9.** *Urkunde* siegeln; **10.** *Rechtsgeschäft etc.* besiegeln (*bekräftigen*); **11.** *fig.* besiegeln: ***his fate is ~ed***; **12.** *fig.* zeichnen, s-n Stempel aufdrücken (*dat.*); **13.** versiegeln: ***~ed offer*** ✝ versiegeltes Angebot; ***under ~ed orders*** ✝ mit versiegelter Order; **14.** *Verschluss etc.* plombieren; **15.** *oft* ***~ up*** her'metisch (*od.* ⚙ wasser-, vakuumdicht) abschließen *od.* abdichten, *Holz*, *Kunststoff etc.* versiegeln, ⚙ *a.* einzementieren, zuschmelzen, *mit Klebestreifen etc.* verschließen: ***it is a ~ed book to me*** *fig.* es ist mir ein Buch mit sieben Siegeln; ***~ a letter*** e-n Brief zukleben; **16.** ***~ off*** *fig.* a) ⚔ *etc.* abriegeln, b) dichtmachen: ***~ off the border***.

sea lane *s.* See-, Schifffahrtsweg *m*.

seal·ant ['si:lənt] *s.* ⚙ Dichtungsmittel *n*.

sea| law·yer *s.* ⚓ F Queru'lant *m*; **~ legs** *s. pl.*: ***get*** *od.* ***find one's ~*** ⚓ seefest werden.

seal·er¹ ['si:lə] *s.* ⚓ Robbenfänger *m* (*Mann od. Schiff*).

seal·er² ['si:lə] *s.* ⚙ a) Versiegler *m*, b) Verschließvorrichtung *f*, c) Versiegelungsmasse *f*.

'seal·er·y [-ərɪ] *s.* **1.** Robbenfang *m*; **2.** Robbenfangplatz *m*.

sea lev·el *s.* Meeresspiegel *m*, -höhe *f*: ***corrected to ~*** auf Meereshöhe umgerechnet.

seal fish·er·y → ***sealery*** 1.

seal·ing ['si:lɪŋ] *s.* **1.** (Be)Siegeln *n*; **2.** Versiegeln *n*, ⚙ *a.* (Ab)Dichtung *f*: **~ (*compound*)** Dichtungsmasse *f*; ***~ machine*** → ***sealer²*** b; ***~ ring*** Dichtungsring *m*; **~ wax** *s.* Siegellack *m*.

sea| li·on *s. zo.* Seelöwe *m*; ♀ **Lord** *s.* ⚓ *Brit.* Seelord *m* (*Amtsleiter in der brit. Admiralität*).

seal| rook·er·y *s. zo.* Brutplatz *m* von Robben; **'~·skin** *s.* **1.** Seal(skin) *m*, *n*, Seehundsfell *n*; **2.** Sealmantel *m*, -cape *n*.

seam [si:m] **I** *s.* **1.** Saum *m*, Naht *f* (*a.* ✗): ***burst at the ~s*** aus den Nähten platzen (*a. fig.*); **2.** ⚙ a) (Guss-, Schweiß)Naht *f*: ***~ welding*** Nahtschweißen *n*, b) *bsd.* ⚓ Fuge *f*, c) Sprung *m*, d) Falz *m*; **3.** Runzel *f*; **4.** Narbe *f*; **5.** *geol.* (Nutz)Schicht *f*, Flöz *n*; **II** *v/t.* **6.** *a.* ***~ up***, ***~ together*** zs.-nähen; **7.** säumen; **8.** *bsd. fig.* (durch-) 'furchen; **9.** (zer)schrammen; **10.** ⚙ durch e-e (Guss- *od.* Schweiß)Naht verbinden.

sea·man ['si:mən] *s.* [*irr.*] ⚓ **1.** Seemann *m*, Ma'trose *m*; **2.** ⚔ *Am.* (Ma'rine)Obergefreite(r) *m*: ***~ recruit*** Matrose; **'sea·man·like** *adj. u. adv.* seemännisch; **'sea·man·ship** [-ʃɪp] *s.* Seemannschaft *f*.

sea| mark *s.* Seezeichen *n*; **~ mew** *s. orn.* Sturmmöwe *f*; **~ mile** *s.* Seemeile *f*; **~ mine** *s.* ⚔ Seemine *f*.

seam·less ['si:mlɪs] *adj.* □ **1.** naht-, saumlos: ***~-drawn tube*** ⚙ nahtlos gezogene Röhre; **2.** fugenlos.

sea mon·ster *s.* Meeresungeheuer *n*.

seam·stress ['semstrɪs] *s.* Näherin *f*.

sea mud *s.* Seeschlamm *m*, Schlick *m*.

seam·y ['si:mɪ] *adj.* gesäumt: ***the ~ side*** a) die linke Seite, b) *fig.* die Kehr- *od.* Schattenseite.

se·ance, sé·ance ['seɪɑ̃:ns] (*Fr.*) *s.* Sé'ance *f*, (spiri'tistische) Sitzung.

'sea|·piece *s. paint.* Seestück *n*; **'~·plane** *s.* See-, Wasserflugzeug *n*; **'~·port** *s.* Seehafen *m*, Hafenstadt *f*; **~ pow·er** *s.* Seemacht *f*; **'~·quake** *s.* Seebeben *n*.

sear¹ [sɪə] **I** *v/t.* **1.** versengen; **2.** ✗ (aus-) brennen; **3.** *Fleisch* anbraten; **4.** *bsd. fig.* brandmarken; **5.** *fig.* abstumpfen: ***a ~ed conscience***; **6.** verdorren lassen; **II** *v/i.* **7.** verdorren; **III** *adj.* **8.** *poet.* verdorrt, -welkt: ***the ~ and yellow leaf*** *fig.* der Herbst des Lebens.

sear² [sɪə] *s.* ⚔ Abzugsstollen *m* (*Gewehr*).

search [sɜ:tʃ] **I** *v/t.* **1.** durch'suchen, -'stöbern (***for*** nach); **2.** ⚖ *Person*, *Haus etc.* durch'suchen, visitieren; **3.** unter'suchen; **4.** *fig.* *Gewissen etc.* erforschen, prüfen; **5.** *mst* ***~ out*** auskundschaften, ausfindig machen; **6.** durch'dringen (*Wind*, *Geschosse etc.*); **7.** ⚔ mit Tiefenfeuer belegen *od.* bestreichen; **8.** *sl.* ***~ me!*** keine Ahnung!; **II** *v/i.* **9.** (***for***) suchen, forschen (nach); ⚖ fahnden (nach): ***~ into*** ergründen, untersuchen; **10.** ***~ after*** streben nach; **III** *s.* **11.** Suchen *n*, Forschen *n* (***for***, ***of*** nach): ***in ~ of*** auf der Suche nach; ***go in ~ of*** auf die Suche gehen nach; **12.** ⚖ a) Fahndung *f*, b) Haussuchung *f*, c) ('Leibes)Visitati,on *f*, d) Einsichtnahme *f in öffentliche Bücher*, e) Überprüfung *f*, *Patentwesen*: Re'cherche *f*: ***right of (visit and) ~*** ⚓ Recht *n* auf Durchsuchung neutraler Schiffe; **search engine** *s. Internet*: 'Suchma,schine *f*; **'search·er** [-tʃə] *s.* **1.** Sucher *m*, (Er-) Forscher *m*; **2.** (*Zoll- etc.*)Prüfer *m*; **3.** ✗ Sonde *f*; **'search·ing** [-tʃɪŋ] *adj.* □ **1.** gründlich, eingehend, tief schürfend; **2.** forschend (*Blick*); durch'dringend (*Wind etc.*): ***~ fire*** ⚔ Tiefen-, Streufeuer *n*.

S

'search|·light *s.* (Such)Scheinwerfer *m*; **~ op·er·a·tion** *s. Computer*: Suchlauf *m*; **~ par·ty** *s.* Suchtrupp *m*; **~ ra·dar** *s.* ⚔ Ra'darsuchgerät *n*; **~ war·rant** *s.* ⚖ Haussuchungsbefehl *m*; **~ word** *s. Computer*: Suchwort *n*.

'sea|-ˌres·cue *adj.* Seenot...; **~ risk** *s.* ⚖ Seegefahr *f*; **~ room** *s.* ⚓ Seeräumte *f*; **~ route** *s.* See-, Schifffahrtsweg *m*; **'~·scape** *s.* **1.** *paint.* Seestück *n*; **2.** (Aus)Blick *m* auf das Meer; **~ ser·pent** *s. zo. u. myth.* Seeschlange *f*; **'~·shore** *s.* Seeküste *f*; **'~·sick** *adj.* seekrank; **'~·sick·ness** *s.* Seekrankheit *f*; **'~·side I** *s.* See-, Meeresküste *f*: ***go to the ~*** an die See fahren; **II** *adj.* an der See gelegen, See...: ***~ place***, ***~ resort*** Seebad *n*.

sea·son ['si:zn] **I** *s.* **1.** (Jahres)Zeit *f*; **2.** a) (Reife- *etc.*)Zeit *f*, rechte Zeit (*für et.*), b) *hunt.* (*Paarungs- etc.*)Zeit *f*: ***in ~*** a) (gerade) reif, (günstig auf dem Markt) zu haben (*Frucht*), b) zur rechten Zeit, c) *hunt.* jagdbar, d) brünstig (*Tier*); ***out of ~*** a) nicht (auf dem Markt) zu haben, b) *fig.* unpassend; ***in and out of ~*** jederzeit; ***cherries are now in ~*** jetzt ist Kirschenzeit; ***a word in ~*** ein Rat zur rechten Zeit; ***for a ~*** e-e Zeit lang; → ***close season***; **3.** ✝ Sai'son *f*, Haupt(betriebs-, -geschäfts)zeit *f*: ***dull*** (*od.* ***slack***) ***~*** stille Saison, tote Jahreszeit; ***height of the ~*** Hochsaison; **4.** (*Veranstaltungs*)Sai'son *f*: ***theatrical ~*** Theatersaison, Spielzeit *f*; **5.** (*Bade-, Kur- etc.*)Sai'son *f*: ***holiday ~*** Ferienzeit *f*; **6.** Festzeit *f*; → ***compliment*** 3; **7.** F → ***season ticket***; **II** *v/t.* **8.** *Speisen* würzen (*a. fig.*): ***~ed with wit*** geistreich; **9.** *Tabak etc.* (aus)reifen lassen: ***~ed wine*** abgelagerter *od.* ausgereifter Wein; **10.** *Holz* ablagern; **11.** *Pfeife* einrauchen; **12.** gewöhnen (***to*** an *acc.*), abhärten: ***be ~ed to*** an *ein Klima etc.* gewöhnt sein; ***~ed soldiers*** fronterfahrene Soldaten; ***~ed by battle*** kampfgewohnt; **13.** *obs.* mildern; **III** *v/i.* **14.** reifen; **15.** ablagern (*Holz*); **'sea·son·a·ble** [-nəbl] *adj.* ☐ **1.** rechtzeitig; **2.** jahreszeitlich; **3.** zeitgemäß; **4.** passend, angebracht, oppor'tun, günstig; **'sea·son·al** [-zənl] *adj.* ☐ **1.** jahreszeitlich; **2.** sai'sonbedingt, -gemäß: ***~ closing-out sale*** ✝ Saisonschlussverkauf *m*; ***~ trade*** Saisongewerbe *n*; ***~ work(er)*** Saisonarbeit(er *m*) *f*; **sea·son·al·ly** [-nəlɪ] *adv.*: ***~ adjusted*** saisonbereinigt; **'sea·son·ing** [-nɪŋ] *s.* **1.** Würze *f* (*a. fig.*), Gewürz *n*; **2.** Reifen *n etc.*; **sea·son tick·et** *s.* **1.** 🚂 *etc. Brit.* Dauer-, Zeitkarte *f*; **2.** *thea. etc.* Abonne'ment(skarte *f*) *n*.

seat [si:t] **I** *s.* **1.** Sitz(gelegenheit *f*, -platz *m*) *m*; Stuhl *m*, Sessel *m*, Bank *f*; **2.** (*Stuhl- etc.*)Sitz *m*; **3.** Platz *m bei Tisch etc.*: ***take a ~*** Platz nehmen; ***take one's ~*** s-n Platz einnehmen; ***take your ~s!*** 🚂 einsteigen!; **4.** *thea. etc.* Platz *m*, Sitz *m*: ***book a ~*** e-e (*Theater- etc.*)Karte kaufen; **5.** (Präsi'denten- *etc.*) Sitz *m* (*a. fig. Amt*); **6.** (Amts-, Regierungs-, ✝ Geschäfts)Sitz *m*; **7.** *parl. etc.* Sitz *m* (*a. Mitgliedschaft*), *parl. a.* Man'dat *n*: ***a ~ in parliament***; ***have ~ and vote*** Sitz u. Stimme haben; **8.** Wohn-, Fa'milien-, Landsitz *m*; **9.** *fig.* Sitz *m*: a) Stätte *f*, (Schau)Platz *m*: ***~ of war*** Kriegsschauplatz, b) ⚕ Herd *m e-r Krankheit* (*a. fig.*); **10.** Gesäß *n*, Sitzfläche *f*, Hosenboden *m*; **11.** *Reitsport etc.*: Sitz *m* (*Haltung*); **12.** ⚙ Auflager *n*, Funda'ment *n*; **II** *v/t.* **13.** *j-n wohin* setzen, *j-m* e-n Sitz anweisen: ***~ o.s.*** sich setzen; ***be ~ed*** sitzen; **14.** Sitzplätze bieten für: ***the hall ~s 600 persons***; **15.** *Raum* bestuhlen, mit Sitzplätzen versehen; **16.** *Stuhl* mit e-m (neuen) Sitz versehen; **17.** ⚙ a) auflegen, lagern (***on*** auf *dat.*), b) einpassen, *Ventil* einschleifen; **18.** *pass.* sitzen, s-n Sitz haben, liegen (***in*** in *dat.*); **seat belt** *s.* ✈, *mot.* Sicherheitsgurt *m*; **'seat·ed** [-tɪd] *adj.* **1.** sitzend: ***be ~*** → ***seat*** 18; ***be ~!*** nehmen Sie Platz!; ***remain ~*** sitzen bleiben, Platz behalten; **2.** *in Zssgn* ...sitzig: ***two-~***; **'seat·er** [-tə] *s. in Zssgn* ...sitzer *m*: ***two-~***; **'seat·ing** [-tɪŋ] **I** *s.* **1.** a) Anweisen *n* von Sitzplätzen, b) Platznehmen *n*; **2.** Sitzgelegenheit(en *pl.*) *f*, Bestuhlung *f*; **II** *adj.* **3.** Sitz...: ***~ accommodation*** Sitzgelegenheiten; **seat mile** *s.* ⚓ Passa'giermeile *f*.

sea| trout *s.* 'Meer-, 'Lachsfoˌrelle *f*; **~ ur·chin** *s. zo.* Seeigel *m*; **'~·wall** *s.* Deich *m*; (Hafen)Damm *m*.

sea·ward ['si:wəd] **I** *adj. u. adv.* seewärts; **II** *s.* Seeseite *f*; **'sea·wards** [-dz] *adv.* seewärts.

sea| wa·ter *s.* See-, Meerwasser *n*; **'~·way** *s.* **1.** ⚓ Fahrt *f*; **2.** Seeweg *m*; **3.** Seegang *m*; **'~·weed** *s.* **1.** (See)Tang *m*, Alge *f*; **2.** *allg.* Meerespflanze(n *pl.*) *f*; **'~ˌwor·thy** *adj.* seetüchtig.

se·ba·ceous [sɪ'beɪʃəs] *adj. physiol.* Talg...

sec [sek] (*Fr.*) *adj.* sec, trocken (*Wein*).

se·cant ['si:kənt] **I** *s.* ⩓ a) Se'kante *f*, b) Schnittlinie *f*; **II** *adj.* schneidend.

sec·a·teur ['sekətɜ:] (*Fr.*) *s. mst* (***a pair of***) ***~s*** *pl.* (e-e) Baumschere.

se·cede [sɪ'si:d] *v/i. bsd. eccl., pol.* sich trennen *od.* lossagen, abfallen (***from*** von); **se'ced·er** [-də] *s.* Abtrünnige(r *m*) *f*, Separa'tist *m*.

se·ces·sion [sɪ'seʃn] *s.* **1.** Sezessi'on *f* (*USA hist. oft* ♀), (Ab-, *eccl.* Kirchen-) Spaltung *f*, Abfall *m*, Lossagung *f*; **2.** 'Übertritt *m* (***to*** zu); **se'ces·sion·al** [-ʃənl] *adj.* Sonderbunds..., Abfall...,

S

Sezessions...; **se'ces·sion·ist** [-nɪst] *s.* Abtrünnige(r *m*) *f*, Sonderbündler *m*, Sezessio'nist *m* (*Am. hist. oft* 2).

se·clude [sɪ'kluːd] *v/t.* (**o.s.** sich) abschließen, absondern (**from** von); **se'clud·ed** [-dɪd] *adj.* □ einsam, abgeschieden: a) zu'rückgezogen (*Lebensweise*), b) abgelegen (*Ort*); **se'clu·sion** [-uːʒn] *s.* **1.** Abschließung *f*; **2.** Zu'rückgezogenheit *f*, Abgeschiedenheit *f*: **live in ~** zurückgezogen leben.

sec·ond ['sekənd] **I** *adj.* □ → **secondly**; **1.** zweit; nächst: **~ Advent** (*od.* **Coming**) *eccl.* 'Wiederkunft *f* (Christi); **~ ballot** Stichwahl *f*; **~ Chamber** *parl.* Oberhaus *n*; **~ floor** a) *Brit.* zweiter Stock, b) *Am.* erster Stock (*über dem Erdgeschoss*); **~ home** Zweitwohnung *f*; **~ in height** zweithöchst; **at ~ hand** aus zweiter Hand; **in the ~ place** zweitens; **it has become ~ nature with him** es ist ihm zur zweiten Natur geworden *od.* in Fleisch u. Blut übergegangen; → **self** 1, **sight** 1, **thought** 3, **wind¹** 6; **2.** (**to**) 'untergeordnet (*dat.*), geringer (als): **~ cabin** ⚓ Kabine *f* zweiter Klasse; **~ cousin** Vetter *m* zweiten Grades; **~ lieutenant** ⚔ Leutnant *m*; **come ~** *fig.* an zweiter Stelle kommen; **~ to none** unerreicht; **he is ~ to none** er ist unübertroffen; → **fiddle** 1; **II** *s.* **3.** *der* (*die*, *das*) Zweite: **~ in command** ⚔ a) stellvertretender Kommandeur, b) ⚓ erster Offizier; **4.** *sport* Zweite(r *m*) *f*, zweiter Sieger: **run ~** den zweiten Platz belegen; **be a good ~** nur knapp geschlagen werden; **5.** *univ.* → **second class** 2; **6.** F 🚂 *etc.* zweite Klasse; **7.** *Duell*, *Boxen*: Sekun'dant *m*; *fig.* Beistand *m*; **8.** Se'kunde *f*; *weitS. a.* Augenblick *m*, Mo'ment *m*; **9.** ♪ a) Se'kunde *f*, b) Begleitstimme *f*; **10.** *pl.* ✝ Ware(n *pl.*) *f* zweiter Quali'tät *od.* Wahl; **11. ~ of exchange** ✝ Se'kundawechsel *m*; **III** *v/t.* **12.** sekundieren (*dat.*) (*a. fig.*); **13.** *fig.* unter'stützen (*a. parl.*), beistehen (*dat.*); **14.** [sɪ'kɒnd] ⚔ *Brit.* *Offizier* abstellen, abkommandieren.

sec·ond·ar·i·ness ['sekəndərɪnɪs] *s. das* Sekun'däre, Zweitrangigkeit *f*; **sec·ond·ar·y** ['sekəndərɪ] **I** *adj.* □ **1.** sekun'där, zweitrangig, 'untergeordnet, nebensächlich: **of ~ importance**; **2.** ϟ, ⚗, *biol.*, *geol.*, *phys.* sekun'där, Sekundär...: **~ electron**; **3.** Neben...: **~ colo(u)r**; **~ effect**; **4.** Neben..., Hilfs...: **~ line** 🚂 Nebenbahn; **5.** *ling.* a) sekun'där, abgeleitet, b) Neben...: **~ accent** Nebenakzent *m*; **~ derivative** Sekundärableitung *f*; **~ tense** Nebentempus *n*; **6.** *ped.* Oberschul...: **~ education** höhere Schulbildung; **~ school** höhere Schule; **II** *s.* **7.** 'Untergeordnete(r *m*) *f*, Stellvertreter(in); **8.** ϟ a) Sekun'där(strom)kreis *m*, b) Sekun'därwicklung *f*; **9.** *ast.* *a.* **~ planet** Satel'lit *m*; **10.** *orn.* Nebenfeder *f*.

'sec·ond|-best *adj.* zweitbest: **come off ~** *fig.* den Kürzeren ziehen; **~ class** *s.* **1.** 🚂 *etc.* zweite Klasse; **2.** *univ. Brit. akademischer Grad zweiter Klasse*; **ˌ~-'class** [-nd'k-] *adj.* **1.** zweitklassig, -rangig; **2.** 🚂 *etc.* *Wagen etc.* zweiter Klasse: **~ mail** a) *Am.* Zeitungspost *f*, b) *Brit.* gewöhnliche Inlandspost; **ˌ~-de'gree** *adv.* **1.** zweiten Grades: **~ burns**; **2. ~ murder** ⚖ Totschlag *m*; **ˌ~-'guess** *v/t.* *Am.* **1.** im Nachhinein kritisieren; **2.** a) durch'schauen, b) vor'hersehen; **'~-hand I** *adj.* **1.** über'nommen, *a. Wissen etc.* aus zweiter Hand; **2.** 'indiˌrekt: **~ smoking** pas'sives Rauchen; **3.** gebraucht, alt; anti'quarisch (*Bücher*): **~ bookshop** Antiquariat *n*; **~ car** Gebrauchtwagen *m*; **~ dealer** Altwarenhändler *m*: **~ shop** ˌSecond'handˌshop *m*, -laden *m*; **II** *adv.* **4.** gebraucht: **buy s.th. ~**; **~ hand** *s.* Se'kundenzeiger *m*.

sec·ond·ly ['sekəndlɪ] *adv.* zweitens.

se·cond·ment [sɪ'kɒndmənt] *s. Brit.* **1.** ⚔ Abkommandierung *f*; **2.** Versetzung *f*.

ˌsec·ond|-'rate *adj.* zweitrangig, -klassig, mittelmäßig; **ˌ~-'rat·er** *s.* mittelmäßige Per'son *od.* Sache.

se·cre·cy ['siːkrəsɪ] *s.* **1.** Verborgenheit *f*; **2.** Heimlichkeit *f*: **in all ~**, **with absolute ~** ganz im Geheimen, insgeheim; **3.** Verschwiegenheit *f*; Geheimhaltung(spflicht) *f*; (*Wahl- etc.*)Geheimnis *n*: **official ~** Amtsverschwiegenheit *f*; **professional ~** Berufsgeheimnis *n*, Schweigepflicht *f*; → **swear** 6; **se·cret** ['siːkrɪt] **I** *adj.* □ **1.** geheim, heimlich, Geheim...(*-dienst*, *-diplomatie*, *-tür etc.*): **~ ballot** geheime Wahl; **~ police** Ge'heimpoliˌzei *f*; → **keep** 13; **2.** a) verschwiegen, b) verstohlen (*Person*); **3.** verschwiegen (*Ort*); **4.** unerforschlich, verborgen; **II** *s.* **5.** Geheimnis *n* (**from** vor *dat.*): **the ~ of success** *fig.* das Geheimnis des Erfolgs, der Schlüssel zum Erfolg; **in ~** a) heimlich, im Geheimen, b) im Vertrauen; **be in the ~** (in das Geheimnis) eingeweiht sein; **let s.o. into the ~** j-n (in das Geheimnis) einweihen; **make no ~ of** kein Geheimnis *od.* Hehl aus *et.* machen.

se·cre·taire [ˌsekrə'teə] (*Fr.*) *s.* Sekre'tär *m*, Schreibschrank *m*.

se·cre·tar·i·al [ˌsekrə'teərɪəl] *adj.* **1.** Sekretärs...: **~ help** Schreibkraft *f*; **2.** Schreib..., Büro...; **ˌsec·re'tar·i·at(e)** [-ɪət] *s.* Sekretari'at *n*.

sec·re·tar·y ['sekrətrɪ] *s.* **1.** Sekre'tär (-in): **~ of embassy** Botschaftsrat *m*; **2.** Schriftführer *m*; ✝ a) Geschäftsführer *m*, b) Syndikus *m*; **3.** *pol. Brit.* a) **~ (of state)** Mi'nister *m*, b) 'Staatssekre-

S

ˌtär *m*: **≈ *of State for Foreign Affairs***, ***Foreign* ≈** Außenminister *m*; **≈ *of State for Home Affairs*, *Home* ≈** Innenminister; **4.** *pol. Am.* Mi'nister *m*: **≈ *of Defense*** Verteidigungsminister; **≈ *of State*** a) Außenminister, b) Staatssekretär *m e-s Bundesstaats*; **5.** → ***secretaire***; **~ bird** *s. orn.* Sekre'tär *m*; **≈ Gen·er·al** *pl.* **Sec·re·tar·ies Gener·al** *s.* Gene'ralsekreˌtär *m*.

sec·re·tar·y·ship ['sekrətrɪʃɪp] *s.* **1.** Posten *m od.* Amt *n* e-s Sekre'tärs *etc.*; **2.** Mi'nisteramt *n*.

se·crete [sɪ'kriːt] *v/t.* **1.** *physiol.* absondern, abscheiden; **2.** verbergen (***from*** vor *dat.*); ⚖ *Vermögensstücke* bei'seite schaffen; **se'cre·tion** [-iːʃn] *s.* **1.** *physiol.* a) Sekreti'on *f*, Absonderung *f*, b) Se'kret *n*; **2.** Verheimlichung *f*; **se'cre·tive** [-tɪv] *adj.* □ heimlich, verschlossen, geheimnistuerisch: ***be ~ about*** mit *et.* geheim tun; **se'cre·tive·ness** [-tɪvnɪs] *s.* Heimlichtue'rei *f*; Verschwiegenheit *f*.

'se·cretˌmon·ger *s.* Geheimniskrämer(in).

se·cre·to·ry [sɪ'kriːtərɪ] *physiol.* **I** *adj.* sekre'torisch, Sekretions...; **II** *s.* sekretorische Drüse.

sect [sekt] *s.* **1.** Sekte *f*; **2.** Religi'onsgemeinschaft *f*.

sec·tar·i·an [sek'teərɪən] **I** *adj.* **1.** sek'tiererisch; **2.** Konfessions...; **II** *s.* **3.** Anhänger(in) e-r Sekte; **4.** Sek'tierer (-in); **sec'tar·i·an·ism** [-nɪzəm] *s.* Sek'tierertum *n*.

sec·tion ['sekʃn] **I** *s.* **1.** a) Durch'schneidung *f*, b) (*a. mikroskopischer*) Schnitt, c) ⚕ Sekti'on *f*, Schnitt *m*; **2.** Ab-, Ausschnitt *m*, Teil *m* (*a. der Bevölkerung etc.*); **3.** Abschnitt *m*, Absatz *m* (*Buch etc.*); ⚖ (*Gesetzes- etc.*)Para'graph *m*; **4.** *a.* ***~ mark*** Para'graph(enzeichen *n*) *m*; **5.** ⚙ Teil *m*, *n*; **6.** ⩘, ⚙ Schnitt(bild *n*) *m*, Querschnitt *m*, Pro'fil *n*: ***horizontal ~*** Horizontalschnitt *m*; **7.** 🚂 *Am.* a) Streckenabschnitt *m*, b) Ab'teil *n e-s Schlafwagens*; **8.** *Am.* Bezirk *m*; **9.** *Am.* 'Landparˌzelle *f* von e-r Quadratmeile; **10.** ⚘, *zo.* 'Untergruppe *f*; **11.** Ab'teilung *f*, Refe'rat *n* (*Verwaltung*); **12.** ⚔ a) *Brit.* Gruppe *f*, b) *Am.* Halbzug *m*, c) ✈ Halbstaffel *f*, d) Stabsabteilung *f*; **II** *v/t.* **13.** (ab-, ein-) teilen, unter'teilen; **14.** e-n Schnitt machen von; **'sec·tion·al** [-ʃənl] *adj.* □ **1.** Schnitt...(*-fläche, -zeichnung etc.*); **2.** Teil...(*-ansicht, -streik etc.*); **3.** zs.-setzbar, montierbar: ***~ furniture*** Anbaumöbel *pl.*; **4.** ⚙ Profil..., Form...(*-draht, -stahl*); **5.** regio'nal, *contp.* partikula'ristisch: ***~ pride*** Lokalpatriotismus *m*; **'sec·tion·al·ism** [-nəlɪzəm] *s.* Partikula'rismus *m*.

sec·tor ['sektə] *s.* **1.** ⩘ (Kreis- *od.* Kugel)Sektor *m*; **2.** ⩘, *ast.* Sektor *m* (*a. fig. Bereich*); **3.** ⚔ Sektor *m*, Frontabschnitt *m*.

sec·u·lar ['sekjʊlə] **I** *adj.* □ **1.** weltlich: a) diesseitig, b) pro'fan: ***~ music***, c) nicht kirchlich (*Erziehung etc.*): ***~ arm*** weltliche Gerichtsbarkeit; **2.** 'freireliɡiˌös, -denkerisch; **3.** *eccl.* weltgeistlich, Säkular...: ***~ clergy*** Weltgeistlichkeit *f*; **4.** säku'lar: a) hundertjährlich, b) hundertjährig, c) säku'lar; **5.** jahr'hundertelang; **6.** *ast., phys.* säku'lar; **II** *s.* **7.** *R.C.* Weltgeistliche(r) *m*; **'sec·u·lar·ism** [-ərɪzəm] *s.* **1.** Säkula'rismus *m* (*a. phls.*), Weltlichkeit *f*; **2.** Antiklerika'lismus *m*; **sec·u·lar·i·ty** [ˌsekjʊ'lærətɪ] *s.* **1.** Weltlichkeit *f*; **2.** *pl.* weltliche Dinge *pl.*; **sec·u·lar·i·za·tion** [ˌsekjʊlərаɪ'zeɪʃn] *s.* **1.** *eccl.* Säkularisierung *f*; **2.** Verweltlichung *f*; **'sec·u·lar·ize** [-əraɪz] *v/t.* **1.** kirchlichem Einfluss entziehen; **2.** *kirchlichen Besitz, a. Ordensgeistliche* säkularisieren; **3.** verweltlichen; *Sonntag etc.* entheiligen; **4.** mit freidenkerischen I'deen durch'dringen.

sec·un·dine ['sekəndɪn] *s.* **1.** *mst pl.* ⚕ Nachgeburt *f*; **2.** ⚘ inneres Integu'ment der Samenanlage.

se·cure [sɪ'kjʊə] **I** *adj.* □ **1.** sicher: a) geschützt (***from*** vor *dat.*), b) fest (*Grundlage etc.*), c) gesichert (*Existenz*), d) gewiss (*Hoffnung, Sieg etc.*); **2.** ruhig, sorglos: ***a ~ life***; **II** *v/t.* **3.** sichern, schützen (***from, against*** vor *dat.*); **4.** sichern, garantieren (***s.th. to s.o.*** *od.* ***s.o. s.th.*** j-m et.); **5.** sich *et.* sichern *od.* beschaffen; erreichen, erlangen; *Patent, Urteil etc.* erwirken; **6.** ⚙ *etc.* sichern, befestigen; *Türe etc.* (fest) (ver)schließen: ***~ by bolts*** festschrauben; **7.** *Wertsachen* sicherstellen; **8.** *Verbrecher* festnehmen; **9.** *bsd.* ✝ sicherstellen: a) *et.* sichern (***on, by*** durch *Hypothek etc.*), b) *j-m* Sicherheit bieten: ***~ a creditor***; **10.** ⚕ *Ader* abbinden.

se·cu·ri·ty [sɪ'kjʊərətɪ] *s.* **1.** Sicherheit *f* (*Zustand od. Schutz*) (***against, from*** vor *dat.*, gegen): **≈** Sicherheit(sabteilung) *f*; ✝ *a.* Werkspolizei *f*; ***~ agency*** Sicherheitsdienst *m*; **≈ *Council*** *pol.* Sicherheitsrat *m*; ***~ check*** Sicherheitsüberprüfung *f*; ***~ clearance*** Unbedenklichkeitsbescheinigung *f*; **≈ *Force*** Friedenstruppe *f*; → ***risk*** 2; **2.** (innere) Sicherheit, Sorglosigkeit *f*; **3.** Gewissheit *f*; **4.** ⚖, ✝ a) Bürge *m*, b) Sicherheit *f*, Bürgschaft *f*, Kauti'on *f*: ***~ bond*** Bürgschaftswechsel *m*; ***give*** (*od.* ***put up, stand***) ***~*** Bürgschaft leisten, Kaution stellen; **5.** ✝ a) Schuldverschreibung *f*, b) Aktie *f*, c) *pl.* 'Wertpaˌpiere *pl.*: ***~ market*** Effektenmarkt *m*; ***public securities*** Staatspapiere.

S

se·dan [sɪ'dæn] *s.* **1.** *mot.* Limou'sine *f*; **2.** *a.* ~ ***chair*** Sänfte *f*.

se·date [sɪ'deɪt] *adj.* □ **1.** ruhig, gelassen; **2.** gesetzt, ernst; **se'date·ness** [-nɪs] *s.* **1.** Gelassenheit *f*; **2.** Gesetztheit *f*; **se'da·tion** [-eɪʃn] *s.*: ***be under*** ~ ⚕ unter dem Einfluss von Beruhigungsmitteln stehen.

sed·a·tive ['sedətɪv] *bsd.* ⚕ **I** *adj.* beruhigend; **II** *s.* Beruhigungsmittel *n*.

sed·en·tar·i·ness ['sedntərɪnɪs] *s.* **1.** sitzende Lebensweise; **2.** Sesshaftigkeit *f*; **sed·en·tar·y** ['sedntərɪ] *adj.* □ **1.** sitzend (*Beschäftigung, Statue etc.*): ~ ***life*** sitzende Lebensweise; **2.** sesshaft: ~ ***birds*** Standvögel.

sedge [sedʒ] *s.* ⚘ **1.** Segge *f*; **2.** *allg.* Riedgras *n*.

sed·i·ment ['sedɪmənt] *s.* Sedi'ment *n*: a) (Boden)Satz *m*, Niederschlag *m*, b) *geol.* Schichtgestein *n*; **sed·i·men·ta·ry** [ˌsedɪ'mentərɪ] *adj.* sedimen'tär, Sediment...; **sed·i·men·ta·tion** [ˌsedɪmen'teɪʃn] *s.* **1.** Sedimentati'on *f*: a) Ablagerung *f*, b) *geol.* Schichtenbildung *f*; **2.** *a.* ***blood*** ~ ⚕ Blutsenkung *f*: ~ ***rate*** Senkungsgeschwindigkeit *f*.

se·di·tion [sɪ'dɪʃn] *s.* **1.** Aufwiegelung *f*, *a.* ⚖ Volksverhetzung *f*; **2.** Aufruhr *m*; **se'di·tious** [-ʃəs] *adj.* □ aufrührerisch, 'umstürzlerisch, staatsgefährdend.

se·duce [sɪ'dju:s] *v/t.* **1.** *Frau etc.* verführen (*a. fig. verleiten*; ***into***, ***to*** zu; ***into doing s.th.*** dazu, et. zu tun); **2.** ~ ***from*** *j-n* von *s-r Pflicht etc.* abbringen; **se'duc·er** [-sə] *s.* Verführer *m*; **se·duc·tion** [sɪ'dʌkʃn] *s.* **1.** (*a. sexuelle*) Verführung; Verlockung *f*; **2.** *fig.* Versuchung *f*, verführerischer Zauber; **se·duc·tive** [sɪ'dʌktɪv] *adj.* □ verführerisch (*a. fig.*).

se·du·li·ty [sɪ'dju:lətɪ] *s.* Emsigkeit *f*, (emsiger) Fleiß; **sed·u·lous** ['sedjʊləs] *adj.* □ emsig, fleißig.

see¹ [si:] **I** *v/t.* [*irr.*] **1.** sehen: ~ ***page 15*** siehe Seite 15; ***I*** ~ ***him come*** (*od.* ***coming***) ich sehe ihn kommen; ***I cannot*** ~ ***myself doing it*** *fig.* ich kann mir nicht vorstellen, dass ich es tue; ***I*** ~ ***things otherwise*** *fig.* ich sehe *od.* betrachte die Dinge anders; ~ ***o.s. obliged to*** *fig.* sich gezwungen sehen zu; **2.** (ab)sehen, erkennen: ~ ***danger ahead***; **3.** ersehen, entnehmen (***from*** aus *der Zeitung etc.*); **4.** (ein)sehen, verstehen: ***as I*** ~ ***it*** wie ich es sehe, in m-n Augen; ***I do not*** ~ ***the use of it*** ich weiß nicht, wozu es gut sein soll; → ***joke*** 2; **5.** (sich) ansehen, besuchen: ~ ***a play***; **6.** a) *j-n* besuchen: ***go*** (***come***) ***to*** ~ ***s.o.*** j-n besuchen (gehen *od.* kommen), b) *Anwalt etc.* aufsuchen, konsultieren (***about*** wegen), *j-n* sprechen (***on business*** geschäftlich); **7.** *j-n* empfangen: ***he refused to*** ~ ***me***; **8.** nachsehen, her'ausfinden; **9.** dafür sorgen (dass): ~ (***to it***) ***that it is done!*** sorge dafür *od.* sieh zu, dass es geschieht!; ~ ***justice done to s.o.*** dafür sorgen, dass j-m Gerechtigkeit widerfährt; **10.** sehen, erleben: ***live to*** ~ erleben; ~ ***action*** ⚔ im Einsatz sein, Kämpfe mitmachen; ***he has seen better days*** er hat (schon) bessere Tage gesehen; **11.** *j-n* begleiten, geleiten, bringen (***to the station*** zum Bahnhof); → ***see off***, ***see out***; **II** *v/i.* [*irr.*] **12.** sehen; → ***fit¹*** 3; **13.** verstehen, einsehen: ***I*** ~***!*** (ich) verstehe!, aha!, ach so!; (***you***) ~ wissen Sie, weißt du; (***you***) ~***?*** F verstehst du?; **14.** nachsehen; **15.** sehen, sich über'legen: ***let me*** ~***!*** warte mal!, lass mich überlegen!; ***we'll*** ~ wir werden sehen, mal abwarten.

Zssgn mit prp.:

see| a·bout *v/i.* **1.** sich kümmern um; **2.** F sich *et.* überlegen; ~ **af·ter** *v/i.* sehen nach, sich kümmern um; ~ **in·to** *v/i.* e-r Sache auf den Grund gehen; ~ **o·ver** *v/i.* sich ansehen; ~ **through I** *v/i. j-n od. et.* durch'schauen; **II** *v/t. j-m* über *et.* hin'weghelfen; ~ **to** *v/i.* sich kümmern um; → ***see¹*** 9.

Zssgn mit adv.:

see| off *v/t. j-n* fortbegleiten, verabschieden; ~ **out** *v/t.* **1.** *j-n* hin'ausbegleiten; **2.** F *et.* bis zum Ende ansehen *od.* mitmachen; ~ **through I** *v/t.* **1.** *j-m* 'durchhelfen (***with*** in *e-r Sache*); **2.** *et.* (bis zum Ende) 'durchhalten *od.* -fechten; **II** *v/i.* **3.** F durchhalten.

see² [si:] *s. eccl.* **1.** (Erz)Bischofssitz *m*; → ***Holy See***; **2.** (Erz)Bistum *n*.

seed [si:d] **I** *s.* **1.** ⚘ a) Same *m*, b) (Obst-)Kern *m*, c) *coll.* Samen *pl.*, d) ⚒ Saat (-gut *n*) *f*: ***go*** (*od.* ***run***) ***to*** ~ in Samen schießen, *fig.* herunterkommen; **2.** *zo.* a) Ei *n od.* Eier *pl.* (*des Hummers etc.*), b) Austernbrut *f*; **3.** *physiol.* Samen *m*; *fig.* Nachkommenschaft *f*: ***the*** ~ ***of Abraham*** *bibl.* der Same Abrahams; **4.** *pl. fig.* Saat *f*, Keim *m*: ***sow the*** ~***s of discord*** (die Saat der) Zwietracht säen; **II** *v/t.* **5.** entsamen; *Obst* entkernen; **6.** *Acker* besäen; **7.** *sport Spieler* setzen; **III** *v/i.* **8.** ⚘ a) Samen tragen, b) in Samen schießen, c) sich aussäen; '~**·bed** *s.* Treibbeet *n*; *fig.* Pflanz-, *contp.* Brutstätte *f*; '~**·cake** *s.* Kümmelkuchen *m*; '~**·case** *s.* ⚘ Samenkapsel *f*; ~ **corn** *s.* **1.** Saatkorn *n*; **2.** *Am.* Saatmais *m*; ~ **drill** → ***seeder*** 1.

seed·er ['si:də] *s.* **1.** ⚒ 'Säma,schine *f*; **2.** (Frucht)Entkerner *m*.

seed·i·ness ['si:dɪnɪs] *s.* F **1.** Schäbigkeit *f*, Abgerissenheit *f*; verwahrloster Zustand; **2.** ‚Flauheit' *f des Befindens*.

seed leaf *s.* [*irr.*] ⚘ Keimblatt *n*.

seed·less ['si:dlɪs] *adj.* kernlos; **'seed·ling** [-lɪŋ] *s.* ⚘ Sämling *m*.

S

seed| oys·ter *s. zo.* **1.** Saatauster *f*; **2.** *pl.* Austernlaich *m*; **~ pearl** *s.* Staubperle *f*; **~ plot** *s.* → ***seedbed***; **~ po·ta·to** *s.* 'Saatkar,toffel *f*.

seed·y ['si:dɪ] *adj.* **1.** ⚘ Samen tragend, samenreich; **2.** F schäbig: a) fadenscheinig, b) her'untergekommen (*Person*); **3.** F ‚flau', ‚mies' (*Befinden*): ***look ~*** elend aussehen.

see·ing ['si:ɪŋ] **I** *s.* Sehen *n*: ***worth ~*** sehenswert; **II** *cj. a.* ***~ that*** da doch; in Anbetracht dessen, dass; **III** *prp.* angesichts (*gen.*), in Anbetracht (*gen.*); '**~-eye dog** *s. Am.* Blindenhund *m*.

seek [si:k] **I** *v/t.* [*irr.*] **1.** suchen; **2.** *Bett, Schatten, j-n* aufsuchen; **3.** (***of***) *Rat, Hilfe etc.* suchen (bei), erbitten (von); **4.** begehren, erstreben, nach *Ruhm etc.* trachten; ⚖ *etc.* beantragen, begehren: ***~ divorce***; → ***life*** *Redew.*; **5.** (ver)suchen, trachten (*et. zu tun*); **6.** zu ergründen suchen; **7.** ***be to ~*** *obs.* (noch) fehlen, zu wünschen übrig lassen; **8.** *a.* ***~ out*** her'ausfinden, aufspüren, *fig.* aufs Korn nehmen; **II** *v/i.* [*irr.*] **9.** suchen, fragen, forschen (***for, after*** nach): ***~ after*** *a.* begehren; '**seek·er** [-kə] *s.* **1.** Sucher(in): ***~ after truth*** Wahrheitssucher; **2.** ⚕ Sonde *f*.

seem [si:m] *v/i.* **1.** (zu sein) scheinen, anscheinend sein, erscheinen: ***it ~s impossible to me*** es (er)scheint mir unmöglich; **2.** *mit inf.* scheinen: ***you ~ to believe it*** du scheinst es zu glauben; ***apples ~ not to grow here*** Äpfel wachsen hier anscheinend nicht; ***I ~ to hear voices*** mir ist, als hörte ich Stimmen; **3.** *impers.* ***it ~s that*** es scheint, dass; anscheinend; ***it ~s as if*** (*od.* ***though***) es sieht so aus *od.* es scheint so als ob; ***it ~s to me that it will rain*** mir scheint, es wird regnen; ***it should*** (*od.* ***would***) ***~ that*** man sollte glauben, dass; ***I can't ~ to open this door*** ich bringe diese Tür einfach nicht auf; '**seem·ing** [-mɪŋ] *adj.* ☐ **1.** scheinbar: ***a ~ friend***; **2.** anscheinend; '**seem·li·ness** [-lɪnɪs] *s.* Anstand *m*, Schicklichkeit *f*; '**seem·ly** [-lɪ] *adj. u. adv.* geziemend, schicklich.

seen [si:n] *p.p. von* ***see***[1].

seep [si:p] *v/i.* ('durch)sickern (*a. fig.*), tropfen, lecken: ***~ away*** versickern; ***~ in*** *a. fig.* einsickern, -dringen; '**seep·age** [-pɪdʒ] *s.* **1.** ('Durch-, Ver)Sickern *n*; **2.** 'Durchgesickertes *n*; **3.** Leck *n*.

se·er ['si:ə] *s.* Seher(in).

seer·suck·er ['sɪə,sʌkə] *s.* leichtes, kreppartiges Leinen.

see·saw ['si:sɔ:] **I** *s.* **1.** Wippen *n*, Schaukeln *n*; **2.** Wippe *f*, Wippschaukel *f*; **3.** *fig.* (ständiges) Auf u. Ab *od.* Hin u. Her; **II** *adj.* **4.** schaukelnd, (*a. fig.*) Schaukel...(*-bewegung, -politik*); **III** *v/i.* **5.** wippen, schaukeln; **6.** sich auf u. ab *od.* hin u. her bewegen; **7.** *fig.* (hin u. her) schwanken.

seethe [si:ð] *v/i.* **1.** kochen, sieden, wallen (*alle a. fig.* ***with*** vor *dat.*); **2.** *fig.* brodeln, gären (***with*** vor *dat.*): ***seething with rage*** vor Wut kochend; **3.** wimmeln (***with*** von).

'**see-through** *adj.* **1.** 'durchsichtig: ***~ blouse***; **2.** Klarsicht...: ***~ package***.

seg·ment ['segmənt] **I** *s.* **1.** Abschnitt *m*, Teil *m, n*; **2.** *bsd.* ⌂ (*Kreis- etc.*) Seg'ment *n*; **3.** *biol.* a) *allg.* Glied *n*, Seg'ment *n*, b) 'Körperseg,ment *n*, Ring *m* (*Wurm etc.*); **II** *v/t.* [seg'ment] **4.** (*v/i.* sich) in Segmente teilen; **seg·men·tal** [seg'mentl] *adj.* ☐, '**seg·men·tar·y** [-tərɪ] *adj.* segmen'tär; **seg·men·ta·tion** [,segmən'teɪʃn] *s.* **1.** Segmentati'on *f*; **2.** *biol.* Zellteilung *f*, (Ei)Furchung *f*.

seg·ment| gear *s.* Seg'ment(zahnrad)getriebe *n*; **~ saw** *s.* **1.** Baumsäge *f*; **2.** Bogenschnittsäge *f*.

seg·re·gate ['segrɪgeɪt] **I** *v/t.* **1.** trennen (*a. nach Rassen etc.*), absondern; **2.** ⚙ ausseigern, -scheiden; **II** *v/i.* **3.** sich absondern *od.* abspalten (*a. fig.*); ⚗ sich abscheiden; **4.** *biol.* mendeln; **III** *adj.* [-gɪt] **5.** abgesondert, isoliert; **seg·re·ga·tion** [,segrɪ'geɪʃn] *s.* **1.** Absonderung *f*, -trennung *f*; **2.** Rassentrennung *f*; **3.** ⚗ Ausscheidung *f*; **4.** abgespaltener Teil; **seg·re·ga·tion·ist** [,segrɪ'geɪʃnɪst] **I** *s.* Verfechter(in) der Rassentrennung; **II** *adj.* die Rassentrennung befürwortend; '**seg·re·ga·tive** [-gətɪv] *adj.* sich absondernd, Trennungs...

sei·gneur [se'njɜ:], **sei·gnor** ['seɪnjə] *s.* **1.** *hist.* Lehns-, Feu'dalherr *m*; **2.** Herr *m*; **seign·ior·age** ['seɪnjərɪdʒ] *s.* **1.** Re'gal *n*, Vorrecht *n*; **2.** a) *königliche* Münzgebühr, b) Schlagschatz *m*; **sei'gno·ri·al** [-'njɔ:rɪəl] *adj.* feu'dalherrschaftlich; **seign·ior·y** ['seɪnjərɪ] *s.* **1.** Feu'dalrechte *pl.*; **2.** (feu'dal)herrschaftliche Do'mäne.

seine [seɪn] *s.* ⚓ Schlagnetz *n*.

seise [si:z] → ***seize*** 4; '**sei·sin** [-zɪn] → ***seizin***.

seis·mic ['saɪzmɪk] *adj.* seismisch.

seis·mo·graph ['saɪzməgrɑ:f] *s.* Seismo'graph *m*, Erdbebenmessgerät *n*; **seis·mol·o·gist** [saɪz'mɒlədʒɪst] *s.* Seismo'loge *m*; **seis·mol·o·gy** [saɪz'mɒlədʒɪ] *s.* Erdbebenkunde *f*, Seismik *f*; **seis·mom·e·ter** [saɪz'mɒmɪtə] *s.* Seismo'meter *n*; '**seis·mo·scope** [-əskəʊp] *s.* Seismo'skop *n*.

seiz·a·ble ['si:zəbl] *adj.* **1.** (er)greifbar; **2.** ⚖ pfändbar; **seize** [si:z] **I** *v/t.* **1.** *et. od. j-n* (er)greifen, packen, fassen (*alle a. fig. Panik etc.*): ***~d with*** ⚕ von *e-r Krankheit* befallen; ***~d with apoplexy*** ⚕ vom Schlag getroffen; **2.** ⚔ (ein-)nehmen, erobern; **3.** sich *e-r Sache* bemächtigen, *Macht etc.* an sich reißen; **4.** ⚖ *j-n* in den Besitz setzen (**of** von *od. gen.*): ***be ~d with, stand ~d of*** im Besitz *e-r Sache* sein; **5.** *j-n* ergreifen, festnehmen; **6.** beschlagnahmen; **7.** *Gelegenheit* ergreifen, wahrnehmen; **8.** *geistig* erfassen, begreifen; **9.** ⚓ (bei)zeisen, zurren; **II** *v/i.* **10.** ~ *(**up**)**on** Gelegenheit* ergreifen, *Idee* (begierig) aufgreifen, *a.* einhaken bei; **11.** *oft* ~ ***up*** ⚙ sich festfressen; **'sei·zin** [-zɪn] *s.* ⚖ *Am.* (Grund)Besitz *m*, verbunden mit Eigentumsvermutung; **'seiz·ings** [-zɪŋz] *s. pl.* ⚓ Zurrtau *n*; **sei·zure** ['siːʒə] *s.* **1.** Ergreifung *f*; **2.** Inbesitznahme *f*; **3.** ⚖ a) Beschlagnahme *f*, b) Festnahme *f*; **4.** ✱ Anfall *m*.

sel·dom ['seldəm] *adv.* selten.

se·lect [sɪ'lekt] **I** *v/t.* **1.** auswählen, -lesen; **II** *adj.* **2.** ausgewählt: ~ ***committee*** *parl. Brit.* Sonderausschuss *m*; **3.** erlesen (*Buch, Geist, Speise etc.*); exklu'siv (*Gesellschaft etc.*); **4.** wählerisch; **se·lect·ee** [sɪˌlek'tiː] *s.* ⚔ *Am.* Einberufene(r) *m*; **se'lec·tion** [-kʃn] *s.* **1.** Wahl *f*; **2.** Auswahl *f*, -lese *f*; **3.** *biol.* Zuchtwahl *f*: ***natural*** ~ natürliche Auslese; **4.** Auswahl *f* (**of** an *dat.*); **se'lec·tive** [-tɪv] *adj.* ☐ **1.** auswählend, Auswahl...: ~ ***service*** *hist.* ⚔ *Am.* Wehrpflicht *f*, -dienst *m*; ~ ***strike*** punktueller Streik, Schwerpunktstreik *m*; **2.** ⚡ trennscharf, selek'tiv: ~ ***circuit*** Trennkreis *m*; **se·lec·tiv·i·ty** [ˌsɪlek'tɪvətɪ] *s. Radio, TV*: Trennschärfe *f*; **se'lect·man** [-mən] *s.* [*irr.*] *Am.* Stadtrat *m*; **se'lec·tor** [-tə] *s.* **1.** Auswählende(r *m*) *f*; **2.** Sortierer(in); **3.** ⚙ a) *a.* ⚡ Wähler *m*, b) Schaltgriff *m*, c) *mot.* Gangwähler *m*, d) *Computer*: Se'lektor *m*.

se·le·nic [sɪ'lenɪk] *adj.* ⚗ se'lensauer, Selen...; **se·le·ni·um** [sɪ'liːnjəm] *s.* ⚗ Se'len *n*.

sel·e·nog·ra·phy [ˌselɪ'nɒgrəfɪ] *s.* Mondbeschreibung *f*; **ˌsel·e'nol·o·gy** [-ɒlədʒɪ] *s.* Selenolo'gie *f*, Mondkunde *f*.

self [self] **I** *pl.* **selves** [selvz] *s.* **1.** Selbst *n*, Ich *n*: ***my better*** (***second***) ~ mein besseres Selbst (mein zweites Ich); ***my humble*** (*od.* ***poor***) ~ meine Wenigkeit; ***the study of the*** ~ *phls.* das Studium des Ich; → ***former***² 1; **2.** Selbstsucht *f*, das eigene *od.* liebe Ich; **3.** *biol.* a) Tier *n od.* Pflanze *f* von einheitlicher Färbung, b) auto'games Lebewesen; **II** *adj.* **4.** einheitlich, *bsd.* ⚘ einfarbig; **III** *pron.* **5.** ✝ *od.* F → ***myself*** *etc.*

ˌself|-a'ban·don·ment *s.* (Selbst)Aufopferung *f*, (bedingungslose) Hingabe; **ˌ~-a'base·ment** *s.* Selbsterniedrigung *f*; **ˌ~-ab'sorbed** *adj.* **1.** mit sich selbst beschäftigt; **2.** ego'zentrisch; **ˌ~-a'buse** *s.* Selbstbefleckung *f*; **ˌ~-'act·ing** *adj.* ⚙ selbsttätig; **ˌ~-ad'he·sive** *adj.* selbstklebend; **ˌ~-ad'just·ing** *adj.* ⚙ selbstregelnd, -einstellend; **ˌ~-ap'point·ed** *adj.* selbst ernannt; **ˌ~-as'ser·tion** *s.* **1.** Geltendmachung *f* s-r Rechte, s-s Willens, s-r Meinung *etc.*; **2.** anmaßendes Auftreten; **ˌ~-as'sert·ive** *adj.* **1.** anmaßend, über'heblich; **2.** ~ ***person*** j-d, der sich 'durchzusetzen weiß; **ˌ~-as'sur·ance** *s.* Selbstsicherheit *f*, -bewusstsein *n*; **ˌ~-as'sured** *adj.* selbstbewusst; **ˌ~-'ca·ter·ing I** *s.* Selbstverpflegung *f*; **II** *adj.* für Selbstversorger, mit Selbstverpflegung; **ˌ~-'cent(e)red** *adj.* ichbezogen, ego'zentrisch; **ˌ~-'col·o(u)red** *adj.* **1.** einfarbig; **2.** na'turfarben; **ˌ~-com'mand** *s.* Selbstbeherrschung *f*; **ˌ~-com'pla·cent** *adj.* selbstgefällig, -zufrieden; **ˌ~-con'ceit** *s.* Eigendünkel *m*; **ˌ~-con'fessed** *adj.* selbst erklärt: ***a*** ~ ***racist*** j-d, der zugibt, Rassist zu sein; **ˌ~-'con·fi·dence** *s.* Selbstvertrauen *n*, -bewusstsein *n*; **ˌ~-'con·fi·dent** *adj.* selbstbewusst; **ˌ~-'con·scious** *adj.* befangen, gehemmt; **ˌ~-'con·scious·ness** *s.* Befangenheit *f*; **ˌ~-con'tained** *adj.* **1.** *a.* ⚙ (in sich) geschlossen, unabhängig, selbstständig: ~ ***country*** Selbstversorgerland *n*; ~ ***flat*** abgeschlossene Wohnung; ~ ***house*** Einfamilienhaus *n*; **2.** reserviert, zu'rückhaltend (*Charakter, Person*); **3.** selbstbeherrscht; **'~-ˌcon·tra'dic·tion** *s.* innerer 'Widerspruch; **'~-ˌcon·tra'dic·to·ry** *adj.* 'widersprüchlich; **ˌ~-con'trol** *s.* Selbstbeherrschung *f*: ***lose one's*** ~ die Beherrschung verlieren; **ˌ~-de'ceit**, **ˌ~-de'cep·tion** *s.* Selbsttäuschung *f*, -betrug *m*; **ˌ~-de'feat·ing** *adj.* genau das Gegenteil bewirkend, sinn- und zwecklos; **ˌ~-de'fence** *Brit.*, **ˌ~-de'fense** *Am. s.* **1.** Selbstverteidigung *f*; **2.** ⚖ Notwehr *f*; **ˌ~-de'lu·sion** *s.* Selbsttäuschung *f*; **ˌ~-de'ni·al** *s.* Selbstverleugnung *f*; **ˌ~-de'ny·ing** *adj.* selbstverleugnend; **ˌ~-de'spair** *s.* Verzweiflung *f* an sich selbst; **ˌ~-de'struc·tion** *s.* **1.** Selbstzerstörung *f*; **2.** Selbstvernichtung *f*, -mord *m*; **'~-deˌter·mi'na·tion** *s.* **1.** *pol. etc.* Selbstbestimmung *f*; **2.** *phls.* freier Wille; **ˌ~-de'vel·op·ment** *s.* Selbstentfaltung *f*; **ˌ~-de'vo·tion** → ***self-abandonment***; **ˌ~-dis'trust** *s.* Mangel *m* an Selbstvertrauen; **ˌ~-'doubt** *s.* Selbstzweifel *pl.*; **ˌ~-'ed·u·cat·ed** → ***self-taught*** 1; **ˌ~-em'ployed** *adj.* ✝ selbstständig (*Handwerker etc.*); **ˌ~-es'teem** *s.* **1.** Selbstachtung *f*; **2.** Eigendünkel *m*; **ˌ~-'ev·i·dent** *adj.* ☐ selbstverständlich; **ˌ~-ex'plan·a·to·ry** *adj.* ohne Erläuterung verständlich, für sich (selbst) sprechend; **ˌ~-ex'pres·sion** *s.* Ausdruck *m* der eigenen Per'sönlichkeit; **ˌ~-'feed·ing** *adj.* ⚙ auto'matisch (*Material od. Brennstoff*) zuführend; **ˌ~-for'get·ful**

S

adj. □ selbstvergessen, -los; **ˌ~-ful'fil(l)·ment** *s.* Selbstverwirklichung *f*; **ˌ~-'gov·ern·ing** *adj. pol.* selbst verwaltet, auto'nom, unabhängig; **ˌ~-'gov·ern·ment** *s. pol.* Selbstverwaltung *f*, -regierung *f*, Autono'mie *f*; **ˌ~-'help** *s.* Selbsthilfe *f*: **~ *group***; **ˌ~-ig'ni·tion** *s. mot.* Selbstzündung *f*; **ˌ~-'im·age** *s. psych.* Selbstverständnis *n*; **ˌ~-im'por·tance** *s.* 'Selbstüberˌhebung *f*, Wichtigtue'rei *f*; **ˌ~-im'por·tant** *adj.* über'heblich, wichtigtuerisch; **ˌ~-in'duced** *adj.* **1.** ↯ selbst induziert; **2.** selbst verursacht; **ˌ~-in'dul·gence** *s.* **1.** Sich'gehenlassen *n*; **2.** Zügellosigkeit *f*, Maßlosigkeit *f*; **ˌ~-in'dul·gent** *adj.* **1.** schwach, nachgiebig gegen sich selbst; **2.** zügellos; **ˌ~-in'flict·ed** *adj.* selbst zugefügt: **~ *wounds*** ⚔ Selbstverstümmelung *f*; **ˌ~-in'struc·tion** *s.* 'Selbstˌunterricht *m*; **ˌ~-in'struc·tion·al** *adj.* Selbstlehr..., Selbstunterrichts...: **~ *manual***; **ˌ~-'in·ter·est** *s.* Eigennutz *m*, eigenes Inter'esse.

Achten Sie auf den Unterschied:

self-conscious	gehemmt, befangen
self-confident	selbstbewusst

self·ish ['selfɪʃ] *adj.* □ selbstsüchtig, ego'istisch, eigennützig; **'self·ish·ness** [-nɪs] *s.* Selbstsucht *f*, Ego'ismus *m*.

ˌself|-'knowl·edge *s.* Selbst(er)kenntnis *f*; **'~-ˌlac·er'a·tion** *s.* Selbstzerfleischung *f*.

self·less ['selflɪs] *adj.* selbstlos; **'self·less·ness** [-nɪs] *s.* Selbstlosigkeit *f*.

ˌself|-'load·ing *adj.* Selbstlade...; **ˌ~-'love** *s.* Eigenliebe *f*; **ˌ~-'lu·bri·cat·ing** *adj.* ⚙ selbstschmierend; **ˌ~-'made** *adj.* selbst gemacht: **~ *man*** j-d, der durch eigene Kraft hochgekommen ist, Selfmademan *m*; **ˌ~-neg'lect** *s.* **1.** Selbstlosigkeit *f*; **2.** Vernachlässigung *f* s-s Äußeren; **ˌ~-o'pin·ion·at·ed** *adj.* **1.** eingebildet; **2.** rechthaberisch; **ˌ~-'pit·y** *s.* Selbstmitleid *n*; **ˌ~-'por·trait** *s.* 'Selbstporˌträt *n*, -bildnis *n*; **ˌ~-pos'ses·sion** *s.* Selbstbeherrschung *f*; **ˌ~-'praise** *s.* Eigenlob *n*; **'~-ˌpres·er'va·tion** *s.* Selbsterhaltung *f*: ***instinct of ~*** Selbsterhaltungstrieb *m*; **ˌ~-pro'pelled** *adj.* ⚙ Selbstfahr..., mit Eigenantrieb; **'~-ˌrais·ing flour** *s. Brit.* Mehl *n* mit Backpulver; **'~-ˌre·al·i'za·tion** *s.* Selbstverwirklichung *f*; **ˌ~-re'cord·ing** *adj.* ⚙ selbstschreibend; **ˌ~-re'gard** *s.* **1.** Eigennutz *m*; **2.** Selbstachtung *f*; **ˌ~-re'li·ance** *s.* Selbstvertrauen *n*, -sicherheit *f*; **ˌ~-re'li·ant** *adj.* selbstbewusst, -sicher; **ˌ~-re'proach** *s.* Selbstvorwurf *m*; **ˌ~-re'spect** *s.* Selbstachtung *f*; **ˌ~-re'spect·ing** *adj.*: ***every ~ craftsman*** jeder Handwerker, der etwas auf sich hält; **ˌ~-re'straint** *s.* Selbstbeherrschung *f*; **ˌ~-'right·eous** *adj.* selbstgerecht; **'~-ˌris·ing flour** *s. Am.* Mehl *n* mit Backpulver; **ˌ~-'sac·ri·fice** *s.* Selbstaufopferung *f*; **ˌ~-'sac·ri·fic·ing** *adj.* aufopferungsvoll; **'~·same** *adj.* ebenderselbe, -dieselbe, -dasselbe; **ˌ~-'sat·is·fied** *adj.* selbstzufrieden; **ˌ~-'seal·ing** *adj.* **1.** ⚙ selbstdichtend; **2.** selbstklebend (*bsd. Briefumschlag*); **3.** schusssicher; **ˌ~-'seek·er** *s.* Ego'ist(in); **ˌ~-'serv·ice I** *adj.* Selbstbedienungs...: **~ *shop***; **II** *s.* Selbstbedienung *f*; **ˌ~-'start·er** *s. mot.* (Selbst)Anlasser *m*; **ˌ~-'styled** *adj. iron.* von eigenen Gnaden; **ˌ~-suf'fi·cien·cy** *s.* **1.** Unabhängigkeit *f* (von fremder Hilfe); **2.** ✝ Autar'kie *f*; **3.** Eigendünkel *m*; **ˌ~-suf'fi·cient** *adj.* **1.** unabhängig, Selbstversorger..., ✝ *a.* au'tark; **2.** dünkelhaft; **ˌ~-sug'ges·tion** *s. psych.* ˌAutosuggesti'on *f*; **ˌ~-sup'pli·er** *s.* Selbstversorger *m*; **ˌ~-sup'port·ing** *adj.* **1.** → ***self-sufficient*** 1; **2.** ⚙ freitragend (*Brücke etc.*); **ˌ~-'taught** *adj.* **1.** autodi'daktisch: **~ *person*** Autodidakt *m*; **2.** selbst erlernt; **ˌ~-'tim·er** *s. phot.* Selbstauslöser *m*; **ˌ~-'will** *s.* Eigensinn *m*; **ˌ~-'willed** *adj.* eigensinnig; **ˌ~-'wind·ing** *adj.* auto'matisch (*Uhr*).

sell [sel] **I** *s.* **1.** F a) Reinfall *m*, b) Schwindel *m*; **2.** ✝ F (***hard ~*** aggres'sive) Ver'kaufsmeˌthode; → ***soft*** 1; **II** *v/t.* [*irr.*] **3.** verkaufen, -äußern (***to*** an *acc.*), ✝ *a. Ware* absetzen; → ***life*** *Redew.*; **4.** ✝ *Waren* führen, handeln mit, vertreiben; **5.** *fig.* verkaufen, e-n guten Absatz sichern (*dat.*): ***his name will ~ the book***; **6.** *fig.* ‚verkaufen', verraten: **~ *s.o. down the river*** j-n ‚verraten u. verkaufen'; **7.** *sl.* ‚anschmieren'; **8.** F *j-m et.* ‚verkaufen', aufschwatzen, schmackhaft machen: **~ *s.o. on*** j-m *et.* andrehen, j-n zu *et.* überreden; ***be sold on*** *fig.* von *et.* überzeugt *od.* begeistert sein; **III** *v/i.* [*irr.*] **9.** verkaufen; **10.** verkauft werden (***at*** für); **11.** sich *gut etc.* verkaufen, *gut etc.* gehen, ‚ziehen'; **'~-by date** *s.* **1.** (Mindest)Haltbarkeitsdatum *n*; **2.** ***he is past his ~*** F *fig.* er hat s-e besten Tage hinter sich; **~ off** *v/t.* ausverkaufen, *Lager* räumen; **~ out** *v/t.* **1.** → ***sell off***: ***be sold out*** ausverkauft sein; **2.** *Wertpapiere* realisieren; **3.** *fig.* → ***sell*** 6; **~ up** *v/t.* **1.** (*v/i.* sein) *Geschäft etc.* verkaufen; **2. ~ *s.o. up*** j-n auspfänden.

sell·er ['selə] *s.* **1.** Verkäufer(in); Händler(in): ***~s' market*** ✝ Verkäufermarkt *m*; ***~'s option*** Verkaufsoption *f*, *Börse*: Rückprämie(ngeschäft *n*) *f*; **2. *good ~***

✝ gut gehende Ware, zugkräftiger Ar'tikel.

sell·ing ['selɪŋ] **I** *adj.* **1.** Verkaufs..., Absatz..., Vertriebs...: **~ area** *od.* **space** Verkaufsfläche *f*; **II** *s.* **2.** Verkauf *m*; **3.** → **sell** 2.

Sel·lo·tape ['seləʊteɪp] *TM s. Brit.* (durchsichtiges) Klebeband *n*, Klebestreifen *m*; **'sel·lo·tape** *v/t. Brit.* F **1.** (mit Klebeband) kleben (**to** an *acc.*); **2.** festkleben (**to** an *acc.*); **3.** zukleben: **~ a parcel** ein Pa'ket zukleben.

'sell·out *s.* **1.** Ausverkauf *m* (*a. fig. pol.*); **2.** ausverkaufte Veranstaltung, volles Haus; **3.** *fig.* Verrat *m*.

Selt·zer (wa·ter) ['seltsə] *s.* Selters(-wasser) *n*.

sel·vage ['selvɪdʒ] *s. Weberei*: Salband *n*.

selves [selvz] *pl. von* **self**.

se·man·tic [sɪ'mæntɪk] *adj. ling.* se'mantisch; **se'man·tics** [-ks] *s. pl. mst sg. konstr.* Se'mantik *f*, (Wort)Bedeutungslehre *f*.

sem·a·phore ['seməfɔː] **I** *s.* **1.** ⚙ Sema'phor *m*: a) 🚂 ('Flügel)Si,gnalmast *m*, b) optischer Tele'graf; **2.** ⚔, ⚓ (Flaggen)Winken *n*: **~ message** Winkspruch *m*; **II** *v/t. u. v/i.* **3.** signalisieren.

sem·blance ['sembləns] *s.* **1.** (äußere) Gestalt, Erscheinung *f*: **in the ~ of** in Gestalt (*gen.*); **2.** Ähnlichkeit *f* (**to** mit); **3.** (An)Schein *m*: **the ~ of honesty**; **under the ~ of** unter dem Deckmantel (*gen.*).

se·mei·ol·o·gy [ˌsemɪ'ɒlədʒɪ] *s.*, **ˌse·mei'ot·ics** [-'ɒtɪks] *s. pl. sg. konstr.* Semi'otik *f*: a) *Lehre von den Zeichen*, b) ⚕ Symptomatolo'gie *f*.

se·men ['siːmen] *s. physiol.* Samen *m* (*a.* ⚘), Sperma *n*, Samenflüssigkeit *f*.

se·mes·ter [sɪ'mestə] *s. univ. bsd. Am.* Se'mester *n*, Halbjahr *n*.

sem·i ['semɪ] *s.* F *für* a) **semidetached** II, b) **semifinal** I, c) *Am.* **semitrailer**.

semi- [semɪ] *in Zssgn* halb..., Halb...; **ˌ~'an·nu·al** *adj.* ☐ halbjährlich; **'~ˌau·to'mat·ic** *adj.* (☐ **~ally**) 'halbautoˌmatisch; **ˌ~'bold** *adj. u. s. typ.* halbfett(e Schrift); **'~·breve** *s.* ♪ ganze Note: **~ rest** ganze Pause; **'~ˌcir·cle** *s.* **1.** Halbkreis *m*; **2.** ⚒ Winkelmesser *m*; **ˌ~'cir·cu·lar** *adj.* halbkreisförmig; **ˌ~'co·lon** *s.* Semi'kolon *n*, Strichpunkt *m*; **ˌ~·con'duc·tor** *s.* ⚡ Halbleiter *m*; **ˌ~'con·scious** *adj.* nicht bei vollem Bewusstsein; **ˌ~·de'tached I** *adj.*: **~ house** → **II** *s.* Doppelhaushälfte *f*; **ˌ~'fi·nal** *sport* **I** *s.* **1.** 'Semi-, 'Halbfiˌnale *n*, Vorschlussrunde *f*; **2.** 'Halbfiˌnalspiel *n*; **II** *adj.* **3.** Halbfinal...; **ˌ~'fi·nal·ist** *s. sport* 'Halbfinaˌlist(in); **ˌ~'fin·ished** *adj.* ⚙ halb fertig: **~ product** Halbfabrikat *n*; **ˌ~'flu·id**, **ˌ~'liq·uid** *adj.* halb-, zähflüssig; **'~ˌman·u'fac·tured** → **semifinished**;

ˌ~'month·ly I *adj. u. adv.* halbmonatlich; **II** *s.* Halbmonatsschrift *f*.

sem·i·nal ['semɪnl] *adj.* ☐ **1.** ⚘, *physiol.* Samen...: **~ duct** Samengang *m*, -leiter *m*; **~ fluid** Samenflüssigkeit *f*, Sperma *n*; **~ leaf** ⚘ Keimblatt *n*; **~ power** Zeugungsfähigkeit *f*; **2.** *fig.* a) zukunftsträchtig, fruchtbar, b) folgenreich; **3.** noch unentwickelt: **in the ~ state** im Entwicklungsstadium.

sem·i·nar ['semɪnɑː] *s. univ.* Semi'nar *n*.

sem·i·nar·y ['semɪnərɪ] *s.* **1.** (*eccl.* 'Priester)Semiˌnar *n*, Bildungsanstalt *f*; **2.** *fig.* Schule *f*, Pflanzstätte *f*, *contp.* Brutstätte *f*.

sem·i·na·tion [ˌsemɪ'neɪʃn] *s.* (Aus)Säen *n*.

ˌsem·i·of'fi·cial *adj.* ☐ halbamtlich, offizi'ös.

se·mi·ol·o·gy [ˌsemɪ'ɒlədʒɪ] *s.*, **ˌse·mi'ot·ics** [-'ɒtɪks] *s. pl. sg. konstr.* → **semeiology**.

'sem·i|ˌpre·cious *adj.* halbedel: **~ stone** Halbedelstein *m*; **ˌ~·pro'fes·sion·al I** *adj.* 'halbprofessioˌnell; **II** *s. sport* ‚Halbprofi' *m*; **'~ˌqua·ver** *s.* ♪ Sechzehntel(note *f*) *n*: **~ rest** Sechzehntelpause *f*; **ˌ~·re'tire·ment** *s.* Altersteilzeit *f*; **ˌ~'rig·id** *adj.* halbstarr (*Luftschiff*); **ˌ~'skilled** *adj.* angelernt (*Arbeiter*).

Sem·ite ['siːmaɪt] **I** *s.* Se'mit(in); **II** *adj.* se'mitisch; **Se·mit·ic** [sɪ'mɪtɪk] **I** *adj.* se'mitisch; **II** *s. ling.* Se'mitisch *n*.

'sem·i|·steel *s.* ⚙ Halb-, *Am.* Puddelstahl *m*; **'~·tone** *s.* ♪ Halbton *m*; **'~ˌtrail·er** *s. mot.* Sattelschlepper(anhänger) *m*; **'~ˌvow·el** *s. ling.* 'Halbvoˌkal *m*; **ˌ~'week·ly I** *adj. u. adv.* halbwöchentlich; **II** *s.* halbwöchentlich erscheinende Veröffentlichung.

sem·o·li·na [ˌsemə'liːnə] *s.* Grieß(mehl *n*) *m*.

sem·pi·ter·nal [ˌsempɪ'tɜːnl] *adj. rhet.* immer während, ewig.

semp·stress ['sempstrɪs] → **seamstress**.

sen·ate ['senɪt] *s.* **1.** Se'nat *m* (*a. univ.*); **2.** ☊ *parl. Am.* Se'nat *m* (*Oberhaus*); **sen·a·tor** ['senətə] *s.* Se'nator *m*; **sen·a·to·ri·al** [ˌsenə'tɔːrɪəl] *adj.* ☐ **1.** sena'torisch, Senats...; **2.** *Am.* zur Wahl von Sena'toren berechtigt.

send [send] [*irr.*] **I** *v/t.* **1.** *j-n, Brief, Hilfe etc.* senden, schicken (**to** *dat.*): **~ s.o. to bed** (**to a school**, **to prison**) j-n ins Bett (auf e-e Schule, ins Gefängnis) schicken; → **word** 6; **2.** *Ball, Kugel etc. wohin* senden, schießen, jagen; **3.** *mit adj. od. pres.p.* machen: **~ s.o. mad**; **~ s.o. flying** a) j-n verjagen, b) j-n hinschleudern; **~ s.o. reeling** j-n taumeln machen *od.* lassen; **4.** *sl. Zuhörer etc.* in Ek'stase versetzen, 'hinreißen; **II** *v/i.* **5.** **~ for** a) nach *j-m* schicken, *j-n* kommen

S

lassen, *j-n* holen *od.* rufen (lassen), b) (sich) *et.* kommen lassen, bestellen; **6.** ⚡, *Radio etc.*: senden;
Zssgn mit adv.:
send| a·way **I** *v/t.* **1.** weg-, fortschicken; **2.** *Brief etc.* absenden; **II** *v/i.* **3.** *~ for (to s.o.)* sich (von j-m) *et.* kommen lassen; *~* **down** *v/t.* **1.** *fig. Preise, Temperatur* (her'ab)drücken; **2.** *univ.* relegieren; **3.** F *j-n* einsperren; *~* **forth** *v/t.* **1.** *j-n, et., a. Licht* aussenden; *Wärme etc.* ausstrahlen; **2.** *Laut etc.* von sich geben; **3.** her'vorbringen; **4.** *fig.* veröffentlichen, verbreiten; *~* **in** *v/t.* **1.** einsenden, -schicken, -reichen; → ***name*** *Redew.*; **2.** *sport Ersatzmann* aufs Feld schicken; *~* **off** *v/t.* **1.** → ***send away*** I; **2.** *j-n* (herzlich) verabschieden; **3.** *sport* vom Platz stellen; *~* **on** *v/t.* vor'aus-, nachschicken; *~* **out** → ***send forth***; *~* **up** *v/t.* **1.** *j-n, a. Ball etc.* hin'aufsenden; **2.** *Schrei* ausstoßen; **3.** *fig. Preise, Fieber* in die Höhe treiben; **4.** *Brit.* F ‚durch den Ka'kao' ziehen, parodieren; **5.** F ‚einlochen'.

send·er ['sendə] *s.* **1.** Absender(in); **2.** (Über)'Sender(in); **3.** *tel.* Geber *m* (*Sendegerät*).

'send|·off *s.* F **1.** Abschied *m*, Abschiedsfeier *f*, Geleit(e) *n*; **2.** gute Wünsche *pl.* zum Anfang; **3.** *sport u. fig.* Start *m*; **'~-up** *s. Brit.* F Verulkung *f*, Paro'die *f*.

se·nes·cence [sɪ'nesns] *s.* Altern *n*; **se'nes·cent** [-nt] *adj.* **1.** alternd; **2.** Alters...

sen·es·chal ['senɪʃl] *s. hist.* Seneschall *m*, Major'domus *m*.

se·nile ['siːnaɪl] *adj.* **1.** se'nil: a) greisenhaft, b) ‚verkalkt', kindisch; **2.** Alters...: *~* ***decay*** Altersabbau *m*; *~* ***speckle*** ✿ Altersfleck *m*; **se·nil·i·ty** [sɪ'nɪlətɪ] *s.* Senili'tät *f*.

sen·ior ['siːnjə] **I** *adj.* **1.** (*nachgestellt, abbr. in England* **sen.**, *in USA* **Sr.**) senior: ***Mr. John Smith sen.*** (***Sr.***) Herr John Smith sen.; **2.** älter (***to*** als): *~* ***citizen*** älterer Mitbürger, Rentner(in); *~* ***citizens*** Senioren *pl.*; *~* ***partner*** ☤ Seniorchef *m*, Hauptteilhaber; **3.** rang-, dienstälter, ranghöher, Ober...: ***a ~ man*** *Brit.* ein höheres Semester (*Student*); *~* ***officer*** a) höherer Offizier, *mein etc.* Vorgesetzter, b) Rangälteste(r); *~* ***service*** *Brit. die* Kriegsmarine; **4.** *ped.* Ober...: *~* ***classes*** Oberklassen; **5.** *Am.* im letzten Schuljahr (stehend): ***the ~ class*** die oberste Klasse; *~* ***high*** (***school***) *Am. die obersten Klassen der High-School*; *~* ***college*** College, *an dem das 3. und 4. Jahr eines Studiums absolviert wird*; **II** *s.* **6.** Ältere(r *m*) *f*; Älteste(r *m*) *f*: ***he is my ~ by four years***, ***he is four years my ~*** er ist vier Jahre älter als ich; **7.** Rang-, Dienstälteste(r *m*) *f*; **8.** Vorgesetzte(r *m*) *f*; **9.** *Am.* Stu'dent *m od.* Schüler *m* im letzten Studienjahr.

sen·ior·i·ty [ˌsiːnɪ'ɒrətɪ] *s.* **1.** höheres Alter; **2.** höheres Dienstalter: ***by ~*** *Beförderung* nach dem Dienstalter.

sen·na ['senə] *s. pharm.* Sennesblätter *pl.*

sen·sate ['senseɪt] *adj.* sinnlich (wahrgenommen).

sen·sa·tion [sen'seɪʃn] *s.* **1.** (Sinnes-)Wahrnehmung *f*, (-)Empfindung *f*; **2.** Gefühl *n*: ***pleasant ~***; *~* ***of thirst*** Durstgefühl *n*; **3.** Empfindungsvermögen *n*; **4.** Sensati'on *f* (*a. Ereignis*), (großer) Eindruck, Aufsehen *n*: ***make*** (*od.* ***create***) ***a ~*** großes Aufsehen erregen; **sen'sa·tion·al** [-ʃənl] *adj.* ☐ **1.** sensatio'nell, Sensations...; **2.** sinnlich, Sinnes...; **3.** *phls.* sensua'listisch; **sen'sa·tion·al·ism** [-ʃnəlɪzəm] *s.* **1.** Sensati'onsgier *f*, -lust *f*; **2.** ‚Sensati'onsmache' *f*; **3.** *phls.* Sensua'lismus *m*.

sense [sens] **I** *s.* **1.** Sinn *m*, 'Sinnesorˌgan n: ***the five ~s*** die fünf Sinne; *~* ***of smell*** (***touch***) Geruchs- (Tast)sinn; *~* ***organ*** Sinnesorgan *n*; → ***sixth*** 1; **2.** *pl.* Sinne *pl.*, (klarer) Verstand: ***in*** (***out of***) ***one's ~s*** bei (von) Sinnen; ***in one's right ~s*** bei Verstand; ***lose one's ~s*** den Verstand verlieren; ***bring s.o. to his ~s*** j-n zur Besinnung bringen; **3.** *fig.* Vernunft *f*, Verstand *m*: ***a man of ~*** ein vernünftiger *od.* kluger Mensch; ***common*** (*od.* ***good***) *~* gesunder Menschenverstand; ***have the ~ to do s.th.*** so klug sein, et. zu tun; ***knock some ~ into s.o.*** j-m den Kopf zurechtsetzen; **4.** Sinne *pl.*, Empfindungsvermögen *n*; **5.** Gefühl *n*, Empfindung *f* (***of*** für): *~* ***of pain*** Schmerzgefühl, -empfindung; *~* ***of security*** Gefühl der Sicherheit; **6.** Sinn *m*, Gefühl *n* (***of*** für): *~* ***of beauty*** Schönheitssinn; *~* ***of direction*** Orientierungssinn *m*; *~* ***of duty*** Pflichtgefühl; *~* ***of humo(u)r*** (Sinn für) Humor *m*; *~* ***of justice*** Gerechtigkeitssinn; *~* ***of locality*** Ortssinn; *~* ***of purpose*** Zielstrebigkeit *f*; **7.** Sinn *m*, Bedeutung *f* (*e-s Wortes etc.*): ***in a ~*** gewissermaßen; **8.** Sinn *m* (*et. Vernünftiges*): ***what is the ~ of doing this?*** was hat es für e-n Sinn, das zu tun?; ***talk ~*** vernünftig reden; ***it does not make ~*** es hat keinen Sinn; **9.** (allgemeine) Ansicht, Meinung *f*: ***take the ~ of*** die Meinung (*gen.*) einholen; **10.** ⚛ Richtung *f*: *~* ***of rotation*** Drehsinn *m*; **II** *v/t.* **11.** fühlen, spüren, ahnen; **12.** *Am.* F ‚kapieren', begreifen; **13.** *Computer*: a) abtasten, ⚡ *a.* (ab)fühlen, b) abfragen; **'sense·less** [-lɪs] *adj.* ☐ **1.** a) besinnungslos, b) gefühllos; **2.** unvernünftig, dumm, verrückt (*Mensch*); **3.** sinnlos, unsinnig (*Sache*); **'sense·less·ness** [-lɪsnɪs] *s.* **1.** Unempfindlichkeit *f*; **2.** Bewusstlosigkeit *f*; **3.** Unvernunft *f*; **4.** Sinnlosigkeit *f*.

sen·si·bil·i·ty [ˌsensɪˈbɪlətɪ] *s.* **1.** Sensibiliˈtät *f*, Empfindungsvermögen *n*; **2.** *phys. etc.* Empfindlichkeit *f*: **~ to light** Lichtempfindlichkeit; **3.** *fig.* Empfänglichkeit *f* (**to** für); **4.** Sensibiliˈtät *f*, Empfindsamkeit *f*; **5.** *a. pl.* Fein-, Zartgefühl *n*; **sen·si·ble** [ˈsensəbl] *adj.* □ **1.** vernünftig (*Person, Sache*); **2.** fühl-, spürbar; **3.** merklich, wahrnehmbar; **4.** bei Bewusstsein; **5.** bewusst (**of** *gen.*): **be ~ of** a) sich *e-r Sache* bewusst sein, b) *et.* empfinden; **sen·si·ble·ness** [ˈsensəblnɪs] *s.* Vernünftigkeit *f*, Klugheit *f*.

sens·ing| el·e·ment [ˈsensɪŋ] *s.* ⚙ (Mess)Fühler *m*; **~ head** *s.* *Computer*: Abtastkopf *m*.

sen·si·tive [ˈsensɪtɪv] **I** *adj.* □ **1.** fühlend (*Kreatur etc.*); **2.** Empfindungs...: **~ nerves**; **3.** sensiˈtiv, (ˈüber)empfindlich (**to** gegen): **be ~ to** empfindlich reagieren auf (*acc.*); **4.** senˈsibel, feinfühlig, empfindsam; **5.** *phys. etc.* (*phot.* licht-)empfindlich: **~ to heat** wärmeempfindlich; **~ plant** ⚘ Sinnpflanze *f*; **~ spot** *fig.* empfindliche Stelle, neuralgischer Punkt; **~ subject** *fig.* heikles Thema; **6.** schwankend (*a.* ✝ *Markt*); **7.** ⚔ gefährdet; **II** *s.* **8.** sensiˈtiver Mensch; **ˈsen·si·tive·ness** [-nɪs], **sen·si·tiv·i·ty** [ˌsensɪˈtɪvətɪ] *s.* **1.** → **sensibility** 1 *u.* 2: **~ group** *psych.* Trainingsgruppe *f*; **~ training** *psych.* Sensitivitätstraining *n*; **2.** Sensitiviˈtät *f*, Feingefühl *n*.

sen·si·tize [ˈsensɪtaɪz] *v/t.* sensibilisieren, (*phot.* licht)empfindlich machen.

sen·sor [ˈsensə] *s.* ϟ, ⚙ Sensor *m*.

sen·so·ri·al [senˈsɔːrɪəl] → **sensory**; **senˈso·ri·um** [-əm] *pl.* **-ri·a** [-rɪə] *s.* *anat., psych.* **1.** Senˈsorium *n*, ˈSinnesappaˌrat *m*; **2.** Sitz *m* des Empfindungsvermögens, Bewusstsein *n*; **sen·so·ry** [ˈsensərɪ] *adj.* senˈsorisch, Sinnes...: **~ perception**.

sen·su·al [ˈsensjʊəl] *adj.* □ **1.** sinnlich: a) Sinnes..., b) wollüstig, *bsd. bibl.* fleischlich; **2.** *phls.* sensuaˈlistisch; **ˈsen·su·al·ism** [-lɪzəm] *s.* **1.** Sinnlichkeit *f*, Lüsternheit *f*; **2.** *phls.* Sensuaˈlismus *m*; **ˈsen·su·al·ist** [-lɪst] *s.* **1.** sinnlicher Mensch; **2.** *phls.* Sensuaˈlist *m*; **sen·su·al·i·ty** [ˌsensjʊˈælətɪ] *s.* Sinnlichkeit *f*; **ˈsen·su·al·ize** [-laɪz] *v/t.* **1.** sinnlich machen; **2.** versinnlichen.

sen·su·ous [ˈsensjʊəs] *adj.* □ sinnlich: a) Sinnes..., b) sinnenfroh; **ˈsen·su·ous·ness** [-nɪs] *s.* Sinnlichkeit *f*.

sent [sent] *pret. u. p.p. von* **send**.

sen·tence [ˈsentəns] **I** *s.* **1.** *ling.* Satz (-verbindung *f*) *m*: **complex ~** Satzgefüge *n*; **~ stress** Satzbetonung *f*; **2.** ⚖ a) (*bsd.* Straf)Urteil *n*: **pass ~ (up)on** das (*fig.* ein) Urteil fällen über (*acc.*), verurteilen (*a. fig.*), b) Strafe *f*: **under ~ of death** zum Tode verurteilt; **serve a ~ of imprisonment** e-e Freiheitsstrafe verbüßen; **3.** *obs.* Senˈtenz *f*, Sinnspruch *m*; **II** *v/t.* **4.** ⚖ *u. fig.* verurteilen (**to** zu).

sen·ten·tious [senˈtenʃəs] *adj.* □ **1.** sentenziˈös, präˈgnant, kernig; **2.** spruchreich, lehrhaft; *contp.* aufgeblasen, salbungsvoll; **senˈten·tious·ness** [-nɪs] *s.* **1.** Präˈgnanz *f*; **2.** Spruchreichtum *m*, Lehrhaftigkeit *f*; **3.** Großsprecheˈrei *f*.

sen·ti·ence [ˈsenʃəns] *s.* **1.** Empfindungsvermögen *n*; **2.** Empfindung *f*; **ˈsen·tient** [-nt] *adj.* □ **1.** empfindungsfähig; **2.** fühlend.

sen·ti·ment [ˈsentɪmənt] *s.* **1.** Empfindung *f*, (Gefühls)Regung *f*, Gefühl *n* (**towards** *j-m* gegenüber); **2.** *pl.* Gedanken *pl.*, Meinung *f*, (Geistes)Haltung *f*: **noble ~s** edle Gesinnung; **them's my ~s** *humor.* (so) denke ich; **3.** (Fein)Gefühl *n*, Innigkeit *f* (*a. Kunst*); **4.** *contp.* Sentimentaliˈtät *f*.

sen·ti·men·tal [ˌsentɪˈmentl] *adj.* □ **1.** sentimenˈtal: a) gefühlvoll, empfindsam, b) *contp.* rührselig; **2.** gefühlsmäßig, Gefühls..., emotioˈnal: **~ value** ✝ Liebhaberwert *m*; **ˌsen·tiˈmen·tal·ism** [-təlɪzəm] **1.** Empfindsamkeit *f*; **2.** → **sentimentality**; **ˌsen·tiˈmen·tal·ist** [-təlɪst] *s.* Gefühlsmensch *m*; **sen·ti·men·tal·i·ty** [ˌsentɪmenˈtælətɪ] *s.* *contp.* Sentimentaliˈtät *f*, Rührseligkeit *f*, Gefühlsduseˈlei *f*; **ˌsen·tiˈmen·tal·ize** [-təlaɪz] **I** *v/t.* sentimenˈtal gestalten; **II** *v/i.* (**about, over**) in Gefühlen schwelgen (bei), sentimenˈtal werden (bei, über *dat.*).

sen·ti·nel [ˈsentɪnl] *s.* **1.** Wächter *m*: **stand ~ over** bewachen; **2.** ⚔ → **sentry** 1; **3.** *Computer*: ˈTrennsymˌbol *n*.

sen·try [ˈsentrɪ] ⚔ *s.* **1.** (Wach)Posten *m*, Wache *f*; **2.** Wache *f*, Wachdienst *m*; **~ box** *s.* Wachhäus-chen *n*; **ˈ~-go** *s.* Wachdienst *m*.

se·pal [ˈsepəl] *s.* ⚘ Kelchblatt *n*.

sep·a·ra·ble [ˈsepərəbl] *adj.* □ (ab-)trennbar; **ˈsep·a·rate** [ˈsepəreɪt] **I** *v/t.* **1.** trennen (**from** von): a) *Freunde, a. Kämpfende etc.* auseinˈander bringen, ⚖ (ehelich) trennen, b) abtrennen, -schneiden, c) (ab)sondern, (aus)scheiden, d) auseinˈander halten, unterˈscheiden zwischen; **2.** (auf-, zer)teilen (**into** in *acc.*); **3.** ⚗, ⚙ a) scheiden, (ab)spalten, b) sortieren, c) aufbereiten; **4.** *Milch* zentrifugieren; **5.** ⚔ *Am.* entlassen; **II** *v/i.* **6.** sich (⚖ ehelich) trennen (**from** von), auseinˈander gehen; **7.** ⚗, ⚙ sich absondern; **III** *adj.* [ˈseprət] □ **8.** getrennt, besonder, sepaˈrat, Separat..., Sonder...: **~ account** ✝ Sonderkonto *n*; **~ estate** ⚖ eingebrachtes Sondergut (*der Ehefrau*); **9.** einzeln,

S

gesondert, getrennt, Einzel...: ~ ***questions*** gesondert zu behandelnde Fragen; **10.** einzeln, isoliert; **IV** *s.* ['seprət] **11.** *typ.* Sonder(ab)druck *m*; **sep·a·rate·ness** ['seprətnɪs] *s.* **1.** Getrenntheit *f*; **2.** Besonderheit *f*; **3.** Abgeschiedenheit *f*, Isoliertheit *f*; **sep·a·ra·tion** [ˌsepə'reɪʃn] *s.* **1.** (⚖ eheliche) Trennung, Absonderung *f*: ***judicial*** ~ (gerichtliche) Aufhebung der ehelichen Gemeinschaft; ~ ***of powers*** *pol.* Gewaltenteilung *f*; ~ ***allowance*** Trennungszulage *f*; **2.** ⚙, ⚗ a) Abscheidung *f*, -spaltung *f*, b) Scheidung *f*, Klassierung *f von Erzen*; **3.** ⚔ *Am.* Entlassung *f*; '**sep·a·ra·tism** [-ətɪzəm] *s.* Separa'tismus *m*; '**sep·a·ra·tist** [-ətɪst] **I** *s.* **1.** Separa'tist(in); **2.** *eccl.* Sektierer (-in); **II** *adj.* **3.** separa'tistisch; '**sep·a·ra·tive** [-ətɪv] *adj.* trennend, Trennungs...; **sep·a·ra·tor** ['sepəreɪtə] *s.* **1.** ⚙ a) (Ab)Scheider *m*, b) (*bsd.* 'Milch-) Zentriˌfuge *f*; **2.** *a.* ~ ***stage*** ⚡ Trennstufe *f*; **3.** *bsd.* ⚕ Spreizvorrichtung *f*.

Se·phar·dim [se'fɑːdɪm] (*Hebrew*) *s. pl.* Se'phardim *pl.*

se·pi·a ['siːpjə] *s.* **1.** *zo.* Sepia *f*, (Gemeiner) Tintenfisch *m*; **2.** Sepia *f* (*Sekret od. Farbstoff*); **3.** *paint.* a) Sepia *f* (*Farbe*), b) Sepiazeichnung *f*; **4.** *phot.* Sepiadruck *m*.

sep·sis ['sepsɪs] *s.* ⚕ Sepsis *f*.

sept- [sept] *in Zssgn* sieben...

sep·ta ['septə] *pl. von* ***septum***.

sep·tan·gle ['septæŋgl] *s.* ⩓ Siebeneck *n*.

Sep·tem·ber [sep'tembə] *s.* Sep'tember *m*: ***in*** ~ im September.

sep·te·mi·a [sep'tiːmɪə] → ***septic(a)emia***.

sep·te·nar·y [sep'tiːnərɪ] **I** *adj.* **1.** aus sieben bestehend, Sieben...; **2.** → ***septennial***; **II** *s.* **3.** Satz *m* von sieben Dingen; **4.** Sieben *f*.

sep·ten·ni·al [sep'tenjəl] *adj.* ☐ **1.** siebenjährlich; **2.** siebenjährig.

sep·tet(te) [sep'tet] *s.* ♪ Sep'tett *n*.

sep·tic ['septɪc] **I** *adj.* (☐ ~***ally***) ⚕ septisch: ~ ***sore throat*** septische Angina; **II** *s.* Fäulniserreger *m*.

sep·ti·c(a)e·mi·a [ˌseptɪ'siːmɪə] *s.* ⚕ Blutvergiftung *f*, Sepsis *f*.

sep·tu·a·ge·nar·i·an [ˌseptjuədʒɪ'neərɪən] **I** *s.* Siebzigjährige(r *m*) *f*, Siebziger(in); **II** *adj.* a) siebzigjährig, b) in den Siebzigern; **Sep·tu·a·ges·i·ma (Sun·day)** [ˌseptjuə'dʒesɪmə] *s.* Septua'gesima *f* (*9. Sonntag vor Ostern*).

sep·tum ['septəm] *pl.* **-ta** [-tə] *s.* ⚘, *anat.*, *zo.* (Scheide)Wand *f*, Septum *n*.

sep·tu·ple ['septjupl] **I** *adj.* siebenfach; **II** *s. das* Siebenfache; **III** *v/t.* (*v/i.* sich) versiebenfachen.

sep·tu·plet ['septjuplɪt] *s.* **1.** Siebenergruppe *f*; **2.** *mst pl.* Siebenling *m* (*Kind*).

sep·ul·cher *Am.* → ***sepulchre***; **se·pul·chral** [sɪ'pʌlkrəl] *adj.* ☐ **1.** Grab..., Begräbnis...; **2.** *fig.* düster, Grabes... (*-stimme etc.*); **sep·ul·chre** ['sepəlkə] *s.* **1.** Grab(stätte *f*, -mal *n*) *n*; **2.** *a.* ***Easter*** ~ *R.C.* Ostergrab *n* (*Schrein*).

sep·ul·ture ['sepəltʃə] *s.* (Toten)Bestattung *f*.

se·quel ['siːkwəl] *s.* **1.** (Aufein'ander-) Folge *f*: ***in the*** ~ in der Folge; **2.** Folge (-erscheinung) *f*, (Aus)Wirkung *f*, Konse'quenz *f*; (*gerichtliches etc.*) Nachspiel; **3.** (Ro'man- *etc.*)Fortsetzung *f*, (*a.* Hörspiel- *etc.*)Folge *f*.

se·quence ['siːkwəns] *s.* **1.** (Aufein'ander)Folge *f*: ~ ***of operations*** ⚙ Arbeitsablauf *m*; ~ ***of tenses*** *ling.* Zeitenfolge; **2.** (Reihen)Folge *f*: ***in*** ~ der Reihe nach; **3.** Folge *f*, Reihe *f*, Serie *f*; **4.** → ***sequel*** 2; **5.** ♪, *eccl.*, *a. Kartenspiel*: Se'quenz *f*; **6.** *Film*: Szene *f*; **7.** Folgerichtigkeit *f*; **8.** *fig.* Vorgang *m*; '**se·quent** [-nt] **I** *adj.* **1.** (aufein'ander) folgend; **2.** (logisch) folgend; **II** *s.* **3.** (*zeitliche od. logische*) Folge; **se·quen·tial** [sɪ'kwenʃl] *adj.* ☐ **1.** (*regelmäßig*) (aufein'ander) folgend; **2.** folgend (***to*** auf *acc.*); **3.** folgerichtig, konse'quent; **4.** *Computer*: sequenzi'ell.

se·ques·ter [sɪ'kwestə] *v/t.* **1.** (***o.s.*** sich) absondern (***from*** von); **2.** ⚖ → ***sequestrate***; **se'ques·tered** [-əd] *adj.* einsam, weltabgeschieden; zu'rückgezogen; **se'ques·trate** [-treɪt] *v/t.* ⚖ beschlagnahmen: a) unter Treuhänderschaft stellen, b) konfiszieren; **se·ques·tra·tion** [ˌsiːkwe'streɪʃn] *s.* **1.** Absonderung *f*, Ausschluss *m* (***from*** von, *eccl.* aus *der Kirche*); **2.** ⚖ Beschlagnahme *f*: a) Zwangsverwaltung *f*, b) Einziehung *f*; **3.** Zu'rückgezogenheit *f*.

se·quin ['siːkwɪn] *s.* **1.** *hist.* Ze'chine *f* (*Goldmünze*); **2.** Ziermünze *f*; **3.** Pail'lette *f*.

se·quoi·a [sɪ'kwɔɪə] *s.* ⚘ Mammutbaum *m*.

se·ra·glio [se'rɑːlɪəʊ] *s.* Se'rail *n*.

se·rai [se'raɪ] *s.* Karawanse'rei *f*.

ser·aph ['serəf] *pl.* '**ser·aphs**, '**ser·a·phim** [-fɪm] *s.* Seraph *m* (*Engel*); **se·raph·ic** [se'ræfɪk] *adj.* (☐ ~***ally***) se'raphisch, engelhaft, verzückt.

Serb [sɜːb], '**Ser·bian** [-bjən] **I** *s.* **1.** Serbe *m*, Serbin *f*; **2.** *ling.* Serbisch *n*; **II** *adj.* **3.** serbisch.

sere [sɪə] → ***sear***[1] 7.

ser·e·nade [ˌserə'neɪd] ♪ **I** *s.* **1.** Sere'nade *f*, Ständchen *n*, 'Nachtmuˌsik *f*; **2.** Sere'nade *f* (*vokale od. instrumentale Abendmusik*); **II** *v/i. u. v/t.* **3.** (*j-m*) ein Ständchen bringen; ˌ**ser·e'nad·er** [-də] *s.* j-d, der ein Ständchen bringt.

ser·en·dip·i·tous [ˌserən'dɪpɪtəs] *adj.* **1.** auf Zufällen beruhend, zufällig; **2.** vom Glück begünstigt; **3.** gut, günstig

(*Wetter etc.*); ˌ**ser·en'dip·i·ty** *s.* **1.** a) Glück *n*, glücklicher Zufall, b) ‚mehr Glück als Verstand'; **2.** Geschick *n*, per Zufall auf wichtige Dinge zu stoßen.

se·rene [sɪ'riːn] *adj.* ☐ **1.** heiter, klar (*Himmel, Wetter etc.*), ruhig (*See*), friedlich (*Natur etc.*): ***all ~ sl.*** ‚alles in Butter'; **2.** heiter, gelassen (*Person, Gemüt etc.*); **3.** ♀ durch'lauchtig: ***His ♀ Highness*** Seine Durchlaucht; **se·ren·i·ty** [sɪ'renətɪ] *s.* **1.** Heiterkeit *f*, Klarheit *f*; **2.** Gelassenheit *f*, heitere (Gemüts)Ruhe; **3.** (***Your***) ♀ (Eure) 'Durchlaucht *f* (*Titel*).

serf [sɜːf] *s.* **1.** *hist.* Leibeigene(r *m*) *f*; **2.** *obs. od. fig.* Sklave *m*; '**serf·age** [-fɪdʒ], '**serf·dom** [-dəm] *s.* **1.** Leibeigenschaft *f*; **2.** *obs. od. fig.* Sklave'rei *f*.

serge [sɜːdʒ] *s.* Serge *f* (*Stoff*).

ser·geant ['sɑːdʒənt] *s.* **1.** ⚔ Feldwebel *m*; *Artillerie, Kavallerie*: Wachtmeister *m*: ***~ first class*** *Am.* Oberfeldwebel; ***first ~*** Hauptfeldwebel; **2.** (Poli'zei-) Wachtmeister *m*; **3.** → ***serjeant***; ***~ major*** *s.* ⚔ Hauptfeldwebel *m*.

se·ri·al ['sɪərɪəl] **I** *s.* **1.** in Fortsetzungen *od.* in regelmäßiger Folge erscheinende Veröffentlichung, *bsd.* 'Fortsetzungsroˌman *m*; **2.** (Veröffentlichungs)Reihe *f*; Lieferungswerk *n*; peri'odische Zeitschrift; **3.** a) Sendereihe *f*, b) (Hörspiel-, Fernseh)Folge *f*, Serie *f*; **II** *adj.* ☐ **4.** Serien..., Fortsetzungs...: ***~ story***; ***~ rights*** Copyright *n* e-s Fortsetzungsromans; **5.** serienmäßig, Serien..., Reihen..., *Computer*: seri'ell: ***~ manufacture***; ***~ number*** a) laufende Nummer, b) Fabrikationsnummer *f*; ***~ photograph*** Reihenbild *n*; ***~ processing*** *Computer*: serielle Verarbeitung; **6.** ♪ Zwölfton...; '**se·ri·al·ize** [-laɪz] *v/t.* **1.** peri'odisch *od.* in Fortsetzungen veröffentlichen; **2.** reihenweise anordnen; **se·ri·a·tim** [ˌsɪərɪ'eɪtɪm] (*Lat.*) *adv.* der Reihe nach.

se·ri·ceous [sɪ'rɪʃəs] *adj.* **1.** Seiden...; **2.** seidig; **3.** ♀, *zo.* seidenhaarig; **ser·i·cul·ture** ['serɪˌkʌltʃə] *s.* Seidenraupenzucht *f*.

se·ries ['sɪəriːz] *pl.* **-ries** *s.* **1.** Serie *f*, Folge *f*, Kette *f*, Reihe *f*: ***in ~*** der Reihe nach (→ 3 *u.* 9); **2.** (Ar'tikel-, Buch- *etc.*)Serie *f*, Reihe *f*, Folge *f*; **3.** ⚙ Serie *f*, Baureihe *f*: ***~ production*** Reihen-, Serienbau *m*; ***in ~*** serienmäßig; **4.** (*Briefmarken- etc.*)Serie *f*; **5.** ⚗ Reihe *f*; **6.** ⚗ homo'loge Reihe; **7.** *geol.* Schichtfolge *f*; **8.** *zo.* Ab'teilung *f*; **9.** *a.* ***~ connection*** ⚡ Serien-, Reihenschaltung *f*: ***~ motor*** Reihen(schluss)motor *m*; ***connect in ~*** hintereinander schalten.

ser·if ['serɪf] *s. typ.* Se'rife *f*.

ser·in ['serɪn] *s. orn.* wilder Ka'narienvogel.

se·ri·o·com·ic [ˌsɪərɪəʊ'kɒmɪk] *adj.* (☐ ***~ally***) ernst-komisch.

se·ri·ous ['sɪərɪəs] *adj.* ☐ **1.** ernst(haft): a) feierlich, b) von ernstem Cha'rakter, seri'ös, c) schwerwiegend, bedeutend: ***~ dress*** seriöse Kleidung; ***~ music*** ernste Musik; ***~ problem*** ernstes Problem; ***~ artist*** ernsthafter Künstler; **2.** ernstlich, bedenklich, gefährlich: ***~ illness***; ***~ rival*** ernst zu nehmender Rivale; **3.** ernst(haft, -lich), ernst gemeint (*Angebot etc.*): ***are you ~?*** meinst du das im Ernst?; '**se·ri·ous·ly** [-lɪ] *adv.* ernst (-lich); im Ernst: ***~ ill*** ernstlich krank; ***~ wounded*** schwer verwundet; ***now, ~!*** im Ernst!; '**se·ri·ous·ness** [-nɪs] *s.* **1.** Ernst *m*, Ernsthaftigkeit *f*; **2.** Wichtigkeit *f*, Bedeutung *f*.

ser·jeant ['sɑːdʒənt] *s.* ⚖ **1.** Gerichtsdiener *m*; **2.** ***Common*** ♀ Stadtsyndikus *m* (*London*); **3.** *a.* ***~ at law*** höherer Barrister (des Gemeinen Rechts); ***~ at arms*** *s. parl.* Ordnungsbeamte(r) *m*.

ser·mon ['sɜːmən] *s.* **1.** Predigt *f*: ***♀ on the Mount*** *bibl.* Bergpredigt; **2.** *iro.* (Mo'ral-, Straf)Predigt *f*; '**ser·mon·ize** [-naɪz] **I** *v/i.* (*a. iro.*) predigen; **II** *v/t.* *j-m* e-e (Mo'ral)Predigt halten.

se·rol·o·gist [ˌsɪə'rɒlədʒɪst] *s.* ⚕ Sero'loge *m*; **se'rol·o·gy** [-dʒɪ] *s.* Serolo'gie *f*, Serumkunde *f*; **se'ros·i·ty** [-ɒsətɪ] *s.* ⚕ **1.** se'röser Zustand; **2.** se'röse Flüssigkeit; **se·rous** ['sɪərəs] *adj.* ⚕ se'rös.

ser·pent ['sɜːpənt] *s.* **1.** (*bsd. große*) Schlange; **2.** *fig.* (Gift)Schlange *f* (*Person*); **3.** ♀ *ast.* Schlange *f*; '**ser·pen·tine** [-taɪn] **I** *adj.* **1.** schlangenförmig, Schlangen...; **2.** sich schlängelnd *od.* windend, geschlängelt, Serpentinen...: ***~ road***; **3.** *fig.* falsch, tückisch; **II** *s.* **4.** *geol.* Serpen'tin *m*; **5.** *Eislauf*: Schlangenbogen *m*; **6.** ♀ *Teich im Hyde Park.*

ser·pi·go [sɜː'paɪgəʊ] *s.* ⚕ fressende Flechte.

ser·rate ['serɪt], **ser·rat·ed** [se'reɪtɪd] *adj.* (sägeförmig) gezackt; ˌ**ser·rate-'den·tate** *adj.* ♀ gesägt-gezähnt.

ser·ra·tion [se'reɪʃn] *s.* (sägeförmige) Auszackung.

ser·ried ['serɪd] *adj.* dicht geschlossen (*Reihen*).

se·rum ['sɪərəm] *s.* **1.** *physiol.* (Blut-) Serum *n*; **2.** ⚕ (Heil-, Schutz)Serum *n*.

ser·val ['sɜːvəl] *s. zo.* Serval *m*.

serv·ant ['sɜːvənt] *s.* **1.** Diener *m* (*a. fig. Gottes, der Kunst etc.*); (***domestic***) ***~*** Dienstbote *m*, -mädchen *n*, Hausangestellte(r *m*) *f*; ***~s' hall*** Gesindestube *f*; ***your obedient ~*** hochachtungsvoll (*Amtsstil*); **2.** *bsd.* ***public ~*** Beamte(r) *m*, Angestellte(r) *m* (*im öffentlichen Dienst*); → ***civil*** 2; **3.** ⚖ (Handlungs-) Gehilfe *m*, Angestellte(r) *m* (*Ggs.* ***master*** 5 b); ***~ girl***, ***~ maid*** *s.* Dienstmädchen *n*.

S

serve [sɜːv] **I** *v/t.* **1.** *j-m, a. Gott, s-m Land etc.* dienen; arbeiten für, im Dienst stehen bei; **2.** *j-m* dienlich sein, helfen (*a. Sache*); **3.** *Dienstzeit* (*a.* ⚔) ableisten; *Lehre* 'durchmachen; ⚖ *Strafe* absitzen, verbüßen; **4.** a) *Amt* ausüben, innehaben, b) Dienst tun in (*dat.*), *Gebiet, Personenkreis* betreuen, versorgen; **5.** *e-m Zweck* dienen *od.* entsprechen, *e-n Zweck* erfüllen, *e-r Sache* nützen: ***it ~s no purpose*** es hat keinen Zweck; **6.** genügen (*dat.*), ausreichen für: ***enough to ~ us a month***; **7.** *j-m bei Tisch* aufwarten; *j-n,* ✝ *Kunden* bedienen; **8.** *a.* **~ *up*** *Essen etc.* servieren, auftragen, reichen: ***dinner is ~d!*** es ist serviert *od.* angerichtet!; **~ *up*** F *fig.* ‚auftischen'; **9.** ⚔ *Geschütz* bedienen; **10.** versorgen (***with*** mit): **~ *the town with gas***; **11.** *oft* **~ *out*** aus-, verteilen; **12.** *mst* F a) *j-n schändlich etc.* behandeln, b) *j-m et.* zufügen: **~ *s.o. a trick*** j-m e-n Streich spielen; **~ *s.o. out*** es j-m heimzahlen; (***it***) ***~s him right*** (das) geschieht ihm recht; **13.** *Verlangen* befriedigen, frönen (*dat.*); **14.** *Stute etc.* decken; **15.** ⚖ *Vorladung etc.* zustellen (*dat.*): **~ *s.o. a writ***, **~ *a writ on s.o.***; **16.** ⚙ um'wickeln; **17.** ⚓ *Tau* bekleiden; **II** *v/i.* **18.** dienen, Dienst tun (*beide a.* ⚔); in Dienst stehen, angestellt sein (***with*** bei); **19.** servieren, bedienen: **~ *at table***; **20.** fungieren, amtieren (***as*** als): **~ *on a committee*** in e-m Ausschuss tätig sein; **21.** dienen, nützen: ***it ~s to*** *inf.* es dient dazu, zu *inf.*; ***it ~s to show his cleverness*** daran kann man s-e Klugheit erkennen; **22.** dienen (***as, for*** als): ***a blanket ~d as a curtain***; **23.** genügen, den Zweck erfüllen; **24.** günstig sein, passen: ***as occasion ~s*** bei passender Gelegenheit; ***the tide ~s*** ⚓ der Wasserstand ist (*zum Auslaufen etc.*) günstig; **25.** *sport* a) *Tennis etc.*: aufschlagen, b) *Volleyball*: aufgeben: ***X to ~!*** Aufschlag X; **26.** *R.C.* ministrieren; **III** *s.* **27.** → ***service*** 20; '**serv·er** [-və] *s.* **1.** *R.C.* Mini'strant *m*; **2.** a) *Tennis*: Aufschläger *m*, b) *Volleyball*: Aufgeber *m*; **3.** a) Tab'lett *n*, b) Warmhalteplatte *f*, c) Serviertischchen *n od.* -wagen *m*, d) Tortenheber *m*; **4.** *Computer*: 'Server *m*.

serv·ice[1] ['sɜːvɪs] *s.* ⚘ **1.** Spierbaum *m*; **2.** *a.* ***wild* ~** (***tree***) Elsbeerbaum *m*.

serv·ice[2] ['sɜːvɪs] **I** *s.* **1.** Dienst *m*, Stellung *f* (*bsd. v. Hausangestellten*): ***be in ~*** in Stellung sein; ***take s.o. into ~*** j-n einstellen; **2.** a) Dienstleistung *f* (*a.* ✝, ⚖), Dienst *m* (***to*** an *dat.*), b) (guter) Dienst, Gefälligkeit *f*: ***do*** (*od.* ***render***) ***s.o. a ~*** j-m e-n Dienst erweisen; ***at your ~*** zu Ihren Diensten; ***be*** (***place***) ***at s.o.'s ~*** j-m zur Verfügung stehen (stellen); **3.** ✝ Bedienung *f*: ***prompt ~***; **4.** Nutzen *m*: ***be of ~ to*** *j-m* nützen; **5.** (*Nacht-, Nachrichten-, Presse-, Telefon- etc.*)Dienst *m*; **6.** a) Versorgungsdienst *m*, b) Versorgungsbetrieb *m*: ***water ~*** Wasserversorgung *f*; **7.** Funkti'on *f*, Amt *n* (*e-s Beamten*); **8.** (öffentlicher) Dienst, Staatsdienst *m*: ***diplomatic ~***; ***on Her Majesty's ~*** *Brit.* ✉ Dienstsache *f*; **9.** 🚂 *etc.* Verkehr *m*, Betrieb *m*: ***twenty-minute ~*** Zwanzigminutentakt *m*; **10.** ⚙ Betrieb *m*: ***in*** (***out of***) **~** in (außer) Betrieb; **~ *conditions*** Betriebsbeanspruchung *f*; **~ *life*** Lebensdauer *f*; **11.** ⚙ Wartung *f*, Kundendienst *m*, Service *m*; **12.** ⚔ a) (Wehr-) Dienst *m*, b) Waffengattung *f*, c) *pl.* Streitkräfte *pl.*, d) *Brit.* Ma'rine *f*: ***be on active ~*** aktiv dienen; **~ *pistol*** Dienstpistole *f*; **13.** ⚔ *Am.* (technische) Versorgungstruppe; **14.** ⚔ Bedienung *f* (*Geschütz*); **15.** *mst pl.* Hilfsdienst *m*: ***medical ~***(***s***); **16.** *eccl.* a) *a.* ***divine ~*** Gottesdienst *m*, b) Litur'gie *f*; **17.** Ser'vice *n*, Tafelgerät *n*; **18.** ⚖ Zustellung *f*; **19.** ⚓ Bekleidung *f* (*Tau*); **20.** *sport* a) *Tennis etc.*: Aufschlag, b) *Volleyball*: Aufgabe *f*; **II** *v/t.* **21.** ⚙ a) warten, pflegen, b) über'holen; **22.** ✝ *bsd. Am.* Kundendienst verrichten für *od.* bei; **23.** *zo. Stute* decken; '**serv·ice·a·ble** [-səbl] *adj.* ☐ **1.** brauch-, verwendbar, nützlich; betriebs-, leistungsfähig; **2.** zweckdienlich; **3.** haltbar, strapazierfähig.

serv·ice a·re·a *s.* **1.** *Radio, TV*: Sendebereich *m*; **2.** *Brit.* (Autobahn)Raststätte *f* (mit Tankstelle); **~ *book*** *s. eccl.* Gebet-, Gesangbuch *n*; **~ *box*** *s.* ⚡ Anschlusskasten *m*; **~ *brake*** *s. mot.* Betriebsbremse *f*; **~ *charge*** *s.* **1.** *econ.* Bedienungszuschlag *m*; **2.** ✝ Bearbeitungsgebühr *f*; **~ *com·pa·ny*** *s.* Dienstleistungsbetrieb *m*; **~ *court*** *s. Tennis etc.*: Aufschlagfeld *n*; **~ *dress*** → ***service uniform***; **~ *en·gi·neer*** *s.* Kundendiensttechniker *m*; **~ *flat*** *s. Brit.* E'tagenwohnung *f* mit Bedienung; **~ *hatch*** *s. Brit.* 'Durchreiche *f* (*für Speisen*); **~ *in·dus·try*** *s.* **1.** *mst pl.* Dienstleistungsbetriebe *pl.*, -gewerbe *n*; **2.** 'Zulieferindustˌrie *f*; **~ *life*** *s.* ⚙ Lebensdauer *f*; **~ *line*** *s. Tennis etc.*: Aufschlaglinie *f*; '**~·man** [-mən] *s.* [*irr.*] **1.** Sol'dat *m*, Mili'tärangehörige(r) *m*; **2.** ⚙ a) 'Kundendienstmeˌchaniker *m*, b) 'Wartungsmonˌteur *m*; **~ *mod·ule*** *s.* Versorgungsteil *m e-s Raumschiffs*; **~ *so·ci·e·ty*** *s.* Dienstleistungsgesellschaft *f*; **~ *sta·tion*** *s.* **1.** Kundendienst- *od.* Repara'turwerkstatt *f*; **2.** (Groß)Tankstelle *f*; **~ *trade*** *s.* Dienstleistungsgewerbe *n*; **~ *u·ni·form*** *s.* ⚔ Dienstanzug *m*.

ser·vi·ette [sɜːvɪ'et] *s.* Servi'ette *f*.

ser·vile ['sɜːvaɪl] *adj.* ☐ **1.** ser'vil, unter-

'würfig, kriecherisch; **2.** *fig.* sklavisch (*Gehorsam, Genauigkeit etc.*); **ser·vil·i·ty** [sɜːˈvɪlətɪ] *s.* Unter'würfigkeit *f*; Krieche'rei *f*.

serv·ing [ˈsɜːvɪŋ] *s.* Porti'on *f*.

ser·vi·tor [ˈsɜːvɪtə] *s.* **1.** *obs.* Diener(in) (*a. fig.*); **2.** *obs. od. poet.* Gefolgsmann *m*; **3.** *univ. hist.* Stipendi'at *m*.

ser·vi·tude [ˈsɜːvɪtjuːd] *s.* **1.** Sklave'rei *f*, Knechtschaft *f* (*a. fig.*); **2.** ⚖ Zwangsarbeit *f*: ***penal ~*** Zuchthausstrafe *f*; **3.** ⚖ Servi'tut *n*, Nutzungsrecht *n*.

'ser·vo|-as,sist·ed [ˈsɜːvəʊ-] *adj.* ⚙ Servo...; **~ brake** *s.* Servobremse *f*; **~ steer·ing** *s.* Servolenkung *f*.

ses·a·me [ˈsesəmɪ] *s.* **1.** ⚘ Indischer Sesam; **2.** → ***open sesame***.

ses·a·moid [ˈsesəmɔɪd] *adj. anat.* Sesam...: **~ *bones*** Sesamknöchelchen.

sesqui- [seskwɪ] *in Zssgn* 'andert'halb; **,~'al·ter** [-ˈæltə], **,~'al·ter·al** [-ˈæltərəl] *adj.* im Verhältnis 3:2 *od.* 1:1½ stehend; **,~·cen'ten·ni·al I** *adj.* 150-jährig; **II** *s.* 150-Jahr-Feier *f*; **,~·pe'da·li·an** [-pɪˈdeɪljən] *adj.* **1.** 'andert'halb Fuß lang; **2.** *fig. humor.* sehr lang, monströs: **~ *word***; **3.** *fig.* schwülstig; **'~·plane** [-pleɪn] *s.* ✈ Anderthalbdecker *m*.

ses·sile [ˈsesɪl] *adj.* **1.** ⚘ stiellos; **2.** *zo.* ungestielt.

ses·sion [ˈseʃn] *s.* **1.** *parl.* ⚖ a) Sitzung *f*, b) 'Sitzungsperi,ode *f*: ***be in ~*** e-e Sitzung abhalten, tagen; **2.** (*einzelne*) Sitzung (*a.* ⚕ *psych.*), Konfe'renz *f*; **3.** *℞s pl.* → ***magistrates' court***, ***Quarter Sessions***; **4.** a) ***Court of ℞*** *oberstes schottisches Zivilgericht*, b) ***Court of ℞s*** *Am.* (*einzelstaatliches*) *Gericht für Strafsachen*; **5.** *univ.* a) *Brit.* aka'demisches Jahr, b) *Am.* ('Studien)Se,mester *n*; **'ses·sion·al** [-ʃənl] *adj.* ☐ **1.** Sitzungs...; **2.** *univ. Brit.* Jahres...: **~ *course***.

ses·tet [sesˈtet] *s.* **1.** ♪ Sex'tett *n*; **2.** *Metrik*: sechszeilige Strophe.

set [set] **I** *s.* **1.** Satz *m Briefmarken, Dokumente, Werkzeuge etc.*; (*Möbel-, Toiletten- etc.*)Garni'tur *f*; (*Speise- etc.*) Ser'vice *n*, Besteck *n*; (*Farben- etc.*) Sorti'ment *n*; **2.** ✝ Kollekti'on *f*; **3.** Sammlung *f*: ***a ~ of Shakespeare's works***; **4.** (Schriften)Reihe *f*, (Ar'tikel-) Serie *f*; **5.** ⚙ (Ma'schinen)Anlage *f*; **6.** (Häuser)Gruppe *f*; **7.** (Zimmer)Flucht *f*; **8.** ⚙ a) (Ma'schinen)Satz *m*, (-)Anlage *f*, Aggre'gat *n*, b) (*Radio- etc.*)Gerät *n*, Appa'rat *m*; **9.** a) *thea.* Bühnenausstattung *f*, b) *Film*: Szenenaufbau *m*; **10.** *Tennis etc.*: Satz *m*; **11.** 𝔄 a) Zahlenreihe *f*, b) Menge *f*; **12.** ***~ of teeth*** Gebiss *n*; **13.** (Per'sonen)Kreis *m*: a) Gesellschaft(sschicht) *f*, *vornehme, literarische etc.* Welt, b) *contp.* Klüngel *m*, Clique *f*: ***the chic ~*** die ‚Schickeria'; ***the fast ~*** die Lebewelt; **14.** Sitz *m*, Schnitt *m von Kleidern*; **15.** Haltung *f*; **16.** Richtung *f*, (Ver)Lauf *m e-r Strömung etc.*; **17.** Neigung *f*, Ten'denz *f*; **18.** *poet.* 'Untergang *m der Sonne etc.*: ***the ~ of the day*** das Tagesende; **19.** ⚙ → ***setting*** 10; **20.** *hunt.* Vorstehen *n des Hundes*: ***make a dead ~ at*** *fig.* a) über *j-n* herfallen, b) es auf *e-n Mann* abgesehen haben (*Frau*); **21.** *hunt.* (*Dachs- etc.*)Bau *m*; **22.** ⚘ Setzling *m*, Ableger *m*; **II** *adj.* **23.** starr (*Gesicht, Lächeln*); **24.** fest (*Meinung*); **25.** festgesetzt: ***at the ~ day***; **26.** vorgeschrieben, festgelegt: ***~ rules***; ***~ books*** *od.* ***reading*** Pflichtlektüre *f*; **27.** for'mell, konventio'nell: ***~ party***; **28.** wohl überlegt, einstudiert: ***~ speech***; **29.** a) bereit, b) fest entschlossen (***on doing*** zu tun); **30.** zs.-gebissen (*Zähne*); **31.** eingefasst (*Edelstein*); **32.** ***~ piece*** *paint. etc.* Gruppenbild *n*; **33.** ***~ fair*** beständig (*Barometer*); **34.** *in Zssgn* ...gebaut; **III** *v/t.* [*irr.*] **35.** setzen, stellen, legen: ***~ the glass to one's lips*** das Glas an die Lippen setzen; ***~ a match to*** ein Streichholz halten an (*acc.*), *et.* in Brand stecken; → ***hand*** 7, ***sail*** 1 *etc.*; **36.** (ein-, her)richten, (an)ordnen, zu'rechtmachen; *thea. Bühne* aufbauen; *Tisch* decken; ⚙ *etc.* (ein)stellen, (-)richten, regulieren; *Uhr*, *Wecker* stellen; ⚙ *Säge* schränken; *hunt. Falle* (auf-) stellen; ⚕ *Bruch*, *Knochen* (ein)richten; *Messer* abziehen; *Haar* legen; **37.** ♪ a) vertonen, b) arrangieren; **38.** *typ.* absetzen; **39.** ✓ a) *a.* ***~ out*** *Setzlinge* (aus)pflanzen, b) *Boden* bepflanzen; **40.** a) *Bruthenne* setzen, b) *Eier* 'unterlegen; **41.** a) *Edelstein* fassen, b) *mit Edelsteinen etc.* besetzen; **42.** *Wache* (auf)stellen; **43.** *Aufgabe*, *Frage* stellen; **44.** *j-n* anweisen (***to do s.th.*** et. zu tun), *j-n* an (*e-e Sache*) setzen: ***~ o.s. to do s.th.*** sich daran machen, et. zu tun; **45.** vorschreiben; **46.** *Zeitpunkt* festlegen; **47.** *Hund etc.* hetzen (***on*** auf *j-n*): ***~ spies on*** *j-n* bespitzeln lassen; **48.** (veran)lassen (***doing*** zu tun): ***~ going*** in Gang setzen; ***~ s.o. laughing*** j-n zum Lachen bringen; ***~ s.o. thinking*** j-m zu denken geben; **49.** *in e-n Zustand* versetzen; → ***ease*** 2; **50.** *Flüssiges* fest werden lassen; *Milch* gerinnen lassen; **51.** *Zähne* zs.-beißen; **52.** *Wert* bemessen, festsetzen; **53.** *Preis* aussetzen (***on*** auf *acc.*); **54.** *Geld*, *Leben* riskieren; **55.** *Hoffnung*, *Vertrauen* setzen (***on*** auf *acc.*; ***in*** in *acc.*); **56.** *Grenzen*, *Schranken etc.* setzen (***to*** *dat.*); **IV** *v/i.* [*irr.*] **57.** 'untergehen (*Sonne etc.*); **58.** a) auswachsen (*Körper*), b) ausreifen (*Charakter*); **59.** fest werden (*Flüssiges*); abbinden (*Zement etc.*); erstarren

S

(*a. Gesicht, Muskel*); gerinnen (*Milch*); ⚕ sich einrenken; **60.** sitzen (*Kleidung*); **61.** fließen, laufen (*Flut etc.*); wehen, kommen (***from*** aus, von) (*Wind*) *fig.* sich neigen *od.* richten (***against*** gegen); **62.** ⚘ Frucht ansetzen (*Blüte, Baum*); **63.** *hunt.* (vor)stehen (*Hund*);
Zssgn mit prp.:
set| a·bout *v/i.* **1.** sich an *et.* machen, *et.* in Angriff nehmen; **2.** F über *j-n* herfallen; **~ a·gainst** *v/t.* **1.** entgegen- *od.* gegen'überstellen (*dat.*): ***set o.s.*** (*od.* ***one's face***) ***against*** sich *e-r Sache* widersetzen; **2.** *j-n* aufhetzen gegen; **~ (up·)on** *v/i.* herfallen über *j-n*.
Zssgn mit adv.:
set| a·part *v/t.* **1.** *Geld etc.* bei'seite legen; **2.** ***set s.o. apart*** (***from***) j-n unter'scheiden (von); **~ a·side** *v/t.* **1.** a) bei'seite legen, b) → ***set apart*** 1; **2.** *Plan etc.* fallen lassen; **3.** außer Acht lassen, ausklammern; **4.** verwerfen, *bsd.* ⚖ aufheben; **~ back I** *v/t.* **1.** *Uhr* zu'rückstellen; **2.** *Haus etc.* zu'rücksetzen; **3.** *fig. j-n, et.* zu'rückwerfen; **4.** *j-n* ärmer machen (um); **II** *v/i.* **5.** zu'rückfließen (*Flut etc.*); **~ by** *v/t. Geld etc.* zu'rücklegen, sparen; **~ down** *v/t.* **1.** *Last, a. Fahrgast, a. das Flugzeug* absetzen; **2.** (schriftlich) niederlegen, aufzeichnen; **3.** *j-m* e-n ‚Dämpfer' aufsetzen; **4.** **~ *as*** *j-n* abtun *od.* betrachten als; **5.** *et.* zuschreiben (***to*** *dat.*); **6.** *et.* festlegen, -setzen; **~ forth I** *v/t.* **1.** bekannt machen; **2.** → ***set out*** 1; **3.** zur Schau stellen; **II** *v/i.* **4.** aufbrechen: **~ *on a journey*** e-e Reise antreten; **5.** *fig.* ausgehen (***from*** von); **~ for·ward I** *v/t.* **1.** *Uhr* vorstellen; **2.** a) *et.* vor'antreiben, b) *j-n od. et.* weiterbringen; **3.** vorbringen, darlegen; **II** *v/i.* **4.** sich auf den Weg machen; **~ in** *v/i.* einsetzen (*beginnen*); **~ off I** *v/t.* **1.** her'vortreten lassen, abheben (***from*** von); **2.** her'vorheben; **3.** a) *Rakete* abschießen, b) *Sprengladung* zur Explosi'on bringen, c) *Feuerwerk* abbrennen; **4.** *Alarm etc.* auslösen (*a. Streik etc.*), führen zu; **5.** ✝ auf-, anrechnen (***against*** gegen); **6.** ⚖ als Ausgleich nehmen (***against*** für); **7.** *Verlust etc.* ausgleichen; **II** *v/i.* **8.** → ***set forth*** 4; **9.** *fig.* anfangen; **~ on** *v/t.* **1.** a) *j-n* drängen (***to do*** zu tun), b) *j-n* aufhetzen (***to*** zu); **2.** *Hund etc.* hetzen (***to*** auf *acc.*); **~ out I** *v/t.* **1.** (ausführlich) darlegen, aufzeigen; **2.** anordnen, arrangieren; **II** *v/i.* **3.** aufbrechen, sich aufmachen, sich auf den Weg machen (***for*** nach); **4.** sich vornehmen, da'rangehen (***to do*** *et.* zu tun); **~ to** *v/i.* **1.** sich dar'anmachen, sich ‚da'hinter klemmen', ‚loslegen'; **2.** aufein'ander losgehen; **~ up I** *v/t.* **1.** errichten: **~ *a monument***; **2.** ⚙ *Maschine etc.* aufstellen, montieren; **3.** *Geschäft etc.* gründen; *Regierung* bilden, einsetzen; **4.** *j-m* zu e-m (guten) Start verhelfen, *j-n* etablieren: **~ *s.o. up in business***; **~ *o.s. up*** (***as***) → 15; **5.** *Behauptung etc., a. Rekord* aufstellen; ⚖ *Anspruch* geltend machen, *a. Verteidigung* vorbringen; **6.** *Kandidaten* aufstellen; **7.** *j-n* erhöhen (***over*** über *acc.*), *a. j-n* auf den Thron setzen; **8.** *Stimme, Geschrei* erheben; **9.** *a. Krankheit* verursachen; **10.** a) *j-n* kräftigen, b) *gesundheitlich* wieder'herstellen; **11.** *j-m* (finanzi'ell) ‚auf die Beine helfen'; **12.** *j-n* versehen, -sorgen (***with*** mit); **13.** F a) *j-m* e-e Falle stellen, b) *j-m* et. ‚anhängen'; **14.** *typ.* (ab-) setzen: **~ *in type***; **II** *v/i.* **15.** sich niederlassen *od.* etablieren (***as*** als): **~ *for o.s.*** sich selbstständig machen; **16.** **~ *for*** sich ausgeben für *od.* als, sich aufspielen als.

se·ta·ceous [sɪ'teɪʃəs] *adj.* borstig.

'set|·a͵side *s.* **1.** *Am.* Rücklage *f*; **2.** *EU* Flächenstilllegung *f*; **'~·back** *s.* **1.** *fig.* a) Rückschlag *m*, b) ‚Schlappe' *f*; **2.** ⚠ a) Rücksprung *m e-r Wand*, b) zu'rückgesetzte Fas'sade; **'~·down** *s.* **1.** Dämpfer *m*; **2.** Rüffel *m*; **'~·off** *s.* **1.** Kon'trast *m*; **2.** ⚖ a) Gegenforderung *f*, b) Ausgleich *m* (*a. fig*; ***against*** für); **3.** ✝ Aufrechnung *f*; **'~·out** *s.* **1.** a) Aufbruch *m*, b) Anfang *m*; **2.** Aufmachung *f*; **3.** F a) Vorführung *f*, b) Party *f*; **~ piece** *s.* **1.** *Kunst*: formvollendetes Werk; **2.** ⚔ sorgfältig geplante Operati'on; **3.** → ***set*** 32; **~ point** *s.* **1.** *Tennis etc.*: Satzball *m*; **2.** ⚙ Sollwert *m*; **'~·screw** *s.* ⚙ Stellschraube *f*; **~ square** *s.* Winkel *m*, Zeichendreieck *n*.

sett [set] *s.* Pflasterstein *m*.

set·tee [se'tiː] *s.* **1.** Sitz-, Polsterbank *f*; **2.** kleineres Sofa: **~ *bed*** Bettcouch *f*.

set·ter ['setə] *s.* **1.** *allg.* Setzer(in), Einrichter(in); **2.** *typ.* (Schrift)Setzer *m*; **3.** Setter *m* (*Vorstehhund*); **4.** (Poli'zei-) Spitzel *m*; **͵~-'on** [-ər'ɒn] *pl.* **͵~s-'on** *s.* Aufhetzer(in).

set the·o·ry *s.* 𝔄 Mengenlehre *f*.

set·ting ['setɪŋ] *s.* **1.** (*typ.* Schrift)Setzen *n*; Einrichten *n*; (Ein)Fassen *n* (*Edelstein*); **2.** Schärfen *n* (*Messer*); **3.** (*Gold- etc.*)Fassung *f*; **4.** Lage *f*, 'Hintergrund *m* (*a. fig. Rahmen*); **5.** Schauplatz *m*, 'Hintergrund *m e-s Romans etc.*; **6.** *thea.* szenischer 'Hintergrund, Bühnenbild *n*; *a. Film*: Ausstattung *f*; **7.** ♪ a) Vertonung *f*, b) Satz *m*; **8.** (*Sonnen- etc.*)'Untergang *m*; **9.** ⚙ Einstellung *f*; **10.** ⚙ Hartwerden *n*, Abbinden *n von Zement etc.*: **~ *point*** Stockpunkt *m*; **11.** ⚙ Schränkung *f* (*Säge*); **12.** Gedeck *n*; **~ lo·tion** *s.* (Haar)Festiger *m*; **'~-rule** *s. typ.* Setzlinie *f*; **'~-stick** *s. typ.* Winkelhaken *m*; **'~-up** *s.* **1.** *bsd.* ⚙

S

Einrichtung *f*, Aufstellung *f*; **2.** **~ *exercises*** *Am.* Gymnastik *f*, Freiübungen *pl.*

set·tle ['setl] **I** *v/i.* **1.** sich niederlassen *od.* setzen (*a. Vogel etc.*); **2.** a) sich ansiedeln, b) **~ *in*** sich *in e-r Wohnung etc.* einrichten, c) **~ *in*** sich einleben *od.* eingewöhnen; **3.** a) *a.* **~ *down*** sich *in e-m Ort* niederlassen, b) sich (häuslich) niederlassen, c) *a.* ***marry and* ~ *down*** e-n Hausstand gründen, d) sesshaft werden, zur Ruhe kommen, sich einleben; **4.** **~ *down to*** sich widmen (*dat.*), sich an *e-e Arbeit etc.* machen; **5.** sich legen *od.* beruhigen (*Wut etc.*); **6.** **~ *on*** sich zuwenden (*dat.*), fallen auf (*acc.*) (*Zuneigung etc.*); **7.** ⚕ sich festsetzen (***on***, ***in*** in *dat.*), sich legen (***on*** auf *acc.*) (*Krankheit*); **8.** beständig werden (*Wetter*): ***it* ~*d in for rain*** es regnete sich ein; ***it is settling for a frost*** es wird Frost geben; ***the wind has* ~*d in the west*** der Wind steht im Westen; **9.** sich senken (*Mauern etc.*); **10.** langsam absacken (*Schiff*); **11.** sich klären (*Flüssigkeit*); **12.** sich setzen (*Trübstoff*); **13.** sich legen (*Staub*); **14.** (***upon***) sich entscheiden (für), sich entschließen (zu); **15.** **~ *for*** sich begnügen *od.* abfinden mit; **16.** e-e Vereinbarung treffen; **17.** a) **~ *up*** zahlen *od.* abrechnen (***with*** mit), b) **~ *with*** e-n Vergleich schließen mit, *Gläubiger* abfinden; **II** *v/t.* **18.** *Füße, Hut etc.* (fest) setzen (***on*** auf *acc.*): **~ *o.s.*** sich niederlassen; **~ *o.s. to*** sich an *e-e Arbeit etc.* machen, sich anschicken zu; **19.** a) *Menschen* ansiedeln, b) *Land* besiedeln; **20.** *j-n beruflich, häuslich etc.* etablieren, 'unterbringen; *Kind etc.* versorgen, ausstatten, *a.* verheiraten; **21.** a) *Flüssigkeit* ablagern lassen, klären, b) *Trübstoff* sich setzen lassen; **22.** *Boden etc., a. fig. Glauben, Ordnung etc.* festigen; **23.** *Institutionen* gründen, aufbauen (***on*** auf *dat.*); **24.** *Zimmer etc.* in Ordnung bringen; **25.** *Frage etc.* klären, regeln, erledigen: ***that* ~*s it*** a) damit ist der Fall erledigt, b) *iro.* jetzt ist es endgültig aus; **26.** *Streit* schlichten, beilegen; *strittigen Punkt* beseitigen; **27.** *Nachlass* regeln, *s-e Angelegenheiten* in Ordnung bringen: **~ *one's affairs***; **28.** ([***up***]***on***) *Besitz* über'schreiben, -'tragen (auf *acc.*), *letztwillig* vermachen (*dat.*), *Legat, Rente* aussetzen (für); **29.** bestimmen, festlegen, -setzen; **30.** vereinbaren, sich einigen auf (*acc.*); **31.** *a.* **~ *up*** ⚚ erledigen, in Ordnung bringen: a) *Rechnung* begleichen, b) *Konto* ausgleichen, c) *Anspruch* befriedigen, d) *Geschäft* abwickeln; → ***account*** 5; **32.** ⚖ *Prozess* durch Vergleich beilegen; **33.** *Magen, Nerven* beruhigen; **34.** *j-n* ‚fertig machen', zum Schweigen bringen (F *a. töten*); **III** *s.* **35.** Sitzbank *f* (mit hoher Lehne); '**set·tled** [-ld] *adj.* **1.** fest, bestimmt; entschieden; feststehend (*Tatsache*); **2.** fest begründet (*Ordnung*); **3.** fest, ständig (*Wohnsitz, Gewohnheit*); **4.** beständig (*Wetter*); **5.** ruhig, gesetzt (*Person, Leben*).

set·tle·ment ['setlmənt] *s.* **1.** Ansied(e)lung *f*; **2.** Besied(e)lung *f e-s Landes*; **3.** Siedlung *f*, Niederlassung *f*; **4.** 'Unterbringung *f*, Versorgung *f* (*Person*); **5.** Regelung *f*, Klärung *f*, Erledigung *f e-r Frage etc.*; **6.** Schlichtung *f*, Beilegung *f e-s Streits*; **7.** Festsetzung *f*; **8.** (endgültige) Entscheidung; **9.** Über'einkommen *n*, Abmachung *f*; **10.** ⚚ a) Begleichung *f von Rechnungen*, b) Ausgleich(ung *f*) *m von Konten*, c) *Börse*: Abrechnung *f*, d) Abwicklung *f e-s Geschäfts*, e) Vergleich *m*, Abfindung *f*: **~ *day*** Abrechnungstag *m*; ***day of* ~** *fig.* Tag *m* der Abrechnung; ***in* ~ *of all claims*** zum Ausgleich aller Forderungen; **11.** ⚖ a) (*Eigentums*)Über'tragung *f*, b) Vermächtnis *n*, c) Aussetzung *f e-r Rente etc.*, d) Schenkung *f*, Stiftung *f*; **12.** ⚖ Ehevertrag *m*; **13.** a) ständiger Wohnsitz, b) Heimatberechtigung *f*; **14.** sozi'ales Hilfswerk.

set·tler ['setlə] *s.* **1.** (An)Siedler(in), Kolo'nist(in); **2.** F a) entscheidender Schlag, b) *fig.* vernichtendes Argu'ment, c) Abfuhr *f*; '**set·tling** [-lɪŋ] *s.* **1.** Festsetzen *n etc.*; → ***settle***; **2.** ⚙ Ablagerung *f*; **3.** *pl.* (Boden)Satz *m*; **4.** ⚚ Abrechnung *f*: **~ *day*** Abrechnungstag *m*; '**set·tlor** [-lə] *s.* ⚖ Verfügende(r *m*) *f*.

set-to [ˌset'tuː] *pl.* **-tos** *s.* F **1.** Schläge'rei *f*; **2.** (kurzer) heftiger Kampf; **3.** heftiger Wortwechsel.

set·up ['setʌp] *s.* **1.** Aufbau *m*; **2.** Anordnung *f* (*a.* ⚙); **3.** ⚙ Mon'tage *f*: **~ *costs*** Rüstkosten *pl.*; **~ *time*** Rüstzeit *f*; **4.** *Film, TV*: a) (Kamera)Einstellung *f*, b) Bauten *pl.*; **5.** *Am.* Konstituti'on *f*; **6.** F a) Situati'on *f*, b) Pro'jekt *n*; **7.** F ‚Laden' *m*, ‚Verein' *m* (*Firma etc.*), ‚Bude' *f* (*Wohnung etc.*); **8.** F Schwindel *m*, abgekartete Sache; **9.** Ausrüstung *f* (*Geräte*); **10.** *Am.* F a) Schiebung *f*, b) Gimpel *m*, leichtes Opfer.

S

sev·en ['sevn] **I** *adj.* sieben: **~*-league boots*** Siebenmeilenstiefel; ***the* 2 *Years' War*** der Siebenjährige Krieg; **II** *s.* Sieben *f* (*Zahl, Spielkarte etc.*); '**~·fold** *adj. u. adv.* siebenfach.

sev·en·teen ['sevnti:n] **I** *adj.* siebzehn; **II** *s.* Siebzehn *f*: ***sweet* ~** ‚göttliche Siebzehn' (*Mädchenalter*); ˌ**sev·en'teenth** [-nθ] **I** *adj.* **1.** siebzehnt; **II** *s.* **2.** *der* (*die, das*) Siebzehnte; **3.** Siebzehntel *n*.

sev·enth ['sevnθ] **I** *adj.* **1.** siebent; **II** *s.* **2.** *der* (*die, das*) Sieb(en)te: ***the* ~ *of***

May der 7. Mai; **3.** Sieb(en)tel *n*; **4.** ♪ Sep'time *f*; **'sev·enth·ly** [-lɪ] *adv.* sieb(en)tens.

sev·en·ti·eth ['sevntɪɪθ] **I** *adj.* **1.** siebzigst; **II** *s.* **2.** *der* (*die*, *das*) Siebzigste; **3.** Siebzigstel *n*; **sev·en·ty** ['sevntɪ] **I** *adj.* siebzig; **II** *s.* Siebzig *f*: ***the seventies*** a) die Siebzigerjahre (*e-s Jahrhunderts*), b) die Siebziger(jahre) (*Alter*).

sev·er ['sevə] **I** *v/t.* **1.** (ab)trennen (***from*** von); **2.** ('durch)trennen; **3.** *fig. Freundschaft etc.* lösen, *Beziehungen* abbrechen; **4.** *~* ***o.s.*** (***from***) sich trennen *od.* lösen (von), (aus *der Kirche etc.*) austreten; **5.** (vonein'ander) trennen; **6.** ⚖ *Besitz etc.* teilen; **II** *v/i.* **7.** (zer)reißen; **8.** sich trennen (***from*** von); **9.** sich (vonein'ander) trennen; **sev·er·al** ['sevrəl] **I** *adj.* □ **1.** mehrere: *~* ***people***; **2.** verschieden, getrennt: ***three ~ occasions***; **3.** einzeln, verschieden: ***the ~ reasons***; **4.** besonder, eigen: ***we went our ~ ways*** wir gingen jeder seinen (eigenen) Weg; → ***joint*** 6; **II** *s.* **5.** mehrere *pl.*: *~* ***of you***; **sev·er·al·ly** ['sevrəlɪ] *adv.* **1.** einzeln, getrennt; **2.** beziehungsweise; **'sev·er·ance** [-ərəns] *s.* **1.** (Ab)Trennung *f*; **2.** Lösung *f e-r Freundschaft etc.*, Abbruch *m von Beziehungen*: *~* ***pay*** ✝ Entlassungsabfindung *f*.

se·vere [sɪ'vɪə] *adj.* □ **1.** streng: a) hart, scharf (*Kritik*, *Richter*, *Strafe etc.*), b) ernst(haft) (*Miene*, *Person*), c) rau (*Wetter*), hart (*Winter*), d) herb (*Schönheit*, *Stil*), schmucklos, e) ex'akt, strikt; **2.** schwer, schlimm (*Krankheit*, *Verlust etc.*); **3.** heftig (*Schmerz*, *Sturm etc.*); **4.** scharf (*Bemerkung*); **se'vere·ly** [-lɪ] *adv.* **1.** streng, strikt; **2.** schwer, ernstlich: *~* ***ill***; **se·ver·i·ty** [sɪ'verətɪ] *s.* **1.** *allg.* Strenge *f*: a) Schärfe *f*, Härte *f*, b) Rauheit *f* (*des Wetters etc.*), c) Ernst *m*, d) (herbe) Schlichtheit *f* (*Stil*), e) Ex'aktheit *f*; **2.** Heftigkeit *f*.

sew [səʊ] *v/t.* [*irr.*] **1.** nähen (*a. v/i.*): *~* ***on*** annähen; *~* ***up*** zu-, vernähen (→ 3); **2.** *Bücher* heften, broschieren; **3.** *~* ***up*** F a) *Brit.* *j-n* ‚restlos fertig machen', b) *Am.* sich *et. od. j-n* sichern, c) *et.* ‚per'fekt machen': *~* ***up a deal***.

sew·age ['sju:ɪdʒ] *s.* **1.** Abwasser *n*: *~* ***farm*** Rieselfeld *n*; *~* ***sludge*** Klärschlamm *m*; *~* ***system*** Kanalisation *f*; *~* ***works*** Kläranlage *f*; **2.** → ***sewerage***; **sew·er** ['sjʊə] **I** *s.* **1.** 'Abwasserka͵nal *m*, Klo'ake *f*: *~* ***gas*** Faulschlammgas *n*; *~* ***pipe*** Abzugrohr *n*; *~* ***rat*** *zo.* Wanderratte *f*; **2.** Gosse *f*; **II** *v/t.* **3.** kanalisieren; **sew·er·age** ['sjʊərɪdʒ] *s.* **1.** Kanalisati'on *f* (*System u. Vorgang*); **2.** → ***sewage*** 1.

sew-in ['sju:ɪn] *s.* 'Lachsfo͵relle *f*.

sew·ing ['səʊɪŋ] *s.* Näharbeit *f*; *~* ***machine*** *s.* 'Nähma͵schine *f*.

sex [seks] **I** *s.* **1.** *biol.* Geschlecht *n*; **2.** (*männliches od. weibliches*) Geschlecht (*als Gruppe*): ***the ~*** *humor.* die Frauen; ***the gentle*** (*od.* ***weaker*** *od.* ***softer***) *~* das zarte *od.* schwache Geschlecht; ***of both ~es*** beiderlei Geschlechts; **3.** a) Geschlechtstrieb *m*, b) e'rotische Anziehungskraft, 'Sex(-Ap͵peal) *m*, c) Sexu'al-, Geschlechtsleben *n*, d) Sex(uali'tät *f*) *m*, e) Geschlechtsteil(e *pl.*) *n*, f) (Geschlechts)Verkehr *m*, ‚Sex' *m*: ***have ~ with*** mit *j-m* schlafen; **II** *v/t.* **4.** das Geschlecht bestimmen von; **5.** *~* ***up*** F a) *Film etc.* ‚sexy' gestalten, b) *j-n* ‚scharfmachen'; **III** *adj.* **6.** a) Sexual...: *~* ***crime*** (***education***, ***hygiene*** *etc.*); *~* ***appeal*** → 3b; *~* ***life*** → 3c; *~* ***object*** Lustobjekt *n*, b) Geschlechts...: *~* ***act*** (***hormone***, ***organ***, *etc.*), c) Sex...: *~* ***film*** (***magazine***, *etc.*).

sex- [seks] *in Zssgn* sechs.

sex·a·ge·nar·i·an [͵seksədʒɪ'neərɪən] **I** *adj.* a) sechzigjährig, b) in den Sechzigern; **II** *s.* Sechzigjährige(r *m*) *f*, Sechziger(in).

sex·ag·e·nar·y [sek'sædʒənərɪ] **I** *adj.* **1.** sechzigteilig; **2.** → ***sexagenarian*** I; **II** *s.* **3.** → ***sexagenarian*** II.

Sex·a·ges·i·ma (Sun·day) [͵seksə'dʒesɪmə] *s.* Sonntag *m* Sexa'gesima (*8. Sonntag vor Ostern*); ͵**sex·a'ges·i·mal** [-məl] ✎ **I** *adj.* Sexagesimal...; **II** *s.* Sexagesi'malbruch *m*.

sex·an·gu·lar [sek'sæŋgjʊlə] *adj.* □ sechseckig.

sex·cen·te·nar·y [͵sekssen'ti:nərɪ] **I** *adj.* sechshundertjährig; **II** *s.* Sechshundert'jahrfeier *f*.

sex·en·ni·al [sek'senɪəl] *adj.* □ **1.** sechsjährig; **2.** sechsjährlich.

sex·i·ness ['seksɪnɪs] *s.* F *für* ***sex*** 3b.

sex·ism ['seksɪzəm] *s.* Se'xismus *m*; **'sex·ist** [-ɪst] **I** *adj.* se'xistisch; **II** *s.* Se'xist *m*.

sex·less ['sekslɪs] *adj. biol.* geschlechtslos (*a. fig.*), a'gamisch.

sex·ol·o·gy [sek'sɒlədʒɪ] *s. biol.* Sexu'alwissenschaft *f*.

sex·par·tite [seks'pɑ:taɪt] *adj.* sechsteilig.

'sex·pot *s. sl.* a) ‚Sexbombe' *f*, b) ‚Sexbolzen' *m*.

sex·tain ['sekstеɪn] *s. Metrik*: sechszeilige Strophe.

sex·tant ['sekstənt] *s.* **1.** ⚓, *ast.* Sex'tant *m*; **2.** ✎ Kreissechstel *n*.

sex·tet(te) [seks'tet] *s.* ♪ Sex'tett *n*.

sex·to ['sekstəʊ] *pl.* **-tos** *s. typ.* 'Sexto (-for͵mat) *n*; **sex·to·dec·i·mo** [͵sekstəʊ'desɪməʊ] *pl.* **-mos** *s.* **1.** Se'dez(for͵mat) *n*; **2.** Se'dezband *m*.

sex·ton ['sekstən] *s.* Küster *m* (u. Totengräber *m*); *~* ***bee·tle*** *s. zo.* Totengräber *m* (*Käfer*).

sex·tu·ple ['sekstjʊpl] **I** *adj.* sechsfach;

S

II *s. das* Sechsfache; **III** *v/t. u. v/i.* (sich) versechsfachen.

sex·u·al ['seksjʊəl] *adj.* ☐ sexu'ell, geschlechtlich, Geschlechts..., Sexual...: **~ abuse** sexu'eller Missbrauch; **~ harassment** sexuelle Belästigung; **~ intercourse** Geschlechtsverkehr *m*; **sex·u·al·i·ty** [ˌseksjʊ'ælətɪ] *s.* **1.** Sexuali'tät *f*; **2.** Sexu'al-, Geschlechtsleben *n*; **'sex·y** [-sɪ] *adj.* ‚sexy', ‚scharf'.

shab·bi·ness ['ʃæbɪnɪs] *s.* Schäbigkeit *f* (*a. fig.*).

shab·by ['ʃæbɪ] *adj.* ☐ *allg.* schäbig: a) fadenscheinig (*Kleider*), b) abgenutzt (*Sache*), c) ärmlich, her'untergekommen (*Person, Haus, Gegend etc.*), d) niederträchtig, e) geizig; **ˌ~-gen'teel** *adj.* vornehm, aber arm: **the ~** die verarmten Vornehmen.

shab·rack ['ʃæbræk] *s.* ⚔ Scha'bracke *f*, Satteldecke *f*.

shack [ʃæk] **I** *s.* Hütte *f*, Ba'racke *f* (*a. contp.*); **II** *v/i.* **~ up** *sl.* zs.-leben (**with** mit).

shack·le ['ʃækl] **I** *s.* **1.** *pl.* Fesseln *pl.*, Ketten *pl.* (*a. fig.*); **2.** ⚙ Gelenkstück *n* *e-r Kette*; Bügel *m*, Lasche *f*; ⚓ (Anker-)Schäkel *m*; ⚡ Schäkel *m*; **II** *v/t.* **3.** fesseln (*a. fig. hemmen*); **4.** ⚓, ⚙ laschen.

'shack·town *s. Am.* → **shantytown**.

shad [ʃæd] *pl.* **shads**, *coll.* **shad** *s. ichth.* Alse *f*.

shade [ʃeɪd] **I** *s.* **1.** Schatten *m* (*a. paint. u. fig.*): **put** (*od.* **throw**) **into the ~** *fig.* in den Schatten stellen; (**the**) **~s of Goethe!** *iro.* (das) erinnert doch sehr an Goethe!; **2.** schattiges Plätzchen; **3.** *myth.* a) Schatten *m* (*Seele*), b) *pl.* Schatten(reich *n*) *pl.*; **4.** a) Farbton *m*, Schattierung *f* (*a. fig.*), b) dunkle Tönung; **5.** *fig.* Spur *f*, ‚I'dee' *f*: **a ~ better** ein kleines bisschen besser; **6.** (*Schutz-, Lampen-, Sonnen- etc.*)Schirm *m*; **7.** *Am.* Rou'leau *n*; **8.** *pl.* F Sonnenbrille *f*; **II** *v/t.* **9.** beschatten, verdunkeln (*a. fig.*); **10.** *Augen etc.* abschirmen, schützen (**from** gegen); **11.** *paint.* a) schattieren, b) schraffieren, c) dunkel tönen; **12.** *a.* **~ off** a) *fig.* abstufen, b) ✝ *Preise* nach u. nach senken, c) *a.* **~ away** all'mählich 'übergehen lassen (**into** in *acc.*), d) *a.* **~ away** all'mählich verschwinden lassen; **III** *v/i.* **13.** *a.* **~ off** (*od.* **away**) a) all'mählich 'übergehen (**into** in *acc.*), b) nach u. nach verschwinden; **'shade·less** [-lɪs] *adj.* schattenlos; **'shad·i·ness** [-dɪnɪs] *s.* **1.** Schattigkeit *f*; **2.** *fig.* Anrüchigkeit *f*; **'shad·ing** [-dɪŋ] *s. paint. u. fig.* Schattierung *f*.

shad·ow ['ʃædəʊ] **I** *s.* **1.** Schatten *m* (*a. paint. u. fig.*); Schattenbild *n*: **live in the ~** im Verborgenen leben; **worn to a ~** zum Skelett abgemagert; **he is but the ~ of his former self** er ist nur noch ein Schatten s-r selbst; **coming events cast their ~s before** kommende Ereignisse werfen ihre Schatten voraus; **may your ~ never grow less** *fig.* möge es dir immer gut gehen; **2.** Schemen *m*, Phan'tom *n*: **catch** (*od.* **grasp**) **at ~s** Phantomen nachjagen; **3.** *fig.* Spur *f*, Kleinigkeit *f*: **without a ~ of doubt** ohne den leisesten Zweifel; **4.** *fig.* Schatten *m*, Trübung *f* (*e-r Freundschaft etc.*); **5.** *fig.* Schatten *m* (*Begleiter od. Verfolger*); **II** *v/t.* **6.** e-n Schatten werfen auf (*acc.*), verdunkeln (*beide a. fig.*); **7.** *j-n* beschatten, verfolgen; **8.** *mst* **~ forth** (*od.* **out**) a) dunkel andeuten, b) versinnbildlichen; **'~ˌbox·ing** *s. sport* Schattenboxen *n*, *fig. a.* Spiegelfechte'rei *f*; **~ cab·i·net** *s. pol.* 'Schattenkabiˌnett *n*; **~ fac·to·ry** *s.* Schatten-, Ausweichbetrieb *m*.

shad·ow·less ['ʃædəʊlɪs] *adj.* schattenlos; **'shad·ow·y** [-əʊɪ] *adj.* **1.** schattig: a) dämmerig, düster, b) Schatten spendend; **2.** *fig.* schattenhaft, vage; **3.** *fig.* unwirklich.

shad·y ['ʃeɪdɪ] *adj.* ☐ **1.** → **shadowy** 1 *u.* 2: **on the ~ side of forty** *fig.* über die vierzig hinaus; **2.** F anrüchig, zwielichtig, fragwürdig.

shaft [ʃɑːft] *s.* **1.** (*Pfeil- etc.*)Schaft *m*; **2.** *poet.* Pfeil *m* (*a. fig. des Spottes*), Speer *m*; **3.** (Licht)Strahl *m*; **4.** ⚘ Stamm *m*; **5.** a) Stiel *m* (*Werkzeug etc.*), b) Deichsel(arm *m*) *f*, c) Welle *f*, Spindel *f*; **6.** (Fahnen)Stange *f*; **7.** Säulenschaft *m*, *a.* Säule *f*; **8.** (*Aufzugs-, Bergwerks- etc.*)Schacht *m*; → **sink** 17.

shag [ʃæg] **I** *s.* **1.** Zotte(l) *f*; zottiges Haar; **2.** a) (lange, grobe) Noppe, b) Plüsch(stoff) *m*; **3.** Shag(tabak) *m*; **4.** *orn.* Krähenscharbe *f*; **II** *v/t.* **5.** zottig machen, aufrauen; **III** *v/i.* **6.** *sl.* ‚bumsen'; **shag·gy** ['ʃægɪ] *adj.* ☐ **1.** zottig, struppig; rauhaarig: **~-dog story** a) surrealistischer Witz, b) kalauerhafte Geschichte; **2.** verwildert, verwahrlost; **3.** *fig.* verschroben.

sha·green [ʃæ'griːn] *s.* Cha'grin *n*, Körnerleder *n*.

shah [ʃɑː] *s.* Schah *m*.

shake [ʃeɪk] **I** *s.* **1.** Schütteln *n*, Rütteln *n*: **~ of the hand** Händeschütteln; **~ of the head** Kopfschütteln; **give s.th. a good ~** et. tüchtig schütteln; **give s.o. the ~** *Am. sl.* j-n ‚abwimmeln'; **in two ~s** (**of a lamb's tail**) F im Nu; **2.** (*a.* seelische) Erschütterung; (*Wind- etc.*) Stoß *m*; *Am.* F Erdstoß *m*: **he** (**it**) **is no great ~s** F mit ihm (damit) ist nicht viel los; **3.** Beben *n*: **the ~s** ‚Tatterich' *m*; **all of a ~** am ganzen Leibe zitternd; **4.** (*Milch- etc.*)Shake *m*; **5.** ♪ Triller *m*; **6.** Riss *m*, Spalt *m*; **II** *v/i.* [*irr.*] **7.** (sch)wanken; **8.** zittern, beben (*a. Stimme*) (**with** vor *Furcht etc.*); **9.** ♪

trillern; **III** *v/t.* [*irr.*] **10.** schütteln: *~ **one's head*** den Kopf schütteln; *~ **one's finger at s.o.*** j-m mit dem Finger drohen; ***be shaken before taken!*** vor Gebrauch schütteln!; → ***hand*** *Redew.*, ***side*** 4; **11.** (*a. fig. Entschluss, Gegner, Glauben, Zeugenaussage*) erschüttern; **12.** a) *j-n* (seelisch) erschüttern, b) *j-n* aufrütteln; **13.** rütteln an (*dat.*) (*a. fig.*); **14.** ♪ *Ton* trillern;

Zssgn mit adv. :

shake| down I *v/t.* **1.** *Obst etc.* her'unterschütteln; **2.** *Stroh etc.* (zu e-m Nachtlager) ausbreiten; **3.** *Gefäßinhalt* zu'rechtschütteln; **4.** *Am. sl.* a) *j-n* ausplündern (*a. fig.*), b) erpressen, c) ‚filzen', durch'suchen; **5.** *bsd. Am.* F *Schiff, Flugzeug* testen; **II** *v/i.* **6.** sich setzen (*Masse*); **7.** a) sich ein (Nacht-)Lager zu'rechtmachen, b) ‚sich hinhauen'; **8.** *Am.* F a) sich vor'übergehend niederlassen (*an e-m Ort*), b) sich einleben, -gewöhnen, c) sich ‚einpendeln' (*Sache*), d) sich beschränken (***to*** auf *acc.*); ~ **off** *v/t.* **1.** *Staub etc., a. fig. Joch, a. Verfolger etc.* abschütteln; **2.** *fig. j-n od. et.* loswerden; ~ **out** *v/t.* **1.** ausschütteln; **2.** *Fahne etc.* ausbreiten; ~ **up** *v/t.* **1.** *Bett, Kissen* aufschütteln; **2.** *et.* zs.-, 'umschütteln, mischen; **3.** *fig.* a) *j-n* aufrütteln, b) *j-n* arg mitnehmen; **4.** *Betrieb etc.* 'umkrempeln.

'shake|·down *s.* **1.** (Not)Lager *n*; **2.** *Am. sl.* a) Ausplünderung *f*, b) Erpressung *f*, c) Durch'suchung *f*; **3.** *bsd. Am.* F Testfahrt *f*, -flug *m*; **ˌ~-'hands** *s.* Händedruck *m*.

shak·en ['ʃeɪkən] **I** *p.p. von* ***shake***; **II** *adj.* **1.** erschüttert, (sch)wankend (*a. fig.*): (***badly***) ~ arg mitgenommen; **2.** → ***shaky*** 5.

'shake-out *s.* † Gesundschrumpfung *f*; Personalabbau *m*.

shak·er ['ʃeɪkə] *s.* **1.** Mixbecher *m*, (Cocktail- *etc.*)Shaker *m*; **2.** 2 *eccl.* Zitterer *m* (*Sektierer*).

Shake·spear·i·an [ʃeɪk'spɪərɪən] **I** *adj.* shakespearisch; **II** *s.* Shakespeareforscher(in).

'shake-up *s.* **1.** F Aufrütt(e)lung *f*; **2.** drastische (*bsd.* perso'nelle) Veränderungen *pl.*, 'Umkrempelung *f*, -gruppierung *f*.

shak·i·ness ['ʃeɪkɪnɪs] *s.* Wack(e)ligkeit *f* (*a. fig.*).

shak·ing ['ʃeɪkɪŋ] **I** *s.* **1.** Schütteln *n*; Erschütterung *f*; **II** *adj.* **2.** Schüttel...; → ***palsy*** 1; **3.** zitternd; **4.** wackelnd.

shak·y ['ʃeɪkɪ] *adj.* □ **1.** wack(e)lig (*a. fig. Person, Gesundheit, Kredit, Kenntnisse*): ***in rather ~ English*** in ziemlich holprigem Englisch; **2.** zitt(e)rig, bebend: ~ ***hands***; ~ ***voice***; **3.** *fig.* (sch)wankend; **4.** *fig.* unsicher, zweifelhaft; **5.** (kern)rissig (*Holz*).

shale [ʃeɪl] *s. geol.* Schiefer(ton) *m*: ~ ***oil*** Schieferöl *n*.

shall [ʃæl; ʃəl] *v/aux.* [*irr.*] **1.** *Futur: ich* werde, *wir* werden; **2.** *Befehl, Pflicht: ich, er, sie, es* soll, *du* sollst, *ihr* sollt, *wir, Sie, sie* sollen: ***~ I come?***; **3.** ⚖ *Mussbestimmung* (*im Deutschen durch Indikativ wiederzugeben*): ***any person ~ be liable*** jede Person ist verpflichtet ...; **4.** → ***should*** 1.

shal·lop ['ʃæləp] *s.* ⚓ Scha'luppe *f*.

shal·lot [ʃə'lɒt] *s.* ⚘ Scha'lotte *f*.

shal·low ['ʃæləʊ] **I** *adj.* □ seicht, flach (*beide a. fig. oberflächlich*); **II** *s.* (*a. pl.*) seichte Stelle, Untiefe *f*; **III** *v/t. u. v/i.* (sich) verflachen; **'shal·low·ness** [-nɪs] *s.* Seichtheit *f* (*a. fig.*).

shalt [ʃælt; ʃəlt] *obs. 2. sg. pres. von* ***shall***: ***thou ~*** du sollst.

sham [ʃæm] **I** *s.* **1.** (Vor)Täuschung *f*, (Be)Trug *m*, Heuche'lei *f*; **2.** Schwindler(in), Scharlatan *m*; **3.** Heuchler(in); **II** *adj.* **4.** vorgetäuscht, fingiert, Schein...: ~ ***battle*** Scheingefecht *n*; **5.** unecht, falsch: ~ ***diamond***; ~ ***piety***; **III** *v/t.* **6.** vortäuschen, -spiegeln, fingieren, simulieren; **IV** *v/i.* **7.** sich (ver)stellen, heucheln: ~ ***ill*** simulieren, krank spielen.

sha·man ['ʃæmən] *s.* Scha'mane *m*.

sham·a·teur ['ʃæmətə] *s.* F *sport* 'Scheinamaˌteur *m*.

sham·ble ['ʃæmbl] **I** *v/i.* watscheln; **II** *s.* watschelnder Gang.

sham·bles ['ʃæmblz] *s. pl. sg. konstr.* **1.** a) Schlachthaus *n*, b) Fleischbank *f*; **2.** *fig.* a) Schlachtfeld *n* (*a. iro. wüstes Durcheinander*), b) Trümmerfeld *n*, Bild *n* der Verwüstung, c) Scherbenhaufen *m*: ***his marriage was a ~***.

shame [ʃeɪm] **I** *s.* **1.** Scham(gefühl *n*) *f*: ***for ~!*** pfui, schäm dich!; ***feel ~ at*** sich über *et.* schämen; **2.** Schande *f*, Schmach *f*: ***be a ~ to*** → 5; ***~ on you!*** schäm dich!, pfui!; ***put s.o. to ~*** a) Schande über j-n bringen, b) j-n beschämen (*übertreffen*); ***to cry ~ upon s.o.*** pfui über j-n rufen; **3.** F Schande *f* (*Gemeinheit*): ***what a ~!*** a) es ist e-e Schande!, b) es ist ein Jammer!; **II** *v/t.* **4.** *j-n* beschämen, mit Scham erfüllen: ***~ s.o. into doing s.th.*** j-n so beschämen, dass er et. tut; **5.** *j-m* Schande machen; **6.** Schande bringen über (*acc.*); **'~-faced** [-feɪst] *adj.* □ **1.** verschämt, schamhaft; **2.** schüchtern; **3.** schamrot.

shame·ful ['ʃeɪmfʊl] *adj.* □ **1.** schmachvoll, schändlich; **2.** schimpflich; **3.** unanständig, anstößig; **'shame·ful·ness** [-nɪs] *s.* **1.** Schändlichkeit *f*; **2.** Anstößigkeit *f*; **'shame·less** [-lɪs] *adj.* □ schamlos (*a. fig. unverschämt*); **'shame·less·ness** [-lɪsnɪs] *s.* Schamlosigkeit *f* (*a. fig. Unverschämtheit*).

sham·mer ['ʃæmə] *s.* **1.** Schwindler(in); **2.** Heuchler(in); **3.** Simu'lant(in).
sham·my (leath·er) ['ʃæmı] *s.* Sämisch-, Wildleder *n.*
sham·poo [ʃæm'puː] **I** *v/t.* **1.** *Kopf, Haare* schamponieren, waschen; **2.** *j-m* den Kopf *od.* das Haar waschen; **II** *s.* **3.** Haar-, Kopfwäsche *f*: *~ and set* Waschen u. Legen *n*; **4.** Sham'poo *n*, Schampon *n* (*Haarwaschmittel*).
sham·rock ['ʃæmrɒk] *s.* **1.** ⚘ Weißer Feldklee; **2.** Shamrock *m* (*Kleeblatt als Wahrzeichen Irlands*).
sham·us ['ʃeıməs] *s. Am. sl.* **1.** ‚Schnüffler' *m* (*Detektiv*); **2.** ‚Bulle' *m* (*Polizist*).
shan·dy ['ʃændı] *s. Mischgetränk aus Bier u. Limonade*: a) *nordd.* Alsterwasser *n*, b) *südd.* ‚Radler' *m.*
shang·hai [ʃæŋ'haı] *v/t.* F **1.** ⚓ schang'haien (*gewaltsam anheuern*); **2.** *fig. j-n* zwingen (*into doing et.* zu tun).
shank [ʃæŋk] *s.* **1.** a) 'Unterschenkel *m*, Schienbein *n*, b) F Bein *n*, c) Hachse *f* (*vom Schlachttier*): ***go on 2's pony*** (*od.* ***mare***) auf Schusters Rappen reiten; **2.** (Anker-, Bolzen-, Säulen- *etc.*) Schaft *m*; **3.** (Schuh)Gelenk *n*; **4.** *typ.* (Schrift)Kegel *m*; **5.** ⚘ Stiel *m*; **shanked** [-kt] *adj.* **1.** ...schenk(e)lig; **2.** gestielt.
shan't [ʃɑːnt] F *für* ***shall not***.
shan·ty¹ ['ʃæntı] *s.* Shanty *n*, Seemannslied *n.*
shan·ty² ['ʃæntı] *s.* Hütte *f*, Ba'racke *f*; '**~·town** *s.* Barackensiedlung *f*, -stadt *f.*
shape [ʃeıp] **I** *s.* **1.** Gestalt *f*, Form *f* (*a. fig.*): ***in the ~ of*** in Form *e-s Briefes etc.*; ***in human ~*** in Menschengestalt; ***put*** *od.* ***get into ~*** formen, gestalten, *s-e Gedanken* ordnen; ***in no ~*** in keiner Weise; **2.** Fi'gur *f*, Gestalt *f*; **3.** feste Form, Gestalt *f*: ***take ~*** Gestalt annehmen (*a. fig.*); → ***lick*** 1; **4.** *körperliche od. geistige* Verfassung, Form *f*: ***be in*** (***good***) **~** in (guter) Form sein; **5.** ⚙ a) Form *f*, Fas'son *f*, Mo'dell *n*, b) Formteil *n*; **6.** *Küche*: a) (Pudding- *etc.*)Form *f*, b) Stürzpudding *m*; **II** *v/t.* **7.** gestalten, formen, bilden (*alle a. fig.*), *Charakter a.* prägen; **8.** anpassen (***to*** *dat.*); **9.** planen, entwerfen: ***~ the course for*** ⚓ *u. fig.* den Kurs setzen auf (*acc.*); **10.** ⚙ formen; **III** *v/i.* **11.** Gestalt *od.* Form annehmen, sich formen; **12.** sich entwickeln, sich gestalten: ***~*** (***up***) ***well*** sich ‚machen' *od.* gut anlassen, viel versprechend sein; ***~ up*** F e-e endgültige Form annehmen, sich (gut) entwickeln; **13.** ***~ up to*** a) Boxstellung einnehmen gegen, b) *fig. j-n* herausfordern; **shaped** [-pt] *adj.* geformt, ...gestaltet, ...förmig; '**shape·less** [-lıs] *adj.* ☐ **1.** form-, gestaltlos; **2.** unförmig; '**shape·less·ness** [-lısnıs] *s.* **1.** Fom-, Gestaltlosigkeit *f*; **2.** Unförmigkeit *f*; '**shape·li·ness** [-lınıs] *s.* Wohlgestalt *f*, schöne Form; '**shape·ly** [-lı] *adj.* wohlgeformt, schön, hübsch; '**shap·er** [-pə] *s.* **1.** Former(in), Gestalter(in); **2.** ⚙ a) 'Waagrecht-'Stoßma,schine *f*, b) Schnellhobler *m.*
shard [ʃɑːd] *s.* **1.** (Ton)Scherbe *f*; **2.** *zo.* (harte) Flügeldecke (*Insekt*).
share¹ [ʃeə] *s.* (Pflug)Schar *f.*
share² [ʃeə] **I** *s.* **1.** (An)Teil *m* (*a. fig.*): ***fall to s.o.'s ~*** j-m zufallen; ***go ~s with*** mit *j-m* teilen (***in s.th.*** et.); ***~ and ~ alike*** zu gleichen Teilen; **2.** (An)Teil *m*, Beitrag *m*; Kontin'gent *n*: ***do one's ~*** sein(en) Teil leisten; ***take a ~ in*** sich beteiligen an (*dat.*); ***have*** (*od.* ***take***) ***a large ~ in*** e-n großen Anteil haben an (*dat.*); **3.** ✝ Beteiligung *f*, Geschäftsanteil *m*; Kapi'taleinlage *f*: ***~ in a ship*** Schiffspart *m*; **4.** ✝ a) Gewinnanteil *m*, b) Aktie *f*, c) ⚒ Kux *m*: ***hold ~s in*** Aktionär in *e-r Gesellschaft* sein; **II** *v/t.* **5.** (*a. fig. sein Bett, e-e Ansicht, den Ruhm etc.*) teilen (***with*** mit); **6.** *mst* ***~ out*** aus-, verteilen; **7.** teilnehmen, -haben an (*dat.*); sich an *den Kosten etc.* beteiligen; **III** *v/i.* **8.** ***~ in*** → 7; **9.** sich teilen (***in*** in *acc.*); **~ cer·tif·i·cate** *s.* ✝ *Brit.* 'Aktienzertifi,kat *n*; '**~,crop·per** *s. Am. kleiner* Farmpächter (*der s-e Pacht mit e-m Teil der Ernte entrichtet*); **~ de·nom·i·na·tion** *s.* Aktienstückelung *f*; '**~,hold·er** *s.* ✝ *Brit.* Aktio'när(in); **~ list** *s.* ✝ *Brit.* (Aktien)Kurszettel *m*; **~ mark·et** *s.* ✝ *Brit.* Aktienmarkt *m*; '**~·out** [-əraʊt] *s.* Aus-, Verteilung *f*; '**~·ware** *s. coll. Computer*: 'Shareware *f* (*Computerprogramme, die ausprobiert werden können, bevor man für sie bezahlt*).
shark [ʃɑːk] *s.* **1.** *ichth.* Hai(fisch) *m*; **2.** *fig.* Gauner *m*, Betrüger *m*; **3.** *fig.* Schma'rotzer *m*; **4.** *Am. sl.* ‚Ka'none' *f* (*Könner*).
sharp [ʃɑːp] **I** *adj.* ☐ **1.** scharf (*Messer etc., a. Gesichtszüge, Kurve etc.*); **2.** spitz (*Giebel etc.*); **3.** steil; **4.** *fig. allg.* scharf: a) deutlich (*Gegensatz, Umrisse etc.*), b) herb (*Geschmack*), c) schneidend (*Befehl, Stimme*), schrill (*Schrei, Ton*), d) heftig (*Schmerz etc.*), schneidend (*a. Frost, Wind*), e) hart (*Antwort, Kritik*), spitz (*Bemerkung, Zunge*), f) schnell (*Tempo, Spiel etc.*): ***~'s the word*** F mach fix!; **5.** scharf, wachsam (*Auge, Ohr*); angespannt (*Aufmerksamkeit*); **6.** scharfsinnig, gescheit, aufgeweckt, ‚auf Draht': ***~ at figures*** gut im Rechnen; **7.** gerissen, raffiniert: ***~ practice*** Gaunerei *f*; **8.** F ele'gant, schick; **9.** ♪ a) (zu) hoch, b) (*durch Kreuz* um e-n Halbton) erhöht, c) Kreuz...: ***C ~*** Cis *n*; **10.** *ling.* stimmlos (*Konsonant*); **II** *adv.* **11.** scharf; **12.**

plötzlich; **13.** pünktlich, genau: ***at 3 o'clock* ~** Punkt 3 Uhr, genau um 3 Uhr; **14.** schnell: ***look* ~** mach schnell!; **15.** ♪ zu hoch; **III** *v/i. u. v/t.* **16.** ♪ zu hoch singen *od.* spielen; **17.** betrügen; **IV** *s.* **18.** *pl.* lange Nähnadeln *pl.*; **19.** *pl.* ✝ *Brit.* grobes Kleienmehl; **20.** ♪ a) Kreuz *n*, b) Erhöhung *f*, Halbton *m*, c) nächsthöhere Taste; **21.** F → ***sharper***; **ˌ~-'cut** *adj.* **1.** scharf (geschnitten); **2.** fest um'rissen, deutlich; **ˌ~-'edged** *adj.* scharfkantig.

sharp·en ['ʃɑːpən] **I** *v/t.* **1.** *Messer etc.* schärfen, schleifen, wetzen; *Bleistift etc.* (an)spitzen; **2.** *fig. j-n* ermuntern *od.* anspornen; *Sinn, Verstand* schärfen; *Appetit* anregen; **3.** *Rede etc.* verschärfen; *s-r Stimme etc.* e-n scharfen Klang geben; **II** *v/i.* **4.** scharf *od.* schärfer werden, sich verschärfen (*a. fig.*); **'sharp·en·er** [-pnə] *s.* (*Bleistift- etc.*) Spitzer *m*.

sharp·er ['ʃɑːpə] *s.* **1.** Gauner *m*, Betrüger *m*; **2.** Falschspieler *m*.

ˌsharp-'eyed → ***sharp-sighted***.

sharp·ness ['ʃɑːpnɪs] *s.* **1.** Schärfe *f*, Spitzigkeit *f*; **2.** *fig.* Schärfe *f* (*Herbheit, Strenge, Heftigkeit*); **3.** (Geistes)Schärfe *f*, Scharfsinn *m*; Gerissenheit *f*; **4.** (*phot.* Rand)Schärfe *f*, Deutlichkeit *f*.

ˌsharp|-'set *adj.* **1.** (heiß)hungrig; **2.** *fig.* scharf, erpicht (***on*** auf *acc.*); **'~-ˌshoot·er** *s.* Scharfschütze *m*; **ˌ~-'sight·ed** *adj.* **1.** scharfsichtig; **2.** *fig.* scharfsinnig; **ˌ~-'tongued** *adj. fig.* scharfzüngig (*Person*); **ˌ~-'wit·ted** *adj.* scharfsinnig.

shat·ter ['ʃætə] **I** *v/t.* **1.** zerschmettern, -schlagen, -trümmern (*alle a. fig.*); *fig. Hoffnungen* zerstören; **2.** *Gesundheit, Nerven* zerrütten: ***I was*** (***absolutely***) **~*ed*** F ich war ‚am Boden zerstört'; **II** *v/i.* **3.** in Stücke brechen, zerspringen; **'shat·ter·ing** [-ərɪŋ] *adj.* ☐ **1.** vernichtend (*a. fig.*); **2.** *fig.* a) 'umwerfend, e'norm, b) entsetzlich, verheerend; **'shat·ter-proof** *adj.* ⚙ a) bruchsicher, b) splitterfrei, -sicher (*Glas*).

shave [ʃeɪv] **I** *v/t.* **1.** (***o.s.*** sich) rasieren: **~** (***off***) *Bart* abrasieren; ***get* ~*d*** rasiert werden; **2.** *Rasen etc.* (kurz) scheren; *Holz* (ab)schälen *od.* glatthobeln; *Häute* abschaben; **3.** streifen, *a.* knapp vor'beikommen an (*dat.*); **II** *v/i.* **4.** sich rasieren; **5. ~ *through*** F (gerade noch) ‚'durchrutschen' (*in e-r Prüfung*); **III** *s.* **6.** Ra'sur *f*, Rasieren *n*: ***have*** (*od.* ***get***) ***a* ~** sich rasieren (lassen); ***have a close*** (*od.* ***narrow***) **~** F *fig.* mit knapper Not davonkommen; ***that was a close* ~** F ‚das hätte ins Auge gehen können'; ***by a* ~** F um ein Haar; **7.** (Ab)Schabsel *n*, Span *m*; **8.** ⚙ Schabeisen *n*; **9.** *obs.* F Schwindel *m*, Betrug *m*; **'shave·ling** [-lɪŋ] *s. obs. contp.* **1.** Pfaffe *m*; **2.** Mönch *m*; **'shav·en** [-vn] *adj.* **1.** (***clean-*~** glatt) rasiert; **2.** (kahl) geschoren (*Kopf*); **'shav·er** [-və] *s.* **1.** Bar'bier *m*; **2.** Ra'sierappa,rat *m*; **3.** *mst* ***young* ~** F Grünschnabel *m*.

Sha·vi·an ['ʃeɪvjən] *adj.* shawsch, für G. B. Shaw charakte'ristisch: **~ *humo(u)r*** shawscher Humor.

shav·ing ['ʃeɪvɪŋ] *s.* **1.** Rasieren *n*: **~ *brush*** (***cream, mirror***) Rasierpinsel *m* (-creme *f*, -spiegel *m*); **~ *head*** Scherkopf *m*; **~ *soap*, ~ *stick*** Rasierseife *f*; **2.** *mst pl.* Schnitzel *m*, *n*, (Hobel)Span *m*.

shawl [ʃɔːl] *s.* **1.** 'Umhängetuch *n*; **2.** Kopftuch *n*.

shawm [ʃɔːm] *s.* ♪ Schal'mei *f*.

she [ʃiː; ʃɪ] **I** *pron.* **1.** a) sie (*3. sg. für alle weiblichen Lebewesen*), b) (*beim Mond*) er, (*bei Ländern*) es, (*bei Schiffen mit Namen*) sie, (*bei Schiffen ohne Namen*) es, (*bei Motoren u. Maschinen, wenn personifiziert*) er, es; **2.** sie, die (-jenige); **II** *s.* **3.** Sie *f*: a) Mädchen *n*, Frau *f*, b) Weibchen *n* (*Tier*); **III** *adj. in Zssgn* **4.** weiblich: **~*-bear*** Bärin *f*; **~*-dog*** Hündin *f*; **5.** *contp.* Weibs...: **~*-devil*** Weibsteufel *m*.

sheaf [ʃiːf] **I** *pl.* **-ves** [-vz] *s.* **1.** ⸙ Garbe *f*; **2.** (*Papier-, Pfeil-, phys. Strahlen-*) Bündel *n*: **~ *of fire*** ⚔ Feuer-, Geschossgarbe *f*; **II** *v/t.* **3.** → ***sheave*¹**.

shear [ʃɪə] **I** *v/t.* [*irr.*] **1.** scheren: **~ *sheep***; **2.** *a.* **~ *off*** (ab)scheren, abschneiden; **3.** *fig.* berauben; → ***shorn***; **4.** *fig. j-n* ‚schröpfen'; **5.** *poet. mit dem Schwert* (ab)hauen; **II** *v/i.* [*irr.*] **6.** ⸙ sicheln, mähen; **III** *s.* **7.** *pl.* große Schere; ⚙ Me'tall-, Blechschere *f*; **8.** → ***shearing force*, *shearing stress***; **'shear·er** [-ərə] *s.* **1.** (Schaf)Scherer *m*; **2.** Schnitter *m*.

shear·ing ['ʃɪərɪŋ] *s.* **1.** Schur *f* (*Schafescheren od. Schurertrag*); **2.** *phys.* (Ab-)Scherung *f*; **3.** *Scot. od. dial.* Mähen *n*, Mahd *f*; **~ force** *s. phys.* Scher-, Schubkraft *f*; **~ strength** *s. phys.* Scherfestigkeit *f*; **~ stress** *s. phys.* Scherbeanspruchung *f*.

shear·ling ['ʃɪəlɪŋ] *s.* erst 'einmal geschorenes Schaf.

shear| pin *s.* ⚙ Scherbolzen *m*; **~ stress** → ***shearing stress***; **'~ˌwa·ter** *s. orn.* Sturmtaucher *m*.

sheath [ʃiːθ] *s.* **1.** (*Schwert- etc.*)Scheide *f*; **2.** Futte'ral *n*, Hülle *f*; **3.** ⚘, *zo.* Scheide *f*; **4.** *zo.* Flügeldecke *f* (*Käfer*); **5.** Kon'dom *n*, *m*; **6.** Futte'ralkleid *n*; **sheathe** [ʃiːð] *v/t.* **1.** *das Schwert* in die Scheide stecken; **2.** in e-e Hülle *od.* ein Futte'ral stecken; **3.** *bsd.* ⚙ um'hüllen, -'manteln, über'ziehen; *Kabel* armieren; **sheath·ing** ['ʃiːðɪŋ] *s.* ⚙ Verschalung *f*, -kleidung *f*; Beschlag *m*; 'Überzug *m*, Mantel *m*; (Kabel)Bewehrung *f*.

sheave¹ [ʃiːv] *v/t.* ✓ in Garben binden.
sheave² [ʃiːv] *s.* ⚙ Scheibe *f*, Rolle *f*.
sheaves [ʃiːvz] **1.** *pl. von* **sheaf**; **2.** *pl. von* **sheave²**.
she·bang [ʃə'bæŋ] *s. Am. sl.* **1.** ‚Bude' *f*, ‚Laden' *m*; **2. *the whole* ~** der ganze Plunder *od.* Kram.
shed¹ [ʃed] *s.* **1.** Schuppen *m*; **2.** Stall *m*; **3.** ✈ *kleine* Flugzeughalle; **4.** Hütte *f*.
shed² [ʃed] *v/t.* [*irr.*] F **1.** verschütten, *a. Blut, Tränen* vergießen; **2.** ausstrahlen, -strömen, *Duft, Licht, Frieden etc.* verbreiten; → ***light*** 1; **3.** *Wasser* abstoßen (*Stoff*); **4.** *biol. Laub, Federn etc.* abwerfen, *Hörner* abstoßen, *Zähne* verlieren: **~ *one's skin*** sich häuten; **5.** *Winterkleider etc., a. fig. Gewohnheit, a. iro. Freunde* ablegen.
she'd [ʃiːd] F *für* a) ***she would***, b) ***she had***.
sheen [ʃiːn] *s.* Glanz *m* (*bsd. von Stoffen*), Schimmer *m*.
sheen·y¹ ['ʃiːnɪ] *adj.* glänzend.
sheen·y² ['ʃiːnɪ] *s. sl.* ‚Itzig' *m* (*Jude*).
sheep [ʃiːp] *pl. coll.* **sheep** *s.* **1.** *zo.* Schaf *n*: ***cast ~'s eyes at s.o.*** j-m schmachtende Blicke zuwerfen; ***separate the ~ and the goats*** *bibl.* die Schafe von den Böcken trennen; ***you might as well be hanged for a ~ as (for) a lamb!*** wennschon, dennschon!; → ***black sheep***; **2.** *fig. contp.* Schaf *n* (*Person*); **3.** *pl. fig.* Schäflein *pl.*, Herde *f* (*Gemeinde e-s Pfarrers etc.*); **4.** Schafleder *n*; '**~-dip** *s.* Desinfekti'onsbad *n* für Schafe; '**~·dog** *s.* Schäferhund *m*; '**~·farm** *s. Brit.* Schaf(zucht)farm *f*; '**~ˌfarm·ing** *s. Brit.* Schafzucht *f*; '**~-fold** *s.* Schafhürde *f*.
sheep·ish ['ʃiːpɪʃ] *adj.* ☐ **1.** schüchtern; **2.** einfältig, blöd(e); **3.** verlegen, ‚belämmert'.
'**sheep|·man** [-mən] *s.* [*irr.*] *Am.* Schafzüchter *m*; '**~·pen** → ***sheepfold***; **~ run** → ***sheepwalk***; '**~ˌshear·ing** *s.* Schafschur *f*; '**~·skin** *s.* **1.** Schaffell *n*; **2.** (*a.* Perga'ment *n* aus) Schafleder *n*; **3.** F a) Urkunde *f*, b) Di'plom *n*; '**~·walk** *s.* Schafweide *f*.
sheer¹ [ʃɪə] **I** *adj.* ☐ **1.** bloß, rein, pur, nichts als: **~ *nonsense***; ***by ~ force*** mit bloßer *od.* nackter Gewalt; **2.** völlig, glatt: **~ *impossibility***; **3.** rein, unvermischt, pur: **~ *ale***; **4.** steil, jäh; **5.** hauchdünn (*Textilien*); **II** *adv.* **6.** völlig; **7.** senkrecht; **8.** di'rekt.
sheer² [ʃɪə] **I** *s.* **1.** ⚓ a) Ausscheren *n*, b) Sprung *m* (*Deckerhöhung*); **II** *v/i.* **2.** ⚓ abscheren, (ab)gieren (*Schiff*); **3.** *fig. a.* **~ *away* (*from*)** a) abweichen (von), b) sich losmachen (von); **~ *off*** *v/i.* **1.** → ***sheer²*** 2; **2.** abhauen; **3. ~ *from*** aus dem Wege gehen (*dat.*).
sheet [ʃiːt] **I** *s.* **1.** Betttuch *n*, (Bett)Laken *n*; Leintuch *n*: ***stand in a white ~*** reumütig s-e Sünden bekennen; **(*as*) *white as a ~*** *fig.* kreidebleich; **2.** (*typ.* Druck)Bogen *m*, Blatt *n* (*Papier*): ***a blank ~*** *fig.* ein unbeschriebenes Blatt; ***a clean ~*** *fig.* e-e reine Weste; ***in (the) ~s*** (noch) nicht gebunden, ungefalzt (*Buch*); **3.** Bogen *m* (*von Briefmarken*); **4.** a) Blatt *n*, Zeitung *f*, b) (Flug-)Schrift *f*; **5.** ⚙ (dünne) (*Blech-, Glas- etc.*)Platte *f*; **6.** *metall.* (Fein)Blech *n*; **7.** weite Fläche (*von Wasser etc.*); (wogende) Masse; (*Feuer-, Regen*)Wand *f*; *geol.* Schicht *f*: ***rain came down in ~s*** es regnete in Strömen; **8.** ⚓ Schot(e) *f*, Segelleine *f*: ***have three ~s in the wind*** *sl.* ‚sternhagelvoll' sein; **9.** ⚓ Vorder- (*u.* Achter)teil *m*, *n* (*Boot*); **II** *v/t.* **10.** *Bett* beziehen; **11.** (in Laken) (ein)hüllen; **12.** ⚙ mit Blech verkleiden; **13.** *a.* **~ *home*** *Segel* anholen; **~ an·chor** *s.* ⚓ Notanker *m* (*a. fig.*); **~ cop·per** *s.* Kupferblech *n*; **~ glass** *s.* Tafelglas *n*.
sheet·ing ['ʃiːtɪŋ] *s.* **1.** Betttuchstoff *m*; **2.** Blechverkleidung *f*.
sheet| i·ron *s.* Eisenblech *n*; **~ light·ning** *s.* **1.** Wetterleuchten *n*; **2.** Flächenblitz *m*; **~ met·al** *s.* (Me'tall)Blech *n*; **~ mu·sic** *s.* Noten(blätter) *pl.*; **~ steel** *s.* Stahlblech *n*.
sheik(h) [ʃeɪk] *s.* **1.** Scheich *m*; **2.** *fig.* F a) ‚Scheich' *m* (*Freund*), b) *Am.* ‚Schwarm' *m* (*Person*); '**sheik(h)·dom** [-dəm] *s.* Scheichtum *n*.
shek·el ['ʃekl] *s.* **1.** a) S(ch)ekel *m* (*hebräische Gewichts- u. Münzeinheit*), b) Schekel *m* (*Münzeinheit in Israel*); **2.** *pl.* F ‚Zaster' *m* (*Geld*).
shel·drake ['ʃeldreɪk] *s. orn.* Brandente *f*.
shelf [ʃelf] *pl.* **shelves** [-vz] *s.* **1.** (Bücher-, Wand-, Schrank)Brett *n*; ('Bücher-, 'Waren- *etc.*)Reˌgal *n*, Bord *n*, Fach *n*, Sims *m*: ***be put* (*od.* *laid*) *on the ~*** *fig.* a) ausrangiert werden (*a. Beamter etc.*), b) auf die lange Bank geschoben werden; ***get on the ~*** ‚sitzen bleiben' (*Mädchen*); **2.** Riff *n*, Felsplatte *f*; **3.** ⚓ a) Schelf *m*, *n*, Küstensockel *m*, b) Sandbank *f*; **4.** *geol.* Festlandssockel *m*, Schelf *m*, *n*; **~ fill·er** *s.* Regalauffüller *m*; **~ life** *s.* † Lagerfähigkeit *f*; '**~ˌwarm·er** *s.* ‚Ladenhüter' *m*.
shell [ʃel] **I** *s.* **1.** *allg.* Schale *f*; **2.** *zo.* a) Muschelschale *f*, b) Schneckenhaus *n*, c) Flügeldecke *f* (*Käfer*), d) Rückenschild *m* (*Schildkröte*): ***come out of one's ~*** *fig.* aus sich herausgehen; ***retire into one's ~*** *fig.* sich in sein Schneckenhaus zurückziehen; **3.** (Eier-)Schale *f*: ***in the ~*** a) (noch) unausgebrütet, b) *fig.* noch in der Entwicklung; **4.** a) Muschel *f*, b) Perlmutt *n*, c) Schildpatt *n*; **5.** (Nuss- *etc.*)Schale *f*, Hülse *f*; **6.** ⚓, ✈ Schale *f*, Außenhaut *f*;

S

(Schiffs)Rumpf *m*; **7.** Gerippe *n*, Gerüst *n* (*a. fig.*), ⚠ *a.* Rohbau *m*; **8.** ⚙ Kapsel *f*, (*Scheinwerfer- etc.*)Gehäuse *n*; **9.** ⚔ a) Gra'nate *f*, b) Hülse *f*, c) *Am.* Pa'trone *f*; **10.** ('Feuerwerks)Ra,kete *f*; **11.** *Küche*: (Pa'steten)Hülle *f*; **12.** *phys.* (Elek'tronen)Schale *f*; **13.** *sport* (leichtes) Renn(ruder)boot; **14.** (*Degen- etc.*)Korb *m*; **15.** *fig. das* (bloße) Äußere; **16.** *ped. Brit.* Mittelstufe *f*; **II** *v/t.* **17.** schälen; *Erbsen etc.* enthülsen; *Nüsse* knacken; *Körner* von der Ähre *od.* vom Kolben entfernen; **18.** ⚔ (mit Gra'naten) beschießen; ~ **out** *v/t. u. v/i. sl.* ‚blechen' (*bezahlen*).

shel·lac [ʃə'læk] **I** *s.* **1.** ⚗ Schellack *m*; **II** *v/t. pret. u. p.p.* **shel'lacked** [-kt] **2.** mit Schellack behandeln; **3.** *fig. Am. sl.* *j-n* ‚vermöbeln'.

'shell,cra·ter *s.* ⚔ Gra'nattrichter *m*.

shelled [ʃeld] *adj.* ...schalig.

shell| egg *s.* Frischei *n*; **'~·fish** *s. zo.* Schalentier *n*; **~ game** *s. Am.* Falschspielertrick *m* (*a. fig.*).

shell·ing ['ʃelɪŋ] *s.* ⚔ Beschuss *m*, (Artille'rie)Feuer *n*.

shell| shock *s.* ⚔ 'Kriegsneu,rose *f*; **~ suit** *s. Brit.* 'Jogginganzug *m* (*aus Ballonseide od. mit Polyesteraußenseite*).

shel·ter ['ʃeltə] **I** *s.* **1.** Schutzhütte *f*, -dach *n*; Schuppen *m*; **2.** Obdach *n*, Herberge *f*; **3.** Zuflucht *f*; **4.** Schutz *m*: ***take*** (*od.* ***seek***) ~ Schutz suchen (***with*** bei, ***from*** vor *dat.*); **5.** ⚔ a) Bunker *m*, 'Unterstand *m*, b) Deckung *f*; **II** *v/t.* **6.** (be)schützen, beschirmen (***from*** vor): ***a ~ed life*** ein behütetes Leben; **7.** schützen, bedecken, über'dachen; **8.** *j-m* Schutz *od.* Zuflucht gewähren: ~ ***o.s.*** *fig.* sich verstecken (***behind*** hinter *j-m etc.*); ***~ed trade*** † *Brit.* (*durch Zölle*) geschützter Handelszweig; ***~ed workshop*** beschützende Werkstatt; **9.** *j-n* beherbergen; **III** *v/i.* **10.** Schutz suchen; sich 'unterstellen; ~ **half** *s.* ⚔ *Am.* Zeltbahn *f*.

shelve[1] [ʃelv] *v/t.* **1.** *Bücher* (in ein Re'gal) einstellen, auf ein (Bücher)Brett stellen; **2.** *fig.* a) *et.* zu den Akten legen, bei'seite legen, b) *j-n* ausrangieren; **3.** aufschieben; **4.** mit Fächern *od.* Re'galen versehen.

shelve[2] [ʃelv] *v/i.* (sanft) abfallen.

shelves [ʃelvz] *pl. von* ***shelf***.

shelv·ing[1] ['ʃelvɪŋ] *s.* (Bretter *pl.* für) Fächer *pl. od.* Re'gale *pl.*

shelv·ing[2] ['ʃelvɪŋ] *adj.* schräg, abfallend.

she·nan·i·gan [ʃɪ'nænɪgən] *s. mst pl.* F **1.** ‚Mumpitz' *m*, ‚fauler Zauber'; **2.** Trick *m*; **3.** ‚Blödsinn' *m*, Streich *m*.

shep·herd ['ʃepəd] **I** *s.* **1.** (Schaf)Hirt *m*, Schäfer *m*; **2.** *fig. eccl.* (Seelen)Hirt *m* (*Geistlicher*): ***the*** (***good***) ♀ *bibl.* der Gute Hirte (*Christus*); **II** *v/t.* **3.** *Schafe etc.* hüten; **4.** *fig. Menschenmenge etc.* treiben, führen, ‚bugsieren'; **'shep·herd·ess** [-dɪs] *s.* (Schaf)Hirtin *f*, Schäferin *f*.

shep·herd's| crook *s.* Hirtenstab *m*; ~ **dog** *s.* Schäferhund *m*; ~ **pie** *s.* Auflauf *m* aus Hackfleisch u. Kar'toffelbrei; ~ **purse** *s.* ⚘ Hirtentäschel *n*.

sher·bet ['ʃɜːbət] *s.* **1.** Sor'bett *n*, *m* (*Frucht-, Eisgetränk*); **2.** *bsd. Am.* Fruchteis *n*; **3.** *a.* ***~ powder*** Brausepulver *n*.

sherd [ʃɜːd] → ***shard***.

sher·iff ['ʃerɪf] *s.* ⚖ Sheriff *m*: a) *in England, Wales u. Irland der höchste Verwaltungsbeamte e-r Grafschaft*, b) *in den USA der gewählte höchste Exekutivbeamte e-s Verwaltungsbezirkes*, c) *in Schottland e-e Art Amtsrichter.*

sher·ry ['ʃerɪ] *s.* Sherry *m*.

she's [ʃiːz; ʃɪz] F *für* a) ***she is***, b) ***she has***.

shew [ʃəʊ] *obs. für* ***show***.

shib·bo·leth ['ʃɪbəleθ] *s. fig.* **1.** Schib'boleth *n*, Erkennungszeichen *n*, -wort *n*; **2.** Kastenbrauch *m*; **3.** Platti'tüde *f*.

shield [ʃiːld] **I** *s.* **1.** Schild *m*; **2.** Schutzschild *m*, -schirm *m*; **3.** *fig.* a) Schutz *m*, Schirm *m*, b) (Be)Schützer(in); **4.** ⚡, ⚙ (Ab)Schirmung *f*; **5.** Arm-, Schweißblatt *n*; **6.** *zo.* (Rücken)Schild *m*, Panzer *m* (*Insekt etc.*); **7.** *her.* (Wappen-)Schild *m*; **II** *v/t.* **8.** (be)schützen, (be-)schirmen (***from*** vor *dat.*); **9.** *bsd. b.s.* *j-n* decken; **10.** ⚡, ⚙ (ab)schirmen; **'~-,bear·er** *s.* Schildknappe *m*; ~ **fern** *s.* ⚘ Schildfarn *m*; ~ **forc·es** *s. pl.* ⚔ Schildstreitkräfte *pl.*

shiel·ing ['ʃiːlɪŋ] *s. Scot.* **1.** (Vieh)Weide *f*; **2.** Hütte *f*.

shift [ʃɪft] **I** *v/i.* **1.** den Platz *od.* die Lage wechseln, sich bewegen; **2.** sich verlagern (*a.* ⚖ *Beweislast*), sich verwandeln (*a. Szene*), sich verschieben (*a. ling.*), wechseln; **3.** ⚓ 'überschießen, sich verlagern (*Ballast, Ladung*); **4.** die Wohnung wechseln; **5.** 'umspringen (*Wind*); **6.** *mot.* schalten: ~ ***up*** (***down***) hinaufschalten (herunterschalten); **7.** *Kugelstoßen*: angleiten; **8.** ~ ***for o.s.*** a) auf sich selbst gestellt sein, b) sich selbst (weiter)helfen, sich durchschlagen; **9.** Ausflüchte machen; **10.** *mst* ~ ***away*** F sich da'vonmachen; **II** *v/t.* **11.** (aus-, 'um)wechseln, (aus)tauschen; → ***ground*** 2; **12.** (*a. fig.*) verschieben, -lagern, (*a. Schauplatz*, ⚔ *das Feuer*) verlegen; *Betrieb* 'umstellen (***to*** auf *acc.*); *thea. Kulissen* schieben; **13.** ⚙ schalten, ausrücken, verstellen, *Hebel* 'umlegen: ~ ***gears*** *mot.* schalten; **14.** ⚓ a) *Schiff* verholen, b) *Ladung* 'umstauen; **15.** *Kleidung* wechseln; **16.** *Schuld, Verantwortung* (ab)schieben, abwälzen (**[*up*]*on*** auf *acc.*); **17.** *j-n* loswerden;

S

18. *Am.* F a) *Essen etc.* ‚wegputzen', b) *Schnaps etc.* ‚kippen'; **III** *s.* **19.** Verschiebung *f*, -änderung *f*, -lagerung *f*, Wechsel *m*; **20.** ✝ (Arbeits)Schicht *f* (*Arbeiter od. Arbeitszeit*); **21.** Ausweg *m*, Hilfsmittel *n*, Notbehelf *m*: ***make*** (***a***) ~ a) sich durchschlagen, b) es fertig bringen, es möglich machen (***to do*** zu tun), c) sich behelfen (***with*** mit, ***without*** ohne); **22.** Kniff *m*, List *f*, Ausflucht *f*; **23.** ~ ***of crop*** ⚘ *Brit.* Fruchtwechsel *m*; **24.** *geol.* Verwerfung *f*; **25.** ♪ a) Lagenwechsel *m* (*Streichinstrumente*), b) Zugwechsel *m* (*Posaune*), c) Verschiebung *f* (*Klavierpedal etc.*); **26.** *ling.* Lautverschiebung *f*; **27.** *Kugelstoßen*: Angleiten *n*; **28.** *obs.* ('Unter-)Hemd *n der Frau*; '**shift·er** [-tə] *s.* **1.** *thea.* Ku'lissenschieber *m*; **2.** *fig.* schlauer Fuchs; **3.** ⚙ a) Schalter *m*, b) Ausrückvorrichtung *f*; '**shift·i·ness** [-tɪnɪs] *s.* **1.** Gewandtheit *f*; **2.** Verschlagenheit *f*; **3.** Unzuverlässigkeit *f*; '**shift·ing** [-tɪŋ] *adj.* sich verschiebend, veränderlich: ~ ***sand*** Treib-, Flugsand *m*.

shift key *s.* 'Umschalter *m* (*Schreibmaschine*).

shift·less ['ʃɪftlɪs] *adj.* ☐ **1.** hilflos (*a. fig. unfähig*); **2.** unbeholfen, einfallslos; **3.** träge, faul.

shift| lock *s. Computer*: Feststelltaste *f*; ~ **work** *s.* **1.** Schichtarbeit *f*; **2.** *ped.* 'Schicht‚unterricht *m*; ~ **work·er** *s.* Schichtarbeiter(in).

shift·y ['ʃɪftɪ] *adj.* ☐ **1.** a) wendig, b) schlau, gerissen, c) verschlagen, falsch; **2.** *fig.* unstet.

shil·ling ['ʃɪlɪŋ] *s. Brit. obs.* Schilling *m*: ***a ~ in the pound*** 5 Prozent; ***pay twenty ~s in the pound*** s-e Schulden *etc.* auf Heller u. Pfennig bezahlen; ***cut s.o. off with a ~*** j-n enterben; ~ **shock·er** *s.* 'Schundro‚man *m*.

shil·ly-shal·ly ['ʃɪlɪ‚ʃælɪ] **I** *v/i.* zögern, schwanken; **II** *s.* Schwanken *n*, Zögern *n*; **III** *adj. u. adv.* zögernd, schwankend.

shim [ʃɪm] ⚙ *s.* Keil *m*, Klemmstück *n*, Ausgleichsscheibe *f*.

shim·mer ['ʃɪmə] **I** *v/i.* schimmern; **II** *s.* Schimmer *m*; '**shim·mer·y** [-ərɪ] *adj.* schimmernd.

shim·my ['ʃɪmɪ] **I** *s.* **1.** Shimmy *m* (*Tanz*); **2.** ⚙ Flattern *n* (*der Vorderräder*); **3.** F (Damen)Hemd *n*; **II** *v/i.* **4.** Shimmy tanzen; **5.** ⚙ flattern (*Vorderräder*).

shin [ʃɪn] **I** *s.* **1.** Schienbein *n*; **2.** ~ ***of beef*** Rinderhachse *f*; **II** *v/i.* **3.** ~ ***up*** *e-n Baum etc.* hin'aufklettern; **4.** *Am.* rennen; **III** *v/t.* **5.** *j-n* ans Schienbein treten; **6.** ~ ***o.s.*** sich das Schienbein verletzen; '~**-bone** *s.* Schienbein(knochen *m*) *n*.

shin·dig ['ʃɪndɪg] *s.* **1.** *sl.* ‚Schwof' *m*, Tanz(veranstaltung *f*) *m*; *weitS.* (‚wilde') Party; **2.** → ***shindy***.

shin·dy ['ʃɪndɪ] *s.* F Krach *m*, Ra'dau *m*.

shine [ʃaɪn] **I** *v/i.* [*irr.*] **1.** scheinen; leuchten, strahlen (*a. Augen etc.*; ***with joy*** vor Freude): ~ ***out*** hervorleuchten, *fig.* herausragen; ~ (***up***)***on*** *et.* beleuchten; ~ ***up to*** *Am. sl.* sich bei *j-m* anbiedern; **2.** glänzen (*a. fig. sich hervortun* ***as*** als, ***at*** in *dat.*); **II** *v/t.* [*irr.*] **3.** F *Schuhe etc.* polieren; **III** *s.* **4.** (*Sonnen- etc.*)Schein *m*; → ***rain*** 1; **5.** Glanz *m*: ***take the ~ out of*** a) *e-r Sache* den Glanz nehmen, b) *et. od. j-n* in den Schatten stellen; **6.** Glanz *m* (*bsd. auf Schuhen*): ***have a ~?*** Schuhputzen gefällig?; **7. *kick up a ~*** F Radau machen; **8. *take a ~ to s.o.*** F j-n ins Herz schließen; '**shin·er** [-nə] *s.* **1.** glänzender Gegenstand; **2.** *sl.* a) Goldmünze *f* (*bsd. Sovereign*), b) Dia'mant *m*, c) *pl.* ‚Kies' *m* (*Geld*); **3.** *sl.* ‚Veilchen' *n*, blaues *od.* blau geschlagenes Auge.

shin·gle[1] ['ʃɪŋgl] **I** *s.* **1.** (Dach)Schindel *f*; **2.** Herrenschnitt *m* (*Damenfrisur*); **3.** *Am.* F (Firmen)Schild *n*: ***hang out one's ~*** sich (als Arzt *etc.*) etablieren, ‚s-n eigenen Laden aufmachen'; **II** *v/t.* **4.** mit Schindeln decken; **5.** *Haar* (sehr) kurz schneiden: ~***d hair*** → 2.

shin·gle[2] ['ʃɪŋgl] *s. Brit.* **1.** grober Strandkies(el) *m*; **2.** Kiesstrand *m*.

shin·gle[3] ['ʃɪŋgl] *v/t. metall.* zängen.

shin·gles ['ʃɪŋglz] *s. pl. sg. konstr.* ⚕ Gürtelrose *f*.

shin·gly ['ʃɪŋglɪ] *adj.* kies(el)ig.

shin·ing ['ʃaɪnɪŋ] *adj.* ☐ leuchtend (*a. fig. Beispiel*), strahlend; glänzend (*a. fig.*): ***a ~ light*** e-e Leuchte (*Person*).

shin·ny ['ʃɪnɪ] *v/i. Am.* F klettern.

shin·y ['ʃaɪnɪ] *adj. allg.* glänzend: a) leuchtend (*a. fig.*), funkelnd (*a. Auto etc.*), b) strahlend (*Tag etc.*), c) blank (geputzt), d) abgetragen: ***a ~ jacket***.

ship [ʃɪp] **I** *s.* **1.** ⚓ *allg.* Schiff *n*: ~***'s articles*** → ***shipping articles***; ~***'s company*** Besatzung *f*; ~***'s husband*** Mitreeder *m*; ~***'s papers*** Schiffspapiere; ~ ***of the desert*** *fig.* Wüstenschiff (*Kamel*); ***take ~*** sich einschiffen (***for*** nach); ***about ~!*** klar zum Wenden!; ***when my ~ comes home*** *fig.* wenn ich mein Glück mache; **2.** ⚓ Vollschiff *n* (*Segelschiff*); **3.** Boot *n*; **4.** *Am.* a) Luftschiff *n*, b) Flugzeug *n*, c) Raumschiff *n*; **II** *v/t.* **5.** an Bord bringen *od.* (*a. Passagiere*) nehmen, verladen; **6.** ⚓ verschiffen, transportieren; **7.** ✝ a) verladen, b) versenden, -frachten, (aus-)liefern (*a. zu Lande*), c) *Ware zur Verladung* abladen, d) ⚓ *Ladung* über'nehmen: ~ ***a sea*** e-e See (*Sturzwelle*) übernehmen; **8.** ⚓ *Ruder* einlegen, *Mast* einsetzen: ~ ***the oars*** die Riemen

S

einlegen; **9.** ⚓ *Matrosen* (an)heuern; **10.** F *a.* **~ off** fortschicken; **III** *v/i.* **11.** sich einschiffen; **12.** sich anheuern lassen; **~ bis·cuit** *s.* Schiffszwieback *m*; **'~·board** *s.*: **on ~** an Bord; **'~·borne air·craft** *s.* ✈ Bordflugzeug *n*; **'~,build·er** *s.* ⚓ 'Schiffsarchi,tekt *m*, -bauer *m*; **'~,build·ing** *s.* ⚓ Schiff(s)bau *m*; **~ ca·nal** *s.* ⚓ 'Seeka,nal *m*; **~ chan·dler** *s.* Schiffsausrüster *m*; **'~·load** *s.* (volle) Schiffsladung (*als Maß*); **'~,mas·ter** *s.* ⚓ ('Handels)Kapi,tän *m*.

ship·ment ['ʃɪpmənt] *s.* **1.** ⚓ a) Verladung *f*, b) Verschiffung *f*, 'Seetrans,port *m*, c) (Schiffs)Ladung *f*; **2.** ✝ (*a. zu Lande*) a) Versand *m*, b) (Waren)Sendung *f*, Lieferung *f*.

'ship,own·er *s.* Reeder *m*.

ship·per ['ʃɪpə] *s.* ✝ **1.** Verschiffer *m*, Ablader *m*; **2.** Spedi'teur *m*.

ship·ping ['ʃɪpɪŋ] *s.* **1.** Verschiffung *f*; **2.** ✝ a) Abladung *f* (*Anbordnahme*), b) Verfrachtung *f*, Versand *m* (*a. zu Lande etc.*); **3.** ⚓ *coll.* Schiffsbestand *m* (*e-s Landes etc.*); **~ a·gent** *s.* **1.** 'Schiffsa,gent *m*; **2.** Schiffsmakler *m*; **~ ar·ti·cles** *s. pl.* ⚓ 'Schiffsar,tikel *pl.*, Heuervertrag *m*; **~ bill** *s. Brit.* Mani'fest *n*; **~ clerk** *s.* ✝ Leiter *m* der Versandabteilung; **~ com·pa·ny** *s.* ⚓ Reede'rei *f*; **~ fore·cast** *s.* Seewetterbericht *m*.

'ship|·shape *pred. adj. u. adv.* in tadelloser Ordnung, blitzblank; **,~-to-'ship** *adj.* Bord-Bord-...; **,~-to-'shore** *adj.* Bord-Land-...; **'~·way** *s.* Stapel *m*, Helling *f*; **'~·wreck I** *s.* **1.** ⚓ Wrack *n*; **2.** Schiffbruch *m*, *fig. a.* Scheitern *n von Plänen etc.*: **make ~ of** → 4; **II** *v/t.* **3.** scheitern lassen: **be ~ed** schiffbrüchig werden *od.* sein; **4.** *fig.* zum Scheitern bringen, vernichten; **III** *v/i.* **5.** Schiffbruch erleiden, scheitern (*beide a. fig.*); **'~·wright** *s.* **1.** → **shipbuilder**; **2.** Schiffszimmermann *m*; **'~·yard** *s.* (Schiffs)Werft *f*.

shir [ʃɜː] → **shirr**.

shire ['ʃaɪə] *s.* **1.** brit. Grafschaft *f*; **2.** au'stralischer Landkreis; **3.** *a.* **~ horse** *ein schweres Zugpferd.*

S

shirk [ʃɜːk] **I** *v/t.* sich drücken vor (*dat.*); **II** *v/i.* sich drücken (**from** vor *dat.*); **'shirk·er** [-kə] *s.* Drückeberger *m*.

shirr [ʃɜː] **I** *s.* e'lastisches Gewebe, eingewebte Gummischnur, Zugband *n*; **II** *v/t. Gewebe* kräuseln; **shirred** [ʃɜːd] *adj.* e'lastisch, gekräuselt.

shirt [ʃɜːt] *s.* **1.** (Herren-, Ober-, *a.* 'Unter-, Nacht)Hemd *n*: **get s.o.'s ~ out** j-n ‚auf die Palme bringen'; **give away the ~ off one's back** sein letztes Hemd *für j-n* hergeben; **keep one's ~ on** *sl.* sich nicht aufregen; **lose one's ~** ‚sein letztes Hemd verlieren'; **put one's ~ on** *sl.* alles auf *ein Pferd etc.* setzen; **2.** *a.* **~ blouse** Hemdbluse *f*; **~ front** *s.* Hemdbrust *f*.

shirt·ing ['ʃɜːtɪŋ] *s.* Hemdenstoff *m*.

'shirt-sleeve I *s.* Hemdsärmel *m*: **in one's ~s** in Hemdsärmeln; **II** *adj. fig.* ‚hemdsärmelig', ungezwungen, le'ger: **~ diplomacy** offene Diplomatie.

shirt·y ['ʃɜːtɪ] *adj. sl.* unverschämt, ungehobelt.

shit [ʃɪt] V **I** *s.* **1.** Scheiße *f*: **have a ~** scheißen; **2.** *fig.* ‚Scheiße' *f*, ‚Scheiß(-dreck)' *m*; **3.** *fig.* Arschloch *n*; **4.** *pl.* ‚Scheiße'rei' *f*; **5.** *sl.* ‚Shit' *n* (*Haschisch*); **II** *v/i.* [*irr.*] **6.** scheißen: **~ on** a) auf *j-n od. et.* scheißen, b) *fig. j-n* ‚verpfeifen'; **III** *v/t.* **7.** voll scheißen, scheißen in (*acc.*); **shit·ty** ['ʃɪtɪ] *adj.* ‚beschissen'.

shiv·er[1] ['ʃɪvə] **I** *s.* **1.** Splitter *m*, (Bruch-)Stück *n*, Scherbe *f*; **2.** *min.* Dachschiefer *m*; **II** *v/t.* **3.** zersplittern, zerschmettern; **III** *v/i.* **4.** (zer)splittern.

shiv·er[2] ['ʃɪvə] **I** *v/i.* **1.** (**with** vor *dat.*) zittern, (er)schauern, frösteln; **2.** flattern (*Segel*); **II** *s.* **3.** Schauer *m*, Zittern *n*, Frösteln *n*: **the ~s** a) ⚕ der Schüttelfrost, b) F *fig.* das kalte Grausen; **'shiv·er·ing** [-vərɪŋ] *s.* Schauer(n *n*) *m*: **~ fit** Schüttelfrost *m*; **'shiv·er·y** [-ərɪ] *adj.* **1.** fröstelnd; **2.** fiebrig.

shoal[1] [ʃəʊl] **I** *s.* Schwarm *m*, Zug *m von Fischen*; *fig.* Unmenge *f*, Masse *f*; **II** *v/i.* in Schwärmen auftreten.

shoal[2] [ʃəʊl] **I** *s.* **1.** Untiefe *f*, seichte Stelle; Sandbank *f*; **2.** *fig.* Klippe *f*; **II** *adj.* **3.** seicht; **III** *v/i.* **4.** seicht(er) werden; **'shoal·y** [-lɪ] *adj.* seicht.

shock[1] [ʃɒk] **I** *s.* **1.** Stoß *m*, Erschütterung *f* (*a. fig. des Vertrauens etc.*); **2.** Zs.-stoß *m*, Zs.-prall *m*, Anprall *m*; **3.** ⚕ (Nerven)Schock *m*, Schreck *m*, (plötzlicher) Schlag (**to** für), *seelische* Erschütterung (**to** *gen.*): **be in** (**a state of**) **~** e-n Schock haben; **get the ~ of one's life** a) zu Tode erschrecken, b) sein blaues Wunder erleben; **with a ~** mit Schrecken; **4.** Schock *m*, Ärgernis *n* (**to** für); **5.** ϟ Schlag *m*, (*a.* ⚕ E'lektro-)Schock *m*; **II** *v/t.* **6.** erschüttern, erbeben lassen; **7.** *fig.* schockieren, em'pören: **~ed** empört *od.* entrüstet (**at** über *acc.*, **by** durch); **8.** *fig. j-m* e-n Schock versetzen, *j-n* erschüttern: **I was ~ed to hear** zu m-m Entsetzen hörte ich; **9.** *j-m* e-n e'lektrischen Schlag versetzen; ⚕ *j-n* schocken.

shock[2] [ʃɒk] ⚒ **I** *s.* Mandel *f*, Hocke *f*; **II** *v/t.* in Mandeln aufstellen.

shock[3] [ʃɒk] **I** *s.* (**~ of hair** Haar)Schopf *m*; **II** *adj.* zottig: **~ head** Strubbelkopf *m*.

shock| ab·sorb·er *s.* ⚙ **1.** Stoßdämpfer *m*; **2.** 'Schwingme,tall *n*; **~ ab·sorp·tion** *s.* ⚙ Stoßdämpfung *f*.

shock·er ['ʃɒkə] *s.* **1.** *allg.* ‚Schocker' *m*; **2.** Elektri'sierappa,rat *m*.

'shock-ˌhead·ed *adj.* strubb(e)lig: **~ Peter** (der) Struwwelpeter.

shock·ing ['ʃɒkɪŋ] **I** *adj.* □ **1.** schockierend, em'pörend, unerhört, anstößig; **2.** entsetzlich, haarsträubend; **3.** F scheußlich, schrecklich, mise'rabel; **II** *adv.* F **4.** schrecklich, unheimlich (*groß etc.*); **~ pink I** *adj.* pink(farben); **II** *s.* Pink *n*.

'shock|·proof *adj.* ⚙ stoß-, erschütterungsfest; **~ tac·tics** *s. pl. sg. konstr.* ⚔ 'Durchbruchs-, Stoßtaktik *f*; **~ ther·a·py, ~ treat·ment** *s.* ⚕ 'Schockthera,pie *f*, -behandlung *f*; **~ troops** *s. pl.* ⚔ Stoßtruppen *pl.*; **~ wave** *s.* Druckwelle *f*; *fig.* Erschütterung *f*, Schock *m*; **~ work·er** *s. DDR etc.*: Stoßarbeiter *m*.

shod [ʃɒd] **I** *pret. u. p.p. von* **shoe**; **II** *adj.* **1.** beschuht; **2.** beschlagen (*Pferd, Stock etc.*); **3.** bereift.

shod·dy ['ʃɒdɪ] **I** *s.* **1.** Shoddy *n*, (langfaserige) Reißwolle; **2.** Shoddytuch *n*; **3.** *fig.* Schund *m*, Kitsch *m*; **4.** *fig.* Protzentum *n*; **II** *adj.* **5.** Shoddy...; **6.** *fig.* a) unecht, falsch: **~ aristocracy** Talmiaristokratie *f*, b) kitschig, Schund...: **~ literature**, c) protzig.

shoe [ʃuː] **I** *s.* **1.** (*bsd. Brit.* Halb)Schuh *m*: **dead men's ~s** *fig.* ungeduldig erwartetes Erbe; **be in s.o.'s ~s** *fig.* in j-s Haut stecken; **know where the ~ pinches** *fig.* wissen, wo der Schuh drückt; **shake in one's ~s** *fig.* vor Angst schlottern; **step into s.o.'s ~s** j-s Stelle einnehmen; **that is another pair of ~s** *fig.* das sind zwei Paar Stiefel; **now the ~ is on the other foot** F jetzt will er *etc.* (plötzlich) nichts mehr davon wissen; **2.** Hufeisen *n*; **3.** ⚙ Schuh *m*, (Schutz)Beschlag *m*; **4.** ⚙ a) Bremsschuh *m*, -klotz *m*, b) Bremsbacke *f*; **5.** ⚙ (Reifen)Decke *f*; **6.** ⚡ Gleitschuh *m*; **II** *v/t.* [*irr.*] **7.** a) beschuhen, b) *Pferd, a. Stock* beschlagen; **'~·black** *s.* Schuhputzer *m*; **'~·horn** *s.* Schuhlöffel *m*; **'~·lace** *s.* Schnürsenkel *m*; **'~ˌmak·er** *s.* Schuhmacher *m*: **~'s thread** Pechdraht *m*; **'~·shine** *s. Am.* Schuhputzen *n*: **~ boy** Schuhputzer *m*; **'~·string I** *s.* → **shoelace**: **on a ~** F mit ein paar Groschen, praktisch mit nichts *anfangen etc.*; **II** *adj.* F a) fi'nanzschwach, b) ‚klein', c) armselig.

shone [ʃɒn] *pret. u. p.p. von* **shine**.

shoo [ʃuː] **I** *int.* **1.** husch!, sch!, fort!; **II** *v/t.* **2.** *a.* **~ away** *Vögel etc.* verscheuchen; **3.** *Am.* F *j-n* ‚scheuchen'; **III** *v/i.* **4.** husch! *od.* sch! rufen.

shook[1] [ʃʊk] *bsd. Am. s.* **1.** Bündel *n* Fassdauben; **2.** Pack *m* Kistenbretter; **3.** → **shock**[2] I.

shook[2] [ʃʊk] *pret. von* **shake**.

shoot [ʃuːt] **I** *s.* **1.** a) (*a.* Wett)Schießen *n*, b) Schuss *m*; **2.** *hunt.* a) Jagd *f*, b) 'Jagd(reˌvier *n*) *f*, c) Jagdgesellschaft *f*, d) *Am.* Strecke *f*; **3.** *Am.* Ra'ketenabschuss *m*; **4.** *phot.* (Film)Aufnahme *f*; **5.** (Holz- *etc.*)Rutsche *f*, Rutschbahn *f*; **6.** Stromschnelle *f*; **7.** ⚘ Schössling *m*, Trieb *m*; **II** *v/t.* [*irr.*] **8.** *Pfeil, Kugel etc.* (ab)schießen, (-)feuern: **~ questions at s.o.** j-n mit Fragen bombardieren; → **shoot off** I; **9.** a) *Wild* schießen, erlegen, b) *a. j-n* anschießen, c) *a.* **~ dead** *j-n* erschießen (**for** wegen); **10.** *hunt.* in *e-m Revier* jagen; **11.** *sport Ball, Tor* schießen; **12.** ⚓ *Sonne etc.* schießen (*Höhe messen*); → **moon** 1; **13.** *fig. Strahl etc.* schießen, senden: **~ a glance at** e-n schnellen Blick werfen auf (*acc.*); **14.** a) *Film, Szene* drehen, b) ‚schießen', aufnehmen, fotografieren; **15.** *fig.* stoßen, schleudern, werfen; **16.** *fig.* unter *e-r Brücke etc.* hin'durchschießen, über *e-e Stromschnelle etc.* hin'wegschießen; **17.** *Riegel* vorschieben; **18.** *mit Fäden* durch'schießen, -'wirken; **19.** *a.* **~ forth** ⚘ *Knospen etc.* treiben; **20.** *Müll, Karren etc.* abladen, auskippen; **21.** *Fass* schroten; **22.** ⚕ (ein)spritzen; → **shoot up** 2; **III** *v/i.* [*irr.*] **23.** *a. sport* schießen, feuern (**at** nach, auf *acc.*): **~!** *Am. sl.* schieß los! (*sprich!*); **24.** *hunt.* jagen, schießen: **go ~ing** auf die Jagd gehen; **25.** *fig.* (da'hin-, vor'bei- *etc.*)schießen, (-)jagen, (-)rasen: **~ ahead** nach vorn schießen, voranstürmen; **~ ahead of** vorbeischießen an (*dat.*), überholen; **26.** stechen (*Schmerz, Glied*); **27.** *a.* **~ forth** ⚘ sprossen, keimen; **28.** a) filmen, b) fotografieren; **29.** ⚓ 'überschießen (*Ballast*); **30.** *sl.* fixen;

Zssgn mit adv.:

shoot| down *v/t.* **1.** *j-n* niederschießen; **2.** *Flugzeug etc.* abschießen; **3.** F ‚abschmettern'; **~ off I** *v/t. Waffe* abschießen: **~ one's mouth** a) ‚blöd daherreden', b) ‚quatschen', ‚(weiter-) tratschen'; **II** *v/i.* stechen (*bei gleicher Trefferzahl*); **~ out I** *v/t.* **1.** *Auge etc.* ausschießen; **2. shoot it out** die Sache mit ‚blauen Bohnen' entscheiden; **3.** her'ausschleudern, hin'auswerfen; **4.** *Faust, Fuß* vorschnellen (lassen); *Zunge* her'ausstrecken; **5.** her'ausragen lassen; **II** *v/i.* **6.** ⚘ her'vorsprießen; **7.** vor-, her'ausschnellen; **~ up I** *v/t.* **1.** *sl.* zs.-schießen; **2.** *sl. Heroin etc.* ‚drücken'; **II** *v/i.* **3.** in die Höhe schießen, rasch wachsen (*Pflanze, Kind*); **4.** em'porschnellen (*a.* ✝ *Preise*); **5.** (jäh) aufragen (*Klippe etc.*).

shoot·er ['ʃuːtə] *s.* **1.** Schütze *m*, Schützin *f*; **2.** F ‚Schießeisen' *n*.

shoot·ing ['ʃuːtɪŋ] **I** *s.* **1.** a) Schießen *n*, b) Schieße'rei *f*; **2.** Erschießen *n*; **3.** *fig.* Stechen *n* (*Schmerz*); **4.** *hunt.* a) Jagd *f*, b) Jagdrecht *n*, c) 'Jagdreˌvier *n*; **5.**

S

Aufnahme(n *pl.*) *f zu e-m Film*, Dreharbeiten *pl.*; **II** *adj.* **6.** schießend, Schieß...; **7.** *fig.* stechend (*Schmerz*); **8.** Jagd...; **~ box** *s.* Jagdhütte *f*; **~ gal·ler·y** *s.* **1.** ⚔, *sport* Schießstand *m*; **2.** Schießbude *f*; **~ i·ron** *s. sl.* ‚Schießeisen' *n*; **~ li·cense** *s.* Jagdschein *m*; **~ match** *s.* Preis-, Wettschießen *n*: ***the whole ~*** F der ganze ‚Kram'; **~ range** *s.* Schießstand *m*; **~ star** *s. ast.* Sternschnuppe *f*; **~ war** *s.* heißer Krieg, Schießkrieg *m*.

shoot·out ['ʃuːtaʊt] *s.* **1.** Schießerei *f*; **2.** *Fußball*: Elf'meterschießen *n* (*bei unentschiedenem Spielausgang*).

shop [ʃɒp] **I** *s.* **1.** (Kauf)Laden *m*, Geschäft *n*: ***set up ~*** ein Geschäft eröffnen; ***shut up ~*** das Geschäft schließen, den Laden dichtmachen (*a. für immer*); ***come to the wrong ~*** F an die falsche Adresse geraten; ***all over the ~*** *sl.* a) überall verstreut, b) in alle Himmelsrichtungen; **2.** ⚙ Werkstatt *f*; **3.** a) Betrieb *m*, Fa'brik *f*, b) Ab'teilung *f in e-r Fabrik*: ***talk ~*** fachsimpeln; ***sink the ~*** F a) nicht vom Geschäft reden, b) s-n Beruf verheimlichen; → ***closed shop***, ***open shop***; **4.** *bsd. Brit. sl.* a) ‚Laden' *m* (*Institut etc.*), ‚Penne' *f* (*Schule*), ‚Uni' *f* (*Universität*), b) ‚Kittchen' *n* (*Gefängnis*); **II** *v/i.* **5.** einkaufen, Einkäufe machen: ***go ~ping***; ***~ around*** F a) *vor dem Einkauf* die Preise vergleichen, b) *fig.* sich umsehen (***for*** nach); **III** *v/t.* **6.** *bsd. Brit. sl.* a) *j-n* ‚verpfeifen', b) *j-n* ‚ins Kittchen bringen'; **~ as·sist·ant** *s. Brit.* Verkäufer(in); **~ com·mit·tee** *s.* ✝ *Am.* Betriebsrat *m*; **'~ˌfit·ter** *s.* Ladeneinrichter *m*, -ausstatter *m*; **~ floor** *s.* **1.** Produkti'onsstätte *f*; **2.** Arbeiter *pl.*, Belegschaft *f*; **'~·girl** *s.* Ladenmädchen *n*; **'~ˌkeep·er** *s.* Ladenbesitzer(in): ***nation of ~s*** *fig. contp.* Krämervolk *n*; **'~ˌkeep·ing** *s.* **1.** Kleinhandel *m*; **2.** Betrieb *m e-s* (Laden)Geschäfts; **'~ˌlift·er** *s.* Ladendieb(in); **'~ˌlift·ing** *s.* Ladendiebstahl *m*.

shop·per ['ʃɒpə] *s.* (Ein)Käufer(in); **shop·ping** ['ʃɒpɪŋ] *s.* **1.** Einkauf *m*, Einkaufen *n* (*in Läden*): ***~ basket*** Einkaufskorb *m*; ***~ cart*** *Am.* Einkaufswagen *m*; ***~ centre*** *Brit.*, ***~ center*** *Am.* Einkaufszentrum *n*; ***~ list*** Einkaufsliste *f*, -zettel *m*; ***~ trolley*** *Brit.* Einkaufswagen *m*; ***do one's ~*** (seine) Einkäufe machen; **2.** Einkäufe *pl.* (*Ware*).

ˌshop|-'soiled *adj.* **1.** ✝ angestaubt, beschädigt; **2.** *fig.* abgenutzt; **~ stew·ard** *s.* ✝ (gewerkschaftlicher) Vertrauensmann; **'~·talk** *s.* Fachsimpe'lei *f*; **'~ˌwalk·er** *s. Brit.* (Aufsicht führender) Ab'teilungsleiter (*im Kaufhaus*); **ˌ~'win·dow** *s.* Schaufenster *n*, Auslage *f*: ***put all one's goods in the ~*** *fig.* ‚ganz auf Wirkung machen'; **'~·worn** → ***shop-soiled***.

shore[1] [ʃɔː] **I** *s.* **1.** Stütz-, Strebebalken *m*, Strebe *f*; **2.** ⚓ Schore *f* (*Spreizholz*); **II** *v/t.* **3.** *mst* **~ up** a) abstützen, b) *fig.* (unter)'stützen.

shore[2] [ʃɔː] **I** *s.* **1.** Küste *f*, Strand *m*, Ufer *n*, Gestade *n*: ***my native ~*** *fig.* mein Heimatland; **2.** ⚓ Land *n*: ***on ~*** an(s) Land; ***in ~*** in Küstennähe; **II** *adj.* **3.** Küsten..., Strand..., Land...: ***~ battery*** ⚔ Küstenbatterie *f*; ***~ leave*** ⚓ Landurlaub *m*; **'shore·less** [-lɪs] *adj.* ohne Ufer, uferlos (*a. poet. fig.*); **'shore·ward** [-wəd] **I** *adj.* küstenwärts gelegen *od.* gerichtet *etc.*; **II** *adv. a.* **~s** küstenwärts, (nach) der Küste zu.

shorn [ʃɔːn] *p.p. von* ***shear***: ***~ of*** *fig. e-r Sache* beraubt.

short [ʃɔːt] **I** *adj.* □ → ***shortly***; **1.** *räumlich u. zeitlich* kurz: ***a ~ life***; ***a ~ memory***; ***a ~ street***; ***a ~ time ago*** vor kurzer Zeit, vor kurzem; ***~ sight*** Kurzsichtigkeit *f* (*a. fig.*); ***get the ~ end of the stick*** *Am.* F schlecht wegkommen (*bei e-r Sache*); ***have by the ~ hairs*** *Am.* F *j-n od. et.* ‚in der Tasche' haben; **2.** kurz, gedrungen, klein; **3.** zu kurz (***for*** für): ***fall*** (*od.* ***come***) ***~ of*** *fig. et.* nicht erreichen, *den Erwartungen etc.* nicht entsprechen, hinter (*dat.*) zurückbleiben; **4.** *fig.* kurz, knapp: ***a ~ speech***; ***be ~ for*** die Kurzform sein von; **5.** kurz angebunden, barsch (***with*** gegen); **6.** knapp, unzureichend: ***~ rations***; ***~ weight*** Fehlgewicht *n*; ***run ~*** knapp werden; **7.** knapp (***of*** an *dat.*): ***~ of breath*** kurzatmig; ***~ of cash*** knapp bei Kasse; ***they ran ~ of bread*** das Brot ging ihnen aus; **8.** knapp, nicht ganz: ***a ~ hour*** (***mile***); **9.** geringer, weniger (***of*** als): ***nothing ~ of*** nichts weniger als, geradezu (→ *a.* 17); **10.** mürbe (*Gebäck etc.*): ***~ pastry*** Mürbeteig *m*; **11.** *metall.* brüchig; **12.** *bsd.* ✝ kurzfristig, *Wechsel etc.* auf kurze Sicht: ***at ~ date*** kurzfristig; ***at ~ notice*** a) kurzfristig (kündbar), b) schnell, prompt; **13.** ✝ *Börse*: a) Baisse..., b) ungedeckt, deckungslos: ***sell ~***; **14.** a) klein, in e-m Gläs-chen serviert, b) stark (*Getränk*); **II** *adv.* **15.** kurz(erhand), plötzlich, ab'rupt: ***cut s.o. ~***, ***take s.o. up ~*** j-n (jäh) unterbrechen; ***be taken ~*** F ‚dringend (austreten) müssen'; ***stop ~*** plötzlich innehalten (→ *a.* 17); **16.** zu kurz; **17.** ***~ of*** a) knapp *od.* kurz vor (*dat.*), b) *fig.* abgesehen von, außer (*dat.*): ***anything ~ of murder***; ***~ of lying*** ehe ich lüge; ***stop ~ of*** zurückschrecken vor (*dat.*); **III** *s.* **18.** *et.* Kurzes, *z. B.* Kurzfilm *m*; **19.** ***in ~*** kurzum; ***called Bill for ~*** kurz *od.* der Kürze halber Bill genannt; **20.** ⚡ F ‚Kurze(r)' *m* (*Kurzschluss*); **21.** ✝ a) 'Baissespekuˌlant *m*,

S

b) *pl.* ohne Deckung verkaufte 'Wertpa,piere *pl. od.* Waren *pl.*; **22.** *ling.* a) kurzer Vo'kal, b) kurze Silbe; **23.** *pl.* a) Shorts *pl.*, kurze Hose, b) *Am.* kurze 'Unterhose; **IV** *v/t.* **24.** F → ***short-circuit*** 1, 2; **'short·age** [-tɪdʒ] *s.* **1.** Knappheit *f*, Mangel *m* (**of** an *dat.*); **2.** Fehlbetrag *m*, Defizit *n*.

'short|·bread, **'~·cake** *s.* Mürbe-, Teekuchen *m*; **,~'change** *v/t.* F *j-m* zu wenig (Wechselgeld) her'ausgeben; *fig. j-n* ‚übers Ohr hauen'; **~ cir·cuit** *s.* ⚡ Kurzschluss *m*; **,~-'cir·cuit** *v/t.* **1.** ⚡ e-n Kurzschluss verursachen in (*dat.*); **2.** ⚡ kurzschließen; **3.** *fig.* F a) *et.* ‚torpedieren', b) *et.* um'gehen; **,~'com·ing** *s.* **1.** Unzulänglichkeit *f*, **2.** Fehler *m*, Mangel *m*; **3.** Pflichtversäumnis *n*; **4.** Fehlbetrag *m*; **~ cut** *s.* Abkürzung *f* (*Weg*); *fig.* abgekürztes Verfahren: ***take a ~*** (den Weg) abkürzen; **,~'dat·ed** *adj.* ✝ kurzfristig: ***~ bond***; **,~'dis·tance** *adj.* Nah...

short·en ['ʃɔːtn] **I** *v/t.* **1.** (ab-, ver)kürzen, kürzer machen; *Bäume etc.* stutzen; *fig.* vermindern; **2.** ⚓ *Segel* reffen; **3.** *Teig* mürbe machen; **II** *v/i.* **4.** kürzer werden; **5.** fallen (*Preise*); **'short·en·ing** [-nɪŋ] *s.* **1.** (Ab-, Ver)Kürzung *f*, **2.** (Ver)Minderung *f*, **3.** Backfett *n*.

'short|·fall *s.* Fehlbetrag *m*; **'~·hand I** *s.* **1.** Kurzschrift *f*, **II** *adj.* **2.** in Kurzschrift (geschrieben), stenografiert; **3.** Kurzschrift...: ***~ typist*** Stenotypistin *f*; ***~ writer*** Stenograf(in); **,~-'hand·ed** *adj.* knapp an Arbeitskräften; **~ haul** *s.* Nahverkehr *m*; **'~·horn** *s. zo.* Shorthorn *n*, Kurzhornrind *n*.

short·ie ['ʃɔːtɪ] → ***shorty***.

short·ish ['ʃɔːtɪʃ] *adj.* etwas *od.* ziemlich kurz (geraten).

short| list *s.*: ***be on the ~*** in der engeren Wahl sein; **'~-list** *v/t. j-n* in die engere Wahl ziehen; **,~'lived** [-'lɪvd] *adj.* kurzlebig, *fig. a.* von kurzer Dauer.

short·ly ['ʃɔːtlɪ] *adv.* **1.** in Kürze, bald: ***~ after*** kurz (da)nach; **2.** in kurzen Worten; **3.** kurz (angebunden), schroff; **short·ness** ['ʃɔːtnɪs] *s.* **1.** Kürze *f*, **2.** Schroffheit *f*, **3.** Knappheit *f*, Mangel *m* (**of** an *dat.*): ***~ of breath*** Kurzatmigkeit *f*, **4.** Mürbe *f* (*Gebäck etc.*).

'short|-range *adj.* **1.** Kurzstrecken..., Nah..., ⚔ *a.* Nahkampf...; **2.** *fig.* kurzfristig; **~ rib** *s. anat.* falsche Rippe; **~ sale** *s.* ✝ Leerverkauf *m*; **,~-'sight·ed** [-'saɪtɪd] *adj.* □ kurzsichtig (*a. fig.*); **,~-'sight·ed·ness** [-'saɪtɪdnɪs] *s.* Kurzsichtigkeit *f* (*a. fig.*); **,~-'spo·ken** *adj.* kurz angebunden, schroff; **,~-'staffed** *adj.* perso'nell 'unterbesetzt; **~ sto·ry** *s.* Kurzgeschichte *f*; **~ tem·per** *s.* Reizbarkeit *f*, Heftigkeit *f*; **,~-'tem·pered** *adj.* reizbar, aufbrausend; **'~-term** *adj. bsd.* ✝ kurzfristig: ***~ credit***; **~ time** *s.* ✝ Kurzarbeit *f*: ***work*** (*od.* ***be on***) ***~*** kurzarbeiten; **~ ton** *s. bsd. Am.* Tonne *f* (*2000 lbs.*); **~ wave** *s.* ⚡ Kurzwelle *f*; **,~-'wave** *adj.* ⚡ **1.** kurzwellig; **2.** Kurzwellen...; **~ wind** *s.* Kurzatmigkeit *f* (*a. fig.*); **,~-'wind·ed** *adj.* kurzatmig (*a. fig.*).

short·y ['ʃɔːtɪ] *s.* F **1.** ‚Knirps' *m*; **2.** a) kleines Ding, b) kurze Sache.

shot¹ [ʃɒt] **I** *pret. u. p.p. von* ***shoot***; **II** *adj.* **1.** *a.* ***~ through*** durch'schossen, gesprenkelt (*Seide etc.*); **2.** changierend, schillernd (*Stoff, Farbe*); **3.** *sl.* ‚ka'putt', erschöpft.

shot² [ʃɒt] *s.* **1.** Schuss *m* (*a. Knall*): ***a long ~*** *fig.* ein kühner Versuch; ***by a long ~*** *sl.* weitaus; ***not by a long ~*** längst nicht, kein bisschen; ***call the ~s*** *fig.* ‚am Drücker sein', das Sagen haben; ***like a ~*** F wie der Blitz, sofort; ***take a ~ at*** schießen auf (*acc.*); **2.** Schussweite *f*: ***out of ~*** außer Schussweite; **3.** *a.* ***small ~*** a) Schrotkugel *f*, -korn *n*, b) *coll.* Schrot(kugeln *pl.*) *m*; **4.** (Ka'nonen)Kugel *f*, Geschoss, *östr.* Geschoß *n*: ***a ~ in the locker*** F Geld in der Tasche; **5.** *guter etc.* Schütze: ***big ~*** F ‚großes *od.* hohes Tier'; **6.** *sport* Schuss *m*, Wurf *m*, Stoß *m*, Schlag *m*; **7.** *sport*

Im Englischen gibt es etliche abgekürzte Wörter, die umgangssprachlich anstelle deren Vollform verwendet werden. Hier einige Beispiele:

umgangssprachlich	*Vollform*	*Übersetzung*
bike	1. **bicycle**	1. Fahrrad
	2. **motorbike**	2. Motorrad
budgie	**budgerigar**	Wellensittich
hippo	**hippopotamus**	Nilpferd
mac	**mackintosh**	Regenmantel
mike	**microphone**	Mikrofon
rhino ['raɪnəʊ]	**rhinoceros**	Nashorn

Kugel *f*: → ***shot put***; **8.** a) (Film)Aufnahme *f*, (-)Szene *f*, b) *phot.* F Aufnahme *f*, Schnappschuss *m*; **9.** *fig.* Versuch *m*: ***at the third ~*** beim dritten Versuch; ***have a ~ at*** es (einmal) mit *et.* versuchen; **10.** *fig.* (Seiten)Hieb *m*; **11.** ⚕ Spritze *f* (*Injektion*): ***~ in the arm*** F *fig.* ,Spritze' *f* (*bsd.* ✝ *finanzielle Hilfe*); **12.** F Schuss *m Rum etc.*; ,Gläs-chen' *n Schnaps*: ***stand ~*** die Zeche (für alle) bezahlen; **13.** ⚙ a) Sprengladung *f*, b) Sprengung *f*; **14.** *Am. sl.* Chance *f*; '**~·gun** *s.* Schrotflinte *f*: ***~ wedding*** F ,Mussheirat' *f*; **~ put** *s. sport* a) Kugelstoßen *n*, b) Stoß *m*; '**~-ˌput·ter** *s. sport* Kugelstoßer(in).

shot·ten ['ʃɒtn] *adj. ichth.* gelaicht habend: ***~ herring*** Laichhering *m*.

shot weld·ing *s.* ⚙ Schussschweißen *n*.

should [ʃʊd; ʃəd] **1.** *pret. von* **shall**, *a. konditional futurisch*: *ich*, *er*, *sie*, *es* sollte, *du* solltest, *wir*, *Ihr*, *Sie*, *sie* sollten: ***I ~ have gone*** ich hätte gehen sollen; ***if he ~ come*** falls er kommen sollte; ***~ it prove false*** sollte es sich als falsch erweisen; **2.** *konditional*: *ich* würde, *wir* würden: ***I ~ go if ...***; ***I ~ not have come if*** ich wäre nicht gekommen, wenn; ***I ~ like to*** ich würde *od.* möchte gern; **3.** *nach Ausdrücken des Erstaunens*: ***it is incredible that he ~ have failed*** es ist unglaublich, dass er versagt hat.

shoul·der ['ʃəʊldə] **I** *s.* **1.** Schulter *f*, Achsel *f*: ***~ to ~*** *bsd. fig.* Schulter an Schulter; ***put one's ~ to the wheel*** *fig.* sich tüchtig ins Zeug legen; (***straight***) ***from the ~*** *fig.* unverblümt, geradeheraus; ***give s.o. the cold ~*** *fig.* j-m die kalte Schulter zeigen; → ***rub*** 7; ***he has broad ~s*** *fig.* er hat e-n breiten Rücken; **2.** Bug *m*, Schulterstück *n* (*von Tieren*): ***~ of mutton*** Hammelkeule *f*; **3.** *fig.* Schulter *f*, Vorsprung *m*; **4.** *a.* ***hard ~*** a) Ban'kett *n*, Seitenstreifen *m*, b) *mot.* Standspur *f*; **5.** ✈ 'Übergangsstreifen *m* (*Flugplatz*); **II** *v/t.* **6.** (mit der Schulter) stoßen *od.* drängen: ***~ one's way through the crowd*** sich e-n Weg durch die Menge bahnen; **7.** *et.* schultern, auf die Schulter nehmen; ⚔ *Gewehr* 'übernehmen; *Aufgabe*, *Verantwortung etc.* auf sich nehmen; **~ bag** *s.* 'Umhängetasche *f*; **~ belt** *s.* **1.** ⚔ Schulterriemen *m*; **2.** *mot.* Schultergurt *m*; **~ blade** *s. anat.* Schulterblatt *n*; **~ strap** *s.* **1.** Träger *m* (*bsd. an Damenunterwäsche*); **2.** ⚔ Schulterstück *n*.

should·n't ['ʃʊdnt] F *für* ***should not***.

shout [ʃaʊt] **I** *v/i.* **1.** (laut) rufen, schreien (***for*** nach): ***~ to s.o.*** j-m zurufen; **2.** schreien, brüllen (***with*** vor *Schmerz*, *Lachen*): ***~ at s.o.*** j-n anschreien; **3.** jauchzen (***for***, ***with*** vor *dat.*); **II** *v/t.* **4.** (laut) rufen, schreien: ***~ disapproval*** laut sein Missfallen äußern; ***~ s.o. down*** j-n niederbrüllen; ***~ out*** a) herausschreien, b) *Namen etc.* ausrufen; **III** *s.* **5.** Schrei *m*, Ruf *m*; **6.** Geschrei *n*, Gebrüll *n*: ***a ~ of laughter*** brüllendes Lachen; **7.** ***my ~!*** F jetzt bin ich dran! (*zum Stiften von Getränken*); '**shout·ing** [-tɪŋ] *s.* Schreien *n*, Geschrei *n*: ***all is over but*** *od.* ***bar the ~*** es ist so gut wie gelaufen.

shove [ʃʌv] **I** *v/t.* **1.** *beiseite etc.* schieben, stoßen: ***~ s.o. around*** *bsd. fig.* F j-n ,herumschubsen'; **2.** (achtlos *od.* rasch) *wohin* schieben, stecken; **II** *v/i.* **3.** schieben, stoßen; **4.** (sich) dränge(l)n; **5.** ***~ off*** a) vom Ufer abstoßen, b) *sl.* ,abschieben', sich da'vonmachen; **III** *s.* **6.** Stoß *m*, Schubs *m*.

shov·el ['ʃʌvl] **I** *s.* **1.** Schaufel *f*; **2.** ⚙ a) Löffel *m* (*e-s Löffelbaggers*), b) Löffelbagger *m*; **II** *v/t.* **3.** schaufeln: ***~ up*** (*od.* ***in***) ***money*** Geld scheffeln; '**shov·el·ful** [-fʊl] *pl.* **-fuls** *s.* *e-e* Schaufel (voll).

show [ʃəʊ] **I** *s.* **1.** (Her)Zeigen *n*: ***vote by ~ of hands*** durch Handzeichen wählen; **2.** Schau *f*, Zur'schaustellung *f*: ***a ~ of force*** *fig.* e-e Demonstration der Macht; **3.** *künstlerische etc.* Darbietung, Vorführung *f*, -stellung *f*, Show *f*: ***put on a ~*** F *fig.* ,e-e Schau abziehen'; ***steal s.o. the ~*** F *fig.* j-m ,die Schau stehlen'; **4.** F (The'ater-, Film)Vorstellung *f*; **5.** Schau *f*, Ausstellung *f*: ***flower ~***; ***on ~*** ausgestellt, zu besichtigen(d); **6.** *prunkvoller* 'Umzug; **7.** Schaubude *f auf Jahrmärkten*; **8.** Anblick *m*: ***make a sorry ~*** e-n traurigen Eindruck hinterlassen; ***make a good ~*** (e-e) ,gute Figur' machen; **9.** F *gute etc.* Leistung: ***good ~!*** gut gemacht!, bravo!; **10.** Protze'rei *f*, Angebe'rei *f*: ***for ~*** um Eindruck zu machen, (nur) fürs Auge; ***be fond of ~*** gern großtun; ***make a ~ of*** mit *et.* protzen (→ *a.* 11); **11.** (leerer) Schein: ***in outward ~*** nach außen hin; ***make a ~ of rage*** sich wütend stellen; **12.** Spur *f*: ***no ~ of*** keine Spur von; **13.** F Chance *f*: ***give s.o. a ~***; **14.** F ,Laden' *m*, ,Kiste' *f*, ,Kram' *m*: ***run the ~*** *sl.* ,den Laden schmeißen'; ***give the*** (***whole***) ***~ away*** F den ganzen Schwindel verraten; ***a dull*** (***poor***) ***~*** e-e langweilige (armselige) Sache; **II** *v/t.* [*irr.*] **15.** zeigen (***s.o. s.th.***, ***s.th. to s.o.*** j-m et.), sehen lassen, *Fahrkarten etc. a.* vorzeigen, -weisen: ***~ o.s.*** *od.* ***one's face*** sich zeigen *od.* blicken lassen, *fig.* sich *grausam etc.* zeigen, sich erweisen als; ***~ s.o. the door*** j-m die Tür weisen; ***we had nothing to ~ for it*** wir hatten nichts vorzuweisen; **16.** ausstellen, (auf e-r Ausstellung) zeigen; **17.** *thea. etc.* zeigen, vorführen; **18.** *j-n ins Zimmer etc.* geleiten, führen: ***~ s.o. over the house*** j-n durch das Haus führen; **19.**

Absicht etc. (auf)zeigen, kundtun, darlegen; **20.** zeigen, beweisen, nachweisen; ⚖ *a.* glaubhaft machen: **~ *proof*** den Beweis erbringen; ***that goes to ~ that*** das zeigt *od.* beweist, dass; **21.** zeigen, erkennen lassen, verraten: **~ *bad taste***; **22.** *Gunst etc.* erweisen; **23.** *j-m* zeigen *od.* erklären (*wie et. gemacht wird*): **~ *s.o. how to write*** j-m das Schreiben beibringen; **III** *v/i.* [*irr.*] **24.** sich zeigen, sichtbar werden *od.* sein: ***it ~s*** man sieht es; **25.** F sich *in Gesellschaft* zeigen, erscheinen;
Zssgn mit adv.:
show| forth *v/t.* darlegen, kundtun; **~ in** *v/t. j-n* her'einführen; **~ off I** *v/t.* **1.** protzen mit; **2.** *a.* **~ *to advantage*** vorteilhaft zur Geltung bringen; **II** *v/i.* **3.** angeben; **~ out** *v/t.* hin'ausgeleiten, -bringen; **~ up I** *v/t.* **1.** her'auf-, hin'aufführen; **2.** F a) *j-n* bloßstellen, entlarven, b) *et.* aufdecken; **II** *v/i.* **3.** F ‚aufkreuzen', -tauchen, erscheinen; **4.** sich abheben (***against*** gegen).
show| biz F → ***show business***; '**~·boat** *s.* The'aterschiff *n*; **~ busi·ness** *s.* Showbusiness *n*, Show-, Schaugeschäft *n*; **~ card** *s.* ✝ **1.** Musterkarte *f*; **2.** 'Werbepla,kat *n* (*im Schaufenster*); '**~·case** *s.* Schaukasten *m*; '**~·down** *s.* **1.** Aufdecken *n* der Karten (*a. fig.*); **2.** entscheidende Kraftprobe, endgültige Ausein'andersetzung, ‚Show-down' *m*.
show·er ['ʃaʊə] **I** *s.* **1.** (*Regen-, Hagel- etc.*)Schauer *m*; **2.** Guss *m*; **3.** *fig.* a) (*Funken-, Kugel- etc.*)Regen *m*, (*Geschoss-, Stein*)Hagel *m*, b) Schwall *m*, Unmenge *f*; **4.** *Am.* a) Brautgeschenke *pl.*, b) *a.* **~ *party*** Party *f* zur Über'reichung der Brautgeschenke; **5.** → ***shower bath***; **II** *v/t.* **6.** über'schütten, begießen: **~ *gifts*** *etc.* ***upon s.o.*** j-n mit Geschenken *etc.* überhäufen; **7.** *j-n* duschen; **8.** niederprasseln lassen; **III** *v/i.* **9.** (**~ *down*** nieder)prasseln; **10.** (sich) duschen; **show·er bath** *s.* **1.** Dusche *f*: a) Brausebad *n*, b) Brause *f* (*Vorrichtung*); **2.** Duschraum *m*; **show·er·y** ['ʃaʊərɪ] *adj.* **1.** mit einzelnen (Regen-) Schauern; **2.** schauerartig.
show flat *s.* Musterwohnung *f*.
show| girl *s.* Re'vuegirl *n*; **~ glass** → ***showcase***.
show·i·ness ['ʃəʊɪnɪs] *s.* **1.** Prunkhaftigkeit *f*, Gepränge *n*; **2.** Protzigkeit *f*, Auffälligkeit *f*; **3.** pom'pöses Auftreten.
show·ing ['ʃəʊɪŋ] *s.* **1.** Zur'schaustellung *f*; **2.** Ausstellung *f*; **3.** Vorführung *f* (*e-s Films etc.*); **4.** Darlegung *f*, Erklärung *f*, Beweis(e *pl.*) *m*: ***on*** (*od.* ***by***) ***your own ~*** nach Ihrer eigenen Darstellung; ***upon proper ~*** ⚖ nach erfolgter Glaubhaftmachung; **5.** *gute etc.* Leistung; **6.** Stand *m* der Dinge: ***on present ~*** so wie es derzeit aussieht; ,**~-'off** *s.* Angebe'rei *f*.
show| jump·er *s. sport* **1.** Springreiter (-in); **2.** Springpferd *n*; **~ jump·ing** *s.* Springreiten *n*.
'**show·man** [-mən] *s.* [*irr.*] **1.** Schausteller *m*; **2.** ‚Showman' *m*: a) *j-d der im Showgeschäft tätig ist*, b) *fig.* geschickter Propagan'dist, wirkungsvoller Redner *etc.*, j-d, der sich gut ‚zu verkaufen' versteht, *contp.* ‚Schauspieler' *m*; '**show·man·ship** [-ʃɪp] *s.* ‚Showmanship' *f*: a) ef'fektvolle Darbietung, b) *die* Kunst, sich in Szene zu setzen, Publikumswirksamkeit *f*.
shown [ʃəʊn] *p.p. von* ***show***.
'**show|-off** *s.* F **1.** ‚Angabe' *f*, Protze'rei *f*; **2.** ‚Angeber(in)' *m*; '**~·piece** *s.* Schau-, Pa'radestück *n*; '**~·place** *s.* Ort *m* mit vielen Sehenswürdigkeiten; '**~·room** *s.* **1.** Ausstellungsraum *m*; **2.** Vorführungssaal *m*; **~ tri·al** *s.* ⚖ 'Schaupro,zess *m*; **~ win·dow** *s.* Schaufenster *n*.
show·y ['ʃəʊɪ] *adj.* ☐ **1.** a) prächtig, b) protzig; **2.** auffällig, grell.
shrank [ʃræŋk] *pret. von* ***shrink***.
shrap·nel ['ʃræpnl] *s.* ⚔ **1.** Schrap'nell *n*; **2.** Schrap'nellladung *f*.
shred [ʃred] **I** *s.* **1.** Fetzen *m* (*a. fig.*), Lappen *m*: ***in ~s*** in Fetzen; ***tear to ~s*** a) → 4, b) *fig. Argument etc.* zerpflücken, -reißen; **2.** Schnitzel *m*, *n*; **3.** *fig.* Spur *f*, A'tom *n*: ***not a ~ of doubt*** nicht der leiseste Zweifel; **II** *v/t.* [*irr.*] **4.** zerfetzen, in Fetzen reißen; **5.** in Streifen schneiden, *Küche*: *a.* schnetzeln; **III** *v/i.* [*irr.*] **6.** zerreißen, in Fetzen gehen; '**shred·der** [-də] *s.* **1.** ⚙ Reißwolf *m*; **2.** *Küche*: a) 'Schnitzelma,schine *f*, -einsatz *m*, b) Reibeisen *n*.
shrew[1] [ʃruː] *s.* Xan'thippe *f*, zänkisches Weib.
shrew[2] [ʃruː] *s. zo.* Spitzmaus *f*.
shrewd [ʃruːd] *adj.* ☐ **1.** schlau, gerieben; **2.** scharfsinnig, klug, gescheit: ***this was a ~ guess*** das war gut geraten; **3.** *obs.* scharf; '**shrewd·ness** [-nɪs] *s.* **1.** Schlauheit *f*; **2.** Scharfsinn *m*, Klugheit *f*.
shrew·ish ['ʃruːɪʃ] *adj.* ☐ zänkisch.
shriek [ʃriːk] **I** *s.* **1.** schriller *od.* spitzer Schrei; **2.** Kreischen *n* (*a. von Bremsen etc.*): ***~s of laughter*** kreischendes Lachen; **II** *v/i.* **3.** schreien, schrille Schreie ausstoßen; **4.** (gellend) aufschreien (***with*** vor *Schmerz etc.*): **~ *with laughter*** kreischen vor Lachen; **5.** schrill klingen; kreischen (*Bremsen etc.*); **III** *v/t.* **6.** **~ *out*** *et.* kreischen *od.* gellend schreien.
shriev·al·ty ['ʃriːvltɪ] *s.* Amt *n* des Sheriffs.
shrift [ʃrɪft] *s.* **1.** *obs. eccl.* Beichte *f* (u. Absoluti'on *f*); **2.** ***give s.o. short ~*** *fig.*

S

mit j-m kurzen Prozess machen, j-n kurz abfertigen.

shrike [ʃraɪk] *s. orn.* Würger *m.*

shrill [ʃrɪl] **I** *adj.* □ **1.** schrill, gellend; **2.** *fig.* grell (*Farbe etc.*); **3.** *fig.* heftig; **II** *v/t.* **4.** *et.* kreischen *od.* gellend schreien; **III** *v/i.* **5.** schrillen; '**shrill·ness** [-nɪs] *s.* schriller Klang.

shrimp [ʃrɪmp] **I** *s.* **1.** *pl. coll.* **shrimp** *zo.* Gar'nele *f*; **2.** *fig. contp.* Knirps *m*, ‚Gartenzwerg' *m*; **II** *v/i.* **3.** Gar'nelen fangen.

shrine [ʃraɪn] *s.* **1.** *eccl.* a) (Re'liquien-) Schrein *m*, b) Heiligengrab *n*, c) Al'tar *m*; **2.** *fig.* Heiligtum *n.*

shrink [ʃrɪŋk] **I** *v/i.* [*irr.*] **1.** sich zs.-ziehen, (zs.-, ein)schrumpfen; **2.** einlaufen, -gehen (*Stoff*); **3.** abnehmen, schwinden; **4.** *fig.* zu'rückweichen (***from*** vor *dat.*): **~ *from doing s.th.*** et. höchst widerwillig tun; **5.** *a.* **~ *back*** zu'rückschrecken, -schaudern, -beben (***from***, ***at*** vor *dat.*); **6.** sich scheuen *od.* fürchten (***from*** vor *dat.*); **7.** **~ *away*** sich da'vonschleichen; **II** *v/t.* [*irr.*] **8.** (ein-, zs.-)schrumpfen lassen; **9.** *Stoffe* einlaufen lassen, krump(f)en; **10.** *fig.* zum Schwinden bringen; **11.** **~ *on*** ⚙ aufschrumpfen: **~ *fit*** Schrumpfsitz *m*; **III** *s.* **12.** *sl.* Psychi'ater *m*; '**shrink·age** [-kɪdʒ] *s.* **1.** (Zs.-, Ein-) Schrumpfen *n*; **2.** Schrumpfung *f*; **3.** Verminderung *f*, Schwund *m* (*a.* ✝, ⚙); **4.** Einlaufen *n* (*Textilien*); '**shrink·ing** [-kɪŋ] *adj.* □ **1.** schrumpfend; **2.** abnehmend; **3.** 'widerwillig; **4.** scheu; '**shrink·proof** *adj.* nicht einlaufend (*Gewebe*); '**shrink-wrap** *v/t. Bücher etc.* einschweißen.

shriv·el ['ʃrɪvl] **I** *v/t.* **1.** *a.* **~ *up*** (ein-, zs.-) schrumpfen lassen; **2.** (ver)welken lassen, ausdörren; **3.** runzeln; **II** *v/i.* **4.** *oft* **~ *up*** (zs.-, ein)schrumpfen, schrumpeln; **5.** runz(e)lig werden; **6.** (ver)welken; **7.** *fig.* verkümmern.

shroud [ʃraʊd] **I** *s.* **1.** Leichentuch *n*, Totenhemd *n*; **2.** *fig.* Hülle *f*, Schleier *m*; **3.** *pl.* ⚓ Wanten *pl.*; **4.** *a.* **~ *line*** Fangleine *f* (*am Fallschirm*); **II** *v/t.* **5.** in ein Leichentuch (ein)hüllen; **6.** *fig. in Nebel, Geheimnis* hüllen; **7.** *fig. et.* verschleiern.

S

Shrove| Mon·day [ʃrəʊv] *s.* Rosen'montag *m*; '**~·tide** *s.* Faschings-, Fastnachtszeit *f*; **~ Tues·day** *s.* Faschings-, Fastnachts'dienstag *m.*

shrub[1] [ʃrʌb] *s.* Strauch *m*, Busch *m.*

shrub[2] [ʃrʌb] *s. Art* Punsch *m.*

shrub·ber·y ['ʃrʌbərɪ] *s.* ⚘ Strauchwerk *n*, Sträucher *pl.*, Gebüsch *n*; '**shrub·by** [-bɪ] *adj.* ⚘ strauchig, buschig, Strauch..., Busch...

shrug [ʃrʌg] **I** *v/t.* **1.** *die Achseln* zucken: ***she ~ged her shoulders***; **2.** **~ *s.th. off*** *fig.* et. mit e-m Achselzucken abtun; **II** *v/i.* **3.** die Achseln zucken; **III** *s.* **4.** *a.* **~ *of the shoulders*** Achselzucken *n.*

shrunk [ʃrʌŋk] **I** *p.p. von* ***shrink***; **II** *adj.* **1.** (ein-, zs.-)geschrumpft; **2.** eingelaufen, dekatiert (*Stoff*); '**shrunk·en** [-kən] **I** → ***shrunk*** 1; **II** *adj.* abgemagert, -gezehrt; eingefallen (*Wangen*).

shuck [ʃʌk] *bsd. Am.* **I** *s.* **1.** Hülse *f*, Schote *f* (*von Bohnen etc.*); **2.** grüne Schale (*von Nüssen etc.*), *a.* Austernschale *f*; **3.** ***I don't care ~s!*** F das ist mir völlig ‚schnurz'!; ***~s!*** F Quatsch!; **II** *v/t.* **4.** enthülsen, -schoten; schälen.

shud·der ['ʃʌdə] **I** *v/i.* schaudern, (er-) zittern (***at*** bei, ***with*** vor *dat.*): ***I ~ at the thought***, ***I ~ to think of it*** es schaudert mich bei dem Gedanken; **II** *s.* Schauder(n *n*) *m.*

shuf·fle ['ʃʌfl] **I** *s.* **1.** Schlurfen *n*, schlurfender Gang; **2.** *Tanz*: a) Schleifschritt *m*, b) Schleifer *m* (*Tanz*); **3.** (Karten-) Mischen *n*; **4.** Ausflucht *f*, Trick *m*; **II** *v/i.* **5.** schlurfen; (mit den Füßen) scharren: **~ *through s.th.*** *fig.* et. flüchtig erledigen; **6.** *fig.* a) Ausflüchte machen, sich her'auszureden suchen, b) sich her'auswinden (***out of*** aus); **7.** (die Karten) mischen; **III** *v/t.* **8.** hin u. her schieben, *fig. a.* ‚jonglieren' mit: **~ *one's feet*** → 5; **9.** schmuggeln: **~ *away*** wegpraktizieren; **10.** **~ *off*** a) *Kleider* abstreifen, b) *fig.* abschütteln, sich befreien von, sich *e-r Verpflichtung* entziehen, *Schuld etc.* abwälzen (***on***[***to***] auf *acc.*); **11.** **~ *on*** *Kleider* mühsam anziehen; **12.** *Karten* mischen: **~ *together*** *et.* zs.-werfen, -raffen; '**shuf·fle·board** *s.* a) Beilkespiel *n*, b) ⚓ *ein ähnliches Bordspiel*; '**shuf·fler** [-lə] *s.* **1.** Schlurfende(r *m*) *f*; **2.** Ausflüchtemacher *m*; Schwindler(in); '**shuf·fling** [-lɪŋ] *adj.* □ **1.** schlurfend, schleppend; **2.** unaufrichtig, unredlich; **3.** ausweichend: ***a ~ answer***.

shun [ʃʌn] *v/t.* (ver)meiden, ausweichen (*dat.*), sich fern halten von.

shunt [ʃʌnt] **I** *v/t.* **1.** bei'seite schieben; **2.** 🚂 *Zug etc.* rangieren, auf ein anderes Gleis fahren; **3.** ⚡ nebenschließen, shunten; **4.** *fig. et.* aufschieben; **5.** *fig. j-n* beiseite schieben, *j-n* kaltstellen; **6.** abzweigen; **II** *v/i.* **7.** 🚂 rangieren; **8.** *fig. von e-m Thema, Vorhaben etc.* abkommen, -springen; **III** *s.* **9.** 🚂 a) Rangieren *n*, b) Weiche *f*; **10.** ⚡ a) Nebenschluss *m*, b) 'Neben,widerstand *m*; '**shunt·er** [-tə] *s.* 🚂 a) Weichensteller *m*, b) Rangierer *m*; '**shunt·ing** [-tɪŋ] 🚂 **I** *s.* Rangieren *n*; Weichenstellen *n*; **II** *adj.* Rangier..., Verschiebe...: **~ *engine***.

shush [ʃʌʃ] **I** *int.* sch!, pst!; **II** *v/i.* ‚sch' *od.* ‚pst' machen; **III** *v/t. j-n* zum Schweigen bringen.

shut [ʃʌt] **I** *v/t.* [*irr.*] **1.** (ver)schließen,

zumachen: **~ one's mind** (*od.* **heart**) **to s.th.** *fig.* sich gegen et. verschließen; → *Verbindungen mit anderen Substantiven*; **2.** einschließen, -sperren (**into**, **in** in *dat.*, *acc.*); **3.** ausschließen, -sperren (**out of** aus); **4.** *Finger etc.* (ein)klemmen; **5.** *Taschenmesser, Buch etc.* schließen, zs.-, zuklappen; **II** *v/i.* [*irr.*] **6.** sich schließen, zugehen; **7.** schließen (*Fenster etc.*); **III** *p.p. u. adj.* **8.** ge-, verschlossen, zu: **the shops are ~** die Geschäfte sind geschlossen *od.* zu; *Zssgn mit adv.*:

shut| down I *v/t.* **1.** *Fenster etc.* schließen; **2.** *Fabrik etc.* schließen, stilllegen; **II** *v/i.* **3.** die Arbeit *od.* den Betrieb einstellen, ‚zumachen'; **4. ~ (up)on** F ein Ende machen mit; **~ in** *v/t.* **1.** einschließen (*a. fig.*); **2.** *Aussicht* versperren; **~ off** *v/t.* **1.** *Wasser, Motor etc.* abstellen; **2.** abschließen (**from** von); **~ out** *v/t.* **1.** *j-n, a. Licht, Luft etc.* ausschließen, -sperren; **2.** *Landschaft* den Blicken entziehen; **3.** *sport Am. Gegner* (ohne Gegentor *etc.*) besiegen; **~ to I** *v/t.* → **shut** 1; **II** *v/i.* → **shut** 6; **~ up I** *v/t.* **1.** *Haus etc.* (fest) verschließen, -riegeln; → **shop** 1; **2.** *j-n* einsperren, -schließen; **3.** F *j-m* den Mund stopfen; **II** *v/i.* **4.** F die ‚Klappe' halten: **~!** halts Maul!

'shut|·down *s.* **1.** Arbeitsniederlegung *f*; **2.** Schließung *f*, (Betriebs)Stilllegung *f*; **3.** *Radio, TV*: Sendeschluss *m*; **'~·eye** *s.*: **catch some ~** *sl.* ein Schläfchen machen; **'~·off** *s.* **1.** ⚙ Abstell-, Absperrvorrichtung *f*; **2.** *hunt.* Schonzeit *f*; **'~·out** *s.* **1.** Ausschließung *f*; **2.** *sport* Zu-'null-Niederlage *f od.* -Sieg *m*.

shut·ter ['ʃʌtə] **I** *s.* **1.** Fensterladen *m*, Rollladen *m*: **put up the ~s** *fig.* das Geschäft (*am Abend od. für immer*) schließen; **2.** Klappe *f*, Verschluss *m* (*a. phot.*); **3.** ⚠ Schalung *f*; **4.** *Wasserbau*: Schütz(e *f*) *n*; **5.** ♪ Jalou'sie *f* (*Orgel*); **II** *v/t.* **6.** mit Fensterläden versehen *od.* verschließen; **'~·bug** *s.* F ‚Fotonarr' *m*; **~ speed** *s. phot.* Belichtung(szeit) *f*.

shut·tle ['ʃʌtl] **I** *s.* **1.** ⚙ a) Weberschiff(-chen) *n*, (Web)Schütze(n) *m*, b) Schiffchen *n* (*Nähmaschine*); **2.** Schütz(-entor) *n* (*Schleuse*); **3.** Pendelroute *f*; → *a.* **shuttle service**, **shuttle train**; **4.** (Raum)Fähre *f*; **II** *v/t.* **5.** (schnell) hin- u. herbewegen *od.* -befördern; **III** *v/i.* **6.** sich (schnell) hin- u. herbewegen; **7.** 🚂 *etc.* pendeln (**between** zwischen); **'~·cock I** *s. sport* Federball(spiel *n*) *m*; **II** *v/t. fig.* hin u. her jagen; **~ di·plo·ma·cy** *s.* 'Reisediploma,tie *f*; **~ race** *s. sport* Pendelstaffel(lauf *m*) *f*; **~ serv·ice** *s.* Pendelverkehr *m*; **~ train** *s.* Pendel-, Vorortzug *m*.

shy[1] [ʃaɪ] **I** *adj.* ☐ **1.** scheu (*Tier*); **2.** scheu, schüchtern; **3.** zu'rückhaltend: **be** (*od.* **fight**) **~ of s.o.** j-m aus dem Weg gehen; **4.** argwöhnisch; **5.** zaghaft: **be ~ of doing s.th.** Hemmungen haben, et. zu tun; **6.** *sl.* knapp (**of** an *dat.*); **7. I'm ~ of one dollar** *sl.* mir fehlt (noch) ein Dollar; **II** *v/i.* **8.** scheuen (*Pferd etc.*); **9.** *fig.* zu'rückscheuen, -schrecken (**at** vor *dat.*); **III** *s.* **10.** Scheuen *n* (*Pferd etc.*).

shy[2] [ʃaɪ] **I** *v/t. u. v/i.* **1.** werfen; **II** *s.* **2.** Wurf *m*; **3.** *fig.* Hieb *m*, Stiche'lei *f*; **4. have a ~ at (doing) s.th.** F es (mal) mit et. versuchen.

shy·ness ['ʃaɪnɪs] *s.* **1.** Scheu *f*; **2.** Schüchternheit *f*; **3.** Zu'rückhaltung *f*; **4.** 'Misstrauen *n*.

shy·ster ['ʃaɪstə] *s. Am. sl.* **1.** 'Winkeladvo,kat *m*; **2.** *fig.* Gauner *m*.

Si·a·mese [,saɪə'mi:z] **I** *adj.* **1.** sia'mesisch; **II** *pl.* **,Si·a'mese** *s.* **2.** Sia'mese *m*, Sia'mesin *f*; **3.** *ling.* Sia'mesisch *n*; **~ cat** *s. zo.* Siamkatze *f*; **~ twins** *s. pl.* sia'mesische Zwillinge *pl.* (*a. fig.*).

Si·be·ri·an [saɪ'bɪərɪən] **I** *adj.* si'birisch; **II** *s.* Si'birier(in).

sib·i·lance ['sɪbɪləns] *s.* **1.** Zischen *n*; **2.** *ling.* Zischlaut *m*; **'sib·i·lant** [-nt] **I** *adj.* **1.** zischend; **2.** *ling.* Zisch...: **~ sound**; **II** *s.* **3.** *ling.* Zischlaut *m*; **'sib·i·late** [-leɪt] *v/t. u. v/i.* zischen; **sib·i·la·tion** [,sɪbɪ'leɪʃn] *s.* **1.** Zischen *n*; **2.** *ling.* Zischlaut *m*.

sib·ling ['sɪblɪŋ] *s. biol.* Bruder *m*, Schwester *f*; *pl.* Geschwister *pl.*

sib·yl ['sɪbɪl] *s.* **1.** *myth.* Si'bylle *f*; **2.** *fig.* a) Seherin *f*, b) Hexe *f*; **sib·yl·line** [sɪ'bɪlaɪn] *adj.* **1.** sibyl'linisch; **2.** pro'phetisch; geheimnisvoll, dunkel.

sic·ca·tive ['sɪkətɪv] **I** *adj.* trocknend; **II** *s.* Trockenmittel *n*.

Si·cil·ian [sɪ'sɪljən] **I** *adj.* si'zilisch, sizili'anisch; **II** *s.* Si'zilier(in), Sizili'aner(in).

sick[1] [sɪk] **I** *adj.* **1.** (*Brit. nur attr.*) krank (**of** an *dat.*): **fall ~** krank werden, erkranken; **go ~** *bsd.* ⚔ sich krankmelden; **2.** Brechreiz verspürend: **be ~** sich erbrechen *od.* übergeben; **I feel ~** mir ist schlecht *od.* übel; **she turned ~** ihr wurde übel, sie musste (sich er)brechen; **it makes me ~** mir wird übel davon, *fig. a.* es widert *od.* ekelt mich an; **3.** *fig.* krank (**of** vor *dat.*; **for** nach); **4.** *fig.* enttäuscht, ärgerlich (**with** über *j-n*; **at** über *et.*): **~ at heart** a) todunglücklich, b) angsterfüllt; **5.** F *fig.* (**of**) 'überdrüssig (*gen.*), angewidert (von): **I am ~ (and tired) of it** ich habe es satt, es hängt mir zum Hals heraus; **6.** fahl (*Farbe, Licht*); **7.** F matt (*Lächeln*); **8.** schlecht (*Nahrungsmittel, Luft*); trüb (*Wein*); **9.** F grausig, ma'kaber: **~ jokes**; **~ humo(u)r** ‚schwarzer' Humor; **II** *s.* **10. the ~** *pl.* die Kranken *pl.*

sick² [sɪk] *v/t. Hund, Polizei etc.* hetzen (**on** auf *acc.*): **~ him!** fass!

sick| bay *s.* ⚓ ('Schiffs)Laza,rett *n*; '**~·bed** *s.* Krankenbett *n*; **~ ben·e·fit** *s. Brit.* Krankengeld *n*; **~ call** *s.* ⚔ Re'vierstunde *f*: **go on ~** sich krankmelden; **~ cer·tif·i·cate** *s.* 'Krankheitsat,test *n*.

sick·en ['sɪkn] **I** *v/i.* **1.** erkranken, krank werden: **be ~ing for** *e-e Krankheit* ‚ausbrüten'; **2.** kränkeln; **3.** sich ekeln (**at** vor *dat.*); **4.** 'überdrüssig *od.* müde sein *od.* werden (**of** *gen.*): **be ~ed with** *e-r Sache* überdrüssig sein; **II** *v/t.* **5.** *j-m* Übelkeit verursachen, *j-n* zum Erbrechen reizen; **6.** anekeln, anwidern; '**sick·en·er** [-nə] *s. fig.* Brechmittel *n*; '**sick·en·ing** [-nɪŋ] *adj.* □ **1.** Übelkeit erregend: **this is ~** dabei kann einem (ja) übel werden; **2.** *fig.* ekelhaft, widerlich.

sick| head·ache *s.* **1.** Kopfschmerz(en *pl.*) *m* mit Übelkeit; **2.** Mi'gräne *f*; **~ in·sur·ance** *s.* Krankenversicherung *f*, -kasse *f*.

sick·ish ['sɪkɪʃ] *adj.* □ **1.** kränklich, unpässlich, unwohl; **2.** → **sickening**.

sick·le ['sɪkl] *s.* ✓ *u. fig.* Sichel *f*.

sick leave *s.* Fehlen *n* wegen Krankheit: **be on ~** wegen Krankheit fehlen; **request ~** sich krankmelden.

sick·li·ness ['sɪklɪnɪs] *s.* **1.** Kränklichkeit *f*; **2.** kränkliches Aussehen; **3.** Unzuträglichkeit *f*.

sick list *s.* ⚓, ⚔ Krankenliste *f*: **be on the ~** krank(gemeldet) sein.

sick·ly ['sɪklɪ] *adj. u. adv.* **1.** kränklich, schwächlich; **2.** kränklich, blass (*Aussehen etc.*); matt (*Lächeln*); **3.** ungesund (*Gebiet, Klima*); **4.** 'widerwärtig (*Geruch etc.*); **5.** *fig.* wehleidig, süßlich: **~ sentimentality**.

sick·ness ['sɪknɪs] *s.* **1.** Krankheit *f*: **~ insurance** → **sick insurance**; **2.** Übelkeit *f*, Erbrechen *n*.

sick| nurse *s.* Krankenschwester *f*; **~ pay** *s.* Krankengeld *n*; **~ re·port** *s.* ⚔ **1.** Krankenbericht *m*, -liste *f*; **2.** Krankmeldung *f*; '**~·room** *s.* Krankenzimmer *n*, -stube *f*.

side [saɪd] **I** *s.* **1.** *allg.* Seite *f*: **~ by ~** Seite an Seite (**with** mit); **at** (*od.* **by**) **the ~ of** an der Seite von (*od. gen.*); **by the ~ of** *fig.* neben (*dat.*), verglichen mit; **stand by s.o.'s ~** *fig.* j-m zur Seite stehen; **on all ~s** überall; **on the ~** *sl.* nebenbei *verdienen etc.*; **on the ~ of** a) auf der Seite von, b) seitens (*gen.*); **on this** (**the other**) **~ of** diesseits (jenseits) (*gen.*); **this ~ up!** Vorsicht, nicht stürzen!; **be on the small ~** ziemlich klein sein; **keep on the right ~ of** sich mit *j-m* gut stellen; **put on one ~** *Frage etc.* zurückstellen, ausklammern; → **dark** 5, **right** 6, **sunny**, **wrong** 2; **2.** ⩓ Seite *f* (*a. Gleichung*); Seitenlinie *f*, -fläche *f*; **3.** (Seiten)Rand *m*; **4.** (Körper)Seite *f*: **shake** (*od.* **split**) **one's ~s with laughter** sich schütteln vor Lachen; **5.** (Speck-, Hammel- *etc.*)Seite *f*; **6.** Seite *f*: a) Hang *m*, Flanke *f*, *a.* Wand *f e-s Berges*, b) Ufer(seite *f*) *n*; **7.** Seite *f*, (Abstammungs)Linie *f*: **on one's father's ~**, **on the paternal ~** väterlicherseits; **8.** *fig.* Seite *f*, (Cha'rakter)Zug *m*; **9.** Seite *f*: a) Par'tei *f* (*a.* ⚖ *u. sport*), b) *sport* Spielfeld(hälfte *f*) *n*: **be on s.o.'s ~** auf j-s Seite stehen; **change ~s** a) ins andere Lager überwechseln, b) *sport* die Seiten wechseln; **take ~s** → 16; **win s.o. over to one's ~** j-n auf s-e Seite ziehen; **10.** *sport Brit.* Mannschaft *f*; **11.** *ped. Brit.* Ab'teilung *f*: **classical ~** humanistische Abteilung; **12.** *Billiard*: Ef'fet *n*; **13.** **put on ~** *sl.* ‚angeben'; **II** *adj.* **14.** seitlich (liegend, stehend *etc.*), Seiten...; **15.** Seiten..., Neben...: **~ door**; **III** *v/i.* **16.** (**with**) Par'tei ergreifen (*gen. od.* für), es halten (mit); **~ aisle** *s.* ⚠ Seitenschiff *n* (*Kirche*); **~ arms** *s. pl.* ⚔ Seitenwaffen *pl.*; **~ band** *s.* ⚡, *Radio*: 'Seiten(fre,quenz)band *n*; '**~·board** *s.* **1.** Anrichtetisch *m*; **2.** Sideboard *n*: a) Bü'fett *n*, b) Anrichte *f*; **3.** *pl.* → '**~·burns** *s. pl.* Kote'letten *pl.* (*Backenbart*); '**~·car** *s.* **1.** Beiwagen *m*: **~ motorcycle** Seitenwagenmaschine *f*; **2.** → **jaunting-car**; **3.** *ein Cocktail*.

sid·ed ['saɪdɪd] *adj. in Zssgn* ...seitig: **four-~**.

side| dish *s.* **1.** Zwischengang *m*; **2.** Beilage *f*; **~ ef·fect** *s.* Nebenwirkung *f*; **~ face** *s.* Pro'fil *n*; **~ glance** *s.* Seitenblick *m* (*a. fig.*); **~ is·sue** *s.* Nebenfrage *f*, -sache *f*, 'Randpro,blem *n*; '**~·kick** *s. Am. sl.* Kum'pan *m*, Kumpel *m*, ‚Spezi' *m*; '**~·light** *s.* **1.** Seitenleuchte *f*; ⚓ Seitenlampe *f*; ✈ Positi'onslicht *n*; *mot.* Begrenzungslicht *n*; **2.** Seitenfenster *n*; **3.** *fig.* Streiflicht *n*: **~s** interessante Aufschlüsse (**on** über *acc.*); '**~·line** *s.* **1.** Seitenlinie *f* (*a. sport*): **on the ~s** am Spielfeldrand; **keep on the ~s** *fig.* sich im Hintergrund halten; **2.** 🚂 Nebenstrecke *f*; **3.** Nebenbeschäftigung *f*, -verdienst *m*; **4.** ✝ a) Nebenzweig *m e-s Gewerbes*, b) 'Nebenar,tikel *m*; '**~·long** *adj. u. adv.* seitlich, seitwärts, schräg: **~ glance** Seitenblick *m*.

si·de·re·al [saɪ'dɪərɪəl] *adj. ast.* si'derisch, Stern(en)...: **~ day** Sterntag *m*.

sid·er·ite ['saɪdəraɪt] *s.* ⚒, *min.* **1.** Side'rit *m*; **2.** Mete'orgestein *n*.

'**side|,sad·dle** *s.* Damensattel *m*; '**~·show** *s.* **1.** a) Nebenvorstellung *f*, -ausstellung *f*, b) kleine Schaubude; **2.** *fig.* a) Nebensache *f*, b) Epi'sode *f* (am Rande); '**~·slip** *v/i.* **1.** seitwärts rutschen; **2.** ✈ seitlich abrutschen; **3.** *mot.* (seitlich) ausbrechen.

S

sides·man ['saɪdzmən] *s.* [*irr.*] Kirchenrat *m.*
'**side|ˌsplit·ting** *adj.* zwerchfellerschütternd; '**~·step I** *s.* **1.** Seit(en)schritt *m*; **II** *v/t.* **2.** *Boxen*: *e-m Schlag* (durch Seitschritt) ausweichen; **3.** ausweichen (*dat.*) (*a. fig.*): **~ *a decision***; **III** *v/i.* **4.** e-n Seit(en)schritt machen; **5.** ausweichen (*a. fig.*); '**~·stroke** *s.* Seitenschwimmen *n*; '**~·swipe I** *v/t. Am.* F **1.** *j-m* e-n ‚Wischer' verpassen; **2.** *mot. Fahrzeug* streifen, *a.* seitlich abdrängen (*beim Überholen*); **II** *s.* **3.** ‚Wischer' *m* (*Streifschlag*); **4.** *fig.* Seitenhieb *m*; '**~·track I** *s.* **1.** → ***siding*** 1; **II** *v/t.* **2.** 🚂 *Waggon* auf ein Nebengleis schieben; **3.** *fig.* a) *et.* aufschieben, abbiegen, b) *j-n* ablenken (*a. v/i.*), c) *j-n* kaltstellen; **~ view** *s.* Seitenansicht *f*; '**~·walk** *s. bsd. Am.* Bürgersteig *m*: **~ *artist*** Pflastermaler *m*; **~ *superintendent*** *humor.* (besserwisserischer) Zuschauer *bei Bauarbeiten.*
side·ward ['saɪdwəd] **I** *adj.* seitlich; **II** *adv.* seitwärts; '**side·wards** [-dz] → ***sideward*** II; '**side·ways** → ***sideward***.
side| whis·kers *pl.* → ***sideburns***; '**~ˌwind·er** [-ˌwaɪndə] *s. Am. sl.* **1.** (harter) Haken (*Schlag*); **2.** *Art* Klapperschlange *f.*
side·wise ['saɪdwaɪz] → ***sideward***.
sid·ing ['saɪdɪŋ] *s.* **1.** 🚂 Neben-, Anschluss-, Rangiergleis *n*; **2.** *fig.* Par'teinahme *f.*
si·dle ['saɪdl] *v/i.* sich schlängeln: **~ *away*** sich davonschleichen; **~ *up to*** sich an *j-n* heranmachen.
siege [siːdʒ] *s.* **1.** ⚔ Belagerung *f*: ***state of ~*** Belagerungszustand *m*; ***lay ~ to*** a) *Stadt etc.* belagern, b) *fig. j-n* bestürmen; **2.** *fig.* a) heftiges Zusetzen, Bestürmen *n*, b) Zermürbung *f*; **3.** ⚙ a) Werktisch *m*, b) Glasschmelzofenbank *f.*
si·es·ta [sɪ'estə] *s.* Si'esta *f*, Mittagsruhe *f*, -schlaf *m.*
sieve [sɪv] **I** *s.* **1.** Sieb *n*: ***have a memory like a ~*** ein Gedächtnis wie ein Sieb haben; **2.** *fig.* Klatschmaul *n*; **3.** Weidenkorb *m* (*a. Maß*); **II** *v/t. u. v/i.* **4.** ('durch-, aus)sieben.
sift [sɪft] **I** *v/t.* **1.** ('durch)sieben: **~ *out*** a) aussieben, b) erforschen, ausfindig machen; **2.** *Zucker etc.* streuen; **3.** *fig.* sichten, sorgfältig (über)'prüfen; **II** *v/i.* **4.** 'durchrieseln, -dringen (*a. Licht etc.*); '**sift·er** [-tə] *s.* Sieb(vorrichtung *f*) *n*; '**sift·ing** [-tɪŋ] *s.* **1.** ('Durch)Sieben *n*; **2.** Sichten *n*, (sorgfältige) Unter'suchung; **3.** *pl.* a) *das* 'Durchgesiebte, b) Siebabfälle *pl.*
sigh [saɪ] **I** *v/i.* **1.** (auf)seufzen; tief (auf-) atmen; **2.** schmachten, seufzen (***for*** nach): ***~ed-for*** heiß begehrt; **3.** *fig.* seufzen, ächzen (*Wind*); **II** *v/t.* **4.** *oft* **~ *out*** seufzen(d äußern); **III** *s.* **5.** Seufzer *m*: ***a ~ of relief*** ein Seufzer der Erleichterung, ein erleichtertes Aufatmen.
sight [saɪt] **I** *s.* **1.** Sehvermögen *n*, -kraft *f*, Auge(nlicht) *n*: ***good ~*** gute Augen; ***long*** (***near***) **~** Weit- (Kurz)Sichtigkeit *f*; ***second ~*** zweites Gesicht; ***lose one's ~*** das Augenlicht verlieren, erblinden; **2.** *fig.* Auge *n*: ***in my ~*** in m-n Augen; ***in the ~ of God*** vor Gott; ***find favo(u)r in s.o.'s ~*** Gnade vor j-s Augen finden; **3.** (An)Blick *m*, Sicht *f*: ***at*** (*od.* ***on***) **~** beim ersten Anblick, auf Anhieb; sofort (*er*)*schießen etc.*; ***at ~*** vom Blatt *singen*, *spielen*, *übersetzen*; ***at first ~*** auf den ersten Blick; ***by ~*** vom Sehen *kennen*; ***catch*** (*od.* ***get***) **~ *of*** zu Gesicht bekommen, erblicken; ***lose ~ of*** a) aus den Augen verlieren (*a. fig.*), b) *et.* übersehen; **4.** Sicht(weite) *f*: (***with***)***in ~*** a) in Sicht(weite), b) *fig.* in Sicht; ***within ~ of*** kurz vor *dem Sieg etc.*; ***out of ~*** außer Sicht; ***out of ~, out of mind*** aus den Augen, aus dem Sinn; (***get***) ***out of my ~!*** geh mir aus den Augen!; ***come in ~*** in Sicht kommen; ***put out of ~*** wegtun; **5.** ✝ Sicht *f*: ***payable at ~*** bei Sicht fällig; ***30 days*** (***after***) **~** 30 Tage (nach) Sicht; **~ *unseen*** unbesehen *kaufen*; **~ *bill*** (*od.* ***draft***) Sichtwechsel *m*, -tratte *f*; **6.** Anblick *m*: ***a sorry ~***; ***a ~ for sore eyes*** ein erfreulicher Anblick, eine Augenweide; ***be*** (*od.* ***look***) ***a ~*** F grässlich *od.* ‚verboten' aussehen; ***I did look a ~!*** F ich sah vielleicht aus!; ***what a ~ you are!*** F wie siehst denn du aus!; → ***god*** 1; **7.** Sehenswürdigkeit *f*: ***the ~s of a town***; **8.** F Menge *f*, Masse *f Geld etc.*: ***a long ~ better*** zehnmal besser; ***not by a long ~*** bei weitem nicht; **9.** ⚔ *etc.* Visier *n*; Zielvorrichtung *f*: ***take ~*** (an-) visieren, zielen; ***have in one's ~s*** im Visier haben (*a. fig.*); ***lower one's ~s*** *fig.* zurückstecken; ***raise one's ~s*** höhere Ziele anstreben; **10.** *Am. sl.* Aussicht *f*, Chance *f*; **II** *v/t.* **11.** sichten, zu Gesicht bekommen; **12.** ⚔ a) anvisieren (*a.* ⚓, *ast.*), b) *Geschütz* richten; **13.** ✝ *Wechsel* präsentieren; '**sight·ed** [-tɪd] *adj. in Zssgn* ...sichtig; '**sight·ing** [-tɪŋ] *adj.* ⚔ Ziel..., Visier...: **~ *mechanism*** Zieleinrichtung *f*, -gerät *n*; **~ *shot*** Anschuss *m* (*Probeschuss*); **~ *telescope*** Zielfernrohr *n*; '**sight·less** [-lɪs] *adj.* □ blind; '**sight·li·ness** [-lɪnɪs] *s.* Ansehnlichkeit *f*, Stattlichkeit *f*; '**sight·ly** [-lɪ] *adj.* gut aussehend, stattlich.
'**sight|-read** *v/t. u. v/i.* [*irr.* → ***read***] **1.** ♪ vom Blatt singen *od.* spielen; **2.** *ling.* vom Blatt über'setzen; '**~ˌsee·ing I** *s.* Besichtigung *f* von Sehenswürdigkeiten; **II** *adj.* Besichtigungs...: **~ *bus*** Rundfahrtautobus *m*; **~ *tour*** Stadt-

S

rundfahrt *f*, Besichtigungstour *f*; **'~,se·er** [-ˌsiːə] *s.* Tou'rist(in).

sign [saɪn] **I** *s.* **1.** (*a.* Schrift)Zeichen *n*, Sym'bol *n* (*a. fig.*): **~ (of the cross)** *eccl.* Kreuzzeichen; **in ~ of** *fig.* zum Zeichen (*gen.*); **2.** ⚕, ♪ (Vor)Zeichen *n*; **3.** Zeichen *n*, Wink *m*: **give s.o. a ~, make a ~ to s.o.** j-m ein Zeichen geben; **4.** (An)Zeichen *n*, Sym'ptom *n* (*a.* ⚕): **no ~ of life** kein Lebenszeichen; **the ~s of the times** die Zeichen der Zeit; **make no ~** sich nicht rühren; **5.** Kennzeichen *n*; **6.** *ast.* (Tierkreis)Zeichen *n*; **7.** (Aushänge-, Wirtshaus-) Schild *n*: **at the ~ of** im Wirtshaus zum *Hirsch etc.*; **8.** (Wunder)Zeichen *n*: **~s and wonders** Zeichen u. Wunder; **9.** *hunt. etc.* Spur *f*; **II** *v/t.* **10.** unter'zeichnen, -'schreiben, (*a. typ. u. paint.*) signieren; **11.** mit *s-m Namen* unter'zeichnen: **~ one's name** unterschreiben; **12. ~ away** *Vermögen etc.* über'tragen, -'schreiben; **13. ~ on** (*od.* **up**) (vertraglich) verpflichten, anstellen, -mustern, ⚓ anheuern; **14.** *eccl.* das Kreuzzeichen machen über (*acc. od. dat.*); *Täufling* segnen; **15.** *j-m* bedeuten (**to do** zu tun), *j-m et.* (durch Gebärden) zu verstehen geben: **~ one's assent**; **III** *v/i.* **16.** unter'zeichnen, -'schreiben: **~ in** a) sich eintragen, b) *bei Arbeitsbeginn* einstempeln; **~ out** a) sich austragen, b) ausstempeln; **17. ~ on** (**off**) *Radio, TV*: sein Pro'gramm beginnen (beenden); **~ off** *fig.* F *a.* Schluss machen; **~ on** (*od.* **up**) a) sich (vertraglich) verpflichten (**for** zu), e-e Arbeit annehmen, b) ⚓ anheuern, ⚔ sich verpflichten (**for** auf *3 Jahre etc.*).

sig·nal ['sɪgnl] **I** *s.* **1.** *a.* ⚔ *etc.* Si'gnal *n*, (*a.* verabredetes) Zeichen: **~ of distress** Notzeichen *n*; **2.** (Funk)Spruch *m*: **the ℒs** *Brit.* Fernmeldetruppe *f*; **3.** *fig.* Si'gnal *n*, (*auslösendes*) Zeichen (**for** für, zu); **4.** *Kartenspiel*: Si'gnal *n*; **II** *adj.* □ **5.** Signal...: **~ beacon**; **ℒ Corps** *Am.* Fernmeldetruppe *f*; **~ communications** ⚔ Fernmeldewesen *n*; **6.** *fig.* beachtlich, außerordentlich; **III** *v/t.* **7.** *j-m* Zeichen geben, winken; **8.** *Nachricht* signalisieren (*a. fig.*); *et.* melden; **IV** *v/i.* **9.** signalisieren; **~ book** *s.* ⚓ Si'gnalbuch *n*; **~ box** *s.* 🚂 Stellwerk *n*; **~ check** *s.* Sprechprobe *f* (*Mikrofon*); **~ code** *s.* Zeichenschlüssel *m*.

sig·nal·er *Am.* → **signaller**.

sig·nal·ize ['sɪgnəlaɪz] *v/t.* **1.** aus-, kennzeichnen: **~ o.s. by** sich hervortun durch; **2.** her'vorheben; **3.** *a. fig.* ankündigen, signalisieren.

sig·nal·ler ['sɪgnələ] *s.* Si'gnalgeber *m*, *bsd.* a) ⚔ Blinker *m*, Melder *m*, b) ⚓ Si'gnalgast *m*.

'sig·nal|·man [-mən] *s.* [*irr.*] **1.** 🚂 Stellwärter *m*; **2.** ⚓ Si'gnalgast *m*; **~ of·fi·cer** *s.* ⚔ *Am.* **1.** 'Fernmeldeoffiˌzier *m*; **2.** Leiter *m* des Fernmeldedienstes; **~ rock·et** *s.* ⚔ Leuchtkugel *f*; **~ tow·er** *s.* **1.** ⚙ Si'gnalturm *m*; **2.** 🚂 *Am.* Stellwerk *n*.

sig·na·ry ['sɪgnərɪ] *s.* ('Schrift)Zeichensyˌstem *n*.

sig·na·to·ry ['sɪgnətərɪ] **I** *adj.* **1.** unter'zeichnend, vertragschließend, Signatar...: **~ powers** → 3 c; **2.** ✝ Zeichnungs...: **~ power** Unterschriftsvollmacht *f*; **II** *s.* **3.** a) ('Mit)Unterˌzeichner (-in), b) *pol.* Signa'tar *m* (*Unterzeichnerstaat*), c) *pl. pol.* Signa'tarmächte *pl.* (**to a treaty** e-s Vertrags).

sig·na·ture ['sɪgnɪtʃə] *s.* **1.** 'Unterschrift(sleistung) *f*, Namenszug *m*; **2.** Signa'tur *f* (*e-s Buchs etc., a. pharm. Aufschrift*); **3.** ♪ Signa'tur *f*, Vorzeichnung *f*; **4.** *a.* **~ tune** *Radio*: 'Kennmeloˌdie *f*; **5.** *typ.* a) *a.* **~ mark** Signa'tur *f*, Bogenzeichen *n*, b) signierter Druckbogen.

'sign·board *s.* (*bsd.* Firmen-, Aushänge)Schild *n*.

sign·er ['saɪnə] *s.* Unter'zeichner(in).

sig·net ['sɪgnɪt] *s.* Siegel *n*, Petschaft *n*: **privy ~** Privatsiegel des Königs; **~ ring** *s.* Siegelring *m*.

sig·nif·i·cance [sɪg'nɪfɪkəns], *a.* **sig'nif·i·can·cy** [-sɪ] *s.* **1.** Bedeutung *f*, (tieferer) Sinn; **2.** Bedeutung *f*, Wichtigkeit *f*: **of no ~** nicht von Belang; **sig'nif·i·cant** [-nt] *adj.* □ **1.** bedeutsam, wichtig, von Bedeutung; **2.** merklich; **3.** bezeichnend (**of** für); **4.** *fig.* viel sagend: **a ~ gesture**; **5.** ⚕ geltend; **sig·ni·fi·ca·tion** [ˌsɪgnɪfɪ'keɪʃn] *s.* **1.** (*bestimmte*) Bedeutung, Sinn *m*; **2.** Bezeichnung *f*, Bekundung *f*; **sig'nif·i·ca·tive** [-ətɪv] *adj.* □ **1.** Bedeutungs..., bedeutsam; **2.** bezeichnend, kennzeichnend (**of** für).

sig·ni·fy ['sɪgnɪfaɪ] **I** *v/t.* **1.** an-, bedeuten, kundtun, zu verstehen geben; **2.** bedeuten, ankündigen; **3.** bedeuten; **II** *v/i.* **4.** F wichtig sein: **it does not ~** es hat nichts auf sich.

sign| lan·guage *s.* Zeichen-, *bsd.* Fingersprache *f*; **~ man·u·al** *s.* **1.** (eigenhändige) 'Unterschrift; **2.** Handzeichen *n*; **~ paint·er** *s.* Schilder-, Pla'katmaler *m*; **'~·post I** *s.* **1.** Wegweiser *m*; **2.** (Straßen)Schild *n*, (Verkehrs)Zeichen *n*; **II** *v/t.* **3.** *Straße etc.* aus-, beschildern.

si·lage ['saɪlɪdʒ] ✓ **I** *s.* Silofutter *n*; **II** *v/t.* *Gärfutter* silieren.

si·lence ['saɪləns] **I** *s.* **1.** (Still)Schweigen *n* (*a. fig.*), Ruhe *f*, Stille *f*: **keep ~** a) schweigen, still sein, b) Stillschweigen wahren (**on** über *acc.*); **in ~** (still-)schweigend; **~ gives consent** wer schweigt, scheint zuzustimmen; **~ is golden** Schweigen ist Gold; **~!** Ruhe!; → **pass over** 4; **2.** Schweigsamkeit *f*; **3.** Verschwiegenheit *f*; **4.** Vergessenheit *f*;

S

5. *a.* ⚙ Geräuschlosigkeit *f*; **II** *v/t.* **6.** zum Schweigen bringen (*a.* ⚔ *u. fig.*); **'si·lenc·er** [-sə] *s.* **1.** ⚔, ⚙ Schalldämpfer *m*; **2.** *mot.* Auspufftopf *m*; **'si·lent** [-nt] *adj.* □ **1.** still, ruhig, schweigsam: ***be ~*** (sich aus)schweigen (***on*** über *acc.*) (*a. fig.*); **2.** still (*Gebet etc.*), stumm (*Schmerz etc.*; *a. ling. Buchstabe*): ***~ film*** Stummfilm *m*; ***~ partner*** ✝ stiller Teilhaber (mit unbeschränkter Haftung); **3.** *fig.* stillschweigend: ***~ consent***; ***~ majority*** *die* schweigende Mehrheit; **4.** *a.* ⚙ geräuschlos, leise.

Si·le·sian [saɪ'liːzjən] **I** *adj.* schlesisch; **II** *s.* Schlesier(in).

sil·hou·ette [ˌsɪluː'et] **I** *s.* **1.** Silhou'ette *f*: a) Schattenbild *n*, -riss *n*, b) 'Umriss *m* (*a. fig.*): ***~ (target)*** ⚔ Kopfscheibe *f*; ***stand out in ~ against*** → 4; **2.** Scherenschnitt *m*; **II** *v/t.* **3.** silhouettieren; **4.** ***be ~d*** sich abheben (***against*** gegen).

sil·i·ca ['sɪlɪkə] *s.* ⚗ **1.** Kieselerde *f*; **2.** Quarz(glas *n*) *m*; **'sil·i·cate** [-kɪt] *s.* ⚗ Sili'kat *n*; **'sil·i·cat·ed** [-keɪtɪd] *adj.* siliziert; **si·li·ceous** [sɪ'lɪʃəs] *adj.* kiesel(erde-, -säure)haltig, -artig, Kiesel...; **si'lic·ic** [sɪ'lɪsɪk] *adj.* Kiesel(erde)...; **si·lic·i·fy** [sɪ'lɪsɪfaɪ] *v/t. u. v/i.* verkieseln; **si·li·cious** → ***siliceous***; **'sil·i·con** [-kən] *s.* ⚗ Si'lizium *n*; **sil·i·co·sis** [ˌsɪlɪ'kəʊsɪs] *s.* ⚕ Sili'kose *f*, Staublunge *f*.

silk [sɪlk] **I** *s.* **1.** Seide *f*: a) Seidenfaser *f*, b) Seidenfaden *m*, c) Seidenstoff *m*, -gewebe *n*; **2.** Seide(nkleid *n*) *f*: ***in ~s and satins*** in Samt u. Seide; **3.** ⚖ *Brit.* a) → ***silk gown***, b) F Kronanwalt *m*: ***take ~*** Kronanwalt werden; **4.** *fig.* Seide *f*, *zo. bsd.* Spinnfäden *pl.*; **5.** Seidenglanz *m* (*von Edelsteinen*); **II** *adj.* **6.** seiden, Seiden...: ***make a ~ purse out of a sow's ear*** *fig.* aus e-m Kieselstein e-n Diamanten schleifen; ***~ culture*** Seidenraupenzucht *f*; **'silk·en** [-kən] *adj.* **1.** *poet.* seiden, Seiden...; **2.** → ***silky*** 1 *u.* 2.

silk| gown *s. Brit.* 'Seidentaˌlar *m* (*e-s* ***King's*** *od.* ***Queen's Counsel***); **~ hat** *s.* Zy'linder(hut) *m*.

silk·i·ness ['sɪlkɪnɪs] *s.* **1.** *das* Seidige, seidenartige Weichheit; **2.** *fig.* Sanftheit *f*.

silk| moth *s. zo.* Seidenspinner *m*; **'~-screen print·ing** *s. typ.* Seidensiebdruck *m*; **~ stock·ing** *s.* **1.** Seidenstrumpf *m*; **2.** *fig. Am.* ele'gante *od.* vornehme Per'son; **'~·worm** *s. zo.* Seidenraupe *f*.

silk·y ['sɪlkɪ] *adj.* □ **1.** seidig (glänzend), seidenweich: ***~ hair***; **2.** *fig.* sanft, einschmeichelnd, zärtlich (*Person, Stimme etc.*), *contp.* ölig, (aal)glatt; **3.** lieblich (*Wein*).

sill [sɪl] *s.* **1.** (Tür)Schwelle *f*; **2.** Fensterbrett *n*; **3.** ⚙ Schwellbalken *m*; **4.** *geol.* Lagergang *m*.

sil·la·bub ['sɪləbʌb] *s. Getränk aus Wein, Sahne u. Gewürzen.*

sil·li·ness ['sɪlɪnɪs] *s.* **1.** Dummheit *f*, Albernheit *f*; **2.** Verrücktheit *f*.

sil·ly ['sɪlɪ] **I** *adj.* □ **1.** dumm, albern, blöd(e), verrückt (*Person u. Sache*); **2.** dumm, unklug (*Handlungsweise*); **3.** benommen, betäubt; **II** *s.* **4.** Dummkopf *m*, Dummerchen *n*; **~ sea·son** *s.* ‚Saure-'Gurken-Zeit' *f*.

si·lo ['saɪləʊ] **I** *pl.* **-los** *s.* **1.** ✓, ⚙ Silo *m*; **2.** ⚔ 'unterirdische Ra'ketenabschussrampe; **II** *v/t.* **3.** ✓ *Futter* a) in e-m Silo aufbewahren, b) einmieten.

silt [sɪlt] **I** *s.* Treibsand *m*, Schlamm *m*, Schlick *m*; **II** *v/i. u. v/t. mst* ***~ up*** verschlammen.

sil·van ['sɪlvən] → ***sylvan***.

sil·ver ['sɪlvə] **I** *s.* **1.** ⚗, *min.* Silber *n*; **2.** a) Silber(geld) *n*, b) *allg.* Geld *n*; **3.** Silber(geschirr *n*, -zeug *n*) *n*; **4.** Silber(-farbe *f*, -glanz *m*) *n*; **5.** *phot.* 'Silbersalz *n*, -niˌtrat *n*; **II** *adj.* **6.** silbern, Silber...: ***~ paper*** *phot.* Silberpapier *n*; **7.** silb(e)rig, silberglänzend; **8.** *fig.* silberhell (*Stimme etc.*); **III** *v/t.* **9.** versilbern; *Spiegel* belegen; **10.** silbern färben; **IV** *v/i.* **11.** silberweiß werden (*Haar etc.*); **~ fir** *s.* ⚘ Edel-, Weißtanne *f*; **~ foil** *s.* **1.** Silberfolie *f*; **2.** 'Silberpaˌpier *n*; **~ fox** *s. zo.* Silberfuchs *m*; **~ gilt** *s.* vergoldetes Silber; **~ glance** *s.* Schwefelsilber *n*; **ˌ~-'gray** *bsd. Am.*, **ˌ~-'grey** *adj.* silbergrau; **~ leaf** *s.* ⚙ Blattsilber *n*; **~ lin·ing** *s. fig.* Silberstreifen *m* am Hori'zont, Lichtblick *m*: ***every cloud has its ~*** jedes Unglück hat auch sein Gutes; **~ med·al** *s.* 'Silbermeˌdaille *f*; **~ med·al·(l)ist** *s.* 'Silbermeˌdaillengewinner(in); **~ ni·trate** *s.* ⚗, *phot.* 'Silberniˌtrat *n*; *bsd.* ⚕ Höllenstein *m*; **~ plate** *s.* **1.** Silberauflage *f*; **2.** Silber(geschirr *n*, -zeug *n*) *n*, Tafelsilber *n*; **'~-plate** *v/t.* versilbern; **~ point** *s. paint.* Silberstiftzeichnung *f*; **~ screen** *s.* **1.** (Film)Leinwand *f*; **2.** *coll. der* Film; **'~side** *s.* bester Teil der Rindskeule; **'~·smith** *s.* Silberschmied *m*; **~ spoon** *s.* Silberlöffel *m*: ***be born with a ~ in one's mouth*** *fig.* ein Glückskind *od.* das Kind reicher Eltern sein; **ˌ~-'tongued** *adj.* redegewandt; **'~·ware** → ***silver plate*** 2; **~ wed·ding** *s.* silberne Hochzeit.

sil·ver·y ['sɪlvərɪ] → ***silver*** 7 *u.* 8.

sil·vi·cul·ture ['sɪlvɪkʌltʃə] *s.* Waldbau *m*, 'Forstkulˌtur *f*.

sim·i·an ['sɪmɪən] **I** *adj. zo.* affenartig, Affen...; **II** *s.* (*bsd.* Menschen)Affe *m*.

sim·i·lar ['sɪmɪlə] **I** *adj.* □ → ***similarly***; **1.** ähnlich (*a.* ⩓), (annähernd) gleich (***to*** *dat.*); **2.** gleichartig, entsprechend; **3.** *phys.*, ⚡ gleichnamig; **II** *s.* **4.** *das* Ähnliche *od.* Gleichartige; **5.** *pl.* ähnliche *od.* gleichartige Dinge *pl.*; **sim·i-**

S

lar·i·ty [ˌsɪmɪˈlærətɪ] *s.* **1.** Ähnlichkeit *f* (*to* mit), Gleichartigkeit *f*; **2.** *pl.* Ähnlichkeiten *pl.*; ˈ**sim·i·lar·ly** [-lɪ] *adv.* ähnlich, entsprechend.

sim·i·le [ˈsɪmɪlɪ] *s.* Gleichnis *n*, Vergleich *m*; **si·mil·i·tude** [sɪˈmɪlɪtju:d] *s.* **1.** Ähnlichkeit *f* (*a.* ⩓); **2.** Gleichnis *n*; **3.** (Eben)Bild *n*.

Similes – Einige bekannte englische Vergleiche

as black as coal	kohlrabenschwarz
as blind as a bat	stockblind
as brown as a berry	braun gebrannt
as cool as a cucumber	seelenruhig
as dead as a dodo	mausetot
as dull as ditchwater	stinklangweilig
as fit as a fiddle	kerngesund
as flat as a pancake	völlig platt gedrückt
as red as a beetroot	rot wie eine Tomate
as thin as a rake	spindeldürr
as white as snow	schneeweiß

sim·mer [ˈsɪmə] **I** *v/i.* **1.** sieden, wallen, brodeln; **2.** *fig.* kochen (*with* vor *dat.*), gären (*Gefühl, Aufstand*): **~ down** sich ‚abregen‘ *od.* beruhigen; **II** *v/t.* **3.** zum Brodeln *od.* Wallen bringen; **III** *s.* **4.** *keep at a* (*od. on the*) **~** sieden lassen.

Si·mon [ˈsaɪmən] *npr.* Simon *m*: *Simple* **~** *fig.* F Einfaltspinsel *m*.

si·mo·ny [ˈsaɪmənɪ] *s.* Simoˈnie *f*, Ämterkauf *m*.

simp [sɪmp] *s. Am. sl.* Simpel *m*.

sim·per [ˈsɪmpə] **I** *v/i.* albern *od.* geziert lächeln; **II** *s.* einfältiges *od.* geziertes Lächeln.

sim·ple [ˈsɪmpl] **I** *adj.* □ → *simply*; **1.** *allg.* einfach: a) simpel, leicht: *a* **~** *explanation*; *a* **~** *task*, b) schlicht (*Person, Lebensweise, Stil etc.*): **~** *beauty*, c) unkompliziert: *a* **~** *design*; **~** *fracture* ⚕ einfacher (Knochen)Bruch, d) nicht zs.-gesetzt, unzerlegbar: **~** *equation* ⩓ einfache Gleichung; **~** *fraction* ⩓ einfacher *od.* gemeiner Bruch; **~** *fruit* ⚘ einfache Frucht; **~** *interest* ✝ Kapitalzinsen *pl.*; **~** *larceny* einfacher Diebstahl; **~** *sentence ling.* einfacher Satz, e) niedrig: *of* **~** *birth*; **2.** ♪ einfach; **3.** a) einfältig, simpel, b) naˈiv, leichtgläubig; **4.** gering(fügig): **~** *efforts*; **5.** rein, glatt: **~** *madness*; **II** *s.* **6.** *pharm.* Heilkraut *n*, -pflanze *f*; ˌ**~-ˈheart·ed**, ˌ**~-ˈmind·ed** *adj.* **1.** schlicht, einfach; **2.** → *simple* 3; ˌ**~-ˈmind·ed·ness** *s.* **1.** Schlichtheit *f*; **2.** Einfalt *f*; **3.** Arglosigkeit *f*.

sim·ple·ton [ˈsɪmpltən] *s.* Einfaltspinsel *m*.

sim·plex [ˈsɪmpleks] **I** *adj.* **1.** ⚙, ⚡ Simplex...; **II** *s.* **2.** *ling.* Simplex *n*; **3.** ⚡, *teleph. etc.* Simplex-, Einfachbetrieb *m*.

sim·plic·i·ty [sɪmˈplɪsətɪ] *s.* **1.** Einfachheit *f*; **2.** Einfalt *f*.

sim·pli·fi·ca·tion [ˌsɪmplɪfɪˈkeɪʃn] *s.* Vereinfachung *f*; **sim·pli·fi·ca·tive** [ˈsɪmplɪfɪkətɪv] *adj.* vereinfachend; **sim·pli·fy** [ˈsɪmplɪfaɪ] *v/t.* **1.** vereinfachen (*a. erleichtern, a. als einfach hinstellen*); **2.** ⚙, ✝ *Am.* normieren.

sim·plis·tic [sɪmˈplɪstɪk] *adj.* (zu) stark vereinfachend.

sim·ply [ˈsɪmplɪ] *adv.* **1.** einfach (*etc.* → *simple*); **2.** bloß, nur; **3.** F einfach (*großartig etc.*).

sim·u·la·crum [ˌsɪmjʊˈleɪkrəm] *pl.* **-cra** [-krə] *s.* **1.** (Ab)Bild *n*; **2.** Scheinbild *n*, Abklatsch *m*; **3.** leerer Schein.

sim·u·lant [ˈsɪmjʊlənt] *adj. bsd. biol.* ähnlich (*of dat.*); **sim·u·late** [ˈsɪmjʊleɪt] *v/t.* **1.** vortäuschen, (-)heucheln, *bsd. Krankheit* simulieren: **~d** *account* ✝ fingierte Rechnung; **2.** *j-n od. et.* nachahmen; **3.** sich tarnen als; **4.** ähneln (*dat.*); **5.** *ling.* sich angleichen an (*acc.*); **6.** ⚙ simulieren; **sim·u·la·tion** [ˌsɪmjʊˈleɪʃn] *s.* **1.** Vorspiegelung *f*, -täuschung *f*; **2.** Heucheˈlei *f*, Verstellung *f*; **3.** Nachahmung *f*; **4.** Simulieren *n*, Krankspielen *n*; **5.** ⚙ Simulierung *f*; **sim·u·la·tor** [ˈsɪmjʊleɪtə] *s.* **1.** Heuchler(in); **2.** Simuˈlant(in); **3.** ⚙ *allg.* Simuˈlator *m*.

si·mul·ta·ne·i·ty [ˌsɪməltəˈnɪətɪ] *s.* Gleichzeitigkeit *f*; **si·mul·ta·ne·ous** [ˌsɪməlˈteɪnjəs] *adj.* □ gleichzeitig, simulˈtan (*with* mit): **~** *translation* Simultandolmetschen *n*.

sin [sɪn] **I** *s.* **1.** *eccl.* Sünde *f*: *cardinal* **~** Hauptsünde; *deadly* (*od. mortal*) **~** Todsünde; *original* **~** Erbsünde; *like* **~** F wie der Teufel; *live in* **~** *obs. od. humor.* in Sünde leben; **2.** *fig.* (*against*) Sünde *f* (*Verstoß*) (gegen), Versündigung *f* (an *dat.*); **II** *v/i.* **3.** sündigen; **4.** *fig.* (*against*) sündigen, verstoßen (gegen *et.*), sich versündigen (an *j-m*).

sin·a·pism [ˈsɪnəpɪzəm] *s.* ⚕ Senfpflaster *n*.

S

since [sɪns] **I** *adv.* **1.** seit'dem, -'her: ***ever ~*** seit der Zeit, seitdem: ***long ~*** seit langem, schon lange; ***how long ~?*** seit wie langer Zeit?; ***a short time ~*** vor kurzem; **2.** in'zwischen, mittler'weile; **II** *prp.* **3.** seit: ***~ 1945***; ***~ Friday***; ***~ seeing you*** seitdem ich dich sah; **III** *cj.* **4.** seit(dem): ***how long is it ~ it happened?*** wie lange ist es her, dass das geschah?; **5.** da (ja), weil.

sin·cere [sɪn'sɪə] *adj.* □ **1.** aufrichtig, ehrlich, offen: ***a ~ friend*** ein wahrer Freund; **2.** aufrichtig, echt (*Gefühl etc.*); **3.** rein, lauter; **sin'cere·ly** [-lɪ] *adv.* aufrichtig: ***Yours ~*** Mit freundlichen Grüßen (*Briefschluss*); **sin'cere·ness** [-nɪs], **sin·cer·i·ty** [sɪn'serətɪ] *s.* **1.** Aufrichtigkeit *f*; **2.** Lauterkeit *f*, Echtheit *f*.

sin·ci·put ['sɪnsɪpʌt] *s. anat.* Schädeldach *n*, *bsd.* Vorderhaupt *n*.

sine[1] [saɪn] *s.* ⩘ Sinus *m*: ***~ of angle*** Winkelsinus; ***~ curve*** Sinuskurve *f*; ***~ wave*** *phys.* Sinuswelle *f*.

si·ne[2] ['saɪnɪ] (*Lat.*) *prp.* ohne.

si·ne·cure ['saɪnɪkjʊə] *s.* Sine'kure *f*: a) *eccl. hist.* Pfründe *f* ohne Seelsorge, b) einträglicher Ruheposten.

si·ne di·e [ˌsaɪnɪ'daɪiː] (*Lat.*) *adv.* ⚖ auf unbestimmte Zeit; **si·ne qua non** [ˌsaɪnɪkweɪ'nɒn] (*Lat.*) *s.* unerlässliche Bedingung, Con'ditio *f* sine qua non.

sin·ew ['sɪnjuː] *s.* **1.** *anat.* Sehne *f*, Flechse *f*; **2.** *pl.* Muskeln *pl.*, (Muskel-)Kraft *f*: ***the ~s of war*** *fig.* das Geld *od.* die Mittel (zur Kriegführung *etc.*); **'sin·ewed** [-juːd] → ***sinewy***; **'sin·ew·less** [-lɪs] *adj. fig.* kraftlos, schwach; **'sin·ew·y** [-juːɪ] *adj.* **1.** sehnig; **2.** zäh (*Fleisch*); **3.** *fig.* a) stark, zäh, b) kräftig, kraftvoll (*a. Stil*).

sin·ful ['sɪnfʊl] *adj.* □ sündig, sündhaft.

sing [sɪŋ] **I** *v/i.* [*irr.*] **1.** singen (*a. fig.* dichten): ***~ of*** → 9; ***~ to s.o.*** j-m vorsingen; ***~ small*** *fig.* F kleinlaut werden, klein beigeben; **2.** summen (*Biene, Wasserkessel etc.*); **3.** krähen (*Hahn*); **4.** *fig.* pfeifen, sausen (*Geschoss*); heulen (*Wind*); **5.** ***~ out*** F (laut) rufen, schreien; **6.** *a.* ***~ out*** *sl.* gestehen, alle(s) verraten, ‚singen' (*Verbrecher*); **7.** sich *gut etc.* singen lassen; **II** *v/t.* [*irr.*] **8.** *Lied* singen: ***~ a child to sleep*** ein Kind in den Schlaf singen; ***~ out*** ausrufen, schreien; **9.** *poet.* (be)singen; **III** *s.* **10.** *Am.* F (Gemeinschafts)Singen *n*.

singe [sɪndʒ] **I** *v/t.* **1.** ver-, ansengen; → ***wing*** 1; **2.** *Geflügel, Schwein* sengen; **3.** *a.* ***~ off*** *Borsten etc.* absengen; **4.** *Haar* sengen (*Friseur*); **II** *v/i.* **5.** versengen; **III** *s.* **6.** Versengung *f*; **7.** versengte Stelle.

sing·er ['sɪŋə] *s.* **1.** Sänger(in); **2.** *poet.* Sänger *m* (*Dichter*); **ˌ~-'song·writ·er** *s.* Liedermacher(in).

sing·ing ['sɪŋɪŋ] **I** *adj.* **1.** singend *etc.*; **2.** Sing..., Gesangs...: ***~ lesson***; **II** *s.* **3.** Singen *n*, Gesang *m*; **4.** *fig.* Klingen *n*, Summen *n*, Pfeifen *n*, Sausen *n*: ***a ~ in the ears*** (ein) Ohrensausen; ***~ bird*** *s.* Singvogel *m*; ***~ voice*** *s.* Singstimme *f*.

sin·gle ['sɪŋgl] **I** *adj.* □ → ***singly***; **1.** einzig: ***not a ~ one*** kein *od.* nicht ein Einziger; ***~ European currency*** gemeinsame europäische Währung, europäische Einheitswährung; ***~ (European) market*** (europäischer) Binnenmarkt; **2.** einzeln, einfach, Einzel..., Ein(fach)...: ***~-decker*** ✈ Eindecker *m* (*a. Bus*); ***~-stage*** einstufig; (***bookkeeping by***) ***~ entry*** † einfache Buchführung; ***~(-trip) ticket*** → 10; **3.** einzeln, al'lein, Einzel...: ***~ bed*** Einzelbett *n*; ***~ bill*** † Solawechsel *m*; ***~ combat*** ⚔ Einzel-, Zweikampf *m*; ***~ game*** *sport* Einzel(spiel) *n*; ***~ house*** Einfamilienhaus *n*; **4.** a) allein, einsam, für sich (lebend), b) al'lein stehend, ledig, unverheiratet; → *a.* 14; **5.** einmalig: ***~ payment***; **6.** ⚘ einfach; **7.** *fig.* ungeteilt, einzig: ***~ purpose***; ***have a ~ eye for*** nur Sinn haben für, nur denken an (*acc.*); ***with a ~ voice*** wie aus 'einem Munde; **8.** *fig.* aufrichtig: ***~ mind***; **II** *s.* **9.** *der* (*die, das*) Einzelne *od.* Einzige; Einzelstück *n*; **10.** *Brit.* a) 🚂 einfache Fahrkarte, b) ✈ einfaches (Flug)Ticket *n*; **11.** *pl. sg. konstr. sport* Einzel *n*: ***play a ~s***; ***men's ~s*** Herreneinzel; **12.** Single *f* (*Schallplatte*); **13.** Einbettzimmer *n*; **14.** Single *m*, al'lein stehende Per'son; **III** *v/t.* **15.** ***~ out*** a) auslesen, -suchen, -wählen (***from*** aus), b) bestimmen (***for*** für *e-n Zweck*), c) her'ausheben; **ˌ~-'act·ing** *adj.* ⚙ einfach wirkend; **ˌ~-'breast·ed** *adj.*: ***~ suit*** Einreiher *m*; **ˌ~-'en·gined** *adj.* 'einmoˌtorig (*Flugzeug*); **ˌ~-'eyed** → ***single-minded***; **ˌ~-'hand·ed** *adj. u. adv.* **1.** einhändig; mit 'einer Hand; **2.** *fig.* eigenhändig, al'lein, ohne (fremde) Hilfe; auf eigene Faust; **ˌ~-'heart·ed** *adj.* □ → ***single-minded***; **ˌ~-'line** *adj.* 🚂 eingleisig; **ˌ~-'mind·ed** *adj.* **1.** aufrichtig, redlich; **2.** zielbewusst, -strebig.

sin·gle·ness ['sɪŋglnɪs] *s.* **1.** Einmaligkeit *f*; **2.** Ehelosigkeit *f*; **3.** *a.* ***~ of purpose*** Zielstrebigkeit *f*; **4.** *fig.* Aufrichtigkeit *f*.

sin·gle| par·ent *s.* Al'leinerziehende(r *m*) *f*: ***single parents*** *pl.* allein erziehende Eltern *pl.*; **'~-ˌpar·ent fam·i·ly** *s.* Ein'elternfaˌmilie *f*; **ˌ~-'phase** *adj.* ⚡ einphasig, Einphasen...; **ˌ~-'seat·er** *bsd.* ✈ **I** *s.* Einsitzer *m*; **II** *adj.* Einsitzer..., einsitzig; **'~·stick** *s. sport* 'Stockraˌpier(fechten) *n*.

sin·glet ['sɪŋglɪt] *s.* ärmelloses 'Unter- *od.* Tri'kothemd *n*.

sin·gle·ton ['sɪŋgltən] *s.* **1.** *Kartenspiel*:

Singleton *m* (*einzige Karte e-r Farbe*); **2.** einziges Kind; **3.** Indi'viduum *n*; **4.** Einzelgegenstand *m*.

ˌsin·gle-'track *adj.* **1.** eingleisig (*Straße*); **2.** 🚂 eingleisig (*a. fig.* F *einseitig*).

sin·gly ['sɪŋglɪ] *adv.* **1.** einzeln, al'lein; **2.** → ***single-handed*** 2.

'sing·song **I** *s.* **1.** Singsang *m*; **2.** *Brit.* Gemeinschaftssingen *n*; **II** *adj.* **3.** eintönig; **III** *v/t. u. v/i.* **4.** eintönig sprechen *od.* singen.

sin·gu·lar ['sɪŋgjʊlə] **I** *adj.* □ **1.** *ling.* singu'larisch: ***~ number*** → 6; **2.** ⚔, *phls.* singu'lär; **3.** *bsd.* ⚖ einzeln: ***all and ~*** jeder (jede, jedes) Einzelne; **4.** *fig.* einzigartig, außer-, ungewöhnlich, einmalig; **5.** *fig.* eigentümlich, seltsam; **II** *s.* **6.** *ling.* Singular *m*, Einzahl *f*; **sin·gu·lar·i·ty** [ˌsɪŋgjʊ'lærətɪ] *s.* **1.** Eigentümlichkeit *f*, Seltsamkeit *f*; **2.** Einzigartigkeit *f*; **'sin·gu·lar·ize** [-əraɪz] *v/t.* **1.** her'ausstellen; **2.** *ling.* in die Einzahl setzen.

sin·is·ter ['sɪnɪstə] *adj.* □ **1.** böse, drohend, unheilvoll, schlimm; **2.** finster, unheimlich; **3.** *her.* link.

sink [sɪŋk] **I** *v/i.* [*irr.*] **1.** sinken, 'untergehen (*Schiff, Gestirn etc.*); **2.** (her'ab-, nieder)sinken (*Arm, Kopf, Person etc.*): ***~ into a chair***; ***~ into the grave*** ins Grab sinken; **3.** *im Wasser, Schnee etc.* versinken, ein-, 'untersinken: ***~ or swim*** *fig.* egal, was passiert; **4.** sich senken: a) her'absinken (*Dunkelheit, Wolken etc.*), b) abfallen (*Gelände*), c) einsinken (*Haus, Grund*), d) sinken (*Preise, Wasserspiegel, Zahl etc.*); **5.** 'umsinken; **6.** ***~ under*** erliegen (*dat.*);

Es gibt im Englischen einige Begriffe, die im Gegensatz zum Deutschen nur als Singular verwendet werden. Sie können also nicht mit **a** bzw. **an** benutzt werden. Stattdessen kann man, wo angebracht, **some** oder **any** einfügen. Hier die wichtigsten:

advice	Rat, Ratschlag, Ratschläge
I need some advice.	Ich brauche einen Rat / ein paar gute Ratschläge.
information	Information(en)
Have you got any information about the flight?	Haben Sie irgendwelche Informationen über den Flug?
knowledge	Wissen, Kenntnis(se)
What is his knowledge of history like?	Wie sind so seine Geschichtskenntnisse?
news (*trotz* **–s** *am Ende ist* **news** *ein Singularwort*)	Nachricht(en)
The news is mixed.	Die Nachrichten sind gemischt.
progress	Fortschritt(e)
We're making some progress.	Wir machen Fortschritte.
furniture	Möbel
Furniture is expensive.	Möbel sind teuer.

Um den Singular auszudrücken, kann man den meisten dieser Ausdrücke **a piece of** voranstellen:

a piece of advice	ein Ratschlag
a piece of information	eine Information
a piece of news	eine Nachricht
a piece of furniture	ein Möbelstück

7. (***into***) a) (ein)dringen, (ein)sickern (in *acc.*), b) *fig.* (in *j-s Geist*) eindringen, sich einprägen (*dat.*): ***he allowed his words to ~ in*** er ließ s-e Worte wirken; **8.** ***~ into*** in *Ohnmacht* fallen *od.* sinken, in *Schlaf*, *Schweigen etc.* versinken; **9.** nachlassen, schwächer werden; **10.** sich dem Ende nähern (*Kranker*): ***he is ~ing fast*** er verfällt zusehends; **11.** *im Wert*, *in j-s Achtung etc.* sinken; **12.** *b.s.* (ver)sinken (***into*** in *acc.*), *in Armut*, *Vergessenheit* geraten, *dem Laster etc.* verfallen; **13.** sich senken (*Blick*, *Stimme*); **14.** sinken (*Mut*): ***his heart sank*** ihn verließ der Mut; **II** *v/t.* [*irr.*] **15.** *Schiff etc.* versenken; **16.** *bsd. in den Boden* ver-, einsenken; **17.** *Grube etc.* ausheben; *Brunnen*, *Loch* bohren: ***~ a shaft*** ⚒ e-n Schacht abteufen; **18.** ⚙ a) einlassen, -betten, b) eingravieren, c) *Stempel* schneiden; **19.** *Wasserspiegel etc.*, *a. Preis*, *Wert* senken; **20.** *Blick*, *Kopf*, *Stimme* senken; **21.** *fig. Niveau*, *Stand* her'abdrücken; **22.** zu'grunde richten: ***we are sunk*** *sl.* wir sind ‚erledigt'; **23.** *Tatsache* unter'drücken, vertuschen; **24.** *et.* ignorieren; *Streit* beilegen; *Ansprüche*, *Namen etc.* aufgeben; **25.** a) ☤ *Kapital* fest (*bsd.* ungünstig) anlegen, ‚stecken' (***into*** in *acc.*), b) (*bsd.* durch 'Fehlinvestiˌtion) verlieren; **26.** ☤ *Schuld* tilgen; **III** *s.* **27.** Ausguss(becken *n*, -loch *n*) *m*, Spülstein *m* (*Küche*); **28.** a) Abfluss *m* (*Rohr*), b) Senkgrube *f*, c) *fig.* Pfuhl *m*: ***~ of iniquity*** *fig.* Sündenpfuhl, Lasterhöhle *f*; **29.** *thea.* Versenkung *f*; **'sink·a·ble** [-kəbl] *adj.* zu versenken(d), versenkbar (*bsd. Schiff*); **'sink·er** [-kə] *s.* **1.** ⚒ Abteufer *m*; **2.** ⚙ Stempelschneider *m*; **3.** *Weberei*: Pla'tine *f*; **4.** ⚓ a) Senkblei *n* (*Lot*), b) Senkgewicht *n* (*Angelleine*, *Fischnetz*); **5.** *Am. sl.* Krapfen *m*; **'sink·ing** [-kɪŋ] **I** *s.* **1.** (Ver)Sinken *n*; **2.** Versenken *n*; **3.** ⚕ a) Schwächegefühl *n*, b) Senkung *f e-s Organs*; **4.** ☤ Tilgung *f*; **II** *adj.* **5.** sinkend (*a. Mut etc.*): ***a ~ feeling*** Beklommenheit *f*, flaues Gefühl (im Magen); **6.** ☤ Tilgungs...: ***~ fund*** Amortisationsfonds *m*.

sin·less ['sɪnlɪs] *adj.* □ sünd(en)los, unschuldig, schuldlos.

sin·ner ['sɪnə] *s. eccl.* Sünder(in) (*a. fig. Übeltäter*; *a. humor. Halunke*).

Sinn Fein [ˌʃɪn'feɪn] *s. pol.* Sinn Fein *m* (*nationalistische Bewegung u. Partei in Irland*).

Sino- [sɪnəʊ] *in Zssgn* chi'nesisch, Chinesen..., China...; **si·nol·o·gy** [sɪ'nɒlədʒɪ] *s.* Sinolo'gie *f* (*Erforschung der chinesischen Sprache*, *Kultur etc.*).

sin·ter ['sɪntə] **I** *s. geol. u. metall.* Sinter *m*; **II** *v/t. Erz* sintern.

sin·u·ate ['sɪnjʊət] *adj.* □ ⚘ gebuchtet (*Blatt*); **sin·u·os·i·ty** [ˌsɪnjʊ'ɒsətɪ] *s.* **1.** Biegung *f*, Krümmung *f*; **2.** Gewundenheit *f* (*a. fig.*); **'sin·u·ous** [-jʊəs] *adj.* □ **1.** gewunden, sich schlängelnd: ***~ line*** Wellen-, Schlangenlinie *f*; **2.** A̸ sinusförmig gekrümmt; **3.** *fig.* a) verwickelt, b) winkelzügig; **4.** geschmeidig.

si·nus ['saɪnəs] *s.* **1.** Krümmung *f*, Kurve *f*; **2.** Ausbuchtung *f* (*a.* ⚘, ⚕); **3.** *anat.* Sinus *m*, (Knochen-, Neben)Höhle *f*; **4.** ⚕ Fistelgang *m*; **si·nus·i·tis** [ˌsaɪnə'saɪtɪs] *s.* ⚕ Sinu'sitis *f*, Nebenhöhlenentzündung *f*: ***frontal ~*** Stirnhöhlenkatarr(h) *m*; **si·nus·oi·dal** [ˌsaɪnə'sɔɪdl] *adj.* A̸, ϟ, *phys.* sinusförmig: ***~ wave*** Sinuswelle *f*.

Sioux [suː] *pl.* **Sioux** [suː; suːz] *s.* **1.** 'Sioux(indiˌaner[in]) *m*, *f*; **2.** *pl. die* 'Sioux(indiˌaner) *pl.*

sip [sɪp] **I** *v/t.* **1.** nippen an (*acc.*) *od.* von, schlürfen (*a. fig.*); **II** *v/i.* **2.** (***of***) nippen (an *dat. od.* von), schlückchenweise trinken (von); **III** *s.* **3.** Nippen *n*; **4.** Schlückchen *n*.

si·phon ['saɪfn] **I** *s.* **1.** (Saug)Heber *m*; Siphon *m*; **2.** *a.* ***~ bottle*** Siphonflasche *f*; **3.** *zo.* Sipho *m*; **II** *v/t.* **4.** ***~ out*** (*a.* ⚕ *Magen*) aushebe(r)n; **5.** ***~ off*** a) absaugen, b) *fig.* abziehen, *Gewinne etc.* abschöpfen; **6.** *fig.* (weiter)leiten; **III** *v/i.* **7.** ablaufen.

sip·pet ['sɪpɪt] *s.* **1.** (Brot-, Toast)Brocken *m* (*zum Eintunken*); **2.** geröstete Brotschnitte.

sir [sɜː] *s.* **1.** (mein) Herr! (*respektvolle Anrede*): ***yes, ~!*** ja(wohl)!; *♀(**s**) Anrede in (Leser)Briefen (unübersetzt)*; ***Dear ♀s*** Sehr geehrte Herren! (*Anrede in Briefen*); ***my dear ~!*** *iro.* mein Verehrtester!; **2.** *♀ Brit.* Sir *m* (*Titel e-s **baronet** od. **knight***); **3.** *Brit. Anrede für den **Speaker** im Unterhaus.*

Als Anrede steht **Sir** immer vor dem <u>Vornamen</u> bzw. vor der Kombination Vor- plus Nachname. Es heißt also **Sir James** [sə'dʒeɪmz] bzw. **Sir James Murray** (<u>nie</u> „Sir Murray"!).

sire ['saɪə] **I** *s.* **1.** *poet.* a) Vater *m*, Erzeuger *m*, b) Vorfahr *m*; **2.** *zo.* Vater (-tier *n*) *m*, *bsd.* Zuchthengst *m*; **3.** *♀!* Sire!, Eure Maje'stät!; **II** *v/t.* **4.** zeugen: ***be ~d by*** abstammen von (*bsd. Zuchtpferd*).

si·ren ['saɪərən] *s.* **1.** *myth.* Si'rene *f* (*a. fig. verführerische Frau, bezaubernde Sängerin*); **2.** ⚙ Si'rene *f*; **3.** *zo.* a) Armmolch *m*, b) → **si·re·ni·an** [saɪ'rɪnjən] *s. zo.* Seekuh *f*, Si'rene *f*.

sir·loin ['sɜːlɔɪn] *s.* Lendenstück *n.*
si·roc·co [sɪ'rɒkəʊ] *pl.* **-cos** *s.* Schi'rokko *m* (*Wind*).
sir·up ['sɪrəp] → ***syrup.***
sis [sɪs] *s.* F Schwester *f.*
si·sal (hemp) ['saɪsl] *s.* ⚘ Sisal(hanf) *m.*
sis·sy ['sɪsɪ] F **I** *s.* **1.** Weichling *m*, ‚Heulsuse' *f*; **2.** ‚Waschlappen' *m*, Feigling *m*; **II** *adj.* **3.** weibisch, verweichlicht; **4.** feig.
sis·ter ['sɪstə] **I** *s.* **1.** Schwester *f* (*a. fig. Genossin*): ***the three* ⁓*s*** *myth.* die drei Schicksalsschwestern; ***Hey,* ⁓*!*** *Am. sl.* He, Kleine!; **2.** *fig.* Schwester *f* (*Gleichartiges*); **3.** *eccl.* (Ordens)Schwester *f*: ⁓***s of Mercy*** Barmherzige Schwestern; **4.** ⚕ *bsd. Brit.* a) Oberschwester *f*, b) (Kranken)Schwester *f*; **5.** *a.* ⁓ ***company*** ✝ Schwester(gesellschaft) *f*; **II** *adj.* **6.** Schwester... (*a. fig.*); '**sis·ter·hood** [-hʊd] *s.* **1.** schwesterliches Verhältnis; **2.** *eccl.* Schwesternschaft *f*; '**sis·ter-in--law** [-ərɪn-] *pl.* '**sis·ters-in-law** *s.* Schwägerin *f*; '**sis·ter·ly** [-lɪ] *adj.* schwesterlich.
Sis·tine ['sɪstaɪn] *adj.* six'tinisch: ⁓ ***Chapel***; ⁓ ***Madonna***.
Sis·y·phe·an [ˌsɪsɪ'fiːən] *adj.*: ⁓ ***task*** (*od.* ***labo***[***u***]***r***) Sisyphusarbeit *f.*
sit [sɪt] [*irr.*] **I** *v/i.* **1.** sitzen; **2.** sich setzen; **3.** (***to*** *j-m*) (Por'trät *od.* Mo'dell) sitzen; **4.** sitzen, brüten (*Henne*); **5.** sitzen (*Sache, a. Wind*); **6.** Sitzung (ab-) halten, tagen; **7.** (***on***) beraten (über *acc.*), (*e-n Fall etc.*) unter'suchen; **8.** sitzen, e-n Sitz (inne)haben (***in Parliament*** im Parlament): ⁓ ***on a committee*** e-m Ausschuss angehören; ⁓ ***on the bench*** Richter sein; ⁓ ***on a jury*** Geschworener sein; **9.** (***on***) sitzen, passen (*dat.*) (*Kleidung*); *fig.* (*j-m*) *gut etc.* zu Gesicht stehen; **II** *v/t.* **10.** ⁓ ***o.s.*** sich setzen; **11.** sitzen auf (*dat.*): ⁓ ***a horse well*** gut zu Pferde sitzen;
Zssgn mit adv.:
sit| back *v/i.* **1.** sich zu'rücklehnen; **2.** *fig.* die Hände in den Schoß legen; ⁓ **by** *v/i.* untätig zusehen; ⁓ **down I** *v/i.* **1.** sich (hin)setzen, sich niederlassen, Platz nehmen: ⁓ ***to work*** sich an die Arbeit machen; **2.** ⁓ ***under*** *e-e Beleidigung etc.* hinnehmen; **3.** ✈ aufsetzen; **II** *v/t.* **4.** *j-n* (hin)setzen; ⁓ **in** *v/i.* F **1.** babysitten; **2.** F mitmachen (***at, on*** bei); **3.** ⁓ ***for*** für *j-n* einspringen; **4.** a) ein Sit-'in veranstalten, b) an e-m Sit-'in teilnehmen; ⁓ **out I** *v/t.* **1.** *e-r Vorstellung etc.* bis zu Ende beiwohnen; **2.** länger bleiben *od.* aushalten als; **3.** *Spiel, Tanz* auslassen; **II** *v/i.* **4.** aussetzen, nicht mitmachen (*bei e-m Spiel etc.*); **5.** im Freien sitzen; ⁓ **up** *v/i.* **1.** aufrecht sitzen; **2.** sich aufsetzen: ⁓ (***and beg***) ‚schönmachen' (*Hund*); ***make s.o.*** ⁓ a) j-n aufrütteln, b) j-n aufhorchen lassen; ⁓ (***and take notice***) F aufhorchen; **3.** sich *im Bett etc.* aufrichten; **4.** aufsitzen, -bleiben; wachen (***with*** bei *e-m Kranken*);
Zssgn mit prp.:
sit| for *v/i.* **1.** *e-e Prüfung* machen; **2.** *parl.* *e-n Wahlkreis* vertreten; **3.** ⁓ ***one's portrait*** sich porträtieren lassen; ⁓ **on** → ***sit*** 7, 8, 9, ***sit upon***; ⁓ **through** → ***sit out*** 1 (*Zssgn mit adv.*); ⁓ **un·der** *v/i.* **1.** *eccl.* zu *j-s* Gemeinde gehören; **2.** *j-s* Schüler sein; ⁓ **up·on** *v/i.* **1.** lasten auf *j-m*; im *Magen* liegen; **2.** *sl.* *j-m* ‚aufs Dach steigen'; **3.** F *Nachricht etc.* zu'rückhalten; auf *e-m Antrag* ‚sitzen'.
sit|·com ['sɪtkɒm] *s. thea.* F Situati'onskoˌmödie *f*; '⁓**-down** *s.* **1.** Verschnaufpause *f*; **2.** a) *a.* ⁓ ***strike*** ✝ Sitzstreik *m*, b) 'Sitzdemonstratiˌon *f.*
site [saɪt] **I** *s.* **1.** Lage *f* (*e-s Gebäudes, e-r Stadt etc.*): ⁓ ***plan*** Lageplan *m*; **2.** Stelle *f* (*a.* ⚕), Örtlichkeit *f*; **3.** Bauplatz *m*, Grundstück *n*; **4.** ✝ a) (Ausstellungs)Gelände *n*, b) Sitz *m* (*e-r Industrie*); **5.** Stätte *f*, Schauplatz *m*; **II** *v/t.* **6.** platzieren, legen, 'unterbringen: ***well-***⁓***d*** gut gelegen, in guter Lage (*Haus*).
'**sit-in** *s.* Sit-'in *n.*
sit·ter ['sɪtə] *s.* **1.** Sitzende(r *m*) *f*; **2.** a) Glucke *f*: ***a good*** ⁓ e-e gute Brüterin, b) brütender Vogel; **3.** *paint.* Mo'dell *n*; **4.** *a.* ⁓***-in*** Babysitter *m*; **5.** *sl.* a) *hunt.* leichter Schuss, b) *fig.* leichte Beute, c) ‚todsichere Sache'.
sit·ting ['sɪtɪŋ] **I** *s.* **1.** Sitzen *n*; **2.** *bsd.* ⚖, *parl.* Sitzung *f*, Tagung *f*; **3.** *paint., phot. etc.* Sitzung *f*: ***at a*** ⁓ *fig.* in 'einem Zug; **4.** a) Brutzeit *f*, b) Gelege *n*; **5.** *eccl., thea.* Sitz(platz) *m*; **II** *adj.* **6.** sitzend, Sitz...: ⁓ ***duck*** *fig.* leichtes Opfer; **7.** brütend; ⁓ **room** *s.* **1.** Platz *m* zum Sitzen; **2.** Wohnzimmer *n.*
sit·u·ate ['sɪtjʊeɪt] **I** *v/t.* **1.** aufstellen, *e-r Sache* e-n Platz geben, den Platz festlegen (*gen.*); **2.** in e-e Lage bringen; **II** *adj.* **3.** ⚖ *od. obs.* → ***situated*** 1; '**sit·u·at·ed** [-tɪd] *adj.* **1.** gelegen: ***be*** ⁓ liegen *od.* sein (*Haus etc.*); **2.** in e-r *schwierigen etc.* Lage: ***thus*** ⁓ in dieser Lage; ***well*** ⁓ gut situiert, wohlhabend.
sit·u·a·tion [ˌsɪtjʊ'eɪʃn] *s.* **1.** Lage *f e-s Hauses etc.*; **2.** Situati'on *f*: a) Lage *f*, Zustand *m*, b) Sachlage *f*, 'Umstände *pl.*: ***difficult*** ⁓; **3.** *thea.* dra'matische Situati'on, Höhepunkt *m*: ⁓ ***comedy*** Situationskomödie *f*; **4.** Stellung *f*, Stelle *f*, Posten *m*: ⁓***s offered*** Stellenangebote; ⁓***s wanted*** Stellengesuche.
si·tus ['saɪtəs] (*Lat.*) *s.* **1.** ⚕ Situs *m*, Lage *f* (*e-s Organs*); **2.** Sitz *m*, Lage *f*: ***in situ*** an Ort u. Stelle.
six [sɪks] **I** *adj.* **1.** sechs: ***it is*** ⁓ ***of one and half a dozen of the other*** *fig.* das

S

ist gehupft wie gesprungen; **2.** *in Zssgn* sechs...: ***~-cylinder(ed)*** sechszylindrig, Sechszylinder... (*Motor*); **II** *s.* **3.** Sechs *f* (*Zahl, Spielkarte etc.*): ***at ~es and sevens*** a) ganz durcheinander, b) uneins; **4.** *Kricket*: *a.* **six·er** ['sɪksə] *s.* F Sechserschlag *m*; **'six·fold** [-fəʊld] *adj. u. adv.* sechsfach.

ˌsix|-'foot·er *s.* F sechs Fuß langer *od.* ‚baumlanger' Mensch; **'~·pence** *s. Brit. obs.* Sixpencestück *n*, ½ Schilling *m*: ***it does not matter (a) ~*** das ist ganz egal; **ˌ~-'shoot·er** *s.* F sechsschüssiger Re'volver.

Six-pack ist ein aus den USA stammender Begriff, der den „Sechserpack" Bierdosen beschreibt. Auch findet man ihn in der Wendung **„He's/She's one can short of a six-pack"** („Ihm/Ihr fehlt eine Bierdose zum Sechserpack", d. h. er/sie hat nicht alle Tassen im Schrank).

six·teen [ˌsɪks'tiːn] **I** *s.* Sechzehn *f*; **II** *adj.* sechzehn; **ˌsix'teenth** [-nθ] **I** *adj.* **1.** sechzehnt; **2.** sechzehntel; **II** *s.* **3.** *der* (*die, das*) Sechzehnte; **4.** Sechzehntel *n*; **5.** *a.* ***~ note*** ♪ Sechzehntel(note *f*) *n*.

sixth [sɪksθ] **I** *adj.* **1.** sechst: ***~ sense*** *fig.* sechster Sinn; **II** *s.* **2.** *der* (*die, das*) Sechste; **3.** Sechstel *n*; **4.** ♪ Sext *f*; **5.** *a.* ***~ form*** *ped. Brit.* Abschlussklasse *f*; **'sixth·ly** [-lɪ] *adv.* sechstens.

Sixth form heißt die Abschlussklasse in der Schule, während der sich Schüler im Alter von ca. 16 bis 18 auf ihre **A-levels** (siehe dort) vorbereiten. Die **sixth form** besteht aus der **lower sixth** (1. Jahr) und der **upper sixth** (2. Jahr) und entspricht in etwa der deutschen Kollegstufe oder Sekundarstufe II.

six·ti·eth ['sɪkstɪɪθ] **I** *adj.* **1.** sechzigst; **2.** sechzigstel; **II** *s.* **3.** *der* (*die, das*) Sechzigste; **4.** Sechzigstel *n*.

Six·tine ['sɪkstaɪn] → ***Sistine***.

six·ty ['sɪkstɪ] **I** *adj.* **1.** sechzig; **II** *s.* **2.** Sechzig *f*; **3.** *pl.* a) *die* Sechzigerjahre *pl.* (*e-s Jahrhunderts*), b) *die* Sechziger(-jahre) *pl.* (*Alter*).

'six-ˌwheel·er *s. mot.* Dreiachser *m*.

siz·a·ble ['saɪzəbl] *adj.* (ziemlich) groß, ansehnlich, beträchtlich.

siz·ar ['saɪzə] *s. univ.* Stipendi'at *m* (*in Cambridge od. Dublin*).

size¹ [saɪz] **I** *s.* **1.** Größe *f*, Maß *n*, For'mat *n*, 'Umfang *m*: ***all of a ~*** (alle) gleich groß; ***of all ~s*** in allen Größen; ***the ~ of*** so groß wie; ***that's about the ~ of it*** F (genau) so ist es; ***cut s.o. down to ~*** *fig.* j-n in die Schranken verweisen; **2.** (Schuh-, Kleider- *etc.*) Größe *f*, Nummer *f*: ***two ~s too big*** zwei Nummern zu groß; ***what ~ do you take?*** welche Größe haben Sie?; **3.** *fig.* a) Größe *f*, Ausmaß *n*, b) *geistiges etc.* For'mat *e-r Person*; **II** *v/t.* **4.** nach Größen ordnen; **5.** ***~ up*** F ab-, einschätzen, taxieren (*alle a. fig.*); **III** *v/i.* **6.** ***~ up*** F gleichkommen (***to, with*** *dat.*).

size² [saɪz] **I** *s.* **1.** (*paint.* Grundier)Leim *m*, Kleister *m*; **2.** a) *Weberei*: Appre'tur *f*, b) *Hutmacherei*: Steife *f*; **II** *v/t.* **3.** leimen; **4.** *paint.* grundieren; **5.** *Stoff* appretieren; **6.** *Hutfilz* steifen.

-size [saɪz] → ***-sized***.

size·a·ble ['saɪzəbl] → ***sizable***.

-sized [saɪzd] *adj. in Zssgn* ...groß, von *od.* in ... Größe.

siz·er¹ ['saɪzə] *s.* **1.** Sortierer(in); **2.** ⚙ a) ('Größen)Sorˌtiermaˌschine *f*, b) ('Holz)ˌZuschneidemaˌschine *f*.

siz·er² ['saɪzə] *s.* ⚙ **1.** Leimer *m*; **2.** *Textilindustrie*: Schlichter *m*.

siz·zle ['sɪzl] **I** *v/i.* zischen; *Radio etc.*: knistern; **II** *s.* Zischen *n*; **'siz·zling** [-lɪŋ] *adj.* **1.** zischend, brutzelnd; **2.** glühend heiß.

skald [skɔːld] → ***scald¹***.

skat [skæt] *s.* Skat(spiel *n*) *m*.

skate¹ [skeɪt] *pl.* **skates**, *bsd. coll.* **skate** *s. ichth.* (Glatt)Rochen *m*.

skate² [skeɪt] **I** *s.* **1.** a) Schlittschuh *m*, b) Kufe *f*; **2.** Rollschuh *m*; **II** *v/i.* **3.** Schlittschuh *od.* Rollschuh laufen: ***~ over*** *fig.* *Schwierigkeiten etc.* überspielen; → ***ice*** 1; **'skate·board I** *s.* Skateboard *n*; **II** *v/i.* Skateboard fahren; **'skate·board·er** *s.* Skateboarder(in), Skateboardfahrer(-in); **'skate·board·ing** *s.* Skateboardfahren *n*; **'skat·er** [-tə] *s.* **1.** Schlittschuh-, Eisläufer(in); **2.** Rollschuhläufer(in); **skate sail·ing** *s.* Eissegeln *n*.

skat·ing ['skeɪtɪŋ] *s.* **1.** Schlittschuhlauf(en *n*) *m*, Eislauf(en *n*) *m*; **2.** Rollschuhlauf(en *n*) *m*; **~ rink** *s.* **1.** Eisbahn *f*; **2.** Rollschuhbahn *f*.

ske·dad·dle [skɪ'dædl] F **I** *v/i.* ‚türmen', ‚abhauen'; **II** *s.* ‚Türmen' *n*.

skeet (shoot·ing) [skiːt] *s. sport* Skeetschießen *n*.

skein [skeɪn] *s.* **1.** Strang *m*, Docke *f* (*Wolle etc.*); **2.** Skein *n*, Warp *n* (*Baumwollmaß*); **3.** Kette *f*, Schwarm *m* (*Wildenten etc.*); **4.** *fig.* Gewirr *n*.

S

skel·e·tal ['skelıtl] *adj.* **1.** ⚕ Skelett...; **2.** ske'lettartig; **skel·e·tol·o·gy** [ˌskelı'tɒlədʒı] *s.* Knochenlehre *f.*
skel·e·ton ['skelıtn] **I** *s.* **1.** Ske'lett *n*, Knochengerüst *n*, Gerippe *n* (*alle a. fig.*): ~ ***in the cupboard*** (*Am.* ***closet***), ***family*** ~ *fig.* dunkler Punkt, (düsteres) Familiengeheimnis; ~ ***at the feast*** Gespenst *n* der Vergangenheit; **2.** ⚘ Rippenwerk *n* (*Blatt*); **3.** △, ⚙ (*Stahl- etc.*)Ske'lett *n*, (*a. Schiffs-, Flugzeug-*) Gerippe *n*; (*a. Schirm*)Gestell *n*; **4.** *fig.* a) Entwurf *m*, Rohbau *m*, b) Rahmen *m*; **5.** a) 'Stamm(persoˌnal *n*) *m*, b) ⚔ Kader *m*, Stammtruppe *f*; **6.** *sport* Skeleton *m* (*Schlitten*); **II** *adj.* **7.** Skelett...: ~ ***construction*** △ Skelettbauweise *f*; ~***-face type*** *typ.* Skelettschrift *f*; **8.** ✝, ⚖ Rahmen...: ~ ***agreement***; ~ ***law***; ~ ***bill*** Wechselblankett *n*; ~ ***wage agreement*** Manteltarif(vertrag) *m*; **9.** ⚔ Stamm...: ~ ***crew*** Stamm-, Restmannschaft *f*, *weitS.* Notbelegschaft *f*; **'skel·e·ton·ize** [-tənaız] *v/t.* **1.** skelettieren; **2.** *fig.* skizzieren, in großen 'Umrissen darstellen; **3.** *fig.* zahlenmäßig reduzieren.
skel·e·ton| key *s.* Dietrich *m*, Nachschlüssel *m*; ~ **serv·ice** *s.* Bereitschaftsdienst *m.*
skep [skep] *s.* **1.** (Weiden)Korb *m*; **2.** Bienenkorb *m.*
skep·tic ['skeptık] *etc. Am.* → ***sceptic*** *etc.*
sker·ry ['skerı] *s. bsd. Scot.* kleine Felseninsel.
sketch [sketʃ] **I** *s.* **1.** *paint. etc.* Skizze *f*, Studie *f*: ~ ***block***; **2.** Grundriss *m*, Schema *n*, Entwurf *m*; **3.** *fig.* (*a. literarische*) Skizze; **4.** *thea.* Sketch *m*; **II** *v/t.* **5.** *oft* ~ ***in*** (*od.* ***out***) skizzieren; **6.** *fig.* skizzieren, in großen Zügen darstellen; **III** *v/i.* **7.** e-e Skizze *od.* Skizzen machen; **'sketch·i·ness** [-tʃınıs] *s.* Skizzenhaftigkeit *f*, *fig. a.* Oberflächlichkeit *f*; **'sketch·y** [-tʃı] *adj.* ☐ **1.** skizzenhaft, flüchtig; **2.** *fig.* a) oberflächlich, b) unzureichend: ***a*** ~ ***meal***; **3.** *fig.* unklar, vage.
skew [skju:] **I** *adj.* **1.** schief, schräg: ~ ***bridge***; **2.** abschüssig; **3.** ⩓ 'asymˌmetrisch; **II** *s.* **4.** Schiefe *f*; **5.** ⩓ Asymmetrie *f*; **6.** △ a) schräger Kopf (*Strebepfeiler*), b) 'Untersatzstein *m*; **'~·back** *s.* △ schräges 'Widerlager; **'~·bald I** *adj.* scheckig (*bsd. Pferd*); **II** *s.* Schecke *m.*
skewed [skju:d] *adj.* schief, abgeschrägt, verdreht; **skew·er** ['skju:ə] **I** *s.* **1.** Fleischspieß *m*; **2.** *humor.* Schwert *n*, Dolch *m*; **II** *v/t.* **3.** *Fleisch* spießen, *Wurst* speilen; **4.** *fig.* aufspießen.
'skew|-eyed *adj. Brit.* schielend; ~ **gear·ing** *s.* ⚙ Stirnradgetriebe *n.*
ski [ski:] **I** *pl.* **ski, skis** *s.* **1.** *sport* Ski *m*; **2.** ✈ (Schnee)Kufe *f*; **II** *v/i. pret. u. p.p. Brit.* **ski'd**, *Am.* **skied 3.** *sport* Ski laufen *od.* fahren; **'~·bob** *s.* Skibob *m.*
skid [skıd] **I** *s.* **1.** Stützbalken *m*; **2.** Ladebalken *m*, (Lasten)Rolle *f*: ***put the ~s under*** *od.* ***on s.o.*** *fig.* F j-n ‚fertig machen' *od.* ‚abschießen'; ***he is on the ~s*** *sl.* mit ihm gehts abwärts; **3.** Hemmschuh *m*, Bremsklotz *m*; **4.** ✈ (Gleit)Kufe *f*, Sporn(rad *n*) *m*; **5.** *a. mot.* Rutschen *n*, Schleudern *n*: ***go into a*** ~ ins Schleudern geraten (*a. fig.* F); ~ ***chain*** Schneekette *f*; ~ ***mark*** Bremsspur *f*; **II** *v/t.* **6.** *Rad* bremsen, hemmen; **III** *v/i.* **7.** *a. mot. etc.* a) rutschen, b) schleudern; **'~·lid** *s. sl.* Sturzhelm *m*; **'~·proof** *adj.* rutschfest; ~ **row** [rəʊ] *s. Am.* F a) billiges Vergnügungsviertel, b) ‚Pennergegend' *f.*
ski·er ['ski:ə] *s. sport* Skiläufer(in), -fahrer(in).
skies [skaız] *pl. von* **sky**.
skiff [skıf] *s.* Skiff *n* (*Ruderboot*).
ski·ing ['ski:ıŋ] *s.* Skilaufen *n*, -fahren *n*, -sport *m*; ~ **gog·gles** *s. pl. a.* (***a***) ***pair of*** ~ (e-e) Skibrille.
ski|-jor·ing ['ski:ˌdʒɔ:rıŋ] *s. sport* Ski(k)jöring *n*; ~ **jump** *s.* **1.** Skisprung *m*; **2.** Sprungschanze *f*; ~ **jump·ing** *s.* Skispringen *n*, Sprunglauf *m.*
skil·ful ['skılfʊl] *adj.* ☐ geschickt: a) gewandt, b) kunstgerecht (*Arbeit, Operation etc.*), c) geübt, (sach)kundig (***at***, ***in*** in *dat.*): ***be*** ~ ***at*** sich verstehen auf (*acc.*); **'skil·ful·ness** [-nıs] → ***skill***.
skill [skıl] *s.* **1.** Geschick(lichkeit *f*) *n*: a) (Kunst)Fertigkeit *f*, Können *n*, b) Gewandtheit *f*; **2.** (Fach-, Sach)Kenntnis *f* (***at***, ***in*** in *dat.*); **skilled** [-ld] *adj.* **1.** geschickt, gewandt, erfahren (***in*** in *dat.*); **2.** Fach...: ~ ***labo(u)r*** Facharbeiter *pl.*; ~ ***trades*** Fachberufe; ~ ***workman*** gelernter Arbeiter, Facharbeiter *m.*
skil·let ['skılıt] *s.* **1.** a) Tiegel *m*, b) Kasse'rolle *f*; **2.** *Am.* Bratpfanne *f.*
skill·ful(·ness) *Am.* → ***skilful(ness)***.
skil·ly ['skılı] *s. Brit.* dünne Hafergrütze.
skim [skım] **I** *v/t.* **1.** (*a. fig.* ✝ *Gewinne*) abschöpfen: ~ ***the cream off*** den Rahm abschöpfen (*oft fig.*); **2.** abschäumen; **3.** *Milch* entrahmen: ***~med milk*** → ***skim milk***; **4.** *fig.* (hin)gleiten über (*acc.*); **5.** *fig. Buch etc.* über'fliegen, flüchtig lesen; **II** *v/i.* **6.** gleiten, streichen (***over*** über *acc.*, ***along*** entlang); **7.** ~ ***over*** → 5; **'skim·mer** [-mə] *s.* **1.** Schaum-, Rahmkelle *f*; **2.** ⚙ Abstreicheisen *n*; **3.** ⚓ *Brit.* leichtes Rennboot; **skim milk** *s.* entrahmte Milch, Magermilch *f*; **'skim·ming** [-mıŋ] *s.* **1.** *mst pl. das* Abgeschöpfte; **2.** *pl.* Schaum *m* (*auf Kochgut etc.*); **3.** *pl.* ⚙ Schlacken *pl.*; **4.** Abschöpfen *n*, -schäumen *n*: ~ ***of excess profit*** ✝ Gewinnabschöpfung *f.*

S

skimp [skɪmp] *etc.* → ***scrimp*** *etc.*

skin[1] [skɪn] **I** *s.* **1.** Haut *f* (*a. biol.*): ***dark*** (***fair***) **~** dunkle (helle) Haut(farbe); ***he is mere ~ and bone*** er ist nur noch Haut u. Knochen; ***be in s.o.'s ~*** *fig.* in j-s Haut stecken; ***get under s.o.'s ~*** F a) j-m ‚unter die Haut' gehen, b) j-n ärgern; ***have a thick*** (***thin***) **~** dickfellig (zart besaitet) sein; ***save one's ~*** mit heiler Haut davonkommen; ***by the ~ of one's teeth*** mit knapper Not; ***that's no ~ off my nose*** F das ‚juckt' mich nicht; → ***jump*** 12; **2.** Fell *n*, Pelz *m*, Balg *m* (*von Tieren*); **3.** (*Obst- etc.*) Schale *f*, Haut *f*, Hülse *f*, Rinde *f*; **4.** ⚙ *etc.* dünne Schicht, Haut *f* (*auf der Milch etc.*); **5.** Oberfläche *f*, *bsd.* a) ⚓ Außenhaut *f*, b) ✈ Bespannung *f*, c) (*Ballon*)Hülle *f*; **6.** (*Wein- etc.*) Schlauch *m*; **7.** *sl.* Klepper *m* (*Pferd*); **II** *v/t.* **8.** enthäuten, (ab)häuten, schälen: ***keep one's eyes ~ned*** F die Augen offen halten; **9.** *a.* **~ *out*** *Tier* abbalgen, -ziehen; **10.** *Knie etc.* aufschürfen; **11.** *sl. j-m* das Fell über die Ohren ziehen, *j-n* ‚rupfen' (*beim Spiel etc.*); **12.** F *Strumpf etc.* abstreifen; **III** *v/i.* **13.** **~ *over*** (zu)heilen (*Wunde*); **14.** **~ *out*** *Am. sl.* ‚abhauen'.

skin[2] [skɪn] → ***skinhead***.

ˌ**skin|-'deep** *adj. u. adv.* (nur) oberflächlich; **~ dis·ease** *s.* Hautkrankheit *f*; **~ div·ing** *s.* Sporttauchen *n*; '**~·flicks** *s.* F Sexfilm *m*; '**~·flint** *s.* Knicker *m*, Geizhals *m*; **~ food** *s.* Nährcreme *f*; **~ fric·tion** *s. phys.* Oberflächenreibung *f*; **~ game** *s.* F Schwindel *m*, Bauernfänge'rei *f*; **~ graft** *s.* ⚕ 'Hauttransplanˌtat *n*; '**~-ˌgraft·ing** *s.* ⚕ 'Hauttransplantatiˌon *f*.

skin·head ['skɪnhed] *s.* F 'Skinhead *m*.

skinned [skɪnd] *adj.* **1.** häutig; **2.** ent-, gehäutet; **3.** *in Zssgn* ...häutig, ...fellig; '**skin·ner** [-nə] *s.* **1.** Pelzhändler *m*, Kürschner *m*; **2.** Abdecker *m*; '**skin·ny** [-nɪ] **I** *adj.* **1.** häutig; **2.** mager, abgemagert, dünn; **3.** *fig.* knauserig; **II** *s. Am.* F 'Insiderinformatiˌon *f*.

ˌ**skin|'tight** *adj.* hauteng (*Kleidung*); **~ wool** *s.* Schlachtwolle *f*.

skip[1] [skɪp] **I** *v/i.* **1.** hüpfen, hopsen, springen; **2.** seilhüpfen; **3.** *fig.* Sprünge machen, *von e-m Thema zum andern* springen; *ped. Am.* e-e Klasse über'springen; Seiten über'schlagen (*in e-m Buch*): **~ *off*** abschweifen; **~ *over*** *et.* übergehen; **4.** aussetzen, e-n Sprung tun (*Herz etc.*, *a.* ⚙); **5.** *oft* **~ *out*** F ‚abhauen'; **~ (*over*) *to*** e-n Abstecher nach *e-m Ort* machen; **II** *v/t.* **6.** springen über (*acc.*): **~ (*a*) *rope*** seilhüpfen; **7.** *fig.* (*ped. Am. a. e-e Klasse*) über'springen, auslassen, *Buchseite* über'schlagen: **~ *it!*** ‚geschenkt'!; **8.** F a) verschwinden aus *e-r Stadt etc.*, b) sich vor *e-r Verabredung etc.* drücken, *Schule etc.* schwänzen; **9.** F **~ *it*** ‚abhauen'; **III** *s.* **10.** Hopser *m*; *Tanzen*: Hüpfschritt *m*.

skip[2] [skɪp] → ***skipper*** 2.

skip[3] [skɪp] *s.* (Stu'denten)Diener *m*.

skip[4] [skɪp] *s.* ⚙ Förderkorb *m*.

'**skip·jack** *s.* **1.** *coll. pl. ichth.* a) *ein* T(h)unfisch *m*, b) Blaufisch *m*; **2.** *zo.* Springkäfer *m*; **3.** Stehaufmännchen *n* (*Spielzeug*).

ski plane *s.* Flugzeug *n* mit Schneekufen.

skip·per ['skɪpə] *s.* **1.** ⚓, ✈ Kapi'tän *m*, ⚓ *a.* Schiffer *m*; **2.** *sport* a) 'Mannschaftskapiˌtän *m*, b) *Am.* Manager *m od.* Trainer *m*.

skip·ping ['skɪpɪŋ] *s.* Hüpfen *n*, (*bsd.* Seil)Springen *n*; **~ rope** *s.* Springseil *n*.

skirl [skɜːl] *dial.* **I** *v/i.* **1.** pfeifen (*bsd. Dudelsack*); **2.** Dudelsack spielen; **II** *s.* **3.** Pfeifen *n* (*des Dudelsacks*).

skir·mish ['skɜːmɪʃ] **I** *s.* ⚔ *u. fig.* Geplänkel *n*: **~ *line*** Schützenlinie *f*; **II** *v/i.* plänkeln; '**skir·mish·er** [-ʃə] *s.* ⚔ Plänkler *m* (*a. fig.*).

skirt [skɜːt] **I** *s.* **1.** (Frauen)Rock *m*; **2.** *sl.* ‚Weibsbild' *n*, ‚Schürze' *f*; **3.** (Rock-, Hemd-, *etc.*)Schoß *m*; **4.** Saum *m*, Rand *m* (*fig. oft pl.*); **5.** *pl.* Außenbezirk *m*, Randgebiet *n*; **6.** Kutteln *pl.*: **~ *of beef***; **II** *v/t.* **7.** a) (um)'säumen, b) sich entlangziehen an (*dat.*); **8.** entlang- *od.* her'umgehen *od.* -fahren um; **9.** *fig.* um'gehen; **III** *v/i.* **10.** **~ *along*** am Rande entlanggehen *od.* -fahren, sich entlangziehen; '**skirt·ed** [-tɪd] *adj.* **1.** e-n Rock tragend; **2.** *in Zssgn* a) mit e-m *langen etc.* Rock: ***long-~***, b) *fig.* eingesäumt; '**skirt·ing** [-tɪŋ] *s.* **1.** Rand *m*, Saum *m*; **2.** Rockstoff *m*; **3.** *mst* **~ *board*** ⚠ (*bsd.* Fuß-, Scheuer)Leiste *f*.

ski run *s.* Skipiste *f*.

skit [skɪt] *s.* **1.** Stiche'lei *f*, Seitenhieb *m*; **2.** Paro'die *f*, Sa'tire *f* (***on*** über, auf *acc.*).

ski tow *s.* Schlepplift *m*.

skit·ter ['skɪtə] *v/i.* **1.** jagen, rennen; **2.** rutschen; **3.** hopsen; **4.** den Angelhaken an der Wasseroberfläche hinziehen.

skit·tish ['skɪtɪʃ] *adj.* □ **1.** ungebärdig, scheu (*Pferd*); **2.** ner'vös, ängstlich; **3.** *fig.* a) lebhaft, wild, b) (kindisch) ausgelassen (*bsd. Frau*), c) fri'vol, d) sprunghaft, kaprizi'ös.

skit·tle ['skɪtl] **I** *s.* **1.** *bsd. Brit.* Kegel *m*; **2.** *pl. sg. konstr.* Kegeln *n*, Kegelspiel *n*: ***play*** (***at***) **~*s*** kegeln; **II** *int.* **3.** **~*s!*** F Quatsch!, Unsinn!; **III** *v/t.* **4.** **~ *out*** *Kricket*: *Schläger od. Mannschaft* (rasch) ‚erledigen'; **~ al·ley** *s.* Kegelbahn *f*.

skive[1] [skaɪv] **I** *v/t.* **1.** *Leder, Fell* spalten; **2.** *Edelstein* abschleifen; **II** *s.* **3.** Dia'mantenschleifscheibe *f*.

skive² [skaɪv] *Brit. sl.* **I** *v/t.* ‚sich drücken' vor (*dat.*); **II** *v/i. a.* **~ *off*** sich drücken.

skiv·vy ['skɪvɪ] *s. Brit. contp.* Dienstmagd *f.*

sku·a ['skjuːə] *s. orn.* (***great*** **~** Riesen-)Raubmöwe *f.*

skul·dug·ger·y [skʌl'dʌgərɪ] *s.* F Gaune'rei *f*, Schwindel *m.*

skulk [skʌlk] *v/i.* **1.** lauern; **2.** (um'her-)schleichen: **~ *after s.o.*** j-m nachschleichen; **3.** *fig.* sich drücken; **'skulk·er** [-kə] *s.* **1.** Schleicher(in); **2.** Drückeberger(in).

skull [skʌl] *s.* **1.** *anat.* Schädel *m*, Hirnschale *f*: ***fractured*** **~** Schädelbruch *m*; **2.** Totenschädel *m*: **~ *and crossbones*** a) Totenkopf *m* (*Giftzeichen etc.*), b) *hist.* Totenkopf-, Piratenflagge *f*; **3.** *fig.* Schädel *m* (*Verstand*): ***have a thick*** **~** ein Brett vor dem Kopf haben; **'~·cap** *s.* **1.** *anat.* Schädeldach *n*; **2.** Käppchen *n.*

skunk [skʌŋk] **I** *s.* **1.** *zo.* Skunk *m*, Stinktier *n*; **2.** Skunk(s)pelz *m*; **3.** *fig. sl.* ‚Scheißkerl' *m*, ‚Schwein' *n*; **II** *v/t.* **4.** *Am.* F a) ‚vermöbeln' (*a. sport*), b) ‚bescheißen'.

sky [skaɪ] **I** *s.* **1.** *oft pl.* (*Wolken*)Himmel *m*: ***in the*** **~** am Himmel; ***out of a clear*** **~** *bsd. fig.* aus heiterem Himmel; **2.** *oft pl.* Himmel *m* (*a. fig.*), Himmelszelt *n*: ***under the open*** **~** unter freiem Himmel; ***praise to the skies*** *fig.* in den Himmel heben; ***the*** **~** ***is the limit*** F nach oben sind keine Grenzen gesetzt; **3.** a) Klima *n*, b) Himmelsstrich *m*, Gegend *f*, c) ⚔, ✈ Luftraum *m*; **II** *v/t.* **4.** *Ball etc.* hoch in die Luft schlagen *od.* werfen; **5.** F *Bild* (zu) hoch aufhängen (*in e-r Ausstellung*); **~ ad·ver·tis·ing** *s.* ✝ Luftwerbung *f*; **,~-'blue** *adj.* himmelblau; **'~·coach** *s.* ✈ *Am. Passagierflugzeug ohne Service*; **'~,div·er** *s. sport* Fallschirmspringer(in); **'~,div·ing** *s. sport* Fallschirmspringen *n*; **,~-'high** *adj. u. adv.* himmelhoch (*a. fig.*): ***blow*** **~** a) sprengen, b) *fig. Theorie etc.* über den Haufen werfen; **'~·jack I** *v/t. Flugzeug* entführen; **II** *s.* Flugzeugentführung *f*; **'~,jack·er** *s.* Flugzeugentführer (-in); **'~,jack·ing** *s.* → ***skyjack*** II; **'~·lab** *s.* 'Raumla,bor *n*; **'~·lark I** *s.* **1.** *orn.* (Feld)Lerche *f*; **2.** Spaß *m*, Ulk *m*; **II** *v/i.* **3.** he'rumtollen, ‚Blödsinn' treiben; um'hertollen; **'~·light** *s.* Oberlicht *n*, Dachfenster *n*; **'~·line** *s.* Hori'zont (-linie *f*) *m*, (*Stadt- etc.*)Silhou'ette *f*; **'~,lin·er** → ***airliner***; **~ mar·shal** *s. Am. Bundespolizist, der zur Verhinderung von Flugzeugentführungen eingesetzt wird*; **~ pi·lot** *s. sl.* ‚Schwarzrock' *m* (*Geistlicher*); **'~,rock·et I** *s. Feuerwerk*: Ra'kete *f*; **II** *v/i.* in die Höhe schießen (*Preise etc.*), sprunghaft ansteigen; **III** *v/t.* sprunghaft ansteigen lassen; **'~·scape** [-skeɪp] *s. paint.* Wolkenlandschaft *f* (*Bild*); **'~,scrap·er** *s.* Wolkenkratzer *m*; **~ sign** *s.* ✝ 'Leuchtre,klame *f* (*auf Häusern etc.*).

sky·ward ['skaɪwəd] **I** *adv.* himmel'an, -wärts; **II** *adj.* himmelwärts gerichtet; **'sky·wards** [-dz] → ***skyward*** I.

'sky|·way *s. bsd. Am.* **1.** ✈ Luftroute *f*; **2.** Hochstraße *f*; **'~,writ·er** *s.* Himmelsschreiber *m*; **'~,writ·ing** *s.* Himmelsschrift *f.*

slab [slæb] **I** *s.* **1.** (Me'tall-, Stein-, Holz- *etc.*)Platte *f*, Tafel *f*, Fliese *f*: ***on the*** **~** F a) auf dem Operationstisch, b) im Leichenschauhaus; **2.** (dicke) Scheibe (*Brot, Fleisch etc.*); **3.** ⚙ Schwarten-, Schalbrett *n*; **4.** *metall.* Bramme *f* (*Roheisenblock*); **5.** *Am. sl. Baseball*: Schlagmal *n*; **6.** (*westliche USA*) Be'tonstraße *f*; **II** *v/t.* **7.** ⚙ a) *Stamm* abschwarten, b) in Platten *od.* Bretter zersägen.

slack¹ [slæk] **I** *adj.* □ **1.** schlaff, locker, lose (*alle a. fig.*): ***keep a*** **~** ***rein*** (*od.* ***hand***) die Zügel locker lassen (*a. fig.*); **2.** a) langsam, träge (*Strömung etc.*), b) flau (*Brise*); **3.** ✝ flau, lustlos; → ***season*** 3; **4.** (nach)lässig, lasch, schlaff: ***be*** **~** ***in one's duties*** s-e Pflichten vernachlässigen; **~ *performance*** schlappe Leistung; **5.** *ling.* locker: **~ *vowel*** offener Vokal; **II** *s.* **6.** ⚓ Lose *n* (*loses Tauende*); **7.** ⚙ Spiel *n*: ***take up the*** **~** Druckpunkt nehmen (*beim Schießen*); **8.** ⚓ Stillwasser *n*; **9.** Flaute *f* (*a.* ✝); **10.** F (Ruhe)Pause *f*; **11.** *pl.* Freizeithose *f*; **III** *v/t.* **12.** *a.* **~ *off*** → ***slacken*** 1; **13.** *a.* **~ *up*** → ***slacken*** 2 u. 3; **14.** → ***slake*** 2; **IV** *v/i.* **15.** → ***slacken*** 5; **16.** *oft* **~ *off*** a) nachlassen, b) F trödeln; **17.** **~ *up*** langsamer werden *od.* fahren.

slack² [slæk] *s.* ⚒ Kohlengrus *m.*

slack·en ['slækən] **I** *v/t.* **1.** *Seil, Muskel etc.* lockern, locker machen, entspannen; **2.** lösen; ⚓ *Segel* lose machen; (*Tau*)*Ende* fieren; **3.** *Tempo* verlangsamen, her'absetzen; **4.** nachlassen *od.* nachlässig werden in (*dat.*); **II** *v/i.* **5.** sich lockern, schlaff werden; **6.** *fig.* erlahmen, nachlassen, nachlässig werden; **7.** langsamer werden; **8.** ✝ stocken; **'slack·er** [-kə] *s.* Bumme'lant *m*, Faulpelz *m*; **'slack·ness** [-nɪs] *s.* **1.** Schlaffheit *f*, Lockerheit *f*; **2.** Flaute *f*, Stille *f* (*a. fig.*); **3.** ✝ Flaute *f*, (Geschäfts)Stockung *f*; Unlust *f*; **4.** *fig.* Schlaffheit *f*, (Nach)Lässigkeit *f*, Trägheit *f*; **5.** ⚙ Spiel *n*, toter Gang.

slack| suit *s. Am.* Freizeitanzug *m*; **~ wa·ter** → ***slack¹*** 8.

slag [slæg] **I** *s.* **1.** ⚙ (*geol.* vul'kanische) Schlacke: **~ *concrete*** Schlackenbeton *m*; **2.** *Brit. sl.* Schlampe *f*; **II** *v/t. u. v/i.* **3.** verschlacken; **'slag·gy** [-gɪ] *adj.* schlackig.

S

slain [sleɪn] *p.p. von* ***slay***.
slake [sleɪk] *v/t.* **1.** *Durst, a. fig. Begierde etc.* stillen; **2.** ⚙ *Kalk* löschen: ***~d lime*** ⚗ Löschkalk *m*.
sla·lom ['slɑːləm] *s. sport* Slalom *m*, Torlauf *m*.
slam¹ [slæm] **I** *v/t.* **1.** *a.* ***~ to*** *Tür, Deckel* zuschlagen, zuknallen; **2.** *et. auf den Tisch etc.* knallen: ***~ down*** *et.* hinknallen; **3.** *j-n* schlagen; **4.** *sl. sport* ‚über'fahren' (*besiegen*); **5.** F *j-n od. et.* ‚in die Pfanne hauen'; **II** *v/i.* **6.** *a.* ***~ to*** zuschlagen (*Tür*); **III** *s.* **7.** Knall *m*; **IV** *adv.* **8.** *a. int.* bums(!), peng(!).
slam² [slæm] *s. Kartenspiel*: Schlemm *m*: ***grand ~*** Groß-Schlemm.
slan·der ['slɑːndə] **I** *s.* **1.** ⚖ *mündliche* Verleumdung, üble Nachrede; **2.** *allg.* Verleumdung *f*, Klatsch *m*; **II** *v/t.* **3.** verleumden; '**slan·der·er** [-dərə] *s.* Verleumder(in); '**slan·der·ous** [-dərəs] *adj.* □ verleumderisch.
slang [slæŋ] **I** *s.* Slang *m*, Jar'gon *m*: a) Sonder-, Berufssprache *f*: ***schoolboy ~*** Schülersprache; ***thieves' ~*** Gaunersprache, *das* Rotwelsch, b) sa'loppe 'Umgangssprache; **II** *v/t. j-n* (wüst) beschimpfen: ***~ing match*** wüste gegenseitige Beschimpfungen *pl.*; '**slang·y** [-ɪ] *adj.* sa'lopp, Slang...
slant [slɑːnt] **I** *s.* **1.** Schräge *f*, schräge Fläche *od.* Richtung *od.* Linie: ***on the*** (*od.* ***on a***) ***~*** schräg, schief; **2.** Abhang *m*; **3.** *fig.* a) Ten'denz *f*, ‚Färbung' *f*, b) Einstellung *f*, Gesichtspunkt *m*: ***take a ~ at*** *Am.* F e-n (Seiten)Blick werfen auf (*acc.*); **II** *adj.* □ **4.** schräg; **III** *v/i.* **5.** schräg liegen; sich neigen, kippen; **6.** *fig.* tendieren (***towards*** zu *et.* hin); **IV** *v/t.* **7.** schräg legen, kippen, e-e schräge Richtung geben (*dat.*): ***~ed*** schräg; **8.** *fig.* e-e Ten'denz geben, ‚färben'; '**~-eye** *s.* Schlitzauge *n* (*Asiate etc.*); '**slant-eyed** *adj.* schlitzäugig; '**slanting** [-tɪŋ] *adj.* □ schräg; '**slant·wise** *adj. u. adv.* schräg, schief.
slap [slæp] **I** *s.* **1.** Schlag *m*, Klaps *m*: ***give s.o. a ~ on the back*** j-m anerkennend auf den Rücken klopfen; ***a ~ in the face*** e-e Ohrfeige, ein Schlag ins Gesicht (*a. fig.*); ***have a*** (***bit of***) ***~ and tickle*** F ‚knutschen'; **II** *v/t.* **2.** schlagen, e-n Klaps geben (*dat.*): ***~ s.o.'s face*** j-n ohrfeigen; **3.** → ***slam¹*** 2; **4.** scharf tadeln; **5.** ***~ on*** F a) *et.* draufklatschen, b) *Zuschlag etc.* ‚draufhauen'; **III** *v/i.* **6.** schlagen, klatschen (*a. Regen etc.*); **IV** *adv.* **7.** F genau, bums, ‚zack': ***I ran ~ into him***; ˌ**~-'bang** *adv.* **1.** → ***slap*** 7; **2.** Knall u. Fall; '**~·dash I** *adv.* **1.** blindlings, Hals über Kopf; **2.** hoppla'hopp, ‚auf die Schnelle'; **3.** aufs Gerate'wohl; **II** *adj.* **4.** heftig, ungestüm; **5.** schlampig, schlud(e)rig: ***~ work***; '**~ˌhap·py** *adj.* unbekümmert; '**~·jack** *s. Am.* **1.** Pfannkuchen *m*; **2.** *ein Kinderkartenspiel*; '**~·stick I** *s.* **1.** (Narren)Pritsche *f*; **2.** *thea.* a) Slapstick *m*, Kla'mauk *m*, b) 'Slapstickkoˌmödie *f*; **II** *adj.* **3.** Slapstick..., Klamauk...: ***~ comedy*** → 2 b; '**~-up** *adj. sl.* ‚todschick', prima, ‚toll'.
slash [slæʃ] **I** *v/t.* **1.** (auf)schlitzen; zerfetzen; **2.** *Kleid etc.* schlitzen: ***~ed sleeve*** Schlitzärmel *m*; **3.** a) peitschen, b) *Peitsche* knallen lassen; **4.** *Ball etc.* ‚dreschen'; **5.** *fig.* geißeln, scharf kritisieren; **6.** *fig.* drastisch kürzen *od.* herabsetzen, zs.-streichen; **II** *v/i.* **7.** hauen (***at*** nach): ***~ out*** um sich hauen (*a. fig.*); **III** *s.* **8.** Hieb *m*, Streich *m*; **9.** Schnitt (-wunde *f*) *m*; **10.** Schlitz *m*; **11.** Holzschlag *m*; **12.** a) drastische Kürzung, b) drastischer Preisnachlass; '**slash·ing** [-ʃɪŋ] **I** *s.* **1.** ⚔ Verhau *m*; **II** *adj.* **2.** ´schneidend, schlitzend: ***~ weapon*** ⚔ Hiebwaffe *f*; **3.** *fig.* vernichtend, beißend (*Kritik etc.*); **4.** F ‚toll'.
slat [slæt] *s.* **1.** Leiste *f*, (*a.* Jalou'sie-) Stab *m*; **2.** *pl. sl.* a) Rippen *pl.*, b) ‚Arschbacken' *pl.*
slate¹ [sleɪt] **I** *s.* **1.** *geol.* Schiefer *m*; **2.** (Dach)Schiefer *m*, Schieferplatte *f*; **3.** Schiefertafel *f* (*zum Schreiben*): ***have a clean ~*** *fig.* e-e reine Weste haben; ***clean the ~*** *fig.* reinen Tisch machen; → ***wipe off*** 2; **4.** *Film*: Klappe *f*; **5.** *pol. etc. Am.* Kandi'datenliste *f*; **6.** Schiefergrau *n* (*Farbe*); **II** *v/t.* **7.** *Dach* mit Schiefer decken; **8.** *Am.* a) *Kandidaten* (vorläufig) aufstellen, vorschlagen: ***be ~d for*** für *e-n Posten* vorgesehen sein, b) *zeitlich* ansetzen; **III** *adj.* **9.** schieferartig, -farbig; Schiefer...
slate² [sleɪt] *v/t. sl.* **1.** ‚vermöbeln'; **2.** *fig.* a) *et.* ‚verreißen' (*kritisieren*), b) *j-n* abkanzeln.
ˌ**slate|-'blue** *adj.* schieferblau; ***~ club*** *s. Brit.* Sparverein *m*; ˌ**~-'gray**, ˌ**~-'grey** *adj.* schiefergrau; ***~ pen·cil*** *s.* Griffel *m*.
slath·er ['slæðə] *Am.* F **I** *v/t.* **1.** dick schmieren *od.* auftragen; **2.** verschwenden; **II** *s.* **3.** *mst pl.* große Menge.
slat·ing ['sleɪtɪŋ] *s. sl.* **1.** ‚Verriss' *m*, beißende Kri'tik; **2.** Standpauke *f*.
slat·tern ['slætɜːn] *s.* **1.** Schlampe *f*; **2.** *Am.* ‚Nutte' *f*; '**slat·tern·ly** [-lɪ] *adj. u. adv.* schlampig, schmudd(e)lig.
slat·y ['sleɪtɪ] *adj.* schief(e)rig.
slaugh·ter ['slɔːtə] **I** *s.* **1.** Schlachten *n*; **2.** *fig.* a) Abschlachten *n*, Niedermetzeln *n*, b) Gemetzel *n*, Blutbad *n*; → ***innocent*** 7; **II** *v/t.* **3.** *Vieh* schlachten; **4.** *fig.* a) (ab)schlachten, niedermetzeln, b) F *j-n* ‚auseinander nehmen' (*a. sport*); '**slaugh·ter·er** [-ərə] *s.* Schlächter *m*; '**slaugh·ter·house** *s.* **1.** Schlachthaus *n*; **2.** *fig.* Schlachtbank *f*.
Slav [slɑːv] **I** *s.* Slawe *m*, Slawin *f*; **II** *adj.* slawisch, Slawen...

slave [sleɪv] **I** *s.* **1.** Sklave *m*, Sklavin *f*; **2.** *fig.* Sklave *m*, Arbeitstier *n*, Kuli *m*: ***work like a ~*** → 4; **3.** *fig.* Sklave *m* (**to**, *of gen.*): ***a ~ to one's passions***; ***a ~ to drink*** alkoholsüchtig; **II** *v/i.* **4.** schuften, wie ein Kuli arbeiten; **~ driv·er** *s.* **1.** Sklavenaufseher *m*; **2.** *fig.* Leuteschinder *m*.

slav·er[1] ['sleɪvə] *s.* **1.** Sklavenschiff *n*; **2.** Sklavenhändler *m*.

slav·er[2] ['slævə] **I** *v/i.* **1.** geifern, sabbern (*a. fig.*): ***~ for*** *fig.* lechzen nach; **2.** *fig.* katzbuckeln; **II** *v/t.* **3.** *obs.* besabbern; **III** *s.* **4.** Geifer *m*.

slav·er·y ['sleɪvərɪ] *s.* **1.** Sklave'rei *f* (*a. fig.*): ***~ to*** *fig.* sklavische Abhängigkeit von; **2.** Sklavenarbeit *f*; *fig.* Placke'rei *f*, Schinde'rei *f*.

slave| ship *s.* Sklavenschiff *n*; **~ trade** *s.* Sklavenhandel *m*; **~ trad·er** *s.* Sklavenhändler *m*.

slav·ey ['sleɪvɪ] *s. Brit.* F ‚dienstbarer Geist'.

Slav·ic ['slɑːvɪk] **I** *adj.* slawisch; **II** *s. ling.* Slawisch *n*.

slav·ish ['sleɪvɪʃ] *adj.* **1.** □ sklavisch, Sklaven...; **2.** *fig.* knechtisch, kriecherisch, unter'würfig; **3.** *fig.* sklavisch: ***~ imitation***; **'slav·ish·ness** [-nɪs] *s.* *das* Sklavische, sklavische Gesinnung.

slaw [slɔː] *s. Am.* 'Krautsa,lat *m*.

slay [sleɪ] [*irr.*] **I** *v/t.* töten, erschlagen, ermorden; **II** *v/i.* morden; **slay·er** ['sleɪə] *s.* Mörder(in).

sleaze [sliːz] *s.* F a) Kungelei *f*, b) Unmoral *f*.

slea·zy ['sliːzɪ] *adj.* **1.** dünn (*a. fig.*), verschlissen (*Gewebe*); **2.** → ***shabby***.

sled [sled] → ***sledge[1]*** 1; **'sled·ding** [-dɪŋ] *s. bsd. Am.* 'Schlittenfahren *n*, -trans,port *m*: ***hard*** (***smooth***) ***~*** *fig.* schweres (glattes) Vorankommen.

sledge[1] [sledʒ] **I** *s.* **1.** a) *a.* ⚙ Schlitten *m*, b) (Rodel)Schlitten *m*; **2.** *bsd. Brit.* (leichterer) Pferdeschlitten; **II** *v/t.* **3.** mit e-m Schlitten befördern *od.* fahren; **III** *v/i.* **4.** Schlitten fahren, rodeln.

sledge[2] [sledʒ] ⚙ *s.* **1.** Vorschlag-, Schmiedehammer *m*; **2.** schwerer Treibfäustel; **3.** ⚒ Schlägel *m*; **'~,ham·mer** **I** *s.* → ***sledge[2]*** 1; **II** *adj. fig.* a) Holzhammer...(*-argumente etc.*), b) wuchtig, vernichtend (*Schlag*), c) ungeschlacht (*Stil*).

sleek [sliːk] **I** *adj.* □ **1.** glatt, glänzend (*Haar*); **2.** geschmeidig, glatt (*Körper*; *a. fig. Wesen*); **3.** *fig.* a) gepflegt, ele'gant, schick, b) schnittig (*Form*); **4.** *fig. b.s.* aalglatt, ölig; **II** *v/t.* **5.** *a.* ⚙ glätten; *Haar* glatt kämmen *od.* bürsten; ⚙ *Leder* schlichten; **'sleek·ness** [-nɪs] *s.* Glätte *f*, Geschmeidigkeit *f* (*a. fig.*).

sleep [sliːp] **I** *v/i.* [*irr.*] **1.** schlafen, ruhen (*beide a. fig. Dorf, Streit, Toter etc.*): ***~ late*** lange schlafen; ***~ like a log*** (*od.* ***top*** *od.* ***dormouse***) schlafen wie ein Murmeltier; ***~*** [***up***]***on*** (*od.* ***over***) ***s.th.*** *fig.* et. überschlafen; **2.** schlafen, über'nachten: ***~ in*** (***out***) im (außer) Haus schlafen; **3.** stehen (*Kreisel*); **4.** ***~ with*** mit *j-m* schlafen; ***~ around*** mit vielen Männern ins Bett gehen; **II** *v/t.* [*irr.*] **5.** schlafen: ***~ the ~ of the just*** den Schlaf des Gerechten schlafen; **6.** ***~ away*** *Zeit* verschlafen; **7.** ***~ off*** *Kopfweh etc.* ausschlafen: ***~ it off*** s-n Rausch *etc.* ausschlafen; **8.** Schlafgelegenheit bieten für; *j-n* 'unterbringen; **III** *s.* **9.** Schlaf *m*, Ruhe *f* (*a. fig.*): ***in one's ~*** im Schlaf; ***the last ~*** *fig.* die letzte Ruhe, der Tod(esschlaf); ***get some ~*** ein wenig schlafen; ***go to ~*** a) schlafen gehen, b) einschlafen (*a. fig. sterben*); ***put to ~*** *allg., a.* ⚕ einschläfern; **10.** *zo.* (Winter)Schlaf *m*; **11.** ❀ Schlafbewegung *f*; **'sleep·er** [-pə] *s.* **1.** Schläfer(in): ***be a light*** (***sound***) ***~*** e-n leichten (festen) Schlaf haben; **2.** 🚂 a) Schlafwagen *m*, b) *Brit.* Schwelle *f*; **3.** *Am.* Lastwagen *m* mit Schlafkoje; **4.** *Am.* a) ('Kinder-)Py,jama *m*, b) (Baby)Schlafsack *m*; **5.** *Am.* F über'raschender Erfolg; **6.** † *Am.* Ladenhüter *m*; **'sleep-in** *s.* Sleep-in *n*, 'Schlafdemonstrati,on *f*; **'sleep·i·ness** [-pɪnɪs] *s.* **1.** Schläfrigkeit *f*; **2.** *a. fig.* Verschlafenheit *f*.

sleep·ing ['sliːpɪŋ] *adj.* **1.** schlafend; **2.** Schlaf...: ***~ accommodation*** Schlafgelegenheit *f*; **~ bag** *s.* Schlafsack *m*; ♀ **Beau·ty** *s.* Dorn'rös-chen *n*; **~ car** *s.* 🚂 Schlafwagen *m*; **~ draught** *s.* Schlaftrunk *m*, -mittel *n*; **~ part·ner** *s.* † *Brit.* stiller Teilhaber (mit unbeschränkter Haftung); **~ po·lice·man** *s.* [*irr.*] *Brit.* Rüttelschwelle *f* (*zur Verkehrsberuhigung*); **~ sick·ness** *s.* ⚕ Schlafkrankheit *f*; **~ suit** *s.* → ***sleeper*** 4 a; **~ tab·let** *s.* ⚕ 'Schlafta,blette *f*.

sleep·less ['sliːplɪs] *adj.* □ **1.** schlaflos; **2.** *fig.* a) rast-, ruhelos, b) wachsam; **'sleep·less·ness** [-nɪs] *s.* **1.** Schlaflosigkeit *f*; **2.** *fig.* Rast-, Ruhelosigkeit *f*; **3.** Wachsamkeit *f*.

'sleep|,walk·er *s.* Nachtwandler(in); **'~,walk·ing** **I** *s.* Nacht-, Schlafwandeln *n*; **II** *adj.* schlafwandelnd; nachtwandlerisch.

sleep·y ['sliːpɪ] *adj.* □ **1.** schläfrig, müde; **2.** *fig.* schläfrig, schlafmützig, träge; **3.** *fig.* verschlafen, verträumt (*Dorf etc.*); **4.** teigig (*Obst*); **'~·head** *s. fig.* Schlafmütze *f*.

sleet [sliːt] *meteor.* **I** *s.* **1.** Graupel(n *pl.*) *f*, Schloße(n *pl.*) *f*; **2.** a) *Brit.* Schneeregen *m*, b) *Am.* Graupelschauer *m*; **3.** F 'Eis,überzug *m auf Bäumen etc.*; **II** *v/i.* **4.** graupeln; **'sleet·y** [-tɪ] *adj.* graupelig.

sleeve [sliːv] *s.* **1.** Ärmel *m*: ***have s.th.***

S

up (*od.* **in**) **one's ~** a) et. auf Lager *od.* in petto haben, b) et. im Schild führen; **laugh in one's ~** sich ins Fäustchen lachen; **roll up one's ~s** die Ärmel hochkrempeln (*a. fig.*); **2.** ⚙ Muffe *f*, Buchse *f*, Man'schette *f*; **3.** (Schutz-)Hülle *f*; **sleeved** [-vd] *adj.* **1.** mit Ärmeln; **2.** *in Zssgn* ...ärmelig; **'sleeve·less** [-lɪs] *adj.* ärmellos.

sleeve| link *s.* Man'schettenknopf *m*; **~ tar·get** *s.* ⚔ Schleppsack *m*; **~ valve** *s.* ⚙ 'Muffenven,til *n*.

sleigh [sleɪ] **I** *s.* (Pferde- *od.* Last)Schlitten *m*; **II** *v/i.* (im) Schlitten fahren; **~ bell** *s.* Schlittenschelle *f*.

sleight [slaɪt] *s.* **1.** Geschicklichkeit *f*; **2.** Trick *m*; **,~-of-'hand** *s.* **1.** (Taschenspieler)Kunststück *n*, (-)Trick *m* (*a. fig.*); **2.** (Finger)Fertigkeit *f*.

slen·der ['slendə] *adj.* □ **1.** schlank; **2.** schmal, schmächtig; **3.** *fig.* a) schmal, dürftig: **~ income**, b) gering, schwach: **a ~ hope**; **4.** mager, karg (*Essen*); **'slen·der·ize** [-əraɪz] *v/t. u. v/i.* schlank (-er) machen *od.* werden; **'slen·der·ness** [-nɪs] *s.* **1.** Schlankheit *f*, Schmalheit *f*; **2.** *fig.* Dürftigkeit *f*; **3.** Kargheit *f* (*des Essens*).

slept [slept] *pret. u. p.p. von* **sleep**.

sleuth [slu:θ] **I** *s. a.* **~hound** Spürhund *m* (*a. fig. Detektiv*); **II** *v/i.* ‚(he'rum-)schnüffeln'; **III** *v/t. j-s* Spur verfolgen.

slew[1] [slu:] *pret. von* **slay**.

slew[2] [slu:] *s. Am. od. Canad.* Sumpf (-land *n*, -stelle *f*) *m*.

slew[3] [slu:] **I** *v/t. a.* **~ round** her'umdrehen, (-)schwenken; **II** *v/i.* sich her'umdrehen.

slew[4] [slu:] *s. Am.* F (große) Menge, Haufe(n) *m*: **a ~ of people**.

slice [slaɪs] **I** *s.* **1.** Scheibe *f*, Schnitte *f*, Stück *n*: **a ~ of bread**; **2.** *fig.* Stück *n Land etc.*; (An)Teil *m*: **a ~ of the profits** ein Anteil am Gewinn; **a ~ of luck** *fig.* e-e Portion Glück; **3.** (*bsd.* Fisch-)Kelle *f*; **4.** ⚙ Spa(ch)tel *m*; **5.** *Golf, Tennis*: Slice *m* (*Schlag u. Ball*); **II** *v/t.* **6.** in Scheiben schneiden, aufschneiden: **~ off** *Stück* abschneiden; **7.** *a. Luft, Wellen* durch'schneiden; **8.** *fig.* aufteilen; **9.** *Golf, Tennis*: *den Ball* slicen; **III** *v/i.* **10.** Scheiben schneiden; **11.** *Golf, Tennis*: slicen; **'slic·er** [-sə] *s.* (*Brot-, Gemüse- etc.*)'Schneidema,schine *f*; (*Gurken-, Kraut- etc.*)Hobel *m*.

slick [slɪk] F **I** *adj.* □ **1.** glatt, glitschig; **2.** *Am.* Hochglanz...; → *a.* 8; **3.** F a) geschickt, raffiniert, b) ‚schick', ‚flott'; **II** *adv.* **4.** geschickt; **5.** flugs; **6.** genau, ‚peng': **~ in the eye**; **III** *v/t.* **7.** glätten; **8.** ‚auf Hochglanz bringen'; **IV** *s.* **9.** Ölfläche *f*; **10.** F *a.* **~ paper** *Am.* F ele'gante Zeitschrift; **'slick·er** [-kə] *s. Am.* **1.** Regenmantel *m*; **2.** F a) raffi-nierter Kerl, Schwindler *m*, b) ‚Großstadtpinkel' *m*.

slid [slɪd] *pret. u. p.p. von* **slide**.

slide [slaɪd] **I** *v/i.* [*irr.*] **1.** gleiten (*a. Riegel etc.*): **~ down** hinunterrutschen, -gleiten; **~ from** entgleiten (*dat.*); **let things ~** *fig.* die Dinge laufen lassen; **2.** *auf Eis* schlittern; **3.** (aus)rutschen; **4. ~ over** *fig.* leicht über *ein Thema* hin'weggehen; **5. ~ into** *fig.* in *et.* hin'einschlittern; **II** *v/t.* [*irr.*] **6.** *Gegenstand, s-e Hände etc. wohin* gleiten lassen, schieben: **~ in** *fig. Wort* einfließen lassen; **III** *s.* **7.** Gleiten *n*; **8.** Schlittern *n auf Eis*; **9.** a) Schlitterbahn *f*, b) Rodelbahn *f*, c) (*a.* Wasser)Rutschbahn *f*; **10.** *geol.* Erd-, Fels-, Schneerutsch *m*; **11.** ⚙ a) Rutsche *f*, b) Schieber *m*, c) Schlitten *m* (*Drehbank etc.*), Führung *f*; **12.** ♪ Zug *m*; **13.** Spange *f*; **14.** *phot.* Dia(posi'tiv) *n*: **~ lecture** Lichtbildervortrag *m*; **15.** *Mikroskop*: Ob'jektträger *m*; **16.** (*Haar- etc.*)Spange *f*; **~ cal·i·per** *s.* ⚙ Schieb-, Schublehre *f*; **~ rest** *s.* ⚙ Sup'port *m*; **~ rule** *s.* ⚙ Rechenschieber *m*; **~ valve** *s.* ⚙ 'Schieber(ven,til *n*) *m*.

slid·ing ['slaɪdɪŋ] *adj.* □ **1.** gleitend; **2.** Schiebe...: **~ door**; **~ fit** *s.* ⚙ Gleitsitz *m*; **~ roof** *s. mot.* Schiebedach *n*; **~ rule** → **slide rule**; **~ scale** *s.* † **1.** gleitende (Lohn- *od.* Preis)Skala; **2.** 'Staffelta,rif *m*; **~ seat** *s. Rudern*: Gleit-, Rollsitz *m*; **~ ta·ble** *s.* Ausziehtisch *m*; **~ time** *s.* † *Am.* Gleitzeit *f*.

slight [slaɪt] **I** *adj.* □ → **slightly**; **1.** schmächtig, dünn; **2.** schwach (*Konstruktion*); **3.** leicht, schwach (*Geruch etc.*); **4.** leicht, gering(fügig), unbedeutend: **a ~ increase**; **not the ~est doubt** nicht der geringste Zweifel; **5.** schwach, gering (*Intelligenz etc.*); **6.** flüchtig, oberflächlich (*Bekanntschaft etc.*); **II** *v/t.* **7.** *j-n* kränken; **8.** *et.* auf die leichte Schulter nehmen; **III** *s.* **9.** Kränkung *f*; **'slight·ing** [-tɪŋ] *adj.* □ abschätzig, kränkend; **'slight·ly** [-lɪ] *adv.* leicht, schwach, etwas, ein bisschen; **'slight·ness** [-nɪs] *s.* **1.** Geringfügigkeit *f*; **2.** Schmächtigkeit *f*; **3.** Schwäche *f*.

sli·ly ['slaɪlɪ] *adv. von* **sly**.

slim [slɪm] **I** *adj.* □ **1.** schlank, dünn; **2.** *fig.* gering, dürftig, schwach: **a ~ chance**; **3.** schlau, gerieben; **II** *v/t.* **4.** schlank(er) machen; **5. ~ down** F *fig.* ‚abspecken', *a.* gesundschrumpfen; **III** *v/i.* **6.** schlank(er) werden; **7.** e-e Schlankheitskur machen; **'slim·down** *s. fig.* ‚Schlankheitskur' *f*, Gesundschrumpfung *f*.

slime [slaɪm] **I** *s.* **1.** *bsd.* ⚘, *zo.* Schleim *m*; **2.** Schlamm *m*; *fig.* Schmutz *m*; **II** *v/t.* **3.** mit Schlamm *od.* Schleim über'ziehen *od.* bedecken; **'slim·i·ness**

S

[-mɪnɪs] *s.* **1.** Schleimigkeit *f, das* Schleimige; **2.** Schlammigkeit *f.*

'slim·line *v/t.* (*v/i.* sich) gesundschrumpfen.

slim·ming ['slɪmɪŋ] **I** *s.* Abnehmen *n*; Schlankheitskur *f*; **II** *adj.* Schlankheits...: **~ cure**; **~ diet**; **'slim·ness** [-mnɪs] *s.* **1.** Schlankheit *f*; **2.** *fig.* Dürftigkeit *f.*

slim·y ['slaɪmɪ] *adj.* □ **1.** schleimig, glitschig; **2.** schlammig; **3.** *fig.* a) ‚schleimig', kriecherisch, b) schmierig, schmutzig, c) widerlich, ‚fies'.

sling[1] [slɪŋ] **I** *s.* **1.** Schleuder *f*; **2.** (Schleuder)Wurf *m*; **II** *v/t.* [*irr.*] **3.** schleudern: **~ ink** F schriftstellern.

sling[2] [slɪŋ] **I** *s.* **1.** Schlinge *f zum Heben von Lasten*; **2.** ✱ (Arm)Schlinge *f*, Binde *f*; **3.** Tragriemen *m*; **4.** *mst pl.* ⚓ Stropp *m*, Tauschlinge *f*; **II** *v/t.* [*irr.*] **5.** a) e-e Schlinge legen um *e-e Last*, b) *Last* hochziehen; **6.** aufhängen: **be slung from** hängen *od.* baumeln von; **7.** ⚔ *Gewehr* 'umhängen; **8.** ✱ *Arm* in die Schlinge legen.

sling[3] [slɪŋ] *s. Art* Punsch *m.*

'sling·shot *s.* **1.** (Stein)Schleuder *f*; **2.** *Am.* Kata'pult *n, m.*

slink [slɪŋk] **I** *v/i.* [*irr.*] **1.** schleichen, sich *wohin* stehlen: **~ off** wegschleichen, sich fortstehlen; **2.** *zo.* fehlgebären, *bsd.* verkalben (*Kuh*); **II** *v/t.* [*irr.*] **3.** *Junges* vor der Zeit werfen, zu früh zur Welt bringen; **'slink·y** [-kɪ] *adj.* **1.** aufreizend; **2.** geschmeidig; **3.** hauteng (*Kleid*).

slip [slɪp] **I** *s.* **1.** (Aus)Gleiten *n*, (-)Rutschen *n*; Fehltritt *m* (*a. fig.*); **2.** *fig.* (Flüchtigkeits)Fehler *m*, Schnitzer *m*, Lapsus *m*: **~ of the pen** Schreibfehler *m*; **~ of the tongue** ‚Versprecher' *m*; **it was a ~ of the tongue** ich habe mich (er hat sich *etc.*) versprochen; **3.** *fig.* ‚Panne' *f*: a) Missgeschick *n*, b) Fehler *m*, Fehlleistung *f*; **4.** 'Unterkleid *n*, -rock *m*; **5.** (Kissen)Bezug *m*; **6.** (Hunde)Leine *f*, Koppel *f*: **give s.o. the ~** *fig.* j-m entwischen; **7.** ⚓ (Schlipp)Helling *f*; **8.** ⚙ Schlupf *m* (*Nachbleiben der Drehzahl*); **9.** *geol.* Erdrutsch *m*; **10.** ⚘ Pfropfreis *n*, Setzling *m*; **11.** *fig.* Sprössling *m*; **12.** Streifen *m*, Stück *n Holz od. Papier*, Zettel *m*: **a ~ of a boy** *fig.* ein schmächtiges Bürschchen; **a ~ of a room** ein winziges Zimmer; **13.** (Kon'troll- *etc.*)Abschnitt *m*; **14.** *typ.* Fahne *f*; **15.** *Kricket*: Eckmann *m*; **II** *v/i.* **16.** gleiten, rutschen: **~ from** *der Hand, a. dem Gedächtnis* entgleiten; **17.** sich (hoch- *etc.*)schieben, (ver)rutschen; **18.** sich lösen (*Knoten*); **19.** *wohin* schlüpfen: **~ away** a) *a.* **~ off** entschlüpfen, -wischen, sich davonstehlen, b) *a.* **~ by** verstreichen (*Tage, Zeit*); **~ in** sich einschleichen (*a. fig. Fehler etc.*), hineinschlüpfen; **~ into** in *ein Kleid, Zimmer etc.* schlüpfen *od.* gleiten; **let an opportunity ~** sich e-e Gelegenheit entgehen lassen; **20.** *a.* F **~ up** e-n Fehler machen, sich vertun: **he is ~ping** F er lässt nach; **III** *v/t.* **21.** *Gegenstand, s-e Hand etc. wohin* gleiten lassen, (*bsd.* heimlich) *wohin* stecken *od.* schieben: **~ s.o. s.th.** j-m et. zustecken; **~ in** a) *et.* hineingleiten lassen, b) *Bemerkung* einfließen lassen; **22.** *Ring, Kleid etc.* 'über- *od.* abstreifen: **~ on** (**off**); **23.** *j-m* entwischen; **24.** *j-s Aufmerksamkeit* entgehen: **have ~ped s.o.'s memory** (*od.* **mind**) j-m entfallen sein; **25.** *et.* fahren lassen; **26.** a) *Hundehalsband, a. Fessel etc.* abstreifen, b) *Hund etc.* loslassen; **27.** *Knoten* lösen; **28.** → **slink** 3; **'~·case** *s.* **1.** ('Bücher)Kas,sette *f*; **2.** → **'~,cov·er** *s.* Schutzhülle *f* (*für Bücher*); Schonbezug *m* (*für Möbel*); **'~·knot** *s.* Laufknoten *m*; **'~-on I** *s.* Kleidungsstück *n* zum 'Überstreifen, *bsd.* a) 'Slip-on *m* (*Mantel*), b) Pull'over *m*, c) Slipper *m*; **II** *adj.* a) Umhänge..., Überzieh..., b) ⚙ Aufsteck...

slip·per ['slɪpə] **I** *s.* **1.** a) Pan'toffel *m*, b) Slipper *m* (*leichter Haus- od. Straßenschuh*); **2.** ⚙ Hemmschuh *m*; **II** *v/t.* **3.** mit e-m Pantoffel schlagen.

slip·per·i·ness ['slɪpərɪnɪs] *s.* **1.** Schlüpfrigkeit *f*; **2.** *fig.* Gerissenheit *f*; **slip·per·y** ['slɪpərɪ] *adj.* □ **1.** schlüpfrig, glatt, glitschig; **2.** *fig.* gerissen (*Person*); **3.** *fig.* zweifelhaft, unsicher; **4.** *fig.* heikel (*Thema*); **slip·py** ['slɪpɪ] *adj.* F **1.** → **slippery** 1; **2.** fix, flink: **look ~!** mach fix!

slip| ring *s.* ⚡ Schleifring *m*; **~ road** *s. Brit.* (Autobahn)Zubringerstraße *f*; **'~·shod** *adj.* schlampig, schludrig; **'~·slop** *s.* F labberiges Zeug (*Getränk*; *a. fig. leeres Gewäsch*); **~ sole** *s.* Einlegesohle *f*; **'~·stick** *s. Am.* Rechenschieber *m*; **'~·stream** *s.* **1.** ✈ Luftschraubenstrahl *m*; **2.** *sport* Windschatten *m*; **'~-up** *s.* → **slip** 2, 3; **'~·way** *s.* ⚓ Helling *f.*

slit [slɪt] **I** *v/t.* [*irr.*] **1.** aufschlitzen, -schneiden; **2.** zerschlitzen; **3.** spalten; **4.** ritzen; **II** *v/i.* [*irr.*] **5.** reißen, schlitzen, e-n Riss bekommen; **III** *s.* **6.** Schlitz *m*; **'~-eyed** *adj.* schlitzäugig.

slith·er ['slɪðə] *v/i.* **1.** schlittern, rutschen, gleiten; **2.** (schlangenartig) gleiten; **'slith·er·y** [-ðərɪ] *adj.* schlüpfrig.

sliv·er ['slɪvə] **I** *s.* **1.** Splitter *m*, Span *m*; **2.** *Spinnerei*: a) Kammzug *m*, b) Florband *n*; **II** *v/t.* **3.** *Span etc.* abspalten; **4.** zersplittern; **III** *v/i.* **5.** zersplittern.

slob [slɒb] *s.* **1.** *bsd. Ir.* Schlamm *m*; **2.** *sl.* a) ‚fieser Typ', b) ordi'närer Kerl, c) ‚Blödmann' *m.*

slob·ber ['slɒbə] **I** *v/i.* **1.** geifern, sabbern; **2. ~ over** *fig.* kindisch schwärmen von; **II** *v/t.* **3.** begeifern, -sabbern; **4.** *j-n* abküssen; **III** *s.* **5.** Geifer *m*; **6.** *fig.* sentimen'tales Gewäsch; **'slob·ber·y** [-ərɪ] *adj.* **1.** sabbernd; **2.** besabbert; **3.** *fig.* gefühlsduselig; **4.** schlampig.

sloe [sləʊ] *s.* ⚘ **1.** Schlehe *f*; **2.** *a.* **~ bush**, **~ tree** Schleh-, Schwarzdorn *m*; **'~·worm** → **slowworm**.

slog [slɒg] F **I** *v/t.* **1.** hart schlagen; **2.** (ver)prügeln; **II** *v/i.* **3. ~ on**, **~ away** a) sich da'hinschleppen, b) sich ,'durchbeißen'; **4.** *a.* **~ away** sich plagen, schuften; **III** *s.* **5.** harter Schlag; **6.** *fig.* Schinde'rei *f*: **a long ~** e-e ,Durststrecke'.

slo·gan ['sləʊgən] *s.* **1.** *Scot.* Schlachtruf *m*; **2.** Slogan *m*: a) Schlagwort *n*, b) ✝ Werbespruch *m*.

slog·ger ['slɒgə] *s.* **1.** *sport* harter Schläger; **2.** *fig.* ,Arbeitstier' *n*.

sloop [slu:p] *s.* ⚓ Scha'luppe *f*.

slop[1] [slɒp] **I** *s.* **1.** Pfütze *f*; **2.** *pl.* a) Spülwasser *n*, b) Schmutzwasser *n*; **3.** Schweinetrank *m*; **4.** *pl.* a) Krankensüppchen *n*, b) ,labberiges Zeug', ,Spülwasser' *n*; **5.** F rührseliges Zeug; **II** *v/t.* **6.** (ver)schütten; **7.** *a.* **~ up** geräuschvoll essen *od.* trinken; **III** *v/i.* **8. ~ over** 'überschwappen; **9. ~ over** F kindisch schwärmen; **10.** patschen, waten; **11.** *a.* **~ around** ,her'umhängen, -schlurfen'.

slop[2] [slɒp] *s.* **1.** Kittel *m*, lose Jacke; **2.** *pl.* (billige) Konfekti'onskleider *pl.*; **3.** ⚓ ,Kla'motten' *pl.* (*Kleidung u. Bettzeug*).

slop ba·sin *s.* Schale *f* für Tee- *od.* Kaffeereste.

slope [sləʊp] **I** *s.* **1.** (Ab)Hang *m*; **2.** Böschung *f*; **3.** a) Neigung *f*, Gefälle *n*, b) Schräge *f*, geneigte Ebene: **on the ~** schräg, abfallend; **4.** *geol.* Senke *f*; **5. at the ~** ⚔ mit Gewehr über; **II** *v/i.* **6.** sich neigen; (schräg) abfallen; **III** *v/t.* **7.** neigen, senken; **8.** abschrägen (*a.* ⚙); **9.** schräg legen; **10.** (ab)böschen; **11.** ⚔ *Gewehr* 'übernehmen; **12.** F a) *a.* **~ off** ,abhauen', b) **~ around** her'umschlendern; **'slop·ing** [-pɪŋ] *adj.* □ schräg, abfallend; ansteigend.

'slop-pail *s.* Toi'letteneimer *m*.

slop·pi·ness ['slɒpɪnɪs] *s.* **1.** Matschigkeit *f*; **2.** Matsch *m*; **3.** Schlampigkeit *f*; **4.** F Rührseligkeit *f*; **slop·py** ['slɒpɪ] *adj.* □ **1.** matschig (*Boden etc.*); **2.** nass, bespritzt (*Tisch etc.*); **3.** *fig.* labberig (*Speisen*); **4.** schlampig, nachlässig (*Arbeit etc.*), sa'lopp (*Sprache*); **5.** rührselig.

'slop·shop *s. Laden mit billiger Konfektionsware.*

slosh [slɒʃ] **I** *s.* **1.** → **slush** 1 *u.* 2; **II** *v/i.* **2.** im (Schmutz)Wasser her'umpatschen; **3.** schwappen; **III** *v/t.* **4.** bespritzen: **~ on** *Farbe etc.* a) draufklatschen, b) klatschen auf (*acc.*); **5.** *Bier im Glas etc.* schwenken; **6.** *a.* **~ down** F *Bier etc.* ,hin'unterschütten'; **'sloshed** [-ʃt] *adj. sl.* ,besoffen'.

slot[1] [slɒt] **I** *s.* **1.** Schlitz(einwurf) *m*; Spalte *f*; **2.** ⚙ Nut *f*: **~ and key** Nut u. Feder (*Metall*); **3.** F (freie) Stelle, Platz *m*: **find a ~ for** (**in**) → 5; **II** *v/t.* **4.** ⚙ nuten, schlitzen: **~ting machine** Nutenstoßmaschine *f*; **5.** F *j-n od. et.* 'unterbringen (**into** in *dat.*); **III** *v/i.* **6. ~ into** F *a. fig.* (hin'ein)passen in (*acc.*).

slot[2] [slɒt] *s. hunt.* Spur *f*.

sloth [sləʊθ] *s.* **1.** Faulheit *f*; **2.** *zo.* Faultier *n*; **'sloth·ful** [-fʊl] *adj.* □ faul, träge.

slot ma·chine *s.* ('Waren-, 'Spiel)Auto,mat *m*.

slouch [slaʊtʃ] **I** *s.* **1.** krumme, nachlässige Haltung; **2.** latschiger Gang; **3.** a) her'abhängende Hutkrempe, b) → **slouch hat**; **4.** F ,Flasche' *f*, ,Niete' *f* (*Nichtskönner*): **he is no ~** ,er ist auf Draht'; **the show is no ~** das Stück ist nicht ohne; **II** *v/i.* **5.** krumm dasitzen *od.* -stehen; **6.** *a.* **~ along** latschen, latschig gehen; **7.** her'abhängen (*Krempe*); **III** *v/t.* **8.** *Schultern* hängen lassen; **9.** *Krempe* her'unterbiegen; **slouch hat** *s.* Schlapphut *m*; **'slouch·ing** [-tʃɪŋ] *adj.* □, **'slouch·y** [-tʃɪ] *adj.* **1.** krumm (*Haltung*); latschig (*Gang, Haltung, Person*); **2.** her'abhängend (*Krempe*); **3.** lax, faul.

slough[1] [slaʊ] *s.* **1.** Sumpf-, Schmutzloch *n*; **2.** Mo'rast *m* (*a. fig.*): **2 of Despond** Sumpf *m* der Verzweiflung.

slough[2] [slʌf] **I** *s.* **1.** abgestreifte Haut (*bsd. Schlange*); **2.** ⚕ Schorf *m*; **II** *v/i.* **3.** *oft* **~ away** (*od.* **off**) sich häuten; **4.** sich ablösen (*Schorf etc.*); **III** *v/t.* **5.** *a.* **~ off** *Haut etc.* abstreifen, -werfen; *fig. Gewohnheit etc.* ablegen; **'slough·y** [-fɪ] *adj.* ⚕ schorfig.

Slo·vak ['sləʊvæk], **Slo'vak·i·an** [-ɪən] **I** *adj.* **1.** slo'wakisch; **II** *s.* **2.** Slo'wake *m*, Slo'wakin *f*; **3.** *ling.* Slo'wakisch *n*, das Slo'wakische.

slov·en ['slʌvn] *s.* a) Schlamper *m*, b) Schlampe *f*.

Slo·ve·ni·an [sləʊ'vi:nɪən] **I** *adj.* **1.** slo'wenisch; **II** *s.* **2.** Slo'wene *m*, Slo'wenin *f*; **3.** *ling.* Slo'wenisch *n*, das Slo'wenische.

'slov·en·ly ['slʌvnlɪ] *adj. u. adv.* schlampig, schlud(e)rig.

slow [sləʊ] **I** *adj.* □ **1.** *allg.* langsam: **~ and sure** langsam, aber sicher; **~ train** 🚂 Personenzug *m*; **be ~ in arriving** lange ausbleiben, auf sich warten lassen; **be ~ to write** sich mit dem Schreiben Zeit lassen; **be ~ to take offence** nicht leicht et. übel nehmen; **not to be ~ to do s.th.** et. prompt tun, nicht lange mit et. fackeln; **the clock is 20 minutes ~**

S

die Uhr geht 20 Minuten nach; **2.** all'mählich, langsam: **~ *growth***; **3.** säumig (*a. Zahler*); unpünktlich; **4.** schwach (*Feuer*); **5.** schleichend (*Fieber, Gift*); **6.** ✝ schleppend, schlecht (*Geschäft*); **7.** schwerfällig, schwer von Begriff, begriffsstutzig: ***be ~ in learning s.th.*** et. nur schwer lernen; ***be ~ of speech*** e-e schwere Zunge haben; **8.** langweilig, fad(e), ‚müde'; **9.** langsam (*Rennbahn*); schwer (*Boden*); **10.** *mot.* Leerlauf...; **II** *adv.* **11.** langsam: ***go ~*** *fig.* a) ‚langsam treten', b) ✝ e-n Bummelstreik machen; **III** *v/t.* **12.** *mst* ***~ down*** (*od.* ***off***, ***up***) a) *Geschwindigkeit* verlangsamen, verringern, b) *et.* verzögern; **IV** *v/i.* **13.** ***~ down*** *od.* ***up*** sich verlangsamen, langsamer werden, *fig.* ‚langsamer tun'; **'~-ˌburn·ing stove** *s.* Dauerbrandofen *m*; **'~·coach** *s. contp.* ‚Schlafmütze' *f*; **'~·down** *s.* **1.** Verlangsamung *f*; **2.** *Am.* Bummelstreik *m*; **~ lane** *s. mot.* Kriechspur *f*; **~ march** *s.* ♪ Trauermarsch *m*; **~ match** *s.* ⚔ Zündschnur *f*, Lunte *f*; **~ mo·tion** *s.* Zeitlupentempo *n*; **ˌ~-'mo·tion** *adj.* Zeitlupen...: ***~ picture*** Zeitlupe(naufnahme) *f*.

slow·ness ['sləʊnɪs] *s.* **1.** Langsamkeit *f*; **2.** Schwerfälligkeit *f*, Begriffsstutzigkeit *f*; **3.** Langweiligkeit *f*, ‚Lahmheit' *f*.

'slow·poke *Am.* F Langweiler *m*; **ˌ~'speed** *adj.* ⚙ langsam (laufend); **~ train** *s.* Bummel-, Per'sonenzug *m*; **ˌ~-'wit·ted** → ***slow*** 7; **'~·worm** *s. zo.* Blindschleiche *f*.

sloyd [slɔɪd] *s. ped.* 'Werkˌunterricht *m* (*bsd. Schnitzen*).

sludge [slʌdʒ] *s.* **1.** Schlamm *m*, (*a.* Schnee)Matsch *m*; **2.** ⚙ Schlamm *m*, Bodensatz *m*; **3.** Klärschlamm *m*; **4.** Treibeis *n*; **'sludg·y** [-dʒɪ] *adj.* schlammig, matschig.

slue [sluː] → ***slew***[3] *u.* ***slew***[4].

slug[1] [slʌg] **I** *s. zo.* **1.** (Weg)Schnecke *f*; **2.** F Faulpelz *m*; **II** *v/i.* **3.** faulenzen.

slug[2] [slʌg] *s.* **1.** Stück *n* 'Rohmeˌtall; **2.** a) *hist.* Mus'ketenkugel *f*, b) grobes Schrot, c) (Luftgewehr-, *Am.* Pi'stolen-) Kugel *f*; **3.** *Am.* a) falsche Münze, b) Gläs-chen *n Schnaps etc.*; **4.** *typ.* a) Reglette *f*, b) 'Setzmaˌschinenzeile *f*, c) Zeilenguss *m*; **5.** *phys.* Masseneinheit *f*.

slug[3] [slʌg] **I** *bsd. Am.* harter Schlag; **II** *v/t. j-m* ‚ein Ding verpassen'.

slug·a·bed ['slʌgəbed] *s.* Langschläfer(in).

slug·gard ['slʌgəd] **I** *s.* Faulpelz *m*; **II** *adj.* ☐ faul.

slug·ger ['slʌgə] *s. Am.* F *Baseball, Boxen*: harter Schläger.

slug·gish ['slʌgɪʃ] *adj.* ☐ **1.** träge (*a.* ⚕ *Organ*), langsam, schwerfällig; **2.** ✝ *etc.* schleppend; **3.** träge fließend (*Fluss etc.*); **'slug·gish·ness** [-nɪs] *s.* Trägheit *f*, Langsamkeit *f*, Schwerfälligkeit *f*.

sluice [sluːs] **I** *s.* ⚙ **1.** Schleuse *f* (*a. fig.*); **2.** Stauwasser *n*; **3.** 'Schleusenkaˌnal *m*; **4.** *min.* (Erz-, Gold)Waschrinne *f*; **II** *v/t.* **5.** *Wasser* ablassen; **6.** *min. Erz etc.* waschen; **7.** (aus)spülen; **III** *v/i.* **8.** (aus)strömen; **~ gate** *s.* Schleusentor *n*; **'~·way** → ***sluice*** 3.

slum [slʌm] **I** *s.* **1.** schmutzige Gasse; **2.** *mst pl.* Slums *pl.*, Elendsviertel *n*; **II** *v/i.* **3.** *mst* ***go ~ming*** die Slums aufsuchen (*bsd. aus Neugierde*); **4.** in primi'tiven Verhältnissen leben; **III** *v/t.* **5.** ***~ it*** → 4.

slum·ber ['slʌmbə] **I** *v/i.* **1.** *bsd. poet.* schlummern (*a. fig.*); **2.** da'hindösen; **II** *v/t.* **3.** ***~ away*** *Zeit* verschlafen; **III** *s. mst pl.* **4.** (*fig.* tiefer) Schlummer; **'slum·ber·ous** [-bərəs] *adj.* ☐ **1.** schläfrig; **2.** einschläfernd.

slump [slʌmp] **I** *v/i.* **1.** (hin'ein)plumpsen; **2.** *mst* ***~ down*** (in sich) zs.-sacken (*Person*); **3.** ✝ stürzen (*Preise*); **4.** völlig versagen; **II** *s.* **5.** ✝ a) (Börsen-, Preis)Sturz *m*, Baisse *f*, b) starker Konjunk'turrückgang, Wirtschaftskrise *f*; **6.** *allg.* plötzlicher Rückgang.

slung [slʌŋ] *pret. u. p.p. von* ***sling***.

slung shot *s. Am.* Schleudergeschoss, *östr.* -geschoß *n*.

slunk [slʌŋk] *pret. u. p.p. von* ***slink***.

slur[1] [slɜː] **I** *v/t.* **1.** verunglimpfen, verleumden; **II** *s.* **2.** Makel *m* (Schand-) Fleck *m*: ***put*** *od.* ***cast a ~ (up)on*** a) → 1, b) *j-s Ruf etc.* schädigen; **3.** Verunglimpfung *f*.

slur[2] [slɜː] **I** *v/t.* **1.** a) undeutlich schreiben, b) *typ.* schmitzen, verwischen; **2.** undeutlich aussprechen; *Silbe etc.* verschleifen, -schlucken; **3.** ♪ a) *Töne* binden, b) *Noten* mit Bindebogen bezeichnen; **4.** *oft* ***~ over*** (leicht) über *ein Thema* hin'weggehen; **II** *v/i.* **5.** undeutlich schreiben *od.* sprechen; **6.** ♪ le'gato singen *od.* spielen; **III** *s.* **7.** Undeutlichkeit *f*, ‚Genuschel' *n*; **8.** ♪ a) Bindung *f*, b) Bindebogen *m*; **9.** *typ.* Schmitz *m*.

slurp [slɜːp] *v/t. u. v/i.* schlürfen.

slush [slʌʃ] **I** *s.* **1.** Schneematsch *m*; **2.** Schlamm *m*, Matsch *m*; **3.** ⚙ Schmiere *f*, Rostschutzmittel *n*; **4.** ⚙ Pa'pierbrei *m*; **5.** *fig.* Gefühlsduse'lei *f*; **6.** *fig.* Kitsch *m*, Schund *m*; **II** *v/t.* **7.** bespritzen; **8.** ⚙ schmieren; **III** *v/i.* **9.** → ***slosh*** 2 *u.* 3; **slush fund** *s. pol. Am.* Schmiergelderfonds *m*; **'slush·y** [-ʃɪ] *adj.* **1.** matschig, schlammig; **2.** rührselig, kitschig.

slut [slʌt] *s.* **1.** Schlampe *f*, **2.** Hure *f*, ‚Nutte' *f*; **3.** *humor.* ‚kleines Luder' (*Mädchen*); **4.** *Am.* Hündin *f*; **'slut·tish** [-tɪʃ] *adj.* ☐ schlampig, liederlich.

sly [slaɪ] *adj.* ☐ **1.** schlau, verschlagen, listig; **2.** verstohlen, heimlich, 'hinterhältig: ***a ~ dog*** ein ganz Schlauer; ***on***

the ~ ,klammheimlich'; **3.** durch'trieben, pfiffig; **'sly·boots** *s. humor.* Pfiffikus *m*, Schlauberger *m*; **'sly·ness** [-nɪs] *s.* Schlauheit *f etc.*

smack¹ [smæk] **I** *s.* **1.** (Bei)Geschmack *m* (***of*** von); **2.** Prise *f Salz etc.*; **3.** *fig.* Beigeschmack *m*, Anflug *m* (***of*** von); **II** *v/i.* **4.** schmecken (***of*** nach); **5.** *fig.* schmecken *od.* riechen (***of*** nach).

smack² [smæk] **I** *s.* **1.** Klatsch *m*, Klaps *m*: ***a ~ in the eye*** *fig.* a) ein Schlag ins Gesicht, b) ein Schlag ins Kontor; **2.** Schmatzen *n*; **3.** (*Peitschen- etc.*)Knall *m*; **4.** Schmatz *m* (*Kuss*); **II** *v/t.* **5.** *et.* schmatzend genießen; **6.** ***~ one's lips*** a) (mit den Lippen) schmatzen, b) sich die Lippen lecken; **7.** *Hände etc.* zs.-schlagen; **8.** mit *der Peitsche* knallen; **9.** *j-m* e-n Klaps geben; **10.** *et.* hinklatschen; **III** *v/i.* **11.** schmatzen; **12.** knallen (*Peitsche etc.*); **13.** (hin)klatschen (***on*** auf *acc.*); **IV** *adv. u. int.* **14.** F a) klatsch(!), platsch(!), b) ,zack', di'rekt: ***run ~ into s.th.***

smack³ [smæk] *s.* ⚓ Schmack(e) *f.*

smack·er ['smækə] *s.* **1.** F Schmatz *m* (*Kuss*); **2.** *sl.* a) *Brit.* Pfund *n*, b) *Am.* Dollar *m*; **'smack·ing** [-kɪŋ] *s.* Tracht *f* Prügel.

small [smɔːl] **I** *adj.* **1.** *allg.* klein; **2.** klein, schmächtig; **3.** klein, gering (*Anzahl, Ausdehnung, Grad etc.*): ***they came in ~ numbers*** es kamen nur wenige; **4.** klein, armselig, dürftig; **5.** wenig: ***~ blame to him*** das macht ihm kaum Schande; ***~ wonder*** kein Wunder; ***have ~ cause for*** kaum Anlass zu *Dankbarkeit etc.* haben; **6.** klein, mit wenig Besitz: ***~ farmer*** Kleinbauer *m*; **7.** klein, (sozi'al) niedrig: ***~ people*** kleine Leute; **8.** klein, unbedeutend: ***a ~ man***; ***a ~ poet***; **9.** trivi'al, klein: ***the ~ worries*** die kleinen Sorgen: ***a ~ matter*** e-e Kleinigkeit; **10.** klein, bescheiden: ***a ~ beginning***; ***in a ~ way*** a) bescheiden *leben etc.*, b) im Kleinen handeln *etc.*; **11.** *contp.* kleinlich; **12.** *b.s.* niedrig (*Gesinnung etc.*): ***feel ~*** sich schämen; ***make s.o. feel ~*** j-n beschämen; **13.** dünn (*Bier*); **14.** schwach (*Stimme, Puls*); **II** *s.* **15.** schmal(st)er *od.* verjüngter Teil: ***~ of the back*** *anat.* das Kreuz; **16.** *pl. Brit.* F 'Unterwäsche *f*, Taschentücher *pl. etc.*; **~ arms** *s. pl.* ⚔ Hand(feuer)waffen *pl.*; **~ beer** *s.* **1.** *obs.* Dünnbier *n*; **2.** *bsd. Brit.* F a) Lap'palie *f*, b) ,Null' *f*, unbedeutende Per'son: ***think no ~ of o.s.*** F e-e hohe Meinung von sich haben; **~ cap·i·tals** *s. pl. typ.* Kapi'tälchen *pl.*; **~ change** *s.* **1.** Kleingeld *n*; **2.** → ***small beer*** 2; **'~·clothes** *s.* **1.** *pl. hist.* Kniehosen *pl.*; **2.** 'Unterwäsche *f*; **3.** Kinderkleidung *f*; **~ coal** *s.* Feinkohle *f*, Grus *m*; **~ fry** *s.* **1.** junge, kleine Fische *pl.*; **2.** ,junges Gemüse', *die* Kleinen *pl.*; **3.** → ***small beer*** 2; **'~ˌhold·er** *s. Brit.* Kleinbauer *m*; **'~ˌhold·ing** *s. Brit.* Kleinlandbesitz *m*; **~ hours** *s. pl. die* frühen Morgenstunden *pl.*

small·ish ['smɔːlɪʃ] *adj.* ziemlich klein.

small| let·ter *s.* Kleinbuchstabe *m*; **ˌ~-'mind·ed** *adj.* engstirnig, kleinlich, ,kleinkariert'.

small·ness ['smɔːlnɪs] *s.* **1.** Kleinheit *f*; **2.** geringe Anzahl; **3.** Geringfügigkeit *f*; **4.** Kleinlichkeit *f*; **5.** niedrige Gesinnung.

small| pi·ca *s. typ.* kleine Cicero (-schrift); **'~·pox** [-pɒks] *s.* ⚕ Pocken *pl.*, Blattern *pl.*; **~ print** *s. das* Kleingedruckte *e-s Vertrags*; **~ shot** *s.* Schrot *m, n*; **'~·sword** *s. fenc.* Flo'rett *n*; **~ talk** *s.* oberflächliche Konversati'on, Geplauder *n*: ***he has no ~*** er kann nicht (unverbindlich) plaudern; **'~·time** *adj. Am. sl.* unbedeutend, klein, ,Schmalspur...'; **'~·ware** *s.* Kurzwaren *pl.*

smalt [smɔːlt] *s.* **1.** ⚒ S(ch)malte *f*, Kobaltblau *n*; **2.** Kobaltglas *n*.

smar·agd ['smærægd] *s. min.* Sma'ragd *m*.

smarm-ball ['smɑːm-] *s.* F Schleimer *m*.

smarm·y ['smɑːmɪ] *adj.* ☐ *Brit.* F **1.** ölig; **2.** kriecherisch; **3.** kitschig.

smart [smɑːt] **I** *adj.* ☐ **1.** klug, gescheit, intelli'gent, pa'tent; **2.** geschickt, gewandt; **3.** geschäftstüchtig; **4.** *b.s.* gerissen, raffiniert; **5.** witzig, geistreich; **6.** *contp.* ,superklug', ,klugscheißerisch'; **7.** flink, fix; **8.** schmuck, gepflegt; **9.** a) ele'gant, fesch, schick, b) modisch (*Person, Kleidung, Wort etc.*): ***the ~ set*** die elegante Welt, die ,Schickeria'; **10.** forsch, schneidig: ***~ pace***; ***salute ~ly*** zackig grüßen; **11.** hart, empfindlich (*Schlag, Strafe*); **12.** scharf (*Schmerz, Kritik etc.*); **13.** F beträchtlich; **II** *v/i.* **14.** schmerzen, brennen; **15.** leiden (***from***, ***under*** unter *dat.*): ***he ~ed under the insult*** die Kränkung nagte an s-m Herzen; **III** *s.* **16.** Schmerz *m*; **smart al·eck** ['ælɪk] *s.* F ,Klugscheißer' *m*; **'smart-ˌal·eck·y** [-kɪ] → ***smart*** 6; **'smart·card** *s.* 'Smartcard *f*, (*intelligente*) 'Chipkarte; **'smart·en** [-tn] **I** *v/t.* **1.** *a.* ***~ up*** her'ausputzen; **2.** *fig. j-n* ,auf Zack' bringen; **II** *v/i. mst* ***~ up*** **3.** sich schönmachen, sich ,in Schale werfen'; **4.** *fig.* aufwachen; **'smart-ˌmon·ey** *s.* Schmerzensgeld *n*; **'smart·ness** [-nɪs] *s.* **1.** Klugheit *f*, Gescheitheit *f*; **2.** Gewandtheit *f*; **3.** *b.s.* Gerissenheit *f*; **4.** flotte Ele'ganz, Schick *m*; **5.** Forschheit *f*; **6.** Schärfe *f*, Heftigkeit *f*; **'smart·phone** *s. teleph.* 'Smartphone *n* (*internetfähiges Handy*); **'smart·y** [-tɪ] → ***smart aleck***.

smash [smæʃ] **I** *v/t.* **1.** *oft* ***~ up*** zertrümmern, -schmettern, -schlagen: ***~ in*** einschlagen; **2.** *j-n* (zs.-)schlagen; *Feind* vernichtend schlagen; *fig. Argument* restlos wider'legen, *Gegner* ‚fertig machen'; **3.** *j-n* (finanzi'ell) ruinieren; **4.** *Faust, Stein etc. wohin* schmettern; **5.** *Tennis*: *Ball* schmettern; **II** *v/i.* **6.** zersplittern, in Stücke springen; **7.** krachen, knallen (***against*** gegen, ***through*** durch); **8.** zs.-stoßen, -krachen (*Autos etc.*); ✈ Bruch machen; **9.** a) *oft* **~ *up*** ‚zs.-krachen', Bank'rott gehen, b) zu'schanden werden, c) (gesundheitlich) ka'puttgehen; **III** *adv.* (*a. int.*) **10.** krachend, krach(!); **IV** *s.* **11.** Zerkrachen *n*; **12.** Krach *m*; **13.** (*a.* finanzi'eller) Zs.-bruch, Ru'in *m*: ***go* ~** a) völlig zs.-brechen, ‚kaputtgehen', b) → 9; **14.** F voller Erfolg; **15.** *Tennis*: Schmetterball *m*; **16.** *kaltes Branntweinmischgetränk*; ˌ**smash-and-'grab raid** [-ʃn'g-] *s.* Schaufenstereinbruch *m*; **smashed** [-ʃt] *adj. sl.* **1.** ‚blau', besoffen; **2.** ‚high' (*unter Drogeneinfluss*); '**smash·er** [-ʃə] *s. sl.* **1.** schwerer Schlag (*a. fig.*); **2.** vernichtendes Argu'ment; **3.** ‚Wucht' *f*: a) ‚tolle Sache', b) ‚tolle Person': ***a* ~** (***of a girl***) ein tolles Mädchen; **smash hit** *s.* F Schlager *m*, Bombenerfolg *m*; '**smash·ing** [-ʃɪŋ] *adj.* **1.** F ‚toll', sagenhaft; **2.** vernichtend (*Schlag, Niederlage*); '**smash-up** *s.* **1.** völliger Zs.-bruch; **2.** Bank'rott *m*; **3.** *mot. etc.* Zs.-stoß *m*; **4.** ✈ Bruch(landung *f*) *m*.

smat·ter·er ['smætərə] *s.* Stümper *m*, Halbwisser *m*; Dilet'tant *m*; '**smat·ter·ing** [-tərɪŋ] *s.* oberflächliche Kenntnis: ***he has a* ~ *of French*** er kann ein bisschen Französisch.

smear [smɪə] **I** *v/t.* **1.** *Fett etc.* schmieren (***on*** auf *acc.*); **2.** *et.* beschmieren, bestreichen (***with*** mit); **3.** (ein)schmieren; **4.** *Schrift* verschmieren; **5.** beschmieren, besudeln; **6.** *fig.* a) *j-s Ruf etc.* besudeln, b) *j-n* verleumden, ‚durch den Dreck ziehen'; **7.** *sport Am.* F ‚über'fahren'; **II** *v/i.* **8.** schmieren; **9.** sich verwischen; **III** *s.* **10.** Schmiere *f*; **11.** (Fett-, Schmutz)Fleck *m*; **12.** *fig.* Besudelung *f*; **13.** ⚕ Abstrich *m*; **~ cam·paign** *s. pol.* Ver'leumdungskamˌpagne *f*; '**~·case** *s. Am.* Quark *m*; **~ sheet** *s.* Skan'dalblatt *n*; **~ test** *s.* ⚕ Abstrich *m*.

smear·y ['smɪərɪ] *adj.* □ **1.** schmierig; **2.** verschmiert.

smell [smel] **I** *v/t.* [*irr.*] **1.** *et.* riechen; **2.** *et.* beriechen, riechen an (*dat.*); **3.** *fig. Verrat etc.* wittern; → ***rat*** 1; **4.** *fig.* sich *et.* genauer besehen; **5.** **~ *out*** *hunt.* aufspüren (*a. fig. entdecken, ausschnüffeln*); **II** *v/i.* [*irr.*] **6.** riechen (***at*** an *dat.*): **~ *about*** (*od.* ***round***) *fig.* herumschnüffeln; **7.** *gut etc.* riechen: ***his breath* ~*s*** er riecht aus dem Mund; **8.** **~ *of*** riechen nach (*a. fig.*); **III** *s.* **9.** Geruch(ssinn) *m*; **10.** Geruch *m*: a) Duft *m*, b) Gestank *m*; **11.** *fig.* Anflug *m*, -strich *m* (***of*** von); **12.** ***take a* ~ *at s.th.*** *et.* beriechen (*a. fig.*); '**smell·er** [-lə] *s. sl.* **1.** ‚Riechkolben' *m* (*Nase*); **2.** Schlag *m* auf die Nase; Sturz *m*; '**smell·y** [-lɪ] *adj.* F übel riechend, muffig: **~ *feet*** Schweißfüße.

smelt[1] [smelt] *pl.* **smelts** *coll. a.* **smelt** *s. ichth.* Stint *m*.

smelt[2] [smelt] *v/t.* **1.** *Erz* (ein)schmelzen, verhütten; **2.** *Kupfer etc.* ausschmelzen.

smelt[3] [smelt] *pret. u. p.p. von* ***smell***.

smelt·er ['smeltə] *s.* Schmelzer *m*; '**smelt·er·y** [-ərɪ] *s.* Schmelzhütte *f*; '**smelt·ing** [-tɪŋ] *s.* ⚙ Verhüttung *f*: **~ *furnace*** Schmelzofen *m*.

smile [smaɪl] **I** *v/i.* **1.** lächeln (*a. fig. Sonne etc.*): **~ *at*** a) *j-m* zulächeln, b) *et.* belächeln, lächeln über (*acc.*); ***come up smiling*** *fig.* die Sache leicht überstehen; **2.** **~** (***up***)***on*** *fig. j-m* lächeln, hold sein: ***fortune* ~*d on him***; **II** *v/t.* **3.** **~ *away*** *Tränen etc.* hin'weglächeln; **4.** **~ *approval*** (***consent***) beifällig (zustimmend) lächeln; **III** *s.* **5.** Lächeln *n*: ***be all* ~*s*** (über das ganze Gesicht) strahlen; **6.** *mst pl.* Gunst *f*; '**smil·ing** [-lɪŋ] *adj.* □ **1.** lächelnd (*a. fig. heiter*); **2.** *fig.* huldvoll.

smirch [smɜːtʃ] **I** *v/t.* besudeln (*a. fig.*); **II** *s.* Schmutzfleck *m*; *fig.* Schandfleck *m*.

smirk [smɜːk] **I** *v/i.* affektiert *od.* blöd lächeln, grinsen; **II** *s.* einfältiges Lächeln, Grinsen *n*.

smite [smaɪt] [*irr.*] **I** *v/t.* **1.** *bibl., rhet., a. humor.* schlagen (*a. erschlagen, heimsuchen*): ***smitten with the plague*** von der Pest befallen; **2.** *j-n* quälen, peinigen (*Gewissen*); **3.** *fig.* packen: ***smitten with*** von *Begierde etc.* gepackt; **4.** *fig.* hinreißen: ***he was smitten with*** (*od.* ***by***) ***her charms*** er war hingerissen von ihrem Charme; ***be smitten by*** (sinnlos) verliebt sein in (*acc.*); **II** *v/i.* **5.** **~ *upon*** *bsd. fig.* an *das Ohr etc.* schlagen.

smith [smɪθ] *s.* Schmied *m*.

smith·er·eens [ˌsmɪðə'riːnz] *s. pl.* F Fetzen *pl.*, Splitter *pl.*: ***smash to* ~** in (tausend) Stücke schlagen.

smith·er·y ['smɪðərɪ] *s.* **1.** Schmiedearbeit *f*; **2.** Schmiedekunst *f*.

smith·y ['smɪðɪ] *s.* Schmiede *f*.

smit·ten ['smɪtn] **I** *p.p. von* ***smite***; **II** *adj.* **1.** betroffen, befallen; **2.** (***by***) hingerissen (von), ‚verknallt', verliebt (in *acc.*); → ***smite*** 4.

smock [smɒk] **I** *s.* **1.** (Arbeits)Kittel *m*: **~ *frock*** *Art* Fuhrmannskittel *m*; **2.** Kinderkittel *m*; **II** *v/t.* **3.** *Bluse etc.* smoken, mit Smokarbeit verzieren; '**smock·ing**

S

[-kɪŋ] *s.* Smokarbeit *f* (*Vorgang u. Verzierung*).

smog [smɒg] *s.* (*aus* **smoke** *u.* **fog**) Smog *m*, Dunstglocke *f*; **~ a·lert** *s.* 'Smoga,larm *m*; '**~·bound** *adj.* von Smog eingehüllt.

smok·a·ble ['sməʊkəbl] *adj.* rauchbar;

smoke [sməʊk] **I** *s.* **1.** Rauch *m* (*a.* ⚗, *phys.*): ***like ~*** *sl.* wie der Teufel; ***no ~ without a fire*** *fig.* irgendetwas ist immer dran (*an e-m Gerücht*); **2.** Qualm *m*, Dunst *m*: ***end*** (*od.* ***go up***) ***in ~*** *fig.* in nichts zerrinnen, zu Wasser werden; **3.** ⚔ (Tarn)Nebel *m*; **4.** Rauchen *n e-r Zigarre etc.*: ***have a ~*** ,eine' rauchen; **5.** F ,Glimmstängel' *m*, Zi'garre *f*, Ziga'rette *f*; **6.** *sl.* a) ,Hasch' *n*, b) Marihu'ana *n*; **II** *v/i.* **7.** rauchen, qualmen (*Schornstein, Ofen etc.*); **8.** dampfen (*a. Pferd*); **9.** rauchen: ***do you ~?***; **III** *v/t.* **10.** *Pfeife etc.* rauchen; **11.** ***~ out*** a) ausräuchern (*a. fig.*), b) *fig.* ans Licht bringen; **12.** *Fisch etc.* räuchern; **13.** *Glas etc.* schwärzen; **~ ball**, **~ bomb** *s.* Nebel-, Rauchbombe *f*; **~ con·sum·er** *s.* Rauchverzehrer *m*; '**~-dried** *adj.* geräuchert; **~ hel·met** *s.* Rauchmaske *f* (*Feuerwehr*).

smoke·less ['sməʊklɪs] *adj.* □ *a.* ⚔ rauchlos.

smok·er ['sməʊkə] *s.* **1.** Raucher(in): ***~'s cough*** Raucherhusten *m*; ***~'s heart*** ⚕ Nikotinherz *n*; **2.** 🚃 Raucher(abteil *n*) *m*.

smoke| room [rʊm] *s.* Herren-, Rauchzimmer *n*; **~ screen** *s.* ⚔ Rauch-, Nebelvorhang *m*; *fig.* Tarnung *f*, Nebel *m*; '**~·stack** *s.* ⚓, 🚃, ⚙ Schornstein *m*.

smok·ing ['sməʊkɪŋ] **I** *s.* **1.** Rauchen *n*; **II** *adj.* **2.** Rauch...; **3.** Raucher...; **~ car**, **~ com·part·ment** *s.* 🚃 'Raucherab,teil *n*.

Das englische Wort **smoking** hat nicht die Bedeutung „Abendanzug", es bedeutet vielmehr „das Rauchen".

smok·y ['sməʊkɪ] *adj.* □ **1.** qualmend; **2.** dunstig, verräuchert; **3.** rauchig (*a. Stimme*); rauchgrau.

smol·der ['sməʊldə] *Am.* → ***smoulder***.

smooch [smu:tʃ] *v/i.* *sl.* **1.** schmusen, knutschen; **2.** *Brit.* eng um'schlungen tanzen.

smooth [smu:ð] **I** *adj.* □ **1.** *allg.* glatt; **2.** glatt, ruhig (*See*): ***I am in ~ water now*** *fig.* jetzt habe ich es geschafft; **3.** ⚙ ruhig (*Gang*); *mot. a.* zügig (*Fahren, Schalten*); ✈ glatt (*Landung*); **4.** *fig.* glatt, reibungslos: ***make things ~ for*** *j-m* den Weg ebnen; **5.** fließend, geschliffen (*Rede etc.*); schwungvoll (*Melodie, Stil*); **6.** *fig.* sanft, weich (*Stimme, Ton*); **7.** glatt, gewandt (*Manieren, Person*); *b.s.* aalglatt: ***a ~ tongue*** e-e glatte Zunge; **8.** *Am. sl.* a) fesch, schick, b) ,sauber', prima; **9.** geschmeidig, nicht klumpig (*Teig etc.*); **10.** lieblich (*Wein*); **II** *adv.* **11.** glatt, ruhig: ***things have gone ~ with me*** bei mir ging alles glatt; **III** *v/t.* **12.** glätten (*a. fig.*): ***~ the way for*** *fig. j-m od. e-r Sache* den Weg ebnen; **13.** besänftigen; **IV** *v/i.* **14.** → ***smooth down*** 1;

Zssgn mit adv.:

smooth| a·way *v/t.* *Schwierigkeiten etc.* wegräumen, ,ausbügeln'; **~ down I** *v/i.* **1.** sich glätten *od.* beruhigen (*Meer etc.*) (*a. fig.*); **II** *v/t.* **2.** glatt streichen, glätten; **3.** *fig.* besänftigen; **4.** *Streit* schlichten; **~ out** *v/t.* **1.** *Falte* ausplätten (***from*** aus); **2.** → ***smooth away***; **~ o·ver** *v/t.* **1.** *Fehler etc.* bemänteln; **2.** *Streit* schlichten.

'**smooth|·bore** *adj. u. s.* (Gewehr *n*) mit glattem Lauf; '**~-faced** *adj.* **1.** a) bartlos, b) glatt rasiert; **2.** *fig.* glatt, schmeichlerisch; **~ file** *s.* ⚙ Schlichtfeile *f*.

smooth·ie ['smu:ðɪ] *s.* F **1.** ,dufter Typ'; **2.** aalglatter Bursche.

smooth·ing| i·ron ['smu:ðɪŋ] *s.* Plätt-, Bügeleisen *n*; **~ plane** *s.* ⚙ Schlichthobel *m*.

smooth·ness ['smu:ðnɪs] *s.* **1.** Glätte *f* (*a. fig.*); **2.** Reibungslosigkeit *f* (*a. fig.*); **3.** *fig.* glatter Fluss, Ele'ganz *f e-r Rede etc.*; **4.** Glätte *f*, Gewandtheit *f*; **5.** Sanftheit *f*.

'**smooth-tongued** *adj.* glattzüngig, schmeichlerisch, aalglatt.

smote [sməʊt] *pret. von* ***smite***.

smoth·er ['smʌðə] **I** *v/t.* **1.** *j-n, a. Feuer, Rebellion, Ton* ersticken; **2.** *bsd. fig.* über'häufen (***with*** mit *Arbeit etc.*): ***~ s.o. with kisses*** j-n abküssen; **3.** ***~ in*** (*od.* ***with***) völlig bedecken mit, einhüllen in (*dat.*), begraben unter (*Blumen, Decken etc.*); **4.** *oft* ***~ up*** *Gähnen, Wut etc., a. Geheimnis etc.* unter'drücken, *Skandal* vertuschen; **II** *v/i.* **5.** ersticken; **6.** *sport* F ,über'fahren'; **III** *s.* **7.** dicker Qualm; **8.** Dampf-, Dunst-, Staubwolke *f*; **9.** (erdrückende) Masse.

smoul·der ['sməʊldə] **I** *v/i.* **1.** glimmen, schwelen (*a. fig. Feindschaft, Rebellion etc.*); **2.** glühen (*a. fig. Augen*); **II** *s.* **3.** schwelendes Feuer.

smudge [smʌdʒ] **I** *s.* **1.** Schmutzfleck *m*, Klecks *m*; **2.** qualmendes Feuer (*gegen Mücken, Frost etc.*); **II** *v/t.* **3.** beschmutzen; **4.** be-, verschmieren, voll klecksen; **5.** *fig. Ruf etc.* besudeln; **III** *v/i.* **6.** schmieren (*Tinte, Papier etc.*); **7.** schmutzig werden; '**smudg·y** [-dʒɪ] *adj.* □ verschmiert, schmierig, schmutzig.

smug [smʌg] *adj.* □ **1.** *obs.* schmuck; **2.**

S

geschniegelt u. gebügelt; **3.** selbstgefällig, blasiert.

smug·gle ['smʌgl] **I** *v/t. Waren, a. weitS. Brief, j-n etc.* schmuggeln: **~ in** einschmuggeln; **II** *v/i.* schmuggeln; '**smug·gler** [-lə] *s.* **1.** Schmuggler *m*; **2.** Schmuggelschiff *n*; '**smug·gling** [-lɪŋ] *s.* Schmuggel *m*.

smut [smʌt] **I** *s.* **1.** Ruß-, Schmutzflocke *f od.* -fleck *m*; **2.** *fig.* Zote(n *pl.*) *f*, Schmutz *m*, Schweine'rei(en *pl.*) *f*: ***talk* ~** Zoten reißen, ‚schweinigeln'; **3.** ⚘ (*bsd.* Getreide)Brand *m*; **II** *v/t.* **4.** beschmutzen; **5.** ⚘ brandig machen.

smutch [smʌtʃ] **I** *v/t.* beschmutzen; **II** *s.* schwarzer Fleck.

smut·ty ['smʌtɪ] *adj.* ☐ **1.** schmutzig, rußig; **2.** *fig.* zotig, ob'szön: **~ *joke*** Zote *f*; **3.** ⚘ brandig.

snack [snæk] *s.* **1.** a) Imbiss *m*, b) Happen *m*, Bissen *m*; **2.** Anteil *m*: ***go* ~*s*** teilen; **~ *bar*** *s.* Imbissstube *f*.

snaf·fle ['snæfl] **I** *s.* **1.** *a.* **~ *bit*** Trense(ngebiss *n*) *f*; **II** *v/t.* **2.** *e-m Pferd* die Trense anlegen; **3.** mit der Trense lenken; **4.** *Brit. sl.* ‚klauen'.

sna·fu [snæ'fuː] *bsd. Am. sl.* **I** *adj.* **1.** a) in heillosem Durchein'ander, b) ‚beschissen'; **II** *s.* **2.** heilloses Durchein'ander; **3.** grober Fehler; **4.** ‚beschissene Lage'; **III** *v/t.* **5.** ‚versauen'.

snag [snæg] **I** *s.* **1.** Aststumpf *m*; **2.** Baumstumpf *m* (*in Flüssen*); *fig.* ‚Haken' *m*: ***strike a* ~** auf Schwierigkeiten stoßen; **3.** a) Zahnstumpf *m*, b) *Am.* Raffzahn *m*; **II** *v/t.* **4.** *Boot* gegen e-n Stumpf fahren lassen; **5.** *Fluss* von Baumstümpfen befreien; **snagged** [-gd], '**snag·gy** [-gɪ] *adj.* **1.** ästig, knorrig; **2.** voller Baumstümpfe (*Fluss*).

snail [sneɪl] *s.* **1.** *zo.* Schnecke *f* (*a. fig. lahmer Kerl*): ***at a* ~*'s pace*** im Schneckentempo; **2.** → ***snail wheel***; **~ *shell*** *s.* Schneckenhaus *n*; **~ *wheel*** *s.* Schnecke(nrad *n*) *f* (*Uhr*).

snake [sneɪk] **I** *s.* **1.** Schlange *f* (*a. fig.*): **~ *in the grass*** a) verborgene Gefahr, b) (falsche) Schlange; ***see* ~*s*** F weiße Mäuse sehen; **2.** ✝ Währungsschlange *f*; **II** *v/i.* **3.** sich schlängeln (*a. Weg*); **snake charm·er** *s.* Schlangenbeschwörer *m*; **snake pit** *s.* **1.** Schlangengrube *f*; **2.** Irrenanstalt *f*; **3.** *fig.* Hölle *f*; '**snake·skin** *s.* **1.** Schlangenhaut *f*; **2.** Schlangenleder *n*; **snak·y** ['sneɪkɪ] *adj.* ☐ **1.** Schlangen...; **2.** schlangenartig, gewunden; **3.** *fig.* 'hinterhältig.

snap [snæp] **I** *s.* **1.** Schnappen *n*, Biss *m*; **2.** Knacken *n*, Knacks *m*, Klicken *n*; **3.** (*Peitschen- etc.*)Knall *m*; **4.** Reißen *n*; **5.** Schnappschloss *n*, Schnapper *m*; **6.** *phot.* Schnappschuss *m*; **7.** *etwa*: Schnipp-Schnapp *n* (*Kartenspiel*); **8.** *fig.* Schwung *m*, Schmiss *m*; **9.** kurze Zeit: ***in a* ~** im Nu; ***cold* ~** Kältewelle *f*; **10.** (knuspriges) Plätzchen; **11.** *Am.* F Kleinigkeit *f*, ‚Kinderspiel' *n*; **II** *adj.* **12.** Schnapp...; **13.** spontan, Schnell...: **~ *decision*** rasche Entscheidung; **~ *judgement*** (vor)schnelles Urteil; **~ *vote*** Blitzabstimmung *f*; **III** *adv. u. int.* **14.** knack(s)(!), krach(!), schnapp(!); **IV** *v/i.* **15.** schnappen (***at*** nach *a. fig. e-m Angebot etc.*), zuschnappen: **~ *at the chance*** zugreifen, die Gelegenheit beim Schopfe fassen; **~ *at s.o.*** j-n anschnauzen; **16.** *a.* **~ *to*** zuschnappen, zuknallen (*Schloss, Tür*); **17.** knacken, klicken; **18.** knallen (*Peitsche etc.*); **19.** (zer)springen, (-)reißen, entzweigehen: ***there something* ~*ped in me*** da ‚drehte ich durch'; **20.** schnellen: **~ *to attention*** ⚔ ‚Männchen bauen'; **~ *to it!*** F mach Tempo!; **~ *out of it!*** F komm, komm!, lass das (sein)!; **V** *v/t.* **21.** (er-)schnappen; beißen: **~ *off*** abbeißen; **~ *s.o.'s head* (*od. nose*) *off*** → ***snap up*** 4; **22.** (zu)schnappen lassen; **23.** *phot.* knipsen; **24.** zerknicken, -knacken, -brechen, -reißen: **~ *off*** abbrechen; **25.** mit *der Peitsche* knallen; mit *den Fingern* schnalzen: **~ *one's fingers at*** *fig.* auslachen, verhöhnen; **26.** *a.* **~ *out*** *Wort* her'vorstoßen, bellen; **~ *up*** *v/t.* **1.** auf-, wegschnappen; **2.** (gierig) an sich reißen, *Angebot* schnell annehmen: ***snap it up!*** F mach fix!; **3.** *Häuser etc.* aufkaufen; **4.** a) *j-n* anschnauzen, b) *j-m* das Wort abschneiden.

snap| catch *s.* ⚙ Schnapper *m*; '**~drag·on** *s.* **1.** ⚘ Löwenmaul *n*; **2.** Ro'sinenfischen *n aus brennendem Branntwein* (*Spiel*); **~ fas·ten·er** *s.* Druckknopf *m*; **~ *hook*** *s.* Kara'binerhaken *m*; **~ *lock*** *s.* Schnappschloss *n*.

snap·pish ['snæpɪʃ] *adj.* ☐ **1.** bissig (*Hund, a. Person*); **2.** schnippisch.

snap·py ['snæpɪ] *adj.* ☐ **1.** → ***snappish***; **2.** F a) schnell, fix, b) ‚zackig', forsch, c) schwungvoll, schmissig, d) schick: ***make it* ~*!*, *look* ~*!*** mach mal fix!

snap| shot *s.* ⚔ Schnellschuss *m*; '**~·shot** *phot.* **I** *s.* Schnappschuss *m*; **II** *v/t.* e-n Schnappschuss machen von, *et.* knipsen.

snare [sneə] **I** *s.* **1.** Schlinge (*a.* ⚕), Fallstrick *m*, *fig. a.* Fußangel *f*: ***set a* ~ *for s.o.*** j-m e-e Falle stellen; **2.** ♪ Schnarrsaite *f*; **II** *v/t.* **3.** mit e-r Schlinge fangen; **4.** *fig.* um'stricken, fangen, *j-m* e-e Falle stellen; **5.** sich *et.* ‚angeln' *od.* unter den Nagel reißen; **~ *drum*** *s.* ♪ kleine Trommel, Schnarrtrommel *f*.

snarl[1] [snɑːl] *bsd. Am.* **I** *s.* **1.** Knoten *m*, ‚Fitz' *m*; **2.** *fig.* wirres Durchein'ander, Gewirr *n*, *a.* Verwicklung *f*: (***traffic***) **~** Verkehrschaos *n*; **II** *v/t.* **3.** *a.* **~ *up*** verwirren, durchein'ander bringen; **III** *v/i.* **4.** *a.* **~ *up*** sich verwirren; (völlig) durchein'ander geraten.

S

snarl[2] [snɑːl] **I** *v/i.* wütend knurren, die Zähne fletschen (*Hund, a. Person*): **~ at** *j-n* anfauchen; **II** *v/t. et.* knurren, wütend her'vorstoßen; **III** *s.* Knurren *n*, Zähnefletschen *n*.

'snarl-up *s.* F → **snarl**[1] 2.

snatch [snætʃ] **I** *v/t.* **1.** *et.* schnappen, packen, (er)haschen, fangen: **~ up** aufraffen; **2.** *fig. Gelegenheit etc.* ergreifen; *et., a. Schlaf* ergattern: **~ a hurried meal** rasch et. zu sich nehmen; **3.** *et.* an sich reißen; *a. Kuss* rauben; **4. ~ (away) from** *j-m et., a. j-n dem Meer, dem Tod, durch den Tod* entreißen: **he was ~ed away from us** er wurde uns *durch e-n frühen Tod etc.* entrissen; **5. ~ off** weg-, her'unterreißen; **6.** *Am. sl. Kind* rauben; **7.** *Gewichtheben*: reißen; **II** *v/i.* **8. ~ at** schnappen *od.* greifen *od.* haschen nach: **~ at the offer** *fig.* mit beiden Händen zugreifen; **III** *s.* **9.** Schnappen *n*, schneller Griff: **make a ~ at** → 8; **10.** *fig.* (kurzer) Augenblick: **~es of sleep**; **11.** *pl.* Bruchstücke *pl.*, ‚Brocken' *pl.*, Aufgeschnappte(s) *n*: **~es of conversation** Gesprächsfetzen *pl.*; **by** (*od.* **in**) **~es** a) hastig, ruckweise, b) ab und zu; **12.** *Am.* V a) ‚Möse' *f*, b) ‚Nummer' *f* (*Koitus*); **'snatch·y** [-tʃɪ] *adj.* □ abgehackt, ruckweise, spo'radisch.

snaz·zy ['snæzɪ] *adj.* F ‚todschick'.

sneak [sniːk] **I** *v/i.* **1.** (sich *wohin*) schleichen: **~ about** herumschleichen, -schnüffeln; **~ out of** *fig.* sich von *et.* drücken, sich aus *e-r Sache* herauswinden; **2.** *ped. Brit. sl.* ‚petzen': **~ on s.o.** j-n verpetzen; **II** *v/t.* **3.** *et.* (heimlich) *wohin* schmuggeln; **4.** *sl.* ‚sti'bitzen'; **III** *s.* **5.** *contp.* ‚Leisetreter' *m*, Kriecher *m*; **6.** *Brit.* F ‚Petze' *f*; **~ at·tack** *s.* ⚔ Über'raschungsangriff *m*.

sneak·ers ['sniːkəz] *s. pl. bsd. Am.* leichte Turnschuhe *pl.*; **'sneak·ing** [-kɪŋ] *adj.* □ **1.** verstohlen; **2.** 'hinterlistig, gemein; **3.** *fig.* heimlich, leise (*Verdacht etc.*).

sneak| pre·view *s. Am.* F *inoffizielle erste Vorführung e-s neuen Films*; **~ thief** *s.* Einsteig- *od.* Gelegenheitsdieb *m*.

sneak·y ['sniːkɪ] → **sneaking**.

sneer [snɪə] **I** *v/i.* **1.** höhnisch grinsen, ‚feixen' (**at** über *acc.*); **2.** spötteln (**at** über *acc.*); **II** *v/t.* **3.** *et.* höhnen(d äußern); **III** *s.* **4.** Hohnlächeln *n*; **5.** Hohn *m*, Spott *m*, höhnische Bemerkung; **'sneer·er** [-ərə] *s.* Spötter *m*, ‚Feixer' *m*; **'sneer·ing** [-ərɪŋ] *adj.* □ höhnisch, spöttisch, ‚feixend'.

sneeze [sniːz] **I** *v/i.* niesen: **not to be ~d at** F nicht zu verachten; **II** *s.* Niesen *n*; **'~·wort** *s.* ⚘ Sumpfgarbe *f*.

snick [snɪk] **I** *v/t.* (ein)kerben; **II** *s.* Kerbe *f*.

snick·er ['snɪkə] **I** *v/i.* **1.** kichern; **2.** wiehern; **II** *v/t.* **3.** F *et.* kichern; **III** *s.* **4.** Kichern *n*; **ˌ~'snee** [-'sniː] *s. humor.* ‚Dolch' *m* (*Messer*).

snide [snaɪd] *adj.* abfällig, höhnisch.

sniff [snɪf] **I** *v/i.* **1.** schniefen; **2.** schnüffeln (**at** an *dat.*); **3.** *fig.* die Nase rümpfen (**at** über *acc.*); **II** *v/t.* **4.** *a.* **~ in** (*od.* **up**) durch die Nase einziehen; **5.** schnuppern an (*dat.*); **6.** riechen (*a. fig.* wittern); **III** *s.* **7.** Schnüffeln *n*; **8.** kurzer Atemzug; **9.** Naserümpfen *n*.

snif·fle ['snɪfl] *Am.* **I** *v/i.* **1.** schniefen; **2.** greinen, heulen; **II** *s.* **3.** Schnüffeln *n*; **4. the ~s** *pl.* F Schnupfen *m*.

sniff·y ['snɪfɪ] *adj.* □ F **1.** naserümpfend, hochnäsig, verächtlich; **2.** muffig.

snif·ter ['snɪftə] *s.* **1.** Schnäps-chen *n*, ‚Gläs-chen' *n*; **2.** *Am.* Kognakschwenker *m*.

snift·ing valve ['snɪftɪŋ] *s.* ⚙ 'Schnüffelvenˌtil *n*.

snig·ger ['snɪgə] → **snicker**.

snip [snɪp] **I** *v/t.* **1.** schnippeln, schnipseln, schneiden; **2.** *Fahrkarte* knipsen; **II** *s.* **3.** Schnitt *m*: **have the ~** F sich sterili'sieren lassen; **4.** Schnippel *m*, Schnipsel *m, n*; **5.** *Brit.* F a) todsichere Sache, b) günstige (Kauf)Gelegenheit, Schnäppchen *n*: **it's a ~ at £200** für 200 Pfund ist das (aber) günstig; **6.** *Am.* F (frecher) Knirps.

snipe [snaɪp] **I** *s.* **1.** *orn.* Schnepfe *f*; **II** *v/i.* **2.** *hunt.* Schnepfen jagen *od.* schießen; **3.** ⚔ aus dem 'Hinterhalt schießen (**at** auf *acc.*); **III** *v/t.* **4.** ⚔ abschießen, ‚wegputzen'; **'snip·er** [-pə] *s.* **1.** ⚔ Scharf-, Heckenschütze *m*: **~scope** ⚔ 'Infrarotviˌsier *n*; **2.** Todesschütze *m*, Killer *m*.

snip·pet ['snɪpɪt] *s.* **1.** (Pa'pier)Schnipsel *m, n*; **2.** *pl. fig.* Bruchstücke *pl.*, ‚Brocken' *pl.*

snitch [snɪtʃ] *sl.* **I** *v/t.* ‚klauen', sti'bitzen; **II** *v/i.* **~ on** *j-n* ‚verpfeifen'.

sniv·el ['snɪvl] **I** *v/i.* **1.** schniefen; **2.** greinen, plärren; **3.** wehleidig tun; **II** *v/t.* **4.** *et.* (her'aus)schluchzen; **III** *s.* **5.** Greinen *n*, Plärren *n*; **6.** wehleidiges Getue; **'sniv·el·(l)er** [-lə] *s.* ‚Heulsuse' *f*; **'sniv·el·(l)ing** [-lɪŋ] **I** *adj.* **1.** triefnasig; **2.** wehleidig; **II** *s.* **3.** → **snivel** 5 *u.* 6.

snob [snɒb] *s.* Snob *m*: **~ appeal** Snob-Appeal *m*; **'snob·ber·y** [-bərɪ] *s.* Sno'bismus *m*; **'snob·bish** [-bɪʃ] *adj.* □ sno'bistisch, versnobt.

snog [snɒg] *v/i.* F knutschen.

snook [snuːk] *s.*: **cock a ~ at** *j-m* e-e lange Nase machen, *fig. j-n* auslachen.

snook·er ['snuːkə] *s. a.* **~ pool** *Billard*: Snooker Pool *m*; **'snook·ered** [-əd] *adj.* F ‚to'tal erledigt'.

snoop [snuːp] *bsd. Am.* F **I** *v/i.* **1.** *a.* **~ around** her'umschnüffeln; **II** *s.* **2.** Schnüffe'lei *f*; **3.** → **'snoop·er** [-pə] ‚Schnüffler' *m*; **'snoop·y** [-pɪ] *adj.* F schnüffelnd, neugierig.

S

snoot [snu:t] *s. Am.* F **1.** ‚Schnauze' *f* (*Nase, Gesicht*); **2.** Gri'masse *f*, ‚Schnute' *f*; '**snoot·y** [-tɪ] *adj. Am.* F ‚großkotzig', hochnäsig, patzig.

snooze [snu:z] **I** *v/i.* **1.** ein Nickerchen machen; **2.** dösen; **II** *v/t.* **3.** *~ away* Zeit vertrödeln; **III** *s.* **4.** Nickerchen *n*: ***have a ~*** → 1.

snore [snɔ:] **I** *v/i.* schnarchen; **II** *s.* Schnarchen *n*; **snor·er** ['snɔ:rə] *s.* Schnarcher *m*.

snor·kel ['snɔ:kl] **I** *s.* ⚓, ⚔ *etc.* Schnorchel *m*; **II** *v/i.* schnorcheln.

snort [snɔ:t] **I** *v/i.* (*a.* wütend *od.* verächtlich) schnauben; prusten; **II** *v/t. a.* ***~ out*** *Worte* (wütend) schnauben; **III** *s.* Schnauben *n*; Prusten *n*; '**snort·er** [-tə] *s.* F **1.** heftiger Sturm; **2.** Mordsding *n*; **3.** Mordskerl *m*.

snot [snɒt] *s.* **1.** Rotz *m*; **2.** ‚Schwein' *n*; '**snot·ty** [-tɪ] *adj.* ☐ **1.** V rotzig, Rotz...; **2.** F ‚dreckig', gemein; **3.** *Am. sl.* patzig.

snout [snaʊt] *s.* **1.** *zo.* Schnauze *f* (*a.* F *fig. Nase, Gesicht*); **2.** ‚Schnauze' *f*, Vorderteil *n* (*Auto etc.*); **3.** ⚙ Schnabel *m*, Tülle *f*.

snow [snəʊ] **I** *s.* **1.** Schnee *m* (*a.* ⚘ *u. Küche*; *a. TV*); **2.** Schneefall *m*; **3.** *pl.* Schneemassen *pl.*; **4.** *sl.* ‚Snow' *m*, ‚Schnee' *m* (*Kokain, Heroin*); **II** *v/i.* **5.** schneien: ***~ in*** hereinschneien (*a. fig.*); ***~ed in*** (*od.* ***up***, ***under***) eingeschneit; ***be ~ed under*** *fig.* a) *mit Arbeit etc.* überhäuft sein, *von Sorgen etc.* erdrückt werden, b) *pol. Am. in e-r Wahl* vernichtend geschlagen werden; **6.** *fig.* regnen, hageln; **III** *v/t.* **7.** her'unterrieseln lassen; '**~·ball I** *s.* **1.** Schneeball *m* (*a.* ⚘): ***~ fight*** Schneeballschlacht *f*; **2.** *fig.* La'wine *f*: ***~ system*** Schneeballsystem *n*; **3.** *Getränk aus Eierlikör u. Zitronenlimonade*; **II** *v/t.* **4.** Schneebälle werfen auf; **III** *v/i.* **5.** sich mit Schneebällen bewerfen; **6.** *fig.* la'winenartig anwachsen; '**~·bank** *s.* Schneewehe *f*; '**~·bird** *s.* **1.** → ***snow bunting***; **2.** *sl.* ‚Kokser' *m*, Koka'inschnupfer *m*; '**~-blind** *adj.* schneeblind; '**~·board I** *s.* Snowboard *n*; **II** *v/i.* snowboarden; '**~·board·er** *s.* Snowboarder(in), Snowboardfahrer(in); '**~·board·ing** *s.* Snowboarden *n*, -fahren *n*; '**~·bound** *adj.* eingeschneit, durch Schnee(massen) abgeschnitten; **~ bun·ny** *s.* F ‚Skihaserl' *n*; **~ bun·ting** *s. orn.* Schneeammer *f*; '**~·cap** *s. orn. ein* Kolibri *m*; '**~-capped** *adj.* schneebedeckt; '**~·drift** *s.* Schneewehe *f*; '**~·drop** *s.* ⚘ Schneeglöckchen *n*; '**~·fall** *s.* Schneefall *m*, -menge *f*; '**~·field** *s.* Schneefeld *n*; '**~·flake** *s.* Schneeflocke *f*; **~ gog·gles** *s. pl.* Schneebrille *f*; **~ line** *s.* Schneegrenze *f*; '**~·man** *s.* [*irr.*] Schneemann *m*: ***Abominable ♀*** Schneemensch *m*, der Jeti; '**~·mo,bile** [-məʊ,bi:l] *s.* 'Schneemo,bil *n*; '**~·plough**, *Am.* '**~·plow** *s.* Schneepflug *m* (*a. beim Skifahren*); '**~·shoe I** *s.* Schneeschuh *m*; **II** *v/i.* auf Schneeschuhen gehen; '**~·slide**, '**~·slip** *s.* Schneerutsch *m*; '**~·storm** *s.* Schneesturm *m*; **~ tire** (*Brit.* **tyre**) *s. mot.* Winterreifen *m*; ,**~-'white** *adj.* schneeweiß; **♀ White** *npr.* Schnee'wittchen *n*.

snow·y ['snəʊɪ] *adj.* ☐ **1.** schneeig, Schnee...: ***~ weather***; **2.** schneebedeckt, Schnee...; **3.** schneeweiß.

snub[1] [snʌb] **I** *v/t.* **1.** *j-n* brüskieren, vor den Kopf stoßen; **2.** *j-n* kurz abfertigen; **3.** *j-m* über den Mund fahren; **II** *s.* **4.** Brüskierung *f*.

snub[2] [snʌb] *adj.* stumpf: ***~ nose*** Stupsnase *f*; '**~-nosed** *adj.* stupsnasig.

snuff[1] [snʌf] **I** *v/t.* **1.** *a.* ***~ up*** durch die Nase einziehen; **2.** beschnüffeln; **II** *v/i.* **3.** schnüffeln (***at*** an *dat.*); **4.** (Schnupftabak) schnupfen; **III** *s.* **5.** Atemzug *m*, Einziehen *n*; **6.** Schnupftabak *m*, Prise *f*: ***take ~*** schnupfen; ***be up to ~*** F a) ‚schwer auf Draht sein', b) (toll) in Form sein; ***give s.o. ~*** F j-m ‚Saures geben'.

snuff[2] [snʌf] **I** *s.* **1.** Schnuppe *f e-r Kerze*; **II** *v/t.* **2.** *Kerze* putzen; **3.** ***~ out*** auslöschen (*a. fig.*); *fig.* ersticken, vernichten; **4.** ***~ it*** *Brit.* F ‚abkratzen' (*sterben*).

'**snuff|·box** *s.* Schnupftabaksdose *f*; '**~-,col·o(u)red** *adj.* gelbbraun, tabakfarben.

snuf·fle ['snʌfl] **I** *v/i.* **1.** schnüffeln, schnuppern; **2.** schniefen; **3.** näseln; **II** *v/t.* **4.** *mst* ***~ out*** *et.* näseln; **III** *s.* **5.** Schnüffeln *n*; **6.** Näseln; **7.** ***the ~s*** *pl.* Schnupfen *m*.

'**snuff|-,tak·er** *s.* Schnupfer(in); '**~-,tak·ing** *s.* (Tabak)Schnupfen *n*.

snug [snʌg] **I** *adj.* ☐ **1.** gemütlich, behaglich, traulich; **2.** geborgen, gut versorgt: ***as ~ as a bug in a rug*** F wie die Made im Speck; **3.** angenehm; **4.** auskömmlich, ‚hübsch' (*Einkommen etc.*); **5.** kom'pakt; **6.** ordentlich; **7.** eng anliegend (*Kleid*): ***~ fit*** a) guter Sitz, b) ⚙ Passsitz *m*; **8.** ⚓ schmuck, seetüchtig (*Schiff*); **9.** verborgen: ***keep s.th. ~*** *et.* geheim halten; ***lie ~*** sich verborgen halten; **II** *v/i.* **10.** → ***snuggle*** I; **III** *v/t.* **11.** *oft* ***~ down*** gemütlich *od.* bequem machen; **12.** *mst* ***~ down*** ⚓ *Schiff* auf Sturm vorbereiten; '**snug·ger·y** [-gərɪ] *s.* **1.** behagliche Bude, warmes Nest (*Zimmer etc.*); **2.** kleines Nebenzimmer; '**snug·gle** [-gl] **I** *v/i.* sich schmiegen *od.* kuscheln ([***up***] ***in*** in *e-e Decke*, ***up to*** an *acc.*): ***~ down*** (***in bed***) sich ins Bett kuscheln; **II** *v/t.* an sich schmiegen, (lieb)'kosen.

so [səʊ] **I** *adv.* **1.** (*mst vor adj. u. adv.*) so, dermaßen: ***I was ~ surprised***; ***not ~ ... as*** nicht so ... wie; ***~ great a man*** ein so großer Mann; → ***far*** 3, ***much***

S

Redew.; **2.** (*mst exklamatorisch*) (ja) so, 'überaus: ***I am ~ glad!***; **3.** so, in dieser Weise: ***and ~ on*** (*od.* ***forth***) und so weiter; ***is that ~?*** wirklich?; ***~ as to*** sodass, um zu; ***~ that*** sodass; ***or ~*** etwa, oder so; ***~ saying*** mit *od.* bei diesen Worten; → ***if*** 1; **4.** (*als Ersatz für ein Prädikativum od. e-n Satz*) a) es, das: ***I hope ~*** ich hoffe (es); ***I have never said ~*** das habe ich nie behauptet, b) auch: ***you are tired, ~ am I*** du bist müde, ich (bin es) auch, c) allerdings, ja: ***are you tired? ~ I am*** bist du müde? ja *od.* allerdings; ***I am stupid! ~ you are*** ich bin dumm! allerdings (das bist du); ***~ what?*** F na und?; **5.** so ..., dass: ***it was ~ hot I took my coat off***; **II** *cj.* **6.** daher, folglich, also, und so: ***it was necessary ~ we did it*** es war nötig, und so taten wir es (denn); ***~ you came after all!*** du bist also doch (noch) gekommen!

soak [səʊk] **I** *v/i.* **1.** sich voll saugen, durch'tränkt werden: ***~ing wet*** tropfnass; **2.** ('durch)sickern; **3.** *fig.* langsam *ins Bewusstsein* einsickern *od.* -dringen; **4.** *sl.* ‚saufen'; **II** *v/t.* **5.** *et.* einweichen; **6.** durch'tränken, -'nässen, -'feuchten; ⚙ *a.* imprägnieren (***in*** mit); **7.** ***~ o.s. in*** *fig.* sich ganz versenken in; **8.** ***~ in*** einsaugen: ***~ up*** a) aufsaugen, b) *fig.* Wissen *etc.* in sich aufnehmen; **9.** *sl. et.* ‚saufen'; **10.** *sl. j-n* ‚schröpfen'; **11.** *sl. j-n* verdreschen; **III** *s.* **12.** Einweichen *n*, Durch'tränken *n*; ⚙ Imprägnieren *n*; **13.** *sl.* a) Säufer *m*, b) Saufe'rei *f*; **14.** F Regenguss *m*, ‚Dusche' *f*; **'soak·age** [-kɪdʒ] *s.* **1.** 'Durchsickern *n*; **2.** 'durchgesickerte Flüssigkeit, Sickerwasser *n*; **'soak·er** [-kə] → ***soak*** 14.

'so-and-so ['səʊənsəʊ] *pl.* **-sos** *s.* **1.** (Herr *etc.*) Soundso: ***Mr. ~***; **2.** F ‚(blöder) Hund'.

soap [səʊp] **I** *s.* Seife *f* (*a.* ⚗): ***no ~!*** *Am.* F nichts zu machen!; **II** *v/t. a.* ***~ down*** a) (ein-, ab)seifen, b) → ***soft-soap***; **'~·box I** *s.* **1.** 'Seifenkiste *f*, -kar,ton *m*; **2.** ‚Seifenkiste' *f* (*improvisierte Rednerbühne od. Fahrzeug*); **II** *adj.* **3.** Seifenkisten...: ***~ derby*** Seifenkistenrennen *n*; ***~ orator*** Straßenredner *m*; **~ bub·ble** *s.* Seifenblase *f* (*a. fig.*); **~ dish** *s.* Seifenschale *f*; **~ op·er·a** *s. Radio, TV*: ‚Seifenoper' *f* (*rührselige Serie*); **'~·stone** *s. min.* Seifen-, Speckstein *m*; **'~·suds** *s. pl.* Seifenlauge *f*, -wasser *n*; **'~·works** *s. pl. oft sg. konstr.* Seifensiede'rei *f*.

> **Soap operas** heißen die „Seifenopern", weil sie ursprünglich von Waschmittelkonzernen zu Werbezwecken finanziert wurden.

soap·y ['səʊpɪ] *adj.* ☐ **1.** seifig, Seifen...; **2.** *fig.* ölig, schmeichlerisch.

soar [sɔː] *v/i.* **1.** (hoch) aufsteigen, sich erheben (*Vogel, Berge etc.*); **2.** in großer Höhe schweben; **3.** ✈ segelfliegen, segeln; **4.** *fig.* sich em'porschwingen (*Geist*): ***~ing thoughts*** hochfliegende Gedanken; **5.** ✝ in die Höhe schnellen (*Preise*); **soar·ing** ['sɔːrɪŋ] **I** *adj.* ☐ **1.** hochfliegend (*a. fig.*); **2.** *fig.* em'porstrebend; **II** *s.* **3.** ✈ Segeln *n*.

sob [sɒb] **I** *v/i.* schluchzen; **II** *v/t. a* ***~ out*** *Worte* (her'aus)schluchzen; **III** *s.* Schluchzen *n*; schluchzender Laut: ***~ sister*** *sl.* a) Briefkastenonkel *m*, -tante *f* (*Frauenzeitschrift*), b) Verfasser(in) rührseliger Romane *etc.*; ***~ stuff*** *sl.* rührseliges Zeug, Schnulze(n *pl.*) *f*.

so·ber ['səʊbə] **I** *adj.* ☐ **1.** nüchtern: a) nicht betrunken, b) *fig.* sachlich: ***~ facts*** nüchterne Tatsachen; ***in ~ fact*** nüchtern betrachtet, c) unauffällig, gedeckt (*Farbe etc.*); **2.** mäßig; **II** *v/t.* **3.** *oft* ***~ up*** ernüchtern; **III** *v/i.* **4.** *oft* ***~ down*** *od.* ***up*** a) (wieder) nüchtern werden, b) *fig.* vernünftig werden; **,~-'mind·ed** *adj.* besonnen, nüchtern; **'~·sides** *s.* fader Kerl, ‚Trauerkloß' *m*, Spießer *m*.

so·bri·e·ty [səʊ'braɪətɪ] *s.* **1.** Nüchternheit *f* (*a. fig.*); **2.** Mäßigkeit *f*; **3.** Ernst (-haftigkeit *f*) *m*.

so·bri·quet ['səʊbrɪkeɪ] (*Fr.*) *s.* Spitzname *m*.

soc·age ['sɒkɪdʒ] *s.* ⚖ *hist.* **1.** Lehensleistung *f* (*ohne Ritter- u. Heeresdienst*); **2.** Frongut *n*.

,so-'called [,səʊ-] *adj.* so genannt (*a. angeblich*).

socc·age ['sɒkɪdʒ] → ***socage***.

soc·cer ['sɒkə] **I** *s. sport* Fußball *m* (*Spiel*); **II** *adj.* Fußball...: ***~ team***; ***~ ball*** Fußball *m*.

so·cia·bil·i·ty [,səʊʃə'bɪlətɪ] *s.* Geselligkeit *f*, 'Umgänglichkeit *f*; **so·cia·ble** ['səʊʃəbl] **I** *adj.* ☐ **1.** gesellig (*a. zo. etc.*), 'umgänglich, freundlich; **2.** gesellig, gemütlich, ungezwungen: ***~ evening***; **II** *s.* **3.** Kremser *m* (*Kutschwagen*); **4.** Zweisitzer *m* (*Dreirad etc.*); **5.** Plaudersofa *n*; **6.** *bsd. Am.* → ***social*** 7.

so·cial ['səʊʃl] **I** *adj.* ☐ **1.** *zo. etc.* gesellig; **2.** gesellschaftlich, Gesellschafts..., sozi'al, Sozial...: ***~ action*** Bürgerinitiative *f*; ***~ climber*** *contp.* gesellschaftlicher ‚Aufsteiger'; ***~ contract*** *hist.* Gesellschaftsvertrag *m*; ***~ criticism*** Sozialkritik *f*; ***~ engineering*** angewandte Sozialwissenschaft; ***~ evil*** *die* Prostitution; ***~ order*** Gesellschaftsordnung *f*; ***~ rank*** gesellschaftlicher Rang, soziale Stellung; ***~ register*** Prominentenliste *f*; ***~ science*** Sozialwissenschaft *f*; **3.** sozi'al, Sozial...: ***~ insurance*** Sozialversicherung *f*; ***~ insurance contribution*** Sozialversicherungsbeitrag *m*; ~ ***policy*** Sozialpolitik *f*; ~ ***security*** a) soziale Sicherheit, b) Sozialversicherung *f*, c) Sozialhilfe *f*; ***be on ~ security*** Sozialhilfe beziehen; ~ ***services*** a) Sozialeinrichtungen, b) staatliche Sozialleistungen; ~ ***spending*** Sozialausgaben *pl.*; ~ ***studies*** Gemeinschaftskunde *f*; ~ ***work*** Sozialarbeit *f*; ~ ***worker*** Sozialarbeiter(in); **4.** *pol.* Sozial...: ꝰ ***Democrat*** Sozialdemokrat(in); **5.** gesellschaftlich, gesellig: ~ ***activities*** gesellschaftliche Veranstaltungen; **6.** → ***sociable*** 1; **II** *s.* **7.** geselliges Bei'sammensein; '**so·cial·ism** [-ʃəlɪzəm] *s. pol.* Sozia'lismus *m*; '**so·cial·ist** [-ʃəlɪst] **I** *s.* Sozia'list(in); **II** *adj. a.* **so·cial·is·tic** [ˌsəʊʃə'lɪstɪk] *adj.* (☐ ~***ally***) sozia'listisch; '**so·cial·ite** [-ʃəlaɪt] *s. Am.* F Angehörige(r *m*) *f* der oberen Zehn'tausend, Promi'nente(r *m*) *f*.

so·cial·i·za·tion [ˌsəʊʃəlaɪ'zeɪʃn] *s.* **1.** *pol.*, ✝ Sozialisierung *f*; **2.** *sociol. ped.* Sozialisation *f*; **so·cial·ize** ['səʊʃəlaɪz] **I** *v/i.* **1.** unter die Leute gehen; **2.** (***with***) a) Umgang haben *od.* zs.-sein (mit), b) sich unterhalten (mit); **II** *v/t.* **3.** *pol.*, ✝ sozialisieren, verstaatlichen, vergesellschaften; **4.** *sociol. ped.* sozialisieren.

so·ci·e·ty [sə'saɪətɪ] *s. allg.* Gesellschaft *f*: a) Gemeinschaft *f*: ***human ~***, b) Kul'turkreis *m*, c) (*die* große *od.* ele'gante) Welt: ~ ***lady*** Dame *f* der großen Gesellschaft; ***not fit for good ~*** nicht salon- *od.* gesellschaftsfähig, d) (gesellschaftlicher) 'Umgang, e) Anwesenheit *f*, f) Verein(igung *f*) *m*: ꝰ ***of Friends*** Gesellschaft der Freunde (*die Quäker*); ꝰ ***of Jesus*** Gesellschaft Jesu.

socio- [səʊsjəʊ] *in Zssgn* a) Sozial..., b) sozio'logisch: ~***biology*** Soziobiologie *f*; ~***critical*** sozialkritisch; ~***political*** sozialpolitisch; ~***psychology*** Sozialpsychologie *f*.

so·ci·og·e·ny [ˌsəʊsɪ'ɒdʒənɪ] *s.* Wissenschaft *f* vom Ursprung der menschlichen Gesellschaft; **so·ci·o·gram** ['səʊsjəgræm] *s.* Sozio'gramm *n*; **so·ci·o·log·ic**, **so·ci·o·log·i·cal** [ˌsəʊsjə'lɒdʒɪk(l)] *adj.* ☐ sozio'logisch: **so·ci·ol·o·gist** [ˌsəʊsɪ'ɒlədʒɪst] *s.* Sozio'loge *m*; **so·ci·ol·o·gy** [ˌsəʊsɪ'ɒlədʒɪ] *s.* Soziolo'gie *f*.

sock[1] [sɒk] *s.* **1.** Socke *f*: ***pull up one's ~s*** *Brit.* F ‚sich am Riemen reißen', sich anstrengen; ***put a ~ in it!*** *Brit. sl.* hör auf!, halts Maul!; **2.** *Brit.* Einlegesohle *f*.

sock[2] [sɒk] *sl.* **I** *v/t. j-m* ‚eine knallen *od.* reinhauen': ~ ***it to s.o.*** j-m ‚Bescheid stoßen', j-m ‚Saures geben'; **II** *s.* (Faust)Schlag *m*; **III** *adj. Am.* ‚toll'.

sock·et ['sɒkɪt] *s.* **1.** *anat.* a) (Augen-, Zahn)Höhle *f*, b) (Gelenk)Pfanne *f*; **2.** ⚙ Muffe *f*, Rohransatz *m*; **3.** ⚡ a) Steckdose *f*, b) Fassung *f*, c) Sockel *m* (*für Röhren etc.*), d) Anschluss *m*; ~ **joint** *s.* ⚙, *anat.* Kugelgelenk *n*; ~ **wrench** *s.* ⚙ Steckschlüssel *m*.

so·cle ['sɒkl] *s.* △ Sockel *m*.

sod[1] [sɒd] **I** *s.* **1.** Grasnarbe *f*: ***under the ~*** unterm Rasen (*tot*); **2.** Rasenstück *n*; **II** *v/t.* **3.** mit Rasen bedecken.

sod[2] [sɒd] *sl.* **I** *s.* **1.** ‚Heini' *m*, Blödmann *m*; **2.** Kerl *m*: ***the poor ~***; **II** *v/t.* **3.** ~ ***it!*** ‚Mist!'

so·da ['səʊdə] *s.* ⚗ **1.** Soda *f*, *n*, kohlensaures Natrium: (***bicarbonate of***) ~ → ***sodium bicarbonate***; **2.** → ***sodium hydroxide***; **3.** 'Natriumoˌxid *n*; **4.** Soda(wasser *n*) *f*, *n*: ***whisky and ~***; **5.** → ***soda water*** 2; ~ **foun·tain** *s.* **1.** Siphon *m*; **2.** *Am.* Erfrischungshalle *f*, Eisbar *f*; ~ **jerk**(**·er**) *s. Am.* F Verkäufer *m* in e-r Erfrischungshalle *od.* Eisbar; ~ **lye** *s.* Natronlauge *f*; ~ **pop** *s. Am.* ‚Limo' *f*; ~ **wa·ter** *s.* **1.** Sodawasser *n*; **2.** Selters (-wasser) *n*, Sprudel *m*.

sod·den ['sɒdn] *adj.* **1.** durch'weicht, -'nässt; **2.** teigig, klitschig (*Brot etc.*); **3.** *fig.* a) ‚voll', ‚besoffen', b) blöd(e) (*vom Trinken*); **4.** aufgedunsen; **5.** *sl.* a) ‚blöd', ‚doof', b) fad.

so·di·um ['səʊdjəm] *s.* ⚗ Natrium *n*; ~ **bi·car·bon·ate** *s.* 'Natriumbikarboˌnat *n*, doppeltkohlensaures Natrium; ~ **car·bon·ate** *s.* Soda *f*, *n*, 'Natriumkarboˌnat *n*; ~ **chlor·ide** *s.* 'Natriumchloˌrid *n*, Kochsalz *n*; ~ **hy·drox·ide** *s.* 'Natriumhydroˌxid *n*, Ätznatron *n*; ~ **ni·trate** *s.* 'Natriumniˌtrat *n*.

sod·o·my ['sɒdəmɪ] *s.* **1.** A'nalverkehr *m*; **2.** O'ralverkehr *m*.

Sod's Law [sɒdz] *s. etwa*: Murphy's Gesetz *n* (*nach dem tatsächlich einmal schief geht, was schief gehen kann*).

so·ev·er [səʊ'evə] *adv.* (*mst in Zssgn wer etc.*) auch immer.

so·fa ['səʊfə] *s.* Sofa *n*; ~ **bed** *s.* Bettcouch *f*.

sof·fit ['sɒfɪt] *s.* △ Laibung *f*.

soft [sɒft] **I** *adj.* ☐ **1.** *allg.* weich (*a. fig. Person, Charakter etc.*): ***as ~ as silk*** seidenweich; ~ ***currency*** ✝ weiche Währung; ~ ***prices*** ✝ nachgiebige Preise; ~ ***sell*** ✝ weiche Verkaufstaktik, zurückhaltende Verkaufsstrategie; **2.** ⚙ weich, *bsd.* a) ungehärtet (*Eisen*), b) schmiedbar (*Metall*), c) enthärtet (*Wasser*): ~ ***coal*** ⚒ Weichkohle *f*; ~ ***solder*** Weichlot *n*; **3.** *fig.* weich, sanft (*Augen, Worte etc.*); → ***spot*** 5; **4.** mild, sanft (*Klima, Regen, Schlaf, Wind, a. Strafe etc.*): ***be ~ with*** sanft umgehen mit *j-m*; **5.** leise, sacht (*Bewegung, Geräusch, Rede*); **6.** sanft, gedämpft (*Licht, Farbe, Musik*); **7.** schwach, verschwommen: ~ ***outlines***; ~ ***negative*** *phot.* weiches Negativ; **8.** mild, lieblich (*Wein*); **9.** *Brit.*

S

schwül, feucht, regnerisch; **10.** höflich, ruhig, gewinnend; **11.** zart, zärtlich, verliebt: *~ nothings* zärtliche Worte; → *sex* 2; **12.** schlaff (*Muskeln*); **13.** *fig.* verweichlicht, schlapp; **14.** angenehm, leicht, ‚gemütlich': *~ job*; *a ~ thing* e-e ruhige Sache, e-e ‚Masche' (*einträgliches Geschäft*); **15.** *a. ~ in the head* F ‚leicht bescheuert', ‚doof'; **16.** a) alkoholfrei: *~ drinks*, b) weich: *~ drug* Soft Drug *f*, weiche Droge; **II** *adv.* **17.** sanft, leise; **III** *s.* **18.** F Trottel *m*; '**~·ball** *s. Am. sport Form des Baseball mit weicherem Ball u. kleinerem Feld*; '**~-boiled** *adj.* **1.** weich (gekocht) (*Ei*); **2.** F weichherzig; '**~-ˌcen·tred** *adj. Brit.* mit Cremefüllung.

sof·ten ['sɒfn] **I** *v/t.* **1.** weich machen; ⚙ *Wasser* enthärten; **2.** *Ton, Farbe* dämpfen; **3.** *a. ~ up* ⚔ a) *Gegner* zermürben, b) *Festung etc.* sturmreif schießen; **4.** *fig.* mildern; *j-n* erweichen; *j-s Herz* rühren; *contp. j-n* ‚kleinkriegen'; **5.** *fig.* verweichlichen; **II** *v/i.* **6.** weich(er) werden, sich erweichen; '**sof·ten·er** [-nə] *s.* ⚙ **1.** Enthärtungsmittel *n*; **2.** Weichmacher *m* (*bei Kunststoff, Öl etc.*); '**sof·ten·ing** [-nɪŋ] *s.* **1.** Erweichen *n*: *~ of the brain* ⚕ Gehirnerweichung *f*; *~ point* ⚙ Erweichungspunkt *m*; **2.** *fig.* Besänftigung *f*.

soft| goods *s. pl.* Tex'tilien *pl.*; *~* **hail** *s.* Eisregen *m*; '**~·head** *s.* Schwachkopf *m*; ˌ**~'heart·ed** *adj.* weichherzig; ˌ**~-'land** *v/t. u. v/i.* weich landen.

soft·ness ['sɒftnɪs] *s.* **1.** Weichheit *f*; **2.** Sanftheit *f*; **3.** Milde *f*; **4.** Zartheit *f*; **5.** *contp.* Weichlichkeit *f*.

soft| ped·al *s.* ♪ (Pi'ano)Peˌdal *n*; ˌ**~-'ped·al** *v/t.* **1.** (*a. v/i.*) mit dem Pi'anopeˌdal spielen; **2.** F *et.* ‚her'unterspielen'; *~* **sci·ence** *s. Ggs. exakte Wissenschaft, z. B. Soziologie, Psychologie etc.*; *~* **soap** *s.* **1.** Schmierseife *f*; **2.** *sl.* ‚Schmus' *m*, Schmeiche'lei(en *pl.*) *f*; ˌ**~-'soap** *v/t. sl. j-m* ‚um den Bart gehen', *j-m* Honig ums Maul schmieren; ˌ**~-'sol·der** *v/t.* ⚙ weichlöten; '**~-ˌspo·ken** *adj.* **1.** leise sprechend; **2.** *fig.* gewinnend, freundlich; *~* **top** *s. mot.* 'Kabrio *n*, Kabrio'lett *n*; *~* **toy** *s.* Stofftier *n*; '**~·ware** *s. Computer*: Software *f*: *~ package* 'Softwarepaˌket *n*; *~ provider* Softwareanbieter *m*; '**~·wood** *s.* **1.** Weichholz *n*; **2.** Nadelbaumholz *n*; **3.** Baum *m* mit weichem Holz.

soft·y ['sɒftɪ] *s.* F **1.** ‚Softie' *m*; **2.** ‚Schlappschwanz' *m*.

sog·gy ['sɒgɪ] *adj.* **1.** feucht, sumpfig (*Land*); **2.** durch'nässt, -'weicht; **3.** klitschig (*Brot etc.*); **4.** F ‚doof'.

soi-di·sant [ˌswɑːdiː'zɑ̃ːŋ] (*Fr.*) *adj.* angeblich, so genannt.

soil[1] [sɔɪl] **I** *v/t.* **1.** a) schmutzig machen, verunreinigen, b) *bsd. fig.* besudeln, beflecken, beschmutzen; **II** *v/i.* **2.** schmutzig werden, *leicht etc.* schmutzen; **III** *s.* **3.** Verschmutzung *f*; **4.** Schmutzfleck *m*; **5.** Schmutz *m*; **6.** Dung *m*.

soil[2] [sɔɪl] *s.* **1.** (Erd)Boden *m*, Erde *f*, (Acker)Krume *f*, Grund *m*; **2.** *fig.* (Heimat)Erde *f*, Land *n*: *on British ~* auf britischem Boden; *one's native ~* die heimatliche Erde.

soil[3] [sɔɪl] *v/t.* ↗ mit Grünfutter füttern; '**soil·age** [-lɪdʒ] *s.* ↗ Grünfutter *n*.

soil pipe *s.* ⚙ Abflussrohr *n*.

soi·rée ['swɑːreɪ] (*Fr.*) *s.* Soi'ree *f*, Abendgesellschaft *f*.

so·journ ['sɒdʒɜːn] **I** *v/i.* sich (vor'übergehend) aufhalten, (ver)weilen (*in* in *od.* an *dat.*, *with* bei); **II** *s.* (vor'übergehender) Aufenthalt; '**so·journ·er** [-nə] *s.* Gast *m*, Besucher(in).

soke [səʊk] *s.* ⚖ *hist. Brit.* Gerichtsbarkeit(sbezirk *m*) *f*.

sol·ace ['sɒləs] **I** *s.* Trost *m*: *she found ~ in religion*; **II** *v/t.* trösten.

so·la·num [səʊ'leɪnəm] *s.* ⚘ Nachtschatten *m*.

so·lar ['səʊlə] *adj.* **1.** *ast.* Sonnen...(*-system, -tag, -zeit etc.*), Solar...: *~ eclipse* Sonnenfinsternis *f*; *~ plexus anat.* Solarplexus *m*, F Magengrube *f*; **2.** ⚙ a) Sonnen...: *~ cell* (*energy etc.*); *~ collector od. panel* Sonnenkollektor *m*, b) durch 'Sonnenenerˌgie angetrieben: *~ power station* Sonnen-, Solarkraftwerk *n*.

so·lar·i·um [səʊ'leərɪəm] *pl.* **-i·a** [-ɪə], **-i·ums** *s. allg.* So'larium *n*, ⚕ *a.* Sonnenliegehalle *f*.

so·lar·ize ['səʊləraɪz] *v/t.* **1.** ⚕ *j-n* mit Lichtbädern behandeln; **2.** ⚙ *Haus* auf 'Sonnenenerˌgie 'umstellen; **3.** *phot.* solarisieren (*a. v/i.*).

sold [səʊld] *pret. u. p.p. von* **sell**.

sol·der ['sɒldə] **I** *s.* **1.** ⚙ Lot *n*, 'Lötmeˌtall *n*; **II** *v/t.* **2.** (ver)löten: *~ed joint* Lötstelle *f*; *~ing iron* Lötkolben *m*; **3.** *fig.* zs.-schweißen; **III** *v/i.* **4.** löten.

sol·dier ['səʊldʒə] **I** *s.* **1.** Sol'dat *m* (*a. engS. Feldherr*): *~ of Christ* Streiter *m* Christi; *~ of fortune* Glücksritter *m*; *old ~* a) F ‚alter Hase', b) *sl.* leere Flasche; **2.** ⚔ (einfacher) Sol'dat, Schütze *m*, Mann *m*; **3.** *fig.* Kämpfer *m*; **4.** *zo.* Krieger *m*, Sol'dat *m* (*bei Ameisen etc.*); **II** *v/i.* **5.** (als Sol'dat) dienen: *go ~ing* Soldat werden; **6.** *~ on fig.* (unbeirrt) weitermachen; '**sol·dier·ly** [-lɪ] *adj.* **1.** sol'datisch; **2.** Soldaten...; '**sol·dier·y** [-ərɪ] *s.* **1.** Mili'tär *n*; **2.** Sol'daten *pl.*, *contp.* Solda'teska *f*.

sole[1] [səʊl] **I** *s.* **1.** (Fuß- *od.* Schuh)Sohle *f*: *~ leather* Sohlleder *n*; **2.** Bodenfläche *f*, Sohle *f*; **II** *v/t.* **3.** besohlen.

sole[2] [səʊl] *adj.* ☐ → *solely*; **1.** einzig, al'leinig, Allein...: *~ agency* Alleinver-

S

tretung *f*; ~ ***bill*** ✝ Solawechsel *m*; ~ ***heir*** Allein-, Universalerbe *m*; **2.** ⚖ unverheiratet.

sole[3] [səʊl] *pl.* **soles**, *coll.* **sole** *s. ichth.* Seezunge *f*.

sol·e·cism ['sɒlɪsɪzəm] *s.* Schnitzer *m*, Verstoß *m*, ‚Sünde' *f*: a) *ling.* Sprachsünde, b) Faux'pas *m*; **sol·e·cis·tic** [ˌsɒlɪ'sɪstɪk] *adj.* **1.** *ling.* 'unkorˌrekt; **2.** ungehörig.

sole·ly ['səʊllɪ] *adv.* (einzig u.) al'lein, ausschließlich, nur.

sol·emn ['sɒləm] *adj.* ☐ **1.** *allg.* feierlich, ernst, so'lenn; **2.** feierlich (*Eid etc.*); ⚖ for'mell (*Vertrag*); **3.** gewichtig, ernst: ***a ~ warning***; **4.** hehr, erhaben: ***~ building***; **5.** düster; **so·lem·ni·ty** [sə'lemnətɪ] *s.* **1.** Feierlichkeit *f*, (feierlicher *od.* würdevoller) Ernst; **2.** *oft pl.* feierliches Zeremoni'ell; **3.** *bsd. eccl.* Festlich-, Feierlichkeit *f*; '**sol·em·nize** [-mnaɪz] *v/t.* **1.** feierlich begehen; **2.** *Trauung* (feierlich) voll'ziehen.

so·le·noid ['səʊlənɔɪd] *s.* ϟ, ⚙ Soleno'id *n*, Zy'linderspule *f*: ***~ brake*** Solenoidbremse *f*.

sol-fa [ˌsɒl'fɑː] ♪ **I** *s.* **1.** *a.* ***~ syllables*** Solmisati'onssilben *pl.*; **2.** Tonleiter *f*; **3.** Solmisati'on(sübung) *f*; **II** *v/t.* **4.** auf Solmisati'onssilben singen; **III** *v/i.* **5.** solmisieren.

so·lic·it [sə'lɪsɪt] **I** *v/t.* **1.** (dringend) bitten, angehen (***s.o.*** j-n; ***s.th.*** um et.; ***s.o. for s.th.*** *od.* ***s.th. of s.o.*** j-n um et.); **2.** sich um *ein Amt etc.* bemühen; ✝ um *Aufträge, Kundschaft* werben; **3.** *j-n* ansprechen (*Prostituierte*); **4.** ⚖ anstiften; **II** *v/i.* **5.** dringend bitten (***for*** um); **6.** ✝ Aufträge sammeln; **7.** sich anbieten (*Prostituierte*); **so·lic·i·ta·tion** [səˌlɪsɪ'teɪʃn] *s.* **1.** dringende Bitte; **2.** ✝ (Auftrags-, Kunden)Werbung *f*; **3.** Ansprechen *n* (*durch Prostituierte*); **4.** ⚖ Anstiftung *f* (***of*** zu).

so·lic·i·tor [sə'lɪsɪtə] *s.* **1.** ⚖ *Brit.* So'licitor *m*, Anwalt *m* (*der nur vor niederen Gerichten plädieren darf*); **2.** *Am.* 'Rechtsrefeˌrent *m e-r Stadt etc.*; **3.** *Am.* ✝ A'gent *m*, Werber *m*; ~ **gen·er·al** *pl.* **so·lic·i·tors gen·er·al** *s.* **1.** ⚖ zweiter Kronanwalt (*in England*); **2.** *USA* a) stellvertretender Ju'stizmiˌnister, b) oberster Ju'stizbeamter (*in einigen Staaten*).

so·lic·it·ous [sə'lɪsɪtəs] *adj.* ☐ **1.** besorgt (***about*** um, ***for*** um, wegen); **2.** fürsorglich; **3.** (***of***) eifrig bedacht (auf *acc.*), begierig (nach); **4.** bestrebt *od.* eifrig bemüht (***to do*** zu tun); **so'lic·i·tude** [-tjuːd] *s.* **1.** Besorgtheit *f*, Sorge *f*; **2.** (über'triebener) Eifer; **3.** *pl.* Sorgen *pl.*

sol·id ['sɒlɪd] **I** *adj.* ☐ **1.** *allg.* fest (*Eis, Kraftstoff, Speise, Wand etc.*): ***~ body*** Festkörper *m*; ***~ lubricant*** ⚙ Starrschmiere *f*; ***~ state*** *phys.* fester (Aggregat)Zustand; ***~ waste*** Festmüll *m*; ***on ~ ground*** auf festem Boden (*a. fig.*); **2.** kräftig, sta'bil, derb, fest: ***~ build*** kräftiger Körperbau; ***~ leather*** Kernleder *n*; ***a ~ meal*** ein kräftiges Essen; ***a ~ blow*** ein harter Schlag; **3.** mas'siv (*Ggs. hohl*), Voll...(*-gummi, -reifen*); **4.** mas'siv, gediegen: ***~ gold***; **5.** *fig.* so'lid(e), gründlich: ***~ learning***; **6.** *fig.* gewichtig, triftig (*Grund etc.*), stichhaltig, handfest (*Argument etc.*); **7.** so'lid(e), gediegen, zuverlässig (*Person*); **8.** ✝ so'lid(e), gut fundiert; **9.** a) soli'darisch, b) einmütig, geschlossen (***for*** für *j-n od. et.*): ***be ~ for s.o.***; ***be ~ly behind s.o.*** geschlossen hinter j-m stehen; ***a ~ vote*** e-e einstimmige Wahl; **10.** ***be ~ (with s.o.)*** *Am.* F (mit j-m) auf gutem Fuß stehen; **11.** *Am. sl.* ‚prima', erstklassig; **12.** ⩚ a) körperlich, räumlich, b) Kubik..., Raum...: ***~ capacity***; ***~ geometry*** Stereometrie *f*; ***~ measure*** Raummaß *n*; **13.** geschlossen: ***a ~ row of buildings***; **14.** F voll, ‚geschlagen': ***a ~ hour***; **15.** F to'tal: ***booked ~*** total ausgebucht; **II** *s.* **16.** ⩚ Körper *m*; **17.** *phys.* Festkörper *m*; **18.** *pl.* feste Bestandteile *pl.*: ***the ~s of milk***.

sol·i·dar·i·ty [ˌsɒlɪ'dærətɪ] *s.* Solidari'tät *f*, Zs.-halt *m*, Zs.-gehörigkeitsgefühl *n*; **sol·i·dar·y** ['sɒlɪdərɪ] *adj.* soli'darisch.

'**sol·id|-drawn** *adj.* ⚙ gezogen: ***~ axle***; ***~ tube*** nahtlos gezogenes Rohr; '**~-hoofed** *adj. zo.* einhufig.

so·lid·i·fi·ca·tion [səˌlɪdɪfɪ'keɪʃn] *s. phys. etc.* Erstarrung *f*, Festwerden *n*; **so·lid·i·fy** [sə'lɪdɪfaɪ] **I** *v/t.* **1.** fest werden lassen; **2.** verdichten; **3.** *fig.* *Partei* festigen, konsolidieren; **II** *v/i.* **4.** fest werden, erstarren.

so·lid·i·ty [sə'lɪdətɪ] *s.* **1.** Festigkeit *f* (*a. fig.*); kom'pakte *od.* mas'sive Struk'tur; Dichtigkeit *f*; **2.** *fig.* Gediegenheit *f*, Zuverlässigkeit *f*, Solidi'tät *f*; ✝ Kre'ditfähigkeit *f*.

'**sol·id-state chem·is·try** *s.* 'Festkörperche,mie *f*.

sol·id·un·gu·late [ˌsɒlɪd'ʌŋgjʊleɪt] *adj. zo.* einhufig.

so·lil·o·quize [sə'lɪləkwaɪz] **I** *v/i.* Selbstgespräche führen, *bsd. thea.* monologisieren; **II** *v/t. et.* zu sich selbst sagen; **so'lil·o·quy** [-kwɪ] *s.* Selbstgespräch *n*, *bsd. thea.* Mono'log *m*.

sol·i·ped ['sɒlɪped] *zo.* **I** *s.* Einhufer *m*; **II** *adj.* einhufig.

sol·i·taire [ˌsɒlɪ'teə] *s.* **1.** Soli'tär(spiel) *n*; **2.** Pa'tience *f*; **3.** Soli'tär *m* (*einzeln gefasster Edelstein*).

sol·i·tar·y ['sɒlɪtərɪ] *adj.* ☐ **1.** einsam (*Leben, Spaziergang etc.*); → ***confinement*** 2; **2.** einsam, abgelegen (*Ort*); **3.** einsam, einzeln (*Baum, Reiter etc.*); **4.** ⚘, *zo.* soli'tär; **5.** *fig.* einzig: ***~ excep-***

S

tion; '**sol·i·tude** [-tjuːd] *s.* **1.** Einsamkeit *f*; **2.** (Ein)Öde *f*.

sol·mi·za·tion [ˌsɒlmɪ'zeɪʃn]*s.* ♪ a) Solmisati'on *f*, b) Solmisati'onsübung *f*.

so·lo ['səʊləʊ] *pl.* **-los I** *s.* **1.** *bsd.* ♪ Solo(gesang *m*, -spiel *n*, -tanz *m etc.*) *n*; **2.** *Kartenspiele*: Solo *n*; **3.** ✈ Al'leinflug *m*; **II** *adj.* **4.** *bsd.* ♪ Solo...; **5.** Allein...: **~ *flight*** → 3; **~ *run*** *sport* Alleingang *m*; **III** *adv.* **6.** al'lein, ‚solo': ***fly* ~** e-n Alleinflug machen; '**so·lo·ist** [-əʊɪst] *s.* So'list(in).

sol·stice ['sɒlstɪs] *s. ast.* Sonnenwende *f*: ***summer* ~**; **sol·sti·tial** [sɒl'stɪʃl] *adj.* Sonnenwende...: **~ *point*** Umkehrpunkt *m*.

sol·u·bil·i·ty [ˌsɒljʊ'bɪlətɪ] *s.* **1.** ⚗ Löslichkeit *f*; **2.** *fig.* Lösbarkeit *f*; **sol·u·ble** ['sɒljʊbl] *adj.* **1.** ⚗ löslich; **2.** *fig.* (auf-) lösbar.

so·lu·tion [sə'luːʃn] *s.* **1.** ⚗ a) Auflösung *f*, b) Lösung *f*: ***aqueous* ~** wässerige Lösung; **(*rubber*) ~** Gummilösung *f*; **2.** ⚕ *etc.* (Auf)Lösung *f*; **3.** *fig.* Lösung *f* (*e-s Problems etc.*); (Er)Klärung *f*.

solv·a·ble ['sɒlvəbl] → ***soluble***.

solve [sɒlv] *v/t.* **1.** *Aufgabe, Problem* lösen; **2.** lösen, (er)klären: **~ *a mystery***; **~ *a crime*** ein Verbrechen aufklären; '**sol·ven·cy** [-vənsɪ] *s.* ✝ Zahlungsfähigkeit *f*; '**sol·vent** [-vənt] **I** *adj.* **1.** ⚗ (auf)lösend; **2.** *fig.* zersetzend; **3.** *fig.* erlösend: ***the* ~ *power of laughter***; **4.** ✝ zahlungsfähig, sol'vent, li'quid; **II** *s.* **5.** ⚗ Lösungsmittel *n*: **~ *abuse*** Missbrauch *m* von Lösungsmitteln, F ‚Schnüffeln'; **~ *abuser*** ‚Schnüffler(in)'; **6.** *fig.* zersetzendes Ele'ment; '**sol·vent-based** *adj.* lösungsmittelhaltig; '**sol·vent-free** *adj.* lösungsmittelfrei.

so·mat·ic [səʊ'mætɪk] *adj. biol.*, ⚕ **1.** körperlich, physisch; **2.** so'matisch: **~ *cell*** Somazelle *f*.

so·ma·tol·o·gy [ˌsəʊmə'tɒlədʒɪ] *s.* ⚕ Somatolo'gie *f*, Körperlehre *f*; **so·ma·to·psy·chic** [ˌsəʊmətəʊ'saɪkɪk] *adj.* ⚕, *psych.* psychoso'matisch.

som·ber *Am.*, **som·bre** *Brit.* ['sɒmbə] *adj.* ☐ **1.** düster, trübe (*a. fig.*); **2.** dunkel(farbig); **3.** *fig.* melan'cholisch; '**som·ber·ness** *Am.*, '**som·bre·ness** *Brit.* [-nɪs] *s.* **1.** Düsterkeit *f*, Trübheit *f* (*a. fig.*); **2.** *fig.* Trübsinnigkeit *f*.

some [sʌm; səm] **I** *adj.* **1.** (*vor Substantiven*) (irgend)ein: **~ *day*** eines Tages; **~ *day* (*or other*)**, **~ *time*** irgendwann (einmal), mal; **2.** (*vor pl.*) einige, ein paar: **~ *few*** einige wenige; **3.** manche; **4.** ziemlich (viel), beträchtlich, e-e ganze Menge; **5.** gewiss: ***to* ~ *extent*** in gewissem Grade, einigermaßen; **6.** etwas, ein (klein) wenig: **~ *bread*** (etwas) Brot; ***take* ~ *more!*** nimm noch etwas!; **7.** ungefähr, gegen: ***a village of* ~ *60 houses*** ein Dorf von etwa 60 Häusern; **8.** *sl.* beachtlich, ‚ganz hübsch': **~ *race!*** das war vielleicht ein Rennen!; **~ *teacher!*** *contp.* ein ‚schöner' Lehrer (ist das)!; **II** *adv.* **9.** *bsd. Am.* etwas, ziemlich; **10.** F ‚e'norm', ‚toll'; **III** *pron.* **11.** (irgend)ein: **~ *of these days*** dieser Tage, demnächst; **12.** etwas: **~ *of it*** etwas davon; **~ *of these people*** einige dieser Leute; **13.** welche: ***will you have* ~?**; **14.** *Am. sl.* dar'über hinaus, noch mehr; **15.** ***some ... some*** die einen ... die anderen.

some|·bod·y ['sʌmbədɪ] **I** *pron.* jemand, (irgend)einer; **II** *s.* e-e bedeutende Per'sönlichkeit: ***he thinks he is* ~** er bildet sich ein, er sei jemand; '**~·how** *adv.* *oft* **~ *or other*** **1.** irgend'wie, auf irgendeine Weise; **2.** aus irgendeinem Grund(e), ‚irgendwie': **~ (*or other*) *I don't trust him***; '**~·one I** *pron.* jemand, (irgend)einer: **~ *or other*** irgendeiner; **II** *s.* → ***somebody*** II; '**~·place** *adv. Am.* irgendwo('hin).

som·er·sault ['sʌməsɔːlt] **I** *s.* a) Salto *m*, b) Purzelbaum *m* (*a. fig.*): ***turn*** *od.* ***do a* ~** → **II** *v/i.* e-n Salto machen *od.* e-n Purzelbaum schlagen.

Som·er·set House ['sʌməsɪt] *s. Verwaltungsgebäude in London mit Personenstandsregister, Notariats- u. Inlandssteuerbehörden etc.*

'**some|·thing** ['sʌm-] **I** *s.* **1.** (irgend)etwas, was: **~ *or other*** irgendetwas; ***a certain* ~** ein gewisses Etwas; **2. ~ *of*** so etwas wie: ***he is* ~ *of a mechanic***; **3.** ***or* ~** oder so (etwas Ähnliches); **II** *adv.* **4. ~ *like*** a) so etwas wie, so ungefähr, b) F wirklich, mal: ***that's* ~ *like a pudding!***; ***that's* ~ *like!*** das lasse ich mir gefallen!; '**~·time I** *adv.* **1.** irgend(-wann) einmal (*bsd. in der Zukunft*): ***write* ~!** schreib (ein)mal!; **2.** früher, ehemals; **II** *adj.* **3.** ehemalig, weiland (*Professor etc.*); '**~·times** *adv.* manchmal, hie und da, gelegentlich, zu'weilen; '**~·what** *adv. u. s.* etwas, ein wenig, ein bisschen: ***she was* ~ *puzzled***; **~ *of a shock*** ein ziemlicher Schock; '**~·where** *adv.* **1.** irgend'wo; **2.** irgend-wo'hin: **~ *else*** sonst wohin, woanders-hin; **3. ~ *about*** so etwa, um ... her'um.

som·nam·bu·late [sɒm'næmbjʊleɪt] *v/i.* schlaf-, nachtwandeln; **som'nam·bu·lism** [-lɪzəm] *s.* Schlaf-, Nachtwandeln *n*; **som'nam·bu·list** [-lɪst] *s.* Schlaf-, Nachtwandler(in); **som·nam·bu·lis·tic** [sɒmˌnæmbjʊ'lɪstɪk] *adj.* schlaf-, nachtwandlerisch.

som·nif·er·ous [sɒm'nɪfərəs] *adj.* einschläfernd.

som·no·lence ['sɒmnələns] *s.* **1.** Schläfrigkeit *f*; **2.** ⚕ Schlafsucht *f*; '**som·no·lent** [-nt] *adj.* ☐ **1.** schläfrig; **2.** einschläfernd.

son [sʌn] *s.* **1.** Sohn *m*: **~ and heir** Stammhalter *m*; **~ of God** (*od.* **man**), **the** ♀ *eccl.* Gottes-, Menschensohn (*Christus*); **2.** *fig.* Sohn *m*, Abkomme *m*: **~ of a bitch** *Am. sl.* a) ‚Scheißkerl' *m*, b) ‚Scheißding' *n*; **~ of a gun** *Am. sl.* a) ‚toller Hecht', b) ‚(alter) Gauner'; **3.** *fig. pl. coll.* Schüler *pl.*, Jünger *pl.*; Söhne *pl.* (*e-s Volks, e-r Gemeinschaft etc.*); **4.** → **sonny**.

so·nance ['səʊnəns] *s.* **1.** Stimmhaftigkeit *f*; **2.** Laut *m*; **'so·nant** [-nt] *ling.* **I** *adj.* stimmhaft; **II** *s.* a) So'nant *m*, b) stimmhafter Laut.

so·nar ['səʊnɑː] *s.* ⚓ Sonar *n*, S-Gerät *n* (*aus* **sound navigation and ranging**).

so·na·ta [sə'nɑːtə] *s.* ♪ So'nate *f*; **so·na·ti·na** [ˌsɒnə'tiːnə] *s.* ♪ Sona'tine *f*.

song [sɒŋ] *s.* **1.** ♪ Lied *n*, Gesang *m*: **~ (and dance)** F *fig.* Getue *n*, ‚The'ater' *n* (**about** wegen); **for a ~** *fig.* für ein Butterbrot; **2.** Song *m*; **3.** *poet.* a) Lied *n*, Gedicht *n*, b) Dichtung *f*: ♀ **of Solomon**, ♀ **of Songs** *bibl. das* Hohelied (Salomonis); ♀ **of the Three Children** *bibl. der* Gesang der drei Männer *od.* Jünglinge im Feuerofen; **4.** Singen *n*, Gesang *m*: **break** (*od.* **burst**) **into ~** zu singen anfangen; **'~·bird** *s.* **1.** Singvogel *m*; **2.** ‚Nachtigall' *f* (*Sängerin*); **'~·book** *s.* Liederbuch *n*.

song·ster ['sɒŋstə] *s.* **1.** ♪ Sänger *m*; **2.** Singvogel *m*; **3.** *Am.* (*bsd.* volkstümliches) Liederbuch; **'song·stress** [-trɪs] *s.* Sängerin *f*.

'song-thrush *s. orn.* Singdrossel *f*.

son·ic ['sɒnɪk] *adj.* ⚙ Schall...; **~ bang** → **sonic boom**; **~ bar·ri·er** → **sound barrier**; **~ boom** *s.* ✈ Düsen-, 'Überschallknall *m*; **~ depth find·er** *s.* ⚓ Echolot *n*.

'son-in-law *pl.* **'sons-in-law** *s.* Schwiegersohn *m*.

son·net ['sɒnɪt] *s.* So'nett *n*.

son·ny ['sʌnɪ] *s.* Junge *m*, Kleiner *m* (*Anrede*).

son·o·buoy ['səʊnəbɔɪ] *s.* ⚓ Schallboje *f*.

so·nom·e·ter [səʊ'nɒmɪtə] *s.* Schallmesser *m*.

so·nor·i·ty [sə'nɒrətɪ] *s.* **1.** Klangfülle *f*, (Wohl)Klang *m*; **2.** *ling.* (Ton)Stärke *f* (*e-s Lauts*); **so·no·rous** [sə'nɔːrəs] *adj.* □ **1.** tönend, reso'nant (*Holz etc.*); **2.** volltönend (*a. ling.*), klangvoll, so'nor (*Stimme, Sprache*); **3.** *phys.* Schall..., Klang...

son·sy ['sɒnsɪ] *adj. Scot.* **1.** drall (*Mädchen*); **2.** gutmütig.

soon [suːn] *adv.* **1.** bald, unverzüglich; **2.** (sehr) bald, (sehr) schnell: **no ~er ... than** kaum ... als; **no ~er said than done** gesagt, getan; **3.** bald, früh: **as ~ as** sobald als *od.* wie; **~er or later** früher oder später; **the ~er the better** je früher desto besser; **4.** gern: (**just**) **as ~** ebenso gern; **I would ~er ... than** ich möchte lieber ... als; **'soon·er** [-nə] *comp. adv.* **1.** früher, eher; **2.** schneller; **3.** lieber; → **soon** 2, 3, 4; **'soon·est** [-nɪst] *sup. adv.* frühestens.

soot [sʊt] **I** *s.* Ruß *m*; **II** *v/t.* mit Ruß bedecken, be-, verrußen.

sooth [suːθ] *s. Brit. obs.*: **in ~**, **~ to say** fürwahr, wahrlich.

soothe [suːð] *v/t.* **1.** besänftigen, beruhigen, beschwichtigen; **2.** *Schmerz etc.* mildern, lindern; **'sooth·ing** [-ðɪŋ] *adj.* □ **1.** besänftigend; **2.** lindernd; **3.** wohltuend, sanft: **~ light**; **~ music**.

sooth·say·er ['suːθˌseɪə] *s.* Wahrsager(in).

soot·y ['sʊtɪ] *adj.* □ **1.** rußig; **2.** geschwärzt; **3.** schwarz.

sop [sɒp] **I** *s.* **1.** eingetunkter Bissen (*Brot etc.*); **2.** *fig.* Beschwichtigungsmittel *n*, ‚Schmiergeld' *n*, ‚Brocken' *m*; → **Cerberus**; **3.** *fig.* Weichling *m*; **II** *v/t.* **4.** *Brot etc.* eintunken; **5.** durch'nässen, -'weichen; **6.** **~ up** *Wasser* aufwischen.

soph [sɒf] F *für* **sophomore**.

soph·ism ['sɒfɪzəm] *s.* **1.** So'phismus *m*, Spitzfindigkeit *f*, 'Scheinargu,ment *n*; **2.** Trugschluss *m*; **'Soph·ist** [-ɪst] *s. phls.* So'phist *m* (*a. fig. spitzfindiger Mensch*); **'soph·ist·er** [-ɪstə] *s. univ. hist. Student im 2. od. 3. Jahr* (*in Cambridge, Dublin*).

so·phis·tic, **so·phis·ti·cal** [sə'fɪstɪk(l)] *adj.* □ so'phistisch; **so'phis·ti·cate** [-keɪt] **I** *v/t.* **1.** verfälschen; **2.** *j-n* verbilden; **3.** *j-n* verfeinern; **II** *v/i.* **4.** So'phismen gebrauchen; **III** *s.* **5.** weltkluge (*etc.*) Per'son (→ **sophisticated** 1 *u.* 2); **so'phis·ti·cat·ed** [-keɪtɪd] *adj.* **1.** weltklug, intellektu'ell, (geistig) anspruchsvoll; **2.** *contp.* blasiert, ‚auf mo'dern *od.* intellektuell machend', ‚hochgestochen'; **3.** verfeinert, kultiviert, raffiniert (*Stil etc.*); hoch entwickelt (*a.* ⚙ *Maschinen*); **4.** anspruchsvoll, exqui'sit (*Roman etc.*); **5.** unecht, verfälscht; **so·phis·ti·ca·tion** [səˌfɪstɪ'keɪʃn] *s.* **1.** Intellektua'lismus *m*, Kultiviertheit *f*; **2.** Blasiertheit *f*, hochgestochene Art; **3.** *das* (geistig) Anspruchsvolle; **4.** ⚙ Ausgereiftheit, (technisches) Raffine'ment; **5.** (Ver)Fälschung *f*; **6.** → **sophistry**; **soph·ist·ry** ['sɒfɪstrɪ] *s.* **1.** Spitzfindigkeit *f*, Sophiste'rei *f*; **2.** So'phismus *m*, Trugschluss *m*.

soph·o·more ['sɒfəmɔː] *s. ped. Am.* 'Collegestu,dent(in) *od.* Schüler(in) e-r **High School** im 2. Jahr.

so·po·rif·ic [ˌsɒpə'rɪfɪk] **I** *adj.* einschläfernd, schlaffördernd; **II** *s. bsd. pharm.* Schlafmittel *n*.

sop·ping ['sɒpɪŋ] *adj. a.* **~ wet** patschnass, triefend (nass); **'sop·py** [-pɪ] *adj.* □ **1.**

S

durch'weicht (*Boden etc.*); **2.** regnerisch; **3.** F saftlos, fad(e); **4.** F rührselig, ‚schmalzig'; **5.** F ‚verknallt' (***on s.o.*** in j-n).
so·pran·o [sə'prɑːnəʊ] *pl.* **-nos I** *s.* **1.** So'pran *m* (*Singstimme*); **2.** So'pranstimme *f*, -par,tie *f* (*e-r Komposition*); **3.** Sopra'nist(in); **II** *adj.* **4.** Sopran…
sorb [sɔːb] *s.* ⚘ **1.** Eberesche *f*; **2.** *a.* ***~ apple*** Elsbeere *f*.
sor·be·fa·cient [ˌsɔːbɪ'feɪʃənt] **I** *adj.* absorbierend, absorpti'onsfördernd; **II** *s.* ⚕ Ab'sorbens *n*.
sor·bet ['sɔːbɪt] *s.* Fruchteis *n*.
sor·cer·er ['sɔːsərə] *s.* Zauberer *m*; **'sor·cer·ess** [-rɪs] *s.* Zauberin *f*, Hexe *f*; **'sor·cer·ous** [-rəs] *adj.* Zauber…, Hexen…; **'sor·cer·y** [-rɪ] *s.* Zaube'rei *f*, Hexe'rei *f*.
sor·did ['sɔːdɪd] *adj.* □ *bsd. fig.* schmutzig, schäbig; **'sor·did·ness** [-nɪs] *s.* Schmutzigkeit *f* (*a. fig.*).
sor·dine ['sɔːdiːn], **sor·di·no** [sɔː'diːnəʊ] *pl.* **-ni** [-niː] ♪ Dämpfer *m*, Sor'dine *f*.
sore [sɔː] **I** *adj.* □ → ***sorely***; **1.** weh(e), wund: ***~ feet***; ***~ heart*** *fig.* wundes Herz, Leid *n*; ***like a bear with a ~ head*** *fig.* brummig, bärbeißig; → ***spot*** 5; **2.** entzündet, schlimm, ‚böse': ***~ finger***; ***~ throat*** Halsentzündung *f*; → ***sight*** 6; **3.** *fig.* schlimm, arg: ***~ calamity***; **4.** F verärgert, beleidigt, böse (***about*** über *acc.*, wegen); **5.** heikel (*Thema*); **II** *s.* **6.** Wunde *f*, wunde Stelle, Entzündung *f*: ***an open ~*** a) e-e offene Wunde (*a. fig.*), b) *fig.* ein altes Übel, ein ständiges Ärgernis; **III** *adv.* **7.** → ***sorely*** 1; **'sore·head** *s. Am.* F mürrischer Mensch; **'sore·ly** [-lɪ] *adv.* **1.** arg, ‚bös': a) sehr, bitter, b) schlimm; **2.** dringend; **3.** bitterlich *weinen etc.*
so·ror·i·ty [sə'rɒrətɪ] *s.* **1.** *Am.* Verbindung *f* von Stu'dentinnen; **2.** *eccl.* Schwesternschaft *f*.
sorp·tion ['sɔːpʃn] *s.* ⚗, *phys.* (Ab-)Sorpti'on *f*.
sor·rel¹ ['sɒrəl] **I** *s.* **1.** Rotbraun *n*; **2.** (Rot)Fuchs *m* (*Pferd*); **II** *adj.* **3.** rotbraun.
sor·rel² ['sɒrəl] *s.* ⚘ **1.** Sauerampfer *m*; **2.** Sauerklee *m*.
sor·row ['sɒrəʊ] **I** *s.* **1.** Kummer *m*, Leid *n*, Gram *m* (***at*** über *acc.*, ***for*** um): ***to my ~*** zu m-m Kummer *od.* Leidwesen; **2.** Leid *n*, Unglück *n*; *pl.* Leid(en *pl.*) *n*; **3.** Reue *f* (***for*** über *acc.*); **4.** *bsd. iro.* Bedauern *n*: ***without much ~***; **5.** Klage *f*, Jammer *m*; **II** *v/i.* **6.** sich grämen *od.* härmen (***at***, ***over***, ***for*** über *acc.*, wegen, um); **7.** klagen, trauern (***after***, ***for*** um, über *acc.*); **sor·row·ful** ['sɒrəʊfʊl] *adj.* □ **1.** sorgen-, kummervoll, bekümmert; **2.** klagend, traurig: ***a ~ song***; **3.** traurig, beklagenswert: ***a ~ accident***.
sor·ry ['sɒrɪ] *adj.* □ **1.** betrübt: ***I am*** (*od.* ***feel***) ***~ for him*** er tut mir Leid; ***be ~ for o.s.*** sich selbst bedauern; (***I am***) (***so***) ***~!*** (es) tut mir (sehr) Leid!, (ich) bedaure!, Verzeihung!; ***we are ~ to say*** wir müssen leider sagen; **2.** reuevoll: ***be ~ about*** *et.* bereuen *od.* bedauern; **3.** *contp.* traurig, erbärmlich (*Anblick*, *Zustand etc.*): ***a ~ excuse*** ‚e-e faule Ausrede'.
sort [sɔːt] **I** *s.* **1.** Sorte *f*, Art *f*, Klasse *f*, Gattung *f*; ✝ *a.* Marke *f*, Quali'tät *f*: ***all ~s of people*** allerhand *od.* alle möglichen Leute; ***all ~s of things*** alles Mögliche; **2.** Art *f*: ***after a ~*** gewissermaßen; ***nothing of the ~*** nichts dergleichen; ***something of the ~*** so etwas, et. Derartiges; ***he is not my ~*** er ist nicht mein Fall *od.* Typ; ***he is not the ~ of man who …*** er ist nicht der Mann, der *so et. tut*; ***what ~ of a …?*** was für ein …?; ***he is a good ~*** er ist ein guter *od.* anständiger Kerl; (***a***) ***~ of a peace*** so etwas wie ein Frieden; ***I ~ of expected it*** F ich habe es irgendwie *od.* halb erwartet; ***he ~ of hinted*** F er machte so eine *od.* e-e vage Andeutung; **3.** ***of a ~***, ***of ~s*** *contp.* so was wie: ***a politician of ~s***; **4.** ***out of ~s*** a) unwohl, nicht auf der Höhe, b) verstimmt; → 5; **5.** *typ.* 'Schriftgarni,tur *f*: ***out of ~*** ausgegangen; **II** *v/t.* **6.** sortieren, (ein)ordnen, sichten; **7.** sondern, trennen (***from*** von); **8.** *oft* ***~ out*** auslesen, -suchen, -sortieren; **9.** ***~ s.th. out*** *fig.* a) et. ‚auseinander klauben', sich Klarheit verschaffen über et., b) e-e Lösung finden für et.; ***~ itself out*** sich von selbst erledigen; **10.** ***~ s.o. out*** F a) j-m den Kopf zurechtsetzen, b) j-n ‚zur Schnecke machen'; ***~ o.s. out*** zur Ruhe kommen, mit sich ins Reine kommen; **11.** *a.* ***~ together*** zs.-stellen, -tun (***with*** mit); **'sort·er** [-tə] *s.* Sortierer(in).
sor·tie ['sɔːtiː] **I** *s.* ⚔ a) Ausfall *m*, b) ✈ (Einzel)Einsatz *m*, Feindflug *m*; **II** *v/i.* ⚔ a) e-n Ausfall machen, b) ✈ e-n Einsatz fliegen, c) ⚓ auslaufen.
sor·ti·lege ['sɔːtɪlɪdʒ] *s.* Wahrsagen *n* (aus Losen).
so-so, so so ['səʊsəʊ] *adj. u. adv.* F so la'la (*leidlich*, *mäßig*).
sot [sɒt] **I** *s.* Säufer *m*; **II** *v/i.* (sich be-)saufen; **sot·tish** ['sɒtɪʃ] *adj.* □ **1.** ‚versoffen'; **2.** ‚besoffen'; **3.** ‚blöd' (*albern*).
sot·to vo·ce [ˌsɒtəʊ'vəʊtʃɪ] (*Ital.*) *adv.* ♪ *u. fig.* leise, gedämpft.
sou·brette [suː'bret] (*Fr.*) *s. thea.* Soubrette *f*.
sou·bri·quet ['suːbrɪkeɪ] → ***sobriquet***.
souf·fle ['suːfl] *s.* ⚕ Geräusch *n*.
souf·flé ['suːfleɪ] (*Fr.*) *s.* Auflauf *m*, Souf'flee *n*.
sough [saʊ] **I** *s.* Rauschen *n* (*des Windes*); **II** *v/i.* rauschen.

S

sought [sɔːt] *pret. u. p.p. von* **seek**.

soul [səʊl] *s.* **1.** *eccl., phls.* Seele *f*: ***upon my ~!*** ganz bestimmt!; **2.** Seele *f*, Herz *n, das* Innere: ***he has a ~ above mere money-grubbing*** er hat auch noch Sinn für andere Dinge als Geldraffen; **3.** *fig.* Seele *f* (*Triebfeder*): ***he was the ~ of the enterprise***; **4.** *fig.* Geist *m* (*Person*): ***the greatest ~s of the past***; **5.** Seele *f*, Mensch *m*: ***the ship went down with 300 ~s***; ***a good ~*** e-e gute Seele, e-e Seele von e-m Menschen; ***poor ~*** armer Kerl; ***not a ~*** keine Menschenseele, niemand; **6.** Inbegriff *m*, *ein* Muster (***of*** an *dat.*): ***the ~ of generosity*** *er ist* die Großzügigkeit selbst; **7.** Inbrunst *f*, Kraft *f*, *künstlerischer* Ausdruck; **8.** *a.* ***~ music*** ♪ Soul *m*; **9.** ***~ brother***, ***~ sister*** *Am.* Schwarze(r *m*) *f*; **'soul-de,stroy·ing** *adj.* geisttötend (*Arbeit etc.*); **'soul·ful** [-fʊl] *adj.* □ seelenvoll (*a. fig. u. iro.*); **'soul·less** [-lɪs] *adj.* □ seelenlos (*a. fig. gefühllos, egoistisch, ausdruckslos*); **'soul-,stir·ring** *adj.* ergreifend.

sound¹ [saʊnd] **I** *adj.* □ **1.** gesund: ***as ~ as a bell*** kerngesund; ***~ in mind and body*** körperlich u. geistig gesund; ***of ~ mind*** ⚖ voll zurechnungs- *od.* handlungsfähig; **2.** fehlerfrei (*Holz etc.*), tadellos, in'takt: ***~ fruit*** unverdorbenes Obst; **3.** gesund, fest (*Schlaf*); **4.** ✝ gesund, so'lide (*Firma, Währung*); sicher (*Kredit*); **5.** gesund, vernünftig (*Urteil etc.*); gut, brauchbar (*Rat, Vorschlag*); kor'rekt, folgerichtig (*Denken etc.*); ⚖ begründet, gültig; **6.** zuverlässig (*Freund etc.*); **7.** gut, tüchtig (*Denker, Schläfer, Stratege etc.*); **8.** tüchtig, kräftig, gehörig: ***a ~ slap*** e-e saftige Ohrfeige; **II** *adv.* **9.** fest, tief *schlafen*.

sound² [saʊnd] *s.* **1.** Sund *m*, Meerenge *f*; **2.** *ichth.* Fischblase *f*.

sound³ [saʊnd] **I** *v/t.* **1.** ⚓ (aus)loten, peilen; **2.** *Meeresboden etc.* erforschen (*a. fig.*); **3.** ⚕ a) sondieren, b) → ***sound⁴*** 14; **4.** *fig.* a) sondieren, erkunden, b) *j-n* ausholen, *j-m* auf den Zahn fühlen; **II** *v/i.* **5.** ⚓ loten; **6.** (weg)tauchen (*Wal*); **7.** *fig.* sondieren; **III** *s.* **8.** ⚕ Sonde *f*.

sound⁴ [saʊnd] **I** *s.* **1.** Schall *m*, Laut *m*, Ton *m*: ***~ amplifier*** Lautverstärker *m*; ***faster than ~*** mit Überschallgeschwindigkeit; ***~ and fury*** *fig.* a) Schall und Rauch, b) hohles Getöse; ⚲ ***Peter Brown*** *Film, TV*: Ton: Peter Brown; ***within ~*** in Hörweite; **2.** Geräusch *n*, Laut *m*: ***without a ~*** geräusch-, lautlos; **3.** Ton *m*, Klang *m*, *a. fig.* Tenor *m* (*e-s Briefes, e-r Rede etc.*); **4.** ♪ Klang *m*, *Jazz etc.*: Sound *m*; **5.** *ling.* Laut *m*; **II** *v/i.* **6.** (er)schallen, (-)tönen, (-)klingen; **7.** (*a. fig. gut, unwahrscheinlich etc.*) klingen; **8.** ***~ off*** F ‚tönen' (***about on*** von): ***~ off against*** ‚herziehen' über (*acc.*); **9.** ***~ in*** ⚖ auf *Schadenersatz etc.* gehen *od.* lauten (*Klage*); **III** *v/t.* **10.** *Trompete etc.* erschallen *od.* ertönen *od.* erklingen lassen: ***~ s.o.'s praises*** *fig.* j-s Lob singen; **11.** *durch ein Signal* verkünden; → ***alarm*** 1; ***retreat*** 1; **12.** äußern, von sich geben: ***~ a note of fear***; **13.** *ling.* aussprechen; **14.** ⚕ abhorchen, -klopfen; **~ bar·rier** *s.* ✈, *phys.* Schallgrenze *f*, -mauer *f*; **~ bite** *s. mst. pl. Radio, TV*: 'Soundbite *n* (*kurzer Ausschnitt aus e-m Interview, e-r Rede etc.*); **~ board** *s.* ♪ Reso'nanzboden *m*, Schallbrett *n*; **~ box** *s.* **1.** ♪ Reso'nanzkasten *m*; **2.** *Film etc.*: 'Tonka,bine *f*; **~ broad·cast·ing** *s.* Hörfunk *m*; **~ card** *s. Computer*: 'Soundkarte *f*; **~ ef·fects** *s. pl. Film, TV*: 'Tonef,fekte *pl.*, Geräusche *pl.*; **~ en·gi·neer** *s. Film*: Tonmeister *m*.

sound·er ['saʊndə] *s.* **1.** ⚓ a) Lot *n*, b) ⚔ Lotgast *m*; **2.** *tel.* Klopfer *m*.

sound film *s.* Tonfilm *m*.

sound·ing¹ ['saʊndɪŋ] *adj.* □ **1.** tönend, schallend; **2.** wohlklingend; **3.** *contp.* lautstark, bom'bastisch.

sound·ing² ['saʊndɪŋ] *s.* **1.** Loten *n*; **2.** *pl.* (ausgelotete *od.* auslotbare) Wassertiefe: ***take a ~*** loten, *fig.* sondieren.

sound·ing| bal·loon *s.* Ver'suchsbal,lon *m*, Bal'lonsonde *f*; **~ board** *s.* ♪ **1.** → ***sound board***; **2.** Schallmuschel *f* (*für Orchester etc. im Freien*); **3.** Schalldämpfungsbrett *n*; **4.** *fig.* Podium *n*.

sound in·su·la·tion *s.* Schalldämmung *f*.

sound·less ['saʊndlɪs] *adj.* □ laut-, geräuschlos.

sound mix·er *s. Film etc.*: Tonmeister *m*.

sound·ness ['saʊndnɪs] **1.** Gesundheit *f* (*a. fig.*); **2.** Vernünftigkeit *f*; **3.** Brauchbarkeit *f*; **4.** Folgerichtigkeit *f*; **5.** Zuverlässigkeit *f*; **6.** Tüchtigkeit *f*; **7.** ⚖ Rechtmäßigkeit *f*, Gültigkeit *f*.

'sound|-on-film *s.* Tonfilm *m*; **'~·proof** [-ndp-] **I** *adj.* schalldicht: ***~ barrier*** Lärmschutzwall *m*; **II** *v/t.* schalldicht machen, isolieren; **'~,proof·ing** [-ndp-] *s.* ⚙ Schalldämpfung *f*, Schallisolierung *f*; **~ rang·ing** **I** *s.* ⚔ Schallmessen *n*; **II** *adj.* Schallmess...; **~ re·cord·er** *s.* Tonaufnahmegerät *n*; **~ shift** *s. ling.* Lautverschiebung *f*; **~ track** *s. Film*: 'Soundtrack *m*, Tonstreifen *m*, -spur *f*; **~ truck** *s. Am.* Lautsprecherwagen *m*; **~ wave** *s. phys.* Schallwelle *f*.

soup [suːp] **I** *s.* **1.** Suppe *f*, Brühe *f*: ***be in the ~*** F ‚in der Tinte sitzen'; ***from ~ to nuts*** F von A bis Z; **2.** *fig.* dicker Nebel, ‚Waschküche' *f*; **3.** *phot.* F Entwickler *m*; **4.** *mot. sl.* P'S *f*; **II** *v/t.* **5.** *Am. sl.* ***~ up*** a) *Motor* ‚frisieren', b) *fig. et.* ‚aufmöbeln', c) *fig.* Dampf hinter *e-e Sache* machen.

soup·çon ['su:psɔ̃:ŋ] *s.* Spur *f* (*of Knoblauch, a. Ironie etc.*).

soup| kitch·en *s.* **1.** Armenküche *f*; **2.** ⚔ Feldküche *f*; '**~·mix** *s.* 'Suppenpräpa,rat *n*.

sour ['saʊə] **I** *adj.* □ **1.** sauer (*a. Geruch, Milch*); herb, bitter: **~ grapes** *fig.* saure Trauben; **turn** *od.* **go ~** → 8 *u.* 9; **2.** *fig.* sauer (*Gesicht etc.*); **3.** *fig.* sauertöpfisch, mürrisch, bitter; **4.** nasskalt (*Wetter*); **5.** ✓ sauer (*kalkarm, nass*) (*Boden*); **II** *s.* **6.** Säure *f*; **7.** *fig.* Bitternis *f*: **take the sweet with the ~** das Leben nehmen, wie es (eben) ist; **III** *v/i.* **8.** sauer werden; **9.** *fig.* a) verbittert *od.* ‚sauer' werden, b) die Lust verlieren (**on** an *dat.*), c) ‚mies' werden, d) ‚ka'puttgehen'; **IV** *v/t.* **10.** sauer machen, säuern; **11.** *fig.* verbittern.

source [sɔ:s] *s.* **1.** Quelle *f*, *poet.* Quell *m*; **2.** Quellfluss *m*; **3.** *poet.* Strom *m*; **4.** *fig.* (*Licht-, Strom- etc.*)Quelle *f*: **~ impedance** ⚡ Quellwiderstand *m*; **~ material** Ausgangsstoff *m* (→ *a.* 6); **5.** *fig.* Quelle *f*, Ursprung *m*: **~ of information** Nachrichtenquelle *f*; **from a reliable ~** aus zuverlässiger Quelle; **have its ~ in** s-n Ursprung haben in (*dat.*); **take its ~ from** entspringen (*dat.*); **6.** *fig.* *literarische* Quelle: **~ material** Quellenmaterial *n*; **7.** ✝ (*Einnahme-, Kapital- etc.*)Quelle *f*: **~ of supply** Bezugsquelle; **levy a tax at the ~** e-e Steuer an der Quelle erheben; **~ file** *s. Computer*: 'Quellda,tei *f*; **~ lan·guage** *s. ling.* Ausgangssprache *f* (*Übersetzung etc.*).

sour| cream *s. Brit.* Sauerrahm *m*; '**~·dough** *s. Am.* **1.** Sauerteig *m*; **2.** A'laskaschürfer *m*.

sour·ing ['saʊərɪŋ] *s.* ⚗ Säuerung *f*; '**sour·ish** [-ərɪʃ] *adj.* säuerlich, angesäuert; '**sour·ness** [-ənɪs] *s.* **1.** Herbheit *f*; **2.** Säure *f* (*als Eigenschaft*); **3.** *fig.* Bitterkeit *f*.

'**sour·puss** *s.* F ‚Sauertopf' *m*.

souse [saʊs] **I** *s.* **1.** Pökelfleisch *n*; **2.** Pökelbrühe *f*, Lake *f*; **3.** Eintauchen *n*; **4.** Sturz *m* ins Wasser; **5.** ‚Dusche' *f*, (Regen)Guss *m*; **6.** *sl.* a) Saufe'rei *f*, b) *Am.* Säufer *m*, c) *Am.* ‚Suff' *m*; **II** *v/t.* **7.** eintauchen; **8.** durch'tränken, einweichen; **9.** *Wasser etc.* ausgießen (**over** über *acc.*); **10.** (ein)pökeln; **11.** **~d** *sl.* ‚voll', besoffen.

sou·tane [su:'tɑ:n] *s. R.C.* Sou'tane *f*.

sou·ten·eur [,su:tə'nɜ:] (*Fr.*) *s.* Zuhälter *m*.

south [saʊθ] **I** *s.* **1.** Süden *m*: **in the ~ of** im Süden von; **to the ~ of** → 6; **2.** *a.* ♎ Süden *m* (*Landesteil*): **from the ♎** aus dem Süden (*Person, Wind*); **the ♎** der Süden, die Südstaaten (*der USA*); **3.** *poet.* Südwind *m*; **II** *adj.* **4.** südlich, Süd...: **♎ Pole** Südpol *m*; **♎ Sea** Südsee *f*; **III** *adv.* **5.** nach Süden, südwärts; **6. ~ of** südlich von; **7.** aus dem Süden (*Wind*); **♎ Af·ri·can** **I** *adj.* 'südafri'kanisch; **II** *s.* 'Südafri'kaner(in): **~ Dutch** Afrikaander(in); **~ by east** *s.* Südsüd'ost *m*; **~·east** [,saʊθ'i:st, ⚓ saʊ'i:st] **I** *s.* Süd'osten *m*; **II** *adj.* süd'östlich, Südost...; **III** *adv.* süd'östlich; nach Süd'osten.

south|·east·er [,saʊθ'i:stə] *s.* Süd'ostwind *m*, -'oststurm *m*; ,**~-'east·er·ly** [-lɪ] **I** *adj.* → **southeast** II; **II** *adv.* von *od.* nach Süd'osten; ,**~-'east·ern** [-ən] → **southeast** II; ,**~-'east·ward** [-stwəd] **I** *adj. u. adv.* nach Süd'osten, süd'östlich; **II** *s.* süd'östliche Richtung; ,**~-'east·wards** [-stwədz] *adv.* nach Süd'osten.

south·er·ly ['sʌðəlɪ] **I** *adj.* südlich, Süd...; **II** *adv.* von *od.* nach Süden.

south·ern ['sʌðən] **I** *adj.* **1.** südlich, Süd...: **♎ Cross** *ast.* *das* Kreuz des Südens; **~ lights** *ast.* *das* Südlicht; **2.** ♎ südstaatlich, ... der Südstaaten (*der USA*); **II** *s.* **3.** → **southerner**; '**south·ern·er** [-nə] *s.* **1.** Bewohner(in) des Südens (*e-s Landes*); **2.** ♎ Südstaatler(in) (*in den USA*); '**south·ern·ly** [-lɪ] → **southerly**; '**south·ern·most** *adj.* südlichst.

south·ing ['saʊθɪŋ] *s.* **1.** ⚓ a) Südrichtung *f*, südliche Fahrt, b) 'Breiten,unterschied *m* bei südlicher Fahrt; **2.** *ast.* a) Kulminati'on *f* (*des Mondes etc.*), b) südliche Deklinati'on (*e-s Gestirns*).

'**south|·most** *adj.* südlichst; '**~·paw** *sport* **I** *adj.* linkshändig; **II** *s.* Linkshänder *m*; *Boxen*: Rechtsausleger *m*; ,**~-·south'east** [⚓ ,saʊsaʊ'i:st] **I** *adj.* südsüd'östlich, Südsüdost...; **II** *adv.* nach *od.* aus Südsüd'osten; **III** *s.* Südsüd'osten *m*; '**~·ward** [-wəd] *adj. u. adv.* nach Süden, südwärts.

south|-west [,saʊθ'west; ⚓ saʊ'west] **I** *adj.* süd'westlich, Südwest...; **II** *adv.* nach *od.* aus Süd'westen; **III** *s.* Süd'westen *m*; ,**~'west·er** [-tə] *s.* **1.** Süd'westwind *m*; **2.** → **sou'wester** 1; ,**~'west·er·ly** [-təlɪ] *adj.* nach *od.* aus Süd'westen; ,**~'west·ern** [-tən] *adj.* süd'westlich, Südwest...; ,**~-'west·ward** [-wəd] *adj. u. adv.* nach Süd'westen.

sou·ve·nir [,su:və'nɪə] *s.* Andenken *n*, Souve'nir *n*: **~ shop**.

sou'·west·er [saʊ'westə] *s.* **1.** Süd'wester *m* (*wasserdichter Hut*); **2.** → **southwester** 1.

sov·er·eign ['sɒvrɪn] **I** *s.* **1.** Souve'rän *m*, Mon'arch(in); **2.** *die* Macht im Staate (*Person od. Gruppe*); **3.** souve'räner Staat; **4.** ✝ *Brit.* Sovereign *m* (*alte 20-Schilling-Münze aus Gold*); **II** *adj.* **5.** höchst, oberst; **6.** 'unum,schränkt, souve'rän, königlich: **~ power**; **7.** souve'rän (*Staat*); **8.** äußerst, größt: **~ contempt** tiefste Verachtung; **9.** 'unüber-

S

ˌtrefflich; '**sov·er·eign·ty** [-rəntɪ] *s.* **1.** höchste (Staats)Gewalt; **2.** Landeshoheit *f*, Souveräni'tät *f*; **3.** Oberherrschaft *f*.

so·vi·et ['səʊvɪət] **I** *s. oft* 2 **1.** So'wjet *m*: ***Supreme*** 2 Oberster Sowjet; **2.** 2 So'wjetsyˌstem *n*; **3.** *pl. die* So'wjets; **II** *adj.* **4.** 2 so'wjetisch, Sowjet...; '**so·vi·et·ize** [-taɪz] *v/t.* sowjetisieren.

sow¹ [saʊ] *s.* **1.** Sau *f*, (Mutter)Schwein *n*: ***get the wrong ~ by the ear*** a) den Falschen erwischen, b) sich gewaltig irren; **2.** *metall.* a) (Ofen)Sau *f*, b) Massel *f* (*Barren*).

sow² [səʊ] [*irr.*] **I** *v/t.* **1.** säen; **2.** *Land* besäen; **3.** *fig.* säen, ausstreuen; → ***seed*** 4, ***wind¹*** 1; **4.** *et.* verstreuen; **II** *v/i.* **5.** säen.

sown [səʊn] *p.p. von* ***sow²***.

soy [sɔɪ] *s.* **1.** Sojabohnenöl *n*; **2.** → '**so·ya** (**bean**) ['sɔɪə], '**soy·bean** *s.* Sojabohne *f*.

soz·zled ['sɒzld] *adj. Brit. sl.* ‚blau'.

spa [spɑː] *s.* a) Mine'ralquelle *f*, b) Badekurort *m*, Bad *n*.

space [speɪs] **I** *s.* **1.** Raum *m* (*Ggs. Zeit*): ***disappear into ~*** ins Nichts verschwinden; ***look into ~*** ins Leere starren; **2.** Raum *m*, Platz *m*: ***require much ~***; ***for ~ reasons*** aus Platzgründen; **3.** (Welt)Raum *m*; **4.** (Zwischen-) Raum *m*, Stelle *f*, Lücke *f*; **5.** Zwischenraum *m*, Abstand *m*, Leerzeile *f*; **6.** Zeitraum *m*: ***a ~ of three hours***; ***after a ~*** nach e-r Weile; ***for a ~*** e-e Zeit lang; **7.** *typ.* Spatium *n*, Ausschlussstück *n*; **8.** *tel.* Abstand *m*, Pause *f*; **9.** *Am.* a) Raum *m* für Re'klame (*Zeitung*), b) *Radio, TV*: (Werbe)Zeit *f*; **II** *v/t.* **10.** räumlich *od.* zeitlich einteilen: ***~d out over 10 years*** auf 10 Jahre verteilt; **11.** in Zwischenräumen anordnen; **12.** *mst* ***~ out*** *typ.* a) ausschließen, b) gesperrt setzen, sperren: ***~d type*** Sperrdruck *m*; **13.** gesperrt schreiben (*auf der Schreibmaschine*); **~ age** *s.* Weltraumzeitalter *n*; **~ bar** *s.* Leertaste *f*; '**~·borne** *adj.* **1.** Weltraum...: ***~ satellite***; **2.** über Satel'lit, Satelliten...: ***~ television***; **~ cap·sule** *s.* Raumkapsel *f*; '**~·craft** *s.* Raumfahrzeug *n*, -schiff *n*; **~ de·bris** *s.* Weltraummüll *m*; **~ flight** *s.* Raumflug *m*; **~ heat·er** *s.* Raumerhitzer *m*, -strahler *m*; '**~·lab** *s.* 'Raumlaˌbor *n*; '**~·man** *s.* [*irr.*] **1.** Raumfahrer *m*, Astro'naut *m*; **2.** Außerirdische(r) *m*; **~ med·i·cine** *s.* ⚕ 'Raumfahrtmediˌzin *f*; **~ mod·ule** *s.* 'Weltraummoˌdul *n*; **~ probe** *s.* Raumsonde *f*.

spac·er ['speɪsə] *s.* ⚙ **1.** Di'stanzstück *n*; **2.** → ***space bar***.

space| race *s.* Wettlauf *m* um die Eroberung des Weltraums; **~ re·search** *s.* (Welt)Raumforschung *f*; '**~-ˌsav·ing** *adj.* Raum sparend; '**~·ship** *s.* Raumschiff *n*; **~ shut·tle** *s.* Raumfähre *f*; **~ sta·tion** *s.* 'Raumstatiˌon *f*; '**~·suit** *s.* Raumanzug *m*; ˌ**~-'time I** *s.* ⚗, *phls.* Zeit-Raum *m*; **II** *adj.* Raum-Zeit-...; **~ trav·el** *s.* (Welt)Raumfahrt *f*; '**~·walk** *s.* Weltraumspaziergang *m*; '**~ˌwom·an** *s.* [*irr.*] **1.** Raumfahrerin *f*, Astro'nautin *f*; **2.** Außerirdische *f*; **~ writ·er** *s.* (Zeitungs- *etc.*)Schreiber, der nach dem 'Umfang s-s Beitrags bezahlt wird.

spa·cious ['speɪʃəs] *adj.* □ **1.** geräumig, weit, ausgedehnt; **2.** *fig.* weit, 'umfangreich, um'fassend; '**spa·cious·ness** [-nɪs] *s.* **1.** Geräumigkeit *f*; **2.** *fig.* Weite *f*, 'Umfang *m*, Ausmaß *n*.

spade¹ [speɪd] **I** *s.* **1.** Spaten *m*: ***call a ~ a ~*** *fig.* das Kind beim (rechten) Namen nennen; ***dig the first ~*** den ersten Spatenstich tun; **2.** ⚔ La'fettensporn *m*; **II** *v/t.* **3.** 'umgraben, mit e-m Spaten bearbeiten; **III** *v/i.* **4.** graben.

spade² [speɪd] *s.* **1.** Pik(karte *f*) *n*, Schippe *f* (*französisches Blatt*), Grün *n* (*deutsches Blatt*): ***seven of ~s*** Piksieben *f*; ***in ~s*** *Am.* F mit Zins u. Zinseszinsen; **2.** *mst pl.* Pik(farbe *f*) *n*.

spade·ful ['speɪdfʊl] *pl.* **-fuls** *s. ein* Spaten *m* (voll).

'**spade·work** *s. fig.* (mühevolle) Vorarbeit, Kleinarbeit *f*.

spa·dix ['speɪdɪks] *pl.* **spa·di·ces** [speɪ'daɪsiːs] *s.* ⚘ (Blüten)Kolben *m*.

spa·do ['speɪdəʊ] *pl.* **spa·do·nes** [spɑː'dəʊniːz] (*Lat.*) *s.* **1.** Ka'strat *m*; **2.** kastriertes Tier.

> Beachten Sie, dass **spaghetti** im Englischen nur im Singular erscheint: Man kann also nicht von „spaghettis" sprechen.
> **This spaghetti is wonderful!**
> Diese Spaghetti sind fantastisch!

spa·ghet·ti [spə'getɪ] (*Ital.*) *s.* **1.** Spa'g(h)etti *pl.*; **2.** *sl.* 'Filmsaˌlat *m*.

> Der Begriff **spaghetti junction** wird umgangssprachlich für stark verzweigte Autobahnknotenpunkte mit vielen Kreuzungen und Überführungen verwendet.

spake [speɪk] *obs. pret. von* ***speak***.

spall [spɔːl] **I** *s.* (Stein-, Erz)Splitter *m*; **II** *v/t.* ⚙ *Erz* zerstückeln; **III** *v/i.* zerbröckeln, absplittern.

spam [spæm] **I** *s. coll.* **1.** *Internet*: a) un-

S

erwünschte Werbe-E-Mails *pl.* über das Internet, b) unerwünschte u. uninteressante E-Mails *pl.* über das Internet; **2.** ♀ *TM e-e Art Frühstücksfleisch in Dosen*; **II** *v/t. Internet* **3.** *Newsgroups, Mailboxen etc.* mit e-r Nachricht (*od.* mit Nachrichten *pl.*) *od.* mit Werbung über'frachten *od.* ‚bombardieren'; **'spam·ming** *s. coll. Internet*: 'Spamming *n*: a) *massenhaftes Versenden unerwünschter Werbe-E-Mails über das Internet*, b) *‚Zuschütten' aller möglichen Newsgroups, Mailboxen etc. mit der gleichen Nachricht.*

span [spæn] **I** *s.* **1.** Spanne *f*: a) *gespreizte Hand*, b) *engl. Maß = 9 inches*; **2.** △ a) Spannweite *f* (*Brückenbogen*), b) Stützweite *f* (*e-r Brücke*), c) (einzelner) Brückenbogen; **3.** ✈ Spannweite *f*; **4.** ⚓ Spann *n*, *m* (*Haltetau, -kette*); **5.** *fig.* Spanne *f*, 'Umfang *m*; **6.** *fig.* (kurze) Zeitspanne; **7.** Lebensspanne *f*, -zeit *f*; **8.** ⚕, *psych.* (*Gedächtnis-, Seh- etc.*) Spanne *f*; **9.** Gewächshaus *n*; **10.** *Am.* Gespann *n*; **II** *v/t.* **11.** abmessen; **12.** um'spannen (*a. fig.*); **13.** sich erstrecken über (*acc.*) (*a. fig.*), über'spannen; **14.** *Fluss* über'brücken; **15.** *fig.* überspannen, bedecken.

span·drel ['spændrəl] *s.* **1.** △ Spand'rille *f*, (Gewölbe-, Bogen)Zwickel *m*; **2.** ⚙ Hohlkehle *f*.

span·gle ['spæŋgl] **I** *s.* **1.** Flitter(plättchen *n*) *m*, Pail'lette *f*; **2.** ♀ Gallapfel *m*; **II** *v/t.* **3.** mit Flitter besetzen; **4.** *fig.* schmücken, über'säen (**with** mit): **the ~d heavens** der gestirnte Himmel.

Span·iard ['spænjəd] *s.* Spanier(in).

span·iel ['spænjəl] *s. zo.* Spaniel *m*, Wachtelhund *m*: **a** (**tame**) **~** *fig.* ein Kriecher.

Span·ish ['spænɪʃ] **I** *adj.* **1.** spanisch; **II** *s.* **2.** *coll. die* Spanier; **3.** *ling.* Spanisch *n*; **~ A·mer·i·can I** *adj.* la'teinameri,kanisch; **II** *s.* La'teinameri,kaner(in); **~ chest·nut** *s.* ♀ 'Esska,stanie *f*; **~ pa·pri·ka** *s.* ♀ Spanischer Pfeffer, Paprika *m*.

spank [spæŋk] F **I** *v/t.* **1.** verhauen, *j-m* ‚den Hintern versohlen'; **2.** *Pferde etc.* antreiben; **II** *v/i.* **3. ~ along** da'hinflitzen; **III** *s.* **4.** Schlag *m*, Klaps *m*; **'spank·er** [-kə] *s.* **1.** F Renner *m* (*Pferd*); **2.** ⚓ Be'san *m*; **3.** *sl.* a) Prachtkerl *m*, b) 'Prachtexem,plar *n*; **'spank·ing** [-kɪŋ] F **I** *adj.* ☐ **1.** schnell, tüchtig; **2.** scharf, stark: **~ breeze** steife Brise; **3.** prächtig, ‚toll'; **II** *adv.* **4.** prächtig; **III** *s.* **5.** ‚Haue' *f*, Schläge *pl.*

span·ner ['spænə] *s.* ⚙ Schraubenschlüssel *m*: **throw a ~ in(to) the works** F ‚quer schießen'.

spar¹ [spɑː] *s. min.* Spat *m*.

spar² [spɑː] *s.* **1.** ⚓ Rundholz *n*, Spiere *f*; **2.** ✈ Holm *m*.

spar³ [spɑː] **I** *v/i.* **1.** *Boxen*: sparren: **~ for time** *fig.* Zeit schinden; **2.** (mit Sporen) kämpfen (*Hähne*); **3.** sich streiten (**with** mit), sich in den Haaren liegen; **II** *s.* **4.** *Boxen*: Sparringskampf *m*; **5.** Hahnenkampf *m*; **6.** (Wort)Geplänkel *n*.

spare [speə] **I** *v/t.* **1.** *j-n od. et.* verschonen; *Gegner, j-s Gefühle, j-s Leben etc.* schonen: **if we are ~d** wenn wir verschont *od.* am Leben bleiben; **~ his blushes!** bring ihn doch nicht in Verlegenheit!; **2.** sparsam 'umgehen mit, schonen; kargen mit: **~ neither trouble nor expense** weder Mühe noch Kosten scheuen; (**not to**) **~ o.s.** sich (nicht) schonen; **3.** *j-m et.* ersparen, *j-n* verschonen mit; **4.** entbehren: **we cannot ~ him just now**; **5.** *et.* erübrigen, übrig haben: **can you ~ me a cigarette** (**a moment**)**?** hast du e-e Zigarette (e-n Augenblick Zeit) für mich (übrig)?; **no time to ~** keine Zeit (zu verlieren); → **enough** II; **II** *v/i.* **6.** sparen; **7.** Gnade walten lassen; **III** *adj.* ☐ **8.** Ersatz…, Reserve…: **~ part** → 14; **~ tyre** (*od.* **tire**) a) Ersatzreifen *m*, b) *humor.* ‚Rettungsring' *m* (*Fettwulst*); **9.** 'überflüssig, übrig: **~ hours** (*od.* **time**) Freizeit *f*, Mußestunden *pl.*; **~ moment** freier Augenblick; **~ room** Gästezimmer *n*; **~ money** übriges Geld; **10.** sparsam, kärglich; **11.** → **sparing** 2; **12.** sparsam (*Person*); **13.** hager, dürr (*Person*); **IV** *s.* **14.** ⚙ Ersatzteil *n*; **15.** *Bowling*: Spare *m*; **'spare·ness** [-nɪs] *s.* **1.** Magerkeit *f*; **2.** Kärglichkeit *f*.

'spare|-part sur·ger·y *s.* ⚕ Er'satzteilchirur,gie *f*; **'~·rib** *s.* Rippe(n)speer *m*.

spar·ing ['speərɪŋ] *adj.* ☐ **1.** sparsam (**in, of** mit), karg; mäßig: **be ~ of** sparsam umgehen mit, mit *et.*, *a. Lob* kargen; **2.** spärlich, dürftig, knapp, gering; **'spar·ing·ness** [-nɪs] *s.* **1.** Sparsamkeit *f*; **2.** Spärlichkeit *f*, Dürftigkeit *f*.

spark¹ [spɑːk] **I** *s.* **1.** Funke(n) *m* (*a. fig.*): **the vital ~** der Lebensfunke; **strike ~s out of s.o.** j-n in Fahrt bringen; **2.** *fig.* Funke(n) *m*, Spur *f* (**of** von *Intelligenz, Leben etc.*); **3.** ⚡ a) (e'lektrischer) Funke, b) Entladung *f*, c) (Licht-)Bogen *m*; **4.** *mot.* (Zünd)Funke *m*: **advance** (**retard**) **the ~** die Zündung vor-(zurück)stellen; **5.** → **sparks**; **II** *v/i.* **6.** Funken sprühen, funke(l)n; **7.** ⚙ zünden; **III** *v/t.* **8.** *fig. j-n* befeuern; **9.** *fig. et.* auslösen.

spark² [spɑːk] **I** *s.* **1.** flotter Kerl; **2. bright ~** *Brit. iro.* ‚Intelli'genzbolzen' *m*; **II** *v/t.* **3.** *j-m* den Hof machen.

spark| ad·vance *s. mot.* Vor-, Frühzündung *f*; **~ ar·rest·er** *s.* ⚡ Funkenlöscher *m*; **~ dis·charge** *s.* ⚡ Funkenentladung *f*; **~ gap** *s.* ⚡ (Mess)Funkenstrecke *f*.

S

spark·ing plug ['spɑ:kɪŋ] *s. mot.* Zündkerze *f.*
spar·kle ['spɑ:kl] **I** *v/i.* **1.** funkeln (*a. fig. Augen etc.*; ***with*** vor *Zorn etc.*); **2.** *fig.* a) funkeln, sprühen (*Geist*, *Witz*), b) brillieren, glänzen (*Person*): ***his conversation ~d with wit*** s-e Unterhaltung sprühte vor Witz; **3.** Funken sprühen; **4.** perlen (*Wein*); **II** *v/t.* **5.** *Licht* sprühen; **III** *s.* **6.** Funkeln *n*, Glanz *m*; **7.** Funke(n) *m*; **8.** *fig.* Bril'lanz *f*; '**spar·kler** [-lə] *s.* **1.** *sl.* Dia'mant *m*; **2.** Wunderkerze *f* (*Feuerwerk*); '**spark·let** [-lɪt] *s.* **1.** Fünkchen *n* (*a. fig.*); **2.** Kohlen'dioxidkapsel *f* (*für Siphonflaschen*); '**spar·kling** [-lɪŋ] *adj.* □ **1.** funkelnd, sprühend (*beide a. fig. Witz etc.*); **2.** *fig.* geistsprühend (*Person*); **3.** schäumend, moussierend: ~ ***wine*** Schaumwein *m*, Sekt *m*.
'**spark|ˌo·ver** *s.* ⚡ ('Funken)ˌÜberschlag *m*; ~ **plug** *s.* **1.** *mot.* Zündkerze *f*; **2.** F ,Motor' *m*, treibende Kraft.
sparks [spɑ:ks] *s.* F **1.** ⚓ Funker *m*; **2.** E'lektriker *m*.
spar·ring ['spɑ:rɪŋ] *s.* **1.** *Boxen*: Sparring *n*: ~ ***partner*** Sparringspartner *m*; **2.** *fig.* Wortgefecht *n*.
spar·row ['spærəʊ] *s. orn.* Spatz *m*, Sperling *m*; '**~·grass** *s.* F Spargel *m*; ~ **hawk** *s. orn.* Sperber *m*.
sparse [spɑ:s] *adj.* □ spärlich, dünn (gesät); '**sparse·ness** [-nɪs], '**spar·si·ty** [-sətɪ] *s.* Spärlichkeit *f*.
Spar·tan ['spɑ:tən] **I** *adj. antiq. u. fig.* spar'tanisch; **II** *s.* Spar'taner(in).
spasm ['spæzəm] *s.* **1.** ⚕ Krampf *m*, Spasmus *m*, Zuckung *f*; **2.** *a. fig.* Anfall *m*; **spas·mod·ic** [spæz'mɒdɪk] *adj.* (□ ***~ally***) **1.** ⚕ krampfhaft, -artig, spas'modisch; **2.** *fig.* sprunghaft, vereinzelt; **spas·tic** ['spæstɪk] ⚕ **I** *adj.* (□ ***~ally***) spastisch, Krampf...; **II** *s.* Spastiker(in).
spat¹ [spæt] *zo.* **I** *s.* **1.** Muschel-, Austernlaich *m*; **2.** a) *coll.* junge Schaltiere *pl.*, b) junge Auster; **II** *v/i.* **3.** laichen (*bsd. Muscheln*).
spat² [spæt] *s.* Ga'masche *f*.
spat³ [spæt] F **I** *s.* **1.** Klaps *m*; **2.** *Am.* Kabbe'lei *f*; **II** *v/i.* **3.** *Am.* sich kabbeln.
spat⁴ [spæt] *pret. u. p.p. von* ***spit***.
spatch·cock ['spætʃkɒk] **I** *s.* sofort nach dem Schlachten gegrilltes Huhn *etc.*; **II** *v/t.* F *Worte etc.* einflicken.
spate [speɪt] *s.* **1.** Über'schwemmung *f*, Hochwasser *n*; **2.** *fig.* Flut *f*, (Wort-) Schwall *m*.
spathe [speɪð] *s.* ⚘ Blütenscheide *f*.
spa·tial ['speɪʃl] *adj.* □ räumlich, Raum...
spat·ter ['spætə] **I** *v/t.* **1.** bespritzen (***with*** mit); **2.** (ver)spritzen; **3.** *fig. j-s Namen* besudeln, *j-n* ,mit Dreck bewerfen'; **II** *v/i.* **4.** spritzen; **5.** prasseln, klatschen; **III** *s.* **6.** Spritzen *n*; **7.** Klatschen *n*, Prasseln *n*; **8.** Spritzer *m*, Spritzfleck *m*; '**~·dash** → ***spat²***.
spat·u·la ['spætjʊlə] *s.* ⚙, ⚕ Spatel *m*, Spachtel *m*, *f*; '**spat·u·late** [-lɪt] *adj.* spatelförmig.
spav·in ['spævɪn] *s. vet.* Spat *m*; '**spav·ined** [-nd] *adj.* spatig, lahm.
spawn [spɔ:n] **I** *s.* **1.** *ichth.* Laich *m*; **2.** ⚘ My'zel(fäden *pl.*) *n*; **3.** *fig. contp.* Brut *f*; **II** *v/i.* **4.** *ichth.* laichen; **5.** *fig. contp.* a) sich wie Ka'ninchen vermehren, b) wie Pilze aus dem Boden schießen; **III** *v/t.* **6.** *ichth. Laich* ablegen; **7.** *fig. contp. Kinder* massenweise in die Welt setzen; **8.** *fig.* ausbrüten, her'vorbringen; '**spawn·er** [-nə] *s. ichth.* Rogener *m*, Fischweibchen *n* zur Laichzeit; '**spawn·ing** [-nɪŋ] **I** *s.* **1.** Laichen *n*; **II** *adj.* **2.** Laich...; **3.** *fig.* sich stark vermehrend.
spay [speɪ] *v/t. vet.* die Eierstöcke (*gen.*) entfernen, kastrieren.
speak [spi:k] [*irr.*] **I** *v/i.* **1.** reden, sprechen (***to*** mit, zu, ***about***, ***of***, ***on*** über *acc.*): ***spoken*** *thea.* gesprochen (*Regieanweisung*); ***so to ~*** sozusagen; ***the portrait ~s*** *fig.* das Bild ist sprechend ähnlich; → ***speak of*** *u.* ***to***, ***speaking*** I; **2.** (öffentlich) sprechen *od.* reden; **3.** *fig.* ertönen (*Trompete etc.*); **4.** ⚓ signalisieren; **II** *v/t.* **5.** sprechen, sagen; **6.** *Gedanken*, *s-e Meinung etc.* aussprechen, äußern, *die Wahrheit etc.* sagen; **7.** verkünden (*Trompete etc.*); **8.** *Sprache* sprechen (können): ***he ~s French*** er spricht Französisch; **9.** *fig. Eigenschaft etc.* verraten; **10.** ⚓ *Schiff* ansprechen;
Zssgn mit prp.:
speak| for *v/i.* **1.** sprechen *od.* eintreten für: ***that speaks well for him*** das spricht für ihn; ~ ***o.s.*** a) selbst sprechen, b) s-e eigene Meinung äußern; ***that speaks for itself*** das spricht für sich selbst; **2.** zeugen von; ~ **of** *v/i.* **1.** sprechen von *od.* über (*acc.*): ***nothing to ~*** nicht der Rede wert; ***not to ~*** ganz zu schweigen von; **2.** *et.* verraten, zeugen von; ~ **to** *v/i.* **1.** *j-n* ansprechen; mit *j-m* reden (*a. mahnend etc.*); **2.** *et.* bestätigen, bezeugen; **3.** zu sprechen kommen auf (*acc.*);
Zssgn mit adv.:
speak| out **I** *v/i.* → ***speak up*** 1 *u.* 2; **II** *v/t.* aussprechen; ~ **up** *v/i.* **1.** laut u. deutlich sprechen: ***~!*** (sprich) lauter!; **2.** kein Blatt vor den Mund nehmen, frei her'aussprechen: ***~!*** heraus mit der Sprache!; **3.** sich einsetzen (***for*** für).
'**speakˌeas·y** *pl.* **-ˌeas·ies** *s. Am. sl.* Flüsterkneipe *f* (*ohne Konzession*).
speak·er ['spi:kə] *s.* **1.** Sprecher(in), Redner(in); **2.** ♀ *parl.* Sprecher *m*, Prä-si'dent *m*: ***the ♀ of the House of Com-***

mons; ***Mr ~!*** Herr Vorsitzender!; **3.** ϟ Lautsprecher *m*.

speak·ing ['spi:kɪŋ] **I** *adj.* ☐ **1.** sprechend (*a. fig. Ähnlichkeit*): ***~!*** *teleph.* am Apparat!; ***Brown ~!*** *teleph.* (hier) Brown!; ***have a ~ knowledge of*** *e-e Sprache* (*nur*) sprechen können; ***~ acquaintance*** flüchtige(r) Bekannte(r); → ***term*** 9; **2.** Sprech..., Sprach...: ***a ~ voice*** e-e (gute) Sprechstimme; **II** *s.* **3.** Sprechen *n*, Reden *n*; **III** (*adverbial*) **4.** ***generally ~*** allgemein; ***legally ~*** vom rechtlichen Standpunkt aus (gesehen); ***strictly ~*** streng genommen; **~ clock** *s. teleph.* Zeitansage *f*; **~ trum·pet** *s.* Sprachrohr *n*; **~ tube** *s.* **1.** Sprechverbindung *f* zwischen zwei Räumen *etc.*; **2.** Sprachrohr *n*.

spear [spɪə] **I** *s.* **1.** (Wurf)Speer *m*, Lanze *f*; Spieß *m*: ***~ side*** männliche Linie *e-r Familie*; **2.** *poet.* Speerträger *m*; **3.** ⚘ Halm *m*, Spross *m*; **II** *v/t.* **4.** durch'bohren, aufspießen; **III** *v/i.* **5.** ⚘ (auf-)sprießen; **~ gun** *s.* Har'punenbüchse *f*; **'~·head I** *s.* **1.** Lanzenspitze *f*; **2.** ⚔ a) Angriffsspitze *f*, b) Stoßkeil *m*; **3.** *fig.* a) Anführer *m*, Vorkämpfer *m*, b) Spitze *f*; **II** *v/t.* **4.** *fig.* an der Spitze (*gen.*) stehen, die Spitze (*gen.*) bilden; **'~·mint** *s.* ⚘ Grüne Minze.

spec [spek] *s.* F Spekulati'on *f*: ***on ~*** auf ‚Verdacht', auf gut Glück.

spe·cial ['speʃl] **I** *adj.* ☐ → ***specially***; **1.** spezi'ell: a) (ganz) besonder: ***a ~ occasion***; ***his ~ charm***; ***my ~ friend***; ***on ~ days*** an bestimmten Tagen, b) spezialisiert, Spezial..., Fach...: ***~ knowledge*** Fachkenntnis(se *pl.*) *f*; **2.** Sonder...(*-erlaubnis, -fall, -schule, -steuer, -zug etc.*), Extra..., Ausnahme...: ***~ area*** *Brit.* Notstandsgebiet *n*; ***~ Branch*** *Brit.* Staatssicherheitspolizei *f*; ***~ constable*** → 3a; ***~ correspondent*** → 3b; ***~ delivery*** ✉ *Am.* Eilzustellung *f*, ‚durch Eilboten'; ***~ edition*** → 3c; ***~ levy*** EU Sonderabschöpfung *f*; ***~ offer*** ☤ Sonderangebot *n*; ***~ waste*** Sondermüll *m*; **II** *s.* **3.** a) 'Hilfspoli,zist *m*, b) Sonderberichterstatter *m*, c) Sonderausgabe *f*, d) Sonderzug *m*, e) Sonderprüfung *f*, f) ☤ *Am.* Sonderangebot *n*, g) *Radio, TV*: Sondersendung *f*, h) *Am.* Tagesgericht (*im Restaurant*); **'spe·cial·ist** [-ʃəlɪst] **I** *s.* **1.** Spezia'list *m*: a) Fachmann *m*, b) ⚕ Facharzt *m* (***in*** für); **2.** *Am. Börse*: Jobber *m* (*der sich auf e-e bestimmte Kategorie von Wertpapieren beschränkt*); **II** *adj.* **3.** → **spe·cial·ist·ic** [,speʃə'lɪstɪk] *adj.* spezialisiert, Fach..., Spezial...; **spe·ci·al·i·ty** [,speʃɪ'ælətɪ] *s. bsd. Brit.* **1.** Besonderheit *f*; **2.** besonderes Merkmal; **3.** Spezi'alfach *n*, -gebiet *n*; **4.** Speziali'tät *f* (*a.* ☤); **5.** ☤ a) Spezi'alar,tikel *m*, b) Neuheit *f*; **spe·cial·i·za·tion** [,speʃəlaɪ'zeɪʃn] *s.* Spezialisierung *f*; **'special·ize** [-ʃəlaɪz] **I** *v/i.* **1.** sich spezialisieren (***in*** auf *acc.*); **II** *v/t.* **2.** spezialisieren: ***~d*** spezialisiert, Spezial..., Fach...; **3.** näher bezeichnen; **4.** *biol. Organe* besonders entwickeln; **'spe·cial·ly** [-ʃəlɪ] *adv.* **1.** besonders, im Besonderen; **2.** eigens, extra, ausdrücklich; **'special·ty** [-tɪ] *s.* **1.** *bsd. Am.* → ***speciality***; **2.** ⚖ a) besiegelte Urkunde, b) formgebundener Vertrag.

spe·cie ['spi:ʃɪ] *s.* **1.** Hartgeld *n*, Münze *f*; **2.** Bargeld *n*: ***~ payments*** Barzahlung *f*; ***in ~*** a) in bar, b) in natura, c) *fig.* in gleicher Münze.

spe·cies ['spi:ʃi:z] *s. sg. u. pl.* **1.** *allg.* Art *f*, Sorte *f*; **2.** *biol.* Art *f*, Spezies *f*: ***our*** (*od.* ***the***) ***~*** die Menschheit; **3.** *Logik*: Art *f*, Klasse *f*; **4.** *eccl.* (sichtbare) Gestalt (von Brot u. Wein).

spe·cif·ic [spɪ'sɪfɪk] **I** *adj.* (☐ ***~ally***) **1.** spe'zifisch, spezi'ell, bestimmt; **2.** eigen(tümlich); **3.** typisch, kennzeichnend, besonder; **4.** wesentlich; **5.** genau, defini'tiv, prä'zis(e), kon'kret: ***a ~ statement***; **6.** *biol.* Art...: ***~ name***; **7.** ⚕ spe'zifisch (*Heilmittel, Krankheit*); **8.** *phys.* spe'zifisch: ***~ gravity*** spezifisches Gewicht, *die* Wichte; **II** *s.* **9.** ⚕ Spe'zifikum *n*.

spec·i·fi·ca·tion [,spesɪfɪ'keɪʃn] *s.* **1.** Spezifizierung *f*; **2.** genaue Aufzählung, Einzelaufstellung *f*; **3.** *mst pl.* Einzelangaben *pl.*, -vorschriften *pl.*, *bsd.* a) △ Baubeschrieb *m*, b) ⚙ (technische) Beschreibung; **4.** ⚖ Pa'tentbeschreibung *f*, -schrift *f*; **5.** ⚖ Spezifikati'on *f* (*Eigentumserwerb durch Verarbeitung*); **spec·i·fy** ['spesɪfaɪ] **I** *v/t.* **1.** (einzeln) angeben *od.* aufführen, (be)nennen, spezifizieren; **2.** bestimmen, (im Einzelnen) festsetzen; **3.** in e-r Aufstellung besonders anführen; **II** *v/i.* **4.** genaue Angaben machen.

spec·i·men ['spesɪmɪn] *s.* **1.** Exem'plar *n*: ***a fine ~***; **2.** Muster *n* (*a. typ.*), Probe(stück *n*) *f*, ⚙ Prüfstück *n*: ***~ of s.o.'s handwriting*** Handschriftenprobe; **3.** *fig.* Probe *f*, Beispiel *n* (***of*** *gen.*); **4.** *fig. contp.* a) ‚Exem'plar' *n*, ‚Muster' *n* (***of*** an), b) ‚Type' *f*, komischer Kauz; **~ cop·y** *s.* 'Probeexem,plar *n*; **~ sig·na·ture** *s.* 'Unterschriftsprobe *f*.

spe·cious ['spi:ʃəs] *adj.* ☐ *äußerlich* blendend, bestechend, trügerisch, Schein...(*Argument etc.*): ***~ prosperity*** scheinbarer Wohlstand; **'spe·cious·ness** [-nɪs] *s.* **1.** *das* Bestechende; **2.** trügerischer Schein.

speck [spek] **I** *s.* **1.** Fleck(en) *m*, Fleckchen *n*; **2.** Stückchen *n*, *das* bisschen: ***a ~ of dust*** ein Stäubchen; **3.** faule Stelle (*im Obst*); **4.** *fig.* Pünktchen *n*; **II** *v/t.* **5.** sprenkeln; **'speck·le** [-kl] **I** *s.* Fleck(-en) *m*, Sprenkel *m*, Tupfen *m*, Punkt *m*; **II** *v/t.* → ***speck*** 5; **'speck·led** [-ld]

S

adj. **1.** gefleckt, gesprenkelt, getüpfelt; **2.** (bunt)scheckig; '**speck·less** [-lɪs] *adj.* □ fleckenlos, sauber, rein (*a. fig.*).
specs [speks] *s. pl.* F Brille *f.*
spec·ta·cle ['spektəkl] *s.* **1.** Schauspiel *n* (*a. fig.*); **2.** Schaustück *n*: ***make a ~ of o.s.*** sich zur Schau stellen, (unangenehm) auffallen; **3.** *trauriger etc.* Anblick; **4.** *pl. a.* ***a pair of ~s*** e-e Brille; '**spec·ta·cled** [-ld] *adj.* **1.** bebrillt; **2.** *zo.* Brillen...(*-bär etc.*): ***~ cobra*** Brillenschlange *f*; **spec·tac·u·lar** [spek'tækjʊlə] **I** *adj.* □ **1.** Schau..., schauspielartig; **2.** spektaku'lär, Aufsehen erregend, sensatio'nell; **II** *s.* **3.** *Am.* große (Fernseh)Schau, 'Galare,vue *f*; **spec·ta·tor** [spek'teɪtə] *s.* Zuschauer(in): ***~ sport*** Zuschauersport *m.*
spec·ter ['spektə] *Am.* → ***spectre.***
spec·tra ['spektrə] *pl. von* ***spectrum***; '**spec·tral** [-trəl] *adj.* □ **1.** geisterhaft, gespenstisch; **2.** *phys.* Spektral...: ***~ colo(u)r*** Spektral-, Regenbogenfarbe *f*; '**spec·tre** [-tə] *s.* **1.** Geist *m*, Gespenst *n*; **2.** *fig.* a) (Schreck)Gespenst *n*, b) *fig.* Hirngespinst *n.*
spec·tro·gram ['spektrəʊgræm] *s. phys.* Spektro'gramm *n*; '**spec·tro·graph** [-grɑːf] *s. phys.* **1.** Spektro'graph *m*; **2.** Spektro'gramm *n*; **spec·tro·scope** ['spektrəskəʊp] *s. phys.* Spektro'skop *n.*
spec·trum ['spektrəm] *pl.* **-tra** [-trə] *s.* **1.** *phys.* Spektrum *n*: ***~ analysis*** Spekt'ralanalyse *f*; **2.** *a.* ***radio ~*** ⚡ (Fre'quenz)Spektrum *n*; **3.** *a.* ***ocular ~*** *opt.* Nachbild *n*; **4.** *fig.* Spektrum *n*, Skala *f*: ***all across the ~*** auf der ganzen Linie.
spec·u·la ['spekjʊlə] *pl. von* ***speculum***; '**spec·u·lar** [-lə] *adj.* **1.** spiegelnd, Spiegel...: ***~ iron*** *min.* Eisenglanz *m*; **2.** ⚕ Spekulum...
spec·u·late ['spekjʊleɪt] *v/i.* **1.** nachsinnen, -denken, theoretisieren, Vermutungen anstellen, ‚spekulieren' (***on, upon, about*** über *acc.*); **2.** ✝ spekulieren (***for, on*** auf *Baisse etc.*, ***in*** in *Kupfer etc.*); **spec·u·la·tion** [ˌspekjʊ'leɪʃn] *s.* **1.** Nachdenken *n*, Grübeln *n*; **2.** Betrachtung *f*, Theo'rie *f*, Spekulati'on *f* (*a. phls.*); **3.** Vermutung *f*, Mutmaßung *f*, Rätselraten *n*, Spekulati'on *f*: ***mere ~***; **4.** ✝ Spekulati'on *f*; '**spec·u·la·tive** [-lətɪv] *adj.* □ **1.** *phls.* spekula'tiv; **2.** theo'retisch; **3.** nachdenkend, grüblerisch; **4.** forschend, abwägend (*Blick etc.*); **5.** ✝ spekula'tiv, Spekulations...; '**spec·u·la·tor** [-leɪtə] *s.* ✝ Speku'lant *m.*
spec·u·lum ['spekjʊləm] *pl.* **-la** [-lə] *s.* **1.** (Me'tall)Spiegel *m* (*bsd. für Teleskope*); **2.** ⚕ Spekulum *n*, Spiegel *m.*
sped [sped] *pret. u. p.p. von* ***speed.***
speech [spiːtʃ] **I** *s.* **1.** Sprache *f*, Sprechvermögen *n*: ***recover one's ~*** die Sprache wiedergewinnen; **2.** Reden *n*, Sprechen *n*: ***freedom of ~*** Redefreiheit *f*; **3.** Rede *f*, Äußerung *f*: ***direct one's ~ to*** das Wort an *j-n* richten; **4.** Gespräch *n*: ***have ~ with*** mit *j-m* reden; **5.** Rede *f*, Ansprache *f*, Vortrag *m*; ⚖ Plädoy'er *n*; **6.** a) (Landes)Sprache *f*, b) Dia'lekt *m*: ***in common ~*** in der Umgangssprache, landläufig; **7.** Sprech-, Ausdrucksweise *f*, Sprache *f* (*e-r Person*); **8.** ♪ Klang *m e-r Orgel etc.*; **II** *adj.* **9.** Sprach..., Sprech...: ***~ area*** *ling.* Sprachraum *m*; ***~ centre*** (*Am.* ***center***) *anat.* Sprechzentrum *n*; ***~ clinic*** ⚕ Sprachklinik *f*; ***~ day*** *ped.* (Jahres-) Schlussfeier *f*; ***~ defect*** Sprachfehler *m*; ***~ island*** Sprachinsel *f*; ***~ map*** Sprachenkarte *f*; ***~ record*** Sprechplatte *f*; ***~ therapist*** Logo'päde *m*, Logo'pädin *f*; ***~ therapy*** Logopädie *f.*
speech·i·fi·ca·tion [ˌspiːtʃɪfɪ'keɪʃn] *s. contp.* Redenschwingen *n*; **speech·i·fi·er** ['spiːtʃɪfaɪə] *s.* Viel-, Volksredner *m*; **speech·i·fy** ['spiːtʃɪfaɪ] *v/i.* Reden schwingen.
speech·less ['spiːtʃlɪs] *adj.* □ **1.** *fig.* sprachlos (***with*** vor *Empörung etc.*): ***that left him ~*** das verschlug ihm die Sprache; **2.** stumm, wortkarg; **3.** *fig.* unsäglich: ***~ grief***; '**speech·less·ness** [-nɪs] *s.* Sprachlosigkeit *f.*
speed [spiːd] **I** *s.* **1.** Geschwindigkeit *f*, Schnelligkeit *f*, Eile *f*, Tempo *n*: ***at a ~ of*** mit e-r Geschwindigkeit von; ***at full ~*** mit Höchstgeschwindigkeit; ***at the ~ of light*** mit Lichtgeschwindigkeit; ***full ~ ahead*** ⚓ volle Kraft voraus; ***that's not my ~!*** *sl.* das ist nicht mein Fall!; **2.** ⚙ a) Drehzahl *f*, b) *mot. etc.* Gang *m*: ***three-~ bicycle*** Fahrrad mit Dreigangschaltung; **3.** *phot.* a) Lichtempfindlichkeit *f*, b) Verschlussgeschwindigkeit *f*; **4.** *obs.*: ***good ~!*** viel Erfolg!, viel Glück!; **5.** *sl.* ‚Speed' *m* (*Aufputschmittel*); **II** *adj.* **6.** Schnell..., Geschwindigkeits...; **III** *v/t.* [*irr.*] **7.** *Gast* (rasch) verabschieden, *j-m* Lebe'wohl sagen; **8.** *j-m* beistehen: ***God ~ you!*** Gott sei mit dir!; **9.** rasch befördern; **10.** *Lauf etc.* beschleunigen; **11.** *mst* ***~ up*** (*pret. u. p.p.* ***speeded***) *Maschine* beschleunigen, *fig. Sache* vo'rantreiben; *Produktion* erhöhen; **IV** *v/i.* [*irr.*] **12.** (da'hin-) eilen, rasen; **13.** *mot.* (zu) schnell fahren; → ***speeding***; **14.** ***~ up*** (*pret. u. p.p.* ***speeded***) die Geschwindigkeit erhöhen; **15.** *obs.* gedeihen, Glück haben; '**~·boat** *s.* **1.** ⚓ Schnellboot *n*; **2.** *sport* Rennboot *n*; **~ bump** *s. mot.* Fahrbahnschwelle *f*, *offiziell*: Aufpflasterung *f*; **~ cop** *s.* F motorisierter Ver'kehrspoli,zist; **~ count·er** *s.* ⚙ Drehzahlmesser *m*, Tourenzähler *m.*
speed·er ['spiːdə] *s.* **1.** ⚙ Geschwindigkeitsregler *m*; **2.** *mot.* ‚Raser' *m.*

S

speed| hump *Brit.* → ***speed bump***; **~ in·di·ca·tor** *s.* **1.** → ***speedometer***; **2.** → ***speed counter***.
speed·i·ness ['spi:dɪnɪs] *s.* Schnelligkeit *f*, Zügigkeit *f*.
speed·ing ['spi:dɪŋ] *s. mot.* zu schnelles Fahren, Ge'schwindigkeitsüber,tretung *f*: ***no ~!*** Schnellfahren verboten!
speed| lathe *s.* ⚙ Schnelldrehbank *f*; **~ lim·it** *s. mot.* Geschwindigkeitsbegrenzung *f*, Tempolimit *n*; **~ mer·chant** *s. mot. Brit. sl.* ‚Raser' *m*.
speed·o ['spi:dəʊ] *s. mot.* F ‚Tacho' *m*.
speed·om·e·ter [spɪ'dɒmɪtə] *s. mot.* Tacho'meter *m, n*.
'speed|-,read·ing *s.* 'Schnellleseme,thode *f*; **~ skat·er** *s. sport* Eisschnellläufer(in); **~ skat·ing** *s.* Eisschnelllauf *m*.
speed·ster ['spi:dstə] *s.* **1.** → ***speeder*** 2; **2.** ‚Flitzer' *m* (*Sportwagen*).
speed| trap *s.* Ra'darfalle *f*; **'~-up** *s.* **1.** Beschleunigung *f*; **2.** Produkti'onserhöhung *f*; **'~·way** *s.* **1.** *sport* a) Speedwayrennen *pl.*, b) *a.* ***~ track*** Speedwaybahn *f*; **2.** *Am.* a) Schnellstraße *f*, b) Autorennstrecke *f*.
speed·well ['spi:dwel] *s.* ⚘ Ehrenpreis *n, m*.
speed·y ['spi:dɪ] *adj.* ☐ schnell, zügig, rasch, prompt: ***wish s.o. a ~ recovery*** j-m gute Besserung wünschen.
speiss [spaɪs] *s.* ⚒, *metall.* Speise *f*.
spe·le·ol·o·gist [,spelɪ'ɒlədʒɪst] *s.* Höhlenforscher *m*; **,spe·le'ol·o·gy** [-dʒɪ] *s.* Speläolo'gie *f*, Höhlenforschung *f*.
spell[1] [spel] **I** *v/t.* [*a. irr.*] **1.** buchstabieren: ***~ backward*** a) rückwärts buchstabieren, b) *fig.* völlig verdrehen; **2.** (ortho'graphisch richtig) schreiben; **3.** *Wort* bilden, ergeben: ***l-e-d ~s led***; **4.** *fig.* bedeuten: ***it ~s trouble***; **5.** ***~ out*** (*od.* ***over***) (mühsam) entziffern; **6.** *oft* ***~ out*** *fig.* a) darlegen, b) (***for s.o.*** j-m) *et.* ‚ausein'ander klauben'; **II** *v/i.* [*a. irr.*] **7.** (richtig) schreiben; **8.** geschrieben werden, sich schreiben.
spell[2] [spel] **I** *s.* **1.** Arbeit(szeit) *f*: ***have a ~ at*** sich e-e Zeit lang mit *et.* beschäftigen; **2.** (Arbeits)Schicht *f*: ***give s.o. a ~*** → 7; **3.** *Am.* (*Husten- etc.*)Anfall *m*, (ner'vöser) Zustand; **4.** a) Zeit(abschnitt *m*) *f*, b) *ein* Weilchen *n*: ***for a ~***; **5.** *Am.* F Katzensprung *m* (*kurze Strecke*); **6.** *meteor.* Peri'ode *f*: ***a ~ of fine weather*** e-e Schönwetterperiode; ***hot ~*** Hitzewelle *f*; **II** *v/t.* **7.** *Am. j-n* (bei der Arbeit) ablösen.
spell[3] [spel] **I** *s.* **1.** Zauber(wort *n*) *m*; **2.** *fig.* Zauber *m*, Bann *m*, Faszinati'on *f*: ***be under a ~*** a) verzaubert sein, b) *fig.* gebannt *od.* fasziniert sein; ***break the ~*** den Zauberbann (*fig.* das Eis) brechen; ***cast a ~ on*** → 3; **II** *v/t.* **3.** *j-n* a) verzaubern, b) *fig.* bezaubern, fesseln, faszinieren; **'~·bind** *v/t.* [*irr.* → ***bind***] → ***spell***[3] 3; **'~,bind·er** *s.* faszinierender Redner, fesselnder Ro'man *etc.*; **'~·bound** *adj. u. adv.* (wie) gebannt, fasziniert; **'~,check·er** *s. Computer*: Rechtschreib(hilfe)programm *n*.
spell·er ['spelə] *s.* **1.** ***he is a good ~*** er ist in der Orthographie gut beschlagen; **2.** Fibel *f*; **'spell·ing** [-lɪŋ] *s.* **1.** Buchstabieren *n*; **2.** Rechtschreibung *f*, Orthogra'phie *f*: ***~ bee*** Rechtschreibewettbewerb *m*; ***~ checker*** *Computer*: Rechtschreib(hilfe)programm *n*.
spelt[1] [spelt] *s.* ⚘ Spelz *m*, Dinkel *m*.
spelt[2] [spelt] *pret. u. p.p. von* ***spell***[1].
spel·ter ['speltə] *s.* **1.** ✝ (Handels-, Roh)Zink *n*; **2.** *a.* ***~ solder*** ⚙ Messingschlaglot *n*.
spe·lunk [spɪ'lʌŋk] *v/i. Am.* Höhlen erforschen (*als Hobby*).
spen·cer[1] ['spensə] *s. hist. u. Damenmode*: Spenzer *m* (*kurze Überjacke*).
spen·cer[2] ['spensə] *s.* ⚓ *hist.* Gaffelsegel *n*.
spend [spend] [*irr.*] **I** *v/t.* **1.** verbrauchen, aufwenden, ausgeben (***on*** für): ***~ money***; → ***penny*** 1; **2.** *Geld, Zeit etc.* verwenden, anlegen (***on*** für): ***~ time on s.th.*** Zeit für et. verwenden; **3.** verschwenden, -geuden, 'durchbringen; **4.** *Zeit* zu-, verbringen; **5.** (***o.s.*** sich) erschöpfen, verausgaben: ***the storm is spent*** der Sturm hat sich gelegt *od.* ausgetobt; **II** *v/i.* **6.** Geld ausgeben, Ausgaben machen; **7.** laichen (*Fische*).
spend·ing ['spendɪŋ] *s.* **1.** (*das*) Geldausgeben; **2.** Ausgabe(n *pl.*) *f*; **~ mon·ey** *s.* Taschengeld *n*; **~ pow·er** *s.* Kaufkraft *f*.
spend·thrift ['spendθrɪft] **I** *s.* Verschwender(in); **II** *adj.* verschwenderisch.
Spen·se·ri·an [spen'sɪərɪən] *adj.* (Edmund) Spenser betreffend: ***~ stanza*** Spenserstanze *f*.
spent [spent] **I** *pret. u. p.p. von* ***spend***; **II** *adj.* **1.** matt, verausgabt, erschöpft, entkräftet: ***~ bullet*** matte Kugel; ***~ liquor*** ⚙ Ablauge *f*; **2.** verbraucht; **3.** *zo.* (*von Eiern od. Samen*) entleert (*Insekten, Fische*): ***~ herring*** Hering *m* nach dem Laichen.
sperm[1] [spɜ:m] *s. physiol.* **1.** Sperma *n*, Samenflüssigkeit *f*; **2.** Samenzelle *f*.
sperm[2] [spɜ:m] *s.* **1.** Walrat *m, n*; **2.** → ***sperm whale***; **3.** → ***sperm oil***.
sper·ma·ce·ti [,spɜ:mə'setɪ] *s.* Walrat *m, n*.
sper·ma·ry ['spɜ:mərɪ] *s. physiol.* Keimdrüse *f*; **sper·mat·ic** [spɜ:'mætɪk] *adj. physiol.* sper'matisch, Samen...: ***~ cord*** Samenstrang *m*; ***~ filament*** Samenfaden *m*; ***~ fluid*** → ***sperm***[1] 1.
sper·ma·to·blast ['spɜ:mətəʊblæst] *s. biol.* Ursamenzelle *f*; **,sper·ma·to'gen·e·sis** [-əʊ'dʒenɪsɪs] *s. biol.* Samenbil-

S

dung *f*; ˌ**sper·ma·to'zo·on** [-əʊ'zəʊɒn] *pl.* **-'zo·a** [-'zəʊə] *s. biol.* Spermato'zoon *n*, Spermium *n*.

spermo- [spɜːməʊ] *in Zssgn* Samen...

sperm oil *s.* Walratöl *n*.

sper·mo·log·i·cal [ˌspɜːmə'lɒdʒɪkl] *adj.* **1.** ⚕ spermato'logisch; **2.** ⚘ samenkundlich.

sperm whale *s. zo.* Pottwal *m*.

spew [spjuː] **I** *v/i.* sich erbrechen, ‚spucken', ‚speien'; **II** *v/t.* (er)brechen: **~ *forth*** (*od.* ***out***, ***up***) (aus)speien, (-)spucken, (-)werfen; **III** *s. das* Erbrochene.

sphac·e·la·tion [ˌsfæsɪ'leɪʃn] *s.* ⚕ Brandbildung *f*; **sphac·e·lous** ['sfæsɪləs] *adj.* ⚕ gangrä'nös, ne'krotisch.

sphaero- [sfɪərəʊ] *in Zssgn* Kugel..., Sphäro...

sphe·nog·ra·phy [sfɪ'nɒgrəfɪ] *s.* Keilschriftkunde *f*; **sphe·noid** ['sfiːnɔɪd] **I** *adj.* **1.** keilförmig; **2.** *anat.* Keilbein...; **II** *s.* **3.** *min.* Spheno'id *n* (*Kristallform*).

sphere [sfɪə] *s.* **1.** Kugel *f* (*a.* ⩓; *a. sport Ball*), kugelförmiger Körper; Erd-, Himmelskugel *f*; Himmelskörper *m*: ***doctrine of the ~*** ⩓ Sphärik *f*; **2.** *antiq. ast.* Sphäre *f*: ***music of the ~s*** Sphärenmusik *f*; **3.** *poet.* Himmel *m*, Sphäre *f*; **4.** *fig.* (*Einfluss-, Interessen- etc.*)Sphäre *f*, Gebiet *n*, Bereich *m*, Kreis *m*: ***~ of influence***; ***~ (of activity)*** Wirkungskreis; **5.** Mili'eu *n*, (gesellschaftliche) Um'gebung; **spher·ic** ['sferɪk] **I** *adj.* **1.** *poet.* himmlisch; **2.** kugelförmig; **3.** sphärisch; **II** *s. pl.* **4.** → ***spherics***[1]; **spher·i·cal** ['sferɪkl] *adj.* ☐ **1.** kugelförmig; **2.** ⩓ Kugel... (*-ausschnitt*, *-vieleck etc.*), sphärisch: ***~ astronomy***; ***~ trigonometry***; **sphe·ric·i·ty** [sfɪ'rɪsətɪ] *s.* Kugelgestalt *f*, sphärische Gestalt.

spher·ics[1] ['sferɪks] *s. pl. sg. konstr.* ⩓ Sphärik *f*, Kugellehre *f*.

spher·ics[2] ['sferɪks] *s. pl. sg. konstr.* Wetterbeobachtung *f* mit elek'tronischen Geräten.

sphero- → ***sphaero-***.

sphe·roid ['sfɪərɔɪd] **I** *s.* ⩓ Sphäro'id *n*; **II** *adj.* → **sphe·roi·dal** [ˌsfɪə'rɔɪdl] *adj.* ☐ sphäro'idisch, kugelig; **sphe·roi·dic**, **sphe·roi·di·cal** [ˌsfɪə'rɔɪdɪk(l)] *adj.* ☐ → ***spheroidal***.

spher·ule ['sferjuːl] *s.* Kügelchen *n*.

sphinc·ter ['sfɪŋktə] *s. a.* **~ *muscle*** *anat.* Schließmuskel *m*.

sphinx [sfɪŋks] *pl.* '**sphinx·es** *s.* **1.** *mst* ♀ *myth. u.* ⚠ Sphinx *f* (*a. fig. rätselhafter Mensch*); **2.** a) *a.* **~ *moth*** Sphinx *f* (*Nachtfalter*), b) *a.* **~ *baboon*** Sphinxpavian *m*; '**~·like** *adj.* sphinxartig (*a. fig. rätselhaft*).

spi·ca ['spaɪkə] *pl.* **-cae** [-siː] *s.* **1.** ⚘ Ähre *f*; **2.** ⚕ Kornährenverband *m*; '**spi·cate** [-keɪt] *adj.* ⚘ a) Ähren tragend (*Pflanze*), b) ährenförmig (angeordnet) (*Blüte*).

spice [spaɪs] **I** *s.* **1.** a) Gewürz *n*, Würze *f*, b) *coll.* Gewürze *pl.*; **2.** *fig.* Würze *f*; **3.** *fig.* Beigeschmack *m*, Anflug *m*; **II** *v/t.* **4.** würzen (*a. fig.*); **spiced** [-st] → ***spicy*** 1 *u.* 2; '**spic·er·y** [-sərɪ] *s. coll.* Gewürze *pl.*; '**spic·i·ness** [-sɪnɪs] *s. fig. das* Würzige, *das* Pi'kante.

spick-and-span [ˌspɪkən'spæn] *adj.* **1.** funkelnagelneu; **2.** a) blitzsauber, b) ‚wie aus dem Ei gepellt' (*Person*).

spic·u·lar ['spaɪkjʊlə] *adj.* **1.** *zo.* nadelförmig; **2.** ⚘ ährchenförmig; **spic·ule** ['spaɪkjuːl] *s.* **1.** (Eis- *etc.*)Nadel *f*; **2.** *zo.* nadelartiger Fortsatz, *bsd.* Ske'lettnadel *f* (*e-s Schwammes etc.*); **3.** ⚘ Ährchen *n*.

spic·y ['spaɪsɪ] *adj.* ☐ **1.** gewürzt; **2.** würzig, aro'matisch (*Duft etc.*); **3.** Gewürz...; **4.** *fig.* a) gewürzt, witzig, b) pi'kant, gepfeffert, schlüpfrig; **5.** *sl.* a) ‚gewieft', geschickt, b) schick.

spi·der ['spaɪdə] *s.* **1.** *zo.* Spinne *f*; **2.** ⚙ a) Armkreuz *n*, b) Drehkreuz *n*, c) Armstern *m* (*Rad*); **3.** ⚡ Ständerkörper *m*; **4.** *Am.* Dreifuß *m* (*Untersatz*); **~ catch·er** *s. orn.* **1.** Spinnenfresser *m*; **2.** Mauerspecht *m*; **~ line** *s. mst pl.* ⚙, *opt.* Faden(kreuz *n*) *m*, Ableselinie *f*; **~ web**, *a.* **~'s web** *s.* Spinn(en)gewebe *n* (*a. fig.*).

spi·der·y ['spaɪdərɪ] *adj.* **1.** spinnenartig; **2.** spinnwebartig; **3.** voll von Spinnen.

spiel [spiːl] *s. Am. sl.* **1.** Werbesprüche *pl.*; **2.** ‚Platte' *f*, Gequassel *n*.

spiff·ing ['spɪfɪŋ] *adj. sl.* ‚toll', ‚(tod-)schick'.

spif·(f)li·cate ['spɪflɪkeɪt] *v/t. sl.* ‚es *j-m* besorgen'.

spig·ot ['spɪgət] *s.* ⚙ **1.** (Fass)Zapfen *m*; **2.** Zapfen *m* (*e-s Hahns*); **3.** (Fass-, Leitungs)Hahn *m*; **4.** Muffenverbindung *f* (*bei Röhren*).

spike[1] [spaɪk] *s.* ⚘ **1.** (Gras-, Korn)Ähre *f*; **2.** (Blüten)Ähre *f*.

spike[2] [spaɪk] **I** *s.* **1.** Stift *m*, Spitze *f*, Dorn *m*, Stachel *m*; **2.** ⚙ (Haken-, Schienen)Nagel *m*, Bolzen *m*; **3.** (Zaun-)Eisenspitze *f*; **4.** a) *mst pl.* Spike *m* (*am Rennschuh etc.*), b) *pl. mot.* Spikes *pl.* (*am Reifen*); **5.** *hunt.* Spieß *m* (*e-s Junghirsches*); **6.** *ichth.* junge Ma'krele; **II** *v/t.* **7.** festnageln; **8.** mit (Eisen)Spitzen versehen; **9.** aufspießen; **10.** *sport* mit den Spikes verletzen; **11.** ⚔ *Geschütz* vernageln: **~ *s.o.'s guns*** *fig.* j-m e-n Strich durch die Rechnung machen; **12.** a) e-n Schuss Alkohol geben in *ein Getränk*, b) *fig.* ‚pfeffern'.

spiked[1] [spaɪkt] *adj.* ⚘ Ähren tragend.

spiked[2] [spaɪkt] *adj.* **1.** mit Nägeln *od.* (Eisen)Spitzen (versehen): **~ *shoes***; **~ *helmet*** Pickelhaube *f*; **2.** mit ‚Schuss' (*Getränk*).

S

spike·nard ['spaɪknɑːd] *s.* **1.** La'vendelöl *n*; **2.** ⚘ Indische Narde; **3.** ⚘ Traubige A'ralie.

spike oil → ***spikenard*** 1.

spik·y ['spaɪkɪ] *adj.* **1.** spitz, dornenartig, stachelig; **2.** *Brit.* F a) eigensinnig, b) empfindlich.

spile [spaɪl] **I** *s.* **1.** (Fass)Zapfen *m*, Spund *m*; **2.** Pflock *m*, Pfahl *m*; **II** *v/t.* **3.** verspunden; **4.** anzapfen; **'~·hole** *s.* Spundloch *n*.

spill¹ [spɪl] *s.* **1.** (Holz)Splitter *m*; **2.** Fidibus *m*.

spill² [spɪl] **I** *v/t.* [*irr.*] **1.** aus-, verschütten, 'überlaufen lassen; **2.** *Blut* vergießen; **3.** um'her-, verstreuen; **4.** ⚓ *Segel* killen lassen; **5.** a) *Reiter* abwerfen, b) *j-n* schleudern; **6.** *sl.* ausplaudern, verraten; → ***bean*** 1; **II** *v/i.* [*irr.*] **7.** 'überlaufen, verschüttet werden; **8.** *a.* **~ *over*** sich ergießen (*a. fig.*); **9.** **~ *over with*** *fig.* wimmeln von; **10.** *sl.* ‚auspacken', ‚singen'; **III** *s.* **11.** F Sturz *m* (*vom Pferd etc.*); **12.** ✝ Preissturz *m*.

spil·li·kin ['spɪlɪkɪn] *s.* **1.** (*bsd.* Mi'kado-)Stäbchen *n*; **2.** *pl. sg. konstr.* Mi'kado *n*.

'spill·way *s.* ⚙ 'Überlauf(rinne *f*) *m*, 'Abflusska,nal *m*.

spilt [spɪlt] *pret. u. p.p. von* ***spill²***; → ***milk*** 1.

spin [spɪn] **I** *v/t.* [*irr.*] **1.** *Wolle, Flachs etc.* (zu Fäden) spinnen; **2.** *Fäden, Garn* spinnen; **3.** schnell drehen, (herum)wirbeln; *Kreisel* treiben; ✈ *Flugzeug* trudeln lassen; *Münze* hochwerfen; *Wäsche* schleudern; *Schallplatte* ‚laufen lassen'; **4.** a) sich *et.* ausdenken, *Pläne* aushecken, b) erzählen; → ***yarn*** 3; **5.** **~ *out*** in die Länge ziehen, *Geschichte* ausspinnen, *a. Suppe etc.* ‚strecken'; **6.** *sport Ball* mit Ef'fet schlagen; **7.** *sl. Kandidaten* ‚'durchrasseln' lassen; **II** *v/i.* [*irr.*] **8.** spinnen; **9.** *a.* **~ *round*** sich (im Kreis um die eigene Achse) drehen, her'umwirbeln: ***send s.o. ~ning*** j-n hinschleudern; ***my head ~s*** mir dreht sich alles; **10.** **~ *along*** da'hinsausen (*fahren*); **11.** ✈ trudeln; **12.** *mot.* 'durchdrehen (*Räder*); **13.** *sl.* ‚durchrasseln' (*Prüfungskandidat*); **III** *s.* **14.** *das* Her'umwirbeln; **15.** schnelle Drehung, Drall *m*; **16.** *phys.* Spin *m*, Drall *m* (*des Elektrons*); **17.** ***go for a ~*** F e-e Spritztour machen; **18.** ✈ a) (Ab)Trudeln *n*, b) 'Sturzspi,rale *f*; **19.** *sport* Ef'fet *m*.

spin·ach ['spɪnɪdʒ] *s.* **1.** ⚘ Spi'nat *m*; **2.** *Am. sl.* ‚Mist' *m*.

spi·nal ['spaɪnl] *adj. anat.* spi'nal, Rückgrat..., Rückenmarks...; **~ col·umn** *s.* Wirbelsäule *f*, Rückgrat *n*; **~ cord**, **~ mar·row** *s.* Rückenmark *n*; **~ nerve** *s.* Spi'nalnerv *m*.

spin·dle ['spɪndl] **I** *s.* **1.** ⚙ a) (Hand-, *a.* Drehbank)Spindel *f*, b) Welle *f*, Achszapfen *m*, c) Triebstock *m*, d) Hydro'meter *n*; **2.** *ein Garnmaß*; **3.** *biol.* Kernspindel *f*; **4.** ⚘ Spindel *f*; **II** *v/i.* **5.** (auf)schießen (*Pflanze*); **6.** in die Höhe schießen (*Person*); **'~-legged** *adj.* storchbeinig; **'~·legs**, **'~·shanks** *s. pl.* **1.** ‚Storchbeine' *pl.*; **2.** *sg. konstr.* ‚Storchbein' *n* (*Person*).

spin·dling ['spɪndlɪŋ], **'spin·dly** [-lɪ] *adj.* lang u. dünn, spindeldürr.

spin| doc·tor *s.* F **1.** *offiziell eingesetzte(r)* schönrednerische(r) Pressesprecher(in), Schönredner(in), F ‚Märchenerzähler(in)'; **2.** 'Imageberater(in); **,~-'dry** *v/t. Wäsche* schleudern; **,~-'dry·er**, *a.* **,~-'dri·er** *s.* Wäscheschleuder *f*.

spine [spaɪn] *s.* **1.** ⚘, *zo.* Stachel *m*; **2.** *anat.* Rückgrat *n* (*a. fig. fester Charakter*), Wirbelsäule *f*; **3.** (Gebirgs)Grat *m*; **4.** Buchrücken *m*; **spined** [-nd] *adj.* **1.** *bot., zo.* stachelig, Stachel...; **2.** Rückgrat..., Wirbel...; **'spine·less** [-lɪs] *adj.* **1.** stachellos; **2.** rückgratlos (*a. fig.*).

spin·et [spɪ'net] *s.* ♪ Spi'nett *n*.

spin·na·ker ['spɪnəkə] *s.* ⚓ Spinnaker *m* (*großes Dreiecksegel*).

spin·ner ['spɪnə] *s.* **1.** *poet. od. dial.* Spinne *f*; **2.** Spinner(in); **3.** ⚙ 'Spinnma,schine *f*; **4.** Kreisel *m*; **5.** (Polier-)Scheibe *f*; **6.** → **'spin·ner·et** [-əret] *s. zo.* Spinndrüse *f*.

spin·ney ['spɪnɪ] *pl.* **-neys** *s. Brit.* Dickicht *n*.

spin·ning| jen·ny ['spɪnɪŋ] *s.* 'Feinspinnma,schine *f*; **~ mill** *s.* Spinne'rei *f*; **~ wheel** *s.* Spinnrad *n*.

'spin-off *s.* ⚙ 'Nebenpro,dukt *n* (*a. fig.*).

spi·nose ['spaɪnəʊs], **'spi·nous** [-nəs] *adj.* stach(e)lig.

spin·ster ['spɪnstə] *s.* **1.** älteres Fräulein, alte Jungfer; **2.** *Brit.* ⚖ a) unverheiratete Frau, b) *nach dem Namen*: ledig: **~ *aunt*** unverheiratete Tante; **'spin·ster·hood** [-hʊd] *s.* **1.** Alt'jüngferlichkeit *f*; **2.** Alt'jungfernstand *m*; **3.** lediger Stand; **'spin·ster·ish** [-ərɪʃ], **'spin·ster·ly** [-lɪ] *adj.* alt'jüngferlich.

spin·y ['spaɪnɪ] *adj.* **1.** ⚘, *zo.* stach(e)lig; **2.** *fig.* heikel (*Thema etc.*).

spi·ra·cle ['spaɪərəkl] *s.* **1.** Atem-, Luftloch *n*, *bsd. zo.* Tra'chee *f*; **2.** *zo.* Spritzloch *n* (*bei Walen etc.*).

spi·ral ['spaɪərəl] **I** *adj.* ☐ **1.** gewunden, schrauben-, schneckenförmig, spi'ral, Spiral...: **~ *balance*** ⚙ (Spiral)Federwaage *f*; **~ *staircase*** Wendeltreppe *f*; **2.** A spi'ralig, Spiral...; **II** *s.* **3.** A *etc.* Spi'rale *f*; **4.** Windung *f e-r Spirale*; **5.** ⚙ a) *a.* **~ *conveyer*** Förderschnecke *f*, b) *a.* **~ *spring*** Spi'ralfeder *f*; **6.** ⚡ a) Spule *f*, b) Wendel *f* (*Glühlampe*); **7.** *a.* **~ *nebula*** *ast.* Spi'ralnebel *m*; **8.** ✈ Spi'ralflug *m*, Spi'rale *f*; **9.** ✝ (*Preis-, Lohn- etc.*)Spi'rale *f*: ***wage-price ~***

S

Lohn-Preis-Spirale; **III** *v/t.* **10.** spi'ralig machen; **11.** ~ **up** (**down**) *Preise etc.* hin'auf- (her'unter)schrauben; **IV** *v/i.* **12.** sich spi'ralförmig nach oben *od.* unten bewegen, *a.* ✈, ✝ sich hoch schrauben *od.* niederschrauben.

spi·rant ['spaɪərənt] *ling.* **I** *s.* Spirans *f*, Reibelaut *m*; **II** *adj.* spi'rantisch.

spire¹ ['spaɪə] *s.* **1.** → **spiral** 4; **2.** Spi'rale *f*; **3.** *zo.* Gewinde *n*.

spire² ['spaɪə] **I** *s.* **1.** (*Dach-*, *Turm-*, *a. Baum-*, *Berg- etc.*)Spitze *f*; **2.** Spitzturm *m*; **3.** Kirchturm(spitze *f*) *m*; **4.** spitz zulaufender Körper *od.* Teil, *z. B.* (Blüten)Ähre *f*, Grashalm *m*, (Geweih)Gabel *f*; **II** *v/i. u. v/t.* **5.** spitz zulaufen (lassen).

spired¹ ['spaɪəd] *adj.* spi'ralförmig.

spired² ['spaɪəd] *adj.* **1.** spitz (zulaufend); **2.** spitztürmig.

spir·it ['spɪrɪt] **I** *s.* **1.** *allg.* Geist *m*: a) Odem *m*, Lebenshauch *m*, b) innere Vorstellung: **in** (**the**) ~ im Geiste, c) Seele *f* (*a. e-s Toten*), d) Gespenst *n*, e) Gesinnung *f*, (*Gemein- etc.*)Sinn *m*, f) Cha'rakter *m*, g) Sinn *m*: **the ~ of the law**; → **enter into** 4; **2.** Stimmung *f*, Gemütsverfassung *f*, *pl. a.* Lebensgeister *pl.*: **in high** (**low**) **~s** gehobener (in gedrückter) Stimmung; **3.** Feuer *n*, Schwung *m*, E'lan *m*; Ener'gie *f*, Mut *m*; **4.** (Mann *m* von) Geist *m*, Kopf *m*, Ge'nie *n*; **5.** Seele *f e-s Unternehmens*; **6.** (Zeit)Geist *m*: ~ **of the age**; **7.** ⚗ Destil'lat *n*, Geist *m*, Spiritus *m*: **~(s) of hartshorn** Hirschhornspiritus, -geist; **~(s) of turpentine** Terpentinöl *n*; **~(s) of wine** Weingeist; **8.** *pl.* alko'holische *od.* geistige Getränke *pl.*, Spiritu'osen *pl.*; **9.** *a. pl.* ⚗ *Am.* Alkohol *m*; **II** *v/t.* **10.** *a.* ~ **up** aufmuntern, anstacheln; **11.** ~ **away**, ~ **off** wegschaffen, -zaubern, verschwinden lassen; '**spir·it·ed** [-tɪd] *adj.* ☐ **1.** le'bendig, lebhaft, schwungvoll, tempera'mentvoll; **2.** e'nergisch, beherzt; **3.** feurig (*Pferd etc.*); **4.** (geist-)sprühend, le'bendig (*Rede, Buch etc.*).

-spir·it·ed [spɪrɪtɪd] *adj. in Zssgn* **1.** ...gesinnt: → **public-~**; **2.** ...gestimmt: → **low-~**.

spir·it·ed·ness ['spɪrɪtɪdnɪs] *s.* **1.** Lebhaftigkeit *f*, Le'bendigkeit *f*; **2.** Ener'gie *f*, Beherztheit *f*; **3.** *in Zssgn*: **low-~** Niedergeschlagenheit *f*; **public-~** Gemeinsinn *m*.

spir·it·ism ['spɪrɪtɪzəm] *s.* Spiri'tismus *m*; '**spir·it·ist** [-ɪst] *s.* Spiri'tist(in); **spir·it·is·tic** [ˌspɪrɪ'tɪstɪk] *adj.* (☐ **~ally**) spiri'tistisch.

spir·it·less ['spɪrɪtlɪs] *adj.* ☐ **1.** geistlos; **2.** leb-, lust-, schwunglos, schlapp; **3.** niedergeschlagen, mutlos; '**spir·it·less·ness** [-nɪs] *s.* **1.** Geistlosigkeit *f*; **2.** Lust-, Schwunglosigkeit *f*; **3.** Kleinmut *m*.

spir·it| lev·el *s.* ⚙ Nivellier-, Wasserwaage *f*; ~ **rap·ping** *s.* Geisterklopfen *n*.

spir·it·u·al ['spɪrɪtjʊəl] **I** *adj.* ☐ **1.** geistig, unkörperlich; **2.** geistig, innerlich, seelisch: ~ **life** Seelenleben *n*; **3.** vergeistigt (*Person, Gesicht etc.*); **4.** göttlich (inspiriert); **5.** a) religi'ös, b) kirchlich, c) geistlich (*Gericht, Lied etc.*); **6.** geistig, intellektu'ell; **7.** geistreich, -voll; **II** *s.* **8.** ♪ (Neger)Spiritual *n*; '**spir·it·u·al·ism** [-lɪzəm] *s.* **1.** Geisterglaube *m*, Spiri'tismus *m*; **2.** *phls.* a) Spiritua'lismus *m*, b) meta'physischer Idea'lismus; **3.** *das* Geistige; '**spir·it·u·al·ist** [-lɪst] *s.* **1.** Spiritua'list *m*, Idea'list *m*; **2.** Spiri'tist *m*; **spir·it·u·al·i·ty** [ˌspɪrɪtjʊ'ælətɪ] *s.* **1.** *das* Geistige; **2.** *das* Geistliche; **3.** Unkörperlichkeit *f*, geistige Na'tur; **4.** *oft pl. hist.* geistliche Rechte *pl. od.* Einkünfte *pl.*; '**spir·it·u·al·ize** [-laɪz] *v/t.* **1.** vergeistigen; **2.** im über'tragenen Sinne deuten.

spir·it·u·ous ['spɪrɪtjʊəs] *adj.* **1.** alko'holisch: ~ **liquors** Spirituosen; **2.** destilliert.

spir·y¹ ['spaɪərɪ] → **spired¹**.

spir·y² ['spaɪərɪ] *adj.* **1.** spitz zulaufend; **2.** vieltürmig.

spit¹ [spɪt] **I** *v/i.* [*irr.*] **1.** spucken: ~ **on** *fig.* auf *et.* spucken; ~ **on** (*od.* **at**) **s.o.** j-n anspucken; ~ **s.o. in the eye** j-m ins Gesicht spucken (*a. fig.*); **2.** spritzen, klecksen (*Federhalter*); **3.** sprühen (*Regen*); **4.** fauchen, zischen (*Katze etc.*): ~ **at s.o.** j-n anfauchen; **5.** (her'aus)sprudeln, (-)spritzen (*kochendes Wasser etc.*); **II** *v/t.* [*irr.*] **6.** *a.* ~ **out** (aus)spucken; **7.** *Feuer etc.* speien; **8.** *a.* ~ **out** *fig. Worte* (heftig) her'vorstoßen, zischen: ~ **it out!** F nun sags schon!; **III** *s.* **9.** Spucke *f*, Speichel *m*: ~ **and polish** ⚓, ⚔ *sl.* a) Putz- u. Flickstunde *f*, b) peinliche Sauberkeit, c) Leuteschinderei *f*; **~-and-polish** F *attr.* ‚wie aus dem Ei gepellt'; **10.** Fauchen *n* (*e-r Katze*); **11.** Sprühregen *m*; **12.** F Eben-, Abbild *n*: **she is the ~** (**and image**) **of her mother** sie ist ihrer Mutter wie aus dem Gesicht geschnitten.

spit² [spɪt] **I** *s.* **1.** (Brat)Spieß *m*; **2.** *geogr.* Landzunge *f*; **3.** spitz zulaufende Sandbank; **II** *v/t.* **4.** an e-n Bratspieß stecken; **5.** aufspießen.

spit³ [spɪt] *s.* Spatenstich *m*.

spite [spaɪt] **I** *s.* **1.** Boshaftigkeit *f*, Gehässigkeit *f*: **from pure** (*od.* **in** *od.* **out of**) ~ aus reiner Bosheit; **2.** Groll *m*: **have a ~ against** *j-m* grollen; ~ **vote** *pol.* Protest-, Trotzwahl *f*; **3.** (**in**) ~ **of** trotz, ungeachtet (*gen.*): **in ~ of that** dessen ungeachtet; **in ~ of o.s.** unwillkürlich; **II** *v/t.* **4.** *j-m* ‚eins auswischen'; → **nose** *Redew.*; '**spite·ful** [-fʊl] *adj.* ☐ boshaft, gehässig; '**spite·ful·ness** [-fʊlnɪs] → **spite** 1.

S

'spit,fire *s.* **1.** Feuer-, Hitzkopf *m*, *bsd.* ‚Drachen' *m* (*Frau*); **2.** Feuer speiender Vul'kan.

spit·tle ['spɪtl] *s.* Spucke *f*, Speichel *m*.

spit·toon [spɪ'tuːn] *s.* Spucknapf *m*.

spitz (dog) [spɪts] *s. zo.* Spitz *m* (*Hund*).

spiv [spɪv] *s. Brit. sl.* Schieber *m*, Schwarzhändler *m*.

splanch·nic ['splæŋknɪk] *adj. anat.* Eingeweide...

splash [splæʃ] **I** *v/t.* **1.** (mit Wasser *od.* Schmutz *etc.*) bespritzen; **2.** *Wasser etc.* spritzen, gießen, *Farbe etc.* klatschen (***on***, ***over*** über *acc. od.* auf *acc.*); **3.** *s-n Weg* patschend bahnen; **4.** *Plakate* anbringen; **5.** F *in der Zeitung* in großer Aufmachung bringen; **II** *v/i.* **6.** spritzen; **7.** platschen: a) plan(t)schen, b) klatschen (*Regen etc.*), c) plumpsen: **~ *down*** wassern (*Raumkapsel*); **III** *adv. u. int.* **8.** p(l)atsch(!), klatsch(!); **IV** *s.* **9.** a) Spritzen *n*, b) Platschen *n*, Klatschen *n*, c) Schwapp *m*, Guss *m*; **10.** Spritzer *m*, (Spritz)Fleck *m*; **11.** (Farb-, Licht)Fleck *m*; **12.** F a) Aufsehen *n*, Sensati'on *f*, b) große Aufmachung, c) großer Aufwand: ***get a ~*** groß herausgestellt werden; ***make a ~*** Aufsehen erregen, Furore machen; **13.** *Brit.* F Schuss *m* (Soda)Wasser (*zum Whisky etc.*); **'~·board** *s.* ⚙ Schutzblech *n*; **'~·down** *s.* Wasserung *f*, Eintauchen *n* (*e-r Raumkapsel*).

splash·er ['splæʃə] *s.* **1.** Schutzblech *n*; **2.** Wandschoner *m*.

splash| guard *s.* ⚙ Spritzschutz *m*; **'~·proof** *adj.* ⚙ spritzwassergeschützt.

splash·y ['splæʃɪ] *adj.* **1.** spritzend; **2.** klatschend, platschend; **3.** bespritzt, beschmutzt; **4.** matschig; **5.** F sensatio'nell, ‚toll'.

splat·ter ['splætə] → ***splash*** 1, 2, 6, 7.

splay [spleɪ] **I** *v/t.* **1.** ausbreiten, -dehnen; **2.** △ ausschrägen; **3.** (ab)schrägen; **4.** *bsd. vet. Schulterknochen* ausrenken (*bei Pferden*); **II** *v/i.* **5.** ausgeschrägt sein; **III** *adj.* **6.** breit u. flach; **7.** gespreizt, auswärts gebogen (*Fuß*); **8.** schief, schräg; **9.** *fig.* linkisch; **IV** *s.* **10.** △ Ausschrägung *f*; **splayed** [-eɪd] → ***splay*** 7.

'splay|·foot I *s.* ⚕ Spreiz-, Plattfuß *m*; **II** *adj. a.* **,~'foot·ed** spreiz- *od.* plattfüßig.

spleen [spliːn] *s.* **1.** *anat.* Milz *f*; **2.** *fig.* schlechte Laune; **3.** *obs.* Hypochondrie *f*, Melancho'lie *f*; **4.** *obs.* Spleen *m*, ‚Tick' *m*; **'spleen·ful** [-fʊl], **'spleen·ish** [-nɪʃ] *adj.* ☐ **1.** mürrisch, übel gelaunt; **2.** hypo'chondrisch.

splen·dent ['splendənt] *adj. min. u. fig.* glänzend, leuchtend.

splen·did ['splendɪd] *adj.* ☐ **1.** *alle a.* F glänzend, großartig, herrlich, prächtig: **~ *isolation*** *pol. hist.* Splendid Isolation *f*; **2.** glorreich; **3.** wunderbar, her'vorragend: **~ *talents***; **'splen·did·ness** [-nɪs] *s.* **1.** Glanz *m*, Pracht *f*; **2.** Großartigkeit *f*.

splen·dif·er·ous [splen'dɪfərəs] *adj.* F *od. humor.* herrlich, prächtig.

splen·do(u)r ['splendə] *s.* **1.** heller Glanz; **2.** Pracht *f*; **3.** Großartigkeit *f*, Bril'lanz *f*, Größe *f*.

sple·net·ic [splɪ'netɪk] **I** *adj.* (☐ **~*ally***) **1.** ⚕ Milz...; **2.** milzkrank; **3.** → ***spleenish***; **II** *s.* **4.** ⚕ Milzkranke(r *m*) *f*; **5.** Hypo'chonder *m*.

splen·ic ['splenɪk] *adj.* ⚕ Milz...: **~ *fever*** Milzbrand *m*.

splice [splaɪs] **I** *v/t.* **1.** spleißen, zs.-splissen; **2.** (ein)falzen; **3.** verbinden, zs.-fügen, *bsd. Filmstreifen, Tonband* (zs.-)kleben; **4.** F verheiraten: ***get ~d*** getraut werden; **II** *s.* **5.** ⚓ Spleiß *m*, Splissung *f*; **6.** ⚙ (Ein)Falzung *f*; **7.** Klebestelle *f* (*an Filmen etc.*).

spline [splaɪn] *s.* **1.** längliches, dünnes Stück Holz *od.* Me'tall; **2.** *Art* 'Kurvenline,al *n*; **3.** ⚙ a) Keil *m*, Splint *m*, b) (Längs)Nut *f*.

splint [splɪnt] **I** *s.* **1.** ⚕ Schiene *f*: ***in ~s*** geschient; **2.** ⚙ Span *m*; **3.** → ***splint bone*** 1; **4.** *vet.* a) → ***splint bone*** 2, b) Knochenauswuchs *m*, Tumor *m* (*Pferdefuß*); **5.** *a.* **~ *coal*** Schieferkohle *f*; **II** *v/t.* **6.** ⚕ schienen; **~ bone** *s.* **1.** *anat.* Wadenbein *n*; **2.** *vet. Knochen des Pferdefußes hinter dem Schienbein.*

splin·ter ['splɪntə] **I** *s.* **1.** (*a. Bomben-, Knochen- etc.*)Splitter *m*, Span *m*: ***go (in)to ~s*** → 4; **2.** *fig.* Splitter *m*, Bruchstück *n*; **II** *v/t.* **3.** zersplittern (*a. fig.*); **III** *v/i.* **4.** zersplittern (*a. fig.*): **~ *off*** (*fig.* sich) absplittern; **~ group** *s.* Splittergruppe *f*; **~ par·ty** *s. pol.* 'Splitterpar,tei *f*; **'~·proof** *adj.* splittersicher.

splin·ter·y ['splɪntərɪ] *adj.* **1.** *bsd. min.* splitterig, schieferig; **2.** leicht splitternd; **3.** Splitter...

split [splɪt] **I** *v/t.* [*irr.*] **1.** (zer)spalten, zerteilen, schlitzen; *Holz, fig. Haare* spalten; **2.** zerreißen; → ***side*** 4; **3.** *fig.* zerstören; **4.** *Gewinn, Flasche Wein etc.* (unterein'ander) teilen, sich in *et.* teilen; ✝ *Aktien* splitten: **~ *the difference*** a) ✝ sich in die Differenz teilen, b) sich auf halbem Wege entgegenkommen *od.* einigen; **~ *screen*** *Computer:* geteilter Bildschirm; → ***ticket*** 7; **5.** trennen, entzweien, *Partei etc.* spalten; **6.** *sl. Plan etc.* verraten; **7.** *Am.* F *Whisky etc.* ‚spritzen' (*mit Wasser verdünnen*); **8.** ⚗, *phys. Atome etc.* (auf)spalten: **~ *off*** abspalten; **II** *v/i.* [*irr.*] **9.** sich aufspalten, reißen; platzen, bersten, zerspringen: ***my head is ~ing*** *fig.* ich habe rasende Kopfschmerzen; **10.** zerschellen (*Schiff*); **11.** sich spalten (***into*** in *acc.*): **~ *off*** sich abspalten;

S

~ ends Haarspliss *m*; **12.** sich entzweien *od.* trennen (***over*** wegen *e-r Sache*); **13.** sich teilen (***on*** in *acc.*); **14.** ***~ on*** *j-n* ‚verpfeifen'; **15.** a) F sich schütteln vor Lachen, b) *sl.* ‚abhauen'; **16.** *pol. Am.* panaschieren; **III** *s.* **17.** Spalt *m*, Riss *m*, Sprung *m*; **18.** *fig.* Spaltung *f*, Zersplitterung *f* (*e-r Partei etc.*); **19.** *fig.* Entzweiung *f*, Bruch *m*; **20.** *pol.* Splittergruppe *f*; **21.** ⚙ Schicht *f von Spaltleder*; **22.** (*bsd.* Ba'nanen)Split *m*; **23.** F a) halbe Flasche (*Mineralwasser etc.*), b) halb gefülltes (Schnaps- *etc.*) Glas; **24.** *pl.*a) *Akrobatik*: Spa'gat *m*: ***do the ~s*** e-n Spagat machen, b) *sport* Grätsche *f*; **25.** *sl.* Spitzel *m*; **IV** *adj.* **26.** zer-, gespalten, Spalt...: ***~ infinitive*** *ling.* gespaltener Infinitiv; ***~-level house*** Halbgeschosshaus *n*; ***~ peas(e)*** getrocknete halbe Erbsen (*für Püree etc.*); ***~ personality*** *psych.* gespaltene Persönlichkeit; ***~ second*** Bruchteil *m* e-r Sekunde; ***~-second watch*** *sport* Stoppuhr *f*; ***~ ticket*** *Am.* Wahlzettel *m* mit Stimmen für Kandidaten mehrerer Parteien; **'split·ting** [-tɪŋ] **I** *adj.* **1.** (*ohren- etc.*)zerreißend; **2.** rasend, heftig (*Kopfschmerzen*); **3.** blitzschnell; **4.** zwerchfellerschütternd: ***a ~ farce***; **II** *s.* **5.** Spaltung *f*; **6.** ✝ Splitting *n*: a) Aktienteilung *f*, b) *Besteuerung e-s Ehepartners zur Hälfte des gemeinsamen Einkommens*; **'split-up** *s.* **1.** → ***split*** 17–19; **2.** ✝ (Aktien)Split *m*.

splodge [splɒdʒ], **splotch** [splɒtʃ] **I** *s.* Fleck *m*, Klecks *m*; **II** *v/t.* beklecksen; **splotch·y** ['splɒtʃɪ] *adj.* fleckig, schmutzig.

splurge [splɜːdʒ] F **I** *s.* **1.** ‚Angabe' *f*, protziges Getue; **2.** verschwenderischer Aufwand; **II** *v/i.* **3.** protzen, angeben; **4.** prassen.

splut·ter ['splʌtə] **I** *v/i.* **1.** stottern; **2.** ‚stottern', ‚kotzen' (*Motor*); **3.** zischen (*Braten etc.*); **4.** klecksen (*Schreibfeder*); **5.** spritzen, platschen (*Wasser etc.*); **II** *v/t.* **6.** *Worte* her'aussprudeln, -stottern; **7.** verspritzen; **8.** bespritzen; **9.** *j-n* (*beim Sprechen*) bespucken; **III** *s.* **10.** Geplapper *m*; **11.** Spritzen *n*; Sprudeln *n*; Zischen *n*.

spoil [spɔɪl] **I** *v/t.* [*irr.*] **1.** *et., a. Appetit, Spaß* verderben, ruinieren, vernichten; *Plan* vereiteln; **2.** *Charakter etc.* verderben, *Kind* verziehen, -wöhnen: ***a ~ed brat*** ein verzogener Fratz; **3.** (*pret. u. p.p. nur **~ed***) berauben, entblößen (***of*** *gen.*); **4.** (*pret. u. p.p. nur **~ed***) *obs.* (aus)plündern; **II** *v/i.* [*irr.*] **5.** verderben, ‚ka'puttgehen', schlecht werden (*Obst etc.*); **6.** ***be ~ing for*** brennen auf (*acc.*); ***~ing for a fight*** streitlustig; **III** *s.* **7.** *mst pl.* (Sieges)Beute *f*, Raub *m*; **8.** Beute(stück *n*) *f*; **9.** *mst pl. bsd. Am.* a) Ausbeute *f*, b) *pol.* Gewinn *m*, Einkünfte *pl.* (*e-r Partei nach dem Wahlsieg*); **10.** Errungenschaft *f*, Gewinn *m*; **11.** *pl.* 'Überreste *pl.*, -bleibsel *pl.* (*von Mahlzeiten*); **'spoil·age** [-lɪdʒ] *s.* **1.** *typ.* Makula'tur *f*; **2.** ✝ Verderb *m von Waren*; **'spoil·er** [-lə] *s.* **1.** *mot.* Spoiler *m*; **2.** ✈ Störklappe *f*.

spoils·man ['spɔɪlzmən] *s.* [*irr.*] *pol. Am.* j-d, der nach der ‚Futterkrippe' strebt.

'spoil·sport *s.* Spielverderber(in).

spoils sys·tem *s. pol. Am.* 'Futterkrippensy,stem *n*.

spoilt [spɔɪlt] *pret. u. p.p. von **spoil***.

spoke[1] [spəʊk] **I** *s.* **1.** (Rad)Speiche *f*; **2.** (Leiter)Sprosse *f*; **3.** ⚓ Spake *f* (*des Steuerrads*); **4.** Bremsvorrichtung *f*: ***put a ~ in s.o.'s wheel*** *fig.* j-m e-n Knüppel zwischen die Beine werfen; **II** *v/t.* **5.** *Rad* a) verspeichen, b) (ab)bremsen.

spoke[2] [spəʊk] *pret. u. obs. p.p. von **speak***.

spoke bone *s. anat.* Speiche *f*.

spo·ken ['spəʊkən] **I** *p.p. von **speak***; **II** *adj.* **1.** gesprochen, mündlich: ***~ English*** gesprochenes Englisch; **2.** *in Zssgn* ... sprechend.

spokes·man ['spəʊksmən] *s.* [*irr.*] Wortführer *m*, Sprecher *m*: ***government ~*** *pol.* Regierungssprecher.

spo·li·ate ['spəʊlɪeɪt] *v/t. u. v/i.* plündern; **spo·li·a·tion** [ˌspəʊlɪ'eɪʃn] *s.* **1.** Plünderung *f*, Beraubung *f*; **2.** ⚓, ⚔ *kriegsrechtliche Plünderung neutraler Schiffe*; **3.** ⚖ unberechtigte Änderung *e-s Dokuments*.

spon·da·ic [spɒn'deɪɪk] *adj. Metrik*: spon'deisch; **spon·dee** ['spɒndiː] *s.* Spon'deus *m*.

spon·dyl(e) ['spɒndɪl] *s. anat., zo.* Wirbelknochen *m*.

sponge [spʌndʒ] **I** *s.* **1.** *zo. u. weitS.* Schwamm *m*: ***pass the ~ over*** *fig.* aus dem Gedächtnis löschen, vergessen; ***throw up the ~*** *Boxen*: das Handtuch werfen (*a. fig. sich geschlagen geben*); **2.** ⚔ Wischer *m*; **3.** *fig.* Schma'rotzer *m*, ‚Nassauer' *m* (*Person*); **4.** *Küche*: a) aufgegangener Teig, b) *lockerer, gekochter Pudding*; **II** *v/t.* **5.** *a.* ***~ down*** (mit e-m Schwamm) reinigen, abwaschen: ***~ off***, ***~ away*** weg-, abwischen; ***~ out*** auslöschen (*a. fig.*); **6.** ***~ up*** *Wasser etc.* (mit e-m Schwamm) aufsaugen, -nehmen; **7.** (kostenlos) ergattern, ‚schnorren'; **III** *v/i.* **8.** Schwämme sammeln; **9.** F schma'rotzen, ‚nassauern': ***~ on s.o.*** auf j-s Kosten leben; ***~ bag*** *s.* Kul'turbeutel *m*; ***~ cake*** *s.* Bis'kuitkuchen *m*; ***~ cloth*** *s.* ✝ *Art* Frot'tee *n*; **'~-down** *s.* Abreibung *f* (mit e-m Schwamm).

spong·er ['spʌndʒə] *s.* **1.** ⚙ Dekatierer *m*; **2.** ⚙ Deka'tierma,schine *f*; **3.** Schwammtaucher *m*; **4.** → ***sponge*** 3.

S

sponge rub·ber *s.* Schaumgummi *m.*

spon·gi·ness ['spʌndʒɪnɪs] *s.* Schwammigkeit *f*; **spon·gy** ['spʌndʒɪ] *adj.* **1.** schwammig, po'rös, Schwamm...; **2.** *metall.* locker, porös; **3.** sumpfig, matschig.

spon·sal ['spɒnsəl] *adj.* Hochzeits...

spon·sion ['spɒnʃn] *s.* **1.** ('Übernahme *f* e-r) Bürgschaft *f*; **2.** ⚖, *pol.* (*von e-m nicht bsd. bevollmächtigten Vertreter*) *für e-n Staat übernommene Verpflichtung.*

spon·sor ['spɒnsə] **I** *s.* **1.** Bürge *m*, Bürgin *f*; **2.** (Tauf)Pate *m*, (-)Patin *f*: ***stand ~ to*** (*od.* ***for***) Pate stehen bei; **3.** Förderer *m*, Gönner(in); **4.** Schirmherr(in); **5.** Sponsor *m*, Geldgeber *m*; **II** *v/t.* **6.** bürgen für; **7.** fördern; **8.** die Schirmherrschaft (*gen.*) über'nehmen; **9.** *Radio, TV, sport etc.* sponsern, (als Sponsor) finanzieren; **spon·so·ri·al** [spɒn'sɔːrɪəl] *adj.* Paten...; **'spon·sor·ship** [-ʃɪp] *s.* **1.** Bürgschaft *f*; **2.** Gönnerschaft *f*, Schirmherrschaft *f*; **3.** Patenschaft *f*; **4.** *bsd. sport* finanzielle Förderung, Sponsoring *n.*

spon·ta·ne·i·ty [ˌspɒntə'neɪətɪ] *s.* **1.** Spontanei'tät *f*, Freiwilligkeit *f*, eigener *od.* freier Antrieb; **2.** *das* Impul'sive, impul'sives *od.* spon'tanes Handeln; **3.** Ungezwungenheit *f*, Na'türlichkeit *f*; **spon·ta·ne·ous** [spɒn'teɪnjəs] ☐ *adj.* **1.** spon'tan: a) plötzlich, impul'siv, b) freiwillig, von innen her'aus (erfolgend), c) ungekünstelt, ungezwungen (*Stil etc.*); **2.** auto'matisch, 'unwillˌkürlich; **3.** ⚘ wild wachsend; **4.** selbsttätig, von selbst (entstanden): ***~ combustion*** *phys.* Selbstverbrennung *f*; ***~ generation*** *biol.* Urzeugung *f*; ***~ ignition*** ⚙ Selbstentzündung *f*; **spon·ta·ne·ous·ness** [spɒn'teɪnjəsnɪs] → ***spontaneity.***

spoof [spuːf] F **I** *s.* **1.** Humbug *m*, Schwindel *m*; **2.** Ulk *m*; **II** *v/t.* **3.** beschwindeln; **4.** verulken.

spook [spuːk] **I** *s.* F **1.** Spuk *m*, Gespenst *n*; **2.** *Am. sl.* Ghostwriter *m*; **II** *v/i.* **3.** (her'um)geistern, spuken; **'spook·ish** [-kɪʃ], **'spook·y** [-kɪ] *adj.* **1.** gespenstisch, spukhaft, schaurig; **2.** *Am.* schreckhaft.

spool [spuːl] **I** *s.* Rolle *f*, Spule *f*, Haspel *f*; **II** *v/t.* (auf)spulen.

spoon [spuːn] **I** *s.* **1.** Löffel *m*; **2.** ⚓ Löffelruder(blatt) *n*; **3.** ⚓, ⚔ Führungsschaufel *f* (*Torpedorohr*); **4.** → ***spoon bait***; **5.** *sport* Spoon *m* (*Golfschläger*); **6.** F Einfaltspinsel *m*; **II** *v/t.* **7.** *mst* ***~ up***, ***~ out*** auslöffeln: ***~ out*** *a.* (löffelweise) austeilen; **8.** *sport Ball* schlenzen; **III** *v/i.* **9.** mit e-m Blinker angeln; **10.** *sl. obs.* ‚schmusen'; **~ bait** *s. Angeln*: Blinker *m*; **'~·bill** *s. orn.* **1.** Löffelreiher *m*; **2.** Löffelente *f.*

spoon·er·ism ['spuːnərɪzəm] *s.* (*un*)*beabsichtigtes Vertauschen von Buchstaben od. Silben (z. B.* ***queer old dean*** *statt* ***dear old queen****).*

'spoon|·feed *v/t.* [*irr.* → ***feed***] **1.** mit dem Löffel füttern; **2.** *fig.* *j-n* auf-, hochpäppeln, *a.* verwöhnen; **3.** ***~ s.th. to s.o.*** *fig.* a) j-m et. ‚vorkauen', b) j-m et. eintrichtern; **4.** ***~ s.o.*** *fig.* j-n (geistig) bevormunden; **'~·ful** [-fʊl] *pl.* **-fuls** *s. ein* Löffel *m* (voll); **~ meat** *s.* (Kinder-, Kranken)Brei *m*, ‚Papp' *m.*

spoor [spʊə] *hunt.* **I** *s.* Spur *f*, Fährte *f*; **II** *v/t.* aufspüren; **III** *v/i.* e-e Spur verfolgen.

spo·rad·ic [spə'rædɪk] *adj.* (☐ ***~ally***) spo'radisch, vereinzelt (auftretend).

spore [spɔː] *s.* **1.** *biol.* Spore *f*, Keimkorn *n*; **2.** *fig.* Keim(zelle *f*) *m.*

spo·rif·er·ous [spɔː'rɪfərəs] *adj.* Sporen tragend *od.* bildend.

spo·ro·zo·a [ˌspɔːrə'zəʊə] *s. pl. zo.* Sporentierchen *pl.*, Sporo'zoen *pl.*

spor·ran ['spɒrən] *s.* beschlagene Felltasche (*Schottentracht*).

sport [spɔːt] **I** *s.* **1.** *oft pl.* Sport *m*: ***go in for ~s*** Sport treiben; **2.** 'Sport(art *f*, -disziˌplin *f*) *m*, *engS.* Jagd-, Angelsport *m*; **3.** Kurzweil *f*, Zeitvertreib *m*; **4.** Spaß *m*, Scherz *m*: ***in ~*** im Spaß, zum Scherz; ***make ~ of*** sich lustig machen über (*acc.*); **5.** Zielscheibe *f* des Spottes; **6.** *fig.* Spielball *m* (*des Schicksals, der Wellen etc.*); **7.** feiner *od.* anständiger Kerl: ***be a*** (***good***) ***~*** a) sei kein Spielverderber, b) sei ein guter Kerl, nimm es nicht übel; **8.** *Am.* F a) Sportbegeisterte(r *m*) *f*, *bsd.* Spieler *m*, b) Genießer *m*; **9.** *biol.* Spiel-, Abart *f*; **II** *adj.* **10.** sportlich, Sport...; **III** *v/i.* **11.** sich belustigen; **12.** sich tummeln, herumtollen; **13.** sich lustig machen (***at***, ***over***, ***upon*** über *acc.*); **IV** *v/t.* **14.** stolz (zur Schau) tragen, protzen mit; **'sport·ing** [-tɪŋ] *adj.* ☐ **1.** a) Sport...: ***~ editor***, b) Jagd...: ***~ gun***; **2.** sportlich (*a. fig. fair, anständig*): ***a ~ chance*** e-e faire Chance; **3.** unter'nehmungslustig, mutig; **'spor·tive** [-tɪv] *adj.* ☐ **1.** a) mutwillig, b) verspielt; **2.** spaßhaft.

sports [spɔːts] *adj.* Sport...: ***~ car*** Sportwagen *m*; ***~ coat***, ***~ jacket*** Sportsakko *m*, *n*; **'~·cast** *s. Radio, TV*: *Am.* Sportsendung *f*; **'~ˌcast·er** *s. Am.* 'Sportreˌporter *m*; **~ cen·ter** *s. Am.*, **~ cen·tre** *s. Brit.* Sportzentrum *n*; **'~·man** [-mən] *s.* [*irr.*] **1.** Sportsmann *m*, Sportler *m*; **2.** *fig.* fairer, anständiger Kerl; **'~·man·like** [-mənlaɪk] *adj.* sportlich, fair; **'~·man·ship** [-mənʃɪp] *s.* sportliches Benehmen, Fairness *f*; **'~·wear** *s.* Sport- *od.* Freizeitkleidung *f*; **'~ˌwom·an** *s.* [*irr.*] Sportlerin *f.*

sport·y ['spɔːtɪ] *adj.* F **1.** angeberisch, auffallend; **2.** sportlich: a) Sport treibend, b) fair, c) schick.

S

spor·ule ['spɒrjuːl] *s. biol.* (kleine) Spore.

spot [spɒt] **I** *s.* **1.** (Schmutz-, Rost- *etc.*) Fleck(en) *m*; **2.** *fig.* Schandfleck *m*, Makel *m*; **3.** (Farb)Fleck *m*, Tupfen *m* (*a. zo.*); **4.** ⚕ a) Leberfleck *m*, Hautmal *n*, b) Pustel *f*, Pickel *m*; **5.** Stelle *f*, Ort *m*, Platz *m*: ***on the ~*** a) zur Stelle, da, b) an Ort u. Stelle, ‚vor Ort', c) auf der Stelle, sofort, d) ‚auf Draht', e) *sl.* in der ‚Tinte' *od.* Klemme; ***put on the ~*** F a) *j-n* in Verlegenheit bringen, b) *j-n* ‚umlegen' (*töten*); ***on the ~ of four*** Punkt 4 Uhr; ***in ~s*** stellenweise; ***soft ~*** *fig.* Schwäche (***for*** für); ***sore*** (*od.* ***tender***) ***~*** *fig.* wunder Punkt, empfindliche Stelle; **6.** Fleckchen *n*, Stückchen *n* (*Erde*); **7.** *bsd. Brit.* F a) Bissen *m*, Häppchen *n* (*Essen*), b) Tropfen *m*, Schluck *m* (*Whisky etc.*); **8.** *Billard*: Point *m*; **9.** *Am.* Auge *n* (*Würfel etc.*); **10.** *pl.* † Lokowaren *pl.*; **11.** †, *Radio*, *TV*: (Werbe)Spot *m*; **12.** *Am.* F Nachtklub *m*; **13.** → ***spotlight*** I; **II** *adj.* **14.** † a) so'fort lieferbar, b) so'fort zahlbar (*bei Lieferung*), c) bar, Bar...: ***~ business*** Lokogeschäft *n*; ***~ goods*** → 10; → ***spot cash***; **III** *v/t.* **15.** beflecken (*a. fig.*); **16.** tüpfeln, sprenkeln; **17.** F entdecken, erspähen, her'ausfinden; **18.** platzieren: ***~ a billiard ball***; **19.** ⚔, ✈ (genau) ausmachen; **IV** *v/i.* **20** e-n Fleck *od.* Flecke machen; **21.** flecken, fleckig werden.

spot| an·nounce·ment → ***spot*** 11; **~ ball** *s. Billard*: auf dem Point stehender Ball; **~ cash** *s.* † Barzahlung *f*, so'fortige Kasse; **~ check** *s.* Stichprobe *f*; **ˌ~-'check** *v/t.* stichprobenweise über'prüfen.

spot·less ['spɒtlɪs] *adj.* □ fleckenlos (*a. fig.*); **'spot·less·ness** [-nɪs] *s.* Flecken-, Makellosigkeit *f* (*a. fig.*).

'spot|·light **I** *s.* **1.** *thea.* (Punkt)Scheinwerfer(licht *n*) *m*; **2.** *fig.* Rampenlicht *n* (der Öffentlichkeit): ***in the ~*** im Brennpunkt des Interesses; **3.** *mot.* Suchscheinwerfer *m*; **II** *v/t.* **4.** anstrahlen; **5.** *fig.* die Aufmerksamkeit lenken auf (*acc.*); **~ news** *s. pl.* Kurznachrichten *pl.*; **ˌ~-'on** *adj. Brit.* F haargenau; **~ price** *s.* † Kassapreis *m*; **~ re·mov·er** *s.* Fleckentferner *m*.

spot·ted ['spɒtɪd] *adj.* **1.** fleckig, gefleckt, getüpfelt, gesprenkelt; **2.** *fig.* besudelt, befleckt; **3.** ⚕ Fleck...: ***~ fever*** a) Fleckfieber *n*, b) Genickstarre *f*; **'spot·ter** [-tə] *s.* **1.** *Am.* F Detek'tiv *m*; **2.** ⚔ a) (Luft)Aufklärer *m*, Artille'riebeobachter *m*, b) *Luftschutz*: Flugmelder *m*.

spot test → ***spot check***.

spot·ty ['spɒtɪ] *adj.* □ **1.** → ***spotted*** 1; **2.** uneinheitlich; **3.** pickelig.

'spot-weld *v/t.* ⚙ punktschweißen.

spous·al ['spaʊzl] **I** *adj.* **1.** a) Hochzeits..., b) ehelich; **II** *s.* **2.** *mst pl.* Hochzeit *f*; **3.** *obs.* Ehe(stand *m*) *f*; **spouse** [spaʊz] *s.* (*a.* ⚖ Ehe)Gatte *m*, Gattin *f*, Gemahl(in).

spout [spaʊt] **I** *v/t.* **1.** *Wasser etc.* (aus-)speien, (her'aus)spritzen; **2.** a) *Gedicht etc.* deklamieren, b) ‚her'unterrasseln', c) *Fragen etc.* her'aussprudeln; **3.** *sl.* versetzen, -pfänden; **II** *v/i.* **4.** Wasser speien, spritzen (*a. Wal*); **5.** her'vorsprudeln, her'ausschießen, -spritzen (*Blut, Wasser etc.*); **6.** a) deklamieren, b) *contp.* sal'badern; **III** *s.* **7.** Tülle *f*, Schnauze *f e-r Kanne*; **8.** Abfluss-, Speirohr *n*; **9.** (kräftiger) Wasserstrahl; **10.** *zo.* a) Fon'täne *f* (*e-s Wals*); b) → ***spout hole***; **11.** ***up the ~*** *fig.* F a) versetzt, verpfändet, b) ‚im Eimer', futsch, c) ‚in Schwulitäten' (*Person*); ***she's up the ~*** bei ihr ist was ‚unterwegs'; **'spout·er** [-tə] *s.* **1.** (spritzender) Wal; **2.** Ölquelle *f*; **3.** ‚Redenschwinger' *m*.

spout hole *s. zo.* Spritzloch *m* (*Wal*).

sprag[1] [spræg] *s.* **1.** Bremsklotz *m*; **2.** ⚙ Spreizholz *n*.

sprag[2] [spræg] *s. ichth.* Dorsch *m*.

sprain [spreɪn] **I** *v/t.* verstauchen; **II** *s.* ⚕ Verstauchung *f*.

sprang [spræŋ] *pret. von* ***spring***.

sprat [spræt] *s. ichth.* Sprotte *f*: ***throw a ~ to catch a whale*** (*od.* ***mackerel***) *fig.* mit der Wurst nach der Speckseite werfen.

sprawl [sprɔːl] **I** *v/i.* **1.** ausgestreckt daliegen: ***send s.o. ~ing*** j-n zu Boden strecken; **2.** sich spreizen; **3.** sich (hin-)rekeln *od.* (-)lümmeln; **4.** sich ausbreiten: ***~ing town***; ***~ing hand*** ausladende Handschrift; **5.** ⚘ wuchern; **II** *v/t.* **6.** *mst* ***~ out*** ausstrecken, -spreizen; **III** *s.* **7.** Rekeln *n*, Sich-'breit-Machen *n*; **8.** Ausbreitung *f des Stadtgebiets etc.*: ***urban ~***.

spray[1] [spreɪ] *s.* **1.** Zweig(chen *n*) *m*, Reis *n*; **2.** *coll.* a) Gezweig *n*, b) Reisig *n*; **3.** Zweigverzierung *f*.

spray[2] [spreɪ] **I** *s.* **1.** Gischt *m*, *f*, Schaum *m*; Sprühnebel *m*, -regen *m*, -wasser *n*; **2.** ⚙, *pharm.* a) Spray *m*, *n*, b) Zerstäuber *m*, Sprüh-, Spraydose *f*; **II** *v/t.* **3.** zerstäuben, (ver)sprühen; *vom Flugzeug* abregnen; **4.** *a.* ***~ on*** ⚙ aufsprühen, -spritzen; **5.** *et.* besprühen, -spritzen, *Haar* sprayen; *mot. etc.* spritzlackieren; **~ art·ist** *s.* Sprayer(in); **'spray·er** [-eɪə] → ***spray***[2] 2b.

spray| gun *s.* ⚙ 'Spritzpiˌstole *f*; **~ noz·zle** *s.* **1.** (Gießkannen)Brause *f*; **2.** Brause *f*; **3.** *mot.* Spritzdüse *f*; **'~-paint** *v/t. Parolen etc.* sprühen (***on*** auf *acc.*).

spread [spred] **I** *v/t.* [*irr.*] **1.** *oft* ***~ out*** *Hände, Flügel, Teppich etc.* ausbreiten, *Arme etc. a.* ausstrecken: ***~ the table***

den Tisch decken; ***the peacock ~s its tail*** der Pfau schlägt ein Rad; **2.** *oft* **~ *out*** ausdehnen; *Beine etc.* spreizen (*a.* ⚙); **3.** bedecken, über'ziehen, -'säen (***with*** mit); **4.** *Heu etc.* ausbreiten; **5.** *Butter etc.* aufstreichen, *Farbe*, *Mörtel etc.* auftragen; **6.** *Brot* streichen, schmieren; **7.** breit schlagen; **8.** *Krankheit, Geruch etc., a. Furcht* verbreiten; **9.** *a.* **~ *abroad*** *Gerücht, Nachricht* verbreiten, aussprengen, -streuen; **10.** *zeitlich* verteilen; **11. ~ *o.s.*** *sl.* a) sich *als Gastgeber etc.* mächtig anstrengen, b) ‚angeben'; **II** *v/i.* [*irr.*] **12.** *a.* **~ *out*** sich ausbreiten *od.* verteilen; **13.** sich ausbreiten (*Fahne etc.*; *a. Lächeln etc.*); sich spreizen (*Beine etc.*); **14.** sich *vor den Augen* ausbreiten *od.* -dehnen, sich erstrecken (*Landschaft*); **15.** ⚙ sich strecken *od.* dehnen (lassen) (*Werkstoff*); **16.** sich streichen *od.* auftragen lassen (*Butter*, *Farbe*); **17.** sich ver- *od.* ausbreiten (*Geruch, Pflanze, Krankheit, Gerücht etc.*), 'übergreifen (***to*** auf *acc.*) (*Feuer, Epidemie etc.*); **III** *s.* **18.** Ausbreitung *f*, -dehnung *f*; **19.** Aus-, Verbreitung *f* (*e-r Krankheit, von Wissen etc.*); **20.** Ausdehnung *f*, Weite *f*, 'Umfang *m*; **21.** (weite) Fläche; **22.** *orn.*, ✈ (Flügel)Spanne *f*; **23.** ⚔, *phys.*, *a. Ballistik*: Streuung *f*; **24.** (Zwischen)Raum *m*, Abstand *m*, Lücke *f* (*a. fig.*); (*a.* Zeit)Spanne *f*; **25.** Dehnweite *f*; **26.** Körperfülle *f*; **27.** (Bett- *etc.*)Decke *f*; **28.** Brotaufstrich *m*; **29.** F fürstliches Mahl; **30.** *typ.* Doppelseite *f*; **31.** † Stel'lagegeschäft *n*; **32.** † *Am.* Marge *f*, (Verdienst-)Spanne *f*, Differ'enz *f*; **IV** *adj.* **33.** verbreitet; ausgebreitet; **34.** gespreizt; **35.** Streich...: **~ *cheese***.

spread| ea·gle *s.* **1.** *her.* Adler *m*; **2.** *Am.* F Chauvi'nismus *m*; **3.** *Eiskunstlauf*: Mond *m*; **ˌ~-'ea·gle I** *adj.* **1.** F angeberisch, bom'bastisch; **2.** F chauvi'nistisch; **II** *v/t.* **3.** ausbreiten, spreizen.

spread·er ['spredə] *s.* Streu- *od.* Spritzgerät *n*, *bsd.* a) ('Dünger)Streumaˌschine *f*, b) Abstandsstütze *f*, c) Zerstäuber *m*, d) Spritzdüse *f*, e) Buttermesser *n*.

spread·sheet ['spredʃiːt] *Computer*: Ta'bellenkalkulation(sproˌgramm *n*) *f*.

spree [spriː] F *s.* (*Kauf- etc.*)Orgie *f*: ***go on a ~*** a) ‚einen draufmachen', b) e-e ‚Sauftour' machen; ***go on a buying*** (*od.* ***shopping***, ***spending***) **~** wie verrückt einkaufen.

sprig [sprɪg] **I** *s.* **1.** Zweigchen *n*, Schössling *m*, Reis *n*; **2.** F Sprössling *m*, ‚Ableger' *m*; **3.** Bürschchen *n*; **4.** → ***spray***[1] 3; **5.** ⚙ Zwecke *f*, Stift *m*; **II** *v/t.* **6.** mit e-m Zweigmuster verzieren; **7.** anheften.

spright·li·ness ['spraɪtlɪnɪs] *s.* Lebhaftigkeit *f*, Munterkeit *f*; **spright·ly** ['spraɪtlɪ] *adj. u. adv.* lebhaft, munter, ‚spritzig'.

spring [sprɪŋ] **I** *v/i.* [*irr.*] **1.** springen: **~ *at*** (*od.* [***up***]***on***) auf *j-n* losspringen, *j-n* anfallen; **2.** aufspringen; **3.** springen, schnellen, hüpfen: **~ *open*** aufspringen (*Tür*); ***the trap sprang*** die Falle schnappte zu; **4.** *oft* **~ *forth*** (*od.* ***out***) a) her'ausschießen, (-)sprudeln (*Wasser*, *Blut etc.*), b) (her'aus)sprühen, springen (*Funken etc.*); **5.** (***from***) entspringen (*dat.*): a) quellen (aus), b) *fig.* herkommen, abstammen (von): ***be sprung from*** entstanden sein aus; **6.** *mst* **~ *up*** a) aufkommen (*Wind*), b) *fig.* plötzlich entstehen *od.* aufkommen (*Ideen, Industrie etc.*): **~ *into existence***; **~ *into fame*** plötzlich berühmt werden; **7.** aufschießen (*Pflanzen etc.*); **8.** (hoch) aufragen; **9.** auffliegen (*Rebhühner etc.*); **10.** ⚙ a) sich werfen, b) springen, platzen (*Holz*); **11.** ⚔ explodieren (*Mine*); **II** *v/t.* [*irr.*] **12.** *Falle* zuschnappen lassen, *et.* zu'rückschnellen lassen; **13.** *Riss etc.*, ⚓ *Leck* bekommen; **14.** explodieren lassen; → ***mine***[2] 8; **15.** mit *e-r Neuigkeit etc.* ‚her'ausplatzen': **~ *s.th. on s.o.*** j-m et. plötzlich eröffnen; **16.** ⚠ *Bogen* wölben; **17.** ⚙ (ab)federn; **18.** *Brit.* F *Geld etc.* springen lassen; **19.** *Brit.* F *j-n* erleichtern (***for*** um *Geld etc.*); **20.** *sl. j-n* ‚rausholen' (*befreien*); **III** *s.* **21.** Sprung *m*, Satz *m*; **22.** Frühling *m*, Lenz *m* (*beide a. fig.*); **23.** Elastizi'tät *f*, Sprung-, Schnellkraft *f*; **24.** *fig.* (geistige) Spannkraft; **25.** Sprung *m*, Riss *m im Holz etc.*; Krümmung *f e-s Bretts*; **26.** (*a. Mineral-, Öl*)Quelle *f*, Brunnen *m*: ***hot ~s*** heiße Quellen; **27.** *fig.* Quelle *f*, Ursprung *m*; **28.** *fig.* Triebfeder *f*, Beweggrund *m*; **29.** ⚠ a) (Bogen)Wölbung *f*, b) Gewölbeanfang *m*; **30.** ⚙ (*bsd.* Sprung)Feder *f*; Federung *f*; **IV** *adj.* **31.** Sprung..., Schwung...; **32.** Feder...; **33.** Frühlings...; **~ bal·ance** *s.* ⚙ Federwaage *f*; **~ bed** *s.* 'Sprungfedermaˌtratze *f*; **'~·board** *s. sport* Sprungbrett *n* (*a. fig.*): **~ *diving*** Kunstspringen *n*; **'~·bok** [-bɒk] *pl.* **-boks**, *bsd. coll.* **-bok** *s. zo.* Springbock *m*; **~ bows** [bəʊz] *s. pl.* ⚙ Federzirkel *m*; **~ chick·en** *s.* Brathühnchen *n*: ***she is no ~*** *fig.* F a) sie ist nicht mehr die Jüngste, b) sie ist nicht von gestern; **~ clean·ing** *s.* Frühjahrsputz *m*.

springe [sprɪndʒ] **I** *s.* **1.** *hunt.* Schlinge *f*; **2.** *fig.* Falle *f*; **II** *v/t.* **3.** *Tier* mit e-r Schlinge fangen.

spring·er ['sprɪŋə] *s.* **1.** *a.* **~ *spaniel*** *hunt.* Springerspaniel *m*; **2.** ⚠ (Bogen-)Kämpfer *m*.

spring| fe·ver *s.* **1.** Frühjahrsmüdigkeit *f*; **2.** (*rastlose*) Frühlingsgefühle *pl.*; **~ gun** *s.* Selbstschuss *m*.

S

spring·i·ness ['sprɪŋɪnɪs] → ***spring*** 23.
spring·ing ['sprɪŋɪŋ] *s.* **1.** ⚙ Federung *f*; **2.** ⚠ Kämpferlinie *f*.
spring| leaf *s.* ⚙ Federblatt *n*; **~ lock** *s.* ⚙ Schnappschloss *n*; **~ mat·tress** → ***spring bed***; **~ on·ion** *s.* Frühlingszwiebel *f*; **~ roll** *s. Essen*: Frühlingsrolle *f*; **~ sus·pen·sion** *s.* ⚙ federnde Aufhängung, Federung *f*; '**~·tide** → ***spring*** 22; **~ tide** *s.* ⚓ Springflut *f*; *fig.* Flut *f*, Über'schwemmung *f*; '**~·time** → ***spring*** 22; **~ wheat** *s.* ⚘ Sommerweizen *m*.
spring·y ['sprɪŋɪ] *adj.* □ **1.** federnd, e'lastisch; **2.** *fig.* schwungvoll.
sprin·kle ['sprɪŋkl] **I** *v/t.* **1.** *Wasser etc.* sprenkeln, (ver)sprengen (***on*** auf *acc.*); **2.** *Salz, Pulver etc.* sprenkeln, streuen; **3.** (ver-, zer)streuen, verteilen; **4.** *et.* besprenkeln, besprengen, bestreuen, (be)netzen (***with*** mit); **5.** *Stoff etc.* sprenkeln; **II** *v/i.* **6.** sprenkeln; **7.** (nieder)sprühen; **III** *s.* **8.** Sprühregen *m*; **9.** leichter Schneefall; **10.** Prise *f Salz etc.*; **11.** → ***sprinkling*** 2; '**sprin·kler** [-lə] *s.* **1.** a) 'Spreng-, Be'rieselungsappa,rat *m*: **~ *system*** Sprinkler-, Beregnungsanlage *f*, b) Sprinkler *m*, Rasensprenger *m*, c) Brause *f*, Gießkannenkopf *m*, d) Sprinkler *m* (*e-r Feuerlöschanlage*), e) Sprengwagen *m*, f) Streuer *m*, Streudose *f*; **2.** *R.C.* Weihwasserwedel *m*; '**sprin·kling** [-lɪŋ] *s.* **1.** → ***sprinkle*** 8–10; **2.** *a.* **~ *of*** *fig.* ein bisschen, etwas, e-e Spur, ein paar *Leute etc.*, ein wenig *Salz etc.*
sprint [sprɪnt] **I** *v/i.* **1.** rennen; **2.** *sport* sprinten (*Läufer*), *allg.* spurten; **II** *s.* **3.** *sport* a) Sprint *m*, Kurzstreckenlauf *m*, b) *allg.* Spurt *m* (*a. fig.*); c) *Pferde-, Radsport*: Fliegerrennen *n*; '**sprint·er** [-tə] *s. sport* **1.** Sprinter(in), *a. allg.* Spurter(in); **2.** *Radsport*: Flieger *m*.
sprit [sprɪt] *s.* ⚓ Spriet *n*.
sprite [spraɪt] *s.* **1.** Elfe *f*, Fee *f*; Kobold *m*; **2.** Geist *m*, Schemen *n*.
sprit·sail ['sprɪtsl] *s.* ⚓ Sprietsegel *n*.
spritz·er ['sprɪtsə] *s.* Weinschorle *f*, Gespritzter *m*.
sprock·et ['sprɒkɪt] *s.* ⚙ **1.** Zahn *m* e-s (Ketten)Rades; **2.** *a.* **~ *wheel*** (Ketten-) Zahnrad *n*, Kettenrad *n*; **3.** 'Filmtrans,porttrommel *f*.
sprout [spraʊt] **I** *v/i.* **1.** *a.* **~ *up*** sprießen, (auf)schießen, aufgehen; **2.** keimen; **3.** schnell wachsen, sich schnell entwickeln; in die Höhe schießen (*Person*); wie Pilze aus dem Boden schießen (*Gebäude etc.*); **II** *v/t.* **4.** (her'vor)treiben, wachsen *od.* keimen lassen, entwickeln; **III** *s.* **5.** Spross *m*, Sprössling *m* (*a. fig.*), Schössling *m*; **6.** *pl.* → ***Brussels sprouts***.
spruce[1] [spru:s] *s.* ⚘ **1.** *a.* **~ *fir*** Fichte *f*, Rottanne *f*; **2.** Fichte(nholz *n*) *f*.
spruce[2] [spru:s] **I** *adj.* □ **1.** schmuck, (blitz)sauber, a'drett; **2.** geschniegelt; **II** *v/t.* **3.** *oft* **~ *up*** *j-n* fein machen, (heraus)putzen: **~ *o.s. up*** → 4; **III** *v/i.* **4.** *oft* **~ *up*** sich fein machen, sich ‚in Schale werfen'; '**spruce·ness** [-nɪs] *s.* A'drettheit *f*; *contp.* Affigkeit *f*.
sprung [sprʌŋ] **I** *pret. u. p.p. von* ***spring***; **II** *adj.* **1.** ⚙ gefedert; **2.** rissig (*Holz*).
spry [spraɪ] *adj.* **1.** flink, hurtig; **2.** lebhaft, munter.
spud [spʌd] **I** *s.* **1.** ⚘ a) Jätmesser *n*, Reutspaten *m*, b) Stoßeisen *n*; **2.** Spachtel *m, f*; **3.** F Kar'toffel *f*; **II** *v/t.* **4.** *mst* **~ *up***, **~ *out*** ausgraben, -jäten; **5.** *Ölquelle* anbohren.
spue [spju:] → ***spew***.
spume [spju:m] *s.* Schaum *m*, Gischt *m, f*; '**spu·mous** [-məs], '**spu·my** [-mɪ] *adj.* schäumend.
spun [spʌn] **I** *pret. u. p.p. von* ***spin***; **II** *adj.* gesponnen: **~ *glass*** Glasgespinst *n*; **~ *gold*** Goldgespinst *n*; **~ *silk*** Schappseide *f*.
spunk [spʌŋk] *s.* **1.** Zunderholz *n*; **2.** Zunder *m*, Lunte *f*; **3.** F a) Feuer *n*, Schwung *m*, b) ‚Mumm' *m*, Mut *m*; '**spunk·y** [-kɪ] *adj.* **1.** schwungvoll; **2.** mutig, draufgängerisch; **3.** *Am.* reizbar.
spur [spɜ:] **I** *s.* **1.** (Reit)Sporn *m*: **~*s*** Sporen *pl.*; ***put*** (*od.* ***set***) **~*s to*** → 8; ***win one's ~s*** *fig.* sich die Sporen verdienen; **2.** *fig.* Ansporn *m*, -reiz *m*: ***on the ~ of the moment*** der Eingebung des Augenblicks folgend, ohne Überlegung, spontan; **3.** ⚘ a) Dorn *m*, Stachel *m* (*kurzer Zweig etc.*), b) Sporn *m* (*Nektarbehälter*); **4.** *zo.* Sporn *m*, Stachel *m* (*des Hahns*); **5.** *geogr.* Ausläufer *m*, (Gebirgs)Vorsprung *m*; **6.** ⚠ a) Strebe *f*, Stütze *f*, b) Strebebalken *m*, c) (Mauer)Vorsprung *m*; **7.** ⚔ *hist.* Außen-, Vorwerk *n*; **II** *v/t.* **8.** *Pferd* spornen, die Sporen geben (*dat.*); **9.** *oft* **~ *on*** *fig. j-n* anspornen, -stacheln: **~ *s.o. into action***; **10.** mit Sporen versehen, Sporen (an)schnallen an (*acc.*); **III** *v/i.* **11.** (das Pferd) spornen; **12.** a) sprengen, eilen, b) *fig.* (vorwärts) drängen.
spurge [spɜ:dʒ] *s.* ⚘ Wolfsmilch *f*.
spur| gear *s.* ⚙ **1.** Geradstirnrad *n*; **2.** → **~ gear·ing** *s.* Geradstirnradgetriebe *n*.
spu·ri·ous ['spjʊərɪəs] *adj.* □ **1.** falsch, unecht, Pseudo..., *a.* ⚘, *zo.* Schein...: **~ *fruit***; **2.** nachgemacht, gefälscht; **3.** unehelich; '**spu·ri·ous·ness** [-nɪs] *s.* Unechtheit *f*.
spurn [spɜ:n] *v/t.* **1.** *obs.* mit dem Fuß (weg)stoßen; **2.** verschmähen, verächtlich zu'rückweisen, *j-n a.* abweisen, *e-n Rat* missachten.
spurred [spɜ:d] *adj.* gespornt; *a.* ⚘, *zo.* Sporen tragend.

S

spurt[1] [spɜːt] **I** *s.* **1.** *sport* (*a.* Zwischen-)Spurt *m*; **2.** plötzliche Aktivi'tät, ruckartige Anstrengung; **3.** ✝ plötzliches Anziehen (*von Preisen etc.*); **II** *v/i.* **4.** *sport* spurten; **5.** plötzlich ak'tiv werden.

spurt[2] [spɜːt] **I** *v/t. u. v/i.* (her'aus)spritzen; **II** *s.* (*Wasser- etc.*)Strahl *m*.

spur| track *s.* 🚂 Neben-, Seitengleis *n*; **~ wheel** → ***spur gear*** 1.

sput·ter ['spʌtə] → ***splutter***.

spu·tum ['spjuːtəm] *pl.* **-ta** [-tə] *s.* ⚕ Sputum *n*, Auswurf *m*.

spy [spaɪ] **I** *v/t.* **1.** *a.* ***~ out*** ausspionieren, -spähen, -kundschaften: ***~ out*** *a.* herausfinden; ***~ the land*** *fig.* ‚die Lage peilen'; **2.** erspähen, entdecken; **II** *v/i.* **3.** ⚔ *etc.* spionieren, Spio'nage treiben: ***~ (up)on*** *j-m* nachspionieren, *j-n* bespitzeln, *Gespräch etc.* abhören; **4.** her'umspionieren; **III** *s.* **5.** Späher(in), Kundschafter(in); **6.** ⚔, *pol.* Spi'on(in) (*a. fig. Spitzel*); '**~·glass** *s.* Fernglas *n*; '**~·hole** *s.* Guckloch *n*; **~ ring** *s.* Spio'nagering *m*; **~ sat·el·lite** *s.* ⚔ ‚'Himmelsspi,on' *m*.

squab·ble ['skwɒbl] **I** *v/i.* sich zanken *od.* kabbeln; **II** *v/t. typ.* verquirlen; **III** *s.* Zank *m*, Kabbe'lei *f*; '**squab·bler** [-lə] *s.* ‚Streithammel' *m*.

squab·by ['skwɒbɪ] *adj.* unter'setzt, feist, plump.

squad [skwɒd] *s.* **1.** ⚔ Gruppe *f*, Korpo'ralschaft *f*: ***awkward ~*** a) ‚patschnasse' Re'kruten, b) *fig.* ‚Flaschenverein' *m*; **2.** (Arbeits- *etc.*)Trupp *m*; **3.** *Polizei*: a) ('Überfall- *etc.*)Kom,mando *n*, b) ('Raub- *etc.*)Dezer,nat *n*; → ***murder squad*** *etc.*; **~ car** *Am.* (Funk-)Streifenwagen *m*; **4.** *sport* Riege *f*, Kader *m*.

squad·ron ['skwɒdrən] *s.* **1.** ⚔ a) ('Reiter)Schwa,dron *f*, b) ('Panzer)Batail,lon *n*; **2.** ⚓, ⚔ (Flotten)Geschwader *n*; **3.** ✈ Staffel *f*; **4.** *allg.* Gruppe *f*, Ab'teilung *f*, Mannschaft *f*; **~ lead·er** *s.* ('Flieger)Ma,jor *m*.

squail [skweɪl] *s.* **1.** *pl. sg. konstr.* Flohhüpfen *n*; **2.** Spielplättchen *n*.

squal·id ['skwɒlɪd] *adj.* ☐ schmutzig, verkommen (*beide a. fig.*), verwahrlost; **squa·lid·i·ty** [skwɒ'lɪdətɪ], '**squal·id·ness** [-nɪs] *s.* Schmutz *m*, Verkommenheit *f* (*beide a. fig.*), Verwahrlosung *f*.

squall[1] [skwɔːl] **I** *s.* **1.** *meteor.* Bö *f*, heftiger Windstoß: ***white ~*** Sturmbö aus heiterem Himmel; **2.** F ‚Sturm' *m*, ‚Gewitter' *n*: ***look out for ~s*** die Augen offen halten, auf der Hut sein; **II** *v/i.* **3.** stürmen.

squall[2] [skwɔːl] **I** *v/i.* kreischen, schreien (*a. Kind*); **II** *v/t. oft* ***~ out*** *et.* kreischen; **III** *s.* schriller Schrei: ***~s*** Geschrei *n*; '**squall·er** [-lə] *s.* Schreihals *m*.

squall·y ['skwɔːlɪ] *adj.* böig, stürmisch (*a.* F *fig.*).

squal·or ['skwɒlə] → ***squalidity***.

squa·ma ['skweɪmə] *pl.* **-mae** [-miː] *s.* ⚘, *anat.*, *zo.* Schuppe *f*, schuppenartige Or'ganbildung; '**squa·mate** [-meɪt], '**squa·mous** [-məs] *adj.* schuppig.

squan·der ['skwɒndə] *v/t. oft* ***~ away*** *Geld, Zeit etc.* verschwenden, -geuden: ***~ o.s.*** *od.* ***one's energies*** sich verzetteln *od.* ‚verplempern'; '**squan·der·er** [-dərə] *s.* Verschwender(in); '**squan·der·ing** [-dərɪŋ] **I** *adj.* ☐ verschwenderisch; **II** *s.* Verschwendung *f*, -geudung *f*.

squan·der·ma·ni·a [,skwɒndə'meɪnjə] *s.* Verschwendungssucht *f*.

square [skweə] **I** *s.* **1.** ⩚ Qua'drat *n* (*Figur*); **2.** Qua'drat *n*, Viereck *n*, quadratisches Stück (*Glas, Stoff etc.*), Karo *n*; **3.** Feld *n* (*Schachbrett etc.*): ***be back to ~ one*** *fig.* wieder da sein, wo man angefangen hat; **4.** Häuserblock *m*; **5.** (öffentlicher) Platz; **6.** ⚙ a) Winkel(maß *n*) *m*, b) *bsd. Zimmerei*: Geviert *n*: ***on the ~*** a) rechtwink(e)lig, b) F ehrlich, anständig, in Ordnung; ***out of ~*** a) nicht rechtwink(e)lig, b) *fig.* nicht in Ordnung; **7.** ⩚ Qua'drat(zahl *f*) *n*: ***in the ~*** im Quadrat; **8.** ⚔ *hist.* Kar'ree *n*; **9.** ('Wort-, 'Zahlen)Qua,drat *n*; **10.** ⩓ Säulenplatte *f*; **11.** *sl.* Spießer *m*; **II** *v/t.* **12.** rechtwink(e)lig *od.* quadratisch machen; **13.** *a.* ***~ off*** in Quadrate einteilen, *Papier etc.* karieren: ***~d paper*** Millimeterpapier *n*; **14.** auf s-e Abweichung vom rechten Winkel prüfen; **15.** ⩚ a) den Flächeninhalt berechnen von (*od. gen.*), b) *Zahl* quadrieren, ins Qua'drat erheben, c) *Figur* quadrieren; → ***circle*** 1; **16.** ⚙ vierkantig behauen; **17.** *Schultern* straffen; **18.** *fig.* in Einklang bringen (***with*** mit), anpassen (***to*** an *acc.*); **19.** (*a.* ✝ *Konten*) ausgleichen; → ***account*** 5; **20.** *Schuld* begleichen; **21.** *Gläubiger* befriedigen; **22.** *sl. j-n* ‚schmieren', bestechen; **23.** *sport Kampf* unentschieden beenden; **III** *v/i.* **24.** ***~ up*** (*Am. a.* ***off***) in Boxerstellung *od.* in Auslage gehen: ***~ up to*** sich vor *j-m* aufpflanzen, *fig. Problem* anpacken; **25.** (***with***) über'einstimmen (mit), passen (zu); **26.** ***~ up*** ✝ *u. fig.* abrechnen (***with*** mit); **IV** *adj.* ☐ **27.** ⩚ qua'dratisch, Quadrat...(*-meile, -wurzel, -zahl etc.*); **28.** im Qua'drat: ***2 feet ~***; **29.** rechtwink(e)lig, im rechten Winkel (stehend) (***to*** zu); **30.** (vier)eckig; **31.** ⚙ Vierkant...; **32.** gerade, gleichmäßig; **33.** breit(schulterig), stämmig, vierschrötig; **34.** *fig.* in Einklang (stehend) (***with*** mit), stimmend, in Ordnung: ***get things ~*** die Sache in Ordnung bringen; **35.** ✝ abgeglichen (*Konten*): ***get ~ with*** mit *j-m* quitt werden

S

(*a. fig.*); **36.** F a) re'ell, anständig, b) offen, ehrlich: **~ *deal*** a) reeller Handel, b) anständige Behandlung; **37.** klar, deutlich: ***a ~ refusal***; **38.** F ordentlich, reichlich: ***a ~ meal***; **39.** *sl.* ‚spießig'; **40.** zu viert: ***~ game***; **V** *adv.* **41.** quadratisch, viereckig; rechtwink(e)lig; **42.** F anständig, ehrlich; **43.** *Am.* di'rekt, gerade; **ˌ~-'built** → ***square*** 33; **~ dance** *s. Am.* Square Dance *m*; **'~·head** *s. contp.* ‚Qua'dratschädel' *m* (*Skandinavier od. Deutscher in U.S.A. od. Kanada*); **~ meas·ure** *s.* Flächenmaß *n.*

The Square Mile ist ein anderer Name für die Londoner **City** (*siehe dort*), die sich – was dem Namen zu entnehmen ist – über eine Quadratmeile erstreckt.

square·ness ['skweənɪs] *s.* **1.** *das* Quadratische *od.* Viereckige; **2.** Vierschrötigkeit *f*; **3.** F Ehrlichkeit *f*; **4.** *sl.* ‚Spießigkeit' *f.*

ˌsquare|-'rigged *adj.* ⚓ mit Rahen getakelt; **'~-ˌrig·ger** *s.* ⚓ Rahsegler *m*; **~ root** *s.* ℞ (Qua'drat)Wurzel *f*; **~ sail** *s.* ⚓ Rahsegel *n*; **~ shoot·er** *s. Am.* F ehrlicher *od.* anständiger Kerl; **ˌ~-'shoul·dered** *adj.* breitschultrig; **ˌ~-'toed** *adj. fig.* a) altmodisch, b) steif.

squash [skwɒʃ] **I** *v/t.* **1.** (zu Brei) zerquetschen, zs.-drücken; breit schlagen; **2.** *fig.* *Aufruhr etc.* niederschlagen, im Keim ersticken; **3.** F *j-n* ‚fertig machen'; **II** *v/i.* **4.** zerquetscht werden; **5.** glucksen (*Schuhe im Morast etc.*); **III** *s.* **6.** Matsch *m*, Brei *m*; **7.** Gedränge *n*; **8.** ⚘ Kürbis *m*; **9.** (Zi'tronen- *etc.*)Saft *m*; **10.** Glucksen *n*, Platsch(en *n*) *m*; **11.** *sport* a) *a.* **~ *tennis*** Squash *n*, b) *a.* **~ *rackets*** *ein dem Squash ähnliches Spiel*; **~ court** *s. sport* 'Squashcourt *m*; **~ courts** *s. pl. sport* 'Squashhalle *f*; **~ rack·et** *s. sport* 'Squashschläger *m*; **'squash·y** [-ʃɪ] *adj.* ☐ **1.** weich, breiig; **2.** matschig (*Boden*).

squat [skwɒt] **I** *v/t.* **1.** hocken, kauern: **~ *down*** sich hinhocken; **2.** sich ducken (*Tier*); **3.** F ‚hocken' (*sitzen*); **4.** sich ohne Rechtstitel ansiedeln; **II** *v/t.* **5.** *leer stehendes Haus* besetzen; **III** *adj.* **6.** unter'setzt, vierschrötig (*Person*); **7.** flach, platt; **IV** *s.* **8.** Hockstellung *f*, Hocke *f* (*a. sport*); **9.** Sitz *m*, Platz *m*; **'squat·ter** [-tə] *s.* **1.** Hockende(r *m*) *f*; **2.** Hausbesetzer *m*; **3.** Squatter *m*, Ansiedler *m* ohne Rechtstitel; **4.** Siedler *m* auf regierungseigenem Land; **5.** *Austral.* Schafzüchter *m.*

squaw [skwɔː] *s.* **1.** Squaw *f*, Indi'anerfrau *f*; **2.** *Am.* F (Ehe)Frau *f.*

squawk [skwɔːk] **I** *v/i.* **1.** *bsd. orn.* kreischen; **2.** *fig.* F zetern, aufbegehren; **II** *s.* **3.** *bsd. orn.* Kreischen *n*; **4.** F Gezeter *n.*

squeak [skwiːk] **I** *v/i.* **1.** quiek(s)en, piep(s)en; **2.** quietschen (*Bremsen, Türangel etc.*); **3.** *sl.* → ***squeal*** 5; **II** *v/t.* **4.** *et.* quiek(s)en; **III** *s.* **5.** Gequiek(s)e *n*, Piep(s)en *n*; **6.** Quietschen *n*; **7.** ***have a narrow*** (*od.* ***close***) **~** F mit knapper Not davonkommen; **'squeak·y** [-kɪ] *adj.* ☐ **1.** quiek(s)end; **2.** quietschend.

squeal [skwiːl] **I** *v/i.* **1.** kreischen, (auf-) schreien; **2.** quietschen (*Bremsen etc.*); **3.** quieken, piepsen; **4.** F zetern, schimpfen (***about, against*** gegen); **5.** *sl.* ‚pfeifen', ‚singen' (*verraten*): **~ *on s.o.*** j-n verpetzen *od.* ‚verpfeifen' (***to*** bei); **II** *v/t.* **6.** *et.* schreien, kreischen; **III** *s.* **7.** schriller Schrei; **8.** Kreischen *n*, Quieken *n*; **9.** F *fig.* Aufschrei *m*; **'squeal·er** [-lə] *s.* **1.** Schreier *m*; **2.** Täubchen *n*, *allg.* junger Vogel; **3.** *sl.* Verräter *m.*

squeam·ish ['skwiːmɪʃ] *adj.* ☐ **1.** ('über)empfindlich, zimperlich; **2.** a) heikel (*im Essen*), b) (leicht) Ekel empfindend; **3.** 'übergewissenhaft, pe'nibel; **'squeam·ish·ness** [-nɪs] **1.** 'Überempfindlichkeit *f*, Zimperlichkeit *f*; **2.** 'Übergewissenhaftigkeit *f*; **3.** a) heikle Art, b) Ekel *m*, Übelkeit *f.*

squee·gee [ˌskwiː'dʒiː] *s.* **1.** Gummischrubber *m*; **2.** *phot. etc.* (Gummi-) Quetschwalze *f.*

squeez·a·ble ['skwiːzəbl] *adj.* **1.** zs.-drückbar; **2.** *fig.* gefügig; **'squeeze** [skwiːz] **I** *v/t.* **1.** (zs.-)drücken; **2.** a) *Frucht* auspressen, -quetschen, *Schwamm* ausdrücken, b) F *j-n* ‚ausnehmen', ‚schröpfen'; **3.** *oft* **~ *out*** *Saft etc.* (her)'auspressen, -quetschen (***from*** aus): **~ *a tear*** *fig.* e-e Träne zerdrücken, ein paar Krokodilstränen weinen; **4.** drücken, quetschen, zwängen (***into*** in *acc.*); eng (zs.-)packen: **~ *o.s.*** (*od.* ***one's way***) ***into*** (***through***) sich hinein- (hindurch)zwängen; **5.** F fest *od.* innig an sich drücken; **6.** F a) unter Druck setzen, erpressen, b) *Geld etc.* her'auspressen, *Vorteil etc.* her'ausschinden (***out of*** aus); **7.** e-n Abdruck machen von (*e-r Münze etc.*); **II** *v/i.* **8.** quetschen, drücken, pressen; **9.** sich zwängen: **~ *through*** (***in***) sich durch- (hinein)zwängen; **III** *s.* **10.** Druck *m*, Pressen *n*, Quetschen *n*; **11.** Händedruck *m*; **12.** (innige) Um'armung; **13.** Gedränge *n*; **14.** F a) Klemme *f*, *bsd.* Geldverlegenheit *f*, b) ‚Druck' *m*, Erpressung *f*: ***put the ~ on s.o.*** j-n unter Druck setzen; **15.** ✝ wirtschaftlicher Engpass, (*a.* Geld)Knappheit *f*; **16.** (*bsd.* Wachs)Abdruck *m*; **squeeze bot·tle** *s.*

(Plastik)Spritzflasche *f*; **squeeze box** *s.* ♪ F ,'Quetschkom,mode' *f*; '**squeezer** [-zə] *s.* **1.** (Frucht)Presse *f*; **2.** ⚙ a) ('Aus)Pressma,schine *f*, b) Quetschwerk *n*, c) 'Pressformma,schine *f*.

squelch [skweltʃ] **I** *v/t.* **1.** zermalmen; **2.** *fig.* F *j-n* ,kurz fertig machen', *j-m* den Mund stopfen, *Kritik etc.* abwürgen; **II** *v/i.* **3.** p(l)atschen; **4.** glucksen (*nasser Schuh etc.*); **III** *s.* **5.** Matsch *m*; **6.** P(l)atschen *n*, Glucksen *n*; **7.** → '**squelch·er** [-tʃə] *s.* F **1.** vernichtender Schlag; **2.** vernichtende Antwort.

squib [skwɪb] *s.* **1.** a) Frosch *m*, (Feuerwerks)Schwärmer *m*, b) *Brit. allg.* (Hand)Feuerwerkskörper *m*: ***damp*** ~ *fig.* ,Flop' *m*, Schlag *m* ins Wasser; **2.** ⚒, *a.* ⚔ *hist.* Zündladung *f*; **3.** Spottgedicht *n*, Sa'tire *f*.

squid [skwɪd] *pl.* **squids**, *bsd. coll.* **squid** *s.* **1.** *zo. ein* zehnarmiger Tintenfisch; **2.** *künstlicher Köder in Tintenfischform.*

squif·fy ['skwɪfɪ] *adj. sl.* beschwipst.

squig·gle ['skwɪgl] **I** *s.* **1.** Schnörkel *m*; **II** *v/i.* **2.** kritzeln; **3.** sich winden.

squill [skwɪl] *s.* **1.** ⚘ a) Meerzwiebel *f*, b) Blaustern *m*; **2.** *zo.* Heuschreckenkrebs *m*.

squint [skwɪnt] **I** *v/i.* **1.** schielen (*a. weitS.*); **2.** ~ ***at*** a) schielen nach, b) e-n Blick werfen auf (*acc.*), c) scheel *od.* argwöhnisch blicken auf (*acc.*); **3.** blinzeln, zwinkern; **II** *v/t.* **4.** *Augen* a) verdrehen, b) zs.-kneifen; **III** *s.* **5.** Schielen *n* (*a. fig.*): ***have a*** ~ schielen; **6.** F (rascher *od.* verstohlener) Blick: ***have a*** ~ ***at*** → 2b; **IV** *adj.* **7.** schielend; **8.** schief, schräg; '**~-eyed** *adj.* **1.** schielend; **2.** *fig.* scheel, böse.

squir·arch·y ['skwaɪərɑːkɪ] *s.* → ***squirearchy***.

squire ['skwaɪə] **I** *s.* **1.** *englischer* Landjunker, *a.* Gutsherr *m*, Großgrundbesitzer *m*; **2.** *bsd.* F (*a. Am.*) a) (Friedens)Richter *m*, b) *andere Person mit lokaler Obrigkeitswürde*; **3.** *hist.* Edelknabe *m*, (Schild)Knappe *m*; **4.** Kava'lier *m*: a) Begleiter *m* (*e-r Dame*), b) Ga'lan *m*: ~ ***of dames*** Frauenheld *m*; **II** *v/t. u. v/i.* **5.** *obs.* a) (e-e Dame) begleiten, b) (e-r Dame) Ritterdienste leisten *od.* den Hof machen; '**squire·arch·y** [-ərɑːkɪ] *s.* Junkertum *n*: a) *coll. die* (Land)Junker *pl.*, b) (Land-)Junkerherrschaft *f*; '**squire·ling** [-əlɪŋ] *s. contp.* Krautjunker *m*.

squirm [skwɜːm] **I** *v/i.* **1.** sich krümmen, sich winden (*a. fig.* ***with*** vor *Scham etc.*): ~ ***out of*** a) sich (mühsam) aus *e-m Kleid* ,herausschälen', b) *fig.* sich aus *e-r Notlage etc.* (heraus)winden; **II** *s.* **2.** Krümmen *n*, Sich'winden *n*; **3.** ⚓ Kink *m im Tau*; '**squirm·y** [-mɪ] *adj.* **1.** sich windend; **2.** *fig.* eklig.

squir·rel ['skwɪrəl] *s.* **1.** *zo.* Eichhörnchen *n*: ***flying*** ~ Flughörnchen *n*; **2.** Feh *n* (*Pelzwerk*); ~ **cage** *s.* **1.** a) Laufradkäfig *m*, b) *fig.* ,Tretmühle' *f*; **2.** ⚡ Käfiganker *m*; '**~-cage** *adj.* ⚡ Käfig..., Kurzschluss...

squirt [skwɜːt] **I** *v/i.* **1.** spritzen; **2.** her'vorspritzen, -sprudeln; **II** *v/t.* **3.** *Flüssigkeit etc.* her'vor-, her'ausspritzen; **4.** bespritzen; **III** *s.* **5.** (Wasser- *etc.*)Strahl *m*; **6.** Spritze *f*: ~ ***can*** ⚙ Spritzkanne *f*; **7.** *a.* ~ ***gun*** 'Wasserpi,stole *f*; **8.** F ,kleiner Scheißer'.

squish [skwɪʃ] F **I** *v/t.* zermatschen; **II** *v/i.* → ***squelch*** 4.

stab [stæb] **I** *v/t.* **1.** *j-n* a) (nieder)stechen, b) erstechen, erdolchen; **2.** *Messer etc.* bohren, stoßen (***into*** in *acc.*); **3.** *fig.* verletzen: ~ ***s.o. in the back*** j-m in den Rücken fallen; ~ ***s.o.'s reputation*** an j-m Rufmord begehen; **4.** ⚙ *Mauer* rau hauen; **II** *v/i.* **5.** stechen (***at*** nach); **6.** *mit den Fingern etc.* stoßen (***at*** nach, auf *acc.*); **7.** stechen (*Schmerz*); **III** *s.* **8.** (Dolch- *etc.*)Stoß *m*, Stich *m*: ~ ***in the back*** *fig.* Dolchstoß; ***have*** (*od.* ***make***) ***a*** ~ ***at*** F *et.* probieren; **9.** Stich (-wunde *f*) *m*; **10.** *fig.* Stich *m* (*Schmerz, jähes Gefühl*); ~ **cell** *s. biol.* Stabzelle *f*.

sta·bil·i·ty [stə'bɪlətɪ] *s.* **1.** Stabili'tät *f*: a) Standfestigkeit *f*, b) (Wert)Beständigkeit *f*, Festigkeit *f*, Haltbarkeit *f*, c) Unveränderlichkeit *f* (*a.* ⚗), d) ⚗ Re-si'stenz *f*: ***monetary*** ~ ✝ Währungsstabilität; **2.** *fig.* Beständigkeit *f*, Standhaftigkeit *f*, (Cha'rakter)Festigkeit *f*; **3.** a) ⚙ Kippsicherheit *f*, b) ✈ dy'namisches Gleichgewicht, c) ~ ***on curves*** *mot.* Kurvenstabilität *f*; **sta'bil·i·ty-,or·i·ent·ed** *adj.* stabili'tätsorien,tiert (*Politik*).

sta·bi·li·za·tion [,steɪbɪlaɪ'zeɪʃn] *s. allg., bsd.* ⚙, ✝ Stabilisierung *f*; **sta·bi·lize** ['steɪbɪlaɪz] *v/t.* stabilisieren (*a.* ⚙, ⚓, ✈): a) festigen, stützen, b) kon'stant halten: **~d *warfare*** ⚔ Stellungskrieg *m*; **sta·bi·liz·er** ['steɪbɪlaɪzə] *s.* ⚙, ✈, ⚓, ⚗ Stabili'sator *m*.

sta·ble[1] ['steɪbl] *adj.* ☐ **1.** sta'bil (*a.* ✝): a) standfest, -sicher (*a.* ⚙), b) (wert-) beständig, fest, dauerhaft, haltbar, c) unveränderlich (*a.* ⚗), d) ⚗ resi'stent; **2.** ✝, *pol.* sta'bil: ~ ***currency*** sta'bile Währung; ~ ***exchange rates*** *a.* 'Wechselkursstabili,tät *f*; **3.** *fig.* beständig, (*a.* cha'rakterlich) gefestigt.

sta·ble[2] ['steɪbl] **I** *s.* **1.** (Pferde-, Kuh-) Stall *m*; **2.** Stall(bestand) *m*; **3.** Rennstall *m* (*bsd. coll. Pferde, a. Rennfahrer*); **4.** *fig.* ,Stall' *m* (*Mannschaft etc., a. Familie*); **5.** *pl.* ⚔ *Brit.* a) Stalldienst *m*, b) → ***stable call***; **II** *v/t.* **6.** *Pferd* einstallen; **III** *v/i.* **7.** im Stall stehen (*Pferd*); **8.** *fig.* hausen; '**~-boy** *s.* Stalljunge *m*; ~ **call** *s.* ⚔ Si'gnal *n* zum

S

Stalldienst; ~ **com·pan·ion** → ***stablemate***; '**~·man** [-mən] *s.* [*irr.*] Stallknecht *m*; '**~·mate** *s.* Stallgefährte *m* (*a. fig. Radsport etc.*).

sta·ble·ness ['steɪblnɪs] → ***stability***.

sta·bling ['steɪblɪŋ] *s.* **1.** Einstallung *f*; **2.** Stallung(en *pl.*) *f*, Ställe *pl.*

stac·ca·to [stə'kɑːtəʊ] (*Ital.*) *adv.* **1.** ♪ stak'kato; **2.** *fig.* abgehackt.

stack [stæk] **I** *s.* **1.** Schober *m*, Feim *m*; **2.** Stoß *m*, Stapel *m* (*Holz, Bücher etc.*); **3.** *Brit. Maßeinheit für Holz u. Kohlen* (*3,05814* m^3); **4.** *Am.* ('Bücher-) Re,gal *n*; *pl.* 'Hauptmaga,zin *n e-r Bibliothek*; **5.** ⚔ (Ge'wehr)Pyra,mide *f*; **6.** a) *bsd.* 🚂, ⚓ Schornstein *m*, Ka'min *m*, b) (Schmiede)Esse *f*, c) *mot.* Auspuffrohr *n*, d) Aggre'gat *n*, Satz *m*, e) (gestockte) An'tennenkombinati,on, f) *Computer*: Stapelspeicher *m*: ***blow one's ~*** F ,in die Luft gehen'; **7.** Felssäule *f*; **II** *v/t.* **8.** *Heu etc.* aufschobern; **9.** aufschichten, -stapeln; **10.** *et.* voll stapeln; **11.** ⚔ *Gewehre* zs.-setzen: ***~ arms***; **12.** ***~ the cards*** die Karten ,packen' (*um zu betrügen*): ***the cards are ~ed against him*** *fig.* er hat kaum e-e Chance; '**stack·er** [-kə] *s.* Stapler *m* (*Person u. Gerät*).

sta·di·a[1] ['steɪdjə] *pl. von* ***stadium***.

sta·di·a[2] ['steɪdjə] *s. a.* ***~ rod*** *surv.* Messlatte *f*.

sta·di·um ['steɪdjəm] *pl.* **-di·a** [-djə] *s.* **1.** *antiq.* Stadion *n* (*Kampfbahn u. Längenmaß*); **2.** *pl. mst* '**sta·di·ums** *sport* Stadion *n*; **3.** *bsd.* ⚕, *biol.* Stadium *n*.

staff[1] [stɑːf] **I** *s.* **1.** Stock *m*, Stecken *m*; **2.** (*a.* Amts-, Bischofs-, Kom'mando-, Mess-, Wander)Stab *m*; **3.** (Fahnen-) Stange *f*, ⚓ Flaggenstock *m*; **4.** *fig.* a) Stütze *f des Alters etc.*, b) *das* Nötige *od.* Wichtigste: ***~ of life*** Brot *n*, Nahrung *f*; **5.** Unruhewelle *f* (*Uhr*); **6.** a) (Assi'stenten-, Mitarbeiter)Stab *m*, b) Beamtenkörper *m*, -stab *m*, c) Lehrkörper *m*, 'Lehrerkol,legium *n*, d) Perso'nal *n*, Belegschaft *f*: ***editorial ~*** Redaktion(sstab *m*) *f*; ***nursing ~*** ⚕ Pflegepersonal; ***the senior ~*** ✝ die leitenden Angestellten; ***be on the ~*** (***of***) zum Stab *od.* Lehrkörper *od.* Personal gehören (*gen.*), Mitarbeiter sein (bei), fest angestellt sein (bei); **7.** ⚔ Stab *m*: ***~ order*** Stabsbefehl *m*; **8.** *pl.* **staves** [steɪvz] ♪ 'Noten(linien)sy,stem *n*; **II** *adj.* **9.** *bsd.* ⚔ Stabs...; **10.** Personal...; **III** *v/t.* **11.** (mit Perso'nal) besetzen: ***well ~ed*** gut besetzt; ***~ing level*** Personaldecke *f*; **12.** mit e-m Stab *od.* Lehrkörper *etc.* versehen; **13.** den Lehrkörper *e-r Schule* bilden.

staff[2] [stɑːf] *s.* ⚙ *Baustoff aus Gips u.* (*Hanf*)*Fasern*.

staff| car *s.* ⚔ Befehlsfahrzeug *n*; ~ **col·lege** *s.* ⚔ Gene'ralstabsakade,mie *f*; ~ **man·ag·er** *s.* ✝ Perso'nalchef *m*; ~ **mem·ber** *s.* Mitarbeiter(in); ~ **no·ta·tion** *s.* ♪ Liniennotenschrift *f*; ~ **of·fi·cer** *s.* ⚔ 'Stabsoffi,zier *m*; ~ **re·duc·tions** *pl.* ✝ Perso'nalabbau *m*; ~ **room** *s. ped.* Lehrerzimmer *n*; ~ **ser·geant** *s.* ⚔ (*Brit.* Ober)Feldwebel *m*; ~ **turn·o·ver** *s.* Personalfluktuation *f*.

stag [stæg] **I** *s.* **1.** *hunt., zo.* a) Rothirsch *m*, b) Hirsch *m*; **2.** *zo. bsd. dial.* Männchen *n*; **3.** *nach der Reife kastriertes männliches Tier*; **4.** F a) Herr *m* ohne Damenbegleitung, b) *bsd. Am.* → ***stag party***; **5.** ✝ *Brit.* Kon'zertzeichner *m*; **II** *adj.* **6.** F a) Herren...: ***~ dinner***, b) Sex...: ***~ film***; **III** *v/i.* **7.** ✝ *Brit. sl.* in neu ausgegebenen Aktien spekulieren; **8.** *a.* ***go ~*** F ohne Damenbegleitung *od.* ,solo' gehen; ~ **bee·tle** *s. zo.* Hirschkäfer *m*.

stage [steɪdʒ] **I** *s.* **1.** Bühne *f*, Gerüst *n*; ⚓ Landungsbrücke *f*; **2.** *thea.* Bühne *f* (*a. fig. Theaterwelt, Bühnenlaufbahn*): ***the ~*** *fig.* die Bühne, das Theater; ***be on the ~*** Schauspieler(in) *od.* beim Theater sein; ***bring on the ~*** → 11a; ***go on the ~*** zur Bühne gehen; ***hold the ~*** sich auf der Bühne halten; ***set the ~ for*** *fig.* alles vorbereiten für; **3.** *hist.* a) ('Post)Stati,on *f*, b) Postkutsche *f*; **4.** a) *Brit.* Teilstrecke *f*, Fahrzone *f* (*Bus etc.*), b) (Reise)Abschnitt *m*, E'tappe *f* (*a. fig. u. Radsport*): ***by*** (*od.* ***in***) (***easy***) ***~s*** etappenweise; **5.** ⚕, ✝, *biol. etc.* Stadium *n*, (Entwicklungs)Stufe *f*, Phase *f*: ***at this ~*** zum gegenwärtigen Zeitpunkt; ***critical*** (***experimental***, ***initial***) ***~*** kritisches (Versuchs-, Anfangs-) Stadium; ***~s of appeal*** ⚖ Instanzenweg *m*; **6.** ⚙ (Schalt- *etc.*, ⚡ Verstärker-, *a.* Ra'keten)Stufe *f*; **7.** *geol.* Stufe *f e-r Formation*; **8.** Ob'jektträger *m* (*am Mikroskop*); **9.** ⚙ Farbläufer *m*; **10.** *Am.* Höhe *f* des Spiegels (*e-s Flusses*); **II** *v/t.* **11.** *Theaterstück* a) auf die Bühne bringen, inszenieren, b) für die Bühne bearbeiten; **12.** *fig.* a) *allg.* veranstalten, b) inszenieren, aufziehen: ***~ a demonstration***; **13.** ⚙ berüsten; **14.** ⚔ *Am. Personen* 'durchschleusen; ~ **box** *s. thea.* Pro'szeniumsloge *f*; '**~·coach** *s. hist.* Postkutsche *f*; '**~·craft** *s.* drama'turgisches *od.* schauspielerisches Können; ~ **de·sign·er** *s.* Bühnenbildner(in); ~ **di·rec·tion** *s.* Bühnen-, Re'gieanweisung *f*; ~ **di·rec·tor** *s.* Regis'seur *m*; ~ **door** *s.* Bühneneingang *m*; ~ **ef·fect** *s.* **1.** 'Bühnenwirkung *f*, -ef,fekt *m*; **2.** *fig.* Thea'tralik *f*; ~ **fe·ver** *s.* The'aterbesessenheit *f*; ~ **fright** *s.* Lampenfieber *n*; '**~·hand** *s.* Bühnenarbeiter *m*; ,**~-'man·age** → ***stage*** 12; ~ **man·ag·er** *s.* Inspizi'ent *m*; ~ **name** *s.* Bühnen-, Künstlername *m*; ~ **play** *s.* Bühnenstück *n*.

S

stag·er ['steɪdʒə] *s. mst* ***old ~*** ,alter Hase'.

stage| race *s. Radsport*: E'tappenrennen *n*; **~ rights** *s. pl.* ⚖ Aufführungs-, Bühnenrechte *pl.*; **'~-struck** *adj.* the'aterbesessen; **~ ver·sion** *s. thea.* Bühnenfassung *f*; **~ whis·per** *s.* **1.** *thea.* nur für das Publikum bestimmtes Flüstern; **2.** *fig.* weithin hörbares Geflüster; **'~,worth·y** *adj.* bühnenfähig, -gerecht (*Schauspiel*).

stage·y ['steɪdʒɪ] *adj. Am. für* ***stagy***.

stag·fla·tion [stæg'fleɪʃn] *s.* ✝ Stagflati'on *f.*

stag·ger ['stægə] **I** *v/i.* **1.** (sch)wanken, taumeln, torkeln; **2.** *fig.* wanken(d werden); **II** *v/t.* **3.** ins Wanken bringen, erschüttern (*a. fig.*); **4.** *fig.* verblüffen, *stärker*: 'umwerfen, über'wältigen; **5.** ⚙ gestaffelt *od.* versetzt anordnen; (*a. fig. Arbeitszeit*) staffeln; **III** *s.* **6.** Schwanken *n*, Taumeln *n*; **7.** *pl. sg. konstr.*: a) Schwindel *m*, b) *vet.* Schwindel *m* (*von Rindern*), Koller *m* (*von Pferden*), Drehkrankheit *f* (*von Schafen*); **8.** ⚙, ✈ *u. fig.* Staffelung *f*; **9.** *Leichtathletik*: Kurvenvorgabe *f*; **'stag·gered** [-əd] *adj.* **1.** ⚙ versetzt (angeordnet), gestaffelt; **2.** gestaffelt (*Arbeitszeit etc.*); **'stag·ger·ing** [-ərɪŋ] *adj.* ☐ **1.** (sch)wankend, taumelnd; **2.** wuchtig, heftig (*Schlag*); **3.** *fig.* a) 'umwerfend, fan'tastisch, b) Schwindel erregend (*Preise etc.*).

stag·i·ness ['steɪdʒɪnɪs] *s.* Thea'tralik *f*, Effekthasche'rei *f.*

stag·ing ['steɪdʒɪŋ] *s.* **1.** *thea.* a) Inszenierung *f* (*a. fig.*), b) Bühnenbearbeitung *f*; **2.** (Bau)Gerüst *n*; **3.** ⚓ Hellinggerüst *n* (*e-r Werft*); **~ a·re·a** *s.* ⚔ **1.** Bereitstellungsraum *m*; **2.** Auffangraum *m.*

stag·nan·cy ['stægnənsɪ] *s.* Stagnati'on *f*: a) Stockung *f*, Stillstand *m*, b) *bsd.* ✝ Flauheit *f*, c) *fig.* Trägheit *f*; **'stag·nant** [-nt] *adj.* ☐ stagnierend: a) stockend (*a.* ✝), stillstehend, b) abgestanden (*Wasser*), c) *fig.* träge; **'stag·nate** [-neɪt] *v/i.* stagnieren, stocken; **stag·na·tion** [stæg'neɪʃn] → ***stagnancy***.

stag par·ty *s.* F (*bsd.* feuchtfröhlicher) Herrenabend *m.*

stag·y ['steɪdʒɪ] *adj.* ☐ **1.** bühnenmäßig, Bühnen...; **2.** *fig.* thea'tralisch.

staid [steɪd] *adj.* ☐ gesetzt, seri'ös; ruhig (*a. Farbe*), gelassen; **'staid·ness** [-nɪs] *s.* Gesetztheit *f.*

stain [steɪn] **I** *s.* **1.** (Schmutz-, *a.* Farb-) Fleck *m*: ***~-resistant*** Schmutz abweisend; **2.** *fig.* Schandfleck *m*, Makel *m*; **3.** Färbung *f*; **4.** ⚙ Farbe *f*, Färbemittel *n* (*a. beim Mikroskopieren*); **5.** (Holz-) Beize *f*; **II** *v/t.* **6.** beschmutzen, beflecken, besudeln (*alle a. fig.*); **7.** färben; *Holz* beizen; *Glas etc.* bemalen; *Stoff etc.* bedrucken: ***~ed glass*** buntes (Fenster)Glas; **III** *v/i.* **8.** Flecken verursachen; **9.** Flecken bekommen, schmutzen; **'stain·ing** [-nɪŋ] **I** *s.* **1.** (Ver)Färbung *f*; **2.** Verschmutzung *f*; **3.** ⚙ Färben *n*, Beizen *n*: ***~ of glass*** Glasmalerei *f*; **II** *adj.* **4.** Färbe...; **'stain·less** [-lɪs] *adj.* ☐ **1.** *bsd. fig.* fleckenlos, unbefleckt; **2.** rostfrei, nicht rostend (*Stahl*).

stair [steə] *s.* **1.** Treppe *f*, Stiege *f*; **2.** (Treppen)Stufe *f*; **3.** *pl.* Treppe(nhaus *n*) *f*: ***below ~s*** a) unten, b) *Br. obs.* beim Hauspersonal; **'~·case** → ***stair*** 3; **'~·head** *s.* oberster Treppenabsatz; **'~·way** → ***stair*** 3; **'~·well** *s.* Treppenhaus *n.*

stake[1] [steɪk] **I** *s.* **1.** (*a.* Grenz)Pfahl *m*, Pfosten *m*: ***pull up ~s*** *Am.* F *fig.* s-e Zelte abbrechen; **2.** Marter-, Brandpfahl *m*: ***the ~*** *fig.* der (Tod auf dem) Scheiterhaufen; **3.** Pflock *m* (*zum Anbinden von Tieren*); **4.** (Wagen)Runge *f*; **5.** Absteckpfahl *m*, -pflock *m*; **6.** kleiner (Hand)Amboss; **II** *v/t.* **7.** *oft* ***~ off***, ***~ out*** abstecken (*a. fig.*): ***~ out a claim*** *fig.* s-e Ansprüche anmelden (***to*** auf *acc.*); ***~ in*** (*od.* ***out***) mit Pfählen einzäunen; **8.** *Pflanze* mit e-m Pfahl stützen; **9.** *Tier* anpflocken; **10.** a) mit e-m Pfahl durch'bohren, aufspießen, b) pfählen (*als Strafe*).

stake[2] [steɪk] **I** *s.* **1.** (Wett-, Spiel)Einsatz *m*: ***place one's ~s on*** setzen auf (*acc.*); ***be at ~*** *fig.* auf dem Spiel stehen; ***play for high ~s*** a) um hohe Einsätze spielen, b) *fig.* ein hohes Spiel spielen, allerhand riskieren; ***sweep the ~s*** den ganzen Gewinn kassieren; **2.** *fig.* Inter'esse *n*, Anteil *m* (*a.* ✝): ***have a ~ in*** interessiert *od.* beteiligt sein an (*dat.*); **3.** *pl. Pferderennen*: a) Dotierung *f*, b) Rennen *n*; **II** *v/t.* **4.** *Geld* setzen (***on*** auf *acc.*); **5.** *fig.* (ein)setzen, aufs Spiel setzen, riskieren: ***I'd ~ my life on that*** darauf gehe ich jede Wette ein; **6.** *Am.* F Geld in *j-n od. et.* investieren.

'stake|,hold·er *s.* 'Unpar,teiische(r), der die Wetteinsätze verwahrt; **~ net** *s.* ⚓ Staknetz *n*; **'~·out** *s.* F (poli'zeiliche) Über'wachung (***on*** *gen.*).

Sta·kha·no·vism [stæ'kænəvɪzəm] *s.* Sta'chanowsy,stem *n.*

sta·lac·tic, sta·lac·ti·cal [stə'læktɪk(l)] *adj.* → ***stalactitic***; **sta·lac·tite** ['stæləktaɪt] *s.* Stalak'tit *m*, hängender Tropfstein; **stal·ac·tit·ic** [,stælək'tɪtɪk] *adj.* (☐ ***~ally***) stalak'titisch, Stalaktiten...

sta·lag·mite ['stæləgmaɪt] *s. min.* Stalag'mit *m*, stehender Tropfstein; **stal·ag·mit·ic** [,stæləg'mɪtɪk] *adj.* (☐ ***~ally***) stalag'mitisch.

stale[1] [steɪl] **I** *adj.* ☐ **1.** *allg.* alt (*Ggs.*

S

frisch), *bsd.* a) schal, abgestanden (*Wasser, Wein*), b) alt(backen) (*Brot*), c) schlecht, verdorben (*Lebensmittel*); **2.** verbraucht (*Luft*); **3.** schal (*Geruch, Geschmack, fig. Vergnügen*); **4.** fad, abgedroschen, (ur)alt (*Witz*); **5.** a) verbraucht (*Person, Geist*), über'anstrengt, b) ‚eingerostet', aus der Übung (gekommen); **6.** ⚖ verjährt (*Scheck, Schuld etc.*), gegenstandslos (geworden); **II** *v/i.* **7.** schal *etc.* werden.

stale² [steɪl] **I** *v/i.* stallen, harnen (*Vieh*); **II** *s.* Harn *m*.

stale·mate ['steɪlmeɪt] **I** *s.* **1.** *Schach*: Patt *n*; **2.** *fig.* 'Patt(situatiˌon *f*) *n*, Sackgasse *f*; **II** *v/t.* **3.** patt setzen; **4.** *fig.* a) in e-e Sackgasse führen, b) matt setzen.

stale·ness ['steɪlnɪs] *s.* **1.** Schalheit *f* (*a. fig.*); **2.** a) Verbrauchtheit *f*, b) Abgedroschenheit *f*.

Sta·lin·ism ['stɑːlɪnɪzəm] *s. pol.* Stali'nismus *m*; '**Sta·lin·ist** [-nɪst] **I** *s.* Stali'nist(in); **II** *adj.* stali'nistisch.

stalk¹ [stɔːk] *s.* **1.** ⚘ Stengel *m*, Stiel *m*, Halm *m*; **2.** *biol., zo.* Stiel *m* (*Träger e-s Organs*); **3.** *zo.* Federkiel *m*; **4.** Stiel *m* (*e-s Weinglases etc.*); **5.** (Fa'brik-) Schlot *m*.

stalk² [stɔːk] **I** *v/i.* **1.** *hunt.* (sich an)pirschen; **2.** (ein'her)schreiten, (-)stolzieren; **3.** *fig.* 'umgehen (*Krankheit, Gespenst etc.*); **4.** staken, steifbeinig gehen; **II** *v/t.* **5.** *hunt. u. fig.* sich her'anpirschen an (*acc.*); **6.** *hunt.* durch'jagen; **7.** *j-n* verfolgen; **8.** 'umgehen in (*dat.*) (*Gespenst etc.*); **III** *s.* **9.** Pirsch (-jagd) *f*.

stalked [stɔːkt] *adj.* ⚘, *zo.* gestielt, ...stielig.

stalk·er ['stɔːkə] *s.* Pirschjäger *m*.

'**stalk·ing-horse** ['stɔːkɪŋ] *s.* **1.** *hunt., hist.* Versteckpferd *n*; **2.** *fig.* Deckmantel *m*; **3.** *pol.* Strohmann *m*.

stalk·less ['stɔːklɪs] *adj.* **1.** ungestielt; **2.** ⚘ stängellos, sitzend.

stalk·y ['stɔːkɪ] *adj.* **1.** stängel-, stielartig; **2.** hoch aufgeschossen.

stall¹ [stɔːl] **I** *s.* **1.** Box *f* (*im Stall*); **2.** (Verkaufs)Stand *m*, (Markt)Bude *f*: ~ ***money*** Standgeld *n*; **3.** Chor-, Kirchenstuhl *m*; **4.** *pl. thea. Brit.* Sperrsitz *m*; **5.** Hülle *f*, Schutz *m*; **6.** ⚒ Arbeitsstand *m*; **7.** ✈ Sackflug *m*; **8.** (markierter) Parkplatz; **II** *v/t.* **9.** *Tiere* in Boxen 'unterbringen; **10.** im Stall füttern *od.* mästen; **11.** a) *Wagen* durch ‚Abwürgen' des Motors zum Stehen bringen, b) *Motor* abwürgen, c) ✈ über'ziehen: ~***ing speed*** kritische Geschwindigkeit; **III** *v/i.* **12.** stecken bleiben (*Wagen*); **13.** absterben (*Motor*); **14.** ✈ abrutschen.

stall² [stɔːl] **I** *s.* **1.** Ausflucht *f*, 'Hinhaltemaˌnöver *n*; **2.** *Am.* Kom'plize *m*; **II** *v/i.* **3.** a) Ausflüchte machen, auswei-chen, b) *a.* ~ ***for time*** Zeit schinden; **4.** *sport* a) auf Zeit spielen, b) ‚kurz treten'; **III** *v/t.* **5.** *a.* ~ ***off*** a) *j-n* hinhalten, b) *et.* hin'auszögern.

stall·age ['stɔːlɪdʒ] *s. Brit.* Standgeld *n*.

stal·lion ['stæljən] *s. zo.* (Zucht)Hengst *m*.

stal·wart ['stɔːlwət] **I** *adj.* □ **1.** ro'bust, stramm, (hand)fest; **2.** *bsd. pol.* unentwegt, treu; **II** *s.* **3.** strammer Kerl; **4.** *bsd. pol.* treuer Anhänger, Unentwegte(r *m*) *f*.

sta·men ['steɪmən] *s.* ⚘ Staubblatt *n*, -gefäß *n*, -faden *m*.

stam·i·na ['stæmɪnə] *s.* **1.** a) Lebenskraft *f* (*a. fig.*), b) Vitali'tät *f*; **2.** Zähigkeit *f*, Ausdauer *f*, 'Durchhalte-, Stehvermögen *n*; **3.** *a.* ⚔ 'Widerstandskraft *f*; '**stam·i·nal** [-nl] *adj.* **1.** Lebens..., vi'tal; **2.** Widerstands..., Konditions...; **3.** ⚘ Staubblatt...

stam·mer ['stæmə] **I** *v/i.* (*v/t. a.* ~ ***out***) stottern, stammeln; **II** *s.* Stottern *n* (*a.* ⚕), Gestammel *n*; '**stam·mer·er** [-ərə] *s.* Stotterer *m*, Stotterin *f*; '**stam·mer·ing** [-ərɪŋ] **I** *adj.* □ stotternd; **II** *s.* → ***stammer*** II.

stamp [stæmp] **I** *v/t.* **1.** stampfen (auf *acc.*): ~ ***one's foot*** → 12; ~ ***down*** a) feststampfen, b) niedertrampeln; ~ ***out*** a) *Feuer* austreten, b) zertrampeln, c) ausmerzen, d) *Aufstand* niederschlagen; **2.** *Geld* prägen; **3.** aufprägen (***on*** auf *acc.*); **4.** *Namen etc.* aufstempeln; **5.** *Urkunde etc.* stempeln; **6.** *Gewichte* eichen; **7.** *Brief etc.* frankieren, e-e Brief- *od.* Gebührenmarke (auf)kleben auf (*acc.*): ~***ed envelope*** Freiumschlag *m*; ~***ed addressed envelope*** frankierter, mit (eigener) Anschrift versehener Briefumschlag; **8.** kennzeichnen; **9.** *fig.* stempeln, kennzeichnen, charakterisieren (***as*** als); **10.** *fig.* (fest) einprägen: ~***ed on s.o.'s memory*** j-s Gedächtnis eingeprägt, unverrückbar in j-s Erinnerung; **11.** ⚙ a) *a.* ~ ***out*** (aus)stanzen, b) pressen, c) *Erz* pochen, d) *Lumpen etc.* einstampfen; **II** *v/i.* **12.** (auf)stampfen; **13.** stampfen, trampeln (***upon*** auf *acc.*); **III** *s.* **14.** Stempel *m*, (*Dienst- etc.*)Siegel *n*; **15.** *fig.* Stempel *m* (*der Wahrheit etc.*), Gepräge *n*: ***bear the*** ~ ***of*** den Stempel *des Genies etc.* tragen, das Gepräge *j-s od. e-r Sache* haben; **16.** (Brief)Marke *f*, (Post)Wertzeichen *n*; **17.** (Stempel-, Steuer-, Gebühren-) Marke *f*; **18.** ✝ Ra'battmarke *f*; **19.** ✝ (Firmen)Zeichen *n*, Eti'kett *n*; **20.** *fig.* Art *f*, Schlag *m*: ***a man of his*** ~ ein Mann s-s Schlages; ***of a different*** ~ aus e-m andern Holz geschnitzt; **21.** ⚙ a) Prägestempel *m*, b) Stanze *f*, c) Stampfe *f*, d) Presse *f*, e) Pochstempel *m*, f) Pa'trize *f*; **22.** Prägung *f*; **23.** Aufdruck *m*; **24.** Eindruck *m*, Spur *f*; ♎ **Act** *s.*

S

hist. Stempelakte *f*; ~ **col·lec·tor** *s.* Briefmarkensammler *m*; ~ **du·ty** *s.* Stempelgebühr *f*.

stam·pede [stæm'pi:d] **I** *s.* **1.** a) wilde, panische Flucht, Panik *f*, b) wilder Ansturm; **2.** (Massen)Ansturm *m* (*von Käufern etc.*); **3.** *Am. pol.* a) (krasser) 'Meinungs,umschwung, b) ‚Erdrutsch' *m*; **II** *v/i.* **4.** (in wilder Flucht) da'vonstürmen, 'durchgehen; **5.** (in Massen) losstürmen; **III** *v/t.* **6.** in wilde Flucht jagen; **7.** a) in Panik versetzen, b) *j-n* treiben (***into doing*** dazu, *et.* zu tun), c) über'rumpeln, d) *Am. pol.* e-n Erdrutsch her'vorrufen bei.

stamp·ing ['stæmpɪŋ] *s.* ⚙ **1.** Ausstanzen *n etc.*; **2.** Stanzstück *n*; **3.** Pressstück *n*; **4.** Prägung *f*; ~ **die** *s.* ⚙ 'Schlagmat,rize *f*; ~ **ground** *s. zo. u. fig.* Tummelplatz *m*, Re'vier *n*.

stamp(·ing) mill *s.* ⚙ a) Stampfwerk *n*, b) Pochwerk *n*.

stance [stæns] *s.* Stellung *f*, Haltung *f* (*a. sport*).

stanch¹ [stɑ:ntʃ] *v/t. Blutung* stillen.

stanch² [stɑ:ntʃ] → ***staunch*** ².

stan·chion ['stɑ:nʃn] **I** *s.* Pfosten *m*, Stütze *f* (*a.* ⚓); **II** *v/t.* (ab)stützen, verstärken.

stand [stænd] **I** *s.* **1.** Stillstand *m*, Halt *m*; **2.** Standort *m*, Platz *m*, *fig.* Standpunkt *m*: ***take one's*** ~ a) sich (auf)stellen (***at*** bei, auf *dat.*), b) Stellung beziehen; **3.** *fig.* Eintreten *n*: ***make a*** ~ ***for*** sich einsetzen für; ***make a*** ~ ***against*** sich entgegenstellen *od.* -stemmen (*dat.*); **4.** (Verkaufs-, Messe)Stand *m*; **5.** Stand(platz) *m für Taxis*; **6.** ('Zuschauer)Tri,büne *f*; **7.** Podium *n*; **8.** *Am.* ⚖ Zeugenstand *m*: ***take the*** ~ a) den Zeugenstand betreten, b) als Zeuge aussagen; **9.** (Kleider-, Noten- *etc.*) Ständer *m*; **10.** Gestell *n*; **11.** *phot.* Sta'tiv *n*; **12.** (Baum)Bestand *m*; **13.** ✓ Stand *m des Getreides etc.*, (zu erwartende) Ernte: ~ ***of wheat*** stehender Weizen; **14.** ~ ***of arms*** ⚔ ('vollständige) Ausrüstung *e-s Soldaten*; **II** *v/i.* [*irr.*] **15.** *allg.* stehen: ~ ***alone*** a) allein (da)stehen *mit e-r Ansicht etc.*, b) unerreicht dastehen *od.* sein; ~ ***fast*** (*od.* ***firm***) hart bleiben (***on*** in *e-r Sache*); ~ ***or fall*** siegen oder untergehen; ~***s at 78*** *das Thermometer* steht auf 78 Grad (Fahrenheit); ***the wind*** ~***s in the west*** der Wind weht von Westen; ~ ***well with s.o.*** mit j-m gut stehen; ~ ***to lose*** (***win***) (mit Sicherheit) verlieren (gewinnen); ***as matters*** ~ (so) wie die Dinge (jetzt) liegen, nach Lage der Dinge; ***I want to know where I*** ~ ich will wissen, woran ich bin; **16.** aufstehen, sich erheben; **17.** sich *wohin* stellen, treten: ~ ***back*** (*od.* ***clear***) zurücktreten; **18.** sich *wo* befinden, stehen, liegen (*Sache*); **19.** *a.* ~ ***still*** stehen bleiben, stillstehen: ~***!*** halt!; ~ ***fast!*** ⚔ *Brit.* stillgestanden!, *Am.* Abteilung halt!; **20.** *bestürzt etc.* sein: ~ ***aghast***; ~ ***convicted*** überführt sein; ~ ***corrected*** s-n Irrtum *od.* sein Unrecht zugeben; ~ ***in need of*** benötigen; **21.** groß sein, messen: ***he*** ~***s six feet*** (***tall***); **22.** *neutral etc.* bleiben: ~ ***unchallenged*** unbeanstandet bleiben; ***and so it*** ~***s*** und dabei bleibt es; **23.** *a.* ~ ***good*** gültig bleiben, (weiterhin) gelten: ***my offer*** ~***s*** mein Angebot bleibt bestehen; **24.** bestehen, sich behaupten: ~ ***through*** *et.* überstehen, -dauern; **25.** ⚓ *auf e-m Kurs* liegen, steuern; **26.** zu'statten kommen (***to*** *dat.*); **27.** *hunt.* vorstehen (***upon*** *dat.*) (*Hund*); **III** *v/t.* [*irr.*] **28.** *wohin* stellen; **29.** *e-m Angriff etc.* standhalten; **30.** *Beanspruchung, Kälte etc.* aushalten; *Klima, Person* (v)ertragen: ***I cannot*** ~ ***him*** ich kann ihn nicht ausstehen; **31.** sich *et.* gefallen lassen, dulden: ***I won't*** ~ ***it any longer***; **32.** sich *e-r Sache* unter'ziehen; *Pate* stehen; → ***trial*** 2; **33.** a) aufkommen für *et.*; *Bürgschaft* leisten, b) *j-m ein Essen etc.* spendieren: ~ ***a drink*** ‚einen ausgeben'; → ***treat*** 11; **34.** *e-e Chance* haben;

Zssgn mit prp.:

stand| by *v/i.* **1.** *fig. j-m* zur Seite stehen, zu *j-m* halten *od.* stehen; **2.** *s-m Wort, s-n Prinzipien etc.* treu bleiben, stehen zu; ~ **for** *v/i.* **1.** stehen für, bedeuten; **2.** eintreten für, vertreten; **3.** *bsd. Brit.* sich um *ein Amt* bewerben; **4.** *pol. Brit.* kandidieren für *e-n Sitz im Parlament*: ~ ***election*** kandidieren, sich zur Wahl stellen; **5.** → ***stand*** 31; ~ **on** *v/i.* **1.** bestehen *od.* halten auf (*acc.*); → ***ceremony*** 2; **2.** auf *sein Recht etc.* pochen; **3.** ⚓ *Kurs* beibehalten; ~ **o·ver** *v/i. j-m* auf die Finger sehen; ~ **to** *v/i.* **1.** → ***stand by*** 1; **2.** zu *s-m Versprechen etc.* stehen, bei *s-m Wort* bleiben: ~ ***it that*** dabei bleiben *od.* darauf beharren, dass; ~ ***one's duty*** (treu) s-e Pflicht tun; ~ **up·on** → ***stand on***;

Zssgn mit adv.:

stand| a·loof, ~ **a·part** *v/i.* **1.** a) abseits *od.* für sich stehen, b) sich ausschließen, nicht mitmachen; **2.** *fig.* sich distanzieren (***from*** von); ~ **a·side** *v/i.* **1.** bei'seite treten; **2.** *fig. zu j-s Gunsten* verzichten, zu'rücktreten; **3.** tatenlos her'umstehen; ~ **by** *v/i.* **1.** da'bei sein u. zusehen (müssen), (ruhig) zusehen; **2.** a) *bsd.* ⚔ bereitstehen, sich in Bereitschaft halten, b) ~***!*** Achtung!, ⚓ klar zum Manöver!; **3.** *Funk*: a) auf Empfang bleiben, b) sendebereit sein; ~ **down** *v/i.* **1.** ⚖ den Zeugenstand verlassen; **2.** → ***stand aside*** 2; ~ **in** *v/i.* **1.** einspringen (***for*** für *j-n*): ~ ***for s.o.***

Film: j-n doubeln; **2. ~ *with*** ‚unter e-r Decke stecken' mit *j-m*; **3.** ⚓ landwärts anliegen; **~ off I** *v/i.* **1.** sich entfernt halten (***from*** von); **2.** *fig.* Abstand halten (*im Umgang*); **3.** ⚓ seewärts anliegen; **II** *v/t.* **4.** ✝ *j-n* (vor'übergehend) entlassen; **5.** sich *j-n* vom Leibe halten; **~ out** *v/i.* **1.** (*a. fig.* deutlich) her'vortreten: **~ *against*** sich gut abheben von; → 4; **2.** abstehen (*Ohren*); **3.** *fig.* herausragen, her'vorstechen; **4.** aus-, 'durchhalten: **~ *against*** sich hartnäckig wehren gegen; **5. ~ *for*** bestehen auf (*dat.*); **6. ~ *to sea*** ⚓ in See stechen; **~ o·ver I** *v/i.* **1.** (***to*** auf *acc.*) a) sich vertagen, b) verschoben werden; **2.** *für später* liegen bleiben, warten; **II** *v/t.* **3.** vertagen, verschieben (***to*** auf *acc.*); **~ to** ⚔ **I** *v/t.* in Bereitschaft versetzen; **II** *v/i.* in Bereitschaft stehen; **~ up I** *v/i.* **1.** aufstehen, sich erheben (*beide a. fig.*); **2.** sich aufrichten (*Stachel etc.*); **3.** eintreten *od.* sich einsetzen (***for*** für); **4. ~ *to*** (mutig) gegen'übertreten (*dat.*); **5.** (***under***, ***to***) sich (gut) halten (unter, gegen), standhalten (*dat.*); **II** *v/t.* **6.** F *j-n* ‚versetzen'.

stand·ard[1] ['stændəd] **I** *s.* **1.** Standard *m*, Norm *f*; **2.** Muster *n*, Vorbild *n*; **3.** Maßstab *m*: ***apply another ~*** e-n anderen Maßstab anlegen; **~ *of value*** Wertmaßstab; ***by present-day ~s*** nach heutigen Begriffen; ***double ~*** doppelte Moral; **4.** Richt-, Eichmaß *n*; **5.** Richtlinie *f*; **6.** (Mindest)Anforderungen *pl.*: ***be up to*** (***below***) **~** den Anforderungen (nicht) genügen *od.* entsprechen; ***set a high ~*** hohe Anforderungen stellen, viel verlangen; **~ *of living*** Lebensstandard *m*; **7.** ✝ 'Standard(quali'tät *f* *od.* -ausführung *f*) *m*; **8.** (*Gold- etc.*) Währung *f*, (-)Standard *m*; **9.** Standard *m*: a) (gesetzlich vorgeschriebener) Feingehalt (*der Edelmetalle*), b) Münzfuß *m*; **10.** Ni'veau *n*, Grad *m*: ***be of a high ~*** ein hohes Niveau haben; **~ *of knowledge*** Bildungsgrad, -stand *m*; **~ *of prices*** Preisniveau; **11.** *ped. bsd. Brit.* Stufe *f*, Klasse *f*; **II** *adj.* **12.** nor'mal, Normal...(*-film, -wert, -zeit etc.*); Standard..., Einheits...(*-modell etc.*); Durchschnitts...(*-wert etc.*): **~ (*class*)** *Brit.* 🚂 zweiter Klasse; **~ *format*** *Computer*: 'Standardfor,mat *n*; **~ *ga(u)ge*** 🚂 Normalspur *f*; **~ *letter*** 'Standardbrief *m* (*mit vorfomuliertem Inhalt als Antwort auf Anfragen*); **~ *set*** Seriengerät *n*; **~ *size*** gängige Größe (*Schuhe etc.*); **13.** gültig, maßgebend, Standard...(*-muster, -werk*), *ling.* hochsprachlich: **~ *German*** Hochdeutsch *n*; **14.** klassisch: **~ *novel***; **~ *author*** Klassiker *m*.

stand·ard[2] ['stændəd] **I** *s.* **1.** a) *pol. u.* ⚔ Stan'darte *f*, b) Fahne *f*, Flagge *f*, c) Wimpel *m*, d) *fig.* Banner *n*: **~-*bearer*** Fahnen-, *a. fig.* Bannerträger *m*; **2.** ⚙ a) Ständer *m*, b) Pfosten *m*, Pfeiler *m*, Stütze *f*; **3.** ⸕ Hochstämmchen *n*, Bäumchen *n*; **II** *adj.* **4.** Steh...: **~ *lamp***; **5.** ⸕ hochstämmig: **~ *rose***.

stand·ard·i·za·tion [ˌstændədaɪ'zeɪʃn] *s.* **1.** Normung *f*, Standardisierung *f*: **~ *committee*** Normenausschuss *m*; **2.** ✝, *pol.* Homogeni'sierung *f*, Angleichung *f*, **3.** ⚗ Titrierung *f*; **4.** Eichung *f*;

stand·ardize ['stændədaɪz] *v/t.* **1.** normen, normieren, standardisieren; **2.** ⚗ einstellen, titrieren; **3.** eichen.

'stand|-by [-ndb-] **I** *pl.* **-bys** *s.* **1.** Stütze *f*, Beistand *m*, Hilfe *f*: (***old***) **~** altbewährte Sache; (***on ~*** in) (A'larm- *etc.*) Bereitschaft *f*; **2.** ⚙ Hilfs-, Re'servegerät *n*; **3.** ✈ a) *a.* **~ *ticket*** 'Stand-by-ˌTicket *n*, b) *a.* **~ *passenger*** 'Stand-by-Passaˌgier *m*; **II** *adj.* **4.** Hilfs..., Ersatz..., Reserve...: **~ *unit*** ⚡ Notaggregat *n*; **~ *credit*** ✝ Beistandskredit *m*; **5.** *bsd.* ⚔ Bereitschafts...(*-dienst etc.*); **6.** ✈ 'Stand-by-...; **'~-down** *s.* Pause *f*.

stand·ee [stæn'diː] *s. Am.* F Stehplatzinhaber(in).

'stand-in *s.* **1.** *Film*: Double *n*; **2.** Vertreter(in), Ersatzmann *m*.

stand·ing ['stændɪŋ] **I** *s.* **1.** Stehen *n*: ***no ~*** keine Stehplätze; **2.** a) Stand *m*, Rang *m*, Stellung *f*, b) Ruf *m*, Ansehen *n*, c) ✝ Bonität *f*, Kreditwürdigkeit *f*: ***of high ~*** hoch angesehen *od.* stehend; **3.** Dauer *f*: ***of long ~*** alt (*Brauch, Freundschaft etc.*); **II** *adj.* **4.** stehend, Steh...: **~ *army*** stehendes Heer; **~ *corn*** Getreide *n* auf dem Halm; **~ *jump*** Sprung *m* aus dem Stand; **~ *ovation*** stürmischer Beifall; **~ *rule*** stehende Regel; **~ *start*** stehender Start; **5.** *fig.* ständig (*a. Ausschuss etc.*); **6.** ✝ laufend (*Unkosten etc.*); **7.** üblich, gewohnt: ***a ~ dish***; **8.** bewährt, alt (*Witz etc.*); **~ *order*** *s.* **1.** ✝ Dauerauftrag *m*; **2.** *pl. parl. etc.* Geschäftsordnung *f*; **3.** ⚔ Dauerbefehl *m*; **~ room** *s.* Platz *m* zum Stehen: **~ *only!*** nur Stehplätze!

'stand|-off *s.* **1.** *Am.* Distanzierung *f*; **2.** *fig.* Sackgasse *f*; **ˌ~'off·ish** [-'ɒfɪʃ] *adj.* □ reserviert, (sehr) ablehnend, unnahbar; **ˌ~'pat(·ter)** [-nd'pæt(ə)] *s. pol. Am.* F sturer Konserva'tiver; **'~·pipe** [-ndp-] *s.* ⚙ Standrohr *n*; **'~·point** [-ndp-] *s.* Standpunkt *m* (*a. fig.*); **'~·still** [-nds-] **I** *s.* Stillstand *m*: ***be at a ~*** stillstehen, stocken, ruhen; ***to a ~*** zum Stillstand *kommen, bringen*; **II** *adj.* stillstehend: **~ *agreement*** *pol.* Stillhalteabkommen *n*; **'~-up** *adj.* **1.** stehend: **~ *collar*** Stehkragen *m*; **2.** F im Stehen eingenommen: **~ *meal***; **3.** wild, wüst (*Schlägerei*).

stank [stæŋk] *pret. von* ***stink***.

stan·na·ry ['stænərɪ] *Brit.* **I** *s.* **1.** Zinngrubengebiet *n*; **2.** Zinngrube *f*; **II** *adj.*

S

3. Zinn(gruben)...; **'stan·nate** [-nət] *s.* ⚗ Stan'nat *n*; **'stan·nic** [-nɪk] *adj.* ⚗ Zinn...; **'stan·nite** [-naɪt] *s.* **1.** *min.* Zinnkies *m*, Stan'nin *n*; **2.** ⚗ Stan'nit *n*; **'stan·nous** [-nəs] *adj.* ⚗ Zinn...

stan·za ['stænzə] *pl.* **-zas** *s.* **1.** Strophe *f*; **2.** Stanze *f*.

sta·ple¹ [steɪpl] **I** *s.* **1.** ☤ Haupterzeugnis *n e- Landes etc.*; **2.** ☤ Stapelware *f*: a) 'Hauptarˌtikel *m*, b) Massenware *f*; **3.** ☤ Rohstoff *m*; **4.** ⚙ Stapel *m*: a) *Fadenlänge od. -qualität*: ***of short ~*** kurzstapelig, b) *Büschel Schafwolle*; **5.** ⚙ a) Rohwolle *f*, b) Faser *f*: ***~ fibre*** (*Am.* ***fiber***) Zellwolle *f*; **6.** *fig.* Hauptgegenstand *m*, -thema *n*; **7.** ☤ a) Stapelplatz *m*, b) Handelszentrum *n*, c) *hist.* Markt *m* (mit Stapelrecht); **II** *adj.* **8.** Stapel...: ***~ goods***; **9.** Haupt...: ***~ food***; ***~ industry***; ***~ topic*** Hauptthema *n*; **10.** ☤ a) Haupthandels..., b) gängig, c) Massen...; **III** *v/t.* **11.** *Wolle* (nach Stapel) sortieren.

sta·ple² [steɪpl] ⚙ **I** *s.* **1.** (Draht)Öse *f*; **2.** Krampe *f*; **3.** Heftdraht *m*, -klammer *f*; **II** *v/t.* **4.** (mit Draht) heften; klammern (***to*** an *acc.*): ***stapling machine*** → ***stapler¹***.

sta·pler¹ ['steɪplə] *s.* ⚙ 'Heftmaˌschine *f*.

sta·pler² ['steɪplə] *s.* ☤ **1.** (Baumwoll-)Sortierer *m*; **2.** Stapelkaufmann *m*.

star [stɑː] **I** *s.* **1.** *ast.* a) Stern *m*, b) *mst* ***fixed ~*** Fixstern *m*; **2.** Stern *m*: a) sternähnliche Figur, b) *fig.* Größe *f*, Berühmtheit *f* (*Person*), c) Orden *m*, d) *typ.* Sternchen *n*, e) *weißer Stirnfleck, bsd. e-s Pferdes*: ***2s and Stripes*** *das* Sternenbanner (*Nationalflagge der USA*); ***see ~s*** F Sterne sehen (*nach e-m Schlag*); **3.** a) Stern *m* (*Schicksal*), b) *a.* ***lucky ~*** Glücksstern *m*: ***unlucky ~*** Unstern *m*; ***his ~ is in the ascendant*** (***is*** *od.* ***has set***) sein Stern ist im Aufgehen (ist untergegangen); ***my good ~*** mein guter Stern; ***you may thank your ~s*** Sie können von Glück sagen (, dass); **4.** *thea.* (Bühnen-, *bsd.* Film)Star *m*; **5.** *sport* Star *m*; **II** *adj.* **6.** Stern...; **7.** Haupt...: ***~ prosecution witness*** ⚖ Hauptbelastungszeuge *m*; **8.** *thea., sport* Star...: ***~ performance*** Elitevorstellung *f*; ***~ turn*** Hauptattraktion *f*; **9.** *Segeln*: Star *m* (*Boot*); **III** *v/t.* **10.** mit Sternen schmücken, besternen; **11.** *j-n* in der Hauptrolle zeigen: ***~ring X*** mit X in der Hauptrolle; **12.** *typ.* *Wort* mit Sternchen versehen; **IV** *v/i.* **13.** die *od.* e-e Hauptrolle spielen: ***~ in a film***.

> **Stars and Stripes,** auch **Star--Spangled Banner** („mit Sternen übersätes Banner") genannt, heißt die Flagge der USA. Sie besteht aus 50 Sternen, die die amerikanischen Staaten symbolisch darstellen, sowie sieben roten und sechs weißen Streifen, die die 13 ursprünglichen Kolonien symbolisieren.

star·board ['stɑːbəd] ⚓ **I** *s.* Steuerbord *n*; **II** *adj.* Steuerbord...; **III** *adv.* a) nach Steuerbord, b) steuerbord(s).

starch [stɑːtʃ] **I** *s.* **1.** Stärke *f*: a) Stärkemehl *n*, b) Wäschestärke *f*, c) Stärkekleister *m*, d) ⚗ A'mylum *n*; **2.** *pl.* stärkereiche Nahrungsmittel *pl.*, 'Kohle(n)hyˌdrate *pl.*; **3.** *fig.* Steifheit *f*, Förmlichkeit *f*; **4.** *Am.* F ‚Mumm' *m*: ***take the ~ out of s.o.*** j-m ‚die Gräten ziehen'; **II** *v/t.* **5.** *Wäsche* stärken.

Star Cham·ber *s.* ⚖ *hist.* Sternkammer *f* (*nur dem König verantwortliches Willkürgericht bis 1641*).

starched [stɑːtʃt] *adj.* ☐ **1.** gestärkt, gesteift; **2.** → ***starchy*** 4; **'starch·i·ness** [-tʃɪnɪs] *s. fig.* F Steifheit *f*, Förmlichkeit *f*; **'starch·y** [-tʃɪ] *adj.* ☐ **1.** stärkehaltig: ***~ food***; **2.** Stärke...; **3.** gestärkt; **4.** *fig.* F steif, förmlich.

'star-crossed *adj. poet.* von e-m Unstern verfolgt, unglückselig.

star·dom ['stɑːdəm] *s.* **1.** Welt *f* der Stars; **2.** *coll.* Stars *pl.*; **3.** Berühmtheit *f*: ***rise to ~*** ein Star werden.

star dust *s. ast.* **1.** Sternennebel *m*; **2.** kosmischer Staub.

stare [steə] **I** *v/i.* **1.** (***~ at*** an)starren, (-)stieren; **2.** große Augen machen, erstaunt blicken: ***~ at*** anstaunen, angaffen; ***make s.o. ~*** j-n in Erstaunen versetzen; **II** *v/t.* **3.** ***~ s.o. out*** (*od.* ***down***) j-n durch Anstarren aus der Fassung bringen; **4.** ***~ s.o. in the face*** *fig.* a) j-m in die Augen springen, b) j-m deutlich *od.* drohend vor Augen stehen; **III** *s.* **5.** (starrer *od.* erstaunter) Blick, Starrblick *m*, Starren *n*.

'star|·finch *s. orn.* Rotschwänzchen *n*; **'~ˌgaz·er** *s. humor.* **1.** Sterngucker *m*; **2.** Träumer(in); **3.** ‚Anbeter(in)' (*von Idolen*).

star·ing ['steərɪŋ] **I** *adj.* ☐ **1.** stier, starrend: ***~ eyes***; **2.** auffallend: ***a ~ tie***; **3.** grell (*Farbe*); **II** *adv.* **4.** to'tal.

stark [stɑːk] **I** *adj.* ☐ **1.** steif, starr; **2.** rein, völlig: ***~ folly***; ***~ nonsense*** barer Unsinn; **3.** *fig.* rein sachlich (*Bericht*); **4.** kahl, öde (*Landschaft*); **II** *adv.* **5.** ganz, völlig: ***~ (staring) mad*** ‚total' verrückt; ***~ naked*** → **stark·ers** ['stɑːkəz] *adj.* F splitternackt.

star·less ['stɑːlɪs] *adj.* sternlos.

S

star·let ['stɑːlɪt] *s.* **1.** Sternchen *n*; **2.** *fig.* Starlet(t) *n*, Filmsternchen *n*.

'**star·light I** *s.* Sternenlicht *n*; **II** *adj.* → ***starlit***.

star·ling¹ ['stɑːlɪŋ] *s. orn.* Star *m*.

star·ling² ['stɑːlɪŋ] *s.* ⚙ Pfeilerkopf *m* (*Eisbrecher e-r Brücke*).

'**star·lit** *adj.* sternhell, -klar.

star map *s. ast.* Sternkarte *f*, -tafel *f*.

starred [stɑːd] *p.p. u. adj.* **1.** gestirnt (*Himmel*); **2.** sternengeschmückt; **3.** *typ. etc.* mit (e-m) Sternchen bezeichnet.

star·ry ['stɑːrɪ] *adj.* **1.** Sternen..., Stern...; **2.** → a) ***starlit***, b) ***starred*** 2; **3.** strahlend: **~ *eyes***; **4.** sternförmig; ,**~-'eyed** *adj.* **1.** mit strahlenden Augen; **2.** *fig.* a) ‚blauäugig', na'iv, b) ro'mantisch.

star| shell *s.* ⚔ Leuchtgeschoss, *östr.* -geschoß *n*; '**~-,span·gled** *adj.* sternenbesät: ***Star-Spangled Banner*** *Am. das* Sternenbanner (*Nationalflagge od. -hymne der USA*); '**~-struck** *adj.* 'starbegeistert.

start [stɑːt] **I** *s.* **1.** *sport* Start *m* (*a. fig.*): ***good ~***; ***~-and-finish line*** Start u. Ziel; ***give s.o. a ~*** (***in life***) j-m zu e-m Start ins Leben verhelfen; **2.** Startzeichen *n* (*a. fig.*): ***give the ~***; **3.** a) Aufbruch *m*, b) Abreise *f*, c) Abfahrt *f*, d) ✈ Abflug *m*, Start *m*, e) Abmarsch *m*; **4.** Beginn *m*, Anfang *m*: ***at the ~*** am Anfang; ***from the ~*** von Anfang an; ***from ~ to finish*** von Anfang bis Ende; ***make a fresh ~*** e-n neuen Anfang machen, noch einmal von vorn anfangen; **5.** *sport* a) Vorgabe *f*, b) Vorsprung *m* (*a. fig.*): ***get*** (*od.* ***have***) ***the ~ of one's rivals*** s-n Rivalen zuvorkommen; **6.** Auf-, Zs.-fahren *n*, -schrecken *n*; Schreck *m*: ***give a ~*** → 12; ***give s.o. a ~*** j-n erschrecken; ***with a ~*** jäh, erschrocken; **II** *v/i.* **7.** aufbrechen, sich aufmachen (***for*** nach): **~ *on a journey*** e-e Reise antreten; **8.** a) abfahren, abgehen (*Zug etc.*), b) auslaufen (*Schiff*), ✈ abfliegen, starten (***for*** nach); **9.** anfangen, beginnen (***on*** mit *e-r Arbeit etc.*, ***doing*** zu tun): **~ *in business*** ein Geschäft anfangen *od.* eröffnen; ***to ~ with*** (*Redew.*) a) erstens, als Erstes, b) zunächst, c) um es gleich zu sagen, d) ... als Vorspeise; **10.** *fig.* ausgehen (***from*** von *e-m Gedanken*); **11.** entstehen, aufkommen; **12.** a) auffahren, -schrecken, b) zs.-fahren, -zucken (***at*** vor *dat.*, bei *e-m Laut etc.*); **13.** a) aufspringen, b) losstürzen; **14.** stutzen (***at*** bei); **15.** aus den Höhlen treten (*Augen*); **16.** sich lockern *od.* lösen; **17.** ⚙, *mot.* anspringen, anlaufen, starten (*a. Computer*); **III** *v/t.* **18.** in Gang *od.* in Bewegung setzen; ⚙ *a.* anlassen; *Feuer* anzünden, in Gang bringen, starten (*a. Computer*); **19.** *Brief, Streit etc.* anfangen; *Aktion* starten; *Geschäft, Zeitung* gründen, aufmachen; **20.** *Frage* aufwerfen, *Thema* anschneiden; **21.** *Gerücht* in 'Umlauf setzen; **22.** *sport* starten (lassen); **23.** *Läufer, Pferd* aufstellen, an den Start bringen; **24.** 🚂 *Zug* abfahren lassen; **25.** *fig. j-m* zu e-m Start verhelfen: **~ *s.o. in business***; **26.** *j-n* (veran)lassen (***doing*** zu tun); **27.** lockern, lösen; **28.** aufscheuchen; **~ in** (*Am. a.* **out**) *v/i.* F anfangen (***to do*** zu tun); **~ off** → ***start*** 9, 18; **~ up** → ***start*** 12 a, 13 a, 17, 18.

start·er ['stɑːtə] *s.* **1.** *sport* a) Starter *m* (*Kampfrichter u. Wettkampfteilnehmer* [*-in*]); **2.** *mot.* Starter *m*, Anlasser *m*; **3.** *fig.* Initi'ator *m*; **4.** F *bsd. Brit.* Vorspeise *f*; **5. *for ~s*** F a) als Erstes, b) zunächst, c) um es gleich zu sagen.

start·ing ['stɑːtɪŋ] **I** *s.* **1.** Starten *n*, Ablauf *m*; **2.** ⚙ Anlassen *n*, In'gangsetzen *n*, Starten *n*: ***cold ~*** *mot.* Kaltstart *m*; **II** *adj.* **3.** Start...(*-block, -geld, -linie, -schuss etc.*); *mot. etc.* Anlass...(*-kurbel, -motor, -schalter*); **~ gate** *s. Pferderennen*: 'Startma,schine *f*; **~ point** *s.* Ausgangspunkt *m* (*a. fig.*); **~ price** *s.* **1.** *Pferderennen*: Eventu'alquote *f*; **2.** *Auktion*: Mindestgebot *n*; **~ sal·a·ry** *s.* Anfangsgehalt *n*; **~ sig·nal** *s.* Startzeichen *n*.

star·tle ['stɑːtl] **I** *v/t.* **1.** erschrecken; **2.** aufschrecken; **3.** über'raschen: a) bestürzen, b) verblüffen; **II** *v/i.* **4.** auf-, erschrecken: **~ *easily*** sehr schreckhaft sein; '**star·tling** [-lɪŋ] *adj.* ☐ **1.** erschreckend, bestürzend; **2.** verblüffend, Aufsehen erregend.

'**start-up** *s.* **1.** Start *m* (*e-s Gerätes, e-s Unternehmens*); **2.** Neugründung *f*.

star·va·tion [stɑː'veɪʃn] *s.* **1.** Hungern *n*: **~ *diet*** Hungerkur *f*; **~ *wages*** Hungerlohn *m*, -löhne *pl.*; **2.** Hungertod *m*, Verhungern *n*.

starve [stɑːv] **I** *v/i.* **1.** *a.* **~ *to death*** verhungern: ***I am simply starving*** F ich komme fast um vor Hunger; **2.** hungern (*a. fig.* ***for*** nach), Hunger (*fig.* Not) leiden; **3.** fasten; **4.** *fig.* verkümmern; **II** *v/t.* **5.** *a.* **~ *to death*** verhungern lassen; **6.** aushungern; **7.** hungern lassen: ***be ~d*** Hunger leiden, ausgehungert sein (*a. fig.* ***for*** nach); **8.** darben lassen (*a. fig.*): ***be ~d of*** *od.* ***for*** knapp sein an (*dat.*); '**starve·ling** [-lɪŋ] *obs.* **I** *s.* **1.** Hungerleider *m*; **2.** Kümmerling *m*; **II** *adj.* **3.** hungrig; **4.** abgemagert; **5.** kümmerlich.

star wheel *s.* ⚙ Sternrad *n*.

stash [stæʃ] *v/t. sl.* **1.** *mst* **~ *away*** verstecken, bei'seite tun; **2.** aufhören mit.

sta·sis ['steɪsɪs] *pl.* **-ses** [-siːz] *s.* ⚕ Stase *f*, (*Blut- etc.*)Stauung *f*.

state [steɪt] **I** *s.* **1.** *mst* ☊ *pol., a. zo.* Staat *m*: ***affairs of ~*** Staatsgeschäfte; **2.**

S

pol. Am. (Bundes-, Einzel)Staat *m*: ***the* ⁓*s*** die (Vereinigten) Staaten; ***⁓ law*** Rechtsordnung *f* des Einzelstaates; ***⁓'s attorney*** ⚖ Staatsanwalt *m*; ***turn ⁓'s evidence*** ⚖ als Kronzeuge auftreten, gegen s-e Komplizen aussagen; **3.** (*Gesundheits-, Geistes- etc.*)Zustand *m*: ***⁓ of health***; ***⁓ of aggregation*** *phys.* Aggregatzustand; ***⁓ of war*** Kriegszustand; ***in a ⁓*** F a) in e-m schrecklichen Zustand, b) ‚ganz aus dem Häus-chen'; → ***emergency*** I; **4.** Stand *m*, Lage *f* (***of affairs*** der Dinge): ***⁓ of the art*** neuester Stand der Technik; ***⁓ of convergence*** *EU* Konver'genzlage *f*, -stand *m* (*bei Vereinheitlichung von Gesetzen mehrerer Staaten etc.*) **5.** (Fa'milien-) Stand *m*: ***married ⁓*** Ehestand; **6.** ⚕, *zo.* Stadium *n*; **7.** (gesellschaftliche) Stellung, Stand *m*: ***in a style befitting one's ⁓*** standesgemäß; **8.** Pracht *f*, Staat *m*: ***in ⁓*** feierlich, mit großem Zeremoniell *od.* Pomp; ***lie in ⁓*** feierlich aufgebahrt liegen; ***live in ⁓*** großen Aufwand treiben; **9.** *pl. pol. hist.* (Land- *etc.*)Stände *pl.*; **10.** *Kupferstecherei*: (Ab)Druck *m*; **II** *adj.* **11.** Staats..., staatlich, po'litisch: ***⁓ borrowing*** staatliche Kreditaufnahme; ***⁓ capitalism*** Staatskapitalismus *m*; ***⁓ funeral*** Staatsbegräbnis *n*; ***⁓ mourning*** Staatstrauer *f*; ***⁓ prison*** staatliche Strafanstalt (*in U.S.A. e-s Bundesstaates*); ***⁓ prisoner*** politischer Häftling *od.* Gefangener; **12.** Staats..., Prunk..., Parade..., feierlich: ***⁓ apartment*** → ***stateroom*** 1; ***⁓ carriage*** Prunk-, Staatskarosse *f*; **III** *v/t.* **13.** festsetzen, -legen; *e-e Regel* aufstellen; → ***stated*** 1; **14.** erklären: a) darlegen, b) *a.* ⚖ (aus)sagen, *Gründe, Klage etc.* vorbringen, *Tatsachen etc.* anführen; → ***case***[1] 1, c) *Einzelheiten etc.* angeben; **15.** feststellen, konstatieren; **16.** behaupten; **17.** erwähnen, bemerken; **18.** *Problem etc.* stellen; **19.** ⩕ (mathe'matisch) ausdrücken.

ˌstate|-con'trolled *adj.* staatlich gelenkt, unter staatlicher Aufsicht: ***⁓ economy*** Zwangswirtschaft *f*; **'⁓·craft** *s. pol.* Staatskunst *f*.

stat·ed ['steɪtɪd] *p.p. u. adj.* **1.** festgesetzt: ***at the ⁓ time***; ***at ⁓ intervals*** in regelmäßigen Abständen; ***⁓ meeting*** *bsd. Am.* ordentliche Versammlung; **2.** festgestellt; **3.** bezeichnet, (*a.* amtlich) anerkannt; **4.** angegeben: ***as ⁓ above***; ***⁓ case*** ⚖ Sachdarstellung *f*.

State| De·part·ment *s. pol. Am.* 'Außenminiˌsterium *n*; **⁓·hood** ['steɪthʊd] *s. pol. bsd. Am.* Eigenstaatlichkeit *f*, Souveräni'tät *f*; **'⁓·house** *s. pol. Am.* Parla'mentsgebäude *n od.* Kapi'tol *n* (*e-s Bundesstaats*).

state·less ['steɪtlɪs] *adj. pol.* staatenlos: ***⁓ person*** Staatenlose(r *m*) *f*.

state·li·ness ['steɪtlɪnɪs] *s.* **1.** Stattlichkeit *f*; Vornehmheit *f*; **2.** Würde *f*; **3.** Pracht *f*; **'state·ly** [-lɪ] *adj.* **1.** stattlich, impo'sant; prächtig; **2.** würdevoll; **3.** erhaben, vornehm.

state·ment ['steɪtmənt] *s.* **1.** (*a.* amtliche *etc.*) Erklärung: ***make a ⁓*** e-e Erklärung abgeben; **2.** a) (Zeugen- *etc.*) Aussage *f*, b) Angabe(n *pl.*) *f*: ***false ⁓***; ***⁓ of facts*** Sachdarstellung *f*, Tatbestand *m*; ***⁓ of contents*** Inhaltsangabe; **3.** Behauptung *f*; **4.** *bsd.* ⚖ (schriftliche) Darlegung, (Par'tei)Vorbringen *n*: ***⁓ of claim*** Klageschrift *f*; ***⁓ of defence*** (*Am.* ***defense***) a) Klagebeantwortung *f*, b) Verteidigungsschrift *f*; **5.** *bsd.* ✝ (*Geschäfts-, Monats-, Rechenschafts- etc.*)Bericht *m*, (*Bank-, Gewinn-, Jahres- etc.*)Ausweis *m*, (*statistische etc.*) Aufstellung: ***⁓ of affairs*** Situationsbericht, Status *m e-r Firma*; ***⁓ of account*** Kontoauszug *m*; ***financial ⁓*** Gewinn- und Verlustrechnung *f*; **6.** *Am.* ✝ Bi'lanz *f*: ***⁓ of assets and liabilities***; **7.** Darstellung *f*, Darlegung *f e-s Sachverhalts*; **8.** ✝ Lohn *m*, Ta'rif *m*; **9.** *fig.* Aussage *f*, Statement *n e-s Autors etc.*

'state·room *s.* **1.** Staats-, Prunkzimmer *n*; **2.** ⚓ ('Einzel)Kaˌbine *f*; **3.** 🚂 *Am.* Pri'vatabteil *n* (*mit Betten*).

'state·side *oft* ⁓ *Am.* **I** *adj.* ameri'kanisch, Heimat...; ***⁓ duty*** *bsd.* ⚔ Dienst *m* in der Heimat; **II** *adv.* in den *od.* in die Staaten (zurück).

states·man ['steɪtsmən] *s.* [*irr.*] **1.** *pol.* Staatsmann *m*; **2.** (bedeutender) Po'litiker; **'states·man·like** [-laɪk], **'states·man·ly** [-lɪ] *adj.* staatsmännisch; **'states·man·ship** [-ʃɪp] *s.* Staatskunst *f*.

States' rights *s. pl.* Staatsrechte *pl.* (*der Einzelstaaten der USA*).

stat·ic ['stætɪk] **I** *adj.* (□ ***⁓ally***) **1.** *phys. u. fig.* statisch: ***⁓ sense*** ⚕ Gleichgewichtssinn *m*; **2.** ⚡ (elektro)'statisch; **3.** *Funk*: a) atmo'sphärisch (*Störung*), b) Störungs...; **II** *s.* **4.** ⚡ statische *od.* atmo'sphärische Elektrizi'tät; **5.** *pl. sg. konstr. phys.* Statik *f*; **6.** *pl. Funk*: atmo'sphärische Störung(en *pl.*).

sta·tion ['steɪʃn] **I** *s.* **1.** Platz *m*, Posten *m* (*a. sport*); **2.** (*Rettungs-, Unfall- etc.*) Stati'on *f*, (*Beratungs-, Dienst-, Tank- etc.*)Stelle *f*; (Tele'grafen)Amt *n*; (Tele'fon)Sprechstelle *f*; ('Wahl)Loˌkal *n*; (Handels)Niederlassung *f*; (Feuer)Wache *f*; **3.** (Poli'zei)Wache *f*; **4.** 🚂 a) Bahnhof *m*, b) ('Bahn)Statiˌon *f*; **5.** *Am.* (Bus- *etc.*)Haltestelle *f*; **6.** (Zweig-) Postamt *n*; **7.** ('Forschungs)Statiˌon *f*; (Erdbeben)Warte *f*; **8.** (Rundfunk-) Sender *m*, Stati'on *f*; **9.** Kraftwerk *n*; **10.** ⚔ a) Posten *m*, (⚓ Flotten)Stützpunkt *m*, b) Standort *m*, c) ✈ *Brit.* Fliegerhorst *m*; **11.** *biol.* Standort *m*;

S

12. ⚓, ⚔ Positi'on *f*; **13.** Stati'on *f* (*Rastort*); **14.** *R.C.* a) *a.* **~ *of the cross*** ('Kreuzweg)Stati,on *f*, b) Stati'onskirche *f*; **15.** *eccl. a.* **~ *day*** Wochenfasttag *m*; **16.** *surv.* a) Stati'on *f* (*Ausgangspunkt*), b) Basismessstrecke *f*; **17.** *Austral.* (Rinder-, Schafs)Zuchtfarm *f*; **18.** *fig.* a) *gesellschaftliche etc.* Stellung: **~ *in life***, b) Stand *m*, Rang *m*: ***below one's ~*** nicht standesgemäß *heiraten etc.*; ***men of ~*** Leute von Rang; **II** *v/t.* **19.** aufstellen, postieren; **20.** ⚔, ⚓ stationieren: ***be ~ed*** stehen.

sta·tion·ar·y ['steɪʃnərɪ] *adj.* **1.** ⚙ *etc.* statio'när (*a. ast.*, ⚕), ortsfest, fest(stehend): **~ *treatment*** ⚕ stationäre Behandlung; **~ *warfare*** Stellungskrieg *m*; **2.** sesshaft; **3.** gleich bleibend, stationär, unveränderlich: ***remain ~*** unverändert sein *od.* bleiben; **4.** (still)stehend: ***be ~*** stehen; **~ dis·ease** *s.* ⚕ lo'kal auftretende u. jahreszeitlich bedingte Krankheit.

sta·tion·er ['steɪʃnə] *s.* Pa'pier-, Schreibwarenhändler *m*; '**sta·tion·er·y** [-ərɪ] *s.* **1.** Schreib-, Pa'pierwaren *pl.*: ***office ~*** Büromaterial *n*, -bedarf *m*; **2.** 'Brief-, 'Schreibpa,pier *n*.

sta·tion| hos·pi·tal *s.* ⚔ 'Standortlaza,rett *n*; **~ house** *s.* **1.** a) Poli'zeiwache *f*, b) Feuerwache *f*; **2.** 🚂 'Bahnstati,on *f*; '**~,mas·ter** *s.* 🚂 Stati'onsvorsteher *m*; **~ se·lec·tor** *s.* ⚡ Stati'onswähler *m*, Sendereinstellung *f*; **~ wag·on** *s. mot. Am.* Kombiwagen *m*.

stat·ism ['steɪtɪzəm] *s.* ✝, *pol.* Diri'gismus *m*, Planwirtschaft *f*; '**stat·ist** [-tɪst] **I** *s.* **1.** Sta'tistiker *m*; **2.** Anhänger(in) der Planwirtschaft; **II** *adj.* **3.** *pol.* diri'gistisch.

sta·tis·tic, sta·tis·ti·cal [stə'tɪstɪk(l)] *adj.* ☐ sta'tistisch; **stat·is·ti·ci·an** [ˌstætɪ'stɪʃn] *s.* Sta'tistiker *m*; **sta'tis·tics** [-ks] *s. pl.* **1.** *sg. konstr. allg.* Sta'tistik *f*; **2.** Sta'tistik(en *pl.*) *f*.

sta·tor ['steɪtə] *s.* ⚙, ⚡ Stator *m*.

stat·u·ar·y ['stætjʊərɪ] **I** *s.* **1.** Bildhauerkunst *f*; **2.** (Rund)Plastiken *pl.*, Statuen *pl.*, Skulp'turen *pl.*; **3.** Bildhauer *m*; **II** *adj.* **4.** Bildhauer...; **5.** (rund)plastisch; **6.** Statuen...: **~ *marble***; **stat·ue** ['stætʃuː] Statue *f*, Standbild *n*, Plastik *f*; **stat·u·esque** [ˌstætjʊ'esk] *adj.* ☐ statuenhaft (*a. fig.*); **stat·u·ette** [ˌstætjʊ'et] *s.* Statu'ette *f*.

stat·ure ['stætʃə] *s.* **1.** Sta'tur *f*, Wuchs *m*, Gestalt *f*; **2.** Größe *f*; **3.** *fig.* (geistige *etc.*) Größe, For'mat *n*, Ka'liber *n*.

sta·tus ['steɪtəs] *pl.* **-es** [-ɪz] *s.* **1.** ⚖ a) Status *m*, Rechtsstellung *f*, b) *a.* ***legal ~*** Rechtsfähigkeit *f*, c) Ak'tivlegitimati,on *f*: **~ *of ownership*** Eigentumsverhältnisse *pl.*; ***equality of ~*** (politische) Gleichberechtigung; ***national ~*** Staatsangehörigkeit *f*; **2.** (Fa'milien-, Per'sonen)Stand *m*; **3.** *a.* ***military ~*** (Wehr-)Dienstverhältnis *n*; **4.** (gesellschaftliche *etc.*) Stellung *f*, (Sozi'al)Pre,stige *n*, Status *m*: **~ *symbol*** Statussymbol *n*; **5.** ✝ (geschäftliche) Lage: ***financial ~*** Vermögenslage; **6.** *a.* ⚕ Zustand *m*, Status *m*; **~ bar** *s. Computer*: 'Statuszeile *f*; **~ quo** [kwəʊ] (*Lat.*) *s. der* Status quo (*der jetzige Zustand*); **~ quo an·te** [kwəʊ'æntɪ] (*Lat.*) *s. der* Status quo ante (*der vorherige Zustand*).

stat·ute ['stætjuːt] *s.* **1.** ⚖ a) Gesetz *n* (*vom Parlament erlassene Rechtsvorschrift*), b) Gesetzesvorschrift *f*, c) *parl.* Parla'mentsakte *f*: **~ *of bankruptcy*** Konkursordnung *f*; **2.** **~** (***of limitations***) ⚖ (Gesetz *n* über) Verjährung *f*: ***not subject to the ~*** unverjährbar; **3.** Sta'tut *n*, Satzung *f*; '**~-barred** *adj.* ⚖ verjährt; **~ book** *s.* Gesetzessammlung *f*; **~ law** *s.* Gesetzesrecht *n* (*Ggs.* ***common law***); **~ mile** *s.* (gesetzliche) Meile (*1,60933 km*).

stat·u·to·ry ['stætjʊtərɪ] *adj.* ☐ **1.** ⚖ gesetzlich (*Erbe, Feiertag, Rücklage etc.*): **~ *corporation*** Körperschaft *f* des öffentlichen Rechts; **~ *declaration*** eidesstattliche Erklärung; **2.** Gesetzes...; **3.** ⚖ (dem Gesetz nach) strafbar; → ***rape***[1] 1; **4.** ⚖ Verjährungs...; **5.** satzungsgemäß.

staunch[1] [stɔːntʃ] → ***stanch***[1].

staunch[2] [stɔːntʃ] *adj.* ☐ **1.** (ge)treu, zuverlässig; **2.** standhaft, fest, eisern; '**staunch·ness** [-ʃnɪs] *s.* Festigkeit *f*, Zuverlässigkeit *f*.

stave [steɪv] **I** *s.* **1.** (Fass)Daube *f*; **2.** (Leiter)Sprosse *f*; **3.** Stock *m*; **4.** Strophe *f*, Vers *m*; **5.** ♪ 'Noten(linien)sy,stem *n*; **II** *v/t.* [*irr.*] **6.** *mst* **~ *in*** a) einschlagen, b) *Loch* schlagen; **7.** **~ *off*** a) *j-n* hinhalten *od.* abweisen, b) *Unheil etc.* abwenden, abwehren, c) *et.* aufschieben; **8.** mit Dauben *od.* Sprossen versehen; **~ rhyme** *s.* Stabreim *m*.

staves [steɪvz] *pl. von* ***staff***[1] 8.

stay [steɪ] **I** *v/i.* **1.** bleiben (***with*** bei *j-m*): **~ *away*** fernbleiben (***from*** *dat.*); **~ *behind*** zurückbleiben; **~ *clean*** rein bleiben; ***come to ~*** (für immer) bleiben; **~ *in*** zu Hause *od.* drinnen bleiben; **~ *on*** (noch länger) bleiben; **~ *for*** (*od.* ***to***) ***dinner*** zum Essen bleiben; **2.** sich (vor'übergehend) aufhalten, wohnen, weilen (***at***, ***in*** in *dat.*, ***with*** bei *j-m*); **3.** stehen bleiben; **4.** (sich) verweilen; **5.** warten (***for s.o.*** auf j-n); **6.** *bsd. sport* F a) 'durchhalten, b) **~ *with*** *Am.* mithalten (können) mit; **II** *v/t.* **7.** a) aufhalten, hemmen, Halt gebieten (*dat.*), b) zu'rückhalten (***from*** von): **~ *one's hand*** sich zurückhalten; **8.** ⚖ *Urteilsvollstreckung, Verfahren* aussetzen; *Verfahren, Zwangsvollstreckung* einstellen; **9.** *Hunger etc.* stillen; **10.** *a.* **~ *up*** stüt-

S

zen (*a. fig.*); **11.** ⚙ a) absteifen, b) ab-, verspannen, c) verankern; **III** *s.* **12.** (vor'übergehender) Aufenthalt; **13.** a) Halt *m*, Stockung *f*, b) Hemmnis *n* (**upon** für): ***put a ~ on*** *s-e Gedanken etc.* zügeln; **14.** ⚖ Aussetzung *f*, Einstellung *f*, (Voll'streckungs)Aufschub *m*; **15.** F Ausdauer *f*; **16.** ⚙ a) Stütze *f*, b) Strebe *f*, c) Verspannung *f*, d) Anker *m*; **17.** ⚓ Stag *n*, Stütztau *n*; **18.** *pl.* Kor'sett *n*; **19.** *fig.* Stütze *f des Alters etc.*

stay|-at-home ['steɪəthəʊm] **I** *s.* Stubenhocker(in); **II** *adj.* stubenhockerisch; '**~-down (strike)** *s.* ⚒ *Brit.* Sitzstreik *m.*

stay·er ['steɪə] *s.* **1.** ausdauernder Mensch; **2.** *Pferdesport*: Steher *m.*

stay·ing pow·er ['steɪɪŋ] *s.* Stehvermögen *n*, Ausdauer *f.*

'**stay-in strike** *s.* Sitzstreik *m.*

stead [sted] *s.* **1.** Stelle *f*: ***in his ~*** an s-r statt, statt seiner; **2.** Nutzen *m*: ***stand s.o. in good ~*** j-m (gut) zustatten kommen (*Kenntnisse etc.*).

stead·fast ['stedfəst] *adj.* □ fest: a) unverwandt (*Blick*), b) standhaft, unentwegt, treu (*Person*), c) unerschütterlich (*Person, a. Entschluss, Glaube etc.*); '**stead·fast·ness** [-nɪs] *s.* Standhaftigkeit *f*, Festigkeit *f.*

stead·i·ness ['stedɪnɪs] *s.* **1.** Festigkeit *f*; **2.** Beständigkeit *f*, Stetigkeit *f*; **3.** so'lide Art; **stead·y** ['stedɪ] **I** *adj.* □ **1.** (stand)fest, sta'bil: ***a ~ ladder***; ***not ~ on one's legs*** nicht fest auf den Beinen; **2.** gleich bleibend, gleichmäßig, unveränderlich; ausgeglichen (*Klima*); ✝ fest, sta'bil (*Preise*); **3.** stetig, ständig: ***~ progress***; ***~ work***; **4.** regelmäßig: ***~ customer*** Stammkunde *m*; ***go ~ with*** F mit *e-m Mädchen* (fest) ‚gehen'; **5.** ruhig (*Augen, Nerven*), sicher (*Hand*); **6.** → ***steadfast***; **7.** so'lide, ordentlich, zuverlässig (*Person, Lebensweise*); **II** *int.* **8.** sachte!, ruhig Blut!; **9.** ***~ on!*** halt!; **III** *v/t.* **10.** festigen, fest *od.* sicher *etc.* machen: ***~ o.s.*** sich stützen; **11.** *Pferd* zügeln; **12.** *j-n* zur Vernunft bringen; **IV** *v/i.* **13.** fest *od.* ruhig *od.* sicher *etc.* werden; sich festigen (*a.* ✝ *Kurse*); **V** *s.* **14.** Stütze *f* (*für Hand od. Werkzeug*); **15.** F fester Freund *od.* feste Freundin; **~ state** *s. phys.* Fließgleichgewicht *n.*

steak [steɪk] *s.* **1.** (*bsd.* Beef)Steak *n*; **2.** ('Fisch)Kote,lett *n*, (-)Fi,let *n*; **~ hammer** *s.* Fleischklopfer *m.*

steal [stiːl] **I** *v/t.* [*irr.*] **1.** (***from s.o.*** j-m) stehlen (*a. fig. plagiieren*); **2.** *fig.* stehlen, erhaschen, ergattern: ***~ a kiss*** e-n Kuss rauben; ***~ a look*** e-n verstohlenen Blick werfen; → ***march¹*** 10, ***show*** 3, ***thunder*** 1; **3.** *fig. wohin* schmuggeln; **II** *v/i.* [*irr.*] **4.** stehlen; **5.** schleichen: ***~ away*** sich davonstehlen; ***~ into*** sich einschleichen *od.* sich stehlen in (*acc.*); **6.** ***~ over*** *od.* (***up***)***on*** *fig. j-n* beschleichen, über'kommen (*Gefühl*); **III** *s.* **7.** F a) Diebstahl *m*, b) *Am.* Schiebung *f.*

stealth [stelθ] *s.* Heimlichkeit *f*: ***by ~*** heimlich: ⚔ ***~ bomber*** Tarnkappenbomber *m*; '**stealth·i·ness** [-θɪnɪs] *s.* Heimlichkeit *f*; '**stealth·y** [-θɪ] *adj.* □ verstohlen, heimlich.

steam [stiːm] **I** *s.* **1.** (Wasser)Dampf *m*: ***at full ~*** mit Volldampf (*a. fig.*); ***get up ~*** Dampf aufmachen (*a. fig.*); ***let*** (*od.* ***blow***) ***off ~*** Dampf ablassen, *fig. a.* sich *od.* s-m Zorn Luft machen; ***put on ~*** a) Dampf anlassen, b) *fig.* Dampf dahinter machen; ***he ran out of ~*** ihm ging die Puste aus; ***under one's own ~*** mit eigener Kraft (*a. fig.*); **2.** Dunst *m*, Dampf *m*, Schwaden *pl.*; **3.** *fig.* Kraft *f*, Wucht *f*; **II** *v/i.* **4.** dampfen (*a. Pferd etc.*); **5.** verdampfen; **6.** ⚓, 🚂 dampfen (*fahren*): ***~ ahead*** F *fig.* a) sich (mächtig) ins Zeug legen, b) gut vorankommen; **7.** ***~ over*** *od.* ***up*** (sich) beschlagen (*Glas*); **8.** F vor Wut kochen (***about*** wegen); **III** *v/t.* **9.** a) *Speisen etc.* dämpfen, dünsten, b) *Holz etc.* mit Dampf behandeln, dämpfen, *Stoff* dekatieren; **10.** ***~ up*** *Glas* beschlagen; **11.** ***~ up*** F a) ankurbeln, b) *j-n* in Rage bringen: ***be ~ed up*** → 8; **~ bath** *s.* Dampfbad *n*; '**~·boat** *s.* Dampfboot *n*; **~ boil·er** *s.* Dampfkessel *m*; **~ en·gine** *s.* 'Dampfma,schine *f od.* -lokomo,tive *f.*

steam·er ['stiːmə] *s.* **1.** Dampfer *m*, Dampfschiff *n*; **2.** a) Dampfkochtopf *m*, b) 'Dämpfappa,rat *m.*

steam| fit·ter *s.* ('Heizungs)Installa,teur *m*; **~ ga(u)ge** *s.* Mano'meter *n*; **~ hammer** *s.* Dampfhammer *m*; **~ heat** *s.* **1.** durch Dampf erzeugte Hitze; **2.** *phys.* spe'zifische Verdampfungswärme; **~ nav·vy** *Brit.* → ***steam shovel***; '**~,roll·er** **I** *s.* **1.** Dampfwalze *f* (*a. fig.*); **II** *v/t.* **2.** glatt walzen; **3.** *fig.* a) *Opposition etc.* niederwalzen, ‚über'fahren', b) *Antrag etc.* 'durchpeitschen; '**~·ship** → ***steamer*** 1; **~ shov·el** *s.* ⚙ (Dampf)Löffelbagger *m*; **~ tug** *s.* Schleppdampfer *m.*

steam·y ['stiːmɪ] *adj.* □ dampfig, dunstig, dampfend, Dampf...

ste·a·rate ['stɪəreɪt] *s.* ⚗ Stea'rat *n.*

ste·ar·ic [stɪ'ærɪk] *adj.* ⚗ Stearin...; **ste·a·rin** ['stɪərɪn] *s.* **1.** Stea'rin *n*; **2.** *der feste Bestandteil e-s Fettes.*

ste·a·tite ['stɪətaɪt] *s. min.* Stea'tit *m.*

steed [stiːd] *s. rhet.* (Streit)Ross *n.*

steel [stiːl] **I** *s.* **1.** Stahl *m*: ***~s*** ✝ Stahlaktien *pl.*; ***of ~*** → 3; **2.** Stahl *m*: a) *oft* ***cold ~*** kalter Stahl, Schwert *n*, Dolch *m*, b) Wetzstahl *m*, c) Feuerstahl *m*, d) Korsettstäbchen *n*; **II** *adj.* **3.** stählern (*a. fig.*), aus Stahl, Stahl...; **III** *v/t.* **4.** ⚙ (ver)stählen; **5.** *fig.* stählen, (ver)här-

S

ten, wappnen: *~ o.s. for* (*against*) *s.th.* sich für (gegen) et. wappnen; '**~-clad** *adj.* stahlgepanzert; **~ en·grav·ing** *s.* Stahlstich *m*; **~ mill** *s.* Stahl(walz)werk *n*; **~ wool** *s.* Stahlspäne *pl.*, -wolle *f*; '**~·works** *s. pl. mst sg. konstr.* Stahlwerk(e *pl.*) *n.*

steel·y ['sti:lɪ] *adj.* → ***steel*** 3.

steel·yard ['sti:ljɑ:d] *s.* Laufgewichtswaage *f.*

steep[1] [sti:p] **I** *adj.* ☐ **1.** steil, jäh; **2.** F *fig.* a) ‚happig', ‚gepfeffert', unverschämt (*Preis etc.*), b) ‚toll', unglaublich; **II** *s.* **3.** steiler Abhang.

steep[2] [sti:p] **I** *v/t.* **1.** eintauchen, -weichen; **2.** (***in***, ***with***) (durch)'tränken (mit); imprägnieren (mit); **3.** (***in***) *fig.* durch'dringen (mit), versenken (in *acc.*), erfüllen (von): ***~ o.s. in*** sich in *ein Thema etc.* versenken; ***~ed in*** versunken in (*dat.*), *b.s.* tief in *et.* verstrickt; **II** *s.* **4.** Einweichen *n*, -tauchen *n*; **5.** (Wasch)Lauge *f.*

steep·en ['sti:pən] *v/t. u. v/i.* steil(er) machen (werden); *fig.* (sich) erhöhen.

stee·ple ['sti:pl] *s.* **1.** Kirchturm(spitze *f*) *m*; **2.** Spitzturm *m*; '**~·chase** *sport s.* **1.** *Pferdesport*: Steeplechase *f*, Hindernis-, Jagdrennen *n*; **2.** Hindernislauf *m.*

stee·pled ['sti:pld] *adj.* **1.** betürmt (*Gebäude*); **2.** vieltürmig (*Stadt*).

'**stee·ple·jack** *s.* Schornstein- *od.* Turmarbeiter *m.*

steep·ness ['sti:pnɪs] *s.* **1.** Steilheit *f*, Steile *f*; **2.** steile Stelle.

steer[1] [stɪə] *s.* (*bsd.* junger) Ochse.

steer[2] [stɪə] **I** *v/t.* **1.** *Schiff, Fahrzeug, a. fig. Staat etc.* steuern, lenken; **2.** *Weg, Kurs* verfolgen, einhalten; **3.** *j-n wohin* lotsen, dirigieren; **II** *v/i.* **4.** steuern: ***~ clear of*** *fig.* vermeiden, aus dem Wege gehen (*dat.*); ***~ for*** lossteuern auf (*acc.*) (*a. fig.*); '**steer·a·ble** [-ərəbl] *adj.* lenkbar; '**steer·age** [-ərɪdʒ] *s. mst* ⚓ **1.** Steuerung *f*; **2.** Steuerwirkung *f*: ***~way*** ⚓ Steuerfahrt *f*; **3.** Zwischendeck *n.*

steer·ing ['stɪərɪŋ] **I** *s.* **1.** Steuern *n*; **2.** Steuerung *f*; **II** *adj.* **3.** Steuer...; **~ col·umn** *s. mot.* Lenksäule *f*: ***~ lock*** Lenk(rad)schloss *n*; **~ com·mit·tee** *s.* Lenkungsausschuss *m*; (Kon'gress- *etc.*)Leitung *f*; **~ gear** *s.* **1.** *mot.*, ✈ Steuerung *f*, Lenkung *f*; **2.** ⚓ Steuergerät *n*, Ruderanlage *f*; **~ lock** *s. mot.* Lenkungseinschlag *m*; **~ wheel** *s.* ⚓ Steuer-, *mot. a.* Lenkrad *n.*

steeve[1] [sti:v] ⚓ *v/t.* traven, *Ballenladung* zs.-pressen.

steeve[2] [sti:v] *s.* ⚓ Steigung *f* (*des Bugspriets*).

stein [staɪn] (*Ger.*) *s.* Bier-, Maßkrug *m.*

stel·lar ['stelə] *adj.* stel'lar, Stern(en)...

stel·late ['stelət] *adj.* sternförmig: ***~ leaves*** ⚘ quirlständige Blätter.

stem[1] [stem] **I** *s.* **1.** (Baum)Stamm *m*; **2.** a) Stängel *m*, b) (Blüten-, Blatt-, Frucht)Stiel *m*, c) Halm *m*; **3.** Bündel *n* Bananen; **4.** (*Pfeifen-, Weinglas- etc.*) Stiel *m*; (Lampen)Fuß *m*; (Ven'til-)Schaft *m*; (Thermo'meter)Röhre *f*; **5.** (Aufzieh)Welle *f* (*Uhr*); **6.** Geschlecht *n*, Stamm *m*; **7.** *ling.* (Wort)Stamm *m*; **8.** ♪ (Noten)Hals *m*; **9.** *typ.* Grundstrich *m*; **10.** ⚓ (Vorder)Steven *m*: ***from ~ to stern*** von vorn bis achtern; **II** *v/t.* **11.** entstielen; **III** *v/i.* **12.** stammen (***from*** von).

stem[2] [stem] **I** *v/t.* **1.** *Fluss etc.* eindämmen (*a. fig.*); **2.** *Blutung* stillen; **3.** ⚓ ankämpfen gegen *die Strömung etc.*; **4.** *fig.* a) aufhalten, Einhalt gebieten (*dat.*), b) ankämpfen gegen, sich entgegenstemmen (*dat.*); **II** *v/i.* **5.** *Skisport*: stemmen.

stem·less ['stemlɪs] *adj.* stängellos, ungestielt.

stem| turn *s. Skisport*: Stemmbogen *m*; '**~ˌwind·er** *s.* Remon'toiruhr *f.*

stench [stentʃ] *s.* Gestank *m.*

sten·cil ['stensl] **I** *s.* **1.** *a.* ***~ plate*** ('Maler)Schaˌblone *f*, Pa'trone *f*; **2.** *typ.* ('Wachs)Maˌtrize *f*; **3.** Scha'blonenzeichnung *f*, -muster *n*; **4.** Ma'trizenabzug *m*; **II** *v/t.* **5.** *Oberfläche*, *Buchstaben* schablonieren; **6.** auf Matrize(n) schreiben.

Sten gun [sten] *s.* ⚔ leichtes Ma'schinengewehr, LMG *n.*

sten·o ['stenəʊ] F → a) ***stenograph*** 4, b) *Am.* ***stenographer***.

sten·o·graph ['stenəgrɑ:f] **I** *s.* **1.** Steno'gramm *n*; **2.** Kurzschriftzeichen *n*; **3.** Stenogra'fiermaˌschine *f*; **II** *v/t.* **4.** stenografieren; **ste·no·gra·pher** [ste'nɒgrəfə] *s.* **1.** Steno'graf(in); **2.** *Am.* Stenoty'pistin *f*; **sten·o·graph·ic** [ˌstenə'græfɪk] *adj.* (☐ ***~ally***) steno'grafisch; **ste·nog·ra·phy** [ste'nɒgrəfɪ] *s.* Stenogra'fie *f*, Kurzschrift *f.*

sten·o·type ['stenəʊtaɪp] → ***stenograph*** 2 *u.* 3.

sten·to·ri·an [sten'tɔ:rɪən] *adj.* 'überlaut: ***~ voice*** Stentorstimme *f.*

step [step] **I** *s.* **1.** Schritt *m* (*a. Geräusch, Maß*): ***~ by ~*** Schritt für Schritt (*a. fig.*); ***take a ~*** e-n Schritt machen; **2.** Fußstapfen *m*: ***tread in s.o.'s ~s*** *fig.* in j-s Fußstapfen treten; **3.** *eiliger etc.* Schritt, Gang *m*; **4.** (Tanz)Schritt *m*; **5.** (Gleich)Schritt *m*: ***in ~*** im Gleichschritt; ***out of ~*** außer Tritt; ***out of ~ with*** *fig.* nicht im Einklang mit; ***fall in ~*** Tritt fassen; ***keep ~*** (***with***) Schritt halten (mit); **6.** ein paar Schritte *pl.*, *ein* ‚Katzensprung' *m*: ***it is only a ~ to the inn***; **7.** *fig.* Schritt *m*, Maßnahme *f*: ***take ~s*** Schritte unternehmen; ***take legal ~s against*** gegen *j-n* gerichtlich vorgehen; ***a false ~*** ein Fehler, e-e Dummheit; → ***watch*** 17; **8.** *fig.* Schritt *m*, Stufe *f*: ***a great ~ forward*** ein großer Schritt vorwärts; **9.** Stufe *f* (*e-r Treppe etc.*; *a.* ϟ *e-s Verstärkers etc.*); (Leiter)Sprosse *f*; ⚙, ϟ Schaltschritt *m*; **10.** (***pair of***) **~s** *pl.* Trittleiter *f*; **11.** Tritt(brett *n*) *m*; **12.** *geogr.* Stufe *f*, Ter'rasse *f*, Pla'teau *n*; **13.** ♪ a) (Ton-, Inter'vall)Schritt *m*, b) Inter'vall *n*, c) (Tonleiter)Stufe *f*; **14.** *fig.* a) (Rang-) Stufe *f*, Grad *m*, b) *bsd.* ⚔ Beförderung *f*; **II** *v/i.* **15.** schreiten, treten: ***~ into a fortune*** *fig.* unverhofft zu e-m Vermögen kommen; **16.** *wohin* gehen, treten: ***~ in!*** herein!; **17.** → ***step out*** 2; **18.** treten ([***up***]***on*** auf *acc.*): ***~ on the gas*** (*od.* ***~ on it***) (F *a. fig.*) Gas geben; ***~ on it!*** F Tempo!; **III** *v/t.* **19.** *Schritt* machen: ***~ it*** zu Fuß gehen; **20.** *Tanz* tanzen; **21.** *a.* ***~ off*** (*od.* ***out***) *Entfernung etc.* a) abschreiten, b) abstecken; **22.** abstufen;

Zssgn mit adv.:

step| a·side *v/i.* **1.** zur Seite treten; **2.** → ***step down*** 2; **~ back I** *v/i. a. fig.* zu'rücktreten; **II** *v/t.* abstufen; **~ down I** *v/i.* **1.** her'unter-, hin'unterschreiten; **2.** *fig.* zu'rücktreten (***in favo***[***u***]***r of*** zu'gunsten); **II** *v/t.* **3.** verrringern, verzögern; **4.** ϟ her'untertransformieren; **~ in** *v/i.* **1.** eintreten, -steigen; **2.** *fig.* einschreiten, -greifen; **~ out I** *v/i.* **1.** heraustreten, aussteigen; **2.** (forsch) ausschreiten; **3.** F (viel) ausgehen; **II** *v/t.* **4.** → ***step*** 21a; **~ up I** *v/i.* **1.** hin'auf-, her'aufsteigen; **2.** zugehen (***to*** auf *acc.*); **II** *v/t.* **3.** *Produktion etc.* steigern, ankurbeln; **4.** ϟ hochtransformieren.

step- [step] *in Zssgn* Stief...: ***~child*** Stiefkind *n*; ***~father*** Stiefvater *m*.

step| dance *s.* Stepp(tanz) *m*; **'~-down** *adj.* ϟ Umspann...: ***~ transformer*** Abwärtstransformator *m*; **'~-in I** *adj.* **1.** zum Hin'einschlüpfen, Schlupf...; **II** *s.* **2.** *mst pl.* Schlüpfer *m*; **3.** *pl. a.* ***~ shoes*** Slipper *pl.*; **'~ˌlad·der** *s.* Trittleiter *f*; **'~ˌmoth·er·ly** *adj. a. fig.* stiefmütterlich.

steppe [step] *s. geogr.* Steppe *f*.

step·ping stone ['stepɪŋ] *s.* **1.** (Tritt-) Stein *m im Wasserlauf etc.*; **2.** *fig.* Sprungbrett *n* (***to*** zu).

'step-up I *adj.* stufenweise erhöhend: ***~ transformer*** ϟ Aufwärtstransformator *m*; **II** *s.* Steigerung *f*.

'step·wise *adv.* schritt-, stufenweise.

ster·e·o ['sterɪəʊ] F **I** *s.* **1.** a) → ***stereotype*** 1, b) → ***stereoscope***; **2.** a) Stereogerät *n*, b) Stereo(schall)platte *f*; **II** *adj.* **3.** → ***stereoscopic***; **4.** stereo, Stereo...: ***~ record*** → 2b.

stereo- [sterɪəʊ] *in Zssgn* a) starr, fest, b) 'dreidimensioˌnal, stereo..., Stereo..., Raum...; **ster·e·o·chem·is·try** [ˌsterɪəʊ'kemɪstrɪ] *s.* 'Stereo-, 'Raumcheˌmie *f*; **ster·e·og·ra·phy** [ˌsterɪ'ɒgrəfɪ] *s.* Ɐ Stereogra'phie *f*, Körperzeichnung *f*; **ster·e·om·e·try** [ˌsterɪ'ɒmɪtrɪ] *s.* **1.** *phys.* Stereome'trie *f*; **2.** Ɐ Geome'trie *f* des Raumes.

ster·e·o·phon·ic [ˌsterɪəʊ'fɒnɪk] *adj.* (□ ***~ally***) stereo'phonisch, Stereoton...: ***~ sound*** Raumton *m*.

ster·e·o·plate ['sterɪəpleɪt] *s. typ.* Stereo'typplatte *f*, Stereo *n*.

ster·e·o·scope ['sterɪəskəʊp] *s.* Stereo'skop *n*; **ster·e·o·scop·ic** [ˌsterɪə'skɒpɪk] *adj.* (□ ***~ally***) stereo'skopisch, Stereo...; **ster·e·os·co·py** [ˌsterɪ'ɒskəpɪ] *s.* Stereosko'pie *f*.

ster·e·o·type ['stɪərɪətaɪp] **I** *s.* **1.** *typ.* a) Steroty'pie *f*, Plattendruck *m*, b) Stereo'type *f*, Druckplatte *f*; **2.** *fig.* Kli'schee *n*, Scha'blone *f*; **II** *v/t.* **3.** *typ.* stereotypieren; **4.** *fig. Redensart etc.* stereo'typ wieder'holen; **5.** e-e feste Form geben (*dat.*); **'ster·e·o·typed** [-pt] *adj.* **1.** *typ.* stereotypiert; **2.** *fig.* stereo'typ, scha'blonenhaft; **ster·e·o·ty·pog·ra·phy** [ˌstɪərɪəʊtaɪ'pɒgrəfɪ] *s. typ.* Stereo'typdruck(verfahren *n*) *m*; **'ster·e·oˌtyp·y** [-pɪ] *s. typ.* Stereoty'pie *f*.

ster·ile ['steraɪl] *adj.* **1.** ste'ril: a) ⚕ keimfrei, b) ♀, *physiol.* unfruchtbar (*a. fig. Geist etc.*); **2.** *fig.* fruchtlos (*Arbeit, Diskussion etc.*); leer, gedankenarm (*Stil*); **ste·ril·i·ty** [ste'rɪlətɪ] *s.* Sterili'tät *f* (*a. fig.*).

ster·i·li·za·tion [ˌsterəlaɪ'zeɪʃn] *s.* **1.** Sterilisati'on *f*: a) Entkeimung *f*, b) Unfruchtbarmachung *f*; **2.** Sterili'tät *f*; **ster·i·lize** ['sterəlaɪz] *v/t.* sterilisieren: a) keimfrei machen, b) unfruchtbar machen; **'ster·i·li·zer** ['sterəlaɪzə] *s.* Sterili'sator *m* (*Apparat*).

ster·ling ['stɜːlɪŋ] **I** *adj.* **1.** ✝ Sterling(...): ***ten pounds ~*** 10 Pfund Sterling; ***~ area*** Sterlinggebiet *n*, -block *m*; **2.** von Standardwert (*Gold, Silber*); **3.** *fig.* echt, gediegen, bewährt; **II** *s.* **4.** ✝ Sterling *m*.

stern¹ [stɜːn] *adj.* □ **1.** streng, hart: ***~ discipline***; ***~ penalty***; **2.** unnachgiebig; **3.** streng, finster: ***a ~ face***.

stern² [stɜːn] **I** *s.* **1.** ⚓ Heck *n*, Achterschiff *n*: (***down***) ***by the ~*** hecklastig; **2.** *zo.* a) 'Hinterteil *n*, b) Schwanz *m*; **3.** *allg.* hinterer Teil; **II** *adj.* **4.** ⚓ Heck...

ster·nal ['stɜːnl] *adj. anat.* Brustbein...

'stern|-ˌchas·er *s.* ⚓ *hist.* Heckgeschütz *n*; **'~-fast** *s.* ⚓ Achtertau *n*.

stern·ness ['stɜːnnɪs] *s.* Strenge *f*, Härte *f*, Düsterkeit *f*.

'stern·post *s.* ⚓ Achtersteven *m*.

ster·num ['stɜːnəm] *pl.* **-na** [-nə] *s. anat.* Brustbein *n*.

ster·oid ['stɪərɔɪd] *s. biol.*, ⚗, ⚕ Stero'id *n*.

ster·to·rous ['stɜːtərəs] *adj.* □ röchelnd.

stet [stet] (*Lat.*) *typ.* **I** *imp.* stehen lassen!, bleibt!; **II** *v/t.* mit ‚stet' markieren.

steth·o·scope ['steθəskəʊp] ⚕ **I** *s.* Stetho'skop *n*, Hörrohr *n*; **II** *v/t.* abhorchen; **steth·o·scop·ic** [ˌsteθə'skɒpɪk] *adj.* (□ **~ally**) stetho'skopisch.

ste·ve·dore ['stiːvədɔː] *s.* ⚓ **1.** Stauer *m*, Schauermann *m*; **2.** Stauer *m* (*Unternehmer*).

stew¹ [stjuː] **I** *v/t.* **1.** schmoren, dämpfen, langsam kochen; → ***stewed*** 1; **II** *v/i.* **2.** schmoren; → ***juice*** 1; **3.** *fig.* ‚schmoren', vor Hitze (fast) 'umkommen; **4.** F sich aufregen; **III** *s.* **5.** Schmor-, Eintopfgericht *n*; **6.** F Aufregung *f*.

stew² [stjuː] *s. Brit.* a) Fischteich *m*, b) Fischbehälter *m*.

stew·ard ['stjʊəd] *s.* **1.** Verwalter *m*; **2.** Haushalter *m*, Haushofmeister *m*; **3.** Tafelmeister *m*, Kämmerer *m* (*e-s College, Klubs etc.*); **4.** ⚓, ✈ Steward *m*; **5.** (Fest- *etc.*)Ordner *m*; *mot.* 'Rennkommisˌsar *m*; → ***shop steward***; '**stew·ard·ess** [-dɪs] *s.* ⚓, ✈ Stewardess *f*; '**stew·ard·ship** [-ʃɪp] *s.* Verwalteramt *n*.

stewed [stjuːd] *adj.* **1.** geschmort, gedämpft, gedünstet; **2.** *sl.* ‚besoffen'.

'**stew|·pan** *s.* Schmorpfanne *f*; '**~·pot** *s.* Schmortopf *m*.

stick¹ [stɪk] **I** *s.* **1.** Stecken *m*, Stock *m*, (trockener) Zweig; *pl.* Klein-, Brennholz *n*: ***dry ~s*** (dürres) Reisig; **2.** Scheit *n*, Stück *n* Holz; **3.** Gerte *f*, Rute *f*; **4.** Stängel *m*, Stiel *m* (*Rhabarber, Sellerie*); **5.** Stock *m* (*a. fig. Schläge*), Stab *m*: ***get*** (***give***) ***the ~*** e-e Tracht Prügel bekommen (verabreichen); ***get hold of the wrong end of the ~*** *fig.* die Sache falsch verstehen; **6.** (Besen- *etc.*)Stiel *m*; **7.** (Spazier)Stock *m*; **8.** (Zucker-, Siegellack)Stange *f*; **9.** a) (Stück *n*) Rasierseife *f*, b) (Lippen- *etc.*)Stift *m*; **10.** ♪ a) Taktstock *m*, b) (Trommel)Schlägel *m*, c) (Geigen)Bogen *m*; **11.** *sport* a) Schläger *m*, *Hockey etc.*: Stock *m*, b) *Pferdesport*: Hürde *f*; **12.** a) ✈ Steuerknüppel *m*, b) *mot.* Schalthebel *m*; **13.** ⚔ Bombenreihe *f*; **14.** *typ.* Winkelhaken *m*; **15.** F *a.* ***dry*** (*od.* ***dull***) **~** Stockfisch *m*, *allg.* Kerl *m*; **16.** *pl. Am.* F finsterste Pro'vinz; **II** *v/t.* **17.** *Pflanze* mit e-m Stock stützen; **18.** *typ.* a) setzen, b) in e-m Winkelhaken anein'ander reihen.

stick² [stɪk] **I** *v/t.* [*irr.*] **1.** durch'stechen, -'bohren; *Schweine* (ab)stechen; **2.** stechen mit *e-r Nadel etc.* (***in***, ***into*** in *acc.*); *et.* stecken, stoßen; **3.** *auf e-e Gabel etc.* stecken, aufspießen; **4.** *Kopf, Hand etc. wohin* stecken *od.* strecken; **5.** F legen, setzen, *in die Tasche etc.* stecken; **6.** (an)stecken, anheften; **7.** voll stecken (***with*** mit); **8.** *Briefmarke, Plakat etc.* ankleben, *Fotos etc.* (ein)kleben: **~ *together*** *et.* zs.-kleben; **9.** bekleben; **10.** zum Stecken bringen, festfahren: ***be stuck*** *im Schlamm etc.* stecken (bleiben *a. fig.*), festsitzen (*a. fig.*); ***be stuck on*** F vernarrt sein in (*acc.*); ***be stuck with s.th.*** et. ‚am Hals haben'; ***be stuck for s.th.*** um et. verlegen sein; **11.** *j-n* verwirren; **12.** F *j-n* ‚blechen' lassen (***for*** für); **13.** *sl. j-n* ‚leimen' (*betrügen*); **14.** *sl. et. od. j-n* aushalten, -stehen, (v)ertragen: ***I can't ~ him***; **15.** **~ *it*** (***out***) F 'durchhalten, es aushalten; **16.** **~ *it on*** F a) e-n unverschämten Preis verlangen, b) ‚dick auftragen', über'treiben; **II** *v/i.* [*irr.*] **17.** stecken; **18.** (fest)kleben, haften: **~ *together*** zs.-kleben; **19.** sich festklammern *od.* heften (***to*** an *acc.*); **20.** haften, hängen bleiben (*a. fig. Spitzname etc.*): ***some of it will ~*** et. (*von e-r Verleumdung*) bleibt immer hängen; **~ *in the mind*** im Gedächtnis haften bleiben; ***make s.th. ~*** *fig.* dafür sorgen, dass et. ‚sitzt'; **21.** **~ *to*** bei *j-m od. e-r Sache* bleiben, *j-m* nicht von der Seite weichen: **~ *to the point*** *fig.* bei der Sache bleiben; **~ *to it*** dranbleiben; → ***gun*** 1; **22.** **~ *to*** treu bleiben (*dat.*), zu *j-m, s-m Wort etc.* stehen, bei *s-r Ansicht etc.* bleiben, sich an *e-e Regel etc.* halten; **~ *together*** zs.-halten (*Freunde*); **23.** *im Hals, im Schmutz, a. fig. beim Lesen etc.* stecken bleiben: ***I was really stuck*** F ich war ‚to'tal aufgeschmissen' (*wusste nicht mehr weiter*); → ***mud*** 2; **24.** **~ *at nothing*** vor nichts zurückschrecken; **25.** her'vorstehen (***from***, ***out of*** aus);

Zssgn mit adv.:

stick| a·round *v/i.* F in der Nähe bleiben; **~ out I** *v/i.* **1.** ab-, her'vor-, herausstehen; **2.** *fig.* auffallen; **3.** bestehen (***for*** auf *dat.*); **II** *v/t.* **4.** *Arm, Brust, a. Kopf, Zunge* her'ausstrecken; **5.** → ***stick²*** 15; **~ up I** *v/t.* **1.** *sl.* über'fallen, ausrauben; **2.** **~ *'em up!*** *sl.* Hände hoch!; **II** *v/i.* **3.** in die Höhe stehen; **4.** **~ *for*** sich für *j-n* einsetzen; **5.** **~ *to*** mutig gegen'übertreten (*dat.*), Pa'roli bieten (*dat.*).

stick·er ['stɪkə] *s.* **1.** a) (Schweine-)Schlächter *m*, b) Schlachtmesser *n*; **2.** Sticker *m*, Aufkleber *m*; **3.** *Am.* (*angeklebter*) Strafzettel; **4.** *fig.* zäher Kerl; **5.** F ‚Hocker' *m*, (zu) lange bleibender Gast; **6.** F ‚Ladenhüter' *m*; **7.** ‚harte Nuss'.

stick·i·ness ['stɪkɪnɪs] *s.* **1.** Klebrigkeit *f*; **2.** Schwüle *f*; **3.** F Schwierigkeit *f*.

stick·ing plas·ter ['stɪkɪŋ] *s.* Heftpflaster *n*.

stick-in-the-mud ['stɪkɪnðəmʌd] F **I** *adj.* rückständig, -schrittlich; **II** *s.* Rückschrittler *m*, *bsd. pol.* Reaktio'när *m*.

'stick·jaw *s.* F ‚Plombenzieher' *m* (*zäher Bonbon etc.*).

stick·le ['stɪkl] *v/i.* **1.** harnäckig zanken *od.* streiten: **~ for s.th.** et. hartnäckig verfechten; **2.** Bedenken äußern, Skrupel haben.

stick·le·back ['stɪklbæk] *s. ichth.* Stichling *m.*

stick·ler ['stɪklə] *s.* **1.** Eiferer *m*; **2.** Verfechter *m* (**for** *gen.*); **3.** Kleinigkeitskrämer *m*, Pe'dant *m*, j-d, der es ganz genau nimmt (**for** mit).

stick-to-it·ive [ˌstɪk'tuːətɪv] *adj. Am.* F hartnäckig, zäh.

'stick-up I *adj.* **1. ~ collar** → 2; **II** *s.* **2.** F Stehkragen *m*; **3.** *sl.* ('Raub)ˌÜberfall *m.*

stick·y ['stɪkɪ] *adj.* □ **1.** klebrig, zäh: **~ charge** ⚔ Haftladung *f*; **~ label** *Brit.* Klebezettel *m*; **2.** schwül, stickig (*Wetter etc.*); **3.** F *fig.* a) klebrig, b) eklig, c) schwierig, heikel (*Sache*), d) kritisch, e) kitschig: **be ~ about doing s.th.** et. nur ungern tun.

stiff [stɪf] **I** *adj.* □ **1.** *allg.* steif, starr (*a. Gesicht, Person*): **~ collar** steifer Kragen; **~ neck** steifer Hals; → **lip** 1; **2.** zäh, dick, steif (*Teig etc.*); **3.** steif (*Brise*), stark (*Wind, Strömung*); **4.** stark (*Dosis, Getränk*), steif (*Grog*); **5.** *fig.* starrköpfig; **6.** *fig.* hart (*Gegner, Kampf etc.*), scharf (*Konkurrenz, Opposition*); **7.** schwierig (*Aufstieg, Prüfung etc.*); **8.** hart (*Strafe*); **9.** steif, for'mell, gezwungen (*Benehmen, Person etc.*); **10.** steif, linkisch (*Stil*); **11.** F unglaublich: **a bit ~** ziemlich stark, allerhand; **12.** F ‚zu Tode' *gelangweilt, erschrocken*; **13.** ✝ a) sta'bil, fest (*Preis, Markt*), b) hoch, unverschämt (*Forderung, Preis*); **II** *s. sl.* **14.** a) Leiche *f*, b) Besoffene(r) *m*; **15.** a) Langweiler *m*, b) Blödmann *m*; **16.** *Am.* a) ‚Lappen' *m* (*Banknote*), b) ‚Blüte' *f* (*Falschgeld*), c) ‚Kas'siber' *m* (*im Gefängnis*); **'stiff·en** [-fn] **I** *v/t.* **1.** (ver)steifen, (ver)stärken; *Stoff etc.* stärken, steifen; **2.** steif *od.* starr machen (*Flüssigkeit, Glieder etc.*), verdicken (*Flüssiges*); **3.** *fig.* a) *et.* verschärfen, b) (be)stärken, *j-m* den Nacken steifen; **II** *v/i.* **4.** sich versteifen, -stärken; starr werden; **5.** *fig.* hart werden, sich versteifen; **6.** steif *od.* förmlich werden; **7.** ✝ sich festigen (*Preise etc.*); **'stiff·en·er** [-fnə] *s.* **1.** Versteifung *f*; **2.** F ‚Seelenwärmer' *m*, Stärkung *f* (*Getränk*); **'stiff·en·ing** [-fnɪŋ] *s.* Versteifung *f*: a) Steifwerden *n*, b) 'Steifmateriˌal *n.*

ˌstiff-'necked *adj. fig.* halsstarrig.

stiff·ness ['stɪfnɪs] *s.* **1.** Steifheit *f* (*a. fig. Förmlichkeit*), Steife *f*, Starrheit *f*; **2.** Zähigkeit *f*, Dickflüssigkeit *f*; **3.** *fig.* Härte *f*, Schärfe *f*.

sti·fle[1] ['staɪfl] **I** *v/t.* **1.** *j-n* ersticken; **2.** *Fluch etc., a. Gefühl, a. Aufstand etc.* ersticken, unter'drücken, *Diskussion etc.* abwürgen; **II** *v/i.* **3.** (*weitS.* schier) ersticken.

sti·fle[2] ['staɪfl] *s. zo.* **1.** *a.* **~ joint** Kniegelenk *n* (*Pferd, Hund*); **2.** *vet.* Kniegelenkgalle *f* (*Pferd*); **~ bone** *s.* Kniescheibe *f* (*Pferd*).

sti·fling ['staɪflɪŋ] *adj.* □ erstickend (*a. fig.*), stickig.

stig·ma ['stɪgmə] *pl.* **-mas, -ma·ta** [-mətə] *s.* **1.** *fig.* Brand-, Schandmal *n*, Stigma *n*; **2.** ⚕ Sym'ptom *n*; **3.** ⚕ (*pl.* **-mata**) Mal *n*, roter Hautfleck; **4. stigmata** *pl. eccl.* Wundmale *pl.*, Stigmata *pl.*; **5.** ⚘ Narbe *f* (*Blüte*); **6.** *zo.* Luftloch *n* (*Insekt*); **stig·mat·ic** [stɪg'mætɪk] *adj.* (□ **~ally**) **1.** stig'matisch (*a. opt.*); **2.** ⚘ narbenartig; **3.** *opt.* (ana-)stig'matisch; **'stig·ma·tize** [-ətaɪz] *v/t.* **1.** ⚕, *eccl.* stigmatisieren; **2.** *bsd. fig.* brandmarken.

stile[1] [staɪl] *s.* Zauntritt *m.*

stile[2] [staɪl] *s.* Seitenstück *n* (*e-r Täfelung*), Höhenfries *m* (*e-r Tür*).

sti·let·to [stɪ'letəʊ] *pl.* **-tos** [-z] *s.* Sti'lett *n*: **~ (heel)** Pfennigabsatz *m.*

still[1] [stɪl] **I** *adj.* □ **1.** *allg.* still: a) reglos, unbeweglich, b) ruhig, lautlos, c) leise, gedämpft, d) friedlich, ruhig: **keep ~!** sei ruhig!; → **water** 11; **2.** nicht moussierend: **~ wine** Stillwein *m*; **3.** *phot.* Stand..., Steh..., Einzel(aufnahme)...; **II** *s.* **4.** *poet.* Stille *f*; **5.** *phot.* Standfoto *n*, Einzelaufnahme *f*; **III** *v/t.* **6.** *Geräusche etc.* zum Schweigen bringen; **7.** *j-n* beruhigen, *Verlangen etc.* stillen; **IV** *v/i.* **8.** still werden.

still[2] [stɪl] **I** *adv.* **1.** (immer) noch, noch immer, bis jetzt; **2.** (*beim comp.*) noch, immer: **~ higher, higher ~** noch höher; **~ more so because** umso mehr als; **3.** dennoch, doch; **II** *cj.* **4.** (und) dennoch, und doch, in'des(sen).

still[3] [stɪl] *s.* a) Destillierkolben *m*, b) Destil'lierappaˌrat *m.*

stil·lage ['stɪlɪdʒ] *s.* Gestell *n.*

'still|·birth *s.* Totgeburt *f*; **'~·born** *adj.* tot geboren (*a. fig.*); **'~-fish** *v/i.* vom verankerten Boot aus angeln; **~ hunt** *s.* Pirsch(jagd) *f*; **'~-hunt** *v/i.* (*v/t.* an)pirschen; **~ life** *s. paint.* Stillleben *n.*

still·ness ['stɪlnɪs] *s.* Stille *f*.

still room *s. bsd. Brit.* **1.** *hist.* Destillati'onsraum *m*; **2.** a) Vorratskammer *f*, b) Servierraum *m.*

stilt [stɪlt] *s.* **1.** Stelze *f*; **2.** ⚠ Pfahl *m*, Pfeiler *m*; **3.** *a.* **~ bird** *orn.* Stelzenläufer *m*; **'stilt·ed** [-tɪd] *adj.* □ **1.** gestelzt, gespreizt, geschraubt (*Rede, Stil etc.*); **2.** ⚠ erhöht; **'stilt·ed·ness** [-tɪdnɪs] *s.* Gespreiztheit *f*.

stim·u·lant ['stɪmjʊlənt] **I** *s.* **1.** ⚕ Stimulans *n*, Anregungs-, Weckmittel *n*; **2.** Genussmittel *n*, *bsd.* Alkohol *m*; **3.** An-

S

reiz *m* (**of** für); **II** *adj.* **4.** → ***stimulating*** 1; **stim·u·late** ['stɪmjʊleɪt] *v/t.* **1.** ⚕ *etc.*, *a. fig.* stimulieren, anregen (***s.o. into*** j-n zu *et.*); *fig. a.* anspornen, anstacheln; beleben, ankurbeln; **2.** *Nerv* reizen; '**stim·u·lat·ing** [-leɪtɪŋ] *adj.* **1.** *a. fig.* stimulierend, anregend, belebend; **2.** *fig.* anspornend; **stim·u·la·tion** [ˌstɪmjʊ'leɪʃn] *s.* **1.** Anreiz *m*, Antrieb *m*, Anregung *f*, Belebung *f*; **2.** ⚕ Reizung *f*, Reiz *m*; '**stim·u·la·tive** [-lətɪv] → ***stimulating***; '**stim·u·lus** [-ləs] *pl.* **-li** [-laɪ] *s.* **1.** Stimulus *m*: a) (An)Reiz *m*, Antrieb *m*, Ansporn *m* (**to** zu), b) ⚕ Reiz *m*: ~ ***threshold*** Reizschwelle *f*; **2.** → ***stimulant*** 1; **3.** ⚘ Nesselhaar *n*.

sti·my ['staɪmɪ] → ***stymie***.

sting [stɪŋ] **I** *v/t.* [*irr.*] **1.** stechen (*Insekt*, *Nessel etc.*); **2.** brennen, beißen in *od.* auf (*dat.*); **3.** schmerzen, wehtun (*Schlag etc.*): ***stung by remorse*** *fig.* von Reue geplagt; **4.** *fig.* *j-n* verletzen, kränken; **5.** anstacheln, reizen (***into*** zu); **6.** *sl.* ‚neppen' (***for*** um *Geld*); **II** *v/i.* [*irr.*] **7.** stechen; **8.** brennen, beißen (*Pfeffer etc.*); **9.** *a. fig.* schmerzen, wehtun; **III** *s.* **10.** Stachel *m* (*Insekt*; *a. fig. des Todes*, *der Eifersucht etc.*); **11.** ⚘ Brennborste *f*; **12.** Stich *m*, Biss *m*: ~ ***of conscience*** *fig.* Gewissensbisse *pl.*; **13.** Schärfe *f*; **14.** Pointe *f*, Spitze *f* (*e-s Witzes*); **15.** Schwung *m*, Wucht *f*; '**sting·er** [-ŋə] *s.* **1.** a) stechendes In'sekt, b) stechende Pflanze; **2.** F a) schmerzhafter Schlag, b) beißende Bemerkung.

sting·i·ness ['stɪndʒɪnɪs] *s.* Geiz *m*.

sting·ing ['stɪŋɪŋ] *adj.* ☐ **1.** ⚘, *zo.* stechend; **2.** *fig.* schmerzhaft (*Schlag etc.*); schneidend (*Kälte*, *Wind*); scharf, beißend, verletzend (*Worte*, *Tadel*); ~ **net·tle** *s.* ⚘ Brennnessel *f*.

stin·gy ['stɪndʒɪ] *adj.* ☐ **1.** geizig, knickerig: ***be ~ of s.th.*** mit et. knausern; **2.** dürftig, kärglich.

stink [stɪŋk] **I** *v/i.* [*irr.*] **1.** stinken, übel riechen (**of** nach): ~ ***of money*** *fig.* F vor Geld stinken; **2.** *fig.* verrufen sein, ‚stinken': ~ ***to high heaven*** zum Himmel stinken; → ***nostril***; **3.** *fig.* F ('hunds)miseˌrabel sein; **II** *v/t.* [*irr.*] **4.** *a.* ~ ***out***, ***up*** verstänkern; **5.** ~ ***out*** a) *Höhle*, *Tiere* ausräuchern, b) *j-n* durch Gestank vertreiben; **6.** *sl.* (den Gestank *gen.*) riechen: ***you can ~ it a mile off***; **III** *s.* **7.** Gestank *m*; **8.** Stunk *m*, Krach *m*: ***raise*** (*od.* ***kick up***) ***a*** ~ Stunk machen (***about*** wegen); **9.** *pl. Brit. sl.* Che'mie *f*; **10.** *Am.* F (billiges) Par'füm; '**stink·ard** [-kəd] *s.* **1.** *zo.* Stinktier *n*; **2.** → ***stinker*** 1; '**stink·er** [-kə] *s.* **1.** a) ‚Stinker' *m*, b) *sl.* Dreckskerl *m*; **2.** a) ‚Stinka'dores' *m* (*Käse*), b) ‚Stinka'dores' *f* (*Zigarre*); **3.** *sl.* a) gemeiner Brief, b) böse Bemerkung *od.* Kri'tik, c) ‚böse' (*schwierige etc.*) Sache, d) ‚Mist' *m*; '**stink·ing** [-kɪŋ] **I** *adj.* ☐ **1.** stinkend; **2.** *sl.* a) widerlich, b) mise'rabel; **3.** → ***stinko***; **II** *adv.* **4.** ~ ***rich*** *sl.* ‚stinkreich'.

stinko ['stɪŋkəʊ] *adj. Am. sl.* ‚(stink)besoffen', (to'tal) ‚blau'.

'**stink·pot** *s.* **1.** ⚓ *hist.* Stinktopf *m*; **2.** F → ***stinker*** 1.

stint [stɪnt] **I** *v/t.* **1.** *j-n od. et.* einschränken, *j-n* kurz *od.* knapp halten (***in***, ***of*** mit): ~ ***o.s. of*** sich einschränken mit, sich *et.* versagen; **2.** knausern *od.* kargen mit (*Geld*, *Lob etc.*); **II** *s.* **3.** Be-, Einschränkung *f*: ***without*** ~ ohne Einschränkung, rückhaltlos; **4.** a) (zugewiesene) Arbeit, Pensum *n*, b) (vorgeschriebenes) Maß; **5.** ⚒ Schicht *f*; '**stint·ed** [-tɪd] *adj.* ☐ knapp, karg.

stipe [staɪp] *s.* ⚘, *zo.* Stiel *m*.

sti·pend ['staɪpend] *s.* Gehalt *n* (*bsd. e-s Geistlichen*); **sti·pen·di·ar·y** [staɪ'pendjərɪ] **I** *adj.* besoldet: ~ ***magistrate*** → **II** *s. Brit.* Richter *m an e-m* ***magistrates' court***.

stip·ple ['stɪpl] **I** *v/t.* **1.** *paint.* tüpfeln, punktieren; **II** *s.* **2.** Punk'tiermaˌnier *f*, Pointil'lismus *m*; **3.** Punktierung *f*.

stip·u·late ['stɪpjʊleɪt] *bsd.* ⚖, ✝ **I** *v/i.* **1.** (***for***) a) e-e Vereinbarung treffen (über *acc.*), b) *et.* zur Bedingung machen; **II** *v/t.* **2.** festsetzen, vereinbaren, ausbedingen; **3.** ⚖ *Tatbestand* einverständlich feststellen, außer Streit stellen; **stip·u·la·tion** [ˌstɪpjʊ'leɪʃn] *s.* **1.** ✝, ⚖ (vertragliche) Abmachung, Über'einkunft *f*; **2.** Klausel *f*, Bedingung *f*; **3.** ⚖ Par'teienüberˌeinkunft *f*.

stip·ule ['stɪpjuːl] *s.* ⚘ Nebenblatt *n*.

stir¹ [stɜː] **I** *v/t.* **1.** *Kaffee*, *Teig etc.* rühren: ~ ***up*** a) (gut) umrühren, b) *Schlamm* aufwühlen; **2.** *Feuer* (an-)schüren; **3.** *Glied etc.* rühren, bewegen: ***not to ~ a finger*** keinen Finger krumm machen; **4.** *Blätter*, *See etc.* bewegen (*Wind*); **5.** ~ ***up*** *a. fig.* *j-n* auf-, wachrütteln; **6.** ~ ***up*** *fig.* a) *j-n* aufreizen, -hetzen, b) *Neugier etc.* erregen, c) *Streit etc.* entfachen; **7.** *fig.* aufwühlen, bewegen, erregen; *j-s Blut* in Wallung bringen; **II** *v/i.* **8.** sich rühren *od.* regen (*a. fig. geschäftig sein*): ***not to ~ from the spot*** sich nicht von der Stelle rühren; ***he never ~red abroad*** er ging nie aus; ***he is not ~ring yet*** er ist noch nicht auf(gestanden); **9.** a) im Gange *od.* 'Umlauf sein, b) geschehen, sich ereignen; **III** *s.* **10.** Rühren *n*; **11.** Bewegung *f*; **12.** Aufregung *f*; **13.** Aufsehen *n*, Sensati'on *f*: ***create*** *od.* ***make a*** ~ Aufsehen erregen.

stir² [stɜː] *s. sl.* ‚Kittchen' *n*, ‚Knast' *m* (*Gefängnis*): ***in*** ~ im Knast.

stirps [stɜːps] *pl.* **stir·pes** ['stɜːpiːz] *s.* **1.** Fa'milie(nzweig *m*) *f*; **2.** ⚖ a)

S

Stammvater *m*, b) Stamm *m*: ***by stirpes*** *Erbfolge* nach Stämmen.

stir·rer ['stɜːrə] *s.* a) Rührlöffel *m*, b) Rührwerk *n*.

stir·ring ['stɜːrɪŋ] *adj.* □ **1.** bewegt; **2.** *fig.* rührig; **3.** erregend, aufwühlend; zündend (*Rede*); bewegt (*Zeiten*).

stir·rup ['stɪrəp] *s.* **1.** Steigbügel *m*; **2.** ⚙ Bügel *m*; **3.** ⚓ Springpferd *n* (*Haltetau*); **~ bone** *s. anat.* Steigbügel *m* (*im Ohr*); **~ i·ron** *s.* Steigbügel *m* (*ohne Steigriemen*); **~ leath·er** *s.* Steig(bügel)riemen *m*.

stitch [stɪtʃ] **I** *s.* **1.** *Nähen etc.*: Stich *m*: ***a ~ in time saves nine*** gleich getan ist viel gespart; ***put ~es in*** → 7; **2.** *Stricken, Häkeln etc.*: Masche *f*, → ***take up*** 14; **3.** Stich(art *f*) *m*, Strick-, Häkelart *f*; **4.** F Faden *m*: ***not to have a dry ~ on one*** keinen trockenen Faden am Leibe haben; ***without a ~ on*** splitternackt; **5.** a) Stich *m*, Stechen *n* (*Schmerz*), b) *a.* ***~es in the side*** Seitenstechen *n*: ***be in ~es*** F sich kaputtlachen; **II** *v/t.* **6.** nähen, steppen, (be)sticken; **7. ~ *up*** vernähen (*a.* ⚕), (zs.-)flicken; **8.** *Buchbinderei*: (zs.-)heften, broschieren.

sto·a ['stəʊə] *pl.* **-ae** [-iː] *s. antiq.* Stoa *f*: a) ⚠ Säulenhalle *f*, b) ♀ stoische Philoso'phie.

stoat [stəʊt] *s. zo.* **1.** Herme'lin *n*; **2.** Wiesel *n*.

stock [stɒk] **I** *s.* **1.** (*Baum-, Pflanzen-*) Strunk *m*; **2.** *fig.* ‚Klotz' *m* (*steifer Mensch*); **3.** ⚘ Lev'koje *f*; **4.** ⚒ ('Pfropf)ˌUnterlage *f*; **5.** (*Peitschen-, Werkzeug*)Griff *m*; **6.** ⚔ a) (Gewehr-)Schaft *m*, b) Schulterstütze *f* (*MG*); **7.** ⚙ 'Unterlage *f*, Block *m*; (Amboss-)Klotz *m*; **8.** ⚓ Stapel *m*: ***on the ~s*** im Bau, im Werden (*a. fig.*); **9.** *hist.* Stock *m* (*Strafmittel*); **10.** ⚙ (Grund-, Werk)Stoff *m*: ***paper ~*** Papierstoff; **11.** a) ⚙ (*Füll- etc.*)Gut *n*, Materi'al *n*, b) (Fleisch-, Gemüse)Brühe *f* (*als Suppengrundlage*); **12.** steifer Kragen; *bsd.* ⚔ Halsbinde *f*; **13.** Stamm *m*, Rasse *f*, Her-, Abkunft *f*; **14.** *allg.* Vorrat *m*; ✝ (Waren)Lager *n*, Inven'tar *n*: **~ (*on hand*)** Warenbestand *m*; ***in* (*out of*) ~** (nicht) vorrätig; ***take ~*** Inventur machen, *a. fig.* (e-e) Bestandsaufnahme machen; ***take ~ of*** *fig.* sich klar werden über (*acc.*), *j-n od. et.* abschätzen; **15.** ✝ Ware(n *pl.*) *f*; **16.** *fig.* (*Wissens- etc.*) Schatz *m*: ***a ~ of information***; **17.** a) *a.* ***live ~*** lebendes Inven'tar, Vieh(bestand *m*) *n*, b) *a.* ***dead ~*** totes Inventar, Materi'al *n*: ***fat ~*** Schlachtvieh *n*; **18.** a) ✝ 'Anleihekapiˌtal *n*, b) 'Grundkapiˌtal *n*, c) 'Aktienkapiˌtal *n*, d) Geschäftsanteil *m*; **19.** ✝ a) *Am.* Aktie(n *pl.*) *f*: ***issue ~*** Aktien ausgeben, b) *pl.* Aktien *pl.*, c) *pl.* Ef'fekten *pl.*, 'Wertpaˌpiere *pl.*: ***his ~ has gone up*** s-e Aktien sind gestiegen (*a. fig.* F); **20.** ✝ a) Schuldverschreibung *f*, b) *pl. Brit.* 'Staatspaˌpiere *pl.*; **21.** *thea.* Reper'toire(theˌater) *n*; **II** *adj.* **22.** (stets) vorrätig, Lager..., Serien...: ***~ size*** Standardgröße *f*; **23.** *fig.* stehend, stereo'typ: ***~ phrase***; **24.** ⚒ Vieh..., Zucht...; **25.** ✝ *bsd. Am.* Aktien...; **26.** *thea.* Repertoire...; **III** *v/t.* **27.** versehen, -sorgen, ausstatten, füllen (***with*** mit); **28.** *a.* **~ *up*** auf Lager legen, (auf)speichern; **29.** ✝ *Ware* vorrätig haben, führen; **30.** ⚒ anpflanzen; **31.** *Gewehr, Werkzeug* schäften; **IV** *v/i.* **32.** *a.* **~ *up*** sich eindecken; **~ ac·count** *s.* ✝ *Brit.* Kapi'tal-, Ef'fektenkonto *n*, -rechnung *f*.

stock·ade [stɒ'keɪd] **I** *s.* **1.** Sta'ket *n*, Einpfählung *f*; **2.** ⚔ a) Pali'sade *f*, b) *Am.* Mili'tärgefängnis *n*; **II** *v/t.* **3.** einpfählen, mit Sta'ket um'geben.

stock|book *s.* ✝ **1.** Lagerbuch *n*; **2.** *Am.* Aktienbuch *n*; **'~ˌbreed·er** *s.* Viehzüchter *m*; **'~ˌbro·ker** *s.* Ef'fekten-, Börsenmakler *m*; **'~·car** *s.* 🚂 *Am.* Viehwagen *m*; **~ car** *s. mot.* Serienwagen *m*, *sport* Stock-Car *m*; **~ cer·tif·i·cate** *s.* 'Aktienzertifiˌkat *n*; **~ clear·ance** *s.* Lagerräumung *f*; **~ com·pa·ny** *s.* **1.** ✝ *Am.* Aktiengesellschaft *f*; **2.** *thea.* Reper'toiregruppe *f*, En'semble *n*; **~ cor·po·ra·tion** *s.* ✝ *Am.* **1.** Kapi'talgesellschaft *f*; **2.** Aktiengesellschaft *f*; **~ div·i·dend** *s.* ✝ *Am.* Divi'dende *f* in Form von Gratisaktien *pl.*; **~ ex·change** *s.* ✝ (Ef'fekten-, Aktien)Börse *f*; **~ farm·er** *s.* Viehzüchter *m*; **~ farm·ing** *s.* Viehzucht *f*; **'~·fish** *s.* Stockfisch *m*; **'~ˌhold·er** *s.* ✝ *bsd. Am.* Aktio'när *m*; **'~ˌhold·ing** *s.* ✝ *Am.* Aktienbesitz *m*.

stock·i·net [ˌstɒkɪ'net] *s.* Stocki'nett *n*, Tri'kot *m, n*.

stock·ing ['stɒkɪŋ] *s.* **1.** Strumpf *m*; **2.** *zo.* Färbung *f* am Fuß; **~ mask** *s.* Strumpfmaske *f*; **'~ˌweav·er** *s.* Strumpfwirker *m*.

ˌstock-in-'trade *s.* **1.** ✝ a) Warenbestand *m*, b) Betriebsmittel *pl.*, c) 'Arbeitsmateriˌal *n*; **2.** *fig.* a) Rüstzeug *n*, b) ‚Reper'toire' *n*.

stock·ist [stɒkɪst] *s. Brit.* Fachhändler *m*, Fachgeschäft *n*.

'stock|ˌjob·ber → ***jobber*** 3, 4; **~ ledg·er** *s.* ✝ *Am.* Aktienbuch *n*; **'~·list** *s.* (Aktien- *od.* Börsen)Kurszettel *m*; **~ mar·ket** *s.* ✝ **1.** → ***stock exchange***; **2.** Börsenkurse *pl.*; **'~·pile I** *s.* Vorrat *m* (***of*** an *dat.*); **II** *v/t.* e-n Vorrat anlegen von, aufstapeln; **'~·pot** *s.* Suppentopf *m*; **~ room** *s.* Lager(raum *m*) *n*; **~ shot** *s. phot.* Ar'chivaufnahme *f*; **ˌ~-'still** *adj.* stockstill, -steif; **~ swap** *s.* ✝ Aktientausch *m*; **'~ˌtak·ing** *s.* ✝ Bestandsaufnahme *f* (*a. fig.*), Inven'tur *f*.

stock·y ['stɒkɪ] *adj.* □ stämmig, unter'setzt.

S

'stock·yard *s.* Viehhof *m.*
stodge [stɒdʒ] *sl.* **I** *v/i. u. v/t.* sich (*den Magen*) voll stopfen; **II** *s.* a) dicker Brei, b) schwer verdauliches Zeug (*a. fig.*); **'stodg·y** [-dʒɪ] *adj.* □ **1.** schwer verdaulich (*a. fig. Stil etc.*), *fig. a.* schwerfällig (*a. Person*); langweilig; **2.** *fig.* ‚spießig'.
sto·gie, sto·gy ['stəʊgɪ] *s. Am.* billige Zi'garre.
Sto·ic ['stəʊɪk] **I** *s. phls.* Stoiker *m* (*a. fig.* ♀); **II** *adj., a.* **'Sto·i·cal** [-kl] □ *phls.* stoisch (*a. fig.* ♀ *unerschütterlich, gleichmütig*); **'Sto·i·cism** [-ɪsɪzəm] *s.* Stoi'zismus *m*: a) *phls.* Stoa *f*, b) ♀ *fig.* Gleichmut *m.*
stoke [stəʊk] **I** *v/t.* **1.** *Feuer etc.* schüren (*a. fig.*); **2.** *Ofen etc.* (an)heizen, beschicken; **3.** F a) voll stopfen, b) *Essen etc.* hin'einstopfen; **II** *v/i.* **4.** schüren, stochern; **5.** heizen, feuern; **'~·hold** *s.* ⚓ Heizraum *m*; **'~·hole 1.** → ***stokehold***; **2.** Schürloch *n.*
stok·er ['stəʊkə] *s.* **1.** Heizer *m*; **2.** (automatische) Brennstoffzuführung.
stole[1] [stəʊl] *s. eccl. u. Damenkleidung*: Stola *f.*
stole[2] [stəʊl] *pret.*, **'sto·len** [-lən] *p.p. von* ***steal***.
stol·id ['stɒlɪd] *adj.* □ **1.** stur, stumpf; **2.** gleichmütig, unerschütterlich; **sto·lid·i·ty** [stɒ'lɪdətɪ] *s.* **1.** Gleichmut *m*, Unerschütterlichkeit *f*; **2.** Stur-, Stumpfheit *f.*
sto·ma ['stəʊmə] *pl.* **-ma·ta** ['stɒmətə] *s.* **1.** ⚘ Stoma *n*, Spaltöffnung *f*; **2.** *zo.* Atmungsloch *n.*
stom·ach ['stʌmək] **I** *s.* **1.** Magen *m*: ***on an empty ~*** auf leeren Magen, nüchtern; **2.** Bauch *m*, Leib *m*; **3.** Appe'tit *m* (***for*** auf *acc.*); **4.** Lust *f* (***for*** zu); **II** *v/t.* **5.** verdauen (*a. fig.*); **6.** *fig.* a) (v)ertragen, b) ‚einstecken', hinnehmen; **'~·ache** *s.* Magenschmerz(en *pl.*) *m.*
stom·ach·er ['stʌməkə] *s. hist.* Mieder *n*, Brusttuch *n.*
sto·mach·ic [stəʊ'mækɪk] **I** *adj.* **1.** Magen...; **2.** magenstärkend; **II** *s.* **3.** ⚕ Magenmittel *n.*
sto·ma·ti·tis [ˌstəʊmə'taɪtɪs] *s.* ⚕ Mundschleimhautentzündung *f*, Stoma'titis *f.*
stomp [stɒmp] → ***stamp*** 1, 12, 13.
stone [stəʊn] **I** *s.* **1.** *allg.* (*a. Grab-, Schleif- etc.*)Stein *m*: ***a ~'s throw*** ein Steinwurf (weit), (nur) ein ‚Katzensprung'; ***leave no ~ unturned*** nichts unversucht lassen; ***throw ~s at*** *fig.* mit Steinen nach *j-m* werfen; → ***rolling stone***; **2.** *a.* ***precious ~*** (Edel)Stein *m*; **3.** (*Obst*)Kern *m*, Stein *m*; **4.** ⚕ a) (Gallen- *etc.*)Stein *m*, b) Steinleiden *n*; **5.** (Hagel)Korn *n*; **6.** *brit. Gewichtseinheit* (= *6,35 kg*); **II** *adj.* **7.** steinern, Stein...; **III** *v/t.* **8.** mit Steinen bewerfen; **9.** *a.* ***~ to death*** steinigen; **10.** *Obst* entkernen, -steinen; **11.** ⚙ schleifen, glätten; ♀ **Age** *s.* Steinzeit *f*; **ˌ~-'blind** *adj.* stockblind; **ˌ~-'broke** *adj.* ‚pleite', völlig ‚abgebrannt'; **~ coal** *s.* Steinkohle *f*, *bsd.* Anthra'zit *m*; **'~·crop** *s.* ⚘ Steinkraut *n*; **'~ˌcut·ter** *s.* **1.** Steinmetz *m*, -schleifer *m*; **2.** 'Steinschneidemaˌschine *f.*
stoned [stəʊnd] *adj.* **1.** entsteint, -kernt; **2.** *sl.* a) ‚(stink)besoffen', b) ‚high' (*im Drogenrausch*).
ˌstone|-'dead *adj.* mausetot; **ˌ~-'deaf** *adj.* stocktaub; **~ e·ro·sion** *s.* Steinfraß *m*; **~ fruit** *s.* Steinfrucht *f*; *coll.* Steinobst *n.*
stone·less ['stəʊnlɪs] *adj.* steinlos (*Obst*).
stone| mar·ten *s. zo.* Steinmarder *m*; **'~ˌma·son** *s.* Steinmetz *m*; **~ pit** *s.* Steinbruch *m*; **ˌ~'wall I** *v/i.* **1.** *sport* mauern (*defensiv spielen*); **2.** *pol.* Obstrukti'on treiben (***on*** gegen); **II** *v/t.* **3.** *pol. Antrag* durch Obstrukti'on zu Fall bringen; **ˌ~'wall·ing** *s.* **1.** *sport* Mauern *n*; **2.** *pol.* Obstrukti'on *f*; **'~·ware** *s.* Steinzeug *n.*
ston·i·ness ['stəʊnɪnɪs] *s.* **1.** steinige Beschaffenheit; **2.** *fig.* Härte *f*; **ston·y** ['stəʊnɪ] *adj.* □ **1.** steinig; **2.** steinern (*a. fig. Herz*), Stein...; **3.** starr (*Blick*); **4.** *a.* ***~-broke*** → ***stone-broke***.
stood [stʊd] *pret. u. p.p. von* ***stand***.
stooge [stuːdʒ] *s.* **1.** *thea.* Stichwortgeber *m*; **2.** *sl.* Handlanger *m*, Krea'tur *f*; **3.** *Am. sl.* (Lock)Spitzel *m*; **4.** *Brit. sl.* ‚Heini' *m.*
stool [stuːl] *s.* **1.** Hocker *m*; (Bü'ro-, Kla'vier)Stuhl *m*: ***fall between two ~s*** sich zwischen zwei Stühle setzen; **2.** Schemel *m*; **3.** Nachtstuhl *m*; **4.** ⚕ Stuhl *m*: a) Kot *m*, b) Stuhlgang *m*: ***go to ~*** Stuhlgang haben; **5.** ⚘ a) Wurzelschössling *m*, b) Wurzelstock *m*, c) Baumstumpf *m*; **~ pi·geon** *s.* **1.** Lockvogel *m* (*a. fig.*); **2.** *bsd. Am. sl.* (Lock-)Spitzel *m.*
stoop[1] [stuːp] **I** *v/i.* **1.** sich bücken, sich (vorn'über)beugen; **2.** sich krumm halten, gebeugt gehen; **3.** *fig. contp.* a) sich her'ablassen, b) sich erniedrigen, die Hand reichen (***to*** zu *et.*, ***to do*** zu tun); **4.** her'abstoßen (*Vogel*); **II** *v/t.* **5.** neigen, beugen; *Schultern* hängen lassen; **III** *s.* **6.** (Sich)Beugen *n*; **7.** gebeugte *od.* krumme Haltung; krummer Rücken; **8.** Niederstoßen *n* (*Vogel*).
stoop[2] [stuːp] *s. Am.* kleine Ve'randa (*vor dem Haus*).
stop [stɒp] **I** *v/t.* **1.** aufhören (***doing*** zu tun): ***~ it!*** hör auf (damit)!; **2.** aufhören mit, *Besuche*, ✝ *Lieferung*, *Zahlung*, *Tätigkeit*, ⚖ *Verfahren* einstellen; *Kampf*, *Verhandlungen etc.* abbrechen;

S

3. ein Ende machen *od.* bereiten (*dat.*), Einhalt gebieten (*dat.*); **4.** *Angriff, Fortschritt, Gegner, Verkehr etc.* aufhalten, zum Stehen bringen, *Ball* stoppen; *Wagen, Zug, a. Uhr* anhalten, stoppen; *Maschine, a. Gas, Wasser* abstellen; *Fabrik* stillegen; *Lohn, Scheck etc.* sperren; *Redner etc.* unter'brechen; *Lärm etc.* unter'binden; **5.** verhindern; hindern (***from*** an *dat.*, ***from doing*** zu tun); **6.** *Boxen etc.*: a) *Schlag* parieren, b) *Gegner* besiegen, stoppen: ***~ a bullet*** e-e (Kugel) ‚verpasst' kriegen; **7.** *a.* ***~ up*** *Ohren etc.* verstopfen: ***~ s.o.'s mouth*** *fig.* j-m den Mund stopfen; → ***gap*** 4; **8.** *Weg* versperren; **9.** *Blut, Wunde* stillen; **10.** *Zahn* plombieren, füllen; **11.** ♪ a) *Saite, Ton* greifen, b) *Griffloch* zuhalten, c) *Instrument, Ton* stopfen; **12.** *ling.* interpunktieren; **13.** ***~ down*** *phot. Objektiv* abblenden; **14.** ***~ out*** *Ätzkunst*: abdecken; **II** *v/i.* **15.** (an)halten, Halt machen, stehen bleiben, stoppen; **16.** aufhören, an-, innehalten, e-e Pause machen: ***~ dead*** (*od.* ***short***) jäh aufhören; ***~ at nothing*** *fig.* vor nichts zurückschrecken; **17.** aufhören (*Vorgang, Lärm etc.*); **18.** ***~ for*** warten auf (*acc.*); **19.** F *im Bett etc.* bleiben: ***~ away*** (***from***) fernbleiben (*dat.*); ***~ by*** *Am.* (rasch) bei *j-m* ‚reinschauen'; ***~ in*** zu Hause bleiben; ***~ off*** *od.* ***over*** Zwischenstation machen; ***~ out*** a) wegbleiben, nicht heimkommen, b) ✝ weiterstreiken; **III** *s.* **20.** Halt *m*, Stillstand *m*: ***come to a ~*** anhalten; ***come to a full ~*** aufhören, zu e-m Ende kommen; ***put a ~ to*** → 3; **21.** Pause *f*; **22.** 🚂 *etc.* Aufenthalt *m*, Halt *m*; **23.** a) Stati'on *f* (*Zug*), b) Haltestelle *f* (*Autobus*), c) Anlegestelle *f* (*Schiff*); **24.** 'Absteigequar,tier *n*; **25.** ⚙ Anschlag *m*, Sperre *f*, Hemmung *f*; **26.** ✝ Sperrung *f*, Sperrauftrag *m* (*für Scheck etc.*); → *a.* ***stop order***; **27.** ♪ a) Griff *m*, Greifen *n* (*e-r Saite etc.*), b) Griffloch *n*, c) Klappe *f*, d) Ven'til *n*, e) Re'gister *n* (*Orgel etc.*), f) *a.* ***~ knob*** Re'gisterzug *m*: ***pull out all the ~s*** *fig.* alle Register ziehen; ***pull out the pathetic ~*** *fig.* pathetisch werden; **28.** *phot.* f-stop-Blende *f* (*Einstellmarke*); **29.** *ling.* a) Knacklaut *m*, b) Verschlusslaut *m*; **30.** a) Satzzeichen *n*, b) Punkt *m*; **,~-and-'go** *adj.* durch Verkehrsampeln geregelt: ***~ traffic*** Stop-and-go-Verkehr *m*; **'~·cock** *s.* ⚙ Absperrhahn *m*; **'~·gap I** *s.* Lückenbüßer *m*, Notbehelf *m*; ✝ Über'brückung *f*; **II** *adj.* Not...; Behelfs...; ✝ Überbrückungs...(*-hilfe, -kredit*); **'~·light** *s.* **1.** *mot.* Bremslicht *n*; **2.** rotes (Verkehrs)Licht; **'~-loss** *adj.* ✝ zur Vermeidung weiterer Verluste: ***~ order*** → **~ or·der** *s.* ✝ Stopp-'Loss-Auftrag *m*; **'~,o·ver** *s.* **1.** 'Reise-, 'Fahrtunter,brechung *f*, (kurzer) Aufenthalt; **2.** 'Zwischenstati,on *f*.

stop + *ing*- Form	aufhören, etwas zu tun; mit etwas aufhören
Stop annoying me!	Hör auf, mich zu ärgern!
stop to + Infinitiv	anhalten/innehalten, <u>um</u> etwas anderes/Neues zu tun
I stopped to buy a paper	Ich hielt an, um eine Zeitung zu kaufen.

stop·page ['stɒpɪdʒ] *s.* **1.** a) (An)Halten *n*, b) Stillstand *m*, c) Aufenthalt *m*; **2.** (Verkehrs- *etc.*)Stockung *f*; **3.** ⚙ a) (Betriebs)Störung *f*, Hemmung *f*, b) *a.* ⚕ Verstopfung *f*; **4.** Sperrung *f*, (✝ *Kredit- etc.*, ⚡ *Strom*)Sperre *f*; **5.** (Arbeits-, Betriebs-, Zahlungs)Einstellung *f*; **6.** (Gehalts)Abzug *m*.

stop pay·ment *s.* ✝ Zahlungssperre *f* (*für Schecks etc.*).

stop·per ['stɒpə] **I** *s.* **1.** a) Stöpsel *m*, Pfropf(en) *m*, b) Stopfer *m*: ***put a ~ on*** *fig. e-r Sache* ein Ende setzen; **2.** ⚙ Absperrvorrichtung *f*, Hemmer *m*: ***~ circuit*** ⚡ Sperrkreis *m*; **3.** *Werbung*: F Blickfang *m*; **II** *v/t.* **4.** zustöpseln.

stop·ping ['stɒpɪŋ] *s.* ⚕ (Zahn)Füllung *f*, Plombe *f*; **~ dis·tance** *s. mot.* Anhalteweg *m*; **~ place** *s.* Haltestelle *f*; **~ train** *s.* 🚂 Bummelzug *m*.

stop·ple ['stɒpl] **I** *s.* Stöpsel *m*; **II** *v/t.* zustöpseln.

stop| press *s.* (Spalte *f* für) letzte (nach Redakti'onsschluss eingelaufene) Meldungen *pl.*; **~ screw** *s.* ⚙ Anschlagschraube *f*; **~ sign** *s. mot.* Stoppschild *n*; **~ valve** *s.* ⚙ 'Absperrven,til *n*; **~ vol·ley** *s. Tennis*: Stoppflugball *m*; **'~·watch** *s.* Stoppuhr *f*.

stor·a·ble ['stɔːrəbl] **I** *adj.* lagerfähig, Lager...; **II** *s.* lagerfähige Ware.

stor·age ['stɔːrɪdʒ] *s.* **1.** (Ein)Lagerung *f*, Lagern *n*; *a.* ⚡ *u. Computer*: Speicherung *f*; → ***cold storage***; **2.** Lager(raum *m*) *n*, De'pot *n*; **3.** Lagergeld *n*; **~ bat·ter·y** *s.* ⚡ Akku(mu'lator) *m*; **~ cam·er·a** *s.* Speicherkamera *f*; **~ heat·er** *s.* (Nacht)Speicherofen *m*.

store [stɔː] **I** *s.* **1.** (Vorrats)Lager *n*, Vorrat *m*: ***in ~*** vorrätig, auf Lager; ***be in ~ for s.o.*** *fig.* j-m bevorstehen, auf j-n warten; ***have*** (*od.* ***hold***) ***in ~ for*** *fig. Überraschung etc.* bereithalten für *j-n*, *j-m e-e Enttäuschung etc.* bringen; **2.** *pl.* a) Vorräte *pl.*, Ausrüstung *f* (u. Verpflegung *f*), Provi'ant *m*, b) *a.* ***military ~s*** Mili'tärbedarf *m*, Versorgungsgüter *pl.*, c) *a.* ***naval*** (*od.* ***ship's***) ***~s*** Schiffsbedarf *m*; **3.** *a. pl. bsd. Brit.* Kauf-, Warenhaus *n*; **4.** *Am.* (Kauf)Laden *m*, Geschäft *n*; **5.** *bsd. Brit.* Lagerhaus *n*, Speicher *m* (*a. Computer*); **6.** *a. pl. fig.* (große) Menge, Fülle *f*, Reichtum *m* (**of** an *dat.*): ***a great ~ of knowledge*** ein großer Wissensschatz; **7.** ***set great*** (***little***) ***~ by*** *fig.* a) hoch (gering) einschätzen, b) großen (wenig) Wert legen auf (*acc.*); **II** *v/t.* **8.** versorgen, -sehen, eindecken (***with*** mit); *Schiff* verproviantieren; *fig. s-n Kopf mit Wissen etc.* anfüllen; **9.** *a.* ***~ up*** einlagern, (auf-) speichern; *fig. im Gedächtnis* bewahren; **10.** *Möbel etc.* einstellen, -lagern; **11.** fassen, aufnehmen, 'unterbringen; **12.** ↯, *phys.*, *a. Computer*: speichern; **'~·card** *s.* 'Kundenkre,ditkarte *f*; **~ cat·tle** *s.* Mastvieh *n*; **'~·front** *s.* **1.** *bsd. Am.* Ladenfront *f*; **2.** *Internet*: 'Storefront *f* (*Website für elektronisches Einkaufen*); **'~·house** *s.* **1.** Lagerhaus *n*; **2.** *fig.* Fundgrube *f*; **'~-,keep·er** *s.* **1.** Lagerverwalter *m*; ⚔ Kammer-, Geräteverwalter *m*; **2.** *Am.* Ladenbesitzer(in); **'~·room** *s.* **1.** Lagerraum *m*; **2.** Verkaufsraum *m*.

sto·rey ['stɔːrɪ] → ***story²***; **'sto·reyed** [-ɪd] → ***storied²***.

sto·ried¹ ['stɔːrɪd] *adj.* **1.** geschichtlich, berühmt; **2.** 'sagenum,woben; **3.** mit Bildern aus der Geschichte geschmückt: ***a ~ frieze***.

sto·ried² ['stɔːrɪd] *adj.* mit Stockwerken: ***two-~*** zweistöckig (*Haus*).

stork [stɔːk] *s. orn.* Storch *m*; **'~s·bill** *s.* ⚘ Storchschnabel *m*.

storm [stɔːm] **I** *s.* **1.** Sturm *m* (*a.* ⚔ *u. fig.*), Unwetter *n*: ***~ of applause*** Beifallssturm *m*; ***~ and stress*** *hist.* Sturm u. Drang; ***~ in a teacup*** *fig.* Sturm im Wasserglas; ***take by ~*** im Sturm erobern (*a. fig.*); **2.** (Hagel-, Schnee-) Sturm *m*, Gewitter *n*; **II** *v/i.* **3.** stürmen, wüten, toben (*Wind etc.*) (*a. fig.* ***at*** gegen, über *acc.*); **4.** ⚔ stürmen; **5.** *wohin* stürmen, stürzen; **III** *v/t.* **6.** ⚔ (er-) stürmen; **7.** *fig.* bestürmen; **8.** *et.* wütend ausstoßen; **~ an·chor** *s. bsd. fig.* Notanker *m*; **'~-,beat·en** *adj.* sturmgepeitscht; **'~·bird** → ***stormy petrel*** 1; **'~·bound** *adj.* vom Sturm aufgehalten; **~ cen·ter** *Am.*, **~ cen·tre** *Brit. s.* **1.** *meteor.* Sturmzentrum *n*; **2.** *fig.* Unruheherd *m*; **~ cloud** *s.* Gewitterwolke *f* (*a. fig.*); **'~-tossed** *adj.* sturmgepeitscht; **'~-troops** *s. pl.* **1.** ⚔ Schock-, Sturmtruppe(n *pl.*) *f*; **2.** *hist.* (*Nazi-*)'Sturmab,teilung *f*, S'A *f*.

storm·y ['stɔːmɪ] *adj.* □ stürmisch (*a. fig.*); **~ pet·rel** *s.* **1.** *orn.* Sturmschwalbe *f*; **2.** *fig.* a) Unruhestifter *m*, b) Unglücksbote *m*.

sto·ry¹ ['stɔːrɪ] *s.* **1.** (*a.* amü'sante) Geschichte, Erzählung *f*: ***the same old ~*** *fig.* das alte Lied; **2.** Fabel *f*, Handlung *f*, Story *f e-s Dramas etc.*; **3.** Bericht *m*, Geschichte *f*: ***the ~ goes*** man erzählt sich; ***to cut*** (*od.* ***make***) ***a long ~ short*** (*Redewendung*) um es kurz zu machen, kurz u. gut; ***tell the full ~*** *fig.* ,auspacken'; ***that's quite another ~*** das ist et. ganz anderes; **4.** (Lebens)Geschichte *f*, Story *f*: ***the Glenn Miller ~***; **5.** *bsd. Am.* ('Zeitungs)Ar,tikel *m*; **6.** F (Lügen-, Ammen)Märchen *n*.

sto·ry² ['stɔːrɪ] *s.* Stock(werk *n*) *m*, Geschoss, *östr.* Geschoß *n*, E'tage *f*; → ***upper*** I.

'sto·ry|·book **I** *s.* Geschichten-, Märchenbuch *n*; **II** *adj. fig.* ,Bilderbuch...', märchenhaft; **'~,tell·er** *s.* **1.** (Märchen-, Geschichten)Erzähler(in); **2.** F Lügenbold *m*.

stoup [stuːp] *s.* **1.** *R.C.* Weihwasserbecken *n*; **2.** *Scot.* Eimer *m*; **3.** *dial.* a) Becher *m*, b) Krug *m*.

stout [staʊt] **I** *adj.* □ **1.** dick, beleibt; **2.** stämmig, kräftig; **3.** ausdauernd, zäh; **4.** mannhaft, beherzt, tapfer; **5.** heftig (*Angriff, Wind*); **6.** kräftig, ro'bust (*Material etc.*); **II** *s.* **7.** Stout *m* (*dunkles Bier*); **,stout'heart·ed** *adj.* □ → ***stout*** 4; **'stout·ness** [-nɪs] *s.* **1.** Stämmigkeit *f*; **2.** Beleibtheit *f*, Korpu'lenz *f*; **3.** Tapferkeit *f*, Mannhaftigkeit *f*; **4.** Ausdauer *f*.

stove¹ [stəʊv] **I** *s.* **1.** Ofen *m*; **2.** (Koch-) Herd *m*; **3.** ⚙ a) Brennofen *m*, b) Trockenraum *m*; **4.** ⚘ Treibhaus *n*; **II** *v/t.* **5.** trocknen, erhitzen; **6.** ⚘ im Treibhaus ziehen.

stove² [stəʊv] *pret. u. p.p. von* ***stave***.

stove| en·am·el *s.* ⚙ Einbrennlack *m*; **'~·pipe** *s.* **1.** Ofenrohr *n*; **2.** *a.* ***~ hat*** *bsd. Am.* F Zy'linder *m*, ,Angströhre' *f*; **3.** *pl.* F Röhrenhose *f*.

stow [stəʊ] **I** *v/t.* **1.** ⚓ (ver)stauen; **2.** verstauen, packen: ***~ away*** a) wegräumen, -stecken, b) F *Essen* ,verdrücken'; **3.** *sl.* aufhören mit: ***~ it!*** hör auf (damit)!, halts Maul!; **II** *v/i.* **4.** *a.* ***~ away*** sich an Bord schmuggeln; **stow·age** ['stəʊɪdʒ] *s. bsd.* ⚓ **1.** Stauen *n*; **2.** Laderaum *m*; **3.** Ladung *f*; **4.** Staugeld *n*; **'stow·a·way** [-əʊə-] *s.* blinder Passa'gier.

stra·bis·mus [strə'bɪzməs] *s.* ⚕ Schielen *n*; **stra'bot·o·my** [-'bɒtəmɪ] *s.* ⚕ 'Schieloperati,on *f*.

strad·dle ['strædl] **I** *v/i.* **1.** a) die Beine spreizen, grätschen, b) breitbeinig *od.* mit gespreizten Beinen gehen *od.* stehen *od.* sitzen, c) rittlings sitzen; **2.** sich spreizen; **3.** sich (aus)strecken; **4.** *Am.*

fig. schwanken, es mit beiden Par'teien halten; **II** *v/t.* **5.** rittlings sitzen auf (*dat.*); **6.** mit gespreizten Beinen stehen über (*dat.*); **7.** *die Beine* spreizen; **8.** *fig.* sich nicht festlegen wollen bei *e-r Streitfrage etc.*; **9.** ⚔ *Ziel* eingabeln; **10.** *Poker*: *den Einsatz* blind verdoppeln; **III** *s.* **11.** a) (Beine)Spreizen *n*, b) breitbeiniges *od.* ausgreifendes Gehen, c) breitbeiniges (Da)Stehen, d) Rittlingssitzen *n*; **12.** a) *Turnen*: Grätsche *f*, b) *Hochsprung*: Straddle *m*; **13.** ✝ Stel'lage(geschäft *n*) *f*.

strafe [*Brit.* strɑːf; *Am.* streɪf] **I** *v/t.* **1.** ⚔, ✈ im Tiefflug mit Bordwaffen angreifen; **2.** *fig.* F *j-n* anschnauzen; **II** *s.* **3.** → **'straf·ing** [-fɪŋ] *s.* **1.** (Bordwaffen)Beschuss *m*; **2.** *fig.* ‚Anpfiff' *m*.

strag·gle ['strægl] *v/i.* **1.** um'herstreifen; **2.** (hinter'drein- *etc.*)bummeln, (-)zotteln; **3.** ⚘ wuchern; **4.** zerstreut liegen *od.* stehen (*Häuser etc.*); sich hinziehen (*Vorstadt etc.*); **5.** *fig.* abschweifen; **'strag·gler** [-lə] *s.* **1.** Bummler(in); **2.** Nachzügler *m* (*a.* ⚓); **3.** ⚔ Versprengte(r) *m*; **4.** ⚘ wilder Schössling; **'strag·gling** [-lɪŋ] *adj.* □, **'strag·gly** [-lɪ] *adj.* **1.** *beim Marsch etc.* zu'rückgeblieben; **2.** ausein'ander gezogen (*Kolonne*); **3.** zerstreut (liegend); **4.** weitläufig; **5.** ⚘ wuchernd; **6.** lose, 'widerspenstig (*Haar etc.*).

straight [streɪt] **I** *adj.* □ **1.** gerade: **~ angle** ⩕ gestreckter Winkel; **~ hair** glattes Haar; **~ left** *Boxen*: linke Gerade; **~ line** gerade Linie, ⩕ Gerade *f*; **keep a ~ face** das Gesicht nicht verziehen; **2.** ordentlich: **put ~** in Ordnung bringen; **put things ~** Ordnung schaffen; **set s.o. ~ on** j-n berichtigen hinsichtlich (*gen.*); → **record¹** 4; **3.** gerade, di'rekt; **4.** *fig.* gerade, offen, ehrlich, re'ell: **as ~ as a die** a) grundehrlich, b) kerzengerade; **5.** anständig; **6.** F zuverlässig: **a ~ tip**; **7.** pur: **~ whisk(e)y**; **8.** *pol. Am.* 'hundertpro'zentig: **a ~ Republican**; → **ticket** 7; **9.** ✝ *Am. sl.* ohne ('Mengen)Ra'batt; **10.** *thea.* a) konventio'nell (*Stück*), b) ef'fektlos (*Spiel*); **11.** nor'mal, konventio'nell (*Roman etc.*); **II** *adv.* **12.** gerade('aus); **13.** di'rekt, gerade(s)wegs: **~ from London**; **14.** anständig, ordentlich: **live ~**; **15.** richtig: **get s.o. ~** j-n richtig verstehen; **I can't think ~** ich kann nicht (richtig) denken; **16. ~ away, ~ off** so'fort, auf der Stelle; **17. ~ out** 'rundher'aus; **III** *s.* **18.** Geradheit *f*: **out of the ~** krumm, schief; **19.** *sport* a) Gerade *f*: **back ~** Gegengerade; **home ~** Zielgerade, b) (Erfolgs-, Treffer- *etc.*) Serie *f*; **20.** *Poker*: Straight *m*; **21. be on the ~ and narrow** auf dem Pfad der Tugend wandeln; **22. the ~ of it** *Am.* F die (reine) Wahrheit; **23.** *sl.* ‚Spießer' *m*; **'~·a'way I** *adv.* → **straight** 16; **II** *s. Am.* → **straight** 19a; **'~-edge** *s.* ⚙ Line'al *n*, Richtscheit *n*.

straight·en ['streɪtn] **I** *v/t.* **1.** gerade machen *od.* biegen *od.* (aus)richten; ⚔ *Front* begradigen: **~ one's face** e-e ernste Miene aufsetzen; **~ o.s. up** sich aufrichten; **2.** *oft* **~ out** in Ordnung bringen: **~ one's affairs**; **things will ~ themselves out** das wird von allein (wieder) in Ordnung kommen; **3.** *oft* **~ out** entwirren, klarstellen; **4. ~ s.o. out** j-m den Kopf zurechtsetzen; **II** *v/i.* **5.** gerade werden; **6. ~ up** *Am.* a) sich aufrichten, b) F ein anständiges Leben beginnen.

'straight|-faced *adj.* mit unbewegtem Gesicht; **~ flush** *s. Poker*: Straight Flush *m*; **'~'for·ward** [-'fɔːwəd] **I** *adj.* □ **1.** di'rekt, offen, freimütig; **2.** ehrlich, redlich, aufrichtig; **3.** einfach, ganz nor'mal, unkompliziert (*Aufgabe etc.*); **II** *adv.* **4.** → I; **'~'for·ward·ness** [-'fɔːwədnɪs] *s.* Geradheit *f*, Offenheit *f*, Ehrlichkeit *f*, Aufrichtigkeit *f*; **'~-from-the-'shoul·der** *adj.* unverblümt; **'~-line** *adj.* ⩕, ⚙ geradlinig, line'ar (*a.* ✝).

straight·ness ['streɪtnɪs] *s.* Geradheit *f*: a) Geradlinigkeit *f*, b) *fig.* Offenheit *f*, Aufrichtigkeit *f*.

'straight-out *adj. Am.* F **1.** rückhaltlos; **2.** offen, aufrichtig.

strain¹ [streɪn] **I** *s.* **1.** Beanspruchung *f*, Spannung *f*, Zug *m*; **2.** ⚙ (verformende) Spannung, Verdehnung *f*; **3.** ⚕ a) Zerrung *f*, b) Über'anstrengung *f* (**on** *gen.*); **4.** Anstrengung *f*, -spannung *f*, Kraftaufwand *m*; **5.** (**on**) Anstrengung *f*, Stra'paze *f* (für); starke In'anspruchnahme (*gen.*); *nervliche*, *finanzielle etc.* Belastung (für); Druck *m* (auf *acc.*); Last *f der Verantwortung etc.*: **be a ~ on**, **put a** (**great**) **~ on** stark beanspruchen *od.* belasten, strapazieren; **6.** *mst pl.* ♪ Weise *f*, Melo'die *f*: **to the ~s of** unter den Klängen (*gen.*); **7.** *fig.* Ton *m*, Ma'nier *f*: **a humorous ~**; **8.** Laune *f*; **II** *v/t.* **9.** (an)spannen; **10.** ⚙ verformen, -dehnen; **11.** ⚕ *Muskel etc.* zerren; *Handgelenk etc.* verstauchen; *s-e Augen*, *das Herz etc.* über'anstrengen; → **nerve** 1; **12.** *fig.* über'spannen, strapazieren, *j-s Geduld*, *Kräfte etc.* über'fordern; *Befugnisse* über'schreiten; *Recht*, *Sinn* vergewaltigen, strapazieren: **~ a point** zu weit gehen; **13.** ('durch)seihen, filtrieren: **~ off** (*od.* **out**) abseihen; **14. ~ s.o. to one's breast** j-n ans Herz drücken; **III** *v/i.* **15.** sich (an)spannen; **16.** ⚙ sich verdehnen, -formen; **17. ~ at** zerren an (*dat.*); → **gnat** 1; **18.** sich anstrengen: **~ after** sich abmühen um, streben nach; → **effect** 3; **19.** drücken, pressen.

S

strain² [streɪn] *s.* **1.** Abstammung *f*; **2.** Linie *f*, Geschlecht *n*; **3.** *biol.* a) Rasse *f*, b) (Spiel)Art *f*; **4.** (Rassen)Merkmal *n*, Zug *m*, Schuss *m* (*indischen Bluts etc.*); **5.** (Erb)Anlage *f*, (Cha'rakter-)Zug *m*; **6.** Anflug *m* (**of** von).

strained [streɪnd] *adj.* □ **1.** gezwungen: **~ smile**; **2.** gespannt: **~ relations**; **'strain·er** [-nə] *s.* Sieb *n*, Filter *m*, *n*.

strait [streɪt] **I** *s.* **1.** *oft pl.* Straße *f*, Meerenge *f*: **the** **2s of Dover** die Straße von Dover; **2s Settlements** *ehemalige brit. Kronkolonie* (*Malakka*, *Penang*, *Singapur*); **the 2s** a) (*früher*) die Meerenge von Gibraltar, b) (*heute*) die Malakkastraße; **2.** *oft pl.* Not *f*, *bsd. finanzielle* Verlegenheit, Engpass *m*: **in dire ~s** in e-r ernsten Notlage; **II** *adj.* □ **3.** *obs.* eng, schmal; **4.** streng, hart; **'strait·en** [-tn] *v/t.* beschränken, beengen: **in ~ed circumstances** in beschränkten Verhältnissen; **~ed for** verlegen um.

'strait|,jack·et **I** *s.* Zwangsjacke *f* (*a. fig.*); **II** *v/t.* in e-e Zwangsjacke stecken (*a. fig.*); **'~-laced** *adj.* sittenstreng, puri'tanisch, prüde.

strand¹ [strænd] **I** *s.* **1.** *poet.* Gestade *n*, Ufer *n*; **II** *v/t.* **2.** ⚓ auf den Strand setzen, auf Grund treiben; **3.** *fig.* stranden *od.* scheitern lassen: **~ed** a) gestrandet (*a. fig.*), b) *mot.* stecken geblieben, c) *fig.* arbeits-, mittellos; **be** (**left**) **~ed** a) auf dem Trockenen sitzen, b) ‚aufgeschmissen' sein; **III** *v/i.* **4.** stranden.

strand² [strænd] **I** *s.* **1.** Strang *m* (*e-s Taus od. Seils*); **2.** (*Draht-*, *Seil*)Litze *f*; **3.** *biol.* (Gewebe)Faser *f*; **4.** (Haar-)Strähne *f*; **5.** (Perlen)Schnur *f*; **6.** *fig.* Faden *m*, Zug *m* (*e-s Ganzen*); **II** *v/t.* **7.** ⚙ *Seil* drehen; *Kabel* verseilen: **~ed wire** Litzendraht *m*, Drahtseil *n*; **8.** *Tau etc.* brechen.

strange [streɪndʒ] *adj.* □ **1.** fremd, neu, unbekannt, ungewohnt (**to** *j-m*); **2.** seltsam, sonderbar, merkwürdig: **~ to say** seltsamerweise; **3.** (**to**) nicht gewöhnt (an *acc.*), nicht vertraut (mit); **'strange·ness** [-nɪs] *s.* **1.** Fremdheit *f*, Fremdartigkeit *f*; **2.** Seltsamkeit *f*, *das* Merkwürdige; **'stran·ger** [-dʒə] *s.* **1.** Fremde(r *m*) *f*, Unbekannte(r *m*) *f*, Fremdling *m*: **I am a ~ here** ich bin hier fremd; **you are quite a ~** Sie sind ein seltener Gast; **he is no ~ to me** er ist mir kein Fremder; **I spy** (*od.* **see**) **~s** *parl. Brit.* ich beantrage die Räumung der Zuschauertribüne; **the little ~** der kleine Neuankömmling (*Kind*); **2.** Neuling *m* (**to** in *dat.*): **be a ~ to** nicht vertraut sein mit; **he is no ~ to poverty** die Armut ist ihm nicht unbekannt.

stran·gle ['stræŋgl] **I** *v/t.* **1.** erwürgen, erdrosseln; **2.** *j-n* würgen, *den Hals* einschnüren (*Kragen etc.*); **3.** *fig.* a) *Seufzer etc.* ersticken, b) *et.* abwürgen; **II** *v/i.* **4.** ersticken; **'~·hold** *s.* Würgegriff *m*, *fig. a.* to'tale Gewalt (**on** über *acc.*).

stran·gu·late ['stræŋgjʊleɪt] *v/t.* **1.** ⚕ abschnüren, abbinden; **2.** → **strangle** 1; **stran·gu·la·tion** [ˌstræŋgjʊ'leɪʃn] *s.* **1.** Erdrosselung *f*, Strangulierung *f*; **2.** ⚕ Abschnürung *f*.

stran·gu·ry ['stræŋgjʊrɪ] *s.* ⚕ Harnzwang *m*.

strap [stræp] **I** *s.* **1.** (Leder-, *a.* Trag-, ⚙ Treib)Riemen *m*, Gurt *m*, Band *n*; **2.** a) Halteriemen *m im Bus etc.*, b) (Stiefel)Schlaufe *f*; **3.** a) Träger *m am Kleid*, b) Steg *m an der Hose*; **4.** Achselklappe *f*; **5.** Streichriemen *m*; **6.** ⚙ a) (Me'tall-)Band *n*, b) Bügel *m* (*a. am Kopfhörer*); **7.** ⚓ Stropp *m*; **8.** ⚘ Blatthäutchen *n*; **II** *v/t.* **9.** festschnallen (**to** an *dat.*): **~ o.s. in** sich anschnallen; **10.** *Messer* abziehen; **11.** mit e-m Riemen schlagen; **12.** ⚕ ein (Heft)Pflaster kleben auf *e-e Wunde*; **'~,hang·er** *s.* F Stehplatzinhaber(in) *im Omnibus etc.*; **~ i·ron** *s.* ⚙ *Am.* Bandeisen *n*.

strap·less ['stræplɪs] *adj.* trägerlos (*Kleid*); **'strap·per** [-pə] *s.* a) strammer Bursche, b) strammes *od.* dralles Mädchen; **'strap·ping** [-pɪŋ] **I** *adj.* **1.** stramm (*Bursche*, *Mädchen*), drall (*Mädchen*); **II** *s.* **2.** Riemen *pl.*; **3.** Tracht *f* Prügel; **4.** ⚕ Heftpflaster(verband *m*) *n*.

stra·ta ['strɑːtə] *pl. von* **stratum**.

strat·a·gem ['strætɪdʒəm] *s.* **1.** Kriegslist *f*; **2.** List *f*, Kunstgriff *m*.

stra·te·gic [strə'tiːdʒɪk] *adj.* (□ **~ally**) *allg.* stra'tegisch, *a.* stra'tegisch wichtig, *a.* kriegswichtig, *a.* Kriegs...(*-lage*, *-plan*): **~ arms** strategische Waffen; **strat·e·gist** ['strætɪdʒɪst] *s.* Stra'tege *m*; **strat·e·gy** ['strætɪdʒɪ] *s.* Strate'gie *f*: a) Kriegskunst *f*, b) (Art *f* der) Kriegsführung *f*, c) *fig.* Taktik *f* (*a. sport*), d) *fig.* List *f*.

strat·i·fi·ca·tion [ˌstrætɪfɪ'keɪʃn] *s.* Schichtung *f* (*a. fig. Gliederung*); **strat·i·fied** ['strætɪfaɪd] *adj.* geschichtet, schichtenförmig: **~ rock** *geol.* Schichtgestein *n*; **strat·i·form** ['strætɪfɔːm] *adj.* schichtenförmig; **strat·i·fy** ['strætɪfaɪ] **I** *v/t.* schichten, *fig. a.* gliedern; **II** *v/i.* (*a. fig.* gesellschaftliche) Schichten bilden, *fig. a.* sich gliedern.

stra·tig·ra·phy [strə'tɪgrəfɪ] *s. geol.* Formati'onskunde *f*.

strat·o·cruis·er ['strætəʊˌkruːzə] *s.* ✈ Strato'sphärenflugzeug *n*.

strat·o·sphere ['strætəʊˌsfɪə] *s.* Strato'sphäre *f*; **strat·o·spher·ic** [ˌstrætəʊ'sferɪk] *adj.* **1.** strato'sphärisch; **2.** *Am.* F ‚astro'nomisch', e'norm.

stra·tum ['strɑːtəm] *pl.* **-ta** [-tə] *s.* **1.** *allg.* (*a.* Gewebe-, Luft)Schicht *f*, Lage *f*; **2.** *geol.* (Gesteins- *etc.*)Schicht *f*, Formati'on *f*; **3.** *fig.* (gesellschaftliche *etc.*) Schicht.

stra·tus ['streɪtəs] *pl.* **-ti** [-taɪ] *s.* Stratus *m*, Schichtwolke *f*.

straw [strɔː] **I** *s.* **1.** Strohhalm *m*: ***draw ~s*** Strohhalme ziehen (*als Lose*); ***catch*** (*od.* ***grasp***) ***at a ~*** sich an e-n Strohhalm klammern; ***the last ~ that breaks the camel's back*** der Tropfen, der das Fass zum Überlaufen bringt; ***that's the last ~!*** das hat gerade noch gefehlt!, jetzt reicht es mir aber!; ***he doesn't care a ~*** es ist ihm völlig ‚schnurz'; **2.** Stroh *n*; → ***man*** 3; **3.** Trinkhalm *m*; **4.** Strohhut *m*; **II** *adj.* **5.** Stroh...

straw·ber·ry ['strɔːbərɪ] *s.* **1.** ♀ Erdbeere *f*; **2.** F ‚Knutschfleck' *m*; **~ mark** *s.* ⚕ rotes Muttermal; **~ tongue** *s.* ⚕ Himbeerzunge *f* (*bei Scharlach*).

straw| bid *s.* ✝ *Am.* Scheingebot *n*; **'~-,col·o(u)red** *adj.* strohfarbig, -farben; **~ hat** *s.* Strohhut *m*; **~ mat·tress** *s.* Strohsack *m*; **~ vote** *s. bsd. Am.* Probeabstimmung *f*.

straw·y ['strɔːɪ] *adj.* **1.** strohern; **2.** mit Stroh bestreut.

stray [streɪ] **I** *v/i.* **1.** (um'her)streunen (*a. Tier*): **~ *to j-m*** zulaufen; **2.** weglaufen (***from*** von); **3.** a) abirren (***from*** von), sich verlaufen, b) her'umirren, c) *fig.* in die Irre gehen, vom rechten Weg abkommen; **4.** *fig.* abirren, -schweifen (*Gedanken etc.*); **5.** ϟ streuen, vagabundieren; **II** *s.* **6.** verirrtes *od.* streunendes Tier; **7.** Her'umirrende(r *m*) *f*, Heimatlose(r *m*) *f*; **8.** *pl.* ϟ atmo'sphärische Störungen *pl.*; **III** *adj.* **9.** *a.* ***strayed*** verirrt (*a. Kugel*), verlaufen, streunend (*Hund, Kind*); **10.** vereinzelt: ***~ customers***; **11.** beiläufig: ***a ~ remark***; **12.** ϟ Streu..., vagabundierend (*Strom*).

streak [striːk] **I** *s.* **1.** Streif(en) *m*, Strich *m*; (Licht)Streifen *m*, (-)Strahl *m*: ***~ of lightning*** Blitzstrahl; ***like a ~*** (***of lightning***) F blitzschnell; **2.** Maser *f*, Ader *f* (*im Holz*); **3.** *fig.* Spur *f*, Anflug *m*; **4.** Anlage *f*, *humoristische etc.* Ader; **5.** ***~ of*** (***bad***) ***luck*** (Pech-)Glückssträhne *f*; **6.** ⚗ Schliere *f*; **7.** ⚕ Aufstreichimpfung *f*: ***~ culture*** Strichkultur *f*; **II** *v/t.* **8.** streifen; **9.** adern; **III** *v/i.* **10.** F flitzen; **streaked** [-kt] *adj.*, **'streak·y** [-kɪ] *adj.* □ **1.** gestreift; **2.** gemasert (*Holz*); **3.** durch'wachsen (*Speck*; *a. Am. fig.* F).

stream [striːm] **I** *s.* **1.** Wasserlauf *m*, Flüsschen *n*, Bach *m*; **2.** Strom *m*, Strömung *f*: ***against*** (***with***) ***the ~*** gegen den (mit dem) Strom *schwimmen* (*a. fig.*); ***come on ~*** a) ⚙ in Betrieb gehen, b) zu fließen beginnen (*Flüssigkeit*); **3.** (*a. Blut-, Gas-, Menschen- etc.*) Strom *m*, (*Licht-, Tränen- etc.*)Flut *f*: ***~ of words*** Wortschwall *m*; ***~ of consciousness*** *psych.* Bewusstseinsstrom; **4.** *ped.* Leistungsgruppe *f*; **5.** *fig.* a) Strömung *f*, Richtung *f*, b) Strom *m*, Lauf *m der Zeit etc.*; **II** *v/i.* **6.** strömen, fluten (*a. Licht, Menschen etc.*); **7.** strömen (*Tränen*), tränen (*Augen*): ***~ with*** triefen vor (*dat.*); **8.** *im Wind* flattern; **9.** fließen (*langes Haar*); **III** *v/t.* **10.** aus-, verströmen; **'stream·er** [-mə] *s.* **1.** Wimpel *m*; flatternde Fahne; **2.** (langes, flatterndes) Band; Pa'pierschlange *f*; **3.** Lichtstreifen *m* (*bsd. des Nordlichts*); **4.** *a.* ***~ headline*** *Zeitung*: breite Schlagzeile; **5.** *a.* ***tape ~*** *Speichermedium*: Streamer *m*; **'stream·ing** [-mɪŋ] *s. ped.* Einteilung *f e-r Klasse* in Leistungsgruppen; **'stream·let** [-lɪt] *s.* Bächlein *n*.

'stream|·line **I** *s.* **1.** *phys.* Stromlinie *f*; **2.** *a.* ***~ shape*** Stromlinienform *f*, *weitS.* schnittige Form; **II** *adj.* **3.** → ***streamlined*** 1; **III** *v/t.* **4.** ⚙ stromlinienförmig konstruieren; windschnittig gestalten *od.* verkleiden; **5.** *fig.* a) modernisieren, b) rationalisieren, 'durchorganisieren, c) *pol.* ‚gleichschalten'; **'~·lined** *adj.* **1.** ⚙ stromlinienförmig, windschnittig, Stromlinien...; **2.** schnittig, formschön; **3.** *fig.* a) modernisiert, fortschrittlich, b) ratio'nell, c) *pol.* ‚gleichgeschaltet'; **'~,lin·er** *s. Am.* Stromlinienzug *m*.

street [striːt] *s.* **1.** Straße *f*: ***in the ~*** auf der Straße; ***~s ahead*** F haushoch überlegen (***of*** *dat.*); ***~s apart*** F völlig verschieden; ***not in the same ~ as*** F nicht zu vergleichen mit; ***walk the ~s*** ‚auf den Strich' gehen (*Prostituierte*); ***that's*** (***right***) ***up my ~*** das ist genau mein Fall; → ***man*** 3; **2.** ***the ~*** a) Hauptgeschäfts- *od.* Börsenviertel *n*, b) *Brit.* → ***Fleet Street***, c) *Am.* → ***Wall Street***, d) Finanzwelt *f*; **~ Ar·ab** *s.* Gassenjunge *m*; **'~·ball** *s.* 'Streetball *n* (*auf der Straße gespieltes Basketball- od. Fußballspiel*); **'~·car** *s. Am.* Straßenbahn(wagen *m*) *f*; **'~,clean·er** → ***streetsweeper***; **~ cred** *s.* F, **~ cred·i·bil·i·ty** *s.* (gutes) Image, Glaubwürdigkeit *f*; **~ fur·ni·ture** *s.* ur'banes Mobili'ar, Stadtmöbel *pl.* (*Bänke, Abfallkörbe, Fahrradständer, Sperrpfosten etc.*); **~ map** *s.* Stadtplan *m*; **~ mar·ket** *s.* ✝ **1.** Freiverkehrsmarkt *m*; **2.** *Brit.* Nachbörse *f*; **'~,sweep·er** *s. bsd. Brit.* **1.** Straßenkehrer *m*; **2.** Kehrfahrzeug *n*; **~ the·ater** *Am.*, **~ the·a·tre** *Brit. s.* 'Straßenthe,ater *n*; **'~,walk·er** *s.* Straßen-, Strichmädchen *n*, Prostituierte *f*; **'~·wise** *adj.* F **1.** ‚mit allen Wassern gewaschen', lebenstüchtig, clever, ‚gewieft'; **2.** ***~ fashion*** schicke junge Mode; **'~,work·er** *s.* Street,worker(in).

S

strength [streŋθ] *s.* **1.** Kraft *f*, Kräfte *pl.*, Stärke *f*: ***~ of body*** (***mind***, ***will***) Körper- (Geistes-, Willens)kraft, -stärke: ***go from ~ to ~*** immer stärker werden; **2.** *fig.* Stärke *f*: ***his ~ is*** (*od.* ***lies***) ***in endurance*** s-e Stärke ist die Ausdauer; **3.** ⚔ (Truppen)Stärke *f*, Bestand *m*: ***actual ~*** Iststärke; ***in full ~*** in voller Stärke, vollzählig; ***in*** (***great***) ***~*** in großer Zahl; **4.** ⚔ Stärke *f*, (Heeres- *etc.*)Macht *f*, Schlagkraft *f*; **5.** ⚙ (⚡ *Strom-*, *Feld- etc.*)Stärke *f*, (*Bruch-*, *Zerreiß- etc.*)Festigkeit *f*; ⚗, *phys.* Stärke *f* (*a. e-s Getränks*), Wirkungsgrad *m*; **6.** Stärke *f*, Intensi'tät *f* (*Farbe*, *Gefühl etc.*); **7.** (Beweis-, Über'zeugungs)Kraft *f*: ***on the ~ of*** aufgrund (*gen.*), kraft (*gen.*), auf (*acc.*) ... hin; **'strength·en** [-θn] **I** *v/t.* **1.** stärken: ***~ s.o.'s hand*** *fig.* j-m Mut machen; **2.** *fig.* bestärken; **3.** (*zahlenmäßig*, *a.* ⚙, ⚡) verstärken; **II** *v/i.* **4.** stark *od.* stärker werden, sich verstärken; **'strength·en·er** [-θənə] *s.* **1.** ⚙ Verstärkung *f*; **2.** ⚕ Stärkungsmittel *n*; **3.** *fig.* Stärkung *f*; **'strength·en·ing** [-θənɪŋ] **I** *s.* **1.** Stärkung *f*; **2.** Verstärkung *f* (*a.* ⚙, ⚡); **II** *adj.* **3.** stärkend; **4.** verstärkend; **'strength·less** [-lɪs] *adj.* kraftlos.

stren·u·ous ['strenjʊəs] *adj.* □ **1.** emsig, rührig; **2.** eifrig, tatkräftig; **3.** e'nergisch: ***~ opposition***; **4.** anstrengend, mühsam; **'stren·u·ous·ness** [-nɪs] *s.* **1.** Emsigkeit *f*; **2.** Eifer *m*, Tatkraft *f*; **3.** Ener'gie *f*; **4.** *das* Anstrengende.

stress [stres] **I** *s.* **1.** ♪, *ling.* a) Ton *m*, ('Wort-, 'Satz)Ak͵zent *m*, b) Betonung *f*: ***the ~ is on ...*** der Ton liegt auf *der zweiten Silbe*; **2.** *fig.* Nachdruck *m*: ***lay ~ (up)on*** → 7; **3.** ⚙, *phys.* a) Beanspruchung *f*, Druck *m*, b) Spannung *f*, Dehnung *f*: ***~ analyst*** Statiker *m*; **4.** *seelische etc.* Belastung, Druck *m*, Stress *m*: ***~ disease*** ⚕ Stress-, Managerkrankheit *f*; **5.** Zwang *m*, Druck *m*: ***under*** (***the***) ***~ of circumstances*** unter dem Druck der Umstände; **6.** Ungestüm *n*; Unbilden *pl. der Witterung*; **II** *v/t.* **7.** ♪, *ling.*, *a. fig.* betonen, den Ak'zent legen auf (*acc.*); *fig.* Nachdruck *od.* Gewicht legen auf (*acc.*), her'vorheben; **8.** ⚙, *phys. u. fig.* beanspruchen, belasten; **͵stressed-'out** *adj.* gestresst, stressgeplagt; **͵stress-'free** *adj.* stressfrei; **'stress·ful** [-fʊl] *adj.* anstrengend, ‚stressig', Stress...

stretch [stretʃ] **I** *v/t.* **1.** *oft* ***~ out*** (aus-) strecken, *bsd. Kopf*, *Hals* recken: ***~ o.s.*** (***out***) → 11; ***~ one's legs*** sich die Beine vertreten; **2.** ***~ out*** *Hand etc.* aus-, hinstrecken; **3.** *j-n* niederstrecken; **4.** *Seil*, *Saite*, *Tuch etc.* spannen (***over*** über *dat. od. acc.*), straff ziehen; *Teppich etc.* ausbreiten; **5.** strecken; *Handschuhe etc.* ausweiten; *Hosen* spannen; **6.** ⚙ spannen, dehnen; **7.** *Nerven*, *Muskel* anspannen; **8.** *fig.* über'spannen, -'treiben: ***~ a principle***; **9.** 'überbeanspruchen, *Befugnisse*, *Kredit etc.* über'schreiten; **10.** *fig.* es mit *der Wahrheit*, *e-r Vorschrift etc.* nicht allzu genau nehmen: ***~ a point*** fünf gerade sein lassen, ein Auge zudrücken; **II** *v/i.* **11.** sich (aus)strecken; sich dehnen *od.* rekeln; **12.** langen (***for*** nach); **13.** sich erstrecken *od.* hinziehen (***to*** [bis] zu) (*Gebirge etc.*, *a. Zeit*): ***~ down to*** zurückreichen *od.* -gehen (bis) zu *od.* in (*acc.*) (*Zeitalter*, *Erinnerung etc.*); **14.** sich *vor dem Blick* ausbreiten; **15.** sich dehnen (lassen); **16.** *mst* ***~ out*** a) *sport* im gestreckten Galopp reiten, b) F sich ins Zeug legen, c) reichen (*Vorrat*); **III** *s.* **17.** ***have a ~***, ***give o.s. a ~*** sich strecken; **18.** Strecken *n*, (Aus-)Dehnen *n*; **19.** Spannen *n*; **20.** (An-)Spannung *f*, (Über)'Anstrengung *f*: ***by every ~ of the imagination*** unter Aufbietung aller Fantasie; ***on the ~*** (an-)gespannt (*Nerven etc.*); **21.** Über'treiben *n*; **22.** Über'schreiten *n von Befugnissen*, *Mitteln etc.*; **23.** (Weg)Strecke *f*; Fläche *f*, Ausdehnung *f*; **24.** *sport*: Gerade *f*; **25.** Zeit(spanne) *f*: ***a ~ of 10 years***; ***at a ~*** ununterbrochen, hintereinander, auf 'einen Sitz; **26.** ***do a ~*** *sl.* ‚Knast schieben', ‚sitzen'; **'stretch·er** [-tʃə] *s.* **1.** ⚕ (Kranken)Trage *f*: ***~-bearer*** Krankenträger *m*; **2.** (*Schuh- etc.*) Spanner *m*; **3.** ⚙ Streckvorrichtung *f*; **4.** *paint.* Keilrahmen *m*; **5.** Fußleiste *f im Boot*; **6.** △ Läufer(stein) *m*; **stretch lim·o** ['lɪməʊ] *s. mot.* F 'Stretchlimou͵sine *f* (*extrem lange Luxuslimousine*); **stretch marks** *s. pl.* a) Dehnungsstreifen *pl.* (*bei Fettleibigkeit*), b) Schwangerschaftsstreifen *pl.* (*auf der Haut*); **'stretch·y** [-tʃɪ] *adj.* dehnbar.

strew [struː] *v/t.* [*irr.*] **1.** (aus)streuen; **2.** bestreuen; **strewn** [struːn] *p.p. von* ***strew***.

stri·a ['straɪə] *pl.* **stri·ae** ['straɪiː] *s.* **1.** Streifen *m*, Furche *f*, Riefe *f*; **2.** *pl.* ⚕ Striemen *pl.*, Streifen *pl.*, Striae *pl.*; **3.** *zo.* Stria *f*; **4.** *pl. geol.* (Gletscher-) Schrammen *pl.*; **5.** △ Riffel *m* (*an Säulen*); **stri·ate I** *v/t.* [straɪ'eɪt] **1.** streifen, furchen, riefeln; **2.** *geol.* kritzen; **II** *adj.* ['straɪɪt] **3.** → **stri·at·ed** [straɪ'eɪtɪd] *adj.* **1.** gestreift, geriefelt; **2.** *geol.* gekritzt; **stri·a·tion** [straɪ'eɪʃn] *s.* **1.** Streifenbildung *f*, Riefung *f*; **2.** Streifen *m*, *pl.*, Riefe(n *pl.*) *f*; **3.** *geol.* Schramme(n *pl.*) *f*.

strick·en ['strɪkən] **I** *p.p. von* ***strike***; **II** *adj.* **1.** *obs.* verwundet; **2.** (***with***) heimgesucht, schwer betroffen (von *Unglück etc.*), befallen (von *Krankheit*), ergriffen (von *Schrecken*, *Schmerz*

S

etc.); schwer geprüft (*Person*): **~ *in years*** hochbetagt, vom Alter gebeugt; **~ *area*** Katastrophengebiet *n*; **3.** *fig.* (nieder)geschlagen, (gram)gebeugt; verzweifelt (*Blick*); **4.** *allg.* angeschlagen: ***a ~ ship***; **5.** gestrichen (voll).

strick·le ['strɪkl] ⚙ **I** *s.* **1.** Abstreichlatte *f*; **2.** Streichmodel *m*; **II** *v/t.* **3.** abstreichen, glatt streichen.

strict [strɪkt] *adj.* ☐ → ***strictly***; **1.** strikt, streng (*Person*; *Befehl*, *Befolgung*, *Disziplin*; *Wahrheit etc.*); streng (*Gesetz*, *Moral*, *Untersuchung*): ***be ~ with*** mit *j-m* streng sein; ***in ~ confidence*** streng vertraulich; **2.** streng, genau: ***in the ~ sense*** im strengen Sinne; '**strict·ly** [-lɪ] *adv.* **1.** streng *etc.*; **2.** *a.* ***~ speaking*** genau genommen; **3.** völlig, ausgesprochen; **4.** ausschließlich, rein; '**strict·ness** [-nɪs] *s.* Strenge *f*: a) Härte *f*, b) Genauigkeit *f*.

stric·ture ['strɪktʃə] *s.* **1.** *oft pl.* (***on***, ***upon***) scharfe Kri'tik (an *dat.*), kritische Bemerkung (über *acc.*); **2.** ⚕ Strik'tur *f*, Verengung *f*.

strid·den ['strɪdn] *p.p. von* ***stride***.

stride [straɪd] **I** *v/i.* [*irr.*] **1.** schreiten; **2.** *a.* ***~ out*** ausschreiten; **II** *v/t.* [*irr.*] **3.** *et.* entlang-, abschreiten; **4.** über-, durch'schreiten; **5.** mit gespreizten Beinen stehen über (*dat.*) *od.* gehen über (*acc.*); **6.** rittlings sitzen auf (*dat.*); **III** *s.* **7.** (langer *od.* großer) Schritt: ***get into one's ~*** *fig.* (richtig) in Schwung kommen; ***take s.th. into*** (*od.* ***hit***) ***one's ~*** *fig.* et. spielend (leicht) schaffen; **8.** Schritt(weite *f*) *m*; **9.** *mst pl. fig.* Fortschritt(e *pl.*) *m*: ***with rapid ~s*** mit Riesenschritten.

stri·dent ['straɪdnt] *adj.* ☐ **1.** 'durchdringend, schneidend, grell (*Stimme*, *Laut*); **2.** knirschend; **3.** *fig.* scharf, heftig.

strife [straɪf] *s.* Streit *m*: a) Hader *m*, b) Kampf *m*: ***be at ~*** sich streiten, uneins sein.

stri·gose ['straɪgəʊs] *adj.* **1.** ⚘ Borsten...; **2.** *zo.* fein gestreift.

strike [straɪk] **I** *s.* **1.** (*a. Glocken*)Schlag *m*, Hieb *m*, Stoß *m*; **2.** a) *Bowling*: Strike *m* (*Abräumen beim 1. Wurf*), b) *Am. Baseball*: (Verlustpunkt *m* bei) Schlagfehler *m*; **3.** *fig.* ‚Treffer' *m*, Glücksfall *m*; **4.** ✝ Streik *m*, Ausstand *m*: ***be on ~*** streiken; ***go on ~*** in (den) Streik *od.* in den Ausstand treten; ***on ~*** streikend; **5.** ⚔ a) (*bsd.* Luft)Angriff *m*, b) A'tomschlag *m*; **II** *v/t.* [*irr.*] **6.** schlagen, Schläge *od.* e-n Schlag versetzen (*dat.*); *allg.* treffen: ***~ off*** abschlagen, -hauen; ***struck by a stone*** von e-m Stein getroffen; **7.** *Waffe* stoßen (***into*** in *acc.*); **8.** *Schlag* führen; → ***blow***[2] 1; **9.** ♪ *Ton*, *a. Glocke*, *Saite*, *Taste* anschlagen; → ***note*** 8; **10.** *Zündholz* anzünden, *Feuer* machen, *Funken* schlagen; **11.** *Kopf*, *Fuß etc.* (an)stoßen, schlagen (***against*** gegen); **12.** stoßen *od.* schlagen gegen *od.* auf (*acc.*); zs.-stoßen mit; ⚓ auflaufen auf; einschlagen in (*acc.*) (*Geschoss*, *Blitz*); fallen auf (*acc.*) (*Strahl*); *Auge*, *Ohr* treffen (*Lichtstrahl*, *Laut*): ***~ s.o.'s eye*** j-m ins Auge fallen; **13.** *j-m* einfallen, in den Sinn kommen; **14.** *j-m* auffallen; **15.** *j-n* beeindrucken, Eindruck machen auf (*acc.*); **16.** *j-m wie* vorkommen: ***how does it ~ you?*** was hältst du davon?; ***it ~s me as ridiculous*** es kommt mir lächerlich vor; **17.** stoßen auf (*acc.*): a) (zufällig) treffen *od.* entdecken, b) *Gold etc.* finden; → ***oil*** 2, ***rich*** 5; **18.** *Wurzeln* schlagen; **19.** *Lager*, *Zelt* abbrechen; **20.** ⚓ *Flagge*, *Segel* streichen; **21.** *Angeln*: *Fisch* mit e-m Ruck auf den Haken spießen; **22.** *Giftzähne* schlagen in (*acc.*) (*Schlange*); **23.** ⚙ glatt streichen; **24.** a) ⩘ *Durchschnitt*, *Mittel* nehmen, b) ✝ *Bilanz*: *den Saldo* ziehen; → ***balance*** 6; **25.** (***off*** von *e-r Liste etc.*) streichen; **26.** *Münze* schlagen, prägen; **27.** *Stunde* schlagen (*Uhr*); **28.** *fig. j-n* schlagen, treffen (*Unglück etc.*), befallen (*Krankheit*); **29.** (***with*** mit *Schrecken*, *Schmerz etc.*) erfüllen; **30.** *blind etc.* machen; → ***blind*** 1, ***dumb*** 1; **31.** *Haltung*, *Pose* einnehmen; **32.** *Handel* abschließen; → ***bargain*** 2; **33.** ***~ work*** die Arbeit niederlegen: a) Feierabend machen, b) in Streik treten; **III** *v/i.* [*irr.*] **34.** (zu)schlagen, (-)stoßen; **35.** schlagen, treffen: ***~ at*** a) *j-n od.* nach *j-m* schlagen, b) *fig.* zielen auf (*acc.*); **36.** ([***up***]***on***) a) (an)schlagen, stoßen (an *acc.*, gegen), b) ⚓ auflaufen (auf *acc.*), auf Grund stoßen; **37.** fallen (*Licht*), auftreffen (*Lichtstrahl*, *Schall etc.*) ([***up***]***on*** auf *acc.*); **38.** *fig.* stoßen ([***up***]***on*** auf *acc.*); **39.** schlagen (*Uhrzeit*): ***the hour has struck*** die Stunde hat geschlagen (*a. fig.*); **40.** sich entzünden, angehen (*Streichholz*); **41.** einschlagen (*Geschoss*, *Blitz*); **42.** Wurzel schlagen; **43.** den Weg einschlagen, sich (plötzlich) *nach links etc.* wenden: ***~ for home*** F heimzu gehen; ***~ into*** a) einbiegen in (*acc.*), *Weg* einschlagen, b) *fig.* plötzlich verfallen in (*acc.*), *et.* beginnen, *a.* sich *e-m Thema* zuwenden; **44.** ✝ streiken (***for*** für); **45.** ⚓ die Flagge streichen (***to*** vor *dat.*) (*a. fig.*); **46.** (zu)beißen (*Schlange*); **47.** *fig.* zuschlagen (*Feind etc.*);

Zssgn mit adv.:

strike| back *v/i.* zu'rückschlagen (*a. fig.*); **~ down** *v/t.* niederschlagen, -strecken (*a. fig.*); **~ in** *v/i.* **1.** beginnen, einfallen (*a.* ♪); **2.** ⚕ (sich) nach innen schlagen; **3.** einfallen, unter'brechen

S

(***with*** mit *e-r Frage etc.*); **4.** sich einmischen, -schalten, *a.* mitmachen: ~ ***with*** a) sich richten nach, b) mitmachen bei; ~ **in·wards** → ***strike in*** 2; ~ **off** *v/t.* **1.** → ***strike*** 6; **2.** a) *Wort etc.* ausstreichen, *Eintragung* löschen, b) *j-n von e-r Liste etc.* streichen, *j-m die Berufserlaubnis etc.* entziehen; **3.** *typ.* abziehen; ~ **out I** *v/t.* **1.** → ***strike off*** 2 a; **2.** *fig. et.* ersinnen; **3.** *mst fig. e-n Weg* einschlagen; **II** *v/i.* **4.** a) (los-, zu)schlagen, b) (zum Schlag) ausholen; **5.** (forsch) ausschreiten, *a.* (los)schwimmen (***for*** nach, auf *e-n Ort* zu); **6.** *fig.* loslegen; **7.** *mit den Armen beim Schwimmen* ausgreifen; ~ **through** *v/t. Wort etc.* 'durchstreichen; ~ **up I** *v/i.* **1.** ♪ einsetzen (*Spieler*, *Melodie*); **II** *v/t.* **2.** ♪ a) *Lied etc.* anstimmen, b) *Kapelle* einsetzen lassen; **3.** *Bekanntschaft*, *Freundschaft* schließen, *a. Gespräch* anknüpfen (***with*** mit).

strike| bal·lot *s.* Urabstimmung *f*; '~·**bound** *adj.* bestreikt (*Fabrik etc.*); '~ˌ**break·er** *s.* Streikbrecher *m*; ~ **call** *s.* Streikaufruf *m*; ~ **pay** *s.* Streikgeld *n*; '~-**prone** *adj.* streikanfällig.

strik·er ['straɪkə] *s.* **1.** Schläger(in); **2.** Streikende(r *m*) *f*, Ausständige(r *m*) *f*; **3.** Hammer *m*, Klöppel *m* (*Uhr*); **4.** ⚔ Schlagbolzen *m*; **5.** ⚡ Zünder *m*; **6.** *bsd. Fußball*: Stürmer *m*, ‚Spitze' *f*: ***be*** ~ Spitze spielen.

strike vote → ***strike ballot***.

strik·ing ['straɪkɪŋ] *adj.* ☐ **1.** schlagend, Schlag...; **2.** *fig.* a) bemerkenswert, auffallend, eindrucksvoll, b) über'raschend, verblüffend, c) treffend: ~ ***example***; **3.** streikend.

strim·mer ['strɪmmə] *TM s.* 'Rasenˌtrimmer *m* (*mit elektrischem Antrieb*).

string [strɪŋ] **I** *s.* **1.** Schnur *f*, Bindfaden *m*; **2.** (*Schürzen-*, *Schuh- etc.*)Band *n*, Kordel *f*: ***have s.o. on a*** ~ j-n am Gängelband *od.* in s-r Gewalt haben; **3.** (Puppen)Draht *m*: ***pull*** ~***s*** *fig.* s-e Beziehungen spielen lassen; ***pull the*** ~***s*** *fig.* der Drahtzieher sein; **4.** (Bogen-)Sehne *f*: ***have two*** ~***s to one's bow*** *fig.* zwei Eisen im Feuer haben; ***be a second*** ~ das zweite Eisen im Feuer sein (→ 5); **5.** ♪ a) Saite *f*, b) *pl.* 'Streichinstruˌmente *pl.*, *die* Streicher *pl.*; ***first*** (***second*** *etc.*) ~ *sport etc.* erste (zweite *etc.*) ‚Garnitur'; ***be a second*** ~ zur zweiten Garnitur gehören; ***harp on one*** ~ *fig.* immer auf derselben Sache herumreiten; **6.** Schnur *f* (*Perlen etc.*); **7.** *fig.* Reihe *f*, Kette *f* (*von Fragen*, *Fahrzeugen etc.*); **8.** Koppel *f* (*Pferde etc.*); **9.** ⚘ a) Faser *f*, Fiber *f*, b) Faden *m von Bohnen*; **10.** *zo. obs.* Flechse *f*; **11.** ⚠ Fries *m*, Sims *m*; **12.** F Bedingung *f*, ‚Haken' *m*: ***no*** ~***s attached*** ohne Bedingungen; **II** *v/t.* [*irr.*] **13.** *Schnur etc.* spannen; **14.** (zu-, ver-)schnüren, zubinden; **15.** *Perlen etc.* aufreihen; **16.** *fig.* anein'ander reihen: ~ ***s.th. out*** et. ‚strecken', et. ‚ausspinnen'; **17.** *Bogen* spannen; **18.** ♪ a) besaiten, bespannen (*a. Tennisschläger*), b) *Instrument* stimmen; **19.** *mit Girlanden etc.* behängen; **20.** *Bohnen* abziehen; **21.** ~ ***up*** *sl.* ‚aufknüpfen', -hängen; **22.** ~ ***up*** *Nerven* anspannen: ~ ***o.s. up to*** a) sich in *e-e Erregung etc.* hineinsteigern, b) sich aufraffen (***to do*** *et.* zu tun); → ***high-strung***; **23.** *Am. sl. j-n* ‚verkohlen', aufziehen; **24.** ~ ***along*** F a) *j-n* hinhalten, b) *j-n* ‚einwickeln'; **III** *v/i.* [*irr.*] **25.** Fäden ziehen (*Flüssigkeit*); **26.** ~ ***along*** mitmachen (***with*** mit, bei); ~ **bag** *s.* Einkaufsnetz *n*; ~ **band** *s.* ♪ 'Streichorˌchester *n*; ~ **bean** *s.* ⚘ Gartenbohne *f*; '~·**course** → ***string*** 11.

stringed [strɪŋd] *adj.* **1.** ♪ Saiten..., Streich...: ~ ***instruments***; ~ ***music*** Streichmusik *f*; **2.** ♪ *in Zssgn* ...saitig; **3.** aufgereiht (*Perlen etc.*).

strin·gen·cy ['strɪndʒənsɪ] *s.* **1.** Strenge *f*, Schärfe *f*; **2.** Bündigkeit *f*, zwingende Kraft: ***the*** ~ ***of an argument***; **3.** ✝ (Geld-, Kre'dit)Verknappung *f*, Knappheit *f*; '**strin·gent** [-nt] *adj.* ☐ **1.** streng, scharf; **2.** zwingend: ~ ***necessity***; **3.** zwingend, über'zeugend, bündig: ~ ***arguments***; **4.** ✝ knapp (*Geld*), gedrückt (*Geldmarkt*).

string·er ['strɪŋə] *s.* **1.** ♪ Saitenaufzieher *m*; **2.** ⚙ Längs-, Streckbalken *m*; ⚠ (Treppen)Wange *f*; 🚂 Langschwelle *f*; ✈ Längsversteifung *f*; ⚓ Stringer *m*.

string·i·ness ['strɪŋɪnɪs] *s.* **1.** Faserigkeit *f*; **2.** Zähigkeit *f*.

string| or·ches·tra *s.* ♪ 'Streichorˌchester *n*; ~ **quar·tet**(**te**) *s.* ♪ 'Streichquarˌtett *n*.

string·y ['strɪŋɪ] *adj.* **1.** faserig, zäh, sehnig; **2.** zäh(flüssig), klebrig, Fäden ziehend.

strip [strɪp] **I** *v/t.* **1.** *Haut etc.* abziehen, (-)schälen; *Baum* abrinden; **2.** *Bett* abziehen; **3.** *a.* ~ ***off*** *Kleid etc.* ausziehen, abstreifen; **4.** *j-n* entkleiden, ausziehen (***to the skin*** bis auf die Haut): ~***ped*** a) nackt, entblößt, b) *mot.* ‚nackt' (*ohne Extras*); **5.** *fig.* entblößen, berauben (***of*** *gen.*), (aus)plündern: ~ ***s.o. of his office*** j-n s-s Amtes entkleiden; **6.** *Haus etc.* ausräumen; *Fabrik* demontieren; **7.** ⚓ abtakeln; **8.** ⚙ zerlegen; **9.** ⚙ *Gewinde* über'drehen; **10.** *Kuh* ausmelken; **11.** *Kohlenlager etc.* freilegen; **II** *v/i.* **12.** a) sich ausziehen, b) ‚strippen': ~ ***to the waist*** den Oberkörper freimachen; **III** *s.* **13.** a) (Sich)Ausziehen *n*, b) → ***striptease***; **14.** ✈ Start- u. Landestreifen *m*; **15.** *sport* F Dress *m*; **16.** Streifen *m* (*Papier etc.*, *a. Land*);

S

17. ⚙ a) Walzrohling *m*, b) Bandeisen *n*, -stahl *m*; **18.** → **~ car·toon** *s.* Comic-Strip *m*.

stripe [straɪp] **I** *s.* **1.** *mst andersfarbiger* Streifen (*a. zo.*), Strich *m*; **2.** ⚔ Tresse *f*, (Ärmel)Streifen *m*: ***get one's ~s*** (zum Unteroffizier) befördert werden; ***lose one's ~s*** degradiert werden; **3.** Striemen *m*; **4.** (Peitschen- *etc.*)Hieb *m*; **5.** *fig. Am.* Sorte *f*, Schlag *m*; **II** *v/t.* **6.** streifen: ***~d*** gestreift, streifig.

strip light·ing *s.* 'Neonlicht *n*, 'Neon-, Sof'fittenbeleuchtung *f*.

strip·ling ['strɪplɪŋ] *s.* Bürschchen *n*.

strip min·ing *s.* ⚒ Tagebau *m*.

'strip·per *s.* **1.** ⚙ 'Schälma,schine *f*, Abstreifer *m*; **2.** Farblöser *m*; **3.** F Stripper(in).

'strip|·tease *s.* Striptease *m*, *n*; **'~,teas·er** *s.* Stripteasetänzerin *f*, ‚Stripperin' *f*.

strive [straɪv] *v/i.* [*irr.*] **1.** sich (be)mühen, bestrebt sein (***to do*** zu tun); **2.** (***for***, ***after***) streben (nach), ringen, sich mühen (um); **3.** (erbittert) kämpfen (***against*** gegen, ***with*** mit), ringen (***with*** mit); **striv·en** ['strɪvn] *p.p. von* ***strive***.

strobe [strəʊb] *s.* **1.** *phot.* Röhrenblitz *m*; **2.** *Radar*: Schwelle *f*; **~ light** *s.* Strobo'skoplicht *n*.

strob·o·scope ['strəʊbəskəʊp] *s.* ⚕, *phys.* Strobo'skop *n*; **,strob·o'scop·ic** [-'skɒpɪk] *adj.* strobo'skopisch.

strode [strəʊd] *pret. von* ***stride***.

stroke [strəʊk] **I** *s.* **1.** (*a. Blitz-*, *Flügel-*, *Schicksals*)Schlag *m*; Hieb *m*, Streich *m*, Stoß *m*: ***at a*** (*od.* ***one***) **~** *a. fig.* mit 'einem Schlag, auf 'einen Streich; ***a good ~ of business*** ein gutes Geschäft; ***~ of luck*** Glückstreffer *m*, -fall *m*; ***not to do a ~ of work*** keinen Finger rühren; **2.** (Glocken-, Hammer-, Herz- *etc.*)Schlag *m*: ***on the ~*** pünktlich; ***on the ~ of nine*** Punkt neun; **3.** ⚕ Anfall *m*, *bsd.* Schlag(anfall) *m*; **4.** *mot.* a) (Kolben)Hub *m*, b) Hubhöhe *f*, c) Takt *m*; **5.** *sport* a) *Schwimmen*: Stoß *m*, (Bein)Schlag *m*, (Arm)Zug *m*, b) *Golf*, *Rudern*, *Tennis etc.*: Schlag *m*, c) *Rudern*: Schlagzahl *f*; **6.** *Rudern*: Schlagmann *m*: ***row ~*** → 11; **7.** (Pinsel-, Feder)Strich *m* (*a. typ.*), (Feder)Zug *m*: ***with a ~ of the pen*** mit einem Federstrich (*a. fig.*); **8.** *fig.* (glänzender) Einfall, Leistung *f*: ***a clever ~*** ein geschickter Schachzug; ***a ~ of genius*** ein Geniestreich; **9.** ♪ a) Bogenstrich *m*, b) Anschlag *m*, c) (Noten)Balken *m*; **10.** Streicheln *n*; **II** *v/t.* **11.** ***~ a boat*** *Rudern*: am Schlag (e-s Bootes) sitzen; **12.** streichen über (*acc.*); glatt streichen; **13.** streicheln.

stroll [strəʊl] **I** *v/i.* **1.** schlendern, (um'her)bummeln, spazieren (gehen); **2.** um'herziehen: ***~ing actor*** (*od.* ***player***) → ***stroller*** 2; **II** *s.* **3.** Spaziergang *m*, Bummel *m*: ***go for a ~***, ***take a ~*** e-n Bummel machen; **'stroll·er** [-lə] *s.* **1.** Bummler(in), Spaziergänger(in); **2.** Wanderschauspieler(in); **3.** (Kinder-)Sportwagen *m*.

stro·ma ['strəʊmə] *pl.* **-ma·ta** [-mətə] *s.* *biol.* Stroma *n* (*a.* ⚘).

strong [strɒŋ] **I** *adj.* □ → ***strongly***; **1.** *allg.* stark (*a. Gift*, *Kandidat*, *Licht*, *Nerven*, *Schlag*, *Verdacht*, *Gefühl etc.*); kräftig (*a. Farbe*, *Gesundheit*, *Stimme*, *Wort*): ***~ face*** energisches *od.* markantes Gesicht; ***~ man*** *pol.* starker Mann; ***have ~ feelings about*** sich erregen über (*acc.*); ***use ~ language*** Kraftausdrücke gebrauchen; → ***point*** 24; **2.** stark (an Zahl *od.* Einfluss), mächtig: ***a company 200 ~*** e-e 200 Mann starke Kompanie; **3.** *fig.* scharf (*Verstand*), klug (*Kopf*): ***~ in*** tüchtig in (*dat.*); **4.** fest (*Glaube*, *Überzeugung*); **5.** eifrig, über'zeugt: ***a ~ Tory***; **6.** gewichtig, zwingend: ***~ arguments***; **7.** stark, gewaltsam, e'nergisch (*Anstrengung*, *Maßnahmen*): ***with a ~ hand*** mit starker Hand; **8.** stark, schwer (*Getränk*, *Speise*, *Zigarre*); **9.** a) stark (*Geruch*, *Geschmack*, *Parfüm*), b) übel riechend *od.* schmeckend, *a.* ranzig; **10.** *ling.* stark: ***~ declination***; ***~ verb***; **11.** † a) anziehend (*Preis*), b) fest (*Markt*), c) lebhaft (*Nachfrage*); **II** *adv.* **12.** stark, e'nergisch, nachdrücklich; **13.** F tüchtig, mächtig: ***be going ~*** gut in Schuss *od.* Form sein; ***come*** (*od.* ***go***) ***it ~*** mächtig ‚rangehen', auftrumpfen; **'~·arm** F **I** *adj.* Gewalt...: ***~ methods***; ***~ man*** Schläger *m*; **II** *v/t.* a) *j-n* einschüchtern, b) über'fallen, c) zs.-schlagen; **'~·box** *s.* ('Geld-, 'Stahl)Kas,sette *f*; Tre'sorfach *n*; **,~'head·ed** *adj.* starrköpfig; **'~·hold** *s.* **1.** ⚔ Feste *f*; **2.** *fig.* Bollwerk *n*; **3.** *fig.* Hochburg *f*.

strong·ly ['strɒŋlɪ] *adv.* **1.** kräftig, stark; heftig: ***feel ~ about*** sich erregen über (*acc.*); **2.** nachdrücklich, sehr.

,strong|-'mind·ed *adj.* willensstark, e'nergisch; **~ point** *s.* **1.** ⚔ Stützpunkt *m*; **2.** *fig.* → ***point*** 24; **~ room** *s.* Tre'sor(raum) *m*; **,~-'willed** *adj.* **1.** willensstark; **2.** eigenwillig, -sinnig.

stron·ti·um ['strɒntɪəm] *s.* ⚗ Strontium *n*.

strop [strɒp] **I** *s.* **1.** Streichriemen *m* (*für Rasiermesser*); **2.** ⚓ Stropp *m*; **II** *v/t.* **3.** *Rasiermesser etc.* abziehen.

stro·phe ['strəʊfɪ] *s.* Strophe *f*; **stroph·ic** ['strɒfɪk] *adj.* strophisch.

strop·py ['strɒpɪ] *adj.* F 'widerspenstig, -borstig.

strove [strəʊv] *pret. von* ***strive***.

struck [strʌk] **I** *pret. u. p.p. von* ***strike***; **II** *adj.* † *Am.* bestreikt.

struc·tur·al ['strʌktʃərəl] *adj.* □ **1.**

S

struktu'rell (bedingt), Struktur... (*a. fig.*): ~ ***change*** Struk'turwandel *m*; ~ ***crisis*** Struk'turkrise *f*; ~ ***unemployment*** strukturelle Arbeitslosigkeit; ~***ly weak*** struk'turschwach; **2.** ⚙ baulich, Bau... (*-stahl, -teil, -technik etc.*), Konstruktions...; **3.** *biol.* a) morpho'logisch, Struktur..., b) or'ganisch (*Krankheit etc.*); **4.** *geol.* tek'tonisch; **5.** ⚗ Struktur...; '**struc·tur·al·ism** [-lɪzəm] *s. ling., phls.* Struktura'lismus *m*.

struc·ture ['strʌktʃə] **I** *s.* **1.** Struk'tur *f* (*a.* ⚗, *biol., phys., psych., sociol.*), Gefüge *n*, (Auf)Bau *m*, Gliederung *f* (*alle a. fig.*): ~ ***of a sentence*** Satzbau *m*; ***price*** ~ ✝ Preisstruktur, -gefüge; **2.** ⚙, ⚠ Bau(art *f*) *m*, Konstrukti'on *f*; **3.** Bau(werk *n*) *m*, Gebäude *n* (*a. fig.*); *pl.* Bauten *pl.*; **4.** *fig.* Gebilde *n*; **II** *v/t.* **5.** strukturieren; '**struc·ture·less** [-tʃəlɪs] *adj.* struk'turlos; '**struc·tur·ize** [-raɪz] *v/t.* strukturieren.

strug·gle ['strʌgl] **I** *v/i.* **1.** (***against, with***) kämpfen (gegen, mit), ringen (mit) (***for*** um *Atem, Macht etc.*); **2.** sich winden, zappeln, sich sträuben (***against*** gegen); **3.** sich (ab)mühen (***with*** mit, ***to do*** *et.* zu tun), sich anstrengen *od.* quälen: ~ ***through*** sich durchkämpfen; ~ ***to one's feet*** mühsam aufstehen, sich ‚hochrappeln'; **II** *s.* **4.** Kampf *m*, Ringen *n*, Streit *m* (***for*** um, ***with*** mit): ~ ***for existence*** a) *biol.* Kampf ums Dasein, b) Existenzkampf; **5.** Anstrengung(en *pl.*) *f*, Streben *n*; **6.** Zappeln *n*, Sich'aufbäumen *n*; '**strug·gler** [-lə] *s.* Kämpfer *m*.

strum [strʌm] **I** *v/t.* **1.** klimpern auf (*dat.*): ~ ***a piano***; **2.** *Melodie* (her'unter)klimpern *od.* (-)hämmern; **II** *v/i.* **3.** klimpern (***on*** auf *dat.*); **III** *s.* **4.** Geklimper *n*.

stru·ma ['struːmə] *pl.* **-mae** [-miː] *s.* ⚕ **1.** Struma *f*, Kropf *m*; **2.** Skrofu'lose *f*; '**stru·mose** [-məʊs], '**stru·mous** [-məs] *adj.* **1.** ⚕ stru'mös; **2.** ⚕ skrofu'lös; **3.** ⚘ kropfig.

strum·pet ['strʌmpɪt] *s. obs.* Metze *f*, Dirne *f*, Hure *f*.

strung [strʌŋ] *pret. u. p.p. von* ***string***.

strut¹ [strʌt] **I** *v/i.* **1.** (ein'her)stolzieren; **2.** *fig.* großspurig auftreten, sich spreizen; **II** *s.* **3.** Stolzieren *n*, stolzer Gang; **4.** *fig.* großspuriges Auftreten.

strut² [strʌt] ⚠, ⚙ **I** *s.* Strebe *f*, Stütze *f*, Spreize *f*; **II** *v/t.* verstreben, abspreizen, -stützen.

strut·ting¹ ['strʌtɪŋ] **I** *adj.* □ großspurig, -tuerisch; **II** *s.* → ***strut¹*** II.

strut·ting² ['strʌtɪŋ] *s.* ⚙, ⚠ Verstrebung *f*, Abstützung *f*.

strych·nic ['strɪknɪk] *adj.* ⚗ Strychnin...; '**strych·nin(e)** [-niːn] *s.* ⚗ Strych'nin *n*.

stub [stʌb] **I** *s.* **1.** (Baum)Stumpf *m*; **2.** (Kerzen-, Bleistift- *etc.*)Stummel *m*, Stumpf *m*; **3.** Ziga'retten-, Zi'garrenstummel *m*, ‚Kippe' *f*; **4.** kurzer stumpfer Gegenstand, *z. B.* Kuppnagel *m*; **5.** *Am.* Kon'trollabschnitt *m*; **II** *v/t.* **6.** *Land* roden; **7.** *mst* ~ ***up*** *Bäume etc.* ausroden; **8.** mit *der Zehe etc.* (an)stoßen; **9.** *mst* ~ ***out*** *Zigarette* ausdrücken.

stub·ble ['stʌbl] *s.* **1.** Stoppel *f*; **2.** *coll.* (Getreide-, Bart- *etc.*)Stoppeln *pl.*; **3.** *a.* ~ ***field*** Stoppelfeld *n*; '**stub·bly** [-lɪ] *adj.* stopp(e)lig, Stoppel...

stub·born ['stʌbən] *adj.* □ **1.** eigensinnig, halsstarrig, störrisch, stur; 'widerspenstig (*a. Sache*); **2.** hartnäckig (*a. Widerstand etc.*); **3.** standhaft, unbeugsam; **4.** spröde, hart; *metall.* strengflüssig; '**stub·born·ness** [-nɪs] *s.* **1.** Eigen-, Starrsinn *m*, Halsstarrigkeit *f*; **2.** Hartnäckigkeit *f*; **3.** Standhaftigkeit *f*.

stub·by ['stʌbɪ] *adj.* **1.** stummelartig, kurz; **2.** unter'setzt, kurz und dick; **3.** stopp(e)lig.

stuc·co ['stʌkəʊ] ⚠ **I** *pl.* **-coes** *s.* **1.** Stuck *m* (*Gipsmörtel*); **2.** Stuck(arbeit *f*, -verzierung *f*) *m*, Stucka'tur *f*; **II** *v/t.* **3.** mit Stuck verzieren, stuckieren; '**~·work** → ***stucco*** 2.

stuck [stʌk] *pret. u. p.p. von* ***stick***.

ˌstuck-'up *adj.* F hochnäsig.

stud¹ [stʌd] **I** *s.* **1.** Beschlagnagel *m*, Knopf *m*, Knauf *m*, Buckel *m*; **2.** ⚠ (Wand)Pfosten *m*, Ständer *m*; **3.** ⚙ a) Kettensteg *m*, b) Stift *m*, Zapfen *m*, c) Stiftschraube *f*, d) Stehbolzen *m*; **4.** ⚔ (Führungs)Warze *f* (*e-s Geschosses*); **5.** Kragen- *od.* Man'schettenknopf *m*; **6.** ⚡ a) Kon'taktbolzen *m*, b) Brücke *f*; **7.** Stollen *m* (*am Fußballschuh etc.*); **II** *v/t.* **8.** (mit Beschlagnägeln *etc.*) beschlagen *od.* verzieren; **9.** *a. fig.* besetzen, über'säen; **10.** verstreut sein über (*acc.*).

stud² [stʌd] **I** *s.* **1.** Gestüt *n*; **2.** *coll.* a) Zucht *f* (*Tiere*), b) Stall *m* (*Pferde*); **3.** a) (Zucht)Hengst *m*, b) *allg.* männliches Zuchttier, c) *sl.* ‚Zuchtbulle' *m*, ‚Aufreißer' *m*; **II** *adj.* **4.** Zucht...; **5.** Stall...; '**~·book** *s.* **1.** Gestütbuch *n für Pferde*; **2.** *allg.* Zuchtstammbuch *n*.

stu·dent ['stjuːdnt] *s.* **1.** a) *univ.* Stu'dent (-in), b) *ped. bsd. Am. u. allg.* Schüler (-in), c) Lehrgangs-, Kursteilnehmer(in): ~ ***adviser*** Studienberater(in); ~ ***driver*** *Am.* Fahrschüler(in); ~ ***hostel*** Studentenwohnheim *n*; ~ ***teacher*** *ped.* Praktikant(in); **2.** Gelehrte(r *m*) *f*, Forscher (-in); Büchermensch *m*; **3.** Beobachter(in), Erforscher(in) *des Lebens etc.*; '**stu·dent·ship** [-ʃɪp] *s.* **1.** Stu'dentenzeit *f*; **2.** *Brit.* Sti'pendium *n*.

stud| farm *s.* Gestüt *n*; ~ **horse** *s.* Zuchthengst *m*.

stud·ied ['stʌdɪd] *adj.* □ **1.** gewollt, gesucht, gekünstelt; **2.** absichtlich, geflissentlich; **3.** wohl überlegt.

stu·di·o ['stjuːdɪəʊ] *s.* **1.** *paint.*, *phot. etc.* Ateli'er *n*, *a. thea. etc.* Studio *n*; **2.** ('Film)Ateliˌer *n*: **~ shot** Atelieraufnahme *f*; **3.** (Fernseh-, Rundfunk)Studio *n*, Aufnahme-, Senderaum *m*; **~ couch** *s.* Schlafcouch *f*.

stu·di·ous ['stjuːdɪəs] *adj.* □ **1.** gelehrtenhaft; **2.** fleißig, beflissen, lernbegierig; **3.** (eifrig) bedacht (**of** auf *acc.*), bemüht (**to do** zu tun); **4.** sorgfältig, peinlich (gewissenhaft); **5.** → ***studied***; '**stu·di·ous·ness** [-nɪs] *s.* **1.** Fleiß *m*, (Studier)Eifer *m*, Beflissenheit *f*; **2.** Sorgfalt *f*.

stud·y ['stʌdɪ] **I** *s.* **1.** Studieren *n*; **2.** Studium *n*: ***studies*** Studien *pl.*, Studium *n*; ***make a ~ of*** *et.* sorgfältig studieren; ***make a ~ of doing s.th.*** *fig.* bestrebt sein, et. zu tun; ***in a*** (***brown***) **~** *fig.* in Gedanken versunken, geistesabwesend; **3.** Studie *f*, Unter'suchung *f* (***of***, ***in*** über *acc.*, zu); **4.** 'Studienfach *n*, -zweig *m*, -obˌjekt *n*, Studium *n*: ***his face was a perfect ~*** *fig.* sein Gesicht war sehenswert; **5.** Studier-, Arbeitszimmer *n*; **6.** *Kunst*, *Literatur*: Studie *f*, Entwurf *m*; **7.** ♪ E'tüde *f*; **8.** ***be a good*** (***slow***) **~** *thea.* s-e Rolle leicht (schwer) lernen; **II** *v/t.* **9.** *allg.* studieren: a) *Fach etc.* erlernen, b) unter'suchen, erforschen, genau lesen: **~ *out*** *sl.* ausknobeln, c) mustern, prüfen(d ansehen), d) *sport etc. Gegner* abschätzen; **10.** *thea. Rolle* einstudieren; **11.** *Brit. j-m* gegenüber aufmerksam *od.* rücksichtsvoll sein; **12.** sich bemühen um *et.* (*od.* ***to do*** zu tun), bedacht sein auf (*acc.*): **~ *one's own interests***; **III** *v/i.* **13.** studieren; **~ group** *s.* Arbeitsgruppe *f*, -gemeinschaft *f*.

stuff [stʌf] **I** *s.* **1.** (*a.* Roh)Stoff *m*, Mate-ri'al *n*; **2.** a) (Woll)Stoff *m*, Zeug *n*, b) *Brit.* (*bsd.* Kamm)Wollstoff *m*; **3.** ⚙ Bauholz *n*; **4.** ⚙ Ganzzeug *n* (*Papier*); **5.** Lederschmiere *f*; **6.** *coll.* Zeug *n*, Sachen *pl.* (*Gepäck*, *Ware etc.*): ***green ~*** Grünzeug, Gemüse *n*; **7.** *contp.* (wertloses) Zeug, Kram *m* (*a. fig.*): **~** (***and nonsense***) dummes Zeug; **8.** *fig.* Zeug *n*, Stoff *m*: ***the ~ that heroes are made of*** das Zeug, aus dem Helden gemacht sind; ***he is made of sterner ~*** er ist aus härterem Holz geschnitzt; ***do your ~!*** F zeig mal, was du kannst!; ***he knows his ~*** F er kennt sich aus (*ist gut bewandert*); ***good ~!*** bravo!, prima!; ***that's the ~*** (***to give them***)***!*** F so ists richtig!; → ***rough*** 6; **9.** F a) ‚Zeug' *n*, ‚Stoff' *m* (*Schnaps etc.*), b) ‚Stoff' *m* (*Drogen*); **II** *v/t.* **10.** (*a. fig. sich den Kopf mit Tatsachen etc.*) voll stopfen; *e-e Pfeife* stopfen: **~ *o.s.*** (***on***) sich voll stopfen (mit *Essen*); **~ *s.o.*** (***with lies***) F j-m die Hucke voll lügen; **~*ed shirt*** *sl.* Fatzke *m*, Wichtigtuer *m*, ‚lackierter Affe'; **11.** *a.* **~ *up*** ver-, zustopfen; **12.** *Sofa etc.* polstern; **13.** *Geflügel* a) stopfen, nudeln, b) *Küche*: füllen; **14.** *Tiere* ausstopfen; **15.** *Am. Wahlurne* mit gefälschten Stimmzetteln füllen; **16.** *Leder* mit Fett imprägnieren; **17.** *et. wohin* stopfen; **18.** V *Frau* ‚bumsen': ***get ~ed!*** leck mich (am Arsch)!; **III** *v/i.* **19.** sich (den Magen) voll stopfen; '**stuff·i·ness** [-fɪnɪs] *s.* **1.** Dumpfheit *f*, Schwüle *f*, Stickigkeit *f*; **2.** Langweiligkeit *f*; **3.** F a) Spießigkeit *f*, b) Steifheit *f*, c) Verstaubtheit *f*, d) ‚Muffigkeit' *f*.

stuff·ing ['stʌfɪŋ] *s.* **1.** Füllung *f*, 'Füllmateriˌal *n*; Füllhaar *n*, 'Polstermateriˌal *n*: ***knock the ~ out of*** *fig.* a) *j-n* ‚zur Schnecke machen', b) *j-n* fix u. fertig machen, c) *j-n gesundheitlich* kaputtmachen; **2.** *Küche*: Füllung *f*, Farce *f*; **3.** *fig.* Füllsel *n*; **4.** Lederschmiere *f*; **~ box** *s.* ⚙ Stopfbüchse *f*.

stuff·y ['stʌfɪ] *adj.* □ **1.** stickig, dumpf, schwül; **2.** *fig.* langweilig, fad; **3.** F a) beschränkt, spießig, b) pe'dantisch, c) verknöchert, d) F ‚muffig', e) prüde.

stul·ti·fi·ca·tion [ˌstʌltɪfɪ'keɪʃn] *s.* Verdummung *f*; **stul·ti·fy** ['stʌltɪfaɪ] *v/t.* **1.** *a.* **~ *the mind*** verdummen; **2.** *j-n* veralbern; **3.** wirkungslos *od.* zu'nichte machen.

stum·ble ['stʌmbl] **I** *v/i.* **1.** stolpern, straucheln (***at*** *od.* ***over*** über *acc.*) (*a. fig.*): **~ *in***(***to***) *fig.* in *e-e Sache* (hinein-) stolpern, (-)schlittern; **~** (***up***)***on*** (*od.* ***across***) *fig.* zufällig stoßen auf (*acc.*); **2.** stolpern, wanken; **3.** *fig.* e-n Fehltritt tun, straucheln; **4.** stottern, stocken: **~ *through*** *Rede etc.* herunterstottern; **II** *s.* **5.** Stolpern *n*, Straucheln *n*; *fig. a.* Fehltritt *m*; **6.** *fig.* ‚Schnitzer' *m*, Fehler *m*; **stum·bling block** ['stʌmblɪŋ] *s. fig.* **1.** Hindernis *n* (***to*** für); **2.** Stolperstein *m*.

stu·mer ['stjuːmə] *s. Brit. sl.* **1.** Fälschung *f*; **2.** gefälschter *od.* ungedeckter Scheck.

stump [stʌmp] **I** *s.* **1.** (*Baum-*, *Kerzen-*, *Zahn- etc.*)Stumpf *m*, Stummel *m*; (*Ast*)Strunk *m*: **~ *foot*** ⚕ Klumpfuß *m*; ***up a ~*** *Am. sl.* in der Klemme; **2.** ***go on*** (*od.* ***take***) ***the ~*** *bsd. Am. pol.* e-e Propagandareise machen, öffentliche Reden halten; **3.** *Kricket*: Torstab *m*: ***draw*** (***the***) **~*s*** das Spiel beenden; **4.** *sl.* ‚Stelzen' *pl.* (*Beine*): ***stir one's ~s*** ‚Tempo machen', sich beeilen; **5.** *Zeichnen*: Wischer *m*; **II** *v/t.* **6.** *a.* **~ *out*** *Kricket*: *den Schläger* ‚aus' machen; **7.** F *j-n durch e-e Frage etc.* verblüffen: ***he was ~ed*** er war verblüfft *od.* aufgeschmissen; **~*ed for*** verlegen um *e-e Antwort etc.*; **8.** *bsd. Am.* F *Gegend* als Wahlredner bereisen; **~ *it*** F → 2; **9.** F sta(m)pfen über (*acc.*); **10.** *Zeichnung* abtönen; **11.** *Am.* F *j-n* her'ausfordern (*to do* zu tun); **12.** *~ up Brit.* F ‚berappen', ‚blechen'; **III** *v/i.* **13.** (da'her-)sta(m)pfen; **14.** → 12; **15.** → 2; **'stump·er** [-pə] *s.* **1.** *Kricket*: Torwächter *m*; **2.** F harte Nuss; **3.** *Am.* F a) Wahlredner *m*, b) Agi'tator *m*; **stump speech** *s. Am.* Wahlrede *f*; **'stump·y** [-pɪ] *adj.* □ **1.** stumpfartig; **2.** gedrungen, unter'setzt; **3.** plump.

stun [stʌn] *v/t.* **1.** *durch Schlag etc., a. durch Lärm etc.* betäuben; **2.** *fig.* betäuben: a) verblüffen, b) niederschmettern, c) über'wältigen: *~ned* wie betäubt *od.* gelähmt.

stung [stʌŋ] *pret. u. p.p. von* **sting**.

stunk [stʌŋk] *pret. u. p.p. von* **stink**.

stun·ner ['stʌnə] *s.* F a) ‚toller Kerl', b) ‚tolle Frau', c) ‚tolle Sache'; **'stun·ning** [-nɪŋ] *adj.* □ **1.** betäubend (*a. fig. niederschmetternd*); **2.** *sl.* ‚toll', phäno-me'nal.

stunt¹ [stʌnt] *v/t.* **1.** (im Wachstum, in der Entwicklung *etc.*) hemmen; **2.** verkümmern lassen, verkrüppeln: *~ed* verkümmert, verkrüppelt.

stunt² [stʌnt] **I** *s.* **1.** Kunst-, Glanzstück *n*; Kraftakt *m*; **2.** Sensati'on *f*: a) Schaunummer *f*, b) Bra'vourstück *n*, c) Schlager *m*; **3.** ✈ Flugkunststück *n*; *pl. a.* Kunstflug *m*; **4.** (Re'klame- *etc.*)Trick *m*, ‚tolle I'dee', *weitS.* ‚tolles Ding'; **5.** *Film*: Stunt *m*; **II** *v/i.* **6.** (Flug)Kunststücke machen, kunstfliegen; **'stunt·er** [-tə] *s.* F **1.** Kunstflieger(in); **2.** Akro-'bat(in).

stunt| fly·ing *s.* ✈ Kunstflug *m*; **'~·man** *s.* [*irr.*] *Film*: Stuntman *m*, Double *n* (*für gefährliche Szenen*); **'~,wo·man** *s.* [*irr.*] *Film*: 'Stunt,woman *f*, Double *n*.

stupe [stju:p] ⚕ **I** *s.* heißer 'Umschlag *od.* Wickel; **II** *v/t.* heiße 'Umschläge legen auf (*acc.*), *j-m* heiße 'Umschläge machen.

stu·pe·fa·cient [,stju:pɪ'feɪʃnt] **I** *adj.* betäubend, abstumpfend; **II** *s.* ⚕ Betäubungsmittel *n*; **,stu·pe'fac·tion** [-'fækʃn] *s.* **1.** Betäubung *f*; **2.** Abstumpfung *f*; **3.** Abgestumpftheit *f*; **4.** Bestürzung *f*, Verblüffung *f*; **stu·pe·fy** ['stju:pɪfaɪ] *v/t.* **1.** betäuben; **2.** verdummen; **3.** abstumpfen; **4.** verblüffen, bestürzen.

stu·pen·dous [stju:'pendəs] *adj.* □ erstaunlich; riesig, gewaltig, e'norm.

stu·pid ['stju:pɪd] **I** *adj.* □ **1.** dumm; **2.** stumpfsinnig, blöd, fad; **3.** betäubt, benommen; **II** *s.* **4.** Dummkopf *m*; **stu·pid·i·ty** [stju:'pɪdətɪ] *s.* **1.** Dummheit *f* (*a. Handlung, Idee*); **2.** Stumpfsinn *m*; **stu·por** ['stju:pə] *s.* **1.** Erstarrung *f*, Betäubung *f*; **2.** Stumpfheit *f*; **3.** ⚕, *psych.* Stupor *m*: a) Benommenheit *f*, b) Stumpfsinn *m*.

stur·di·ness ['stɜ:dɪnɪs] *s.* **1.** Ro'bustheit *f*, Kräftigkeit *f*; **2.** Standhaftigkeit *f*; **stur·dy** ['stɜ:dɪ] *adj.* □ **1.** ro'bust, kräftig, sta'bil (*a. Material etc.*); **2.** *fig.* standhaft, fest.

stur·geon ['stɜ:dʒən] *pl.* **'stur·geons**, *coll.* **'stur·geon** *s. ichth.* Stör *m*.

stut·ter ['stʌtə] **I** *v/i.* **1.** stottern (*a. Motor*); **2.** keckern (*MG etc.*); **II** *v/t.* **3.** *a.* *~ out* (her'vor)stottern; **III** *s.* **4.** Stottern *n*: *have a ~* stottern; **'stut·ter·er** [-ərə] *s.* Stotterer *m*.

sty¹ [staɪ] *s.* Schweinestall *m* (*a. fig.*).

sty², **stye** [staɪ] *s.* ⚕ Gerstenkorn *n*.

Styg·i·an ['stɪdʒɪən] *adj.* **1.** stygisch; **2.** finster; **3.** höllisch.

style [staɪl] **I** *s.* **1.** *allg.* Stil *m*: a) Art *f*, Typ *m*, b) Manier *f*, Art *f* u. Weise *f*, *sport* Technik *f*: *~ of singing* Gesangsstil; *in superior ~* in überlegener Manier, souverän; *it cramps my ~* dabei kann ich mich nicht recht entfalten, c) guter Stil: *in ~* stilvoll (→ e, f), d) Lebensart *f*, -stil: *in good* (*bad*) *~* stil-, geschmackvoll (-los), e) vornehme Lebensart, Ele'ganz *f*: *in ~* vornehm; *put on ~ Am.* F vornehm tun, f) Mode *f*: *in ~* modisch, g) *literarische etc.* Ausdrucksweise *od.* -kraft: *commercial ~* Geschäftsstil, h) Kunst-, Baustil: *in proper ~* stilecht; **2.** (Mach)Art *f*, Ausführung *f*, Fas'son *f*; *Computer*: For'matvorlage *f*, Stilvorlage *f*; **3.** a) Titel *m*, Anrede *f*, b) ✝ (Firmen)Bezeichnung *f*, Firma *f*: *under the ~ of* unter dem Namen ..., ✝ unter der Firma ...; **4.** a) *antiq.* (Schreib)Griffel *m*, b) (Schreib-, Ritz)Stift *m*, c) Radiernadel *f*, d) Feder *f e-s Dichters*, e) Nadel *f* (*Plattenspieler*); **5.** ⚕ Sonde *f*; **6.** Zeiger *m* der Sonnenuhr; **7.** Zeitrechnung *f*, Stil *m*: *Old* (*New*) ♎; **8.** ⚘ Griffel *m*; **9.** *anat.* Griffelfortsatz *m*; **II** *v/t.* **10.** betiteln, benennen, bezeichnen, anreden (mit *od.* als); **11.** a) ⚙, ✝ entwerfen, gestalten, b) modisch zuschneiden; **'styl·er** [-lə] *s.* **1.** Modezeichner(in), -schöpfer (-in); **2.** ⚙ (Form)Gestalter *m*, Designer *m*.

sty·let ['staɪlɪt] *s.* **1.** Sti'lett *n* (*Dolch*); **2.** ⚕ Man'drin *m*, Sondenführer *m*.

styl·ing ['staɪlɪŋ] *s.* **1.** Stilisierung *f*; **2.** ✝, ⚙ Styling *n*, (Form)Gestaltung *f*; *~* **mousse** [mu:s] *s.* Schaumfestiger *m*.

styl·ish ['staɪlɪʃ] *adj.* □ **1.** stilvoll; **2.** modisch, ele'gant, flott; **'styl·ish·ness** [-nɪs] *s.* Ele'ganz *f*.

styl·ist ['staɪlɪst] *s.* **1.** Sti'list(in); **2.** → *styler*; **sty·lis·tic** [staɪ'lɪstɪk] *adj.* (□ *~ally*) sti'listisch, Stil...

sty·lite ['staɪlaɪt] *s. eccl.* Sty'lit *m*, Säulenheilige(r) *m*.

styl·ize ['staɪlaɪz] *v/t.* **1.** *allg.* stilisieren; **2.** der Konventi'on unter'werfen.

sty·lo ['staɪləʊ] *pl.* **-los** F, **'sty·lo·graph** [-ləgrɑ:f], **sty·lo·graph·ic pen** [,staɪ-

S

ləʊ'græfɪk] *s.* **1.** Tintenkuli *m*; **2.** Füll(feder)halter *m*.

sty·lus ['staɪləs] *s.* **1.** → ***style*** 4 a *u.* e, 6, 8, 9; **2.** Kopierstift *m*; **3.** Schreibstift *m e-s Registriergeräts*.

sty·mie, *a.* **sty·my** ['staɪmɪ] **I** *s. Golf*: **1.** a) *Situation, wenn der gegnerische Ball zwischen dem Ball des Spielers u. dem Loch liegt, auf das er spielt*, b) *Lage des gegnerischen Balles wie in 1a*; **2.** *den Gegner (durch die Balllage von 1)* hindern; **3.** *fig.* a) *Gegner* matt setzen, b) *Plan etc.* vereiteln: ***be stymied*** ‚aufgeschmissen' sein.

styp·tic ['stɪptɪk] *adj. u. s.* ⚕ Blut stillend (-es Mittel).

Styr·i·an ['stɪrɪən] **I** *adj.* stei(e)risch, steiermärkisch; **II** *s.* Steiermärker(in).

Sty·ro·foam ['staɪrəfəʊm] *TM s.* Styro'por *n*.

Sua·bi·an ['sweɪbjən] → ***Swabian***.

su·a·ble ['sjuːəbl] *adj.* ⚖ **1.** (ein)klagbar (*Sache*); **2.** (passiv) pro'zessfähig (*Person*).

sua·sion ['sweɪʒn] *s.* **1.** (***moral*** ~ gütliches) Zureden; **2.** Über'redung(sversuch *m*) *f*; **sua·sive** ['sweɪsɪv] *adj.* ☐ **1.** über'redend, zuredend; **2.** über'zeugend.

suave [swɑːv] *adj.* ☐ **1.** verbindlich, höflich, zu'vorkommend, sanft; *contp.* ölig; **2.** lieblich, mild (*Wein etc.*); **suav·i·ty** ['swɑːvətɪ] *s.* **1.** Höflichkeit *f*, Verbindlichkeit *f*; **2.** Lieblichkeit *f*, Milde *f*; **3.** *pl.* a) Artigkeiten *pl.*, b) Annehmlichkeiten *pl.*

sub[1] [sʌb] **I** *s.* F *abbr. für* ***submarine***, ***subordinate***, ***subway***, ***subaltern***, ***sublieutenant*** *etc.*; **II** *adj.* Aushilfs..., Not...; **III** *v/i.* F (***for***) einspringen (für), vertreten (*acc.*).

sub[2] [sʌb] (*Lat.*) *prp.* unter: ~ ***finem*** am Ende (*e-s zitierten Kapitels*); ~ ***judice*** (noch) anhängig, (noch) nicht entschieden (*Rechtsfall*); ~ ***rosa*** unter dem Siegel der Verschwiegenheit, vertraulich; ~ ***voce*** unter dem angegebenen Wort (*in e-m Wörterbuch etc.*).

sub- [sʌb; səb] *in Zssgn* a) Unter..., Grund..., Sub..., b) 'untergeordnet, Neben..., Unter..., c) annähernd, d) ⚗ basisch, e) ⚘ 'umgekehrt.

ˌsub'ac·e·tate [ˌsʌb-] *s.* ⚗ basisch essigsaures Salz.

ˌsub'ac·id [ˌsʌb-] *adj.* **1.** säuerlich; **2.** *fig.* bissig, säuerlich.

ˌsub'a·gent [ˌsʌb-] *s.* **1.** ✝ a) 'Untervertreter *m*, b) 'Zwischenspediˌteur *m*; **2.** ⚖ 'Unterbevollmächtigte(r *m*) *f*.

ˌsub'al·pine [ˌsʌb-] ⚘, *zo.* **I** *adj.* subal'pin(isch); **II** *s.* a) subal'pines Tier, b) subal'pine Pflanze.

sub·al·tern ['sʌbltən] **I** *adj.* **1.** subal'tern, 'untergeordnet, Unter...; **II** *s.* **2.** Subal'terne(r *m*) *f*, Unter'gebene(r *m*) *f*; **3.** ⚔ *bsd. Brit.* Subal'ternoffiˌzier *m*.

sub·a·qua [səb'ækwə] *adj.* **1.** Unterwasser...; **2.** (Sport)Taucher...

ˌsub'arc·tic [ˌsʌb-] *adj. geogr.* sub'arktisch.

sub'au·di·ble [səb-] *adj.* **1.** *phys.* unter der Hörbarkeitsgrenze; **2.** kaum hörbar.

sub'cal·i·ber *Am.*, **sub'cal·i·bre** *Brit.* [səb-] *adj.* **1.** Kleinkaliber...; **2.** ⚔ *Artillerie*: Abkommkaliber...

'sub·comˌmit·tee ['sʌb-] *s.* 'Unterausschuss *m*.

ˌsub'com·pact (car) [ˌsʌb-] *s. mot.* Kleinwagen *m*.

ˌsub'con·scious [ˌsʌb-] ⚕, *psych.* **I** *adj.* ☐ 'unterbewusst; **II** *s.* 'Unterbewusstsein *n*, *das* 'Unterbewusste.

ˌsub'con·ti·nent [ˌsʌb-] *s. geogr.* 'Subkontiˌnent *m*.

sub'con·tract [səb-] *s.* Nebenvertrag *m*;

ˌsub·con'trac·tor [ˌsʌb-] *s.* ✝ 'Subunterˌnehmer(in), *a.* Zulieferer *m*.

ˌsub'cul·ture [ˌsʌb-] *s. sociol.* 'Subkulˌtur *f*.

sub·cu·ta·ne·ous [ˌsʌbkjuː'teɪnjəs] *adj.* ☐ *anat.* subku'tan, unter der *od.* die Haut.

sub·deb [ˌsʌb'deb] *s. Am.* F **1.** → ***subdebutante***; **2.** Teenager *m*; **ˌsub'deb·u·tante** [ˌsʌb-] *s. Am.* noch nicht in die Gesellschaft eingeführtes junges Mädchen.

ˌsub·di'vide [ˌsʌb-] *v/t.* (*v/i.* sich) unter'teilen; **'sub·diˌvi·sion** *s.* **1.** Unter'teilung *f*; **2.** 'Unterabˌteilung *f*.

sub·due [səb'djuː] *v/t.* **1.** unter'werfen (***to*** *dat.*), unter'jochen; **2.** über'winden, -'wältigen, **3.** *fig.* besiegen, bändigen, zähmen: ~ ***one's passions***; **4.** *Farbe, Licht, Stimme, Wirkung etc., a. Begeisterung, Stimmung etc.* dämpfen; **5.** *fig. j-m* e-n Dämpfer aufsetzen; **sub'dued** [-juːd] *adj.* **1.** unter'worfen, -'jocht; **2.** gebändigt; **3.** gedämpft (*a. fig.*).

ˌsub'ed·it [ˌsʌb-] *v/t. Zeitung etc.* redigieren; **ˌsub'ed·i·tor** *s.* Redak'teur *m*.

'subˌhead(·ing) ['sʌb-] *s.* **1.** 'Unter-, Zwischentitel *m*; **2.** 'Unterabˌteilung *f e-s Buches etc.*

ˌsub'hu·man [ˌsʌb-] *adj.* **1.** halb tierisch; **2.** unmenschlich.

sub·ja·cent [sʌb'dʒeɪsənt] *adj.* **1.** darunter *od.* tiefer liegend; **2.** *fig.* zu'grunde liegend.

sub·ject ['sʌbʒɪkt] **I** *s.* **1.** (*Gesprächs-etc.*)Gegenstand *m*, Thema *n*, Stoff *m*: ~ ***of conversation***; ***on the*** ~ ***of*** über (*acc.*), bezüglich (*gen.*); **2.** *ped.* (Lehr-, Schul-, Studien)Fach *n*, Fachgebiet *n*: ***compulsory*** ~ Pflichtfach; **3.** Grund *m*, Anlass *m* (***for complaint*** zur Beschwerde); **4.** Ob'jekt *n*, Gegenstand *m* (***of ridicule*** des Spotts); **5.** *paint. etc.*

S

Thema *n* (*a.* ♪), Su'jet *n*, Vorwurf *m*; **6.** *ling.* Sub'jekt *n*, Satzgegenstand *m*; **7.** 'Untertan(in), *a.* Staatsbürger(in), -angehörige(r *m*) *f*: ***a British ~***; **8.** *bsd.* ⚕ a) Ver'suchsper,son *f*, -tier *n*, b) Leichnam *m für Sektionszwecke*, c) Pati'ent (-in), *hysterische etc.* Per'son; **9.** *ohne Artikel* die betreffende Person *etc.* (*in Informationen*); **10.** *phls.* a) Sub'jekt *n*, Ich *n*, b) Sub'stanz *f*; **II** *adj. pred.* **11.** 'untertan, unter'geben (***to*** *dat.*); **12.** abhängig (***to*** von); **13.** ausgesetzt (***to*** *dem Gespött etc.*); **14.** (***to***) unter'worfen, -'liegend (*dat.*), abhängig (von), vorbehaltlich (*gen.*): ***~ to approval*** genehmigungspflichtig; ***~ to your consent*** vorbehaltlich Ihrer Zustimmung; ***~ to change without notice*** Änderungen vorbehalten; ***~ to being unsold***, ***~ to (prior) sale*** † freibleibend, Zwischenverkauf vorbehalten; **15.** (***to***) neigend (zu), anfällig (für): ***~ to headaches***; **III** *v/t.* [səb'dʒekt] **16.** (***to***) a) unter'werfen (*dat.*), abhängig machen (von), b) *e-r Behandlung, Prüfung etc.* unter'ziehen, c) *dem Gespött, der Hitze etc.* aussetzen; **~ cat·a·logue** *s.* 'Schlagwortkata,log *m*; **~ head·ing** *s.* Ru'brik *f* in e-m 'Sachre,gister; **~ in·dex** *s.* 'Sachre,gister *n*.

sub·jec·tion [səb'dʒekʃn] *s.* **1.** Unter'werfung *f*; **2.** Unter'worfensein *n*; **3.** Abhängigkeit *f*: ***be in ~ to s.o.*** von j-m abhängig sein.

sub·jec·tive [səb'dʒektɪv] **I** *adj.* □ **1.** *allg.*, *a.* ⚕, *phls.* subjek'tiv; **2.** *ling.* Subjekts...; **II** *s.* **3.** *a.* ***~ case*** *ling.* Nominativ *m*; **sub'jec·tive·ness** [-nɪs] *s.* Subjektivi'tät *f*; **sub'jec·tiv·ism** [-vɪzəm] *s. bsd. phls.* Subjekti'vismus *m*.

sub·jec·tiv·i·ty [ˌsʌbdʒek'tɪvətɪ] *s.* Subjektivi'tät *f*.

sub·ject| mat·ter *s.* **1.** Gegenstand *m* (*e-r Abhandlung etc.*, *a.* ⚖); **2.** Stoff *m*, Inhalt *m* (*Ggs. Form*); **~ ref·er·ence** *s.* Sachverweis *m*.

ˌsub'join [ˌsʌb-] *v/t.* **1.** hin'zufügen, -setzen; **2.** beilegen, -fügen.

sub ju·di·ce [ˌsʌb'dʒuːdɪsɪ] *s.* ⚖ ***be ~*** verhandelt werden.

sub·ju·gate ['sʌbdʒʊgeɪt] *v/t.* **1.** unter'jochen, -'werfen (***to*** *dat.*); **2.** *bsd. fig.* bezwingen, bändigen; **sub·ju·ga·tion** [ˌsʌbdʒʊ'geɪʃn] *s.* Unter'werfung *f*, -'jochung *f*.

sub·junc·tive [səb'dʒʌŋktɪv] *ling.* **I** *adj.* □ **1.** konjunktiv(isch); **II** *s.* **2.** *a.* ***~ mood*** Konjunktiv *m*; **3.** Konjunktivform *f*.

ˌsub'lease [ˌsʌb-] **I** *s.* 'Untermiete *f*, -pacht *f*, -vermietung *f*, -verpachtung *f*; **II** *v/t.* 'untervermieten, -verpachten; **ˌsub·les'see** *s.* 'Untermieter(in), -pächter(in); **ˌsub·les'sor** [-'sɔː] *s.* 'Untervermieter(in), -verpächter(in).

sub·let [ˌsʌb'let] *v/t.* [*irr.* → ***let***[1]] 'unter-, weitervermieten.

sub·lieu·ten·ant [ˌsʌblef'tenənt] *s.* ⚓ *Brit.* Oberleutnant *m* zur See.

sub·li·mate ['sʌblɪmeɪt] **I** *v/t.* **1.** ⚗ sublimieren; **2.** *fig.* sublimieren (*a. psych.*), veredeln, vergeistigen; **II** *s.* [-mɪt] **3.** ⚗ Subli'mat *n*; **sub·li·ma·tion** [ˌsʌblɪ'meɪʃn] *s.* **1.** ⚗ Sublimati'on *f*; **2.** *fig.* Sublimierung *f* (*a. psych.*).

sub·lime [sə'blaɪm] **I** *adj.* □ **1.** erhaben, hehr, su'blim; **2.** a) großartig (*a. iro.*): ***~ ignorance***, b) *iro.* kom'plett: ***a ~ idiot***, c) krass: ***~ indifference***; **II** *s.* **3.** ***the ~*** das Erhabene; **III** *v/t.* **4.** → ***sublimate*** 1 *u.* 2; **IV** *v/i.* **5.** ⚗ sublimiert werden; **6.** *fig.* sich läutern.

sub·lim·i·nal [ˌsʌb'lɪmɪnl] *psych.* **I** *adj.* **1.** 'unterbewusst: ***~ self*** → 3; **2.** 'unterschwellig (*Reiz etc.*, † *Werbung*); **II** *s.* **3.** *das* 'Unterbewusste.

ˌsub·ma'chine-gun [ˌsʌb-] *s.* ⚔ Ma'schinenpi,stole *f*.

sub·man ['sʌbmæn] *s.* [*irr.*] **1.** tierischer Kerl; **2.** Idi'ot *m*.

ˌsub·ma'rine [ˌsʌb-] **I** *s.* **1.** ⚓, ⚔ 'Unterseeboot *n*, U-Boot *n*; **II** *adj.* **2.** 'unterseeisch, Untersee..., subma'rin; **3.** ⚓, ⚔ Unterseeboot..., U-Boot-...: ***~ warfare***; ***~ chaser*** U-Boot-Jäger *m*; ***~ pen*** U-Boot-Bunker *m*.

sub·merge [səb'mɜːdʒ] **I** *v/t.* **1.** ein-, 'untertauchen; **2.** über'schwemmen, unter Wasser setzen; **3.** *fig.* a) unter'drücken, b) über'tönen; **II** *v/i.* **4.** 'untertauchen, -sinken; **5.** ⚓ tauchen (*U-Boot*); **sub'merged** [-dʒd] *adj.* **1.** 'untergetaucht; ⚓, ⚔ *Angriff etc.* unter Wasser; **2.** über'schwemmt; **3.** *fig.* verelendet, verarmt.

sub·mersed [səb'mɜːst] *adj.* **1.** → ***submerged*** 1 *u.* 2; **2.** *bsd.* ⚘ Unterwasser...: ***~ plants***; **sub'mers·i·ble** [-səbl] **I** *adj.* **1.** 'untertauch-, versenkbar; **2.** über'schwemmbar; **3.** ⚓ tauchfähig; **II** *s.* **4.** ⚓ 'Unterseeboot *n*; **sub'mer·sion** [-ɜːʃn] *s.* **1.** Ein-, 'Untertauchen *n*; **2.** Über'schwemmung *f*.

sub·mis·sion [səb'mɪʃn] *s.* **1.** (***to***) Unter'werfung *f* (unter *acc.*), Ergebenheit *f* (in *acc.*), Gehorsam *m* (gegen); **2.** Unter'würfigkeit *f*: ***with all due ~*** mit allem schuldigen Respekt; **3.** *bsd.* ⚖ Vorlage *f e-s Dokuments etc.*, Unter'breitung *f e-r Frage etc.*; **4.** ⚖ a) Sachvorlage *f*, Behauptung *f*, b) Kompro'miss *m*, *n*; **sub'mis·sive** [-ɪsɪv] *adj.* □ **1.** ergeben, gehorsam; **2.** unter'würfig; **sub'mis·sive·ness** [-ɪsɪvnɪs] *s.* **1.** Ergebenheit *f*; **2.** Unter'würfigkeit *f*; **sub'mit** [-'mɪt] **I** *v/t.* **1.** unter'werfen, -'ziehen, aussetzen (***to*** *dat.*): ***~ o.s.*** (***to***) → 4; **2.** *bsd.* ⚖ unter'breiten, vortragen, -legen (***to*** *dat.*); **3.** *bsd.* ⚖ beantragen, behaupten, zu bedenken geben, an-

S

'heim stellen (**to** *dat.*); *bsd. parl.* ergebenst bemerken; **II** *v/i.* **4.** (**to**) gehorchen (*dat.*), sich fügen (*dat. od.* in *acc.*); sich *j-m*, *e-m Urteil etc.* unter'werfen, sich *e-r Operation etc.* unter'ziehen; **sub'mit·tal** [-'mɪtl] *s.* Vorlage *f*, Unter'breitung *f*.

ˌsub'nor·mal [ˌsʌb-] *adj.* ☐ **1.** a) 'unterˌdurchschnittlich, b) minderbegabt, c) schwachsinnig; **2.** ⩚ 'subnorˌmal.

ˌsub'note·book [ˌsʌb-] *s. Computer*: Sub-'Notebook *n* (*tragbarer Computer, kleiner als ein Notebook*).

'subˌor·der ['sʌb-] *s. biol.* 'Unterordnung *f*.

sub·or·di·nate [sə'bɔːdnɪt] **I** *adj.* ☐ **1.** 'untergeordnet: a) unter'stellt (**to** *dat.*): **~ *position*** untergeordnete Stellung, b) zweitrangig, nebensächlich: **~ *clause*** *ling.* Nebensatz *m*; ***be ~ to*** *e-r Sache* an Bedeutung nachstehen; **II** *s.* **2.** Unter'gebene(r *m*) *f*; **III** [-dɪneɪt] *v/t.* **3.** *a. ling.* 'unterordnen (**to** *dat.*); **4.** zu'rückstellen (**to** hinter *acc.*); **sub·or·di·na·tion** [səˌbɔːdɪ'neɪʃn] *s.* 'Unterordnung *f* (**to** unter *acc.*); **sub'or·di·na·tive** [-dɪnətɪv] *adj. ling.* 'unterordnend: **~ *conjunction***.

sub·orn [sʌ'bɔːn] *v/t.* ⚖ (*bsd.* zum Meineid) anstiften; *Zeugen* bestechen; **sub·or·na·tion** [ˌsʌbɔː'neɪʃn] *s.* ⚖ Anstiftung *f*, Verleitung *f* (**of** zum *Meineid*, zu *falscher Zeugenaussage*), (Zeugen)Bestechung *f*.

sub·pe·na *Am.* → ***subpoena***.

'sub·plot ['sʌb-] *s.* Nebenhandlung *f*.

sub·poe·na [səb'piːnə] ⚖ **I** *s.* (Vor)Ladung *f* (unter Strafandrohung); **II** *v/t.* vorladen.

sub·ro·gate ['sʌbrəʊgeɪt] *v/t.* ⚖ einsetzen (***for s.o.*** an j-s Stelle; ***to the rights of*** in *j-s* Rechte); **sub·ro·ga·tion** [ˌsʌbrəʊ'geɪʃn] *s.* ⚖ 'Forderungsˌübergang *m* (kraft Gesetzes); Ersetzung *f e-s Gläubigers durch e-n anderen*: **~ *of rights*** Rechtseintritt *m*.

sub·scribe [səb'skraɪb] **I** *v/t.* **1.** *Vertrag etc.* unter'zeichnen, ('unterschriftlich) anerkennen; **2.** *et.* mit *s-m Namen etc.* (unter)'zeichnen; **3.** *Geldbetrag* zeichnen (**for** für *Aktien*, **to** für *e-n Fonds*); **II** *v/i.* **4.** e-n Geldbetrag zeichnen (**to** für *e-n Fonds*, **for** für *e-e Anleihe etc.*); **5. ~ *for*** *Buch* vorbestellen; **6. ~ *to*** *Zeitung etc.* abonnieren; **7.** unter'schreiben, -'zeichnen (**to** *acc.*); **8. ~ *to*** *fig. et.* unter'schreiben, gutheißen, billigen; **sub'scrib·er** [-bə] *s.* **1.** Unter'zeichner(-in), -'zeichnete(r *m*) *f* (**to** *gen.*); **2.** Befürworter(in) (**to** *gen.*); **3.** Subskri'bent(in), Abon'nent(in); *teleph.* Teilnehmer(in); **4.** Zeichner *m*, Spender *m* (**to** *e-s Geldbetrages*).

sub·scrip·tion [səb'skrɪpʃn] *s.* **1.** a) Unter'zeichnung *f*, b) 'Unterschrift *f*; **2.** (**to**) ('unterschriftliche) Einwilligung (in *acc.*), Zustimmung *f* (zu); **3.** (**to**) Beitrag *m* (zu, für), Spende *f* (für), (gezeichneter) Betrag; (*teleph.* Grund)Gebühr *f*; **4.** *Brit.* (Mitglieds)Beitrag *m*; **5.** Abonne'ment *n*, Bezugsrecht *n*, Subskripti'on *f* (**to** auf *acc.*): ***by ~*** im Abonnement; ***take out a ~ to*** *Zeitung etc.* abonnieren; **6.** ✝ Zeichnung *f* (**of** *e-r Summe, Anleihe etc.*): **~ *for shares*** Aktienzeichnung; ***open for ~*** zur Zeichnung aufgelegt; ***invite ~s for a loan*** e-e Anleihe (zur Zeichnung) auflegen; **~ *list*** *s.* **1.** ✝ Subskripti'onsliste *f*; **2.** *Zeitung*: Zeichnungsliste *f*; **~ *price*** *s.* Bezugspreis *m*.

'subˌsec·tion ['sʌb-] *s.* 'Unterabˌteilung *f*, -abschnitt *m*.

sub·se·quence ['sʌbsɪkwəns] *s.* **1.** späteres Eintreten; **2.** ⩚ Teilfolge *f*; **'sub·se·quent** [-nt] *adj.* ☐ (nach)folgend, später, nachträglich, Nach...: **~ *to*** a) später als, b) nach, im Anschluss an (*acc.*), folgend (*dat.*); **~ *upon*** a) infolge (*gen.*), b) *nachgestellt*: (daraus) entstehend, (daraufhin) erfolgend; **'sub·se·quent·ly** [-ntlɪ] *adv.* **1.** 'hinterher, nachher; **2.** anschließend; **3.** später.

sub·serve [səb'sɜːv] *v/t.* dienlich *od.* förderlich sein (*dat.*); **sub'ser·vi·ence** [-vjəns] *s.* **1.** Dienlich-, Nützlichkeit *f* (**to** für); **2.** Abhängigkeit *f* (**to** von); **3.** Unter'würfigkeit *f*; **sub'ser·vi·ent** [-vjənt] *adj.* ☐ **1.** dienstbar, 'untergeordnet (**to** *dat.*); **2.** unter'würfig (**to** gegenüber); **3.** dienlich, förderlich (**to** *dat.*).

sub·side [səb'saɪd] *v/i.* **1.** sich senken: a) sinken (*Flut etc.*), b) (ein)sinken, absacken (*Boden etc.*), sich setzen (*Haus*); **2.** ⚗ sich niederschlagen; **3.** *fig.* abklingen, abflauen, sich legen: **~ *into*** verfallen in (*acc.*); **4.** *in e-n Sessel etc.* sinken.

sub·sid·i·ar·i·ty [səbˌsɪdɪ'ærətɪ] *s. pol.* Subˌsidiari'tät(sprinzip *n*) *f*.

sub·sid·i·ar·y [səb'sɪdjərɪ] **I** *adj.* ☐ **1.** Hilfs..., Unterstützungs..., Subsidien...: ***be ~ to*** ergänzen, unterstützen; **2.** 'untergeordnet (**to** *dat.*), Neben...: **~ *company*** → 4; **~ *stream*** Nebenfluss *m*; **II** *s.* **3.** *oft pl.* Hilfe *f*, Stütze *f*; **4.** ✝ Tochtergesellschaft *f*.

sub·si·dize ['sʌbsɪdaɪz] *v/t.* subventionieren; **'sub·si·dy** [-dɪ] *s.* **1.** Beihilfe *f* (aus öffentlichen Mitteln), Subventi'on *f*; **2.** *oft pl. pol.* Sub'sidien *pl.*, Hilfsgelder *pl.*

sub·sist [səb'sɪst] **I** *v/i.* **1.** existieren, bestehen; **2.** weiter bestehen, fortdauern; **3.** sich ernähren *od.* erhalten, leben ([**up**]**on** von *e-r Nahrung*, **by** von *e-m Beruf*); **II** *v/t.* **4.** *j-n* er-, unter'halten; **sub'sist·ence** [-təns] *s.* **1.** Dasein *n*,

S

Exi'stenz *f*; **2.** ('Lebens),Unterhalt *m*, Auskommen *n*, Exi'stenz(möglichkeit) *f*: **~ *level*** Existenzminimum *n*; **3.** *bsd.* ⚔ Verpflegung *f*, -sorgung *f*; **4.** *a.* **~ *money*** a) (Lohn)Vorschuss *m*, b) 'Unterhaltsbeihilfe *f*, -zuschuss *m*.

'sub·soil ['sʌb-] *s.* 'Untergrund *m*.

ˌsub'son·ic [ˌsʌb-] **I** *adj.* Unterschall...; **II** *s.* 'Unterschallflug(zeug *n*) *m*.

'subˌspe·cies ['sʌb-] *s. biol.* 'Unterart *f*, Sub'spezies *f*.

sub·stance ['sʌbstəns] *s.* **1.** Sub'stanz *f*, Ma'terie *f*, Stoff *m*, Masse *f*; **2.** feste Konsi'stenz, Körper *m* (*Tuch etc.*); **3.** *fig.* Sub'stanz *f*: a) Wesen *n*, b) *das* Wesentliche, wesentlicher Inhalt *od.* Bestandteil, Kern *m*: ***this essay lacks* ~**; ***in* ~** im Wesentlichen *übereinstimmen etc.*, c) Gehalt *m*: ***arguments of little* ~** wenig stichhaltige Argumente; **4.** *phls.* a) Sub'stanz *f*, b) Wesen *n*, Ding *n*; **5.** Vermögen *n*, Kapi'tal *n*: ***a man of* ~** ein vermögender Mann.

sub'stand·ard [səb-] *adj.* **1.** unter der Norm, klein..., Klein...; **2.** *ling.* 'umgangssprachlich.

sub·stan·tial [səb'stænʃl] *adj.* □ → ***substantially***; **1.** materi'ell, stofflich, wirklich; **2.** fest, kräftig; **3.** nahrhaft, kräftig: ***a* ~ *meal***; **4.** beträchtlich, wesentlich (*Fortschritt, Unterschied etc.*), namhaft (*Summe*); **5.** wesentlich: ***in* ~ *agreement*** im Wesentlichen übereinstimmend; **6.** vermögend, kapi'talkräftig; **7.** *phls.* substanzi'ell, wesentlich; **sub·stan·ti·al·i·ty** [səbˌstænʃɪ'ælətɪ] *s.* **1.** Wirklichkeit *f*, Stofflichkeit *f*; **2.** Festigkeit *f*; **3.** Nahrhaftigkeit *f*; **4.** Gediegenheit *f*; **5.** Stichhaltigkeit *f*; **6.** *phls.* Substanziali'tät *f*; **sub'stan·tial·ly** [-ʃəlɪ] *adv.* **1.** dem Wesen nach; **2.** im Wesentlichen, wesentlich; **3.** beträchtlich, wesentlich, in hohem Maße; **4.** wirklich; **sub'stan·ti·ate** [-ʃɪeɪt] *v/t.* **1.** a) begründen, b) erhärten, beweisen, c) glaubhaft machen; **2.** Gestalt *od.* Wirklichkeit verleihen (*dat.*), konkretisieren; **3.** stärken, festigen; **sub·stan·ti·a·tion** [səbˌstænʃɪ'eɪʃn] *s.* **1.** a) Begründung *f*, b) Erhärtung *f*, Beweis *m*, c) Glaubhaftmachung *f*: ***in* ~ *of*** zur Erhärtung *od.* zum Beweis von (*od. gen.*); **2.** Verwirklichung *f*.

sub·stan·ti·val [ˌsʌbstən'taɪvl] *adj.* □ *ling.* substantivisch, Substantiv...; **sub·stan·tive** ['sʌbstəntɪv] **I** *s.* **1.** *ling.* a) Substantiv *n*, Hauptwort *n*, b) substantivisch gebrauchte Form; **II** *adj.* □ **2.** *ling.* substantivisch (gebraucht); **3.** selbstständig; **4.** wesentlich; **5.** wirklich, re'al; **6.** fest; **7.** ⚖ materi'ell: **~ *law***.

'subˌsta·tion ['sʌb-] *s.* **1.** Neben-, Außenstelle *f*: ***post office* ~** Zweigpostamt *n*; **2.** ⚡ 'Unterwerk *n*; **3.** *teleph.* (Teilnehmer)Sprechstelle *f*.

sub·sti·tute ['sʌbstɪtju:t] **I** *s.* **1.** Ersatz(-mann) *m*: a) (Stell)Vertreter(in), b) *sport* Auswechselspieler(in): ***act as a* ~ *for*** *j-n* vertreten; **~*s' bench*** Ersatzbank *f*, Auswechselbank *f*, c) *Am.* Aushilfslehrer(in); **2.** Ersatz(stoff) *m*, Surro'gat *n* (***for*** für); **3.** *ling.* Ersatzwort *n*; **II** *adj.* **4.** Ersatz...: **~ *driver***; **~ *material*** ⚙ Austausch(werk)stoff *m*; **~ *power of attorney*** ⚖ Untervollmacht *f*; **III** *v/t.* **5.** (***for***) einsetzen (für, an Stelle von), an die Stelle setzen (von *od. gen.*): **~ *A for B*** B durch A ersetzen, B gegen A austauschen *od.* auswechseln (*alle a. sport*); **6.** ersetzen, an *j-s* Stelle treten; **IV** *v/i.* **7.** (***for***) als Ersatz dienen, als Stellvertreter fungieren (für), vertreten (*acc.*), an die Stelle treten (von *od. gen.*); **sub·sti·tu·tion** [ˌsʌbstɪ'tju:ʃn] *s.* **1.** Einsetzung *f* (⚖ *e-s Ersatzerben, Unterbevollmächtigten*); *bsd. b.s.* (*Kindes- etc.*)'Unterschiebung *f*; **2.** Ersatz *m*, Ersetzung *f*; (ersatzweise) Verwendung; **3.** Stellvertretung *f*; **4.** ⚗, ⚗, *ling.* Substituti'on *f*; **substi·tu·tion·al** [ˌsʌbstɪ'tju:ʃənl] *adj.* □ **1.** stellvertretend, Stellvertretungs...; **2.** Ersatz...

ˌsub'stra·tum [ˌsʌb-] *s.* [*irr.*] **1.** 'Unter-, Grundlage *f* (*a. fig.*); **2.** *geol.* 'Unterschicht *f*; **3.** *biol.* a) Sub'strat *n*, Nähr-, Keimboden *m*, b) *a.* ⚗ Träger *m*, Medium *n*; **4.** *phot.* Grundschicht *f*; **5.** *ling.* Sub'strat *n*; **6.** *phls.* Sub'stanz *f*.

'subˌstruc·ture ['sʌb-] *s.* **1.** △ Funda'ment *n*, 'Unterbau *m* (*a.* 🚂); **2.** *fig.* Grundlage *f*.

sub·sume [səb'sju:m] *v/t.* **1.** zs.-fassen, 'unterordnen (***under*** unter *dat. od. acc.*); **2.** einordnen, -reihen, -schließen (***in*** in *acc.*); **3.** *phls. als Prämisse* vor'ausschicken; **sub'sump·tion** [-'sʌmpʃn] *s.* **1.** Zs.-fassung *f* (***under*** unter *dat. od. acc.*); **2.** Einordnung *f*.

ˌsub'ten·ant [ˌsʌb-] *s.* 'Untermieter *m*, -pächter *m*.

sub·ter·fuge ['sʌbtəfju:dʒ] *s.* **1.** Vorwand *m*, Ausflucht *f*; **2.** List *f*.

sub·ter·ra·ne·an [ˌsʌbtə'reɪnjən] *adj.*, **ˌsub·ter'ra·ne·ous** [-njəs] *adj.* □ **1.** 'unterirdisch (*a. fig.*); **2.** *fig.* verborgen, heimlich.

sub·tile ['sʌtl], **sub·til·i·ty** [səb'tɪlətɪ] → ***subtle***, ***subtlety***; **sub·til·i·za·tion** [ˌsʌtɪlaɪ'zeɪʃn] *s.* **1.** Verfeinerung *f*; **2.** Spitzfindigkeit *f*; **3.** ⚗ Verflüchtigung *f*; **sub·til·ize** ['sʌtɪlaɪz] **I** *v/t.* **1.** verfeinern; **2.** spitzfindig diskutieren *od.* erklären; ausklügeln; **3.** ⚗ verflüchtigen, -dünnen; **II** *v/i.* **4.** spitzfindig argumentieren.

'subˌti·tle ['sʌb-] **I** *s.* 'Untertitel *m* (*Buch, Film*); **II** *v/t. Film* unter'titeln.

sub·tle ['sʌtl] *adj.* □ **1.** *allg.* fein: **~ *delight***; **~ *odo(u)r***; **~ *smile***; **2.** fein(sinnig), sub'til: **~ *distinction***; **~ *irony***; **3.**

scharf(sinnig), spitzfindig; **4.** heikel, schwierig: ***a ~ point***; **5.** raffiniert; **6.** schleichend (*Gift*); **'sub·tle·ty** [-tɪ] *s.* **1.** Feinheit *f*, sub'tile Art; **2.** Spitzfindigkeit *f*; **3.** Scharfsinn(igkeit *f*) *m*; **4.** Gerissenheit *f*, Raffi'nesse *f*; **5.** schlauer Einfall, Fi'nesse *f*.

sub·to·pi·a [sʌb'təʊpɪə] *s. Brit.* zersiedelte Landschaft.

sub'to·tal [səb-] *s.* ⩓ Zwischen-, Teilsumme *f*.

sub·tract [səb'trækt] **I** *v/t.* ⩓ abziehen, subtrahieren; **II** *v/i. fig.* (***from***) Abstriche machen (von), schmälern (*acc.*); **sub'trac·tion** [-kʃn] *s.* **1.** ⩓ Subtrakti'on *f*, Abziehen *n*; **2.** *fig.* Abzug *m*.

sub·tra·hend ['sʌbtrəhənd] *s.* ⩓ Subtra'hend *m*.

sub·trop·i·cal [ˌsʌb'trɒpɪkl] *adj. geogr.* subtropisch; **ˌsub'trop·ics** [-ks] *s. pl. geogr.* Subtropen *pl.*

sub·urb ['sʌbɜːb] *s.* Vorstadt *f*, -ort *m*; **sub·ur·ban** [sə'bɜːbən] **I** *adj.* **1.** vorstädtisch, Vorstadt..., Vororts...; **2.** *contp.* kleinstädtisch, spießig; **II** *s.* **3.** → ***suburbanite***; **sub·ur·ban·ite** [sə'bɜːbənaɪt] *s.* Vorstadtbewohner(in); **sub·ur·bi·a** [sə'bɜːbɪə] *s. oft contp.* **1.** Vorstadt *f*; **2.** *coll. die* Vorstädter *pl.*

'sub·vaˌri·e·ty ['sʌb-] *s.* ⚘, *zo.* 'untergeordnete Abart.

sub·ven·tion [səb'venʃn] *s.* (staatliche) Subventi'on, (geldliche) Beihilfe, Unter'stützung *f*; **sub'ven·tioned** [-nd] *adj.* subventioniert.

sub·ver·sion [səb'vɜːʃn] *s.* **1.** *pol.* a) 'Umsturz *m*, Sturz *m e-r Regierung*, b) Staatsgefährdung *f*, Verfassungsverrat *m*; **2.** Unter'grabung *f*, Zerrüttung *f*; **sub'ver·sive** [-ɜːsɪv] *adj.* **1.** *pol.* 'umstürzlerisch, staatsgefährdend, Wühl..., subver'siv; **2.** zerstörerisch; **3.** zerrüttend; **sub'vert** [-ɜːt] *v/t.* **1.** *Regierung* stürzen; *Gesetz* 'umstoßen; *Verfassung* gewaltsam ändern; **2.** *Glauben*, *Moral*, *Ordnung etc.* unter'graben, zerrütten.

'sub·way ['sʌb-] *s.* **1.** ('Straßen-, 'Fußgänger)Unterˌführung *f*; **2.** *Am.* U-Bahn *f*.

ˌsub'ze·ro [ˌsʌb-] *adj.* unter dem Gefrierpunkt.

suc·ceed [sək'siːd] **I** *v/i.* **1.** glücken, gelingen, erfolgreich sein *od.* verlaufen, Erfolg haben (*Sache*); **2.** Erfolg haben, erfolgreich sein, sein Ziel erreichen (*Person*) (***as*** als, ***in*** mit *et.*, ***with*** bei *j-m*): ***he ~ed in doing s.th.*** es gelang ihm, et. zu tun; ***~ in an action*** ⚖ obsiegen; **3.** (***to***) a) Nachfolger werden (in *e-m Amt etc.*), b) erben (*acc.*): ***~ to the throne*** auf den Thron folgen; ***~ to s.o.'s rights*** in j-s Rechte eintreten; **4.** (***to***) *unmittelbar* folgen (*dat. od.* auf *acc.*), nachfolgen (*dat.*); **II** *v/t.* **5.** nachfolgen (*dat.*), folgen (*dat. od.* auf *acc.*); *j-s* (Amts-, Rechts)Nachfolger werden, an *j-s* Stelle treten; *j-n* beerben: ***~ s.o. in office*** j-s Amt übernehmen.

suc·cès d'es·time [sʊkˌseɪdes'tiːm] (*Fr.*) *s.* Achtungserfolg *m*.

suc·cess [sək'ses] *s.* **1.** (guter) Erfolg, Gelingen *n*: ***with ~*** erfolgreich; ***without ~*** erfolglos; ***be a*** (***great***) ***~*** ein (großer) Erfolg sein (*Sache u. Person*), (gut) einschlagen; ***crowned with ~*** von Erfolg gekrönt (*Bemühung*); ***~ rate*** Erfolgsquote *f*; **2.** Erfolg *m*, Glanzleistung *f*; **3.** *beruflicher etc.* Erfolg; **suc'cess·ful** [-fʊl] *adj.* □ **1.** erfolgreich: ***be ~ in doing s.th.*** et. mit Erfolg tun, Erfolg haben bei *od.* mit et.; **2.** erfolgreich, glücklich (*Sache*): ***be ~*** → ***succeed*** 1.

suc·ces·sion [sək'seʃn] *s.* **1.** (Aufeinander-, Reihen)Folge *f*: ***in ~*** nach-, auf-, hintereinander; ***in rapid ~*** in rascher Folge; **2.** Reihe *f*, Kette *f*, ('ununterˌbrochene) Folge (***of*** *gen. od.* von); **3.** Nach-, Erbfolge *f*, Sukzessi'on *f*: ***~ to the throne*** Thronfolge; ***in ~ to*** als Nachfolger von; ***be next in ~ to s.o.*** als Nächster auf j-n folgen; ***~ to an office*** Übernahme *f* e-s Amtes, Amtsnachfolge; ***Apostolic ≈*** *eccl.* apostolische Sukzession; ***the War of the Spanish ≈*** *hist.* der Spanische Erbfolgekrieg; **4.** ⚖ a) Rechtsnachfolge *f*, b) Erbfolge *f*, c) *a.* ***order of ~*** Erbfolgeordnung *f*, d) *a.* ***law of ~*** *objektives* Erb(folge)recht, e) ***~ to*** 'Übernahme *f e-s Erbes*: ***~ duties*** Erbschaftssteuer *f* (*für unbewegliches Vermögen*); ***~ rights*** *subjektive* Erbrechte; **5.** *coll.* Nachkommenschaft *f*, Erben *pl.*; **suc'ces·sive** [-esɪv] *adj.* □ (aufein'ander) folgend, sukzes'siv: ***3 ~ days*** 3 Tage hintereinander; **suc'ces·sive·ly** [-esɪvlɪ] *adv.* nach-, hintereinander, der Reihe nach; **suc'ces·sor** [-esə] *s.* **1.** Nachfolger(in), (***to***, ***of*** *j-s*, für *j-n*): ***~ in office*** Amtsnachfolger; ***~ to the throne*** Thronfolger *m*; **2.** *a.* ***~ in interest*** (*od.* ***title***) ⚖ Rechtsnachfolger(in).

suc·cinct [sək'sɪŋkt] *adj.* □ kurz (und bündig), knapp, la'konisch, prä'gnant; **suc'cinct·ness** [-nɪs] *s.* Kürze *f*, Bündigkeit *f*, Prä'gnanz *f*.

suc·cor ['sʌkə] *Am.* → ***succour***.

suc·co·ry ['sʌkərɪ] *s.* ⚘ Zi'chorie *f*.

suc·cour ['sʌkə] **I** *s.* Hilfe *f*, Beistand *m*; ⚔ Entsatz *m*; **II** *v/t.* beistehen (*dat.*), zu Hilfe kommen (*dat.*); ⚔ entsetzen.

suc·cu·lence ['sʌkjʊləns], **'suc·cu·len·cy** [-sɪ] *s.* Saftigkeit *f*; **'suc·cu·lent** [-nt] *adj.* □ **1.** saftig, fleischig, sukku'lent (*Frucht etc.*); **2.** *fig.* kraftvoll, saftig.

suc·cumb [sə'kʌm] *v/i.* **1.** zs.-brechen (***to*** unter *dat.*); **2.** (***to***) (*j-m*) unter'liegen, (*e-r Krankheit*, *s-n Verletzungen*

S

etc., *a. der Versuchung*) erliegen; **3.** (***to***, ***under***, ***before***) nachgeben (*dat.*).

such [sʌtʃ; sətʃ] **I** *adj.* **1.** solch, derartig: ***no ~ thing*** nichts dergleichen; ***there are ~ things*** so etwas gibt es *od.* kommt vor; ***~ people as you see here*** die(jenigen) *od.* alle Leute, die man hier sieht; ***a system ~ as this*** ein derartiges System; ***~ a one*** ein solcher, eine solche, ein solches; ***~ and ~ persons*** die u. die Personen; **2.** ähnlich, derartig: ***silk and ~ luxuries***; ***poets ~ as Spenser*** Dichter wie Spenser; **3.** *pred.* so (beschaffen), derart(ig) (***as to*** dass): ***~ is life*** so ist das Leben; ***~ as it is*** wie es nun einmal ist; ***~ being the case*** da es sich so verhält; **4.** solch, so (groß *od.* klein *etc.*), dermaßen: ***~ a fright that*** e-n derartigen Schrecken, dass...; ***~ was the force of the explosion*** so groß war die Gewalt der Explosion; **5.** F so (gewaltig), solch: ***we had ~ fun*** wir hatten e-n Riesenspaß; **II** *adv.* **6.** so, derart: ***~ a nice day*** so ein schöner Tag; ***~ a long time*** e-e so lange Zeit; **III** *pron.* **7.** solch, der, die das, die *pl.*: ***~ as*** a) diejenigen welche, alle die, b) wie (zum Beispiel); ***~ was not my intention*** das war nicht meine Absicht; ***man as ~*** der Mensch als solcher; ***and ~*** (***like***) u. dergleichen; **8.** F *u.* ✝ der-, die-, das'selbe, die'selben *pl.*; '**~·like** *adj. u. pron.* dergleichen.

suck [sʌk] **I** *v/t.* **1.** saugen (***from***, ***out of*** aus *dat.*); **2.** saugen an (*dat.*), aussaugen; **3.** *a.* ***~ in***, ***~ up*** ein-, aufsaugen, absorbieren (*a. fig.*); **4.** ***~ in*** einsaugen, verschlingen; **5.** lutschen (an *dat.*): ***~ one's thumb*** (am) Daumen lutschen; **6.** schlürfen: ***~ soup***; **7.** *fig.* holen, gewinnen, ziehen: ***~ advantage out of*** Vorteil ziehen aus; **8.** *fig.* aussaugen: ***~ s.o.'s brain*** j-n ausholen, j-m s-e Ideen stehlen; **II** *v/i.* **9.** saugen, lutschen (***at*** an *dat.*); **10.** Luft saugen *od.* ziehen (*Pumpe*); **11. *... sucks*** *Am. sl.* ... ist ‚echt beschissen'; **12. *~ up to*** *sl. j-m* ‚in den Arsch kriechen'; **III** *s.* **13.** Saugen *n*, Lutschen *n*: ***give ~ to*** → ***suckle*** 1; **14.** Sog *m*, Saugkraft *f*; **15.** saugendes Geräusch; **16.** Strudel *m*; **17.** F kleiner Schluck; **18.** *sl.* ‚Arschkriecher' *m*; '**suck·er** [-kə] *s.* **1.** *zo.* saugendes Jungtier, *bsd.* Spanferkel *n*; **2.** *zo.* a) Saugrüssel *m*, b) Saugnapf *m*; **3.** *ichth.* a) *ein* Karpfenfisch *m*, b) Neunauge *n*, c) Lumpenfisch *m*, d) Schildfisch *m*; **4.** ⚙ 'Saugven,til *n od.* -kolben *m od.* -rohr *n*; **5.** Lutscher *m* (*Bonbon*); **6.** ⚘ (*a. Wurzel*)Schössling *m*; **7.** *sl.* Dumme(r) *m*, Gimpel *m*: ***be a ~ for*** a) stets hereinfallen auf (*acc.*), b) scharf sein auf (*acc.*); ***play s.o. for a ~*** j-n ‚anschmieren'; ***there's a ~ born every minute*** die Dummen werden nicht alle.

suck·ing ['sʌkɪŋ] *adj.* **1.** saugend; Saug...; **2.** *fig.* angehend, ‚grün', Anfänger...; **~ coil** *s.* ⚙ Tauchkernspule *f*; **~ disk** *s. zo.* Saugnapf *m*; **~ pig** *s. zo.* (Span)Ferkel *n*.

suck·le ['sʌkl] *v/t.* **1.** *Kind, a. Jungtier* säugen, *Kind* stillen; **2.** *fig.* nähren, pflegen; '**suck·ling** [-lɪŋ] *s.* **1.** Säugling *m*; **2.** *zo.* (noch nicht entwöhntes) Jungtier.

su·crose ['sjuːkrəʊs] *s.* Rohr-, Rübenzucker *m*, Su'crose *f*.

suc·tion ['sʌkʃn] **I** *s.* **1.** (An)Saugen *n*; ⚙ *a.* Saugwirkung *f*; *phys.* Saugfähigkeit *f*; **2.** ⚙, *phys.* Sog *m*; **3.** *mot.* Hub (-höhe *f*, -kraft *f*) *m*; **II** *adj.* **4.** Saug... (*-leistung*, *-pumpe etc.*): ***~ cleaner*** (*od.* ***sweeper***) Staubsauger *m*; **~ cup** *s.* ⚙ Saugnapf *m*; **~ pipe** *s.* ⚙ Ansaugrohr *n*; **~ plate** *s.* ⚕ Saugplatte *f* (*für Zahnprothese*); **~ stroke** *s. mot.* (An)Saughub *m*.

Su·da·nese [ˌsuːdəˈniːz] **I** *adj.* suda'nesisch; **II** *s.* Suda'nese *m*, Suda'nesin *f*; *pl.* Suda'nesen *pl*.

su·dar·i·um [sjuːˈdeərɪəm] *s. eccl.* Schweißtuch *n* (der heiligen Ve'ronika); **su·da·to·ri·um** [ˌsjuːdəˈtɔːrɪəm] *pl.* **-ri·a** [-rɪə] → ***sudatory*** 3; **su·da·to·ry** ['sjuːdətərɪ] **I** *adj.* **1.** Schwitz(bad)...; **2.** ⚕ schweißtreibend; **II** *s.* **3.** Schwitzbad *n*; **4.** ⚕ schweißtreibendes Mittel.

sud·den ['sʌdn] **I** *adj.* ☐ plötzlich, jäh, unvermutet, ab'rupt, über'stürzt; **II** *s.*: ***on a ~***, (***all***) ***of a ~*** (ganz) plötzlich; '**sud·den·ness** [-nɪs] *s.* Plötzlichkeit *f*.

su·dor·if·er·ous [ˌsjuːdəˈrɪfərəs] *adj.* Schweiß absondernd: ***~ glands*** Schweißdrüsen; ˌ**su·dor'if·ic** [-fɪk] *adj. u. s.* schweißtreibend(es Mittel).

suds [sʌdz] *s. pl.* **1.** Seifenwasser *n*, -lauge *f*; **2.** *Am.* F Bier *n*; '**suds·y** [-zɪ] *adj. Am.* schaumig, seifig.

sue [sjuː] **I** *v/t.* **1.** ⚖ *j-n* (gerichtlich) belangen, verklagen (***for*** auf *acc.*, wegen); **2. *~ out*** *Gerichtsbeschluss etc.* erwirken; **3.** *j-n* bitten (***for*** um); **4.** *obs.* werben *od.* anhalten um *j-n*; **II** *v/i.* **5.** (***for***) klagen (auf *acc.*), Klage einreichen (wegen); (*e-e Schuld*) einklagen: ***~ for a divorce*** auf Scheidung klagen; **6.** nachsuchen (***to s.o.*** bei j-m, ***for s.th.*** um et.).

suede, **suède** [sweɪd] *s.* Wildleder *n*, Ve'lours(leder) *n*.

su·et ['sjʊɪt] *s.* Nierenfett *n*, Talg *m*.

suf·fer ['sʌfə] **I** *v/i.* **1.** leiden (***from*** an *e-r Krankheit etc.*); **2.** leiden (***under*** [*od.* ***from***] unter *dat.*) (*Handel*, *Ruf*, *Maschine etc.*), Schaden leiden, zu Schaden kommen (*a. Person*); **3.** ⚔ Verluste erleiden; **4.** büßen, bezahlen müssen (***for*** für); **5.** hingerichtet werden; **II** *v/t.* **6.** *Strafe*, *Tod*, *Verlust etc.* erleiden, *Durst etc.* leiden, erdulden; **7.**

S

et. od. j-n ertragen *od.* aushalten; **8.** a) dulden, (zu)lassen, b) erlauben, gestatten: ***he ~ed himself to be cheated*** er ließ sich betrügen; **'suf·fer·a·ble** [-fərəbl] *adj.* ☐ erträglich; **'suf·fer·ance** [-fərəns] *s.* **1.** Duldung *f*, Einwilligung *f*: ***on ~*** unter stillschweigender Duldung, nur geduldet(erweise); **2.** *obs.* a) Ergebung *f*, (Er)Dulden *n*, b) Leiden *n*, Not *f*: ***remain in ~*** ⚓ weiter Not leiden (*Wechsel*); **'suf·fer·er** [-fərə] *s.* **1.** Leidende(r *m*) *f*, Dulder(in): ***be a ~ by*** (***from***) leiden durch (an *dat.*); **2.** Geschädigte(r *m*) *f*; **3.** Märtyrer(in); **'suf·fer·ing** [-fərıŋ] **I** *s.* Leiden *n*, Dulden *n*; **II** *adj.* leidend.

suf·fice [sə'faıs] **I** *v/i.* genügen, (aus)reichen: ***~ it to say*** es genüge zu sagen; **II** *v/t. j-m* genügen.

suf·fi·cien·cy [sə'fıʃnsı] *s.* **1.** Hinlänglichkeit *f*, Angemessenheit *f*; **2.** hinreichende Menge *od.* Zahl: ***a ~ of money*** genug Geld; **3.** hinreichendes Auskommen, auskömmliches Vermögen; **suf'fi·cient** [-nt] **I** *adj.* ☐ **1.** genügend, genug, aus-, hin-, zureichend (***for*** für): ***be ~*** genügen, (aus)reichen; ***~ reason*** zureichender Grund; ***I am not ~ of a scientist*** ich bin in den Naturwissenschaften nicht bewandert genug; **2.** *obs.* tauglich, fähig; **II** *s.* **3.** F genügende Menge, genug; **suf'fi·cient·ly** [-ntlı] *adv.* genügend, genug, hinlänglich.

suf·fix ['sʌfıks] **I** *s.* **1.** *ling.* Suf'fix *n*, Nachsilbe *f*; **II** *v/t.* **2.** *ling.* als Nachsilbe anfügen; **3.** anfügen, -hängen.

suf·fo·cate ['sʌfəkeıt] **I** *v/t.* ersticken (*a. fig.*); **II** *v/i.* (***with***) ersticken (an *dat.*), (fast) 'umkommen (vor *dat.*); **'suf·fo·cat·ing** [-tıŋ] *adj.* ☐ erstickend, stickig; **suf·fo·ca·tion** [ˌsʌfə'keıʃn] *s.* Ersticken *n*, Erstickung *f*.

suf·fra·gan ['sʌfrəgən] *eccl.* **I** *adj.* Hilfs..., Suffragan...; **II** *s. a.* ***~ bishop*** Weihbischof *m*.

suf·frage ['sʌfrıdʒ] *s.* **1.** *pol.* Wahl-, Stimmrecht *n*: ***female ~*** Frauenstimmrecht; ***universal ~*** allgemeines Wahlrecht; **2.** (Wahl)Stimme *f*; **3.** Abstimmung *f*, Wahl *f*; **4.** Zustimmung *f*; **suf·fra·gette** [ˌsʌfrə'dʒet] *s.* Suffra'gette *f*, Stimmrechtlerin *f*.

suf·fuse [sə'fju:z] *v/t.* **1.** über'strömen, benetzen; über'gießen, -'ziehen, bedecken (***with*** mit *e-r Farbe*); durch'fluten (*Licht*): ***a face ~d with blushes*** ein von Schamröte übergossenes Gesicht; **2.** *fig.* (er)füllen; **suf'fu·sion** [-ju:ʒn] *s.* **1.** Über'gießen *n*, -'flutung *f*; **2.** 'Überzug *m*; **3.** ⚕ 'Blutunterˌlaufung *f*; **4.** *fig.* Schamröte *f*.

sug·ar ['ʃʊgə] **I** *s.* **1.** Zucker *m* (*a.* ⚗, *physiol.*); **2.** ⚗ 'Kohlehyˌdrat *n*; **3.** *fig.* honigsüße Worte *pl.*; **4.** *sl.* ‚Zaster' *m* (*Geld*); **5.** F ‚Schätzchen' *n*; **II** *v/t.* **6.** zuckern, süßen; (über)'zuckern; **7.** *a.* ***~ over*** *fig.* a) versüßen, b) über'tünchen; **~ ba·sin** *s. Brit.* Zuckerdose *f*; **~ beet** *s.* ⚘ Zuckerrübe *f*; **~ bowl** *s. Am.* Zuckerdose *f*; **~ can·dy** *s.* Kandis(zucker) *m*; **~ cane** *s.* ⚘ Zuckerrohr *n*; **'~-coat** *v/t.* mit Zuckerguss über'ziehen; verzuckern (*a. fig.*): ***~ed pill*** Dragee *n*, verzuckerte Pille (*a. fig.*); **'~-ˌcoat·ing** *s.* **1.** Über'zuckerung *f*, Zuckerguss *m*; **2.** *fig.* Versüßen *n*; Beschönigung *f*; **~ dad·dy** *s.* alter ‚Knacker', der ein junges Mädchen aushält.

sug·ared ['ʃʊgəd] *adj.* **1.** gezuckert, gesüßt; **2.** mit Zuckerguss; **3.** *fig.* (honig)süß.

sug·ar| loaf *s.* Zuckerhut *m*; **~ ma·ple** *s.* ⚘ Zuckerahorn *m*; **'~·plum** *s.* **1.** Bon'bon *m, n*, Süßigkeit *f*; **2.** *fig.* Lockspeise *f*, Schmeiche'lei *f*; **~ re·fin·er·y** *s.* 'Zuckerraffineˌrie *f*; **~ tongs** *s. pl.* Zuckerzange *f*.

sug·ar·y ['ʃʊgərı] *adj.* **1.** zuckerhaltig, zuck(e)rig, süß; **2.** süßlich (*a. fig.*); **3.** *fig.* zuckersüß.

sug·gest [sə'dʒest] *v/t.* **1.** *et. od. j-n* vorschlagen, empfehlen; *et.* anregen; *et.* nahe legen (***to*** *dat.*); **2.** *Idee etc.* eingeben, -flüstern, suggerieren: ***the idea ~s itself*** der Gedanke drängt sich auf (***to*** *dat.*); **3.** hindeuten, -weisen, schließen lassen auf (*acc.*); **4.** denken lassen *od.* erinnern *od.* gemahnen an (*acc.*); **5.** *et.* andeuten, anspielen auf (*acc.*); zu verstehen geben (***that*** dass); **6.** behaupten, meinen (***that*** dass); **sug'gest·i·ble** [-təbl] *adj.* **1.** beeinflussbar, sugge'stibel; **2.** suggerierbar; **sug'ges·tion** [-tʃn] *s.* **1.** Vorschlag *m*, Anregung *f*: ***at the ~ of*** auf Vorschlag von (*od. gen.*); **2.** Wink *m*, Hinweis *m*; **3.** Spur *f*, I'dee *f*: ***not even a ~ of fatigue*** nicht die leiseste Spur von Müdigkeit; **4.** Vermutung *f*: ***a mere ~***; **5.** Erinnerung *f* (***of*** an *acc.*); **6.** Andeutung *f*, Anspielung *f* (***of*** auf *acc.*); **7.** Suggesti'on *f*, Beeinflussung *f*; **8.** Eingebung *f*, -flüsterung *f*; **sug'ges·tive** [-tıv] *adj.* ☐ **1.** anregend, gehaltvoll; **2.** (***of***) andeutend (*acc.*), erinnernd (an *acc.*): ***be ~ of*** → ***suggest*** 3, 4; **3.** viel sagend; *b.s.* zweideutig, schlüpfrig; **4.** *psych.* sugge'stiv; **sug'ges·tive·ness** [-tıvnıs] *s.* **1.** *das* Anregende *od.* Vielsagende, Gedanken-, Beziehungsreichtum *m*; **2.** Schlüpfrigkeit *f*, Zweideutigkeit *f*.

su·i·cid·al [sjʊı'saıdl] *adj.* ☐ selbstmörderisch (*a. fig.*), Selbstmord...; **su·i·cide** ['sjʊısaıd] **I** *s.* **1.** Selbstmord *m* (*a. fig.*), Freitod *m*: ***commit ~*** Selbstmord begehen; **2.** Selbstmörder(in); **II** *adj.* **3.** Selbstmord...

su·int [swınt] *s.* Wollfett *n*.

suit [su:t] **I** *s.* **1.** Satz *m*, Garni'tur *f*: ***~ of armo(u)r*** Rüstung *f*; **2.** a) *a.* ***~ of***

clothes (Herren)Anzug *m*, b) ('Damen)Ko,stüm *n*: ***cut one's ~ according to one's cloth*** *fig.* sich nach der Decke strecken; **3.** *Kartenspiel*: Farbe *f*: ***long ~*** lange Hand; ***follow ~*** a) Farbe bekennen, b) *fig.* ‚nachziehen', dasselbe tun, j-s Beispiel folgen; **4.** ⚖ Rechtsstreit *m*, Pro'zess *m*, Klage(sache) *f*; **5.** Werbung *f*, (Heirats)Antrag *m*; **6.** Anliegen *n*, Bitte *f*; **II** *v/t.* **7.** (***to***) anpassen (*dat. od.* an *acc.*), einrichten (nach): ***~ the action to the word*** das Wort in die Tat umsetzen; ***~ one's style to*** sich im Stil nach *dem Publikum* richten; ***a task ~ed to his powers*** e-e s-n Kräften angemessene Aufgabe; **8.** entsprechen (*dat.*): ***~ s.o.'s purpose***; **9.** passen zu; *j-m* stehen, *j-n* kleiden; **10.** passen für, sich eignen zu *od.* für; → ***suited*** 1; **11.** sich schicken *od.* ziemen für *j-n*; **12.** *j-m* bekommen, zusagen (*Klima*, *Speise etc.*); **13.** *j-m* gefallen, *j-n* zufrieden stellen: ***try to ~ everybody*** es allen Leuten recht machen wollen; ***~ o.s.*** nach Belieben handeln; ***~ yourself*** mach, was du willst; ***are you ~ed?*** haben Sie et. Passendes gefunden?; **14.** *j-m* recht sein *od.* passen; **III** *v/i.* **15.** passen, (an)genehm sein; **16.** (***with***, ***to***) passen (zu), über'einstimmen (mit); **suit·a·bil·i·ty** [,su:tə'bɪlətɪ] *s.* **1.** Eignung *f*; **2.** Angemessenheit *f*; **3.** Schicklichkeit *f*; **'suit·a·ble** [-təbl] *adj.* □ passend, geeignet; angemessen (***to***, ***for*** für, zu): ***be ~*** a) passen, sich eignen, b) sich schicken; **'suit·a·ble·ness** [-təblnɪs] → ***suitability***.

'suit·case *s.* Handkoffer *m*.

suite [swi:t] *s.* **1.** Gefolge *n*; **2.** Folge *f*, Reihe *f*, Serie *f*; **3.** *a.* ***~ of rooms*** a) Suite *f*, Zimmerflucht *f*, b) Apparte'ment *n*; **4.** ('Möbel)Garni,tur *f*, (Zimmer)Einrichtung *f*; **5.** Fortsetzung *f* (*Roman etc.*); **6.** ♪ Suite *f*.

suit·ed ['su:tɪd] *adj.* **1.** passend, geeignet (***to***, ***for*** für): ***he is not ~ for*** (*od.* ***to be***) ***a teacher*** er eignet sich nicht zum Lehrer; **2.** *in Zssgn*: gekleidet; **'suit·ing** [-ɪŋ] *s.* Anzugstoff *m*.

S

suit·or ['su:tə] *s.* **1.** Verehrer *m*, Freier *m*; **2.** ⚖ Kläger *m*, (Pro'zess)Par,tei *f*; **3.** Bittsteller *m*; **4.** ✝ Übernahmeinteressent *m*.

sulfa drugs, **sul·fate** *etc.* → ***sulpha drugs***, ***sulphate*** *etc.*

sulk [sʌlk] **I** *v/i.* schmollen (***with*** mit), trotzen, schlechter Laune *od.* ‚eingeschnappt' sein; **II** *s. mst pl.* Schmollen *n*, (Anfall *m* von) Trotz *m*, schlechte Laune: ***be in the ~s*** → I; **'sulk·i·ness** [-kɪnɪs] *s.* Schmollen *n*, Trotzen *n*, schlechte Laune, mürrisches Wesen; **'sulk·y** [-kɪ] **I** *adj.* □ **1.** mürrisch, launisch; **2.** schmollend, trotzend; **3.** *Am.* für 'eine Per'son (bestimmt): ***a ~ set of China***; **4.** ✓, ⚙ *Am. Pflug* mit Fahrersitz; **II** *s.* **5.** a) zweirädriger, einsitziger Einspänner, b) *sport* Sulky *n*, Traberwagen *m*.

sul·len ['sʌlən] *adj.* □ **1.** mürrisch, grämlich, verdrossen; **2.** düster (*Miene*, *Landschaft etc.*); **3.** 'widerspenstig, störrisch (*bsd. Tiere u. Dinge*); **4.** langsam, träge (*Schritt etc.*); **'sul·len·ness** [-nɪs] *s.* **1.** mürrisches Wesen, Verdrossenheit *f*; **2.** Düsterkeit *f*; **3.** 'Widerspenstigkeit *f*; **4.** Trägheit *f*.

sul·ly ['sʌlɪ] *v/t. mst fig.* besudeln, beflecken.

sul·pha drugs ['sʌlfə] *s. pl. pharm.* Sulfona'mide *pl.*

sul·phate ['sʌlfeɪt] ⚗ **I** *s.* schwefelsaures Salz, Sul'fat *n*: ***~ of copper*** 'Kupfervitri,ol *n*, -sulfat; **II** *v/t.* sulfatieren; **'sul·phide** [-faɪd] *s.* ⚗ Sul'fid *n*; **'sul·phite** [-faɪt] *s.* ⚗ schwefeligsaures Salz, Sul'fit *n*.

sul·phur ['sʌlfə] *s.* **1.** ⚗ Schwefel *m*: ***~ dioxide*** Schwefeldioxid *n*; **2.** *a.* ***~ yellow*** Schwefelgelb *n* (*Farbe*); **3.** *zo. ein* Weißling *m* (*Falter*); **'sul·phu·rate** [-fjʊreɪt] → ***sulphurize***; **sul·phu·re·ous** [sʌl'fjʊərɪəs] *adj.* **1.** schwef(e)lig, schwefelhaltig, Schwefel...; **2.** schwefelfarben; **'sul·phu·ret** [-fjʊret] ⚗ **I** *s.* Sul'fid *n*; **II** *v/t.* schwefeln: ***~ted*** geschwefelt; ***~ted hydrogen*** Schwefelwasserstoff *m*; **sul·phu·ric** [sʌl'fjʊərɪk] *adj.* ⚗ Schwefel...; **'sul·phu·rize** [-jʊəraɪz] ⚗, ⚙ *v/t.* **1.** schwefeln; **2.** vulkanisieren; **'sul·phu·rous** [-fərəs] *adj.* **1.** ⚗ → ***sulphureous***; **2.** *fig.* hitzig, heftig.

sul·tan ['sʌltən] *s.* Sultan *m*; **sul·tan·a** [sʌl'tɑ:nə] *s.* **1.** Sultanin *f*; **2.** [səl'tɑ:nə] *a.* ***~ raisin*** ⚘ Sulta'nine *f*; **'sul·tan·ate** [-tənɪt] *s.* Sulta'nat *n*.

sul·tri·ness ['sʌltrɪnɪs] *s.* Schwüle *f*; **sul·try** ['sʌltrɪ] *adj.* □ **1.** schwül (*a. fig. erotisch*); **2.** *fig.* heftig, heiß, hitzig (*Temperament etc.*).

sum [sʌm] **I** *s.* **1.** *allg.* Summe *f*: a) *a.* ***~ total*** (Gesamt-, End)Betrag *m*, b) (Geld)Betrag *m*, c) *fig.* Ergebnis *n*, d) *fig.* Gesamtheit *f*: ***in ~*** insgesamt, *fig.* mit 'einem Wort; **2.** F a) Rechenaufgabe *f*, b) *pl.* Rechnen *n*: ***do ~s*** rechnen; ***he is good at ~s*** er kann gut rechnen; **3.** *fig.* Inbegriff *m*, Kern *m*, Sub'stanz *f*; **4.** Zs.-fassung *f*; **II** *v/t.* **5.** *a.* ***~ up*** summieren, zs.-zählen; **6.** ***~ up*** *Ergebnis* ausmachen; **7.** ***~ up*** *fig.* (kurz) zs.-fassen, rekapitulieren; **8.** ***~ up*** (kurz) ein-, abschätzen, (mit Blicken) messen; **III** *v/i.* **9.** ***~ up*** (das Gesagte) zs.-fassen, resümieren.

sum·ma·ri·ness ['sʌmərɪnɪs] *s.* *das* Sum'marische, Kürze *f*; **'sum·ma·rize** [-raɪz] *v/t. u. v/i.* (kurz) zs.-fassen; **'sum·ma·ry** [-rɪ] **I** *s.* Zs.-fassung *f*, (gedrängte) 'Übersicht, Abriss *m*, (kurze)

Inhaltsangabe; **II** *adj.* sum'marisch: a) knapp, gedrängt, b) ⚖ abgekürzt, Schnell...: **~ *procedure*; ~ *offence*** Übertretung *f*; **~ *dismissal*** fristlose Entlassung; **sum·ma·tion** [sʌ'meɪʃn] *s.* **1.** a) Zs.-zählen *n*, b) Summierung *f*, c) (Gesamt)Summe *f*; **2.** ⚖ Resü'mee *n*.

sum·mer[1] ['sʌmə] **I** *s.* **1.** Sommer *m*: ***in (the) ~*** im Sommer; **2.** Lenz *m* (*Lebensjahr*): ***a lady of 20 ~s***; **II** *v/t.* **3.** *Vieh etc.* über'sommern lassen; **III** *v/i.* **4.** den Sommer verbringen; **IV** *adj.* **5.** Sommer...

Viele Schüler in den USA und Kanada verbringen die Sommerferien alljährlich auf einem **summer camp.** Das ist eine Art Feriendorf mit Hütten und/oder Zelten, wo ein breites Spektrum an sportlichen Aktivitäten sowie Bastelarbeiten u. Ä. angeboten wird. Betreut werden die Schüler von jungen Erwachsenen.

sum·mer[2] ['sʌmə] *s.* △ **1.** Oberschwelle *f*; **2.** Trägerbalken *m*; **3.** Tragstein *m auf Pfeilern*.

sum·mer| camp *s.* 'Ferienlager *n* (*für Kinder*); **~ house** *s.* **1.** Gartenhaus *n*, (-)Laube *f*; **2.** Landhaus *n*; **~ light·ning** *s.* Wetterleuchten *n*.

'sum·mer·like [-laɪk], **sum·mer·ly** ['sʌməlɪ] *adj.* sommerlich.

sum·mer| re·sort *s.* Sommerfrische *f*, -kurort *m*; **~ sales** *s. pl.* 'Sommerschlussverˌkauf *m*; **~ school** *s. bsd. univ.* Ferien-, Sommerkurs *m*; **~ term** *s. univ.* 'Sommerseˌmester *n*; **'~·time** *s.* Sommer *m*, Sommerzeit *f*; **~ time** *s.* Sommerzeit *f* (*Uhrzeit*).

sum·mer·y ['sʌmərɪ] *adj.* sommerlich.

ˌsum·ming-'up [ˌsʌmɪŋ-] (kurze) Zs.-fassung, Resü'mee *n* (*a.* ⚖).

sum·mit ['sʌmɪt] *s.* **1.** Gipfel *m* (*a. fig. pol.*), Kuppe *f e-s Berges*: **~ *conference*** *pol.* Gipfelkonferenz *f*; **2.** Scheitel *m e-r Kurve etc.*; Kappe *f*, Krone *f e-s Dammes etc.*; **3.** *fig.* Gipfel *m*, Höhepunkt *m*: ***at the ~ of power*** auf dem Gipfel der Macht; **4.** höchstes Ziel; **'sum·mit·ry** [-trɪ] *s. pol.* 'Gipfelpoliˌtik *f*.

sum·mon ['sʌmən] *v/t.* **1.** auffordern, -rufen (***to do*** *et.* zu tun); **2.** rufen, kommen lassen, (her)zitieren; **3.** ⚖ vorladen; **4.** *Konferenz etc.* zs.-rufen, einberufen; **5.** *oft* **~ *up*** *Kräfte, Mut etc.* zs.-nehmen, zs.-raffen, aufbieten; **'sum·mon·er** [-nə] *s.* (*hist.* Gerichts)Bote *m*; **'sum·mons** [-nz] *s.* **1.** Ruf *m*, Berufung *f*; **2.** Aufforderung *f*, Aufruf *m*; **3.** ⚖ (Vor)Ladung *f*: ***take out a ~ against s.o.*** j-n (vor)laden lassen; **4.** Einberufung *f*.

sump [sʌmp] *s.* **1.** Sammelbehälter *m*, Senkgrube *f*; **2.** ⚙, *mot.* Ölwanne *f*; **3.** ⚒ (Schacht)Sumpf *m*.

sump·ter ['sʌmptə] **I** *s.* Saumtier *n*; **II** *adj.* Pack...: **~ *horse*; ~ *saddle*.**

sump·tion ['sʌmpʃn] *s. phls.* **1.** Prä'misse *f*; **2.** Obersatz *m*.

sump·tu·ar·y ['sʌmptjʊərɪ] *adj.* Aufwands..., Luxus...; **'sump·tu·ous** [-əs] *adj.* □ **1.** kostspielig; **2.** kostbar, prächtig, herrlich; **3.** üppig; **'sump·tu·ous·ness** [-əsnɪs] *s.* **1.** Kostspieligkeit *f*; **2.** Pracht *f*; Aufwand *m*, Luxus *m*.

sun [sʌn] **I** *s.* **1.** Sonne *f*: ***a place in the ~*** *fig.* ein Platz an der Sonne; ***under the ~*** *fig.* unter der Sonne, auf Erden; ***with the ~*** bei Tagesanbruch; ***his ~ is set*** *fig.* sein Stern ist erloschen; **2.** Sonne *f*, Sonnenwärme *f*, -licht *n*, -schein *m*: ***have the ~ in one's eyes*** die Sonne genau im Gesicht haben; **3.** *poet.* a) Jahr *n*, b) Tag *m*; **II** *v/t. u. v/i.* **4.** (sich) sonnen; **ˌ~-and-'plan·et (gear)** *s.* ⚙ Pla'netengetriebe *n*; **'~·baked** *adj.* von der Sonne ausgedörrt *od.* getrocknet; **~ bath** *s.* Sonnenbad *n*; **'~·bathe** *v/i.* Sonnenbäder *od.* ein Sonnenbad nehmen; **'~·beam** *s.* Sonnenstrahl *m*; **~ blind** *s. Brit.* Mar'kise *f*; **'~·block** *s.* Sunblocker *m*; **'~·burn** *s.* **1.** Sonnenbrand *m*; **2.** Sonnenbräune *f*; **'~·burned, '~·burnt** *adj.* **1.** sonn(en)verbrannt: ***be ~*** *a.* e-n Sonnenbrand haben; **2.** sonnengebräunt; **'~·burst** *s.* **1.** plötzlicher 'Durchbruch der Sonne; **2.** Sonnenbanner *n* (*Japans*).

sun·dae ['sʌndeɪ] *s.* Eisbecher *m*.

Sun·day ['sʌndɪ] **I** *s.* **1.** Sonntag *m*: ***on ~*** (am) Sonntag; ***on ~(s)*** sonntags; ***~ evening, ~ night*** Sonntagabend *m*; **II** *adj.* **2.** sonntäglich, Sonntags...: ***~ best*** F Sonntagsstaat *m*, -kleider *pl.*; ***~ school*** *eccl.* Sonntagsschule *f*; **3.** F Sonntags...: ***~ driver*; *~ painter*.**

sun·der ['sʌndə] *poet.* **I** *v/t.* **1.** trennen, sondern (***from*** von); **2.** *fig.* entzweien; **II** *v/i.* **3.** sich trennen; **III** *s.* **4.** ***in ~*** entzwei, auseinander.

'sun|·di·al *s.* Sonnenuhr *f*; **'~·down** → ***sunset***; **'~ˌdown·er** *s.* F **1.** *Austral.* Landstreicher *m*; **2.** Dämmerschoppen *m*.

sun·dries ['sʌndrɪz] *s. pl.* Di'verses *n*, Verschiedenes *n*, allerlei Dinge; di'verse Unkosten; **sun·dry** ['sʌndrɪ] *adj.* verschiedene, di'verse, allerlei, -hand: ***all and ~*** all u. jeder, alle miteinander.

'sun|·fast *adj. Am.* lichtecht; **'~ˌflow·er** *s.* Sonnenblume *f*.

sung [sʌŋ] *pret. u. p.p. von* **sing**.

'sun|ˌglass·es *s. pl. a.* **pair of ~** Sonnenbrille *f*; **'~·glow** *s.* **1.** Morgen- *od.* Abendröte *f*; **2.** Sonnenhof *m*; **~ god** *s.* Sonnengott *m*; **~ hel·met** *s.* Tropenhelm *m*.

sunk [sʌŋk] **I** *pret. u. p.p. von* **sink**; **II** *adj.* **1.** vertieft; **2.** *bsd.* ⚙ eingelassen, versenkt: **~ *screw***; **'sunk·en** [-kn] **I** *obs. p.p. von* **sink**; **II** *adj.* **1.** versunken; **2.** eingesunken: **~ *rock*** blinde Klippe; **3.** tief liegend, vertieft (angelegt); **4.** ⚙ → ***sunk*** 2; **5.** *fig.* hohl (*Augen*, *Wangen*), eingefallen (*Gesicht*).

sun| lamp *s.* **1.** ⚕ Ultravio'lettlampe *f*; **2.** *Film*: Jupiterlampe *f*; **'~·light** *s.* Sonnenschein *m*, -licht *n*; **'~·lit** *adj.* sonnenbeschienen.

sun·ni·ness ['sʌnɪnɪs] *fig. das* Sonnige;

sun·ny ['sʌnɪ] *adj.* □ sonnig (*a. fig. Gemüt*, *Lächeln etc.*), Sonnen...: **~ *side*** Sonnenseite *f* (*a. fig. des Lebens*), *fig. a. die* heitere Seite; ***be on the ~ side of forty*** noch nicht 40 (Jahre alt) sein.

sun| par·lor, ~ porch *s. Am.* 'Glasveˌranda *f*; **~ pow·er** *s. phys.* 'Sonnenenerˌgie *f*; **'~·proof** *adj.* **1.** für Sonnenstrahlen 'unˌdurchlässig; **2.** lichtfest; **'~·rise** *s.* (***at ~*** bei) Sonnenaufgang *m*; **'~·roof** *s.* **1.** 'Dachterˌrasse *f*; **2.** *mot.* Schiebedach *n*; **'~·screen** *s.* Sonnenschutzmittel *n*; **'~·set** *s.* (***at ~*** bei) 'Sonnenˌuntergang *m*: **~ *of life*** *fig.* Lebensabend *m*; **'~·shade** *s.* **1.** Sonnenschirm *m*; **2.** Mar'kise *f*; **3.** *phot.* Gegenlichtblende *f*; **4.** *pl.* Sonnenbrille *f*; **'~·shine** *s.* Sonnenschein *m* (*a. fig.*); sonniges Wetter: **~ *roof*** *mot.* Schiebedach *n*; **~ show·er** *s.* F leichter Schauer bei Sonnenschein; **~ spot** *s.* **1.** *ast.* Sonnenfleck *m*; **2.** Sommersprosse *f*; **3.** *Brit.* F sonnige Gegend; **'~·stroke** *s.* ⚕ Sonnenstich *m*; **'~-struck** *adj.*: ***be ~*** e-n Sonnenstich haben; **'~·tan** *s.* (Sonnen-)Bräune *f*: **~ *lotion*** Sonnenöl *n*; **'~·trap** *s.* sonniges Plätzchen; **'~·up** *s. dial.* Sonnenaufgang *m*; **~ vi·sor** *s. mot.* Sonnenblende *f*; **~ wor·ship·(p)er** *s.* Sonnenanbeter *m*.

sup¹ [sʌp] *v/i. obs.* zu Abend essen (***off*** *od.* ***on s.th.*** et).

sup² [sʌp] **I** *v/t. a.* **~ *off***, **~ *out*** löffeln, schlürfen: **~ *sorrow*** *fig.* leiden; **II** *v/i.* nippen, löffeln; **III** *s.* Mund *m* voll, kleiner Schluck: ***a bite and a ~*** et. zu essen u. zu trinken; ***neither bit*** (*od.* ***bite***) ***nor ~*** nichts zu nagen u. zu beißen.

super- [su:pə] *in Zssgn* a) 'übermäßig, Über..., über..., b) oberhalb (von *od. gen.*) *od.* über (*dat.*) befindlich, c) Super... (*bsd. in wissenschaftlichen Ausdrücken*), d) 'übergeordnet, Ober...

su·per ['su:pə] **I** *s.* **1.** F *für* a) ***superintendent***, b) ***supernumerary***, c) ***superhet***(***erodyne***); **2.** ✝ F a) Spitzenklasse *f*, b) Quali'tätsware *f*; **II** *adj.* **3.** *a. iro.* Super...; **4.** F ‚super', ‚toll'; **III** *v/i. thea.* als Sta'tist(in) mitspielen.

su·per·a·ble ['su:pərəbl] *adj.* über'windbar, besiegbar.

ˌsu·per|·a'bound [-ərə-] *v/i.* **1.** im 'Überfluss vor'handen sein; **2.** Überfluss *od.* e-e 'Überfülle haben (***in***, ***with*** an *dat.*); **ˌ~·a'bun·dance** [-ərə-] *s.* 'Überfülle *f*, -fluss *m* (***of*** an *dat.*); **ˌ~·a'bun·dant** [-ərə-] *adj.* □ **1.** 'überreichlich; **2.** 'überschwänglich; **ˌ~'add** [-ər'æd] *v/t.* noch hin'zufügen (***to*** zu): ***be ~ed*** (***to***) noch dazukommen (zu *et.*).

su·per|·an·nu·ate [ˌsu:pə'rænjʊeɪt] *v/t.* **1.** pensionieren, in den Ruhestand versetzen; **2.** (als zu alt *od.* als veraltet) ausscheiden *od.* zurückweisen; **ˌ~'an·nu·at·ed** [-tɪd] *adj.* **1.** a) pensioniert, b) über'altert (*Person*); **2.** veraltet, über'holt; **3.** ausgedient (*Sache*); **~·an·nu·a·tion** ['su:pəˌrænjʊ'eɪʃn] *s.* **1.** Pensionierung *f*; **2.** Ruhestand *m*; **3.** (Alters)Rente *f*, Ruhegeld *n*, Pensi'on *f*: **~ *fund*** Pensionskasse *f*.

su·perb [sju:'pɜ:b] *adj.* □ **1.** herrlich, prächtig; **2.** vor'züglich.

ˌsu·per|'cal·en·der ⚙ **I** *s.* 'Hochkaˌlander *m*; **II** *v/t. Papier* hochsatinieren; **'~ˌcar·go** *s.* Frachtaufseher *m*, Super'kargo *m*; **'~·charge** *v/t.* **1.** über'laden; **2.** ⚙, *mot.* vor-, 'überverdichten: **~*d engine*** Lader-, Kompressormotor *m*; **'~ˌcharg·er** *s.* ⚙ Kom'pressor *m*, Gebläse *n*.

su·per·cil·i·ous [ˌsu:pə'sɪlɪəs] *adj.* □ hochmütig, her'ablassend; **ˌsu·per'cil·i·ous·ness** [-nɪs] *s.* Hochmut *m*, Hochnäsigkeit *f*.

ˌsu·per|·con'duc·tive *adj. phys.* supraleitend; **ˌ~·con'duc·tor** *s. phys.* Supraleiter *m*; **ˌ~-'du·ty** *adj.* ⚙ Höchstleistungs...; **ˌ~·el·e'va·tion** [-əre-] *s.* ⚙ Über'höhung *f*; **ˌ~'em·i·nence** [-ər'e-] *s.* **1.** Vorrang(stellung *f*) *m*; **2.** über'ragende Bedeutung *od.* Quali'tät, Vortrefflichkeit *f*.

su·per·er·o·ga·tion ['su:pərˌerə'geɪʃn] *s.* Mehrleistung *f*: ***works of ~*** *eccl.* überschüssige (gute) Werke; ***work of ~*** *fig.* Arbeit über die Pflicht hinaus; **su·per·e·rog·a·to·ry** [ˌsu:pəre'rɒgətərɪ] *adj.* **1.** über das Pflichtmaß hin'ausgehend, 'übergebührlich; **2.** 'überflüssig.

su·per·fi·ci·al [ˌsu:pə'fɪʃl] *adj.* □ **1.** oberflächlich, Oberflächen...; **2.** Flächen..., Quadrat...: **~ *measurement*** Flächenmaß *n*; **3.** äußerlich, äußer: **~ *characteristics***; **4.** *fig.* oberflächlich: a) flüchtig, b) *contp.* seicht; **su·per·fi·ci·al·i·ty** ['su:pəˌfɪʃɪ'ælətɪ] *s.* **1.** Oberflächenlage *f*; **2.** *fig.* Oberflächlichkeit *f*; **su·per·fi·ci·es** [ˌsu:pə'fɪʃi:z] *s.* **1.**

S

(Ober)Fläche *f*; **2.** *fig.* Oberfläche *f*, äußerer Anschein.

'su·per|-film *s.* Monumen'talfilm *m*; **ˌ~'fine** *adj.* **1.** *bsd.* ✝ extra-, hochfein; **2.** über'feinert.

su·per·flu·i·ty [ˌsu:pə'flʊətɪ] *s.* **1.** 'Überfluss *m*, Zu'viel *n* (**of** an *dat.*); **2.** *mst pl.* Entbehrlichkeit *f*, 'Überflüssigkeit *f*; **su·per·flu·ous** [su:'pɜ:flʊəs] *adj.* □ 'überflüssig.

ˌsu·per|'heat *v/t.* ⚙ über'hitzen; **'~ˌhe·ro** *s.* Superheld *m*; **'~·het** [-het], **ˌ~'het·er·o·dyne** [-'hetərədaɪn] **I** *adj.* Überlagerungs..., Superhet...; **II** *s.* Über'lagerungsempfänger *m*, Super(het) *m*; **'~·high fre·quen·cy** *s.* ⚡ 'Höchstfreˌquenz(bereich *m*) *f*; **ˌ~'high·way** *s. Am.* Autobahn *f*; **ˌ~'hu·man** *adj.* 'übermenschlich: **~ *beings***; **~ *efforts***; **ˌ~·im'pose** [-ərɪ-] *v/t.* **1.** dar'auf *od.* dar'über setzen *od.* legen; **2.** setzen, legen, lagern (**on** auf, über *acc.*): ***one ~d on the other*** übereinander gelagert; **3.** (**on**) hin'zufügen (zu), folgen lassen (*dat.*); **4.** ⚡, *phys.* über'lagern; **5.** *Film etc.*: 'durch-, einblenden, einkopieren.

su·per·in·tend [ˌsu:pərɪn'tend] *v/t.* die (Ober)Aufsicht haben über (*acc.*), beaufsichtigen, über'wachen, leiten; **ˌsu·per·in'tend·ence** [-dəns] *s.* (Ober-) Aufsicht *f* (**over** über *acc.*), Leitung *f* (**of** *gen.*); **ˌsu·per·in'ten·dent** [-dənt] **I** *s.* **1.** Leiter *m*, Vorsteher *m*, Di'rektor *m*: **~ *of public works***; **2.** Oberaufseher *m*, Aufsichtsbeamte(r) *m*, In'spektor *m*: **~ *of schools***; **3.** a) *Brit. etwa* 'Hauptkommisˌsar *m*, b) *Am.* Poli'zeichef *m*; **4.** *eccl.* Superinten'dent *m*; **5.** Hausverwalter *m*; **II** *adj.* **6.** Aufsicht führend, leitend, Aufsichts...

su·pe·ri·or [su:'pɪərɪə] **I** *adj.* □ **1.** höher liegend, ober: **~ *planets*** *ast.* äußere Planeten; **~ *wings*** *zo.* Flügeldecken; **2.** höher (stehend), Ober..., vorgesetzt: **~ *court*** ⚖ höhere Instanz; **~ *officer*** vorgesetzter *od.* höherer Beamter *od.* Offizier, Vorgesetzte(r) *m*; **3.** über'legen, -'ragend: **~ *man***; **~ *skill***; → ***style*** 1 b; **4.** besser (**to** als), her'vorragend, erlesen: **~ *quality***; **5.** (**to**) größer, stärker (als), über'legen (*dat.*): **~ *forces*** ⚔ Übermacht *f*; **~ *in number*** zahlenmäßig überlegen, in der Überzahl; **6.** *fig.* erhaben (**to** über *acc.*): **~ *to prejudice***; ***rise* ~ *to*** sich über *et.* erhaben zeigen; **7.** *fig.* über'legen, -'heblich: **~ *smile***; **8.** *iro.* vornehm: **~ *persons*** bessere *od.* feine Leute; **9.** *typ.* hochgestellt; **II** *s.* **10. *be s.o.'s* ~** j-m überlegen sein (**in** im *Denken etc.*, an *Mut etc.*); **11.** Vorgesetzte(r *m*) *f*; **12.** *eccl.* a) Su'perior *m*, b) *mst* ***lady* ~** Oberin *f*; **su·pe·ri·or·i·ty** [su:ˌpɪərɪ'ɒrətɪ] *s.* **1.** Erhabenheit *f* (**to**, **over** über *acc.*); **2.** Über'legenheit *f*, 'Übermacht *f* (**to**, **over** über *acc.*, **in** in *od.* an *dat.*); **3.** Vorrecht *n*, -rang *m*, -zug *m*; **4.** Über'heblichkeit *f*: **~ *complex*** *psych.* Superioritätskomplex *m*.

su·per·la·tive [su:'pɜ:lətɪv] **I** *adj.* □ **1.** höchst; **2.** über'ragend, 'unüberˌtrefflich; **3.** *ling.* superlativisch, Superlativ...: **~ *degree*** → 5; **II** *s.* **4.** höchster Grad, Gipfel *m*; *contp.* Ausbund *m* (**of** von *od.* an *dat.*); **5.** *ling.* Superlativ *m*: ***talk in* ~s** *fig.* in Superlativen reden.

'su·per|·man [-mæn] *s.* [*irr.*] **1.** 'Übermensch *m*; **2.** a) ♀ *ein Comicheld*, b) *iro.* Supermann *m*; **'~ˌmar·ket** *s.* Supermarkt *m*: **~ trolley** Einkaufswagen *m*; **ˌ~'nat·u·ral I** *adj.* □ 'übernaˌtürlich; **II** *s.* *das* 'Übernaˌtürliche; **ˌ~'nor·mal** *adj.* □ **1.** 'überˌdurchschnittlich; **2.** außer-, ungewöhnlich; **ˌ~'nu·mer·ar·y** [-'nju:mərərɪ] **I** *adj.* **1.** 'überzählig, außerplanmäßig, extra; **2.** 'überflüssig; **II** *s.* **3.** 'überzählige Per'son *od.* Sache; **4.** außerplanmäßiger Beamter *od.* Offi'zier; **5.** Hilfskraft *f*, -arbeiter(in); **6.** *thea. etc.* Sta'tist(in); **ˌ~'ox·ide** [-ər'ɒ-] *s.* ⚗ 'Super-, 'Peroˌxid *n*; **ˌ~'phos·phate** *s.* ⚗ 'Superphosˌphat *n*.

su·per·pose [ˌsu:pə'pəʊz] *v/t.* **1.** (auf)legen, lagern, schichten (**on** über, auf *acc.*); **2.** überein'ander legen *od.* lagern (*a.* ⩚); **3.** ⚡ über'lagern; **ˌsu·per·po'si·tion** *s.* **1.** Aufschichtung *f*, -lagerung *f*; **2.** Überein'andersetzen *n*; **3.** *geol.* Schichtung *f*; **4.** ⚘, ⩚ Superpositi'on *f*; **5.** ⚡ Über'lagerung.

'su·per|ˌpow·er I *s. pol.* Supermacht *f*; **II** *adj.* ⚡ Groß...: **~ *station*** Großkraftwerk *n*; **'~·race** *s.* Herrenvolk *n*; **'~ˌsav·er** *s.* **1.** 🚂, ✈ (Fahrkarte *f od.* Flugschein *m* zum) Super'sparpreis *m*; **2.** (stark verbilligtes) Angebot (*in Laden*).

su·per·sede [ˌsu:pə'si:d] *v/t.* **1.** *j-n od. et.* ersetzen (**by** durch); **2.** *et.* abschaffen, beseitigen, *Gesetz etc.* aufheben; **3.** *j-n* absetzen, s-s Amtes entheben; **4.** *j-n in der Beförderung etc.* über'gehen; **5.** *et.* verdrängen, ersetzen, 'überflüssig machen; **6.** an die Stelle treten von (*od. gen.*), *j-n od. et.* ablösen: ***be ~d by*** abgelöst werden von; **ˌsu·per'se·de·as** [-dɪæs] *s.* **1.** ⚖ Sistierungsbefehl *m*, 'Widerruf *m e-r Anordnung*; **2.** *fig.* aufschiebende Wirkung, Hemmnis *n*; **ˌsu·per'sed·ence** [ˌsu:pə'si:dəns] → ***supersession***.

ˌsu·per'sen·si·tive *adj.* 'überempfindlich.

ˌsu·per'ses·sion *s.* **1.** Ersetzung *f* (**by** durch); **2.** Abschaffung *f*, Aufhebung *f*; **3.** Absetzung *f*; **4.** Verdrängung *f*.

ˌsu·per|'son·ic I *adj.* **1.** *phys.* Ultraschall...; **2.** ✈ Überschall...: **~ *boom***, **~ *bang*** → ***sonic bang***; ***at* ~ *speed*** mit Überschallgeschwindigkeit; **II** *s.* **3.** ✈, *phys.* 'Überschallflug(zeug *n*) *m*; ˌ**~'son·ics** *pl. phys.* a) Ultraschallwellen *pl.*, b) *mst sg. konstr.* Fachgebiet *n* des Ultraschalls; '**~·star** *s.* Superstar *m*; '**~·state** *s. pol.* Supermacht *f*.

su·per·sti·tion [ˌsuːpəˈstɪʃn] *s.* Aberglaube(n) *m*; ˌ**su·per'sti·tious** [-ʃəs] *adj.* □ abergläubisch; ˌ**su·per'sti·tious·ness** [-ʃəsnɪs] *s. das* Abergläubische, Aberglaube(n) *m*.

ˌ**su·per|'stra·tum** *s.* [*irr.*] **1.** *geol.* obere Schicht; **2.** *ling.* Super'strat *n*; '**~ˌstruc·ture** *s.* **1.** Ober-, Aufbau *m*: **~ *work*** Hochbau *m*; **2.** ⚓ (Decks)Aufbauten *pl.*; **3.** *fig.* Oberbau *m*; '**~·tax** *s.* **1.** → ***surtax*** I; **2.** *Brit.* Einkommensteuerzuschlag *m*.

su·per·vene [ˌsuːpəˈviːn] *v/i.* **1.** (noch) hin'zukommen ([***up***]***on*** zu); **2.** (unvermutet) eintreten, da'zwischenkommen; **3.** (unmittelbar) folgen, sich ergeben; ˌ**su·per'ven·tion** [-ˈvenʃn] *s.* **1.** Hin'zukommen *n* (***on*** zu); **2.** Da'zwischenkommen *n*.

su·per·vise [ˈsuːpəvaɪz] *v/t.* beaufsichtigen, über'wachen, die Aufsicht haben *od.* führen über (*acc.*), kontrollieren; ˌ**su·per'vi·sion** [-ˈvɪʒn] *s.* **1.** Beaufsichtigung *f*; **2.** (Ober)Aufsicht *f*, Leitung *f*, Kon'trolle *f* (***of*** über *acc.*): ***police* ~** Polizeiaufsicht; **3.** *ped.* 'Schulinspekti'on *f*; '**su·per·vi·sor** [-zə] *s.* **1.** Aufseher *m*, Aufsichtführende(r) *m*, In'spektor *m*, Kontrol'leur *m*; **2.** *Am.* (leitender) Beamter e-s Stadt- *od.* Kreisverwaltungsvorstandes; **3.** *univ.* Doktorvater *m*; '**su·per·vi·so·ry** [-zərɪ] *adj.* Aufsichts...: ***in a ~ capacity*** Aufsicht führend.

su·pine[1] [ˈsjuːpaɪn] *s. ling.* Su'pinum *n*.

su·pine[2] [sjuːˈpaɪn] *adj.* □ **1.** auf dem Rücken liegend, aus-, hingestreckt: **~ *position*** Rückenlage *f*; **2.** *poet.* zu'rückgelehnt; **3.** *fig.* (nach)lässig, untätig, träge.

sup·per [ˈsʌpə] *s.* **1.** Abendessen *n*: ***have* ~** zu Abend essen; **~ *club*** *Am.* exklusiver Nachtklub; **2.** ***the* ℒ** *eccl.* a) *a.* ***the Last* ℒ** das letzte Abendmahl, b) *a.* ***the Lord's* ℒ** das heilige Abendmahl, *R.C.* die heilige Kommunion.

> **Supper** kann sowohl die Hauptabendmahlzeit bezeichnen als auch einen kleinen Imbiss vor dem Zubettgehen.

sup·plant [səˈplɑːnt] *v/t. j-n od. et.* verdrängen, *Rivalen etc.* ausstechen.

sup·ple [ˈsʌpl] **I** *adj.* □ **1.** geschmeidig: a) biegsam, b) *fig.* beweglich (*Geist etc.*); **2.** unter'würfig; **II** *v/t.* **3.** geschmeidig machen.

sup·ple·ment **I** *s.* [ˈsʌplɪmənt] **1.** (***to***) Ergänzung *f* (*gen. od.* zu), Zusatz *m* (zu); **2.** Nachtrag *m*, Anhang *m* (*zu e-m Buch*), Ergänzungsband *m*; **3.** (*Zeitungs- etc.*)Beilage *f*; **4.** ⩚ Ergänzung (*auf 180 Grad*); **II** *v/t.* [ˈsʌplɪment] **5.** ergänzen; **sup·ple·ment·al** [ˌsʌplɪˈmentl] *adj.* □, **sup·ple·men·ta·ry** [ˌsʌplɪˈmentərɪ] *adj.* □ **1.** ergänzend, Ergänzungs..., Zusatz..., Nach(trags)...: ***be ~ to et.*** ergänzen; **~ *agreement*** *pol.* Zusatzabkommen *n*; **~ *budget***, **~ *estimates*** Nachtragshaushalt *m*, -etat *m*; **~ *order*** Nachbestellung *f*; **~ *question*** Zusatzfrage *f*; **~ *proceedings*** ⚖ (Zwangs)Vollstreckungsverfahren *n*; ***take a ~ ticket*** (e-e Fahrkarte) nachlösen; **2.** ⩚ supplemen'tär; **3.** Hilfs..., Ersatz..., Zusatz...; **sup·ple·men·ta·tion** [ˌsʌplɪmenˈteɪʃn] *s.* Ergänzung *f*: a) Nachtragen *n*, b) Nachtrag *m*, Zusatz *m*.

sup·ple·ness [ˈsʌplnɪs] *s.* Geschmeidigkeit *f* (*a. fig.*).

sup·pli·ant [ˈsʌplɪənt] **I** *s.* (demütiger) Bittsteller; **II** *adj.* □ flehend, demütig (bittend).

sup·pli·cant [ˈsʌplɪkənt] → ***suppliant***; **sup·pli·cate** [ˈsʌplɪkeɪt] **I** *v/i.* **1.** demütig *od.* dringlich bitten, flehen (***for*** um); **II** *v/t.* **2.** anflehen, demütig bitten (***s.o. for s.th.*** j-n um et.); **3.** erbitten, erflehen, bitten um; **sup·pli·ca·tion** [ˌsʌplɪˈkeɪʃn] *s.* **1.** demütige Bitte (***for*** um), Flehen *n*; **2.** (Bitt)Gebet *n*; **3.** Bittschrift *f*, Gesuch *n*; '**sup·pli·ca·to·ry** [-ətərɪ] *adj.* flehend, Bitt...

sup·pli·er [səˈplaɪə] *s.* Liefe'rant(in), *a. pl.* Lieferfirma *f*.

sup·ply[1] [səˈplaɪ] **I** *v/t.* **1.** *Ware,* ⚡ *Strom etc., a. fig. Beweis etc.* liefern; beschaffen, bereitstellen, zuführen; **2.** *j-n* beliefern, versorgen, -sehen, ausstatten; ⚙, ⚡ speisen (***with*** mit); **3.** *Fehlendes* ergänzen; *Verlust* ausgleichen, ersetzen; *Defizit* decken; **4.** *Bedürfnis* befriedigen; *Nachfrage* decken: **~ *a want*** e-m Mangel abhelfen; **5.** *e-e Stelle* ausfüllen, einnehmen; *Amt* vor'übergehend versehen: **~ *the place of*** *j-n* vertreten; **II** *s.* **6.** Lieferung *f* (***to*** an *acc.*); Beschaffung *f*, Bereitstellung *f*; An-, Zufuhr *f*; **7.** Belieferung *f*, Versorgung *f* (***of*** mit): **~ *of power*** Energie-, Stromversorgung; **8.** ⚙, ⚡ (Netz)Anschluss *m*; **9.** Ergänzung *f*; Beitrag *m*, Zuschuss *m*; **10.** ✝ Angebot *n*: **~ *and demand*** Angebot und Nachfrage; ***be in short* ~** knapp sein; **11.** *pl.* ✝ Ar'tikel *pl.*, Bedarf *m*: ***office supplies*** Bürobedarf; **12.** *mst pl.* Vorrat *m*, Lager *n*, Bestand *m*; **13.** *mst pl.* ⚔ Nachschub *m*, Ver'sorgung(smateriˌal *n*) *f*, Provi'ant *m*;

14. *mst pl. parl.* bewilligter E'tat, ('Ausgabe)Bu͵dget *n*: ***Committee of*** ***2*** Haushaltsausschuss *m*; **15.** (Amts-, Stell)Vertretung *f*: ***on ~*** in Vertretung, als Ersatz; **16.** (Stell)Vertreter *m* (*Lehrer etc.*); **III** *adj.* **17.** Versorgungs..., Liefer(ungs)...: ***~ house*** Lieferfirma *f*; ***~-side economics*** *pl.* angebotsorientierte Wirtschaftspolitik *sg.*; **18.** ⚔ Versorgungs...(*-bombe, -gebiet, -offizier, -schiff*), Nachschub...: ***~ base*** Versorgungs-, Nachschubbasis *f*; ***~ depot*** Nachschublager *n*; ***~ lines*** Nachschubverbindungen; ***~ sergeant*** Kammerunteroffizier *m*; **19.** ⚙, ϟ Speise...(*-leitung, -stromkreis etc.*): ***~ pipe*** Zuleitung(srohr *n*) *f*; **20.** Hilfs..., Ersatz...: ***~ teacher*** Aushilfslehrer(in) *m*.

sup·ply² ['sʌplɪ] *adv.* → ***supple***.

sup·port [sə'pɔːt] **I** *v/t.* **1.** *Gewicht, Wand etc.* tragen, (ab)stützen, (aus-) halten; **2.** ertragen, (er)dulden, aushalten; **3.** *j-n* unter'stützen, stärken, *j-m* beistehen, *j-m* Rückendeckung geben; **4.** *sich, e-e Familie etc.* er-, unter'halten, sorgen für, ernähren (***on*** von): ***~ o.s.*** für s-n Lebensunterhalt sorgen; **5.** *et.* finanzieren; **6.** *Debatte etc.* in Gang halten; **7.** eintreten für, unter'stützen, fördern, befürworten; **8.** *Theorie etc.* vertreten; **9.** *Anklage, Anspruch etc.* beweisen, erhärten, begründen, rechtfertigen; **10.** ✝ *Währung* decken; **11.** a) *thea. Rolle* spielen, b) als Nebendarsteller auftreten mit *e-m Star etc.*; **II** *s.* **12.** *allg.* Stütze *f*: ***walk without ~***; **13.** *bsd.* ⚙ Stütze *f*, Träger *m*, Ständer *m*, Strebe *f*, Absteifung *f*, Bettung *f*; Sta'tiv *n*; ⚠ 'Durchzug *m*; ⚔ (Gewehr-) Auflage *f*; **14.** *fig.* (*a.* ⚔ taktische) Unter'stützung, Beistand *m*: ***~ buying*** ✝ Stützungskäufe *pl.*; ***give ~ to*** → 3; ***in ~ of s.o.*** zur Unterstützung von j-m; **15.** ('Lebens)͵Unterhalt *m*; **16.** Unter'haltung *f e-r Einrichtung*; **17.** *fig.* Stütze *f*, (Rück)Halt *m*; **18.** Beweis *m*, Erhärtung *f*: ***in ~ of*** zur Bestätigung (*gen.*); **19.** ⚔ Re'serve *f*, Verstärkung *f*; **20.** *thea.* a) Partner(in) *e-s Stars*, b) Unter'stützung *f e-s Stars durch das Ensemble*, c) En'semble *n*; **sup'port·a·ble** [-təbl] *adj.* ☐ **1.** haltbar, vertretbar (*Ansicht etc.*); **2.** erträglich, zu ertragen(d); **sup'port·er** [-tə] *s.* **1.** ⚙, ⚠ Stütze *f*, Träger *m*; **2.** Stütze *f*, Beistand *m*, Helfer(in), Unter'stützer(in); **3.** Erhalter(in); **4.** Anhänger(in), Verfechter (-in), Vertreter(in); **5.** ⚕ Tragbinde *f*, Stütze *f*; **sup'port·ing** [-tɪŋ] *adj.* **1.** tragend, stützend, Stütz..., Trag..., *fig. a.* Unterstützungs...: ***~ actor*** *thea.* Nebendarsteller *m*; ***~ cast*** *thea. etc.* Ensemble *n*; ***~ bout*** *Boxen*: Rahmenkampf *m*; ***~ fire*** ⚔ Unterstützungsfeuer *n*; ***~ measures*** flankierende Maßnahmen; ***~ part*** Nebenrolle *f*; ***~ program(me)*** *Film*: Beiprogramm *n*; ***~ purchases*** ✝ Stützungskäufe; ***~ surfaces*** ✈ Tragwerk *n*; **2.** erhärtend: ***~ document*** Beleg *m*, Unterlage *f*; ***~ evidence*** ⚖ zusätzliche Beweise *pl*; **sup'port·ive** [-tɪv] *adj.* **1.** unter'stützend, hilfsbereit: ***be very ~ of s.o*** j-m e-e große Hilfe sein, j-n sehr unterstützen; **2.** → ***supporting*** 2.

sup·pose [sə'pəʊz] **I** *v/t.* **1.** (als möglich *od.* gegeben) annehmen, sich vorstellen: ***~*** (*od.* ***supposing*** *od.* ***let us ~***) angenommen, gesetzt den Fall; ***it is to be ~d that*** es ist anzunehmen, dass; **2.** *imp.* (*e-n Vorschlag einleitend*) wie wäre es, wenn *wir e-n Spaziergang machten!*: ***~ we went for a walk!***; ***~ you meet me at 10 o'clock*** ich schlage vor, du triffst mich um 10 Uhr; **3.** vermuten, glauben, meinen: ***I don't ~ we shall be back*** ich glaube nicht, dass wir zurück sein werden; ***they are British, I ~*** es sind wohl *od.* vermutlich Briten; ***I ~ so*** ich nehme an, wahrscheinlich, vermutlich; **4.** (*mit acc. u. inf.*) halten für: ***I ~ him to be a painter***; ***he is ~d to be rich*** er soll reich sein; **5.** (mit Notwendigkeit) vor'aussetzen: ***creation ~s a creator***; **6.** (*pass. mit inf.*) sollen: ***isn't he ~d to be at home?*** sollte er nicht eigentlich zu Hause sein?; ***he is ~d to do*** man erwartet *od.* verlangt von ihm, dass er *et.* tut; ***what is that ~d to be*** (*od.* ***mean***) was soll das sein (*od.* heißen)?; **II** *v/i.* **7.** denken, glauben, vermuten; **sup'posed** [-zd] *adj.* ☐ **1.** angenommen: ***a ~ case***; **2.** vermutlich; **3.** vermeintlich, angeblich.

sup·po·si·tion [͵sʌpə'zɪʃn] *s.* **1.** Vor'aussetzung *f*, Annahme *f*: ***on the ~ that*** unter der Voraussetzung, dass; **2.** Vermutung *f*, Mutmaßung *f*, Annahme *f*; ͵**sup·po'si·tion·al** [-ʃənl] *adj.* ☐ angenommen, hypo'thetisch; **sup·pos·i·ti·tious** [sə͵pɒzɪ'tɪʃəs] *adj.* ☐ **1.** unecht, gefälscht; **2.** 'untergeschoben (*Kind, Absicht etc.*), erdichtet; **3.** → ***suppositional***.

sup·pos·i·to·ry [sə'pɒzɪtərɪ] *s.* ⚕ Zäpfchen *n*, Supposi'torium *n*.

sup·press [sə'pres] *v/t.* **1.** *Aufstand etc., a. Gefühl, Lachen etc., a.* ϟ unter'drücken; **2.** *et.* abstellen, abschaffen; **3.** *Buch* verbieten *od.* unter'drücken; **4.** *Textstelle* streichen; **5.** *Skandal, Wahrheit etc.* verheimlichen, vertuschen, unter'schlagen; **6.** ⚕ *Blutung* stillen, *Durchfall* stopfen; **7.** *psych.* verdrängen; **sup'pres·sant** [-sənt] *s. pharm.* Dämpfungsmittel *n*, (Appe'tit- *etc.*) Zügler *m*; **sup'pres·sion** [-eʃn] *s.* **1.** Unter'drückung *f* (*a. fig. u.* ϟ); **2.** Aufhebung *f*, Abschaffung *f*; **3.** Verheimlichung *f*, Vertuschung *f*; **4.** ⚕ (Blut)Stil-

S

lung *f*, Stopfung *f*, (Harn)Verhaltung *f*; **5.** *psych.* Verdrängung *f*; **sup'pres·sive** [-sɪv] *adj.* unter'drückend, Unterdrückungs...; **sup'pres·sor** [-sə] *s.* ↯ a) Sperrgerät *n*, b) Entstörer *m*: **~ grid** Bremsgitter *n*.

sup·pu·rate ['sʌpjʊəreɪt] *v/i.* ⚕ eitern; **sup·pu·ra·tion** [ˌsʌpjʊə'reɪʃn] *s.* Eiterung *f*; **'sup·pu·ra·tive** [-rətɪv] *adj.* eiternd, eitrig, Eiter...

su·pra ['su:prə] (*Lat.*) *adv.* oben (*bei Verweisen in e-m Buch etc.*).

supra- [su:prə] *in Zssgn* über, supra..., Supra...

ˌ**supra|·con'duc·tor** *s. phys.* Supraleiter *m*; ˌ**~'mun·dane** *adj.* 'überweltlich; ˌ**~'nas·al** *adj. anat.* über der Nase (befindlich); ˌ**~'na·tion·al** *adj.* überstaatlich; ˌ**~'re·nal** *s. anat.* Nebenniere(ndrüse) *f*.

su·prem·a·cy [sʊ'preməsɪ] *s.* **1.** Oberhoheit *f*: a) *pol.* höchste Gewalt, Souveräni'tät *f*, b) Supre'mat *m*, *n* (*in Kirchensachen*); **2.** *fig.* Vorherrschaft *f*, Über'legenheit *f*: **air ~** ⚔ Luftherrschaft *f*; **3.** Vorrang *m*; **su·preme** [sʊ'pri:m] **I** *adj.* ☐ **1.** höchst, oberst, Ober...: **~ authority** höchste (Regierungs)Gewalt; **~ command** ⚔ Oberbefehl *m*, -kommando *n*; **~ commander** ⚔ Oberbefehlshaber *m*; **♀ Court** *Am.* a) oberstes Bundesgericht, b) oberstes Gericht (*e-s Bundesstaates*); **♀ Court** (**of Judicature**) *Brit.* Oberster Gerichtshof; **reign ~** herrschen (*a. fig.*); **2.** höchst, größt, äußerst, über'ragend: **~ courage**; **♀ Being** → 6; **the ~ good** *phls.* das höchste Gut; **the ~ punishment** die Todesstrafe; **stand ~ among** den höchsten Rang einnehmen unter (*dat.*); **3.** letzt: **~ moment** Augenblick *m* des Todes; **~ sacrifice** Hingabe *f* des Lebens; **4.** entscheidend, kritisch: **the ~ hour in the history of a nation**; **II** *s.* **5. the ~** der *od.* die *od.* das Höchste; **6. the ♀** der Allerhöchste, Gott *m*; **su·preme·ly** [sʊ'pri:mlɪ] *adv.* höchst, aufs Äußerste, 'überaus.

su·pre·mo [sʊ'pri:məʊ] *s. Brit.* F Oberboss *m*.

sur-¹ [sɜ:] *in Zssgn* über, auf.

sur-² [sə] → **sub-**.

sur·cease [sɜ:'si:s] *obs.* **I** *v/i.* **1.** ablassen (**from** von); **2.** aufhören; **II** *s.* **3.** Ende *n*, Aufhören *n*; **4.** Pause *f*.

sur·charge I *s.* ['sɜ:tʃɑ:dʒ] **1.** *bsd. fig.* Über'lastung *f*; **2.** ✝ a) Über'forderung *f* (*a. fig.*), b) 'Überpreis *m*, (*a.* Steuer-)Zuschlag *m*, c) Strafporto *n*; **3.** 'Über-, Aufdruck *m* (*Briefmarke etc.*); **II** *v/t.* [sɜ:'tʃɑ:dʒ] **4.** über'lasten, -'fordern; **5.** ✝ a) e-n Zuschlag *od.* ein Nachporto erheben auf (*acc.*), b) *Konto* zusätzlich belasten; **6.** *Briefmarken etc.* (*mit neuer Wertangabe*) über'drucken; **7.** über'füllen, -'sättigen.

sur·cingle ['sɜ:ˌsɪŋgl] *s.* Sattel-, Packgurt *m*.

sur·coat ['sɜ:kəʊt] *s.* **1.** *hist.* a) Wappenrock *m*, b) 'Überrock *m* (*der Frauen*); **2.** Freizeitjacke *f*.

surd [sɜ:d] **I** *adj.* **1.** ⩓ 'irratioˌnal (*Zahl*); **2.** *ling.* stimmlos; **II** *s.* **3.** ⩓ 'irratioˌnale Größe, *a.* Wurzelausdruck *m*; **4.** *ling.* stimmloser Laut.

sure [ʃʊə] **I** *adj.* ☐ → **surely**; **1.** *pred.* (**of**) sicher, gewiss (*gen.*), über'zeugt (von): **I am ~ he is there**; **are you ~** (**about it**)**?** bist du (dessen) sicher?; **he is** (*od.* **feels**) **~ of success** er ist sich s-s Erfolges sicher; **I'm ~ I didn't mean to hurt you** ich wollte Sie ganz gewiss nicht verletzen; **are you ~ you won't come?** wollen Sie wirklich nicht kommen?; **2.** *pred.* sicher, gewiss, (ganz) bestimmt, zweifellos (*objektiver Sachverhalt*): **he is ~ to come** er kommt sicher *od.* bestimmt; **man is ~ of death** dem Menschen ist der Tod gewiss *od.* sicher; **make ~ that ...** sich (davon) überzeugen, dass ...; **make ~ of s.th.** a) sich von et. überzeugen, sich e-r Sache vergewissern, b) sich et. sichern; **to make ~** (*Redewendung*) um sicher zu gehen; **be ~ to** (*od.* **and**) **shut the window!** vergiss nicht, das Fenster zu schließen!; **to be ~** (*Redewendung*) sicher(lich), natürlich (*a. einschränkend = freilich, allerdings*); **~ thing** *Am.* F (tod)sicher, klar; **3.** sicher, fest: **a ~ footing**; **~ faith** *fig.* fester Glaube; **4.** sicher, untrüglich: **a ~ proof**; **5.** verlässlich, zuverlässig; **6.** sicher, unfehlbar: **a ~ cure** (**method**, **shot**); **II** *adv.* **7.** *obs. od.* F sicher(lich): (**as**) **~ as eggs** ‚bombensicher'; **~ enough** a) ganz bestimmt, sicher(lich), b) tatsächlich; **8.** F wirklich, ‚echt': **it ~ was cold**; **9. ~!** *bsd. Am.* F sicher!, klar!; **'~-ˌfire** *adj.* F (tod)sicher, zuverlässig; ˌ**~-'foot·ed** *adj.* **1.** sicher (auf den Füßen *od.* Beinen; **2.** *fig.* sicher.

sure·ly ['ʃʊəlɪ] *adv.* **1.** sicher(lich), zweifellos; **2.** (ganz) bestimmt *od.* gewiss, doch (wohl): **~ something can be done to help him**; **3.** sicher: **slowly but ~**; **sure·ness** ['ʃʊənɪs] *s.* Sicherheit *f*: a) Gewissheit *f*, b) feste Über'zeugung, c) Zuverlässigkeit *f*; **sure·ty** ['ʃʊərətɪ] *s.* **1.** *bsd.* ⚖ a) Bürge *m*, b) Bürgschaft *f*, Sicherheit *f*: **stand ~ for** bürgen *od.* Bürgschaft leisten (**for** für *j-n*); **2.** Gewähr(leistung) *f*, Garan'tie *f*; **3.** *obs.* Sicherheit *f*: **of a ~** sicher(lich), ohne Zweifel; **sure·ty·ship** ['ʃʊərətɪʃɪp] *s. bsd.* ⚖ Bürgschaft(sleistung) *f*.

surf [sɜ:f] **I** *s.* Brandung *f*; **II** *v/i. sport* surfen; **III** *v/t. Computer*: surfen: **~ the Internet** im Internet surfen.

sur·face ['sɜːfɪs] **I** *s.* **1.** *allg.* Oberfläche *f*: ~ **of water** Wasseroberfläche *f*; **come** (*od.* **rise**) **to the** → 13; **2.** *fig.* Oberfläche *f*, *das* Äußere: **on the ~** a) äußerlich, b) vordergründig, c) oberflächlich betrachtet; → **scratch** 7; **3.** ⚠ a) (Ober)Fläche *f*, b) Flächeninhalt *m*: **lateral ~** Seitenfläche; **4.** (Straßen)Belag *m*, (-)Decke *f*; **5.** ✈ (Trag)Fläche *f*; **6.** ⚒ Tag *m*: **on the ~** über Tag, im Tagebau; **II** *adj.* **7.** Oberflächen... (*a.* ⚙ *-härtung etc.*); **8.** *fig.* oberflächlich: a) flüchtig, b) vordergründig, äußerlich, Schein...; **III** *v/t.* **9.** ⚙ *allg.* die Oberfläche behandeln von; glätten; *Lackierung* spachteln; *Straße* mit e-m Belag versehen; **10.** ⚙ flach-, plandrehen; **11.** ⚓ *U-Boot* auftauchen lassen; **IV** *v/i.* **12.** ⚓ auftauchen (*U-Boot*); **13.** an die Oberfläche (*fig.* ans Tageslicht) kommen, sich zeigen; ~ **mail** *s. Brit.* gewöhnliche Post (*Ggs. Luftpost*); '**~·man** [-mən] *s.* [*irr.*] 🚂 Streckenarbeiter *m*; ~ **noise** *s.* Rauschen *n* (*e-r Schallplatte*); ~ **print·ing** *s. typ.* Reli'ef-, Hochdruck *m*.

sur·fac·er ['sɜːfɪsə] *s.* ⚙ **1.** Spachtelmasse *f*; **2.** 'Plandreh- *od.* -hobelma,schine *f*.

,**sur·face|-to-'air mis·sile** *s.* ⚔ 'Boden-'Luft-Ra,kete *f*; ~ **work** *s.* ⚒ Über'tagearbeit *f*.

sur·fac·tant [sɜː'fæktənt] *s.* ⚗ Ten'sid *n*.

'**surf|·board** *sport* **I** *s.* Surfbrett *n*; **II** *v/i.* surfen; '**~·boat** *s.* ⚓ Brandungsboot *n*.

sur·feit ['sɜːfɪt] **I** *s.* **1.** 'Übermaß *n* (**of** an *dat.*); **2.** *a. fig.* Über'sättigung *f* (**of** mit); **3.** 'Überdruss *m*: **to** (**a**) ~ bis zum Überdruss; **II** *v/t.* **4.** über'sättigen, -'füttern (**with** mit); **5.** über'füllen, -'laden; **III** *v/i.* **6.** sich über'sättigen (**of**, **with** mit).

surf·er ['sɜːfə] *s. sport* Surfer(in); **surf·ing** ['sɜːfɪŋ] *s. sport* Surfen *n*.

surge [sɜːdʒ] **I** *s.* **1.** Woge *f*, Welle *f* (*beide a. fig.*); **2.** Brandung *f*; **3.** *a. fig* Wogen *n*, (An)Branden *n*; Aufwallung *f der Gefühle*; **4.** ⚡ Spannungsstoß *m*; **II** *v/i.* **5.** wogen: a) (hoch)branden (*a. fig.*), b) *fig.* (vorwärts) drängen (*Menge*), c) brausen (*Orgel*, *Verkehr etc.*); **6.** *fig.* (auf)wallen (*Blut*, *Gefühl etc.*); **7.** ⚡ plötzlich ansteigen, heftig schwanken (*Spannung etc.*).

sur·geon ['sɜːdʒən] *s.* **1.** Chir'urg *m*; **2.** ⚔ leitender Sani'tätsoffi,zier: ~ **general** *Brit.* Stabsarzt *m*; ♀ **General** *Am.* a) General(stabs)arzt *m*, b) ⚓ Marineadmiralarzt *m*; ~ **major** *Brit.* Oberstabsarzt *m*; **3.** Schiffsarzt *m*; **4.** *hist.* Bader *m*; '**sur·ger·y** [-dʒərɪ] *s.* ⚕ **1.** Chirur'gie *f*; **2.** chir'urgische Behandlung, opera'tiver Eingriff; **3.** Operati'onssaal *m*; **4.** *Brit.* Sprechzimmer *n*: ~ **hours** Sprechstunden; '**sur·gi·cal** [-dʒɪkl] *adj.* □ ⚕ **1.** chir'urgisch: ~ **cotton** (Verband)Watte *f*; **2.** Operations...: ~ **wound**; ~ **fever** septisches Fieber; **3.** medi'zinisch: ~ **boot** orthopädischer Schuh; ~ **stocking** Stützstrumpf *m*; ~ **spirit** Wundbenzin *n*; '**sur·gi·cen·ter** ['sɜːdʒɪ,sentə] *s. Am.* 'Poli,klinik *f*.

surg·ing ['sɜːdʒɪŋ] **I** *s.* **1.** *a. fig.* Wogen *n*, Branden *n*; **2.** ⚡ Pendeln *n* (*der Spannung etc.*); **II** *adj.* **3.** *a.* '**surg·y** [-dʒɪ] *adj.* wogend, brandend (*a. fig.*).

sur·li·ness ['sɜːlɪnɪs] *s.* Verdrießlichkeit *f*, mürrisches Wesen; Bärbeißigkeit *f*; **sur·ly** ['sɜːlɪ] *adj.* □ **1.** verdrießlich, mürrisch; **2.** grob, bärbeißig; **3.** zäh (*Boden*).

sur·mise **I** *s.* ['sɜːmaɪz] Vermutung *f*, Mutmaßung *f*, Einbildung *f*; **II** *v/t.* [sɜː'maɪz] mutmaßen, vermuten, sich *et.* einbilden.

sur·mount [sɜː'maʊnt] *v/t.* **1.** über'steigen; **2.** *fig.* über'winden; **3.** bedecken, krönen: **~ed by** gekrönt *od.* überdeckt *od.* überragt von; **sur'mount·a·ble** [-təbl] *adj.* **1.** über'steigbar, ersteigbar; **2.** *fig.* über'windbar.

sur·name ['sɜːneɪm] **I** *s.* **1.** Fa'milien-, Nach-, Zuname *m*; **2.** *obs.* Beiname *m*; **II** *v/t.* **3.** *j-m* den Zu- *od. obs.* Beinamen ... geben: **~d** mit Zunamen.

sur·pass [sə'pɑːs] *v/t.* **1.** *j-n od. et.* über'treffen (**in** an *dat.*): ~ **o.s.** sich selbst übertreffen; **2.** *et.*, *j-s Kräfte etc.* über'steigen; **sur'pass·ing** [-sɪŋ] *adj.* □ her'vorragend, 'unüber,trefflich, unerreicht.

sur·plice ['sɜːplɪs] *s. eccl.* Chorhemd *n*, -rock *m*.

sur·plus ['sɜːpləs] **I** *s.* **1.** 'Überschuss *m*, Rest *m*; **2.** ✝ a) 'Überschuss *m*, Mehr(-betrag *m*) *n*, b) Mehrertrag *m*, 'überschüssiger Gewinn, c) (unverteilter) Reingewinn, d) Mehrwert *m*; **II** *adj.* **3.** 'überschüssig, Über(schuss)..., Mehr...: ~ **population** Bevölkerungsüberschuss *m*; ~ **weight** Mehr-, Übergewicht *n*; '**sur·plus·age** [-sɪdʒ] *s.* **1.** 'Überschuss *m*, -fülle *f* (**of** an *dat.*); **2.** *et.* 'Überflüssiges; **3.** ⚖ unerhebliches Vorbringen.

sur·prise [sə'praɪz] **I** *v/t.* **1.** über'raschen: a) ertappen, b) verblüffen, in Erstaunen (ver)setzen: **be ~d at s.th.** über et. erstaunt sein, sich über et. wundern, c) *bsd.* ⚔ über'rumpeln; **2.** befremden, empören; **3.** ~ **s.o. into** (**doing**) **s.th.** j-n zu et. verleiten, j-n dazu verleiten, et. zu tun; **II** *s.* **4.** Über'raschung *f*: a) Über'rump(e)lung *f*: **take by ~** *j-n*, *feindliche Stellung etc.* überrumpeln, *Festung etc.* im Handstreich nehmen, b) *et.* Über'raschendes: **it came as a great ~** (**to him**) es kam (ihm) sehr überraschend, c) Verblüffung *f*, Erstaunen *n*, Verwunderung *f*, Bestürzung *f* (**at** über *acc.*): **to my ~**

S

zu m-r Überraschung; ***stare in ~*** große Augen machen; **III** *adj.* **5.** über'raschend, Überraschungs...: ***~ attack***; ***~ visit***; **sur'pris·ed·ly** [-zɪdlɪ] *adv.* über'rascht; **sur'pris·ing** [-zɪŋ] *adj.* □ über'raschend, erstaunlich; **sur'pris·ing·ly** [-zɪŋlɪ] *adv.* über'raschend(erweise), erstaunlich(erweise).

sur·re·al·ism [sə'rɪəlɪzəm] *s.* Surrea'lismus *m*; **sur're·al·ist** [-ɪst] **I** *s.* Surrea'list(in); **II** *adj.* → **sur·re·al·is·tic** [səˌrɪə'lɪstɪk] *adj.* (□ ***~ally***) surrea'listisch.

sur·re·but [ˌsʌrɪ'bʌt] *v/i.* ⚖ e-e Quintup'lik vorbringen; **ˌsur·re'but·ter** [-tə] *s.* ⚖ Quintup'lik *f.*

sur·re·join·der [ˌsʌrɪ'dʒɔɪndə] *s.* ⚖ Trip'lik *f.*

sur·ren·der [sə'rendə] **I** *v/t.* **1.** *et.* über'geben, ausliefern, -händigen (***to*** *dat.*): ***~ o.s.*** (***to***) → 5, 6, 7; **2.** *Amt, Vorrecht, Hoffnung etc.* aufgeben; *et.* abtreten, verzichten auf (*acc.*); **3.** ⚖ a) *Sache, Urkunde* her'ausgeben, b) *Verbrecher* ausliefern; **4.** ✝ *Versicherungspolice* zum Rückkauf bringen; **II** *v/i.* **5.** ⚔ *u. fig.* sich ergeben (***to*** *dat.*), kapitulieren; **6.** sich *der Verzweiflung etc.* hingeben *od.* über'lassen; **7.** ⚖ sich *der Polizei etc.* stellen; **III** *s.* **8.** 'Übergabe *f*, Auslieferung *f*, -händigung *f*; **9.** ⚔ 'Übergabe *f*, Kapitulati'on *f*; **10.** (***of***) Auf-, Preisgabe *f*, Abtretung *f* (*gen.*), Verzicht *m* (auf *acc.*); **11.** Hingabe *f*, Sichüber'lassen *n*; **12.** ⚖ Aufgabe *f* e-r Versicherung: ***~ value*** Rückkaufswert *m*; **13.** ⚖ a) Aufgabe *f e-s Rechts etc.*, b) Her'ausgabe *f*, c) Auslieferung *f e-s Verbrechers.*

sur·rep·ti·tious [ˌsʌrep'tɪʃəs] *adj.* □ **1.** erschlichen, betrügerisch; **2.** heimlich, verstohlen: ***a ~ glance***; ***~ edition*** unerlaubter Nachdruck.

sur·ro·gate ['sʌrəgɪt] *s.* **1.** Stellvertreter *m* (*bsd. e-s Bischofs*); **2.** ⚖ *Am.* Nachlass- u. Vormundschaftsrichter *m*; **3.** Ersatz *m*, Surro'gat *n* (***of***, ***for*** für).

sur·round [sə'raʊnd] **I** *v/t.* **1.** um'geben, -'ringen (*a. fig.*): ***~ed by danger*** (***luxury***) von Gefahr umringt *od.* mit Gefahr verbunden (von Luxus umgeben); ***circumstances ~ing s.th.*** (Begleit)Umstände e-r Sache; **2.** ⚔ *etc.* um'zingeln, -'stellen, einkreisen, -schließen; **II** *s.* **3.** Einfassung *f*, *bsd.* Boden(schutz)belag *m* zwischen Wand u. Teppich; **4.** *hunt. Am.* Treibjagd *f*; **sur'round·ing** [-dɪŋ] **I** *adj.* um'gebend, 'umliegend; **II** *s. pl.* Um'gebung *f*: a) 'Umgegend *f*, b) 'Umwelt *f*, c) 'Umfeld *n*.

sur·tax ['sɜːtæks] **I** *s.* (*a.* Einkommen-) Steuerzuschlag *m*; **II** *v/t.* mit e-m Steuerzuschlag belegen.

sur·veil·lance [sɜː'veɪləns] *s.* Über'wachung *f*, (*a.* Poli'zei)Aufsicht *f*: ***be under ~*** unter Polizeiaufsicht stehen; ***keep under ~*** überwachen.

sur·vey **I** *v/t.* [sə'veɪ] **1.** über'blicken, -'schauen; **2.** genau betrachten, (sorgfältig) prüfen, mustern; **3.** abschätzen, begutachten; **4.** besichtigen, inspizieren; **5.** *Land etc.* vermessen, aufnehmen; **6.** *fig.* e-n 'Überblick geben über (*acc.*); **II** *s.* ['sɜːveɪ] **7.** *bsd. fig.* 'Überblick *m*, -sicht *f* (***of*** über *acc.*); **8.** Besichtigung *f*, Prüfung *f*; **9.** Schätzung *f*, Begutachtung *f*; **10.** Gutachten *n*, (Prüfungs)Bericht *m*; **11.** (Land)Vermessung *f*, Aufnahme *f*; **12.** (Lage)Plan *m*; **13.** (sta'tistische) Erhebung, 'Umfrage *f*; **14.** ⚕ 'Reihenunterˌsuchung *f*; **sur'vey·ing** [-eɪɪŋ] *s.* **1.** (Land-, Feld)Vermessung *f*, Vermessungsurkunde *f*, -wesen *n*; **2.** Vermessen *n*, Aufnehmen *n* (*von Land etc.*); **sur'vey·or** [-eɪə] *s.* **1.** Landmesser *m*, Geo'meter *m*: ***~'s chain*** Messkette *f*; **2.** (amtlicher) In'spektor *od.* Verwalter *od.* Aufseher: ***~ of highways*** Straßenmeister *m*; ***Board of ~s*** Baubehörde *f*; **3.** *Brit.* (ausführender) Archi'tekt; **4.** Sachverständige(r) *m*, Gutachter *m*.

sur·viv·al [sə'vaɪvl] *s.* **1.** Über'leben *n*: ***~ of the fittest*** *biol.* Überleben der Tüchtigsten; ***~ kit*** Überlebensausrüstung *f*; ***~ rate*** Überlebensquote *f*; ***~ shelter*** atomsicherer Bunker; ***~ time*** ⚔ Überlebenszeit *f*; **2.** Weiterleben *n*; **3.** Fortbestand *m*; **4.** 'Überbleibsel *n alten Brauchtums etc.*; **sur·vive** [sə'vaɪv] **I** *v/t.* **1.** *j-n od. et.* über'leben (*a. fig.* F *ertragen*), über'dauern, länger leben als; **2.** *Unglück etc.* über'leben, -'stehen; **II** *v/i.* **3.** am Leben bleiben, übrig bleiben, über'leben; **4.** noch leben *od.* bestehen; übrig geblieben sein; **5.** weiter-, fortleben *od.* -bestehen; **sur'viv·ing** [-vɪŋ] *adj.* **1.** über'lebend: ***~ wife***; **2.** hinter'blieben: ***~ dependents*** Hinterbliebene; **3.** übrig bleibend: ***~ debts*** ✝ Restschulden; **sur'vi·vor** [-və] *s.* **1.** Über'lebende(r *m*) *f*; **2.** ⚖ Über'lebender, auf den nach dem Ableben der Miteigentümer das Eigentumsrecht 'übergeht.

sus [sʌs] *Brit.* F **I** *s.* **1.** ***on ~*** auf Verdacht hin, unter Verdacht; **2.** Verdächtige(r *m*) *f*, Verdachtsperson *f*; **II** *adj.* **3.** ‚abgebrüht', ‚gewieft', ‚clever'.

sus·cep·ti·bil·i·ty [səˌseptə'bɪlətɪ] *s.* **1.** Empfänglichkeit *f*, Anfälligkeit *f* (***to*** für); **2.** Empfindlichkeit *f*; **3.** *pl.* (leicht verletzbare) Gefühle *pl.*, Feingefühl *n*; **sus·cep·ti·ble** [sə'septəbl] *adj.* □ **1.** anfällig (***to*** für); **2.** empfindlich (***to*** gegen); **3.** (***to***) empfänglich (für *Reize, Schmeicheleien etc.*), zugänglich (*dat.*); **4.** (leicht) zu beeindrucken(d); **5.** ***be ~ of*** (*od.* ***to***) *et.* zulassen.

sus·cep·tive [sə'septɪv] *adj.* **1.** aufneh-

S

mend, aufnahmefähig, rezep'tiv; **2.** → ***susceptible***.

sus·pect [sə'spekt] **I** *v/t.* **1.** *j-n* verdächtigen (***of*** *gen.*), im Verdacht haben (***of doing*** *et.* getan zu haben *od.* dass *j-d et.* tut): ***be ~ed of doing s.th.*** im Verdacht stehen *od.* verdächtigt werden, et. getan zu haben; **2.** argwöhnen, befürchten; **3.** für möglich halten, halb glauben; **4.** vermuten, glauben (***that*** dass); **5.** *Echtheit, Wahrheit etc.* anzweifeln, miss'trauen (*dat.*); **II** *v/i.* **6.** (e-n) Verdacht hegen, argwöhnisch sein; **III** *s.* ['sʌspekt] **7.** Verdächtige(r *m*) *f*, verdächtige Per'son, Ver'dachtsper,son *f*: ***smallpox ~*** ⚕ Pockenverdächtige(r); **IV** *adj.* ['sʌspekt] **8.** verdächtig, suspekt (*a. fig. fragwürdig*).

sus·pend [sə'spend] *v/t.* **1.** *a.* ⚙ aufhängen (***from*** an *dat.*); **2.** *bsd.* ⚗ suspendieren, (*in Flüssigkeiten etc.*) schwebend halten; **3.** *Frage etc.* in der Schwebe *od.* unentschieden lassen; **4.** *einstweilen* auf-, verschieben; ⚖ *Verfahren, Vollstreckung* aussetzen: ***~ a sentence*** ⚖ e-e Strafe zur Bewährung aussetzen; **5.** *Verordnung etc.* zeitweilig aufheben *od.* außer Kraft setzen; **6.** *die Arbeit*, ⚔ *die Feindseligkeiten*, † *Zahlungen etc.* (zeitweilig) einstellen; **7.** *j-n* (zeitweilig) des Amtes entheben, suspendieren; **8.** *Mitglied* zeitweilig ausschließen; **9.** *Sportler* sperren; **10.** mit *s-r Meinung etc.* zu'rückhalten; **11.** ♪ *Ton* vorhalten; **sus'pend·ed** [-dɪd] *adj.* **1.** hängend, Hänge...(*-decke, -lampe etc.*): ***be ~*** hängen (***by*** an *dat.*, ***from*** von); **2.** schwebend; **3.** unter'brochen, ausgesetzt, zeitweilig eingestellt: ***~ animation*** ⚕ Scheintod *m*; **4.** ⚖ zur Bewährung ausgesetzt (*Strafe*): ***~ sentence of two years*** zwei Jahre mit Bewährung; **5.** suspendiert (*Beamter*); **sus'pend·er** [-də] *s.* **1.** *pl. bsd. Am.* Hosenträger *pl.*; **2.** *Brit.* Strumpf- *od.* Sockenhalter *m*: ***~ belt*** Hüftgürtel *m*, Straps *m*; **3.** Aufhängevorrichtung *f*.

sus·pense [sə'spens] *s.* **1.** Spannung *f*, Ungewissheit *f*: ***anxious ~*** Hangen u. Bangen *n*; ***in ~*** gespannt, voller Spannung; ***be in ~*** in der Schwebe sein; ***keep in ~*** a) *j-n* in Spannung halten, im Ungewissen lassen, b) *et.* in der Schwebe lassen; ***~ account*** † Interimskonto *n*; ***~ entry*** † transitorische Buchung; **2.** → ***suspension*** 6; **sus'pense·ful** [-fʊl] *adj.* spannend; **sus'pen·sion** [-nʃn] *s.* **1.** Aufhängen *n*; **2.** *bsd.* ⚙ Aufhängung *f*: ***front-wheel ~***; ***~ bridge*** Hängebrücke *f*; ***~ file*** Hängeordner *m*; ***~ railway*** Schwebebahn *f*; **3.** ⚙ Federung *f*: ***~ spring*** Tragfeder *f*; **4.** ⚗, *phys.* Suspensi'on *f*; *pl.* Aufschlämmungen *pl.*; **5.** (einstweilige) Einstellung (*der Feindseligkeiten etc.*): ***~ of payment(s)*** † Zahlungseinstellung; **6.** ⚖ Aufschub *m*, Aussetzung *f*; vor'übergehende Aufhebung *e-s Rechts*; Hemmung *f der Verjährung*; **7.** Aufschub *m*, Verschiebung *f*; **8.** Suspendierung *f* (***from*** von), (Dienst-, Amts)Enthebung *f*; **9.** zeitweiliger Ausschluss; **10.** *sport* Sperre *f*; **11.** ♪ Vorhalt *m*; **sus'pen·sive** [-sɪv] *adj.* □ **1.** aufschiebend, suspen'siv: ***~ condition***; ***~ veto***; **2.** unter'brechend, hemmend; **3.** unschlüssig; **4.** unbestimmt; **sus'pen·so·ry** [-sərɪ] **I** *adj.* **1.** hängend, Schwebe..., Hänge...; **2.** *anat.* Aufhänge...; **3.** ⚖ → ***suspensive*** 1; **II** *s.* **4.** *anat.* a) *a.* ***~ ligament*** Aufhängeband *n*, b) *a.* ***~ muscle*** Aufhängemuskel *m*; **5.** ⚕ a) *a.* ***~ bandage*** Suspen'sorium *n*, b) Bruchband *n*.

sus·pi·cion [sə'spɪʃn] *s.* **1.** Argwohn *m*, 'Misstrauen *n* (***of*** gegen); **2.** (***of***) Verdacht *m* (gegen *j-n*), Verdächtigung *f* (*gen.*): ***above ~*** über jeden Verdacht erhaben; ***on ~ of murder*** unter Mordverdacht *festgenommen werden*; ***be under ~*** unter Verdacht stehen; ***cast a ~ on*** e-n Verdacht auf *j-n* werfen; ***have a ~ that*** e-n Verdacht haben *od.* hegen, dass; **3.** Vermutung *f*: ***no ~*** keine Ahnung; **4.** *fig.* Spur *f*: ***a ~ of brandy*** (***arrogance***); ***a ~ of a smile*** der Anflug e-s Lächelns; **sus'pi·cious** [-ʃəs] *adj.* □ **1.** 'misstrauisch, argwöhnisch (***of*** gegen): ***be ~ of s.th.*** et. befürchten; **2.** verdächtig, Verdacht erregend; **sus'pi·cious·ness** [-ʃəsnɪs] *s.* **1.** Misstrauen *n*, Argwohn *m* (***of*** gegen); 'misstrauisches Wesen; **2.** *das* Verdächtige.

suss [sʌs] *Brit.* F **I** *v/t.* **1.** *a.* ***~ out*** kommen hinter (*acc.*), dahinter kommen, *et.* ‚spitzkriegen': ***~ that ...*** dahinter kommen, dass ...; **2.** *mst* ***~ out*** *et.* ausspionieren *od.* he'rauskriegen: ***I can't ~ her out*** aus der werd ich nicht schlau, bei der ‚schau ich nicht mehr durch'; ***I've got her ~ed out*** die hab ich durchschaut; **II** *s.* **3.** → ***sus*** 2; **4.** Erfahrung *f*, (Spezi'al)Wissen *n*, ‚Ge'wieftheit' *f*; **III** *adj.* **5.** → ***sussed***; **sus·sed** [sʌst] *adj. Brit.* F **1.** clever, abgebrüht, ‚gewieft'; **2.** gescheit, bewandert, gut informiert; **'suss·y** [-ɪ] *adj. Brit.* F verdächtig.

sus·tain [sə'steɪn] *v/t.* **1.** stützen, tragen: ***~ing wall*** Stützmauer *f*; **2.** *Last, Druck, fig. den Vergleich etc.* aushalten; *e-m Angriff etc.* standhalten; **3.** *Niederlage, Schaden, Verletzungen, Verlust etc.* erleiden, da'vontragen; **4.** *et.* (aufrecht-) erhalten, in Gang halten; *Interesse* wach halten: ***~ing program*** *Am. Radio, TV*: Programm *n* ohne Reklameeinblendungen; **5.** *j-n* er-, unter'halten, *Familie etc.* ernähren; *Heer* verpflegen; **6.** *Institution* unter'halten, -'stützen; **7.** *j-n, j-s Forderung* unter'stützen; **8.** ⚖ als rechtsgültig anerkennen, *e-m An-*

S

trag, Einwand etc. stattgeben; **9.** *Behauptungen etc.* bestätigen, rechtfertigen, erhärten; **10.** *j-n* aufrecht halten; *j-m* Kraft geben; **11.** ♪ *Ton* (aus)halten; **12.** *Rolle* (gut) spielen; **sus,tain·a'bil·i·ty** *s.* **1.** Umweltverträglichkeit *f*: **~ *programme*** *etwa*: Entwicklungsplan *m* für umweltverträgliches Wirtschaften; **2.** Tragbarkeit *f*; **3.** Nachhaltigkeit *f*; **sus'tain·a·ble** *adj.* **1.** umweltverträglich; **2.** vernünftig, tragbar; **3.** dauerhaft, nachhaltig; **4.** aufrecht zu erhalten(d), in Gang zu halten(d); **sus'tained** [-nd] *adj.* **1.** anhaltend (*a. Interesse etc.*), Dauer...(*-feuer, -geschwindigkeit etc.*); **2.** ♪ a) (aus)gehalten (*Ton*), b) getragen; **3.** *phys.* ungedämpft.

sus·te·nance ['sʌstɪnəns] *s.* **1.** ('Lebens-),Unterhalt *m*, Auskommen *n*; **2.** Nahrung *f*; **3.** Nährwert *m*; **4.** Erhaltung *f*, Ernährung *f*; **5.** *fig.* Beistand *m*, Stütze *f*; **sus·ten·ta·tion** [,sʌsten'teɪʃn] *s.* **1.** → ***sustenance*** 1, 2, 4; **2.** Unter'haltung *f e-s Instituts etc.*; **3.** (Aufrecht-)Erhaltung *f*; **4.** Unter'stützung *f*.

su·sur·rant [sjʊ'sʌrənt] *adj.* **1.** flüsternd, säuselnd; **2.** raschelnd.

sut·ler ['sʌtlə] *s.* ⚔ *hist.* Marke'tender(in).

su·ture ['sju:tʃə] **I** *s.* **1.** ⚕, ♀, *anat.* Naht *f*; **2.** ⚕ (Zs.-)Nähen *n*; **3.** ⚕ 'Nahtmateri,al *n*, Faden *m*; **II** *v/t.* **4.** *bsd.* ⚕ (zu-, ver)nähen.

su·ze·rain ['su:zəreɪn] **I** *s.* **1.** Oberherr *m*, Suze'rän *m*; **2.** *pol.* Pro'tektorstaat *m*; **3.** *hist.* Oberlehensherr *m*; **II** *adj.* **4.** oberhoheitlich; **5.** *hist.* oberlehensherrlich; **'su·ze·rain·ty** [-tɪ] *s.* **1.** Oberhoheit *f*; **2.** *hist.* Oberlehensherrlichkeit *f*.

svelte [svelt] *adj.* schlank, gra'zil.

swab [swɒb] **I** *s.* **1.** a) Scheuerlappen *m*, b) Schrubber *m*, c) Mopp *m*, d) Handfeger *m*, e) ⚓ Schwabber *m*; **2.** ⚕ a) Tupfer *m*, b) Abstrich *m*; **II** *v/t.* **3.** *a.* **~ *down*** aufwischen, ⚓ *Deck* schrubben; **4.** ⚕ a) *Blut etc.* abtupfen, b) *Wunde* betupfen.

Swa·bi·an ['sweɪbjən] **I** *s.* Schwabe *m*, Schwäbin *f*; **II** *adj.* schwäbisch.

swad·dle ['swɒdl] **I** *adj.* **1.** *Säugling* wickeln, in Windeln legen; **2.** um'wickeln, einwickeln; **II** *s.* **3.** *Am.* Windel *f*.

swad·dling ['swɒdlɪŋ] *s.* Wickeln *n e-s Babys*; **~ clothes** [kləʊðz] *s. pl.* Windeln *pl.*: ***be still in one's ~*** *fig.* ‚noch in den Windeln liegen'.

swag [swæg] *s.* **1.** Gir'lande *f* (*Zierat*); **2.** *sl.* Beute *f*, Raub *m*.

swage [sweɪdʒ] **I** *s.* ⚙ **1.** Gesenk *n*; **2.** Präge *f*, Stanze *f*; **II** *v/t.* **3.** im Gesenk bearbeiten.

swag·ger ['swægə] **I** *v/i.* **1.** (ein'her)stolzieren; **2.** prahlen, aufschneiden, renommieren (***about*** mit); **II** *s.* **3.** stolzer Gang, Stolzieren *n*; **4.** Großtue'rei *f*, Prahle'rei *f*; **III** *adj.* **5.** F (tod)schick: **~ *stick*** ⚔ Offi'ziersstöckchen *n*; **'swag·ger·er** [-ərə] *s.* Großtuer *m*, Aufschneider *m*; **'swag·ger·ing** [-ərɪŋ] *adj.* □ **1.** stolzierend; **2.** schwadronierend.

swain [sweɪn] *s.* **1.** *mst poet.* Bauernbursche *m*, Schäfer *m*; **2.** *poet. od. humor.* Liebhaber *m*, Verehrer *m*.

swal·low¹ ['swɒləʊ] **I** *v/t.* **1.** (ver)schlucken, verschlingen: **~ *down*** hinunterschlucken; **2.** *fig. Buch etc.* verschlingen, *Ansicht etc.* begierig in sich aufnehmen; **3.** *Gebiet etc.* ‚schlucken', sich einverleiben; **4.** *mst* **~ *up*** *fig. j-n, Schiff, Geld, Zeit etc.* verschlingen; **5.** ‚schlucken', für bare Münze nehmen; **6.** *Beleidigung etc.* schlucken, einstecken; **7.** *Tränen, Ärger* hin'unterschlucken; **8.** *Behauptung* zu'rücknehmen: **~ *one's words***; **II** *v/i.* **9.** schlucken (*a. vor Erregung*): **~ *hard*** *fig.* kräftig schlucken; **~ *the wrong way*** sich verschlucken; **III** *s.* **10.** Schlund *m*, Kehle *f*; **11.** Schluck *m*.

swal·low² ['swɒləʊ] *s. orn.* Schwalbe *f*: ***one ~ does not make a summer*** eine Schwalbe macht noch keinen Sommer; **'~·tail** *s.* **1.** *orn.* 'Schwalbenschwanz-,kolibri *m*; **2.** *zo.* Schwalbenschwanz *m* (*Schmetterling*); **3.** ⚙ Schwalbenschwanz *m*; **4.** *a. pl.* Frack *m*; **'~-tailed** *adj.* Schwalbenschwanz...: **~ *coat*** Frack *m*.

swam [swæm] *pret. von* ***swim***.

swa·mi ['swɑ:mɪ] *s.* **1.** Meister *m* (*bsd. Brahmane*); **2.** → ***pundit*** 2.

swamp [swɒmp] **I** *s.* **1.** Sumpf *m*; **2.** (Flach)Moor *n*; **II** *v/t.* **3.** über'schwemmen (*a. fig.*): ***be ~ed with*** mit *Arbeit, Einladungen etc.* überhäuft werden *od.* sein, sich nicht mehr retten können vor (*dat.*); **4.** ⚓ *Boot* voll laufen lassen, zum Sinken bringen; **5.** *Am. pol. Gesetz* zu Fall bringen; **6.** *sport* ‚über'fahren'; **'swamp·y** [-pɪ] *adj.* sumpfig, mo'rastig, Sumpf...

swan [swɒn] **I** *s.* **1.** *zo.* Schwan *m*: ***2 of Avon*** *fig.* der Schwan vom Avon (*Shakespeare*); **2.** 2 *ast.* Schwan *m* (*Sternbild*); **II** *v/i.* **3.** **~ *about*** (*od.* ***around***) F her'umgondeln, -ziehen, sich her'umtreiben in (*dat.*); **4.** **~ *along*** F entlangziehen, -gondeln; **5.** **~ *off*** F abziehen, losziehen.

swank [swæŋk] F **I** *s.* **1.** Protze'rei *f*, ‚Angabe' *f*; **2.** ‚Angeber' *m*; **II** *v/i.* **3.** protzen, ‚angeben'; **III** *adj.* **4.** → **'swank·y** [-kɪ] *adj.* F **1.** protzig; **2.** (tod)schick.

'swan|·like *adj. u. adv.* schwanengleich; **~ maid·en** *s. myth.* Schwan(en)jungfrau *f*; **'~·neck** *s.* ⚙ Schwanenhals *m*.

swan·ner·y ['swɒnərɪ] *s.* Schwanenteich *m*.

swan| song *s. bsd. fig.* Schwanengesang

m; **'~-ˌup·ping** *s. Brit. Einfangen u. Kennzeichnen der jungen Schwäne (bsd. auf der Themse).*

swap [swɒp] F **I** *v/t.* (aus-, ein)tauschen (***s.th. for*** et. für); *Pferde etc.* tauschen, wechseln: ***to ~ stories*** *fig.* Geschichten austauschen; **II** *v/i.* tauschen; **III** *s.* Tausch(handel) *m*; ✝ Swap(geschäft *n*) *m*; **~ meet** *s. bsd. Am.* Tauschbörse *f*, Flohmarkt *m*.

sward [swɔːd] *s.* Rasen *m*, Grasnarbe *f*; **'sward·ed** [-dɪd] *adj.* mit Rasen bedeckt.

swarm[1] [swɔːm] **I** *s.* **1.** (Bienen- *etc.*) Schwarm *m*; **2.** Schwarm *m* (*Kinder, Soldaten etc.*); **3.** *fig.* Haufen *m*, Masse *f* (*Briefe etc.*); **II** *v/i.* **4.** schwärmen (*Bienen*); **5.** (um'her)schwärmen, (zs.-)strömen: ***~ out*** a) ausschwärmen, b) hinausströmen; ***~ to a place*** zu e-m Ort (hin)strömen; ***beggars ~ in that town*** in dieser Stadt wimmelt es von Bettlern; **6.** (***with***) wimmeln (von); **III** *v/t.* **7.** um'schwärmen, -'drängen; **8.** *Örtlichkeit* in Schwärmen über'fallen; **9.** *Bienen* ausschwärmen lassen.

swarm[2] [swɔːm] **I** *v/t.* a) hochklettern an (*dat.*), b) hin'aufklettern auf (*acc.*); **II** *v/i.* klettern.

swarth·i·ness ['swɔːðɪnɪs] *s.* dunkle Gesichtsfarbe, Schwärze *f*, Dunkelbraun *n*; **swarth·y** ['swɔːðɪ] *adj.* □ dunkel (-häutig), schwärzlich.

swash [swɒʃ] **I** *v/i.* **1.** klatschen, schwappen (*Wasser etc.*); **2.** plan(t)schen (*im Wasser*); **II** *v/t.* **3.** *Wasser etc.* a) spritzen lassen, b) klatschen; **III** *s.* **4.** Platschen *n*, Schwappen *n*; **5.** Platsch *m*, Klatsch *m* (*Geräusch*); **'~ˌbuck·ler** [-ˌbʌklə] *s.* **1.** Schwadro'neur *m*, Bra'marbas *m*; **2.** verwegener Kerl; **3.** historischer 'Abenteuerfilm *m od.* -roˌman *m*; **'~ˌbuck·ling** [-ˌbʌklɪŋ] **I** *s.* Bramarbasieren *n*, Prahlen *n*; **II** *adj.* schwadronierend, prahlerisch; **~ plate** *s.* ⚙ Taumelscheibe *f*.

swas·ti·ka ['swɒstɪkə] *s.* Hakenkreuz *n*.

swat [swɒt] F **I** *v/t.* **1.** schlagen; **2.** *Fliege etc.* totschlagen; **II** *s.* **3.** (wuchtiger) Schlag; **4.** → ***swatter***.

swath [swɔːθ] *s.* ✓ Grasnarbe *f*.

swathe[1] [sweɪð] **I** *v/t.* **1.** (um)'wickeln (***with*** mit), einwickeln; **2.** (*wie e-n Verband*) her'umwickeln; **3.** einhüllen; **II** *s.* **4.** Binde *f*, Verband *m*; **5.** (Wickel-) Band *n*; **6.** ⚕ 'Umschlag *m*.

swathe[2] [sweɪð] → ***swath***.

swat·ter ['swɒtə] *s.* Fliegenklatsche *f*.

sway [sweɪ] **I** *v/i.* **1.** schwanken, schaukeln, sich wiegen; **2.** sich neigen; **3.** (***to***) *fig.* sich zuneigen (*dat.*) (*öffentliche Meinung etc.*); **4.** herrschen; **II** *v/t.* **5.** *et.* schwenken, schaukeln, wiegen; **6.** neigen; **7.** ⚓ *mst* ***~ up*** *Masten etc.* aufheißen; **8.** *fig.* beeinflussen, lenken; **9.** beherrschen, herrschen über (*acc.*); *Publikum* mitreißen; **10.** *rhet. Zepter etc.* schwingen; **III** *s.* **11.** Schwanken *n*, Schaukeln *n*, Wiegen *n*; **12.** Schwung *m*, Wucht *f*; **13.** 'Übergewicht *n*; **14.** Einfluss *m*: ***under the ~ of*** unter dem Einfluss *od.* im Banne (*gen.*) (→ 15); **15.** Herrschaft *f*, Gewalt *f*, Macht *f*: ***hold ~ over*** beherrschen, herrschen über (*acc.*); ***under the ~ of*** in der Gewalt *od.* unter der Herrschaft (*gen.*).

swear [sweə] **I** *v/i.* [*irr.*] **1.** schwören, e-n Eid leisten (***on the Bible*** auf die Bibel): ***~ by*** a) bei *Gott etc.* schwören, b) F schwören auf (*acc.*), felsenfest glauben an (*acc.*); ***~ by all that's holy*** Stein u. Bein schwören; ***~ off*** F *e-m Laster* abschwören; ***~ to*** a) *et.* beschwören, b) *et.* geloben; **2.** fluchen (***at*** auf *acc.*); **II** *v/t.* [*irr.*] **3.** *Eid* schwören, leisten; **4.** *et.* beschwören, eidlich bekräftigen; ***~ out*** ⚖ *Am. Haftbefehl* durch eidliche Strafanzeige erwirken; **5.** *Rache, Treue etc.* schwören; **6.** *a.* ***~ in*** *j-n* vereidigen: ***~ s.o. into an office*** j-n in ein Amt einschwören; ***~ s.o. to secrecy*** j-n eidlich zur Verschwiegenheit verpflichten; **III** *s.* **7.** F Fluch *m*; **'swear·ing** [-ərɪŋ] *s.* **1.** Schwören *n*: ***~-in*** ⚖ Vereidigung *f*; **2.** Fluchen *n*; **'swear·word** *s.* Fluch(wort *n*) *m*.

sweat [swet] **I** *s.* **1.** Schweiß *m*: ***cold ~*** kalter Schweiß, Angstschweiß; ***by the ~ of one's brow*** im Schweiße s-s Angesichts; ***be in a ~*** a) in Schweiß gebadet sein, b) F (vor Angst, Erregung *etc.*) schwitzen; ***get into a ~*** in Schweiß geraten; ***no ~!*** F kein Problem!; **2.** Schwitzen *n*, Schweißausbruch *m*; **3.** ⚙ Ausschwitzung *f*, Feuchtigkeit *f*; **4.** F Placke'rei *f*; **5.** ***old ~*** ⚔ *sl.* alter Haudegen *m*; **II** *v/i.* [*Am. irr.*] **6.** schwitzen (***with*** vor *dat.*); **7.** ⚙, *phys. etc.* schwitzen, anlaufen; gären (*Tabak*); **8.** F schwitzen, sich schinden; **9.** ✝ für e-n Hungerlohn arbeiten; **III** *v/t.* [*Am. irr.*] **10.** schwitzen: ***~ blood*** Blut schwitzen; ***~ out*** a) *Krankheit etc.* (her)ausschwitzen, b) *fig. et.* mühsam hervorbringen; ***~ it out*** F durchhalten, es durchstehen; **11.** *Kleidung* 'durchschwitzen; **12.** *j-n* schwitzen lassen (*a.* F *fig. im Verhör etc.*); *fig.* schuften lassen, *Arbeiter* ausbeuten; F *j-n* ‚bluten lassen'; **13.** ⚙ schwitzen *od.* gären lassen; *metall.* (***~ out*** aus)seigern; (heiß-, weich)löten; *Kabel* schweißen; **'~·band** *s.* Schweißleder *n* (*im Hut*); *bsd. sport* Schweißband *n*.

sweat·ed ['swetɪd] *adj.* ✝ **1.** für Hungerlöhne hergestellt; **2.** ausgebeutet, 'unterbezahlt; **'sweat·er** [-tə] *s.* **1.** Sweater *m*, Pull'over *m*; **2.** ✝ Ausbeuter *m*.

sweat gland *s. physiol.* Schweißdrüse *f*.

sweat·i·ness ['swetɪnɪs] *s.* Verschwitztheit *f*, Schweißigkeit *f*.
sweat·ing ['swetɪŋ] *s.* **1.** Schwitzen *n*; **2.** ✝ Ausbeutung *f*; ~ **bath** *s.* ⚕ Schwitzbad *n*; ~ **sys·tem** *s.* ✝ 'Ausbeutungssystem *n*.
'**sweat|·shirt** *s.* Sweatshirt *n*; '~**·shop** *s.* ✝ Ausbeutungsbetrieb *m*; '~**·suit** *s.* Trainingsanzug *m*.
sweat·y ['swetɪ] *adj.* □ **1.** schweißig, verschwitzt; **2.** anstrengend.
Swede [swi:d] *s.* **1.** Schwede *m*, Schwedin *f*; **2.** ♀ *Brit.* → ***Swedish turnip***.
Swed·ish ['swi:dɪʃ] **I** *adj.* **1.** schwedisch; **II** *s.* **2.** *ling.* Schwedisch *n*; **3.** ***the*** ~ *coll.* die Schweden *pl.*; ~ **tur·nip** *s.* ⚘ *Brit.* Schwedische Rübe, Gelbe Kohlrübe.
sweep [swi:p] **I** *v/t.* [*irr.*] **1.** kehren, fegen: ~ ***away*** (***off***, ***up***) weg-(fort-, auf-) kehren; **2.** freimachen, säubern (***of*** von; *a. fig.*); **3.** hin'wegstreichen über (*acc.*) (*Wind etc.*); **4.** *Flut etc.* jagen, treiben: ~ ***before one*** *Feind* vor sich hertreiben; ~ ***all before one*** *fig.* auf der ganzen Linie siegen; **5.** *a.* ~ ***away*** (*od.* ***off***) *fig.* fort-, mitreißen (*Flut etc.*): ~ ***along with one*** *Zuhörer* mitreißen; ~ ***s.o. off his feet*** j-s Herz im Sturm erobern; **6.** *a.* ~ ***away*** *Hindernis etc.* (aus dem Weg) räumen, *e-m Übelstand etc.* abhelfen, aufräumen mit: ~ ***aside*** *et.* abtun, beiseite schieben; ~ ***off*** *j-n* hinwegraffen (*Tod*, *Krankheit*); **7.** *mit der Hand* streichen über (*acc.*); **8.** *Geld* einstreichen: ~ ***the board*** *Kartenspiel u. fig.* alles gewinnen; **9.** a) *Gebiet* durch'streifen, b) *Horizont etc.* absuchen (*a.* ⚔ *mit Scheinwerfern*, *Radar*) (***for*** nach), c) hingleiten über (*acc.*) (*Blick etc.*); **10.** ⚔ *mit MG-Feuer* bestreichen; **11.** ♪ *Saiten*, *Tasten* (be)rühren, schlagen, (hin)gleiten über (*acc.*); **II** *v/i.* [*irr.*] **12.** kehren, fegen; **13.** fegen, stürmen, jagen (*Wind*, *Regen etc.*, *a. Krieg*, *Heer*), fluten (*Wasser*, *Truppen etc.*); *durchs Land* gehen (*Epidemie etc.*): ~ ***along*** (***down***, ***over***) entlang- *od.* einherfegen (herniederfegen, darüber hinfegen) *etc.*; ~ ***down on*** sich (herab)stürzen auf (*acc.*); ***fear swept over him*** Furcht überkam ihn; **14.** maje'stätisch ein'herschreiten: ***she swept from the room*** sie rauschte aus dem Zimmer; **15.** in weitem Bogen gleiten; **16.** sich da'hinziehen (*Küste*, *Straße etc.*); **17.** (***for***) ⚓ (nach *et.*) dreggen; ⚔ *Minen* suchen, räumen; **III** *s.* **18.** Kehren *n*, Fegen *n*: ***give s.th. a*** ~ et. kehren; ***make a clean*** ~ (***of***) *fig.* gründlich aufräumen (mit); **19.** *mst pl.* Müll *m*; **20.** *bsd. Brit.* Schornsteinfeger *m*; **21.** Da'hinfegen *n*, (Da'hin)Stürmen *n* (*des Windes etc.*); **22.** schwungvolle (Hand- *etc.*)Bewegung; Schwung *m* (*e-r Sense*, *Waffe etc.*); (Ruder)Schlag *m*; **23.** *fig.* Reichweite *f*, Bereich *m*, Spielraum *m*; weiter (geistiger) Hori'zont; **24.** Schwung *m*, Bogen *m* (*Straße etc.*); **25.** ausgedehnte Strecke, weite Fläche; **26.** Auffahrt *f zu e-m Haus*; **27.** Ziehstange *f*, Schwengel *m* (*Brunnen*); **28.** ⚓ langes Ruder; **29.** ♪ Tusch *m*; **30.** *Radar*: Abtaststrahl *m*; **31.** *Kartenspiel*: Gewinn *m* aller Stiche *od.* Karten; **IV** *adj.* **32.** ⚡ Kipp...
'**sweep·back** ✈ **I** *s.* Pfeilform *f*; **II** *adj.* pfeilförmig, Pfeil...
sweep·er ['swi:pə] *s.* **1.** (Straßen-) Kehrer *m*, Feger(in); **2.** 'Kehrma,schine *f*; **3.** ⚓ Such-, Räumboot *n*; **4.** *Fußball*: Ausputzer *m*; '**sweep·ing** [-pɪŋ] **I** *adj.* □ **1.** kehrend, Kehr...; **2.** sausend, stürmisch (*Wind etc.*); **3.** ausgedehnt; **4.** schwungvoll (*a. fig. mitreißend*); **5.** 'durchschlagend, über'wältigend (*Sieg*, *Erfolg*); **6.** 'durchgreifend, radi'kal: ~ ***changes***; **7.** um'fassend, weit reichend, *a.* (zu) stark verallgemeinernd, sum'marisch: ~ ***statement***; **II** *s.* **8.** *pl.* a) → ***sweep*** 19, b) *fig. contp.* Abschaum *m*.
sweep| net *s.* **1.** ⚓ Schleppnetz *n*; **2.** Schmetterlingsnetz *n*; '~**·stake** *s. sport* **1.** *sg. od. pl.* a) *Pferderennen, dessen Dotierung rein aus Nenngeldern besteht*, b) *aus den Nenngeldern gebildete Dotierung*; **2.** *Lotterie, deren Gewinne sich ausschließlich aus den Einsätzen zs.-setzen*; **3.** *fig.* Rennen *n*, Kampf *m*.
sweet [swi:t] **I** *adj.* □ **1.** süß (*im Geschmack*); **2.** süß, lieblich (duftend): ***be*** ~ ***with*** duften nach; **3.** frisch (*Butter*, *Fleisch*, *Milch*); **4.** Frisch..., Süß...: ~ ***water***; **5.** süß, lieblich (*Musik*, *Stimme*), **6.** süß, angenehm: ~ ***dreams***; ~ ***sleep***; **7.** süß, lieb: ~ ***face***; ***at her own*** ~ ***will*** (ganz) nach ihrem Köpfchen; → ***seventeen*** II; **8.** (***to*** zu *od.* gegenüber *j-m*) lieb, nett, freundlich, sanft: ~ ***nature*** *od.* ***temper***; ***be*** ~ ***on s.o.*** in j-n verliebt sein; **9.** F ‚süß', reizend, goldig (*alle a. iro.*): ***what a*** ~ ***dress!***; **10.** leicht, bequem; glatt, ruhig; **11.** ⚗ a) säurefrei (*Mineralien*), b) schwefelfrei, süß (*bsd. Benzin*, *Rohöl*); **12.** ⚒ nicht sauer (*Boden*); **13.** *Jazz*: ‚sweet', melodi'ös; **II** *s.* **14.** Süße *f*; **15.** *Brit.* a) Bon'bon *m*, *n*, Süßigkeit *f*, b) *oft pl.* Nachtisch *m*, Süßspeise *f*; **16.** *mst pl. fig.* Freude *f*, Annehmlichkeit *f*: ***the*** ~(***s***) ***of life***; → ***sour*** 7; **17.** *mst in der Anrede*: Liebling *m*, Süße(r *m*) *f*; ,~**-and-'sour** *adj.* süßsauer (*Soße etc.*); '~**·bread** *s.* Bries n; ~ **chest·nut** *s.* 'Edelka,stanie *f*; ~ **corn** *s.* **1.** ⚘ Zuckermais *m*; **2.** grüne Maiskolben *pl.*
sweet·en ['swi:tn] **I** *v/t.* **1.** süßen; **2.** *fig.* versüßen, angenehm(er) machen; **II** *v/i.* **3.** süß(er) werden; **4.** milder *od.* sanfter werden; '**sweet·en·er** [-nə] *s.* Süßstoff *m*.

S

'sweet|·heart *s.* Liebste(r *m*) *f*, Schatz *m*; **~ herbs** *s. pl.* Küchen-, Gewürzkräuter *pl.*
sweet·ie ['swi:tɪ] *s.* **1.** F Schätzchen *n*, ‚Süße' *f*; **2.** *Brit.* Bon'bon *m*, *n*, *pl. a.* Süßigkeiten *pl.*
sweet·ing ['swi:tɪŋ] *s.* ⚘ Jo'hannisapfel *m*, Süßling *m*.
sweet·ish ['swi:tɪʃ] *adj.* süßlich.
'sweet|·meat *s.* Lecke'rei *f*, Bon'bon *m*, *n*; **ˌ~-'na·tured** → ***sweet*** 8.
sweet·ness ['swi:tnɪs] *s.* **1.** Süße *f*, Süßigkeit *f*; **2.** süßer Duft; **3.** Frische *f*; **4.** *fig. et.* Angenehmes, Annehmlichkeit *f*, *das* Süße; **5.** Freundlichkeit *f*, Liebenswürdigkeit *f*.
sweet| oil *s.* O'livenöl *n*; **~ pea** *s.* ⚘ Gartenwicke *f*; **~ po·ta·to** *s.* ⚘ 'Süßkarˌtoffel *f*, Ba'tate *f*; **ˌ~'scent·ed** *adj. bsd.* ⚘ wohlriechend, duftend; **'~·shop** *s. bsd. Brit.* Süßwarengeschäft *n*; **'~-talk** *v/t. Am.* F *j-m* schmeicheln; **ˌ~-'tem·pered** *adj.* sanft-, gutmütig; **~ tooth** *s.* F: ***she has a ~*** sie isst gern Süßigkeiten; **~ wil·liam** *s.* ⚘ Stu'dentennelke *f*.
sweet·y ['swi:tɪ] → ***sweetie***.
swell [swel] **I** *v/i.* [*irr.*] **1.** *a.* **~ *up***, **~ *out*** (an-, auf)schwellen (***into***, ***to*** zu), dick werden; **2.** sich aufblasen *od.* -blähen (*a. fig.*); **3.** anschwellen, (an)steigen (*Wasser etc.*, *a. fig. Preise*, *Anzahl etc.*); **4.** sich wölben: a) ansteigen (*Land etc.*), b) sich ausbauchen *od.* bauschen (*Mauerwerk*, *Möbel etc.*), c) ⚓ sich blähen (*Segel*); **5.** her'vorbrechen (*Quelle*, *Tränen*); **6.** *bsd.* ♪ a) anschwellen (***into*** zu), b) (an- u. ab-) schwellen (*Ton*, *Orgel etc.*); **7.** *fig.* bersten (wollen) (***with*** vor): ***his heart ~s with indignation***; **8.** aufwallen, sich steigern (***into*** zu) (*Gefühl*); **II** *v/t.* [*irr.*] **9.** **~ *up***, **~ *out*** *a.* ♪ *u. fig. Buch etc.* anschwellen lassen; **10.** aufblasen, -blähen, -treiben; **11.** *fig.* aufblähen (***with*** vor): ***~ed*** (***with pride***) stolzgeschwellt; **III** *s.* **12.** (An)Schwellen *n*; **13.** Schwellung *f*; **14.** ⚓ Dünung *f*; **15.** Wölbung *f*, Ausbauchung *f*; **16.** kleine Anhöhe, sanfte Steigung; **17.** *fig.* Anschwellen *n*, -wachsen *n*, (An)Steigen *n*; **18.** ♪ a) An- (u. Ab)Schwellen *n*, b) Schwellzeichen *n*, c) Schwellwerk *n* (*Orgel etc.*); **19.** F a) ‚hohes Tier', ‚Größe' *f*, b) ‚feiner Pinkel', c) ‚Ka'none' *f*, ‚Mordskerl' *m* (***at*** in *dat.*); **IV** *adj.* **20.** (*a. int.*) F ‚prima', ‚bombig'; **21.** F (tod)schick, ‚piekfein', feu'dal;
swelled [-ld] *adj.* **1.** (an)geschwollen, aufgebläht: **~ *head*** F *fig.* Aufgeblasenheit *f*; **2.** geschweift (*Möbel*);
'swell·ing [-lɪŋ] **I** *s.* **1.** (*a. fig. u.* ♪ An)Schwellen *n*; **2.** ⚕ Schwellung *f*, Geschwulst *f*, *a.* Beule *f*: ***hunger ~*** Hungerödem *n*; **3.** Wölbung *f*: a) Erhöhung *f*, b) ⚠ Ausbauchung *f*, ⚙ Schweifung *f*; **II** *adj.* □ **4.** (an)schwellend; **5.** ‚geschwollen' (*Stil etc.*).
swell| man·u·al *s.* ♪ 'Schwellmanuˌal *n* (*Orgel*); **~ mob** *s. sl. die* Hochstapler *pl.*; **~ or·gan** *s.* ♪ Schwellwerk *n*.
swel·ter ['sweltə] **I** *v/i.* **1.** vor Hitze (fast) 'umkommen *od.* verschmachten; **2.** in Schweiß gebadet sein; **3.** (vor Hitze) kochen (*Stadt etc.*); **II** *s.* **4.** drückende Hitze, Schwüle *f*; **5.** F *fig.* Hexenkessel *m*; **'swel·ter·ing** [-tərɪŋ], **'swel·try** [-trɪ] *adj.* **1.** vor Hitze vergehend, verschmachtend; **2.** in Schweiß gebadet; **3.** drückend, schwül.
swept [swept] *pret. u. p.p. von* ***sweep***; **'~-back wing** → ***swept wing***; **~ vol·ume** *s. mot.* Hubraum *m*; **~ wing** *s.* ✈ Pfeilflügel *m*.
swerve [swɜ:v] **I** *v/i.* **1.** ausbrechen (*Auto*, *Pferd*); **2.** *mot.* das Steuer her'umreißen; **3.** ausweichen; **4.** schwenken (*Straße*); **5.** *fig.* abweichen (***from*** von); **II** *v/t.* **6.** *sport Ball* anschneiden; **7.** *fig. j-n* abbringen (***from*** von); **III** *s.* **8.** Ausweichbewegung *f*, *mot.* Schlenker *m*.
swift [swɪft] **I** *adj.* □ **1.** *allg.* schnell, rasch; **2.** flüchtig (*Zeit*, *Stunde etc.*); **3.** geschwind, eilig; **4.** flink, hurtig, *a.* geschickt: ***a ~ worker***; **~ *wit*** rasche Auffassungsgabe; **5.** rasch, schnell bereit: **~ *to anger*** jähzornig; **~ *to take offence*** leicht beleidigt; **II** *adv.* **6.** *mst poet. od. in Zssgn* schnell, geschwind, rasch; **III** *s.* **7.** *orn.* (*bsd.* Mauer)Segler *m*; **8.** *e-e brit. Taubenrasse*; **9.** *zo.* → ***newt***; **10.** ⚙ Haspel *f*; **ˌswift'foot·ed** *adj.* schnellfüßig, flink; **'swift·ness** [-nɪs] *s.* Schnelligkeit *f*.
swig [swɪg] F **I** *v/t. Getränk* ‚hin'unterkippen'; **II** *v/i.* e-n kräftigen Schluck nehmen (***at*** aus); **III** *s.* (kräftiger) Schluck.
swill [swɪl] **I** *v/t.* **1.** *bsd. Brit.* (ab)spülen: **~ *out*** ausspülen; **2.** *Bier etc.* ‚saufen'; **II** *v/i.* **3.** ‚saufen'; **III** *s.* **4.** (Ab)Spülen *n*; **5.** Schweinetrank *m*, -futter *n*; **6.** Spülicht *n* (*a. fig. contp.*); **7.** *fig. contp.* a) ‚Gesöff' *n*, b) ‚Saufraß' *m*.
swim [swɪm] **I** *v/i.* [*irr.*] **1.** schwimmen; **2.** schwimmen (*Gegenstand*), treiben; **3.** schweben, (sanft) gleiten; **4.** a) schwimmen (***in*** in *dat.*), b) über'schwemmt sein, 'überfließen (***with*** von): ***his eyes were ~ming with tears*** s-e Augen schwammen in Tränen; **~ *in*** *fig.* schwimmen in (*Geld etc.*); **5.** (ver-) schwimmen (***before one's eyes*** vor den Augen): ***my head ~s*** mir ist schwind(e)lig; **II** *v/t.* [*irr.*] **6.** *Strecke etc.* schwimmen, *Gewässer* durch'schwimmen; **7.** *Person*, *Pferd etc.* schwimmen lassen; **8.** F mit *j-m* um die Wette schwimmen; **III** *s.* **9.** Schwimmen *n*, Bad *n*: ***go for a ~*** schwimmen gehen; ***be in*** (***out of***) ***the ~*** F *fig.* a)

(nicht) auf dem Laufenden sein, b) (nicht) mithalten können; **10.** *Angelsport*: tiefe u. fischreiche Stelle (*e-s Flusses*); **11.** Schwindel(anfall) *m*;
'swim·mer [-mə] *s.* **1.** Schwimmer(in); **2.** *zo.* 'Schwimmor,gan *n.*

swim·mer·et ['swɪməret] *s. zo.* Schwimmfuß *m* (*Krebs*).

swim·ming ['swɪmɪŋ] **I** *s.* **1.** Schwimmen *n*; **2.** ~ *of the head* Schwindelgefühl *n*; **II** *adj.* ☐ → *swimmingly*; **3.** Schwimm...; ~ **bath** *s.* Schwimmbad *n*; ~ **blad·der** *s. zo.* Schwimmblase *f.*

swim·ming·ly ['swɪmɪŋlɪ] *adv. fig.* glatt, reibungslos.

swim·ming| pool *s.* **1.** Schwimmbecken *n*, Swimmingpool *m*; **2.** Schwimmbad *n*: a) Freibad *n*, b) *mst* ***indoor*** ~ Hallenbad *n*; ~ **trunks** *s. pl.* Badehose *f.*

swin·dle ['swɪndl] **I** *v/i.* **1.** betrügen, mogeln; **II** *v/t.* **2.** *j-n* beschwindeln, betrügen (***out of s.th.*** um et.); **3.** *et.* erschwindeln (***out of s.o.*** von j-m); **III** *s.* **4.** Schwindel *m*, Betrug *m*; **'swin·dler** [-lə] *s.* Schwindler(in), Betrüger(in).

swine [swaɪn] *pl.* **swine** *s. zo.*, *mst* ✓, *poet. od. obs.* Schwein *n* (*a. fig. contp.*); ~ **fe·ver** *s. vet.* Schweinepest *f*; **'~·herd** *s. poet.* Schweinehirt *m*; **'~·pox** *s.* **1.** ⚕ *hist.* Wasserpocken *pl.*; **2.** *vet.* Schweinepocken *pl.*

swing [swɪŋ] **I** *v/t.* [*irr.*] **1.** *Stock, Keule, Lasso etc.* schwingen; **2.** *Glocke etc.* schwingen, (hin- u. her)schwenken: ~ ***one's arms*** mit den Armen schlenkern; ~ ***s.th. about*** et. (im Kreis) herumschwenken; **3.** *Beine etc.* baumeln lassen, *a. Tür etc.* pendeln lassen; *Hängematte etc.* aufhängen (***from*** an *dat.*): ~ ***open*** (***to***) *Tor* auf-(zu)stoßen; **4.** *j-n in e-r Schaukel* schaukeln; **5.** *auf die Schulter etc.* (hoch)schwingen; **6.** ⚔ (~ ***in*** *od.* ***out*** ein- *od.* aus)schwenken lassen; **7.** ⚓ (rund)schwojen; **8.** *bsd. Am.* F a) *et.* ‚schaukeln', ‚hinkriegen', b) *Wähler* her'umkriegen; **II** *v/i.* [*irr.*] **9.** (hin- u. her)schwingen, pendeln, ausschlagen (*Pendel, Zeiger*): ~ ***into motion*** in Schwung *od.* Gang kommen; **10.** schweben, baumeln (***from*** an *dat.*) (*Glocke etc.*); **11.** (sich) schaukeln; **12.** F ‚baumeln' (*gehängt werden*): ***he must ~ for it***; **13.** sich (*in den Angeln*) drehen (*Tür etc.*): ~ ***open*** (***to***) auffliegen (zuschlagen); ~ ***round*** a) sich ruckartig umdrehen, b) sich drehen (*Wind etc.*), c) *fig.* umschlagen (*öffentliche Meinung etc.*); **14.** ⚓ schwojen; **15.** schwenken, mit schwungvollen Bewegungen gehen, (flott) marschieren: ~ ***into line*** ⚔ einschwenken; **16.** *a.* ~ ***it*** *sl.* a) ‚toll leben', b) ‚auf den Putz hauen'; **17.** schwanken; **18.** (zum Schlag) ausholen: ~ ***at*** nach *j-m* schlagen; **19.** ♪ swingen; **III** *s.* **20.** (Hin- u. Her)Schwingen *n*, Pendeln *n*, Schwingung *f*; ⚙ Schwungweite *f*, Ausschlag *m* (*e-s Pendels od. Zeigers*): ***the ~ of the pendulum*** der Pendelschlag (*a. fig. od. pol.*); ***free ~*** Bewegungsfreiheit *f*, Spielraum *m* (*a. fig.*); ***in full ~*** in vollem Gange, im Schwung; ***give full ~ to*** a) *e-r Sache* freien Lauf lassen, b) *j-m* freie Hand lassen; **21.** Schaukeln *n*; **22.** a) Schwung *m beim Gehen, Skilauf etc.*, schwingender Gang, Schlenkern *n*, b) ♪ *etc.* Schwung *m*, (schwingender) Rhythmus: ***go with a ~*** a) Schwung haben, b) *fig.* wie am Schnürchen gehen; **23.** ♪ Swing *m* (*Jazz*); **24.** Schaukel *f*: ***lose on the ~s what you make on the roundabouts*** *fig.* genau so weit sein wie am Anfang; ***you make up on the ~s what you lose on the roundabouts*** was man hier verliert, macht man dort wieder wett; **25.** ✝ a) Swing *m*, Spielraum *m* für Kre'ditgewährung, b) *Am.* F Konjunk'turperi,ode *f*; **26.** *Boxen*: Schwinger *m*; **27.** Schwenkung *f*;
'~·back *s.* **1.** *phot.* Einstellscheibe *f*; **2.** *fig.* (***to***) Rückkehr *f* (zu), Rückfall *m* (in *acc.*); **'~·boat** *s.* Schiffsschaukel *f*; ~ **bridge** *s.* Drehbrücke *f*; ~ **cred·it** *s.* ✝ 'Swingkre,dit *m*; ~ **door** *s.* Pendeltür *f.*

swinge [swɪndʒ] *v/t. obs.* 'durchprügeln, (aus)peitschen; **'swinge·ing** [-dʒɪŋ] *adj. fig.* drastisch, ex'trem.

swing·er ['swɪŋə] *s. sl.* lebenslustige Per'son.

swing·ing ['swɪŋɪŋ] *adj.* ☐ **1.** schwingend, schaukelnd, pendelnd, Schwing...; **2.** Schwenk...; **3.** rhythmisch, schwungvoll; **4.** lebenslustig; **5.** schwankend: ~ ***temperature*** ⚕ Temperaturschwankungen *pl.*

swin·gle [swɪŋgl] **I** *s.* ⚙ (Flachs-, Hanf-) Schwinge *f*; **II** *Flachs, Hanf* schwingeln; **'~·tree** *s.* Ortscheit *n*, Wagenschwengel *m.*

'swing|-out *adj.* ⚙ ausschwenkbar; ~ **seat** *s.* Hollywoodschaukel *f*; ~ **shift** *s. Am.* ✝ Spätschicht *f*; **'~-wing** *s.* ✈ **1.** Schwenkflügel *m*; **2.** Schwenkflügler *m.*

swin·ish ['swaɪnɪʃ] *adj.* ☐ schweinisch, säuisch.

swipe [swaɪp] **I** *v/i.* **1.** dreinschlagen, hauen; *sport* aus vollem Arm schlagen; **II** *v/t.* **2.** (hart) schlagen; **3.** *sl.* ‚klauen', stehlen; **III** *s.* **4.** *bsd. sport* harter Schlag, Hieb *m*; **5.** *pl. sl.* Dünnbier *n.*

swirl [swɜːl] **I** *v/i.* **1.** wirbeln (*Wasser, a. fig. Kopf*), e-n Strudel bilden; **2.** (herum)wirbeln; **II** *v/t.* **3.** *et.* her'umwirbeln; **III** *s.* **4.** Wirbel *m*, Strudel *m*; **5.** *Am.* (Haar)Wirbel *m*; **6.** Wirbel(n *n*) *m* (*Drehbewegung*).

swish [swɪʃ] **I** *v/i.* **1.** schwirren, zischen, sausen; **2.** rascheln (*Seide*); **II** *v/t.* **3.** sausen *od.* schwirren lassen; **4.** *Brit.*

'durchprügeln; **III** *s.* **5.** Sausen *n*, Zischen *n*; **6.** Rascheln *n*; **7.** *Brit.* (Ruten-)Streich *m*, Peitschenhieb *m*; **IV** *adj.* **8.** *Brit. sl.* ‚(tod)schick'.

Swiss [swɪs] **I** *pl.* **Swiss** *s.* **1.** Schweizer (-in); **2.** ⚙ ♀, *a.* ~ ***muslin*** 'Schweizermusse,lin *m* (*Stoff*); **II** *adj.* **3.** schweizerisch, Schweizer: ~ ***German*** Schweizerdeutsch *n*; ~ ***Guard*** *R.C.* a) Schweizergarde *f*, b) Schweizer *m*; ~ ***roll*** Biskuitrolle *f*.

switch [swɪtʃ] **I** *s.* **1.** Gerte *f*, Rute *f*; **2.** (Ruten)Streich *m*; **3.** falscher Zopf; **4.** ϟ, ⚙ Schalter *m*; **5.** 🚂 Weiche *f*; **6.** (***to***) *fig.* a) 'Umstellung *f* (auf *acc.*), Wechsel *m* (zu), b) Verwandlung *f* (in *acc.*), c) Vertauschung *f*; **II** *v/t.* **7.** peitschen; **8.** zucken mit; **9.** ϟ, ⚙ ('um)schalten: ~ ***on*** einschalten, *Licht* anschalten, *teleph. j-n* verbinden; ~ ***off*** *Gerät etc.* ab-, ausschalten, abstellen, *teleph. j-n* trennen; ~ ***to*** anschließen an (*acc.*); **10.** 🚂 a) *Zug* rangieren, b) *Waggons* 'umstellen; **11.** *fig. Produktion etc.* 'umstellen, *Methode*, *Thema etc.* wechseln, *Gedanken*, *Gespräch* 'überleiten (***to*** auf *acc.*); **III** *v/i.* **12.** 🚂 rangieren; **13.** ϟ, ⚙ (*a.* ~ ***over*** 'um)schalten; ~ ***off*** abschalten, *teleph.* trennen; **14.** *fig.* 'umstellen: ~ (***off*** *od.* ***over***) ***to*** übergehen zu, sich umstellen auf (*acc.*), *univ. etc.* umsatteln auf (*acc.*); '~**·back** *s. Brit.* **1.** *a.* ~ ***road*** Serpen'tinenstraße *f*; **2.** Achterbahn *f*; '~**·blade knife** *s.* Schnappmesser *n*; '~**·board** *s.* ϟ **1.** Schaltbrett *n*, -tafel *f*; **2.** (Tele'fon)Zen,trale *f*, Vermittlung *f*: ~ ***operator*** Telefonist(in); ~ **box** *s.* **1.** ϟ Schaltkasten *m*; **2.** 🚂 Stellwerk *n*.

switch·er·oo [,swɪtʃə'ruː] *s. Am. sl.* **1.** unerwartete Wendung; **2.** → ***switch*** 6 b u. c.

switch·ing ['swɪtʃɪŋ] **I** *s.* **1.** ϟ, ⚙ ('Um-)Schalten *n*; ***~-on*** Einschalten; ***~-off*** Ab-, Ausschalten; **2.** 🚂 Rangieren *n*; **II** *adj.* **3.** ϟ, ⚙ (Um)Schalt...; **4.** 🚂 Rangier...

'**switch|,o·ver** *s.* 'Umstellung *f* (***to*** auf *acc.*), Wechsel *m* (***to*** zu); ~ **plug** *s.* ϟ, ⚙ Schaltstöpsel *m*; '~**·yard** *s.* 🚂 *Am.* Rangier-, Verschiebebahnhof *m*.

swiv·el ['swɪvl] **I** *s.* Drehzapfen *m*, -ring *m*, -gelenk *n*, (⚓ Ketten)Wirbel *m*; **II** *v/t.* (*auf e-m Zapfen etc.*) drehen *od.* schwenken; **III** *v/i.* sich drehen; **IV** *adj.* dreh-, schwenkbar, Dreh..., Schwenk...; ~ **bridge** *s.* ⚙ Drehbrücke *f*; ~ **chair** *s.* Drehstuhl *m*; ~ **joint** *s.* ⚙ Drehgelenk *n*.

swiz·zle stick ['swɪzl] *s.* Sektquirl *m*.

swol·len ['swəʊlən] **I** *p.p. von* ***swell***; **II** *adj.* ⚕ geschwollen (*a. fig.*): ***~-headed*** aufgeblasen.

swoon [swuːn] **I** *v/i.* **1.** *oft* ~ ***away*** in Ohnmacht fallen (***with*** vor *dat.*); **2.** schwärmen (***over*** für); **II** *s.* **3.** Ohnmacht(sanfall *m*) *f*.

swoop [swuːp] **I** *v/i.* **1.** *oft* ~ ***down*** ([***up***]***on***, ***at***) her'abstoßen, sich stürzen (auf *acc.*), *fig.* zuschlagen, herfallen (über *acc.*); **II** *v/t.* **2.** *mst* ~ ***up*** F packen, ‚schnappen'; **III** *s.* **3.** Her'abstoßen *n* (*Raubvogel*); **4.** *fig.* a) 'Überfall *m*, b) Razzia *f*; **5.** ***at one*** (***fell***) ~ mit 'einem Schlag.

swop [swɒp] → ***swap***.

sword [sɔːd] *s.* Schwert *n* (*a. fig.*); Säbel *m*, Degen *m*; *allg.* Waffe *f*: ***draw*** (***sheathe***) ***the*** ~ das Schwert ziehen (in die Scheide stecken), *fig.* den Kampf beginnen (beenden); ***put to the*** ~ über die Klinge springen lassen; → ***cross*** 11, ***measure*** 16; ~ **belt** *s.* **1.** Schwertgehenk *n*; **2.** ⚔ Degenkoppel *n*; ~ **cane** *s.* Stockdegen *m*; ~ **dance** *s.* Schwert(er)tanz *m*; '~**·fish** *s.* Schwertfisch *m*; ~ **knot** *s.* ⚔ Degen-, Säbelquaste *f*; ~ **lil·y** *s.* ⚘ Schwertel *m*, Siegwurz *f*; '~**·play** *s.* **1.** (Degen-, Säbel)Kampf *m*; **2.** Fechtkunst *f*; **3.** *fig.* Gefecht *n*, Du'ell *n*.

swords·man ['sɔːdzmən] *s.* [*irr.*] Fechter *m*; Kämpfer *m*; '**swords·man·ship** [-ʃɪp] *s.* Fechtkunst *f*.

'**sword·stick** → ***sword cane***.

swore [swɔː] *pret. von* ***swear***; **sworn** [swɔːn] **I** *p.p. von* ***swear***; **II** *adj.* **1.** ⚖ (gerichtlich) vereidigt, beeidigt: ~ ***expert***; **2.** eidlich: ~ ***statement***; **3.** geschworen (*Gegner*): ~ ***enemies*** Todfeinde; **4.** verschworen (*Freunde*).

swot [swɒt] *ped. Brit.* F **I** *v/i.* **1.** büffeln, pauken; **II** *v/t.* **2.** *mst* ~ ***up*** *Lehrstoff* pauken, büffeln; **III** *s.* **3.** Büffler(in), Streber(in); **4.** Büffe'lei *f*, Pauke'rei *f*; *weitS.* hartes Stück Arbeit.

swum [swʌm] *p.p. von* ***swim***.

swung [swʌŋ] *pret. u. p.p. von* ***swing***.

syb·a·rite ['sɪbəraɪt] *s. fig.* Syba'rit *m*, Genussmensch *m*; **syb·a·rit·ic** [,sɪbə'rɪtɪk] *adj.* (□ ***~ally***) syba'ritisch, genusssüchtig; '**syb·a·rit·ism** [-rɪtɪzəm] *s.* Genusssucht *f*.

syc·a·more ['sɪkəmɔː] *s.* ⚘ **1.** *Am.* Pla'tane *f*; **2.** *a.* ~ ***maple*** *Brit.* Bergahorn *m*; **3.** Syko'more *f*, Maulbeerfeigenbaum *m*.

syc·o·phan·cy ['sɪkəfənsɪ] *s.* Krieche'rei *f*, Speichellecke'rei *f*; '**syc·o·phant** [-nt] *s.* Schmeichler *m*, Kriecher *m*, Speichellecker *m*; **syc·o·phan·tic** [,sɪkəʊ'fæntɪk] *adj.* (□ ***~ally***) schmeichlerisch, kriecherisch.

syl·la·bar·y ['sɪləbərɪ] *s.* 'Silbenta,belle *f*; '**syl·la·bi** [-baɪ] *pl. von.* ***syllabus***.

syl·lab·ic [sɪ'læbɪk] *adj.* (□ ***~ally***) **1.** syl'labisch (*a.* ♪), Silben...: ~ ***accent***; **2.** Silben bildend, silbisch; **3.** *in Zssgn* ...silbig; **syl'lab·i·cate** [-keɪt], **syl'lab·i·fy** [-ɪfaɪ], **syl·la·bize** ['sɪləbaɪz]

S

v/t. ling. syllabieren, in Silben teilen, Silbe für Silbe (aus)sprechen.

syl·la·ble ['sɪləbl] **I** *s.* **1.** *ling.* Silbe *f*: ***not a ~*** *fig.* keine Silbe *od.* kein Sterbenswörtchen *sagen*; **2.** ♪ Tonsilbe *f*; **II** *v/t.* **3.** → ***syllabicate***; **'syl·la·bled** [-ld] *adj.* ...silbig.

syl·la·bus ['sɪləbəs] *pl.* **-bi** [-baɪ] *s.* **1.** Auszug *m*, Abriss *m*; zs.-fassende Inhaltsangabe; **2.** (*bsd.* Vorlesungs)Verzeichnis *n*; Lehr-, 'Unterrichtsplan *m*; **3.** ⚖ Kom'pendium *n von richtungweisenden Entscheidungen*; **4.** *R.C.* Syllabus *m*.

syl·lep·sis [sɪ'lepsɪs] *s. ling.* Syl'lepsis, Syl'lepse *f*.

syl·lo·gism ['sɪlədʒɪzəm] *s. phls.* Syllo'gismus *m*, (Vernunft)Schluss *m*; **'syl·lo·gize** [-dʒaɪz] *v/i.* syllogisieren, folgerichtig denken.

sylph [sɪlf] *s.* **1.** *myth.* Sylphe *m*, Luftgeist *m*; **2.** *fig.* Syl'phide *f*, gra'ziles Mädchen; **'sylph·ish** [-fɪʃ], **'sylph·like** [-laɪk], **'sylph·y** [-fɪ] *adj.* sylphenhaft, gra'zil.

syl·van ['sɪlvən] *adj. poet.* waldig, Wald...

sym·bi·o·sis [ˌsɪmbɪ'əʊsɪs] *s. biol. u. fig.* Symbi'ose *f*; **ˌsym·bi'ot·ic** [-ɪ'ɒtɪk] *adj.* (☐ ***~ally***) *biol.* symbi'o(n)tisch.

sym·bol ['sɪmbl] *s.* Sym'bol *n*, Sinnbild *n*, Zeichen *n*; **sym·bol·ic**, **sym·bol·i·cal** [sɪm'bɒlɪk(l)] *adj.* ☐ sym'bolisch, sinnbildlich (***of*** für): ***be ~ of s.th.*** et. versinnbildlichen; **sym·bol·ics** [sɪm'bɒlɪks] *s. pl. mst sg. konstr.* **1.** Studium *n* alter Sym'bole; **2.** *eccl.* Sym'bolik *f*; **'sym·bol·ism** [-bəlɪzəm] *s.* **1.** Sym'bolik *f* (*a. eccl.*), sym'bolische Darstellung; Ⱥ Forma'lismus *m*; **2.** sym'bolische Bedeutung; **3.** *coll.* Sym'bole *pl.*; **4.** *paint. etc.* Symbo'lismus *m*; **'sym·bol·ize** [-bəlaɪz] *v/t.* **1.** symbolisieren: a) versinnbildlichen, b) sinnbildlich darstellen; **2.** sym'bolisch auffassen.

sym·met·ric, **sym·met·ri·cal** [sɪ'metrɪk(l)] *adj.* ☐ sym'metrisch, eben-, gleichmäßig: ***~ axis*** Ⱥ Symmetrieachse *f*; **sym·me·trize** ['sɪmɪtraɪz] *v/t.* sym'metrisch machen; **sym·me·try** ['sɪmɪtrɪ] *s.* Symme'trie *f* (*a. fig. Ebenmaß*).

sym·pa·thet·ic [ˌsɪmpə'θetɪk] **I** *adj.* (☐ ***~ally***) **1.** mitfühlend, teilnehmend: ***~ strike*** Sympathiestreik *m*; **2.** einfühlend, verständnisvoll; **3.** gleich gesinnt, geistesverwandt, kongeni'al; **4.** sym'pathisch; **5.** F wohlwollend (***to[ward]*** gegen['über]); **6.** sympa'thetisch (*Kur, Tinte etc.*); **7.** ✱, *physiol.* sym'pathisch (*Nervensystem etc.*); → 9a; **8.** ♪, *phys.* mitschwingend: ***~ vibration*** Sympathieschwingung *f*; **II** *s.* **9.** a) ***a. ~ nerve*** *physiol.* Sym'pathikus(nerv) *m*, b) Sym'pathikussysˌtem *n*.

sym·pa·thize ['sɪmpəθaɪz] *v/i.* **1.** (***with***) a) sympathisieren (mit), gleich gesinnt sein (*dat.*), b) über'einstimmen (mit), wohlwollend gegen'überstehen (*dat.*), c) mitfühlen (mit); **2.** sein Mitgefühl *od.* Beileid ausdrücken (***with*** *dat.*); **3.** ✱ in Mitleidenschaft gezogen werden (***with*** von); **'sym·pa·thiz·er** [-zə] *s.* j-d, der *mit j-m od. e-r Sache* sympathisiert, Anhänger(in), *bsd. pol.* Sympathi'sant(in); **'sym·pa·thy** [-θɪ] *s.* **1.** Sympa'thie *f*, Zuneigung *f* (***for*** für): ***~ strike*** Sympathiestreik *m*; **2.** Gleichgestimmtheit *f*; **3.** Mitleid *n*, -gefühl *n* (***with*** mit, ***for*** für): ***feel ~ for*** (*od.* ***with***) Mitleid haben mit *j-m*, Anteil nehmen an *e-r Sache*; **4.** *pl.* (An)Teilnahme *f*, Beileid *n*: ***letter of ~*** Beileidschreiben *n*; ***offer one's sympathies to s.o.*** j-m sein Beileid bezeigen, j-m kondolieren; **5.** ✱ Mitleidenschaft *f*; **6.** Wohlwollen *n*, Zustimmung *f*; **7.** Über'einstimmung *f*, Einklang *m*; **8.** *biol.*, *psych.* Sympa'thie *f*, Wechselwirkung *f*.

sym·phon·ic [sɪm'fɒnɪk] *adj.* (☐ ***~ally***) sin'fonisch, sym'phonisch, Sinfonie..., Symphonie...: ***~ poem*** ♪ symphonische Dichtung; **sym'pho·ni·ous** [-'fəʊnjəs] *adj.* har'monisch (*a. fig.*); **sym·pho·nist** ['sɪmfənɪst] *s.* ♪ Sin'foniker *m*, Sym'phoniker *m*; **sym·pho·ny** ['sɪmfənɪ] **I** *s.* **1.** ♪ Sinfo'nie *f*, Sympho'nie *f*; **2.** *fig.* (*Farben- etc.*)Sympho'nie *f*, (*a. häusliche etc.*) Harmo'nie, Zs.-klang *m*; **II** *adj.* **3.** Sinfonie..., Symphonie...: ***~ orchestra***.

sym·po·si·um [sɪm'pəʊzjəm] *pl.* **-si·a** [-zjə] *s.* **1.** *antiq.* Sym'posion *n*: a) Gastmahl *n*, b) *Titel philosophischer Dialoge*; **2.** *fig.* Sammlung *f* von Beiträgen (*über e-e Streitfrage*); **3.** Sym'posium *n*, (Fach)Tagung *f*.

symp·tom ['sɪmptəm] *s.* ✱ *u. fig.* Symp'tom *n* (***of*** für, von), (An)Zeichen *n*; **symp·to·mat·ic**, **symp·to·mat·i·cal** [ˌsɪmptə'mætɪk(l)] *adj.* ☐ *bsd.* ✱ sympto'matisch (*a. fig. bezeichnend*) (***of*** für); **symp·tom·a·tol·o·gy** [ˌsɪmptəmə'tɒlədʒɪ] *s.* ✱ Symptomatolo'gie *f*.

syn- [sɪn] *in Zssgn* mit, zusammen.

syn·a·gogue ['sɪnəgɒg] *s. eccl.* Syna'goge *f*.

syn·a·l(o)e·pha [ˌsɪnə'liːfə] *s. ling.* Syna'löphe *f*, Verschleifung *f*.

syn·an·ther·ous [sɪ'nænθərəs] *adj.* ⚘ syn'andrisch: ***~ plant*** Korbblüt(l)er *m*, Komposite *f*.

sync [sɪŋk] F *für* a) ***synchronization*** 1: ***in*** (***out of***) ***~*** (nicht) synchron, *fig.* (nicht) in Einklang, b) ***synchronize*** 5.

syn·carp ['sɪnkɑːp] *s.* ⚘ Sammelfrucht *f*.

ˌsyn·chro'flash [ˌsɪŋkrəʊ-] *s. phot.* Syn'chronblitz(licht *n*) *m*; **ˌ~'mesh** [-'meʃ] ⚙ **I** *adj.* Synchron...; **II** *s. a.* ***~ gear*** Syn'chrongetriebe *n*.

syn·chro·nism ['sɪŋkrənɪzəm] *s.* **1.** Synchro'nismus *m*, Gleichzeitigkeit *f*; **2.** Synchronisati'on *f*; **3.** synchro'nistische (Ge'schichts)Ta͵belle; **4.** *phys.* Gleichlauf *m*; **syn·chro·ni·za·tion** [͵sɪŋkrənaɪ'zeɪʃn] *s.* **1.** *bsd. Film, TV*: Synchronisati'on *f*; **2.** Gleichzeitigkeit *f*, zeitliches Zs.-fallen; **syn·chro·nize** ['sɪŋkrənaɪz] **I** *v/i.* **1.** gleichzeitig sein, zeitlich zs.-fallen *od.* über'einstimmen; **2.** syn'chron gehen (*Uhr*) *od.* laufen (*Maschine*); **3.** synchronisiert sein (*Bild u. Ton e-s Films*); **II** *v/t.* **4.** *Uhren, Maschinen* synchronisieren: **~d shifting** *mot.* Synchron(gang)schaltung *f*; **5.** *Film, TV*: synchronisieren; **6.** *Ereignisse* synchro'nistisch darstellen, *Gleichzeitiges* zs.-stellen; **7.** *Geschehnisse* (zeitlich) zs.-fallen lassen *od.* aufein'ander abstimmen: **~d swimming** Synchronschwimmen *n*; **8.** ♪ a) *Ausführende* zum (genauen) Zs.-spiel bringen, b) *Stelle, Bogenstrich etc.* genau zu'sammen ausführen (lassen); **'syn·chro·nous** [-nəs] *adj.* □ **1.** gleichzeitig: **be ~** (zeitlich) zs.-fallen; **2.** syn'chron: a) ⚙, ϟ gleichlaufend (*Maschine etc.*), gleichgehend (*Uhr*), b) ϟ, ⚙ von gleicher Phase u. Schwingungsdauer: **~ motor** Synchronmotor *m*.

syn·co·pal ['sɪŋkəpl] *adj.* **1.** syn'kopisch; **2.** ⚕ Ohnmachts...; **'syn·co·pate** [-peɪt] *v/t.* **1.** *ling. Wort* synkopieren, zs.-ziehen; **2.** ♪ synkopieren; **syn·co·pa·tion** [͵sɪŋkə'peɪʃn] *s.* **1.** → ***syncope*** 1; **2.** ♪ a) Synkopierung *f*, b) Syn'kope(n *pl.*) *f*, c) syn'kopische Mu'sik; **syn·co·pe** ['sɪŋkəpɪ] *s.* **1.** *ling.* a) Syn'kope *f*, kontrahiertes Wort, b) Kontrakti'on *f*; **2.** ♪ Syn'kope *f*; **3.** ⚕ Syn'kope *f*, tiefe Ohnmacht.

syn·dic ['sɪndɪk] *s.* **1.** ⚖, ✝ Syndikus *m*, Rechtsberater *m*; **2.** *univ. Brit.* Se'natsmitglied *n*; **'syn·di·cal·ism** [-kəlɪzəm] *s.* Syndika'lismus *m* (*radikaler Gewerkschaftssozialismus*); **'syn·di·cate I** *s.* [-kɪt] **1.** ✝, ⚖ Syndi'kat *n*, Kon'sortium *n*; **2.** ✝ a) Ring *m*, Verband *m*, 'Absatzkar͵tell *n*, b) 'Zeitungssyndi͵kat *n od.* -gruppe *f*; **3.** 'Pressezen͵trale *f*; **4.** ‚Syndi'kat' *n*, Verbrecherring *m*; **II** *v/t.* [-keɪt] **5.** ✝ zu e-m Syndi'kat vereinigen; **6.** a) *Artikel etc.* in mehreren Zeitungen zu'gleich veröffentlichen, b) über ein Syndi'kat verkaufen, c) *Zeitungen* zu e-m Syndi'kat zs.-schließen; **III** *v/i.* [-keɪt] **7.** ✝ sich zu e-m Syndi'kat zs.-schließen; **IV** *adj.* [-kɪt] **8.** ✝ Konsortial...; **syn·di·ca·tion** [͵sɪndɪ'keɪʃn] *s.* ✝ Syndi'katsbildung *f*.

syn·drome ['sɪndrəʊm] *s.* ⚕ Syn'drom *n* (*a. sociol. etc.*).

syn·er·get·ic [sɪnə'djetɪk] *adj.* synergetisch; **~ effect** Synergieeffekt *m*; **syn·er·gy** ['sɪnədjɪ] *s.* Synergie *f*: **~ effects** *pl.* Syner'gieef͵fekte *pl.*

syn·od ['sɪnəd] *s. eccl.* Syn'ode *f*; **'syn·od·al** [-dl], **syn·od·ic**, **syn·od·i·cal** [sɪ'nɒdɪk(l)] *adj.* □ syn'odisch (*a. ast.*), Synoden...

syn·o·nym ['sɪnənɪm] *s. ling.* Syno'nym *n*, bedeutungsgleiches *od.* -ähnliches Wort: ***be a ~ for*** *fig.* gleichbedeutend sein mit; **syn·on·y·mous** [sɪ'nɒnɪməs] *adj.* □ **1.** *ling.* syno'nym(isch), bedeutungsgleich *od.* -ähnlich; **2.** *allg.* gleichbedeutend (***with*** mit).

syn·op·sis [sɪ'nɒpsɪs] *pl.* **-ses** [-si:z] *s.* **1.** Syn'opse *f*: a) Zs.-fassung *f*, 'Übersicht *f*, Abriss *m*, b) *eccl.* (vergleichende) Zs.-schau; **syn'op·tic** [-ptɪk] *adj.* (□ **~ally**) **1.** syn'optisch, 'übersichtlich, zs.-fassend: ***~ chart*** *meteor.* synoptische Karte; **2.** um'fassend (*Genie*); **3.** *oft* ℒ *eccl.* syn'optisch; **Syn'op·tist**, *a.* ℒ [-ptɪst] *s. eccl.* Syn'optiker *m* (*Matthäus, Markus u. Lukas*).

syn·o·vi·a [sɪ'nəʊvɪə] *s. physiol.* Gelenkschmiere *f*; **syn'o·vi·al** [-əl] *adj.* Synovi'al...: ***~ fluid*** → ***synovia***; **syn·o·vi·tis** [͵sɪnə'vaɪtɪs] *s.* ⚕ Gelenkentzündung *f*.

syn·tac·tic, **syn·tac·ti·cal** [sɪn'tæktɪk(l)] *adj.* □ *ling.* syn'taktisch, Syntax...; **syn'tac·ti·cals** [-ɪklz] *s. pl. sg. konstr.* Syn'taktik *f*; **syn·tax** ['sɪntæks] *s.* **1.** *ling.* Syntax *f*: a) Satzbau *m*, b) Satzlehre *f*; **2.** A, *phls.* Syntax *f*, Be'weistheo͵rie *f*.

syn·the·sis ['sɪnθɪsɪs] *pl.* **-ses** [-si:z] *s. allg.* Syn'these *f*; **'syn·the·size** [-saɪz] *v/t.* **1.** zs.-fügen, (durch Syn'these) aufbauen; **2.** ⚗, ⚙ syn'thetisch *od.* künstlich herstellen; **'syn·the·siz·er** [-saɪzə] *s.* ♪ 'Synthesizer *m*; **syn·thet·ic** [sɪn'θetɪk] **I** *adj.* (□ **~ally**) syn'thetisch: a) *bsd. ling., phls.* zs.-fügend: ***~ language***, b) ⚗ künstlich (*a. fig. unecht*), Kunst...: ***~ rubber***; ***~ trainer*** ✈ (Flug)Simulator *m*; **II** *s.* Kunststoff *m*; **syn·thet·i·cal** [sɪn'θetɪkl] *adj.* □ → ***synthetic*** I; **'synthe·tize** [-ɪtaɪz] → ***synthesize***.

syn·ton·ic [sɪn'tɒnɪk] *adj.* (□ **~ally**) **1.** ϟ (auf gleiche Fre'quenz) abgestimmt; **2.** *psych.* extravertiert; **syn·to·nize** ['sɪntənaɪz] *v/t.* ϟ (***to*** auf *e-e bestimmte Frequenz*) abstimmen *od.* einstellen; **syn·to·ny** ['sɪntənɪ] *s.* **1.** ϟ (Fre'quenz-)Abstimmung *f*, Reso'nanz *f*; **2.** *psych.* Extraversi'on *f*.

syph·i·lis ['sɪfɪlɪs] *s.* ⚕ Syphilis *f*; **syph·i·lit·ic** [sɪfɪ'lɪtɪk] **I** *adj.* syphi'litisch; **II** *s.* Syphi'litiker(in).

sy·phon ['saɪfn] → ***siphon***.

Syr·i·an ['sɪrɪən] **I** *adj.* syrisch; **II** *s.* Syr(i)er(in).

sy·rin·ga [sɪ'rɪŋgə] *s.* ⚘ Sy'ringe *f*, Flieder *m*.

syr·inge ['sɪrɪndʒ] **I** *s.* **1.** ⚕, ⚙ Spritze *f*; **II** *v/t.* **2.** *Flüssigkeit etc.* (ein)spritzen;

S

3. *Ohr* ausspritzen; **4.** *Pflanze etc.* ab-, bespritzen.

syr·inx ['sɪrɪŋks] *s.* **1.** *antiq.* Pan-, Hirtenflöte *f*; **2.** a) *anat.* eu'stachische Röhre, b) ⚕ Fistel *f*; **3.** *orn.* Syrinx *f*, unterer Kehlkopf.

Syro- [saɪərəʊ] *in Zssgn* Syro..., syrisch.

syr·up ['sɪrəp] *s.* **1.** Sirup *m*, Zuckersaft *m*; **2.** *fig.* ‚süßliches Zeug', Kitsch *m*; **'syr·up·y** [-pɪ] *adj.* **1.** sirupartig, dickflüssig, klebrig; **2.** *fig.* süßlich, sentimen'tal.

sys·tem ['sɪstəm] *s.* **1.** *allg.* Sy'stem *n* (*a.* ⩓, ♪, ⚗, ⚘, *zo.*): a) Gefüge *n*, Aufbau *m*, Anordnung *f*, b) Einheit *f*, geordnetes Ganzes, c) *phls.*, *eccl.* Lehrgebäude *n*, d) ⚙ Anlage *f*, e) Verfahren *n*: **~ *crash*** *Computer*: Systemausfall *m*; **~ *error*** (*od.* ***fault***) *Computer*: Systemfehler *m*; **~ *software*** Systemsoftware *f*; **~ *of government*** Regierungssystem; **~ *of logarithms*** ⩓ Logarithmensystem; **~ *of references*** Bezugssystem *n*, Referenzsystem *n*; ***electoral* ~** *pol.* Wahlsystem, -verfahren; ***mountain* ~** Gebirgssystem; ***savings-bank* ~** Sparkassenwesen *n*; ***lack* ~** kein System haben; **2.** *ast.* Sy'stem *n*: ***solar* ~**; ***the* ~** das Weltall; **3.** *geol.* Formati'on *f*; **4.** *physiol.* a) (Or'gan)Sysˌtem *n*, b) ***the* ~** der Organismus: ***digestive* ~** Verdauungssystem; ***get s.th. out of one's* ~** F et. loswerden; **5.** (*Eisenbahn-*, *Straßen-*, *Verkehrs- etc.*)Netz *n*: **~ *of roads***; **sys·tem·at·ic**, **sys·tem·at·i·cal** [ˌsɪstɪ'mætɪk(l)] *adj.* ☐ syste'matisch: a) plan-, zweckmäßig, -voll, b) me'thodisch (*vorgehend od. geordnet*); **'sys·tem·a·tist** [-mətɪst] *s.* Syste'matiker *m*; **sys·tem·a·ti·za·tion** [ˌsɪstɪmətaɪ'zeɪʃn] *s.* Systematisierung *f*; **'sys·tem·a·tize** [-tɪmətaɪz] *v/t.* systematisieren, in ein Sy'stem bringen.

sys·tem·ic [sɪs'temɪk] *adj.* (☐ **~*ally***) *physiol.* Körper..., Organ...: **~ *circulation*** großer Blutkreislauf; **~ *disease*** Systemerkrankung *f*.

sys·tems| a·nal·y·sis *s.* *Computer*: Sys'temanaˌlyse *f*; **~ an·a·lyst** *s.* Sys'temanaˌlytiker *m*.

sys·to·le ['sɪstəlɪ] *s.* Sy'stole *f*: a) ⚕ *Zs.-ziehung des Herzmuskels*, b) *Metrik*: *Verkürzung e-r langen Silbe.*

S

T

T, t [tiː] *pl.* **T's, Ts, t's, ts** *s.* **1.** T *n*, t *n* (*Buchstabe*): ***to a T*** haargenau; ***it suits me to a T*** das passt mir ausgezeichnet; ***cross the T's*** a) peinlich genau sein, b) es klar u. deutlich sagen; **2.** *a.* ***flanged T*** ⚙ T-Stück *n*.

ta [tɑː] *int. Brit.* F danke.

Taal [tɑːl] *s. ling.* Afri'kaans *n*.

tab [tæb] *s.* **1.** Streifen *m*, *bsd.* a) Schlaufe *f*, (Mantel)Aufhänger *m*, b) Lappen *m*, Zipfel *m*, c) (Schuh)Lasche *f*, (Stiefel)Strippe *f*, d) Dorn *m am Schnürsenkel*, e) Ohrklappe *f* (*Mütze*); **2.** ⚔ (Kragen)Spiegel *m*; **3.** Schildchen *n*, Anhänger *m*, Eti'kett *n*; (Kar'tei)Reiter *m*; **4.** F a) Rechnung *f*, b) Kon'trolle *f*: ***keep ~(s) on*** *fig.* kontrollieren, beobachten, sich auf dem Laufenden halten über (*acc.*); ***pick up the ~*** *Am.* (die Rechnung) bezahlen; **5.** ⚙ Nase *f*; **6.** ✈ Trimmruder *n*; **7.** *Computer*: Tabu'lator *m*: **~ key** Tabu'latortaste *f*.

tab·by ['tæbɪ] **I** *s.* **1.** *obs.* Moi'ré *m*, *n* (*Stoff*); **2.** *mst* **~ cat** a) getigerte *od.* gescheckte Katze, b) (weibliche) Katze; **3.** F a) alte Jungfer, b) Klatschbase *f*; **II** *adj.* **4.** *obs.* Moiré...; **5.** gestreift; scheckig; **III** *v/t.* **6.** *Seide* moirieren.

tab·er·nac·le ['tæbənækl] *s.* **1.** *bibl.* Zelt *n*, Hütte *f*; **2.** *eccl.* Stiftshütte *f der Juden*: ***Feast of 𝔗s*** Laubhüttenfest *n*; **3.** *eccl.* a) (jüdischer) Tempel, b) 𝔗 Mor'monentempel *m*, c) Bethaus *n der Dissenter*; **4.** Taber'nakel *n*: a) *R.C.* Sakra'mentshäus-chen *n*, b) ⚠ Statuennische *f*; **5.** *fig.* Leib *m* (*als Wohnsitz der Seele*); **6.** ⚓ Mastbock *m*.

tab·la·ture ['tæblətʃə] *s.* **1.** Bild *n*: a) Tafelgemälde *n*, b) bildliche Darstellung (*a. fig.*); **2.** ♪ *hist.* Tabula'tur *f*.

ta·ble ['teɪbl] **I** *s.* **1.** *allg.* Tisch *m*: ***lay*** (*od.* ***put***) ***s.th. on the ~*** → 14 u. 15a; ***set*** (*od.* ***lay, spread***) ***the ~*** den Tisch decken; ***lay s.th. on the ~*** → 15a; ***turn the ~s*** (***on s.o.***) den Spieß umdrehen (gegenüber j-m); ***the ~s are turned*** das Blatt hat sich gewendet; **2.** Tafel *f*, Tisch *m*: a) gedeckter Tisch, b) Kost *f*, Essen *n*: ***at ~*** bei Tisch, beim Essen; ***keep*** (*od.* ***set***) ***a good ~*** e-e gute Küche führen; ***the Lord's ~*** der Tisch des Herrn, das heilige Abendmahl; **3.** (Tisch-, Tafel)Runde *f*; → ***round table***; **4.** Komi'tee *n*, Ausschuss *m*; **5.** *geol.* Tafel(land *n*) *f*, Pla'teau *n*: ***~ mountain*** Tafelberg *m*; **6.** ⚠ a) Tafel *f*, Platte *f*, b) Sims *m*, *n*, Fries *m*; **7.** (Holz-, Stein-, *a.* Gedenk- *etc.*)Tafel *f*: ***the*** (***two***) ***~s of the law*** die Gesetzestafeln, die Zehn Gebote Gottes; **8.** Ta'belle *f*, Verzeichnis *n*: ***~ of contents*** Inhaltsverzeichnis; ***~ of wages*** Lohntabelle; **9.** ⅍ Tabelle *f*: ***~ of logarithms*** Logarithmentafel *f*; ***learn one's ~s*** rechnen lernen; **10.** *anat.* Tafel *f*, Tabula *f* (ex'terna *od.* in'terna) (*Schädeldach*); **11.** ⚙ (Auflage)Tisch *m*; **12.** *opt.* Bildebene *f*; **13.** *Chiromantie*: Handteller *m*; **II** *v/t.* **14.** auf den Tisch legen (*a. fig. vorlegen*); **15.** *bsd. parl.* a) *Brit. Antrag etc.* einbringen, b) *Am.* zu'rückstellen, *bsd. Gesetzesvorlage* ruhen lassen; **16.** in e-e Tabelle eintragen, tabel'larisch verzeichnen.

ta·bleau ['tæbləʊ] *pl.* **'ta·bleaux** [-əʊz] *s.* **1.** Bild *n*: a) Gemälde *n*, b) anschauliche Darstellung; **2.** *Brit.* dra'matische Situati'on, über'raschende Szene: ***~!*** Tableau!, man stelle sich die Situation vor!; **3.** → **~ vi·vant** [viː'vɑ̃ːŋ] (*Fr.*) *s.* a) lebendes Bild, b) *fig.* malerische Szene.

'ta·ble|·cloth *s.* Tischtuch *n*, -decke *f*; **'~-cut** *adj.* mit Tafelschnitt (versehen) (*Edelstein*).

ta·ble d'hôte [ˌtɑːbl'dəʊt] (*Fr.*) *s. a.* ***~ meal*** Me'nü *n*.

ta·ble| knife *s.* [*irr.*] *Brit.* Tafel-, Tischmesser *n*; **'~·land** *s. geogr., geol.* Tafelland *n*, Hochebene *f*; **'~-ˌlift·ing** → ***table-turning***; **~ light·er** *s.* Tischfeuerzeug *n*; **~ lin·en** *s.* Tischwäsche *f*; **~ mat** *s.* Set *n*, *m*; **~ nap·kin** *s.* Servi'ette *f*; **'~-ˌrap·ping** *s. Spiritismus*: Tischklopfen *n*; **~ salt** *s.* Tafelsalz *n*; **~ set** *s. Radio, TV*: Tischgerät *n*; **'~·spoon** *s.* Esslöffel *m*; **'~ˌspoon·ful** *s. ein* Esslöffel (voll).

tab·let ['tæblɪt] *s.* **1.** Täfelchen *n*; **2.** (Gedenk-, Wand- *etc.*)Tafel *f*; **3.** *hist.* Schreibtafel *f*; **4.** (No'tiz-, Schreib-, Zeichen)Block *m*; **5.** a) Stück *n Seife*, b) Tafel *f Schokolade*; **6.** *pharm.* Tablette *f*; **7.** ⚠ Kappenstein *m*.

ta·ble| talk *s.* Tischgespräch *n*; **~ ten·nis** *s.* Tischtennis *n*; **~ top** *s.* Tischplatte *f*; **'~-ˌturn·ing** *s. Spiritismus*: Tischrücken *n*; **'~·ware** *s.* Tischgeschirr *n*; **~ wa·ter** *s.* Tafel-, Mine'ralwasser *n*.

tab·loid ['tæblɔɪd] **I** *s.* **1.** Bildzeitung *f*,

Boule'vard-, Sensati'onsblatt *n*; *pl. a.* Boule'vardpresse *f*; **2.** *Am.* Informati'onsblatt *n*; **3.** *fig.* Kurzfassung *f*; **II** *adj.* **4.** konzentriert: ***in ~ form***; ***~ TV*** *s.* Sensati'onsreportagen *pl.* im Fernsehen.

ta·boo [tə'buː] **I** *adj.* ta'bu: a) unantastbar, b) verboten, c) verpönt; **II** *s.* Ta'bu *n*: ***put s.th. under (a) ~*** → **III** *v/t.* für tabu erklären, tabuisieren.

tab·o(u)·ret ['tæbərɪt] *s.* **1.** Hocker *m*, Tabu'rett *n*; **2.** Stickrahmen *m*.

tab·u·lar ['tæbjʊlə] *adj.* □ **1.** tafelförmig, Tafel..., flach; **2.** dünn; **3.** blättrig; **4.** tabel'larisch, Tabellen...: ***~ standard*** ✝ Preisindexwährung *f*.

ta·bu·la ra·sa [ˌtæbjʊlə'rɑːsə] (*Lat.*) *s.* Tabula *f* rasa: a) unbeschriebenes Blatt, völlige Leere, b) reiner Tisch.

tab·u·late ['tæbjʊleɪt] **I** *v/t.* tabellarisieren, tabel'larisch (an)ordnen; **II** *adj.* → ***tabular***; **tab·u·la·tion** [ˌtæbjʊ'leɪʃn] *s.* **1.** Tabellarisierung *f*; **2.** Ta'belle *f*; **'tab·u·la·tor** [-tə] *s.* **1.** Tabellarisierer *m*; **2.** ⚙ Tabu'lator *m* (*Schreibmaschine*).

tach [tæk] F *für* ***tachometer***.

tach·o·graph ['tækəʊɡrɑːf] *s.* ⚙ Tacho'graph *m*, Fahrtenschreiber *m*.

ta·chom·e·ter [tæ'kɒmɪtə] *s.* ⚙ *mot.* Drehzahlmesser *m*.

tac·it ['tæsɪt] *adj.* □ *bsd.* ⚖ stillschweigend: ***~ approval***.

tac·i·turn ['tæsɪtɜːn] *adj.* □ schweigsam, wortkarg; **tac·i·tur·ni·ty** [ˌtæsɪ'tɜːnətɪ] *s.* Schweigsamkeit *f*, Verschlossenheit *f*.

tack¹ [tæk] **I** *s.* **1.** (Nagel)Stift *m*, Reißnagel *m*, Zwecke *f*; **2.** *Näherei*: Heftstich *m*; **3.** ⚓ a) Halse *f*, b) Haltetau *n*; **4.** ⚓ Schlag *m*, Gang *m* (*beim Lavieren od. Kreuzen*): ***be on the port ~*** auf Backbordhalsen liegen; **5.** ⚓ Lavieren *n* (*a. fig.*); **6.** *fig.* Kurs *m*, Weg *m*, Richtung *f*: ***on the wrong ~*** auf dem Holzweg; ***try another ~*** es anders versuchen; **7.** *parl. Brit.* 'Zusatzantrag *m*, -arˌtikel *m*; **8.** ⚙ Klebrigkeit *f*; **II** *v/t.* **9.** heften (***to*** an *acc.*); **10.** *a.* ***~ down*** festmachen; **11.** *a.* ***~ together*** anein'ander fügen (*a. fig.*); **12.** (***on, to***) anfügen (an *acc.*): ***~ mortgages*** *Brit.* Hypotheken (verschiedenen Ranges) zs.-schreiben; ***~ securities*** ⚖ *Brit.* Sicherheiten zs.-fassen; ***~ a rider to a bill*** *parl. Brit.* e-e Vorlage mit e-m Zusatzantrag koppeln; **13.** ⚙ heftschweißen; **III** *v/i.* **14.** ⚓ a) wenden, b) lavieren (*a. fig.*).

tack² [tæk] *s.* F Nahrung *f*, ‚Fraß' *m*.

tack·le ['tækl] **I** *s.* **1.** Gerät *n*, (Werk-)Zeug *n*, Ausrüstung *f*; **2.** (Pferde)Geschirr *n*; **3.** *a.* ***block and ~*** ⚙ Flaschenzug *m*; **4.** ⚓ Talje *f*; **5.** ⚓ Takel-, Tauwerk *n*; **6.** *Fußball etc.*: Angreifen *n* (*e-s Gegners im Ballbesitz*); **7.** *amer. Fußball*: Halbstürmer *m*; **II** *v/t.* **8.** *et. od. j-n* packen; **9.** *Fußball etc.*: *Gegner im Ballbesitz* angreifen, stoppen; **10.** *j-n* angreifen, anein'ander geraten mit; **11.** *fig. j-n* (*mit Fragen etc.*) angehen (***on*** wegen); **12.** *fig.* a) *Problem etc.* anpacken, angehen, in Angriff nehmen, b) *Aufgabe etc.* lösen, fertig werden mit.

'tack-weld *v/t.* ⚙ heftschweißen.

tack·y ['tækɪ] *adj.* **1.** klebrig, zäh; **2.** *Am.* F a) schäbig, her'untergekommen, b) 'unmoˌdern, c) protzig.

tact [tækt] *s.* **1.** Takt *m*, Takt-, Zartgefühl *n*; **2.** Feingefühl *n* (***of*** für); **3.** ♪ Takt(schlag) *m*; **'tact·ful** [-fʊl] *adj.* □ taktvoll; **'tact·ful·ness** [-fʊlnɪs] → ***tact*** 1.

tac·ti·cal ['tæktɪkl] *adj.* □ ⚔ taktisch (*a. fig. planvoll, klug*); **tac·ti·cian** [tæk'tɪʃn] *s.* ⚔ Taktiker *m* (*a. fig.*); **'tac·tics** [-ks] *s.* **1.** *sg. od. pl. konstr.* ⚔ Taktik *f*; **2.** *nur pl. konstr. fig.* Taktik *f*, planvolles Vorgehen.

tac·tile ['tæktaɪl] *adj.* **1.** tak'til, Tast...: ***~ sense*** Tastsinn *m*; ***~ hair*** *zo.*, ⚘ Tasthaar *n*; **2.** tast-, greifbar; **tac·til·i·ty** [tæk'tɪlətɪ] *s.* Greif-, Tastbarkeit *f*.

tact·less ['tæktlɪs] *adj.* □ taktlos; **'tact·less·ness** [-nɪs] *s.* Taktlosigkeit *f*.

tac·tu·al ['tæktjʊəl] *adj.* □ tastbar, Tast...: ***~ sense*** Tastsinn *m*.

tad·pole ['tædpəʊl] *s. zo.* Kaulquappe *f*.

taf·fe·ta ['tæfɪtə] *s.* Taft *m*.

taf·fy¹ ['tæfɪ] *s.* **1.** *Am.* → ***toffee***; **2.** F ‚Schmus' *m*, Schmeiche'lei *f*.

Taf·fy² ['tæfɪ] *s. sl.* Wa'liser *m*.

tag¹ [tæɡ] **I** *s.* **1.** (loses) Ende, Anhängsel *n*, Zipfel *m*, Fetzen *m*, Lappen *m*; **2.** Eti'kett *n*, Anhänger *m*, Schildchen *n*; Abzeichen *n*, Pla'kette *f*: ***~ day*** *Am.* Sammeltag *m*; **3.** a) Schlaufe *f am Stiefel*, b) (Schnürsenkel)Stift *m*; **4.** ⚙ a) Lötklemme *f*, b) Lötfahne *f*; **5.** a) Schwanzspitze *f* (*bsd. e-s Fuchses*), b) Wollklunker *f*, *m* (*Schaf*); **6.** (Schrift-)Schnörkel *m*; **7.** *ling.* Frageanhängsel *n*; **8.** Re'frain *m*, Kehrreim *m*; **9.** Schlusswort *n*, Po'inte *f*, Mo'ral *f*; **10.** stehende Redensart, bekanntes Zi'tat; **11.** Bezeichnung *f*, Beiname *m*; **12.** *Computer*: Identifizierungskennzeichen *n*; **13.** *Am.* Strafzettel *m*; **14.** → ***ragtag***; **II** *v/t.* **15.** mit e-m Etikett *etc.* versehen, etikettieren; *Waren* auszeichnen; *et.* markieren; **16.** mit e-m Schlusswort *od.* e-r Moral versehen; **17.** *Rede etc.* verbrämen; **18.** *et.* anhängen (***to*** an *acc.*); **19.** *Schafen* Klunkerwolle abscheren; **20.** F hinter *j-m* ‚herlatschen'; **III** *v/i.* **21.** ***~ along*** F hinter'herlaufen: ***~ after*** → 20.

tag² [tæɡ] **I** *s.* Fangen *n*, Haschen *n* (*Kinderspiel*); **II** *v/t.* haschen.

tag end *s.* F **1.** ‚Schwanz' *m*, Schluss *m*; **2.** *Am.* a) (letzter) Rest, b) Fetzen *m* (*a. fig.*).

Ta·hi·ti·an [tɑːˈhiːʃn] **I** *s.* **1.** Tahiti'aner (-in); **2.** *ling.* Ta'hitisch *n*; **II** *adj.* **3.** ta'hitisch.

tail[1] [teɪl] **I** *s.* **1.** *zo.* Schwanz *m*, (Pferde-) Schweif *m*: ***turn ~*** *fig.* ausreißen, davonlaufen; ***twist s.o.'s ~*** j-n piesacken; ***close on s.o.'s ~*** j-m dicht auf den Fersen; ***~s up*** fidel, hochgestimmt; ***keep your ~ up!*** lass dich nicht unterkriegen!; ***with one's ~ between one's legs*** *fig.* mit eingezogenem Schwanz; ***the ~ wags the dog*** *fig.* der Kleinste hat das Sagen; **2.** F Hinterteil *m*, Steiß *m*; **3.** *fig.* Schwanz *m*, Ende *n*, Schluss *m* (*e-r Marschkolonne*, *e-s Briefes etc.*): ***~ of a comet*** *ast.* Kometenschweif *m*; ***the ~ of the class*** *ped.* der ‚Schwanz' *od.* die Schlechtesten der Klasse; ***~ of a note*** ♪ Notenhals *m*; ***~ of a storm*** (ruhigeres) Ende e-s Sturms; ***out of the ~ of one's eye*** aus den Augenwinkeln; **4.** Haarzopf *m*, -schwanz *m*; **5.** a) Schleppe *f e-s Kleides*, b) (Rock-, Hemd)Schoß *m*, c) *pl.* Gesellschaftsanzug *m*, *bsd.* Frack *m*; **6.** ✈ Schwanz *m*, Heck *n*; **7.** *mst pl.* Rück-, Kehrseite *f e-r Münze*; **8.** a) Gefolge *n*, b) Anhang *m e-r Partei*, große Masse *e-r Gemeinschaft*; **9.** F ‚Beschatter' *m* (*Detektiv etc.*): ***put a ~ on s.o.*** j-n beschatten lassen; **10.** ✈ a) Leitwerk *n*, b) Heck *n*, Schwanz *m*; **II** *v/t.* **11.** mit e-m Schwanz versehen; **12.** *Marschkolonne etc.* beschließen; **13.** *a.* ***~ on*** befestigen, anhängen (***to*** an *acc.*); **14.** *Tier* stutzen; **15.** *Beeren* zupfen, entstielen; **16.** F *j-n* ‚beschatten', verfolgen; **III** *v/i.* **17.** sich hinziehen: ***~ away*** (*od.* ***off***) a) abflauen, -nehmen, sich verlieren, b) zurückbleiben, -fallen, c) sich auseinander ziehen (*Marschkolonne etc.*); **18.** F hinter'herlaufen (***after s.o.*** j-m); **19.** ***~ back*** *mot. Brit.* e-n Rückstau bilden; **20.** ⚠ eingelassen sein (***in***[***to***] in *acc. od. dat.*).

tail[2] [teɪl] ⚖ **I** *s.* Beschränkung *f* (*der Erbfolge*), beschränktes Erb- *od.* Eigentumsrecht: ***heir in ~*** Vorerbe *m*; ***estate in ~ male*** Fideikommiss *m*; **II** *adj.* beschränkt: ***estate ~***.

ˈtail|·back *s. mot. Brit.* Rückstau *m*; **ˈ~·board** *s.* Ladeklappe *f* (*a. mot.*); **~ coat** *s.* Frack *m*; **~ comb** *s.* Stielkamm *m*.

tailed [teild] *adj.* **1.** geschwänzt; **2.** *in Zssgn* ...schwänzig.

tail| end *s.* **1.** Schluss *m*, Ende *n*; **2.** → ***tail***[1] 2; **ˌ~ˈend·er** *s. sport* ‚Schlusslicht' *n*; **~ fin** *s.* **1.** *ichth.* Schwanzflosse *f*; **2.** ✈ Seitenflosse *f*; **~ fly** *s. Am.* (Angel-) Fliege *f*; **ˈ~·gate I** *s.* **1.** a) → ***tailboard***, b) *mot.* Hecktür *f*; **2.** Niedertor *n* (*e-r Schleuse*); **II** *v/t. u. v/i. mot.* (zu) dicht auffahren (auf *acc.*); **ˈ~·gun** *s.* ✈ Heckwaffe *f*; **ˈ~-ˌheav·y** *adj.* ✈ schwanzlastig.

tail·ing [ˈteɪlɪŋ] *s.* **1.** ⚠ eingelassenes Ende; **2.** *pl.* a) (*bsd.* Erz)Abfälle *pl.*, b) Ausschussmehl *n*.

tail lamp *s. mot. etc.* Rück-, Schlusslicht *n*.

tail·less [ˈteɪllɪs] *adj.* schwanzlos.

ˈtail·light → ***tail lamp***.

tai·lor [ˈteɪlə] **I** *s.* **1.** Schneider *m*: ***the ~ makes the man*** Kleider machen Leute; **II** *v/t.* **2.** schneidern; **3.** schneidern für *j-n*; **4.** *j-n* kleiden; **5.** nach Maß arbeiten; **6.** *fig.* zuschneiden (***to*** für *j-n*, auf *et.*); **ˈtai·lored** [-ləd] *adj.* maßgeschneidert, gut sitzend, tadellos gearbeitet: ***~ suit*** Maßanzug *m*; ***~ costume*** Schneiderkostüm *n*; **ˌtai·lorˈess** [-əˈres] *s.* Schneiderin *f*.

ˈtai·lor-made I *adj.* **1.** → ***tailored*** 1; **2.** eleˈgant gekleidet (*Dame*); **3.** auf Bestellung angefertigt; **4.** *fig.* (genau) zugeschnitten (***for*** auf *acc.*); **II** *s.* **5.** ˈSchneiderkoˌstüm *n*.

ˈtail|·piece *s.* **1.** ♪ Saitenhalter *m*; **2.** *typ.* ˈSchlussviˌgnette *f*; **~ pipe** *s. mot.* Auspuffrohr(ende) *n*; **~ plane** *s.* ✈ Höhenflosse *f*; **~ skid** *s.* ✈ Schwanzsporn *m*; **ˈ~·spin** *s.* **1.** ✈ (Ab)Trudeln *n*; **2.** *fig.* Panik *f*; **ˈ~·stock** *s.* ⚙ Reitstock *m* (*Drehbank*); **~ u·nit** *s.* ✈ (Schwanz)Leitwerk *n*; **~ wind** *s.* ✈ Rückenwind *m*.

taint [teɪnt] **I** *s.* **1.** *bsd. fig.* Fleck *m*, Makel *m*; *fig.* a) *krankhafter etc.* Zug, b) Spur *f*: ***a ~ of suspicion*** ein Anflug von Misstrauen; **2.** ⚕ a) (verborgene) Ansteckung, b) (verborgene) Anlage (***of*** zu *e-r Krankheit*): ***hereditary ~*** erbliche Belastung; **3.** *fig.* verderblicher Einfluss, Gift *n*; **II** *v/t.* **4.** *a. fig.* verderben, -giften; **5.** anstecken; **6.** *fig.* verderben: ***be ~ed with*** behaftet sein mit; **7.** *bsd. fig.* beflecken, besudeln; **III** *v/i.* **8.** verderben, schlecht werden; **ˈtaint·less** [-lɪs] *adj.* □ makellos.

take [teɪk] **I** *s.* **1.** a) *Fischerei*: Fang *m*, b) *hunt.* Beute *f* (*beide a.* F *fig.*); **2.** F Einnahme(n *pl.*) *f*; **3.** F Anteil *m* (***of*** an *dat.*); **4.** *Film etc.*: Aufnahme *f*; **5.** *typ.* Portiˈon *f* (*Manuskript*); **6.** ⚕ a) Reaktiˈon *f* (*a. fig.*), b) Anwachsen *n* (*e-s Transplantats*); **7.** *Schach etc.*: Schlagen *n* (*e-r Figur*); **II** *v/t.* [*irr.*] **8.** *allg.*, *a. Abschied*, *Partner*, *Unterricht etc.* nehmen: ***~ it or leave it*** *sl.* mach, was du willst; ***~n all in all*** im großen Ganzen; ***taking one thing with another*** eins zum anderen gerechnet; → ***account*** 9, ***action*** 8, ***aim*** 6, ***care*** 4, ***consideration*** 1, ***effect*** 1 *etc.*; **9.** (weg)nehmen; **10.** nehmen, fassen, packen, ergreifen; **11.** *Fische etc.* fangen; **12.** *Verbrecher etc.*

T

fangen, ergreifen; **13.** ⚔ gefangen nehmen, *Gefangene* machen; **14.** ⚔ *Stadt, Stellung etc.* (ein)nehmen, *a. Land* erobern; *Schiff* kapern; **15.** *j-n* erwischen, ertappen (***stealing*** beim Stehlen, ***in a lie*** bei e-r Lüge); **16.** nehmen, sich aneignen, Besitz ergreifen von, sich bemächtigen (*gen.*); **17.** *Gabe etc.* (an-, entgegen)nehmen, empfangen; **18.** bekommen, erhalten; *Geld, Steuer etc.* einnehmen; *Preis etc.* gewinnen; **19.** (her'aus)nehmen (***from, out of*** aus); *a. fig. Zitat etc.* entnehmen (***from*** *dat.*): ***I ~ it from s.o. who knows*** ich habe (*weiß*) es von j-m, der es genau weiß; **20.** *Speise etc.* zu sich nehmen; *Mahlzeit* einnehmen; *Gift, Medizin etc.* nehmen; **21.** sich *e-e Krankheit* holen *od.* zuziehen: ***be ~n ill*** krank werden; **22.** nehmen: a) auswählen: ***I am not taking any*** *sl.* ‚ohne mich'!, b) kaufen, c) mieten, d) *Eintritts-, Fahrkarte* lösen, e) *Frau* heiraten, f) *e-r Frau* beischlafen, g) *Weg* wählen; **23.** mitnehmen: ***~ me with you*** nimm mich mit; ***you can't ~ it with you*** *fig.* im Grabe nützt (dir) aller Reichtum nichts mehr; **24.** (hin- *od.* weg)bringen; *j-n wohin* führen: ***business took him to London***; ***he was ~n to the hospital*** er wurde in die Klinik gebracht; **25.** *j-n durch den Tod* nehmen, wegraffen; **26.** A abziehen (***from*** von); **27.** *j-n* treffen, erwischen (*Schlag*); **28.** *Hindernis* nehmen; **29.** *j-n* befallen, packen (*Empfindung, Krankheit*): ***be ~n with*** *e-e Krankheit* bekommen (→ 42); ***~n with fear*** von Furcht gepackt; **30.** *Gefühl* haben, bekommen, *Mitleid etc.* empfinden, *Mut* fassen, *Anstoß* nehmen; *Ab-, Zuneigung* fassen (***to*** gegen, für): ***~ alarm*** beunruhigt sein (***at*** über *acc.*); ***~ comfort*** sich trösten; → ***fancy*** 5, ***pride*** 1; **31.** *Feuer* fangen; **32.** *Bedeutung, Sinn, Eigenschaft, Gestalt* annehmen, bekommen: ***~ a new meaning***; **33.** *Farbe, Geruch, Geschmack* annehmen; **34.** *sport u. Spiele*: a) *Ball, Punkt, Figur, Stein* abnehmen (***from*** *dat.*), b) *Stein* schlagen, c) *Karte* stechen, d) *Spiel* gewinnen; **35.** ⚖ *etc.* erwerben, *bsd.* erben; **36.** *Ware, Zeitung* beziehen; ☤ *Auftrag* her'einnehmen; **37.** nehmen, verwenden: ***~ 4 eggs*** *Küche*: man nehme 4 Eier; **38.** *Zug, Taxi etc.* nehmen, benutzen; **39.** *Gelegenheit, Vorteil* ergreifen, wahrnehmen; → ***chance*** 2; **40.** (als Beispiel) nehmen; **41.** *Platz* einnehmen: ***~n*** besetzt; **42.** *fig. j-n, das Auge, den Sinn* gefangen nehmen, fesseln, (für sich) einnehmen: ***be ~n with*** (*od.* ***by***) begeistert *od.* entzückt sein von (→ 29); **43.** *Befehl, Führung, Rolle, Stellung, Vorsitz* über'nehmen; **44.** *Mühe, Verantwortung* auf sich nehmen; **45.** leisten: a) *Arbeit, Dienst* verrichten, b) *Eid, Gelübde* ablegen, c) *Versprechen* (ab)geben; **46.** *Notiz, Aufzeichnung* machen, niederschreiben, *Diktat, Protokoll* aufnehmen; **47.** *phot. et. od. j-n* aufnehmen, *Bild* machen; **48.** *Messung, Zählung etc.* vornehmen, 'durchführen; **49.** *wissenschaftlich* ermitteln, *Größe, Temperatur etc.* messen; *Maß* nehmen; **50.** machen, tun: ***~ a look*** e-n Blick tun *od.* werfen; ***~ a swing*** schaukeln; **51.** *Maßnahme* ergreifen, treffen; **52.** *Auswahl* treffen; **53.** *Entschluss* fassen; **54.** *Fahrt, Spaziergang, a. Sprung, Verbeugung, Wendung etc.* machen; *Anlauf* nehmen; **55.** *Ansicht* vertreten; → ***stand*** 2, ***view*** 11; **56.** a) verstehen, b) auffassen, auslegen, c) *et. gut etc.* aufnehmen: ***do you ~ me?*** verstehen Sie(, was ich meine)?; ***I ~ it that*** ich nehme an, dass; ***~ s.th. ill of s.o.*** j-m et. übel nehmen; ***~ it seriously*** es ernst nehmen; **57.** ansehen *od.* betrachten (***as*** als); halten (***for*** für): ***I took him for an honest man***; **58.** sich *Rechte, Freiheiten* (her'aus)nehmen; **59.** a) *Rat, Auskunft* einholen, b) *Rat* annehmen, befolgen; **60.** *Wette, Angebot* annehmen; **61.** glauben: ***you may ~ it from me*** verlass dich drauf!; **62.** *Beleidigung, Verlust etc., a. j-n* hinnehmen, *Strafe, Folgen* auf sich nehmen, sich *et.* gefallen lassen: ***~ people as they are*** die Leute nehmen, wie sie (eben) sind; **63.** *et.* ertragen, aushalten: ***can you ~ it?*** kannst du das aushalten?; ***~ it*** F es ‚kriegen', es ausbaden (müssen); **64.** ⚕ sich *e-r Behandlung etc.* unter'ziehen; **65.** *ped. Prüfung* machen, ablegen: ***~ French*** Examen im Französischen machen; → ***degree*** 3; **66.** *Rast, Ferien etc.* machen, *Urlaub, a. Bad* nehmen; **67.** *Platz, Raum* ein-, wegnehmen, beanspruchen; **68.** a) *Zeit, Material etc., a. fig. Geduld, Mut etc.* brauchen, erfordern, kosten, *gewisse Zeit* dauern: ***it took a long time*** es dauerte *od.* brauchte lange; ***it ~s brains and courage*** es erfordert Verstand u. Mut; ***it ~s a man to do that*** das kann nur ein Mann (fertig bringen), b) *j-n et.* kosten, *j-m et.* abverlangen: ***it took him*** (*od.* ***he took***) ***3 hours*** es kostete *od.* er brauchte 3 Stunden; → ***time*** 9; **69.** *Kleidergröße, Nummer* haben: ***which size in hats do you ~?***; **70.** *ling.* a) *grammatische Form* annehmen, im *Konjunktiv etc.* stehen, b) *Akzent, Endung, Objekt etc.* bekommen; **71.** aufnehmen, fassen, Platz bieten für; **III** *v/i.* [*irr.*] **72.** ⚘ *Wurzel* schlagen; **73.** ⚘, ⚕ anwachsen (*Pfropfreis, Steckling, Transplantat*); **74.** ⚕ wirken, anschlagen (*Droge etc.*); **75.** F ‚ankommen',

‚ziehen', ‚einschlagen', Anklang finden (*Buch, Theaterstück etc.*); **76.** ⚖ das Eigentumsrecht erlangen, *bsd.* erben, (als Erbe) zum Zuge kommen; **77.** sich *gut etc.* fotografieren (lassen); **78.** Feuer fangen; **79.** anbeißen (*Fisch*); **80.** ⚙ an-, eingreifen;

Zssgn mit prp.:

take| aft·er *v/i. j-m* nachschlagen, -geraten, ähneln (*dat.*); **~ for** *v/t.* **1.** halten für; **2.** auf *e-n Spaziergang etc.* mitnehmen; **~ from I** *v/t.* **1.** *j-m* wegnehmen; **2.** ⚗ abziehen von; **II** *v/i.* **3.** Abbruch tun (*dat.*), schmälern (*acc.*), her'absetzen (*acc.*); **4.** beeinträchtigen, mindern, (ab)schwächen; **~ in·to** *v/t.* **1.** (hin)'einführen in (*acc.*); **2.** bringen in (*acc.*); **~ to** *v/i.* **1.** a) sich begeben in (*acc.*) *od.* nach *od.* zu, b) sich flüchten in (*acc.*) *od.* zu, c) *fig.* Zuflucht nehmen zu: ***~ the stage*** zur Bühne gehen; → ***bed*** 1, ***heel***[1] *Redew.*, ***road*** 1; **2.** a) (her'an)gehen *od.* sich begeben an *e-e Arbeit etc.*, b) sich *e-r Sache* widmen, sich abgeben mit: ***~ doing s.th.*** dazu übergehen, et. zu tun; **3.** *et.* anfangen, sich ergeben (*dat.*), sich verlegen auf (*acc.*); *schlechte Gewohnheiten* annehmen: ***~ drink(ing)*** sich aufs Trinken verlegen, das Trinken anfangen; **4.** sich hingezogen fühlen zu, Gefallen finden an *j-m*; **~ up·on** *v/t.*: ***~ o.s.*** *et.* auf sich nehmen: ***take it upon o.s. to do s.th.*** a) es auf sich nehmen, et. zu tun, b) sich berufen fühlen, et. zu tun; **~ with** *v/i.* verfangen bei *j-m*: ***that won't ~ me*** das ‚zieht' bei mir nicht;

Zssgn mit adv.:

take| a·back *v/t.* verblüffen, über'raschen; → ***aback*** 3; **~ a·long** *v/t.* mitnehmen; **~ a·part** *v/t.* (*a.* F *fig. Gegner etc.*) ausein'ander nehmen; **~ a·side** *v/t. j-n* bei'seite nehmen; **~ a·way** *v/t.* wegnehmen (***from s.o.*** j-m, ***from s.th.*** von et.): ***pizzas to ~*** (*Schild*) Pizzas zum Mitnehmen; **~ back** *v/t.* **1.** zu'rücknehmen (*a. fig. sein Wort*); **2.** *j-n im Geist* zu'rückversetzen (***to*** in *e-e Zeit*); **~ down** *v/t.* **1.** her'unter-, abnehmen; **2.** *Gebäude* abreißen, abtragen, *Gerüst* abnehmen; **3.** ⚙ *Motor etc.* zerlegen; **4.** *Baum* fällen; **5.** *Arznei etc.* (hin'unter-) schlucken; **6.** *j-n* demütigen, ‚ducken'; **7.** nieder-, aufschreiben, notieren; **~ for·ward** *v/t.* weiterführen, -bringen; **~ in** *v/t.* **1.** *Wasser etc.* (her)'einlassen; **2.** *Gast etc.* einlassen, aufnehmen; **3.** *Heimarbeit* annehmen; **4.** *Geld* einnehmen; **5.** ✝ *Waren* her'einnehmen; **6.** *Zeitung* halten; **7.** *fig.* in sich aufnehmen; *Lage* über'schauen; **8.** für bare Münze nehmen, glauben; **9.** her'einnehmen, einziehen, ⚓ *Segel* einholen; **10.** *Kleider* kürzer *od.* enger machen; **11.** einschließen (*a. fig. umfassen*); **12.** F *j-n* reinlegen: ***be taken in*** a) reinfallen, b) reingefallen sein; **~ off I** *v/t.* **1.** wegnehmen, -bringen, -schaffen; fortführen: ***take o.s. off*** sich fortmachen; **2.** *durch den Tod* hinraffen; **3.** *Verkehrsmittel* einstellen; **4.** *Hut etc.* abnehmen, *Kleidungsstück* ablegen, ausziehen; **5.** ⚕ abnehmen, amputieren; **6.** a) *Rabatt* abziehen, b) *Steuer etc.* senken; **7.** hin'unter-, austrinken; **8.** *thea. Stück* absetzen; **9.** ***take a day off*** sich e-n Tag freinehmen; **10.** *j-n* nachmachen, -äffen, imitieren; **II** *v/i.* **11.** *sport* abspringen; **12.** ✈ aufsteigen, starten; **13.** fortgehen, sich entfernen; **~ on I** *v/t.* **1.** *Arbeit* annehmen, über'nehmen; **2.** *Arbeiter* ein-, anstellen; *Mitglied* aufnehmen; **3.** a) *j-n* (als Gegner) annehmen, b) es aufnehmen mit *od.* gegen; **4.** *Wette* eingehen; **5.** *Eigenschaft, Gestalt, Farbe* annehmen; **II** *v/i.* **6.** F ‚sich haben', großes The'ater machen: ***don't ~ so!***; **~ out** *v/t.* **1.** a) herausnehmen, *a. Geld* abheben, b) wegnehmen, entfernen (***of*** von, aus); **2.** *Fleck* entfernen (***of*** aus); **3.** ✝, ⚖ *Patent, Vorladung etc.* erwirken; *Versicherung* abschließen; **4.** ***take it out*** sich schadlos halten (***in*** an *e-r Sache*); ***take it out of*** a) sich rächen *od.* schadlos halten für (*Beleidigung etc.*), b) *j-n* ‚kaputtmachen', erschöpfen, c) *sl. j-n* ‚wegputzen', liquidieren: ***take it out on s.o.*** s-n Zorn an j-m auslassen; **5.** (***of s.o.*** j-m) *den Unsinn etc.* austreiben; **6.** *j-n zum Abendessen etc.* ausführen; *Kinder* spazieren führen; **~ o·ver I** *v/t.* **1.** *Amt, Aufgabe, die Macht etc., a. Idee etc.* über'nehmen; **II** *v/i.* **2.** die Amtsgewalt, Leitung *etc.* über'nehmen; die Sache in die Hand nehmen: ***~ for s.o.*** j-s Stelle einnehmen; **3.** *fig.* in den Vordergrund treten; **~ up I** *v/t.* **1.** aufheben, -nehmen; **2.** *Pflaster* aufreißen; **3.** *Gerät, Waffe* erheben, ergreifen (***against*** gegen); **4.** *Reisende* mitnehmen; **5.** *Flüssigkeit* aufsaugen, -nehmen; **6.** *Tätigkeit* aufnehmen; sich befassen mit, sich verlegen auf (*acc.*); *Beruf* ergreifen; **7.** *Fall, Idee etc.* aufgreifen: ***take s.o. up on s.th.*** bei j-m wegen e-r Sache einhaken (→ 17); **8.** *Erzählung etc.* fortführen; **9.** *Platz, Zeit, Gedanken etc.* ausfüllen, beanspruchen, in Anspruch nehmen: ***taken up with*** in Anspruch genommen von; **10.** *Wohnsitz* aufschlagen; **11.** *Stelle* antreten; **12.** *Posten* einnehmen; **13.** *Verbrecher* aufgreifen, verhaften; **14.** *Masche* aufnehmen; **15.** ⚕ *Gefäß* abbinden; **16.** ✝ a) *Anleihe, Kapital* aufnehmen, b) *Aktien* zeichnen, c) *Wechsel* einlösen; **17.** *Wette, Herausforderung* annehmen: ***take s.o. up on it*** die Herausforderung annehmen; **18.** a) *e-m*

Redner ins Wort fallen, b) *j-n* zu'rechtweisen, korrigieren; **II** *v/i.* **19.** ***~ with*** anbändeln *od.* sich einlassen mit.

'take|·a·way *Brit.* **I** *adj.* zum Mitnehmen: ***~ meals***; **II** *s.* Restau'rant *n* mit Straßenverkauf; **'~·down I** *adj.* zerlegbar; **II** *s.* Zerlegen *n*; **'~-home pay** *s.* Nettolohn *m*, -gehalt *n*; **'~-in** *s.* F **1.** Schwindel *m*, Betrug *m*; **2.** ‚Reinfall' *m*.

tak·en ['teɪkən] *p.p. von* **take**.

'take|-off *s.* **1.** ✈ Start *m* (*a. mot.*), Abflug *m*; → ***assist*** 1; **2.** *sport* a) Absprung *m*, b) Absprungstelle *f*: ***~ board*** Absprungbalken *m*; **3.** *a.* ***~ point*** *fig.* Ausgangspunkt *m*; **4.** Nachahmung *f*, -äffung *f*, Karika'tur *f*; **'~·out** *Am.* **I** *adj.* **1.** → ***takeaway*** I; **II** *s.* **2.** → ***takeaway*** II; **3.** *sl.* Liquidierung *f*; **'~-,o·ver** *s.* **1.** ✝ 'Übernahme *f e-r Firma*: ***~ bid*** Übernahmeangebot *n*; **2.** *pol.* 'Macht,übernahme *f*.

tak·er ['teɪkə] *s.* **1.** Nehmer(in); **2.** ✝ Käufer(in); **3.** Wettende(r *m*) *f*.

tak·ing ['teɪkɪŋ] **I** *s.* **1.** (An-, Ab-, Auf-, Ein-, Ent-, Hin-, Weg- *etc.*)Nehmen *n* (*etc.* → ***take*** II); ⚖ Wegnahme *f*; **2.** Inbe'sitznahme *f*; **3.** ⚔ Einnahme *f*, Eroberung *f*; **4.** *pl.* ✝ Einnahmen *pl.*; **5.** F Aufregung *f*; **II** *adj.* □ **6.** fesselnd; **7.** anziehend, einnehmend, gewinnend; **8.** F ansteckend.

talc [tælk] *s.* Talk *m*.

tal·cum ['tælkəm] *s.* Talk *m*; **~ pow·der** *s.* **1.** Talkum(puder *m*) *n*; **2.** Körperpuder *m*.

tale [teɪl] *s.* **1.** Erzählung *f*, Bericht *m*: ***it tells its own ~*** es spricht für sich selbst; **2.** Erzählung *f*, Geschichte *f*: ***old wives' ~*** Ammenmärchen *n*; ***thereby hangs a ~*** damit ist e-e Geschichte verknüpft; **3.** Sage *f*, Märchen *n*; **4.** Lüge(ngeschichte) *f*, Unwahrheit *f*; **5.** Klatschgeschichte *f*: ***tell*** (*od.* ***carry, bear***) ***~s*** klatschen; ***tell ~s*** (***out of school***) *fig.* aus der Schule plaudern; **'~,bear·er** *s.* Klatschmaul *n*; **'~,bear·ing** *s.* Zuträge'rei *f*, Klatsch(e'rei *f*) *m*.

tal·ent ['tælənt] *s.* **1.** Ta'lent *n*, Begabung *f* (*beide a. Person*): ***~ for languages*** Sprachtalent; **2.** *coll.* Ta'lente *pl.* (*Personen*): ***engage the best ~*** die besten Kräfte verpflichten; ***~ scout*** Talentsucher *m*; ***~ show*** ‚Talentschuppen' *m*; **3.** *bibl.* Pfund *n*; **'tal·ent·ed** [-tɪd] *adj.* talen'tiert, ta'lentvoll, begabt; **'tal·ent·less** [-lɪs] *adj.* 'untalen,tiert, ta'lentlos.

ta·les·man ['teɪliːzmən] *s.* [*irr.*] Ersatzgeschworene(r) *m*.

'tale,tell·er *s.* **1.** Märchen-, Geschichtenerzähler(in); **2.** Flunkerer *m*; **3.** Klatschmaul *n*.

tal·is·man ['tælɪzmən] *pl.* **-mans** *s.* 'Talisman *m*.

talk [tɔːk] **I** *s.* **1.** Reden *n*; **2.** Gespräch *n*: a) Unter'haltung *f*, Plaude'rei *f*, b) *a. pol.* Unter'redung *f*: ***have a ~ with s.o.*** mit j-m reden *od.* plaudern, sich mit j-m unterhalten; **3.** Ansprache *f*; **4.** *bsd. Radio*: a) Plaude'rei *f*, b) Vortrag *m*; **5.** Gerede *n*, Geschwätz *n*: ***he is all ~*** er ist ein großer Schwätzer; ***end in ~*** im Sand verlaufen; ***there is ~ of his being bankrupt*** es heißt, dass er bank(e)rott ist; → ***small talk***; **6.** Gesprächsgegenstand *m*: ***be the ~ of the town*** Stadtgespräch sein; **7.** Sprache *f*, Art *f* zu reden; → ***baby talk***; **II** *v/i.* **8.** reden, sprechen: ***~ big*** große Reden führen, ‚angeben'; ***~ round s.th.*** um et. herumreden; **9.** reden, sprechen, plaudern, sich unter'halten (***about, on*** über *acc.*, ***of*** von): ***~ at*** *j-n* indirekt ansprechen, meinen; ***~ to s.o.*** a) mit j-m sprechen *od.* reden, b) F j-m die Meinung sagen; ***~ to o.s.*** Selbstgespräche führen; ***~ing of*** da wir gerade von ... sprechen; ***you can ~!*** F du hast gut reden!; ***now you are ~ing!*** *sl.* das lässt sich eher hören!; **10.** *contp.* reden, schwatzen; **11.** *b.s.* reden, klatschen (***about*** über *acc.*); **III** *v/t.* **12.** *et.* reden: ***~ nonsense***; ***~ sense*** vernünftig reden; **13.** reden *od.* sprechen über (*acc.*): ***~ business*** (***politics***); **14.** *Sprache* sprechen: ***~ French***; **15.** reden: ***~ o.s. hoarse*** sich heiser reden; ***~ s.o. into believing s.th.*** j-n et. glauben machen; ***~ s.o. into*** (***out of***) ***s.th.*** j-m et. ein- (aus-) reden;

Zssgn mit adv.:

talk| a·way *v/t. Zeit* verplaudern; **~ back** *v/i.* e-e freche Antwort geben; **~ down I** *v/t.* **1.** a) *j-n* unter den Tisch reden, b) niederschreien; **2.** *Flugzeug* ‚her'untersprechen'; **II** *v/i.* **3.** (***to***) sich dem (*niedrigen*) Ni'veau (*e-r Zuhörerschaft*) anpassen; **~ o·ver** *v/t.* **1.** *j-n* über'reden; **2.** *et.* besprechen, 'durchsprechen; **~ round** → ***talk over*** 1; **~ up I** *v/i.* **1.** laut u. deutlich reden; **II** *v/t. Am.* F **2.** *et.* rühmen, anpreisen; **3.** *et.* freiher'aus sagen.

talk·a·thon ['tɔːkəθɒn] *s. Am.* F Marathonsitzung *f*.

talk·a·tive ['tɔːkətɪv] *adj.* □ geschwätzig, gesprächig, redselig; **'talk·a·tive·ness** [-nɪs] *s.* Geschwätzigkeit *f etc.*

talk·ee-talk·ee [ˌtɔːkɪ'tɔːkɪ] *s.* F *contp.* Geschwätz *n*.

talk·er ['tɔːkə] *s.* **1.** Schwätzer(in); **2.** Sprecher *m*, Sprechende(r *m*) *f*: ***he is a good ~*** er kann (gut) reden.

talk·ie ['tɔːkɪ] *s.* F Tonfilm *m*.

talk·ing ['tɔːkɪŋ] **I** *s.* **1.** Sprechen *n*, Reden *n*: ***he did all the ~*** er führte allein das Wort; ***let him do the ~*** lass(t) ihn (für uns alle) sprechen; **II** *adj.* **2.** sprechend: ***~ doll***; ***~ parrot***; **3.** *teleph.*

T

Sprech...: ~ ***current***; **4.** *fig.* sprechend: ~ ***eyes***; ~ **film**, ~ **(mo·tion) pic·ture** *s.* Tonfilm *m*; **'~-to** *s.* F: ***give s.o. a ~*** j-m e-e Standpauke halten.

talk show *s. bsd. Am. TV*: Talkshow *f*.

talk·y ['tɔːkɪ] *adj.* F geschwätzig (*a. fig.*); **'~-talk** *s.* F Geschwätz *n*.

tall [tɔːl] **I** *adj.* **1.** groß, hoch gewachsen: ***he is six feet ~*** er ist sechs Fuß groß; **2.** hoch: ~ ***house*** hohes Haus; **3.** F a) großsprecherisch, b) über'trieben, unglaublich (*Geschichte*): ***that's a ~ order*** das ist ein bisschen viel verlangt; **II** *adv.* **4.** F prahlerisch: ***talk ~*** prahlen; **'tall·boy** *s.* hohe Kom'mode; **'tall·ish** [-lɪʃ] *adj.* ziemlich groß; **'tall·ness** [-nɪs] *s.* Größe *f*, Höhe *f*, Länge *f*.

tal·low ['tæləʊ] **I** *s.* **1.** *ausgelassener* Talg: ***vegetable ~*** Pflanzenfett *n*; **2.** ⚙ Schmiere *f*; **3.** Talg-, Unschlittkerze *f*; **II** *v/t.* **4.** (ein)talgen, schmieren; **5.** *Tiere* mästen; **'~-faced** *adj.* bleich, käsig.

tal·low·y ['tæləʊɪ] *adj.* talgig.

tal·ly[1] ['tælɪ] **I** *s.* **1.** *hist.* Kerbholz *n*, -stock *m*; **2.** ✝ (Ab)Rechnung *f*; **3.** (Gegen)Rechnung *f*; **4.** ✝ Kontogegenbuch *n* (*e-s Kunden*); **5.** Seiten-, Gegenstück *n* (***of*** zu); **6.** Zählstrich *m*: ***by the ~*** ✝ nach dem Stück *kaufen*; **7.** Eti'kett *n*, Marke *f*, Kennzeichen *n* (*auf Kisten etc.*); **8.** Ku'pon *m*; **II** *v/t.* **9.** (stückweise) nachzählen, buchen, kontrollieren; **10.** *oft* ~ ***up*** berechnen; **III** *v/i.* **11.** (***with***) über'einstimmen (mit), entsprechen (*dat.*); **12.** stimmen.

tal·ly[2] ['tælɪ] *v/t.* ⚓ *Schoten* beiholen.

tal·ly-ho [ˌtælɪ'həʊ] *hunt.* **I** *int.* hal'lo!, ho! (*Jagdruf*); **II** *pl.* **-hos** *s.* Hallo *n*; **III** *v/i.* ‚hallo' rufen.

'tal·ly| sheet *s.* ✝ Kon'trollliste *f*; ~ **shop** *s.* ✝ *bsd. Brit.* Abzahlungsgeschäft *n*; ~ **sys·tem**, ~ **trade** *s.* ✝ *bsd. Brit.* 'Abzahlungsgeschäft *n*, -syˌstem *n*.

tal·mi gold ['tælmɪ] *s.* Talmigold *n*.

Tal·mud ['tælmʊd] *s.* Talmud *m*; **Tal·mud·ic** [tæl'mʊdɪk] *adj.* tal'mudisch; **'Tal·mud·ist** [-dɪst] *s.* Talmu'dist *m*.

tal·on ['tælən] *s.* **1.** *orn.* Klaue *f*, Kralle *f*; **2.** △ Kehlleiste *f*; **3.** *Kartenspiel*: Ta'lon *m*; **4.** ✝ Ta'lon *m*, 'Zinskuˌpon *m*.

ta·lus[1] ['teɪləs] *pl.* **-li** [-laɪ] *s.* **1.** *anat.* Talus *m*, Sprungbein *n*; **2.** Fußgelenk *n*; **3.** ⚕ Klumpfuß *m*.

ta·lus[2] ['teɪləs] *s.* **1.** Böschung *f*; **2.** *geol.* Geröll-, Schutthalde *f*.

tam [tæm] → ***tam-o'-shanter***.

tam·a·ble ['teɪməbl] *adj.* (be)zähmbar.

tam·a·rack ['tæmərӕk] *s.* ⚘ **1.** Nordamer. Lärche *f*; **2.** Tamarakholz *n*; **tam·a·rind** ['tæmərɪnd] *s.* ⚘ Tama'rinde *f*; **tam·a·risk** ['tæmərɪsk] *s.* ⚘ Tama'riske *f*.

tam·bour ['tæmˌbʊə] **I** *s.* **1.** (große) Trommel; **2.** *a.* ~ ***frame*** Stickrahmen *m*; **3.** Tambu'riersticke,rei *f*; **4.** △ a) Säulentrommel *f*, b) Tambour *m* (*Unterbau e-r Kuppel*); **5.** *Festungsbau*: Tambour *m*; **II** *v/t.* **6.** *Stoff* tamburieren.

tam·bou·rine [ˌtæmbə'riːn] *s.* ♪ (flaches) Tamb(o)u'rin.

tame [teɪm] **I** *adj.* □ **1.** *allg.* zahm: a) gezähmt (*Tier*), b) friedlich, c) folgsam, d) harmlos (*Witz*), e) lahm, fad(e): ***a ~ affair***; **II** *v/t.* **2.** zähmen, bändigen (*a. fig.*); **3.** *Land* urbar machen; **'tame·ness** [-nɪs] *s.* **1.** Zahmheit *f* (*a. fig.*); **2.** Unter'würfigkeit *f*; **3.** Harmlosigkeit *f*; **4.** Lahmheit *f*, Langweiligkeit *f*; **'tam·er** [-mə] *s.* (Be)Zähmer(in), Bändiger(in).

Tam·ma·ny ['tæmənɪ] *s. pol. Am.* **1.** → a) ***Tammany Hall***, b) ***Tammany Society***; **2.** *fig.* po'litische Korrupti'on, ‚Filz' *m*; ~ **Hall** *s. pol. Am.* **1.** *Zentrale der* **Tammany Society** *in New York*; **2.** *fig. a.* ~ **So·ci·e·ty** *s. pol. Am. organisierte demokratische Partei in New York.*

tam-o'-shan·ter [ˌtæmə'ʃæntə] *s.* Schottenmütze *f*.

tamp [tæmp] *v/t.* ⚙ **1.** *Bohrloch* besetzen; zustopfen; **2.** *Sprengladung* verdämmen; **3.** *Lehm etc.* feststampfen; *Beton* rammen.

tamp·er[1] ['tæmpə] *s.* ⚙ Stampfer *m*.

tam·per[2] ['tæmpə] *v/i.* ~ ***with*** **1.** sich (unbefugt) zu schaffen machen mit, her'umbasteln *od.* -pfuschen an (*dat.*), *bsd. Urkunde etc.* verfälschen, ‚frisieren'; **2.** a) sich (ein)mischen in (*acc.*), b) hin'einpfuschen in (*acc.*); **3.** a) mit *j-m* intrigieren, b) *bsd. Zeugen* (zu) bestechen (suchen).

tam·pon ['tæmpən] **I** *s.* **1.** ⚕, *a. typ.* Tam'pon *m*; **2.** *allg.* Pfropfen *m*; **II** *v/t.* **3.** ⚕, *typ.* tamponieren.

tan [tæn] **I** *s.* **1.** ⚙ Lohe *f*; **2.** ⚗ Gerbstoff *m*; **3.** Lohfarbe *f*; **4.** (gelb)braunes Kleidungsstück (*bsd. Schuh*); **5.** (Sonnen)Bräune *f*; **II** *v/t.* **6.** ⚙ a) *Leder* gerben (*a. phot.*), b) beizen; **7.** *Haut* bräunen; **8.** F versohlen, *j-m* das Fell gerben; **III** *v/i.* **9.** a) sich bräunen (*Haut*), b) braun werden; **IV** *adj.* **10.** lohfarben, gelbbraun; **11.** Gerb...

tan·dem ['tændəm] **I** *adv.* **1.** hintereinander (angeordnet) (*bsd. Pferde, Maschinen etc.*); **II** *s.* **2.** Tandem *n* (*Gespann, Wagen, Fahrrad*): ***work in ~ with*** *fig.* zs.-arbeiten mit; **3.** ⚙ Reihe *f*, Tandem *n*; **4.** ϟ Kas'kade *f*; **III** *adj.* **5.** Tandem..., hinterein'ander angeordnet; ~ ***bicycle*** Tandem *n*; ~ ***connection*** ϟ Kaskadenschaltung *f* ~ ***compound (engine)*** Reihenverbundmaschine *f*.

tang[1] [tæŋ] *s.* **1.** ⚙ a) Griffzapfen *m* (*Messer etc.*), b) Angel *f*, c) Dorn *m*; **2.**

scharfer Geruch *od.* Geschmack; Beigeschmack *m* (**of** von) (*a. fig.*).

tang² [tæŋ] **I** *s.* (scharfer) Klang; **II** *v/i. u. v/t.* (laut u. scharf) ertönen (lassen).

tang³ [tæŋ] *s.* ⚘ Seetang *m.*

tan·gent ['tændʒənt] **I** *s.* ⩘ Tan'gente *f*: ***fly*** (*od.* ***go***) ***off at a ~*** *fig.* plötzlich (vom Thema) abspringen; **II** *adj.* → ***tangential*** 1; **tan·gen·tial** [tæn'dʒenʃl] *adj.* ☐ **1.** ⩘ berührend, tangenti'al, Berührungs..., Tangential...: ***~ force*** Tangentialkraft *f*; ***~ plane*** Berührungsebene *f*; ***be ~ to*** *et.* berühren; **2.** *fig.* a) sprunghaft, flüchtig, b) ziellos, c) 'untergeordnet, Neben...

tan·ge·rine [ˌtændʒə'riːn] *s.* ⚘ Manda'rine *f.*

tan·gi·ble ['tændʒəbl] *adj.* ☐ greifbar: a) fühlbar, b) *fig.* handgreiflich, c) ⚖ re'al: ***~ assets*** materielle Vermögenswerte; ***~ property*** Sachvermögen *n.*

tan·gle ['tæŋgl] **I** *v/t.* **1.** verwirren, -wickeln, durchein'ander bringen (*alle a. fig.*); **2.** verstricken (*a. fig.*); **II** *v/i.* **3.** sich verheddern; **4.** ***~ with*** sich mit *j-m* (in e-n Kampf *etc.*) einlassen; **III** *s.* **5.** Gewirr *n*, wirrer Knäuel; **6.** Verwirrung *f*, -wicklung *f*, Durchein'ander *n.*

tan·go ['tæŋgəʊ] **I** *pl.* **-gos** *s.* Tango *m* (*Tanz*); **II** *v/i. pret. u. p.p.* **-goed** Tango tanzen.

tank [tæŋk] **I** *s.* **1.** *mot. etc.* Tank *m*; **2.** (Wasser)Becken *n*, Zi'sterne *f*; **3.** 🚂 a) Wasserkasten *m*, b) 'Tenderlokomoˌtive *f*; **4.** *phot.* Bad *n*; **5.** ⚔ Panzer(wagen) *m*, Tank *m*; **6.** *Am. sl.* a) ‚Kittchen' *n*, b) (Haft)Zelle *f*; **II** *v/t. u. v/i.* **7.** tanken; **8.** ***~ up*** a) auftanken, voll tanken, b) *sl.* sich ‚voll laufen' lassen: ***~ed*** besoffen; '**tank·age** [-kɪdʒ] *s.* **1.** Fassungsvermögen *n* e-s Tanks; **2.** (Gebühr *f* für) Aufbewahrung *f* in Tanks; **3.** ⸗ Fleischmehl *n* (*Düngemittel*); '**tank·ard** [-kəd] *s.* (*bsd.* Bier)Krug *m*, Humpen *m.*

'**tank|ˌbust·er** *s.* ⚔ *sl.* **1.** Panzerknacker *m*; **2.** Jagdbomber *m* zur Panzerbekämpfung; **~ car** *s.* 🚂 Kesselwagen *m*; **~ de·stroy·er** *s.* ⚔ Sturmgeschütz *n*; **~ dra·ma** *s. thea. Am.* F Sensati'onsstück *n.*

tank·er ['tæŋkə] *s.* **1.** ⚓ Tanker *m*, Tankschiff *n*; **2.** *a.* ***~ aircraft*** ✈ Tankflugzeug *n*; **3.** *mot.* Tankwagen *m*; **~ farm·ing** *s.* 'Hydrokulˌtur *f.*

tank top *s.* Pull'under *m.*

tan liq·uor *s.* ⚙ Beizbrühe *f.*

tanned [tænd] *adj.* braun gebrannt.

tan·ner¹ ['tænə] *s. Brit. obs. sl.* Sixpencestück *n.*

tan·ner² ['tænə] *s.* ⚙ (Loh)Gerber *m*; '**tan·ner·y** [-ərɪ] *s.* Gerbe'rei *f*; '**tan·nic** [-nɪk] *adj.* Gerb...: ***~ acid***; '**tan·nin** [-nɪn] *s.* ⚗ Tan'nin *n.*

tan·ning ['tænɪŋ] *s.* **1.** Gerben *n*; **2.** (Tracht *f*) Prügel *pl.*

tan| ooze, **~ pick·le** → ***tan liquor***; **~ pit** *s. Gerberei*: Lohgrube *f.*

tan·ta·li·za·tion [ˌtæntəlaɪ'zeɪʃn] *s.* **1.** Quälen *n*, Zappelnlassen *n*; **2.** (Tantalus)Qual *f*; **tan·ta·lize** ['tæntəlaɪz] *v/t. fig.* peinigen, quälen, zappeln lassen; **tan·ta·liz·ing** ['tæntəlaɪzɪŋ] *adj.* ☐ quälend, aufreizend, verlockend.

tan·ta·mount ['tæntəmaʊnt] *adj.* gleichbedeutend (***to*** mit): ***be ~ to*** *a.* gleichkommen (*dat.*).

tan·tiv·y [tæn'tɪvɪ] **I** *s.* **1.** schneller Ga'lopp; **2.** Hussa *n* (*Jagdruf*); **II** *adv.* **3.** eiligst, spornstreichs.

tan·trum ['tæntrəm] *s.* F **1.** schlechte Laune; **2.** Wut(anfall *m*) *f*, Koller *m*: ***fly into a ~*** e-n Koller kriegen.

Taois·each ['tiːʃəx; -ʃək] *s. irisch-gälische Bezeichnung für den Premierminister.*

tap¹ [tæp] **I** *s.* **1.** Zapfen *m*, Spund *m* (Fass)Hahn *m*: ***on ~*** a) angestochen, angezapft (*Fass*), b) vom Fass (*Bier etc.*), c) *fig.* (sofort) verfügbar; **2.** *Brit.* a) (Wasser-, Gas)Hahn *m*, b) Wasserleitung *f*: ***turn on the ~*** F ‚losflennen'; **3.** F (Getränke)Sorte *f*; **4.** *Brit.* → ***taproom***; **5.** ⚙ a) Gewindebohrer *m*, b) (Ab)Stich *m*, c) Abzweigung *f*; **6.** ⚡ a) Stromabnehmer *m*, b) Zapfstelle *f*; **7.** ⚕ Punkti'on *f*; **II** *v/t.* **8.** mit e-m Zapfen *od.* Hahn versehen; **9.** *Flüssigkeit* abzapfen; **10.** *Fass* anstechen; **11.** ⚕ punktieren; **12.** ⚡ *Telefonleitung etc.* anzapfen: ***~ the wire(s)*** a) Strom abzapfen, b) Telefongespräche *etc.* abhören; **13.** ⚡ a) *Spannung* abgreifen, b) anschließen; **14.** ⚙ mit (e-m) Gewinde versehen; **15.** *metall. Schlacke* abstechen; **16.** *fig. Hilfsquellen etc.* erschließen; **17.** *fig. Vorräte etc.* angreifen, anbrechen; **18.** *sl. j-n* ‚anpumpen' (***for*** um).

tap² [tæp] **I** *v/t.* **1.** (leicht) klopfen *od.* pochen an (*acc.*) *od.* auf (*acc.*) *od.* gegen, *et.* beklopfen; **2.** klopfen mit; **3.** *Schuh* flicken; **II** *v/i.* **4.** klopfen (***on, at*** gegen, an *acc.*); **III** *s.* **5.** Klaps *m*, leichter Schlag; **6.** *pl.* ⚔ *Am.* Zapfenstreich *m*; **7.** Stück *n* Leder *m*, Flicken *m.*

tap| dance *s.* Stepptanz *m*; '**~-dance** *v/i.* steppen; **~ danc·er** *s.* Stepptänzer(in); **~ danc·ing** *s.* Stepptanz *m*, Steppen *n.*

tape [teɪp] **I** *s.* **1.** schmales (Leinen-)Band, Zwirnband *n*; **2.** (Isolier-, Mess-, Me'tall- *etc.*)Band *n*, (Pa'pier-, Kleb- *etc.*)Streifen *m*; ⚕ Heftpflaster *n*; **3.** a) *Telegrafie*: Papierstreifen *m*, b) *Fernschreiber, Computer*: Lochstreifen *m*; **4.** ⚡ (Video-, Ton)Band *n*; **5.** *sport* Zielband *n*: ***breast the ~*** das Zielband durchreißen; **II** *v/t.* **6.** mit Band verse-

T

hen; (mit Band) um'wickeln *od.* binden; **7.** mit Heftpflaster verkleben; **8.** *Buchteile* heften; **9.** mit dem Bandmaß messen: ***I've got him ~d*** *sl.* ich habe ihn durchschaut, ich weiß genau Bescheid über ihn; **10.** mitschneiden: a) auf (Ton)Band aufnehmen, b) *TV* aufzeichnen; **~ deck** *s.* ⚡ Tapedeck *n*; **~ li·brar·y** *s.* 'Bandar,chiv *n*; **~ line, ~ meas·ure** *s.* Maßband *n*, Bandmaß *n*; **~ play·er** *s.* ⚡ 'Band,wiedergabegerät *n*.

ta·per ['teɪpə] **I** *s.* **1.** (dünne) Wachskerze; **2.** ⚙ Verjüngung *f*; **3.** ⚡ 'Widerstandsverteilung *f*; **II** *adj.* **4.** spitz zulaufend, verjüngt; **III** *v/t.* **5.** zuspitzen, verjüngen; **6. ~ *off*** *fig.* F *Produktion, a. den Tag etc.* auslaufen lassen; **IV** *v/i.* **7.** *oft* ***~ off*** spitz zulaufen, sich verjüngen; all'mählich dünn werden; **8. *~ off*** F allmählich aufhören, auslaufen.

'tape|-re,cord *v/t.* → ***tape*** 10; **~ re·cord·er** *s.* ⚡ Tonbandgerät *n*; **~ re·cord·ing** *s.* **1.** (Ton)Bandaufnahme *f*; **2.** *TV*: Aufzeichnung *f*.

ta·pered ['teɪpəd] *adj.*, **'ta·per·ing** [-ərɪŋ] → ***taper*** 4.

tap·es·tried ['tæpɪstrɪd] *adj.* gobe'lingeschmückt; **tap·es·try** ['tæpɪstrɪ] *s.* **1.** a) Gobe'lin *m*, Wandteppich *m*, gewirkte Ta'pete, b) Dekorati'onsstoff *m*; **2.** Tapisse'rie *f*.

'tape·worm *s. zo.* Bandwurm *m*.

tap·pet ['tæpɪt] *s.* ⚙ **1.** Daumen *m*, Mitnehmer *m*; **2.** (Ven'til- *etc.*)Stößel *m*; **3.** (Wellen)Nocke *f*; **4.** (Steuer)Knagge *f*.

'tap|·room [-rʊm] *s.* Schankstube *f*; **'~·root** *s.* ⚘ Pfahlwurzel *f*.

tar [tɑː] **I** *s.* **1.** Teer *m*; **2.** F ‚Teerjacke' *f* (*Matrose*); **II** *v/t.* **3.** teeren: ***~ and feather*** *j-n* teeren u. federn; ***~red with the same brush*** (*od.* ***stick***) kein Haar besser.

tar·a·did·dle ['tærədɪdl] *s.* F **1.** Flunke'rei *f*; **2.** Quatsch *m*.

ta·ran·tu·la [tə'ræntjʊlə] *s. zo.* Ta'rantel *f*.

'tar|·board *s.* Dach-, Teerpappe *f*; **'~·brush** *s.* Teerpinsel *m*: ***he has a touch of the ~*** *Am. sl. contp.* er hat schwarzes Blut in den Adern.

tar·di·ness ['tɑːdɪnɪs] *s.* **1.** Langsamkeit *f*; **2.** Unpünktlichkeit *f*; **3.** Verspätung *f*; **tar·dy** ['tɑːdɪ] *adj.* ☐ **1.** langsam, träge; **2.** säumig, unpünktlich; **3.** spät, verspätet: ***be ~*** (zu) spät kommen.

tare¹ [teə] *s.* **1.** ⚘ (*bsd.* Futter)Wicke *f*; **2.** *bibl.* Unkraut *n*.

tare² [teə] ✝ **I** *s.* Tara *f*: ***~ and tret*** Tara u. Gutgewicht *n*; **II** *v/t.* tarieren.

tar·get ['tɑːgɪt] **I** *s.* **1.** (Schieß-, Ziel-)Scheibe *f*; **2.** ⚔, *Radar etc.*: Ziel *n* (*a. fig.*): ***be off ~*** das Ziel verfehlen, danebenschießen, *fig.* ‚danebenhauen'; ***be on ~*** a) das Ziel erfasst haben, *a.* sich eingeschossen haben, *sport* aufs Tor gehen (*Schuss*), b) treffen, sitzen (*Schuss etc.*), c) *fig.* richtig geraten haben; **3.** *fig.* Zielscheibe *f des Spottes etc.*; **4.** *fig.* (Leistungs-, Produkti'ons- *etc.*)Ziel *n*, Soll *n*; **5.** 🚂 'Weichensi,gnal *n*; **6.** ⚡ a) 'Fangelek,trode *f*, b) 'Antika,t(h)ode *f von Röntgenröhren*, c) *Kernphysik*: Target *n*; **7.** *her.* runder Schild; **II** *adj.* **8.** Ziel...: ***~ area*** ⚔ Zielbereich *m*, -raum *m*; ***~ bombing*** gezielter Bombenwurf; ***~ date*** Stichtag *m*, Termin *m*; ***~ electrode*** → 6 a; ***~ group*** ✝ Zielgruppe *f*; ***~ language*** Zielsprache *f*; ***~ pistol*** Übungspistole *f*; ***~ practice*** Übungs-, Scheibenschießen *n*; ***~-seeking*** zielsuchend (*Rakete etc.*).

tar·iff ['tærɪf] **I** *s.* **1.** 'Zollta,rif *m*; **2.** Zoll (-gebühr *f*) *m*; **3.** (Ge'bühren-, 'Kosten- *etc.*)Ta,rif *m*; **4.** Preisverzeichnis *n* (*in e-m Hotel etc.*); **II** *v/t.* **5.** e-n Ta'rif aufstellen für; **6.** *Ware* mit Zoll belegen; **~ rate** *s.* **1.** Ta'rifsatz *m*; **2.** Zollsatz *m*; **~ wall** *s.* Zollschranke *f e-s Staates*.

tar·mac ['tɑːmæk] *s. Brit.* 'Teermaka,dam(straße *f*, ✈ -rollfeld *n*) *m*, ✈ *a.* Hallenvorfeld *n*.

tar·nish ['tɑːnɪʃ] **I** *v/t.* **1.** trüben, matt *od.* blind machen, *e-r Sache* den Glanz nehmen; **2.** *fig.* besudeln, beflecken; **3.** ⚙ mattieren; **II** *v/i.* **4.** matt *od.* trübe werden; **5.** anlaufen (*Metall*); **III** *s.* **6.** Trübung *f*, Beschlag *m*, Anlaufen *n* (*von Metall*); **7.** *fig.* Fleck *m*, Makel *m*.

tar·ot ['tærəʊ] *s.* Ta'rot *n* (*Kartenlegen bzw. -spiel*).

tarp [tɑːp] *abbr.* → **tar·pau·lin** [tɑː'pɔːlɪn] *s.* **1.** ⚓ a) Per'senning *f* (*geteertes Segeltuch*), b) Ölzeug *n* (*Hose, Mantel*); **2.** Plane *f*, Wagendecke *f*; **3.** Zeltbahn *f*.

tar·ra·did·dle → ***taradiddle***.

tar·ry¹ ['tɑːrɪ] *adj.* teerig.

tar·ry² ['tærɪ] **I** *v/i.* **1.** zögern, zaudern, säumen; **2.** (ver)weilen, bleiben; **II** *v/t.* **3.** *obs. et.* abwarten.

tar·sal ['tɑːsl] *anat.* **I** *adj.* **1.** Fußwurzel...; **2.** (Augen)Lidknorpel...; **II** *s.* **3.** *a.* ***~ bone*** Fußwurzelknochen *m*; **4.** (Augen)Lidknorpel *m*.

tar·si·a ['tɑːsɪə] *s.* In'tarsia *f*, Einlegearbeit *f* in Holz.

tar·sus ['tɑːsəs] *pl.* **-si** [-saɪ] *s.* **1.** → ***tarsal*** 3 *u.* 4; **2.** *orn.* Laufknochen *m*; **3.** *zo.* Fußglied *n*.

tart¹ [tɑːt] *adj.* ☐ **1.** sauer, herb, scharf; **2.** *fig.* scharf, beißend: ***~ reply***.

tart² [tɑːt] **I** *s.* **1.** a) (Obst)Torte *f*, Obstkuchen *m*, b) *bsd. Am.* (Creme-, Obst-)Törtchen *n*; **2.** *sl.* ‚Nutte' *f*; **II** *v/t.* ***~ up*** *sl.* ‚aufputzen', ‚aufmotzen'.

tar·tan¹ ['tɑːtən] *s.* Tartan *m*: a) Schottentuch *n*, b) Schottenmuster *n*: ***~ plaid*** Schottenplaid *n*.

T

tar·tan² ['tɑːtən] *s. sport* Tartan *m* (*Bahnbelag*).
Tar·tar¹ ['tɑːtə] **I** *s.* **1.** Ta'tar(in); **2.** *a.* ♀ Wüterich *m*, böser Kerl: ***catch a ~*** an den Unrechten kommen; **II** *adj.* **3.** ta'tarisch.
tar·tar² ['tɑːtə] *s.* **1.** Weinstein *m*: ***~ emetic*** ⚕ Brechweinstein; **2.** Zahnstein *m*.
tar·tar(e) sauce ['tɑːtə] *s. etwa*: Remou'ladensoße *f*.
tar·tar·ic [tɑː'tærɪk] *adj.*: ***~ acid*** ⚗ Weinsäure *f*.
tart·ness ['tɑːtnɪs] *s.* Schärfe *f*: a) Säure *f*, Herbheit *f*, b) *fig.* Schroffheit *f*, Bissigkeit *f*.
task [tɑːsk] **I** *s.* **1.** Aufgabe *f*: ***take to ~*** *fig. j-n* ins Gebet nehmen (***for*** wegen); **2.** Pflicht *f*, (auferlegte) Arbeit; **3.** *ped.* (Prüfungs)Aufgabe *f*; **II** *v/t.* **4.** *j-m* Arbeit zuweisen *od.* aufbürden, *j-n* beschäftigen; **5.** *fig. Kräfte etc.* stark beanspruchen, *sein Gedächtnis etc.* anstrengen; **~ force** *s.* **1.** ⚔ *gemischter* Kampfverband (*für Sonderunternehmen*), Task-Force *f*; **2.** *Polizei*: a) Spezi'aleinheit *f*, Einsatzgruppe *f*, b) 'Sonderdezer,nat *n*; **3.** ✝ Pro'jektgruppe *f*; '**~,mas·ter** *s.* **1.** (*bsd.* strenger) Arbeitgeber: ***severe ~*** *fig.* strenger Zuchtmeister; **2.** ⚙ (Arbeit)Anweiser *m*; **~ wag·es** *s. pl.* ✝ Ak'kord-, Stücklohn *m*; '**~·work** *s.* **1.** ✝ Ak'kordarbeit *f*; **2.** harte Arbeit.
tas·sel ['tæsl] **I** *s.* Quaste *f*, Troddel *f*; **II** *v/t.* mit Quasten schmücken.
taste [teɪst] **I** *v/t.* **1.** *Speisen etc.* kosten, (ab)schmecken, probieren, versuchen (*a. fig.*); **2.** kosten, *Essen* anrühren: ***he had not ~d food for days***; **3.** *et.* (heraus)schmecken; **4.** *fig.* kosten, kennen lernen, erleben; **5.** *fig.* genießen; **II** *v/i.* **6.** schmecken (***of*** nach); **7.** kosten, versuchen (***of*** von *od. acc.*); **8.** ***~ of*** → 4; **III** *s.* **9.** Geschmack *m*: ***a ~ of garlic*** ein Knoblauchgeschmack; ***leave a bad ~ in one's mouth*** *bsd. fig.* e-n üblen Nachgeschmack haben; **10.** Geschmackssinn *m*; **11.** (Kost)Probe *f* (***of*** von *od. gen.*): a) kleiner Bissen, b) Schlückchen *n*; **12.** *fig.* (Kost)Probe *f*, Vorgeschmack *m* (***of*** *gen.*); **13.** *fig.* Beigeschmack *m*, Anflug *m* (***of*** von); **14.** *fig.* (künstlerischer *od.* guter) Geschmack: ***in bad ~*** geschmacklos (*a. weitS. unfein, taktlos*); ***in good ~*** a) geschmackvoll, b) taktvoll; ***each to his (own) ~*** jeder nach s-m Geschmack; **15.** Geschmacksrichtung *f*, Mode *f*; **16.** a) Neigung *f*, Sinn *m* (***for*** für), b) Geschmack *m*, Gefallen *n* (***for*** an *dat.*): ***not to my ~*** nicht nach m-m Geschmack; **taste bud** *s. anat.* Geschmacksbecher *m*; '**taste·ful** [-fʊl] *adj.* ☐ *fig.* geschmackvoll; '**taste·ful·ness** [-fʊlnɪs] *s. fig.* guter Geschmack *e-r Sache*, *das* Geschmackvolle; '**taste·less** [-lɪs] *adj.* ☐ **1.** unschmackhaft, fade; **2.** *fig.* geschmacklos; '**taste·less·ness** [-lɪsnɪs] *s.* **1.** Unschmackhaftigkeit *f*; **2.** *fig.* Geschmack-, Taktlosigkeit *f*; '**tast·er** [-tə] *s.* **1.** (berufsmäßiger Tee-, Wein- *etc.*)Koster *m*; **2.** *hist.* Vorkoster *m*; **3.** Pro'biergläs-chen *n* (*für Wein*); **4.** (Käse)Stecher *m*; '**tast·i·ness** [-tɪnɪs] *s.* **1.** Schmackhaftigkeit *f* (*Speise etc.*); **2.** *fig.* → ***tastefulness***; '**tast·y** [-tɪ] *adj.* ☐ F **1.** schmackhaft; **2.** *fig.* geschmack-, stilvoll.
ta-ta [ˌtæ'tɑː] *int. Brit.* F ,Tschüss'!, auf 'Wiedersehen!
Ta·tar ['tɑːtə] **I** *s.* Ta'tar(in); **II** *adj.* ta'tarisch; **Ta·tar·i·an** [tɑː'teərɪən], **Ta·tar·ic** [tɑː'tærɪk] *adj.* tatarisch.
tat·ter ['tætə] *s.* Lumpen *m*, Fetzen *m*: ***in ~s*** zerfetzt; ***tear to ~s*** (*a. fig. Argument etc.*) zerfetzen, -reißen; '**tat·tered** [-təd] *adj.* **1.** zerlumpt, abgerissen; **2.** zerrissen, zerfetzt; **3.** ramponiert (*Ruf etc.*).
tat·tle ['tætl] **I** *v/i.* klatschen, ,tratschen'; **II** *v/t.* ausplaudern; **III** *s.* Klatsch *m*, ,Tratsch' *m*; '**tat·tler** [-lə] *s.* Klatschbase *f*, -maul *n*.
tat·too¹ [tə'tuː] **I** *s.* **1.** ⚔ a) Zapfenstreich *m* (*Signal*), b) 'Abendpa,rade *f* mit Mu'sik; **2.** Trommeln *n*, Klopfen *n*: ***beat a*** (*od.* ***the devil's***) ***~*** ungeduldig mit den Fingern trommeln; **II** *v/i.* **3.** den Zapfenstreich blasen *od.* trommeln; **4.** trommeln, klopfen.
tat·too² [tə'tuː] **I** *v/t. pret. u. p.p.* **tat'tooed** [-uːd] **1.** *Haut* tätowieren; **2.** *Muster* eintätowieren (***on*** in *acc.*); **II** *s.* **3.** Tätowierung *f*.
tat·ty ['tætɪ] *adj.* schäbig, schmuddelig, ,billig'.
taught [tɔːt] *pret. u. p.p. von* ***teach***.
taunt [tɔːnt] **I** *v/t.* verhöhnen, -spotten: ***~ s.o. with*** j-m *et.* (höhnisch) vorwerfen; **II** *v/i.* höhnen, spotten; **III** *s.* Spott *m*, Hohn *m*; '**taunt·ing** [-tɪŋ] *adj.* ☐ spöttisch, höhnisch.
tau·rine ['tɔːraɪn] *adj.* **1.** *zo.* a) rinderartig, b) Rinder..., Stier...; **2.** *ast.* Stier...; **Tau·rus** ['tɔːrəs] *s. ast.* Stier *m* (*Sternbild u. Tierkreiszeichen*).
taut [tɔːt] *adj.* ☐ **1.** straff, stramm (*Seil etc.*), angespannt (*a. Nerven, Gesicht, Person*); **2.** schmuck (*Schiff etc.*); '**taut·en** [-tən] **I** *v/t.* stramm ziehen, straff anspannen; **II** *v/i.* sich straffen *od.* spannen.
tau·to·log·ic, tau·to·log·i·cal [ˌtɔːtə'lɒdʒɪk(l)] *adj.* ☐ tauto'logisch, unnötig das'selbe wieder'holend; **tau·tol·o·gy** [tɔː'tɒlədʒɪ] *s.* Tautolo'gie *f*, Doppelaussage *f*.
tav·ern ['tævən] *s.* **1.** *obs.* Ta'verne *f*, Schenke *f*; **2.** *Am.* Gasthaus *n*.

T

taw[1] [tɔː] *v/t.* weißgerben.

taw[2] [tɔː] *s.* **1.** Murmel *f*; **2.** Murmelspiel *n*; **3.** Ausgangslinie *f*.

taw·dri·ness ['tɔːdrɪnɪs] *s.* **1.** Flitterhaftigkeit *f*, grelle Buntheit, Kitsch *m*; **2.** Wertlosigkeit *f*, Billigkeit *f*; **taw·dry** ['tɔːdrɪ] *adj.* □ **1.** flitterhaft, Flitter...; **2.** geschmacklos aufgemacht; **3.** grell, knallig; **4.** kitschig, billig.

tawed [tɔːd] *adj. Gerberei*: a'laungar (*Leder*); **taw·er** ['tɔːə] *s.* Weißgerber *m*; **taw·er·y** ['tɔːərɪ] *s.* Weißgerbe'rei *f*.

taw·ny ['tɔːnɪ] *adj.* lohfarben, gelbbraun: ~ ***owl*** *orn.* Waldkauz *m*.

taws(e) [tɔːz] *s. Brit.* Peitsche *f*.

tax [tæks] **I** *s.* **1.** (Staats)Steuer *f* (***on*** auf *acc.*), Abgabe *f*: ~ ***on land*** Grundsteuer; **2.** Besteuerung *f* (***on*** *gen.*); ***after*** (***before***) ~ nach (vor) Abzug der Steuern, *a.* netto (brutto); **3.** Taxe *f*, Gebühr *f*; **4.** *fig.* a) Bürde *f*, Last *f*, b) Belastung *f*, Beanspruchung *f* (***on*** *gen. od.* von): ***a heavy ~ on his time*** e-e starke Inanspruchnahme s-r Zeit; **II** *v/t.* **5.** *j-n od. et.* besteuern, *j-m* e-e Steuer auferlegen; **6.** ⚖ *Kosten etc.* schätzen, taxieren, ansetzen (***at*** auf *acc.*); **7.** *fig.* belasten; **8.** *fig.* stark in Anspruch nehmen, anstrengen, strapazieren; **9.** auf e-e harte Probe stellen; **10.** *j-n* zu'rechtweisen: ~ ***s.o. with*** j-n *e-r Sache* beschuldigen *od.* bezichtigen; **tax a·bate·ment** *s.* Steuernachlass *m*; **tax·a·ble** ['tæksəbl] **I** *adj.* □ **1.** besteuerbar; **2.** steuerpflichtig: ~ ***income***; **3.** Steuer...: ~ ***value***; **4.** ⚖ gebührenpflichtig; **II** *s. Am.* **5.** steuerpflichtiges Einkommen; **6.** Steuerpflichtige(r *m*) *f*; **tax al·low·ance** *s.* Steuerfreibetrag *m*; **tax as·sess·ment** *s.* Steuerveranlagung *f*; **tax·a·tion** [tæk'seɪʃn] *s.* **1.** Besteuerung *f*: ***subject to*** ~ steuerpflichtig; ***exempt from*** ~ steuerfrei; ~ ***system*** 'Steuersysˌtem *n*; **2.** *coll.* Steuern *pl.*; **3.** ⚖ Schätzung *f*, Taxierung *f*.

tax| a·void·ance (le'gale) 'Steuerumˌgehung; ~ **brack·et** *s.* Steuerklasse *f*, -gruppe *f*; ~ **bur·den** *s.* Steuerlast *f*; ~ **col·lec·tor** *s.* Steuereinnehmer *m*; ~ **com·pe·ti·tion** *s.* Steuerwettbewerb *m*; ~ **cut** *s.* Steuersenkung *f*; '~**-deˌduct·i·ble** *adj.* steuerabzugsfähig; ~ **disc** *s. Brit.* Steuermarke *f* (*hinter der Windschutzscheibe*); ~ **dodg·er**, ~ **e·vad·er** *s.* 'Steuerhinterˌzieher *m*; ~ **e·va·sion** *s.* 'Steuerhinterˌziehung *f*; ˌ~**-ex'empt**, ˌ~**-'free** *adj.* steuerfrei; ~ **fraud** *s.* Steuerbetrug *m*; ~ **har·mo·ni·za·tion** *s.* Steuerharmonisierung *f*; ~ **ha·ven** *s.* 'Steueroˌase *f*; ~ **hol·i·day** *s.* vorübergehende Steuerbefreiung.

tax·i ['tæksɪ] **I** *pl.* '**tax·is** *s.* **1.** → ***taxicab***; **II** *v/i.* **2.** mit e-m Taxi fahren; **3.** ✈ rollen; '~**·cab** *s.* Taxi *n*; ~ **danc·er** *s. Am.* Taxigirl *n*.

tax·i·der·mal [ˌtæksɪ'dɜːml], **tax·i'der·mic** [-mɪk] *adj.* taxi'dermisch; **tax·i·der·mist** ['tæksɪdɜːmɪst] *s.* Präpa'rator *m*, Ausstopfer *m* (*von Tieren*); **tax·i·der·my** ['tæksɪdɜːmɪ] *s.* Taxider'mie *f*.

tax·i| driv·er *s.*, '~**·man** [-mæn] *s.* [*irr.*] 'Taxichaufˌfeur *m*, -fahrer *m*; '~ˌ**me·ter** *s.* Taxa'meter *m*, Zähler *m*, Fahrpreisanzeiger *m*; '~**·plane** *s.* Lufttaxi *n*; ~ **rank** *s.* Taxistand *m*; ~ **strip**, '~**·way** *s.* ✈ Rollbahn *f*.

tax| loop·hole *s.* Steuerschlupfloch *n*; '~ˌ**pay·er** *s.* Steuerzahler *m*; ~ **pol·i·cy** *s.* Steuerpolitik *f*; ~ **priv·i·lege** Steuervorteil *m*; ~ **rate** *s.* Steuersatz *m*; ~ **re·ceipts** *s. pl.* Steuereinnahmen *pl.*, Steueraufkommen *n*; ~ **re·form** *s.* Steuerreform *f*; ~ **re·fund** *s.* Steuerrückzahlung *f*; ~ **re·gime** *s.* Steuersystem *n*; ~ **re·lief** *s.* a) Steuererleichterung(en *pl.*) *f*, b) Steuerbegünstigung *f*; ~ **re·turn** *s.* Steuererklärung *f*; ~ **rev·e·nue** *s.* → ***tax receipts***; ~ **shel·ter** *s.* Steuerbegünstigung *f*.

'**T-bone steak** *s.* T-Bone-Steak *n* (*Steak aus dem Rippenstück des Rinds*).

tea [tiː] *s.* **1.** Tee *m*; **2.** Tee(mahlzeit *f*) *m*: ***five-o'clock*** ~ Fünfuhrtee; **3.** *Am. sl.* ‚Grass' *n* (*Marihuana*); ~ **bag** *s.* Teebeutel *m*; ~ **ball** *s. Am.* Tee-Ei *n*; ~ **bread** *s. ein* Teekuchen *m*; ~ **cad·dy** *s.* Teebüchse *f*; ~ **cake** *s.* Teekuchen *m*; '~**·cart** *s.* Teewagen *m*.

> Zum Nachmittagstee (auch **afternoon tea** genannt) werden entweder Kekse oder eine Auswahl an Sandwiches und kleinerem Gebäck gereicht.

teach [tiːtʃ] *pret. u. p.p.* **taught** [tɔːt] **I** *v/t.* **1.** *Fach* lehren, 'Unterricht geben in (*dat.*); **2.** *j-n et.* lehren, *j-n* unter'richten, -'weisen in (*dat.*), *j-m* 'Unterricht geben in (*dat.*); **3.** *j-m et.* zeigen, beibringen: ~ ***s.o. to whistle*** j-m das Pfeifen beibringen; ~ ***s.o. better*** j-n e-s Besser(e)n belehren; ***I will ~ you to steal*** F dich werd ich das Stehlen lehren!; ***that'll ~ you!*** F a) das wird dir e-e Lehre sein!, b) das kommt davon!; **4.** *Tier* dressieren, abrichten; **II** *v/i.* **5.** unter'richten, 'Unterricht geben, '**teach·a·ble** [-tʃəbl] *adj.* **1.** lehrbar (*Fach etc.*); **2.** gelehrig (*Person*); '**teach·er** [-tʃə] *s.* Lehrer(in): ~***s college*** *Am.* pädagogische Hochschule.

'**teach-in** *s.* Teach-in *n*.

teach·ing ['tiːtʃɪŋ] **I** *s.* **1.** Unter'richten *n*, Lehren *n*; **2.** *oft pl.* Lehre *f*, Lehren *pl.*; **3.** Lehrberuf *m*; **II** *adj.* **4.** lehrend, unter'richtend: ~ ***aid*** Lehrmittel *n*; ~

T

machine Lehr-, Lernmaschine *f*; ~ ***profession*** Lehrberuf *m*; ~ ***staff*** Lehrkörper *m*.

tea| cloth *s.* **1.** kleine Tischdecke; **2.** *Am.* Geschirrtuch *n*; ~ **co·sy** *s.*, *Am.* ~ **co·zy** *s.* Teewärmer *m*; '~**·cup** *s.* Teetasse *f*; → ***storm*** 1; '~**·cup,ful** [-,fʊl] *pl.* **-fuls** *s.* *e-e* Teetasse (voll); ~ **dance** *s.* Tanztee *m*; ~ **egg** *s.* Tee-Ei *n*; ~ **garden** *s.* 'Gartenrestau,rant *n*; ~ **gown** *s.* Nachmittagskleid *n*; '~**·house** *s.* Teehaus *n* (*in China u. Japan*).

teak [tiːk] *s.* **1.** ⚘ Teakholzbaum *m*; **2.** Teak(holz) *n*.

teal [tiːl] *pl.* **teal** *s. orn.* Krickente *f*.

team [tiːm] **I** *s.* **1.** Gespann *n*; **2.** *bsd. sport u. fig.* Mannschaft *f*, Team *n*; **3.** (*Arbeits- etc.*)Gruppe *f*, Team *n*: ***by a ~ effort*** mit vereinten Kräften; **4.** Ab'teilung *f*, Ko'lonne *f von Arbeitern*; **5.** *orn.* Flug *m*, Zug *m*; **II** *v/t.* **6.** *Zugtiere* zs.-spannen; **7.** F *Arbeit* (an Unter'nehmer) vergeben; **III** *v/i.* **8.** ~ ***up*** *bsd. Am.* sich zs.-tun (***with*** mit); ~ **e·vent** *s. sport* Mannschaftswettbewerb *m*; '~**·mate** *s.* 'Mannschaftskame,rad *m*; ~ **spir·it** *s.* **1.** *sport* Mannschaftsgeist *m*; **2.** *fig.* Gemeinschaftsgeist *m*.

team·ster ['tiːmstə] *s.* **1.** Fuhrmann *m*; **2.** *Am.* Lastwagenfahrer *m*.

team| teach·ing *s. Am.* gemeinsamer 'Unterricht (*Fachlehrer*); '~**·work** *s.* **1.** *sport, thea.* Zs.-spiel *n*; **2.** Teamarbeit *f*, Teamwork *n*.

tea| par·ty *s.* Teegesellschaft *f*: ***the Boston Tea Party*** *hist.* der Teesturm von Boston (*1773*); '~**·pot** *s.* Teekanne *f*; → ***tempest*** 1.

tear¹ [tɪə] *s.* **1.** Träne *f*: ***in ~s*** in Tränen (aufgelöst), unter Tränen; → ***fetch*** 3, ***squeeze*** 3; **2.** ⚙ (Harz- *etc.*)Tropfen *m*; (Glas)Träne *f*.

tear² [teə] **I** *s.* **1.** Riss *m*; **2.** ***at full ~*** in vollem Schwung; ***in a ~*** in wilder Hast; **II** *v/t.* [*irr.*] **3.** zerreißen: ~ ***in*** (*od.* ***to***) ***pieces*** in Stücke reißen; ~ ***open*** aufreißen; ~ ***out*** herausreißen; ***torn between hope and despair*** *fig.* zwischen Hoffnung u. Verzweiflung hin- u. hergerissen;: ***a country torn by civil war*** ein vom Bürgerkrieg zerrissenes Land; ***that's torn it!*** *sl.* jetzt ist es passiert!, damit ist alles ‚im Eimer'!; **4.** *Haut etc.* aufreißen; **5.** *Loch* reißen; **6.** zerren, (aus)reißen: ~ ***one's hair*** sich die Haare (aus)raufen; **7.** *a.* ~ ***away***, ~ ***off*** ab-, wegreißen (***from*** von): ~ ***o.s. away*** sich losreißen (*a. fig.*); ~ ***s.th. from s.o.*** j-m et. entreißen; **III** *v/i.* [*irr.*] **8.** (zer-)reißen; **9.** reißen, zerren (***at*** an *dat.*); **10.** F rasen, sausen, ‚fegen': ~ ***about*** herumsausen; ~ **up** *v/t.* **1.** aufreißen; **2.** *Baum etc.* ausreißen; **3.** zerreißen, in Stücke reißen; **4.** *fig.* unter'graben, zerstören.

tear·a·way ['teərəweɪ] **I** *adj.* ‚wild'; **II** *s.* ‚wilder' Kerl, Ra'bauke *m*.

tear| bomb [tɪə] Tränengasbombe *f*; '~**·drop** *s.* **1.** Träne *f*; **2.** Anhänger *m* (*Ohrring*).

tear·ful ['tɪəfʊl] *adj.* □ **1.** tränenreich; **2.** weinend, in Tränen; **3.** weinerlich; **4.** schmerzlich.

tear| gas [tɪə] *s.* ⚔ Tränengas *n*; ~ **gland** *s. anat.* Tränendrüse *f*.

tear·ing ['teərɪŋ] *adj. fig.* F **1.** rasend, toll (*Tempo, Wut etc.*); **2.** ‚toll'; ~ **strength** *s.* ⚙ Zerreißfestigkeit *f*.

'tear|,jerk·er [tɪə] *s. Am.* F ‚Schnulze' *f*, ‚Schmachtfetzen' *m*.

'tear-off ['teərɒf] *adj.* Abreiß...: ~ ***calendar***.

'tea|·room [-rʊm] *s.* Teestube *f*, Ca'fé *n*; ~ **rose** *s.* ⚘ Teerose *f*.

tear sheet [teə] *s. Am.* Belegbogen *m*.

'tear-stained ['tɪə-] *adj.* **1.** tränennass; **2.** verweint (*Augen*).

tease [tiːz] **I** *v/t.* **1.** ⚙ a) *Wolle* kämmen, krempeln, b) *Flachs* hecheln, c) *Werg* auszupfen; **2.** ⚙ *Tuch* krempeln, karden; **3.** *fig.* quälen: a) hänseln, aufziehen, b) ärgern, c) bestürmen, belästigen (***for*** wegen); **4.** (auf)reizen; **II** *s.* **5.** F a) → ***teaser*** 1, 2, b) Plage *f*, lästige Sache.

tea·sel ['tiːzl] **I** *s.* **1.** ⚘ Karde(ndistel) *f*; **2.** *Weberei:* Karde *f*; **II** *v/t.* **3.** → ***tease*** 2.

teas·er ['tiːzə] *s.* **1.** Necker *m*; **2.** Quäl-, Plagegeist *m*; **3.** *sl.* Frau, die ‚alles verspricht und nichts hält'; **4.** F ‚harte Nuss', schwierige Sache; **5.** F et. Verlockendes.

tea| serv·ice, ~ **set** *s.* 'Teeser,vice *n*; '~**-shop** → ***tearoom***; '~**·spoon** *s.* Teelöffel *m*; '~**·spoon,ful** [-,fʊl] *pl.* **-fuls** *s.* *ein* Teelöffel (voll).

teat [tiːt] *s.* **1.** *zo.* Zitze *f*; **2.** *anat.* Brustwarze *f*; **3.** (Gummi)Sauger *m*; **4.** ⚙ Warze *f*.

tea| things *s. pl.* Teegeschirr *n*; '~**-time** *s.* Teestunde *f*; ~ **tow·el** *s.* Geschirrtuch *n*; ~ **urn** *s.* **1.** 'Teema,schine *f*; **2.** Gefäß *n* zum Heißhalten des Teewassers.

tea·zel, tea·zle → ***teasel***.

tec [tek] *s. sl.* Detek'tiv *m*.

tech·nic ['teknɪk] **I** *adj.* → ***technical***; **II** *s. mst pl.* → a) ***technics***, b) ***technology***, c) ***technique***; **'tech·ni·cal** [-kl] *adj.* □ → ***technically***; **1.** ⚙ 'technisch: ~ ***bureau*** Konstruktionsbüro *n*; **2.** technisch (*a. sport*), fachlich, fachmännisch, Fach..., Spezial...: ~ ***book*** (technisches) Fachbuch; ~ ***dictionary*** Fachwörterbuch *n*; ~ ***school*** Fachhochschule *f*; ~ ***skill*** a) (technisches) Geschick, b) ♪ Technik *f*; ~ ***staff*** technisches Personal; ~ ***term*** Fachausdruck *m*; **3.** *fig.* technisch: a) sachlich, b) (rein) for'mal,

T

c) theo'retisch: **~ knockout** *Boxen*: technischer K. o.; **on ~ grounds** ⚖ aus formaljuristischen *od.* verfahrenstechnischen Gründen; **tech·ni·cal·i·ty** [ˌteknɪ'kælətɪ] *s.* **1.** *das* Technische; **2.** technische Besonderheit *od.* Einzelheit; **3.** Fachausdruck *m*; **4.** *bsd.* ⚖ (reine) Formsache, (for'male) Spitzfindigkeit; **'tech·ni·cal·ly** [-kəlɪ] *adv.* **1.** technisch *etc.*; **2.** genau genommen, eigentlich; **tech·ni·cian** [tek'nɪʃn] *s.* **1.** Techniker(in) (*a. weitS. Virtuose etc.*), (technischer) Fachmann; **2.** ⚔ *Am.* Techniker *m* (*Dienstrang für Spezialisten*).

tech·nics ['teknɪks] *s. pl.* **1.** *mst sg. konstr.* Technik *f*, *bsd.* Ingeni'eurwissenschaft *f*; **2.** technische Einzelheiten *pl.*; **3.** Fachausdrücke *pl.*; **4.** → **technique** [tek'niːk] *s.* **1.** ⚙ (Arbeits)Verfahren *n*, (*Schweiß- etc.*)Technik *f*; **2.** ♪, *paint.*, *sport etc.* Technik *f*: a) Me'thode *f*, b) Art *f* der Ausführung, c) Geschicklichkeit *f*; **tech·no** ['teknəʊ] *s.* ♪ Techno *m*, *n*; **tech·noc·ra·cy** [tek'nɒkrəsɪ] *s.* Technokra'tie *f*; **tech·no·crat** ['teknəʊkræt] *s.* Techno'krat *m*.

tech·no·log·ic, tech·no·log·i·cal [ˌteknə'lɒdʒɪk(l)] *adj.* □ **1.** techno'logisch, technisch; **2.** ✝ techno'logisch (bedingt): **~ unemployment**; **tech·nol·o·gist** [tek'nɒlədʒɪst] *s.* Techno'loge *m*; **tech·nol·o·gy** [tek'nɒlədʒɪ] *s.* **1.** Technolo'gie *f*: **~ transfer** Technologietransfer *m*; **~ park** Technologiepark *m*; **school of ~** technische Universität; **2.** technische 'Fachterminoloˌgie.

tech·y ['tetʃɪ] → **testy**.

tec·tol·o·gy [tek'tɒlədʒɪ] *s. biol.* Struk'turlehre *f*.

tec·ton·ic [tek'tɒnɪk] *adj.* (□ **~ally**) **1.** ⚠, *geol.* tek'tonisch; **2.** *biol.* struktu'rell; **tec'ton·ics** [-ks] *s. pl. mst sg. konstr.* **1.** ⚠ *etc.* Tek'tonik *f*; **2.** *geol.* ('Geo)Tekˌtonik *f*.

tec·to·ri·al [tek'tɔːrɪəl] *adj. physiol.* Schutz..., Deck...: **~ membrane**.

tec·tri·ces [tek'traɪsiːz] *s. pl. zo.* Deckfedern *pl.*

ted·der ['tedə] *s.* ⚒ Heuwender *m*.

Ted·dy bear ['tedɪ] *s.* Teddybär *m*.

te·di·ous ['tiːdjəs] *adj.* □ **1.** langweilig, öde, ermüdend; **2.** weitschweifig; **'te·di·ous·ness** [-nɪs] *s.* **1.** Langweiligkeit *f*; **2.** Weitschweifigkeit *f*; **'te·di·um** [-jəm] *s.* **1.** Lang(e)weile *f*; **2.** Langweiligkeit *f*.

tee¹ [tiː] **I** *s.* ⚙ T-Stück *n*; **II** *adj.* T-...: **~ iron**; **III** *v/t.* ⚡ abzweigen: **~ across (together)** in Brücke (parallel) schalten.

tee² [tiː] **I** *s. sport* Tee *n*: a) *Curling*: Mittelpunkt *m* des Zielkreises, b) *Golf*: Abschlag(stelle *f*) *m*: **to a ~** *fig.* aufs Haar; **II** *v/t. Golf*: *Ball* auf die Abschlagstelle legen; **III** *v/i.* **~ off** a) *Golf*: abschlagen, b) *fig.* anfangen.

teem¹ [tiːm] *v/i.* **1.** wimmeln, voll sein (**with** von): **the roads are ~ing with people**; **this page ~s with mistakes** diese Seite strotzt von Fehlern; **2.** reichlich vor'handen sein: **fish ~ in that river** in dem Fluss wimmelt es von Fischen; **3.** *obs.* a) schwanger sein, b) ⚘ Früchte tragen, c) *zo.* Junge gebären.

teem² [tiːm] **I** *v/t. bsd.* ⚙ *flüssiges Metall* (aus)gießen; **II** *v/i.* gießen (*a. fig. Regen*).

teen [tiːn] *Am.* → **teenage(r)**; **'teen·age** [-eɪdʒ] **I** *adj. a.* **teenaged** **1.** im Teenageralter; **2.** Teenager...; **II** *s.* **3.** → **teens** 1; **'teenˌag·er** [-ˌeɪdʒə] *s.* Teenager *m*.

teens [tiːnz] *s. pl.* **1.** Teenageralter *n*: **be in one's ~** ein Teenager sein; **2.** Teenager *pl.*

tee·ny¹ ['tiːnɪ], *a.* **ˌ~-'wee·ny** [-'wiːnɪ] *adj.* F klitzeklein.

teen·y² ['tiːnɪ] *s.* F ‚Teeny' *m* (*jüngerer Teenager*).

'tee-shirt ['tiː-] *s.* 'T-Shirt *n*.

tee·ter ['tiːtə] *v/i. Am.* F **1.** (*a. v/t.*) schaukeln, wippen; **2.** (sch)wanken.

teeth [tiːθ] *pl. von* **tooth**.

teethe [tiːð] *v/i.* zahnen, (die) Zähne bekommen: **teething troubles** a) Beschwerden beim Zahnen, b) *fig.* Kinderkrankheiten.

tee·to·tal [tiː'təʊtl] *adj.* absti'nent, Abstinenzler...; **tee'to·tal·(l)er** [-tlə] *s.* Absti'nenzler(in), ˌAntialko'holiker (-in); **tee'to·tal·ism** [-tlɪzəm] *s.* **1.** Absti'nenz *f*; **2.** Absti'nenzprinˌzip *n*.

tee·to·tum [ˌtiːtəʊ'tʌm] *s.* Drehwürfel *m*.

teg·u·ment ['tegjʊmənt] *etc.* → **integument** *etc.*

tele-¹ [telɪ] *in Zssgn* a) Fern..., b) Fernseh...

tele-² [telɪ] *in Zssgn* a) Ziel, b) Ende.

'tel·eˌbank·ing *s.* 'Teleˌbanking *n*.

'tel·eˌcam·er·a *s. TV* Fernsehkamera *f*.

'tel·e·cast **I** *v/t.* [*irr.* → **cast**] im Fernsehen über'tragen *od.* bringen; **II** *s.* Fernsehsendung *f*; **'tel·e·cast·er** *s.* (Fernseh)Ansager(in).

'tel·e·comˌmu·ni'ca·tion **I** *s.* **1.** Fernmeldeverbindung *f*, -verkehr *m*, 'Telekommunikatiˌon *f*; **2.** *pl.* 'Telekommunikatiˌon, Fernmeldewesen *n*, -technik *f*; **II** *adj.* **3.** Fernmelde...

tel·e·com·mut·er ['telɪkəˌmjuːtə; ˌ-kə'mjuːtə] *s.* Telearbeiter(in); **tel·e·com·mut·ing** *s.* Telearbeit *f*.

tel·e·con·fer·ence ['telɪˌkɒnfərəns] *s.* Tele'fonkonfeˌrenz *f*.

'tel·e·course *s.* Fernsehlehrgang *m*, -kurs *m*.

tel·e·di·ag·no·sis ['telɪˌdaɪəg'nəʊsɪs] *s.* [*irr.*] ⚕ 'Ferndiagˌnose *f*.

T

'tel·e·film *s.* Fernsehfilm *m.*
tel·e·gen·ic [ˌtelɪ'dʒenɪk] *adj. TV* tele'gen.
tel·e·gram ['telɪgræm] *s.* Tele'gramm *n*: ***by ~*** telegrafisch.
tel·e·graph ['telɪgrɑːf; -græf] **I** *s.* **1.** Tele'graf *m*; **2.** Tele'gramm *n*; **3.** → ***telegraph board***; **II** *v/t.* **4.** telegrafieren; **5.** *j-n* tele'grafisch benachrichtigen; **6.** (*durch Zeichen*) zu verstehen geben, signalisieren; **7.** *sport Spielstand etc.* auf e-r Tafel anzeigen; **8.** *sl. Boxen*: *Schlag* ‚telegrafieren' (*erkennbar ansetzen*); **III** *v/i.* **9.** telegrafieren (***to*** *dat. od.* an *acc.*); **~ board** *s. bsd. sport* Anzeigetafel *f*; **~ code** *s.* Tele'grammschlüssel *m.*
te·leg·ra·pher [tɪ'legrəfə] *s.* Telegra'fist(in).
tel·e·graph·ese [ˌtelɪgrɑː'fiːz] *s.* Tele'grammstil *m*; **tel·e·graph·ic** [ˌtelɪ'græfɪk] *adj.* (□ ***~ally***) **1.** tele'grafisch: ***~ address*** Tele'grammadresse *f*, Drahtanschrift *f*; **2.** tele'grammartig (*Kürze, Stil*); **te·leg·ra·phist** [tɪ'legrəfɪst] *s.* Telegra'fist(in).
tel·e·graph| line *s.* Tele'grafenleitung *f*; **~ pole, ~ post** *s.* Tele'grafenstange *f*, -mast *m.*
te·leg·ra·phy [tɪ'legrəfɪ] *s.* Telegra'fie *f.*
tel·e·ki·ne·sis [ˌtelɪkɪ'niːsɪs] *s. psych.* Teleki'nese *f.*
tel·e·lens ['telɪlens] *s. phot.* 'Teleobjekˌtiv *n.*
te·lem·e·ter ['telɪmiːtə] *s.* Tele'meter *n*: a) ⚙ Entfernungsmesser *m*, b) ⚡ Fernmessgerät *n.*
tel·e·o·log·ic, tel·e·o·log·i·cal [ˌtelɪə'lɒdʒɪk(l)] *adj.* □ *phls.* teleo'logisch: ***~ argument*** teleologischer Gottesbeweis; **tel·e·ol·o·gy** [ˌtelɪ'ɒlədʒɪ] *s.* Teleolo'gie *f.*
tel·e·path·ic [ˌtelɪ'pæθɪk] *adj.* (□ ***~ally***) tele'pathisch; **te·lep·a·thy** [tɪ'lepəθɪ] *s.* Telepa'thie *f*, Ge'dankenüberˌtragung *f.*
tel·e·phone ['telɪfəʊn] **I** *s.* **1.** Tele'fon *n*, Fernsprecher *m*: ***at the ~*** am Apparat; ***by ~*** telefonisch; ***on the ~*** telefonisch, durch das *od.* am Telefon; ***be on the ~*** a) Telefonanschluss haben, b) am Telefon sein; ***over the ~*** durch das *od.* per Telefon; **II** *v/t.* **2.** *j-n* anrufen, antelefonieren; **3.** *Nachricht etc.* telefonieren, tele'fonisch über'mitteln (***s.th. to s.o., s.o. s.th.*** j-m et.); **III** *v/i.* **4.** telefonieren; **~ bank·ing** *s.* Tele'fonˌbanking *n*; **~ booth**, *Brit.* **~ box** *s.* Tele'fon-, Fernsprechzelle *f*; **~ call** *s.* Tele'fongespräch *n*, (Tele'fon)Anruf *m*; **~ con·nec·tion** *s.* Tele'fonanschluss *m*; **~ di·rec·to·ry** *s.* Tele'fon-, Fernsprechbuch *n*; **~ ex·change** *s.* Fernsprechamt *n*, Tele'fonzenˌtrale *f*; **~ op·er·a·tor** *s.* Telefo'nist(in); **~ re·ceiv·er** *s.* (Tele'fon)Hörer *m*; **~ sub·scrib·er** *s.* Fernsprechteilnehmer(in); **~ sur·vey** *s.* telefonische Befragung.
tel·e·phon·ic [ˌtelɪ'fɒnɪk] *adj.* (□ ***~ally***) tele'fonisch, fernmündlich, Telefon...; **te·leph·o·nist** [tɪ'lefənɪst] *s.* Telefo'nist(in); **te·leph·o·ny** [tɪ'lefənɪ] *s.* Telefo'nie *f*, Fernsprechwesen *n.*
ˌtel·e'pho·to *phot.* **I** *adj.* **1.** Telefoto(grafie)..., Fernaufnahme...: ***~ lens*** → ***telelens***; **II** *s.* **2.** 'Telefoto(graˌfie *f*) *n*, Fernbild *n*; **3.** 'Bildteleˌgramm *n*; **4.** Funkbild *n*; **ˌtel·e'pho·to·graph** → ***telephoto*** II; **'tel·eˌpho·to'graph·ic** *adj.* (□ ***~ally***) **1.** 'fernfotoˌgrafisch; **2.** 'bildteleˌgrafisch; **ˌtel·e·pho'tog·ra·phy** *s.* **1.** 'Tele-, 'Fernfotograˌfie *f*; **2.** 'Bildtelegraˌfie *f.*
tel·e·play ['telɪpleɪ] *s.* Fernsehspiel *n.*
'tel·eˌprint·er *s.* Fernschreiber *m* (*Gerät*): ***~ message*** Fernschreiben *n*; ***~ operator*** Fernschreiber(in).
'tel·eˌproc·ess·ing *s.* Datenfernverarbeitung *f.*
tel·e·prompt·er ['telɪˌprɒmptə] *s. TV* Teleprompter *m* (*optisches Souffliergerät, Textband*).
'tel·e·reˌcord·ing *s.* (Fernseh)Aufzeichnung *f.*
tel·e·scope ['telɪskəʊp] **I** *s.* Tele'skop *n*, Fernrohr *n*; **II** *v/t. u. v/i.* a) (sich) inei'nander schieben, b) (sich) verkürzen; **III** *adj.* → ***telescopic***.
tel·e·scop·ic [ˌtelɪ'skɒpɪk] *adj.* (□ ***~ally***) **1.** tele'skopisch, Fernrohr...: ***~ sight*** ⚔ Zielfernrohr *n*; **2.** inein'ander schiebbar, ausziehbar, Auszieh..., Teleskop...
'tel·e·screen *s. TV* Bildschirm *m.*
'tel·eˌshop·ping *s.* 'Teleˌshopping *n.*
tel·e·text ['telɪtekst] *s. TV* Videotext *m.*
ˌtel·e·ther'mom·e·ter *s. phys.* 'Fern-, 'Telethermoˌmeter *n.*
'tel·e·type, ˌtel·e'typeˌwrit·er *Am.* → ***teleprinter***.
'tel·e·view I *v/t.* sich (im Fernsehen) ansehen; **II** *v/i.* fernsehen; **'tel·eˌview·er** *s.* Fernsehzuschauer(in).
tel·e·vise ['telɪvaɪz] → ***telecast*** I; **'tel·eˌvi·sion I** *s.* **1.** Fernsehen *n*: ***watch ~*** fernsehen; ***on ~*** im Fernsehen; ***~ ratings*** Fernseheinschaltquoten *pl.*; **2.** *a.* ***~ set*** Fernsehgerät *n*, Fernseher *m*; **II** *adj.* Fernseh...; **'tel·e·vi·sor** *s.* **1.** → ***television*** 2; **2.** → ***telecaster***; **3.** → ***televiewer***; **'tel·e·work·er** *s. Computer*: Telearbeiter(in) *m*; **'tel·eˌwork·ing** *s. Computer*: Telearbeit *f.*
tel·ex ['teleks] **I** *s.* **1.** Telex *n*, Fernschreibernetz *n*: ***be on the ~*** Telex- *od.* Fernschreibanschluss haben; **2.** Fernschreiber *m* (*Gerät*): ***~ operator*** Fernschreiber(in); **3.** Fernschreiben *n*: ***by ~*** per Telex *od.* Fernschreiben; ***~ operator*** Fernschreiber(in); **II** *v/t.* **4.** *j-m et.* telexen *od.* per Fernschreiben mitteilen.

T

tell [tel] [*irr.*] **I** *v/t.* **1.** sagen, erzählen (***s.o. s.th.***, ***s.th. to s.o.*** j-m et): ***I can ~ you that …*** ich kann Sie *od.* Ihnen versichern, dass; ***I have been told*** mir ist gesagt worden; ***I told you so!*** ich habe es (dir) ja gleich gesagt!, ‚siehste'!; ***you are ~ing me!*** *sl.* wem sagen Sie das!; ***~ the world*** F (es) hinausposaunen; **2.** mitteilen, berichten, *a. die Wahrheit* sagen; *Neuigkeit* verkünden: ***~ a lie*** lügen; **3.** *Geheimnis* verraten; **4.** erkennen (***by***, ***from*** an *dat.*), feststellen, sagen: ***~ by ear*** mit dem Gehör feststellen, hören; **5.** (mit Bestimmtheit) sagen: ***I cannot ~ what it is***; ***it is difficult to ~*** es ist schwer zu sagen; **6.** unter'scheiden (***one from the other*** eines vom andern): ***~ apart*** auseinander halten; **7.** sagen, befehlen: ***~ s.o. to do s.th.*** j-m sagen, er solle et. tun; j-n et. tun heißen; ***do as you are told*** tu wie dir geheißen; **8.** *bsd. pol. Stimmen* zählen: ***all told*** alles in allem; **9.** ***~ off*** a) abzählen, b) ⚔ abkommandieren, c) F *j-m* ‚Bescheid stoßen'; **II** *v/i.* **10.** berichten, erzählen (***of*** von, ***about*** über *acc.*); **11.** *fig.* ein Zeichen *od.* Beweis sein (***of*** für, von); **12.** *et.* sagen können, wissen: ***how can you ~?***, ***you never can ~*** man kann nie wissen; **13.** ‚petzen': ***~ on s.o.*** j-n verpetzen *od.* verraten; ***don't ~!*** nicht verraten!; **14.** sich auswirken (***on*** bei, auf *acc.*): ***the hard work began to ~ on him***; ***his troubles have told on him*** s-e Sorgen haben ihn sichtlich mitgenommen; ***every blow*** (***word***) ***~s*** jeder Schlag (jedes Wort) sitzt; ***that ~s against you*** das spricht gegen Sie; **15.** sich (deutlich) abheben (***against*** gegen, von); zur Geltung kommen (*Farbe etc.*); **'tell·er** [-lə] *s.* **1.** Erzähler(in); **2.** Zähler (-in); *bsd. parl.* Stimmenzähler *m*; **3.** Kassierer(in), Schalterbeamte(r) *m* (*Bank*): ***~'s department*** Hauptkasse *f*; **4.** *a.* ***automated*** (*od.* ***automatic***) ***~*** Geldautomat *m*; **'tell·ing** [-lɪŋ] *adj.* □ **1.** wirkungsvoll (*a. Schlag*), wirksam, eindrucksvoll; 'durchschlagend (*Erfolg*, *Wirkung*); **2.** *fig.* aufschlussreich; **ˌtell·ing-'off** *s.*: ***give s.o. a ~*** j-m ‚Bescheid stoßen'.

'tell·tale I *s.* **1.** Klatschbase *f*, Zuträger (-in), ‚Petze' *f*; **2.** verräterisches (Kenn-) Zeichen; **3.** ⚙ (selbsttätige) Anzeigevorrichtung; **II** *adj.* **4.** *fig.* verräterisch: ***a ~ tear***; **5.** sprechend (*Ähnlichkeit*); **6.** ⚙ a) Anzeige…, b) Warnungs…: ***~ clock*** Kontrolluhr *f*.

tel·ly ['telɪ] *s. Brit.* F Fernseher *m* (*Gerät*): ***on the ~*** im Fernsehen.

tel·o·type ['teləʊtaɪp] *s.* **1.** e'lektrischer 'Schreib- *od.* 'Drucktele͵graf; **2.** auto'matisch gedrucktes Tele'gramm.

tel·pher ['telfə] **I** *s.* Wagen *m* e-r Hängebahn; **II** *adj.* (Elektro)Hängebahn…; **'tel·pher·age** [-ərɪdʒ] *s.* e'lektrische Lastenbeförderung; **'tel·pher·way** *s.* Telpherbahn *f*, E'lektrohängebahn *f*.

te·mer·i·ty [tɪ'merətɪ] *s.* **1.** (Toll)Kühnheit *f*, Verwegenheit *f*; *b.s.* Frechheit *f*.

temp [temp] *s. Brit.* F 'Zeitsekre͵tärin *f*.

tem·per ['tempə] **I** *s.* **1.** Tempera'ment *n*, Natu'rell *n*, Gemüt(sart *f*) *n*, Cha'rakter *m*, Veranlagung *f*: ***even ~*** Gleichmut *m*; ***have a quick ~*** ein hitziges Temperament haben; **2.** Stimmung *f*, Laune *f*: ***in a bad ~*** (in) schlechter Laune, schlecht gelaunt; **3.** Gereiztheit *f*, Zorn *m*, Wut *f*: ***be in a ~*** gereizt *od.* wütend sein; ***fly*** (*od.* ***get***) ***into a ~*** in Wut geraten; **4.** Gemütsruhe *f* (*obs. außer in den Redew.*): ***keep one's ~*** ruhig bleiben; ***lose one's ~*** in Wut geraten, die Geduld verlieren; ***out of ~*** übel gelaunt; ***put s.o. out of ~*** j-n wütend machen *od.* erzürnen; **5.** Zusatz *m*, Beimischung *f*, *metall.* Härtemittel *n*; **6.** *bsd.* ⚙ richtige Mischung; **7.** *metall.* Härte(grad *m*) *f*; **II** *v/t.* **8.** mildern (***with*** durch); **9.** *Farbe*, *Kalk*, *Mörtel* mischen, anmachen; **10.** ⚙ a) *Stahl* härten, anlassen, b) *Eisen* ablöschen, c) *Gusseisen* adouzieren, d) *Glas* rasch abkühlen; **11.** ♪ *Klavier etc.* temperieren; **III** *v/i.* **12.** ⚙ den richtigen Härtegrad erreichen *od.* haben.

tem·per·a ['tempərə] *s.* 'Tempera(male͵rei) *f*.

tem·per·a·ment ['tempərəmənt] *s.* **1.** → ***temper*** 1; **2.** Tempera'ment *n*, Lebhaftigkeit *f*; **3.** ♪ Tempera'tur *f*; **tem·per·a·men·tal** [͵tempərə'mentl] *adj.* □ **1.** tempera'mentvoll, veranlagungsmäßig, Temperaments…; **2.** a) reizbar, launisch, b) leicht erregbar; **3.** eigenwillig; **4.** ***be ~*** F (s-e) ‚Mucken' haben (*Gerät etc.*).

tem·per·ance ['tempərəns] *s.* **1.** Mäßigkeit *f*, Enthaltsamkeit *f*; **2.** Mäßigkeit *f* im *od.* Absti'nenz *f* vom Alkoholgenuss; ***~ ho·tel*** *s.* alkoholfreies Hotel; ***~ move·ment*** *s.* Absti'nenzbewegung *f*.

tem·per·ate ['tempərət] *adj.* □ **1.** gemäßigt, maßvoll: ***~ language***; **2.** zu'rückhaltend; **3.** mäßig: ***~ enthusiasm***; **4.** a) mäßig, enthaltsam (*bsd. im Essen u. Trinken*), b) absti'nent (*alkoholische Getränke meidend*); **5.** gemäßigt, mild (*Klima etc.*); **'tem·per·ate·ness** [-nɪs] *s.* **1.** Gemäßigtheit *f*; **2.** Beherrschtheit *f*, Zu'rückhaltung *f*; **3.** geringes Ausmaß; **4.** a) Mäßigkeit *f*, Enthaltsamkeit *f*, Mäßigung *f* (*bsd. im Essen u. Trinken*), b) Absti'nenz *f* (*von alkoholischen Getränken*); **5.** Milde *f* (*des Klimas etc.*).

tem·per·a·ture ['temprətʃə] *s.* **1.** *phys.* Tempera'tur *f*: ***at a ~ of*** bei e-r Temperatur von; **2.** *physiol.* ('Körper)Tempe-

T

ra,tur *f*: ***to take s.o.'s ~*** j-s Temperatur messen; ***to have*** (*od.* ***run***) ***a ~*** ☤ F Fieber *od.* (erhöhte) Temperatur haben.

tem·pest ['tempɪst] *s.* **1.** (wilder) Sturm: ***~ in a teapot*** *fig.* ‚Sturm im Wasserglas'; **2.** *fig.* Sturm *m*, Ausbruch *m*; **3.** Gewitter *n*; **tem·pes·tu·ous** [tem'pestjʊəs] *adj.* □ *a. fig.* stürmisch, ungestüm, heftig; **tem·pes·tu·ous·ness** [tem'pestjʊəsnɪs] *s.* Ungestüm *n*, Heftigkeit *f*.

Tem·plar ['templə] *s.* **1.** *hist.* Templer *m*, Tempelherr *m*, -ritter *m*; **2.** Tempelritter *m* (*Freimaurer*); **3.** *oft* ***Good ~*** Guttempler *m* (*ein Temperenzler*).

tem·plate ['templɪt] *s.* **1.** ⚙ Scha'blone *f*; **2.** △ a) 'Unterleger *m* (*Balken*), b) (Dach)Pfette *f*, c) Kragholz *n*; **3.** ⚓ Mallbrett *n*; **4.** *Computer*: Doku'mentvorlage *f*.

tem·ple[1] ['templ] *s.* **1.** *eccl.* Tempel *m* (*a. fig.*); **2.** *Am.* Syna'goge *f*; **3.** ~ ⚖ Temple *m* (*in London, Sitz zweier Rechtskollegien*: ***the Inner ~*** *u.* ***the Middle ~***).

tem·ple[2] ['templ] *s. anat.* Schläfe *f*.

tem·ple[3] ['templ] *s. Weberei*: Tömpel *m*.

tem·plet ['templɪt] → ***template***.

tem·po ['tempəʊ] *pl.* **-pi** *s.* ♪ Tempo *n* (*a. fig. Geschwindigkeit*): ***~ turn*** *Skisport*: Temposchwung *m*.

tem·po·ral[1] ['tempərəl] *adj.* □ **1.** zeitlich: a) Zeit... (*Ggs. räumlich*), b) irdisch; **2.** weltlich (*Ggs. geistlich*): ***~ courts***; **3.** *ling.* tempo'ral, Zeit...: ***~ adverb*** Umstandswort *n* der Zeit; ***~ clause*** Temporalsatz *m*.

tem·po·ral[2] ['tempərəl] *anat.* **I** *adj.* a) Schläfen..., b) Schläfenbein...; **II** *s.* Schläfenbein *n*.

tem·po·rar·i·ness ['tempərərɪnɪs] *s.* Einst-, Zeitweiligkeit *f*; **tem·po·rar·y** ['tempərərɪ] *adj.* □ provi'sorisch: a) vorläufig, einst-, zeitweilig, vor'übergehend, tempo'rär, b) behelfsmäßig, Not..., Hilfs..., Interims...: ***~ arrangement*** Übergangsregelung *f*; ***~ bridge*** Behelfs-, Notbrücke *f*; ***~ credit*** ✝ Zwischenkredit *m*.

tem·po·rize ['tempəraɪz] *v/i.* **1.** Zeit zu gewinnen suchen, abwarten, sich nicht festlegen, lavieren: ***~ with s.o.*** j-n hinhalten; **2.** mit dem Strom schwimmen, s-n Mantel nach dem Wind hängen; **'tem·po·riz·er** [-zə] *s.* **1.** j-d, der Zeit zu gewinnen sucht *od.* sich nicht festlegt; **2.** Opportu'nist(in); **'tem·po·riz·ing** [-zɪŋ] *adj.* □ **1.** hinhaltend, abwartend; **2.** opportu'nistisch.

T

tempt [tempt] *v/t.* **1.** *eccl.*, *a. allg. j-n* versuchen, in Versuchung führen; **2.** *j-n* verlocken, -leiten, da'zu bringen (***to do*** zu tun): ***be ~ed to do*** versucht *od.* geneigt sein, zu tun; **3.** reizen, locken (*Angebot, Sache*); **4.** *Gott, sein Schicksal* versuchen, her'ausfordern; **temp·ta·tion** [temp'teɪʃn] *s.* Versuchung *f*, -führung *f*, -lockung *f*: ***lead into ~*** in Versuchung führen; **'tempt·er** [-tə] *s.* Versucher *m*, -führer *m*: ***the ~*** *eccl.* der Versucher; **'tempt·ing** [-tɪŋ] *adj.* □ verführerisch, -lockend; **'tempt·ing·ness** [-tɪŋnɪs] *s. das* Verführerische; **'tempt·ress** [-trɪs] *s.* Versucherin *f*, Verführerin *f*.

ten [ten] **I** *adj.* **1.** zehn; **II** *s.* **2.** Zehn *f* (*Zahl, Spielkarte*): ***the upper ~*** *fig.* die oberen zehntausend; **3.** F Zehner *m* (*Geldschein etc.*); **4.** zehn (Uhr).

ten·a·ble ['tenəbl] *adj.* **1.** haltbar (⚔ *Stellung, fig. Behauptung etc.*); **2.** verliehen (***for*** für, auf *acc.*): ***an office ~ for two years***; **'ten·a·ble·ness** [-nɪs] *s.* Haltbarkeit *f* (*a. fig.*).

te·na·cious [tɪ'neɪʃəs] *adj.* □ **1.** zäh(e), klebrig; **2.** *fig.* zäh(e), hartnäckig: ***be ~ of*** zäh an *et.* festhalten; ***~ of life*** zählebig; ***~ ideas*** zählebige Ideen; **3.** verlässlich, gut (*Gedächtnis*); **te'na·cious·ness** [-nɪs], **te·nac·i·ty** [tɪ'næsɪtɪ] *s.* **1.** *allg.* Zähigkeit *f*: a) Klebrigkeit *f*, b) *phys.* Zug-, Zähfestigkeit *f*, c) *fig.* Hartnäckigkeit *f*: ***~ of life*** zähes Leben; ***~ of purpose*** Zielstrebigkeit *f*; **2.** Verlässlichkeit *f* (*des Gedächtnisses*).

ten·an·cy ['tenənsɪ] *s.* ⚖ **1.** Pacht-, Mietverhältnis *n*: ***~ at will*** jederzeit beiderseits kündbares Pachtverhältnis; **2.** a) Pacht-, Mietbesitz *m*, b) Eigentum *n*: ***~ in common*** Miteigentum *n*; **3.** Pacht-, Mietdauer *f*; **'ten·ant** [-nt] **I** *s.* **1.** ⚖ Pächter(in), Mieter(in): ***~ farmer*** Gutspächter *m*; **2.** ⚖ Inhaber(in) (*von Realbesitz, Renten etc.*); **3.** Bewohner (-in); **4.** *hist.* Lehnsmann *m*; **II** *v/t.* **5.** bewohnen; **6.** *als Mieter etc.* beherbergen; **'ten·ant·a·ble** [-ntəbl] *adj.* **1.** ⚖ pacht-, mietbar; **2.** bewohnbar; **'ten·ant·less** *adj.* **1.** unverpachtet; **2.** unvermietet, leer (stehend); **'ten·ant·ry** [-trɪ] *s. coll.* Pächter *pl.*, Mieter *pl.*

tench [tenʃ] *pl.* **'tench·es**, *bsd. coll.* **tench** *s. ichth.* Schleie *f*.

tend[1] [tend] *v/i.* **1.** sich *in e-r bestimmten Richtung* bewegen; (hin)streben (***to*** [***-ward***] nach): ***~ from*** wegstreben von; **2.** *fig.* a) tendieren, neigen (***to***[***wards***] zu), b) da'zu neigen (***to do*** zu tun); **3.** abzielen, gerichtet sein (***to*** auf *acc.*); **4.** (da'zu) führen *od.* beitragen (***to*** [***do***] zu [tun]); hin'auslaufen (***to*** auf *acc.*); **5.** ⚓ schwojen.

tend[2] [tend] *v/t.* **1.** ⚙ *Maschine* bedienen; **2.** sich kümmern um, sorgen für, *Kranke* pflegen, *Vieh* hüten.

ten·den·cious → ***tendentious***.

tend·en·cy ['tendənsɪ] *s.* **1.** Ten'denz *f*: a) Richtung *f*, Strömung *f*, Hinstreben *n*, b) (bestimmte) Absicht, Zweck *m*, c)

Hang *m* (**to, toward** zu), Neigung *f* (**to** *für*); **2.** Gang *m*, Lauf *m*: **the ~ of events**.

ten·den·tious [ten'denʃəs] *adj.* □ tendenzi'ös, Tendenz...; **ten'den·tious·ness** [-nɪs] *s.* tendenzi'öser Cha'rakter.

ten·der[1] ['tendə] *adj.* □ **1.** zart, weich, mürbe (*Fleisch etc.*); **2.** *allg.* zart (*a. Alter, Farbe, Gesundheit*): **~ passion** Liebe *f*; **3.** zart, zärtlich, sanft; **4.** zart, empfindlich (*Körperteil, a. Gewissen*): **~ spot** *fig.* wunder Punkt; **5.** heikel, kitzlig (*Thema*); **6.** bedacht (**of** auf *acc.*).

ten·der[2] ['tendə] **I** *v/t.* **1.** (for'mell) anbieten; → **oath** 1, **resignation** 2; **2.** *s-e Dienste etc.* anbieten, zur Verfügung stellen; **3.** *s-n Dank, s-e Entschuldigung* zum Ausdruck bringen; **4.** ✝, ⚖ als Zahlung (*e-r Verpflichtung*) anbieten; **II** *v/i.* **5.** sich an e-r Ausschreibung beteiligen, ein Angebot machen: **~ and contract for a supply** e-n Lieferungsvertrag abschließen; **III** *s.* **6.** Anerbieten *n*, Angebot *n*: **make a ~ of** → 2; **7.** ✝ (**legal** gesetzliches) Zahlungsmittel; **8.** ✝ Angebot *n*, Of'ferte *f bei Ausschreibung*: **invite ~s for** *ein Projekt* ausschreiben; **put to ~** in freier Ausschreibung vergeben; **by ~** in Submission; **9.** ✝ Kosten(vor)anschlag *m*; **10.** ⚖ Zahlungsangebot *n*; **11. ~ of resignation** Rücktrittsgesuch *n*.

tend·er[3] ['tendə] *s.* **1.** Pfleger(in); **2.** 🚂 Tender *m*, Kohlewagen *m*; **3.** ⚓ Tender *m*, Begleitschiff *n*.

'ten·der|·foot *pl.* **-feet** *od.* **-foots** *s. Am.* F **1.** Anfänger(in), Greenhorn *n*; **2.** neu aufgenommener Pfadfinder; **,~-'heart·ed** *adj.* □ weichherzig; **'~·loin** *s.* zartes Lendenstück, Fi'let *n*.

ten·der·ness ['tendənɪs] *s.* **1.** Zartheit *f*, Weichheit *f* (*a. fig.*); **2.** Empfindlichkeit *f* (*a. fig. des Gewissens etc.*); **3.** Zärtlichkeit *f*.

ten·di·nous ['tendɪnəs] *adj.* **1.** sehnig, flechsig; **2.** *anat.* Sehnen...; **ten·don** ['tendən] *s. anat.* Sehne *f*, Flechse *f*; **ten·do·vag·i·ni·tis** ['tendəʊ,vædʒɪ'naɪtɪs] *s.* ⚕ Sehnenscheidenentzündung *f*.

ten·dril ['tendrɪl] *s.* ⚘ Ranke *f*.

ten·e·brous ['tenɪbrəs] *adj.* dunkel, finster, düster.

ten·e·ment ['tenɪmənt] *s.* **1.** Wohnhaus *n*; **2.** *a.* **~ house** Miet(s)haus *n*, *bsd.* 'Mietska,serne *f*; **3.** Mietwohnung *f*; **4.** Wohnung *f*; **5.** ⚖ a) (Pacht)Besitz *m*, b) beständiger Besitz, beständiges Privi'legium.

te·nes·mus [tɪ'nezməs] *s.* ⚕ Te'nesmus *m*: **rectal ~** Stuhldrang *m*; **vesical ~** Harndrang *m*.

ten·et ['tiːnet] *s.* (Grund-, Lehr)Satz *m*, Lehre *f*.

'ten·fold I *adj. u. adv.* zehnfach; **II** *s. das* Zehnfache.

,ten-'gal·lon hat *s. Am.* breitrandiger Cowboyhut.

ten·ner ['tenə] *s.* F ,Zehner' *m*: a) *Brit.* Zehn'pfundnote *f*, b) *Am.* Zehn'dollarnote *f*.

ten·nis ['tenɪs] *s. sport* Tennis *n*; **~ arm** *s.* ⚕ Tennisarm *m*; **~ ball** *s.* Tennisball *m*; **~ court** *s.* Tennisplatz *m*; **~ rack·et** *s.* Tennisschläger *m*.

ten·on ['tenən] ⚙ **I** *s.* Zapfen *m*; **II** *v/t.* verzapfen; **~ saw** *s.* ⚙ Ansatzsäge *f*, Fuchsschwanz *m*.

ten·or ['tenə] **I** *s.* **1.** Verlauf *m*; **2.** 'Tenor *m*, (wesentlicher) Inhalt, Sinn *m*; **3.** Absicht *f*; **4.** ✝ Laufzeit *f* (*Wechsel etc.*); **5.** ♪ Te'nor(stimme *f*, -par,tie *f*, -sänger *m*, -instru,ment *n*) *m*; **II** *adj.* **6.** ♪ Tenor...

'ten·pin *s. Am.* **1.** Kegel *m*; **2.** *pl. sg. konstr. Am.* Bowling *n*.

tense[1] [tens] *s. ling.* Zeit(form) *f*, Tempus *n*: **simple** (**compound**) **~s** einfache (zs.-gesetzte) Zeiten.

tense[2] [tens] **I** *adj.* □ **1.** gespannt (*a. ling. Laut*); **2.** *fig.* a) (an)gespannt (*Person, Nerven*), b) spannungsgeladen: **a ~ moment**; **II** *v/t.* **3.** straffen, (an)spannen; **III** *v/i.* **4.** sich straffen *od.* (an)spannen; **5.** *fig.* (vor Nervosi'tät *etc.*) starr werden; **'tense·ness** [-nɪs] *s.* **1.** Straffheit *f*; **2.** *fig.* (ner'vöse) Spannung; **'ten·si·ble** [-səbl] *adj.* dehnbar; **'ten·sile** [-saɪl] *adj.* dehn-, streckbar; *phys.* Dehn(ungs)..., Zug...: **~ strength** (**stress**) Zugfestigkeit *f* (-beanspruchung *f*); **ten·sim·e·ter** [ten'sɪmɪtə] *s.* ⚙ Gas-, Dampfdruckmesser *m*; **ten·si·om·e·ter** [tensɪ'ɒmɪtə] *s.* ⚙ Zugmesser *m*.

ten·sion ['tenʃn] *s.* **1.** Spannung *f* (*a.* ⚡); **2.** ⚕, *phys.* Druck *m*; **3.** *phys.* a) Dehnung *f*, b) Zug-, Spannkraft *f*: **~ spring** ⚙ Zug-, Spannfeder *f*; **4.** (ner'vöse) Spannung; **5.** *fig.* Spannung *f*, gespanntes Verhältnis: **political ~**; **'ten·sion·al** [-ʃənl] *adj.* Dehn..., Spann(ungs)...; **ten·sor** ['tensə] *s. anat.* Tensor *m* (*a.* ⩓), Streck-, Spannmuskel *m*.

'ten|-spot *s. Am. sl.* **1.** *Kartenspiel*: Zehn *f*; **2.** → **tenner** b; **'~-strike** *s.* **1.** → **strike** 2 a; **2.** F *fig.* ,Volltreffer' *m*.

tent[1] [tent] *s.* Zelt *n* (*a.* ⚕): **pitch one's ~s** s-e Zelte aufschlagen (*a. fig.*).

tent[2] [tent] ⚕ **I** *s.* Tam'pon *m*; **II** *v/t.* durch e-n Tampon offen halten.

tent[3] [tent] *s. obs.* Tintowein *m*.

ten·ta·cle ['tentəkl] *s. zo.* **1.** Ten'takel *m, n* (*a.* ⚘), Fühler *m* (*a. fig.*); **2.** Fangarm *m e-s Polypen*; **'ten·ta·cled** [-ld] *adj.* ⚘, *zo.* mit Ten'takeln versehen; **ten·tac·u·lar** [ten'tækjʊlə] *adj.* Fühler..., Tentakel...

ten·ta·tive ['tentətɪv] **I** *adj.* □ **1.** versuchsweise, Versuchs...; **2.** provi'so-

T

risch; **3.** vorsichtig; **II** *s.* **4.** Versuch *m*; **'ten·ta·tive·ly** [-lɪ] *adv.* versuchsweise.

ten·ter ['tentə] *s.* ⚙ Spannrahmen *m für Tuch*; **'~·hook** *s.* ⚙ Spannhaken *m*: ***be on ~s*** *fig.* auf die Folter gespannt sein, wie auf glühenden Kohlen sitzen; ***keep s.o. on ~s*** *fig.* j-n auf die Folter spannen.

tenth [tenθ] **I** *adj.* □ **1.** zehnt; **2.** zehntel; **II** *s.* **3.** *der* (*die*, *das*) Zehnte; **4.** Zehntel *n*: ***a ~ of a second*** e-e Zehntelsekunde; **5.** ♪ De'zime *f*; **'tenth·ly** [-lɪ] *adv.* zehntens.

tent| peg *s.* Zeltpflock *m*, Hering *m*; **~ pole** *s.* Zeltstange *f*; **~ stitch** *s. Stickerei*: Perlstich *m*.

ten·u·is ['tenjʊɪs] *pl.* **'ten·u·es** [-iːz] *s. ling.* Tenuis *f* (*stimmloser, nicht aspirierter Verschlusslaut*).

te·nu·ous ['tenjʊəs] *adj.* **1.** dünn; **2.** zart, fein; **3.** *fig.* dürftig.

ten·ure ['teˌnjʊə] *s.* **1.** (Grund-, *hist.* Lehens)Besitz *m*; **2.** ⚖ a) Besitzart *f*, b) Besitztitel *m*: ***~ by lease*** Pachtbesitz *m*; **3.** Besitzdauer *f*; **4.** (feste) Anstellung; **5.** Innehaben *n*, Bekleidung *f* (*e-s Amtes*): ***~ of office*** Amtsdauer *f*; **6.** *fig.* Genuss *m e-r Sache.*

te·pee ['tiːpiː] *s.* Indi'anerzelt *n*, Tipi *n*.

tep·id ['tepɪd] *adj.* □ lauwarm, lau (*a. fig.*); **te·pid·i·ty** [te'pɪdətɪ], **'tep·id·ness** [-nɪs] *s.* Lauheit *f* (*a. fig.*).

ter·cen·te·nar·y [ˌtɜːsen'tiːnərɪ], **ˌter·cen'ten·ni·al** [-'tenjəl] **I** *adj.* **1.** dreihundertjährig; **II** *s.* **2.** dreihundertster Jahrestag; **3.** Dreihundert'jahrfeier *f*.

ter·cet ['tɜːsɪt] *s.* **1.** *Metrik*: Ter'zine *f*; **2.** ♪ Tri'ole *f*.

ter·gi·ver·sate ['tɜːdʒɪvɜːseɪt] *v/i.* Ausflüchte machen; sich drehen und wenden; sich wider'sprechen; **ter·gi·ver·sa·tion** [ˌtɜːdʒɪvɜː'seɪʃn] *s.* **1.** Ausflucht *f*, Winkelzug *m*; **2.** Wankelmut *m*.

term [tɜːm] **I** *s.* **1.** *bsd. fachlicher* Ausdruck, Bezeichnung *f*, Wort *n*: ***botanical ~s***; **2.** *pl.* a) Ausdrucksweise *f*, b) ('Denk)Katego,rien *pl.*: ***in ~s of*** a) in Form von (*od. gen.*), b) im Sinne (*gen.*), als, c) hinsichtlich (*gen.*), d) von ... her, vom Standpunkt (*gen.*), e) im Vergleich zu; ***in ~s of approval*** beifällig; ***in ~s of literature*** literarisch (betrachtet), vom Literarischen her; ***in plain ~s*** rundheraus (gesagt); ***in the strongest ~s*** schärfstens; ***think in ~s of money*** (nur) in Mark u. Pfennig denken; ***think in military ~s*** in militärischen Kategorien denken; **3.** Wortlaut *m*; **4.** a) Zeit *f*, Dauer *f*: ***~ of imprisonment*** Freiheitsstrafe *f*; ***~ of office*** Amtsdauer *f*, -periode *f*; ***on*** (*od.* ***in***) ***the long ~*** auf lange Sicht, langfristig (betrachtet); ***for a ~ of four years*** für die Dauer von vier Jahren, b) (*Zahlungs- etc.*)Frist *f*: ***~ deposit*** Termingeld *n*; **5.** ✝, ⚖ a) Laufzeit *f* (*Vertrag, Wechsel*), b) Ter'min *m*, c) *Brit.* Quar'talster,min *m* (*vierteljährlicher Zahltag für Miete etc.*), d) *Brit. hist. halbjährlicher* Lohn-, Zahltag (*für Dienstboten*), e) ⚖ 'Sitzungsperi,ode *f*; **6.** *ped., univ.* Quar'tal *n*, Tri'mester *n*, Se'mester *n*: ***end of ~*** Schul- *od.* Semesterschluss *m*; ***keep ~s*** *Brit.* Jura studieren; **7.** *pl.* ✝, ⚖ (*Vertrags- etc.*)Bedingungen *pl.*: ***~s of delivery*** Lieferungsbedingungen; ***~s of trade*** Austauschverhältnis *n im* Außenhandel; ***on easy ~s*** zu günstigen Bedingungen; ***on equal ~s*** unter gleichen Bedingungen; ***come to ~s*** *a. fig.* handelseinig werden, sich einigen, *fig. a.* sich abfinden (***with*** mit); ***come to ~s with the past*** die Vergangenheit bewältigen; **8.** *pl.* Preise *pl.*, Hono'rar *n*: ***cash ~s*** Barpreis *m*; ***inclusive ~s*** Pauschalpreis *m*; **9.** *pl.* Beziehungen *pl.*: ***be on good*** (***bad***) ***~s with*** auf gutem (schlechtem) Fuße stehen mit; ***they are not on speaking ~s*** sie sprechen nicht (mehr) miteinander; **10.** *Logik*: Begriff *m*; → ***contradiction*** 2; **11.** ⩚ a) Glied *n*: ***~ of a sum*** Summand *m*, b) *Geometrie*: Grenze *f*; **12.** ⩞ Terme *m*, Grenzstein *m*; **13.** *physiol.* a) Menstruati'on *f*, b) (nor'male) Schwangerschaftszeit: ***carry to*** (***full***) ***~*** *ein Kind* austragen; ***she is near her ~*** ihre Niederkunft steht dicht bevor; **II** *v/t.* **14.** (be)nennen, bezeichnen als.

ter·ma·gant ['tɜːməgənt] **I** *s.* Zankteufel *m*, (Haus)Drachen *m* (*Weib*); **II** *adj.* zänkisch, keifend.

ter·mi·na·ble ['tɜːmɪnəbl] *adj.* □ **1.** begrenzbar; **2.** befristet, (zeitlich) begrenzt, kündbar (*Vertrag etc.*).

ter·mi·nal ['tɜːmɪnl] **I** *adj.* □ → ***terminally***; **1.** letzt, Grenz..., End..., (Ab-)Schluss...: ***~ amplifier*** ⚡ Endverstärker *m*; ***~ station*** → ***~ value*** ⩚ Endwert *m*; ***~ voltage*** ⚡ Klemmenspannung *f*; **2.** *univ.* Semester... *od.* Trimester...; **3.** ⚕ a) unheilbar (*a. fig.*), b) im Endstadium: ***~ case***, c) Sterbe...: ***~ clinic***, d) *fig.* verhängnisvoll (***to*** für); **4.** ⚘ gipfelständig; **II** *s.* **5.** Endstück *n*, -glied *n*, Spitze *f*; **6.** *ling.* Endsilbe *f od.* -buchstabe *m od.* -wort *n*; **7.** ⚡ a) (Anschluss-)Klemme *f*, (*Plus-*, *Minus*)Pol *m*, b) Klemmschraube *f*, c) Endstecker *m*; **8.** a) 🚂 'Endstati,on *f*, Kopfbahnhof *m*, b) ✈ Bestimmungsflughafen *m* (→ *a.* ***air terminal***), c) (zen'traler) 'Umschlagplatz, d) End- *od.* Ausgangspunkt *m*; **9.** *Computer*: Terminal *n*; **10.** *univ.* Se'mesterprüfung *f*; **'ter·mi·nal·ly** [-nəlɪ] *adv.* **1.** zum Schluss; **2.** ter'minweise; **3.** ***~ ill*** ⚕ unheilbar krank; **4.** *univ.* se'mesterweise; **'ter·mi·nate** [-neɪt] **I** *v/t.* **1.** *räumlich* begrenzen; **2.** beendigen, *Vertrag a.* aufheben, kündigen; **II** *v/i.* **3.**

T

endigen (***in*** in *dat.*); **4.** *ling.* enden (***in*** auf *acc.*); **III** *adj.* [-nət] **5.** begrenzt; **6.** 𝔄 endlich; **ter·mi·na·tion** [ˌtɜːmɪ'neɪʃn] *s.* **1.** Aufhören *n*; **2.** Ende *n*, (Ab)Schluss *m*; **3.** Beendigung *f*: ***~ of pregnancy*** ⚕ Schwangerschaftsunterbrechung *f*; **4.** ⚖ Beendigung *f e-s Vertrags etc.*: a) Ablauf *m*, Erlöschen *n*, b) Aufhebung *f*, Kündigung *f*; **5.** *ling.* Endung *f*.

ter·mi·no·log·i·cal [ˌtɜːmɪnə'lɒdʒɪkl] *adj.* □ termino'logisch: ***~ inexactitude*** *humor.* Schwindelei *f*; **ter·mi·nol·o·gy** [ˌtɜːmɪ'nɒlədʒɪ] *s.* Terminolo'gie *f*, Fachsprache *f*, -ausdrücke *pl.*

ter·mi·nus ['tɜːmɪnəs] *pl.* **-ni** [-naɪ], **-nus·es** *s.* **1.** Endpunkt *m*, Ziel *n*, Ende *n*; **2.** → ***terminal*** 8 a.

ter·mite ['tɜːmaɪt] *s. zo.* Ter'mite *f*.

'term·time *s.* Schul- *od.* Se'mesterzeit *f* (*Ggs. Ferien*).

tern¹ [tɜːn] *s. orn.* Seeschwalbe *f*.

tern² [tɜːn] *s.* Dreiergruppe *f*, -satz *m*; **'ter·na·ry** [-nərɪ] *adj.* **1.** aus (je) drei bestehend, dreifältig; **2.** ♀ dreizählig; **3.** *metall.* dreistoffig; **4.** 𝔄 ter'när; **5.** aus drei A'tomen bestehend; **'ter·nate** [-nɪt] *adj.* → ***ternary*** 1 *u.* 2.

ter·ra ['terə] (*Lat. u. Ital.*) *s.* Land *n*, Erde *f*.

ter·race ['terəs] **I** *s.* **1.** Ter'rasse *f* (*a.* △ *u. geol.*); **2.** *bsd. Brit.* Häuserreihe *f* an erhöht gelegener Straße; **3.** *Am.* Grünstreifen *m*, -anlage *f in der Straßenmitte*; **4.** *sport Brit.* (Zuschauer)Rang *m*: ***the ~s*** die Ränge (*a. die Zuschauer*); **II** *v/t.* **5.** ter'rassenförmig anlegen, terrassieren; **'ter·raced** [-st] *adj.* **1.** terrassenförmig (angelegt); **2.** flach (*Dach*); **3.** ***~ house*** *Brit.* Reihenhaus *n*.

ter·ra|-cot·ta [ˌterə'kɒtə] **I** *s.* **1.** Terra'kotta *f*; **2.** Terra'kottafiˌgur *f*; **II** *adj.* **3.** Terrakotta...; **~ fir·ma** ['fɜːmə] (*Lat.*) *s.* festes Land.

ter·rain [te'reɪn] *bsd.* ⚔ **I** *s.* Ter'rain *n*, Gelände *n*; **II** *adj.* Gelände...

ter·ra in·cog·ni·ta [ɪŋ'kɒgnɪtə] (*Lat.*) *s.* unerforschtes Land; *fig.* (völliges) Neuland.

ter·ra·ne·ous [tə'reɪnjəs] *adj.* ♀ Land...

ter·ra·pin ['terəpɪn] *s. zo.* Dosenschildkröte *f*.

ter·raz·zo [te'rætsəʊ] (*Ital.*) *s.* Ter'razzo *m*, Ze'mentmosaˌik *n*.

ter·rene [te'riːn] *adj.* **1.** irdisch, Erd...; **2.** erdig, Erd...

ter·res·tri·al [tɪ'restrɪəl] **I** *adj.* □ **1.** irdisch; **2.** Erd...: ***~ globe*** Erdball *m*; **3.** ♀, *zo., geol.* Land...; **II** *s.* **4.** Erdenbewohner(in).

ter·ri·ble ['terəbl] *adj.* □ schrecklich, furchtbar, fürchterlich (*alle a.* F *außerordentlich*); **'ter·ri·ble·ness** [-nɪs] *s.* Schrecklichkeit *f etc.*

ter·ri·er¹ ['terɪə] *s.* **1.** *zo.* Terrier *m* (*Hunderasse*); **2.** F → ***territorial*** 4 a.

ter·ri·er² ['terɪə] *s.* ⚖ Flurbuch *n*.

ter·rif·ic [tə'rɪfɪk] *adj.* (□ ***~ally***) **1.** furchtbar, fürchterlich, schrecklich (*alle a.* F *fig.*); **2.** F ‚toll', fan'tastisch.

ter·ri·fied ['terɪfaɪd] *adj.* erschrocken, verängstigt, entsetzt: ***be ~ of*** schreckliche Angst haben vor (*dat.*); **ter·ri·fy** ['terɪfaɪ] *v/t.* erschrecken, *j-m* Angst und Schrecken einjagen; **'ter·ri·fy·ing** [-aɪɪŋ] *adj.* Furcht erregend, erschreckend, fürchterlich.

ter·ri·to·ri·al [ˌterɪ'tɔːrɪəl] **I** *adj.* □ **1.** Grund..., Land...: ***~ property***; **2.** territori'al, Landes..., Gebiets...: ***ℒ Army***, ***ℒ Force*** ⚔ Territorialarmee *f*, Landwehr *f*; ***~ waters*** *pol.* Hoheitsgewässer *pl.*; **3.** ***ℒ*** *pol.* Territorial..., ein Terri'torium (*der USA*) betreffend; **II** *s.* **4.** ***ℒ*** ⚔ a) Landwehrmann *m*, b) *pl.* Territori'altruppen *pl.*; **ter·ri·to·ry** ['terɪtərɪ] *s.* **1.** (*a. fig.*) Gebiet *n*, Terri'torium *n*; **2.** *pol.* Hoheits-, Staatsgebiet *n*: ***Federal ~*** Bundesgebiet; ***on British ~*** auf britischem Gebiet; **3.** *pol.* Terri'torium *n* (*Schutzgebiet*); **4.** ✝ (Vertrags-, Vertreter)Gebiet *n*, (-)Bezirk *m*; **5.** *sport* F (Spielfeld)Hälfte *f*.

ter·ror ['terə] *s.* **1.** Schrecken *m*, Entsetzen *n*, schreckliche Furcht (***of*** vor *dat.*); **2.** Schrecken *m* (***of*** *od.* ***to*** *gen.*) (*Schrecken einflößende Person od. Sache*); **3.** Terror *m*: a) Gewalt-, Schreckensherrschaft *f*, b) Terrorakte *pl.*: ***political ~*** Politterror; ***~ bombing*** Bombenterror; **4.** F a) Ekel *n*, ‚Landplage' *f*, b) (schreckliche) Plage (***to*** für), c) Albtraum *m*; **'ter·ror·ism** [-ərɪzəm] *s.* **1.** → ***terror*** 3; **2.** Terro'rismus *m*; **3.** Terrorisierung *f*; **'ter·ror·ist** [-ərɪst] *s.* Terro'rist(in); **'ter·ror·ize** [-əraɪz] *v/t.* **1.** terrorisieren; **2.** einschüchtern.

'ter·ror|-ˌstrick·en, **'~-struck** *adj.* schreckerfüllt, starr vor Schreck.

ter·ry ['terɪ] *s.* **1.** ungeschnittener Samt *od.* Plüsch; **2.** Frot'tiertuch *n*, Frot'tee (-gewebe) *n*; **3.** Schlinge *f* (*des ungeschnittenen Samtes etc.*).

terse [tɜːs] *adj.* □ knapp, kurz u. bündig, markig; **'terse·ness** [-nɪs] *s.* Knappheit *f*, Kürze *f*, Bündigkeit *f*, Prä'gnanz *f*.

ter·tian ['tɜːʃn] ⚕ **I** *adj.* am dritten Tag wiederkehrend, Tertian...: ***~ ague***, ***~ fever***, ***~ malaria*** → **II** *s.* Terti'anfieber *n*.

ter·ti·ar·y ['tɜːʃərɪ] **I** *adj. allg.* terti'är, Tertiär...; **II** *s.* ***ℒ*** *geol.* Terti'är *n*.

ter·zet·to [tɜːt'setəʊ] *pl.* **-tos**, **-ti** [-tɪ] (*Ital.*) *s.* ♪ Ter'zett *n*, Trio *n*.

tes·sel·late ['tesɪleɪt] *v/t.* tessellieren, mit Mosa'iksteinen auslegen: ***~d pavement*** Mosaik(fuß)boden *m*; **tes·sel·la·tion** [ˌtesɪ'leɪʃn] *s.* Mosa'ik(arbeit *f*) *n*.

T

test [test] **I** *s.* **1.** *allg.*, *a.* ⚙ Test *m*, Probe *f*, Versuch *m*; **2.** a) Prüfung *f*, Unter'suchung *f*, Stichprobe *f*, b) *fig.* Probe *f*, Prüfung *f*: ***put to the ~*** auf die Probe stellen; ***stand the ~*** die Probe bestehen, sich bewähren; ***~ of strength*** Kraftprobe *f*; → ***acid test***, ***crucial*** 1; **3.** *fig.* Prüfstein *m*, Kri'terium *n*: ***success is not a fair ~***; **4.** *ped.*, *psych.* (Eignungs-, Leistungs)Prüfung *f*, Test *m*; **5.** *ped.* Klassenarbeit *f*; **6.** ✱ (Blut- *etc.*)Probe *f*, (Haut- *etc.*)Test *m*; **7.** ⚗ a) Ana'lyse *f*, b) Rea'gens *n*; **8.** *metall.* a) Versuchstiegel *m*, Ka'pelle *f*, b) Treibherd *m*; **9.** F → ***test match***; **10.** *hist. Brit.* Testeid *m*; **II** *v/t.* **11.** (***for s.th.*** auf et. [hin]) prüfen (*a. ped.*) *od.* unter'suchen, erproben, e-r Prüfung unter'ziehen, testen (*alle a.* ⚙): ***~ out*** ausprobieren; **12.** *fig. j-s Geduld etc.* auf die Probe stellen; **13.** *ped.*, *psych. j-n* testen; **14.** ⚗ analysieren; **15.** ⚡ *Leitung* prüfen *od.* abfragen; **16.** ⚔ *Waffe* anschießen; **III** *adj.* **17.** Probe..., Versuchs..., Prüf(ungs)..., Test...; → ***test case***, ***test flight*** *etc.*

tes·ta·cean [te'steɪʃn] *zo.* **I** *adj.* hartschalig, Schal(tier)...; **II** *s.* Schaltier *n*; **tes'ta·ceous** [-ʃəs] *adj. zo.* hartschalig, Schalen...

tes·ta·ment ['testəmənt] *s.* **1.** ⚖ Testa'ment *n*, letzter Wille; **2.** ♌ *bibl.* (*Altes od. Neues*) Testa'ment; **3.** *fig.* Zeugnis *n*, Beweis *m* (***to*** *gen. od.* für); **tes·ta·men·ta·ry** [ˌtestə'mentərɪ] *adj.* □ ⚖ testamen'tarisch: a) letztwillig, b) durch Testa'ment (vermacht, bestimmt): ***~ disposition*** letztwillige Verfügung; ***~ capacity*** Testierfähigkeit *f*.

tes·tate ['testeɪt] *adj.*: ***die ~*** ⚖ unter Hinterlassung e-s Testaments sterben, ein Testament hinterlassen; **tes·ta·tor** [te'steɪtə] *s.* ⚖ Erb-lasser *m*; **tes·ta·trix** [te'steɪtrɪks] *pl.* **-tri·ces** [-siːz] *s.* Erblasserin *f*.

test| bed *s.* ⚙ Prüfstand *m*; **~ card** *s. TV* Testbild *n*; **~ case** *s.* **1.** ⚖ a) 'Musterproˌzess *m*, b) Präze'denzfall *m*; **2.** *fig.* Muster-, Schulbeispiel *n*; **~ cir·cuit** *s.* ⚡ Messkreis *m*; **~ drive** *s. mot.* Probefahrt *f*; **'~-drive** *v/t.* [*irr.*] *Auto* Probe fahren.

test·ed ['testɪd] *adj.* geprüft; erprobt (*a. weitS. bewährt*).

test·er¹ ['testə] *s.* **1.** Prüfer *m*; **2.** Prüfgerät *n*.

tes·ter² ['testə] *s.* **1.** ⚠ Baldachin *m*; **2.** (Bett)Himmel *m*.

tes·tes ['testiːz] *pl. von* ***testis***.

test| flight *s.* ✈ Probeflug *m*; **~ glass** → ***test tube***.

tes·ti·cle ['testɪkl] *s. anat.* Hode *m*, *f*, Hoden *m*; **tes'tic·u·lar** *adj.* Hoden...

tes·ti·fy ['testɪfaɪ] **I** *v/t.* **1.** ⚖ aussagen, bezeugen; **2.** *fig.* bezeugen: a) zeugen von, b) kundtun; **II** *v/i.* **3.** ⚖ (als Zeuge) aussagen: ***~ to*** → 2; ***refuse to ~*** die Aussage verweigern; **tes·ti·mo·ni·al** [ˌtestɪ'məʊnjəl] *s.* **1.** (Führungs- *etc.*) Zeugnis *n*; **2.** Empfehlungsschreiben *n*; **3.** Zeichen *n* der Anerkennung, *bsd.* Ehrengabe *f*; **'tes·ti·mo·ny** [-ɪmənɪ] *s.* **1.** Zeugnis *n*: a) ⚖ (Zeugen)Aussage *f*, b) Beweis *m*: ***in ~ whereof*** ⚖ zu Urkund dessen; ***bear ~ to*** *et.* bezeugen (*a. fig.*); ***call s.o. in ~*** ⚖ j-n als Zeugen aufrufen, *fig.* j-n zum Zeugen anrufen; ***have s.o.'s ~ for*** j-n zum Zeugen haben für; **2.** *coll. od. pl.* Zeugnis(se *pl.*) *n*: ***the ~ of history***; **3.** *bibl.* Zeugnis *n*: a) Gesetzestafeln *pl.*, b) *mst pl.* göttliche Offenbarung, *a.* Heilige Schrift.

tes·ti·ness ['testɪnɪs] *s.* Gereiztheit *f*.

test·ing ['testɪŋ] *adj. bsd.* ⚙ Probe..., Prüf..., Versuchs...: ***~ engineer*** ⚙ Prüfingenieur *m*; ***~ ground*** ⚙ a) Prüffeld *n*, b) Versuchsgelände *n*; ***~ method*** *psych.* Testmethode *f*.

tes·tis ['testɪs] *pl.* **-tes** [-tiːz] (*Lat.*) → ***testicle***.

test| match *s. Kricket*: internatio'naler Vergleichskampf; **~ pa·per** *s.* **1.** *ped.* a) schriftliche (Klassen)Arbeit, b) Prüfungsbogen *m*; **2.** ⚗ Rea'genzpaˌpier *n*; **~ pat·tern** *s. Am. TV* Testbild *n*; **~ pi·lot** *s.* 'Testpiˌlot *m*; **~ print** *s. phot.* Probeabzug *m*; **~ run** *s.* ⚙ Probelauf *m*; **~ stand** *s.* ⚙ Prüfstand *m*; **~ tube** [-stɪt-] *s.* ⚗ Rea'genzglas *n*; **'~-tube** *adj.*: ***~ baby*** ✱ Retortenbaby *n*.

tes·ty ['testɪ] *adj.* □ gereizt, reizbar.

tet·a·nus ['tetənəs] *s.* ✱ Tetanus *m*, (*bsd.* Wund)Starrkrampf *m*.

tetch·y ['tetʃɪ] *adj.* □ reizbar.

tête-à-tête [ˌteɪtɑː'teɪt] (*Fr.*) **I** *adv.* **1.** vertraulich, unter vier Augen; **2.** ganz al'lein (***with*** mit); **II** *s.* **3.** Tete-a-'tete *n*.

teth·er ['teðə] **I** *s.* Haltestrick *m*, -seil *n*: ***be at the end of one's ~*** *fig.* am Ende s-r (*a. finanziellen*) Kräfte sein, sich nicht mehr zu helfen wissen; **II** *v/t.* anbinden (***to*** an *acc.*).

tetra- [tetrə] *in Zssgn* vier.

tet·rad ['tetræd] *s.* **1.** Vierzahl *f*; **2.** ⚗ vierwertiges A'tom *od.* Ele'ment; **3.** *biol.* ('Sporen)TeˌtradeF *f*.

tet·ra·gon ['tetrəgən] *s.* ⩕ Tetra'gon *n*, Viereck *n*; **te·trag·o·nal** [te'trægənl] *adj.* ⩕ tetrago'nal.

tet·ra·he·dral [ˌtetrə'hedrəl] *adj.* ⩕ vierflächig, tetra'edrisch; **ˌtet·ra'he·dron** [-drən] *pl.* **-'he·drons**, **-'he·dra** [-drə] *s.* ⩕ Tetra'eder *n*.

tet·ter ['tetə] *s.* ✱ (Haut)Flechte *f*.

Teu·ton ['tjuːtən] **I** *s.* **1.** Ger'mane *m*, Ger'manin *f*; **2.** Teu'tone *m*, Teu'tonin *f*; **3.** F Deutsche(r *m*) *f*; **II** *adj.* **4.** → ***Teutonic*** I; **Teu·ton·ic** [tjuː'tɒnɪk] **I** *adj.* **1.** ger'manisch; **2.** teu'tonisch; **3.** Deutschordens...: ***~ Order*** *hist.*

Deutschritterorden *m*; **4.** F (typisch) deutsch; **II** *s.* **5.** *ling.* Ger'manisch *n*; '**Teu·ton·ism** [-tənɪzəm] *s.* **1.** Ger'manentum *n*, ger'manisches Wesen; **2.** *ling.* Germa'nismus *m*.

Tex·an ['teksən] **I** *adj.* te'xanisch, aus Texas; **II** *s.* Te'xaner(in).

text [tekst] *s.* **1.** (Ur)Text *m*, (genauer) Wortlaut; **2.** *typ.* a) Text(abdruck, -teil) *m* (*Ggs. Illustrationen, Vorwort etc.*), b) Text *m* (*Schriftgrad*), c) Frak'turschrift *f*; **3.** (Lied- *etc.*)Text *m*; **4.** a) Bibelspruch *m*, -stelle *f*, b) Bibeltext *m*; **5.** Thema *n*: ***stick to one's ~*** bei der Sache bleiben; **6.** → ***text hand***; '**~·book** *s.* Lehrbuch *n*, Leitfaden *m*: **~ *example*** *fig.* Paradebeispiel *n*; **~ hand** *s.* große Schreibschrift.

tex·tile ['tekstaɪl] **I** *s.* a) Gewebe *n*, Web-, Faserstoff *m*, b) *pl.* Web-, Tex'tilwaren *pl.*, Tex'tilien *pl.*; **II** *adj.* gewebt; Textil..., Stoff..., Gewebe...: **~ *goods*** → I b; **~ *industry*** Textilindustrie *f*.

tex·tu·al ['tekstjʊəl] *adj.* □ **1.** textlich, Text...; **2.** wortgetreu.

tex·tur·al ['tekstʃərəl] *adj.* □ **1.** Gewebe...; **2.** struktu'rell, Struktur...: **~ *changes***; **tex·ture** ['tekstʃə] *s.* **1.** Gewebe *n*; **2.** *biol.* Tex'tur *f* (*Gewebezustand*); **3.** Maserung *f* (*Holz*); **4.** Struk'tur *f*, Beschaffenheit *f*; **5.** *geol.*, *a. fig.* Struk'tur *f*, Gefüge *n*.

'**T-ˌgird·er** *s.* ⚙ T-Träger *m*.

Thai [taɪ] **I** *pl.* **Thais, Thai** *s.* **1.** Thai *m*, *f*, Thailänder(in); **2.** *ling.* a) Thai *n*, b) Thaisprachen *pl.*; **II** *adj.* **3.** Thai..., thailändisch.

thal·a·mus ['θæləməs] *pl.* **-mi** [-maɪ] *s. anat.* Sehhügel *m*.

tha·lid·o·mide [θə'lɪdəmaɪd] *s. pharm.* Thalido'mid *n*: **~ *child*** Contergankind *n*.

Thames [temz] *npr.* Themse *f*: ***he won't set the ~ on fire*** *fig.* er hat das Pulver auch nicht erfunden.

than [ðæn; ðən] *cj.* (*nach e-m Komparativ*) als: ***more ~ was necessary*** mehr als nötig.

thane [θeɪn] *s.* **1.** *hist.* a) Gefolgsadlige(r) *m*, b) Than *m*, Lehensmann *m* (*der schottischen Könige*); **2.** *allg.* schottischer Adliger.

thank [θæŋk] **I** *v/t. j-m* danken, sich bedanken bei: (***I***) **~ *you*** danke; **~ *you*** bitte (*beim Servieren etc.*); (***yes,***) **~ *you*** ja, bitte; ***no, ~ you*** nein, danke; ***I will ~ you*** *oft iro.* ich wäre Ihnen sehr dankbar (***to do***, ***for doing*** , wenn Sie täten); **~ *you for nothing*** *iro.* ich danke (bestens); ***he has only himself to ~ for that*** das hat er sich selbst zuzuschreiben; **II** *s. pl.* a) Dank *m*, b) Dankesbezeigung(en *pl.*) *f*, Danksagung(en *pl.*) *f*: ***letter of ~s*** Dankesbrief *m*; ***in ~s for*** zum Dank für; ***with ~s*** dankend, mit Dank; **~*s to*** *a. fig. u. iro.* dank (*gen.*); ***small ~s to her*** sie hat sich nicht gerade über'anstrengt; (***many***) **~*s!*** vielen Dank!, danke!; ***no, ~s!*** nein, danke!; ***small ~s I got*** schlecht hat man es mir gedankt; '**thank·ful** [-fʊl] *adj.* □ dankbar (***to s.o.*** j-m): ***I am ~ that*** ich bin (heil)froh, dass; '**thank·less** [-lɪs] *adj.* □ undankbar (*a. fig. Aufgabe etc.*); '**thank·less·ness** [-lɪsnɪs] *s.* Undankbarkeit *f*.

thank of·fer·ing *s. bibl.* Sühneopfer *n der Juden*.

thanks·giv·ing ['θæŋksˌgɪvɪŋ] *s.* **1.** Danksagung *f*, *bsd.* Dankgebet *n*; **2.** ♀ (***Day***) (Ernte)Dankfest *n* (*4. Donnerstag im November*).

Am **Thanksgiving Day** gedenken die Amerikaner des Jahres 1621, als ihnen die Indianer zeigten, wie man Getreide erfolgreich anpflanzt. Bei dieser Familienfeier wird als Hauptspeise vornehmlich Pute mit Preiselbeersoße, Süßkartoffeln und Gemüse gegessen, zum Nachtisch gibt es **pumpkin pie** (*siehe dort*) mit Eis.

'**thank|ˌwor·thy** *adj.* dankenswert; '**~-you** [-jʊ] *s.* F Dankeschön *n*.

that¹ [ðæt] **I** *pron. u. adj.* (*hinweisend*) *pl.* **those** [ðəʊz] **1.** (*ohne pl.*) das: **~*'s all*** das ist alles; **~*'s it!*** a) das ist es ja (gerade)!, b) so ists recht!; **~*'s what it is*** das ist es ja gerade; **~*'s that*** F das wäre erledigt, damit basta, das wärs; **~ *was ~!*** F das wars denn wohl!, aus der Traum!; **~ *is*** (***to say***) das heißt; ***and ~*** und zwar; ***at ~*** a) zudem, obendrein, b) F dabei; ***for all ~*** trotz alledem; ***like ~*** so; **2.** jener, jene, jenes, der, die, das, der-, die-, dasjenige: **~ *car over there*** das Auto da drüben; **~ *there man*** V der Mann da; ***those who*** diejenigen welche; **~ *which*** das, was; ***those are his friends*** das sind seine Freunde; **3.** solch: ***to ~ degree that*** in solchem Ausmaße *od.* so sehr, dass; **II** *adv.* **4.** F so (sehr), dermaßen: **~ *big***; ***not all ~ good*** (***much***) so gut (viel) auch wieder nicht.

that² [ðæt; ðət] *pl.* **that** *rel. pron.* **1.** (*bsd. in einschränkenden Sätzen*) der, die, das, welch: ***the book ~ he wanted*** das Buch, das er wünschte; ***any house ~*** jedes Haus, das; ***no one ~*** keiner, der; ***Mrs. Jones, Miss Black ~ was*** F

Frau J., geborene B.; ***Mrs. Quilp ~ is*** die jetzige Frau Q.; **2.** (*nach* ***all***, ***everything***, ***nothing*** *etc.*) was: ***the best ~*** das Beste, was.

that³ [ðæt; ðət] *cj.* **1.** (*in Subjekt- u. Objektsätzen*) dass: ***it is a pity ~ he is not here*** es ist schade, dass er nicht hier ist; ***it is 4 years ~ he went away*** es sind nun 4 Jahre her, dass *od.* seitdem er fortging; **2.** (*in Konsekutivsätzen*) dass: ***so ~*** sodass; **3.** (*in Finalsätzen*) da'mit, dass; **4.** (*in Kausalsätzen*) weil, da (ja), dass: ***not ~ I have any objection*** nicht, dass ich etwas dagegen hätte; ***it is rather ~*** es ist eher deshalb, weil; ***in ~*** a) darum, weil, b) insofern als; **5.** (*nach Adverbien der Zeit*) als, da.

thatch [θætʃ] **I** *s.* **1.** Dachstroh *n*; **2.** Strohdach *n*; **3.** F Haarwald *m*; **II** *v/t.* **4.** mit Stroh *od.* Binsen *etc.* decken: ***~ed roof*** → 2.

thaw [θɔː] **I** *v/i.* **1.** (auf)tauen, schmelzen; **2.** tauen (*Wetter*): ***it is ~ing*** es taut; **3.** *fig.* auftauen (*Person*); **II** *v/t.* **4.** schmelzen, auftauen; **5.** *a.* ***~ out*** *fig. j-n* zum Auftauen bringen; **III** *s.* **6.** (Auf-)Tauen *n*; **7.** Tauwetter *n* (*a. fig. pol.*); **8.** *fig.* ‚Auftauen' *n*.

the [*unbetont vor Konsonanten*: ðə; *unbetont vor Vokalen*: ðɪ; *betont od. allein stehend*: ðiː] **I** *bestimmter Artikel* **1.** der, die, das, *pl.* die (*u. die entsprechenden Formen im acc. u. dat.*): ***~ book on ~ table*** das Buch auf dem Tisch; ***~ England of today*** das England von heute; ***~ Browns*** die Browns, die Familie Brown; **2.** *vor Maßangaben*: ***one dollar ~ pound*** einen Dollar das Pfund; ***wine at 2 pounds ~ bottle*** Wein zu 2 Pfund die Flasche; **3.** [ðiː] 'der, 'die, 'das (*hervorragende od. geeignete etc.*): ***he is ~ painter of the century*** er ist 'der Maler des Jahrhunderts; **II** *adv.* **4.** (*vor comp.*) desto, umso: ***~ ... ~*** je ... desto; ***~ sooner ~ better*** je eher, desto besser; ***so much ~ better*** umso besser.

Abstrakte Begriffe erscheinen im Englischen allgemein <u>ohne</u> **the:**

love	die Liebe
hate	der Hass
anger	die Wut
fear	die Angst
happiness	das Glück
excitement	die Aufregung
disappointment	die Enttäuschung
society	die Gesellschaft
man	der Mensch
politics	die Politik
usw.	

Nur wenn sie durch einen nachfolgenden Zusatz näher definiert werden, verwendet man **the:**

the politics of the new government
the disappointment of the children

Es kann sich aber trotz der näheren Definition um etwas Allgemeines handeln. In diesem Fall entfällt **the:**

carelessness which causes accidents
die Unachtsamkeit, die zu Unfällen führt

Anders verhält es sich bei folgenden Wörtern:

school, college, university, church, hospital, prison, court, work, bed usw.
Sie stehen ohne **the**, wenn man sie sich als „Einrichtung, Institution" vorstellt.
Der Artikel wird nur gebraucht, wenn man an das konkrete Gebäude bzw. den konkreten Gegenstand denkt:

He goes to school at 8.30.
There was a fire at the school.

In den USA verwendet man aber bei **hospital** grundsätzlich **the**:

He was taken to the hospital.

the·a·ter *Am.*, **the·a·tre** *Brit.* ['θɪətə] *s.* **1.** The'ater *n* (*Gebäude u. Kunstgattung*); **2.** *coll.* Bühnenwerke *pl*; **3.** Hörsaal *m*: ***lecture ~***; (***operating***) ***~*** ⚕ Operationssaal *m*; ***~ nurse*** Operationsschwester *f*; **4.** *fig.* (***of war*** Kriegs-)Schauplatz *m*; '**~,go·er** *s.* The'aterbesucher(in).

the·at·ri·cal [θɪ'ætrɪkl] **I** *adj.* ☐ **1.** Theater..., Bühnen..., bühnenmäßig; **2.** thea'tralisch: ~ ***gestures***; **II** *s.* **3.** *pl.* The'ater-, *bsd.* Liebhaberaufführungen *pl.*; **the'at·rics** *s. pl.* **1.** *sg. konstr.* The'ater(re,gie)kunst *f*; **2.** *fig.* Thea'tralik *f*.

thee [ðiː] *pron.* **1.** *obs. od. poet. od. bibl.* a) dich, b) dir: ***of*** ~ dein; **2.** *dial.* (*u. in der Sprache der Quäker*) du.

theft [θeft] *s.* Diebstahl *m* (***from*** aus, ***from s.o.*** an j-m); '**~·proof** *adj.* diebstahlsicher.

the·in(e) ['θiːiːn; -ɪn] *s.* ⚗ The'in *n*.

their [ðeə; *vor Vokal* ðer] *pron.* (*besitzanzeigendes Fürwort der 3. pl.*) ihr, ihre: ~ ***books*** ihre Bücher.

theirs [ðeəz] *pron.* der *od.* die *od.* das Ihrige *od.* Ihre: ***this book is*** ~ dieses Buch gehört ihnen; ***a friend of*** ~ ein Freund von ihnen.

the·ism[1] ['θiːɪzəm] *s.* ⚕ Teevergiftung *f*.

the·ism[2] ['θiːɪzəm] *s. eccl.* The'ismus *m*; **the·is·tic** [θiː'ɪstɪk] *adj.* the'istisch.

them [ðem; ðəm] *pron.* **1.** (*acc. u. dat. von* ***they***) a) sie (*acc.*), b) ihnen: ***they looked behind*** ~ sie blickten hinter sich; **2.** F *od. dial.* sie (*nom.*): ~ ***as*** diejenigen, die; **3.** *dial. od.* V diese: ~ ***guys***; ~ ***were the days!*** das waren (halt) noch Zeiten!

the·mat·ic [θɪ'mætɪk] *adj.* (☐ **~ally**) **1.** *bsd.* ♪ the'matisch; **2.** *ling.* Stamm..., Thema...: ~ ***vowel***.

theme [θiːm] *s.* **1.** Thema *n* (*a.* ♪): ***have s.th. for (a)*** ~ et. zum Thema haben; **2.** *bsd. Am.* (Schul)Aufsatz *m*, (-)Arbeit *f*; **3.** *ling.* (Wort)Stamm *m*; **4.** *Radio, TV*: 'Kennmelo,die *f*; ~ **park** *s.* Themenpark *m* (*Erlebnispark mit bestimmter einheitlicher Ausrichtung*); ~ **song** *s.* **1.** 'Titelmelo,die *f* (*Film etc.*); **2.** → ***theme*** 4.

them·selves [ðəm'selvz] *pron.* **1.** (*emphatisch*) (sie) selbst: ***they ~ said it***; **2.** *refl.* sich (selbst): ***the ideas in*** ~ die Ideen an sich.

then [ðen] **I** *adv.* **1.** damals: ***long before*** ~ lange vorher; **2.** dann: ~ ***and there*** auf der Stelle, sofort; ***by*** ~ bis dahin, inzwischen; ***from*** ~ von da an; ***till*** ~ bis dahin; **3.** dann, 'darauf, 'hierauf: ***what ~?*** was dann?; **4.** dann, außerdem: ***but*** ~ aber andererseits *od.* freilich; **5.** dann, in dem Falle: ***if ...*** ~ wenn ... dann; **6.** denn: ***well*** ~ nun gut (denn); ***how ~ did he do it?*** wie hat er es denn (dann) getan?; **7.** also, folglich, dann: ~ ***you did not expect me?*** du hast mich also nicht erwartet?; **II** *adj.* **8.** damalig: ***the ~ president***.

the·nar ['θiːnɑː] *s. anat.* **1.** Handfläche *f*; **2.** Daumenballen *m*; **3.** Fußsohle *f*.

thence [ðens] *adv.* **1.** von da, von dort; **2.** (*zeitlich*) von da an, seit jener Zeit: ***a week*** ~ e-e Woche darauf; **3.** 'daher, deshalb; **4.** 'daraus, aus dieser Tatsache: ~ ***it follows***; **,~'forth**, **,~'forward(s)** *adv.* von da an, seit der Zeit, seit'dem.

the·oc·ra·cy [θɪ'ɒkrəsɪ] *s.* Theokra'tie *f*.

the·o·lo·gi·an [θɪə'ləʊdʒjən] *s.* Theo'loge *m*; **the·o'log·i·cal** [-'lɒdʒɪkl] *adj.* ☐ theo'logisch; **the·ol·o·gy** [θɪ'ɒlədʒɪ] *s.* Theolo'gie *f*.

the·oph·a·ny [θɪ'ɒfənɪ] *s.* Theopha'nie *f*, Erscheinung *f* (*e-s*) Gottes.

the·o·rem ['θɪərəm] *s.* Å, *phls.* Theo'rem *n*, (Grund-, Lehr)Satz *m*: ~ ***of the cosine*** Kosinussatz.

the·o·ret·ic, **the·o·ret·i·cal** [θɪə'retɪk(l)] *adj.* ☐ **1.** theo'retisch; **2.** spekula'tiv; **the·o·rist** ['θɪərɪst] *s.* Theo'retiker(in); **the·o·rize** ['θɪəraɪz] *v/i.* **1.** theoretisieren, Theo'rien aufstellen; **2.** ~ ***that*** die Theorie aufstellen, dass; annehmen, dass; **the·o·ry** ['θɪərɪ] *s.* Theo'rie *f*: a) Lehre *f*: ~ ***of chances*** Wahrscheinlichkeitsrechnung *f*; ~ ***of relativity*** Relativitätstheorie, b) theo'retischer Teil (*e-r Wissenschaft*): ~ ***of music*** Musiktheorie, c) *Ggs. Praxis*: ***in*** ~ theoretisch, d) Anschauung *f*: ***it is his pet ~*** es ist s-e Lieblingsidee.

the·o·soph·ic, **the·o·soph·i·cal** [θɪə'sɒfɪk(l)] *adj.* ☐ *eccl.* theo'sophisch; **the·os·o·phist** [θɪ'ɒsəfɪst] *s.* Theo'soph(in); **the·os·o·phy** [θɪ'ɒsəfɪ] *s.* Theoso'phie *f*.

ther·a·peu·tic, **ther·a·peu·ti·cal** [,θerə'pjuːtɪk(l)] *adj.* ☐ thera'peutisch: ~ ***exercises*** Bewegungstherapie *f*; **,ther·a'peu·tics** [-ks] *s. pl. mst sg. konstr.* Thera'peutik *f*, Thera'pie(lehre) *f*; **ther·a·pist** ['θerəpɪst] *s.* Thera'peut(-in): ***mental*** ~ Psychotherapeut(in); **ther·a·py** ['θerəpɪ] *s.* Thera'pie *f*: a) Behandlung *f*, b) Heilverfahren *n*.

there [ðeə; ðə] **I** *adj.* **1.** da, dort: ***down (up, over, in)*** ~ da *od.* dort unten (oben, drüben, drinnen); ***have been*** ~ *sl.* ‚dabei gewesen sein', genau Bescheid wissen; ***be not all*** ~ *sl.* ‚nicht ganz richtig (im Oberstübchen) sein'; ~ ***and then*** a) (gerade) hier u. jetzt, b) auf der Stelle, sofort; ~ ***it is!*** a) da ist es!, b) *fig.* so steht es!; ~ ***you are*** (*od.* ***go***)***!*** siehst du!, da hast dus; ***you ~!*** (*Anruf*) du da!, he!; **2.** ('da-, 'dort)hin: ***down (up, over, in)*** ~ (da- *od.* dort)hinunter (-hinauf, -hinüber, -hinein); ~ ***and back*** hin u. zurück; ***get*** ~ a) hingelangen, -kommen, b) *sl.* ‚es schaffen'; **3.** 'darin, in dieser Sache *od.* Hinsicht: ~ ***I agree with you***; **4.** *fig.* da, an dieser Stelle (*in e-r Rede etc.*); **5.** es: ~ ***is***, *pl.* ~ ***are*** es gibt, ist, sind; ~ ***was once a king*** es war einmal ein König; ~ ***is no saying*** es lässt sich nicht sagen; ~ ***was dancing*** es wurde getanzt; ~***'s a good boy*** (***girl, fellow***)***!*** a) sei doch (so) lieb!, b) so bist du lieb!, brav!; **II** *int.* **6.** da!, schau (her)!, na!: ~, ~*!* *tröstend*: (ganz) ruhig!; ~ ***now*** na, bitte; **'~·a·bout**, *a.* **'~·bouts** ['ðeərə-] *adv.* **1.** da her'um, etwa da: ***somewhere*** ~ da irgendwo; **2.** *fig.* so ungefähr, so etwa: ***500 people or*** ~***s***; **,~'aft·er** [ðeər'ɑː-] *adv.* **1.** da'nach, später; **2.** seit'her; **~·at** [ˌðeər'æt] *adv. obs. od.* ⚖ **1.** da'selbst, dort; **2.** bei der Gelegenheit, 'dabei; **,~'by** *adv.* **1.** 'dadurch, auf diese Weise; **2.** da'bei, daran, da'von; **3.** nahe da'bei; **,~'for** *adv.* 'dafür; **'~·fore** *adv. u. cj.* **1.** deshalb, -wegen, 'daher, 'darum; **2.** demgemäß, folglich; **,~'from** *adv.* da'von, dar'aus, da'her; **~·in** [ˌðeər'ɪn] *adv.* **1.** dar'in, da drinnen; **2.** *fig.* 'darin, in dieser Hinsicht; **,~·in'aft·er** [ˌðeərɪn-] *adv. bsd.* ⚖ (*weiter*) unten, später (*in e-r Urkunde etc.*); **~·of** [ˌðeər'ɒv] *adv. obs. od.* ⚖ **1.** da'von; **2.** dessen, deren; **~·on** [ˌðeər'ɒn] *adv.* 'darauf, -über; **,~'to** *adv. obs.* **1.** da'zu, dar'an, da'für; **2.** außerdem, noch da'zu; **~·un·der** [ˌðeər'ʌndə] *adv.* dar'unter; **~·up·on** [ˌðeərə'pɒn] *adv.* **1.** dar'auf, 'hier'auf, da'nach; **2.** darauf'hin, demzufolge, 'darum; **,~'with** *adv.* **1.** 'damit; **2.** → ***thereupon***; **,~·with'al** *adv. obs.* **1.** über'dies, außerdem; **2.** 'damit.

therm [θɜːm] *s. phys.* **1.** *unbestimmte Wärmeeinheit*; **2.** *Brit.* 100 000 Wärmeeinheiten *pl.* (*zur Messung des Gasverbrauchs*); **'ther·mae** [-miː] (*Lat.*) *s. pl.* **1.** *antiq.* Thermen *pl.*; **2.** ⚕ Ther'malquellen *pl.*

ther·mal ['θɜːml] **I** *adj.* ☐ **1.** *phys.* thermisch, Wärme...: ~ ***barrier*** ✈ Hitzemauer *f*; ~ ***breeder*** thermischer Brüter; ~ ***efficiency*** Wärmewirkungsgrad *m*; ~ ***power station*** Wärmekraftwerk *n*; ~ ***printer*** Thermodrucker *m*; ~ ***reactor*** thermischer Reaktor; ~ ***spring*** Ther'malquelle *f*; ~ ***value*** Heizwert *m*; **2.** warm, heiß: ~ ***water*** heiße Quelle; **3.** ⚕ ther'mal, Thermal...; **II** *s.* **4.** *pl.* ✈, *phys.* Thermik *f*; **'ther·mic** [-mɪk] *adj.* (☐ ~***ally***) thermisch, Wärme..., Hitze...;

therm·i·on·ic [ˌθɜːmɪ'ɒnɪk] **I** *adj.* thermi'onisch: ~ ***valve*** (*Am.* ***tube***) Elektronenröhre *f*; **II** *s. pl. sg. konstr.* Thermi'onik *f*, Lehre *f* von den Elektronenröhren

thermo- [θɜːməʊ] *in Zssgn* a) Wärme, Hitze, Thermo..., b) thermoe'lektrisch; **,ther·mo'chem·is·try** *s.* ⚗ Thermoche'mie *f*; **'ther·mo,cou·ple** *s.* ⚡ Thermoele'ment *n*; **,ther·mo·dy'nam·ics** *s. pl. sg. konstr. phys.* Thermody'namik *f*; **,ther·mo·e'lec·tric** *adj.* thermoe'lektrisch, 'wärmee,lektrisch: ~ ***couple*** → ***thermocouple***; **'ther·mo·mat** *s.* 'Isomatte *f*.

ther·mom·e·ter [θə'mɒmɪtə] *s. phys.* Thermo'meter *n*: ***clinical*** ~ ⚕ Fieberthermometer; ~ ***reading*** Thermometerablesung *f*, -stand *m*; **ther·mo·met·ric**, **ther·mo·met·ri·cal** [ˌθɜːməʊ'metrɪk(l)] *adj.* ☐ *phys.* thermo'metrisch, Thermometer...; **,ther·mo'nu·cle·ar** *adj. phys.* thermonukle'ar: ~ ***bomb*** *a.* Fusionsbombe *f*; **'ther·mo·pile** *s. phys.* Thermosäule *f*; **,ther·mo'plas·tic** ⚗ **I** *adj.* thermo'plastisch; **II** *s.* Thermo'plast *m*.

Ther·mos (bot·tle *od.* **flask)** ['θɜːmɒs] *s.* Thermosflasche *f*.

,ther·mo'set·ting *adj.* ⚗ ˌthermostato'plastisch, hitzehärtbar.

ther·mo·stat ['θɜːməʊstæt] *s.* ⚡, ⚙ Thermo'stat *m*; **ther·mo·stat·ic** [ˌθɜːməʊ'stætɪk] *adj.* (☐ ~***ally***) thermo'statisch.

the·sau·rus [θɪ'sɔːrəs] *pl.* **-ri** [-raɪ] (*Lat.*) *s.* The'saurus *m*: a) Wörterbuch *n*, b) (Wort-, Wissens-, Sprach)Schatz *m*.

these [ðiːz] *pl. von* ***this***.

the·sis ['θiːsɪs] *pl.* **-ses** [-siːz] *s.* **1.** These *f*: a) Behauptung *f*, b) (Streit)Satz *m*, Postu'lat *n*; **2.** *univ.* Dissertati'on *f*; **3.** ['θesɪs] *Metrik*: unbetonte Silbe; ~ **nov·el** *s.* Ten'denzroˌman *m*; ~ **play** *s. thea.* Pro'blemstück *n*.

Thes·pi·an ['θespɪən] **I** *adj. fig.* dra'matisch, Schauspiel...; **II** *s. oft humor.* Thespisjünger(in).

Thes·sa·lo·ni·ans [ˌθesə'ləʊnjənz] *s. pl. sg. konstr. bibl.* (Brief *m* des Paulus an die) Thessa'lonicher *pl.*

thews [θjuːz] *s. pl.* **1.** Muskeln *pl.*, Sehnen *pl.*; **2.** *fig.* Kraft *f*.

they [ðeɪ; ðe] *pron.* **1.** (*pl. zu* **he**, **she**, ***it***) sie; **2.** man: ~ ***say*** man sagt; **3.** es: ***who are*** ~***?*** – ~ ***are Americans*** Wer sind sie? – Es (*od.* sie) sind Amerikaner; **4.** (*auf Kollektiva bezogen*) er, sie, es: ***the police ...,*** ~ ***...*** die Polizei ..., sie (*sg.*); **5.** ~ ***who*** diejenigen, welche.

they'd [ðeɪd] F *für* a) ***they would***, b) ***they had***.

thick [θɪk] **I** *adj.* ☐ **1.** *allg.* dick: ***a*** ~ ***neck***; ***a board 2 inches*** ~ ein 2 Zoll starkes Brett; **2.** dicht (*Wald, Haar, Menschenmenge, a. Nebel etc.*); **3.** ~ ***with*** über u. über bedeckt von; **4.** ~ ***with*** voll von, voller, reich an (*dat.*): ***a tree*** ~ ***with leaves***; ***the air is*** ~ ***with snow*** die Luft ist voll(er) Schnee; **5.** dick(flüssig); **6.** neblig, trüb(e) (*Wetter*); **7.** schlammig, trübe; **8.** dumpf, belegt (*Stimme*); **9.** dumm; **10.** dicht (aufein'ander folgend); **11.** F dick (befreundet): ***they are as*** ~ ***as thieves*** sie sind dicke Freunde, sie halten zusammen wie Pech u. Schwefel; **12.** *sl.* ‚stark', frech: ***that's a bit ~!*** das ist ein starkes Stück!; **II** *s.* **13.** dickster *od.* dichtester Teil; **14.** *fig.* Brennpunkt *m*: ***in the ~ of*** mitten in (*dat.*); ***in the ~ of it*** mittendrin; ***in the ~ of the fight*** im dichtesten Kampfgetümmel; ***the ~ of the crowd*** das dichteste Menschengewühl; ***through ~ and thin*** durch dick u. dünn; **15.** F Dummkopf *m*; **III** *adv.* **16.** dick: ***spread ~*** *Butter etc.* dick aufstreichen; ***lay it on ~*** F ‚dick auftragen'; **17.** dicht *od.* rasch (aufein'ander); *a.* ***fast and ~*** hageldicht (*Schläge*); **thick·en** ['θɪkən] **I** *v/t.* **1.** dick(er) machen, verdicken; **2.** *Sauce, Flüssigkeit* eindicken, *Suppe* legieren; **3.** dicht(er) machen, verdichten; **4.** verstärken, -mehren; **5.** trüben; **II** *v/i.* **6.** dick(er) werden; **7.** dick(flüssig) werden; **8.** sich verdichten; **9.** sich trüben; **10.** sich verwirren: ***the plot ~s*** der Knoten (*im Drama etc.*) schürzt sich; **11.** zunehmen; **thick·en·er** ['θɪknə] *s.* ⚗ **1.** Eindicker *m*; **2.** Verdicker *m*, Absetzbehälter *m*; **3.** Verdickungsmittel *n*; **thick·en·ing** ['θɪknɪŋ] *s.* **1.** Verdickung *f*; **2.** Eindickung *f*; **3.** Eindickmittel *n*; **4.** Verdichtung *f*; **5.** ⚕ Anschwellung *f*, Schwarte *f*.

thick·et ['θɪkɪt] *s.* Dickicht *n*; '**thick·et·ed** [-tɪd] *adj.* voller Dickicht(e).

'**thick|·head** *s.* Dummkopf *m*; ˌ**~-'head·ed** *adj.* **1.** dickköpfig; **2.** *fig.* dumm.

thick·ness ['θɪknɪs] *s.* **1.** Dicke *f*, Stärke *f*; **2.** Dichte *f*; **3.** Verdickung *f*; **4.** ⚒ Lage *f* (*Seide etc.*), Schicht *f*; **5.** Dickflüssigkeit *f*; **6.** Trübheit *f*: ***misty ~*** undurchdringlicher Nebel; **7.** Heiserkeit *f*, Undeutlichkeit *f*: ***~ of speech*** schwere Zunge.

ˌ**thick|'set** *adj.* **1.** dicht (gepflanzt): ***a ~ hedge***; **2.** unter'setzt (*Person*); ˌ**~-'skinned** *adj.* **1.** dickhäutig; **2.** dickschalig; **3.** *zo.* Dickhäuter...; **4.** *fig.* dickfellig; ˌ**~-'skulled** [-'skʌld] *adj.* **1.** dickköpfig; **2.** → ***thick-witted***; ˌ**~-'wit·ted** *adj.* dumm, begriffsstutzig, schwer von Begriff.

thief [θiːf] *pl.* **thieves** [θiːvz] *s.* Dieb (-in): ***thieves' Latin*** Gaunersprache *f*; ***stop ~!*** haltet den Dieb!; ***one ought to set a ~ to catch a ~*** wenn man e-n Schlauen fangen will, muss man e-n Schlauen schicken; **thieve** [θiːv] *v/t. u. v/i.* stehlen; **thiev·er·y** ['θiːvərɪ] *s.* **1.** Diebe'rei *f*, Diebstahl *m*; **2.** Diebesgut *n*; **thiev·ish** ['θiːvɪʃ] *adj.* ☐ **1.** diebisch, Dieb(e)s...; **2.** heimlich, verstohlen; '**thiev·ish·ness** [-nɪs] *s.* diebisches Wesen.

thigh [θaɪ] *s. anat.* (Ober)Schenkel *m*; '**~·bone** *s. anat.* (Ober)Schenkelknochen *m*.

thill [θɪl] *s.* (Gabel)Deichsel *f*; **thill·er** ['θɪlə], *a.* **thill horse** *s.* Deichselpferd *n*.

thim·ble ['θɪmbl] *s.* **1.** *Näherei*: a) Fingerhut *m*, b) Nähring *m*; **2.** ⚙ a) Me'tallring *m*, b) (Stock)Zwinge *f*; '**thim·ble·ful** [-fʊl] *pl.* **-fuls** *s.* **1.** Fingerhut *m* voll, Schlückchen *n*; **2.** *fig.* Kleinigkeit *f*.

'**thim·ble|·rig** **I** *s.* Fingerhutspiel *n* (*Bauernfängerspiel*); **II** *v/t. a. allg.* betrügen; '**~ˌrig·ger** *s.* **1.** Fingerhutspieler *m*; **2.** *allg.* Bauernfänger *m*.

thin [θɪn] **I** *adj.* ☐ **1.** *allg.* dünn: ***~ air***; ***~ blood***; ***~ clothes***; ***a ~ line*** e-e dünne *od.* schmale *od.* feine Linie; **2.** dünn, mager, schmächtig: ***as ~ as a lath*** spindeldürr; **3.** dünn, licht (*Wald, Haar etc.*): ***~ rain*** feiner Regen; **4.** dünn, schwach (*Getränk etc., a. Stimme, Ton*); **5.** ↗ mager (*Boden*); **6.** *fig.* mager, spärlich, dürftig: ***a ~ house*** *thea.* e-e schwach besuchte Vorstellung; ***he had a ~ time of it*** *sl.* es ging ihm ‚mies'; **7.** *fig.* fadenscheinig: ***a ~ excuse***; **8.** seicht, sub'stanzlos (*Buch etc.*); **II** *v/t.* **9.** *oft* ***~ down***, ***~ off***, ***~ out*** a) dünn(er) machen, b) *Flüssigkeit* verdünnen, c) *fig.* verringern, *Bevölkerung* dezimieren, *Schlachtreihe, Wald etc.* lichten; **III** *v/i.* **10.** *oft* ***~ down***, ***~ off***, ***~ out*** a) dünn(er) werden, b) sich verringern, c) sich lichten (*a. Haar*), d) *fig.* spärlicher werden, abnehmen: ***his hair is ~ning*** sein Haar lichtet sich.

thine [ðaɪn] *pron. obs. od. bibl. od. poet.* **1.** (*substantivisch*) der *od.* die *od.* das Dein(ig)e, Dein(e, er); **2.** (*adjektivisch vor Vokalen od. stummem h für* ***thy***) dein(e): ***~ eyes*** deine Augen.

thing [θɪŋ] *s.* **1.** *konkretes* Ding, Sache *f*, Gegenstand *m*: ***the law of ~s*** ⚖ das Sachenrecht; ***just the ~ I wanted*** genau (das), was ich wollte; **2.** *fig.* Ding *n*, Sache *f*, Angelegenheit *f*: ***~s political*** politische Dinge, alles Politische; ***above all ~s*** vor allen Dingen, vor allem; ***another ~*** etwas anderes; ***the best ~ to do*** das Beste(, was man tun kann); ***a foolish ~ to do*** e-e Torheit; ***for one ~*** (erstens) einmal; ***in all ~s*** in jeder Hinsicht; ***no small ~*** keine Kleinigkeit; ***no such ~*** nichts dergleichen; ***not a ~*** (rein) gar nichts; ***of all ~s*** ausgerechnet (*dieses etc.*); ***a pretty ~*** *iro.* e-e schöne Geschichte; ***taking one ~ with the other*** im Großen u. Ganzen, im großen Ganzen; ***do great ~s*** große Dinge tun, Großes vollbringen; ***get ~s done*** et. zuwege bringen; ***do one's own ~*** F tun, was man will; ***know a ~ or two*** Bescheid wissen (***about*** über *acc.*); ***it's one of those ~s*** da kann man (halt) nichts machen; → ***first*** 1; **3.** *pl.* Sachen *pl.*, Zeug *n* (*Gepäck, Gerät,*

Kleider etc.): ***swimming ~s*** Badesachen, -zeug; ***put on one's ~s*** sich anziehen; **4.** *pl.* Dinge *pl.*, 'Umstände *pl.*, (Sach)Lage *f*: ***~s are improving*** die Dinge *od.* Verhältnisse bessern sich; ***~s look black for me*** es sieht schwarz aus für mich; **5.** Geschöpf *n*, Wesen *n*: ***dumb ~s***; **6.** a) Ding *n* (*Mädchen etc.*), b) Kerl *m*: (***the***) ***poor ~*** das arme Ding, der *od.* die Ärmste; ***poor ~!*** du *od.* Sie Ärmste(r)!; ***the dear old ~*** die gute alte Haut; **7.** ***the ~*** F a) die Hauptsache, b) das Richtige, richtig, c) das Schickliche, schicklich: ***the ~ was to*** das Wichtigste war zu; ***this is not the ~*** das ist nicht das Richtige; ***not to be*** (*od.* ***feel***) ***quite the ~*** nicht ganz auf dem Posten sein; ***that's not all the ~ to do*** so etwas tut man nicht; **ˌ~-in-it'self** *s. phls. das* Ding an sich.

thing·um·a·bob ['θɪŋəmɪbɒb], **thing·um·a·jig** ['θɪŋəmɪdʒɪg], **thing·um·my** ['θɪŋəmɪ] *s.* F *der* (*die, das*) ‚Dings(da)' *od.* ‚Dingsbums'.

think [θɪŋk] [*irr.*] **I** *v/i.* **1.** denken (***of*** an *acc.*): ***~ ahead*** vorausdenken, *a.* vorsichtig sein; ***~ aloud*** laut denken; **2.** (***about, over***) nachdenken (über *acc.*), sich (*e-e Sache*) über'legen; **3.** ***~ of*** a) sich besinnen auf (*acc.*), sich erinnern an (*acc.*): (***now that I***) ***come to ~ of it*** dabei fällt mir ein; b) *et.* bedenken: ***~ of it!*** denke daran!, c) sich *et.* denken *od.* vorstellen, d) *Plan etc.* ersinnen, ausdenken, e) halten von: ***~ much*** (*od.* ***highly***) ***of*** viel halten von, e-e hohe Meinung haben von; ***~ nothing of*** a) wenig halten von, b) nichts dabei finden (***to do s.th.*** et. zu tun); → ***better***[1] 4; **4.** meinen, denken: ***I ~ so*** ich glaube (schon), ich denke; ***I should ~ so*** ich denke doch, das will ich meinen; **5.** gedenken, vorhaben, beabsichtigen (***of doing, to do*** zu tun); **II** *v/t.* **6.** *et.* denken: ***~ away*** *et.* wegdenken; ***~ out*** a) sich *et.* ausdenken, b) *Am. a.* ***~ through*** *Problem* zu Ende denken; ***~ s.th. over*** sich et. überlegen *od.* durch den Kopf gehen lassen; ***~ up*** F *Plan etc.* aushecken, sich ausdenken, sich *et.* einfallen lassen; **7.** sich *et.* denken *od.* vorstellen; **8.** halten für: ***~ o.s. clever***; ***~ it advisable*** es für ratsam halten *od.* erachten; ***I ~ it best to do*** ich halte es für das Beste, *et.* zu tun; **9.** über'legen, nachdenken über (*acc.*); **10.** denken, vermuten: ***~ no harm*** nichts Böses denken; **III** *s.* F **11.** ***have a*** (***fresh***) ***~ about s.th.*** et. (noch einmal) überdenken; ***he has another ~ coming!*** da hat er sich aber schwer getäuscht!; **'think·a·ble** [-kəbl] *adj.* denkbar: a) begreifbar, b) möglich; **'think·er** [-kə] *s.* Denker(in); **'think-in** *s.* F Konfe'renz *f*; **'think·ing** [-kɪŋ] **I** *adj.* ☐ **1.** denkend, vernünftig: ***a ~ being*** ein denkendes Wesen; ***all ~ men*** jeder vernünftig Denkende; ***put on one's ~ cap*** F (mal) nachdenken; **2.** Denk...; **II** *s.* **3.** Denken *n*: ***way of ~*** Denkart *f*; ***do some hard*** (***quick***) ***~*** scharf nachdenken (schnell ‚schalten'); **4.** Meinung *f*: ***in*** (*od.* ***to***) ***my*** (***way of***) ***~*** m-r Meinung nach; **'think-so** *s.*: ***on his*** (*etc.*) ***mere ~*** auf eine bloße Vermutung hin; **~ tank** *s.* F ‚'Denkfaˌbrik' *f*.

thin·ner[1] ['θɪnə] *s.* **1.** Verdünner *m* (*Arbeiter od. Gerät*); **2.** (*bsd.* Farben)Verdünnungsmittel *n*.

thin·ner[2] ['θɪnə] *comp. von* ***thin***.

thin·ness ['θɪnnɪs] *s.* **1.** Dünne *f*, Dünnheit *f*; **2.** Magerkeit *f*; **3.** Spärlichkeit *f*; **4.** *fig.* Dürftigkeit *f*, Seichtheit *f*.

ˌthin-'skinned *adj.* **1.** dünnhäutig; **2.** *fig.* ('über)empfindlich.

third [θɜːd] **I** *adj.* ☐ → ***thirdly***; **1.** dritt: ***~ best*** der (*die, das*) Drittbeste; ***~ cousin*** Vetter *m* dritten Grades; ***~ degree*** dritter Grad; ***~ estate*** *pol. hist.* dritter Stand, Bürgertum *n*; ***~ party*** ⚖ Dritte(r *m*) *f*; **II** *s.* **2.** *der* (*die, das*) Dritte; **3.** ♪ Terz *f*; **4.** *mot.* F dritter Gang; **5.** Drittel *n*; **6.** *pl.* ✝ Waren *pl.* dritter Quali'tät, dritte Wahl; **~ class** *s.* 🚂 *etc.* dritte Klasse; **ˌ~-'class** *adj. u. adv.* **1.** *allg.* drittklassig; **2.** 🚂 *etc. Abteil etc.* dritter Klasse: ***travel ~*** dritter Klasse reisen.

third·ly ['θɜːdlɪ] *adv.* drittens.

ˌthird|-'par·ty *adj.* ⚖ Dritt...: ***~ debtor***; ***~ insurance*** Haftpflichtversicherung *f*; ***insured against ~ risks*** haftpflichtversichert; **ˌ~-'rate** *adj.* **1.** drittrangig; **2.** *fig.* minderwertig; **~ World** *s. pol. die* Dritte Welt.

thirst [θɜːst] **I** *s.* **1.** Durst *m*; **2.** *fig.* Durst *m*, Gier *f*, Verlangen *n*, Sucht *f* (***for, of, after*** nach): ***~ for blood*** Blutdurst; ***~ for knowledge*** Wissensdurst; ***~ for power*** Machtgier; **II** *v/i.* **3.** *bsd. fig.* dürsten, lechzen (***for, after*** nach *Rache etc.*); **'thirst·i·ness** [-tɪnɪs] *s.* Durst(igkeit *f*) *m*; **'thirst·y** [-tɪ] *adj.* ☐ **1.** durstig: ***be ~*** Durst haben, durstig sein; **2.** dürr, trocken (*Boden, Jahreszeit*); **3.** F ‚durstig', Durst verursachend: ***~ work***; **4.** *fig.* begierig, lechzend: ***be ~ for*** (*od.* ***after***) ***s.th.*** nach et. lechzen.

thir·teen [ˌθɜː'tiːn] **I** *adj.* dreizehn; **II** *s.* Dreizehn *f*; **ˌthir'teenth** [-nθ] **I** *adj.* **1.** dreizehnt; **II** *s.* **2.** *der* (*die, das*) Dreizehnte; **3.** Dreizehntel *n*.

thir·ti·eth ['θɜːtɪɪθ] **I** *adj.* **1.** dreißigst; **II** *s.* **2.** *der* (*die, das*) Dreißigste; **3.** Dreißigstel *n*; **thir·ty** ['θɜːtɪ] **I** *adj.* **1.** dreißig: ***~ all***, F ***~ up*** *Tennis*: dreißig beide; **II** *s.* **2.** Dreißig *f*: ***the thirties*** a) die Dreißiger(jahre) (*des Lebens*): ***he is in his thirties*** er ist in den Dreißigern, b) die Dreißigerjahre (*e-s Jahrhunderts*); **3.** *Am. sl.* Ende *n* (*e-s Zeitungsartikels etc.*).

this [ðɪs] *pl.* **these** [ðiːz] **I** *pron.* **1.** a) dieser, diese, dieses, b) dies, das: ***all ~*** dies alles, all das; ***for all ~*** deswegen, darum; ***like ~*** so; ***~ is what I expected*** (genau) das habe ich erwartet; ***~ is what happened*** Folgendes geschah; **2.** dieses, dieser Zeitpunkt, dieses Ereignis: ***after ~*** danach; ***before ~*** zuvor; ***by ~*** bis dahin, mittlerweile; **II** *adj.* **3.** dieser, diese, dieses, ✝ *a.* laufend (*Monat, Jahr*): ***~ day week*** heute in e-r Woche; ***in ~ country*** hierzulande; ***~ morning*** heute Morgen; ***~ time*** diesmal; ***these 3 weeks*** die letzten 3 Wochen, seit 3 Wochen; **III** *adv.* **4.** so: ***~ much*** so viel.

this·tle ['θɪsl] *s.* ⚘ Distel *f*; **'~·down** *s.* ⚘ Distelwolle *f*.

this·tly ['θɪslɪ] *adj.* **1.** distelig; **2.** distelähnlich, stach(e)lig.

thith·er ['ðɪðə] *obs. od. poet.* **I** *adv.* dort-, dahin; **II** *adj.* jenseitig.

'thole(·pin) [θəʊl] *s.* ⚓ Dolle *f*.

thong [θɒŋ] **I** *s.* **1.** (Leder)Riemen *m* (*Halfter, Zügel, Peitschenschnur etc.*); **2.** *Am.* 'Zehensan,dale *f*. **II** *v/t.* **3.** mit Riemen versehen *od.* befestigen; **4.** (mit e-m Riemen) peitschen.

tho·rac·ic [θɔː'ræsɪk] *adj. anat.* Brust...; **tho·rax** ['θɔːræks] *pl.* **-rax·es** [-ræksɪz] *s.* **1.** *anat.* Brust(korb *m*, -kasten *m*) *f*, Thorax *m*; **2.** *zo.* Mittelleib *m bei Gliederfüßlern.*

thorn [θɔːn] *s.* **1.** Dorn *m*: ***a ~ in the flesh*** (*od.* ***side***) *fig.* ein Pfahl im Fleische, ein Dorn im Auge; ***be*** (*od.* ***sit***) ***on ~s*** *fig.* (wie) auf glühenden Kohlen sitzen; **2.** *ling.* Dorn *m* (*altenglischer Buchstabe*); **~ ap·ple** *s.* ⚘ Stechapfel *m*.

thorn·y ['θɔːnɪ] *adj.* **1.** dornig, stach(e)lig; **2.** *fig.* dornenvoll, mühselig; **3.** *fig.* heikel: ***a ~ subject***.

thor·ough ['θʌrə] *adj.* ☐ → ***thoroughly***; **1.** gründlich: a) sorgfältig (*Person u. Sache*), b) genau, eingehend: ***a ~ inquiry***; ***a ~ knowledge***, c) 'durchgreifend: ***a ~ reform***; **2.** voll'endet: a) voll'kommen, meisterhaft, b) völlig, echt, durch u. durch: ***a ~ politician***, c) *contp.* ausgemacht: ***a ~ rascal***; **~ bass** [beɪs] *s.* ♪ Gene'ralbass *m*; **'~·bred I** *adj.* **1.** reinrassig, Vollblut...; **2.** *fig.* a) rassig, b) ele'gant, c) kultiviert, d) schnittig (*Auto*); **II** *s.* **3.** Vollblut(pferd) *n*; **4.** rassiger *od.* kultivierter Mensch; **5.** *mot.* rassiger *od.* schnittiger Wagen; **'~·fare** *s.* **1.** Hauptverkehrs-, 'Durchgangsstraße *f*; **2.** 'Durchfahrt *f*: ***no ~!***; **3.** Wasserstraße *f*; **'~,go·ing** *adj.* **1.** → ***thorough*** 1; **2.** ex'trem, kompro'misslos, durch u. durch.

thor·ough·ly ['θʌrəlɪ] *adv.* **1.** gründlich *etc.*; **2.** völlig, gänzlich, abso'lut; **'thor·ough·ness** [-ənɪs] *s.* **1.** Gründlichkeit *f*; **2.** Voll'endung *f*, Voll'kommenheit *f*.

'thor·ough·paced *adj.* **1.** in allen Gangarten geübt (*Pferd*); **2.** *fig.* → ***thorough*** 2 b.

those [ðəʊz] *pron. pl. von* ***that***[1].

thou [ðaʊ] **I** *pron. poet. od. dial. od. bibl.* du; **II** *v/t.* mit ‚thou' anreden.

though [ðəʊ] **I** *cj.* **1.** ob'wohl, ob'gleich, ob'schon; **2.** *a.* ***even ~*** wenn auch, wenn'gleich, selbst wenn, zwar: ***important ~ it is*** so wichtig es auch ist; ***what ~ the way is long*** was macht es schon aus, wenn der Weg (auch) lang ist; **3.** je'doch, doch; **4.** ***as ~*** als ob, wie wenn; **II** *adv.* **5.** F (*am Satzende*) aber, aller'dings, dennoch, immer'hin: ***I wish you had told me, ~.***

thought [θɔːt] **I** *pret. u. p.p. von* ***think***; **II** *s.* **1.** a) Gedanke *m*, Einfall *m*: ***a happy ~***, b) Gedankengang *m*, c) Gedanken *pl.*, Denken *n*: ***lost in ~*** in Gedanken (verloren); ***his one ~ was how to*** er dachte nur daran, wie er *es tun könnte*; ***it never entered my ~s*** es kam mir nie in den Sinn; **2.** *nur sg.* Denken *n*, Denkvermögen *n*; **3.** Über'legung *f*: ***give ~ to*** sich Gedanken machen über (*acc.*); ***take ~ how*** sich überlegen, wie *man es tun könnte*; ***after serious ~*** nach ernsthafter Erwägung; ***on second ~s*** a) nach reiflicher Überlegung, b) wenn ich es mir recht überlege; ***have second ~s about it*** (so seine) Zweifel darüber haben; ***without ~*** ohne zu überlegen; **4.** Absicht *f*: ***he had no ~ of coming***; ***we had*** (***some***) ***~s of going*** wir trugen uns mit dem Gedanken zu gehen; **5.** *mst pl.* Gedanke *m*, Meinung *f*, Ansicht *f*; **6.** (Für)Sorge *f*, Rücksicht *f*: ***give*** (*od.* ***have***) ***some ~ to*** Rücksicht nehmen auf (*acc.*); ***take ~ for*** Sorge tragen für *od.* um (*acc.*); ***take no ~ to*** nicht achten auf (*acc.*); **7.** *nur sg.* Denken *n*: a) Denkweise *f*: ***scientific ~***, b) Gedankenwelt *f*: ***Greek ~***; **8.** *fig.* Spur *f*: ***a ~ smaller*** e-e ‚Idee' kleiner; ***a ~ hesitant*** etwas zögernd; **'thought·ful** [-fʊl] *adj.* ☐ **1.** gedankenvoll, nachdenklich, besinnlich (*a. Buch etc.*); **2.** achtsam (***of*** auf *acc.*); **3.** rücksichtsvoll, aufmerksam, zu'vorkommend; **'thought·ful·ness** [-fʊlnɪs] *s.* **1.** Nachdenklichkeit *f*, Besinnlichkeit *f*; **2.** Achtsamkeit *f*; **3.** Rücksichtnahme *f*, Aufmerksamkeit *f*; **'thought·less** [-lɪs] *adj.* ☐ **1.** gedankenlos, unbesonnen, unbekümmert; **2.** rücksichtslos, unaufmerksam; **'thought·less·ness** [-lɪsnɪs] *s.* **1.** Gedankenlosigkeit *f*, Unbekümmertheit *f*; **2.** Rücksichtslosigkeit *f*, Unaufmerksamkeit *f*.

,thought|-'out *adj.* (***well ~*** wohl) durchdacht; **~ read·er** *s.* Gedankenleser (-in); **~ read·ing** *s.* Gedankenlesen *n*;

T

~ trans·fer·ence *s.* Ge'dankenüber,tragung *f.*

thou·sand ['θaʊznd] **I** *adj.* **1.** tausend (*a. fig. unzählige*): **~ and one** *fig.* zahllos, unzählig; ***The 2 and One Nights*** Tausendundeine Nacht; ***a ~ times*** tausendmal; ***a ~ thanks*** tausend Dank; **II** *s.* **2.** Tausend *n*, *pl.* Tausende *pl.*: ***many ~s of times*** vieltausendmal; ***in their ~s, by the ~*** zu Tausenden; **3.** Tausend *f* (*Zahlzeichen*): ***one in a ~*** eine(r, s) unter tausend, 'eine Ausnahme; '**thou·sand·fold** [-ndf-] **I** *adj.* tausendfach, -fältig; **II** *adv.* *mst* ***a ~*** tausendfach, -mal; '**thou·sandth** [-ntθ] **I** *s.* **1.** *der* (*die, das*) Tausendste; **2.** Tausendstel *n*; **II** *adj.* **3.** tausendst.

thral·dom ['θrɔːldəm] *s.* **1.** Leibeigenschaft *f*; **2.** *fig.* Knechtschaft *f*, Sklave'rei *f*; **thrall** [θrɔːl] *s.* **1.** *hist.* Leibeigene(r *m*) *f*, Hörige(r *m*) *f*; **2.** *fig.* Sklave *m*, Knecht *m*; **3.** → ***thraldom***; **thrall·dom** *Am.* → ***thraldom***.

thrash [θræʃ] **I** *v/t.* **1.** → ***thresh***; **2.** verdreschen, -prügeln; *fig.* (vernichtend) schlagen, ‚vermöbeln'; **II** *v/i.* **3.** *a.* ***~ about*** a) sich *im Bett etc.* 'hin- u. 'herwerfen, b) um sich schlagen, c) zappeln; **4.** ⚓ sich vorwärts arbeiten; '**thrash·er** [-ʃə] → ***thresher***; '**thrash·ing** [-ʃɪŋ] *s.* Dresche *f*, Prügel *pl.*: ***give s.o. a ~*** → ***thrash*** 2.

thread [θred] **I** *s.* **1.** Faden *m*: a) Zwirn *m*, Garn *n*: ***hang by a ~*** *fig.* an e-m Faden hängen, b) *weitS.* Faser *f*, Fiber *f*, c) *fig.* (dünner) Strahl, Strich *m*, d) *fig.* Zs.-hang *m*: ***lose the ~*** (***of one's story***) den Faden verlieren; ***resume*** (*od.* ***take up***) ***the ~*** den Faden wieder aufnehmen; **2.** ⚙ Gewinde(gang *m*) *n*; **II** *v/t.* **3.** *Nadel* einfädeln; **4.** *Perlen etc.* aufreihen; **5.** mit Fäden durch'ziehen; **6.** *fig.* durch'ziehen, -'dringen; **7.** sich winden durch: ***~ one's way*** (***through***) sich (hindurch)schlängeln (durch); **8.** ⚙ Gewinde schneiden in (*acc.*): ***~ on*** anschrauben; '**~·bare** *adj.* **1.** fadenscheinig, abgetragen; **2.** schäbig (gekleidet); **3.** *fig.* abgedroschen.

thread·ed ['θredɪd] *adj.* ⚙ Gewinde...: ***~ flange***; '**thread·er** [-də] *s.* **1.** 'Einfädelma,schine *f*; **2.** ⚙ Gewindeschneider *m.*

thread·ing lathe ['θredɪŋ] *s.* ⚙ Gewindeschneidbank *f.*

thread·y ['θredɪ] *adj.* **1.** fadenartig, faserig; **2.** Fäden ziehend; **3.** *fig.* schwach, dünn.

threat [θret] *s.* **1.** Drohung *f* (***of*** mit, ***to*** gegen); **2.** (***to***) Bedrohung *f* (*gen.*), Gefahr *f* (für): ***a ~ to peace***; ***there was a ~ of rain*** es drohte zu regnen; '**threat·en** [-tn] **I** *v/t.* **1.** (***with***) *j-m* drohen (mit), *j-m* androhen (*acc.*), *j-n* bedrohen (mit); **2.** drohend ankündigen: ***the sky ~s a storm***; **3.** (damit) drohen (***to do*** zu tun); **4.** bedrohen, gefährden; **II** *v/i.* **5.** drohen; **6.** *fig.* drohen: a) drohend bevorstehen, b) Gefahr laufen (***to do*** zu tun); '**threat·en·ing** [-tnɪŋ] *adj.* □ **1.** drohend, Droh...: ***~ letter*** Drohbrief *m*; **2.** *fig.* bedrohlich.

three [θriː] **I** *adj.* drei; **II** *s.* Drei *f* (*Zahl, Spielkarte etc.*); **,~-'col·o(u)r** *adj.* dreifarbig, Dreifarben...: ***~ process*** Dreifarbendruck(verfahren *n*) *m*; **,~-'cor·nered** *adj.* **1.** dreieckig: ***~ hat*** Dreispitz *m*; **2.** zu dreien, Dreier...: ***a ~ discussion***; **,~-'D** *adj.* 'dreidimensio,nal, 3-'D-...; '**~-day e·vent** *s.* *Reitsport*: Military *f*; '**~-day e·vent·er** *s.* Militaryreiter *m*; **,~-'deck·er** *s.* **1.** ⚓ *hist.* Dreidecker *m*; **2.** *et.* Dreiteiliges, *z.B.* F dreibändiger Ro'man; **,~-di·'men·sion·al** *adj.* 'dreidimensio,nal.

'**three·fold** **I** *adj. u. adv.* dreifach; **II** *s.* *das* Dreifache.

'**three|-lane** *adj.* dreispurig (*Autobahn etc.*); **,~-'mast·er** *s.* ⚓ Dreimaster *m*; '**~-mile** *adj.* Dreimeilen...: ***~ zone***.

three|·pence ['θrepəns] *s.* *Brit.* **1.** drei Pence *pl.*; **2.** *obs.* Drei'pencestück *n*; **~·pen·ny** ['θrepənɪ] *adj.* **1.** drei Pence wert, Dreipence...; **2.** *fig.* billig, wertlos.

'**three|-phase** *adj.* ⚡ dreiphasig, Dreiphasen...: ***~ current*** Drehstrom *m*, Dreiphasenstrom *m*; '**~-piece** *adj.* dreiteilig (*Anzug etc.*); '**~-ply** **I** *adj.* **1.** dreifach (*Garn, Seil etc.*); **2.** dreischichtig (*Holz etc.*); **II** *s.* **3.** dreischichtiges Sperrholz; '**~-point land·ing** *s.* ✈ Dreipunktlandung *f*; **,~-'quar·ter** **I** *adj.* drei viertel; **II** *s. a.* ***~ back*** *Rugby*: Drei'viertelspieler *m*; **,~'score** *adj. obs.* sechzig.

three·some ['θriːsəm] **I** *adj.* **1.** zu dreien, Dreier...; **II** *s.* **2.** Dreiergruppe *f*, ‚Trio' *n*; **3.** *Golf etc.*: Dreier(spiel *n*) *m.*

'**three|-speed gear** *s.* ⚙ Dreiganggetriebe *n*; '**~-stage** *adj.* ⚙ dreistufig (*Rakete, Verstärker etc.*); '**~-way** *adj.* ⚙ Dreiwege...

thresh [θreʃ] *v/t. u. v/i.* dreschen: ***~ (over old) straw*** *fig.* leeres Stroh dreschen; ***~ out*** *fig. et.* gründlich erörtern, klären; '**thresh·er** [-ʃə] *s.* **1.** Drescher *m*; **2.** 'Dreschma,schine *f*; '**thresh·ing** [-ʃɪŋ] **I** *s.* Dreschen *n*; **II** *adj.* Dresch...: ***~ floor*** Dreschboden *m*, Tenne *f.*

thresh·old ['θreʃhəʊld] **I** *s.* **1.** (Tür-) Schwelle *f*; **2.** *fig.* Schwelle *f*, Beginn *m*; **3.** *psych.* (*Bewusstseins- etc.*)Schwelle *f*; **II** *adj.* **4.** *bsd.* ⚙ Schwellen...: ***~ frequency***; ***~ value*** Grenzwert *m.*

threw [θruː] *pret von* ***throw***.

thrice [θraɪs] *adv. obs.* **1.** dreimal; **2.** *fig.* sehr, 'überaus, höchst.

thrift [θrɪft] *s.* **1.** Sparsamkeit *f*: a) Sparsinn *m*, b) Wirtschaftlichkeit *f*; **2.** ⚘

T

Grasnelke *f*; '**thrift·i·ness** [-tɪnɪs] → ***thrift*** 1; '**thrift·less** [-lɪs] *adj.* □ verschwenderisch; '**thrift·less·ness** [-lɪsnɪs] *s.* Verschwendung *f*; '**thrift·y** [-tɪ] *adj.* □ sparsam (***of***, ***with*** mit): a) haushälterisch, b) wirtschaftlich (*a. Sachen*).

thrill [θrɪl] **I** *v/t.* **1.** erschauern lassen, erregen, packen, begeistern, elektrisieren, entzücken; **2.** *j-n* durch'laufen, -'schauern, über'laufen (*Gefühl*); **II** *v/i.* **3.** (er)beben, erschauern, zittern (***with*** vor *Freude etc.*); **4.** (***to***) sich begeistern (für), gepackt werden (von); **5.** durch'laufen, -'schauern, -'rieseln (***through*** *acc.*); **III** *s.* **6.** Zittern *n*, Erregung *f*, prickelndes Gefühl: ***a ~ of joy*** freudige Erregung; **7.** a) *das* Spannende *od.* Erregende, b) Nervenkitzel *m*, c) Sensati'on *f*; '**thrill·er** [-lə] *s.* F ‚Reißer' *m*, ‚Krimi' *m*, Thriller *m* (*Kriminalroman, -film etc.*); '**thrill·ing** [-lɪŋ] *adj.* □ **1.** erregend, packend, spannend, sensatio'nell; **2.** hinreißend, begeisternd.

thrive [θraɪv] *v/i.* [*irr.*] **1.** gedeihen (*Pflanze, Tier etc.*); **2.** *fig.* gedeihen: a) blühen, Erfolg haben (*Geschäft etc.*), b) reich werden (*Person*), c) sich entwickeln (*Laster etc.*); **thriv·en** ['θrɪvn] *p.p. von* ***thrive***; '**thriv·ing** [-vɪŋ] *adj.* □ *fig.* blühend.

thro' [θru:] *poet. für* ***through***.

throat [θrəʊt] *s.* **1.** *anat.* Kehle *f*, Gurgel *f*, Rachen *m*, Schlund *m*: ***sore ~*** Halsschmerzen *pl.*, rauer Hals; ***stick in s.o.'s ~*** j-m im Hals stecken bleiben (*Worte*); ***ram*** (*od.* ***thrust***) ***s.th. down s.o.'s ~*** j-m et. aufzwingen; **2.** Hals *m*, Kehle *f*: ***cut s.o.'s ~*** j-m den Hals abschneiden; ***cut one's own ~*** *fig.* sich selbst ruinieren; ***take s.o. by the ~*** j-n an der Gurgel packen; **3.** *fig.* 'Durch-, Eingang *m*, verengte Öffnung, Schlund *m*, *z.B.* Hals *m e-r Vase*, Kehle *f e-s Kamins*, Gicht *f e-s Hochofens*; **4.** ⚠ Hohlkehle *f*; '**throat·y** [-tɪ] *adj.* □ **1.** kehlig, guttu'ral; **2.** rau, heiser.

throb [θrɒb] **I** *v/i.* **1.** pochen, hämmern, klopfen (*Herz etc.*): ***~bing pains*** klopfende Schmerzen; **II** *s.* **2.** Pochen *n*, Klopfen *n*, Hämmern *n*, (Puls)Schlag *m*; **3.** *fig.* Erregung *f*, Erbeben *n*.

throe [θrəʊ] *s. mst pl.* heftiger Schmerz: a) *pl.* (Geburts)Wehen *pl.*, b) *pl.* Todeskampf *m*, Ago'nie *f*: ***in the ~s of*** *fig.* mitten in *et. Unangenehmem*, im Kampf(e) mit.

throm·bo·sis [θrɒm'bəʊsɪs] *pl.* **-ses** [-si:z] *s.* ⚕ Throm'bose *f*; **throm'bot·ic** [-'bɒtɪk] *adj.* ⚕ throm'botisch.

throne [θrəʊn] **I** *s.* **1.** Thron *m* (*König, Prinz*), Stuhl *m* (*Papst, Bischof*); **2.** *fig.* Thron *m*: a) Herrschaft *f*, b) Herrscher (-in); **II** *v/t.* **3.** auf den Thron setzen; **III** *v/i.* **4.** thronen.

throng [θrɒŋ] **I** *s.* **1.** (Menschen)Menge *f*; **2.** Gedränge *n*, Andrang *m*; **3.** Menge *f*, Masse *f* (*Sachen*); **II** *v/i.* **4.** sich drängen *od.* (zs.-)scharen, (her'bei-, hin'ein- *etc.*)strömen; **III** *v/t.* **5.** sich drängen in (*dat.*): ***~ the streets***; **6.** bedrängen, um'drängen.

throt·tle ['θrɒtl] **I** *s.* **1.** F Kehle *f*; **2.** ⚙, *mot.* a) *a.* ***~ lever*** Gashebel *m*, b) *a.* ***~ valve*** Drosselklappe *f*: ***open*** (***close***) ***the ~*** Gas geben (wegnehmen); **II** *v/t.* **3.** erdrosseln; *fig.* ersticken, abwürgen, unter'drücken; **4.** *a.* ***~ down*** ⚙, *mot.* (ab)drosseln; **III** *v/i.* **5.** ***~ back*** (*od.* ***down***) *mot. etc.* drosseln, Gas wegnehmen.

through [θru:] **I** *prp.* **1.** *räumlich u. fig.* 'durch, durch ... hin'durch; **2.** durch, in (*überall umher in e-m Gebiet etc.*): ***~ all the country***; **3.** a) *e-n Zeitraum* hin'durch, während, b) *Am.* (von ...) bis; **4.** *bis zum Ende od. ganz* durch, fertig (mit): ***when will you get ~ your work?***; **5.** durch, mittels; **6.** aus, vor, durch, in-, zu'folge, wegen: ***~ fear*** aus *od.* vor Furcht; ***~ neglect*** infolge *od.* durch Nachlässigkeit; **II** *adv.* **7.** durch: ***~ and ~*** durch u. durch (*a. fig.*); ***push a needle ~*** e-e Nadel durchstechen; ***he would not let us ~*** er wollte uns nicht durchlassen; ***this train goes ~ to Boston*** dieser Zug fährt (durch) bis Boston; ***you are ~!*** *teleph.* Sie sind verbunden!; **8.** (ganz) durch (*von Anfang bis Ende*): ***read a letter ~*** e-n Brief ganz durchlesen; ***carry a matter ~*** e-e Sache durchführen; **9.** fertig (***with*** mit): ***I am ~ with him*** F er ist für mich erledigt; ***I'm ~ with it!*** ich habe es satt!; **III** *adj.* **10.** 'durchgehend, Durchgangs...: ***a ~ train***; ***~ carriage*** (*od.* ***coach***) Kurswagen *m*; ***~ dialing*** *teleph. Am.* 'Durchwahl *f*; ***~ flight*** ✈ Direktflug *m*; ***~ traffic*** Durchgangsverkehr *m*; ***~way*** *Am.* Durchgangs- *od.* Schnellstraße *f*; **through·out** [θru:'aʊt] **I** *prp.* **1.** über'all in: ***~ the country*** im ganzen Land; **2.** während (*gen.*): ***~ the year*** das ganze Jahr hindurch; **II** *adv.* **3.** durch u. durch, ganz u. gar, 'durchweg; **4.** überall; **5.** die ganze Zeit; '**through·put** *s. econ.*, *a. Computer*: 'Durchsatz *m*.

throve [θrəʊv] *pret. von* ***thrive***.

throw [θrəʊ] **I** *s.* **1.** Werfen *n*, (*Speer- etc.*)Wurf *m*; **2.** Wurf *m* (*a. Ringkampf, Würfelspiel*), *fig. a.* Coup *m*; **3.** ⚙ (Kolben)Hub *m*; **4.** ⚙ (Regler- *etc.*)Ausschlag *m*; **5.** ⚙ Kröpfung *f* (*Kurbelwelle*); **II** *v/t.* [*irr.*] **6.** werfen, schleudern; (*a. fig. Blick, Kusshand etc.*) zuwerfen (***s.o. s.th.***, ***s.th. to s.o.*** j-m et.); mit *Steinen etc.* werfen; *Wasser* schütten *od.* gießen: ***~ at*** werfen nach; ***~ o.s. at s.o.*** *fig.* sich j-m an den Hals werfen; ***~***

T

a shawl over one's shoulders sich e-n Schal um die Schultern werfen; **~ *together*** zs.-werfen; ***be thrown*** (***together***) ***with*** *fig.* (*zufällig*) zs.-geraten mit; **7.** *Angel, Netz etc.* auswerfen; **8.** a) *Würfel* werfen, b) *Zahl* würfeln, c) *Karten* ausspielen *od.* ablegen; **9.** *Reiter* abwerfen; **10.** *Ringkampf*: *Gegner* werfen; **11.** *zo. Junge* werfen; **12.** *Brücke* schlagen (***over***, ***across*** über *acc.*); **13.** *zo. Haut* abwerfen; **14.** ⚙ *Hebel* 'umlegen, *Kupplung od. Schalter* ein-, ausrücken, ein-, ausschalten; **15.** *Töpferei*: formen, drehen; **16.** ⚙ *Seide* zwirnen, mulinieren; **17.** *fig.* in *Entzückung, Verwirrung etc.* versetzen; **18.** F *j-n* ,'umwerfen' *od.* aus der Fassung bringen; **19.** F *e-e Gesellschaft* geben, *e-e Party* ,schmeißen'; **20.** *Am.* F *Wettkampf* absichtlich verlieren; **21.** *sl. Wutanfall etc.* bekommen: **~ *a fit***; **III** *v/i.* [*irr.*] **22.** werfen; **23.** würfeln;
Zssgn mit prp.:
throw| in·to *v/t.* (hin'ein)werfen in (*acc.*): **~ *prison*** *j-n* ins Gefängnis werfen; **~ *the bargain*** (beim Kauf) dreingeben; ***throw o.s. into*** *fig.* sich in *die Arbeit, den Kampf etc.* stürzen; **~ (up·)on** *v/t.* **1.** werfen auf (*acc.*): ***be thrown upon o.s.*** (*od.* ***upon one's own resources***) auf sich selbst angewiesen sein; **2.** ***throw o.s.*** (***up***)***on*** a) sich auf *die Knie etc.* werfen, b) sich anvertrauen (*dat.*);
Zssgn mit adv.:
throw| a·way *v/t.* **1.** wegwerfen; **2.** *Geld etc.* verschwenden, -geuden ([***up***]***on*** an *acc.*); **3.** *Gelegenheit* verpassen, -schenken; **4.** *et.* verwerfen; **~ back I** *v/t.* **1.** zu'rückwerfen (*a. fig. hemmen*): ***be thrown back upon*** angewiesen sein auf (*acc.*); **II** *v/i.* **2.** (***to***) zu'rückkehren (zu), zu'rückfallen (auf *acc.*, in *acc.*); **3.** nachgeraten (***to*** *dat.*); *biol.* rückarten; **~ down** *v/t.* **1.** (***o.s.*** sich) niederwerfen; **2.** 'umstürzen, vernichten; **~ in** *v/t.* **1.** (hin)'einwerfen; **2.** *Bemerkung etc.* einwerfen, -schalten; **3.** *et.* mit in den Kauf geben, dreingeben; **4.** ⚙ *Gang etc.* einrücken; **~ off I** *v/t.* **1.** *Kleider, Maske etc., a. fig. Schamgefühl etc.* abwerfen, ablegen; **2.** *Joch etc.* abwerfen, abschütteln, sich freimachen von; **3.** *Bekannte, Krankheit etc.* loswerden; **4.** *Verfolger, a. Hund* von der Fährte abbringen, abschütteln; **5.** *Gedicht etc.* hinwerfen, aus dem Ärmel schütteln; **6.** ⚙ a) kippen, 'umlegen, b) auskuppeln, -rücken; **7.** *typ.* abziehen; **8.** *j-n* aus dem Kon'zept *od.* aus der Fassung bringen; **II** *v/i.* **9.** (*hunt.* die Jagd) beginnen; **~ on** *v/t. Kleider* 'überwerfen, sich *et.* 'umwerfen; **~ o·pen** *v/t.* **1.** *Tür etc.* aufreißen, -stoßen; **2.** öffentlich zugänglich machen (***to*** *dat.* für); **~ out** *v/t.* **1.** (*a. j-n* hin)'auswerfen; **2.** *bsd. parl.* verwerfen; **3.** ⚠ vorbauen; anbauen (***to*** an *acc.*); **4.** *Bemerkung* fallen lassen, *Vorschlag etc.* äußern; *e-n Wink* geben; **5.** a) *et.* über den Haufen werfen, b) *j-n* aus dem Kon'zept bringen; **6.** ⚙ auskuppeln, -rücken; **7.** *Fühler etc.* ausstrecken: **~ *a chest*** F sich in die Brust werfen; **~ o·ver** *v/t.* **1.** über den Haufen werfen; **2.** *fig. Plan etc.* über Bord werfen, aufgeben; **3.** *Freund etc.* im Stich lassen, fallen lassen; **~ up I** *v/t.* **1.** in die Höhe werfen, hochwerfen; **2.** *et.* hastig errichten, *Schanze etc.* aufwerfen; **3.** *Karten, a. Amt etc.* hinwerfen, -schmeißen; **4.** erbrechen; **II** *v/i.* **5.** (sich er)brechen, sich über'geben.

'throw|·a·way I *s.* et. zum Wegwerfen, *z.B.* Re'klamezettel *m*; **II** *adj.* Wegwerf...: **~ *package***; **~ *bottle*** Einwegflasche *f*; **~ *prices*** † Schleuderpreise; **'~·back** *s.* **1.** *bsd. biol.* Ata'vismus *m, a. fig.* Rückkehr *f* (***to*** zu); **2.** *Film*: Rückblende *f*.

throw·er ['θrəʊə] *s.* **1.** Werfer(in); **2.** *Töpferei*: Dreher(in), Former(in); **3.** → ***throwster***.

'throw-in *s. sport* Einwurf *m*.

throw·ing ['θrəʊɪŋ] **I** *s.* Werfen *n*, (*Speer- etc.*)Wurf *m*: **~ *the javelin***; **II** *adj.* Wurf...: **~ *knife***.

thrown [θrəʊn] **I** *p.p. von* ***throw***; **II** *adj.* gezwirnt: **~ *silk*** Seidengarn *n*.

'throw|·off *s.* **1.** Aufbruch *m* (zur Jagd); **2.** *fig.* Beginn *m*; **'~-out** *s.* ⚙ **1.** Auswerfer *m*; **2.** Ausschalter *m*; **3.** *mot.* Ausrückvorrichtung *f*: **~ *lever*** (Kupplungs)Ausrückhebel *m*.

throw·ster ['θrəʊstə] *s.* Seidenzwirner(in).

thru [θruː] *Am.* F *für* ***through***.

thrum¹ [θrʌm] **I** *v/i.* **1.** ♪ klimpern (***on*** auf *dat.*); **2.** (mit den Fingern) trommeln; **II** *v/t.* **3.** ♪ klimpern auf (*dat.*); **4.** (mit den Fingern) trommeln auf (*dat.*).

thrum² [θrʌm] **I** *s.* **1.** *Weberei*: a) Trumm *n, m* (*am Ende der Kette*), b) *pl.* (Reihe *f* von) Fransen *pl.*, Saum *m*; **2.** Franse *f*; **3.** loser Faden; **4.** *oft pl.* Garnabfall *m*, Fussel *f*; **II** *v/t.* **5.** befransen.

thrush¹ [θrʌʃ] *s. orn.* Drossel *f*.

thrush² [θrʌʃ] *s.* **1.** ⚕ Soor *m*; **2.** *vet.* Strahlfäule *f*.

thrust [θrʌst] **I** *v/t.* [*irr.*] **1.** *Waffe etc.* stoßen; **2.** *allg.* stecken, schieben: **~ *o.s.*** (*od.* ***one's nose***) ***in*** *fig.* s-e Nase stecken *od.* sich einmischen in (*acc.*); **~ *one's hand into one's pocket*** die Hand in die Tasche stecken; **~ *on*** *et.* hastig anziehen, (sich) *et.* hastig überwerfen; **3.** stoßen, drängen, treiben, (*a. ins Gefängnis*) werfen: **~ *aside*** zur Seite stoßen; **~ *o.s. into*** sich werfen *od.*

T

drängen in (*acc.*); ~ ***out*** a) (heraus-, hinaus)stoßen, ausstoßen, b) *Zunge* herausstrecken, c) *Hand* ausstrecken; ~ ***s.th. upon s.o.*** j-m et. aufdrängen; **4.** ~ ***through*** *j-n* durch'bohren; **5.** ~ ***in*** *Wort* einwerfen; **II** *v/i.* [*irr.*] **6.** stoßen (***at*** nach); **7.** sich *wohin* drängen *od.* schieben: ~ ***into*** ⚔ hineinstoßen in *e-e Stellung etc.*; ***a*** ~***ing politician*** ein ehrgeiziger *od.* aufstrebender Politiker; **III** *s.* **8.** Stoß *m*; **9.** Hieb *m* (*a. fig.*); **10.** *allg. u.* ⚙ Druck *m*; **11.** ✈, *phys.* Schub(kraft *f*) *m*; **12.** ⚙, ⚠ (Seiten)Schub *m*; **13.** *geol.* Schub *m*; **14.** ⚔ *u. fig.* a) Vorstoß *m*, b) Stoßrichtung *f*; ~ **bear·ing** *s.* ⚙, ✈ Drucklager *n*; ~ **per·form·ance** *s.* ⚙, ✈ Schubleistung *f*; ~ **weap·on** *s.* ⚔ Stich-, Stoßwaffe *f*.

thud [θʌd] **I** *s.* dumpfer (Auf)Schlag, Bums *m*; **II** *v/i.* dumpf (auf)schlagen, bumsen.

thug [θʌg] *s.* **1.** (Gewalt)Verbrecher *m*, Raubmörder *m*; **2.** Rowdy *m*, ‚Schläger' *m*; **3.** *fig.* Gangster *m*, Halsabschneider *m*.

thumb [θʌm] **I** *s.* **1.** Daumen *m*: ***his fingers are all*** ~***s, he is all*** ~***s*** er hat zwei linke Hände; ***turn*** ~***s down on*** *fig. et.* ablehnen, verwerfen; ***under s.o.'s*** ~ unter j-s Fuchtel; ***that sticks out like a sore*** ~ F a) das sieht ja ein Blinder, b) das fällt entsetzlich auf; → ***rule*** 2; **II** *v/t.* **2.** *Buchseiten* 'durchblättern; **3.** *Buch* abgreifen, beschmutzen: (***well-***)~***ed*** abgegriffen; **4.** ~ ***a lift*** (*od.* ***ride***) F per Anhalter fahren, trampen; ~ ***a car*** e-n Wagen anhalten, sich mitnehmen lassen; **5.** ~ ***one's nose at*** *j-m* e-e lange Nase machen; ~ **in·dex** *s. typ.* Daumenindex *m*; '~**·mark** *s.* Daumenabdruck *m*; '~**·nail I** *s.* Daumennagel *m*; **II** *adj.*: ~ ***sketch*** kleine (*fig.* kurze) Skizze; ~ **nut** *s.* ⚙ Flügelmutter *f*; '~**·print** *s.* Daumenabdruck *m*; '~**·screw** *s.* **1.** *hist.* Daumenschraube *f*; **2.** ⚙ Flügelschraube *f*; '~**s-down** *s.* F **1.** (to'tale) Ablehnung: ***it's*** ~ ***on your offer!*** Ihr Angebot ist abgelehnt!; **2.** *fig.* vernichtende Kritik; '~**·stall** *s.* Däumling *m* (*Schutzkappe*); '~**s-up** *s.* F **1.** (reine) Zustimmung; **2.** *fig.* ‚Lobeshymne' *f*; '~**·tack** *s. Am.* Reißnagel *m*.

thump [θʌmp] **I** *s.* **1.** dumpfer Schlag, Bums *m*; **2.** (Faust)Schlag *m*, Puff *m*; **II** *v/t.* **3.** schlagen auf (*acc.*), hämmern *od.* pochen gegen *od.* auf (*acc.*); *Kissen* aufschütteln; **4.** plumpsen gegen *od.* auf (*acc.*); **III** *v/i.* **5.** (auf)schlagen, (-)bumsen (***on*** auf *acc.*, ***at*** gegen); **6.** (laut) pochen (*Herz*); '**thump·er** [-pə] *s.* **1.** *sl.* Mordsding *n*, *e-e* ‚Wucht'; **2.** *sl.* faustdicke Lüge; '**thump·ing** [-pɪŋ] F **I** *adj.* kolos'sal, Mords...; **II** *adv.* mordsmäßig.

thun·der ['θʌndə] **I** *s.* **1.** Donner *m* (*a. fig. Getöse*): ***steal s.o.'s*** ~ *fig.* j-m den Wind aus den Segeln nehmen; ~***s of applause*** donnernder Beifall; **II** *v/i.* **2.** donnern (*a. fig. Kanone, Zug etc.*); **3.** *fig.* wettern; **III** *v/t.* **4.** *et.* donnern; '~**·bolt** *s.* **1.** Blitz *m* (u. Donnerschlag *m*), Blitzstrahl *m* (*a. fig.*); **2.** *myth. u. geol.* Donnerkeil *m*; '~**·clap** *s.* Donnerschlag *m* (*a. fig.*); '~**·cloud** *s.* Gewitterwolke *f*.

thun·der·ing ['θʌndərɪŋ] **I** *adj.* ☐ **1.** donnernd (*a. fig.*); **2.** F kolos'sal, gewaltig: ***a*** ~ ***lie*** e-e faustdicke Lüge; **II** *adv.* **3.** F riesig, mächtig: ~ ***glad***; '**thun·der·ous** [-rəs] *adj.* ☐ **1.** gewitterschwül; **2.** *fig.* donnernd; **3.** *fig.* gewaltig.

'**thun·der**|,**show·er** *s.* Gewitterschauer *m*; '~**·storm** *s.* Gewitter *n*, Unwetter *n*; '~**·struck** *adj.* (*fig.* wie) vom Blitz getroffen.

thun·der·y ['θʌndərɪ] *adj.* gewitterschwül: ~ ***showers*** gewittrige Schauer.

Thu·rin·gi·an [θjʊə'rɪndʒɪən] **I** *adj.* Thüringer(...); **II** *s.* Thüringer(in).

Thurs·day ['θɜːzdɪ] *s.* Donnerstag *m*: ***on*** ~ am Donnerstag; ***on*** ~***s*** donnerstags.

thus [ðʌs] *adv.* **1.** so, folgendermaßen; **2.** so'mit, also, folglich, demgemäß; **3.** so, in diesem Maße: ~ ***far*** so weit, bis jetzt; ~ ***much*** so viel.

thwack [θwæk] **I** *v/t.* verprügeln, schlagen; **II** *s.* derber Schlag.

thwart [θwɔːt] **I** *v/t.* **1.** *Pläne etc.* durch'kreuzen, vereiteln, hinter'treiben; **2.** *j-m* entgegenarbeiten, *j-m* e-n Strich durch die Rechnung machen; **II** *s.* **3.** ⚓ Ruderbank *f*.

thy [ðaɪ] *adj. bibl., rhet., poet.* dein.

thyme [taɪm] *s.* ⚘ Thymian *m*.

thy·mus ['θaɪməs], *a.* ~ **gland** *s. anat.* Thymus(drüse *f*) *m*.

thy·roid ['θaɪrɔɪd] ⚕ **I** *adj.* **1.** Schilddrüsen...; **2.** Schildknorpel...: ~ ***cartilage*** → 4; **II** *s.* **3.** *a.* ~ ***gland*** Schilddrüse *f*; **4.** Schildknorpel *m*.

thyr·sus ['θɜːsəs] *pl.* **-si** [-saɪ] *s. antiq. u.* ⚘ Thyrsus *m*.

thy·self [ðaɪ'self] *pron. bibl., rhet., poet.* **1.** du (selbst); **2.** *dat.* dir (selbst); **3.** *acc.* dich (selbst).

ti·ar·a [tɪ'ɑːrə] *s.* **1.** Ti'ara *f* (*Papstkrone u. fig. -würde*); **2.** Dia'dem *n*, Stirnreif *m* (*für Damen*).

tib·i·a ['tɪbɪə] *pl.* **-ae** [-iː] *s. anat.* Schienbein *n*, Tibia *f*; '**tib·i·al** [-əl] *adj. anat.* Schienbein..., Unterschenkel...

tic [tɪk] *s.* ⚕ Tic(k) *m*, (ner'vöses) Muskel- *od.* Gesichtszucken.

tich [tɪtʃ] → ***titch***.

tick[1] [tɪk] **I** *s.* **1.** Ticken *n*: ***to*** (*od.* ***on***) ***the*** ~ (auf die Sekunde) pünktlich; **2.** F Augenblick *m*; **3.** Häkchen *n*, Vermerkzeichen *n*; **II** *v/i.* **4.** ticken: ~ ***over*** a) *mot.* im Leerlauf sein, b) *fig.* normal

T

od. ganz gut laufen; ***what makes him ~?*** a) was hält ihn (so) in Schwung?, b) wie ‚funktioniert' er?; **III** *v/t.* **5.** *in e-r Liste* anhaken: ***to ~ off*** a) abhaken, b) F *j-n* ‚zs.-stauchen'.

tick² [tɪk] *s. zo.* Zecke *f.*

tick³ [tɪk] *s.* **1.** (Kissen- *etc.*)Bezug *m*; **2.** Inlett *n*, Ma'tratzenbezug *m*; **3.** F Drillich *m*, Drell *m*.

tick⁴ [tɪk] *s.* F Kre'dit *m*, Pump *m*: ***buy on ~*** auf Pump *od.* Borg kaufen.

tick·er ['tɪkə] *s.* **1.** *Börse*: Fernschreiber *m*; **2.** *sl.* a) ‚Wecker' *m* (*Uhr*), b) ‚Pumpe' *f* (*Herz*); **~ tape** *s. Am.* Lochstreifen *m*: ***~ parade*** Konfettiparade *f*.

tick·et ['tɪkɪt] **I** *s.* **1.** (Ausweis-, Eintritts-, Lebensmittel-, Mitglieds- *etc.*) Karte *f*; 🚂 *etc.* Fahrkarte *f*, -schein *m*; ✈ Flugschein *m*, Ticket *n*: ***take a ~*** e-e Karte lösen; **2.** (*bsd.* Gepäck-, Pfand-) Schein *m*; **3.** Lotte'rielos *n*; **4.** Eti'kett *n*, (*Preis- etc.*)Zettel *m*; **5.** *mot.* a) Strafzettel *m*, b) gebührenpflichtige Verwarnung; **6.** ⚓, ✈ Li'zenz *f*; **7.** *pol. bsd. Am.* a) (Wahl-, Kandi'daten)Liste *f*, b) ('Wahl-, Par'tei)Pro͵gramm *n*: ***split the ~*** panaschieren; ***vote a straight ~*** die Liste e-r Partei unverändert wählen; ***write one's own ~*** F (ganz) s-e eigenen Bedingungen stellen; **8.** ***~ of leave*** ⚖ *Brit.* (Schein *m* über) bedingte Freilassung: ***be on ~ of leave*** bedingt freigelassen sein; **9.** F *das Richtige*: ***that's the ~!***; **II** *v/t.* **10.** etikettieren, kennzeichnen, *Waren* auszeichnen; **~ a·gen·cy** *s. thea. etc.* Vorverkaufsstelle *f*; **'~-͵can·cel·(l)ing machine** *s.* (Fahrschein)Entwerter; **~ col·lec·tor** *s.* 🚂 Bahnsteigschaffner *m*; **~ day** *s. Börse*: Tag *m* vor dem Abrechnungstag; **~ in·spec·tor** *s.* 'Fahrkartenkontrol͵leur *m*; **~ ma·chine** *s.* 'Fahrscheinauto͵mat *m*; **~ of·fice** *s.* **1.** Fahrkartenschalter *m*; **2.** (The'ater)Kasse *f*; **~ punch** *s.* Lochzange *f*; **~ tout** *s.* Kartenschwarzhändler *m*.

tick·ing ['tɪkɪŋ] *s.* Drell *m*, Drillich *m*; **͵~-'off** *s.* F ‚Anpfiff' *m*.

tick·le ['tɪkl] **I** *v/t.* **1.** kitzeln (*a. fig.*); **2.** *fig. j-s Eitelkeit etc.* schmeicheln; **3.** *fig.* amüsieren: ***~d pink*** F ‚ganz weg' (vor Freude); ***I'm ~d to death*** ich könnte mich totlachen (*a. iro.*); **4.** ***~ up*** (an-) reizen; **II** *v/i.* **5.** kitzeln; **6.** jucken; **III** *s.* **7.** Kitzel *m* (*a. fig.*); **8.** Juckreiz *m*; **'tick·ler** [-lə] *s.* **1.** kitzlige Sache, (schwieriges) Pro'blem; **2.** *Am.* No'tizbuch *n*: ***~ file*** Wiedervorlagemappe *f*; **3.** *a.* ***~ coil*** ⚡ Rückkopplungsspule *f*; **'tick·lish** [-lɪʃ] *adj.* ☐ **1.** kitz(e)lig; **2.** *fig.* a) kitzlig, heikel, schwierig, b) empfindlich (*Person*).

tick·tack ['tɪktæk] *s.* **1.** Ticktack *n*; **2.** *sl. Rennsport*: Zeichensprache *f* der Buchmacher: ***~ man*** Buchmachergehilfe *m*.

tid·al ['taɪdl] *adj.* **1.** Gezeiten..., den Gezeiten unter'worfen: ***~ basin*** ⚓ Tidebecken *n*; ***~ inlet*** Priel *m*; ***~ power plant*** Gezeitenkraftwerk *n*; **2.** Flut...: ***~ wave*** Flutwelle *f*, *fig. a.* Woge *f*.

tid·bit ['tɪdbɪt] *Am.* → ***titbit***.

tid·dly ['tɪdlɪ] *adj. Brit.* F **1.** winzig; **2.** ‚angesäuselt', beschwipst.

tid·dly·winks ['tɪdlɪwɪŋks] *s. pl. sg. konstr.* Flohhüpfen *n*.

tide [taɪd] **I** *s.* **1.** a) Gezeiten *pl.*, Ebbe *f* u. Flut, b) Flut *f*, Tide *f*: ***high ~*** Flut; ***low ~*** Ebbe; ***the ~ is coming in*** (***going out***) die Flut kommt (die Ebbe setzt ein); ***the ~ is out*** es ist Ebbe; ***turn of the ~*** a) Gezeitenwechsel *m*, b) *fig.* Umschwung *m*; ***the ~ turns*** *fig.* das Blatt wendet sich; **2.** *fig.* Strom *m*, Strömung *f*: ***~ of events*** *der* Gang der Ereignisse; ***swim against*** (***with***) ***the ~*** gegen den (mit dem) Strom schwimmen; **3.** *fig.* rechte Zeit, günstiger Augenblick; **4.** *in Zssgn* Zeit *f*: ***winter~***; **II** *v/i.* **5.** (mit dem Strom) treiben, ⚓ bei Flut ein- *od.* auslaufen; **6.** ***~ over*** *fig.* hin'wegkommen über (*acc.*); **III** *v/t.* **7.** ***~ over*** *fig. j-m* hin'weghelfen über (*acc.*): ***~ it over*** ‚sich über Wasser halten'; **~ gate** *s.* Flut(schleusen)tor *n*; **~ ga(u)ge** *s.* (Gezeiten)Pegel *m*; **'~·land** *s.* Watt *n*; **'~·mark** *s.* **1.** Gezeitenmarke *f*; **2.** Pegelstand *m*; **3.** *bsd. Brit.* F schwarzer Rand (*am Hals etc.*); **~ ta·ble** *s.* Gezeitentafel *f*; **'~͵wait·er** *s. hist.* Hafenzollbeamte(r) *m*; **'~͵wa·ter** *s.* Flut-, Gezeitenwasser *n*: ***~ district*** Wattengebiet *n*; **'~·way** *s.* Priel *m*.

ti·di·ness ['taɪdɪnɪs] *s.* **1.** Sauberkeit *f*, Ordnung *f*; **2.** Nettigkeit *f*.

ti·dings ['taɪdɪŋz] *s. pl. sg. od. pl. konstr.* Nachricht(en *pl.*) *f*, Neuigkeit (-en *pl.*) *f*, Kunde *f*.

ti·dy ['taɪdɪ] **I** *adj.* ☐ **1.** sauber, reinlich, ordentlich (*Zimmer*, *Person*, *Aussehen etc.*); **2.** nett, schmuck; **3.** *fig.* F ordentlich, beträchtlich: ***a ~ penny*** e-e Stange Geld; **II** *s.* **4.** (Sofa- *etc.*)Schoner *m*; **5.** (Arbeits-, Flick- *etc.*)Beutel *m*; Fächerkasten *m*; **6.** Abfallkorb *m*; **III** *v/t.* **7.** *a.* ***~ up*** in Ordnung bringen, aufräumen, säubern: ***~ out*** ‚ausmisten'; ***~ o.s. up*** sich zurechtmachen; **IV** *v/i.* **8.** ***~ up*** aufräumen, sauber machen.

tie [taɪ] **I** *s.* **1.** (Schnür)Band *n*; **2.** a) Kra'watte *f*, b) Halstuch *n*; **3.** Schleife *f*, Masche *f*; **4.** *fig.* a) Band *n*: ***the ~(s) of friendship***, b) *pol.*, *psych.* Bindung *f*: ***mother ~***; **5.** *fig.* (lästige) Fessel, Last *f*; **6.** ⚠, ⚙ a) Verbindung(sstück *n*) *f*, b) Anker *m*, c) → ***tie beam***; **7.** 🚂 *Am.* Schwelle *f*; **8.** *parl. pol.* Stimmengleichheit *f*: ***end in a ~*** stimmengleich enden; **9.** *sport* a) Punktgleichheit *f*, Gleichstand *m*, b) Unentschieden *n*, c) Ausscheidungsspiel *n*, d) Wieder'ho-

T

lung(sspiel *n*) *f*; **10.** ♪ Bindebogen *m*, Liga'tur *f*; **II** *v/t.* **11.** an-, festbinden (**to** an *acc.*); **12.** binden, schnüren; *fig.* fesseln: **~ s.o.'s hands** (**tongue**) j-m die Hände (Zunge) binden; **13.** *Schleife, Schuhe etc.* binden; **14.** ⚠, ⚙ verankern, befestigen; **15.** ♪ *Noten* (aneinander) binden; **16.** (**to**) *fig. j-n* binden (an *acc.*), verpflichten (zu); **17.** hindern, hemmen; **18.** *j-n* in Anspruch nehmen (*Pflichten etc.*); **III** *v/i.* **19.** *sport* a) gleichstehen, punktgleich sein, b) unentschieden spielen *od.* kämpfen (**with** gegen); **20.** *parl., pol.* gleiche Stimmenzahl haben;
Zssgn mit adv.:
tie| down *v/t.* **1.** festbinden; **2.** niederhalten, fesseln; **3.** (**to**) *fig. j-n* binden (an *Pflichten, Regeln etc.*), *j-n* festlegen (auf *acc.*): **be tied down** (**by**) angebunden sein (durch *e-e Familie etc.*); **~ in I** *v/i.* (**with**) über'einstimmen (mit), passen (zu); **II** *v/t.* (**with**) verbinden *od.* koppeln (mit), einbauen (in *acc.*); **~ up** *v/t.* **1.** (an-, ein-, ver-, zs.-, zu)binden; **2.** *fig.* a) hemmen, fesseln, b) festhalten, beschäftigen; **3.** *fig.* lahm legen; *Industrie, Produktion* stilllegen; *Vorräte etc.* blockieren; **4.** ✝, ⚖ festlegen: a) *Geld* fest anlegen, b) *bsd. Erbgut* e-r Verfügungsbeschränkung unter'werfen; **5. tie it up** *Am.* F die Sache erledigen.

tie| bar *s.* **1.** 🚂 a) Verbindungsstange *f* (*Weiche*), b) Spurstange *f*; **2.** *typ.* Bogen *m über 2 Buchstaben*; **~ beam** *s.* ⚠ Zugbalken *m*; '**~ˌbreak(·er)** *s. Tennis*: Tie-Break *m, n.*

tied [taɪd] *adj.* ✝ zweckgebunden; **~ house** *s. Brit.* Braue'reigaststätte *f.*

'**tie|-in** *s.* **1.** ✝ *Am.* a) Gemeinschaftswerbung *f*, b) *a.* **~ sale** Kopplungsgeschäft *n*, -verkauf *m*; **2.** Zs.-hang *m*, Verbindung *f*; '**~-on** *adj.* zum Anbinden, Anhänge...

tier [tɪə] *s.* **1.** Reihe *f*, Lage *f*: **in ~s** in Reihen übereinander, lagenweise; **2.** *thea.* a) (Sitz)Reihe *f*, b) Rang *m*; **3.** *fig.* Rang *m*, Stufe *f.*

tierce [tɪəs] *s.* **1.** [*Kartenspiel*: tɜːs] ♪, *fenc., eccl., Kartenspiel*: Terz *f*; **2.** Weinfass *n* (*mit 42 Gallonen*).

tie rod *s.* ⚙ **1.** Zugstange *f*; **2.** Kuppelstange *f*; **3.** 🚂 Spurstange *f.*

'**tie-up** *s.* **1.** a) Verbindung *f*, Zs.-hang *m*, b) Koppelung *f*; **2.** *Am.* Still-, Lahmlegung *f*; **3.** *bsd. Am.* (*a.* Verkehrs)Stockung *f*, Stillstand *m.*

tiff [tɪf] *s.* **1.** kleine Meinungsverschiedenheit, Kabbe'lei *f*; **2.** schlechte Laune: **in a ~** übel gelaunt.

tif·fin ['tɪfɪn] *s. Brit.* Mittagessen *n* (*in Indien*).

tige [tiːʒ] (*Fr.*) *s.* **1.** ⚠ Säulenschaft *m*; **2.** ⚘ Stängel *m*, Stiel *m.*

ti·ger ['taɪgə] *s.* **1.** *zo.* Tiger *m* (*a. fig. Wüterich*): **American ~** Jaguar *m*: **rouse the ~ in s.o.** *fig.* j-n in kalte Wut versetzen; **2.** *hist. Brit. sl.* livrierter Bedienter, Page *m*; **~ cat** *s. zo.* **1.** Tigerkatze *f*; **2.** getigerte (Haus)Katze.

ti·ger·ish ['taɪgərɪʃ] *adj.* **1.** tigerartig; **2.** blutdürstig; **3.** wild, grausam.

tight [taɪt] **I** *adj.* ☐ **1.** dicht (*nicht leck*): **a ~ barrel**; **2.** fest(sitzend) (*Kork, Knoten etc.*), stramm (*Schraube etc.*); **3.** straff, (an)gespannt (*Muskel, Seil etc.*); **4.** schmuck; **5.** a) (zu) eng, knapp, b) eng (anliegend) (*Kleid etc.*): **~ fit** knapper Sitz, ⚙ Feinpassung; **6.** a) eng, dicht (gedrängt), b) *fig.* F kritisch, ‚mulmig'; → **corner** 2; **7.** prall (voll); **8.** *fig.* a) komprimiert, straff (*Handlung etc.*), b) gedrängt, knapp (*Stil*), c) hieb- u. stichfest (*Argument*), d) straff, streng (*Sicherheitsmaßnahmen etc.*): **a ~ schedule** knappe Termine, *a.* ein voller Terminkalender; **9.** ✝ a) knapp (*Geld*), b) angespannt (*Marktlage*); **10.** F knick(e)rig, geizig; **11.** eng, am Kleinen klebend (*Kunst etc.*); **12.** *sl.* ‚blau', besoffen; **II** *adv.* **13.** eng, knapp; *a.* ⚙ fest: **hold ~** festhalten; **sit ~** a) fest im Sattel sitzen, b) sich nicht (vom Fleck) rühren, c) *fig.* sich eisern behaupten, sich nicht beirren lassen, *a.* abwarten;
'**tight·en** [-tn] **I** *v/t.* **1.** *a.* **~ up** zs.-ziehen; **2.** *Schraube, Zügel etc.* fest-, anziehen; *Feder, Gurt etc.* spannen; *Gürtel* enger schnallen; *Muskel, Seil etc.* straffen: **~ one's grip** fester zupacken, den Druck verstärken (*a. fig.*); **3.** *a.* **~ up** *fig.* a) *Manuskript, Handlung etc.* straffen, b) *Sicherheitsmaßnahmen etc.* verschärfen; **4.** (ab)dichten; **II** *v/i.* **5.** sich straffen; **6.** fester werden (*Griff*); **7.** *a.* **~ up** sich fest zs.-ziehen; **8.** ✝ sich versteifen (*Markt*).

ˌ**tight|-'fist·ed** → **tight** 10; ˌ**~-'fit·ting** *adj.* **1.** → **tight** 5; **2.** ⚙ genau an- *od.* eingepasst, Pass...; ˌ**~-'laced** *adj.* sittenstreng, prüde, puri'tanisch; ˌ**~-'lipped** *adj.* **1.** schmallippig; **2.** *fig.* verschlossen.

tight·ness ['taɪtnɪs] *s.* **1.** Dichtheit *f*; **2.** Festigkeit *f*; fester Sitz; **3.** Straffheit *f*; **4.** Enge *f*; **5.** Gedrängtheit *f*; **6.** Geiz *m*, Knicke'rei *f*; **7.** ✝ a) (Geld)Knappheit *f*, b) angespannte Marktlage.

'**tight·rope I** *s.* (Draht)Seil *n* (*Zirkus*); **II** *adj.* (Draht)Seil...: **~ walker** Seiltänzer(in).

tights [taɪts] *s. pl.* **1.** ('Tänzer-, Ar'tisten)TriˌKot *n*; **2.** *bsd. Brit.* Strumpfhose *f.*

'**tight·wad** *s. Am.* F Geizkragen *m.*

ti·gress ['taɪgrɪs] *s.* **1.** Tigerin *f*; **2.** *fig.* Me'gäre *f*, (Weibs)Teufel *m.*

tike → **tyke**.

til·de [tɪld] *s. ling.* Tilde *f.*

tile [taɪl] **I** *s.* **1.** (Dach)Ziegel *m*: ***he has a ~ loose*** *sl.* bei ihm ist eine Schraube locker; ***be*** (***out***) ***on the ~s*** *sl.* ‚herumsumpfen'; **2.** ([Kunst]Stein)Platte *f*, (Fußboden-, Wand-, Teppich)Fliese *f*, (Ofen-, Wand)Kachel *f*; **3.** *coll.* Ziegel *pl.*, Fliesen(fußboden *m*) *pl.*, Fliesen(ver)täfelung *f*; **4.** ⚠ Hohlstein *m*; **5.** F a) ‚Angströhre' *f* (*Zylinder*), b) ‚Deckel' *m* (*steifer Hut*); **II** *v/t.* **6.** (mit Ziegeln) decken; **7.** mit Fliesen *od.* Platten auslegen, fliesen, kacheln; **til·er** ['taɪlə] *s.* **1.** Dachdecker *m*; **2.** Fliesen-, Plattenleger *m*; **3.** Ziegelbrenner *m*; **4.** Logenhüter *m* (*Freimaurer*).

till¹ [tɪl] **I** *prp.* **1.** bis: ***~ now*** bis jetzt, bisher; ***~ then*** bis dahin *od.* dann *od.* nachher; **2.** bis zu: ***~ death*** bis zum Tod, bis in den Tod; **3.** ***not ~*** erst: ***not ~ yesterday***; **II** *cj.* **4.** bis; **5.** ***not ~*** erst als (*od.* wenn).

till² [tɪl] *s.* **1.** Ladenkasse *f*: ***~ money*** ✝ Kassenbestand *m*; **2.** Geldkasten *m*.

till³ [tɪl] ✓ **I** *v/t.* *Boden* bebauen, bestellen, (be)ackern; **II** *v/i.* ackern, pflügen; **'till·a·ble** [-ləbl] *adj.* anbaufähig; **'till·age** [-lɪdʒ] *s.* **1.** Bodenbestellung *f*; **2.** Ackerbau *m*; **3.** Ackerland *n*.

till·er¹ ['tɪlə] *s.* **1.** (Acker)Bauer *m*; **2.** Ackerfräse *f*.

till·er² ['tɪlə] *s.* **1.** ⚓ Ruderpinne *f*; **2.** ⚙ Griff *m*; **~ rope** *s.* ⚓ Steuerreep *n*.

tilt¹ [tɪlt] **I** *v/t.* **1.** kippen, neigen, schräg stellen; **2.** 'umkippen, 'umstoßen; **3.** ⚓ *Schiff* krängen; **4.** ⚙ recken (*schmieden*); **5.** *hist.* a) (mit eingelegter Lanze) anreiten gegen, b) *Lanze* einlegen; **II** *v/i.* **6.** *a.* ***~ over*** a) sich neigen, kippen, b) ('um)kippen, 'umfallen; **7.** ⚓ krängen; **8.** *hist.* im Tur'nier kämpfen: ***~ at*** a) anreiten gegen, b) (mit der Lanze) stechen nach, c) *fig.* losziehen gegen, attackieren; **III** *s.* **9.** Kippen *n*: ***give a ~ to*** → 1; **10.** Schräglage *f*, Neigung *f*: ***on the ~*** auf der Kippe; **11.** *hist.* Tur'nier *n*, Lanzenbrechen *n*; **12.** *fig.* Strauß *m*, (Wort)Gefecht *n*; **13.** (Lanzen)Stoß *m*; **14.** (Angriffs)Wucht *f*: (***at***) ***full ~*** mit voller Wucht *od.* Geschwindigkeit; **15.** *Am.* ‚Drall' *m*, Ten'denz *f*.

tilt² [tɪlt] **I** *s.* **1.** (Wagen- *etc.*)Plane *f*, Verdeck *n*; **2.** ⚓ Sonnensegel *n*; **3.** Sonnendach *n*; **II** *v/t.* (mit e-r Plane) bedecken.

T

tilt cart *s.* Kippwagen *m*.

tilt·er ['tɪltə] *s.* **1.** (*Kohlen- etc.*)Kipper *m*, Kippvorrichtung *f*; **2.** ⚙ *Walzwerk*: Wipptisch *m*.

tilth [tɪlθ] → ***tillage***.

tilt·ing ['tɪltɪŋ] *adj.* **1.** *hist.* Turnier...; **2.** ⚙ schwenk-, kippbar, Kipp...

'tilt·yard *s. hist.* Tur'nierplatz *m*.

tim·bal ['tɪmbl] *s.* ♪ *hist.* (Kessel)Pauke *f*.

tim·ber ['tɪmbə] **I** *s.* **1.** Bau-, Nutzholz *n*; **2.** *coll.* (Nutzholz)Bäume *pl.*, Baumbestand *m*, Wald(bestand) *m*; **3.** *Brit.* a) Bauholz *n*, b) Schnittholz *n*; **4.** ⚓ Inholz *n*; *pl.* Spantenwerk *n*; **5.** *Am. fig.* Holz *n*, Schlag *m*, Ka'liber *n*: ***a man of his ~***; ***he is of presidential ~*** er hat das Zeug zum Präsidenten; **II** *v/t.* **6.** (ver-)zimmern; **7.** *Holz* abvieren; **8.** *Graben etc.* absteifen; **III** *adj.* **9.** Holz...; **'tim·bered** [-əd] *adj.* **1.** gezimmert; **2.** Fachwerk...; **3.** bewaldet.

tim·ber| for·est *s.* Hochwald *m*; **~ frame** ⚙ Bundsäge *f*; **'~-framed** *adj.* Fachwerk...

tim·ber·ing ['tɪmbərɪŋ] *s.* **1.** Zimmern *n*, Ausbau *m*; **2.** ⚙ Verschalung *f*; **3.** Bau-, Zimmerholz *n*; **4.** a) Gebälk *n*, b) Fachwerk *n*.

'tim·ber|·land *s. Am.* Waldland *n* (*für Nutzholz*); **~ line** *s.* Baumgrenze *f*; **'~·man** [-mən] *s.* [*irr.*] **1.** Holzfäller *m*, -arbeiter *m*; **2.** ⚒ Stempelsetzer *m*; **~ tree** *s.* Nutzholzbaum *m*; **'~·work** *s.* ⚙ Gebälk *n*; **'~·yard** *s.* Zimmerplatz *m*, Bauhof *m*.

tim·bre ['tæ̃mbrə] (*Fr.*) *s.* ♪, *ling.* Klangfarbe *f*, Timbre *n*.

tim·brel ['tɪmbrəl] *s.* Tambu'rin *n*.

time [taɪm] **I** *s.* **1.** Zeit *f*: ***~ past, present, and to come*** Vergangenheit, Gegenwart und Zukunft; ***for all ~*** für alle Zeiten; ***~ will show*** die Zeit wird es lehren; **2.** Zeit *f*, Uhr(zeit) *f*: ***what's the ~?***, ***what ~ is it?*** wie viel Uhr *od.* wie spät ist es?; ***at this ~ of day*** a) zu dieser (späten) Tageszeit, b) *fig.* so spät, in diesem späten Stadium; ***bid*** (*od.* ***pass***) ***s.o. the ~ of*** (***the***) ***day***, ***pass the ~ of day with s.o.*** j-n grüßen; ***know the ~ of the day*** F wissen, was es geschlagen hat; ***some ~ about noon*** etwa um Mittag; ***this ~ tomorrow*** morgen um diese Zeit; ***this ~ twelve months*** heute übers Jahr; ***keep good ~*** richtig gehen (*Uhr*); **3.** Zeit(dauer) *f*, Zeitabschnitt *m*, (*a. phys. Fall-, Schwingungs- etc.*)Dauer *f*; ✝ Laufzeit *f* (*Wechsel- etc.*); Arbeitszeit *f im Herstellungsprozess etc.*: ***in three weeks' ~*** in drei Wochen; ***a long ~*** lange Zeit; ***be a long ~ in doing s.th.*** lange (Zeit) dazu brauchen, et. zu tun; **4.** Zeit(-punkt *m*) *f*: ***~ of arrival*** Ankunftszeit; ***at the ~*** a) zu dieser Zeit, damals, b) gerade; ***at the present ~*** derzeit, gegenwärtig; ***at the same ~*** a) zur selben Zeit, gleichzeitig, b) gleichwohl, zugleich, andererseits; (***at***) ***any ~***, ***at all ~s*** zu jeder Zeit; ***at no ~*** nie; ***at that ~*** zu der Zeit; ***at one ~*** einst, früher (einmal); ***at some ~*** irgendwann; ***for the ~*** für den Augenblick; ***for the ~ being*** a) vorläufig, fürs Erste, b) unter den gegenwärtigen Umständen; **5.** *oft pl.* Zeit(alter *n*) *f*, E'poche *f*: ***~ immemo-***

rial, ***~ out of mind*** un(vor)denkliche Zeit; ***at*** (*od.* ***in***) ***the ~ of Queen Anne*** zur Zeit der Königin Anna; ***the good old ~s*** die gute alte Zeit; **6.** *pl.* Zeiten *pl.*, (Zeit)Verhältnisse *pl.*: ***hard ~s***; **7.** ***the ~s*** die Zeit: ***behind the ~s*** rückständig; ***move with the ~s*** mit der Zeit gehen; **8.** Frist *f*, Ter'min *m*: ***~ for payment*** Zahlungsfrist; ***~ of delivery*** ✝ Lieferfrist, -zeit *f*; ***ask*** (***for a***) ***~*** ✝ um Frist(verlängerung) bitten; ***you must give me ~*** Sie müssen mir Zeit geben *od.* lassen; **9.** (verfügbare) Zeit: ***have no ~*** keine Zeit haben; ***have no ~ for s.o.*** *fig.* nichts übrig haben für j-n; ***buy a little ~*** etwas Zeit (heraus)schinden; ***kill ~*** die Zeit totschlagen; ***take*** (***the***) ***~***, ***take out ~*** sich die Zeit nehmen (***to do*** zu tun); ***take one's ~*** sich Zeit lassen; ***~ is up!*** die Zeit ist um!; ***~ gentlemen, please!*** (es ist bald) Polizeistunde! (*Lokal*); ***~!*** *sport* Zeit!: a) anfangen!, b) aufhören!; ***~!*** *parl.* Schluss!; → ***forelock***; **10.** Lehr-, Dienstzeit *f*: ***serve one's ~*** s-e Lehre machen; **11.** a) (na'türliche *od.* nor'male) Zeit, b) Lebenszeit *f*: ***~ of life*** Alter *n*; ***ahead of ~*** vorzeitig; ***die before one's ~*** vor der Zeit *od.* zu früh sterben; ***his ~ is drawing near*** sein Tod naht heran; **12.** a) Schwangerschaft *f*, b) Entbindung *f*, Niederkunft *f*: ***she is far on in her ~*** sie ist hochschwanger; ***she is near her ~*** sie steht kurz vor der Entbindung; **13.** (günstige) Zeit: ***now is the ~*** nun ist die passende Gelegenheit, jetzt gilt es (***to do*** zu tun); ***at such ~s*** bei solchen Gelegenheiten; ***bide one's ~*** (s-e Zeit) abwarten; **14.** Mal *n*: ***the first ~*** das erste Mal; ***for the last ~*** zum letzten Mal; ***till next ~*** bis zum nächsten Mal; ***every ~*** jedes Mal; ***many ~s*** viele Male; ***~ and again***, ***~ after ~*** immer wieder; ***at some other ~***, ***at other ~s*** ein anderes Mal; ***at a ~*** auf einmal, zusammen, zugleich, jeweils; ***one at a ~*** einzeln, immer nur eine(r, s); ***two at a ~*** zu zweit, jeweils zwei; **15.** *pl.* mal, ...mal: ***three ~s four is twelve*** drei mal vier ist zwölf; ***twenty ~s*** zwanzigmal; ***four ~s the size of yours*** viermal so groß wie deines; **16.** *bsd. sport* (erzielte, gestoppte) Zeit; **17.** a) Tempo *n*, Zeitmaß *n* (*beide a.* ♪), b) ♪ Takt *m*: ***change of ~*** Taktwechsel *m*; ***beat*** (***keep***) ***~*** den Takt schlagen (halten); **18.** ⚔ Marschtempo *n*, Schritt *m*: ***mark ~*** a) ⚔ auf der Stelle treten (*a. fig.*), b) *fig.* nicht vom Fleck kommen;

Besondere Redewendungen:

against ~ gegen die Zeit *od.* Uhr, mit größter Eile; ***ahead of*** (*od.* ***before***) ***one's ~*** s-r Zeit voraus; ***all the ~*** a) die ganze Zeit (über), ständig, b) jederzeit; ***at ~s*** zu Zeiten, gelegentlich; ***at all ~s*** stets, zu jeder Zeit; ***at any ~*** a) zu irgendeiner Zeit, jemals, b) jederzeit; ***behind ~*** zu spät d(a)ran, verspätet; ***between ~s*** in den Zwischenzeiten; ***by that ~*** a) bis dahin, unterdessen, b) zu der Zeit; ***for a*** (*od.* ***some***) ***~*** e-e Zeit lang, einige Zeit; ***for a long ~ past*** schon seit langem; ***not for a long ~*** noch lange nicht; ***from ~ to ~*** von Zeit zu Zeit; ***in ~*** a) rechtzeitig (***to do*** um zu tun), b) mit der Zeit, c) im (richtigen) Takt; ***in due ~*** rechtzeitig, termingerecht; ***in good ~*** (gerade) rechtzeitig; ***all in good ~*** alles zu s-r Zeit; ***in one's own good ~*** wenn es e-m passt; ***in no ~*** im Nu, im Handumdrehen; ***on ~*** a) pünktlich, rechtzeitig, b) *bsd. Am.* für e-e (bestimmte) Zeit, c) ✝ *Am.* auf Zeit, *bsd.* auf Raten; ***out of ~*** a) zur Unzeit, unzeitig, b) vorzeitig, c) zu spät, d) aus dem Takt *od.* Schritt; ***till such ~ as*** so lange bis; ***to ~*** pünktlich; ***do ~*** F *im Gefängnis* ‚sitzen'; ***have a good ~*** es schön haben, es sich gut gehen lassen, sich gut amüsieren; ***have the ~ of one's life*** sich großartig amüsieren, leben wie ein Fürst; ***have a hard ~*** Schlimmes durchmachen; ***he had a hard ~ getting up early*** es fiel ihm schwer, früh aufzustehen; ***with ~*** mit der Zeit; ***~ was, when*** die Zeit ist vorüber, als;

II *v/t.* **19.** (mit der Uhr) messen, (ab-)stoppen, die Zeit messen von; **20.** timen (*a. sport*), die Zeit *od.* den richtigen Zeitpunkt wählen *od.* bestimmen für, zur rechten Zeit tun; → ***timed***; **21.** zeitlich abstimmen; **22.** die Zeit festsetzen für: ***is ~d to leave at 7*** *der Zug etc.* soll um 7 abfahren; **23.** ⚙ *Zündung etc.* einstellen; *Uhr* stellen; **24.** zeitlich regeln (***to*** nach); **25.** das Tempo *od.* den Takt angeben für; **III** *v/i.* **26.** Takt halten; **27.** zeitlich zs.- *od.* über'einstimmen (***with*** mit); **ˌ~-and-'mo·tion stud·y** *s.* ✝ Zeitstudie *f*; **~ bar·gain** *s.* ✝ Ter'mingeschäft *n*; **'~-base** *adj.* ⚡ Kipp...; **~ bill** *s.* ✝ Zeitwechsel *m*; **~ bomb** *s.* Zeitbombe *f* (*a. fig.*); **'~·card** *s.* **1.** Stech-, Stempelkarte *f*; **2.** Fahrplan *m*; **~ clock** *s.* Stechuhr *f*; **~ constant** *s. phys.* 'Zeitkonˌstante *f*; **'~-conˌsum·ing** *adj.* Zeit raubend; **~ cred·it** *s. gleitende Arbeitszeit*: Zeitguthaben *n*.

timed [taɪmd] *adj.* zeitlich (genau) festgelegt *od.* reguliert, getimed: → ***ill-timed***; ***well-timed***.

time| de·pos·its *s. pl.* ✝ *Am.* Ter'mingelder *pl.*; **~ dif·fer·ence** *s.* Zeitunterschied *m*; **~ draft** *s.* ✝ Zeitwechsel *m*; **'~-exˌpired** *adj.* ⚔ *Brit.* ausgedient (*Soldat od. Unteroffizier*); **~ ex·po·sure** *s. phot.* **1.** Zeitbelichtung *f*; **2.** Zeitaufnahme *f*; **~ freight** *s.* ✝ *Am.* Eilfracht

T

f; **~ fuse** *s.* ⚔ Zeitzünder *m*; **'~-ˌhon·o(u)red** *adj.* alt'ehrwürdig; **'~ˌkeep·er** *s.* **1.** Zeitmesser *m*; **2.** *sport u.* ✝ Zeitnehmer *m*; **'~ˌkeep·ing** *s.* **1.** *sport* Zeitnahme *f*; **2.** Arbeitszeiterfassung *f*; **~ lag** *s. bsd.* ⚙ Verzögerung *f*, zeitliche Nacheilung *od.* Lücke; **'~-lapse** *adj. phot.* Zeitraffer...

time·less ['taɪmlɪs] *adj.* □ **1.** ewig; **2.** zeitlos (*a. Schönheit etc.*).

time lim·it *s.* Frist *f*, Ter'min *m*.

time·li·ness ['taɪmlɪnɪs] *s.* **1.** Rechtzeitigkeit *f*; **2.** günstige Zeit; **3.** Aktuali'tät *f*.

time| loan *s.* ✝ Darlehen *n* auf Zeit; **~ lock** *s.* ⚙ Zeitschloss *n*.

time·ly ['taɪmlɪ] *adj.* **1.** rechtzeitig; **2.** (*zeitlich*) günstig, angebracht; **3.** aktu'ell.

ˌtime|-'out *pl.* **-'outs** *s.* **1.** *sport* Auszeit *f*; **2.** *Am.* Pause *f*; **~ pay·ment** *s.* ✝ *Am.* Ratenzahlung *f*; **'~·piece** *s.* Chrono'meter *n*, Uhr *f*.

tim·er ['taɪmə] *s.* **1.** Zeitmesser *m* (*Apparat*); **2.** ⚙ Zeitgeber *m*, -schalter *m*; **3.** *mot.* Zündverteiler *m*; **4.** Stoppuhr *f*; **5.** *phot.* Zeitauslöser *m*; **6.** ⚙ *u. sport* Zeitnehmer *m* (*Person*).

'time|ˌsav·er *s.* Zeit sparendes Ge'rät *od.* Ele'ment; **'~ˌsav·ing** *adj.* Zeit (er-)sparend; **~ sense** *s.* Zeitgefühl *n*; **'~-ˌserv·er** *s.* Opportu'nist(in), Gesinnungslump *m*; **'~ˌserv·ing I** *adj.* opportu'nistisch; **II** *s.* Opportu'nismus *m*, Gesinnungslumpe'rei *f*; **'~·share I** *s.* Ferienwohnung *f* (*od.* -haus *n*) auf 'Time-ˌSharing-Basis; **II** *adj.* Time-Sharing-...: **~ *home*** *Ferienhaus od. -wohnung, an dem/der man für e-e festgelegte Zeit des Jahres ein Nutzungsrecht hat*; **~ shar·ing** *s.* Time-Sharing *n*: a) *gleichzeitige Nutzung e-r Daten verarbeitenden Anlage durch mehrere Nutzer od. Geräte*, b) *Miteigentum an Ferienhäusern od. -wohnungen, das für e-e festgelegte Zeit des Jahres gilt*; **~ sheet** *s.* **1.** Arbeits(zeit)blatt *n*; **2.** Stechblatt *n*; **~ sig·nal** *s. Radio*: Zeitzeichen *n*; **'~-stud·y man** *s.* [*irr.*] ✝, ⚙ Zeitstudienfachmann *m*; **~ switch** *s.* Zeitschalter *m*; **'~ˌta·ble** *s.* **1.** a) Fahrplan *m*, b) Flugplan *m*; **2.** Stundenplan *m*; **3.** ‚Fahrplan' *m*, Zeitplan *m*; **'~-ˌtest·ed** *adj.* (alt)bewährt; **'~·work** *s.* ✝ nach Zeit bezahlte Arbeit; **'~·worn** *adj.* **1.** abgenutzt (*a. fig.*); **2.** veraltet; **3.** abgedroschen.

Time zones

GMT = Greenwich Mean Time	Greenwicher Zeit, WEZ, westeuropäische Zeit
CET = Central European Time	MEZ, mitteleuropäische Zeit
BST = British Summer Time	britische Sommerzeit

In Großbritannien gilt von Oktober bis März **GMT,** ansonsten die Sommerzeit (+ 1 Stunde). Großbritannien liegt das ganze Jahr über 1 Stunde hinter der mitteleuropäischen Zeit zurück.

In den USA gibt es wegen ihrer geographischen Ausdehnung mehrere Zeitzonen, z.B. **Eastern Time** (minus 6 Stunden im Vergleich zur MEZ), **Central Time, Mountain Time, Pacific Time** (9 Stunden hinter der MEZ).

tim·id ['tɪmɪd] *adj.* □ **1.** furchtsam, ängstlich (***of*** vor *dat.*); **2.** schüchtern, zaghaft; **ti·mid·i·ty** [tɪ'mɪdətɪ], **'tim·id·ness** [-nɪs] *s.* **1.** Ängstlichkeit *f*; **2.** Schüchternheit *f*.

tim·ing ['taɪmɪŋ] *s.* **1.** Timing *n* (*a. sport*), zeitliche Abstimmung *od.* Berechnung; **2.** Wahl *f* des richtigen Zeitpunkts; **3.** (gewählter) Zeitpunkt; **4.** ⚙, *mot.* (zeitliche) Steuerung, (*Ventil-, Zündpunkt- etc.*)Einstellung *f*.

tim·or·ous ['tɪmərəs] *adj.* □ → ***timid***.

Tim·o·thy ['tɪməθɪ] *npr. u. s. bibl.* (Brief *m* des Paulus an) Ti'motheus *m*.

tim·pa·nist ['tɪmpənɪst] *s.* ♪ Pauker *m*; **tim·pa·no** ['tɪmpənəʊ] *pl.* **-ni** [-nɪ] *s.* (Kessel)Pauke *f*.

tin [tɪn] **I** *s.* **1.** ⚒, ⚙ Zinn *n*; **2.** (Weiß-)Blech *n*; **3.** (Blech-, *bsd. Brit.* Kon'serven)Dose *f*, (-)Büchse *f*; **4.** *sl.* ‚Piepen' *pl.* (*Geld*); **II** *adj.* **5.** zinnern, Zinn...; **6.** Blech..., blechern (*a. fig. contp.*); **III** *v/t.* **7.** verzinnen; **8.** *Brit.* eindosen, (in Büchsen) einmachen *od.* packen, konservieren; → ***tinned*** 2; **~ can** *s.* **1.** Blechdose *f*; **2.** ⚓ *sl.* Zerstörer *m*; **'~-coat** *v/t.* ⚙ feuerverzinnen; **~ cry** *s.* ⚙ Zinngeschrei *n*.

tinc·ture ['tɪŋktʃə] **I** *s.* **1.** *pharm.* Tink'tur *f*; **2.** *poet.* Farbe *f*; **3.** *her.* Farbe *f*, Tink'tur *f*; **4.** *fig.* a) Spur *f*, Beigeschmack *m*, b) Anstrich *m*: **~ *of education***; **II** *v/t.* **5.** färben; **6.** *fig.* a) → ***tinge*** 2, b) durch'dringen (***with*** mit).

tin·der ['tɪndə] *s.* Zunder *m*; '**~·box** *s.* **1.** Zunderbüchse *f*; **2.** *fig.* Pulverfass *n.*

tine [taɪn] *s.* **1.** Zinke *f*, Zacke *f* (*Gabel etc.*); **2.** *hunt.* (Geweih)Sprosse *f.*

tin| fish *s.* ⚓ *sl.* ‚Aal' *m* (*Torpedo*); **~ foil** *s.* **1.** Stanni'ol *n*; **2.** Stanni'olpa,pier *n*; '**~-foil I** *v/t.* **1.** mit Stanni'ol belegen; **2.** in Stanni'ol(pa,pier) verpacken; **II** *adj.* **3.** Stanniol...

ting [tɪŋ] **I** *s.* Klingeln *n*; **II** *v/t.* klingeln mit; **III** *v/i.* klingeln; **~-a-ling** [ˌtɪŋə'lɪŋ] *s.* Kling'ling *n.*

tinge [tɪndʒ] **I** *v/t.* **1.** tönen, (leicht) färben; **2.** *fig.* e-n Anstrich geben (*dat.*): ***be ~d with*** e-n Anflug haben von, et. von ... an sich haben; **II** *v/i.* **3.** sich färben; **III** *s.* **4.** leichter Farbton, Tönung *f*: ***have a ~ of red*** e-n Stich ins Rote haben, ins Rote spielen; **5.** *fig.* Anstrich *m*, Anflug *m*, Spur *f.*

tin·gle ['tɪŋgl] **I** *v/i.* **1.** prickeln, kribbeln, beißen, brennen (*Haut, Ohren etc.*) (***with cold*** vor Kälte); **2.** klingen, summen (***with*** vor *dat.*): ***my ears are tingling*** mir klingen die Ohren; **3.** **~ *with*** *fig.* ‚knistern' vor *Spannung, Erotik etc.*: ***the story ~s with suspense***; **4.** flirren (*Hitze, Licht*); **II** *s.* **5.** Prickeln *n etc.*; **6.** Klingen *n in den Ohren*; **7.** (ner'vöse) Erregung.

tin| god *s.* Götze *m*, Popanz *m*; **~ hat** *s.* ⚔ F Stahlhelm *m*; '**~·horn** *Am. sl.* **I** *adj.* angeberisch, hochstaplerisch; **II** *s.* Hochstapler *m*, Angeber *m.*

tink·er ['tɪŋkə] **I** *s.* **1.** Kesselflicker *m*: ***not worth a ~'s cuss*** keinen Pfifferling wert; **2.** a) Pfuscher *m*, Stümper *m*, b) Bastler *m*, Tüftler *m*; **3.** Pfusche'rei *f*: ***have a ~ at*** an *et.* herumpfuschen; **II** *v/i.* **4.** her'umbasteln, -pfuschen (***at, with*** an *dat.*); **III** *v/t.* **5.** *mst* **~ *up*** (rasch) zs.-flicken; zu'rechtbasteln *od.* -pfuschen (*a. fig.*).

tin·kle ['tɪŋkl] **I** *v/i.* klingeln, hell (er-) klingen; **II** *v/t.* klingeln mit; **III** *s.* Klingeln *n*, (*a. fig.* Vers-, Wort)Geklingel *n*: ***give s.o. a. ~*** *Brit.* F j-n ‚anklingeln'; ***have a ~*** F ‚pinkeln'.

tin| Liz·zie ['lɪzɪ] *s. humor.* alter Klapperkasten (*Auto*); '**~·man** [-mən] *s.* [*irr.*] **1.** Zinngießer *m*; **2.** → ***tinsmith***.

tinned [tɪnd] *adj.* **1.** verzinnt; **2.** *Brit.* konserviert, Dosen..., Büchsen...: **~ *fruit*** Obstkonserven *pl.*; **~ *meat*** Büchsenfleisch *n*; **~ *music*** *humor.* ‚Musik *f* aus der Konserve'; **tin·ner** ['tɪnə] *s.* **1.** → ***tinsmith***; **2.** Verzinner *m.*

tin·ny ['tɪnɪ] *adj.* **1.** zinnern; **2.** zinnhaltig; **3.** blechern (*a. fig. Klang*).

tin| o·pen·er *s. Brit.* Dosen-, Büchsenöffner *m*; ♀ **Pan Al·ley** [ˌtɪnpæn'ælɪ] *s.* (Zentrum *n* der) 'Schlagerindu,strie *f*; **~ plate** *s.* Weiß-, Zinnblech *n*; '**~-plate** *v/t.* verzinnen; '**~·pot I** *s.* Blechtopf *m*; **II** *adj. sl.* ‚schäbig', ‚billig'.

tin·sel ['tɪnsl] **I** *s.* **1.** Flitter-, Rauschgold *n*, -silber *n*; **2.** La'metta *n*; **3.** Glitzerschmuck *m*; **4.** *fig.* Flitterkram *m*, Kitsch *m*; **II** *adj.* **5.** Flitter...; **6.** *fig.* flitterhaft, kitschig, Flitter..., Schein...; **III** *v/t.* **7.** mit Flitterwerk verzieren.

'**tin|·smith** *s.* Blechschmied *m*, Klempner *m*; **~ sol·der** *s.* ⚙ Weichlot *n*, Lötzinn *n.*

tint [tɪnt] **I** *s.* **1.** (hell getönte *od.* zarte) Farbe; **2.** (Farb)Ton *m*, Tönung *f*: ***autumnal ~s*** Herbstfärbung *f*; ***have a bluish ~*** ins Blaue spielen, e-n Stich ins Blaue haben; **3.** *paint.* Weißmischung *f*; **II** *v/t.* **4.** (leicht) färben: ***~ed glass*** Rauchglas *n*; ***~ed paper*** Tonpapier *n*; **5.** a) (ab)tönen, b) aufhellen.

tin·tin·nab·u·la·tion ['tɪntɪˌnæbjʊ'leɪʃn] *s.* Geklingel *n.*

ti·ny ['taɪnɪ] **I** *adj.* winzig (*a. Geräusch etc.*); **II** *s.* Kleine(r *m*) *f* (*Kind*).

tip¹ [tɪp] **I** *s.* **1.** (Schwanz-, Stock- *etc.*) Spitze *f*, (Flügel- *etc.*)Ende *n*: **~ *of the ear*** Ohrläppchen *n*; **~ *of the finger*** (***nose, tongue***) Finger- (Nasen-, Zungen)spitze; ***have s.th. at the ~s of one's fingers*** et. ‚parat' haben, et. aus dem Effeff können; ***I have it on the ~ of my tongue*** es liegt mir auf der Zunge; **2.** Gipfel *m*, (Berg)Spitze *f*; → ***iceberg***; **3.** ⚙ spitzes Endstück, *bsd.* a) (*Stock- etc.*)Zwinge *f*, b) Düse *f*, c) Tülle *f*, d) (Schuh)Kappe *f*; **4.** Filter *m e-r Zigarette*; **II** *v/t.* **5.** ⚙ mit e-r Spitze *etc.* versehen; beschlagen, bewehren; **6.** *Büsche etc.* stutzen.

tip² [tɪp] **I** *s.* **1.** Neigung *f*: ***give s.th. a ~*** → 3; **2.** (Schutt- *etc.*)Abladeplatz *m*, (*a.* Kohlen)Halde *f*; **II** *v/t.* **3.** kippen, neigen; → ***scale²*** 1; **4.** *mst* **~ *over*** 'umkippen; **5.** *Hut* abnehmen, an *den Hut* tippen (*zum Gruß*); **6.** *Brit. Müll etc.* abladen; **III** *v/i.* **7.** sich neigen; **8.** *mst* **~ *over*** umkippen; ✈ auf den Kopf gehen (*beim Landen*); **~ off** *v/t.* **1.** abladen; **2.** *sl. Glas Bier etc.* ‚hin'unterkippen'; **~ out I** *v/t.* ausschütten; **II** *v/i.* her'ausfallen; **~ o·ver** → ***tip²*** 4 *u.* 8; **~ up** *v/t. u. v/i.* **1.** hochkippen, -klappen; **2.** umkippen.

tip³ [tɪp] **I** *s.* **1.** Trinkgeld *n*; **2.** (Wett- *etc.*)Tipp *m*; **3.** Tipp *m*, Wink *m*, Fingerzeig *m*, Rat *m*; **II** *v/t.* **4.** *j-m* ein Trinkgeld geben; **5.** F *j-m* e-n Tipp *od.* Wink geben: **~ *s.o. off***, **~ *s.o. the wink*** j-m (rechtzeitig) e-n Tipp geben, j-n warnen; **6.** *sport* tippen auf (*acc.*); **III** *v/i.* **7.** Trinkgeld(er) geben.

tip⁴ [tɪp] **I** *s.* Klaps *m*; leichte Berührung; **II** *v/t.* leicht schlagen; antippen, antupfen.

tip| and run *s. Brit. Art* Kricket *n*; ˌ**~-and-'run** *adj. fig.* Überraschungs..., blitzschnell: **~ *raider*** ⚔ Einbruchsflieger *m*; '**~·cart** *s.* Kippwagen *m.*

'tip-off *s.* **1.** Tipp *m*, Wink *m*; **2.** *sport* Sprungball *m*.

tipped [tɪpt] *adj.* **1.** mit e-m Endstück *od.* e-r Zwinge, Spitze *etc.* versehen; **2.** mit Filter (*Zigarette*).

tip·per ['tɪpə] *s.* ⚙ Kippwagen *m*.

tip·pet ['tɪpɪt] *s.* **1.** Pele'rine *f*, (her'abhängender) Pelzkragen; **2.** *eccl.* (Seiden)Halsband *n*, (-)Schärpe *f*.

tip·ple ['tɪpl] **I** *v/t. u. v/i.* ‚picheln'; **II** *s.* (alko'holisches) Getränk; **'tip·pler** [-lə] *s.* ‚Pichler' *m*, Säufer *m*.

tip·si·fy ['tɪpsɪfaɪ] *v/t.* beduseln; **'tip·si·ness** [-ɪnɪs] *s.* Beschwipstheit *f*.

'tip·staff *pl.* **-staves** *s.* **1.** *hist.* Amtsstab *m*; **2.** Gerichtsdiener *m*.

tip·ster ['tɪpstə] *s.* **1.** *bsd. Rennsport u. Börse*: (berufsmäßiger) Tippgeber; **2.** Infor'mant *m*.

tip·sy ['tɪpsɪ] *adj.* □ **1.** angeheitert, beschwipst; **2.** wack(e)lig, schief; **~ cake** *s. mit Wein getränkter u. mit Eiercreme servierter Kuchen.*

'tip|-ˌtilt·ed *adj.*: **~ *nose*** Stupsnase *f*; **'~·toe I** *s.*: ***on ~*** a) auf den Zehenspitzen, b) *fig.* neugierig, gespannt (***with*** vor *dat.*), c) darauf brennend (*et. zu tun*); **II** *adj. u. adv.* → I; **III** *v/i.* auf den Zehenspitzen gehen, schleichen; **ˌ~'top I** *s.* Gipfel *m*, *fig. a.* Höhepunkt *m*; **II** *adj. u. adv.* F 'tipp'topp, erstklassig; **'~-up** *adj.* aufklappbar: **~ *seat*** Klappsitz *m*.

ti·rade [taɪ'reɪd] *s.* **1.** Ti'rade *f* (*a.* ♪), Wortschwall *m*; **2.** 'Schimpfkanoˌnade *f*.

tire¹ ['taɪə] **I** *v/t.* ermüden (*a. fig. langweilen*): **~ *out*** erschöpfen; **~ *to death*** a) todmüde machen, b) *fig.* tödlich langweilen; **II** *v/i.* müde werden: a) ermüden, ermatten, b) *fig.* 'überdrüssig werden (***of*** *gen.*, ***of doing*** zu tun).

tire² ['taɪə] *mot. bsd. Am.* **I** *s.* (Rad-, Auto)Reifen *m*; **II** *v/t.* bereifen.

tire³ ['taɪə] *obs.* **I** *v/t.* schmücken; **II** *s.* a) (Kopf)Putz *m*, Schmuck *m*, b) (schöne) Kleidung, Kleid *n*.

tire| cas·ing *s. mot.* (Reifen)Mantel *m*, (-)Decke *f*; **~ chain** *s. mot.* Schneekette *f*.

tired¹ ['taɪəd] *adj.* **1.** müde: a) ermüdet (***by***, ***with*** von): **~ *to death*** todmüde; **~ *and emotional*** F *humor.* angeheitert, nicht mehr ganz nüchtern, b) 'überdrüssig (***of*** *gen.*); ***I am ~ of it*** *fig.* ich habe es satt; **2.** erschöpft, verbraucht; **3.** abgenutzt.

tired² ['taɪəd] *adj.* ⚙, *mot.* bereift.

tired·ness ['taɪədnɪs] *s.* **1.** Müdigkeit *f*; **2.** *fig.* 'Überdruss *m*.

tire| ga(u)ge *s. mot.* Reifendruckmesser *m*; **~ grip** *s.* ⚙ Griffigkeit *f* der Reifen.

tire·less¹ ['taɪəlɪs] *adj.* ⚙ unbereift.

tire·less² ['taɪəlɪs] *adj.* □ unermüdlich; **'tire·less·ness** [-nɪs] *s.* Unermüdlichkeit *f*.

tire| le·ver *s. mot.* ('Reifen)Monˌtierhebel *m*; **~ marks** *s. pl. mot.* Reifen-, Bremsspur(en *pl.*) *f*; **~ rim** *s.* Reifenwulst *m*.

tire·some ['taɪəsəm] *adj.* □ **1.** ermüdend (*a. fig.*); **2.** *fig.* unangenehm, lästig.

'tireˌwom·an *s.* [*irr.*] *obs.* **1.** Kammerzofe *f*; **2.** *thea.* Garderobi'ere *f*.

ti·ro → ***tyro***.

Tir·o·lese [ˌtɪrə'liːz] **I** *adj.* ti'rolerisch, ti'rolisch, Tiroler(...); **II** *s.* Ti'roler(in).

'T-ˌi·ron *s.* ⚙ T-Eisen *n*.

tis·sue ['tɪʃuː; 'tɪsjuː] *s.* **1.** *biol.* (Zell-, Muskel- *etc.*)Gewebe *n*; **2.** ✝ feines Gewebe, Flor *m*; **3.** *a.* **~ *paper*** 'Seidenpaˌpier *n*; **4.** Pa'pier(taschen)tuch *n*; **5.** *phot.* 'Kohlepaˌpier *n*; **6.** *fig.* (*Lügen- etc.*)Gewebe *n*, Netz *n*.

tit¹ [tɪt] *s. orn.* Meise *f*.

tit² [tɪt] *s.*: **~ *for tat*** wie du mir, so ich dir; ***give s.o. ~ for tat*** j-m mit gleicher Münze heimzahlen.

tit³ [tɪt] *s.* **1.** → ***teat***; **2.** *vulg.* ‚Titte' *f*.

Ti·tan ['taɪtən] *s.* Ti'tan *m*; **'Ti·tan·ess** [-tənɪs] *s.* Ti'tanin *f*; **ti·tan·ic** [taɪ'tænɪk] *adj.* **1.** ti'tanisch, gi'gantisch; **2.** ⚗ Titan...: **~ *acid***; **ti·ta·ni·um** [taɪ'teɪnjəm] *s.* ⚗ Ti'tan *n*.

tit·bit ['tɪtbɪt] *s.* Leckerbissen *m* (*a. fig.*).

titch [tɪtʃ] *s. Brit.* F ‚Zwerg' *m*, ‚Dreikäsehoch' *m*.

tith·a·ble ['taɪðəbl] *adj.* zehntpflichtig.

tithe [taɪð] **I** *s.* **1.** *oft pl. bsd. eccl.* Zehnte *m*; **2.** Zehntel *n*: ***not a ~ of it*** *fig.* nicht ein bisschen davon; **II** *v/t.* **3.** den Zehnten bezahlen von; **4.** den Zehnten erheben von.

tit·il·late ['tɪtɪleɪt] *v/t. u. v/i.* kitzeln (*a. fig. angenehm erregen*); **tit·il·la·tion** [ˌtɪtɪ'leɪʃn] *s.* **1.** Kitzeln *n*; **2.** *fig.* Kitzel *m*.

tit·i·vate ['tɪtɪveɪt] *v/t. u. v/i. humor.* (sich) fein machen, (sich) her'ausputzen.

tit·lark ['tɪtlɑːk] *s. orn.* Pieper *m*.

ti·tle ['taɪtl] *s.* **1.** (*Buch- etc.*)Titel *m*; **2.** (Ka'pitel- *etc.*)ˌÜberschrift *f*; **3.** (Haupt)Abschnitt *m e-s Gesetzes etc.*; **4.** *Film*: 'Untertitel *m*; **5.** Bezeichnung *f*; **6.** (Adels-, Ehren-, Amts)Titel *m*: **~ *of nobility*** Adelsprädikat *n*; **7.** *sport* Titel *m*; **8.** ⚖ a) Rechtstitel *m*, -anspruch *m*, Recht *n* (***to*** auf *acc.*), b) dingliches Eigentum(srecht) (***to*** an *dat.*), c) Eigentumsurkunde *f*; **9.** *allg.* Recht *n* (***to*** auf *acc.*), Berechtigung *f* (***to do*** zu tun); **10.** *typ.* a) → ***title page***, b) Buchrücken *m*; **'ti·tled** [-ld] *adj.* **1.** betitelt, tituliert; **2.** ad(e)lig.

ti·tle| deed → ***title*** 8 c; **'~ˌhold·er** *s.* **1.** ⚖ (Rechts)Titelinhaber(in); **2.** *sport* Titelhalter(in), -verteidiger(in); **~**

T

page *s.* Titelblatt *n*; **~ role** *s. thea.* Titelrolle *f.*

'tit·mouse *s.* [*irr.*] *orn.* Meise *f.*

ti·trate ['taɪtreɪt] *v/t. u. v/i.* ⚗ titrieren.

tit·ter ['tɪtə] **I** *v/i.* kichern; **II** *s.* Gekicher *n*, Kichern *n*.

tit·tle ['tɪtl] *s.* **1.** Pünktchen *n*, (*bsd.* i-) Tüpfelchen *n*; **2.** *fig.* Tüttelchen *n*, *das* bisschen: **to a ~** aufs i-Tüpfelchen *od.* Haar, ganz genau; **not a ~ of it** nicht ein Iota (davon).

'tit·tle-ˌtat·tle **I** *s.* **1.** Schnickschnack *m*, Geschwätz *n*; **2.** Klatsch *m*, Tratsch *m*; **II** *v/i.* **3.** schwatzen, schwätzen; **4.** tratschen.

tit·u·lar ['tɪtjʊlə] **I** *adj.* □ **1.** Titel...; **2.** Titular..., nomi'nell: **~ king** Titularkönig *m*; **II** *s.* **3.** Titu'lar *m*.

Ti·tus ['taɪtəs] *npr. u. s. bibl.* (Brief *m* des Paulus an) Titus *m*.

tiz·zy ['tɪzɪ] *s.* F Aufregung *f.*

to [tuː; *im Satz mst* tʊ; *vor Konsonanten* tə] **I** *prp.* **1.** *Grundbedeutung*: zu; **2.** *Richtung u. Ziel, räumlich*: zu, nach, an (*acc.*), in (*acc.*), auf (*acc.*): **~ bed** zu Bett *gehen*; **~ London** nach London *reisen etc.*; **~ school** in die Schule *gehen*; **~ the ground** auf den *od.* zu Boden *fallen, werfen etc.*; **~ the station** zum Bahnhof; **~ the wall** an die Wand *nageln etc.*; **~ the right** auf der rechten Seite, rechts; **back ~ back** Rücken an Rücken; **3.** in (*dat.*): **I have never been ~ London**; **4.** *Richtung, Ziel, Zweck, Wirkung*: zu, auf (*acc.*), an (*acc.*), in (*acc.*), für, gegen: **pray ~ God** zu Gott beten; **our duty ~** unsere Pflicht *j-m* gegenüber; **~ dinner** zum Essen *einladen etc.*; **~ my surprise** zu m-r Überraschung; **pleasant ~ the ear** angenehm für das Ohr; **here's ~ you!** F (auf) Ihre Gesundheit!, Prosit!; **what is that ~ you?** was geht das Sie an?; **~ a large audience** vor e-m großen Publikum *spielen*; **5.** *Zugehörigkeit*: zu, in (*acc.*), für, auf (*acc.*): **cousin ~** Vetter des *Königs etc.*, der *Frau N.*, von *N.*; **he is a brother ~ her** er ist ihr Bruder; **secretary ~** Sekretär des ..., *j-s* Sekretär; **that is all there is ~ it** das ist alles; **a cap with a tassel ~ it** e-e Mütze mit e-r Troddel (daran); **a room ~ myself** ein eigenes Zimmer; **a key ~ the trunk** ein Schlüssel für den (*od.* zum) Koffer; **6.** *Gemäßheit*: nach: **~ my feeling** m-m Gefühl nach; **not ~ my taste** nicht nach m-m Geschmack; **7.** (im Verhältnis *od.* Vergleich) zu, gegen, gegen'über, auf (*acc.*), mit: **you are but a child ~ him** Sie sind nur ein Kind gegen ihn; **nothing ~** nichts im Vergleich zu; **five ~ one** fünf gegen eins, *sport etc.* fünf zu eins; **three ~ the pound** drei auf das Pfund; **8.** *Ausmaß, Grenze*: bis, (bis) zu, (bis) an (*acc.*), auf (*acc.*), in (*dat.*): **~ the clouds**; **goods ~ the value of** Waren im Werte von; **love ~ craziness** bis zum Wahnsinn lieben; **9.** *zeitliche Ausdehnung od. Grenze*: bis, bis zu, bis gegen, auf (*acc.*), vor (*dat.*): **a quarter ~ one** ein Viertel vor eins; **from three ~ four** von drei bis vier (Uhr); **~ this day** bis zum heutigen Tag; **~ the minute** auf die Minute (genau); **10.** *Begleitung*: zu, nach: **~ a guitar** zu e-r Gitarre *singen*; **~ a tune** nach e-r Melodie *tanzen*; **11.** *zur Bildung des (betonten) Dativs*: **~ me**, **you** *etc.* mir, dir, Ihnen *etc.*; **it seems ~ me** es scheint mir; **she was a good mother ~ him** sie war ihm e-e gute Mutter; **12.** *zur Bezeichnung des Infinitivs*: **~ be or not ~ be** sein oder nicht sein; **~ go** gehen; **I want ~ go** ich möchte gehen; **easy ~ understand** leicht zu verstehen; **years ~ come** künftige Jahre; **I want her ~ come** ich will, dass sie kommt; **13.** *Zweck, Absicht*: um zu, zu: **he only does it ~ earn money** er tut es nur, um Geld zu verdienen; **14.** *zur Verkürzung des Nebensatzes*: **I weep ~ think of it** ich weine, wenn ich daran denke; **he was the first ~ arrive** er kam als Erster; **~ be honest, I should decline** wenn ich ehrlich sein soll, muss ich ablehnen; **~ hear him talk** wenn man ihn (so) reden hört; **15.** *zur Andeutung e-s aus dem Vorhergehenden zu ergänzenden Infinitivs*: **I don't go because I don't want ~** ich gehe nicht, weil ich nicht (gehen) will; **II** *adv.* [tuː] **16.** zu, geschlossen: **pull the door ~** die Tür zuziehen; **17.** *bei verschiedenen Verben*: dran; → **fall to**, **put to** *etc.*; **18.** zu Bewusstsein *od.* zu sich *kommen, bringen*; **19.** ⚓ nahe am Wind: **keep her ~!**; **20. ~ and fro** a) hin u. her, b) auf u. ab.

toad [təʊd] *s.* **1.** *zo.* Kröte *f*: **a ~ under a harrow** *fig.* ein geplagter Mensch; **2.** Ekel *n* (*Person*); **'~ˌeat·ing** **I** *s.* Speichellecke'rei *f*; **II** *adj.* speichelleckerisch; **'~·flax** *s.* ⚘ Leinkraut *n*; **ˌ~-in--the-'hole** *s. in Pfannkuchenteig gebackene Würste*; **'~·stool** *s. bot.* **1.** (größerer Blätter)Pilz; **2.** Giftpilz *m*.

toad·y ['təʊdɪ] **I** *s.* Speichellecker *m*; **II** *v/i.* (*v/t.* vor *j-m*) kriechen *od.* scharwenzeln; **'toad·y·ism** [-ɪɪzəm] *s.* Speichellecke'rei *f.*

to-and-fro [ˌtuːən'frəʊ] *s.* Hin u. Her *n*; Kommen u. Gehen *n*.

toast[1] [təʊst] **I** *s.* **1.** Toast *m*, geröstete (Weiß)Brotschnitte: **have s.o. on ~** *Brit. sl.* j-n ganz in der Hand haben; **II** *v/t.* **2.** toasten, rösten; **3.** sich *die Hände etc.* wärmen; **III** *v/i.* **4.** sich rösten *od.* toasten lassen; **5.** F sich *von der Sonne* braten lassen.

toast[2] [təʊst] **I** *s.* **1.** Trinkspruch *m*, Toast *m*: **propose a ~ to s.o.** e-n Toast

T

auf j-n ausbringen; **2.** gefeierte Per'son *od.* Sache; **II** *v/t.* **3.** toasten *od.* trinken auf (*acc.*); **III** *v/i.* **4.** toasten (***to*** auf *acc.*).

toast·er ['təʊstə] *s.* Toaster *m.*

to·bac·co [tə'bækəʊ] *pl.* **-cos** *s.* **1.** *a.* ~ ***plant*** Tabak(pflanze *f*) *m*; **2.** (Rauch- *etc.*)Tabak *m*: ~ ***heart*** ⚕ Nikotinherz *n*; **to'bac·co·nist** [-kənɪst] *s.* Tabak(waren)händler *m*: ~**'s** (***shop***) Tabak(waren)laden *m.*

to·bog·gan [tə'bɒgən] **I** *s.* **1.** (Rodel-) Schlitten *m*; **2.** *Am.* Rodelhang *m*; **II** *v/i.* **3.** rodeln; ~ **chute**, ~ **slide** *s.* Rodelbahn *f.*

to·by ['təʊbɪ] *s. a.* ~ ***jug*** Bierkrug *m in Gestalt e-s dicken, alten Mannes.*

toc·sin ['tɒksɪn] *s.* **1.** A'larm-, Sturmglocke *f*; **2.** A'larm-, 'Warnsi͵gnal *n.*

tod [tɒd] *s.*: ***on one's*** ~ *Brit. sl.* allein.

to·day [tə'deɪ] **I** *adv.* **1.** heute; **2.** heute, heutzutage; **II** *s.* **3.** heutiger Tag: ~**'s** ***paper*** die heutige Zeitung, die Zeitung von heute; ~**'s** ***rate*** ✝ Tageskurs *m*; **4.** *das* Heute, heutige Zeit, Gegenwart *f*: ***of*** ~, ~**'s** von heute, heutig, Tages..., der Gegenwart.

tod·dle ['tɒdl] **I** *v/i.* **1.** watscheln (*bsd. kleine Kinder*); **2.** F (da'hin)zotteln: ~ ***off*** sich trollen, ‚abhauen'; **II** *s.* **3.** Watscheln *n*; **4.** F Bummel *m*; **5.** F → **'tod·dler** [-lə] *s.* Kleinkind *n.*

tod·dy ['tɒdɪ] *s.* Toddy *m*: a) *Art Grog*, b) Palmwein *m.*

to-do [tə'du:] *s.* F **1.** Lärm *m*; **2.** Ge'tue *n*, ‚Wirbel' *m*, ‚The'ater' *n*: ***make much*** ~ ***about s.th.*** viel Wind um e-e Sache machen.

toe [təʊ] **I** *s.* **1.** *anat.* Zehe *f*: ***on one's*** ~***s*** F ‚auf Draht'; ***turn one's*** ~***s in*** (***out***) einwärts (auswärts) gehen; ***turn up one's*** ~***s*** *sl.* ins Gras beißen; ***tread on s.o.'s*** ~***s*** F *fig.* ‚j-m auf die Hühneraugen treten'; **2.** Vorderhuf *m* (*Pferd*); **3.** Spitze *f*, Kappe *f von Schuhen, Strümpfen etc.*; **4.** ⚙ a) (Well)Zapfen *m*, b) Nocken *m*, Daumen *m*, c) 🚂 Keil *m* (*Weiche*); **5.** *sport* Löffel *m* (*Golfschläger*); **II** *v/t.* **6.** a) *Strümpfe* mit neuen Spitzen versehen, b) *Schuhe* bekappen; **7.** mit den Zehen berühren: ~ ***the line*** a) *a.* ~ ***the mark*** in e-r Reihe (*sport* zum Start) antreten, b) *pol.* sich der Parteilinie unterwerfen, ‚spuren' (*a. weitS. gehorchen*); **8.** *sport den Ball* spitzeln; **9.** *sl. j-m* e-n (Fuß)Tritt versetzen; **10.** *Golf*: *Ball* mit dem Löffel schlagen; **'**~**·board** *s.* *sport* Stoß-, Wurfbalken *m*; **'**~**·cap** *s.* (Schuh)Kappe *f.*

-toed [təʊd] *in Zssgn* ...zehig.

'toe|͵danc·er *s.* Spitzentänzer(in); **'**~**·hold** *s.* **1.** Halt *m* für die Zehen (*beim Klettern*); **2.** *fig.* a) Ansatzpunkt *m*, b) Brückenkopf *m*, 'Ausgangspositi͵on *f*: ***get a*** ~ Fuß fassen; **3.** *Ringen*: Zehengriff *m*; **'**~**·nail** *s.* Zehennagel *m*; ~ **spin** *s.* 'Spitzenpirou͵ette *f.*

toff [tɒf] *s. Brit. sl.* ‚Fatzke' *m.*

tof·fee, tof·fy ['tɒfɪ] *s. Brit.* 'Sahnebon͵bon *m, n*, Toffee *n*: ***he can't shoot for*** ~ F vom Schießen hat er keine Ahnung; ***not for*** ~ F nicht für Geld u. gute Worte; **'**~**-nosed** *adj.* F eingebildet.

to·fu ['təʊfu:] *s.* 'Tofu *m.*

tog [tɒg] F **I** *s. pl.* ‚Kla'motten' *pl*: ***golf*** ~***s*** Golfdress *m*; **II** *v/t.*: ~ ***o.s. up*** sich ‚in Schale werfen'.

to·geth·er [tə'geðə] **I** *adv.* **1.** zu'sammen: ***call*** (***sew***) ~ zs.-rufen (-nähen); **2.** zu-, bei'sammen, mitein'ander, gemeinsam; **3.** zusammen (genommen); **4.** mitein'ander *od.* gegenein'ander: ***fight*** ~; **5.** zu'gleich, gleichzeitig, zusammen; **6.** *Tage etc.* nach-, hintereinander, *e-e Zeit* lang *od.* hin'durch: ***he talked for hours*** ~ er sprach stundenlang; **7.** ~ ***with*** zusammen *od.* gemeinsam mit, mit(samt); **II** *adj.* **8.** *Am. sl.* ausgeglichen (*Person*); **to'geth·er·ness** [-nɪs] *s. bsd. Am.* Zs.-gehörigkeit(sgefühl *n*) *f*; Einheit *f*; Nähe *f.*

tog·ger·y ['tɒgərɪ] → ***tog*** I.

tog·gle ['tɒgl] **I** *s.* **1.** ⚙, ⚓ Knebel *m*; **2.** *a.* ~ ***joint*** ⚙ Knebel-, Kniegelenk *n*; **II** *v/t.* **3.** festknebeln; ~ **key** *s. Computer*: Umschalttaste *f*; ~ **switch** *s.* ⚡ Kippschalter *m.*

toil[1] [tɔɪl] *s. mst pl. fig.* Schlingen *pl.*, Netz *n*: ***in the*** ~***s of*** a) in den Schlingen *od.* Fängen des *Satans etc.*, b) in *Schulden etc.* verstrickt.

toil[2] [tɔɪl] **I** *s.* (mühselige) Arbeit, Mühe *f*, Plage *f*, Placke'rei *f*; **II** *v/i. a.* ~ ***and moil*** sich abmühen *od.* abplacken *od.* quälen (***at, on*** mit): ~ ***up a hill*** e-n Berg mühsam erklimmen; **'toil·er** [-lə] *s. fig.* Arbeitstier *n*, Schwerarbeiter *m.*

toi·let ['tɔɪlɪt] *s.* **1.** Toi'lette *f*, Klo'sett *n*; **2.** Fri'sier-, Toi'lettentisch *m*; **3.** Toi'lette *f* (*Ankleiden etc.*): ***make one's*** ~ Toilette machen; **4.** Toi'lette *f*, Kleidung *f*, *a.* (Abend)Kleid *n od.* (Gesellschafts)Anzug *m*; ~ **bag** *s.* Kul'turbeutel *m*; ~ **case** *s.* 'Reiseneces͵saire *n*; ~ **pa·per** *s.* Toi'letten-, Klo'settpa͵pier *n*; ~ **pow·der** *s.* Körperpuder *m*; ~ **roll** *s.* Rolle *f* Klo'settpa͵pier.

toi·let·ry ['tɔɪlɪtrɪ] *s.* Toi'lettenar͵tikel *pl.*

toi·let| set *s.* Toi'lettengarni͵tur *f*; ~ **soap** *s.* Toi'lettenseife *f*; ~ **ta·ble** → ***toilet*** 2.

toil·ful ['tɔɪlfʊl], **'toil·some** [-səm] *adj.* □ mühsam, -selig; **'toil·some·ness** [-səmnɪs] *s.* Mühseligkeit *f.*

'toil·worn *adj.* abgearbeitet.

To·kay [təʊ'keɪ] *s.* To'kaier *m* (*Wein u. Traube*).

to·ken ['təʊkən] **I** *s.* **1.** Zeichen *n*: a) Anzeichen *n*, Merkmal *n*, b) Beweis *m*:

T

as a (*od.* ***in***) ~ ***of*** als *od.* zum Zeichen (*gen.*); ***by the same*** ~ a) aus dem gleichen Grund(e), mit demselben Recht, umgekehrt, b) ferner, überdies; **2.** Andenken *n*, (Erinnerungs)Geschenk *n*, ('Unter)Pfand *n*; **3.** *hist.* Scheidemünze *f*; **4.** (Me'tall)Marke *f* (*als Fahrausweis*); **5.** Spielmarke *f*; **6.** Gutschein *m*, Bon *m*; **II** *adj.* **7.** nomi'nell: ~ ***money*** a) Scheidemünzen *pl.*, b) Not-, Ersatzgeld *n*; ~ ***payment*** symbolische Zahlung; ~ ***strike*** (kurzer) Warnstreik; **8.** Alibi...: ~ ***negro***; ~ ***female*** (*od.* ***woman***) *a.* Quotenfrau *f*; **9.** Schein...: ~ ***raid*** Scheinangriff *m*; **to·ken·ism** ['təʊkənɪzəm] *s.* Alibipolitik *f*.

told [təʊld] *pret. u. p.p. von* ***tell***.

tol·er·a·ble ['tɒlərəbl] *adj.* □ **1.** erträglich; **2.** *fig.* leidlich, mittelmäßig, erträglich; **3.** F ‚einigermaßen' (*gesund*), ‚so la'la'; **'tol·er·a·ble·ness** [-nɪs] *s.* Erträglichkeit *f*; **'tol·er·ance** [-rəns] *s.* **1.** Tole'ranz *f*, Duldsamkeit *f*; **2.** (***of***) a) Duldung *f* (*gen.*), b) Nachsicht *f* (mit); **3.** ⚕ a) Tole'ranz *f*, 'Widerstandsfähigkeit *f* (***for*** gegen), b) Verträglichkeit *f*; **4.** ⚙ Tole'ranz *f*, zulässige Abweichung, Spiel *n*, Fehlergrenze *f*; **'tol·er·ant** [-rənt] *adj.* □ **1.** tole'rant, duldsam (***of*** gegen); **2.** geduldig, nachsichtig (***of*** mit); **3.** ⚕ 'widerstandsfähig (***of*** gegen); **tol·er·ate** ['tɒləreɪt] *v/t.* **1.** *j-n od. et.* dulden, tolerieren, *et. a.* zulassen, hinnehmen, *a. j-s Gesellschaft* ertragen; **2.** duldsam *od.* tole'rant sein gegen; **3.** *bsd.* ⚕ vertragen; **tol·er·a·tion** [ˌtɒlə'reɪʃn] *s.* **1.** Duldung *f*; **2.** → ***tolerance*** 1.

toll[1] [təʊl] **I** *v/t.* **1.** *bsd. Totenglocke* läuten, erschallen lassen; **2.** *Stunde* schlagen; **3.** (durch Glockengeläut) verkünden; die Totenglocke läuten für *j-n*; **II** *v/i.* **4.** a) läuten, schallen, b) schlagen (*Glocke*); **III** *s.* **5.** Geläut *n*; **6.** Glockenschlag *m*.

toll[2] [təʊl] *s.* **1.** *hist.* (*bsd.* Wege-, Brücken)Zoll *m*; **2.** Straßenbenutzungsgebühr *f*, Maut *f*; **3.** Standgeld *n auf dem Markt etc.*; **4.** *Am.* Hafengebühr *f*; **5.** *teleph. Am.* Gebühr *f* für ein Ferngespräch; **6.** *fig.* Tri'but *m an Menschenleben etc.*, (Blut)Zoll *m*, (Zahl *f* der) Todesopfer *pl.*: ***the*** ~ ***of the road*** die Verkehrsopfer *od.* -unfälle; ***take its*** ~ ***of*** *fig. j-n* arg mitnehmen, s-n Tribut fordern von *j-m od. e-r Sache, Kräfte, Vorräte etc.* strapazieren; ***take a*** ~ ***of 100 lives*** 100 Todesopfer fordern (*Katastrophe*); ~ **bar** → ***toll gate***; ~ **call** *s. teleph.* **1.** *Am.* Ferngespräch *n*; **2.** *Brit. obs.* Nahverkehrsgespräch *n*; ~ **gate** *s.* Schlagbaum *m e-r Mautstraße*; **'~·house** *s.* Mautstelle *f*; ~ **road** *s.*, **'~·way** *s.* gebührenpflichtige Straße, Mautstraße *f*.

tol·u·ene ['tɒljʊiːn], **'tol·u·ol** [-jʊɒl] *s.* ⚗ Tolu'ol *n*.

tom [tɒm] *s.* **1.** Männchen *n kleinerer Tiere*: ~ ***turkey*** Truthahn *m*, Puter *m*; **2.** Kater *m*; **3.** ♀ *abbr. für* ***Thomas***: ♀ ***and Jerry*** *Am.* Eiergrog *m*; ♀, ***Dick, and Harry*** Hinz u. Kunz; ♀ ***Thumb*** Däumling *m*.

tom·a·hawk ['tɒməhɔːk] **I** *s.* Tomahawk *m*, Kriegsbeil *n der Indianer*: ***bury*** (***dig up***) ***the*** ~ *fig.* das Kriegsbeil begraben (ausgraben); **II** *v/t.* mit dem Tomahawk (er)schlagen.

to·ma·to [tə'mɑːtəʊ] *pl.* **-toes** *s.* ⚘ To'mate *f*. ~ **juice** *s.* To'matensaft *m*; ~ **pu·rée** *s.* To'matenmark *n*.

tomb [tuːm] *s.* **1.** Grab(stätte *f*) *n*; **2.** Grabmal *n*, Gruft *f*; **3.** *fig. das* Grab, *der* Tod.

tom·bac, **tom·bak** ['tɒmbæk] *s. metall.* Tombak *m*.

tom·bo·la [tɒm'bəʊlə] *s.* Tombola *f*.

tom·boy ['tɒmbɔɪ] *s.* Wildfang *m*, Range *f* (*Mädchen*); **'tom·boy·ish** [-bɔɪɪʃ] *adj.* ausgelassen, wild.

'tomb·stone ['tuːm-] *s.* Grabstein *m*.

'tom·cat *s.* Kater *m*.

tome [təʊm] *s.* **1.** Band *m e-s Werkes*; **2.** (dicker) Wälzer (*Buch*).

tom·fool [ˌtɒm'fuːl] **I** *s.* Einfaltspinsel *m*, Narr *m*; **II** *adj.* dumm; **III** *v/i.* (he'rum-) albern; **tom·fool·er·y** [tɒm'fuːlərɪ] *s.* Albernheit *f*, Unsinn *m*.

tom·my ['tɒmɪ] *s.* **1.** a) *a.* ♀ ***Atkins*** Tommy *m* (*der brit. Soldat*), b) *a.* ♀ F Tommy *m*, *brit.* Landser *m* (*einfacher Soldat*); **2.** *dial.* ‚Fres'salien' *pl.*, Verpflegung *f*; **3.** ⚙ a) (verstellbarer) Schraubenschlüssel, b) *a.* ~ **bar** Knebelgriff *m*; ♀ **gun** *s.* ⚔ Ma'schinenpiˌstole *f*; **ˌ~'rot** *s.* F (purer) Blödsinn, Quatsch *m*.

to·mo·gram ['təʊməgræm] *s.* ⚕ Tomo'gramm *n*; Tomographie *f*; **'to·mo·graph** [-græf] *s.* ⚕ Tomo'graph *m*; **to·mog·ra·phy** [tə'mɒgrəfɪ] *s.* ⚕ Tomogra'phie *f*.

to·mor·row [tə'mɒrəʊ] **I** *adv.* morgen: ~ ***week*** morgen in e-r Woche *od.* acht Tagen; ~ ***morning*** morgen früh; ~ ***night*** morgen Abend; **II** *s. der* morgige Tag, *das* Morgen: ~***'s paper*** die morgige Zeitung; ~ ***never comes*** das werden wir nie erleben; ***the day after*** ~ übermorgen.

'tom·tit *s. orn.* (Blau)Meise *f*.

ton[1] [tʌn] *s.* **1.** *engl.* Tonne *f* (*Gewicht*): a) *a.* ***long*** ~ *bsd. Brit. = 2240 lbs. od. 1016,05 kg*, b) *a.* ***short*** ~ *bsd. Am. = 2000 lbs. od. 907,18 kg*, c) *a.* ***metric*** ~ metrische Tonne (= *2205 lbs. od. 1000 kg*); **2.** ⚓ Tonne *f* (*Raummaß*): a) ***register*** ~ Registertonne (= *100 cubic feet od. 2,83 m³*), b) ***gross register*** ~ Bruttoregistertonne (*Schiffsgrößenangabe*); **3.** ***weigh a*** ~ F ‚wahnsinnig' schwer

T

sein; **4.** *pl.* *e-e* Unmenge (***of money*** Geld): ***~s of times*** ‚tausendmal'; **5.** ***do the ~*** *Brit. sl.* a) mit 100 Meilen fahren, b) 100 Meilen schaffen (*Auto etc.*).

ton² [tɔ̃ːŋ] (*Fr.*) *s.* **1.** *die* (herrschende) Mode; **2.** Ele'ganz *f*: ***in the ~*** modisch, elegant.

ton·al ['təʊnl] *adj.* □ ♪ **1.** Ton…, tonlich; **2.** to'nal; **to·nal·i·ty** [təʊ'nælətɪ] *s.* **1.** ♪ a) Tonali'tät *f*, Tonart *f*, b) 'Ton-, 'Klangcha͵rakter *m*; **2.** *paint.* Farbton *m*, Tönung *f*.

tone [təʊn] **I** *s.* **1.** *allg.* Ton *m*, Klang *m*: ***heart ~s*** ⚕ Herztöne; **2.** Ton *m*, Stimme *f*: ***in an angry ~*** in ärgerlichem Ton, mit zorniger Stimme; **3.** *ling.* a) Tonfall *m*, b) Tonhöhe *f*, Betonung *f*; **4.** ♪ a) Ton *m*, b) *Am.* Note *f*, c) Klang(farbe *f*) *m*; **5.** *paint.* (Farb)Ton *m*, Tönung *f* (*a. fig.*); **6.** ⚕ a) Tonus *m der Muskeln*, b) *fig.* Spannkraft *f*; **7.** *fig.* Geist *m*, Haltung *f*; **8.** Stimmung *f* (*a. Börse*); **9.** a) Ton *m*, Note *f*, Stil *m*, b) Ni'veau *n*: ***set the ~ of*** a) den Ton angeben für, b) den Stil *e-r Sache* bestimmen; ***raise*** (***lower***) ***the ~*** (***of***) das Niveau (*gen.*) heben (senken); ***give ~ to*** Niveau verleihen (*dat.*); **II** *v/t.* **10.** e-n Ton verleihen (*dat.*), e-e Färbung geben (*dat.*); **11.** *Farbe etc.* abtönen: ***~ down*** *Farbe*, *fig. Zorn etc.* dämpfen, mildern; ***~ up*** *paint. u. fig.* (ver)stärken; **12.** *phot.* tonen; **13.** *fig.* a) 'umformen, -modeln, b) regeln; **III** *v/i.* **14.** *a.* ***~ in*** (***with***) a) verschmelzen (mit), b) harmonieren (mit), passen (zu) (*bsd. Farbe*); **15.** ***~ down*** sich mildern *od.* abschwächen; **16.** ***~ up*** stärker werden; **~ arm** *s.* Tonarm *m am Plattenspieler*; **~ con·trol** *s.* ϟ Klangregler *m*.

tone·less ['təʊnlɪs] *adj.* □ **1.** tonlos (*a. Stimme*); **2.** ausdruckslos.

tone pad *s. teleph.* Fernabfrager *m*.

tone po·em *s.* ♪ Tondichtung *f*.

ton·er ['təʊnə] *s.* **1.** *Drucker etc.*: Toner *m*; **2.** *Kosmetik*: Tönung *f*; **~ car·tridge** *s.* 'Tonerkas͵sette *f*.

tongs [tɒŋz] *s. pl.* Zange *f*: ***a pair of ~*** eine Zange; ***I would not touch that with a pair of ~*** a) das würde ich nicht mal mit e-r Zange anfassen, b) *fig.* mit dieser Sache möchte ich nichts zu tun haben.

tongue [tʌŋ] **I** *s.* **1.** *anat.* Zunge *f* (*a. fig. Redeweise*): ***malicious ~s*** böse Zungen; ***have a long*** (***ready***) ***~*** geschwätzig (schlagfertig) sein; ***find one's ~*** die Sprache wieder finden; ***give ~*** a) sich laut u. deutlich äußern (***to*** zu), b) anschlagen (*Hund*), c) Laut geben (*Jagdhund*); ***hold one's ~*** den Mund halten; ***keep a civil ~ in one's head*** höflich bleiben; ***put one's ~ out*** (***at s.o.***) (j-m) die Zunge herausstrecken; ***with*** (***one's***) ***~ in*** (***one's***) ***cheek*** → ***tongue-in-cheek***; → ***wag*** 1; **2.** Sprache *f e-s Volkes*, Zunge *f*; **3.** *fig.* Zunge *f* (*Schuh*, *Flamme*, *Klarinette etc.*); **4.** (Glocken)Klöppel *m*; **5.** (Wagen-)Deichsel *f*; **6.** ⚙ Feder *f*, Spund *m*: ***~ and groove*** Feder u. Nut; **7.** Dorn *m* (*Schnalle*); **8.** Zeiger *m* (*Waage*); **9.** ϟ (Re'lais)Anker *m*; **10.** *geogr.* Landzunge *f*; **II** *v/t.* **11.** ♪ mit Flatterzunge blasen; **12.** ⚙ verzapfen; **tongued** [-ŋd] *adj.* **1.** *in Zssgn* …züngig; **2.** ⚙ gefedert, gezapft.

͵**tongue|-in-'cheek** *adj.* **1.** i'ronisch; **2.** mit Hintergedanken; '**~-͵lash·ing** *s.* F Standpauke *f*; '**~-tied** *adj.* stumm, sprachlos (*vor Verlegenheit etc.*): ***be ~*** keinen Ton herausbringen; **~ twist·er** *s.* Zungenbrecher *m*.

ton·ic ['tɒnɪk] **I** *adj.* (□ ***~ally***) **1.** ⚕ tonisch: ***~ spasm*** Starrkrampf *m*; **2.** ⚕ stärkend, belebend (*a. fig.*): ***~ water*** Tonic *n*; **3.** *ling.* Ton…: ***~ accent*** musikalischer Akzent; **4.** ♪ Tonika…, (Grund)Ton…: ***~ chord*** Grundakkord *m*; ***~ major*** gleichnamige Dur-Tonart; ***~ sol-fa*** Tonika-Do-System *n*; **5.** *paint.* Tönungs…, Farbgebungs…; **II** *s.* **6.** ⚕ Stärkungsmittel *n*, Tonikum *n*; **7.** Tonic *n* (*Getränk*); **8.** *fig.* Stimulans *n*; **9.** ♪ Grundton *m*, Tonika *f*; **10.** *ling.* stimmhafter Laut; **to·nic·i·ty** [təʊ'nɪsətɪ] *s.* **1.** → ***tone*** 6; **2.** musi'kalischer Ton.

to·night [tə'naɪt] **I** *adv.* **1.** heute Abend; **2.** heute Nacht; **II** *s.* **3.** der heutige Abend; **4.** diese Nacht.

ton·nage ['tʌnɪdʒ] *s.* **1.** ⚓ Ton'nage *f*, Tonnengehalt *m*, Schiffsraum *m*; **2.** ⚓ Ge'samtton͵nage *f e-s Landes*; **3.** ⚓ Tonnengeld *n*; **4.** ⚙ (Ge'samt)Produkti͵on *f* (*Stahl etc.*).

tonne [tʌn] *s.* metrische Tonne.

ton·neau ['tɒnəʊ] *pl.* **-neaus** (*Fr.*) *s.* *mot.* hinterer Teil (*mit Rücksitzen*) e-s Autos.

ton·ner ['tʌnə] *s.* ⚓ *in Zssgn* …tonner, *ein* Schiff von … Tonnen.

to·nom·e·ter [təʊ'nɒmɪtə] *s.* **1.** ♪, *phys.* Tonhöhenmesser *m*; **2.** ⚕ Blutdruckmesser *m*.

ton·sil ['tɒnsl] *s. anat.* Mandel *f*; '**ton·sil·lar** [-sɪlə] *adj.* Mandel…; **ton·sil·lec·to·my** [͵tɒnsɪ'lektəmɪ] *s.* ⚕ Mandelentfernung *f*; **ton·sil·li·tis** [͵tɒnsɪ'laɪtɪs] *s.* ⚕ Mandelentzündung *f*.

ton·so·ri·al [tɒn'sɔːrɪəl] *adj. mst humor.* Barbier…: ***~ artist*** ‚Figaro' *m*.

ton·sure ['tɒnʃə] *eccl.* **I** *s.* **1.** Tonsurierung *f*; **2.** Ton'sur *f*; **II** *v/t.* **3.** tonsurieren.

to·ny ['təʊnɪ] *adj. Am.* F (tod)schick.

too [tuː] *adv.* **1.** (*vorangestellt*) zu, allzu: ***all ~ familiar*** allzu vertraut; ***~ fond of comfort*** zu sehr auf Bequemlichkeit bedacht; ***~ many*** zu viele; ***none ~ pleasant*** nicht gerade angenehm; **2.** F sehr, äußerst: ***it is ~ kind of you***; **3.** (*nachgestellt*) auch, ebenfalls.

took [tʊk] *pret. von* **take**.

tool [tuːl] **I** *s.* **1.** Werkzeug *n*, Gerät *n*, Instru'ment *n*: ***~s*** *pl. a.* Handwerkszeug *n*; ***gardener's ~s*** Gartengerät; **2.** ⚙ (Bohr-, Schneide- *etc.*)Werkzeug *n e-r Maschine*, *a.* Arbeits-, Drehstahl *m*; **3.** ⚙ a) 'Werkzeugma,schine *f*, b) Drehbank *f*; **4.** *typ.* a) 'Stempelfi,gur *f* (*Punzarbeit*), b) (Präge)Stempel *m*; **5.** *pl. fig.* a) Handwerkszeug *n* (*Bücher etc.*), b) Rüstzeug *n* (*Fachwissen*); **6.** *fig. contp.* Werkzeug *n*, Handlanger *m*, Krea'tur *f e-s anderen*; **7.** V ,Appa'rat' *m* (*Penis*); **II** *v/t.* **8.** ⚙ bearbeiten; **9.** *mst* ***~ up*** *Fabrik* (maschi'nell) ausstatten, -rüsten; **10.** *Bucheinband* punzen; **11.** *sl.* ,kutschieren' (*fahren*); **III** *v/i.* **12.** *mst* ***~ up*** ⚙ sich (maschi'nell) ausrüsten (***for*** für); **13.** *a.* ***~ along*** *sl.* (da'hin-, her'um)gondeln; **~ bag** *s.* Werkzeugtasche *f*; **'~·bar** *s. Computer*; Sym'bolleiste *f*; **~ bit** *s.* ⚙ Werkzeugspitze *f*; **~ box** *s.* Werkzeugkasten *m*; **~ car·ri·er** *s.* ⚙ Werkzeugschlitten *m*; **~ en·gi·neer·ing** *s.* Arbeitsvorbereitung *f*.

tool·ing ['tuːlɪŋ] *s.* ⚙ **1.** Bearbeitung *f*; **2.** Einrichten *n e-r Werkzeugmaschine*; **3.** maschi'nelle Ausrüstung; **4.** *Buchbinderei*: Punzarbeit *f*.

'tool|,mak·er *s.* Werkzeugmacher *m*; **'~-post** *s.* Schneidstahlhalter *m*.

toot [tuːt] *v/i.* **1.** (*a. v/t. et.*) tuten, blasen; **2.** hupen (*Auto*).

tooth [tuːθ] **I** *pl.* **teeth** [tiːθ] *s.* **1.** *anat.* Zahn *m*: ***~ and nail*** *fig.* verbissen, erbittert (*be*)*kämpfen*; ***armed to the teeth*** bis an die Zähne bewaffnet; ***in the teeth of*** *fig.* a) gegen *Widerstand etc.*, b) trotz *od.* ungeachtet *der Gefahr etc.*, ***cut one's teeth*** zahnen; ***draw the teeth of*** *fig.* a) *j-n* beruhigen, b) *j-n* ungefährlich machen, c) *e-r Sache* die Spitze nehmen, *et.* entschärfen; ***get one's teeth into*** sich an *e-e Arbeit etc.* ,ranmachen'; ***have a sweet ~*** gerne Süßigkeiten essen *od.* naschen; ***put teeth into*** (den nötigen) Nachdruck verleihen (*dat.*); ***set s.o.'s teeth on edge*** j-m auf die Nerven gehen *od.* ,wehtun'; ***show one's teeth*** (***to***) a) die Zähne fletschen (gegen), b) *fig. j-m* die Zähne zeigen; **2.** Zahn *m e-s Kammes, e-r Säge, e-s Zahnrads etc.*; **3.** (Gabel)Zinke *f*; **II** *v/t.* **4.** *Rad etc.* bezahnen; **5.** *Brett* verzahnen; **III** *v/i.* **6.** inein'ander greifen (*Zahnräder*); **'~·ache** *s.* Zahnweh *n*; **'~·brush** *s.* Zahnbürste *f*; **'~·comb** *s.* Staubkamm *m*; **~ de·cay** *s.* Zahnverfall *m*.

toothed [tuːθt] *adj.* **1.** mit Zähnen (versehen), Zahn..., gezahnt: ***~ wheel*** Zahnrad *n*; **2.** ⚘ gezähnt, gezackt (*Blattrand*); **3.** ⚙ verzahnt; **'tooth·less** [-θlɪs] *adj.* zahnlos.

'tooth|·paste *s.* Zahnpasta *f*; **'~·pick** *s.* Zahnstocher *m*; **~ pow·der** *s.* Zahnpulver *n*.

tooth·some ['tuːθsəm] *adj.* □ lecker (*a. fig.*).

too·tle ['tuːtl] *v/i.* **1.** tuten, dudeln; **2.** *Am.* F quatschen; **3.** F a) (her'um)gondeln, b) ,(da'hin)zotteln': ***~ off*** sich trollen.

toot·sy(-woot·sy) [ˌtʊtsɪ('wʊtsɪ)] *s. Kindersprache*: Füßchen *n*.

top[1] [tɒp] **I** *s.* **1.** ober(st)es Ende, Oberteil *n*; Spitze *f*, Gipfel *m e-s Berges etc.*; Krone *f*, Wipfel *m des Baumes*; (Haus-)Giebel *m*, Dach(spitze *f*) *n*; Kopf(ende *n*) *m des Tisches*, *e-r Buchseite etc.*: ***at the ~*** oben(an); ***at the ~ of*** oben an (*dat.*); ***at the ~ of one's speed*** mit höchster Geschwindigkeit; ***at the ~ of one's voice*** aus vollem Hals(e); ***page 20 at the ~*** auf Seite 20 oben; ***on ~*** oben(auf); ***on*** (***the***) ***~ of*** oben auf (*dat.*), über (*dat.*); ***on ~ of each other*** auf- *od.* übereinander; ***on*** (***the***) ***~ of it*** obendrein; ***over the ~*** *bsd. Brit.* F (maßlos) übertrieben; ***go over the ~*** a) ⚔ zum Sturmangriff (*aus dem Schützengraben*) antreten, b) *fig.* es maßlos übertreiben; **2.** *fig.* Spitze *f*, erste *od.* höchste Stelle; 'Spitzenpositi,on *f*: ***~ management*** Unternehmensführung *f*; ***the ~ of the class*** der Primus der Klasse; ***the ~ of the tree*** (*od.* ***ladder***) *fig.* die höchste Stellung, der Gipfel des Erfolgs; ***at the ~*** an der Spitze; ***be on ~*** (***of the world***) obenauf sein; ***come out on ~*** als Sieger *od.* Bester hervorgehen; ***come to the ~*** an die Spitze kommen, sich durchsetzen; ***get on ~ of s.th.*** e-r Sache Herr werden; **3.** *fig.* Gipfel *m*, *das* Äußerste *od.* Höchste; **4.** Scheitel *m*, Kopf *m*: ***from ~ to toe*** von Kopf bis Fuß; ***blow one's ~*** *sl.* ,hochgehen', e-n Wutanfall haben; **5.** Oberfläche *f des Tisches, Wassers etc.*; **6.** *mot. etc.* Verdeck *n*; **7.** (Bett)Himmel *m*; **8.** (Möbel)Aufsatz *m*; **9.** ⚓ Mars *m*, *f*, Topp *m*; **10.** (Schuh)Oberleder *n*; **11.** Stulpe *f* (*Stiefel, Handschuh*); **12.** (Topf- *etc.*)Deckel *m*; **13.** ⚘ a) (oberer Teil e-r) Pflanze *f* (*Ggs. Wurzel*), b) *mst pl.* (Rüben- *etc.*)Kraut *n*; **14.** Blume *f des Bieres*; **15.** *mot.* → ***top gear***; **II** *adj.* **16.** oberst: ***~ line*** Kopf-, Titelzeile *f*; ***the ~ rung*** *fig.* oberste Stelle, höchste Stellung; **17.** höchst: ***~ earner*** Spitzenverdiener(in); ***~ efficiency*** ⚙ Spitzenleistung *f*; ***~ price*** Höchstpreis *m*; ***~ quality*** 'Spitzenquali,tät *f*; ***~ speed*** Höchstgeschwindigkeit *f*; ***~ secret*** streng geheim; **18.** *der* (*die, das*) erste; **19.** Haupt...; **III** *v/t.* **20.** (oben) bedecken; krönen; **21.** über'ragen; **22.** *fig.* über-

T

'treffen, -'ragen; **23.** die Spitze (*gen.*) erreichen; **24.** an der Spitze *der Klasse, e-r Liste etc.* stehen; **25.** über'steigen; **26.** ✓ stutzen, kappen; **27.** *Hindernis* nehmen; **28.** *Golf: Ball* oben schlagen; **~ off** *v/t.* F *et.* abschließen *od.* krönen (***with*** mit); **~ out I** *v/i.* Richtfest feiern; **II** *v/t.* das Richtfest (*gen.*) feiern: ***~ a building***; **~ up** *v/t.* **1.** auf-, nachfüllen; **2.** F *j-m* nachschenken.

top² [tɒp] *s.* Kreisel *m* (*Spielzeug*).

to·paz ['təʊpæz] *s. min.* To'pas *m.*

top| boot *s.* (kniehoher) Stiefel, Stulpenstiefel *m*; **'~·coat** 'Überzieher *m*, Mantel *m*; **~ dog** *s.* F *fig.* **1.** *der* Herr *od.* Über'legene; *der* Sieger; **2.** ‚Chef' *m*, *der* Oberste; **3.** *der* (*die, das*) Beste; **~ draw·er** *s.* **1.** oberste Schublade; **2.** F *fig. die* oberen zehntausend: ***he does not come from the ~*** er kommt nicht aus vornehmster Familie; **ˌ~-'draw·er** *adj.* F **1.** vornehm; **2.** best; **~ dress·ing** *s.* **1.** ✓ Kopfdüngung *f*; **2.** ⚙ Oberflächenbeschotterung *f*.

tope¹ [təʊp] *v/t. u. v/i.* ‚saufen'.

tope² [təʊp] *s. ichth.* Glatthai *m.*

to·pee ['təʊpiː] *s.* Tropenhelm *m.*

top·er ['təʊpə] *s.* Säufer *m*, Zecher *m.*

'top|·flight *adj.* F erstklassig, prima; **'~ˌflight·er** → ***topnotcher***; **~·gal·lant** [ˌtɒp'gælənt; ⚓ tə'g-] ⚓ **I** *s.* Bramsegel *n*; **II** *adj.* Bram...: ***~ sail***; **~ gear** *s. mot.* höchster Gang; **'~-grade** *adj.* erstklassig; **~ hat** *s.* Zy'linder(hut) *m*; **ˌ~-'heav·y** *adj.* **1.** oberlastig (*Gefäß etc.*); **2.** ⚓ topplastig; **3.** ✈ kopflastig; **4.** ✝ a) 'überbewertet (*Wertpapiere*), b) 'überkapitalisiert (*Unternehmen*); **ˌ~-'hole** → ***topflight***.

top·ic ['tɒpɪk] *s.* **1.** Thema *n*, Gegenstand *m*; **2.** *phls.* Topik *f*; **'top·i·cal** [-kl] **I** *adj.* ☐ **1.** örtlich, lo'kal (*a.* ⚕): ***~ colo(u)rs*** topische Farben; **2.** a) aktu'ell, b) zeitkritisch: ***~ song*** Lied *n* mit aktuellen Anspielungen; **3.** the'matisch; **II** *s.* **4.** aktu'eller Film; **top·i·cal·i·ty** [ˌtɒpɪ'kælətɪ] *s.* aktu'elle *od.* lo'kale Bedeutung.

top| kick *Am. sl. für* → ***top sergeant***; **'~·knot** *s.* **1.** Haarknoten *m*; **2.** *orn.* (Feder)Haube *f*, Schopf *m.*

top·less ['tɒplɪs] *adj.* **1.** ohne Kopf; **2.** 'Oben-'ohne-...: ***~ dress*** (***night club***, ***waitress***).

ˌtop|-'line *adj.* **1.** promi'nent; **2.** wichtigst: ***~ news***; **ˌ~'lin·er** *s.* F Promi'nente(r *m*) *f*; **'~·mast** [-mɑːst; -məst] *s.* ⚓ (Mars)Stenge *f*; **'~·most** *adj.* höchst, oberst; **ˌ~'notch** *adj.* F prima, erstklassig; **ˌ~'notch·er** *s.* F ‚Ka'none' *f* (*Könner*).

to·pog·ra·pher [tə'pɒgrəfə] *s. geogr.* Topo'graph *m*; **top·o·graph·ic, top·o·graph·i·cal** [ˌtɒpə'græfɪk(l)] *adj.* ☐ topo'graphisch; **to'pog·ra·phy** [-fɪ] *s.* **1.** *geogr., a.* ⚕ Topogra'phie *f*; **2.** ⚔ Geländekunde *f*.

top·per ['tɒpə] *s.* **1.** ⚠ oberer Stein; **2.** ✝ F (oben'auf liegendes) Schaustück (*Obst etc.*); **3.** F Zy'linder *m* (*Hut*); **4.** F a) ‚(tolles) Ding', b) ‚Pfundskerl' *m*; **top·ping** ['tɒpɪŋ] *adj.* ☐ F prima, fabelhaft.

top·ple ['tɒpl] **I** *v/i.* **1.** wackeln; **2.** kippen, stürzen, purzeln: ***~ down*** (*od.* ***over***) umkippen, hinpurzeln, niederstürzen; **II** *v/t.* **3.** ins Wanken bringen, stürzen: ***~ over*** *et.* umstürzen, -kippen; **4.** *fig. Regierung* stürzen.

ˌtop-'qual·i·ty prod·uct *s.* 'Spitzenproˌdukt *n.*

tops [tɒps] *adj.* F prima, erstklassig, ‚super'.

top|·sail ['tɒpsl] *s.* ⚓ Marssegel *n*; **~ saw·yer** *s.* F *fig.* ‚hohes Tier'; **ˌ~-'se·cret** *adj.* streng geheim; **ˌ~-'sell·ing** *adj.* meistverkauft; **~ ser·geant** *s.* ⚔ *Am.* F Hauptfeldwebel *m*, ‚Spieß' *m*; **'~·soil** *s.* ✓ Ackerkrume *f*, Mutterboden *m.*

top·sy·tur·vy [ˌtɒpsɪ'tɜːvɪ] **I** *adv.* **1.** das Oberste zu'unterst, auf den Kopf: ***turn everything ~*** alles auf den Kopf stellen; **2.** kopf'über kopf'unter *fallen*; **3.** drunter u. drüber, verkehrt; **II** *adj.* **4.** auf den Kopf gestellt, in wildem Durchein'ander, cha'otisch; **III** *s.* **5.** (wildes *od.* heilloses) Durchein'ander, Kuddelmuddel *m, n*; **ˌtop·sy'tur·vy·dom** [-dəm] → ***topsyturvy*** 5.

toque [təʊk] *s.* **1.** *hist.* Ba'rett *n*; **2.** Toque *f* (*randloser Damenhut*).

tor [tɔː] *s. Brit.* Felsturm *m.*

to·ra(h) ['tɔːrə] *s.* **1.** ♌ *das* Gesetz Mosis; **2.** Tho'ra *f*.

torch [tɔːtʃ] *s.* **1.** Fackel *f* (*a. fig. der Wissenschaft etc.*): ***carry a ~ for*** *Am. fig. Mädchen* (von ferne) verehren; **2.** *a.* ***electric ~*** *Brit.* Taschenlampe *f*; **3.** ⚙ a) Schweißbrenner *m*, b) → ***torch lamp***; **4.** *Am.* Brandstifter *m*; **'~ˌbear·er** *s.* Fackelträger *m* (*a. fig.*); **~ lamp** *s.* ⚙ Lötlampe *f*; **'~·light** *s.* Fackelschein *m*: ***~ procession*** Fackelzug *m*; **~ pine** *s.* ⚘ (Amer.) Pechkiefer *f*; **~ sing·er** *s.* Schnulzensänger(in); **~ song** *s.* ‚Schnulze' *f*, sentimen'tales Liebeslied.

tore [tɔː] *pret. von* ***tear²***.

tor·e·a·dor ['tɒrɪədɔː] (*Span.*) *s.* Torea'dor *m*, berittener Stierkämpfer.

to·re·ro [tɒ'reərəʊ] *pl.* **-ros** (*Span.*) *s.* To'rero *m*, Stierkämpfer *m* (*zu Fuß*).

tor·ment I *v/t.* [tɔː'ment] **1.** *bsd. fig.* quälen, peinigen, foltern, plagen (***with*** mit): ***~ed with*** gequält *od.* gepeinigt von *Zweifel etc.*; **II** *s.* ['tɔːment] **2.** Qual *f*, Pein *f*, Marter *f*: ***be in ~*** Qualen ausstehen; **3.** Plage *f*; **4.** Quälgeist *m*; **tor'men·tor** [-tə] *s.* **1.** Peiniger *m*; **2.** Quälgeist *m*; **3.** ⚓ lange Fleischgabel;

4. *thea.* vordere Ku'lisse; **tor'men·tress** [-trɪs] *s.* Peinigerin *f.*
torn [tɔːn] *p.p. von* **tear²**.
tor·na·do [tɔː'neɪdəʊ] *pl.* **-does** *s.* **1.** Tor'nado *m*: a) *Wirbelsturm in den USA*, b) *tropisches Wärmegewitter*; **2.** *fig.* a) (Beifall-, Pro'test)Sturm *m*, b) Wirbelwind *m* (*Person*).
tor·pe·do [tɔː'piːdəʊ] **I** *pl.* **-does** *s.* **1.** ⚓ Tor'pedo *m*; **2.** *a.* ***aerial ~*** ✈ 'Lufttor,pedo *m*; **3.** *a.* ***toy ~*** Knallerbse *f*; **4.** *ichth.* Zitterrochen *m*; **5.** *Am. sl.* ‚Killer' *m*; **II** *v/t.* **6.** torpedieren (*a. fig. vereiteln*); **~ boat** *s.* ⚓ Tor'pedoboot *n*; **~ plane** *s.* ⚔ Tor'pedoflugzeug *n*; **~ tube** *s.* Tor'pedorohr *n.*
tor·pid ['tɔːpɪd] **I** *adj.* ☐ **1.** starr, erstarrt, betäubt; **2.** träge, schlaff; **3.** a'pathisch, stumpf; **II** *s.* **4.** *mst* **tor·pid·i·ty** [tɔː'pɪdətɪ], '**tor·pid·ness** [-nɪs], '**tor·por** [-pə] *s.* **1.** Erstarrung *f*, Betäubung *f*; **2.** Träg-, Schlaffheit *f*, ⚕ *a.* Torpor *m*; **3.** Apa'thie *f*, Stumpfheit *f.*
torque [tɔːk] *s.* ⚙, *phys.* 'Drehmo,ment *n*; **~ shaft** *s.* ⚙ Dreh-, Torsi'onsstab *m.*
tor·re·fy ['tɒrɪfaɪ] *v/t.* rösten, darren.
tor·rent ['tɒrənt] *s.* **1.** reißender Strom, *bsd.* Wild-, Sturzbach *m*; **2.** (Lava-) Strom *m*; **3.** ***~s of rain*** sintflutartige Regenfälle; ***it rains in ~s*** es gießt in Strömen; **4.** *fig.* Strom *m*, Schwall *m*, Sturzbach *m von Fragen etc.*; **tor·ren·tial** [tə'renʃl] *adj.* ☐ **1.** reißend, strömend, sturzbachartig; **2.** sintflutartig: ***~ rain(s)***; **3.** *fig.* a) wortreich, b) wild, ungestüm.
tor·rid ['tɒrɪd] *adj.* **1.** sengend, brennend heiß (*a. fig. Leidenschaft etc.*): ***~ zone*** *geogr.* heiße Zone; **2.** ausgedörrt, verbrannt: ***~ plain***.
tor·sion ['tɔːʃn] *s.* **1.** *a.* ⚕ Drehung *f*; **2.** ⚙, *phys.* Torsi'on *f*, Verdrehung *f*: ***~ balance*** Drehwaage *f*; **3.** ⚕ Abschnürung *f e-r Arterie*; '**tor·sion·al** [-ʃənl] *adj.* Dreh..., (Ver)Drehungs..., Torsions...: ***~ force***.
tor·so ['tɔːsəʊ] *pl.* **-sos** *s.* Torso *m*: a) Rumpf *m*, b) *fig.* Bruchstück *n*, unvollendetes Werk.
tort [tɔːt] *s.* ⚖ unerlaubte Handlung, zi'vilrechtliches De'likt: ***law of ~s*** Schadenersatzrecht *n*; '**~-,fea·sor** [-,fiːzə] *s.* ⚖ rechtswidrig Handelnde(r) *m.*
tor·til·la [tɔː'tɪlə] (*Span.*) *s. Am.* Tor'tilla *f* (*Maiskuchen*).
tor·tious ['tɔːʃəs] *adj.* ☐ ⚖ rechtswidrig: ***~ act*** → ***tort***.
tor·toise ['tɔːtəs] **I** *s. zo.* Schildkröte *f*: ***as slow as a ~*** *fig.* (langsam) wie e-e Schnecke; **II** *adj.* Schildpatt...; '**~·shell** *s.* Schildpatt *n*: ***~ cat*** *zo.* Schildpattkatze *f.*
tor·tu·os·i·ty [,tɔːtjʊ'ɒsətɪ] *s.* **1.** Krümmung *f*, Windung *f*; **2.** Gewundenheit *f* (*a. fig.*); **3.** *fig.* 'Umständlichkeit *f*; **tor·tu·ous** ['tɔːtjʊəs] *adj.* ☐ **1.** gewunden, verschlungen, gekrümmt; **2.** *fig.* gewunden, 'umständlich; **3.** *fig.* ‚krumm', unehrlich.
tor·ture ['tɔːtʃə] **I** *s.* **1.** Folter(ung) *f*: ***put to the ~*** foltern; **2.** *fig.* Tor'tur *f*, Marter *f*, (Folter)Qual(en *pl.*) *f*; **II** *v/t.* **3.** foltern, martern, *fig. a.* quälen, peinigen; **4.** *Text etc.* entstellen; '**tor·tur·er** [-ərə] *s.* **1.** Folterknecht *m*; **2.** *fig.* Peiniger *m.*
to·rus ['tɔːrəs] *pl.* **-ri** [-raɪ] *s.* ▲, ⚕, ⚙, ⚘, ⚕ Torus *m.*
To·ry ['tɔːrɪ] **I** *s.* **1.** *pol. Brit.* Tory *m*, (*contp.* 'Ultra)Konserva,tive(r) *m*; **2.** *hist.* Tory *m* (*Loyalist in Amerika*); **II** *adj.* Tory..., konserva'tiv; '**To·ry·ism** [-ɪɪzəm] **1.** To'rysmus *m*; **2.** 'Ultrakonserva,tismus *m.*
tosh [tɒʃ] *s. Brit. sl.* ‚Quatsch' *m.*
toss [tɒs] **I** *v/t.* **1.** werfen, schleudern: ***~ off*** a) *Reiter* abwerfen (*Pferd*), b) *Getränk* hinunterstürzen, c) *Arbeit* ‚hinhauen'; ***~ up*** hochschleudern, *in e-r Decke* prellen; **2.** *a.* ***~ up*** *Münze etc.*, *a. Kopf* hochwerfen: ***~ s.o. for*** mit j-m um *et.* losen (*durch Münzwurf*); **3.** *a.* ***~ about*** hin u. her schleudern, schütteln; **4.** ⚓ *Riemen* pieken: ***~ oars!*** Riemen hoch!; **5.** *Am. sl. j-n* ‚filzen'; **II** *v/i.* **6.** *a.* ***~ about*** sich *im Schlaf etc.* hin u. her werfen *od.* wälzen; **7.** *a.* ***~ about*** hin u. her geworfen werden, geschüttelt werden; hin und her schwanken; flattern; **8.** rollen (*Schiff*); **9.** schwer gehen (*See*); **10.** *a.* ***~ up*** (durch Hochwerfen e-r Münze) losen (***for*** um); **III** *s.* **11.** Werfen *n*, Wurf *m*; **12.** Hoch-, Zu'rückwerfen *n des Kopfes*; **13.** a) Hochwerfen *n* e-r Münze, b) → ***toss-up***; **14.** Sturz *m vom Pferd etc.*: ***take a ~*** stürzen, *bsd.* abgeworfen werden; '**~-up** *s.* **1.** Losen *n mit e-r Münze*, Loswurf *m*; **2.** *fig.* ungewisse Sache: ***it is a ~ whether*** es ist völlig offen, ob.
tot¹ [tɒt] *s.* F **1.** Knirps *m*, Kerlchen *n*; **2.** *Brit.* Schlückchen *n* (*Alkohol*); **3.** *fig.* Häppchen *n.*
tot² [tɒt] F **I** *s.* **1.** (Gesamt)Summe *f*; **2.** a) Additi'onsaufgabe *f*, b) Additi'on *f*; **II** *v/t.* **3.** ***~ up*** zs.-zählen; **III** *v/i.* **4.** ***~ up*** sich belaufen (***to*** auf *acc.*); sich summieren.
to·tal ['təʊtl] **I** *adj.* ☐ **1.** ganz, gesamt, Gesamt...; **2.** to'tal, Total..., völlig, gänzlich; **II** *s.* **3.** (Gesamt)Summe *f*, Gesamtbetrag *m*, -menge *f*: ***a ~ of 20 cases*** insgesamt 20 Kisten; **4.** *die* Gesamtheit, *das* Ganze; **III** *v/t.* **5.** zs.-zählen; **6.** insgesamt betragen, sich belaufen auf (*acc.*): ***total(l)ing $70*** im Gesamtbetrag von 70 Dollar; **7.** *Am.* F *Auto* zu Schrott fahren; **to·tal·i·tar·i·an** [,təʊtælɪ'teərɪən] *adj. pol.* totali'tär; **to·tal·i·tar·i·an·ism** [,təʊtælɪ'teərɪənɪzəm]

T

s. totali'täres Sy'stem; **to·tal·i·ty** [təʊ'tælətɪ] *s.* **1.** Gesamtheit *f*; **2.** Vollständigkeit *f*; **3.** *ast.* to'tale Verfinsterung; **'to·tal·i·za·tor** [-təlaɪzeɪtə] *s.* *Pferderennen*: Totali'sator *m*; **'to·tal·ize** [-təlaɪz] *v/t.* **1.** zs.-zählen; **2.** (zu e-m Ganzen) zs.-fassen; **'to·tal·iz·er** [-təlaɪzə] → ***totalizator***.

tote[1] [təʊt] *s. sl.* → ***totalizator***.

tote[2] [təʊt] *v/t.* F **1.** tragen (mit sich) schleppen; **2.** transportieren; **~ bag** *s.* *Am.* Einkaufs-, Tragtasche *f*.

to·tem ['təʊtəm] *s.* Totem *n*; **~ pole, ~ post** *s.* Totempfahl *m*.

tot·ter ['tɒtə] *v/i.* **1.** torkeln, wanken: ***~ to one's grave*** *fig.* dem Grabe zuwanken; **2.** (sch)wanken, wackeln: ***~ to its fall*** *fig.* (allmählich) zs.-brechen (*Reich etc.*); **'tot·ter·ing** [-ərɪŋ] *adj.* □, **'tot·ter·y** [-ərɪ] *adj.* wack(e)lig, (sch)wankend.

touch [tʌtʃ] **I** *s.* **1.** Berührung *f*: ***at a ~*** beim Berühren; ***on the slightest ~*** bei der leisesten Berührung; ***it has a velvety ~*** es fühlt sich wie Samt an; ***that was a (near) ~*** F das hätte ins Auge gehen können; **2.** Tastsinn *m*: ***it is soft to the ~*** es fühlt sich weich an; **3.** (*Pinsel- etc.*)Strich *m*: ***put the finishing ~es to*** letzte Hand legen an (*acc.*), *e-r Sache* den letzten Schliff geben; **4.** ♪ a) Anschlag *m des Pianisten od. des Pianos*, b) Strich *m des Geigers*; **5.** *fig.* Fühlung(nahme) *f*, Verbindung *f*, Kon'takt *m*: ***get into ~ with*** sich in Verbindung setzen mit, Fühlung nehmen mit; ***please get in ~!*** bitte melden (Sie sich)!; ***keep in ~ with*** in Verbindung bleiben mit; ***lose ~ with*** den Kontakt mit *j-m od. e-r Sache* verlieren; ***put s.o. in ~ with*** j-n in Verbindung setzen mit; ***within ~*** in Reichweite; **6.** *fig.* Hand *f des Meisters etc.*, Stil *m*; (souve'räne) Ma'nier: ***light ~*** leichte Hand; ***with sure ~*** mit sicherer Hand; **7.** Einfühlungsvermögen *n*, Feingefühl *n*; **8.** *e-e* Spur *Pfeffer etc.*: ***a ~ of red*** ein rötlicher Hauch; **9.** Anflug *m von Sarkasmus etc.*, Hauch *m von Romantik etc.*: ***he has a ~ of genius*** er hat e-e geniale Ader; **10.** ⚕ *etc.* (leichter) Anfall: ***a ~ of flu*** e-e leichte Grippe; ***a ~ of the sun*** ein leichter Sonnenstich; **11.** (besondere) Note, Zug *m*: ***the personal ~*** die persönliche Note; **12.** *fig.* Stempel *m*, Gepräge *n*; **13.** Probe *f*: ***put to the ~*** auf die Probe stellen; **14.** a) *Rugby etc.*: Mark *f*, b) *Fußball*: Seitenaus *n*; **15.** Fangspiel *n*; **16.** *sl.* a) Anpumpen *n*, b) gepumptes Geld: ***he is a soft ~*** er lässt sich leicht anpumpen, *weitS.* er ist ein leichtes Opfer; **II** *v/t.* **17.** an-, berühren (*a. weitS. Essen etc. mst neg.*); anfassen, angreifen: ***~ the spot*** das Richtige treffen; **18.** befühlen, betasten; **19.** *Hand etc.* legen (***to*** an *acc.*, auf *acc.*); **20.** mitein'ander in Berührung bringen; **21.** in Berührung kommen *od.* stehen mit; **22.** drücken auf (*acc.*), (leicht) anstoßen: ***to ~ the bell*** klingeln; ***to ~ glasses*** (mit den Gläsern) anstoßen; **23.** grenzen *od.* stoßen an (*acc.*); **24.** reichen an (*acc.*), erreichen; F *fig.* her'anreichen an (*acc.*), gleichkommen (*dat.*); **25.** erlangen, erreichen; **26.** ♪ *Saiten* rühren; *Ton* anschlagen; **27.** tönen, (leicht) färben; *fig.* färben, beeinflussen; **28.** beeindrucken; rühren, bewegen: ***~ed to tears*** zu Tränen gerührt; **29.** *fig.* verletzen, treffen; **30.** *fig.* berühren, betreffen; **31.** in Mitleidenschaft ziehen, mitnehmen: ***~ed*** a) angegangen (*Fleisch*), b) F ‚bekloppt', ‚nicht ganz bei Trost' (*Person*); **32.** *Ort* berühren, Halt machen in (*dat.*); *Hafen* anlaufen; **33.** *sl.* anpumpen (***for*** um); **III** *v/i.* **34.** sich berühren; **35. *~ at*** ⚓ anlegen bei *od.* in (*dat.*), anlaufen (*acc.*); **36. *~ (up)on*** *fig.* berühren: a) (kurz) erwähnen, b) betreffen;

Zssgn mit adv.:

touch| down *v/i.* **1.** *Rugby etc.*: e-n Versuch legen *od.* erzielen; **2.** ✈ aufsetzen; **~ off** *v/t.* **1.** skizzieren; **2.** *Skizze* flüchtig entwerfen; **3.** *e-e Explosion*, *fig. e-e Krise etc.* auslösen, *fig. a.* entfachen; **~ up** *v/t.* **1.** auffrischen (*a. fig.*), aufpolieren; verbessern; **2.** *phot.* retuschieren.

touch| and go *s.* ris'kante Sache, pre'käre Situati'on: ***it was ~*** es hing an e-m Haar, es stand auf des Messers Schneide; **,~-and-'go** *adj.* **1.** ris'kant; **2.** flüchtig, oberflächlich: ***~ landing*** ✈ Aufsetz- u. Durchstartlandung *f*; **'~·down** *s.* **1.** *Rugby etc.*: Versuch *m*; **2.** ✈ Aufsetzen *n*.

touch·i·ness ['tʌtʃɪnɪs] *s.* Empfindlichkeit *f*.

touch·ing ['tʌtʃɪŋ] *adj.* □ *fig.* rührend, ergreifend.

'touch|·line *s.* a) *Fußball*: Seitenlinie *f*, b) *Rugby*: Marklinie *f*; **'~-me-not** *s.* ♀ (*fig.* F Blümlein *n*) Rührmichnichtan *n*; **'~,pa·per** *s.* 'Zündpa,pier *n*; **~ screen** *s.* Touchscreen *m*, Berührungsbildschirm *m*; **'~·stone** *s.* **1.** *min.* Probierstein *m*; **2.** *fig.* Prüfstein *m*; **~ sys·tem** *s.* Zehn'fingersys,tem *n*; **~ tel·e·phone** *s.* 'Tastentele,fon *n*; **'~-type** *v/i.* blind schreiben; **'~·wood** *s.* **1.** Zunder(holz *n*) *m*; **2.** ♀ Feuerschwamm *m*.

touch·y ['tʌtʃɪ] *adj.* □ **1.** empfindlich, reizbar; **2.** a) ris'kant, b) heikel, kitzlig (*Thema*).

tough [tʌf] **I** *adj.* □ **1.** *allg.* zäh: a) hart, 'widerstandsfähig, b) ro'bust, stark (*Person, Körper etc.*), c) hartnäckig (*Kampf, Wille etc.*); **2.** *fig.* schwierig,

T

unangenehm, ‚bös' (*Arbeit etc., a.* F *Person*); F eklig, grob (*Person*): ***it was ~ going*** F es war ein hartes Stück Arbeit; ***he is a ~ customer*** mit ihm ist nicht gut Kirschen essen; ***if things get ~*** wenn es ‚mulmig' wird; ***~ luck*** F ‚Pech' *n*; **3.** rowdyhaft, bru'tal, übel, Verbrecher...: ***get ~ with s.o.*** j-m gegenüber massiv werden; **II** *s.* **4.** Rowdy *m*, Schläger(typ) *m*, ‚übler Kunde'; **tough·book** ['tʌfbʊk] *s. Computer*: 'Toughbook *n* (*besonders robuster Laptop*); **tough·en** ['tʌfn] *v/t. u. v/i.* zäh(er) *etc.* machen (werden); **tough·ie** ['tʌfɪ] *s.* F **1.** ‚harte Nuss', schwierige Sache; **2.** → ***tough*** 4; '**tough·ness** [-nɪs] *s.* **1.** Zähigkeit *f*, Härte *f* (*a. fig.*); **2.** Ro'bustheit *f*; **3.** *fig.* Hartnäckigkeit *f*; **4.** Schwierigkeit *f*; **5.** Brutali'tät *f*.

tou·pee, *a.* **tou·pet** ['tuːpeɪ] (*Fr.*) *s.* Tou'pet *n* (*Haarersatzstück*).

tour [tʊə] **I** *s.* **1.** Tour *f* (**of** durch): a) (Rund)Reise *f*, (-)Fahrt *f*, b) Ausflug *m*, Wanderung *f*: ***conducted ~*** a) Führung *f*, b) Gesellschaftsreise *f*; ***the grand ~*** *hist.* (Bildungs)Reise durch Europa; ***~ operator*** Reiseveranstalter *m*; **2.** Rundgang *m* (**of** durch): ***~ of inspection*** Besichtigungsrundgang *od.* -rundfahrt *f*; **3.** *thea. etc.* Tour'nee *f*, Gastspielreise *f*: ***go on ~*** auf Tournee gehen; **4.** ⚔ (turnusmäßige) Dienstzeit; **II** *v/t.* **5.** bereisen; **III** *v/i.* **6.** e-e (*thea.* Gastspiel)Reise *od.* (*a. sport*) e-e Tour'nee machen (***through***, ***about*** durch); **~ de force** [ˌtʊədə'fɔːs] (*Fr.*) *s.* **1.** Gewaltakt *m*; **2.** Glanzleistung *f*.

tour·ing ['tʊərɪŋ] *adj.* Touren..., Reise...: ***~ car*** *mot.* Tourenwagen *m*; ***~ company*** *thea.* Wanderbühne *f*; ***~ exhibition*** Wanderausstellung *f*; **tour·ism** ['tʊərɪzəm] *s.* Reise-, Fremdenverkehr *m*, Tou'rismus *m*; **tour·ist** ['tʊərɪst] **I** *s.* Tou'rist(in), (Ferien-, Vergnügungs-)Reisende(r *m*) *f*; **II** *adj.* Reise..., Fremden(verkehrs)..., Touristen...: ***~ agency*** Reisebüro *n*; ***~ association*** Fremdenverkehrsverband *m*; ***~ bureau***, ***~ office*** a) Reisebüro *n*, b) Verkehrsamt *n*, -verein *m*; ***~ centre*** (*Am.* ***center***) Touristenort *m*; ***~ class*** ⚓, ✈ Touristenklasse *f*; ***~ industry*** Fremdenverkehr(sindustrie *f*) *m*; ***~ (information) office*** Fremdenverkehrsamt *n*, -büro *n*; ***~ season*** Reisezeit *f*; ***~ ticket*** Rundreisekarte *f*; ***~ trap*** Touristenfalle *f*; '**tour·ist·y** *adj. contp.* tou'ristisch, Touristen...

tour·na·ment ['tʊənəmənt] *s.* (*hist. Ritter-, a. Tennis- etc.*)Tur'nier *n*.

tour·ney ['tʊənɪ] *bsd. hist.* **I** *s.* Tur'nier *n*; **II** *v/i.* turnieren.

tour·ni·quet ['tʊənɪkeɪ] *s.* ⚕ Aderpresse *f*.

tou·sle ['taʊzl] *v/t. Haar etc.* (zer)zausen, verwuscheln.

tout [taʊt] **I** *v/i.* **1.** (*bsd. aufdringliche* Kunden-, Stimmen)Werbung treiben (**for** für); **2.** *Pferderennen*: a) *Brit.* sich *durch Spionieren* gute Renntipps verschaffen, b) Wetttipps geben *od.* verkaufen; **II** *s.* **3.** Kundenschlepper *m*, -werber *m*; **4.** *Pferderennen*: a) *Brit.* ‚Spi'on' *m beim Pferdetraining*, b) Tippgeber *m*; **5.** (Karten)Schwarzhändler *m*.

tow[1] [təʊ] **I** *s.* **1.** a) Schleppen *n*, b) Schlepptau *n*: ***have in ~*** im Schlepptau haben (*a. fig.*); ***take ~*** sich schleppen lassen; ***take in ~*** *bsd. fig.* ins Schlepptau nehmen; **2.** *bsd.* ⚓ Schleppzug *m*; **II** *v/t.* **3.** (ab)schleppen, ins Schlepptau nehmen: ***~ away*** *Auto* abschleppen; ***~ed flight*** (***target***) Schleppflug *m* (-ziel *n*); **4.** *Schiff* treideln; **5.** *fig. j-n* ab-, mitschleppen, *wohin* bugsieren.

tow[2] [təʊ] *s.* (Schwing)Werg *n*.

tow·age ['təʊɪdʒ] *s.* **1.** Schleppen *n*, Bugsieren *n*; **2.** Schleppgebühr *f*.

to·ward **I** *adj.* ['təʊəd] **1.** *obs.* fügsam; **2.** *obs. od. Am.* viel versprechend; **3.** im Gange, am Werk; **4.** bevorstehend; **II** *prp.* [tə'wɔːd] **5.** auf (*acc.*) ... zu, (nach) ... zu, nach ... hin, gegen *od.* zu ... (hin); **6.** *zeitlich*: gegen; **7.** *Gefühle etc.* gegen'über; **8.** *als Beitrag* zu, um *e-r Sache* willen, zum Zweck(e) (*gen.*): ***efforts ~ reconciliation*** Bemühungen um e-e Versöhnung; **to·wards** [tə'wɔːdz] → ***toward*** II.

'**tow|·a·way** *adj.* Abschlepp...: ***~ zone***; '**~·boat** *s.* Schleppschiff *n*, Schlepper *m*.

tow·el ['taʊəl] **I** *s.* Handtuch *n*: ***throw in the ~*** *Boxen*: das Handtuch werfen (*a. fig. sich geschlagen geben*); **II** *v/t.* (mit e-m Handtuch) (ab)trocknen, (-)reiben; **~ horse**, **~ rack** *s.* Handtuchständer *m*.

tow·er ['taʊə] **I** *s.* **1.** Turm *m*: ***~ block*** *Brit.* (Büro-, Wohn)Hochhaus *n*; **2.** Feste *f*, Bollwerk *n*: ***~ of strength*** *fig.* Stütze *f*, Säule *f*; **3.** Zwinger *m*, Festung *f* (*Gefängnis*); **4.** ⚗ Turm *m* (*Reinigungsanlage*); **II** *v/i.* **5.** (hoch)ragen, sich (em'por)türmen (**to** zu): ***~ above*** *et. od. j-n* (weit) überragen (*a. fig. turmhoch überlegen sein* [*dat.*]); '**tow·ered** [-əd] *adj.* (hoch) getürmt; '**tow·er·ing** [-ərɪŋ] *adj.* **1.** hoch, hoch aufragend; **2.** *fig.* maßlos, gewaltig: ***~ ambition***; ***~ passion***; ***~ rage*** rasende Wut.

tow·ing ['təʊɪŋ] *adj.* (Ab)Schlepp...; **~ line**, **~ path**, **~ rope** → ***towline***, ***towpath***, ***towrope***.

'**tow·line** *s.* **1.** ⚓ Treidelleine *f*, Schlepptau *n*; **2.** Abschleppseil *n*.

town [taʊn] **I** *s.* **1.** Stadt *f* (*unter dem Rang e-r* ***city***); **2.** ***the ~*** *fig.* die Stadt: a) die Stadtbevölkerung, die Einwohnerschaft, b) das Stadtleben; **3.** *Brit.* Marktflecken *m*; **4.** *ohne art. die* (nächste) Stadt: a) Stadtzentrum *n*, b) *Brit. bsd.* London: ***to ~*** nach der *od.* in die Stadt, *Brit. bsd.* nach London; ***out of ~*** nicht in der Stadt, *Brit. bsd.* nicht in London, auswärts; ***go to ~*** F ‚auf den Putz hauen'; → ***paint*** 2; **5.** *Brit.* Bürgerschaft *f e-r Universitätsstadt*; → ***gown*** 3; **II** *adj.* **6.** städtisch, Stadt..., Städte...; '**~·bred** *adj.* in der Stadt aufgewachsen; **~ cen·tre** *s. Brit.* Innenstadt *f*, City *f*; **~ clerk** *s.* 'Stadtdiˌrektor *m*; **~ coun·cil** *s.* Stadtrat *m* (*Gremium*); **~ coun·cil·(l)or** *s.* Stadtrat(smitglied *n*) *m*; **~ cri·er** *s.* Ausrufer *m*; **~ hall** *s.* Rathaus *n*; **~ house** *s.* Stadt-, *Am.* Reihenhaus *n*; **~ plan·ning** *s.* Städte-, Stadtplanung *f*; '**~·scape** [-skeɪp] *s.* Stadtbild *n*, *paint.* -ansicht *f*.

towns·folk ['taʊnzfəʊk] *s. pl.* Stadtleute *pl.*, Städter *pl.*

town·ship ['taʊnʃɪp] *s.* **1.** *hist.* (Dorf-, Stadt)Gemeinde *f od.* (-)Gebiet *n*; **2.** *Am.* Verwaltungsbezirk *m*; **3.** *surv. Am.* 6 Qua'dratmeilen großes Gebiet.

towns|·man ['taʊnzmən] *s.* [*irr.*] **1.** Städter *m*, Stadtbewohner *m*; **2.** *a.* ***fellow ~*** Mitbürger *m*; '**~ˌpeo·ple** [-nz-] → ***townsfolk***.

'**tow|·path** *s.* Treidelpfad *m*; '**~·rope** → ***towline***.

tox·(a)e·mi·a [tɒk'siːmɪə] *s.* ⚕ Blutvergiftung *f*.

tox·ic, tox·i·cal ['tɒksɪk(l)] *adj.* ☐ giftig, toxisch, Gift...; '**tox·i·cant** [-sɪkənt] **I** *adj.* giftig, toxisch; **II** *s.* Gift(-stoff *m*) *n*; **tox·i·co·log·i·cal** [ˌtɒksɪkə'lɒdʒɪkl] *adj.* ☐ toxiko'logisch; **tox·i·col·o·gist** [ˌtɒksɪ'kɒlədʒɪst] *s.* ⚕ Toxiko'loge *m*; **tox·i·col·o·gy** [ˌtɒksɪ'kɒlədʒɪ] *s.* ⚕ Toxikolo'gie *f*, Giftkunde *f*; **tox·ic waste** *s.* Giftmüll *m*; '**tox·in** [-sɪn] *s.* ⚕ To'xin *n*, Gift(stoff *m*) *n*.

toy [tɔɪ] **I** *s.* **1.** (Kinder)Spielzeug *n* (*a. fig.*); *pl.* Spielwaren *pl.*, -sachen *pl.*; **2.** *fig.* Tand *m*, ‚Kinkerlitzchen' *n*; **II** *v/i.* **3.** (***with***) spielen (mit *e-m Gegenstand*, *fig.* mit *e-m Gedanken*), *fig. a.* liebäugeln (mit); **III** *adj.* **4.** Spielzeug..., Kinder..., Zwerg...: ***~ dog*** Schoßhund *m*; ***~ train*** Miniatur-, Kindereisenbahn *f*; **~ book** *s.* Bilderbuch *n*; '**~·box** *s.* Spielzeugkiste *f*; '**~·shop** *s.* Spielwarenhandlung *f*.

trace[1] [treɪs] *s.* Zugriemen *m*, Strang *m* (*Pferdegeschirr*): ***in the ~s*** angespannt (*a. fig.*); ***kick over the ~s*** *fig.* über die Stränge schlagen.

trace[2] [treɪs] **I** *s.* **1.** (Fuß-, Wagen-, Wild- *etc.*)Spur *f*: ***hot on s.o.'s ~s*** j-m dicht auf den Fersen; ***without a ~*** spurlos; ***~ element*** ⚛ Spurenelement *n*; **2.** *fig.* Spur *f*: a) ('Über)Rest *m*: ***~s of ancient civilizations***, b) (An)Zeichen *n*: ***~s of fatigue***, c) geringe Menge, bisschen: ***not a ~ of fear*** keine Spur von Angst; ***a ~ of a smile*** der Anflug e-s Lächelns; **3.** ⚔ a) Leuchtspur *f*, b) *Radar*: Bildspur *f*; **4.** Linie *f*: a) Aufzeichnung *f* (*Messgerät*), b) Zeichnung *f*, Skizze *f*, c) Pauszeichnung *f*, d) Grundriss *m*; **5.** *Am.* (markierter) Weg; **II** *v/t.* **6.** nachspüren (*dat.*), *j-s* Spur verfolgen; **7.** *Wild*, *Verbrecher* verfolgen, aufspüren; **8.** *a.* ***~ out*** *et. od. j-n* ausfindig machen *od.* aufspüren, *et.* auf-, herausfinden; **9.** *fig. e-r Entwicklung etc.* nachgehen, *e-e Sache* verfolgen: ***~ back*** *et.* zurückverfolgen (***to*** bis zu); ***~ s.th. to*** et. zurückführen auf (*acc.*), et. herleiten von; **10.** erkennen; **11.** *Pfad* verfolgen; **12.** *a.* ***~ out*** (auf)zeichnen, skizzieren, entwerfen; **13.** *Buchstaben* sorgfältig (aus)ziehen, schreiben; **14.** ⚙ a) *a.* ***~ over*** ('durch)pausen, b) *Bauflucht etc.* abstecken, c) *Messung* aufzeichnen (*Gerät*); '**trace·a·ble** [-səbl] *adj.* ☐ **1.** auffindbar, nachweisbar; **2.** zu'rückzuführen(d) (***to*** auf *acc.*); '**trac·er** [-sə] *s.* **1.** Aufspürer(in); **2.** ✉, 🚂 *Am.* Lauf-, Suchzettel *m*; **3.** *Schneiderei*: Kopierrädchen *n*; **4.** ⚙ Punzen *m*; **5.** ⚛ Iso'topenindiˌkator *m*; **6.** ⚔ a) *mst* ***~ bullet***, ***~ shell*** Leuchtspur-, Rauchspurgeschoss *n*, b) *mst* ***~ composition*** Leuchtspursatz *m*; **7.** a) technischer Zeichner, b) Pauser *m*; '**trac·er·y** [-sərɪ] *s.* **1.** ⚠ Maßwerk *n an gotischen Fenstern*; **2.** Flechtwerk *n*.

tra·che·a [trə'kiːə] *pl.* **-che·ae** [-'kiːiː] *s.* **1.** *anat.* Tra'chea *f*, Luftröhre *f*; **2.** ⚘, *zo.* Tra'chee *f*; **tra'che·al** [-'kiːəl] *adj.* **1.** *anat.* Luftröhren...; **2.** *zo.* Tracheen...; **3.** ⚘ Gefäß...; **tra·che·i·tis** [ˌtrækɪ'aɪtɪs] *s.* ⚕ 'Luftröhrenkaˌtarr(h) *m*; **tra·che·ot·o·my** [ˌtrækɪ'ɒtəmɪ] *s.* ⚕ Luftröhrenschnitt *m*.

trac·ing ['treɪsɪŋ] *s.* **1.** Suchen *n*, Nachforschung *f*; **2.** ⚙ a) (Auf)Zeichnen *n*, b) 'Durchpausen *n*; **3.** ⚙ a) Zeichnung *f*, (Auf)Riss *m*, Plan *m*, b) Pause *f*; **4.** Aufzeichnung *f* (*e-s Kardiographen etc.*); **~ file** *s.* 'Suchkarˌtei *f*; **~ op·er·a·tion** *s.* Fahndung *f*; **~ pa·per** *s.* 'Pauspaˌpier *n*; **~ ser·vice** *s.* Suchdienst *m*.

track [træk] **I** *s.* **1.** (Fuß-, Wild- *etc.*) Spur *f* (*a. fig.*), Fährte *f*: ***on s.o.'s ~s*** j-m auf der Spur; ***be on the wrong ~*** auf der falschen Spur *od.* auf dem Holzweg sein; ***cover up one's ~s*** s-e Spuren verwischen; ***throw s.o. off the ~*** j-n von der (richtigen) Spur ablenken; ***keep ~ of*** *fig. et.* verfolgen, sich auf dem Laufenden halten über (*acc.*); ***lose ~ of*** aus den Augen verlieren; ***make ~s*** *sl.* ‚abhauen'; ***make ~s for*** schnurstracks losgehen auf (*acc.*); ***stop in one's ~s*** wie festgewurzelt stehen bleiben; ***shoot s.o. in his ~s*** j-n auf der Stelle niederschießen; **2.** 🚂 Gleis *n*, Geleise *n u. pl.*, Schienenstrang *m*: ***off***

the ~ entgleist, aus den Schienen; ***on ~*** ✝ auf (der) Achse, rollend; ***born on the wrong side of the ~s*** *fig. Am.* aus ärmlichen Verhältnissen stammend; **3.** ⚓ Fahrwasser *n*; **4.** ⚓ *übliche* Route; **5.** Weg *m*, Pfad *m*; **6.** (Ko'meten- *etc.*) Bahn *f*; **7.** *sport* a) (Renn-, Lauf-) Bahn *f*, b) *mst* ***~ events*** 'Laufdiszi,plinen *pl.*, c) *a.* ***~-and-field sports*** 'Leichtath,letik *f*; **8.** (Gleis-, Raupen-) Kette *f e-s Traktors etc.*; **9.** *mot.* a) Spurweite *f*, b) 'Reifenpro,fil *n*; **10.** *Computer*, *Tonband*: Spur *f*; **11.** *ped. Am.* Leistungsgruppe *f*; **II** *v/t.* **12.** nachspüren (*dat.*), *a. fig.* verfolgen (*acc.*); **13.** aufspüren: a) *a.* ***~ down*** *Wild*, *Verbrecher* zur Strecke bringen, b) ausfindig machen; **14.** *Weg* kennzeichnen; **15.** durch'queren; **16.** 🚂 *Am.* Gleise verlegen in (*dat.*); **17.** *Am.* (Schmutz)Spuren hinter'lassen auf (*dat.*); **18.** ⚙ mit Raupenketten versehen: ***~ed vehicle*** Ketten-, Raupenfahrzeug *n*; **III** *v/i.* **19.** Spur halten (*Räder*); **20.** *Film*: (mit der Kamera) fahren: ***~ing shot*** Fahraufnahme *f*; **IV** *adj.* **21.** 🚂 Gleis..., Schienen...; **22.** *sport* a) (Lauf)Bahn..., Lauf..., b) Leichtathletik...: **'track·age** [-kɪdʒ] *s.* 🚂 **1.** *coll.* Schienen *pl.*; **2.** Schienenlänge *f*; **3.** *Am.* Streckenbenutzungsrecht *n*, -gebühr *f*; **,track-and-'field** *adj.* Leichtathletik...; → ***track*** 7 c; **'track·ball** [-bɔːl] *s. Computer*: 'Trackball *m* (*Steuerkugel als Mausersatz*); **'track·er** [-kə] *s.* **1.** *bsd. hunt.* Spurenleser *m*: ***~ dog*** Spürhund *m*; **2.** *fig.* ‚Spürhund' *m* (*Person*); **3.** ⚔ Zielgeber *m* (*Gerät*).

'track|,lay·er *s.* **1.** 🚂 *Am.* Streckenarbeiter *m*; **2.** Raupenschlepper *m*; **'~,lay·ing** *adj.* ⚙ Raupen..., Gleisketten...: ***~ vehicle***.

track·less ['trækləs] *adj.* ☐ **1.** unbetreten; **2.** weg-, pfadlos; **3.** schienenlos; **4.** spurlos.

track| meet *s. Am.* Leichtathletikveranstaltung *f*; **~ shoe** *s.* Rennschuh *m*; **'~·suit** *s.* Trainingsanzug *m*, 'Jogginganzug *m*: ***~ trousers*** *pl.* 'Jogginghose *f*; **~ walk·ing** *s. sport* Bahngehen *n*.

tract[1] [trækt] *s.* **1.** (ausgedehnte) Fläche, Strecke *f*, (Land)Strich *m*, Gebiet *n*, Gegend *f*; **2.** Zeitraum *m*; **3.** *anat.* Trakt *m*, (Ver'dauungs- *etc.*)Sy,stem *n*: ***respiratory ~*** Atemwege *pl.*; **4.** *physiol.* (Nerven)Strang *m*: ***optic ~*** Sehstrang.

tract[2] [trækt] *s. eccl.* Trak'tat *m*, *n*; *contp.* Trak'tätchen *n*.

trac·ta·ble ['træktəbl] *adj.* **1.** ☐ lenk-, folg-, fügsam; **2.** *fig.* gefügig, geschmeidig (*Material*).

trac·tion ['trækʃn] *s.* **1.** Ziehen *n*; **2.** ⚙, *phys.* a) Zug *m*, b) Zugleistung *f*: ***~ engine*** Zugmaschine *f*; **3.** *phys.* Reibungsdruck *m*; **4.** *mot.* a) Griffigkeit *f* (*Reifen*), b) *a.* ***~ of the road*** Bodenhaftung *f*; **5.** Trans'port *m*, Fortbewegung *f*; **6.** *physiol.* Zs.-ziehung *f* (*Muskeln*); **'trac·tion·al** [-ʃənl], **'trac·tive** [-tɪv] *adj.* ⚙ Zug...

trac·tor ['træktə] *s.* **1.** ⚙ 'Zugma,schine *f*, Traktor *m*, Schlepper *m*; **2.** ✈ a) Zugschraube *f*, b) *a.* ***~ airplane*** Flugzeug *n* mit Zugschraube; **~ truck** *s. Am. mot.* Sattelschlepper *m*.

trade [treɪd] **I** *s.* **1.** ✝ Handel *m*, (Handels)Verkehr *m*: ***foreign ~*** a) Außenhandel, b) ⚓ große Fahrt; ***home ~*** a) Binnenhandel, b) ⚓ kleine Fahrt; → ***board*** 9; **2.** ✝ Geschäft *n*: a) Gewerbe *n*, Geschäftszweig *m*, Branche *f*, b) (Einzel-, Groß)Handel *m*, c) Geschäftslage *f*, -gewinn *m*: ***be in ~*** (Einzel)Händler sein; ***do a good ~*** gute Geschäfte machen; ***sell to the ~*** an Wiederverkäufer abgeben; **3.** ✝ ***the ~*** a) *coll.* die Geschäftswelt, b) *Brit.* der Spiritu'osenhandel, c) die Kundschaft; **4.** Gewerbe *n*, Beruf *m*, Handwerk *n*: ***the ~*** *coll.* die Zunft *od.* Gilde; ***by ~*** *Bäcker etc.* von Beruf; ***every man to his ~*** jeder, wie er es gelernt hat; ***the ~ of war*** das Kriegshandwerk; **5.** *mst* ***the ~s*** *pl.* die Pas'satwinde *pl.*; **II** *v/i.* **6.** Handel treiben, handeln (***in*** mit *et.*); in Geschäftsverbindung stehen (***with*** mit *j-m*); *Am.* (ein)kaufen (***with*** bei *j-m*, ***at*** in *e-m Laden*); **7.** ***~ (up)on*** *fig.* spekulieren *od.* ‚reisen' auf (*acc.*), ausnutzen; **III** *v/t.* **8.** (aus)tauschen (***for*** gegen); **9.** ***~ in*** *bsd. Auto* in Zahlung geben; **~ ac·cept·ance** *s.* ✝ 'Handelsak,zept *n*; **~ ac·count** *s. Bilanz*: a) ***~s payable*** Warenschulden *pl.*, b) ***~s receivable*** Warenforderungen *pl.*; **~ as·so·ci·a·tion** *s.* **1.** Wirtschaftsverband *m*; **2.** Arbeitgeberverband *m*; **~ bal·ance** *s.* 'Handelsbi,lanz *f*; **~ bar·riers** *s. pl.* Handelsschranken *pl.*; **~ bill** *s.* Warenwechsel *m*; **~ cy·cle** *s.* Konjunk'turzyklus *m*; **~ di·rec·to·ry** *s.* Branchen-, Firmenverzeichnis *n*, 'Handelsa,dressbuch *n*; **~ dis·count** *s.* 'Händlerra,batt *m*; **~ dis·pute** *s.* Handelsstreit *m*; **~ fair** *s.* (Handels)Messe *f*; **~ gap** *s.* 'Handelsbi,lanzdefizit *n*; **'~-in** *s.* in Zahlung gegebene Sache (*bsd. Auto*): ***~ value*** Eintausch-, Verrechnungswert *m*; **'~·mark I** *s.* **1.** Warenzeichen *n*: ***registered ~*** eingetragenes Warenzeichen; **2.** *fig.* Kennzeichen *n*; **II** *v/t.* **3.** *Ware* gesetzlich schützen lassen: ***~ed goods*** Markenartikel; **~ mis·sion** *s. pol.* 'Handelsmissi,on *f*; **~ name** *s.* **1.** Handelsbezeichnung *f*, Markenname *m*; **2.** Firmenname *m*, Firma *f*; **~ price** *s.* (Groß)Handelspreis *m*.

trad·er ['treɪdə] *s.* **1.** Händler *m*, Kauf-

T

mann *m*; **2.** *Börse*: 'Wertpa,pierhändler *m*; **3.** ⚓ Handelsschiff *n*.
trade| school *s.* Gewerbeschule *f*; **~ secret** *s.* Geschäftsgeheimnis *n*; **~ show** *s.* Filmvorführung *f* für Verleiher u. Kritiker.
trades|·man ['treɪdzmən] *s.* [*irr.*] **1.** (Einzel)Händler *m*; **2.** Ladeninhaber *m*; **3.** Handwerker *m*; **'~·peo·ple** [-zp-] *s. pl.* Geschäftsleute *pl.*
trade| sym·bol *s.* Bild *n* (*Warenzeichen*); **~ un·ion** *s.* Gewerkschaft *f*; **~ un·ion·ism** *s.* Gewerkschaftswesen *n*; **~ un·ion·ist** *s.* Gewerkschaftler(in); **~ wind** *s.* Pas'satwind *m*.
trad·ing ['treɪdɪŋ] **I** *s.* **1.** Handeln *n*; **2.** Handel *m* (***in*** mit *et.*, ***with*** mit *j-m*); **II** *adj.* **3.** Handels...; **~ a·re·a** *s.* ✝ Absatzgebiet *n*; **~ cap·i·tal** *s.* Be'triebskapi,tal *n*; **~ com·pa·ny** *s.* Handelsgesellschaft *f*; **~ post** *s.* Handelsniederlassung *f*; **~ stamp** *s.* Ra'battmarke *f*.
tra·di·tion [trə'dɪʃn] *s.* **1.** Traditi'on *f*: a) (mündliche) Über'lieferung (*a. eccl.*), b) Herkommen *n*, (alter) Brauch, Brauchtum *n*: ***be in the ~*** sich im Rahmen der Tradition halten; **2.** ⚖ Auslieferung *f*, 'Übergabe *f*; **tra'di·tion·al** [-ʃənl] *adj.* □ traditio'nell, Traditions...: a) (mündlich) über'liefert, b) herkömmlich, brauchtümlich, (alt)hergebracht, üblich; **tra'di·tion·al·ism** [-ʃnəlɪzəm] *s. bsd. eccl.* Traditiona'lismus *m*, Festhalten *n* an der Über'lieferung.
tra·duce [trə'dju:s] *v/t.* verleumden.
traf·fic ['træfɪk] **I** *s.* **1.** (öffentlicher, Straßen-, Schiffs-, Eisenbahn- *etc.*) Verkehr; **2.** (Per'sonen-, Güter-, Nachrichten-, Fernsprech- *etc.*)Verkehr *m*; **3.** a) (Handels)Verkehr *m*, Handel *m* (***in*** in *dat.*, mit), b) *b.s.* ('ille,galer) Handel: ***drug ~***; **4.** *fig.* a) Verkehr *m*, Geschäft(e *pl.*) *n*, b) Austausch *m* (***in*** von): ***~ in ideas***; **II** *v/i. pret. u. p.p.* **'traf·ficked** [-kt] **5.** handeln, Handel treiben (***in*** in *dat.*, ***with*** mit); **6.** *fig.* verhandeln (***with*** mit).
traf·fi·ca·tor ['træfɪkeɪtə] *s. mot. Brit.* a) Blinker *m*, b) *hist.* Winker *m*.

Parallel zum wachsenden Verkehr nehmen auch die Verkehrsberuhigungsmaßnahmen zu. Zu den so genannten **traffic calming measures** gehören folgende:

road humps, bumps (auch **sleeping policemen** genannt)	Bodenwellen
chicanes [ʃɪ'keɪnz]	Schikanen
rumble strips	akustische Schwellen
pinch points	künstlich angelegte Engstellen

traf·fic| calm·ing *s.* Verkehrsberuhigung *f*; **~ cen·sus** *s.* Verkehrszählung *f*; **~ cir·cle** *s. mot. Am.* Kreisverkehr *m*; **~ guid·ance sys·tem** *s.* Ver'kehrsleitsys,tem *n*, **~ is·land** *s.* Verkehrsinsel *f*; **~ jam** *s.* Verkehrsstauung *f*, -stockung *f*, (Fahrzeug)Stau *m*.
traf·fick·er ['træfɪkə] *s.* (*a.* 'ille,galer) Händler.
traf·fic| lane *s. mot.* Spur *f*; **~ lights** *s. pl.* Verkehrsampel *f*; **~ man·a·ger** *s.* ✝ **1.** Versandleiter *m*; **2.** Be'triebsdi,rektor *m*; **~ of·fence** *s. Brit.*, **~ of·fense** *s. Am.* Ver'kehrsde,likt *n*; **~ of·fend·er** *s.* Verkehrssünder *m*; **~ reg·u·la·tions** *s. pl.* Verkehrsvorschriften *pl.*, (Straßen)Verkehrsordnung *f*; **~ sign** *s.* Verkehrszeichen *n*, -schild *n*; **~ ward·en** *s.* Poli'tesse *f*.
tra·ge·di·an [trə'dʒi:djən] *s.* **1.** Tragiker *m*, Trauerspieldichter *m*; **2.** *thea.* Tra'göde *m*, tragischer Darsteller *m*; **tra·ge·di·enne** [trədʒi:'djen] *s. thea.* Tra'gödin *f*; **trag·e·dy** ['trædʒɪdɪ] *s.* **1.** Tra'gödie *f*: a) *thea.* Trauerspiel *n*, b) *fig.* tragische Begebenheit, *a.* Unglück *n*; **2.** *fig. das* Tragische; **tra·gic, trag·i·cal** ['trædʒɪk(l)] *adj.* □ *thea. u. fig.* tragisch: ***~ly*** tragischerweise; **trag·i·com·e·dy** [,trædʒɪ'kɒmɪdɪ] *s.* Tragiko'mödie *f* (*a. fig.*); **trag·i·com·ic** [,trædʒɪ'kɒmɪk] *adj.* (□ ***~ally***) tragi'komisch.
trail [treɪl] **I** *v/t.* **1.** (nach)schleppen, (-)schleifen, hinter sich herziehen: ***~ one's coat*** *fig.* Streit suchen; **2.** verfolgen (*acc.*), nachspüren (*dat.*), ‚beschatten' (*acc.*); **3.** zu'rückbleiben hinter (*dat.*); **II** *v/i.* **4.** schleifen (*Rock etc.*); **5.** wehen, flattern; her'unterhängen; **6.** ⚘ kriechen, sich ranken; **7.** (sich da'hin-) ziehen (*Rauch etc.*); **8.** sich da'hinschleppen; **9.** nachhinken (*a. fig.*); **10.** ***~ off*** sich verlieren (*Klang, Stimme etc.*); **III** *s.* **11.** geschleppter Teil, *z.B.* Schleppe *f* (*Kleid*); **12.** *fig.* Schweif *m*, Schwanz *m* (*Meteor etc.*): ***~ of smoke*** Rauchfahne *f*; **13.** Spur *f*: ***~ of blood***; **14.** *hunt. u. fig.* Fährte *f*, Spur *f*: ***on s.o.'s ~*** j-m auf der Spur *od.* auf den Fersen; ***off the ~*** von der Spur abgekommen; **15.** (Trampel)Pfad *m*, Weg *m*: ***blaze the ~*** a) den Weg markieren, b) *fig.* den Weg bahnen (***for*** für), bahnbrechend sein; **'~,blaz·er** *s.* **1.** Pistensu-

cher *m*; **2.** *fig.* Bahnbrecher *m*, Pio'nier *m*.

trail·er ['treɪlə] *s.* **1.** ⚘ Kriechpflanze *f*; rankender Ausläufer; **2.** *mot.* a) Anhänger *m*, b) *Am.* Wohnwagen *m*, Caravan *m*: **~ *camp***, **~ *park*** Platz *m* für Wohnwagen; **3.** *Film*, *TV*: Trailer *m* (*Filmausschnitte zu Werbezwecken*); '**trail·er·ite** *s. Am.* Caravaner *m*.

trail·ing| aer·i·al ['treɪlɪŋ] *s.* ⚡ 'Schlepp-an,tenne *f*; **~ ax·le** *s. mot.* nicht angetriebene Achse, Schleppachse *f*.

train [treɪn] **I** *s.* **1.** (Eisenbahn)Zug *m*: **~ *journey*** Bahnfahrt *f*; **~ *staff*** Zugpersonal *n*; ***by* ~** mit der Bahn; ***be on the* ~** im Zug sein *od.* sitzen; ***take a* ~ *to*** mit dem Zug fahren nach; **2.** Zug *m von Personen, Wagen etc.*, Kette *f*, Ko'lonne *f*: **~ *of barges*** Schleppzug (*Kähne*); **3.** Gefolge *n* (*a. fig.*): ***have*** (*od.* ***bring***) ***in its* ~** *et.* mit sich bringen, zur Folge haben; **4.** *fig.* Folge *f*, Kette *f*, Reihe *f von Ereignissen etc.*: **~ *of thought*** Gedankengang *m*; ***in* ~** a) im Gang, im Zuge, b) bereit (***for*** für); ***put in* ~** in Gang setzen; **5.** Schleppe *f am Kleid*; **6.** (Ko'meten)Schweif *m*; **7.** ⚒, ⚔ Zündlinie *f*; **8.** ⚙ Räder-, Triebwerk *n*; **II** *v/t.* **9.** auf-, erziehen; **10.** ⚘ ziehen; **11.** *j-n* ausbilden (*a.* ⚔), *a. Auge, Geist etc.* schulen: → ***trained***; **12.** *j-m et.* einexerzieren, beibringen; **13.** a) *Sportler*, *a. Pferde* trainieren, b) *Tiere* abrichten, dressieren (***to do*** zu tun), *Pferd* zureiten; **14.** ⚔ *Geschütz* richten (***on*** auf *acc.*); **III** *v/i.* **15.** sich ausbilden (***for*** zu, als); sich schulen *od.* üben; **16.** *sport* trainieren (***for*** für); **17.** *a.* **~ *it*** F mit der Bahn fahren; **~ down** *v/i. sport* abtrainieren, ‚abkochen'.

'**train|,bear·er** *s.* Schleppenträger *m*; **~ call** *s. teleph.* Zuggespräch *n*.

trained [treɪnd] *adj.* **1.** geübt, geschult (*Auge, Geist etc.*); **2.** (voll) ausgebildet, geschult, Fach...: **~ *men*** Fachkräfte; **train·ee** [treɪ'niː] *s.* **1.** a) Auszubildende(r *m*) *f*, Lehrling *m*, b) Prakti'kant (-in), c) *Management*: Trai'nee *m*, *f*: **~ *nurse*** Lernschwester *f*; **2.** ⚔ *Am.* Rekrut *m*; '**train·er** [-nə] *s.* **1.** Ausbilder *m*; **2.** *sport* Trainer *m*; **3.** a) Abrichter *m*, ('Hunde- *etc.*)Dres,seur *m*, b) Zureiter *m*; **4.** ✈ a) Schulflugzeug *n*, b) ('Flug)Simu,lator *m*; **5.** *mst. pl.* Turnschuh *n*.

train fer·ry *s.* Eisenbahnfähre *f*.

train·ing ['treɪnɪŋ] **I** *s.* **1.** Schulung *f*, Ausbildung *f*; **2.** Üben *n*; **3.** *sport* Training *n*: ***be in* ~** a) im Training stehen, b) (gut) in Form sein; ***go into* ~** das Training aufnehmen; ***out of* ~** nicht in Form; **4.** a) Abrichten *n von Tieren*, b) Zureiten *n*; **II** *adj.* **5.** Ausbildungs..., Schul(ungs)..., Lehr...; **6.** *sport* Trainings...; **~ camp** *s.* **1.** *sport* Trainingslager *n*; **2.** ⚔ Ausbildungslager *n*; **~ cen·ter** *Am.*, **~ cen·tre** *Brit. s.* Ausbildungszentrum *n*; **~ film** *s.* Lehrfilm *m*; **~ school** *s.* **1.** *ped.* Aufbauschule *f*; **2.** ⚖ Jugendstrafanstalt *f*; **~ ship** *s.* ⚓ Schulschiff *n*.

'**train|·load** *s.* Zugladung *f*; **~ oil** *s.* (Fisch)Tran *m*, *bsd.* Walöl *n*; '**~·sick** *adj.*: ***she gets* ~** ihr wird beim Zugfahren schlecht.

traipse [treɪps] → ***trapse***.

trait [treɪ] *s.* **1.** (Cha'rakter)Zug *m*, Merkmal *n*; **2.** *Am.* Gesichtszug *m*.

trai·tor ['treɪtə] *s.* Verräter *m* (***to*** an *dat.*); '**trai·tor·ous** [-tərəs] *adj.* □ verräterisch; '**trai·tress** [-trɪs] *s.* Verräterin *f*.

tra·jec·to·ry ['trædʒɪktərɪ] *s.* **1.** *phys.* Flugbahn *f*; Fallkurve *f e-r Bombe*; **2.** ⩘ Trajekto'rie *f*.

tram [træm] **I** *s.* **1.** *Brit.* (***by* ~** mit der) Straßenbahn *f*; **2.** ⚒ Förderwagen *m*, Hund *m*; **II** *v/i.* **3.** *a.* **~ *it*** *Brit.* mit der Straßenbahn fahren; '**~·car** *s. Brit.* Straßenbahnwagen *m*; '**~·line** *s.* **1.** *Brit.* Straßenbahnlinie *f*; **2.** *pl. Tennis etc.*: Seitenlinien *pl.* für Doppel; **3.** *pl. fig.* 'Leitprin,zipien *pl.*

tram·mel ['træml] **I** *s.* **1.** (Schlepp)Netz *n*; **2.** Spannriemen *m für Pferde*; **3.** *fig.* Fessel *f*; **4.** Kesselhaken *m*; **5.** ⩘ El'lipsenzirkel *m*; **6.** *a.* ***pair of* ~s** Stangenzirkel *m*; **II** *v/t.* **7.** *mst fig.* hemmen.

tra·mon·tane [trə'mɒnteɪn] *adj.* **1.** transal'pin(isch); **2.** *fig.* fremd, bar'barisch.

tramp [træmp] **I** *v/i.* **1.** trampeln (**[*up*]*on*** auf *acc.*); sta(m)pfen; **2.** *mst* **~ *it*** marschieren, wandern, ‚tippeln'; **3.** vagabundieren; **II** *v/t.* **4.** durch'wandern; **5.** **~ *down*** niedertrampeln; **III** *s.* **6.** Getrampel *n*; **7.** (schwerer) Tritt; **8.** (Fuß)Marsch *m*, Wanderung *f*: ***on the* ~** auf (der) Wanderschaft; **9.** Landstreicher *m*; **10.** F ‚Luder' *n*, ‚Flittchen' *n*; **11.** ⚓ Trampschiff *n*; '**tram·ple** [-pl] **I** *v/i.* **1.** (her'um)trampeln (**[*up*]*on*** auf *dat.*); **2.** *fig.* mit Füßen treten (**[*up*]*on*** *acc.*); **II** *v/t.* **3.** (zer)trampeln: **~ *down*** niedertrampeln; **~ *out*** *Feuer* austreten; **~ *under foot*** he'rumtrampeln auf (*dat.*); **III** *s.* **4.** Trampeln *n*.

tram·po·lin(e) ['træmpəlɪn] *s. sport* Trampo'lin *n*; '**tram·po·lin·er** *s.* Trampo'linspringer(in), -turner(in).

'**tram·way** *s.* **1.** *Brit.* Straßenbahn(linie) *f*; **2.** ⚒ Grubenbahn *f*.

trance [trɑːns] *s.* **1.** Trance(zustand *m*) *f*: ***go*** (***put***) ***into a* ~** in Trance fallen (versetzen); **2.** Verzückung *f*, Ek'stase *f*.

trank [træŋk] *s. Am.* F Beruhigungsmittel *n*.

tran·quil ['træŋkwɪl] *adj.* □ **1.** ruhig, friedlich; **2.** gelassen, heiter; **tran·quil-**

T

(l)i·ty [træŋ'kwɪlətɪ] *s.* **1.** Ruhe *f*, Friede(n) *m*, Stille *f*; **2.** Gelassenheit *f*, Heiterkeit *f*; **'tran·quil·(l)ize** [-laɪz] *v/t.* (*v/i.* sich) beruhigen; **'tran·quil·(l)iz·er** [-laɪzə] *s.* Beruhigungsmittel *n*.

trans·act [træn'zækt] **I** *v/t.* *Geschäfte etc.* ('durch)führen, abwickeln; *Handel* abschließen; **II** *v/i.* ver-, unter'handeln (***with*** mit); **trans'ac·tion** [-kʃn] *s.* **1.** 'Durchführung *f*, Abwicklung *f*, Erledigung *f*; **2.** Ver-, Unter'handlung *f*; **3.** a) † Transakti'on *f*, (Geschäfts)Abschluss *m*, Geschäft *n*, b) ⚖ Rechtsgeschäft *n*; **4.** *pl.* † (Ge'schäfts)ˌUmsatz *m*; **5.** *pl.* Proto'koll *n*, Sitzungsbericht *m*.

trans·al·pine [ˌtrænz'ælpaɪn] *adj.* trans-al'pin(isch).

trans·at·lan·tic [ˌtrænzət'læntɪk] *adj.* **1.** transat'lantisch, 'überseeisch; **2.** Übersee...: **~ *liner***; **~ *flight*** Ozeanflug *m*.

trans·ceiv·er [træn'siːvə] *s.* ⚡ Sender-Empfänger *m*.

tran·scend [træn'send] *v/t.* **1.** *bsd. fig.* über'schreiten, -'steigen; **2.** *fig.* über'treffen; **tran'scend·ence** [-dəns], **tran'scend·en·cy** [-dənsɪ] *s.* **1.** Über'legenheit *f*, Erhabenheit *f*; **2.** *phls.*, *eccl.*, *a.* A Transzen'denz *f*; **tran'scend·ent** [-dənt] *adj.* ☐ **1.** transzen'dent: a) *phls.* 'übersinnlich, b) *eccl.* 'überweltlich; **2.** her'vorragend.

tran·scen·den·tal [ˌtrænsen'dentl] *adj.* ☐ **1.** *phls.* transzenden'tal: a) meta'physisch, b) *bei Kant*: apri'orisch: **~ *meditation*** transzendentale Meditation; **2.** 'übernaˌtürlich; **3.** erhaben; **4.** ab'strus, verworren; **5.** A transzen'dent; ˌ**tran·scen'den·tal·ism** [-təlɪzəm] *s.* Transzenden'talphilosoˌphie *f*.

tran·scribe [træn'skraɪb] *v/t.* **1.** abschreiben; **2.** *Stenogramm etc.* über'tragen; **3.** ♪ transkribieren; **4.** *Radio, TV*: a) aufzeichnen, auf Band aufnehmen, b) (vom Band) über'tragen; **5.** *Computer*: 'umschreiben; **tran·script** ['trænskrɪpt] *s.* Abschrift *f*, Ko'pie *f*; **tran'scrip·tion** [-rɪpʃn] *s.* **1.** Abschreiben *n*; **2.** Abschrift *f*; **3.** 'Umschrift *f*; **4.** ♪ Transkripti'on *f*; **5.** *Radio, TV*: a) Aufnahme *f*, b) Aufzeichnung *f*.

trans·duc·er [trænz'djuːsə] *s.* **1.** ⚡ ('Um)Wandler; **2.** ⚙ 'Umformer; **3.** *Computer*: Wandler *m*.

T

tran·sept ['trænsept] *s.* △ Querschiff *n*.

trans·fer [træns'fɜː] **I** *v/t.* **1.** hin'überbringen, -schaffen (***from … to*** von … nach *od.* zu); **2.** über'geben (***to*** *dat.*); **3.** *Betrieb, Truppen, Wohnsitz etc.* verlegen, *Beamten, Schüler in e-e andere Schule etc.* versetzen (***to*** nach, ***in, into*** in *acc.*); *Technologie, a. sport Spieler* transferieren; ⚕ *Patienten* über'weisen; **4.** ⚖ (***to***) über'tragen (auf *acc.*), abtreten (an *acc.*); **5.** † a) *Summe* vortragen, b) *Posten, Wertpapiere* 'umbuchen, c) *Aktien etc.* über'tragen; **6.** *Geld* über'weisen; **7.** *fig. Zuneigung etc.* über'tragen (***to*** auf *acc.*); **8.** *typ. Druck, Stich etc.* 'umdrucken, über'tragen; **II** *v/i.* **9.** 'übertreten (***to*** zu); **10.** verlegt *od.* versetzt werden (***to*** nach); **11.** 🚆 *etc.* 'umsteigen; **III** *s.* ['trænsfɜː] **12.** (***to***) Über'tragung *f* (auf *acc.*), 'Übergabe *f* (an *acc.*); **13.** Wechsel *m* (***to*** zu); **14.** (***to***) a) Verlegung *f* (nach), b) Versetzung *f* (nach), c) *sport* Trans'fer *m od.* Wechsel *m* (zu); **15.** ⚖ (***to***) Über'tragung *f* (***to*** auf *acc.*), Abtretung *f* (an *acc.*); **16.** ('Geld)ÜberˌweisungI *f*: **~ *business*** † Giroverkehr *m*; **~ *of foreign exchange*** Devisentransfer *m*; **17.** † ('Wertpaˌpier- *etc.*)ˌUmbuchung *f*; **18.** † ('Aktien- *etc.*)Überˌtragung *f*; **19.** *typ.* a) Über'tragung *f*, 'Umdruck *m*, b) Abziehen *n*, Abzug *m*, c) Abziehbild *n*; **20.** 🚆 *etc.* a) 'Umsteigen *n*, b) 'Umsteigefahrkarte *f*, c) *a.* ⚓ 'Umschlagplatz *m*, d) Fährboot *n*; **trans'fer·a·ble** [-'fɜːrəbl] *adj. bsd.* †, ⚖ über'tragbar (*a. Wahlstimme*).

trans·fer| bank *s.* † Girobank *f*; **~ book** *s.* † 'Umschreibungs-, Aktienbuch *n*; **~ day** *s.* † 'Umschreibungstag *m*; **~ deed** *s.* Über'tragungsurkunde *f*.

trans·fer·ee [ˌtrænsfɜː'riː] *s.* Zessio'nar *m*, Über'nehmer *m*; **trans·fer·ence** ['trænsfərəns] *s.* **1.** → ***transfer*** 14, 15, 17, 18; **2.** *psych.* Über'tragung *f*; **trans·fer·en·tial** [ˌtrænsfə'renʃl] *adj.* Über'tragungs...

trans·fer ink *s. typ.* 'Umdrucktinte *f*, -farbe *f*.

trans·fer·or [træns'fɜːrə] *s.* ⚖ Ze'dent *m*, Abtretende(r *m*) *f*.

trans·fer| pa·per *s. typ.* 'Umdruckpaˌpier *n*; **~ pic·ture** *s.* Abziehbild *n*.

trans·fer·rer [træns'fɜːrə] *s.* **1.** Über'trager *m*; **2.** → ***transferor***.

trans·fer tick·et → ***transfer*** 20b.

trans·fig·u·ra·tion [ˌtrænsfɪgjʊ'reɪʃn] *s.* **1.** 'Umgestaltung *f*; **2.** *eccl.* a) Verklärung *f*, b) ✝ Fest *n* der Verklärung (*6. August*); **trans·fig·ure** [træns'fɪgə] *v/t.* **1.** 'umgestalten; **2.** *eccl. u. fig.* verklären.

trans·fix [træns'fɪks] *v/t.* **1.** durch'stechen, -'bohren (*a. fig.*); **2.** *fig.* lähmen: **~ed** (wie) versteinert, starr (***with*** vor *dat.*).

trans·form [træns'fɔːm] **I** *v/t.* **1.** 'umgestalten, -wandeln ([***in***]***to*** in *acc.*, zu); 'umformen (*a.* A); *a. j-n* verwandeln, verändern; **2.** ⚡ 'umspannen; **II** *v/i.* **3.** sich verwandeln (***into*** zu); **trans·for·ma·tion** [ˌtrænsfə'meɪʃn] *s.* **1.** 'Umgestaltung *f*, -bildung *f*; 'Umwandlung *f*, -formung *f* (*a.* A); Verwandlung *f*, (*a.* Cha'rakter-, Sinnes)Änderung *f*; **~ *of energy*** *phys.* Energieumsetzung *f*; **~ (*scene*)** *thea.* Verwandlungsszene *f*; **2.**

ϟ 'Umspannung *f*; **3.** 'Damenpe,rücke *f*; **trans'form·er** [-mə] *s.* **1.** 'Umgestalter(in); **2.** ϟ Transfor'mator *m*.

trans·fuse [træns'fju:z] *v/t.* **1.** 'umgießen; **2.** ⚕ a) *Blut* über'tragen, b) e-e 'Bluttransfusi,on machen bei, c) *Serum etc.* einspritzen; **3.** *fig.* einflößen (***into*** *dat.*); **4.** *fig.* durch'dringen, erfüllen (***with*** mit, von); **trans'fu·sion** [-ju:ʒn] *s.* **1.** 'Umgießen *n*; **2.** ⚕ ('Blut)Transfusi,on *f*; **3.** *fig.* Erfüllung (***with*** mit).

trans·gress [træns'gres] **I** *v/t.* **1.** über'schreiten (*a. fig.*); **2.** *fig. Gesetze etc.* über'treten; **II** *v/i.* **3.** (***against*** gegen) sich vergehen, sündigen; **trans'gres·sion** [-eʃn] *s.* **1.** Über'schreitung *f* (*a. fig.*); **2.** Über'tretung *f von Gesetzen etc.*; **3.** Vergehen *n*, Missetat *f*; **trans'gres·sor** [-sə] *s.* Missetäter(in).

tran·sience ['trænziəns], **'tran·sien·cy** [-nsı] *s.* Vergänglichkeit *f*, Flüchtigkeit *f*; **'tran·sient** [-nt] **I** *adj.* ☐ **1.** *zeitlich* vor'übergehend; **2.** vergänglich, flüchtig; **3.** *Am.* Durchgangs...: **~ *camp***; **~ *visitor*** → 5; **4.** ϟ Einschalt..., Einschwing...; **II** *s.* **5.** *Am.* 'Durchreisende(r *m*) *f*; **6.** ϟ a) Einschaltstoß *m*, b) Einschwingvorgang, c) Wanderwelle *f*.

trans·i·re [trænz'aıərı] *s.* ✝ Zollbegleitschein *m*.

tran·sis·tor [træn'sıstə] *s.* ϟ Tran'sistor *m*; **tran'sis·tor·ize** [-raız] *v/t.* ϟ transistorisieren.

trans·it ['trænsıt] **I** *s.* **1.** 'Durch-, 'Überfahrt *f*; **2.** *a. ast.* 'Durchgang *m*; **3.** ✝ Tran'sit *m*, 'Durchfuhr *f*, Trans'port *m*: ***in*** **~** unterwegs, auf dem Transport; **4.** ✝ 'Durchgangsverkehr *m*; **5.** 'Durchgangsstraße *f*; **6.** *Am.* öffentliche Verkehrsmittel *pl.*; **7.** *fig.* 'Übergang *m* (***to*** zu); **II** *adj.* **8.** *a.* ✝ Durchgangs... (*-lager, -verkehr etc.*): **~ *visa*** Durchreise-, Transitvisum *n*; **9.** ✝ Durchfuhr..., Transit...: **~ *trade*** Transithandel *m*.

tran·si·tion [træn'sıʒn] **I** *s.* **1.** 'Übergang *m* (*a.* ♪, *phys.*): **~ *agreements*** *pl.* 'Übergangsregelung(en *pl.*) *f*; **~ *period*** (*od.* ***phase***) 'Übergangszeit *f*, -phase *f*; **2.** 'Übergangszeit *f*: (***state of***) **~** Übergangsstadium *n*; **II** *adj.* **3.** → **tran'si·tion·al** [-ʒənl] *adj.* ☐ Übergangs..., Überleitungs..., Zwischen...: **~ *period*** 'Übergangszeit *f*.

tran·si·tive ['trænsıtıv] *adj.* ☐ **1.** *ling.* transitiv: **~** (***verb***) Transitiv *n*, transitives Verb; **2.** Übergangs...

tran·si·to·ri·ness ['trænsıtərınıs] *s.* Flüchtigkeit *f*, Vergänglichkeit *f*; **tran·si·to·ry** ['trænsıtərı] *adj.* ☐ **1.** *zeitlich* vor'übergehend, transi'torisch; **2.** vergänglich, flüchtig.

trans·lat·a·ble [træns'leıtəbl] *adj.* über'setzbar; **trans·late** [træns'leıt] **I** *v/t.* **1.** *Buch etc.* über'setzen (*a. Computer*), -'tragen (***into*** in *acc.*); **2.** *fig. Grundsätze etc.* über'tragen (***into*** in *acc.*, zu): **~ *ideas into action*** Gedanken in die Tat umsetzen; **3.** *fig.* a) auslegen, b) ausdrücken (***in*** in *dat.*); **4.** *eccl.* a) *Geistlichen* versetzen, b) *Reliquie etc.* 'überführen, verlegen (***to*** nach), c) *j-n* entrücken; **5.** *Brit. Schuhe etc.* 'umarbeiten; **6.** ⚙ *Bewegung* über'tragen (***to*** auf *acc.*); **II** *v/i.* **7.** sich *gut etc.* über'setzen lassen; **trans'la·tion** [-eıʃn] *s.* **1.** Über'setzung *f*, -'tragung *f*: **~ *software*** Über'setzungssoftware *f*; **2.** *fig.* Auslegung *f*; **3.** *eccl.* a) Versetzung *f*, b) Entrückung *f*; **trans'la·tor** [-tə] *s.* **1.** Über'setzer(in); **2.** *Computer*: Über'setzer *m*.

trans·lit·er·ate [trænz'lıtəreıt] *v/t.* transkribieren, 'umschreiben; **trans·lit·er·a·tion** [,trænzlıtə'reıʃn] *s.* Transkripti'on *f*.

trans·lo·cate [,trænzləʊ'keıt] *v/t.* verlagern.

trans·lu·cence [trænz'lu:sns], **trans'lu·cen·cy** [-sı] *s.* **1.** 'Durchscheinen *n*; **2.** 'Licht,durchlässigkeit *f*; **trans'lu·cent** *adj.* ☐ **1.** a) 'licht,durchlässig, b) halb 'durchsichtig; **2.** 'durchscheinend.

trans·ma·rine [,trænzmə'ri:n] *adj.* 'überseeisch, Übersee...

trans·mi·grant [trænz'maıgrənt] *s.* 'Durchreisende(r *m*) *f*, -wandernde(r *m*) *f*; **trans·mi·grate** [,trænzmaı'greıt] *v/i.* **1.** fortziehen; **2.** 'übersiedeln; **3.** auswandern; **4.** wandern (*Seele*); **trans·mi·gra·tion** [,trænzmaı'greıʃn] *s.* **1.** Auswanderung *f*, 'Übersiedlung *f*; **2.** *a.* **~ *of souls*** Seelenwanderung *f*; **3.** ⚕ a) 'Überwandern *n* (*Ei-, Blutzelle etc.*), b) Diape'dese *f*.

trans·mis·si·ble [trænz'mısəbl] *adj.* **1.** über'sendbar; **2.** *a.* ⚕ *u. fig.* über'tragbar (***to*** auf *acc.*).

trans·mis·sion [trænz'mıʃn] *s.* **1.** Über'sendung *f*, -'mittlung *f*; ✝ Versand *m*; **2.** Über'mittlung *f von Nachrichten etc.*; **3.** *ling.* ('Text)Über,lieferung *f*; **4.** ⚙ a) Transmissi'on *f*, Über'setzung *f*, -'tragung *f*, b) Triebwelle *f*, -werk *n*, Getriebe *n*: **~ *gear*** Wechselgetriebe *n*; ***automatic*** **~** *mot.* Auto'matik(getriebe *n*) *f*; **5.** Über'tragung *f*: a) *biol.* Vererbung *f*, b) ⚕ Ansteckung *f*, c) *Radio*, *TV*: Sendung *f*, d) ⚖ Über'lassung *f*, e) *phys.* Fortpflanzung *f*, f) Datenübertragung *f*: **~ *error*** *EDV* Über'tragungsfehler *m*; **~ belt** *s.* ⚙ Treibriemen *m*; **~ gear·ing** *s.* ⚙ Über'setzungsgetriebe *n*; **~ ra·tio** *s.* ⚙ Über'setzungsverhältnis *n*; **~ shaft** *s.* ⚙ Kar'danwelle *f*.

trans·mit [trænz'mıt] *v/t.* **1.** (***to***) über'senden, -'mitteln (*dat.*), (ver)senden (an *acc.*); *a. Telegramm etc.* weitergeben (an *acc.*), befördern; **2.** *Nachrichten etc.* mitteilen (***to*** *dat.*); **3.** *fig. Ideen etc.* über'mitteln, weitergeben (***to*** an *acc.*); **4.** über'tragen (*a.* ⚕): a) *biol.* vererben, b) ⚖ über'schreiben, vermachen; **5.** *phys. Wellen, Wärme etc.* a) (weiter)leiten, b) *a. Kraft* über'tragen, c) *Licht etc.* 'durchlassen; **trans'mit·tal** [-tl] → ***transmission*** 1–4a; **trans'mit·ter** [-tə] *s.* **1.** Über'sender *m*, -'mittler *m*; **2.** *Radio*: a) Sendegerät *n*, b) Sender *m*; **3.** *teleph.* Mikro'fon *n*; **4.** ⚙ (Messwert)Geber *m*; **trans'mit·ting** [-tɪŋ] *adj.* Sende...(*-antenne, -stärke etc.*): ~ ***station*** Sender *m*.

trans·mog·ri·fy [trænz'mɒgrɪfaɪ] *v/t. humor.* (gänzlich) 'ummodeln.

trans·mut·a·ble [trænz'mjuːtəbl] *adj.* □ 'umwandelbar; **trans·mu·ta·tion** [ˌtrænzmjuː'teɪʃn] *s.* **1.** 'Umwandlung *f* (*a.* ⚗, *phys.*); **2.** *biol.* Transmutati'on *f*, 'Umbildung *f*; **trans·mute** [trænz'mjuːt] *v/t.* 'umwandeln (***into*** in *acc.*).

trans·na·tion·al [trænz'næʃənl] *adj.* 'über-, ✝ 'multinatioˌnal.

trans·o·ce·an·ic ['trænzˌəʊʃɪ'ænɪk] *adj.* **1.** transoze'anisch, 'überseeisch; **2.** a) Übersee..., b) Ozean...

tran·som ['trænsəm] *s.* ⚠ a) Querbalken *m über e-r Tür*, b) (Quer)Blende *f e-s Fensters.*

tran·son·ic [træn'sɒnɪk] *adj. phys.* Überschall...

trans·par·en·cy [træns'pærənsɪ] *s.* **1.** *a. fig.* 'Durchsichtigkeit *f*, Transpa'renz *f*; **2.** a) 'Folie *f* (*für Tageslichtprojektor*), b) Transpa'rent *n*, Leuchtbild *n*; **3.** *phot.* Dia(posi'tiv) *n*; **trans'par·ent** [-nt] *adj.* □ **1.** 'durchsichtig (*a. fig. offenkundig*): ~ ***colo(u)r*** ⚙ Lasurfarbe; ~ ***slide*** Diapositiv *n*; **2.** *phys.* transpa'rent, 'lichtˌdurchlässig; **3.** *fig.* a) klar (*Stil etc.*), b) offen, ehrlich.

tran·spi·ra·tion [ˌtrænspɪ'reɪʃn] *s.* **1.** (*bsd.* Haut)Ausdünstung *f*; **2.** Schweiß *m*; **tran·spire** [træn'spaɪə] **I** *v/i.* **1.** *physiol.* transpirieren, schwitzen; **2.** ausgedünstet werden; **3.** *fig.* 'durchsickern, bekannt werden; **4.** *fig.* passieren, sich ereignen; **II** *v/t.* **5.** ausdünsten, ausschwitzen.

trans·plant [træns'plɑːnt] **I** *v/t.* **1.** ⚘ 'umpflanzen; **2.** ⚕ transplantieren, verpflanzen; **3.** *fig.* versetzen, -pflanzen (***to*** nach, ***into*** in *acc.*); **II** *v/i.* **4.** sich verpflanzen lassen; **III** *s.* ['trænsplɑːnt] **5.** a) → ***transplantation***, b) ⚕ Transplan'tat *n*; **trans·plan·ta·tion** [ˌtrænsplɑːn'teɪʃn] *s.* Verpflanzung *f*: a) ⚘ 'Umpflanzung *f*, b) *fig.* Versetzung *f*, 'Umsiedlung *f*, c) ⚕ Transplantati'on *f*.

trans·port I *v/t.* [træn'spɔːt] **1.** transportieren, befördern, versenden; **2.** *mst pass. fig.* a) *j-n* hinreißen, entzücken (***with*** vor *dat.*, von), b) heftig erregen: ~***ed with joy*** außer sich vor Freude; **3.** *bsd. hist.* deportieren; **II** *s.* ['trænspɔːt] **4.** a) ('Ab-, 'An)TransˌPort *m*, Beförderung *f*, b) Versand *m*, c) Verschiffung *f*; **5.** Verkehr *m*; **6.** Beförderungsmittel *n od. pl.*; **7.** *a.* ~ ***ship***, ~ ***vessel*** a) Trans'port-, Frachtschiff *n*, b) ⚔ 'Truppentransˌporter *m*; **8.** *a.* ~ ***plane*** ✈ Trans'portflugzeug *n*; **9.** *fig.* a) Taumel *m der Freude etc.*, b) heftige Erregung: ***in a ~ of*** außer sich vor *Entzücken, Wut etc.*; **trans'port·a·ble** [-təbl] *adj.* trans'portfähig, versendbar; **trans·por·ta·tion** [ˌtrænspɔː'teɪʃn] *s.* **1.** → ***transport*** 4; **2.** Trans'portsyˌstem *n*; **3.** *bsd. Am.* a) Beförderungsmittel *pl.*, b) Trans'portkosten *pl.*, c) Fahrausweis *m*; **4.** *bsd. hist.* Deportati'on *f*; **trans·port ca·fé** (*od.* **caff** [kæf]) *s. Brit.* 'Fernfahrerloˌkal *n*, -kneipe *f*; **trans'port·er** [-tə] *s.* **1.** Beförderer *m*; **2.** ⚙ Förder-, Trans'portvorrichtung *f*.

trans·pose [træns'pəʊz] *v/t.* **1.** 'umstellen (*a. ling.*), ver-, 'umsetzen; **2.** ♪, ⩘, ⚗ transponieren; **trans·po·si·tion** [ˌtrænspə'zɪʃn] *s.* **1.** 'Umstellen *n*; **2.** 'Umstellung *f* (*a. ling.*); **3.** ♪, ⩘ Transpositi'on *f*; **4.** ϟ, ⚙ Kreuzung *f von Leitungen etc.*

trans·sex·u·al [trænz'seksjʊəl] **I** *adj.* transsexu'ell; **II** *s.* Transsexu'elle(r *m*) *f*.

trans·ship [træns'ʃɪp] *v/t.* ✝, ⚓ 'umladen, -schlagen; **trans'ship·ment** [-mənt] *s.* ⚓ 'Umladung *f*, 'Umschlag *m*: ~ ***charge*** Umladegebühr *f*; ~ ***port*** Umschlaghafen *m*.

tran·sub·stan·ti·ate [ˌtrænsəb'stænʃɪeɪt] *v/t.* 'umwandeln, (*a. eccl. Brot u. Wein*) verwandeln (***into, to*** in *acc.*, zu); **tran·sub·stan·ti·a·tion** ['trænsəbˌstænʃɪ'eɪʃn] *s.* **1.** 'Stoffˌumwandlung *f*; **2.** *eccl.* Transsubstantiati'on *f*.

tran·sude [træn'sjuːd] *v/i.* **1.** *physiol.* 'durchschwitzen (*Flüssigkeiten*); **2.** ('durch)dringen, (-)sickern (***through*** durch); **3.** abgesondert werden.

trans·ver·sal [trænz'vɜːsl] **I** *adj.* □ → ***transverse*** 1; **II** *s.* ⩘ Transver'sale *f*; **trans·verse** ['trænzvɜːs] **I** *adj.* □ **1.** schräg, diago'nal, Quer..., quer (laufend) (***to*** zu): ~ ***flute*** ♪ Querflöte *f*; ~ ***section*** ⩘ Querschnitt *m*; **II** *s.* **2.** Querstück *n*, -achse *f*, -muskel *m*; **3.** ⩘ große Achse e-r El'lipse.

trans·ves·tism [træns'vestɪzəm] *s. psych.* Transve'stismus *m*; **trans'ves·tite** [-taɪt] *s.* Transve'stit *m*.

trap[1] [træp] **I** *s.* **1.** *hunt.*, *a.* ⚔ *u. fig.* Falle *f*: ***lay*** (*od.* ***set***) ***a ~ for s.o.*** j-m e-e Falle stellen; ***walk*** (*od.* ***fall***) ***into a ~*** in e-e Falle gehen; **2.** ⚗ Abscheider *m*; **3.** a) Auffangvorrichtung *f*, b) Dampf-, Wasserverschluss *m*, c) Geruchverschluss *m* (*Klosett*); **4.** ϟ (Funk)Sperrkreis *m*; **5.** *Tontaubenschießen*: 'Wurfmaˌschine *f*; **6.** *Golf*: Sandhindernis *n*; **7.** → ***trapdoor***; **8.** *Brit.* Gig *n*, zweiräd-

T

riger Einspänner; **9.** *mot.* offener Zweisitzer; **10.** *pl.* ♪ Schlagzeug *n*; **11.** *sl.* ‚Klappe' *f* (*Mund*); **II** *v/t.* **12.** fangen (*a. fig.*); (*a. phys. Elektronen*) einfangen; **13.** einschließen (*a.* ⚔); verschütten; **14.** *fig.* in e-e Falle locken, ‚fangen'; **15.** Fallen aufstellen in (*dat.*); **16.** ⚙ a) mit Wasserverschluss *etc.* versehen, verschließen, b) *Gase etc.* abfangen; **III** *v/i.* **17.** Fallen stellen (***for*** *dat.*).

trap² [træp] *s. mst pl.* F ‚Kla'motten' *pl.*, Siebensachen *pl.*, Gepäck *n.*

trap³ [træp] *s. min.* Trapp *m.*

ˌtrapˈdoor *s.* **1.** Fall-, Klapptür *f*, (✈ Boden)Klappe *f*; **2.** *thea.* Versenkung *f.*

tra·peze [trə'piːz] *s.* Tra'pez *n*; **tra'pe·zi·form** [-zɪfɔːm] *adj.* tra'pezförmig; **tra'pe·zi·um** [-zjəm] *s.* **1.** Ꙩ a) Tra'pez *n*, b) *bsd. Am.* Trapezo'id *n*; **2.** *anat.* großes Vieleckbein (*Handwurzel*); **trap·e·zoid** ['træpɪzɔɪd] **I** *s.* **1.** Ꙩ a) *Brit.* Trapezo'id *n*, b) *bsd. Am.* Tra'pez *n*; **2.** *anat.* kleines Vieleckbein (*Handwurzel*); **II** *adj.* **3.** → **trap·e·zoi·dal** [ˌtræpɪ'zɔɪdl] Ꙩ trapezo'id, *bsd. Am.* tra'pezförmig.

trap·per ['træpə] *s.* Trapper *m*, Pelztierjäger *m.*

trap·pings ['træpɪŋz] *s. pl.* **1.** Staatsgeschirr *n für Pferde*; **2.** *fig.* a) ‚Staat' *m*, Schmuck *m*, b) Drum u. Dran *n*, ‚Verzierungen' *pl.*

trapse [treɪps] *v/i.* **1.** (da'hin)latschen; **2.** (um'her)schlendern.

trap shoot·ing *s. sport* Trapschießen *n.*

trash [træʃ] *s.* **1.** *bsd. Am.* Abfall *m*, Müll *m*: **~ *can*** Abfall-, Mülleimer *m od.* -tonne *f*; **2.** Plunder *m*, Schund *m*; **3.** *fig.* Schund *m*, Kitsch *m* (*Bücher etc.*); **4.** ‚Blech' *n*, Unsinn *m*; **5.** Ausschuss *m*, Gesindel *n*; → ***white trash***; **'trash·i·ness** [-ʃɪnɪs] *s.* Wertlosigkeit *f*, Minderwertigkeit *f*; **'trash·y** [-ʃɪ] *adj.* ☐ wertlos, minderwertig, kitschig, Schund..., Kitsch...

trau·ma ['trɔːmə] *s.* Trauma *n*: a) ⚕ Wunde *f*, b) *psych.* seelische Erschütterung, (bleibender) Schock; **trau·mat·ic** [trɔː'mætɪk] *adj.* (☐ ***~ally***) ⚕, *psych.* trau'matisch: **~ *medicine*** Unfallmedizin *f.*

trav·ail ['træveɪl] **I** *s.* **1.** *obs. od. rhet.* (mühevolle) Arbeit; **2.** (Geburts)Wehen *pl.*; **3.** *fig.* (Seelen)Qual *f*: ***be in ~ with*** schwer ringen mit; **II** *v/i.* **4.** sich abrackern; **5.** in den Wehen liegen.

trav·el ['trævl] **I** *s.* **1.** Reisen *n*: **~ *sickness*** Reisekrankheit *f*; **2.** *mst pl.* (längere) Reise: ***book of ~*** Reisebeschreibung *f*; **3.** ⚙ Bewegung *f*, Lauf *m*, (Kolben- *etc.*)Hub *m*; **II** *v/i.* **4.** reisen, e-e Reise machen: **~ *light*** mit leichtem Gepäck reisen; **5.** ✝ reisen (***in*** in *e-r Ware*), als (Handels)Vertreter arbeiten (***for*** für); **6.** *ast., phys., mot. etc.* sich bewegen; sich fortpflanzen (*Licht etc.*); **7.** ⚙ sich ('hin- u. 'her)bewegen, laufen (*Kolben etc.*); **8.** *bsd. fig.* schweifen, wandern (*Blick etc.*); **9.** F (da'hin)sausen; **III** *v/t.* **10.** *Land, a.* ✝ *Vertreterbezirk* bereisen, *Strecke* zu'rücklegen; **~ a·gen·cy** *s.* 'Reisebüˌro *n*; **~ al·low·ance** *s.* Reisekostenzuschuss *m.*

trav·el·la·tor ['trævəleɪtə] *s. Brit.* Rollsteig *m.*

trav·el(l)ed ['trævld] *adj.* **1.** (weit, viel) gereist; **2.** (viel) befahren (*Straße etc.*); **'trav·el·(l)er** [-lə] *s.* **1.** Reisende(r *m*) *f*; **2.** ✝ *bsd. Brit.* (Handlungs)Reisende(r) *m*, (Handels)Vertreter *m*; **3.** ⚙ Laufstück *n*, *bsd.* a) Laufkatze *f*, b) Hängekran *m.*

trav·el·(l)er's| check (*Brit.* **cheque**) *s.* Reisescheck *m*; **~ joy** *s.* ⚘ Waldrebe *f.*

trav·el·(l)ing ['trævlɪŋ] *adj.* **1.** Reise... (*-koffer, -wecker, -kosten etc.*): **~ *agent***, *bsd. Am.* **~ *salesman*** → ***trav·el(l)er*** 2; **2.** Wander...(*-ausstellung, -bücherei, -zirkus etc.*); fahrbar, auf Rädern: **~ *dental clinic***; **~ *crane*** Laufkran *m.*

trav·e·log(ue) ['trævəlɒg] *s.* Reisebericht *m* (*Vortrag, mst mit Lichtbildern*), Reisefilm *m.*

trav·ers·a·ble ['trævəsəbl] *adj.* **1.** (leicht) durch- *od.* über'querbar; **2.** passierbar, befahrbar; **3.** ⚙ (aus-) schwenkbar; **trav·erse** ['trævəs] **I** *v/t.* **1.** durch-, über'queren; **2.** durch'ziehen, -'fließen; **3.** *Fluss etc.* über'spannen; **4.** *fig.* 'durchgehen, -sehen; **5.** ⚙, *a.* ⚔ *Geschütz* (seitwärts) schwenken, **6.** *Linie etc.* kreuzen, schneiden; **7.** *Plan etc.* durch'kreuzen; **8.** ⚓ kreuzen; **9.** ⚖ a) *Vorbringen* bestreiten, b) gegen *e-e Klage etc.* Einspruch erheben; **10.** *mount., Skisport*: *Hang* queren; **II** *v/i.* **11.** ⚙ sich drehen; **12.** *fenc., Reitsport*: traversieren; **13.** *mount., Skisport*: queren; **III** *s.* **14.** Durch-, Über'querung *f*; **15.** ⚠ a) Quergitter *n*, b) Querwand *f*, c) Quergang *m*, d) Tra'verse *f*, Querstück *n*; **16.** Ꙩ Schnittlinie *f*; **17.** ⚓ Koppelkurs *m*; **18.** ⚔ a) Traverse *f*, Querwall *m*, b) Schulterwehr *f*; **19.** ⚔ Schwenken *n* (*Geschütz*); **20.** ⚙ a) Schwenkung *f e-r Maschine*, b) schwenkbarer Teil; **21.** *surv.* Poly'gon(zug *m*) *n*; **22.** ⚖ a) Bestreitung *f*, b) Einspruch *m*; **23.** *mount., Skisport*: a) Queren *n e-s Hanges*, b) Quergang *m*; **IV** *adj.* **24.** quer laufend, Quer...(*-bohrer etc.*): **~ *motion*** Schwenkung *f*; **25.** Zickzack...: **~ *sailing*** ⚓ Koppelkurs *m*; **26.** sich kreuzend (*Linien*).

trav·es·ty ['trævɪstɪ] **I** *s.* **1.** Trave'stie *f*; **2.** *fig.* Zerrbild *n*, Karika'tur *f*; **II** *v/t.* **3.** travestieren (*scherzhaft umgestalten*);

4. *fig.* ins Lächerliche ziehen, verzerren.

trawl [trɔːl] ⚓ **I** *s. a.* **~ net** (Grund-) Schleppnetz *n*; **II** *v/t. u. v/i.* mit dem Schleppnetz fischen; **'trawl·er** [-lə] *s.* (Grund)Schleppnetzfischer *m* (*Boot u. Person*).

tray [treɪ] *s.* **1.** Ta'blett *n*, (Ser'vier-, Tee)Brett *n*; **2.** a) Auslagekästchen *n*, b) ('umgehängtes) Verkaufsbrett, ‚Bauchladen' *m*; **3.** flache Schale; **4.** Ablagekorb *m im Büro*; **5.** (Koffer-) Einsatz *m*.

treach·er·ous ['tretʃərəs] *adj.* □ **1.** verräterisch, treulos (**to** gegen); **2.** (heim-) tückisch, 'hinterhältig; **3.** *fig.* tückisch, trügerisch (*Eis, Wetter etc.*), unzuverlässig (*a. Gedächtnis*); **'treach·er·ous·ness** [-nɪs] *s.* **1.** Treulosigkeit *f*, Verräte'rei *f*; **2.** *a. fig.* Tücke *f*; **'treach·er·y** [-rɪ] *s.* (**to**) Verrat *m* (an *dat.*), Verräte'rei *f*, Treulosigkeit *f* (gegen).

trea·cle ['triːkl] *s.* **1.** a) Sirup *m*, b) Me'lasse *f*; **2.** *fig.* a) Süßlichkeit *f*, b) süßliches Getue; **'trea·cly** [-lɪ] *adj.* **1.** sirupartig, Sirup...; **2.** *fig.* süßlich.

tread [tred] **I** *s.* **1.** Tritt *m*, Schritt *m*; **2.** a) Tritt(spur *f*) *m*, b) (Rad- *etc.*)Spur *f*; **3.** ⚙ Lauffläche *f* (*Rad*); *mot.* ('Reifen-) Pro,fil *n*; **4.** Spurweite *f*; **5.** Pe'dalabstand *m* (*Fahrrad*); **6.** a) Fußraste *f*, Trittbrett *n*, b) (Leiter)Sprosse *f*; **7.** Auftritt *m* (*Stufe*); **8.** *orn.* a) Treten *n* (*Begattung*), b) Hahnentritt *m* (*im Ei*); **II** *v/t.* [*irr.*] **9.** beschreiten: **~ the boards** *thea.* (als Schauspieler) auftreten; **10.** *rhet.* *Zimmer etc.* durch'messen; **11.** *a.* **~ down** zertreten, -trampeln: **to ~ out** *Feuer* austreten, *fig. Aufstand* niederwerfen; **~ underfoot** niedertreten, *fig.* mit Füßen treten; **12.** *Pedale etc., a. Wasser* treten; **13.** *orn.* treten, begatten; **III** *v/i.* [*irr.*] **14.** treten (**on** auf *acc.*): **~ on air** (glück)selig sein; **~ lightly** leise auftreten, *fig.* vorsichtig zu Werke gehen; **15.** (ein'her)schreiten; **16.** trampeln: **~ (up)on** zertrampeln; **17.** unmittelbar folgen (**on** auf *acc.*); → **heel¹** *Redew.*; **18.** *orn.* a) treten (*Hahn*), b) sich paaren; **trea·dle** ['tredl] **I** *s.* **1.** ⚙ Tretkurbel *f*, Tritt *m*: **~ drive** Fußantrieb *m*; **2.** Pe'dal *n*; **II** *v/i.* **3.** treten; **'tread·mill** *s.* Tretmühle *f* (*a. fig.*).

trea·son ['triːzn] *s.* (⚖ Landes)Verrat *m* (**to** an *dat.*): **high ~, ~ felony** Hochverrat *m*; **'trea·son·a·ble** [-nəbl] *adj.* □ (landes- *od.* hoch)verräterisch.

treas·ure ['treʒə] **I** *s.* **1.** Schatz *m* (*a. fig.*); **2.** Reichtum *m*, Reichtümer *pl.*, Schätze *pl.*: **~s of the soil** Bodenschätze; **~ trove** (herrenloser) Schatzfund, *fig.* Fundgrube *f*; **3.** F ‚Perle' *f* (*Dienstmädchen etc.*); **4.** F Schatz *m*, Liebling *m*; **II** *v/t.* **5.** *oft* **~ up** *Schätze* (an)sammeln, aufhäufen; **6.** a) (hoch) schätzen, b) hegen, *a. Andenken* in Ehren halten; **~ house** *s.* **1.** Schatzhaus *n*, -kammer *f*; **2.** *fig.* Gold-, Fundgrube *f*.

treas·ur·er ['treʒərə] *s.* **1.** Schatzmeister (-in) (*a.* ✝); Kassenwart *m*; **2.** ✝ Leiter *m* der Fi'nanzab,teilung: **city ~** Stadtkämmerer *m*; **3.** Fis'kalbeamte(r) *m*: **♀ of the Household** *Brit.* Fiskalbeamte(r) des königlichen Haushalts; **'treas·ur·er·ship** [-ʃɪp] *s.* Schatzmeisteramt *n*, Amt *n* e-s Kassenwarts.

treas·ur·y ['treʒərɪ] *s.* **1.** Schatzkammer *f*, -haus *n*; **2.** a) Schatzamt *n*, b) Staatsschatz *m*: **Lords** (*od.* **Commissioners**) **of the ♀** *das* brit. Finanzministerium; **First Lord of the ♀** erster Schatzlord (*mst der Premierminister*); **3.** Fiskus *m*, Staatskasse *f*; **4.** *fig.* Schatz(kästlein *n*) *m*, Antholo'gie *f* (*Buchtitel*); **♀ bench** *s. parl. Brit.* Regierungsbank *f*; **~ bill** *s.* ✝ (*kurzfristiger*) Schatzwechsel; **♀ Board** *s. Brit.* Fi'nanzmini,sterium *n*; **~ bond** *s. Am.* (*langfristige*) Schatzanweisung; **~ cer·tif·i·cate** *s. Am.* (kurzfristiger) Schatzwechsel; **♀ De·part·ment** *s. Am.* Fi'nanzmini,sterium *n*; **~ note** *s. Am.* (*mittelfristiger*) Schatzwechsel; **♀ war·rant** *s. Brit.* Schatzanweisung *f*.

treat [triːt] **I** *v/t.* **1.** behandeln, 'umgehen mit: **~ s.o. brutally**; **2.** behandeln, betrachten (**as** als); **3.** ⚕, ⚗, ⚙ behandeln (**for** gegen, **with** mit); **4.** *fig. Thema etc.* behandeln; **5.** *j-m* e-n Genuss bereiten, *bsd. j-n* bewirten (**to** mit): **~ o.s. to** sich *et.* gönnen *od.* leisten *od.* genehmigen; **~ s.o. to s.th.** j-m et. spendieren; **be ~ed to s.th.** in den Genuss e-r Sache kommen; **II** *v/i.* **6. ~ of** handeln von, *Thema* behandeln; **7. ~ with** verhandeln mit; **8.** (die Zeche) bezahlen, e-e Runde ausgeben; **III** *s.* **9.** (Extra)Vergnügen *n*, *bsd.* (Fest-) Schmaus *m*: **school ~** Schulfest *n od.* -ausflug *m*; **10.** *fig.* (Hoch)Genuss *m*, Wonne *f*; **11.** (Gratis)Bewirtung *f*: **stand ~** → 8; **it is my ~** das geht auf m-e Rechnung, diesmal bezahle ich; **'trea·tise** [-tɪz] *s.* (*wissenschaftliche*) Abhandlung; **'treat·ment** [-mənt] *s.* **1.** Behandlung *f* (*a.* ⚕, ⚗, *a. fig. e-s Themas etc.*): **give s.th. the full ~** *fig.* et. gründlich behandeln; **give s.o. the ~** F j-n ‚in die Mangel nehmen'; **2.** ⚙ Bearbeitung *f*; **3.** *Film*: Treatment *n* (*erweitertes Handlungsschema*).

trea·ty ['triːtɪ] *s.* **1.** (*bsd.* Staats)Vertrag *m*, Pakt *m*: **~ powers** Vertragsmächte; **2.** *obs.* Verhandlung *f*.

tre·ble ['trebl] **I** *adj.* □ **1.** dreifach; **2.** ⩓ dreistellig; **3.** ♪ Diskant..., Sopran...; **4.** hoch, schrill; **5.** *Radio*: Höhen...: **~ control** Höhenregler *m*; **II** *s.* **6.** ♪ *allg.* Dis'kant *m*; **III** *v/t. u. v/i.* **7.** (sich) verdreifachen.

T

tree [triː] **I** *s.* **1.** Baum *m*: ~ ***of life*** a) *bibl.* Baum des Lebens, b) ⚘ Lebensbaum; ***up a*** ~ F in der Klemme; → ***top***[1] 2; **2.** (*Rosen- etc.*)Strauch *m*, (*Bananen- etc.*)Staude *f*; **3.** ⚙ Baum *m*, Welle *f*, Schaft *m*; (Holz)Gestell *n*; (Stiefel)Leisten *m*; **4.** → ***family tree***; **II** *v/t.* **5.** auf e-n Baum jagen; **6.** *j-n* in die Enge treiben; ~ **fern** *s.* ⚘ Baumfarn *m*; ~ **frog** *s. zo.* Laubfrosch *m*.

tree·less ['triːlɪs] *adj.* baumlos, kahl.

tree| line *s.* Baumgrenze *f*; '~**·nail** *s.* ⚙ Holznagel *m*, Dübel *m*; ~ **nurs·er·y** *s.* Baumschule *f*; ~ **sur·geon** *s.* 'Baumchir,urg *m*; ~ **toad** → ***tree frog***; '~**·top** *s.* Baumkrone *f*, -wipfel *m*.

tre·foil ['trefɔɪl] *s.* **1.** ⚘ Klee *m*; **2.** △ Dreipass *m*; **3.** *bsd. her.* Kleeblatt *n*.

trek [trek] **I** *v/i.* **1.** *Südafrika*: trecken, (im Ochsenwagen) reisen; **2.** ziehen, wandern; **II** *s.* **3.** Treck *m*.

trel·lis ['trelɪs] **I** *s.* **1.** Gitter *n*, Gatter *n*; **2.** ⚙ Gitterwerk *n*; **3.** ⸙ Spa'lier *n*; **4.** Pergola *f*; **II** *v/t.* **5.** vergittern: ~***ed window*** Gitterfenster *n*; **6.** ⸙ am Spalier ziehen; '~**·work** *s.* Gitterwerk *n* (*a.* ⚙).

trem·ble ['trembl] **I** *v/i.* **1.** (er)zittern, (-)beben (***at, with*** vor *dat.*): ~ ***all over*** (*od.* ***in every limb***) am ganzen Leibe zittern; ~ ***at the thought*** (*od.* ***to think***) bei dem Gedanken zittern; → ***balance*** 2; **2.** zittern, bangen (***for*** für, um): ***a trembling uncertainty*** e-e bange Ungewissheit; **II** *s.* **3.** Zittern *n*, Beben *n*: ***be all of a*** ~ am ganzen Körper zittern; **4.** *pl. sg. konstr. vet.* Milchfieber *n*; '**trem·bler** [-lə] *s.* **1.** ⚡ ('Selbst)Unter,brecher *m*; **2.** e'lektrische Glocke *od.* Klingel; '**trem·bling** [-lɪŋ] *adj.* ☐ zitternd: ~ ***grass*** ⚘ Zittergras *n*; ~ ***poplar*** (*od.* ***tree***) ⚘ Zitterpappel *f*, Espe *f*.

tre·men·dous [trɪ'mendəs] *adj.* ☐ **1.** schrecklich, fürchterlich; **2.** F ungeheuer, e'norm, ‚toll'.

trem·o·lo ['tremələʊ] *pl.* **-los** *s.* ♪ Tremolo *n*.

trem·or ['tremə] *s.* **1.** ⚕ Zittern *n*, Zucken *n*: ~ ***of the heart*** Herzflackern *n*; **2.** Zittern *n*, Schau(d)er *m der Erregung*; **3.** Beben *n der Erde*; **4.** Angst (-gefühl *n*) *f*, Beben *n*.

trem·u·lous ['tremjʊləs] *adj.* ☐ **1.** zitternd, bebend; **2.** zitt(e)rig, ängstlich.

tre·nail ['trenl] → ***treenail***.

trench [trentʃ] **I** *v/t.* **1.** mit Gräben durch'ziehen *od.* (⚔) befestigen; **2.** ⸙ tief 'umpflügen, ri'golen; **3.** zerschneiden, durch'furchen; **II** *v/i.* **4.** (⚔ Schützen)Gräben ausheben; **5.** *geol.* sich (ein)graben (*Fluss etc.*); **6.** ~ (***up***)***on*** beeinträchtigen, in *j-s Rechte* eingreifen; **7.** ~ (***up***)***on*** *fig.* hart grenzen an (*acc.*); **III** *s.* **8.** (⚔ Schützen)Graben *m*; **9.** Furche *f*, Rinne *f*; **10.** ⚒ Schramm *m*.

trench·an·cy ['trentʃənsɪ] *s.* Schärfe *f*; '**trench·ant** [-nt] *adj.* ☐ **1.** scharf, schneidend (*Witz etc.*); **2.** einschneidend, e'nergisch: ***a*** ~ ***policy***.

trench coat *s.* Trenchcoat *m*.

trench·er[1] ['trentʃə] *s.* ⚔ Schanzarbeiter *m*.

trench·er[2] ['trentʃə] *s.* **1.** Tranchier-, Schneidebrett *n*; **2.** *obs.* Speise *f*; ~ **cap** → ***mortarboard*** 2; '~**·man** [-mən] *s.* [*irr.*] guter *etc.* Esser.

trench| fe·ver *s.* ⚕ Schützengrabenfieber *n*; ~ **foot** *s.* ⚕ Schützengrabenfüße *pl.* (*Fußbrand*); ~ **mor·tar** *s.* ⚔ Gra'natwerfer *m*; ~ **war·fare** *s.* ⚔ Stellungskrieg *m*.

trend [trend] **I** *s.* **1.** Richtung *f* (*a. fig.*); **2.** *fig.* Ten'denz *f*, Entwicklung *f*, Trend *m* (*alle a.* ✝); Neigung *f*, Bestreben *n*: ***the*** ~ ***of his argument was*** s-e Beweisführung lief darauf hinaus; ~ ***in*** *od.* ***of prices*** ✝ Preistendenz; **3.** *fig.* (Ver-)Lauf *m*: ***the*** ~ ***of events***; **II** *v/i.* **4.** sich neigen, streben, tendieren (***towards*** nach *e-r Richtung*); **5.** sich erstrecken, laufen (***towards*** nach *Süden etc.*); **6.** *geol.* streichen (***to*** nach); ~ **a·nal·y·sis** *s.* ✝ Konjunk'turana,lyse *f*; '~,**set·ter** *s. Mode etc.*: j-d, der den Ton angibt, Schrittmacher *m*, Trendsetter *m*; '~,**set·ting** *adj.* tonangebend.

trend·y ['trendɪ] **I** *adj.* **1.** ('super)mo,dern; **2.** schick, modebewusst; **3.** schick (*Kleidung*); **4.** F ‚in', in Mode: ***a*** ~ ***place*** ein 'In-Lo,kal *etc.*; **II** *s.* **5.** *oft contp.* Schicki'micki *m*.

tre·pan [trɪ'pæn] **I** *s.* **1.** ⚕ *hist.* Schädelbohrer *m*; **2.** ⚙ 'Bohrma,schine *f*; **3.** *geol.* Stein-, Erdbohrer *m*; **II** *v/t.* **4.** ⚕ trepanieren.

trep·i·da·tion [,trepɪ'deɪʃn] *s.* **1.** ⚕ (Glieder-, Muskel)Zittern *n*; **2.** Beben *n*; **3.** Angst *f*, Bestürzung *f*.

tres·pass ['trespəs] **I** *s.* **1.** Über'tretung *f*, Vergehen *n*, Verstoß *m*, Sünde *f*; **2.** 'Übergriff *m*; **3.** 'Missbrauch *m* (***on*** *gen.*); **4.** ⚖ *allg.* unerlaubte Handlung (*Zivilrecht*): a) unbefugtes Betreten, b) Besitzstörung *f*, c) 'Übergriff *m* gegen die Per'son (*z.B. Körperverletzung*); **5.** *a.* ***action for*** ~ ⚖ Schadenersatzklage *f* aus unerlaubter Handlung, *z.B.* Besitzstörungsklage *f*; **II** *v/i.* **6.** ⚖ e-e unerlaubte Handlung begehen: ~ (***up***)***on*** a) widerrechtlich betreten, b) rechtswidrige Übergriffe gegen *j-s Eigentum* begehen; **7.** ~ (***up***)***on*** *fig.* a) 'übergreifen auf (*acc.*), b) hart grenzen an (*acc.*), c) *j-s Zeit etc.* über Gebühr in Anspruch nehmen; **8.** (***against***) verstoßen (gegen), sündigen (wider *od.* gegen); '**tres·pass·er** [-sə] *s.* **1.** ⚖ a) Rechtsverletzer *m*, b) Unbefugte(r *m*) *f*: ~***s will be prosecuted!*** Betreten bei Strafe verboten!; **2.** *obs.* Sünder(in).

tress [tres] *s.* **1.** (Haar)Flechte *f*, Zopf

T

m; **2.** Locke *f*; **3.** *pl.* üppiges Haar; **tressed** [-st] *adj.* **1.** geflochten; **2.** gelockt.

tres·tle ['tresl] *s.* **1.** ⚙ Gestell *n*, Gerüst *n*, Bock *m*, Schragen *m*: ~ ***table*** Zeichentisch *m*; **2.** ⚔ Brückenbock *m*: ~ ***bridge*** Bockbrücke *f*; '**~·work** *s.* **1.** Gerüst *n*; **2.** *Am.* 'Bahnvia,dukt *m*.

trey [treɪ] *s.* Drei *f im Karten- od. Würfelspiel.*

tri·a·ble ['traɪəbl] *adj.* ⚖ a) justizi'abel, zu verhandeln(d) (*Sache*), b) belangbar, abzuurteilen(d) (*Person*).

tri·ad ['traɪəd] *s.* **1.** Tri'ade *f*: a) Dreizahl *f*, b) ⚗ dreiwertiges Ele'ment, c) ⩓ Dreiergruppe *f*, Trias *f*; **2.** ♪ Dreiklang *m*.

tri·al ['traɪəl] **I** *s.* **1.** Versuch *m* (**of** mit), Probe *f*, Erprobung *f*, Prüfung *f* (*alle a.* ⚙): ~ ***and error*** a) ⩓ Regula *f* Falsi, b) empirische Methode; ~ ***of strength*** Kraftprobe; ***on*** ~ auf *od.* zur Probe; ***give a*** ~, ***make a*** ~ ***of*** e-n Versuch machen mit, erproben; ***be on*** ~ a) erprobt werden, b) e-e Probezeit durchmachen (*Person*), c) *fig.* auf dem Prüfstand sein (→ *a.* 2); **2.** ⚖ ('Straf- *od.* Zi'vil)Pro,zess *m*, (Gerichts)Verfahren *n*, (Haupt)Verhandlung *f*: ~ ***by jury*** Schwurgerichtsverfahren; ***be on*** (*od.* ***stand***) ~ unter Anklage stehen (***for*** wegen); ***bring*** (*od.* ***put***) ***s.o. to*** ~ j-n vor Gericht bringen; ***stand*** (***one's***) ~ sich vor Gericht verantworten; **3.** (***to*** für) *fig.* a) (Schicksals)Prüfung *f*, Heimsuchung *f*, b) Last *f*, Plage *f*, Stra'paze *f*; **4.** *sport* a) Vorlauf *m*, Ausscheidungsrennen *n*, b) Ausscheidungsspiel *n*; **II** *adj.* **5.** Versuchs..., Probe...: ~ ***balance*** ✝ Rohbilanz *f*; ~ ***balloon*** *fig.* Versuchsballon *m*; ~ ***marriage*** Ehe *f* auf Probe; ~ ***match*** → 4 b; ~ ***order*** ✝ Probeauftrag *m*; ~ ***package*** ✝ Probepackung *f*; ~ ***period*** Probezeit *f*; ~ ***run*** Probefahrt *f*, -lauf *m*; **6.** ⚖ Verhandlungs...: ~ ***court*** erstinstanzliches Gericht; ~ ***judge*** Richter *m* der ersten Instanz; ~ ***lawyer*** *Am.* Prozessanwalt *m*.

tri·an·gle ['traɪæŋgl] *s.* **1.** ⩓ Dreieck *n*; **2.** ♪ Triangel *m*; **3.** ⚙ a) Reißdreieck *n*, b) Winkel *m*; **4.** *mst* ***eternal*** ~ *fig.* Dreiecksverhältnis *n*; **tri·an·gu·lar** [traɪ'æŋgjʊlə] *adj.* dreieckig, -winkelig; *fig.* dreiseitig, Dreiecks...; **tri·an·gu·la·tion** [traɪ,æŋgjʊ'leɪʃn] *s.* **1.** *surv* Triangulati'on *f*; **2.** 'Dreiecksme,thode *f* (*Umrechnungsverfahren für die Teilnehmerwährungen der Europäischen Währungsunion*).

Tri·as ['traɪəs] → **Tri·as·sic** [traɪ'æsɪk] *geol.* **I** *s.* 'Trias(formati,on) *f*; **II** *adj.* Trias...

tri·ath·lete [traɪ'æθliːt] *s. sport* 'Triath,let(in); **tri'ath·lon** [-lɒn; -lən] *s.* 'Triath,lon *n*.

trib·al ['traɪbl] *adj.* □ Stammes...; '**trib·al·ism** [-bəlɪzəm] *s.* 'Stammessy,stem *n od.* -gefühl *n*.

tri·bas·ic [traɪ'beɪsɪk] *adj.* ⚗ drei-, tribasisch.

tribe [traɪb] *s.* **1.** (Volks)Stamm *m*; **2.** ⚘, *zo.* Tribus *f*, Klasse *f*; **3.** *humor. u. contp.* Sippschaft *f*, ‚Verein' *m*; **tribes·man** ['traɪbzmən] *s.* [*irr.*] Stammesangehörige(r) *m*, -genosse *m*.

trib·u·la·tion [,trɪbjʊ'leɪʃn] *s.* Drangsal *f*, 'Widerwärtigkeit *f*.

tri·bu·nal [traɪ'bjuːnl] *s.* **1.** ⚖ Gericht(shof *m*) *n*, Tribu'nal *n* (*a. fig.*); **2.** Richterstuhl *m* (*a. fig.*); **trib·une** ['trɪbjuːn] *s.* **1.** *antiq.* ('Volks)Tri,bun *m*; **2.** Volksheld *m*; **3.** Tri'büne *f*; **4.** Rednerbühne *f*; **5.** Bischofsthron *m*.

trib·u·tar·y ['trɪbjʊtərɪ] **I** *adj.* □ **1.** tri'but-, zinspflichtig (***to*** *dat.*); **2.** 'untergeordnet (***to*** *dat.*); **3.** helfend, beisteuernd (***to*** zu); **4.** *geogr.* Neben...: ~ ***stream***; **II** *s.* **5.** Tri'butpflichtige(r) *m*, *a.* tri'butpflichtiger Staat; **6.** *geogr.* Nebenfluss *m*; **trib·ute** ['trɪbjuːt] *s.* Tri'but *m*: a) Zins *m*, Abgabe *f*, b) *fig.* Zoll *m*, Beitrag *m*, c) *fig.* Huldigung *f*, Achtungsbezeigung *f*, Anerkennung *f*: ~ ***of admiration*** gebührende Bewunderung; ***pay*** ~ ***to*** *j-m* Hochachtung bezeigen *od.* Anerkennung zollen.

tri·car ['traɪkɑː] *s. Brit.* Dreiradlieferwagen *m*.

trice [traɪs] *s.*: ***in a*** ~ im Nu.

tri·ceps ['traɪseps] *pl.* '**tri·ceps·es** *s. anat.* Trizeps *m* (*Muskel*).

tri·chi·na [trɪ'kaɪnə] *pl.* **-nae** [-niː] *s. zo.* Tri'chine *f*; **trich·i·no·sis** [,trɪkɪ'nəʊsɪs] *s.* ⚕ Trichi'nose *f*.

trich·o·mon·ad [,trɪkəʊ'mɒnæd] *s. zo.* Trichomo'nade *f*.

tri·chord ['traɪkɔːd] *adj. u. s.* ♪ dreisaitig(es Instru'ment).

tri·chot·o·my [traɪ'kɒtəmɪ] *s.* Dreiheit *f*, -teilung *f*.

trick [trɪk] **I** *s.* **1.** Trick *m*, Kunstgriff *m*, Kniff *m*, List *f*; *pl. a.* Schliche *pl.*, Ränke *pl.*, Winkelzüge *pl.*: ***full of*** **~s** raffiniert; **2.** (***dirty*** ~ gemeiner) Streich: **~s** ***of fortune*** Tücken des Schicksals; ***the*** **~s** ***of the memory*** *fig.* die Tücken des Gedächtnisses; ***be up to one's*** **~s** (wieder) Dummheiten machen; ***be up to s.o.'s*** **~s** j-n *od.* j-s Schliche durchschauen; ***what*** **~s** ***have you been up to?*** was hast du angestellt?; ***play s.o. a*** ~, ***play a*** ~ ***on s.o.*** j-m e-n Streich spielen; ***none of your*** **~s!** keine Mätzchen!; **3.** Trick *m*, (*Karten- etc.*)Kunststück *n*: ***do the*** ~ den Zweck erfüllen; ***that did the*** ~ damit war es geschafft; **4.** (Sinnes)Täuschung *f*; **5.** (*bsd.* üble *od.* dumme) Angewohnheit, Eigenheit *f*; **6.** *Kartenspiel*: Stich *m*: ***take*** *od.* ***win a*** ~ e-n Stich machen; **7.** ⚓ Rudertörn m; **8.** *Am. sl.* ‚Mieze' *f* (*Mädchen*); **9.** V ‚Nummer' *f* (*Koitus*); **II** *adj.* **10.** Trick...(*-dieb, -film, -szene*); **11.** Kunst...(*-flug, -reiten*); **III** *v/t.* **12.** über'listen, betrügen, prellen (***out of*** um); **13.** *j-n* verleiten (***into doing*** *et.* zu tun); **14.** *mst* **~ *up*** (*od.* ***out***) schmücken, (her'aus)putzen; '**trick·er** [-kə] → ***trickster***; '**trick·er·y** [-kərɪ] *s.* **1.** Betrüge'rei(en *pl.*) *f*, Gaune'rei(en *pl.*) *f*; **2.** Kniff *m*; '**trick·i·ness** [-kɪnɪs] *s.* **1.** Verschlagenheit *f*, Durch'triebenheit *f*; **2.** Kitzligkeit *f e-r Situation etc.*; **3.** Kompliziertheit *f*; '**trick·ish** [-kɪʃ] → ***tricky***.

trick·le ['trɪkl] **I** *v/i.* **1.** tröpfeln (*a. fig.*); **2.** rieseln; kullern (*Tränen*); **3.** sickern: **~ *out*** *fig.* durchsickern; **4.** trudeln (*Ball etc.*); **II** *v/t.* **5.** tröpfeln (lassen), träufeln; **6.** rieseln lassen; **III** *s.* **7.** Tröpfeln *n*; Rieseln *n*; **8.** Rinnsal *n* (*a. fig.*); **~ charg·er** *s.* ⚡ Kleinlader *m*.

trick·si·ness ['trɪksɪnɪs] *s.* **1.** → ***trickiness***; **2.** 'Übermut *m*.

trick·ster ['trɪkstə] *s.* Gauner(in), Schwindler(in).

trick·sy ['trɪksɪ] *adj.* **1.** → ***tricky*** 1; **2.** 'übermütig.

trick·y ['trɪkɪ] *adj.* ☐ **1.** verschlagen, durch'trieben, raffiniert; **2.** heikel, kitzlig (*Lage, Problem*); **3.** kompliziert, knifflig; **4.** unzuverlässig.

tri·col·o(u)r ['trɪkələ] *s.* Triko'lore *f*.

tri·cot ['triːkəʊ] *s.* Tri'kot *m* (*Stoff*).

tri·cy·cle ['traɪsɪkl] **I** *s.* Dreirad *n*; **II** *v/i.* Dreirad fahren.

tri·dent ['traɪdnt] *s.* Dreizack *m*.

tried [traɪd] **I** *p.p. von* ***try***; **II** *adj.* erprobt, bewährt.

tri·en·ni·al [traɪ'enjəl] *adj.* ☐ **1.** dreijährig; **2.** alle drei Jahre stattfindend, dreijährlich.

tri·er·arch·y ['traɪərɑːkɪ] *s. hist.* Trierar'chie *f*.

tri·fle ['traɪfl] **I** *s.* **1.** Kleinigkeit *f*: a) unbedeutender Gegenstand, b) Baga'telle *f*, Lap'palie *f*, c) Kinderspiel *n* (***to*** für *j-n*), d) kleine Geldsumme, e) *das* bisschen: ***a ~ expensive*** etwas *od.* ein bisschen teuer; ***not to stick at ~s*** sich nicht mit Kleinigkeiten abgeben; ***stand upon ~s*** ein Kleinigkeitskrämer sein; **2.** a) *Brit.* Trifle *n* (*Biskuitdessert*), b) *Am.* 'Obstdes,sert *n* mit Sahne; **II** *v/i.* **3.** spielen (***with*** mit *dem Bleistift etc.*); **4.** (***with***) *fig.* spielen (mit), sein Spiel treiben *od.* leichtfertig 'umgehen (mit): ***he is not to be ~d with*** er lässt nicht mit sich spaßen; **5.** tändeln, scherzen; leichtfertig da'herreden; **6.** (her'um-) trödeln; **III** *v/t.* **7.** **~ *away*** *Zeit* vertändeln, vertrödeln, *a. Geld* verplempern; '**tri·fler** [-lə] *s.* **1.** oberflächlicher *od.* fri'voler Mensch; **2.** Tändler *m*; **3.** Müßiggänger *m*; '**tri·fling** [-lɪŋ] *adj.* ☐ **1.** oberflächlich, leichtfertig; **2.** tändelnd; **3.** unbedeutend, geringfügig.

tri·fo·li·ate [traɪ'fəʊlɪət] *adj.* ⚘ **1.** dreiblätt(e)rig; **2.** → **tri·fo·li·o·late** [traɪ'fəʊlɪəleɪt] *adj.* ⚘ **1.** dreizählig (*Blatt*); **2.** mit dreizähligen Blättern (*Pflanze*).

trig [trɪg] F *für* ***trigonometry***.

trig·ger ['trɪgə] **I** *s.* **1.** ⚡, *phot.*, ⚙ Auslöser *m* (*a. fig.*); **2.** Abzug *m* (*Feuerwaffe*), *am Gewehr*: *a.* Drücker *m*, *e-r Bombe*: Zünder *m*: ***pull the ~*** abdrücken; ***quick on the ~*** *fig.* ‚fix', ‚auf Draht' (*reaktionsschnell od. schlagfertig*); **II** *v/t.* **3.** ⚙ auslösen (*a. fig.*); **~ guard** *s.* ⚔ Abzugsbügel *m*; '**~-,hap·py** *adj.* **1.** schießwütig; **2.** *pol.* kriegslüstern; **3.** *fig.* kampflustig.

trig·o·no·met·ric, **trig·o·no·met·ri·cal** [,trɪgənə'metrɪk(l)] *adj.* ☐ ⩚ trigono'metrisch; **trig·o·nom·e·try** [,trɪgə'nɒmɪtrɪ] *s.* Trigonome'trie *f*.

tri·he·dral [,traɪ'hedrl] *adj.* ⩚ dreiflächig, tri'edrisch.

tri·lat·er·al [,traɪ'lætərəl] *adj.* **1.** ⩚ dreiseitig; **2.** *pol.* Dreier...: **~ *talks***.

tril·by ['trɪlbɪ] *s.* **1.** *a.* **~ *hat*** *Brit.* F weicher Filzhut; **2.** *pl. sl.* ‚Haxen' *pl.* (*Füße*).

tri·lin·e·ar [,traɪ'lɪnɪə] *adj.* ⩚ dreilinig: **~ *coordinates*** Dreieckskoordinaten.

tri·lin·gual [,traɪ'lɪŋgwəl] *adj.* dreisprachig.

trill [trɪl] **I** *v/t. u. v/i.* **1.** ♪ *etc.* trillern, trällern; **2.** *ling.* (*bsd.* das r) rollen; **II** *s.* **3.** ♪ Triller *m*; **4.** *ling.* gerolltes r, gerollter Konso'nant.

tril·lion ['trɪljən] *s.* **1.** *Brit.* Trilli'on *f*; **2.** *Am.* Billi'on *f*.

tril·o·gy ['trɪlədʒɪ] *s.* Trilo'gie *f*.

trim [trɪm] **I** *v/t.* **1.** in Ordnung bringen, zu'rechtmachen; **2.** *Feuer* anschüren; **3.** *Haar, Hecken etc.* (be-, zu'recht-) schneiden, stutzen, *bsd. Hundefell* trimmen; **4.** *fig. Budget etc.* stutzen, beschneiden; **5.** ⚙ *Bauholz* behauen, zurichten; **6.** *a.* **~ *up*** (her'aus)putzen, schmücken, ausstaffieren, schönmachen; **7.** *Hüte etc.* besetzen, garnieren; **8.** F a) *j-n* ‚zs.-stauchen', b) ‚reinlegen', c) ‚vertrimmen' (*a. sport schlagen*); **9.** ✈, ⚓ trimmen: a) *Flugzeug, Schiff* in die richtige Lage bringen, b) *Segel* stellen, brassen: **~ *one's sails to every wind*** *fig.* sein Mäntelchen nach dem Wind hängen, c) *Kohlen* schaufeln, d) *Ladung* (richtig) verstauen; **10.** ⚡ trimmen, (fein) abgleichen; **II** *v/i.* **11.** *fig.* e-n Mittelkurs steuern, *bsd. pol.* lavieren: **~ *with the times*** sich den Zeiten anpassen, Opportunitätspolitik treiben; **III** *s.* **12.** Ordnung *f*, (richtiger) Zustand, *a.* richtige (*körperliche od. seelische*) Verfassung *od.* Form: ***in good*** (***out of***) **~** in guter (schlechter) Verfassung (*a. Person*); **13.** ✈, ⚓ a) Trimm

T

(-lage *f*) *m*, b) richtige Stellung *der Segel*, c) gute Verstauung *der Ladung*; **14.** Putz *m*, Staat *m*, Gala *f*; **15.** *mot.* a) Innenausstattung *f*, b) Zierleiste(n *pl.*) *f*; **IV** *adj.* **16.** ordentlich; **17.** schmuck, sauber, a'drett; gepflegt (*a. Bart, Rasen etc.*); **18.** (gut) in Schuss.

tri·mes·ter [trɪ'mestə] *s.* **1.** Zeitraum *m* von drei Monaten, Vierteljahr *n*; **2.** *univ.* Tri'mester *n*.

trim·mer ['trɪmə] *s.* **1.** Aufarbeiter(in), Putzmacher(in); **2.** ⚓ a) (Kohlen)Trimmer *m*, b) Stauer *m*; **3.** *Zimmerei*: Wechselbalken *m*; **4.** *fig. bsd. pol.* Opportu'nist(in); **'trim·ming** [-mɪŋ] *s.* **1.** (Auf-, Aus)Putzen *n*, Zurichten *n*; **2.** a) (Hut-, Kleider)Besatz *m*, Borte *f*, b) *pl.* Zutaten *pl.*, Posa'menten *pl.*, c) *fig.* ‚Verzierung' *f*, ‚Garnierung' *f im Stil etc.*; **3.** *pl.* Garnierung *f*, Zutaten *pl.* (*Speise*); **4.** *pl.* Abfälle *pl.*, Schnipsel *pl.*; **5.** ⚓ a) Trimmen *n*, (Ver)Stauen *n*, b) Staulage *f*; **6.** (Tracht *f*) Prügel *pl.*; **7.** *bsd. sport* (böse) Abfuhr; **'trim·ness** [-mnɪs] *s.* **1.** gute Ordnung; **2.** gutes Aussehen, Gepflegtheit *f*.

trine [traɪn] **I** *adj.* **1.** dreifach; **II** *s.* **2.** Dreiheit *f*; **3.** *ast.* Trigo'nala͵spekt *m*.

Trin·i·tar·i·an [͵trɪnɪ'teərɪən] *eccl.* **I** *adj.* **1.** Dreieinigkeits...; **II** *s.* **2.** Bekenner (-in) der Drei'einigkeit; **3.** *hist.* Trini'tarier *m*; **͵Trin·i'tar·i·an·ism** [-nɪzəm] *s.* Drei'einigkeitslehre *f*.

tri·ni·tro·tol·u·ene [traɪ͵naɪtrəʊ'tɒljʊiːn] *s.* ⚗ Trinitrotolu'ol *n*.

trin·i·ty ['trɪnɪtɪ] *s.* **1.** Dreiheit *f*; **2.** ♀ *eccl.* Drei'einigkeit *f*; ♀ **House** *s.* Verband *m* zur Aufsicht über See- u. Lotsenzeichen *etc.*; ♀ **Sun·day** *s.* Sonntag *m* Trini'tatis; ♀ **term** *s. univ.* 'Sommertri͵mester *n*.

trin·ket ['trɪŋkɪt] *s.* **1.** Schmuck *m*; (*bsd.* wertloses) Schmuckstück; **2.** *pl. fig.* Kram *m*, Plunder *m*.

tri·no·mi·al [traɪ'nəʊmjəl] **I** *adj.* **1.** ⩚ tri'nomisch, dreigliedrig, -namig; **2.** *biol., zo.* dreigliedrig (*Artname*); **II** *s.* **3.** ⩚ Tri'nom *n*, dreigliedrige (Zahlen-) Größe.

tri·o ['triːəʊ] *pl.* **-os** *s.* ♪ *u. fig.* Trio *n*.

tri·ode ['traɪəʊd] *s.* ⚡ Tri'ode *f*, 'Dreielek͵troden͵röhre *f*.

tri·o·let ['triːəʊlet] *s.* Trio'lett *n* (*Ringelgedicht*).

trip [trɪp] **I** *s.* **1.** (*bsd.* kurze, *a.* See)Reise; Ausflug *m*, Spritztour *f* (*to* nach); **2.** *weitS.* Fahrt *f*; **3.** Trippeln *n*; **4.** Stolpern *n*; **5.** Fehltritt *m* (*bsd. fig.*); **6.** *fig.* Fehler *m*; **7.** Beinstellen *n*; **8.** ⚙ Auslösung *f*: **~ cam** *od.* **dog** Schaltnocken *m*; **~ lever** Auslöse- *od.* Schalthebel *m*; **9.** *sl.* ‚Trip' *m* (*Drogenrausch*); **II** *v/i.* **10.** trippeln, tänzeln; **11.** stolpern, straucheln (*a. fig.*); **12.** *fig.* (e-n) Fehler machen: ***catch s.o. ~ping*** j-n bei e-m Fehler ertappen; **13.** *über ein Wort* stolpern, sich versprechen; **III** *v/t.* **14.** *oft* **~ *up*** *j-m* ein Bein stellen, *j-n* zu Fall bringen (*beide a. fig.*); **15.** *fig.* vereiteln; **16.** (***in*** bei *e-m Fehler etc.*) ertappen; **17.** ⚙ a) auslösen, b) schalten.

tri·par·tite [͵traɪ'pɑːtaɪt] *adj.* **1.** ⚘ dreiteilig; **2.** Dreier..., Dreimächte... (*Vertrag etc.*)

tripe [traɪp] *s.* **1.** Kal'daunen *pl.*, Kutteln *pl.*; **2.** *sl.* a) Schund *m*, Kitsch *m*, b) Quatsch *m*, Blödsinn *m*.

tri·phase ['traɪfeɪz] → ***three-phase***.

tri·phib·i·ous [traɪ'fɪbɪəs] *adj.* ⚔ mit Einsatz von Land-, See- u. Luftstreitkräften ('durchgeführt).

triph·thong ['trɪfθɒŋ] *s. ling.* Triph'thong *m*, Dreilaut *m*.

tri·plane ['traɪpleɪn] *s.* ✈ Dreidecker *m*.

tri·ple ['trɪpl] **I** *adj.* ☐ **1.** dreifach; **2.** dreimalig; **3.** Drei..., drei...: ♀ ***Alliance*** *hist.* Tripelallianz *f*, Dreibund *m*; **~ *fugue*** ♪ Tripelfuge *f*; **~ *jump*** *sport* Dreisprung *m*; **~ *time*** ♪ Tripeltakt *m*; **II** *s.* **4.** *das* Dreifache; **III** *v/t. u. v/i.* **5.** (sich) verdreifachen.

tri·plet ['trɪplɪt] *s.* **1.** *biol.* Drilling *m*; **2.** Dreiergruppe *f*, Trio *n* (*drei Personen etc.*); **3.** ♪ Tri'ole *f*; **4.** *Verskunst*: Dreireim *m*.

tri·plex ['trɪpleks] **I** *adj.* **1.** dreifach: **~ *glass*** → 3; **II** *s.* **2.** ♪ Tripeltakt *m*; **3.** ⚙ Triplex-, Sicherheitsglas *n*.

trip·li·cate ['trɪplɪkət] **I** *adj.* **1.** dreifach; **2.** in dreifacher Ausfertigung (geschrieben *etc.*); **II** *s.* **3.** *das* Dreifache; **4.** dreifache Ausfertigung: ***in* ~** in dreifacher Ausfertigung; **5.** dritte Ausfertigung; **III** *v/t.* [-keɪt] **6.** verdreifachen; **7.** dreifach ausfertigen.

tri·pod ['traɪpɒd] *s.* **1.** Dreifuß *m*; **2.** *bsd. phot.* Sta'tiv *n*; **3.** ⚙, ⚔ Dreibein *n*.

tri·pos ['traɪpɒs] *s.* letztes Ex'amen *für* ***honours*** (*Cambridge*).

trip·per ['trɪpə] *s.* a) Ausflügler(in), b) Tou'rist(in).

trip·ping ['trɪpɪŋ] **I** *adj.* ☐ **1.** leicht(füßig), flink; **2.** flott, munter; **3.** strauchelnd (*a. fig.*); **4.** ⚙ Auslöse..., Schalt...; **II** *s.* **5.** Trippeln *n*; **6.** Beinstellen *n*.

trip·tych ['trɪptɪk] *s.* Triptychon *n*, dreiteiliges (Al'tar)Bild.

tri·sect [traɪ'sekt] *v/t.* in drei (gleiche) Teile teilen.

tri·syl·lab·ic [͵traɪsɪ'læbɪk] *adj.* (☐ **~*ally***) dreisilbig; **tri·syl·la·ble** [͵traɪ'sɪləbl] *s.* dreisilbiges Wort.

trite [traɪt] *adj.* ☐ abgedroschen, platt, ba'nal; **'trite·ness** [-nɪs] *s.* Abgedroschenheit *f*, Plattheit *f*.

Tri·ton ['traɪtn] *s.* **1.** *antiq.* Triton *m* (*niederer Meergott*): ***a ~ among*** (***the***) ***minnows*** ein Riese unter Zwergen; **2.**

T

♀ *zo.* Tritonshorn *n*; **3.** ♀ *zo.* Molch *m*.

tri·tone ['traɪtəʊn] *s.* ♪ Tritonus *m*.

trit·u·rate ['trɪtjʊreɪt] *v/t.* zerreiben, -mahlen, -stoßen, pulverisieren.

tri·umph ['traɪəmf] **I** *s.* **1.** Tri'umph *m*: a) Sieg *m* (**over** über *acc.*), b) Siegesfreude *f* (**at** über *acc.*): **in ~** im Triumph, triumphierend; **2.** Tri'umph *m* (*Großtat, Erfolg*): **the ~s of science**; **II** *v/i.* **3.** triumphieren: a) den Sieg da'vontragen, b) jubeln, froh'locken (*beide* **over** über *acc.*), c) Erfolg haben; **tri·um·phal** [traɪ'ʌmfl] *adj.* Triumph..., Sieges...: **~ arch** Triumphbogen *m*; **~ procession** Triumphzug *m*; **tri·um·phant** [traɪ'ʌmfənt] *adj.* □ **1.** triumphierend: a) den Sieg feiernd, b) sieg-, erfolg-, glorreich, c) froh'lockend, jubelnd; **2.** *obs.* herrlich.

tri·um·vir [trɪ'ʌmvə] *pl.* **-virs** *od.* **-vi·ri** [trɪ'ʊmvɪriː] *s. antiq.* Tri'umvir *m* (*a. fig.*); **tri·um·vi·rate** [traɪ'ʌmvɪrət] *s.* **1.** *antiq.* Triumvi'rat *n* (*a. fig.*); **2.** *fig.* Dreigestirn *n*.

tri·une ['traɪjuːn] *adj. bsd. eccl.* drei'einig.

tri·va·lent [ˌtraɪ'veɪlənt] *adj.* ⚗ dreiwertig.

triv·et ['trɪvɪt] *s.* Dreifuß *m* (*bsd. für Kochgefäße*): (**as**) **right as a ~** *fig.* bei bester Gesundheit.

triv·i·a ['trɪvɪə] *s. pl.* Baga'tellen *pl.*; **'triv·i·al** [-əl] *adj.* □ **1.** trivi'al, ba'nal, all'täglich; **2.** gering(fügig), unbedeutend; **3.** oberflächlich (*Person*); **4.** volkstümlich (*Ggs. wissenschaftlich*); **triv·i·al·i·ty** [ˌtrɪvɪ'ælətɪ] *s.* **1.** Triviali'tät *f*, Plattheit *f*, Banali'tät *f* (*a. Ausspruch etc.*); **2.** Geringfügigkeit *f*, Belanglosigkeit *f*; **'triv·i·al·ize** *v/t.* bagatellisieren.

tri·week·ly [ˌtraɪ'wiːklɪ] **I** *adj.* **1.** dreiwöchentlich; **2.** dreimal wöchentlich erscheinend (*Zeitschrift etc.*); **II** *adv.* **3.** dreimal in der Woche.

troat [trəʊt] **I** *s.* Röhren *n des Hirsches*; **II** *v/i.* röhren.

tro·cha·ic [trəʊ'keɪɪk] *Metrik* **I** *adj.* tro'chäisch; **II** *s.* Tro'chäus *m* (*Vers*); **tro·chee** ['trəʊkiː] *s.* Tro'chäus *m* (*Versfuß*).

trod [trɒd] *pret. u. p.p. von* **tread**.

trod·den ['trɒdn] *p.p. von* **tread**.

trog·lo·dyte ['trɒglədaɪt] *s.* **1.** Troglo'dyt *m*, Höhlenbewohner *m*; **2.** *fig.* a) Einsiedler *m*, b) primi'tiver *od.* bru'taler Kerl; **trog·lo·dyt·ic** [ˌtrɒglə'dɪtɪk] *adj.* troglo'dytisch.

troi·ka ['trɔɪkə] (*Russ.*) *s.* Troika *f*, Dreigespann *n*.

Tro·jan ['trəʊdʒən] **I** *adj.* tro'janisch; **II** *s.* Tro'janer(in): **like a ~** F wie ein Pferd *arbeiten*.

troll¹ [trəʊl] **I** *v/t. u. v/i.* **1.** (fröhlich) trällern; **2.** (mit der Schleppangel) fischen (**for** nach); **II** *s.* **3.** Schleppangel *f*, künstlicher Köder.

troll² [trəʊl] *s.* Troll *m*, Kobold *m*.

trol·ley ['trɒlɪ] *s.* **1.** *Brit.* Hand-, Gepäck-, Einkaufswagen *m*; Kofferkuli *m*; (Schub)Karren *m*; **2.** ⚙ Förderwagen *m*; **3.** 🚋 *Brit.* Drai'sine *f*; **4.** ⚡ Kon'taktrolle *f bei Oberleitungsfahrzeugen*; **5.** *Am.* Straßenbahn(wagen *m*) *f*; **6.** *Brit.* Tee-, Servierwagen *m*; **~ bus** *s.* O(berleitungs)bus *m*; **~ car** *s. Am.* Straßenbahnwagen *m*; **~ pole** *s.* ⚡ Stromabnehmerstange *f*; **~ wire** *s.* Oberleitung *f*.

trol·lop ['trɒləp] **I** *s.* **1.** Schlampe *f*; **2.** ‚Flittchen' *n*; **II** *v/i.* **3.** schlampen; **4.** ‚latschen'.

trom·bone [trɒm'bəʊn] *s.* ♪ **1.** Po'saune *f*; **2.** → **trom'bon·ist** [-nɪst] *s.* ♪ Posau'nist *m*.

troop [truːp] **I** *s.* **1.** Trupp *m*, Schar *f*; **2.** *pl.* ⚔ Truppe(n *pl.*) *f*; **3.** ⚔ a) Schwadron *f*, b) ('Panzer)Kompa,nie *f*, c) Batte'rie *f*; **II** *v/i.* **4.** *oft* **~ up**, **~ together** sich scharen, sich sammeln; **5.** (in Scharen) *wohin* ziehen, (her'ein- *etc.*) strömen, marschieren: **~ away**, **~ off** F abziehen, sich da'vonmachen; **III** *v/t.* **6.** **~ the colour(s)** *Brit.* ⚔ Fahnenparade abhalten; **~ car·ri·er** *s.* ⚔ **1.** ✈, ⚓ 'Truppentrans,porter *m*; **2.** Mannschaftswagen *m*; **'~-ˌcar·ry·ing** *adj.*: **~ vehicle** → **troop carrier** 2.

troop·er ['truːpə] *s.* **1.** ⚔ Reiter *m*, Kavalle'rist *m*: **swear like a ~** fluchen wie ein Landsknecht; **2.** 'Staatspoli,zist *m*; **3.** *bsd. Am.* berittener Poli'zist; **4.** ⚔ Kavalle'riepferd *n*; **5.** *Brit.* → **troopship**.

'troop·ship *s.* ⚓ 'Truppentrans,porter *m*.

trope [trəʊp] *s.* Tropus *m* (*a.* ♪), bildlicher Ausdruck.

troph·ic ['trɒfɪk] *adj. biol.* trophisch, Ernährungs...

tro·phy ['trəʊfɪ] **I** *s.* **1.** Tro'phäe *f*, Siegeszeichen *n*, -beute *f* (*alle a. fig.*); **2.** Preis *m*, (*Jagd- etc.*)Tro'phäe *f*; **II** *v/t.* **3.** mit Tro'phäen schmücken.

trop·ic ['trɒpɪk] **I** *s.* **1.** *ast., geogr.* Wendekreis *m*; **2.** *pl. geogr.* Tropen *pl.*; **II** *adj.* **3.** → **tropical¹**.

trop·i·cal¹ ['trɒpɪkl] *adj.* □ Tropen..., tropisch.

trop·i·cal² ['trɒpɪkl] → **tropological**.

trop·o·log·i·cal [ˌtrɒpə'lɒdʒɪkl] *adj.* □ fi'gürlich, meta'phorisch.

trop·o·sphere ['trɒpəˌsfɪə] *s. meteor.* Tropo'sphäre *f*.

trot [trɒt] **I** *v/i.* **1.** traben, trotten, im Trab gehen *od.* reiten: **~ along** (*od.* **off**) F ab-, losziehen; **II** *v/t.* **2.** *Pferd* traben lassen, *a. j-n* in Trab setzen; **3.** **~ out** a) *Pferd* vorreiten, -führen, b) *fig. et. od. j-n* vorführen, renommieren mit,

T

Argumente, Kenntnisse etc., a. Wein etc. auftischen, aufwarten mit; **4.** *a.* **~ round** *j-n* her'umführen; **III** *s.* **5.** Trott *m*, Trab *m* (*a. fig.*): ***at a ~*** im Trab; ***keep s.o. on the ~*** j-n in Trab halten; **6.** F ‚Taps' *m* (*kleines Kind*); **7.** F ‚Tante' *f* (*alte Frau*); **8.** ***the ~s*** *pl.* F ‚Dünnpfiff' *m*; **9.** *ped. Am. sl.* a) Eselsbrücke *f*, ‚Klatsche' *f* (*Übersetzungshilfe*), b) Spickzettel *m*; **10.** F Trabrennen *n*.

troth [trəʊθ] *s. obs.* Treue(gelöbnis *n*) *f*: ***by my ~!, in ~!*** meiner Treu!, wahrlich!; ***pledge one's ~*** sein Wort verpfänden, ewige Treue schwören; ***plight one's ~*** sich verloben.

trot·ter ['trɒtə] *s.* **1.** Traber *m* (*Pferd*); **2.** F Fuß *m*, Bein *n von Schlachttieren*: ***pigs ~s*** Schweinsfüße; **3.** *pl. humor.* ‚Haxen' *pl.*; **trot·ting race** ['trɒtɪŋ] *s.* Trabrennen *n*.

trou·ble ['trʌbl] **I** *v/t.* **1.** beunruhigen, stören, belästigen; **2.** *j-n* bemühen, bitten (***for*** um): ***may I ~ you to pass me the salt*** darf ich Sie um das Salz bitten; ***I will ~ you to hold your tongue*** *iro.* würden sie gefälligst den Mund halten; **3.** *j-m* 'Umstände *od.* Unannehmlichkeiten bereiten, *j-m* Mühe machen; *j-n* behelligen (***about, with*** mit); **4.** *j-n* plagen, quälen: ***be ~d with*** von *e-r Krankheit etc.* geplagt sein; **5.** *j-m* Sorge *od.* Verdruss *od.* Kummer machen *od.* bereiten, *j-n* beunruhigen: ***be ~d about*** sich Sorgen machen wegen; ***don't let it ~ you*** machen Sie sich deswegen keine Gedanken; ***~d face*** sorgenvolles *od.* gequältes Gesicht; **6.** *Wasser* trüben: ***~d waters*** *fig.* schwierige Situation, unangenehme Lage; ***fish in ~d waters*** *fig.* im Trüben fischen; **II** *v/i.* **7.** sich beunruhigen (***about*** über *acc.*): ***I should not ~ if*** a) ich wäre beruhigt, wenn, b) es wäre mir gleichgültig, wenn; **8.** sich die Mühe machen, sich bemühen (***to do*** zu tun); sich 'Umstände machen: ***don't ~ (yourself)*** bemühen Sie sich nicht; ***don't ~ to write*** du brauchst nicht zu schreiben; **III** *s.* **9.** Mühe *f*, Plage *f*, Last *f*, Belästigung *f*, Störung *f*: ***give s.o. ~*** j-m Mühe verursachen; ***go to much ~*** sich besondere Mühe machen *od.* geben; ***put s.o. to ~*** j-m Umstände bereiten; ***save o.s. the ~ of doing*** sich die Mühe (er)sparen, zu tun; ***take (the) ~*** sich (die) Mühe machen; ***take ~ over*** sich Mühe geben mit; ***(it is) no ~ (at all)*** (es ist) nicht der Rede wert; **10.** Unannehmlichkeiten *pl.*, Schwierigkeiten *pl.*, Scherereien *pl.*, ‚Ärger' *m* (***with*** mit *der Polizei etc.*): ***ask*** *od.* ***look for ~*** unbedingt Ärger haben wollen; ***be in ~*** in Schwierigkeiten sein; ***get into ~*** in Schwierigkeiten geraten, Ärger bekommen; ***make ~ for s.o.*** j-n in Schwierigkeiten bringen; ***he is ~*** F er ist gefährlich, mit ihm wird es Ärger geben; **11.** Schwierigkeit *f*, Pro'blem *n*: ***the ~ is*** der Haken dabei ist, das Unangenehme ist (***that*** dass); ***what's the ~?*** wo(ran) fehlts?, was ist los?; **12.** ⚕ Störung *f*, Leiden *n*: ***heart ~*** Herzleiden; **13.** a) *pol.* Unruhe(n *pl.*) *f*, Wirren *pl.*, b) *allg.* Af'färe *f*, Kon'flikt *m*; **14.** ⚙ Störung *f*, De'fekt *m*; **'~,mak·er** *s.* Unruhestifter *m*; **~ man** [-mən] *s.* [*irr.*] ⚙ Störungssucher *m*; **'~·proof** *adj.* störungsfrei; **'~,shoot·er** *s. bsd. Am.* **1.** → ***trouble man***; **2.** *fig.* Friedensstifter *m*, ‚Feuerwehrmann' *m*.

trou·ble·some ['trʌblsəm] *adj.* ☐ lästig, beschwerlich, unangenehm; **'trou·ble·some·ness** [-nɪs] *s.* Lästigkeit *f*, Beschwerlichkeit *f*; *das* Unangenehme.

trouble spot *s.* **1.** ⚙ Schwachstelle *f*; **2.** *bsd. pol.* Unruheherd *m*.

trou·blous ['trʌbləs] *adj.* ☐ *obs.* unruhig.

trough [trɒf] *s.* **1.** Trog *m*, Mulde *f*; **2.** Wanne *f*; **3.** Rinne *f*, Ka'nal *m*; **4.** Wellental *n*: ***~ of the sea***; **5.** *a.* ***~ of low pressure*** *meteor.* Tief(druckrinne *f*) *n*; **6.** *bsd.* ✝ Tiefpunkt *m*, ‚Talsohle' *f*.

trounce [traʊns] *v/t.* **1.** verprügeln; **2.** *fig.* her'untermachen; **3.** *sport* ‚über'fahren', *j-m* e-e Abfuhr erteilen.

troupe [tru:p] *s.* (Schauspieler-, Zirkus-) Truppe *f*.

trou·sered ['traʊzəd] *adj.* Hosen tragend, behost; **'trou·ser·ing** [-zərɪŋ] *s.* Hosenstoff *m*; **trou·sers** ['traʊzəz] *s. pl.* (***a pair of ~*** e-e) (lange) Hose; Hosen *pl.*; → ***wear***[1] 1.

trou·ser suit *s.* Hosenanzug *m*.

trousse [tru:s] *s.* ⚕ (chi'rurgisches) Besteck.

trous·seau ['tru:səʊ] *pl.* **-seaus** (*Fr.*) *s.* Aussteuer *f*.

trout [traʊt] *ichth.* **I** *pl.* **-s**, *bsd. coll.* **trout** *s.* Fo'relle *f*; **II** *v/i.* Fo'rellen fischen; **III** *adj.* Forellen...

trove [trəʊv] *s.* Fund *m*.

tro·ver ['trəʊvə] *s.* ⚖ **1.** rechtswidrige Aneignung; **2.** *a.* ***action of ~*** Klage *f* auf Her'ausgabe des Wertes.

trow·el ['traʊəl] **I** *s.* **1.** (Maurer)Kelle *f*: ***lay it on with a ~*** *fig.* (zu) dick auftragen; **2.** ✓ Hohlspatel *m*, Pflanzenheber *m*; **II** *v/t.* **3.** mit der Kelle auftragen, glätten.

troy (weight) [trɔɪ] *s.* ✝ Troygewicht *n* (*für Edelmetalle, Edelsteine u. Arzneien; 1 lb. = 373,24 g*).

tru·an·cy ['tru:ənsɪ] *s.* (Schul)Schwänze'rei *f*, unentschuldigtes Fernbleiben; **'tru·ant** [-nt] **I** *s.* **1.** a) (Schul)Schwänzer(in), b) Bummler(in), Faulenzer (-in): ***play ~*** (*bsd.* die Schule) schwänzen, *a.* bummeln; **II** *adj.* **2.** träge, faul, pflichtvergessen; **3.** (schul)schwänzend; **4.** *fig.* (ab)schweifend (*Gedanken*).

T

truce [truːs] *s.* **1.** ⚔ Waffenruhe *f*, -stillstand *m*: ***flag of ~*** Parlamentärflagge *f*; ***~ of God*** *hist.* Gottesfriede *m*; (***political***) **~** Burgfriede *m*; ***a ~ to talking!*** Schluss mit (dem) Reden!; **2.** *fig.* (Ruhe-, Atem)Pause *f* (***from*** von).

truck¹ [trʌk] **I** *s.* **1.** Tausch(handel) *m*; **2.** Verkehr *m*: ***have no ~ with s.o.*** mit j-m nichts zu tun haben; **3.** *Am.* Gemüse *n*: ***~ farm***, ***~ garden*** *Am.* Gemüsegärtnerei *f*; ***~ farmer*** *Am.* Gemüsegärtner *m*; **4.** *coll.* a) Kram(waren *pl.*) *m*, Hausbedarf *m*, b) *contp.* Plunder *m*; **5.** *mst* ***~ system*** ✝ *hist.* Natu'rallohn-, 'Trucksyˌstem *n*; **II** *v/t.* **6.** (***for***) (aus-, ver)tauschen (gegen), eintauschen (für); **7.** verschachern; **III** *v/i.* **8.** Tauschhandel treiben; **9.** schachern, handeln (***for*** um).

truck² [trʌk] **I** *s.* **1.** ⚙ Block-, Laufrad *n*; **2.** Hand-, Gepäck-, Rollwagen *m*; **3.** Lore *f*: a) 🚂 *Brit.* offener Güterwagen, b) ⚒ Kippkarren *m*, Förderwagen *m*; **4.** *Am.* Lastauto *n*, -(kraft)wagen *m*: ***~ trailer*** a) Lastwagenanhänger *m*, b) Lastzug *m*; **5.** 🚂 Dreh-, 'Untergestell *n*; **6.** ⚓ Flaggenknopf *m*; **II** *v/t.* **7.** auf Güter- *od.* Lastwagen *etc.* befördern; '**truck·age** [-kɪdʒ] *s.* **1.** *Am.* 'Lastwagentransˌport *m*; **2.** Trans'portkosten *pl.*

truck·er¹ ['trʌkə] *s. Am.* **1.** Lastwagen-, Fernlastfahrer *m*; **2.** 'Autospediˌteur *m*.

truck·er² ['trʌkə] *s. Am.* Gemüsegärtner *m*.

truck·le¹ ['trʌkl] *v/i.* (zu Kreuze) kriechen (***to*** vor).

truck·le² ['trʌkl] *s.* **1.** (Lauf)Rolle *f*; **2.** *mst* ***~ bed*** (niedriges) Rollbett.

truc·u·lence ['trʌkjʊləns], '**truc·u·len·cy** [-sɪ] *s.* Wildheit *f*; '**truc·u·lent** [-nt] *adj.* □ **1.** wild, grausam; **2.** trotzig; **3.** gehässig.

trudge [trʌdʒ] **I** *v/i.* (*bsd.* mühsam) stapfen; sich (mühsam) (fort)schleppen: ***~ along***; **II** *v/t.* (mühsam) durch'wandern; **III** *s.* mühseliger Marsch *od.* Weg.

true [truː] **I** *adj.* □ → ***truly***; **1.** wahr, wahrheitsgetreu: ***a ~ story***; ***be ~ of*** zutreffen auf (*acc.*), gelten für; ***come ~*** sich bewahrheiten, sich erfüllen, eintreffen; **2.** wahr, echt, wirklich, (regel-) recht: ***a ~ Christian***; ***~ bill*** ⚖ begründete (*von den Geschworenen bestätigte*) Anklage(schrift); ***~ love*** wahre Liebe; (***it is***) **~** zwar, allerdings, freilich, zugegeben; **3.** (ge)treu (***to*** *dat.*): ***a ~ friend***; (***as***) ***~ as gold*** (*od.* ***steel***) treu wie Gold; ***~ to one's principles*** (***word***) s-n Grundsätzen (s-m Wort) getreu; **4.** (ge-) treu (***to*** *dat.*) (*von Sachen*): ***~ copy***; ***~ weight*** genaues *od.* richtiges Gewicht; ***~ to life*** lebenswahr, -echt; ***~ to nature*** naturgetreu; ***~ to size*** ⚙ maßgerecht, -haltig; ***~ to type*** artgemäß, typisch; **5.** rechtmäßig: ***~ heir*** (***owner***); **6.** zuverlässig: ***a ~ sign***; **7.** ⚙ genau, richtig eingestellt *od.* eingepasst; **8.** ⚓, *phys.* rechtweisend (*Kurs*, *Peilung*): ***~ declination*** Ortsmissweisung *f*; ***~ north*** geographisch Nord; **9.** ♪ richtig gestimmt, rein; **10.** *biol.* reinrassig; **II** *adv.* **11.** wahr('haftig): ***speak ~*** die Wahrheit reden; **12.** (ge)treu (***to*** *dat.*); **13.** genau: ***shoot ~***; **III** *s.* **14.** ***the ~*** das Wahre; **15.** ***out of ~*** ⚙ unrund; **IV** *v/t.* **16.** *a.* ***~ up*** ⚙ *Lager* ausrichten; *Werkzeug* nachschleifen; *Rad* zentrieren; ***~ blue*** *s.* getreuer Anhänger; ˌ**~-'blue** *adj.* waschecht, treu; '**~·born** *adj.* echt, gebürtig; '**~·bred** *adj.* reinrassig; ˌ**~-'heart·ed** *adj.* aufrichtig, ehrlich; ˌ**~-'life** *adj.* lebenswahr, -echt; '**~·love** *s.* Geliebte(r *m*) *f*.

true·ness ['truːnɪs] *s.* **1.** Wahrheit *f*; **2.** Echtheit *f*; **3.** Treue *f*; **4.** Richtigkeit *f*; **5.** Genauigkeit *f*.

truf·fle ['trʌfl] *s.* ♀ Trüffel *f*.

tru·ism ['truːɪzəm] *s.* Binsenwahrheit *f*, Gemeinplatz *m*.

trull [trʌl] *s.* Dirne *f*, Hure *f*.

tru·ly ['truːlɪ] *adv.* **1.** wahrheitsgemäß; **2.** aufrichtig: ***Yours*** (***very***) **~** (*als Briefschluss*) Hochachtungsvoll; ***yours ~*** *humor.* meine Wenigkeit; **3.** wahr'haftig, in der Tat; **4.** genau.

trump¹ [trʌmp] *s. obs. od. poet.* Trom'pete(nstoß *m*) *f*: ***the ~ of doom*** die Posaune des Jüngsten Gerichts.

trump² [trʌmp] **I** *s.* **1.** a) Trumpf *m*, b) *a.* ***~ card*** Trumpfkarte *f* (*a. fig.*): ***play one's ~ card*** *fig.* s-n Trumpf ausspielen; ***put s.o. to his ~*** *fig.* j-n bis zum Äußersten treiben; ***turn up ~s*** a) sich als das Beste erweisen, b) Glück haben; **2.** F *fig.* feiner Kerl; **II** *v/t.* **3.** (über-) 'trumpfen; **4.** *fig. j-n* über'trumpfen (***with*** mit); **III** *v/i.* **5.** Trumpf ausspielen, trumpfen.

trump³ [trʌmp] *v/t.* ***~ up*** *contp.* erdichten, erfinden, sich aus den Fingern saugen; ˌ**trumped-'up** [ˌtrʌmpt-] *adj.* erfunden, erlogen, falsch: ***~ charges***.

trump·er·y ['trʌmpərɪ] **I** *s.* **1.** Plunder *m*, Schund *m*; **2.** *fig.* Gewäsch *n*, Quatsch *m*; **II** *adj.* **3.** Schund..., Kitsch..., kitschig, geschmacklos; **4.** *fig.* billig, nichts sagend: ***~ arguments***.

trum·pet ['trʌmpɪt] **I** *s.* **1.** ♪ Trom'pete *f*: ***~ call*** Trompetensignal *n*; ***blow one's own ~*** *fig.* sein eigenes Lob singen; ***the last ~*** die Posaune des Jüngsten Gerichts; **2.** Trom'petenstoß *m* (*a. des Elefanten*); **3.** ♪ Trom'pete(nreˌgister *n*) *f* (*Orgel*); **4.** Schalltrichter *m*, Sprachrohr *n*; **5.** Hörrohr *n*; **II** *v/t. u. v/i.* **6.** trom'peten (*a. Elefant*): **~** (***forth***) *fig.* ausposaunen; '**trum·pet·er** [-tə] *s.* **1.** Trom'peter *m*; **2.** *fig.* a) 'Auspoˌsau-

T

ner(in), b) Lobredner *m*, c) ‚Sprachrohr' *n*; **3.** *orn.* Trom'petertaube *f*; **trum·pet ma·jor** *s.* ⚔ 'Stabstrom,peter *m*.

trun·cate [trʌŋ'keɪt] **I** *v/t.* **1.** *a. fig.* stutzen, beschneiden; **2.** ⩓ abstumpfen; **3.** ⚙ *Gewinde* abflachen; **4.** *Computer*: beenden; **II** *adj.* **5.** abgestutzt, -stumpft (*Blätter*, *Muscheln*); **trun'cat·ed** [-tɪd] *adj.* **1.** *a. fig.* gestutzt, beschnitten; **2.** ⩓ abgestumpft: **~ cone** (**pyramid**) Kegel- (Pyramiden)stumpf *m*; **3.** ⚙ abgeflacht; **trun·ca·tion** [trʌŋ'keɪʃn] *s.* **1.** *a. fig.* Stutzung *f*; **2.** ⩓ Abstumpfung *f*; **3.** ⚙ Abflachung *f*; **4.** *Computer*: Beendigung *f*.

trun·cheon ['trʌntʃən] *s.* **1.** *Brit.* (Gummi)Knüppel *m*, Schlagstock *m der Polizei*; **2.** Kom'mandostab *m*.

trun·dle ['trʌndl] **I** *v/t.* *Fass etc.* trudeln, rollen; *Reifen* schlagen; *j-n im Rollstuhl etc.* fahren; **II** *v/i.* *oft* **~ along** rollen, sich wälzen, trudeln; **III** *s.* Rolle *f*, Walze *f*: **~ bed** → **truckle²** 2.

trunk [trʌŋk] *s.* **1.** (Baum)Stamm *m*; **2.** Rumpf *m*, Leib *m*, Torso *m*; **3.** *zo.* Rüssel *m*; **4.** (Schrank)Koffer *m*, Truhe *f*; **5.** ⚠ (Säulen)Schaft *m*; **6.** *anat.* (*Nerven- etc.*)Strang *m*, Stamm *m*; **7.** *pl.* a) → **trunk hose**, b) Badehose *f*, c) *sport* Shorts *pl.*, d) ('Herren),Unterhose *f*; **8.** ⚙ Rohrleitung *f*, Schacht *m*; **9.** *teleph. bsd. Brit.* a) Fernleitung *f*, b) Fernverbindung *f*; **10.** 🚂 → **trunk line** 1; **11.** *mot. Am.* Kofferraum *m*; **12.** *Computer*: Anschlussstelle *f*; **~ call** *s. teleph. Brit.* Ferngespräch *n*; **~ hose** *s. hist.* Kniehose *f*; **~ line** *s.* **1.** 🚂 Hauptstrecke *f*, -linie *f*; **2.** → **trunk** 9 a; **~ road** *s.* Haupt-, Fernverkehrsstraße *f*; **~ route** *s. allg.* Hauptstrecke *f*.

trun·nion ['trʌnjən] *s.* ⚙ (Dreh)Zapfen *m*.

truss [trʌs] **I** *v/t.* **1.** *oft* **~ up** a) bündeln, (fest)schnüren, zs.-binden, b) *j-n* fesseln; **2.** *Geflügel zum Braten* dressieren; **3.** ⚠ absteifen, stützen; **4.** *oft* **~ up** *obs. Kleider etc.* aufschürzen, -stecken; **5.** *obs. j-n* aufhängen; **II** *s.* **6.** ⚕ Bruchband *n*; **7.** ⚠ a) Träger *m*, Binder *m*, b) Fach-, Gitter-, Hängewerk *n*, Gerüst *n*; **8.** ⚓ Rack *n*; **9.** (Heu-, Stroh)Bündel *n*, (*a.* Schlüssel)Bund *n*; **10.** ⚘ Dolde *f*; **~ bridge** *s.* (Gitter)Fachwerkbrücke *f*.

trust [trʌst] **I** *s.* **1.** (**in**) Vertrauen *n* (auf *acc.*), Zutrauen *n* (zu *dat.*): **place** (*od.* **put**) **one's ~ in** → 13; **position of ~** Vertrauensposten *m*; **take s.th. on ~** et. (einfach) glauben; **2.** Zuversicht *f*, zuversichtliche Erwartung *od.* Hoffnung, Glaube *m*; **3.** Kre'dit *m*: **on ~** a) auf Kredit, b) auf Treu u. Glauben; **4.** Pflicht *f*, Verantwortung *f*; **5.** Verwahrung *f*, Obhut *f*: **in ~** zu treuen Händen; **6.** Pfand *n*, anvertrautes Gut; **7.** ⚖ a) Treuhand(verhältnis *n*) *f*, b) Treuhandgut *n*, -vermögen *n*: **breach of ~** Verletzung *f* der Treupflicht; **~ territory** *pol.* Treuhandgebiet *n*; **hold s.th. in ~** et. treuhänderisch verwalten; **8.** ✝ a) Trust *m*, b) Kon'zern *m*, c) Kar'tell *n*, Ring *m*; **9.** (*Familien- etc.*)Stiftung *f*; **II** *v/t.* **10.** *j-m* (ver)trauen, glauben, sich auf *j-n* verlassen: **~ s.o. to do s.th.** j-m zutrauen, dass er et. tut; **~ him to do that!** *iro.* a) das sieht ihm ähnlich!, b) verlass dich drauf, er wird es tun!; **11.** (**s.o. with s.th.**, **s.th. to s.o.** j-m et.) anvertrauen; **12.** (zuversichtlich) hoffen *od.* erwarten, glauben; **III** *v/i.* **13.** (**in**, **to**) vertrauen (auf *acc.*), sein Vertrauen setzen (auf *acc.*); **14.** hoffen, glauben, denken; **~ com·pa·ny** *s. Am.* Treuhandgesellschaft *f od.* -bank *f*; **~ deed** *s.* Treuhandvertrag *m*.

trus·tee [ˌtrʌs'tiː] *s.* **1.** Sachwalter *m* (*a. fig.*), (Vermögens)Verwalter *m*, Treuhänder *m*: **~ in bankruptcy**, **official ~** Konkurs-, Masseverwalter; **Public** ♀ *Brit.* öffentlicher Treuhänder; **~ process** *Am.* Beschlagnahme *f*, (*bsd.* Forderungs)Pfändung *f*; **~ securities**, **~ stock** mündelsichere Wertpapiere; **2.** Ku'rator *m*, Pfleger *m*: **board of ~s** Kuratorium *n*; ˌ**trus'tee·ship** [-ʃɪp] *s.* **1.** Treuhänderschaft *f*; **2.** Kura'torium *n*; **3.** *pol.* a) Treuhandverwaltung *f*, b) Treuhandgebiet *n*.

trust·ful ['trʌstfʊl] *adj.* □ vertrauensvoll, zutraulich.

trust fund *s.* ✝ Treuhandvermögen *n*.

trust·i·fi·ca·tion [ˌtrʌstɪfɪ'keɪʃn] *s.* ✝ Ver'trustung *f*, Trustbildung *f*.

trust·ing ['trʌstɪŋ] *adj.* □ → **trustful**.

'**trustˌwor·thi·ness** [-ˌwɜːðɪnɪs] *s.* Vertrauenswürdigkeit *f*; '**trustˌwor·thy** *adj.* □ vertrauenswürdig, zuverlässig.

trust·y ['trʌstɪ] **I** *adj.* □ **1.** vertrauensvoll; **2.** treu, zuverlässig; **II** *s.* **3.** ‚Kal'fakter' *m* (*privilegierter Sträfling*).

truth [truːθ] *s.* **1.** Wahrheit *f*: **in ~**, *obs.* **of a ~** in Wahrheit; **the ~, the whole ~ and nothing but the ~** ⚖ die reine Wahrheit; **to tell the ~**, **~ to tell** um die Wahrheit zu sagen, ehrlich gesagt; **there is no ~ in it** daran ist nichts Wahres; **the ~ is that I forgot it** in Wirklichkeit *od.* tatsächlich habe ich es vergessen; **2.** *allgemein anerkannte* Wahrheit: **historical ~**; **3.** Wahr'haftigkeit *f*; Aufrichtigkeit *f*; **4.** Wirklichkeit *f*, Echtheit *f*, Treue *f*; **5.** Richtigkeit *f*, Genauigkeit *f*: **be out of ~** ⚙ nicht genau passen; **~ to life** Lebensechtheit *f*; **~ to nature** Naturtreue *f*.

truth·ful ['truːθfʊl] *adj.* □ **1.** wahr(-heitsgemäß); **2.** wahrheitsliebend; **3.** echt, genau, getreu; '**truth·ful·ness** [-nɪs] *s.* **1.** Wahr'haftigkeit *f*; **2.** Wahrheitsliebe *f*; **3.** Echtheit *f*.

T

try [traɪ] **I** *s.* **1.** Versuch *m*: ***have a ~*** e-n Versuch machen, es versuchen (***at*** mit); **2.** *Rugby*: Versuch *m*; **II** *v/t.* **3.** versuchen, probieren: ***~ one's best*** sein Bestes tun; ***~ one's hand at s.th.*** sich an e-r Sache versuchen; **4.** *a.* ***~ out*** (aus-, 'durch)probieren, erproben, prüfen: ***~ a new method*** (***remedy***, ***invention***); ***~ on*** *Kleid etc.* anprobieren, *Hut* aufprobieren; ***~ it on with s.o.*** *sl.* ‚es bei j-m probieren'; **5.** e-n Versuch machen mit, es versuchen mit: ***~ the door*** die Tür zu öffnen suchen; ***~ one's luck*** sein Glück versuchen (***with*** bei *j-m*); **6.** ⚖ a) verhandeln über *e-e Sache*, *Fall* unter'suchen, b) verhandeln gegen *j-n*, vor Gericht stellen; **7.** *Augen etc.* angreifen, (über)'anstrengen, *Geduld*, *Mut*, *Nerven etc.* auf e-e harte Probe stellen; **8.** *j-n* arg mitnehmen, plagen, quälen; **9.** *mst* ***~ out*** ⚙ a) *Metalle* raffinieren, scheiden, b) *Talg etc.* ausschmelzen, c) *Spiritus* rektifizieren; **III** *v/i.* **10.** versuchen (***at*** *acc.*), sich bemühen *od.* bewerben (***for*** um); **11.** versuchen, e-n Versuch machen: ***~ again!*** (versuch es) noch einmal!; ***~ and read!*** F versuche zu lesen!; ***~ hard*** sich große Mühe geben.

try·ing ['traɪɪŋ] *adj.* ☐ **1.** schwierig, kritisch, unangenehm, nervtötend; **2.** anstrengend, ermüdend (***to*** für).

'try|-on *s.* **1.** Anprobe *f*; **2.** F 'Schwindelma,növer *n*; **'~-out** *s.* **1.** Probe *f*, Erprobung *f*; **2.** *sport* Ausscheidungskampf *m*, -spiel *n*; **~·sail** ['traɪsl] *s.* ⚓ Gaffelsegel *n*; **~ square** *s.* ⚙ Richtscheit *n*.

tryst [trɪst] *obs.* **I** *s.* **1.** Stelldichein *n*, Rendez'vous *n*; **2.** → ***trysting place***; **II** *v/t.* **3.** *j-n* (an e-n verabredeten Ort) bestellen; **4.** *Zeit*, *Ort* verabreden; **tryst·ing place** [-tɪŋ] *s.* Treffpunkt *m*.

tsar [zɑː] *etc.* → ***czar*** *etc.*

tset·se (fly) ['tsetsɪ] *s. zo.* Tsetsefliege *f*.

'T-shirt *s.* T-Shirt *n*.

'T-square *s.* ⚙ **1.** Reißschiene *f*; **2.** Anschlagwinkel *m*.

tub [tʌb] **I** *s.* **1.** (Bade)Wanne *f*; **2.** *Brit.* F (Wannen)Bad *n*; **3.** Bottich *m*, Kübel *m*, Wanne *f*; **4.** (*Butter- etc.*)Fass *n*, Tonne *f*; **5.** Fass *n* (*als Maß*): ***a ~ of tea***; **6.** ⚓ *humor.* ‚Kahn' *m*, ‚Kasten' *m* (*Schiff*); **7.** *Rudern*: Übungsboot *n*; **8.** ⚒ Förderkorb *m*, -wagen *m*; **9.** *humor.* Kanzel *f*; **II** *v/t.* **10.** *bsd. Butter* in ein Fass tun; **11.** ⚘ in e-n Kübel pflanzen; **12.** F baden; **III** *v/i.* **13.** F (sich) baden; **14.** *Rudern*: im Übungsboot trainieren.

tu·ba ['tjuːbə] *s.* ♪ Tuba *f*.

tub·by ['tʌbɪ] **I** *adj.* **1.** fass-, tonnenartig; **2.** F rundlich, klein u. dick; **3.** dumpf, hohl (*klingend*); **II** *s.* **4.** F ‚Dickerchen' *n*.

tube [tjuːb] **I** *s.* **1.** Rohr(leitung *f*) *n*, Röhre *f*, (*Glas- etc.*)Röhrchen *n*: → ***test tube***; **2.** Schlauch *m*: (***inner***) ***~*** ⚙ (Luft)Schlauch *m*; **3.** (Me'tall)Tube *f*: ***~ colo(u)rs*** Tubenfarben; **4.** ♪ (Blas-)Rohr *n*; **5.** *anat.* (*Luft- etc.*)Röhre *f*, Ka'nal *m*; **6.** ⚘ (Pollen)Schlauch *m*; **7.** ⚡ Röhre *f*: ***the ~*** die ‚Röhre' *f* (*Fernseher*); ***on the ~*** ‚in der Glotze'; **8.** a) (U-Bahn)Tunnel *m*, b) *a.* ***2*** *die* Londoner U-Bahn; **II** *v/t.* **9.** ⚙ mit Röhren versehen; **10.** (durch Röhren) befördern; **11.** (in Röhren *od.* Tuben) abfüllen; **'tube-feed** [*irr.*] *v/t.* ⚕ künstlich (⚖ zwangs)ernähren; **'tube·less** [-lɪs] *adj.* schlauchlos (*Reifen*).

tu·ber ['tjuːbə] *s.* **1.** ⚘ Knolle *f*, Knollen(-gewächs *n*) *m*; **2.** ⚕ Knoten *m*, Schwellung *f*, Tuber *n*.

tu·ber·cle ['tjuːbəkl] *s.* **1.** *biol.* Knötchen *n*; **2.** ⚕ a) Tu'berkel(knötchen *n*) *m*, b) (*bsd.* 'Lungen)Tu,berkel *m*; **3.** ⚘ kleine Knolle, Warze *f*; **tu·ber·cu·lar** [tjuː'bɜːkjʊlə] → ***tuberculous***; **tu·ber·cu·lo·sis** [tjuː,bɜːkjʊ'ləʊsɪs] *s.* ⚕ Tuberku'lose *f*; **tu·ber·cu·lous** [tjuː'bɜːkjʊləs] *adj.* **1.** ⚕ tuberku'lös, Tuberkel...; **2.** knotig.

tube·rose[1] ['tjuːbərəʊz] *s.* ⚘ Tube'rose *f*, 'Nachthya,zinthe *f*.

tu·ber·ose[2] ['tjuːbərəʊs] → ***tuberous***.

tu·ber·os·i·ty [,tjuːbə'rɒsɪtɪ] → ***tuber*** 2.

tu·ber·ous ['tjuːbərəs] *adj.* **1.** *anat.*, ⚕ knotig, knötchenförmig; **2.** ⚘ a) Knollen tragend, b) knollig.

tub·ing ['tjuːbɪŋ] *s.* ⚙ **1.** 'Röhrenmateri,al *n*, Rohr *n*; **2.** *coll.* Röhren *pl.*, Röhrenanlage *f*; **3.** Rohr(stück) *n*.

'tub|-,thump·er *s.* (g)eifernder *od.* schwülstiger Redner; **'~-,thump·ing** *adj.* (g)eifernd, schwülstig.

tu·bu·lar ['tjuːbjʊlə] *adj.* rohrförmig, Röhren..., Rohr...: ***~ boiler*** Heizrohrkessel *m*; ***~ furniture*** Stahlrohrmöbel *pl.*; **tu·bule** ['tjuːbjuːl] *s.* **1.** Röhrchen *n*; **2.** *anat.* Ka'nälchen *n*.

tuck [tʌk] **I** *s.* **1.** Falte *f*, Biese *f*, Einschlag *m*, Saum *m*; Lasche *f*; **2.** ⚓ Gilling *f*; **3.** *ped. Brit.* F Süßigkeiten *pl.*; **4.** *sport* Hocke *f*; **II** *v/t.* **5.** *mst* ***~ in*** a) einnähen, b) *Falte* einschlagen; **6.** Biesen nähen in *ein Kleid*; **7.** *mst* ***~ in*** (*od.* ***up***) ein-, 'umschlagen: ***~ up*** a) abnähen, b) hochstecken, -schürzen, c) raffen, d) *Ärmel* hochkrempeln; **8.** *et. wohin* stecken, *unter den Arm etc.* klemmen: ***~ away*** a) wegstecken, verstauen, b) verstecken; ***~ed away*** versteckt (liegend) (*z.B. Dorf*); ***~ in*** (*od.* ***up***) (warm) zudecken, (behaglich) einpacken; ***~ up in bed*** ins Bett stecken; ***~ up one's legs*** die Beine anziehen; **9.** ***~ in*** *sl. Essen etc.* ‚verdrücken'; **III** *v/i.* **10.** sich falten: ***~ away*** sich verstauen lassen; **11.** ***~ in*** F *beim Essen* ‚einhauen': ***~ into*** sich *et.* schmecken lassen.

tuck·er[1] ['tʌkə] *s.* **1.** Faltenleger *m*

(*Nähmaschine*); **2.** *hist.* Brusttuch *n*: ***best bib and ~*** *fig.* Sonntagsstaat *m*.

tuck·er² ['tʌkə] *v/t. mst* ***~ out*** *Am.* F *j-n* ‚fertig machen' (*völlig erschöpfen*): ***~ed out*** (total) erledigt.

'tuck|-in *s. Brit. sl.* ‚Fresse'rei' *f*, Schmaus *m*; **'~-shop** *s. Brit. ped. sl.* Süßwarenladen *m*.

Tues·day ['tju:zdɪ] *s.* Dienstag *m*: ***on ~*** am Dienstag; ***on ~s*** dienstags.

tu·fa ['tju:fə] *s. geol.* Kalktuff *m*, Tuff(-stein) *m*; **tu·fa·ceous** [tju:'feɪʃəs] *adj.* (Kalk)Tuff...

tuff [tʌf] → ***tufa***.

tuft [tʌft] *s.* **1.** (*Gras-, Haar- etc.*)Büschel *n*, (*Feder- etc.*)Busch *m*, (*Haar-*)Schopf *m*; **2.** Quaste *f*, Troddel *f*; **3.** *anat.* Kapil'largefäßbündel *n*; **'tuft·ed** [-tɪd] *adj.* **1.** büschelig; **2.** *orn.* Hauben...: ***~ lark***; **'tuft,hunt·er** *s.* gesellschaftlicher Streber; **tuft·y** ['tʌftɪ] *adj.* büschelig.

tug [tʌg] **I** *v/t.* **1.** zerren, ziehen an (*dat.*); ⚓ schleppen; **II** *v/i.* **2.** ***~ at*** zerren an (*dat.*); **3.** *fig.* sich (ab)placken; **III** *s.* **4.** Zerren *n*, (heftiger) Zug, Ruck *m*: ***give a ~ at*** → 2; ***~ of war*** *sport u. fig.* Tauziehen *n*; **5.** *fig.* a) große Anstrengung, b) schwerer (*a. seelischer*) Kampf; **6.** *a.* ***~boat*** ⚓ Schleppdampfer *m*, Schlepper *m*.

tu·i·tion [tju:'ɪʃn] *s.* 'Unterricht *m*: ***private ~*** Privatunterricht, -stunden *pl.*; **tu'i·tion·al** [-ʃənl], **tu'i·tion·ar·y** [-ʃnərɪ] *adj.* Unterrichts..., Studien...

tu·lip ['tju:lɪp] *s.* ⚘ Tulpe *f*; **~ tree** *s.* ⚘ Tulpenbaum *m*.

tulle [tju:l] *s.* Tüll *m*.

tum·ble ['tʌmbl] **I** *s.* **1.** Fall *m*, Sturz *m* (*a.* ☤): ***~ in prices*** ☤ Preissturz; **2.** Purzelbaum *m*; Salto *m*; **3.** *fig.* Wirrwarr *m*: ***all in a ~*** kunterbunt durcheinander; **4.** ***give s.o. a. ~*** *sl.* von j-m Notiz nehmen; **II** *v/i.* **5.** *a.* ***~ down*** (ein-, 'um-, hin-, hin'ab)fallen, (-)stürzen, (-)purzeln: ***to ~ over*** umkippen, sich überschlagen; **6.** purzeln, stolpern (***over*** über *acc.*); **7.** *wohin* stolpern (*eilen*): ***~ into*** *fig.* a) *j-m* in *die Arme* laufen, b) in *e-n Krieg etc.* ‚hineinschlittern'; ***~ to*** *sl. et.* plötzlich ‚kapieren' *od.* ‚spitzkriegen'; **8.** Luftsprünge *od.* Saltos *etc.* machen; *sport* Bodenübungen machen; **9.** sich wälzen; **10.** ⚔ taumeln (*Geschoss*); **11.** ☤ ‚purzeln' (*Aktien, Preise*); **III** *v/t.* **12.** zu Fall bringen, 'umstürzen, -werfen; **13.** durch'wühlen; **14.** schleudern, schmeißen; **15.** zerknüllen; *Haar* zerzausen; **16.** ⚙ schleudern; **17.** *hunt.* abschießen; **'~down** *adj.* baufällig; **~ dri·er** *s.* Wäschetrockner *m*.

tum·bler ['tʌmblə] *s.* **1.** Trink-, Wasserglas *n*, Becher *m*; **2.** Par'terreakro,bat(-in); **3.** ⚙ a) Zuhaltung *f* (*Türschloss*), b) Richtwelle *f* (*Übersetzungsmotor*), c) Zahn *m*, d) Nocken, e) (Wasch-, Scheuer)Trommel *f*; **4.** *orn.* Tümmler *m*; **5.** *Am.* Stehaufmännchen *n*; **~ switch** *s.* ⚡ Kippschalter *m*.

tum·brel ['tʌmbrəl], **'tum·bril** [-rɪl] *s.* **1.** ⸝ Mistkarren *m*; **2.** *hist.* Schinderkarren *m*; **3.** ⚔ *hist.* Muniti'onskarren *m*.

tu·me·fa·cient [ˌtju:mɪ'feɪʃnt] *adj.* ⚕ Schwellung erzeugend; **ˌtu·me'fac·tion** [-'fækʃn] *s.* ⚕ (An)Schwellung *f*, Geschwulst *f*; **tu·me·fy** ['tju:mɪfaɪ] *v/i. u. v/t.* ⚕ (an)schwellen lassen; **tu·mes·cent** [tju:'mesnt] *adj.* (an)schwellend, geschwollen.

tu·mid ['tju:mɪd] *adj.* □ geschwollen (*a. fig.*); **tu·mid·i·ty** [tju:'mɪdətɪ] *s.* **1.** ⚕ Schwellung *f*; **2.** *fig.* Geschwollenheit *f*.

tum·my ['tʌmɪ] *s. Kindersprache*: Bäuchlein *n*: ***~ ache*** Bauchweh *n*.

tu·mo(u)r ['tju:mə] *s.* ⚕ Tumor *m*.

tu·mult ['tju:mʌlt] *s.* Tu'mult *m*: a) Getöse *n*, Lärm *m*, b) (*a. seelischer*) Aufruhr *m*; **tu·mul·tu·ar·y** [tju:'mʌltjʊərɪ] *adj.* **1.** → ***tumultuous***; **2.** verworren; **3.** aufrührerisch; **tu·mul·tu·ous** [tju:'mʌltjʊəs] *adj.* □ **1.** tumultu'arisch, lärmend; **2.** heftig, stürmisch, turbu'lent.

tu·mu·lus ['tju:mjʊləs] *s.* (*bsd. alter* Grab)Hügel.

tun [tʌn] *s.* **1.** Fass *n*; **2.** *Brit.* Tonne *f* (*altes Flüssigkeitsmaß*); **3.** *Brauerei*: Maischbottich *m*.

tune [tju:n] **I** *s.* **1.** ♪ Melo'die *f*, Weise *f*, Lied *n*; *a.* Hymne *f*, Cho'ral *m*: ***to the ~ of*** a) nach der Melodie von, b) *fig.* in Höhe von, von sage u. schreibe *£ 100*; ***call the ~*** *fig.* das Sagen haben; ***change one's ~, sing another ~*** F e-n anderen Ton anschlagen, andere Saiten aufziehen; **2.** ♪ a) (richtige) (Ein)Stimmung e-s Instru'ments, b) richtige Tonhöhe: ***in ~*** (richtig) gestimmt; ***out of ~*** verstimmt; ***keep ~*** a) Stimmung halten (*Instrument*), b) Ton halten; ***play out of ~*** unrein *od.* falsch spielen; ***sing in ~*** tonrein *od.* sauber singen; **3.** ⚡ Abstimmung *f*, (Scharf)Einstellung *f*; **4.** *fig.* Harmo'nie *f*: ***in ~ with*** übereinstimmend mit, im Einklang (stehend) mit, harmonierend mit; ***be out of ~ with*** im Widerspruch stehen zu, nicht übereinstimmen mit; **5.** *fig.* Stimmung *f*: ***not in ~ for*** nicht aufgelegt zu; ***out of ~*** verstimmt, missgestimmt; **II** *v/t.* **6.** *a.* ***~ up*** a) ♪ stimmen, b) *fig.* abstimmen (***to*** auf *acc.*); **7.** *Antenne, Radio, Stromkreis* abstimmen, einstellen (***to*** auf *acc.*); **8.** *fig.* a) (***to***) anpassen (an *acc.*), b) (***for***) bereitmachen (für); **III** *v/i.* **9.** ♪ stimmen; **~ in** *v/i.* (das Radio *etc.*) einschalten: ***~ to*** a) *e-n Sender, ein Programm* einschalten, b) *fig.* sich einstellen auf (*acc.*); **~ up I** *v/t.* **1.** → ***tune*** 6; **2.** *mot.*,

T

✈ a) startbereit machen, b) *Motor* einfahren, c) *e-n Motor* tunen; **3.** *fig.* a) bereitmachen, b) in Schwung bringen, c) *das Befinden etc.* heben; **II** *v/i.* **4.** ♪ (die Instru'mente) stimmen; **5.** F a) einsetzen, b) F losheulen.

tune·ful ['tju:nfʊl] *adj.* □ **1.** me'lodisch; **2.** *obs.* sangesfreudig: ~ ***birds***; **'tune·less** [-nlɪs] *adj.* 'unme,lodisch.

tun·er ['tju:nə] *s.* **1.** ♪ (Instru'menten-)Stimmer *m*; **2.** ♪ a) Stimmpfeife *f*, b) Stimmvorrichtung *f* (*Orgel*); **3.** ⚡ Abstimmvorrichtung *f*; **4.** *Radio*, *TV*: Tuner *m*, Ka'nalwähler *m*.

tune-up ['tju:nʌp] *s.* **1.** *Am.* → ***warm-up*** 1 *u.* 3; **2.** ⚙ leistungsfördernde Maßnahmen *pl.*

tung·state ['tʌŋsteɪt] *s.* ⚗ Wolfra'mat *n*; **'tung·sten** [-stən] *s.* ⚗ Wolfram *n*: ~ ***steel*** ⚙ Wolframstahl *m*; **'tung·stic** [-stɪk] *adj.* ⚗ Wolfram...: ~ ***acid***.

tu·nic ['tju:nɪk] *s.* **1.** *antiq.* Tunika *f*; **2.** *bsd.* ⚔ *Brit.* Waffenrock *m*; **3.** a) 'Überkleid *n*, b) Kasack *m*; **4.** → ***tunicle***; **5.** *biol.* Häutchen *n*, Hülle *f*; **'tu·ni·ca** [-kə] *pl.* **-cae** [-si:] *s. anat.* Häutchen *n*, Mantel *m*; **'tu·ni·cate** [-kət] *s. zo.* Manteltier *n*; **'tu·ni·cle** [-kl] *s. R.C.* Messgewand *n*.

tun·ing ['tju:nɪŋ] **I** *s.* **1.** a) ♪ Stimmen *n*, b) *fig.* Ab-, Einstimmung *f* (***to*** auf *acc.*); **2.** Anpassung *f* (***to*** an *acc.*); **3.** ⚡ Abstimmung *f*, Einstellung *f* (***to*** auf *acc.*); **II** *adj.* **4.** ♪ Stimm...: ~ ***fork***; **5.** ⚡ Abstimm...(*-kreis*, *-skala etc.*).

tun·nel ['tʌnl] **I** *s.* **1.** Tunnel *m*, Unter'führung *f* (*Straße*, *Bahn*, *Kanal*); **2.** *a. zo.* 'unterirdischer Gang, Tunnel *m*; **3.** ⚒ Stollen *m*; **4.** ✈ 'Windka,nal *m*; **II** *v/t.* **5.** unter'tunneln, e-n Tunnel bohren *od.* treiben durch; **III** *v/i.* **6.** e-n Tunnel anlegen *od.* treiben (***through*** durch); **'tun·nel·(l)ing** [-lɪŋ] *s.* ⚙ Tunnelanlage *f*, -bau *m*.

tun·ny ['tʌnɪ] *s. bsd. coll.* T(h)unfisch *m*.

tup [tʌp] **I** *s.* **1.** *zo.* Widder *m*; **2.** ⚙ Hammerkopf *m*, Rammklotz *m*; **II** *v/t.* **3.** *zo.* bespringen, decken.

tup·pence ['tʌpəns], **'tup·pen·ny** [-pnɪ] *Brit.* F *für* ***twopence***, ***twopenny***.

tur·ban ['tɜ:bən] *s.* Turban *m*; **'tur·baned** [-nd] *adj.* Turban tragend.

tur·bid ['tɜ:bɪd] *adj.* □ **1.** dick(flüssig), trübe, schlammig; **2.** dick, dicht: ~ ***fog***; **3.** *fig.* verworren, wirr; **tur·bid·i·ty** [tɜ:'bɪdətɪ], **'tur·bid·ness** [-nɪs] *s.* **1.** Trübheit *f*; **2.** Dicke *f*; **3.** *fig.* Verworrenheit *f*.

tur·bine ['tɜ:baɪn] **I** *s.* Tur'bine *f*; **II** *adj.* Turbinen...: ~ ***steamer***; ~***-powered*** mit Tur'binenantrieb.

turbo- [tɜ:bəʊ] ⚙ *in Zssgn* Turbinen..., Turbo...; **'tur·bo,charg·er** *s. mot.* 'Turbolader *m*; **,tur·bo'jet (en·gine)** *s.* (Flugzeug *n* mit) Turbostrahltriebwerk *n*; **,tur·bo'prop(-jet) (en·gine)** *s.* (Flugzeug *n* mit) ✈ 'Turbo-Pro'peller-Strahltriebwerk *n*; **,tur·bo'ram-jet engine** *s.* ✈ Ma'schine *f* mit Staustrahltriebwerk.

tur·bot ['tɜ:bət] *s. ichth.* Steinbutt *m*.

tur·bu·lence ['tɜ:bjʊləns] *s.* **1.** Unruhe *f*, Aufruhr *m*, Ungestüm *n*, Sturm *m* (*a. meteor.*); **2.** *phys.* Turbu'lenz *f*, Wirbelbewegung *f*; **'tur·bu·lent** [-nt] *adj.* □ **1.** unruhig, ungestüm, stürmisch, turbu'lent; **2.** aufrührerisch; **3.** *phys.* verwirbelt, turbu'lent, Wirbel...

turd [tɜ:d] *s.* V **1.** ‚Scheißhaufen' *m*; **2.** ‚Scheißer' *m*.

tu·reen [tə'ri:n] *s.* Ter'rine *f*.

turf [tɜ:f] **I** *s.* **1.** Rasen *m*; **2.** Rasenstück *n*, -sode *f*; **3.** Torf(ballen) *m*; **4.** *sport* Turf *m*: a) (Pferde)Rennbahn *f*, b) ***the*** ~ *fig.* der Pferderennsport; **5.** *fig. j-s* Re'vier *n*; **II** *v/t.* **6.** mit Rasen bedecken; **7.** ~ ***out*** *Brit.* F *j-n* ‚rausschmeißen'; **'turf·ite** [-faɪt] *s.* (Pferde)Rennsportliebhaber *m*; **'turf·y** [-fɪ] *adj.* **1.** rasenbedeckt; **2.** torfartig; **3.** *fig.* (Pferde)Rennsport...

tur·ges·cence [tɜ:'dʒesns] *s.* **1.** ⚕, ⚘ Schwellung *f*, Geschwulst *f*; **2.** *fig.* Schwulst *m*.

tur·gid ['tɜ:dʒɪd] *adj.* □ **1.** ⚕ geschwollen; **2.** *fig.* schwülstig, ‚geschwollen'; **tur·gid·i·ty** [tɜ:'dʒɪdətɪ], **'tur·gid·ness** [-nɪs] *s.* **1.** Geschwollensein *n*; **2.** *fig.* Geschwollenheit *f*, Schwülstigkeit *f*.

Turk [tɜ:k] **I** *s.* **1.** Türke *m*, Türkin *f*: ***Young*** **2*****s*** *pol.* Jungtürken *pl.*; **2.** *obs.* Ty'rann *m*; **II** *adj.* **3.** türkisch, Türken...

Tur·key[1] ['tɜ:kɪ] **I** *s.* Tür'kei *f*; **II** *adj.* türkisch: ~ ***carpet*** Orientteppich *m*; ~ ***red*** *das* Türkischrot.

tur·key[2] ['tɜ:kɪ] *s.* **1.** *orn.* Truthahn *m*, -henne *f*, Pute(r *m*) *f*: ***talk*** ~ *Am. sl.* a) Fraktur reden (***with*** mit), b) offen *od.* sachlich reden; **2.** *Am. sl. thea. etc.* ‚Pleite' *f*, ‚'Durchfall' *m*; ~ **cock** *s.* **1.** Truthahn *m*, Puter *m*: (***as***) ***red as a*** ~ puterrot (im Gesicht); **2.** *fig.* eingebildeter Fatzke.

Turk·ish ['tɜ:kɪʃ] **I** *adj.* türkisch, Türken...; **II** *s. ling.* Türkisch *n*; ~ **bath** *s.* türkisches Bad; ~ **de·light** *s.* 'Fruchtge,leekon,fekt *n*; ~ **tow·el** *s.* Frottier-, Frot'tee(hand)tuch *n*.

Turko- [tɜ:kəʊ, -kə] *in Zssgn* türkisch, Türken...

Tur·ko·man ['tɜ:kəmən] *pl.* **-mans** *s.* **1.** Turk'mene *m*; **2.** *ling.* Turk'menisch *n*.

tur·mer·ic ['tɜ:mərɪk] *s.* **1.** ⚘ Gelbwurz *f*; **2.** *pharm.* Kurkuma *f*; **3.** Kurkumagelb *n* (*Farbstoff*): ~ ***paper*** ⚗ Kurkumapapier *n*.

tur·moil ['tɜ:mɔɪl] *s.* **1.** *a. fig.* Aufruhr *m*, Tu'mult *m*: ***in a*** ~ in Aufruhr; **2.** Getümmel *n*.

T

turn [tɜːn] **I** *s.* **1.** (Um)'Drehung *f*: ***a single ~ of the handle***; ***done to a ~*** gerade richtig durchgebraten; ***to a ~*** *fig.* aufs Haar, vortrefflich; **2.** Turnus *m*, Reihe(nfolge) *f*: ***by*** (*od.* ***in***) ***~s*** abwechselnd, wechselweise; ***in ~*** a) der Reihe nach, b) dann wieder; ***in his ~*** seinerseits; ***speak out of ~*** *fig.* unpassende Bemerkungen machen; ***it is my ~*** ich bin an der Reihe *od.* dran; ***take ~s*** (mit)einander *od.* sich abwechseln (***at*** in *dat.*, bei); ***take one's ~*** handeln, wenn die Reihe an einen kommt; ***wait your ~!*** warte, bis du dran bist!; ***my ~ will come*** *fig.* m-e Zeit kommt (auch) noch, ‚ich komme schon noch dran'; **3.** a) Drehung *f*, (***~ to the left*** Links)Wendung *f*, b) *Schwimmen*: Wende *f*, c) *Skisport*: Wende *f*, Kehre *f*, Schwung *m*, d) *Eislauf etc.*: Kehre *f*; **4.** Wendepunkt *m* (*a. fig.*); **5.** Biegung *f*, Kurve *f*, Kehre *f*; **6.** Krümmung *f* (*a.* ⩚); **7.** Wendung *f*: a) 'Umkehr *f*: ***be on the ~*** ⚓ umschlagen (*Gezeit*) (→ *a.* 23); → ***tide*** 1, b) Richtung *f*, (Ver)Lauf *m*: ***take a good*** (***bad***) ***~*** sich zum Guten (Schlechten) wenden; ***take a ~ for the better*** (***worse***) sich bessern (verschlimmern); ***take an interesting ~*** e-e interessante Wendung nehmen (*Gespräch etc.*), c) (*Glücks-, Zeiten- etc.*) Wende *f*, Wechsel *m*, 'Umschwung *m*, Krise *f*: ***~ of the century*** Jahrhundertwende; ***~ of the millennium*** Jahrtausendwende; ***~ of life*** Lebenswende, ⚕ Wechseljahre *pl. der Frau*; **8.** Ausschlag (-en *n*) *m e-r Waage*; **9.** (Arbeits-) Schicht *f*; **10.** Tour *f*, (einzelne) Windung (*Bandage, Kabel etc.*); **11.** (Rede-) Wendung *f*, Formulierung *f*; **12.** a) (kurzer) Spaziergang: ***take a ~*** e-n Spaziergang machen, b) kurze Fahrt, ‚Spritztour' *f*; **13.** (***for***, ***to***) Neigung *f*, Hang *m*, Ta'lent *n* (zu), Sinn *m* (für); **14.** *a.* ***~ of mind*** Denkart *f*, -weise *f*; **15.** a) (*ungewöhnliche od. unerwartete*) Tat, b) Dienst *m*, Gefallen *m*: ***a bad ~*** e-e schlechte Tat *od.* ein schlechter Dienst; ***a friendly ~*** ein Freundschaftsdienst; ***do s.o. a good ~*** j-m e-n Gefallen tun; ***one good ~ derserves another*** e-e Liebe ist der andern wert; **16.** Anlass *m*: ***at every ~*** auf Schritt u. Tritt; **17.** (kurze) Beschäftigung: ***~*** (***of work***) (Stück *n*) Arbeit *f*; ***take a ~ at*** rasch mal an *e-e Sache* gehen, sich kurz mit *e-r Sache* versuchen; **18.** F Schock *m*, Schrecken *m*: ***give s.o. a. ~*** j-n erschrecken; **19.** Zweck *m*: ***this won't serve my ~*** damit ist mir nicht gedient; **20.** ♪ Doppelschlag *m*; **21.** (Pro-'gramm)Nummer *f*; **22.** ⚔ (Kehrt-) Wendung *f*: ***left*** (***right***) ***~!*** *Brit.* links-(rechts)um!; ***about ~!*** *Brit.* ganze Abteilung kehrt!; **23.** ***on the ~*** am Sauerwerden (*Milch*); **II** *v/t.* **24.** (*im Kreis od. um e-e Achse*) drehen; *Hahn, Schlüssel, Schraube, e-n Patienten etc.* ('um-, her'um)drehen; **25.** *a. Kleider* wenden; *et.* 'umkehren, -stülpen, -drehen; *Blatt, Buchseite* 'umdrehen, -wenden, *Buch* 'umblättern; *Boden* 'umpflügen, -graben; 🚂 *Weiche*, ⚙ *Hebel* 'umlegen: ***it ~s my stomach*** mir dreht sich dabei der Magen um; ***~ s.o.'s head*** *fig.* a) j-m den Kopf verdrehen, b) j-m zu Kopf steigen; **26.** zuwenden, -drehen, -kehren (***to*** *dat.*); **27.** *Blick, Kamera, Schritte etc.* wenden, *a. Gedanken, Verlangen* richten, lenken (***against*** gegen, ***on*** auf *acc.*, ***to***, ***toward***(***s***) nach, auf *acc.*): ***~ the hose on the fire*** den (Spritzen)Schlauch auf das Feuer richten; **28.** a) 'um-, ablenken, (-)leiten, (-) wenden, b) abwenden, abhalten, c) *j-n* 'umstimmen, abbringen (***from*** von), d) *Richtung* ändern, e) *Gesprächsthema* wechseln; **29.** a) *Waage* zum Ausschlagen bringen, b) *fig.* ausschlaggebend sein bei: ***~ an election*** bei e-r Wahl den Ausschlag geben; → ***balance*** 2, ***scale²*** 1; **30.** verwandeln (***into*** in *acc.*): ***~ water into wine***; ***~ love into hate***; ***~ into cash*** ✝ flüssig machen, zu Geld machen; **31.** a) machen, werden lassen (***into*** zu): ***it ~ed her pale*** es ließ sie erblassen; ***~ colo***(***u***)***r*** die Farbe wechseln, b) *a.* ***~ sour*** *Milch* sauer werden lassen, c) *Laub* verfärben; **32.** *Text* über'tragen, -'setzen (***into*** ins *Italienische etc.*); **33.** her'umgehen um: ***~ the corner*** um die Ecke biegen, *fig.* über den Berg kommen; **34.** ⚔ a) um'gehen, -'fassen, b) aufrollen: ***~ the enemy's flank***; **35.** hin'ausgehen *od.* hinaus sein über *ein Alter, e-n Betrag etc.*: ***he is just ~ing*** (*od.* ***has just ~ed***) ***50*** er ist gerade 50 geworden; **36.** ⚙ a) drehen, b) *Holzwaren, a. fig. Komplimente, Verse* drechseln; **37.** formen, *fig.* gestalten, bilden: ***a well-~ed ankle***; **38.** *fig. Satz* formen, (ab)runden: ***~ a phrase***; **39.** ✝ verdienen, 'umsetzen; **40.** *Messerschneide etc.* verbiegen, *a.* stumpf machen: ***~ the edge of*** *fig. e-r Bemerkung etc.* die Spitze nehmen; **41.** *Purzelbaum etc.* schlagen; **42.** ***~ loose*** los-, freilassen, -machen; **III** *v/i.* **43.** sich drehen (lassen), sich (im Kreis) (her'um)drehen; **44.** sich (ab-, hin-, zu-) wenden; → ***turn to*** I; **45.** sich *stehend, liegend etc.* ('um-, her'um)drehen; ⚓, *mot.* wenden, (⚓ ab)drehen; ✈, *mot.* kurven; **46.** (ab-, ein)biegen: ***I do not know which way to ~*** *fig.* ich weiß nicht, was ich machen soll; **47.** e-e Biegung machen (*Straße, Wasserlauf etc.*); **48.** sich krümmen *od.* winden (*Wurm etc.*): ***~ in one's grave*** sich im Grabe umdrehen; **49.** sich umdrehen, -stülpen

T

(*Schirm etc.*): ***my stomach ~s at this sight*** bei diesem Anblick dreht sich mir der Magen um; **50.** schwind(e)lig werden: ***my head ~s*** mein Kopf dreht sich; **51.** sich (ver)wandeln (***into, to*** in *acc.*), 'umschlagen (*bsd. Wetter*): ***love has ~ed into hate***; **52.** *Kommunist, Soldat etc., a. blass, kalt etc.* werden: **~ (*sour*)** sauer werden (*Milch*); **~ *traitor*** zum Verräter werden; **53.** sich verfärben (*Laub*); **54.** sich wenden (*Gezeiten*); → ***tide*** 1;

Zssgn mit prp.:

turn| a·gainst I *v/i.* **1.** sich (*feindlich etc.*) wenden gegen; **II** *v/t.* **2.** *j-n* aufhetzen *od.* aufbringen gegen; **3.** *Spott etc.* richten gegen; **~ in·to** → ***turn*** 30, 31, 32, 51; **~ on I** *v/i.* **1.** sich drehen um *od.* in (*dat.*); **2.** → ***turn upon***; **3.** sich wenden *od.* richten gegen; **II** *v/t.* **4.** → ***turn*** 27; **~ to I** *v/i.* **1.** sich nach *links etc.* wenden (*Person*), nach *links etc.* abbiegen (*a. Fahrzeug, Straße etc.*); **2.** a) sich *der Musik, e-m Thema etc.* zuwenden, b) sich beschäftigen mit, c) sich anschicken (***doing s.th.*** et. zu tun); **3.** s-e Zuflucht nehmen zu: **~ *God***; **4.** sich an *j-n* wenden, *j-n od. et.* zurate ziehen; **5.** → ***turn*** 51; **II** *v/t.* **6.** *Hand* anlegen bei: ***turn a*** (*od.* ***one's***) ***hand to s.th.*** et. in Angriff nehmen; ***he can turn his hand to anything*** er ist zu allem zu gebrauchen; **7.** → ***turn*** 26, 27; **8.** verwandeln in (*acc.*); **9.** anwenden zu; → ***account*** 11; **~ up·on** *v/i.* **1.** *fig.* abhängen von; **2.** *fig.* sich drehen um, handeln von; **3.** → ***turn on*** 3;

Zssgn mit adv.:

turn| a·bout, ~ a·round I *v/t.* **1.** 'umdrehen; **2.** ✓ *Heu, Boden* wenden; **II** *v/i.* **3.** sich 'umdrehen; ⚔ kehrtmachen; *fig.* 'umschwenken; **~ a·side** *v/t.* (*v/i.* sich) abwenden; **~ a·way I** *v/t.* **1.** abwenden (***from*** von); **2.** abweisen, wegschicken, -jagen; **3.** entlassen; **II** *v/i.* **4.** sich abwenden; **~ back I** *v/t.* **1.** 'umkehren lassen; **2.** → ***turn down*** 3; **3.** *Uhr* zu'rückdrehen; **II** *v/i.* **4.** zu'rück-, 'umkehren; **5.** zu'rückgehen; **~ down I** *v/t.* **1.** 'umkehren, -legen, -biegen; *Kragen* 'umschlagen, *Buchseite etc.* 'umknicken; **2.** *Gas, Lampe* kleiner stellen, *Radio etc.* leiser stellen; **3.** *Bett* aufdecken; *Bettdecke* zu'rückschlagen; **4.** *j-n, Vorschlag etc.* ablehnen; *j-m* e-n Korb geben; **II** *v/i.* **5.** abwärts *od.* nach unten gebogen sein; **6.** sich 'umlegen *od.* -schlagen lassen; **~ in I** *v/t.* **1.** a) einreichen, -senden, b) ab-, zu'rückgeben; **2.** *Füße etc.* einwärts *od.* nach innen drehen *od.* biegen *od.* stellen; **3.** F *et.* zu'stande bringen; **II** *v/i.* **4.** F zu Bett gehen; **5.** einwärts gebogen sein; **~ off I** *v/t.* **1.** *Wasser, Gas* abdrehen; *Licht, Radio etc.* ausschalten, abstellen; **2.** *Schlag etc.* abwenden, ablenken; **3.** F ‚rausschmeißen', entlassen; **4.** F a) *j-m* die Lust nehmen, b) *j-n* anwidern; **II** *v/i.* **5.** abbiegen (*Person, a. Straße*); **~ on** *v/t.* **1.** *Gas, Wasser* aufdrehen, *a. Radio* anstellen; *Licht, Gerät* anmachen, einschalten; **2.** F a) *j-n* ‚antörnen', b) *j-n* (*a. sexuell*) ‚anmachen', ‚in Fahrt' bringen; **~ out I** *v/t.* **1.** hin'auswerfen, wegjagen, vertreiben; **2.** entlassen (***of*** aus *e-m Amt etc.*); **3.** *Regierung* stürzen; **4.** *Vieh* auf die Weide treiben; **5.** *Taschen etc.* 'umkehren, -stülpen; **6.** *Zimmer, Möbel* ausräumen; **7.** a) ✝ *Waren* produzieren, herstellen, b) *contp. Bücher etc.* produzieren, c) *fig. Wissenschaftler etc.* her'vorbringen (*Universität etc.*): ***Oxford has turned out many statesmen*** aus Oxford sind schon viele Staatsmänner hervorgegangen; **8.** → ***turn off*** 1; **9.** *Füße etc.* auswärts *od.* nach außen drehen *od.* biegen; **10.** ausstatten, herrichten, *bsd.* kleiden: ***well turned-out*** gut gekleidet; **11.** ⚔ antreten *od. die Wache* her'austreten lassen; **II** *v/i.* **12.** auswärts gebogen sein (*Füße etc.*); **13.** a) hin'ausziehen, her'auskommen (***of*** aus), b) ⚔ ausrücken (*a. Feuerwehr etc.*), c) *zur Wahl etc.* kommen (*Bevölkerung*), d) ⚔ antreten, e) in Streik treten, f) F *aus dem Bett* aufstehen; **14.** *gut etc.* ausfallen, werden; **15.** sich gestalten, *gut etc.* ausgehen, ablaufen; **16.** sich erweisen *od.* entpuppen als, sich her'ausstellen: ***he turned out*** (***to be***) ***a good swimmer*** er entpuppte sich als guter Schwimmer; ***it turned out that he was*** (***had***), ***he turned out to be*** (***have***) es stellte sich heraus, dass er ... war (hatte); **~ o·ver I** *v/t.* **1.** ✝ *Geld, Ware* 'umsetzen, e-n 'Umsatz haben von; **2.** 'umdrehen, -wenden, *Buch, Seite a.* 'umblättern: ***please ~!*** bitte wenden!; → ***leaf*** 3; **3.** (***to***) a) über'tragen (*dat. od.* auf *acc.*), über'geben (*dat.*), b) *j-n der Polizei etc.* ausliefern, über'geben; **4.** *a.* **~ *in one's mind*** über'legen, sich *et.* durch den Kopf gehen lassen; **II** *v/i.* **5.** sich *im Bett etc.* 'umdrehen; **6.** 'umkippen, -schlagen; **~ round I** *v/i.* **1.** sich (im Kreis *od.* her'um)drehen; **2.** *fig.* s-n Sinn ändern, 'umschwenken: ***but then he turned round and said*** doch dann sagte er plötzlich; **II** *v/t.* **3.** (her'um)drehen; **~ to** *v/i.* sich ‚ranmachen' (an die Arbeit), sich ins Zeug legen; **~ un·der** *v/t.* ✓ 'unterpflügen; **~ up I** *v/t.* **1.** nach oben drehen *od.* richten *od.* biegen; *Kragen* hochschlagen, -klappen; → ***nose*** *Redew.*, ***toe*** 1; **2.** ausgraben, zu'tage fördern; **3.** *Spielkarte* aufdecken; **4.** *Hose etc.* 'um-, einschlagen; **5.** *Brit.* a) *Wort* nachschlagen, b) *Buch* zurate ziehen; **6.** *Gas,*

Licht groß *od.* größer drehen, *Radio* lauter stellen; **7.** *Kind* übers Knie legen (*züchtigen*); **8.** F *j-m* den Magen 'umdrehen (*vor Ekel*); **9.** *sl.* *Arbeit* ‚aufstecken'; **II** *v/i.* **10.** sich nach oben drehen, nach oben gerichtet *od.* hochgeschlagen sein; **11.** *fig.* auftauchen: a) aufkreuzen, erscheinen (*Person*), b) zum Vorschein kommen, sich (ein)finden (*Sache*); **12.** geschehen, eintreten, passieren.

turn·a·ble ['tɜːnəbl] *adj.* drehbar.

'turn|·a·bout *s.* **1.** *a. fig.* Kehrtwendung *f*; **2.** ⚓ Gegenkurs *m*; **3.** *fig.* 'Umschwung *m*; **4.** *Am.* Karus'sell *n*; **'~·a·round** *s.* **1.** → ***turnabout*** 1, 3; **2.** *mot. etc.* Wendeplatz *m*; **3.** ⚙ (Gene'ral)Über‚holung *f*; **'~·coat** *s.* Abtrünnige(r *m*) *f*, Rene'gat *m*; **'~·down** **I** *adj.* **1.** 'umlegbar, Umleg...; **II** *s.* **2.** *a.* **~ *collar*** Umleg(e)kragen *m*; **3.** *fig.* Ablehnung *f*.

turned [tɜːnd] *adj.* **1.** ⚙ gedreht, gedrechselt; **2.** ('um)gebogen: **~-*back*** zurückgebogen; **~-*down*** a) abwärts gebogen, b) Umlege...; **~-*in*** einwärts gebogen; **3.** *typ.* auf dem Kopf stehend; **'turn·er** [-nə] *s.* **1.** ⚙ a) Dreher *m*, b) Drechsler *m*; **2.** *sport Am.* Turner(in); **'turn·er·y** [-nərɪ] *s.* ⚙ **1.** *coll.* a) Dreharbeit(en *pl.*) *f*, b) Drechslerarbeit(en *pl.*) *f*; **2.** a) Drehe'rei *f*, b) Drechsle'rei *f* (*Werkstatt*).

turn·ing ['tɜːnɪŋ] *s.* **1.** ⚙ Drehen *n*, Drechseln *n*; **2.** a) (Straßen-, Fluss)Biegung *f*, b) (Straßen)Ecke *f*, c) Querstraße *f*, Abzweigung *f*; **3.** *pl.* ⚙ Drehspäne *pl.*; **~ cir·cle** *s. mot.* Wendekreis *m*; **~ lathe** *s.* ⚙ Drehbank *f*; **~ ma·chine** *s.* ⚙ 'Drehma‚schine *f*; **~ point** *s.* **1.** ✈, *sport* Wendemarke *f*; **2.** *fig.* Wendepunkt *m*.

tur·nip ['tɜːnɪp] *s.* **1.** ⚘ (*bsd.* Weiße) Rübe; **2.** *sl.* ‚Zwiebel' *f* (*Uhr*).

'turn|·key *s.* Gefangenenwärter *m*, Schließer *m*; **'~-off** *s.* **1.** Abzweigung *f*; **2.** Ausfahrt *f* (*Autobahn*); **'~·out** *s.* **1.** ✝ *Brit.* a) Streik *m*, Ausstand *m*, b) Streikende(r *m*) *f*; **2.** a) Besucher(zahl *f*) *pl.*, Zuschauer *pl.*, b) (Wahl- *etc.*) Beteiligung *f*; **3.** (Pferde)Gespann *n*, Kutsche *f*; **4.** Ausstattung *f*, *bsd.* Kleidung *f*; **5.** ✝ Ge'samtprodukti‚on *f*, Ausstoß *m*; **6.** a) Ausweichstelle *f* (*Autostraße*), b) → ***turn-off***; **'~‚o·ver** *s.* **1.** 'Umstürzen *n*; **2.** ✝ 'Umsatz *m*: **~ *tax*** Umsatzsteuer *f*; **3.** Zu- u. Abgang *m* (*von Patienten in Krankenhäusern etc.*): ***labo(u)r* ~** Arbeitskräftebewegung *f*; **4.** ✝ 'Umgruppierung *f*, -schichtung *f*; **5.** *Brit.* ('Zeitungs)Ar‚tikel, der auf die nächste Seite übergreift; **6.** (Apfel- *etc.*) Tasche *f* (*Gebäck*); **'~·pike** *s.* **1.** Schlagbaum *m* (*Mautstraße*); **2.** *a.* **~ *road*** gebührenpflichtige (*Am.* Schnell)Straße *f*, Mautstraße *f*; **'~-round** *s.* **1.** ✝, ⚓ 'Umschlag *m* (*Schiffsabfertigung*); **2.** Wendestelle *f*; **3.** → ***turnabout*** 3; **'~·screw** *s.* ⚙ Schraubenzieher *m*; **'~·spit** *s.* Drehspieß *m*; **'~·stile** *s.* Drehkreuz *n an Durchgängen etc.*; **'~‚ta·ble** *s.* **1.** 🚂 Drehscheibe *f*; **2.** Plattenteller *m* (*Plattenspieler*); **'~·up** **I** *adj.* **1.** hochklappbar; **II** *s.* **2.** ('Hosen- *etc.*)‚Umschlag *m*; **3.** F Über'raschung *f*, ‚Ding' *n*.

tur·pen·tine ['tɜːpəntaɪn] *s.* ⚗ **1.** Terpen'tin *n*; **2.** *a.* ***oil*** (*od.* ***spirits***) ***of* ~** Terpen'tingeist *m*, -öl *n*.

tur·pi·tude ['tɜːpɪtjuːd] *s.* **1.** *a.* ***moral* ~** Verworfenheit *f*; **2.** Schandtat *f*.

turps [tɜːps] F → ***turpentine*** 2.

tur·quoise ['tɜːkwɔɪz] *s.* **1.** *min.* Tür'kis *m*; **2.** *a.* **~ *blue*** Tür'kisblau *n*: **~ *green*** Türkisgrün *n*.

tur·ret ['tʌrɪt] *s.* **1.** ⚠ Türmchen *n*; **2.** ⚔, ⚓ Geschütz-, Panzer-, Gefechtsturm *m*: **~ *gun*** Turmgeschütz *n*; **3.** ✈ Kanzel *f*; **4.** ⚙ Re'volverkopf *m*: **~ *lathe*** Revolverdrehbank *f*; **'tur·ret·ed** [-tɪd] *adj.* **1.** mit Türmchen; **2.** *zo.* spi'ral-, türmchenförmig.

tur·tle[1] ['tɜːtl] *s. zo.* (Wasser)Schildkröte *f*: ***turn* ~** a) ⚓ kentern, umschlagen, b) sich überschlagen, c) *Am.* F hilflos *od.* feige sein.

tur·tle[2] ['tɜːtl] *s. obs. für* ***turtledove***.

'tur·tle|·dove *s. orn.* Turteltaube *f*; **'~·neck** *s.* 'Rollkragen(pull‚over) *m*.

Tus·can ['tʌskən] **I** *adj.* tos'kanisch; **II** *s.* Tos'kaner(in).

tusk [tʌsk] *s. zo.* a) Fangzahn *m*, b) Stoßzahn *m des Elefanten etc.*, c) Hauer *m des Wildschweins*; **tusked** [-kt] *adj. zo.* mit Fangzähnen *etc.* (bewaffnet); **'tusk·er** [-kə] *s. zo.* Ele'fant *m od.* Keiler *m* (*mit ausgebildeten Stoßzähnen*); **'tusk·y** [-kɪ] → ***tusked***.

tus·sle ['tʌsl] **I** *s.* **1.** Balge'rei *f*, Raufe'rei *f* (*a. fig.*); **2.** *fig.* scharfe Kontro'verse; **II** *v/i.* **3.** kämpfen, raufen, sich balgen (***for*** um *acc.*).

tus·sock ['tʌsək] *s.* (*bsd.* Gras)Büschel *n*.

tut(-tut) [tʌt] *int.* **1.** ach was!; **2.** pfui!; **3.** Unsinn!, Na, 'na!

tu·te·lage ['tjuːtɪlɪdʒ] *s.* **1.** ⚖ Vormundschaft *f*; **2.** Unmündigkeit *f*; **3.** *fig.* a) Bevormundung *f*, b) Schutz *m*, c) (An-) Leitung *f*; **'tu·te·lar** [-lə], **'tu·te·lar·y** [-lərɪ] *adj.* **1.** schützend, Schutz...; **2.** ⚖ Vormunds..., Vormundschafts...

tu·tor ['tjuːtə] **I** *s.* **1.** Pri'vat-, Hauslehrer *m*; **2.** *ped.*, *univ.* *Brit.* Tutor *m*, Studienleiter *m*; **3.** *ped.*, *univ.* *Am.* Assistent *m mit Lehrauftrag*; **4.** (Ein)Pauker *m*, Repe'titor *m*; **5.** ⚖ Vormund *m*; **II** *v/t.* **6.** *ped.* unter'richten, *j-m* Pri'vat‚unterricht geben; **7.** *j-n* schulen, erziehen; **8.** *fig.* *j-n* bevormunden; **'tu·tor·ess** *s.* **1.** *ped.* Pri'vatlehrerin *f*; **2.** *univ.*

T

Brit. Tu'torin *f*; **tu·to·ri·al** [tjuː'tɔːrɪəl] *ped.* **I** *adj.* Tutor...; **II** *s.* Tu'torenkurs (-us) *m*; **'tu·tor·ship** [-ʃɪp] *s.* **1.** Pri'vatlehrerstelle; **2.** *univ. Brit.* Amt *n* e-s Tutors.

tu·tu ['tuːtuː] *s.* (Bal'lett)Röckchen *n*.

tux·e·do [tʌk'siːdəʊ] *pl.* **-dos** *s. Am.* Smoking *m*.

TV [ˌtiː'viː] F **I** *adj.* Fernseh...; **II** *s.* a) 'Fernsehappaˌrat *m*, b) (**on ~** im) Fernsehen *n*; **~ din·ner** *s.* (tiefgefrorenes) Fertiggericht.

Die **BBC** (**British Broadcasting Corporation**) ist eine staatlich finanzierte Rundfunk- und Fernsehanstalt, die über 2 TV-Kanäle sowie 5 überregionale und mehr als 30 regionale Rundfunkstationen verfügt. Zu ihr gehört auch der **BBC World Service,** der über den Rundfunk und seit 1991 auch im Fernsehen (**BBC World Service TV**) zu empfangen ist.

twad·dle ['twɒdl] **I** *v/i.* **1.** quasseln; **II** *s.* **2.** Gequassel *n*; **3.** Quatsch *m*.

twain [tweɪn] **I** *adj. obs.* zwei: ***in ~*** entzwei; **II** *s. die* Zwei *pl.*

twang [twæŋ] **I** *v/i.* **1.** schwirren, (scharf) klingen; **2.** näseln; **II** *v/t.* **3.** *Saiten etc.* schwirren (lassen), zupfen; klimpern *od.* kratzen auf (*dat.*); **4.** *et.* näseln, durch die Nase sprechen; **III** *s.* **5.** scharfer Ton *od.* Klang, Schwirren *n*; **6.** Näseln *n*.

tweak [twiːk] **I** *v/t.* zwicken, kneifen; **II** *s.* Zwicken *n*.

tweed [twiːd] *s.* **1.** Tweed *m* (*Wollgewebe*); **2.** *pl.* Tweedsachen *pl.*

Twee·dle·dum and Twee·dle·dee [ˌtwiːdl'dʌmənˌtwiːdl'diː] *s.*: ***be*** (***alike***) ***as ~*** a) sich gleichen wie ein Ei dem andern, b) ‚Jacke wie Hose' sein.

'tween [twiːn] **I** *adv. u. prp.* → ***between***; **II** *in Zssgn* Zwischen...; **~ deck** *s.* ⚓ Zwischendeck *n*.

tween·y ['twiːnɪ] *s. obs.* Hausmagd *f*.

tweet·er ['twiːtə] *s. Radio*: Hochtonlautsprecher *m*.

tweez·ers ['twiːzəz] *s. pl. a.* ***pair of ~*** Pin'zette *f*.

twelfth [twelfθ] **I** *adj.* □ **1.** zwölft: ***℘ Night*** Dreikönigsabend *m*; **II** *s.* **2.** *der* (*die, das*) Zwölfte; **3.** Zwölftel *n*; **'twelfth·ly** [-lɪ] *adv.* zwölftens.

twelve [twelv] **I** *adj.* zwölf; **II** *s.* Zwölf *f*; **'twelve·mo** [-məʊ] *s. typ.* Duo'dez(forˌmat, -band *m*) *n*.

'twelve-tone *adj.* ♪ Zwölfton...

twen·ti·eth ['twentɪɪθ] **I** *adj.* **1.** zwanzigst; **II** *s.* **2.** *der* (*die, das*) Zwanzigste; **3.** Zwanzigstel *n*.

twen·ty ['twentɪ] **I** *adj.* **1.** zwanzig; **II** *s.* **2.** Zwanzig *f*; **3.** ***in the twenties*** in den Zwanzigerjahren (*e-s Jahrhunderts*); ***he is in his twenties*** er ist in den Zwanzigern.

twerp [twɜːp] *s. sl.* **1.** ‚(blöder) Heini'; **2.** ‚Niete' *f*, ‚Flasche' *f*.

twice [twaɪs] *adv.* zweimal: ***think ~ about s.th.*** *fig.* sich e-e Sache gründlich überlegen; ***he didn't think ~ about it*** er zögerte nicht lange; ***~ as much*** doppelt so viel, das Doppelte; ***~ the sum*** die doppelte Summe; **ˌ~-'told** *adj. fig.* alt, abgedroschen: ***~ tales***.

twid·dle ['twɪdl] *v/t.* (her'um)spielen mit: ***~ one's thumbs*** *fig.* Däumchen drehen, die Hände in den Schoß legen.

twig[1] [twɪg] *s.* **1.** (dünner) Zweig, Rute *f*: ***hop the ~*** F ‚abkratzen' (*sterben*); **2.** Wünschelrute *f*.

twig[2] [twɪg] *Brit. sl.* **I** *v/t.* **1.** ‚kapieren' (*verstehen*); **2.** ‚spitzkriegen'; **II** *v/i.* **3.** ‚kapieren'.

twi·light ['twaɪlaɪt] **I** *s.* **1.** (*mst* Abend-) Dämmerung *f*: ***~ of the gods*** *myth.* Götterdämmerung; **2.** Zwielicht *n* (*a. fig.*), Halbdunkel *n*; **3.** *fig. a.* ***~ state*** Dämmerzustand *m*; **II** *adj.* **4.** Zwielicht..., dämmerig, schattenhaft (*a. fig.*): ***~ sleep*** ⚕ *u. fig.* Dämmerschlaf *m*.

twill [twɪl] **I** *s.* Köper(stoff) *m*; **II** *v/t.* köpern.

twin [twɪn] **I** *s.* **1.** Zwilling *m*: ***the ℘s*** *ast.* die Zwillinge; **II** *adj.* **2.** Zwillings..., Doppel..., doppelt: ***~-bedded room*** Zweibettzimmer *n*; ***~ brother*** Zwillingsbruder *m*; ***~ engine*** ✈ Zwillingstriebwerk *n*; ***~-engined*** zweimotorig; ***~ town*** Partnerstadt *f*; ***~ track*** Doppelspur *f* (*Tonband*); **3.** ⚘ gepaart; **III** *v/t.* **4.** eng verbinden: ***Aberdeen is twinned with Regensburg*** Aberdeen ist die Partnerstadt von Regensburg; **5.** *Geschäftssparten etc.* zs.-legen, verbinden.

twine [twaɪn] **I** *s.* **1.** Bindfaden *m*, Schnur *f*; **2.** ⚙ Garn *n*, Zwirn *m*; **3.** Wick(e)lung *f*; **4.** Windung *f*; **5.** Geflecht *n*; **6.** ⚘ Ranke *f*; **II** *v/t.* **7.** *Fäden etc.* zs.-drehen, zwirnen; **8.** *Kranz* winden; **9.** *fig.* inein'ander schlingen, verflechten; **10.** schlingen, winden (***about, around*** um); **11.** um'schlingen, -'winden, -'ranken (***with*** mit); **III** *v/i.* **12.** sich verflechten (***with*** mit); **13.** sich winden *od.* schlingen; sich schlängeln; **'twin·er** [-nə] *s.* **1.** ⚘ Kletter-, Schlingpflanze *f*; **2.** ⚙ 'Zwirnmaˌschine *f*.

twinge [twɪndʒ] **I** *s.* **1.** stechender

T

Schmerz, Zwicken *n*, Stechen *n*, Stich *m* (*a. fig.*): **~ of conscience** Gewissensbisse *pl.*; **II** *v/t. u. v/i.* **2.** stechen; **3.** zwicken, kneifen.

twin·kle ['twɪŋkl] **I** *v/i.* **1.** (auf)blitzen, glitzern, funkeln (*Sterne etc.*; *a. Augen*); **2.** huschen; **3.** (verschmitzt) zwinkern, blinzeln; **II** *s.* **4.** Blinken *n*, Blitzen *n*, Glitzern *n*; **5.** (Augen)Zwinkern *n*, Blinzeln *n*: ***a humorous ~***; **6.** → ***twinkling*** 2; '**twin·kling** [-lɪŋ] *s.* **1.** → ***twinkle*** 4, 5; **2.** *fig.* Augenblick *m*: ***in the ~ of an eye*** im Nu, im Handumdrehen.

twin·ning ['twɪnɪŋ] *s.* **1.** ⚕ Zwillingsschwangerschaft *f*; **2.** Städtepartnerschaft(en *pl.*) *f*.

twirl [twɜːl] **I** *v/t.* **1.** (her'um)wirbeln, quirlen; *Daumen*, *Locke etc.* drehen; *Bart* zwirbeln; → *a.* ***twiddle***; **II** *v/i.* **2.** (sich her'um)wirbeln; **III** *s.* **3.** schnelle (Um)'Drehung, Wirbel *m*; **4.** Schnörkel *m*.

twist [twɪst] **I** *v/t.* **1.** drehen: **~ *off*** losdrehen, *Deckel* abschrauben; **2.** zs.-drehen, zwirnen; **3.** verflechten, -schlingen; **4.** *Kranz etc.* winden, *Schnur etc.* wickeln: ***~ s.o. round one's (little) finger*** j-n um den (kleinen) Finger wickeln; **5.** um'winden; **6.** wringen; **7.** (ver)biegen, (-)krümmen; *Fuß* vertreten; *Gesicht* verzerren: ***~ s.o.'s arm*** a) j-m den Arm verdrehen, b) F *fig.* j-n (*zu et.*) über'reden; ***well, if you ~ my arm*** F *fig.* also, bevor ich mich schlagen lasse; ***~ed mind*** *fig.* verbogener *od.* krankhafter Geist; ***~ed with pain*** schmerzverzerrt (*Züge*); **8.** *fig. Sinn*, *Bericht* verdrehen, entstellen; **9.** *dem Ball* Ef'fet geben; **II** *v/i.* **10.** sich drehen: ***~ round*** sich umdrehen; **11.** sich krümmen; **12.** sich winden (*a. fig.*); **13.** sich winden *od.* schlängeln (*Fluss etc.*); **14.** sich verziehen *od.* verzerren (*a. Gesicht*); **15.** sich verschlingen; **III** *s.* **16.** Drehung *f*, Windung *f*, Biegung *f*, Krümmung *f*; **17.** Drehung *f*, Rotati'on *f*; **18.** Geflecht *n*; **19.** Zwirnung *f*; **20.** Verflechtung *f*, Knäuel *m*, *n*; **21.** (Gesichts)Verzerrung *f*; **22.** *fig.* Verdrehung *f*; **23.** *fig.* Veranlagung *od.* Neigung (***towards*** zu); **24.** *fig.* Trick *m*, ,Dreh' *m*; **25.** *fig.* über'raschende Wendung, ,'Knallef,fekt' *m*; **26.** ⚙ a) Drall *m* (*Schusswaffe*, *Seil etc.*), b) Torsi'on *f*; **27.** Spi'rale *f*: ***~ drill*** ⚙ Spiralbohrer *m*; **28.** ♪ Twist *m* (*Tanz*); **29.** a) (Seiden-, Baumwoll)Twist *m*, b) Zwirn *m*; **30.** Seil *n*, Schnur *f*; **31.** Rollentabak *m*; **32.** *Bäckerei*: Kringel *m*, Zopf *m*; **33.** *Wasserspringen*: Schraube *f*; '**twist·er** [-tə] *s.* **1.** a) Dreher(in), Zwirner(in), b) Seiler(in); **2.** ⚙ 'Zwirn-, 'Drehma,schine *f*; **3.** *sport* Ef'fetball *m*; **4.** F harte Nuss, knifflige Sache; **5.** F Gauner *m*; **6.** *Am.* Tor'nado *m*, Wirbel(wind) *m*; '**twist·y** [-tɪ] *adj.* **1.** gewunden, kurvenreich; **2.** *fig.* falsch, verschlagen.

twit[1] [twɪt] *v/t.* **1.** *j-n* aufziehen (***with*** mit); **2.** *j-m* Vorwürfe machen (***with*** wegen).

twit[2] [twɪt] *s. Brit.* F Trottel *m*.

twitch [twɪtʃ] **I** *v/t.* **1.** zupfen, zerren, reißen; **2.** zucken mit; **II** *v/i.* **3.** zucken (***with*** vor); **III** *s.* **4.** Zucken *n*, Zuckung *f*; **5.** Ruck *m*; **6.** Stich *m* (*Schmerz*); **7.** Nasenbremse *f* (*Pferd*).

twit·ter ['twɪtə] **I** *v/i.* **1.** zwitschern (*Vogel*), zirpen (*a. Insekt*); **2.** *fig.* a) (aufgeregt) schnattern, b) piepsen, c) kichern; **3.** F (vor Aufregung) zittern; **II** *v/t.* **4.** *et.* zwitschern; **III** *s.* **5.** Gezwitscher *n*; **6.** *fig.* Geschnatter *n* (*Person*); **7.** Kichern *n*; **8.** Nervosi'tät *f*: ***in a ~*** aufgeregt.

two [tuː] **I** *s.* **1.** Zwei *f* (*Zahl*, *Spielkarte*, *Uhrzeit etc.*); **2.** Paar *n*: ***the ~*** die beiden, beide; ***the ~ of us*** wir beide; ***put ~ and ~ together*** *fig.* es sich zs.-reimen, s-e Schlüsse ziehen; ***in*** (*od.* ***by***) ***~s*** zu zweien, paarweise; ***~ and ~*** paarweise, zwei u. zwei; ***~ can play at that game!*** das kann ich (*od.* ein anderer) auch! **II** *adj.* **3.** zwei: ***one or ~*** einige; ***in a day or ~*** in ein paar Tagen; ***in ~*** entzwei; ***cut in ~*** entzweischneiden; **4.** beide: ***the ~ cars***; '**~-bit** *adj. Am.* F **1.** 25-Cent-...; **2.** billig (*a. fig. contp.*); klein, unbedeutend; '**~-,cy·cle** *adj.* ⚙ Zweitakt...: ***~ engine***; **,~-'edged** *adj.* zweischneidig (*a. fig.*); **,~-'faced** *adj. fig.* falsch, heuchlerisch; **,~-'fist·ed** *adj. Am.* F *fig.* ,knallhart'; handfest; '**~·fold** *adj. u. adv.* zweifach, doppelt; **,~-'four** *adj.* ♪ Zweiviertel...; **,~-'hand·ed** *adj.* **1.** zweihändig; **2.** für zwei Per'sonen (*Spiel etc.*); '**~-horse** *adj.* zweispännig; '**~-job man** *s.* [*irr.*] Doppelverdiener *m*; '**~-lane** *adj.* zweispurig (*Straße*); **~·pence** ['tʌpəns] *s. Brit.* zwei Pence *pl.*: ***not to care ~ for*** *fig.* sich nicht scheren um; ***he didn't care ~*** es war ihm völlig egal; **~·pen·ny** ['tʌpnɪ] *adj.* **1.** zwei Pence wert *od.* betragend, Zweipenny...; **2.** *fig.* armselig, billig; **~·pen·ny-half·pen·ny** [,tʌpnɪ'heɪpnɪ] *adj.* **1.** Zweieinhalbpenny...; **2.** *fig.* mise'rabel, schäbig; '**~-phase** *adj.* ⚡ zweiphasig, Zweiphasen...; '**~-piece** **I** *adj.* zweiteilig; **II** *s.* a) *a.* ***~ dress*** Jackenkleid *n*, b) *a.* ***~ swimming suit*** Zweiteiler *m*; '**~-ply** *adj.* doppelt (*Stoff etc.*); zweischäftig (*Tau*); zweisträhnig (*Wolle etc.*); **,~-'seat·er** *s.* ✈, *mot.* Zweisitzer *m*; '**~·some** [-səm] *s.* **1.** *Golf*: Zweier(spiel *n*) *m*; **2.** *bsd. humor.* ,Duo' *n*, ,Pärchen' *n*; '**~-speed** *adj.* ⚙ Zweigang...; '**~-stage** *adj.* ⚙ zweistufig; '**~-step** *s.* Twostepp *m* (*Tanz*); '**~-stroke** *adj. mot.* Zwei-

T

takt...; '~-time v/t. F 1. bsd. Ehepartner betrügen; 2. j-n ‚reinlegen'; '~-way adj. Zweiweg(e)..., Doppel...: ~ adapter (od. plug) ⚡ Doppelstecker m; ~ cock Zweiwegehahn m; ~ communication ⚡ Doppelverkehr m, Gegensprechen n; ~ traffic Gegenverkehr m.

ty·coon [taɪ'kuːn] s. F 1. Indu'striemag,nat m, -kapi,tän m: **oil** ~ Ölmagnat; 2. pol. ‚Oberbonze' m.

ty·ing ['taɪɪŋ] pres. p. von **tie**.

tyke [taɪk] s. 1. Köter m; 2. Lümmel m, Kerl m; 3. Am. F Kindchen n.

tym·pan ['tɪmpən] s. 1. typ. Pressdeckel m; 2. → **tympanum** 2; **tym·pan·ic** [tɪm'pænɪk] adj. anat. Mittelohr..., Trommelfell...: ~ **membrane** Trommelfell n; **tym·pa·ni·tis** [,tɪmpə'naɪtɪs] s. ⚕ Mittelohrentzündung f; '**tym·pa·num** [-nəm] pl. **-na** [-nə], **-nums** s. 1. anat. a) Mittelohr n, b) Trommelfell n; 2. △ Tympanon n: a) Giebelfeld n, b) Türbogenfeld n.

type [taɪp] I s. 1. Typ(us) m: a) Urform f, b) typischer Vertreter, c) charakte'ristische Klasse; 2. Ur-, Vorbild n, Muster n; 3. ⚙ Typ m, Mo'dell n, Ausführung f, Baumuster n: ~ **plate** Typenschild n; 4. Art f, Schlag m, Sorte f (alle a. F); **out of** ~ atypisch; **he acted out of** ~ das war sonst nicht s-e Art; → **true** 4; 5. typ. a) Letter f, (Druck)Type f, b) coll. Lettern pl., Schrift f, Druck m: **in** ~ (ab)gesetzt; **set** (**up**) **in** ~ setzen; 6. fig. Sinnbild n, Sym'bol n (**of** gen. od. für); II v/t. 7. mit der Ma'schine (ab-) schreiben, (ab)tippen: ~**d** maschine(n)geschrieben; **typing pool** Schreibsaal m, -büro n; 8. ~ **into** in e-n Computer eingeben, -tippen; III v/i. 9. Ma'schine schreiben, tippen; ~ **a·re·a** s. typ. Satzspiegel m; '~**·cast** v/t. [irr. → **cast**] thea. etc. a) e-m Schauspieler e-e s-m Typ entsprechende Rolle geben, b) e-n Schauspieler auf ein bestimmtes Rollenfach festlegen; '~**·face** s. typ. 1. Schriftbild n; 2. Schriftart f; ~ **found·er** s. typ. Schriftgießer m; ~ **found·ry** s. typ. Schriftgieße'rei f; ~ **met·al** s. typ. 'Letternme,tall n; '~,**over mode** s. Computer: 'Überschreibemodus m; ~ **page** s. typ. Satzspiegel m; '~**·script** s. Ma'schinenschrift(satz m) f, ma'schine(n)geschriebener Text; '~,**set·ter** s. typ. (Schrift)Setzer m; ~ **spec·i·men** s. 1. ⚙ 'Musterexem,plar n; 2. biol. Typus m, Origi'nal n; '~**·write** v/t. u. v/i. [irr. → **write**] → **type** 7, 9; '~,**writ·er** s. 1. 'Schreibma,schine f: ~ **ribbon** Farbband n; 2. a. ~ **face** typ. 'Schreibma,schinenschrift f; '~,**writ·ing** s. 1. Ma'schineschreiben n; 2. Ma'schinenschrift f; '~,**writ·ten** adj. ma'schine(n)geschrieben, in Ma'schinenschrift.

ty·phoid ['taɪfɔɪd] ⚕ I adj. ty'phös, Typhus...: ~ **fever** → II s. ('Unterleibs-) Typhus m.

ty·phoon [taɪ'fuːn] s. Tai'fun m.

ty·phus ['taɪfəs] s. ⚕ Flecktyphus m, -fieber n.

typ·i·cal ['tɪpɪkl] adj. □ 1. typisch: a) repräsenta'tiv, b) charakte'ristisch, bezeichnend, kennzeichnend (**of** für): **be** ~ **of** et. kennzeichnen od. charakterisieren; 3. sym'bolisch, sinnbildlich (**of** für); 4. a) vorbildlich, echt, b) hinweisend (**of** auf et. Künftiges); '**typ·i·cal·ness** [-nɪs] s. 1. das Typische; 2. Sinnbildlichkeit f; '**typ·i·fy** [-ɪfaɪ] v/t. 1. typisch od. ein typisches Beispiel sein für, verkörpern; 2. versinnbildlichen.

typ·ist ['taɪpɪst] s. 1. Ma'schinenschreiber(in); 2. Schreibkraft f.

ty·pog·ra·pher [taɪ'pɒgrəfə] s. 1. (Buch)Drucker m; 2. (Schrift)Setzer m; **ty·po·graph·ic**, **ty·po·graph·i·cal** [,taɪpə'græfɪk(l)] adj. □ 1. Druck..., drucktechnisch: ~ **error** Druckfehler m; 2. typo'graphisch, Buchdruck(er)...; **ty'pog·ra·phy** [-fɪ] s. 1. Buchdruckerkunst f, Typogra'phie f; 2. (Buch-) Druck m; 3. Druckbild n.

ty·po·log·i·cal [,taɪpə'lɒdʒɪkl] adj. typo'logisch; **ty·pol·o·gy** [taɪ'pɒlədʒɪ] s. Typolo'gie f.

ty·ran·nic, **ty·ran·ni·cal** [tɪ'rænɪk(l)] adj. □ ty'rannisch; **ty'ran·ni·cide** [-ɪsaɪd] s. 1. Ty'rannenmord m; 2. Ty'rannenmörder m; **tyr·an·nize** ['tɪrənaɪz] I v/i. ty'rannisch sein od. herrschen: ~ **over** → II v/t. tyrannisieren; **tyr·an·nous** ['tɪrənəs] adj. □ rhet. ty'rannisch; **tyr·an·ny** ['tɪrənɪ] s. 1. Tyran'nei f: a) Despo'tismus, b) Gewalt-, Willkürherrschaft f; 2. Tyran'nei f (tyrannische Handlung etc.); 3. antiq. Ty'rannis f; **ty·rant** ['taɪərənt] s. Ty'rann(in).

tyre etc. bsd. Brit. → **tire²** etc.

ty·ro ['taɪərəʊ] pl. **-ros** s. Anfänger(in), Neuling m.

Tyr·o·lese [,tɪrə'liːz] I pl. **-lese** s. Ti'roler(in); II adj. ti'rol(er)isch, Tiroler(...).

tzar etc. → **czar** etc.

T

U

U, u [juː] **I** *s.* **1.** U *n*, u *n* (*Buchstabe*); **2.** U *n*: ***U-bolt*** ⚙ U-Bolzen *m*; **II** *adj.* **3.** ***U*** *Brit.* F vornehm; **4.** *Brit.* jugendfrei: ***~ film***.

u·biq·ui·tous [juːˈbɪkwɪtəs] *adj.* ☐ allˈgegenwärtig, (gleichzeitig) ˈüberall zu finden(d); **uˈbiq·ui·ty** [-kwətɪ] *s.* Allˈgegenwart *f*.

ˈU-boat *s.* ⚓ U-Boot *n*, (deutsches) ˈUnterseeboot.

u·dal [ˈjuːdl] *s.* ⚖ *hist.* Alˈlod(ium) *n*, Freigut *n*.

ud·der [ˈʌdə] *s.* Euter *n*.

u·dom·e·ter [juːˈdɒmɪtə] *s. meteor.* Regenmesser *m*, Udoˈmeter *n*.

ugh [ʌx; ʊh; ɜːh] *int.* hu!, pfui!

ug·li·fy [ˈʌglɪfaɪ] *v/t.* hässlich machen, entstellen; **ˈug·li·ness** [-ɪnɪs] *s.* Hässlichkeit *f*; **ug·ly** [ˈʌglɪ] **I** *adj.* ☐ **1.** hässlich, garstig (*beide a. fig.*); **2.** *fig.* gemein, schmutzig; **3.** unangenehm, ˈwiderwärtig, übel: ***an ~ customer*** ein unangenehmer Kerl, ‚ein übler Kunde'; **4.** bös, schlimm, gefährlich (*Situation, Wunde etc.*); **II** *s.* **5.** F hässlicher Mensch; ‚Ekel' *n*.

UHT milk [ˈjuːeɪtʃtiː] *s.* H-Milch *f*.

u·kase [juːˈkeɪz] *s. hist. u. fig.* Ukas *m*, Erlass *m*, Befehl *m*.

U·krain·i·an [juːˈkreɪnjən] **I** *adj.* **1.** ukraˈinisch; **II** *s.* **2.** Ukraˈiner(in); **3.** *ling.* Ukraˈinisch *n*.

u·ku·le·le [ˌjuːkəˈleɪlɪ] *s.* ♪ Ukuˈlele *f*, *n*.

ul·cer [ˈʌlsə] *s.* **1.** ⚕ (*Magen- etc.*)Geschwür *n*; **2.** *fig.* a) (Eiter)Beule *f*, b) Schandfleck *m*; **ˈul·cer·ate** [-əreɪt] ⚕ **I** *v/t.* schwären lassen: ***~d*** eitrig, vereitert; **II** *v/i.* geschwürig werden, schwären; **ul·cer·a·tion** [ˌʌlsəˈreɪʃn] *s.* ⚕ Geschwür(bildung *f*) *n*; Schwären *n*, (Ver-)Eiterung *f*; **ul·cer·ous** [ˈʌlsərəs] *adj.* ☐ **1.** ⚕ geschwürig, eiternd; Geschwür(s)..., Eiter...; **2.** *fig.* korˈrupt, giftig.

ul·lage [ˈʌlɪdʒ] *s.* ✝ Schwund *m*: a) Leckage *f*, Flüssigkeitsverlust *m*, b) Gewichtsverlust *m*.

ul·na [ˈʌlnə] *pl.* **-nae** [-niː] *s. anat.* Elle *f*.

ul·ster [ˈʌlstə] *s.* Ulster(mantel) *m*.

ul·te·ri·or [ʌlˈtɪərɪə] *adj.* ☐ **1.** (*räumlich*) jenseitig; **2.** später (folgend), weiter, anderweitig: ***~ action***; **3.** *fig.* tiefer (liegend), versteckt: ***~ motives*** tiefere Beweggründe, Hintergedanken.

ul·ti·mate [ˈʌltɪmət] **I** *adj.* ☐ **1.** äußerst, (aller)letzt; höchst; **2.** entferntest; **3.** endgültig, End...: ***~ consumer*** ✝ Endverbraucher *m*; ***~ result*** Endergebnis *n*; **4.** grundlegend, elemenˈtar, Grund...; **5.** ⚙, *phys.* Höchst..., Grenz...: ***~ strength*** Bruchfestigkeit *f*; **II** *s.* **6.** *das* Letzte, *das* Äußerste; **7.** *fig. der* Gipfel (***in*** an *dat.*); **ˈul·ti·mate·ly** [-lɪ] *adv.* schließlich, endlich, letzten Endes, im Grunde.

ul·ti·ma·tum [ˌʌltɪˈmeɪtəm] *pl.* **-tums**, **-ta** [-tə] *s. pol. u. fig.* Ultiˈmatum *n* (***to*** an *acc.*): ***deliver an ~ to*** *j-m* ein Ultimatum stellen.

ul·ti·mo [ˈʌltɪməʊ] (*Lat.*) *adv.* ✝ letzten *od.* vorigen Monats.

ul·tra [ˈʌltrə] **I** *adj.* **1.** exˈtrem, radiˈkal, Erz..., Ultra...; **2.** ˈübermäßig, überˈtrieben; ultra..., super...; **II** *s.* **3.** Extreˈmist *m*, Ultra *m*; **ˈ~-high fre·quen·cy** ⚡ **I** *s.* Ultraˈhochfreˌquenz *f*, Ultraˈkurzwelle *f*; **II** *adj.* Ultrahochfrequenz..., Ultrakurzwellen...

ul·tra·ism [ˈʌltrəɪzəm] *s.* Extreˈmismus *m*.

ul·tra|·ma·rine [ˌʌltrəməˈriːn] **I** *adj.* **1.** ˈüberseeisch; **2.** 🧪, *paint.* ultramaˈrin: ***~ blue*** → **II** *s.* **3.** Ultramaˈrin(blau) *n*; **ˌ~ˈmod·ern** *adj.* ˈultra-, ˈhypermoˌdern; **ˌ~ˈmon·tane** [-ˈmɒnteɪn] **I** *adj.* **1.** jenseits der Berge (gelegen); **2.** südlich der Alpen (gelegen), italiˈenisch; **3.** *pol., eccl.* ultramonˈtan, streng päpstlich; **II** *s.* **4.** → **ˌ~ˈmon·ta·nist** [-ˈmɒntənɪst] *s.* Ultramonˈtane(r *m*) *f*; **ˌ~ˈna·tion·al** *adj.* ˈultranatioˌnal; **ˌ~ˈshort wave** *s.* ⚡ Ultraˈkurzwelle *f*; **ˌ~ˈson·ic** *phys.* **I** *adj.* Ultraschall...; **II** *s. pl. sg. konstr.* (Lehre *f* vom) Ultraschall *m*; **ˈ~·sound** *s. phys.*, ⚕ **1.** ˈUltraschall *m*; **2.** *a.* ***~ scan*** ˈUltraschallˌaufnahme *f*: ***~ scanner*** Ultraschallgerät *n*; **ˌ~-ˈvi·o·let** *adj. phys.* ˈultravioˌlett.

ul·tra vi·res [ˌʌltrəˈvaɪəriːz] (*Lat.*) *adv. u. pred. adj.* ⚖ über j-s Macht *od.* Befugnisse (hinˈausgehend).

ul·u·late [ˈjuːljʊleɪt] *v/i.* heulen; **ul·u·la·tion** [ˌjuːljʊˈleɪʃn] *s.* Heulen *n*, (Weh-)Klagen *n*.

um·bel [ˈʌmbəl] *s.* ✿ Dolde *f*; **ˈum·bel·late** [-leɪt] *adj.* doldenblütig, Dolden...; **um·bel·li·fer** [ʌmˈbelɪfə] *s.* Doldengewächs *n*; **um·bel·lif·er·ous** [ˌʌmbeˈlɪfərəs] *adj.* doldenblütig, Dolden tragend.

um·ber ['ʌmbə] *s.* **1.** *min.* Umber(erde *f*) *m*, Umbra *f*; **2.** *paint.* Erd-, Dunkelbraun *n*.

um·bil·i·cal [ˌʌmbɪ'laɪkl] *adj. anat.* Nabel...: ~ (**cord**) Nabelschnur *f*; **um·bil·i·cus** [ʌm'bɪlɪkəs] *pl.* **-cus·es** *s.* **1.** *anat.* Nabel *m*; **2.** (nabelförmige) Delle; **3.** ⚘ (Samen)Nabel *m*; **4.** ⩓ Nabelpunkt *m*.

um·bra ['ʌmbrə] *pl.* **-brae** [-briː], **-bras** *s. ast.* a) Kernschatten *m*, b) Umbra *f* (*dunkler Kern e-s Sonnenflecks*).

um·brage ['ʌmbrɪdʒ] *s.* **1.** Anstoß *m*, Ärgernis *n*: ***give*** ~ Anstoß erregen (***to*** bei); ***take*** ~ ***at*** Anstoß nehmen an (*dat.*); **2.** *poet.* Schatten *m von Bäumen*; **um·bra·geous** [ʌm'breɪdʒəs] *adj.* ☐ **1.** schattig, Schatten spendend; **2.** *fig.* empfindlich, übelnehmerisch.

um·brel·la [ʌm'brelə] *s.* **1.** (*bsd.* Regen-)Schirm *m*: ~ ***stand*** Schirmständer *m*; ***get*** (*od.* ***put***) ***under one*** ~ *fig.* ‚unter 'einen Hut bringen'; **2.** ✈, ⚔ a) Jagdschutz *m*, Abschirmung *f*, b) *a.* ~ ***barrage*** Feuervorhang *m*, -glocke *f*; **3.** *fig.* a) Schutz *m*, b) Rahmen *m*, c) Dach...: ~ ***organization***.

um·laut ['ʊmlaʊt] *ling.* **I** *s.* 'Umlaut(zeichen *n*) *m*; **II** *v/t.* 'umlauten.

um·pire ['ʌmpaɪə] **I** *s.* **1.** *sport etc.* Schiedsrichter *m*, 'Unparˌteiische(r *m*) *f*; **2.** ⚖ Obmann *m* e-s Schiedsgerichts; **II** *v/t.* **3.** als Schiedsrichter fungieren bei, *sport a. das Spiel* leiten.

ump·teen [ˌʌmp'tiːn] *adj.* F ‚zig' (*viele*): ~ ***times*** x-mal; ˌ**ump'teenth** [-nθ], '**ump·ti·eth** [-tɪɪθ] *adj.* F ‚zigst', *der* (*die, das*) 'soundso'vielte ...: ***for the*** ~ ***time*** zum x-ten Mal.

'un [ən] *pron.* F *für* ***one***.

un- [ʌn] *in Zssgn* **1.** Un..., un..., nicht...; **2.** ent..., los..., auf..., ver... (*bei Verben*).

ˌ**un·a'bashed** *adj.* **1.** unverfroren; **2.** unerschrocken.

un·a·bat·ed [ˌʌnə'beɪtɪd] *adj.* unvermindert; ˌ**un·a'bat·ing** [-tɪŋ] *adj.* unablässig, anhaltend.

ˌ**un·ab'bre·vi·at·ed** *adj.* ungekürzt.

un'a·ble *adj.* **1.** unfähig, außer'stande (***to do*** zu tun): ***be*** ~ ***to work*** nicht arbeiten können, arbeitsunfähig sein; ~ ***to pay*** zahlungsunfähig, insolvent; **2.** untauglich, ungeeignet (***for*** für).

ˌ**un·a'bridged** *adj.* ungekürzt.

ˌ**un·ac'cent·ed** *adj.* unbetont.

ˌ**un·ac'cept·a·ble** *adj.* **1.** unannehmbar (***to*** für); **2.** untragbar, unerwünscht (***to*** für).

ˌ**un·ac'com·mo·dat·ing** *adj.* **1.** ungefällig, **2.** unnachgiebig.

ˌ**un·ac'com·pa·nied** *adj.* unbegleitet, ohne Begleitung (*a.* ♪).

ˌ**un·ac'com·plished** *adj.* **1.** 'unvollˌendet, unfertig; **2.** *fig.* ungebildet.

ˌ**un·ac'count·a·ble** *adj.* ☐ **1.** nicht verantwortlich; **2.** unerklärlich, seltsam; ˌ**un·ac'count·a·bly** *adv.* unerklärlicherweise.

ˌ**un·ac'count·ed-for** *adj.* **1.** unerklärt (geblieben); **2.** nicht belegt.

ˌ**un·ac'cus·tomed** *adj.* **1.** ungewohnt; **2.** nicht gewöhnt (***to*** an *acc.*).

un·a·chiev·a·ble [ˌʌnə'tʃiːvəbl] *adj.* **1.** unausführbar; **2.** unerreichbar; ˌ**un·a'chieved** [-vd] *adj.* unerreicht, 'unvollˌendet.

ˌ**un·ac'knowl·edged** *adj.* **1.** nicht anerkannt; **2.** uneingestanden; **3.** unbestätigt (*Brief etc.*).

ˌ**un·ac'quaint·ed** *adj.* (***with***) unerfahren (in *dat.*), nicht vertraut (mit), unkundig (*gen.*): ***be*** ~ ***with*** *et.* nicht kennen.

ˌ**un'act·a·ble** *adj. thea.* nicht bühnengerecht, unaufführbar.

ˌ**un·a'dapt·a·ble** *adj.* **1.** nicht anpassungsfähig (***to*** an *acc.*); **2.** nicht anwendbar (***to*** auf *acc.*); **3.** ungeeignet (***for***, ***to*** für, zu); ˌ**un·a'dapt·ed** *adj.* **1.** nicht angepasst (***to*** *dat. od.* an *acc.*); **2.** ungeeignet, nicht eingerichtet (***to*** für).

ˌ**un·ad'dressed** *adj.* ohne Anschrift.

ˌ**un·a'dorned** *adj.* schmucklos.

ˌ**un·a'dul·ter·at·ed** *adj.* rein, unverfälscht, echt.

ˌ**un·ad'ven·tur·ous** *adj.* **1.** ohne Unter'nehmungsgeist; **2.** ereignislos (*Reise*).

'**un·adˌvis·a'bil·i·ty** *s.* Unratsamkeit *f*; ˌ**un·ad'vis·a·ble** *adj.* ☐ unratsam, nicht ratsam *od.* empfehlenswert; ˌ**un·ad'vised** *adj.* ☐ **1.** unberaten; **2.** unbesonnen, 'unüberˌlegt.

ˌ**un·af'fect·ed** *adj.* ☐ **1.** ungekünstelt, nicht affektiert (*Stil, Auftreten etc.*); **2.** echt, aufrichtig; **3.** unberührt, ungerührt, unbeeinflusst (***by*** von); ˌ**un·af'fect·ed·ness** [-nɪs] *s.* Na'türlichkeit *f*, Aufrichtigkeit *f*.

ˌ**un·a'fraid** *adj.* furchtlos: ***be*** ~ ***of*** keine Angst haben vor (*dat.*).

ˌ**un'aid·ed** *adj.* **1.** ohne Unter'stützung, ohne Hilfe (***by*** von); (ganz) al'lein; **2.** unbewaffnet, bloß (*Auge*).

ˌ**un'al·ien·a·ble** *adj.* ☐ unveräußerlich (*a. fig. Recht*).

ˌ**un·al'loyed** *adj.* **1.** ⚗ unvermischt, unlegiert; **2.** *fig.* ungetrübt, rein: ~ ***happiness***.

un'al·ter·a·ble *adj.* ☐ unveränderlich, unabänderlich; ˌ**un'al·tered** *adj.* unverändert.

ˌ**un·a'mazed** *adj.* nicht verwundert: ***be*** ~ ***at*** sich nicht wundern über (*acc.*).

un·am·big·u·ous [ˌʌnæm'bɪgjʊəs] *adj.* ☐ unzweideutig; ˌ**un·am'big·u·ous·ness** [-nɪs] *s.* Eindeutigkeit *f*.

ˌ**un·am'bi·tious** *adj.* ☐ **1.** nicht ehrgeizig, ohne Ehrgeiz; **2.** anspruchslos, schlicht (*Sache*).

ˌ**un·a'me·na·ble** *adj.* **1.** unzugänglich

U

(**to** *dat.* *od.* für); **2.** nicht verantwortlich (**to** gegenüber).

ˌun·aˈmend·ed *adj.* unverbessert, unabgeändert; nicht ergänzt.

ˌun-Aˈmer·i·can *adj.* **1.** ˈunameriˌkanisch; **2.** ~ **activities** *pol. Am.* staatsfeindliche Umtriebe.

ˌunˈa·mi·a·ble *adj.* □ unliebenswürdig, unfreundlich.

ˌun·aˈmus·ing *adj.* □ nicht unterˈhaltsam, langweilig, unergötzlich.

u·na·nim·i·ty [ˌjuːnəˈnɪmətɪ] *s.* **1.** Einstimmigkeit *f*; **2.** Einmütigkeit *f*; **u·nan·i·mous** [juːˈnænɪməs] *adj.* □ **1.** einmütig, einig; **2.** einstimmig (*Beschluss etc.*).

ˌun·anˈnounced *adj.* unangemeldet, unangekündigt.

ˌunˈan·swer·a·ble *adj.* □ **1.** nicht zu beantworten(d); unlösbar (*Rätsel*); **2.** ˈunwiderˌlegbar; **3.** nicht verantwortlich *od.* haftbar; **ˌunˈan·swered** *adj.* **1.** unbeantwortet; **2.** ˈunwiderˌlegt.

un·ap·peal·a·ble [ˌʌnəˈpiːləbl] *adj.* ⚖ nicht berufungs- *od.* rechtsmittelfähig, unanfechtbar.

un·ap·peas·a·ble [ˌʌnəˈpiːzəbl] *adj.* **1.** nicht zu besänftigen(d), unversöhnlich; **2.** nicht zuˈfrieden zu stellen(d), unersättlich.

ˌunˈap·pe·tiz·ing *adj.* □ ˈunappeˌtitlich, *fig. a.* wenig reizvoll.

ˌun·apˈplied *adj.* nicht angewandt *od.* gebraucht: ~ **funds** totes Kapital.

ˌun·apˈpre·ci·at·ed *adj.* nicht gebührend gewürdigt *od.* geschätzt, unbeachtet.

ˌun·apˈproach·a·ble *adj.* □ unnahbar.

ˌun·apˈpro·pri·at·ed *adj.* **1.** herrenlos; **2.** nicht verwendet *od.* gebraucht; **3.** ✝ nicht zugeteilt, keiner bestimmten Verwendung zugeführt.

ˌun·apˈproved *adj.* ungebilligt, nicht genehmigt.

ˌunˈapt *adj.* □ **1.** ungeeignet, untauglich (**for** für, zu); **2.** unangebracht, unpassend; **3.** nicht geeignet (**to do** zu tun); **4.** ungeschickt (**at** bei, in *dat.*).

ˌunˈar·gued *adj.* **1.** unbesprochen; **2.** unbestritten.

ˌunˈarmed *adj.* **1.** unbewaffnet; **2.** unscharf (*Munition*).

ˌunˈar·mo(u)red *adj.* **1.** *bsd.* ⚔, ⚓ ungepanzert; **2.** ⚙ nicht bewehrt.

ˌun·as·cerˈtain·a·ble *adj.* nicht feststellbar; **ˌun·as·cerˈtained** *adj.* nicht (sicher) festgestellt.

ˌun·aˈshamed *adj.* □ **1.** nicht beschämt; **2.** schamlos.

ˌunˈasked *adj.* **1.** ungefragt; **2.** ungebeten, unaufgefordert; **3.** uneingeladen.

ˌun·asˈpir·ing *adj.* □ ohne Ehrgeiz, anspruchslos, bescheiden.

ˌun·asˈsail·a·ble *adj.* **1.** unangreifbar (*a. fig.*); **2.** *fig.* unanfechtbar.

ˌun·asˈsign·a·ble *adj.* ⚖ nicht überˈtragbar.

ˌun·asˈsist·ed *adj.* □ ohne Hilfe *od.* Unterˈstützung (**by** von), (ganz) alˈlein.

ˌun·asˈsum·ing *adj.* □ anspruchslos, bescheiden.

ˌun·atˈtached *adj.* **1.** nicht befestigt (**to** an *dat.*); **2.** nicht gebunden, unabhängig; **3.** ungebunden, frei, ledig; **4.** *ped.*, *univ.* exˈtern, keinem College angehörend (*Student*); **5.** ⚔ zur Dispositiˈon stehend; **6.** ⚖ nicht mit Beschlag belegt.

ˌun·atˈtain·a·ble *adj.* □ unerreichbar.

ˌun·atˈtempt·ed *adj.* unversucht.

ˌun·atˈtend·ed *adj.* **1.** unbegleitet; **2.** *mst* ~ **to** a) unbeaufsichtigt, b) vernachlässigt.

ˌun·atˈtest·ed *adj.* **1.** unbezeugt, unbestätigt; **2.** *Brit.* (behördlich) nicht überˈprüft.

ˌun·atˈtrac·tive *adj.* □ wenig anziehend, reizlos, ˈunattrakˌtiv.

ˌunˈau·thor·ized *adj.* **1.** nicht bevollmächtigt, unbefugt: ~ **person** Unbefugte(r *m*) *f*; **2.** unerlaubt; unberechtigt (*Nachdruck etc.*).

un·a·vail·a·ble [ˌʌnəˈveɪləbl] *adj.* □ **1.** nicht verfügbar *od.* vorˈhanden; **2.** → **ˌun·aˈvail·ing** [-lɪŋ] *adj.* □ frucht-, nutzlos, vergeblich.

un·a·void·a·ble [ˌʌnəˈvɔɪdəbl] *adj.* □ **1.** unvermeidlich, unvermeidbar: ~ **cost** notwendige Kosten; **2.** ⚖ unanfechtbar.

un·a·ware [ˌʌnəˈweə] *adj.* **1.** (**of**) nicht gewahr (*gen.*), in Unkenntnis (*gen.*): **be** ~ **of** sich *e-r Sache* nicht bewusst sein, *et.* nicht wissen *od.* bemerken; **2.** nichts ahnend: **he was** ~ **that** er ahnte nicht, dass; **ˌun·aˈwares** [-eəz] *adv.* **1.** versehentlich, unabsichtlich; **2.** unversehens, unerwartet, unvermutet: **catch** (*od.* **take**) **s.o.** ~ j-n überraschen; **at** ~ unverhofft, überraschend.

ˌunˈbacked *adj.* **1.** ohne Rückhalt *od.* Unterˈstützung; **2.** ~ **horse** Pferd, auf das nicht gesetzt wurde; **3.** ✝ ungedeckt, nicht indossiert.

ˌunˈbaked *adj.* **1.** ungebacken; **2.** *fig.* unreif.

ˌunˈbal·ance I *v/t.* **1.** aus dem Gleichgewicht bringen (*a. fig.*); **2.** *fig. Geist* verwirren; **II** *s.* **3.** gestörtes Gleichgewicht, *fig. a.* Unausgeglichenheit *f*; **4.** ⚡, ⚙ Unwucht *f*; **ˌunˈbal·anced** *adj.* **1.** aus dem Gleichgewicht gebracht, nicht im Gleichgewicht (befindlich); **2.** *fig.* unausgeglichen (*a.* ✝); **3.** *psych.* laˈbil, ‚gestört'.

ˌun·bapˈtized *adj.* ungetauft.

ˌunˈbar *v/t.* aufriegeln.

ˌunˈbear·a·ble *adj.* □ unerträglich.

ˌunˈbeat·en *adj.* **1.** ungeschlagen, unbesiegt; **2.** *fig.* ˈunüberˌtroffen; **3.** unerforscht: ~ **region**.

U

ˌ**un·beˈcom·ing** *adj.* □ **1.** unkleidsam: ***this hat is ~ to him*** dieser Hut steht ihm nicht; **2.** *fig.* unpassend, unschicklich, ungeziemend (***of***, ***to***, ***for*** für *j-n*).

ˌ**un·beˈfit·ting** → ***unbecoming*** 2.

ˌ**un·beˈfriend·ed** *adj.* ohne Freund(e).

un·be·known(st F) [ˌʌnbɪˈnəʊn(st)] *adj. u. adv.* **1.** (***to***) ohne *j-s* Wissen; **2.** unbekannt(erweise).

ˌ**un·beˈlief** *s.* Unglaube *m*, Ungläubigkeit *f*; ˌ**un·beˈliev·a·ble** *adj.* □ unglaublich; ˌ**un·beˈliev·er** *s. eccl.* Ungläubige(r *m*) *f*, Glaubenslose(r *m*) *f*; ˌ**un·beˈliev·ing** *adj.* □ ungläubig.

ˌ**unˈbend** [*irr.* → ***bend***] **I** *v/t.* **1.** *Bogen etc.*, *a. fig. Geist* entspannen; **2.** ⚙ gerade biegen, glätten; **3.** ⚓ a) *Tau etc.* losmachen, b) *Segel* abschlagen; **II** *v/i.* **4.** sich entspannen, sich lösen; **5.** *fig.* auftauen, freundlich(er) werden, s-e Förmlichkeit ablegen; ˌ**unˈbend·ing** [-dɪŋ] *adj.* □ **1.** unbiegsam; **2.** *fig.* unbeugsam, entschlossen; **3.** *fig.* reserviert, steif.

un·be·seem·ing [ˌʌnbɪˈsiːmɪŋ] → ***unbecoming*** 2.

ˌ**unˈbi·as(s)ed** *adj.* □ unvoreingenommen, *a.* ⚖ unbefangen.

ˌ**unˈbid(·den)** *adj.* ungeheißen, unaufgefordert; ungebeten (*a. Gast*).

ˌ**unˈbind** *v/t.* [*irr.* → ***bind***] **1.** *Gefangenen etc.* losbinden, befreien; **2.** *Haar, Knoten etc.* lösen.

ˌ**unˈbleached** *adj.* ungebleicht.

ˌ**unˈblem·ished** *adj. bsd. fig.* unbefleckt, makellos.

ˌ**unˈblink·ing** *adj.* □ **1.** ungerührt; **2.** unerschrocken.

ˌ**unˈblush·ing** *adj.* □ *fig.* schamlos.

ˌ**unˈbolt** *v/t.* aufriegeln, öffnen.

ˌ**unˈborn** *adj.* **1.** (noch) ungeboren; **2.** *fig.* (zu)künftig, kommend.

ˌ**unˈbos·om** *v/t. Gedanken, Gefühle etc.* enthüllen, offenˈbaren (***to*** *dat.*): ***~ o.s.*** (***to s.o.***) sich (j-m) offenbaren, (j-m) sein Herz ausschütten.

ˌ**unˈbound** *adj.* ungebunden: a) broschiert (*Buch*), b) *fig.* frei.

ˌ**unˈbound·ed** *adj.* □ **1.** unbegrenzt; **2.** *fig.* grenzen-, schrankenlos.

ˌ**unˈbrace** *v/t.* **1.** *Gurte etc.* lösen, losschnallen; **2.** entspannen (*a. fig.*): ***~ o.s.*** sich entspannen.

ˌ**unˈbreak·a·ble** *adj.* unzerbrechlich.

ˌ**unˈbrib·a·ble** *adj.* unbestechlich.

ˌ**unˈbri·dled** *adj.* **1.** ab-, ungezäumt; **2.** *fig.* ungezügelt, zügellos.

ˌ**unˈbro·ken** *adj.* □ **1.** ungebrochen (*a. fig. Eid etc.*), unzerbrochen, ganz, heil; **2.** ˈununterˌbrochen, ungestört; **3.** nicht zugeritten (*Pferd*); **4.** unbeeinträchtigt; **5.** ⸗ ungepflügt; **6.** ungebrochen: ***~ record***.

ˌ**unˈbroth·er·ly** *adj.* unbrüderlich.

ˌ**unˈbuck·le** *v/t.* auf-, losschnallen.

ˌ**unˈbuilt** *adj.* **1.** (noch) nicht gebaut; **2.** *a.* ***~-on*** unbebaut (*Gelände*).

ˌ**unˈbur·den** *v/t.* **1.** *bsd. fig.* entlasten, von e-r Last befreien, *Gewissen etc.* erleichtern: ***~ o.s.*** (***to s.o.***) (j-m) sein Herz ausschütten; **2.** a) *Geheimnis etc.* loswerden, b) *Sünden* bekennen, beichten: ***~ one's troubles to s.o.*** s-e Sorgen bei j-m abladen.

ˌ**unˈbur·ied** *adj.* unbegraben.

ˌ**unˈburnt** *adj.* **1.** unverbrannt; **2.** ⚙ ungebrannt (*Ziegel etc.*).

ˌ**unˈbur·y** *v/t.* ausgraben (*a. fig.*).

ˌ**unˈbusi·ness·like** *adj.* unkaufmännisch, nicht geschäftsmäßig.

ˌ**unˈbut·ton** *v/t.* aufknöpfen; ˌ**unˈbut·toned** *adj.* aufgeknöpft, *fig. a.* gelöst, zwanglos.

ˌ**unˈcalled** *adj.* **1.** unaufgefordert; **2.** ✝ nicht aufgerufen; ˌ**unˈcalled-for** *adj.* **1.** ungerufen, unerwünscht; unverlangt (*Sache*); **2.** unangebracht, unpassend: ***~ remarks***.

unˈcan·ny *adj.* □ unheimlich (*a. fig.*).

ˌ**unˈcared-for** *adj.* **1.** unbeachtet; **2.** vernachlässigt; ungepflegt.

ˌ**unˈcase** *v/t.* auspacken.

un·ceas·ing [ʌnˈsiːsɪŋ] *adj.* □ unaufhörlich.

ˈ**unˌcer·eˈmo·ni·ous** *adj.* □ **1.** ungezwungen, zwanglos; **2.** a) unsanft, grob, b) unhöflich.

unˈcer·tain *adj.* □ **1.** unsicher, ungewiss, unbestimmt; **2.** nicht sicher: ***be ~ of s.th.*** e-r Sache nicht sicher *od.* gewiss sein; **3.** zweifelhaft, undeutlich, vage: ***an ~ answer***; **4.** unzuverlässig: ***an ~ friend***; **5.** unstet, unbeständig, veränderlich, launenhaft: ***~ temper***; ***~ weather***; **6.** unsicher, verunsichert; **unˈcer·tain·ty** [-tɪ] *s.* **1.** Unsicherheit *f*, Ungewissheit *f*; **2.** Zweifelhaftigkeit *f*; **3.** Unzuverlässigkeit *f*; **4.** Unbeständigkeit *f*.

ˌ**unˈcer·ti·fied** *adj.* nicht bescheinigt, unbeglaubigt.

ˌ**unˈchain** *v/t.* **1.** losketten; **2.** befreien (*a. fig.*).

ˌ**unˈchal·lenge·a·ble** *adj.* □ unanfechtbar, unbestreitbar; ˌ**unˈchal·lenged** *adj.* unbestritten, ˈunwiderˌsprochen, unangefochten.

un·change·a·ble [ˌʌnˈtʃeɪndʒəbl] *adj.* □ unveränderlich, unwandelbar; **unchanged** [ˌʌnˈtʃeɪndʒd] *adj.* unverändert; ˌ**unˈchang·ing** [-dʒɪŋ] *adj.* □ unveränderlich.

ˌ**unˈcharged** *adj.* **1.** nicht beladen; **2.** ⚖ nicht angeklagt; **3.** ⚡ nicht (auf)geladen; **4.** ungeladen (*Schusswaffe*); **5.** ✝ a) unbelastet (*Konto*), b) unberechnet.

ˌ**unˈchar·i·ta·ble** *adj.* □ lieblos, hartherzig, unfreundlich.

ˌ**unˈchart·ed** *adj.* auf keiner (Land)Karte verzeichnet, unbekannt, unerforscht (*a. fig.*).

ˌun'chaste *adj.* □ unkeusch; **ˌun'chas·ti·ty** *s.* Unkeuschheit *f.*

ˌun'checked *adj.* **1.** ungehindert, ungehemmt; **2.** unkontrolliert, ungeprüft.

ˌun'chiv·al·rous *adj.* unritterlich, 'ungaˌlant.

ˌun'chris·tened *adj.* ungetauft.

ˌun'chris·tian *adj.* □ unchristlich.

un·ci·al ['ʌnsɪəl] **I** *adj.* **1.** Unzial...; **II** *s.* **2.** Unzi'ale *f* (*abgerundeter Großbuchstabe*); **3.** Unzi'alschrift *f.*

un·ci·form ['ʌnsɪfɔːm] **I** *adj.* hakenförmig; **II** *s. anat.* Hakenbein *n.*

ˌun'cir·cum·cised *adj.* unbeschnitten; **'unˌcir·cum'ci·sion** *s. bibl. die* Unbeschnittenen *pl.*, *die* Heiden *pl.*

ˌun'civ·il *adj.* □ **1.** unhöflich, grob; **2.** *obs.* → **ˌun'civ·i·lized** *adj.* unzivilisiert.

ˌun'claimed *adj.* **1.** nicht beansprucht, nicht geltend gemacht; **2.** nicht abgeholt *od.* abgehoben.

ˌun'clasp *v/t.* **1.** lösen, auf-, loshaken, -schnallen; öffnen; **2.** loslassen.

ˌun'clas·si·fied *adj.* **1.** nicht klassifiziert: **~ *road*** Landstraße *f*; **2.** ⚔ offen, nicht geheim.

un·cle ['ʌŋkl] *s.* **1.** Onkel *m*: ***cry* ~** *Am.* F aufgeben; **2.** *sl.* Pfandleiher *m.*

Uncle Sam verkörpert in den USA eine Art patriotisches Symbol. Er wird als älterer, weißhaariger, bärtiger Herr dargestellt, der einen Zylinder und Kleider mit den Mustern der amerikanischen Flagge trägt (*siehe* ***Stars and Stripes***).

ˌun'clean *adj.* □ unrein (*a. fig.*).

ˌun'clean·li·ness *s.* **1.** Unreinlichkeit *f*, Unsauberkeit *f*; **2.** *fig.* Unreinheit *f*; **ˌun'clean·ly** *adj.* **1.** unreinlich; **2.** *fig.* unrein, unkeusch.

ˌun'clench **I** *v/t.* **1.** *Faust* öffnen; **2.** *Griff* lockern; **II** *v/i.* **3.** sich öffnen *od.* lockern.

ˌun'cloak *v/t.* **1.** *j-m* den Mantel abnehmen; **2.** *fig.* enthüllen, -larven.

un·close [ˌʌn'kləʊz] **I** *v/t.* **1.** öffnen; **2.** *fig.* enthüllen; **II** *v/i.* **3.** sich öffnen.

ˌun'clothe *v/t.* entkleiden, -blößen, -hüllen (*a. fig.*); **ˌun'clothed** *adj.* unbekleidet.

ˌun'cloud·ed *adj.* **1.** unbewölkt, wolkenlos; **2.** *fig.* ungetrübt.

un·co ['ʌŋkəʊ] *Scot. od. dial.* **I** *adj.* ungewöhnlich, seltsam; **II** *adv.* äußerst, höchst: ***the* ~ *guid*** die ach so guten Menschen.

ˌun'cock *v/t. Gewehr(hahn) etc.* entspannen.

ˌun'coil *v/t.* (*v/i.* sich) abwickeln *od.* abspulen *od.* aufrollen.

ˌun·col'lect·ed *adj.* **1.** nicht (ein)gesammelt; **2.** ✝ (noch) nicht erhoben (*Gebühren*); **3.** *fig.* nicht gefasst *od.* gesammelt.

ˌun'col·o(u)red *adj.* **1.** ungefärbt; **2.** *fig.* ungeschminkt, objek'tiv.

un·come-at-a·ble [ˌʌnkʌm'ætəbl] *adj.* F unerreichbar; unzugänglich: ***it's* ~** ‚da ist nicht ranzukommen'.

ˌun'come·ly *adj.* **1.** unschön, reizlos; **2.** *obs.* unschicklich.

un'com·fort·a·ble *adj.* □ **1.** unangenehm, beunruhigend; **2.** unbehaglich, ungemütlich (*beide a. fig. Gefühl etc.*), unbequem: **~ *silence*** peinliche Stille; **3.** *fig.* unangenehm berührt.

ˌun·com'mit·ted *adj.* **1.** nicht begangen (*Verbrechen etc.*); **2.** (***to***) nicht verpflichtet (zu), nicht gebunden (an *acc.*); **3.** ⚖ nicht inhaftiert *od.* eingewiesen; **4.** *parl.* nicht an e-n Ausschuss *etc.* verwiesen; **5.** *pol.* neu'tral, blockfrei; **6.** nicht zweckgebunden: **~ *funds.***

un'com·mon **I** *adj.* □ ungewöhnlich: a) selten, b) außergewöhnlich, -ordentlich; **II** *adv. obs.* äußerst, ungewöhnlich; **un'com·mon·ness** *s.* Ungewöhnlichkeit *f.*

ˌun·com'mu·ni·ca·ble *adj.* **1.** nicht mitteilbar; **2.** ⚕ nicht ansteckend; **ˌun·com'mu·ni·ca·tive** *adj.* □ nicht *od.* wenig mitteilsam, verschlossen.

ˌun·com'pan·ion·a·ble *adj.* ungesellig, nicht 'umgänglich.

ˌun·com'pet·i·tive *adj.* nicht wettbewerbsfähig.

un·com·plain·ing [ˌʌnkəm'pleɪnɪŋ] *adj.* □ klaglos, ohne Murren, geduldig; **ˌun·com'plain·ing·ness** [-nɪs] *s.* Klaglosigkeit *f.*

ˌun·com'plai·sant *adj.* □ ungefällig.

ˌun·com'plet·ed *adj.* 'unvollˌendet.

ˌun'com·pli·cat·ed *adj.* unkompliziert, einfach.

'unˌcom·pli'men·ta·ry *adj.* **1.** nicht *od.* wenig schmeichelhaft; **2.** unhöflich.

un·com·pro·mis·ing [ʌn'kɒmprəmaɪzɪŋ] *adj.* □ **1.** kompro'misslos; **2.** unbeugsam, unnachgiebig; **3.** *fig.* entschieden, eindeutig.

ˌun·con'cealed *adj.* unverhohlen.

un·con·cern [ˌʌnkən'sɜːn] *s.* **1.** Sorglosigkeit *f*, Unbekümmertheit *f*; **2.** Gleichgültigkeit *f*; **ˌun·con'cerned** [-nd] *adj.* □ **1.** (***in***) unbeteiligt (an *dat.*), nicht verwickelt (in *acc.*); **2.** uninteressiert (***with*** an *dat.*), gleichgültig; **3.** unbesorgt, unbekümmert (***about*** um, wegen): ***be* ~ *about*** sich über *et.* keine Gedanken *od.* Sorgen machen; **ˌun·con'cern·ed·ness** [-nɪdnɪs] → ***unconcern.***

ˌun·con'di·tion·al *adj.* □ **1.** unbedingt,

bedingungslos: **~ *surrender*** bedingungslose Kapitulation; **2.** uneingeschränkt, vorbehaltlos.

ˌun·conˈdi·tioned *adj.* **1.** → ***unconditional***; **2.** unbedingt: a) *phls.* absoˈlut, b) *psych.* angeboren: **~ *reflex.***

ˌun·conˈfined *adj.* □ unbegrenzt, unbeschränkt.

ˌun·conˈfirmed *adj.* **1.** unbestätigt, nicht erhärtet, unverbürgt; **2.** *eccl.* a) nicht konfirmiert (*Protestanten*), b) nicht gefirmt (*Katholiken*).

ˌun·conˈgen·ial *adj.* □ **1.** ungleichartig, nicht kongeniˈal; **2.** nicht zusagend, unangenehm, ˈunsymˌpathisch (***to*** *dat.*); **3.** unfreundlich.

ˌun·conˈnect·ed *adj.* **1.** unverbunden, getrennt; **2.** ˈunzuˌsammenhängend; **3.** ungebunden, ohne Anhang; **4.** nicht verwandt.

un·con·quer·a·ble [ˌʌnˈkɒŋkərəbl] *adj.* □ ˈunüberˌwindlich (*a. fig.*), unbesiegbar; **ˌunˈcon·quered** [-kəd] unbesiegt, nicht erobert.

ˈunˌcon·sciˈen·tious *adj.* □ nicht gewissenhaft, nachlässig.

un·con·scion·a·ble [ʌnˈkɒnʃnəbl] *adj.* □ **1.** gewissen-, skrupellos; **2.** unvernünftig, nicht zumutbar; **3.** ‚unverschämt', unglaublich, eˈnorm.

unˈcon·scious I *adj.* □ **1.** unbewusst: ***be ~ of*** nichts ahnen von, sich *e-r Sache* nicht bewusst sein; **2.** ⚕ bewusstlos, ohnmächtig; **3.** unbewusst, unwillkürlich; unfreiwillig (*a. Humor*); **4.** unabsichtlich; **5.** *psych.* unbewusst; **II** *s.* **6.** ***the ~*** *psych.* das Unbewusste; **unˈcon·scious·ness** *s.* **1.** Unbewusstheit *f*; **2.** ⚕ Bewusstlosigkeit *f*.

ˌunˈcon·se·crat·ed *adj.* ungeweiht.

ˌun·conˈsid·ered *adj.* **1.** unberücksichtigt; **2.** unbedacht, ˈunüberˌlegt.

ˈunˌcon·stiˈtu·tion·al *adj.* □ *pol.* verfassungswidrig.

ˌun·conˈstrained *adj.* □ zwanglos, ungezwungen; **ˌun·conˈstraint** *s.* Ungezwungenheit *f*, Zwanglosigkeit *f*.

ˌun·conˈtest·ed *adj.* unbestritten, unangefochten: **~ *election*** *pol.* Wahl *f* ohne Gegenkandidaten.

ˈunˌcon·traˈdict·ed *adj.* ˈunwiderˌsprochen, unbestritten.

ˌun·conˈtrol·la·ble *adj.* □ **1.** unkontrollierbar; **2.** unbändig, unbeherrscht: ***an ~ temper***; **ˌun·conˈtrolled** *adj.* □ **1.** nicht kontrolliert, unbeaufsichtigt; **2.** unbeherrscht, zügellos.

ˌun·conˈven·tion·al *adj.* □ ˈunkonventioˌnell: a) unüblich, b) ungezwungen, form-, zwanglos; **ˈun·conˌven·tionˈal·i·ty** *s.* Zwanglosigkeit *f*, Ungezwungenheit *f*.

ˌun·conˈvert·ed *adj.* **1.** unverwandelt; **2.** *eccl.* unbekehrt (*a. fig. nicht überzeugt*); **3.** ✝ nicht konvertiert; **ˌun·conˈvert·i·ble** *adj.* **1.** nicht verwandelbar; **2.** nicht vertauschbar; **3.** ✝ nicht konvertierbar.

ˌun·conˈvinced *adj.* nicht überˈzeugt; **ˌun·conˈvinc·ing** *adj.* nicht überˈzeugend.

ˌunˈcooked *adj.* ungekocht, roh.

ˌunˈcord *v/t.* auf-, losbinden.

ˌunˈcork *v/t.* **1.** entkorken; **2.** *fig.* F *Gefühlen etc.* Luft machen; **3.** *Am.* F *et.* ‚vom Stapel lassen'.

ˌun·corˈrob·o·rat·ed *adj.* unbestätigt, nicht erhärtet.

un·count·a·ble [ˌʌnˈkaʊntəbl] *adj.* **1.** unzählbar; **2.** zahllos; **ˌunˈcount·ed** [-tɪd] *adj.* **1.** ungezählt; **2.** unzählig.

ˌunˈcouple *v/t.* **1.** *Hunde etc.* aus der Koppel (los)lassen; **2.** loslösen, trennen; **3.** ⚙ aus-, loskuppeln.

un·couth [ʌnˈku:θ] *adj.* □ **1.** ungeschlacht, unbeholfen, plump; **2.** grob, ungehobelt; **3.** *poet.* öde, wild (*Gegend*); **4.** *obs.* wunderlich.

ˌunˈcov·e·nant·ed *adj.* **1.** nicht vertraglich festgelegt; **2.** nicht vertraglich gebunden.

unˈcov·er I *v/t.* **1.** aufdecken, freilegen; *Körperteil, a. Kopf* entblößen: **~ *o.s.*** → 5; **2.** *fig.* aufdecken, enthüllen; **3.** ⚔ ohne Deckung lassen; **4.** *Boxen etc.*: ungedeckt lassen; **II** *v/i.* **5.** den Hut abnehmen; **unˈcov·ered** *adj.* **1.** unbedeckt (*a. barhäuptig*); **2.** unbekleidet, nackt; **3.** ⚔, *sport etc.* ungedeckt, ungeschützt; **4.** ✝ ungedeckt (*Wechsel etc.*).

ˌunˈcrit·i·cal *adj.* □ unkritisch, kriˈtiklos (***of*** gegenüber).

ˌunˈcross *v/t. gekreuzte Arme od. Beine* gerade legen; **ˌunˈcrossed** *adj.* nicht gekreuzt: **~ *cheque*** (*Am.* ***check***) ✝ Barscheck *m*.

unc·tion [ˈʌŋkʃn] *s.* **1.** Salbung *f*, Einreibung *f*; **2.** ⚕ Salbe *f*; **3.** *eccl.* a) (heiliges) Öl, b) Salbung *f* (*Weihe*), c) *a.* ***extreme ~*** Letzte Ölung; **4.** *fig.* Balsam *m* (*Linderung, Trost*) (***to*** für); **5.** *fig.* Inbrunst *f*, Pathos *n*; **6.** *fig.* Salbung *f*, unechtes Pathos: ***with ~*** a) salbungsvoll, b) mit Genuss; **ˈunc·tu·ous** [-ktjʊəs] *adj.* □ **1.** ölig, fettig: **~ *soil*** fetter Boden; **2.** *fig.* salbungsvoll, ölig.

ˌunˈcul·ti·vat·ed *adj.* **1.** ✓ unbebaut, unkultiviert; **2.** *fig.* brachliegend (*Talent etc.*); **3.** *fig.* ungebildet, unkultiviert.

ˌunˈcul·tured *adj.* unkultiviert (*a. fig. ungebildet*).

ˌunˈcurbed *adj.* **1.** abgezäumt; **2.** *fig.* ungezähmt, zügellos.

ˌunˈcured *adj.* **1.** ungeheilt; **2.** ungesalzen, ungepökelt.

ˌunˈcurl *v/t.* (*v/i.* sich) entkräuseln *od.* glätten.

ˌun·curˈtailed *adj.* ungekürzt, unbeschnitten.

U

ˌun'cut *adj.* **1.** ungeschnitten; **2.** unzerschnitten; **3.** ✓ ungemäht; **4.** ungeschliffen (*Diamant*); **5.** unbeschnitten (*Buch*); **6.** *fig.* ungekürzt.

ˌun'dam·aged *adj.* unbeschädigt, unversehrt.

ˌun'damped *adj.* **1.** *bsd.* ♪, ⚡, *phys.* ungedämpft; **2.** unangefeuchtet; **3.** *fig.* nicht entmutigt.

un·date ['ʌndeɪt] *adj.* wellig, wellenförmig.

un·dat·ed¹ ['ʌndeɪtɪd] → ***undate.***

ˌun'dat·ed² *adj.* **1.** undatiert, ohne Datum; **2.** unbefristet.

un·daunt·ed [ˌʌn'dɔːntɪd] *adj.* □ unerschrocken.

un·dead [ʌn'ded] *s*: ***the ~*** *pl.* die Untoten *pl.*

ˌun·de'ceive *v/t.* **1.** *j-m* die Augen öffnen, *j-n* desillusio'nieren; **2.** aufklären (***of*** über *acc.*), e-s Besser(e)n belehren; **ˌun·de'ceived** *adj.* **1.** nicht irregeführt; **2.** aufgeklärt, e-s Besser(e)n belehrt.

ˌun·de'cid·ed *adj.* □ **1.** unentschieden, offen: ***leave s.th. ~***; **2.** unbestimmt, vage; **3.** unentschlossen; **4.** unbeständig (*Wetter*).

ˌun·de'ci·pher·a·ble *adj.* **1.** nicht zu entziffern(d), nicht entzifferbar; **2.** unerklärlich, nicht enträtselbar.

ˌun·de'clared *adj.* **1.** nicht bekannt gemacht, nicht erklärt: ***~ war*** Krieg *m* ohne Kriegserklärung; **2.** ✝ nicht deklariert.

ˌun·de'fend·ed *adj.* **1.** unverteidigt; **2.** ⚖ a) unverteidigt, ohne Verteidiger, b) 'unwiderˌsprochen (*Klage*).

ˌun·de'filed *adj.* unbefleckt, rein (*a. fig.*).

ˌun·de'fin·a·ble *adj.* undefinierbar, unbestimmt.

ˌun·de'fined *adj.* **1.** unbegrenzt; **2.** unbestimmt, vage.

ˌun·de'mand·ing *adj.* **1.** anspruchslos (*a. fig.*); **2.** leicht: ***~ task.***

ˌun·de'mon·stra·tive *adj.* zu'rückhaltend, reserviert, unaufdringlich.

ˌun·de'ni·a·ble *adj.* □ unleugbar, unbestreitbar.

'un·deˌnom·i'na·tion·al *adj.* **1.** nicht konfessio'nell gebunden; **2.** *ped.* interkonfessio'nell, Gemeinschafts..., Simultan...: ***~ school.***

un·der ['ʌndə] **I** *prp.* **1.** *allg.* unter (*dat. od. acc.*); **2.** *Lage*: unter (*dat.*), 'unterhalb von (*od. gen.*): ***from ~ ...*** unter *dem Tisch etc.* hervor; ***get out from ~*** *Am. sl.* a) sich herauswinden, b) den Verlust wettmachen; **3.** *Richtung*: unter (*acc.*); **4.** unter (*dat.*), am Fuße von (*od. gen.*); **5.** *zeitlich*: unter (*dat.*), während: ***~ his rule***; ***~ the Stuarts*** unter den Stuarts; ***~ the date of*** unter dem Datum vom *1. Januar etc.*; **6.** unter *der Autorität, Führung etc.*: ***he fought ~ Wellington***; **7.** unter (*dat.*), unter dem Schutz von: ***~ arms*** unter Waffen; ***~ darkness*** im Schutz der Dunkelheit; **8.** unter (*dat.*), geringer als, weniger als: ***persons ~ 40 (years of age)*** Personen unter 40 (Jahren); ***in ~ an hour*** in weniger als 'einer Stunde; **9.** *fig.* unter (*dat.*): ***~ alcohol*** unter Alkohol; ***~ an assumed name*** unter e-m angenommenen Namen; ***~ supervision*** unter Aufsicht; **10.** gemäß, laut, nach: ***~ the terms of the contract***; ***claims ~ a contract*** Forderungen aus e-m Vertrag; **11.** in (*dat.*): ***~ construction*** im Bau; ***~ repair*** in Reparatur; ***~ treatment*** ⚕ in Behandlung; **12.** bei: ***he studied physics ~ Maxwell***; **13.** mit: ***~ s.o.'s signature*** mit j-s Unterschrift, (eigenhändig) unterzeichnet von j-m; ***~ separate cover*** mit getrennter Post; **II** *adv.* **14.** dar'unter, unter; → ***go*** (***keep*** *etc.*) ***under***; **15.** unten: ***as ~*** wie unten (angeführt); **III** *adj.* **16.** unter, Unter...; **17.** unter, nieder, 'untergeordnet, Unter...; **18.** *nur in Zssgn* ungenügend, zu gering: ***an ~dose***; **ˌ~'act** [-ər'æ-] *v/t. u. v/i. thea. etc.* unter'spielen, unter'treiben (*a. fig.*); **ˌ~·a'chieve** [-ərə-] *v/i.* weniger leisten *od.* schlechter abschneiden als erwartet; **ˌ~'age** [-ər'eɪ-] *adj.* minderjährig; **'~ˌa·gent** [-ərˌeɪ-] *s.* 'Untervertreter *m*; **'~·arm** [-ərɑːm] **I** *adj.* **1.** Unterarm...; **2.** → ***underhand*** 2; **II** *adv.* **3.** mit e-r 'Unterarmbewegung; **ˌ~'bid** *v/t.* [*irr.* → ***bid***] unter'bieten; **ˌ~'bred** *adj.* unfein, ungebildet; **'~·brush** *s.* 'Unterholz *n*, Gestrüpp *n*; **'~ˌcar·riage** *s.* **1.** ✈ Fahrwerk *n*; **2.** *mot. etc.* Fahrgestell *n*; **3.** ⚔ 'Unterlaˌfette *f*; **ˌ~'charge I** *v/t.* **1.** *j-m* zu wenig berechnen; **2.** *et.* zu gering berechnen; **3.** *Batterie etc.* unter'laden; **4.** *Geschütz etc.* zu schwach laden; **II** *s.* **5.** zu geringe Berechnung *od.* Belastung; **6.** ungenügende (Auf)Ladung; **'~·clothes** *s. pl.*, **'~ˌcloth·ing** *s.* 'Unterkleidung *f*, -wäsche *f*; **'~·coat** *s.* **1.** ⚙, *paint.* Grundierung *f*; **2.** *zo.* Wollhaarkleid *n*; **'~ˌcov·er** *adj.* **1.** Geheim...: ***~ agent***, ***~ man*** a) (*bsd.* eingeschleuster) Geheimagent, Spitzel *m*, b) verdeckter Ermittler; **'~·croft** *s.* ⛪ 'unterirdisches Gewölbe, Krypta *f*; **'~ˌcur·rent** *s.* 'Unterströmung *f* (*a. fig.*); **ˌ~'cut I** *v/t.* [*irr.* → ***cut***] **1.** unter'höhlen; **2.** (im Preis) unter'bieten; **3.** *Golf, Tennis etc.*: *Ball* mit 'Unterschnitt spielen; **II** *s.* ***'undercut*** **4.** Unter'höhlung *f*; **5.** *Golf, Tennis etc.*: unter'schnittener Ball; **6.** *Küche*: *Brit.* Fi'let *n*, zartes Lendenstück; **ˌ~·de'vel·oped** *adj. phot. u. fig.* 'unterentwickelt: ***~ child***; ***~ country*** Entwicklungsland *n*; **'~·dog** *s. fig.* **1.** Verlierer *m*, Unter'legene(r *m*) *f*; **2.** a) *der* (sozi'al *etc.*) Schwächere *od.* Benachteiligte, b) *der* (zu Unrecht) Verfolgte; **ˌ~'done** *adj.* nicht gar, nicht 'durchgebraten; **'~·dose** ⚕ **I** *s.* **1.** zu geringe Dosis; **II** *v/t.* **ˌ*under'dose*** **2.** *j-m* e-e zu geringe Dosis geben; **3.** *et.* 'unterdosieren; **ˌ~'dress** *v/t.* (*v/i.* sich) zu einfach kleiden; **ˌ~'es·ti·mate** [-ər'estɪmeɪt] **I** *v/t.* unter'schätzen; **II** *s.* [-mət] *a.* **'~ˌes·ti·'ma·tion** [-əˌre-] Unter'schätzung *f*, 'Unterbewertung *f*; **ˌ~·ex'pose** [-dʒrɪ-] *v/t. phot.* 'unterbelichten; **ˌ~·ex'po·sure** [-dʒrɪ-] *s. phot.* 'Unterbelichtung *f*; **ˌ~'fed** *adj.* 'unterernährt; **ˌ~'feed·ing** *s.* 'Unterernährung *f*; **ˌ~'foot** *adv.* **1.** unter den Füßen, unten, am Boden *zertrampeln etc.*; **2.** *fig.* in der Gewalt, unter Kon'trolle; **'~·frame** *s. mot. etc.* 'Untergestell *n*, Rahmen *m*; **'~ˌgar·ment** *s.* 'Unterkleid(ung *f*) *n*; *pl.* 'Unterwäsche *f*; **ˌ~'go** *v/t.* [*irr.* → **go**] **1.** *e-n Wandel etc.* erleben, 'durchmachen; **2.** sich *e-r Operation etc.* unter'ziehen; **3.** erdulden; **ˌ~'grad·u·ate** *univ.* **I** *s.* Stu'dent(in); **II** *adj.* Studenten...; **'~·ground I** *s.* **1.** *bsd. Brit.* 'Untergrundbahn *f*, U-Bahn *f*; **2.** *pol.* 'Untergrund(bewegung *f*) *m*; **3.** *Kunst*: Underground *m*; **II** *adj.* **4.** 'unterirdisch: **~ *cable*** ⚙ Erdkabel *n*; **~ *car park***, **~ *garage*** Tiefgarage *f*; **~ *railway*** (*Am.* ***railroad***) → 1; **~ *water*** Grundwasser *n*; **5.** ⚒ unter Tag(e): **~ *mining*** Untertag(e)bau *m*; **6.** ⚙ Tiefbau...: **~ *engineering*** Tiefbau *m*; **7.** *fig.* Untergrund..., Geheim..., verborgen: **~ *movement*** *pol.* Untergrundbewegung *f*; **8.** *Kunst*: Underground...: **~ *film***; **III** *adv.* **ˌ*under'ground*** **9.** unter der *od.* die Erde, 'unterirdisch; **10.** *fig.* im Verborgenen, geheim: ***go* ~** a) *pol.* in den Untergrund gehen, b) untertauchen; **'~·growth** *s.* 'Unterholz *n*, Gestrüpp *n*; **ˌ~'hand** *adj. u. adv.* **1.** *fig.* a) heimlich, verstohlen, b) 'hinterlistig; **2.** *sport* mit der Hand unter Schulterhöhe ausgeführt: **~ *service*** *Tennis*: Tiefaufschlag *m*; **ˌ~'hand·ed** *adj.* ☐ **1.** → ***underhand*** 1; **2.** ✝ knapp an Arbeitskräften, 'unterbelegt; **ˌ~·in'sure** [-ərɪ-] *v/t.* (*v/i.* sich) 'unterversichern; **ˌ~'lay I** *v/t.* [*irr.* → ***lay***[1]] **1.** (dar)'unterlegen; **2.** *et.* unter'legen, stützen; **3.** *typ. Satz* zurichten; **II** *v/i.* **4.** ⚒ sich neigen, einfallen; **III** *s.* '***underlay*** **5.** 'Unterlage *f*; **6.** *typ.* Zurichtebogen *m*; **7.** ⚒ schräges Flöz; **'~·lease** *s.* 'Unterverpachtung *f*, -miete *f*; **ˌ~'let** *v/t.* [*irr.* → ***let***[1]] **1.** unter Wert verpachten *od.* vermieten; **2.** 'unterverpachten, -vermieten; **ˌ~'lie** *v/t.* [*irr.* → ***lie***[2]] **1.** liegen unter (*dat.*); **2.** zu'grunde liegen (*dat.*); **3.** ✝ unter'liegen (*dat.*), unter'worfen sein (*dat.*); **ˌ~'line I** *v/t.* **1.** unter'streichen (*a. fig. betonen*); **II** *s.* '***underline*** **2.** Unter'streichung *f*; **3.** *thea.* (Vor)Ankündigung *f* am Ende e-s The'aterplaˌkats; **4.** 'Bildˌunterschrift *f*.

un·der·ling ['ʌndəlɪŋ] *s. contp.* Unter'gebene(r *m*) *f*, (kleiner) Handlanger, ‚Kuli' *m*.

ˌun·der|'ly·ing *adj.* **1.** dar'unter liegend; **2.** *fig.* zu'grunde liegend; **3.** ✝ *Am.* Vorrangs...; **ˌ~'manned** [-'mænd] *adj.* a) ⚓ 'unterbemannt, b) (perso'nell) 'unterbesetzt; **ˌ~'men·tioned** *adj.* unten erwähnt; **ˌ~'mine** *v/t.* **1.** ⚙ untermi'nieren (*a. fig.*); **2.** unter'spülen, auswaschen; **3.** *fig.* unter'graben, (all'mählich) zu'grunde richten; **'~·most I** *adj.* unterst; **II** *adv.* zu'unterst.

un·der·neath [ˌʌndə'ni:θ] **I** *prp.* **1.** unter (*dat. od. acc.*), 'unterhalb (*gen.*); **II** *adv.* **2.** unten, dar'unter; **3.** auf der 'Unterseite.

ˌun·der|'nour·ished *adj.* 'unterernährt; **'~·pants** *s. pl.* 'Unterhose *f*; **'~·pass** *s.* ('Straßen- *etc.*)Unterˌführung *f*; **ˌ~'pay** *v/t.* [*irr.* → ***pay***] ✝ 'unterbezahlen; **ˌ~'pin** *v/t.* ⚠ (unter)'stützen, unter'mauern (*beide a. fig.*); **ˌ~'pin·ning** *s.* **1.** ⚠ Unter'mauerung *f*, 'Unterbau *m* (*a. fig.*); **2.** F ‚Fahrgestell' *n* (*Beine*); **ˌ~'play** *v/t. u. v/i.* **1.** → ***underact***; **2.** **~ *one's hand*** *fig.* nicht alle Trümpfe ausspielen; **'~·plot** *s.* Nebenhandlung *f*, Epi'sode *f* (*Roman etc.*); **ˌ~'pop·u·lat·ed** *adj.* 'unterbevölkert; **ˌ~'print** *v/t.* **1.** *typ.* a) gegendrucken, b) zu schwach drucken; **2.** *phot.* 'unterkopieren; **ˌ~'priv·i·leged** *adj.* ✝, *pol.* 'unterprivilegiert, schlechter gestellt; **ˌ~·pro'duc·tion** *s.* ✝ 'Unterproduktiˌon *f*; **ˌ~'proof** *adj.* ✝ 'unterproˌzentig (*Spirituosen*); **ˌ~'rate** *v/t.* **1.** unter'schätzen, 'unterbewerten (*a. sport*); **2.** ✝ zu niedrig veranschlagen; **ˌ~·re'ac·tion** *s.* zu schwache Reakti'on; **'~·seal** *mot.* **I** *s.* 'Unterbodenschutz *m*; **II** *v/t.* mit Unterbodenschutz versehen; **ˌ~'score** *v/t.* unter'streichen (*a. fig. betonen*); **ˌ~'sec·re·tar·y** *s. pol.* 'Staatssekreˌtär *m*; **ˌ~'sell** *v/t.* [*irr.* → ***sell***] ✝ **1.** *j-n* unter'bieten; **2.** *Ware* verschleudern, unter Wert verkaufen; **ˌ~'sexed** *adj.*: ***be* ~** e-n unterentwickelten Geschlechtstrieb haben; **'~·shirt** *s.* 'Unterhemd *n*; **ˌ~'shoot** *v/t.* [*irr.* → ***shoot***]: **~ *the runway*** ✈ vor der Landebahn aufsetzen; **'~·shot** *adj.* **1.** ⚙ 'unterschlächtig (*Wasserrad*); **2.** mit vorstehendem 'Unterkiefer; **ˌ~'signed I** *adj.* unter'zeichnet; **II** *s.*: ***the undersigned*** a) der (die) Unter'zeichnete, b) die Unter'zeichneten *pl.*; **ˌ~'size(d)** *adj.* **1.** unter Nor'malgröße; **2.** winzig; **'~·skirt** *s.* 'Unterrock *m*; **ˌ~'slung** *adj.* ⚙, *mot.* Hänge...(-*kühler etc.*), Unterzug...(-*rahmen*); unter'baut (*Feder etc.*); **'~·soil** *s.* 'Untergrund *m*; **ˌ~'staffed** *adj.* 'unterbesetzt.

un·der·stand [ˌʌndə'stænd] [*irr.* →

U

stand] **I** *v/t.* **1.** verstehen: a) begreifen, b) einsehen, c) *wörtlich etc.* auffassen, d) Verständnis haben für: ***~ each other*** *fig.* sich *od.* einander verstehen, *a.* zu e-r Einigung kommen; ***give s.o. to ~*** j-m zu verstehen geben; ***make o.s. understood*** sich verständlich machen; ***do I*** (*od.* ***am I to***) ***~ that ...*** soll das etwa heißen, dass ...; ***be it understood*** wohlverstanden; ***what do you ~ by ...?*** was verstehen Sie unter (*dat.*)?; **2.** sich verstehen auf (*acc.*), wissen (***how to*** *inf.* wie man *et. macht*): ***he ~s horses*** er versteht sich auf Pferde; ***she ~s children*** sie kann mit Kindern umgehen; **3.** (als sicher) annehmen, vor'aussetzen: ***an understood thing*** e-e aus- *od.* abgemachte Sache; ***that is understood*** das versteht sich (von selbst); ***it is understood that*** ⚖ es gilt als vereinbart, dass; **4.** erfahren, hören: ***I ~ ...*** wie ich höre; ***I ~ that*** ich hörte *od.* man sagte mir, dass; ***it is understood*** es heißt, wie verlautet; **5.** (***from***) entnehmen (*dat. od.* aus), schließen (aus); **6.** *bsd. ling.* sinngemäß ergänzen, hin'zudenken; **II** *v/i.* **7.** verstehen: a) begreifen, b) *fig.* (volles) Verständnis haben; **8.** Verstand haben; **9.** hören: ***..., so I ~*** wie ich höre; **ˌun·der'stand·a·ble** [-dəbl] *adj.* verständlich; **ˌun·der'stand·a·bly** [-dəblɪ] *adv.* verständlich(erweise); **ˌun·der'stand·ing** [-dɪŋ] **I** *s.* **1.** Verstehen *n*; **2.** Verstand *m*, Intelli'genz *f*; **3.** Verständnis *n* (***of*** für); **4.** *gutes etc.* Einvernehmen (***between*** zwischen); **5.** Verständigung *f*, Vereinbarung *f*, Über'einkunft *f*, Abmachung *f*: ***come to an ~ with s.o.*** zu e-r Einigung mit j-m kommen; **6.** Bedingung *f*: ***on the ~ that*** unter der Bedingung *od.* Voraussetzung, dass; **II** *adj.* ☐ **7.** verständig; **8.** verständnisvoll.

un·der·state [ˌʌndə'steɪt] *v/t.* **1.** zu gering angeben; **2.** (bewusst) zu'rückhaltend darstellen, unter'treiben; **3.** abschwächen, mildern; **ˌ~'state·ment** *s.* **1.** zu niedrige Angabe; **2.** Unter'treibung *f*, Under'statement *n*; **ˌ~'steer** *v/i.* *Auto* unter'steuern; **'~ˌstrap·per** → ***underling***; **'~ˌstud·y** *thea.* **I** *v/t.* **1.** *Rolle* als zweite Besetzung einstudieren; **2.** für *e-n Schauspieler* einspringen; **II** *s.* **3.** zweite Besetzung; *fig.* Ersatzmann *m*; **ˌ~'take** *v/t.* [*irr.* → ***take***] **1.** *Aufgabe* über'nehmen, *Sache* auf sich *od.* in die Hand nehmen; **2.** *Reise etc.* unter'nehmen; **3.** *Risiko, Verantwortung etc.* über'nehmen, eingehen; **4.** sich erbieten, sich verpflichten (***to do*** zu tun); **5.** garantieren, sich verbürgen (***that*** dass); **'~ˌtak·er** *s.* Leichenbestatter *m*, Be'stattungsinstiˌtut *n*; **ˌ~'tak·ing** *s.* **1.** 'Übernahme *f e-r Aufgabe*; **2.** Unter'nehmung *f*, -'fangen *n*; **3.** ✝ Unter'nehmen *n*, Betrieb *m*: ***industrial ~***; **4.** Verpflichtung *f*; **5.** Garan'tie *f*; **6.** **'unˌderˌtaking** Leichenbestattung *f*; **ˌ~'tenant** *s.* 'Untermieter(in), -pächter(in); **ˌ~-the-'count·er** *adj.* heimlich, dunkel, 'illeˌgal; **ˌ~'timed** *adj. phot.* 'unterbelichtet; **'~·tone** *s.* **1.** gedämpfter Ton, gedämpfte Stimme: ***in an ~*** halblaut; **2.** *fig.* 'Unterton *m*; *Börse*: Grundton *m*; **3.** gedämpfte Farbe; **'~·tow** *s.* ⚓ **1.** Sog *m*; **2.** 'Widersee *f*; **ˌ~'val·ue** *v/t.* unter'schätzen, 'unterbewerten, zu gering ansetzen; **'~·vest** *s. Brit.* 'Unterhemd *n*; **'~·wear** → ***underclothes***; **'~·weight** **I** *s.* 'Untergewicht *n*; **II** *adj.* **ˌunder'weight** 'untergewichtig: ***be ~*** Untergewicht haben; **'~·wood** *s.* 'Unterholz *n*, Gestrüpp *n* (*a. fig.*); **ˌ~'worked** *adj.* unterbeschäftigt, nicht ausgelastet; **'~·world** *s. allg.* 'Unterwelt *f*; **'~·write** *v/t.* [*irr.* → ***write***] **1.** a) *et.* da'runter schreiben, b) *fig. et.* unter'schreiben; **2.** ✝ a) *Versicherungspolice* unter'zeichnen, *Versicherung* über'nehmen, b) *et.* versichern, c) die Haftung über'nehmen für; **2.** *Aktienemission etc.* garantieren; **'~ˌwrit·er** *s.* ✝ **1.** Versicherer *m*, Versicherung(sgesellschaft) *f*; **2.** Mitglied *n e-s* Emissi'onskonˌsortiums; **3.** Ver'sicherungsaˌgent *m*; **'~ˌwrit·ing** *s.* ✝ **1.** (See)Versicherung(sgeschäft *n*) *f*; **2.** Emissi'onsgaranˌtie *f*: ***~ syndicate*** Emissionskonsortium *n*.

ˌun·de'served *adj.* unverdient; **ˌun·de'serv·ed·ly** [-ɪdlɪ] *adv.* unverdientermaßen; **ˌun·de'serv·ing** *adj.* ☐ unwert, unwürdig (***of*** *gen.*): ***be ~ of*** kein *Mitgefühl etc.* verdienen.

ˌun·de'signed *adj.* ☐ unbeabsichtigt, unabsichtlich; **ˌun·de'sign·ing** *adj.* ehrlich, aufrichtig.

'un·deˌsir·a'bil·i·ty *s.* Unerwünschtheit *f*; **ˌun·de'sir·a·ble** **I** *adj.* ☐ **1.** nicht wünschenswert; **2.** unerwünscht, lästig: ***~ alien***; **II** *s.* **3.** unerwünschte Per'son; **ˌun·de'sired** *adj.* unerwünscht, 'unwillˌkommen; **ˌun·de'sir·ous** *adj.* nicht begierig (***of*** nach): ***be ~ of*** *et.* nicht wünschen *od.* (haben) wollen.

ˌun·de'tach·a·ble *adj.* nicht (ab)trennbar *od.* abnehmbar.

ˌun·de'tect·ed *adj.* unentdeckt.

ˌun·de'ter·mined *adj.* **1.** unentschieden, schwebend, offen: ***an ~ question***; **2.** unbestimmt, vage; **3.** unentschlossen, unschlüssig.

ˌun·de'terred *adj.* nicht abgeschreckt, unbeeindruckt (***by*** von).

ˌun·de'vel·oped *adj.* **1.** unentwickelt; **2.** unerschlossen (*Gebiet*).

un·de·vi·at·ing [ʌn'diːvɪeɪtɪŋ] *adj.* ☐ **1.** nicht abweichend; **2.** unentwegt, unbeirrbar.

un·dies ['ʌndɪz] *s. pl.* F ('Damen-)ˌUnterwäsche *f*.

U

ˈunˌdif·ferˈen·ti·at·ed *adj.* undifferenziert.
ˌun·diˈgest·ed *adj.* unverdaut (*a. fig.*).
unˈdig·ni·fied *adj.* würdelos.
ˌun·diˈlut·ed *adj.* unverdünnt, *a. fig.* unverwässert, unverfälscht.
ˌun·diˈmin·ished *adj.* unvermindert.
ˌun·diˈrect·ed *adj.* **1.** ungeleitet, führungslos, ungelenkt; **2.** unadressiert; **3.** *phys.* ungerichtet.
ˌun·disˈcerned *adj.* □ unbemerkt; **ˌun·disˈcern·ing** *adj.* □ urteils-, einsichtslos, unkritisch.
ˌun·disˈcharged *adj.* **1.** unbezahlt; unbeglichen; **2.** (noch) nicht entlastet: *~ debtor*; **3.** nicht abgeschossen (*Feuerwaffe*); **4.** nicht entladen (*Schiff etc.*).
unˈdis·ci·plined *adj.* **1.** undiszipliniert, zuchtlos; **2.** ungeschult.
ˌun·disˈclosed *adj.* ungenannt, geheim gehalten, nicht bekannt gegeben.
ˌun·disˈcour·aged *adj.* nicht entmutigt.
ˌun·disˈcov·er·a·ble *adj.* unauffindbar, nicht zu entdecken(d); **ˌun·disˈcov·ered** *adj.* **1.** unentdeckt; **2.** unbemerkt.
ˌun·disˈcrim·i·nat·ing *adj.* □ **1.** unterschiedslos; **2.** urteilslos, unkritisch.
ˌun·disˈcussed *adj.* unerörtert.
ˌun·disˈguised *adj.* □ **1.** unverkleidet, unmaskiert; **2.** *fig.* unverhüllt.
ˌun·disˈmayed *adj.* unerschrocken.
ˌun·disˈposed *adj.* **1.** *~ of* nicht verteilt *od.* vergeben, ✝ *a.* unverkauft; **2.** abgeneigt, nicht bereit *od.* (dazu) aufgelegt (*to do* zu tun).
ˌun·disˈput·ed *adj.* □ unbestritten.
ˌun·disˈtin·guish·a·ble *adj.* □ **1.** nicht erkenn- *od.* wahrnehmbar; **2.** nicht unterˈscheidbar, nicht zu unterˈscheiden(d) (*from* von); **ˌun·disˈtin·guished** *adj.* **1.** sich nicht unterˈscheidend (*from* von); **2.** ˈdurchschnittlich, norˈmal; **3.** → *undistinguishable*.
ˌun·disˈturbed *adj.* □ **1.** ungestört; **2.** unberührt, gelassen.
ˌun·diˈvid·ed *adj.* □ **1.** ungeteilt (*a. fig. Aufmerksamkeit etc.*); **2.** ✝ nicht verteilt: *~ profits*.
un·do [ˌʌnˈduː] *v/t.* [*irr.* → *do*] **1.** *Paket, Knoten, a. Kragen, Mantel etc.* aufmachen, öffnen; aufknöpfen, -knüpfen, -lösen; losbinden; *j-m* den Reißverschluss *etc.* aufmachen; *Saum etc.* auftrennen; → *undone*; **2.** *fig.* ungeschehen *od.* rückgängig machen, aufheben; **3.** *fig. et. od. j-n* ruinieren, zuˈgrunde richten; *Hoffnungen etc.* zuˈnichte machen; **ˌunˈdo·ing** *s.* **1.** *das* Aufmachen *etc.*; **2.** Ungeschehen-, Rückgängigmachen *n*; **3.** Zuˈgrunderichtung *f*; **4.** Unglück *n*, Verderben *n*, Ruˈin *m*; **ˌunˈdone I** *p.p. von* **undo**; **II** *adj.* **1.** ungetan, unerledigt: *leave s.th. ~* et. unausgeführt lassen, et. unterlassen; *leave nothing ~* nichts unversucht lassen; **2.** offen: *come ~* aufgehen; **3.** ruiniert, ‚erledigt', ‚hin': *he is ~* es ist aus mit ihm.
un·doubt·ed [ʌnˈdaʊtɪd] *adj.* □ unbezweifelt, unbestritten; unzweifelhaft; **unˈdoubt·ed·ly** [-lɪ] *adv.* zweifellos, ohne (jeden) Zweifel.
un·dreamed, *a.* **un·dreamt** [*beide* ʌnˈdremt] *adj. oft ~-of* ungeahnt, nie erträumt, unerhört.
ˌunˈdress I *v/t.* **1.** (*v/i.* sich) entkleiden *od.* ausziehen; **II** *s.* **2.** Alltagskleid(ung *f*) *n*; **3.** Hauskleid *n*; **4.** *in a state of ~* a) halb bekleidet, im Negliˈgee, b) unbekleidet; **5.** ⚔ ˈInterimsuniˌform *f*; **ˌunˈdressed** *adj.* **1.** unbekleidet; **2.** *Küche*: a) ungarniert, b) unzubereitet; **3.** ⚙ a) ungegerbt (*Leder*), b) unbehauen (*Holz, Stein*); **4.** ⚕ unverbunden (*Wunde etc.*).
ˌunˈdrink·a·ble *adj.* nicht trinkbar.
ˌunˈdue *adj.* (□ → *unduly*) **1.** ˈübermäßig, überˈtrieben; **2.** ungehörig, unangebracht, ungebührlich; **3.** *bsd.* ⚖ unzulässig: *~ influence* unzulässige Beeinflussung; **4.** ✝ noch nicht fällig.
un·du·late [ˈʌndjʊleɪt] **I** *v/i.* **1.** wogen, wallen, sich wellenförmig (fort)bewegen; **2.** wellenförmig verlaufen; **II** *v/t.* **3.** in wellenförmige Bewegung versetzen, wogen lassen; **4.** wellen; **III** *adj.* □ **5.** → **ˈun·du·lat·ed** [-tɪd] *adj.* wellenförmig, wellig, Wellen...: *~ line* Wellenlinie *f*; **ˈun·du·lat·ing** [-tɪŋ] *adj.* □ **1.** → *undulated*; **2.** wallend, wogend; **un·du·la·tion** [ˌʌndjʊˈleɪʃn] *s.* **1.** wellenförmige Bewegung; Wallen *n*, Wogen *n*; **2.** *geol.* Welligkeit *f*; **3.** *phys.* Wellenbewegung *f*, -linie *f*; **4.** *phys.* Schwingung(sbewegung) *f*; **5.** ⚕ Undulatiˈon *f*; **ˈun·du·la·to·ry** [-lətrɪ] *adj.* wellenförmig, Wellen...
ˌunˈdu·ly *adv. von* **undue** 1–3: *not ~ worried* nicht übermäßig *od.* über Gebühr besorgt.
ˌunˈdu·ti·ful *adj.* □ **1.** pflichtvergessen; **2.** ungehorsam; **3.** unehrerbietig.
unˈdy·ing *adj.* □ **1.** unsterblich, unvergänglich (*Liebe, Ruhm etc.*); **2.** unendlich (*Hass etc.*).
ˌunˈearned *adj.* unverdient, nicht erarbeitet: *~ income* ✝ Einkommen *n* aus Vermögen, Kapitaleinkommen *n*.
ˌunˈearth *v/t.* **1.** *Tier* aus der Höhle treiben; **2.** ausgraben (*a. fig.*); **3.** *fig. et.* ans (Tages)Licht bringen, aufstöbern, ausfindig machen.
unˈearth·ly *adj.* **1.** ˈüberirdisch; **2.** unirdisch, ˈübernaˌtürlich; **3.** schauerlich, unheimlich; **4.** F unmöglich (*Zeit*): *at an ~ hour*.
unˈeas·i·ness *s.* **1.** (*körperliches u. geistiges*) Unbehagen; **2.** (innere) Unruhe; **3.** Unbehaglichkeit *f e-s Gefühls etc.*; **4.** Unsicherheit *f*; **unˈeas·y** *adj.* □ **1.** unruhig, unbehaglich, besorgt, nerˈvös:

U

feel ~ about s.th. über et. beunruhigt sein; **2.** unbehaglich (*Gefühl*), beunruhigend (*Verdacht etc.*); **3.** unruhig: ***~ night***; **4.** unsicher (*im Sattel etc.*); **5.** gezwungen, unsicher (*Benehmen etc.*).

ˌun'eat·a·ble *adj.* ungenießbar.

'unˌe·co'nom·ic, 'unˌe·co'nom·i·cal *adj.* □ unwirtschaftlich.

ˌun'ed·i·fy·ing *adj. fig.* wenig erbaulich, unerquicklich.

ˌun'ed·u·cat·ed *adj.* ungebildet.

ˌun·em'bar·rassed *adj.* **1.** nicht verlegen, ungeniert; **2.** unbehindert; **3.** von (Geld)Sorgen frei.

ˌun·e'mo·tion·al *adj.* □ **1.** leidenschaftslos, nüchtern; **2.** teilnahmslos, passiv, kühl; **3.** gelassen.

ˌun·em'ploy·a·ble I *adj.* **1.** nicht verwendbar, unbrauchbar; **2.** arbeitsunfähig (*Person*); **II** *s.* **3.** Arbeitsunfähige(r *m*) *f*; **ˌun·em'ployed I** *adj.* **1.** arbeits-, erwerbs-, stellungslos; **2.** ungenützt, brachliegend: ***~ capital*** ✝ totes Kapital; **II** *s.* **3. *the ~*** *pl.* die Arbeitslosen *pl.*; **ˌ~·em'ploy·ment** *s.* Arbeitslosigkeit *f*: ***~ benefit*** Arbeitslosenunterstützung *f*; ***~ insurance*** Arbeitslosenversicherung *f*; ***~ rate*** Arbeitslosenquote *f*.

Unemployment – Rund um die Arbeitslosigkeit

dole money	„Stempelgeld"
dole: *be on the dole, join the dole queue*	„stempeln" gehen
jobcentre	Arbeitsamt
jobless	arbeitslos
jobless figures	Arbeitslosenzahl *Sg.*
out of work	arbeitslos
plant closures	Fabrikstilllegungen
redundancies	Entlassungen
redundant: *be made redundant*	seinen Arbeitsplatz verlieren
short-time work	Kurzarbeit
unemployment benefit, jobseeker's allowance	Arbeitslosengeld
unemployment figures	Arbeitslosenzahl *sg.*

ˌun·en'cum·bered *adj.* **1.** ⚖ unbelastet (*Grundbesitz*); **2.** (***by***) unbehindert (durch), frei (von).

un'end·ing *adj.* □ endlos, nicht enden wollend, unaufhörlich.

ˌun·en'dowed *adj.* **1.** nicht ausgestattet (***with*** mit); **2.** nicht dotiert (***with*** mit), ohne Zuschuss; **3.** nicht begabt (***with*** mit).

ˌun·en'dur·a·ble *adj.* □ unerträglich.

ˌun·en'gaged *adj.* frei: a) nicht gebunden *od.* verpflichtet, b) nicht verlobt, c) unbeschäftigt.

ˌun-'Eng·lish *adj.* unenglisch.

ˌun·en'light·ened *adj. fig.* **1.** unerleuchtet; **2.** unaufgeklärt.

ˌun'en·ter·pris·ing *adj.* □ nicht *od.* wenig unter'nehmungslustig, ohne Unter'nehmungsgeist.

ˌun'en·vi·a·ble *adj.* □ nicht zu beneiden(d), wenig beneidenswert.

ˌun'e·qual *adj.* □ **1.** ungleich (*a. Kampf*), 'unterschiedlich; **2.** nicht gewachsen (***to*** *dat.*); **3.** ungleichförmig; **ˌun'e·qual(l)ed** *adj.* **1.** unerreicht, 'unüberˌtroffen (***by*** von, ***for*** in *od.* an *dat.*); **2.** beispiellos, *nachgestellt*: ohne'gleichen: ***~ ignorance.***

ˌun·e'quiv·o·cal *adj.* □ **1.** unzweideutig, eindeutig; **2.** aufrichtig.

ˌun'err·ing *adj.* □ unfehlbar, untrüglich.

ˌun·es'sen·tial I *adj.* unwesentlich, unwichtig; **II** *s.* Nebensache *f*.

ˌun'e·ven *adj.* □ **1.** uneben: ***~ ground***; **2.** ungerade (*Zahl*); **3.** ungleich(mäßig, -artig); **4.** unausgeglichen (*Charakter etc.*); **ˌun'e·ven·ness** *s.* Unebenheit *f etc.*

ˌun·e'vent·ful *adj.* □ ereignislos: ***be ~*** *a.* ohne Zwischenfälle verlaufen.

ˌun·ex'am·pled *adj.* beispiellos, unvergleichlich, *nachgestellt*: ohne'gleichen: ***not ~*** nicht ohne Beispiel.

un·ex·celled [ˌʌnɪk'seld] *adj.* 'unüberˌtroffen.

ˌun·ex'cep·tion·a·ble *adj.* □ untadelig, einwandfrei.

ˌun·ex'cep·tion·al *adj.* □ **1.** nicht außergewöhnlich; **2.** ausnahmslos; **3.** → ***unexceptionable.***

ˌun·ex'cit·ing *adj.* nicht *od.* wenig aufregend.

un·ex·pect·ed [ˌʌnɪk'spektɪd] *adj.* □ unerwartet, unvermutet.

ˌun·ex'pired *adj.* (noch) nicht abgelaufen *od.* verfallen (*Frist etc.*), noch in Kraft.

ˌun·ex'plain·a·ble *adj.* unerklärlich; **ˌun·ex'plained** *adj.* unerklärt.

ˌun·ex'plored *adj.* unerforscht.

ˌun·ex'pressed *adj.* unausgesprochen.

ˌun'ex·pur·gat·ed *adj.* nicht gereinigt, ungekürzt (*Bücher etc.*).

un'fad·ing *adj.* □ **1.** unverwelklich (*a.*

fig.); **2.** *fig.* unvergänglich; **3.** nicht verblassend (*Farbe*).

un'fail·ing *adj.* □ **1.** unfehlbar; **2.** nie versagend; **3.** treu; **4.** unerschöpflich, unversiegbar.

ˌun'fair *adj.* □ unfair: a) unbillig, ungerecht, b) unehrlich, *bsd.* ✝ unlauter, c) nicht anständig, d) unsportlich (*alle* ***to*** gegen'über): **~ *competition*** unlauterer Wettbewerb; **~ *dismissal*** ungerechtfertigte Entlassung; **ˌun'fair·ly** *adv.* **1.** unfair, unbillig(erweise) *etc.*; zu Unrecht: ***not* ~** nicht zu Unrecht; **2.** 'übermäßig; **ˌun'fair·ness** *s.* Unfairness *f*, Ungerechtigkeit *f etc.*

ˌun'faith·ful *adj.* □ **1.** un(ge)treu, treulos; **2.** unaufrichtig; **3.** nicht wortgetreu, ungenau (*Abschrift, Übersetzung*); **ˌun'faith·ful·ness** *s.* Untreue *f*, Treulosigkeit *f*.

un'fal·ter·ing *adj.* □ **1.** nicht schwankend, sicher (*Schritt etc.*); **2.** fest (*Stimme, Blick*); **3.** *fig.* unbeugsam, entschlossen.

ˌun·fa'mil·iar *adj.* □ **1.** nicht vertraut, unbekannt (***to*** *dat.*); **2.** ungewohnt, fremd (***to*** *dat. od.* für).

ˌun'fash·ion·a·ble *adj.* □ 'unmoˌdern, altmodisch.

ˌun'fas·ten I *v/t.* aufmachen, losbinden, lösen, öffnen; **II** *v/i.* sich lösen, aufgehen; **ˌun'fas·tened** *adj.* unbefestigt, lose.

ˌun'fa·ther·ly *adj.* unväterlich, lieblos.

un·fath·om·a·ble [ʌn'fæðəməbl] *adj.* □ unergründlich (*a. fig.*); **ˌun'fath·omed** *adj.* unergründet.

ˌun'fa·vo(u)r·a·ble *adj.* □ **1.** unvorteilhaft (*a. Aussehen*), ungünstig (***for, to*** für); widrig (*Wetter, Umstände etc.*); **2.** ✝ passiv (*Zahlungsbilanz etc.*); **ˌun'fa·vo(u)r·a·ble·ness** *s.* Unvorteilhaftigkeit *f*.

ˌun'fea·si·ble *adj.* unausführbar.

un·feel·ing [ʌn'fiːlɪŋ] *adj.* □ gefühllos; **un'feel·ing·ness** [-nɪs] *s.* Gefühllosigkeit *f*.

un'feigned *adj.* □ **1.** ungeheuchelt, **2.** wahr, echt.

ˌun'felt *adj.* ungefühlt.

ˌun·fer'ment·ed *adj.* ungegoren.

ˌun'fet·ter *v/t.* **1.** losketten; **2.** *fig.* befreien; **ˌun'fet·tered** *adj. fig.* unbehindert, unbeschränkt, frei.

ˌun'fil·i·al *adj.* □ lieb-, re'spektlos, pflichtvergessen (*Kind*).

ˌun'filled *adj.* **1.** un(aus)gefüllt; **2.** unbesetzt (*Posten, Stelle*); **3. ~ *orders*** ✝ nicht ausgeführte Bestellungen, Auftragsbestand *m*.

ˌun'fin·ished *adj.* **1.** unfertig (*a. fig. Stil etc.*); ⚙ unbearbeitet; **2.** 'unvollˌendet (*Sinfonie etc.*); **3.** unerledigt: **~ *business*** *parl.* unerledigte Punkte *pl.* (*der Geschäftsordnung*).

ˌun'fit I *adj.* □ **1.** untauglich (*a.* ⚔), ungeeignet (***for*** für, zu): **~ *for* (*military*) *service*** (wehr)dienstuntauglich; **2.** unfähig, unbefähigt (***for*** zu *et.*, ***to do*** zu tun); **II** *v/t.* **3.** ungeeignet *etc.* machen (***for*** für); **ˌun'fit·ness** *s.* Untauglichkeit *f*; **ˌun'fit·ted** *adj.* **1.** ungeeignet, untauglich; **2.** nicht (gut) ausgerüstet (***with*** mit); **ˌun'fit·ting** *adj.* □ **1.** ungeeignet, unpassend; **2.** unschicklich.

ˌun'fix *v/t.* losmachen, lösen: **~ *bayonets!*** ⚔ Seitengewehr an Ort!; **ˌun'fixed** *adj.* **1.** unbefestigt, lose; **2.** *fig.* schwankend.

ˌun'flag·ging *adj.* □ unermüdlich.

ˌun'flap·pa·ble *adj.* F unerschütterlich, nicht aus der Ruhe zu bringen.

ˌun'flat·ter·ing *adj.* □ **1.** nicht *od.* wenig schmeichelhaft; **2.** ungeschminkt.

ˌun'fledged *adj.* **1.** *orn.* ungefiedert, (noch) nicht flügge; **2.** *fig.* unreif.

un·flinch·ing [ʌn'flɪntʃɪŋ] *adj.* □ **1.** unerschütterlich, unerschrocken; **2.** entschlossen, unnachgiebig.

un·fly·a·ble [ˌʌn'flaɪəbl] *adj.* ✈ **1.** flugtüchtig; **2. ~ *weather*** kein Flugwetter.

ˌun'fold I *v/t.* **1.** entfalten, ausbreiten, öffnen; **2.** *fig.* a) enthüllen, darlegen, b) entwickeln; **II** *v/i.* **3.** sich entfalten *od.* öffnen; **4.** *fig.* sich entwickeln.

ˌun'forced *adj.* □ ungezwungen.

ˌun·fore'see·a·ble *adj.* 'unvorˌhersehbar; **ˌun·fore'seen** *adj.* 'unvorˌhergesehen, unerwartet.

un·for·get·ta·ble [ˌʌnfə'getəbl] *adj.* □ unvergesslich: ***of* ~ *beauty***.

un·for·giv·a·ble [ˌʌnfə'gɪvəbl] *adj.* unverzeihlich; **ˌun·for'giv·en** *adj.* unverziehen; **ˌun·for'giv·ing** *adj.* □ unversöhnlich, nachtragend.

ˌun·for'got·ten *adj.* unvergessen.

ˌun'formed *adj.* **1.** ungeformt, formlos; **2.** unfertig, unentwickelt; unausgebildet.

un'for·tu·nate I *adj.* □ **1.** unglücklich, Unglücks...; verhängnisvoll, un(glück)selig; **2.** bedauerlich; **II** *s.* **3.** Unglückliche(r *m*) *f*; **un'for·tu·nate·ly** *adv.* unglücklicherweise, bedauerlicherweise, leider.

ˌun'found·ed *adj.* □ unbegründet, grundlos.

ˌun'freeze *v/t.* **1.** auftauen; **2.** ✝ *Preise etc.* freigeben; **3.** *Gelder* zur Auszahlung freigeben.

ˌun·fre'quent·ed *adj.* **1.** nicht *od.* wenig besucht; **2.** einsam.

ˌun'friend·ed *adj.* ohne Freund(e).

ˌun'friend·li·ness *s.* Unfreundlichkeit *f*; **ˌun'friend·ly** *adj.* **1.** unfreundlich (*a. fig. Zimmer etc.*) (***to*** zu); **2.** ungünstig (***for, to*** für).

ˌun'frock *v/t. eccl. j-m* das Priesteramt entziehen.

U

ˌun'fruit·ful *adj.* ☐ **1.** unfruchtbar; **2.** *fig.* frucht-, ergebnislos; **ˌun'fruit·ful·ness** *s.* **1.** Unfruchtbarkeit *f*; **2.** *fig.* Fruchtlosigkeit *f.*
ˌun'fund·ed *adj.* ✝ unfundiert.
ˌun'furl I *v/t. Fahne etc.* entfalten, -rollen; *Fächer* ausbreiten; ⚓ *Segel* losmachen; **II** *v/i.* sich entfalten.
ˌun'fur·nished *adj.* **1.** nicht ausgerüstet *od.* versehen (***with*** mit); **2.** unmöbliert: ***~ room.***
un·gain·li·ness [ʌn'geɪnlɪnɪs] *s.* Plumpheit *f*, Unbeholfenheit *f*; **un·gain·ly** [ʌn'geɪnlɪ] *adj.* unbeholfen, plump, linkisch.
ˌun'gal·lant *adj.* ☐ **1.** 'ungaˌlant (***to*** zu, gegenüber); **2.** nicht tapfer.
ˌun'gear *v/t.* ⚙ auskuppeln.
ˌun'gen·er·ous *adj.* ☐ **1.** nicht freigebig, knauserig; **2.** kleinlich.
ˌun'gen·ial *adj.* unfreundlich.
ˌun'gen·tle *adj.* ☐ unsanft, unzart.
un'gen·tle·man·like → ***ungentlemanly***; **un'gen·tle·man·li·ness** *s.* **1.** unfeine Art; **2.** ungebildetes *od.* unfeines Benehmen; **un'gen·tle·man·ly** *adj.* unfein.
un-get-at-a·ble [ˌʌnget'ætəbl] *adj.* unnahbar.
ˌun'gird *v/t.* losgürten.
ˌun'glazed *adj.* **1.** unverglast; **2.** unglasiert.
ˌun'gloved *adj.* ohne Handschuh(e).
ˌun'god·li·ness *s.* Gottlosigkeit *f*; **ˌun'god·ly** *adj.* **1.** gottlos (*a. weitS. verrucht*); **2.** F scheußlich, schrecklich, heillos.
un·gov·ern·a·ble [ˌʌn'gʌvənəbl] *adj.* ☐ **1.** unlenksam; **2.** zügellos, unbändig, wild; **ˌun'gov·erned** *adj.* unbeherrscht.
ˌun'grace·ful *adj.* ☐ 'ungraziˌös, ohne Anmut; plump, ungelenk.
ˌun'gra·cious *adj.* ☐ ungnädig.
ˌun·gram'mat·i·cal *adj.* ☐ *ling.* 'ungramˌmatisch.
un'grate·ful *adj.* ☐ undankbar (***to*** gegen) (*a. fig. unangenehm*); **un'grate·ful·ness** *s.* Undankbarkeit *f.*
ˌun'grat·i·fied *adj.* unbefriedigt.
ˌun'ground·ed *adj.* ☐ **1.** unbegründet; **2.** a) ungeschult, b) ohne sichere Grundlagen (*Wissen*).
ˌun'grudg·ing *adj.* ☐ **1.** bereitwillig; **2.** neidlos, großzügig: ***be ~ in*** reichlich *Lob etc.* spenden.
un·gual ['ʌŋgwəl] *adj. zo.* Nagel..., Klauen..., Huf...
ˌun'guard·ed *adj.* ☐ **1.** unbewacht (*a. fig. Moment etc.*); *a.* ⚙ ungeschützt; *a. sport, Schach*: ungedeckt; **2.** unbedacht.
un·guent ['ʌŋgwənt] *s.* Salbe *f.*
ˌun'guid·ed *adj.* **1.** ungeleitet, führer-, führungslos; **2.** nicht (fern)gelenkt.
un·gu·late ['ʌŋgjʊleɪt] *zo.* **I** *adj.* huffömig; mit Hufen; Huf...: ***~ animal*** → **II** *s.* Huftier *n.*
ˌun'hal·lowed *adj.* **1.** nicht geheiligt, ungeweiht; **2.** unheilig, pro'fan.
ˌun'ham·pered *adj.* ungehindert.
ˌun'hand *v/t. obs. j-n* loslassen.
ˌun'hand·i·ness *s.* **1.** Unhandlichkeit *f*; **2.** Ungeschick(lichkeit *f*) *n.*
ˌun'hand·some *adj.* ☐ unschön (*a. fig. Benehmen etc.*).
ˌun'hand·y *adj.* ☐ **1.** unhandlich (*Sache*); **2.** unbeholfen, ungeschickt.
un'hap·pi·ly *adv.* unglücklicherweise, leider; **un'hap·pi·ness** *s.* Unglück(seligkeit *f*) *n*, Elend *n*; **un'hap·py** *adj.* ☐ unglücklich: a) traurig, elend, b) un(glück)selig, unheilvoll, c) unpassend, ungeschickt (*Bemerkung etc.*).
ˌun'harmed *adj.* unversehrt.
ˌun·har'mo·ni·ous *adj.* 'unharˌmonisch (*a. fig.*).
ˌun'har·ness *v/t. Pferd* ausspannen.
un'health·i·ness *s.* Ungesundheit *f*; **un'health·y** *adj.* ☐ *allg.* ungesund: a) kränklich (*a. Aussehen etc.*), b) gesundheitsschädlich, c) (*moralisch*) schädlich, d) F gefährlich, e) *fig.* krankhaft.
ˌun'heard *adj.* **1.** ungehört: ***go ~*** unbeachtet bleiben; **2.** ⚖ ohne rechtliches Gehör; **ˌun'heard-of** *adj.* unerhört, beispiellos.
un·heed·ed [ˌʌn'hiːdɪd] *adj.* ☐ unbeachtet: ***go ~*** unbeachtet bleiben; **ˌun'heed·ful** *adj.* ☐ unachtsam, sorglos; nicht achtend (***of*** auf *acc.*); **ˌun'heed·ing** [-dɪŋ] *adj.* ☐ sorglos, unachtsam.
ˌun'help·ful *adj.* ☐ **1.** nicht hilfreich, ungefällig; **2.** (***to***) nutzlos (für), wenig dienlich (*dat.*).
un·hes·i·tat·ing [ʌn'hezɪteɪtɪŋ] *adj.* ☐ **1.** ohne Zaudern *od.* Zögern, unverzüglich; **2.** anstandslos, bereitwillig, *adv. a.* ohne weiteres.
ˌun'hin·dered *adj.* ungehindert.
ˌun'hinge *v/t.* **1.** *Tür etc.* aus den Angeln heben (*a. fig.*); **2.** die Angeln entfernen von; **3.** *fig. Nerven, Geist* zerrütten; **4.** *fig. j-n* aus dem Gleichgewicht bringen.
ˌun·his'tor·ic, **ˌun·his'tor·i·cal** *adj.* ☐ **1.** 'unhiˌstorisch; **2.** ungeschichtlich, legen'där.
ˌun'hitch *v/t.* **1.** loshaken, -machen; **2.** *Pferd* ausspannen.
ˌun'ho·ly *adj.* ☐ **1.** unheilig; **2.** ungeheiligt, nicht geweiht; **3.** gott-, ruchlos; **4.** F a) scheußlich, schrecklich, b) ‚unmöglich' (*Zeit*).
ˌun'hon·o(u)red *adj.* **1.** ungeehrt; unverehrt; **2.** ✝ nicht honoriert.
ˌun'hook I *v/t.* auf-, loshaken; **II** *v/i.* sich auf- *od.* loshaken (lassen).
un'hoped, **un'hoped-for** *adj.* unverhofft, unerwartet.
ˌun'horse *v/t.* aus dem Sattel heben *od.* werfen.

ˌunˈhouse *v/t.* **1.** (aus dem Hause) vertreiben; **2.** obdachlos machen.

ˌunˈhur·ried *adj.* □ gemütlich, gemächlich.

ˌunˈhurt *adj.* **1.** unverletzt; **2.** unbeschädigt.

u·ni·cel·lu·lar [ˌjuːnɪˈseljʊlə] *adj. biol.* einzellig: ~ ***animal***, ~ ***plant*** Einzeller *m.*

u·ni·col·o(u)r [ˌjuːnɪˈkʌlə], **ˌu·niˈcol·o(u)red** [-əd] *adj.* einfarbig.

u·ni·corn [ˈjuːnɪkɔːn] *s.* Einhorn *n.*

un·i·de·aed [ˌʌnaɪˈdɪəd] *adj.* iˈdeenlos.

ˌun·iˈden·ti·fied *adj.* nicht identifiziert, unbekannt: ~ ***flying object*** unbekanntes Flugobjekt.

u·ni·di·men·sion·al [ˌjuːnɪdɪˈmenʃənl] *adj.* ˈeindimensioˌnal.

u·ni·fi·ca·tion [ˌjuːnɪfɪˈkeɪʃn] *s.* **1.** Vereinigung *f*; **2.** Vereinheitlichung *f.*

u·ni·form [ˈjuːnɪfɔːm] **I** *adj.* □ **1.** gleich (-förmig), uniˈform; **2.** gleich bleibend, gleichmäßig, konˈstant; **3.** einheitlich, überˈeinstimmend, gleich, Einheits...; **4.** einförmig, -tönig; **II** *s.* **5.** Uniˈform *f*, Dienstkleidung *f*; (Schwestern-)Tracht *f*; **III** *v/t.* **6.** uniformieren (*a.* ⚔ *etc.*): ~***ed*** uniformiert, in Uniform; **u·ni·form·i·ty** [juːnɪˈfɔːmətɪ] *s.* **1.** Gleichförmigkeit *f*, -mäßigkeit *f*, Gleichheit *f*, Überˈeinstimmung *f*; **2.** Einheitlichkeit *f*; **3.** Einförmigkeit *f*, -tönigkeit *f.*

u·ni·fy [ˈjuːnɪfaɪ] *v/t.* **1.** verein(ig)en, zs.-schließen; **2.** vereinheitlichen.

u·ni·lat·er·al [ˌjuːnɪˈlætərəl] *adj.* □ einseitig (*a.* ⚖ *u.* ⚖).

ˌun·ilˈlu·mi·nat·ed *adj.* **1.** unerleuchtet (*a. fig.*); **2.** *fig.* unwissend.

ˌun·imˈag·i·na·ble *adj.* □ unvorstellbar; **ˌun·imˈag·i·na·tive** *adj.* □ fantasielos, einfallslos; **ˌun·imˈag·ined** *adj.* ungeahnt.

ˌun·imˈpaired *adj.* unvermindert, unbeeinträchtigt, ungeschmälert.

ˌun·imˈpas·sioned *adj.* leidenschaftslos.

ˌun·imˈpeach·a·ble *adj.* □ **1.** unanfechtbar; **2.** untad(e)lig.

ˌun·imˈped·ed *adj.* □ ungehindert.

ˌun·imˈpor·tant *adj.* unwichtig.

ˌun·imˈpos·ing *adj.* nicht imponierend *od.* impoˈsant, eindruckslos.

ˌun·imˈpres·sion·a·ble *adj.* nicht zu beeindrucken(d), (für Eindrücke) unempfänglich.

ˌun·imˈpres·sive → ***unimposing.***

ˌun·inˈflect·ed *adj. ling.* unflektiert.

ˌunˈin·flu·enced *adj.* unbeeinflusst (***by*** durch, von); **ˈunˌin·fluˈen·tial** *adj.* ohne Einfluss, nicht einflussreich.

ˌun·inˈformed *adj.* **1.** (***on***) nicht informiert *od.* unterˈrichtet (über *acc.*), nicht eingeweiht (in *acc.*); **2.** ungebildet.

ˌun·inˈhab·it·a·ble *adj.* unbewohnbar; **ˌun·inˈhab·it·ed** *adj.* unbewohnt.

ˌun·inˈi·ti·at·ed *adj.* uneingeweiht, nicht eingeführt (***into*** in *acc.*).

ˌunˈin·jured *adj.* **1.** unverletzt; **2.** unbeschädigt.

ˌun·inˈspired *adj.* schwunglos, ohne Feuer; **ˌun·inˈspir·ing** *adj.* nicht begeisternd, wenig anregend.

ˌun·inˈstruct·ed *adj.* **1.** nicht unterˈrichtet, unwissend; **2.** nicht instruiert, ohne Verhaltensmaßregeln; **ˌun·inˈstruc·tive** *adj.* nicht *od.* wenig instrukˈtiv *od.* lehrreich.

ˌun·inˈsured *adj.* unversichert.

ˌun·inˈtel·li·gent *adj.* □ ˈunintelliˌgent, beschränkt, geistlos, dumm.

ˈun·inˌtel·li·giˈbil·i·ty *s.* Unverständlichkeit *f*; **ˌun·inˈtel·li·gi·ble** *adj.* □ unverständlich.

ˌun·inˈtend·ed *adj.*, **ˌun·inˈten·tion·al** *adj.* □ unbeabsichtigt, unabsichtlich, ungewollt.

ˌunˈin·ter·est·ed *adj.* □ interˈesselos, uninteressiert (***in*** an *dat.*), gleichgültig; **ˌunˈin·ter·est·ing** *adj.* □ ˈuninteresˌsant.

ˈunˌin·terˈrupt·ed *adj.* □ ˈununterˌbrochen: a) ungestört (***by*** von), b) kontinuierlich, fortlaufend, anhaltend: ~ ***working hours*** durchgehende Arbeitszeit.

ˌun·inˈvit·ed *adj.* un(ein)geladen; **ˌun·inˈvit·ing** *adj.* □ nicht *od.* wenig einladend *od.* verlockend *od.* anziehend.

un·ion [ˈjuːnjən] *s.* **1.** *allg.* Vereinigung *f*, (*a. eheliche*) Verbindung; **2.** Eintracht *f*, Harmoˈnie *f*; **3.** *pol.* Zs.-schluss *m*; **4.** *pol. etc.* Uniˈon *f*: a) (Staaten-)Bund *m*, *z. B. die* U.S.A. *pl.*, b) Vereinigung *f*, (Zweck)Verband *m*, Bund *m*, (*a. Post-, Zoll- etc.*)Verein *m*, c) *Brit. Vereinigung unabhängiger Kirchen*; **5.** Gewerkschaft *f*: ~ ***dues*** *pl.* Gewerkschaftsbeitrag *m*; **6.** *Brit. hist.* a) *Kirchspielverband zur Armenpflege*, b) Armenhaus *n*; **7.** ⚙ Anschlussstück *n*, (Rohr)Verbindung *f*; **8.** ⚙ Mischgewebe *n*; **9.** ⚓ Gösch *f* (*Flaggenfeld mit Hoheitsabzeichen*): ~ ***flag*** → ***union jack*** 1; **ˈun·ion·ism** [-nɪzəm] *s.* **1.** *pol.* Unioˈnismus *m*, unioˈnistische Bestrebungen *pl.*; **2.** Gewerkschaftswesen *n*; **ˈun·ion·ist** [-nɪst] *s.* **1.** ♀ *pol. hist.* Unioˈnist *m*; **2.** Gewerkschaftler *m*; **ˈun·ion·ize** [-naɪz] *v/t.* gewerkschaftlich organisieren.

un·ion| jack *s.* **1.** ***Union Jack*** Union Jack *m* (*brit. Nationalflagge*); **2.** ⚓ → ***union*** 9; ~ **joint** *s.* Rohrverbindung *f*; ~ **shop** *s.* ✝ *bsd. Am. Betrieb, der nur Gewerkschaftsmitglieder einstellt od. Arbeitnehmer, die bereit sind, innerhalb von 30 Tagen der Gewerkschaft beizu-*

U

treten; ~ **suit** *s. Am.* Hemdhose *f* mit langem Bein.

Der Name der Flagge des Vereinigten Königreichs, **Union Jack** [ˌjuːnjən'dʒæk], bezieht sich auf die Vereinigung (**union**) Englands und Schottlands 1707 sowie auf den Flaggenmast von Schiffen (**jack staff**). Die Flagge setzt sich aus drei übereinander liegenden Flaggen zusammen: die von St. George (rotes Kreuz auf weißem Hintergrund), die von St Andrew (zwei diagonale weiße Streifen, die sich auf einem blauen Hintergrund kreuzen) und die von St. Patrick (zwei diagonale rote Streifen auf weißem Hintergrund).

u·nip·a·rous [juː'nɪpərəs] *adj.* **1.** ⚕ erst einmal geboren habend; **2.** *zo.* nur 'ein Junges gebärend (*bei e-m Wurf*); **2.** ⚘ nur 'eine Achse *od.* 'einen Ast treibend.

u·ni·par·tite [ˌjuːnɪ'pɑːtaɪt] *adj.* einteilig.

u·ni·po·lar [ˌjuːnɪ'pəʊlə] *adj.* **1.** *phys.*, ϟ einpolig, Einpol...; **2.** *anat.* monopo'lar (*Nervenzelle*).

u·nique [juː'niːk] **I** *adj.* ☐ **1.** einzig; **2.** einmalig, einzigartig; unerreicht, *nachgestellt*: ohne'gleichen; **3.** F außer-, ungewöhnlich; großartig; **4.** ♈ eindeutig; **II** *s.* **5.** Seltenheit *f*, Unikum *n*; **u'nique·ness** [-nɪs] *s.* Einzigartig-, Einmaligkeit *f*.

'u·ni·sex *adj.* Unisex...

ˌu·ni'sex·u·al *adj.* ☐ **1.** eingeschlechtig; **2.** *zo.*, ⚘ getrenntgeschlechtlich.

u·ni·son ['juːnɪzn] *s.* **1.** ♪ Ein-, Gleichklang *m*, Uni'sono *n*: ***in*** ~ unisono, einstimmig (*a. fig.*); **2.** *fig.* Einklang *m*, Über'einstimmung *f*: ***in*** ~ ***with*** in Einklang mit; **u·nis·o·nous** [juː'nɪsənəs] *adj.* **1.** ♪ a) gleich klingend, b) einstimmig; **2.** *fig.* über'einstimmend.

u·nit ['juːnɪt] *s.* **1.** *allg.* Einheit *f* (*Einzelding*): ~ ***of account*** (***trade***, ***value***) ✝ (Ver)Rechnungs- (Handels-, Währungs)einheit; ***dwelling*** ~ Wohneinheit; ~ ***factor*** *biol.* Erbfaktor *m*; ~ ***furniture*** Anbaumöbel *pl.*; ~ ***price*** ✝ Einheitspreis *m*; ~ ***wages*** ✝ Stück-, Akkordlohn *m*; **2.** *phys.* (Grund-, Maß-) Einheit *f*: ~ (***of***) ***power*** (***time***) Leistungs- (Zeit)einheit; **3.** ♈ Einer *m*, Einheit *f*; **4.** ⚔ Einheit *f*, Verband *m*, Truppenteil *m*; **5.** ⚙ a) (Bau)Einheit *f*, b) Aggre'gat *n*, Anlage *f*: ~ ***construction*** Baukastenbauweise *f*; **6.** *fig.* Kern *m*, Zelle *f*: ***the family as the*** ~ ***of society***.

U·ni·tar·i·an [ˌjuːnɪ'teərɪən] **I** *s. eccl.* Uni'tarier(in); **II** *adj.* uni'tarisch; **ˌU·ni'tar·i·an·ism** [-nɪzəm] *s. eccl.* Unita'rismus *m*; **u·ni·tar·y** ['juːnɪtərɪ] *adj.* Einheits... (*a.* ϟ), ♈ *a.* uni'tär; einheitlich.

u·nite [juː'naɪt] **I** *v/t.* **1.** verbinden (*a.* ⚗, ⚙), vereinigen; **2.** (ehelich) verbinden, verheiraten; **3.** *Eigenschaften* in sich vereinigen; **II** *v/i.* **4.** sich vereinigen; **5.** ⚗, ⚙ sich verbinden (***with*** mit); **6.** sich zs.-tun: ~ ***in doing s.th.*** et. geschlossen *od.* vereint tun; **7.** sich anschließen (***with*** *dat. od.* an *acc.*); **8.** sich verheiraten; **u'nit·ed** [-tɪd] *adj.* vereinigt; vereint (*Kräfte etc.*), gemeinsam: ♀ ***Kingdom*** *das* Vereinigte Königreich (*Großbritannien u. Nordirland*); ♀ ***Nations*** Vereinte Nationen; ♀ ***States*** *die* Vereinigten Staaten *von Nordamerika, die* U.S.A. *pl.*

u·nit·ize ['juːnɪtaɪz] *v/t.* **1.** zu e-r Einheit machen; **2.** ⚙ nach dem 'Baukastenprinˌzip konstruieren; **3.** in Einheiten verpacken.

u·nit trust *s.* ✝ In'vestmenttrust *m*.

u·ni·ty ['juːnətɪ] *s.* **1.** Einheit *f* (*a.* ♈, ⚖): ***the dramatic unities*** *thea.* die drei Einheiten; **2.** Einheitlichkeit *f* (*a. e-s Kunstwerks*); **3.** Einigkeit *f*, Eintracht *f*: ~ (***of sentiment***) Einmütigkeit *f*; ***at*** ~ in Eintracht, im Einklang; **4.** *nationale etc.* Einheit.

u·ni·va·lent [ˌjuːnɪ'veɪlənt] *adj.* ⚗ einwertig.

u·ni·ver·sal [ˌjuːnɪ'vɜːsl] **I** *adj.* ☐ **1.** ('all)umˌfassend, univer'sal, Universal...(*-genie, -erbe etc.*), gesamt, glo'bal: ~ ***knowledge*** umfassendes Wissen; ~ ***succession*** ⚖ Gesamtnachfolge *f*; **2.** allgemein (*a. Wahlrecht, Wehrpflicht etc.*): ~ ***partnership*** ⚖ allgemeine Gütergemeinschaft; ***the disappointment was*** ~ die Enttäuschung war allgemein; **3.** allgemein (gültig), univer'sell: ~ ***rule***; ~ ***remedy*** ⚕ Universalmittel *n*; **4.** allgemein, 'überall üblich *od.* anzutreffen(d); **5.** 'weltumˌfassend, Welt...: ~ ***language*** Weltsprache *f*; ♀ ***Postal Union*** Weltpostverein *m*; ~ ***time*** Weltzeit *f*; **6.** ⚙ Universal...(*-gerät etc.*): ~ ***current*** ϟ Allstrom *m*; ~ ***joint*** Universal-, Kardangelenk *n*; **II** *s.* **7.** *das* Allgemeine; **8.** *Logik*: allgemeine Aussage; **9.** *phls.* Allgemeinbegriff *m*; **ˌu·ni'ver·sal·ism** [-səlɪzəm] *s. eccl.*, *phls.* Universa'lismus *m*; **u·ni·ver·sal·i·ty** [ˌjuːnɪvɜː'sælətɪ] *s.* **1.** *das* 'Allumˌfassende, Allgemeinheit *f*; **2.**

U

Universali'tät *f*, Vielseitigkeit *f*, um'fassende Bildung; **3.** Allgemeingültigkeit *f*; **ˌu·ni'ver·sal·ize** [-səlaɪz] *v/t.* allgemein gültig machen; allgemein verbreiten; **u·ni·verse** ['juːnɪvɜːs] *s.* **1.** Uni'versum *n*, (Welt)All *n*, Kosmos *m*; **2.** Welt *f*; **ˌu·ni'ver·si·ty** [-sətɪ] **I** *s.* Universi'tät *f*, Hochschule *f*: ***Open* 2, 2 *of the Air*** Fernsehuniversität *f*; ***at the* 2 *of Oxford*, *at Oxford* 2** auf *od.* an der Universität Oxford; **II** *adj.* Universitäts..., Hochschul..., aka'demisch: **~ *education*** Hochschulbildung *f*; **~ *extension*** *Art* Volkshochschule *f*; **~ *man*** Akademiker *m*; **~ *place*** Studienplatz *m*; **~ *professor*** ordentlicher Professor.

u·ni·vo·cal [ˌjuːnɪ'vəʊkl] **I** *adj.* □ eindeutig, unzweideutig; **II** *s.* Wort *n* mit nur 'einer Bedeutung.

ˌun'just *adj.* □ ungerecht (***to*** gegen); **un'jus·ti·fi·a·ble** *adj.* □ nicht zu rechtfertigen(d), unverantwortlich; **un'jus·ti·fied** *adj.* ungerechtfertigt, unberechtigt; **ˌun'just·ness** *s.* Ungerechtigkeit *f*.

un·kempt [ˌʌn'kempt] *adj.* **1.** *obs.* ungekämmt, zerzaust; **2.** *fig.* ungepflegt, unordentlich, verwahrlost.

un'kind *adj.* □ **1.** unfreundlich (***to*** zu); **2.** rücksichtslos, herzlos (***to*** gegen); **un'kind·li·ness** *s.* Unfreundlichkeit *f*; **un'kind·ly** → ***unkind***; **un'kind·ness** *s.* Unfreundlichkeit *f etc.*

ˌun'know·ing *adj.* □ **1.** unwissend; **2.** unwissentlich, unbewusst; **3.** nicht wissend, ohne zu wissen (***that*** dass, ***how*** wie *etc.*).

ˌun'known I *adj.* **1.** unbekannt (***to*** *dat.*); → ***quantity*** 2; **2.** nie gekannt, beispiellos (*Entzücken etc.*); **II** *adv.* **3.** (***to s.o.***) ohne (j-s) Wissen; **III** *s.* **4.** *der* (*die*, *das*) Unbekannte; **5.** ⩓ Unbekannte *f*.

ˌun'la·bel(l)ed *adj.* nicht etikettiert, ohne Eti'kett *od.* Aufschrift.

ˌun'la·bo(u)red *adj.* mühelos (*a. fig. ungezwungen, leicht*).

ˌun'lace *v/t.* aufschnüren.

ˌun'lade *v/t.* [*irr.* → ***lade***] **1.** aus-, entladen; **2.** ⚓ *Ladung etc.* löschen; **ˌun'lad·en** *adj.* **1.** unbeladen: **~ *weight*** Leergewicht *n*; **2.** *fig.* unbelastet (***with*** von).

ˌun'la·dy·like *adj.* nicht damenhaft, unfein.

ˌun·la'ment·ed *adj.* unbeklagt, unbeweint, unbetrauert.

ˌun'latch *v/t.* aufklinken.

ˌun'law·ful *adj.* □ **1.** ⚖ rechtswidrig, 'widerrechtlich, ungesetzlich, 'illeˌgal: **~ *assembly*** Auflauf *m*, Zs.-rottung *f*; **2.** unerlaubt; **3.** unehelich; **ˌun'law·ful·ness** *s.* Ungesetzlichkeit *f etc.*

un·lead·ed [ˌʌn'ledɪd] **I** *adj.* unverbleit, bleifrei (*Benzin*); **II** *s.* bleifreies (*od.* unverbleites) Benzin.

ˌun'learn [*irr.* → ***learn***] **I** *v/t.* verlernen, vergessen; **II** *v/i.* 'umlernen.

un·learned[1] [ˌʌn'lɜːnt] *adj.* nicht er- *od.* gelernt.

un·learn·ed[2] [ˌʌn'lɜːnɪd] *adj.* ungelehrt.

ˌun'learnt → ***unlearned***[1].

ˌun'leash *v/t.* **1.** losbinden, *Hund* loskoppeln; **2.** *fig.* entfesseln, auslösen, loslassen.

ˌun'leav·ened *adj.* ungesäuert (*Brot*).

un·less [ən'les] **I** *cj.* wenn ... nicht; so'fern ... nicht; es sei denn (, dass) ...; außer wenn ...; ausgenommen (wenn) ...; vor'ausgesetzt, dass nicht ...; **II** *prp.* außer.

ˌun'let·tered *adj.* **1.** analpha'betisch; **2.** ungebildet, ungelehrt; **3.** unbeschriftet, unbedruckt.

ˌun'li·censed *adj.* **1.** unerlaubt; **2.** nicht konzessioniert, (amtlich) nicht zugelassen, ohne Li'zenz.

ˌun'licked *adj. fig.* a) ungehobelt, ungeschliffen, roh, b) unreif: **~ *cub*** grüner Junge.

ˌun'lik·a·ble *adj.* 'unsymˌpathisch.

ˌun'like I *adj.* **1.** ungleich, (vonein'ander) verschieden; **2.** unähnlich; **II** *prp.* **3.** unähnlich (***s.o.*** j-m), verschieden von, anders als: ***that is very* ~ *him*** das sieht ihm gar nicht ähnlich; **4.** anders als, nicht wie; **5.** im Gegensatz zu.

ˌun'like·a·ble → ***unlikable.***

un'like·li·hood, **un'like·li·ness** *s.* Unwahrscheinlichkeit *f*; **un'like·ly I** *adj.* **1.** unwahrscheinlich; **2.** (ziemlich) unmöglich: **~ *place***; **3.** aussichtslos; **II** *adv.* **4.** unwahrscheinlich.

ˌun'lim·ber *v/t. u. v/i.* **1.** ⚔ abprotzen; **2.** *fig.* (sich) bereitmachen.

un'lim·it·ed *adj.* **1.** unbegrenzt; unbeschränkt (*a. Haftung etc.*): **~ *company*** ✝ *Brit.* Gesellschaft *f* mit unbeschränkter Haftung; **2.** ✝ *Börse*: nicht limitiert; **3.** *fig.* grenzen-, uferlos.

ˌun'lined[1] *adj.* ungefüttert: **~ *coat.***

ˌun'lined[2] *adj.* **1.** unliniert, ohne Linien; **2.** faltenlos (*Gesicht*).

ˌun'link *v/t.* **1.** losketten; **2.** *Kettenglieder* trennen; **3.** *Kette* ausein'ander nehmen.

ˌun'liq·ui·dat·ed *adj.* ✝ **1.** a) ungetilgt (*Schuld etc.*), b) nicht festgestellt (*Betrag etc.*); **2.** unliquidiert: **~ *company.***

ˌun'list·ed *adj.* **1.** nicht verzeichnet; **2.** *teleph. Am.* Geheim...: **~ *number***; **3.** ✝ nicht notiert (*Wertpapier*).

ˌun'load I *v/t.* **1.** ab-, aus-, entladen; ⚓ *Ladung* löschen; **2.** *fig.* (von e-r Last) befreien, erleichtern; **3.** *Waffe* entladen; **4.** *Börse*: *Aktien* (*massenhaft*) abstoßen, auf den Markt werfen; **5.** F (***on, onto***) a) *j-n, et.* ‚abladen' (bei), b) abwälzen (auf *acc.*), c) *Wut etc.* auslassen (an *dat.*); **II** *v/i.* **6.** aus-, abladen; **7.** gelöscht *od.* ausgeladen werden.

ˌun'lock v/t. **1.** aufschließen, öffnen; **2.** *Waffe* entsichern; ˌ**un'locked** *adj.* unverschlossen.

un'looked-for *adj.* unerwartet, 'unvorˌhergesehen, über'raschend.

ˌ**un'loose**, **un'loos·en** *v/t.* **1.** *Knoten etc.* lösen; **2.** *Griff etc.* lockern; **3.** losmachen, -lassen.

ˌ**un'lov·a·ble** *adj.* nicht *od.* wenig liebenswert; ˌ**un'loved** *adj.* ungeliebt; ˌ**un'love·ly** *adj.* unschön, reizlos; ˌ**un'lov·ing** *adj.* □ kalt, lieblos.

un'luck·i·ly *adv.* unglücklicherweise; **un'luck·y** *adj.* □ unglücklich: a) vom Pech verfolgt: ***be*** ~ Pech *od.* kein Glück haben, b) fruchtlos: ~ ***effort***, c) ungünstig: ~ ***moment***, d) unheilvoll, Unglücks...: ~ ***day***.

ˌ**un'made** *adj.* ungemacht.

ˌ**un'make** *v/t.* [*irr.* → ***make***] **1.** aufheben, 'umstoßen, wider'rufen, rückgängig machen; **2.** *j-n* absetzen; **3.** vernichten; **4.** 'umbilden.

ˌ**un'man** *v/t.* **1.** entmannen; **2.** *j-n* s-r Kraft berauben; **3.** *j-n* verzagen lassen, entmutigen; **4.** verrohen (lassen); **5.** *e-m Schiff etc.* die Mannschaft nehmen: ~***ned*** unbemannt.

un'man·age·a·ble *adj.* □ **1.** schwer zu handhaben(d), unhandlich; **2.** *fig.* unfügsam, unlenksam, 'widerspenstig: ~ ***child***; **3.** unkontrollierbar (*Lage*).

ˌ**un'man·li·ness** *s.* Unmännlichkeit *f*; ˌ**un'man·ly** *adj.* **1.** unmännlich; **2.** weibisch; **3.** feige.

un'man·ner·li·ness *s.* schlechtes Benehmen; **un'man·ner·ly** *adj.* ungezogen, 'unmaˌnierlich.

ˌ**un'marked** *adj.* **1.** nicht markiert, unbezeichnet, ungezeichnet (*a. Gesicht*); **2.** unbemerkt; **3.** *sport* ungedeckt.

ˌ**un'mar·ket·a·ble** *adj.* ✝ **1.** nicht marktgängig *od.* -fähig; **2.** unverkäuflich.

ˌ**un'mar·riage·a·ble** *adj.* nicht heiratsfähig; ˌ**un'mar·ried** *adj.* unverheiratet, ledig.

un·mask [ˌʌn'mɑːsk] **I** *v/t.* **1.** *j-m* die Maske abnehmen, *j-n* demaskieren; **2.** *fig. j-n* entlarven, *j-m* die Maske her'unterreißen; **II** *v/i.* **3.** sich demaskieren; **4.** *fig.* die Maske fallen lassen; ˌ**un'mask·ing** [-kɪŋ] *s. fig.* Entlarvung *f.*

ˌ**un'matched** *adj.* unvergleichlich, unerreicht, 'unüberˌtroffen.

ˌ**un'mean·ing** *adj.* □ sinn-, bedeutungslos; nichts sagend (*a. Gesicht*); ˌ**un'meant** *adj.* unbeabsichtigt.

ˌ**un'meas·ured** *adj.* **1.** ungemessen; **2.** unermesslich, grenzenlos, unbegrenzt; **3.** unmäßig.

ˌ**un·me'lo·di·ous** *adj.* □ 'unmeˌlodisch.

un'men·tion·a·ble **I** *adj.* **1.** unaussprechlich, ta'bu: ***an*** ~ ***topic*** ein Thema, über das man nicht spricht; **2.** → ***unspeakable***; **II** *s. pl. humor. die* Unaussprechlichen *pl.* (*Unterwäsche*); ˌ**un'men·tioned** *adj.* unerwähnt.

ˌ**un'mer·chant·a·ble** → ***unmarketable***.

un'mer·ci·ful *adj.* □ unbarmherzig.

ˌ**un'mer·it·ed** *adj.* □ unverdient(ermaßen *adv.*).

ˌ**un·me'thod·i·cal** *adj.* 'unmeˌthodisch, sys'tem-, planlos.

ˌ**un'mil·i·tar·y** *adj.* **1.** 'unmiliˌtärisch; **2.** nicht mili'tärisch, Zivil...

un'mind·ful *adj.* □ unachtsam; uneingedenk (***of*** *gen.*): ***be*** ~ ***of*** a) nicht achten auf (*acc.*), b) nicht denken an (*acc.*).

ˌ**un·mis'tak·a·ble** *adj.* □ **1.** 'unˌmissverständlich; **2.** unverkennbar.

un'mit·i·gat·ed *adj.* □ **1.** ungemildert, ganz; **2.** voll'endet, Erz..., *nachgestellt*: durch u. durch: ***an*** ~ ***liar***.

ˌ**un'mixed** *adj.* □ **1.** unvermischt; **2.** *fig.* ungemischt, rein, pur.

ˌ**un'mod·i·fied** *adj.* unverändert, nicht abgeändert.

ˌ**un·mo'lest·ed** *adj.* unbelästigt, ungestört: ***live*** ~ in Frieden leben.

ˌ**un'moor** ⚓ **I** *v/t.* **1.** abankern, losmachen; **2.** vor 'einem Anker liegen lassen; **II** *v/i.* **3.** den *od.* die Anker lichten.

ˌ**un'mor·al** *adj.* 'amoˌralisch.

ˌ**un'mort·gaged** *adj.* ⚖ **1.** unverpfändet; **2.** hypo'thekenfrei, unbelastet.

ˌ**un'mount·ed** *adj.* **1.** unberitten: ~ ***police***; **2.** nicht aufgezogen (*Bild etc.*); **3.** ⚙, ⚔ unmontiert; **4.** nicht gefasst (*Stein*).

ˌ**un'mourned** *adj.* unbetrauert.

ˌ**un'mov·a·ble** *adj.* □ unbeweglich; ˌ**un'moved** *adj.* □ **1.** unbewegt; **2.** *fig.* ungerührt, unbewegt; **3.** *fig.* unerschütterlich, standhaft, gelassen; ˌ**un'mov·ing** *adj.* regungslos.

ˌ**un'mur·mur·ing** *adj.* □ ohne Murren, klaglos.

ˌ**un'mu·si·cal** *adj.* □ **1.** 'unmusiˌkalisch (*Person*); **2.** 'unmeˌlodisch.

ˌ**un'muz·zle** *v/t.* **1.** *e-m Hund* den Maulkorb abnehmen: ~***d*** ohne Maulkorb; **2.** *fig. j-m* freie Meinungsäußerung gewähren.

ˌ**un'nam(e)·a·ble** *adj.* unsagbar.

ˌ**un'named** *adj.* **1.** namenlos; **2.** nicht namentlich genannt, ungenannt.

un'nat·u·ral *adj.* □ **1.** 'unnaˌtürlich; **2.** künstlich, gekünstelt; **3.** 'widernaˌtürlich (*Laster*, *Verbrechen etc.*); **4.** ungeheuerlich, ab'scheulich; **5.** ungewöhnlich; **6.** ano'mal.

ˌ**un'nav·i·ga·ble** *adj.* nicht schiffbar, unbefahrbar.

un'nec·es·sar·i·ly *adv.* unnötigerweise; **un'nec·es·sar·y** *adj.* □ **1.** unnötig, nicht notwendig; **2.** nutzlos, 'überflüssig.

ˌ**un'need·ed** *adj.* nicht benötigt, nutzlos; ˌ**un'need·ful** *adj.* □ unnötig.

U

ˌ**unˈneigh·bo(u)r·ly** *adj.* nicht gutnachbarlich, unfreundlich.
ˌ**unˈnerve** *v/t.* entnerven, zermürben, *j-n* die Nerven *od.* den Mut verlieren lassen.
ˌ**unˈnot·ed** *adj.* **1.** unbeachtet, unberühmt; **2.** → ***unnoticed*** 1.
ˌ**unˈno·ticed** *adj.* **1.** unbemerkt, unbeobachtet; **2.** → ***unnoted*** 1.
ˌ**unˈnum·bered** *adj.* **1.** unnummeriert; **2.** *poet.* ungezählt, zahllos.
ˌ**un·obˈjec·tion·a·ble** *adj.* □ einwandfrei.
ˌ**un·obˈlig·ing** *adj.* ungefällig.
ˌ**un·obˈserv·ant** *adj.* unaufmerksam, unachtsam: ***be ~ of*** *et.* nicht beachten; ˌ**un·obˈserved** *adj.* □ unbeobachtet, unbemerkt.
ˌ**un·obˈstruct·ed** *adj.* **1.** unversperrt, ungehindert: ***~ view***; **2.** *fig.* unbehindert.
ˌ**un·obˈtain·a·ble** *adj.* **1.** ✝ nicht erhältlich; **2.** unerreichbar.
ˌ**un·obˈtru·sive** *adj.* □ unaufdringlich: a) zuˈrückhaltend, bescheiden, b) unauffällig; ˌ**un·obˈtru·sive·ness** *s.* Unaufdringlichkeit *f.*
ˌ**unˈoc·cu·pied** *adj.* frei: a) unbewohnt, leer (stehend), b) unbesetzt, c) unbeschäftigt.
ˌ**un·ofˈfend·ing** *adj.* **1.** nicht beleidigend; **2.** nicht anstößig.
ˌ**un·ofˈfi·cial** *adj.* □ **1.** nichtamtlich, ˈinoffiziˌell; **2.** ***~ strike*** ✝ wilder Streik.
ˌ**unˈo·pened** *adj.* **1.** ungeöffnet, verschlossen: ***~ letter***; **2.** ✝ unerschlossen: ***~ market***.
ˌ**un·opˈposed** *adj.* **1.** unbehindert; **2.** unbeanstandet: ***~ by*** ohne Widerstand *od.* Einspruch seitens (*gen.*).
ˌ**unˈor·gan·ized** *adj.* **1.** ˈunorˌganisch; **2.** unorganisiert, wirr; **3.** nicht organisiert.
ˌ**unˈor·tho·dox** *adj.* **1.** *eccl.* ˈunorthoˌdox; **2.** *fig.* ˈunorthoˌdox, unüblich, ˈunkonventioˌnell.
ˈ**unˌos·tenˈta·tious** *adj.* □ unaufdringlich, unauffällig: a) prunklos, schlicht, b) anspruchslos, zuˈrückhaltend, c) deˈzent (*Farben etc.*).
ˌ**unˈowned** *adj.* herrenlos.
ˌ**unˈpack** *v/t. u. v/i.* auspacken.
ˌ**unˈpaid** *adj.* **1.** *a.* ***~-for*** unbezahlt; rückständig (*Zinsen etc.*); **2.** ✝ noch nicht eingezahlt (*Kapital*); **3.** unbesoldet, unbezahlt, ehrenamtlich (*Stellung*).
unˈpal·at·a·ble *adj.* □ **1.** unschmackhaft, schlecht (schmeckend); **2.** *fig.* unangenehm, ˈwiderwärtig.
unˈpar·al·leled *adj.* einmalig, beispiellos, *nachgestellt*: ohneˈgleichen.
unˈpar·don·a·ble *adj.* □ unverzeihlich.
ˈ**unˌpar·liaˈmen·ta·ry** *adj. pol.* ˈunparlamenˌtarisch.
ˌ**unˈpat·ent·ed** *adj.* nicht patentiert.
ˈ**unˌpa·triˈot·ic** *adj.* (□ ***~ally***) ˈunpatriˌotisch.
ˌ**unˈpaved** *adj.* ungepflastert.
ˌ**unˈped·i·greed** *adj.* ohne Stammbaum.
ˌ**unˈpeo·ple** *v/t.* entvölkern.
ˌ**un·perˈceived** *adj.* □ unbemerkt.
ˌ**un·perˈformed** *adj.* **1.** nicht ausgeführt, ungetan, unverrichtet; **2.** *thea.* nicht aufgeführt (*Stück*).
ˈ**unˌper·son** *s. fig.* ˈUnperˌson *f.*
ˌ**un·perˈturbed** *adj.* nicht beunruhigt, gelassen, ruhig.
ˌ**unˈpick** *v/t. Naht etc.* (auf)trennen; ˌ**unˈpicked** *adj.* **1.** ungepflückt; **2.** ✝ unausgesucht, unsortiert (*Proben*).
ˌ**unˈpin** *v/t.* **1.** die Nadeln entfernen aus; **2.** losstecken, -machen.
ˌ**unˈpit·ied** *adj.* unbemitleidet; ˌ**unˈpit·y·ing** *adj.* □ mitleid(s)los.
ˌ**unˈplaced** *adj.* **1.** nicht ˈuntergebracht; nicht angestellt, ohne Stellung; **2.** *Rennsport*: unplatziert.
ˌ**unˈplait** *v/t.* **1.** glätten; **2.** *das Haar etc.* aufflechten.
ˌ**unˈplay·a·ble** *adj.* **1.** *sport* unbespielbar (*Boden, Platz*); **2.** ♪ unspielbar; **3.** *thea.* nicht bühnenreif.
unˈpleas·ant *adj.* □ *allg.* unangenehm: a) unerfreulich, b) unfreundlich, c) unwirsch (*Person*); **unˈpleas·ant·ness** *s.* **1.** *das* Unangenehme; **2.** Unannehmlichkeit *f*; **3.** ˈMisshelligkeit *f*, Unstimmigkeit *f.*
ˌ**unˈpledged** *adj.* **1.** nicht verpflichtet; **2.** ⚖ unverpfändet.
ˌ**unˈplug** *v/t.* den Pflock *od.* Stöpsel *od.* Stecker entfernen aus.
ˌ**unˈplumbed** *adj. fig.* unergründet, unergründlich.
ˌ**un·poˈet·ic**, ˌ**un·poˈet·i·cal** *adj.* □ ˈunpoˌetisch, undichterisch.
ˌ**unˈpol·ished** *adj.* **1.** unpoliert (*a. Reis*), ungeglättet, ungeschliffen; **2.** *fig.* unausgefeilt (*Stil etc.*); **3.** *fig.* ungeschliffen, ungehobelt.
ˌ**unˈpol·i·tic** → ***unpolitical*** 1; ˌ**un·poˈlit·i·cal** *adj.* **1.** (poˈlitisch) unklug; **2.** ˈunpoˌlitisch, an Poliˈtik uninteressiert; **3.** ˈunparˌteiisch.
ˌ**unˈpolled** *adj. pol.* **1.** nicht gewählt habend: ***~ elector*** Nichtwähler *m*; **2.** *Am.* nicht (in die Wählerliste) eingetragen.
ˌ**un·polˈlut·ed** *adj.* **1.** unverschmutzt, unverseucht (*Wasser etc.*); **2.** *fig.* unbefleckt.
ˌ**unˈpop·u·lar** *adj.* □ ˈunpopuˌlär, unbeliebt; ˈ**unˌpop·uˈlar·i·ty** *s.* ˈUnpopulariˌtät *f*, Unbeliebtheit *f.*
ˌ**un·posˈsessed** *adj.* **1.** herrenlos (*Sache*); **2.** ***~ of s.th.*** nicht im Besitz e-r Sache.
ˌ**unˈpost·ed** *adj.* **1.** nicht informiert, ˈununterˌrichtet; **2.** *Brit.* nicht aufgegeben (*Brief*).
ˌ**unˈprac·ti·cal** *adj.* □ unpraktisch; **unˈprac·ticed** *Am.*, **unˈprac·tised** *Brit. adj.* ungeübt (***in*** in *dat.*).

U

un'prec·e·dent·ed *adj.* □ **1.** beispiellos, unerhört, noch nie da gewesen; **2.** ⚖ ohne Präze'denzfall.

ˌun·pre'dict·a·ble *adj.* unvorhersehbar, unberechenbar (*a. Person*): ***he is quite ~ a.*** er ist sehr schwer auszumachen.

ˌun'prej·u·diced *adj.* **1.** unvoreingenommen, vorurteilsfrei, *a.* ⚖ unbefangen; **2.** *a.* ⚖ unbeeinträchtigt.

ˌun·pre'med·i·tat·ed *adj.* □ **1.** 'unüberˌlegt; **2.** unbeabsichtigt; **3.** ⚖ ohne Vorsatz.

ˌun·pre'pared *adj.* □ **1.** unvorbereitet: ***an ~ speech***; **2.** (***for***) nicht vorbereitet *od.* gefasst (auf *acc.*), nicht gerüstet (für).

'unˌpre·pos'sess·ing *adj.* wenig anziehend, 'unsymˌpathisch.

ˌun·pre'sent·a·ble *adj.* nicht präsen'tabel.

ˌun·pre'sum·ing *adj.* nicht anmaßend *od.* vermessen, bescheiden.

ˌun·pre'tend·ing, **ˌun·pre'ten·tious** *adj.* □ anspruchslos.

un'prin·ci·pled *adj.* **1.** ohne (feste) Grundsätze, haltlos, cha'rakterlos (*Person*); **2.** gewissenlos, charakterlos (*Benehmen*).

un·print·a·ble [ˌʌn'prɪntəbl] *adj.* nicht druckfähig *od.* druckreif (*a. fig. anstößig*); **ˌun'print·ed** [-tɪd] *adj.* **1.** ungedruckt (*Schriften*); **2.** unbedruckt (*Stoffe etc.*).

ˌun'priv·i·leged *adj.* nicht privilegiert *od.* bevorrechtigt: ***~ creditor*** ⚖ Massegläubiger *m.*

ˌun·pro'duc·tive *adj.* □ 'unprodukˌtiv (*a. fig.*), unergiebig (***of*** an *dat.*), unfruchtbar (*a. fig.*), 'unrenˌtabel: ***~ capital*** † totes Kapital; **ˌun·pro'duc·tive·ness** *s.* 'Unproduktiviˌtät *f*, Unfruchtbarkeit *f*, Unergiebigkeit *f*, 'Unrentabiliˌtät *f.*

ˌun·pro'fes·sion·al *adj.* □ **1.** keiner freien Berufsgruppe zugehörig; **2.** nicht berufsmäßig; **3.** berufswidrig: ***~ conduct***; **4.** unfachmännisch.

ˌun'prof·it·a·ble *adj.* □ **1.** nicht einträglich *od.* Gewinn bringend *od.* lohnend, 'unrenˌtabel; **2.** unvorteilhaft; **3.** nutz-, zwecklos; **ˌun'prof·it·a·ble·ness** *s.* **1.** Uneinträglichkeit *f*; **2.** Nutzlosigkeit *f.*

ˌun·pro'gres·sive *adj.* □ **1.** nicht fortschrittlich, rückständig; **2.** rückschrittlich, konserva'tiv, reaktio'när.

ˌun'prom·is·ing *adj.* □ nicht viel versprechend, ziemlich aussichtslos.

ˌun'prompt·ed *adj.* spon'tan.

ˌun·pro'nounce·a·ble *adj.* unaussprechlich.

ˌun·pro'pi·tious *adj.* □ ungünstig.

ˌun·pro'por·tion·al *adj.* □ unverhältnismäßig, 'unproportioˌnal.

ˌun·pro'tect·ed *adj.* **1.** ungeschützt, schutzlos; **2.** ungedeckt.

ˌun'proved, **ˌun'prov·en** *adj.* unerwiesen.

ˌun·pro'vid·ed *adj.* □ **1.** nicht versehen (***with*** mit): ***~ with*** ohne; **2.** unvorbereitet; **3.** ***~ for*** unversorgt (*Kind*); **4.** ***~ for*** nicht vorgesehen.

ˌun·pro'voked *adj.* □ **1.** unprovoziert; **2.** grundlos.

ˌun'pub·lish·a·ble *adj.* zur Veröffentlichung ungeeignet; **ˌun'pub·lished** *adj.* unveröffentlicht.

ˌun'punc·tu·al *adj.* □ unpünktlich; **'unˌpunc·tu'al·i·ty** *s.* Unpünktlichkeit *f.*

ˌun'pun·ished *adj.* unbestraft, ungestraft: ***go ~*** straflos ausgehen.

un·put·down·a·ble [ˌʌnpʊt'daʊnəbl] *adj.* F so faszinierend, dass man es nicht mehr aus der Hand legen kann (*Buch*).

ˌun'qual·i·fied *adj.* □ **1.** unqualifiziert: a) unbefähigt, ungeeignet (***for*** für), b) unberechtigt; **2.** uneingeschränkt, unbedingt, bedingungslos; **3.** F ausgesprochen (*Lügner etc.*).

un·quench·a·ble [ˌʌn'kwentʃəbl] *adj.* □ **1.** unlöschbar; **2.** *fig.* unstillbar.

un·ques·tion·a·ble [ʌn'kwestʃənəbl] *adj.* □ **1.** unzweifelhaft, fraglos; **2.** unbedenklich; **un'ques·tioned** [-tʃənd] *adj.* **1.** ungefragt; **2.** unbezweifelt, unbestritten; **un'ques·tion·ing** [-nɪŋ] *adj.* □ bedingungslos, blind: ***~ obedience***; **un'ques·tion·ing·ly** [-nɪŋlɪ] *adv.* ohne zu fragen, ohne Zögern.

ˌun'quote *v/i.*: ***~!*** Ende des Zitats!; **ˌun'quot·ed** *adj.* **1.** nicht zitiert; **2.** *Börse*: nicht notiert.

un'rav·el I *v/t.* **1.** *Gewebe* ausfasern; **2.** *Gestricktes* auftrennen; **3.** entwirren; **4.** *fig.* entwirren, enträtseln; **II** *v/i.* **5.** sich entwirren *etc.*

un·read [ˌʌn'red] *adj.* **1.** ungelesen; **2.** a) unbelesen, ungebildet, b) unbewandert (***in*** in *dat.*).

ˌun'read·a·ble *adj.* **1.** unleserlich (*Handschrift etc.*); **2.** schwer zu lesen (*Buch etc.*); **3.** nicht lesenswert (*Buch etc.*).

ˌun'read·i·ness *s.* mangelnde Bereitschaft; **ˌun'read·y** *adj.* □ nicht bereit *od.* fertig (***for*** zu).

ˌun'real *adj.* □ **1.** unwirklich; **2.** wesenlos; **3.** → **'unˌre·al'is·tic** *adj.* (□ ***~ally***) wirklichkeitsfremd, 'unreaˌlistisch; **ˌun·re'al·i·ty** *s.* **1.** Unwirklichkeit *f*; **2.** Wesenlosigkeit *f.*

ˌun're·al·iz·a·ble *adj.* nicht realisierbar: a) nicht zu verwirklichen(d), b) † nicht verwertbar, unverkäuflich; **ˌun're·al·ized** *adj.* **1.** nicht verwirklicht *od.* erfüllt; **2.** nicht vergegenwärtigt *od.* erkannt.

ˌun'rea·son *s.* **1.** Unvernunft *f*; **2.** Torheit *f*; **un'rea·son·a·ble** *adj.* □ **1.** unvernünftig; **2.** unvernünftig, unbillig, unmäßig, 'übermäßig; unzumutbar;

U

un'rea·son·a·ble·ness *s.* **1.** Unvernunft *f*; **2.** Unbilligkeit *f*, Unmäßigkeit *f*; Unzumutbarkeit *f*; **un'rea·son·ing** *adj.* □ **1.** vernunftlos; **2.** unvernünftig, blind.

ˌun·re'ceipt·ed *adj.* ✝ unquittiert.

ˌun·re'cep·tive *adj.* nicht aufnahmefähig, unempfänglich (**of**, **to** für).

ˌun·re'claimed *adj.* **1.** *fig.* ungebessert; **2.** ungezähmt; **3.** unkultiviert (*Land*).

ˌun'rec·og·niz·a·ble *adj.* □ nicht 'wieder zu erkennen(d); **ˌun'rec·og·nized** *adj.* **1.** nicht ('wieder) erkannt; **2.** nicht anerkannt.

ˌun'rec·on·ciled *adj.* unversöhnt (**to** mit).

un·re·cord·ed [ˌʌnrɪ'kɔːdɪd] *adj.* **1.** (geschichtlich) nicht über'liefert *od.* aufgezeichnet *od.* belegt; **2.** nicht eingetragen *od.* registriert; **3.** ⚖ nicht beurkundet; **4.** a) nicht (auf Tonband *etc.*) aufgenommen, b) Leer...: **~ *tape***.

ˌun·re'deemed *adj.* **1.** *eccl.* unerlöst; **2.** ✝ a) ungetilgt (*Schuld*), b) uneingelöst (*Wechsel*); **3.** uneingelöst (*Pfand, Versprechen*); **4.** *fig.* ungemildert (**by** durch); Erz...: **~ *rascal***.

ˌun·re'dressed *adj.* **1.** nicht wieder gutgemacht; **2.** nicht abgestellt (*Missstand*).

ˌun'reel *v/t.* (*v/i.* sich) abspulen.

ˌun·re'fined *adj.* **1.** ⚙ nicht raffiniert, ungeläutert, roh, Roh...; **2.** *fig.* ungebildet, unfein, unkultiviert.

ˌun·re'flect·ing *adj.* □ **1.** nicht reflektierend; **2.** gedankenlos, 'unüberˌlegt.

ˌun·re'formed *adj.* **1.** unverbessert; **2.** ungebessert (*Person*).

ˌun·re'fut·ed *adj.* 'unwiderˌlegt.

ˌun·re'gard·ed *adj.* unberücksichtigt, unbeachtet; **ˌun·re'gard·ful** *adj.* unachtsam, ohne Rücksicht (**of** auf *acc.*).

un·re·gen·er·a·cy [ˌʌnrɪ'dʒenərəsɪ] *s.* *eccl.* Sündhaftigkeit *f*; **ˌun·re'gen·er·ate** [-rət] *adj.* **1.** *eccl.* nicht 'wieder geboren; **2.** nicht gebessert.

ˌun'reg·is·tered *adj.* **1.** nicht registriert *od.* eingetragen (*a.* ✝, ⚖); **2.** (amtlich) nicht zugelassen (*Auto etc.*); nicht approbiert (*Arzt etc.*); **3.** nicht eingeschrieben (*Brief*).

ˌun·re'gret·ted *adj.* unbedauert, unbeklagt.

ˌun·re'hearsed *adj.* **1.** *thea.* ungeprobt; **2.** über'raschend, spon'tan.

ˌun·re'lat·ed *adj.* **1.** ohne Beziehung (**to** zu); **2.** nicht verwandt (**to**, **with** mit) (*a. fig.*); **3.** nicht berichtet.

ˌun·re'lent·ing *adj.* □ **1.** unbeugsam, unerbittlich; **2.** unvermindert.

'un·reˌli·a'bil·i·ty *s.* Unzuverlässigkeit *f*; **ˌun·re'li·a·ble** *adj.* □ unzuverlässig.

ˌun·re'lieved *adj.* □ **1.** ungelindert; **2.** nicht unter'brochen, 'ununterˌbrochen; **3.** ⚔ a) nicht abgelöst (*Wache*), b) nicht entsetzt (*Festung etc.*).

un·re·mit·ting [ˌʌnrɪ'mɪtɪŋ] *adj.* □ unablässig, beharrlich.

ˌun·re'mu·ner·a·tive *adj.* nicht lohnend *od.* einträglich, 'unrenˌtabel.

ˌun·re'pair *s.* Baufälligkeit *f*, Verfall *m*: ***in (a state of) ~*** in baufälligem Zustand.

ˌun·re'pealed *adj.* **1.** nicht wider'rufen; **2.** nicht aufgehoben.

ˌun·re'pent·ant *adj.* reuelos, unbußfertig; **ˌun·re'pent·ed** [-tɪd] *adj.* unbereut.

ˌun·rep·re'sent·ed *adj.* nicht vertreten.

ˌun·re'quit·ed *adj.* □ **1.** unerwidert: **~ *love***; **2.** unbelohnt (*Dienste*); **3.** ungesühnt (*Missetat*).

un·re·served [ˌʌnrɪ'zɜːvd] *adj.* □ **1.** uneingeschränkt, vorbehalt-, rückhaltlos, völlig; **2.** freimütig, offen(herzig); **3.** nicht reserviert; **ˌun·re'serv·ed·ness** [-vɪdnɪs] *s.* Offenheit *f*, Freimütigkeit *f*.

ˌun·re'sist·ed *adj.* ungehindert: ***be ~*** keinen Widerstand finden; **ˌun·re'sist·ing** *adj.* □ 'widerstandslos.

ˌun·re'solved *adj.* **1.** ungelöst: **~ *problem***; **2.** unschlüssig, unentschlossen; **3.** ⚗, ♪ *etc.* unaufgelöst.

ˌun·re'spon·sive *adj.* □ **1.** unempfänglich (**to** für): ***be ~ (to)*** nicht reagieren *od.* ansprechen (auf *acc.*); **2.** teilnahmslos, kalt.

un·rest [ˌʌn'rest] *s.* Unruhe *f*, *pol. a.* Unruhen *pl.*; **ˌun'rest·ful** *adj.* □ **1.** ruhelos; **2.** ungemütlich; **3.** unbequem; **ˌun'rest·ing** *adj.* □ rastlos, unermüdlich.

ˌun·re'strained *adj.* □ **1.** ungehemmt (*a. fig. ungezwungen*); **2.** hemmungs-, zügellos; **3.** uneingeschränkt; **ˌun·re'straint** *s.* **1.** Ungehemmtheit *f*, *fig. a.* Ungezwungenheit *f*; **2.** Hemmungslosigkeit *f*.

ˌun·re'strict·ed *adj.* □ uneingeschränkt, unbeschränkt.

ˌun·re'turned *adj.* **1.** nicht zu'rückgegeben; **2.** unerwidert, unvergolten: ***be ~*** unerwidert bleiben; **3.** *pol.* nicht (*ins Parlament*) gewählt.

ˌun·re'vealed *adj.* nicht offen'bart, verborgen, geheim.

ˌun·re'vised *adj.* nicht revidiert (*a. fig. Ansicht etc.*).

ˌun·re'ward·ed *adj.* unbelohnt.

ˌun'rhymed *adj.* ungereimt, reimlos.

ˌun'rid·dle *v/t.* enträtseln.

ˌun'rig *v/t.* **1.** ⚓ abtakeln; **2.** abmontieren.

un'right·eous *adj.* □ **1.** nicht rechtschaffen; **2.** *eccl.* ungerecht, sündig; **un'right·eous·ness** *s.* Ungerechtigkeit *f*.

ˌun'rip *v/t.* aufreißen, -schlitzen.

ˌun'ripe *adj.* *allg.* unreif; **ˌun'ripe·ness** *s.* Unreife *f*.

un'ri·val(l)ed *adj.* **1.** ohne Ri'valen *od.* Gegenspieler; **2.** unerreicht, unvergleichlich; ✝ konkur'renzlos.
,un'roll I *v/t.* **1.** entrollen, -falten; **2.** abwickeln; **II** *v/i.* **3.** sich entfalten; sich ausein'ander rollen.
,un·ro'man·tic *adj.* (☐ **~ally**) *allg.* 'unro,mantisch.
,un'roof *v/t. Haus* abdecken.
,un'rope *v/t.* **1.** losbinden; **2.** *mount.* (*a. v/i.* sich) ausseilen.
,un'round *v/t. ling. Vokale* entrunden.
,un'ruf·fled *adj.* **1.** ungekräuselt, glatt; **2.** *fig.* gelassen, unerschüttert.
,un'ruled *adj.* **1.** *fig.* unbeherrscht; **2.** unliniert (*Papier*).
un·ru·li·ness [ʌn'ruːlɪnɪs] *s.* **1.** Unlenkbarkeit *f*, 'Widerspenstigkeit *f*; **2.** Ausgelassenheit *f*, Unbändigkeit *f*; **un·ru·ly** [ʌn'ruːlɪ] *adj.* **1.** unlenksam, aufsässig; **2.** ungebärdig; ausgelassen; **3.** ungestüm.
,un'sad·dle I *v/t.* **1.** *Pferd* absatteln; **2.** *j-n* aus dem Sattel werfen; **II** *v/i.* **3.** absatteln.
,un'safe *adj.* ☐ unsicher, gefährlich.
,un'said *adj.* ungesagt, unerwähnt.
,un'sal·a·ble *adj.* **1.** unverkäuflich; **2.** nicht gangbar (*Waren*).
,un'sal·a·ried *adj.* unbezahlt, ehrenamtlich: **~ clerk** ✝ Volontär *m.*
,un'sale·a·ble → **unsalable**.
,un'sanc·tioned *adj.* nicht sanktioniert, nicht gebilligt *od.* geduldet.
,un'san·i·tar·y *adj.* **1.** ungesund; **2.** 'unhygi,enisch.
'un,sat·is'fac·to·ri·ness *s. das* Unbefriedigende, Unzulänglichkeit *f*; **'un,sat·is'fac·to·ry** *adj.* ☐ unbefriedigend, ungenügend, unzulänglich; **,un'sat·is·fied** *adj.* **1.** unbefriedigt; **2.** unzufrieden; **3.** ✝ a) unbefriedigt (*Anspruch, Gläubiger*), b) unbezahlt, c) unerfüllt (*Bedingung*); **,un'sat·is·fy·ing** *adj.* → **unsatisfactory**.
,un'sa·vo(u)r·i·ness *s.* **1.** Unschmackhaftigkeit *f*; **2.** Widerlichkeit *f*; **,un'sa·vo(u)r·y** *adj.* ☐ **1.** unschmackhaft; **2.** *a. fig.* 'unappe,titlich, unangenehm.
,un'say *v/t.* [*irr.* → **say**] wider'rufen.
,un'scal·a·ble *adj.* unersteigbar.
,un'scathed [-'skeɪðd] *adj.* (völlig) unversehrt, unbeschädigt.
,un'sched·uled *adj.* **1.** nicht pro'grammgemäß; **2.** außerplanmäßig (*Abfahrt etc.*).
,un'schol·ar·ly *adj.* **1.** unwissenschaftlich; **2.** ungelehrt.
,un'schooled *adj.* **1.** ungeschult, nicht ausgebildet; **2.** unverbildet.
'un,sci·en'tif·ic *adj.* (☐ **~ally**) unwissenschaftlich.
,un'scram·ble *v/t.* **1.** F entwirren; **2.** entschlüsseln, dechiffrieren; **3.** ⚡ aussteuern.
,un'screened *adj.* **1.** ungeschützt, *a.* ⚡ nicht abgeschirmt; **2.** ungesiebt (*Sand etc.*); **3.** nicht über'prüft.
,un'screw I *v/t.* ⚙ ab-, auf-, losschrauben; **II** *v/i.* sich her'aus- *od.* losdrehen; sich losschrauben lassen.
,un'script·ed *adj.* improvisiert (*Rede etc.*).
un'scru·pu·lous *adj.* ☐ skrupel-, bedenken-, gewissenlos.
,un'seal *v/t.* **1.** *Brief etc.* entsiegeln *od.* öffnen; **2.** *fig. j-m die Augen, Lippen* öffnen; **3.** *fig.* enthüllen; **,un'sealed** *adj.* **1.** a) unversiegelt, b) geöffnet; **2.** *fig.* nicht besiegelt.
un'search·a·ble *adj.* ☐ unerforschlich, unergründlich.
un'sea·son·a·ble *adj.* ☐ **1.** unzeitig; **2.** *fig.* unpassend, ungünstig.
,un'sea·soned *adj.* **1.** nicht (aus)gereift; **2.** nicht abgelagert (*Holz*); **3.** *fig.* nicht abgehärtet (**to** gegen); **4.** *fig.* unerfahren; **5.** ungewürzt.
,un'seat *v/t.* **1.** *Reiter* abwerfen; **2.** *j-n* absetzen, des Postens entheben; **3.** *pol. j-m* s-n Sitz (im Parla'ment) nehmen; **,un'seat·ed** *adj.* ohne Sitz(gelegenheit): **be ~** nicht sitzen.
,un'sea,wor·thy *adj.* ⚓ seeuntüchtig.
,un·se'cured *adj.* **1.** ungesichert (*a.* ✝ *Schuld*); **2.** unbefestigt; **3.** ✝ ungedeckt, nicht sichergestellt.
,un'seed·ed *sport* ungesetzt (*Spieler etc.*).
,un'see·ing *adj. fig.* blind: **with ~ eyes** mit leerem Blick, blind.
un'seem·li·ness *s.* Unziemlichkeit *f*; **un'seem·ly** *adj.* unziemlich, ungehörig.
,un'seen I *adj.* **1.** ungesehen, unbemerkt; **2.** unsichtbar; **3.** *ped.* unvorbereitet (*Übersetzungstext*); **II** *s.* **4. the ~** die Geisterwelt; **5.** *ped. Brit.* unvorbereitete 'Herüber,setzung *f.*
,un'self·ish *adj.* ☐ selbstlos, uneigennützig; **,un'self·ish·ness** *s.* Selbstlosigkeit *f*, Uneigennützigkeit *f.*
,un·sen'sa·tion·al *adj.* wenig sensatio'nell *od.* aufregend.
,un'serv·ice·a·ble *adj.* ☐ **1.** nicht verwendbar, unbrauchbar (*Gerät etc.*); **2.** betriebsunfähig.
,un'set·tle *v/t.* **1.** *et.* aus s-r (festen) Lage bringen; **2.** *fig.* beunruhigen; *a. j-n, j-s Glauben etc.* erschüttern, ins Wanken bringen; **3.** *fig.* verwirren, durchein'ander bringen; *j-n* aus dem (gewohnten) Gleis werfen; **4.** in Unordnung bringen; **,un'set·tled** *adj.* **1.** ohne festen Wohnsitz; **2.** unbesiedelt (*Land*); **3.** *fig.* unbestimmt, ungewiss, *a. allg.* unsicher (*Zeit etc.*); **4.** unentschieden, unerledigt (*Frage*); **5.** unbeständig, veränderlich (*Wetter*; ✝ *Markt*); **6.** schwankend, unentschlossen

U

(*Person*); **7.** (geistig) gestört, aus dem (seelischen) Gleichgewicht; **8.** unstet (*Charakter, Leben*); **9.** ✝ unbezahlt, unerledigt; **10.** ⚖ nicht zugeschrieben; nicht reguliert (*Erbschaft*).

ˌun'sex *v/t. Frau* vermännlichen: **~ o.s.** alles Frauliche ablegen.

ˌun'shack·le *v/t. j-n* befreien (*a. fig.*); **ˌun'shack·led** *adj.* ungehemmt.

ˌun'shad·ed *adj.* **1.** unverdunkelt, unbeschattet; **2.** *paint.* nicht schattiert.

un'shak·a·ble *adj.* unerschütterlich; **ˌun'shak·en** *adj.* ☐ **1.** unerschüttert, fest; **2.** unerschütterlich.

ˌun'shape·ly *adj.* unförmig.

ˌun'shaved, **ˌun'shav·en** *adj.* unrasiert.

ˌun'sheathe *v/t. das Schwert* aus der Scheide ziehen.

ˌun'shed *adj.* unvergossen (*Tränen*).

ˌun'shell *v/t.* (ab)schälen, enthülsen.

ˌun'shel·tered *adj.* ungeschützt, schutz-, obdachlos.

ˌun'ship *v/t.* ⚓ a) *Ladung* löschen, ausladen, b) *Passagiere* ausschiffen, c) *Ruder, Mast etc.* abbauen.

ˌun'shod *adj.* **1.** unbeschuht, barfuß; **2.** unbeschlagen (*Pferd*).

ˌun'shorn *adj.* ungeschoren.

un·shrink·a·ble [ˌʌn'ʃrɪŋkəbl] *adj.* nicht einlaufend (*Stoffe*); **un'shrink·ing** *adj.* ☐ unverzagt, fest.

ˌun'sift·ed *adj.* **1.** ungesiebt; **2.** *fig.* ungeprüft.

ˌun'sight *adj.*: **buy s.th. ~, unseen** et. unbesehen kaufen; **ˌun'sight·ed** *adj.* **1.** nicht gesichtet; **2.** ungezielt (*Schuss*); **3.** ohne Vi'sier (*Gewehr etc.*).

un'sight·ly *adj.* unansehnlich, hässlich.

ˌun'signed *adj.* **1.** unsigniert, nicht unter'zeichnet; **2.** ♪ unbezeichnet.

ˌun'sized[1] *adj.* nicht nach Größe(n) geordnet *od.* sortiert.

ˌun'sized[2] *adj.* ⚙ **1.** ungrundiert; **2.** ungeleimt.

ˌun'skil·ful *adj.* ☐ ungeschickt.

ˌun'skilled *adj.* **1.** unerfahren, ungeschickt; **2.** ✝ ungelernt: **~ worker**; **the ~ labo(u)r** *coll.* die Hilfsarbeiter *pl.*

ˌun'skill·ful *Am.* → **unskilful**.

ˌun'skimmed *adj.* nicht entrahmt: **~ milk** Vollmilch *f.*

ˌun'slaked *adj.* **1.** ungelöscht (*Kalk*; *a. Durst*); **2.** *fig.* ungestillt.

ˌun'sleep·ing *adj.* **1.** schlaflos; **2.** *fig.* immer wach.

ˌun'smil·ing *adj.* ☐ ernst.

ˌun'smoked *adj.* **1.** ungeräuchert; **2.** nicht aufgeraucht: **~ cigar**.

ˌun'snarl *v/t.* entwirren.

un'so·cia·ble *adj.* ☐ ungesellig, nicht 'umgänglich, reserviert.

ˌun'so·cial *adj.* ☐ **1.** 'unsoziˌal; **2.** 'asoziˌal, gesellschaftsfeindlich; **3. work ~ hours** *Brit.* außerhalb der normalen Arbeitszeit arbeiten.

ˌun'soiled *adj.* rein, sauber, *fig. a.* unbefleckt.

ˌun'sold *adj.* unverkauft; → **subject** 14.

ˌun'sol·der *v/t.* ⚙ ab-, loslöten.

UN sol·dier ['juːen] *s.* U'N-Solˌdat *m*, F Blauhelm *m.*

ˌun'sol·dier·ly *adj.* 'unsolˌdatisch.

ˌun·so'lic·it·ed *adj.* **1.** unaufgefordert, unverlangt; **2.** freiwillig.

ˌun'solv·a·ble *adj.* unlösbar.

ˌun'solved *adj.* ungelöst.

ˌun·so'phis·ti·cat·ed *adj.* **1.** unverfälscht; **2.** lauter, rein; **3.** ungekünstelt, na'türlich, unverbildet; **4.** na'iv, harmlos; **5.** unverdorben.

ˌun'sought, **un'sought-for** *adj.* ungesucht, ungewollt.

ˌun'sound *adj.* ☐ **1.** ungesund (*a. fig.*): **of ~ mind** geistesgestört, unzurechnungsfähig; **2.** verdorben, schlecht (*Ware etc.*), faul (*Obst*); **3.** morsch, wurmstichig; **4.** brüchig, rissig; **5.** unzuverlässig; 'unsoˌlide (*a.* ✝); **6.** nicht stichhaltig, anfechtbar: **~ argument**; **7.** falsch, verkehrt: **~ doctrine** Irrlehre *f*; **~ policy** verfehlte Politik; **ˌun'sound·ness** *s.* **1.** Ungesundheit *f* (*a. fig.*); **2.** Verdorbenheit *f*; **3.** *fig.* Unzuverlässigkeit *f*; **4.** Anfechtbarkeit *f*; **5.** Verfehltheit *f*, *das* Verkehrte.

un'spar·ing *adj.* ☐ **1.** freigebig, verschwenderisch (**in**, **of** mit): **be ~ in** nicht kargen mit *Lob etc.*; **be ~ in one's efforts** keine Mühe scheuen; **2.** reichlich, großzügig; **3.** schonungslos (**of** gegen).

un'speak·a·ble *adj.* ☐ **1.** unsagbar, unsäglich, unbeschreiblich; **2.** F scheußlich, entsetzlich.

ˌun'spec·i·fied *adj.* nicht (einzeln) angegeben, nicht spezifiziert.

ˌun'spir·it·u·al *adj.* ☐ ungeistig.

ˌun'spoiled, **ˌun'spoilt** *adj.* **1.** *allg.* unverdorben; **2.** unbeschädigt; **3.** nicht verzogen (*Kind*).

ˌun'spo·ken *adj.* un(aus)gesprochen, ungesagt; stillschweigend: **~-of** unerwähnt; **~-to** unangeredet.

ˌun'sport·ing, **ˌun'sports·man·like** *adj.* unsportlich, unfair.

ˌun'spot·ted *adj.* **1.** fleckenlos; **2.** *fig.* makellos, unbefleckt; **3.** F unentdeckt.

ˌun'sprung *adj.* ⚙ ungefedert.

ˌun'sta·ble *adj.* **1.** *a. fig.* unsicher, nicht fest, schwankend, la'bil; **2.** *fig.* unbeständig, unstet(ig); **3.** ⚗ 'instaˌbil.

ˌun'stained *adj.* **1.** → **unspotted** 1, 2; **2.** ungefärbt.

ˌun'stamped *adj.* ungestempelt; ✉ unfrankiert (*Brief*).

ˌun'states·man·like *adj.* unstaatsmännisch.

ˌun'stead·i·ness *s.* **1.** Unsicherheit *f*; **2.** *fig.* Unstetigkeit *f*, Schwanken *n*; **3.** Unzuverlässigkeit *f*; **4.** Unregelmäßigkeit *f*;

U

ˌ**un'stead·y** *adj.* □ **1.** unsicher, wack(e)lig; **2.** *fig.* unstet(ig); unbeständig, schwankend (*beide a.* ✝ *Kurse, Markt*); **3.** *fig.* 'unsoˌlide; **4.** unregelmäßig.
ˌ**un'stick** *v/t.* [*irr.* → **stick²**] lösen, losmachen.
un'stint·ed *adj.* uneingeschränkt, unbegrenzt; **un'stint·ing** [-tɪŋ] → ***unsparing*** 1, 2.
ˌ**un'stitch** *v/t.* auftrennen: ***~ed*** a) aufgetrennt, b) ungesteppt (*Falte*); ***come ~ed*** aufgehen (*Naht*).
ˌ**un'stop** *v/t.* **1.** entstöpseln, -korken, aufmachen; **2.** freimachen.
ˌ**un'strained** *adj.* **1.** unfiltriert, ungefiltert; **2.** nicht angespannt (*a. fig.*); **3.** *fig.* ungezwungen.
ˌ**un'strap** *v/t.* ab-, losschnallen.
ˌ**un'stressed** *adj.* **1.** *ling.* unbetont; **2.** ⚙ unbelastet.
ˌ**un'string** *v/t.* [*irr.* → **string**] **1.** *Perlen etc.* abfädeln; **2.** ♪ entsaiten; **3.** *Bogen, Saite* entspannen; **4.** *j-s Nerven* ka'puttmachen, *j-n* (nervlich) ‚fertig machen', demoralisieren.
ˌ**un'strung** *adj.* **1.** ♪ a) saitenlos, unbezogen (*Saiteninstrument*), b) entspannt (*Saite, Bogen*); **2.** abgereiht (*Perlen*); **3.** *fig.* entnervt, mit den Nerven am Ende.
ˌ**un'stuck** *adj.* : ***come ~*** a) sich lösen, b) *fig.* scheitern.
ˌ**un'stud·ied** *adj.* ungesucht, ungekünstelt, na'türlich.
ˌ**un·sub'mis·sive** *adj.* □ nicht unter'würfig, 'widerspenstig.
ˌ**un·sub'stan·tial** *adj.* □ **1.** unstofflich, unkörperlich; **2.** unwesentlich; **3.** wenig stichhaltig *od.* fundiert: ***~ arguments***; **4.** gehaltlos (*Essen*).
ˌ**un·sub'stan·ti·at·ed** *adj.* **1.** unbegründet; **2.** nicht erhärtet.
ˌ**un·suc'cess** *s.* 'Misserfolg *m*, Fehlschlag *m*; ˌ**un·suc'cess·ful** *adj.* □ **1.** erfolglos: a) ohne Erfolg, b) missglückt, miss'lungen: ***be ~*** keinen Erfolg haben (***in doing s.th.*** bei *od.* mit et.); ***~ take-off*** ✈ Fehlstart *m*; **2.** 'durchgefallen (*Kandidat*); zu'rückgewiesen (*Bewerber*); ⚖ unter'legen (*Partei*); ˌ**un·suc'cess·ful·ness** [-sək'sesfʊlnɪs] *s.* Erfolglosigkeit *f.*
ˌ**un'suit·able** *adj.* □ **1.** unpassend, ungeeignet (***to, for*** für); **2.** unangemessen, unschicklich (***to, for*** für); ˌ**un'suit·ed** → ***unsuitable*** 1.
ˌ**un'sul·lied** *adj.* *mst fig.* unbefleckt.
ˌ**un'sung** *poet.* **I** *adj.* unbesungen; **II** *adv. fig.* sang- u. klanglos.
ˌ**un·sup'port·ed** *adj.* **1.** ungestützt; **2.** *fig.* unbestätigt, ohne 'Unterlagen; **3.** *fig.* nicht unter'stützt (*Antrag etc., a. Kinder etc.*).
ˌ**un'sure** *adj.* *allg.* unsicher, nicht sicher (***of*** *gen.*).
ˌ**un·sur'mount·a·ble** *adj.* 'unüberˌwindlich (*Hindernis etc.*) (*a. fig.*).
ˌ**un·sur'pass·a·ble** *adj.* □ 'unüberˌtrefflich; ˌ**un·sur'passed** *adj.* 'unüberˌtroffen.
ˌ**un·sus'cep·ti·ble** *adj.* **1.** unempfindlich (***to*** gegen); **2.** *fig.* unempfänglich (***to*** für).
un·sus·pect·ed [ˌʌnsə'spektɪd] *adj.* □ **1.** unverdächtig(t); **2.** unvermutet, ungeahnt; ˌ**un·sus'pect·ing** [-ɪŋ] *adj.* □ **1.** nichts ahnend, ahnungslos: ***~ of*** ohne *et.* zu ahnen; **2.** → ***unsuspicious*** 1.
ˌ**un·sus'pi·cious** *adj.* □ **1.** arglos, nicht argwöhnisch; **2.** unverdächtig, harmlos.
ˌ**un'sweet·ened** *adj.* **1.** ungesüßt; **2.** *fig.* unversüßt.
un·swerv·ing [ʌn'swɜːvɪŋ] *adj.* □ unbeirrbar, unerschütterlich.
ˌ**un'sworn** *adj.* **1.** unbeeidet; **2.** unvereidigt (*Zeuge etc.*).
ˌ**un·sym'met·ri·cal** *adj.* □ 'unsymˌmetrisch.
'**unˌsym·pa'thet·ic** *adj.* (□ ***~ally***) teilnahmslos, ohne Mitgefühl.
ˌ**un·sys·tem'at·ic** *adj.* (□ ***~ally***) 'unsysteˌmatisch, planlos.
ˌ**un'taint·ed** *adj.* □ **1.** fleckenlos (*a. fig.*); **2.** unverdorben: ***~ food***; **3.** *fig.* unbeeinträchtigt (***with*** von).
ˌ**un'tal·ent·ed** *adj.* untalentiert, unbegabt.
ˌ**un'tam·a·ble** *adj.* □ un(be)zähmbar; ˌ**un'tamed** *adj.* ungezähmt.
ˌ**un'tan·gle** *v/t.* **1.** entwirren (*a. fig.*); **2.** aus einer schwierigen Lage befreien.
ˌ**un'tanned** *adj.* **1.** ungegerbt (*Leder*); **2.** ungebräunt (*Haut*).
ˌ**un'tapped** *adj.* unangezapft (*a. fig.*): ***~ resources*** ungenützte Hilfsquellen.
ˌ**un'tar·nished** *adj.* **1.** ungetrübt; **2.** makellos, unbefleckt (*a. fig.*).
ˌ**un'tast·ed** *adj.* ungekostet (*a. fig.*).
ˌ**un'taught** *adj.* **1.** ungelehrt, nicht unter'richtet; **2.** unwissend, ungebildet; **3.** ungelernt, selbst entwickelt (*Fähigkeit etc.*).
ˌ**un'taxed** *adj.* unbesteuert.
ˌ**un'teach·a·ble** *adj.* **1.** unbelehrbar (*Person*); **2.** unlehrbar (*Sache*).
ˌ**un'tem·pered** *adj.* **1.** ⚙ ungehärtet, unvergütet (*Stahl*); **2.** *fig.* ungemildert (***with, by*** durch).
ˌ**un'ten·a·ble** *adj.* *fig.* unhaltbar.
ˌ**un'ten·ant·a·ble** *adj.* unbewohn-, unvermietbar; ˌ**un'ten·ant·ed** *adj.* **1.** unbewohnt, leer (stehend); **2.** ⚖ ungemietet, ungepachtet.
ˌ**un'tend·ed** *adj.* **1.** unbehütet, unbeaufsichtigt; **2.** vernachlässigt.
ˌ**un'thank·ful** *adj.* □ undankbar.
un'think·a·ble *adj.* undenkbar, unvorstellbar: ***the ~*** das Undenkbare; ˌ**un'think·ing** *adj.* □ **1.** gedankenlos; **2.** nicht denkend.

U

ˌ**un'thought** *adj.* **1.** 'unüberˌlegt; **2.** *mst* **~-of** a) unerwartet, unvermutet, b) unvorstellbar.

ˌ**un'thread** *v/t.* **1.** *Nadel* ausfädeln; den Faden her'ausziehen aus; **2.** *Perlen etc.* abfädeln; **3.** *a. fig.* sich hin'durchfinden durch, her'ausfinden aus; **4.** *mst fig.* entwirren.

ˌ**un'thrift·y** *adj.* □ **1.** verschwenderisch; **2.** unwirtschaftlich (*a. Sache*).

ˌ**un'throne** *v/t. a. fig.* entthronen.

un'ti·di·ness *s.* Unordentlichkeit *f*; **un'ti·dy** *adj.* □ unordentlich.

ˌ**un'tie** *v/t.* aufknoten, auf-, losbinden, *Knoten* lösen.

un·til [ən'tɪl] **I** *prp.* bis (*zeitlich*): **not ~ Monday** erst (am) Montag; **II** *cj.* bis: **not ~** erst als *od.* wenn, nicht eher als.

ˌ**un'tilled** *adj.* ✓ unbebaut.

un'time·li·ness *s.* Unzeit *f*, falscher *od.* verfrühter Zeitpunkt; **un'time·ly** *adj. u. adv.* unzeitig: a) verfrüht, b) ungelegen, unpassend.

un'tir·ing *adj.* □ unermüdlich.

un·to ['ʌntʊ] *prp. obs. od. poet. od. bibl.* → **to** I.

ˌ**un'told** *adj.* **1.** a) unerzählt, b) ungesagt: **leave nothing ~** nichts unerwähnt lassen; **2.** unsäglich (*Leiden etc.*); **3.** ungezählt, zahllos; **4.** unermesslich.

un'touch·a·ble I *adj.* **1.** unberührbar; **2.** unantastbar, unangreifbar; **3.** unerreichbar, unnahbar; **II** *s.* **4.** Unberührbare(r *m*) *f* (*bei den Hindus*); ˌ**un'touched** *adj.* **1.** unberührt (*a. Essen*) (*a. fig.*); unangetastet (*a. Vorrat*); **2.** *fig.* ungerührt, unbeeinflusst; **3.** nicht zu'rechtgemacht, *fig.* ungeschminkt; **4.** *phot.* unretuschiert; **5.** *fig.* unerreicht.

un·to·ward [ˌʌntə'wɔːd] *adj.* **1.** *obs.* ungefügig, 'widerspenstig; **2.** widrig, ungünstig, unglücklich (*Umstand etc.*); ˌ**un·to'ward·ness** [-nɪs] *s.* **1.** *obs.* 'Widerspenstigkeit *f*; **2.** Widrigkeit *f*, Ungunst *f*.

ˌ**un'trace·a·ble** *adj.* unauffindbar, nicht ausfindig zu machen(d).

ˌ**un'trained** *adj.* **1.** ungeschult (*a. fig.*), *a.* ⚔ unausgebildet; **2.** *sport* untrainiert; **3.** ungeübt; **4.** undressiert (*Tier*).

un'tram·mel(l)ed *adj. bsd. fig.* ungebunden, ungehindert.

ˌ**un·trans'lat·a·ble** *adj.* □ 'unüberˌsetzbar.

ˌ**un'trav·el(l)ed** *adj.* **1.** unbefahren (*Straße etc.*); **2.** nicht (weit) her'umgekommen (*Person*).

ˌ**un'treat·ed** *adj.* unbehandelt (*Obst, Gemüse etc.*).

ˌ**un'tried** *adj.* **1.** a) unerprobt, ungeprüft, b) unversucht; **2.** ⚖ a) unerledigt, (noch) nicht verhandelt (*Fall*), b) (noch) nicht vor Gericht gestellt.

ˌ**un'trimmed** *adj.* **1.** unbeschnitten (*Bart, Hecke etc.*); **2.** ungepflegt, nicht (ordentlich) zu'rechtgemacht; **3.** ungeschmückt.

ˌ**un'trod·den** *adj.* unberührt (*Wildnis etc.*): **~ paths** *fig.* neue Wege.

ˌ**un'trou·bled** *adj.* **1.** ungestört, unbelästigt; **2.** ruhig (*Geist, Zeiten etc.*); **3.** ungetrübt (*a. fig.*).

ˌ**un'true** *adj.* □ **1.** untreu (**to** *dat.*); **2.** unwahr, falsch, irrig; **3.** (**to**) nicht in Über'einstimmung (mit), abweichend (von); **4.** ⚙ a) unrund, b) ungenau; ˌ**un'tru·ly** *adv.* fälschlich(erweise).

ˌ**un'trustˌwor·thi·ness** *s.* Unzuverlässigkeit *f*; ˌ**un'trustˌwor·thy** *adj.* □ unzuverlässig, nicht vertrauenswürdig.

ˌ**un'truth** *s.* **1.** Unwahrheit *f*; **2.** Falschheit *f*; ˌ**un'truth·ful** *adj.* □ **1.** unwahr (*Person od. Sache*); unaufrichtig; **2.** falsch, irrig.

ˌ**un'tuned** *adj.* **1.** ♪ verstimmt; **2.** *fig.* verwirrt; **3.** → ˌ**un'tune·ful** *adj.* □ 'unmeˌlodisch.

ˌ**un'turned** *adj.* nicht 'umgedreht; → **stone** 1.

ˌ**un'tu·tored** *adj.* **1.** ungebildet, ungeschult; **2.** unerzogen; **3.** unverbildet, na'türlich; **4.** unkultiviert.

ˌ**un'twine**, ˌ**un'twist I** *v/t.* **1.** aufdrehen, -flechten; **2.** *bsd. fig.* entwirren, lösen; **II** *v/i.* **3.** sich aufdrehen, aufgehen.

ˌ**un'used** *adj.* **1.** unbenutzt, ungebraucht, nicht verwendet; **2.** a) ungewohnt, nicht gewöhnt (**to** an *acc.*), b) nicht gewohnt (**to doing** zu tun).

un'u·su·al *adj.* □ un-, außergewöhnlich: **it is ~ for him to** es ist nicht s-e Art zu *inf.*

un'ut·ter·a·ble *adj.* □ **1.** unaussprechlich (*a. fig.*); **2.** → **unspeakable** 1; **3.** unglaublich, Erz...: **~ scoundrel**; ˌ**un'ut·tered** *adj.* unausgesprochen, ungesagt.

ˌ**un'val·ued** *adj.* **1.** nicht (ab)geschätzt, untaxiert; **2.** ✝ nennwertlos (*Aktien*); **3.** nicht geschätzt, wenig geachtet.

un'var·ied *adj.* unverändert, einförmig.

ˌ**un'var·nished** *adj.* **1.** ungefirnisst; **2.** *fig.* ungeschminkt: **~ truth**; **3.** *fig.* schlicht, einfach.

un'var·y·ing *adj.* □ unveränderlich, gleich bleibend.

ˌ**un'veil I** *v/t.* **1.** *Gesicht etc.* entschleiern, *Denkmal etc.* enthüllen (*a. fig.*): **~ed** a) unverschleiert, b) unverhüllt (*a. fig.*); **2.** sichtbar werden lassen; **II** *v/i.* **3.** den Schleier fallen lassen, sich enthüllen (*a. fig.*).

ˌ**un'ver·i·fied** *adj.* unbelegt, unbewiesen.

ˌ**un'versed** *adj.* unbewandert (**in** in *dat.*).

ˌ**un'voiced** *adj.* **1.** unausgesprochen, nicht geäußert; **2.** *ling.* stimmlos.

ˌ**un'vouched**, *a.* **un'vouched-for** *adj.* unverbürgt.

U

ˌun'vouch·ered *adj.*: ~ ***fund*** *pol. Am.* Reptilienfonds *m.*
ˌun'want·ed *adj.* unerwünscht.
un'war·i·ness *s.* Unvorsichtigkeit *f.*
ˌun'war·like *adj.* unkriegerisch.
ˌun'warped *adj.* **1.** nicht verzogen (*Holz*); **2.** *fig.* 'unparˌteiisch.
un'war·rant·a·ble *adj.* □ unverantwortlich, ungerechtfertigt, nicht vertretbar, untragbar, unhaltbar; **un'war·rant·a·bly** *adv.* in unverantwortlicher *od.* ungerechtfertigter Weise; **un'war·rant·ed** *adj.* □ **1.** ungerechtfertigt, unberechtigt, unbefugt; **2.** ***ˌun'warranted*** unverbürgt, ohne Gewähr.
un'war·y *adj.* □ **1.** unvorsichtig; **2.** 'unüberˌlegt.
ˌun'washed *adj.* ungewaschen: ***the great*** ~ *fig. contp.* der Pöbel.
ˌun'watched *adj.* unbeobachtet.
ˌun'wa·tered *adj.* **1.** unbewässert; nicht begossen, nicht gesprengt (*Rasen etc.*); **2.** unverwässert (*Milch etc.*; *a.* ✝ *Kapital*).
un'wa·ver·ing *adj.* □ unerschütterlich, standhaft, unentwegt.
un·wea·ried [ʌn'wɪərɪd] *adj.* □ **1.** nicht ermüdet; **2.** unermüdlich; **un'wea·ry·ing** [-ɪɪŋ] *adj.* □ unermüdlich.
ˌun'wed(·ded) *adj.* unverheiratet.
ˌun'weighed *adj.* **1.** ungewogen; **2.** nicht abgewogen, unbedacht.
un'wel·come *adj.* □ 'unwillˌkommen (*a. fig. unangenehm*).
ˌun'well *adj.* unwohl, unpässlich (*a. euphem.*).
ˌun'wept *adj.* **1.** unbeweint; **2.** unvergossen (*Tränen*).
ˌun'whole·some *adj.* □ *allg.* ungesund (*a. fig.*); **ˌun'whole·some·ness** *s.* Ungesundheit *f.*
un·wield·i·ness [ʌn'wiːldɪnɪs] *s.* **1.** Unbeholfenheit *f*, Schwerfälligkeit *f*; **2.** Unhandlichkeit *f*; **un'wield·y** *adj.* □ **1.** unbeholfen, plump, schwerfällig; **2.** a) unhandlich, b) sperrig.
ˌun'will·ing *adj.* □ un-, 'widerwillig: ***be*** ~ ***to do*** abgeneigt sein, *et.* zu tun, *et.* nicht tun wollen; ***I am*** ~ ***to admit it*** ich gebe es ungern zu; **un'will·ing·ly** *adv.* ungern, 'widerwillig; **un'will·ing·ness** *s.* 'Widerwille *m*, Abgeneigtheit *f.*
un·wind [ˌʌn'waɪnd] [*irr.* → ***wind***[2]] **I** *v/t.* **1.** ab-, auf-, loswickeln, abspulen; **II** *v/i.* **2.** sich ab- *od.* loswickeln; **3.** F sich entspannen.
un·wink·ing [ˌʌn'wɪŋkɪŋ] *adj.* □ unverwandt, starr (*Blick*).
ˌun'wis·dom *s.* Unklugheit *f*; **ˌun'wise** *adj.* □ unklug, töricht.
ˌun'wished *adj.* **1.** ungewünscht; **2.** *a.* ~***-for*** unerwünscht.
un'wit·ting *adj.* □ unwissentlich, unabsichtlich.
un'wom·an·li·ness *s.* Unweiblichkeit *f*; **un'wom·an·ly** *adj.* unweiblich, unfraulich.
un'wont·ed *adj.* □ **1.** nicht gewöhnt (***to*** an *acc.*), ungewohnt (***to*** *inf.* zu *inf.*); **2.** ungewöhnlich.
ˌun'work·a·ble *adj.* **1.** unaus-, 'unˌdurchführbar (*Plan*); **2.** ⚙ nicht bearbeitungsfähig; **3.** ⚙ a) nicht betriebsfähig, b) ⚒ nicht abbauwürdig.
ˌun'worked *adj.* **1.** unbearbeitet (*Boden etc.*), roh (*a.* ⚙); **2.** ⚒ unverritzt: ~ ***coal*** anstehende Kohle.
ˌun'work·man·like *adj.* unfachmännisch, unfachgemäß, stümperhaft.
ˌun'world·li·ness *s.* **1.** Weltfremdheit *f*; **2.** Uneigennützigkeit *f*; **3.** Geistigkeit *f*; **ˌun'world·ly** *adj.* **1.** unweltlich, nicht weltlich (gesinnt), weltfremd; **2.** uneigennützig; **3.** unirdisch, geistig.
ˌun'worn *adj.* **1.** ungetragen (*Kleid etc.*); **2.** nicht abgetragen.
un'wor·thi·ness *s.* Unwürdigkeit *f*; **un'wor·thy** *adj.* □ unwürdig (***of*** *gen.*): ***he is*** ~ ***of it*** er verdient es nicht, er ist es nicht wert; ***he is*** ~ ***of respect*** er verdient keine Achtung.
un·wound [ˌʌn'waʊnd] *adj.* **1.** abgewickelt; **2.** abgelaufen, nicht aufgezogen (*Uhr*).
ˌun'wrap *v/t.* auswickeln, -packen.
ˌun'wrin·kled *adj.* nicht gerunzelt *od.* zerknittert, faltenlos, glatt.
ˌun'writ·ten *adj.* **1.** ungeschrieben: ~ ***law*** a) ⚖ ungeschriebenes Recht, b) *fig.* ungeschriebenes Gesetz; **2.** *a.* ~***-on*** unbeschrieben.
ˌun'wrought *adj.* unbe-, unverarbeitet, roh: ~ ***goods*** Rohstoffe.
un'yield·ing *adj.* □ **1.** nicht nachgebend (***to*** *dat.*), fest (*a. fig.*), unbiegsam, starr; **2.** *fig.* unnachgiebig, hart, unbeugsam.
ˌun'yoke *v/t.* **1.** aus-, losspannen; **2.** *fig.* (los)trennen, lösen.
ˌun'zip *v/t.* den Reißverschluss aufmachen an (*dat.*).
up [ʌp] **I** *adv.* **1.** a) nach oben, hoch, (her-, hin)'auf, aufwärts, in die Höhe, em'por, b) oben (*a. fig.*): ***... and*** ~ u. (noch) höher *od.* mehr, von ... aufwärts; ~ ***and*** ~ immer höher; ***three stor(e)ys*** ~ drei Stock hoch, oben im dritten Stock(werk); ~ ***and down*** auf u. ab, hin u. her; *fig.* überall; ~ ***from the country*** vom Lande; ~ ***till now*** bis jetzt; **2.** nach *od.* im Norden: ~ ***from Cuba*** von Kuba aus in nördlicher Richtung; **3.** a) in der *od.* in die (*bsd.* Haupt)Stadt, b) *Brit. bsd.* in *od.* nach London; **4.** am *od.* zum Studienort, im College *etc.*: ***he stayed*** ~ ***for the vacation***; **5.** *Am.* F in (*dat.*): ~ ***north*** im Norden; **6.** aufrecht, gerade: ***sit*** ~; **7.** her'an, her, auf ... (*acc.*) zu, hin: ***he went straight*** ~ ***to the door*** er ging

U

geradewegs auf die Tür zu *od.* zur Tür; **8.** *~ to* a) hin'auf nach *od.* zu, b) bis (zu), bis an *od.* auf (*acc.*), c) gemäß, entsprechend; → *date*[2] 5; *~ to town* in die Stadt, *Brit. bsd.* nach London; *~ to the chin* bis ans *od.* zum Kinn; *~ to death* bis zum Tode; *be ~ to* F a) *et.* vorhaben, *et.* im Schilde führen, b) gewachsen sein (*dat.*), c) entsprechen (*dat.*), d) *j-s* Sache sein, abhängen von *j-m*, e) fähig *od.* bereit sein zu, f) vorbereitet *od.* gefasst sein auf (*acc.*), g) vertraut sein mit, bewandert sein in (*dat.*); *what are you ~ to?* was hast du vor?, was machst du (*there* da)?; → *trick* 2; *he is ~ to no good* er führt nichts Gutes im Schilde; *it is ~ to him* es liegt an ihm, es hängt von ihm ab, es ist s-e Sache; *it is not ~ to much* es taugt nicht viel; *he is not ~ to much* mit ihm ist nicht viel los; **9.** *mit Verben* (*siehe jeweils diese*): a) auf..., aus..., ver..., b) zu'sammen...: *add ~* zs.-zählen; *eat ~* aufessen; **II** *adj.* **10.** aufwärts ..., nach oben gerichtet; **11.** im Innern (des Landes *etc.*); **12.** nach der *od.* zur Stadt: *~ train*; *~ platform* Bahnsteig *m* für Stadtzüge; **13.** a) oben (befindlich), b) hoch (*a. fig.*): *be ~ fig.* an der Spitze sein, obenauf sein; *he is ~ in* (*od.* *on*) *that subject* F in diesem Fach ist er gut beschlagen *od.* weiß er (gut) Bescheid; *prices are ~* die Preise sind hoch *od.* gestiegen; *wheat is ~* ✝ Weizen steht hoch (im Kurs), der Weizenpreis ist gestiegen; **14.** auf(gestanden), auf den Beinen (*a. fig.*): *~ and about* F (wieder) auf den Beinen; *~ and coming* → *up-and-coming*; *~ and doing* a) auf den Beinen, b) rührig, tüchtig; *be ~ late* lange aufbleiben; *be ~ against* F *e-r Schwierigkeit etc.* gegenüberstehen; *be ~ against it* F ‚dran' sein, in der Klemme sein *od.* sitzen; *be ~ to* → 8; **15.** *parl. Brit.* geschlossen: *Parliament is ~* das Parlament hat s-e Sitzungen beendet *od.* hat sich vertagt; **16.** (zum Sprechen) aufgestanden: *the Home Secretary is ~* der Innenminister spricht; **17.** (*bei verschiedenen Substantiven*) a) aufgegangen (*Sonne*, *Samen*), b) hochgeschlagen (*Kragen*), c) hochgekrempelt (*Ärmel etc.*), d) aufgespannt (*Schirm*), e) aufgeschlagen (*Zelt*), f) hoch-, aufgezogen (*Vorhang etc.*), g) aufgestiegen (*Ballon etc.*), h) aufgeflogen (*Vogel*), i) angeschwollen (*Fluss etc.*); **18.** schäumend (*Apfelwein etc.*); **19.** in Aufregung, in Aufruhr: *his temper is ~* er ist aufgebracht; *the whole country was ~* das ganze Land befand sich in Aufruhr; **20.** F ‚los', im Gange: *what's ~?* was ist los?; *is anything ~?* ist (irgendet-) was los?; *the hunt is ~* die Jagd ist eröffnet; → *arm*[2] 1, *blood* 2; **21.** abgelaufen, vor'bei, um (*Zeit*): *the game is ~ fig.* das Spiel ist aus; *it's all ~* alles ist aus; *it's all ~ with him* es ist aus mit ihm; **22.** *~ with j-m* ebenbürtig *od.* gewachsen; **23.** *~ for* bereit zu: *be ~ for discussion* zur Diskussion stehen; *be ~ for election* auf der Wahlliste stehen; *be ~ for examination* sich e-r Prüfung unterziehen; *be ~ for sale* zum Kauf stehen; *be ~ for trial* ⚖ a) vor Gericht stehen, b) verhandelt werden; *be* (*had*) *~ for* F vorgeladen werden wegen; *the case is ~ before the court* der Fall wird (vor Gericht) verhandelt; **24.** *sport etc. um e-n Punkt etc.* vor'aus: *be one ~*; *one ~ for you!* eins zu null für dich! (*a. fig.*); **25.** *Baseball*: am Schlag; **26.** *sl.* a) hoffnungsvoll, opti'mistisch, b) in Hochstimmung; **III** *int.* **27.** *~!* auf!, hoch!, her'auf!, hin'auf!, her'an!; *~* (*with you*)*!* (steh) auf!; *~ ...!* hoch (lebe) ...!; **IV** *prp.* **28.** auf ... (*acc.*) (hinauf), hinauf, em'por (*a. fig.*): *~ the hill* (*river*) den Berg (Fluss) hinauf, bergauf (flussaufwärts); *~ the street* die Straße hinauf *od.* entlang; *~ yours!* V ‚leck mich'!; **29.** in das Innere *e-s Landes etc.*: *~* (*the*) *country* landeinwärts; **30.** oben an *od.* auf (*dat.*): *~ the tree* (oben) auf dem Baum; *~ the road* weiter oben an der Straße; **V** *s.* **31.** *the ~s and downs* das Auf u. Ab, die Höhen u. Tiefen *des Lebens*; *on the ~ and ~* F a) im Steigen (begriffen), im Kommen, b) in Ordnung, ehrlich; **32.** F Preisanstieg *m*; **33.** *sl.* Aufputschmittel *n*; **34.** F Höhergestellte(r *m*) *f*; **VI** *v/i.* **35.** *~ with sl. et.* hochreißen: *he ~ped with his gun*; **36.** *Am. sl.* Aufputschmittel nehmen; **VII** *v/t.* **37.** *Preis*, *Produktion etc.* erhöhen; **38.** *Am.* F *j-n* (im Rang) befördern (*to* zu).

ˌup-and-'com·ing *adj.* aufstrebend.

ˌup-and-'down *adj.* auf und ab gehend: *~ looks* kritisch musternde Blicke; *~ motion* Aufundabbewegung *f*; *~ stroke* ⚙ Doppelhub *m*.

u·pas ['juːpəs] *s.* **1.** *a. ~-tree* ⚘ Upasbaum *m*; **2.** a) Upassaft *m* (*Pfeilgift*), b) *fig.* Gift, verderblicher Einfluss.

'up·beat **I** *s.* **1.** ♪ Auftakt *m*; **2.** *on the ~ fig.* im Aufschwung; **II** *adj.* **3.** F beschwingt.

'up-bow [-bəʊ] *s.* ♪ Aufstrich *m*.

up'braid *v/t.* *j-m* Vorwürfe machen, *j-n*, *a. et.* tadeln, rügen: *~ s.o. with* (*od.* *for*) *s.th.* j-m et. vorwerfen, j-m wegen e-r Sache Vorwürfe machen; **up'braid·ing** **I** *s.* Vorwurf *m*, Tadel *m*, Rüge *f*; **II** *adj.* ☐ vorwurfsvoll, tadelnd.

'upˌbring·ing *s.* **1.** Erziehung *f*; **2.** Groß-, Aufziehen *n*.

'up·cast **I** *adj.* em'porgerichtet (*Blick*

U

etc.), aufgeschlagen (*Augen*); **II** *s. a.* **~ shaft** ⚒ Wetter-, Luftschacht *m*.

ˈup·chuck I *v/i.* (sich er)brechen; **II** *v/t. et.* erbrechen.

ˈupˌcom·ing *adj. Am.* kommend, beˈvorstehend.

ˌupˈcoun·try I *adv.* landˈeinwärts; **II** *adj.* im Inneren des Landes (gelegen *od.* lebend), binnenländisch; *contp.* bäurisch; **III** *s. das* (Landes)Innere, Binnen-, Hinterland *n*.

ˈupˌcur·rent *s.* ✈ Aufwind *m*.

upˈdate I *v/t.* **1.** auf den neuesten Stand bringen; **II** *s.* **ˈ*update*** **2.** ˈUnterlage(n *pl.*) *f etc.* über den neuesten Stand; **3.** auf den neuesten Stand gebrachte Versiˈon *etc.*, neuester Bericht (**on** über *acc.*), *Software*: ˈUpdate *n*.

ˈup·do *s.* F ˈHochfriˌsur *f*.

ˈup·draft *Am.*, **ˈup·draught** *Brit. s.* Aufwind *m*.

upˈend *v/t.* F **1.** hochkant stellen, *Fass etc.* aufrichten; **2.** *Gefäß* ˈumstülpen; **3.** *fig.* ‚auf den Kopf stellen'.

ˈup·front *adj. Am.* F **1.** freimütig, diˈrekt; **2.** vordringlich; **3.** führend; **4.** Voraus...

ˈup·grade I *s.* **1.** Steigung *f*: ***on the ~*** *fig.* im (An)Steigen (begriffen); **2.** *Computer*: Aufrüstung *f*; **II** *adj.* **3.** *Am.* ansteigend; **III** *adv.* **4.** *Am.* bergˈauf; **IV** *v/t.* ***upˈgrade*** **5.** höher einstufen; **6.** *j-n* (im Rang) befördern: ***~ s.o.'s status*** *fig.* j-n ‚aufwerten'; **7.** ✝ a) (die Qualiˈtät *gen.*) verbessern, b) *Produkt* durch ein besseres Erzeugnis ersetzen; **8.** *Computer*: aufrüsten.

up·heav·al [ʌpˈhiːvl] *s.* **1.** *geol.* Erhebung *f*; **2.** *fig.* ˈUmwälzung *f*, ˈUmbruch *m*: ***social ~s***.

upˈheave *v/t. u. v/i.* [*irr.* → ***heave***] (sich) heben.

ˌupˈhill I *adv.* **1.** den Berg hinˈauf, bergˈauf; **2.** aufwärts; **II** *adj.* **3.** bergauf führend, ansteigend; **4.** hoch gelegen, oben (auf dem Berg) gelegen; **5.** *fig.* mühselig, hart: ***~ work***.

upˈhold *v/t.* [*irr.* → ***hold***[2]] **1.** hochhalten, aufrecht halten; **2.** halten, stützen (*a. fig.*); **3.** *fig.* aufrechterhalten, unterˈstützen; **4.** ⚖ *Urteil* (in zweiter Inˈstanz) bestätigen; **5.** *fig.* beibehalten; **6.** *Brit.* inˈstand halten; **upˈhold·er** *s.* Erhalter *m*, Verteidiger *m*, Wahrer *m*: ***~ of public order*** Hüter *m* der öffentlichen Ordnung.

U

up·hol·ster [ʌpˈhəʊlstə] *v/t.* **1.** a) (auf-, aus)polstern, b) beziehen: ***~ed goods*** Polsterware(n *pl.*) *f*; **2.** *Zimmer* (mit Teppichen, Vorhängen *etc.*) ausstatten; **upˈhol·ster·er** [-tərə] *s.* Polsterer *m*; **upˈhol·ster·y** [-tərɪ] *s.* **1.** ˈPolstermateriˌal *n*, Polsterung *f*, (Möbel)Bezugsstoff *m*; **2.** Polstern *n*.

ˈup·keep *s.* **1.** a) Inˈstandhaltung *f*, b) Inˈstandhaltungskosten *pl.*; **2.** ˈUnterhalt(skosten *pl.*) *m*.

up·land [ˈʌplənd] **I** *s. mst pl.* Hochland *n*; **II** *adj.* Hochland(s)...

upˈlift I *v/t.* **1.** emˈporheben; **2.** *Augen, Stimme, a. fig. Stimmung, Niveau* heben; **3.** *fig.* a) aufrichten, Auftrieb verleihen (*dat.*), b) erbauen; **II** *s.* **ˈ*uplift*** **4.** *fig.* a) (innerer) Auftrieb, b) Erbauung *f*; **5.** *fig.* a) Aufschwung *m*, b) Hebung *f*, (Ver)Besserung *f*; **6.** ***~ brassiere*** Stützbüstenhalter *m*.

ˈup·light·er *s.* Deckenfluter *m*.

ˌup-ˈmar·ket I *adj.* **1.** anspruchsvoll, exklusiv (*Produkt, Kundenkreis*); **II** *adv.* **2.** an (*od.* in) exklusivere (*od.* anspruchsvollere) Kreise (*verkaufen, aufsteigen etc.*); **3. *go ~*** Waren für e-n anspruchsvolleren Kundenkreis produzieren *od.* anbieten.

up·on [əˈpɒn] *prp.* → ***on*** (***upon*** *ist bsd. in der Umgangssprache weniger geläufig als* **on**, *jedoch in folgenden Fällen üblich*): a) *in verschiedenen Redewendungen*: ***~ this*** hierauf, darauf(hin), b) *in Beteuerungen*: ***~ my word*** (***of hono[u]r***)***!*** auf mein Wort!, c) *in kumulativen Wendungen*: ***loss ~ loss*** Verlust auf Verlust, dauernde Verluste; ***petition ~ petition*** ein Gesuch nach dem anderen, d) *als Märchenanfang*: ***once ~ a time there was*** es war einmal.

up·per [ˈʌpə] **I** *adj.* **1.** ober, höher, Ober...(*-arm, -deck, -kiefer, -leder etc.*): ***~ circle*** *thea.* zweiter Rang; ***~ class*** *sociol.* Oberschicht *f*; ***~ crust*** F *die* Spitzen *pl.* der Gesellschaft; ***get the ~ hand*** *fig.* die Oberhand gewinnen; ***♀ House*** *parl.* Oberhaus *n*; ***~ stor(e)y*** oberes Stockwerk; ***there is something wrong in his ~ stor(e)y*** F *fig.* er ist nicht ganz richtig im Oberstübchen; **II** *s.* **2.** *mst pl.* Oberleder *n* (*Schuh*): ***be*** (***down***) ***on one's ~s*** F a) die Schuhe durchgelaufen haben, b) *fig.* ‚total abgebrannt' *od.* ‚auf dem Hund' sein; **3.** F a) Oberzahn *m*, b) obere (ˈZahn)Proˌthese, c) (Pyˈjama- *etc.*)Oberteil *n*; **4.** *sl.* Aufputschmittel *n*; ***~ case*** *s. typ.* Großbuchstabe(n *pl. coll.*) *m*, Verˈsal *m od.* Verˈsalien *pl. coll.*: ***set s.th. in ~*** *et.* in Großbuchstaben setzen; **ˈ*~-case*** *adj. typ.* groß, Versal...: ***~ letter*** Großbuchstabe *m*, Verˈsal *m*; **ˈ*~-cut*** *Boxen*: **I** *s.* Aufwärts-, Kinnhaken *m*; **II** *v/t.* [*irr.* → ***cut***] *j-m* e-n Aufwärtshaken versetzen.

ˈup·per·most I *adj.* oberst, höchst; **II** *adv.* ganz oben, obenˈan, zuˈoberst; an erster Stelle: ***say whatever comes ~*** sagen, was e-m gerade einfällt.

up·pish [ˈʌpɪʃ] *adj.* ☐ F **1.** hochnäsig; **2.** anmaßend.

up·pi·ty [ˈʌpətɪ] → ***uppish***.

upˈraise *v/t.* erheben: ***with hands ~d*** mit erhobenen Händen.

up·right I *adj.* □ [ˌʌp'raɪt] **1.** auf-, senkrecht, gerade: ~ ***piano*** → 7; ~ ***size*** Hochformat *n*; **2.** aufrecht (sitzend, stehend, gehend); **3.** ['ʌpraɪt] *fig.* aufrecht, rechtschaffen; **II** *adv.* [ˌʌp'raɪt] **4.** aufrecht, gerade; **III** *s.* ['ʌpraɪt] **5.** (senkrechte) Stütze, Träger *m*, Ständer *m*, Pfosten *m*, (Treppen)Säule *f*; **6.** *pl. sport* (Tor)Pfosten *pl.*; **7.** ♪ ('Wand-) Klaˌvier *n*, Pi'ano *n*; **up·right·ness** ['ʌpraɪtnɪs] *s. fig.* Geradheit *f*, Rechtschaffenheit *f*.

'**upˌris·ing** *s.* **1.** Aufstehen *n*; **2.** *fig.* Aufstand *m*, (Volks)Erhebung *f*.

ˌ**up'riv·er** → ***upstream***.

'**up·roar** *s. fig.* Aufruhr *m*, Tu'mult *m*, Toben *n*, Lärm *m*: ***in*** (***an***) ~in Aufruhr; **up·roar·i·ous** [ʌp'rɔːrɪəs] *adj.* □ **1.** lärmend, laut, stürmisch (*Begrüßung etc.*), tosend (*Beifall*), schallend (*Gelächter*); **2.** tumultu'arisch, tobend; **3.** ‚toll', zum Brüllen (komisch).

up'root *v/t.* **1.** ausreißen; *Baum etc.* entwurzeln (*a. fig.*); **2.** *fig.* her'ausreißen (***from*** aus); **3.** *fig.* ausmerzen, -rotten.

up'set[1] **I** *v/t.* [*irr.* → ***set***] **1.** 'umwerfen, -kippen, -stoßen; *Boot* zum Kentern bringen; **2.** *fig. Regierung* stürzen; **3.** *fig. Plan* 'umstoßen, über den Haufen werfen, vereiteln; → ***apple-cart***; **4.** *fig. j-n* umwerfen, aus der Fassung bringen, bestürzen, durchein'ander bringen; **5.** in Unordnung bringen; *Magen* verderben; **6.** ⚙ stauchen; **II** *v/i.* [*irr.* → ***set***] **7.** 'umkippen, -stürzen; 'umschlagen, kentern (*Boot*); **III** *s.* **8.** 'Umkippen *n*; ⚓ 'Umschlagen *n*, Kentern *n*; **9.** Sturz *m*, Fall *m*; **10.** 'Umsturz *m*; **11.** Unordnung *f*, Durchein'ander *n*; **12.** Bestürzung *f*, Verwirrung *f*; **13.** Vereitelung *f*; **14.** (*a.* ⚕ Magen)Verstimmung *f*, Ärger *m*; **15.** Streit *m*, Meinungsverschiedenheit *f*; **16.** *sport* Über'raschung *f* (*unerwartete Niederlage etc.*).

'**up·set**[2] *adj. attr.* **1.** verdorben (*Magen*): ~ ***stomach*** Magenverstimmung *f*; **2.** ~ ***price*** Anschlagspreis *m* (*Auktion*).

'**up·shot** *s.* (End)Ergebnis *n*, Ende *n*, Ausgang *m*, Fazit *n*: ***in the*** ~ am Ende, schließlich.

'**up·side** *s.* Oberseite *f*; ~ **down** *adv.* **1.** das Oberste zu'unterst, mit dem Kopf *od.* Oberteil nach unten, verkehrt (herum); **2.** *fig.* drunter u. drüber, vollkommen durchein'ander: ***turn everything*** ~ alles auf den Kopf stellen; ˌ~-**-'down** *adj.* auf den Kopf gestellt, 'umgekehrt: ~ ***flight*** ✈ Rückenflug *m*; ~ ***world*** *fig.* verkehrte Welt.

up·si·lon [juːp'saɪlən] *s.* Ypsilon *n* (*Buchstabe*).

ˌ**up'stage** **I** *adv. thea.* **1.** im *od.* in den 'Hintergrund der Bühne; **II** *adj.* **2.** zum 'Bühnenˌhintergrund gehörig; **3.** F hochnäsig; **III** *v/t.* **4.** *fig. j-m* ‚die Schau stehlen', *j-n* in den 'Hintergrund drängen; **5.** F *j-n* hochnäsig behandeln; **IV** *s.* **6.** *thea.* 'Bühnenˌhintergrund *m*.

ˌ**up'stairs** **I** *adv.* **1.** die Treppe hin'auf, nach oben; → ***kick*** 9; **2.** e-e Treppe höher; **3.** oben, in e-m oberen Stockwerk: ***a bit weak*** ~ F leicht ‚behämmert'; **4.** im oberen Stockwerk (gelegen), ober; **II** *s. pl. a. sg. konstr.* **5.** oberes Stockwerk, Obergeschoss *n*.

up'stand·ing *adj.* **1.** aufrecht (*a. fig. ehrlich, tüchtig*); **2.** groß gewachsen, (groß u.) kräftig.

'**up·start** **I** *s.* Em'porkömmling *m*, Parve'nü *m*; **II** *adj.* em'porgekommen, Parvenü..., neureich.

'**up·state** *Am.* **I** *s.* 'Hinterland *n e-s Staates*; **II** *adj. u. adv.* aus dem *od.* in den *od.* im ländlichen *od.* nördlichen Teil des Staates, in *od.* aus der *od.* in die Pro'vinz.

ˌ**up'stream** **I** *adv.* **1.** strom'aufwärts; **2.** gegen den Strom; **II** *adj.* **3.** strom'aufwärts gerichtet; **4.** (weiter) strom'aufwärts gelegen.

'**up·stroke** *s.* **1.** Aufstrich *m beim Schreiben*; **2.** ⚙ (Aufwärts)Hub *m*.

up'surge **I** *v/i.* aufwallen; **II** *s.* '***upsurge*** Aufwallung *f*; *fig. a.* Aufschwung *m*.

'**up·sweep** *s.* **1.** Schweifung *f* (*Bogen etc.*); **2.** 'Hochfriˌsur *f*; **up'swept** *adj.* **1.** nach oben gebogen *od.* gekrümmt; **2.** hochgekämmt (*Frisur*).

'**up·swing** *s. fig.* Aufschwung *m*.

up·sy-dai·sy [ˌʌpsɪ'deɪzɪ] *int.* F hoppla!

'**up·take** *s.* **1.** Auffassungsvermögen *n*: ***be quick on the*** ~ schnell begreifen, ‚schnell schalten'; ***be slow on the*** ~ schwer von Begriff sein, e-e ‚lange Leitung' haben; **2.** Aufnahme *f*; **3.** ⚙ a) Steigrohr *n*, -leitung *f*, b) 'Fuchs(kaˌnal) *m*.

'**up·throw** *s.* **1.** 'Umwälzung *f*; **2.** *geol.* Verwerfung *f* (ins Hangende).

'**up·thrust** *s.* **1.** Em'porschleudern *n*, Stoß *m* nach oben; **2.** *geol.* Horstbildung *f*.

'**up·tight** *adj.* **1.** *sl.* ner'vös (***about*** wegen); **2.** ‚zickig'; **3.** steif, verklemmt; **4.** ‚pleite'.

ˌ**up-to-'date** *adj.* **1.** a) mo'dern, neuzeitlich, b) zeitnah, aktu'ell (*Thema etc.*); **2.** a) auf der Höhe (*der Zeit*), auf dem Laufenden, auf dem neuesten Stand, b) modisch; ˌ**up-to-'date·ness** [-nɪs] *s.* **1.** Neuzeitlichkeit *f*, Moderni'tät *f*; **2.** Aktuali'tät *f*.

ˌ**up-to-the-'min·ute** *adj.* allerneuest, allerletzt.

up'town **I** *adv.* **1.** im *od.* in den oberen Stadtteil; **2.** in den Wohnvierteln, in die Wohnviertel; **II** *adj.* **3.** im oberen Stadtteil (gelegen); **4.** in den Wohnvierteln (gelegen *od.* lebend).

ˈup·trend *s.* Aufschwung *m*, steigende Tenˈdenz.
upˈturn I *v/t.* **1.** ˈumdrehen; **2.** (*v/i.* sich) nach oben richten *od.* kehren; *Blick* in die Höhe richten; **II** *s.* **ˈupturn 3.** (An-) Steigen *n* (*der Kurse etc.*); **4.** *fig.* Aufschwung *m*; **ˌupˈturned** *adj.* **1.** nach oben gerichtet *od.* gebogen: **~ nose** Stupsnase *f*; **2.** ˈumgeworfen, ˈumgekippt, ⚓ gekentert.
up·ward [ˈʌpwəd] **I** *adv. a.* **ˈup·wards** [-dz] **1.** aufwärts (*a. fig.*): ***from five dollars* ~** von 5 Dollar an (aufwärts); **2.** nach oben (*a. fig.*); **3.** mehr, darˈüber (hinˈaus): **~ *of 10 years*** mehr als *od.* über 10 Jahre; **II** *adj.* **4.** nach oben gerichtet; (an)steigend (*Tendenz etc.*): **~ *glance*** Blick *m* nach oben; **~ *movement*** ✝ Aufwärtsbewegung *f*.
u·rae·mi·a [ˌjʊəˈriːmjə] *s.* ⚕ Uräˈmie *f*;
u·ra·nal·y·sis [ˌjʊərəˈnæləsɪs] *s.* ⚕ Uˈrin-, ˈHarnunterˌsuchung *f*.
u·ra·nite [ˈjʊərənaɪt] *s. min.* Uraˈnit *n*, Uˈranglimmer *m*.
u·ra·ni·um [jʊˈreɪnjəm] *s.* Uˈran *n*.
u·ra·nog·ra·phy [ˌjʊərəˈnɒgrəfɪ] *s.* Himmelsbeschreibung *f*.
u·ra·nous [ˈjʊərənəs] *adj.* ⚗ Uran..., uˈranhaltig.
U·ra·nus [ˈjʊərənəs] *s. ast.* Uranus *m* (*Planet*).
ur·ban [ˈɜːbən] *adj.* städtisch, Stadt...: **~ *decay*** Verslummung *f*; **~ *district*** Stadtbezirk *m*; **~ *guerilla*** Stadtguerilla *m*; **~ *planning*** Stadtplanung *f*; **~ *renewal*** Stadtsanierung *f*; **~ *sprawl*, ~ *spread*** unkontrollierte Ausdehnung e-r Stadt; **ur·bane** [ɜːˈbeɪn] *adj.* ☐ **1.** urˈban: a) weltgewandt, -männisch, b) kultiˈviert, gebildet; **2.** höflich, liebenswürdig; **ur·bane·ness** [ɜːˈbeɪnɪs] *s.* **1.** (Welt)Gewandtheit *f*, Bildung *f*; **2.** Höflichkeit *f*, Liebenswürdigkeit *f*; **ˈur·ban·ism** [-nɪzəm] *s. Am.* **1.** Stadtleben *n*; **2.** Urbaˈnistik *f*; **3.** → ***urbanization***; **ˈur·ban·ite** [-naɪt] *s. Am.* Städter(in); **ur·ban·i·ty** [ɜːˈbænətɪ] → ***urbaneness***; **ur·ban·i·za·tion** [ˌɜːbənaɪˈzeɪʃn] *s.* **1.** Verstädterung *f*; **2.** Verfeinerung *f*; **ˈur·ban·ize** [-naɪz] *v/t.* urbanisieren: a) verstädtern, städtischen Chaˈrakter verleihen (*dat.*), b) verfeinern.
ur·chin [ˈɜːtʃɪn] *s.* **1.** Bengel *m*, Balg *m*, *n*; **2.** *zo.* a) *dial.* Igel *m*, b) *mst* ***sea* ~** Seeigel *m*.
u·re·a [ˈjʊərɪə] *s.* ⚗, *biol.* Harnstoff *m*, Karbaˈmid *n*; **ˈure·al** [-əl] *adj.* Harnstoff...
u·re·mi·a → ***uraemia***.
u·re·ter [ˌjʊəˈriːtə] *s. anat.* Harnleiter *m*;
ˌuˈre·thra [-ˈriːθrə] *s. anat.* Harnröhre *f*; **ˌuˈret·ic** [-ˈretɪk] *adj. physiol.* **1.** harntreibend, diuˈretisch; **2.** Harn...
urge [ɜːdʒ] **I** *v/t.* **1.** *a.* **~ *on*** (*od.* ***forward***) antreiben, (vorwärts) treiben, anspornen (*a. fig.*); **2.** *fig.* *j-n* drängen, dringend bitten *od.* auffordern, dringen in *j-n*, *j-m* (heftig) zusetzen: ***be* ~*d to do*** sich genötigt sehen zu tun; **~*d by necessity*** der Not gehorchend; **3.** drängen *od.* dringen auf (*acc.*); (hartnäckig) bestehen auf (*dat.*); Nachdruck legen auf (*acc.*): **~ *s.th. on s.o.*** j-m et. eindringlich vorstellen *od.* vor Augen führen, j-m et. einschärfen; ***he* ~*d the necessity for immediate action*** er drängte auf sofortige Maßnahmen; **4.** *als Grund* geltend machen, *Einwand etc.* ins Feld führen; **5.** *Sache* vorˈan-, betreiben, beschleunigen; **II** *v/i.* **6.** drängen: **~ *against*** sich nachdrücklich aussprechen gegen; **III** *s.* **7.** Drang *m*, (An)Trieb *m*: ***creative* ~** Schaffensdrang; ***sexual* ~** Geschlechtstrieb; **8.** Inbrunst *f*: ***religious* ~**; **ˈur·gen·cy** [-dʒənsɪ] *s.* **1.** Dringlichkeit *f*; **2.** (dringende) Not, Druck *m*; **3.** Drängen *n*; **4.** *parl. Brit.* Dringlichkeitsantrag *m*; **5.** Eindringlichkeit *f*; **ˈur·gent** [-dʒənt] *adj.* ☐ **1.** dringend (*a. Mangel*; *a. teleph. Gespräch*), dringlich, eilig: ***the matter is* ~** die Sache eilt; ***be in* ~ *need of*** *et.* dringend brauchen; **2.** drängend: ***be* ~ *about*** (*od.* ***for***) ***s.th.*** zu et. drängen, auf et. dringen; ***be* ~ *with s.o.*** j-n drängen, in j-n dringen (***for*** wegen, ***to do*** zu tun); **3.** zu-, aufdringlich; **4.** hartnäckig.
u·ric [ˈjʊərɪk] *adj.* Urin..., Harn...: **~ *acid*** Harnsäure *f*.
u·ri·nal [ˈjʊərɪnl] *s.* **1.** Uˈrinflasche *f* (*für Kranke*); **2.** Harnglas *n*; **3.** a) Uˈrinbecken *n* (*in Toiletten*), b) Pisˈsoir *n*; **u·ri·nal·y·sis** [ˌjʊərɪˈnæləsɪs] *pl.* **-ses** [-siːz] → ***uranalysis***; **u·ri·nar·y** [ˈjʊərɪnərɪ] *adj.* Harn..., Urin...: **~ *bladder*** Harnblase *f*; **~ *calculus*** ⚕ Blasenstein *m*;
u·ri·nate [ˈjʊərɪneɪt] *v/i.* urinieren;
u·rine [ˈjʊərɪn] *s.* Uˈrin *m*, Harn *m*.
urn [ɜːn] *s.* **1.** Urne *f*; **2.** ˈTee- *od.* ˈKaffeemaˌschine *f*.
u·ro·gen·i·tal [ˌjʊərəʊˈdʒenɪtl] *adj.* ⚕ urogeniˈtal.
u·rol·o·gy [ˌjʊəˈrɒlədʒɪ] *s.* ⚕ Uroloˈgie *f*.
ur·sine [ˈɜːsaɪn] *adj. zo.* bärenartig, Bären...
U·ru·guay·an [ˌjʊərʊˈgwaɪən] **I** *adj.* uruguˈayisch; **II** *s.* Uruguˈayer(in).
us [ʌs; əs] *pron.* **1.** uns (*dat. od. acc.*): ***all of* ~** wir alle; ***both of* ~** wir beide; **2.** *dial.* wir: **~ *poor people***.
us·a·ble [ˈjuːzəbl] *adj.* brauch-, verwendbar.
us·age [ˈjuːsɪdʒ] *s.* **1.** Brauch *m*, Gepflogenheit *f*, Usus *m*: (***commercial***) **~** Handelsbrauch, Usance *f*; **2.** übliches Verfahren, Praxis *f*; **3.** Sprachgebrauch *m*: ***English* ~**; **4.** Gebrauch *m*, Verwendung *f*; **5.** Behandlung(sweise) *f*.
us·ance [ˈjuːzns] *s.* ✝ **1.** (übliche)

Wechselfrist, Uso *m*: ***at ~*** nach Uso; ***bill at ~*** Usowechsel *m*; **2.** Uso *m*, U'sance *f*, Handelsbrauch *m*.

use I *s.* [juːs] **1.** Gebrauch *m*, Benutzung *f*, Benützung *f*, An-, Verwendung *f*: ***for ~*** zum Gebrauch; ***for ~ in schools*** für den Schulgebrauch; ***directions for ~*** Gebrauchsanweisung *f*; ***in ~*** in Gebrauch, gebräuchlich; ***be in daily ~*** täglich gebraucht werden; ***in common ~*** allgemein gebräuchlich; ***come into ~*** in Gebrauch kommen; ***out of ~*** nicht in Gebrauch; ***fall*** (*od.* ***go*** *od.* ***pass***) ***out of ~*** außer Gebrauch kommen, ungebräuchlich werden; ***with ~*** durch (ständigen) Gebrauch; ***make ~ of*** Gebrauch machen von, benutzen; ***make*** (***a***) ***bad ~ of*** (e-n) schlechten Gebrauch machen von; **2.** a) Verwendung(szweck *m*) *f*, b) Brauchbarkeit *f*, Verwendbarkeit *f*, c) Zweck *m*, Sinn *m*, Nutzen *m*, Nützlichkeit *f*: ***of ~*** (***to***) brauchbar (für), nützlich (*dat.*), von Nutzen (für); ***it is of no ~ doing*** *od.* ***to do*** es ist unnütz *od.* nutz- *od.* zwecklos zu tun, es hat keinen Zweck zu tun; ***is this of ~ to you?*** können Sie das (ge-) brauchen?; ***crying is no ~*** Weinen führt zu nichts; ***what is the ~*** (***of it***)***?*** was hat es (überhaupt) für einen Zweck?; ***put to*** (***good***) ***~*** (gut) an- *od.* verwenden; ***have no ~ for*** a) nicht brauchen können, mit *et. od. j-m* nichts anfangen können, b) *bsd. Am.* F nichts übrig haben für; **3.** Fähigkeit *f*, *et.* zu gebrauchen, Gebrauch *m*: ***he lost the ~ of his right eye*** er kann auf dem rechten Auge nicht mehr sehen; ***have the ~ of one's limbs*** sich bewegen können; **4.** Gewohnheit *f*, Brauch *m*, Übung *f*, Praxis *f*: ***once a ~ and ever a custom*** jung gewohnt, alt getan; **5.** Benutzungsrecht *n*; **6.** ⚖ a) Nutznießung *f*, b) Nutzen *m*; **II** *v/t.* [juːz] **7.** gebrauchen, Gebrauch machen von (*a. von e-m Recht etc.*), benutzen, benützen, *a. Gewalt* anwenden, *a. Sorgfalt* verwenden, sich bedienen (*gen.*), *Gelegenheit etc.* nutzen, sich zu'nutze machen: ***~ one's brains*** den Verstand gebrauchen, s-n Kopf anstrengen; ***~ one's legs*** zu Fuß gehen; **8.** ***~ up*** a) *et.* auf-, verbrauchen, b) F *j-n* erschöpfen, ‚fertig machen'; → ***used*** 2; **9.** behandeln, verfahren mit: ***~ s.o. ill*** j-n schlecht behandeln; ***how has the world ~d you?*** wie ist es dir ergangen?; **III** *v/i.* **10.** *nur pret.* [juːst] pflegte (***to do*** zu tun): ***it ~d to be said*** man pflegte zu sagen; ***he ~d to live here*** er wohnte früher hier; ***he does not come as often as he ~d*** (***to***) er kommt nicht mehr so oft wie früher *od.* sonst; **use·a·ble** ['juːzəbl] → ***usable***; **used** [juːzd] *adj.* **1.** gebraucht, getragen (*Kleidung*): ***~ car*** *mot.* Gebrauchtwagen *m*; **2.** ***~ up*** a) aufgebraucht, verbraucht (*a. Luft*), b) F ‚erledigt', ‚fertig', erschöpft; **3.** [juːst] a) gewohnt (***to*** zu *od. acc.*), b) gewöhnt (***to*** an *acc.*): ***he is ~ to working late*** er ist gewohnt, lange zu arbeiten; ***get ~ to*** sich gewöhnen an (*acc.*); **use·ful** ['juːsfʊl] *adj.* ☐ **1.** nützlich, brauchbar, (zweck)dienlich, (gut) verwendbar: ***~ tools***; ***a ~ man*** ein brauchbarer Mann; ***~ talks*** nützliche Gespräche; ***make o.s. ~*** sich nützlich machen; **2.** *bsd.* ⚙ nutzbar, Nutz...: ***~ efficiency*** Nutzleistung *f*; ***~ life*** (***expectancy***) gewöhnliche Nutzungsdauer; ***~ load*** Nutzlast *f*; ***~ plant*** Nutzpflanze *f*; '**use·ful·ness** [-fʊlnɪs] *s.* Nützlichkeit *f*, Brauchbarkeit *f*, Zweckmäßigkeit *f*; **use·less** ['juːslɪs] *adj.* ☐ **1.** nutz-, sinn-, zwecklos, unnütz, vergeblich: ***it is ~ to*** es erübrigt sich zu; **2.** unbrauchbar; '**use·less·ness** [-lɪsnɪs] *s.* Nutz-, Zwecklosigkeit *f*; Unbrauchbarkeit *f*; **us·er** ['juːzə] *s.* **1.** Benutzer(in), *Computer, Software*: User *m*, Anwender *m*: ***~-friendly*** benutzerfreundlich, anwenderfreundlich; ***~ program*** *Computer*: Anwenderprogramm *n*; ***~ prompting*** *Computer*: Benutzerführung *f*; **2.** ✝ Verbraucher(in); **3.** ⚖ Nießbrauch *m*, Benutzungsrecht *n*.

'**U-shaped** *adj.* U-förmig: ***~ iron*** ⚙ U-Eisen *n*.

ush·er ['ʌʃə] **I** *s.* **1.** Türhüter *m*; **2.** Platzanweiser(in); **3.** a) ⚖ Gerichtsdiener *m*, b) *allg.* 'Aufsichtsper,son *f*; **4.** Zere'monienmeister *m*; **5.** *Brit. obs.* Hilfslehrer *m*; **II** *v/t.* **6.** (*mst* ***~ in*** her'ein-, hin'ein)führen, (-)geleiten; **7.** ***~ in*** *a. fig.* ankündigen, *e-e Epoche etc.* einleiten; **ush·er·ette** [ˌʌʃə'ret] *s.* Platzanweiserin *f*.

u·su·al ['juːʒʊəl] *adj.* ☐ üblich, gewöhnlich, gebräuchlich: ***as ~*** wie gewöhnlich, wie sonst; ***the ~ thing*** das Übliche; ***it has become the ~ thing*** (***with us***) es ist (bei uns) gang u. gäbe geworden; ***it is ~ for shops to close at 6 o'clock*** die Geschäfte schließen gewöhnlich um 6 Uhr; ***the ~ pride with her*** ihr üblicher Stolz; '**u·su·al·ly** [-əlɪ] *adv.* (für) gewöhnlich, in der Regel, meist(ens).

u·su·fruct ['juːsjuːfrʌkt] *s.* ⚖ Nießbrauch *m*, Nutznießung *f*; **u·su·fruc·tu·ar·y** [ˌjuːsjuː'frʌktjʊərɪ] **I** *s.* Nießbraucher(in); **II** *adj.* Nutzungs...: ***~ right***.

u·su·rer ['juːʒərə] *s.* Wucherer *m*; **u·su·ri·ous** [juː'zjʊərɪəs] *adj.* ☐ wucherisch, Wucher...: ***~ interest*** → ***usury*** 2; **u·su·ri·ous·ness** [juː'zjʊərɪəsnɪs] *s.* Wuche'rei *f*.

u·surp [juː'zɜːp] *v/t.* **1.** an sich reißen, sich 'widerrechtlich aneignen, sich bemächtigen (*gen.*); **2.** sich ('widerrechtlich) anmaßen; **3.** *Aufmerksamkeit etc.* mit Beschlag belegen; **u·sur·pa·tion** [ˌjuːzɜː'peɪʃn] *s.* **1.** Usurpati'on *f*: a) 'widerrechtliche Machtergreifung *od.* Aneignung, Anmaßung *f e-s Rechts etc.*, b) *~ of the throne* Thronraub *m*; **2.** unberechtigter Eingriff (*on* in *acc.*); **u'surp·er** [-pə] *s.* **1.** Usur'pator *m*, unrechtmäßiger Machthaber, Thronräuber *m*; **2.** unberechtigter Besitzergreifer; **3.** *fig.* Eindringling *m* (*on* in *acc.*); **u'surp·ing** [-pɪŋ] *adj.* □ usurpa'torisch.

u·su·ry ['juːʒʊrɪ] *s.* **1.** (Zins)Wucher *m*: *practise ~* Wucher treiben; **2.** Wucherzinsen *pl.* (*at* auf *acc.*): *return s.th. with ~ fig. et.* mit Zins u. Zinseszins heimzahlen.

u·ten·sil [juː'tensl] *s.* **1.** (*a. Schreib- etc.*) Gerät *n*, Werkzeug *n*; Gebrauchs-, Haushaltsgegenstand *m*: (*kitchen*) *~* Küchengerät; **2.** Geschirr *n*, Gefäß *n*; **3.** *pl.* Uten'silien *pl.*, Geräte *pl.*; (Küchen)Geschirr *n*.

u·ter·ine ['juːtəraɪn] *adj.* **1.** *anat.* Gebärmutter..., Uterus...; **2.** von der'selben Mutter stammend: *~ brother* Halbbruder mütterlicherseits; **u·ter·us** ['juːtərəs] *pl.* **-ter·i** [-təraɪ] *s. anat.* Uterus *m*, Gebärmutter *f*.

u·til·i·tar·i·an [ˌjuːtɪlɪ'teərɪən] **I** *adj.* **1.** utilita'ristisch, Nützlichkeits...; **2.** praktisch, zweckmäßig; **3.** *contp.* gemein; **II** *s.* **4.** Utilita'rist(in); ˌ**u·til·i'tar·i·an·ism** [-nɪzəm] *s.* Utilita'rismus *m*.

u·til·i·ty [juː'tɪlətɪ] **I** *s.* **1.** *a.* ✝ Nutzen *m* (*to* für), Nützlichkeit *f*; **2.** *et.* Nützliches, nützliche Einrichtung; **3.** a) *a. public ~* (*company od. corporation*) öffentlicher Versorgungsbetrieb, *pl. a.* Stadtwerke *pl.*, b) *pl.* Leistungen *pl.* der öffentlichen Versorgungsbetriebe, *bsd.* Strom-, Gas- u. Wasserversorgung *f*; **4.** ⚙ Zusatzgerät *n*; **II** *adj.* **5.** ✝, ⚙ Gebrauchs...(*-güter, -möbel, -wagen etc.*); **6.** Mehrzweck...; *~* **man** *s.* [*irr.*] **1.** *bsd. Am.* Fak'totum *n*; **2.** *thea.* vielseitig einsetzbarer Chargenspieler.

u·ti·liz·a·ble ['juːtɪlaɪzəbl] *adj.* verwendbar, verwertbar, nutzbar; **u·ti·li·za·tion** [ˌjuːtɪlaɪ'zeɪʃn] *s.* Nutzbarmachung *f*, Verwertung *f*, (Aus)Nutzung *f*, Verwendung *f*; **u·ti·lize** ['juːtɪlaɪz] *v/t.* **1.** (aus)nutzen, verwerten, sich *et.* nutzbar *od.* zu'nutze machen; **2.** verwenden.

ut·most ['ʌtməʊst] **I** *adj.* äußerst: a) entlegenst, fernst, b) *fig.* höchst, größt; **II** *s. das* Äußerste: *the ~ that I can do*; *do one's ~* sein Äußerstes *od.* Möglichstes tun; *at the ~* allerhöchstens; *to the ~* aufs Äußerste; *to the ~ of my powers* nach besten Kräften.

U·to·pi·a [juː'təʊpjə] *s.* **1.** U'topia *n* (*Idealstaat*); **2.** *oft* ♀ *fig.* Uto'pie *f*; **U'to·pi·an** [-jən], *a.* ♀ **I** *adj.* u'topisch, fan'tastisch; **II** *s.* Uto'pist(in), Fan'tast(-in); **U'to·pi·an·ism** [-jənɪzəm], *a.* ♀ *s.* Uto'pismus *m*; **U·to·pi·an·ist** [-jənɪst] *s.* Utopist *m*.

u·tri·cle ['juːtrɪkl] *s.* **1.** *zo.*, ⚘ Schlauch *m*, bläs-chenförmiges Luft- *od.* Saftgefäß; **2.** ⚕ U'triculus *m* (*Säckchen im Ohrlabyrinth*).

ut·ter ['ʌtə] **I** *adj.* □ → *utterly*; **1.** äußerst, höchst, völlig; **2.** endgültig, entschieden: *~ denial*; **3.** *contp.* ausgesprochen, voll'endet (*Schurke, Unsinn etc.*); **II** *v/t.* **4.** *Gedanken, Gefühle* äußern, ausdrücken, aussprechen; **5.** *Laute etc.* ausstoßen, von sich geben, her'vorbringen; **6.** *Falschgeld etc.* in 'Umlauf setzen, verbreiten; **ut·ter·ance** ['ʌtərəns] *s.* **1.** (stimmlicher) Ausdruck, Äußerung *f*: *give ~ to e-m Gefühl etc.* Ausdruck verleihen; **2.** Sprechweise *f*, Aussprache *f*, Vortrag *m*; **3.** *a. pl.* Äußerung *f*, Aussage *f*, Worte *pl.*; **'ut·ter·er** [-ərə] *s.* **1.** Äußernde(r *m*) *f*; **2.** Verbreiter(in); **'ut·ter·ly** [-lɪ] *adv.* äußerst, abso'lut, völlig, ganz, to'tal; **'ut·ter·most** [-məʊst] → *utmost*.

'U-turn *s.* **1.** *mot.* Wende *f*; **2.** *fig.* Kehrtwende *f*.

u·vu·la ['juːvjʊlə] *pl.* **-lae** [-liː] *s. anat.* Zäpfchen *n*; **'u·vu·lar** [-lə] **I** *adj.* Zäpfchen..., *ling. a.* uvu'lar; **II** *s. ling.* Zäpfchenlaut *m*, Uvu'lar *m*.

ux·o·ri·ous [ʌk'sɔːrɪəs] *adj.* □ treu liebend *od.* ergeben; **ux'o·ri·ous·ness** [-nɪs] *s.* treue Ergebenheit (*des Gatten*).

U

V

V, v [viː] *s.* V *n*, v *n* (*Buchstabe*).
vac [væk] *Brit.* F *für* ***vacation***.
va·can·cy ['veɪkənsɪ] *s.* **1.** Leere *f* (*a. fig.*): ***stare into ~*** ins Leere starren; **2.** leerer *od.* freier Platz; Lücke *f* (*a. fig.*); **3.** leeres *od.* leer stehendes *od.* unbewohntes Haus; **4.** freie *od.* offene Stelle, unbesetztes Amt, Va'kanz *f*; *univ.* freier Studienplatz *m*; *pl. Zeitung*: Stellenangebote *pl.*; **5.** a) Geistesabwesenheit *f*, b) geistige Leere, c) Geistlosigkeit *f*; **6.** Untätigkeit *f*, Muße *f*; '**va·cant** [-nt] *adj.* ☐ **1.** leer, frei, unbesetzt (*Sitz*, *Zimmer*, *Zeit etc.*); **2.** leer (stehend), unbewohnt, unvermietet (*Haus*); unbebaut (*Grundstück*): ***~ possession*** sofort beziehbar; **3.** frei, offen (*Stelle*), va'kant, unbesetzt (*Amt*); **4.** a) geistesabwesend, b) leer: ***~ mind***; ***~ stare***, c) geistlos.
va·cate [və'keɪt] *v/t.* **1.** *Wohnung etc.*, ⚔ *Stellung etc.* räumen; *Sitz etc.* freimachen; **2.** *Stelle* aufgeben, aus *e-m Amt* scheiden: ***be ~d*** frei werden (*Stelle*); **3.** *Truppen etc.* evakuieren; **4.** ⚖ *Vertrag*, *Urteil etc.* aufheben; **va'ca·tion** [-eɪʃn] **I** *s.* **1.** Räumung *f*; **2.** Niederlegung *f od.* Erledigung *f e-s Amtes*; **3.** (Gerichts-, *univ.* Se'mester-, *Am.* Schul)Ferien *pl.*: ***the long ~*** die großen Ferien, die Sommerferien; **4.** *bsd. Am.* Urlaub *m*: ***on ~*** im Urlaub; ***~ shutdown*** Betriebsferien *pl.*; **II** *v/i.* **5.** *bsd. Am.* in Ferien sein, Urlaub machen; **va'ca·tion·ist** [-eɪʃnɪst] *s. Am.* Urlauber(in).
vac·ci·nal ['væksɪnl] *adj.* ⚕ Impf...; **vac·ci·nate** ['væksɪneɪt] *v/t. u. v/i.* impfen (***against*** gegen); **vac·ci·na·tion** [ˌvæksɪ'neɪʃn] *s.* (Schutz)Impfung *f*; '**vac·ci·na·tor** [-neɪtə] *s.* **1.** Impfarzt *m*; **2.** Impfnadel *f*; '**vac·cine** [-siːn] ⚕ **I** *adj.* Impf..., Kuhpocken...: ***~ matter*** → II; **II** *s.* Impfstoff *m*, Vak'zine *f*: ***bovine ~*** Kuhlymphe *f*; **vac·cin·i·a** [væk'sɪnjə] *s.* ⚕ Kuhpocken *pl.*
vac·il·late ['væsɪleɪt] *v/i. mst fig.* schwanken; '**vac·il·lat·ing** [-tɪŋ] *adj.* ☐ schwankend (*mst fig. unschlüssig*); **vac·il·la·tion** [ˌvæsɪ'leɪʃn] *s.* Schwanken *n* (*mst fig. Unschlüssigkeit*, *Wankelmut*).
va·cu·i·ty [væ'kjuːətɪ] *s.* **1.** → ***vacancy*** 1, 5; **2.** *fig.* Nichtigkeit *f*, Plattheit *f*; **vac·u·ous** ['vækjʊəs] *adj.* ☐ **1.** → ***vacant*** 4; **2.** nichts sagend (*Redensart*); **3.** müßig (*Leben*); **vac·u·um** ['vækjʊəm] **I** *pl.* **-ums** [-z] *s.* **1.** ⚙, *phys.* Vakuum *n*, (*bsd.* luft)leerer Raum; **2.** *fig.* Vakuum *n*, Leere *f*, Lücke *f*; **II** *adj.* **3.** Vakuum...: ***~ bottle*** (*od.* ***flask***) Thermosflasche *f*; ***~ brake*** ⚙ Unterdruckbremse *f*; ***~ can***, ***~ tin*** Vakuumdose *f*; ***~ cleaner*** Staubsauger *m*; ***~ drier*** Vakuumtrockner *m*; ***~ ga(u)ge*** Unterdruckmesser *m*; ***~-packed*** vakuumverpackt; ***~-sealed*** vakuumdicht; ***~ tube***, ***~ valve*** ϟ Vakuumröhre *f*; **III** *v/t.* **4.** (mit dem Staubsauger) saugen *od.* reinigen.
va·de me·cum [ˌveɪdɪ'miːkəm] *s.* Vade'mekum *n*, Handbuch *n*.
vag·a·bond ['vægəbɒnd] **I** *adj.* **1.** vagabundierend (*a.* ϟ); **2.** Vagabunden..., vaga'bundenhaft; **3.** nomadisierend; **4.** Wander..., unstet: ***a ~ life***; **II** *s.* **5.** Vaga'bund(in), Landstreicher(in); **6.** F Strolch *m*; **III** *v/i.* **7.** vagabundieren; '**vag·a·bond·age** [-dɪdʒ] *s.* **1.** Landstreiche'rei *f*, Vaga'bundenleben *n*; **2.** *coll.* Vaga'bunden *pl.*; '**vag·a·bond·ism** [-dɪzəm] → ***vagabondage*** 1; '**vag·a·bond·ize** [-daɪz] → ***vagabond*** 7.
va·gar·y ['veɪgərɪ] *s.* **1.** wunderlicher Einfall; *pl. a.* Fantaste'reien *pl.*; **2.** Ka'price *f*, Grille *f*, Laune *f*; **3.** *mst pl.* Extrava'ganzen *pl.*: ***the vagaries of fashion***.
va·gi·na [və'dʒaɪnə] *pl.* **-nas** *s.* **1.** *anat.* Va'gina *f*, Scheide *f*; **2.** ⚘ Blattscheide *f*; **vag'i·nal** [-nl] *adj.* vagi'nal, Vaginal..., Scheiden...: ***~ spray*** Intimspray *n*.
va·gran·cy ['veɪgrənsɪ] *s.* **1.** Landstreiche'rei *f* (*a.* ⚖); **2.** *coll.* Landstreicher *pl.*; '**va·grant** [-nt] **I** *adj.* ☐ **1.** wandernd (*a. weitS. Zelle etc.*), vagabundierend; **2.** → ***vagabond*** 3 *u.* 4; **3.** *fig.* kaprizi'ös, launisch; **II** *s.* **4.** → ***vagabond*** 5.
vague [veɪg] *adj.* ☐ **1.** vage: a) undeutlich, nebelhaft, verschwommen (*alle a. fig.*), b) unbestimmt (*Gefühl*, *Verdacht*, *Versprechen etc.*), dunkel (*Ahnung*, *Gerücht etc.*), c) unklar (*Antwort etc.*): ***~ hope*** vage Hoffnung; ***not the ~st idea*** nicht die leiseste Ahnung; ***be ~ about s.th.*** sich unklar ausdrücken über (*acc.*); **2.** → ***vacant*** 4a; '**vague·ness** [-nɪs] *s.* Unbestimmtheit *f*, Verschwommenheit *f*.
vain [veɪn] *adj.* ☐ **1.** eitel, eingebildet

(**of** auf *acc.*); **2.** *fig.* eitel, leer (*Vergnügen etc.*; *a. Drohung, Hoffnung etc.*), nichtig; **3.** vergeblich, fruchtlos: **~ efforts**; **4. in ~** vergeblich: a) vergebens, um'sonst, b) unnütz; ˌ**~'glo·ri·ous** *adj.* □ prahlerisch, großsprecherisch, -spurig.
vain·ness ['veɪnnɪs] *s.* **1.** Vergeblichkeit *f*; **2.** Hohl-, Leerheit *f.*
vale[1] [veɪl] *s. poet. od. in Namen*: Tal *n*: **~ of tears** Jammertal *n.*
va·le[2] ['veɪlɪ] (*Lat.*) **I** *int.* lebe wohl!; **II** *s.* Lebe'wohl *n.*
val·e·dic·tion [ˌvælɪ'dɪkʃn] *s.* **1.** Abschied(nehmen *n*) *m*; **2.** Abschiedsworte *pl.*; **val·e·dic·to·ri·an** [ˌvælɪdɪk'tɔːrɪən] *s. Am. ped., univ.* Abschiedsredner *m*; ˌ**val·e'dic·to·ry** [-ktərɪ] **I** *adj.* Abschieds...: **~ address** → II; **II** *s. bsd. Am. ped., univ.* Abschiedsrede *f.*
va·lence ['veɪləns], '**va·len·cy** [-sɪ] ⚗, ⚘, *biol., phys.* Wertigkeit *f*, Va'lenz *f.*
val·en·tine ['væləntaɪn] *s.* **1.** Valentinsgruß *m* (*zum Valentinstag, 14. Februar, dem od. der Liebsten gesandt*); **2.** am Valentinstag erwählte(r) Liebste(r), *a. allg.* Schatz *m.*
va·le·ri·an [və'lɪərɪən] *s.* ⚘, *pharm.* Baldrian *m*; **va·le·ri·an·ic** [vəˌlɪərɪ'ænɪk], **va'ler·ic** [-'lerɪk] *adj.* ⚗ Baldrian..., Valerian...
val·et ['vælɪt] **I** *s.* a) (Kammer)Diener *m*, b) Hausdiener *m im Hotel*: **~ parking** 'Parkservice *m* (*durch Hotelangestellte*); **II** *v/t. j-n* bedienen, versorgen; **III** *v/i.* Diener sein.
val·e·tu·di·nar·i·an [ˌvælɪtjuːdɪ'neərɪən] **I** *adj.* **1.** kränklich, kränkelnd; **2.** rekonvales'zent; **3.** a) ge'sundheitsfaˌnatisch, b) hypo'chondrisch; **II** *s.* **4.** kränkliche Per'son; **5.** Rekonvales'zent(in); **6.** ‚Ge'sundheitsaˌpostel' *m*; **7.** Hypo'chonder *m*; ˌ**val·e·tu·di'nar·i·an·ism** [-nɪzəm] *s.* **1.** Kränklichkeit *f*; **2.** Hypochon'drie *f*; ˌ**val·e'tu·di·nar·y** [-nərɪ] → **valetudinarian**.
Val·hal·la [væl'hælə], **Val'hall** [-'hæl] *s. myth.* Wal'halla *f.*
val·iant ['væljənt] *adj.* □ tapfer, mutig, heldenhaft, he'roisch.
val·id ['vælɪd] *adj.* □ **1.** gültig: a) stichhaltig, triftig (*Beweis, Grund*), b) begründet, berechtigt (*Anspruch, Argument etc.*), c) richtig (*Entscheidung etc.*); **2.** ⚖ (rechts)gültig, rechtskräftig; **3.** wirksam (*Methode etc.*); '**val·i·date** [-deɪt] *v/t.* ⚖ a) für (rechts)gültig erklären, rechtswirksam machen, b) bestätigen; **val·i·da·tion** [ˌvælɪ'deɪʃn] *s.* Gültigkeit(serklärung) *f*; **va·lid·i·ty** [və'lɪdətɪ] *s.* **1.** Gültigkeit *f*: a) Triftigkeit *f*, Stichhaltigkeit *f*, b) Richtigkeit *f*; **2.** ⚖ Rechtsgültigkeit *f*, -kraft *f*; **3.** Gültigkeit(sdauer) *f.*
va·lise [və'liːz] *s.* Reisetasche *f.*

V

Val·kyr ['vælkɪə], **Val·kyr·ia** [væl'kɪərjə], **Val·kyr·ie** [-'kɪərɪ] *s. myth.* Walküre *f.*
val·ley ['vælɪ] *s.* **1.** Tal *n*: **down the ~** talabwärts; **2.** ⚠ Dachkehle *f.*
val·or *Am.* → **valour**.
val·or·i·za·tion [ˌvælәraɪ'zeɪʃn] *s.* ✝ Valorisati'on *f*, Aufwertung *f*; **val·or·ize** ['væləraɪz] *v/t.* ✝ valorisieren, aufwerten, den Preis *e-r Ware* heben *od.* stützen.
val·or·ous ['vælərəs] *adj.* □ *rhet.* tapfer, mutig, heldenhaft, -mütig; **val·our** ['vælə] *s.* Tapferkeit *f*, Heldenmut *m.*
val·u·a·ble ['væljʊəbl] **I** *adj.* □ **1.** wertvoll: a) kostbar, teuer, b) *fig.* nützlich: **for ~ consideration** ⚖ entgeltlich; **2.** abschätzbar; **II** *s.* **3.** *pl.* Wertsachen *pl.*, -gegenstände *pl.*
val·u·a·tion [ˌvæljʊ'eɪʃn] *s.* **1.** Bewertung *f*, (Ab)Schätzung *f*, Wertbestimmung *f*, Taxierung *f*, Veranschlagung *f*; **2.** a) Schätzungswert *m* (festgesetzter) Wert *od.* Preis, Taxe *f*, b) Gegenwartswert *m* e-r 'Lebensverˌsicherungspoˌlice; **3.** Wertschätzung *f*, Würdigung *f*: **we take him at his own ~** wir beurteilen ihn so, wie er sich selbst sieht; **val·u·a·tor** ['væljʊeɪtə] *s.* ✝ (Ab)Schätzer *m*, Ta'xator *m.*
val·ue ['væljuː] **I** *s.* **1.** *allg.* Wert *m* (*a.* ⚘, ⚗, *phys. u. fig.*): **moral ~s** *fig.* sittliche Werte; **be of ~ to** *j-m* wertvoll *od.* nützlich sein; **2.** Wert *m*, Einschätzung *f*: **set a high ~ (up)on** a) großen Wert legen auf (*acc.*), b) *et.* hoch einschätzen; **3.** ✝ Wert *m*: **assessed ~** Taxwert; **~ added** Wertschöpfung *f*; **at ~** zum Tageskurs; **book ~** Buchwert; **commercial ~** Handelswert; **4.** ✝ a) (Verkehrs)Wert *m*, Kaufkraft *f*, Preis *m*, b) Gegenwert *m*, -leistung *f*, c) Währung *f*, Va'luta *f*, d) *a.* **good ~** re'elle Ware, Quali'tätsware *f*, e) → **valuation** 1 *u.* 2, f) Wert *m*, Preis *m*, Betrag *m*: **~ date** Wertstellung *f*; **for ~ received** Betrag erhalten; **to the ~ of** im *od.* bis zum Betrag von; **give (get) good ~ (for one's money)** reell bedienen (bedient werden); **it is excellent ~ for money** es ist äußerst preiswert, es ist ausgezeichnet; **5.** *fig.* Wert *m*, Gewicht *n e-s Wortes etc.*; **6.** *paint.* Verhältnis *n* von Licht u. Schatten, Farb-, Grauwert *m*; **7.** ♪ Noten-, Zeitwert *m*; **8.** *ling.* Lautwert *m*; **II** *v/t.* **9.** a) den Wert *od.* Preis *e-r Sache* bestimmen *od.* festsetzen, b) (ab-)schätzen, veranschlagen, taxieren (**at** auf *acc.*); **10.** ✝ *Wechsel* ziehen (**[up]on** auf *j-n*); **11.** *Wert, Nutzen, Bedeutung* schätzen, (*vergleichend*) bewerten; **12.** (hoch) schätzen, achten; ˌ**~-'add·ed tax** *s.* ✝ Mehrwertsteuer *f.*
val·ued ['væljuːd] *adj.* **1.** (hoch) ge-

schätzt; **2.** taxiert, veranschlagt (***at*** auf *acc.*): ~ ***at £100*** £100 wert.

'**val·ue|-free** *adj.* wertfrei; ~ **judg(e)ment** *s.* Werturteil *n.*

val·ue·less ['væljulıs] *adj.* wertlos; '**val·u·er** [-juə] → ***valuator***.

val·ue stress *s. Phonetik*: Sinnbetonung *f.*

va·lu·ta [və'lu:tə] (*Ital.*) *s.* ✝ Va'luta *f.*

valve [vælv] *s.* **1.** ⚙ Ven'til *n*, Absperrvorrichtung *f*, Klappe *f*, Hahn *m*, Regu'lieror,gan *n*: ~ ***gear*** Ventilsteuerung *f*; ~***-in-head engine*** kopfgesteuerter Motor; **2.** ♪ Klappe *f* (*Blasinstrument*); **3.** ⚕ (*Herz- etc.*)Klappe *f*: ***cardiac*** ~; **4.** *zo.* (Muschel)Klappe *f*; **5.** ⚘ a) Klappe *f*, b) Kammer *f* (*beide e-r Fruchtkapsel*); **6.** ⚡ *Brit.* (Elek'tronen-, Fernseh-, Radio)Röhre *f*: ~ ***amplifier*** Röhrenverstärker *m*; **7.** ⚙ Schleusentor *n*; **8.** *obs.* Türflügel *m*; '**valve·less** [-lıs] *adj.* ven'tillos; '**val·vu·lar** [-vjulə] *adj.* **1.** klappenförmig, Klappen...: ~ ***defect*** ⚕ Klappenfehler *m*; **2.** mit Klappe(n) *od.* Ven'til(en) (versehen); **3.** ⚘ klappig; '**val·vule** [-vju:l] *s.* kleine Klappe; **val·vu·li·tis** [,vælvju'laıtıs] *s.* ⚕ (Herz-) Klappenentzündung *f.*

va·moose [və'mu:s], **va'mose** [-'məus] *Am. sl.* **I** *v/i.* ‚verduften', ‚Leine ziehen'; **II** *v/t.* fluchtartig verlassen.

vamp[1] [væmp] **I** *s.* **1.** a) Oberleder *n*, b) (Vorder)Klappe *f* (*Schuh*), c) (aufgesetzter) Flicken; **2.** ♪ (improvisierte) Begleitung; **3.** *fig.* Flickwerk *n*; **II** *v/t.* **4.** *mst* ~ ***up*** a) flicken, reparieren, b) vorschuhen; **5.** ~ ***up*** F a) *et.* ‚aufpolieren', ‚aufmotzen', b) *Zeitungsartikel etc.* zs.-stoppeln; **6.** ♪ (aus dem Stegreif) begleiten; **III** *v/i.* **7.** ♪ improvisieren.

vamp[2] [væmp] F **I** *s.* Vamp *m*; **II** *v/t.* a) *Männer* verführen, ‚ausnehmen', b) *j-n* bezirzen.

vam·pire ['væmpaıə] *s.* **1.** Vampir *m*: a) *Blut saugendes Gespenst*, b) *fig.* Erpresser(in), Blutsauger(in); **2.** *a.* ~ ***bat*** *zo.* Vampir *m*, Blattnase *f*; **3.** *thea.* kleine Falltür auf der Bühne; '**vam·pir·ism** [-ərızəm] *s.* **1.** Vampirglaube *m*; **2.** Blutsaugen *n* (*e-s Vampirs*); **3.** *fig.* Ausbeutung *f.*

van[1] [væn] *s.* **1.** ⚔ Vorhut *f*, Vor'ausab,teilung *f*, Spitze *f*; **2.** ⚓ Vorgeschwader *n*; **3.** *fig.* vorderste Reihe, Spitze *f.*

van[2] [væn] *s.* **1.** Last-, Lieferwagen *m*; **2.** Gefangenenwagen *m* (*Polizei*); **3.** F a) Wohnwagen *m*: ***gipsy's*** ~ Zigeunerwagen *m*, b) *Am.* 'Wohnmo,bil *n*; **4.** 🚃 *Brit.* (geschlossener) Güterwagen; Dienst-, Gepäckwagen *m.*

van[3] [væn] *s.* **1.** *obs. od. poet.* Schwinge *f*, Fittich *m*; **2.** *Brit.* Getreideschwinge *f*; **3.** ⚒ *Brit.* Schwingschaufel *od.* -probe *f.*

va·na·di·um [və'neıdjəm] *s.* ⚗ Va'nadium *n.*

Van·dal ['vændl] **I** *s.* **1.** *hist.* Wan'dale *m*, Wan'dalin *f*; **2.** ♀ *fig.* Wan'dale *m*; **II** *adj.* *a.* **Van·dal·ic** [væn'dælık] **3.** *hist.* wan'dalisch, Wandalen...; **4.** ♀ *fig.* wan'dalenhaft, zerstörungswütig; '**van·dal·ism** [-dəlızəm] *s. fig.* Wanda'lismus *m*: a) Zerstörungswut *f*, b) *a.* ***act(s) of*** ~ mutwillige Zerstörung; '**van·dal·ize** *v/t.* **1.** mutwillig zerstören, verwüsten; **2.** wie die Wan'dalen hausen in (*dat.*).

Van·dyke [,væn'daık] **I** *adj.* **1.** von Van Dyck, in van-dyckscher Ma'nier; **II** *s.* **2.** *oft* ♀ *abbr. für* a) ~ ***beard***, b) ~ ***collar***; **3.** Zackenmuster *n*; ~ **beard** *s.* Spitz-, Knebelbart *m*; ~ **col·lar** *s.* Van'dyckkragen *m.*

vane [veın] *s.* **1.** Wetterfahne *f*, -hahn *m*; **2.** Windmühlenflügel *m*; **3.** (Pro'peller-, Venti'lator- *etc.*)Flügel *m*; (Tur'binen-, ✈ Leit)Schaufel *f*; **4.** *surv.* Di'opter *n*; **5.** *zo.* Fahne *f* (*Feder*); **6.** (Pfeil)Fiederung *f.*

van·guard ['vængɑ:d] → ***van***[1].

va·nil·la [və'nılə] *s.* ⚘, ✝ Va'nille *f.*

van·ish ['vænıʃ] *v/i.* **1.** (plötzlich) verschwinden; **2.** (langsam) (ver-, ent-) schwinden, da'hinschwinden, sich verlieren (***from*** von, aus); **3.** (spurlos) verschwinden: ~ ***into*** (***thin***) ***air*** sich in Luft auflösen; **4.** ⅍ verschwinden, null werden.

van·ish·ing| cream ['vænıʃıŋ] *s.* (*rasch eindringende*) Tagescreme; ~ **line** *s.* Fluchtlinie *f*; ~ **point** *s.* **1.** Fluchtpunkt *m* (*Perspektive*); **2.** *fig.* Nullpunkt *m.*

van·i·ty ['vænətı] *s.* **1.** *persönliche* Eitelkeit; **2.** *j-s* Stolz *m* (*Sache*); **3.** Leer-, Hohlheit *f*, Eitel-, Nichtigkeit *f*: ♀ ***Fair*** *fig.* Jahrmarkt *m* der Eitelkeit; **4.** *Am.* Toi'lettentisch *m*; **5.** *a.* ~ ***bag*** (*od.* ***box***, ***case***) Hand-, Kos'metiktäschchen *n*, -koffer *m.*

van·quish ['væŋkwıʃ] **I** *v/t.* besiegen, über'wältigen, *a. fig. Stolz etc.* über'winden, bezwingen; **II** *v/i.* siegreich sein, siegen; '**van·quish·er** [-ʃə] *s.* Sieger *m*, Bezwinger *m.*

van·tage ['vɑ:ntıdʒ] *s.* **1.** *Tennis*: Vorteil *m*; **2.** ***coign*** (*od.* ***point***) ***of*** ~ günstiger (Angriffs- *od.* Ausgangs)Punkt; ~ **ground** *s.* günstige Lage *od.* Stellung (*a. fig.*); ~ **point** *s.* **1.** Aussichtspunkt *m*; **2.** günstiger (Ausgangs)Punkt; **3.** → ***vantage ground***.

vap·id ['væpıd] *adj.* □ **1.** schal: ~ ***beer***; **2.** *fig.* a) schal, seicht, leer, b) öd(e), fad(e); **va·pid·i·ty** [væ'pıdətı], '**vap·id·ness** [-nıs] *s.* **1.** Schalheit *f* (*a. fig.*); **2.** *fig.* a) Fadheit, b) Leere *f.*

va·por *Am.* → ***vapour***.

va·por·i·za·tion [,veıpəraı'zeıʃn] *s. phys.* Verdampfung *f*, -dunstung *f.*

va·por·ize ['veıpəraız] **I** *v/t.* **1.** ⚗, *phys.*

V

ver-, eindampfen, verdunsten (lassen); **2.** ⚙ vergasen; **II** *v/i.* **3.** verdampfen, verdunsten; '**va·por·iz·er** [-zə] *s.* ⚙ **1.** Ver'dampfungsappa,rat *m*, Zerstäuber *m*; **2.** Vergaser *m*; '**va·por·ous** [-rəs] *adj.* □ **1.** dampfig, dunstig; **2.** *fig.* nebelhaft; **3.** duftig (*Gewebe*).

va·pour ['veɪpə] **I** *s.* **1.** Dampf *m* (*a. phys.*), Dunst *m* (*a. fig.*): **~ *bath*** Dampfbad *n*; **~ *trail*** ✈ Kondensstreifen; **2.** a) ⚙ Gas *n*, b) *mot.* Gemisch *n*: **~ *motor*** Gasmotor *m*; **3.** ⚕ a) (Inhalati'ons)Dampf *m*, b) *obs.* (*innere*) Blähung; **4.** *fig.* Phan'tom *n*, Hirngespinst *n*; **5.** *pl. obs.* Schwermut *f*; **II** *v/i.* **6.** (ver)dampfen; **7.** *fig.* schwadronieren, prahlen.

var·an ['værən] *s. zo.* Wa'ran *m*.

var·ec ['værek] *s.* **1.** Seetang *m*; **2.** ⚗ Varek *m*, Seetangasche *f*.

var·i·a·bil·i·ty [ˌveərɪə'bɪlətɪ] *s.* **1.** Veränderlichkeit *f*, Schwanken *n*, Unbeständigkeit *f* (*a. fig.*); **2.** A, *phys.*, *a. biol.* Variabili'tät *f*.

var·i·a·ble ['veərɪəbl] **I** *adj.* □ **1.** veränderlich, 'unterschiedlich, wechselnd; schwankend (*a. Person*): **~ *cost*** † bewegliche Kosten *pl.*; **~ *wind*** *meteor.* Wind aus wechselnder Richtung; **2.** *bsd.* A, *ast.*, *biol.*, *phys.* vari'abel, wandelbar, A, *phys. a.* ungleichförmig; **3.** ⚙ regelbar, ver-, einstellbar: **~ *capacitor*** Drehkondensator *m*; **~ *gear*** Wechselgetriebe *n*; ***infinitely*** **~** stufenlos regelbar; **~*-speed*** mit veränderlicher Drehzahl; **II** *s.* **4.** veränderliche Größe, *bsd.* A Vari'able *f*, Veränderliche *f*; **5.** *ast.* vari'abler Stern; '**var·i·a·ble·ness** [-nɪs] → ***variability***; '**var·i·ance** [-ɪəns] *s.* **1.** Veränderung *f*; **2.** Abweichung *f* (*a.* ⚖ *zwischen Klage u. Beweisergebnis*); **3.** Uneinigkeit *f*, Meinungsverschiedenheit *f*, Streit *m*: ***be at*** **~** (***with***) uneinig sein (mit *j-m*); → 4; ***set at*** **~** entzweien; **4.** *fig.* 'Widerstreit *m*, -spruch *m*, Unvereinbarkeit *f*: ***be at*** **~** (***with***) unvereinbar sein (mit *et.*), im Widerspruch stehen (zu); → 3; '**var·i·ant** [-ɪənt] **I** *adj.* abweichend, verschieden; 'unterschiedlich; **II** *s.* Vari'ante *f*: a) Spielart *f*, b) abweichende Lesart; **var·i·a·tion** [ˌveərɪ'eɪʃn] *s.* **1.** Veränderung *f*, Wechsel *m*, Schwankung *f*; **2.** Abweichung *f*; **3.** ♪, A, *ast.*, *biol. etc.* Variati'on *f*; **4.** ('Orts)ˌMissweisung *f*, mag'netische Deklinati'on *f* (*Kompass*).

var·i·col·o(u)red ['veərɪkʌləd] *adj.* bunt: a) vielfarbig, b) *fig.* mannigfaltig.

var·i·cose ['værɪkəʊs] *adj.* ⚕ krampfad(e)rig, vari'kös: **~ *vein*** Krampfader *f*; **~ *bandage*** Krampfaderbinde *f*; **var·i·co·sis** [ˌværɪ'kəʊsɪs], **var·i·cos·i·ty** [ˌværɪ'kɒsətɪ] *s.* Krampfaderleiden *n*, Krampfader(n *pl.*) *f*.

var·ied ['veərɪd] *adj.* □ verschieden(artig); mannigfaltig, abwechslungsreich, bunt.

var·i·e·gate ['veərɪgeɪt] *v/t.* **1.** bunt gestalten (*a. fig.*); **2.** *fig.* (durch Abwechslung) beleben, variieren; '**var·i·e·gat·ed** [-tɪd] *adj.* **1.** bunt(scheckig), bunt gefleckt, vielfarbig, mit bunter Musterung, ⚘ panaschiert; **2.** → ***varied***; **var·i·e·ga·tion** [ˌveərɪ'geɪʃn] *s.* Buntheit *f*.

va·ri·e·ty [və'raɪətɪ] *s.* **1.** Verschieden-, Buntheit *f*, Mannigfaltigkeit *f*, Vielseitigkeit *f*, Abwechslung *f*; **2.** Vielfalt *f*, Reihe *f*, Anzahl *f*, *bsd.* † Auswahl *f*: ***owing to a*** **~** ***of causes*** aus verschiedenen Gründen; **3.** Sorte *f*, Art *f*; **4.** *allg.*, *a.* ⚘, *zo.* Ab-, Spielart *f*; **5.** ⚘, *zo.* a) Varie'tät *f* (*Unterabteilung e-r Art*), b) Vari'ante *f*; **6.** Varie'té *n*: **~ *artist*** Varie'teekünstler *m*; **~ meat** *s. Am.* Inne'reien *pl.*; **~ show** *s.* Varie'tee(vorstellung *f*) *n*; **~ store** *s.* † *Am.* Kleinkaufhaus *n*; **~ the·a·tre** *s.* Varie'tee (-theˌater) *n*.

var·i·form ['veərɪfɔːm] *adj.* vielgestaltig (*a. fig.*).

va·ri·o·la [və'raɪələ] *s.* ⚕ Pocken *pl.*

var·i·om·e·ter [ˌveərɪ'ɒmɪtə] *s.* ⚙, ⚡, *phys.* Vario'meter *n*.

var·i·o·rum [ˌveərɪ'ɔːrəm] **I** *adj.* **~ *edition*** → **II** *s.* Ausgabe *f* mit Anmerkungen verschiedener Kommenta'toren *od.* mit verschiedenen Lesarten.

var·i·ous ['veərɪəs] *adj.* □ **1.** verschieden(artig); **2.** mehrere, verschiedene; **3.** → ***varied***.

var·ix ['veərɪks] *pl.* **-i·ces** ['værɪsiːz] *s.* ⚕ Krampfader(knoten *m*) *f*.

var·let ['vɑːlɪt] *s.* **1.** *hist.* Knappe *m*, Page *m*; **2.** *obs.* Schelm *m*, Schuft *m*.

var·mint ['vɑːmɪnt] *s.* **1.** *zo.* Schädling *m*; **2.** F Ha'lunke *m*.

var·nish ['vɑːnɪʃ] **I** *s.* ⚙ **1.** Lack *m*: ***oil*** **~** Öllack *m*; **2.** *a.* ***clear*** **~** Klarlack *m*, Firnis *m*; **3.** ('Möbel)PoliˌTur *f*; **4.** *Töpferei*: Gla'sur *f*; **5.** *fig.* Firnis *m*, Tünche *f*, äußerer Anstrich; **II** *v/t. a.* **~ *over*** **6.** a) lackieren, firnissen, b) glasieren; **7.** *Möbel* (auf)polieren; **8.** *fig.* über'tünchen, beschönigen.

var·si·ty ['vɑːsətɪ] *s.* F **1.** ‚Uni' *f* (*Universität*); **2.** *a.* **~ *team*** *sport Am.* Universi'täts- *od.* College- *od.* Schulmannschaft *f*.

var·y ['veərɪ] **I** *v/t.* **1.** (ver-, *a.* ⚖ ab)ändern; **2.** variieren, 'unterschiedlich gestalten, Abwechslung bringen in (*acc.*), wechseln mit *et.*, *a.* ♪ abwandeln; **II** *v/i.* **3.** sich (ver)ändern, variieren (*a. biol.*), wechseln, schwanken; **4.** verschieden sein, abweichen (***from*** von); '**var·y·ing** [-ɪɪŋ] *adj.* wechselnd, 'unterschiedlich, verschieden.

vas·cu·lar ['væskjʊlə] *adj.* ⚘, *physiol.*

Gefäß...(*-pflanzen, -system etc.*): ~ ***tissue*** ⚘ Stranggewebe *n.*

vase [vɑːz] *s.* Vase *f.*

vas·ec·to·my [væ'sektəmɪ] *s.* ⚕ Vasekto'mie *f.*

vas·e·line ['væsɪliːn] *s.* ⚗ Vase'lin *n.*

vas·sal ['væsl] **I** *s.* **1.** Va'sall(in), Lehnsmann *m*; **2.** *fig.* 'Untertan *m*, Unter'gebene(r *m*) *f*; **3.** *fig.* Sklave *m* (***to*** *gen.*); **II** *adj.* **4.** Vasallen...; '**vas·sal·age** [-səlɪdʒ] *s.* **1.** *hist.* Va'sallentum *n*, Lehnspflicht *f*, (***to*** gegenüber); **2.** *coll.* Va'sallen *pl.*; **3.** *fig.* a) Abhängigkeit *f* (***to*** von), b) 'Unterwürfigkeit *f.*

vast [vɑːst] **I** *adj.* □ **1.** weit, ausgedehnt, unermesslich; **2.** *a. fig.* ungeheuer, (riesen)groß, riesig, gewaltig: ~ ***difference***; ~ ***quantity***; **II** *s.* **3.** *poet.* Weite *f*; '**vast·ly** [-lɪ] *adv.* gewaltig, in hohem Maße; ungemein, äußerst: ~ ***superior*** haushoch überlegen, weitaus besser; '**vast·ness** [-nɪs] *s.* **1.** Weite *f*, Unermesslichkeit *f* (*a. fig.*); **2.** ungeheure Größe, riesige Zahl, Unmenge *f.*

vat [væt] **I** *s.* ⚙ **1.** großes Fass, Bottich *m*, Kufe *f*; **2.** a) *Färberei*: Küpe *f*, b) *a.* ***tan*** ~ *Gerberei*: Lohgrube *f*; **II** *v/t.* **3.** (ver)küpen, in ein Fass *etc.* füllen; **4.** in e-m Fass *etc.* behandeln: ~***ted*** fassreif (*Wein etc.*).

Vat·i·can ['vætɪkən] *s.* Vati'kan *m*: ~ ***council*** Vatikanisches Konzil.

vaude·ville ['vəʊdəvɪl] *s.* **1.** *Brit.* heiteres Singspiel (mit Tanzeinlagen); **2.** *Am.* Varie'tee *n.*

vault[1] [vɔːlt] **I** *s.* **1.** ⚠ (*a. poet.* Himmels)Gewölbe *n*, Wölbung *f*; **2.** Kellergewölbe *n*; **3.** Grabgewölbe *n*, Gruft *f*: ***family*** ~; **4.** Tre'sorraum *m*; **5.** *anat.* Wölbung *f*, (Schädel)Dach *n*; (Gaumen)Bogen *m*; (Zwerchfell)Kuppel *f*; **II** *v/t.* **6.** (über)'wölben; **III** *v/i.* **7.** sich wölben.

vault[2] [vɔːlt] **I** *v/i.* **1.** springen, sich schwingen, setzen (***over*** über *acc.*); **2.** *Reitsport*: kurbettieren; **II** *v/t.* **3.** über'springen; **III** *s.* **4.** *bsd. sport* Sprung *m*; **5.** *Reitsport*: Kur'bette *f.*

vault·ed ['vɔːltɪd] *adj.* **1.** gewölbt, Gewölbe...; **2.** über'wölbt.

vault·er ['vɔːltə] *s.* Springer *m.*

vault·ing[1] ['vɔːltɪŋ] *s.* ⚠ **1.** Spannen *n* e-s Gewölbes; **2.** Wölbung *f*; **3.** Gewölbe *n* (*od. pl. coll.*).

vault·ing[2] ['vɔːltɪŋ] *s.* Springen *n*; ~ **horse** *s. Turnen*: (Lang-, Sprung)Pferd *n*; ~ **pole** *s. sport* Sprungstab *m.*

vaunt [vɔːnt] **I** *v/t.* sich rühmen (*gen.*), sich brüsten mit; **II** *v/i.* (***of***) sich rühmen (*gen.*), sich brüsten (mit); **III** *s.* Prahle'rei *f*; '**vaunt·er** [-tə] *s.* Prahler(in); '**vaunt·ing** [-tɪŋ] *adj.* □ prahlerisch.

'**V-Day** *s.* Tag *m* des Sieges (*im 2. Weltkrieg; 8. 5. 1945*).

've [v] F *abbr. für* ***have***.

veal [viːl] *s.* Kalbfleisch *n*: ~ ***chop*** Kalbskotelett *n*; ~ ***cutlet*** Kalbsschnitzel *n.*

vec·tor ['vektə] **I** *s.* **1.** ⩚, *a.* ✈ Vektor *m*; **2.** ⚕, *vet.* Bak'terienüber‚träger *m*; **II** *v/t.* **3.** *Flugzeug* (mittels Funk *od.* Ra'dar) leiten, (auf Ziel) einweisen.

V-E Day → ***V-Day***.

vee [viː] **I** *s.* V *n*, v *n*, Vau *n* (*Buchstabe*), **II** *adj.* V-förmig, V-...: ~ ***belt*** Keilriemen *m*; ~ ***engine*** V-Motor *m.*

veep [viːp] *s. Am.* F ‚Vize' *m* (*Vizepräsident*).

veer [vɪə] **I** *v/i. a.* ~ ***round*** **1.** sich ('um-)drehen; 'umspringen, sich drehen (*Wind*); *fig.* 'umschwenken (***to*** zu); **2.** ⚓ (ab)drehen, wenden; **II** *v/t.* **3.** *a.* ~ ***round*** *Schiff etc.* wenden, drehen, schwenken; **4.** ⚓ *Tauwerk* fieren, abschießen: ~ ***and haul*** fieren u. holen; **III** *s.* **5.** Wendung *f*, Drehung *f*, Richtungswechsel *m.*

Veg·e·burg·er ['vedʒɪ‚bɜːgə] *TM s.* Ge'müse‚burger *m.*

veg·e·ta·ble ['vədʒtəbl] **I** *s.* **1.** *allg.* (*bsd.* Gemüse-, Futter)Pflanze *f*: ***be a mere*** ~, ***live like a*** ~ *fig.* (nur noch) dahinvegetieren; **2.** *a. pl.* Gemüse *n*; **3.** ✓ Grünfutter *n*; **II** *adj.* **4.** pflanzlich, vegeta'bilisch, Pflanzen...: ~ ***diet*** Pflanzenkost *f*; ~ ***kingdom*** Pflanzenreich *n*; ~ ***marrow*** Kürbis(frucht *f*) *m*; **5.** Gemüse...: ~ ***garden***; ~ ***soup***.

veg·e·tal ['vedʒɪtl] *adj.* **1.** ⚘ → ***vegetable*** 4 *u.* 5; **2.** *physiol.* vegeta'tiv; **veg·e·tar·i·an** [‚vedʒɪ'teərɪən] **I** *s.* **1.** Vege'tarier(in); **II** *adj.* **2.** vege'tarisch; **3.** Vegetarier...; **veg·e·tar·i·an·ism** [‚vedʒɪ'teərɪənɪzəm] *s.* Vegeta'rismus *m*, vege'tarische Lebensweise; '**veg·e·tate** [-teɪt] *v/i.* **1.** (*wie e-e Pflanze*) wachsen; vegetieren; **2.** *contp.* (da'hin)vegetieren; **veg·e·ta·tion** [‚vedʒɪ'teɪʃn] *s.* **1.** Vegetati'on *f*, Pflanzenwelt *f*, -decke *f*: ***luxuriant*** ~; **2.** Vegetieren *n*, Pflanzenwuchs *m*; **3.** *fig.* (Da'hin)Vegetieren *n*; **4.** ⚕ Wucherung *f*; '**veg·e·ta·tive** [-tətɪv] *adj.* □ *biol.* **1.** vegeta'tiv: a) wie Pflanzen wachsend, b) wachstumsfördernd, c) Wachstums...; **2.** Vegetations..., pflanzlich.

veg·gie ['vedʒɪ] F → ***vegetarian***; ~ **burg·er** *s.* Ge'müse‚burger *m.*

ve·he·mence ['viːɪməns] *s.* **1.** *a. fig.* Heftigkeit *f*, Vehe'menz *f*, Gewalt *f*, Wucht *f*; **2.** *fig.* Ungestüm *n*, Leidenschaft *f*; '**ve·he·ment** [-nt] *adj.* □ *a. fig.* heftig, gewaltig, vehe'ment, *fig. a.* ungestüm, leidenschaftlich, hitzig.

ve·hi·cle ['viːɪkl] *s.* **1.** Fahrzeug *n*, Beförderungsmittel *n*, *engS.* Wagen *m*: ~ ***excise duty*** Kf'z-Steuer *f*; **2.** a) *a.* ***space*** ~ Raumfahrzeug *n*, b) 'Trägerra‚kete *f*; **3.** *fig.* a) Ausdrucksmittel *n*,

Medium *n*, Ve'hikel *n*, b) Träger *m*, Vermittler *m*; **4.** ⚗, *biol.* Trägerflüssigkeit *f*; **5.** *pharm.*, ⚗, ⚙ Bindemittel *n*; **ve·hic·u·lar** [vɪ'hɪkjʊlə] *adj.* Fahrzeug..., Wagen...: **~ *traffic*.**

veil [veɪl] **I** *s.* **1.** (Gesichts- *etc.*)Schleier *m*: ***take the ~*** *eccl.* den Schleier nehmen (*Nonne werden*); **2.** *phot.* (*a.* Nebel-, Dunst)Schleier *m*; **3.** *fig.* Schleier *m*, Maske *f*, Deckmantel *m*: ***draw a ~ over*** den Schleier des Vergessens breiten über (*acc.*); ***under the ~ of darkness*** im Schutze der Dunkelheit; ***under the ~ of charity*** unter dem Deckmantel der Nächstenliebe; **4.** ⚘, *anat.* → ***velum***; **5.** *eccl.* a) (Tempel)Vorhang *m*, b) Velum *n* (*Kelchtuch*); **6.** Verschleierung *f der Stimme*; **II** *v/t.* **7.** verschleiern, -hüllen (*a. fig.*); **III** *v/i.* **8.** sich verschleiern; **veiled** [-ld] *adj.* verschleiert (*a. phot.*, *fig.*) (*a. Stimme*); **'veil·ing** [-lɪŋ] *s.* **1.** Verschleierung *f* (*a. phot. u. fig.*); **2.** ✝ Schleier(stoff) *m*.

vein [veɪn] *s.* **1.** *anat.* Vene *f*; **2.** *allg.* Ader *f*: a) *anat.* Blutgefäß *n*, b) ⚘ Blattnerv *m*, c) Maser *f* (*Holz*, *Marmor*), d) *geol.* (Erz)Gang *m*, e) Wasserader *f*; **3.** *fig.* a) *poetische etc.* Ader, Veranlagung *f*, Hang *m* (***of*** zu), b) (Ton)Art *f*, c) Stimmung *f*: ***be in the ~ for*** in Stimmung sein zu; **veined** [-nd] *adj.* **1.** *allg.* geädert; **2.** gemasert; **'vein·ing** [-nɪŋ] *s.* Äderung *f*, Maserung *f*; **'vein·let** [-lɪt] *s.* **1.** Äderchen *n*; **2.** ⚘ Seitenrippe *f*.

ve·la ['viːlə] *pl. von* ***velum***.

ve·lar ['viːlə] **I** *adj.* *anat.*, *ling.* ve'lar, Gaumensegel..., Velar...; **II** *s.* *ling.* Gaumensegellaut *m*, Ve'lar(laut) *m*; **'ve·lar·ize** [-əraɪz] *v/t. ling. Laut* velarisieren.

Vel·cro ['velkrəʊ] *TM s. a.* **~ *fastening*** Klettverschluss *m*.

veld(t) [velt] *s.* *geogr.* Gras- *od.* Buschland *n* (*Südafrika*).

vel·le·i·ty [ve'liːətɪ] *s.* kraftloses, zögerndes Wollen.

vel·lum ['veləm] *s.* **1.** ('Kalbs-, 'Schreib-)Perga,ment *n*, Ve'lin *n*: **~ *cloth*** Pausleinen *n*; **2.** *a.* **~ *paper*** Ve'linpa,pier *n*.

ve·loc·i·pede [vɪ'lɒsɪpiːd] *s.* **1.** *hist.* Velozi'ped *n* (*Lauf-*, *Fahrrad*); **2.** *Am.* (Kinder)Dreirad *n*.

ve·loc·i·ty [vɪ'lɒsətɪ] *s.* *bsd.* ⚙, *phys.* Geschwindigkeit *f*: ***at a ~ of*** mit e-r Geschwindigkeit von; ***initial ~*** Anfangsgeschwindigkeit.

ve·lour(s) [və'lʊə] *s.* ✝ Ve'lours *m*.

ve·lum ['viːləm] *pl.* **-la** [-lə] *s.* **1.** ⚘, *anat.* Hülle *f*, Segel *n*; **2.** *anat.* Gaumensegel *n*, weicher Gaumen; **3.** ⚘ Schleier *m an Hutpilzen*.

vel·vet ['velvɪt] **I** *s.* **1.** Samt *m*: ***be on ~*** *sl.* glänzend dastehen; **2.** *zo.* Bast *m an jungen Geweihen etc.*; **II** *adj.* **3.** samten, aus Samt, Samt...; **4.** samtartig, -weich, samten (*a. fig.*): ***an iron hand in a ~ glove*** *fig.* e-e eiserne Faust unter dem Samthandschuh; ***handle s.o. with ~ gloves*** *fig.* j-n mit Samthandschuhen anfassen; **vel·vet·een** [ˌvelvɪ'tiːn] *s.* Man'(s)chester *m*, Baumwollsamt *m*; **'vel·vet·y** [-tɪ] → ***velvet*** 4.

ve·nal ['viːnl] *adj.* □ käuflich, bestechlich, kor'rupt; **ve·nal·i·ty** [viː'nælətɪ] *s.* Käuflichkeit *f*, Kor'ruptheit *f*, Bestechlichkeit *f*.

ve·na·tion [viː'neɪʃn] *s.* ⚘, *zo.* Geäder *n*.

vend [vend] *v/t.* a) *bsd.* ⚖ verkaufen, b) zum Verkauf anbieten, c) hausieren mit; **vend·ee** [ven'diː] *s.* ⚖ Käufer *m*; **'vend·er** [-də] *s.* **1.** (Straßen)Verkäufer *m*, (-)Händler *m*; **2.** → ***vendor***.

ven·det·ta [ven'detə] *s.* Blutrache *f*.

vend·i·ble ['vendəbl] *adj.* □ verkäuflich.

vend·ing ma·chine ['vendɪŋ] *s.* (Ver'kaufs)Auto,mat *m*.

ven·dor ['vendɔː] *s.* **1.** ⚖ Verkäufer(in); **2.** (Ver'kaufs)Auto,mat *m*.

ven·due ['vendjuː] *s.* *bsd. Am.* Aukti'on *f*, Versteigerung *f*.

ve·neer [və'nɪə] **I** *v/t.* **1.** ⚙ a) *Holz* furnieren, einlegen, b) *Stein* auslegen, c) *Töpferei*: (mit dünner Schicht) über'ziehen; **2.** *fig.* um'kleiden, e-n äußeren Anstrich geben; **3.** *fig.* *Eigenschaften etc.* über'tünchen, verdecken; **II** *s.* **4.** ⚙ Fur'nier(holz, -blatt) *n*; **5.** *fig.* Tünche *f*, äußerer Anstrich; **ve'neer·ing** [-ərɪŋ] *s.* **1.** ⚙ a) Furnierholz *n*, b) Furnierung *f*, c) Fur'nierarbeit *f*; **2.** *fig.* → ***veneer*** 5.

ven·er·a·bil·i·ty [ˌvenərə'bɪlətɪ] *s.* Ehrwürdigkeit *f*; **ven·er·a·ble** ['venərəbl] *adj.* □ **1.** ehrwürdig (*a. R.C.*) (*a. fig. Bauwerk etc.*), verehrungswürdig; **2.** *anglikanische Kirche*: Hoch(ehr)würden *m* (*Archidiakon*): **2 *Sir***; **ven·er·a·ble·ness** ['venərəblnɪs] *s.* Ehrwürdigkeit *f*.

ven·er·ate ['venəreɪt] *v/t.* **1.** verehren; **2.** in Ehren halten; **ven·er·a·tion** [ˌvenə'reɪʃn] *s.* (***of***) a) Verehrung *f* (*gen.*), b) Ehrfurcht *f* (vor *dat.*); **'ven·er·a·tor** [-tə] *s.* Verehrer(in).

ve·ne·re·al [və'nɪərɪəl] *adj.* **1.** geschlechtlich, Geschlechts..., Sexual...; **2.** ⚕ a) ve'nerisch, Geschlechts..., b) geschlechtskrank: **~ *disease*** Geschlechtskrankheit *f*; **ve·ne·re·ol·o·gist** [vəˌnɪərɪ'ɒlədʒɪst] *s.* ⚕ Venero'loge *m*, Facharzt *m* für Geschlechtskrankheiten.

Ve·ne·tian [və'niːʃn] **I** *adj.* venezi'anisch: **~ *blind*** (Stab)Jalousie *f*; **~ *glass*** Muranoglas *n*; **II** *s.* Venezi'aner(in).

Ven·e·zue·lan [ˌvene'zweɪlən] **I** *adj.* venezo'lanisch; **II** *s.* Venezo'laner(in).

venge·ance ['vendʒəns] *s.* Rache *f*, Vergeltung *f*: ***take ~ (up)on*** Vergeltung üben *od.* sich rächen an (*dat.*); ***with a ~*** F a) mächtig, mit Macht, wie besessen, wie der Teufel, b) *jetzt* erst recht, c) im Exzess, übertrieben; **'venge·ful** [-fʊl] *adj.* □ *rhet.* rachsüchtig, -gierig.

ve·ni·al ['vi:njəl] *adj.* □ verzeihlich: ***~ sin*** *R.C.* lässliche Sünde.

ven·i·son ['venzn] *s.* Wildbret *n.*

ven·om ['venəm] *s.* **1.** *zo.* (Schlangen- *etc.*)Gift *n*; **2.** *fig.* Gift *n*, Gehässigkeit *f*; **'ven·omed** [-md], **'ven·om·ous** [-məs] *adj.* □ **1.** giftig: ***~ snake*** Giftschlange *f*; **2.** *fig.* giftig, gehässig; **'ven·om·ous·ness** [-məsnɪs] *s.* Giftigkeit *f*, *fig. a.* Gehässigkeit *f.*

ve·nose ['vi:nəʊs] → ***venous***; **ve·nos·i·ty** [vɪ'nɒsətɪ] *s. biol.* **1.** Äderung *f*; **2.** ⚕ Venosi'tät *f*; **ve·nous** ['vi:nəs] *adj.* □ *biol.* **1.** Venen..., Adern...; **2.** ve'nös: ***~ blood***; **3.** ⚘ geädert.

vent [vent] **I** *s.* **1.** (Luft)Loch *n*, (Abzugs)Öffnung *f*, Schlitz *m*, ⚙ *a.* Entlüfter(stutzen) *m*: ***~ window*** → ***ventipane***; **2.** Spundloch *n* (*Fass*); **3.** ⚔ *hist.* Schießscharte *f*; **4.** Fingerloch *n* (*Flöte etc.*); **5.** (Vul'kan)Schlot *m*; **6.** *orn.*, *ichth.* After *m*; **7.** *zo.* Aufstoßen *n* zum Luftholen (*Otter etc.*); **8.** Auslass *m* (*a. fig.*): ***find (a) ~*** *fig.* sich entladen (*Gefühl*); ***give ~ to*** → 9; **II** *v/t.* **9.** *fig.* *e-m Gefühl* Luft machen, *Wut etc.* auslassen (***on*** an *dat.*); **10.** ⚙ a) e-e Abzugsöffnung *etc.* anbringen an (*dat.*), b) *Rauch etc.* abziehen lassen, c) ventilieren; **III** *v/i.* **11.** *hunt.* aufstoßen (zum Luftholen) (*Otter etc.*); **'vent·age** [-tɪdʒ] → ***vent*** 1, 4, 8.

ven·ter ['ventə] *s.* **1.** *anat.* a) Bauch (-höhle *f*) *m*, b) (Muskel- *etc.*)Bauch *m*; **2.** *zo.* (In'sekten)Magen *m*; **3.** ⚖ Mutter(leib *m*) *f*: ***child of a second ~*** Kind *n* von e-r zweiten Frau.

'vent·hole → ***vent*** 1.

ven·ti·late ['ventɪleɪt] *v/t.* **1.** ventilieren, (be-, ent-, 'durch)lüften; **2.** *physiol.* Sauerstoff zuführen (*dat.*); **3.** *fig.* ventilieren: a) zur Sprache bringen, erörtern, b) *Meinung etc.* äußern; **4.** → ***vent*** 9; **'ven·ti·lat·ing** [-tɪŋ] *adj.* Ventilations..., Lüftungs...; **ven·ti·la·tion** [ˌventɪ'leɪʃn] *s.* **1.** Ventilati'on *f*, (Be-, Ent)Lüftung *f* (*beide a. Anlage*), Luftzufuhr *f*; ⚒ Bewetterung *f*; **2.** a) (freie) Erörterung, öffentliche Diskussi'on, b) Äußerung *f e-s Gefühls etc.*, Entladung *f*; **'ven·ti·la·tor** [-tə] *s.* Venti'lator *m*, Entlüfter *m*, Lüftungsanlage *f.*

ven·ti·pane ['ventɪpeɪn] *s. mot.* Ausstellfenster *n.*

ven·tral ['ventrəl] *adj.* □ *biol.* ven'tral, Bauch...

ven·tri·cle ['ventrɪkl] *s. anat.* Ven'trikel *m*, (Körper)Höhle *f*, *bsd.* (Herz-, Hirn-) Kammer *f*; **ven·tric·u·lar** [ven'trɪkjʊlə] *adj. anat.* ventriku'lär, Kammer...

ven·tri·lo·qui·al [ˌventrɪ'ləʊkwɪəl] *adj.* bauchrednerisch, Bauchrede...

ven·tril·o·quism [ven'trɪləkwɪzəm] *s.* Bauchreden *n*; **ven'tril·o·quist** [-ɪst] *s.* Bauchredner(in); **ven'tril·o·quize** [-kwaɪz] **I** *v/i.* bauchreden; **II** *v/t. et.* bauchrednerisch sagen; **ven'tril·o·quy** [-kwɪ] *s.* Bauchreden *n.*

ven·ture ['ventʃə] **I** *s.* **1.** Wagnis *n*: a) Risiko *n*, b) (gewagtes) Unter'nehmen; **2.** ✝ a) (geschäftliches) Unter'nehmen, Operati'on *f*, b) Spekulati'on *f*; ***~ capital*** Risikokapital *n*; **3.** Spekulati'onsobˌjekt *n*, Einsatz *m*; **4.** *obs.* Glück *n*: ***at a ~*** aufs Geratewohl, auf gut Glück; **II** *v/t.* **5.** *et.* riskieren, wagen, aufs Spiel setzen: ***nothing ~ nothing have*** (*od.* ***gain[ed]***) wer nicht wagt, der nicht gewinnt; **6.** *Bemerkung etc.* (zu äußern) wagen; **III** *v/i.* **7.** (es) wagen, sich erlauben (***to do*** zu tun); **8.** ***~ (up)on*** sich an *e-e Sache* wagen; **9.** sich *wohin* wagen; **'ven·ture·some** [-səm] *adj.* □ waghalsig: a) kühn, verwegen (*Person*), b) gewagt, ris'kant (*Tat*); **'ven·ture·some·ness** [-səmnɪs] *s.* Waghalsigkeit *f*; **'ven·tur·ous** [-ərəs] *adj.* □ → ***venturesome***.

ven·ue ['venju:] *s.* **1.** ⚖ a) Gerichtsstand *m*, zuständiger Verhandlungsort *m*, *Brit. a.* zuständige Grafschaft, b) örtliche Zuständigkeit; **2.** a) Schauplatz *m*, b) Treffpunkt *m*, Tagungsort *m*, c) *sport* Austragungsort *m.*

Ve·nus ['vi:nəs] *s. allg.* Venus *f.*

ve·ra·cious [və'reɪʃəs] *adj.* □ **1.** wahr'haftig, wahrheitsliebend; **2.** wahr (-heitsgetreu): ***~ account***; **ve·rac·i·ty** [və'ræsətɪ] *s.* **1.** Wahr'haftigkeit *f*, Wahrheitsliebe *f*; **2.** Richtigkeit *f*; **3.** Wahrheit *f.*

ve·ran·da(h) [və'rændə] *s.* Ve'randa *f.*

verb [vɜ:b] *s. ling.* Zeitwort *n*, Verb(um) *n*; **'ver·bal** [-bl] **I** *adj.* □ **1.** Wort... (*-fehler*, *-gedächtnis*, *-kritik etc.*); **2.** mündlich (*a. Vertrag etc.*): ***~ message***; **3.** (wort)wörtlich: ***~ copy***; ***~ translation***; **4.** wörtlich, Verbal...: ***~ note*** *pol.* Verbalnote *f*; **5.** *ling.* ver'bal, Verbal..., Zeitwort...: ***~ noun*** → 6; **II** *s.* **6.** *ling.* Ver'balˌsubstantiv *n*; **'ver·bal·ism** [-bəlɪzəm] *s.* **1.** Ausdruck *m*; **2.** Verba'lismus *m*, Wortemache'rei *f*; **3.** Wortklaube'rei *f*; **'ver·bal·ist** [-bəlɪst] *s.* **1.** *bsd. ped.* Verba'list(in); **2.** wortgewandte Per'son; **'ver·bal·ize** [-bəlaɪz] **I** *v/t.* **1.** in Worte fassen, formulieren; **2.** *ling.* in ein Verb verwandeln; **II** *v/i.* **3.** viele Worte machen; **ver·ba·tim** [vɜ:'beɪtɪm] **I** *adv.* ver'batim, (wort-) wörtlich, Wort für Wort; **II** *adj.* → ***verbal*** 3; **III** *s.* wortgetreuer Bericht; **'ver·bi·age** [-bɪɪdʒ] *s.* **1.** Wortschwall *m*; **2.** Dikti'on *f*; **ver·bose** [vɜ:'bəʊs] *adj.* □ wortreich, weitschweifig; **ver-**

bos·i·ty [vɜːˈbɒsətɪ] *s.* Wortreichtum *m.*
ver·dan·cy [ˈvɜːdənsɪ] *s.* **1.** (frisches) Grün; **2.** *fig.* Unerfahrenheit *f*; Unreife *f*; ˈ**ver·dant** [-nt] *adj.* □ **1.** grün, grünend; **2.** *fig.* grün, unreif.
ver·dict [ˈvɜːdɪkt] *s.* **1.** ⚖ (Wahr)Spruch *m* der Geschworenen, Verˈdikt *n*: **~ *of not guilty*** Erkennen *n* auf „nicht schuldig"; ***bring in*** (*od.* ***return***) ***a ~ of guilty*** auf schuldig erkennen; **2.** *fig.* Urteil *n* (***on*** über *acc.*).
ver·di·gris [ˈvɜːdɪgrɪs] *s.* Grünspan *m.*
ver·dure [ˈvɜːdʒə] *s.* **1.** (frisches) Grün; **2.** Vegetatiˈon *f*, saftiger Pflanzenwuchs; **3.** *fig.* Frische *f*, Kraft *f.*
verge [vɜːdʒ] **I** *s.* **1.** *mst fig.* Rand *m*, Grenze *f*: ***on the ~ of*** am Rande *der Verzweiflung etc.*, dicht vor (*dat.*); ***on the ~ of tears*** den Tränen nahe; ***on the ~ of doing*** nahe daran, zu tun; **2.** ✓ (Beet)Einfassung *f*, (Gras)Streifen *m*; **3.** ⚖ *Brit. hist.* Gerichtsbezirk *m* rund um den Königshof; **4.** ⚙ a) ˈüberstehende Dachkante, b) Säulenschaft *m*, c) Schwungstift *m* (*Uhrhemmung*), d) Zugstab *m* (*Setzmaschine*); **5.** a) *bsd. eccl.* Amtsstab *m*, b) *hist.* Belehnungsstab *m*; **II** *v/i.* **6.** *mst fig.* grenzen *od.* streifen (***on*** an *acc.*); **7.** (***on***, ***into***) sich nähern (*dat.*), (in *e-e Farbe etc.*) ˈübergehen; **8.** sich (hin)neigen (***to***[***wards***] nach); ˈ**ver·ger** [-dʒə] *s.* **1.** Kirchendiener *m*, Küster *m*; **2.** *bsd. Brit. eccl.* (Amts)Stabträger *m.*
ver·i·est [ˈverɪɪst] *adj.* (*sup. von* ***very*** II) *obs.* äußerst: ***the ~ child*** (selbst) das kleinste Kind; ***the ~ nonsense*** der reinste Unsinn; ***the ~ rascal*** der ärgste *od.* größte Schuft.
ver·i·fi·a·ble [ˈverɪfaɪəbl] *adj.* nachweis-, nachprüfbar, verifizierbar; **ver·i·fi·ca·tion** [ˌverɪfɪˈkeɪʃn] *s.* **1.** Nachprüfung *f*; **2.** Echtheitsnachweis *m*, Richtigbefund *m*; **3.** Beglaubigung *f*, Beurkundung *f*; (⚖ eidliche) Bestätigung; **ver·i·fy** [ˈverɪfaɪ] *v/t.* **1.** *auf die Richtigkeit hin* (nach)prüfen; **2.** die Richtigkeit *od.* Echtheit *e-r Angabe etc.* feststellen *od.* nachweisen, verifizieren; **3.** *Urkunde etc.* beglaubigen; beweisen, belegen; **4.** ⚖ eidlich beteuern; **5.** bestätigen; **6.** *Versprechen etc.* erfüllen, wahr machen.
ver·i·ly [ˈverəlɪ] *adv. bibl.* wahrlich.
ver·i·si·mil·i·tude [ˌverɪsɪˈmɪlɪtjuːd] *s.* Wahrˈscheinlichkeit *f.*
ver·i·ta·ble [ˈverɪtəbl] *adj.* □ wahr(-haft), wirklich, echt.
ver·i·ty [ˈverətɪ] *s.* **1.** (Grund)Wahrheit *f*: ***of a ~*** wahrhaftig; ***eternal verities*** ewige Wahrheiten; **2.** Wahrheit *f*; **3.** (*j-s*) Wahrˈhaftigkeit *f.*
ver·juice [ˈvɜːdʒuːs] *s.* **1.** Obst-, Traubensaft *m* (*bsd. von unreifen Früchten*); **2.** Essig *m* (*a. fig.*).
ver·meil [ˈvɜːmeɪl] **I** *s.* **1.** *bsd. poet. für* ***vermilion***; **2.** ⚙ Verˈmeil *n*: a) feuervergoldetes Silber *od.* Kupfer, vergoldete Bronze, b) hochroter Graˈnat; **II** *adj.* **3.** *poet.* purpur-, scharlachrot.
ver·mi·cel·li [ˌvɜːmɪˈselɪ] (*Ital.*) *s. pl.* Fadennudeln *pl.*
ver·mi·cide [ˈvɜːmɪsaɪd] *s. pharm.* Wurmmittel *n*; **ver·mic·u·lat·ed** [vɜːˈmɪkjʊleɪtɪd] *adj.* **1.** wurmstichig; **2.** ⚠ geschlängelt; **ver·mi·form** [ˈvɜːmɪfɔːm] *adj. biol.* wurmförmig: **~ *appendix*** *anat.* Wurmfortsatz *m*; **ver·mi·fuge** [ˈvɜːmɪfjuːdʒ] → ***vermicide***.
ver·mil·ion [vəˈmɪljən] **I** *s.* **1.** Zinˈnober *m*; **2.** Zinˈnoberrot *n*; **II** *adj.* **3.** zinˈnoberrot; **III** *v/t.* **4.** mit Zinˈnober *od.* zinˈnoberrot färben.
ver·min [ˈvɜːmɪn] *s. mst pl. konstr.* **1.** *zo. coll.* a) Ungeziefer *n*, b) Schädlinge *pl.*, Paraˈsiten *pl.*, c) *hunt.* Raubzeug *n*; **2.** *fig. contp.* Geschmeiß *n*, Pack *n*; ˈ**~-ˌkill·er** *s.* **1.** Kammerjäger *m*; **2.** Ungeziefervertilgungsmittel *n.*
ver·min·ous [ˈvɜːmɪnəs] *adj.* □ **1.** voller Ungeziefer; verlaust, verwanzt, verseucht; **2.** durch Ungeziefer verursacht: **~ *disease***; **3.** *fig.* a) schädlich, b) niedrig, gemein.
ver·mo(u)th [ˈvɜːməθ] *s.* Wermut(wein) *m.*
ver·nac·u·lar [vəˈnækjʊlə] **I** *adj.* □ **1.** einheimisch, Landes...(*-sprache*); **2.** mundartlich, Volks..., Heimat...: **~ *poetry***; **3.** ⚕ enˈdemisch, loˈkal: **~ *disease***; **II** *s.* **4.** Landes-, Mutter-, Volkssprache *f*; **5.** Mundart *f*, Diaˈlekt *m*; **6.** Jarˈgon *m*; **7.** Fachsprache *f*; **8.** → **ver'nac·u·lar·ism** [-ərɪzəm] *s.* volkstümlicher *od.* mundartlicher Ausdruck; **verˈnac·u·lar·ize** [-əraɪz] *v/t.* **1.** *Ausdrücke etc.* einbürgern; **2.** in Volkssprache *od.* Mundart überˈtragen, mundartlich ausdrücken.
ver·nal [ˈvɜːnl] *adj.* □ **1.** Frühlings...; **2.** *fig.* frühlingshaft, Jugend...; **~ *e·qui·nox*** *s. ast.* ˈFrühlingsäquiˌnoktium *n* (*21. März*).
ver·ni·er [ˈvɜːnjə] *s.* ⚙ **1.** Nonius *m* (*Gradteiler*); **2.** Fein(ein)steller *m*, Verniˈer *m*; **~ *cal·(l)i·per(s)*** *s.* ⚙ Schublehre *f* mit Nonius.
Ver·o·nese [ˌverəˈniːz] **I** *adj.* veroˈnesisch, aus Veˈrona; **II** *s.* Veroˈneser(in).
ve·ron·i·ca [vɪˈrɒnɪkə] *s.* **1.** ⚘ Veˈronika *f*, Ehrenpreis *m*; **2.** *R.C. u. paint.* Schweißtuch *n* der Veˈronika.
ver·sa·tile [ˈvɜːsətaɪl] *adj.* □ **1.** vielseitig (begabt *od.* gebildet); gewandt, wendig, beweglich; **2.** unbeständig, wandelbar; **3.** ⚘, *zo.* (frei) beweglich; **ver·sa·til·i·ty** [ˌvɜːsəˈtɪlətɪ] *s.* **1.** Vielseitigkeit *f*, Gewandtheit *f*, Wendigkeit *f*, geistige Beweglichkeit; **2.** Unbeständigkeit *f.*

V

verse [vɜːs] **I** *s.* **1.** a) Vers(zeile *f*) *m*, b) (Gedicht)Zeile *f*, c) *allg.* Vers *m*, Strophe *f*: **~ drama** Versdrama *n*; → **chapter** 1; **2.** *coll. ohne art.* a) Verse *pl.*, b) Poe'sie *f*, Dichtung *f*; **3.** Vers (-maß *n*) *m*: **blank ~** a) Blankvers, b) reimloser Vers; **II** *v/t.* **4.** in Verse bringen; **III** *v/i.* **5.** dichten, Verse machen.

versed¹ [vɜːst] *adj.* bewandert, beschlagen, versiert (**in** in *dat.*).

versed² [vɜːst] *adj.* ⩚ 'umgekehrt: **~ sine** Sinusversus *m*.

ver·si·fi·ca·tion [ˌvɜːsɪfɪ'keɪʃn] *s.* **1.** Verskunst *f*, Versemachen *n*; **2.** Versbau *m*; **ver·si·fi·er** ['vɜːsɪfaɪə] *s.* Verseschmied *m*, Dichterling *m*; **ver·si·fy** ['vɜːsɪfaɪ] → **verse** 4 *u.* 5.

ver·sion ['vɜːʃn] *s.* **1.** (*a.* 'Bibel)Überˌsetzung *f*; **2.** *thea. etc.* (*Bühnen- etc.*) Fassung *f*; **3.** Darstellung *f*, Fassung *f*, Lesart *f*, Versi'on *f*; **4.** Spielart *f*, Vari'ante *f*; **5.** ⚙ (*Export- etc.*)Ausführung *f*, Mo'dell *n*.

ver·sus ['vɜːsəs] *prp.* ⚖, *a. sport u. fig.* gegen, kontra.

vert [vɜːt] *eccl.* F **I** *v/i.* 'übertreten, konvertieren; **II** *s.* Konver'tit(in).

ver·te·bra ['vɜːtɪbrə] *pl.* **-brae** [-briː] *s. anat.* **1.** (Rücken)Wirbel *m*; **2.** *pl.* Wirbelsäule *f*; '**ver·te·bral** [-rəl] *adj.* ☐ verte'bral, Wirbel(säulen)...: **~ column** Wirbelsäule *f*; '**ver·te·brate** [-rɪt] **I** *adj.* **1.** mit e-r Wirbelsäule (versehen), Wirbel...(*-tier*); **2.** *zo.* zu den Wirbeltieren gehörig; **II** *s.* **3.** Wirbeltier *n*; '**ver·te·brat·ed** [-reɪtɪd] → **vertebrate** I.

ver·tex ['vɜːteks] *pl. mst* **-ti·ces** [-tɪsiːz] *s.* **1.** *biol.* Scheitel *m*; **2.** ⩚ Scheitelpunkt *m*, Spitze *f* (*beide a. fig.*); **3.** *ast.* a) Ze'nit *m*, b) Vertex *m*; **4.** *fig.* Gipfel *m*; '**ver·ti·cal** [-tɪkl] **I** *adj.* ☐ **1.** senk-, lotrecht, verti'kal: **~ clearance** ⚙ lichte Höhe; **~ engine** ⚙ stehender Motor; **~ section** ⚠ Aufriss *m*; **~ take-off** ✈ Senkrechtstart *m*; **~ take-off plane** *od.* **aircraft** ✈ Senkrechtstarter *m*; **2.** *ast.*, ⩚ Scheitel..., Höhen..., Vertikal...: **~ angle** Scheitelwinkel *m*; **~ circle** *ast.* Vertikalkreis *m*; **~ section** ⚠ Aufriss *m*; **II** *s.* **3.** Senkrechte *f*.

ver·tig·i·nous [vɜː'tɪdʒɪnəs] *adj.* ☐ **1.** wirbelnd; **2.** schwindlig, Schwindel...; **3.** Schwindel erregend, schwindelnd: **~ height**; **ver·ti·go** ['vɜːtɪgəʊ] *pl.* **-goes** *s.* ⚕ Schwindel(gefühl *n*, -anfall *m*) *m*.

ver·tu [vɜː'tuː] → **virtu**.

ver·vain ['vɜːveɪn] *s.* ⚘ Eisenkraut *n*.

verve [vɜːv] *s.* (künstlerische) Begeisterung, Schwung *m*, Feuer *n*, Verve *f*.

ver·y ['verɪ] **I** *adv.* **1.** sehr, äußerst, außerordentlich: **~ good** a) sehr gut, b) einverstanden, sehr wohl; **~ well** a) sehr gut, b) meinetwegen, na schön; **not ~ good** nicht sehr *od.* besonders *od.* gerade gut; **2. ~ much** (*in Verbindung mit Verben*) sehr, außerordentlich: **he was ~ much pleased**; **3.** (*vor sup.*) aller...: **the ~ last drop** der allerletzte Tropfen; **4.** völlig, ganz; **II** *adj.* **5.** gerade, genau: **the ~ opposite** genau das Gegenteil; **the ~ thing** genau *od.* gerade das (Richtige); **at the ~ edge** ganz am Rand, am äußersten Rand; **6.** bloß: **the ~ fact of his presence**; **the ~ thought** der bloße Gedanke, schon der Gedanke; **7.** rein, pur, schier: **from ~ egoism**; **the ~ truth** die reine Wahrheit; **8.** frisch: **in the ~ act** auf frischer Tat; **9.** wahr, wirklich: **~ God of ~ God** *bibl.* wahrer Gott vom wahren Gott; **the ~ heart of the matter** der Kern der Sache; **in ~ deed** (**truth**) tatsächlich (wahrhaftig); **10.** (*nach* **this**, **that**, **the**) (der-, die-, das)'selbe, (der, die, das) gleiche ... *od.* nämliche ...: **that ~ afternoon**; **the ~ same words**; **11.** selbst, so'gar: **his ~ servants**; **12.** → **veriest**.

ver·y| high fre·quen·cy ['verɪ] *s.* ϟ 'Hochfreˌquenz *f*, Ultra'kurzwelle *f*.

Ver·y| light ['vɪərɪ; 'verɪ] *s.* ⚔ 'Leuchtpaˌtrone *f*; **~ pis·tol** *s.* ⚔ 'Leuchtpiˌstole *f*; **~'s night sig·nals** *s.* ⚔ Si'gnalschießen *n* mit 'Leuchtmunitiˌon.

ves·i·ca ['vesɪkə] *pl.* **-cas** (*Lat.*) *s.* **1.** *biol.* Blase *f*, Zyste *f*; **2.** *anat.*, *zo.* (Harn-, Gallen-, *ichth.* Schwimm)Blase *f*; '**ves·i·cal** [-kl] *adj.* Blasen...; '**ves·i·cant** [-kənt] **I** *adj.* **1.** ⚕ Blasen ziehend; **II** *s.* **2.** ⚕ Blasen ziehendes Mittel, Zugpflaster *n*; **3.** ⚔ ätzender Kampfstoff; '**ves·i·cate** [-keɪt] **I** *v/i.* Blasen ziehen; **II** *v/t.* Blasen ziehen auf (*dat.*); **ves·i·ca·tion** [ˌvesɪ'keɪʃn] *s.* Blasenbildung *f*; '**ves·i·ca·to·ry** [-keɪtərɪ] → **vesicant**; '**ves·i·cle** [-kl] *s.* Bläs-chen *n*; **ve·sic·u·lar** [vɪ'sɪkjʊlə] *adj.* **1.** Bläs-chen..., Blasen...; **2.** blasenförmig, blasig; **3.** blasig, Bläs-chen aufweisend.

ves·per ['vespə] *s.* **1.** ♀ *ast.* Abendstern *m*; **2.** *poet.* Abend *m*; **3.** *pl. eccl.* Vesper *f*, Abendgottesdienst *m*, -andacht *f*; **4.** *a.* **~ bell** Abendglocke *f*, -läuten *n*.

ves·sel ['vesl] *s.* **1.** Gefäß *n* (*a. anat.*, ⚘ *u. fig.*); **2.** ⚓ (*a.* ✈ Luft)Schiff *n*, (Wasser)Fahrzeug *n*.

vest [vest] **I** *s.* **1.** *Brit.* 'Unterhemd *n*; **2.** *Brit.* ✝ *od. Am.* Weste *f*; **3.** a) Damenweste *f*, b) Einsatzweste *f*; **4.** *poet.* Gewand *n*; **II** *v/t.* **5.** *bsd. eccl.* bekleiden; **6.** (**with**) *fig. j-n* bekleiden, ausstatten (mit *Befugnissen etc.*), bevollmächtigen; *j-n* einsetzen (in *Eigentum*, *Rechte etc.*); **7.** *Recht etc.* über'tragen, verleihen (**in s.o.** j-m): **~ed interest**, **~ed right** sicher begründetes Anrecht, unabdingbares Recht; **~ed interests** *die* maßgeblichen Kreise (*e-r Stadt etc.*); **8.** *Am. Feindvermögen* mit Beschlag belegen: **~ing order** Beschlagnahmeverfügung *f*; **III** *v/i.* **9.** *bsd. eccl.* sich bekleiden; **10.** 'übergehen (***in*** auf *acc.*) (*Vermögen etc.*); **11.** (***in***) zustehen (*dat.*), liegen (bei) (*Recht etc.*).

ves·ta ['vestə] *s. Brit. a.* ***~ match*** kurzes Streichholz.

ves·tal ['vestl] **I** *adj.* **1.** *antiq.* ve'stalisch; **2.** *fig.* keusch, rein; **II** *s.* **3.** *antiq.* Ves'talin *f*; **4.** Jungfrau *f*; **5.** Nonne *f*.

ves·ti·bule ['vestıbju:l] *s.* **1.** (Vor)Halle *f*, Vorplatz *m*, Vesti'bül *n*; **2.** 🚃 *Am.* (Har'monika)Verbindungsgang *m zwischen zwei D-Zug-Wagen*; **3.** *anat.* Vorhof *m*; **~ school** *s. Am.* Lehrwerkstatt *f* (*e-s Industriebetriebs*); **~ train** *s. bsd. Am.* D-Zug *m*.

ves·tige ['vestıdʒ] *s.* **1.** *obs. od. poet.* Spur *f*; **2.** *bsd. fig.* Spur *f*, 'Überrest *m*, -bleibsel *n*; **3.** *fig.* Spur *f*, *ein* bisschen; **4.** *biol.* Rudi'ment *n*, verkümmertes Or'gan *od.* Glied; **ves·tig·i·al** [ve'stıdʒıəl] *adj.* **1.** spurenhaft, restlich; **2.** *biol.* rudimen'tär, verkümmert.

vest·ment ['vestmənt] *s.* **1.** Amtstracht *f*, Robe *f*, *a. eccl.* Or'nat *m*; **2.** *eccl.* Messgewand *n*; **3.** Gewand *n*, Kleid *n* (*beide a. fig.*).

ˌvest-'pock·et *adj. fig.* im 'Westentaschenforˌmat, Westentaschen..., Klein..., Miniatur...

ves·try ['vestrı] *s. eccl.* **1.** Sakri'stei *f*; **2.** Bet-, Gemeindesaal *m*; **3.** *Brit.* a) *a.* ***common ~, general ~, ordinary ~*** Gemeindesteuerpflichtige *pl.*, b) *a.* ***select ~*** Kirchenvorstand *m*; **~ clerk** *s. Brit.* Rechnungsführer *m* der Kirchengemeinde; '**~·man** [-mən] *s.* [*irr.*] Gemeindevertreter *m*.

ves·ture ['vestʃə] *s. obs. od. poet.* a) Gewand *n*, Kleid(ung *f*) *n*, b) Hülle *f* (*a. fig.*), Mantel *m*.

ve·su·vi·an [vı'su:vjən] **I** *adj.* **1.** ♀ *geogr.* ve'suvisch; **2.** vul'kanisch; **II** *s.* **3.** *obs.* Windstreichhölzchen *n*.

vet¹ [vet] F **I** *s.* **1.** Tierarzt *m*; **II** *v/t.* **2.** *Tier* unter'suchen *od.* behandeln; **3.** *humor.* a) *j-n* verarzten, b) *j-n* auf Herz u. Nieren prüfen, (*a.* po'litisch) über'prüfen.

vet² [vet] *Am.* F *für* ***veteran***.

vetch [vetʃ] *s.* ⚘ Wicke *f*; '**vetch·ling** [-lıŋ] *s.* ⚘ Platterbse *f*.

vet·er·an ['vetərən] **I** *s.* **1.** Vete'ran *m* (*alter Soldat od. Beamter*); **2.** ⚔ *Am.* ehemaliger Kriegsteilnehmer; **3.** *fig.* ‚alter Hase'; **II** *adj.* **4.** alt-, ausgedient; **5.** kampferprobt: ***~ troops***; **6.** *fig.* erfahren: ***~ golfer***; **7.** ***~ car*** *mot.* Oldtimer *m* (*vor 1917 hergestellt*).

vet·er·i·nar·i·an [ˌvetərı'neərıən] → **vet·er·i·nar·y** ['vetərınərı] **I** *s.* Tierarzt *m*, Veteri'när *m*; **II** *adj.* tierärztlich: ***~ medicine*** Tiermedizin *f*; ***~ surgeon*** → I.

ve·to ['vi:təʊ] *pol.* **I** *pl.* **-toes** *s.* **1.** Veto *n*, Einspruch *m*: ***put a*** (*od.* ***one's***) ***~*** (***up***)***on*** → 3; **2.** *a.* ***~ power*** Veto-, Einspruchsrecht *n*; **II** *v/t.* **3.** sein Veto einlegen gegen, Einspruch erheben gegen; **4.** unter'sagen, verbieten.

vet·ting ['vetıŋ] *s. pol.* F 'Sicherheitsüberˌprüfung *f*.

vex [veks] *v/t.* **1.** *j-n* ärgern, belästigen, aufbringen, irritieren; → ***vexed***; **2.** quälen, bedrücken, beunruhigen; **3.** schikanieren; **4.** *j-n* verwirren, *j-m* ein Rätsel sein; **5.** *obs. od. poet. Meer* aufwühlen.

vex·a·tion [vek'seıʃn] *s.* **1.** Ärger *m*, Verdruss *m*; **2.** Plage *f*, Qual *f*; **3.** Belästigung *f*; **4.** Schi'kane *f*; **5.** Beunruhigung *f*, Sorge *f*; **vex·a·tious** [vek'seıʃəs] *adj.* ☐ **1.** lästig, verdrießlich, ärgerlich, leidig; **2.** ⚖ schika'nös: ***a ~ suit***; **vex·a·tious·ness** [vek'seıʃəsnıs] *s.* Ärgerlich-, Verdrießlich-, Lästigkeit *f*; **vexed** [vekst] *adj.* ☐ **1.** ärgerlich (***at s.th.***, ***with s.o.*** über *acc.*); **2.** beunruhigt (***with*** durch, von); **3.** (viel) umstritten, strittig: ***~ question***; **vex·ing** ['veksıŋ] → ***vexatious*** 1.

vi·a ['vaıə] (*Lat.*) **I** *prp.* via, über (*acc.*): ***~ London***; ***~ air mail*** per Luftpost; **II** *s.* Weg *m*: ***~ media*** *fig.* Mittelding *od.* -weg.

vi·a·ble ['vaıəbl] *adj. a. fig.* lebensfähig: ***~ child***; ***~ industry***.

vi·a·duct ['vaıədʌkt] *s.* Via'dukt *m*.

vi·al ['vaıəl] *s.* (Glas)Fläschchen *n*, Phi'ole *f*: ***pour out the ~s of one's wrath*** *bibl. u. fig.* die Schalen s-s Zornes ausgießen (***upon*** über *acc.*).

vi·and ['vaıənd] *s. pl.* **1.** Lebensmittel *pl.*; **2.** ('Reise)Proviˌant *m*.

vi·at·i·cum [vaı'ætıkəm] *pl.* **-cums** *s. eccl.* Vi'atikum *n* (*bei der Letzten Ölung gereichte Eucharistie*).

vibes [vaıbz] *s. pl.* F **1.** *mst sg konstr.* ♪ Vibra'phon *n*; **2.** Ausstrahlung *f* (*e-r Person*); **3.** Schwingungen, „Vibrations".

vi·bran·cy ['vaıbrənsı] *s.* Reso'nanz *f*, Schwingen *n*; **vi·brant** ['vaıbrənt] *adj.* **1.** vibrierend: a) schwingend (*Saite etc.*), b) laut schallend (*Ton*); **2.** zitternd, bebend (***with*** vor *dat.*): ***~ with energy***; **3.** pulsierend (***with*** von): ***~ cities***; **4.** kraftvoll, lebensprühend: ***a ~ personality***; **5.** erregt; **6.** *ling.* stimmhaft (*Laut*).

vi·bra·phone ['vaıbrəfəʊn] *s.* ♪ Vibra'phon *n*.

vi·brate [vaı'breıt] **I** *v/i.* **1.** vibrieren: a) zittern (*a. phys.*), b) (nach)klingen, (-)schwingen (*Töne*); **2.** pulsieren (***with*** von); **3.** zittern, beben (***with*** vor *Erregung etc.*); **II** *v/t.* **4.** in Schwingungen versetzen; **5.** vibrieren *od.* schwingen *od.* zittern lassen, rütteln; **vi'bra·tion** [-eıʃn] *s.* **1.** Schwingen *n*, Vibrieren *n*,

V

Zittern *n*: **~-proof** erschütterungsfrei; **2.** *phys.* Vibrati'on *f*: a) Schwingung *f*, b) Oszillati'on *f*; **3.** *fig.* a) Pulsieren *n*, b) *pl.* Ausstrahlung *f e-r Person*; **vi'bra·tion·al** [-eɪʃənl] *adj.* Schwingungs...; **vi'bra·tor** [-eɪtə] *s.* **1.** ⚙ Vib'rator *m* (*a.* ⚕), 'Rüttelappa͵rat *m*; **2.** ⚡ Oszil'lator *m*: a) Summer *m*, b) Zerhacker *m*; **3.** ♪ Zunge *f*, Blatt *n*; **vi·bra·to·ry** ['vaɪbrətərɪ] *adj.* **1.** schwingungsfähig; **2.** vibrierend; **3.** Vibrations..., Schwingungs...

vic·ar ['vɪkə] *s. eccl.* **1.** *Brit.* Vi'kar *m*, ('Unter)Pfarrer *m*; **2.** *protestantische Episkopalkirche in den USA*: a) ('Unter)Pfarrer *m*, b) Stellvertreter *m* des Bischofs; **3.** *R.C.* a) ***cardinal ~*** Kardinalvikar *m*, b) **2 *of* (*Jesus*) *Christ*** Statthalter *m* Christi (*Papst*); **4.** Ersatz *m*; **'vic·ar·age** [-ərɪdʒ] *s.* **1.** Pfarrhaus *n*; **2.** Vikari'at *n* (*Amt des Vikars*); **'vic·ar gen·er·al** *s. eccl.* Gene'ralvi͵kar *m*.

vi·car·i·ous [vaɪ'keərɪəs] *adj.* □ **1.** stellvertretend; **2.** *fig.* mit-, nachempfunden, *Erlebnis etc.* aus zweiter Hand: ***~ pleasure***.

vice¹ [vaɪs] *s.* **1.** Laster *n*: a) Untugend *f*, b) schlechte (An)Gewohnheit; **2.** Lasterhaftigkeit *f*, Verderbtheit *f*: ***~ squad*** Sittenpolizei *f*, 'Sittendezer͵nat *n*; **3.** körperlicher Fehler, Gebrechen *n*; **4.** *fig.*, *a.* ⚖ Mangel *m*, Fehler *m*; **5.** Verirrung *f*, Auswuchs *m*; **6.** Unart *f* (*Pferd*).

vice² [vaɪs] *s.* ⚙ Schraubstock *m* (*a. fig.*).

vi·ce³ ['vaɪsɪ] *prp.* anstelle von.

vice⁴ [vaɪs] *s.* F ‚Vize' *m* (*abbr. für* ***vice admiral*** *etc.*).

vice- [vaɪs] *in Zssgn* stellvertretend, Vize...

vice| ad·mi·ral *s.* ⚓ 'Vizeadmi͵ral *m*; **͵~-'chair·man** *s.* [*irr.*] stellvertretender Vorsitzender, 'Vizepräsi͵dent *m*; **͵~-'chan·cel·lor** *s.* **1.** 'Vizekanzler *m*; **2.** *Brit. univ.* (geschäftsführender) Rektor; **͵~-'con·sul** *s.* 'Vize͵konsul *m*; **͵~-'ge·rent** [-'dʒerənt] **I** *s.* Stellvertreter *m*, Statthalter *m*; **II** *adj.* stellvertretend; **͵~-'pres·i·dent** *s.* 'Vizepräsi͵dent *m*: a) stellvertretender Vorsitzender, b) ✝ *Am.* Di'rektor *m*, Vorstandsmitglied *n*; **͵~'re·gal** *adj.* vizeköniglich; **~·reine** [͵vaɪs'reɪn] *s.* Gemahlin *f* des Vizekönigs; **~·roy** ['vaɪsrɔɪ] *s.* Vizekönig *m*; **͵~'roy·al** *adj.* vizeköniglich.

vi·ce ver·sa [͵vaɪsɪ'vɜːsə] (*Lat.*) *adv.* 'umgekehrt, vice versa.

vic·i·nage ['vɪsɪnɪdʒ] → ***vicinity***; **'vic·i·nal** [-nl] *adj.* benachbart, 'umliegend, nah; **vi·cin·i·ty** [vɪ'sɪnətɪ] *s.* **1.** Nähe *f*, Nachbarschaft *f*: ***in close ~ to*** in unmittelbarer Nähe von; ***in the ~ of 40*** *fig.* um (die) 40 herum; **2.** Nachbarschaft *f*, (nähere) Um'gebung: ***the ~ of London***.

vi·cious ['vɪʃəs] *adj.* □ **1.** lasterhaft, verderbt, 'unmo͵ralisch; **2.** verwerflich: ***~ habit***; **3.** bösartig, boshaft, gemein: ***~ attack***; **4.** bös-, unartig (*Tier*); **5.** heftig, ‚bös': ***a ~ blow***; **6.** F scheußlich, schlimm: ***~ headache***; **7.** *a.* ⚖ fehler-, mangelhaft; **8.** *obs.* schädlich: ***~ air***; ***~ cir·cle*** *s.* **1.** Circulus *m* viti'osus, Teufelskreis *m*; **2.** *phls.* Zirkel-, Trugschluss *m*.

vi·cious·ness ['vɪʃəsnɪs] *s.* **1.** Lasterhaftigkeit *f*, Verderbtheit *f*; **2.** Verwerflichkeit *f*; **3.** Bösartigkeit *f*, Gemeinheit *f*; **4.** Fehlerhaftigkeit *f*.

vi·cis·si·tude [vɪ'sɪsɪtjuːd] *s.* **1.** Wandel *m*, Wechsel *m*; **2.** *pl.* Wechselfälle *pl.*, *das* Auf u. Ab: ***the ~s of life***; **3.** *pl.* Schicksalsschläge *pl.*; **vi·cis·si·tu·di·nous** [vɪ͵sɪsɪ'tjuːdɪnəs] *adj.* wechselvoll.

vic·tim ['vɪktɪm] *s.* **1.** Opfer *n*: a) (Unfall- *etc.*)Tote(r *m*) *f*, b) Leidtragende(r *m*) *f*, c) Betrogene(r *m*) *f*: ***fall a ~ to*** zum Opfer fallen (*dat.*); **2.** Opfer(tier) *n*; **'vic·tim·ize** [-maɪz] *v/t.* **1.** *j-n* (auf-) opfern; **2.** a) quälen, schikanieren, belästigen, b) ungerecht behandeln; **3.** prellen, betrügen.

vic·tor ['vɪktə] **I** *s.* Sieger(in); **II** *adj.* siegreich, Sieger...

vic·to·ri·a [vɪk'tɔːrɪə] *s.* Vik'toria *f* (*zweisitziger Einspänner*); **2 Cross** *s.* Vik'toriakreuz *n* (*brit. Tapferkeitsauszeichnung*).

Vic·to·ri·an [vɪk'tɔːrɪən] **I** *adj.* **1.** Viktori'anisch: ***~ Period***; **2.** viktori'anisch: ***~ habits***; **II** *s.* **3.** Viktori'aner(in).

vic·to·ri·ous [vɪk'tɔːrɪəs] *adj.* □ **1.** siegreich (***over*** über *acc.*): ***be ~*** den Sieg davontragen, siegen; **2.** Sieges...; **vic·to·ry** ['vɪktərɪ] *s.* **1.** Sieg *m* (*a. fig.*): ***~ ceremony*** Siegerehrung *f*; ***~ rostrum*** Siegespodest *n*; **2.** *fig.* Tri'umph *m*, Erfolg *m*, Sieg *m*: ***moral ~***.

vict·ual ['vɪtl] **I** *s. mst pl.* Esswaren *pl.*, Lebensmittel *pl.*, Provi'ant *m*; **II** *v/t.* (*v/i.* sich) verpflegen *od.* verproviantieren *od.* mit Lebensmitteln versorgen; **'vict·ual·(l)er** [-lə] *s.* **1.** ('Lebensmittel-) Liefe͵rant *m*; **2.** *a.* ***licensed ~*** *Brit.* Schankwirt *m*; **3.** ⚓ Provi'antschiff *n*; **'vict·ual·(l)ing** [-lɪŋ] *s.* Verproviantierung *f*: ***~ ship*** Proviantschiff *n*.

vi·de ['vaɪdiː] (*Lat.*) *int.* siehe!

vi·de·li·cet [vɪ'diːlɪset] (*Lat.*) *adv.* nämlich, das heißt (*abbr.* ***viz***; *lies*: ***namely***, ***that is***).

vid·e·o ['vɪdɪəʊ] **I** *pl.* **-os** *s.* **1.** 'Video *n* (*Videotechnik*); **2.** *Computer*: Bildschirm-, Datensichtgerät *n*; **3.** *Am.* (***on*** im) Fernsehen *n*; **II** *adj.* **4.** 'Video...: ***~ cassette*** (***recorder***); ***~ clip*** Videoclip *m*; ***~ disc*** Bildplatte *f*; ***~ library*** Video'thek *f*; ***~ nasty*** F Videoschocker *m*; ***~ recording*** Videoaufnahme *f*; **5.** *Computer*: Bildschirm...: ***~ terminal*** →

2; **6.** *Am.* F Fernseh...: *~ program*; '**~·phone** F *für* **videotelephone**; '**~·tape I** *s.* Videoband *n*; **II** *v/t.* auf Videoband aufnehmen, aufzeichnen; '**~,tel·e·phone** *s.* 'Bildtele,fon *n*.

vie [vaɪ] *v/i.* wetteifern: *~ with s.o. in* (*od.* **for**) **s.th.** mit j-m in *od.* um et. wetteifern.

Vi·en·nese [ˌvɪə'niːz] **I** *s. sg. u. pl.* **1.** a) Wiener(in), b) Wiener(innen) *pl.*; **2.** *ling.* Wienerisch *n*; **II** *adj.* **3.** wienerisch, Wiener(...).

view [vjuː] **I** *v/t.* **1.** (sich) ansehen, betrachten, besichtigen, in Augenschein nehmen, prüfen: *~ing figures TV* Sehbeteiligung *f*, Einschaltquote *f*; **2.** *fig.* ansehen, auffassen, betrachten, beurteilen; **3.** über'blicken, -'schauen; **4.** *obs.* sehen; **II** *s.* **5.** (An-, Hin)Sehen *n*, Besichtigung *f*: *at first ~* auf den ersten Blick; *on nearer ~* bei näherer Betrachtung; **6.** Sicht *f* (*a. fig.*): *in ~* a) in Sicht, sichtbar, b) *fig.* in (Aus)Sicht; *in ~ of fig.* im Hinblick auf (*acc.*), in Anbetracht *od.* angesichts (*gen.*); *in full ~ of* direkt vor *j-s* Augen; *on ~* zu besichtigen(d), ausgestellt; *on the long ~ fig.* auf weite Sicht; *out of ~* außer Sicht, nicht zu sehen; *come in ~* in Sicht kommen, sichtbar werden; *have in ~ fig.* im Auge haben, beabsichtigen; *keep in ~ fig.* im Auge behalten; **7.** Aussicht *f*, (Aus-)Blick *m* (**of**, **over** auf *acc.*); Szene'rie *f*; **8.** *paint.*, *phot.* Ansicht *f*, Bild *n*: *~s of London*; *sectional ~* ⚙ Ansicht im Schnitt; **9.** *fig.* 'Überblick *m* (**of** über *acc.*); **10.** Absicht *f*: *with a ~ to* a) (*ger.*) mit *od.* in der Absicht zu (*tun*), zu dem Zweck (*gen.*), b) im Hinblick auf (*acc.*); **11.** *fig.* Ansicht *f*, Auffassung *f*, Urteil *n* (**of**, **on** über *acc.*): *in my ~* in m-n Augen, m-s Erachtens; *form a ~ on* sich ein Urteil bilden über (*acc.*); *take the ~ that* die Ansicht *od.* den Standpunkt vertreten, dass; *take a bright* (*dim*, *grave*) *~ of et.* optimistisch (pessimistisch, ernst) beurteilen; **12.** Vorführung *f*: *private ~ of a film*; **view·a·ble** ['vjuːəbl] *adj.* **1.** sichtbar; **2.** *fig.* sehenswert; **view da·ta** *s. pl.* Bildschirmtext *m*; **view·er** ['vjuːə] *s.* **1.** Betrachter(in); **2.** Fernsehzuschauer (-in); '**view·er·ship** *s.* Fernsehpublikum *n*.

'**view|,find·er** *s. phot.* (Bild)Sucher *m*; **~ hal·loo** *s. hunt.* Hal'lo(ruf *m*) *n* (*beim Erscheinen des Fuchses*).

'**view|·phone** *s.* 'Bildtele,fon *n*; '**~·point** *s. fig.* Gesichts-, Standpunkt *m*.

view·y ['vjuːɪ] *adj.* F verstiegen, über'spannt, ‚fimmelig'.

vig·il ['vɪdʒɪl] *s.* **1.** Wachsein *n*, Wachen *n* (*zur Nachtzeit*); **2.** Nachtwache *f*: *keep ~* wachen (**over** bei); **3.** *eccl.* a) *mst pl.* Vi'gilie(n *pl.*) *f*, Nachtwache *f* (*vor Kirchenfesten*), b) Vi'gil *f* (*Vortag e-s Kirchenfests*): *on the ~ of* am Vorabend von (*od. gen.*); '**vig·i·lance** [-ləns] *s.* **1.** Wachsamkeit *f*: *~ committee od. group bsd. Am.* Bürgerwehr *f*, Selbstschutzgruppe *f*; **2.** ⚕ Schlaflosigkeit *f*; '**vig·i·lant** [-lənt] *adj.* ☐ wachsam, 'umsichtig, aufmerksam; **vig·i·lan·te** [ˌvɪdʒɪ'læntɪ] *s.* Mitglied *n* e-s *vigilance committee*.

vi·gnette [vɪ'njet] **I** *s. typ.*, *phot. etc.* Vig'nette *f*; **II** *v/t.* vignettieren.

vig·or *Am.* → *vigour*.

vig·or·ous ['vɪgərəs] *adj.* ☐ **1.** *allg.* kräftig; **2.** kraftvoll, vi'tal; **3.** lebhaft, ak'tiv, tatkräftig; **4.** e'nergisch, nachdrücklich; wirksam; **vig·our** ['vɪgə] *s.* **1.** (Körper-, Geistes)Kraft *f*, Vitali'tät *f*; **2.** Ener'gie *f*; **3.** *biol.* Lebenskraft *f*; **4.** *fig.* Nachdruck *m*, Wirkung *f*.

Vi·king, *a.* ♀ ['vaɪkɪŋ] *hist.* **I** *s.* Wiking (-er) *m*; **II** *adj.* Wikinger...

vile [vaɪl] *adj.* ☐ **1.** *obs.* wertlos; **2.** gemein, schändlich, abstoßend, schmutzig; **3.** F scheußlich, ab'scheulich, mise'rabel: *a ~ hat*; *~ weather*; '**vile·ness** [-nɪs] *s.* **1.** Gemeinheit *f*, Schändlichkeit *f*; **2.** F Scheußlichkeit *f*.

vil·i·fi·ca·tion [ˌvɪlɪfɪ'keɪʃn] *s.* **1.** Schmähung *f*, Verleumdung *f*, -unglimpfung *f*; **2.** Her'absetzung *f*; **vil·i·fi·er** ['vɪlɪfaɪə] *s.* Verleumder(in); **vil·i·fy** ['vɪlɪfaɪ] *v/t.* **1.** schmähen, verleumden, verunglimpfen; **2.** her'absetzen.

vil·la ['vɪlə] *s.* **1.** Villa *f*, Landhaus *n*; **2.** *Brit.* a) Doppelhaushälfte *f*, b) 'Einfa,milienhaus *n*.

vil·lage ['vɪlɪdʒ] **I** *s.* Dorf *n*; **II** *adj.* dörflich, Dorf...; '**vil·lag·er** [-dʒə] *s.* Dorfbewohner(in), Dörfler(in).

vil·lain ['vɪlən] *s.* **1.** *a. thea. u. humor.* Schurke *m*, Bösewicht *m*; **2.** *humor.* Schlingel *m*; **3.** → *villein*; **vil·lain·age** ['vɪlɪnɪdʒ] → *villeinage*; '**vil·lain·ous** [-nəs] *adj.* ☐ **1.** schurkisch, Schurken..., schändlich; **2.** F → *vile* 2, 3; '**vil·lain·y** [-nɪ] *s.* **1.** Schurke'rei *f*; **2.** → *vileness*.

vil·lein ['vɪlɪn] *s. hist.* **1.** Leibeigene(r) *m*; **2.** *später*: Zinsbauer *m*; '**vil·lein·age** [-nɪdʒ] *s.* **1.** Leibeigenschaft *f*; **2.** 'Hintersassengut *n*.

vil·li·form ['vɪlɪfɔːm] *adj. biol.* zottenförmig; **vil·lose** ['vɪləʊs], **vil·lous** ['vɪləs] *adj. biol.* zottig; '**vil·lus** [-ləs] *pl.* **-li** [-laɪ] *s.* **1.** *anat.* (Darm)Zotte *f*; **2.** ⚘ Zottenhaar *n*.

vim [vɪm] *s.* F Schwung *m*, ‚Schmiss' *m*: *full of ~* ‚toll in Form'.

vin·ai·grette [ˌvɪneɪ'gret] *s.* **1.** Riechfläschchen *n*, -dose *f*; **2.** *a. ~ sauce Küche*: Vinai'grette *f* (*Soße*).

vin·ci·ble ['vɪnsɪbl] *adj.* besiegbar, über'windbar.

V

vin·cu·lum ['vɪŋkjʊləm] *pl.* **-la** [-lə] *s.* **1.** ⚔ Strich *m* (*über mehreren Zahlen*), Über'streichung *f* (*an Stelle von Klammern*); **2.** *bsd. fig.* Band *n.*

vin de pays [ˌvændəpeɪ'iː] *s.* Landwein *m.*

vin·di·ca·ble ['vɪndɪkəbl] *adj.* haltbar, zu rechtfertigen(d); **vin·di·cate** ['vɪndɪkeɪt] *v/t.* **1.** in Schutz nehmen, verteidigen (*from* vor *dat.*, gegen); **2.** rechtfertigen (*o.s.* sich), bestätigen; **3.** ⚖ a) Anspruch erheben auf (*acc.*), beanspruchen, b) *Recht, Anspruch* geltend machen, c) *Recht etc.* behaupten; **vin·di·ca·tion** [ˌvɪndɪ'keɪʃn] *s.* **1.** Verteidigung *f*, Rechtfertigung *f*: *in* ~ *of* zur Rechtfertigung von (*od. gen.*); **2.** ⚖ a) Behauptung *f*, b) Geltendmachung *f*; **'vin·di·ca·to·ry** [-keɪtərɪ] *adj.* □ **1.** rechtfertigend, Rechtfertigungs...; **2.** rächend, Straf...

vin·dic·tive [vɪn'dɪktɪv] *adj.* □ **1.** rachsüchtig; **2.** als Strafe: ~ *damages* ⚖ tatsächlicher Schadensersatz zuzüglich e-r Buße; **vin'dic·tive·ness** [-nɪs] *s.* Rachsucht *f.*

vin du pays [ˌvændʊpeɪ'iː] *s.* Landwein *m.*

vine [vaɪn] ⚘ **I** *s.* **1.** (*Hopfen- etc.*)Rebe *f*, Kletterpflanze *f*; **2.** Wein(stock) *m*, (Wein)Rebe *f*; **II** *adj.* **3.** Wein..., Reb(-en)...; **'~-clad** *adj. poet.* weinlaubbekränzt; **'~ˌdress·er** *s.* Winzer *m*; ~ **fret·ter** *s.* Reblaus *f.*

vin·e·gar ['vɪnɪgə] **I** *s.* **1.** (Wein)Essig *m*: *aromatic* ~ aromatischer Essig, Gewürzessig; **2.** *pharm.* Essig *m*; **3.** *fig.* Verdrießlichkeit *f*; **4.** *Am.* F → *vim*; **II** *v/t.* **5.** Essig tun an (*acc.*); **'vin·e·gar·y** [-ərɪ] *adj.* **1.** (essig)sauer (*a. fig.*); **2.** a) griesgrämig, b) ätzend.

'vine|ˌgrow·er *s.* Weinbauer *m*, Winzer *m*; **'~ˌgrow·ing** *s.* Weinbau *m*; ~ **leaf** *s.* [*irr.*] Wein-, Rebenblatt *n*: *vine leaves* Weinlaub *n*; ~ **louse** *s.* [*irr.*] Reblaus *f*; ~ **mil·dew** *s.* ⚘ Traubenfäule *f.*

vin·er·y ['vaɪnərɪ] *s.* **1.** Treibhaus *n* für Reben; **2.** → **vine·yard** ['vɪnjəd] *s.* Weinberg *m od.* -garten *m.*

vin·i·cul·tur·al [ˌvɪnɪ'kʌltʃərəl] *adj.* weinbaukundlich; **vin·i·cul·ture** ['vɪnɪkʌltʃə] *s.* Weinbau *m* (*Fach*).

vi·nos·i·ty [vaɪ'nɒsətɪ] *s.* **1.** Weinartigkeit *f*; **2.** Weinseligkeit *f*; **vi·nous** ['vaɪnəs] *adj.* **1.** weinartig, Wein...; **2.** weinhaltig; **3.** *fig.* weinselig; **4.** weingerötet: ~ *face*; **5.** weinrot.

vin·tage ['vɪntɪdʒ] *s.* **1.** Weinertrag *m*, -ernte *f*; **2.** Weinlese(zeit) *f*; **3.** (guter) Wein, (her'vorragender) Jahrgang: ~ *wine* Spitzenwein *m*; **4.** F a) Jahrgang *m*, b) Herstellung *f*, *mot. etc. a.* Baujahr *n*: ~ *car mot.* Oldtimer *m*; **'vin·tag·er** [-dʒə] *s.* Weinleser(in).

vint·ner ['vɪntnə] *s.* Weinhändler *m.*

vi·nyl ['vaɪnɪl] ⚗ **I** *s.* Vi'nyl *n*; **II** *adj.* Vinyl...: ~ *polymers* Vinylpolymere *pl.*

vi·ol ['vaɪəl] *s.* ♪ *hist.* Vi'ole *f*: *bass* ~ Viola *f* da Gamba, Gambe *f.*

vi·o·la[1] [vɪ'əʊlə] *s.* ♪ **1.** Vi'ola *f*, Bratsche *f*; **2.** → *viol.*

vi·o·la[2] ['vaɪələ] *s.* ⚘ Veilchen *n*, Stiefmütterchen *n.*

vi·o·la·ble ['vaɪələbl] *adj.* □ verletzbar (*bsd. Gesetz, Vertrag*); **vi·o·late** ['vaɪəleɪt] *v/t.* **1.** *Eid, Vertrag, Grenze etc.* verletzen, *Gesetz* über'treten, *bsd. Versprechen* brechen, *e-m Gebot, dem Gewissen* zu'widerhandeln; **2.** *Frieden, Stille, Schlaf* (grob) stören; **3.** *a. fig.* Gewalt antun (*dat.*); **4.** *Frau* schänden, vergewaltigen; **5.** *Heiligtum etc.* entweihen, schänden; **vi·o·la·tion** [ˌvaɪə'leɪʃn] *s.* **1.** Verletzung *f*, Über'tretung *f*, Bruch *m e-s Eides, Gesetzes*; Zu'widerhandlung *f*: *in* ~ *of* unter Verletzung von; **2.** (grobe) Störung; **3.** Vergewaltigung *f* (*a. fig.*), Schändung *f e-r Frau*; **4.** Entweihung *f*, Schändung *f*; **'vi·o·la·tor** [-leɪtə] *s.* **1.** Verletzer(in), Über'treter(-in); **2.** Schänder(in).

vi·o·lence ['vaɪələns] *s.* **1.** Gewalt(tätigkeit) *f*; **2.** ⚖ Gewalt(tat, -anwendung) *f*: *by* ~ gewaltsam; *crimes of* ~ Gewaltverbrechen *pl.*; **3.** Verletzung *f*, Unrecht *n*, Schändung *f*: *do* ~ *to* Gewalt antun (*dat.*), *Gefühle etc.* verletzen, *Heiliges* entweihen; **4.** *bsd. fig.* Heftigkeit *f*, Ungestüm *n*; **'vi·o·lent** [-nt] *adj.* □ **1.** heftig, gewaltig, stark: ~ *blow*; ~ *tempest*; **2.** gewaltsam, -tätig (*Person od. Handlung*), Gewalt...: ~ *death* gewaltsamer Tod; ~ *interpretation fig.* gewaltsame Auslegung; ~ *measures* Gewaltmaßnahmen *pl.*; *lay* ~ *hands on* Gewalt antun (*dat.*); **3.** *fig.* heftig, ungestüm, hitzig; **4.** grell, laut (*Farben, Töne*).

vi·o·let ['vaɪəlɪt] **I** *s.* **1.** ⚘ Veilchen *n*: *shrinking* ~ F scheues Wesen (*Person*); **2.** Veilchenblau *n*, Vio'lett *n*; **II** *adj.* **3.** veilchenblau, vio'lett.

vi·o·lin [ˌvaɪə'lɪn] *s.* ♪ Vio'line *f*, Geige *f*: *play the* ~ Geige spielen, geigen; *first* ~ erste(r) Geige(r); ~ *case* Geigenkasten *m*; ~ *clef* Violinschlüssel *m*; **vi·o·lin·ist** ['vaɪəlɪnɪst] *s.* Violi'nist(in), Geiger(in).

vi·ol·ist ['vaɪəlɪst] *s.* ♪ **1.** *hist.* Vi'olenspieler(in); **2.** [vɪ'əʊlɪst] Brat'schist(in).

vi·o·lon·cel·list [ˌvaɪələn'tʃelɪst] *s.* ♪ (Violon)Cel'list(in); **vi·o·lon'cel·lo** [-ləʊ] *pl.* **-los** *s.* (Violon)'Cello *n.*

VIP [ˌviːaɪ'piː] *s. sl.* ‚hohes' *od.* ‚großes Tier' (*aus* **Very Important Person**).

vi·per ['vaɪpə] *s.* **1.** *zo.* Viper *f*, Otter *f*, Natter *f*; **2.** *zo. a.* *common* ~ Kreuzotter *f*; **3.** *allg.* Giftschlange *f* (*a. fig.*): *cherish a* ~ *in one's bosom fig.* e-e

V

Schlange an s-m Busen nähren; ***generation of ~s*** *bibl.* Natterngezücht *n*; '**vi·per·ine** [-əraɪn] *adj. zo.* a) vipernartig, b) Vipern...; '**vi·per·ish** [-ərɪʃ] *adj.*, '**vi·per·ous** [-ərəs] *adj.* □ **1.** → ***viperine***; **2.** *fig.* giftig, tückisch.

vi·per's grass *s.* ⚘ Schwarzwurzel *f.*

vi·ra·go [vɪ'rɑːgəʊ] *pl.* **-gos** *s.* **1.** Mannweib *n*; **2.** Zankteufel *m*, ‚Drachen' *m*, Xan'thippe *f.*

vi·res ['vaɪəriːz] *pl. von* ***vis***.

vir·gin ['vɜːdʒɪn] **I** *s.* **1.** a) Jungfrau *f* (*a. ast.*), b) ‚Jungfrau' *f* (*Mann*); **2.** a) *eccl.* ***the*** (***Blessed***) Ձ (***Mary***) die Heilige Jungfrau, b) *Kunst*: Ma'donna *f*; **II** *adj.* **3.** jungfräulich, unberührt (*beide a. fig. Schnee etc.*): ***~ forest*** Urwald *m*; Ձ ***Mother*** *eccl.* Mutter *f* Gottes; ***the*** Ձ ***Queen*** *hist.* die jungfräuliche Königin (*Elisabeth I von England*); ***~ queen*** *zo.* unbefruchtete (Bienen)Königin; ***~ soil*** a) jungfräulicher Boden, ungepflügtes Land, b) *fig.* Neuland *n*, c) *fig.* unberührter Geist; **4.** rein, keusch, jungfräulich: ***~ modesty***; **5.** ⚙ a) rein, unvermischt (*Stoffe etc.*), b) jungfräulich, gediegen (*Metalle*): ***~ gold*** (***oil***) Jungferngold *n* (-öl *n*); ***~ wool*** Schurwolle *f*; **6.** *fig.* Jungfern...: ***~ cruise*** Jungfernfahrt *f*; '**vir·gin·al** [-nl] *adj.* □ **1.** jungfräulich, Jungfern...: ***~ membrane*** *anat.* Jungfernhäutchen *n*; **2.** → ***virgin*** 4; **3.** *zo.* unbefruchtet; '**vir·gin·hood** [-hʊd] *s.* Jungfräulichkeit *f*, Jungfernschaft *f.*

Vir·gin·i·a [və'dʒɪnjə] *s. a.* ***~ tobacco*** Virginia(tabak) *m*; ***~ creep·er*** *s.* ⚘ Wilder Wein, Jungfernrebe *f.*

Vir·gin·i·an [və'dʒɪnjən] **I** *adj.* Virginia...; **II** *s.* Vir'ginier(in).

vir·gin·i·ty [və'dʒɪnətɪ] *s.* **1.** Jungfräulichkeit *f*, Jungfernschaft *f*; **2.** Reinheit *f*, Keuschheit *f*, Unberührtheit *f* (*a. fig.*).

Vir·go ['vɜːgəʊ] *s. ast.* Jungfrau *f.*

vir·i·des·cent [ˌvɪrɪ'desnt] *adj.* grün(-lich); **vi·rid·i·ty** [vɪ'rɪdətɪ] *s.* **1.** *biol.* grünes Aussehen; **2.** *fig.* Frische *f.*

vir·ile ['vɪraɪl] *adj.* **1.** männlich, kräftig (*beide a. fig. Stil etc.*), Männer..., Mannes...: ***~ voice***; **2.** *physiol.* po'tent: ***~ member*** männliches Glied; **vi·ril·i·ty** [vɪ'rɪlətɪ] *s.* **1.** Männlichkeit *f*; **2.** Mannesalter *n*, -jahre *pl.*; **3.** *physiol.* Po'tenz *f*, Zeugungskraft *f*; **4.** *fig.* Kraft *f.*

vi·rol·o·gy [ˌvaɪə'rɒlədʒɪ] *s.* ⚕ Virolo'gie *f*, Virusforschung *f.*

vir·tu [vɜː'tuː] *s.* **1.** Kunst-, Liebhaberwert *m*: ***article of ~*** Kunstgegenstand *m*; **2.** *coll.* Kunstgegenstände *pl.*; **3.** → ***virtuosity*** 2.

vir·tu·al ['vɜːtʃʊəl] *adj.* □ **1.** tatsächlich, praktisch, eigentlich; **2.** ⚙, *phys.*, *Computer*: virtu'ell: ***~ reality*** virtu'elle Reali'tät '**vir·tu·al·ly** [-əlɪ] *adv.* eigentlich, praktisch, im Grunde (genommen).

vir·tue ['vɜːtjuː] *s.* **1.** Tugend(haftigkeit) *f*: ***woman of ~*** tugendhafte Frau; ***lady of easy ~*** leichtes Mädchen; **2.** Rechtschaffenheit *f*; **3.** Tugend *f*: ***make a ~ of necessity*** aus der Not e-e Tugend machen; **4.** Wirksamkeit *f*, Wirkung *f*, Erfolg *m*; **5.** (gute) Eigenschaft, Vorzug *m*; (hoher) Wert; **6.** ***by*** (*od.* ***in***) ***~ of*** kraft *e-s Gesetzes*, *e-r Vollmacht etc.*, aufgrund von (*od. gen.*), vermöge (*gen.*).

vir·tu·os·i·ty [ˌvɜːtjʊ'ɒsətɪ] *s.* **1.** Virtuosi'tät *f*, blendende Technik, meisterhaftes Können; **2.** Kunstsinn *m*, -liebhabe'rei *f*; **vir·tu·o·so** [ˌvɜːtjʊ'əʊzəʊ] **I** *pl.* **-si** [-siː] *s.* **1.** Virtu'ose *m*; **2.** Kunstkenner *m*; **II** *adj.* **3.** virtu'os, meisterhaft.

vir·tu·ous ['vɜːtʃʊəs] *adj.* □ **1.** tugendhaft; **2.** rechtschaffen.

vir·u·lence ['vɪrʊləns], '**vir·u·len·cy** [-sɪ] *s.* ⚕ *u. fig.* Viru'lenz *f*, Giftigkeit *f*, Bösartigkeit *f*; '**vir·u·lent** [-nt] *adj.* □ **1.** giftig, bösartig (*Gift, Krankheit*) (*a. fig.*); **2.** ⚕ viru'lent (*a. fig.*), sehr ansteckend.

vi·rus ['vaɪərəs] *s.* **1.** ⚕ Virus *n*: a) Krankheitserreger *m*, b) Gift-, Impfstoff *m*; **2.** *fig.* Gift *n*, Ba'zillus *m*: ***the ~ of hatred***; **3.** *Computer*: Virus *m*, *n*: ***~ scanner*** Virensuchprogramm *n.*

vis [vɪs] *pl.* **vi·res** ['vaɪəriːz] (*Lat.*) *s. bsd. phys.* Kraft *f*: ***~ inertiae*** Trägheitskraft; ***~ mortua*** tote Kraft; ***~ viva*** kinetische Energie; ***~ major*** ⚖ höhere Gewalt.

vi·sa ['viːzə] **I** *s.* Visum *n*: a) Sichtvermerk *m* (*im Pass etc.*), b) Einreisebewilligung *f*; **II** *v/t.* ein Visum eintragen in (*acc.*).

vis·age ['vɪzɪdʒ] *s. poet.* Antlitz *n.*

vis-à-vis ['viːzɑːviː; vizavi] (*Fr.*) **I** *adv.* gegen'über (***to***, ***with*** von); **II** *s.* Gegen'über *n*: a) Visa'vis *n*, b) *fig.* ('Amts-)Kolˌlege *m.*

vis·cer·a ['vɪsərə] *s. pl. anat.* Eingeweide *pl.*: ***abdominal ~*** Bauchorgane *pl.*; '**vis·cer·al** [-rəl] *adj. anat.* Eingeweide...

vis·cid ['vɪsɪd] *adj.* **1.** klebrig (*a.* ⚘); **2.** *bsd. phys.* vis'kos, dick-, zähflüssig; **vis·cid·i·ty** [vɪ'sɪdətɪ] *s.* **1.** Klebrigkeit *f*; **2.** → ***viscosity***.

vis·cose ['vɪskəʊs] *s.* ⚙ Vis'kose *f* (*Art Zellulose*): ***~ silk*** Viskose-, Zellstoffseide *f*; **vis·cos·i·ty** [vɪs'kɒsətɪ] *s. phys.* Viskosi'tät *f*, (Grad *m* der) Zähflüssigkeit *f*, Konsi'stenz *f.*

vis·count ['vaɪkaʊnt] *s.* Vi'comte *m* (*brit. Adelstitel zwischen* ***baron*** u. ***earl***); '**vis·count·cy** [-sɪ] *s.* Rang *m od.* Würde *f* e-s Vi'comte; '**vis·count·ess** [-tɪs] *s.* Vicom'tesse *f*; '**vis·count·y** [-tɪ] → ***viscountcy***.

vis·cous ['vɪskəs] → ***viscid***.

vi·sé ['viːzeɪ] **I** *s.* → ***visa*** I; **II** *v/t. pret. u.*

p.p. **-séd** → ***visa*** II.

vise [vaɪs] *Am.* → ***vice***².

vis·i·bil·i·ty [ˌvɪzɪ'bɪlətɪ] *s.* **1.** Sichtbarkeit *f*; **2.** *meteor.* Sicht(weite) *f*: ***high*** (***low***) ~ gute (schlechte) Sicht; ~ (***conditions***) Sichtverhältnisse *pl.*; **vis·i·ble** ['vɪzəbl] *adj.* □ **1.** sichtbar; **2.** *fig.* (er-, offen-)sichtlich, merklich, deutlich, erkennbar; **3.** ⚙ sichtbar (gemacht), grafisch dargestellt; **4.** *pred.* a) zu sehen (*Sache*), b) zu sprechen (*Person*).

Vis·i·goth ['vɪzɪgɒθ] *s. hist.* Westgote *m*, -gotin *f*.

vi·sion ['vɪʒn] **I** *s.* **1.** Sehkraft *f*, -vermögen *n*: ***field of*** ~ Blickfeld *n*; **2.** *fig.* a) visio'näre Kraft, (Seher-, Weit)Blick *m*, b) Fanta'sie *f*, Vorstellungsvermögen *n*, Einsicht *f*: ***bold*** ~ kühne (Zukunfts)Ideen; **3.** Visi'on *f*: a) Traum-, Wunschbild *n*, b) *oft pl. psych.* Halluzinati'onen *pl.*, Gesichte *pl.*; **4.** a) Anblick *m*, Bild *n*, b) Traum *m*, et. Schönes; **II** *adj.* **5.** *TV* Bild...: ~ ***mixer***; ~ ***control*** Bildregie *f*; **III** *v/t.* **6.** *fig.* (er-)schauen; '**vi·sion·ar·y** [-nərɪ] **I** *adj.* **1.** visio'när, (hell)seherisch; **2.** fan'tastisch, verstiegen, ‚traumtänzerisch': ***a*** ~ ***scheme***; **3.** unwirklich, eingebildet; **4.** Visions...; **II** *s.* **5.** Visio'När *m*, Hellseher *m*; **6.** Fan'tast *m*, Träumer *m*, Schwärmer *m*, ‚Traumtänzer' *m*.

vis·it ['vɪzɪt] **I** *v/t.* **1.** besuchen: a) *j-n, Arzt, Kranke, Lokal etc.* aufsuchen, b) inspizieren, in Augenschein nehmen, c) *Stadt, Museum etc.* besichtigen; **2.** ⚖ durch'suchen; **3.** heimsuchen (***s.th. upon*** *j-n* mit et.): a) befallen (*Krankheit, Unglück*), b) *bibl. u. fig.* (be-)strafen, *Sünden* vergelten (***upon*** an *dat.*); **4.** *bibl.* belohnen, segnen; **II** *v/i.* **5.** e-n Besuch *od.* Besuche machen; **6.** *Am.* F plaudern; **III** *s.* **7.** Besuch *m*: ***on a*** ~ auf Besuch (***to*** bei *j-m*, in *e-r Stadt etc.*); ***make*** (*od.* ***pay***) ***a*** ~ e-n Besuch machen; ~ ***to the doctor*** Konsultation *f* beim Arzt, Arztbesuch *m*; **8.** (for'meller) Besuch, *bsd.* Inspekti'on *f*; **9.** ⚖, ⚓ Durch'suchung *f*; **10.** *Am.* F Plausch *m*; '**vis·it·ant** [-tənt] **I** *s.* **1.** *rhet.* Besucher (-in); **2.** *orn.* Strichvogel *m*; **II** *adj.* **3.** *rhet.* auf Besuch; **vis·it·a·tion** [ˌvɪzɪ'teɪʃn] *s.* **1.** Besuchen *n*; **2.** offizi'eller Besuch, Besichtigung *f*, Visitati'on *f*: ***right of*** ~ ⚓ Durchsuchungsrecht *n* (*auf See*); ~ (***of the sick***) *eccl.* Krankenbesuch; **3.** *fig.* Heimsuchung: a) (gottgesandte) Prüfung *f*, Strafe *f* (Gottes), b) himmlischer Beistand: ***2 of our Lady*** *R.C.* Heimsuchung Mariae; **4.** *zo.* massenhaftes Auftreten; **5.** F langer Besuch; **vis·it·a·to·ri·al** [ˌvɪzɪtə'tɔːrɪəl] *adj.* Visitations..., Überwachungs..., Aufsichts...: ~ ***power*** Aufsichtsbefugnis *f*; '**vis·it·ing** [-tɪŋ] *adj.* Besuchs..., Besucher...: ~ ***book*** Besuchsliste *f*; ~ ***card*** Visitenkarte *f*; ~ ***hours*** Besuchszeit *f*; ~ ***nurse*** *Am.* Gemeindeschwester *f*; ~ ***professor*** *univ.* Gastprofessor *m*; ~ ***team*** *sport* Gastmannschaft *f*; ***be on*** ~ ***terms with s.o.*** j-n so gut kennen, dass man ihn besucht; '**vis·i·tor** [-tə] *s.* **1.** Besucher(in) (***to*** *gen.*), (*a.* Kur)Gast *m*; *pl.* Besuch *m*: ***summer*** ~***s*** Sommergäste *pl.*; ~***s' book*** a) Fremdenbuch *n*, b) Gästebuch *n*; **2.** Visi'tator *m*, In'spektor *m*; **vis·i·to·ri·al** [ˌvɪzɪ'tɔːrɪəl] → ***visitatorial***.

vi·sor ['vaɪzə] *s.* **1.** *hist. u. fig.* Vi'sier *n*; **2.** (Mützen)Schirm *m*; **3.** *mot.* Sonnenblende *f*.

vis·ta ['vɪstə] *s.* **1.** (Aus-, 'Durch)Blick *m*, Aussicht *f*; **2.** Al'lee *f*; **3.** ⚠ Gale'rie *f*, Korridor *m*; **4.** (lange) Reihe, Kette *f*: ***a*** ~ ***of years***; **5.** *fig.* Ausblick *m*, -sicht *f* (***of*** auf *acc.*), Möglichkeit *f*, Perspek'tive *f*: ***his words opened up new*** ~***s***.

vis·u·al ['vɪzjʊəl] **I** *adj.* □ **1.** Seh..., Gesichts...: ~ ***acuity*** Sehschärfe *f*; ~ ***angle*** Gesichtswinkel *m*; ~ ***nerve*** Sehnerv *m*; ~ ***test*** Augentest *m*; **2.** visu'ell (*Eindruck, Gedächtnis etc.*): ~ ***aid***(***s***) *ped.* Anschauungsmaterial *n*; ~ ***arts*** bildende Künste; ~ ***display unit*** *Computer*: Datensichtgerät *n*; ~ ***instruction*** *ped.* Anschauungsunterricht *m*; **3.** sichtbar: ~ ***objects***; **4.** optisch, Sicht...(*-anzeige, -bereich, -zeichen etc.*); **II** *s.* **5.** *typ.*, ✝ a) (Roh)Skizze *f* e-s Layouts, b) 'Bildele,ment *n* e-r Anzeige; **vis·u·al·i·za·tion** [ˌvɪzjʊəlaɪ'zeɪʃn] *s.* Vergegenwärtigung *f*; '**vis·u·al·ize** [-laɪz] *v/t.* sich vergegenwärtigen *od.* vor Augen stellen, sich ein Bild machen von; '**vis·u·al·iz·er** [-laɪzə] *s.* ✝ grafischer I'deengestalter.

vi·ta ['viːtə] (*Lat.*) *pl.* **-tae** [-taɪ] *s. Am.* Lebenslauf *m*.

vi·tal ['vaɪtl] **I** *adj.* **1.** Lebens...(*-frage, -funktion, -funke etc.*): ~ ***energy*** (*od.* ***power***) Lebenskraft *f*; ~ ***statistics*** a) Bevölkerungsstatistik *f*, b) *humor.* Körpermaße *pl.*; ***Bureau of 2 Statistics*** *Am.* Personenstandsregister *n*; **2.** lebenswichtig (*Industrie, Organ etc.*): ~ ***parts*** → 8; **3.** (hoch)wichtig, entscheidend (***to*** für): ~ ***problems***; ***of*** ~ ***importance*** von entscheidender Bedeutung; **4.** wesentlich, grundlegend; **5.** *mst fig.* le'bendig: ~ ***style***; **6.** vi'tal, lebensprühend; **7.** lebensgefährlich: ~ ***wound***; **II** *s.* **8.** *pl.* a) *anat.* ‚edle Teile' *pl.*, lebenswichtige Or'gane *pl.*, b) *fig. das* Wesentliche, wichtige Bestandteile *pl.*; **vi·tal·i·ty** [vaɪ'tælətɪ] *s.* **1.** Vitali'tät *f*, Lebenskraft *f*; **2.** Lebensfähigkeit *f*, -dauer *f* (*a. fig.*); **vi·tal·i·za·tion** [ˌvaɪtəlaɪ'zeɪʃn] *s.* Belebung *f*, Aktivierung *f*; '**vi·tal·ize** [-təlaɪz] *v/t.* **1.** beleben, kräftigen; **2.** mit Lebenskraft erfüllen; **3.** *fig.* a) verle'bendigen, b) le'bendig gestalten.

vi·ta·min(e) ['vɪtəmɪn] *s.* Vita'min *n.*

vi·ti·ate ['vɪʃɪeɪt] *v/t.* **1.** *allg.* verderben; **2.** beeinträchtigen; **3.** a) *Luft etc.* verunreinigen, b) *fig.* *Atmosphäre* vergiften; **4.** *Argument etc.* wider'legen; **5.** *bsd.* ⚖ ungültig machen, aufheben; **vi·ti·a·tion** [ˌvɪʃɪ'eɪʃn] *s.* **1.** Verderben *n*, Verderbnis *f*; **2.** Beeinträchtigung *f*; **3.** Verunreinigung *f*; **4.** Wider'legung *f*; **5.** ⚖ Aufhebung *f*.

vit·i·cul·ture ['vɪtɪkʌltʃə] *s.* Weinbau *m.*

vit·re·ous ['vɪtrɪəs] *adj.* **1.** Glas..., aus Glas, gläsern; **2.** glasartig, glasig: ~ ***body*** *anat.* Glaskörper *m des Auges*; ~ ***electricity*** positive Elektrizität; **3.** *geol.* glasig; **vi·tres·cent** [vɪ'tresnt] *adj.* **1.** verglasend; **2.** verglasbar.

vit·ri·fac·tion [ˌvɪtrɪ'fækʃn], **vit·ri·fi·ca·tion** [ˌvɪtrɪfɪ'keɪʃn] *s.* ⚙ Ver-, Über'glasung *f*, Sinterung *f*; **vit·ri·fy** ['vɪtrɪfaɪ] ⚙ **I** *v/t.* ver-, über'glasen, glasieren, sintern; *Keramik*: dicht brennen; **II** *v/i.* (sich) verglasen.

vit·ri·ol ['vɪtrɪəl] *s.* **1.** ⚗ Vitri'ol *n*: ***blue*** ~, ***copper*** ~ Kupfervitriol, -sulfat *n*; ***green*** ~ Eisenvitriol, Ferrosulfat *n*; ***white*** ~ Zinksulfat *n*; **2.** ⚗ a) Vitri'olsäure *f*, b) ***oil of*** ~ Vitriolöl *n*, rauchende Schwefelsäure; **3.** *fig.* a) Gift *n*, Säure *f*, b) Giftigkeit *f*, Schärfe *f*; **vit·ri·ol·ic** [ˌvɪtrɪ'ɒlɪk] *adj.* **1.** vitri'olisch, Vitriol...: ~ ***acid*** → ***vitriol*** 2b; **2.** *fig.* ätzend, beißend: ~ ***remark***; **'vit·ri·ol·ize** [-laɪz] *v/t.* **1.** ⚗ vitriolisieren; **2.** *j-n* mit Vitriol bespritzen *od.* verletzen.

vi·tu·per·ate [vɪ'tju:pəreɪt] *v/t.* **1.** beschimpfen, schmähen; **2.** scharf tadeln; **vi·tu·per·a·tion** [vɪˌtju:pə'reɪʃn] *s.* **1.** Schmähung *f*, (wüste) Beschimpfung; *pl.* Schimpfworte *pl.*; **2.** scharfer Tadel *m*; **vi'tu·per·a·tive** [-pərətɪv] *adj.* □ **1.** schmähend, Schmäh...; **2.** tadelnd.

vi·va[1] ['vi:və] (*Ital.*) **I** *int.* Hoch!; **II** *s.* Hoch(ruf *m*) *n.*

vi·va[2] ['vaɪvə] → ***viva voce***.

vi·va·cious [vɪ'veɪʃəs] *adj.* □ lebhaft, munter; **vi·vac·i·ty** [vɪ'væsətɪ] *s.* Lebhaftigkeit *f*, Munterkeit *f*.

vi·var·i·um [vaɪ'veərɪəm] *pl.* **-i·a** [-ɪə] *s.* Vi'varium *n* (*Aquarium*, *Terrarium etc.*).

vi·va vo·ce [ˌvaɪvə'vəʊsɪ] **I** *adj. u. adv.* mündlich; **II** *s.* mündliche Prüfung; **vi·va-vo·ce** [ˌvaɪvə'vəʊsɪ] *v/t.* mündlich prüfen.

viv·id ['vɪvɪd] *adj.* □ **1.** *allg.* lebhaft: a) impul'siv (*Mensch*), b) inten'siv (*Gefühle*, *Fantasie*), c) leuchtend (*Farbe etc.*), d) deutlich, klar (*Schilderung etc.*); **2.** le'bendig (*Porträt etc.*); **'viv·id·ness** [-nɪs] *s.* **1.** Lebhaftigkeit *f*; **2.** Le'bendigkeit *f*.

V

viv·i·fy ['vɪvɪfaɪ] *v/t.* **1.** 'wieder beleben; **2.** *fig.* Leben geben (*dat.*), beleben, anregen; **3.** *fig.* intensivieren; **4.** *biol.* in lebendes Gewebe verwandeln; **vi·vip·a·rous** [vɪ'vɪpərəs] *adj.* □ **1.** *zo.* lebend gebärend; **2.** ⚘ noch an der Mutterpflanze keimend (*Samen*); **viv·i·sect** [ˌvɪvɪ'sekt] *v/t. u. v/i.* vivisezieren, lebend sezieren; **viv·i·sec·tion** [ˌvɪvɪ'sekʃn] *s.* Vivisekti'on *f*.

vix·en ['vɪksn] *s.* **1.** *zo.* Füchsin *f*; **2.** *fig.* ‚Drachen' *m*, Xan'thippe *f*; **'vix·en·ish** [-nɪʃ] *adj.* zänkisch.

vi·zier [vɪ'zɪə] *s.* We'sir *m.*

vi·zor → ***visor***.

V-J Day *s.* Tag *m* des Sieges der Alli'ierten über Japan (*im 2. Weltkrieg*; *2. 9. 1945*).

vo·ca·ble ['vəʊkəbl] *s.* Vo'kabel *f*.

vo·cab·u·lar·y [vəʊ'kæbjʊlərɪ] *s.* Vokabu'lar *n*: a) Wörterverzeichnis *n*, b) Wortschatz *m.*

vo·cal ['vəʊkl] **I** *adj.* □ → ***vocally***; **1.** stimmlich, mündlich, Stimm..., Sprech...: ~ ***c(h)ords*** Stimmbänder *pl.*; **2.** ♪ Vokal..., Gesang(s)..., gesanglich: ~ ***music*** Vokalmusik *f*; ~ ***part*** Singstimme *f*; ~ ***recital*** Liederabend *m*; **3.** klingend, 'widerhallend (***with*** von); **4.** stimmbegabt, der Sprache mächtig; **5.** laut, vernehmbar, *a.* gesprächig: ***become*** ~ *fig.* laut werden, sich vernehmen lassen; **6.** *ling.* a) vo'kalisch, b) stimmhaft; **II** *s.* **7.** (gesungener) Schlager; **vo·cal·ic** [vəʊ'kælɪk] *adj.* vo'kalisch; **'vo·cal·ism** [-kəlɪzəm] *s.* **1.** Vokalisati'on *f* (*Vokalbildung u. -aussprache*); **2.** Vo'kalsyˌstem *n e-r Sprache*; **'vo·cal·ist** [-kəlɪst] *s.* ♪ Sänger(in); **vo·cal·i·za·tion** [ˌvəʊkəlaɪ'zeɪʃn] *s.* **1.** *bsd.* ♪ Stimmgebung *f*; **2.** *ling.* a) Vokalisati'on *f*, b) stimmhafte Aussprache; **'vo·cal·ize** [-kəlaɪz] **I** *v/t.* **1.** *Laut* aussprechen, *a.* singen; **2.** *ling.* a) *Konsonanten* vokalisieren, b) stimmhaft aussprechen; **3.** → ***vowelize*** 1; **II** *v/i.* **4.** (*beim Singen*) vokalisieren.

vo·ca·tion [vəʊ'keɪʃn] *s.* **1.** (*eccl.* göttliche, *allg.* innere) Berufung (***for*** zu); **2.** Begabung *f*, Eignung *f* (***for*** für); **3.** Beruf *m*, Beschäftigung *f*; **vo'ca·tion·al** [-ʃənl] *adj.* □ beruflich, Berufs... (*-ausbildung*, *-krankheit*, *-schule etc.*): ~ ***guidance*** Berufsberatung *f*.

voc·a·tive ['vɒkətɪv] **I** *adj. ling.* vokativisch, Anrede...: ~ ***case*** → **II** *s.* Vokativ *m.*

vo·cif·er·ate [vəʊ'sɪfəreɪt] *v/i.* schreien, brüllen; **vo·cif·er·a·tion** [vəʊˌsɪfə'reɪʃn] *s. a. pl.* Schreien *n*, Brüllen *n*, Geschrei *n*; **vo'cif·er·ous** [-fərəs] *adj.* □ **1.** laut schreiend, brüllend; **2.** lärmend, laut; **3.** lautstark: ~ ***protest***.

vod·ka ['vɒdkə] *s.* Wodka *m.*

vogue [vəʊg] *s.* **1.** *allg.* (herrschende)

Mode: ***all the ~*** (die) große Mode, der letzte Schrei; ***be in ~*** (in) Mode sein; ***come into ~*** in Mode kommen; **2.** Beliebtheit *f*: ***be in full ~*** großen Anklang finden, sehr beliebt sein; ***have a short-lived ~*** sich e-r kurzen Beliebtheit erfreuen; **~ word** *s.* Modewort *n*.

voice [vɔɪs] **I** *s.* **1.** Stimme *f* (*a. fig. des Gewissens etc.*): ***the still, small ~ (within)*** *fig.* die leise Stimme des Gewissens; ***in (good) ~*** ♪ (gut) bei Stimme; ***in a low ~*** mit leiser Stimme; ***~ box*** Kehlkopf *m*; ***~ off*** *TV etc*: Offstimme *f*; ***~ on*** *TV etc*: Onstimme *f*; ***~ recognition*** *Computer*: Spracherkennung *f*; ***~ radio*** ⚡ Sprechfunk *m*; ***~ range*** ♪ Stimmumfang *m*; **2.** *fig.* Ausdruck *m*, Äußerung *f*: ***find ~ in*** Ausdruck finden in (*dat.*); ***give ~ to*** → 7; **3.** *fig. allg.* Stimme *f*: a) Entscheidung *f*: ***give one's ~ for*** stimmen für; ***with one ~*** einstimmig, b) Stimmrecht *n*: ***have a (no) ~ in*** et. (nichts) zu sagen haben bei *od.* in (*dat.*), c) Sprecher(in), Sprachrohr *n*; **4.** ♪ a) *a.* ***~ quality*** Stimmton *m*, b) (Orgel)Stimme *f*; **5.** *ling.* a) stimmhafter Laut, b) Stimmton *m*; **6.** *ling.* Genus *n* des Verbs: ***active ~*** Aktiv *n*; ***passive ~*** Passiv *n*; **II** *v/t.* **7.** Ausdruck geben *od.* verleihen (*dat.*), *Meinung etc.* äußern, in Worte fassen; **8.** ♪ *Orgelpfeife etc.* regulieren; **9.** *ling.* (stimmhaft) (aus)sprechen; **voiced** [-st] *adj.* **1.** *in Zssgn* mit *leiser etc.* Stimme: ***low-~***; **2.** *ling.* stimmhaft; **'voice·less** [-lɪs] *adj.* **1.** ohne Stimme, stumm; **2.** sprachlos; **3.** *parl.* nicht stimmfähig; **4.** *ling.* stimmlos; **voice mail** *s. teleph.* Voice-Mail *f*; **'voice-ˌo·ver** *s. Film, TV*: 'Offkommenˌtar *n*.

void [vɔɪd] **I** *adj.* ☐ **1.** leer; **2.** ***~ of*** ohne, bar (*gen.*), arm an (*dat.*), frei von; **3.** unbewohnt; **4.** unbesetzt, frei (*Amt*); **5.** ⚖ nichtig, ungültig, -wirksam; → ***null*** 1; **II** *s.* **6.** (*fig.* Gefühl *n* der) Leere *f*, leerer Raum; **7.** *fig.* Lücke *f*: ***fill the ~*** die Lücke schließen; **8.** ⚖ unbewohntes Gebäude; **III** *v/t.* **9.** räumen (***of*** von); **10.** ⚖ a) aufheben, b) anfechten; **11.** *physiol. Urin etc.* ausscheiden; **'void·a·ble** [-dəbl] *adj.* ⚖ aufheb- *od.* anfechtbar; **'void·ance** [-dəns] *s.* Räumung *f*; **'void·ness** [-nɪs] *s.* **1.** Leere *f*; **2.** ⚖ Nichtigkeit *f*, Ungültigkeit *f*.

voile [vɔɪl] *s.* Voile *m*, Schleierstoff *m*.

vo·lant ['vəʊlənt] *adj.* **1.** *zo.* fliegend (*a. her.*); **2.** *poet.* flüchtig.

vol·a·tile ['vɒlətaɪl] *adj.* **1.** *phys.* verdampfbar, (leicht) flüchtig, vola'til, ä'therisch (*Öl etc.*); **2.** *fig.* flüchtig, vergänglich; **3.** *fig.* a) le'bendig, lebhaft, b) launisch, unbeständig, flatterhaft; **vol·a·til·i·ty** [ˌvɒlə'tɪlətɪ] *s.* **1.** *phys.* Verdampfbarkeit *f*, Flüchtigkeit *f* (*a. fig.*); **2.** *fig.* a) Lebhaftigkeit *f*, b) Unbeständig-, Flatterhaftigkeit *f*; **vol·a·til·i·za·tion** [vɒˌlætɪlaɪ'zeɪʃn] *s. phys.* Verflüchtigung *f*, Verdampfung *f*; **vol·a·til·ize** [vɒ'lætɪlaɪz] *v/t.* (*v/i.* sich) verflüchtigen, verdunsten, verdampfen.

vol-au-vent ['vɒləʊvɑ̃ːŋ; vɔlovɑ̃] (*Fr.*) *s.* Vol-au-'Vent *m* (*gefüllte Blätterteigpastete*).

vol·can·ic [vɒl'kænɪk] *adj.* (☐ ***~ally***) **1.** *geol.* vul'kanisch, Vulkan...; **2.** *fig.* ungestüm, explo'siv; **vol·ca·no** [vɒl'keɪnəʊ] *pl.* **-no(e)s** *s.* **1.** *geol.* Vul'kan *m*; **2.** *fig.* Vul'kan *m*, Pulverfass *n*: ***sit on the top of a ~*** (wie) auf e-m Pulverfass sitzen; **vol·can·ol·o·gy** [ˌvɒlkə'nɒlədʒɪ] *s.* Vulkanolo'gie *f*.

vole¹ [vəʊl] *s. zo.* Wühlmaus *f*.

vole² [vəʊl] *s. Kartenspiel*: Gewinn *m* aller Stiche.

vo·li·tion [vəʊ'lɪʃn] *s.* **1.** Willensäußerung *f*, -akt *m*, (Willens)Entschluss *m*: ***on one's own ~*** aus eigenem Entschluss; **2.** Wille *m*, Wollen *n*, Willenskraft *f*; **vo'li·tion·al** [-ʃənl] *adj.* ☐ Willens..., willensmäßig; **vol·i·tive** ['vɒlɪtɪv] *adj.* **1.** Willens...; **2.** *ling.* voli'tiv.

vol·ley ['vɒlɪ] **I** *s.* **1.** (Gewehr-, Geschütz)Salve *f*, (Pfeil-, Stein- *etc.*)Hagel *m*; *Artillerie, Flak*: Gruppe *f*: ***~ bombing*** ✈ Reihenwurf *m*; **2.** *fig.* Schwall *m*, Strom *m*, Flut *f*: ***a ~ of oaths***; **3.** *sport*: a) *Tennis*: Volley *m* (*Schlag*), (*Ball a.*) Flugball *m*, b) *Fußball*: Volleyschuss *m*: ***take a ball at*** *od.* ***on the ~*** → 6; **4.** *Badminton*: Ballwechsel *m*; **II** *v/t.* **5.** in e-r Salve abschießen; **6.** *sport*: *den Ball* volley nehmen, (*Fußball a.*) (di'rekt) aus der Luft nehmen; **7.** *mst* ***~ out*** *od.* ***forth*** e-n Schwall von *Worten etc.* von sich geben; **III** *v/i.* **8.** e-e Salve *od.* Salven abgeben; **9.** hageln (*Geschosse*), krachen (*Geschütze*); **10.** *sport*: a) *Tennis*: volieren, b) *Fußball*: volley schießen; **'~·ball** *s. sport* **1.** Volleyball(spiel *n*) *m*; **2.** Volleyball *m*.

vol·plane ['vɒlpleɪn] ✈ **I** *s.* Gleitflug *m*; **II** *v/i.* im Gleitflug niedergehen.

volt¹ [vɒlt] *s. fenc. u. Reitsport*: Volte *f*.

volt² [vəʊlt] *s.* ⚡ Volt *n*; **'volt·age** [-tɪdʒ] *s.* ⚡ (Volt)Spannung *f*; **vol·ta·ic** [vɒl'teɪɪk] *adj.* ⚡ vol'taisch, gal'vanisch (*Batterie, Element, Strom etc.*): ***~ couple*** Elektrodenmetalle *pl.*

volte-face [ˌvɒlt'fɑːs; vɔltfas] (*Fr.*) *s. fig.* (to'tale) (Kehrt)Wendung.

volt·me·ter ['vəʊltˌmiːtə] *s.* ⚡ Voltmeter *m*, Spannungsmesser *m*.

vol·u·bil·i·ty [ˌvɒljʊ'bɪlətɪ] *s. fig.* a) glatter Fluss (*der Rede*), b) Zungenfertigkeit *f*, Redegewandtheit *f*, c) Redseligkeit *f*, d) Wortreichtum *m*; **vol·u·ble** ['vɒljʊbl] *adj.* ☐ **1.** a) geläufig (*Zunge*), fließend (*Rede*), b) zungenfertig, (rede-)gewandt, c) redselig, d) wortreich; **2.** ⚘ windend.

vol·ume ['vɒljuːm] *s.* **1.** Band *m e-s Buches*; Buch *n* (*a. fig.*): ***a three-~ novel*** ein dreibändiger Roman; ***speak ~s*** (***for***) *fig.* Bände sprechen (für); **2.** ⚗, ⚗, *phys. etc.* Vo'lumen *n*, (Raum)Inhalt *m*; **3.** *fig.* 'Umfang *m*, Vo'lumen *n*: ***~ of imports***; ***~ of traffic*** Verkehrsaufkommen *n*; **4.** *fig.* Masse *f*, Schwall *m*; **5.** ♪ Klangfülle *f*, 'Stimmvo,lumen *n*, -,umfang *m*; **6.** ⚡ Lautstärke *f*: ***~ control*** Lautstärkeregler *m*; **'vol·umed** [-md] *adj. in Zssgn* ...bändig: ***a three-~ book***; **vol·u·met·ric** [ˌvɒljʊ'metrɪk] *adj.* (□ ***~ally***) ⚗, ⚗ volu'metrisch: ***~ analysis*** ⚗ volumetrische Analyse, Maßanalyse *f*; ***~ density*** Raumdichte *f*; **vol·u·met·ri·cal** [ˌvɒljʊ'metrɪkl] *adj.* □ → ***volumetric***; **vo·lu·mi·nous** [və'ljuːmɪnəs] *adj.* □ **1.** vielbändig (*literarisches Werk*); **2.** produk'tiv: ***a ~ author***; **3.** massig, 'umfangreich, volumi'nös: ***~ correspondence***; **4.** bauschig; **5.** ♪ voll: ***~ voice***.

vol·un·tar·i·ness ['vɒləntərɪnɪs] *s.* **1.** Freiwilligkeit *f*; **2.** (Willens)Freiheit *f*; **vol·un·tar·y** ['vɒləntərɪ] **I** *adj.* □ **1.** freiwillig, spon'tan: ***~ contribution***; ***~ death*** Freitod *m*; **2.** frei, unabhängig; **3.** ⚖ a) vorsätzlich, schuldhaft, b) freiwillig, unentgeltlich, c) außergerichtlich, gütlich: ***~ settlement; ~ jurisdiction*** freiwillige Gerichtsbarkeit; **4.** durch freiwillige Spenden unter'halten (*Schule etc.*); **5.** *physiol.* willkürlich: ***~ muscles***; **6.** *psych.* volunta'ristisch; **II** *s.* **7.** a) freiwillige *od.* wahlweise Arbeit, b) *a.* ***~ exercise*** *sport* Kür(übung) *f*; **8.** ♪ Orgelsolo *n*.

vol·un·teer [ˌvɒlən'tɪə] **I** *s.* **1.** Freiwillige(r *m*) *f* (*a.* ⚔); **2.** ⚖ unentgeltlicher Rechtsnachfolger; **II** *adj.* **3.** freiwillig, Freiwilligen...; **4.** ⚘ wild wachsend; **III** *v/i.* **5.** sich freiwillig melden *od.* erbieten (***for*** für, zu), als Freiwilliger eintreten *od.* dienen; **IV** *v/t.* **6.** *Dienste etc.* freiwillig anbieten *od.* leisten; **7.** sich *e-e Bemerkung* erlauben; **8.** (freiwillig) zum Besten geben: ***he ~ed a song***.

vo·lup·tu·ar·y [və'lʌptjʊərɪ] *s.* Lüstling *m*, sinnlicher Mensch; **vo'lup·tu·ous** [-tʃʊəs] *adj.* □ **1.** wollüstig, sinnlich; geil, lüstern; **2.** üppig, sinnlich: ***~ body***; **vo'lup·tu·ous·ness** [-jʊəsnɪs] *s.* **1.** Wollust *f*, Sinnlichkeit *f*, Geilheit *f*, Lüsternheit *f*; **2.** Üppigkeit *f*.

vo·lute [və'ljuːt] *s.* **1.** Schnörkel *m*, Spi'rale *f*; **2.** ⚠ Vo'lute *f*, Schnecke *f*; **3.** *zo.* Windung *f* (*Schneckengehäuse*); **vo'lut·ed** [-tɪd] *adj.* **1.** gewunden, spi'ral-, schneckenförmig; **2.** ⚠ mit Vo'luten (versehen); **vo'lu·tion** [-juːʃn] *s.* **1.** Drehung *f*; **2.** *anat.*, *zo.* Windung *f*.

vom·it ['vɒmɪt] **I** *v/t.* **1.** (er)brechen; **2.** *fig. Feuer etc.* (aus)speien; *Rauch*, *a. Flüche etc.* ausstoßen; **II** *v/i.* **3.** (sich er)brechen, sich über'geben; **4.** Rauch ausstoßen; Lava auswerfen, Feuer speien (*Vulkan*); **III** *s.* **5.** Erbrechen *n*; **6.** *das* Erbrochene; **7.** ⚕ Brechmittel *n*; **8.** *fig.* Unflat *m*; **'vom·i·tive** [-tɪv], **'vom·i·to·ry** [-tərɪ] **I** *s.* ⚕ Brechmittel *n*; **II** *adj.* Erbrechen verursachend, Brech...

voo·doo ['vuːduː] **I** *s.* **1.** Wodu *m*, Voodoo *m*, Zauberkult *m*; **2.** Zauber *m*, Hexe'rei *f*; **3.** *a.* ***~ doctor***, ***~ priest*** (Wodu)Zauberer *m*, Medi'zinmann *m*; **4.** Fetisch *m*, Götze *m*; **II** *v/t.* **5.** behexen; **'voo·doo·ism** *s.* Wodukult *m*.

vo·ra·cious [və'reɪʃəs] *adj.* □ gefräßig, gierig, unersättlich (*a. fig.*); **vo'ra·cious·ness** [-nɪs], **vo·rac·i·ty** [vɒ'ræsətɪ] *s.* Gefräßigkeit *f*, Unersättlichkeit *f*, Gier *f* (***of*** nach).

vor·tex ['vɔːteks] *pl.* **-ti·ces** [-tɪsiːz] *s.* Wirbel *m*, Strudel *m* (*a. phys. fig.*); **'vor·ti·cal** [-tɪkl] *adj.* □ **1.** wirbelnd, kreisend, Wirbel...; **2.** wirbel-, strudelartig.

vo·ta·ress ['vəʊtərɪs] *s.* Geweihte *f* (*etc.*, → ***votary***); **vo·ta·ry** ['vəʊtərɪ] *s.* **1.** *eccl.* Geweihte(r *m*) *f*; **2.** *fig.* Verfechter(in), (Vor)Kämpfer(in); **3.** *fig.* Anhänger (-in), Verehrer(in), Jünger(in), Enthusi'ast(in).

vote [vəʊt] **I** *s.* **1.** (Wahl)Stimme *f*, Votum *n*: ***~ of censure***, ***~ of no confidence*** *parl.* Misstrauensvotum; ***~ of confidence*** *parl.* Vertrauensvotum; ***give one's ~ to*** (*od.* ***for***) s-e Stimme geben (*dat.*), stimmen für; **2.** Abstimmung *f*, Wahl *f*: ***put s.th. to the ~***, ***take a ~ on s.th.*** über e-e Sache abstimmen lassen; ***take the ~*** abstimmen; **3.** Stimmzettel *m*, Stimme *f*: ***cast one's ~*** s-e Stimme abgeben; **4.** ***the ~*** das Stimm-, Wahlrecht; **5.** a) Stimme *f*, Stimmzettel *m*, b) ***the ~*** *coll.* die Stimmen *pl.*: ***the Labour ~***, c) Wahlergebnis *n*; **6.** Beschluss *m*: ***a unanimous ~***; **7.** (Geld)Bewilligung *f*; **II** *v/i.* **8.** (ab-) stimmen, wählen, s-e Stimme abgeben: ***~ against*** stimmen gegen; ***~ for*** stimmen für (*a.* F *für et. sein*); **III** *v/t.* **9.** abstimmen über (*acc.*), wählen, stimmen für: ***~ down*** niederstimmen; ***~ s.o. in*** j-n wählen; ***~ s.o. out*** (***of office***) j-n abwählen; ***~ s.th. through*** et. durchbringen; ***~ that*** dafür sein, dass, vorschlagen, dass; **10.** (durch Abstimmung) wählen *od.* beschließen *od. Geld* bewilligen; **11.** allgemein erklären für *od.* halten für; **'vote-ˌcatch·er** *s.*, **'vote-ˌget·ter** *s.* ,'Wahllokomo,tive' *f*, Stimmenfänger *m*; **'vote·less** [-lɪs] *adj.* ohne Stimmrecht *od.* Stimme; **'vot·er** [-tə] *s.* Wähler(in), Wahl-, Stimmberechtigte(r *m*) *f*; **'vote-ˌrig·ging** *s.* Wahlschwindel *m*, -manipulation *f*.

vot·ing ['vəʊtɪŋ] **I** *s.* (Ab)Stimmen *n*, Abstimmung *f*; **II** *adj.* Stimm...,

Wahl...; ~ **age** *s.* Wahlalter *n*; ~ **ma·chine** *s.* 'Wahlma,schine *f*; ~ **pa·per** *s.* Stimmzettel *m*; ~ **share** *s.* ✝ Stimmrechtaktie *f*; ~ **stock** *s.* ✝ **1.** stimmberechtigtes 'Aktienkapi,tal; **2.** *bsd. Am.* 'Stimmrechts,aktie *f*; ~ **pow·er** *s.* ✝ Stimmrecht *n*.

vo·tive ['vəʊtɪv] *adj.* Weih..., Votiv..., Denk...: ~ ***medal*** (Ge)Denkmünze *f*; ~ ***tablet*** Votivtafel *f*.

vouch [vaʊtʃ] **I** *v/i.* **1.** ~ ***for*** (sich ver-)bürgen für; **2.** ~ ***that*** dafür bürgen, dass; **II** *v/t.* **3.** bezeugen; bestätigen, (urkundlich) belegen; **4.** (sich ver)bürgen für; '**vouch·er** [-tʃə] *s.* **1.** Zeuge *m*, Bürge *m*; **2.** 'Unterlage *f*, Doku'ment *n*: ***support by*** ~ dokumentarisch belegen; **3.** (Rechnungs)Beleg *m*, Quittung *f*: ~ ***check*** ✝ *Am.* Verrechnungsscheck; ~ ***copy*** Belegdoppel *n*; **4.** Gutschein *m*; **5.** Eintrittskarte *f*; **vouch'safe** [-'seɪf] *v/t.* **1.** (gnädig) gewähren; **2.** geruhen zu *tun*; **3.** sich her'ablassen zu: ***he ~d me no answer*** er würdigte mich keiner Antwort.

vow [vaʊ] **I** *s.* **1.** Gelübde *n* (*a. eccl.*); *oft pl.* (feierliches) Versprechen, (Treue-)Schwur *m*: ***be under a*** ~ ein Gelübde abgelegt haben, versprochen haben (***to do*** zu tun); ***take*** (*od.* ***make***) ***a*** ~ ein Gelübde ablegen; ***take ~s*** *eccl.* Profess ablegen, in ein Kloster eintreten; **II** *v/t.* **2.** geloben; **3.** (sich) schwören, (sich) geloben, hoch u. heilig versprechen (***to do*** zu tun); **4.** feierlich erklären.

vow·el ['vaʊəl] **I** *s. ling.* **1.** Vo'kal *m*, Selbstlaut *m*; **II** *adj.* **2.** vo'kalisch; **3.** Vokal..., Selbstlaut...: ~ ***gradation*** Ablaut *m*; ~ ***mutation*** Umlaut *m*; **vow·el·ize** ['vaʊəlaɪz] *v/t.* **1.** *hebräischen od. kurzschriftlichen Text* mit Vo'kalzeichen versehen; **2.** *Laut* vokalisieren.

voy·age ['vɔɪɪdʒ] **I** *s. längere* (See-, Flug-)Reise: ~ ***home*** Rück-, Heimreise; ~ ***out*** Hinreise *f*; **II** *v/i.* (*bsd.* zur See) reisen; **III** *v/t.* reisen durch, bereisen; **voy·ag·er** ['vɔɪədʒə] *s.* (See)Reisende(r *m*) *f*.

vo·yeur·ism [vwɑː'jɜːrɪzəm] *s.* Voy'eurtum *n*.

'**V|-shaped** *adj.* V-förmig; '**~-sign** *s.* **1.** Siegeszeichen *n* (*mit gespreizten Fingern*), *Am. a.* Zeichen der Zustimmung; **2.** *Brit.* ,Vogel' *m*; '**~-type en·gine** *s.* *mot.* V-Motor *m*.

vul·can·ite ['vʌlkənaɪt] *s.* Ebo'nit *n*, Vulka'nit *n* (*Hartgummi*); '**vul·can·ize** [-aɪz] *v/t.* *Kautschuk* vulkanisieren: ***~d fibre*** (*Am.* ***fiber***) ⚒ Vulkanfiber *f*.

vul·gar ['vʌlgə] **I** *adj.* □ → ***vulgarly***; **1.** (all)gemein, Volks...: ~ ***herd*** *die* Masse, *das* gemeine Volk; ♀ ***Era*** *die* christlichen Jahrhunderte; **2.** volkstümlich: ~ ***superstitions***; **3.** vul'gärsprachlich, in der Volkssprache (verfasst *etc.*): ~ ***tongue*** Volkssprache *f*; ♀ ***Latin*** Vulgärlatein *n*; **4.** ungebildet, ungehobelt; **5.** vul'gär, unfein, ordi'när, gewöhnlich, unanständig, pöbelhaft; **6.** ⩓ gemein, gewöhnlich: ~ ***fraction***; **II** *s.* **7.** ***the*** ~ *pl.* das (gemeine) Volk; **vul·gar·i·an** [vʌl'geərɪən] *s.* **1.** vul'gärer Mensch, Ple'bejer *m*; **2.** Parve'nü *m*, Protz *m*; '**vul·gar·ism** [-ərɪzəm] *s.* **1.** Unfeinheit *f*, vul'gäres Benehmen; **2.** Gemeinheit *f*, Unanständigkeit *f*; **3.** *ling.* Vulga'rismus *m*, vul'gärer Ausdruck; **vul·gar·i·ty** [vʌl'gærətɪ] *s.* **1.** ungehobeltes Wesen, vul'gäre Art; **2.** Gewöhnlichkeit *f*, Pöbelhaftigkeit *f*; **3.** Unsitte *f*, Ungezogenheit *f*; '**vul·gar·ize** [-əraɪz] *v/t.* **1.** popularisieren, popu'lär machen, verbreiten; **2.** her'abwürdigen, vulgarisieren; '**vul·gar·ly** [-lɪ] *adv.* **1.** allgemein, gemeinhin, landläufig; **2.** → ***vulgar*** 4, 5.

vul·ner·a·bil·i·ty [,vʌlnərə'bɪlətɪ] *s.* Verwundbarkeit *f*; **vul·ner·a·ble** ['vʌlnərəbl] *adj.* **1.** verwundbar (*a. fig.*); **2.** angreifbar; **3.** anfällig (***to*** für); **4.** ⚔, *sport* ungeschützt, offen; **vul·ner·ar·y** ['vʌlnərərɪ] **I** *adj.* Wund..., Heil...; **II** *s.* Wundmittel *n*.

vul·pine ['vʌlpaɪn] *adj.* **1.** fuchsartig, Fuchs...; **2.** *fig.* füchsisch, verschlagen.

vul·ture ['vʌltʃə] *s. zo.* Geier *m* (*a. fig.*).

vul·va ['vʌlvə] *pl.* **-vae** [-viː] *s. anat.* Vulva *f*, (äußere) weibliche Scham.

vy·ing ['vaɪɪŋ] *adj.* □ wetteifernd.

W

W, w [ˈdʌbljuː] *s.* W *n*, w *n* (*Buchstabe*).

Waac [wæk] *s.* ⚔ F *Brit.* Arˈmeehelferin *f* (*aus* ***Women's Army Auxiliary Corps***).

Waaf [wæf] *s.* ⚔ F *Brit.* Luftwaffenhelferin *f* (*aus* ***Women's Auxiliary Air Force***).

WAC, Wac [wæk] *s.* ⚔ F *Am.* Arˈmeehelferin *f* (*aus* ***Women's Army Corps***).

wack·y [ˈwækɪ] *adj.* ‚blöd'.

wad [wɒd] **I** *s.* **1.** Pfropf(en) *m*, (*Watte- etc.*)Bausch *m*, Polster *n*; **2.** Paˈpierknäuel *m, n*; **3.** a) (Banknoten)Bündel *n*, (-)Rolle *f*, b) *Am.* F Haufen *m* Geld, c) Stoß *m* Paˈpiere; **4.** ⚔ *hist.* Ladepfropf *m*; **II** *v/t.* **5.** zu e-m Bausch *etc.* zs.-pressen; **6.** ~ ***up*** *Am.* fest zs.-rollen; **7.** *Öffnung* ver-, zustopfen; **8.** *Kleidungsstück etc.* wattieren, auspolstern, füttern; **wad·ding** [ˈwɒdɪŋ] **I** *s.* **1.** Einlage *f* (*zum Polstern od. Verpacken*); **2.** Watte *f*; **3.** Wattierung *f*; **II** *adj.* **4.** Wattier...

wad·dle [ˈwɒdl] **I** *v/i.* watscheln; **II** *s.* watschelnder Gang.

wade [weɪd] **I** *v/i.* waten: ~ ***through*** F *fig.* sich durchkämpfen durch; ~ ***in***(***to***) F *fig.* a) ‚hinˈeinsteigen', sich einmischen (in *acc.*), b) sich ‚reinknien' (in *e-e Arbeit etc.*): ~ ***into a problem*** ein Problem anpacken *od.* angehen; **II** *v/t.* durchˈwaten; **III** *s.* Waten *n*; **ˈwad·er** [-də] *s.* **1.** *orn.* Wat-, Stelzvogel *m*; **2.** *pl.* (hohe) Wasserstiefel *pl.*

wa·fer [ˈweɪfə] *s.* **1.** Obˈlate *f* (*a.* ⚕ *u. Siegelmarke*); **2.** (*bsd.* Eis)Waffel *f*: ***as thin as a*** ~, ~***-thin*** hauchdünn (*a. fig.*); **3.** *a.* ***consecrated*** ~ *eccl.* Hostie *f*, Obˈlate *f*; **4.** ⚡ Mikroplättchen *n*.

waf·fle [ˈwɒfl] **I** *s.* Waffel *f*; **II** *v/i.* F ‚quasseln'; **ˈ~-ˌi·ron** *s.* Waffeleisen *n*.

waft [wɑːft] **I** *v/t.* **1.** *wohin* wehen, tragen; **II** *v/i.* **2.** (herˈan)getragen werden, schweben; **III** *s.* **3.** Flügelschlag *m*; **4.** Wehen *n*; **5.** (Duft)Hauch *m*, (-)Welle *f*; **6.** *fig.* Anwandlung *f*, Welle *f* (*von Freude, Neid etc.*); **7.** ⚓ Flagge *f* im Schau (*Notsignal*).

wag [wæg] **I** *v/i.* **1.** wackeln; wedeln, wippen (*Schwanz*): ~ ***one's tongue*** tratschen; ***set tongues*** ~***ging*** viel Gerede verursachen; → ***tail*** 1; **II** *v/t.* **2.** wackeln *od.* wedeln *od.* wippen mit *dem Schwanz etc.*; *den Kopf* schütteln *od.* wiegen: ~ ***one's finger at*** *j-m* mit dem Finger drohen; **3.** (hin- u. her)bewegen, schwenken; **III** *s.* **4.** Wackeln *n*; Wedeln *n*, (Kopf)Schütteln *n*; **5.** Witzbold *m*, Spaßvogel *m*.

wage¹ [weɪdʒ] *v/t. Krieg* führen, *Feldzug* unterˈnehmen (***on, against*** gegen): ~ ***effective war on*** *fig. e-r Sache* wirksam zu Leibe gehen.

wage² [weɪdʒ] *s.* **1.** *mst pl.* ✝ (Arbeits-)Lohn *m*: ~***s per hour*** Stundenlohn; **2.** *pl.* ✝ Lohnanteil *m* (*an der Produktion*); **3.** *pl. sg. konstr. fig.* Lohn *m*: ***the*** ~***s of sin*** *bibl.* der Sünde Sold; ~ **a·gree·ment** *s.* ✝ Taˈrifvertrag *m*; ~ **bill** *s.* (aus)bezahlte (Gesamt)Löhne *pl.*; ~ **claim** *s.* Lohnforderung *f*; ~ **dis·pute** *s.* Lohnkampf *m*; ~ **earn·er** *s.* Lohnempfänger(in); ~ **freeze** *s.* Lohnstopp *m*; ~ **fund** *s.* Lohnfonds *m*; ~ **in·cen·tive** *s.* Lohnanreiz *m*; ~**in·ci·den·tals** *s. pl.* Lohnˈnebenkosten *pl.*; **ˈ~-in·ten·sive** *adj.* ˈlohnintenˌsiv; ~ **lev·el** *s.* ˈLohniˌveau *n*; ~ **pack·et** *s.* Lohntüte *f*.

wa·ger [ˈweɪdʒə] **I** *s.* **1.** Wette *f*; **II** *v/t.* **2.** wetten um, setzen auf (*acc.*); wetten mit (***that*** dass); **3.** *fig. Ehre etc.* aufs Spiel setzen; **III** *v/i.* **4.** wetten, e-e Wette eingehen.

wage| rate *s.* Lohnsatz *m*; ~ **scale** *s.* ✝ **1.** Lohnskala *f*; **2.** (ˈLohn)TaˌriF *m*; ~ **set·tle·ment** *s.* Lohnabschluss *m*; ~ **slave** *s.* Lohnsklave *m*; ~ **slip** *s.* Lohnstreifen *m*, -zettel *m*.

wag·ger·y [ˈwægərɪ] *s.* Schelmeˈrei *f*, Schalkhaftigkeit *f*; **wag·gish** [ˈwægɪʃ] *adj.* ☐ schalkhaft, schelmisch, spaßig, lose; **wag·gish·ness** [ˈwægɪʃnɪs] → ***waggery***.

wag·gle [ˈwægl] → ***wag*** I *u.* II.

wag·gon [ˈwægən] *s.* **1.** (Last-, Roll-)Wagen *m*; **2.** 🚂 *Brit.* (offener) Güterwagen, Wagˈgon *m*: ***by*** ~ ✝ per Achse; **3.** *Am.* a) (Liefer-, Verkaufs-, Poliˈzei- *etc.*)Wagen *m*, b) *mot.* Kombi(wagen) *m*; **4.** ***the*** ☽ *ast.* der Große Wagen; **5.** F *fig.* → ***water wag***(***g***)***on***.

wag·gon·er [ˈwægənə] *s.* **1.** (Fracht-)Fuhrmann *m*; **2.** ☽ *ast.* Fuhrmann *m*.

ˈwag·gon|·load *s.* **1.** Wagenladung *f*, Fuhre *f*; **2.** Wagˈgonladung *f*: ***by the*** ~ wagˈgonweise; ~ **train** *s.* **1.** ⚔ Arˈmeetrain *m*; **2.** 🚂 *Am.* Güterzug *m*; ~ **vault** *s.* △ Tonnengewölbe *n*.

Wag·ne·ri·an [vɑːɡˈnɪərɪən] ♪ **I** *adj.* wagnerisch, wagneri'anisch, Wagner...; **II** *s. a.* **Wag·ner·ite** ['vɑːɡnəraɪt] Wagneri'aner(in).

wag·on *etc. bsd. Am.* → ***waggon*** *etc.*

wa·gon-lit ['vægɔ̃ːn'liː; vagɔ̃li] (*Fr.*) *s.* 🚂 Schlafwagen(abteil *n*) *m.*

'**wag·tail** *s. orn.* Bachstelze *f.*

waif [weɪf] *s.* **1.** ⚖ a) *Brit.* weggeworfenes Diebesgut, b) herrenloses Gut, *bsd.* Strandgut *n* (*a. fig.*); **2.** a) Heimatlose(r *m*) *f*, b) verlassenes *od.* verwahrlostes Kind: ***~s and strays*** verwahrloste Kinder, c) streunendes *od.* verwahrlostes Tier; **3.** *fig.* 'Überrest *m.*

wail [weɪl] **I** *v/i.* (weh)klagen, jammern (***for*** um, ***over*** über *acc.*); schreien, wimmern, heulen (*a. Sirene, Wind*) (***with*** vor *Schmerz etc.*); **II** *v/t.* bejammern; **III** *s.* (Weh)Klagen *n*, Jammern *n*; (Weh)Geschrei *n*, Wimmern *n*; '**wail·ing** [-lɪŋ] **I** *s.* → ***wail*** III; **II** *adj.* ☐ (weh)klagend *etc.*; Klage...: ♀ ***Wall*** Klagemauer *f.*

wain [weɪn] *s.* **1.** *poet.* Karren *m*, Wagen *m*; **2.** ♀ → ***Charles's Wain.***

wain·scot ['weɪnskət] **I** *s.* (*bsd. untere*) (Wand)Täfelung, Tafelwerk *n*, Holzverkleidung *f*; **II** *v/t. Wand etc.* verkleiden, (ver)täfeln; '**wain·scot·ing** [-tɪŋ] *s.* **1.** → ***wainscot*** I; **2.** Täfelholz *n.*

waist [weɪst] *s.* **1.** Taille *f*; **2.** a) Mieder *n*, b) *bsd. Am.* Bluse *f*; **3.** Mittelstück *n*, schmalste Stelle (*e-s Dinges*), Schweifung *f* (*e-r Glocke etc.*); **4.** ⚓ Mitteldeck *n*, Kuhl *f*; '**~·band** [-stb-] *s.* (Hosen-, Rock)Bund *m*; **~·coat** ['weɪskəʊt] *s.* (*a.* Damen)Weste *f*, (ärmellose) Jacke; *hist.* Wams *n*; ˌ**~-'deep** *adj. u. adv.* bis zur Taille *od.* Hüfte, hüfthoch.

waist·ed ['weɪstɪd] *adj.* mit e-r ... Taille: ***short-~.***

ˌ**waist|-'high** → ***waist-deep***; '**~·line** *s.* **1.** Gürtellinie *f*, Taille *f*; **2.** 'Taille(nˌumfang *m*) *f*: ***watch one's ~*** auf s-e Linie achten.

wait [weɪt] **I** *v/i.* **1.** warten (***for*** auf *acc.*): ***~ for s.o. to come*** warten, dass *od.* bis j-d kommt; ***~ up for s.o.*** aufbleiben u. auf j-n warten; ***keep s.o. ~ing*** j-n warten lassen; ***that can ~*** *fig.* das kann warten, das hat Zeit; ***dinner is ~ing*** das Essen wartet *od.* ist bereit; ***you just ~!*** F na warte!; ***~ for it!*** F *Brit.* a) immer mit der Ruhe, b) du wirsts kaum glauben!; **2.** (ab)warten, sich gedulden: ***~ and see!*** ‚abwarten u. Tee trinken'!; ***I can't ~ to see him*** ich kann es kaum noch erwarten, bis ich ihn sehe; **3.** ***~*** (***up***)***on*** a) *j-m* dienen, b) *j-m* aufwarten, *j-n* bedienen, c) *j-m* s-e Aufwartung machen, d) *fig. e-r Sache* folgen, *et.* begleiten (*Umstand*); **4.** *a.* ***~ at table*** (bei Tisch) bedienen; **II** *v/t.* **5.** warten auf (*acc.*), abwarten: ***~ one's opportunity*** e-e günstige Gelegenheit abwarten; ***~ out*** das Ende (*gen.*) abwarten; **6.** F aufschieben, mit *dem Essen etc.* warten (***for s.o.*** auf j-n); **III** *s.* **7.** a) Warten *n*, b) Wartezeit *f*: ***have a long ~*** lange warten müssen; **8.** Lauer *f*: ***lay a ~ for*** *j-m* e-n Hinterhalt legen; ***lie in ~*** im Hinterhalt liegen; ***lie in ~ for*** *j-m* auflauern; **9.** *pl.* a) Weihnachtssänger *pl.*, b) *hist.* 'Stadtmusiˌkanten *pl.*; '**wait·er** [-tə] *s.* **1.** Kellner *m*, *in der Anrede*: (Herr) Ober *m*; **2.** Servier-, Präsentierteller *m.*

wait·ing ['weɪtɪŋ] **I** *s.* **1.** → ***wait*** 7; **2.** Dienst *m bei Hofe etc.*, Aufwarten *n*: ***in ~*** a) Dienst tuend; → ***lady-in-waiting*** *etc.*, b) ⚔ *Brit.* in Bereitschaft; **II** *adj.* **3.** (ab)wartend; → ***game***[1] 4; **4.** Warte...: ***~ list, ~ period*** *allg.* Wartezeit *f*; ***~ room*** a) 🚂 Wartesaal *m*, b) ⚕ *etc.* Wartezimmer *n*; ***~ girl*** *s.*, ***~ maid*** *s.* Kammerzofe *f.*

wait·ress ['weɪtrɪs] *s.* Kellnerin *f*; *in der Anrede*: Fräulein *n.*

waive [weɪv] *v/t. bsd.* ⚖ **1.** verzichten auf (*acc.*), sich *e-s Rechtes, Vorteils* begeben; **2.** *Frage* zu'rückstellen; '**waiv·er** [-və] *s.* ⚖ **1.** Verzicht *m* (***of*** auf *acc.*), Verzichtleistung *f*; **2.** Verzichterklärung *f*; **3.** Ausnahmegenehmigung *f.*

wake[1] [weɪk] *s.* **1.** ⚓ Kielwasser *n* (*a. fig.*): ***in the ~ of*** a) im Kielwasser *e-s Schiffes*, b) *fig.* im Gefolge (*gen.*); ***follow in s.o.'s ~*** *fig.* in j-s Kielwasser segeln; ***bring s.th. in its ~*** et. nach sich ziehen, et. zur Folge haben; **2.** ✈ Luftschraubenstrahl *m*; **3.** Sog *m.*

wake[2] [weɪk] **I** *v/i.* [*irr.*] **1.** *oft* ***~ up*** auf-, erwachen, wach werden (*alle a. fig. Person, Gefühl etc.*); **2.** wachen, wach sein *od.* bleiben; **3.** ***~ to*** sich *e-r Gefahr etc.* bewusst werden; **4.** *vom Tode od. von den Toten* auferstehen; **II** *v/t.* [*irr.*] **5.** *a.* ***~ up*** (auf)wecken, wachrütteln (*a. fig.*); **6.** *fig.* erwecken, *Erinnerungen, Gefühle* wachrufen, *Streit etc.* erregen; **7.** *fig. j-n, j-s Geist etc.* aufrütteln; **8.** (*von den Toten*) auferwecken; **III** *s.* **9.** *bsd. Irish* a) Totenwache *f*, b) Leichenschmaus *m*; **10.** *hist.* Kirchweih(fest *n*) *f*, Kirmes *f*; **11.** *Brit.* Betriebsferien *pl.*; '**wake·ful** [-fʊl] *adj.* ☐ **1.** wachend; **2.** schlaflos; **3.** *fig.* wachsam; '**wak·en** [-kən] → ***wake***[2] 1, 3, 5, 6 *u.* 7; '**wak·ing** [-kɪŋ] **I** *s.* **1.** (Er)Wachen *n*; **2.** (Nacht-)Wache *f*; **II** *adj.* **3.** wach: ***~ dream*** Tagtraum *m*; ***in his ~ hours*** in s-n wachen Stunden, *a.* von früh bis spät.

wale [weɪl] *s.* **1.** → ***weal***[2]; **2.** *Weberei*: a) Rippe *f* (*e-s Gewebes*), b) Salleiste *f*, feste Webkante; **3.** ⚙ a) Verbindungsstück *n*, b) Gurtholz *n*; **4.** ⚓ a) Berg-, Krummholz *n*, b) Dollbord *m* (*e-s Boots*).

walk [wɔːk] **I** *s.* **1.** Gehen *n*: ***go at a ~*** im Schritt gehen; **2.** Gang(art *f*) *m*, Schritt *m*: ***a dignified ~***; **3.** Spaziergang *m*: ***go for*** (*od.* ***take***) ***a ~*** e-n Spaziergang machen; ***take s.o. for a ~*** j-n spazieren führen, mit j-m spazieren gehen; **4.** (Spazier)Weg *m*: a) Prome'nade *f*, b) Strecke *f*: ***a ten minutes' ~ to the station*** zehn (Geh)Minuten zum Bahnhof; ***quite a ~*** ein gutes Stück zu gehen; **5.** Al'lee *f*; **6.** (Geflügel)Auslauf *m*; → ***sheepwalk***; **7.** Route *f e-s Hausierers etc.*, Runde *f e-s Polizisten etc.*; **8.** *fig.* a) (Arbeits)Gebiet *n*, b) *mst* ***~ of life*** (sozi'ale) Schicht *od.* Stellung, *a.* Beruf *m*; **II** *v/i.* **9.** gehen (*a. sport*), zu Fuß gehen; **10.** im Schritt gehen (*a. Pferd*); **11.** spazieren gehen, wandern; **12.** 'umgehen (*Geist*): ***~ in one's sleep*** nachtwandeln; **III** *v/t.* **13.** *Strecke* zu'rücklegen, (zu Fuß) gehen; **14.** *Bezirk* durch'wandern, *Raum* durch'schreiten; **15.** auf u. ab (*od.* um'her)gehen in *od.* auf (*dat.*); **16.** *Pferd* a) führen, b) im Schritt gehen lassen; **17.** *j-n wohin* führen: ***~ s.o. off his feet*** j-n abhetzen; **18.** spazieren führen; **19.** um die Wette gehen mit;
Zssgn mit adv. u. prp.:
walk| a·bout, **~ a·round I** *v/i.* um'hergehen, -wandern; **II** *v/t.* *j-n* um'herführen; **~ a·way** *v/i.* **1.** weg-, fortgehen: ***~ from*** *sport j-m* (einfach) davonlaufen, *j-n* ‚stehen lassen'; **2.** ***~ with*** a) mit *et.* durchbrennen, b) *et.* ‚mitgehen' lassen, c) *e-n Kampf etc.* spielend gewinnen; **~ off I** *v/i.* **1.** da'von-, fortgehen; **2.** → ***walk away*** 2; **II** *v/t.* **3.** *j-n* abführen; **4.** *s-n Rausch*, *Zorn etc.* durch e-n Spaziergang vertreiben; **~ out I** *v/i.* **1.** hinausgehen: ***~ on*** F *j-n* im Stich lassen, verlassen; **2.** ***~ with s.o.*** F mit j-m ‚gehen' *od.* ein Verhältnis haben; **3.** ✝ in (den) Streik treten; **4.** *pol.* zu'rücktreten; **II** *v/t.* **5.** *Hund etc.* ausführen; **6.** *j-n* auf e-n Spaziergang mitnehmen; **~ o·ver** *v/i.* *fig.* spielend gewinnen; **~ up** *v/i.* **1.** hin'aufgehen, her'aufkommen: ***~ to s.o.*** auf j-n zugehen; **2.** *Straße* entlanggehen.

'walk·a·bout *s.* **1.** Wanderung *f*; **2.** ‚Bad *n* in der Menge' (*e-s Politikers etc.*).

walk·a·thon ['wɔːkəθɒn] **1.** *sport* Marathongehen *n*; **2.** 'Dauertanztur,nier *n*.

'walk·a·way → ***walkover*** 2.

walk·er ['wɔːkə] *s.* **1.** Spaziergänger(in): ***be a good ~*** gut zu Fuß sein; **2.** *sport* Geher *m*; **3.** *orn. Brit.* Laufvogel *m*; **,~-'on** [-ərɒn] *s.* → ***walk-on*** 1.

walk·ie-talk·ie [ˌwɔːkɪ'tɔːkɪ] *s.* tragbares Funksprechgerät, Walkie-Talkie *n*.

'walk-in I *adj.* **1.** begehbar: ***~ closet*** → 2; **II** *s.* **2.** begehbarer Schrank; **3.** Kühlraum *m*; **4.** *Am.* F leichter Wahlsieg.

walk·ing ['wɔːkɪŋ] **I** *adj.* **1.** gehend, wandernd; *bsd. fig.* wandelnd (*Leiche*, *Lexikon*): ***~ wounded*** ⚔ Leichtverwundete *pl.*; **2.** Geh..., Marsch..., Spazier...: ***drive at a ~ speed*** *mot.* (im) Schritt fahren; ***within ~ distance*** zu Fuß erreichbar; **II** *s.* **3.** (Spazieren)Gehen *n*; Wandern *n*; **4.** *sport* Gehen *n*; **~ boots** *s. pl.* Wanderstiefel *pl.*; **~ chair** → ***gocart*** 1; **~ del·e·gate** *s.* Gewerkschaftsbeauftragte(r) *m*; **~ gen·tle·man** *s.* [*irr.*], **~ la·dy** → ***walk-on*** 1; **~ pa·pers** *s. pl. sl.* **1.** Ent'lassung(spa,piere *pl.*) *f*; **2.** ‚Laufpass' *m*; **~ part** *s. thea.* Sta'tistenrolle *f*; **~ shoes** *s. pl.* Wanderschuhe *pl.*; **~ stick** *s.* Spazierstock *m*; **~ tick·et** → ***walking papers***; **~ tour** *s.* Wanderung *f*.

'walk|-on *s. Film, thea.* **1.** Sta'tist(in), Kom'parse *m*, Kom'parsin *f*; **2.** *a.* ***~ part*** Sta'tisten-, Kom'parsenrolle *f*; **'~·out** *s.* **1.** ✝ Ausstand *m*, Streik *m*; **2.** Auszug *m*; **'~,o·ver** *s. sport* **1.** einseitiger Wettbewerb; **2.** ‚Spaziergang' *m*, leichter Sieg (*a. fig.*); **'~-,up** *Am.* F **I** *adj.* ohne Fahrstuhl (*Haus*); **II** *s.* (Wohnung *f* in e-m) Haus ohne Fahrstuhl; **'~·way** *s.* **1.** Laufgang *m*; **2.** *Am.* Gehweg *m*.

wall [wɔːl] **I** *s.* **1.** Wand *f* (*a. fig.*): ***up against the ~***, ***with one's back to the ~*** in e-r aussichtslosen Lage; ***drive*** (*od.* ***push***) ***s.o. to the ~*** *fig.* a) j-n an die Wand drücken, b) j-n in die Enge treiben; ***go to the ~*** a) an die Wand gedrückt werden, b) ✝ Konkurs machen; ***drive*** (*od.* ***send***) ***s.o. up the ~*** F j-n ‚auf die Palme bringen'; ***run*** (*od.* ***bang***) ***one's head against a ~*** F mit dem Kopf durch die Wand wollen; **2.** ⚙ (Innen)Wand *f*; **3.** Mauer *f* (*a. fig.*): ***a ~ of silence***; ***the*** ***2*** a) die (Berliner) Mauer, b) die Klagemauer (*in Jerusalem*); **4.** Wall *m* (*a. fig.*), (Stadt-, Schutz)Mauer *f*: ***within the ~s*** in den Mauern (e-r Stadt); **5.** *anat.* (*Brust-*, *Zell- etc.*)Wand *f*; **6.** Häuserseite *f*: ***give s.o. the ~*** a) j-n auf der Häuserseite gehen lassen (*aus Höflichkeit*), b) *fig.* j-m den Vorrang lassen; **7.** ⚒ (Abbau-, Orts)Stoß *m*; **II** *v/t.* **8.** *a.* ***~ in*** mit e-r Mauer *od.* e-m Wall um'geben, um'mauern: ***~ in*** (*od.* ***up***) einmauern; **9.** *a.* ***~ up*** a) ver-, zumauern, b) (aus)mauern, um'wanden; **10.** *fig.* ab-, einschließen, *den Geist* verschließen (***against*** gegen).

wal·la·by ['wɒləbɪ] *pl.* **-bies** [-bɪz] *s. zo.* Wallaby *n* (*kleineres Känguru*).

wal·lah ['wɒlə] *s.* F ‚Knülch' *m*.

wall| bars *s. pl. sport* Sprossenwand *f*; **~ brack·et** *s.* 'Wandarm *m*, -kon,sole *f*; **~ creep·er** *s. orn.* Mauerläufer *m*; **~ cress** *s.* ♀ Acker-, *Brit. a.* Gänsekresse *f*.

wal·let ['wɒlɪt] *s.* **1.** kleine Werkzeugtasche; **2.** a) Brieftasche *f*, b) (*flache*) Geldtasche.

'wall-eye *s.* **1.** *vet.* Glasauge *n*; **2.** ⚕ a) Hornhautfleck *m*, b) auswärts schielendes Auge; **'wall-eyed** *adj.* **1.** *vet.* glasäugig (*Pferd etc.*); **2.** ⚕ a) mit Hornhautflecken, b) (auswärts) schielend.

'wall|,flow·er *s.* **1.** ⚘ Goldlack *m*; **2.** F *fig.* ‚Mauerblümchen' *n* (*Mädchen*); **~ fruit** *s.* Spa'lierobst *n*; **~ map** *s.* Wandkarte *f*.

Wal·loon [wɒ'luːn] **I** *s.* **1.** Wal'lone *m*, Wal'lonin *f*; **2.** *ling.* Wal'lonisch *n*; **II** *adj.* **3.** wal'lonisch.

wal·lop ['wɒləp] **I** *v/t.* **1.** F a) (ver)prügeln, verdreschen, b) j-m eine ‚knallen', c) *sport* ‚über'fahren' (*besiegen*); **II** *v/i.* **2.** F rasen, sausen; **3.** brodeln; **III** *s.* **4.** F a) wuchtiger Schlag, b) Schlagkraft *f*, c) *Am.* Mordsspaß *m*; **'wal·lop·ing** [-pɪŋ] **I** *adj.* F riesig, Mords...; **II** *s.* F ‚Dresche' *f*, Tracht *f* Prügel.

wal·low ['wɒləʊ] **I** *v/i.* **1.** sich wälzen *od.* suhlen (*Schweine etc.*) (*a. fig.*): ***~ in money*** *fig.* in Geld schwimmen; ***~ in pleasure*** im Vergnügen schwelgen; ***~ in vice*** dem Laster frönen; **II** *s.* **2.** Sich'wälzen *n*; **3.** Schwelgen *n*; **4.** *hunt.* Suhle *f*; **5.** *fig.* Sumpf *m*.

wall| paint·ing *s.* Wandgemälde *n*; **'~-,pa·per I** *s.* Ta'pete *f*; **II** *v/t. u. v/i.* tapezieren; **~ plug** *s.* ⚡ Netzstecker *m*; **~ sock·et** *s.* ⚡ (Wand)Steckdose *f*; **♀ Street** *s.* Wall Street *f*: a) *Bank- u. Börsenstraße in New York*, b) *fig.* der amer. Geld- u. Kapi'talmarkt, c) *fig.* die amer. 'Hochfi,nanz; **~ tent** *s.* Steilwandzelt *n*; **,~-to-'~** *adj.*: ***~ carpet*** Spannteppich *m*; ***~ carpeting*** Teppichboden *m*; **~ tree** *s.* Spa'lierbaum *m*.

wal·nut ['wɔːlnʌt] *s.* ⚘ **1.** Walnuss *f* (*Frucht*); **2.** Walnuss(baum *m*) *f*; **3.** Nussbaumholz *n*.

wal·rus ['wɔːlrəs] *s.* **1.** *zo.* Walross *n*; **2.** *a.* ***~ m(o)ustache*** Schnauzbart *m*.

waltz [wɔːls] **I** *s.* **1.** Walzer *m*; **II** *v/i.* **2.** (*v/t.* mit *j-m*) Walzer tanzen, walzen; **3.** *vor Freude etc.* her'umtanzen; **~ time** *s.* ♪ Walzertakt *m*.

wan [wɒn] *adj.* □ **1.** bleich, blass, fahl; **2.** schwach, matt (*Lächeln etc.*).

wand [wɒnd] *s.* **1.** Rute *f*; **2.** Zauberstab *m*; **3.** (Amts-, Kom'mando)Stab *m*; **4.** ♪ Taktstock *m*.

wan·der ['wɒndə] *v/i.* **1.** wandern: a) ziehen, streifen, b) schlendern, bummeln, c) *fig.* schweifen, irren, gleiten (*Auge, Gedanken etc.*): ***~ in*** hereinschneien (*Besucher*); ***~ off*** a) davonziehen, b) sich verlieren (***into*** in *acc.*) (*a. fig.*); **2.** *a.* ***~ about*** um'herwandern, -ziehen, -irren, -schweifen (*a. fig.*); **3.** *a.* ***~ away*** irregehen, sich verirren (*a. fig.*); **4.** abirren, -weichen (***from*** von) (*a. fig.*): ***~ from the subject*** vom Thema abschweifen; **5.** fantasieren: a) irrereden, faseln, b) im Fieber reden; **6.** geistesabwesend sein; **'wan·der·ing** [-dərɪŋ] **I** *s.* **1.** Wandern *n*; **2.** He'rumziehen *n*; **3.** *mst pl.* a) Wanderung(en *pl.*) *f*, b) Wanderschaft *f*; **4.** *mst pl.* Fantasieren *n*: a) Irrereden *n*, Faseln *n*, b) Fieberwahn *m*; **II** *adj.* □ **5.** wandernd, Wander...; **6.** um'herschweifend, Nomaden...; **7.** unstet: ***the ♀ Jew*** der Ewige Jude; **8.** irregehend, abirrend (*a. fig.*): ***~ bullet*** verirrte Kugel; **9.** ⚘ Kriech..., Schling...; **10.** ⚕ Wander...(*-niere, -zelle*).

wan·der·lust ['wɒndəlʌst] (*Ger.*) *s.* Wanderlust *f*, Fernweh *n*.

wane [weɪn] **I** *v/i.* **1.** abnehmen (*a. Mond*), nachlassen, schwinden (*Einfluss, Kräfte, Interesse etc.*); **2.** schwächer werden, verblassen (*Licht, Farben etc.*); **3.** zu Ende gehen; **II** *s.* **4.** Abnehmen *n*, Abnahme *f*, Schwinden *n*: ***be on the ~*** → 1 *u.* 3; ***in the ~ of the moon*** bei abnehmendem Mond.

wan·gle ['wæŋgl] *sl.* **I** *v/t.* **1.** *et.* ‚drehen' *od.* ‚deichseln' *od.* ‚schaukeln'; **2.** *et.* ‚organisieren' (*beschaffen*): ***~ o.s. s.th.*** et. für sich ‚herausschlagen'; **3.** ergaunern: ***~ s.th. out of s.o.*** j-m et. abluchsen; ***~ s.o. into doing s.th.*** j-n dazu bringen, et. zu tun; **4.** ‚frisieren' (*fälschen*); **II** *v/i.* **5.** mogeln, ‚schieben'; **6.** sich her'auswinden (***out of*** aus *dat.*); **III** *s.* **7.** Kniff *m*, Trick *m*; **8.** Schiebung *f*, Moge'lei *f*; **'wan·gler** [-lə] *s.* Gauner *m*, Schieber *m*, Mogler *m*.

wank [wæŋk] *v/i. Brit.* V ‚wichsen' (*masturbieren*).

wan·na ['wɒnə] F *für* **want to**: ***I ~ go***.

wan·na·be ['wɒnəbiː] *s.* F *contp.* ‚Möchtegern' *m*.

want [wɒnt] **I** *v/t.* **1.** wünschen: a) (haben) wollen, b) *vor inf.* (*et. tun*) wollen: ***I ~ to go*** ich möchte gehen; ***I ~ed to go*** ich wollte gehen; ***what do you ~ (with me)?*** was hab ich damit zu tun?; ***I ~ you to try*** ich möchte, dass du es versuchst; ***I ~ it done*** ich wünsche *od.* möchte, dass es getan wird; ***~ed*** gesucht (*in Annoncen; a. von der Polizei*); ***you are ~ed*** du wirst gewünscht *od.* gesucht, man will dich sprechen; **2.** ermangeln (*gen.*), nicht (genug) haben, es fehlen lassen an (*dat.*): *obs.* ***he ~s judg(e)ment*** es fehlt ihm an Urteilsvermögen; **3.** a) brauchen, nötig haben, erfordern, benötigen, bedürfen (*gen.*), b) müssen, sollen: ***you ~ some rest*** du hast etwas Ruhe nötig; ***this clock ~s repairing*** (*od.* ***to be repaired***) diese Uhr müsste *od.* sollte repariert werden; ***it ~s doing*** es muss getan werden; ***you don't ~ to be rude*** Sie brauchen nicht grob zu werden; ***you ~ to see a doctor*** du solltest e-n Arzt aufsuchen; **II** *v/i.* **4.**

ermangeln (***for*** *gen.*): ***he does not ~ for talent*** es fehlt ihm nicht an Begabung; ***he ~s for nothing*** es fehlt ihm an nichts; **5.** (***in***) es fehlen lassen (an *dat.*), ermangeln (*gen.*); → ***wanting*** 2; **6.** Not leiden; **III** *s.* **7.** *pl.* Bedürfnisse *pl.*, Wünsche *pl.*: ***a man of few ~s*** ein Mann mit geringen Bedürfnissen *od.* Ansprüchen; **8.** Notwendigkeit *f*, Bedürfnis *n*, Erfordernis *n*; Bedarf *m*; **9.** Mangel *m*, Ermangelung *f*: ***a*** (***long-***)***felt ~*** → ***feel*** 2; ***~ of care*** Achtlosigkeit *f*; ***~ of sense*** Unvernunft *f*; ***from*** (*od.* ***for***) ***~ of*** aus Mangel an (*dat.*), in Ermang(e)lung (*gen.*); ***be in*** (***great***) ***~ of s.th.*** et. (dringend) brauchen *od.* benötigen; ***in ~ of repair*** reparaturbedürftig; **10.** Bedürftigkeit *f*, Armut *f*, Not *f*: ***be in ~*** Not leiden; **want ad** *s.* F **1.** Stellengesuch *n*; **2.** Stellenangebot *n*; **want·age** ['wɒntɪdʒ] *s.* † Fehlbetrag *m*, Defizit *n*; '**want·ing** [-tɪŋ] **I** *adj.* **1.** fehlend, mangelnd; **2.** ermangelnd (***in*** *gen.*): ***be ~ in*** es fehlen lassen an (*dat.*); ***be ~ to*** *j-n* im Stich lassen, *e-r Erwartung* nicht gerecht werden, *e-r Lage* nicht gewachsen sein; ***he is never found ~*** auf ihn ist immer Verlass; **3.** nachlässig (***in*** in *dat.*); **II** *prp.* **4.** ohne: ***a book ~ a cover.***

wan·ton ['wɒntən] **I** *adj.* ☐ **1.** mutwillig: a) ausgelassen, wild, b) leichtfertig, c) böswillig (*a.* ⚖), d) rücksichtslos; ***~ negligence*** ⚖ grobe Fahrlässigkeit; **2.** liederlich, ausschweifend; **3.** wollüstig, geil; **4.** üppig (*Haar*, *Fantasie etc.*); **II** *s.* **5.** *obs.* a) Buhlerin *f*, Dirne *f*, b) Wüstling *m*; **III** *v/i.* **6.** um'hertollen; **7.** ⚘ wuchern; '**wan·ton·ness** [-nɪs] *s.* **1.** Mutwille *m*; **2.** Böswilligkeit *f*; **3.** Liederlichkeit *f*; **4.** Geilheit *f*, Lüsternheit *f*.

wap·en·take ['wæpənteɪk] *s.* Hundertschaft *f*, Bezirk *m* (*Unterteilung der nördlichen Grafschaften Englands*).

war [wɔː] **I** *s.* **1.** Krieg *m*: ***~ of aggression*** (***attrition***, ***independence***, ***nerves***, ***succession***) Angriffs- (Zermürbungs-, Unabhängigkeits-, Nerven-, Erbfolge)krieg; ***be at ~*** (***with***) a) Krieg führen (gegen *od.* mit), b) *fig.* im Streit liegen *od.* auf (dem) Kriegsfuß stehen (mit); ***make ~*** Krieg führen, kämpfen (***on***, ***upon***, ***against*** gegen, ***with*** mit); ***go to ~*** (***with***) Krieg beginnen (mit); ***carry the ~ into the enemy's country*** (*od.* ***camp***) a) den Krieg ins feindliche Land *od.* Lager tragen, b) *fig.* zum Gegenangriff 'übergehen; ***he has been in the ~s*** *fig. Brit.* es hat ihn arg mitgenommen; → ***declare*** 1; **2.** Kampf *m*, Streit *m* (*a. fig.*); **3.** Feindseligkeit *f*; **II** *v/i.* **4.** kämpfen, streiten (***against*** gegen, ***with*** mit); **5.** → ***warring*** 2; **III** *adj.* **6.** Kriegs...

war·ble ['wɔːbl] **I** *v/t. u. v/i.* trillern, schmettern (*Singvögel od. Person*); **II** *s.* Trillern *n*; '**war·bler** [-lə] *s.* **1.** trillernder Vogel; **2.** a) Grasmücke *f*, b) Teichrohrsänger *m*.

'**war|-ˌblind·ed** *adj.* kriegsblind; **~ bond** *s.* Kriegsschuldverschreibung *f*; **~ cloud** *s. mst pl.* (drohende) Kriegsgefahr; **~ crime** *s.* Kriegsverbrechen *n*; **~ crim·i·nal** *s.* Kriegsverbrecher *m*; **~ cry** *s.* Schlachtruf *m* (*der Soldaten*) (*a. fig.*), Kriegsruf *m* (*der Indianer*).

ward [wɔːd] **I** *s.* **1.** (Stadt-, Wahl)Bezirk *m*: ***~ heeler*** *pol. Am.* F (Wahl)Bezirksleiter *m* (*e-r Partei*); **2.** a) ('Kranken-haus)StatiˌOn *f*: ***~ sister*** Stationsschwester *f*, b) (Kranken)Saal *m od.* (-)Zimmer *n*; **3.** a) (Gefängnis)Trakt *m*, b) Zelle *f*; **4.** *obs.* Gewahrsam *m*, Haft *f*; **5.** ⚖ a) Mündel *n*: ***~ of court***, ***~ in chancery*** Mündel unter Amtsvormundschaft, b) Vormundschaft *f*: ***in ~*** unter Vormundschaft (stehend); **6.** Schützling *m*; **7.** ⚙ a) Gewirre *n* (*e-s Schlosses*), b) (Einschnitt *m* im) Schlüsselbart *m*; **8.** ***keep watch and ~*** Wache halten; **II** *v/t.* **9.** ***~ off*** *Schlag etc.* parieren, abwehren, *Gefahr* abwenden.

war| dance *s.* Kriegstanz *m*; **~ debt** *s.* Kriegsschuld *f*.

ward·en ['wɔːdn] *s.* **1.** *obs.* Wächter *m*; **2.** Aufseher *m*, (*bsd.* Luftschutz)Wart *m*; Herbergsvater *m*; → ***game warden***; **3.** *mst hist.* Gouver'neur *m*; **4.** (*Brit.* 'Anstalts-, *Am.* Ge'fängnis)DiˌRektor *m*, (*a.* Kirchen)Vorsteher *m*; *Brit. univ.* Rektor *m e-s College*: ***♀ of the Mint*** *Brit.* Münzwardein *m*.

ward·er ['wɔːdə] *s.* **1.** *obs.* Wächter *m*; **2.** *Brit.* a) (Mu'seums- *etc.*)Wärter *m*, b) Aufsichtsbeamte(r) *m* (*Strafanstalt*); '**ward·ress** [-drɪs] *s. Brit.* Aufsichtsbeamtin *f*.

ward·robe ['wɔːdrəʊb] *s.* **1.** Garde'robe *f*, Kleiderbestand *m*; **2.** Kleiderschrank *m*; **3.** Garde'robe *f* (*a. thea.*): a) Kleiderkammer *f*, b) Ankleidezimmer *n*; **~ bed** *s.* Schrankbett *n*; **~ trunk** *s.* Schrankkoffer *m*.

ward·room ['wɔːdrʊm] *s.* ⚓ Offi'ziersmesse *f*.

ward·ship ['wɔːdʃɪp] *s.* Vormundschaft *f* (***of***, ***over*** über *acc.*).

ware[1] [weə] *s.* **1.** *mst pl.* Ware(n *pl.*) *f*, Ar'tikel *m* (*od. pl.*), Erzeugnis(se *pl.*) *n*: ***peddle one's ~s*** *fig. contp.* mit s-m Kram hausieren gehen; **2.** Geschirr *n*, Porzel'lan *n*, Töpferware *f*.

ware[2] [weə] *v/i. u. v/t. obs.* sich vorsehen (vor *dat.*): ***~!*** Vorsicht!

'**ware·house** **I** *s.* [-haʊs] **1.** Lagerhaus *n*, Speicher *m*: ***customs ~*** † Zollniederlage *f*; **2.** (Waren)Lager *n*, Niederlage *f*; **3.** *bsd. Brit.* Großhandelsgeschäft *n*; **4.** *Am. contp.* ‚Bude' *f*, ‚Schuppen' *m*;

II *v/t.* [-haʊz] **5.** auf Lager nehmen, (ein)lagern; **6.** *Möbel etc.* zur Aufbewahrung geben *od.* nehmen; **7.** unter Zollverschluss bringen; **~ ac·count** *s.* Lagerkonto *n*; **~ bond** *s.* **1.** Lagerschein *m*; **2.** Zollverschlussbescheinigung *f*; **'~·man** [-mən] *s.* [*irr.*] ✝ **1.** Lage'rist *m*, Lagerverwalter *m*; **2.** Lagerarbeiter *m*; **3.** *Brit.* Großhändler *m*.

'war·fare *s.* **1.** Kriegführung *f*; **2.** (*a. Wirtschafts- etc.*)Krieg *m*; **3.** *fig.* Kampf *m*, Fehde *f*, Streit *m*.

war| game *s.* ⚔ **1.** Kriegs-, Planspiel *n*; **2.** Ma'növer *n*; **~ god** *s.* Kriegsgott *m*; **~ grave** *s.* Kriegs-, Sol'datengrab *n*; **~ guilt** *s.* Kriegsschuld *f*; **'~·head** *s.* ⚔ Spreng-, Gefechtskopf *m* (*e-s Torpedos etc.*); **'~·horse** *s.* **1.** *poet.* Schlachtross *n* (*a. fig.* F); **2.** F alter Haudegen *od.* Kämpe (*a. fig.*).

war·i·ness ['weərɪnɪs] *s.* Vorsicht *f*, Behutsamkeit *f*.

'war·like *adj.* **1.** kriegerisch; **2.** Kriegs...

war·lock ['wɔːlɒk] *s. obs.* Zauberer *m*.

'war·lord *s. rhet.* Kriegsherr *m*.

warm [wɔːm] **I** *adj.* □ **1.** *allg.* warm (*a. Farbe etc.*; *a. fig. Herz, Interesse etc.*): ***a ~ corner*** *fig.* e-e ‚ungemütliche Ecke' (*gefährlicher Ort*); ***a ~ reception*** ein warmer Empfang (*a. iro. von Gegnern*); ***~ work*** a) schwere Arbeit, b) gefährliche Sache, c) heißer Kampf; ***keep s.th. ~*** (F *fig.* sich) et. warm halten; ***make it*** (*od.* ***things***) ***~ for s.o.*** j-m die Hölle heiß machen; ***this place is too ~ for me*** *fig.* hier brennt mir der Boden unter den Füßen; **2.** erhitzt, heiß; **3.** a) glühend, leidenschaftlich, eifrig, b) herzlich; **4.** erregt, hitzig; **5.** *hunt.* frisch (*Fährte etc.*); **6.** F ‚warm', nahe (dran) (*im Suchspiel*): ***you are getting ~er*** *fig.* du kommst der Sache (schon) näher; **II** *s.* **7.** *et.* Warmes, warmes Zimmer *etc.*; **8.** ***give*** (***have***) ***a ~*** *et.* (sich) (auf)wärmen; **III** *v/t.* **9.** *a.* ***~ up*** (an-, auf-, er)wärmen, *Milch etc.* warm machen: ***~ over*** *Am. Speisen etc., a. fig. alte Geschichten etc.* aufwärmen; ***~ one's feet*** sich die Füße wärmen; **10.** *fig. Herz etc.* (er)wärmen; **11.** ***~ up*** *fig.* a) Schwung bringen in (*acc.*), b) *Zuschauer etc.* einstimmen; **12.** F verprügeln, -sohlen; **IV** *v/i.* **13.** *a.* ***~ up*** warm werden, sich erwärmen; *Motor etc.* warm laufen; **14.** ***~ up*** *fig.* in Schwung kommen (*Party etc.*); **15.** *fig.* (***to***) a) sich erwärmen (für), b) warm werden (mit *j-m*); **16.** (***for***) a) *sport* sich aufwärmen (für), b) sich vorbereiten (auf *acc.*); **,~-'blood·ed** *adj.* **1.** *zo.* warmblütig: ***~ animals*** Warmblüter *pl.*; **2.** *fig.* heißblütig; **,~'heart·ed** *adj.* □ warmherzig.

warm·ing ['wɔːmɪŋ] *s.* **1.** (Auf-, An-)Wärmen *n*, Erwärmung *f*; **2.** F Tracht *f* Prügel, ‚Senge' *f*; **~ pad** *s.* ⚡ Heizkissen *n*.

warm·ish ['wɔːmɪʃ] *adj.* lauwarm.

war|·mon·ger ['wɔːˌmʌŋgə] *s.* Kriegshetzer *m*; **'~ˌmon·ger·ing** [-ərɪŋ] *s.* Kriegshetze *f*, -treibe'rei *f*.

warm start *s. Computer*: Warmstart *m*.

warmth [wɔːmθ] *s.* **1.** Wärme *f*; **2.** *fig.* Wärme *f*: a) Herzlichkeit *f*, b) Eifer *m*, Begeisterung *f*; **3.** Heftigkeit *f*, Erregtheit *f*.

'warm·up *s.* **1.** a) *sport* Aufwärmen *n*, b) *fig.* Vorbereitung (**for** auf *acc.*); **2.** Warmlaufen *n* (*des Motors etc.*); **3.** *TV etc.*: Einstimmung *f* (*des Publikums*).

warn [wɔːn] *v/t.* **1.** warnen (**of**, ***against*** vor *dat.*): ***~ s.o. against doing s.th.*** j-n davor warnen, et. zu tun; **2.** *j-n* (warnend) hinweisen, aufmerksam machen (**of** auf *acc.*, ***that*** dass); **3.** ermahnen *od.* auffordern (***to do*** zu tun); **4.** *j-m* (dringend) raten, nahe legen (***to do*** zu tun); **5.** (***of***) *j-n* in Kenntnis setzen *od.* verständigen (von), *j-n* wissen lassen (*acc.*), *j-m* ankündigen (*acc.*); **6.** verwarnen; **7.** ***~ off*** (***from***) a) abweisen, -halten (von), b) hin'ausweisen (aus); **'warn·ing** [-nɪŋ] **I** *s.* **1.** Warnen *n*, Warnung *f*: ***give s.o.*** (***fair***) ***~***, ***give*** (***fair***) ***~ to s.o.*** j-n (rechtzeitig) warnen (***of*** vor *dat.*); ***take ~ by*** (*od.* ***from***) sich *et.* zur Warnung dienen lassen; **2.** a) Verwarnung *f*, b) (Er)Mahnung *f*; **3.** *fig.* Warnung *f*, warnendes Beispiel; **4.** warnendes An- *od.* Vorzeichen (***of*** für); **5.** 'Warnsiˌgnal *n*; **6.** Benachrichtigung *f*, (Vor)Anzeige *f*, Ankündigung *f*: ***give ~*** (***of***) *j-m* ankündigen (*acc.*), Bescheid geben (über *acc.*); ***without any ~*** völlig unerwartet; **7.** a) Kündigung *f*, b) (Kündigungs)Frist *f*: ***give ~*** (***to***) (*j-m*) kündigen; ***at a minute's ~*** a) ✝ auf jederzeitige Kündigung, b) ✝ fristlos, c) in kürzester Frist, jeden Augenblick; **II** *adj.* □ **8.** warnend, Warn...(*-glocke, -meldung, etc.*): ***~ colo(u)r***, ***~ coloration*** *zo.* Warn-, Trutzfarbe *f*; ***~ light*** a) ⚙ Warnlicht *n*, b) ⚓ Warn-, Signalfeuer *n*; ***~ shot*** Warnschuss *m*; ***~ strike*** ✝ Warnstreik *m*; ***~ triangle*** *mot.* Warndreieck *n*.

warn't [wɑːnt] *dial. für* a) ***wasn't***, b) ***weren't***.

War| Of·fice *s. Brit. hist.* 'Kriegsminisˌterium *n*; **ꝰ or·phan** *s.* Kriegswaise *f*.

warp [wɔːp] **I** *v/t.* **1.** *Holz etc.* verziehen, werfen, krümmen; ✈ *Tragflächen* verwinden; **2.** *j-n, j-s Geist* nachteilig beeinflussen, verschroben machen; *j-s Urteil* verfälschen; → ***warped*** 3; **3.** a) verleiten (***into*** zu), b) abbringen (***from*** von); **4.** *Tatsache etc.* entstellen, verdrehen, -zerren; **5.** ⚓ *Schiff* bugsieren, verholen; **6.** *Weberei*: *Kette* anscheren, anzetteln; **7.** ⚒ a) mit Schlamm düngen, b) *a.* ~ ***up*** verschlammen; **II** *v/i.* **8.** sich werfen *od.* verziehen *od.* krümmen, krumm werden (*Holz etc.*); **9.** entstellt *od.* verdreht werden; **III** *s.* **10.** Verziehen *n*, Verkrümmung *f*, -werfung *f* (*von Holz etc.*); **11.** *fig.* Neigung *f*; **12.** *fig.* a) Entstellung *f*, Verzerrung *f*, b) Verschrobenheit *f*; **13.** *Weberei*: Kette(nfäden *pl.*) *f*, Zettel *m*: ~ ***and woof*** Kette u. Schuss; **14.** ⚓ Bugsiertau *n*, Warpleine *f*; **15.** ⚒, *geol.* Schlamm (-ablagerung *f*) *m*, Schlick *m*.

war| paint *s.* **1.** Kriegsbemalung *f* (*der Indianer*); **2.** F a) ‚volle Kriegsbemalung', b) große Gala; ~ **path** *s.* Kriegspfad *m* (*der Indianer*): ***be on the*** ~ a) auf dem Kriegspfad sein (*a. fig.*), b) *fig.* kampflustig sein.

warped [wɔːpt] *adj.* **1.** verzogen (*Holz etc.*), krumm (*a.* ⩓); **2.** *fig.* verzerrt, verfälscht; **3.** *fig.* ‚verbogen', verschroben: ~ ***mind***; **4.** par'teiisch.

war plane *s.* Kampfflugzeug *n*.

war·rant ['wɒrənt] **I** *s.* **1.** *a.* ~ ***of attorney*** Vollmacht *f*; Befugnis *f*, Berechtigung *f*; **2.** Rechtfertigung *f*: ***not without*** ~ nicht ohne gewisse Berechtigung; **3.** Garan'tie *f*, Gewähr *f* (*a. fig.*); **4.** Berechtigungsschein *m*: ***dividend*** ~ ☤ Dividenden-, Gewinnanteilschein *m*; **5.** ⚖ (Voll'ziehungs- *etc.*)Befehl *m*: ~ ***of apprehension*** a) Steckbrief *m*, b) *a.* ~ ***of arrest*** Haftbefehl *m*; ~ ***of attachment*** Beschlagnahmeverfügung *f*; ***a*** ~ ***is out against him*** er wird steckbrieflich gesucht; **6.** ⚔ Pa'tent *n*, Beförderungsurkunde *f*: ~ (***officer***) a) ⚓ (Ober)Stabsbootsmann *m*, Deckoffizier *m*, b) ⚔ *etwa*: (Ober)Stabsfeldwebel *m*; **7.** ☤ (Lager-, Waren)Schein *m*: ***bond*** ~ Zollgeleitschein; **8.** ☤ (Rück-) Zahlungsanweisung *f*; **II** *v/t.* **9.** *bsd.* ⚖ bevollmächtigen, autorisieren; **10.** rechtfertigen, berechtigen zu; **11.** *a.* ☤ garantieren, zusichern, haften für, gewährleisten: ***I can't*** ~ ***that*** das kann ich nicht garantieren; ~***ed for three years*** drei Jahre Garantie; ***I'll*** ~ (***you***) F a) mein Wort darauf, b) ich könnte schwören; **12.** bestätigen, erweisen; **'war·rant·a·ble** [-təbl] *adj.* ☐ **1.** vertretbar, gerechtfertigt, berechtigt; **2.** *hunt.* jagdbar (*Hirsch*); **'war·rant·a·bly** [-təblɪ] *adv.* mit Recht, berechtigterweise; **war·ran·tee** [ˌwɒrən'tiː] *s.* ☤, ⚖ Sicherheitsempfänger *m*; **'war·rant·er** [-tə], **'war·ran·tor** [-tɔː] *s.* Sicherheitsgeber *m*; **'war·ran·ty** [-tɪ] *s.* **1.** ☤, ⚖ Ermächtigung *f*, Vollmacht *f* (***for*** zu); **2.** Rechtfertigung *f*; **3.** *bsd.* ⚖ Bürgschaft *f*, Garan'tie *f*; **4.** *a.* ~ ***deed*** ⚖ a) 'Rechtsgaranˌtie *f*, b) *Am.* 'Grundstücksüberˌtragungsurkunde *f*.

war·ren ['wɒrən] *s.* **1.** Ka'ninchengehege *n*; **2.** *hist. Brit.* Wildgehege *n*; **3.** *fig.* Laby'rinth *n*, *bsd.* a) 'Mietskaˌserne *f*, b) enges Straßengewirr.

war·ring ['wɔːrɪŋ] *adj.* **1.** sich bekriegend, (sich) streitend: ~ ***factions*** Kriegsparteien *pl*; **2.** *fig.* 'widerstreitend, entgegengesetzt.

war·ri·or ['wɒrɪə] *s. poet.* Krieger *m*.

war| risk in·sur·ance *s.* ☤ Kriegsversicherung *f*; **'**~**·ship** *s.* Kriegsschiff *n*.

wart [wɔːt] *s.* **1.** ⚕, ⚘, *zo.* Warze *f*: ~***s and all*** *fig.* mit all s-n Fehlern u. Schwächen; **2.** ⚘ Auswuchs *m*; **'wart·ed** [-tɪd] *adj.* warzig.

'war·time I *s.* Kriegszeit *f*; **II** *adj.* Kriegs...

wart·y ['wɔːtɪ] *adj.* warzig.

war|·wea·ry ['wɔːˌwɪərɪ] *adj.* kriegsmüde; ~ **whoop** *s.* Kriegsgeheul *n* (*der Indianer*); ~ **wid·ow** *s.* Kriegerwitwe *f*; **'**~**·worn** *adj.* **1.** kriegszerstört, vom Krieg verwüstet; **2.** kriegsmüde.

war·y ['weərɪ] *adj.* ☐ vorsichtig: a) wachsam, *a.* argwöhnisch, b) 'umsichtig, c) behutsam: ***be*** ~ sich hüten (***of*** vor *dat.*, ***of doing*** *et.* zu tun).

was [wɒz; wəz] *1. u. 3. sg. pret. ind. von* ***be***; *im pass.* wurde: ***he*** ~ ***killed***; ***he*** ~ ***to have come*** er hätte kommen sollen; ***he didn't know what*** ~ ***to come*** er ahnte nicht, was noch kommen sollte; ***he*** ~ ***never to see his mother again*** er sollte seine Mutter nie mehr wiedersehen.

wash [wɒʃ] **I** *s.* **1.** Waschen *n*, Wäsche *f*: ***at the*** ~ in der Wäsche(rei); ***give s.th. a*** ~ et. (ab)waschen; ***have a*** ~ sich waschen; ***come out in the*** ~ a) herausgehen (*Flecken*), b) *fig.* F in Ordnung kommen, c) *fig.* F sich zeigen; **2.** (*zu waschende od. gewaschene*) Wäsche: ***in the*** ~ in der Wäsche; **3.** Spülwasser *n* (*a. fig. dünne Suppe etc.*); **4.** Spülicht *n*, Küchenabfälle *pl.*; **5.** *fig. contp.* Gewäsch *n*, leeres Gerede; **6.** ⚕ Waschung *f*; **7.** (*Augen-, Haar- etc.*)Wasser *n*; **8.** Wellenschlag *m*, (Tosen *n* der) Brandung *f*; **9.** ⚓ Kielwasser *n* (*a. fig.*); **10.** ✈ a) Luftstrudel *m*, b) glatte Strömung; **11.** *geol.* a) (Alluvi'al)Schutt *m*, b) Schwemmland *n*; **12.** seichtes Gewässer; **13.** 'Farbˌüberzug *m*: a) dünn aufgetragene (Wasser)Farbe, b) △ Tünche *f*; **14.** ⚙ a) Bad *n*, Abspritzung *f*, b) Plattierung *f*; **II** *adj.* **15.** waschbar, -echt, Wasch...: ~ ***glove*** Waschlederhandschuh *m*; ~ ***silk*** Waschseide *f*; **III** *v/t.* **16.** waschen: ~ (***up***) ***dishes*** Geschirr (ab)spülen; → ***hand*** *Redew.*; **17.** (ab)spülen; (-)spritzen; **18.** be-, um-, über'spülen (*Fluten*); **19.** (fort-, weg-) spülen, (-)schwemmen: ~ ***ashore***; **20.** *geol.* graben (*Wasser*); → ***wash away*** 2, ***wash out*** 1; **21.** a) tünchen, b) dünn anstreichen, c) tuschen; **22.** *Erze* waschen, schlämmen; **23.** ⚙ plattieren;

W

IV *v/i.* **24.** sich waschen; waschen (*Wäscherin etc.*); **25.** sich *gut etc.* waschen (lassen), waschecht sein; **26.** *bsd. Brit.* F a) standhalten, b) ‚ziehen', stichhaltig sein: ***that won't ~*** (***with me***) das zieht nicht (bei mir); **27.** (*vom Wasser*) gespült *od.* geschwemmt werden; **28.** fluten, spülen (***over*** über *acc.*); branden, schlagen (***against*** gegen), plätschern; *Zssgn mit adv.*:

wash| a·way I *v/t.* **1.** ab-, wegwaschen; **2.** weg-, fortspülen, -schwemmen; **II** *v/i.* **3.** weggeschwemmt werden; **~ down** *v/t.* **1.** abwaschen, -spritzen; **2.** hin'unterspülen (*a. Essen mit e-m Getränk*); **~ off** → ***wash away***; **~ out I** *v/t.* **1.** auswaschen, ausspülen, unter'spülen (*a. geol. etc.*); **2.** F *Plan etc.* fallen lassen, aufgeben; **3.** ***washed out*** a) → ***washed-out***, b) wegen Regens abgesagt *od.* abgebrochen (*Veranstaltung*); **II** *v/i.* **4.** sich auswaschen, verblassen; **5.** sich wegwaschen lassen (*Farbe*); **~ up I** *v/t.* **1.** *Geschirr* spülen; **2.** → ***washed-up***; **II** *v/i.* **3.** F sich (Gesicht u. Hände) waschen; **4.** Geschirr spülen.

wash·a·ble ['wɒʃəbl] *adj.* waschecht, -bar; *Tapete*: abwaschbar.

'wash|·bag *s. Brit.* Kul'turbeutel *m*; **~·ba·sin** ['wɒʃˌbeɪsn] *s.* Waschbecken *n*, -schüssel *f*; **'~·board** *s.* **1.** Waschbrett *n*; **2.** Fuß-, Scheuerleiste *f* (*an der Wand*); **~ bot·tle** *s.* ⚗ **1.** Spritzflasche *f*; **2.** (Gas)Waschflasche *f*; **'~·bowl** → ***washbasin***; **'~ˌcloth** *s. Am.* Waschlappen *m*.

washed|-out [ˌwɒʃt'aʊt] *adj.* **1.** verwaschen, verblasst; **2.** F ‚fertig', ‚erledigt' (*erschöpft*); **ˌ~-'up** *adj.* F ‚erledigt', ‚fertig': a) erschöpft, b) völlig ruiniert.

wash·er ['wɒʃə] *s.* **1.** Wäscher(in); **2.** 'Waschmaˌschine *f*; **3.** (Ge'schirr)Spülmaˌschine *f*; **4.** *Papierherstellung*: Halb(zeug)holländer *m*; **5.** ⚙ 'Unterlegscheibe *f*, Dichtungsring *m*; **'~ˌwom·an** *s.* [*irr.*] Waschfrau *f*, Wäscherin *f*.

wash·e·te·ri·a [ˌwɒʃə'tɪərɪə] *s. Brit.* **1.** 'Waschsaˌlon *m*; **2.** (Auto)Waschanlage *f*.

'wash·hand *adj. Brit.* Handwasch...: **~ *basin*** (Hand)Waschbecken *n*; **~ *stand*** (Hand)Waschständer *m*.

wash·i·ness ['wɒʃɪnɪs] *s.* **1.** Wässerigkeit *f* (*a. fig.*); **2.** Verwaschenheit *f*.

wash·ing ['wɒʃɪŋ] **I** *s.* **1.** → ***wash*** 1, 2; **2.** *oft pl.* Spülwasser *n*; **3.** ⚙ nasse Aufbereitung, Erzwäsche *f*; **4.** 'Farbˌüberzug *m*; **II** *adj.* **5.** Wasch..., Wäsche...; **~ ma·chine** *s.* 'Waschmaˌschine *f*; **~ so·da** *s.* (Bleich)Soda *f*, *n*; **ˌ~-'up** *s.* Abwasch *m* (*a. Geschirr*): ***do the ~*** Geschirr spülen; **~ *liquid*** Spülmittel *n*.

wash| leath·er *s.* **1.** Waschleder *n*; **2.** Fenster(putz)leder *n*; **'~·out** *s.* **1.** *geol.* Auswaschung *f*; **2.** Unter'spülung *f* (*e-r Straße etc.*); **3.** *sl.* a) ‚Niete' *f*, Versager *m* (*Person*), b) ‚Pleite' *f*, ‚Reinfall' *m*, c) ⚔ ‚Fahrkarte' *f* (*Fehlschuss*); **'~·rag** *s. Am.* Waschlappen *m*; **'~·room** *s. Am.* (öffentliche) Toi'lette; **~ sale** *s.* ✝ *Börse*: Scheinverkauf *m*; **'~·stand** *s.* **1.** Waschständer *m*; **2.** Waschbecken *n* (*mit fließendem Wasser*); **'~·tub** *s.* Waschwanne *f*.

wash·y ['wɒʃɪ] *adj.* ☐ **1.** verwässert, wässerig (*beide a. fig. kraftlos, seicht*); **2.** verwaschen, blass (*Farbe*).

WASP [wɒsp] *s. Am.* prote'stantischer weißer Angelsachse (*aus* ***White Anglo-Saxon Protestant***).

wasp [wɒsp] *s. zo.* Wespe *f*; **'wasp·ish** [-pɪʃ] *adj.* ☐ *fig.* a) reizbar, b) gereizt, giftig.

was·sail ['wɒseɪl] *s. obs.* **1.** (Trink)Gelage *n*; **2.** Würzbier *n*.

wast [wɒst; wəst] *obs.* *2. sg. pret. ind. von* **be**: ***thou ~*** du warst.

wast·age ['weɪstɪdʒ] *s.* **1.** Verlust *m*, Abgang *m*, Verschleiß *m*; **2.** Vergeudung *f*: **~ *of energy*** a) Energieverschwendung *f*, b) *fig.* Leerlauf *m*.

waste [weɪst] **I** *adj.* **1.** öde, wüst, unfruchtbar, unbebaut (*Land*): ***lie ~*** brachliegen; ***lay ~*** verwüsten; **2.** a) nutzlos, 'überflüssig, b) ungenutzt, 'überschüssig: **~ *energy***; **3.** unbrauchbar, Abfall...; **4.** ⚙ a) abgängig, Abgangs..., Ab...(-*gas etc.*), b) Abfluss..., Ablauf...; **II** *s.* **5.** Verschwendung *f*, Vergeudung *f*: **~ *of energy*** (***money***, ***time***) Kraft- (Geld-, Zeit)verschwendung; ***go*** (*od.* ***run***) ***to ~*** a) brachliegen, verwildern, b) vergeudet werden, c) verlottern, -fallen; **6.** Verfall *m*, Verschleiß *m*, Abgang *m*, Verlust *m*; **7.** Wüste *f*, (Ein)Öde *f*: **~ *of water*** Wasserwüste; **8.** Abfall *m*; ⚙ *a.* Abgänge *pl.*, *bsd.* a) Ausschuss *m*, b) Putzbaumwolle *f*, c) Wollabfälle *pl.*, d) Werg *n*, e) *typ.* Makula'tur *f*, f) Gekrätz *n*; **9.** ⚒ Abraum *m*; **10.** ⚖ Wertminderung *f* (*e-s Grundstücks durch Vernachlässigung*); **III** *v/t.* **11.** *Geld, Worte, Zeit etc.* verschwenden, vergeuden (***on*** an *acc.*): ***you are wasting your breath*** du kannst dir deine Worte sparen; ***a ~d talent*** ein ungenutztes Talent; **12.** ***be ~d*** nutzlos sein, ohne Wirkung bleiben (***on*** auf *acc.*), am falschen Platz stehen; **13.** zehren an (*dat.*), aufzehren, schwächen; **14.** verwüsten, verheeren; **15.** ⚖ Vermögensschaden verursachen bei, *Besitztum* verkommen lassen; **16.** a) F *Sportler etc.* ‚verheizen', b) *Am. sl. j-n* ‚'umlegen'; **IV** *v/i.* **17.** *fig.* vergeudet *od.* verschwendet werden; **18.** sich verzetteln (***in*** in *dat.*); **19.** vergehen, (ungenutzt) verstreichen (*Zeit, Gelegenheit etc.*); **20.** *a.* **~ *away*** a) abnehmen,

W

schwinden, b) da'hinsiechen, verfallen; **21.** verschwenderisch sein: ***~ not, want not*** spare in der Zeit, so hast du in der Not; **~ a·void·ance** *s.* Abfallvermeidung *f*; **'~,bas·ket** *s.* Abfall-, *bsd.* Pa'pierkorb *m*; **~ dis·pos·al** *s.* Müllbeseitigung *f.*

waste·ful ['weɪstfʊl] *adj.* □ **1.** kostspielig, unwirtschaftlich, verschwenderisch; **2.** verschwenderisch (**of** mit): ***be ~ of*** verschwenderisch umgehen mit; **3.** *poet.* wüst, öde; **'waste·ful·ness** [-nɪs] *s.* Verschwendung(ssucht) *f.*

waste| gas *s.* ⚙ Abgas *n*; **~ gas clean·ing** *s.* Abgasentgiftung *f*; **~ heat** *s.* ⚙ Abwärme *f*; **~ in·cin·er·a·tion** *s.* Müllverbrennung *f*; **~ in·cin·er·a·tion plant** *s.* Müllverbrennungsanlage *f*; **~ in·dus·try** *s.* Entsorgungswirtschaft *f*; **'~·land** *s.* Ödland *n* (*a. fig.*); **~ oil** *s.* Altöl *n*; **,~'pa·per** *s.* **1.** 'Abfallpa,pier *n*, Makula'tur *f* (*a. fig.*); **2.** 'Altpa,pier *n*; **,~'pa·per bas·ket** *s.* Pa'pierkorb *m*; **~ pipe** *s.* ⚙ Abfluss-, Abzugsrohr *n*; **~ prod·uct** *s.* **1.** ⚙ 'Abfallpro,dukt *n*; **2.** *biol.* Ausscheidungsstoff *m.*

wast·er ['weɪstə] *s.* **1.** → ***wastrel*** 1 *u.* 3; **2.** *metall.* a) Fehlguss *m*, b) Schrottstück *n.*

waste| re·cov·er·y *s.* Abfallverwertung *f*; **~ sep·a·ra·tion** *s.* Mülltrennung *f*; **~ steam** *s.* ⚙ Abdampf *m*; **~ water** *s.* Abwasser *n*; **~ wool** *s.* Twist *m.*

wast·ing ['weɪstɪŋ] *adj.* **1.** zehrend, schwächend: ***~ disease***; → ***palsy*** 1; **2.** schwindend, abnehmend.

wast·rel ['weɪstrəl] *s.* **1.** a) Verschwender *m*, b) Taugenichts *m*; **2.** He'rumtreiber *m*; **3.** ✝ 'Ausschuss(ar,tikel *m*, -ware *f*) *m*, fehlerhaftes Exem'plar.

watch [wɒtʃ] **I** *s.* **1.** Wache *f*, Wacht *f*: ***be (up)on the ~*** a) wachsam *od.* auf der Hut sein, b) (**for**) Ausschau halten (nach), lauern (auf *acc.*), Acht haben (auf *acc.*); ***keep (a) ~ (on*** *od.* ***over)*** Wache halten, wachen (über *acc.*), aufpassen (auf *acc.*); → ***ward*** 8; **2.** (Schild-)Wache *f*, Wachtposten *m*; **3.** *mst pl. hist.* (Nacht)Wache *f* (*Zeiteinteilung*): ***in the silent ~es of the night*** in den stillen Stunden der Nacht; **4.** ⚓ (Schiffs)Wache *f* (*Zeitabschnitt u. Mannschaft*); **5.** *hist.* Nachtwächter *m*; **6.** *obs.* a) Wachen *n*, wache Stunden *pl.*, b) Totenwache *f*; **7.** (Taschen-, Armband)Uhr *f*; **II** *v/i.* **8.** zusehen, zuschauen; **9.** (**for**) warten, lauern (auf *acc.*), Ausschau halten (nach); **10.** wachen (**with** bei), wach sein; **11.** ***~ over*** wachen über (*acc.*), bewachen, aufpassen auf (*acc.*); **12.** ⚔ Posten stehen, Wache halten; **13.** ***~ out*** (**for**) a) → 9, b) aufpassen, Acht geben: ***~ out!*** Vorsicht!, pass auf!; **III** *v/t.* **14.** beobachten: a) *j-m* zuschauen (**working** bei der Arbeit), b) ein wachsames Auge haben auf (*acc.*), *a. Verdächtigen* über'wachen, c) *Vorgang etc.* verfolgen, im Auge behalten, d) ⚖ *den Verlauf e-s Prozesses* verfolgen; **15.** *Vieh* hüten, bewachen; **16.** *Gelegenheit* abwarten, abpassen, wahrnehmen: ***~ one's time***; **17.** Acht haben auf (*acc.*) (*od.* ***that*** dass): ***~ one's step*** a) vorsichtig gehen, b) F sich vorsehen; ***~ your step!*** Vorsicht!; **'~·boat** *s.* ⚓ Wach(t)boot *n*; **~ box** *s.* **1.** ⚔ Schilderhaus *n*; **2.** 'Unterstand *m* (*für Wachmänner etc.*); **'~·case** *s.* Uhrgehäuse *n*; **'~·dog** *s.* Wachhund *m* (*a. fig.*): ***~ committee*** Überwachungsausschuss *m.*

watch·er ['wɒtʃə] *s.* **1.** Wächter *m*; **2.** Beobachter(in); **3.** j-d, der Kranken- *od.* Totenwache hält.

watch·ful ['wɒtʃfʊl] *adj.* □ wachsam, aufmerksam, *a.* lauernd (**of** auf *acc.*); **'watch·ful·ness** [-nɪs] *s.* **1.** Wachsamkeit *f*; **2.** Vorsicht *f*; **3.** Wachen *n* (**over** über *dat.*).

watch|·house ['wɒtʃhaʊs] *s.* (Poli'zei-)Wache *f*; **'~,mak·er** *s.* Uhrmacher *m*; **'~,mak·ing** *s.* Uhrmache'rei *f*; **'~·man** [-mən] *s.* [*irr.*] **1.** (Nacht)Wächter *m*; **2.** *hist.* Nachtwächter *m* (*e-r Stadt etc.*); **~ night** *s. eccl.* Sil'vestergottesdienst *m*; **~ of·fi·cer** *s.* ⚓ 'Wachoffi,zier *m*; **~ pock·et** *s.* Uhrtasche *f*; **~ spring** *s.* Uhrfeder *f*; **'~·strap** *s.* Uhr(arm)band *n*; **'~,tow·er** *s.* ⚔ Wach(t)turm *m*; **'~·word** *s.* **1.** Losung *f*, Pa'role *f* (*a. fig. e-r Partei etc.*); **2.** *fig.* Schlagwort *n.*

wa·ter ['wɔːtə] **I** *v/t.* **1.** bewässern, *Rasen, Straße etc.* sprengen, *Pflanzen* (be-)gießen; **2.** *Vieh* tränken; **3.** mit Wasser versorgen; **4.** *oft* ***~ down*** verwässern: a) verdünnen, *Wein* pan(t)schen, b) *fig. Erklärung etc.* abschwächen, c) *fig.* mundgerecht machen: ***a ~ed-down liberalism*** ein verwässerter Liberalismus; **5.** ✝ *Aktienkapital* verwässern; **6.** ⚙ *Stoff* wässern, moirieren; **II** *v/i.* **7.** wässern (*Mund*), tränen (*Augen*): ***his mouth ~ed*** das Wasser lief ihm im Mund zusammen (**for**, **after** nach); ***make s.o.'s mouth ~*** j-m den Mund wässerig machen; **8.** ⚓ Wasser einnehmen; **9.** trinken, zur Tränke gehen (*Vieh*); **10.** ✈ wassern; **III** *s.* **11.** Wasser *n*: ***in deep ~(s)*** *fig.* in Schwierigkeiten, in der Klemme; ***hold ~*** *fig.* stichhaltig sein; ***keep one's head above ~*** *fig.* sich (gerade noch) über Wasser halten; ***make the ~*** ⚓ vom Stapel laufen; ***throw cold ~ on*** *fig. e-r Sache* e-n Dämpfer aufsetzen, wie e-e kalte Dusche wirken auf (*acc.*); ***still ~s run deep*** stille Wasser sind tief; → ***hot*** 13, ***oil*** 1, ***trouble*** 6; **12.** *oft pl.* Brunnen *m*, Wasser *n* (*e-r Heilquelle*): ***drink*** (*od.* ***take***) ***the ~s*** (***at***) e-e Kur machen (in

W

dat.); **13.** *oft pl.* Wasser *n od. pl.*, Gewässer *n od. pl.*, *a.* Fluten *pl.*: ***by ~*** zu Wasser, auf dem Wasserweg; ***on the ~*** a) zur See, b) zu Schiff; ***the ~s*** *poet.* das Meer, die See; **14.** Wasserstand *m*; → ***low water***; **15.** (Toi'letten)Wasser *n*; **16.** Wasserlösung *f*; **17.** *physiol.* Wasser *n* (*Sekret, z. B. Speichel, a. Urin*): ***the ~(s)*** das Fruchtwasser; ***make*** (*od.* ***pass***) ***~*** Wasser lassen, urinieren; ***~ on the brain*** Wasserkopf *m*; ***~ on the knee*** Kniegelenkerguss *m*; **18.** Wasser *n* (*reiner Glanz e-s Edelsteins*): ***of the first ~*** reinsten Wassers (*a. fig.*); **19.** Wasser(glanz *m*) *n*, Moi'ré *n* (*Stoff*); **~ bath** *s.* Wasserbad *n* (*a.* ⚗); **~ bed** *s.* ⚕ Wasserbett *n*, -kissen *n*; **~ bird** *s. zo. allg.* Wasservogel *m*; **~ blis·ter** *s.* ⚕ Wasserblase *f*; **'~·borne** *adj.* **1.** auf dem Wasser schwimmend; **2.** zu Wasser befördert (*Ware*), auf dem Wasser stattfindend (*Verkehr*), Wasser...; **~ bot·tle** *s.* **1.** Wasserflasche *f*; **2.** Feldflasche *f*; **'~-bound** *adj.* vom Wasser eingeschlossen *od.* abgeschnitten; **~ bus** *s.* (Linien)Flussboot *n*; **~ butt** *s.* Wasserfass *n*, Regentonne *f*; **~ can·non** *s.* Wasserwerfer *m*; **~ car·riage** *s.* Trans'port *m* zu Wasser, 'Wassertrans‚port *m*; ♒ **Car·ri·er** → ***Aquarius***; **'~-cart** *s.* Wasserwagen *m*, *bsd.* Sprengwagen *m*; **~ chute** *s.* Wasserrutschbahn *f*; **~ clock** *s.* ⚙ Wasseruhr *f*; **~ clos·et** *s.* ('Wasser)Klo‚sett *n*; **'~‚col·o(u)r I** *s.* **1.** Wasser-, Aqua'rellfarbe *f*; **2.** Aqua'rellmale‚rei *f*; **3.** Aqua'rell *n* (*Bild*); **II** *adj.* **4.** Aquarell...; **'~‚col·o(u)r·ist** *s.* Aqua'rellmaler(in); **'~-cooled** *adj.* ⚙ wassergekühlt; **'~-‚cool·ing** *s.* ⚙ Wasserkühlung *f*; **'~·course** *s.* **1.** Wasserlauf *m*; **2.** Fluss-, Strombett *n*; **3.** Ka'nal *m*; **'~·craft** *s.* Wasserfahrzeug(e *pl.*) *n*; **'~·cress** *s. oft pl.* ⚘ Brunnenkresse *f*; **~ cure** *s.* ⚕ **1.** Wasserkur *f*; **2.** Wasserheilkunde *f*; **'~·fall** *s.* Wasserfall *m*; **'~‚find·er** *s.* (Wünschel)Rutengänger *m*; **'~·fog** *s.* Tröpfchennebel *m*; **'~·fowl** *s. zo.* **1.** Wasservogel *m*; **2.** *coll.* Wasservögel *pl.*; **'~·front** *s.* Hafengebiet *n*, -viertel *n*; an ein Gewässer grenzendes (Stadt)Gebiet; **~ gage** *Am.* → ***water gauge***; **~ gate** *s.* **1.** Schleuse *f*; **2.** Fluttor *n*; **~ gauge** *s.* ⚙ **1.** Wasserstands(an)zeiger *m*; **2.** Pegel *m*, Peil *m*, hydraulischer Wasserdruckmesser; **3.** *Wasserdruck, gemessen in* ***inches*** *Wassersäule*; **~ glass** *s.* Wasserglas *n* (*a.* ⚗): ***~ egg*** Kalkei *n*; **~ gru·el** *s.* (dünner) Haferschleim; **~ heat·er** *s.* Warmwasserbereiter *m*; **~ hose** *s.* Wasserschlauch *m*; **~ ice** *s.* Fruchteis *n*.

wa·ter·i·ness ['wɔːtərɪnɪs] *s.* Wässrigkeit *f*.

wa·ter·ing ['wɔːtərɪŋ] **I** *s.* **1.** (Be)Wässern *n etc.*; **II** *adj.* **2.** Bewässerungs...; **3.** Kur..., Bade...; **~ can** *s.* Gießkanne *f*; **~ cart** *s.* Sprengwagen *m*; **~ place** *s.* **1.** *bsd. Brit.* a) Bade-, Kurort *m*, Bad *n*, b) (See)Bad *n*; **2.** (Vieh)Tränke *f*, Wasserstelle *f*; **~ pot** *s. Am.* Gießkanne *f*.

wa·ter| jack·et *s.* ⚙ (Wasser)Kühlmantel *m*; **~ jump** *s. sport* Wassergraben *m*; **~ lev·el** *s.* **1.** Wasserstand *m*, -spiegel *m*; **2.** ⚙ a) Pegelstand *m*, b) Wasserwaage *f*; **3.** *geol.* (Grund)Wasserspiegel *m*; **~ lil·y** *s.* ⚘ Seerose *f*, Wasserlilie *f*; **'~·line** *s.* ⚓ Wasserlinie *f e-s Schiffs od. als Wasserzeichen*; **'~·logged** *adj.* **1.** voll Wasser (*Boot etc.*); **2.** voll gesogen (*Holz etc.*).

Wa·ter·loo [‚wɔːtə'luː] *s.*: ***meet one's ~*** *fig.* sein Waterloo erleben.

wa·ter| main *s.* Haupt(wasser)rohr *n*; **'~·man** [-mən] *s.* [*irr.*] **1.** ⚓ Fährmann *m*; **2.** *sport* Ruderer *m*; **3.** *myth.* Wassergeist *m*; **'~·mark I** *s.* **1.** Wasserzeichen *n* (*in Papier*); **2.** ⚓ Wassermarke *f*, *bsd.* Flutzeichen *n*; → ***high*** (***low***) ***watermark***; **II** *v/t.* **3.** *Papier* mit Wasserzeichen versehen; **'~‚mel·on** *s.* ⚘ 'Wasserme‚lone *f*; **~ me·ter** *s.* Wasserzähler *m*, -uhr *f*; **~ pipe** *s.* **1.** ⚙ Wasser(leitungs)rohr *n*; **2.** orien'talische Wasserpfeife; **~ pis·tol** *s.* 'Wasserpis‚tole *f*; **~ plane** *s.* Wasserflugzeug *n*; **~ plate** *s.* Wärmeteller *m*; **~ po·lo** *s. sport* Wasserballspiel *n*; **'~·proof I** *adj.* wasserdicht; **II** *s.* wasserdichter Stoff *od.* Mantel *etc.*, Regenmantel *m*; **III** *v/t.* imprägnieren; **~ re·cyc·ling** *s.* Wasseraufbereitung *f*; **‚~-re'pel·lent** *adj.* Wasser abstoßend; **'~·scape** [-skeɪp] *s. paint.* Seestück *n*; **~ seal** *s.* ⚙ Wasserverschluss *m*; **'~·shed** *s. geogr.* **1.** *Brit.* Wasserscheide *f*; **2.** Einzugs-, Stromgebiet *n*; **3.** *fig.* a) Trennungslinie *f*, b) Wendepunkt *m*; **'~·side I** *s.* Küste *f*, See-, Flussufer *n*; **II** *adj.* Küsten..., (Fluss)Ufer...; **'~-ski** *v/i.* Wasserski laufen; **‚~-'sol·u·ble** *adj.* ⚗ wasserlöslich; **'~·spout** *s.* **1.** Abtraufe *f*; **2.** *meteor.* Wasserhose *f*; **~ sup·ply** *s.* **1.** Wasserversorgung *f*; **2.** Wasserreserven *pl.*; **~ ta·ble** *s.* **1.** △ Wasserabflussleiste *f*; **2.** *geol.* Grundwasserspiegel *m*; **'~·tight** *adj.* **1.** wasserdicht: ***keep s.th. in ~ compartments*** *fig.* et. isoliert halten *od.* betrachten; **2.** *fig.* a) unanfechtbar, b) sicher, c) stichhaltig (*Argument*); **~ vole** *s. zo.* Wasserratte *f*; **~ wag·(g)on** *s.* Wasser(versorgungs)wagen *m*: ***be on*** (***off***) ***the ~*** F nicht mehr (wieder) trinken; ***go on the ~*** F das Trinken sein lassen; **~ wag·tail** *s. orn.* Bachstelze *f*; **'~-wave I** *s.* Wasserwelle *f* (*im Haar*); **II** *v/t.* in Wasserwellen legen; **'~·way** *s.* **1.** Wasserstraße *f*, Schifffahrtsweg *m*; **2.** ⚓ Wassergang *m* (*Decksrinne*); **~ wings** *s. pl.* Schwimmflügel *pl.*; **'~·works** *s. pl. oft sg. konstr.* **1.** Wasserwerk *n*; **2.** a) Fon'täne(n *pl.*) *f*, b) Wasserspiel *n*: ***turn on the ~*** F (los-)heulen; **3.** F (Harn)Blase *f*.

wa·ter·y ['wɔːtərɪ] *adj.* **1.** Wasser...: ***a ~ grave*** ein nasses Grab; **2.** wässerig: a) feucht (*Boden*), b) Regen verkündend (*Sonne etc.*): ***~ sky*** Regenhimmel *m*; **3.** triefend: a) *allg.* voll Wasser, nass (*Kleider*), b) tränend (*Auge*); **4.** verwässert: a) fad(e) (*Speise*), b) wässerig, blass (*Farbe*), c) *fig.* seicht (*Stil*).

watt [wɒt] *s.* ↯ Watt *n*; **watt·age** ['wɒtɪdʒ] *s.* ↯ Wattleistung *f*.

wat·tle ['wɒtl] **I** *s.* **1.** *Brit. dial.* Hürde *f*; **2.** *a. pl.* Flecht-, Gitterwerk *n*: ***~ and daub*** ⚠ mit Lehm beworfenes Flechtwerk; **3.** ⚘ (au'stralische) A'kazie; **4.** a) *orn.* Kehllappen *pl.*, b) *ichth.* Bartfäden *pl.*; **II** *v/t.* **5.** aus Flechtwerk herstellen; **6.** *Ruten* zs.-flechten; '**wat·tling** [-lɪŋ] *s.* Flechtwerk *n*.

waul [wɔːl] *v/i.* jämmerlich schreien, jaulen.

wave [weɪv] **I** *s.* **1.** Welle *f* (*a. phys.*; *a. im Haar etc.*), Woge *f* (*beide a. fig. von Gefühl etc.*): ***the ~s*** *poet.* die See; ***~ of indignation*** Woge der Entrüstung; ***make ~s*** *fig. Am.* ‚Wellen schlagen'; **2.** (*Angriffs-, Einwanderer- etc.*)Welle *f*: ***in ~s*** in aufeinander folgenden Wellen; **3.** ⚙ a) Flamme *f* (*im Stoff*), b) *typ.* Guil'loche *f* (*Zierlinie auf Wertpapieren etc.*); **4.** Wink(en *n*) *m*, Schwenken *n*; **II** *v/i.* **5.** wogen (*a. Kornfeld etc.*); **6.** wehen, flattern, wallen; **7.** (***to s.o.*** j-m zu)winken, Zeichen geben; **8.** sich wellen (*Haar*); **III** *v/t.* **9.** *Fahne, Waffe etc.* schwenken, schwingen, hin u. her bewegen: ***~ one's arms*** mit den Armen fuchteln; ***~ one's hand*** (mit der Hand) winken (***to*** *j-m*); **10.** *Haar etc.* wellen, in Wellen legen; **11.** ⚙ a) *Stoff* flammen, b) *Wertpapiere etc.* guillochieren; **12.** *j-m* zuwinken: ***~ aside*** *j-n* beiseite winken, *fig. j-n od. et.* mit e-r Handbewegung abtun; **13.** *et.* zuwinken: ***~ a farewell*** nachwinken (***to s.o.*** j-m); **~ band** *s.* ↯ Wellenband *n*; '**~·length** *s.* ↯, *phys.* Wellenlänge *f*: ***be on the same ~*** *fig.* auf der gleichen Wellenlänge liegen.

Die Wellenlängen heißen im Englischen wie folgt:

FM (frequency modulation)	UKW
MW (medium wave)	Mittelwelle
LW (long wave)	Langwelle
SW (short wave)	Kurzwelle

wa·ver ['weɪvə] *v/i.* **1.** (sch)wanken, taumeln; flackern (*Licht*); zittern (*Hände, Stimme etc.*); **2.** *fig.* wanken: a) unschlüssig sein, schwanken (***between*** zwischen), b) zu weichen beginnen.

wa·ver·er ['weɪvərə] *s. fig.* Unentschlossene(r *m*) *f*; '**wa·ver·ing** [-vərɪŋ] *adj.* ☐ **1.** flackernd; **2.** zitternd; **3.** (sch)wankend (*a. fig.*).

wave trap *s.* ↯ Sperrkreis *m*.

wav·y ['weɪvɪ] *adj.* ☐ **1.** wellig, gewellt (*Haar, Linie etc.*); **2.** wogend.

wax[1] [wæks] **I** *v/i.* **1.** wachsen, zunehmen (*bsd. Mond*) (*a. fig. rhet.*): ***~ and wane*** zu- u. abnehmen; **2.** *vor adj.*: *alt, frech, laut etc.* werden; **II** *s.* **3.** ***be in a ~*** F e-e Stinkwut haben.

wax[2] [wæks] **I** *s.* **1.** (Bienen-, Pflanzen- *etc.*)Wachs *n*: ***like ~*** *fig.* (wie) Wachs *in j-s Händen*; **2.** Siegellack *m*; **3.** *a.* ***cobbler's ~*** Schusterpech *n*; **4.** Ohrenschmalz *n*; **II** *v/t.* **5.** (ein)wachsen, bohnern; **6.** verpichen; **7.** (auf Schallplatte) aufnehmen; '**~·cloth** *s.* **1.** Wachstuch *n*; **2.** Bohnertuch *n*; **~ doll** *s.* Wachspuppe *f*.

wax·en ['wæksən] → ***waxy***.

wax| light *s.* Wachskerze *f*; **~ pa·per** *s.* 'Wachspa,pier *n*; '**~·work** *s.* **1.** 'Wachsfi,gur *f*; **2.** *a. pl. sg. konstr.* 'Wachsfi,gurenkabi,nett *n*.

wax·y ['wæksɪ] *adj.* ☐ **1.** wächsern (*a. Gesichtsfarbe*), wie Wachs; **2.** *fig.* weich (wie Wachs), nachgiebig; **3.** ⚕ Wachs...: ***~ liver***.

way[1] [weɪ] *s.* **1.** Weg *m*, Pfad *m*, Straße *f*, Bahn *f* (*a. fig.*): ***~ back*** Rückweg; ***~ home*** Heimweg; ***~ in*** Eingang *m*; ***~ out*** *bsd. fig.* Ausweg; ***~ through*** Durchfahrt *f*, -reise *f*; ***~s and means*** Mittel u. Wege, *bsd. pol.* Geldbeschaffung(smaßnahmen) *f*; ***Committee of ~s and Means*** *parl.* Finanz-, Haushaltsausschuss *m*; ***the ~ of the Cross*** *R.C.* der Kreuzweg; ***over*** (*od.* ***across***) ***the ~*** gegenüber; ***ask the*** (*od.* ***one's***) ***~*** nach dem Weg fragen; ***find a ~*** *fig.* e-n (Aus-)Weg finden; ***lose one's ~*** sich verirren *od.* verlaufen; ***take one's ~*** sich aufmachen (***to*** nach); **2.** *fig.* Gang *m*, (üblicher) Weg: ***that is the ~ of the world*** das ist der Lauf der Welt; ***go the ~ of all flesh*** den Weg allen Fleisches gehen (*sterben*); **3.** Richtung *f*, Seite *f*: ***which ~ is he looking?*** wohin schaut er?; ***this ~*** a) hierher, b) hier entlang, c) → 6; ***the other ~ round*** umgekehrt; **4.** Weg *m*, Entfernung *f*, Strecke *f*: ***a long ~ off*** weit (von hier) entfernt; ***a long ~ off perfection*** alles andere als vollkommen; ***a little ~*** ein kleines Stück (Wegs); **5.** (freie) Bahn, Platz *m*: ***be*** (*od.* ***stand***) ***in s.o.'s ~*** j-m im Weg sein (*a. fig.*); ***give ~*** a) nachgeben, b) (zurück)weichen, c) sich *der Verzweiflung*

W

etc. hingeben; **6.** Art *f* u. Weise *f*, Weg *m*, Me'thode *f*: ***any ~*** auf jede *od.* irgendeine Art; ***any ~ you please*** ganz wie Sie wollen; ***in a big*** (***small***) ***~*** im Großen (Kleinen); ***one ~ or another*** irgendwie, so oder so; ***some ~ or other*** auf die eine oder andere Weise, irgendwie; ***~ of living*** (***thinking***) Lebens-(Denk)weise; ***to my ~ of thinking*** nach m-r Meinung; ***in a polite*** (***friendly***) ***~*** höflich (freundlich); ***in its ~*** auf s-e Art; ***in what*** (*od.* ***which***) ***~*** inwiefern, wieso; ***the right*** (***wrong***) ***~*** (***to do it***) richtig (falsch); ***the same ~*** genauso; ***the ~ he does it*** so wie er es macht; ***this*** (*od.* ***that***) ***~*** so; ***that's the ~ to do it*** so macht man das; **7.** Brauch *m*, Sitte *f*: ***the good old ~s*** die guten alten Bräuche; **8.** Eigenart *f*: ***funny ~s*** komische Manieren; ***it is not his ~*** es ist nicht s-e Art *od.* Gewohnheit; ***she has a winning ~ with her*** sie hat e-e gewinnende Art; ***that is always the ~ with him*** so macht er es (*od.* geht es ihm) immer; **9.** Hinsicht *f*, Beziehung *f*: ***in a ~*** in gewisser Hinsicht; ***in one ~*** in 'einer Beziehung; ***in some ~s*** in mancher Hinsicht; ***in the ~ of food*** an Lebensmitteln, was Nahrung anbelangt; ***no ~*** keineswegs; **10.** (*bsd.* Gesundheits)Zustand *m*, Lage *f*: ***in a bad ~*** in e-r schlimmen Lage; ***live in a great*** (***small***) ***~*** auf großem Fuß (in kleinen Verhältnissen *od.* sehr bescheiden) leben; **11.** Berufszweig *m*, Fach *n*: ***it is not in his ~*** es schlägt nicht in sein Fach; ***he is in the oil ~*** er ist im Ölhandel (beschäftigt); **12.** F Um'gebung *f*, Gegend *f*: ***somewhere London ~*** irgendwo in der Gegend von London; **13.** ⚙ a) (Hahn)Weg *m*, Bohrung *f*, b) *pl.* Führungen *pl.* (*bei Maschinen*); **14.** Fahrt(geschwindigkeit) *f*: ***gather*** (***lose***) ***~*** Fahrt vergrößern (verlieren); **15.** *pl. Schiffbau*: a) Helling *f*, b) Stapelblöcke *pl.*;

Besondere Redewendungen:

by the ~ a) im Vorbeigehen, unterwegs; b) am Weg(esrand), an der Straße, c) *fig.* übrigens, nebenbei (bemerkt); ***but that is by the ~!*** doch dies nur nebenbei; ***by ~ of*** a) (auf dem Weg) über (*acc.*), durch, b) *fig.* in der Absicht zu, um ... zu, c) als *Entschuldigung etc.*; ***by ~ of example*** beispielsweise; ***by ~ of exchange*** auf dem Tauschwege; ***be by ~ of being angry*** im Begriff sein aufzubrausen; ***be by ~ of doing*** (***s.th.***) a) dabei sein(, et.) zu tun, b) pflegen *od.* gewohnt sein *od.* die Aufgabe haben(, et.) zu tun; → ***family*** 5; ***in the ~ of*** a) auf dem Weg *od.* dabei zu, b) hinsichtlich (*gen.*); ***in the ~ of business*** auf dem üblichen Geschäftsweg; ***put s.o. in the ~*** (***of doing***) j-m die Möglichkeit geben (zu tun); ***no ~!*** F nichts da!; ***on the*** (*od.* ***one's***) ***~*** unterwegs, auf dem Wege; ***be well on one's ~*** im Gange sein, schon weit vorangekommen sein (*a. fig.*); ***out of the ~*** a) abgelegen, b) *fig.* ungewöhnlich, ausgefallen, c) *fig.* abwegig; ***nothing out of the ~*** nichts Ungewöhnliches; ***go out of one's ~*** ein Übriges tun, sich besonders anstrengen; ***put s.o. out of the ~*** *fig.* j-n aus dem Wege räumen (*töten*); → ***harm*** 1; ***under ~*** a) ⚓ in Fahrt, unterwegs, b) *fig.* im *od.* in Gang; ***be in a fair*** (*od.* ***good***) ***~*** auf dem besten Wege sein, die besten Möglichkeiten haben; ***come*** (***in***) ***s.o.'s ~*** *bsd. fig.* j-m über den Weg laufen, j-m begegnen; ***go a long ~ to***(***wards***) viel dazu beitragen zu, ein gutes Stück weiterhelfen bei; ***go s.o.'s ~*** a) den gleichen Weg gehen wie j-d, b) j-n begleiten; ***go one's ~***(***s***) seinen Weg gehen, *fig.* s-n Lauf nehmen; ***have a ~ with*** mit *j-m* umzugehen wissen; ***have one's own ~*** s-n Willen durchsetzen; ***if I had my*** (***own***) ***~*** wenn es nach mir ginge; ***have it your ~!*** du sollst Recht haben!; ***you can't have it both ~s*** du kannst nicht beides haben; ***know one's ~ about*** sich auskennen (*fig.* ***in*** mit); ***lead the ~*** (*a. fig.* mit gutem Beispiel) vorangehen; ***learn the hard ~*** Lehrgeld bezahlen müssen; ***make ~*** a) Platz machen (***for*** für), b) vorwärts kommen (*a. fig. Fortschritte machen*); ***make one's ~*** sich durchsetzen, s-n Weg machen; → ***mend*** 2, ***pave***, ***pay*** 3; ***see one's ~ to do s.th.*** e-e Möglichkeit sehen, et. zu tun; ***work one's ~ through college*** sich sein Studium durch Nebenarbeit verdienen, Werkstudent sein; ***work one's ~ up*** *a. fig.* sich hocharbeiten.

way² [weɪ] *adv.* F weit *oben*, *unten etc.*: ***~ back*** weit entfernt; ***~ back in 1902*** (schon) damals im Jahre 1902.

'way|·bill *s.* **1.** Passa'gierliste *f*; **2.** ✝ Frachtbrief *m*, Begleitschein *m*; **'~ˌfar·er** [-ˌfeərə] *s. obs.* Reisende(r) *m*, Wandersmann *m*; **'~ˌfar·ing** [-ˌfeərɪŋ] *adj.* reisend, wandernd; **ˌ~'lay** *v/t.* [*irr.* → ***lay¹***] *j-m* auflauern; **'~·leave** *s.* ⚖ *Brit.* Wegerecht *n*; **ˌ~-'out** *adj.* F **1.** ex'zentrisch, ausgefallen, ‚irr(e)'; **2.** ‚toll', ‚super'; **'~·side I** *s.* Straßen-, Wegrand *m*: ***by the ~*** am Wege, am Straßenrand; ***fall by the ~*** *fig.* auf der Strecke bleiben; **II** *adj.* am Wege (stehend), an der Straße (gelegen): ***a ~ inn***.

way| sta·tion *s.* 🚂 *Am.* 'Zwischenstaˌtion *f*; **~ train** *s. Am.* Bummelzug *m*.

way·ward ['weɪwəd] *adj.* ☐ **1.** launisch, unberechenbar; **2.** eigensinnig, 'widerspenstig; ⚖ verwahrlost (*Jugendliche*[*r*]); **3.** ungeraten: ***a ~ son***; **'way·ward·ness** [-nɪs] *s.* **1.** 'Widerspenstig-

W

keit *f*, Eigensinn *m*; **2.** Launenhaftigkeit *f*.

'way·worn *adj.* reisemüde.

we [wiː; wɪ] *pron. pl.* wir *pl.*

weak [wiːk] *adj.* □ **1.** *allg.* schwach (*a. zahlenmäßig*) (*a. fig. Argument, Spieler, Stil, Stimme etc.*; *a. ling.*): **~ in Latin** *fig.* schwach in Latein; → **sex** 2; **2.** ⚕ schwach: a) empfindlich, b) kränklich; **3.** (cha'rakter)schwach, la'bil, schwächlich: **~ point** (*od.* **side**) schwacher Punkt, schwache Seite, Schwäche *f*; **4.** schwach, dünn (*Tee etc.*); **5.** ✝ schwach, flau (*Markt*); **'weak·en** [-kən] **I** *v/t.* **1.** *j-n od. et.* schwächen; **2.** *Getränk etc.* verdünnen; **3.** *fig. Beweis etc.* abschwächen, entkräften; **II** *v/i.* **4.** schwach *od.* schwächer werden, nachlassen, erlahmen; **'weak·en·ing** [-knɪŋ] *s.* (Ab)Schwächung *f*.

ˌweak-'kneed *adj.* F **1.** feig; **2.** → **weak-minded** 2.

weak·ling ['wiːklɪŋ] *s.* Schwächling *m*; **'weak·ly** [-lɪ] **I** *adj.* schwächlich; **II** *adv.* von **weak**; **ˌweak-'mind·ed** *adj.* **1.** schwachsinnig; **2.** cha'rakterschwach.

weak·ness ['wiːknɪs] *s.* **1.** *allg.* (*a.* Cha'rakter)Schwäche *f*; **2.** Schwächlichkeit *f*, Kränklichkeit *f*; **3.** schwache Seite, schwacher Punkt; **4.** Nachteil *m*, Schwäche *f*, Mangel *m*; **5.** F Schwäche *f*, Vorliebe *f* (**for** für); **6.** ✝ Flauheit *f*.

ˌweak|-'sight·ed *adj.* ⚕ schwachsichtig; **ˌ~-'spir·it·ed** *adj.* kleinmütig.

weal¹ [wiːl] *s.* Wohl *n*: **~ and woe** das Wohl u. Wehe, gute u. schlechte Tage; **the public** (*od.* **common** *od.* **general**) **~** das Allgemeinwohl.

weal² [wiːl] *s.* Schwiele *f*, Strieme(n *m*) *f* (*auf der Haut*).

wealth [welθ] *s.* **1.** Reichtum *m* (*a. fig.* Fülle) (**of** an *dat.*, von); **2.** Reichtümer *pl.*; **3.** ✝ a) Besitz *m*, Vermögen *n*: **~ tax** Vermögenssteuer *f*, b) *a.* **personal ~** Wohlstand *m*; **'wealth·y** [-θɪ] *adj.* □ reich (*a. fig.* **in** an *dat.*), wohlhabend.

wean [wiːn] *v/t.* **1.** *Kind, junges Tier* entwöhnen; **2.** *a.* **~ away from** *fig. j-n* abbringen von, *j-m et.* abgewöhnen.

weap·on ['wepən] *s.* Waffe *f* (*a.* ⚘, *zo. u. fig.*); **'weap·on·less** [-lɪs] *adj.* wehrlos, unbewaffnet; **'weap·on·ry** [-rɪ] *s.* Waffen *pl*; **'weap·ons-grade** *adj.* waffenfähig (*Plutonium*).

wear¹ [weə] **I** *v/t.* [*irr.*] **1.** *am Körper* tragen (*a. Bart, Brille, a. Trauer*), *Kleidungsstück a.* anhaben, *Hut a.* aufhaben: **~ the breeches** (*od.* **trousers** *od.* **pants**) F *fig.* die Hosen anhaben (*Ehefrau*); **she ~s her years well** *fig.* sie sieht jung aus für ihr Alter; **~ one's hair long** das Haar lang tragen; **2.** *Lächeln, Miene etc.* zur Schau tragen, zeigen; **3. ~ away** (*od.* **down**, **off**, **out**) *Kleid etc.* abnutzen, abtragen, *Absätze* abtreten, *Stufen etc.* austreten; *Löcher* reißen (**in** in *acc.*): **~ into holes** ganz abtragen, *Schuhe* durchlaufen; **4.** eingraben, nagen: **a groove worn by water**; **5.** *a.* **~ away** *Gestein etc.* auswaschen, -höhlen; *Farbe etc.* verwischen; **6.** *a.* **~ out** ermüden, *a. Geduld* erschöpfen; → **welcome** 1; **7.** *a.* **~ down** zermürben: a) entkräften, b) *fig.* niederringen, *Widerstand* brechen: **worn to a shadow** nur noch ein Schatten (*Person*); **II** *v/i.* [*irr.*] **8.** halten, haltbar sein: **~ well** a) sehr haltbar sein (*Stoff etc.*), sich gut tragen (*Kleid etc.*), b) *fig.* sich gut halten, wenig altern (*Person*); **9.** *a.* **~ away** (*od.* **down**, **off**, **out**) sich abtragen *od.* abnutzen, verschleißen: **~ away** *a.* sich verwischen; **~ off** *fig.* sich verlieren (*Eindruck, Wirkung*); **~ out** *fig.* sich erschöpfen; **~ thin** a) fadenscheinig werden, b) sich erschöpfen (*Geduld etc.*); **10.** *a.* **~ away** langsam vergehen, da'hinschleichen (*Zeit*): **~ to an end** schleppend zu Ende gehen; **11. ~ on** sich da'hinschleppen (*Zeit, Geschichte etc.*); **III** *s.* **12.** Tragen *n*: **clothes for everyday ~** Alltagskleidung *f*; **have in constant ~** ständig tragen; **13.** (Be)Kleidung *f*, Mode *f*: **be the ~** Mode sein, getragen werden; **14.** Abnutzung *f*, Verschleiß *m*: **~ and tear** a) ⚙ Abnutzung, Verschleiß (*a. fig.*), b) ✝ Abschreibung *f* für Wertminderung; **for hard ~** strapazierfähig; **the worse for ~** abgetragen, mitgenommen (*a. fig.*); **15.** Haltbarkeit *f*: **there is still a great deal of ~ in it** das lässt sich noch gut tragen.

wear² [weə] ⚓ **I** *v/t.* [*irr.*] *Schiff* halsen; **II** *v/i.* [*irr.*] vor dem Wind drehen (*Schiff*).

wear·a·ble ['weərəbl] *adj.* tragbar (*Kleid*).

wea·ri·ness ['wɪərɪnɪs] *s.* **1.** Müdigkeit *f*; **2.** *fig.* 'Überdruss *m*.

wear·ing ['weərɪŋ] *adj.* **1.** Kleidungs...; **2.** abnützend; **3.** ermüdend, zermürbend.

wea·ri·some ['wɪərɪsəm] *adj.* □ ermüdend (*mst fig. langweilig*).

ˌwear-re'sist·ant *adj.* strapa'zierfähig.

wea·ry ['wɪərɪ] **I** *adj.* □ **1.** müde, matt (**with** von, vor *dat.*); **2.** müde, 'überdrüssig (**of** *gen.*): **~ of life** lebensmüde; **3.** ermüdend: a) beschwerlich, b) langweilig; **II** *v/t.* **4.** ermüden (*a. fig. langweilen*); **III** *v/i.* **5.** überdrüssig *od.* müde werden (**of** *gen.*).

wea·sel ['wiːzl] *s.* **1.** *zo.* Wiesel *n*; **2.** F *contp.* ‚Schlange' *f*, ‚Ratte' *f*.

weath·er ['weðə] **I** *s.* **1.** a) Wetter *n*, Witterung *f*, b) Unwetter *n*: **in fine ~** bei schönem Wetter; **make good** (*od.* **bad**) **~** ⚓ auf gutes (schlechtes) Wetter stoßen; **make heavy ~ of s.th.** *fig.* ‚viel

W

Wind machen' um et.; ***under the ~*** F a) nicht in Form (*unpässlich*), b) e-n Katzenjammer habend, c) ‚angesäuselt'; **2.** ⚓ Luv-, Windseite *f*; **II** *v/t.* **3.** dem Wetter aussetzen, *Holz etc.* auswittern; *geol.* verwittern (lassen); **4.** a) ⚓ *den Sturm* abwettern, b) *a.* ***~ out*** *fig. Sturm, Krise etc.* über'stehen; **5.** ⚓ luvwärts um'schiffen; **III** *v/i.* **6.** *geol.* verwittern; **'~-ˌbeat·en** *adj.* **1.** vom Wetter mitgenommen; **2.** verwittert; **3.** wetterhart; **'~·board** *s.* **1.** ⚙ a) Wasserschenkel *m*, b) Schal-, Schindelbrett *n*, c) *pl.* Verschalung *f*; **2.** ⚓ Waschbord *n*; **'~-board·ing** *s.* Verschalung *f*; **'~-bound** *adj.* schlechtwetterbehindert; **~ bureau** *s.* Wetteramt *n*; **~ chart** *s.* Wetterkarte *f*; **'~·cock** *s.* **1.** Wetterhahn *m*; **2.** *fig.* wetterwendische Per'son; **'~-eye** [-əraɪ] *s.*: ***keep one's ~ open*** *fig.* gut aufpassen; **~ fore·cast** *s.* 'Wetterbericht *m*, -vorˌhersage *f*; **'~·man** [-mæn] *s.* [*irr.*] F **1.** Meteoro'loge *m*; **2.** Wetteransager *m*; **'~·proof** *adj.* wetterfest; **~ sat·el·lite** *s.* 'Wettersatelˌlit *m*; **~ side** *s.* **1.** → ***weather*** 2; **2.** Wetterseite *f*; **~ sta·tion** *s.* Wetterwarte *f*; **~ strip** *s.* Dichtungsleiste *f*; **~ vane** *s.* Wetterfahne *f*; **'~-worn** → ***weather-beaten***.

weave [wiːv] **I** *v/t.* [*irr.*] **1.** weben, wirken; **2.** zs.-weben, flechten; **3.** (ein-) flechten (***into*** in *acc.*), verweben, -flechten (***with*** mit, ***into*** zu) (*a. fig.*); **4.** *fig.* ersinnen, erfinden; **II** *v/i.* [*irr.*] **5.** weben; **6.** hin- u. herpendeln (*a. Boxer*), sich schlängeln *od.* winden; **7.** ***get weaving*** *Brit.* F ‚sich ranhalten'; **III** *s.* **8.** Gewebe *n*; **9.** Webart *f*; **'weav·er** [-və] *s.* **1.** Weber(in); Wirker(in); **2.** *a.* ***~-bird*** *orn.* Webervogel *m*; **'weav·ing** [-vɪŋ] **I** *s.* Weben *n*, Webe'rei *f*; **II** *adj.* Web...: ***~ loom*** Webstuhl *m*; ***~ mill*** Weberei *f*.

wea·zen ['wiːzn] → ***wizen***.

web [web] *s.* **1.** a) Gewebe *n*, Gespinst *n*, b) Netz *n* (*der Spinne etc.*) (*alle a. fig.*): ***a ~ of lies*** ein Lügengewebe; **2.** Gurt(band *n*) *m*; **3.** *zo.* a) Schwimm-, Flughaut *f*, b) Bart *m e-r Feder*; **4.** ⚙ Sägeblatt *n*; **5.** (Pa'pier- *etc.*)Bahn *f*, (-)Rolle *f*; **6.** ***the*** ***ℒ*** das (World Wide) Web (*Internet*); **webbed** [webd] *adj. zo.* schwimmhäutig: ***~ foot*** Schwimmfuß *m*; **web·bing** ['webɪŋ] *s.* **1.** Gewebe *n*; **2.** → ***web*** 2.

web| brows·er *s. Internet*: 'Webbrowser *m* (*Programm für die Suche im Internet*); **'~·foot** *s.* [*irr.*] *zo.* Schwimmfuß *m*; **'~-ˌfoot·ed** *adj.* schwimmfüßig; **~ page** *s. Internet*: 'Webseite *f*; **~ serv·er** *s. Internet*: 'Webserver *m*; **~ site** *s. Internet*: 'Website *f* (*zs.-hängende Webseiten, die mit e-r Homepage beginnen*); **~ space** *s. Internet*: 'Webspace *m*: a) *Speicherplatz, den ein Internet-Provider auf e-m Server für e-n Kunden zur Verfügung stellt* , b) *Platz, den das World Wide Web im Cyberspace einnimmt*; **'~-toed** → ***web-footed***.

wed [wed] **I** *v/t.* **1.** *rhet.* ehelichen, heiraten: ***~ded bliss*** eheliches Glück; **2.** vermählen (***to*** mit); **3.** *fig.* eng verbinden (***with***, ***to*** mit): ***be ~ded to s.th.*** a) an et. fest gebunden *od.* gekettet sein, b) sich e-r Sache verschrieben haben; **II** *v/i.* **4.** sich vermählen.

we'd [wiːd; wɪd] F *für* a) ***we would***, ***we should***, b) ***we had***.

wed·ding ['wedɪŋ] *s.* Hochzeit *f*, Trauung *f*; **~ an·ni·ver·sa·ry** *s.* (*dritter etc.*) Hochzeitstag; **~ break·fast** *s.* Hochzeitsessen *n*; **~ cake** *s.* Hochzeitskuchen *m*; **~ day** *s.* Hochzeitstag *m*; **~ dress** *s.* Hochzeits-, Brautkleid *n*; **~ ring** *s.* Trauring *m*.

we·del ['wedl] *v/i. Skisport*: wedeln.

wedge [wedʒ] **I** *s.* **1.** ⚙ Keil *m* (*a. fig.*): ***~ writing*** Keilschrift *f*; ***the thin end of the ~*** *fig.* ein erster kleiner Anfang; **2.** a) keilförmiges Stück (*Land etc.*), b) Ecke *f* (*Käse etc.*), c) Stück *n* (*Kuchen*); **3.** ⚔ 'Keil(formatiˌon *f*) *m*; **4.** *Golf*: Wedge *m* (*Schläger*); **II** *v/t.* **5.** ⚙ a) verkeilen, festklemmen, b) (mit e-m Keil) spalten: ***~ off*** abspalten; **6.** (ein-) keilen, (-)zwängen (***in*** in *acc.*): ***~ o.s. in*** sich hineinzwängen; **~ (fric·tion) gear** *s.* ⚙ Keilrädergetriebe *n*; **~ heel** *s.* (Schuh *m* mit) Keilabsatz *m*; **'~-shaped** *adj.* keilförmig.

wed·lock ['wedlɒk] *s.* Ehe(stand *m*) *f*: ***born in lawful*** (***out of***) ***~*** ehelich (unehelich) geboren.

Wednes·day ['wenzdɪ] *s.* Mittwoch *m*: ***on ~*** am Mittwoch; ***on ~s*** mittwochs.

wee[1] [wiː] *adj.* klein, winzig: ***a ~ bit*** ein klein wenig; ***the ~ hours*** die frühen Morgenstunden.

wee[2] [wiː] F **I** *s.* ‚Pi'pi' *n*; **II** *v/i.* ‚Pi'pi machen'.

weed [wiːd] **I** *s.* **1.** Unkraut *n*: ***ill ~s grow apace*** Unkraut verdirbt nicht; ***~ killer*** Unkrautvertilgungsmittel *n*; **2.** F a) ‚Glimmstängel' *m* (*Zigarre, Zigarette*), b) ‚Kraut' *n* (*Tabak*), c) ‚Grass' *n* (*Marihuana*); **3.** *sl.* Kümmerling *m* (*schwächliches Tier, a. Person*); **II** *v/t.* **4.** *Unkraut od. Garten etc.* jäten; **5.** ***~ out***, ***~ up*** *fig.* aussondern, -merzen; **6.** *fig.* säubern; **III** *v/i.* **7.** (Unkraut) jäten; **'weed·er** [-də] *s.* **1.** Jäter *m*; **2.** ⚙ Jätwerkzeug *n*; **weed kil·ler** *s.* Unkrautvertilgungsmittel *n*.

weeds [wiːdz] *s. pl. mst* ***widow's ~*** Witwen-, Trauerkleidung *f*.

weed·y ['wiːdɪ] *adj.* **1.** voll Unkraut; **2.** unkrautartig; **3.** F a) schmächtig, b) schlaksig, c) klapperig.

week [wiːk] *s.* Woche *f*: ***by the ~*** wochenweise; ***for ~s*** wochenlang; ***today***

~, ***this day*** ~ a) heute in 8 Tagen, b) heute vor 8 Tagen; '**~·day I** *s.* Wochen-, Werktag *m*: ***on*** **~*s*** werktags; **II** *adj.* Werktags...; ,**~'end I** *s.* Wochenende *n*; **II** *adj.* Wochenend...: ~ ***speech*** Sonntagsrede *f*; ~ ***ticket*** Sonntags(rückfahr)karte *f*; **III** *v/i.* das Wochenende verbringen; ,**~'end·er** [-'endə] *s.* Wochenendausflügler(in); '**~-ends** *adv. Am.* an Wochenenden.

week·ly ['wiːklɪ] **I** *adj. u. adv.* wöchentlich; **II** *s. a.* ~ ***paper*** Wochenzeitung *f*, -(zeit)schrift *f*.

wee·ny ['wiːnɪ] *adj.* F winzig.

weep [wiːp] **I** *v/i.* [*irr.*] **1.** weinen, Tränen vergießen (***for*** vor *Freude etc.*, um *j-n*): ~ ***at*** (*od.* ***over***) weinen über (*acc.*); **2.** a) triefen, b) tröpfeln, c) ⚕ nässen (*Wunde etc.*); **3.** trauern (*Baum*); **II** *v/t.* [*irr.*] **4.** *Tränen* vergießen, weinen; **5.** beweinen; **III** *s.* **6.** ***have a good*** ~ F sich tüchtig ausweinen; '**weep·er** [-pə] *s.* **1.** Weinende(r *m*) *f*, *bsd.* Klageweib *n*; **2.** a) Trauerbinde *f od.* -flor *m*, b) *pl.* Witwenschleier *m*; '**weep·ie** → ***weepy*** 3; '**weep·ing** [-pɪŋ] **I** *adj.* ☐ **1.** weinend; **2.** ⚘ Trauer...: ~ ***willow*** Trauerweide *f*; **3.** triefend, tropfend; **4.** ⚕ nässend; **II** *s.* **5.** Weinen *n*; '**wee·py** ['wiːpɪ] F **I** *adj.* **1.** weinerlich; **2.** rührselig; **II** *s.* **3.** ‚Schnulze' *f*.

wee·vil ['wiːvɪl] *s. zo.* **1.** Rüsselkäfer *m*; **2.** *allg.* Getreidekäfer *m*.

'**wee·wee** → ***wee***[2].

weft [weft] *s. Weberei*: a) Einschlag(faden) *m*, Schuss(faden) *m*, b) Gewebe *n* (*a. poet.*).

weigh[1] [weɪ] **I** *s.* **1.** Wiegen *n*; **II** *v/t.* **2.** (ab)wiegen (***by*** nach); **3.** (*in der Hand*) wiegen; **4.** *fig.* (sorgsam) er-, abwägen (***with***, ***against*** gegen): ~ ***one's words*** s-e Worte abwägen; **5.** ~ ***anchor*** ⚓ a) den Anker lichten, b) auslaufen (*Schiff*); **6.** (nieder)drücken; **III** *v/i.* **7.** wiegen, *2 Kilo etc.* schwer sein; **8.** *fig. schwer etc.* wiegen, ins Gewicht fallen, ausschlaggebend sein (***with s.o.*** bei j-m): ~ ***against s.o.*** a) gegen j-n sprechen, b) gegen j-n ins Feld geführt werden; **9.** *fig.* lasten (***on***, ***upon*** auf *dat.*);

Zssgn mit adv.:

weigh| down *v/t.* niederdrücken (*a. fig.*); ~ **in I** *v/t.* **1.** ✈ *sein Gepäck* wiegen lassen; **2.** *sport* a) *Jockei* nach dem Rennen wiegen, b) *Boxer*, *Gewichtheber etc.* vor dem Kampf wiegen; **II** *v/i.* **3.** ✈ sein Gepäck wiegen lassen; **4.** *sport* gewogen werden: ***he*** **~*ed in at 200 pounds*** er brachte 200 Pfund auf die Waage; **5.** a) eingreifen, sich einschalten, b) ~ ***with*** *Argument etc.* vorbringen; ~ **out I** *v/t.* **1.** *Ware* auswiegen; **2.** *sport Jockei* vor dem Rennen wiegen; **II** *v/i.* **3.** *sport* gewogen werden.

weigh[2] [weɪ] *s.*: ***get under*** ~ ⚓ unter Segel gehen.

'**weigh·bridge** *s.* Brückenwaage *f*.

weigh·er ['weɪə] *s.* **1.** Wäger *m*, Waagemeister *m*; **2.** → **weigh·ing ma·chine** ['weɪɪŋ] *s.* ⚙ Waage *f*.

weight [weɪt] **I** *s.* **1.** Gewicht *n* (*a. Maß u. Gegenstand*): **~*s and measures*** Maße u. Gewichte; ***by*** ~ nach Gewicht; ***under*** ~ ✝ untergewichtig, zu leicht; ***lose*** (***put on***) ~ *an Körpergewicht* ab-(zu)nehmen; ***pull one's*** ~ *fig.* sein(en) Teil leisten; ***throw one's*** ~ ***about*** F sich aufspielen *od.* ‚breit machen'; ***that takes a*** ~ ***off my mind*** da fällt mir ein Stein vom Herzen; **2.** *fig.* Gewicht *n*: a) Last *f*, Wucht *f*, b) (*Sorgen- etc.*)Last *f*, Bürde *f*, c) Bedeutung *f*, d) Einfluss *m*, Geltung *f*: ***of*** ~ gewichtig, schwerwiegend; ***men of*** ~ bedeutende *od.* einflussreiche Leute; ***the*** ~ ***of evidence*** die Last des Beweismaterials; ***add*** ~ ***to*** *e-r Sache* Gewicht verleihen; ***carry*** (*od.* ***have***) ~ ***with*** viel gelten bei; ***give*** ~ ***to*** *e-r Sache* große Bedeutung beimessen; **3.** *sport* a) *a.* ~ ***category*** Gewichtsklasse *f*, b) Gewicht *n* (*Gerät*), c) (Stoß)Kugel *f*; **II** *v/t.* **4.** a) beschweren, b) belasten (*a. fig.*): ~ ***the scales in favo(u)r of s.o.*** j-m e-n (unerlaubten) Vorteil verschaffen; **5.** ✝ *Stoffe etc.* durch Beimischung *von Mineralien etc.* schwerer machen; '**weight·i·ness** [-tɪnɪs] *s.* Gewicht *n*, *fig. a.* (Ge)Wichtigkeit *f*.

weight·less ['weɪtlɪs] *adj.* schwerelos; '**weight·less·ness** [-nɪs] *s.* Schwerelosigkeit *f*.

weight| lift·er *s. sport* Gewichtheber *m*; ~ **lift·ing** *s. sport* Gewichtheben *n*; ~ **watch·er** *s.* j-d, der auf sein Gewicht achtet.

weight·y ['weɪtɪ] *adj.* ☐ **1.** schwer, gewichtig, *fig. a.* schwerwiegend; **2.** *fig.* einflussreich, gewichtig (*Person*).

weir [wɪə] *s.* **1.** (Stau)Wehr *n*; **2.** Fischreuse *f*.

weird [wɪəd] *adj.* ☐ **1.** *poet.* Schicksals...: ~ ***sisters*** Schicksalsschwestern, Nornen; **2.** unheimlich; **3.** F ulkig, ‚verrückt'; **weir·do** ['wɪədəʊ] *pl.* **-dos** *s.* F ‚irrer Typ'.

welch [welʃ] → ***welsh***[2].

wel·come ['welkəm] **I** *s.* **1.** Willkomm(-en *n*) *m*, Empfang *m* (*a. iro.*): ***bid s.o.*** ~ → 2; ***outstay*** (*od.* ***overstay*** *od.* ***wear out***) ***one's*** ~ länger bleiben als man erwünscht ist; **II** *v/t.* **2.** bewillkommnen, will'kommen heißen; **3.** *fig.* begrüßen: a) *et.* gutheißen, b) gern annehmen; **III** *adj.* **4.** willkommen, angenehm (*Gast*, *a. Nachricht etc.*): ***make s.o.*** ~ j-n herzlich empfangen *od.* aufnehmen; **5.** ***you are*** ~ ***to it*** Sie können es gerne behalten *od.* nehmen, es steht zu Ihrer Verfügung; ***you are*** ~ ***to do it***

W

es steht Ihnen frei, es zu tun; das können Sie gerne tun; ***you are ~ to your own opinion*** *iro.* meinetwegen können Sie denken, was Sie wollen; (***you are***) ***~!*** nichts zu danken!, keine Ursache!, bitte (sehr)!; ***and ~*** *iro.* meinetwegen, wenns Ihnen Spaß macht; **IV** *int.* **6.** will'kommen (***to*** in *England etc.*).

weld [weld] **I** *v/t.* ⚙ (ver-, zs.-)schweißen: ***~ on*** anschweißen (***to*** an *acc.*); ***~ together*** zs.-schweißen, *fig. a.* zs.-schmieden; **II** *v/i.* ⚙ sich schweißen lassen; **III** *s.* ⚙ Schweißstelle *f*, -naht *f*; **'weld·a·ble** [-dəbl] *adj.* schweißbar; **'weld·ed** [-dɪd] *adj.* geschweißt, Schweiß...: ***~ joint*** Schweißverbindung *f*; **'weld·er** [-də] *s.* ⚙ **1.** Schweißer *m*; **2.** Schweißbrenner *m*, -gerät *n*; **'weld·ing** [-dɪŋ] *adj.* Schweiß...

wel·fare ['welfeə] *s.* **1.** Wohl *n*, *e-r Person*: *a.* Wohlergehen *n*; **2.** a) (***public***) ***~*** (öffentliche) Wohlfahrt, b) *Am.* Sozi'alhilfe *f*: ***be on ~*** Sozialhilfe beziehen; **~ state** *s. pol.* Wohlfahrtsstaat *m*; **~ stat·ism** ['steɪtɪzəm] → ***welfarism***; **~ work** *s. Am.* Sozi'alarbeit *f*; **~ sys·tem** *s. pol.* Sozi'alsys͵tem *n*; **~ work·er** *s. Am.* Sozi'alarbeiter(in).

wel·far·ism ['welfeərɪzəm] *s.* wohlfahrtsstaatliche Poli'tik.

wel·kin ['welkɪn] *s. poet.* Himmelszelt *n*: ***make the ~ ring with shouts*** die Luft mit Geschrei erfüllen.

well[1] [wel] **I** *adv.* **1.** gut, wohl: ***be ~ off*** a) gut versehen sein (***for*** mit), b) wohlhabend *od.* gut daran sein; ***do o.s.*** (*od.* ***live***) ***~*** gut leben, es sich wohl sein lassen; ***be ~ up in*** bewandert sein in *e-m Fach etc.*; **2.** gut, recht, geschickt: ***do ~*** gut *od.* recht daran tun (***to do*** zu tun); ***sing ~*** gut singen; ***~ done!*** gut gemacht!, bravo!; ***~ roared, lion!*** gut gebrüllt, Löwe!; **3.** gut, freundschaftlich: ***think*** (*od.* ***speak***) ***~ of*** gut denken (*od.* sprechen) über (*acc.*); **4.** gut, sehr: ***love s.o. ~*** j-n sehr lieben; ***it speaks ~ for him*** es spricht sehr für ihn; **5.** wohl, mit gutem Grund: ***one may ~ ask this question*** man kann wohl *od.* mit gutem Grund so fragen; ***you cannot very ~ do that*** das kannst du nicht gut tun; ***not very ~*** wohl kaum; **6.** recht, eigentlich: ***he does not know ~ how*** er weiß nicht recht wie; **7.** gut, genau, gründlich: ***know s.o. ~*** j-n gut kennen; ***he knows only too ~*** er weiß nur zu gut; **8.** gut, ganz, völlig: ***he is ~ out of sight*** er ist völlig außer Sicht; **9.** gut, beträchtlich, weit: ***~ away*** weit weg; ***he walked ~ ahead of them*** er ging ihnen ein gutes Stück voraus; ***until ~ past midnight*** bis lange nach Mitternacht; **10.** gut, tüchtig, gründlich: ***stir ~***; **11.** gut, mit Leichtigkeit: ***you could ~ have done it*** du hättest es leicht tun können; ***it is very ~ possible*** es ist durchaus *od.* sehr wohl möglich; ***as ~*** ebenso, außerdem; (***just***) ***as ~*** ebenso (gut), genauso (gut); ***as ~ ... as*** sowohl ... als auch, nicht nur ... sondern auch; ***as ~ as*** ebenso gut wie; **II** *adj.* **12.** wohl, gesund: ***be*** (*od.* ***feel***) ***~*** sich wohl fühlen; **13.** in Ordnung, richtig, gut: ***I am very ~ where I am*** ich fühle mich hier sehr wohl; ***it is all very ~ but*** *iro.* das ist ja alles schön u. gut, aber; **14.** gut, günstig: ***that is just as ~*** das ist schon gut so; ***very ~*** sehr wohl, nun gut; ***~ and good*** schön und gut; **15.** ratsam, richtig, gut: ***it would be ~*** es wäre angebracht *od.* ratsam; **III** *int.* **16.** nun, na, schön: ***~!*** (*empört*) na, hör mal!; ***~ then*** nun (also); ***~ then?*** (*erwartend*) na, und?; ***~, ~!*** so, so!, (*beruhigend*) schon gut; **17.** (*überlegend*) (t)ja, hm; **IV** *s.* **18.** *das* Gute: ***let ~ alone!*** lass gut sein!, lass die Finger davon!

well[2] [wel] **I** *s.* **1.** (*gegrabener*) Brunnen, Ziehbrunnen *m*; **2.** *a. fig.* Quelle *f*; **3.** a) Mine'ralbrunnen *m*, b) *pl.* (*in Ortsnamen*) Bad *n*; **4.** *fig.* (Ur)Quell *m*; **5.** ⚙ a) (Senk-, Öl- *etc.*)Schacht *m*, b) Bohrloch *n*; **6.** ⚠ a) Fahrstuhl-, Luft-, Lichtschacht *m*, b) (Raum *m* für das) Treppenhaus *n*; **7.** ⚓ a) Pumpensod *m*, b) Fischbehälter *m*; **8.** ⚙ eingelassener Behälter: a) *mot.* Kofferraum *m*, b) Tintenbehälter *m*; **9.** ⚖ *Brit.* eingefriedigter Platz für Anwälte; **II** *v/i.* **10.** quellen (***from*** aus): ***~ up*** (*od.* ***forth***, ***out***) hervorquellen; ***~ over*** überfließen.

͵well|-ad'vised *adj.* wohl überlegt, klug; **͵~-ap'point·ed** *adj.* gut ausgestattet; **͵~-'bal·anced** *adj. fig.* **1.** ausgewogen: ***~ diet***; **2.** (innerlich) ausgeglichen; **͵~-be'haved** *adj.* wohlerzogen, artig; **͵~-'be·ing** *s.* **1.** Wohl(ergehen) *n*; **2.** *mst* ***sense of ~*** Wohlgefühl *n*; **͵~-be'lov·ed** *adj.* viel geliebt; **͵~-'born** *adj.* von vornehmer Herkunft, aus guter Fa'milie; **͵~-'bred** *adj.* **1.** wohlerzogen; **2.** gebildet, fein; **͵~-'cho·sen** *adj.* (gut) gewählt, treffend: ***~ words***; **͵~-con'nect·ed** *adj.* mit guten Beziehungen *od.* mit vornehmer Verwandtschaft; **͵~-di'rect·ed** *adj.* wohl *od.* gut gezielt (*Schlag etc.*); **͵~-dis'posed** *adj.* wohlgesinnt; **͵~-'done** *adj.* **1.** gut gemacht; **2.** 'durchgebraten (*Fleisch*); **͵~-'earned** *adj.* wohlverdient; **͵~-'fa·vo(u)red** *adj. obs.* gut aussehend, hübsch; **͵~-'fed** *adj.* gut genährt, wohlgenährt; **͵~-'found·ed** *adj.* wohl begründet; **͵~-'groomed** *adj.* gepflegt; **͵~-'ground·ed** *adj.* **1.** → ***well-founded***; **2.** mit guter Vorbildung (*in e-m Fach*).

'well·head *s.* **1.** → ***wellspring***; **2.** Brunneneinfassung *f*.

͵well|-'heeled *adj.* F ‚(gut) betucht'; **͵~-**

-in'formed *adj.* **1.** gut unterrichtet; **2.** (vielseitig) gebildet.

Wel·ling·ton (boot) ['welɪŋtən] *s.* Schaft-, Gummi-, Wasserstiefel *m.*

Wellington boots, umgangssprachlich auch **wellies** genannt, haben ihren Namen von dem General und Staatsmann **Duke of Wellington**, der auf dem Schlachtfeld hohe Lederstiefel trug. Die heutigen **Wellingtons** sind allerdings aus Gummi.

well|-in·ten·tioned [ˌwelɪn'tenʃnd] *adj.* **1.** gut *od.* wohl gemeint; **2.** wohlmeinend (*Person*); **ˌ~-'judged** *adj.* wohl berechnet, angebracht; **ˌ~'kept** *adj.* **1.** gepflegt; **2.** streng gehütet: *~ secret*; **ˌ~-'knit** *adj.* **1.** drahtig (*Figur, Person*); **2.** gut durchdacht; **ˌ~-'known** *adj.* **1.** weithin bekannt; **2.** wohl bekannt; **ˌ~-'made** *adj.* **1.** gut gemacht; **2.** gut gewachsen, gut gebaut (*Person od. Tier*); **ˌ~-'man·nered** *adj.* wohlerzogen, mit guten Ma'nieren; **ˌ~-'matched** *adj.* **1.** *sport* gleich stark; **2.** *a ~ couple* ein Paar, das gut zs.-passt; **ˌ~-'mean·ing** → ***well-intentioned***; **ˌ~-'meant** *adj.* gut gemeint; **'~·ness** *s.* Wellness *f* (*Wohlbefinden durch Entspannungsübungen, leichte sportliche Betätigung etc.*); **'~-nigh** *adv.* fast, so gut wie: ***~ impossible***; **ˌ~-'off** *adj.* wohlhabend, gut situiert; **ˌ~-'oiled** *adj. fig.* F **1.** gut funktionierend; **2.** ziemlich ‚angesäuselt'; **ˌ~-pro'por·tioned** *adj.* wohlproportioniert, gut gebaut; **ˌ~-'read** [-'red] *adj.* (sehr) belesen; **ˌ~'reg·u·lat·ed** *adj.* wohl geregelt, wohl geordnet; **ˌ~-'round·ed** *adj.* **1.** (wohl)beleibt; **2.** *fig.* a) abgerundet, ele'gant (*Stil, Form etc.*), b) ausgeglichen, c) vielseitig (*Bildung etc.*); **ˌ~-'spent** *adj.* **1.** gut genützt (*Zeit*); **2.** sinnvoll ausgegeben (*Geld*); **ˌ~-'spo·ken** *adj.* **1.** redegewandt; **2.** höflich im Ausdruck.

'well·spring *s.* Quelle *f*, *fig. a.* (Ur-) Quell *m.*

ˌwell|-'tem·pered *adj.* **1.** gutmütig; **2.** ♪ wohltemperiert (*Klavier, Stimmung*); **'~-ˌthought-'out** *adj.* 'wohlerwogen, wohl durchdacht; **ˌ~-'timed** *adj.* (zeitlich) wohl berechnet; *sport* gut getimed; **ˌ~-to-'do** *adj.* wohlhabend; **ˌ~-'tried** *adj.* (wohl) erprobt, bewährt; **ˌ~-'turned** *adj. fig.* wohlgesetzt, ele'gant (*Worte*); **'~-ˌwish·er** *s.* **1.** Gönner(in); **2.** Befürworter(in); **3.** *pl.* jubelnde Menge; **ˌ~-'worn** *adj.* **1.** abgetragen, abgenutzt; **2.** *fig.* abgedroschen.

Welsh[1] [welʃ] **I** *adj.* **1.** wa'lisisch; **II** *s.* **2.** ***the ~*** die Wa'liser *pl.*; **3.** *ling.* Wa'lisisch *n.*

Der 1. März ist der Nationalfeiertag der Waliser: Am **St David's Day** [snt'deɪvɪdzdeɪ] trägt man traditionell einen Lauch (**leek**) oder eine Osterglocke (**daffodil** ['dæfədɪl]) im Knopfloch.

welsh[2] [welʃ] *v/i.* F **1.** mit den (Wett-) Gewinnen 'durchgehen (*Buchmacher*): ***~ on*** a) *j-n* um s-n (Wett)Gewinn betrügen, b) *j-n* ‚verschaukeln'; **2.** sich ‚drücken' (***on*** vor *dat.*).

Welsh cor·gy *s.* Welsh Corgi *m* (*walisische Hunderasse*).

welsh·er ['welʃə] *s.* F **1.** betrügerischer Buchmacher; **2.** ‚falscher Hund'.

Welsh|·man ['welʃmən] *s.* [*irr.*] Wa'liser *m*; **~ rab·bit**, **~ rare·bit** *s.* über'backene Käseschnitte.

welt [welt] **I** *s.* **1.** Einfassung *f*, Rand *m*; **2.** *Schneiderei*: a) (Zier)Borte *f*, b) Rollsaum *m*, c) Stoßkante *f*; **3.** Rahmen *m* (*Schuh*); **4.** a) Strieme(n *m*) *f*, b) F (heftiger) Schlag; **II** *v/t.* **5.** a) *Kleid etc.* einfassen, b) *Schuh* auf Rahmen arbeiten, c) *Blech* falzen: ***~ed*** randgenäht (*Schuh*); **6.** F ‚verdreschen'.

wel·ter ['weltə] **I** *v/i.* **1.** *poet.* sich wälzen (***in*** in *s-m Blut etc.*) (*a. fig.*); **II** *s.* **2.** Wogen *n*, Toben *n* (*Wellen etc.*); **3.** *fig.* Tu'mult *m*, Durchein'ander *n*, Wirrwarr *m*, Chaos *n.*

'wel·ter·weight *s. sport* Weltergewicht (-ler *m*) *n.*

wen [wen] *s.* ✱ (Balg)Geschwulst *f*, *bsd.* Grützbeutel *m am Kopf*: ***the great ~*** *fig.* London *n.*

wench [wentʃ] **I** *s.* **1.** *obs. od. humor.* (*bsd.* Bauern)Mädchen *n*, Weibsbild *n*; **2.** *obs.* Hure *f*, Dirne *f*; **II** *v/i.* **3.** huren.

wend [wend] *v/t.* ***~ one's way*** sich wenden, s-n Weg nehmen (***to*** nach, zu).

Wen·dy house ['wendɪ] *s. Brit.* Spielhaus *n* (*für Kinder*).

went [went] *pret. von* **go**.

wept [wept] *pret u. p.p. von* ***weep***.

were [wɜː; wə] **1.** *pret. von* **be**: *du* warst, *Sie* waren; *wir, sie* waren, *ihr* wart; **2.** *pret. pass.*: wurde(n); **3.** *subj. pret.* wäre(n).

were·wolf ['wɪəwʊlf] *s.* [*irr.*] Werwolf *m.*

west [west] **I** *s.* **1.** Westen *m*: ***the wind is coming from the ~*** der Wind kommt von Westen; **2.** Westen *m* (*Landesteil*); **3.** ***the 2*** *geogr.* der Westen: a) Westengland *n*, b) die *amer.* Weststaaten *pl.*, c) das Abendland; **4.** *poet.* West

(-wind) *m*; **II** *adj.* **5.** westlich, West...; **III** *adv.* **6.** westwärts, nach Westen: ***go ~*** a) nach Westen *od.* westwärts gehen *od.* ziehen, b) *sl.* ‚draufgehen' (*sterben, kaputtgehen od. verloren gehen*); **7.** ***~ of*** westlich von; **'west·er·ly** [-təlɪ] **I** *adj.* westlich, West...; **II** *adv.* westwärts, gegen Westen.

West End heißt der Stadtteil im Westen Londons, der für seine Theater, Kinos, Einkaufsstraßen und Luxushotels bekannt ist. Der Name steht besonders für das dortige Theaterleben: **West End play/show, she's appearing in the West End** usw.

west·ern ['westən] **I** *adj.* **1.** westlich, West...: ***the ♀ Empire*** *hist.* das weströmische Reich; **2.** *oft* ♀ westlich, abendländisch; **3.** ♀ 'westameri,kanisch, (Wild)West...; **II** *s.* **4.** → ***westerner***; **5.** Western *m*: a) Wild'westfilm *m*, b) Wild'westro,man *m*; **'west·ern·er** [-nə] *s.* **1.** Westländer *m*; **2.** *a.* ♀ *Am.* Weststaatler *m*; **3.** *oft* ♀ Abendländer *m*; **'west·ern·ize** [-naɪz] *v/t.* verwestlichen; **'west·ern·most** [-məʊst] *adj.* westlichst.

West In·di·an **I** *adj.* west'indisch; **II** *s.* West'indier(in).

West·pha·li·an [west'feɪljən] **I** *adj.* west'fälisch; **II** *s.* West'fale *m*, West'fälin *f*.

west·ward ['westwəd] *adj. u. adv.* westlich, westwärts, nach Westen; **'west·wards** [-dz] *adv.* → ***westward***.

wet [wet] **I** *adj.* **1.** nass, durch'nässt (***with*** von): ***~ through*** durchnässt; ***~ to the skin*** nass bis auf die Haut; ***~ blanket*** *fig.* a) Dämpfer *m*, kalte Dusche, b) Störenfried *m*, Spielverderber(in); fader Kerl; ***throw a ~ blanket on*** *e-r Sache* e-n Dämpfer aufsetzen; ***~ paint!*** frisch gestrichen!; ***~ steam*** ⚙ Nassdampf *m*; **2.** regnerisch, feucht (*Klima*); **3.** ⚙ nass, Nass...(*-gewinnung etc.*); **4.** *Am.* ‚feucht' (*nicht unter Alkoholverbot stehend*); **5.** F feuchtfröhlich; **6.** a) blöd, ‚doof', b) ***all ~*** falsch, verkehrt: ***you are all ~!*** du irrst dich gewaltig!; **II** *s.* **7.** Flüssigkeit *f*, Feuchtigkeit *f*, Nässe *f*; **8.** Regen(wetter *n*) *m*; **9.** F Drink *m*: ***have a ~*** ‚einen heben'; **10.** *Am.* F Gegner *m* der Prohibiti'on; **11.** F a) Blödmann *m*, b) *Brit.* Weichling *m*; **III** *v/t.* [*irr.*] **12.** benetzen, anfeuchten, nass machen, nässen: ***~ through*** durchnässen; → ***whistle*** 7; **13.** F *ein Ereignis etc.* ‚begießen': ***~ a bargain***; **'~·back** *s. Am. sl. illegaler Einwanderer aus Mexiko*; **~ cell** *s.* ⚡ 'Nassele,ment *n*; **~ dock** *s.* ⚓ Flutbecken *n*.

weth·er ['weðə] *s. zo.* Hammel *m*.

wet·ness ['wetnɪs] *s.* Nässe *f*, Feuchtigkeit *f*.

'wet| nurse *s.* (Säug)Amme *f*; **'~-nurse** *v/t.* **1.** säugen; **2.** *fig.* verhätscheln; **~ pack** *s.* ⚕ feuchter 'Umschlag; **~ suit** *s. sport* Kälteschutzanzug *m*.

wey [weɪ] *s. obs. ein Trockengewicht.*

whack [wæk] F **I** *v/t.* **1.** a) *j-m* e-n (knallenden) Schlag versetzen, b) *sport* F haushoch schlagen: ***~ed*** F ‚fertig', ‚geschafft'; **2.** ***~ up*** F (auf)teilen; **3.** ***~ up*** *Am.* F a) et. organisieren, b) *j-n* antreiben; **II** *s.* **4.** (knallender) Schlag; **5.** (An)Teil *m* (***of*** an *dat.*); **6.** Versuch *m*: ***take a ~ at*** e-n Versuch machen mit; **7.** ***out of ~*** nicht in Ordnung; **'whack·er** [-kə] *s. sl.* **1.** Mordsding *n*; **2.** faustdicke Lüge; **'whack·ing** [-kɪŋ] **I** *adj. u. adv.* F Mords...; **II** *s.* F (Tracht *f*) Prügel *pl.*

whale [weɪl] **I** *pl.* **whales** *bsd. coll.* **whale** *s. zo.* Wal *m*: ***a ~ of*** F Riesen..., Mords...; ***a ~ of a lot*** e-e Riesenmenge; ***a ~ of a fellow*** F ein Riesenkerl; ***be a ~ for*** (*od.* ***on***) F ganz versessen sein auf (*acc.*); ***be a ~ at*** F e-e ‚Kanone' sein in (*dat.*); ***we had a ~ of a time*** wir hatten e-n Mordsspaß; **II** *v/i.* Walfang treiben; **III** *v/t.* F ‚verdreschen'; **'~·bone** *s.* Fischbein(stab *m*) *n*; **~ calf** *s.* [*irr.*] *zo.* junger Wal; **~ fish·er·y** *s.* **1.** Walfang *m*; **2.** Walfanggebiet *n*; **~ oil** *s.* Walfischtran *m*.

whal·er ['weɪlə] *s.* Walfänger *m* (*Person u. Boot*).

whal·ing[1] ['weɪlɪŋ] **I** *s.* Walfang *m*; **II** *adj.* Walfang...: ***~ gun*** Harpunengeschütz *n*.

whal·ing[2] ['weɪlɪŋ] F **I** *adj. u. adv.* e'norm, Mords...; **II** *s.* (Tracht *f*) Prügel *pl.*

wham·my ['wæmɪ] *s.* F **1.** böser Blick; **2.** ‚Hammer' *m*: a) böse Sache, b) knallharter Schlag *etc.*

whang [wæŋ] F **I** *s.* Knall *m*, Krach *m*, Bums *m*; **II** *v/t.* knallen, hauen; **III** *v/i.* knallen (*a. schießen*), krachen, bumsen; **IV** *int.* krach!, bums!

wharf [wɔːf] ⚓ **I** *pl.* **wharves** [-vz] *od.* **wharfs** *s.* **1.** Kai *m*; **II** *v/t.* **2.** *Waren* löschen; **3.** *Schiff* am Kai festmachen; **'wharf·age** [-fɪdʒ] *s.* **1.** Kaianlage(n *pl.*) *f*; **2.** Kaigeld *n*; **'wharf·in·ger** [-fɪndʒə] *s.* ⚓ **1.** Kaimeister *m*; **2.** Kaibesitzer *m*.

what [wɒt] **I** *pron. interrog.* **1.** was, wie: ***~ is her name?*** wie ist ihr Name?; ***~ did he do?*** was hat er getan?; ***~ is he?*** was ist er (von Beruf)?; ***~'s for lunch?*** was gibts zum Mittagessen?; **2.** was für ein, welcher, *vor pl.* was für: ***~ an idea!*** was für e-e Idee!; ***~ book?*** was für ein Buch?; ***~ luck!*** welch ein Glück!; **3.** was (*um Wiederholung e-s Wortes bittend*): ***he claims to be ~?*** was will er sein?; **II** *pron. rel.* **4.** (das) was: ***this is ~ we hoped for*** (gerade) das erhofften wir; ***I don't know ~ he said*** ich weiß nicht, was er sagte; ***it is nothing compared to ~ ...*** es ist nichts im Vergleich zu dem, was ...; **5.** was (auch immer); **III** *adj.* **6.** was für ein, welch: ***I don't know ~ decision you have taken*** ich weiß nicht, was für e-n Entschluss du gefasst hast; **7.** alle *od.* jede die, alles was: ***~ money I had*** was ich an Geld hatte, all mein Geld; **8.** so viel(e) ... wie;

Besondere Redewendungen:

and ~ not, and ~ have you F und was nicht sonst noch alles; ***~ about?*** wie wärs mit *od.* wenn?, wie stehts mit?; ***~ for?*** wozu?, wofür?; ***~ if?*** und wenn nun?, (und) was geschieht, wenn?; ***~ next?*** a) was sonst noch?, b) *iro.* sonst noch was?, das fehlte noch!; ***~ news?*** was gibt es Neues?; ***(well,) ~ of it?, so ~?*** na und?, na wennschon?; ***~ though?*** was tuts, wenn?; ***~ with*** infolge, durch, in Anbetracht (*gen.*); ***~ with ..., ~ with ...*** teils durch ..., teils durch ...; ***but ~*** F dass (*nicht*); ***I know ~*** F ich weiß was, ich habe e-e Idee; ***she knows ~'s ~*** F sie weiß Bescheid; sie weiß, was los ist; ***I'll tell you ~*** ich will dir (mal) was sagen.

what|·cha·ma·call·it ['wɒtʃəmə͵kɔːlɪt], **~-d'you-call-it** ['wɒdʒʊ͵kɔːlɪt] (*od.* **-'em** [-əm] *od.* **-him** *od.* **-her**), **'~-d'ye-͵call-it** [-dʒə͵kɔːlɪt] (*od.* **-'em** [-əm] *od.* **-him** *od.* **-her**) *s.* F Dings(da, -bums) *m, f, n*; **~'e'er** *poet.* → ***whatever***; **~'ev·er I** *pron.* **1.** was (auch immer), alles was: ***take ~ you like!***; ***~ you do*** was du auch tust; **2.** was auch; trotz allem, was: ***do it ~ happens!***; **3.** F was denn, was in aller Welt: ***~ do you want?*** was willst du denn?; **II** *adj.* **4.** welch ... auch (immer): ***for ~ reasons he is angry*** aus welchen Gründen er auch immer ärgerlich ist; **5.** *mit neg.*: über'haupt, gar *nichts*, *niemand etc.*: ***no doubt ~*** überhaupt *od.* gar kein Zweifel; **'~·not** *s.* Eta'gere *f.*

what's [wɒts] F *für* ***what is***; **'~-her-name** [-sənеɪm], **'~-his-name** [-sɪzneɪm], *s.* F Dings(da) *m, f, n*: ***Mr. what's-his-name*** Herr Dingsda, Herr Soundso.

whats it ['wɒtsɪt] *s.* F Dingsda *m, f, n*, -bums *m, f, n*.

͵what·so'ev·er → ***whatever***.

wheal [wiːl] → ***wale***.

wheat [wiːt] *s.* ⚘ Weizen *m*: ***~ belt*** *geogr. Am.* Weizengürtel *m*.

whee·dle ['wiːdl] **I** *v/t.* **1.** *j-n* um'schmeicheln; **2.** *j-n* beschwatzen, über'reden (***into doing s.th.*** et. zu tun); **3.** ***~ s.th. out of s.o.*** j-m et. abschwatzen *od.* abschmeicheln; **II** *v/i.* **4.** schmeicheln; **'whee·dling** [-lɪŋ] *adj.* ☐ schmeichlerisch.

wheel [wiːl] **I** *s.* **1.** *allg.* Rad *n* (*a.* ⚙): ***the ~s of government*** die Regierungsmaschinerie; ***the ~ of Fortune*** *fig.* das Glücksrad; ***~s within ~s*** *fig.* a) ein kompliziertes Räderwerk, b) e-e äußerst komplizierte *od.* schwer durchschaubare Sache; ***a big ~*** *Am.* F ein ‚großes Tier'; → ***fifth wheel, shoulder*** 1, ***spoke***[1] 4; **2.** ⚙ Scheibe *f*; **3.** Lenkrad *n*: ***at the ~*** a) am Steuer, b) *fig.* am Ruder; **4.** F a) (Fahr)Rad *n*, b) Auto *n*, ‚fahrbarer 'Untersatz'; **5.** *hist.* Rad *n* (*Folterinstrument*): ***break s.o. on the ~*** j-n rädern *od.* aufs Rad flechten; ***break a (butter)fly (up)on the ~*** *fig.* mit Kanonen nach Spatzen schießen; **6.** *pl. fig.* Räder(werk *n*) *pl.*, Getriebe *n*; **7.** Drehung *f*, Kreis(bewegung *f*) *m*; ⚔ Schwenkung *f*: ***right (left) ~!*** rechts (links) schwenkt!; **II** *v/t.* **8.** *j-n od. et.* fahren, schieben, *et. a.* rollen; **9.** ⚔ schwenken lassen; **III** *v/i.* **10.** sich (im Kreis) drehen; **11.** *a.* ***~ about*** *od.* ***(a)round*** sich (rasch) 'umwenden *od.* -drehen; **12.** ⚔ schwenken; **13.** rollen, fahren; **14.** F radeln; **'~͵bar·row** *s.* Schubkarre(n *m*) *f*; **'~·base** *s.* ⚙ Radstand *m*; **~ brace** *s.* ⚙, *mot.* Kreuzschlüssel *m*; **~ brake** *s.* Radbremse *f*; **'~·chair** *s.* Rollstuhl *m*: ***~ user*** Rollstuhlfahrer *m*; **~ clamp** *s.* Parkkralle *f*.

wheeled [wiːld] *adj.* **1.** fahrbar, Roll..., Räder...: ***~ bed*** ⚕ Rollbett *n*; **2.** *in Zssgn* ...räd(e)rig: ***three-~***.

wheel·er ['wiːlə] *s.* **1.** *in Zssgn* Fahrzeug *n* mit ... Rädern: ***four-~*** Vierradwagen *m*, Zweiachser *m*; **2.** → ***wheel horse***; **3.** → **͵~-'deal·er** *s. Am.* F ‚ausgekochter' Bursche, *a.* (raffinierter) Geschäftemacher; **͵~-'deal·ing** *s.* F **1.** Machenschaften *pl.*; **2.** Geschäftemache'rei *f*.

wheel horse *s.* Stangen-, Deichselpferd *n*.

wheel·ie ['wiːlɪ] *s.* F (*Motor*)*Radfahren*: Wheelie *n* (*Manöver, bei dem das Vorderrad abrupt angehoben wird*): ***do a ~*** ein Wheelie machen; **~ bin** *s. Brit.* F (große) Mülltonne auf Rädern.

wheel·ing and deal·ing ['wiːlɪŋ] → ***wheeler-dealing***.

'wheel·wright [-raɪt] *s.* ⚙ Stellmacher *m*.

wheeze [wiːz] **I** *v/i.* **1.** keuchen, schnaufen; **II** *v/t.* **2.** *a.* ***~ out*** *et.* keuchen(d her'vorstoßen); **III** *s.* **3.** Keuchen *n*, Schnaufen *n*, pfeifendes Atmen *od.* Geräusch; **4.** *sl.* a) *thea.* (improvisierter) Scherz, Gag *m*, b) Jux *m*, Ulk *m*, c) alter Witz; '**wheez·y** [-zɪ] *adj.* ☐ keuchend, asth'matisch (*a. humor. Orgel etc.*).

whelk¹ [welk] *s. zo.* Wellhorn(schnecke *f*) *n*.

whelk² [welk] *s.* ⚕ Pustel *f*.

whelm [welm] *v/t. poet.* **1.** ver-, über'schütten, versenken, -schlingen; **2.** *fig.* a) über'schütten *od.* -'häufen (***in, with*** mit), b) über'wältigen.

whelp [welp] **I** *s.* **1.** *zo.* a) Welpe *m* (*junger Hund, Fuchs od. Wolf*), b) *allg.* Junge(s) *n*; **2.** Balg *m*, *n* (*ungezogenes Kind*); **II** *v/t. u. v/i.* **3.** (Junge) werfen.

when [wen] **I** *adv.* **1.** *fragend*: wann; **2.** *relativ*: als, wo, da: ***the years ~ we were poor*** die Jahre, als wir arm waren; ***the day ~*** der Tag, an dem *od.* als; **II** *cj.* **3.** wann: ***she doesn't know ~ to be silent*** sie weiß nicht, wann sie schweigen muss; **4.** zu der Zeit *od.* in dem Augenblick, als: ***~ (he was) young, he lived in M.*** als er noch jung war, wohnte er in M.; ***we were about to start ~ it began to rain*** wir wollten gerade fortgehen, als es anfing zu regnen *od.* da fing es an zu regnen; ***say ~!*** F sag halt!, sag, wenn du genug hast! (*bsd. beim Eingießen*); **5.** (dann,) wenn; **6.** (immer) wenn, so'bald, so'oft; **7.** worauf'hin, und dann; **8.** ob'wohl, wo ... (doch), da ... doch; **III** *pron.* **9.** wann, welche Zeit: ***from ~ does it date?*** aus welcher Zeit stammt es?; ***since ~?*** seit wann?; ***till ~?*** bis wann?; **10.** *relativ*: ***since ~*** und seitdem; ***till ~*** und bis dahin; **IV** *s.* **11.** ***the ~ and where of s.th.*** das Wann und Wo e-r Sache.

whence [wens] *bsd. poet.* **I** *adv.* **1.** wo'her: a) von wo(her), *obs.* von wannen, b) *fig.* wo'von, wo'durch, wie: ***~ comes it that*** wie kommt es, dass; **II** *cj.* **2.** von wo'her; **3.** *fig.* wes'halb, und deshalb.

ˌ**when(·so)'ev·er** **I** *cj.* wann (auch) immer, einerlei wann, (immer) wenn, so'oft, jedes Mal wenn; **II** *adv. fragend*: wann denn (nur).

where [weə] **I** *adv.* (*fragend u. relativ*) **1.** wo; **2.** wo'hin; **3.** wor'in, inwie'fern, in welcher Hinsicht; **II** *cj.* **4.** (da) wo; **5.** da'hin *od.* irgendwo'hin wo, wo'hin; **III** *pron.* **6.** (*relativ*) (da *od.* dort,) wo: ***he lives not far from ~ it happened*** er wohnt nicht weit von dort, wo es geschah; **7.** (*fragend*) wo: ***~ ... from?*** woher?, von wo?; ***~ ... to?*** wohin?; **~·abouts** **I** *adv. od. cj.* [ˌweərə'baʊts] wo ungefähr *od.* etwa; **II** *s. pl.* ['weərəbaʊts] *sg. konstr.* Aufenthalt(sort) *m*, Verbleib *m*; **~·as** [weər'æz] *cj.* **1.** wohin'gegen, während, wo ... doch; **2.** ⚖ da; in Anbetracht dessen, dass (*im Deutschen mst unübersetzt*); **~·at** [weər'æt] *adv. u. cj.* **1.** wor'an, wo'bei, worauf; **2.** (*relativ*) an welchem (welcher) *od.* dem (der), wo; **~'by** *adv. u. cj.* **1.** wo'durch, wo'mit; **2.** (*relativ*) durch welchen (welche[s]); '**~·fore** **I** *adv. od. cj.* **1.** wes'halb, wo'zu, war'um; **2.** (*relativ*) wes'wegen, und deshalb; **II** *s. oft pl.* **3.** *das* Weshalb, *die* Gründe *pl.*; **~'from** *adv. u. cj.* wo'her, von wo; **~·in** [weər'ɪn] *adv.* wor'in, in welchem (welcher); **~·of** [weər'ɒv] *adv. u. cj.* wo'von; **~·on** [weər'ɒn] *adv. od. cj.* **1.** wor'auf; **2.** (*relativ*) auf dem (der) *od.* den (die, das), auf welchem (welcher) *od.* welchen (welche, welches); ˌ**~·so'ev·er** → ***wherever*** 1; **~'to** *adv. od. cj.* wo'hin; **~·up·on** [ˌweərə'pɒn] *adv. od. cj.* **1.** worauf('hin); **2.** (*als Satzanfang*) darauf'hin.

wher·ev·er [ˌweər'evə] *adv. od. cj.* **1.** wo (-'hin) auch immer; ganz gleich, wo (-hin); **2.** F wo(hin) denn (nur)?

ˌ**where|'with** *adv. od. cj.* wo'mit; '**~·with·al** *s.* Mittel *pl.*, *das* Nötige, *das* nötige (Klein)Geld.

wher·ry ['werɪ] ⚓ *s.* **1.** Jolle *f*; **2.** Skullboot *n*; **3.** Fährboot *n*; **4.** *Brit.* Frachtsegler *m*.

whet [wet] **I** *v/t.* **1.** wetzen, schärfen, schleifen; **2.** *fig. Appetit* anregen; *Neugierde etc.* anstacheln; **II** *s.* **3.** Wetzen *n*, Schärfen *n*; **4.** *fig.* Ansporn *m*, Anreiz *m*; **5.** (Appe'tit)Anreger *m*, Aperi'tif *m*.

wheth·er ['weðə] *cj.* **1.** ob (***or not*** oder nicht); ***~ or no*** auf jeden Fall, so oder so; **2.** ***~ ... or*** entweder *od.* sei es, dass ... oder.

'**whet·stone** *s.* **1.** Wetz-, Schleifstein *m*; **2.** *fig.* Anreiz *m*, Ansporn *m*.

whew [hwuː] *int.* **1.** *erstaunt*: (h)ui!, Mann!; **2.** *angeekelt, erleichtert, erschöpft*: puh!

whey [weɪ] *s.* Molke *f*; '**~·faced** *adj.* käsig, käseweiß.

which [wɪtʃ] **I** *interrog.* **1.** welch (*aus e-r bestimmten Gruppe od. Anzahl*): ***~ of you?*** welcher *od.* wer von euch?; **II** *pron.* (*relativ*) **2.** welch, der (die, das) (*bezogen auf Dinge, Tiere od. obs. Personen*); **3.** (*auf den vorhergehenden Satz bezüglich*) was; **4.** (*in eingeschobenen Sätzen*) (etwas,) was; **III** *adj.* **5.** (*fragend od. relativ*) welch: ***~ place will you take?*** auf welchem Platz willst du sitzen?; **~'ev·er**, ˌ**~·so'ev·er** *pron. u. adj.* welch (auch) immer; ganz gleich, welch.

whiff [wɪf] **I** *s.* **1.** Luftzug *m*, Hauch *m*; **2.** Duftwolke *f* (*a.* übler) Geruch; **3.** Zug *m* (*beim Rauchen*); **4.** Schuss *m* *Chloroform etc.*; **5.** *fig.* Anflug *m*; **6.** F Ziga'rillo *n*, *m*; **II** *v/i. u. v/t.* **7.** blasen, wehen; **8.** paffen, rauchen; **9.** (*nur v/i.*) ‚duften', (unangenehm) riechen.

whif·fle ['wɪfl] *v/i. u. v/t.* wehen.

whiff·y ['wɪfɪ] *adj. Brit.* F übel riechend, stinkend, stinkig.

Whig [wɪg] *pol. hist.* **I** *s.* **1.** *Brit.* Whig *m* (*Liberaler*); **2.** *Am.* Whig *m*: a) Natio'nal(republi,kan)er *m* (*Unterstützer der amer. Revolution*), b) *Anhänger e-r Oppositionspartei gegen die Demokraten um 1840*); **II** *adj.* **3.** Whig..., whig'gistisch; **Whig·gism** ['wɪgɪzəm] *s. pol.* Whig'gismus *m*.

while [waɪl] **I** *s.* **1.** Weile *f*, Zeit(spanne) *f*: ***a long ~ ago*** vor e-r ganzen Weile; (***for***) ***a ~*** e-e Zeit lang; ***for a long ~*** lange (Zeit), seit langem; ***in a little ~*** bald, binnen kurzem; ***the ~*** derweil, währenddessen; ***between ~s*** zwischendurch; ***worth*** (***one's***) ***~*** der Mühe wert, (sich) lohnend; ***it is not worth*** (***one's***) ***~*** es ist nicht der Mühe wert, es lohnt sich nicht; → ***once*** 1; **II** *cj.* **2.** (*zeitlich*) während; **3.** so'lange; **4.** während, wo(hin)'gegen; **5.** wenn auch, ob'wohl, zwar; **III** *v/t.* **6.** *mst* ***~ away*** sich *die Zeit* vertreiben; **whilst** [waɪlst] → ***while*** II.

whim [wɪm] *s.* **1.** Laune *f*, Grille *f*, wunderlicher Einfall, Ma'rotte *f*: ***at one's own ~*** ganz nach Laune; **2.** ⚒ Göpel *m*.

whim·per ['wɪmpə] **I** *v/t. u. v/i.* wimmern, winseln; **II** *s.* Wimmern *n*, Winseln *n*.

whim·sey → ***whimsy***.

whim·si·cal ['wɪmzɪkl] *adj.* □ **1.** launen-, grillenhaft, wunderlich; **2.** schrullig, ab'sonderlich, seltsam; **3.** hu'morig, launig; **whim·si·cal·i·ty** [wɪmzɪ'kælətɪ], '**whim·si·cal·ness** [-nɪs] *s.* **1.** Grillenhaftigkeit *f*, Wunderlichkeit *f*; **2.** → ***whim*** 1; **whim·sy** ['wɪmzɪ] **I** *s.* Laune *f*, Grille *f*, Schrulle *f*; **II** *adj.* → ***whimsical***.

whin¹ [wɪn] *s.* ⚘ *bsd. Brit.* Stechginster *m*.

whin² [wɪn] → ***whinstone***.

whine [waɪn] **I** *v/i.* **1.** winseln, wimmern; **2.** greinen, quengeln, jammern; **II** *v/t.* **3.** *et.* weinerlich sagen, winseln; **III** *s.* **4.** Gewinsel *n*; **5.** Gejammer *n*, Gequengel *n*; '**whin·ing** [-nɪŋ] *adj.* □ weinerlich, greinend; winselnd.

whin·ny ['wɪnɪ] **I** *v/i.* wiehern; **II** *s.* Wiehern *n*.

whin·stone ['wɪnstəʊn] *s. geol.* Ba'salt(-tuff) *m*, Trapp *m*.

whip [wɪp] **I** *s.* **1.** Peitsche *f*, Geißel *f*; **2.** ***be a good*** (***poor***) ***~*** gut (schlecht) kutschieren; **3.** *hunt.* Pi'kör *m*; **4.** *parl.* a) Einpeitscher *m*, b) parlamen'tarischer Geschäftsführer, c) Rundschreiben *n*, Aufforderung(sschreiben *n*) *f* (*bei e-r Versammlung etc. zu erscheinen*): ***three-line ~*** a) Aufforderung, unbedingt zu erscheinen, b) (abso'luter) Fraktionszwang (***on a vote*** bei e-r Abstimmung); **5.** ⚙ a) Wippe *f* (*a.* ⚡), b) *a.* ***~-and-derry*** Flaschenzug *m*; **6.** *Näherei*: über'wendliche Naht; **7.** *Küche*: Creme(speise) *f*; **II** *v/t.* **8.** peitschen; **9.** (aus)peitschen, geißeln (*a. fig.*); **10.** *a.* ***~ on*** antreiben; **11.** schlagen: a) verprügeln: ***~ s.th. into*** (***out of***) ***s.o.*** j-m et. einbläuen (mit Schlägen austreiben), b) *bsd. sport* F besiegen, ‚über'fahren'; **12.** reißen, raffen: ***~ away*** wegreißen; ***~ from*** wegreißen *od.* fegen von; ***~ off*** a) weg-, herunterreißen, b) *j-n* entführen; ***~ on*** *Kleidungsstück* überwerfen; ***~ out*** (plötzlich) zücken, (schnell) *aus der Tasche* ziehen; **13.** *Gewässer* abfischen; **14.** a) *Schnur etc.* um'wickeln, ⚓ *Tau* betakeln, b) *Schnur* wickeln (***about*** um *acc.*); **15.** über'wendlich nähen, über'nähen, um'säumen; **16.** *Eier, Sahne* (schaumig) schlagen: ***~ped cream*** Schlagsahne *f*; ***~ped eggs*** Eischnee *m*; **17.** *Brit.* F ‚klauen'; **III** *v/i.* **18.** sausen, flitzen, schnellen; **~ in** *v/t.* **1.** *hunt. Hunde* zs.-treiben; **2.** *parl.* zs.-trommeln; **~ round** *v/i.* **1.** sich ruckartig 'umdrehen; **2.** F den Hut herumgehen lassen; **~ up** *v/t.* **1.** antreiben; **2.** *fig.* aufpeitschen; **3.** a) *Leute* zs.-trommeln, b) *Essen etc.* ‚herzaubern'.

Whip: In Großbritannien ein für die Disziplinierung der Partei zuständiges Parlamentsmitglied („Einpeitscher[in]"), besonders im Hinblick auf Anwesenheit bei Debatten und Stimmabgabe.
Chief Whip: „Haupteinpeitscher(in)"; entspricht etwa dem/der deutschen Fraktionsgeschäftsführer(in).

whip| aer·i·al (*bsd. Am.* **an·ten·na**) *s.* ⚡ 'Staban,tenne *f*; '**~·cord** *s.* **1.** Peitschenschnur *f*; **2.** Whipcord *m* (*schräg geripptes Kammgarn*); **~ hand** *s.* rechte Hand *des Reiters etc.*: ***get the ~ of s.o.*** die Oberhand gewinnen über j-n; ***have the ~ of*** *j-n* an der Kandare *od.* in der Gewalt haben; '**~·lash** *s.* **1.** → ***whipcord*** 1; **2.** *a.* ***~ injury*** ✱ 'Peitschenschlagsyn,drom *n*.

whip·per ['wɪpə] *s.* Peitschende(r *m*) *f*; **,~-'in**, *pl.* **,~s-'in** → ***whip*** 3 *u.* 4; '**~,snap·per** *s.* **1.** Drei'käsehoch *m*; **2.** Gernegroß *m*, Gelbschnabel *m*, Springinsfeld *m*.

whip·pet ['wɪpɪt] *s.* **1.** *zo.* Whippet *m* (*kleiner englischer Rennhund*); **2.** ⚔ *hist. leichter* Panzerkampfwagen.

whip·ping ['wɪpɪŋ] *s.* **1.** (Aus)Peitschen *n*; **2.** (Tracht *f*) Prügel *pl.*, Hiebe *pl.* (*a. fig.* F *Niederlage*); **3.** 'Garnum,wick(e)lung *f*; **~ boy** *s. hist.* Prügelknabe *m*, *fig. a.* Sündenbock *m*; **~ cream** *s.* Schlagsahne *f*; **~ post** *s. hist.* Schandpfahl *m*; **~ top** *s.* Kreisel *m* (*der mit Peitsche getrieben wird*).

whip·ple·tree ['wɪpltriː] *s.* Ortscheit *n*, Wagenschwengel *m*.

whip| ray *s. ichth.* Stechrochen *m*; **'~-round** *s. Brit.* F spon'tane (Geld-)Sammlung: ***have a ~*** → ***whip round*** 2; **'~·saw I** *s.* (zweihändige) Schrotsäge; **II** *v/t.* mit der Schrotsäge sägen; **III** *v/i. bsd. Poker*: *Am.* zs.-spielen mit.

whir → ***whirr***.

whirl [wɜːl] **I** *v/i.* **1.** wirbeln, sich drehen: ***~ about*** (*od.* ***round***) a) herumwirbeln, b) sich rasch umdrehen; **2.** sausen, hetzen, eilen; **3.** wirbeln, sich drehen (*Kopf*): ***my head ~s*** mir ist schwindelig; **II** *v/t.* **4.** *allg.* wirbeln: ***~ up dust*** Staub aufwirbeln; **III** *s.* **5.** Wirbeln *n*; **6.** Wirbel *m*: a) schnelle Kreisbewegung, b) Strudel *m*: ***give s.th. a ~*** a) et. herumwirbeln, b) F et. (aus)probieren; **7.** *fig.* Wirbel *m*: a) Trubel *m*, wirres Treiben, b) Schwindel *m* (*der Sinne etc.*): ***a ~ of passion***; ***her thoughts were in a ~*** ihre Gedanken wirbelten durcheinander; **'~·blast** *s.* Wirbelsturm *m*.

whirl·i·gig ['wɜːlɪgɪg] *s.* **1.** a) Windrädchen *n*, b) Kreisel *m etc.* (*Spielzeug*); **2.** Karus'sell *n* (*a. fig. der Zeit*); **3.** *fig.* Wirbel *m der Ereignisse etc.*

'whirl|·pool *s.* **1.** Strudel *m* (*a. fig.*); **2.** 'Whirlpool *m*; **'~·wind** *s.* Wirbelwind *m* (*a. fig. Person*): ***a ~ romance*** e-e stürmische Romanze.

'whirl·y·bird ['wɜːlɪ-] *s. Am.* F Hubschrauber *m*.

whirr [wɜː] **I** *v/i.* schwirren, surren; **II** *v/t.* schwirren lassen; **III** *s.* Schwirren *n*, Surren *n*.

whisk [wɪsk] **I** *s.* **1.** Wischen *n*, Fegen *n*; **2.** Wischer *m*: a) leichter Schlag, b) schnelle Bewegung (*bsd. Tierschwanz*); **3.** Husch *m*: ***in a ~*** im Nu; **4.** (*Stroh- etc.*)Wisch *m*, Büschel *n*; **5.** (Staub-, Fliegen)Wedel *m*; **6.** *Küche*: Schneebesen *m*; **II** *v/t.* **7.** *Staub etc.* (weg)wischen, (-)fegen; **8.** fegen, *mit dem Schwanz* schlagen; **9.** ***~ away*** (*od.* ***off***) schnell verschwinden lassen, wegzaubern, -nehmen; *j-n* schnellstens wegbringen, entführen; **10.** *Sahne, Eischnee* schlagen; **III** *v/i.* **11.** wischen, huschen, flitzen: ***~ away*** forthuschen; **'whisk·er** [-kə] *s.* **1.** *pl.* Backenbart *m*; **2.** a) Barthaar *n*, b) F Schnurrbart *m*; **3.** *zo.* Schnurr-, Barthaar *n* (*von Katzen etc.*); **'whisk·ered** [-kəd] *adj.* **1.** e-n Backenbart tragend; **2.** *zo.* mit Schnurrhaaren versehen.

whis·key ['wɪskɪ] *s.* **1.** (*bsd.* in den USA u. Irland hergestellter) Whisky; **2.** → **whis·ky** *s.* Whisky *m*: ***~ and soda*** Whisky Soda *m*; ***~ sour*** Whisky mit Zitrone.

whis·per ['wɪspə] **I** *v/i. u. v/t.* **1.** wispern, flüstern, raunen (*alle a. poet. Baum, Wind etc.*): ***~ s.th. to s.o.*** j-m et. zuflüstern; **2.** *fig. b.s.* flüstern, tuscheln, munkeln; **II** *s.* **3.** Flüstern *n*, Wispern *n*, Geflüster *n*: ***in a ~, in ~s*** im Flüsterton; **4.** Getuschel *n*; **5.** a) geflüsterte *od.* heimliche Bemerkung, b) Gerücht *n*; **6.** Raunen *n*; **'whis·per·er** [-ərə] *s.* **1.** Flüsternde(r *m*) *f*; **2.** Zuträger(in), Ohrenbläser(in); **'whis·per·ing** [-pərɪŋ] **I** *adj.* □ **1.** flüsternd; **2.** Flüster...: ***~ baritone***; ***~ campaign*** Flüsterkampagne *f*; ***~ gallery*** Flüstergalerie *f*; **II** *s.* **3.** → ***whisper*** 3.

whist[1] [wɪst] *int. dial.* pst!, st!, still!

whist[2] [wɪst] *s.* Whist *n* (*Kartenspiel*): ***~ drive*** Whistrunde *f*.

whis·tle ['wɪsl] **I** *v/i.* **1.** pfeifen (*Person, Vogel, Lokomotive etc.*; *a. Kugel, Wind etc.*) (***to s.o.*** j-m); ***~ for*** *j-m, s-m Hund etc.* pfeifen; ***he may ~ for it*** F darauf kann er lange warten, das kann er sich in den Kamin schreiben; ***~ in the dark*** *fig.* den Mutigen markieren; **II** *v/t.* **2.** *Melodie etc.* pfeifen; **3.** ***~ back*** *Hund etc.* zurückpfeifen; ***~ up*** *fig.* a) herbeordern, b) ins Spiel bringen; **III** *s.* **4.** Pfeife *f*: ***blow the ~ on*** F a) *j-n, et.* ‚verpfeifen', b) *et.* ausplaudern, c) *j-n, et.* stoppen; ***pay for one's ~*** den Spaß teuer bezahlen; **5.** (*sport a.* Ab)Pfiff *m*; Pfeifton *m*; **6.** Pfeifen *n* (*des Windes etc.*); **7.** F Kehle *f*: ***wet one's ~*** ‚einen heben'; **'~·stop** *s. Am.* **1.** 🚆 Bedarfshaltestelle *f*; **2.** *fig.* Kleinstadt *f*, ‚Kaff' *n*; **3.** *pol.* kurzer Besuch (*e-s Kandidaten*); **'~-stop** *v/i. Am. pol.* von Ort zu Ort reisen u. Wahlreden halten.

whis·tling ['wɪslɪŋ] *s.* Pfeifen *n*; **~ buoy** *s.* ⚓ Pfeifboje *f*; **~ thrush** *s. orn.* Singdrossel *f*.

whit [wɪt] *s.* (*ein*) bisschen: ***no ~, not a ~*** keinen Deut, kein Jota, kein bisschen.

white [waɪt] **I** *adj.* **1.** *allg.* weiß: ***as ~ as snow*** schneeweiß; **2.** blass, bleich: ***as ~ as a sheet*** leichenblass; → ***bleed*** 10; **3.** weiß(rassig): ***~ supremacy*** Vorherrschaft der Weißen; **4.** *fig.* a) rechtschaffen, b) harmlos, c) *Am.* F anständig: ***that's ~ of you***; **II** *s.* **5.** Weiß *n*, weiße Farbe: ***dressed in ~*** weiß *od.* in Weiß gekleidet; **6.** Weiße *f*, weiße Beschaffenheit; **7.** Weiße(r *m*) *f*, Angehörige(r *m*) *f* der weißen Rasse; **8.** *a.* ***~ of egg*** Eiweiß *n*; **9.** *a.* ***~ of the eye*** *das* Weiße im Auge; **10.** *typ.* Lücke *f*; **11.** *zo.* Weißling *m*; **12.** *pl.* ⚕ Weißfluss *m*, Leukor'rhö(e) *f*; **~ ant** *s. zo.* Ter'mite *f*; **'~·bait** *s. ein* Weißfisch *m*, Breitling *m*; **~ bear** *s. zo.* Eisbär *m*; **'~·board** *s.* Weißwandtafel *f* (*für Präsentationen*); **♀ Book** *s. pol.* Weißbuch *n*; **~ bronze**

W

s. 'Weißme,tall *n*; '**~·cap** *s.* schaumgekrönte Welle; **~ coal** *s.* ⚙ weiße Kohle, Wasserkraft *f*; ,**~-'col·lar** *adj.* Büro...: **~ *worker*** (Büro)Angestellte(r *m*) *f*; **~ *crime*** Weiße-Kragen-Kriminalität *f*; **~ el·e·phant** *s.* **1.** *zo.* weißer Ele'fant; **2.** F lästiger Besitz; ♀ **En·sign** *s.* ⚓ *Brit.* Kriegsflagge *f*; '**~-faced** *adj.* blass: **~ *horse*** Blesse *f*; **~ feath·er** *s.*: ***show the ~*** sich feige zeigen, ‚kneifen'; ♀ **Fri·ar** *s. R.C.* Karme'liter(mönch) *m*; **~ frost** *s.* (Rau-) Reif *m*; **~ goods** *s. pl.* **1.** Weißwaren *pl.*; **2.** Haushaltswäsche *f*; '**~-haired** *adj.* weiß- *od.* hellhaarig: **~ *boy*** *Am.* F Liebling *m* (*des Chefs etc.*).

,**White'hall** *s. Brit.* Whitehall *n*: a) *Straße in Westminster, London, Sitz der Ministerien*, b) *fig. die brit. Regierung od. ihre Politik.*

white| heat *s.* Weißglut *f* (*a. fig. Zorn*): ***work at a ~*** mit fieberhaftem Eifer arbeiten; **~ hope** *s.* **1.** *Am. sl.* weißer Boxer, der Aussicht auf den Meistertitel hat; **2.** F ‚*die* große Hoffnung' (*Person*); **~ horse** *s.* **1.** *zo.* Schimmel *m*, weißes Pferd; **2.** → ***whitecap***; ,**~-'hot** *adj.* **1.** weiß glühend (*a. fig. vor Zorn etc.*); **2.** *fig.* rasend (*Eile etc.*); ♀ **House** *s. das* Weiße Haus (*Regierungssitz des Präsidenten der USA in Washington*); **~ lie** *s.* Notlüge *f*; **~ line** *s.* weiße Linie, Fahrbahnbegrenzung *f*; '**~-,liv·ered** *adj.* feig(e); **~ mag·ic** *s.* weiße Ma'gie (*Gutes bewirkende Zauberkunst*); **~ man** *s.* [*irr.*] **1.** → ***white*** 7; **2.** F ‚feiner Kerl'; **~ man's bur·den** *s. fig. die* Bürde des weißen Mannes; **~ meat** *s.* weißes Fleisch (*vom Geflügel, Kalb etc.*); **~ met·al** *s.* ⚙ a) Neusilber *n*, b) 'Weißme,tall *n*.

whit·en ['waɪtn] **I** *v/i.* weiß (*od.* blass, bleich) werden; **II** *v/t.* weiß machen, bleichen; '**whit·en·er** *s.* **1.** Weißmacher *m* (*in Waschmittel*); **2.** *a.* ***coffee ~*** Kaffeeweißer *m* (*laktosefreier Milchersatz*); '**white·ness** [-nɪs] *s.* **1.** Weiße *f*; **2.** Helligkeit *f*; **3.** Blässe *f*; '**whit·en·ing** [-nɪŋ] *s.* **1.** Weißen *n*; **2.** Bleichen *n*; **3.** Weißwerden *n*; **4.** Schlämmkreide *f*.

white| noise *s.* ⚡ weißes Rauschen; '**~·out** *s.* **1.** heftiger Schneesturm; **2.** 'White-out *m* (*Schneeblindheit od. zeitweiliger Verlust des Sehvermögens wegen Blendung durch Schnee u. Wolken*); **3.** Korrek'turflüssigkeit *f* (*bei Tippfehlern*); **~ sale** *s.* ✝ Weiße Woche; **~ sauce** *s.* helle Sauce; **~ sheet** *s.* Büßerhemd *n*: ***stand in a ~*** *fig.* s-e Sünden bekennen; ,**~-'slave** *adj.*: **~ *agent*** → **~ slav·er** *s.* Mädchenhändler *m*; '**~·smith** *s.* ⚙ **1.** Klempner *m*; **2.** *metall.* Feinschmied *m*; '**~·thorn** *s.* ⚘ Weißdorn *m*; '**~·throat** *s. orn.* (Dorn)Grasmücke *f*; **~ tie** *s.* **1.** weiße Fliege; **2.** Abendanzug *m*; **~ trash** *s. Am.* F **1.** arme weiße Bevölkerung; **2.** arme(r) Weiße(r) (*in den amer. Südstaaten*); '**~·wash I** *s.* **1.** Tünche *f*; **2.** flüssiges Hautbleichmittel; **3.** *fig.* F a) Tünche *f*, Beschönigung *f*, b) Ehrenrettung *f*, *contp.* ‚Mohrenwäsche' *f*, c) ✝ *Brit.* Schuldentlastung *f*; **4.** *sport* F ‚Zu-'null-Niederlage' *f*; **II** *v/t.* **5.** a) tünchen, b) weißen, kalken; **6.** *fig.* a) über'tünchen, b) rein waschen, rehabilitieren, c) ✝ *Brit. Bankrotteur* wieder zahlungsfähig erklären; **7.** *sport* F *Gegner* zu null schlagen; **~ wa·ter** *s. bsd. Am.* **1.** schäumendes Wasser; **2.** Wildwasser *n*; '**~,wa·ter raft·ing** *s. sport* 'Wildwasser-,Rafting *n*; **~ wine** *s.* Weißwein *m*.

whit·ey ['waɪtɪ] *s. Am. contp.* **1.** Weiße(r) *m*; **2.** *oft* ♀ *coll.* die Weißen.

whith·er ['wɪðə] *adv. poet.* **1.** (*fragend*) wo'hin: **~ *England?*** (*Schlagzeile*) England, wohin *od.* was nun?; **2.** (*relativ*) wohin: a) (*verbunden*) in welchen *etc.*, zu welchem *etc.*, b) (*unverbunden*) da'hin, wo.

whit·ing[1] ['waɪtɪŋ] *s. ichth.* Weißfisch *m*, Mer'lan *m*.

whit·ing[2] ['waɪtɪŋ] *s.* Schlämmkreide *f*.

whit·ish ['waɪtɪʃ] *adj.* weißlich.

whit·low ['wɪtləʊ] *s.* ⚕ 'Umlauf *m*, Nagelgeschwür *n*.

Whit [wɪt] *in Zssgn* Pfingst...: **~ *Monday***; **~ *Sunday***.

Whit·sun ['wɪtsn] **I** *adj.* Pfingst..., pfingstlich; **II** *s.* → '**~·tide** *s.* Pfingsten *n od. pl.*, Pfingstfest *n*.

whit·tle ['wɪtl] *v/t.* **1.** (zu'recht)schnitzen; **2.** **~ *away*** *od.* ***off*** wegschnitze(l)n, -schnippeln; **3.** **~ *down***, **~ *away***, **~ *off*** *fig.* a) (Stück für Stück) beschneiden, stutzen, verringern, b) *Gesundheit etc.* schwächen.

whiz(z) [wɪz] **I** *v/i.* **1.** zischen, schwirren, sausen (*Geschoss etc.*); **II** *s.* **2.** Zischen *n*, Sausen *n*; **3.** *Am.* F a) ‚Ka'none' *f* (*Könner*), b) tolles Ding; **III** *adj.* **4.** F ‚toll', ‚super'; **~ kid** *s.* F ‚Wunderkind' *n*, Ge'nie *n*, *a.* ‚Senkrechtstarter' *m*.

who [huː; hʊ] **I** *interrog.* **1.** wer: ***♀'s ♀*** Wer ist Wer? (*Verzeichnis prominenter Persönlichkeiten*); **~ *goes there?*** ⚔ (halt,) wer da?; **2.** F (*für* ***whom***) wen, wem; **II** *pron.* (*relativ*) **3.** (*unverbunden*) wer: ***I know ~ has done it***; **4.** (*verbunden*): welch, der (die, das): ***the man ~ arrived yesterday***.

whoa [wəʊ] *int.* brr!, halt!

who·dun·(n)it [,huː'dʌnɪt] *s.* F ‚Krimi' *m* (*Kriminalroman etc.*).

Diese saloppe Bezeichnung für einen Krimi entstammt der höchst ungrammatischen Frage **Who done it?** Richtig heißt es **Who did it?**, d.h. „Wer hat das Verbrechen begangen?".

who·ev·er [huːˈevə] **I** *pron.* (*relativ*) wer (auch) immer, jeder der; **II** *interrog.* F (*für* **who ever**) wer denn nur.

whole [həʊl] **I** *adj.* □ → ***wholly***; **1.** ganz, voll(kommen, -ständig): ***~ number*** ⩜ ganze Zahl; ***a ~ lot of*** F e-e ganze Menge; **2.** heil: a) unversehrt: ***with a ~ skin*** mit heiler Haut, b) unbeschädigt, ‚ganz'; **3.** Voll(wert)...: ***~ food***; ***~ meal*** Vollweizenmehl *n*; ***~ milk*** Vollmilch *f*; ***(made) out of ~ cloth*** *Am.* F völlig aus der Luft gegriffen, frei erfunden; **II** *s.* **4.** *das* Ganze, Gesamtheit *f*: ***the ~ of London*** ganz London; ***the ~ of my property*** mein ganzes Vermögen; **5.** Ganze(s) *n*, Einheit *f*: ***in ~ or in part*** ganz oder teilweise; ***on the ~*** im (Großen u.) Ganzen, alles in allem; **ˈ~-bound** *adj.* in Ganzleder (gebunden); **ˌ~-ˈcol·o(u)red** *adj.* einfarbig; **ˈ~·food** *Brit.* **I** *s.* Vollwertkost *f*; **II** *adj.* Vollwert..., Bio...: ***~ shop*** Bioladen *m*; **ˈ~·foods** *s. pl.* → ***wholefood*** I; **ˌ~-ˈheart·ed** *adj.* □ aufrichtig, rückhaltlos, voll, von ganzem Herzen; **ˌ~-ˈhog·ger** [-ˌhɒgə] *s. sl.* kompromissloser Mensch; *pol.* ‚Hundert(fünfzig)proˌzentige(r)' *m*; **ˌ~-ˈlength I** *adj.* Ganz..., Voll...: ***~ portrait*** Vollporträt *n*, Ganzbild *n*; **II** *s.* Porˈträt *n od.* Statue *f* in voller Größe; **~ life in·sur·ance** *s.* Erlebensfallversicherung *f*; **ˈ~·meal** *adj. Brit.* Vollkorn...: ***~ pasta*** *sg.* Vollkornnudeln *pl.*

whole·ness [ˈhəʊlnɪs] *s.* **1.** Ganzheit *f*; **2.** Vollständigkeit *f*.

ˈwhole·sale I *s.* **1.** ✝ Großhandel *m*: ***by ~*** → 4; **II** *adj.* **2.** ✝ Großhandels..., Engros...: ***~ dealer*** → ***wholesaler***; ***~ purchase*** Einkauf *m* im Großen, Engroseinkauf *m*; ***~ trade*** Großhandel *m*; **3.** *fig.* a) Massen..., b) ˈunterschiedslos, pauˈschal: ***~ slaughter*** Massenmord *m*; **III** *adv.* **4.** ✝ im Großen, en gros; **5.** a) *fig.* in Bausch u. Bogen, ˈunterschiedslos, b) massenhaft; **ˈwholeˌsal·er** [-ˌseɪlə] *s.* ✝ Großhändler *m*; Grosˈsist *m*.

whole·some [ˈhəʊlsəm] *adj.* □ **1.** gesund (*bsd. heilsam, bekömmlich*) (*a. fig. Humor, Strafe etc.*); **2.** gut, nützlich, zuträglich; **ˈwhole·some·ness** [-nɪs] *s.* **1.** Gesundheit *f*, Bekömmlichkeit *f*; **2.** Nützlichkeit *f*.

ˌwhole|-ˈtime → ***full-time***; **~ tone** *s.* ♪ Ganzton *m*; **ˈ~-wheat** *adj.* Vollkorn...

whol·ly [ˈhəʊllɪ] *adv.* ganz, gänzlich, völlig.

whom [huːm] **I** *pron.* (*interrog.*) **1.** wen; **2.** (*Objekt-Kasus von* **who**): ***of ~*** von wem; ***to ~*** wem; **II** *pron.* (*relativ*) **3.** (*verbunden*) welchen, welche, welches, den (die, das); **4.** (*unverbunden*) wen; den(jenigen), welchen; die(jenige), welche; *pl.* die(jenigen), welche; **5.** (*Objekt-Kasus von* **who**): ***of ~*** von welchem *etc.*, dessen, deren; ***to ~*** dem (der, denen); ***all of ~ were dead*** welche alle tot waren; **6.** welchem, welcher, welchen, dem (der, denen): ***the master ~ she serves*** der Herr, dem sie dient.

whoop [huːp] **I** *s.* **1.** a) Schlachtruf *m*, b) (*bsd.* Freuden)Schrei *m*: ***not worth a ~*** F keinen Pfifferling wert; **2.** ⚕ Keuchen *n* (*bei Keuchhusten*); **II** *v/i.* **3.** schreien, brüllen, *a.* jauchzen; **4.** ⚕ keuchen; **III** *v/t.* **5.** *et.* brüllen; **6.** ***~ it up*** *Am. sl.* a) ‚auf den Putz hauen', ‚toll feiern'; b) die Trommel rühren (***for*** für).

whoop·ee [ˈwʊpiː] *Am.* F **I** *s.*: ***make ~*** ‚auf den Putz hauen', ‚toll feiern', *a.* Sauf- *od.* Sexparties feiern; **II** *int.* [wʊˈpiː] juchˈhu!

whoop·ing cough [ˈhuːpɪŋ] *s.* ⚕ Keuchhusten *m*.

whoops [wʊps] *int.* hoppla!

woosh [wʊʃ; wuːʃ] *v/i.* zischen, sausen.

whop [wɒp] *v/t.* F vertrimmen (*a. fig.* *besiegen*); **whop·per** [ˈwɒpə] *s. sl.* **1.** Mordsding *n*; **2.** (faust)dicke Lüge; **whop·ping** [ˈwɒpɪŋ] *adj. u. adv.* F eˈnorm, Mords...

whore [hɔː] **I** *s.* Hure *f*; **II** *v/i.* huren; **ˈ~·house** *s.* Borˈdell *n*.

whorl [wɜːl] *s.* **1.** ⚘ Quirl *m*; **2.** *anat.*, *zo.* Windung *f*; **3.** ⚙ Wirtel *m*.

whor·tle·ber·ry [ˈwɜːtlˌberɪ] *s.* **1.** ⚘ Heidelbeere *f*: ***red ~*** Preiselbeere *f*; **2.** → ***huckleberry***.

whose [huːz] *pron.* **1.** (*fragend*) wessen: ***~ is it?*** wem gehört es?; **2.** (*relativ*) dessen, deren.

who·sit [ˈhuːzɪt] *s.* F ‚Dingsda' *m, f, n*.

ˌwho·soˈev·er → ***whoever***.

why [waɪ] **I** *adv.* **1.** (*fragend u. relativ*) warˈum, wesˈhalb, woˈzu: ***~ so?*** wieso?, warum das?; ***the reason ~*** (der Grund) weshalb; ***that is ~*** deshalb; **II** *int.* **2.** nun (gut); **3.** (ja) naˈtürlich; **4.** ja doch (*als Füllwort*); **5.** naˈnu; aber (... doch): ***~, that's Peter!*** aber das ist ja *od.* doch Peter!; **III** *s.* **6.** *das* Warˈum, Grund *m*: ***the ~ and wherefore*** das Warum u. Weshalb.

wick [wɪk] *s.* Docht *m*.

wick·ed [ˈwɪkɪd] *adj.* □ **1.** böse, gottlos, schlecht, sündhaft, verrucht: ***the ~ one*** *bibl.* der Böse, Satan *m*; **2.** böse, schlimm (*ungezogen, a. humor. schalkhaft*) (*a.* F *Schmerz, Wunde etc.*); **3.** boshaft, bösartig (*a. Tier*); **4.** gemein; **5.** *sl.* ‚toll', großartig; **ˈwick·ed·ness** [-nɪs] *s.* Gottlosigkeit *f*; Schlechtigkeit *f*, Verruchtheit *f*; Bosheit *f*.

wick·er ['wɪkə] **I** *s.* a) Weidenrute *f*, b) Korbweide *f*, c) → ***wickerwork***; **II** *adj.* aus Weiden geflochten, Weiden..., Korb..., Flecht...: ***~ basket*** Weidenkorb *m*; ***~ chair*** Rohrstuhl *m*; ***~ furniture*** Korbmöbel *pl.*; **'~·work** *s.* **1.** Flechtwerk *n*; **2.** Korbwaren *pl.*

wick·et ['wɪkɪt] *s.* **1.** Pförtchen *n*; **2.** (Tür *f* mit) Drehkreuz *n*; **3.** (*mst vergittertes*) Schalterfenster; **4.** *Kricket*: a) Dreistab *m*, Tor *n*, b) Spielfeld *n*: ***be on a good*** (***sticky***) ***~*** gut (schlecht) stehen (*a. fig.*); ***take a ~*** e-n Schläger ausmachen; ***keep ~*** Torwart sein; ***win by 2 ~s*** das Spiel gewinnen, obwohl 2 Schläger noch nicht geschlagen haben; ***first*** (***second*** *etc.*) ***~ down*** nachdem der erste (zweite *etc.*) Schläger ausgeschieden ist; **'~ˌkeep·er** *s.* Torhüter *m.*

wide [waɪd] **I** *adj.* ☐ → ***widely***; **1.** breit (*a. bei Maßangaben*): ***a ~ forehead*** (***ribbon***, ***street***); ***~ screen*** (*Film*) Breitwand *f*; ***5 feet ~*** 5 Fuß breit; **2.** weit, ausgedehnt: ***~ distribution***; ***~ difference*** großer Unterschied; ***a ~ public*** ein breites Publikum; ***the ~ world*** die weite Welt; **3.** *fig.* a) ausgedehnt, um'fassend, 'umfangreich, weit reichend, b) reich (*Erfahrung*, *Wissen etc.*): ***~ culture*** umfassende Bildung; ***~ reading*** große Belesenheit; **4.** a) weit (-gehend, -läufig), b) weitherzig, großzügig: ***take ~ views*** weitherzig *od.* großzügig sein; **5.** weit offen, aufgerissen: ***~ eyes***; **6.** weit, lose, nicht anliegend: ***~ clothes***; **7.** weit entfernt (***of*** von *der Wahrheit etc.*), weit'ab *vom Ziel*; → ***mark***[1] 11; **II** *adv.* **8.** weit: ***~ apart*** weit auseinander; ***~ open*** a) weit offen, b) völlig ungedeckt (*Boxer*), c) *fig.* schutzlos, d) → ***wide-open*** 2; ***far and ~*** weit u. breit; **9.** weit'ab (*vom Ziel, der Wahrheit etc.*): ***go ~*** weit danebengehen; **ˌ~-'an·gle** *adj. phot.* Weitwinkel...: ***~ lens***; **ˌ~-a'wake I** *adj.* **1.** hellwach (*a. fig.*); **2.** *fig.* aufgeweckt, ‚hell'; **3.** *fig.* wachsam, aufmerksam; voll bewusst (***to*** *gen.*); **II** *s.* **'*wide-awake*** **4.** Kala'breser *m* (*Schlapphut*); **'~-ˌbod·ied jet** *s.* ✈ Großraumflugzeug *n*; **'~ˌbod·y** ✈ **I** *s.* Großraumflugzeug *n*; **II** *adj.* Großraum...: ***~ jet*** → I; **~ boy** ['waɪdbɔɪ] *s. Brit.* F (gerissener) kleiner Gauner; **ˌ~-'eyed** *adj.* **1.** mit (weit) aufgerissenen Augen; **2.** *fig.* na'iv, kindlich.

wide·ly ['waɪdlɪ] *adv.* weit: ***~ scattered*** weit verstreut; ***~ known*** weit u. breit *od.* in weiten Kreisen bekannt; ***~ discussed*** viel diskutiert; ***be ~ read*** sehr belesen sein; ***differ ~*** a) sehr verschieden sein, b) sehr unterschiedlicher Meinung sein.

wid·en ['waɪdn] *v/t. u. v/i.* **1.** breiter machen (werden); **2.** (sich) erweitern (*a. fig.*); **3.** (sich) vertiefen (*Kluft*, *Zwist*); **'wide·ness** [-nɪs] *s.* **1.** Breite *f*; **2.** Ausdehnung *f* (*a. fig.*).

ˌwide|-'o·pen *adj.* **1.** weit geöffnet; **2.** *Am.* äußerst ‚großzügig' (*Stadt etc., bezüglich Glücksspiel etc.*); **'~·spread** *adj.* **1.** weit ausgebreitet, ausgedehnt; **2.** weit verbreitet.

widg·eon ['wɪdʒən] *pl.* **-eons**, *coll.* **-eon** *s. orn.* Pfeifente *f.*

wid·get ['wɪdʒɪt] *s.* F **1.** ‚Ding' *n*, ‚Dingsda' *n*; **2.** Einheit *f*, ‚Ding' (*einzelnes Produkt aus e-r größeren Anzahl*): ***5,000 ~s a day*** 5000 Dinger pro Tag.

wid·ow ['wɪdəʊ] *s.* Witwe *f*: ***~'s mite*** *bibl.* Scherflein *n* der (armen) Witwe; **'wid·owed** [-əʊd] *adj.* **1.** verwitwet; **2.** verwaist, verlassen; **'wid·ow·er** [-əʊə] *s.* Witwer *m*; **'wid·ow·hood** [-əʊhʊd] *s.* Witwenstand *m.*

width [wɪdθ] *s.* **1.** Breite *f*, Weite *f*: ***2 feet in ~*** 2 Fuß breit; **2.** (Stoff-, Ta'peten-, Rock)Bahn *f.*

wield [wi:ld] *v/t.* **1.** *Macht*, *Einfluss etc.* ausüben (***over*** über *acc.*); **2.** *rhet. Werkzeug*, *Waffe* handhaben, führen, schwingen: ***~ the pen*** die Feder führen, schreiben; → ***sceptre***.

wie·ner ['wi:nə] *s. Am.*, **'wie·nie** ['wi:nɪ] *s.* F Wiener Würstchen *n.*

wife [waɪf] *pl.* **wives** [waɪvz] *s.* **1.** (Ehe-) Frau *f*, Gattin *f*: ***wedded ~*** angetraute Gattin; ***take to ~*** zur Frau nehmen; **2.** Weib *n*; **'wife·hood** [-hʊd] *s.* Ehestand *m e-r Frau*; **'wife·like** [-laɪk], **'wife·ly** [-lɪ] *adj.* (haus)fraulich; **wife swapping** *s.* F Partnertausch *m*; **wif·ie** ['waɪfɪ] *s.* F Frauchen *n.*

wig [wɪg] *s.* Pe'rücke *f*; **wigged** [wɪgd] *adj.* mit Perücke (versehen); **wig·ging** ['wɪgɪŋ] *s. Brit.* F Standpauke *f.*

wig·gle ['wɪgl] **I** *v/i.* **1.** → ***wriggle*** 1; **2.** wackeln, schwänzeln; **II** *v/t.* **3.** wackeln mit.

wight [waɪt] *s. obs. od. humor.* Wicht *m*, Kerl *m.*

wig·wam ['wɪgwæm] *s.* Wigwam *m*, Indi'anerzelt *n*, -hütte *f.*

wild [waɪld] **I** *adj.* ☐ **1.** *allg.* wild: a) *zo.* ungezähmt, in Freiheit lebend, gefährlich, b) ⚘ wild wachsend, c) verwildert, 'wildroˌmantisch, verlassen (*Land*), d) unzivilisiert, bar'barisch (*Volk*, *Stamm*), e) stürmisch: ***a ~ coast***, f) wütend, heftig (*Sturm*, *Streit etc.*), g) irr, verstört: ***a ~ look***, h) scheu (*Tier*), i) rasend (***with*** vor *dat.*): ***~ with fear***, j) F wütend (***about*** über *acc.*): ***drive s.o. ~*** F j-n wild machen, j-n ‚auf die Palme bringen', k) ungezügelt (*Person*, *Gefühl*), l) unbändig: ***~ delight***, m) F toll, verrückt, n) ausschweifend, o) (***about***) versessen *od.* scharf (auf *acc.*), wild (nach), p) hirnverbrannt, unsinnig, abenteuerlich: ***~ plan***, q) plan-, ziellos: ***a ~ guess*** e-e

W

wilde Vermutung; ***a ~ shot*** ein Schuss ins Blaue, r) wirr, wüst: ***~ disorder***; **II** *adv.* **2.** aufs Gerate'wohl: ***run ~*** a) ⚘ ins Kraut schießen, b) verwildern (*Garten etc., a. fig.*); ***shoot ~*** ins Blaue schießen; ***talk ~*** a) (wild) drauflosreden, b) sinnloses Zeug reden; **III** *s. rhet.* **3.** *a. pl.* Wüste *f*; **4.** *a. pl.* Wildnis *f*; **~ boar** *s. zo.* Wildschwein *n*; **'~·card** *s. Computer*: 'Wildcard *f*, Jokerzeichen *n*; **'~·cat I** *s.* **1.** *zo.* Wildkatze *f*; **2.** *fig.* Wilde(r *m*) *f*; **3.** → ***wildcatting*** 2; **4.** ☤ 'Schwindelunter,nehmen *n*; **5.** ☤ wilder Streik; **II** *adj.* **6.** ☤ a) unsicher, spekula'tiv, b) Schwindel...: ***~ company***, c) ungesetzlich, wild: ***~ strike***; **'~,cat·ting** [-,kætɪŋ] *s.* **1.** wildes Spekulieren; **2.** wilde *od.* spekula'tive Ölbohrung.

wil·der·ness ['wɪldənɪs] *s.* **1.** Wildnis *f*, Wüste *f* (*a. fig.*): ***voice (crying) in the ~*** a) *bibl.* Stimme des Predigers in der Wüste, b) *fig.* Rufer *m* in der Wüste; ***be sent into the ~*** *fig. pol.* in die Wüste geschickt werden; **2.** wild wachsendes Gartenstück; **3.** *fig.* Masse *f*, Gewirr *n*.

,wild|-'eyed *adj.* mit wildem Blick; **'~-,fire** *s.* **1.** verheerendes Feuer: ***spread like ~*** sich wie ein Lauffeuer verbreiten (*Nachricht etc.*); **2.** ⚔ *hist.* griechisches Feuer; **'~·fowl** *s. coll.* Wildvögel *pl.*; **~ goose** *s.* [*irr.*] Wildgans *f*; **,~-'goose chase** *s. fig.* vergebliche Mühe, fruchtloses Unterfangen.

wild·ing ['waɪldɪŋ] *s.* ⚘ a) Wildling *m* (*unveredelte Pflanze*), *bsd.* Holzapfelbaum *m*, b) *Frucht e-r solchen Pflanze.*

'wild·life *s. coll.* wild lebende Tiere *pl.*: ***~ park*** Naturpark *m*.

wild·ness ['waɪldnɪs] *s. allg.* Wildheit *f*.

'wild,wa·ter *s.* Wildwasser *n*: ***~ sport***.

wile [waɪl] **I** *s.* **1.** *mst pl.* List *f*, Trick *m*; *pl.* Kniffe *pl.*, Schliche *pl.*, Ränke *pl.*; **II** *v/t.* **2.** verlocken, *j-n wohin* locken; **3.** → ***while*** 6.

wil·ful ['wɪlfʊl] *adj.* □ **1.** *bsd.* ⚖ vorsätzlich: ***~ deceit*** arglistige Täuschung; ***~ murder*** Mord *m*; **2.** eigenwillig, -sinnig, halsstarrig; **'wil·ful·ness** [-nɪs] *s.* **1.** Vorsätzlichkeit *f*; **2.** Eigenwille *m*, -sinn *m*, Halsstarrigkeit *f*.

wil·i·ness ['waɪlɪnɪs] *s.* (Arg)List *f*, Verschlagenheit *f*, Gerissenheit *f*.

will[1] [wɪl] **I** *v/aux.* [*irr.*] **1.** (*zur Bezeichnung des Futurs, Brit. mst nur 2. u. 3. sg. u. pl.*) werden: ***he ~ come*** er wird kommen; **2.** wollen, werden, willens sein zu: ***~ you pass me the bread, please?*** reichen Sie mir doch bitte das Brot!; ***~ do!*** *sl.* wird gemacht!; **3.** (*immer, bestimmt, unbedingt*) werden (*oft a. unübersetzt*): ***birds ~ sing*** Vögel singen; ***boys ~ be boys*** Jungen sind nun einmal so; ***accidents ~ happen*** Unfälle wird es immer geben; ***you ~ get in my light!*** du musst mir natürlich (immer) im Licht stehen!; **4.** *Erwartung, Vermutung od. Annahme*: werden: ***they ~ have gone now*** sie werden *od.* dürften jetzt (wohl) gegangen sein; ***this ~ be your train, I suppose*** das ist wohl dein Zug, das dürfte dein Zug sein; **5.** → ***would***; **II** *v/i. u. v/t.* **6.** wollen, wünschen: ***as you ~!*** wie du willst!; → ***would*** 3, ***will²*** II.

will[2] [wɪl] **I** *s.* **1.** Wille *m* (*a. phls.*): a) Wollen *n*, b) Wunsch *m*, Befehl *m*, c) (Be)Streben *n*, d) Willenskraft *f*: ***an iron ~*** ein eiserner Wille; ***good ~*** guter Wille (→ *a.* ***goodwill***); ***~ to peace*** Friedenswille; ***~ to power*** Machtwille, -streben; ***at ~*** nach Wunsch *od.* Belieben *od.* Laune; ***of one's own (free) ~*** aus freien Stücken; ***with a ~*** mit Lust u. Liebe, mit Macht; ***have one's ~*** s-n Willen haben *od.* durchsetzen; **2.** *a.* ***last ~ and testament*** ⚖ letzter Wille, Testa'ment *n*; **II** *v/t.* **3.** wollen, entscheiden; **4.** ernstlich *od.* fest wollen; **5.** *j-n* (durch Willenskraft) zwingen (***to do*** zu tun): ***~ o.s. (in)to*** sich zwingen zu; **6.** ⚖ (letzt)willig a) verfügen, b) vermachen (***to*** *dat.*); **III** *v/i.* **7.** wollen.

willed [wɪld] *adj.* ...willig, mit e-m ... Willen; → ***strong-willed*** *etc.*

will·ful, will·ful·ness *bsd. Am.* → ***wilful, wilfulness***.

wil·lies ['wɪlɪz] *s. pl.* F: ***get the ~*** ‚Zustände' bekommen; ***it gives me the ~*** dabei wird mir ganz anders, dabei läuft es mir eiskalt den Rücken runter.

will·ing ['wɪlɪŋ] *adj.* □ **1.** *pred.* gewillt, willens, bereit: ***I am ~ to believe*** ich glaube gern; **2.** (bereit)willig; **3.** gern geschehen *od.* geleistet: ***a ~ gift*** ein gern gegebenes Geschenk; **'will·ing·ly** [-lɪ] *adv.* bereitwillig, gern; **'will·ing·ness** [-nɪs] *s.* (Bereit)Willigkeit *f*, Bereitschaft *f*, Geneigtheit *f*.

will-less ['wɪllɪs] *adj.* willenlos.

will-o'-the-wisp [,wɪləðə'wɪsp] *s.* **1.** Irrlicht *n* (*a. fig.*); **2.** *fig.* Illusi'on *f*, Phan'tom *n*.

wil·low[1] ['wɪləʊ] *s.* **1.** ⚘ Weide *f*: ***wear the ~*** *fig.* um den Geliebten trauern; **2.** F *Kricket*: Schlagholz *n*.

wil·low[2] ['wɪləʊ] **I** *s. Spinnerei*: Reißwolf *m*; **II** *v/t.* *Baumwolle etc.* wolfen, reißen.

wil·low·y ['wɪləʊɪ] *adj.* **1.** weidenbestanden *od.* -artig; **2.** *fig.* a) biegsam, geschmeidig, b) gertenschlank.

'will,pow·er *s.* Willenskraft *f*.

wil·ly-nil·ly [,wɪlɪ'nɪlɪ] *adv.* wohl oder übel, nolens volens.

wilt[1] [wɪlt] *obs. od. poet. du* willst.

wilt[2] [wɪlt] *v/i.* **1.** (ver)welken, welk *od.* schlaff werden; **2.** F *fig.* a) schlappmachen, ‚eingehen', b) nachlassen.

wil·y ['waɪlɪ] *adj.* □ gerissen.

wimp [wɪmp] **I** *s.* **1.** F Schwächling *m*; **2.** Schlappschwanz *m*, Niete *f*, Versager *m*; **3.** Feigling *m*; **II** *v/i.* **4.** *~ out* F kneifen (*of s.th.* bei et.), sich drücken (*of s.th.* vor et. *dat.*); **'wimp·ish** *adj.* □ **1.** schwächlich; **2.** F schlapp, lahmarschig; **3.** feige.

wim·ple ['wɪmpl] *s.* **1.** *hist.* Rise *f*; **2.** (Nonnen)Schleier *m*.

win [wɪn] **I** *v/t.* [*irr.*] **1.** *Kampf*, *Spiel etc.*, *a. Sieg*, *Preis* gewinnen: *~ s.th. from* (*od. of*) *s.o.* j-m et. abgewinnen; *~ one's way fig.* s-n Weg machen; → *day* 5, *field* 6; **2.** *Reichtum*, *Ruhm etc.* erlangen, *Lob* ernten; zu *Ehren* gelangen; → *spur* 1; **3.** *j-m Lob etc.* einbringen, -tragen; **4.** *Liebe*, *Sympathie*, *a. e-n Freund*, *j-s Unterstützung* gewinnen; **5.** *a. ~ over j-n* für sich gewinnen, auf s-e Seite ziehen, *a. j-s Herz* erobern; **6.** *j-n* dazu bringen (*to do* zu tun): *~ s.o. round* j-n ‚rumkriegen'; **7.** *Stelle*, *Ziel* erreichen: *~ the shore*; **8.** *sein Brot*, *s-n Lebensunterhalt* verdienen; **9.** ⚔ *sl.* ‚organisieren'; **10.** ⚒, *min.* a) *Erz*, *Kohle* gewinnen, b) erschließen; **II** *v/i.* [*irr.*] **11.** gewinnen, siegen: *~ hands down* F spielend gewinnen; *~ out* F sich durchsetzen (*over* gegen); *~ through* a) durchkommen, b) ans Ziel gelangen (*a. fig.*), c) *fig.* sich durchsetzen; **III** *s.* **12.** *bsd. sport* Sieg *m*.

wince [wɪns] **I** *v/i.* (zs.-)zucken, zs.-, zu'rückfahren (*at* bei, *under* unter *dat.*); **II** *s.* (Zs.-)Zucken *n*.

winch [wɪntʃ] ⚙ **I** *s.* **1.** Winde *f*, Haspel *f*; **2.** Kurbel *f*; **II** *v/t.* **3.** hochwinden.

wind[1] [wɪnd; *poet. a.* waɪnd] **I** *s.* **1.** Wind *m*: *before the ~* vor dem *od.* im Wind; *between ~ and water* a) ⚓ zwischen Wind u. Wasser, b) in der *od.* die Magengrube, c) *fig.* an e-r empfindlichen Stelle; *in(to) the ~'s eye* gegen den Wind; *like the ~* wie der Wind (*schnell*); *to the four ~s* in alle (vier) Winde, in alle (Himmels)Richtungen; *under the ~* ⚓ in Lee; *be in the ~ fig.* (heimlich) im Gange sein, in der Luft liegen; *cast* (*od. fling*, *throw*) *to the ~s fig. Rat etc.* in den Wind schlagen, *Klugheit etc.* außer Acht lassen; *get* (*have*) *the ~ up sl.* ‚Manschetten' *od.* ‚Schiss' kriegen (haben); *know how the ~ blows fig.* wissen, woher der Wind weht; *put the ~ up s.o.* F j-n ins Bockshorn jagen; *raise the ~* F (das nötige) Geld auftreiben; *sail close to the ~* a) ⚓ hart am Wind segeln, b) *fig.* mit e-m Fuß im Zuchthaus stehen, sich hart an der Grenze des Erlaubten bewegen; *sow the ~ and reap the whirlwind* Wind säen u. Sturm ernten; *have* (*od. take*) *the ~ of* a) *e-m Schiff* den Wind abgewinnen, b) *fig.* e-n Vorteil *od.* die Oberhand haben über (*acc.*); *take the ~ out of s.o.'s sails fig.* j-m den Wind aus den Segeln nehmen; *~ and weather permitting* bei gutem Wetter; → *ill* 4; **2.** ⚙ a) (*Gebläse- etc.*) Wind *m*, b) Luft *f in e-m Reifen etc.*; **3.** ⚕ (Darm)Wind(e *pl.*) *m*, Blähung(en *pl.*) *f*: *break ~* e-n Wind abgehen lassen; **4.** ♪ *the ~ coll.* die Blasinstrumente *pl.*, *a.* die Bläser *pl.*; **5.** *hunt.* Wind *m*, Witterung *f* (*a. fig.*): *get ~ of* a) wittern, b) *fig.* Wind bekommen von; **6.** Atem *m*: *have a good ~* e-e gute Lunge haben; *have a long ~* e-n langen Atem haben (*a. fig.*); *get one's second ~* den zweiten Wind bekommen, den toten Punkt überwunden haben; *sound in ~ and limb* kerngesund; *have lost one's ~* außer Atem sein; **7.** Wind *m*, leeres Geschwätz; **II** *v/t.* **8.** *hunt.* wittern; **9.** *be ~ed* außer Atem *od.* erschöpft sein; **10.** verschnaufen lassen.

wind[2] [waɪnd] **I** *s.* **1.** Windung *f*, Biegung *f*; **2.** Um'drehung *f*; **II** *v/t.* [*irr.*] **3.** winden, wickeln, schlingen (*round* um *acc.*): *~ off* (*on to*) *a reel et.* ab- (auf-) spulen; **4.** *oft ~ up* a) auf-, hochwinden, b) *Garn etc.* aufwickeln, -spulen, c) *Uhr etc.* aufziehen, d) *Saite etc.* spannen; **5.** a) *Kurbel* drehen, b) kurbeln: *~ forward od. on* (*back*) *Kassette etc.* vor- (zurück)spulen; *~ up* (*down*) *Autofenster* hoch- (herunter)kurbeln; **6.** ⚓ *Schiff* wenden; **7.** (sich) *wohin* schlängeln: *~ o.s.* (*od. one's way*) *into s.o.'s affection fig.* sich j-s Zuneigung erschleichen; **III** *v/i.* [*irr.*] **8.** sich winden *od.* schlängeln (*a. Straße etc.*); **9.** sich winden *od.* wickeln *od.* schlingen (*round* um *acc.*); *~ off v/t.* abwickeln, -spulen; *~ up* **I** *v/t.* **1.** → *wind*[2] 4, 5; **2.** *fig.* anspannen, erregen, (hin'ein)steigern; **3.** *bsd. Rede* (ab-) schließen; **4.** ✝ a) *Geschäft* abwickeln, b) *Unternehmen* auflösen, liquidieren; **II** *v/i.* **5.** (*bsd.* s-e Rede) schließen (*by saying* mit den Worten); **6.** F *wo* enden, ‚landen': *he'll ~ in prison*; **7.** ✝ Kon'kurs machen; **8.** *wind s.o. up* a) *Brit.* F j-n ‚aufziehen', b) j-n (ver)ärgern; *be wound up* verärgert sein, sich aufregen (*about* über *acc.*).

wind·bag ['wɪndbæg] *s.* F *contp.* Schwätzer *m*, Schaumschläger *m*.

'wind|·blown ['wɪnd-] *adj.* **1.** windig; **2.** windschief; **3.** (vom Wind) zerzaust; **4.** Windstoß...: *~ hairdo*; **'~·break** *s.* **1.** Windschutz *m* (*Hecke etc.*); **2.** Windbruch *m*; **'~-ˌbro·ken** *adj. vet.* kurzatmig (*Pferd*); **'~ˌcheat·er** *s. Brit.* Windjacke *f*; *~ cone s.* ✈ Luftsack *m*.

wind·ed ['wɪndɪd] *adj.* **1.** außer Atem; **2.** *in Zssgn* ...atmig: *short-~*.

wind| egg [wɪnd] *s.* Windei *n*; *~ en·er·gy s.* 'Windenerˌgie *f*, -kraft *f*.

W

wind·er ['waɪndə] *s.* **1.** Spuler(in); **2.** ⚙ Winde *f*; **3.** ⚘ Schlingpflanze *f*; **4.** a) Schlüssel *m* (*zum Aufziehen*), b) Kurbel *f*.

'wind|·fall ['wɪnd-] *s.* **1.** Fallobst *n*; **2.** Windbruch *m*; **3.** *fig.* (unverhoffter) Glücksfall *od.* Gewinn: **~ *profit*** ✝ Marktlagengewinn *m*, Q-Gewinn; **~ *tax*** a) ✝ Zufallsgewinnsteuer *f*, b) Spekulati'ons(gewinn)steuer *f*; **~ farm** *s.* Windpark *m*; **'~ˌflow·er** *s.* ⚘ Ane'mone *f*; **~ force** *s.* Windstärke *f*; **~ ga(u)ge** *s.* Wind(stärke-, -geschwindigkeits)messer *m*, Anemo'meter *n*.

wind·i·ness ['wɪndɪnɪs] *s.* Windigkeit *f* (*a. fig. contp.*).

wind·ing ['waɪndɪŋ] **I** *s.* **1.** Winden *n*, Spulen *n*; **2.** (Ein-, Auf)Wickeln *n*, (Um)'Wickeln *n*; **3.** Windung *f*, Biegung *f*; **4.** Um'wick(e)lung *f*; **5.** ⚡ Wicklung *f*; **II** *adj.* □ **6.** gewunden: a) sich windend *od.* schlängelnd, b) Wendel...(*-treppe*); **7.** krumm, schief (*a. fig.*); **~ sheet** *s.* Leichentuch *n*; **~ tack·le** *s.* ⚓ Gien *n* (*Flaschenzug*); **ˌ~-'up** *s.* **1.** Aufziehen *n* (*Uhr etc.*): **~ *mechanism*** Aufziehwerk *n*; **2.** ✝ a) Abwicklung *f*, Erledigung *f* (*e-s Geschäfts*), b) Liquidati'on *f*, Auflösung *f* (*e-r Firma*); **~ *order*** Liquidationsbeschluss *m*; **~ *sale*** (Total)Ausverkauf *m*.

wind| in·stru·ment [wɪnd] *s.* ♪ 'Blasinstruˌment *n*; **'~ˌjam·mer** [-ˌdʒæmə] *s.* **1.** ⚓ Windjammer *m* (*Schiff*); **2.** *Am. sl.* → ***windbag***.

wind·lass ['wɪndləs] **I** *s.* **1.** ⚙ Winde *f*; **2.** ⚒ Förderhaspel *f*; **3.** ⚓ Ankerspill *n*; **II** *v/t.* hochwinden.

wind·less ['wɪndlɪs] *adj.* windstill.

wind·mill ['wɪnmɪl] *s.* **1.** Windmühle *f*: ***tilt at*** (*od.* ***fight***) **~*s*** *fig.* gegen Windmühlen kämpfen; ***throw one's cap over the ~*** a) Luftschlösser bauen, b) jede Vorsicht außer Acht lassen; **2.** Windrädchen *n*.

win·dow ['wɪndəʊ] *s.* **1.** Fenster *n* (*a. Computer*, ⚙, *geol.*; *a. im Briefumschlag*): ***look out of*** (*od.* ***at***) ***the ~*** zum Fenster hinaussehen; **2.** Fensterscheibe *f*; **3.** Schaufenster *n*, Auslage *f*; **4.** (Bank- *etc.*)Schalter *m*; **5.** ⚔ *Radar*: Störfolie *f*.

win·dow| box *s.* Blumenkasten *m*; **~ clean·er** *s.* Fensterputzer *m*; **~ dis·play** *s.* 'Schaufensterauslage *f*, -reˌklame *f*; **'~-dress** *v/t.* **1.** ✝ *Bilanz* verschleiern, ‚frisieren'; **2.** ‚aufputzen'; **~ dress·er** *s.* 'Schaufensterdekoraˌteur *m*; **~ dress·ing** *s.* **1.** 'Schaufensterdekoraˌtiˌon *f*; **2.** *fig.* Aufmachung *f*, Mache *f*; **3.** ✝ Bi'lanzverschleierung *f*, ‚Frisieren' *n*.

win·dowed ['wɪndəʊd] *adj.* mit Fenster(n) (versehen).

win·dow| en·ve·lope *s.* 'Fensterˌbriefˌumschlag *m*; **~ gar·den·ing** *s.* Blumenzucht *f* am Fenster; **~ jam·ming** *s.* ⚔ *Radar*: Folienstörung *f*; **'~·pane** *s.* Fensterscheibe *f*; **'~·screen** *s.* **1.** Fliegenfenster *n*; **2.** Zierfüllung *f* e-s Fensters (*aus Buntglas, Gitter etc.*); **~ seat** *s.* Fensterplatz *m*; **~ shade** *s. Am.* Rou'leau *n*, Jalou'sie *f*; **'~-ˌshop·per** *s.* j-d, der e-n Schaufensterbummel macht; **'~-ˌshop·ping** *s.* Schaufensterbummel *m*: ***go ~*** e-n Schaufensterbummel machen; **~ shut·ter** *s.* Fensterladen *m*; **'~·sill** *s.* Fensterbrett *n*, -bank *f*; **~ tech·nol·o·gy** *s. Computer*: Fenstertechnik *f*.

'wind|·pipe ['wɪnd-] *s. anat.* Luftröhre *f*.

wind| pow·er [wɪnd] *s.* Windkraft *f*: **~ *plant*** Windkraftanlage *f* (*zur Stromerzeugung*); **~ rose** *s. meteor.* Windrose *f*; **'~·sail** *s.* **1.** Windflügel *m*; **2.** ⚓ Windsack *m*; **'~·screen** *s. Brit.*, **'~ˌshield** *s. Am. mot.* Windschutzscheibe *f*: **~ *washer*** Scheibenwaschanlage *f*; **~ *wiper*** Scheibenwischer *m*; **'~·sleeve** *s.*, **'~·sock** *s.* ✈ Luftsack *m*; **'~·swept** ['wɪnd-] *adj.* **1.** vom Wind gepeitscht; **2.** *fig.* Windstoß...(*-frisur*); **'~ˌsurf·ing** *s.* Windsurfen *n*; **~ tun·nel** *s.* ✈, *phys.* 'Windkaˌnal *m*; **'~·up** ['waɪnd-] *s.* **1.** → ***winding-up*** 2; **2.** Schluss *m*, Ende *n*.

wind·ward ['wɪndwəd] **I** *adv.* wind-, luvwärts; **II** *adj.* windwärts, Luv..., Wind...; **III** *s.* Windseite *f*, Luv(seite) *f*.

wind·y ['wɪndɪ] *adj.* □ **1.** windig: a) stürmisch (*Wetter*), b) zugig (*Ort*); **2.** *fig.* a) windig, hohl, leer, b) geschwätzig; **3.** ⚕ blähend; **4.** *Brit. sl.* ner'vös, ängstlich.

wine [waɪn] **I** *s.* **1.** Wein *m*: ***new ~ in old bottles*** *bibl.* junger Wein in alten Schläuchen (*a. fig.*); **2.** *Brit. univ.* Weinabend *m*; **II** *v/t.*: **~ *and dine s.o.*** j-n fürstlich bewirten; **'~ˌbib·ber** [-ˌbɪbə] *s.* Weinsäufer(in); **'~ˌbot·tle** *s.* Weinflasche *f*; **~ cool·er** *s.* Weinkühler *m*; **~ cra·dle** *s.* Weinkorb *m*; **'~·glass** *s.* Weinglas *n*; **'~ˌgrow·er** *s.* Weinbauer *m*; **'~ˌgrow·ing** *s.* Wein(an)bau *m*: **~ *area*** Weinbaugebiet *n*; **~ list** *s.* Weinkarte *f*; **~ mer·chant** *s.* Weinhändler *m*; **'~·press** *s.* Weinpresse *f*, -kelter *f*.

win·er·y ['waɪnərɪ] *s.* Weinkelle'rei *f*, -gut *n*.

'wine|·skin *s.* Weinschlauch *m*; **~ stone** *s.* ⚗ Weinstein *m*; **'~ˌtast·er** *s.* Weinprüfer *m*; **'~ˌtast·ing** *s.* Weinprobe *f*.

wing [wɪŋ] **I** *s.* **1.** *orn.* Flügel *m* (*a.* ⚘, *zo., a.* ⚙, ⚠, *a. pol.*); *rhet.* Schwinge *f*, Fittich *m* (*a. fig.*): ***on the ~*** a) im Fluge, b) *fig.* auf Reisen; ***on the ~s of the wind*** mit Windeseile; ***on a ~ and a prayer*** mit wenig Aussichten auf Erfolg, ‚auf gut Glück'; ***under s.o.'s ~(s)*** *fig.* unter j-s Fittichen *od.* Schutz; ***clip s.o.'s ~s*** j-m die Flügel stutzen; ***lend ~s to*** a) *Hoffnung etc.* beflügeln, b) j-m

Beine machen; ***spread*** (*od.* ***try***) ***one's ~s*** versuchen, auf eigenen Beinen zu stehen *od.* sich durchzusetzen; ***singe one's ~s*** *fig.* sich die Finger verbrennen; ***take ~*** a) aufsteigen, davonfliegen, b) aufbrechen, c) *fig.* beflügelt werden; **2.** Federfahne *f* (*Pfeil*); **3.** *humor.* Arm *m*; **4.** (Tür-, Fenster- *etc.*) Flügel *m*; **5.** *mst pl. thea.* ('Seiten)Kuˌlisse *f*: ***wait in the ~s*** *fig.* sich bereithalten; **6.** ✈ Tragfläche *f*; **7.** *mot.* Kotflügel *m*; **8.** ⚔, ⚓ Flügel *m* (*Aufstellung*); **9.** ✈ a) *brit. Luftwaffe*: Gruppe *f*, b) *amer. Luftwaffe*: Geschwader *n*, c) *pl.* F ‚Schwinge' *f* (*Pilotenabzeichen*); **10.** *sport* a) Flügel *m* (*Spielfeldteil*), b) → ***winger***; **II** *v/t.* **11.** mit Flügeln *etc.* versehen; **12.** *fig.* beflügeln (*beschleunigen*); **13.** *Strecke* (durch)'fliegen; **14.** a) *Vogel* anschießen, flügeln, b) F *j-n* (*bsd.* am Arm) verwunden; **III** *v/i.* **15.** fliegen; **~ as·sem·bly** *s.* ✈ Tragwerk *n*; **'~·beat** *s.* Flügelschlag *m*; **~ case** *s. zo.* Flügeldecke *f*; **~ chair** *s.* Ohrensessel *m*; **~ com·mand·er** *s.* ✈, ⚔ **1.** *Brit.* Oberst'leutnant *m* der Luftwaffe; **2.** *Am.* Ge'schwaderkommoˌdore *m*; **~ cov·ert** *s. zo.* Deckfeder *f*.

wing·ding ['wɪŋdɪŋ] *s. sl.* **1.** (*a.* Wut-)Anfall *m*; **2.** ‚tolles Ding'.

winged [wɪŋd] *adj.* ☐ **1.** *orn., a.* ⚘ geflügelt; Flügel... ; *in Zssgn* ...flügelig: ***the ~ horse*** *fig.* der Pegasus; ***~ screw*** ⚙ Flügelschraube *f*; ***~ words*** *fig.* geflügelte Worte; **2.** *fig.* a) beflügelt, schnell, b) beschwingt.

wing·er ['wɪŋə] *s. sport* Außen-, Flügelstürmer *m*.

wing| feath·er *s. orn.* Schwungfeder *f*; **'~-ˌheav·y** *adj.* ✈ querlastig; **~ nut** *s.* ⚙ Flügelmutter *f*; **'~ˌo·ver** *s.* ✈ Immelmann-Turn *m*; **~ sheath** → ***wing case***; **'~·span** ✈, **'~·spread** *s. orn.*, ✈ Spannweite *f*.

wink [wɪŋk] **I** *v/i.* **1.** blinzeln, zwinkern: ***~ at*** a) *j-m* zublinzeln, b) *fig.* ein Auge zudrücken bei, *et.* ignorieren; ***as easy as ~ing*** *Brit.* F kinderleicht; ***like ~ing*** F wie der Blitz; **2.** blinken, flimmern (*Licht*); **II** *v/t.* **3.** mit *den Augen* blinzeln *od.* zwinkern; **III** *s.* **4.** Blinzeln *n*, Zwinkern *n*, Wink *m* (*mit den Augen*): ***forty ~s*** Nickerchen *n*; ***not to sleep a ~, not to get a ~ of sleep*** kein Auge zutun; → ***tip***[3] 5; ***in a ~*** im Nu.

win·kle ['wɪŋkl] **I** *s. zo.* (essbare) Strandschnecke; **II** *v/t.* **~ *out*** a) her'ausziehen (*a. fig.* F), b) F *j-n* aussieben, -sondern.

win·ner ['wɪnə] *s.* **1.** Gewinner(in), *sport a.* Sieger(in); **2.** sicherer Gewinner; **3.** ‚todsichere' Sache; **4.** ‚Schlager' *m*.

win·ning ['wɪnɪŋ] **I** *adj.* ☐ **1.** *bsd. sport* siegreich, Sieger..., Sieges...; **2.** entscheidend: ***~ hit***; **3.** *fig.* gewinnend, einnehmend; **II** *s.* **4.** ⚒ Abbau *m*, Gewinnung *f*; **5.** *pl.* Gewinn *m* (*bsd. im Spiel*); **6.** Gewinnen *n*, Sieg *m*; **~ post** *s. sport* Zielpfosten *m*.

win·now ['wɪnəʊ] **I** *v/t.* **1.** a) *Getreide* schwingen, b) *Spreu* trennen (***from*** von); **2.** *fig.* sichten; **3.** *fig.* trennen, (unter)'scheiden (***from*** von); **4.** aussortieren; **5.** herausfinden; **II** *s.* **6.** Wanne *f*, Futterschwinge *f*.

wi·no ['waɪnəʊ] *pl.* **-nos** *s.* F Saufbruder *m*, (Wein)Säufer(in).

win·some ['wɪnsəm] *adj.* ☐ **1.** gewinnend: ***~ smile***; **2.** (lieb)reizend.

win·ter ['wɪntə] **I** *s.* **1.** Winter *m*; **2.** *poet.* Lenz *m*, (Lebens)Jahr *n*: ***a man of fifty ~s***; **II** *v/i.* **3.** (*a. v/t. Tiere*, *Pflanzen*) über'wintern; **III** *adj.* **4.** winterlich; Winter...: ***~ crop*** ⚘ Winterfrucht *f*; ***~ garden*** Wintergarten *m*; ***~ resort*** 'Winterurlaubsort *m*, -ˌkurort *m*; ***~ sleep*** Winterschlaf *m*; ***~ sports*** Wintersport *m*; **win·ter·ize** ['wɪntəraɪz] *v/t.* auf den Winter vorbereiten, *bsd.* ⚙ winterfest machen; **'win·ter·tide** *s.* Winter(zeit *f*) *m*; **'~·weight** *adj.* Winter...: ***~ clothes***.

win·tri·ness ['wɪntrɪnɪs] *s.* Kälte *f*, Frostigkeit *f*; **win·try** ['wɪntrɪ] *adj.* **1.** winterlich, frostig; **2.** *fig.* a) trüb(e), b) alt, c) frostig: ***~ smile***.

wipe [waɪp] **I** *s.* **1.** (Ab)Wischen *n*: ***give s.th. a ~*** et. abwischen; **2.** F a) (harter) Schlag, b) *fig.* Seitenhieb *m*; **II** *v/t.* **3.** (ab-, trocken)wischen, sauber wischen, abreiben, reinigen: ***~ s.o.'s eye*** (***for him***) *sl.* j-n ausstechen; ***~ one's lips*** sich den Mund wischen; → ***floor*** 1; **~ *off*** *v/t.* **1.** ab-, wegwischen; **2.** *fig.* bereinigen, auslöschen; *Rechnung* begleichen: ***wipe s.th. off the slate*** et. begraben *od.* vergessen; **~ *out*** *v/t.* **1.** auswischen; **2.** wegwischen, (aus)löschen, tilgen (*a. fig.*): ***~ a disgrace*** e-n Schandfleck tilgen, e-e Scharte auswetzen; **3.** *Armee*, *Stadt etc.* vernichten, ‚ausradieren'; *Rasse etc.* ausrotten; **~ *up*** *v/t.* **1.** aufwischen; **2.** (ab)trocknen.

wip·er ['waɪpə] *s.* **1.** Wischer *m* (*Person od. Vorrichtung*); **2.** Wischtuch *n*; **3.** ⚙ a) Hebedaumen *m*, b) Abstreifring *m*, c) ϟ Kon'takt-, Schleifarm *m*; **4.** → ***wipe*** 2.

wire ['waɪə] **I** *s.* **1.** Draht *m*; **2.** ϟ Leitung(sdraht *m*) *f*; → ***live***[2] 3; **3.** ϟ (Kabel)Ader *f*; **4.** F Tele'gramm *n*: ***by ~*** telegrafisch; **5.** *pl.* a) Drähte *pl.* e-s *Marionettenspiels*, b) *fig.* geheime Fäden *pl.*, Beziehungen *pl.*: ***pull the ~*** a) der Drahtzieher sein, b) s-e Beziehungen spielen lassen; **6.** *opt.* Faden *m im Okular*; **7.** ♪ Drahtsaite(n *pl.*) *f*; **II** *adj.* **8.** Draht...: ***~ brush***; **III** *v/t.* **9.** mit Draht(geflecht) versehen; **10.** mit Draht zs.-binden *od.* befestigen; **11.** ϟ

Leitungen legen in, (be)schalten, verdrahten: **~ to** anschließen an (*acc.*); **12.** F *e-e Nachricht od. j-m* telegrafieren; **13.** *hunt.* mit Drahtschlingen fangen; **IV** *v/i.* **14.** F telegrafieren: **~ *away*** *od.* ***in*** *sl.* loslegen, sich ins Zeug legen; **~ cloth** → ***wire gauze***; **~ cut·ter** *s.* ⚙ Drahtschere *f*; '**~·draw** *v/t.* [*irr.* → ***draw***] **1.** ⚙ *Metall* drahtziehen; **2.** *fig.* a) in die Länge ziehen, b) *Argument* über'spitzen; '**~·drawn** *adj. fig.* a) langatmig, b) über'spitzt; **~ en·tan·gle·ment** *s.* ⚔ Drahtverhau *m*; **~ ga(u)ge** *s.* ⚙ Drahtlehre *f*; **~ gauze** *s.* Drahtgaze *f*, -gewebe *n*, -netz *n*; '**~-haired** *adj. zo.* Drahthaar...: **~ *terrier***.

wire·less ['waɪəlɪs] ⚡ **I** *adj.* **1.** drahtlos, Funk...: **~ *message*** Funkspruch *m*; **2.** *Brit.* Radio..., Rundfunk...: **~ *set*** → 3; **II** *s.* **3.** *Brit.* 'Radio(appa,rat *m*) *n*: ***on the ~*** im Radio *od.* Rundfunk; **4.** *abbr.* für **~ *telegraphy***, **~ *telephony*** *etc.*; **III** *v/t. Brit.* **5.** *Nachricht etc.* funken; **~ car** *s. Brit.* Funkstreifenwagen *m*; **~ op·er·a·tor** *s.* ✈ (Bord)Funker *m*; **~ pi·rate** *s.* Schwarzhörer *m*; **~ (re·ceiv·ing) set** *s.* (Funk)Empfänger *m*; **~ sta·tion** *s.* (*a.* 'Rund)Funkstati,on *f*; **~ te·leg·ra·phy** *s.* drahtlose Telegra'fie, 'Funktelegra,fie *f*; **~ te·leph·o·ny** *s.* drahtlose Telefo'nie, Sprechfunk *m*.

'**wire|·man** [-mən] *s.* [*irr.*] F **1.** *Am.* 'Abhörspezialist *m*; **2.** *bsd. Am.* E'lektroinstalla,teur *m*, E'lektriker *m*; **3.** *Journalist, der für e-e Nachrichtenagentur arbeitet*; **~ net·ting** *s.* ⚙ **1.** Drahtnetz *n*; **2.** *pl.* Maschendraht *m*; '**~,pho·to** *s.* 'Bildtele,gramm *n*; '**~,pull·er** *s. fig.* ‚Drahtzieher' *m*; '**~,pull·ing** *s. bsd. pol.* ‚Drahtziehe'rei *f*; **~ rod** *s.* ⚙ Walz-, Stabdraht *m*; **~ rope** *s.* Drahtseil *n*; **~ rope·way** *s.* Drahtseilbahn *f*; **~ ser·vice** *s. Am.* 'Nachrichtenagen,tur *f*; '**~·tap** *v/t. u. v/i.* (*j-s*) Tele'fongespräche abhören, (*j-s*) Leitung(en) anzapfen; '**~,tap·ping** *s.* Abhören *n*, Anzapfen *n* (von Tele'fonleitungen); '**~,walk·er** *s.* 'Drahtseilakro,bat(in), Seiltänzer(in); '**~·worm** *s. zo.* Drahtwurm *m*; '**~-wove** *adj.* **1.** Velin...(*-papier*); **2.** aus Draht geflochten.

wir·ing ['waɪərɪŋ] *s.* **1.** Verdrahtung *f* (*a.* ⚡); **2.** ⚡ a) (Be)Schaltung *f*, b) Leitungsnetz *n*: **~ *diagram*** Schaltplan *m*, -schema *n*.

wir·y ['waɪərɪ] *adj.* ☐ **1.** Draht...; **2.** drahtig (*Haar, Muskeln, Person etc.*); **3.** a) vibrierend, b) me'tallisch (*Ton*).

wis·dom ['wɪzdəm] *s.* Weisheit *f*, Klugheit *f*; **~ tooth** *s.* [*irr.*] Weisheitszahn *m*: ***cut one's ~ teeth*** *fig.* vernünftig werden.

wise¹ [waɪz] **I** *adj.* ☐ → ***wisely***; **1.** weise, klug, erfahren, einsichtig; **2.** gescheit, verständig; **3.** wissend, unter'richtet: ***be none the ~r*** (***for it***) nicht klüger sein als zuvor; ***without anybody being the ~r for it*** ohne dass es j-d gemerkt hätte; **~*r after the event*** um e-e Erfahrung klüger; ***be ~ to*** F Bescheid wissen über (*acc.*); ***get ~ to*** F *et.* ‚spitzkriegen', *j-n od. et.* durch'schauen; ***put s.o. ~ to*** F j-m *et.* ‚stecken'; **4.** schlau, gerissen; **5.** F neunmalklug: **~ *guy*** ‚Klugscheißer' *m*; **6.** *obs.* **~ *man*** Zauberer *m*; **~ *woman*** a) Hexe *f*, b) Wahrsagerin *f*, c) weise Frau (*Hebamme*); **II** *v/t.* **7.** **~ *up*** *Am.* F *j-n* informieren (***to*** über *acc.*); **III** *v/i.* **8.** **~ *up*** *Am.* F a) ‚schlau' werden, b) **~ *up to*** *et.* ‚spitzkriegen'.

wise² [waɪz] *s. obs.* Art *f*, Weise *f*: ***in any ~*** auf irgendeine Weise; ***in no ~*** in keiner Weise, keineswegs; ***in this ~*** auf diese Art u. Weise.

-wise [waɪz] *in Zssgn* a) ...artig, nach Art von, b) ...weise, c) F ...mäßig.

'**wise|,a·cre** [-,eɪkə] *s.* Neunmalkluge(r) *m*, Besserwisser *m*; '**~·crack** F **I** *s.* witzige *od.* treffende Bemerkung; Witze'lei *f*; **II** *v/i.* witzeln, ‚flachsen'; '**~,crack·er** *s.* F Witzbold *m*.

wise·ly ['waɪzlɪ] *adv.* **1.** weise (*etc.*; → ***wise¹*** 1 *u.* 2); **2.** klug, kluger-, vernünftigerweise; **3.** (wohl)weislich.

wish [wɪʃ] **I** *v/t.* **1.** (sich) wünschen; **2.** wollen, wünschen: ***I ~ I were rich*** ich wollte, ich wäre reich; ***I ~ you to come*** ich möchte, dass du kommst; **~ *s.o. further*** (*od.* ***at the devil***) j-n zum Teufel wünschen; **~ *o.s. home*** sich nach Hause sehnen; **3.** hoffen: ***I ~ it may prove true***; ***it is to be ~ed*** es ist zu hoffen *od.* wünschen; **4.** *j-m Glück, Spaß etc.* wünschen: **~ *s.o. well*** (***ill***) j-m wohl (übel) wollen; **~ *s.th. on s.o.*** j-m et. (*Böses*) wünschen, j-m et. aufhalsen; → ***joy*** 1; **5.** *j-m guten Morgen etc.* wünschen; *j-m Adieu etc.* sagen: **~ *s.o. farewell***; **II** *v/i.* **6.** wünschen: **~ *for*** sich *et.* wünschen, sich sehnen nach; ***he cannot ~ for anything better*** er kann sich nichts Besseres wünschen; **III** *s.* **7.** Wunsch *m*: a) Verlangen *n* (***for*** nach), b) Bitte *f* (***for*** um *acc.*), c) *das* Gewünschte: ***you shall have your ~*** du sollst haben, was du dir wünschst; → ***father*** 5; **8.** *pl. gute* Wünsche *pl.*, Glückwünsche *pl.*: ***good ~es***; '**wish·bone** *s.* **1.** *orn.* Brust-, Gabelbein *n*; **2.** *mot.* Dreiecklenker *m*: **~ *suspension*** Schwingarmfederung *f*; **wish·ful** ['wɪʃfʊl] *adj.* ☐ **1.** vom Wunsch erfüllt, begierig (***to do*** zu tun); **2.** sehnsüchtig: **~ *thinking*** Wunschdenken *n*.

wish·ing| bone ['wɪʃɪŋ] → ***wishbone*** 1; **~ cap** *s.* Zauber-, Wunschkappe *f*.

wish-wash ['wɪʃwɒʃ] *s.* **1.** labberiges Zeug (*a. fig. Geschreibsel*); **2.** *fig.* Geschwätz *n*; **wish·y-wash·y** ['wɪʃɪ,wɒʃɪ] *adj.* labberig: a) wässrig, b) *fig.* saft- u. kraftlos, seicht.

wisp [wɪsp] *s.* **1.** (*Stroh- etc.*)Wisch *m*, (*Heu-*, *Haar*)Büschel *n*; (*Haar*)Strähne *f*; **2.** Handfeger *m*; **3.** Strich *m*, Zug *m* (*Vögel*); **4.** Fetzen *m*, Streifen *m*: **~ of smoke** Rauchfetzen *m*; **a ~ of a boy** ein schmächtiges Bürschchen; **'wisp·y** [-pɪ] *adj.* **1.** büschelig (*Haar etc.*); **2.** dünn, schmächtig.

wist·ful ['wɪstfʊl] *adj.* ☐ **1.** sehnsüchtig, wehmütig; **2.** nachdenklich, versonnen.

wit[1] [wɪt] *s.* **1.** *oft pl.* geistige Fähigkeiten *pl.*, Intelli'genz *f*; **2.** *oft pl.* Verstand *m*: **be at one's ~s' end** mit s-r Weisheit zu Ende sein; **have one's ~s about one** s-e fünf Sinne beisammen haben; **keep one's ~s about one** e-n klaren Kopf behalten; **live by one's ~s** sich mehr oder weniger ehrlich durchs Leben schlagen; **out of one's ~s** von Sinnen, verrückt; **frighten s.o out of his ~s** j-n zu Tode erschrecken; **3.** Witz *m*, Geist *m*, Es'prit *m*; **4.** witziger Kopf, geistreicher Mensch; **5.** *obs.* Witz *m*, witziger Einfall.

wit[2] [wɪt] *v/t. u. v/i.* [*irr.*] *obs.* wissen: **to ~** *bsd.* ⚖ das heißt, nämlich.

witch [wɪtʃ] **I** *s.* **1.** Hexe *f*, Zauberin *f*: **~es' sabbath** Hexensabbat *m*; **2.** *fig.* alte Hexe; **3.** F betörendes Wesen, bezaubernde Frau; **II** *v/t.* **4.** be-, verhexen; **'~·craft** *s.* **1.** Hexe'rei *f*, Zaube'rei *f*; **2.** Zauber(kraft *f*) *m*; **~ doc·tor** *s.* Medi'zinmann *m*.

witch·er·y ['wɪtʃərɪ] *s.* **1.** → **witchcraft**; **2.** *fig.* Zauber *m*.

witch hunt *s. bsd. pol.* Hexenjagd *f* (**for**, **against** auf *acc.*).

witch·ing ['wɪtʃɪŋ] *adj.* ☐ **1.** Hexen...: **~ hour** Geisterstunde *f*; **2.** → **bewitching**.

wit·e·na·ge·mot [ˌwɪtɪnəgɪ'məʊt] *s. hist. gesetzgebende Versammlung im Angelsachsenreich.*

with [wɪð] *prp.* **1.** mit (*vermittels*): **cut ~ a knife**; **fill ~ water**; **2.** (zs.) mit: **he went ~ his friends**; **3.** nebst, samt: **~ all expenses**; **4.** mit (*besitzend*): **a coat ~ three pockets**; **~ no hat** ohne Hut; **5.** mit (*Art u. Weise*): **~ care**; **~ a smile**; **~ the door open** bei offener Tür; **6.** in Über'einstimmung mit: **I am quite ~ you** ich bin ganz Ihrer Ansicht *od.* ganz auf Ihrer Seite; **7.** mit (*in derselben Weise*, *im gleichen Grad*, *zur selben Zeit*): **the sun changes ~ the seasons**; **rise ~ the sun**; **8.** bei: **sit (sleep) ~ s.o.**; **work ~ a firm**; **I have no money ~ me**; **9.** (*kausal*) durch, vor (*dat.*), von, an (*dat.*): **die ~ cancer** an Krebs sterben; **stiff ~ cold** steif vor Kälte; **wet ~ tears** von Tränen nass, tränennass; **tremble ~ fear** vor Furcht zittern; **10.** bei, für: **~ God all things are possible** bei Gott ist kein Ding unmöglich; **11.** gegen, mit: **fight ~ s.o.**; **12.** bei, aufseiten (von): **it rests ~ you to decide** die Entscheidung liegt bei dir; **13.** trotz, bei: **~ all her brains** bei all ihrer Klugheit; **14.** angesichts; in Anbetracht der Tatsache, dass: **you can't leave ~ your mother so ill** du kannst nicht weggehen, wenn deine Mutter so krank ist; **15. ~ it** *sl.* a) ‚auf Draht', ‚schwer auf der Höhe', b) modebewusst, c) up to date, modern: **get ~ it!** mach mit!, sei kein Frosch!

with·al [wɪ'ðɔːl] *obs.* **I** *adv.* außerdem, 'oben'drein, da'bei; **II** *prp.* (*nachgestellt*) mit.

with·draw [wɪð'drɔː] [*irr.* → **draw**] **I** *v/t.* **1.** (**from**) zu'rückziehen, -nehmen (von, aus): a) wegnehmen, entfernen (von, aus), *Schlüssel etc.*, *a.* ⚔ *Truppen* abziehen, her'ausziehen (aus), b) entziehen (*dat.*), c) einziehen, d) *fig. Auftrag*, *Aussage etc.* wider'rufen, *Wort etc.* zu'rücknehmen: **~ a motion** e-n Antrag zurückziehen; **2.** † a) *Geld* abheben, *a. Kapital* entnehmen, b) *Kredit* kündigen; **II** *v/i.* **3.** (**from**) sich zu'rückziehen (von, aus): a) sich entfernen, b) zu'rückgehen, ⚔ *a.* sich absetzen, c) zu'rücktreten (von *e-m Posten*, *Vertrag*), d) austreten (aus *e-r Gesellschaft*), e) *fig.* sich distanzieren (von *j-m*, *e-r Sache*): **~ within o.s.** *fig.* sich in sich selbst zurückziehen; **with'draw·al** [-ɔːəl] *s.* **1.** Zu'rückziehung *f*, -nahme *f* (*a. fig. Widerrufung*) (*a.* ⚔ *von Truppen*): **~ (from circulation)** Einziehung, Außerkurssetzung *f*; **2.** † (Geld)Abhebung *f*, Entnahme *f*; **3.** *bsd.* ⚔ Ab-, Rückzug *m*; **4.** (**from**) Rücktritt *m* (von *e-m Amt*, *Vertrag etc.*), Ausscheiden *n* (aus); **5.** ⚕ Entzug *m*: **~ symptoms** Entzugs-, Ausfallserscheinungen *pl.*; **6.** ⚕ Entziehung *f*: **~ cure**; **7.** *sport* Startverzicht *m*; **with'drawn** [-ɔːn] **I** *pp von* **withdraw**; **II** *adj.* **1.** *psych.* in sich gekehrt; **2.** zu'rückgezogen.

with·er ['wɪðə] **I** *v/i.* **1.** *oft* **~ up** (ver-)welken, verdorren, austrocknen; **2.** *fig.* a) vergehen (*Schönheit etc.*), b) ‚eingehen' (*Firma etc.*), c) *oft* **~ away** schwinden (*Hoffnung etc.*); **II** *v/t.* **3.** (ver)welken lassen, ausdörren, -trocknen: **~ed** *fig.* verhutzelt; **4.** *fig. j-n mit e-m Blick etc.*, *a. j-s Ruf* vernichten; **with·er·ing** ['wɪðərɪŋ] *adj.* ☐ **1.** ausdörrend; **2.** *fig.* vernichtend: **a ~ look (remark)**.

with·ers ['wɪðəz] *s. pl. zo.* 'Widerrist *m* (*Pferd etc.*): **my ~ are unwrung** *fig.* das trifft mich nicht.

with'hold *v/t.* [*irr.* → **hold**[2]] **1.** zu'rück-, abhalten (**s.o. from** j-n von *et.*): **~ o.s. from s.th.** sich e-r Sache enthalten; **~ing tax** Quellensteuer *f*; **2.** vorenthalten, versagen (**s.th. from s.o.** j-m et.).

W

with·in [wɪ'ðɪn] **I** *prp.* **1.** innerhalb von (*od. gen.*), in (*dat.*) (*beide a. zeitlich binnen*): ***~ 3 hours*** binnen *od.* in nicht mehr als 3 Stunden; ***~ a week of his arrival*** e-e Woche nach *od.* vor s-r Ankunft; **2.** im *od.* in den Bereich von: ***~ call*** (***hearing***, ***reach***, ***sight***) in Ruf-(Hör-, Reich-, Sicht)weite; ***~ the meaning of the Act*** im Rahmen des Gesetzes; ***~ my powers*** a) im Rahmen m-r Befugnisse, b) soweit es in m-n Kräften steht; ***~ o.s.*** *sport* ohne sich zu verausgaben (*laufen etc.*); ***live ~ one's income*** nicht über s-e Verhältnisse leben; **3.** im 'Umkreis von, nicht weiter (entfernt) als: ***~ a mile of*** bis auf e-e Meile von; → ***ace*** 3; **II** *adv.* **4.** (dr)innen, drin, im Innern: ***~ and without*** innen u. außen; ***from ~*** von innen; **5.** a) im *od.* zu Hause, drinnen, b) ins Haus, hi'nein; **6.** *fig.* innerlich, im Innern; **III** *s.* **7.** *das* Innere.

with·out [wɪ'ðaʊt] **I** *prp.* **1.** ohne (***doing*** zu tun): ***~ difficulty***; ***~ his finding me*** ohne dass er mich fand *od.* findet; ***~ doubt*** zweifellos; → ***do without***, ***go without***; **2.** außerhalb, jenseits, vor (*dat.*); **II** *adv.* **3.** (dr)außen, äußerlich; **4.** ohne: ***go ~*** leer ausgehen; **III** *s.* **5.** *das* Äußere: ***from ~*** von außen; **IV** *cj.* **6.** *a.* ***~ that*** *obs. od.* F a) wenn nicht, außer wenn, b) ohne dass.

with'stand [*irr.* → ***stand***] *v/t.* wider'stehen (*dat.*): a) sich wider'setzen (*dat.*), b) aushalten (*acc.*), standhalten (*dat.*).

wit·less ['wɪtlɪs] *adj.* □ **1.** geist-, witzlos; **2.** dumm, einfältig; **3.** verrückt; **4.** ahnungslos.

wit·ness ['wɪtnɪs] **I** *s.* **1.** Zeuge *m*, Zeugin *f* (*a.* ⚖ *u. fig.*): ***be a ~ of s.th.*** Zeuge von et. sein; ***call s.o. to ~*** j-n als Zeugen anrufen; ***a living ~ to*** ein lebender Zeuge (*gen.*); ***~ for the prosecution*** (*Brit. a.* ***for the Crown***) Belastungszeuge; ***prosecuting ~*** a) Nebenkläger(in), b) Belastungszeuge; ***~ for the defence*** (*Am.* ***defense***) Entlastungszeuge; ***2*** *eccl.* Zeuge Je'hovas; **2.** Zeugnis *n*, Bestätigung *f*, Beweis *m* (***of***, ***to*** *gen. od.* für): ***bear ~ to*** (*od.* ***of***) Zeugnis ablegen von, *et.* bestätigen; ***in ~ whereof*** zum Zeugnis *od.* urkundlich dessen; **II** *v/t.* **3.** bezeugen, beweisen: ***~ Shakespeare*** als Beweis dient Shakespeare; **4.** Zeuge sein von, zu'gegen sein bei, (mit)erleben (*a. fig.*); **5.** *fig.* zeugen von, Zeuge sein von; **6.** ⚖ *j-s Unterschrift* beglaubigen, *Dokument* als Zeuge unter'schreiben; **III** *v/i.* **7.** zeugen, Zeuge sein, Zeugnis ablegen, ⚖ *a.* aussagen (***against*** gegen, ***for***, ***to*** für): ***~ to s.th.*** *fig.* et. bezeugen; ***this agreement ~eth*** ⚖ dieser Vertrag be-inhaltet; ***~ box*** *bsd. Brit.*, ***~ stand*** *Am. s.* ⚖ Zeugenstand *m*.

wit·ted ['wɪtɪd] *adj. in Zssgn* ...denkend, ...sinnig; → ***half-witted*** *etc.*

wit·ti·cism ['wɪtɪsɪzəm] *s.* witzige Bemerkung.

wit·ti·ness ['wɪtɪnɪs] *s.* Witzigkeit *f*.

wit·ting·ly ['wɪtɪŋlɪ] *adv.* wissentlich.

wit·ty ['wɪtɪ] *adj.* □ witzig, geistreich.

wives [waɪvz] *pl. von* ***wife***.

wiz [wɪz] F *für* ***wizard*** 2.

wiz·ard ['wɪzəd] **I** *s.* **1.** Zauberer *m*, Hexenmeister *m* (*beide a. fig.*); **2.** *fig.* Ge'nie *n*, Leuchte *f*, ‚Ka'none' *f*; **II** *adj.* **3.** magisch, Zauber...; **4.** F ‚fan'tastisch'; '**wiz·ard·ry** [-drɪ] *s.* Zaube'rei *f*, Hexe'rei *f* (*a. fig.*).

wiz·en ['wɪzn], '**wiz·ened** [-nd] *adj.* verhutzelt, schrump(e)lig.

wo, woa [wəʊ] *int.* brr! (*zum Pferd*).

wob·ble ['wɒbl] **I** *v/i.* **1.** wackeln, schwabbeln; schwanken (*a. fig.* ***between*** zwischen); **2.** schlottern (*Knie etc.*); **3.** ⚙ a) flattern (*Rad*), b) ‚eiern' (*Schallplatte*); **II** *s.* **4.** Wackeln *n*; Schwanken *n* (*a. fig.*); ⚙ Flattern *n*; '**wob·bler** [-lə] → ***wobbly*** II; '**wob·bly** [-lɪ] **I** *adj.* **1.** wack(e)lig; **2.** zitt(e)rig (*Stimme, Schrift*); **3.** eiernd (*Rad*); **4.** unsicher, ungewiss; **II** *s. Brit.* F **5.** Wutanfall *m*: ***throw a ~*** e-n Wutanfall kriegen, ‚ausrasten'; **6.** *a.* ***the wobblies*** *pl.* 'Panikanfall *m*, -at‚tacke *f*: ***throw a ~*** in Panik geraten.

woe [wəʊ] **I** *int.* wehe!, ach!; **II** *s.* Weh *n*, Leid *n*, Kummer *m*, Not *f*: ***face of ~*** jämmerliche Miene; ***tale of ~*** Leidensgeschichte *f*; ***~ is me!*** wehe mir!; ***~ (be) to ...!***, ***~ betide ...!*** wehe (*dat.*)!, verflucht sei(en) ...!; → ***weal***[1]; **woe·be·gone** ['wəʊbɪ‚gɒn] *adj.* **1.** leid-, jammervoll, vergrämt; **2.** verwahrlost; **woe·ful** ['wəʊfʊl] *adj.* □ *rhet. od. humor.* **1.** kummer-, sorgenvoll; **2.** elend, jammervoll; **3.** *contp.* erbärmlich, jämmerlich.

wog [wɒg] *s. sl. contp.* Ka'nake *m*, ‚Ka'meltreiber' *m* (*farbiger Ausländer*).

wok [wɒk] *s.* Wok *m* (*ostasiatischer schüsselförmiger Kochtopf*).

woke [wəʊk] *pret. von* ***wake***[2].

wold [wəʊld] *s.* **1.** hügeliges Land; **2.** Hochebene *f*.

wolf [wʊlf] **I** *pl.* **wolves** [-vz] *s.* **1.** *zo.* Wolf *m*: ***a ~ in sheep's clothing*** *fig.* ein Wolf im Schafspelz; ***lone ~*** *fig.* Einzelgänger *m*; ***cry ~*** *fig.* blinden Alarm schlagen; ***keep the ~ from the door*** *fig.* sich über Wasser halten; **2.** *fig.* a) Wolf *m*, räuberische *od.* gierige Per'son, b) F ‚Casa'nova' *m*, Schürzenjäger *m*; **3.** ♪ Disso'nanz *f*; **II** *v/t.* **4.** *a.* ***~ down*** *Speisen* (gierig) verschlingen; ***~ call*** *s. Am.* F *bewundernder Pfiff od. Ausruf* (*beim Anblick e-r attraktiven Frau*); ***~ cub*** *s. zo.* junger Wolf.

wolf·ish ['wʊlfɪʃ] *adj.* □ **1.** wölfisch (*a.*

fig.), Wolfs...; **2.** *fig.* wild, gefräßig: **~ *appetite*** Wolfshunger *m*.

wolf pack *s.* **1.** Wolfsrudel *n*; **2.** ⚓, ⚔ Rudel *n* U-Boote.

wolf·ram ['wʊlfrəm] *s.* **1.** ⚗ Wolfram *n*; **2.** → **'wolf·ram·ite** [-maɪt] *s. min.* Wolfra'mit *m*.

wol·ver·ine ['wʊlvəri:n] *s. zo.* (Amer.) Vielfraß *m*.

wolves [wʊlvz] *pl. von* **wolf**.

wom·an ['wʊmən] **I** *pl.* **wom·en** ['wɪmɪn] *s.* **1.** Frau *f*, Weib *n*: **~ *of the world*** Frau von Welt; ***play the* ~** empfindsam *od.* ängstlich sein; → ***women***; **2.** a) Hausangestellte *f*, b) Zofe *f*; **3.** (*ohne Artikel*) das weibliche Geschlecht, die Frauen *pl.*, das Weib: ***born of* ~** vom Weibe geboren (*sterblich*); **~*'s reason*** weibliche Logik; **4.** ***the* ~** *fig.* das Weib, die Frau, das typisch Weibliche; **5.** F a) (Ehe)Frau *f*, b) Freundin *f*, Geliebte *f*; **II** *adj.* **6.** weiblich, Frauen...: **~ *doctor*** Ärztin *f*; **~ *student*** Studentin *f*.

> Achten Sie auf die Bildung des Plurals bei Zusammensetzungen mit **woman**:
>
> | *Singular* | *Plural* |
> |---|---|
> | **woman driver** | **women drivers** |
> | **woman priest** | **women priests** |

wom·an·hood ['wʊmənhʊd] *s.* **1.** Stellung *f* der (erwachsenen) Frau: ***reach* ~** e-e Frau werden; **2.** Weiblich-, Fraulichkeit *f*; **3.** → ***womankind*** 1; **'woman·ish** [-nɪʃ] *adj.* □ **1.** *contp.* weibisch; **2.** → ***womanly***; **'wom·an·ize** [-naɪz] **I** *v/t.* weibisch machen; **II** *v/i.* F hinter den Weibern her sein; **'wom·an·iz·er** [-naɪzə] *s.* F Schürzenjäger *m*.

wom·an|'kind *s.* **1.** *coll.* Frauen(welt *f*) *pl.*, Weiblichkeit *f*; **2.** → ***womenfolk*** 2; **'~·like** *adj.* wie e-e Frau, fraulich, weiblich.

wom·an·li·ness ['wʊmənlɪnɪs] *s.* Fraulich-, Weiblichkeit *f*; **wom·an·ly** ['wʊmənlɪ] *adj.* fraulich, weiblich (*a. weitS.*).

womb [wu:m] *s. anat.* Gebärmutter *f*; *weitS.* (Mutter)Leib *m*, Schoß *m* (*a. fig. der Erde, der Zukunft etc.*); **~ en·vy** *s. psych.* Gebärneid *m*; **,~-to-'tomb** *adj.* von der Wiege bis zur Bahre.

wom·en ['wɪmɪn] *pl. von* ***woman***: **~*'s rights*** Frauenrechte; **~*'s team*** *sport* Damenmannschaft *f*; **'~·folk** *s. pl.* **1.** → ***womankind*** 1; **2.** *die* Frauen *pl.* (*in e-r Familie*), *mein etc.* ,Weibervolk' *n* (daheim).

Wom·en's| Lib [lɪb] F, **~ Lib·e·ra·tion (Move·ment)** *s.* 'Frauenemanzipati,onsbewegung *f*; **~ Lib·ber** ['lɪbə] *s.* F Anhängerin *f* der Emanzipati'onsbewegung, *contp.* ,E'manze' *f*.

won [wʌn] *pret. u. p.p. von* **win**.

won·der ['wʌndə] **I** *s.* **1.** Wunder *n*, *et.* Wunderbares, Wundertat *f*, -werk *n*: ***a* ~ *of skill*** ein (wahres) Wunder an Geschicklichkeit (*Person*); ***the 7 ~s of the world*** die 7 Weltwunder; ***work*** (*od.* ***do***) **~s** Wunder wirken; ***promise* ~s** *j-m* goldene Berge versprechen; (***it is***) ***no*** (*od.* ***small***) **~ *that*** kein Wunder, dass; **~*s will never cease*** es gibt immer noch Wunder; → ***nine*** 1, ***sign*** 8; **2.** Verwunderung *f*, (Er)Staunen *n*: ***filled with* ~** von Staunen erfüllt; ***for a* ~** a) erstaunlicherweise, b) ausnahmsweise; ***in* ~** erstaunt, verwundert; **II** *v/i.* **3.** sich (ver)wundern, erstaunt sein (***at***, ***about*** über *acc.*): ***not to be* ~*ed at*** nicht zu verwundern; **4.** a) neugierig *od.* gespannt sein, gern wissen mögen (***if***, ***whether***, ***what*** *etc.*), b) sich fragen *od.* über'legen: ***I* ~ *whether I might ...?*** dürfte ich vielleicht ...?, ob ich wohl ... kann?; ***I* ~ *if you could help me*** vielleicht können Sie mir helfen; ***well, I* ~!** na, ich weiß nicht (recht)!; **~ boy** *s.* ,Wunderknabe' *m*; **~ child** *s.* [*irr.*] *Am.* Wunderkind *n*; **~ drug** *s.* Wunderdroge *f*, -mittel *n*.

won·der·ful ['wʌndəfʊl] *adj.* □ wunderbar, -voll, herrlich: ***not so* ~** F nicht so toll.

won·der·ing ['wʌndərɪŋ] *adj.* □ verwundert, erstaunt, staunend.

'won·der·land *s.* Wunder-, Märchenland *n* (*a. fig.*).

won·der·ment ['wʌndəmənt] *s.* Verwunderung *f*, Staunen *n*.

'won·der|-struck *adj.* von Staunen ergriffen (***at*** über *acc.*); **'~-,work·er** *s.* Wundertäter(in); **'~-,work·ing** *adj.* wundertätig.

won·drous ['wʌndrəs] *rhet.* **I** *adj.* □ wundersam, -bar; **II** *adv.* a) wunderbar(erweise), b) außerordentlich.

won·ky ['wɒŋkɪ] *adj. Brit. sl.* wack(e)lig (*a. fig.*).

won't [wəʊnt] F *für* ***will not***.

wont [wəʊnt] **I** *adj.*: ***be* ~ *to do*** gewohnt sein *od.* pflegen zu tun; **II** *s.* Gewohnheit *f*, Brauch *m*; **'wont·ed** [-tɪd] *adj.* **1.** *obs.* gewohnt; **2.** gewöhnlich, üblich; **3.** *Am.* eingewöhnt (***to*** in *dat.*).

woo [wu:] *v/t.* **1.** werben *od.* freien um, *j-m* den Hof machen; **2.** *fig.* trachten nach, buhlen um; **3.** *fig.* a) *j-n* um'werben, b) locken, drängen (***to*** zu).

wood [wʊd] **I** *s.* **1.** *oft pl.* Wald *m*, Waldung *f*, Gehölz *n*: ***be out of the* ~** (*Am.*

~s) F über den Berg sein; ***he cannot see the ~ for the trees*** er sieht den Wald vor lauter Bäumen nicht; → ***halloo*** III; **2.** Holz *n*: ***touch ~!*** unberufen!; **3.** (Holz)Fass *n*: ***wine from the ~*** Wein (direkt) vom Fass; **4.** ***the ~*** ♪ → ***woodwind*** 2; **5.** → ***wood block*** 2; **6.** *Bowling*: (*bsd.* abgeräumter) Kegel; **7.** *pl. Skisport*: ‚Bretter' *pl.*; **8.** *Golf*: Holz (-schläger *m*) *n*; **II** *adj.* **9.** hölzern, Holz...; **10.** Wald...; **~ al·co·hol** *s.* ⚗ Holzgeist *m*; **~ a·nem·o·ne** *s.* ⚘ Buschwindrös-chen *n*; **'~·bind, '~·bine** *s.* **1.** ⚘ Geißblatt *n*; **2.** *Am.* wilder Wein; **~ block** *s.* **1.** Par'kettbrettchen *n*; **2.** *typ.* a) Druckstock *m*, b) Holzschnitt *m*; **~ carv·er** *s.* Holzschnitzer *m*; **~ carv·ing** *s.* Holzschnitze'rei *f* (*a. Schnitzwerk*); **'~·chuck** *s. zo.* (amer.) Waldmurmeltier *n*; **~ coal** *s.* **1.** *min.* Braunkohle *f*; **2.** Holzkohle *f*; **'~·cock** *s. orn.* Waldschnepfe *f*; **'~·craft** *s.* **1.** die Fähigkeit, im Wald zu (über)leben; **2.** Holzschnitze'rei *f*; **'~·cut** *s. typ.* **1.** Holzstock *m* (*Druckform*); **2.** Holzschnitt *m* (*Druckerzeugnis*); **'~,cut·ter** *s.* **1.** Holzfäller *m*; **2.** *Kunst*: Holzschneider *m*.

wood·ed ['wʊdɪd] *adj.* bewaldet, waldig, Wald...

wood·en ['wʊdn] *adj.* □ **1.** hölzern, Holz...: ♎ ***Horse*** *das* Trojanische Pferd; **~ *spoon*** a) Holzlöffel *m*, b) *bsd. sport* Trostpreis *m*; **2.** *fig.* hölzern, steif (*a. Person*); **3.** *fig.* ausdruckslos (*Gesicht etc.*); **4.** stumpf(sinnig).

wood| en·grav·er *s.* Holzschneider *m*; **~ en·grav·ing** *s.* **1.** Holzschneiden *n*; **2.** Holzschnitt *m*.

'wood·en|,head·ed *adj.* F dumm.

wood| gas *s.* ⚙ Holzgas *n*; **~ grouse** *s. orn.* Auerhahn *m*.

wood·i·ness ['wʊdɪnɪs] *s.* **1.** Waldreichtum *m*; **2.** Holzigkeit *f*.

wood| king·fish·er *s. orn.* Königsfischer *m*; **'~·land I** *s.* Waldland *n*, Waldung *f*; **II** *adj.* Wald...; **~ lark** *s. orn.* Heidelerche *f*; **~ louse** *s.* [*irr.*] *zo.* Bohrassel *f*; **'~·man** [-mən] *s.* [*irr.*] **1.** *Brit.* Förster *m*; **2.** Holzfäller *m*; **3.** Jäger *m*; **4.** Waldbewohner *m*; **~ naph·tha** *s.* ⚗ Holzgeist *m*; **~ nymph** *s.* **1.** *myth.* Waldnymphe *f*; **2.** *zo. eine* Motte; **3.** *orn. ein* Kolibri *m*; **'~,peck·er** *s. orn.* Specht *m*; **~ pi·geon** *s. orn.* Ringeltaube *f*; **'~·pile** *s.* Holzhaufen *m*, -stoß *m*; **~ pulp** *s.* ⚙ Holz(zell)stoff *m*, Holzschliff *m*; **'~·ruff** *s.* ⚘ Waldmeister *m*; **~·print** → ***woodcut*** 2; **'~·shav·ings** *s. pl.* Hobelspäne *pl.*; **'~·shed** *s.* Holzschuppen *m*.

woods·man ['wʊdzmən] *s.* [*irr.*] *s.* Waldbewohner *m*.

wood| sor·rel *s.* ⚘ Sauerklee *m*; **~ spir·it** *s.* ⚗ Holzgeist *m*; **~ tar** *s.* ⚗ Holzteer *m*; **~ tick** *s. zo.* Holzbock *m*; **'~·wind** [-wɪnd] ♪ **I** *s.* **1.** 'Holzblasinstru,ment *n*; **2.** *oft pl.* 'Holzblasinstru,mente *pl.* (*e-s Orchesters*), Holz(bläser *pl.*) *n*; **II** *adj.* **3.** Holzblas...; **~ wool** *s.* ⚕ Zellstoffwatte *f*; **'~·work** *s.* ⚠ **1.** Holz-, Balkenwerk *n*; **2.** Holzarbeit(en *pl.*) *f*; **'~,work·ing I** *s.* Holzbearbeitung *f*; **II** *adj.* Holz bearbeitend, Holzbearbeitungs...: **~ *machine***; **'~·worm** *s. zo.* Holzwurm *m*.

wood·y ['wʊdɪ] *adj.* **1.** a) waldig, Wald..., b) waldreich; **2.** holzig, Holz...

'wood·yard *s.* Holzplatz *m*.

woo·er ['wu:ə] *s.* Freier *m*, Anbeter *m*.

woof[1] [wu:f] *s.* **1.** *Weberei*: a) Einschlag *m*, (Ein)Schuss *m*, b) Schussgarn *n*; **2.** Gewebe *n*.

woof[2] [wʊf] *v/i.* bellen.

woof·er ['wu:fə] *s.* ⚡ Tieftonlautsprecher *m*.

woo·ing ['wu:ɪŋ] *s.* (*a. fig.* Liebes)Werben *n*, Freien *n*, Werbung *f*.

wool [wʊl] **I** *s.* **1.** Wolle *f*: ***dyed in the ~*** in der Wolle gefärbt, *bsd. fig.* waschecht; → ***cry*** 2; **2.** Wollfaden *m*, -garn *n*; **3.** Wollstoff *m*, -tuch *n*; **4.** Zell-, Pflanzenwolle *f*; **5.** (*Baum-, Glas- etc.*)Wolle *f*; **6.** F ‚Wolle' *f*, (kurzes) wolliges Kopfhaar: ***lose one's ~*** ärgerlich werden; ***pull the ~ over s.o.'s eyes*** F j-n hinters Licht führen; **II** *adj.* **7.** wollen, Woll...; **~ card** *s.* Wollkrempel *m*, -kratze *f*; **~ clip** *s.* ✝ (jährlicher) Wollertrag; **~ comb·ing** *s.* Wollkämmen *n*; **'~-dyed** *adj.* in der Wolle gefärbt.

wool·en *Am.* → ***woollen***.

'wool|,gath·er·ing I *s. fig.* Verträumtheit *f*, Spintisieren *n*; **II** *adj.* verträumt, spintisierend; **'~,grow·er** *s.* Schafzüchter *m*; **~ hall** *s.* ✝ *Brit.* Wollbörse *f*.

wool·i·ness *Am.* → ***woolliness***.

wool·len ['wʊlən] **I** *s.* **1.** Wollstoff *m*; **2.** *pl.* Wollsachen *pl.* (*a. wollene Unterwäsche*), Wollkleidung *f*; **II** *adj.* **3.** wollen, Woll...: **~ *goods*** Wollwaren; **~ drap·er** *s.* Wollwarenhändler *m*.

wool·li·ness ['wʊlɪnɪs] *s.* **1.** Wolligkeit *f*; **2.** *paint. u. fig.* Verschwommenheit *f*.

wool·ly ['wʊlɪ] **I** *adj.* **1.** wollig, weich, flaumig; **2.** Wolle tragend, Woll...; **3.** *paint. u. fig.* verschwommen; belegt (*Stimme*); **II** *s.* **4.** wollenes Kleidungsstück, *bsd.* Wolljacke *f*; *pl.* → ***woollen*** 2.

'wool|·pack *s.* **1.** Wollsack *m* (*Verpackung*); **2.** Wollballen *m* (*240 englische Pfund*); **3.** *meteor.* Haufenwolke *f*; **'~·sack** *s. pol.* a) Wollsack *m* (*Sitz des Lordkanzlers im englischen Oberhaus*), b) *fig.* Amt *n* des Lordkanzlers; **'~,sort·er** *s.* Wollsortierer *m* (*Person od. Maschine*): **~*'s disease*** ⚕ Lungenmilzbrand; **'~,sta·pler** *s.* ✝ **1.** Woll(groß)händler *m*; **2.** Wollsortierer *m*; **'~·work** *s.* Wollsticke'rei *f*.

wool·y *Am.* → ***woolly***.

W

woo·pies ['wuːpɪz] *s. pl.* wohlhabende Seni'oren *pl.* (= ***well-off older people***).
wooz·y ['wuːzɪ] *adj. Am. sl.* **1.** (*von Alkohol etc.*) benebelt; **2.** a) wirr (im Kopf, b) ‚komisch' (im Magen).
wop [wɒp] *s. sl. contp.* ‚Itaker' *m*, ‚Spa'g(h)etti(fresser)' *m*.
word [wɜːd] **I** *s.* **1.** Wort *n*: **~s** a) Worte, b) *ling.* Wörter; ***~ for ~*** Wort für Wort, (wort)wörtlich; ***at a ~*** sofort, aufs Wort; ***in a ~*** mit 'einem Wort, kurz (-um); ***in other ~s*** mit anderen Worten; ***in so many ~s*** wörtlich, ausdrücklich; ***the last ~*** a) das letzte Wort (***on*** in *e-r Sache*), b) das Allerneueste *od.* -beste (***in*** an *dat.*); ***have the last ~*** das letzte Wort haben; ***have no ~s for*** nicht wissen, was man zu *e-r Sache* sagen soll; ***put into ~s*** in Worte fassen; ***too silly for ~s*** unsagbar dumm; ***cold's not the ~ for it!*** F kalt ist gar kein Ausdruck!; ***he is a man of few ~s*** er macht nicht viele Worte, er ist ein schweigsamer Mensch; ***he hasn't a ~ to throw at a dog*** er macht den Mund nicht auf; **2.** Wort *n*, Ausspruch *m*: **~s** Worte, Rede, Äußerung; ***by ~ of mouth*** mündlich; ***have a ~ with s.o.*** (kurz) mit j-m sprechen; ***have a ~ to say*** et. (Wichtiges) zu sagen haben; ***put in*** (*od.* ***say***) ***a*** (***good***) ***~ for*** ein (gutes) Wort einlegen für; ***I take your ~ for it*** ich glaube es dir; **3.** *pl.* Text *m e-s Lieds etc.*; **4.** *pl.* Wortwechsel *m*, Streit *m*: ***have ~s*** (***with***) sich streiten *od.* zanken mit; **5.** a) Befehl *m*, Kom'mando *n*, b) Losung *f*, Pa'role *f*, c) Zeichen *n*, Signal *n*: ***give the ~*** (***to do***); ***pass the ~*** durch-, weitersagen; ***sharp's the ~!*** (jetzt aber) dalli!; **6.** Bescheid *m*, Nachricht *f*: ***leave ~*** Bescheid hinterlassen (***with*** bei); ***send ~ to*** *j-m* Nachricht geben; **7.** Wort *n*, Versprechen *n*: ***~ of hono(u)r*** Ehrenwort; ***break*** (***give*** *od.* ***pass, keep***) ***one's ~*** sein Wort brechen (geben, halten); ***take s.o. at his ~*** j-n beim Wort nehmen; ***he is as good as his ~*** er ist ein Mann von Wort; er hält, was er verspricht; (***up***)***on my ~!*** auf mein Wort!; **8.** ***the*** ℒ *eccl.* das Wort Gottes, das Evan'gelium; **II** *v/t.* **9.** in Worte fassen, (in Worten) ausdrücken, formulieren: ***~ed as follows*** mit folgendem Wortlaut; **~ ac·cent** *s. ling.* 'Wortak,zent *m*; **'~-blind** *adj.* ⚕ wortblind; **'~·book** *s.* **1.** Vokabu'lar *n*; **2.** Wörterbuch *n*; **3.** ♪ Textbuch *n*, Lib'retto *n*; **'~-,catch·er** *s. contp.* Wortklauber *m*; **'~-deaf** *adj. psych.* worttaub; **~ for·ma·tion** *s. ling.* Wortbildung *f*; **,~-for-'word** *adj.* (wort)wörtlich.
word·i·ness ['wɜːdɪnɪs] *s.* Wortreichtum *m*, Langatmigkeit *f*; **'word·ing** [-ɪŋ] *s.* Fassung *f*, Formulierung *f*, Wortlaut *m*.
word·less ['wɜːdlɪs] *adj.* **1.** wortlos, stumm; **2.** schweigsam.
,word|-of-'mouth *adj.* mündlich: ***~ advertising*** Mundwerbung *f*; **~ or·der** *s. ling.* Wortstellung *f* (*im Satz*); **~ painting** anschauliche Schilderung; **,~-'perfect** *adj.* **1.** *thea. etc.* textsicher; **2.** per'fekt auswendig gelernt: ***~ text***; **~ picture** → ***word painting***; **'~·play** *s.* Wortspiel *n*; **~ pow·er** *s.* Wortschatz *m*; **~ pro·cess·ing** *s. Computer*: Textverarbeitung *f*; **'~,split·ting** *s.* Wortklaube'rei *f*.
word·y ['wɜːdɪ] *adj.* □ **1.** Wort...: ***~ warfare*** Wortkrieg *m*; **2.** wortreich, langatmig.
wore [wɔː] *pret. von* ***wear***[1], *pret. u. p.p. von* ***wear***[2].
work [wɜːk] **I** *s.* **1.** Arbeit *f*: a) Tätigkeit *f*, Beschäftigung *f*, b) Aufgabe *f*, c) Hand-, Nadelarbeit *f*, Sticke'rei *f*, Nähe'rei *f*, d) Leistung *f*, e) Erzeugnis *n*: ***~ done*** geleistete Arbeit; ***a beautiful piece of ~*** e-e schöne Arbeit; ***good ~!*** gut gemacht!; ***total ~ in hand*** ✝ Gesamtaufträge *pl.*; ***~ in process material*** ✝ Material in Fabrikation; ***at ~*** a) bei der Arbeit, b) in Tätigkeit, in Betrieb; ***be at ~ on*** arbeiten an (*dat.*); ***do ~*** arbeiten; ***be in*** (***out of***) ***~*** (keine) Arbeit haben; (***put***) ***out of ~*** arbeitslos (machen); ***set to ~*** an die Arbeit gehen; ***have one's ~ cut out*** (***for one***) (‚schwer) zu tun' haben; ***make ~*** Arbeit verursachen; ***make sad ~ of*** arg wirtschaften mit; ***make short ~ of*** kurzen Prozess *od.* nicht viel Federlesens machen mit; ***it's all in the day's ~*** das ist nichts Besonderes, das gehört alles (mit) dazu; **2.** *phys.* Arbeit *f*: ***convert heat into ~***; **3.** *künstlerisches etc.* Werk (*a. coll.*): ***the ~(s) of Bach***; **4.** a) Werk *n* (*Tat u. Resultat*): ***the ~ of a moment*** *es war* das Werk e-s Augenblicks, b) *bsd. pl. eccl.* (gutes) Werk; **5.** ⚙ → ***workpiece***; **6.** *pl.* a) (*bsd.* öffentliche) Bauten *pl. od.* Anlagen *pl.*, b) ⚔ Befestigungen *pl.*, (Festungs)Werk *n*; **7.** *pl. sg. konstr.* Werk *n*, Fa'brik(anlagen *pl.*) *f*, Betrieb *m*: ***iron~s*** Eisenhütte *f*; ***~s council*** (***engineer, outing, superintendent***) Betriebsrat (-ingenieur, -ausflug, -direktor) *m*; ***~ manager*** Werkleiter *m*; **8.** *pl.* (Trieb-, Uhr- *etc.*)Werk *n*, Getriebe *n*; **9.** ***the ~s*** *sl.* alles, der ganze Krempel; ***give s.o. the ~s*** j-n ‚fertig machen'; ***shoot the ~s*** *Kartenspiel od. fig.* aufs Ganze gehen; **II** *v/i.* **10.** (***at***) arbeiten (an *dat.*), sich beschäftigen (mit): ***~ to rule*** Dienst nach Vorschrift tun; **11.** arbeiten (*fig. kämpfen* ***against*** gegen, ***for*** für *e-e Sache*), sich anstrengen; **12.** ⚙ a) funktionieren, gehen (*beide a. fig.*), b) in Betrieb *od.* in Gang sein; **13.** *fig.* ‚klappen', gehen, gelin-

gen, sich machen lassen: ***it won't ~*** es geht nicht; **14.** (*p.p. oft* ***wrought***) wirken (*a. Gift etc.*), sich auswirken ([***up***]***on***, ***with*** auf *acc.*, bei); **15.** sich bearbeiten lassen; **16.** sich (*hindurch-, hoch- etc.*)arbeiten: ***~ into*** eindringen in (*acc.*); ***~ loose*** sich losarbeiten, sich lockern; **17.** in (heftiger) Bewegung sein; **18.** arbeiten, zucken (*Gesichtszüge etc.*), mahlen (*Kiefer*) (***with*** vor *Erregung etc.*); **19.** ⚓ *gegen den Wind etc.* fahren, segeln; **20.** gären; arbeiten (*a. fig. Gedanken etc.*); **21.** (hand)arbeiten, stricken, nähen; **III** *v/t.* **22.** *a.* ⚙ a) bearbeiten, *Teig* kneten, b) verarbeiten, (ver)formen, gestalten (***into*** zu); **23.** *Maschine etc.* bedienen, *Wagen* führen, lenken; **24.** ⚙ (an-, be)treiben: ***~ed by electricity***; **25.** ✓ *Boden* bearbeiten, bestellen; **26.** *Betrieb* leiten, *Fabrik etc.* betreiben, *Gut etc.* bewirtschaften; **27.** ⚒ *Grube* abbauen, ausbeuten; **28.** *geschäftlich* bereisen, bearbeiten; **29.** *j-n, Tiere tüchtig* arbeiten lassen, antreiben; **30.** *fig. j-n* bearbeiten, *j-m* zusetzen; **31.** arbeiten mit, bewegen: ***he ~ed his jaws*** s-e Kiefer mahlten; **32.** a) ***~ one's way*** sich (*hindurch- etc.*)arbeiten, b) verdienen, erarbeiten; → ***passage*** 6; **33.** sticken, nähen, machen; **34.** gären lassen; **35.** errechnen, lösen; **36.** (*p.p. oft* ***wrought***) her'vorbringen, -rufen, *Veränderung etc.* bewirken, *Wunder* wirken *od.* tun, führen zu, verursachen: ***~ hardship***; **37.** (*p.p. oft* ***wrought***) fertig bringen, zu'stande bringen: ***~ it*** F es ‚deichseln'; **38.** *sl. et.* ‚her'ausschlagen', ‚organisieren'; **39.** *in e-n Zustand* versetzen, erregen: ***~ o.s. into a rage*** sich in e-e Wut hineinsteigern;

Zssgn mit adv.:

work| a·round → ***work round***; **~ a·way** *v/i.* (flott) arbeiten (***at*** an *dat.*); **~ in I** *v/t.* einarbeiten, -flechten, -fügen; **II** *v/i.* ***~ with*** harmonieren mit, passen zu; **~ off** *v/t.* **1.** weg-, aufarbeiten; **2.** *überflüssige Energie* loswerden; **3.** *Gefühl* abreagieren (***on*** an *dat.*); **4.** *typ.* abdrucken, -ziehen; **5.** *Ware etc.* loswerden, abstoßen (***on*** an *acc.*); **6.** *Schuld* abarbeiten; **~ out I** *v/t.* **1.** ausrechnen, *Aufgabe* lösen; **2.** *Plan* ausarbeiten; **3.** bewerkstelligen; **4.** ⚒ abbauen, (*a. fig. Thema etc.*) erschöpfen; **II** *v/i.* **5.** sich her'ausarbeiten, zum Vorschein kommen (***from*** aus); **6.** ***~ at*** sich belaufen auf (*acc.*); **7.** ‚klappen', *gut etc.* gehen, sich *gut etc.* anlassen: ***~ well*** (***badly***); **8.** *sport* trainieren; **~ o·ver** *v/t.* **1.** über'arbeiten; **2.** *sl. j-n* ‚in die Mache nehmen'; **~ round** *v/i.* **1.** ***~ to*** a) *ein Problem etc.* angehen, b) sich 'durchringen zu; **2.** ***~ to*** kommen zu, Zeit finden für; **3.** drehen (*Wind*); **~ to·geth·er** *v/i.* **1.** zs.-arbeiten; **2.** inein'ander greifen (*Zahnräder*); **~ up I** *v/t.* **1.** verarbeiten (***into*** zu); **2.** ausarbeiten, entwickeln; **3.** *Thema* bearbeiten; sich einarbeiten in (*acc.*), gründlich studieren; **4.** *Geschäft etc.* auf- *od.* ausbauen; **5.** a) *Interesse etc.* entwickeln, b) sich *Appetit etc.* holen; **6.** *Gefühl, Nerven, a. Zuhörer etc.* aufpeitschen, -wühlen, *Interesse* wecken: ***work o.s. up*** sich aufregen; ***~ a rage***, ***work o.s. up into a rage*** sich in e-e Wut hineinsteigern; ***worked up*** aufgebracht; **II** *v/i.* **7.** *fig.* sich steigern (***to*** zu).

work·a·ble ['wɜːkəbl] *adj.* □ **1.** bearbeitungsfähig, (ver)formbar; **2.** betriebsfähig; **3.** 'durch-, ausführbar (*Plan etc.*); **4.** ⚒ abbauwürdig.

work·a·day ['wɜːkədeɪ] *adj.* **1.** Alltags...; **2.** *fig.* all'täglich.

work·a·hol·ic [ˌwɜːkə'hɒlɪk] *s.* Arbeitssüchtige(r *m*) *f*; Arbeitstier *n*.

'work|·bench *s.* ⚙ Werkbank *f*; **'~·book** *s.* **1.** ⚙ Betriebsanleitung *f*; **2.** *ped.* Arbeitsheft *n*; **'~·box** *s.* Nähkasten *m*; **~ camp** *s.* Arbeitslager *n*; **'~·day** *s.* Arbeits-, Werktag *m*: ***on ~s*** werktags.

work·er ['wɜːkə] *s.* **1.** a) Arbeiter(in), b) Angestellte(r *m*) *f*, c) Fachmann *m*, d) *allg.* Arbeitskraft *f*: ***~s*** Belegschaft *f*, Arbeiterschaft *f*; **2.** *fig.* Urheber(in); **3.** *a.* ***~ ant***, ***~ bee*** *zo.* Arbeiterin *f* (*Ameise, Biene*); **~ di·rec·tor** *s.* ✝ 'Arbeitsdiˌrektor *m*; **~ par·tic·i·pa·tion** *s.* ✝ Mitbestimmung *f*.

'work|ˌfel·low *s.* 'Arbeitskameˌrad *m*; **~ flow** *s.* Arbeitsfluss *m*; **~ flow chart** *s.* Arbeitsablaufplan *m*; **~ force** *s.* ✝ **1.** Belegschaft *f*; **2.** 'Arbeitskräftepotenziˌal *n*; **'~·girl** *s.* Fa'brikarbeiterin *f*; **'~·horse** *s.* Arbeitspferd *n* (*a. fig.*); **'~·house** *s.* **1.** *Brit. obs.* Armenhaus *n* (mit Arbeitszwang); **2.** ⚖ *Am.* Arbeitshaus *n*.

work·ing ['wɜːkɪŋ] **I** *s.* **1.** Arbeiten *n*; **2.** *a. pl.* Tätigkeit *f*, Wirken *n*; **3.** ⚙ Be-, Verarbeitung *f*; **4.** ⚙ a) Funktionieren *n*, b) Arbeitsweise *f*; **5.** Lösen *n e-s Problems*; **6.** mühsame Arbeit, Kampf *m*; **7.** Gärung *f*; **8.** *mst pl.* ⚒, *min.* a) Abbau *m*, b) Grube *f*; **II** *adj.* **9.** arbeitend, berufs-, werktätig: ***~ population***; ***~ student*** Werkstudent *m*; **10.** Arbeits...: ***~ method*** Arbeitsverfahren *n*; ***~ week*** Arbeitswoche *f*; **11.** ⚙, ✝ Betriebs...(*-kapital, -kosten,* ⚡ *-spannung etc.*); **12.** grundlegend, Ausgangs..., Arbeits...: ***~ hypothesis***; ***~ title*** Arbeitstitel *m* (*e-s Buchs etc.*); **13.** brauchbar, praktisch: ***~ knowledge*** ausreichende Kenntnisse; **~ class** *s.* Arbeiterklasse *f*; **ˌ~-'class** *adj.* der Arbeiterklasse, Arbeiter...; **~ con·di·tion** *s.* **1.** ⚙ a) Betriebszustand *m*, b) *pl.* Betriebsbedingungen *pl.*; **2.** Arbeitsverhältnis *n*; ~ **day** → *workday*; ~ **drawing** *s.* ⚙ Werk(statt)zeichnung *f*; ~ **hour** *s.* Arbeitsstunde *f*; *pl.* Arbeitszeit *f*; ~ **load** *s.* **1.** ⚡ Betriebsbelastung *f*; **2.** ⚙ Nutzlast *f*; ~ **lunch** *s.* Arbeitsessen *n*; ~ **ma·jor·i·ty** *s. pol.* arbeitsfähige Mehrheit; '~**·man** *s.* [*irr.*] → *workman*; ~ **mod·el** *s.* ⚙ Ver'suchsmo,dell *n*; ~ **or·der** *s.* ⚙ Betriebszustand *m*: *in* ~ in betriebsfähigem Zustand; ,~-'**out** *s.* **1.** Ausarbeitung *f*; **2.** Lösung *f* (*e-r Aufgabe*); ~ **stroke** *s. mot.* Arbeitstakt *m*; ~ **sur·face** *s.* ⚙ Arbeits-, Lauffläche *f*.

work·less ['wɜːklɪs] *adj.* arbeitslos.

'**work|·load** *s.* Arbeitspensum *n*; '~**·man** [-mən] *s.* [*irr.*] **1.** Arbeiter *m*; **2.** Handwerker *m*; '~**·man·like** [-laɪk], '~**·ly** [-lɪ] *adj.* kunstgerecht, fachmännisch; '~**·man·ship** [-ʃɪp] *s.* **1.** *j-s* Werk *n*; **2.** Kunst(fertigkeit) *f*; **3.** *gute etc.* Ausführung; Verarbeitungsgüte *f*; Quali'tätsarbeit *f*; '~**·mate** *s. bsd. Brit.* 'Arbeitskol,lege *m*, -kol,legin *f*; '~**·men's com·pen·sa·tion act** [-mənz] *s.* Arbeiterunfallversicherungsgesetz *n*; '~**-out** *s.* **1.** F *sport* (Konditi'ons)Training *n*; **2.** Versuch *m*, Erprobung *f*; '~,**peo·ple** *s. pl.* Belegschaft *f*; ~ **per·mit** *s.* Arbeitserlaubnis *f*; '~**·piece** *s.* ⚙ Arbeits-, Werkstück *n*; '~**·place** *s. Am.* Arbeitsplatz *m*; ~ **shar·ing** *s.* ✝ Arbeitsaufteilung *f*; ~ **sheet** *s.* **1.** 'Arbeitsbogen *m*, -,unterlage *f*; **2.** *Am.* ✝ 'Rohbi,lanz *f*; '~**·shop** *s.* **1.** Werkstatt *f*: ~ ***drawing*** ⚙ Werkstatt-, Konstruktionszeichnung *f*; **2.** *ped.* Werkraum *m*; **3.** *fig.* a) Werkstatt *f* (*e-r Künstlergruppe etc.*): ~ ***theatre*** (*Am.* ***theater***) Werkstattheater *n*, b) Workshop *m*, Kurs *m*, Semi'nar *n*; '~**·shy** *adj.* arbeitsscheu; '~,**sta·tion** *s.* **1.** *Computer*: 'Workstation *f*; **2.** Arbeitsbereich *m*, -platz *m*; '~,**ta·ble** *s.* Werktisch *m*; ,~**-to'rule** *s.* Dienst *m* nach Vorschrift; '~**·wear** *s.* Arbeitskleidung *f*; '~,**wom·an** *s.* [*irr.*] Arbeiterin *f*.

world [wɜːld] **I** *s.* **1.** *allg.* Welt *f*: a) Erde *f*, b) Himmelskörper *m*, c) (Welt)All *n*, d) *fig. die* Menschen *pl.*, *die* Leute *pl.*, e) Sphäre *f*, Mili'eu *n*, f) (Na'tur)Reich *n*: (***animal***) ***vegetable*** ~ (Tier-) Pflanzenreich, -welt; ***lower*** ~ Unterwelt; ***the commercial*** ~, ***the*** ~ ***of commerce*** die Handelswelt; ***the*** ~ ***of letters*** die gelehrte Welt; ***a*** ~ ***of difference*** ein himmelweiter Unterschied; ***other*** ~***s*** andere Welten; ***all the*** ~ die ganze Welt, jedermann; ***all the*** ~ ***over*** in der ganzen Welt; ***all the*** ~ ***and his wife*** F Gott u. die Welt; alles, was Beine hatte; ***for all the*** ~ in jeder Hinsicht; ***for all the*** ~ ***like*** (*od.* ***as if***) genauso wie (*od.* als ob); ***for all the*** ~ ***to see*** vor aller Augen; ***from all over the*** ~ aus aller Herren Länder; ***not for the*** ~ nicht um die (*od.* alles in der) Welt; ***in the*** ~ (auf) der Welt; ***out of this*** (*od.* ***the***) ~ *sl.* fantastisch; ***bring*** (***come***) ***into the*** ~ zur Welt bringen (kommen); ***carry the*** ~ ***before one*** glänzenden Erfolg haben; ***have the best of both*** ~***s*** die Vorteile beider Seiten genießen; ***put into the*** ~ in die Welt setzen; ***think the*** ~ ***of*** große Stücke halten auf (*acc.*); ***she is all the*** ~ ***to him*** sie ist sein Ein u. Alles; ***how goes the*** ~ ***with you?*** wie gehts, wie stehts?; ***what*** (***who***) ***in the*** ~***?*** was (wer) in aller Welt?; ***it's a small*** ~***!*** die Welt ist ein Dorf!; **2.** ***a*** ~ ***of*** e-e Welt von, e-e Unmenge *Schwierigkeiten etc.*; **II** *adj.* **3.** Welt...: ~ ***champion*** (***language***, ***literature***, ***politics***, ***record*** *etc.*); ♀ **Court** *s.* Internationaler Ständiger Gerichtshof; ♀ **Cup** *s.* **1.** *Skisport etc.*: Weltcup *m*; **2.** Fußballweltmeisterschaft *f*; '~-,**fa·mous** *adj.* weltberühmt.

world·li·ness ['wɜːldlɪnɪs] *s.* Weltlichkeit *f*, weltlicher Sinn.

world·ling ['wɜːldlɪŋ] *s.* Weltkind *n*.

world·ly ['wɜːldlɪ] *adj. u. adv.* **1.** weltlich, irdisch, zeitlich: ~ ***goods*** irdische Güter; **2.** weltlich (gesinnt): ~ ***innocence*** Weltfremdheit *f*; ~ ***wisdom*** Weltklugheit *f*; ,~-'**wise** *adj.* weltklug.

world| pow·er *s. pol.* Weltmacht *f*; ~ **se·ries** *s. Baseball*: US-Meisterschaftsspiele *pl.*; '~,**shak·ing** *adj. a. iro.* welterschütternd: ***it isn't*** ~ ***after all***; ~ **view** *s.* Weltanschauung *f*; ♀ **War** *s.* Weltkrieg *m*: ~ ***I*** (***II***) erster (zweiter) Weltkrieg; '~-,**wea·ry** *adj.* weltverdrossen; '~**·wide** *adj.* weltweit, auf der ganzen Welt: ~ ***reputation*** Weltruf *m*; ~ ***strategy*** ⚔ Großraumstrategie *f*; ♀ **Wide Web** *s.* World Wide Web *n* (*im Internet*).

worm [wɜːm] **I** *s.* **1.** *zo.* Wurm *m* (*a. fig. contp. Person*): ***even a*** ~ ***will turn*** *fig.* auch der Wurm krümmt sich, wenn er getreten wird; **2.** *pl.* ⚕ Würmer *pl.*; **3.** ⚙ a) (Schrauben-, Schnecken)Gewinde *n*, b) (Förder-, Steuer- *etc.*)Schnecke *f*, c) (Rohr-, Kühl)Schlange *f*; **II** *v/t.* **4.** ~ ***one's way*** (*od.* ***o.s.***) a) sich *wohin* schlängeln, b) *fig.* sich einschleichen (***into*** in *j-s Vertrauen etc.*); **5.** ~ ***a secret out of s.o.*** j-m ein Geheimnis entlocken; **6.** ⚕ von Würmern befreien; **III** *v/i.* **7.** sich schlängeln, kriechen; **8.** sich winden; ~ **drive** *s.* ⚙ Schneckenantrieb *m*; '~-,**eat·en** *adj.* **1.** wurmstichig; **2.** *fig.* veraltet; ~ **gear** *s.* ⚙ **1.** Schneckengetriebe *n*; **2.** → ***worm wheel***; '~**'s-eye view** *s.* 'Froschperspek,tive *f*; ~ **thread** *s.* ⚙ Schneckengewinde *n*; ~ **wheel** *s.* ⚙ Schneckenrad *n*; '~**·wood** *s.* **1.** ✿ Wermut *m*; **2.** *fig.* Bitterkeit *f*: ***be*** (***gall and***) ~ ***to*** *j-n* bitter ankommen.

worm·y ['wɜːmɪ] *adj.* **1.** wurmig, voller Würmer; **2.** wurmstichig; **3.** wurmartig; **4.** *fig.* kriecherisch.

worn [wɔːn] **I** *p.p. von* ***wear***[1]; **II** *adj.* **1.** getragen (*Kleider*); **2.** → ***worn-out*** 1; **3.** erschöpft, abgespannt; **4.** *fig.* abgedroschen: **~ *joke***; ˌ**~-'out** *adj.* **1.** abgetragen, -genutzt; **2.** völlig erschöpft, todmüde, zermürbt; **3.** → ***worn*** 4.

wor·ried ['wʌrɪd] *adj.* **1.** gequält; **2.** sorgenvoll, besorgt; **3.** beunruhigt, ängstlich; '**wor·ri·er** [-ɪə] *s.* j-d, der sich ständig Sorgen macht; '**wor·ri·ment** [-ɪmənt] *s.* F **1.** Plage *f*, Quäle'rei *f*; **2.** Angst *f*, Sorge *f*; '**wor·ri·some** [-ɪsəm] *adj.* **1.** quälend; **2.** lästig; **3.** beunruhigend; **4.** unruhig.

wor·ry ['wʌrɪ] **I** *v/t.* **1.** a) zausen, schütteln, beuteln, b) *Tier* (ab)würgen (*Hund etc.*); **2.** quälen, plagen (*a. fig. belästigen*); *fig. j-m* zusetzen: **~ *s.o. into a decision*** j-n so lange quälen, bis er e-e Entscheidung trifft; **~ *s.o. out of s.th.*** a) j-n mühsam von et. abbringen, b) j-n durch unablässiges Quälen um et. bringen; **3.** a) ärgern, b) beunruhigen, quälen, *j-m* Sorgen machen: **~ *o.s.*** → 7; **4. ~ *out*** *Plan etc.* ausknobeln; **II** *v/i.* **5.** zerren, reißen (***at*** an *dat.*); **6.** sich quälen *od.* plagen; **7.** sich beunruhigen, sich Gedanken *od.* Sorgen machen (***about***, ***over*** um, wegen); **8. ~ *along*** sich mühsam *od.* mit knapper Not durchschlagen; **~ *through s.th.*** sich durch et. hindurchquälen; **III** *s.* **9.** Kummer *m*, Besorgnis *f*, Sorge *f*, (innere) Unruhe; **10.** (Ursache *f* von) Ärger *m*, Aufregung *f*; **11.** Quälgeist *m*; **12.** a) Schütteln *n*, Beuteln *n*, b) Abwürgen *n* (*bsd. vom Hund*); '**wor·ry·ing** [-ɪɪŋ] *adj.* □ beunruhigend, quälend.

worse [wɜːs] **I** *adj.* (*comp. von* ***bad***, ***evil***, ***ill***) **1.** schlechter, schlimmer (*beide a.* ⚕), übler, ärger: **~ *and* ~** immer schlechter *od.* schlimmer; ***the* ~** desto schlimmer; ***so much*** (*od.* ***all***) ***the* ~** umso schlimmer; **~ *luck!*** leider!, unglücklicherweise!, umso schlimmer!; ***to make it* ~** (*Redew.*) um das Unglück voll zu machen; → ***wear***[1] 14; ***he is* ~ *than yesterday*** es geht ihm schlechter als gestern; **2.** schlechter gestellt: (***not***) ***to be the* ~ *for*** (keinen) Schaden gelitten haben durch, (nicht) schlechter gestellt sein wegen; ***he is none the* ~** (***for it***) er ist darum nicht übler dran; ***you would be none the* ~ *for a walk*** ein Spaziergang würde dir gar nichts schaden; ***be*** (***none***) ***the* ~ *for drink*** (nicht) betrunken sein; **II** *adv.* **3.** schlechter, schlimmer, ärger: ***none the* ~** nicht schlechter; ***be* ~ *off*** schlechter daran sein; ***you could do* ~ *than ...*** du könntest ruhig ...; **III** *s.* **4.** Schlechtere(s) *n*, Schlimmere(s) *n*: **~ *followed*** Schlimmeres folgte; → ***better***[1] 2; ***from bad to* ~** vom Regen in die Traufe; ***a change for the* ~** e-e Wendung zum Schlechten; '**wors·en** [-sn] **I** *v/t.* **1.** schlechter machen, verschlechtern; **2.** *Unglück etc.* verschlimmern; **3.** *j-n* schlechter stellen; **II** *v/i.* **4.** sich verschlechtern *od.* verschlimmern; '**wors·en·ing** [-snɪŋ] *s.* Verschlechterung *f*, -schlimmerung *f*.

wor·ship ['wɜːʃɪp] **I** *s.* **1.** *eccl.* a) (*a. fig.*) Anbetung *f*, Verehrung *f*, Kult(us) *m*, b) (***public* ~** öffentlicher) Gottesdienst, Ritus *m*: ***place of* ~** Kultstätte *f*, Gotteshaus *n*; ***the* ~ *of wealth*** *fig.* die Anbetung des Reichtums; **2.** (*der*, *die*, *das*) Angebetete; **3. *his*** (***your***) ♀ *bsd. Brit.* Seiner (Euer) Hochwürden (*Anrede, jetzt bsd. für Bürgermeister u. Richter*); **II** *v/t.* **4.** anbeten, verehren, huldigen (*dat.*) (*alle a. fig. vergöttern*); **III** *v/i.* **5.** beten, s-e Andacht verrichten; **wor·ship·er** *Am.* → ***worshipper***; '**wor·ship·ful** [-fʊl] *adj.* □ **1.** verehrend, anbetend (*Blick etc.*); **2.** *obs.* (ehr)würdig, achtbar; **3.** (*in der Anrede*) hochwohllöblich, hochverehrt; '**wor·ship·per** [-pə] *s.* **1.** Anbeter(in), Verehrer(in): **~ *of idols*** Götzendiener *m*; **2.** Beter(in): ***the* ~*s*** die Andächtigen, die Kirchgänger.

worst [wɜːst] **I** *adj.* (*sup. von* ***bad***, ***evil***, ***ill***) schlechtest, schlimmst, übelst, ärgst: ***and, which is* ~** und, was das Schlimmste ist; **II** *adv.* am schlechtesten *od.* übelsten, am schlimmsten *od.* ärgsten; **III** *s. der* (*die*, *das*) Schlechteste *od.* Schlimmste *od.* Ärgste: ***at*** (***the***) **~** schlimmstenfalls; ***be prepared for the* ~** aufs Schlimmste gefasst sein; ***do one's* ~** es so schlecht *od.* schlimm wie möglich machen; ***do your* ~*!*** mach, was du willst!; ***let him do his* ~*!*** soll er nur!; ***get the* ~ *of it*** den Kürzeren ziehen; ***if*** (*od.* ***when***) ***the* ~ *comes to the* ~** wenn es zum Schlimmsten kommt, wenn alle Stricke reißen; ***he was at his* ~** er zeigte sich von seiner schlechtesten Seite, er war in denkbar schlechter Form; ***see s.o.*** (***s.th.***) ***at his*** (***its***) **~** j-n (et.) von der schlechtesten *od.* schwächsten Seite sehen; ***the illness is at its* ~** die Krankheit ist auf ihrem Höhepunkt; ***the* ~ *of it is*** das Schlimmste daran ist; **IV** *v/t.* über'wältigen, schlagen.

worst case *s.* schlimmster (*od.* ungünstigster) Fall; ˌ**~-'case** *adj.*: **~ *scenario*** schlimmster Fall; ***in the* ~ *scenario*** schlimmstenfalls.

wor·sted ['wʊstɪd] ⚙ **I** *s.* **1.** Kammgarn *n*, -wolle *f*; **2.** Kammgarnstoff *m*; **II** *adj.* **3.** wollen, Woll...: **~ *wool*** Kammwolle *f*; **~ *yarn*** Kammgarn *n*; **4.** Kammgarn...

wort[1] [wɜːt] *in Zssgn* ...kraut *n*, ...wurz *f*.

W

wort² [wɜːt] *s.* (Bier)Würze *f*: ***original ~*** Stammwürze.

worth [wɜːθ] **I** *adj.* **1.** (*e-n bestimmten Betrag*) wert (**to** *dat. od.* für): ***he is ~ a million*** er besitzt *od.* verdient e-e Million, er ist e-e Million wert; ***for all you are ~*** F so sehr du kannst, ‚auf Teufel komm raus'; ***my opinion for what it may be ~*** m-e unmaßgebliche Meinung; ***take it for what it is ~!*** *fig.* nimm es für das, was es wirklich ist!; **2.** *fig.* würdig, wert (*gen.*): ***~ doing*** wert getan zu werden; ***~ mentioning*** (***reading***, ***seeing***) erwähnens- (lesens-, sehens-) wert; ***be ~ the trouble***, ***be ~ it*** F sich lohnen, der Mühe wert sein; → ***powder*** 1, ***while*** 1; **II** *s.* **3.** Wert *m* (*a. fig. Bedeutung, Verdienst*): ***of no ~*** wertlos; ***get the ~ of one's money*** für sein Geld et. (Gleichwertiges) bekommen; ***20 pence's ~ of stamps*** Briefmarken im Wert von 20 Pence, für 20 Pence Briefmarken; ***men of ~*** verdiente *od.* verdienstvolle Leute.

wor·thi·ly [ˈwɜːðɪlɪ] *adv.* **1.** nach Verdienst, angemessen; **2.** mit Recht; **3.** würdig; **ˈwor·thi·ness** [-ɪnɪs] *s.* Wert *m*; **worth·less** [ˈwɜːθlɪs] *adj.* ☐ **1.** wertlos; **2.** *fig.* un-, nichtswürdig.

ˌworthˈwhile *adj.* lohnend, der Mühe wert.

wor·thy [ˈwɜːðɪ] **I** *adj.* ☐ → ***worthily***; **1.** würdig, achtbar, angesehen; **2.** würdig, wert (***of*** *gen.*): ***be ~ of*** *e-r Sache* wert *od.* würdig sein, *et.* verdienen; ***he is not ~ of her*** er ist ihrer nicht wert *od.* würdig; ***~ of credit*** a) glaubwürdig, b) ☤ kreditwürdig; ***~ of a better cause*** e-r besseren Sache würdig; **3.** würdig (*Gegner, Nachfolger etc.*), angemessen (*Belohnung*); **4.** *humor.* trefflich, wacker (*Person*); **II** *s.* **5.** große Per'sönlichkeit, Größe *f*, Held(in) (*mst pl.*); **6.** *humor. der* Wackere.

would [wʊd; wəd] **1.** *pret. von* ***will¹*** I: a) wollte(st), wollten: ***he ~ not go*** er wollte durchaus nicht gehen, b) pflegte(st), pflegten zu (*oft unübersetzt*): ***he ~ take a walk every day*** er pflegte täglich e-n Spaziergang zu machen; ***now and then a bird ~ call*** ab u. zu ertönte ein Vogelruf; ***you ~ do that!*** du musstest das natürlich tun!, das sieht dir ähnlich!, c) *fragend*: würdest *du*?, würden *Sie*?: ***~ you pass me the salt, please?***, d) *vermutend*: ***that ~ be 3 dollars*** das wären (dann) 3 Dollar; ***it ~ seem that*** es scheint fast, dass; **2.** *konditional*: würde(st), würden: ***she ~ do it if she could***; ***he ~ have come if ...*** er wäre gekommen, wenn ...; **3.** *pret. von* ***will¹*** II: *ich* wollte *od.* wünschte *od.* möchte: ***I ~ it were otherwise***; ***~ (to) God*** wollte Gott; ***I ~ have you know*** ich muss Ihnen (schon) sagen.

would-be [ˈwʊdbiː] **I** *adj.* **1.** Möchtegern...: ***~ critic*** Kritikaster *m*; ***~ painter*** Farbenkleckser *m*; ***~ poet*** Dichterling *m*; ***~ huntsman*** Sonntagsjäger *m*; ***~ witty*** geistreich sein sollend (*Bemerkung etc.*); **2.** angehend, zukünftig: ***~ author***; ***~ wife***; **II** *s.* **3.** Gernegroß *m*, Möchtegern *m*.

wound¹ [waʊnd] *pret. u. p.p. von* ***wind²*** *u.* ***wind³***.

wound² [wuːnd] **I** *s.* **1.** Wunde *f* (*a. fig.*), Verletzung *f*, -wundung *f*: ***~ of entry*** (***exit***) ⚔ Einschuss *m* (Ausschuss *m*); **2.** *fig.* Verletzung *f*, Kränkung *f*; **II** *v/t.* **3.** verwunden, verletzen (*beide a. fig. kränken*); **ˈwound·ed** [-dɪd] *adj.* verwundet, verletzt (*beide a. fig. gekränkt*): ***~ veteran*** Kriegsversehrte(r) *m*; ***the ~*** die Verwundeten; ***~ vanity*** gekränkte Eitelkeit.

wove [wəʊv] *pret. u. obs. p.p. von* ***weave***; **ˈwo·ven** [-vən] *p.p. von* ***weave***: ***~ goods*** Web-, Wirkwaren.

wove pa·per *s.* ⚙ Ve'linpaˌpier *n.*

wow [waʊ] **I** *int.* Mann!, toll!; **II** *s. bsd. Am. sl.* a) Bombenerfolg *m*, b) ‚tolles Ding', c) ‚toller Kerl', ‚tolle Frau' *etc.*: ***he*** (***it***) ***is a ~*** er (es) ist 'ne Wucht; **III** *v/t. j-n* hinreißen.

wrack¹ [ræk] *s.* **1.** → ***wreck*** 1 *u.* 2; **2.** ***~ and ruin*** Untergang u. Verderben; ***go to ~*** untergehen; **3.** Seetang *m*.

wrack² → ***rack⁴*** I.

wraith [reɪθ] *s.* **1.** Geistererscheinung *f* (*bsd. von gerade Gestorbenen*); **2.** Geist *m*, Gespenst *n*.

wran·gle [ˈræŋgl] **I** *v/i.* (sich) zanken *od.* streiten, sich in den Haaren liegen; **II** *s.* Streit *m*, Zank *m*; **ˈwran·gler** [-lə] *s.* **1.** Zänker(in), streitsüchtige Per'son; **2.** *univ. Brit. Student in Cambridge, der bei der höchsten mathematischen Abschlussprüfung den 1. Grad erhalten hat*; **3.** guter Debattierer; **4.** *Am.* Cowboy *m*.

wrap [ræp] **I** *v/t.* [*irr.*] **1.** wickeln, hüllen; *a. Arme* schlingen (***round*** um *acc.*); **2.** *mst* ***~ up*** (ein)wickeln, (-)packen, (-)hüllen, (-)schlagen (***in*** in *acc.*): ***~ o.s. up*** (***well***) sich warm anziehen; **3.** ***~ up*** F a) *et.* glücklich ‚über die Bühne' bringen, b) abschließen, beenden; ***~ it up*** die Sache (erfolgreich) zu Ende führen; ***that ~s it up*** (***for today***)***!*** das wärs (für heute)!; **4.** *oft* ***~ up*** *fig.* (ein)hüllen, verbergen, *Tadel etc.* (ver)kleiden (***in*** in *acc.*): ***~ped up in mystery*** *fig.* geheimnisvoll, rätselhaft; ***~ped*** (*od.* ***wrapt***) ***in silence*** in Schweigen gehüllt; ***be ~ped up in*** a) völlig in Anspruch genommen sein von (*e-r Arbeit etc.*), ganz aufgehen in (*s-r Arbeit, s-n Kindern etc.*), b) versunken sein in (*acc.*); **5.** *fig.* verwickeln, -stricken (***in*** in *acc.*); **II** *v/i.* [*irr.*] **6.** sich einhüllen: ***~***

up well! zieh dich warm an!; **7.** sich legen *od.* wickeln *od.* schlingen (***round*** um); **8.** sich legen (***over*** um) (*Kleider*); **9. ~ *up!*** *sl.* halts Maul!; **III** *s.* **10.** Hülle *f, bsd.* a) Decke *f*, b) Schal *m*, Pelz *m*, c) 'Umhang *m*, Mantel *m*: ***keep s.th. under ~s*** *fig.* et. geheim halten; **'~·a·round I** *adj.* ⚙ Rundum..., Vollsicht...(*-verglasung*): ***~ windshield*** (*Brit.* ***windscreen***) *mot.* Panoramascheibe *f*; **II** *s.* Wickelbluse *f*, -kleid *n*.

wrap·per ['ræpə] *s.* **1.** (Ein)Packer(in); **2.** Hülle *f*, Decke *f*, 'Überzug *m*, Verpackung *f*; **3.** ('Buch),Umschlag *m*, Schutzhülle *f*; **4.** *a.* ***postal ~*** ✉ Kreuz-, Streifband *n*; **5.** a) Schal *m*, b) 'Überwurf *m*, c) Morgenrock *m*; **6.** Deckblatt *n* (*der Zigarre*); **'wrap·ping** [-pɪŋ] *s.* **1.** *mst pl.* Um'hüllung *f*, Hülle *f*, Verpackung *f*; **2.** Ein-, Verpacken *n*: ***~-paper*** Einwickel-, Packpapier *n*.

wrapt [ræpt] *pret. u. p.p. von* ***wrap***.

wrath [rɒθ] *s.* Zorn *m*, Wut *f*: ***the ~ of God*** der Zorn Gottes; ***he looked like the ~ of god*** F er sah grässlich aus; **'wrath·ful** [-fʊl] *adj.* □ zornig, grimmig, wutentbrannt; **'wrath·y** [-θɪ] *adj.* □ *bsd.* F → ***wrathful***.

wreak [riːk] *v/t.* **1.** *Schäden etc.* anrichten, *Chaos etc.* verursachen, stiften; **2.** *Rache* (aus)üben, *Wut etc.* auslassen ([***up***]***on*** an *dat.*).

wreath [riːθ] *pl.* **wreaths** [-ðz] *s.* **1.** Kranz *m* (*a. fig.*), Gir'lande *f*, (Blumen-)Gewinde *n*; **2.** (*Rauch- etc.*)Ring *m*; **3.** Windung *f* (*e-s Seiles etc.*); **4.** (Schnee-*etc.*)Wehe *f*; **wreathe** [riːð] **I** *v/t.* **1.** winden, wickeln (***round***, ***about*** um); **2.** a) *Kranz etc.* flechten, winden, b) (zu Kränzen) flechten; **3.** um'kränzen, -'geben, -'winden; **4.** bekränzen, schmücken; **5.** kräuseln: ***~d in smiles*** lächelnd; **II** *v/i.* **6.** sich winden *od.* wickeln; **7.** sich ringeln *od.* kräuseln (*Rauchwolke etc.*).

wreck [rek] **I** *s.* **1.** ⚓ a) (Schiffs)Wrack *n*, b) Schiffbruch *m*, Schiffsunglück *n*, c) ⚖ Strandgut *n*; **2.** Wrack *n* (*mot. etc., a. fig. bsd. Person*), Ru'ine *f*, Trümmerhaufen *m* (*a. fig.*): ***nervous ~*** *fig.* Nervenbündel *n*; ***she is the ~ of her former self*** sie ist nur (noch) ein Schatten ihrer selbst; **3.** *pl.* Trümmer *pl.* (*oft fig.*); **4.** *fig.* a) Ru'in *m*, 'Untergang *m*, b) Zerstörung *f*, Vernichtung *f von Hoffnungen etc.*; **II** *v/t.* **5.** *allg.* zertrümmern, -stören, *Schiff* zum Scheitern bringen (*a. fig.*): ***be ~ed*** a) → 8, b) in Trümmer gehen, c) entgleisen (*Zug*); **6.** *fig.* zu'grunde richten, ruinieren, ka'puttmachen, *Gesundheit a.* zerrütten, *Pläne, Hoffnungen etc.* vernichten, zerstören; **7.** ⚓, ⚙ abwracken; **III** *v/i.* **8.** Schiffbruch erleiden, scheitern (*a. fig.*); **9.** verunglücken; **10.** zerstört *od.* vernichtet werden (*mst fig.*); **'wreck·age** [-kɪdʒ] *s.* **1.** Wrack(teile *pl.*) *n*, (Schiffs-, *allg.* Unfall)Trümmer *pl.*; **2.** *fig.* Strandgut *n* (des Lebens); **3.** → ***wreck*** 4; **wrecked** [-kt] *adj.* **1.** gestrandet, gescheitert (*a. fig.*); **2.** schiffbrüchig (*Person*); **3.** zertrümmert, zerstört, vernichtet (*alle a. fig.*); zerrüttet (*Gesundheit etc.*): ***~ car*** Schrottauto *n*; **'wreck·er** [-kə] *s.* **1.** Strandräuber *m*; **2.** Sabo'teur *m*, Zerstörer *m* (*beide a. fig.*); **3.** ⚓ a) Bergungsschiff *n*, b) Bergungsarbeiter *m*; **4.** ⚙ Abbrucharbeiter *m*; **5.** *mot. Am.* Abschleppwagen *m*; **'wreck·ing** [-kɪŋ] *adj.* **1.** *Am.* Bergungs...: ***~ crew***; ***~ service*** (***truck***) *mot.* Abschleppdienst *m* (-wagen *m*); **2.** *Am.* Abbruch...: ***~ company*** Abbruchfirma *f*.

wren [ren] *s. orn.* Zaunkönig *m*.

Wren [ren] *s.* ⚔ *Brit.* F Angehörige *f* des ***Women's Royal Naval Service***, Ma'rinehelferin *f*.

wrench [rentʃ] **I** *s.* **1.** (drehender *od.* heftiger) Ruck, heftige Drehung; **2.** ⚕ Verzerrung *f*, -renkung *f*, -stauchung *f*: ***give a ~ to*** → 7; **3.** *fig.* Verdrehung *f*, -zerrung *f*; **4.** *fig.* (Trennungs)Schmerz *m*: ***it was a great ~*** der Abschied tat sehr weh; **5.** ⚙ Schraubenschlüssel *m*; **II** *v/t.* **6.** (mit e-m Ruck) reißen, zerren, ziehen: ***~ s.th.*** (***away***) ***from s.o.*** j-m et. entwinden *od.* -reißen (*a. fig.*); ***~ open*** *Tür etc.* aufreißen; **7.** ⚕ verrenken, verstauchen; **8.** verdrehen, verzerren (*a. fig. entstellen*).

wrest [rest] **I** *v/t.* **1.** (gewaltsam) reißen: ***~ from*** *j-m et.* entreißen, -winden, *fig. a.* abringen; **2.** *fig. Sinn*, *Gesetz etc.* verdrehen; **II** *s.* **3.** Ruck *m*, Reißen *n*; **4.** ♪ Stimmhammer *m*.

wres·tle ['resl] **I** *v/i.* **1.** *a. sport* ringen (*a. fig.* ***for*** um, ***with God*** mit Gott); **2.** *fig.* sich abmühen, kämpfen (***with*** mit); **II** *v/t.* **3.** ringen *od.* kämpfen mit; **III** *s.* **4.** → ***wrestling*** I; **5.** *fig.* Ringen *n*, schwerer Kampf; **'wres·tler** [-lə] *s.* *sport* Ringer *m*, Ringkämpfer *m*; **'wres·tling** [-lɪŋ] **I** *s. bsd. sport u. fig.* Ringen *n*; **II** *adj.* Ring...: ***~ match*** Ringkampf *m*.

wretch [retʃ] **1.** *a.* ***poor ~*** armes Wesen, armer Kerl *od.* Teufel (*a. iro.*); **2.** Schuft *m*; **3.** *iro.* Wicht *m*, ‚Tropf' *m*; **wretch·ed** ['retʃɪd] *adj.* □ **1.** elend, unglücklich, *a.* deprimiert (*Person*); **2.** erbärmlich, mise'rabel, schlecht, dürftig; **3.** scheußlich, ekelhaft, unangenehm; **4.** *gesundheitlich* elend: ***feel ~*** sich elend *od.* schlecht fühlen; **wretch·ed·ness** ['retʃɪdnɪs] *s.* **1.** Elend *n*, Unglück *n*; **2.** Erbärmlichkeit *f*, Gemeinheit *f*.

wrig·gle ['rɪgl] **I** *v/i.* **1.** sich winden (*a. fig. verlegen od. listig*), sich schlängeln,

W

zappeln: ~ ***along*** sich dahinschlängeln; ~ ***out*** sich herauswinden (***of s.th.*** aus e-r Sache) (*a. fig.*); **II** *v/t.* **2.** wackeln *od.* zappeln mit; mit *den Hüften* schaukeln; **3.** schlängeln, winden, ringeln: ~ ***o.s.*** (***along***, ***through***) sich (entlang-, hindurch)winden; ~ ***o.s. into*** *fig.* sich einschleichen in (*acc.*); ~ ***o.s. out of*** sich herauswinden aus; **III** *s.* **4.** Windung *f*, Krümmung *f*; **5.** schlängelnde Bewegung, Schlängeln *n*, Ringeln *n*, Wackeln *n*; **'wrig·gler** [-lə] *s.* **1.** Ringeltier *n*, Wurm *m*; **2.** *fig.* aalglatter Kerl.

wright [raɪt] *s. in Zssgn* ...verfertiger *m*, ...macher *m*, ...bauer *m*.

wring [rɪŋ] **I** *v/t.* [*irr.*] **1.** ~ ***out*** *Wäsche etc.* (aus)wringen, auswinden; **2.** a) *e-m Tier den Hals* abdrehen, b) *j-m den Hals* 'umdrehen: ***I'll ~ your neck***; **3.** verdrehen, -zerren (*a. fig.*); **4.** a) *Hände* (*verzweifelt*) ringen, b) *j-m die Hand* (kräftig) drücken, pressen; **5.** *j-n* drücken (*Schuh etc.*); **6.** ~ ***s.o.'s heart*** *fig.* j-m sehr zu Herzen gehen, j-m ans Herz greifen; **7.** abringen, entreißen, -winden (***from s.o.*** j-m): ~ ***admiration from*** *j-m* Bewunderung abnötigen; **8.** *fig. Geld, Zustimmung* erpressen (***from***, ***out of*** von); **II** *s.* **9.** Wringen *n*, (Aus)Winden *n*; Pressen *n*, Druck *m*: ***give s.th. a ~*** → 1 *u.* 4b; **wring·er** ['rɪŋə] *s.* 'Wringma,schine *f*: ***go through the ~*** F ‚durch den Wolf gedreht werden'; **wring·ing** ['rɪŋɪŋ] *adj.* **1.** Wring...: ~ ***machine*** → ***wringer***; **2.** *a.* ~ ***wet*** F klatschnass.

wrin·kle¹ ['rɪŋkl] **I** *s.* **1.** Runzel *f*, Falte *f* (*im Gesicht*); *a.* Kniff *m* (*in Papier etc.*); **2.** Unebenheit *f*, Vertiefung *f*, Furche *f*; **II** *v/t.* **3.** *oft* ~ ***up*** a) *Stirn, Augenbrauen* runzeln, b) *Nase* rümpfen; **4.** *Stoff, Papier etc.* falten, kniffen, zerknittern; **III** *v/i.* **5.** Falten werfen, Runzeln bekommen, sich runzeln, runz(e)lig werden, knittern.

wrin·kle² ['rɪŋkl] *s.* F **1.** Kniff *m*, Trick *m*; **2.** Wink *m*, Tipp *m*; **3.** Neuheit *f*; **4.** Fehler *m*.

wrin·kly ['rɪŋklɪ] **I** *adj.* **1.** faltig, runz(e)lig (*Gesicht etc.*); **2.** leicht knitternd (*Stoff*); **3.** gekräuselt; **II** *s.* **4.** *Brit. sl.* ‚Grufti' *m*.

wrist [rɪst] *s.* **1.** Handgelenk *n*; **2.** ⚙ → ***wrist pin***; **'~·band** [-stb-] *s.* **1.** Bündchen *n*, ('Hemd)Man,schette *f*; **2.** Armband *n*; **'~·drop** *s.* ⚕ Handgelenkslähmung *f*.

wrist·let ['rɪstlɪt] *s.* **1.** Pulswärmer *m*; **2.** Armband *n*: ~ ***watch*** → ***wristwatch***; **3.** *sport* Schweißband *n*; **4.** *humor. od. sl.* Handschelle *f*.

wrist| pin *s.* ⚙ Zapfen *m*, *bsd.* Kolbenbolzen *m*; **'~·watch** *s.* Armbanduhr *f*.

writ [rɪt] *s.* **1.** ⚖ a) behördlicher Erlass, b) gerichtlicher Befehl, c) *a.* ~ ***of summons*** (Vor)Ladung *f*: ~ ***of attachment*** a) Haftbefehl *m*, b) *dinglicher* Arrest(befehl); ~ ***of execution*** Vollstreckungsbefehl *m*; ***take out a ~ against s.o.***, ***serve a ~ on s.o.*** j-n vorladen (lassen); **2.** ⚖ *hist. Brit.* Urkunde *f*; **3.** *pol. Brit.* Wahlausschreibung *f* für das Parla'ment; **4.** ***Holy*** (*od.* ***Sacred***) ♀ *die* Heilige Schrift.

write [raɪt] [*irr.*] **I** *v/t.* **1.** *et.* schreiben: ***writ(ten) large*** *fig.* deutlich, leicht erkennbar; **2.** (auf-, nieder)schreiben, schriftlich niederlegen, notieren, aufzeichnen: ***it is written that*** es steht geschrieben, dass; ***it is written on*** (*od.* ***all over***) ***his face*** es steht ihm im Gesicht geschrieben; **3.** *Scheck etc.* ausschreiben, -füllen; **4.** *Papier etc.* voll schreiben; **5.** *j-m et.* schreiben, schriftlich mitteilen: ~ ***s.o. s.th.***; **6.** *Buch etc.* verfassen, *a. Musik* schreiben: ~ ***poetry*** dichten, Gedichte schreiben; **7.** ⚙ *e-e CD* brennen (*im CD-Brenner*); **8.** ~ ***o.s.*** sich bezeichnen als; **II** *v/i.* **9.** schreiben; **10.** schreiben, schriftstellern; **11.** schreiben, schriftliche Mitteilung machen: ***it's nothing to ~ home about*** *fig.* das ist nichts Besonderes, darauf brauchst du dir (braucht er sich *etc.*) nichts einzubilden; ~ ***to ask*** schriftlich anfragen; ~ ***for s.th.*** et. anfordern, sich et. kommen lassen;

Zssgn mit adv.:

write| down *v/t.* **1.** → ***write*** 2; **2.** *fig.* a) (schriftlich) her'absetzen, herziehen über (*acc.*), b) nennen, bezeichnen *od.* hinstellen als; **3.** ✝ abschreiben; ~ **in** *v/t.* einfügen, -tragen; ~ **off** *v/t.* **1.** (schnell) her'unterschreiben, ‚hinhauen'; **2.** ✝ (vollständig) abschreiben (*a. fig.*); ~ **out** *v/t.* **1.** *Namen etc.* ausschreiben; **2.** abschreiben: ~ ***fair*** ins Reine schreiben; **3.** ***write o.s. out*** sich ausschreiben (*Autor*); ~ **up** *v/t.* **1.** ausführlich darstellen *od.* beschreiben; **2.** *ergänzend* nachtragen, *Text* weiterführen; **3.** loben(d erwähnen), her'ausstreichen, anpreisen; **4.** ✝ e-n zu hohen Buchwert angeben für.

'write|-down *s.* ✝ Abschreibung *f*: **'~-off** *s.* a) ✝ (gänzliche) Abschreibung, b) *mot.* F To'talschaden: ***it's a ~*** F das können wir abschreiben.

writ·er ['raɪtə] *s.* **1.** Schreiber(in): ***~'s cramp*** (*od.* ***palsy***) Schreibkrampf *m*; **2.** Schriftsteller(in), Verfasser(in), Autor *m*, Au'torin *f*: ***the ~*** der Verfasser (= *ich*); ~ ***for the press*** Journalist(in); **3.** ~ ***to the signet*** *Scot.* No'tar *m*, Rechtsanwalt *m*; **'writ·er·ship** [-ʃɪp] *s.* *Brit.* Schreiberstelle *f*.

'write-up *s.* **1.** lobender Pressebericht *od.* Ar'tikel; **2.** ✝ zu hohe Buchwertangabe.

writhe [raɪð] *v/i.* **1.** sich krümmen, sich winden (***with*** vor *dat.*); **2.** *fig.* sich winden, leiden (***under***, ***at*** unter *e-r Kränkung etc.*).

writ·ing ['raɪtɪŋ] **I** *s.* **1.** Schreiben *n* (*Tätigkeit*); **2.** Schriftstelle'rei *f*; **3.** schriftliche Ausfertigung *od.* Abfassung; **4.** Schreiben *n*, Schriftstück *n*, *et.* Geschriebenes, *a.* Urkunde *f*: ***in ~*** schriftlich; ***the ~ on the wall*** *fig.* die Schrift an der Wand, das Menetekel; **5.** Schrift *f*, *literarisches* Werk; Aufsatz *m*, Ar'tikel *m*; **6.** Brief *m*; **7.** Inschrift *f*; **8.** Schreibweise *f*, Stil *m*; **9.** (Hand)Schrift *f*; **II** *adj.* **10.** schreibend, *bsd.* schriftstellernd: ***~ man*** Schriftsteller *m*; **11.** Schreib...; **~ book** *s.* Schreibheft *n*; **~ case** *s.* Schreibmappe *f*; **~ desk** *s.* Schreibtisch *m*; **~ pad** *s.* 'Schreib,unterlage *f*, -block *m*; **~ pa·per** *s.* 'Schreib-, 'Briefpa,pier *n*; **~ ta·ble** *s.* Schreibtisch *m.*

writ·ten ['rɪtn] **I** *p.p. von* ***write***; **II** *adj.* **1.** schriftlich: ***~ examination***; ***~ evidence*** ⚖ Urkundenbeweis *m*; ***~ language*** Schriftsprache *f*; **2.** geschrieben: ***~ law***; ***~ question*** *parl.* kleine Anfrage.

wrong [rɒŋ] **I** *adj.* ☐ → ***wrongly***; **1.** falsch, unrichtig, verkehrt, irrig: ***be ~*** *a.* a) Unrecht haben, sich irren (*Person*), b) falsch gehen (*Uhr*); ***you are ~ in believing*** du irrst dich, wenn du glaubst; ***prove s.o. ~*** beweisen, dass j-d im Irrtum ist; **2.** verkehrt, falsch: ***bring the ~ book***; ***do the ~ thing*** das Falsche tun, es verkehrt machen; ***get hold of the ~ end of the stick*** *fig.* es völlig missverstehen, es verkehrt ansehen; ***the ~ side*** die verkehrte *od.* falsche (*von Stoff*: linke) Seite; (***the***) ***~ side out*** das Innere nach außen (gekehrt) (*Kleidungsstück etc.*); ***be on the ~ side of 40*** über 40 (Jahre alt) sein; ***he will laugh on the ~ side of his mouth*** das Lachen wird ihm schon vergehen; ***have got out of bed*** (***on***) ***the ~ side*** F mit dem linken Bein zuerst aufgestanden sein; → ***blanket*** 1; **3.** nicht in Ordnung: ***s.th. is ~ with it*** es stimmt et. daran nicht; ***what is ~ with you?*** was ist los mit dir?, was hast du?; ***what's ~ with ...?*** a) was gibt es auszusetzen an (*dat.*)?, b) F wie wärs mit...?; **4.** unrecht: ***it is ~ of you to laugh***; **II** *adv.* **5.** falsch, unrichtig, verkehrt: ***get it ~*** es ganz falsch verstehen; ***go ~*** a) nicht richtig funktionieren *od.* gehen (*Uhr etc.*), b) schief gehen (*Vorhaben etc.*), c) auf Abwege *od.* die schiefe Bahn geraten (*bsd. Frau*), d) fehlgehen; ***where did we go ~?*** was haben wir falsch gemacht?; ***get in ~ with s.o.*** *Am.* F es mit j-m verderben; ***get s.o. in ~*** *Am.* F j-n in Misskredit bringen (***with*** bei); ***take s.th. ~*** et. übel nehmen; **III** *s.* **6.** Unrecht *n*: ***do s.o. ~*** j-m ein Unrecht zufügen; **7.** Irrtum *m*, Unrecht *n*: ***be in the ~*** Unrecht haben; ***put s.o. in the ~*** j-n ins Unrecht setzen; **8.** Kränkung *f*, Beleidigung *f*; **9.** ⚖ Rechtsverletzung *f*: ***private ~*** Privatdelikt *n*; ***public ~*** öffentliches Delikt; **IV** *v/t.* **10.** *j-m* Unrecht tun (*a. in Gedanken etc.*), *j-n* ungerecht behandeln: ***I am ~ed*** mir geschieht Unrecht; **11.** *j-m* schaden, Schaden zufügen, *j-n* benachteiligen; **,~'do·er** *s.* Übel-, Missetäter(in), Sünder(in); **,~'do·ing** *s.* **1.** Missetat *f*, Sünde *f*; **2.** Vergehen *n*, Verbrechen *n*.

wrong·ful ['rɒŋfʊl] *adj.* ☐ **1.** ungerecht; **2.** beleidigend, kränkend; **3.** ⚖ unrechtmäßig, 'widerrechtlich, ungesetzlich.

,wrong'head·ed *adj.* ☐ **1.** querköpfig, verbohrt (*Person*); **2.** verschroben, verdreht, hirnverbrannt.

wrong·ly ['rɒŋlɪ] *adv.* **1.** → ***wrong*** II; **2.** ungerechterweise, zu *od.* mit Unrecht; **3.** irrtümlicher-, fälschlicherweise;

wrong·ness ['rɒŋnɪs] *s.* **1.** Unrichtigkeit *f*, Verkehrtheit *f*, Fehlerhaftigkeit *f*; **2.** Unrechtmäßigkeit *f*; **3.** Ungerechtigkeit *f*.

wrote [rəʊt] *pret. u. obs. p.p. von* ***write***.

wroth [rəʊθ] *adj.* zornig, erzürnt.

wrought [rɔːt] **I** *pret. u. p.p. von* ***work***; **II** *adj.* **1.** be-, ge-, verarbeitet: ***~ goods*** Fertigwaren; **2.** a) gehämmert, geschmiedet, b) schmiedeeisern; **3.** gewirkt; **~ i·ron** *s.* Schmiedeeisen *n*; **,~-'i·ron** *adj.* schmiedeeisern; **~ steel** *s.* Schmiede-, Schweißstahl *m*; **,~-'up** *adj.* aufgebracht, erregt.

wrung [rʌŋ] *pret. u. p.p. von* ***wring***.

wry [raɪ] *adj.* ☐ **1.** schief, krumm, verzerrt: ***make*** (*od.* ***pull***) ***a ~ face*** e-e Grimasse schneiden; **2.** *fig.* a) verschroben: ***~ notion***, b) gequält: ***~ smile***, c) sar'kastisch: ***~ humo(u)r***; **'~-mouthed** *adj.* **1.** schiefmäulig; **2.** *fig.* a) wenig schmeichelhaft, b) sar'kastisch; **'~·neck** *s. orn.* Wendehals *m*.

X

X, x [eks] **I** *pl.* **X's, x's, Xs, xs** ['eksız] *s.* **1.** X *n*, x *n* (*Buchstabe*); **2.** ⚘ a) x *n* (*1. unbekannte Größe od. abhängige Variable*), b) x-Achse *f*, Ab'szisse *f* (*im Koordinatensystem*); **3.** *fig.* X *n*, unbekannte Größe; **4.** → 6; **II** *adj.* **5.** X-..., x-förmig; **6.** ~ ***film*** nicht jugendfreier Film (*ab 18*).

Xan·thip·pe [zæn'θıpı] *s. fig.* Xan'thippe *f*, Hausdrachen *m.*

xe·nog·a·my [ziː'nɒgəmı] *s.* ⚘ Fremdbestäubung *f.*

xen·o·pho·bi·a [ˌzenə'fəʊbjə] *s.* Xenopho'bie *f*, Fremden- *od.* Ausländerfeindlichkeit *f*; **ˌxen·o'pho·bic** [-bık] *adj.* xeno'phob, fremden- *od.* ausländerfeindlich.

xe·ra·si·a [zı'reızıə] *s.* ⚕ Trockenheit *f* des Haares.

xe·ro·phyte ['zıərəʊfaıt] *s.* ⚘ Trockenheitspflanze *f.*

xiph·oid ['zıfɔıd] *adj. anat.* **1.** schwertförmig; **2.** Schwertfortsatz...: ~ ***appendage***, ~ ***process*** Schwertfortsatz *m.*

Xmas ['krısməs] F *für* ***Christmas***.

X-ray [ˌeks'reı] **I** *s.* ⚕, *phys.* **1.** X-Strahl *m*, Röntgenstrahl *m*; **2.** Röntgenaufnahme *f*, -bild *n*; **II** *v/t.* **3.** röntgen: a) ein Röntgenbild machen von, b) durch'leuchten; **4.** bestrahlen; **III** *adj.* **5.** Röntgen...

xy·lene ['zaıliːn] *s.* ⚗ Xy'lol *n.*

xy·lo·graph ['zaıləgrɑːf] *s.* Holzschnitt *m*; **xy·log·ra·pher** [zaı'lɒgrəfə] *s.* Holzschneider *m*; **xy·lo·graph·ic** [ˌzaılə'græfık] *adj.* Holzschnitt...; **xy·log·ra·phy** [zaı'lɒgrəfı] *s.* Xylogra'phie *f*, Holzschneidekunst *f.*

xy·lo·phone ['zaıləfəʊn] *s.* ♪ Xylo'phon *n.*

xy·lose ['zaıləʊs] *s.* ⚗ Xy'lose *f*, Holzzucker *m.*

Y

Y, y [waɪ] **I** *pl.* **Y's, y's, Ys, ys** [waɪz] *s.* **1.** Y *n*, y *n*, Ypsilon *n* (*Buchstabe*); **2.** ⩚ a) y *n* (*2. unbekannte Größe od. abhängige Variable*), b) y-Achse *f*, Ordi'nate *f* (*im Koordinatensystem*); **II** *adj.* **3.** Y-..., y-förmig, gabelförmig.

y- [ɪ] *obs. Präfix zur Bildung des p.p., entsprechend dem deutschen* ge-.

yacht [jɒt] ⚓ **I** *s.* **1.** (Segel-, Motor-) Jacht *f*: **~ club** Jachtklub *m*; **2.** (Renn-) Segler *m*; **II** *v/i.* **3.** auf e-r Jacht fahren; **4.** (sport)segeln; **yacht·er** ['jɒtə] → ***yachtsman***; **yacht·ing** ['jɒtɪŋ] **I** *s.* **1.** Jacht-, Segelsport *m*; **2.** (Sport)Segeln *n*; **II** *adj.* **3.** Segel..., Jacht...

yachts·man ['jɒtsmən] *s.* [*irr.*] **1.** Jachtfahrer *m*; **2.** (Sport)Segler *m*; **'yachts·man·ship** [-ʃɪp] *s.* Segelkunst *f*.

yah [jɑː] *int.* a) puh!, b) ätsch!

ya·hoo [jə'huː] *s.* **1.** bru'taler Kerl; **2.** Saukerl *m*.

yak[1] [jæk] *v/i.* F quasseln.

yak[2] [jæk] *s.* Yak *m*, Grunzochs *m*.

yank [jæŋk] F **I** *v/t.* (mit e-m Ruck heraus)ziehen, (*hoch- etc.*)reißen; **II** *v/i.* reißen, heftig ziehen; **III** *s.* (heftiger) Ruck.

Yank [jæŋk] F *für* ***Yankee***.

Yan·kee ['jæŋkɪ] *s.* Yankee *m* (*Spitzname*): a) Neu'engländer(in), b) Nordstaatler(in) (*der USA*), c) (*allg., von Nichtamerikanern gebraucht*) ('Nord-) Ameri,kaner(in): **~ *Doodle*** *amer. Volkslied.*

yap [jæp] **I** *s.* **1.** Kläffen *n*, Gekläff *n*; **2.** F a) Gequassel *n*, b) ‚Schnauze' *f* (*Mund*); **II** *v/i.* **3.** kläffen; **4.** F a) quasseln, b) ‚meckern'.

yard[1] [jɑːd] *s.* **1.** Yard *n* (= *0,914 m*); **2.** → ***yardstick*** 1: ***by the* ~** yardweise; **~ *goods*** Kurzwaren; **3.** ⚓ Rah(e) *f*.

yard[2] [jɑːd] *s.* **1.** Hof(raum) *m*; **2.** Arbeits-, Bau-, Stapel)Platz *m*; **3.** 🚂 *Brit.* Rangier-, Verschiebebahnhof *m*; **4. *the* ~** → ***Scotland Yard***; **5.** ⚘ Hof *m*, Gehege *n*: ***poultry* ~**; **6.** *Am.* Winterweideplatz *m* (*für Elche u. Rotwild*).

yard·age ['jɑːdɪdʒ] *s.* in Yards angegebene Zahl *od.* Länge, Yards *pl.*

'yard·man [-mən] *s.* [*irr.*] **1.** 🚂 Rangier-, Bahnhofsarbeiter *m*; **2.** ⚓ Werftarbeiter *m*; **3.** ⚘ Stall-, Viehhofarbeiter *m*; **~ mas·ter** *s.* 🚂 Rangiermeister *m*; **'~·stick** *s.* **1.** Yard-, Maßstock *m*; **2.** *fig.* Maßstab *m*.

yarn [jɑːn] **I** *s.* **1.** Garn *n*; **2.** ⚓ Kabelgarn *n*; **3.** F abenteuerliche (*a. weitS. erlogene*) Geschichte, (Seemanns)Garn *n*: ***spin a* ~** e-e Abenteuergeschichte erzählen, ein (Seemanns)Garn spinnen; **II** *v/i.* **4.** F (Geschichten) erzählen, ein Garn spinnen, (mitein'ander) klönen.

yar·row ['jærəʊ] *s.* ⚘ Schafgarbe *f*.

yaw [jɔː] *v/i.* **1.** ⚓ gieren (*vom Kurs abkommen*); **2.** ✈ (*um Hochachse*) gieren, scheren; **3.** *fig.* schwanken.

yawl [jɔːl] *s.* ⚓ **1.** Segeljolle *f*; **2.** Be'sankutter *m*.

yawn [jɔːn] **I** *v/i.* **1.** gähnen (*a. fig. Abgrund etc.*); **2.** *fig.* a) sich weit u. tief auftun, b) weit offen stehen; **II** *v/t.* **3.** gähnen(d sagen); **III** *s.* **4.** Gähnen *n*; **'yawn·ing** [-nɪŋ] *adj.* ☐ gähnend (*a. fig.*).

y·clept [ɪ'klept] *adj. obs. od. humor.* genannt, namens.

ye[1] [jiː] *pron. obs. od. bibl. od. humor.* **1.** ihr, Ihr; **2.** euch, Euch, dir, Dir; **3.** du, Du; **4.** F *für* ***you***: ***how d'ye do?***

ye[2] [jiː] *archaisierend für* ***the***.

yea [jeɪ] **I** *adv.* **1.** ja; **2.** für'wahr, wahr'haftig; **3.** *obs.* ja so'gar; **II** *s.* **4.** Ja *n*; **5.** *parl. etc.* Ja(stimme *f*) *n*: **~*s and nays*** Stimmen für u. wider; ***the* ~*s have it!*** der Antrag ist angenommen!

yeah [jeə] *adv.* F ja, klar: **~?** so?, na, na!

yean [jiːn] *zo.* **I** *v/t.* werfen (*Lamm, Zicklein*); **II** *v/i.* a) lammen (*Schaf*), b) zickeln (*Ziege*); **'yean·ling** [-lɪŋ] *s.* a) Lamm *n*, b) Zicklein *n*.

Y2K ist ein in der Presse häufig verwendetes Kürzel für **Year 2000** („Jahr 2000"). Es setzt sich aus dem Anfangsbuchstaben von **year** (**Y**), der Ziffer **2** und der Abkürzung von **kilo** (**K**) (= tausend) zusammen.

year [jɜː] *s.* **1.** Jahr *n*: **~ *of grace*** Jahr des Heils; ***for* ~*s*** jahrelang, seit Jahren, auf Jahre hinaus; **~ *in*, ~ *out*** jahrein, jahraus; **~ *by* ~, *from* ~ *to* ~, ~ *after* ~** Jahr für Jahr; ***in the* ~ *one*** *humor.* vor undenklichen Zeiten; ***take ~s off s.o.*** j-n um Jahre jünger machen; **2.** *pl.* Alter *n*: ***~s of discretion*** gesetztes *od.* vernünftiges Alter; ***well on in ~s*** hochbetagt; ***be getting on in ~s*** in die Jahre kommen; ***he bears his ~s well*** er ist für sein Alter noch recht rüstig; **3.** *ped. univ.* Jahrgang *m*; **'~·book** *s.* Jahrbuch *n.*

year·ling ['jɜːlɪŋ] **I** *s.* **1.** Jährling *m*: a) einjähriges Tier, b) einjährige Pflanze; **2.** *Pferdesport*: Einjährige(s) *n*; **II** *adj.* **3.** einjährig.

'year·long *adj.* einjährig.

year·ly ['jɜːlɪ] **I** *adj.* jährlich, Jahres...; **II** *adv.* jährlich, jedes Jahr (einmal).

yearn [jɜːn] *v/i.* **1.** sich sehnen, Sehnsucht haben (***for***, ***after*** nach, ***to do*** danach, zu tun); **2.** (*bsd.* Mitleid, Zuneigung) empfinden (***to***[***wards***] für, mit); **'yearn·ing** [-nɪŋ] **I** *s.* Sehnsucht *f*, Sehnen *n*, Verlangen *n*; **II** *adj.* ☐ sehnsüchtig, sehnend, verlangend.

year 2000| com·pat·i·bil·i·ty [ˌjɪətuː-'θaʊznd] *s.* Jahr-2000-Kompatibilität *f*, -tauglichkeit *f*; **~ com·pat·i·ble** *adj.* Jahr-2000-kompatibel, -tauglich; **~ com·pli·ance** Jahr-2000-Fähigkeit *f*; **~ com·pli·ant** *adj.* Jahr-2000-fähig, -tauglich; **~ con·form·i·ty** *s.* Jahr-2000--Fähigkeit *f*, -Tauglichkeit *f*; **~ con·ver·sion** *s.* Jahr-2000-'Umstellung *f*; **~ sur·viv·al plan·ning** *s.* Über'lebensplanung *f* für das Jahr 2000.

yeast [jiːst] **I** *s.* **1.** (Bier-, Back)Hefe *f*; **2.** Gischt *f*, Schaum *m*; **3.** *fig.* Triebkraft *f*; **II** *v/i.* **4.** gären; **~ pow·der** *s.* Backpulver *n.*

yeast·y ['jiːstɪ] *adj.* **1.** heftig; **2.** gärend; **3.** schäumend; **4.** *fig. contp.* leer, hohl; **5.** *fig.* a) unstet, b) 'überschäumend.

yegg(·man) ['jeg(mən)] *s.* [*irr.*] *Am. sl.* ‚Schränker' *m*, Geldschrankknacker *m.*

yell [jel] **I** *v/i.* **1.** schreien, brüllen (***with*** vor *dat.*); **II** *v/t.* **2.** gellen(d ausstoßen), schreien; **III** *s.* **3.** gellender (Auf-)Schrei; **4.** *Am. univ.* (rhythmischer) Anfeuerungs- *od.* Schlachtruf.

yel·low ['jeləʊ] **I** *adj.* **1.** gelb (*a. Rasse*): ***~-haired*** flachshaarig; ***the ~ peril*** die gelbe Gefahr; **2.** *fig.* a) *obs.* neidisch, missgünstig, b) F feig: ***~ streak*** feiger Zug; **3.** sensati'onslüstern; → ***yellow paper***, ***yellow press***; **II** *s.* **4.** Gelb *n*: ***at ~*** *Am.* bei (*od.* auf) Gelb (*Verkehrsampel*); **5.** Eigelb *n*; **6.** ⚘, ⚕ *od. vet.* Gelbsucht *f*; **III** *v/t.* **7.** gelb färben; **IV** *v/i.* **8.** sich gelb färben, vergilben; **~ card** *s.*: ***be shown the ~*** *Fußball*: die gelbe Karte (gezeigt) bekommen; **~ dog I** *s.* **1.** Köter *m*, ‚Prome'nadenmischung' *f*; **2.** *fig.* gemeiner *od.* feiger Kerl; **II** *adj.* **3.** a) hundsgemein, b) feig; **4.** *Am.* gewerkschaftsfeindlich; **~ earth** *s. min.* **1.** Gelberde *f*; **2.** → ***yellow ochre***; **~ fe·ver** *s.* ⚕ Gelbfieber *n*; **'~ˌham·mer** *s. orn.* Goldammer *f.*

yel·low·ish ['jeləʊɪʃ] *adj.* gelblich.

yel·low| jack *s.* **1.** ⚕ Gelbfieber *n*; **2.** ⚓ Quaran'täneflagge *f*; **~ met·al** *s.* 'Muntzmeˌtall *n*; **~ o·chre** (*Am.* **o·cher**) *s. min.* gelber Ocker, Gelberde *f*; **~ pag·es** *s. pl. teleph.* (*die*) gelben Seiten, Branchenverzeichnis *n*; **~ paper** *s.* Sensati'ons-, Re'volverblatt *n*; **~ press** *s.* Sensati'ons-, Boule'vardpresse *f*; **~ soap** *s.* Schmierseife *f.*

yelp [jelp] **I** *v/i.* **1.** a) (auf)jaulen, b) aufschreien; **2.** (*a. v/t.*) kreischen; **II** *s.* **3.** a) (Auf)Jaulen *n*, b) Aufschrei *m.*

yen¹ [jen] *s.* Yen *m* (*japanische Münzeinheit*).

yen² [jen] F *für* ***yearning*** I.

yeo·man ['jəʊmən] *s.* [*irr.*] **1.** *Brit. hist.* a) Freisasse *m*, b) ⚔ berittener Mi'lizsolˌdat: ***~ service*** *fig.* treue Dienste *pl.*; **2.** *a.* ***ℒ of the Guard*** 'Leibgarˌdist *m*; **3.** ⚓ Ver'waltungsˌunteroffiˌzier *m*; **'yeo·man·ry** [-rɪ] *s. coll. hist.* **1.** Freisassen *pl.*; **2.** ⚔ berittene Mi'liz.

yep [jep] *adv.* F ja.

yes [jes] **I** *adv.* **1.** ja, ja'wohl: ***say ~*** (***to***) a) Ja sagen (zu), (*e-e Sache*) bejahen (*beide a. fig.*), b) einwilligen (in *acc.*); **2.** ja, gewiss, aller'dings; **3.** (ja) doch; **4.** ja so'gar; **5.** *fragend od. anzweifelnd*: ja?, wirklich?; **II** *s.* **6.** Ja *n*; **7.** *fig.* Ja(-wort) *n*; **8.** *parl.* Ja(stimme *f*) *n*; **~ man** *s.* [*irr.*] F Jasager *m.*

yes·ter ['jestə] *adj.* **1.** *obs. od. poet.* gestrig; **2.** *in Zssgn* → ***yesterday*** 2; **'~·day** [-dɪ] **I** *adv.* **1.** gestern: ***I was not born ~*** *fig.* ich bin (doch) nicht von gestern; **II** *adj.* **2.** gestrig, vergangen, letzt: ***~ morning*** gestern früh; **III** *s.* **3.** der gestrige Tag: ***the day before ~*** vorgestern; ***~'s paper*** die gestrige Zeitung; ***of ~*** von gestern; ***~s*** vergangene Tage *od.* Zeiten; **4.** *fig. das* Gestern; **ˌ~-'year** *adv. u. s. obs. od. poet.* voriges Jahr.

yet [jet] **I** *adv.* **1.** (immer) noch, jetzt noch: ***not ~*** noch nicht; ***nothing ~*** noch nichts; ***~ a moment*** (nur) noch einen Augenblick; **2.** schon (jetzt), jetzt: (***as***) ***~*** bis jetzt, bisher; ***have you finished ~?*** bist du schon fertig?; ***not just ~*** nicht gerade jetzt; **3.** (doch) noch, schon (noch): ***he will win ~***; **4.** noch, so'gar (*beim Komparativ*): ***~ better*** noch besser; ***~ more important*** sogar noch wichtiger; **5.** noch (da'zu), außerdem: ***another and ~ another*** noch einer u. noch einer dazu; ***~ again*** immer wieder; ***nor ~*** (und) auch nicht; **6.** dennoch, trotzdem, je'doch, aber: ***but ~*** aber doch *od.* trotzdem; **II** *cj.* **7.** aber (dennoch *od.* zu'gleich), doch.

yew [juː] ⚘ **I** *s.* **1.** *a.* ***~ tree*** Eibe *f*; **2.** Eibenholz *n*; **II** *adj.* **3.** Eiben...

Y-fronts ['waɪfrʌnts] *TM s. pl. Herrenunterhose in der Form e-s umgekehrten Ypsilons.*

Yid [jɪd] *s. sl.* Jude *m*; **Yid·dish** ['jɪdɪʃ] *ling.* **I** *s.* Jiddisch *n*; **II** *adj.* jiddisch.

yield [jiːld] **I** *v/t.* **1.** *als Ertrag* ergeben, (ein-, her'vor)bringen, *a. Ernte* erbringen, *bsd. Gewinn* abwerfen, *Früchte, a. Zinsen etc.* tragen, *Produkte etc.* liefern: ***~ 6 %*** ✝ 6 % (Rendite) abwerfen; **2.** *Resultat* ergeben, liefern; **3.** *fig.* gewähren, zugestehen, einräumen (***s.th. to s.o.*** j-m et.): ***~ consent*** einwilligen; ***~ the point*** sich (*in e-r Debatte*) geschlagen geben; ***~ precedence to*** *j-m* den Vorrang einräumen; **4.** *a.* ***~ up*** a) auf-, hergeben, b) (***to***) abtreten (an *acc.*), über'lassen, -'geben (*dat.*), ausliefern (*dat. od.* an *acc.*): ***~ o.s. to*** *fig.* sich *e-r Sache* überlassen; ***~ a secret*** ein Geheimnis preisgeben; ***~ the palm*** (***to s.o.***) sich (j-m) geschlagen geben; ***~ place to*** Platz machen (*dat.*); → ***ghost*** 2; **II** *v/i.* **5.** *guten etc.* Ertrag geben *od.* liefern, *bsd.* ✓ tragen; **6.** nachgeben, weichen (*Sache u. Person*): ***~ to despair*** sich der Verzweiflung hingeben; ***~ to force*** der Gewalt weichen; ***I ~ to none*** ich stehe keinem nach (***in*** in *dat.*); **7.** sich fügen (***to*** *dat.*); **8.** einwilligen (***to*** in *acc.*); **III** *s.* **9.** Ertrag *m*: a) Ernte *f*, b) Ausbeute *f* (*a.* ⚙, *phys.*), Gewinn *m*: ***~ of tax(es)*** Steueraufkommen *n*, -ertrag *m*; **10.** ✝ a) Zinsertrag *m*, b) Ren'dite *f*; **11.** ⚙ a) Me'tallgehalt *m von Erz*, b) Ausgiebigkeit *f von Farben etc.*, c) Nachgiebigkeit *f von Material*; '**yield·ing** [-dɪŋ] *adj.* ☐ **1.** ergiebig, einträglich: ***~ interest*** ✝ verzinslich; **2.** nachgebend, dehnbar, biegsam; **3.** *fig.* nachgiebig, gefügig; **yield point** *s.* ⚙ Fließ-, Streckgrenze *f*, -punkt *m*.

yip [jɪp] *Am.* F *für* ***yelp***; **yip·pee** [jɪ'piː; 'jɪpɪ] *int.* hur'ra!

yob [jɒb] *s. Brit.* F Rowdy *m*.

yo·del ['jəʊdl] **I** *v/t. u. v/i.* jodeln; **II** *s.* Jodler *m* (*Gesang*).

yo·ga ['jəʊgə] *s.* Joga *m, n*, Yoga *m, n*.

yo·gh(o)urt ['jɒgət] *s.* Joghurt *m, n*.

yo·gi ['jəʊgɪ] *s.* Jogi *m*, Yogi *m*.

yo-heave-ho [ˌjəʊhiːv'həʊ], **yo-ho** [jəʊ'həʊ] *int.* ⚓ hau 'ruck!

yoicks [jɔɪks] *hunt.* **I** *int.* hussa!; **II** *s.* Hussa(ruf *m*) *n*.

yoke [jəʊk] **I** *s.* **1.** ✓, *antiq. u. fig.* Joch *n*: ***~ of matrimony*** Joch der Ehe; ***pass under the ~*** sich unter das Joch beugen; **2.** *sg. od. pl.* Paar *n*, Gespann *n*: ***two ~ of oxen***; **3.** ⚙ a) Schultertrage *f* (*für Eimer etc.*), b) Glockengerüst *n*, c) Bügel *m*, d) ↯ (Ma'gnet-, Pol)Joch *n*, e) *mot.* Gabelgelenk *n*, f) doppeltes Achslager, g) ⚓ Ruderjoch *n*; **4.** Passe *f*, Sattel *m* (*an Kleidern*); **II** *v/t.* **5.** *Tiere* anschirren, anjochen; **6.** *fig.* paaren, verbinden (***with***, ***to*** mit); **III** *v/i.* **7.** verbunden sein (***with*** mit *j-m*): ***~ together*** zs.-arbeiten; ***~ bone*** *s. anat.* Jochbein *n*; '**~ˌfel·low** *s. obs.* **1.** Mitarbeiter *m*; **2.** (Lebens)Gefährte *m*, (-)Gefährtin *f*.

yo·kel ['jəʊkl] *s.* Bauer(ntrampel) *m*.

'**yoke·mate** → ***yokefellow***.

yolk [jəʊk] *s.* **1.** *zo.* Eidotter *m, n*, Eigelb *n*; **2.** Woll-, Fettschweiß *m* (*der Schafwolle*).

yon [jɒn] *obs. od. dial.* **I** *adj. u. pron.* jene(r, s) dort (drüben); **II** *adv.* → ***yonder*** I; '**yon·der** [-də] **I** *adv.* **1.** da *od.* dort drüben; **2.** *obs.* da drüben hin; **II** *adj. u. pron.* **3.** → ***yon*** I.

yore [jɔː] *s.*: ***of ~*** vorzeiten, ehedem, vormals; ***in days of ~*** in alten Zeiten.

York·shire ['jɔːkʃə] *adj.* aus der Grafschaft Yorkshire, Yorkshire...: ***~ flannel*** ✝ *feiner Flanell aus ungefärbter Wolle*; ***~ pudding*** *gebackener Eierteig, der zum Rinderbraten gegessen wird.*

you [juː; jʊ; jə] *pron.* **1.** a) (*nom.*) du, ihr, Sie, b) (*dat.*) dir, euch, Ihnen, c) (*acc.*) dich, euch, Sie: ***don't ~ do that!*** tu das ja nicht!; ***that's a wine for ~!*** das ist vielleicht ein (gutes) Weinchen!; **2.** man: ***that does ~ good*** das tut einem gut; ***what should ~ do?*** was soll man tun?

you'd [juːd; jʊd; jəd] F *für* a) ***you would***, b) ***you had***.

young [jʌŋ] **I** *adj.* jung (*a. fig. frisch, neu, unerfahren*): ***~ ambition*** jugendlicher Ehrgeiz; ***~ animal*** Jungtier *n*; ***~ children*** kleine Kinder; ***~ love*** junge Liebe; ***her ~ man*** F ihr Schatz; ***~ Smith*** Smith junior; ***a ~ state*** ein junger Staat; ***~ person*** ⚖ Jugendliche(r), Heranwachsende(r) (*14 bis 17 Jahre alt*); ***the ~ person*** *fig.* die (unverdorbene) Jugend; ***~ in one's job*** unerfahren in s-r Arbeit; **II** *s. coll.* (Tier)Junge *pl.*: ***with ~*** trächtig; **young·ish** ['jʌŋɪʃ] *adj.* ziemlich jung; '**young·ster** [-stə] *s.* **1.** Bursch(e) *m*, Junge *m*; Kleine(r *m*) *f*; **2.** *sport* Youngster *m*.

your [jɔː] *pron. u. adj.* **1.** a) *sg.* dein(e), b) *pl.* euer, eure, c) *sg. od. pl.* Ihr(e); **2.** *impers.* F a) so ein(e), b) der (die, das) viel gepriesene ... *od.* gerühmte ...

yours [jɔːz] *pron.* **1.** a) *sg.* dein, der (die, das) Dein(ig)e, die Dein(ig)en, b) *pl.* euer, eure(s), der (die, das) Eur(ig)e, die Eur(ig)en, c) *Höflichkeitsform, sg. od. pl.* Ihr, der (die, das) Ihr(ig)e, die Ihr(ig)en: ***this is ~*** das gehört dir (euch, Ihnen); ***what is mine is ~*** was mein ist, ist (auch) dein; ***my sister and ~*** meine u. deine Schwester; → ***truly*** 2; **2.** a) die Dein(ig)en (Euren, Ihren), b) das Dein(ig)e, deine Habe: ***you and ~***; **3.** ✝ Ihr Schreiben.

your'self *pl.* -'**selves** [-vz] *pron.* (*in*

Verbindung mit ***you*** *od. e-m Imperativ*) **1.** a) *sg.* (du, Sie) selbst, b) *pl.* (ihr, Sie) selbst: ***by ~*** a) selbst, selber, selbstständig, allein, b) allein, für sich; ***be ~!*** F nimm dich zusammen!; ***you are not ~ today*** du bist (Sie sind) heute ganz anders als sonst *od.* nicht auf der Höhe; ***what will you do with ~ today?*** was wirst du (werden Sie) heute anfangen?; **2.** *refl.* a) *sg.* dir, dich, sich, b) *pl.* euch, sich: ***did you hurt ~?*** hast du dich (haben Sie sich) verletzt?

youth [juːθ] **I** *s.* **1.** *allg.* Jugend *f*: a) Jungsein *n*, b) Jugendfrische *f*, c) Jugendzeit *f*, d) *coll. sg. od. pl. konstr.* junge Leute *pl. od.* Menschen *pl.*; **2.** Frühstadium *n*; **3.** *pl.* ***youths*** [-ðz] junger Mann, Jüngling *m*; **II** *adj.* **4.** Jugend...: ***~ centre*** (*Am.* ***center***) Jugendzentrum *n*; ***~ hostel*** Jugendherberge *f*; **'youth·ful** [-fʊl] *adj.* □ **1.** jung (*a. fig.*); **2.** jugendlich; **3.** Jugend...: ***~ days***; **'youth·ful·ness** [-fʊlnɪs] *s.* Jugend(lichkeit) *f*.

yowl [jaʊl] **I** *v/t. u. v/i.* jaulen, heulen; **II** *s.* Jaulen *n*, Heulen *n*.

yuck [jʌk] *int. sl.* pfui Teufel!; **yuck·y** ['jʌkiː] *adj.* F ätzend.

Yu·go·slav → ***Jugoslav***.

yule [juːl] *s.* Weihnachts-, Julfest *n*; **~ log** *s.* Weihnachtsscheit *n im Kamin*; **'~·tide** *s.* Weihnachtszeit *f*.

yum·my ['jʌmɪ] F **I** *adj.* a) *allg.* ‚prima', ‚toll', b) lecker (*Mahlzeit etc.*); **II** *int.* → ***yum-yum***.

yum-yum [ˌjʌm'jʌm] *int.* F mm!, lecker!

yup·pie ['jʌpɪ] *s.* Yuppie *m* (*junger karrierebewusster und ausgabefreudiger Mensch mit urbanem Lebensstil, häufig bestimmten Modetrends folgend*) (= ***young urban*** *od.* ***upwardly mobile professional***).

Z

Z, z [*Brit.* zed; *Am.* ziː] *s.* Z *n*, z *n* (*Buchstabe*).

za·ny [ˈzeɪnɪ] **I** *s.* **1.** *hist.* Hansˈwurst *m*; **2.** *fig. contp.* Blödmann *m*; **II** *adj.* **3.** verrückt; **4.** schrullig komisch; **5.** *fig.* ‚blöd'.

zap [zæp] F **I** *v/t.* **1.** *et.* kaˈputtmachen, zerstören, *j-n* abknallen, *j-n* ‚erledigen'; **2.** *j-m* ein Ding verpassen (*Kugel, Schlag etc.*); **3.** *Computer*: löschen; **4.** *Am.* im Mikrowellenherd garen; **5.** in rasender Geschwindigkeit *irgendwohin* bringen; **II** *v/i.* **6.** ‚düsen', zischen: ***~ off*** ‚abdüsen', ‚abschwirren'; **7.** *TV* ‚zappen'; **III** *int.* **8.** ‚zack!'; **IV** *s.* **9.** Schwung *m*, Eˈlan *m*, ‚Pep' *m*; **10.** Dyˈnamik *f*; **zapped** [zæpt] *adj.* F ‚fertig', (toˈtal) ‚erledigt'; **ˈzap·per** *s.* F **1.** *TV etc.*: Fernbedienung *f*; **2.** *Am. elektronischer Insektenkiller*. **ˈzap·pi·ness** [-pɪnəs] *s.* F **1.** Fetzigkeit *f*, Spritzigkeit *f*; **2.** → ***zap*** IV; **ˈzap·py** [-pɪ] *adj.* F **1.** fetzig, spritzig; **2.** dyˈnamisch.

zeal [ziːl] *s.* **1.** (Dienst-, Arbeits-, Glaubens- *etc.*)Eifer *m*: ***full of ~*** (dienst- *etc.*)eifrig; **2.** Begeisterung *f*, Hingabe *f*, Inbrunst *f*.

zeal·ot [ˈzelət] *s.* (*bsd.* Glaubens)Eiferer *m*, Zeˈlot *m*, Faˈnatiker(in); **ˈzeal·ot·ry** [-trɪ] *s.* Zeloˈtismus *m*, faˈnatischer (Glaubens- *etc.*)Eifer.

zeal·ous [ˈzeləs] *adj.* □ **1.** (dienst)eifrig; **2.** eifernd, faˈnatisch; **3.** eifrig bedacht (***to do*** darauf, zu tun, ***for*** auf *acc.*); **4.** heiß, innig; **5.** begeistert; **ˈzeal·ous·ness** [-nɪs] → ***zeal***.

ze·bra [ˈziːbrə] *pl.* **-bras** *od. coll.* **-bra** *s. zo.* Zebra *n*; **~ cross·ing** *s. Verkehr*: Zebrastreifen *m*.

zed [zed] *s. Brit.* **1.** Zet *n* (*Buchstabe*); **2.** ⚙ Z-Eisen *n*.

Zen (Bud·dhism) [zen] *s.* ˈZen(-Budˌdhismus *m*) *n*.

ze·ner di·ode [ˈziːnə] *s.* ⚡ ˈZenerdiˌode *f*.

ze·nith [ˈzenɪθ] *s.* Zeˈnit *m*: a) *ast.* Scheitelpunkt *m* (*a. Ballistik*), b) *fig.* Höhe-, Gipfelpunkt *m*: ***be at one's*** (*od.* ***the***) ***~*** den Zenit erreicht haben, im Zenit stehen.

Zeph·a·ni·ah [ˌzefəˈnaɪə] *npr. u. s. bibl.* (das Buch) Zeˈphanja *m*.

zeph·yr [ˈzefə] *s.* **1.** *poet.* Zephir *m*, Westwind *m*, laues Lüftchen; **2.** sehr leichtes Gewebe, *a.* leichter Schal *etc.*; **3.** ✝ a) *a.* ***~ cloth*** Zephir *m* (*Gewebe*), b) *a.* ***~ worsted*** Zephirwolle *f*, c) *a.* ***~ yarn*** Zephirgarn *n*.

zep·pe·lin [ˈzepəlɪn] *s.* ˈZeppelin *m*.

ze·ro [ˈzɪərəʊ] **I** *pl.* **-ros** *s.* **1.** Null *f* (*Zahl od. Zeichen*); **2.** *phys.* Null (-punkt *m*) *f*, Ausgangspunkt *m* (*Skala*), *bsd.* Gefrierpunkt *m*; **3.** ⩓ Null (-punkt *m*, -stelle) *f*; **4.** *fig.* Null-, Tiefpunkt *m*: ***at ~*** auf dem Nullpunkt (angelangt); **5.** *fig.* Null *f*, Nichts *n*; **6.** ⚔ → ***zero hour***; **7.** ✈ Höhe *f* unter 1000 Fuß: ***at ~*** in Bodennähe; **II** *v/t.* **8.** ⚙ auf null (ein)stellen; **III** *v/i.* **9.** ***~ in on*** a) ⚔ sich einschießen auf (*acc.*) (*a. fig.*), b) *a. fig.* immer dichter herˈankommen an (*acc.*), einkreisen, c) *fig.* sich konzentrieren auf (*acc.*); **IV** *adj.* **10.** *bsd. Am.* F null; ***~ option*** *pol.* Nulllösung *f*; **~ con·duc·tor** *s.* ⚡ Nullleiter *m*; **ˌ~-eˈmis·sion** *adj.* schadstofffrei, abgasfrei; **~ grav·i·ty** *s. phys.* (Zustand *m* der) Schwerelosigkeit *f*; **~ growth** *s.* **1.** ✝ Nullwachstum *n*; **2.** *a.* ***zero population growth*** Bevölkerungsstillstand *m*; **~ hour** *s.* **1.** ⚔ X-Zeit *f*, Stunde *f* X (*festgelegter Zeitpunkt des Beginns e-r Operation*); **2.** *fig.* genauer Zeitpunkt, kritischer Augenblick; **ˈ~ˌrat·ed** *adj* ✝ mehrwertsteuerfrei.

zest [zest] **I** *s.* **1.** Würze *f* (*a. fig. Reiz*): ***add ~ to*** *e-r Sache* Würze *od.* Reiz verleihen; **2.** *fig.* (***for***) Genuss *m*, Lust *f*, Freude *f* (an *dat.*), Begeisterung *f* (für), Schwung *m*: ***~ for life*** Lebenshunger *m*; **II** *v/t.* **3.** würzen (*a. fig.*); **ˈzest·ful** [-fʊl] *adj.* □ **1.** reizvoll; **2.** schwungvoll, begeistert.

zig·zag [ˈzɪɡzæɡ] **I** *s.* **1.** Zickzack *m*; **2.** Zickzacklinie *f*, -bewegung *f*, -kurs *m* (*a. fig.*); **3.** Zickzackweg *m*, Serpenˈtine(nstraße) *f*; **II** *adj.* **4.** zickzackförmig, Zickzack...; **III** *adv.* **5.** im Zickzack; **IV** *v/i.* **6.** im Zickzack fahren, laufen *etc.*, *a.* verlaufen (*Weg etc.*).

zilch [zɪltʃ] *s. Am. sl.* Null *f*, Nichts *n*.

Zim·mer [ˈzɪmə] *s. TM*, **~ frame** *s.* Laufgestell *n* (*für Kranke*).

zinc [zɪŋk] **I** *s.* ⚗ Zink *n*; **II** *v/t. pret. u. p.p.* **zinc(k)ed** [-kt] verzinken; **zinˈcog·ra·pher** [zɪŋˈkɒɡrəfə] *s.* Zinkoˈgraph *m*, Zinkstecher *m*; **ˈzinc·ous** [-kəs] *adj.* ⚗ Zink...; **zinc white** *s.* Zinkweiß *n*.

zing [zɪŋ] F **I** *s.* → ***zip*** 1 *u.* 2; **II** *v/i.* → ***zip*** 4; **III** *v/t.* → ***zip*** 8.

Zi·on ['zaɪən] *s. bibl.* Zion *m*; '**Zi·on·ism** [-nɪzəm] *s.* Zio'nismus *m*; '**Zi·on·ist** [-nɪst] **I** *s.* Zio'nist(in); **II** *adj.* zio'nistisch, Zionisten...

zip [zɪp] **I** *s.* **1.** Schwirren *n*, Zischen *n*; **2.** F ‚Schmiss' *m*, Schwung *m*; **3.** F → ***zip fastener***; **II** *v/i.* **4.** schwirren, zischen, flitzen; **5.** F ‚Schmiss' haben; **III** *v/t.* **6.** schwirren lassen; **7.** mit e-m Reißverschluss schließen *od.* öffnen; **8.** *Computer*: *Daten* zippen, packen (*komprimieren*); **9.** *a.* **~ *up*** F a) ‚schmissig' machen, b) Schwung bringen in (*acc.*); **~ ar·e·a** *s. Am.* Postleitzone *f*; **~ code** *s. Am.* Postleitzahl *f*; **~ fas·ten·er** *s.* Reißverschluss *m*.

zip·per ['zɪpə] **I** *s.* Reißverschluss *m*: **~ *bag*** Reißverschlusstasche *f*; **II** *v/t.* mit Reißverschluss versehen; '**zip·ping** [-pɪŋ] *s. Computer*: Zippen *n*, Packen *n* (*Datenkomprimierung*); **zip·py** ['zɪpɪ] *adj.* F **1.** schwungvoll, ‚schmissig'; **2.** flott, flink.

zith·er ['zɪθə] *s.* ♪ Zither *f*; '**zith·er·ist** [-ərɪst] *s.* Zitherspieler(in).

zizz [zɪz] *bsd. Brit.* **I** *s.* **1.** F Schläfchen *n*, Nickerchen *n*; **2.** Zischen *n* (*e-s Feuerwerkskörpers etc.*), (helles) Brummen (*e-s Motors etc.*); **II** *v/i.* **3.** F ein Nickerchen machen: **~ *off*** einschlafen; **4.** zischen, (hell) brummen.

zo·di·ac ['zəʊdɪæk] *s. ast.* Tierkreis *m*: ***signs of the* ~** Tierkreiszeichen *pl.*; **zo·di·a·cal** [zəʊ'daɪəkl] *adj.* Tierkreis..., Zodiakal...

zom·bi(e) ['zɒmbɪ] *s.* **1.** Schlangengottheit *f*; **2.** Zombie *m* (*wieder beseelte Leiche*); **3.** F a) ‚Monster' *n*, b) ‚Roboter' *m*, c) Trottel *m*; **4.** *Am.* (*ein*) Cocktail *m*.

zon·al ['zəʊnl] *adj.* ☐ **1.** zonenförmig; **2.** Zonen...; **zone** [zəʊn] **I** *s.* **1.** *allg.* Zone *f*: a) *geogr.* (Erd)Gürtel *m*, b) Gebietsstreifen *m*, Gürtel *m*, c) *fig.* Bereich *m*, (*a.* Körper)Gegend *f*, d) *poet.* Gürtel *m*: ***torrid* ~** heiße Zone; ***wheat* ~** Weizengürtel; **~ *of occupation*** Besatzungszone; **2.** a) (Verkehrs)Zone *f*, *a.* Teilstrecke *f*, b) 🚌, 📯 *Am.* (Gebühren)Zone *f*, c) 📯 Post(zustell)bezirk *m*; **II** *v/t.* **3.** in Zonen aufteilen.

zonked [zɒŋkt] *adj. sl.* **1.** ‚high' (*im Drogenrausch*); **2.** ‚stinkbesoffen'.

zoo [zuː] *s.* Zoo *m*.

zo·o·blast ['zəʊəblæst] *s. zo.* tierische Zelle.

zo·o·chem·is·try [ˌzəʊə'kemɪstrɪ] *s. zo.* Zooche'mie *f*.

zo·og·a·my [zəʊ'ɒgəmɪ] *s. zo.* geschlechtliche Fortpflanzung.

zo·og·e·ny [zəʊ'ɒdʒənɪ] *s. zo.* Zooge'nese *f*, Entstehung *f* der Tierarten.

zo·og·ra·phy [zəʊ'ɒgrəfɪ] *s.* beschreibende Zoolo'gie.

zo·o·lite ['zəʊəlaɪt] *s.* fos'siles Tier.

zo·o·log·i·cal [ˌzəʊə'lɒdʒɪkl] *adj.* ☐ zoo'logisch: **~ *garden*(*s*)** [zʊ'lɒdʒɪkl] zoologischer Garten; **zo·ol·o·gist** [zəʊ'ɒlədʒɪst] *s.* Zoo'loge *m*, Zoo'login *f*; **zo'ol·o·gy** [-dʒɪ] *s.* Zoolo'gie *f*, Tierkunde *f*.

zoom [zuːm] **I** *v/i.* **1.** surren; **2.** sausen; **3.** ✈ steil hochziehen; **4.** *phot.*, *Film*: zoomen: **~ *in on s.th.*** a) et. heranholen, b) *fig.* et. ‚einkreisen'; **II** *v/t.* **5.** surren; **6.** *Flugzeug* hochreißen; **III** *s.* **7.** ✈ Steilflug *m*; **8.** *fig.* Hochschnellen *n*; **9.** *phot.*, *Film*: a) *a.* **~ *lens*** 'Zoom (-objekˌtiv) *n*, b) *a.* **~ *travel*** Zoomfahrt *f*; **10.** *Am.* (*ein*) Cocktail *m*; '**zoom·er** [-mə] *s.* → ***zoom*** 9a.

zo·o·phyte ['zəʊəfaɪt] *s. zo.* Zoo'phyt *m*, Pflanzentier *n*.

zo·ot·o·my [zəʊ'ɒtəmɪ] *s.* Zooto'mie *f*, 'Tieranatoˌmie *f*.

zos·ter ['zɒstə] *s.* ⚕ Gürtelrose *f*.

zounds [zaʊndz] *int. obs.* sapper'lot!

zuc·chi·ni [zʊ'kiːnɪ] *pl.* **-ni(s)** *s. bsd. Am.* Zuc'chini *f*.

zy·go·ma [zaɪ'gəʊmə] *pl.* **-ma·ta** [-mətə] *s. anat.* **1.** Jochbogen *m*; **2.** Jochbein(fortsatz *m*) *n*.

zy·mo·sis [zaɪ'məʊsɪs] *pl.* **-ses** [-siːz] *s.* **1.** ⚗ Gärung *f*; **2.** ⚕ Infekti'onskrankheit *f*; **zy'mot·ic** [-'mɒtɪk] *adj.* (☐ **~*al·ly***); **1.** ⚗ gärend, Gärungs...; **2.** ⚕ Infektions...

Z

Anhänge

Englische und amerikanische Abkürzungen

A

a ***acre*** Acre *m*.

AA ***anti-aircraft*** Fla, Flugabwehr *f*; *Brit.* ***Automobile Association*** Automo'bilklub *m*; ***Alcoholics Anonymous*** Ano'nyme Alko'holiker *pl*.

AAA *Brit.* ***Amateur Athletic Association*** 'Leichtath,letikverband *m*; ***American Automobile Association*** Amer. Automo'bilklub *m*.

a.a.r. ***against all risks*** gegen jede Gefahr.

AB ***able(-bodied) seaman*** 'Vollma,trose *m*; *Am.* ***Bachelor of Arts*** (*siehe* ***BA***).

abbr., abbrev. ***abbreviated*** abgekürzt; ***abbreviation*** Abk., Abkürzung *f*.

ABC ***American Broadcasting Company*** Amer. Rundfunkgesellschaft *f*.

abr. ***abridged*** (ab)gekürzt; ***abridg(e)ment*** (Ab-, Ver)Kürzung *f*.

AC ***alternating current*** Wechselstrom *m*.

a/c ***account current*** Kontokor'rent *n*; ***account*** Kto., Konto *n*; Rechnung *f*.

acc. ***according to*** gem., gemäß, entspr., entsprechend; ***account*** Kto., Konto *n*; Rechnung *f*.

acct. ***account*** Kto., Konto *n*; Rechnung *f*.

AD ***Anno Domini*** im Jahre des Herrn.

add(r). ***address*** Adr., A'dresse *f*.

Adm. ***Admiral*** Adm., Admi'ral *m*.

addnl. ***additional*** zusätzlich.

advt. ***advertisement*** Anz., Anzeige *f*, Ankündigung *f*.

AEC *Am.* ***Atomic Energy Commission*** A'tomener,gie-Kommissi,on *f*.

AFC ***automatic frequency control*** auto'matische Fre'quenz(fein)abstimmung *f*.

AFEX ['eɪfeks] ***Air Force Exchange*** (*Verkaufsläden für Angehörige der amer. Luftstreitkräfte*).

AFL-CIO ***American Federation of Labor & Congress of Industrial Organizations*** (*größter amer. Gewerkschaftsverband*).

AFN ***American Forces Network*** (*Rundfunkanstalt der amer. Streitkräfte*).

aft(n). ***afternoon*** Nachmittag *m*.

AIDS [eɪdz] ***Acquired Immune Deficiency Syndrome*** Aids *n*, Im'munschwächekrankheit *f*.

AK ***Alaska*** (*Staat der USA*).

AL, Ala. ***Alabama*** (*Staat der USA*).

ALA *in Annoncen*: ***all letters (will be) answered*** beantworte jede Zuschrift.

Alas. ***Alaska*** (*Staat der USA*).

Alta. ***Alberta*** (*Kanad. Provinz*).

AM ***amplitude modulation*** (*Frequenzbereich der Kurz-, Mittel- u. Langwellen*); *Am.* ***Master of Arts*** (*siehe* ***MA***).

Am. ***America*** A'merika *n*; ***American*** ameri'kanisch.

a.m. ***ante meridiem*** (*Lat.* = ***before noon***) morgens, vormittags.

AMA ***American Medical Association*** Amer. Ärzteverband *m*.

amp. ***ampere*** A, Am'pere *n*.

AP ***Associated Press*** (*amer. Nachrichtenagentur*).

approx. ***approximate(ly)*** annähernd, etwa.

appx. ***appendix*** Anh., Anhang *m*.

APR ***annual(ized) percentage rate*** Jahreszinssatz *m*.

Apr. ***April*** A'pril *m*.

APT *Brit.* ***Advanced Passenger Train*** (*Hochgeschwindigkeitszug*).

AR ***Arkansas*** (*Staat der USA*).

ARC ***American Red Cross*** *das* Amer. Rote Kreuz.

Ariz. ***Arizona*** (*Staat der USA*).

Ark. ***Arkansas*** (*Staat der USA*).

ARP ***Air-Raid Precautions*** Luftschutz *m*.

arr. ***arrival*** Ank., Ankunft *f*.

art. ***article*** Art., Ar'tikel *m*; ***artificial*** künstlich.

AS ***Anglo-Saxon*** Angelsächsisch *n*, angelsächsisch; ***anti-submarine*** U-Boot-Abwehr ...

ASA ***American Standards Association*** Amer. 'Normungs-Organisati,on *f*.

ASCII ['æskiː] ***American Standard Code for Information Interchange*** (*standardisierter Code zur Darstellung alphanumerischer Zeichen*).

asst. ***assistant*** Asst., Assi'stent(in).

asst'd ***assorted*** assortiert, gem., gemischt.

ATC ***air traffic control*** Flugsicherung *f*.

ATM ***automated teller machine*** 'Geldauto,mat *m*.

Aug. ***August*** Aug., Au'gust *m*.

auth. ***author(ess)*** Verfasser(in).

av. ***average*** Durchschnitt *m*; Hava'rie *f*.

avdp. ***avoirdupois*** Handelsgewicht *n.*

Ave. ***Avenue*** Al'lee *f*, Straße *f.*

AWACS ['eɪwæks] ***Airborne Warning and Control System*** (*luftgestütztes Frühwarn- und Überwachungssystem*).

AWOL ***absence without leave*** unerlaubte Entfernung von der Truppe.

AZ ***Arizona*** (*Staat der USA*).

B

b. ***born*** geboren.

BA ***Bachelor of Arts*** Bakka'laureus *m* der Philoso'phie; ***British Academy*** Brit. Akade'mie *f*; ***British Airways*** Brit. Luftverkehrsgesellschaft *f.*

BAgr(ic) ***Bachelor of Agriculture*** Bakka'laureus *m* der Landwirtschaft.

b&b ***bed and breakfast*** Über'nachtung *f* mit Frühstück.

BAOR ***British Army of the Rhine*** Brit. 'Rheinar,mee *f.*

Bart. ***Baronet*** Baronet *m.*

BBC ***British Broadcasting Corporation*** Brit. Rundfunkgesellschaft *f.*

bbl. ***barrel*** Fass *n.*

BC ***before Christ*** vor Christus; ***British Columbia*** (*Kanad. Provinz*).

BCom(m) ***Bachelor of Commerce*** Bakka'laureus *m* der Wirtschaftswissenschaften.

BD ***Bachelor of Divinity*** Bakka'laureus *m* der Theolo'gie.

bd. ***bound*** gebunden (*Buchbinderei*).

BDS ***Bachelor of Dental Surgery*** Bakka'laureus *m* der 'Zahnmedi,zin.

bds. ***boards*** kartoniert (*Buchbinderei*).

BE ***Bachelor of Education*** Bakka'laureus *m* der Erziehungswissenschaft; ***Bachelor of Engineering*** Bakka'laureus *m* der Ingeni'eurwissenschaft(en); *siehe* ***B/E***.

B/E ***bill of exchange*** Wechsel *m.*

Beds. ***Bedfordshire*** (*engl. Grafschaft*).

Berks. ***Berkshire*** (*engl. Grafschaft*).

b/f ***brought forward*** 'Übertrag *m.*

BFBS ***British Forces Broadcasting Service*** (*Rundfunkanstalt der brit. Streitkräfte*).

B'ham ***Birmingham*** (*Stadt in England*).

b.h.p. ***brake horse-power*** Brems-PS *f od. pl.*, Bremsleistung *f* in PS.

BIF ***British Industries Fair*** Brit. Industr'riemesse *f.*

BIS ***Bank for International Settlements*** BIZ, Bank *f* für internatio'nalen Zahlungsausgleich.

bk. ***book*** Buch *n.*

BL ***Bachelor of Law*** Bakka'laureus *m* des Rechts.

B/L ***bill of lading*** (See)Frachtbrief *m.*

bl. ***barrel*** Fass *n.*

bldg. ***building*** Geb., Gebäude *n.*

BLit(t) ***Bachelor of Literature*** Bakka'laureus *m* der Litera'tur.

bls. ***bales*** Ballen *pl.*; ***barrels*** Fass *pl.* (*bei Mengenangaben*).

Blvd. ***Boulevard*** Boule'vard *m.*

BM ***Bachelor of Medicine*** Bakka'laureus *m* der Medi'zin; ***British Museum*** Britisches Mu'seum.

BMA ***British Medical Association*** Brit. Ärzteverband *m.*

BMus ***Bachelor of Music*** Bakka'laureus *m* der Mu'sik.

b.o. ***branch office*** Zweigstelle *f*, Fili'ale *f*; ***body odo(u)r*** Körpergeruch *m*; ***buyer's option*** 'Kaufopti,on *f*; ***box office*** (The'ater)Kasse *f.*

B.o.T. ***Board of Trade*** Brit. 'Handelsmini,sterium *n.*

bot. ***bought*** gekauft; ***bottle*** Flasche *f.*

BPharm ***Bachelor of Pharmacy*** Bakka'laureus *m* der Pharma'zie.

BPhil ***Bachelor of Philosophy*** Bakka'laureus *m* der Philoso'phie.

BR ***British Rail*** (*Eisenbahn in Großbritannien*).

B/R ***bills receivable*** Wechselforderungen *pl.*

BRCS ***British Red Cross Society*** *das* Brit. Rote Kreuz.

Brit. ***Britain*** Großbri'tannien *n*; ***British*** britisch.

Bros. ***brothers*** Gebr., Gebrüder *pl.* (*in Firmenbezeichnungen*).

BS *Am.* ***Bachelor of Science*** Bakka'laureus *m* der Na'turwissenschaften; ***British Standard*** Brit. Norm *f.*

B/S ***bill of sale*** Über'eignungsvertrag *m.*

BSc *Brit.* ***Bachelor of Science*** Bakka'laureus *m* der Na'turwissenschaften.

BSE ***bovine spongiform encephalopathy*** BSE, Rinderwahn(sinn).

BSG ***British Standard Gauge*** (*brit. Norm*).

B.S.I. ***British Standards Institution*** Brit. 'Normungs-Organisati,on *f.*

BST ***British Summer Time*** Brit. Sommerzeit *f.*

Bt. ***Baronet*** Baronet *m.*

BTA ***British Tourist Authority*** Brit. Fremdenverkehrsbehörde *f.*

bt. fwd. ***brought forward*** 'Übertrag *m.*

B.th.u, Btu ***British Thermal Unit(s)*** Brit. Wärmeeinheit(en *pl.*) *f.*

bu. ***bushel*** Scheffel *m.*

Bucks. ***Buckinghamshire*** (*engl. Grafschaft*).

bus. *Am.* ***business*** Arbeit *f*, *die* Geschäfte *pl.*

C

C ***Celsius, centigrade*** Celsius, hundertgradig (*Thermometer*).

c ***cent(s)*** Cent *m* (*amer. Münze*); ***century*** Jahr'hundert *n*; ***circa*** ca., circa, ungefähr; ***cubic*** Kubik...

CA ***California*** (*Staat der USA*); ***chartered account*** Frachtrechnung *f*; *Brit.* ***chartered accountant*** beeidigter 'Bücherre,visor *od.* Wirtschaftsprüfer; ***current account*** Girokonto *n*.

CAB *Brit.* ***Citizens' Advice Bureau*** (*Bürgerberatungsorganisation auf freiwilliger Basis*).

c.a.d. ***cash against documents*** Zahlung *f* gegen Doku'mentaushändigung.

Cal(if). ***California*** (*Staat der USA*).

Cambs. ***Cambridgeshire*** (*engl. Grafschaft*).

Can. ***Canada*** Kanada *n*; ***Canadian*** ka'nadisch.

C & W ***country and western*** (*Musik*).

Cantab. ***Cantabrigiensis*** (*Titel etc.*) der Universi'tät Cambridge.

Capt. ***Captain*** Kapi'tän *m*, Hauptmann *m*, Rittmeister *m*.

Card. ***Cardinal*** Kardi'nal *m*.

CARE [keə] ***Cooperative for American Relief Everywhere*** (*amer. Organisation, die Hilfsmittel an Bedürftige in aller Welt versendet*).

Cath. ***Catholic*** kath., ka'tholisch.

CB ***Citizens' Band*** C'B-Funk *m* (*Wellenbereich für privaten Funkverkehr*); ***Companion of (the Order of) the Bath*** Ritter *m* des Bath-Ordens; (*a.* **C/B**) ***cash book*** Kassabuch *n*.

CBC ***Canadian Broadcasting Corporation*** Ka'nadische Rundfunkgesellschaft.

CBS ***Columbia Broadcasting System*** (*amer. Rundfunkgesellschaft*).

CC ***City Council*** Stadtrat *m*; *Brit.* ***County Council*** Grafschaftsrat *m*.

cc *Brit.* ***cubic centimetre(s)***, *Am.* ***cubic centimeter(s)*** ccm, Ku'bikzenti,meter *m*, *n od. pl.*

CD ***compact disc*** CD *f*; ***Corps Diplomatique*** (*Fr.* = ***Diplomatic Corps***) CD *n*, Diplo'matisches Korps.

CE ***Church of England*** angli'kanische Kirche; ***civil engineer*** 'Bauingeni,eur *m*.

cert. ***certificate*** Bescheinigung *f*.

CET ***Central European Time*** MEZ, 'mitteleuro,päische Zeit.

cf. ***confer*** vgl., vergleiche.

Ch. ***chapter*** Kap., Ka'pitel *n*.

ch. ***chain*** (*Länge einer*) Messkette *f*; ***chapter*** Kap., Ka'pitel *n*; ***chief*** ltd., leitende(r) ..., oberste(r) ...

c.h. ***central heating*** ZH, Zen'tralheizung *f*.

ChB ***Chirurgiae Baccalaureus*** (*Lat.* = ***Bachelor of Surgery***) Bakka'laureus *m* der Chirur'gie.

Ches. ***Cheshire*** (*engl. Grafschaft*).

C.I. ***Channel Islands*** Ka'nalinseln *pl.*

C/I ***certificate of insurance*** Ver'sicherungspo,lice *f*.

CIA ***Central Intelligence Agency*** (*Geheimdienst der USA*).

CID ***Criminal Investigation Department*** (*brit. Kriminalpolizei*).

c.i.f. ***cost, insurance, freight*** Kosten, Versicherung und Fracht einbegriffen.

C.-in-C. ***Commander-in-Chief*** Oberkommandierende(r) *m* (*dem Land-, Luft- und Seestreitkräfte unterstehen*).

cir(c). ***circa*** ca., circa, ungefähr; ***circular*** Rundschreiben *n*; ***circulation*** 'Umlauf *m*, Auflage *f* (*Zeitung etc.*).

CIS ***Commonwealth of Independent States*** GUS, Gemeinschaft unabhängiger Staaten.

CJD ***Creutzfeld(t)-Jakob disease*** Creutzfeld(t)-Jakob(sche) Krankheit.

ck(s). ***cask*** Fass *n*; ***casks*** Fässer *pl.*

cl. ***class*** Klasse *f*.

cm *Brit.* ***centimetre(s)***, *Am.* ***centimeter(s)*** cm, Zenti'meter *m*, *n od. pl.*

CO ***Colorado*** (*Staat der USA*); ***Commanding Officer*** Komman'deur *m*.

Co. ***Company*** Gesellschaft *f*; ***county*** *Brit.* Grafschaft *f*, (Verwaltungs)Bezirk *m*.

c/o ***care of*** p. A., per A'dresse, bei.

COD, **c.o.d.** ***cash*** (*Am.* ***collect***) ***on delivery*** zahlbar bei Lieferung, per Nachnahme.

C. of E. ***Church of England*** angli'kanische Kirche; ***Council of Europe*** ER, Eu'roparat *m*.

COI *Brit.* ***Central Office of Information*** (*staatliches Auskunftsbüro zur Verbreitung amtlicher Publikationen etc.*).

Col. ***Colorado*** (*Staat der USA*); ***Colonel*** Oberst *m*.

Colo. ***Colorado*** (*Staat der USA*).

conc. ***concerning*** betr., betreffend, betrifft.

Conn. ***Connecticut*** (*Staat der USA*).

Cons. ***Conservative*** konserva'tiv (*Brit. pol.*); ***Consul*** Konsul *m*.

cont., **contd** ***continued*** fortgesetzt.

Corn. ***Cornwall*** (*engl. Grafschaft*).

Corp. ***Corporal*** Korpo'ral *m*, 'Unterof-fi,zier *m*; ***Corporation*** (*siehe Wörterverzeichnis*).

corr. ***corresponding*** entspr., entsprechend.

cp. ***compare*** vgl., vergleiche.

CPA *Am.* ***certified public accountant*** beeidigter 'Bücherre,visor *od.* Wirtschaftsprüfer.

CPR ***cardiopulmonary resuscitation*** *e-e Wiederbelebungstechnik für die Herz- u. Lungenfunktion.*

c.p.s. ***cycles per second*** Hertz *pl.*

CT ***Connecticut*** (*Staat der USA*).

ct(s) ***cent(s)*** (*amer. Münze*).

cu(b). ***cubic*** Kubik...

cu.ft. ***cubic foot*** Ku'bikfuß *m*.

cu.in. ***cubic inch*** Ku'bikzoll *m*.

Cumb. ***Cumberland*** (*ehemal. engl. Grafschaft*).
cum d(iv). ***cum dividend*** mit Divi'dende.
CUP ***Cambridge University Press*** Verlag *m* der Universi'tät Cambridge.
CV, cv ***curriculum vitae*** Lebenslauf *m*.
c.w.o. ***cash with order*** Barzahlung bei Bestellung.
cwt ***hundredweight*** (*etwa 1*) Zentner *m*.

D

d. *Brit.* **penny, pence** (*bis 1971 verwendete Abkürzung*); ***died*** gest., gestorben.
DA ***deposit account*** Depo'sitenkonto *n*; *Am.* **district attorney** Staatsanwalt *m*.
DAR *Am.* **Daughters of the American Revolution** Töchter *pl.* der amer. Revoluti'on (*patriotische Frauenvereinigung*).
DAT ***digital audio tape*** (*in Kassetten befindliches Tonband für Digitalaufnahmen mit DAT-Rekordern*).
DB ***daybook*** Jour'nal *n*.
DC ***direct current*** Gleichstrom *m*; ***District of Columbia*** Di'strikt Columbia (*mit der amer. Hauptstadt Washington*).
DCL ***Doctor of Civil Law*** Doktor *m* des Zi'vilrechts.
DD ***Doctor of Divinity*** Dr. theol., Doktor *m* der Theolo'gie.
d-d *euphem. für* **damned** verdammt.
DDS ***Doctor of Dental Surgery*** Dr. med. dent., Doktor *m* der 'Zahnmedi,zin.
DDT ***dichlorodiphenyltrichloroethane*** DDT, Di'chlordiphe'nyltrichlorä,than *n* (*Insekten- u. Seuchenbekämpfungsmittel*).
DE ***Delaware*** (*Staat der USA*).
Dec. ***December*** Dez., De'zember *m*.
dec. ***deceased*** gest., gestorben.
DEd ***Doctor of Education*** Dr. paed., Doktor *m* der Päda'gogik.
def. ***defendant*** Beklagte(r *m*) *f*.
deg. ***degree(s)*** Grad *m od. pl.*
Del. ***Delaware*** (*Staat der USA*).
DEng ***Doctor of Engineering*** Dr.-Ing., Doktor *m* der Ingeni'eurwissenschaften.
dep. ***departure*** Abf., Abfahrt *f*.
Dept. ***Department*** Ab'teilung *f*.
Derby. ***Derbyshire*** (*engl. Grafschaft*).
dft. ***draft*** Tratte *f*.
diff. ***different*** versch., verschieden; ***difference*** 'Unterschied *m*.
Dir. ***Director*** Dir., Di'rektor *m*.
disc. ***discount*** Dis'kont *m*, Abzug *m*.
dist. ***distance*** Entfernung *f*; ***district*** Bez., Bezirk *m*.
div. ***dividend*** Divi'dende *f*; ***divorced*** gesch., geschieden.
DIY ***do-it-yourself*** „mach es selber!“; (*in Zssgn*) Heimwerker ...
DJ ***disc jockey*** Diskjockey *m*; ***dinner jacket*** Smoking(jacke *f*) *m*.
DLit(t) ***Doctor of Letters, Doctor of Literature*** Doktor *m* der Litera'turwissenschaft.
DNA ***deoxyribonucleic acid*** DNS *f*.
do. ***ditto*** do., dito; dgl., desgleichen.
doc. ***document*** Doku'ment *n*, Urkunde *f*.
dol. ***dollar(s)*** Dollar *m* (*od. pl.*).
Dors. ***Dorsetshire*** (*engl. Grafschaft*).
doz. ***dozen(s)*** Dutzend *n od. pl.*
DP ***displaced person*** Verschleppte(r *m*) *f*; ***data processing*** DV, Datenverarbeitung *f*.
d/p ***documents against payment*** Doku'mente *pl.* gegen Zahlung.
DPh(il) ***Doctor of Philosophy*** Dr. phil., Doktor *m* der Philoso'phie.
Dpt. ***Department*** Abteilung *f*.
Dr. ***Doctor*** Dr., Doktor *m*; ***debtor*** Schuldner *m*.
dr. ***dra(ch)m*** Dram *n*, Drachme *f* (*Handelsgewicht*); ***drawer*** Tras'sant *m*.
d.s., d/s ***days after sight*** Tage nach Sicht (*bei Wechseln*).
DSc ***Doctor of Science*** Dr. rer. nat., Doktor *m* der Na'turwissenschaften.
DST ***Daylight-Saving Time*** Sommerzeit *f*.
DTh(eol) ***Doctor of Theology*** Dr. theol., Doktor *m* der Theolo'gie.
Dur. ***Durham*** (*engl. Grafschaft*).
DVD ***digital versatile*** (*od.* ***video***) ***disk*** digi'tale, vielseitig verwendbare (*od.* Video-)Disk.
dwt. ***pennyweight*** Pennygewicht *n*.
dz. ***dozen(s)*** Dutzend *n* (*od. pl.*).

E

E ***east*** O, Ost(en *m*); ***east(ern)*** ö, östlich; ***English*** engl., englisch.
E. & O. E. ***errors and omissions excepted*** Irrtümer und Auslassungen vorbehalten.
EC ***European Community*** EG, Euro'päische Gemeinschaft; ***East Central*** London Mitte-Ost (*Postbezirk*).
ECE ***Economic Commission for Europe*** 'Wirtschaftskommissi,on *f* für Eu'ropa (*des Wirtschafts- u. Sozialrates der UN*).
ECG ***electrocardiogram*** EKG, E'lektrokardio,gramm *n*.
ECOSOC ***Economic and Social Council*** Wirtschafts- und Sozi'alrat *m* (*der UN*).
ECSC ***European Coal and Steel Community*** EGKS, Euro'päische Gemeinschaft für Kohle und Stahl.
ECU ***European Currency Unit(s)*** Euro'päische Währungseinheit(en *pl.*) *f*.

Ed., ed. ***edition*** Aufl., Auflage *f*; ***edited*** hrsg., her'ausgegeben; ***editor*** Hrsg., Her'ausgeber *m*.
EDP ***electronic data processing*** EDV, elek'tronische Datenverarbeitung.
E.E., E./E. ***errors excepted*** Irrtümer vorbehalten.
EEC *hist.* ***European Economic Community*** EWG, Euro'päische Wirtschaftsgemeinschaft.
EEG ***electroencephalogram*** EEG *n*, Elektroenzephalo'gramm *n*.
EFL ***English as a Foreign Language*** English *n* als Fremdsprache.
EFTA ['eftə] ***European Free Trade Association*** EFTA, Euro'päische Freihandelsgemeinschaft.
Eftpos ***electronic funds transfer at point of sale*** Zahlungsart „ec-Kasse".
e.g. ***exempli gratia*** (*Lat.* = ***for instance***) z. B., zum Beispiel.
EMS ***European Monetary System*** EWS, Euro'päisches 'Währungssy,stem.
enc(l). ***enclosure(s)*** Anl., Anlage(n *pl.*) *f*.
Eng(l). ***England*** Engl., England *n*; ***English*** engl., englisch.
ENT ***ear, nose, and throat*** HNO..., Hals-Nasen-Ohren-....
ESA ***European Space Agency*** Euro'päische Weltraumbehörde.
ESP ***extrasensory perception*** außersinnliche Wahrnehmung.
Esq(r). ***Esquire*** (*in Briefadressen, nachgestellt*) Herrn.
ESRO ***European Space Research Organization*** ESRO, Euro'päische Organisati'on für Weltraumforschung.
Ess. ***Essex*** (*engl. Grafschaft*).
est. ***established*** gegr., gegründet; ***estimated*** gesch., geschätzt.
E Sx ***East Sussex*** (*engl. Grafschaft*).
ETA ***estimated time of arrival*** vo'raussichtliche Ankunft(szeit).
etc., &c. ***et cetera, and the rest, and so on*** etc., usw., und so weiter.
ETD ***estimated time of departure*** vo'raussichtliche Abflugzeit *bzw.* Abfahrtszeit.
EU ***European Union*** EU *f*, Euro'päische Uni'on.
EURATOM [jʊər'ætəm] ***European Atomic Energy Community*** Eura'tom *f*, Euro'päische A'tomgemeinschaft.
excl. ***exclusive, excluding*** ausschl., ausschließlich, ohne.
ex div. ***ex dividend*** ohne (*od.* ausschließlich) Divi'dende.
ex int. ***ex interest*** ohne (*od.* ausschließlich) Zinsen.

F

F ***Fahrenheit*** (*Thermometereinteilung*); *univ.* ***Fellow*** (*siehe Wörterverzeichnis* ***fellow*** 6).
f. ***farthing*** (*ehemalige brit. Münze*); ***fathom*** Faden *m*, Klafter *m, n, f*; ***feminine*** w., weiblich; ***foot, feet*** Fuß *m od. pl.*; ***following*** folgend.
FA *Brit.* ***Football Association*** Fußballverband *m*.
f.a.a. ***free of all average*** frei von Beschädigung.
Fah(r). ***Fahrenheit*** (*Thermometereinteilung*).
FAO ***Food and Agriculture Organization*** Organisati'on *f* für Ernährung und Landwirtschaft (*der UN*).
FAQ, *pl. a.* **FAQs** ***frequently asked question(s)*** häufig gestellte Frage(n).
f.a.s. ***free alongside ship*** frei Längsseite (See)Schiff.
FBI ***Federal Bureau of Investigation*** Amer. Bundeskrimi'nalamt *n*; ***Federation of British Industries*** Brit. Indust'rieverband *m*.
FCC ***Federal Communications Commission*** Amer. 'Bundeskommissi,on *f* für das Nachrichtenwesen.
Feb. ***February*** Febr., Februar *m*.
fig. ***figure(s)*** Abb., Abbildung(en *pl.*) *f*.
FL, Fla. ***Florida*** (*Staat der USA*).
FM ***frequency modulation*** UKW (*Frequenzbereich der Ultrakurzwellen*).
fm ***fathom(s)*** Faden *m od. pl.*, Klafter *m, n, f od. pl.*
FO *Brit.* ***Foreign Office*** Auswärtiges Amt.
fo(l). ***folio*** Folio *n*, Seite *f*.
f.o.b. ***free on board*** frei Schiff.
f.o.r. ***free on rail*** frei Wag'gon.
FP ***freezing point*** Gefrierpunkt *m*; ***fireplug*** Hy'drant *m*.
Fr. ***France*** Frankreich *n*; ***French*** franz., fran'zösisch.
fr. ***franc(s)*** Franc(s *pl.*) *m*, Franken *m od. pl.*
Fri. ***Friday*** Fr., Freitag *m*.
ft ***foot, feet*** Fuß *m od. pl.*
FTC ***Federal Trade Commission*** Amer. Bundes'handelskommissi,on *f* (*zur Verhinderung unlauteren Wettbewerbs*).
fur. ***furlong(s)*** (*Längenmaß*).
FX, f/x ***effects*** *pl. TV, Film*: Ef'fekte *pl.*

G

g ***gram(s), gramme(s)*** g, Gramm *n od. pl.*; ***gallon(s)*** Gal'lone(n *pl.*) *f*.
g. ***ga(u)ge*** Nor'malmaß *n*; 🚂 Spur *f*; ***guinea*** Gui'nee *f* (*105 p*).
GA ***general agent*** Gene'ralvertreter *m*; ***general assembly*** Hauptversammlung *f*; *siehe* **Ga**.
Ga. ***Georgia*** (*Staat der USA*).
gal(l). ***gallon(s)*** Gal'lone(n *pl.*) *f*.
GATT [gæt] ***General Agreement on Tariffs and Trade*** Allgemeines Zoll- und Handelsabkommen.

GB ***Great Britain*** GB, Großbri'tannien *n*; ***gigabyte***(***s*** *pl.*) GB, 'Gigabyte *n od. pl.*
G.B.S. ***George Bernard Shaw*** (*irischer Dramatiker*).
GCB (***Knight***) ***Grand Cross of the Bath*** (Ritter *m* des) Großkreuz(es) *n* des Bath-Ordens.
GCE ***General Certificate of Education*** (*siehe Wörterverzeichnis*).
GCSE ***General Certificate of Secondary Education*** (*schulische Abschlussprüfung, die seit 1988 u. a. die "O-levels" des* **GCE** *ersetzt*).
GDP ***gross domestic product*** ✝ BIP *n*, Brutto'inlandspro,dukt *n*.
Gen. ***General*** Gene'ral *m*.
gen. ***general***(***ly***) allgemein.
Ger. ***German*** deutsch, Deutsche(r *m*) *f*; ***Germany*** Deutschland *n*.
GI ***government issue*** von der Regierung ausgegeben, Staatseigentum *n*; *der* amer. Sol'dat.
gi. ***gil***(***s***) Viertelpinte(n *pl.*) *f*.
GLC ***Greater London Council*** (*ehemaliger*) Stadtrat *m* von Groß-London.
Glos. ***Gloucestershire*** (*engl. Grafschaft*).
GMT ***Greenwich Mean Time*** WEZ, 'westeuro,päische Zeit.
GNP ***gross national product*** ✝ Brutto-sozi'alpro,dukt *n*.
gns. ***guineas*** Gui'neen *pl.*
GOP *Am.* ***Grand Old Party*** Republi'kanische Par'tei.
Gov. ***Government*** Regierung *f*; ***Governor*** Gouver'neur *m*.
Govt, **govt** ***government*** Regierung *f*.
GP ***general practitioner*** Arzt *m* (Ärztin *f*) für Allge'meinmedi,zin; ***Gallup Poll*** 'Meinungs,umfrage *f* (*insbes. zum Wählerverhalten*).
GPO ***General Post Office*** Hauptpostamt *n*.
gr. ***grain***(***s***) Gran *n* (*od. pl.*); ***gross*** brutto; Gros *n od. pl.* (*12 Dutzend*).
gr.wt ***gross weight*** Bruttogewicht *n*.
gs ***guineas*** Gui'neen *pl.*
gtd, **guar.** ***guaranteed*** garantiert.

H

h. ***hour***(***s***) Std., Stunde(n *pl.*) *f*, Uhr (*bei Zeitangaben*); ***height*** Höhe *f*.
h&c ***hot and cold*** warm u. kalt (*Wasser*).
Hants. ***Hampshire*** (*engl. Grafschaft*).
HBM ***His*** (***Her***) ***Britannic Majesty*** Seine (Ihre) Bri'tannische Maje'stät.
HC *Brit.* ***House of Commons*** 'Unterhaus *n*; ***Holy Communion*** heiliges Abendmahl, heilige Kommuni'on.
hdbk ***handbook*** Handbuch *n*.
HE ***high explosive*** hochexplo'siv; ***His Eminence*** Seine Emi'nenz *f*; ***His*** (***Her***) ***Excellency*** Seine (Ihre) Exzel'lenz *f*.
Heref. ***Herefordshire*** (*ehemal. engl. Grafschaft*).
Herts. ***Hertfordshire*** (*engl. Grafschaft*).
HF ***high frequency*** 'Hochfre,quenz *f*; *Brit.* ***Home Fleet*** Flotte *f* in den Heimatgewässern.
hf ***half*** halb.
hf.bd ***half bound*** in Halbfranz gebunden (*Halbleder*).
HGV *Brit.* ***heavy goods vehicle*** Schwerlastkraftwagen *m*, F Schwerlaster *m*.
hhd ***hogshead*** (*Hohlmaß, etwa 240 Liter*); großes Fass.
HI ***Hawaii*** (*Staat der USA*).
HIV ***human immunodeficiency virus*** HIV *n*.
HL *Brit.* ***House of Lords*** Oberhaus *n*.
HM ***His*** (***Her***) ***Majesty*** Seine (Ihre) Maje'stät.
HMS ***His*** (***Her***) ***Majesty's Service*** Dienst *m*, ✉ Dienstsache *f*; ***His*** (***Her***) ***Majesty's Ship*** (***Steamer***) Seiner (Ihrer) Maje'stät Schiff *n* (Dampfschiff *n*).
HMSO ***His*** (***Her***) ***Majesty's Stationery Office*** (*Brit. Staatsdruckerei*).
HO ***Head Office*** Hauptge'schäftsstelle *f*, Zen'trale *f*; *Brit.* ***Home Office*** 'Innenmini,sterium *n*.
Hon. ***Honorary*** ehrenamtlich; ***Hono***(***u***)***rable*** (*der od. die*) Ehrenwerte (*Anrede und Titel*).
HP, **hp** ***horsepower*** PS, Pferdestärke *f*; ***high pressure*** Hochdruck *m*; ***hire purchase*** Ratenkauf *m*.
HQ, Hq. ***Headquarters*** Stab(squartier *n*) *m*, Hauptquartier *n*.
HR *Am.* ***House of Representatives*** Repräsen'tantenhaus *n*.
hr ***hour***(***s***) Stunde(n *pl.*) *f*.
HRH ***His*** (***Her***) ***Royal Highness*** Seine (Ihre) Königliche Hoheit.
hrs ***hours*** Std., Stunden *pl.*
HT, **h.t.** ***high tension*** Hochspannung *f*.
ht ***height*** H., Höhe *f*.
Hunts. ***Huntingdonshire*** (*ehemal. engl. Grafschaft*).
HWM ***high-water mark*** Hochwasserstandsmarke *f*.

I

I. ***island***(***s***), ***isle***(***s***) Insel(n *pl.*) *f*.
IA, **Ia.** ***Iowa*** (*Staat der USA*).
IATA [aɪ'ɑːtə] ***International Air Transport Association*** Internatio'naler Luftverkehrsverband.
IBA ***Independent Broadcasting Authority*** (*Dachorganisation der brit. privaten Fernseh- u. Rundfunkanstalten*).
ib(**id**). ***ibidem*** (*Lat.* = ***in the same place***) ebd., ebenda.
IBRD ***International Bank for Recon-***

struction and Development Internatio'nale Bank für Wieder'aufbau und Entwicklung, Weltbank *f.*

IC ***integrated circuit*** inte'grierter Schaltkreis.

ICAO ***International Civil Aviation Organization*** Internatio'nale Zi'villuftfahrt-Organisati,on.

ICBM ***intercontinental ballistic missile*** interkontinen'taler bal'listischer Flugkörper, Interkontinen'talra,kete *f.*

ICFTU ***International Confederation of Free Trade Unions*** Internatio'naler Bund Freier Gewerkschaften.

ICJ ***International Court of Justice*** IG, Internatio'naler Gerichtshof.

ICU ***intensive care unit*** Inten'sivstati,on *f.*

ID ***Idaho*** (*Staat der USA*); ***identity*** Identi'tät *f*; ***Intelligence Department*** Nachrichtenamt *n.*

Id(a). ***Idaho*** (*Staat der USA*).

IDP ***international driving permit*** internatio'naler Führerschein.

i.e. ***id est*** (*Lat.* = ***that is to say***) d. h., das heißt.

IHP, ihp ***indicated horsepower*** i. PS, indizierte Pferdestärke.

IL, Ill. ***Illinois*** (*Staat der USA*).

ILO ***International Labo(u)r Organization*** Internatio'nale 'Arbeitsorganisati,on.

ILS ***instrument landing system*** Instru'menten,landesy,stem *n.*

IMF ***International Monetary Fund*** IWF, Internatio'naler Währungsfonds.

Imp. ***Imperial*** Reichs..., Empire...

IN ***Indiana*** (*Staat der USA*).

in. ***inch(es)*** Zoll *m* (*od. pl.*).

Inc. ***Incorporated*** (amtlich) eingetragen.

incl. ***inclusive, including*** einschl., einschließlich.

incog. ***incognito*** in'kognito (*unter anderem Namen*).

Ind. ***Indiana*** (*Staat der USA*).

inst. ***instant*** d. M., dieses Monats.

I/O ***input/output*** 'Input *m*/'Output *m* (*-Ana,lyse etc.*).

IOC ***International Olympic Committee*** Internatio'nales O'lympisches Komi'tee.

I. of M. ***Isle of Man*** (*engl. Insel*).

I. of W. ***Isle of Wight*** (*engl. Insel*; *Grafschaft*).

IOM *siehe* ***I. of M.***

IOU ***I owe you*** Schuldschein *m.*

IOW *siehe* ***I. of W.***

IPA ***International Phonetic Association*** Internatio'nale Pho'netische Gesellschaft.

IQ ***intelligence quotient*** Intelli'genzquoti,ent *m.*

Ir. ***Ireland*** Irland *n*; ***Irish*** irisch.

IRA ***Irish Republican Army*** IRA, 'Irisch-Republi'kanische Ar'mee.

IRBM ***intermediate-range ballistic missile*** 'Mittelstreckenra,kete *f.*

ISBN ***international standard book number*** ISB'N-Nummer *f.*

ISDN ***integrated services digital network*** Dienste integrierendes digi'tales Fernmeldenetz.

ISO ***International Organization for Standardization*** IOS, Internatio'nale Organisati'on für Standardisierung, Internatio'nale 'Normenorganisati,on.

ITV ***Independent Television*** (*unabhängige brit. kommerzielle Fernsehanstalten*).

IUD ***intrauterine device*** Intraute'rinpes,sar *n*, -spi,rale *f.*

IYHF ***International Youth Hostel Federation*** Internatio'naler Jugendherbergsverband.

J

J. ***judge*** Richter *m*; ***justice*** Ju'stiz *f*; Richter *m.*

Jan. ***January*** Jan., Januar *m.*

JATO ['dʒeɪtəʊ] ***jet-assisted takeoff*** Start *m* mit 'Startra,kete.

JC ***Jesus Christ*** Jesus Christus *m.*

JCB ***Juris Civilis Baccalaureus*** (*Lat.* = ***Bachelor of Civil Law***) Bakka'laureus *m* des Zi'vilrechts.

JCD ***Juris Civilis Doctor*** (*Lat.* = ***Doctor of Civil Law***) Doktor *m* des Zi'vilrechts.

Jnr ***junior*** *siehe* ***Jr, jun(r)***.

JP ***Justice of the Peace*** Friedensrichter *m.*

Jr ***junior*** (*Lat.* = ***the younger***) jr., jun., der Jüngere.

JUD ***Juris Utriusque Doctor*** (*Lat.* = ***Doctor of Civil and Canon Law***) Doktor *m* beider Rechte.

Jul. ***July*** Jul., Juli *m.*

Jun. ***June*** Jun., Juni *m.*

jun(r). ***junior*** (*Lat.* = ***the younger***) jr., jun., der Jüngere.

K

Kan(s). ***Kansas*** (*Staat der USA*).

KB ***kilobyte(s pl.)*** KB, 'Kilobyte *n od. pl.*

KC ***Knight Commander*** Kom'tur *m*, Großmeister *m*; *Brit.* ***King's Counsel*** Kronanwalt *m.*

KCB ***Knight Commander of the Bath*** Großmeister *m* des Bath-Ordens.

Ken. ***Kentucky*** (*Staat der USA*).

kg ***kilogram(me)(s)*** kg, Kilogramm *n* (*od. pl.*).

kHz ***kilohertz*** kHz, Kilo'hertz *n od. pl.*

KIA ***killed in action*** gefallen.

KKK ***Ku Klux Klan*** (*geheime Terrororganisation in den USA*).

km *Brit.* ***kilometre(s)***, *Am.* ***kilometer(s)*** km, Kilo'meter *m* (*od. pl.*).
KO, k.o. ***knockout*** K.o., Knock-out *m.*
KP ***kitchen police*** *Am.* ⚔ *sl.* Küchendienst *m* (*Personen*).
k.p.h. *Brit.* ***kilometre(s) per hour***, *Am.* ***kilometer(s) per hour*** 'Stundenkilo,meter *m* (*od. pl.*).
KS ***Kansas*** (*Staat der USA*).
kV ***kilovolt(s)*** kV, Kilo'volt *n* (*od. pl.*).
kW ***kilowatt(s)*** kW, Kilo'watt *n* (*od. pl.*).
KY, Ky ***Kentucky*** (*Staat der USA*).

L

L *Brit.* ***learner (driver)*** Fahrschüler(in) (*Plakette an Kraftfahrzeugen*).
l. ***left*** l., links; ***length*** Länge *f*; ***line*** Z., Zeile *f*; Lin., Linie *f*; (*meist* **l**) *Brit.* ***litre(s)***, *Am.* ***liter(s)*** l, Liter *m*, *n* (*od. pl.*).
£ ***pound(s) sterling*** Pfund *n* (*od. pl.*) Sterling (*Währung*).
LA ***Los Angeles*** (*Stadt in Kalifornien*); ***Louisiana*** (*Staat der USA*).
La. ***Louisiana*** (*Staat der USA*).
£A ***Australian pound*** au'stralisches Pfund (*Währung*).
Lab. ***Labrador*** (*Kanad. Halbinsel*).
Lancs. ***Lancashire*** (*engl. Grafschaft*).
lang. ***language*** Spr., Sprache *f.*
lat. ***latitude*** geo'graphische Breite.
lb. ***pound(s)*** Pfund *n* (*od. pl.*) (*Gewicht*).
L/C ***letter of credit*** Kre'ditbrief *m.*
LCD ***liquid crystal display*** *Computer etc.*: LC'D-Anzeige *f*, 'Flüssigkristall,anzeige *f.*
LCJ *Brit.* ***Lord Chief Justice*** Lord-'oberrichter *m.*
Ld. ***Lord*** Lord *m.*
£E ***Egyptian pound*** ä'gyptisches Pfund (*Währung*).
LED ⚙ ***light-emitting diode*** 'Leuchtdi,ode *f.*
Leics. ***Leicestershire*** (*engl. Grafschaft*).
Lincs. ***Lincolnshire*** (*engl. Grafschaft*).
LJ *Brit.* ***Lord Justice*** Lordrichter *m.*
ll. ***lines*** Zeilen *pl.*; Linien *pl.*
LL D ***Legum Doctor*** (*Lat.* = ***Doctor of Laws***) Dr. jur., Doktor *m* der Rechte.
LMT ***local mean time*** mittlere Ortszeit (*in USA*).
loc. cit. ***loco citato*** (*Lat.* = ***in the place cited***) a. a. O., am angeführten Ort.
lon(g). ***longitude*** geo'graphische Länge.
LP ***long-playing record*** LP, Langspielplatte *f*; ***Labour Party*** (*brit. Linkspartei*); *siehe* **l.p.**
l.p. ***low pressure*** Tiefdruck *m.*
LPG ***liquefied petroleum gas*** Flüssiggas *n.*
LPO ***London Philharmonic Orchestra*** *das* Londoner Philhar'monische Or-'chester
L'pool ***Liverpool*** *n.*
LSD ***lysergic acid diethylamide*** LSD, Lysergsäurediäthylamid *n.*
LSE ***London School of Economics*** (*renommierte Londoner Wirtschaftshochschule*).
LSO ***London Symphony Orchestra*** *das* Londoner Sinfo'nie-Or,chester.
Lt. ***Lieutenant*** Leutnant *m.*
l.t. ***low tension*** Niederspannung *f.*
Lt.-Col. ***Lieutenant-Colonel*** Oberst-'leutnant *m.*
Ltd. ***limited*** mit beschränkter Haftung.
Lt.-Gen. ***Lieutenant-General*** Gene'ralleutnant *m.*

M

m ***male*** m, männlich; ***masculine*** m, männlich; ***married*** verh., verheiratet; *Brit.* ***metre(s)***, *Am.* ***meter(s)*** m, Meter *m*, *n od. pl.*; ***mile(s)*** M., Meile(n *pl.*) *f*; ***minute(s)*** min., Min., Mi'nute(n *pl.*) *f.*
MA ***Master of Arts*** Ma'gister *m* der Philoso'phie; ***Massachusetts*** (*Staat der USA*); ***military academy*** Mili'tärakade,mie *f.*
Maj. ***Major*** Ma'jor m.
Maj.-Gen. ***Major-General*** Gene'ralma,jor *m.*
Man. ***Manitoba*** (*Kanad. Provinz*).
Mar. ***March*** März *m.*
Mass. ***Massachusetts*** (*Staat der USA*).
max. ***maximum*** Max., Maximum *n.*
MB ***Medicinae Baccalaureus*** (*Lat.* = ***Bachelor of Medicine***) Bakka'laureus *m* der Medi'zin; ***megabyte(s pl.)*** MB, 'Megabyte *n. od. pl.*
MC ***Master of Ceremonies*** Zere'monienmeister *m*; *Am.* Conférencier *m*; *Am.* ***Member of Congress*** Parla-'mentsmitglied *n.*
MCA ***maximum credible accident*** GAU *m*, größter anzunehmender Störfall.
MD ***Maryland*** (*Staat der USA*); ***Managing Director*** geschäftsführender Di-'rektor; ***Medicinae Doctor*** (*Lat.* = ***Doctor of Medicine***) Dr. med., Doktor *m* der Medi'zin.
M/D ***months' date*** Monate nach heute.
Md. ***Maryland*** (*Staat der USA*).
MDS ***Master of Dental Surgery*** Ma-'gister *m* der 'Zahnmedi,zin.
ME, Me. ***Maine*** (*Staat der USA*).
med. ***medical*** med., medi'zinisch; ***medicine*** Med., Medi'zin *f*; ***medieval*** mittelalterlich.
MEP ***Member of the European Parliament*** Mitglied *n* des Euro'päischen Parlaments, Eu'ropaabgeordnete(r *m*) *f.*

mg ***milligram(me)(s)*** mg, Milligramm *n od. pl.*
MI ***Michigan*** (*Staat der USA*).
mi. ***mile(s)*** M., Meile(n *pl.*) *f.*
Mich. ***Michigan*** (*Staat der USA*).
Middx. ***Middlesex*** (*ehemal. engl. Grafschaft*).
min. ***minute(s)*** min., Min., Mi'nute(n *pl.*) *f*; ***minimum*** Min., Minimum *n.*
Minn. ***Minnesota*** (*Staat der USA*).
Miss. ***Mississippi*** (*Staat der USA*).
mm *Brit.* ***millimetre(s)***, *Am.* ***millimeter(s)*** mm, Milli'meter *m, n od. pl.*
MN ***Minnesota*** (*Staat der USA*).
MO ***Missouri*** (*Staat der USA*); ***mail order*** *siehe Wörterverzeichnis*; ***money order*** Postanweisung *f*, Zahlungsanweisung *f.*
Mo. ***Missouri*** (*Staat der USA*).
Mon. ***Monday*** Mo., Montag *m.*
Mont. ***Montana*** (*Staat der USA*).
MOR ***middle-of-the-road*** *siehe Wörterverzeichnis.*
MP *Brit.* ***Member of Parliament*** Abgeordnete(r) *m* des 'Unterhauses; ***Military Police*** Mili'tärpoli,zei *f.*
mpg ***miles per gallon*** Meilen *pl.* pro Gal'lone (*Maß für Benzinverbrauch*).
mph ***miles per hour*** Stundenmeilen *pl.*
MPharm ***Master of Pharmacy*** Ma'gister *m* der Pharma'zie.
MPV ***multi-purpose vehicle*** Mehrzweckfahrzeug *n.*
Mr ['mɪstə] ***Mister*** Herr *m.*
MRI ⚕ ***magnetic resonance imaging*** ,Kernspintomogra'phie *f.*
Mrs ['mɪsɪz] *ursprünglich* ***Mistress*** Frau *f.* **MS** ***Mississippi*** (*Staat der USA*); ***manuscript*** Mskr(pt)., Manu'skript *n*; ***motorship*** Motorschiff *n.*
Ms [mɪz] Frau *f* (*neutrale Anredeform für unverheiratete und verheiratete Frauen*).
MSc ***Master of Science*** Ma'gister *m* der Na'turwissenschaften.
MSL ***mean sea level*** mittlere (See)Höhe, Nor'malnull *n.*
MSS ***manuscripts*** Manu'skripte *pl.*
MT ***Montana*** (*Staat der USA*).
Mt ***Mount*** Berg *m.*
mt ***megaton*** Megatonne *f.*
M'ter ***Manchester*** *n.*
MTh ***Master of Theology*** Ma'gister *m* der Theolo'gie.
Mx ***Middlesex*** (*ehemal. engl. Grafschaft*).

N

N ***north*** N, Nord(en *m*); ***north(ern)*** n, nördlich.
n ***neuter*** n, Neutrum *n*, neu'tral; ***noun*** Subst., Substantiv *n*; ***noon*** Mittag *m.*
n/a ***not applicable*** nicht zutreffend.
NAAFI ['næfɪ] *Brit.* ***Navy, Army and Air Force Institutes*** (*Truppenbetreuungsinstitution der brit. Streitkräfte, u. a. für Kantinen u. Geschäfte zuständig*).
NASA ['næsə] *Am.* ***National Aeronautics and Space Administration*** Natio'nale Luft- u. Raumfahrtbehörde *f.*
nat. ***national*** nat., natio'nal; ***natural*** nat., na'türlich.
NATO ['neɪtəʊ] ***North Atlantic Treaty Organization*** Nordat'lantikpakt-Organisati,on *f.*
NB ***New Brunswick*** (*Kanad. Provinz*).
NBC *Am.* ***National Broadcasting Company*** Natio'nale Rundfunkgesellschaft.
NBG F ***no bloody good*** nicht zu gebrauchen, (völlig) wertlos.
NC ***North Carolina*** (*Staat der USA*).
NCB *Brit.* ***National Coal Board*** Natio'nale Kohlenbehörde; ***no claims bonus*** 'Schadenfreiheitsra,batt *m.*
n.d. ***no date*** ohne Datum.
ND, **N Dak.** ***North Dakota*** (*Staat der USA*).
NE ***Nebraska*** (*Staat der USA*); ***northeast*** NO, Nord'ost(en *m*); ***northeast(ern)*** nö, nord'östlich.
Neb(r). ***Nebraska*** (*Staat der USA*).
neg. ***negative*** neg., negativ.
Nev. ***Nevada*** (*Staat der USA*).
NF ***Newfoundland*** (*Kanad. Provinz*).
N/F ***no funds*** keine Deckung.
Nf(l)d ***Newfoundland*** (*Kanad. Provinz*).
NH ***New Hampshire*** (*Staat der USA*).
NHS *Brit.* ***National Health Service*** Staatlicher Gesundheitsdienst.
NJ ***New Jersey*** (*Staat der USA*).
NM, **N Mex.** ***New Mexico*** (*Staat der USA*).
No. ***North*** N, Nord(en *m*); ***numero*** Nr., Nummer *f*; ***number*** Zahl *f.*
Norf. ***Norfolk*** (*engl. Grafschaft*).
Northants. ***Northamptonshire*** (*engl. Grafschaft*).
Northd., **Northumb.** ***Northumberland*** (*engl. Grafschaft*).
Notts. ***Nottinghamshire*** (*engl. Grafschaft*).
Nov. ***November*** Nov., No'vember *m.*
n.p. or d. ***no place or date*** ohne Ort oder Datum.
NS ***Nova Scotia*** (*Kanad. Provinz*).
NSB *Brit.* ***National Savings Bank*** *etwa* Postsparkasse *f.*
NSPCC ***National Society for the Prevention of Cruelty to Children*** (*brit. Kinderschutzverein*).
NSW ***New South Wales*** (*Bundesstaat Australiens*).
NT ***New Testament*** NT, Neues Testa'ment; ***Northern Territory*** (*Verwaltungsbezirk Australiens*).
nt.wt. ***net weight*** Nettogewicht *n.*
NV ***Nevada*** (*Staat der USA*).
NW ***northwest*** NW, Nord'west(en *m*); ***northwest(ern)*** nw, nord'westlich.

NWT ***Northwest Territories*** (*N-Kanada östl. des Yukon Territory*).
NY ***New York*** (*Staat der USA*).
NYC ***New York City*** (die Stadt) New York.
N Yorks. ***North Yorkshire*** (*engl. Grafschaft*).

O

O. ***Ohio*** (*Staat der USA*); ***order*** Auftr., Auftrag *m*.
o/a on account of auf Rechnung von.
OAP ***old-age pensioner*** (Alters)Rentner(in), 'Ruhegeldemˌpfänger(in).
OAS ***Organization of American States*** Organisati'on *f* ameri'kanischer Staaten.
OAU ***Organization of African Unity*** Organisati'on *f* für Afri'kanische Einheit.
ob. ***obiit*** (*Lat.* = ***died***) gest., gestorben.
OC ⚔ ***officer commanding*** befehlshabende(r) Offi'zier.
Oct. ***October*** Okt., Ok'tober *m*.
OECD ***Organization for Economic Cooperation and Development*** Organisati'on *f* für wirtschaftliche Zu'sammenarbeit und Entwicklung.
OH ***Ohio*** (*Staat der USA*).
OHMS ***On His*** (***Her***) ***Majesty's Service*** im Dienste Seiner (Ihrer) Maje'stät; ✉ Dienstsache *f*.
OHP ***overhead projector*** 'Overheadproˌjektor *m*.
OK ***Oklahoma*** (*Staat der USA*); *siehe* ***O.K.***
O.K. (*möglicherweise aus:*) ***all correct*** in Ordung.
Okla. ***Oklahoma*** (*Staat der USA*).
o.n.o. ***or near(est) offer*** VB, Verhandlungsbasis *f*.
Ont. ***Ontario*** (*Kanad. Provinz*).
OPEC ['əʊpek] ***Organization of Petroleum Exporting Countries*** Organisati'on *f* der Erdöl exportierenden Länder.
OR ***Oregon*** (*Staat der USA*).
o.r. ***owner's risk*** auf Gefahr des Eigentümers.
Ore(g). ***Oregon*** (*Staat der USA*).
OT ***Old Testament*** AT, Altes Testa'ment.
OTT *Brit.* F ***over the top*** (maßlos) über'trieben
OUP ***Oxford University Press*** Verlag *m* der Universi'tät Oxford.
Oxon. ***Oxfordshire*** (*engl. Grafschaft*); ***Oxoniensis*** (*Titel etc.*) der Universi'tät Oxford.
oz. ***ounce(s)*** Unze(n *pl.*) *f*.

P

p ***penny, pence*** (*brit. Münze*).
p. ***page*** S., Seite *f*; ***part*** T., Teil *m*.
PA, Pa. ***Pennsylvania*** (*Staat der USA*).
p.a. ***per annum*** (*Lat.* = ***yearly***) jährlich.
par(a). ***paragraph*** Par., Para'graph *m*, Abschnitt *m*.
PAS *mot.* ***power-assisted steering*** 'Servolenkung *f*.
PAYE ***pay as you earn*** (*Brit. Quellenabzugsverfahren. Arbeitgeber zieht Lohn- bzw. Einkommensteuer direkt vom Lohn bzw. Gehalt ab*).
PC *Brit.* ***police constable*** Schutzmann *m*; ***Personal Computer*** PC, Perso'nalcomˌputer *m*; *Am.* ***Peace Corps*** Friedenscorps *n*.
p.c. ***per cent*** %, Pro'zent *n od. pl.*; ***postcard*** Postkarte *f*.
p/c price current Preisliste *f*.
pcl. ***parcel*** Pa'ket *n*.
pcs. ***pieces*** Stück(e) *pl*.
PD ***Police Department*** Poli'zeibehörde *f*; ***per diem*** (*Lat.* = ***by the day***) pro Tag.
pd. ***paid*** bez., bezahlt.
PDA ***personal digital assistant*** (*Palmtop-Computer als elektronisches Notizbuch*).
PE ***physical education*** Sport *m* (*Schulfach*).
PEI ***Prince Edward Island*** (*Kanad. Provinz*).
PEN [pen], *mst* **PEN Club** (***International Association of***) ***Poets, Playwrights, Editors, Essayists and Novelists*** PEN-Club *m* (*Internationaler Verband von Dichtern, Dramatikern, Redakteuren, Essayisten und Romanschriftstellern*).
Penn(a). ***Pennsylvania*** (*Staat der USA*).
per pro(c). ***per procurationem*** (*Lat.* = ***by proxy***) pp., ppa., per Pro'kura.
PhD ***Philosophiae Doctor*** (*Lat.* = ***Doctor of Philosophy***) Dr. phil., Doktor *m* der Philoso'phie.
PIN ***personal identification number*** PIN *m, f*, Geheimzahl *f*.
Pk. ***Park*** Park *m*; ***Peak*** Spitze *f*, (Berg-)Gipfel *m*.
Pl. ***Place*** Platz *m*.
PLC, Plc, plc *Brit.* ***public limited company*** AG, Aktiengesellschaft *f*.
PM *bsd. Brit.* ***Prime Minister*** Premi'erminister(in).
p.m. ***post meridiem*** (*Lat.* = ***after noon***) nachm., nachmittags, ab., abends.
PO ***post office*** Postamt *n*; ***postal order*** Postanweisung *f*.
POB ***post-office box*** Postschließfach *n*.
p.o.d. ***pay on delivery*** Nachnahme *f*.
POO ***post-office order*** Postanweisung *f*.
pos(it). ***positive*** pos., positiv.
POW ***prisoner of war*** Kriegsgefangene(r) *m*.

p.p. ***per procurationem*** (*Lat.* = ***by proxy***) pp., ppa., per Pro'kura.
pp. ***pages*** Seiten *pl.*
PR ***public relations*** PR, Öffentlichkeitsarbeit *f.*
pref. ***preface*** Vw., Vorwort *n.*
Pres. ***President*** Präsi'dent *m.*
pro. ***professional*** professio'nell, Berufs...
Prof. ***Professor*** Pro'fessor *m.*
prol. ***prologue*** Pro'log *m.*
Prot. ***Protestant*** Prot., Prote'stant *m.*
prox. ***proximo*** (*Lat.* = ***next month***) n. M., nächsten Monats.
PS ***postscript*** PS, Post'skript *n*, Nachschrift *f.*
PT ***physical training*** Leibeserziehung *f.*
pt. ***part*** Teil *m*; ***payment*** Zahlung *f*; ***pint*** (*Brit. 0,57 l, Am. 0,47 l*); ***point*** *siehe Wörterverzeichnis.*
PTA ***Parent-Teacher Association*** Eltern-Lehrer-Vereinigung *f.*
Pte. *Brit.* ***Private*** Sol'dat *m* (*Dienstgrad*).
PTO, **p.t.o.** ***please turn over*** b.w., bitte wenden.
Pvt. *Am.* ***Private*** Sol'dat *m* (*Dienstgrad*).
PW ***prisoner of war*** Kriegsgefangene(r) *m.*
PX ***Post Exchange*** (*Verkaufsläden für Angehörige der amer. Streitkräfte*).

Q

QC *Brit.* ***Queen's Counsel*** Kronanwalt *m.*
Qld. ***Queensland*** (*Bundesstaat Australiens*).
qr ***quarter*** (*etwa 1*) Viertel'zentner *m* (*Handelsgewicht*).
qt ***quart*** Quart *n* (*Brit. 1,14 l, Am. 0,95 l*).
Que. ***Quebec*** (*Kanad. Provinz*).
quot. ***quotation*** Kurs-, Preisnotierung *f.*

R

R. ***Réaumur*** (*Thermometereinteilung*); ***River*** Strom *m*, Fluss *m.*
r. ***right*** r., rechts.
RA *Brit.* ***Royal Academy*** Königliche Akade'mie.
RAC *Brit.* ***Royal Automobile Club*** Königlicher Automo'bilklub.
RAF ***Royal Air Force*** Königlich-Brit. Luftwaffe *f.*
RAM *Computer*: ***random access memory*** Speicher *m* mit wahlfreiem Zugriff, Direktzugriffsspeicher *m.*
RC ***Roman Catholic*** r.-k., römisch-ka'tholisch.
Rd ***Road*** Str., Straße *f.*
recd ***received*** erhalten.
ref(c). (***in***) ***reference*** (***to***) (mit) Bezug *m* (auf); Empf., Empfehlung *f.*
regd ***registered*** eingetragen; ✉ eingeschrieben.
reg. tn ***register ton*** RT, Re'gistertonne *f.*
res. ***residence*** Wohnsitz, -ort *m*; ***research*** Forschung *f*; ***reserve*** Re'serve *f*, Reserve...
ret(d). ***retired*** i. R., im Ruhestand.
Rev(d). ***Reverend*** Ehrwürden (*Titel u. Anrede*).
RI ***Rhode Island*** (*Staat der USA*).
RLO *Brit.* ***Returned Letter Office*** Bü'ro *n* für unzustellbare Briefe.
rm ***room*** Zi., Zimmer *n.*
RMA *Brit.* ***Royal Military Academy*** Königliche Mili'tärakade,mie (*Sandhurst*).
RN ***Royal Navy*** Königlich-Brit. Ma'rine *f.*
RNA ***ribonucleic acid*** RN'S *f*, ,Ribonukle'insäure *f.*
ROM *Computer*: ***read only memory*** Nur-Lese-Speicher *m*, Fest(wert)speicher *m.*
RP ***received pronunciation*** Standardaussprache *f* (*des Englischen in Südengland*); ***reply paid*** Rückantwort bezahlt (*bei Telegrammen*).
r.p.m. ***revolutions per minute*** U/min., Um'drehungen *pl.* pro Mi'nute.
RR *Am.* ***Railroad*** Eisenbahn *f.*
RRP ***recommended retail price*** unverbindlicher (Einzelhandels-)Richtpreis, empfohlener Endverkaufspreis.
RS *Brit.* ***Royal Society*** Königliche Gesellschaft (*traditionsreicher u. bedeutendster naturwissenschaftlicher Verein Großbritanniens*).
RSPCA ***Royal Society for the Prevention of Cruelty to Animals*** (*brit. Tierschutzverein*).
RSVP ***répondez s'il vous plaît*** (*Fr.* = ***please reply***) u. A. w. g., um Antwort wird gebeten; Antwort erbeten.
rt ***right*** r., rechts.
Rt Hon. ***Right Honourable*** (*der od. die*) Sehr Ehrenwerte (*Titel u. Anrede*).
RU ***Rugby Union*** 'Rugby-Uni,on *f.*
RV *Am.* ***recreational vehicle*** Wohnmobil *n*; ***rendezvous point*** Treffpunkt *m*; ***revised version*** revi'dierte Über'setzung (*der Bibel*).
Ry *Brit.* ***Railway*** Eisenbahn *f.*

S

S ***south*** S, Süd(en *m*); ***south***(***ern***) s, südlich.
s ***second***(***s***) s, sec, sek., Sek., Se'kunde(n *pl.*) *f*; ***shilling***(***s***) Schilling(e *pl.*) *m.*
SA ***South Africa*** Süd'afrika *n*; ***South America*** S.A., Süda'merika *n*; ***South***

Australia (*Bundesstaat Australiens*); ***Salvation Army*** H.A., 'Heilsar,mee *f.*
s.a.e. *stamped addressed envelope* frankierter, mit (eigener) Anschrift versehener Briefumschlag.
Salop *Shropshire* (*engl. Grafschaft*).
SALT [sɔːlt] ***Strategic Arms Limitation Talks*** (*Verhandlungen zwischen der Sowjetunion und den USA über einen Vertrag zur Begrenzung und zum Abbau strategischer Waffensysteme*).
SASE *bsd. Am.* ***self-addressed stamped envelope*** frankierter, mit eigener Anschrift versehener Briefumschlag.
Sask. *Saskatchewan* (*Kanad. Provinz*).
Sat. *Saturday* Sa., Samstag *m*, Sonnabend *m.*
S Aus(tr). *South Australia* (*Bundesstaat Australiens*).
SB *sales book* Verkaufsbuch *n.*
SC *South Carolina* (*Staat der USA*); ***Security Council*** Sicherheitsrat *m* (*der UN*).
Sch. *school* Sch., Schule *f.*
SD, S Dak. *South Dakota* (*Staat der USA*).
SDP *Brit.* ***Social Democratic Party*** Sozi'aldemo,kratische Par'tei.
SE *southeast* SO, Süd'ost(en *m*); ***southeast(ern)*** sö, süd'östlich; ***Stock Exchange*** Börse *f.*
SEATO ['siːtəʊ] ***South-East Asia Treaty Organization*** Südost'asienpakt-Organisati,on *f* (*1977 aufgelöst*).
Sec. *Secretary* Sekr., Sekre'tär *m*; Mi'nister *m.*
sec. *second(s)* s, sec, sek., Sek., Se'kunde(n *pl.*) *f*; ***secondary*** *siehe Wörterverzeichnis.*
sen(r). *senior* (*Lat.* = ***the elder***) sen., der Ältere.
Sep(t). *September* Sep(t)., Sep'tember *m.*
Serg(t). *Sergeant* Fw, Feldwebel *m*; Wachtmeister *m.*
SF *science fiction* Science'fiction *f* (*Literatur*).
Sgt. *siehe* **Serg(t).**
sh *share* Aktie *f*; ***sheet*** Druckbogen *m* (*Buchdruck*); ***shilling(s)*** Schilling(e *pl.*) *m.*
SHAPE [ʃeɪp] ***Supreme Headquarters Allied Powers Europe*** 'Oberkom,mando *n* der Alliierten Streitkräfte in Eu'ropa.
SM *Sergeant-Major* Oberfeldwebel *m*; Oberwachtmeister *m.*
S/N *shipping note* Frachtannahmeschein *m*, Schiffszettel *m.*
Soc. *Society* Gesellschaft *f*; Verein *m.*
Som(s). *Somerset(shire)* (*engl. Grafschaft*).
SOS SOS (*Internationales Seenotzeichen*).
sp.gr. *specific gravity* sp.G., spe'zifisches Gewicht.
S.P.Q.R. *small profits, quick returns* kleine Gewinne, rasche Umsätze.
Sq. *Square* Platz *m.*
sq. *square* Quadrat...
sq.ft *square foot* Qua'dratfuß *m.*
sq.in. *square inch* Qua'dratzoll *m.*
Sr *senior* (*Lat.* = ***the elder***) sen., der Ältere.
SS *steamship* Dampfer *m*; ***saints*** *die* Heiligen *pl.*
St. *Saint ...* St., Sankt ...; ***Street*** Str., Straße *f*; ***Station*** B(h)f., Bahnhof *m.*
st. *stone* (*Gewicht*).
STA *scheduled time of arrival* planmäßige Ankunft(szeit).
Sta. *Station* B(h)f., Bahnhof *m.*
Staffs. *Staffordshire* (*engl. Grafschaft*).
STD *Brit.* ***subscriber trunk dialling*** Selbstwählfernverkehr *m*; ***scheduled time of departure*** planmäßige Abflugzeit *bzw.* Abfahrtszeit; ***sexually transmitted disease*** Geschlechtskrankheit *f.*
stg *sterling* Sterling *m* (*brit. Währungseinheit*).
STOL [stɒl] ***short takeoff and landing (aircraft)*** STOL-, Kurzstart(-Flugzeug *n*) *m.*
Str. *Strait* Straße *f* (*Meerenge*).
sub. *substitute* Ersatz *m.*
Suff. *Suffolk* (*engl. Grafschaft*).
Sun. *Sunday* So., Sonntag *m.*
supp(l). *supplement* Nachtrag *m.*
Suss. *Sussex* (*ehemal. engl. Grafschaft*).
SW *southwest* SW, Süd'west(en *m*).
Sy *Surrey* (*engl. Grafschaft*).
S Yorks. *South Yorkshire* (*engl. Grafschaft*).
Sx *Sussex* (*ehemal. engl. Grafschaft*).

T

t *ton(s)* Tonne(n *pl.*) *f* (*Handelsgewicht*).
T&E F *humor.* ***tired and emotional*** angeheitert, nicht mehr ganz nüchtern.
Tas. *Tasmania* (*Bundesstaat Australiens*).
TB *tuberculosis* Tb, Tbc, Tuberkulose *f.*
TC *Trusteeship Council* Treuhandschaftsrat *m* (*der UN*).
TD *Treasury Department* Fi'nanzmini,sterium *n* der USA.
tel. *telephone* Tel., Tele'fon *n.*
Tenn. *Tennessee* (*Staat der USA*).
TEOTWAWKI *the end of the world as we know it* das Ende der Welt, wie wir sie kennen.
Ter(r). *Terrace* (*in Straßennamen*) Häuserreihe *f* (*in Hanglage od. über einem Hang gelegen*); ***Territory*** (Hoheits)Gebiet *n*, Terri'torium *n.*

Tex. ***Texas*** (*Staat der USA*).
tgm. ***telegram*** Tele'gramm *n*.
TGWU ***Transport and General Workers' Union*** Trans'portarbeitergewerkschaft *f*.
Th., **Thu(r).**, **Thurs.** ***Thursday*** Do., Donnerstag *m*.
TLC F ***tender loving care*** liebevolle Zuwendung.
TMO ***telegraph money order*** tele'grafische Geldanweisung.
TN ***Tennessee*** (*Staat der USA*).
tn ***ton(s)*** Tonne(n *pl.*) *f* (*Handelsgewicht*).
TO ***Telegraph*** (***Telephone***) ***Office*** Tele'grafen- (Fernsprech)amt *n*; ***turnover*** 'Umsatz *m*.
TRH *Brit.* ***Their Royal Highnesses*** Ihre Königlichen Hoheiten.
TU ***Trade(s) Union(s)*** Gew., Gewerkschaft(en *pl.*) *f*.
Tu. ***Tuesday*** Di., Dienstag *m*.
TUC *Brit.* ***Trades Union Congress*** Gewerkschaftsverband *m*.
Tue(s). ***Tuesday*** Di., Dienstag *m*.
TV ***television*** FS, Fernsehen *n*; Fernseh...
TX ***Texas*** (*Staat der USA*).

U

U ***universal*** allgemein (*zugelassen*) (*Kinoprogramm ohne Jugendverbot*).
UEFA [juːˈeɪfə; -ˈiːfə] ***Union of European Football Associations*** U'EFA *f*.
UFO ***unidentified flying object*** Ufo *n*.
UHF ***ultrahigh frequency*** UHF, Ultra'hochfrequenz(bereich *m*) *f*, Dezi'meterwellenbereich *m*.
UHT ***ultra-heat-treated*** ultrahoch erhitzt (*Milch*).
UK ***United Kingdom*** Vereinigtes Königreich (*England, Schottland, Wales u. Nordirland*).
ult(o). ***ultimo*** (*Lat.* = ***in the last*** [***month***]) v. Mts., vorigen Monats.
UMW ***United Mine Workers*** Vereinigte Bergarbeiter *pl.* (*amer. Gewerkschaftsverband*).
UN ***United Nations*** Vereinte Nati'onen *pl.*
UNESCO [juːˈneskəʊ] ***United Nations Eductional, Scientific, and Cultural Organization*** Organisati'on *f* der Vereinten Nati'onen für Wissenschaft, Erziehung und Kul'tur.
UNICEF [ˈjuːnɪsef] ***United Nations Children's Fund*** (*früher* ***United Nations International Children's Emergency Fund***) Kinderhilfswerk *n* der Vereinten Nati'onen.
UNO ***United Nations Organization*** UNO *f*.
UNSC ***United Nations Security Council*** Sicherheitsrat *m* der Vereinten Nati'onen.
UPI ***United Press International*** (*amer. Nachrichtenagentur*).
URL ***uniform resource locator*** UR'L *f*, einheitlicher Quellenlokalisierer, 'Interneta,dresse *f*.
US ***United States*** Vereinigte Staaten *pl.*
u/s ***unserviceable*** nicht verwendbar, unbrauchbar (*Gerät etc.*); betriebsunfähig.
USA ***United States of America*** Vereinigte Staaten *pl.* von A'merika; ***United States Army*** Heer *n* der Vereinigten Staaten.
USAF(E) ***United States Air Force*** (***Europe***) Luftwaffe *f* der Vereinigten Staaten (in Eu'ropa).
USN ***United States Navy*** Ma'rine *f* der Vereinigten Staaten.
USS ***United States Senate*** Se'nat *m* der Vereinigten Staaten; ***United States Ship*** (Kriegs)Schiff *n* der Vereinigten Staaten.
USSR *hist.* ***Union of Soviet Socialist Republics*** UdSSR, Uni'on *f* der Sozia'listischen Sow'jetrepu,bliken.
UT, **Ut.** ***Utah*** (*Staat der USA*).
UV ***ultraviolet*** UV, 'ultravio,lett.

V

V ***Volt(s)*** V, Volt *n* (*od. pl.*).
v. ***very*** sehr; ***verse*** V., Vers *m*; ***versus*** (*Lat.* = ***against***) gegen; ***vide*** (*Lat.* = ***see***) s., siehe; ***volt(s)*** V, Volt *n* (*od. pl.*).
VA, **Va.** ***Virginia*** (*Staat der USA*).
VAT ***value added tax*** MwSt., Mehrwertsteuer *f*.
VCR ***video cassette recorder*** 'Videore,korder *m*.
VD ***venereal disease*** Geschlechtskrankheit *f*.
VDU ***visual display unit*** Bildschirm *m*, Datensichtgerät *n*.
VHF ***very high frequency*** VHF, UKW, Ultrakurzwelle(n *pl.*) *f*, Meterwellenbereich *m*.
Vic. ***Victoria*** (*Bundesstaat Australiens*).
VIN ***vehicle identification number*** Kfz-Kennzeichen *n*.
VIP ***very important person*** VIP *m*, ‚hohes Tier'.
Vis(c). ***Viscount(ess)*** Vi'comte *m* (Vicom'tesse *f*).
viz. ***videlicet*** (*Lat.* = ***namely***) nämlich.
vol. ***volume*** Bd., Band *m* (*eines Buches*).
vols. ***volumes*** Bde., Bände *pl.*
VP(res.) ***Vice President*** 'Vizepräsi,dent *m* (*stellvertretender Vorsitzender, Vorstandsmitglied etc.*).
vs. ***versus*** (*Lat.* = ***against***) gegen.
VSOP ***very superior old pale*** (*Bezeich-*

nung für 20–25 Jahre alten Branntwein, Portwein etc.).
VT, **Vt.** ***Vermont*** (*Staat der USA*).
VTOL ['vi:tɒl] ***vertical takeoff and landing*** (***aircraft***) Senkrechtstarter *m*.
v.v. ***vice versa*** (*Lat.* = ***conversely***) 'umgekehrt.

W

W ***west*** West(en *m*); ***west***(***ern***) w, westlich; ***watt***(***s***) W, Watt *n* (*od. pl.*).
w ***watt***(***s***) W, Watt *n* (*od. pl.*); ***week*** Wo., Woche *f*; ***width*** Weite *f*, Breite *f*; ***wife*** (Ehe)Frau *f*; ***with*** mit.
WA ***Washington*** (*Staat der USA*); *siehe* ***W Aus***(***tr***).
War(**ks**). ***Warwickshire*** (*engl. Grafschaft*).
Wash. ***Washington*** (*Staat der USA*).
WASP [wɒsp] ***White Anglo-Saxon Protestant*** (*protestantischer Amerikaner britischer od. nordeuropäischer Abstammung*).
W Aus(**tr**). ***Western Australia*** (*Bundesstaat Australiens*).
WC ***West Central*** London Mitte-West (*Postbezirk*); ***water closet*** WC, 'Wasserklo,sett *n*.
Wed(**s**). ***Wednesday*** Mi., Mittwoch *m*.
w.e.f. ***with effect from*** mit Wirkung vom.
WEU ***Western European Union*** 'Westeuro,päische Uni'on.
WFTU ***World Federation of Trade Unions*** Weltgewerkschaftsbund *m*.
WHO ***World Health Organization*** Welt-ge'sundheitsorganisati,on *f* (*der UN*).
WI ***West Indies*** 'West'indien *n*; *siehe* ***Wis***(***c***).
Wilts. ***Wiltshire*** (*engl. Grafschaft*).
Wis(**c**). ***Wisconsin*** (*Staat der USA*).
wk ***week*** Wo., Woche *f*; ***work*** Arbeit *f*.
wkly ***weekly*** wöchentlich.
wks ***weeks*** Wo., Wochen *pl*.
w/o ***without*** o., ohne.
Worcs. ***Worcestershire*** (*ehemal. engl. Grafschaft*).
WP, **w.p.** ***weather permitting*** (nur) bei gutem Wetter.
w.p.a. ***with particular average*** mit Teilschaden (*Versicherung inklusive Teilschaden*).
w.p.m. ***words per minute*** Wörter *pl.* pro Mi'nute.
w.r.t. ***with reference to*** bezüglich.
W Sx ***West Sussex*** (*engl. Grafschaft*).
W/T ***wireless telegraphy*** (***telephony***) drahtlose Telegra'fie (Telefo'nie).
wt ***weight*** Gewicht *n*.
WV, **W Va.** ***West Virginia*** (*Staat der USA*).
WW I (*od.* **II**) ***World War I*** (*od.* ***II***) der Erste (*od.* Zweite) Weltkrieg.
WYSIWYG ['wɪzɪwɪg] ***what you see is what you get*** 'WYSIWIG *n* (*Bildschirmdarstellung der Daten, die dem entspricht, was auf dem Ausdruck erscheint*).
WY, **Wyo.** ***Wyoming*** (*Staat der USA*).
W Yorks. ***West Yorkshire*** (*engl. Grafschaft*).
WWW ***World Wide Web*** *n* (*wichtigster Teil des Internets*).

X

x-d. ***ex dividend*** ohne Divi'dende.
x-i. ***ex interest*** ohne Zinsen.
Xm., **Xmas** ['krɪsməs; 'eksməs] ***Christmas*** Weihnacht(en *n*) *f*.
Xn ***Christian*** christlich.
Xroads ***crossroads*** Straßenkreuzung *f*.
Xt ***Christ*** Christus *m*.
Xtian ***Christian*** christlich.

Y

yd(**s**) ***yard***(***s***) Elle(n *pl.*) *f* (*Längenmaß*).
YHA ***Youth Hostels Association*** Jugendherbergsverband *m*.
YMCA ***Young Men's Christian Association*** CVJM, Christlicher Verein junger Männer.
Yorks. ***Yorkshire*** (*ehemal. engl. Grafschaft*).
yr, ***year*** Jahr *n*; ***your*** *siehe Wörterverzeichnis*; ***younger*** jünger(e, -es); junior.
yrs ***years*** Jahre *pl.*; ***yours*** *siehe Wörterverzeichnis*.
Y2K ***year 2000*** Jahr *n* 2000.
YWCA ***Young Women's Christian Association*** Christlicher Verein junger Frauen und Mädchen.

Eigennamen

A

Ab·er·deen [ˌæbəˈdiːn] *Stadt in Schottland*; ˌ**Ab·erˈdeen·shire** [-ʃə] *schottische Grafschaft* (*bis 1975*).
Ab·er·yst·wyth [ˌæbəˈrɪstwɪθ] *Stadt in Wales*.
A·bra·ham [ˈeɪbrəhæm] Abraham *m*.
A·chil·les [əˈkɪliːz] Aˈchilles *m*.
A·da [ˈeɪdə] Ada *f*, Adda *f*.
Ad·am [ˈædəm] Adam *m*.
Ad·di·son [ˈædɪsn] *englischer Autor*.
Ad·e·laide [ˈædəleɪd] *Stadt in Australien*; Adelheid *f*.
A·den [ˈeɪdn] Aden *n* (*Hauptstadt des Südjemen*).
Ad·i·ron·dacks [ˌædɪˈrɒndæks] *pl. Gebirgszug im Staat New York* (*USA*).
Ad·olf [ˈædɒlf], **A·dol·phus** [əˈdɒlfəs] Adolf *m*.
A·dri·an [ˈeɪdrɪən] Adrian *m*, Adriˈane *f*.
A·dri·at·ic Sea [ˌeɪdrɪˈætɪk ˈsiː] *das* Adriˈatische Meer.
Ae·ge·an Sea [iːˈdʒiːən ˈsiː] *das* Äˈgäische Meer, *die* Äˈgäis.
Aes·chy·lus [ˈiːskɪləs] Äschylus *m*.
Ae·sop [ˈiːsɒp] Äˈsop *m*.
Af·ghan·i·stan [æfˈgænɪstæn] Afˈghanistan *n*.
Af·ri·ca [ˈæfrɪkə] Afrika *n*.
Ag·a·tha [ˈægəθə] Aˈgathe *f*.
Ag·gie [ˈægɪ] *Koseform für* ***Agatha***, ***Agnes***.
Ag·nes [ˈægnɪs] Agnes *f*.
Aix-la-Cha·pelle [ˌeɪkslɑːʃæˈpel] Aachen *n*.
Al·a·bam·a [ˌæləˈbæmə] *Staat der USA*.
Al·an [ˈælən] *m*.
A·las·ka [əˈlæskə] *Staat der USA*.
Al·ba·ni·a [ælˈbeɪnjə] Alˈbanien *n*.
Al·ba·ny [ˈɔːlbənɪ] *Hauptstadt des Staates New York* (*USA*).
Al·bert [ˈælbət] Albert *m*.
Al·ber·ta [ælˈbɜːtə] *Provinz in Kanada*.
Al·bu·quer·que [ˈælbəkɜːkɪ] *Stadt in New Mexiko* (*USA*).
Al·der·ney [ˈɔːldənɪ] *brit. Kanalinsel*.
Al·der·shot [ˈɔːldəʃɒt] *Stadt in Südengland*.
A·leu·tian Is·lands [əˌluːʃjənˈaɪləndz] *pl. die* Aleˈuten *pl*.
Al·ex [ˈælɪks] *abbr. für* ***Alexander***.
Al·ex·an·der [ˌælɪgˈzɑːndə] Alexˈander *m*.
Al·ex·an·dra [ˌælɪgˈzɑːndrə] Alexˈandra *f*.
Alf [ælf] *abbr. für* ***Alfred***.
Al·fred [ˈælfrɪd] Alfred *m*.
Al·ge·ri·a [ælˈdʒɪərɪə] Alˈgerien *n*.
Al·ger·non [ˈældʒənən] *m*.
Al·giers [ælˈdʒɪəz] Algier *n*.
Al·ice [ˈælɪs] Aˈlice *f*, Else *f*.
Al·i·son [ˈælɪsn] *f*.
Al·lan [ˈælən] *m*.
Al·le·ghe·nies [ˈælɪgenɪz; *Am*. ˌælɪˈgeɪnɪz] *pl. Gebirge im Osten der USA*.
Al·le·ghe·ny [ˈælɪgenɪ; *Am*. ˌælɪˈgeɪnɪ] *Fluss in Pennsylvania* (*USA*); **~ Mountains** *siehe* ***Alleghenies***.
Al·len [ˈælən] *m*.
Al·sace [ælˈsæs], **Al·sa·ti·a** [ælˈseɪʃjə] das Elsass.
A·man·da [əˈmændə] Aˈmanda *f*.
Am·a·zon [ˈæməzən] Amaˈzonas *m*.
A·me·lia [əˈmiːljə] Aˈmalie *f*.
A·mer·i·ca [əˈmerɪkə] Aˈmerika *n*.
A·my [ˈeɪmɪ] *f*.
An·chor·age [ˈæŋkərɪdʒ] *Stadt in Alaska* (*USA*).
An·des [ˈændiːz] *pl. die* Anden *pl*.
An·dor·ra [ænˈdɔːrə] Anˈdorra *n*.
An·drew [ˈændruː] Anˈdreas *m*.
An·dy [ˈændɪ] *abbr. für* ***Andrew***.
An·ge·la [ˈændʒələ] Angela *f*.
An·gle·sey [ˈæŋglsɪ] *walisische Grafschaft* (*bis 1974*).
An·gli·a [ˈæŋglɪə] *lateinischer Name für England*.
An·go·la [æŋˈgəʊlə] Anˈgola *n*.
An·gus [ˈæŋgəs] *schottische Grafschaft* (*bis 1975*); *Vorname m*.
A·ni·ta [əˈniːtə] Aˈnita *f*.
Ann [æn], **An·na** [ˈænə] Anna *f*, Anne *f*.
An·na·bel(**le**) [ˈænəbel] Annaˈbella *f*.
An·nap·o·lis [əˈnæpəlɪs] *Hauptstadt von Maryland* (*USA*).
Anne [æn] Anna *f*, Anne *f*.
Ant·arc·ti·ca [æntˈɑːktɪkə] *die* Antˈarktis.
An·the·a [ˈænθɪə; ænˈθɪə] *f*.
An·tho·ny [ˈæntənɪ, ˈænθənɪ] Anton *m*.
An·til·les [ænˈtɪliːz] *pl. die* Anˈtillen *pl*.
An·to·ny [ˈæntənɪ] Anton *m*.
An·trim [ˈæntrɪm] *nordirische Grafschaft*.
Ant·werp [ˈæntwɜːp] Antˈwerpen *n*.
Ap·en·nines [ˈæpɪnaɪnz] *pl. der* Apenˈnin, *die* Apenˈninen *pl*.

Ap·pa·la·chians [ˌæpəˈleɪtʃjənz] *pl. die* Appaˈlachen *pl.*
A·ra·bi·a [əˈreɪbjə] Aˈrabien *n.*
Ar·chi·bald [ˈɑːtʃɪbəld] Archibald *m.*
Ar·chi·me·des [ˌɑːkɪˈmiːdiːz] Archiˈmedes *m.*
Arc·tic [ˈɑːktɪk] *die* Arktis.
Ar·den [ˈɑːdn] *Familienname.*
Ar·gen·ti·na [ˌɑːdʒənˈtiːnə] Argenˈtinien *n.*
Ar·gen·tine [ˈɑːdʒəntaɪn]: ***the ~*** Argenˈtinien *n.*
Ar·gyll(·shire) [ɑːˈgaɪl(ʃə)] *schottische Grafschaft (bis 1975).*
Ar·is·toph·an·es [ˌærɪˈstɒfəniːz] Ariˈstophanes *m.*
Ar·is·tot·le [ˈærɪstɒtl] Ariˈstoteles *m.*
Ar·i·zo·na [ˌærɪˈzəʊnə] *Staat der USA.*
Ar·kan·sas [ˈɑːkənsɔː] *Fluss in USA; Staat der USA.*
Ar·ling·ton [ˈɑːlɪŋtən] *Ehrenfriedhof bei Washington DC (USA).*
Ar·magh [ɑːˈmɑː] *nordirische Grafschaft.*
Ar·me·ni·a [ɑːˈmiːnjə] Arˈmenien *n.*
Ar·nold [ˈɑːnəld] Arnold *m.*
Art [ɑːt] *abbr. für* ***Arthur.***
Ar·thur [ˈɑːθə] Art(h)ur *m;* ***King ~*** König Artus.
As·cot [ˈæskət] *Ort in Südengland (Pferderennen).*
A·sia [ˈeɪʃə] Asien *n;* ***~ Minor*** Kleinˈasien *n.*
As·syr·i·a [əˈsɪrɪə] Asˈsyrien *n.*
Ath·ens [ˈæθɪnz] Aˈthen *n.*
At·lan·ta [ətˈlæntə] *Hauptstadt von Georgia (USA).*
At·lan·tic (O·cean) [ətˈlæntɪk (ətˌlæntɪkˈəʊʃn)] *der* Atˈlantik, *der* Atˈlantische Ozean.
Auck·land [ˈɔːklənd] *Hafenstadt in Neuseeland.*
Au·den [ˈɔːdn] *englischer Dichter.*
Au·drey [ˈɔːdrɪ] *f.*
Au·gus·ta [ɔːˈgʌstə] *Hauptstadt von Maine (USA).*
Au·gus·tus [ɔːˈgʌstəs] August *m.*
Aus·ten [ˈɒstɪn] *Familienname.*
Aus·tin [ˈɒstɪn] *Hauptstadt von Texas (USA).*
Aus·tra·lia [ɒˈstreɪljə] Auˈstralien *n.*
Aus·tri·a [ˈɒstrɪə] Österreich *n.*
A·von [ˈeɪvən] *Fluss in Mittelengland; englische Grafschaft.*
Ax·min·ster [ˈæksmɪnstə] *Stadt in Südwest-England.*
Ayr(·shire) [ˈeə(ʃə)] *schottische Grafschaft (bis 1975).*
A·zores [əˈzɔːz] *pl. die* Aˈzoren *pl.*

B

Bab·y·lon [ˈbæbɪlən] Babylon *n.*
Ba·con [ˈbeɪkən] *englischer Philosoph.*
Ba·den-Pow·ell [ˌbeɪdnˈpəʊəl] *Gründer der Boy Scouts.*
Ba·ha·mas [bəˈhɑːməz] *pl. die* Baˈhamas *pl.*
Bah·rain [bɑːˈreɪn] Bahˈrain *n.*
Bai·le A·tha Cli·ath [ˌblɔːˈkliː] *gälischer Name für* ***Dublin.***
Bal·dwin [ˈbɔːldwɪn] Balduin *m; amer. Autor.*
Bâle [bɑːl] Basel *n.*
Bal·four [ˈbælfə] *brit. Staatsmann.*
Bal·kans [ˈbɔːlkənz] *pl. der* Balkan.
Bal·mor·al [bælˈmɒrəl] *Residenz des englischen Königshauses in Schottland.*
Bal·tic Sea [ˌbɔːltɪkˈsiː] *die* Ostsee.
Bal·ti·more [ˈbɔːltɪmɔː] *Hafenstadt in Maryland (USA).*
Banff(·shire) [ˈbænf(ʃə)] *schottische Grafschaft (bis 1975).*
Ban·gla·desh [ˌbæŋgləˈdeʃ] Banglaˈdesch *n.*
Bar·ba·dos [bɑːˈbeɪdəʊz] Barˈbados *n.*
Bar·ba·ra [ˈbɑːbərə] Barbara *f.*
Bark·ing [ˈbɑːkɪŋ] *Stadtbezirk von Groß-London.*
Bar·net [ˈbɑːnɪt] *Stadtbezirk von Groß-London.*
Bar·ry [ˈbærɪ] *m.*
Bart [bɑːt] *abbr. für* ***Bartholomew.***
Bar·thol·o·mew [bɑːˈθɒləmjuː] Bartholoˈmäus *m.*
Bas·il [ˈbæzl] Baˈsilius *m.*
Bath [bɑːθ] *Badeort in Südengland.*
Bat·on Rouge [ˌbætnˈruːʒ] *Hauptstadt von Louisiana (USA).*
Bat·ter·sea [ˈbætəsiː] *Stadtteil von London.*
Ba·var·i·a [bəˈveərɪə] Bayern *n.*
Bea·cons·field [ˈbiːkənzfiːld] *Adelsname Disraelis.*
Beards·ley [ˈbɪədzlɪ] *engl. Zeichner u. Illustrator.*
Be·a·trice [ˈbɪətrɪs] Beaˈtrice *f.*
Bea·ver·brook [ˈbiːvəbrʊk] *brit. Zeitungsverleger.*
Beck·et [ˈbekɪt]: ***Saint Thomas à ~*** der heilige Thomas Becket.
Beck·ett [ˈbekɪt] *irischer Dichter u. Dramatiker.*
Beck·y [ˈbekɪ] *f.*
Bed·ford [ˈbedfəd] *Stadt in Mittelengland; a.* **ˈBed·ford·shire** [-ʃə] *englische Grafschaft.*
Beer·bohm [ˈbɪəbəʊm] *engl. Kritiker u. Karikaturist.*
Bei·jing [ˌbeɪˈdʒɪŋ] Peking *n.*
Bel·fast [ˌbelˈfɑːst; ˈbelfɑːst] Belfast *n.*
Bel·gium [ˈbeldʒəm] Belgien *n.*
Bel·grade [ˌbelˈgreɪd] Belgrad *n.*
Bel·gra·vi·a [belˈgreɪvjə] *Stadtteil von London.*
Be·lin·da [bɪˈlɪndə; bə-] Beˈlinda *f.*
Be·lize [beˈliːz] Beˈlize *n.*

Bell, **Bel·la** ['bel(ə)] *abbr. für* ***Isabel***.
Ben [ben] *abbr. für* ***Benjamin***.
Ben·e·dict ['benɪdɪkt, 'benɪt] Benedikt *m*.
Ben·gal [ˌbeŋ'gɔːl] Ben'galen *n*.
Be·nin [be'nɪn] Be'nin *n*.
Ben·ja·min ['bendʒəmɪn] Benjamin *m*.
Ben Nev·is [ˌben'nevɪs] *höchster Berg Schottlands u. Großbritanniens*.
Berke·ley ['bɜːklɪ] *Stadt in Kalifornien*; ['bɑːklɪ] *irischer Bischof u. Philosoph*.
Berk·shire ['bɑːkʃə] *englische Grafschaft*; **~ Hills** [ˌbɜːkʃɪə'hɪlz] *pl. Gebirgszug in Massachusetts* (*USA*).
Ber·lin [bɜː'lɪn] Ber'lin *n*.
Ber·mu·das [bə'mjuːdəz] *pl. die* Ber'mudas *pl.*, *die* Ber'mudainseln *pl.*
Ber·nard ['bɜːnəd] Bernhard *m*.
Bern(e) [bɜːn] Bern *n*.
Ber·nie ['bɜːnɪ] *abbr. für* ***Bernard***.
Bern·stein ['bɜːnstaɪn; -stiːn] *amer. Dirigent u. Komponist*.
Bert [bɜːt] *abbr. für* ***Albert***, ***Bertram***, ***Bertrand***, ***Gilbert***, ***Hubert***.
Ber·tha ['bɜːθə] Berta *f*.
Ber·tram ['bɜːtrəm], **Ber·trand** ['bɜːtrənd] Bertram *m*.
Ber·wick(·shire) ['berɪk(ʃə)] *schottische Grafschaft* (*bis 1975*).
Ber·yl ['berɪl] *f*.
Bess, **Bes·sy** ['bes(ɪ)], **Bet·s(e)y** ['betsɪ], **Bet·ty** ['betɪ] *abbr. für* ***Elizabeth***.
Bex·ley ['bekslɪ] *Stadtbezirk von Groß-London*.
Bhu·tan [buː'tɑːn] Bhu'tan *n*.
Bill, **Bil·ly** ['bɪl(ɪ)] Willi *m*.
Bir·ken·head ['bɜːkənhed] *Hafenstadt in Nordwest-England*.
Bir·ming·ham ['bɜːmɪŋəm] *Industriestadt in Mittelengland*; *Stadt in Alabama* (*USA*).
Bis·cay ['bɪskeɪ; -kɪ]: ***Bay of ~*** *der* Golf von Bis'caya.
Bis·marck ['bɪzmɑːk] *Hauptstadt von North Dakota* (*USA*).
Blooms·bur·y ['bluːmzbərɪ] *Stadtteil von London*.
Bo·ad·i·cea [ˌbəʊədɪ'sɪə] *Königin in Britannien*.
Bob [bɒb] *abbr. für* ***Robert***.
Bo·he·mi·a [bəʊ'hiːmjə] Böhmen *n*.
Boi·se ['bɔɪzɪ; -sɪ] *Hauptstadt von Idaho* (*USA*).
Bol·eyn ['bʊlɪn]: ***Anne ~*** *zweite Frau Heinrichs VIII. von England*.
Bo·liv·i·a [bə'lɪvjə] Bo'livien *n*.
Bom·bay [ˌbɒm'beɪ] Bombay *n*.
Bo·na·parte ['bəʊnəpɑːt] Bona'parte (*Familienname zweier französischer Kaiser*).
Booth [buːð] *Gründer der Heilsarmee*.
Bor·ders ['bɔːdəz] *Verwaltungsregion in Schottland*.
Bos·ni·a ['bɒznɪə] Bosnien *n*.
Bos·ton ['bɒstən] *Hauptstadt von Massachusetts* (*USA*).
Bo·tswa·na [bɒ'tswɑːnə] Bo'tswana *n*.
Bourne·mouth ['bɔːnməθ] *Seebad in Südengland*.
Brad·ford ['brædfəd] *Industriestadt in Nordengland*.
Bra·zil [brə'zɪl] Bra'silien *n*.
Breck·nock(·shire) ['breknɒk(ʃə)], **Brec·on(·shire)** ['brekən(ʃə)] *walisische Grafschaft* (*bis 1974*).
Bren·da ['brendə] *f*.
Brent [brent] *Stadtbezirk von Groß-London*.
Bri·an ['braɪən] *m*.
Bridg·et ['brɪdʒɪt] Bri'gitte *f*.
Brigh·ton ['braɪtn] *Seebad in Südengland*.
Bris·bane ['brɪzbən] *Hauptstadt von Queensland* (*Australien*).
Bris·tol ['brɪstl] *Hafenstadt in Südengland*.
Bri·tain ['brɪtn] Bri'tannien *n*.
Bri·tan·ni·a [brɪ'tænjə] *poet.* Bri'tannien *n*.
Brit·ish Co·lum·bi·a [ˌbrɪtɪʃkə'lʌmbɪə] *Provinz in Kanada*.
Brit·ta·ny ['brɪtənɪ] die Bre'tagne.
Brit·ten ['brɪtn] *englischer Komponist*.
Broad·way ['brɔːdweɪ] *Straße in Manhattan, New York City* (*USA*). *Zentrum des amer. kommerziellen Theaters*.
Brom·ley ['brɒmlɪ] *Stadtbezirk von Groß-London*.
Bron·të ['brɒntɪ] *Name dreier englischer Autorinnen*.
Bronx [brɒŋks] *Stadtbezirk von New York* (*USA*).
Brook·lyn ['brʊklɪn] *Stadtbezirk von New York* (*USA*).
Brow·ning ['braʊnɪŋ] *englischer Dichter*.
Bruce [bruːs] *m*.
Bruges [bruːʒ] Brügge *n*.
Bru·nei ['bruːnaɪ] Brunei *n*.
Bruns·wick ['brʌnzwɪk] Braunschweig *n*.
Brus·sels ['brʌslz] Brüssel *n*.
Bry·an ['braɪən] *m*.
Bu·chan·an [bjuː'kænən] *Familienname*.
Bu·cha·rest [ˌbjuːkə'rest] Bukarest *n*.
Buck·ing·ham(·shire) ['bʌkɪŋəm(ʃə)] *englische Grafschaft*.
Bu·da·pest [ˌbjuːdə'pest] Budapest *n*.
Bud·dha ['bʊdə] Buddha *m*.
Bul·gar·i·a [bʌl'geərɪə] Bul'garien *n*.
Bur·gun·dy ['bɜːgəndɪ] Bur'gund *n*.
Bur·ki·na Fas·o [bʊəˌkiːnə'fæsəʊ] Bur'kina Faso *n* (*Staat in Westafrika, frühere Bezeichnung*: *Obervolta*).
Bur·ma ['bɜːmə] Birma *n*.
Burns [bɜːnz] *schottischer Dichter*.
Bu·run·di [bʊ'rʊndɪ] Bu'rundi *n*.
Bute(·shire) ['bjuːt(ʃə)] *schottische Grafschaft* (*bis 1975*).
By·ron ['baɪərən] *englischer Dichter*.

C

Caer·nar·von(·shire) [kə'nɑːvən(ʃə)] *walisische Grafschaft (bis 1974).*
Cae·sar ['siːzə] Cäsar *m.*
Cain [keɪn] Kain *m.*
Cai·ro ['kaɪərəʊ] Kairo *n.*
Caith·ness ['keɪθnes] *schottische Grafschaft (bis 1975).*
Ca·lais ['kæleɪ] Ca'lais *n.*
Cal·cut·ta [kæl'kʌtə] Kal'kutta *n.*
Cal·e·do·nia [ˌkælɪ'dəʊnjə] Kale'donien *n (poet. für Schottland).*
Cal·ga·ry ['kælgərɪ] *Stadt in Alberta (Kanada).*
Cal·i·for·nia [ˌkælɪ'fɔːnjə] Kali'fornien *n (Staat der USA).*
Cam·bo·dia [kæm'bəʊdjə] Kam'bodscha *n.*
Cam·bridge ['keɪmbrɪdʒ] *englische Universitätsstadt; Stadt in Massachusetts (USA), Sitz der Harvard University; a.* '**Cam·bridge·shire** [-ʃə] *englische Grafschaft.*
Cam·den ['kæmdən] *Stadtbezirk von Groß-London.*
Cam·er·oon ['kæməruːn; *bsd. Am.* ˌkæmə'ruːn] Kamerun *n.*
Camp·bell ['kæmbl] *Familienname.*
Can·a·da ['kænədə] Kanada *n.*
Ca·nar·y Is·lands [kəˌneərɪ'aɪləndz] *pl. die* Ka'narischen Inseln *pl.*
Can·ber·ra ['kænbərə] *Hauptstadt von Australien.*
Can·ter·bury ['kæntəbərɪ] *Stadt in Südengland.*
Cape Ca·nav·er·al [ˌkeɪpkə'nævərəl] *Raketenversuchszentrum in Florida (USA).*
Cape Town ['keɪptaʊn] Kapstadt *n.*
Cape Verde Is·lands [ˌkeɪp'vɜːd 'aɪləndz] *pl. die* Kap'verden *pl.*
Ca·pri ['kæprɪ; 'kɑː-; *Am. a.* kæ'priː] Capri *n.*
Car·diff ['kɑːdɪf] *Hauptstadt von Wales.*
Car·di·gan(·shire) ['kɑːdɪgən(ʃə)] *walisische Grafschaft (bis 1974).*
Ca·rin·thi·a [kə'rɪnθɪə] Kärnten *n.*
Carl [kɑːl] Karl *m*, Carl *m.*
Car·lisle [kɑː'laɪl] *Stadt in Nordwestengland.*
Car·low ['kɑːləʊ] *Grafschaft in der Provinz Leinster (Irland); Hauptstadt dieser Grafschaft.*
Car·lyle [kɑː'laɪl] *schottischer Autor.*
Car·mar·then(·shire) [kə'mɑːðn(ʃə)] *walisische Grafschaft (bis 1974).*
Car·ne·gie [kɑː'negɪ] *amer. Industrieller.*
Car·ol(e) ['kærəl] Ka'rola *f.*
Car·o·line ['kærəlaɪn], **Car·o·lyn** ['kærəlɪn] Karo'line *f.*
Car·pa·thi·ans [kɑː'peɪθjənz] *pl. die* Kar'paten *pl.*
Car·rie ['kærɪ] *abbr. für* ***Caroline***.
Car·son Cit·y [ˌkɑːsn'sɪtɪ] *Hauptstadt von Nevada (USA).*
Car·ter ['kɑːtə] *39. Präsident der USA.*
Cath·er·ine ['kæθərɪn] Katha'rina *f*, Kat(h)rin *f.*
Cath·y ['kæθɪ] *abbr. für* ***Catherine***.
Cav·an ['kævən] *Grafschaft im der Republik Irland zugehörigen Teil der Provinz Ulster; Hauptstadt dieser Grafschaft.*
Cax·ton ['kækstən] *erster englischer Buchdrucker.*
Ce·cil ['sesl, 'sɪsl] *m.*
Ce·cile ['sesɪl; *Am.* sɪ'siːl], **Ce·cil·ia** [sɪ'sɪljə; sɪ'siːljə], **Cec·i·ly** ['sɪsɪlɪ; 'sesɪlɪ] Cä'cilie *f.*
Ced·ric ['siːdrɪk; 'sedrɪk] *m.*
Cel·ia ['siːljə] *f.*
Cen·tral ['sentrəl] *Verwaltungsregion in Schottland.*
Cen·tral Af·ri·can Re·pub·lic ['sentrəlˌæfrɪkənrɪ'pʌblɪk] *die* Zen'tralafriˌkanische Repu'blik.
Cey·lon [sɪ'lɒn] Ceylon *n.*
Chad [tʃæd] *der* Tschad.
Cham·ber·lain ['tʃeɪmbəlɪn] *Name mehrerer brit. Staatsmänner.*
Char·ing Cross [ˌtʃærɪŋ'krɒs] *Stadtteil von London.*
Char·le·magne ['ʃɑːləmeɪn] Karl der Große.
Charles [tʃɑːlz] Karl *m.*
Charles·ton ['tʃɑːlstən] *Hauptstadt von West Virginia (USA).*
Char·lotte ['ʃɑːlət] Char'lotte *f.*
Chau·cer ['tʃɔːsə] *englischer Dichter.*
Che·che·nia [tʃe'tʃiːnjə] *siehe* ***Chechnya***.
Chech·ny·a ['tʃetʃnɪə] Tsche'tschenien *n.*
Chel·sea ['tʃelsɪ] *Stadtteil von London.*
Chel·ten·ham ['tʃeltnəm] *Stadt in Südengland.*
Chesh·ire ['tʃeʃə] *englische Grafschaft.*
Ches·ter·field ['tʃestəfiːld] *Industriestadt in Mittelengland.*
Chev·i·ot Hills [ˌtʃevɪət'hɪlz] *pl. Grenzgebirge zwischen England u. Schottland.*
Chey·enne [ʃaɪ'æn] *Hauptstadt von Wyoming (USA).*
Chi·ca·go [ʃɪ'kɑːgəʊ; *bsd. Am.* ʃɪ'kɔːgəʊ] *Industriestadt in USA.*
Chil·e ['tʃɪlɪ] Chile *n.*
Chi·na ['tʃaɪnə] China *n;* ***Republic of ~*** *die* Repu'blik China; ***People's Republic of ~*** *die* Volksrepublik China.
Chip·pen·dale ['tʃɪpəndeɪl] *englischer Kunsttischler.*
Chris [krɪs] *abbr. für* ***Christina***, ***Christine***, ***Christian***, ***Christopher***.
Christ·church ['kraɪsttʃɜːtʃ] *Stadt in Neuseeland; Stadt in Hampshire (England).*
Chlo·e ['kləʊɪ] Chloe *f.*
Chris·tian ['krɪstjən] Christian *m.*

Chris·ti·na [krɪ'stiːnə], **Chris·tine** ['krɪstiːn, krɪ'stiːn] Chri'stine *f.*
Chris·to·pher ['krɪstəfə] Christoph(er) *m.*
Chrys·ler ['kraɪzlə] *amer. Industrieller.*
Church·ill ['tʃɜːtʃɪl] *brit. Staatsmann.*
Cin·cin·nat·i [ˌsɪnsɪ'nætɪ] *Stadt in Ohio (USA).*
Cis·sie ['sɪsɪ] *abbr. für* ***Cecily***.
Clack·man·nan(·shire) [klæk'mænən (-ʃə)] *schottische Grafschaft (bis 1975).*
Clap·ham ['klæpəm] *Stadtteil von Groß-London.*
Clar·a ['kleərə], **Clare** [kleə] Klara *f.*
Clare [kleə] *Grafschaft in der Provinz Munster (Irland).*
Clar·en·don ['klærəndən] *Name mehrerer englischer Staatsmänner.*
Claud(e) [klɔːd] Claudius *m.*
Clem·ent ['klemənt] Klemens *m*, Clemens *m.*
Cle·o·pat·ra [klɪə'pætrə] Kle'opatra *f.*
Cleve·land ['kliːvlənd] *Industriestadt in USA; englische Grafschaft.*
Clif·ford ['klɪfəd] *m.*
Clive [klaɪv] *Begründer der brit. Herrschaft in Indien; Vorname m.*
Clwyd ['kluːɪd] *walisische Grafschaft.*
Clyde [klaɪd] *Fluß in Schottland.*
Cole·ridge ['kəʊlərɪdʒ] *englischer Dichter.*
Col·in ['kɒlɪn] *m.*
Co·logne [kə'ləʊn] Köln *n.*
Co·lom·bi·a [kə'lɒmbɪə] Ko'lumbien *n.*
Co·lom·bo [kə'lʌmbəʊ] *Hauptstadt von Sri Lanka.*
Col·o·ra·do [ˌkɒlə'rɑːdəʊ] *Staat der USA; Name zweier Flüsse in USA.*
Co·lum·bi·a [kə'lʌmbɪə] *Fluß in USA; Hauptstadt von South Carolina (USA);* ***District of ~*** *(**DC**) Bundesdistrikt (mit der Hauptstadt Washington) der USA.*
Co·lum·bus [kə'lʌmbəs] *Entdecker Amerikas; Hauptstadt von Ohio (USA).*
Com·o·ro Is·lands [ˌkɒmərəʊ'aɪləndz] *pl. die* Ko'moren *pl.*
Con·cord ['kɒŋkəd] *Hauptstadt von New Hampshire (USA).*
Con·fu·cius [kən'fjuːʃjəs, -ʃəs] Kon'fuzius *m (chinesischer Philosoph).*
Con·go ['kɒŋgəʊ] der Kongo.
Con·nacht ['kɒnət], *früher* **Con·naught** ['kɒnɔːt] *Provinz in Irland.*
Con·nect·i·cut [kə'netɪkət] *USA-Staat.*
Con·nie ['kɒnɪ] *abbr. für* ***Conrad***, ***Constance***, ***Cornelia***.
Con·rad ['kɒnræd] Konrad *m.*
Con·stance ['kɒnstəns] Kon'stanze *f*; ***Lake ~*** *der* Bodensee.
Con·stan·ti·no·ple [ˌkɒnstæntɪ'nəʊpl] Konstanti'nopel *n.*
Cook [kʊk] *englischer Weltumsegler.*
Coo·per ['kuːpə] *amer. Autor.*
Co·pen·ha·gen [ˌkəʊpn'heɪgən] Kopen'hagen *n.*
Cor·dil·le·ras [ˌkɔːdɪ'ljeərəs] *pl. die* Kordil'leren *pl.*
Cor·inth ['kɒrɪnθ] Ko'rinth *n.*
Cork [kɔːk] *Grafschaft in der Provinz Munster (Irland); Hauptstadt dieser Grafschaft u. der Provinz Munster.*
Cor·ne·lia [kɔː'niːljə] Cor'nelia *f.*
Corn·wall ['kɔːnwəl] *englische Grafschaft.*
Cos·ta Ri·ca [ˌkɒstə'riːkə] Costa Rica *n.*
Cov·ent Gar·den [ˌkɒvənt'gɑːdn] *die Londoner Oper.*
Cov·en·try ['kɒvəntrɪ] *Industriestadt in Mittelengland.*
Crete [kriːt] Kreta *n.*
Cri·me·a [kraɪ'mɪə] die Krim.
Cro·a·tia [krəʊ'eɪʃə] Kroatien *n.*
Crom·well ['krɒmwəl] *englischer Staatsmann.*
Croy·don ['krɔɪdn] *Stadtbezirk von Groß-London.*
Cru·soe ['kruːsəʊ]: ***Robinson ~*** *Romanheld.*
Cu·ba ['kjuːbə] Kuba *n.*
Cum·ber·land ['kʌmbələnd] *englische Grafschaft (bis 1974).*
Cum·bri·a ['kʌmbrɪə] *englische Grafschaft.*
Cyn·thi·a ['sɪnθɪə] *f.*
Cy·prus ['saɪprəs] Zypern *n.*
Cy·rus ['saɪərəs] Cyrus *m.*
Czech·i·a ['tʃekɪə] 'Tschechien *n.*
Czech Re·pub·lic [ˌtʃekrɪ'pʌblɪk] 'Tschechien *n.*

D

Dag·en·ham ['dægənəm] *Stadtteil von London.*
Da·ho·mey [də'həʊmɪ] Da'home *n (früherer Name von* ***Benin****).*
Dai·sy ['deɪzɪ] *Koseform von* ***Margaret***.
Dal·las ['dæləs] *Stadt in Texas (USA).*
Dal·ma·ti·a [dæl'meɪʃjə] Dal'matien *n.*
Dam·o·cles ['dæməkliːz] Damokles *m.*
Dan [dæn] *abbr. für* ***Daniel***.
Dan·iel ['dænjəl] Daniel *m.*
Dan·ube ['dænjuːb] Donau *f.*
Daph·ne ['dæfnɪ] Daphne *f.*
Dar·da·nelles [ˌdɑːdə'nelz] *pl. die* Darda'nellen *pl.*
Dar·jee·ling [dɑː'dʒiːlɪŋ] *Stadt in Indien.*
Dart·moor ['dɑːtˌmʊə] *Landstrich in Südwest-England.*
Dart·mouth ['dɑːtməθ] *Stadt in Devon (England).*
Dar·win ['dɑːwɪn] *englischer Naturforscher.*
Dave [deɪv] *abbr. für* ***David***.
Da·vid ['deɪvɪd] David *m.*
Dawn [dɔːn] *f.*
Dean [diːn] *m.*
Deb·by ['debɪ] *abbr. für* ***Deborah***.
Deb·o·rah ['debərə] *f.*

Dee [diː] *Fluss in England; Fluss in Schottland.*
De·foe [dɪ'fəʊ] *englischer Autor.*
Deir·dre ['dɪədrɪ] *(Ir.) f.*
Del·a·ware ['deləweə] *Staat der USA; Fluss in USA.*
Den·bigh(·shire) ['denbɪ(ʃə)] *walisische Grafschaft (bis 1974).*
Den·is ['denɪs] *m.*
De·nise [də'niːz; də'niːs] De'nise *f.*
Den·mark ['denmɑːk] Dänemark *n.*
Den·nis ['denɪs] *m.*
Den·ver ['denvə] *Hauptstadt von Colorado (USA).*
Dept·ford ['detfəd] *Stadtteil von Groß-London.*
Der·by(·shire) ['dɑːbɪ(ʃə)] *englische Grafschaft.*
Der·ek, **Der·rick** ['derɪk] *m.*
Des [dez] *abbr. für* ***Desmond***.
Des Moines [dɪ'mɔɪn] *Hauptstadt von Iowa (USA).*
Des·mond ['dezmənd] *m.*
De·troit [də'trɔɪt] *Industriestadt in Michigan (USA).*
De·viz·es [dɪ'vaɪzɪz] *Stadt in Wiltshire (England).*
Dev·on(·shire) ['devn(ʃə)] *englische Grafschaft.*
Dew·ey ['djuːɪ] *amer. Philosoph.*
Di·an·a [daɪ'ænə] Di'ana *f.*
Dick [dɪk] *abbr. für* ***Richard***.
Dick·ens ['dɪkɪnz] *englischer Autor.*
Dis·rae·li [dɪs'reɪlɪ] *brit. Staatsmann.*
Dol·ly ['dɒlɪ] *abbr. für* ***Dorothy***.
Do·lo·mites ['dɒləmaɪts] *pl. die* Dolo'miten *pl. (Teil der Ostalpen).*
Dom·i·nic ['dɒmɪnɪk] Domi'nik *m.*
Do·min·i·can Re·pub·lic [də,mɪnɪkənrɪ'pʌblɪk] *die* Domini'kanische Repu'blik.
Don [dɒn] *abbr. für* ***Donald***.
Don·ald ['dɒnld] *m.*
Don·cas·ter ['dɒŋkəstə] *Stadt in South Yorkshire (England).*
Don·e·gal ['dɒnɪgɔːl; *Ir.* ,dʌnɪ'gɔːl] *Grafschaft im der Republik Irland zugehörigen Teil der Provinz Ulster.*
Don Juan [,dɒn'dʒuːən] Don Ju'an *m.*
Donne [dʌn, dɒn] *englischer Dichter.*
Don Quix·ote [,dɒn'kwɪksət] Don Qui'chotte *m.*
Do·reen [dɔː'riːn; 'dɔːriːn] *f.*
Dor·is ['dɒrɪs] Doris *f.*
Dor·o·thy ['dɒrəθɪ] Doro'thea *f.*
Dor·set(·shire) ['dɔːsɪt(ʃə)] *englische Grafschaft.*
Dos Pas·sos [,dɒs'pæsɒs] *amer. Autor.*
Doug [dʌg] *abbr. für* ***Douglas***.
Doug·las ['dʌgləs] *Vorname m; schottische Adelsfamilie.*
Do·ra ['dɔːrə] Dora *f.*
Do·ver ['dəʊvə] *Hafenstadt in Südengland; Hauptstadt von Delaware (USA).*
Down [daʊn] *nordirische Grafschaft.*
Down·ing Street ['daʊnɪŋstriːt] *Straße in London mit der Amtswohnung des Premierministers.*
Drei·ser ['draɪsə; -zə] *amer. Autor.*
Dry·den ['draɪdn] *englischer Dichter.*
Dub·lin ['dʌblɪn] *Hauptstadt von Irland; Grafschaft in der Provinz Leinster (Irland).*
Du·luth [djuː'luːθ; *Am.* də'luːθ] *Stadt in Minnesota (USA).*
Dul·wich ['dʌlɪdʒ] *Stadtteil von Groß-London.*
Dum·bar·ton(·shire) [dʌm'bɑːtn(ʃə)] *schottische Grafschaft (bis 1975).*
Dum·fries and Gal·lo·way [dʌm,friːsən'gæləweɪ] *Verwaltungsregion in Schottland;* **Dum'fries·shire** [-ʃə] *schottische Grafschaft (bis 1975).*
Dun·can ['dʌŋkən] *m.*
Dun·e·din [dʌ'niːdɪn] *Hafenstadt in Neuseeland.*
Dun·ge·ness [,dʌndʒɪ'nes; dʌndʒ'nes] *Landspitze in Kent (England).*
Dun·kirk [dʌn'kɜːk] Dün'kirchen *n.*
Dur·ban ['dɜːbən] *Hafenstadt in Südafrika.*
Dur·ham ['dʌrəm] *englische Grafschaft.*
Dyf·ed ['dʌvɪd] *walisische Grafschaft.*

E

Ea·ling ['iːlɪŋ] *Stadtbezirk von Groß-London.*
East Lo·thi·an [,iːst'ləʊðjən] *schottische Grafschaft (bis 1975).*
East Sus·sex [,iːst'sʌsɪks] *englische Grafschaft.*
Ec·ua·dor ['ekwədɔː] Ecua'dor *n.*
Ed·die ['edɪ] *abbr. für* ***Edward***.
Ed·gar ['edgə] Edgar *m.*
Ed·in·burgh ['edɪnbərə] Edinburg *n.*
Ed·i·son ['edɪsn] *amer. Erfinder.*
E·dith ['iːdɪθ] Edith *f.*
Ed·mon·ton ['edməntən] *Hauptstadt von Alberta (Kanada).*
Ed·mund ['edmənd] Edmund *m.*
Ed·ward ['edwəd] Eduard *m.*
E·gypt ['iːdʒɪpt] Ä'gypten *n.*
Ei·leen ['aɪliːn; *Am.* aɪ'liːn] *f.*
Ei·re ['eərə] *Name der Republik Irland.*
Ei·sen·how·er ['aɪzn,haʊə] *34. Präsident der USA.*
E·laine [e'leɪn; ɪ'leɪn] *siehe* ***Helen***.
El·ea·nor ['elɪnə] Eleo'nore *f.*
E·li·jah [ɪ'laɪdʒə] E'lias *m.*
El·i·nor ['elɪnə] Eleo'nore *f.*
El·i·ot ['eljət] *englischer Dichter.*
E·li·za [ɪ'laɪzə] *abbr. für* ***Elizabeth***.
E·liz·a·beth [ɪ'lɪzəbəθ] E'lisabeth *f.*
El·len ['elɪn] *siehe* ***Helen***.
El·lis Is·land [,elɪs'aɪlənd] *Insel im Hafen von New York (USA).*
El Sal·va·dor [el'sælvədɔː] El Salva'dor *n.*
El·sa ['elsə], **El·sie** ['elsɪ] Elsa *f,* Else *f.*

Em·er·son ['emәsn] *amer. Dichter u. Philosoph.*
Em·i·ly ['emɪlɪ] E'milie *f.*
Em·ma ['emә] Emma *f.*
Em·mie, **Em·my** ['emɪ] *Koseform für* ***Emma***.
En·field ['enfiːld] *Stadtbezirk von Groß-London.*
Eng·land ['ɪŋglәnd] England *n.*
E·nid ['iːnɪd] *f.*
E·noch ['iːnɒk] *m.*
Ep·som ['epsәm] *Stadt in Südengland (Pferderennen).*
Equa·to·ri·al Guin·ea [ˌekwә'tɔːrɪәl 'gɪnɪ] Äquatori'algui,nea *n.*
Er·ic ['erɪk] Erich *m.*
Er·i·ca ['erɪkә] Erika *f.*
E·rie ['ɪәrɪ] *Hafenstadt in Pennsylvania (USA)*; ***Lake ~*** der Eriesee *(in Nordamerika).*
Er·nest ['ɜːnɪst] Ernst *m.*
Er·nie ['ɜːnɪ] *abbr. für* ***Ernest***.
Es·sex ['esɪks] *englische Grafschaft.*
Es·t(h)o·nia [e'stәʊnjә] Estland *n.*
Eth·el ['eθl] *f.*
E·thi·o·pi·a [ˌiːθɪ'әʊpjә] Äthi'opien *n.*
E·ton ['iːtn] *Stadt in Berkshire (England) mit berühmter Public School.*
Eu·gene ['juːdʒiːn] Eugen *m.*
Eu·ge·ni·a [juː'dʒiːnjә] Eu'genie *f.*
Eu·nice ['juːnɪs] Eu'nice *f.*
Eu·phra·tes [juː'freɪtiːz] Euphrat *m.*
Eur·a·sia [jʊә'reɪʃә; -ʒә] Eu'rasien *n.*
Eu·rip·i·des [jʊә'rɪpɪdiːz] Eu'ripides *m.*
Eu·rope ['jʊәrәp] Eu'ropa *n.*
Eus·tace ['juːstәs] Eu'stachius *m.*
E·va ['iːvә] Eva *f.*
Ev·ans ['evәnz] *Familienname.*
Eve [iːv] Eva *f.*
Ev·e·lyn ['iːvlɪn; 'evlɪn] *m, f.*
Ev·er·glades ['evәgleɪdz] *pl. Sumpfgebiet in Florida (USA).*
Ex·e·ter ['eksɪtә] *Hauptstadt von Devonshire (England).*

F

Faer·oes ['feәrәʊz] *pl. die* Färöer *pl.*
Falk·land Is·lands [ˌfɔː(l)klәnd'aɪlәndz] *pl. die* Falklandinseln *pl.*
Fal·staff ['fɔːlstɑːf] *Bühnenfigur bei Shakespeare.*
Fan·ny ['fænɪ] *abbr. für* ***Frances***.
Far·a·day ['færәdɪ] *englischer Chemiker u. Physiker.*
Farn·bor·ough ['fɑːnbәrә] *Stadt in Hampshire (England).*
Far·oes ['feәrәʊz] *siehe* ***Faeroes***.
Faulk·ner ['fɔːknә] *amer. Autor.*
Fawkes [fɔːks] *Haupt der Pulververschwörung (1605).*
Fed·er·al Re·pub·lic of Ger·ma·ny ['fedәrәlrɪˌpʌblɪkәv'dʒɜːmәnɪ] *die* 'Bundesrepu,blik Deutschland.
Fe·li·ci·a [fә'lɪsɪә] Fe'lizia *f.*
Fe·lic·i·ty [fә'lɪsәtɪ] Fe'lizitas *f.*
Fe·lix ['fiːlɪks] Felix *m.*
Fe·lix·stowe ['fiːlɪkstәʊ] *Stadt in Suffolk (England).*
Felt·ham ['feltәm] *Stadtteil von Groß-London.*
Fer·man·agh [fә'mænә] *nordirische Grafschaft.*
Fiel·ding ['fiːldɪŋ] *englischer Autor.*
Fife [faɪf] *Verwaltungsregion in Schottland; a.* **'Fife·shire** [-ʃә] *schottische Grafschaft (bis 1975).*
Fi·ji [ˌfiː'dʒiː; *bsd. Am.* 'fiːdʒiː] Fidschi *n.*
Finch·ley ['fɪntʃlɪ] *Stadtteil von London.*
Fin·land ['fɪnlәnd] Finnland *n.*
Fi·o·na [fɪ'әʊnә] *f.*
Firth of Forth [ˌfɜːθәv'fɔːθ] *Meeresbucht an der schottischen Ostküste.*
Fitz·ger·ald [fɪts'dʒerәld] *Familienname.*
Flan·ders ['flɑːndәz] Flandern *n.*
Flem·ing ['flemɪŋ] *brit. Bakteriologe.*
Flint(·shire) ['flɪnt(ʃә)] *walisische Grafschaft (bis 1974).*
Flo·ra ['flɔːrә] Flora *f.*
Flor·ence ['flɒrәns] Flo'renz *n*; Floren'tine *f.*
Flor·i·da ['flɒrɪdә] *Staat der USA.*
Flush·ing ['flʌʃɪŋ] *Stadtteil von New York*; Vlissingen *n.*
Folke·stone ['fәʊkstәn] *Seebad in Südengland.*
Ford [fɔːd] *amer. Industrieller; 38. Präsident der USA.*
For·syth [fɔː'saɪθ] *Familienname.*
Fort Lau·der·dale [ˌfɔːt'lɔːdәdeɪl] *Stadt in Florida (USA).*
Fort Worth [ˌfɔːt'wɜːθ] *Stadt in Texas (USA).*
Foth·er·in·ghay ['fɒðәrɪŋgeɪ] *Schloss in Nordengland.*
Fow·ler ['faʊlә] *Familienname.*
France [frɑːns] Frankreich *n.*
Fran·ces ['frɑːnsɪs] Fran'ziska *f.*
Fran·cis ['frɑːnsɪs] Franz *m.*
Frank [fræŋk] Frank *m.*
Frank·fort ['fræŋkfәt] *Hauptstadt von Kentucky (USA); seltene englische Schreibweise für Frankfurt.*
Frank·lin ['fræŋklɪn] *amer. Staatsmann; Verwaltungsbezirk der Northwest Territories (Kanada).*
Fred [fred] *abbr. für* ***Alfred***, ***Frederic(k)***.
Fre·da ['friːdә] Frieda *f.*
Fred·die, **Fred·dy** ['fredɪ] *Koseformen für* ***Frederic(k)***, ***Alfred***.
Fred·er·ic(k) ['fredrɪk] Friedrich *m.*
Fres·no ['freznәʊ] *Stadt in Kalifornien (USA).*
Fris·co ['frɪskәʊ] *umgangssprachliche Bezeichnung für* ***San Francisco***.
Frost [frɒst] *amer. Dichter.*

Ful·bright ['fʊlbraɪt] *amer. Politiker.*
Ful·ham ['fʊləm] *Stadtteil von London.*
Ful·ton ['fʊltən] *amer. Erfinder.*

G

Ga·bon ['gæbɒn] Ga'bun *n.*
Gains·bor·ough ['geɪnzbərə] *englischer Maler.*
Gal·la·gher ['gæləhə] *Familienname.*
Gal·lup ['gæləp] *amer. Statistiker.*
Gals·wor·thy ['gɔːlzwɜːðɪ] *englischer Autor.*
Gal·way ['gɔːlweɪ] *Grafschaft in der Provinz Connacht (Irland); Hauptstadt dieser Grafschaft.*
Gam·bia ['gæmbɪə] Gambia *n.*
Gan·ges ['gændʒiːz] Ganges *m.*
Gar·eth ['gæreθ] *m.*
Gar·ry, **Gar·y** ['gærɪ] *m.*
Gaul [gɔːl] Gallien *n.*
Ga·vin ['gævɪn] *m.*
Ga·za Strip ['gɑːzəstrɪp] *der* Gazastreifen.
Gene [dʒiːn] *abbr. für* ***Eugene***, ***Eugenia***.
Ge·ne·va [dʒɪ'niːvə] Genf *n.*
Gen·o·a ['dʒenəʊə] Genua *n.*
Geoff [dʒef] *abbr. für* ***Geoffr(e)y***.
Geof·fr(e)y ['dʒefrɪ] Gottfried *m.*
George [dʒɔːdʒ] Georg *m.*
Geor·gia ['dʒɔːdʒə] *Staat der USA.*
Ger·ald ['dʒerəld] Gerald *m*, Gerold *m.*
Ger·al·dine ['dʒerəldiːn] Geral'dine *f.*
Ger·ard ['dʒerɑːd; *bsd. Am.* dʒe'rɑːd] Gerhard *m.*
Ger·man Dem·o·crat·ic Re·pub·lic ['dʒɜːmənˌdeməˌkrætɪkrɪ'pʌblɪk] *hist. die* Deutsche Demo'kratische Repu'blik.
Ger·ma·ny ['dʒɜːmənɪ] Deutschland *n.*
Ger·ry ['dʒerɪ] *abbr. für* ***Gerald***, ***Geraldine***.
Gersh·win ['gɜːʃwɪn] *amer. Komponist.*
Ger·tie ['gɜːtɪ] Gertie *f.*
Ger·trude ['gɜːtruːd] Gertrud *f.*
Get·tys·burg ['getɪzbɜːg] *Stadt in Pennsylvania (USA).*
Gha·na ['gɑːnə] Ghana *n.*
Ghent [gent] Gent *n.*
Gi·bral·tar [dʒɪ'brɔːltə] Gi'braltar *n.*
Giel·gud ['giːlgʊd]: ***Sir John** ~ berühmter englischer Schauspieler.*
Gil·bert ['gɪlbət] Gilbert *m.*
Giles [dʒaɪlz] Julius *m.*
Gill [dʒɪl; gɪl] *abbr. für* ***Gillian***.
Gil·li·an ['dʒɪlɪən; 'gɪlɪən] *f.*
Glad·stone ['glædstən] *brit. Staatsmann.*
Glad·ys ['glædɪs] *f.*
Gla·mor·gan·shire [glə'mɔːgənʃə] *walisische Grafschaft (bis 1974).*
Glas·gow ['glɑːsgəʊ] *Stadt in Schottland.*
Glen [glen] *m.*
Glo·ri·a ['glɔːrɪə] Gloria *f.*
Glouces·ter ['glɒstə] *Stadt in Südengland; a.* '**Glouces·ter·shire** [-ʃə] *englische Grafschaft.*
Glynde·bourne ['glaɪndbɔːn] *kleiner Ort in East Sussex (England) mit Opernfestspielen.*
God·frey ['gɒdfrɪ] Gottfried *m.*
Go·li·ath [gəʊ'laɪəθ] Goliath *m.*
Gor·don ['gɔːdn] *Familienname; Vorname m.*
Go·tham ['gəʊtəm] *Ortsname; fig.* ‚Schilda' *n.*
Grace [greɪs] Gracia *f*, Grazia *f.*
Gra·ham ['greɪəm] *Familienname; Vorname m.*
Gram·pi·an ['græmpjən] *Verwaltungsregion in Schottland.*
Grand Can·yon [ˌgrænd'kænjən] *Durchbruchstal des Colorado in Arizona (USA).*
Great Brit·ain [ˌgreɪt'brɪtn] Großbri'tannien *n.*
Great·er Lon·don [ˌgreɪtə'lʌndən] *Stadtgrafschaft, bestehend aus der City of London u. 32 Stadtbezirken.*
Great·er Man·ches·ter [ˌgreɪtə'mæntʃɪstə] *Stadtgrafschaft in Nordengland.*
Greece [griːs] Griechenland *n.*
Greene [griːn] *englischer Autor.*
Green·land ['griːnlənd] Grönland *n.*
Green·wich ['grenɪtʃ] *Stadtbezirk Groß-Londons;* ~ ***Village*** *Stadtteil von New York (USA).*
Greg [greg] *abbr. für* ***Gregory***.
Greg·o·ry ['gregərɪ] Gregor *m.*
Gre·na·da [gre'neɪdə] Gre'nada *n.*
Gre·ta ['griːtə, 'gretə] *abbr. für* ***Margaret***.
Grims·by ['grɪmzbɪ] *Hafenstadt in Humberside (England).*
Gri·sons ['griːzɔ̃ːŋ] Grau'bünden *n.*
Gros·ve·nor ['grəʊvnə] *Platz u. Straße in London.*
Gua·te·ma·la [ˌgwætɪ'mɑːlə] Guate'mala *n.*
Guern·sey ['gɜːnzɪ] *brit. Kanalinsel.*
Guin·ea ['gɪnɪ] Gui'nea *n*; **Guin·ea-Bis·sau** [ˌgɪnɪbɪ'saʊ] Guinea-Bis'sau *n.*
Guin·e·vere ['gwɪnɪˌvɪə] *Gemahlin des Königs Artus.*
Guin·ness ['gɪnɪs, gɪ'nes] *Familienname.*
Gul·li·ver ['gʌlɪvə] *Romanheld.*
Guy [gaɪ] Guido *m.*
Guy·ana [gaɪ'ænə] Gu'yana *n.*
Gwen [gwen] *abbr. für* ***Gwendolen***, ***Gwendoline***, ***Gwendolyn***.
Gwen·do·len, **Gwen·do·line**, **Gwen·do·lyn** ['gwendəlɪn] *f.*
Gwent [gwent] *walisische Grafschaft.*
Gwy·nedd ['gwɪnəð, -eð] *walisische Grafschaft.*

H

Hack·ney ['hæknɪ] *Stadtbezirk von Groß-London.*

Hague [heɪg]: ***the ~*** Den Haag.
Hai·ti ['heɪtɪ] Ha'iti *n.*
Hal [hæl] *abbr. für* ***Harold***, ***Henry***.
Hal·i·fax ['hælɪfæks] *Hauptstadt von Neuschottland (Kanada); Stadt in West Yorkshire (England).*
Hal·ley ['hælɪ] *englischer Astronom.*
Ham·il·ton ['hæmltən] *Familienname; Stadt in der Provinz Ontario (Kanada).*
Ham·let ['hæmlɪt] *Bühnenfigur bei Shakespeare.*
Ham·mer·smith ['hæməsmɪθ] *Stadtbezirk von Groß-London.*
Hamp·shire ['hæmpʃə] *englische Grafschaft.*
Hamp·stead ['hæmpstɪd] *Stadtteil von Groß-London.*
Han·o·ver ['hænəʊvə] Han'nover *n.*
Ha·ra·re [hə'rɑːreɪ] *Hauptstadt von Simbabwe.*
Har·dy ['hɑːdɪ] *englischer Autor.*
Ha·rin·gey ['hærɪŋgeɪ] *Stadtbezirk von Groß-London.*
Har·lem ['hɑːləm] *Stadtteil von New York.*
Har·old ['hærəld] Harald *m.*
Har·ri·et, **Har·ri·ot** ['hærɪət] *f.*
Har·ris·burg ['hærɪsbɜːg] *Hauptstadt von Pennsylvania (USA).*
Har·row ['hærəʊ] *Stadtbezirk Groß-Londons mit berühmter Public School.*
Har·ry ['hærɪ] *abbr. für* ***Harold***, ***Henry***.
Hart·ford ['hɑːtfəd] *Hauptstadt von Connecticut (USA).*
Har·tle·pool ['hɑːtlɪpuːl] *Hafenstadt in Cleveland (England).*
Har·vard U·ni·ver·si·ty ['hɑːvəd,juːnɪ'vɜːsətɪ] *Universität in Cambridge, Massachusetts (USA).*
Har·vey ['hɑːvɪ] *Vorname m; Familienname.*
Har·wich ['hærɪdʒ] *Hafenstadt in Südost-England.*
Has·tings ['heɪstɪŋz] *Stadt in Südengland.*
Ha·van·a [hə'vænə] Ha'vanna *n.*
Ha·ver·ing ['heɪvərɪŋ] *Stadtbezirk von Groß-London.*
Ha·wai·i [hə'waɪiː] *Staat der USA.*
Haw·thorne ['hɔːθɔːn] *amer. Schriftsteller.*
Ha·zel ['heɪzl] *f.*
Heath·row ['hiːθrəʊ] *Großflughafen von London.*
Heb·ri·des ['hebrɪdiːz] *pl. die* He'briden *pl.*
Hel·en ['helɪn] He'lene *f.*
Hel·e·na ['helɪnə] *Hauptstadt von Montana (USA).*
Hel·i·go·land ['helɪgəʊlænd] Helgoland *n.*
Hel·sin·ki ['helsɪŋkɪ] Helsinki *n.*
Hem·ing·way ['hemɪŋweɪ] *amer. Autor.*
Hen·ley ['henlɪ] *Stadt an der Themse (Ruderregatta).*
Hen·ry ['henrɪ] Heinrich *m.*
Hep·burn ['hebɜːn; 'hepbɜːn] *amer. Filmschauspielerin.*
Her·bert ['hɜːbət] Herbert *m.*
Her·e·ford and Worces·ter [ˌherɪfədn'wʊstə] *englische Grafschaft;* '**Her·e·ford·shire** [-ʃə] *englische Grafschaft (bis 1974).*
Hert·ford(**·shire**) ['hɑːfəd(ʃə)] *englische Grafschaft.*
Hesse ['hesɪ] Hessen *n.*
High·land ['haɪlənd] *Verwaltungsregion in Schottland.*
Hil·a·ry ['hɪlərɪ] Hi'laria *f;* Hi'larius *m.*
Hil·da ['hɪldə] Hilda *f*, Hilde *f.*
Hil·ling·don ['hɪlɪŋdən] *Stadtbezirk von Groß-London.*
Hi·ma·la·ya [ˌhɪmə'leɪə] *der* Hi'malaja.
Hi·ro·shi·ma [hɪ'rɒʃɪmə] *Hafenstadt in Japan.*
Ho·bart ['həʊbɑːt] *Hauptstadt des australischen Bundesstaates Tasmanien.*
Ho·garth ['həʊgɑːθ] *englischer Maler.*
Hol·born ['həʊbən] *Stadtteil von London.*
Hol·land ['hɒlənd] Holland *n.*
Hol·ly·wood ['hɒlɪwʊd] *Filmstadt in Kalifornien (USA).*
Holmes [həʊmz] *Familienname.*
Ho·mer ['həʊmə] Ho'mer *m.*
Hon·du·ras [hɒn'djʊərəs] Hon'duras *n.*
Hong Kong [ˌhɒŋ'kɒŋ] Hongkong *n.*
Ho·no·lu·lu [ˌhɒnə'luːluː] *Hauptstadt von Hawaii (USA).*
Hor·ace ['hɒrəs] Ho'raz *m (römischer Dichter u. Satiriker); Vorname m.*
Houns·low ['haʊnzləʊ] *Stadtbezirk von Groß-London.*
Hous·ton ['hjuːstən; 'juːstən] *Stadt in Texas (USA).*
How·ard ['haʊəd] *m.*
Hu·bert ['hjuːbət] Hubert *m*, Hu'bertus *m.*
Hud·son ['hʌdsn] *Familienname; Fluss im Staat New York (USA).*
Hugh [hjuː] Hugo *m.*
Hughes [hjuːz] *Familienname.*
Hull [hʌl] *Hafenstadt in Humberside (England).*
Hum·ber ['hʌmbə] *Fluss in England;* '**Hum·ber·side** [-saɪd] *englische Grafschaft.*
Hume [hjuːm] *englischer Philosoph.*
Hum·phr(**e**)**y** ['hʌmfrɪ] *m.*
Hun·ga·ry ['hʌŋgərɪ] Ungarn *n.*
Hun·ting·don(**·shire**) ['hʌntɪŋdən(ʃə)] *englische Grafschaft (bis 1974).*
Hux·ley ['hʌkslɪ] *englischer Autor; englischer Biologe.*
Hyde Park [ˌhaɪd'pɑːk] *Park in London.*

I

I·an [ɪən; 'iːən] Jan *m.*
I·be·ri·an Pen·in·su·la [aɪˌbɪərɪənpɪ'nɪnsjʊlə] *die* I'berische Halbinsel.

Ice·land ['aɪslənd] Island *n.*
I·da ['aɪdə] Ida *f.*
I·da·ho ['aɪdəhəʊ] *Staat der USA.*
Il·ford ['ɪlfəd] *Stadtteil von Groß-London.*
Il·li·nois [ˌɪlɪ'nɔɪ] *Staat der USA; Fluss in USA.*
In·di·a ['ɪndjə] Indien *n.*
In·di·an·a [ˌɪndɪ'ænə] *Staat der USA.*
In·di·an·ap·o·lis [ˌɪndɪə'næpəlɪs] *Hauptstadt von Indiana (USA).*
In·do·ne·sia [ˌɪndəʊ'niːzjə] Indo'nesien *n.*
In·dus ['ɪndəs] Indus *m.*
In·gu·she·tia [ˌɪŋgʊ'ʃiːʃ(j)ə] Ingu'schetien *n.*
In·ver·ness(·shire) [ˌɪnvə'nes(ʃə)] *schottische Grafschaft (bis 1975).*
I·o·wa ['aɪəʊə; 'aɪəwə] *Staat der USA.*
Ips·wich ['ɪpswɪtʃ] *Hauptstadt von Suffolk (England).*
I·ran [ɪ'rɑːn] I'ran *m.*
I·raq [ɪ'rɑːk] I'rak *m.*
Ire·land ['aɪələnd] Irland *n.*
I·rene [aɪ'riːnɪ; 'aɪriːn] I'rene *f.*
I·ris ['aɪərɪs] Iris *f.*
Ir·ving ['ɜːvɪŋ] *amer. Autor.*
I·saac ['aɪzək] Isaak *m.*
Is·a·bel ['ɪzəbel] Isa'bella *f.*
Ish·er·wood ['ɪʃəwʊd] *englischer Schriftsteller u. Dramatiker.*
Is·lam·a·bad [ɪz'lɑːməbɑːd] *Hauptstadt von Pakistan.*
Isle of Man [ˌaɪləv'mæn] *Insel in der Irischen See, die unmittelbar der englischen Krone untersteht, aber nicht zum Vereinigten Königreich gehört.*
Isle of Wight [ˌaɪləv'waɪt] *englische Grafschaft, Insel im Ärmelkanal.*
I·sle·worth ['aɪzlwəθ] *Stadtteil von Groß-London.*
Is·ling·ton ['ɪzlɪŋtən] *Stadtbezirk von Groß-London.*
Is·o·bel ['ɪzəbel] Isa'bella *f.*
Is·ra·el ['ɪzreɪəl] Israel *n.*
Is·tan·bul [ˌɪstən'buːl] Istanbul *n.*
It·a·ly ['ɪtəlɪ] I'talien *n.*
I·van ['aɪvən] Iwan *m.*
I·vor ['aɪvə] *m.*
I·vo·ry Coast ['aɪvərɪkəʊst] *die* Elfenbeinküste.
I·vy ['aɪvɪ] *f.*

J

Jack [dʒæk] Hans *m.*
Jack·ie ['dʒækɪ] *abbr. für* **Jacqueline**.
Jack·son ['dʒæksn] *Hauptstadt von Mississippi (USA).*
Jack·son·ville ['dʒæksnvɪl] *Hafenstadt in Florida (USA).*
Ja·cob ['dʒeɪkəb] Jakob *m.*
Jac·que·line ['dʒækliːn] *f.*
Jaf·fa ['dʒæfə] *Hafenstadt in Israel.*
Ja·mai·ca [dʒə'meɪkə] Ja'maika *n.*
James [dʒeɪmz] Jakob *m.*
Jane [dʒeɪn] Jo'hanna *f.*
Jan·et ['dʒænɪt] Jo'hanna *f.*
Jan·ice ['dʒænɪs] *f.*
Ja·pan [dʒə'pæn] Japan *n.*
Ja·son ['dʒeɪsn] *m.*
Jas·per ['dʒæspə] Kaspar *m.*
Ja·va ['dʒɑːvə] Java *n.*
Jean [dʒiːn] Jo'hanna *f.*
Jeff [dʒef] *abbr. für* **Jeffrey**.
Jef·fer·son ['dʒefəsn] *3. Präsident der USA.*
Jef·fer·son Cit·y [ˌdʒefəsn'sɪtɪ] *Hauptstadt von Missouri (USA).*
Jef·frey ['dʒefrɪ] Gottfried *m.*
Je·ho·vah [dʒɪ'həʊvə] Je'hova *m.*
Jen·ni·fer ['dʒenɪfə] *f.*
Jen·ny ['dʒenɪ; 'dʒɪnɪ] *Koseform für* **Jane**.
Jer·e·my ['dʒerɪmɪ] Jere'mias *m.*
Je·rome [dʒə'rəʊm] Hie'ronymus *m.*
Jer·ry ['dʒerɪ] *abbr. für* **Jeremy**, **Jerome**, **Gerald**, **Gerard**.
Jer·sey ['dʒɜːsɪ] *brit. Kanalinsel.*
Je·ru·sa·lem [dʒə'ruːsələm] Je'rusalem *n.*
Jes·si·ca ['dʒesɪkə] *f.*
Je·sus ['dʒiːzəs] Jesus *m.*
Jill [dʒɪl] *abbr. für* **Gillian**.
Jim(·my) ['dʒɪm(ɪ)] *abbr. für* **James**.
Jo [dʒəʊ] *abbr. für* **Joanna**, **Joseph**, **Josephine**.
Joan [dʒəʊn], **Jo·an·na** [dʒəʊ'ænə] Jo'hanna *f.*
Job [dʒəʊb] Hiob *m.*
Joc·e·lin(e), **Joc·e·lyn** ['dʒɒslɪn] *f.*
Joe [dʒəʊ] *abbr. für* **Joseph**, **Josephine**.
Jo·han·nes·burg [dʒəʊ'hænɪsbɜːg] *Stadt in Südafrika.*
John [dʒɒn] Jo'hannes *m*, Johann *m.*
John·ny ['dʒɒnɪ] Häns-chen *n.*
John o' Groats [ˌdʒɒnə'grəʊts] *Dorf an der Nordostspitze des schottischen Festlandes. Gilt volkstümlich als nördlichster Punkt des festländischen Großbritannien.*
John·son ['dʒɒnsn] *36. Präsident der USA; englischer Lexikograph.*
Jon·a·than ['dʒɒnəθən] Jonathan *m.*
Jon·son ['dʒɒnsn] *englischer Dichter.*
Jor·dan ['dʒɔːdn] Jor'danien *n.*
Jo·seph ['dʒəʊzɪf] Joseph *m.*
Jo·se·phine ['dʒəʊzɪfiːn] Jose'phine *f.*
Josh·u·a ['dʒɒʃwə] Josua *m.*
Joule [dʒuːl] *englischer Physiker.*
Joy [dʒɔɪ] *f.*
Joyce [dʒɔɪs] *irischer Autor; Vorname f.*
Ju·dith ['dʒuːdɪθ] Judith *f.*
Ju·dy ['dʒuːdɪ] *abbr. für* **Judith**.
Jul·ia ['dʒuːljə] Julia *f.*
Jul·ian ['dʒuːljən] Juli'an(us) *m.*
Ju·li·et ['dʒuːljət; -ljet] Julia *f*, Juli'ette *f.*

Jul·ius ['dʒuːljəs] Julius *m*.
June [dʒuːn] *f*.
Ju·neau ['dʒuːnəʊ] *Hauptstadt von Alaska* (*USA*).
Jus·tin ['dʒʌstɪn] Ju'stin(us) *m*.

K

Kam·pu·che·a [ˌkæmpʊ'tʃɪə] *hist.* Kam'bodscha *n*.
Kan·sas ['kænzəs] *Staat der USA*; *Fluss in USA*.
Kan·sas Cit·y [ˌkænzəs'sɪtɪ] *Stadt in Missouri* (*USA*); *Stadt in Kansas* (*USA*).
Ka·ra·chi [kə'rɑːtʃɪ] Ka'ratschi *n*.
Kar·en ['kɑːrən; 'kærən] Karin *f*.
Kash·mir [ˌkæʃ'mɪə] Kaschmir *n*.
Ka·tar [kæ'tɑː] Katar *n* (*Scheichtum am Persischen Golf*).
Kate [keɪt] Käthe *f*.
Kath·a·rine, **Kath·er·ine** ['kæθərɪn] Katha'rina *f*, Kat(h)rin *f*.
Kath·leen ['kæθliːn] *f*.
Kath·y ['kæθɪ] *abbr. für* ***Katharine***, ***Katherine***.
Kay [keɪ] Kai *m*, *f*, Kay *m*, *f*.
Keats [kiːts] *englischer Dichter*.
Kee·wa·tin [kiː'wɒtɪn; *Am.* kiː'weɪtn] *Verwaltungsbezirk der Northwest Territories* (*Kanada*).
Keith [kiːθ] *m*.
Kel·vin ['kelvɪn] *brit. Mathematiker u. Physiker*.
Ken [ken] *abbr. für* ***Kenneth***.
Ken·ne·dy ['kenɪdɪ] *35. Präsident der USA*; **~ *International Airport*** *Großflughafen von New York* (*USA*).
Ken·neth ['kenɪθ] *m*.
Ken·sing·ton ['kenzɪŋtən] *Stadtteil von London*.
Ken·sing·ton and Chel·sea [ˌkenzɪŋtənən'tʃelsɪ] *Stadtbezirk von Groß-London*.
Kent [kent] *englische Grafschaft*.
Ken·tuck·y [ken'tʌkɪ] *Staat der USA*; *Fluss in USA*.
Ken·ya ['kenjə] Kenia *n*.
Ker·ry ['kerɪ] *Grafschaft in der Provinz Munster* (*Irland*).
Kev·in ['kevɪn] *m*.
Kew [kjuː] *Stadtteil von Groß-London. Botanischer Garten*.
Keynes [keɪnz] *englischer Wirtschaftswissenschaftler*.
Kil·dare [kɪl'deə] *Grafschaft in der Provinz Leinster* (*Irland*).
Kil·ken·ny [kɪl'kenɪ] *Grafschaft in der Provinz Leinster* (*Irland*); *Hauptstadt dieser Grafschaft*.
Kin·car·dine(**·shire**) [kɪn'kɑːdɪn(ʃə)] *schottische Grafschaft* (*bis 1975*).
Kings·ton up·on Hull [ˌkɪŋstənəpɒn'hʌl] *offizielle Bezeichnung für* ***Hull***.
Kings·ton up·on Thames [ˌkɪŋstənəpɒn'temz] *Stadtbezirk von Groß-London*; *Hauptstadt von Surrey* (*England*).
Kin·ross(**·shire**) [kɪn'rɒs(ʃə)] *schottische Grafschaft* (*bis 1975*).
Kirk·cud·bright(**·shire**) [kɜː'kuːbrɪ(ʃə)] *schottische Grafschaft* (*bis 1975*).
Kit(**·ty**) ['kɪt(tɪ)] *abbr. für* ***Catherine***, ***Katherine***.
Klon·dyke ['klɒndaɪk] *Fluss in Kanada*; *Landschaft in Kanada*.
Knox [nɒks] *schottischer Reformator*.
Knox·ville ['nɒksvɪl] *Stadt in Tennessee* (*USA*).
Ko·re·a [kə'rɪə] Ko'rea *n*; ***Democratic People's Republic of ~*** *die* Demo'kratische 'Volksrepuˌblik Ko'rea; ***Republic of ~*** *die* Repu'blik Ko'rea.
Kos·ci·us·ko [ˌkɒsɪ'ʌskəʊ]: ***Mount ~*** *höchster Berg Australiens, im Bundesstaat New South Wales*.
Kos·o·vo ['kɒsəvəʊ] *der* 'Kosovo.
Krem·lin ['kremlɪn] *der* Kreml.
Ku·wait [kʊ'weɪt] Ku'wait *n*.

L

Lab·ra·dor ['læbrədɔː] *Provinz in Kanada*.
La Guar·dia [lə'gwɑːdɪə; lə'gɑːdɪə] *ehemaliger Bürgermeister von New York*; **~ *Airport*** *Flughafen in New York*.
Laing [læŋ; leɪŋ] *Familienname*.
Lake Con·stance [ˌleɪk'kɒnstəns] der Bodensee.
Lake Hu·ron [ˌleɪk'hjʊərən] der Huronsee (*in Nordamerika*).
Lake Su·pe·ri·or [ˌleɪksuː'pɪərɪə] der Obere See (*in Nordamerika*).
Lam·beth ['læmbəθ] *Stadtbezirk von Groß-London*; **~ *Palace*** *Londoner Residenz des Erzbischofs von Canterbury*.
Lan·ark(**·shire**) ['lænək(ʃə)] *schottische Grafschaft* (*bis 1975*).
Lan·ca·shire ['læŋkəʃə] *englische Grafschaft*.
Lan·cas·ter ['læŋkəstə] *Stadt in Nordwest-England*; *Stadt in USA*.
Land's End [ˌlændz'end] *westlichster Punkt Englands, in Cornwall*.
La·nier [lə'nɪə] *amer. Dichter*.
Lan·sing ['lænsɪŋ] *Hauptstadt von Michigan* (*USA*).
Laoigh·is [liːʃ; 'leɪʃ] *siehe* ***Leix***.
La·os ['lɑːɒs; laʊs] Laos *n*.
Lar·ry ['lærɪ] *abbr. für* ***Laurence***, ***Lawrence***.
La·tham ['leɪθəm; 'leɪðəm] *Familienname*.
Lat·in A·mer·i·ca [ˌlætɪnə'merɪkə] La'teinaˌmerika *n*.
Lat·via ['lætvɪə] Lettland *n*.
Laugh·ton ['lɔːtn] *Familienname*.
Lau·ra ['lɔːrə] Laura *f*.

Lau·rence ['lɒrəns] Lorenz *m.*
Law·rence ['lɒrəns] Lorenz *m*; *Familienname.*
Lear [lɪə] *Bühnenfigur bei Shakespeare.*
Leb·a·non ['lebənən] *der* Libanon.
Leeds [li:dz] *Industriestadt in Ostengland.*
Le·fe·vre [lə'fi:və; lə'feɪvə] *Familienname.*
Legge [leg] *Familienname.*
Leices·ter ['lestə] *Hauptstadt der englischen Grafschaft* '**Leices·ter·shire** [-ʃə].
Leigh [li:] *Familienname*; *Vorname m.*
Lein·ster ['lenstə] *Provinz in Irland.*
Lei·trim ['li:trɪm] *Grafschaft in der Provinz Connaught* (*Irland*).
Leix [li:ʃ] *Grafschaft in der Provinz Leinster* (*Irland*).
Le·o ['li:əʊ] Leo *m.*
Leon·ard ['lenəd] Leonhard *m.*
Les·ley ['lezlɪ; *Am.* 'leslɪ] *f.*
Les·lie ['lezlɪ; *Am.* 'leslɪ] *m.*
Le·so·tho [lə'su:tu:; lə'səʊtəʊ] Le'sotho *n.*
Lew·is ['lu:ɪs] Ludwig *m*; *amer. Autor.*
Lew·i·sham ['lu:ɪʃəm] *Stadtbezirk von Groß-London.*
Lex·ing·ton ['leksɪŋtən] *Stadt in Massachusetts* (*USA*).
Li·be·ria [laɪ'bɪərɪə] Li'beria *n.*
Lib·y·a ['lɪbɪə] Libyen *n.*
Liech·ten·stein ['lɪktənstaɪn] Liechtenstein *n.*
Lil·i·an ['lɪlɪən] *f.*
Lil·y ['lɪlɪ] Lilli *f*, Lili *f*, Lilly *f*, Lily *f.*
Lim·er·ick ['lɪmərɪk] *Grafschaft in der Provinz Munster* (*Irland*); *Hauptstadt dieser Grafschaft.*
Lin·coln ['lɪŋkən] *16. Präsident der USA*; *Hauptstadt von Nebraska* (*USA*); *Stadt in der englischen Grafschaft* '**Lin·coln·shire** [-ʃə].
Lin·da ['lɪndə] Linda *f.*
Lind·bergh ['lɪndbɜ:g] *amer. Flieger.*
Li·o·nel ['laɪənl] *m.*
Li·sa ['li:zə; 'laɪzə] Lisa *f.*
Lis·bon ['lɪzbən] Lissabon *n.*
Lith·u·a·nia [ˌlɪθju:'eɪnjə] Litauen *n.*
Lit·tle Rock ['lɪtlrɒk] *Hauptstadt von Arkansas* (*USA*).
Liv·er·pool ['lɪvəpu:l] *Hafenstadt in Nordwest-England*; *Verwaltungszentrum von* **Merseyside**.
Live·sey ['lɪvsɪ; -zɪ] *Familienname.*
Liv·ing·stone ['lɪvɪŋstən] *englischer Afrikaforscher.*
Li·vo·nia [lɪ'vəʊnjə] Livland *n.*
Liv·y ['lɪvɪ] Livius *m.*
Liz [lɪz] *abbr. für* **Elizabeth**.
Li·za ['laɪzə] Lisa *f.*
Lloyd [lɔɪd] *Familienname*; *Vorname m.*
Loch Lo·mond [ˌlɒk'ləʊmənd], **Loch Ness** [ˌlɒk'nes] *Seen in Schottland.*
Locke [lɒk] *englischer Philosoph.*
Lo·is ['ləʊɪs] *f.*
Lom·bar·dy ['lɒmbədɪ] die Lombar'dei.
Lon·don ['lʌndən] London *n*; **City of ~** *London im engeren Sinn. Zentraler Stadtbezirk von Groß-London u. eines der größten Finanzzentren der Welt.*
Lon·don·der·ry [ˌlʌndən'derɪ] *nordirische Grafschaft.*
Long·ford ['lɒŋfəd] *Grafschaft in der Provinz Leinster* (*Irland*).
Lor·na ['lɔ:nə] *f.*
Lor·raine [lɒ'reɪn] Lothringen *n.*
Los Al·a·mos [ˌlɒs'æləmɒs] *Stadt in New Mexico* (*USA*); *Atomforschungszentrum.*
Los An·ge·les [lɒs'ændʒɪli:z] *Stadt in Kalifornien* (*USA*).
Lo·thi·an ['ləʊðjən] *Verwaltungsregion in Schottland.*
Lou [lu:] *abbr. für* **Louis**, **Louisa**, **Louise**.
Lou·is ['lu:ɪ; 'lʊɪ; *bsd. Am.* 'lu:ɪs] Ludwig *m.*
Lou·i·sa [lu:'i:zə] Lu'ise *f.*
Lou·ise [lu:'i:z] Lu'ise *f.*
Lou·i·si·a·na [lu:ˌi:zɪ'ænə] *Staat der USA.*
Lou·is·ville ['lu:ɪvɪl] *Stadt in Kentucky* (*USA*).
Louth [laʊð] *Grafschaft in der Provinz Leinster* (*Irland*).
Lowes [ləʊz] *Familienname.*
Lowes·toft ['ləʊstɒft] *Hafenstadt in Suffolk* (*England*).
Low·ry ['laʊərɪ; 'laʊrɪ] *Familienname.*
Lu·cia ['lu:sjə] Lucia *f*, Luzia *f.*
Lu·cius ['lu:sjəs] *m.*
Lu·cy ['lu:sɪ] *abbr. für* **Lucia**.
Lud·gate ['lʌdgɪt; -geɪt] *Familienname.*
Luke [lu:k] Lukas *m.*
Lux·em·bourg ['lʌksəmbɜ:g] Luxemburg *n.*
Lyd·i·a ['lɪdɪə] Lydia *f.*
Lynn [lɪn] *f.*
Ly·ons ['laɪənz] Lyon *n*; *Familienname.*

M

Ma·bel ['meɪbl] *f.*
Ma·cau·lay [mə'kɔ:lɪ] *englischer Historiker.*
Mac·beth [mək'beθ] *Bühnenfigur bei Shakespeare.*
Mac·Car·thy [mə'kɑ:θɪ] *Familienname.*
Mac·e·do·ni·a [ˌmæsɪ'dəʊnɪə] Mazedonien *n.*
Mac·Gee [mə'gi:] *Familienname.*
Mac·ken·zie [mə'kenzɪ] *Strom in Nordwestkanada*; *Verwaltungsbezirk der Northwest Territories* (*Kanada*).
Mac·Leish [mə'kli:ʃ] *amer. Dichter.*
Mac·leod [mə'klaʊd] *Familienname.*
Mad·a·gas·car [ˌmædə'gæskə] Mada'gaskar *n.*
Mad·e·leine ['mædlɪn; -leɪn] Magda'lena *f*, Magda'lene *f.*

Ma·dei·ra [mə'dɪərə] Ma'deira *n.*
Madge [mædʒ] *abbr. für* ***Margaret***.
Mad·i·son ['mædɪsn] *4. Präsident der USA; Hauptstadt von Wisconsin (USA).*
Ma·dras [mə'drɑːs] Madras *n.*
Mag·da·len ['mægdəlɪn] Magda'lena *f*, Magda'lene *f*; **~ College** ['mɔːdlɪn] *College in Oxford.*
Mag·da·lene ['mægdəlɪn] Magda'lena *f*, Magda'lene *f*; **~ College** ['mɔːdlɪn] *College in Cambridge.*
Mag·gie ['mægɪ] *abbr. für* ***Margaret***.
Ma·ho·met [mə'hɒmɪt] Mohammed *m.*
Maine [meɪn] *Staat der USA.*
Ma·jor·ca [mə'dʒɔːkə] Mal'lorca *n.* (*Baleareninsel*).
Ma·la·wi [mə'lɑːwɪ] Ma'lawi *n.*
Ma·lay·sia [mə'leɪzɪə] Ma'laysia *n.*
Mal·colm ['mælkəm] *m.*
Mal·dives ['mɔːldɪvz] *pl. die* Male'diven *pl.*
Ma·li ['mɑːlɪ] Mali *n.*
Mal·ta ['mɔːltə] Malta *n.*
Ma·mie ['meɪmɪ] *abbr. für* ***Mary***, ***Margaret***.
Man·ches·ter ['mæntʃɪstə] *Industriestadt in Nordwest-England. Verwaltungszentrum von* ***Greater Manchester***.
Man·chu·ri·a [mæn'tʃʊərɪə] die Mandschu'rei.
Man·dy ['mændɪ] *abbr. für* ***Amanda***.
Man·hat·tan [mæn'hætn] *Stadtbezirk von New York (USA).*
Man·i·to·ba [ˌmænɪ'təʊbə] *Provinz in Kanada.*
Mar·ga·ret ['mɑːgərɪt] Marga'reta *f*, Marga'rete *f.*
Mar·ge·ry ['mɑːdʒərɪ] *siehe* ***Margaret***.
Mar·gie ['mɑːdʒɪ] *abbr. für* ***Margaret***.
Ma·ri·a [mə'raɪə; mə'rɪə] Ma'ria *f.*
Mar·i·an ['meərɪən; 'mærɪən] Mari'anne *f.*
Ma·rie ['mɑːrɪ; mə'riː] Ma'rie *f.*
Mar·i·lyn ['mærɪlɪn] *f.*
Mar·i·on ['mærɪən; 'meərɪən] Marion *f.*
Mar·jo·rie, **Mar·jo·ry** ['mɑːdʒərɪ] *f.*
Mar·lowe ['mɑːləʊ] *englischer Dichter.*
Mar·tha ['mɑːθə] Mart(h)a *f.*
Mar·tin ['mɑːtɪn; *Am.* 'mɑːrtn] Martin *m.*
Mar·y ['meərɪ] Ma'ria *f*, Ma'rie *f.*
Mar·y·land ['meərɪlænd; *bsd. Am.* 'merɪlənd] *Staat der USA.*
Mar·y·le·bone ['mærələbən] *Stadtteil von London.*
Mas·sa·chu·setts [ˌmæsə'tʃuːsɪts] *Staat der USA.*
Ma(t)·thew ['mæθjuː] Mat'thäus *m.*
Maud [mɔːd] *abbr. für* ***Magdalen(e)***.
Maugham [mɔːm] *englischer Autor.*
Mau·reen ['mɔːriːn; *bsd. Am.* mɔː'riːn] *f.*
Mau·rice ['mɒrɪs] Moritz *m.*
Mau·ri·ta·nia [ˌmɒrɪ'teɪnjə] Maure'tanien *n.*
Mau·ri·ti·us [mə'rɪʃəs] Mau'ritius *n.*
Ma·vis ['meɪvɪs] *f.*
Max [mæks] Max *m.*
Max·ine ['mæksiːn; *bsd. Am.* mæk'siːn] *f.*
May [meɪ] *abbr. für* ***Mary***.
May·o ['meɪəʊ] *Name zweier amer. Chirurgen; Grafschaft in der Provinz Connacht (Irland).*
Mc·Cart·ney [mə'kɑːtnɪ] *englischer Musiker u. Komponist. Mitglied der „Beatles“.*
Meath [miːð; miːθ] *Grafschaft in der Provinz Leinster (Irland).*
Med·i·ter·ra·ne·an (**Sea**) [ˌmedɪtə'reɪnjən('siː)] *das* Mittelmeer.
Meg [meg] *abbr. für* ***Margaret***.
Mel·bourne ['melbən] *Stadt in Australien.*
Mel·ville ['melvɪl] *amer. Autor.*
Mem·phis ['memfɪs] *Stadt in Tennessee (USA); antike Ruinenstadt am Nil, Nordägypten.*
Mer·i·on·eth(**·shire**) [ˌmerɪ'ɒnɪθ(ʃə)] *walisische Grafschaft (bis 1974).*
Mer·sey·side ['mɜːzɪsaɪd] *Stadtgrafschaft in Nordwest-England.*
Mer·ton ['mɜːtn] *Stadtbezirk von Groß-London.*
Me·thu·en ['meθjʊɪn] *Familienname.*
Mex·i·co ['meksɪkəʊ] Mexiko *n.*
Mi·am·i [maɪ'æmɪ] *Badeort in Florida (USA).*
Mi·chael ['maɪkl] Michael *m.*
Mi·chelle [miː'ʃel; mɪ'ʃel] Mi'chèle *f*, Mi'chelle *f.*
Mich·i·gan ['mɪʃɪgən] *Staat der USA;* ***Lake ~*** der Michigansee (*in Nordamerika*).
Mick [mɪk] *abbr. für* ***Michael***.
Mid·dles·brough ['mɪdlzbrə] *Hauptstadt von Cleveland (England).*
Mid·dle·sex ['mɪdlseks] *englische Grafschaft (bis 1974).*
Mid Gla·mor·gan [ˌmɪdglə'mɔːgən] *walisische Grafschaft.*
Mid·lands ['mɪdləndz] *pl. die* Midlands *pl.* (*die zentral gelegenen Grafschaften Mittelenglands: Warwickshire, Northamptonshire, Leicestershire, Nottinghamshire, Derbyshire, Staffordshire, West Midlands u. der Ostteil von Hereford and Worcester*).
Mid·lo·thi·an [mɪd'ləʊðjən] *schottische Grafschaft (bis 1975).*
Mid·west [ˌmɪd'west] *der* Mittlere Westen (*USA*).
Mi·ers ['maɪəz] *Familienname.*
Mike [maɪk] *abbr. für* ***Michael***.
Mi·lan [mɪ'læn] Mailand *n.*
Mil·dred ['mɪldrɪd] Miltraud *f*, Miltrud *f.*
Miles [maɪlz] *m.*
Mil·li·cent ['mɪlɪsnt] *f.*
Mil·lie, **Mil·ly** ['mɪlɪ] *abbr. für* ***Amelia***, ***Emily***, ***Mildred***, ***Millicent***.
Mil·ton ['mɪltən] *englischer Dichter.*

Mil·wau·kee [mɪl'wɔːkiː] *Industriestadt in Wisconsin (USA).*
Min·ne·ap·o·lis [ˌmɪnɪ'æpəlɪs] *Stadt in Minnesota (USA).*
Min·ne·so·ta [ˌmɪnɪ'səʊtə] *Staat der USA.*
Mi·ran·da [mɪ'rændə] Mi'randa *f.*
Mir·i·am ['mɪrɪəm] *f.*
Mis·sis·sip·pi [ˌmɪsɪ'sɪpɪ] *Staat der USA; Fluss in USA.*
Mis·sou·ri [mɪ'zʊərɪ] *Staat der USA; Fluss in USA.*
Mitch·ell ['mɪtʃl] *Familienname; Vorname m.*
Moi·ra ['mɔɪərə] *f.*
Moll [mɒl], **Mol·ly** ['mɒlɪ] *Koseformen für **Mary**.*
Mo·na·co ['mɒnəkəʊ] Mo'naco *n.*
Mon·a·ghan ['mɒnəhən] *Grafschaft im der Republik Irland zugehörigen Teil der Provinz Ulster.*
Mon·go·lia [mɒŋ'gəʊljə] die Mongo'lei.
Mon·go·li·an Peo·ple's Re·pub·lic [mɒŋ'gəʊljənˌpiːplzrɪ'pʌblɪk] *die* Mon'golische 'Volksrepuˌblik.
Mon·i·ca ['mɒnɪkə] Monika *f.*
Mon·mouth(·shire) ['mɒnməθ(ʃə)] *walisische Grafschaft (bis 1974).*
Mon·roe [mən'rəʊ] *5. Präsident der USA; amer. Filmschauspielerin.*
Mon·tan·a [mɒn'tænə] *Staat der USA.*
Mont·gom·er·y [mənt'gʌmərɪ] *brit. Feldmarschall; Hauptstadt von Alabama (USA); a.* **Mont'gom·er·y·shire** [-ʃə] *walisische Grafschaft (bis 1974).*
Mont·pe·lier [mɒnt'piːljə] *Hauptstadt von Vermont (USA).*
Mont·re·al [ˌmɒntrɪ'ɔːl] *Stadt in Kanada.*
Mo·ra·vi·a [mə'reɪvjə] Mähren *n.*
Mor·ay(·shire) ['mʌrɪ(ʃə)] *schottische Grafschaft (bis 1975).*
More [mɔː]: ***Thomas ~*** Thomas Morus.
Mo·roc·co [mə'rɒkəʊ] Ma'rokko *n.*
Mos·cow ['mɒskəʊ] Moskau *n.*
Mo·selle [məʊ'zel] Mosel *f.*
Mount Ev·er·est [ˌmaʊnt'evərɪst] *höchster Berg der Erde.*
Mount Mc·Kin·ley [ˌmaʊntmə'kɪnlɪ] *höchster Berg der USA, in Alaska.*
Mo·zam·bique [ˌməʊzəm'biːk] Moçam'bique *n*, Mosam'bik *n.*
Mu·nich ['mjuːnɪk] München *n.*
Mun·ster ['mʌnstə] *Provinz in Irland.*
Mu·ri·el ['mjʊərɪəl] *f.*
Mur·ray ['mʌrɪ] *Familienname; Fluss in Australien.*
My·an·mar ['mjænmɑː; ˌmaɪæn'mɑː] Myan'mar *n (Birma).*
My·ra ['maɪərə] *f.*

N

Nab·o·kov [nə'bəʊkɒf] *amer. Schriftsteller russischer Herkunft.*
Nairn(·shire) ['neən(ʃə)] *schottische Grafschaft (bis 1975).*
Na·mib·ia [nə'mɪbɪə] Na'mibia *n.*
Nan·cy ['nænsɪ] *f.*
Nan·ga Par·bat [ˌnʌŋgə'pɑːbət] *Berg im Himalaya.*
Na·o·mi ['neɪəmɪ] *f.*
Na·ples ['neɪplz] Ne'apel *n.*
Na·po·le·on [nə'pəʊljən] Na'poleon *m.*
Nash·ville ['næʃvɪl] *Hauptstadt von Tennessee (USA).*
Na·tal [nə'tæl] Natal *n.*
Nat·a·lie ['nætəlɪ] Na'talia *f*, 'Natalie *f.*
Na·than·iel [nə'θænjəl] Na't(h)anael *m.*
Na·u·ru [nɑː'uːruː] Na'uru *n.*
Naz·a·reth ['næzərɪθ] Nazareth *n.*
Neal [niːl] *m.*
Ne·bras·ka [nɪ'bræskə] *Staat der USA.*
Ned [ned] *abbr. für* ***Edmund, Edward.***
Neil(l) [niːl] *Vorname m; Familienname.*
Nell, Nel·ly ['nel(ɪ)] *abbr. für* ***Eleanor, Ellen, Helen.***
Nel·son ['nelsn] *brit. Admiral.*
Ne·pal [nɪ'pɔːl] Nepal *n.*
Neth·er·lands ['neðələndz] *pl. die* Niederlande *pl.*
Ne·va·da [ne'vɑːdə] *Staat der USA.*
Nev·il, Nev·ille ['nevɪl] *m.*
New·ark ['njuːək; *Am.* 'nuːərk] *Stadt in New Jersey (USA).*
New Bruns·wick [ˌnjuː'brʌnzwɪk] *Provinz in Kanada.*
New·bury ['njuːbərɪ] *Stadt in Berkshire (England).*
New·cas·tle ['njuːˌkɑːsl] *siehe* ***Newcastle-upon-Tyne****; Stadt in New South Wales (Australien).*
New·cas·tle-up·on-Tyne ['njuːˌkɑːsləˌpɒn'taɪn] *Hauptstadt von Tyne and Wear (England).*
New Del·hi [ˌnjuː'delɪ] *Hauptstadt von Indien.*
New Eng·land [ˌnjuː'ɪŋglənd] Neu'England *n (USA).*
New·found·land ['njuːfəndlənd] Neu'fundland *n (Provinz in Kanada).*
New Guin·ea [ˌnjuː'gɪnɪ] Neugui'nea *n.*
New·ham ['njuːəm] *Stadtbezirk von Groß-London.*
New Hamp·shire [ˌnjuː'hæmpʃə] *Staat der USA.*
New Jer·sey [ˌnjuː'dʒɜːzɪ] *Staat der USA.*
New Mex·i·co [ˌnjuː'meksɪkəʊ] *Staat der USA.*
New Or·le·ans [ˌnjuː'ɔːlɪənz] *Hafenstadt in Louisiana (USA).*
New South Wales [ˌnjuːsaʊθ'weɪlz] Neusüd'wales *n (Bundesstaat Australiens).*
New·ton ['njuːtn] *englischer Physiker.*
New York [ˌnjuː'jɔːk; *Am.* ˌnuː'jɔːk] *Staat der USA; größte Stadt der USA.*
New Zea·land [ˌnjuː'ziːlənd] Neu'seeland *n.*

Ni·ag·a·ra [naɪ'ægərə] Nia'gara *m.*
Nic·a·ra·gua [ˌnɪkə'rægjʊə] Nica'ragua *n.*
Nich·o·las ['nɪkələs] Nikolaus *m.*
Nick [nɪk] *abbr. für* ***Nicholas***.
Ni·gel ['naɪdʒəl] *m.*
Ni·ger ['naɪdʒə] Niger *m* (*Fluss in Westafrika*); [niː'ʒeə] Niger *n* (*Republik in Westafrika*).
Ni·ge·ri·a [naɪ'dʒɪərɪə] Ni'geria *n.*
Nile [naɪl] Nil *m.*
Nix·on ['nɪksən] *37. Präsident der USA.*
No·bel [nəʊ'bel] *schwedischer Industrieller, Stifter des Nobelpreises.*
No·el ['nəʊəl] *m.*
No·ra ['nɔːrə] Nora *f.*
Nor·folk ['nɔːfək] *englische Grafschaft; Hafenstadt in Virginia* (*USA*) *u. Hauptstützpunkt der US-Atlantikflotte.*
Nor·man ['nɔːmən] *m.*
Nor·man·dy ['nɔːməndɪ] die Norman'die.
North·amp·ton [nɔː'θæmptən] *Stadt in Mittelengland; a.* **North'amp·ton·shire** [-ʃə] *englische Grafschaft.*
North Cape [ˌnɔːθ'keɪp] *das* Nordkap.
North Car·o·li·na [ˌnɔːθkærə'laɪnə] *Staat der USA.*
North Da·ko·ta [ˌnɔːθdə'kəʊtə] *Staat der USA.*
North·ern Ire·land [ˌnɔːðən'aɪələnd] Nord'irland *n.*
North·ern Ter·ri·to·ry [ˌnɔːðən'terɪtərɪ] 'Nordterriˌtorium *n* (*Australien*).
North Sea [ˌnɔːθ'siː] *die* Nordsee.
North·um·ber·land [nɔː'θʌmbələnd] *englische Grafschaft.*
North·west Ter·ri·tor·ies [ˌnɔːθ'west 'terɪtərɪz] Nord'westterriˌtorien *pl.* (*Kanada*).
North York·shire [ˌnɔːθ'jɔːkʃə] *englische Grafschaft.*
Nor·way ['nɔːweɪ] Norwegen *n.*
Nor·wich ['nɒrɪdʒ] *Stadt in Ostengland.*
Not·ting·ham ['nɒtɪŋəm] *Industriestadt in Mittelengland; a.* **'Not·ting·ham·shire** [-ʃə] *englische Grafschaft.*
No·va Sco·tia [ˌnəʊvə'skəʊʃə] Neu'schottland *n* (*Provinz in Kanada*).
Nu·rem·berg ['njʊərəmbɜːg] Nürnberg *n.*

O

Oak·land ['əʊklənd] *Hafenstadt in Kalifornien* (*USA*).
O'Ca·sey [əʊ'keɪsɪ] *irischer Dramatiker.*
O'Con·nor [əʊ'kɒnə] *Familienname.*
O·ce·an·i·a [ˌəʊʃɪ'eɪnjə] Oze'anien *n.*
O·dets [əʊ'dets] *amer. Dramatiker.*
Of·fa·ly ['ɒfəlɪ] *Grafschaft in der Provinz Leinster* (*Irland*).
O'Fla·her·ty [əʊ'fleətɪ; əʊ'flæhətɪ] *irischer Romanschriftsteller.*
O'Har·a [əʊ'hɑːrə; *Am.* əʊ'hærə] *Familienname.*
O·hi·o [əʊ'haɪəʊ] *Staat der USA; Fluss in den USA.*
O·kla·ho·ma [ˌəʊklə'həʊmə] *Staat der USA;* **~ Cit·y** *Hauptstadt von Oklahoma* (*USA*).
O'Lear·y [əʊ'lɪərɪ] *Familienname.*
Ol·ive ['ɒlɪv] O'livia *f.*
Ol·i·ver ['ɒlɪvə] Oliver *m.*
O·liv·i·a [ɒ'lɪvɪə] *f.*
O·liv·i·er [ə'lɪvɪeɪ]: ***Sir Laurence ~*** *berühmter englischer Schauspieler.*
O·lym·pia [əʊ'lɪmpɪə] *Hauptstadt von Washington* (*USA*).
O·ma·ha ['əʊməhɑː; *Am. a.* -hɔː] *Stadt in Nebraska* (*USA*).
O·man [əʊ'mɑːn] O'man *n.*
O'Neill [əʊ'niːl] *amer. Dramatiker.*
On·ta·ri·o [ɒn'teərɪəʊ] *Provinz in Kanada;* ***Lake ~*** der Ontariosee (*in Nordamerika*).
Or·ange ['ɒrɪndʒ] O'ranien *n* (*Herrscherfamilie*); O'ranje *m* (*Fluss in Südafrika*).
Or·e·gon ['ɒrɪgən] *Staat der USA.*
Ork·ney ['ɔːknɪ] *insulare Verwaltungsregion Schottlands* (*bis 1975 schottische Grafschaft*); **~ Is·lands** [ˌɔːknɪ'aɪləndz] *pl. die* Orkneyinseln *pl.*
Or·well ['ɔːwəl] *englischer Autor.*
Os·borne ['ɒzbən] *englischer Dramatiker.*
Os·car ['ɒskə] Oskar *m.*
O'Shea [əʊ'ʃeɪ] *Familienname.*
Ost·end [ɒ'stend] Ost'ende *n.*
O'Sul·li·van [əʊ'sʌlɪvən] *Familienname.*
Os·wald ['ɒzwəld] Oswald *m.*
Ot·ta·wa ['ɒtəwə] *Hauptstadt von Kanada.*
Ouach·i·ta ['wɒʃɪtɔː] *Fluss in Arkansas u. Louisiana* (*USA*).
Oug·ham ['əʊkəm] *Familienname.*
Ouse [uːz] *englischer Flussname.*
Ow·en ['əʊɪn] *Familienname.*
Ow·ens ['əʊɪnz] *amer. Leichtathlet.*
Ox·ford ['ɒksfəd] *englische Universitätsstadt; a.* **'Ox·ford·shire** [-ʃə] *englische Grafschaft.*
O·zark Moun·tains [ˌəʊzɑːk'maʊntɪnz] *pl.,* **O·zark Pla·teau** [ˌəʊzɑːk'plætəʊ] *Plateau westlich des Mississippi in Missouri, Arkansas u. Oklahoma* (*USA*).

P

Pa·cif·ic (**O·cean**) [pə'sɪfɪk (pəˌsɪfɪk'əʊʃn)] *der* Pa'zifik, *der* Pa'zifische Ozean.
Pad·ding·ton ['pædɪŋtən] *Stadtteil von London.*
Pad·dy ['pædɪ] *abbr. für* ***Patricia***, ***Patrick***.
Paign·ton ['peɪntən] *Teilstadt von* ***Torbay*** *in Devon* (*England*).

Paine [peɪn] *amer. Staatstheoretiker englischer Herkunft.*
Pais·ley ['peɪzlɪ] *radikaler nordirischer protestantischer Politiker; Industriestadt in Schottland.*
Pak·i·stan [ˌpɑːkɪs'tɑːn] Pakistan *n.*
Pal·es·tine ['pæləstaɪn] Palä'stina *n.*
Pall Mall [ˌpæl'mæl] *Straße in London.*
Palm Beach [ˌpɑːm'biːtʃ; *Am. a.* ˌpɑːlm-] *Seebad in Florida (USA).*
Pal·mer ['pɑːmə; *Am. a.* 'pɑːl-] *Familienname.*
Pam [pæm] *abbr. für* ***Pamela***.
Pam·e·la ['pæmələ] Pa'mela *f.*
Pan·a·ma [ˌpænə'mɑː; 'pænəmɑː] Panama *n.*
Pa·pua New Gui·nea ['pɑːpʊəˌnjuː'gɪnɪ; 'pæpjʊə-] Papua-Neugui'nea *n.*
Par·a·guay ['pærəgwaɪ] Para'guay *n.*
Par·is ['pærɪs] Pa'ris *n.*
Pat [pæt] *abbr. für* ***Patricia***, ***Patrick***.
Pa·tience ['peɪʃns] *f.*
Pa·tri·cia [pə'trɪʃə] Pa'trizia *f.*
Pat·rick ['pætrɪk] Pa'trizius *m.*
Paul [pɔːl] Paul *m.*
Pau·la ['pɔːlə] Paula *f.*
Pau·line [pɔː'liːn; 'pɔːliːn] Pau'line *f.*
Pearl [pɜːl] *f.*
Pearl Har·bor [ˌpɜːl'hɑːbə] *Hafenstadt auf Hawaii (USA).*
Pears [pɪəz; peəz] *Familienname.*
Pear·sall ['pɪəsɔːl; -səl] *Familienname.*
Pear·son ['pɪəsn] *Familienname.*
Peart [pɪət] *Familienname.*
Pee·bles(·shire) ['piːblz(ʃə)] *schottische Grafschaft (bis 1975).*
Peg(·gy) ['peg(ɪ)] *abbr. für* ***Margaret***.
Pe·king [ˌpiː'kɪŋ] Peking *n.*
Pem·broke(·shire) ['pembrʊk(ʃə)] *walisische Grafschaft (bis 1974).*
Pe·nel·o·pe [pɪ'neləpɪ] Pe'nelope *f.*
Penn·syl·va·nia [ˌpensɪl'veɪnjə] *Staat der USA.*
Pen·ny ['penɪ] *abbr. für* ***Penelope***.
Pen·zance [pen'zæns] *westlichste Stadt Englands, in Cornwall.*
Pepys [piːps] *Verfasser berühmter Tagebücher.*
Per·cy ['pɜːsɪ] *m.*
Per·sia ['pɜːʃə; *Am.* 'pɜrʒə] Persien *n.*
Per·sian Gulf [ˌpɜːʃn'gʌlf] *der* Persische Golf.
Perth [pɜːθ] *Hauptstadt von West-Australien; Stadt in Tayside (Schottland); siehe* ***Perthshire***.
Perth·shire ['pɜːθʃə] *schottische Grafschaft (bis 1975).*
Pe·ru [pə'ruː] Pe'ru *n.*
Pete [piːt] *abbr. für* ***Peter***.
Pe·ter ['piːtə] Peter *m*, Petrus *m.*
Pe·ter·bor·ough ['piːtəbrə] *Stadt in Cambridgeshire (England).*
Phil·a·del·phia [ˌfɪlə'delfjə] *Stadt in Pennsylvania (USA).*
Phil·ip ['fɪlɪp] Philipp *m.*
Phi·lip·pa ['fɪlɪpə] Phi'lippa *f.*
Phil·ip·pines ['fɪlɪpiːnz] *pl. die* Philip'pinen *pl.*
Phoe·be ['fiːbɪ] Phöbe *f.*
Phoe·nix ['fiːnɪks] *Hauptstadt von Arizona (USA).*
Phyl·lis ['fɪlɪs] Phyllis *f.*
Pic·ca·dil·ly [pɪkə'dɪlɪ] *Straße in London.*
Pied·mont ['piːdmənt] Pie'mont *n.*
Pierce [pɪəs] *Familienname; Vorname m.*
Pierre [pɪə; *Am.* pɪər] *Hauptstadt von South Dakota (USA).*
Pin·ter ['pɪntə] *englischer Dramatiker.*
Pitts·burgh ['pɪtsbɜːg] *Stadt in Pennsylvania (USA).*
Plan·tag·e·net [plæn'tædʒənɪt] *englisches Herrschergeschlecht.*
Pla·to ['pleɪtəʊ] Plato(n) *m.*
Plym·outh ['plɪməθ] *Hafenstadt in Südengland.*
Poe [pəʊ] *amer. Dichter u. Schriftsteller.*
Po·land ['pəʊlənd] Polen *n.*
Pol·ly ['pɒlɪ] *Koseform von* ***Mary***.
Pol·y·ne·sia [ˌpɒlɪ'niːzjə; *Am.* -'niːʒə] Poly'nesien *n.*
Pom·er·a·nia [ˌpɒmə'reɪnjə] Pommern *n.*
Pope [pəʊp] *englischer Dichter.*
Port-au-Prince [ˌpɔːtəʊ'prɪns] *Hauptstadt von Haiti.*
Port E·liz·a·beth [ˌpɔːtɪ'lɪzəbəθ] *Hafenstadt in Südafrika.*
Port·land ['pɔːtlənd] *Hafenstadt in Maine (USA); Stadt in Oregon (USA).*
Ports·mouth ['pɔːtsməθ] *Hafenstadt in Südengland; Hafenstadt in Virginia (USA).*
Por·tu·gal ['pɔːtjʊgl; 'pɔːtʃʊgl] Portugal *n.*
Po·to·mac [pə'təʊmək] *Fluss in USA.*
Pound [paʊnd] *amer. Dichter.*
Pow·ell ['pəʊəl; 'paʊəl] *Familienname.*
Pow·lett ['pɔːlɪt] *Familienname.*
Pow·ys ['pəʊɪs; 'paʊɪs] *walisische Grafschaft; Familienname.*
Prague [prɑːg] Prag *n.*
Pre·to·ria [prɪ'tɔːrɪə] *Hauptstadt von Südafrika.*
Priest·ley ['priːstlɪ] *englischer Romanschriftsteller.*
Prince Ed·ward Is·land [prɪnsˌedwəd'aɪlənd] *Provinz in Kanada.*
Prince·ton ['prɪnstən] *Universitätsstadt in New Jersey (USA).*
Pris·cil·la [prɪ'sɪlə] Pris'cilla *f.*
Prit·chard ['prɪtʃəd] *Familienname.*
Prov·i·dence ['prɒvɪdəns] *Hauptstadt von Rhode Island (USA).*
Pru·dence ['pruːdns] Pru'dentia *f.*
Prus·sia ['prʌʃə] Preußen *n.*
Puer·to Ri·co [ˌpwɜːtəʊ'riːkəʊ] Puerto Rico *n.*
Pugh [pjuː] *Familienname.*
Pul·itz·er ['pʊlɪtsə; 'pjuː-] *amer. Journalist, Stifter des Pulitzerpreises.*

Pun·jab [ˌpʌn'dʒɑːb] Pan'dschab *n.*
Pur·cell ['pɜːsl] *englischer Komponist.*
Pyr·e·nees [ˌpɪrə'niːz; *Am.* 'pɪrəniːz] *pl. die* Pyre'näen *pl.*

Q

Qa·tar [kæ'tɑː; *Am.* 'kɑːtər] Quatar *n.*
Que·bec [kwɪ'bek] *Provinz u. Stadt in Kanada.*
Queen·ie ['kwiːnɪ] *f.*
Queens [kwiːnz] *Stadtbezirk von New York (USA).*
Queens·land ['kwiːnzlənd] *Bundesstaat Australiens.*
Quen·tin ['kwentɪn; *Am.* -tn] Quin'tin(-us) *m.*
Qui·nault ['kwɪnlt] *Familienname.*
Quin·c(e)y ['kwɪnsɪ] *Familienname; Vorname m, f.*

R

Ra·chel ['reɪtʃəl] Ra(c)hel *f.*
Rad·nor(·shire) ['rædnə(ʃə)] *walisische Grafschaft (bis 1974).*
Rae [reɪ] *Familienname; Vorname m, f.*
Ra·leigh ['rɔːlɪ; 'rɑːlɪ] *englischer Seefahrer; Hauptstadt von North Carolina (USA).*
Ralph [reɪf; rælf] Ralf *m.*
Ran·dolph ['rændɒlf] *m.*
Ran·dy ['rændɪ] *abbr. für* ***Randolph.***
Rat·is·bon ['rætɪzbɒn] Regensburg *n.*
Ra·wal·pin·di [ˌrɑːwəl'pɪndɪ] *Stadt in Pakistan.*
Ray [reɪ] *m, f.*
Ray·mond ['reɪmənd] Raimund *m.*
Read·ing ['redɪŋ] *Stadt in Südengland.*
Rea·gan ['reɪgən] *40. Präsident der USA.*
Re·bec·ca [rɪ'bekə] Re'bekka *f.*
Red·bridge ['redbrɪdʒ] *Stadtbezirk von Groß-London.*
Reg [redʒ] *abbr. für* ***Reginald.***
Re·gi·na [rɪ'dʒaɪnə] Re'gina *f,* Re'gine *f; Hauptstadt von Saskatchewan (Kanada).*
Reg·i·nald ['redʒɪnld] Re(g)inald *m.*
Reid [riːd] *Familienname.*
Ren·frew(·shire) ['renfruː(ʃə)] *schottische Grafschaft (bis 1975).*
Rhine [raɪn] Rhein *m.*
Rhode Is·land [ˌrəʊd'aɪlənd] *Staat der USA.*
Rhodes [rəʊdz] *brit.-südafrikan. Staatsmann;* Rhodos *n.*
Rho·de·sia [rəʊ'diːzjə; *Am.* -ʒə] Rho'desien *n (heutiger Name:* ***Zimbabwe****).*
Rhon·dda ['rɒndə] *Stadt in Mid Glamorgan (Wales).*
Rich·ard ['rɪtʃəd] Richard *m.*
Rich·ard·son ['rɪtʃədsn] *englischer Autor.*
Rich·mond ['rɪtʃmənd] *Hauptstadt von Virginia (USA); Stadtbezirk von New York (USA), heute üblicherweise* ***Staten Island*** *genannt; siehe* ***Richmond-upon-Thames.***
Rich·mond-up·on-Thames ['rɪtʃmənd-əˌpɒn'temz] *Stadtbezirk von Groß-London.*
Ri·ta ['riːtə] Rita *f.*
Ro·a·noke [ˌrəʊə'nəʊk] *Fluss in Virginia u. North Carolina (USA); Stadt in Virginia (USA);* **~ *Island*** *Insel vor der Küste von North Carolina (USA).*
Rob·ert ['rɒbət] Robert *m.*
Rob·in ['rɒbɪn] *abbr. für* ***Robert.***
Rob·in Hood [ˌrɒbɪn'hʊd] *legendärer englischer Geächteter, Bandenführer u. Wohltäter der Armen zur Zeit Richards I.*
Roch·es·ter ['rɒtʃɪstə] *Stadt im Staat New York (USA); Stadt in Kent (England).*
Rock·e·fel·ler ['rɒkɪfelə] *amer. Industrieller.*
Rock·y Moun·tains [ˌrɒkɪ'maʊntɪnz] *pl. Gebirge in USA.*
Rod [rɒd] *abbr. für* ***Rodney.***
Rod·ney ['rɒdnɪ] *m.*
Rog·er ['rɒdʒə] Rüdiger *m;* Roger *m.*
Ro·ma·nia [ruː'meɪnjə; rʊ-; *Am.* rəʊ-] Ru'mänien *n.*
Rome [rəʊm] Rom *n.*
Ro·me·o ['rəʊmɪəʊ] *Bühnenfigur bei Shakespeare.*
Ron [rɒn] *abbr. für* ***Ronald.***
Ron·ald ['rɒnld] Ronald *m.*
Roo·se·velt ['rəʊzəvelt] *Name zweier Präsidenten der USA.*
Ros·a·lie ['rəʊzəlɪ; 'rɒz-] Ro'salia *f,* Ro'salie *f.*
Ros·a·lind ['rɒzəlɪnd] Rosa'linde *f.*
Ros·com·mon [rɒs'kɒmən] *Grafschaft in der Provinz Connaught (Irland); Hauptstadt dieser Grafschaft.*
Rose [rəʊz] Rosa *f.*
Rose·mar·y ['rəʊzmərɪ; *Am.* -merɪ] 'Rosemaˌrie *f.*
Ross and Cro·mar·ty [ˌrɒsən'krɒmətɪ] *schottische Grafschaft (bis 1975).*
Rouse [raʊs; ruːs] *Familienname.*
Routh [raʊθ] *Familienname.*
Rox·burgh(·shire) ['rɒksbərə(ʃə)] *schottische Grafschaft (bis 1975).*
Roy [rɔɪ] *m.*
Ru·dolf, Ru·dolph ['ruːdɒlf] Rudolf *m,* Rudolph *m.*
Rud·yard ['rʌdjəd] *m.*
Rug·by ['rʌgbɪ] *berühmte Public School.*
Ru·pert ['ruːpət] Rupert *m.*
Rus·sell ['rʌsl] *englischer Philosoph.*
Rus·sia ['rʌʃə] Russland *n.*
Ruth [ruːθ] Ruth *f.*
Rut·land(·shire) ['rʌtlənd(ʃə)] *englische Grafschaft (bis 1974).*
Rwan·da [rʊ'ændə] Ru'anda n.

S

Sac·ra·men·to [ˌsækrə'mentəʊ] *Hauptstadt von Kalifornien (USA).*
Sa·ha·ra [sə'hɑːrə; *Am. a.* sə'hærə; sə'heərə] Sa'hara *f.*
Sa·lem ['seɪləm] *Hauptstadt von Oregon (USA).*
Salis·bu·ry ['sɔːlzbərɪ] *früherer Name von* ***Harare****; Stadt in Südengland.*
Sal·ly ['sælɪ] *abbr. für* ***Sara(h)****.*
Salt Lake Cit·y [ˌsɔːltleɪk'sɪtɪ] *Hauptstadt von Utah (USA).*
Sa·man·tha [sə'mænθə] *f.*
Sa·moa [sə'məʊə] Sa'moa *n (Inselgruppe im Pazifik);* ***Western ~*** West-Sa'moa *n (unabhängiger Inselstaat).*
Sam·son ['sæmsn] Samson *m*, Simson *m.*
Sam·u·el ['sæmjʊəl] Samuel *m.*
San An·to·nio [ˌsænæn'təʊnɪəʊ] *Stadt in Texas (USA).*
San Ber·nar·di·no [sænˌbɜːnə'diːnəʊ] *Stadt in Kalifornien (USA).*
Sand·hurst ['sændhɜːst] *Ort in Berkshire (England) mit berühmter Militärakademie.*
San Di·e·go [ˌsændɪ'eɪgəʊ] *Hafenstadt u. Flottenstützpunkt in Kalifornien (USA).*
San·dra ['sændrə] *abbr. für* ***Alexandra****.*
San·dy ['sændɪ] *abbr. für* ***Alexander****,* ***Alexandra****.*
San Fran·cis·co [ˌsænfrən'sɪskəʊ] San Fran'zisko *n (USA).*
San Ma·ri·no [ˌsænmə'riːnəʊ] San Ma'rino *n.*
San·ta Fe [ˌsæntə'feɪ] *Hauptstadt von New Mexico (USA).*
Sar·a(h) ['seərə] Sara *f.*
Sar·di·nia [sɑː'dɪnjə] Sar'dinien *n.*
Sas·katch·e·wan [səs'kætʃɪwən] *Provinz in Kanada.*
Sas·ka·toon [ˌsæskə'tuːn] *Stadt in Saskatchewan (Kanada).*
Sau·di A·ra·bi·a [ˌsaʊdɪə'reɪbɪə] Saudi-A'rabien *n.*
Sa·voy [sə'vɔɪ] Sa'voyen *n.*
Saw·yer ['sɔːjə] *Familienname.*
Sax·o·ny ['sæksnɪ] Sachsen *n.*
Scan·di·na·vi·a [ˌskændɪ'neɪvjə] Skandi'navien *n.*
Sche·nec·ta·dy [skɪ'nektədɪ] *Stadt im Staat New York (USA).*
Scot·land ['skɒtlənd] Schottland *n.*
Scott [skɒt] *schottischer Autor; englischer Polarforscher.*
Seam·us ['ʃeɪməs] *siehe* ***James****.*
Sean [ʃɔːn] *siehe* ***John****.*
Searle [sɜːl] *Familienname.*
Se·at·tle [sɪ'ætl] *Hafenstadt im Staat Washington (USA).*
Sedg·wick ['sedʒwɪk] *Familienname.*
Sel·kirk(·shire) ['selkɜːk(ʃə)] *schottische Grafschaft (bis 1975).*
Sen·e·gal [ˌsenɪ'gɔːl] Senegal *n.*
Seoul [səʊl] Se'oul *n.*
Ser·bi·a ['sɜːbɪə] Serbien *n.*
Sev·ern ['sevən] *Fluss in Wales u. West-England.*
Sew·ell ['sjuːəl; *Am.* 'suːəl] *Familienname.*
Sey·chelles [seɪ'ʃelz] *pl. die* Sey'chellen(-Inseln) *pl.*
Sey·mour ['siːmɔː; *schottisch* 'seɪmɔː] *m.*
Shake·speare ['ʃeɪkˌspɪə] *englischer Dichter u. Dramatiker.*
Shar·jah ['ʃɑːdʒə] Schardscha *n (Mitglied der Vereinigten Arabischen Emirate).*
Shaw [ʃɔː] *irischer Dramatiker.*
Shef·field ['ʃefiːld] *Industriestadt in Mittelengland.*
Shei·la ['ʃiːlə] *siehe* ***Celia****.*
Shel·ley ['ʃelɪ] *englischer Dichter.*
Sher·lock ['ʃɜːlɒk] *m.*
Shet·land ['ʃetlənd] *insulare Verwaltungsregion Schottlands;* **~ Is·lands** [ˌʃetlənd'aɪləndz] *pl. die* Shetlandinseln *pl.*
Shir·ley ['ʃɜːlɪ] *f.*
Shrop·shire ['ʃrɒpʃə] *englische Grafschaft.*
Shy·lock ['ʃaɪlɒk] *Bühnenfigur bei Shakespeare.*
Si·am [ˌsaɪ'æm; 'saɪæm] Siam *n (früherer Name Thailands).*
Si·be·ri·a [saɪ'bɪərɪə] Si'birien *n.*
Sib·yl ['sɪbɪl] Si'bylle *f.*
Sic·i·ly ['sɪsɪlɪ] Si'zilien *n.*
Sid [sɪd] *abbr. für* ***Sidney*** *(Vorname).*
Sid·ney ['sɪdnɪ] *Familienname; Vorname m, f.*
Si·er·ra Le·one [sɪˌerəlɪ'əʊn] Sierra Le'one *n.*
Sik·kim ['sɪkɪm] Sikkim *n.*
Si·le·sia [saɪ'liːzjə] Schlesien *n.*
Sil·vi·a ['sɪlvɪə] Silvia *f.*
Si·mon ['saɪmən] Simon *m.*
Si·nai (Pen·in·su·la) ['saɪnɪaɪ (ˌ-pɪ'nɪnsjʊlə)] Sinai(halbinsel *f*) *n.*
Sin·clair ['sɪŋkleə] *amer. Autor; Vorname m.*
Sin·ga·pore [ˌsɪŋgə'pɔː] Singapur *n.*
Sing Sing ['sɪŋsɪŋ] *Staatsgefängnis von New York (USA).*
Sli·go ['slaɪgəʊ] *Grafschaft in der Provinz Connaught (Irland); Hauptstadt dieser Grafschaft.*
Sloan [sləʊn] *amer. Maler.*
Slough [slaʊ] *Stadt in Berkshire (England).*
Slo·vak·i·a [sləʊ'vækɪə] Slowakei *f.*
Slo·ve·ni·a [sləʊ'viːnɪə] Slowenien *n.*
Snow·don ['snəʊdn] *Berg in Wales.*
Soc·ra·tes ['sɒkrətiːz] Sokrates *m.*
Sol·o·mon ['sɒləmən] Salomo *m.*
So·ma·lia [səʊ'mɑːlɪə] So'malia *n.*
So·mers ['sʌməz] *Familienname.*
Som·er·set(·shire) ['sʌməsɪt(ʃə)] *englische Grafschaft.*

So·nia ['sɒnɪə] Sonja *f.*
So·phi·a [səʊ'faɪə] So'phia *f*, So'fia *f.*
Soph·o·cles ['sɒfəkliːz] Sophokles *m.*
South Af·ri·ca [ˌsaʊθ'æfrɪkə] Süd'afrika *n.*
South·amp·ton [saʊθ'æmptən] *Hafenstadt in Südengland.*
South Aus·tra·lia [ˌsaʊθɒ'streɪljə] Südau'stralien *n* (*Bundesstaat Australiens*).
South Car·o·li·na [ˌsaʊθkærə'laɪnə] *Staat der USA.*
South Da·ko·ta [ˌsaʊθdə'kəʊtə] *Staat der USA.*
South Gla·mor·gan [ˌsaʊθglə'mɔːgən] *walisische Grafschaft.*
Sou·they ['saʊθɪ; 'sʌðɪ] *englischer Dichter.*
South·wark ['sʌðək; 'saʊθwək] *Stadtbezirk von Groß-London.*
South York·shire [ˌsaʊθ'jɔːkʃə] *Stadtgrafschaft in Nordengland.*
So·viet Un·ion [ˌsəʊvɪət'juːnjən] *hist.*; *die* So'wjetuniˌon.
Spain [speɪn] Spanien *n.*
Spring·field ['sprɪŋfiːld] *Hauptstadt von Illinois* (*USA*); *Stadt in Massachusetts* (*USA*); *Stadt in Missouri* (*USA*).
Sri Lan·ka [ˌsriː'læŋkə] Sri Lanka *n.*
Staf·ford(**·shire**) ['stæfəd(ʃə)] *englische Grafschaft.*
Stan [stæn] *abbr. für* **Stanley** (*Vorname*).
Stan·ley ['stænlɪ] *englischer Afrikaforscher*; *Vorname m.*
Stat·en Is·land [ˌstætn'aɪlənd] *Insel an der Mündung des Hudson River in New York*; *Stadtbezirk von New York.*
Stein·beck ['staɪnbek] *amer. Autor.*
Stel·la ['stelə] Stella *f.*
Steph·a·nie ['stefənɪ] Stephanie *f*, Stefanie *f.*
Ste·phen ['stiːvn] Stephan *m*, Stefan *m.*
Ste·phen·son ['stiːvnsn] *englischer Erfinder.*
Steu·ben ['stjuːbən; 'stuː-; 'ʃtɔɪ-] *amer. General preußischer Herkunft im amer. Unabhängigkeitskrieg.*
Steve [stiːv] *abbr. für* **Stephen**, **Steven.**
Ste·ven ['stiːvn] *siehe* **Stephen**.
Ste·ven·son ['stiːvnsn] *englischer Autor.*
Stew·art [stjʊət; 'stjuːət; *Am.* 'stuːərt] *Familienname*; *Vorname m.*
Stir·ling(**·shire**) ['stɜːlɪŋ(ʃə)] *schottische Grafschaft* (*bis 1975*).
St. John [snt'dʒɒn] *Hafenstadt an der Mündung des gleichnamigen Flusses in New Brunswick* (*Kanada*); ['sɪndʒən] *Familienname.*
St. John's [snt'dʒɒnz] *Hauptstadt von Neufundland* (*Kanada*).
St. Law·rence [snt'lɒrəns] Sankt-'Lorenz-Strom *m.*
St. Louis [snt'lʊɪs; *Am.* ˌseɪnt'luːɪs] *Industriestadt in Missouri* (*USA*).
Stone·henge [ˌstəʊn'hendʒ] *prähistorisches megalithisches Bauwerk bei Salisbury in Wiltshire* (*England*).
St. Pan·cras [snt'pæŋkrəs] *Stadtteil von London.*
St. Paul [snt'pɔːl; *Am.* ˌseɪnt-] *Hauptstadt von Minnesota* (*USA*).
Stra·chey ['streɪtʃɪ] *englischer Biograph.*
Strat·ford on A·von [ˌstrætfədɒn'eɪvn] *Stadt in Mittelengland.*
Strath·clyde [stræθ'klaɪd] *Verwaltungsregion in Schottland.*
Stu·art [stjʊət; 'stjuːət; *Am.* 'stuːərt] *schottisch-englisches Herrschergeschlecht*; *Vorname m.*
Styr·i·a ['stɪrɪə] die Steiermark.
Su·dan [suː'dɑːn] *der* Su'dan.
Sud·bur·y ['sʌdbərɪ] *Stadt in Ontario* (*Kanada*); *Ort in Suffolk* (*England*).
Sue [sjuː; suː] *abbr. für* **Susan**.
Su·ez ['sʊɪz; *Am.* suː'ez; 'suːez] Suez *n.*
Suf·folk ['sʌfək] *englische Grafschaft.*
Sul·li·van ['sʌlɪvən] *Familienname.*
Su·ri·nam [ˌsʊərɪ'næm] Suri'nam *n.*
Su·ri·na·me [ˌsʊərɪ'nɑːmə] Suri'nam *n.*
Sur·rey ['sʌrɪ] *englische Grafschaft.*
Su·san ['suːzn] Su'sanne *f.*
Su·sie ['suːzɪ] Susi *f.*
Sus·que·han·na [ˌsʌskwɪ'hænə] *Fluss im Osten der USA.*
Sus·sex ['sʌsɪks] *englische Grafschaft.*
Suth·er·land ['sʌðələnd] *schottische Grafschaft* (*bis 1975*).
Sut·ton ['sʌtn] *Stadtbezirk von Groß-London.*
Su·zanne [suː'zæn] Su'sanne *f*, Su'sanna *f.*
Swan·sea ['swɒnzɪ] *Hafenstadt in Wales.*
Swa·zi·land ['swɑːzɪlænd] Swasiland *n.*
Swe·den ['swiːdn] Schweden *n.*
Swift [swɪft] *irischer Autor.*
Swit·zer·land ['swɪtsələnd] die Schweiz.
Syd·ney ['sɪdnɪ] *Hauptstadt von New South Wales* (*Australien*) *u. größte Stadt Australiens.*
Syl·vi·a ['sɪlvɪə] Silvia *f*, Sylvia *f.*
Synge [sɪŋ] *irischer Dichter u. Dramatiker.*
Syr·a·cuse ['sɪrəkjuːs] *Stadt im Staat New York* (*USA*); [*Brit.* 'saɪərəkjuːz] Syrakus *n* (*Stadt auf Sizilien*).
Syr·ia ['sɪrɪə] Syrien *n.*

T

Ta·hi·ti [tɑː'hiːtɪ; tə-] Ta'hiti *n.*
Tai·wan [ˌtaɪ'wɑːn] Taiwan *n.*
Tal·la·has·see [ˌtælə'hæsɪ] *Hauptstadt von Florida* (*USA*).
Tam·pa ['tæmpə] *Stadt in Florida* (*USA*).
Tan·gier [tæn'dʒɪə] Tanger *n.*
Tan·za·nia [ˌtænzə'nɪə] Tansa'nia *n.*

Tas·ma·nia [tæz'meɪnjə] Tas'manien *n* (*Insel u. Bundesstaat Australiens*).
Tay·lor ['teɪlə] *Familienname.*
Tay·side ['teɪsaɪd] *Verwaltungsregion in Schottland.*
Ted(**·dy**) ['ted(ɪ)] *abbr. für* ***Edward***, ***Theodore***.
Tees·side ['tiːzsaɪd] *frühere Bezeichnung der Industrieregion um Middlesbrough* (*Nordengland*), *heute zu* ***Cleveland*** *gehörig.*
Teign·mouth ['tɪnməθ] *Stadt in Devon* (*England*).
Ten·e·rife, *früher* **Ten·e·riffe** [ˌtenə'riːf] Tene'riffa *n*.
Ten·nes·see [ˌtenə'siː] *Staat der USA*; *Fluss in USA.*
Ten·ny·son ['tenɪsn] *englischer Dichter.*
Ter·ence ['terəns] *m.*
Te·re·sa [tə'riːzə] Te'resa *f*, Te'rese *f*.
Ter·ry ['terɪ] *abbr. für* ***Terence***, ***T***(***h***)***eresa***.
Tess, **Tes·sa** ['tes(ə)] *abbr. für* ***T***(***h***)***eresa***.
Tex·as ['teksəs] *Staat der USA.*
Thack·er·ay ['θækərɪ] *englischer Romanschriftsteller.*
Thai·land ['taɪlænd] Thailand *n*.
Thames [temz] Themse *f* (*Fluss in Südengland*).
That·cher ['θætʃə] *englische Premierministerin.*
The·a [θɪə; 'θiːə] Thea *f*.
The·o ['θiːəʊ; 'θɪəʊ] Theo *m*.
The·o·bald ['θɪəʊbɔːld] Theobald *m*.
The·o·dore ['θɪədɔː] Theodor *m*.
The·re·sa [tɪ'riːzə] The'resa *f*, The'rese *f*.
Tho·mas ['tɒməs] Thomas *m*.
Tho·reau ['θɔːrəʊ; *Am.* θə'rəʊ] *amer. Schriftsteller, Philosoph u. Sozialkritiker.*
Thu·rin·gi·a [θjʊə'rɪndʒɪə] Thüringen *n*.
Thu·ron [tʊ'rɒn] *Familienname.*
Ti·bet [tɪ'bet] Tibet *n*.
Ti·gris ['taɪgrɪs] Tigris *m*.
Tim [tɪm] *abbr. für* ***Timothy***.
Tim·o·thy ['tɪməθɪ] Ti'motheus *m*.
Ti·na ['tiːnə] *abbr. für* ***Christina***, ***Christine***.
Tin·dale ['tɪndl] *Familienname.*
Tip·per·ary [ˌtɪpə'reərɪ] *Grafschaft in der Provinz Munster* (*Irland*).
To·bi·as [tə'baɪəs] To'bias *m*.
To·by ['təʊbɪ] *abbr. für* ***Tobias***.
To·go ['təʊgəʊ] Togo *n*.
To·kyo ['təʊkjəʊ] Tokio *n*.
To·le·do [tə'liːdəʊ] *Stadt in Ohio* (*USA*); [*Brit.* tɒ'leɪdəʊ] *Stadt u. Provinz in Zentralspanien.*
Tol·kien ['tɒlkiːn] *englischer Schriftsteller u. Philologe.*
Tom(**·my**) ['tɒm(ɪ)] *abbr. für* ***Thomas***.
Ton·ga ['tɒŋə] Tonga *n* (*Inselgruppe u. Königreich im südwestl. Pazifik*).
To·ny ['təʊnɪ] Toni *m*.
To·pe·ka [təʊ'piːkə] *Hauptstadt von Kansas* (*USA*).
Tor·bay [ˌtɔː'beɪ] *Stadt in Devon* (*England*); *a.* ***Tor Bay*** *Bucht des Ärmelkanals an der Küste von Devon.*
To·ron·to [tə'rɒntəʊ] *Stadt in Kanada.*
Tor·quay [ˌtɔː'kiː] *Teilstadt von* ***Torbay*** *in Devon* (*England*).
Tot·ten·ham ['tɒtnəm] *Stadtteil von Groß-London.*
Tour·neur ['tɜːnə] *Familienname.*
Tow·er Ham·lets ['taʊəˌhæmlɪts] *Stadtbezirk von Groß-London.*
Toyn·bee ['tɔɪnbɪ] *englischer Historiker.*
Tra·cy ['treɪsɪ] *amer. Filmschauspieler*; *Vorname f*, (*seltener*) *m*.
Tra·fal·gar [trə'fælgə]: ***Cape ~*** Kap *n* Tra'falgar (*an der Südwestküste Spaniens*); ***~ Square*** *Platz in London.*
Trans·vaal ['trænzvɑːl] Trans'vaal *n*.
Tran·syl·va·nia [ˌtrænsɪl'veɪnjə] Sieben'bürgen *n*.
Trent [trent] *Fluss in Mittelengland*; Tri'ent *n*.
Tren·ton ['trentən] *Hauptstadt von New Jersey* (*USA*).
Tre·vel·yan [trɪ'veljən; -'vɪl-] *Name zweier englischer Historiker.*
Treves [triːvz] Trier *n*.
Trev·or ['trevə] *m*.
Tri·e·ste [triː'est] Tri'est *n*.
Trin·i·dad and To·ba·go [ˌtrɪnɪdædntəʊ'beɪgəʊ] Trinidad und To'bago *n*.
Trol·lope ['trɒləp] *englischer Romanschriftsteller.*
Troy [trɔɪ] Troja *n* (*antike Stadt in Kleinasien am Eingang der Dardanellen*); *Name mehrerer Städte in USA* (*im Staat New York*; *in Michigan*; *in Ohio*).
Tru·man ['truːmən] *33. Präsident der USA.*
Tuc·son [tuː'sɒn; 'tuːsɒn] *Stadt in Arizona* (*USA*).
Tu·dor ['tjuːdə] *englisches Herrschergeschlecht.*
Tu·ni·sia [tjuː'nɪzɪə; *Am.* tuː'niːʒə; -'nɪʒə] Tu'nesien *n*.
Tur·key ['tɜːkɪ] die Tür'kei.
Tur·ner ['tɜːnə] *englischer Landschaftsmaler.*
Tus·ca·ny ['tʌskənɪ] die Tos'kana.
Twain [tweɪn] *amer. Autor.*
Twick·en·ham ['twɪknəm] *Stadtteil von Groß-London.*
Tyn·dale ['tɪndl] *englischer Bibelübersetzer.*
Tyne and Wear [ˌtaɪnənd'wɪə] *Stadtgrafschaft in Nordengland.*
Ty·rol ['tɪrəl; tɪ'rəʊl] Ti'rol *n*.
Ty·rone [tɪ'rəʊn] *nordirische Grafschaft.*

U

U·gan·da [juːˈgændə] Uˈganda *n.*
U·ist [ˈjuːɪst]: ***North ~***, ***South ~*** *zwei Inseln der Äußeren Hebriden (Schottland).*
U·kraine [juːˈkreɪn] *die* Ukraˈine.
Ul·ster [ˈʌlstə] *Provinz im Norden Irlands, seit 1921 zweigeteilt. 3 Grafschaften gehören heute zur Republik Irland, die restlichen 6 bilden das heutige Nordirland, Teil des Vereinigten Königreichs von Großbritannien u. Nordirland.*
U·lys·ses [juːˈlɪsiːz] *m.*
Un·ion of So·viet So·cial·ist Re·pub·lics [ˌjuːnjənəvˌsəʊvɪətˌsəʊʃəlɪstrɪˈpʌblɪks] *hist. die* Uniˈon der Soziaˈlistischen Soˈwjetrepuˌbliken.
U·nit·ed Ar·ab E·mir·ates [juːˈnaɪtɪdˌærəbeˈmɪərəts] *pl. die* Vereinigten Aˈrabischen Emiˈrate *pl.*
U·nit·ed King·dom [juːˌnaɪtɪdˈkɪŋdəm] *das* Vereinigte Königreich (*Großbritannien u. Nordirland*).
U·nit·ed States of A·mer·i·ca [juːˌnaɪtɪdˌsteɪtsəvəˈmerɪkə] *pl. die* Vereinigten Staaten von Aˈmerika *pl.*
Up·dike [ˈʌpdaɪk] *amer. Schriftsteller.*
Up·per Vol·ta [ˌʌpəˈvɒltə] Oberˈvolta *n* (*ehemalige Bezeichnung für* ***Burkina Faso***).
U·ri·ah [ˌjʊəˈraɪə] Uˈria(s) *m*, Uriel *m.*
Ur·quhart [ˈɜːkət] *schottischer Schriftsteller u. Übersetzer.*
Ur·su·la [ˈɜːsjʊlə] Ursula *f.*
U·ru·guay [ˈjʊərʊgwaɪ; ˈʊrə-] Uruguay *n.*
U·tah [ˈjuːtɑː; -tɔː] *Staat der USA.*
Ut·tox·e·ter [juːˈtɒksɪtə; ʌˈtɒksɪtə] *Ort in Staffordshire (England).*

V

Val·en·tine [ˈvæləntaɪn] Valentin *m*; Valenˈtine *f.*
Va(l)·let·ta [vəˈletə] *Hauptstadt von Malta.*
Van·brugh [ˈvænbrə; vænˈbruː] *englischer Dramatiker u. Baumeister.*
Van·cou·ver [vænˈkuːvə] *Hafenstadt in Kanada.*
Van·der·bilt [ˈvændəbɪlt] *amer. Finanzier.*
Va·nes·sa [vəˈnesə] *f.*
Vat·i·can [ˈvætɪkən] *der* Vatiˈkan; **~ Cit·y** [ˌvætɪkənˈsɪtɪ] Vatiˈkanstadt *f.*
Vaughan [vɔːn] *Familienname*; **~ Wil·liams** [ˌvɔːnˈwɪljəmz] *englischer Komponist.*
Vaux [vɔːz; vɒks; vɔːks; vəʊks] *Familienname*; **de ~** [dɪˈvəʊ] *Familienname.*
Vaux·hall [ˌvɒksˈhɔːl] *Stadtteil von London.*
Ven·e·zu·e·la [ˌveneˈzweɪlə] Venezuˈela *n.*
Ven·ice [ˈvenɪs] Veˈnedig *n.*
Ve·ra [ˈvɪərə] Vera *f.*
Ver·gil [ˈvɜːdʒɪl] *siehe* ***Virgil***.
Ver·mont [vɜːˈmɒnt] *Staat der USA.*
Ver·ner [ˈvɜːnə] *Familienname.*
Ver·non [ˈvɜːnən] *m.*
Ve·ron·i·ca [vɪˈrɒnɪkə; və-] Veˈronika *f.*
Vick·y [ˈvɪkɪ] *abbr. für* ***Victoria***.
Vic·tor [ˈvɪktə] Viktor *m.*
Vic·to·ri·a [vɪkˈtɔːrɪə] Vikˈtoria *f*; *Bundesstaat Australiens; Hauptstadt von British Columbia (Kanada); Hauptstadt der ehemaligen brit. Kronkolonie Hongkong.*
Vi·en·na [vɪˈenə] Wien *n.*
Viet·nam, **Viet Nam** [ˌvjetˈnæm] Vietˈnam *n.*
Vi·o·la [ˈvaɪələ; ˈvɪəʊlə] Viˈola *f.*
Vi·o·let [ˈvaɪələt] Vioˈletta *f*, Vioˈlette *f.*
Vir·gil [ˈvɜːdʒɪl] Verˈgil *m* (*römischer Dichter*).
Vir·gin·ia [vəˈdʒɪnjə] *Staat der USA; Vorname f.*
Vis·tu·la [ˈvɪstjʊlə] Weichsel *f* (*Fluss*).
Viv·i·an [ˈvɪvɪən] *m*, (*seltener*) *f.*
Viv·i·en [ˈvɪvɪən] *f.*
Viv·i·enne [ˈvɪvɪən; ˌvɪvɪˈen] *f.*
Vol·ga [ˈvɒlgə] Wolga *f.*
Vosges [vəʊʒ] *pl. die* Voˈgesen *pl.*

W

Wa·bash [ˈwɔːbæʃ] *Nebenfluss des Ohio in Indiana u. Illinois (USA).*
Wad·dell [wɒˈdel; ˈwɒdl] *Familienname.*
Wad·ham [ˈwɒdəm] *Familienname.*
Wales [weɪlz] Wales *n.*
Wal·lace [ˈwɒlɪs] *englischer Autor.*
Wal·la·sey [ˈwɒləsɪ] *Stadt in Merseyside (England).*
Wal·pole [ˈwɔːlpəʊl] *Name zweier englischer Schriftsteller.*
Wal·ter [ˈwɔːltə] Walter *m.*
Wal·tham For·est [ˌwɔːlθəmˈfɒrɪst] *Stadtbezirk von Groß-London.*
Wands·worth [ˈwɒndzwəθ] *Stadtbezirk von Groß-London.*
War·hol [ˈwɔːhɔːl; ˈwɔːhəʊl] *amer. Pop-Art-Künstler u. Filmregisseur.*
War·saw [ˈwɔːsɔː] Warschau *n.*
War·wick(·shire) [ˈwɒrɪk(ʃə)] *englische Grafschaft.*
Wash·ing·ton [ˈwɒʃɪŋtən] *1. Präsident der USA; Staat der USA; a.* **~ DC** *Bundeshauptstadt der USA.*
Wa·ter·ford [ˈwɔːtəfəd] *Grafschaft in der Provinz Munster (Irland); Hauptstadt dieser Grafschaft.*
Wa·ter·loo [ˌwɔːtəˈluː] *Ort in Belgien.*
Wat·son [ˈwɒtsn] *Familienname.*
Watt [wɒt] *schottischer Erfinder.*
Waugh [wɔː] *englischer Romanschriftsteller.*

Wayne [weɪn] *amer. Filmschauspieler.*
Weald [wiːld]: ***the ~*** *Landschaft im südöstlichen England. Früher ausgedehntes Waldgebiet.*
Web·ster ['webstə] *amer. Lexikograph.*
Wedg·wood ['wedʒwʊd] *englischer Keramiker.*
Wel·ling·ton ['welɪŋtən] *brit. Feldherr; Hauptstadt von Neuseeland.*
Wem·bley ['wemblɪ] *Stadtteil von Groß-London.*
Wen·dy ['wendɪ] *f.*
Went·worth ['wentwəθ] *Familienname.*
West Brom·wich [ˌwest'brɒmɪdʒ] *Stadt in West Midlands (England).*
West·ern Aus·tra·lia [ˌwestənɒ'streɪljə] 'Westauˌstralien.
West·ern Isles [ˌwestən'aɪlz] *Insulare Verwaltungsregion Schottlands.*
West·ern Sa·moa [ˌwestənsə'məʊə] Westsa'moa *n.*
West Gla·mor·gan [ˌwestglə'mɔːgən] *walisische Grafschaft.*
West In·dies [ˌwest'ɪndɪz] *pl.*: ***the ~*** die West'indischen Inseln *pl.*
West Lo·thi·an [ˌwest'ləʊðjən] *schottische Grafschaft (bis 1975).*
West·meath [west'miːð] *Grafschaft in der Provinz Leinster (Irland).*
West Mid·lands [ˌwest'mɪdləndz] *pl. Stadtgrafschaft in Mittelengland.*
West·min·ster ['wes*t*mɪnstə] *a.* ***City of ~*** *Stadtbezirk von Groß-London.*
West·mor·land ['wes*t*mələnd] *englische Grafschaft (bis 1974).*
West·pha·lia [west'feɪljə] West'falen *n.*
West Vir·gin·ia [ˌwestvə'dʒɪnjə] *Staat der USA.*
West York·shire [ˌwest'jɔːkʃə] *Stadtgrafschaft in Nordengland.*
Wex·ford ['weksfəd] *Grafschaft in der Provinz Leinster (Irland); Hauptstadt dieser Grafschaft.*
Wey·mouth ['weɪməθ] *Badeort in Dorset (Südengland); Stadt in Massachusetts (USA).*
Whal·ley ['weɪlɪ; 'wɔːlɪ] *Familienname.*
Whar·am ['weərəm] *Familienname.*
Whar·ton ['wɔːtn] *amer. Romanschriftstellerin.*
Whi·tack·er ['wɪtəkə] *Familienname.*
Whit·a·ker ['wɪtəkə] *Familienname.*
Whit·by ['wɪtbɪ] *Fischereihafen in North Yorkshire (England); Stadt in Ontario (Kanada).*
White·hall [ˌwaɪt'hɔːl] *Straße in London.*
Whit·man ['wɪtmən] *amer. Dichter.*
Whit·ta·ker ['wɪtəkə] *Familienname.*
Wick·low ['wɪkləʊ] *Grafschaft in der Provinz Leinster (Irland).*
Wig·town(·shire) ['wɪgtən(ʃə)] *schottische Grafschaft (bis 1975).*
Wilde [waɪld] *englischer Dichter.*
Wil·der ['waɪldə] *amer. Autor.*
Wil·fred ['wɪlfrɪd] Wilfried *m.*
Will [wɪl] *abbr. für* ***William***.
Wil·liam ['wɪljəm] Wilhelm *m.*
Wil·ming·ton ['wɪlmɪŋtən] *Hafenstadt in Delaware (USA); Hafenstadt in North Carolina (USA).*
Wil·son ['wɪlsn] *Familienname.*
Wilt·shire ['wɪltʃə] *englische Grafschaft.*
Wim·ble·don ['wɪmbldən] *Stadtteil von Groß-London (Tennisturniere).*
Win·ches·ter ['wɪn*t*ʃɪstə] *Hauptstadt von Hampshire (England) mit berühmter Public School.*
Wind·sor ['wɪnzə] *Stadt in Berkshire (England); Stadt in Ontario (Kanada).*
Win·i·fred ['wɪnɪfrɪd] *f.*
Win·nie ['wɪnɪ] *abbr. für* ***Winifred***.
Win·ni·peg ['wɪnɪpeg] *Hauptstadt von Manitoba (Kanada).*
Win·ston ['wɪnstən] *m.*
Wis·con·sin [wɪs'kɒnsɪn] *Staat der USA; Fluss in Wisconsin (USA).*
Wi·tham ['wɪðəm] *Familienname; Fluss in Lincolnshire (England).*
Wit·ham ['wɪtəm] *Stadt in Essex (England).*
Wolds [wəʊldz]: ***the ~*** *Höhenzug in Nordostengland.*
Wolfe [wʊlf] *amer. Autor.*
Wol·lon·gong ['wʊləŋgɒŋ] *Industrie- u. Hafenstadt in New South Wales (Australien).*
Wol·sey ['wʊlzɪ] *englischer Kardinal u. Staatsmann.*
Wol·ver·hamp·ton ['wʊlvəˌhæm*p*tən] *Industriestadt in West Midlands (England).*
Woolf [wʊlf] *englische Autorin.*
Wool·wich ['wʊlɪdʒ] *Stadtteil von Groß-London.*
Wor·ces·ter ['wʊstə] *Industriestadt in Mittelengland; a.* '**Wor·ces·ter·shire** [-ʃə] *englische Grafschaft (bis 1974).*
Words·worth ['wɜːdzwəθ] *englischer Dichter.*
Wren [ren] *englischer Architekt.*
Wright [raɪt] *Name zweier amer. Flugpioniere.*
Wyc·liffe ['wɪklɪf] *englischer Reformator u. Bibelübersetzer.*
Wy·man ['waɪmən] *Familienname.*
Wy·o·ming [waɪ'əʊmɪŋ] *Staat der USA.*

X

Xan·thip·pe [zæn'θɪpɪ] Xan'thippe *f.*

Y

Yale [jeɪl] *hoher britischer Kolonialbeamter u. Förderer der Yale University in New Haven, Connecticut (USA).*
Yeat·man ['jiːtmən; 'jeɪt- 'jet-] *Familienname.*

Yeats [jeɪts] *irischer Dichter u. Dramatiker.*
Yel·low·stone ['jeləʊstəʊn] *Fluss im Nordwesten der USA*; *Nationalpark in Wyoming*, *Montana u. Idaho* (*USA*).
Ye·men ['jemən] *der* Jemen.
Yeo·vil ['jəʊvɪl] *Stadt in Somersetshire* (*England*).
Yonge [jʌŋ] *Familienname.*
Yon·kers ['jɒŋkəz; *Am.* 'jɑːŋkərz] *Stadt im Staat New York* (*USA*).
York [jɔːk] *Stadt in Nordost-England*; **'York·shire** [-ʃə]: (***North***, ***South***, ***West***) ~ *Grafschaften in England.*
Yo·sem·i·te Na·tion·al Park [jəʊ'semɪtɪˌnæʃənl'pɑːk] *Nationalpark in Kalifornien* (*USA*).
Yu·go·sla·via [ˌjuːgəʊ'slɑːvjə] Jugo'slawien *n.*
Yu·ill ['juːɪl] *Familienname.*
Yu·kon ['juːkɒn] *Strom im nordwestlichen Nordamerika*; *a.* **the ~** *siehe* ***Yukon Territory***; **~ Ter·ri·tor·y** [ˌjuːkɒn'terɪtərɪ] *Territorium im äußersten Nordwesten Kanadas.*
Y·vonne [ɪ'vɒn] I'vonne *f*, Y'vonne *f.*

Z

Zach·a·ri·ah [ˌzækə'raɪə], **Zach·a·ry** ['zækərɪ] Zacha'rias *m.*
Za·ire [zɑː'ɪə; *Am. a.* 'zaɪər] Za'ire *n.*
Zam·bia ['zæmbɪə] Sambia *n.*
Zan·zi·bar [ˌzænzɪ'bɑː; *Am.* 'zænzəbɑːr] Sansibar *n* (*zu Tansania gehörige Insel vor der Ostküste Afrikas*).
Zel·da ['zeldə] *f.*
Zet·land ['zetlənd] *schottische Grafschaft* (*bis 1975*).
Zim·ba·bwe [zɪm'bɑːbwɪ; -bweɪ] Sim'babwe *n* (*seit 1980 Name für* ***Rhodesia***).
Zo·e ['zəʊɪ] Zoe *f.*
Zu·rich ['zjʊərɪk] Zürich *n.*

Unregelmäßige Verben

Diese Liste der unregelmäßigen englischen Verben berücksichtigt auch viele der zusammengesetzten unregelmäßigen Verben; sie ist deshalb umfangreicher als üblich.

Infinitiv **Infinitive**	Präteritum **Preterite**	Partizip Perfekt **Past Participle**
abide	abode, abided	abode, abided
arise	arose	arisen
awake	awoke, awaked	awoken, awaked
backbite	backbit	backbitten, backbit
backslide	backslid	backslid, backslidden
be	was, were	been
bear	bore	borne
beat	beat	beaten, beat
become	became	become
befall	befell	befallen
beget	begot	begotten
begin	began	begun
behold	beheld	beheld
bend	bent	bent
bereave	bereft, bereaved	bereft, bereaved
beseech	besought, beseeched	besought, beseeched
beset	beset	beset
bespeak	bespoke	bespoken
bestrew	bestrewed	bestrewed, bestrewn
bestride	bestrode	bestridden, bestrid
bet	bet, betted	bet, betted
betake	betook	betaken
bethink	bethought	bethought
bid	bad(e), bid	bade, bid, bidden
bide	bode, bided	bided
bind	bound	bound
bite	bit	bitten, bit
bleed	bled	bled
blow	blew	blown
break	broke	broken
breed	bred	bred
bring	brought	brought
broadcast	broadcast, broadcasted	broadcast, broadcasted
browbeat	browbeat	browbeaten
build	built	built
burn	burnt, burned	burnt, burned
burst	burst	burst
buy	bought	bought
cast	cast	cast
catch	caught	caught
chide	chid, chided	chidden, chid, chided
choose	chose	chosen
cleave	cleft, clove, cleaved	cleft, cloven, cleaved
cling	clung	clung
come	came	come
cost	cost	cost
creep	crept	crept
cut	cut	cut

deal	dealt	dealt
deepfreeze	deepfroze, -freezed	deepfrozen, -freezed
dig	dug	dug
dive	dived, *Am.* dove	dived
do	did	done
draw	drew	drawn
dream	dreamt, dreamed	dreamt, dreamed
drink	drank	drunk
drive	drove	driven
dwell	dwelt, dwelled	dwelt, dwelled
eat	ate	eaten
fall	fell	fallen
feed	fed	fed
feel	felt	felt
fight	fought	fought
find	found	found
flee	fled	fled
fling	flung	flung
fly	flew	flown
forbear	forebore	foreborne
forbid	forbade, forbad	forbidden
forecast	forecast, forecasted	forecast, forecasted
forego	forewent	foregone
foreknow	foreknew	foreknown
foresee	foresaw	foreseen
foretell	foretold	foretold
forget	forgot	forgotten, forgot
forgive	forgave	forgiven
forgo	forwent	forgone
forsake	forsook	forsaken
forswear	forswore	forsworn
freeze	froze	frozen
gainsay	gainsaid	gainsaid
get	got	got, *Am.* gotten
gild	gilded, gilt	gilded, gilt
gird	girded, girt	girded, girt
give	gave	given
go	went	gone
grind	ground	ground
grow	grew	grown
hamstring	hamstrung	hamstrung
hang	hung, hanged	hung, hanged
have	had	had
hear	heard	heard
heave	heaved, hove	heaved, hove
hew	hewed	hewn, hewed
hide	hid	hidden, hid
hit	hit	hit
hold	held	held
hurt	hurt	hurt
inlay	inlaid	inlaid
inset	inset	inset
keep	kept	kept
kneel	knelt, kneeled	knelt, kneeled
knit	knitted, knit	knitted, knit
know	knew	known
lade	laded	laded, laden
lay	laid	laid

lead	led	led
lean	leant, leaned	leant, leaned
leap	leapt, leaped	leapt, leaped
learn	learnt, learned	learnt, learned
leave	left	left
lend	lent	lent
let	let	let
lie	lay	lain
light	lit, lighted	lit, lighted
lose	lost	lost
make	made	made
mean	meant	meant
meet	met	met
misbecome	misbecame	misbecome
miscast	miscast	miscast
misdeal	misdealt	misdealt
misgive	misgave	misgiven
mishear	misheard	misheard
mislay	mislaid	mislaid
mislead	misled	misled
misread	misread	misread
misspell	misspelt, misspelled	misspelt, misspelled
misspend	misspent	misspent
mistake	mistook	mistaken
misunderstand	misunderstood	misunderstood
mow	mowed	mown, mowed
offset	offset	offset
outbid	outbid	outbid, outbidden
outdo	outdid	outdone
outgo	outwent	outgone
outgrow	outgrew	outgrown
outride	outrode	outridden
outrun	outran	outrun
outsell	outsold	outsold
outshine	outshone	outshone
outsit	outsat	outsat
outspeed	outsped, outspeeded	outsped, outspeeded
outswim	outswam	outswum
outwear	outwore	outworn
overbear	overbore	overborne
overbid	overbid, overbade	overbid, overbidden
overbuild	overbuilt	overbuilt
overbuy	overbought	overbought
overcast	overcast	overcast
overcome	overcame	overcome
overdo	overdid	overdone
overdraw	overdrew	overdrawn
overdrive	overdrove	overdriven
overeat	overate	overeaten
overfeed	overfed	overfed
overgrow	overgrew	overgrown
overhang	overhung	overhung
overhear	overheard	overheard
overlay	overlaid	overlaid
overlie	overlay	overlain
overpay	overpaid	overpaid
override	overrode	overridden
overrun	overran	overrun
oversee	oversaw	overseen
overset	overset	overset
oversew	oversewed	oversewed, oversewn
overshoot	overshot	overshot
oversleep	overslept	overslept

overspeed	oversped, overspeeded	oversped, overspeeded
overspend	overspent	overspent
overspread	overspread	overspread
overtake	overtook	overtaken
overthrow	overthrew	overthrown
overwind	overwound	overwound
partake	partook	partaken
pay	paid	paid
put	put	put
read	read	read
rebroadcast	rebroadcast, rebroadcasted	rebroadcast, rebroadcasted
rebuild	rebuilt	rebuilt
recast	recast	recast
redo	redid	redone
redraw	redrew	redrawn
regrind	reground	reground
remake	remade	remade
rend	rent	rent
repay	repaid	repaid
reread	reread	reread
resell	resold	resold
reset	reset	reset
retake	retook	retaken
retell	retold	retold
rethink	rethought	rethought
rewrite	rewrote	rewritten
rid	rid, ridded	rid, ridded
ride	rode	ridden
ring	rang, rung	rung
rise	rose	risen
rive	rived	rived, riven
run	ran	run
saw	sawed	sawn, sawed
say	said	said
see	saw	seen
seek	sought	sought
sell	sold	sold
send	sent	sent
set	set	set
sew	sewed	sewn, sewed
shake	shook	shaken
shave	shaved	shaved, shaven
shed	shed	shed
shine	shone, shined	shone, shined
shit	shit, shat	shit
shoe	shod, shoed	shod, shoed
shoot	shot	shot
show	showed	shown, showed
shrink	shrank, shrunk	shrunk
shut	shut	shut
sing	sang, sung	sung
sink	sank, sunk	sunk
sit	sat	sat
slay	slew	slain
sleep	slept	slept
slide	slid	slid, slidden
sling	slung	slung
slink	slunk	slunk
slit	slit	slit
smell	smelt, smelled	smelt, smelled
smite	smote	smitten

sow	sowed	sown, sowed
speak	spoke	spoken
speed	sped, speeded	sped, speeded
spell	spelt, spelled	spelt, spelled
spend	spent	spent
spill	spilt, spilled	spilt, spilled
spin	spun, span	spun
spit	spat, spit	spat, spit
split	split	split
spoil	spoilt, spoiled	spoilt, spoiled
spoonfeed	spoonfed	spoonfed
spread	spread	spread
spring	sprang, sprung	sprung
stand	stood	stood
stave	staved, stove	staved, stove
steal	stole	stolen
stick	stuck	stuck
sting	stung	stung
stink	stank, stunk	stunk
strew	strewed	strewn, strewed
stride	strode	stridden, strid, strode
strike	struck	struck
string	strung	strung
strive	strove, strived	striven, strived
sublet	sublet	sublet
swear	swore	sworn
sweat	sweat, sweated	sweat, sweated
sweep	swept	swept
swell	swelled	swollen, swelled
swim	swam, swum	swum
swing	swung	swung
take	took	taken
teach	taught	taught
tear	tore	torn
telecast	telecast	telecast
tell	told	told
think	thought	thought
thrive	thrived, throve	thrived, thriven
throw	threw	thrown
thrust	thrust	thrust
tread	trod	trodden, trod
typecast	typecast	typecast
unbend	unbent	unbent
unbind	unbound	unbound
underbid	underbid	underbid, underbidden
undercut	undercut	undercut
undergo	underwent	undergone
underlay	underlaid	underlaid
underlet	underlet	underlet
underlie	underlay	underlain
underpay	underpaid	underpaid
undersell	undersold	undersold
understand	understood	understood
undertake	undertook	undertaken
underwrite	underwrote	underwritten
undo	undid	undone
unlade	unladed	unladen, unladed
unlearn	unlearned, unlearnt	unlearned, unlearnt
unmake	unmade	unmade
unsay	unsaid	unsaid
unstick	unstuck	unstuck
unstring	unstrung	unstrung
unwind	unwound	unwound

uphold	upheld	upheld
upset	upset	upset
wake	woke, waked	woken, waked
wear	wore	worn
weave	wove	woven
wed	wedded, wed	wedded, wed
weep	wept	wept
wet	wetted, wet	wetted, wet
win	won	won
wind	wound	wound
withdraw	withdrew	withdrawn
withhold	withheld	withheld
withstand	withstood	withstood
wring	wrung	wrung
write	wrote	written

Zahlwörter

Grundzahlen

0 nought, zero, cipher; *teleph.* 0 [əʊ] *null*
1 one *eins*
2 two *zwei*
3 three *drei*
4 four *vier*
5 five *fünf*
6 six *sechs*
7 seven *sieben*
8 eight *acht*
9 nine *neun*
10 ten *zehn*
11 eleven *elf*
12 twelve *zwölf*
13 thirteen *dreizehn*
14 fourteen *vierzehn*
15 fifteen *fünfzehn*
16 sixteen *sechzehn*
17 seventeen *siebzehn*
18 eighteen *achtzehn*
19 nineteen *neunzehn*
20 twenty *zwanzig*
21 twenty-one *einundzwanzig*
22 twenty-two *zweiundzwanzig*
30 thirty *dreißig*
31 thirty-one *einunddreißig*
40 forty *vierzig*
41 forty-one *einundvierzig*
50 fifty *fünfzig*
51 fifty-one *einundfünfzig*
60 sixty *sechzig*
61 sixty-one *einundsechzig*
70 seventy *siebzig*
71 seventy-one *einundsiebzig*
80 eighty *achtzig*
81 eighty-one *einundachtzig*
90 ninety *neunzig*
91 ninety-one *einundneunzig*
100 a *od.* one hundred *hundert*
101 hundred and one *hundert(und)-eins*
200 two hundred *zweihundert*
300 three hundred *dreihundert*
572 five hundred and seventy-two *fünfhundert(und)zweiundsiebzig*
1000 a *od.* one thousand *(ein)tausend*
1066 ten sixty-six *tausendsechsundsechzig*
1992 nineteen (hundred and) ninety-two *neunzehnhundertzweiundneunzig*
2000 two thousand *zweitausend*
5044 *teleph.* five 0 double four *fünfzig vierundvierzig*
1,000,000 a *od.* one million *eine Million*
2,000,000 two million *zwei Millionen*
1,000,000,000 a *od.* one billion *eine Milliarde*

Ordnungszahlen

1st first *erste*
2nd second *zweite*
3rd third *dritte*
4th fourth *vierte*
5th fifth *fünfte*
6th sixth *sechste*
7th seventh *siebente*
8th eighth *achte*
9th ninth *neunte*
10th tenth *zehnte*
11th eleventh *elfte*
12th twelfth *zwölfte*
13th thirteenth *dreizehnte*
14th fourteenth *vierzehnte*
15th fifteenth *fünfzehnte*
16th sixteenth *sechzehnte*
17th seventeenth *siebzehnte*
18th eighteenth *achtzehnte*
19th nineteenth *neunzehnte*
20th twentieth *zwanzigste*
21st twenty-first *einundzwanzigste*
22nd twenty-second *zweiundzwanzigste*
23rd twenty-third *dreiundzwanzigste*

30th thirtieth *dreißigste*
31st thirty-first *einunddreißigste*
40th fortieth *vierzigste*
41st forty-first *einundvierzigste*
50th fiftieth *fünfzigste*
51st fifty-first *einundfünfzigste*
60th sixtieth *sechzigste*
61st sixty-first *einundsechzigste*
70th seventieth *siebzigste*
71st seventy-first *einundsiebzigste*
80th eightieth *achtzigste*
81st eighty-first *einundachtzigste*
90th ninetieth *neunzigste*
100th (one) hundredth *hundertste*
101st hundred and first *hundertunderste*
200th two hundredth *zweihundertste*
300th three hundredth *dreihundertste*
572nd five hundred and seventy-second *fünfhundertundzweiundsiebzigste*
1000th (one) thousandth *tausendste*
1950th nineteen hundred and fiftieth *neunzehnhundertfünfzigste*
2000th two thousandth *zweitausendste*
1,000,000th millionth *millionste*
2,000,000th two millionth *zweimillionste*

Bruchzahlen und andere Zahlenwerte

$\frac{1}{2}$ one *od.* a half *ein halb*
$1\frac{1}{2}$ one and a half *anderthalb*
$2\frac{1}{2}$ two and a half *zweieinhalb*
$\frac{1}{3}$ one *od.* a third *ein Drittel*
$\frac{2}{3}$ two thirds *zwei Drittel*
$\frac{1}{4}$ one *od.* a quarter, one fourth *ein Viertel*
$\frac{3}{4}$ three quarters, three fourths *drei Viertel*
$\frac{1}{5}$ one *od.* a fifth *ein Fünftel*
$3\frac{4}{5}$ three and four fifths *drei vier Fünftel*
$\frac{5}{8}$ five eighths *fünf Achtel*
$\frac{12}{20}$ twelve twentieths *zwölf Zwanzigstel*
$\frac{75}{100}$ seventy-five hundredths *fünfundsiebzig Hundertstel*
0.45 (nought [nɔːt]) point four five *null Komma vier fünf*
2.5 two point five *zwei Komma fünf*
once *einmal*
twice *zweimal*
three (four) times *drei- (vier)mal*
twice as much (many) *zweimal* od. *doppelt so viel(e)*
firstly (secondly, thirdly), in the first (second, third) place *erstens (zweitens, drittens)*
7 + 8 = 15 seven and *od.* plus eight are fifteen *sieben und* od. *plus acht ist fünfzehn*
9 – 4 = 5 nine minus *od.* less four is five *neun minus* od. *weniger vier ist fünf*
2 3 = 6 twice three is *od.* makes six *zweimal drei ist sechs*
20 ∏5 = 4 twenty divided by five is four *zwanzig dividiert* od. *geteilt durch fünf ist vier*

Leicht verwechselbare englische Wörter

accept	akzeptieren	**Please accept my apologies.**
except	außer	**Everyone came except Julian.**
adapt	adaptieren, (sich) anpassen	**You've got to adapt to the modern age.**
adopt	adoptieren	**They adopted two girls from Brazil.**
advice [əd'vaɪs]	Rat, Ratschlag, Ratschläge	**I need your advice on buying a computer.**
advise [əd'vaɪz]	(be)raten	**He advised me to see a specialist.**
affect	beeinflussen, sich auswirken auf	**His illness is affecting his school-work.**
effect	Auswirkung	**It had a deep effect on the whole family.**
all ready	fertig	**I'm all ready now. We can go.**
already	schon, bereits	**Have you eaten already?**
altar	Altar	**There were flowers in front of the altar.**
alter	ändern	**This skirt is too long. I'll have to have it altered.**
brake	bremsen	**He braked the car very suddenly.**
break	kaputtmachen	**I broke my mother's favourite vase last night.**
chord [kɔːd]	Akkord	**I've learnt some more chords on the guitar.**
cord	Schnur, Kordel	**Pull the cord to switch on the bathroom light.**
complement ['kɒmplɪment]	ergänzen	**The two books complement each other.**
compliment ['kɒmplɪment]	ein Kompliment machen	**The teacher complimented me on my history essay.**
cue	(Billard)Queue	**They use new cues for every championship game.**
queue	(Warte)Schlange	**They sent me to the back of the queue.**
desert ['dezət]	Wüste	**He spent 10 years in the desert looking for oil.**
dessert [dɪ'zɜːt]	Nachtisch	**For dessert we had chocolate pudding.**
dual ['djuːəl]	doppelt	**I've got dual nationality: I'm French and German.**
duel ['djuːəl]	Duell	**He was killed in a duel at the age of 38.**

emigrant	Auswanderer	**Emigrants to the USA had a long sea journey.**
immigrant	Einwanderer	**It was immigrants who were responsible for building up the country's economy.**
its	sein, ihr	**The cat has lost its toy mouse.**
it's (= it is)	es ist	**It's cold outside today.**
lay	(etwas) hinlegen	**He lay the baby on the sofa.**
lie	liegen	**I like to lie on the grass and watch the clouds.**
lead [led]	Blei	**Don't chew your pencil – the lead is poisonous.**
led	*Vergangenheitsform von* **lead** = führen	**The guide led us along a narrow path to the church.**
loose [luːs]	locker	**I've got two loose teeth.**
lose [luːz]	verlieren	**Don't lose your umbrella again!**
miner	Bergmann	**Thirty miners were killed in the explosion.**
minor	Minderjährige(r)	**They don't sell alcohol to minors.**
moral ['mɒrəl]	Moral, Lehre	**It's a story with a moral behind it.**
morale [mɒ'rɑːl]	Moral, Stimmung	**The morale of the refugees was very low.**
peace	Frieden	**The dove is a symbol of peace.**
piece	Stück	**Would you like another piece of cake?**
plain	einfach, schlicht	**He eats very plain food because of his stomach problems.**
plane	Flugzeug	**The plane took off an hour late.**
principal	Haupt...	**The principal reason for the job cuts is money.**
principle	Prinzip, Grundsatz	**He won't do it on principle.**
prophecy ['prɒfəsɪ]	Prophezeiung	**None of his prophecies came true.**
prophesy ['prɒfəsaɪ]	prophezeien	**You can't prophesy what will happen.**
stationary	stillstehend, parkend	**The car was stationary when the cyclist hit it.**
stationery	Schreibwaren	**There's a stationery shop in the next street.**
than	als	**I'm bigger than you.**
then	dann, als Nächstes	**He rang his mother, then he left the house.**
weather	Wetter	**What's the weather like over there?**
whether	ob	**I don't know whether I should tell him.**
who's (= who is)	wer (ist) ... ?	**Who's there?**
whose	dessen, deren	**The man whose car was stolen has just rung up.**

your	dein(e), euer/ eure, Ihr(e)	**Is this your pen?**
you're (= **you are**)	du bist, ihr seid, Sie sind	**You're not well enough to play football today.**

Englische und amerikanische Maße und Gewichte

Längenmaße

Linear Measures

1 inch	= 2,54 cm
1 foot	= 12 inches = 30,48 cm
1 yard	= 3 feet = 91,44 cm
1 (statute) mile	= 1760 yards = 1,609 km
1 hand	= 4 inches = 10,16 cm
1 rod (perch, pole)	= 5½ yards = 5,029 m
1 chain	= 4 rods = 20,117 m
1 furlong	= 10 chains = 201,168 m

Nautische Maße

Nautical Measures

1 fathom	= 6 feet = 1,829 m
1 cable's length	= 100 fathoms = 182,9 m
	⚓ ⚔ *Brit.* = 608 feet = 185,3 m
	⚓ ⚔ *Am.* = 720 feet = 219,5 m
1 nautical mile	= 10 cables' length = 1,852 km

Flächenmaße

Square Measures

1 square inch	= 6,452 cm²
1 square foot	= 144 square inches = 929,029 cm²
1 square yard	= 9 square feet = 8361,26 cm²
1 acre	= 4840 square yards = 4046,8 m²
1 square mile	= 640 acres = 259 ha = 2,59 km²
1 square rod (square pole, square perch	= 30¼ square yards = 25,293 m²

1 rood	= 40 square rods	
	= 1011,72 m²	
1 acre	= 4 roods = 4046,8 m²	

Raummaße
Cubic Measures

1 cubic inch	= 16,387 cm³	
1 cubic foot	= 1728 cubic inches	
	= 0,02832 m³	
1 cubic yard	= 27 cubic feet	
	= 0,7646 m³	

Britische Hohlmaße
British Measures of Capacity

Trocken- und Flüssigkeitsmaße
Dry and Liquid Measure

1 gill	= 0,142 l	
1 pint	= 4 gills	= 0,568 l
1 quart	= 2 pints	= 1,136 l
1 gallon	= 4 quarts	= 4,5459 l
1 quarter	= 64 gallons	= 290,935 l

Trockenmaße – Dry Measure

1 peck	= 2 gallons	= 9,092 l
1 bushel	= 4 pecks	= 36,368 l

Flüssigkeitsmaße – Liquid Measure

1 barrel	= 36 gallons	= 163,656 l

Amerikanische Hohlmaße
American Measures of Capacity

Trockenmaße – Dry Measure

1 pint	= 0,5506 l	
1 quart	= 2 pints	= 1,1012 l
1 gallon	= 4 quarts	= 4,405 l
1 peck	= 2 gallons	= 8,8096 l
1 bushel	= 4 pecks	= 35,2383 l

Flüssigkeitsmaße – Liquid Measure

1 gill	= 0,1183 l	
1 pint	= 4 gills	= 0,4732 l
1 quart	= 2 pints	= 0,9464 l
1 gallon	= 4 quarts	= 3,7853 l
1 barrel	= 31.5 gallons	
	= 119,228 l	

1 hogshead		= 2 barrels	= 238,456 l
1 barrel petroleum			
		= 42 gallons	= 158,97 l

Apothekermaße
(Flüssigkeiten)

Apothecaries' Fluid Measures

1 minim	*Brit.*	= 0,0592 ml	
	Am.	= 0,0616 ml	
1 fluid dram		= 60 minims	
	Brit.	= 3,5515 ml	
	Am.	= 3,6966 ml	
1 fluid ounce		= 8 drams	
	Brit.	= 0,0284 l	
	Am.	= 0,0296 l	
1 pint	*Brit.*	= 20 fluid ounces	
		= 0,5683 l	
	Am.	= 16 fluid ounces	
		= 0,4732 l	

Handelsgewichte
Avoirdupois Weights

1 grain		= 0,0648 g	
1 dram		= 27.3438 grains	
		= 1,772 g	
1 ounce		= 16 drams	= 28,35 g
1 pound		= 16 ounces	= 453,59 g
1 hundredweight		= 1 quintal	
	Brit.	= 112 pounds	
		= 50,802 kg	
	Am.	= 100 pounds	
		= 45,359 kg	
1 long ton			
	Brit.	= 20 hundredweights	
		= 1016,05 kg	
1 short ton			
	Am.	= 20 hundredweights	
		= 907,185 kg	
1 stone		= 14 pounds	= 6,35 kg
1 quarter			
	Brit.	= 28 pounds	
		= 12,701 kg	
	Am.	= 25 pounds	
		= 11,339 kg	

Troygewichte
Troy Weights

1 grain	= 0,0648 g
1 pennyweight	
	= 24 grains = 1,5552 g
1 ounce	= 20 pennyweights
	= 31,1035 g
1 pound	= 12 ounces
	= 373,2418 g

Vergleichstabelle Schuhlängenmaße

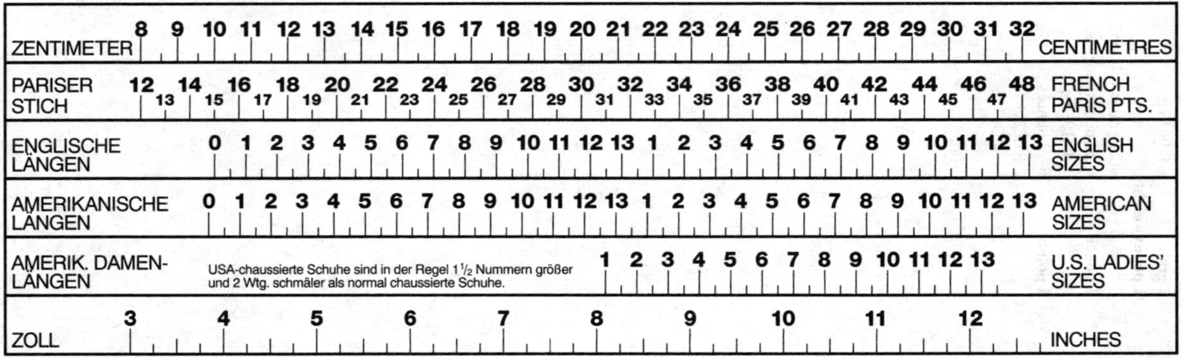

Abgedruckt mit freundlicher Genehmigung der Klöckner Ferromatik Desma GmbH, Werk Achim

Währungen einiger englischsprachiger Länder

Land	Währung deutsch	Währung englisch	Abkürzung	Untereinheit
Australien	Austral. Dollar	Australian dollar	$A	100 cents
Bahamas	Bahama-Dollar	Bahamian dollar	$B	100 cents
Barbados	Barbados-Dollar	Barbados dollar	$BDS	100 cents
Dominica	Ostkarib. Dollar	East Caribbean dollar	$EC	100 cents
Fidschi	Fidschi-Dollar	Fiji dollar	$F	100 cents
Großbritannien und Nordirland	Pfund Sterling	pound sterling	£ stg.	100 new pence
Guyana	Guyana-Dollar	Guyana dollar	$G	100 cents
Hongkong	Hongkong-Dollar	Hong Kong dollar	$HK	100 cents
Indien	Ind. Rupie	Indian rupee	Rs	100 paise
Irland	Ir. Pfund; ab 2002: Euro	Irish pound; from 2002: Euro	£Ir; €	100 new pence; 100 (euro)cents
Jamaika	Jamaika-Dollar	Jamaican dollar	$J	100 cents
Kanada	Kanad. Dollar	Canadian dollar	$Can	100 cents
Liberia	Liberianischer Dollar	Liberian dollar	$L	100 cents
Malawi	Malawi-Kwacha	Malawi kwacha	K	100 tambala
Malaysia	Malaysischer Ringgit	ringgit	$M	100 sen
Malta	Maltesische Lira	lira, *pl.* liri	LM, £m	100 cents = 1000 mils
Mauritius	Mauritius-Rupie	Mauritius rupee	Mau Rs	100 cents
Neuseeland	Neuseeland-Dollar	New Zealand dollar	$NZ	100 cents
Nigeria	Naira	naira	₦	100 kobo
Sambia	Kwacha	Zambian kwacha	K	100 ngwee
Seychellen	Seychellen-Rupie	Seychelles rupee	SR	100 cents
Sierra Leone	Leone	leone	Le	100 cents
Simbabwe	Simbabwe-Dollar	Zimbabwe dollar	$Z	100 cents
Singapur	Singapur-Dollar	Singapore dollar	$S	100 cents
Sri Lanka	Sri-Lanka-Rupie	Sri Lanka rupee	SL Rs	100 cents
Südafrika, Republik	Rand	rand	R	100 cents
Tansania	Tansania-Schilling	Tanzanian shilling	TSh	100 cents
Uganda	Uganda-Schilling	Uganda shilling	USh	100 cents
Vereinigte Staaten von Amerika	US-Dollar	United States dollar	$US	100 cents

*Angaben nach United Nations Terminology Bulletin No. 334, Juli 1987.

Kennzeichnung der Kino-Filme (in Großbritannien)

U Universal. Suitable for all ages.
Für alle Altersstufen geeignet.

PG Parental Guidance. Some scenes may be unsuitable for young children.
Einige Szenen ungeeignet für Kinder. Erklärung und Orientierung durch Eltern sinnvoll.

15 No person under 15 years admitted when a “15” film is in the programme.
Nicht freigegeben für Jugendliche unter 15 Jahren.

18 No person under 18 years admitted when an “18” film is in the programme.
Nicht freigegeben für Jugendliche unter 18 Jahren.

Kennzeichnung der Kino-Filme (in USA)

G General audiences. All ages admitted.
Für alle Altersstufen geeignet.

PG Parental guidance suggested. Some material may not be suitable for children.
Einige Szenen ungeeignet für Kinder. Erklärung und Orientierung durch Eltern sinnvoll.

R Restricted. Under 17 requires accompanying parent or adult guardian.
Für Jugendliche unter 17 Jahren nur in Begleitung eines Erziehungsberechtigten.

X No one under 17 admitted.
Nicht freigegeben für Jugendliche unter 17 Jahren.

Buchstabieralphabete

	Deutsch	*Britisches Englisch*	*Amerikanisches Englisch*	*International*	*Zivil-Luftfahrt (ICAO)*
A	Anton	Andrew	Abel	Amsterdam	Alfa
Ä	Ärger	–	–	–	–
B	Berta	Benjamin	Baker	Baltimore	Bravo
C	Cäsar	Charlie	Charlie	Casablanca	Charlie
CH	Charlotte	–	–	–	–
D	Dora	David	Dog	Danemark	Delta
E	Emil	Edward	Easy	Edison	Echo
F	Friedrich	Frederick	Fox	Florida	Foxtrot
G	Gustav	George	George	Gallipoli	Golf
H	Heinrich	Harry	How	Havana	Hotel
I	Ida	Isaac	Item	Italia	India
J	Julius	Jack	Jig	Jerusalem	Juliett
K	Kaufmann	King	King	Kilogramme	Kilo
L	Ludwig	Lucy	Love	Liverpool	Lima
M	Martha	Mary	Mike	Madagaskar	Mike
N	Nordpol	Nellie	Nan	New York	November
O	Otto	Oliver	Oboe	Oslo	Oscar
Ö	Ökonom	–	–	–	–
P	Paula	Peter	Peter	Paris	Papa
Q	Quelle	Queenie	Queen	Québec	Quebec
R	Richard	Robert	Roger	Roma	Romeo
S	Samuel	Sugar	Sugar	Santiago	Sierra
Sch	Schule	–	–	–	–
T	Theodor	Tommy	Tare	Tripoli	Tango
U	Ulrich	Uncle	Uncle	Upsala	Uniform
Ü	Übermut	–	–	–	–
V	Viktor	Victor	Victor	Valencia	Victor
W	Wilhelm	William	William	Washington	Whiskey
X	Xanthippe	Xmas	X	Xanthippe	X-Ray
Y	Ypsilon	Yellow	Yoke	Yokohama	Yankee
Z	Zacharias	Zebra	Zebra	Zürich	Zulu

Notizen

Notizen

Notizen

Notizen

Notizen

Wichtige Abkürzungen in diesem Wörterbuch

a.	auch, *also.*
abbr.	*abbreviation*, Abkürzung.
acc.	*accusative (case)*, Akkusativ.
act.	*active voice*, Aktiv.
adj.	*adjective*, Adjektiv.
adv.	*adverb*, Adverb.
allg.	allgemein, *generally.*
Am.	(*originally*) *American English*, (ursprünglich) amerikanisches Englisch.
amer. / amer.	amerikanisch, *American.*
anat.	*anatomy*, Anatomie.
antiq.	*antiquity*, Antike.
Arab.	*Arabic*, arabisch.
ast.	*astronomy*, Astronomie.
art.	*article*, Artikel.
attr.	*attributive(ly)*, attributiv.
Austral.	*Australian (English)*, australisch(es Englisch).
bibl.	*biblical*, biblisch.
biol.	*biology*, Biologie.
Brit.	*in British usage only*, nur im britischen Englisch gebräuchlich.
brit. / brit.	britisch, *British.*
b.s.	*bad sense*, im schlechten Sinne.
bsd.	besonders, *particularly.*
bzw.	beziehungsweise, *... and ... respectively.*
cj.	*conjunction*, Konjunktion.
coll.	*collectively*, als Sammelwort.
comp.	*comparative*, Komparativ.
contp.	*contemptuously*, verächtlich.
dat.	*dative (case)*, Dativ.
dem.	*demonstrative*, Demonstrativ...
dial.	*dialectal*, dialektisch.
eccl.	*ecclesiastical*, kirchlich, geistlich.
EDV	elektronische Datenverarbeitung, *electronic data processing.*
e-e, *e-e*	eine, *a (an).*
e-m, *e-m*	einem, *to a (an).*
e-n, *e-n*	einen, *a (an).*
engS.	im engeren Sinne, *in the narrower sense.*
e-r, *e-r*	einer, *of a (an), to a (an).*
e-s, *e-s*	eines, *of a (an).*
et., *et.*	etwas, *something.*
etc.	*et cetera*, usw.
EU	Europäische Union, *European Union.*
euphem.	*euphemistically*, beschönigend.
F	*familiar*, umgangssprachlich.
f	*feminine*, weiblich.
fenc.	*fencing*, Fechten.
fig.	*figuratively*, im übertragenen Sinne, bildlich.
Fr.	*French*, französisch.
gen.	*genitive (case)*, Genitiv.
geogr.	*geography*, Geographie.
geol.	*geology*, Geologie.
Ger.	*German*, deutsch.
ger.	*gerund*, Gerundium.
Ggs.	*Gegensatz*, antonym.
her.	heraldry, Heraldik, Wappenkunde.
hist.	*historical*, historisch; inhaltlich veraltet.
humor.	*humorously*, scherzhaft.
hunt.	*hunting*, Jagd.
ichth.	*ichthyology*, Ichthyologie, Fischkunde.
imp.	*imperative*, Imperativ.
impers.	*impersonal*, unpersönlich.
ind.	*indicative (mood)*, Indikativ.
inf.	*infinitive (mood)*, Infinitiv.
int.	*interjection*, Interjektion.
interrog.	*interrogative*, Interrogativ...
Ir.	*Irish*, irisch.
iro.	*ironically*, ironisch.
irr.	*irregular*, unregelmäßig.
Ital.	*Italian*, italienisch.
j-d, *j-d*	jemand, *someone.*
j-m, *j-m*	jemandem, *to someone.*
j-n, *j-n*	jemanden, *someone.*
j-s, *j-s*	jemandes, *someone's.*
konkr.	konkret, *concretely.*
konstr.	konstruiert, *construed.*
Lat.	*Latin*, lateinisch.
ling.	*linguistics*, Linguistik, Sprachwissenschaft.
lit.	*literary*, literarisch.
m	*masculine*, männlich.

Unregelmäßige Verbformen an alphabetischer Stelle.

went [went] *pret. von* **go**.
gone [gɒn] **I** *p.p. von* **go** ...

Bei unregelmäßigen Steigerungsformen Hinweis auf die Grundform.

bet·ter[1] ['betə] **I** *comp. von* **good** *adj.* ... **III** *comp. von* **well** *adv.* ...
best [best] **I** *sup. von* **good** *adj.* ... **II** *sup. von* **well** *adv.* ...

Kennzeichnung des Lebens-, Arbeits- und Fachbereiches durch Symbole und Abkürzungen.

fuse [fju:z] **I** *s.* ... **2.** ⚡ (Schmelz)Sicherung *f* ...
... '**learn-er** [-nə] *s.* **1.** Anfänger(in) ... **3.** *mot.* *a.* ~ **driver** Fahrschüler(in) ...

Kennzeichnung der Stilebene durch Abkürzungen und einfache Anführungszeichen.

cock·y ['kɒkɪ] *adj.* Ⓕ großspurig, anmaßend.
loon·y ['lu:nɪ] *sl.* **I** *adj.* ‚bekloppt' ... ~ **bin** *s.* *sl.* ‚Klapsmühle' *f.*

Kennzeichnung des britischen und amerikanischen Sprachgebrauchs.

... '**pave·ment** [-mənt] *s.* **1.** (Straßen-)Pflaster *n*; **2.** *Brit.* Bürgersteig *m* ...
'**side**| ... '~**·walk** *s.* *bsd. Am.* Bürgersteig *m* ...

bzw. der amerikanischen Schreibung.

cen·ter *etc. Am.* → **centre** *etc.*

Erläuterungen zur Übersetzung.

leap [li:p] ... **2.** ... c) *a.* ~ **up** (auf)lodern (*Flammen*); d) *a.* ~ **up** hochschnellen (*Preise etc.*) ...

Objektangabe zum Verb.

leap [li:p] ... **II** *v/t.* ... **4.** *Pferd etc.* springen lassen ...

Präpositionen und ihre deutschen Entsprechungen (mit Rektionsangabe).

lean[2] [li:n] ... **4.** lehnen (**against** gegen, an *acc.*), (auf)stützen (**on, upon** auf *acc.*) ...

Anwendungsbeispiele und idiomatische Ausdrücke in Auszeichnungsschrift.

heart [hɑ:t] *s.* ... **3.** Herz *n*, (*das*) Innere, Kern *m*, Mitte *f*; **in the ~ of** inmitten (*gen.*) ... **~ and soul** mit Leib u. Seele ...

Mehr über den Umgang mit diesem Wörterbuch auf den Seiten 7–19. Die in diesem Wörterbuch verwendeten Abkürzungen finden Sie am Ende des Buchs und auf der Innenseite des Buchdeckels.